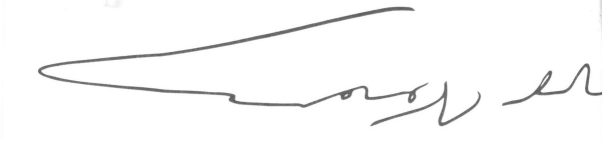

CÓDIGO CIVIL INTERPRETADO

O GEN | Grupo Editorial Nacional – maior plataforma editorial brasileira no segmento científico, técnico e profissional – publica conteúdos nas áreas de concursos, ciências jurídicas, humanas, exatas, da saúde e sociais aplicadas, além de prover serviços direcionados à educação continuada.

As editoras que integram o GEN, das mais respeitadas no mercado editorial, construíram catálogos inigualáveis, com obras decisivas para a formação acadêmica e o aperfeiçoamento de várias gerações de profissionais e estudantes, tendo se tornado sinônimo de qualidade e seriedade.

A missão do GEN e dos núcleos de conteúdo que o compõem é prover a melhor informação científica e distribuí-la de maneira flexível e conveniente, a preços justos, gerando benefícios e servindo a autores, docentes, livreiros, funcionários, colaboradores e acionistas.

Nosso comportamento ético incondicional e nossa responsabilidade social e ambiental são reforçados pela natureza educacional de nossa atividade e dão sustentabilidade ao crescimento contínuo e à rentabilidade do grupo.

CÓDIGO CIVIL INTERPRETADO

SÍLVIO DE SALVO VENOSA

CLÁUDIA RODRIGUES
Responsável pelos artigos de direito empresarial

5ª edição *revista, atualizada e ampliada*

- O autor deste livro e a editora empenharam seus melhores esforços para assegurar que as informações e os procedimentos apresentados no texto estejam em acordo com os padrões aceitos à época da publicação, e todos os dados foram atualizados pelo autor até a data de fechamento do livro. Entretanto, tendo em conta a evolução das ciências, as atualizações legislativas, as mudanças regulamentares governamentais e o constante fluxo de novas informações sobre os temas que constam do livro, recomendamos enfaticamente que os leitores consultem sempre outras fontes fidedignas, de modo a se certificarem de que as informações contidas no texto estão corretas e de que não houve alterações nas recomendações ou na legislação regulamentadora.

- Fechamento desta edição: *11.01.2022*

- O Autor e a editora se empenharam para citar adequadamente e dar o devido crédito a todos os detentores de direitos autorais de qualquer material utilizado neste livro, dispondo-se a possíveis acertos posteriores caso, inadvertida e involuntariamente, a identificação de algum deles tenha sido omitida.

- **Atendimento ao cliente: (11) 5080-0751 | faleconosco@grupogen.com.br**

- Direitos exclusivos para a língua portuguesa
  Copyright © 2022 by
  Editora Atlas Ltda.
  Uma editora integrante do GEN | Grupo Editorial Nacional
  Al. Arapoema, 659, sala 05, Tamboré
  Barueri – SP – 06460-080
  www.grupogen.com.br

- Reservados todos os direitos. É proibida a duplicação ou reprodução deste volume, no todo ou em parte, em quaisquer formas ou por quaisquer meios (eletrônico, mecânico, gravação, fotocópia, distribuição pela Internet ou outros), sem permissão, por escrito, da Editora Forense Ltda.

- Capa: Joyce Matos

- **CIP – BRASIL. CATALOGAÇÃO NA FONTE.
  SINDICATO NACIONAL DOS EDITORES DE LIVROS, RJ.**

V575c

Venosa, Sílvio de Salvo, 1945-

Código civil interpretado / Sílvio de Salvo Venosa, Cláudia Rodrigues. – 5. ed. – Barueri [SP]: Atlas, 2022.

Inclui bibliografia e índice
ISBN 978-65-59-77055-7

1. Brasil. [Código civil (2002)]. 2. Direito civil – Brasil. I. Rodrigues, Cláudia. II. Título.

21-74802   CDU: 347(81)(094)

Camila Donis Hartmann – Bibliotecária – CRB-7/6472

Para Eduardo, Bruno, Denis e Sílvio Luís, sempre com renovadas esperanças.
Sílvio de Salvo Venosa

Para Beto, por todo amor e companheirismo.
Cláudia Rodrigues

APRESENTAÇÃO

Caros leitores,

O universo jurídico brasileiro sofreu inúmeras modificações, legislativas e jurisprudenciais, no curso desses anos, desde a edição anterior desta obra.

Nesta nova edição, em trabalho de tamanho vulto, procuramos atualizar os textos e comentários, inclusive de leis que foram promulgadas nos últimos anos, desde 2019.

As menções jurisprudenciais foram atualizadas, assim como nos comentários foram introduzidas novas ideias.

Em obra tão ampla, certamente podem ocorrer falhas e omissões, em que pesem múltiplas revisões do autor e da editora. Certamente os argutos leitores apontarão suas dúvidas, como vêm fazendo em todos nossos livros, nas sucessivas edições, algo que certamente engrandece nosso trabalho e nos envaidece.

Ex cordis.

O AUTOR

SUMÁRIO

Lei de Introdução às Normas do Direito Brasileiro XI
Índice Sistemático do Código Civil XV

PARTE GERAL
    Livro I – Das Pessoas (arts. 1º a 78) 3
    Livro II – Dos Bens (arts. 79 a 103) 89
    Livro III – Dos Fatos Jurídicos (arts. 104 a 232) 109

PARTE ESPECIAL
    Livro I – Do Direito das Obrigações (arts. 233 a 965) 259
    Livro II – Do Direito de Empresa (arts. 966 a 1.195) 841
    Livro III – Do Direito das Coisas (arts. 1.196 a 1.510-E) 957
    Livro IV – Do Direito de Família (arts. 1.511 a 1.783-A) 1233
    Livro V – Do Direito das Sucessões (arts. 1.784 a 2.027) 1431
    Livro Complementar – Das Disposições Finais e Transitórias (arts. 2.028 a 2.046) 1605

Súmulas Vinculantes do Supremo Tribunal Federal 1619
Súmulas do Supremo Tribunal Federal 1623
Súmulas do Superior Tribunal de Justiça 1661

Bibliografia 1697
Índice Remissivo 1717

LEI DE INTRODUÇÃO ÀS NORMAS DO DIREITO BRASILEIRO
DECRETO-LEI 4.657, DE 4 DE SETEMBRO DE 1942

Lei de Introdução às normas do Direito Brasileiro.
DOU 09.09.1942; Retificado no DOU de 08.10.1942 e no DOU de 17.06.1943.

O Presidente da República, usando da atribuição que lhe confere o artigo 180 da Constituição, decreta:

Art. 1º Salvo disposição contrária, a lei começa a vigorar em todo o País quarenta e cinco dias depois de oficialmente publicada.

§ 1º Nos Estados estrangeiros, a obrigatoriedade da lei brasileira, quando admitida, se inicia três meses depois de oficialmente publicada.

§ 2º *Revogado pela Lei 12.036/2009.*

§ 3º Se, antes de entrar a lei em vigor, ocorrer nova publicação de seu texto, destinada a correção, o prazo deste artigo e dos parágrafos anteriores começará a correr da nova publicação.

§ 4º As correções a texto de lei já em vigor consideram-se lei nova.

Art. 2º Não se destinando à vigência temporária, a lei terá vigor até que outra a modifique ou revogue.

§ 1º A lei posterior revoga a anterior quando expressamente o declare, quando seja com ela incompatível ou quando regule inteiramente a matéria de que tratava a lei anterior.

§ 2º A lei nova, que estabeleça disposições gerais ou especiais a par das já existentes, não revoga nem modifica a lei anterior.

§ 3º Salvo disposição em contrário, a lei revogada não se restaura por ter a lei revogadora perdido a vigência.

Art. 3º Ninguém se escusa de cumprir a lei, alegando que não a conhece.

Art. 4º Quando a lei for omissa, o juiz decidirá o caso de acordo com a analogia, os costumes e os princípios gerais de direito.

Art. 5º Na aplicação da lei, o juiz atenderá aos fins sociais a que ela se dirige e às exigências do bem comum.

Art. 6º A Lei em vigor terá efeito imediato e geral, respeitados o ato jurídico perfeito, o direito adquirido e a coisa julgada.

§ 1º Reputa-se ato jurídico perfeito o já consumado segundo a lei vigente ao tempo em que se efetuou.

§ 2º Consideram-se adquiridos assim os direitos que o seu titular, ou alguém por ele, possa exercer, como aqueles cujo começo do exercício tenha termo prefixo, ou condição preestabelecida inalterável, a arbítrio de outrem.

§ 3º Chama-se coisa julgada ou caso julgado a decisão judicial de que já não caiba recurso.

Art. 7º A lei do país em que for domiciliada a pessoa determina as regras sobre o começo e o fim da personalidade, o nome, a capacidade e os direitos de família.

§ 1º Realizando-se o casamento no Brasil, será aplicada a lei brasileira quanto aos impedimentos dirimentes e às formalidades da celebração.

§ 2º O casamento de estrangeiros poderá celebrar-se perante autoridades diplomáticas ou consulares do país de ambos os nubentes.

• § 2º com redação pela Lei 3.238/1957.

§ 3º Tendo os nubentes domicílio diverso, regerá os casos de invalidade do matrimônio a lei do primeiro domicílio conjugal.

§ 4º O regime de bens, legal ou convencional, obedece à lei do país em que tiverem os nubentes domicílio, e, se este for diverso, à do primeiro domicílio conjugal.

§ 5º O estrangeiro casado, que se naturalizar brasileiro, pode, mediante expressa anuência de seu cônjuge, requerer ao juiz, no ato de entrega do decreto de naturalização, se apostile ao mesmo a adoção do regime de comunhão parcial de bens, respeitados os direitos de terceiros e dada esta adoção ao competente registro.

• § 5º com redação pela Lei 6.515/1977 (Divórcio).

§ 6º O divórcio realizado no estrangeiro, se um ou ambos os cônjuges forem brasileiros, só será reconhecido no Brasil depois de 1 (um) ano da data da sentença, salvo se houver sido antecedida de separação judicial por igual prazo, caso em que a homologação produzirá efeito imediato, obedecidas as condições estabelecidas para a eficácia das sentenças estrangeiras no país. O Superior Tribunal de Justiça, na forma de seu regimento interno, poderá reexaminar, a requerimento do interessado, decisões já proferidas em pedidos de homologação de sentenças estrangeiras de divórcio de brasileiros, a fim de que passem a produzir todos os efeitos legais.

• § 6º com redação pela Lei 12.036/2009.

§ 7º Salvo o caso de abandono, o domicílio do chefe da família estende-se ao outro cônjuge e aos filhos não emancipados, e o do tutor ou curador aos incapazes sob sua guarda.

§ 8º Quando a pessoa não tiver domicílio, considerar-se-á domiciliada no lugar de sua residência ou naquele em que se encontre.

Art. 8º Para qualificar os bens e regular as relações a eles concernentes, aplicar-se-á a lei do país em que estiverem situados.

§ 1º Aplicar-se-á a lei do país em que for domiciliado o proprietário, quanto aos bens móveis que ele trouxer ou se destinarem a transporte para outros lugares.

§ 2º O penhor regula-se pela lei do domicílio que tiver a pessoa, em cuja posse se encontre a coisa apenhada.

Art. 9º Para qualificar e reger as obrigações, aplicar-se-á a lei do país em que se constituírem.

§ 1º Destinando-se a obrigação a ser executada no Brasil e dependendo de forma essencial, será esta observada, admitidas as peculiaridades da lei estrangeira quanto aos requisitos extrínsecos do ato.

§ 2º A obrigação resultante do contrato reputa-se constituída no lugar em que residir o proponente.

Art. 10. A sucessão por morte ou por ausência obedece à lei do país em que era domiciliado o defunto ou o desaparecido, qualquer que seja a natureza e a situação dos bens.

§ 1º A sucessão de bens de estrangeiros, situados no País, será regulada pela lei brasileira em benefício do cônjuge ou dos filhos brasileiros, ou de quem os represente, sempre que não lhes seja mais favorável a lei pessoal do *de cujus*.

• § 1º com redação dada Lei 9.047/1995.

§ 2º A lei do domicílio do herdeiro ou legatário regula a capacidade para suceder.

Art. 11. As organizações destinadas a fins de interesse coletivo, como as sociedades e as fundações, obedecem à lei do Estado em que se constituírem.

§ 1º Não poderão, entretanto, ter no Brasil filiais, agências ou estabelecimentos antes de serem os atos constitutivos aprovados pelo Governo brasileiro, ficando sujeitas à lei brasileira.

§ 2º Os Governos estrangeiros, bem como as organizações de qualquer natureza, que eles tenham constituído, dirijam ou hajam investido de funções públicas, não poderão adquirir no Brasil bens imóveis ou suscetíveis de desapropriação.

§ 3º Os Governos estrangeiros podem adquirir a propriedade dos prédios necessários à sede dos representantes diplomáticos ou dos agentes consulares.

Art. 12. É competente a autoridade judiciária brasileira, quando for o réu domiciliado no Brasil ou aqui tiver de ser cumprida a obrigação.

§ 1º Só à autoridade judiciária brasileira compete conhecer das ações relativas a imóveis situados no Brasil.

§ 2º A autoridade judiciária brasileira cumprirá, concedido o *exequatur* e segundo a forma estabelecida pela lei brasileira, as diligências deprecadas por autoridade estrangeira competente, observando a lei desta, quanto ao objeto das diligências.

Art. 13. A prova dos fatos ocorridos em país estrangeiro rege-se pela lei que nele vigorar, quanto ao ônus e aos meios de produzir-se, não admitindo os tribunais brasileiros provas que a lei brasileira desconheça.

Art. 14. Não conhecendo a lei estrangeira, poderá o juiz exigir de quem a invoca prova do texto e da vigência.

Art. 15. Será executada no Brasil a sentença proferida no estrangeiro, que reúna os seguintes requisitos:

a) haver sido proferida por juiz competente;

b) terem sido as partes citadas ou haver-se legalmente verificado à revelia;

c) ter passado em julgado e estar revestida das formalidades necessárias para a execução no lugar em que foi proferida;

d) estar traduzida por intérprete autorizado;

e) ter sido homologada pelo Supremo Tribunal Federal.

Parágrafo único. *Revogado pela Lei 12.036/2009.*

Art. 16. Quando, nos termos dos artigos precedentes, se houver de aplicar a lei estrangeira, ter-se-á em vista a disposição desta, sem considerar-se qualquer remissão por ela feita a outra lei.

Art. 17. As leis, atos e sentenças de outro país, bem como quaisquer declarações de vontade, não terão eficácia no Brasil, quando ofenderem a soberania nacional, a ordem pública e os bons costumes.

Art. 18. Tratando-se de brasileiros, são competentes as autoridades consulares brasileiras para lhes celebrar o casamento e os mais atos de registro civil e de tabelionato, inclusive o registro de nascimento e de óbito dos filhos de brasileiro ou brasileira nascidos no país da sede do Consulado.

• *Caput* com redação pela Lei 3.238/1957.

§ 1º As autoridades consulares brasileiras também poderão celebrar a separação consensual e o divórcio consensual de brasileiros, não havendo filhos menores ou incapazes do casal e observados os requisitos legais quanto aos prazos, devendo constar da respectiva escritura pública as disposições relativas à descrição e à partilha dos bens comuns e à pensão alimentícia e, ainda, ao acordo quanto à retomada pelo cônjuge de seu nome de solteiro ou à manutenção do nome adotado quando se deu o casamento.

• § 1º com redação pela Lei 12.874/2013.

§ 2º É indispensável a assistência de advogado, devidamente constituído, que se dará mediante a subscrição de petição, juntamente com ambas as partes, ou com apenas uma delas, caso a outra constitua advogado próprio, não se fazendo necessário que a assinatura do advogado conste da escritura pública.

• § 2º com redação pela Lei 12.874/2013.

Art. 19. Reputam-se válidos todos os atos indicados no artigo anterior e celebrados pelos cônsules brasileiros na vigência do Decreto-Lei nº 4.657, de 4 de setembro de 1942, desde que satisfaçam todos os requisitos legais.

• Artigo acrescido pela Lei 3.238/1957.

Parágrafo único. No caso em que a celebração desses atos tiver sido recusada pelas autoridades consulares, com fundamento no artigo 18 do mesmo Decreto-Lei, ao interessado é facultado renovar o pedido dentro de noventa dias contados da data da publicação desta Lei.

Art. 20. Nas esferas administrativa, controladora e judicial, não se decidirá com base em valores jurídicos abstratos sem que sejam consideradas as consequências práticas da decisão.

Parágrafo único. A motivação demonstrará a necessidade e a adequação da medida imposta ou da invalidação de ato, contrato, ajuste, processo ou norma administrativa, inclusive em face das possíveis alternativas.

• Artigo acrescido pela Lei 13.655/2018.

Art. 21. A decisão que, nas esferas administrativa, controladora ou judicial, decretar a invalidação de ato, contrato, ajuste, processo ou norma administrativa deverá indicar de modo expresso suas consequências jurídicas e administrativas.

Parágrafo único. A decisão a que se refere o *caput* deste artigo deverá, quando for o caso, indicar as condições para que a regularização ocorra de modo proporcional e equânime e sem prejuízo aos interesses gerais, não se podendo impor aos sujeitos atingidos ônus ou perdas que, em função das peculiaridades do caso, sejam anormais ou excessivos.

• Artigo acrescido pela Lei 13.655/2018.

Art. 22. Na interpretação de normas sobre gestão pública, serão considerados os obstáculos e as dificuldades reais do gestor e as exigências das políticas públicas a seu cargo, sem prejuízo dos direitos dos administrados.

§ 1º Em decisão sobre regularidade de conduta ou validade de ato, contrato, ajuste, processo ou norma administrativa, serão consideradas as circunstâncias práticas que houverem imposto, limitado ou condicionado a ação do agente.

§ 2º Na aplicação de sanções, serão consideradas a natureza e a gravidade da infração cometida, os danos que dela provierem para a administração pública, as circunstâncias agravantes ou atenuantes e os antecedentes do agente.

§ 3º As sanções aplicadas ao agente serão levadas em conta na dosimetria das demais sanções de mesma natureza e relativas ao mesmo fato.

• Artigo acrescido pela Lei 13.655/2018.

Art. 23. A decisão administrativa, controladora ou judicial que estabelecer interpretação ou orientação nova sobre norma de conteúdo indeterminado, impondo novo dever ou novo condicionamento de direito, deverá prever regime de transição quando indispensável para que o novo dever ou condicionamento de direito seja cumprido de modo proporcional, equânime e eficiente e sem prejuízo aos interesses gerais.

Parágrafo único. (VETADO).

• Artigo acrescido pela Lei 13.655/2018.

Art. 24. A revisão, nas esferas administrativa, controladora ou judicial, quanto à validade de ato, contrato, ajuste, processo ou norma administrativa cuja produção já se houver completado levará em conta as orientações gerais da época, sendo vedado que, com base em mudança posterior de orientação geral, se declarem inválidas situações plenamente constituídas.

Parágrafo único. Consideram-se orientações gerais as interpretações e especificações contidas em atos públicos de caráter geral ou em jurisprudência judicial ou administrativa majoritária, e ainda as adotadas por prática administrativa reiterada e de amplo conhecimento público.

• Artigo acrescido pela Lei 13.655/2018.

Art. 25. (VETADO).

Art. 26. Para eliminar irregularidade, incerteza jurídica ou situação contenciosa na aplicação do direito público, inclusive no caso de expedição de licença, a autoridade administrativa poderá, após oitiva do órgão jurídico e, quando for o caso, após realização de consulta pública, e presentes razões de relevante interesse geral, celebrar compromisso com os interessados, observada a legislação aplicável, o qual só produzirá efeitos a partir de sua publicação oficial.

§ 1º O compromisso referido no *caput* deste artigo:

I – buscará solução jurídica proporcional, equânime, eficiente e compatível com os interesses gerais;

II – (VETADO);

III – não poderá conferir desoneração permanente de dever ou condicionamento de direito reconhecidos por orientação geral;

IV – deverá prever com clareza as obrigações das partes, o prazo para seu cumprimento e as sanções aplicáveis em caso de descumprimento.

§ 2º (VETADO).

• Artigo acrescido pela Lei 13.655/2018.

Art. 27. A decisão do processo, nas esferas administrativa, controladora ou judicial, poderá impor compensação por benefícios indevidos ou prejuízos anormais ou injustos resultantes do processo ou da conduta dos envolvidos.

§ 1º A decisão sobre a compensação será motivada, ouvidas previamente as partes sobre seu cabimento, sua forma e, se for o caso, seu valor.

§ 2º Para prevenir ou regular a compensação, poderá ser celebrado compromisso processual entre os envolvidos.

• Artigo acrescido pela Lei 13.655/2018.

Art. 28. O agente público responderá pessoalmente por suas decisões ou opiniões técnicas em caso de dolo ou erro grosseiro.

§ 1º (VETADO).

§ 2º (VETADO).

§ 3º (VETADO).

• Artigo acrescido pela Lei 13.655/2018.

Art. 29. Em qualquer órgão ou Poder, a edição de atos normativos por autoridade administrativa, salvo os de mera organização interna, poderá ser precedida de consulta pública para manifestação de interessados, preferencialmente por meio eletrônico, a qual será considerada na decisão.

§ 1º A convocação conterá a minuta do ato normativo e fixará o prazo e demais condições da consulta pública, observadas as normas legais e regulamentares específicas, se houver.

§ 2º (VETADO).

• Artigo 29 início de vigência em outubro de 2018.

• Artigo acrescido pela Lei 13.655/2018.

Art. 30. As autoridades públicas devem atuar para aumentar a segurança jurídica na aplicação das normas, inclusive por meio de regulamentos, súmulas administrativas e respostas a consultas.

Parágrafo único. Os instrumentos previstos no *caput* deste artigo terão caráter vinculante em relação ao órgão ou entidade a que se destinam, até ulterior revisão.

• Artigo acrescido pela Lei 13.655/2018.

Rio de Janeiro, 4 de setembro de 1942; 121º da Independência e 54º da República.

Getúlio Vargas

ÍNDICE SISTEMÁTICO DO CÓDIGO CIVIL

PARTE GERAL	1
LIVRO I – DAS PESSOAS	3
TÍTULO I – DAS PESSOAS NATURAIS	3
Capítulo I – Da Personalidade e da Capacidade	3
Art. 1º	3
Art. 2º	4
1. Condição do nascituro	5
Art. 3º	6
1. Menoridade	6
Art. 4º	7
1. Incapacidade relativa. Maiores de 16 e menores de 18 anos	7
2. Ébrios, toxicômanos. Outras deficiências	8
3. Pessoa com deficiência	8
4. Incapacidades transitórias	9
5. Surdos-mudos. Deficientes visuais	9
6. Ausência	9
7. Pródigos no atual sistema	10
8. Indígenas	10
Art. 5º	11
Art. 6	14
Art. 7º	15
Art. 8º	18
Art. 9º	19
1. Nascimentos	20
2. Óbitos	20
3. Emancipação, interdição e ausência	21
Art. 10	21
Capítulo II – Dos Direitos da Personalidade	22
Art. 11	22
1. Direitos da personalidade. Noção e compreensão	22
2. Direitos da personalidade. Características. Enumeração	23
Art. 12	24
1. Tutela dos direitos da personalidade	25
2. Legitimidade para a tutela dos direitos da personalidade	25
3. Pessoa jurídica e direitos da personalidade	25
Art. 13	27
Art. 14	27
Art. 15	29
Art. 16	30
1. Nome da pessoa natural	30
2. Natureza jurídica	31
3. Elementos integrantes do nome	31
Art. 17	34
Art. 18	34
Art. 19	35
Art. 20	35
Art. 21	37
Capítulo III – Da Ausência	38
Seção I – Da Curadoria dos Bens do Ausente	38
Art. 22	38
Art. 23	39
Art. 24	39
Art. 25	40
Seção II – Da Sucessão Provisória	40
Art. 26	40
Art. 27	41
Art. 28	41
Art. 29	42
Art. 30	42
Art. 31	43
Art. 32	43
Art. 33	43
Art. 34	44
Art. 35	44
Seção III – Da Sucessão Definitiva	44
Art. 36	44
Art. 37	44
Art. 38	45
Art. 39	45
TÍTULO II – DAS PESSOAS JURÍDICAS	46
Capítulo I – Disposições Gerais	46
Art. 40	46
1. Introdução	46
2. Denominação	47
3. Natureza da pessoa jurídica	47
3.1. Doutrinas da ficção	47
3.2. Doutrinas da realidade	47
3.3. Doutrinas negativistas	47

3.4. Doutrina da instituição 47
3.5. Conclusão 48
Art. 41 50
Art. 42 50
Art. 43 51
1. Responsabilidade civil das pessoas jurídicas 51
2. Evolução doutrinária da responsabilidade civil da administração 52
3. O art. 15 do Código Civil de 1916. Art. 43 do atual Código, ... 54
4. Aplicação da teoria do risco administrativo 54
5. Responsabilidade por atos legislativos e judiciais 54
6. Reparação do dano: a ação de indenização 55
Art. 44 56
1. Pessoas jurídicas de direito privado 56
2. Organizações religiosas e partidos políticos 57
3. Grupos com personificação anômala ... 58
Art. 45 60
Art. 46 62
Art. 47 62
Art. 48 62
Art. 48-A 62
Art. 49 63
Art. 49-A 63
Art. 50 64
Art. 51 68
Art. 52 69
Capítulo II – Das Associações 70
Art. 53 70
1. Sociedades e associações 70
2. Associações 71
Art. 54 72
Art. 55 73
Art. 56 73
Art. 57 75
Art. 58 76
Art. 59 76
Art. 60 78
Art. 61 78
Capítulo III – Das Fundações 79
Art. 62 79
Art. 63 80
Art. 64 80
Art. 65 80
Art. 66 81
Art. 67 81
Art. 68 82
Art. 69 82
Art. 69-A 83
TÍTULO III – DO DOMICÍLIO 83
Art. 70 83
Art. 71 85
Art. 72 85
Art. 73 86
Art. 74 86
Art. 75 86
Art. 76 87
Art. 77 87
Art. 78 87
LIVRO II – DOS BENS 89
TÍTULO ÚNICO – DAS DIFERENTES CLASSES DE BENS 89
Capítulo I – Dos Bens Considerados em si Mesmos 89
Seção I – Dos Bens Imóveis 89
Art. 79 89
1. Bens e coisas: objeto do Direito 89
2. Bens corpóreos e incorpóreos 90
3. Móveis e imóveis 90
4. Regime dos bens imóveis 90
Art. 80 92
Art. 81 93
Seção II – Dos Bens Móveis 93
Art. 82 93
Art. 83 94
Art. 84 94
Seção III – Dos Bens Fungíveis e Consumíveis ... 94
Art. 85 94
Art. 86 96
Seção IV – Dos Bens Divisíveis 96
Art. 87 96
Art. 88 97
Seção V – Dos Bens Singulares e Coletivos 97
Art. 89 97
Art. 90 98
Art. 91 98
Capítulo II – Dos Bens Reciprocamente Considerados 99
Art. 92 99
Art. 93 100
Art. 94 102
Art. 95 103
Art. 96 103
Art. 97 105
Capítulo III – Dos Bens Públicos 105
Art. 98 105
Art. 99 105
Art. 100 106

Art. 101	106
Art. 102	107
Art. 103	108
LIVRO III – DOS FATOS JURÍDICOS	**109**
TÍTULO I – DO NEGÓCIO JURÍDICO	**109**
Capítulo I – Disposições Gerais	**109**
Art. 104	109
1. Introdução: os fatos jurídicos	109
2. Negócio jurídico	111
3. Elementos, pressupostos e requisitos	111
4. Capacidade do agente	112
4.1. Legitimação	112
5. Forma	113
6. Objeto	113
7. Causa	115
8. Vontade e sua declaração	116
8.1. Elementos constitutivos da declaração de vontade	116
Art. 105	118
Art. 106	118
Art. 107	118
Art. 108	119
Art. 109	119
Art. 110	120
Art. 111	121
Art. 112	122
Art. 113	123
Art. 114	128
Capítulo II – Da Representação	**129**
Art. 115	129
1. Conceito	129
2. A figura do núncio	129
3. Representação legal e voluntária	130
Art. 116	131
Art. 117	131
Art. 118	132
Art. 119	133
Art. 120	133
Capítulo III – Da Condição, do Termo e do Encargo	**133**
Art. 121	133
Art. 122	135
1. Condições lícitas e ilícitas	135
2. Condição perplexa e potestativa	135
Art. 123	137
Art. 124	137
Art. 125	137
Art. 126	138
Art. 127	138
Art. 128	138
1. Condição resolutiva e condição suspensiva	138
2. Retroatividade da condição	140

Art. 129	141
1. Implemento ou não implemento das condições por malícia do interessado. Frustração da condição	141
2. Condição e pressuposição	141
Art. 130	142
Art. 131	143
Art. 132	144
Art. 133	145
Art. 134	145
Art. 135	145
Art. 136	146
Art. 137	147
Capítulo IV – Dos Defeitos do Negócio Jurídico	**147**
Seção I – Do Erro ou Ignorância	**147**
Art. 138	147
1. Defeitos dos negócios jurídicos	147
2. Erro ou ignorância	149
3. Escusabilidade do erro	149
Art. 139	150
1. Erro substancial	150
2. Erro acidental	151
3. Erro de fato e erro de direito	151
Art. 140	152
Art. 141	153
Art. 142	153
Art. 143	153
Art. 144	153
1. Consequências da anulação do negócio por erro	154
Seção II – Do Dolo	**154**
Art. 145	154
1. Conceito de dolo	154
2. Erro e dolo	155
3. Dolo e fraude	155
4. Requisitos do dolo	155
Art. 146	156
1. Dolo essencial e dolo acidental	156
2. *Dolus bonus* e *dolus malus*	156
Art. 147	158
Art. 148	159
Art. 149	159
Art. 150	160
Seção III – Da Coação	**160**
Art. 151	160
1. Conceito de coação	160
2. Requisitos da coação	161
2.1. Essencialidade da coação	161
2.2. Intenção de coagir	162
2.3. Gravidade do mal cominado	162

- 2.4. Injustiça ou ilicitude da cominação ... 162
- 2.5. Dano atual ou iminente ... 162
- 2.6. Justo receio de prejuízo igual, pelo menos, ao decorrente do dano extorquido. A posição do atual Código ... 162
- 2.7. Ameaça de prejuízo à pessoa ou bens da vítima, ou pessoas de sua família ... 163
- Art. 152 ... 164
- Art. 153 ... 164
- Art. 154 ... 165
- Art. 155 ... 165

Seção IV – Do Estado de Perigo ... 166
- Art. 156 ... 166

Seção V – Da Lesão ... 167
- Art. 157 ... 167
  - 1. Conceito ... 167
  - 2. Noção histórica ... 168
  - 3. Conceito e requisitos ... 168
  - 4. Procedimento judicial ... 170
  - 5. Renúncia antecipada à alegação de lesão ... 170
  - 6. Prazo decadencial ... 170

Seção VI – Da Fraude Contra Credores ... 171
- Art. 158 ... 171
  - 1. Introdução ... 171
  - 2. Noção histórica ... 172
  - 3. Fraude em geral ... 172
  - 4. Fraude contra credores ... 173
  - 5. Requisitos para a tipificação da fraude ... 173
- Art. 159 ... 175
- Art. 160 ... 176
- Art. 161 ... 176
  - 1. Ação pauliana ... 176
  - 2. Fraude de execução ... 177
  - 3. Ação revocatória falencial ... 178
- Art. 162 ... 179
- Art. 163 ... 179
- Art. 164 ... 180
- Art. 165 ... 180

Capítulo V – Da Invalidade do Negócio Jurídico ... 181
- Art. 166 ... 181
  - 1. Introdução ao estudo das nulidades do negócio jurídico ... 181
  - 2. Nulidade ... 181
- Art. 167 ... 184
  - 1. Simulação. Conceito ... 184
  - 2. Requisitos ... 184
  - 3. Espécies de simulação ... 185
  - 4. Simulação absoluta e simulação relativa ... 185
  - 5. Simulação maliciosa e simulação inocente ... 186
- Art. 168 ... 188
- Art. 169 ... 188
- Art. 170 ... 189
- Art. 171 ... 190
- Art. 172 ... 191
- Art. 173 ... 191
- Art. 174 ... 192
- Art. 175 ... 192
- Art. 176 ... 193
- Art. 177 ... 194
  - 1. Efeitos na anulabilidade ... 194
  - 2. Distinção entre negócios nulos e negócios anuláveis ... 194
  - 3. Problemática da inexistência dos negócios jurídicos ... 194
- Art. 178 ... 195
- Art. 179 ... 196
- Art. 180 ... 196
- Art. 181 ... 197
- Art. 182 ... 197
- Art. 183 ... 198
- Art. 184 ... 198

TÍTULO II – DOS ATOS JURÍDICOS LÍCITOS ... 200
- Art. 185 ... 200

TÍTULO III – DOS ATOS ILÍCITOS ... 201
- Art. 186 ... 201
  - 1. Responsabilidade civil, responsabilidade contratual e extracontratual (negocial ou extranegocial) ... 201
  - 2. Elementos da responsabilidade extracontratual (extranegocial) ou aquiliana ... 202
- Art. 187 ... 205
  - 1. Abuso de direito ... 205
  - 2. Conceito de abuso de direito ... 205
  - 3. Alguns aspectos significativos de abuso de direito ... 206
  - 4. Aplicação da teoria do abuso em nosso direito ... 206
- Art. 188 ... 208
  - 1. Exclusão ou diminuição da responsabilidade ... 208

TÍTULO IV – DA PRESCRIÇÃO E DA DECADÊNCIA ... 211

Capítulo I – Da Prescrição ... 211

Seção I – Disposições Gerais ... 211
- Art. 189 ... 211
  - 1. Influência do tempo nas relações jurídicas ... 211

2. Prescrição extintiva e prescrição aquisitiva 211
3. Síntese histórica da prescrição 212
4. Conceito e requisitos da prescrição 212
5. Ações imprescritíveis 213
Art. 190 214
Art. 191 215
Art. 192 216
Art. 193 217
Art. 194 217
Art. 195 218
Art. 196 218

Seção II – Das Causas que Impedem ou Suspendem a Prescrição 218
Art. 197 218
   1. Impedimento, suspensão e interrupção da prescrição 218
   2. As hipóteses desse artigo 219
Art. 198 220
Art. 199 221
Art. 200 222
Art. 201 222

Seção III – Das Causas que Interrompem a Prescrição 222
Art. 202 222
Art. 203 225
Art. 204 226

Seção IV – Dos Prazos da Prescrição 227
Art. 205 227
Art. 206 227
Art. 206-A 232

Capítulo II – Da Decadência 233
Art. 207 233
   1. A problemática da distinção entre prescrição e decadência 233
   2. Aspectos da decadência. Inexorabilidade do prazo decadencial 234
Art. 208 234
Art. 209 234
Art. 210 235
Art. 211 235

TÍTULO V – DA PROVA 237
Art. 212 237
   1. Conceito, valor e função da forma 237
   2. Prova dos negócios jurídicos 238
   3. Meios de prova 239
      3.1. Confissão 239
      3.2. Atos processados em juízo 239
      3.3. Documentos públicos ou particulares 240
      3.4. A prova testemunhal 240
      3.5. Presunções e indícios 240

      3.6. A perícia. A inspeção judicial 241
Art. 213 244
Art. 214 245
Art. 215 245
Art. 216 247
Art. 217 247
Art. 218 248
Art. 219 248
Art. 220 248
Art. 221 249
Art. 222 250
Art. 223 250
Art. 224 251
Art. 225 251
Art. 226 252
Art. 227 253
Art. 228 253
Art. 229 254
Art. 230 254
Art. 231 255
Art. 232 255

PARTE ESPECIAL 257
LIVRO I – DO DIREITO DAS OBRIGAÇÕES ... 259
TÍTULO I – DAS MODALIDADES DAS OBRIGAÇÕES 259
   1. Posição da obrigação no campo jurídico 259
   2. Definição 260
   3. Distinção entre direitos reais e direitos pessoais 261
   4. Importância do direito das obrigações 262
   5. Estrutura da relação obrigacional 262
      5.1. Sujeitos da relação obrigacional 263
      5.2. Objeto da relação obrigacional 263
      5.3. Vínculo jurídico da relação obrigacional 264
      5.4. Causa nas obrigações 265

Capítulo I – Das Obrigações de Dar 266
Seção I – Das Obrigações de Dar Coisa Certa ... 266
Art. 233 266
   1. Obrigações de dar 266
   2. Obrigações de dar coisa certa 266
Art. 234 267
Art. 235 268
Art. 236 269
Art. 237 269
Art. 238 270
Art. 239 270
Art. 240 270
Art. 241 271
Art. 242 271

Art. 243	272
Art. 244	273
Art. 245	274
Art. 246	274
Capítulo II – Das Obrigações de Fazer	**275**
Art. 247	275
1. Obrigações de fazer	275
2. Obrigação de dar e de fazer	275
Art. 248	276
Art. 249	278
1 Obrigações de fazer fungíveis e não fungíveis	278
Capítulo III – Das Obrigações de Não Fazer	**279**
Art. 250	279
Art. 251	280
Capítulo IV – Das Obrigações Alternativas	**281**
Art. 252	281
1. Obrigações cumulativas e alternativas	281
2. Obrigação alternativa	281
3. Concentração e cumprimento da obrigação alternativa	282
Art. 253	283
Art. 254	284
Art. 255	284
Art. 256	284
I. Obrigações alternativas. Outras situações	285
1. Retratabilidade da concentração	285
II. Acréscimos sofridos pelas coisas na obrigação alternativa	286
III. Obrigações facultativas	286
1. As obrigações facultativas	286
IV. Efeitos da obrigação facultativa	287
Capítulo V – Das Obrigações Divisíveis e Indivisíveis	**287**
Art. 257	287
1. Conceito	287
2. Pluralidade de credores e de devedores	288
Art. 258	289
Art. 259	289
Art. 260	290
Art. 261	290
Art. 262	290
Art. 263	291
Capítulo VI – Das Obrigações Solidárias	**291**
Seção I – Disposições Gerais	**291**
Art. 264	291
1. Solidariedade. Antecedentes históricos	291
2. Obrigações *in solidum*	292
3. Características e fundamento da solidariedade	292
Art. 265	294
Art. 266	295
Seção II – Da Solidariedade Ativa	**295**
Art. 267	295
1. Solidariedade ativa. Noção	295
2. Efeitos da solidariedade ativa	295
Art. 268	297
Art. 269	297
Art. 270	298
Art. 271	299
Art. 272	300
Art. 273	300
Art. 274	301
Seção III – Da Solidariedade Passiva	**302**
Art. 275	302
1. Solidariedade passiva	302
2. Aspectos processuais da solidariedade. Pagamento parcial. A coisa julgada	302
Art. 276	304
Art. 277	304
Art. 278	305
Art. 279	305
Art. 280	306
Art. 281	306
1. Exceções pessoais e exceções gerais	306
Art. 282	308
Art. 283	309
Art. 284	310
Art. 285	310
Outras modalidades de obrigações	310
1. Obrigações principais e acessórias	310
2. Obrigações líquidas e ilíquidas	311
3. Obrigações condicionais	311
4. Obrigações modais	312
5. Obrigações a termo	313
6. Obrigações de juros. Obrigações pecuniárias	313
6.1. Obrigações de juros	313
6.2. Obrigações pecuniárias	315
TÍTULO II – DA TRANSMISSÃO DAS OBRIGAÇÕES	**318**
Capítulo I – Da Cessão de Crédito	**318**
Art. 286	318
1. A transmissibilidade das obrigações	318
2. Conceito de cessão de crédito. Afinidades	318
3. Natureza jurídica	319
4. Requisitos. Objeto. Capacidade e legitimação	319
5. Espécies	319
6. Efeitos	320

Art. 287	321
Art. 288	321
Art. 289	321
Art. 290	322
Art. 291	322
Art. 292	323
Art. 293	324
Art. 294	324
Art. 295	325
Art. 296	325
Art. 297	325
Art. 298	326
Capítulo II – Da Assunção de Dívida	**326**
Art. 299	326
1. Conceito e natureza da assunção de dívida	326
2. Espécies	327
Art. 300	329
Art. 301	329
Art. 302	330
Art. 303	330
Cessão de posição contratual (cessão de contrato)	330
TÍTULO III – DO ADIMPLEMENTO E EXTINÇÃO DAS OBRIGAÇÕES	**332**
Capítulo I – Do Pagamento	**332**
Seção I – De Quem Deve Pagar	**332**
Art. 304	332
1. Pagamento. Extinção normal das obrigações	332
2. Natureza jurídica do pagamento	332
3. De quem deve pagar. O *solvens*	333
Art. 305	334
Art. 306	334
Art. 307	335
Seção II – Daqueles a Quem se Deve Pagar	**336**
Art. 308	336
Art. 309	337
Art. 310	337
Art. 311	338
Art. 312	338
Seção III – Do Objeto do Pagamento e Sua Prova	**339**
Art. 313	339
Art. 314	339
Art. 315	340
Art. 316	340
Art. 317	341
Art. 318	342
Art. 319	343
Art. 320	343
Art. 321	344
Art. 322	345
Art. 323	345
Art. 324	346
Art. 325	346
Art. 326	347
Seção IV – Do Lugar do Pagamento	**347**
Art. 327	347
Art. 328	348
Art. 329	348
Art. 330	349
Seção V – Do Tempo do Pagamento	**349**
Art. 331	349
Art. 332	350
Art. 333	351
Capítulo II – Do Pagamento em Consignação	**351**
Art. 334	351
1. Interesse do devedor em extinguir a obrigação	351
2. Objeto da consignação	352
Art. 335	353
Art. 336	355
Art. 337	356
Art. 338	356
Art. 339	356
Art. 340	356
1. Procedimento da consignação	356
Art. 341	358
Art. 342	359
Art. 343	359
Art. 344	359
Art. 345	359
Capítulo III – Do Pagamento com Sub-Rogação	**359**
Art. 346	359
1. Sub-rogação. Conceito	359
2. Origem histórica	360
3. Natureza jurídica e institutos afins	360
4. Sub-rogação legal	360
Art. 347	361
Art. 348	362
Art. 349	363
Art. 350	363
Art. 351	364
Capítulo IV – Da Imputação do Pagamento	**364**
Art. 352	364
1. Imputação do pagamento. Conceito	364
2. Requisitos	365
Art. 353	366
Art. 354	366
Art. 355	366

Capítulo V – Da Dação em Pagamento 367
  Art. 356 367
    1. Conceito 367
    2. Requisitos e natureza jurídica 367
  Art. 357 368
  Art. 358 368
  Art. 359 369

Capítulo VI – Da Novação 369
  Art. 360 369
    1. Conceito e espécies 369
  Art. 361 371
    1. Ânimo de novar e outros aspectos e requisitos 371
  Art. 362 372
  Art. 363 372
  Art. 364 373
  Art. 365 373
  Art. 366 373
  Art. 367 374

Capítulo VII – Da Compensação 374
  Art. 368 374
    1. Conceito 374
    2. Compensação em sua origem romana 374
    3. Natureza jurídica 375
    4. Efeitos 375
  Art. 369 376
    1. Modalidades 376
    2. Requisitos para a compensação 377
  Art. 370 378
  Art. 371 378
    1. Reciprocidade de créditos 378
  Art. 372 378
  Art. 373 378
  Art. 374 379
  Art. 375 379
  Art. 376 380
  Art. 377 380
  Art. 378 380
  Art. 379 380
  Art. 380 380

Capítulo VIII – Da Confusão 381
  Art. 381 381
    1. Confusão. Conceito e natureza jurídica ... 381
    2. Fontes da confusão 381
  Art. 382 382
  Art. 383 382
  Art. 384 382

Capítulo IX – Da Remissão das Dívidas 382
  Art. 385 382
    1. Conceito. Natureza jurídica. Afinidades 382
    2. Origem histórica 383

    3. Espécies 383
    4. Efeitos 383
  Art. 386 384
  Art. 387 384
  Art. 388 384

TÍTULO IV – DO INADIMPLEMENTO DAS OBRIGAÇÕES 385

Capítulo I – Disposições Gerais 385
  Art. 389 385
    1. Obrigação em crise 385
    2. Inadimplemento absoluto e inadimplemento relativo. Adimplemento substancial 386
    3. Responsabilidade negocial e extranegocial. Consequências da inexecução ... 386
  Art. 390 387
  Art. 391 388
  Art. 392 388
  Art. 393 389
    1. Exoneração da excludente. A cláusula de não indenizar 390

Capítulo II – Da Mora 391
  Art. 394 391
    1. Mora 391
    2. Mora do devedor 392
  Art. 395 393
  Art. 396 394
  Art. 397 394
  Art. 398 395
  Art. 399 396
  Art. 400 396
    1. Mora do credor 396
    2. Efeitos da mora do credor 397
  Art. 401 398

Capítulo III – Das Perdas e Danos 400
  Art. 402 400
  Art. 403 400
    1. Indenização 400
    2. Culpa do devedor 402
    3. Prova da culpa 403
  Art. 404 404
  Art. 405 405

Capítulo III – Das Perdas e Danos 405
  Art. 406 405
  Art. 407 406

Capítulo V – Da Cláusula Penal 407
  Art. 408 407
    1. Conceito. Natureza jurídica 407
  Art. 409 408
  Art. 410 409
  Art. 411 409

Art. 412	410
Art. 413	411
Art. 414	412
Art. 415	412
Art. 416	413
Capítulo VI – Das Arras ou Sinal	**413**
Art. 417	413
1. Conceito de arras	413
2. Noção histórica	414
3. Arras no Código Civil de 1916. Arras confirmatórias e arras penitenciais	415
4. Arras e obrigação alternativa	416
5. Arras e cláusula penal	416
6. Arras no atual Código	416
Art. 418	417
Art. 419	418
Art. 420	418
TÍTULO V – DOS CONTRATOS EM GERAL	**420**
Capítulo I – Disposições Gerais	**420**
Seção I – Preliminares	**420**
Art. 421	420
1. Historicidade do conceito de contrato. Sua evolução. A chamada crise do contrato	420
2. Função social do contrato	422
Art. 421-A	423
Art. 422	424
1. Princípio da boa-fé nos contratos. Desdobramentos. Proibição de comportamento contraditório (*venire contra factum proprium*)	424
2. A boa-fé contratual no vigente Código. A boa-fé objetiva	425
3. Proibição de comportamento contraditório: venire contra *factum proprium*	426
Art. 423	427
Art. 424	428
1. Contratos com cláusulas predispostas	428
2. Despersonalização do contratante	428
3. Contrato de adesão	429
Art. 425	430
Art. 426	433
Seção II – Da Formação dos Contratos	**434**
Art. 427	434
1. Período pré-contratual. Formação da vontade contratual	434
2. Contratos preliminares. A opção	435
3. Oferta ou proposta	435
4. Força vinculante da oferta	436
5. Manutenção da proposta pelos sucessores do ofertante	436
6. Proposta não obrigatória	437
7. Aceitação	437
Art. 428	438
1. Vinculação da oferta no Código de Defesa do Consumidor	440
2. Formação dos contratos por meio de processamento de dados	441
Art. 429	442
Art. 430	443
Art. 431	443
Art. 432	444
Art. 433	444
Art. 434	444
Art. 435	445
Seção III – Da Estipulação em Favor de Terceiro	**445**
Art. 436	445
1. Terceiros e o Contrato	445
2. Verdadeiros terceiros na relação contratual	446
3. Contratos em favor de terceiros	446
Art. 437	447
Art. 438	448
Seção IV – Da Promessa de Fato de Terceiro	**448**
Art. 439	448
Art. 440	449
Seção V – Dos Vícios Redibitórios	**449**
Art. 441	449
1. Obrigações de garantia na entrega da coisa	449
2. Vícios redibitórios. Conceito	450
3. Noção histórica	450
4. Requisitos	451
Art. 442	452
Art. 443	453
Art. 444	453
Art. 445	454
1. Prazos decadenciais no atual Código	454
2. Vícios ocultos segundo o Código de Defesa do Consumidor	455
3. Decadência e prescrição no Código de Defesa do Consumidor. Vícios aparentes e ocultos	457
Art. 446	458
Seção VI – Da Evicção	**459**
Art. 447	459
1. Conceito	459
2. Noção histórica	460
3. Requisitos	460
4. Requisito da existência de sentença judicial	460
5. Evicção nas aquisições judiciais	461
Art. 448	462

Art. 449	462
Art. 450	463
Art. 451	464
Art. 452	464
Art. 453	464
Art. 454	464
Art. 455	464
Art. 456	464
Art. 457	465
Seção VII – Dos Contratos Aleatórios	**466**
Art. 458	466
Art. 459	467
Art. 460	468
Art. 461	468
Seção VIII – Do Contrato Preliminar	**468**
Art. 462	468
Art. 463	471
Art. 464	472
Art. 465	472
Art. 466	472
Seção IX – Do Contrato com Pessoa a Declarar	**472**
Art. 467	472
Art. 468	473
Art. 469	473
Art. 470	473
Art. 471	473
Capítulo II – Da Extinção do Contrato	**473**
Seção I – Do Distrato	**473**
Art. 472	473
1. Transitoriedade e desfazimento dos contratos. Extinção	474
2. Resilição dos contratos	474
3. Distrato e forma	475
4. Quitação, recibo	475
Art. 473	476
Seção II – Da Cláusula Resolutiva	**477**
Art. 474	477
1. Resolução por inexecução involuntária	479
2. Resolução por inadimplemento antecipado	479
Art. 475	481
Seção III – Da Exceção de Contrato não Cumprido	**482**
Art. 476	482
1. Possibilidade de renúncia à exceção de contrato não cumprido: cláusula *solve et repete*	483
Art. 477	484
Seção IV – Da Resolução por Onerosidade Excessiva	**484**
Art. 478	484
1. Princípio da obrigatoriedade dos contratos e possibilidade de revisão	484
2. Fundamentos da possibilidade de revisão judicial dos contratos	485
3. Justificativa para a aplicação judicial da teoria da imprevisão	485
4. Origens históricas. A cláusula *rebus sic stantibus*	486
5. Requisitos para a aplicação da cláusula	486
6. Como se opera a revisão. Efeitos	487
7. Soluções legais. Direito comparado	487
8. Cláusula de exclusão da revisão judicial	489
Art. 479	490
Art. 480	490
TÍTULO VI – DAS VÁRIAS ESPÉCIES DE CONTRATO	**492**
Capítulo I – Da Compra e Venda	**492**
Seção I – Disposições Gerais	**492**
Art. 481	492
1. Conceito. Efeitos obrigacionais do contrato de compra e venda	492
2. Classificação	493
Art. 482	495
1. Elementos constitutivos. Coisa, preço e consentimento. Forma	495
Art. 483	497
Art. 484	498
Art. 485	499
Art. 486	500
Art. 487	500
Art. 488	501
Art. 489	501
Art. 490	501
Art. 491	502
Art. 492	502
Art. 493	504
Art. 494	504
Art. 495	504
Art. 496	505
1. Falta de legitimação do contratante na compra e venda	505
2. Venda a descendente (art. 1.132 do Código de 1916 e art. 496 do atual Código)	505
3. Negócios jurídicos assemelhados à compra e venda. Incidência ou não da anulabilidade	505
4. Natureza jurídica da nulidade conforme o Código Civil de 1916. Prescrição	506
5. A hipótese de venda de ascendente a descendente no atual Código	507
6. Consentimento dos descendentes. O consentimento do cônjuge no atual Código	507

7. Venda a descendente por interposta pessoa.................. 508
8. Ação de nulidade do art. 1.132. A anulação no atual Código 509
Art. 497.................. 510
Art. 498.................. 511
Art. 499.................. 512
Art. 500.................. 512
   1. Venda *ad corpus* e *ad mensuram* 512
Art. 501.................. 514
Art. 502.................. 515
Art. 503.................. 515
   1. Vício redibitório em coisas vendidas conjuntamente 516
   2. Garantia contra vícios redibitórios e evicção 516
Art. 504.................. 516

Seção II – Das Cláusulas Especiais à Compra e Venda 517
Subseção I – Da Retrovenda 517
Art. 505.................. 517
Art. 506.................. 519
Art. 507.................. 520
Art. 508.................. 520

Subseção II – Da Venda a Contento e da Sujeita a Prova 520
Art. 509.................. 520
Art. 510.................. 521
Art. 511.................. 521
Art. 512.................. 522

Subseção III – Da Preempção ou Preferência ... 522
Art. 513.................. 522
   1. Direito de preferência legal. Preferência do inquilino.................. 523
Art. 514.................. 525
Art. 515.................. 525
Art. 516.................. 525
Art. 517.................. 525
Art. 518.................. 526
Art. 519.................. 526
Art. 520.................. 528

Subseção IV – Da Venda com Reserva de Domínio 528
Art. 521.................. 528
Art. 522.................. 529
Art. 523.................. 529
Art. 524.................. 529
Art. 525.................. 530
Art. 526.................. 530
Art. 527.................. 530
Art. 528.................. 531

Subseção V – Da Venda Sobre Documentos 531
Art. 529.................. 531
Art. 530.................. 531
Art. 531.................. 532
Art. 532.................. 532

Capítulo II – Da Troca ou Permuta 532
Art. 533.................. 532
   1. Conceito 532
   2. Natureza.................. 532
   3. Efeitos 533

Capítulo III – Do Contrato Estimatório............ 533
Art. 534.................. 533
Art. 535.................. 535
Art. 536.................. 536
Art. 537.................. 536

Capítulo IV – Da Doação 536
Seção I – Disposições Gerais 536
Art. 538.................. 536
   1. Conceito. Natureza contratual. Conteúdo. Origens. Características.............. 536
   2. *Animus donandi*.................. 537
   3. Aceitação. Capacidade e legitimação.... 538
   4. Doações em prejuízo dos credores do doador.................. 539
   5. Efeitos. Obrigações das partes 539
   6. Promessa de doação.................. 540
Art. 539.................. 541
Art. 540.................. 541
Art. 541.................. 542
Art. 542.................. 543
Art. 543.................. 543
Art. 544.................. 543
Art. 545.................. 544
Art. 546.................. 544
Art. 547.................. 545
Art. 548.................. 545
Art. 549.................. 546
Art. 550.................. 547
Art. 551.................. 548
Art. 552.................. 548
Art. 553.................. 548
Art. 554.................. 549

Seção II – Da Revogação da Doação.................. 549
Art. 555.................. 549
Art. 556.................. 549
Art. 557.................. 549
Art. 558.................. 551
Art. 559.................. 551
Art. 560.................. 551
Art. 561.................. 552
Art. 562.................. 552

Art. 563	552
Art. 564	552
Capítulo V – Da Locação de Coisas	**552**
Art. 565	552
1. Espécies de locação. Conceitos. Natureza	553
2. Capacidade. Objeto. Aluguel	554
Art. 566	554
Art. 567	555
Art. 568	555
Art. 569	555
Art. 570	556
Art. 571	556
Art. 572	557
Art. 573	557
Art. 574	557
Art. 575	557
Art. 576	558
Art. 577	559
Art. 578	559
Capítulo VI – Do Empréstimo	**559**
Seção I – Do Comodato	**559**
Art. 579	559
1. Empréstimo em geral	559
2. Comodato. Natureza. Objeto. Forma	559
3. Promessa de comodato	560
4. Comodato modal	560
Art. 580	561
Art. 581	562
Art. 582	563
Art. 583	563
Art. 584	563
Art. 585	563
1. Direitos e obrigações do comodatário	563
2. Direitos e obrigações do comodante	564
3. Restituição. Interpelação. Pagamento de aluguel. Benfeitorias	564
4. Extinção	565
Seção II – Do Mútuo	**565**
Art. 586	565
Art. 587	567
Art. 588	568
Art. 589	568
Art. 590	568
Art. 591	569
Art. 592	571
Capítulo VII – Da Prestação de Serviço	**571**
Art. 593	571
1. Conceito. Denominação	571
2. Natureza. Distinção de outros contratos	573
Art. 594	574
Art. 595	575
Art. 596	575
Art. 597	576
Art. 598	576
Art. 599	576
Art. 600	576
Art. 601	577
Art. 602	577
Art. 603	577
Art. 604	577
Art. 605	577
Art. 606	577
Art. 607	578
Art. 608	578
Art. 609	578
Capítulo VIII – Da Empreitada	**579**
Art. 610	579
1. Conceito de empreitada. Importância	579
2. Modalidades	579
3. Forma	580
4. Figuras afins: prestação de serviço, contrato de trabalho, mandato, compra e venda, fornecimento. Construção por administração	580
Art. 611	582
Art. 612	582
Art. 613	582
Art. 614	583
Art. 615	584
Art. 616	584
Art. 617	585
Art. 618	585
Art. 619	587
Art. 620	588
Art. 621	588
Art. 622	589
Art. 623	589
Art. 624	589
Art. 625	589
Art. 626	590
Capítulo IX – Do Depósito	**591**
Seção I – Do Depósito Voluntário	**591**
Art. 627	591
1. Conceito. Natureza. Objeto	591
2. Espécies. Depósito voluntário	591
Art. 628	592
Art. 629	592
Art. 630	593
Art. 631	593
Art. 632	593
Art. 633	593
Art. 634	594

Art. 635	594
Art. 636	594
Art. 637	594
Art. 638	594
Art. 639	595
Art. 640	595
Art. 641	595
Art. 642	595
Art. 643	595
Art. 644	596
Art. 645	596
Art. 646	596
Seção II – Do Depósito Necessário	**597**
Art. 647	597
Art. 648	597
Art. 649	597
Art. 650	598
Art. 651	598
Art. 652	598
Capítulo X – Do Mandato	**598**
Seção I – Disposições Gerais	**598**
Art. 653	598
Art. 654	601
Art. 655	602
Art. 656	603
Art. 657	603
Art. 658	604
Art. 659	604
Art. 660	605
Art. 661	605
Art. 662	605
Art. 663	607
Art. 664	607
Art. 665	607
Art. 666	607
Seção II – Das Obrigações do Mandatário	**607**
Art. 667	607
Art. 668	609
Art. 669	610
Art. 670	610
Art. 671	610
Art. 672	610
Art. 673	611
Art. 674	611
Seção III – Das Obrigações do Mandante	**611**
Art. 675	611
Art. 676	611
Art. 677	612
Art. 678	612
Art. 679	612

Art. 680	612
Art. 681	612
Seção IV – Da Extinção do Mandato	**612**
Art. 682	612
Art. 683	614
Art. 684	614
Art. 685	616
Art. 686	616
Art. 687	617
Art. 688	617
Art. 689	618
Art. 690	618
Seção V – Do Mandato Judicial	**618**
Art. 691	618
Art. 692	618
Capítulo XI – Da Comissão	**620**
Art. 693	620
Art. 694	621
Art. 695	622
Art. 696	623
Art. 697	624
Art. 698	624
Art. 699	625
Art. 700	625
Art. 701	625
Art. 702	625
Art. 703	626
Art. 704	626
Art. 705	626
Art. 706	626
Art. 707	627
Art. 708	627
Art. 709	627
Capítulo XII – Da Agência e Distribuição	**627**
Art. 710	627
1. Tratamento conjunto de ambos os contratos. Os contratos de agência e distribuição e o representante comercial	627
2. Comercialização por terceiros	628
3. Agência	629
3.1. Agência e contrato de *lobby*	630
4. Características. Remuneração do agente	630
5. Distribuição	631
Art. 711	632
Art. 712	633
Art. 713	633
Art. 714	633
Art. 715	633
Art. 716	633
Art. 717	634
Art. 718	634

Art. 719	634
Art. 720	634
Art. 721	635

Capítulo XIII – Da Corretagem **635**
- Art. 722 635
  1. Conceito. Natureza jurídica 635
  2. Corretor 636
  3. Extinção do contrato de corretagem 637
- Art. 723 637
- Art. 724 638
- Art. 725 639
- Art. 726 640
- Art. 727 641
- Art. 728 642
- Art. 729 642

Capítulo XIV – Do Transporte **642**
Seção I – Disposições Gerais **642**
- Art. 730 642
  1. Conceito. Origens 642
  2. Natureza jurídica 643
     2.1. Espécies 644
  3. Sujeitos 644
  4. Objeto 644
  5. Frete 644
  6. Obrigações das partes. Vistoria e protesto. Responsabilidade do transportador 645
  7. Particularidades do transporte aéreo 646
- Art. 731 646
- Art. 732 647
- Art. 733 647

Seção II – Do Transporte de Pessoas **648**
- Art. 734 648
- Art. 735 649
- Art. 736 650
- Art. 737 651
- Art. 738 652
  1. Bilhete de passagem 652
- Art. 739 653
- Art. 740 653
- Art. 741 654
- Art. 742 655

Seção III – Do Transporte de Coisas **655**
- Art. 743 655
- Art. 744 655
- Art. 745 656
- Art. 746 656
- Art. 747 656
- Art. 748 657
- Art. 749 657
- Art. 750 657
- Art. 751 658
- Art. 752 658
- Art. 753 658

Art. 754	659
Art. 755	659
Art. 756	660

Capítulo XV – Do Seguro **660**
Seção I – Disposições Gerais **660**
- Art. 757 660
  1. Origens. Conceito 660
  2. Características. Natureza jurídica 662
  3. Objeto 663
  4. Espécies 663
- Art. 758 664
- Art. 759 665
- Art. 760 666
- Art. 761 667
  1. Multiplicidade de seguros. Cosseguro 667
  2. Resseguro 669
- Art. 762 670
- Art. 763 670
- Art. 764 671
- Art. 765 672
- Art. 766 673
- Art. 767 674
- Art. 768 674
- Art. 769 675
- Art. 770 676
- Art. 771 676
- Art. 772 677
- Art. 773 677
- Art. 774 678
- Art. 775 678
- Art. 776 679
- Art. 777 679

Seção II – Do Seguro de Dano **679**
- Art. 778 679
- Art. 779 679
- Art. 780 680
  1. Extinção do contrato de seguro 680
  2. Prescrição 680
- Art. 781 681
- Art. 782 682
- Art. 783 682
- Art. 784 682
- Art. 785 682
- Art. 786 683
- Art. 787 684
- Art. 788 685

Seção III – Do Seguro de Pessoa **686**
- Art. 789 686
- Art. 790 686
- Art. 791 687
- Art. 792 687
- Art. 793 688
- Art. 794 689

Art. 795	689
Art. 796	690
Art. 797	690
Art. 798	690
Art. 799	691
Art. 800	691
Art. 801	692
Art. 802	693
Capítulo XVID - Constituição de Renda	**693**
Art. 803	693
Art. 804	693
Art. 805	694
Art. 806	694
Art. 807	695
Art. 808	695
Art. 809	696
Art. 810	696
Art. 811	696
Art. 812	696
Art. 813	696
Capítulo XVII – Do Jogo e da Aposta	**697**
Art. 814	697
1. Conceito. Natureza jurídica	697
2. Espécies de jogo. Natureza da obrigação. Características	698
Art. 815	699
Art. 816	699
Art. 817	700
Capítulo XVIII – Da Fiança	**700**
Seção I – Disposições Gerais	**700**
Art. 818	700
Art. 819	702
1. Requisitos subjetivos. Legitimidade. Outorga conjugal	703
Art. 819-A. (VETADO)	704
Art. 820	704
Art. 821	704
Art. 822	705
Art. 823	705
Art. 824	706
Art. 825	706
Art. 826	706
Seção II – Dos Efeitos da Fiança	**707**
Art. 827	707
Art. 828	708
Art. 829	709
Art. 830	709
Art. 831	709
Art. 832	710
Art. 833	710
Art. 834	710

Art. 835	710
Art. 836	712
Seção III – Da Extinção da Fiança	**712**
Art. 837	712
Art. 838	713
Art. 839	714
Capítulo XIX – Da Transação	**714**
Art. 840	714
1. Conceito. Peculiaridades	714
2. Natureza contratual da transação. Características	715
Art. 841	716
1. Objeto	716
2. Capacidade para transigir. Poder de transigir	717
Art. 842	717
Art. 843	718
Art. 844	719
Art. 845	719
Art. 846	719
Art. 847	720
Art. 848	720
Art. 849	720
Art. 850	720
Capítulo XX – Do Compromisso	**720**
Art. 851	720
Art. 852	721
Art. 853	721
1. Conceito e utilidade	721
2. Natureza jurídica	722
3. Origem histórica	722
4. Cláusula compromissória. Rumos impostos pela lei. Execução específica: ação para instituição da arbitragem	723
4.1. Aspectos da cláusula compromissória	723
4.2. Procedimentos para execução específica da cláusula compromissória	725
5. Modalidades	726
6. Requisitos do compromisso. Autorização para decidir por equidade	726
7. Dos árbitros	727
8. Do procedimento arbitral	728
9. Da sentença arbitral	729
10. Sentenças arbitrais estrangeiras	731
11. Extinção do compromisso	732
TÍTULO VII – DOS ATOS UNILATERAIS	**735**
Capítulo I – Da Promessa de Recompensa	**735**
Art. 854	735
Art. 855	736

Art. 856 737
Art. 857 737
Art. 858 737
Art. 859 737
Art. 860 738

Capítulo II – Da Gestão de Negócios 738
Art. 861 738
Art. 862 740
Art. 863 740
Art. 864 740
Art. 865 740
Art. 866 741
Art. 867 741
Art. 868 741
Art. 869 741
Art. 870 741
Art. 871 742
Art. 872 742
Art. 873 742
Art. 874 743
Art. 875 743

Capítulo III – Do Pagamento Indevido 743
Art. 876 743
  1. Enriquecimento sem causa e pagamento indevido 744
  2. Pagamento indevido 744
  3. Pagamento em geral. Conteúdo 744
  4. Posição da matéria na lei. Fonte autônoma de obrigações 744
  5. Pressupostos do pagamento indevido .. 745
Art. 877 745
Art. 878 747
Art. 879 747
  1. *Accipiens* aliena de boa-fé por título oneroso 748
  2. *Accipiens* aliena de boa-fé por título gratuito 748
  3. *Accipiens* aliena a terceiro de má-fé 748
  4. Má-fé do accipiens 748
  5. Síntese 748
Art. 880 748
Art. 881 749
Art. 882 749
Art. 883 749

Capítulo IV – Do Enriquecimento Sem Causa 750
Art. 884 750
  1. Enriquecimento sem causa. Conteúdo. 750
  2. Enriquecimento sem causa e pagamento indevido como fonte de obrigações .. 750
  3. Tratamento da matéria no Direito Romano 750

  4. Direito moderno, sistema alemão e sistema francês 751
  5. Aplicação da teoria do enriquecimento sem causa no Direito brasileiro 753
  6. Requisitos do enriquecimento sem causa 753
  7. Objeto da restituição 754
Art. 885 755
Art. 886 755
  1. Ação de *in rem verso* 755
    1.1. Enriquecimento 755
    1.2. Empobrecimento correlativo 755
    1.3. Ausência de causa jurídica 755
    1.4. Ausência de interesse pessoal do empobrecido 756
  2. A subsidiariedade da ação 756

TÍTULO VIII – DOS TÍTULOS DE CRÉDITO ... 758

Capítulo I – Disposições Gerais 758
Art. 887 758
  1. Generalidades. Conceito. Características. O Código de 2002 758
  2. Legislação dos títulos de crédito 760
Art. 888 761
Art. 889 761
  1. Requisitos essenciais 761
Art. 890 762
Art. 891 762
Art. 892 763
Art. 893 763
Art. 894 763
Art. 895 763
Art. 896 763
Art. 897 763
Art. 898 763
Art. 899 764
Art. 900 764
Art. 901 766
Art. 902 766
Art. 903 766

Capítulo II – Do Título ao Portador 766
Art. 904 766
Art. 905 768
Art. 906 768
Art. 907 768
Art. 908 768
Art. 909 769

Capítulo III – Do Título à Ordem 769
Art. 910 769
  Saque, aceite, endosso, aval e outros institutos típicos do direito cambial 769
  1. Saque 769

2. Aceite	769	1. O fato de terceiro	799
3. Endosso	770	Art. 931	800
4. Aval	772	Art. 932	802
Art. 911	773	1. Responsabilidade direta e indireta	802
Art. 912	773	2. Responsabilidade dos pais pelos filhos menores	803
Art. 913	773	3. Responsabilidade de tutores e curadores	805
Art. 914	773	4. Responsabilidade do empregador e assemelhado	806
Art. 915	773	5. Responsabilidade dos donos de hotéis e similares	808
Art. 916	773	6. Responsabilidade dos estabelecimentos de ensino	808
Art. 917	774	7. Responsabilidade dos que participaram gratuitamente nos produtos do crime	809
Art. 918	774		
Art. 919	775		
Art. 920	775		

Capítulo IV – Do Título Nominativo 775

Art. 921	775	Art. 933	810
Art. 922	775	Art. 934	811
Art. 923	776	Art. 935	811
Art. 924	776	1. Responsabilidade civil e penal	811
Art. 925	776	2. Execução da sentença penal condenatória	813
Art. 926	776	3. Sentença penal absolutória	816

TÍTULO IX – DA RESPONSABILIDADE CIVIL 777
Capítulo I – Da Obrigação de Indenizar 777

Art. 927	777	Art. 936	818
1. Introdução. Responsabilidade civil: princípios orientadores. Responsabilidades subjetiva e objetiva	777	Art. 937	821
		1. O fato da coisa	821
		2. Responsabilidade pela ruína de edifício	822
1.1. Responsabilidade objetiva. Risco	779	Art. 938	824
1.2. Responsabilidade civil e penal	781	Art. 939	826
1.3. Responsabilidade contratual e extracontratual (responsabilidade negocial e extranegocial)	781	Art. 940	826
		Art. 941	826
		1. Responsabilidade por demanda antecipada de dívida ou de dívida já paga	826
1.4. Ato ilícito	781	Art. 942	827
1.5. Culpa	782	Art. 943	828

Capítulo II – Da Indenização 828

1.6. Dano e indenização	786	Art. 944	828
1.7. Nexo causal	790	Art. 945	830
1.8. Excludentes da responsabilidade. Rompimento do nexo causal. Culpa da vítima	790	Art. 946	831
		Art. 947	831
		Art. 948	831
1.9. Caso fortuito e força maior	791	Art. 949	833
1.10. Estado de necessidade. Legítima defesa. Exercício regular de direito	792	Art. 950	833
		Art. 951	834
1.11. Cláusula de não indenizar. Cláusula limitativa de responsabilidade	792	Art. 952	834
		Art. 953	835
1.12. Imputabilidade	794	Art. 954	836

TÍTULO X – DAS PREFERÊNCIAS E PRIVILÉGIOS CREDITÓRIOS 837

1.13. O parágrafo único do art. 927. Atividade de risco	795	Art. 955	837
Art. 928	797	Art. 956	837
Art. 929	798		
Art. 930	798		

Art. 957	837
Art. 958	837
Art. 959	837
Art. 960	838
Art. 961	838
Art. 962	838
Art. 963	838
Art. 964	838
Art. 965	839
LIVRO II – DO DIREITO DE EMPRESA	**841**
TÍTULO I – DO EMPRESÁRIO	**841**
Capítulo I – Da Caracterização e da Inscrição	**841**
Art. 966	841
Art. 967	843
Art. 968	844
Art. 969	846
Art. 970	846
Art. 971	846
Capítulo II – Da Capacidade	**847**
Art. 972	847
Art. 973	848
Art. 974	848
Art. 975	849
Art. 976	849
Art. 977	849
Art. 978	850
Art. 979	850
Art. 980	851
TÍTULO I-A – DA EMPRESA INDIVIDUAL DE RESPONSABILIDADE LIMITADA	**852**
Art. 980-A	852
TÍTULO II – DA SOCIEDADE	**853**
Capítulo Único – Disposições Gerais	**855**
Art. 981	855
Art. 982	856
Art. 983	856
Art. 984	857
Art. 985	857
SUBTÍTULO I – DA SOCIEDADE NÃO PERSONIFICADA	**858**
Capítulo I – Da Sociedade em Comum	**858**
Art. 986	858
Art. 987	859
Art. 988	859
Art. 989	859
Art. 990	860
Capítulo II – Da Sociedade em Conta de Participação	**860**
Art. 991	860
Art. 992	861
Art. 993	861
Art. 993	861
Art. 994	861
Art. 995	862
Art. 996	862
SUBTÍTULO II – DA SOCIEDADE PERSONIFICADA	**862**
Capítulo I – Da Sociedade Simples	**862**
Seção I – Do Contrato Social	**862**
Art. 997	862
Art. 998	865
Art. 999	865
Art. 1.000	866
Seção II – Dos Direitos e Obrigações dos Sócios	**866**
Art. 1.001	866
Art. 1.002	866
Art. 1.003	866
Art. 1.004	867
Art. 1.005	868
Art. 1.006	868
Art. 1.007	868
Art. 1.008	869
Seção III – Da Administração	**869**
Art. 1.009	869
Seção III – Da Administração	**870**
Art. 1.010	870
Art. 1.011	871
Art. 1.012	871
Art. 1.013	872
Art. 1.014	872
Art. 1.015	872
Art. 1.016	873
Art. 1.017	873
Art. 1.018	874
Art. 1.019	874
Art. 1.020	874
Art. 1.021	874
Seção IV – Das Relações com Terceiros	**875**
Art. 1.022	875
Art. 1.023	875
Art. 1.024	875
Art. 1.025	876
Art. 1.026	877
Art. 1.027	877
Seção V – Da Resolução da Sociedade em Relação a um Sócio	**878**
Art. 1.028	878
Art. 1.029	878
Art. 1.030	879
Art. 1.031	880
Art. 1.032	881

Seção VI – Da Dissolução...........................	882
Art. 1.033..	882
Art. 1.034..	883
Art. 1.035..	883
Art. 1.036..	883
Art. 1.037..	884
Art. 1.038..	884
Capítulo II – Da Sociedade em Nome Coletivo..	885
Art. 1.039..	885
Art. 1.040..	885
Art. 1.041..	885
Art. 1.042..	885
Art. 1.043..	885
Art. 1.044..	886
Capítulo III – Da Sociedade em Comandita Simples...	886
Art. 1.045..	886
Art. 1.046..	886
Art. 1.047..	886
Art. 1.048..	887
Art. 1.049..	887
Art. 1.050..	887
Art. 1.051..	887
Capítulo IV – Da Sociedade Limitada..........	888
Seção I – Disposições Preliminares..............	888
Art. 1.052..	888
Art. 1.053..	889
Art. 1.054..	890
Seção II – Das Quotas.................................	890
Art. 1.055..	890
Art. 1.056..	891
Art. 1.057..	892
Art. 1.058..	892
Art. 1.059..	893
Seção III – Da Administração......................	893
Art. 1.060..	893
Art. 1.061..	894
Art. 1.062..	894
Art. 1.063..	895
Art. 1.064..	895
Art. 1.065..	896
Seção IV – Do Conselho Fiscal....................	896
Art. 1.066..	896
Art. 1.067..	897
Art. 1.068..	897
Art. 1.069..	897
Art. 1.070..	898
Seção V – Das Deliberações dos Sócios........	989
Art. 1.071..	898
Art. 1.072..	899
Art. 1.073..	900
Art. 1.074..	900
Art. 1.075..	901
Art. 1.076..	901
Art. 1.077..	901
Art. 1.078..	902
Art. 1.079..	903
Art. 1.080..	903
Art. 1.080-A..	904
Seção VI – Do Aumento e da Redução do Capital...	904
Art. 1.081..	904
Art. 1.082..	905
Art. 1.083..	905
Art. 1.084..	906
Seção VII – Da Resolução da Sociedade em Relação a Sócios Minoritários.....................	906
Art. 1.085..	906
Art. 1.086..	907
Seção VIII – Da Dissolução.........................	907
Art. 1.087..	907
Capítulo V – Da Sociedade Anônima...........	908
Seção Única – Da Caracterização................	908
Art. 1.088..	908
Art. 1.089..	908
Capítulo VI – Da Sociedade em Comandita por Ações...	909
Art. 1.090..	909
Art. 1.091..	909
Art. 1.092..	910
Capítulo VII – Da Sociedade Cooperativa....	910
Art. 1.093..	910
Art. 1.094..	911
Art. 1.095..	912
Art. 1.096..	913
Capítulo IX – Da Liquidação da Sociedade.....	913
Art. 1.097..	913
Art. 1.098..	914
Art. 1.099..	914
Art. 1.100..	914
Art. 1.101..	914
Capítulo IX – Da Liquidação da Sociedade.....	915
Art. 1.102..	915
Art. 1.103..	916
Art. 1.104..	917
Art. 1.105..	917
Art. 1.106..	918
Art. 1.107..	918
Art. 1.108..	918
Art. 1.109..	919

Art. 1.110......... 919
Art. 1.111......... 919
Art. 1.112......... 919

Capítulo X – Da Transformação, da Incorporação, da Fusão e da Cisão das Sociedades......... 920

Seção I – Disposições Gerais......... 920
Art. 1.113......... 920
Art. 1.114......... 920
Art. 1.115......... 921
Art. 1.116......... 921
Art. 1.117......... 922
Art. 1.118......... 923
Art. 1.119......... 923
Art. 1.120......... 923
Art. 1.121......... 924
Art. 1.122......... 924

CAPÍTULO XI – Da Sociedade Dependente de Autorização......... 925

Seção I – Disposições Gerais......... 925
Art. 1.123......... 925
Art. 1.124......... 925
Art. 1.125......... 925

Seção II – Da Sociedade Nacional......... 926
Art. 1.126......... 926
Art. 1.127......... 926
Art. 1.128......... 926
Art. 1.129......... 927
Art. 1.130......... 927
Art. 1.131......... 927
Art. 1.132......... 927
Art. 1.133......... 928

Seção III – Da Sociedade Estrangeira......... 928
Art. 1.134......... 928
Art. 1.135......... 929
Art. 1.136......... 929
Art. 1.137......... 930
Art. 1.138......... 930
Art. 1.139......... 930
Art. 1.140......... 930
Art. 1.141......... 931

TÍTULO III – DO ESTABELECIMENTO......... 932

Capítulo Único – Disposições Gerais......... 932
Art. 1.142......... 932
Art. 1.143......... 933
Art. 1.144......... 933
Art. 1.145......... 934
Art. 1.146......... 934
Art. 1.147......... 935
Art. 1.148......... 936
Art. 1.149......... 936

TÍTULO IV – DOS INSTITUTOS COMPLEMENTARES......... 937

Capítulo I – Do Registro......... 937
Art. 1.150......... 937
Art. 1.151......... 937
Art. 1.152......... 938
Art. 1.153......... 939
Art. 1.154......... 939

Capítulo II – Do Nome Empresarial......... 939
Art. 1.155......... 939
Art. 1.156......... 940
Art. 1.157......... 941
Art. 1.158......... 941
Art. 1.159......... 941
Art. 1.160......... 942
Art. 1.161......... 942
Art. 1.162......... 942
Art. 1.163......... 943
Art. 1.164......... 943
Art. 1.165......... 943
Art. 1.166......... 944
Art. 1.167......... 945
Art. 1.168......... 945

Capítulo III – Dos Prepostos......... 945

Seção I – Disposições Gerais......... 945
Art. 1.169......... 945
Art. 1.170......... 946
Art. 1.171......... 946

Seção II – Do Gerente......... 947
Art. 1.172......... 947
Art. 1.173......... 947
Art. 1.174......... 947
Art. 1.175......... 948
Art. 1.176......... 948

Seção III – Do Contabilista e Outros Auxiliares......... 948
Art. 1.177......... 948
Art. 1.178......... 949

Capítulo IV – Da Escrituração......... 949
Art. 1.179......... 949
Art. 1.180......... 950
Art. 1.181......... 950
Art. 1.182......... 950
Art. 1.183......... 951
Art. 1.184......... 951
Art. 1.185......... 952
Art. 1.186......... 952
Art. 1.187......... 952
Art. 1.188......... 953
Art. 1.189......... 953
Art. 1.190......... 953
Art. 1.191......... 954
Art. 1.192......... 954

Art. 1.193.. 954
Art. 1.194.. 955
Art. 1.195.. 955
LIVRO III – DO DIREITO DAS COISAS......... **957**
TÍTULO I – DA POSSE.................................. **957**
Capítulo I – Da Posse e sua Classificação.......... **957**
Art. 1.196.. 957
  1. Proteção a um estado de aparência....... 957
  2. Posse e propriedade. Juízo possessório e juízo petitório... 958
  3. Conceito de posse: *corpus* e *animus*...... 959
  4. Objeto da posse. Posse de direitos 960
Art. 1.197.. 962
  1. Posse direta e indireta............................ 962
Art. 1.198.. 964
  1. Detenção. Fâmulos da posse................. 964
Art. 1.199.. 966
  1. Composse... 966
Art. 1.200.. 967
  1. Posse justa e injusta. Posse violenta, clandestina e precária 967
Art. 1.201.. 969
Art. 1.202.. 969
  1. Posse de boa-fé e de má-fé. Justo título 969
Art. 1.203.. 971
  1. Princípio de continuidade do caráter da posse 971
  2. Posse *ad interdicta* e posse *ad usucapionem*. Posse nova e posse velha.......... 972
Capítulo II – Da Aquisição da Posse................. **973**
Art. 1.204.. 973
  1. Aquisição da posse 973
  2. Apreensão da coisa ou exercício do direito. Aquisição originária e derivada... 974
  3. Modalidades de tradição 974
  4. Disposição da coisa ou do direito 975
  5. Modos de aquisição da posse em geral. 975
Art. 1.205.. 975
  1. Quem pode adquirir a posse 975
Art. 1.206.. 976
Art. 1.207.. 976
Art. 1.208.. 977
  1. Atos que não induzem posse 978
Art. 1.209.. 978
Capítulo III – Dos Efeitos da Posse.................. **979**
Art. 1.210.. 979
  1. Efeitos da posse. Sua classificação. Proteção possessória 979
  2. Fundamentos e âmbito da proteção possessória. Histórico 980
  3. Legítima defesa da posse. Desforço imediato.. 980
  4. Interditos possessórios. Ações possessórias no CPC... 982
Art. 1.211.. 983
Art. 1.212.. 984
Art. 1.213.. 984
Art. 1.214.. 985
Art. 1.215.. 985
Art. 1.216.. 985
  1. Percepção dos frutos 985
Art. 1.217.. 987
Art. 1.218.. 987
Art. 1.219.. 988
Art. 1.220.. 988
  1. Indenização por benfeitorias e direito de retenção 988
Art. 1.221.. 989
Art. 1.222.. 990
Capítulo IV – Da Perda da Posse **990**
Art. 1.223.. 990
  1. Perda da posse 990
  2. Perda da posse pelo abandono 991
  3. Perda da posse pela tradição 991
  4. Perda ou destruição da coisa. Coisas postas fora do comércio 991
  5. Posse de outrem. Perda da posse do ausente.. 992
  6. Perda da posse pelo *constituto possessório* 992
  7. Perda da posse de direitos 992
Art. 1.224.. 993
TÍTULO II – DOS DIREITOS REAIS............... **995**
Capítulo Único – Disposições Gerais **995**
Art. 1.225.. 995
  1. O universo dos direitos reais. Relação das pessoas com as coisas..................... 995
  2. Concessão de uso especial para fins de moradia e concessão de direito real de uso 996
  3. Direitos reais e direitos pessoais........... 998
  4. Situações intermediárias entre direitos reais e direitos pessoais.......................... 998
  5. Obrigações *propter rem* 999
  6. Ônus reais 999
  7. Obrigações com eficácia real 1000
  8. Classificação dos direitos reais 1000
Art. 1.226.. 1001
Art. 1.227.. 1002
TÍTULO III – DA PROPRIEDADE.................. **1004**
Capítulo I – Da Propriedade em Geral.............. **1004**
Seção I – Disposições Preliminares **1004**

Art. 1.228.. 1004
   1. Sobre a natureza jurídica da propriedade.. 1004
   2. Objeto do direito de propriedade.......... 1005
Art. 1.229.. 1010
Art. 1.230.. 1011
Art. 1.231.. 1011
Art. 1.232.. 1012
Seção II – Da Descoberta 1013
Art. 1.233.. 1013
   1. Invenção ou descoberta........................ 1013
Art. 1.234.. 1013
Art. 1.235.. 1013
Art. 1.236.. 1013
Art. 1.237.. 1013
Capítulo II – Da Aquisição da Propriedade Imóvel 1014
Seção I – Da Usucapião............................. 1014
Art. 1.238.. 1014
   1. Aquisição originária e derivada: a título singular e a título universal................. 1014
   2. Usucapião: introdução. Notícia histórica... 1015
   3. Fundamentos da usucapião 1015
   4. Requisitos da usucapião. Usucapião ordinário e extraordinário no Código de 1916.. 1017
   5. Justo título e boa-fé na usucapião ordinária no Código de 1916 1018
   6. Usucapião no atual Código. Modalidades. Uma nova perspectiva....................... 1019
Art. 1.239.. 1020
   1. Usucapião especial. Constituição de 1988.. 1020
Art. 1.240.. 1022
Art. 1.240-A.. 1023
   1. Usucapião coletivo instituído pelo Estatuto da Cidade, com redação dada pela Lei 13.465/2017. Aquisição de propriedade de imóvel reivindicando (art. 1.228, § 4º) 1024
Art. 1.241.. 1026
Art. 1.242.. 1026
Art. 1.243.. 1027
Art. 1.244.. 1028
Seção II – Da Aquisição pelo Registro do Título 1029
Art. 1.245.. 1029
Art. 1.246.. 1030
Art. 1.247.. 1031

Seção III – Da Aquisição por Acessão 1032
Art. 1.248.. 1032
Subseção I – Das Ilhas 1032
Art. 1.249.. 1032
Subseção II – Da Aluvião 1033
Art. 1.250.. 1033
Subseção III – Da Avulsão 1034
Art. 1.251.. 1034
Subseção IV – Do Álveo Abandonado....... 1034
Art. 1.252.. 1034
Subseção V – Das Construções e Plantações..... 1035
Art. 1.253.. 1035
Art. 1.254.. 1035
Art. 1.255.. 1035
Art. 1.256.. 1036
Art. 1.257.. 1037
Art. 1.258.. 1038
Art. 1.259.. 1039
Capítulo III – Da Aquisição da Propriedade Móvel 1040
Seção I – Da Usucapião............................. 1040
Art. 1.260.. 1040
Art. 1.261.. 1040
Art. 1.262.. 1041
   1. Aquisição da propriedade móvel. Introdução.. 1041
   2. Usucapião da coisa móvel 1041
Seção II – Da Ocupação........................... 1042
Art. 1.263.. 1042
Seção III – Do Achado do Tesouro 1043
Art. 1.264.. 1043
Art. 1.265.. 1043
Art. 1.266.. 1043
Seção IV – Da Tradição 1045
Art. 1.267.. 1045
Art. 1.268.. 1046
Seção V – Da Especificação 1047
Art. 1.269.. 1047
Art. 1.270.. 1047
Art. 1.271.. 1047
Seção VI – Da Confusão, da Comissão e da Adjunção 1048
Art. 1.272.. 1048
Art. 1.273.. 1048
Art. 1.274.. 1048
Capítulo IV – Da Perda da Propriedade........... 1049
Art. 1.275.. 1049
   1. Perda da propriedade............................ 1049

2. Alienação	1050
3. Renúncia	1050
4. Abandono	1051
5. Perecimento do objeto	1051
6. Desapropriação	1051
Art. 1.276	1053 |//
Capítulo V – Dos Direitos de Vizinhança 1054
Seção I – Do Uso Anormal da Propriedade 1054
Art. 1.277	1054
Art. 1.278	1058
Art. 1.279	1058
Art. 1.280	1059
Art. 1.281	1060

Seção II – Das Árvores Limítrofes 1060
Art. 1.282	1060
Art. 1.283	1060
Art. 1.284	1061

Seção III – Da Passagem Forçada 1062
Art. 1.285	1062

Seção IV– Da Passagem de Cabos e Tubulações 1063
Art. 1.286	1063
Art. 1.287	1064

Seção V – Das Águas 1064
Art. 1.288	1064
Art. 1.289	1066
Art. 1.290	1067
Art. 1.291	1068
Art. 1.292	1068
Art. 1.293	1068
Art. 1.294	1069
Art. 1.295	1070
Art. 1.296	1070

Seção VI – Dos Limites entre Prédios e do Direito de Tapagem 1070
Art. 1.297	1070
Art. 1.298	1071
1. Demarcação	1071
2. Direito de tapagem	1073

Seção VII – Do Direito de Construir 1075
Art. 1.299	1075
Art. 1.300	1077
Art. 1.301	1077
Art. 1.302	1078
Art. 1.303	1079
Art. 1.304	1079
Art. 1.305	1079
Art. 1.306	1080
Art. 1.307	1081
Art. 1.308	1081
Art. 1.309	1081
Art. 1.310	1081
Art. 1.311	1082
Art. 1.312	1082
Art. 1.313	1083

Capítulo VI – Do Condomínio Geral 1084
Seção I – Do Condomínio Voluntário 1084
Subseção I – Dos direitos e deveres dos condôminos 1084
Art. 1.314	1084
1. Comunhão de direitos e condomínio	1084
2. Antecedentes históricos e natureza do condomínio	1085
3. Modalidades e fontes do condomínio	1085
4. Direitos e deveres dos condôminos	1086
Art. 1.315	1089
Art. 1.316	1090
Art. 1.317	1090
Art. 1.318	1090
Art. 1.319	1090
Art. 1.320	1091
Art. 1.321	1092
Art. 1.322	1092

Subseção II – Da Administração do Condomínio 1094
Art. 1.323	1094
Art. 1.324	1094
Art. 1.325	1095
Art. 1.326	1096

Seção II – Do Condomínio Necessário 1096
Art. 1.327	1096
Art. 1.328	1096
Art. 1.329	1097
Art. 1.330	1097

Capítulo VII – Do Condomínio Edilício 1097
Seção I – Disposições Gerais 1097
Art. 1.331	1097
1. Denominação de natureza jurídica. Duplicidade de natureza no direito de propriedade: unidades autônomas e áreas comuns. Personificação	1098
2. Constituição e objeto. Incorporação imobiliária	1099
3. Partes suscetíveis de utilização independente	1100
Art. 1.332	1101
Art. 1.333	1102
Art. 1.334	1102
Art. 1.335	1105
Art. 1.336	1105
Art. 1.337	1108
Art. 1.338	1110
Art. 1.339	1111
Art. 1.340	1111
Art. 1.341	1112

Art. 1.342	1113
Art. 1.343	1113
Art. 1.344	1114
Art. 1.345	1114
Art. 1.346	1115
Seção II – Da Administração do Condomínio	**1115**
Art. 1.347	1115
Art. 1.348	1115
Art. 1.349	1116
Art. 1.350	1116
Art. 1.351	1117
Art. 1.352	1117
Art. 1.353	1117
Art. 1.354	1118
Art. 1.355	1118
Art. 1.356	1119
Seção III – Da Extinção do Condomínio	**1119**
Art. 1.357	1119
Art. 1.358	1119
Seção IV – Do Condomínio de Lotes(Incluído pela Lei nº 13.465, de 2017)	**1119**
Art. 1.358-A	1119
CAPÍTULO VII-A – Do condomínio em multipropriedade	**1120**
Art. 1.358-B	1120
1. Novas Manifestações Condominiais: Loteamentos Fechados, *Shopping Centers*, Clubes de Campo, Cemitérios	1120
2. Multipropriedade (*time-sharing*)	1121
Art. 1.358-C	1123
Art. 1.358-D	1123
Art. 1.358-E	1123
Seção II – Da Instituição da Multipropriedade	**1124**
Art. 1.358-F	1124
Art. 1.358-G	1124
Art. 1.358-H	1124
Seção III – Dos Direitos e das Obrigações do Multiproprietário	**1125**
Art. 1.358-I	1125
Art. 1.358-J	1126
Art. 1.358-K	1126
Seção IV – Da Transferência da Multipropriedade	**1126**
Art. 1.358-L	1126
Seção V – Da Administração da Multipropriedade	**1127**
Art. 1.358-M	1127
Art. 1.358-N	1127
Seção VI – Disposições Específicas Relativas às Unidades Autônomas de Condomínios Edilícios	**1127**
Art. 1.358-O	1127
Art. 1.358-P	1128
Art. 1.358-Q	1128
Art. 1.358-R	1129
Art. 1.358-S	1129
Art. 1.358-T	1129
Art. 1.358-U	1130
Capítulo VIII – Da Propriedade Resolúvel	**1131**
Art. 1.359	1131
1. Propriedade resolúvel. Hipóteses	1131
2. Propriedade sujeita à condição ou termo	1132
Art. 1.360	1133
Capítulo IX – Da Propriedade Fiduciária	**1134**
Art. 1.361	1134
Art. 1.362	1135
Art. 1.363	1137
Art. 1.364	1137
Art. 1.365	1137
Art. 1.366	1137
Art. 1.367	1139
Art. 1.368	1139
Art. 1.368-A	1139
Art. 1.368-B	1139
Capítulo X – Do Fundo de Investimento	**1140**
Art. 1.368-C	1140
Art. 1.368-D	1140
Art. 1.368-E	1140
Art. 1.368-F	1140
TÍTULO IV – DA SUPERFÍCIE	**1142**
Art. 1.369	1142
1. Direitos reais limitados	1142
2. Superfície	1142
3. Direito de superfície no Estatuto da Cidade (Lei nº 10.257/2001)	1143
Art. 1.370	1144
Art. 1.371	1144
Art. 1.372	1145
Art. 1.373	1145
Art. 1.374	1145
Art. 1.375	1146
Art. 1.376	1146
Art. 1.377	1146
TÍTULO V – DAS SERVIDÕES	**1147**
Capítulo I – Da Constituição das Servidões	**1147**
Art. 1.378	1147
1. Servidão. Conceito. Notícia histórica	1147
2. Características	1148
3. Servidões e limitações decorrentes de vizinhança. Servidões administrativas	1148
4. Classificação	1148
5. Origem e constituição das servidões	1149
Art. 1.379	1150
Capítulo II – Do Exercício das Servidões	**1151**
Art. 1.380	1151

Art. 1.381	1151
Art. 1.382	1151
Art. 1.383	1151
Art. 1.384	1152
Art. 1.385	1152
1. Modalidades de servidão. Origem histórica. Exercício. Ampliação da servidão	1153
Art. 1.386	1153

Capítulo III – Da Extinção das Servidões **1154**
Art. 1.387	1154
Art. 1.388	1154
Art. 1.389	1155
1. Ações decorrentes das servidões	1155

TÍTULO VI – DO USUFRUTO **1156**

Capítulo I – Disposições Gerais **1156**
Art. 1.390	1156
1. Conceito. Notícia histórica	1156
2. Natureza jurídica. Características	1156
3. Classificação. Usufruto e outros institutos. Fideicomisso	1157
Art. 1.391	1158
Art. 1.392	1159
Art. 1.393	1160

Capítulo II – Dos Direitos do Usufrutuário **1161**
Art. 1.394	1161
Art. 1.395	1161
Art. 1.396	1162
Art. 1.397	1162
Art. 1.398	1162
Art. 1.399	1162

Capítulo III – Dos Deveres do Usufrutuário **1162**
Art. 1.400	1162
Art. 1.401	1163
Art. 1.402	1163
Art. 1.403	1163
Art. 1.404	1164
Art. 1.405	1164
Art. 1.406	1165
Art. 1.407	1165
Art. 1.408	1165
Art. 1.409	1165

Capítulo IV – Da Extinção do Usufruto **1166**
Art. 1.410	1166
Art. 1.411	1167

TÍTULO VII – DO USO **1168**
Art. 1.412	1168
Art. 1.413	1168

TÍTULO VIII – DA HABITAÇÃO **1169**
Art. 1.414	1169
Art. 1.415	1169
Art. 1.416	1169

TÍTULO IX – DO DIREITO DO PROMITENTE COMPRADOR **1171**
Art. 1.417	1171
1. Origens. Conceito	1171
2. Natureza jurídica	1172
Art. 1.418	1172

TÍTULO X – DO PENHOR, DA HIPOTECA E DA ANTICRESE **1174**

Capítulo I – Disposições Gerais **1174**
Art. 1.419	1174
1. Direitos reais de garantia. Conceito. Notícia histórica	1174
2. Crédito e garantia	1175
Art. 1.420	1176
1. Capacidade para instituir a garantia e seu objeto	1176
2. Bem em condomínio	1177
Art. 1.421	1177
Art. 1.422	1178
Art. 1.423	1179
Art. 1.424	1179
Art. 1.425	1180
1. Quando se considera a dívida vencida	1180
2. Extinção dos direitos reais de garantia	1181
Art. 1.426	1181
Art. 1.427	1182
Art. 1.428	1182
Art. 1.429	1183
Art. 1.430	1184

Capítulo II – Do Penhor **1184**

Seção I – Da Constituição do Penhor **1184**
Art. 1.431	1184
1. Penhor: conceito e noções gerais	1184
2. Penhor convencional	1185
Art. 1.432	1186

Seção II – Dos Direitos do Credor Pignoratício **1187**
Art. 1.433	1187
Art. 1.434	1189

Seção III – Das Obrigações do Credor Pignoratício **1189**
Art. 1.435	1189

Seção IV – Da Extinção do Penhor **1190**
Art. 1.436	1190
Art. 1.437	1191

Seção V – Do Penhor Rural **1191**
1. Modalidades especiais de penhor	1191

Subseção I – Disposições Gerais **1192**
Art. 1.438	1192
Art. 1.439	1193
Art. 1.440	1193
Art. 1.441	1194

Subseção II – Do Penhor Agrícola **1194**
Art. 1.442	1194

Art. 1.443.. 1195
Subseção III – Do Penhor Pecuário **1196**
Art. 1.444.. 1196
Art. 1.445.. 1196
Art. 1.446.. 1197
Seção VI – Do Penhor Industrial e Mercantil ... **1197**
Art. 1.447.. 1197
Art. 1.448.. 1197
Art. 1.449.. 1198
Art. 1.450.. 1198
Seção VII – Do Penhor de Direito e Títulos de Crédito **1198**
Art. 1.451.. 1198
Art. 1.452.. 1199
Art. 1.453.. 1199
Art. 1.454.. 1200
Art. 1.455.. 1200
Art. 1.456.. 1200
Art. 1.457.. 1201
Art. 1.458.. 1201
Art. 1.459.. 1201
Art. 1.460.. 1202
Seção VIII – Do Penhor de Veículos **1202**
Art. 1.461.. 1202
Art. 1.462.. 1202
Art. 1.463.. 1203
Art. 1.464.. 1203
Art. 1.465.. 1203
Art. 1.466.. 1203
Seção IX – Do Penhor Legal **1204**
Art. 1.467.. 1204
Art. 1.468.. 1204
Art. 1.469.. 1205
Art. 1.470.. 1205
Art. 1.471.. 1205
Art. 1.472.. 1205
Capítulo III – Da Hipoteca **1206**
Seção I – Disposições Gerais **1206**
Art. 1.473.. 1206
  1. Notícia histórica 1206
  2. Princípios gerais 1207
  3. Bens que podem ser dados em hipoteca 1207
Art. 1.474.. 1208
Art. 1.475.. 1209
Art. 1.476.. 1210
Art. 1.477.. 1210
Art. 1.478.. 1211
Art. 1.479.. 1211
Art. 1.480.. 1212
Art. 1.481.. 1212
Art. 1.482.. 1213
Art. 1.483.. 1213

Art. 1.484.. 1213
Art. 1.485.. 1214
Art. 1.486.. 1214
Art. 1.487.. 1214
Art. 1.488.. 1215
Seção II – Da Hipoteca Legal **1216**
Art. 1.489.. 1216
  1. Hipóteses de hipoteca legal 1216
  2. Hipoteca judicial 1218
Art. 1.490.. 1218
Art. 1.491.. 1218
Seção III – Do Registro da Hipoteca **1218**
Art. 1.492.. 1218
Art. 1.493.. 1219
Art. 1.494.. 1219
Art. 1.495.. 1220
Art. 1.496.. 1220
Art. 1.497.. 1221
Art. 1.498.. 1221
Seção IV – Da Extinção da Hipoteca **1221**
Art. 1.499.. 1221
Art. 1.500.. 1223
Art. 1.501.. 1223
Seção V – Da Hipoteca de Vias Férreas **1224**
Art. 1.502.. 1224
Art. 1.503.. 1224
Art. 1.504.. 1224
Art. 1.505.. 1224
  1. Hipoteca naval e aérea 1224
  2. Hipoteca em vias férreas 1225
Capítulo IV – Da Anticrese **1225**
Art. 1.506.. 1225
  1. Conceito. Notícia histórica 1225
  2. Conteúdo do artigo 1225
Art. 1.507.. 1227
Art. 1.508.. 1227
Art. 1.509.. 1228
Art. 1.510.. 1228
  1. Extinção da anticrese 1228
  2. Remição pelo adquirente 1228
TÍTULO XI – DA LAJE **1229**
Art. 1.510-A 1229
Art. 1.510-B 1229
Art. 1.510-C 1229
Art. 1.510-D 1229
Art. 1.510-E 1229
LIVRO IV – DO DIREITO DE FAMÍLIA **1233**
TÍTULO I – DO DIREITO PESSOAL **1233**
SUBTÍTULO I – DO CASAMENTO **1233**
Capítulo I – Disposições Gerais **1233**
Art. 1.511.. 1233
  1. Lineamentos históricos 1233

2. Casamento no Direito brasileiro. Conceito 1234
3. Natureza jurídica do casamento 1234
4. Características do casamento. Finalidades. Pressupostos 1235
Art. 1.512 1236
Art. 1.513 1236
Art. 1.514 1236
Art. 1.515 1237
Art. 1.516 1237

Capítulo II – Da Capacidade para o Casamento.... 1239
Art. 1.517 1239
Art. 1.518 1239
Art. 1.519 1239
Art. 1.520 1240

Capítulo III – Dos Impedimentos 1240
Art. 1.521 1240
1. Impedimentos 1240
2. Aspectos gerais dos impedimentos 1241
3. Impedimentos no Código 1241
Art. 1.522 1244

Capítulo IV – Das Causas Suspensivas 1245
Art. 1.523 1245
Art. 1.524 1246

Capítulo V – Do Processo de Habilitação para o Casamento 1246
Art. 1.525 1246
Art. 1.526 1247
1. Lineamentos históricos 1247
2. Habilitação 1247
Art. 1.527 1250
1. Dispensa de proclamas 1251
Art. 1.528 1251
Art. 1.529 1251
Art. 1.530 1251
Art. 1.531 1252
Art. 1.532 1252

Capítulo VI – Da Celebração do Casamento 1252
Art. 1.533 1252
1. Ritos matrimoniais 1252
2. Cerimônia do casamento 1253
Art. 1.534 1253
Art. 1.535 1253
Art. 1.536 1254
Art. 1.537 1254
Art. 1.538 1255
Art. 1.539 1255
Art. 1.540 1255
Art. 1.541 1256
Art. 1.542 1257

Capítulo VII – Das Provas do Casamento 1258
Art. 1.543 1258

Art. 1.544 1258
Art. 1.545 1259
Art. 1.546 1259
Art. 1.547 1259

Capítulo VIII – Da Invalidade do Casamento 1260
Art. 1.548 1260
1. Casamento inexistente 1260
2. Nulidade e inexistência do casamento 1261
3. Nulidades do casamento 1262
4. Casos de nulidade 1262
Art. 1.549 1263
Art. 1.550 1263
Art. 1.551 1264
Art. 1.552 1264
Art. 1.553 1264
Art. 1.554 1264
Art. 1.555 1264
Art. 1.556 1265
Art. 1.557 1265
1. Erro essencial sobre a pessoa 1265
    1.1. Erro quanto à identidade, honra e boa fama 1265
    1.2. Ignorância de crime 1267
2. O dolo não é causa de anulação 1268
Art. 1.558 1269
Art. 1.559 1269
Art. 1.560 1269
Art. 1.561 1270
1. Casamento putativo. Conceito 1270
2. Condições do casamento putativo 1270
    2.1. Erro de direito e erro de fato no casamento putativo 1271
3. Efeitos do casamento putativo 1271
4. Declaração de putatividade 1272
Art. 1.562 1272
Art. 1.563 1272
Art. 1.564 1273

Capítulo IX – Da Eficácia do Casamento 1273
Art. 1.565 1273
1. Introdução 1273
2. Eficácia do casamento 1274
3. Sobrenome do cônjuge 1275
4. Planejamento familiar 1275
Art. 1.566 1275
Art. 1.567 1277
Art. 1.568 1277
Art. 1.569 1278
Art. 1.570 1278

Capítulo X – Da Dissolução da Sociedade e do Vínculo Conjugal 1278
Art. 1.571 1278
1. Introdução 1278

2. Separação e divórcio. Aspectos legais comparativos.................................. 1280
Art. 1.572.. 1281
1. Separação por ruptura da vida em comum.. 1282
2. Separação por grave doença mental..... 1283
3. Efeitos patrimoniais na forma do § 3º.... 1283
Art. 1.573.. 1283
Art. 1.574.. 1284
1. Processo de divórcio por mútuo consentimento. Possibilidade de realização por escritura pública.................. 1285
Art. 1.575.. 1287
Art. 1.576.. 1287
Art. 1.577.. 1287
Art. 1.578.. 1288
Art. 1.579.. 1290
Art. 1.580.. 1290
Art. 1.581.. 1291
1. Partilha. Promessa de doação............. 1291
Art. 1.582.. 1292

Capítulo XI – Da Proteção da Pessoa dos Filhos 1293
Art. 1.583.. 1293
Art. 1.584.. 1296
Art. 1.585.. 1297
Art. 1.586.. 1297
Art. 1.587.. 1297
Art. 1.588.. 1297
Art. 1.589.. 1298
Art. 1.590.. 1299

SUBTÍTULO II – DAS RELAÇÕES DE PARENTESCO **1299**

Capítulo I – Disposições Gerais **1299**
Art. 1.591.. 1299
Art. 1.592.. 1300
Art. 1.593.. 1300
Art. 1.594.. 1301
Art. 1.595.. 1301

Capítulo II – Da Filiação 1302
Art. 1.596.. 1302
1. Filiação. Conceito............................... 1302
2. Filiação legítima. Paridade na filiação.. 1303
Art. 1.597.. 1304
1. Provas de paternidade. Os filhos provenientes de inseminação artificial. A reprodução assistida......................... 1305
2. Biogenética e paternidade................. 1307
Art. 1.598.. 1310
Art. 1.599.. 1310
Art. 1.600.. 1311

Art. 1.601.. 1311
Art. 1.602.. 1313
Art. 1.603.. 1313
Art. 1.604.. 1313
Art. 1.605.. 1313
Art. 1.606.. 1314

Capítulo III – Do Reconhecimento dos Filhos 1315
Art. 1.607.. 1315
1. Evolução legislativa............................ 1315
Art. 1.608.. 1316
Art. 1.609.. 1317
1. Reconhecimento de filhos.................. 1317
2. Reconhecimento voluntário. Lei nº 8.560/1992. Atual Código.................. 1317
3. Averiguação oficiosa de paternidade.... 1320
Art. 1.610.. 1320
Art. 1.611.. 1321
Art. 1.612.. 1321
Art. 1.613.. 1321
Art. 1.614.. 1321
Art. 1.615.. 1322
1. Investigação de maternidade............. 1324
Art. 1.616.. 1324
Art. 1.617.. 1324

Capítulo IV – Da Adoção 1324
Art. 1.618.. 1324
Art. 1.619.. 1324
Art. 1.620.. 1325
Art. 1.621.. 1325
Art. 1.622.. 1325
Art. 1.623.. 1325
Art. 1.624.. 1325
Art. 1.625.. 1325
Art. 1.626.. 1325
Art. 1.627.. 1325
Art. 1.628.. 1325
Art. 1.629.. 1325
1. Adoção. Conceito............................... 1325
2. Lineamentos históricos...................... 1327
3. Natureza jurídica................................ 1328
4. Adoção no Estatuto da Criança e do Adolescente. Evolução legislativa. A Lei da Adoção................................... 1328
5. Guarda.. 1329
6. Adoção no Estatuto da Criança e do Adolescente. Lei da Adoção. Requisitos... 1331
6.1. Estágio de convivência................. 1333
6.2. Adoção internacional................... 1333
6.3. Sentença e registro...................... 1334
6.4. Efeitos da adoção........................ 1334
6.5. Cadastro de crianças e adolescentes para adoção....................... 1335

7. Adoção: o Estatuto da Criança e do Adolescente e o atual Código Civil. Lei da Adoção...	1335
Capítulo V – Do Poder Familiar	**1336**
Seção I – Disposições Gerais	**1336**
Art. 1.630...	1336
1. Introdução. Lineamentos históricos......	1336
2. Conteúdo do poder familiar ou da autoridade parental	1337
3. Particularidades..................................	1337
Art. 1.631...	1338
Art. 1.632...	1338
Art. 1.633...	1338
Seção II – Do Exercício do Poder Familiar	**1338**
Art. 1.634...	1338
Seção III – Da Suspensão e Extinção do Poder Familiar	**1339**
Art. 1.635...	1339
Art. 1.636...	1339
Art. 1.637...	1340
Art. 1.638...	1341
1. Alienação Parental	1342
TÍTULO II – DO DIREITO PATRIMONIAL...	**1343**
SUBTÍTULO I – DO REGIME DE BENS ENTRE OS CÔNJUGES	**1343**
Capítulo I – Disposições Gerais	**1343**
Art. 1.639...	1343
1. Introdução..	1343
2. Princípios gerais. Requisitos do pacto antenupcial...	1344
Art. 1.640...	1345
Art. 1.641...	1346
1. Comunhão de aquestos na separação legal no sistema de 1916. O atual Código..	1347
Art. 1.642...	1348
Art. 1.643...	1349
Art. 1.644...	1350
Art. 1.645...	1350
Art. 1.646...	1351
Art. 1.647...	1351
Art. 1.648...	1353
Art. 1.649...	1354
Art. 1.650...	1354
Art. 1.651...	1354
Art. 1.652...	1355
Capítulo II – Do Pacto Antenupcial	**1355**
Art. 1.653...	1355
Art. 1.654...	1355
Art. 1.655...	1356
Art. 1.656...	1356
Art. 1.657...	1356
Capítulo III – Do Regime de Comunhão Parcial	**1357**
Art. 1.658...	1357
Art. 1.659...	1358
Art. 1.660...	1359
Art. 1.661...	1360
Art. 1.662...	1360
Art. 1.663...	1361
Art. 1.664...	1362
Art. 1.665...	1362
Art. 1.666...	1363
Capítulo IV – Do Regime de Comunhão Universal	**1363**
Art. 1.667...	1363
Art. 1.668...	1364
Art. 1.669...	1365
Art. 1.670...	1365
Art. 1.671...	1365
Capítulo V – Do Regime de Participação Final nos Aquestos	**1366**
Art. 1.672...	1366
Art. 1.673...	1366
Art. 1.674...	1366
Art. 1.675...	1366
Art. 1.676...	1366
Art. 1.677...	1366
Art. 1.678...	1366
Art. 1.679...	1366
Art. 1.680...	1366
Art. 1.681...	1366
Art. 1.682...	1366
Art. 1.683...	1366
Art. 1.684...	1366
Art. 1.685...	1366
Art. 1.686...	1366
Capítulo VI – Do Regime de Separação de Bens	**1369**
Art. 1.687...	1369
Art. 1.688...	1370
SUBTÍTULO II – DO USUFRUTO E DA ADMINISTRAÇÃO DOS BENS DE FILHOS MENORES	**1370**
Art. 1.689...	1370
Art. 1.690...	1371
Art. 1.691...	1371
Art. 1.692...	1372
Art. 1.693...	1372
SUBTÍTULO III – DOS ALIMENTOS............	**1372**
Art. 1.694...	1372
Art. 1.695...	1376

Art. 1.696	1377
Art. 1.697	1377
Art. 1.698	1377
Art. 1.699	1378
Art. 1.700	1378
Art. 1.701	1379
Art. 1.702	1380
Art. 1.703	1381
Art. 1.704	1382
Art. 1.705	1382
Art. 1.706	1383
Art. 1.707	1383
Art. 1.708	1385
Art. 1.709	1385
Art. 1.710	1385

SUBTÍTULO IV – DO BEM DE FAMÍLIA 1386
- Art. 1.711 1386
  1. Origem histórica 1386
  2. Legislação – conceituação – natureza jurídica 1386
  3. A Lei nº 8.009, de 29-3-1990 1387
  4. Legitimação para a instituição e destinação do bem 1388
  5. Processo de constituição 1388
- Art. 1.712 1389
- Art. 1.713 1389
- Art. 1.714 1391
- Art. 1.715 1391
- Art. 1.716 1392
- Art. 1.717 1393
- Art. 1.718 1393
- Art. 1.719 1393
- Art. 1.720 1394
- Art. 1.721 1394
- Art. 1.722 1394

TÍTULO III – DA UNIÃO ESTÁVEL 1395
- Art. 1.723 1395
  1. Introdução 1395
  2. União de fato. União estável. Concubinato 1395
  3. Natureza jurídica da união estável. Conceito e compreensão. Elementos constitutivos 1396
  4. União estável na legislação 1398
  5. União de pessoas do mesmo sexo 1400
- Art. 1.724 1402
- Art. 1.725 1402
  1. Dissolução da união estável. Patrimônio 1403
- Art. 1.726 1404
- Art. 1.727 1404

TÍTULO IV – DA TUTELA, DA CURATELA E DA TOMADA DE DECISÃO APOIADA 1406
Capítulo I – Da Tutela 1406
Seção I – Dos Tutores 1406
- Art. 1.728 1406
  1. Requisitos da tutela 1407
- Art. 1.729 1408
- Art. 1.730 1409
- Art. 1.731 1409
- Art. 1.732 1409
- Art. 1.733 1410
- Art. 1.734 1410

Seção II – Dos Incapazes de Exercer a Tutela 1411
- Art. 1.735 1411

Seção III – Da Escusa dos Tutores 1411
- Art. 1.736 1411
- Art. 1.737 1412
- Art. 1.738 1412
- Art. 1.739 1412

Seção IV – Do Exercício da Tutela 1413
- Art. 1.740 1413
- Art. 1.741 1413
- Art. 1.742 1413
- Art. 1.743 1413
- Art. 1.744 1414
- Art. 1.745 1414
- Art. 1.746 1415
- Art. 1.747 1415
- Art. 1.748 1416
- Art. 1.749 1416
- Art. 1.750 1416
- Art. 1.751 1417
- Art. 1.752 1417

Seção V – Dos Bens do Tutelado 1418
- Art. 1.753 1418
- Art. 1.754 1418

Seção VI – Da Prestação de Contas 1418
- Art. 1.755 1418
- Art. 1.756 1420
- Art. 1.757 1420
- Art. 1.758 1420
- Art. 1.759 1420
- Art. 1.760 1420
- Art. 1.761 1421
- Art. 1.762 1421

Seção VII – Da Cessação da Tutela 1421
- Art. 1.763 1421
- Art. 1.764 1421
- Art. 1.765 1421
- Art. 1.766 1421

Capítulo II – Da Curatela **1422**
Seção I – Dos Interditos **1422**
   Art. 1.767 1422
     1. Introdução. Conceito 1422
     2. Pessoas que por causa transitória ou permanente não puderem exprimir sua vontade 1423
     3. Ébrios habituais e viciados em tóxicos 1424
     4. Pródigos 1425
   Arts. 1.768 a 1.773 1425
   Art. 1.774 1425
   Art. 1.775 1426
   Art. 1.775-A 1426
   Art. 1.776 1426
   Art. 1.777 1426
   Art. 1.778 1426
Seção II – Da Curatela do Nascituro e do Enfermo ou Portador de Deficiência Física **1427**
   Art. 1.779 1427
Seção III – Do Exercício da Curatela **1427**
   Art. 1.780 1427
   Art. 1.781 1427
   Art. 1.782 1427
   Art. 1.783 1428
Capítulo III – Da Tomada de Decisão Apoiada **1429**
   Art. 1.783-A 1429
LIVRO V – DO DIREITO DAS SUCESSÕES ... **1431**
TÍTULO I – DA SUCESSÃO EM GERAL **1431**
Capítulo I – Disposições Gerais **1431**
   Art. 1.784 1431
     1. Direito das sucessões 1431
     2. Sucessões no Direito Romano 1431
     3. Noção de herança. Herança digital 1432
     4. Herdeiros legítimos e testamentários 1433
     5. Transmissão da herança 1433
     6. Posse dos bens hereditários 1434
   Art. 1.785 1435
   Art. 1.786 1435
   Art. 1.787 1436
   Art. 1.788 1436
   Art. 1.789 1436
   Art. 1.790 1438
     1. Situação hereditária dos conviventes antes do Código 1438
     2. Direitos sucessórios dos companheiros neste Código Civil 1439
Capítulo II – Da Herança e de sua Administração **1440**
   Art. 1.791 1440
   Art. 1.792 1441

   Art. 1.793 1442
   Art. 1.794 1444
   Art. 1.795 1445
   Art. 1.796 1446
   Art. 1.797 1446
Capítulo III – Da Vocação Hereditária **1447**
   Art. 1.798 1447
   Art. 1.799 1448
   Art. 1.800 1448
   Art. 1.801 1449
   Art. 1.802 1450
   Art. 1.803 1450
Capítulo IV – Da Aceitação e Renúncia da Herança **1450**
   Art. 1.804 1450
   Art. 1.805 1450
   Art. 1.806 1451
   Art. 1.807 1452
   Art. 1.808 1452
   Art. 1.809 1453
   Art. 1.810 1453
   Art. 1.811 1453
   Art. 1.812 1454
   Art. 1.813 1454
Capítulo V – Dos Excluídos da Sucessão **1455**
   Art. 1.814 1455
     1. Indignidade para suceder 1455
     2. Casos de indignidade 1455
   Art. 1.815 1457
   Art. 1.816 1458
   Art. 1.817 1458
     1. Efeitos dos atos praticados pelo indigno 1459
     2. Aparência e herdeiro aparente. Situação análoga aos atos praticados pelo indigno antes da sentença. Veja art. 1.827, parágrafo único 1459
   Art. 1.818 1460
Capítulo VI – Da Herança Jacente **1461**
   Art. 1.819 1461
     1. Arrecadação dos bens da herança jacente 1461
   Art. 1.820 1462
   Art. 1.821 1463
   Art. 1.822 1463
     1. Sucessão do Estado 1463
   Art. 1.823 1463
Capítulo VII – Da Petição de Herança **1464**
   Art. 1.824 1464
   Art. 1.825 1465
   Art. 1.826 1465
   Art. 1.827 1466

Art. 1.828.. 1467
TÍTULO II – DA SUCESSÃO LEGÍTIMA........ 1469
Capítulo I – Da Ordem da Vocação Hereditária.. 1469
Art. 1.829.. 1469
  1. Ordem de vocação hereditária............. 1469
  2. Origens históricas................................ 1470
  3. Igualdade do direito sucessório dos descendentes..................................... 1470
Art. 1.830.. 1471
  1. Sucessão do cônjuge sobrevivente........ 1471
  2. Meação.. 1472
  3. Sucessão do cônjuge. Evolução na posição sucessória da mulher casada........ 1472
  4. A sucessão do cônjuge no Código de 2002... 1473
  5. Legitimidade do cônjuge para suceder, de acordo com o presente art. 1.830..... 1474
Art. 1.831.. 1474
Art. 1.832.. 1475
Art. 1.833.. 1476
Art. 1.834.. 1476
Art. 1.835.. 1477
Art. 1.836.. 1477
Art. 1.837.. 1477
Art. 1.838.. 1478
Art. 1.839.. 1478
Art. 1.840.. 1479
Art. 1.841.. 1479
Art. 1.842.. 1480
Art. 1.843.. 1480
Art. 1.844.. 1480
Capítulo II – Dos Herdeiros Necessários.......... 1481
Art. 1.845.. 1481
Art. 1.846.. 1481
Art. 1.847.. 1482
  1. Cálculo de legítima............................. 1483
  2. Cálculo das doações no cômputo da legítima.. 1483
Art. 1.848.. 1483
  1. Restrições que pode sofrer a legítima. A cláusula de inalienabilidade............. 1483
  2. Conceito da cláusula de inalienabilidade 1484
  3. Espécies de inalienabilidade................ 1484
  4. Efeitos da inalienabilidade. Exceções ... 1484
  5. Cláusula de incomunicabilidade......... 1485
  6. Cláusula de impenhorabilidade........... 1485
  7. Outras cláusulas não admitidas........... 1486
  8. Sub-rogação de vínculos..................... 1486
  9. Cláusulas restritivas no presente Código Civil.. 1486

Art. 1.849.. 1488
Art. 1.850.. 1488
Capítulo III – Do Direito de Representação....... 1488
Art. 1.851.. 1488
Art. 1.852.. 1488
  1. Representação na classe dos descendentes.. 1488
  2. Fundamento do instituto da representação... 1489
  3. Requisitos da representação................ 1489
  4. Efeitos da representação..................... 1490
Art. 1.853.. 1490
Art. 1.854.. 1490
Art. 1.855.. 1490
Art. 1.856.. 1491
Título III – DA SUCESSÃO TESTAMENTÁRIA.. **1492**
Capítulo I – Do Testamento em Geral............... 1492
Art. 1.857.. 1492
Art. 1.858.. 1492
  1. Noções introdutórias........................... 1492
  2. Aspectos históricos............................. 1493
  3. Conceito. Elementos constitutivos......... 1493
    3.1. O testamento é negócio jurídico revogável... 1493
    3.2. O testamento é ato unilateral....... 1494
    3.3. O testamento é ato de última vontade ou *causa mortis*............... 1494
    3.4. O testamento é ato solene............ 1494
    3.5. O testamento é ato personalíssimo.. 1494
  4. Disposições não patrimoniais no testamento.. 1495
  5. Gratuidade do testamento................... 1495
Art. 1.859.. 1496
Capítulo II – Da Capacidade de Testar............. 1497
Art. 1.860.. 1497
  1. Capacidade de testar.......................... 1497
  2. Incapacidade em razão da idade......... 1497
  3. Incapacidade por falta de discernimento ou enfermidade mental............. 1497
    3.1. Diferença entre incapacidade de testar e vícios de vontade............... 1498
  4. Surdos-mudos..................................... 1498
  5. Sobre outras incapacidades................ 1499
  6. Capacidade de adquirir por testamento .. 1499
Art. 1.861.. 1499
Capítulo III – Das Formas Ordinárias do Testamento... **1500**
Seção I – Disposições Gerais............................ 1500
Art. 1.862.. 1500

1. Modalidades de testamento	1500
2. Perda, extravio ou destruição do testamento	1500
Art. 1.863	1501

Seção II – Do Testamento Público ... **1502**
Art. 1.864	1502
1. Disposições processuais. Registro e cumprimento do testamento público	1503
Art. 1.865	1504
Art. 1.866	1505
Art. 1.867	1505

Seção III – Do Testamento Cerrado ... **1505**
Art. 1.868	1505
Art. 1.869	1507
Art. 1.870	1507
Art. 1.871	1507
Art. 1.872	1508
Art. 1.873	1508
Art. 1.874	1508
Art. 1.875	1508

Seção IV – Do Testamento Particular ... **1509**
Art. 1.876	1509
Art. 1.877	1511
Art. 1.878	1511
Art. 1.879	1512
Art. 1.880	1513

Capítulo IV – Dos Codicilos ... **1513**
Art. 1.881	1513
Art. 1.882	1514
Art. 1.883	1514
Art. 1.884	1514
Art. 1.885	1515

Capítulo V – Dos Testamentos Especiais ... **1515**

Seção I – Disposições Gerais ... **1515**
Art. 1.886	1515
Art. 1.887	1515

Seção II – Do Testamento Marítimo e do Testamento Aeronáutico ... **1515**
Art. 1.888	1515
Art. 1.889	1516
Art. 1.890	1516
Art. 1.891	1516
Art. 1.892	1517

Seção III – Do Testamento Militar ... **1517**
Art. 1.893	1517
Art. 1.894	1518
Art. 1.895	1518
Art. 1.896	1518

Capítulo VI – Das Disposições Testamentárias ... **1519**
Art. 1.897	1519
Art. 1.898	1520
Art. 1.899	1521
Art. 1.900	1521
Art. 1.901	1522
Art. 1.902	1523
Art. 1.903	1523
Art. 1.904	1523
Art. 1.905	1523
Art. 1.906	1523
Art. 1.907	1524
Art. 1.908	1524
Art. 1.909	1524
Art. 1.910	1525
Art. 1.911	1525

Capítulo VII – Dos Legados ... **1526**

Seção I – Disposições Gerais ... **1526**
Art. 1.912	1526
1. Legado	1526
2. Legado de coisa alheia	1527
Art. 1.913	1527
Art. 1.914	1527
Art. 1.915	1528
Art. 1.916	1528
Art. 1.917	1528
Art. 1.918	1528
Art. 1.919	1529
Art. 1.920	1529
Art. 1.921	1530
Art. 1.922	1530

Seção II – Dos Efeitos do Legado e do seu Pagamento ... **1530**
Art. 1.923	1530
Art. 1.924	1532
Art. 1.925	1533
Art. 1.926	1533
Art. 1.927	1533
Art. 1.928	1533
Art. 1.929	1534
Art. 1.930	1534
Art. 1.931	1534
Art. 1.932	1534
Art. 1.933	1534
Art. 1.934	1534
Art. 1.935	1535
Art. 1.936	1535
Art. 1.937	1535
Art. 1.938	1535

Seção III – Da Caducidade dos Legados ... **1536**
Art. 1.939	1536
1. Caducidade dos legados	1536
2. Modificação da coisa legada	1536
3. Alienação da coisa legada	1537

4. Perecimento ou evicção da coisa legada ..	1537
5. Caducidade por indignidade	1538
6. Caducidade pela pré-morte do legatário....	1538
Art. 1.940	1539

Capítulo VIII – Do Direito de Acrescer entre Herdeiros e Legatários 1539

Art. 1.941	1539
Art. 1.942	1539
1. O direito de acrescer. Conceito	1539
2. A compreensão legal	1540
Art. 1.943	1541
Art. 1.944	1542
Art. 1.945	1542
Art. 1.946	1542

Capítulo IX – Das Substituições 1543
Seção I – Da Substituição Vulgar e da Recíproca ... 1543

Art. 1.947	1543
Art. 1.948	1543
1. Substituições. Conceito. Origem. Vontade do testador e limites legais	1543
2. Substituição vulgar e recíproca	1544
Art. 1.949	1544
Art. 1.950	1545

Seção II – Da Substituição Fideicomissária 1545

Art. 1.951	1545
1. Fideicomisso	1545
2. Histórico do fideicomisso	1545
3. O fideicomisso em nossos Códigos	1546
4. Fideicomisso e usufruto	1547
Art. 1.952	1547
Art. 1.953	1548
Art. 1.954	1549
Art. 1.955	1549
Art. 1.956	1550
Art. 1.957	1550
Art. 1.958	1551
Art. 1.959	1551
Art. 1.960	1551

Capítulo X – Da Deserdação 1551

Art. 1.961	1551
1. Exclusão dos herdeiros necessários	1551
2. Origens históricas	1552
3. Requisitos da deserdação	1552
Art. 1.962	1553
Art. 1.963	1555
Art. 1.964	1555
Art. 1.965	1556

Capítulo XI – Da Redução das Disposições Testamentárias 1557

Art. 1.966	1557
Art. 1.967	1558
1. Procedimento para a redução	1558
2. Cálculo da parte inoficiosa	1559
3. Doações e parte inoficiosa	1560
4. Regras para a redução	1560
Art. 1.968	1561

Capítulo XII – Da Revogação do Testamento 1562

Art. 1.969	1562
1. Nulidades em Matéria de Testamento..	1562
2. Revogação do testamento	1563
Art. 1.970	1564
Art. 1.971	1564
Art. 1.972	1565

Capítulo XIII – Do Rompimento do Testamento 1565

Art. 1.973	1565
1. Revogação presumida (ruptura ou rompimento do testamento)	1565
2. Caducidade dos testamentos	1565
Art. 1.974	1566
Art. 1.975	1567

Capítulo XIV – Do Testamenteiro 1567

Art. 1.976	1567
1. Conceito. Origens	1568
2. Natureza jurídica	1568
3. Da necessidade da testamentaria	1569
4. Escolha e nomeação do testamenteiro.....	1569
Art. 1.977	1570
Art. 1.978	1570
Art. 1.979	1570
Art. 1.980	1571
Art. 1.981	1571
Art. 1.982	1571
Art. 1.983	1571
Art. 1.984	1571
Art. 1.985	1572
Art. 1.986	1572
Art. 1.987	1572
Art. 1.988	1573
Art. 1.989	1573
1. Extinção da testamentaria	1573
Art. 1.990	1574

TÍTULO IV – DO INVENTÁRIO E DA PARTILHA 1575
Capítulo I – Do Inventário 1575

Art. 1.991	1575

Capítulo II – Dos Sonegados 1577

Art. 1.992	1577
Art. 1.993	1579
Art. 1.994	1580
Art. 1.995	1580
Art. 1.996	1581

Capítulo III – Do Pagamento das Dívidas 1581
   Art. 1.997 1581
   Art. 1.998 1584
   Art. 1.999 1585
   Art. 2.000 1585
   Art. 2.001 1585
Capítulo IV – Da Colação 1586
   Art. 2.002 1586
   Art. 2.003 1587
   Art. 2.004 1589
   Art. 2.005 1590
   Art. 2.006 1590
   Art. 2.007 1590
   Art. 2.008 1591
   Art. 2.009 1591
   Art. 2.010 1591
   Art. 2.011 1592
   Art. 2.012 1592
Capítulo V – Da Partilha 1593
   Art. 2.013 1593
   Art. 2.014 1594
   Art. 2.015 1594
   Art. 2.016 1595
   Art. 2.017 1596
   Art. 2.018 1597
   Art. 2.019 1598
   Art. 2.020 1598
   Art. 2.021 1599
   Art. 2.022 1599
Capítulo VI – Da Garantia dos Quinhões Hereditários 1599
   Art. 2.023 1599
   Art. 2.024 1600
   Art. 2.025 1600
   Art. 2.026 1601
Capítulo VII – Da Anulação da Partilha 1601
   Art. 2.027 1601
LIVRO COMPLEMENTAR – DAS DISPOSIÇÕES FINAIS E TRANSITÓRIAS 1605
   Art. 2.028 1605
   Art. 2.029 1606
   Art. 2.030 1607
   Art. 2.031 1607
   Art. 2.032 1608
   Art. 2.033 1608
   Art. 2.034 1609
   Art. 2.035 1609
   Art. 2.036 1609
   Art. 2.037 1610
   Art. 2.038 1610
     1. Extinção paulatina da enfiteuse 1610
     2. Enfiteuse. Conceito. Notícia histórica .. 1610
     3. Enfiteuse. Efeitos. Constituição. Objeto ... 1612
     4. Direitos e deveres do enfiteuta 1612
     5. Direitos e deveres do senhorio 1613
     6. Extinção da enfiteuse 1614
     7. Ações decorrentes da enfiteuse 1615
     8. Enfiteuse da União 1615
   Art. 2.039 1615
   Art. 2.040 1616
   Art. 2.041 1616
   Art. 2.042 1616
   Art. 2.043 1616
   Art. 2.044 1616
   Art. 2.045 1617
   Art. 2.046 1617

PARTE GERAL

PARTE GERAL

LIVRO I
DAS PESSOAS

TÍTULO I
DAS PESSOAS NATURAIS

CAPÍTULO I
Da Personalidade e da Capacidade

Art. 1º Toda pessoa é capaz de direitos e deveres na ordem civil.

O Direito regula, adequa e ordena a sociedade. Não existe sociedade sem Direito, assim como não existe Direito sem sociedade. A sociedade é constituída de *pessoas*. Os animais e as coisas podem ser *objeto* de Direito, mas nunca serão *sujeitos* de Direito, atributo exclusivo da *pessoa, do ser humano*. Toda pessoa estará sempre participando das relações jurídicas, de direitos e deveres.

O estudo do Direito deve começar pelo conhecimento e compreensão das pessoas, os sujeitos de direito, porque são elas que se *relacionam* dentro da sociedade. Portanto, em qualquer instituto jurídico que se estude, em qualquer situação jurídica, deve-se partir de um ponto fundamental, questionando-se: qual é a relação jurídica existente? Quem faz parte dessa relação jurídica? Quais são os sujeitos de direito dessa relação? O ser humano, a pessoa, é a destinação de todas as coisas no campo do Direito.

A palavra *persona* no latim significa máscara de teatro, ou, em sentido figurado, o próprio papel atribuído a um ator, isso porque na Antiguidade os atores adaptavam uma máscara ao rosto, com um dispositivo especial que permitia emitir a voz. Pela evolução de sentido, o termo *pessoa* passou a representar o próprio sujeito de direito nas relações jurídicas, como se todos nós fôssemos atores a representar um papel na sociedade.

O fato é que em nosso conhecimento vulgar designamos pessoa a todo ser humano. No sentido jurídico, pessoa é o ente suscetível de direitos e obrigações. No direito moderno, consideram-se pessoas tanto o homem, isoladamente, como as entidades personificadas, isto é, certos grupos sociais que se denominam *pessoas jurídicas*; os romanos levaram muito tempo para conceber tais pessoas como entidades diversas de seus componentes, isto é, as pessoas humanas que no campo jurídico hoje denominamos pessoas físicas ou pessoas naturais.

Os romanos não possuíam termo específico para designar os sujeitos de direito, pois *persona* é usado nos textos com a significação de ser humano em geral, aplicando-se também aos escravos que não eram sujeitos da relação jurídica; eram considerados coisas (*res*).

Portanto, a personalidade, conjunto de atributos jurídicos ou aptidões, no Direito Romano e em todas as civilizações antigas, não era atributo de todo ser humano. A personalidade era considerada privilégio que exigia certas condições.

O atual Código substitui o termo *homem* por *pessoa* nesse dispositivo por apego à absoluta igualdade de direitos das pessoas na Constituição atual. Tentou-se também substituir a palavra *homem* por *ser humano*. Essa alteração foi meramente cosmética, pois sempre se entendeu que a referência a Homem, genericamente, diz respeito a toda a humanidade.

Basta, portanto, que o homem tenha nascido com vida (art. 2º do Código Civil) para que se lhe atribua personalidade, passando a ser sujeito de direito. Mesmo o nascituro, isto é, aquele concebido, mas ainda não nascido, apesar de ainda não ter personalidade, já terá, em nosso direito positivo, resguardados seus direitos.

Sabe-se que no Direito Romano os textos aludem à *forma humana*. Quem não tivesse forma humana não era considerado ser humano; mas os antigos romanos não descreviam o que era forma humana. Acreditavam na possibilidade de alguém nascer de mulher com alguma característica de animal e não consideravam humanos os que nascessem com deformações congênitas, tais como a acefalia (ausência de cabeça), ausência de membros. No entanto, os romanos já protegiam os direitos do nascituro.

Personalidade jurídica, pois, deve ser entendida como a aptidão para adquirir direitos e contrair obrigações. A *capacidade* jurídica dá a extensão da personalidade, pois, à medida que nos aprofundarmos nos conceitos, veremos que pode haver capacidade relativa a certos atos da vida civil, enquanto a personalidade é terminologia genérica.

Nesse diapasão, distingue-se a *capacidade de direito ou jurídica*, aquela que gera a aptidão para exercer direitos e contrair obrigações, da *capacidade de fato*, que é a aptidão "pessoal" para praticar atos com efeitos jurídicos. Exemplo: o homem maior de 18 anos entre nós, na plenitude de sua capacidade mental, tem ambas as capacidades, a de direito e a de fato, e pode ser sujeito de direito, podendo praticar pessoalmente atos da vida civil; já o alienado mental, interdito por decisão judicial, não deixa de ter personalidade, como ser humano que é, possuindo capacidade jurídica, podendo figurar como sujeito de direito, porém necessita de que alguém, *por ele*, exercite a capacidade de fato que não possui, por lhe faltar o devido discernimento. Seus atos da vida civil são praticados por curador.

Uma especificação do conceito de capacidade é a *legitimação*, termo emprestado da ciência processual. Para alguns atos ou negócios não basta ter a plena capacidade para a vida civil em geral; a lei exige outros requisitos ou qualificações, nos mais variados campos jurídicos. Assim, por exemplo, o agente pode vender seu patrimônio a quem bem desejar, porém, se desejar vender a descendente, terá necessariamente que obter o consentimento dos demais descendentes (art. 496). Desse modo, sem esse consentimento, não estará o vendedor legitimado para a venda. A legitimação se refere a um ato ou negócio em particular.

A personalidade, no campo jurídico, é a própria capacidade jurídica, a possibilidade de figurar nos polos da relação jurídica. Como temos no ser humano o sujeito da relação jurídica, dizemos que toda pessoa é dotada de personalidade.

Assim, ao conjunto de poderes conferidos ao ser humano para figurar nas relações jurídicas dá-se o nome de personalidade. A capacidade é elemento desse conceito; ela confere o limite da personalidade. Se a capacidade é plena, o indivíduo conjuga tanto a capacidade de direito como a capacidade de fato; se é limitada, o indivíduo tem capacidade de direito, como todo ser humano, mas sua capacidade de exercício está mitigada; nesse caso, a lei lhe restringe alguns ou todos os atos da vida civil. Quem não é plenamente capaz necessita de outra pessoa, isto é, de outra vontade que substitua ou complete sua própria vontade no campo jurídico. A pessoa, maior de 18 anos, no sistema atual, com plena higidez mental, possui capacidade de direito e de fato.

Apelação cível – Ação de usucapião – Ajuizamento – Proprietário de imóvel – Parte – Falecimento – Pressuposto processual – Ausência – Litisconsórcio passivo necessário – Não formação – Litigância de má-fé – Inexistência. – Parte é aquela apta para figurar em um dos polos da relação processual, com possibilidade de gozo e exercício de direitos e obrigações, dispondo, assim, de capacidade de direito (Código Civil, art. 1º). – A ausência da condição de ser parte ocasiona a extinção do processo sem resolução de mérito, pela falta de pressuposto processual subjetivo. – Em ação de usucapião, é indispensável a citação do proprietário do imóvel e seu cônjuge, constantes no registro de imóveis, e demais condôminos, por se tratar de litisconsórcio necessário (STJ, REsp 1432579/MG). – Nos casos de litisconsórcio passivo necessário, o juiz determinará ao autor que requeira a citação de todos que devam ser litisconsortes, dentro do prazo que assinar, sob pena de extinção do processo (CPC, art. 115, parágrafo único). – Não cabe condenação nas penas por litigância de má-fé, se a conduta da parte não se se enquadra nas hipóteses previstas art. 80 do Código de Processo Civil de 2015 (*TJMG* – Ap. 1.0342.08.103595-4/001, 24-04-2019, Rel. Ramom Tácio).

Art. 2º A personalidade civil da pessoa começa do nascimento com vida; mas a lei põe a salvo, desde a concepção, os direitos do nascituro.

O Código refere-se à personalidade civil da "pessoa" nessa disposição, ao ser humano.

Em razão dos novos horizontes da ciência genética, procura-se proteger também o embrião, segundo projeto que pretendeu já alterar essa dicção da nova lei. A questão é polêmica, ainda porque o embrião não se apresenta *de per si* como uma forma de vida sempre viável. A ciência ainda deve dar passos no sentido de fornecer ao jurista a exata concepção da dimensão do embrião como titular de alguns direitos.

A questão do início da personalidade tem relevância porque, com ela, o homem se torna sujeito de direitos, adquire capacidade jurídica.

O ordenamento brasileiro poderia ter seguido a orientação do Código francês, que estabelece o início da personalidade com a concepção. No entanto, o nosso Código adotou a teoria do nascimento com vida para dar início a personalidade.

Verifica-se o nascimento com vida por meio da respiração. Para tanto é utilizada uma técnica, entre outras, da medicina legal chamada de docimasia. A referida técnica consiste em retirar o pulmão do recém-nascido e mergulhá-lo em um recipiente com água. Se o pulmão afundar, significa que a criança não chegou a respirar e, portanto, nasceu morta. Se boiar, significa que o pulmão se encheu de ar e, portanto, o recém-nascido respirou. Dessa forma, se comprova a existência da respiração e, portanto, o nascimento com vida.

Nosso estatuto não exige que a vida seja viável, como o Código Napoleônico, exige apenas que a criança tenha nascido com vida.

Dá-se o nascimento com a positiva separação da criança das vísceras maternas, pouco importando que isso decorra de operação natural ou artificial. A prova inequívoca de o ser ter respirado pertence à Medicina.

Se a criança nascer com vida e logo depois vier a falecer, será considerada sujeito de direitos. Por breve espaço de tempo houve personalidade. Tal prova, portanto, é importante, mormente para o direito sucessório, pois a partir desse fato o ser pode receber herança e transmiti-la a seus sucessores.

A matéria ganha novos contornos e estudos, pois a possibilidade de reprodução humana assistida, com o nascimento do rebento tempos após a morte do pai ou da mãe, obriga, certamente, uma revisão de conceitos filosóficos e jurídicos, inclusive para fins de direito hereditário. Veja o que examinamos a respeito em nossas obras de direito de família e sucessões, e nos artigos respectivos nesta obra. Os seres gerados pela inseminação artificial com o sêmen preservado do marido ou do companheiro e aqueles gerados de embriões congelados obrigarão novos estudos, que terão implicações éticas e religiosas, além de uma profunda reformulação jurídica.

Antônio Chaves (1982, p. 316) apresenta o aspecto do nascimento de gêmeos. Nosso ordenamento não atenta para a situação, mas esse autor lembra o dispositivo do Código Civil argentino anterior que dispunha, no caso de mais de um nascimento no mesmo parto, que os nascidos são considerados de igual idade e com iguais direitos para os casos de instituição ou substituição dos filhos maiores (art. 88). Tal questão pode gerar interesse, por exemplo, no caso de o primeiro filho ser beneficiado em um testamento.

1. Condição do nascituro

O Código tem várias disposições a respeito do nascituro, embora não o conceba como personalidade. Já vimos que o art. 2º põe a salvo seus direitos. *Nasciturus*, do latim, significa o que está por nascer; o que deve nascer.

O nascituro é um ente já concebido que se distingue de todo aquele que não foi ainda concebido e que poderá ser sujeito de direito no futuro, dependendo do nascimento, tratando-se de uma prole eventual. Essa situação nos remete à noção de *direito eventual*, isto é, um direito em mera situação de potencialidade, de formação, para quem nem ainda foi concebido. É possível ser beneficiado em testamento o ainda não concebido. Por isso, entende-se que a condição de nascituro extrapola a simples situação de expectativa de direito. Sob o prisma do direito eventual, os direitos do nascituro ficam sob condição suspensiva. A questão está longe de estar pacífica na doutrina.

A posição do nascituro é peculiar, pois ele possui, entre nós, um regime protetivo tanto no Direito Civil como no Direito Penal, embora não tenha ainda todos os requisitos da personalidade. Desse modo, de acordo com nossa legislação, inclusive o Código de 2002, embora o nascituro não seja considerado pessoa, tem a proteção legal de seus direitos desde a concepção.

O nascituro pode ser objeto de reconhecimento voluntário de filiação (art. 1.609, parágrafo único; deve-se-lhe nomear curador se o pai vier a falecer estando a mulher grávida e não detiver o poder familiar (art. 1.779); pode ser beneficiário de uma doação feita pelos pais (art. 542), bem como adquirir bens por testamento, princípios que se mantêm no atual Código. Esses direitos outorgados ao nascituro ficam sob condição suspensiva, isto é, ganharão forma se houver nascimento com vida, daí por que nos referimos à categoria de direito eventual. Há também quem sustente que ocorre nessa situação apenas uma expectativa de direito. Essas distinções são vistas neste volume quando tratamos dos negócios jurídicos.

O fato de o nascituro ter proteção legal não deve levar a imaginar que tenha ele personalidade ampla tal como a concebe o ordenamento. Ou, sob outros termos, o fato de ter ele capacidade para alguns atos não significa que o ordenamento lhe atribuiu personalidade. Embora haja quem sufrague o contrário, trata-se de uma situação que somente se aproxima da personalidade, talvez uma quase-personalidade, mas com esta não se equipara. O nascituro pode, por exemplo, ser parte ao promover ação investigatória de paternidade, representado pela mãe. Tem, nesse caso, capacidade processual.

A personalidade somente advém do nascimento com vida. Silmara Chinellato e Almeida (2000, p. 160), em estudo profundo sobre a matéria, conclui, contudo, que a personalidade do nascituro é inafastável. Há volumosa corrente doutrinária nesse sentido. Para efeitos práticos, porém, o ordenamento pátrio atribui os necessários instrumentos para a proteção do patrimônio do nascituro. Há tentativas legislativas no sentido de ampliar essa proteção ao próprio embrião, o que alargaria em demasia essa "quase personalidade". Aguardemos o futuro e o que a ciência genética nos reserva.

Stolze Gagliano e Pamplona Filho (2002, p. 93) aduzem ainda que o nascituro deve fazer jus a alimentos, *"por não ser justo que a genitora suporte todos os encargos da gestação sem a colaboração econômica do seu companheiro reconhecido"*. Corretíssima a afirmação. Os alimentos são devidos não apenas pelo companheiro reconhecido, mas por qualquer um que tenha concebido o nascituro.

📚 Enunciado nº 1, I Jornada de Direito Civil – CJF/STJ: A proteção que o Código defere ao nascituro alcança o natimorto no que concerne aos direitos da personalidade, tais como: nome, imagem e sepultura.

📚 Enunciado nº 2, I Jornada de Direito Civil – CJF/STJ: Sem prejuízo dos direitos da personalidade nele assegurados, o art. 2º do Código Civil não é sede adequada para questões emergentes da reprogenética humana, que deve ser objeto de um estatuto próprio.

⚖ Processual civil e previdenciário – Direitos do nascituro – Pensão por morte – Termo inicial – Data do nascimento – Súmula 83/STJ – Aplicação. 1. Cuidaram os autos, na origem, de pedido de revisão da data inicial do benefício de pensão por morte concedida a nascituro. A sentença julgou improcedente a ação afirmando que o termo inicial se dá com o nascimento. O acórdão negou provimento à Apelação. 2. O benefício previdenciário possui nítido caráter alimentar, e o direito à percepção de alimentos não surge com a concepção, mas sim com o nascimento com vida, ainda que a lei ponha a salvo os direitos do nascituro. 3. O art. 2º do Código Civil condiciona a aquisição de personalidade jurídica ao nascimento, enquanto que a Lei 8.213/1991 não prevê a possibilidade do nascituro receber o benefício de pensão por morte, resguardando sua concessão apenas a partir do nascimento, quando efetivamente adquire a condição de dependente do *de cujus*. O Decreto 3.048/1999 estabelece, em seu artigo 22, inciso I, alínea "a", que a inscrição do dependente do segurado será promovida através da apresentação da certidão de nascimento. (...) 5. Recurso Especial não conhecido (*STJ* – Resp 1.779.441 – SP, 20-08-2019, Min. Herman Benjamin).

Agravo de instrumento – Obrigação de fazer – Intervenção intrauterina – Nascituro diagnosticado com mielomeningocele – Genitores – Incapacidade financeira e urgência do procedimento – Comprovação – Recurso desprovido. 1. Apesar dos direitos da personalidade terem início no nascimento com vida, o Código Civil põe a salvo os direitos do nascituro, que, por meio da expectativa de adquiri-los, ganha proteção do sistema jurídico pátrio. Assim, sabendo-se que a dignidade da pessoa humana é um dos fundamentos da República e que a vida é um direito atribuído ao nascituro, intervenções intrauterinas são realizadas para garantir o nascimento e o desenvolvimento sadio deste, devendo ser observadas as particularidades do caso concreto. 2. Levando em consideração a urgência e a especialidade requerida pela cirurgia, diante da inércia estatal em providenciá-la no prazo estabelecido pela MMª. Magistrada a quo, os genitores se incumbiram de sua realização, munidos da decisão agravada que atribuiu a obrigação ao agravante, devendo este, portanto, arcar com os custos despendidos. 3 - Recurso desprovido (*TJMG* – AI 1.0240.17.003063-1/001, 11-12-2018, Rel. Hilda Teixeira da Costa).

Art. 3º São absolutamente incapazes de exercer pessoalmente os atos da vida civil os menores de 16 (dezesseis) anos.
Incisos I a III – (Revogados pela Lei 13.146/2015)

1. Menoridade

Capacidade de fato é a aptidão que as pessoas têm para exercerem por si mesmas os atos da vida civil. Essa aptidão exige certas qualidades ou requisitos, sem as quais o indivíduo será considerado incapaz. Essa incapacidade pode ser absoluta ou relativa. A incapacidade absoluta tolhe complemente a pessoa de exercer pessoalmente os atos da vida civil. É necessário que outrem o faça por ela. A incapacidade relativa, por sua vez, permite o exercício parcial dos atos da vida civil.

Capacidade de direito, todos os seres humanos a possuem, independentemente de aptidões, qualidades ou requisitos.

O direito pré-codificado, na senda do direito romano, baseava-se na puberdade, para estabelecer os limites da incapacidade absoluta: 12 anos para a mulher e 14 anos para o homem. Atualmente a terminologia *púbere* e *impúbere*, para as pessoas absoluta e relativamente incapazes, somente pode ser utilizada por apego histórico. O Código de 2002 estabelece que são absolutamente incapazes de exercer pessoalmente os atos da vida civil os menores de 16 (dezesseis) anos. Esses menores, portanto, não podem por si mesmos praticar atos da vida civil, devendo ser representados por pai, mãe ou tutor, conforme o caso.

Ao estabelecer a idade de 16 anos, o Código considerou não a simples aptidão genética, qual seja, a procriação, porém o desenvolvimento intelectual do indivíduo.

A regra geral é que qualquer ato praticado por menor dessa idade é nulo, embora a sociedade aceite certos atos comezinhos, sem a qual a convivência seria intolerável. Alguns negócios praticados por esses menores são, então, socialmente aceitos.

A fixação etária da maioridade é questão de política legislativa de cada ordenamento, não havendo identidade no direito comparado.

Enunciado nº 138, III Jornada de Direito Civil – CJF/STJ: A vontade dos absolutamente incapazes, na hipótese do inc. I do art. 3º, é juridicamente relevante na concretização de situações existenciais a eles concernentes, desde que demonstrem discernimento bastante para tanto.

Agravo interno no agravo em recurso especial – Processual Civil e Civil – Não incidência da súmula 182/STJ – Reconsideração da decisão agravada oriunda da presidência da corte – Ação de investigação de paternidade cumulada com petição de herança – Prescrição da pretensão de reconhecimento de direitos hereditários – Termo inicial – Abertura da sucessão – Herdeiro absolutamente incapaz – Aniversário de 16 anos (CC/1916, art. 169, I; CC/2002, art. 198, I) – Prescrição reconhecida pelas instâncias ordinárias – Extinção parcial da ação – Agravo interno provido – Agravo em recurso especial desprovido. 1. O termo inicial do prazo prescricional da pretensão de petição de herança conta-se da abertura da sucessão, ou, em se tratando de herdeiro absolutamente incapaz, da data em que completa 16 (dezesseis) anos, momento em que, em ambas as hipóteses, nasce para o herdeiro, ainda que não legalmente reconhecido, o direito de reivindicar os direitos sucessórios (*actio nata*). 2. Nos termos da

Súmula 149 do Supremo Tribunal Federal, "É imprescritível a ação de investigação de paternidade, mas não o é a de petição de herança". 3. Hipótese em que, aberta a sucessão em junho de 2000, o herdeiro somente veio a completar os 16 anos em outubro de 2002, data em que se iniciou, para ele, o prazo prescricional. Assim, ao tempo do ajuizamento da ação de petição de herança, em março de 2015, o prazo decenal do art. 205 do Código Civil já se tinha esgotado. 4. Agravo interno provido para conhecer e negar provimento ao agravo em recurso especial (*STJ* – AgInt no AREsp 1.430.937 – SP, 10-12-2019, Min. Raul Araújo).

Apelação cível – Ação de interdição – Declaração de incapacidade absoluta do interditando – Reforma – Inteligência do artigo 3º do Código Civil e Lei 13.146/2016 (Estatuto da Pessoa com Deficiência) – Hipótese de incapacidade relativa – Curatela necessária a todos os atos da vida civil – Princípio da dignidade da pessoa humana – Sentença reformada apenas no tocante à incapacidade. 1. Com o advento da Lei nº 13.146/2015 as pessoas portadoras de deficiência deixaram de ser absolutamente incapazes, devendo ser analisado o conjunto probatório dos autos a fim de verificar se é caso de 2. incapacidade relativa. O artigo 85 da Lei nº 13.146/2015 deve ser interpretado 3. conforme o princípio constitucional da dignidade da pessoa humana. Constatado que o interditando não possui condições de gerir os atos da vida civil, não se limitando aos aspectos patrimoniais e negociais, imprescindível que a Recurso Conhecido e curatela se dê em grau máximo. Parcialmente Provido (*TJPR* – Ap. 21.0011381-92.2017.8.16.0129, 06-02-2019, Rel. Rogério Etzel).

Seguro obrigatório (DPVAT) – Invalidez parcial e permanente – Prova de prévio pedido na esfera administrativa e da recusa de pagamento – Desnecessidade – Prescrição – Inocorrência – Autora menor impúbere à época do acidente também do ajuizamento da ação (art. 198, I, c/c art. 3º, ambos do CC) – Ação de cobrança julgada parcialmente procedente – Correção monetária – Incidência a partir do evento – Sentença mantida – Recurso não provido – I- A comprovação do requerimento prévio no âmbito administrativo e da recusa da seguradora no atendimento ao pedido não constituem pressupostos ou condições de admissibilidade para a propositura da ação de cobrança de indenização de seguro obrigatório. No caso vertente, impõe-se reconhecer o interesse processual da autora, consubstanciado no intuito de buscar na via judicial a indenização que entende fazer jus a título de seguro obrigatório (DPVAT), sob pena de ofensa à garantia constitucional do amplo acesso à Justiça (art. 5º, XXXV, da Constituição Federal). Carência da ação rejeitada. Agravo retido não provido. II- Considerando que quando do acidente (março de 2005) e também no momento do ajuizamento da ação (janeiro de 2012), a autora não havia completado ainda dezesseis anos, sendo, portanto, **absolutamente incapaz**, e conforme previsão expressa do art. 198, I, do Código Civil, não corre a prescrição contra os incapazes de que trata o art. 3º do mesmo diploma, incluindo-se entre esses os menores de dezesseis anos, de rigor era mesmo o afastamento da alegação de prescrição. III- A indenização securitária (DPVAT) por invalidez parcial e permanente decorrente de acidente automobilístico deve ser mensurada em função do grau de incapacidade, observada a Tabela expedida pela SUSEP. Constatado nos autos, através da perícia judicial, que a autora apresenta, em razão do sinistro, um comprometimento patrimonial de 52,5% segundo a Tabela da SUSEP, e que o evento ocorreu anteriormente à entrada em vigor da Lei nº 11.482/2007, deve a ré pagar à autora o valor equivalente a tal percentual, mas considerando o limite de 40 salários mínimos previsto na redação original do art. 3º da Lei nº 6.194/74, fato que leva à parcial procedência do feito (*TJSP* – Ap. 0004699-54.2012.8.26.0506, 19-12-2016, Rel. Paulo Ayrosa).

> **Art. 4º São incapazes, relativamente a certos atos, ou à maneira de os exercer:**
> **I – os maiores de dezesseis e menores de dezoito anos;**
> **II – os ébrios habituais e os viciados em tóxico;**
> **III – aqueles que, por causa transitória ou permanente, não puderem exprimir sua vontade;**
> **IV – os pródigos.**
> **Parágrafo único. A capacidade dos indígenas será regulada por legislação especial.**
> **Redação da Lei n. 13.146, de 6-7-2015 (Estatuto da Pessoa com Deficiência)**

1. Incapacidade relativa. Maiores de 16 e menores de 18 anos

Essa modalidade de incapacidade mitigada atinge determinadas pessoas que podem praticar por si atos da vida civil, ou seja, pessoalmente, desde que assistidas por outrem legalmente autorizado.

Em matéria de deficiência mental este Código concede ao magistrado, como se percebe pela redação do artigo transcrito, maior amplitude de poder para decidir sobre o âmbito da restrição que afeta o sujeito.

A capacidade dos silvícolas continuará sujeita ao regime estabelecido por legislação especial.

A lei atual admite a maioridade plena aos 18 anos. O Código anterior a fixava em 21 anos. O limite de idade é matéria de opção legislativa. Aos 18 anos, em tese, o convívio social e familiar já proporcionou ao indivíduo certo amadurecimento, podendo o agente compreender o alcance dos atos que pratica. A maturidade plena para a vida civil é alcançada, no atual diploma, aos 18 anos.

O menor de 18 anos e maior de 16 pode praticar livremente diversos atos, como, por exemplo, firmar recibos de pagamento de cunho previdenciário; equipara-se ao maior no que toca às obrigações por atos ilícitos (art. 928), com uma nova sistemática acerca dos incapazes em geral, como veremos ao estudar a responsabilidade civil. O menor não se exime das obrigações que contrai, quando dolosamente oculta sua idade (art. 180). A maioridade trabalhista já era atingida anteriormente aos 18 anos, assim como a responsabilidade criminal.

O homem e a mulher podem casar com 16 anos, mas até que completem 18 anos é necessária a autorização de ambos os pais, ou de seus representantes legais (art. 1.517).

Repita-se que, não havendo disposição especial em contrário, os relativamente incapazes devem figurar nos atos jurídicos com a assistência do pai ou da mãe, ou de um tutor se estiverem sob o regime de tutela. Para proporem ações judiciais também necessitam da assistência, e para figurarem como réus nessas ações devem ser citados juntamente com os assistentes.

2. Ébrios, toxicômanos. Outras deficiências

Nos incisos II e III deste artigo, o Código, inclusive com a proposta do EPD, inovou na redação. Esquecida a vetusta expressão *loucos de todo o gênero*, a mais recente legislação procurou estabelecer de forma descritiva as pessoas que, por não terem perfeito conhecimento da realidade e dos fatos, ficam tolhidas de exercer autonomamente os atos da vida civil, necessitando de assistência.

Nesse desiderato, a novel lei refere-se aos *"ébrios habituais"* e aos *"viciados em tóxicos"*. No ordenamento anterior, os toxicômanos e alcoólatras tinham sua limitação de capacidade fixada no Decreto-lei nº 891/1938. Caberá ao juiz avaliar o caso concreto e com auxílio da perícia médica, inclusive como estabelece o EPD, definir o grau de limitação mental que autorize definir a incapacidade relativa. De fato, a dependência de álcool e tóxicos pode ser tal que iniba totalmente a compreensão dos fatos de vida, de molde a implicar incapacidade absoluta. Nesse sentido, será entendida a disposição. Pela mesma razão, nem sempre a situação de ebriedade ou toxicomania será tal que implique qualquer *"capitis deminutio"*. Decidirá o juiz, com os meios de prova cada vez mais técnicos e sofisticados de que dispõe, bem como pelo conjunto probatório, inclusive seu contato pessoal com o sujeito, contato esse importantíssimo para a conclusão do magistrado. O *interrogatório do interditando, que o novo CPC denomina entrevista*, é peça fundamental para sua decisão (art. 751 do CPC).

Por outro lado, o legislador de 2002 referiu-se a duas categorias de restrição mental: os deficientes mentais e os excepcionais. A lei poderia ter-se restringido à fórmula mais genérica como fez o EPD na redação do artigo anterior. A deficiência mental deve ser vista doravante sob nova ótica. A situação, porém, a ser enfrentada pelo juiz no processo de interdição é a mesma: deverá concluir se o sujeito possui limitação mental que o iniba parcialmente para os atos da vida civil. Se a limitação for total, deverá utilizar-se dos novos princípios da curadoria, na forma estabelecida pelo EPD.

Observe, também, que a redução de capacidade mental, em qualquer situação, pode desaparecer, mediante tratamento ou educação adequada. Perante essa contingência, a interdição deve ser levantada, desaparecendo a *"capitis deminutio"*. O exame biopsicossocial dará a solução.

3. Pessoa com deficiência

O Código de 1916 trazia a criticada expressão *"loucos de todo gênero"* para descrever a ausência de saúde mental para o ato jurídico. A compreensão da alienação mental é complexa para a Psiquiatria e para o Direito, pois varia de pequenos distúrbios, cujo enquadramento na dicção *necessário discernimento* pode não ser conclusivo, até a completa alienação, facilmente perceptível mesmo perante olhos leigos. Essa situação dificulta até mesmo o enquadramento vocabular dessa situação mental.

Tanto na expressão do texto mais antigo como no texto revogado deste Código, a lei referia-se a qualquer distúrbio mental que pudesse afetar a vida civil do indivíduo. A expressão abrangia desde os vícios mentais congênitos até aqueles adquiridos no decorrer da vida, por qualquer causa. Por essa razão, era muito criticada a expressão *"loucos de todo gênero"*. De qualquer modo, a intenção do legislador sempre foi a de estabelecer uma incapacidade em razão do estado mental. Uma vez fixada a anomalia mental, o que é feito com o auxílio da Psiquiatria e outras ciências auxiliares, a pessoa pode ser considerada incapaz para os atos da vida civil, mediante gradações. O *Estatuto da Pessoa com Deficiência* nos dá uma definição abrangente e contemporânea do fenômeno no art. 2º:

"Considera-se pessoa com deficiência aquela que tem impedimento de longo prazo de natureza física, mental, intelectual ou sensorial, o qual, em interação com uma ou mais barreiras, pode obstruir sua participação plena e efetiva na sociedade em igualdade de condições com as demais pessoas".

A avaliação da incapacidade, de maior ou menor amplitude, dependerá, sob esse novo prisma, sempre da avaliação do caso concreto. Sempre que para tal se faça necessária uma avaliação da deficiência, esta será biopsicossocial, realizada por equipe multiprofissional e interdisciplinar e considerará, segundo aspectos do § 1º desse artigo:

I – os impedimentos nas funções e nas estruturas do corpo;

II – os fatores socioambientais, psicológicos e pessoais;

III – a limitação no desempenho de atividades; e

IV – a restrição de participação.

Sob esses novos conceitos não se poderá, aprioristicamente, definir o grau de incapacidade da pessoa.

A gradação da incapacidade passa a ser um conceito dúctil e verdadeiramente o legislador afasta a conceituação de incapacidade da legislação. Nesse sentido, aliás, posicionavam-se os julgados mais recentes, ao estabelecer graus na incapacidade dos interditos.

A senilidade, por si só, não é motivo de incapacidade, a menos que venha acompanhada de estado mental patológico. No exame do caso concreto, deve ser avaliado se o agente, independentemente de sua idade ou condição, possui capacidade de entender o ato ou negócio jurídicos.

4. Incapacidades transitórias

A incapacidade transitória do agente passa a ser verificada sob tais aspectos. Em princípio, o direito moderno não aceita os chamados *lúcidos intervalos* dos deficientes mentais. Essa situação não se confunde com o disposto no inciso III do art. 3º ora revogado. Ali o legislador conceituava os que não tiveram o necessário discernimento ainda que "*por motivo transitório*". Nessa dicção, ausente no estatuto de 1916, mas admitida pela doutrina e pela jurisprudência, incluem-se as inúmeras possibilidades de privação transitória da capacidade de discernimento, que o antigo Direito denominava "privação de sentidos". Assim, serão nulos os atos praticados, por exemplo, pela pessoa embriagada, em estado etílico tal que não possa compreender o ato; por quem tenha ingerido drogas alucinógenas que interferem na compreensão etc. Se, porém, o estado de incompreensão dessas pessoas é permanente, sua situação será de incapacidade relativa ou absoluta. Essas nuanças, com o EPD, ficam sob seu amparo.

Como dantes, o exame da incapacidade transitória, portanto, depende da averiguação da situação concreta. Nem sempre será fácil sua avaliação e nem sempre a perícia médica ou biopsicossocial como estatui o EPD, será conclusiva, mormente quando do ato já decorreu muito tempo e quando não possa o agente ser examinado diretamente. Nesse campo, muito mais falível se apresentará a prova testemunhal. O juiz deverá ser perspicaz ao analisar o conteúdo probatório, levando sempre em conta que a regra é a capacidade; a incapacidade é exceção.

Essa matéria é campo fértil para a psicologia e psiquiatria forense: atos praticados em estado hipnótico; sob transe mediúnico; em situação de baixo controle emocional em razão de acidentes ou traumas graves serão, entre outros, situações que serão trazidas à baila. Na maioria das vezes haverá interesses financeiros de monta envolvidos nesses processos. Raramente o mero interesse moral moverá esses processos.

5. Surdos-mudos. Deficientes visuais

O Código de 1916 se referia expressamente à incapacidade dos surdos-mudos que não pudessem exprimir sua vontade. Neste código, pessoas nessa situação se incluíam entre aquelas que, por enfermidade ou doença mental, não tiverem o necessário discernimento para a prática do ato. Se esses sujeitos puderem exprimir sua vontade, ainda que na linguagem que lhes é própria, adquirida por meio de educação adequada, serão capazes. Ficam restritos em sua atuação, no entanto, aos atos em que a audição e a fala oral não sejam necessárias. Não podem, por exemplo, servir de testemunhas em testamento, porque estas devem ouvir as disposições testamentárias. Assim será sob a égide do EPD.

A colocação dos surdos-mudos como absolutamente incapazes sofria acerbas críticas, principalmente porque o art. 451 do antigo diploma dispunha que o juiz, ao pronunciar a interdição do surdo-mudo, assinalaria os limites de sua incapacidade, ao estabelecer os limites da curatela. A lei já entendia que o surdo-mudo poderia gozar de capacidade limitada, comportando, portanto, essa incapacidade, uma graduação, ensejando que o sujeito fosse considerado relativamente incapaz. Desse modo, caberá ao juiz, no caso concreto, com auxílio da prova técnica, definir o grau de incapacidade do surdo-mudo, como em qualquer outro caso de redução da capacidade mental.

Nossa lei civil atual, assim como o diploma antigo, não colocaram o deficiente visual como incapaz. Essa deficiência, como vimos, por si só, não o torna incapaz, ficando, porém, restrito para a prática de determinados atos.

6. Ausência

O estatuto de 1916 incluía os ausentes como absolutamente incapazes. Este Código exclui essa modalidade de incapacidade, tratando do instituto de forma autônoma, mantendo, porém, sua disciplina, na parte geral (arts. 22 ss.). Desse modo, é necessário examinar o fenômeno fora das hipóteses de incapacidade.

De forma sintética, é possível afirmar que ausente é a pessoa que deixa seu domicílio e não há mais notícias de seu paradeiro. Não basta, no entanto, a simples não presença: o ausente deve ser declarado tal pelo juiz. Nesse sentido, Washington de Barros Monteiro (1996, p. 337) nos dá uma fórmula para a conceituação da ausência: não presença + falta de notícias + decisão judicial = ausência.

O Código vigente reitera a mesma noção do Código anterior no art. 463, ao estabelecer, no art. 22:

> "*Desaparecendo uma pessoa do seu domicílio sem dela haver notícia, se não houver deixado representante ou procurador a quem caiba administrar-lhe os bens, o juiz, a requerimento de qualquer interessado ou do Ministério Público, declarará a ausência, e nomear-lhe-á curador.*"

Este Código repete a mesma redação do diploma anterior ao estabelecer que também será nomeado curador quando o ausente deixar mandatário que não queira, ou não possa exercer ou continuar o mandato, ou se seus poderes forem insuficientes (art. 23). Demonstrando a íntima relação do instituto com o direito de família, o art. 24 manda que sejam aplicados ao curador do ausente o que for aplicado a respeito de tutores e curadores. O art. 25 estabelece a preferência pelo cônjuge para o cargo de curador, desde que não esteja separado judicialmente ou de fato por mais de dois anos antes da declaração de ausência. Na falta de cônjuge, a curadoria incumbirá aos pais ou descendentes nessa ordem, salvo existir impedimento que os iniba de exercer o cargo. Os descendentes mais próximos excluem os mais remotos. Na falta dessas pessoas, o juiz escolherá um curador de sua confiança, denominado, na prática, de curador dativo. O estudo desse instituto será feito nos artigos respectivos.

7. Pródigos no atual sistema

De acordo com o direito das Ordenações, pródigo *é aquele que desordenadamente gasta e destrói sua fazenda* (Livro 4º, Título 103, § 6º). Os Códigos de 1916 e 2002 não definem o que seja um pródigo. A dissipação injustificada e desordenada dos bens caracteriza a prodigalidade. Esse código em vigor mantém os pródigos como relativamente incapazes. A prodigalidade também é modalidade de desvio mental, geralmente ligado à prática de jogos de azar e outros vícios.

A origem dessa incapacidade remonta ao direito romano, na época em que o patrimônio era considerado propriedade comum e sua dilapidação afetava toda a entidade familiar. Assim, a interdição vinha em benefício coletivo. A interdição no direito moderno não foge a essa origem de proteção ao patrimônio familiar.

No ordenamento anterior, havia particularidades específicas para essa espécie de incapacidade. No sistema do Código de 1916, somente poderia ocorrer a decretação de prodigalidade se esta fosse requerida por uma das pessoas descritas no art. 460: "*O pródigo só incorrerá em interdição, havendo cônjuge, ou tendo ascendentes ou descendentes legítimos, que a promovam*". Desse modo, não havendo cônjuge ou esses outros parentes, não poderia ser reconhecida a prodigalidade.

Neste Código, não existe disciplina específica para a curatela do pródigo, que é disciplinada pela regra geral. Dispõe o art. 1.782:

> "*A interdição do pródigo só o privará de, sem curador, emprestar, transigir, dar quitação, alienar, hipotecar, demandar ou ser demandado, e praticar, em geral, os atos que não sejam de mera administração.*"

O pródigo, enquanto não declarado tal, é capaz para todos os atos. Atos praticados por eventual incapacidade devem ser analisados em ação própria de nulidade. Após a decretação da interdição, os atos são nulos de pleno direito. Note-se, entretanto, que, se a dissipação da fortuna advém de estado patológico de tal monta que afeta a saúde mental do indivíduo como um todo, o caminho será de incapacidade por falta de discernimento; incapacidade absoluta, portanto, e não simples prodigalidade, que é modalidade de incapacidade restrita. A definição do paciente, de qualquer forma, deve ser fornecida pela psiquiatria e psicologia.

Como a incapacidade do pródigo é relativa aos atos enumerados no art. 1.782, ele pode praticar todos os demais atos da vida civil, não ficando privado do poder familiar, do exercício de sua profissão ou atividades etc.

Cessada a situação de incapacidade, pode ser levantada a interdição por sentença judicial, o que é uma regra geral para todas as incapacidades.

8. Indígenas

Nossos silvícolas, enquanto afastados da civilização, não possuem habitualmente a experiência necessária para o trato diário da vida civil. A incapacidade perdura até se adaptarem à civilização. O Estatuto do Índio (Lei nº 6.001/1973) e leis complementares tratam dessa questão, existindo um regime tutelar para os silvícolas.

Direito de família – Ação de interdição. Interdição parcial – Possibilidade. 1. A Lei n. 13.146/2015 (Estatuto da Pessoa com Deficiência) modificou substancialmente o sistema das incapacidades, elegendo como absolutamente incapaz apenas os menores de 16 anos de idade. Todas as demais hipóteses foram extintas ou erigidas à hipótese de incapacidade relativa. 2. Tendo em vista as alterações promovidas nos artigos 3º e 4º do Código Civil pela Lei n. 13.146/2015, a interditanda passa a ser considerada relativamente incapaz, embora não tenha condições, nem mesmo parcial, de reger sua pessoa e administrar seus bens. 3. Nos termos da nova legislação, a pessoa com deficiência não deve ser mais tecnicamente considerada civilmente incapaz. No que diz respeito às pessoas com deficiência mental, não se cogita mais a incapacidade em decorrência da deficiência por si só, uma vez que esta não suprime a plena capacidade civil da pessoa a ponto de restringir o exercício autônomo dos direitos referentes aos aspectos existenciais da pessoa humana, ou seja, a curatela se limita apenas aos aspectos negociais e patrimoniais. 4. Depreende-se das informações, que a interditanda não possui capacidade de autodeterminação que lhe permita reger sua própria vida e administrar seus bens, pois foi diagnosticada ser portadora de demência ponto temporal, apresenta deficiência que compromete totalmente sua capacidade de praticar atos da vida civil. 5. A medida pretendida deve ser tratada com extrema cautela, restrita às hipóteses em que se mostre inarredável a prova da incapacidade para a vida civil, tendo-se como parâmetro o novo conceito de deficiência instituído pelo Estatuto da Pessoa com Deficiência (Lei n. 13.146/2015). 6. A curatela é medida extraordinária a ser adotada quando as evidências revelarem ser necessária a proteção do deficiente e fica limitada, como regra geral, à restrição da prática de atos relacionados aos direitos de natureza patrimonial e negocial, não afetando, por sua vez, os aspectos existenciais referentes à vida, sexualidade, matrimônio, educação, saúde, voto, trabalho, dentre outros. Assim, os deficientes não mais são considerados absolutamente incapazes, e sim, relativamente incapazes. 7. A Lei n. 13.146/2015, conjugada com o Código Civil e a Constituição Federal constituem um sistema de inclusão do deficiente na sociedade em situação de igualdade, em prol de sua dignidade. 8. Especificamente para a situação em análise, em que falta a inteditanda discernimento para tomada de qualquer decisão, ou executar um simples ato de cuidado pessoal e diante da impossibilidade da interditanda ser meramente assistida, já que a mera assistência não seria eficaz no presente caso, entendo tratar-se de uma incapacidade relativa que merece proteção especial, necessitando que seja atribuído poder de representação à curadora, tão somente aos atos relacionados aos direitos de natureza patrimonial e negocial, a fim de suprir a impossibilidade de manifestação de vontade da incapaz. 9. Apelação provida (*TJDF* – Ap. 0010720-55.2017.8.07.0003, 08-08-2018, Rel. Hector Valverde).

✍ Interdição – Sentença que declarou a ré absolutamente incapaz – Insurgência da demandada – Alegação de que apenas os menores de dezesseis anos são absolutamente incapazes e de que é necessária a regulamentação da curadoria – Parcial cabimento – Interditanda que, à luz da nova legislação, é relativamente incapaz, nos termos do art. 4º, III, do CC – Ré que tem retardo mental profundo, sendo incapaz de exprimir a vontade – Demandante que é mãe da demandada, estando apta a exercer a curadoria – Instituto da decisão apoiada que é impertinente ao caso – Prestação de contas na forma do art. 1.781, do CC – Requerida que aufere apenas um benefício previdenciário, no valor de um salário mínimo – Recurso parcialmente provido (*TJSP*, Ap. 1007676-41.2016.8.26.0577, 13-02-2018, Rel. Miguel Brandi).

Art. 5º A menoridade cessa aos dezoito anos completos, quando a pessoa fica habilitada à prática de todos os atos da vida civil.
Parágrafo único. Cessará, para os menores, a incapacidade:
I – pela concessão dos pais, ou de um deles na falta do outro, mediante instrumento público, independentemente de homologação judicial, ou por sentença do juiz, ouvido o tutor, se o menor tiver dezesseis anos completos;
II – pelo casamento;
III – pelo exercício de emprego público efetivo;
IV – pela colação de grau em curso de ensino superior;
V – pelo estabelecimento civil ou comercial, ou pela existência de relação de emprego, desde que, em função deles, o menor com dezesseis anos completos tenha economia própria.

A maioridade ocorrerá quando o agente completar 18 anos. Antes da idade legal a pessoa poderá adquirir plena capacidade pela emancipação. A principal modalidade de emancipação é aquela concedida pelos pais. Essa emancipação deve ser vista como um benefício para o menor. Ambos os pais devem concedê-la, só podendo um deles isoladamente fazê-lo na falta, ausência ou impossibilidade do outro progenitor. Tratando-se de filiação natural, reconhecido o indivíduo apenas pela mãe, a esta caberá emancipar, ou a ambos, se o pai constar do registro.

A questão da impossibilidade de um deles estar presente ao ato, por qualquer motivo, deverá ser dirimida pelo juiz no caso concreto. Se um dos progenitores se negar a emancipar, tendo autorizado o outro, a vontade do primeiro pode ser suprida judicialmente se provada que a recusa decorre de mera emulação, sendo injustificada.

Assim, se o menor estiver sob o poder familiar, serão ambos os pais que poderão conceder a emancipação por escritura pública, como já se exigia após a Constituição de 1988. Por sentença, será deferida a emancipação quando o menor estiver sob tutela. No presente sistema, o menor com 16 anos pode ser emancipado, uma vez que a maioridade plena é atingida aos 18 anos.

Sendo a plena capacidade estabelecida pelo Código de 2002 aos 18 anos, a emancipação por iniciativa dos pais ou do tutor torna-se possível a partir dos 16 anos.

Note que o dispositivo transcrito possibilita a um só dos genitores a outorga, na hipótese de *falta do outro*. Não se refere mais a vigente lei à *"morte"* do outro progenitor, como é expresso no Código antigo. A expressão *falta do outro* pode ser examinada com elasticidade. A lei não se refere à ausência técnica do pai ou da mãe, tal como disciplinada nos arts. 22 ss. A falta do outro progenitor, a par da morte, que é indiscutivelmente a falta maior, pode ocorrer por vários prismas: o pai ou mãe faltante poderá se encontrar em paradeiro desconhecido, tendo em vista, por exemplo, o abandono do lar ou a separação ou divórcio. Caberá, sem dúvida, ao juiz e ao membro do Ministério Público averiguar quando essa "falta" mencionada na lei seja autorizadora da outorga da emancipação por um único progenitor.

Não se deve esquecer que a emancipação possui importantes efeitos patrimoniais, com reflexos diretos não só na vida do menor, como também em toda a estrutura familiar. Desse modo, peremptoriamente, perante o sistema da atual lei, não se poderá lavrar escritura de emancipação com a presença de apenas o pai ou a mãe, sem a devida autorização judicial, ou, se for o caso, com a apresentação de sentença de ausência ou atestado de óbito do faltante. A lei registrária deverá regular a matéria, juntamente com as normas das corregedorias locais. Havendo dúvida a respeito dessa "falta" do pai ou da mãe, pois não há que se confundir falta com recusa, haverá necessidade de suprimento judicial de vontade do progenitor faltante. Poderá ocorrer que o progenitor tente outorgar a emancipação isoladamente, mascarando a "falta", quando na verdade houver recusa de consentimento para o ato. A melhor solução, porém, quando houver dúvidas sobre a dimensão dessa ausência do progenitor ausente, é no sentido de o interessado recorrer à sentença judicial, a exemplo do que é necessário para o tutor. O art. 89 da Lei dos Registros Públicos afirma que cabe aos pais a emancipação. Muitos entenderam que já a partir dessa lei a presença de ambos os pais era necessária para o ato.

No sistema deste Código, bem como no que se aplica após a vigente Constituição, se os pais não estiverem concordes a respeito da emancipação do filho, há possibilidade de o consentimento do recalcitrante ser suprido por sentença, embora, na prática, o lapso temporal de um procedimento judicial possa tornar inócua a medida.

Qualquer que seja a situação, porém, deve ser entendido que essa emancipação voluntária há de ser concedida sempre no interesse do menor, o qual, nos casos de dúvida, deverá ser ouvido, como na hipótese de requerimento pelo tutor e sempre que houver pendenga ou dúvida a respeito da questão.

Como é curial, uma vez concedida a emancipação pelos pais, não pode ser revogada a qualquer título, salvo, é claro, as hipóteses de nulidade absoluta, ressalvando-se sempre os direitos de terceiros de boa-fé. A emancipação é direito potestativo dos pais. Por outro lado, o menor, não tem direito de pedir ou exigir a emancipação. Trata-se, de fato, de uma concessão. No direito anterior a nosso Código de 1916, dependia sempre, como falamos, de sentença, exigência que se mantém, atualmente, para a concessão pelo tutor.

Em qualquer situação na qual a emancipação dependa de sentença, levando-se em conta o que expusemos nesta oportunidade, não há que se entender que todo e qualquer pedido nesse sentido deva ser acolhido. O juiz ouvirá o tutor, o progenitor presente, se for o caso, e o próprio menor. Se entender inconveniente a medida, seja um decreto de emancipação, seja um suprimento de vontade para essa finalidade, poderá negar a pretensão, sempre levando em conta o interesse do menor.

Quanto às demais possibilidades de emancipação, afora a concessão dos pais, o art. 5º da atual lei mantém as mesmas hipóteses do Código de 1916. Há, no entanto, uma inovação no inciso V, que se reporta à emancipação obtida *"pelo estabelecimento civil ou comercial, ou pela existência de relação de emprego, desde que, em função deles, o menor com dezesseis anos completos tenha economia própria"*. Há, pois, a possibilidade de ser atingida a maioridade também com a relação de emprego que proporcione economia própria. À primeira vista, parece que a vigente lei civil ressalva que essa possibilidade somente é deferida aos menores com 16 anos, restrição inexistente no Código anterior. Nesse sentido, dois são os requisitos para essa modalidade de emancipação: estabelecimento civil ou comercial ou relação de emprego e a idade mínima de 16 anos. A simples relação de emprego ou estabelecimento próprio, portanto, não será suficiente para o *status*, pois estaria a permitir fraudes. Discutível e apurável será no caso concreto a existência de economia própria, isto é, recursos próprios de sobrevivência e manutenção. Esse *status* poderá gerar dúvidas a terceiros e poderá ser necessária sentença judicial que declare a maioridade do interessado nesse caso. É de se recordar que, se o menor, nessa situação, desejar praticar atos da vida civil que exijam a comprovação documental da maioridade, a sentença declaratória será essencial, segundo nos parece. A simples relação de emprego, por si só, não comprova a maioridade perante o universo negocial, como a própria lei demonstra. O emancipado, estabelecendo-se comercialmente, ficará também sujeito à falência. Note que a Lei de Falências de 1945 estabelecia a idade de 18 anos para a falência do menor que se estabelecesse com economia própria. No sistema da Lei nº 11.101/2005, sem modificação na lei atualizadora (Lei nº 14.112/2020), não há mais referência a esse vetusto princípio. Para ser comerciante, ou empresário individual, na expressão contemporânea, a pessoa deve encontrar-se no gozo pleno da sua capacidade civil. Assim, não terão capacidade para exercer a empresa, em princípio, os menores de 18 anos, não emancipados e todos aqueles aos quais a lei restringe a capacidade. O menor emancipado (por outorga dos pais, casamento, nomeação para emprego público efetivo, estabelecimento por economia própria, obtenção de grau superior, com todas as complexidades que essas situações apresentam), encontrando-se em pleno gozo de sua capacidade jurídica, pode ser empresário individual e será alcançado pela nova lei de falências e recuperação de empresas. O art. 974 do Código Civil permite que o incapaz, por meio de representante ou devidamente assistido, *continue* a empresa antes exercida por ele enquanto capaz, por seus pais ou pelo autor da herança. A oportunidade e a conveniência dessa atividade por parte do incapaz serão aferidas no caso concreto pelo juiz. Trata-se de inovação no ordenamento em prol da continuação da empresa, mormente aquela de natureza familiar. O incapaz desempenhará sua atividade mediante alvará judicial. A situação é especialíssima.

O princípio da *emancipação pelo casamento* mantém-se no presente estatuto. A idade núbil, de acordo com o art. 1.517, é de 16 anos tanto para o homem como para a mulher. Enquanto não atingirem a maioridade, portanto, desejando qualquer um deles contrair matrimônio com menos de 18 anos, necessitarão autorização de ambos os pais, ou de seus representantes legais. Antes da idade núbil legal, a nova redação do art. 1.520 proibiu peremptoriamente o casamento de menores de 16 anos, o que no passado era possível para evitar imposição de pena criminal, em princípio, ou apenação da legislação de menores e adolescentes, mediante autorização judicial.

Com o casamento o homem e a mulher emancipam-se. A lei entende que quem constitui família, com a devida autorização dos pais ou responsáveis ou por autorização judicial, deve ter maturidade suficiente para reger os atos da vida civil. Se assim não fosse, criar-se-ia uma situação vexatória para o indivíduo casado que, a todo momento que necessitasse praticar um ato, precisaria da autorização do pai ou responsável. Essa dependência seria inconveniente para quem assume um lar.

Uma vez alcançada a maioridade pelo casamento, não haverá retorno ao estado anterior de incapacidade relativa, pela dissolução do vínculo conjugal, por morte de um dos cônjuges, pela separação judicial ou pela anulação do casamento, como mansamente entende nossa doutrina. A separação judicial desaparece de nosso sistema após a Emenda Constitucional nº 66/2010, embora exista pequena resistência da doutrina. A emancipação, uma vez ocorrida, sob qualquer modalidade, é ato pleno e acabado.

Outra situação de emancipação independente da maioridade é o *exercício de emprego público efetivo*. A função pública pode ocorrer nos níveis federal, estadual ou municipal. Somente se emancipará quem for nomeado em caráter efetivo. Não são atingidos pela norma os simples interinos, os contratados a título temporário, os cargos de confiança cujos ocupantes podem ser exonerados *ad nutum*. Não há possibilidade, no ordenamento pátrio, em princípio, que alguém com menos de 18 anos ascenda a cargo público efetivo.

Também continua o atual Código a mencionar como modalidade de emancipação *a colação em grau de ensino superior*. Pelo nosso sistema de ensino é praticamente impossível que alguém com menos de 18 anos conclua curso universitário, embora possam ser permitidas exceções.

Enunciado nº 3, I Jornada de Direito Civil – CJF/STJ: A redução do limite etário para a definição da capacidade civil aos 18 anos não altera o disposto no art. 16, I, da Lei n. 8.213/91, que regula específica situação de dependência econômica para fins previdenciários e outras situações similares de proteção, previstas em legislação especial.

Enunciado nº 397, V Jornada de Direito Civil – CJF/STJ: A emancipação por concessão dos pais ou por sentença do juiz está sujeita à desconstituição por vício de vontade.

Enunciado nº 530, VI Jornada de Direito Civil – CJF/STJ: A emancipação, por si só, não elide a incidência do Estatuto da Criança e do Adolescente.

Civil – Ação regressiva de cobrança – Fiança em contrato de locação – Empresa individual como locatária – Incidente de desconstituição de personalidade jurídica desnecessário – Menor voluntariamente emancipada no momento da assinatura do contrato – Responsabilidade solidária dos genitores – Preliminares de nulidade e cerceamento de defesa rejeitadas – Impugnação ao valor da causa. Valores auferidos em ações de cobrança movidas contra a locatária – Recurso desprovido. (...) 3. Na emancipação voluntária por concessão dos genitores, prevista no inciso I do parágrafo único do art. 5º do Código Civil, mantem-se a responsabilidade solidária desses em relação às obrigações assumidas pelo menor antes da emancipação legal. (...) 6. Preliminares rejeitadas. Recurso desprovido (*TJDF* – Ap. 0006571-56.2016.8.07.0001, 11-04-2018, Rel. Josapha Francisco dos Santos).

Apelação Cível – Estatuto da Criança e Adolescente – Representação por infração administrativa – Desfile de grife – Emancipação que não elide a incidência protetiva do estatuto da criança e do adolescente – Critério etário – Manutenção da sentença – Pretensão recursal de reforma da sentença para a improcedência dos pedidos contidos no auto de infração lavrado pela Divisão de Fiscalização, ao argumento de que as adolescentes que participaram do desfile eram emancipadas, o que afastaria a necessidade de apresentação do alvará autorizativo. Alegação que não pode ser acolhida. **Emancipação** que, em que pese assegurar a possibilidade de realização pessoal dos atos da vida civil por aqueles que ainda não atingiram a maioridade, não possui o condão de, isoladamente considerada, afastar as normas especiais de caráter protetivo, notadamente o Estatuto da Criança e do Adolescente. Enunciado 530 da IV Jornada de Direito Civil. Precedente desta Corte de Justiça. Apelante que não apresentou qualquer prova capaz de afastar a presunção de legitimidade e de veracidade do auto de infração, especialmente porque não comprovou possuir o alvará judicial autorizativo, razão por que se mostrou correta a aplicação da multa prevista no Estatuto da Criança e do Adolescente. Conhecimento e desprovimento do recurso (*TJRJ* – Ap. 0014481-77.2011.8.19.0001, 23-9-2016, Rel. Alcides da Fonseca Neto).

Apelação cível – Concurso público – **Menor emancipada** que pretende tomar posse em cargo público cuja idade mínima exigida no edital era de 18 anos – Impossibilidade – Potencial violação à isonomia – Emancipação que não se confunde com maioridade civil – Exercício de cargo público que demanda também a maioridade penal, atingida apenas aos 18 anos de idade – Requisito de idade mínima que se mostra razoável – Sentença de improcedência mantida – Recurso improvido (*TJSP* – Ap. 0000977-95.2015.8.26.0315, 4-8-2016, Relª Maria Laura Tavares).

Anulatória – Aditivo social – Declaração nulidade relativa – Exceção pessoal – Recurso não provido – 1 – A declaração de nulidade relativa do segundo aditivo ao contrato social da empresa Laboratório Nunes de Prótese Dental – ME. Somente pode ser agitada pela própria vítima do ato nulo, por se tratar a declaração de anulabilidade do ato praticado por relativamente incapaz uma exceção pessoal. Não pode ser alegada por terceiros com o fito de esquivar-se de obrigações assumidas com impúberes; 2 – **A emancipação feita pelo pai é ato jurídico solene**. Necessária instrumentalização por escritura pública. 3 – Beneficiários da gratuidade de justiça os Apelantes, resta suspensa a condenação ao pagamento de custas e honorários – Art. 12 da Lei nº 1.060/50. 4 – Recurso não provido (*TJCE* – Ap-RN 694605-44.2000.8.06.0001/1, 1º-4-2011, Rel. Des. Jucid Peixoto do Amaral).

Processo civil – Agravo de instrumento – Efeito suspensivo – Concurso público – Exigência de idade mínima de dezoito anos – Menor – **Emancipação** – Superveniência da maioridade – Razoabilidade – 1 – Consoante já assentou o e. conselho especial deste tribunal (MSG nº 2010.00.2.002136-5): "a emancipação de menor, aprovado em concurso público, atende o requisito de idade mínima de 18 (dezoito) anos para posse em cargo público, incidindo o princípio da razoabilidade". Ademais, nos termos do artigo 5º, parágrafo único, inciso III, do Código Civil, a menoridade cessa pelo exercício de emprego público efetivo. 2 – No caso em comento, além da emancipação haver sido concedida regularmente por seus genitores, por instrumento público, o servidor encontra-se em efetivo exercício da função, não se mostrando razoável a sua imediata exoneração, máxime pela superveniência da maioridade no trâmite da presente ação. 3 – Agravo não provido. Decisão mantida (*TJDFT* – Proc. 20100020185771 – (476604), 1º-2-2011, Rel. Des. Flavio Rostirola).

Art. 6º A existência da pessoa natural termina com a morte; presume-se esta, quanto aos ausentes, nos casos em que a lei autoriza a abertura de sucessão definitiva.

A existência da pessoa natural cessa com a morte. Como com a morte termina a personalidade jurídica (*mors omnia solvit*, a morte tudo resolve), é importante estabelecer o momento da morte ou fazer sua prova para que ocorram os efeitos inerentes ao desaparecimento jurídico da pessoa humana, como a dissolução do vínculo matrimonial, o término das relações de parentesco, a transmissão da herança etc.

Tal qual o momento do nascimento, o momento da morte é de vital importância. Atualmente, defrontamo-nos com o problema científico do diagnóstico do momento exato do passamento. A morte será diagnosticada com a paralisação da atividade cerebral, circulatória e respiratória. Mas uma pergunta, inelutavelmente, deve ser feita pelo jurista: já não terá ocorrido a morte quando toda a atividade cerebral esteja paralisada, mantendo-se um simulacro de vida, inviável, mercê de um sem-número de aparelhos altamente sofisticados? A crônica de nossos jornais está repleta de exemplos nesse sentido.

A resposta há de ser afirmativa. Quando a atividade cerebral se mostra irremediavelmente perdida, não se pode negar que exista morte. Pode o jurista considerá-la como tal? Ao que parece a pergunta ainda levará algum tempo para ser respondida, mas nos inclinamos pela afirmativa.

Em que pese a morte tudo findar, há incontáveis consequências jurídicas que dela decorrem: apenas como exemplo, podemos citar que, pelo art. 354, a legitimação dos filhos falecidos aproveitava a seus descendentes no sistema do Código anterior; o art. 948 prevê a indenização em caso de homicídio, e o art. 951 manda que os médicos satisfaçam ao dano sempre que agirem com culpa.

Além de tudo, a honra dos mortos é protegida em prol dos vivos, seus parentes, em homenagem a sentimentos com relação às pessoas caras.

A regra geral é que se prova a morte pela certidão extraída do assento de óbito. Em sua falta, é preciso recorrer aos meios indiretos, à prova indireta. Não devemos confundir, entretanto, a prova indireta da morte com a ausência, em que existe apenas a certeza do desaparecimento, sem que ocorra presunção de morte. O art. 88 da Lei dos Registros Públicos (Lei nº 6.015/1973) permite uma modalidade de justificação judicial de morte,

"*para assento de óbito de pessoas desaparecidas em naufrágio, inundação, incêndio, terremoto ou qualquer outra catástrofe, quando estiver provada a sua presença no local do desastre e não for possível encontrar-se o cadáver para exame*".

Na época romana, a escravidão também fazia cessar a personalidade com a *capitis deminutio maxima*.

Não temos também a denominada morte civil, embora haja resquício dela, como, por exemplo, no art. 157 do velho Código Comercial e no art. 1.599 do Código Civil de 1916 (atual art. 1.816). Por esse dispositivo do Código Civil, os excluídos da herança por indignidade são considerados como se mortos fossem: seus descendentes herdam normalmente. Nas legislações antigas, a morte civil atingia, como pena acessória, os delinquentes condenados por determinados crimes graves, que eram reputados como civilmente mortos. Como consequência, podia ser aberta a sucessão do condenado como se morto fosse; perdia ele os direitos civis e políticos e dissolvia-se seu vínculo matrimonial. O direito moderno repudia unanimemente esse tipo de pena, embora permaneçam traços como os apontados anteriormente, mais como uma solução técnica do que como pena.

No sistema de 1916, não existia morte presumida, a não ser para efeitos patrimoniais, nos casos dos arts. 481 e 482. Tal não implicava extinção da personalidade. É permitida a abertura da sucessão provisória ou definitiva do desaparecido, para proteção de seu patrimônio. Permitia-se, no entanto, a justificação judicial de morte, como vimos anteriormente (art. 88 da Lei de Registros Públicos). Não se tratava, porém, de típica presunção de morte. No entanto, mesmo que acolhida uma justificação nesse sentido, nada impedia que a pessoa surgisse posteriormente sã e salva, o que anularia todos os atos praticados com sua morte presumida, protegendo-se os terceiros de boa-fé.

A posição tomada pelo Código de 2002 foi outra. De um lado, o instituto da ausência é tratado dentro da parte geral do diploma (arts. 22 ss) e não mais no direito de família. Essa declaração de ausência tradicionalmente tem por finalidade a proteção do patrimônio do desaparecido, como apontamos, levando à sucessão provisória e à sucessão definitiva. Os fins do instituto são exclusivamente patrimoniais.

No presente artigo, expressamente o legislador aponta que sejam consideradas mortes presumidas as situações que autorizam a abertura da sucessão definitiva (arts. 37 ss).

🖋 Autor falecido antes da propositura – ausência de pressuposto de desenvolvimento válido e regular do processo – efeitos do mandato após a morte do mandante – cessação – substituição processual – descabimento – sentença cassada – extinção sem o exame do mérito. O art. 6º do Código Civil é bem claro no sentido que "a existência da pessoa natural termina com a morte", logo, descabe falar-se em substituição processual, com a convalidação de atos precedentes, se o óbito ocorreu antes mesmo do ajuizamento. Salienta-se que o mandato cessa com a morte, logo, também por este prisma, não havia capacidade postulatória. Sentença cassada. Feito extinto sem exame do mérito (*TJMG* – Ap. 1.0024.13.179587-4/001, 18-02-2020, Rel. Sérgio André da Fonseca Xavier).

🖋 Apelação – Direito civil – Registros públicos – Ação declaratória de morte presumida – Descabimento nas circunstâncias postas nos autos. 1. A abertura da sucessão se dá com a morte, fenômeno em decorrência do qual termina a existência da pessoa natural. 2. Como nem toda morte fica comprovada e havendo necessidade de contornar o grave problema da ausência de uma pessoa, o sistema jurídico concebe a morte presumida, mas em circunstâncias excepcionais que não a descrita nos autos, onde é imprescindível a prévia declaração de ausência. 3. Desaparecendo alguém por largo período, ficando desprotegido o seu patrimônio e havendo provocação de pessoa interessada ou do Ministério Público, é possível declarar a sua ausência, fato que produz efeitos jurídicos, ensejando a nomeação de um curador para administrar os bens do ausente. 4. Se a parte autora aditou a petição inicial e afirmou que não pretende a declaração de ausência, mas a declaração de morte presumida, e inexistindo justificativa para tal declaração sem a anterior declaração de ausência, pois não se trata de pessoa que estivesse em perigo e vida (doença grave ou envolvido em acidente ou guerra) correta está sentença que julgou improcedente o pedido. Recurso desprovido (*TJRS* – Ap. 70081859050, 31-07-2019, Rel. Sérgio Fernando de Vasconcellos Chaves).

🖋 Agravo de instrumento – Inventário – Herdeiro desaparecido – Cessão de bem pelos filhos – Inexistência de **declaração de ausência** – Impossibilidade – Ineficácia das escrituras lavradas – Decisão mantida – Recurso não provido. – Conforme art. 6º do Código Civil de 2002 só será permitida a sucessão dos ausentes que tiverem a morte presumida por força de lei. Para que seja declarada a ausência de uma pessoa, tal medida deve ser requerida. Não tendo sido pleiteada, não há como gerar os efeitos supracitados. Tendo os filhos do desaparecido cedido parte de seus bens, correta a decisão que declarou a ineficácia das escrituras. Recurso não provido (*TJMG* – AI 1.0515.05.011446-8/001, 2-12-2016, Relª Hilda Teixeira da Costa).

🖋 Declaração de morte presumida. Para que a beneficiária faça jus ao recebimento de indenização decorrente de seguro de vida do companheiro, é necessária a demonstração da morte presumida e consequente abertura da sucessão definitiva do ausente, não elidindo tal prova a mera declaração de ausência e sucessão provisória do segurado (*TJSP* – Ap. 992.06.061095-5, 14-1-2011, Rel. Gomes Varjão).

> **Art. 7º Pode ser declarada a morte presumida, sem decretação de ausência:**
> **I – se for extremamente provável a morte de quem estava em perigo de vida;**
> **II – se alguém, desaparecido em campanha ou feito prisioneiro, não for encontrado até dois anos após o término da guerra.**
> **Parágrafo único. A declaração da morte presumida, nesses casos, somente poderá ser requerida depois de esgotadas as buscas e averiguações, devendo a sentença fixar a data provável do falecimento.**

Como se percebe, o atual ordenamento foi mais além, autorizando a declaração de morte presumida em outras situações, independentemente da declaração de ausência (arts. 22 a 39). Há, portanto, possibilidade de morte presumida com ou sem declaração de ausência.

Tudo que é presumido é altamente provável, mas não constitui certeza. Caberá ao juiz, na atual lei, fixar a data da morte presumida do desaparecido na sentença, requisito que é essencial, melhor cabendo estabelecê-la no dia de sua última notícia, na ausência de critério mais seguro, segundo a prova apresentada.

A maior cautela possível deverá ser exigida na declaração de presunção de morte, tamanhas e tão graves as consequências de ordem patrimonial e familiar. A presente disposição, de qualquer forma, harmoniza-se com o mencionado artigo da Lei dos Registros Públicos: acidentes, naufrágios, incêndios e outras catástrofes, quando não se encontram ou não se identificam os falecidos, permitem maior grau de presunção de morte. A disposição menciona ainda o desaparecido em campanha ou feito prisioneiro quando não é encontrado até dois anos após o término da guerra. *Guerra* é termo que deve ser entendido com elasticidade, pois deve compreender também revolução interna e movimentos semelhantes, como, por exemplo, exercícios bélicos.

Como notamos, há situações de desaparecimento da pessoa e da probabilidade de morte que exigem um acertamento judicial. Essa declaração de morte, como é óbvio, dependerá de sentença judicial, em procedimento no qual todas as investigações devem ser permitidas, além do esgotamento das buscas e averiguações de que fala a lei.

Temos que entender de forma clara as situações de desaparecimento da pessoa e suas consequências jurídicas. A morte de uma pessoa pode ser incerta quando não houver notícia de seu paradeiro e houver motivo para acreditar que tenha falecido. Por outro lado, ainda que haja certeza da morte, pode haver dúvida sobre o momento do passamento, a data da morte, a qual gera importantes consequências jurídicas, mormente no campo sucessório (LARENZ, 1978, p. 116). A data da morte deve ser fixada na sentença. Não se fixam presunções para o juiz estabelecer a data como ocorre no direito comparado: o critério caberá à prudente decisão do magistrado.

O sistema de 1916 não se preocupou com as situações de declaração de morte presumida, tantos são os problemas que podem advir com o retorno do presumido morto. Os princípios acerca da sucessão provisória e da sucessão definitiva mostraram-se suficientes, tão grande é o lapso temporal desses procedimentos, que raramente questões poderiam ocorrer com o retorno do presumido morto.

Como com a morte termina a personalidade jurídica, é importante estabelecer o momento da morte ou fazer sua prova. A regra geral é que se prova a morte pela certidão extraída do assento de óbito. Em sua falta, é preciso recorrer aos meios indiretos, como mencionado no parágrafo anterior. Não se deve confundir, entretanto, a prova indireta da morte com a *ausência*, onde existe apenas a certeza do desaparecimento, sem que haja presunção de morte, como é o caso do art. 88 da Lei dos Registros Públicos.

Para fins exclusivamente patrimoniais, dez anos depois de passada em julgado a sentença que concede a abertura da sucessão provisória do ausente, poderão os interessados requerer a sucessão definitiva e o levantamento das cauções prestadas (art. 37). Também pode ser requerida a sucessão definitiva, uma vez provado que o ausente conta com 80 anos de idade e que de cinco datam suas últimas notícias (art. 38).

A simples ausência de alguém, ainda que prolongada, não tem, por si só, repercussão jurídica. O desaparecimento da pessoa sem notícia, não tendo deixado representante ou procurador, por outro lado, autoriza a declaração judicial de ausência, com nomeação de curador (art. 22). O decurso de tempo de ausência mais ou menos longo induzirá a possibilidade de morte da pessoa. Em matéria de direito patrimonial, o simples desaparecimento ou ausência decretada não rompe o vínculo do casamento, o que ocorrerá somente pelo divórcio ou com a certeza ou reconhecimento presumido da morte.

A ausência cessará com o retorno da pessoa, com a certeza de sua morte ou com a declaração de morte presumida (TRABUCCHI, 1992, p. 66). Em face da possibilidade latente de reaparecimento da pessoa, afirma-se que a sentença que admite a morte presumida, embora opere efeitos em relação a todos, não faz coisa julgada. Qualquer interessado poderá impugná-la provando que teve notícias do paradeiro do desaparecido, insurgindo-se, inclusive, quanto à data da morte provável estabelecida na decisão, o que poderá alterar a ordem de vocação hereditária (BORDA, 1991, v. 1, p. 289).

O sistema estabelecido em 1916 não cuidava de situações de declaração de morte presumida, tantos são os problemas que podem advir com o reaparecimento do presumido morto, acarretando situações que nem mesmo a melhor ficção pode imaginar. Com o atual sistema, existe a possibilidade de declaração de morte presumida, sem decretação de ausência, que é a fase inicial das sucessões provisória e definitiva.

Como aponta Larenz (1978, p. 116), se um dia o declarado morto regressa, existe desse momento certeza de que não faleceu e que, por isso, muito menos perdeu seus direitos. Seu patrimônio, em tese, não foi juridicamente transferido aos presumidos herdeiros, tendo pertencido ao titular como anteriormente. A declaração de falecimento não ocasionou precisamente a perda da capacidade jurídica nem a transmissão de seu patrimônio aos sucessores. Há muitas questões que podem advir do fenômeno, a começar pela proteção aos terceiros adquirentes de boa-fé; retenção e indenização por benfeitorias; responsabilidade pela perda ou deterioração da coisa etc. A matéria requer, sem dúvida, maior aprofundamento de estudo, que diz respeito a questões, entre outras, sobre herdeiro aparente e aplicação dos princípios da sucessão definitiva nas hipóteses de retorno do titular do patrimônio. A verdade é que, durante muito tempo, convivemos sem a possibilidade de declaração de presunção de morte nas hipóteses do presente artigo e se sua ausência não foi sentida ou reclamada pela sociedade.

Na doutrina estrangeira que adota esse sistema, o regresso do morto que encontra seu cônjuge casado com terceiro deu margem a inúmeras interpretações. A melhor solução, presente no direito argentino, é entender como válido o segundo matrimônio e desfeito o primeiro. Observa Guillermo Borda (1991, v. 1, p. 307) que "*os novos vínculos e afetos devem ser preferidos aos pretéritos; tanto mais quanto é possível que o novo matrimônio haja gerado filhos, que, de plano, ver-se-ão em dolorosa situação de ver destruído seu lar*".

Não é essa solução encontrada por todas as legislações. Nossa lei deveria ter-se preocupado com a hipótese, que certamente pode ocorrer em concreto.

O sistema do Código Civil não pode ser confundido com a *presunção de morte para fins previdenciários*. Nesse âmbito, o reconhecimento da morte autoriza o dependente a receber benefício provisório, fundamental à sua sobrevivência. Nesse caso, há um processo simplificado para esse fim. No sistema da previdência, há regras próprias no ordenamento.

Recorde-se ainda que a Lei nº 9.140/1995 reconheceu como mortos, para todos os efeitos legais, os desaparecidos durante o regime militar, no período que especifica, de 2 de setembro de 1961 a 5 de outubro de 1988.

📖 Enunciado nº 614, VIII, Jornada de Direito Civil – CJF/STJ: Os efeitos patrimoniais da presunção de morte posterior à declaração da ausência são aplicáveis aos casos do art. 7º, de modo que, se o presumivelmente morto reaparecer nos dez anos seguintes à abertura da sucessão, receberá igualmente os bens existentes no estado em que se acharem.

⚖ Apelação cível – Declaração judicial de morte presumida sem decretação de ausência – Alegação de desaparecimento – Causa de pedir – Art. 7º do Código Civil – Inadequação da via eleita. 1 – A declaração de morte presumida, sem decretação de ausência, é restrita às hipóteses listadas no art. 7º do Código Civil. 2 – A mera alegação de desaparecimento não autoriza a declaração judicial de morte presumida, sem a prévia decretação de ausência, resvalando na impropriedade da via eleita (*TJMG* – Ap. 1.0000.19.126403-5/001, 05-12-2019, Rel. Carlos Henrique Perpétuo Braga).

⚖ Apelação cível – Ação declaratória de morte presumida – Sentença de improcedência, argumentando inexistência de probabilidade do falecimento, determinando a remessa das interessadas para as vias próprias, com declaração de ausência do desaparecido. Inconformismo das recorrentes, para que o feito tenha regular prosseguimento, com oitiva das testemunhas para delimitar a data do desaparecimento acolhido – Razoabilidade das alegações – Genitor que era caminhoneiro, havendo notícias de que fora roubado e morto pelos ladrões de carga – Expedição de ofícios para tentativa de localização e edital, que restaram infrutíferas – Desaparecimento há 46 anos, contando o desaparecido 87 anos de idade – Sentença anulada – Recurso provido (*TJSP* – Ap. 0000364-39.2015.8.26.0424, 30-07-2018, Rel. José Joaquim dos Santos).

⚖ Apelação cível – **Ação declaratória de morte presumida** – Sentença de improcedência – 1- Como cediço, no direito brasileiro há dois tipos de morte: a real e a presumida. A primeira ocorre com a parada total e irreversível de todas as funções cerebrais. A segunda decorre da ausência, instituto jurídico previsto no art. 1.159 do CPC/73. 2- Pois bem, sabe-se que a declaração de morte presumida, na forma do inciso II do art. 7º do CC, incide nos casos de desaparecimento do corpo da pessoa, sendo extremamente provável a morte de quem estava em perigo de vida. 3- Nestes casos, é aplicável a declaração por morte presumida, depois de esgotados todos os meios de buscas e averiguações do corpo da pessoa desaparecida. 4- Como se nota, foram expedidos ofícios para o IML, hospitais e cartórios de RCPN, entretanto, todos afirmaram que não localizaram o demandado, ou qualquer apontamento de seu óbito. 5- Por outro lado, não restou comprovado que o Sr. Moises corria perigo de vida, inexistindo registro da suposta agressão sofrida pelo pai da autora, tampouco qualquer prova, que possa presumir como verdadeira a afirmação de que o mesmo estava sendo ameaçado por seus agressores. Recurso a que se nega provimento (*TJRJ* – Ap. 0015721-38.2006.8.19.0014, 15-4-2016, Relª Marcia Ferreira Alvarenga).

⚖ Apelação Cível – Ação Declaratória – Falecimento – Pretensão do autor de fazer prova nos autos de inventário de **morte presumida** dos réus. Sentença de improcedência. Apelo repisando as argumentações. Anulação do julgado. No direito brasileiro a declaração de morte presumida está prevista no inciso II do art. 7º do CC, que incide nos casos de "desaparecimento do corpo da pessoa, sendo extremamente provável a morte de quem estava em perigo de vida". *In casu* não foram esgotados todos os meios de buscas e averiguações do corpo da pessoa desaparecida. Ausência de citação dos réus bem como a de nomeação de curadoria especial. Ocorrência de vício insanável. Inobservância do devido processo legal e, por via de consequência, dos princípios da ampla defesa. Anulação *ex officio* do processo desde a origem. Recurso prejudicado (*TJRJ* – Ap. 0086550-73.2012.8.19.0001, 16-5-2016, Rel. Jaime Dias Pinheiro Filho).

⚖ Direito administrativo e previdenciário – Policial militar – Desaparecimento em serviço – Ausência e **morte presumida** – Requerimento de pensão por filho incapaz – Sentença pela procedência – Apelação cível – Preliminar de ausência de citação de litisconsorte passivo necessário. Rejeitada. Preliminares de inépcia da inicial por incompatibilidade de pedidos e ausência de valor da causa. Rejeitadas. Questão envolvendo verba alimentar. Obediência aos princípios da celeridade e economia processual. Termo inicial da pensão. Ausência de prévio requerimento administrativo. Data da citação. Recurso conhecido e parcialmente provido. Decisão unânime (*TJAL* – AC 2010.003701-5 – (2.433/2011), 10-5-2011, Rel. Des. Pedro Augusto Mendonça de Araújo).

⚖ Direito civil – **Morte presumida** – Justificação judicial da morte para assento de óbito de pessoa desaparecida em naufrágio (art. 8º da Lei nº 6.015/73)

– Cadáver não encontrado – Prova testemunhal da presença do desaparecido no local do acidente – Probabilidade de morte – Esgotamento das buscas e averiguações – Inquérito administrativo realizado pela capitania dos portos do Ceará – Aplicação do artigo 7º, I, e parágrafo único do Código Civil de 2002 – Apelo conhecido e provido – 1 – É possível a declaração judicial de morte presumida, em face do desaparecimento de quem estava em perigo de vida, sendo extremamente provável sua morte, após serem esgotadas todas as buscas e averiguações no sentido de encontrá-lo. Inteligência do artigo 7º, I, do Código Civil devendo a sentença fixar a data provável do falecimento (parágrafo único do referido artigo). 2 – *In casu*, o fato ocorreu em alto-mar, quando a canoa entornou, após uma grande onda, lançando os tripulantes fora da embarcação. 3 – Grande probabilidade do desaparecido ter falecido, vítima do naufrágio, ocorrido em 02.10.2003, em vista do seu não retorno até a presente data, perfazendo o total de quase 08 (oito anos). 4 – Permissão legal para a justificação judicial da morte para assento de pessoas desaparecidas em naufrágio, inundação, incêndio, terremoto, ou qualquer outra catástrofe, quando estiver provada a sua presença no local do desastre e não for possível encontrar o cadáver para exame (art. 88 da Lei de Registros Públicos – Lei nº 6.015/73). 5 – Recurso conhecido e provido (*TJCE* – Ap. 658139-51.2000.8.06.0001/1, 25-10-2011, Relª Desª Vera Lúcia Correia Lima).

Art. 8º Se dois ou mais indivíduos falecerem na mesma ocasião, não se podendo averiguar se algum dos comorientes precedeu aos outros, presumir-se-ão simultaneamente mortos.

A questão é de vital importância, uma vez que a pré-morte de um casal ou de pai e filho, por exemplo, tem implicações no direito sucessório. Se faleceu primeiro o marido, transmitiu a herança à mulher; se ambos não tivessem descendentes ou ascendentes e a mulher falecesse depois, transmitiria a herança a seus herdeiros colaterais. O oposto ocorreria se se provasse que a mulher faleceu antes. A situação prática pode ocorrer em catástrofes, acidentes ou mesmo em situações de coincidência.

Na dúvida sobre quem tenha falecido anteriormente, o Código presume o falecimento conjunto.

No Direito Romano, cuidando-se de pais e filhos impúberes, presumia-se terem os filhos perecido antes dos pais; se púberes, presumia-se que estes tinham sobrevivido aos pais. Se a morte atingia marido e mulher, entendia-se ter morrido primeiro o marido.

O direito francês, na esteira do Direito Romano, também admite uma série de confusas presunções.

Nosso sistema, com presunção de comoriência, simplifica a situação jurídica, quando a ciência, ainda que com todo o seu avanço tecnológico, não puder estabelecer quem faleceu anteriormente.

Seguro de vida – Ação indenizatória – Acidente de trânsito que acarretou a morte do segurado e de sua mulher – Certidões de óbitos que atestam o falecimento do casal no mesmo local e instante. Caracterizado o instituto da comoriência, nos termos do art. 8º, do CC. Afastada a transmissão da herança, com extinção de direitos sucessórios entre o casal. Vale dizer, portanto, que os pais do segurado devem receber a integralidade da indenização securitária. Sentença reformada. Recursos providos (*TJSP* – Ap. 1003671-53.2017.8.26.0637, 19-12-2018, Rel. Pedro Baccarat).

Agravo de instrumento – Família/Sucessão – Inventário – Pedido de habilitação – Ocorrência de mortes simultâneas – Comoriência – Ocorrência – Transmissão de direitos – Inocorrência – Pedido indeferido – Recurso conhecido e não provido. 1. A comoriência é instituto de direito que se funda em estado de dúvida e importa em pressupor a ocorrência de mortes simultâneas, quando as circunstâncias do caso não permitirem identificar quem morreu primeiro. 2. Considerando que os peritos exararam laudo atestando que os óbitos ocorreram no mesmo horário, para afastar a ocorrência de comoriência é necessário ampla dilação probatória, o que é descabido no bojo do processo de inventário. 3. Não tendo sido comprovado que a morte do autor da herança antecedeu à do filho, não é possível admitir que houve transmissão de direitos daquele para este e, consequentemente, deste para a genitora, ora agravante (*TJMG* – AI 1.0702.09.586353-7/001, 06-02-2018, Rel. Bitencourt Marcondes).

Agravo interno na apelação cível – Retificação de registro de óbito – Sentença de procedência que reconheceu o óbito simultâneo de vítimas de acidente de trânsito. Elementos probatórios que indicam a impossibilidade de assegurar o momento exato do óbito, como lavrada na certidão. Hipótese de **comoriência**. Depoimento do médico legista atestando a ausência de lesões determinantes da divergência de horários. Irreparabilidade do provimento jurisdicional. Acolhimento do parecer do Ministério Público. Negativa de seguimento ao recurso na forma do artigo 557, *caput*, do Código de Processo Civil. Recurso desprovido. Decisão mantida. (*TJRJ* – Ap. 0002326-96.2008.8.19.0017, 25-2-2016, Rel. Mario Guimarães Neto).

Arrolamento de bens – Direito de representação exige que o herdeiro seja pré-morto em relação ao autor da herança, ou que tenha ocorrido **comoriência** – Não Caracterização – Herdeira, neta do *de cujus* que deverá postular partilha conjunta ou providenciar a abertura de inventário autônomo – Decisão mantida – Recurso improvido. Remoção de inventariante – Pedido elaborado pela herdeira, neta do *de cujus* – Irresignação não acolhida – Deliberação proferida nos autos principais, inclusive quanto ao óbito da cônjuge supérstite que será objeto de análise, para regularidade do andamento processual – Decisão mantida – Ratificação dos fundamentos do *decisum* – Aplicação do art. 252 do

RITJSP/2009 – Recurso improvido (*TJSP* – AI 2032011-92.2016.8.26.0000, 29-9-2016, Rel. Alvaro Passos).

📎 Apelação cível – Direito sucessório – Alvará judicial – Preliminar – Remessa às vias ordinárias – Rejeição – Proventos de trabalho e FGTS – **Comoriência** – Transmissão da herança entre os comorientes – Impossibilidade – Meação – Ressalva – Apesar de a certidão de óbito dispor que a *de cujus* deixou bens a inventariar, as partes, intimadas, declararam nos autos a inexistência destes bens, anexando, ainda, certidão negativa de distribuição de ação. O caso, portanto, se subsome ao disposto no art. 2º da Lei nº 6.858/90, podendo, o direito das partes, ser aferido neste procedimento voluntário de alvará judicial. Diante da impossibilidade de se identificar o exato momento da morte dos cônjuges em acidente automobilístico, impõe-se a presunção da morte simultânea – Comoriência, na forma do art. 8º do CC/02. Nesse contexto, não há de se falar em transmissão de herança entre eles, recaindo sobre o único herdeiro necessário o direito relativo aos bens integrantes do patrimônio particular da *de cujus*. Quanto à meação, esta recairá tão somente sobre os valores de FGTS e PASEP depositados na constância do casamento, devendo, pois, esta quantia, ser abatida do montante que se pretende levantar via alvará judicial (*TJMG* – AC 1.0216.13.003338-6/004, 2-9-2016, Relª Yeda Athias).

📎 Sucessões – Inteligência – Indenização de seguro – Pretensão do recorrente, na qualidade de herdeiro da irmã, que era beneficiária de seguro de vida e faleceu em acidente de trânsito. **Comoriência** do segurado e da beneficiária. Inteligência do art. 8º do CC. Indenização que não chegou a integrar o patrimônio da beneficiária, devendo ser pago aos herdeiros do segurado por expressa disposição legal inteligência do art. 192 do CC. Decisão mantida. Agravo desprovido (*TJSP* – AI 990.10.491943-6, 8-6-2011, Rel. Theodureto Camargo).

Art. 9º Serão registrados em registro público:
I – os nascimentos, casamentos e óbitos;
II – a emancipação por outorga dos pais ou por sentença do juiz;
III – a interdição por incapacidade absoluta ou relativa;
IV – a sentença declaratória de ausência e de morte presumida.

Em várias oportunidades já nos referimos à Lei nº 6.015/1973, a Lei dos Registros Públicos.

O art. 1º dessa lei explica a finalidade do Registro Público, ao dizer:

"*Os serviços concernentes aos Registros Públicos, estabelecidos pela legislação civil para autenticidade, segurança e eficácia dos atos jurídicos, ficam sujeitos ao regime estabelecido nesta lei.*

§ 1º Os Registros referidos neste artigo são os seguintes:
I – o registro civil de pessoas naturais;
II – o registro civil de pessoas jurídicas;
III – o registro de títulos e documentos;
IV – o registro de imóveis.
§ 2º Os demais registros reger-se-ão por leis próprias.*"

Para o legislador, portanto, os registros públicos têm a finalidade de conferir *autenticidade, segurança* e *eficácia* aos atos jurídicos atinentes à matéria tratada no § 1º do artigo citado.

O registro público, quer para atos que a lei tem como obrigatórios, quer para os atos que a lei tem como facultativamente registráveis, além dessas finalidades interpretadas pela própria lei, tem em mira, na grande maioria dos casos, a formalidade de *oponibilidade a terceiros*. Determinados atos, constantes dos registros, presumem-se, *de iure*, conhecidos de todos. São atos oponíveis *erga omnes*.

Além dessa importante formalidade de valer e ter eficácia contra terceiros, os atos constantes do registro ganham eficácia entre as partes envolvidas no ato registrado.

Sinteticamente, podemos afirmar que o registro público tem feição de *publicidade*, de notoriedade dos atos registrados. Se for público, desejando saber a quem pertence determinado imóvel, basta pedirmos uma certidão desse bem. Se pretendermos saber a filiação de determinada pessoa, basta pedirmos certidão de seu assento de nascimento. Se necessitarmos cópia de um documento registrado, para tanto pedimos certidão do documento.

Portanto, a finalidade dos registros públicos é mais ampla do que a princípio parece indicar o *caput* do art. 1º da Lei dos Registros Públicos.

Para os registros públicos há *atos obrigatórios*, quando o ato jurídico apenas ganha eficácia com o registro, e *atos facultativos*, quando se trata de interesse dos próprios interessados, para a perpetuação e segurança do ato, além de sua autenticação.

Sob esse prisma, para adquirir propriedade por nosso direito é imprescindível a transcrição no Registro Imobiliário (a matrícula do imóvel, com suas vicissitudes). Só será proprietário de um imóvel, regra geral, quem o registro público assim indicar.

Por outro lado, se duas partes contratam particularmente um empréstimo, podem, facultativamente, registrar o documento no competente registro de títulos e documentos, para se acautelarem contra possível destruição ou extravio do documento, bem como para comprovação de data.

A Lei dos Registros Públicos trata, portanto, do registro civil das pessoas naturais e jurídicas, do registro de títulos e documentos e do registro de imóveis.

Há outros registros, como o registro de comércio, por exemplo, que não são tratados pela lei.

Historicamente, é de pouca utilidade recorrer ao Direito Romano. Em Roma, o registro dos nascimentos foi introduzido no tempo do Império, por Marco Aurélio, que confiou tal mister ao prefeito do erário, nas cidades, e aos magistrados municipais, nas províncias, os denominados *tabularii* (BEVILÁQUA, 1916, p. 203). Nada existia a respeito de casamentos e óbitos.

Entre nós, no tempo do Império, atribuía-se à religião o registro de casamento. Não existia registro de nascimento para as pessoas católicas, já que esse aspecto era suprido pelo assento de batismo, no qual se declaravam os nomes do pai e mãe legítimos. Até recentemente, as pessoas nascidas anteriormente à secularização do Registro Civil faziam prova de idade, mediante a apresentação do batistério, que tem valor probatório. Esse documento é meio subsidiário de prova, quando ausente ou desaparecido o registro civil.

A separação do registro civil da Igreja ocorreu pelo Decreto nº 9.886/1888; a partir daí várias leis regularam a matéria. Não resta dúvida, porém, de que a instituição do Registro Civil se deve à Igreja Católica, porque foi esta que desde a Idade Média passou a anotar nascimentos, casamentos e óbitos nos livros paroquiais.

O registro civil da pessoa natural, além das finalidades gerais dos registros públicos já delineadas, apresenta a utilidade para o próprio interessado em ter como provar sua existência, seu estado civil, bem como um interesse do Estado em saber quantos somos e qual a situação jurídica em que vivemos. O registro civil também interessa a terceiros que veem ali o estado de solteiro, casado, separado etc. de quem contrata, para acautelar possíveis direitos. No Registro Civil, encontram-se marcados os fatos mais importantes da vida da pessoa: nascimento, casamento e suas alterações e morte.

1. Nascimentos

De acordo com o art. 50 da Lei de Registros Públicos, todo nascimento deve ser dado a registro, no lugar em que tiver ocorrido o parto, dentro do prazo de 15 dias, ampliando-se até três meses para os locais distantes mais de 30 km da sede do cartório. Nos termos do art. 1.604 do Código Civil, ninguém pode vindicar estado contrário ao que resulta do registro de nascimento, salvo provando-se erro ou sua falsidade. A filiação legítima era provada pela certidão do termo de nascimento (art. 347 do antigo diploma legal), decorrendo daí a obrigatoriedade do registro do nascimento e a imposição de multas para o não cumprimento.

Aos brasileiros nascidos no estrangeiro são aplicadas as mesmas disposições (§ 5º do art. 50 da Lei dos Registros Públicos), sendo competentes as autoridades consulares brasileiras para os atos do registro civil, de acordo com o art. 18 da Lei de Introdução ao Código Civil, atual Lei de Introdução às normas do Direito Brasileiro, Lei 12.376, de 30-12-2.010.

O art. 52 da Lei dos Registros Públicos, por sua vez, determina que são obrigados a fazer a declaração de nascimento: o pai; em falta ou impedimento do pai, a mãe, sendo nesse caso o prazo para declaração prorrogado por 45 dias; no impedimento de ambos, o parente mais próximo, sendo maior e achando-se presente; em falta ou impedimento do parente referido, os administradores de hospitais ou os médicos e parteiras que tiverem assistido o parto; ou pessoa idônea da casa em que ocorrer, sendo fora da residência da mãe; finalmente, as pessoas encarregadas da guarda do menor. O § 1º do citado artigo dispõe que, quando o oficial do registro tiver motivo de dúvida da declaração, poderá ir à casa do recém-nascido verificar sua existência, ou exigir atestado médico ou parteira que tiver assistido o parto, ou o testemunho de duas pessoas que não forem os pais e tiverem visto o recém-nascido.

Existe, portanto, uma gradação, uma ordem de pessoas obrigadas a fazer a declaração de nascimento.

Se ocorrer erro no registro de nascimento, atribuindo-se pais diferentes, ou sexo diverso, por exemplo, é indispensável a retificação, por via judicial.

O dispositivo do art. 52 não prevê penalidade para a obrigação, mas o art. 46 da mesma lei dispõe que as declarações de nascimento feitas fora do prazo só serão registradas mediante despacho do juiz e recolhimento de multa de um décimo do salário-mínimo da região, sem estabelecer penalidade para a pessoa que deixa de fazer a declaração.

O art. 54 da mencionada lei diz quais os requisitos essenciais do assento de nascimento, colocando entre eles, no nº 4, *o nome* e o *prenome*, que forem postos à criança.

2. Óbitos

A morte deve ser atestada por médico, se houver no local (art. 77 da LRP). Se não houver, deve ser atestada por duas pessoas qualificadas que a tiverem presenciado ou verificado.

O registro do óbito é regulado pelos arts. 77 a 88 da Lei dos Registros Públicos.

O sepultamento sem assento de óbito prévio é admitido por exceção, quando não houver possibilidade de se efetuar dentro de 24 horas do falecimento, pela distância ou outro motivo relevante. Nesse caso, a lei recomenda urgência no registro, que deve ser feito dentro de 15 dias, prazo ampliado para três meses para lugares distantes mais de 30 km da sede do cartório. A lei prevê as hipóteses comuns no interior do país, com dimensões continentais.

As pessoas obrigadas a declarar o óbito vêm discriminadas no art. 79 e o conteúdo do assento é estatuído no art. 80.

Não só no tocante ao nascimento, como também ao óbito ou com referência a qualquer erro constante dos registros públicos, sempre deve ser feita a retificação mediante autorização judicial.

Quanto à justificação de óbito de pessoas desaparecidas em acidentes ou tragédias (art. 88 da LRP), já nos referimos anteriormente.

3. Emancipação, interdição e ausência

A emancipação, concedida pelos pais ou por sentença judicial, de acordo com o art. 5º do Código, deverá ser também inscrita no registro público (art. 89 da LRP).

As sentenças de interdição serão registradas (art. 92 da Lei de Registros Públicos; atual Código, art. 9º, III), assim como as sentenças declaratórias de ausência (art. 94 da LRP; atual Código, art. 9º, IV).

Art. 10. Far-se-á averbação em registro público:
I – das sentenças que decretarem a nulidade ou anulação do casamento, o divórcio, a separação judicial e o restabelecimento da sociedade conjugal;
II – dos atos judiciais ou extrajudiciais que declararem ou reconhecerem a filiação;
III – (Revogado pela Lei nº 12.010, de 2009)

Todos esses registros são *inscritos* no Registro Civil. A *inscrição* é o registro básico, mas pode vir a sofrer alterações, como, por exemplo, um reconhecimento de filiação. Tais alterações são procedidas mediante *averbações* nos assentos, a sua margem. Note que a separação judicial desaparece de nosso sistema após a Emenda Constitucional nº 66/2010. As averbações são, portanto, complemento do registro e vêm reguladas pelos arts. 97 a 105 da LRP, que explicitam o modo pelo qual tais averbações devem ser feitas. A averbação possui, portanto, um caráter acessório.

A averbação é, pois, um registro feito à margem do assento ou, não havendo espaço, no livro próprio, corrente, com notas e remissões que facilitem a busca dos dados. Para qualquer averbação do Registro Civil é indispensável a audiência do Ministério Público. Em caso de dúvida, a solução é entregue ao juiz. A informática, sem dúvida, facilitou e dinamizou o sistema de registros.

Além das averbações, o oficial do registro deve proceder a *anotações* (arts. 106 a 108 da Lei dos Registros Públicos), que são remissões feitas nos livros de registro para facilitar a busca e favorecer a interligação dos diversos fatos acontecidos na vida do indivíduo. Por exemplo, o art. 107 determina que deverá ser anotado, com remissões recíprocas, o óbito, nos assentos de casamento e nascimento, e o casamento deve ser anotado no registro de nascimento.

O cargo de Oficial de Registro Civil é privativo de servidores nomeados pelo Estado para o exercício dessas funções, de acordo com a legislação judiciária de cada Estado. Trata-se de uma *delegação* outorgada pelo Poder Público. O delegado registrador é responsável pelos atos que praticar e pela exatidão de suas declarações que merecem fé pública. Sua competência é limitada a uma *circunscrição territorial* fixada pela lei.

No entanto, a força probante dos registros públicos em geral não é absoluta. Permanece enquanto não for modificado o registro, ou cancelado, por meio de ação judicial, que tenha por indevido ou incorreto. Como assevera Serpa Lopes (1962, v. 1, p. 325),

> "*a presunção de verdade que decorre do registro do ato do estado civil se localiza no fato da realidade da declaração feita perante o oficial. Contudo, os fatos a que essa declaração se reportar estão sujeitos a uma demonstração em contrário, embora prevaleçam enquanto esta prova não se fizer ou uma sentença exista reconhecendo-a*".

Contudo, poucos serão os casos em que o Oficial de Registro poderá alterar os assentos, sem autorização judicial pelo menos. As alterações do registro (ou registo, na linguagem mais lusitana) podem ocorrer em decorrência de ação judicial contenciosa ou de meras retificações, geralmente de erros materiais, mas sempre com a supervisão do juiz competente. Quando a alteração do registro, ou mesmo seu cancelamento, decorrer de sentença judicial, emanará de uma *ação de estado*.

A utilidade do registro é importantíssima, pois o instituto fixa a condição jurídica da pessoa, em seu próprio interesse, de sua família, da sociedade e do Estado. O Registro Civil, em especial, constitui uma segurança não só para o próprio indivíduo como também para aqueles que com ele tratam e contratam, já que fornece um meio seguro que prova o estado civil e a situação jurídica, em geral, das pessoas.

O sistema dos registros públicos, como também a Lei nº 13.444/2017, entre nós ingressa progressivamente na era da informática. Ainda que isso possibilite invasão talvez excessiva na vida privada da pessoa, a tendência é para que no breve futuro todas as informações do registro pertençam a um banco de dados e que cada pessoa tenha uma só identificação, desde o nascimento até sua morte, eliminando-se o sem-número de registros, tais como Registro Geral, expedido pelas repartições policiais; Carteiras Profissionais; Certificado de Reservista; inscrição no Cadastro de Pessoa Física (CPF – CIC) etc. Para tal há necessidade de um *Registro Nacional da Pessoa Natural*, colocando-se definitivamente o Direito no campo da Informática. É fato que o Brasil é constituído de vários "Brasis": o das metrópoles e o do sertão; o Brasil com recursos materiais e culturais e o Brasil totalmente desamparado desses aspectos, mormente por suas dimensões. Ainda que os registros sejam feitos de modo uniforme e na melhor das intenções, há constantes falhas que dão margem a frequentes nulidades e anulações.

Enunciado nº 272, IV Jornada de Direito Civil – CJF/STJ: Não é admitida em nosso ordenamento jurídico a adoção por ato extrajudicial, sendo indispensável a atuação jurisdicional, inclusive para a adoção de maiores de dezoito anos.

Enunciado nº 273, IV Jornada de Direito Civil – CJF/STJ: Tanto na adoção bilateral quanto na unilateral, quando não se preserva o vínculo com qualquer dos genitores originários, deverá ser averbado o cancelamento do registro originário de nascimento do adotado, lavrando-se novo registro. Sendo unilateral a adoção, e sempre que se preserve o vínculo originário com um dos genitores, deverá ser averbada a substituição do nome do pai ou da mãe natural pelo nome do pai ou da mãe adotivos.

Civil e processual civil – Ação de suprimento de registro civil – Divórcio decretado por sentença estrangeira – Sentença homologada pelo c. STJ – Averbação do divórcio no registro de casamento – Manutenção do nome de casada – Matéria não abarcada na sentença homologada – Impossibilidade de extensão. 1. O nome civil é a principal forma de identificação da pessoa natural. A doutrina o define como a designação pela qual se identificam e distinguem as pessoas naturais, nas relações concernentes ao aspecto civil de sua vida jurídica, comportando o prenome e o apelido de família. 2. O art.1.571, § 2º, do Código Civil, prevê a possibilidade de que, após a decretação do divórcio, o cônjuge mantenha o nome de casado ou volte a adotar seu nome de solteiro. 3. O art.10, inciso I, do Código Civil, estabelece que "Far-se-á averbação em registro público: I – das sentenças que decretarem a nulidade ou anulação do casamento, o divórcio, a separação judicial e o restabelecimento da sociedade conjugal;". (...) 5. O colendo Superior Tribunal de Justiça possui orientação no sentido de que a homologação de sentença estrangeira abarca somente os tópicos que foram expressamente mencionados no *decisum*, isto é, que tenham sido "formalmente incorporados ao texto da decisão homologanda" (SEC 421/BO, Rel. Ministro Felix Fischer, Corte Especial, julgado em 16/05/2007, DJ 03/09/2007, p. 110). 6. Tendo em vista que a sentença estrangeira que foi homologada pelo STJ não tratou acerca da manutenção ou modificação do nome de casada da parte autora após a decretação do divórcio, não encontra amparo o pleito de suprimento na averbação do divórcio. 7. Negou-se provimento à apelação (*TJDFT* – Ap. 0015464-91.2016.8.07.0015, 31-05-2017, Rel Flavio Rostirola).

Ação de **retificação de registro civil** – I- Pretensão de retificação de assento de nascimento do requerente para alteração da grafia do prenome de "Luiz César" para "Luiz Cezar". Julgamento de improcedência. Imperativa reforma. II- Demonstração de que, em virtude de erro na primeira certidão de nascimento, o requerente adotou o nome "Luiz Cezar" durante sua vida, com ulterior expedição de todos os documentos oficiais seguindo-se essa grafia. Configuração, na espécie, de apelido público notório que autoriza a retificação pretendida. Hipótese do artigo 58 da Lei nº 6.015/73. Precedentes. Eventuais prejuízos a terceiros, no mais, não evidenciados. Sentença reformada. Apelo provido (*TJSP* – Ap. 1092853-80.2015.8.26.0100, 15-7-2016, Rel. Donegá Morandini).

CAPÍTULO II
Dos Direitos da Personalidade

Art. 11. Com exceção dos casos previstos em lei, os direitos da personalidade são intransmissíveis e irrenunciáveis, não podendo o seu exercício sofrer limitação voluntária.

1. Direitos da personalidade. Noção e compreensão

Para a satisfação de suas necessidades, a pessoa posiciona-se em um dos polos da relação jurídica: compra, empresta, vende, contrai matrimônio, faz testamento etc. Desse modo, em torno de sua pessoa, o ser humano cria um conjunto de direitos e obrigações que denominamos patrimônio, que é a projeção econômica da personalidade (Diniz, 1982, p. 81).

Contudo, há direitos que afetam diretamente a personalidade, os quais não possuem conteúdo econômico direto e imediato. A personalidade não é exatamente um direito; trata-se de um conceito básico sobre o qual se apoiam os direitos.

Há direitos denominados personalíssimos porque incidem sobre bens imateriais ou incorpóreos. As Escolas do Direito Natural proclamam a existência desses direitos, por serem inerentes à personalidade. São, fundamentalmente, os direitos à própria vida, à liberdade, à manifestação do pensamento. A Constituição Brasileira enumera longa série desses direitos e garantias individuais (art. 5º), de forma muito mais ampla do que as dicções presentes neste capítulo do Código. São direitos privados fundamentais, que devem ser respeitados como conteúdo mínimo para permitir a existência e a convivência dos seres humanos. Para muitos, os direitos da personalidade são direitos inatos, ínsitos à pessoa, cabendo ao Estado reconhecê-los. É fato que nem sempre, no curso da História e dos regimes políticos, esses direitos são reconhecidos, pois isso apenas se torna possível nos Estados liberais e democráticos, temas de conteúdo sempre e cada vez mais controvertidos. Desse modo, não é muito antiga a história dos direitos da personalidade.

Este Código introduziu o presente capítulo dedicado aos direitos da personalidade, categoria a que o legislador pátrio se refere, de forma ordenada, pela primeira vez, o que denota a nova feição que assume o direito privado nessa pós-contemporaneidade. O século XX trouxe enormes mudanças de comportamento e de compreensão de institutos jurídicos, principalmente após o segundo conflito mundial. O século XXI descortina uma nova gama de direitos da personalidade em prol da proteção da dignidade. O Código não teve a intenção, nem poderia ter, de ser exaustivo ao elencar esses direitos, os quais podem assumir as mais variadas feições.

Os princípios dos direitos da personalidade estão expressos de forma genérica em dois níveis: na

Constituição Federal, que aponta sua base; e, como complementação, no Código Civil brasileiro, que os enuncia de forma mais específica, mas não exaustiva.

Cada vez mais na sociedade avulta de importância a discussão acerca da proteção à imagem, à privacidade, do direito ao próprio corpo, sobre a doação e o transplante de órgãos e tecidos, matéria que também pertence a essa classe de direitos. Da mesma forma se posiciona o direito à natalidade e a seu controle, temas que tocam tanto o Direito como a Economia, Filosofia, Sociologia e Religião.

Como acentua o saudoso Antônio Chaves (1982, t. 1, v. 1, p. 491), esses direitos da personalidade ou personalíssimos relacionam-se com o Direito Natural, constituindo o mínimo necessário do conteúdo da própria personalidade. Diferem dos direitos patrimoniais porque o sentido econômico desses é absolutamente secundário e somente aflorará quando transgredidos: tratar-se-á, então, de pedido substitutivo, qual seja, uma reparação pecuniária indenizatória pela violação do direito, que nunca se colocará no mesmo patamar do direito violentado. Os danos que decorrem da violação desses direitos possuem caráter moral. Aliás, como regra, todo dano moral decorre de uma ofensa a direito da personalidade. Os danos patrimoniais que eventualmente podem decorrer são de nível secundário. Assim, fundamentalmente, é no campo dos danos morais que se situa a transgressão dos direitos da personalidade. De fato, em princípio, não há danos morais fora dos direitos da personalidade.

No dizer de Gilberto Haddad Jabur (2000, p. 28), "*os direitos da personalidade são, diante de sua especial natureza, carentes de taxação exauriente e indefectível. São todos indispensáveis ao desenrolar saudável e pleno das virtudes psicofísicas que ornamentam a pessoa*".

Desse modo, não há que se entender que nossa lei, ou qualquer lei comparada, apresente um número fechado para descrever os direitos da personalidade. Terá essa natureza todo o direito subjetivo pessoal que apresentar as características semelhantes, ainda que não descritos perfeitamente na lei.

2. Direitos da personalidade. Características. Enumeração

Aponta Guillermo Borba (1991, v. 1, p. 315) que, pela circunstância de estarem intimamente ligados à pessoa humana, os direitos da personalidade possuem as seguintes características: (a) são *inatos* ou originários porque se adquirem ao nascer, independendo de qualquer vontade; (b) são *vitalícios, perenes ou perpétuos*, porque perduram por toda a vida. Alguns se refletem até mesmo após a morte da pessoa. Pela mesma razão são *imprescritíveis* porque perduram enquanto existir a personalidade, isto é, a vida humana. Na verdade, transcendem a própria vida, pois são protegidos também após o falecimento; são também imprescritíveis; (c) são *inalienáveis*, ou, mais propriamente, relativamente indisponíveis, porque, em princípio, estão fora do comércio e não possuem valor econômico imediato; (d) são *absolutos*, no sentido de que podem ser opostos *erga omnes*. Os direitos da personalidade são, portanto, direitos subjetivos de natureza privada.

Diz-se que os direitos da personalidade são extrapatrimoniais porque inadmitem avaliação pecuniária, estando fora do patrimônio econômico. As indenizações que ataques a eles podem motivar, de índole moral, são substitutivo de um desconforto, mas não se equiparam à remuneração ou contraprestação. Apenas no sentido metafórico e poético podemos afirmar que esses direitos pertencem ao *patrimônio moral* de uma pessoa. São irrenunciáveis porque pertencem à própria vida, da qual se projeta a personalidade.

Geralmente, os direitos da personalidade decompõem-se em direito à vida, à própria imagem, ao nome e à privacidade. Essa classificação, contudo, não é exaustiva. Os direitos de família puros, como, por exemplo, o direito ao reconhecimento da paternidade e o direito a alimentos, também se inserem nessa categoria. Não é possível, como apontamos, esgotar esse rol.

A matéria não foi tratada sistematicamente na maioria dos códigos civis, e nosso provecto Código de 1916 não era exceção, embora a doutrina não tão recente já com ela se preocupasse. No entanto, somente nas últimas décadas do século XX o direito privado passou a ocupar-se dos direitos da personalidade mais detidamente, talvez porque o centro de proteção dos direitos individuais situa-se no Direito Público, no plano constitucional. Aponta-se, contudo, que nosso Código do século XX trazia alguns princípios nítidos de proteção à personalidade, como, por exemplo, referências à imagem (art. 666) e ao direito do nome do autor de obra (arts. 449 ss). A legislação esparsa também enunciava muitos direitos dessa natureza.

Os princípios estampados aqui neste Código devem orientar a doutrina e o julgador, pois pertencem, em síntese, aos princípios gerais de direito.

O texto legal sob exame refere-se apenas a três características desses direitos entre as apontadas: intransmissibilidade, irrenunciabilidade e indisponibilidade.

Os direitos da personalidade são os que resguardam a dignidade humana. Desse modo, ninguém pode, por ato voluntário, dispor de sua privacidade, renunciar à liberdade, ceder seu nome de registro para utilização por outrem, renunciar ao direito de pedir alimentos no campo de família, por exemplo. Há, porém, situações na sociedade atual que tangenciam a proibição, sendo toleradas. Na busca de audiência e sensacionalismo, já vimos exemplos de programas televisivos nos quais pessoas autorizam que seu comportamento seja monitorado e divulgado permanentemente; que sua liberdade seja cerceada e sua integridade física seja colocada em situações de extremo limite de resistência etc. Ora, não resta dúvida de que, nesses casos, os envolvidos renunciam negocialmente a direitos em tese irrenunciáveis. A situação retratada é meramente contratual, nada tendo a ver com cessão de direitos da personalidade. Cuida-se de uma representação cênica, teatral ou artística, nada mais que isso. A sociedade e a tecnologia, mais uma vez, estão à frente da lei mais moderna. Não há notícia de que se tenha discutido eventual irregularidade sob o prisma enfocado nessas contratações. De qualquer modo, cumpre ao legislador regulamentar as situações semelhantes, no intuito de evitar abusos que ordinariamente podem ocorrer nesse campo, uma vez que ele próprio previu, no art. 11 do vigente Código, a *"exceção dos casos previstos em lei".* Evidente, porém, que nunca haverá de se admitir invasão da privacidade de alguém, utilização de sua imagem ou de seu nome sem sua expressa autorização.

Na atualidade, os direitos da personalidade devem ser vistos também sob os princípios da Lei Geral de Proteção de Dados Pessoais (com as alterações das Leis nº 13.853/2019 e 14.010/2020). Esse campo exige certamente um estudo monográfico. Leia nossos comentários ao art. 21.

📚 Enunciado nº 4, I Jornada de Direito Civil – CJF/STJ: O exercício dos direitos da personalidade pode sofrer limitação voluntária, desde que não seja permanente nem geral.

📚 Enunciado nº 139, III Jornada de Direito Civil – CJF/STJ: Os direitos da personalidade podem sofrer limitações, ainda que não especificamente previstas em lei, não podendo ser exercidos com abuso de direito de seu titular, contrariamente à boa-fé objetiva e aos bons costumes.

📚 Enunciado nº 274, IV Jornada de Direito Civil – CJF/STJ: Os direitos da personalidade, regulados de maneira não exaustiva pelo Código Civil, são expressões da cláusula geral de tutela da pessoa humana, contida no art. 1º, inc. III, da Constituição (princípio da dignidade da pessoa humana). Em caso de colisão entre eles, como nenhum pode sobrelevar os demais, deve-se aplicar a técnica da ponderação.

📚 Enunciado nº 531, VI Jornada de Direito Civil – CJF/STJ: A tutela da dignidade da pessoa humana na sociedade da informação inclui o direito ao esquecimento.

⚖️ Embargos infringentes na ação rescisória – Direito civil e constitucional – Ação de investigação de paternidade cumulada com petição de herança – Filho adulterino – Paternidade não contestada pelo marido – Direito de ter o filho reconhecido, a qualquer tempo, o seu pai biológico – Prevalência do direito fundamental à busca da identidade genética como direito de personalidade – Precedente – Embargos infringentes providos (*STF* – Ar 1244 EI – MG, 22-9-2016, Min. Cármen Lúcia).

⚖️ Recurso especial – Civil – **Direito de imagem** – Publicação de fotografia – Mulher de biquíni na praia – Exata individualização da pessoa – Autorização prévia ou posterior – Inexistência – Revista de conotação erótica – Proveito econômico – Uso indevido da imagem – Dano moral configurado (Súmula 403/STJ) – Recurso provido – 1- No tocante à liberdade de imprensa, em situações como a do presente caso, há de ser feita a devida ponderação entre os direitos constitucionais em tensão, levando-se em consideração as premissas do caso concreto firmadas pelas instâncias ordinárias. Tem-se, de um lado, a livre expressão da atividade intelectual, artística e de comunicação e informação, com ampla liberdade de publicação e abordagem de temas, assuntos, notícias e imagens de interesse, inclusive recreativo, da coletividade (CF, art. 5º, IX), e, de outro lado, o direito à intimidade, abrangendo a privacidade, a honra e a imagem da pessoa (CF, art. 5º, X). 2- No caso, soma-se à circunstância da exposição, sem autorização, da imagem da pessoa em revista de conotação erótica, a exibição do corpo feminino em traje de praia, em ângulo provocante, com utilização de dizeres e linguagem ousada, compondo um contexto realmente constrangedor e violador dos **direitos da personalidade**. 3- Não se pode deduzir que a mulher formosa, que se apresente espontaneamente de biquíni na praia, ambiente adequado, esteja a concordar tacitamente com a divulgação de sua imagem em revista masculina de conteúdo erótico, e tenha ainda de considerar tal exposição como um "elogio". 4- De acordo com a Súmula 403/STJ: "Independe de prova do prejuízo a indenização pela publicação não autorizada de imagem de pessoa com fins econômicos ou comerciais." 5- Recurso especial provido (*STJ* – REsp 1.243.699 – (2009/0108364-6), 22-8-2016, Rel. Min. Raul Araújo).

⚖️ Ação indenizatória – Danos morais – Apresentador de programa vespertino que atribuiu conduta agressiva e desmedida à segurança que se manteve adstrito às suas funções. Detalhes fáticos alheios ao tema da matéria. Ofensa aos **direitos de personalidade** configurada. Comentários firmados que atribuem qualidades pejorativas que não se prestam a atender o interesse público. Depreciação da pessoa humana que não a dignifica. Menoscabo que configura ilicitude. Utilização indevida da imagem do autor, sem prévia anuência e em prol de interesses econômicos. Conduta que extrapola o exercício regular de direito de crítica salvaguardado ao jornalista/apresentador. Dano moral configurado. Recurso desprovido. Recurso do autor. Lesões que, apesar de grande alcance em razão de serem perpetradas em meio televisivo, não ensejam a majoração do valor a título reparatório. *Quantum* indenizatório que atende aos princípios da razoabilidade e proporcionalidade e o caráter punitivo, ressarcitório e pedagógico da indenização de natureza moral. Recurso desprovido (*TJSP* – Ap. 1017651-68.2013.8.26.0100, 19-8-2016, Rel. Rômolo Russo).

Art. 12. Pode-se exigir que cesse a ameaça, ou a lesão, a direito da personalidade e reclamar perdas e danos, sem prejuízo de outras sanções previstas em lei.
Parágrafo único. Em se tratando de morto, terá legitimação para requerer a medida prevista neste artigo o cônjuge sobrevivente, ou qualquer parente em linha reta, ou colateral até o quarto grau.

1. Tutela dos direitos da personalidade

Aquele que for ameaçado ou lesado em seus direitos da personalidade, honra, nome, liberdade, recato etc. poderá exigir que cesse a ameaça ou lesão e reclamar perdas e danos, sem prejuízos de outras sanções, como dispõe este artigo. Nesse prisma, a indenização por danos morais assume grande relevância, pois os direitos da personalidade formam toda a base dos danos morais.

O Código de Processo Civil fornece instrumentos eficazes para que a vítima obtenha celeremente provimento jurisdicional que faça cessar a ameaça ou lesão a direito personalíssimo. Afora os princípios gerais que disciplinaram a ação cautelar que podem ser utilizados conforme a utilidade e conveniência, consoante o art. 497 do CPC,

"*na ação que tenha por objeto a prestação de fazer ou de não fazer, o juiz, se procedente o pedido, concederá a tutela específica ou determinará providências que assegurem a obtenção de tutela pelo resultado prático equivalente*".

Esse instrumento é importante meio para que não se concretize a ameaça ou para que se estanque a lesão aos direitos da personalidade. Assim, o juiz pode conceder essa modalidade de tutela liminarmente ou após justificação prévia, levando-se em conta a relevância do *fundamento da demanda e havendo justificado receio de ineficácia do provimento final*. Desse modo, o provimento jurisdicional antecipatório pode, por exemplo, determinar que o réu cesse a utilização indevida de um nome, paralise a divulgação de um fato desabonador ou impeça que se concretize invasão de privacidade. Para que se assegure a eficácia da tutela antecipatória, o juiz poderá impor multa diária ao réu (pena tradicionalmente denominada *astreinte*), suficientemente constrangedora, a fim de que a decisão seja cumprida, na forma do art. 537 do CPC. Essa multa é de cunho processual e não se confunde, antes se adiciona, com a indenização por perdas e danos que ordinariamente faz parte do pedido, a ser concedida na sentença. Ainda, acrescenta o art. 536, § 1º que, para efetivação da tutela específica ou para obtenção de resultado prático equivalente, poderá o juiz, de ofício ou a requerimento, determinar as medidas necessárias, tais como a imposição de multa por tempo de atraso, a busca e apreensão, remoção de pessoas e coisas, desfazimento de obras, impedimento de atividade nociva, se necessário, com requisição de força policial.

Esses dispositivos processuais, introduzidos mais recentemente no ordenamento, constituem verdadeiro divisor de águas em nosso direito processual, com importantes reflexos no direito material, pois fazem atuar mais eficazmente as disposições deste último. Destarte, com muita frequência far-se-á menção aos princípios do art. 497 no decorrer desses comentários. Trata-se de importante instrumento colocado à disposição da parte e facultado ao juiz, o qual, é evidente, deve usar de toda cautela e prudência em sua utilização, não permitindo que o instituto se converta em instrumento de retaliação ou vingança privada ou panaceia para todos os males da sociedade. A Lei nº 10.444/2002 já ampliara ainda mais o poder discricionário do juiz, que poderá impor a medida necessária mais apropriada para o cumprimento de obrigação ou preceito. Poderá o magistrado, por exemplo, de ofício, aumentar ou diminuir a periodicidade ou o valor da multa, se entender que este se tornou insuficiente ou excessivo (art. 537, § 1º, do CPC).

2. Legitimidade para a tutela dos direitos da personalidade

Esses direitos, pela própria denominação, são pessoais ou personalíssimos. Em princípio, cabe apenas à própria pessoa atingida na sua incolumidade moral tomar as medidas acautelatórias, preventivas e repressivas que a situação requer.

Por outro lado, é certo que os direitos da personalidade extinguem-se com a morte, todavia há resquícios ou rescaldos que podem a ela se sobrepor. A ofensa à honra dos mortos pode atingir seus familiares, ou, como assevera Larenz (1978, p. 163), pode ocorrer que certos familiares próximos estejam le gitimados a defender a honra pessoal da pessoa falecida atingida, por serem "fiduciários" dessa faculdade. Nesse diapasão coloca-se sentido ao parágrafo único deste artigo.

Não se pode negar, também ao companheiro ou companheira, na união estável, o direito de defender a honra do morto. Nesses casos, no entanto, e em outros que a riqueza da vida em sociedade faz brotar, a legitimidade para a causa deve ser examinada no caso concreto, evitando-se abusos e o alargamento dessa legitimidade para casos não colimados pelo legislador.

3. Pessoa jurídica e direitos da personalidade

A pessoa jurídica é objeto de estudo nos artigos respectivos. A pessoa jurídica, entidade moral criada pela vontade do homem, desempenha inúmeras atividades e funções da pessoa natural. Embora não possa ser atingida na sua honra subjetiva, há agressões morais de cunho objetivo que, sem dúvida, atingem. No entanto, as repercussões serão sempre financeiras. Adiantando-se um pouco no curso de nossa exposição, é importante mencionar a essa altura que o art. 52 do novel estatuto civil menciona: "*Aplica-se às pessoas jurídicas, no que couber, a proteção dos direitos da personalidade*".

Houve, de início, vacilação compreensível da doutrina e da jurisprudência a respeito dos direitos da personalidade com relação às pessoas jurídicas. A Súmula nº 227 do STJ admitiu expressamente que a pessoa jurídica pode sofrer dano moral. Nunca se esqueça de que dano moral e direitos da personalidade são faces da mesma moeda. É evidente que alguns desses direitos somente cabem à pessoa do ser humano em virtude de sua própria natureza. Mas não se afasta que existem situações complexas que colocam a pessoa jurídica sob periclitação moral, as quais se refletem, evidentemente, no âmbito pecuniário, no sentido de reparação dos danos e não como uma punição, fator este que se avulta na indenização desse nível às pessoas naturais. Aí está justamente a distinção que, na essência do instituto, somente faz por se admitir danos morais à pessoa natural. Essa equiparação feita pelo art. 52 somente pode ser vista sob esse prisma indenizatório, pois a pureza dos direitos da personalidade não se adapta a quem não é pessoa natural. Voltaremos ao tema nos comentários ao citado artigo.

Enunciado nº 5, I Jornada de Direito Civil – CJF/STJ: 1) As disposições do art. 12 têm caráter geral e aplicam-se, inclusive, às situações previstas no art. 20, excepcionados os casos expressos de legitimidade para requerer as medidas nele estabelecidas; 2) as disposições do art. 20 do novo Código Civil têm a finalidade específica de regrar a projeção dos bens personalíssimos nas situações nele enumeradas. Com exceção dos casos expressos de legitimação que se conformem com a tipificação preconizada nessa norma, a ela podem ser aplicadas subsidiariamente as regras instituídas no art. 12.

Enunciado nº 140, III Jornada de Direito Civil – CJF/STJ: A primeira parte do art. 12 do Código Civil refere-se às técnicas de tutela específica, aplicáveis de ofício, enunciadas no art. 461 do Código de Processo Civil, devendo ser interpretada com resultado extensivo.

Enunciado nº 275, IV Jornada de Direito Civil – CJF/STJ: O rol dos legitimados de que tratam os arts. 12, parágrafo único, e 20, parágrafo único, do Código Civil também compreende o companheiro.

Enunciado nº 398, V Jornada de Direito Civil – CJF/STJ: As medidas previstas no art. 12, parágrafo único, do Código Civil podem ser invocadas por qualquer uma das pessoas ali mencionadas de forma concorrente e autônoma.

Enunciado nº 399, V Jornada de Direito Civil – CJF/STJ: Os poderes conferidos aos legitimados para a tutela *post mortem* dos direitos da personalidade, nos termos dos arts. 12, parágrafo único, e 20, parágrafo único, do CC, não compreendem a faculdade de limitação voluntária.

Enunciado nº 400, V Jornada de Direito Civil – CJF/STJ: Os parágrafos únicos dos arts. 12 e 20 asseguram legitimidade, por direito próprio, aos parentes, cônjuge ou companheiro para a tutela contra lesão perpetrada *post mortem*.

Enunciado nº 613, VIII Jornada de Direito Civil – CJF/STJ: A liberdade de expressão não goza de posição preferencial em relação aos direitos da personalidade no ordenamento jurídico brasileiro.

Civil e Processual Civil – Recurso especial – Ação de obrigação de fazer e de indenização de danos morais – Retirada de conteúdo ilegal – Exposição pornográfica não consentida – Pornografia de vingança – Direitos de personalidade – Intimidade – Privacidade – Grave lesão. 1. Ação ajuizada em 17/07/2014, recurso especial interposto em 19/04/2017 e atribuído a este gabinete em 07/03/2018. 2. O propósito recursal consiste em determinar os limites da responsabilidade de provedores de aplicação de busca na Internet, com relação à divulgação não consentida de material íntimo, divulgado antes da entrada em vigor do Marco Civil da Internet. (...) 4. A "exposição pornográfica não consentida", da qual a "pornografia de vingança" é uma espécie, constituiu uma grave lesão aos direitos de personalidade da pessoa exposta indevidamente, além de configurar uma grave forma de violência de gênero que deve ser combatida de forma contundente pelos meios jurídicos disponíveis. 5. Não há como descaracterizar um material pornográfico apenas pela ausência de nudez total. Na hipótese, a recorrente encontra-se sumariamente vestida, em posições com forte apelo sexual. 6. O fato de o rosto da vítima não estar evidenciado nas fotos de maneira flagrante é irrelevante para a configuração dos danos morais na hipótese, uma vez que a mulher vítima da pornografia de vingança sabe que sua intimidade foi indevidamente desrespeitada e, igualmente, sua exposição não autorizada lhe é humilhante e viola flagrantemente seus direitos de personalidade. 7. O art. 21 do Marco Civil da Internet não abarca somente a nudez total e completa da vítima, tampouco os "atos sexuais" devem ser interpretados como somente aqueles que envolvam conjunção carnal. Isso porque o combate à exposição pornográfica não consentida – que é a finalidade deste dispositivo legal – pode envolver situações distintas e não tão óbvias, mas que geral igualmente dano à personalidade da vítima. 8. Recurso conhecido e provido (*STJ* – REsp 1.735.712 – SP, 19-05-2020, Rel. Min. Nancy Andrighi).

Processual civil e administrativo – Responsabilidade civil do estado – Indenização – Troca de bebês em maternidade pública – Prescrição – Teoria da *actio nata* – Revisão – Dano moral – Revisão – Impossibilidade – Súmula 7/STJ. 1. Cuida-se, na origem, de Ação de Compensação por Danos Morais ajuizada pelos agravados buscando o reconhecimento da responsabilidade civil do Estado em razão do dano aos direitos da personalidade causados pela troca de bebês em maternidade pública. 2. Em relação ao termo inicial da prescrição, deve ser observada a teoria da *actio nata*, em sua feição subjetiva, pela qual o prazo prescricional deve ter início a partir do conhecimento da violação ou da lesão ao direito subjetivo. 3. No tocante aos danos morais, somente em hipóteses excepcionais, quando estiver evidente que o *quantum* indenizatório foi fixado em montante irrisório ou exorbitante, é possível ao STJ rever o valor arbitrado pelas instâncias ordinárias com esteio nos deslindes fáticos da controvérsia, o que não se verifica *in casu*. 4. A Corte *a quo*, de maneira amplamente fundamentada e atenta às peculiaridades do caso concreto, o qual diz respeito a questão extremamente delicada (bebês trocados na maternidade), entendeu que os elementos evidenciados nos autos "demonstram a ocorrência de uma enorme violação dos direitos de personalidade dos apelados, a justificar a fixação de indenização no patamar de R$ 100.000,00 (cem mil reais) para cada um". 5. Aplicar posicionamento distinto do proferido pelo aresto confrontado implica reexame da matéria fático-probatória, o que é inviável no Superior Tribunal de Justiça, ante o óbice da Súmula 7/STJ. 6. Agravo Interno não provido (*STJ* – Agint no Resp 1682737 – AC, 15-05-2018, Min. Herman Benjamin).

Apelação cível – Indenização por danos material e moral – Reportagem que noticia o óbito do ex-esposo da autora, vítima de crime de homicídio e fotografias nas quais a vítima aparece morta e ensanguentada. Procedência parcial do pedido. Recurso do réu objetivando a improcedência do pedido e, em última análise, a redução do *quantum* indenizatório. Conflito aparente entre os direitos fundamentais de liberdade de informação e de imprensa e de inviolabilidade da imagem da pessoa, previstos nos arts. 5º, IV, IX, X e XIV e 220, da Constituição da República. O cônjuge sobrevivente possui legitimação para postular indenização decorrente da lesão ao direito de personalidade do morto, na forma dos arts. 12 e 20, do Código Civil. Violação do direito de imagem. Reportagem que se mostra sensacionalista. Dever de indenizar. Indenização fixada em observância ao princípio da razoabilidade e da proporcionalidade. Desprovimento do recurso (*TJRJ* – Ap. 0015157-35.2005.8.19.0001, 6-8-2015, Relª Norma Suely Fonseca Quintes).

Art. 13. Salvo por exigência médica, é defeso o ato de disposição do próprio corpo, quando importar diminuição permanente da integridade física, ou contrariar os bons costumes.
Parágrafo único. O ato previsto neste artigo será admitido para fins de transplante, na forma estabelecida em lei especial.

A Medicina alcançou avanços consideráveis na técnica de transplantes no último século, desde quando se tornou possível, há muitas décadas, o transplante cardíaco. A questão dos transplantes continua a levantar dúvidas éticas, morais, religiosas e jurídicas. O texto se aplica aos órgãos duplos do corpo humano.

O princípio geral é no sentido de que ninguém pode ser constrangido à invasão de seu corpo contra sua vontade. Quanto aos atos de disposição do próprio corpo, há limites morais e éticos que são recepcionados pelo direito. Esse é o sentido desse artigo.

A Lei nº 9.434/1997 dispõe sobre a remoção de órgãos, tecidos e partes do corpo humano para fins de transplante e tratamento. Esse diploma especifica que não estão compreendidos em seu âmbito, entre os tecidos, o sangue, o esperma e o óvulo, pois são em tese renováveis no corpo humano. A respeito de biogenética e de fertilização assistida, discorreremos nos artigos dedicados ao *direito de família*.

Enunciado nº 6, I Jornada de Direito Civil – CJF/STJ: A expressão "exigência médica" contida no art. 13 refere-se tanto ao bem-estar físico quanto ao bem-estar psíquico do disponente.

Enunciado nº 276, IV Jornada de Direito Civil – CJF/STJ: O art. 13 do Código Civil, ao permitir a disposição do próprio corpo por exigência médica, autoriza as cirurgias de transgenitalização, em conformidade com os procedimentos estabelecidos pelo Conselho Federal de Medicina, e a consequente alteração do prenome e do sexo no Registro Civil.

Enunciado nº 401, V Jornada de Direito Civil – CJF/STJ: Não contraria os bons costumes a cessão gratuita de direitos de uso de material biológico para fins de pesquisa científica, desde que a manifestação de vontade tenha sido livre, esclarecida e puder ser revogada a qualquer tempo, conforme as normas éticas que regem a pesquisa científica e o respeito aos direitos fundamentais.

Enunciado nº 532, VI Jornada de Direito Civil – CJF/STJ: É permitida a disposição gratuita do próprio corpo com objetivos exclusivamente científicos, nos termos dos arts. 11 e 13 do Código Civil.

Civil – Constitucional – Alvará judicial – Cirurgia de vasectomia – Incapaz – Pedido judicial para portador da síndrome de Willians – Indeferimento – Medida extremada – Direito fundamental e personalíssimo – Violação – Provimento negado – Sentença mantida. 1. A concessão de autorização judicial para a realização de cirurgia de esterilização em incapaz constitui medida excepcional, que deve ser precedida de expressa e razoável justificativa, e mediante controle do Ministério Público, porquanto medida capaz de restringir direito fundamental com limitação a dignidade da pessoa humana. 2. A medida se mostra extremada, por ferir diretamente o direito personalíssimo da pessoa humana. 3. O Código Civil brasileiro afirma que, salvo por exigência médica, é defeso o ato de disposição do próprio corpo, quando importar diminuição permanente da integridade física, ou contrariar os bons costumes (art. 13), estabelecendo a tutela geral dos direitos da personalidade no art. 12. 4. Nos casos em que a esterilização é indicada, entendemos deva ser a última instância de um processo técnico científico desenvolvido e não como "atalho" para enfrentamento da sexualidade e reprodução de portador de deficiência. 5. Lembra-se, por oportuno, que o direito de constituir família deve sempre que possível ser preservado, qualquer que seja a deficiência. 6. Sentença mantida. Recurso desprovido (*TJDFT* – Ap. 0009916-55.2015.8.07.0004, 24-10-2018, Rel. Romeu Gonzaga Neiva).

Art. 14. É válida, com objetivo científico, ou altruístico, a disposição gratuita do próprio corpo, no todo ou em parte, para depois da morte.
Parágrafo único. O ato de disposição pode ser livremente revogado a qualquer tempo.

Esse dispositivo faculta a disposição gratuita do próprio corpo, no todo ou em parte, para depois da morte, com objetivo científico ou altruísta. Trata-se de situação incentivada pelo Estado, a fim de propiciar a vida com órgãos dos que já se foram. A doação de órgãos *post mortem* não deve ter qualquer cunho pecuniário porque imoral e contrário aos bons costumes. Nula, por ausência de objeto lícito, será qualquer disposição nesse sentido. O cunho da disposição deverá ser exclusivamente científico e altruístico. Cabe ao legislador coibir, inclusive penalmente, o desvio de finalidade nesse campo. A faculdade de doar órgãos após a morte é direito potestativo da pessoa, podendo a decisão nesse sentido, por essa razão, ser revogada a qualquer tempo, na senda do parágrafo único.

O art. 3º da Lei nº 9.434/1997 disciplina que retirada *post mortem* de tecidos, órgãos ou partes do corpo humano destinados a transplante deverá ser precedida de diagnóstico de morte encefálica, constatada por dois médicos não participantes da equipe de remoção e transplante, mediante a utilização de critérios clínicos e tecnológicos definidos por resolução do Conselho Federal de Medicina. De outro lado, o art. 4º desse diploma dispõe que a retirada de órgãos e tecidos de pessoas falecidas dependerá de autorização de seus parentes maiores, na linha reta ou colateral, até o segundo grau inclusive, ou do cônjuge, firmada em documento subscrito por duas testemunhas presentes à verificação. O texto anterior desse artigo trouxe celeuma e enorme resistência da sociedade, tanto que foi substituído pela atual redação, pela Lei nº 10.211/2001.

No texto original, presumia-se que toda pessoa era doadora, salvo manifestação em contrário. Dessa forma, aquele que optasse em não ser doador de órgãos deveria ter a expressão *não doador de órgãos e tecidos* gravada na carteira de Identidade ou na Carteira Nacional de Habilitação. Evidentemente que a resistência à lei que fizera de todos os brasileiros doadores, em face de constrangimento a direito personalíssimo que criava, exigiu pronta revogação. O ato de doar, pela própria conotação semântica, é ato voluntário. Não pode ser imposto pelo Estado, o qual deve, isto sim, realizar campanhas de conscientização nacional nesse campo, sem a menor imposição.

Tendo em vista o teor do artigo sob comentário, temos que concluir, mesmo perante o sistema atual, que, enquanto não regulamentada diferentemente a disposição, será idônea qualquer manifestação de vontade escrita do doador a respeito da disposição de seus órgãos e tecidos após sua morte, devendo os parentes ou o cônjuge autorizar doação somente perante a omissão da pessoa falecida. Tratando-se de disposição não patrimonial, a doação de órgãos após a morte tanto poderá ser inserida pelo doador em testamento, como em outro documento idôneo.

Quanto à disposição de tecidos, órgãos e partes do corpo humano vivo para fins de transplante ou tratamento, dispõe o art. 9º da Lei nº 9.434/1997, com redação determinada pela Lei nº 10.211/2001:

"*É permitido à pessoa juridicamente capaz dispor gratuitamente de tecidos, órgãos e partes do próprio corpo vivo, para fins terapêuticos ou para transplantes em cônjuge ou consanguíneos até o quarto grau, inclusive, na forma do § 4º deste artigo, ou em qualquer pessoa, mediante autorização judicial, dispensada esta em relação à medula óssea.*"

O § 4º especifica que o doador deverá autorizar, preferencialmente por escrito e diante de testemunhas, especificamente tecido, órgão ou parte do corpo objeto da disposição.

O § 3º ressalva que essa doação somente pode ter por objeto órgãos duplos ou partes de órgãos, tecidos ou partes do corpo cuja retirada não impeça o organismo do doador de continuar sua existência sem risco, nem represente comprometimento para suas aptidões. Não admite a lei que a doação cause mutilação ou deformação inaceitável, devendo corresponder a uma necessidade terapêutica comprovadamente indispensável à pessoa receptora. O incapaz com compatibilidade imunológica poderá fazer doação para transplante de medula óssea, desde que haja consentimento de ambos os pais ou seus responsáveis legais e autorização judicial e o ato não oferecer risco para sua saúde (§ 6º).

Entre as disposições complementares dessa lei, destaca-se a proibição de publicidade para a atividade de transplantes, apelo público para doação a pessoa determinada e apelo público para arrecadação de fundos para financiamento de transplante ou enxerto, em benefício de particulares (art. 11). Deve ser afastado todo e qualquer sentido mercantilista nesse campo.

Enunciado nº 277, IV Jornada de Direito Civil – CJF/STJ: O art. 14 do Código Civil, ao afirmar a validade da disposição gratuita do próprio corpo, com objetivo científico ou altruístico, para depois da morte, determinou que a manifestação expressa do doador de órgãos em vida prevalece sobre a vontade dos familiares, portanto, a aplicação do art. 4º da Lei n. 9.434/97 ficou restrita à hipótese de silêncio do potencial doador.

Enunciado nº 402, V Jornada de Direito Civil – CJF/STJ: O art. 14, parágrafo único, do Código Civil, fundado no consentimento informado, não dispensa o consentimento dos adolescentes para a doação de medula óssea prevista no art. 9º, § 6º, da Lei n. 9.434/1997, por aplicação analógica dos arts. 28, § 2º (alterado pela Lei n. 12.010/2009), e 45, § 2º, do ECA.

Recurso especial – Ação ordinária. 1. Discussão travada entre irmãs paternas acerca da destinação do corpo do genitor. Enquanto a recorrente afirma que o desejo de seu pai, manifestado em vida, era o de ser criopreservado, as recorridas sustentam que ele deve ser sepultado na forma tradicional (enterro).

2. Criogenia. Técnica de congelamento do corpo humano morto, com o intuito de reanimação futura. 3. Ausência de previsão legal sobre o procedimento da criogenia. Lacuna normativa. Necessidade de integração da norma por meio da analogia (LINDB, art. 4º). Ordenamento jurídico pátrio que, além de proteger as disposições de última vontade do indivíduo, como decorrência do direito ao cadáver, contempla diversas normas legais que tratam de formas distintas de destinação do corpo humano em relação à tradicional regra do sepultamento. Normas correlatas que não exigem forma específica para viabilizar a destinação do corpo humano após a morte, bastando a anterior manifestação de vontade do indivíduo. Possibilidade de comprovação da vontade por qualquer meio de prova idôneo. Legitimidade dos familiares mais próximos a atuarem nos casos envolvendo a tutela de direitos da personalidade do indivíduo *post mortem*. 4. Caso concreto: recorrente que conviveu e coabitou com seu genitor por mais de 30 (trinta) anos, sendo a maior parte do tempo em cidade bem distante da que residem suas irmãs (recorridas), além de possuir procuração pública lavrada por seu pai, outorgando-lhe amplos, gerais e irrestritos poderes. Circunstâncias fáticas que permitem concluir que a sua manifestação é a que melhor traduz a real vontade do *de cujus*. 5. Corpo do genitor das partes que já se encontra submetido ao procedimento da criogenia há quase 7 (sete) anos. Situação jurídica consolidada no tempo. Postulado da razoabilidade. Observância. 6. Recurso provido. 1. A controvérsia instaurada neste feito diz respeito à destinação do corpo de L.F.D.A.M, pai das litigantes. Enquanto a recorrente busca mantê-lo submetido ao procedimento de criogenia nos Estados Unidos da América, sustentando ser esse o desejo manifestado em vida por seu pai, as recorridas pretendem promover o sepultamento na forma tradicional (enterro). 2. A criogenia ou criopreservação é a técnica de congelamento do corpo humano morto, em baixíssima temperatura, com o intuito de reanimação futura da pessoa, caso sobrevenha alguma importante descoberta médica ou científica capaz de ressuscitar o indivíduo. (...) 3.1 Na hipótese, deve-se aplicar a analogia jurídica (*iuris*), pois o nosso ordenamento jurídico, além de proteger as disposições de última vontade do indivíduo, como decorrência do direito ao cadáver, contempla diversas normas legais que tratam de formas distintas de destinação do corpo humano após a morte em relação à tradicional regra do sepultamento, dentre as quais podemos citar o art. 77, § 2º, da Lei de Registros Públicos, que disciplina a possibilidade de cremação do cadáver; a Lei n. 9.434/1997, que dispõe sobre a remoção de órgãos, tecidos e partes do corpo humano para fins de transplante e tratamento; o art. 14 do Código Civil, que possibilita a destinação do corpo, após a morte, para fins científicos ou altruísticos, dentre outras. 3.2. Da análise das regras correlatas dispostas no ordenamento jurídico, considerando a necessidade de extração da norma jurídica a ser aplicada ao caso concreto, verifica-se que não há exigência de formalidade específica para a manifestação de última vontade do indivíduo, sendo perfeitamente possível, portanto, aferir essa vontade, após o seu falecimento, por outros meios de prova legalmente admitidos, observando-se sempre as peculiaridades fáticas de cada caso. 3.3. Ademais, o ordenamento jurídico brasileiro, em casos envolvendo a tutela de direitos da personalidade do indivíduo *post mortem*, legitima os familiares mais próximos a atuarem em favor dos interesses deixados pelo *de cujus*. São exemplos dessa legitimação as normas insertas nos arts. 12, parágrafo único, e 20, parágrafo único, do Código Civil, que tratam especificamente sobre direitos da personalidade, bem como no art. 4º da Lei n. 9.434/1997, que diz respeito à legitimidade dos familiares em relação à autorização para a remoção de órgãos, tecidos e outras partes do corpo humano para fins de transplante, dentre outras. (...) 5.2. A solução da controvérsia perpassa pela observância ao postulado da razoabilidade, porquanto, a par do reconhecimento de que o *de cujus* realmente desejava ser submetido ao procedimento da criogenia após a morte, não se pode ignorar, diante da singularidade da questão discutida, que a situação fático-jurídica já se consolidou no tempo, impondo-se, dessa forma, a preservação do corpo do pai da recorrente e das recorridas submetido ao procedimento da criogenia no referido instituto. 6. Recurso especial provido (STJ – REsp 1.693.718 – RJ, 26-03-2019, Rel. Min. Marco Aurélio Bellizze).

Art. 15. Ninguém pode ser constrangido a submeter-se, com risco de vida, a tratamento médico ou a intervenção cirúrgica.

Sob a mesma filosofia dos dispositivos anteriores, esse singelo artigo traz toda uma gigantesca problemática sobre a Ética Médica, o dever de informação do paciente e a responsabilidade civil dos médicos. Ver o que discorremos a esse respeito nos artigos de responsabilidade civil. Levando em conta que qualquer cirurgia apresenta maior ou menor risco de vida, sempre haverá, em tese, necessidade de autorização do paciente ou de alguém por ele. No mesmo sentido, situam-se tratamentos e medicamentos experimentais, ainda não aprovados pela comunidade médica. A matéria requer, como se percebe, aprofundamento monográfico. O dever de informação, previsto no art. 6º, III, do Código de Defesa do Consumidor, é direito inafastável de qualquer tomador de serviços, desempenhando papel importante na atividade e na responsabilidade médica. O paciente, ou alguém que lhe seja próximo, deve ser sempre informado sobre os procedimentos médicos que sofrerá, com todas as suas vantagens e vicissitudes.

Enunciado nº 403, V Jornada de Direito Civil – CJF/STJ: O Direito à inviolabilidade de consciência e de crença, previsto no art. 5º, VI, da Constituição Federal, aplica-se também à pessoa que se nega a tratamento médico, inclusive transfusão de sangue, com ou sem risco de morte, em razão do tratamento ou da falta dele, desde que observados os seguintes critérios: a) capacidade civil plena, excluído o suprimento pelo representante ou assistente; b) manifestação de vontade livre, consciente e informada; e c) oposição que diga respeito exclusivamente à própria pessoa do declarante.

Enunciado nº 533, VI Jornada de Direito Civil – CJF/STJ: O paciente plenamente capaz poderá deliberar sobre todos os aspectos concernentes a tratamento médico que possa lhe causar risco de vida, seja imediato ou mediato, salvo as situações de emergência ou no curso de procedimentos médicos cirúrgicos que não possam ser interrompidos.

Civil e processual civil – Seguro coletivo de pessoas – Invalidez total e permanente por doença – Perícia judicial – Incapacidade para todo e qualquer serviço – Honorários advocatícios – Fixação – Art. 20, § 3º, CPC – Sentença mantida – 1- Se os documentos acostados aos autos indicam que a vigência da apólice terminaria em 24 de setembro de 2014, mas os descontos do pagamento do seguro do prêmio continuaram a ser descontados na folha de pagamento da autora/apelada até o mês de fevereiro de 2015 e o parecer do Ministério da Defesa do Exército que a considerou incapaz definitivamente para o serviço do Exército (cópia de Ata de Inspeção de Saúde: 10686/2015) foi emitido em 12 de janeiro de 2015, correto o entendimento no sentido de que ela ainda se encontrava acobertada pela apólice. 2- Não merece ser acolhido o argumento da apelante/ré de que o seguro de vida contratado possui cobertura apenas para os casos de invalidez funcional permanente total por doença e que, por não estar a apelada impedida de exercer suas funções autonômicas, não faz jus ao recebimento do prêmio, já que o conceito de invalidez funcional permanente total por doença estabelecido pelo contrato de seguro remete à hipótese de perda da capacidade de vida independente do segurado (estado vegetativo), se o Laudo pericial concluiu estar a apelada incapacitada para a realização de toda e qualquer atividade profissional, por ser portadora de invalidez multiprofissional. 3- Ainda que houvesse possibilidade clínica ou cirúrgica para tentar reverter o atual quadro da apelada/autora, o Código Civil, em seu artigo 15, é expresso ao dispor que "**Ninguém pode ser constrangido a submeter-se, com risco de vida, a tratamento médico ou intervenção cirúrgica**". 4- Ao ser acolhido o pedido sucessivo realizado pela parte autora, não se pode considerar tenha ela sucumbido, de forma a arcar com custas e honorários, de forma recíproca. 5- Apelação conhecida e desprovida (*TJDFT* – Proc. 20150110692164APC – (982315), 29-11-2016, Rel. Carlos Rodrigues).

Transfusão de sangue. Deferimento da medida cautelar. Ponderação de interesses. Liberdade de religião. **Direito a vida e a saúde.** Preponderância. Apelação. – Cautelar Inominada. Hospital. Pretensão de resguardo da vida do paciente e de possível futura responsabilidade. Transfusão de sangue. Convicção religiosa. Sentença de procedência do pedido. Inexistência de nulidade. Disposições contidas no artigo 15, do Código Civil e 56, do Código de Ética Médica não prevalecem quando houver iminente risco de vida. Existência humana é pressuposto elementar de todos os demais direitos e liberdades, já que não haveria sentido proclamar qualquer outro direito se, antes, não se assegurasse o direito de estar vivo para usufruí-lo. Bem supremo que prepondera sobre demais direitos, como o da liberdade religiosa. Manutenção da sentença. Não Provimento do recurso (*TJRJ* – AC 0007768-02.2008.8.19.0063, 16-6-2014, Relª Desª Katya Monnerat).

Art. 16. Toda pessoa tem direito ao nome, nele compreendidos o prenome e o sobrenome.

1. Nome da pessoa natural

O nome atribuído à pessoa é um dos principais direitos incluídos na categoria de direitos personalíssimos ou da personalidade. A importância do nome para a pessoa natural situa-se no mesmo plano de seu estado, de sua capacidade civil e dos demais direitos inerentes à personalidade.

Ao nascermos, ganhamos um nome que não tivemos a oportunidade de escolher. Conservaremos esse nome, em princípio, por toda a vida, como marca distintiva na sociedade, como algo que nos rotula no meio em que vivemos, até a morte. Após a morte, o nome da pessoa continua a ser lembrado e a ter influência, mormente se essa pessoa desempenhou atividade de vulto em vida. Ainda que assim não tenha ocorrido, o nome da pessoa falecida permanece na lembrança daqueles que lhe foram caros.

O nome é, portanto, uma forma de individualização do ser humano na sociedade, mesmo após a morte. Sua utilidade é tão notória que há a exigência para que sejam atribuídos nomes a firmas, navios, aeronaves, ruas, praças, acidentes geográficos, cidades etc. O nome, afinal, é o substantivo que distingue as coisas que nos cercam, e o nome da pessoa a distingue das demais, juntamente com outros atributos da personalidade, dentro da sociedade. É pelo nome que a pessoa fica conhecida no seio da família e da comunidade em que vive. Trata-se da manifestação mais expressiva da personalidade.

Como não é dado ao recém-nascido escolher seu próprio nome, é enorme a responsabilidade dos pais ao fazerem-no, uma vez que, por vezes, do nome decorrerá o sucesso ou o insucesso da pessoa, sem que com isso se afirme que o nome seja essencial para o bom ou mau conceito de alguém. Há nomes vistos com maior simpatia pela comunidade do que outros, que, por seu lado, podem expor seus portadores ao ridículo e à chacota.

Assim, pelo lado do Direito Público, o Estado encontra no nome fator de estabilidade e segurança para identificar as pessoas; pelo lado do direito privado, o nome é essencial para o exercício regular dos direitos e do cumprimento das obrigações.

Tendo em vista essa importância, o Estado vela pela relativa permanência do nome, permitindo que apenas sob determinadas condições seja alterado. Há legislações mais flexíveis no direito comparado, mormente no direito norte-americano, o qual permite modificação do nome com maior facilidade. O nome, destarte, é um dos meios pelos quais o indivíduo pode firmar-se na sociedade e distinguir-se dos demais. Há nomes que hoje adquiriram conotações de alta profundidade, como Jesus, Hitler, Tiradentes, Mussolini e outros.

Dentro do meio artístico, o nome é um patrimônio, protegido pela Lei nº 9.610/1998, que no art. 12 autoriza que em toda divulgação de obra literária, artística ou científica, legalmente protegida no país, seja indicado, ainda que abreviadamente, o nome ou pseudônimo do autor ou autores, salvo convenção em contrário das partes.

De modo geral, pode ser dito que o nome designativo do indivíduo é seu fator de individualização na sociedade, integrando sua *personalidade* e indicando, de maneira geral, sua procedência familiar.

2. Natureza jurídica

Essa questão deu margem a diversas opiniões. Já colocamos que o direito ao nome é um daqueles direitos da personalidade ou personalíssimos. O presente artigo menciona o prenome e o sobrenome como partes integrantes do nome.

Alguns veem, no entanto, como forma de direito de propriedade, mas a posição é insustentável, porque o nome situa-se fora de seu patrimônio (visto exclusivamente o termo do ponto de vista econômico), e é inalienável e imprescritível.

Outros veem no nome um direito *sui generis*, como uma instituição de polícia civil, justificada pela necessidade de identificar os indivíduos (COLIN; CAPITANT, 1934, p. 370). Para outros, é sinal distintivo da filiação; outros entendem o nome como um sinal revelador da personalidade, como é a posição de Washington de Barros Monteiro (1977, v. 1, p. 87).

Limongi França (1964, p. 153), após exaustivamente discorrer sobre as várias opiniões acerca da matéria, acaba por concluir que o nome é um "*direito da personalidade*" e aduz que esse é um direito dentro da categoria dos direitos "*inatos*", pressuposto da personalidade. Serpa Lopes (1962, v. 1, p. 297) filia-se à mesma posição dizendo que o nome "*constitui um dos direitos mais essenciais dos pertinentes à personalidade*".

Portanto, o nome é um atributo da personalidade. Trata-se de um direito que visa proteger a própria identidade da pessoa, com o atributo da não patrimonialidade. Note que estamos tratando do nome civil; o nome comercial tem conteúdo mercantil e, portanto, patrimonial.

Como direito da personalidade, o nome guarda suas principais características: indisponibilidade, inalienabilidade, imprescritibilidade, intransmissibilidade, irrenunciabilidade, entre outras. Vimos que é atributo obrigatório de todo ser humano e que, em nosso meio, é, em princípio, imutável, ressalvadas as exceções.

3. Elementos integrantes do nome

Não há concordância na doutrina sobre o assunto. Vemos que nosso Código de 1916 não tratara da matéria, e não há, portanto, uma orientação nesse diploma legislativo a seguir. O Código vigente refere-se ao "prenome" e ao "sobrenome". A redação original do Projeto desse diploma usava "patronímico" para se referir ao sobrenome.

No nosso Código Civil anterior, não existia técnica uniforme. O termo *nome*, significando nome por inteiro, era empregado nos arts. 271, I; 324; 386; 487, § 1º; 666, I, II e VII; 677 e §§ 1º e 2º; 698; 846, I; 931; 940 e 1.289, § 2º; 1.307 e 1.510. Os termos *nomes* e *prenomes* vinham nos arts. 195, I, II, III e IV; *apelido*, no art. 240; *nomes* e *sobrenomes*, no art. 1.039. Como percebemos, esse Código não se preocupara em dar uma fisionomia técnica ao assunto. Em razão disso, cada autor passou a classificar à sua maneira os elementos integrantes do nome.

No entanto, foram as leis extravagantes que puderam aclarar a questão. A atual Lei dos Registros Públicos (art. 54, 4º) declara como requisito obrigatório do assento de nascimento "*o nome e o prenome, que forem postos à criança*". Em princípio, o critério a ser seguido no estudo do nome deve ser o ponto de vista legal: para nosso legislador, é essencial a existência de um prenome, que vulgarmente denominamos primeiro nome ou nome de batismo, e um nome, vulgarmente chamado sobrenome. O texto anterior do atual Código referia-se ao patronímico, como nome de família. O texto em vigor menciona prenome e sobrenome, o que torna mais própria e acessível a compreensão.

Alguns juristas pretendem esmiuçar essa conceituação, lembrando as expressões *nome individual* ou *nome próprio*, para designar o que a lei chama de *prenome*, e *patronímico*, *cognome*, *sobrenome* ou *apelido de família* para o que a lei chama hoje simplesmente de *nome*. Este Código Civil de 2002, derivado do Projeto de 1975, fixa-se, como vimos, no termo *sobrenome*, antes falando em patronímico no projeto primitivo.

Apesar da aparente simplicidade enfocada pela lei, no art. 56 da Lei nº 6.015 encontramos a terminologia *apelidos de família*. Por tudo isso, embora partindo da solução legal, incumbe ao intérprete certa conceituação.

Segundo a lei, os nomes ou patronímicos (coloquialmente chamados sobrenomes) podem ser plúrimos. A duplicidade de prenome também é admitida pela lei no art. 63, ao tratar de gêmeos que eventualmente tenham prenomes iguais, determinando que sejam inscritos com *duplo prenome* ou *nome completo* diverso, de modo que possam *distinguir-se*. Portanto, além de a lei admitir o nome completo como englobando o prenome e o nome, admite a pluralidade de ambos.

Além desses elementos que são essenciais por derivarem da lei, há outros que são denominados secundários (FRANÇA, 1964, p. 59). O ordenamento não se ocupa deles. É o caso dos títulos nobiliárquicos ou honoríficos, como, por exemplo: *conde* e *comendador*, apostos antes do prenome, que denominamos, no léxico, "axiônimos". Também devem ser lembrados os títulos eclesiásticos que juridicamente são irrelevantes, como *padre, monsenhor, cardeal*. Há ainda os qualificativos de identidade oficial, como as denominações *Senador* Olímpio; *Juiz* Almeida; *Prefeito* Faria Lima etc., assim como os títulos acadêmicos e científicos, como *Doutor* e *Mestre*.

É frequente encontrarmos nomes com as partículas *Júnior, Filho, Neto* e *Sobrinho, o Calvo, o moço, o velho*, atribuídas às pessoas para diferenciar de parentes que tenham o mesmo nome. Para efeitos legais, esses termos integram o nome e são, de vernáculo, denominados *agnomes*, formando o chamado *nome completo*: *Pedro da Silva Júnior*. Não é de nosso costume, como o é em países de língua inglesa, o uso de ordinais para distinguir as pessoas da mesma família: João Ribeiro Segundo; João Ribeiro Terceiro etc., embora por vezes encontremos alguns exemplos entre nós. Também nesta última situação trata-se de *agnome*. O agnome, de qualquer modo, faz parte do nome e deve fazer parte do registro civil.

O *apelido*, em nossa língua, no sentido vulgar por todos conhecido, também denominado *alcunha* ou *epíteto*, é a designação atribuída a alguém, em razão de alguma particularidade; às vezes, sua origem não é exatamente conhecida. Há apelidos de pessoas famosas, como o de *Pelé*, por exemplo, que ganharam foros de nome comercial, com todas as garantias daí decorrentes. Há apelidos que se agregam de tal maneira à personalidade da pessoa, quando não jocosos, que podem ser acrescentados, sob determinadas condições, ao nome.

Lembre-se também da existência do chamado *nome vocatório*, pelo qual as pessoas são conhecidas ou chamadas, como é o caso do eminente *Pontes de Miranda*, sempre assim citado, e poucos sabem que seu prenome era *Francisco*.

José Roberto Neves Amorim (2003, p. 12) conclui corretamente que "*o nome, em verdade, é uma composição de prenome, acrescido do nome de família ou sobrenome ou patronímico, com as variações possíveis de simples ou compostos, com ou sem agnome, com ou sem partículas, ou seja, é um todo, e não somente o designativo da filiação ou estirpe, como quer fazer crer a Lei dos Registros Públicos, em seus arts. 56 e 57*".

Lembre-se, também, das partículas de ligação constantes dos sobrenomes ou apelidos. Na Idade Média, a partícula "de" designava um local ou proveniência: João da Mata. Poderia também, na Itália, designar uma origem nobre: Antonio de Curtis, o saudoso ator italiano Totó.

Já se admitiu que os transgêneros e os transexuais podem modificar o prenome e o sexo no registro civil, de acordo com a preponderância de seu sexo, independentemente de cirurgia (vide ADI nº 4.275, sobre a matéria). A matéria está ainda a exigir um texto legal.

⚖ Recurso especial – Alteração de registro público – Lei nº 6.015/1973 – Prenome masculino – Alteração – Gênero – Transexualidade – Redesignação de sexo – Cirurgia – Não realização – Desnecessidade – Direitos de personalidade – 1. Recurso especial interposto contra acórdão publicado na vigência do Código de Processo Civil de 2015 (Enunciados Administrativos nºs 2 e 3/STJ). 2. Cinge-se a controvérsia a discutir a possibilidade de transexual alterar o prenome e o designativo de sexo no registro civil independentemente da realização da cirurgia de alteração de sexo. 3. O nome de uma pessoa faz parte da construção de sua própria identidade. Além de denotar um interesse privado, de autorreconhecimento, visto que o nome é um direito de personalidade (art. 16 do Código Civil de 2002), também compreende um interesse público, pois é o modo pelo qual se dá a identificação do indivíduo perante a sociedade. 4. A Lei de Registros Públicos (Lei nº 6.015/1973) consagra, como regra, a imutabilidade do prenome, mas permite a sua alteração pelo próprio interessado, desde que solicitada no período de 1 (um) ano após atingir a maioridade, ou mesmo depois desse período, se houver outros motivos para a mudança. Os oficiais de registro civil podem se recusar a registrar nomes que exponham o indivíduo ao ridículo. 5. No caso de transexuais que buscam a alteração de prenome, essa possibilidade deve ser compreendida como uma forma de garantir seu bem-estar e uma vida digna, além de regularizar uma situação de fato. 6. O uso do nome social, embora não altere o registro civil, é uma das maneiras de garantir o respeito às pessoas transexuais, evitando constrangimentos públicos desnecessários, ao permitir a identificação da pessoa por nome adequado ao gênero com o qual ela se identifica. Ele deve ser uma escolha pessoal do indivíduo e aceito por ele como parte de sua identidade. 7. O direito de escolher seu próprio nome, no caso de aquele que consta no assentamento público se revelar incompatível com a identidade sexual do seu portador, é uma decorrência da autonomia da vontade e do direito de se autodeterminar. Quando o indivíduo é obrigado a utilizar um nome que lhe foi imposto por terceiro, não há o respeito pleno à sua personalidade. 8. O Código Civil, em seu artigo 15, estabelece que ninguém pode ser constrangido a se submeter, principalmente se houver risco para sua vida, a tratamento médico ou intervenção cirúrgica, caso aplicável à cirurgia de redesignação de sexo. 9. A cirurgia de redefinição de sexo é um procedimento complexo que depende da avaliação de profissionais de variadas áreas médicas acerca de sua adequação. 10. A decisão individual de não se submeter ao procedimento cirúrgico tratado nos autos deve ser respeitada, não podendo impedir o indivíduo de desenvolver sua personalidade. 11. Condicionar a alteração do gênero no assentamento civil e, por consequência, a proteção da dignidade do transexual, à realização de uma intervenção cirúrgica é limitar a autonomia da vontade e o direito de o transexual se autodeterminar. Precedentes. 12. Recurso especial provido (*STJ* – REsp 1.860.649 – SP, 12-05-2020, Min. Ricardo Villas Bôas Cueva).

Civil – Processual civil – Ação de restabelecimento de nome de solteiro – Direito ao nome – Atributo da personalidade e vetor de dignidade da pessoa humana – Retorno ao nome de solteiro após o falecimento do cônjuge – Possibilidade – Questão socialmente menos relevante na atualidade – Autonomia da vontade e da liberdade – Proteção do cônjuge sobrevivente de abalos emocionais, psicológicos ou profissionais – Plausibilidade da justificativa apresentada – Reparo de dívida moral com o patriarca cujo patronímico foi substituído por ocasião do casamento – Dissídio jurisprudencial – Ausência de cotejo analítico. (...) 3 – O direito ao nome é um dos elementos estruturantes dos direitos da personalidade e da dignidade da pessoa humana, pois diz respeito à propriedade identidade pessoal do indivíduo, não apenas em relação a si, como também em ambiente familiar e perante a sociedade. 4 – Impedir a retomada do nome de solteiro na hipótese de falecimento do cônjuge implicaria em grave violação aos direitos da personalidade e à dignidade da pessoa humana após a viuvez, especialmente no momento em que a substituição do patronímico é cada vez menos relevante no âmbito social, quando a questão está, cada dia mais, no âmbito da autonomia da vontade e da liberdade e, ainda, quando a manutenção do nome pode, em tese, acarretar ao cônjuge sobrevivente abalo de natureza emocional, psicológica ou profissional, em descompasso, inclusive, com o que preveem as mais contemporâneas legislações civis. 5 – Na hipótese, a justificativa apresentada pela parte – reparação de uma dívida moral com o genitor, que foi contrário à assunção do patronímico do cônjuge, e com isso atingir a sua paz interior – é mais do que suficiente para autorizar a retomada do nome de solteiro pelo cônjuge sobrevivente. 6 – Não se conhece do recurso especial interposto ao fundamento de dissídio jurisprudencial se ausente o cotejo analítico dos julgados supostamente divergentes. 7 – Recurso especial conhecido em parte e, nessa extensão, provido (*STJ* – Resp 1724718 – MG, 22-05-2019, Rel. Min. Nancy Andrighi).

Direito Constitucional e Civil – Transexual – Identidade de gênero – Direito subjetivo à alteração do nome e da classificação de gênero no assento de nascimento – Possibilidade independentemente de cirurgia de procedimento cirúrgico de redesignação – Princípios da dignidade da pessoa humana, da personalidade, da intimidade, da isonomia, da saúde e da felicidade – Convivência com os princípios da publicidade, da informação pública, da segurança jurídica, da veracidade dos registros públicos e da confiança – Recurso extraordinário provido. 1. A ordem constitucional vigente guia-se pelo propósito de construção de uma sociedade livre, justa e solidária, voltada para a promoção do bem de todos e sem preconceitos de qualquer ordem, de modo a assegurar o bem-estar, a igualdade e a justiça como valores supremos e a resguardar os princípios da igualdade e da privacidade. Dado que a tutela do ser humano e a afirmação da plenitude de seus direitos se apresentam como elementos centrais para o desenvolvimento da sociedade, é imperativo o reconhecimento do direito do indivíduo ao desenvolvimento pleno de sua personalidade, tutelando-se os conteúdos mínimos que compõem a dignidade do ser humano, a saber, a autonomia e a liberdade do indivíduo, sua conformação interior e sua capacidade de interação social e comunitária. 2. É mister que se afaste qualquer óbice jurídico que represente restrição ou limitação ilegítima, ainda que meramente potencial, à liberdade do ser humano para exercer sua identidade de gênero e se orientar sexualmente, pois essas faculdades constituem inarredáveis pressupostos para o desenvolvimento da personalidade humana. 3. O sistema há de avançar para além da tradicional identificação de sexos para abarcar também o registro daqueles cuja autopercepção difere do que se registrou no momento de seu nascimento. Nessa seara, ao Estado incumbe apenas o reconhecimento da identidade de gênero; a alteração dos assentos no registro público, por sua vez, pauta-se unicamente pela livre manifestação de vontade da pessoa que visa expressar sua identidade de gênero. 4. Saliente-se que a alteração do prenome e da classificação de sexo do indivíduo, independente de dar-se pela via judicial ou administrativa, deverá ser coberta pelo sigilo durante todo o trâmite, procedendo-se a sua anotação à margem da averbação, ficando vedada a inclusão, mesmo que sigilosa, do termo "transexual" ou da classificação de sexo biológico no respectivo assento ou em certidão pública. Dessa forma, atende-se o desejo do transgênero de ter reconhecida sua identidade de gênero e, simultaneamente, asseguram-se os princípios da segurança jurídica e da confiança, que regem o sistema registral. 5. Assentadas as seguintes teses de repercussão geral: i) O transgênero tem direito fundamental subjetivo à alteração de seu prenome e de sua classificação de gênero no registro civil, não se exigindo, para tanto, nada além da manifestação da vontade do indivíduo, o qual poderá exercer tal faculdade tanto pela via judicial como diretamente pela via administrativa. ii) Essa alteração deve ser averbada à margem no assento de nascimento, sendo vedada a inclusão do termo 'transexual'. iii) Nas certidões do registro não constará nenhuma observação sobre a origem do ato, sendo vedada a expedição de certidão de inteiro teor, salvo a requerimento do próprio interessado ou por determinação judicial. iv) Efetuando-se o procedimento pela via judicial, caberá ao magistrado determinar, de ofício ou a requerimento do interessado, a expedição de mandados específicos para a alteração dos demais registros nos órgãos públicos ou privados pertinentes, os quais deverão preservar o sigilo sobre a origem dos atos. 6. Recurso extraordinário provido (*STF* – RE 670.422, j. 15-8-2018, *Dje* 10-3-2020, Rel. Min. Dias Tofolli).

Direito civil. Registro público. **Nome civil**. Retificação do patronímico. Erro de grafia. Pretensão de obtenção de dupla cidadania. Possibilidade. Desnecessidade da presença em juízo de todos os integrantes da família. 1. A regra da inalterabilidade relativa do nome civil preconiza que o nome (prenome e sobrenome), estabelecido por ocasião do nascimento, reveste-se de definitividade, admitindo-se sua modificação, excepcionalmente, nas hipóteses expressamente previstas em lei ou reconhecidas como excepcionais por decisão judicial (art. 57, Lei 6.015/75), exigindo-se, para tanto, justo motivo e ausência de prejuízo a terceiros. 2. No caso em apreço, o justo motivo revela-se presente na necessidade de suprimento de incorreções na grafia do patronímico para a obtenção da cidadania italiana, sendo certo que o direito à dupla cidadania pelo *jus sanguinis* tem sede constitucional (art. 12, § 4º, II, "a", da Constituição da República). 3. A ausência de prejuízo a terceiro advém do provimento do pedido dos recorridos – tanto pelo magistrado singular quanto pelo tribunal estadual –, sem que fosse feita menção à existência de qualquer restrição. Reexame vedado pela Súmula 7 do STJ. 4. Desnecessária a inclusão de todos os componentes do tronco familiar no polo ativo da ação, uma vez que, sendo, via de regra, um procedimento de jurisdição voluntária, no qual não há lide nem partes, mas tão somente interessados, incabível falar-se em litisconsórcio necessário, máxime no polo ativo, em que sabidamente o litisconsórcio sempre se dá na forma facultativa. 5. Recurso especial não provido (*STJ* – Acórdão Recurso Especial 1.138.103 – PR, 6-9-2011, Rel. Min. Luis Felipe Salomão).

Art. 17. O nome da pessoa não pode ser empregado por outrem em publicações ou representações que a exponham ao desprezo público, ainda quando não haja intenção difamatória.

Dentre as prerrogativas do nome, a faculdade e o direito de seu uso, inclui-se a possibilidade de defender o seu mau uso. Assim, o titular do nome pode agir contra quem o utilize para deturpá-lo, ainda que não haja intenção difamatória, como diz o texto. Na verdade, o que se defende não é propriamente o nome, mas a personalidade da pessoa. O nome é sua projeção externa. O nome por si só não é o que se protege, mas a dignidade da pessoa que o carrega.

Responsabilidade civil – Publicidade, pela internet, da remuneração dos Servidores Públicos Municipais de São Paulo – Sentença que provê em parte a pretensão, para excluir a publicação dos nomes dos requerentes a de suas remunerações – Provimento do recurso – **Ofensa da privacidade** – Cabimento de compensação de caráter pecuniário – A "ingerência na vida privada, sem a devida autorização da pessoa, consiste em violar direito de privacidade" (REsp 440.150-STJ), é uma ofensa que enseja compensação pecuniária (STJ: REsp 85.905 e AgR no Ag 612.157), como é frequentemente concedida, tal a similitude com a espécie, em vários casos de afronta ao direito de segredo, nos quais a lesão moral se avista *in se*, desonerando da prova de efetivos prejuízos (CF. no STJ: REsp 510.299, REsp 268.694, REsp 159.527 e REsp 613.374). Manutenção do decidido (*TJSP* – Ap. 0044874-62.2010.8.26.0053, 4-5-2016, Rel. Ricardo Dip).

Art. 18. Sem autorização, não se pode usar o nome alheio em propaganda comercial.

Aqui se trata da defesa do nome empregado indevidamente para fins comerciais. Assim, somente se pode ligar o nome de uma pessoa a um produto ou serviço, com autorização expressa. As lesões poderão ser de ordem moral e material. Melhor seria que o texto se referisse também à publicidade, pois *propaganda* é termo mais amplo e nem sempre terá um cunho comercial. Como exemplo, imagine-se que não se pode ligar indevidamente o nome de uma pessoa a um partido político ou a um candidato em eleições, bem como a um programa institucional de governo, o que também, em princípio, transgride a presente norma.

Enunciado nº 278, IV Jornada de Direito Civil – CJF/STJ: A publicidade que venha a divulgar, sem autorização, qualidades inerentes a determinada pessoa, ainda que sem mencionar seu nome, mas sendo capaz de identificá-la, constitui violação a direito da personalidade.

Agravo interno no agravo interno no agravo em recurso especial. Processual civil. Indenização por dano moral. Direito à imagem. Violação. Propaganda comercial. Ausência de autorização. Dano moral *in re ipsa*. Súmula nº 403/STJ. Valor arbitrado. Proporcionalidade observada. Sucumbência integral. Ônus da ré. 1. Recurso especial interposto contra acórdão publicado na vigência do Código de Processo Civil de 2015 (Enunciados Administrativos nºs 2 e 3/STJ). 2. A jurisprudência do Superior Tribunal de Justiça consolidou-se no sentido de que os danos morais em virtude de violação do direito à imagem decorrem de seu simples uso indevido, sendo prescindível, em tais casos, a comprovação da existência de prejuízo efetivo à honra ou ao bom nome do titular daquele direito, pois o dano é *in re ipsa* (Súmula nº 403/STJ). 3. A indenização por danos morais e materiais fixada em montante inferior ao pedido não configura sucumbência recíproca, pois o valor deduzido na petição inicial é meramente estimativo. 4. Agravo interno não provido (*STJ* – AgInt no AgInt no AREsp 1.546.407 – SP, 18-05-2020, Min. Ricardo Villas Bôas Cueva).

🔖 Apelação cível – Ação de reparação civil – Utilização do nome sem autorização para fim comercial – Divulgação na lista de aprovados no vestibular – Não participação no curso preparatório – Uso ilícito do nome – Violação ao direito da personalidade – Prejuízo – Prova dispensada – Indenização devida. O nome civil é um sinal característico que identifica e individualiza a pessoa e, por essa razão, está estritamente ligado à personalidade. Aquele que viola direito personalíssimo e emprega indevidamente nome alheio em anúncio comercial está sujeito ao pagamento de indenização. A reparação pela utilização ilícita de nome dispensa prova da dor, constrangimento e prejuízo (súmula 403 do STJ). O arbitramento da indenização deve observar os princípios da razoabilidade e da proporcionalidade para alcançar a dupla finalidade compensatória e pedagógica da reparação, de acordo com as circunstâncias do caso e as condições socioeconômicas das partes (*TJMG* – Ap. 1.0000.18.052421-7/001, 11-07-2018, Rel. Manoel dos Reis Morais).

Art. 19. O pseudônimo adotado para atividades lícitas goza da proteção que se dá ao nome.

Pseudônimo é aquela denominação utilizada por um autor, que oculta seu verdadeiro nome. A legislação autoral permite expressamente o pseudônimo e muitos são os exemplos nas artes de renomados artistas que ficaram conhecidos pelos pseudônimos. A Lei nº 9.610/1998 define a obra sob pseudônimo como sendo aquela na qual *o autor se oculta sob nome suposto* (art. 5º, VIII, *c*). Ao lado do mesmo fenômeno coloca-se a heteronímia, quando um autor se utiliza de vários nomes, cujo exemplo sempre lembrado é o do poeta lusitano Fernando Pessoa. Também sob esse aspecto protege-se o autor. Nada impede que a pessoa utilize alternadamente seu nome, um pseudônimo ou diversos nomes.

🔖 Apelação – Ação de obrigação de fazer – Pedido de exclusão de seu nome artístico, "Meg Mellilo", das páginas de pesquisa da ré, Google, na Internet – Tutela antecipada concedida – Sentença de procedência – Inconformismo – Inaplicável ao caso em tela o direito ao esquecimento, pois a imagem da autora, por sua própria vontade, jamais deixou de ser associada ao erotismo e à pornografia – Autora não demonstrou ao longo do processo ter preocupação com sua privacidade, o que torna injustificada sua pretensão de esquecimento de fatos passados que, sinale-se, repetem-se no presente – Recurso provido (*TJSP* – Ap. 0160205-48.2010.8.26.0100, 19-5-2016, Rel. José Aparício Coelho Prado Neto).

🔖 Recurso especial. Propriedade industrial. Nome artístico. Proteção a direito da personalidade (CC/1916, art. 74; CC/2002, arts. 11, 12 e 19). Ausência de prequestionamento (súmula 211/STJ). Grupo musical. Nome artístico e título genérico. Distinção. Registro como marca. Possibilidade (Lei 9.279/96, arts. 122, 124, XVI, e 129). Proteção devida. Dissídio jurisprudencial. Ausência de confronto analítico. Recurso desprovido. 1. A designação de grupo musical por título genérico não se confunde com aquela por pseudônimo, apelido notório ou nome artístico singular ou coletivo, esses quatro últimos utilizados por pessoas físicas para se apresentarem no meio artístico, identificando-se como artistas. Para pseudônimo, apelido notório e nome artístico singular ou coletivo são assegurados atributos protetivos inerentes à personalidade, inclusive a necessidade de prévio consentimento do titular como requisito para o registro da marca (Lei 9.279/96, art. 124, XVI). 2. No caso de distinção de grupo artístico por título genérico, essa designação não identifica, nem se reporta, propriamente às pessoas que compõem o conjunto, de modo que a impessoalidade permite até que os integrantes facilmente possam ser substituídos por outros sem que tal implique modificação essencial que prejudique a continuidade do grupo artístico. Por isso, não se pode falar em direito da personalidade nessa hipótese, como sucede no caso em debate. 3. Nesse contexto, diversamente do que entende a recorrente, a proteção relativa à designação, por título genérico, de banda ou grupo musical se subsume às regras da propriedade industrial, pois se trata de objeto suscetível de ampla possibilidade de registro como marca, a teor do art. 122 da Lei 9.279/96. 4. Recurso especial parcialmente conhecido e, nessa parte, desprovido (*STJ* – REsp 678.497 – RJ, 20-02-2014, Min. Raul Araújo).

Art. 20. Salvo se autorizadas, ou se necessárias à administração da justiça ou à manutenção da ordem pública, a divulgação de escritos, a transmissão da palavra, ou a publicação, a exposição ou a utilização da imagem de uma pessoa poderão ser proibidas, a seu requerimento e sem prejuízo da indenização que couber, se lhe atingirem a honra, a boa fama ou a respeitabilidade, ou se se destinarem a fins comerciais. (Vide ADIN 4815)

Parágrafo único. Em se tratando de morto ou de ausente, são partes legítimas para requerer essa proteção o cônjuge, os ascendentes ou os descendentes.

Na repressão às ofensas aos direitos da personalidade, cabe importante papel à jurisprudência, que não pode agir com timidez, mormente nos tempos hodiernos, quando as comunicações tornam cada vez mais fácil difundir transgressões a essa classe de direitos.

Além dos danos materiais e morais que podem ser concedidos, há todo um sistema penal repressivo em torno desses direitos.

O capítulo deste Código tocante aos direitos da personalidade, afora os princípios gerais mencionados, refere-se especificamente ao direito e proteção à *integridade do corpo da pessoa*, a seu *nome e imagem* e à *inviolabilidade da vida privada* da pessoa natural. Não é exaustiva a enumeração legal, pois a ofensa a qualquer modalidade de direito da personalidade, dentro da variedade que a matéria propõe, pode ser coibida, segundo o caso concreto.

O presente artigo faculta ao interessado pleitear a proibição da divulgação de escritos, a transmissão da palavra, ou a publicação, a exposição ou a utilização da imagem de uma pessoa, sem prejuízo de indenização que couber, se for atingida a honra, a boa fama ou a respeitabilidade ou se se destinarem a fins comerciais. Veja que o estatuto civil preocupou-se com a divulgação da imagem com relação a danos à honra ou ao destino comercial. Entretanto, não pode deixar de ser levado em conta o aspecto do agente que se recusa a divulgar sua imagem sob qualquer fundamento, respeitado sempre o interesse público nessa divulgação. A questão passa a ser, a cada momento, quais os parâmetros desse interesse público.

Antes mesmo da divulgação, há que se levar em conta o ato de captação da imagem, que também pode não ser de interesse do agente. A simples captação da imagem pode, nesse prisma, configurar ato ilícito. O mesmo dispositivo estatui que essa proibição não vingará, quando esses comportamentos forem autorizados ou a divulgação ou atividade semelhante for necessária à administração da justiça ou à manutenção da ordem pública. Conceito dúctil e difícil de ser estabelecido aprioristicamente essa necessidade para a ordem pública e administração da justiça. O princípio geral é no sentido de que qualquer pessoa pode impedir tais formas de divulgação. A matéria entrosa-se também com os direitos intelectuais e direitos de autor. Em qualquer caso, porém, deve ser comprovado o legítimo interesse. Nem sempre esse legítimo interesse saltará à evidência à primeira vista. O prudente critério, em síntese, será do juiz ao analisar o caso concreto.

Sem dúvida, a imagem da pessoa é uma das principais projeções de nossa personalidade e atributo fundamental dos direitos ditos personalíssimos. O uso indevido da imagem traz, de fato, situações de prejuízo e constrangimento. No entanto, em cada situação é preciso avaliar se, de fato, há abuso na divulgação da imagem. Nem sempre a simples divulgação de uma imagem é indevida, doutra forma seria inviável noticiário televisivo, jornalístico ou similar. Nesse sentido:

> "*É inquestionável direito da pessoa, posto que respeitante à personalidade, em não ter divulgada a sua imagem, tenha ou não a divulgação fins lucrativos. Caso em que a autora, em logradouro público, se viu enredada em cena de cunho constrangedor e que, posto solicitada, desautorizou fosse reproduzida em programa de televisão, o que, no entanto, não impediu a emissora de fazê-lo, o que, segundo alega, causou-lhes situações embaraçosas e consequências negativas para o meio social em que vive*" (TJRJ – 10ª Câm. Cível; Ac nº 987/2000-RJ; Rel. Des. Jayro dos Santos Ferreira; j. 4.4.2000; v. u.).

A Constituição Federal, ao tratar dos direitos fundamentais nos quais se coloca a proteção à personalidade, em três oportunidades menciona a tutela ao direito à própria imagem (art. 5º, V, X e XXVIII), dentro do contexto de proteção a ofensas de índole moral, referindo-se também à inviolabilidade da intimidade e da vida privada.

Há aspectos objetivos e subjetivos nesse campo que devem ser analisados. A exposição da nudez é tolerada em nosso país, por exemplo, em um desfile carnavalesco, mas não o será em outros países ou em outras situações. Não há abuso e não deve ferir suscetibilidade, por exemplo, a divulgação de imagem de alguém pela imprensa, com mero cunho jornalístico. Essa mesma divulgação pode ser prejudicial, por exemplo, se se trata de pessoa protegida pelo programa de assistência a vítimas e a testemunhas ameaçadas (Lei nº 9.807/1999), podendo gerar direito à indenização se o divulgador era sabedor do fato. Da mesma forma, é abusiva objetivamente a divulgação de imagem da pessoa em sua vida íntima, no recôndito de seu lar. Os astros de cinema e de televisão, os esportistas e políticos notórios vivem efetivamente da divulgação de sua imagem, mas devem gozar do direito de privacidade, quando não atuando, no âmbito de sua atividade profissional, direta ou indiretamente.

De outro lado, a divulgação da imagem pode atender a interesse de administração da justiça e manutenção de ordem pública, como excepciona o dispositivo citado. Trata-se, como se vê, de uma disposição aberta que somente o caso concreto pode definir. Não pode insurgir-se contra a divulgação de sua imagem o indivíduo condenado criminalmente, pernicioso à sociedade e inserido nos cartazes de "procurados" ou em programas televisivos. De outro lado, o texto legal não se preocupou com a notoriedade da pessoa, que deve ser levada em conta, a autorizar com frequência sua aparição em veículos de informação.

Em cada caso dessas hipóteses, para fins de indenização, deve ser avaliado se a divulgação atingiu a honra, a boa fama ou a respeitabilidade da pessoa envolvida. Se a manifestação teve finalidades comerciais, aflora diretamente o dever de indenizar. Nem sempre, no entanto, a proteção objetiva a imagem da pessoa e direitos da personalidade correlatos implicarão dever de indenizar.

O parágrafo único desse artigo aduz que, se a pessoa atingida é morto ou ausente, são partes legítimas para requerer a proteção o cônjuge, os ascendentes ou os descendentes. Nessa hipótese, também se avaliará se há prejuízo avaliável e indenizável. Da mesma forma, o grau de legitimidade deve ser avaliado na medida em que essas pessoas apontadas ligavam-se mais ou menos afetivamente à pessoa falecida. Assim, não se fasta o convivente dessa legitimidade. A memória do morto ou do ausente acaba por ferir a personalidade dos legitimados, pois esse é, sem dúvida, o sentido último da disposição.

A divulgação de escritos, gravações de voz ou outras manifestações que a tecnologia permite esbarra na proteção aos direitos intelectuais e gera direito à indenização, mormente se utilizados com fins comerciais.

📖 Enunciado nº 5, I Jornada de Direito Civil – CJF/STJ: *vide* art. 5º.

📖 Enunciado nº 279, IV Jornada de Direito Civil – CJF/STJ: A proteção à imagem deve ser ponderada com outros interesses constitucionalmente tutelados, especialmente em face do direito de amplo acesso à informação e da liberdade de imprensa. Em caso de colisão, levar-se-á em conta a notoriedade do retratado e dos fatos abordados, bem como a veracidade destes e, ainda, as características de sua utilização (comercial, informativa, biográfica), privilegiando-se medidas que não restrinjam a divulgação de informações.

⚖️ Apelação – Ação indenizatória – **Direito de imagem** – Responsabilidade civil – Divulgação de imagem da apelada, personalidade pública conhecida no mundo televisivo, em página virtual dos apelados, para fins comerciais. Ausência de autorização expressa. Violação dos direitos de personalidade. Dever de indenizar caracterizado. Inteligência do art. 20 do CC/02. Dano moral – *In re ipsa* – Aplicação da Súmula 403 do STJ – precedentes jurisprudenciais – *Quantum* indenizatório – Redução – Possibilidade – Fixação em R$ 20.000,00, em atenção ao princípio da dupla finalidade da reparação. Sentença reformada neste ponto. Dano Material – Ocorrência – Valor que deve corresponder à remuneração que seria recebida pela apelada, caso a divulgação houvesse sido autorizada, mediante contrato de licença de uso de imagem. Montante corretamente fixado pelo juízo de origem. Recurso parcialmente provido (*TJSP* – Ap. 1009162-41.2013.8.26.0068, 24-11-2016, Relª Rosangela Telles).

Art. 21. A vida privada da pessoa natural é inviolável, e o juiz, a requerimento do interessado, adotará as providências necessárias para impedir ou fazer cessar ato contrário a esta norma. (Vide ADIN 4815)

A tutela da intimidade torna-se cada vez mais preocupação de todos e não afeta unicamente pessoas que se destacam na sociedade. A notoriedade em todos os segmentos sociais, é verdade, traz um preço social. Caberá, porém, ser estabelecido um limite no qual se proteja a vida íntima das pessoas notórias. Em matéria de direito matrimonial, nesse mesmo campo da personalidade, o legislador neste Código preocupou-se com a proteção da intimidade do casamento, estatuindo no art. 1.513:

> "É defeso a qualquer pessoa, de direito público ou privado, interferir na comunhão de vida instituída pela família."

Deve haver sempre posição firme do jurista no sentido de defender a preservação da intimidade, tantos são os ataques que sofre modernamente. Não se pode permitir que a tecnologia, os meios de comunicação e a própria atividade do Estado invadam um dos bens mais valiosos do ser humano, que é seu direito à intimidade, seu direito de estar só ou somente na companhia dos que lhe são próximos e caros. As fotografias e imagens obtidas à socapa, de pessoas no recôndito de seu lar, em atividades essencialmente privadas, são exemplos claros dessa invasão de privacidade, que deve ser coibida e pode gerar direito à indenização. Os fatos comezinhos da vida privada de cada um não devem interessar a terceiros. Tanto mais será danosa a atividade quanto mais renomada e conhecida socialmente for a vítima, mas todos, independentemente de seu nível de projeção social ou cultural, gozam da proteção.

Também há que se levar em conta os fundamentos de proteção dos dados pessoais, que tocam diretamente a vida privada de cada pessoa. As Leis nº 13.853/2019 e 14.010/2020 trazem ao ordenamento pátrio a assim denominada Lei Geral de Proteção de Dados Pessoais. A importância dos dados da pessoa transcende evidentemente o cunho econômico e atinge diretamente os direitos da personalidade. Os dados desse universo cibernético, mormente os divulgados sem autorização dos respectivos titulares é apenas o ponto de partida de toda essa problemática.

Desse modo, a extração de dados pessoais dos titulares pode afetar diretamente a privacidade. Cabe aos magistrados, em cada caso, aferir a extrapolação do que comumente se aceita, e expedindo comandos concretos para impedir os abusos. Essa legislação mencionada permite os instrumentos necessários para tal. Trata-se do que a doutrina contemporânea houve por bem denominar capitalismo de vigilância.

📖 Enunciado nº 404, V Jornada de Direito Civil – CJF/STJ: A tutela da privacidade da pessoa humana compreende os controles espacial, contextual e temporal dos próprios dados, sendo necessário seu expresso consentimento para tratamento de informações que versem especialmente o estado de saúde, a condição sexual, a origem racial ou étnica, as convicções religiosas, filosóficas e políticas.

📖 Enunciado nº 405, V Jornada de Direito Civil – CJF/STJ: As informações genéticas são parte da vida privada e não podem ser utilizadas para fins diversos daqueles que motivaram seu armazenamento, registro ou uso, salvo com autorização do titular.

📖 Enunciado nº 576, VII Jornada de Direito Civil – CJF/STJ: O direito ao esquecimento pode ser assegurado por tutela judicial inibitória.

⚖️ Agravo de instrumento. Direito civil e constitucional. Ação de obrigação de fazer c/c pedido de tutela de urgência. Liberdade de expressão *versus* direito à imagem. Ponderação de direitos fundamentais. Divulgação de vídeo na internet (whatsapp, facebook, sites de notícias). Conteúdo. Registro de ação policial pública. Violação à honra e à imagem. Invasão da vida privada. Não caracterização. Remoção do material da rede mundial de computadores. Desnecessidade. Decisão mantida. 1. A liberdade de expressão e o direito à imagem são garantias constitucionais, próprias do Estado Democrático de Direito (artigos 5º, inciso X e 220 da Constituição Federal). 2. Nos casos de aparente choque entre o direito à liberdade de expressão e os direitos da personalidade, cabe ao intérprete da lei averiguar, no caso concreto, se há possibilidade de conciliação entre os interesses em conflito ou até que ponto o direito à liberdade de expressão e informação deve ceder para fins de proteção aos direitos de personalidade. 3. O fato dos vídeos terem sido veiculados sem autorização não importa em violação à imagem do suposto ofendido, uma vez que o fato noticiado ocorreu em via pública, envolveu agentes públicos e não invadiu a vida privada, revelando-se, pois, desnecessária a remoção do material da rede mundial de computadores. 4. Agravo de instrumento conhecido e não provido (*TJDFT* – AI 0709184-40.2018.8.07.0000, 28-11-2018, Rel. Simone Lucindo).

Indenização – Dano moral – Responsabilidade por atividade de imprensa – **Violação à imagem e à honra** – Autora mãe de vítima de homicídio – Reportagem de tom sensacionalista e jocoso, menosprezando a privacidade da vítima – Matéria jornalística que menospreza o homicídio da vítima e realça, em tom jocoso e desrespeitoso, seus supostos hábitos sexuais – O interesse público da notícia, em tese existente, foi relegado a um segundo plano, de modo que a reportagem se voltou quase que exclusivamente a revelar detalhes da intimidade da vítima – Reportagem sensacionalista e impertinente – Licitude de atividade de imprensa, em confronto com direitos da personalidade da honra, intimidade e privacidade, que exige que a matéria seja veraz, de interesse público e pertinente – Ausência do requisito da pertinência – Ilicitude da matéria a gerar danos morais – Critérios de fixação dos danos morais – Funções ressarcitória e punitiva – Ação procedente – Recurso provido (*TJSP* – Ap. 1013877-25.2015.8.26.0564, 5-12-2016, Rel. Francisco Loureiro).

CAPÍTULO III
Da Ausência

Seção I
Da Curadoria dos Bens do Ausente

Art. 22. Desaparecendo uma pessoa do seu domicílio sem dela haver notícia, se não houver deixado representante ou procurador a quem caiba administrar-lhe os bens, o juiz, a requerimento de qualquer interessado ou do Ministério Público, declarará a ausência, e nomear-lhe-á curador.

De forma sintética, pode-se afirmar que ausente é a pessoa que deixa seu domicílio, não havendo notícias de seu paradeiro. Não é suficiente, contudo, a simples não presença: a ausência é uma situação declarada judicialmente. Nesse sentido, é clássica a afirmação de Washington de Barros Monteiro no sentido de que se compreende a ausência pela fórmula: não presença + falta de notícias + decisão judicial = ausência. O instituto da ausência possui a finalidade precípua de proteger os bens da pessoa desaparecida, da qual não se tem notícia. Sua aplicação é cada vez mais reduzida, mercê das facilidades de comunicação atuais, além de outros regimes legais que atendem situações específicas de desaparecimento de pessoas. O fato é que a maioria das pessoas que desaparecem não possui bens ou fortuna. Ademais, o processo de ausência e os de sucessão que lhe seguem são demorados e excessivamente burocráticos. Contudo, a ausência também pode ser decretada no intuito de proteção de outros interesses, como familiares e previdenciários, não sendo necessário que se comprove a existência de patrimônio para a abertura do processo. Qualquer interessado ou o Ministério Público poderão requerê-la. Nada impede que o juiz, tomando conhecimento da ausência, mormente pela informação da autoridade policial, a decrete de ofício, dando ciência aos interessados. O interesse do peticionário afere-se em cada caso. O pedido pode ser impugnado se for comprovado que o indigitado é encontrável em determinado local. Deve sempre estar em mente que a ausência é um estado transitório que cessará com a certeza da existência da pessoa ou da sua morte.

Não há alterações de monta no texto legal deste Código, salvo a supressão da impropriedade técnica, não mais se tratando ausente como pessoa absolutamente incapaz.

A sentença que decreta a ausência, se longe está de estabelecer uma incapacidade absoluta, cria, efetivamente um estado *sui generis*, tendo caráter constitutivo.

Uma vez declarada a ausência, o juiz procederá à arrecadação de bens e nomeará curador para administrá-los. O CPC trata dos bens dos ausentes, bem como da sucessão provisória e definitiva, nos arts. 744 ss. A nomeação de curador só faz sentido se há necessidade de proteção patrimonial, ainda que de cunho previdenciário ou trabalhista, por exemplo. A arrecadação tem em mira a descrição dos bens encontrados no domicílio do ausente, não se impedindo que bens encontráveis em outro local também sejam arrecadados.

Não se confunde a curadoria de bens do ausente com a herança jacente. Neste último caso, há bens deixados pelo falecimento da pessoa, mas não se conhecem seus herdeiros. Trata-se de matéria de direito sucessório.

A decretação de ausência não tem o condão de presumir a morte, uma vez que a presunção de morte ocorre sob outras premissas neste Código. Veja os arts. 6º e 7º. Uma das hipóteses de morte presumida é a abertura da sucessão definitiva (art. 37).

🖋 Declaração de Ausência – Curadoria dos bens do ausente – T.R.R.A. - D.D.A. – A declaração de morte presumida difere da ausência. O artigo 7º do CC prevê: "Art. 7º. Pode ser declarada a morte presumida, sem decretação de ausência: I se for extremamente provável a morte de quem estava em perigo de vida; II se alguém, desaparecido em campanha ou feito prisioneiro, não for encontrado até dois anos após o término da guerra". Existe um inegável conteúdo de probabilidade da morte nas situações listadas no dispositivo legal, a qual permite que, mesmo sem a prova física do falecimento, este seja declarado. Quanto à ausência prevê o artigo 22: "Art. 22. Desaparecendo uma pessoa do seu domicílio sem dela haver notícia, se não houver deixado representante ou procurador a quem caiba administrar-lhe os bens, o juiz, a requerimento de qualquer interessado ou do Ministério Público, declarará a ausência, e nomear-lhe-á curador". No primeiro caso, de probabilidade de morte é exigível, enquanto na declaração de ausência há apenas o fato objetivo do desaparecimento e da necessidade de proteção do patrimônio e dos interesses da referida pessoa. No caso concreto, o réu deixou o domicílio familiar, mas é pessoa jovem e a alegação de que era usuário de drogas e "tinha dívidas com traficantes", não é suficiente para presumir sua morte. A declaração de morte presumida não guarda fungibilidade com o procedimento de ausência, pois os fundamentos de um e de outro instituto são diversos, pelo que cabe postular ação específica, oportunamente. Neste sentido: Declaração de Morte Presumida – Artigo 7º do CC – Ausência de situação que indique a probabilidade da morte, ainda que longevo o desaparecimento da residência familiar – Hipótese que mais se assemelha à da ausência, cujo fundamento é diverso, e previsto no artigo 22 do CC Ausência de fungibilidade das duas providências – Sentença de improcedência mantida – Recurso não provido (*TJSP* – Ap. 1003874-08.2016.8.26.0101, 02-06-2020, Rel. Mônica de Carvalho).

Art. 23. Também se declarará a ausência, e se nomeará curador, quando o ausente deixar mandatário que não queira, ou não possa exercer ou continuar o mandato, ou se os seus poderes forem insuficientes.

Se o ausente deixou mandatário, o que pressupõe que tivesse atividade negocial, este poderá continuar a gerir os bens. Cuida-se, na verdade, de representante legal ou convencional. Nesse caso, não haverá necessidade de nomeação de curador, pois o patrimônio continuará a ter um titular administrador. No entanto, mesmo tendo deixado mandatário, três situações poderão ocorrer: 1. O mandatário não quer exercer o mandato; 2. O mandatário não pode continuar a exercê-lo; ou 3. Os poderes de mandato são insuficientes.

Essas situações, que obrigam a nomeação de um curador, devem decorrer de vicissitudes do caso concreto, que não podem ser estabelecidas aprioristicamente.

Ninguém é obrigado a exercer mandato contra sua vontade; o mandatário pode não ter mais condições físicas ou jurídicas para atuar; pode sofrer interdição; pode estar desaparecido também etc. Há situações que tornam impossível ou excessivamente gravoso exercê-lo. Pode ocorrer que os poderes concedidos pelo desaparecido sejam insuficientes para determinadas ações necessárias à proteção de seu patrimônio. Neste caso, por exemplo, nada impede que o juiz nomeie o próprio mandatário como curador.

Art. 24. O juiz, que nomear o curador, fixar-lhe-á os poderes e obrigações, conforme as circunstâncias, observando, no que for aplicável, o disposto a respeito dos tutores e curadores.

O curador do ausente terá poderes gerais de administração. Em princípio, não poderá alienar bens do patrimônio, salvo motivos de urgência ou possibilidade de perecimento, sempre sob a fiscalização do Ministério Público e supervisão judicial. O valor obtido deve ser aplicado financeiramente. No entanto, poderá ser necessário que o juiz amplie ou restrinja o seu campo de atuação. Pode o curador, por exemplo, necessitar de poder específico para determinado ato, como a alienação de um imóvel já com promessa irretratável. A situação dependerá das necessidades de fato e da flexibilidade de entendimento do juiz, cuja cautela não pode impedir a administração do patrimônio e a proteção de interesses de terceiros.

Como gestor de patrimônio de terceiros, sob a regra geral, o curador deve prestar contas. Responde também por prejuízos por culpa ou dolo que ocasionar ao patrimônio do ausente (art. 1.752). Tudo o que for adaptável quanto aos tutores e curadores aplica-se à presente curadoria, como, por exemplo, as proibições para adquirir bens do patrimônio do ausente; dispor deles a título gratuito ou tornar-se cessionário de crédito ou direito relacionado com o ausente. No tocante à aplicação dos dispositivos sobre a tutela, recorde-se do art. 1.744, que estampa a responsabilidade do juiz na nomeação e supervisão dessa curadoria.

A presente curadoria será remunerada, de acordo com o bom critério judicial. O § 2º do art. 739 do CPC determina que se apliquem os arts. 159 a 161, referentes ao depositário e administrador. Assim, a remuneração do curador do ausente levará em conta a situação dos bens; o tempo necessário para o desempenho da função e as dificuldades encontradas.

🖋 Apelação cível. Posse. Reintegração de posse. Ilegitimidade ativa. Irmãs do ausente. Pedido subsidiário, de retificação do polo ativo da demanda para fazer constar I.S.S, em representação dos bens do ausente J.C.N.S. Não conhecimento. Inovação recursal. As autoras, em nome próprio, não detêm legitimidade para postular em juízo a reintegração de posse, que era exercida com exclusividade por seu irmão, que se encontra desaparecido. No caso, o fato de ter sido concedida a curatela à irmã Inah, isso não autoriza que as autoras, em nome próprio (art. 18 do CPC), ajuízem ação de reintegração de posse, sob pena de ser extrapolado os limites inerentes à curatela. Afora isso, o processo de declaração de ausência encontra-se pendente de sentença, e não há qualquer informação acerca do cumprimento do disposto no art. 745, §§ 1º a 4º, do CPC, o que poderia autorizar a abertura da sucessão provisória, momento em que as autoras estariam autorizadas a ser imitidas na posse do bem. Apelação conhecida em parte e, nesta, improvida (TJRS – Ap. 70081927857, 05-09-2019, Rel. Voltaire de Lima Moraes, Julgado).

Art. 25. O cônjuge do ausente, sempre que não esteja separado judicialmente, ou de fato por mais de dois anos antes da declaração da ausência, será o seu legítimo curador.
§ 1º Em falta do cônjuge, a curadoria dos bens do ausente incumbe aos pais ou aos descendentes, nesta ordem, não havendo impedimento que os iniba de exercer o cargo.
§ 2º Entre os descendentes, os mais próximos precedem os mais remotos.
§ 3º Na falta das pessoas mencionadas, compete ao juiz a escolha do curador.

Esse artigo orienta o juiz para a nomeação do curador. A primeira pessoa a ter preferência nessa nomeação é o cônjuge, com a ressalva de que não pode estar separado judicialmente do ausente, nem separado de fato por mais de dois anos. Esse lapso de separação de fato deve ser computado no período no qual o marido estava presente e poderia conviver com o cônjuge. Não se conta o lapso de desaparecimento; de outra forma, o texto não faria sentido. Em princípio, será o cônjuge o maior interessado na preservação do patrimônio.

Como em tantas outras situações, aqui também o Código olvida-se totalmente do convivente. Esse diploma foi persistente em marginalizar o companheiro em inúmeras disposições. Parece evidente que em todas as situações em que há união estável, por força de toda estruturação de base constitucional, o companheiro não pode ser alijado simplesmente por não existir casamento. Cabe o exame da situação concreta, possibilitando a nomeação do convivente como curador do ausente.

Na falta de cônjuge ou companheiro apto a assumir o encargo, preferem os pais ou os descendentes mais próximos. Os filhos precedem os netos. Entende-se que os pais tenham mais experiência. Essa ordem não é inflexível. O juiz deverá escolher quem se mostra mais apto para a função, inclusive ao nomear um curador dativo, fora do elenco legal. Só se abre possibilidade de curadoria dativa quando o cônjuge, o companheiro ou parentes indicados não puderem assumir ou não estiverem aptos para a função. Cabe sempre analisar os impedimentos para esse exercício.

Enunciado nº 97, I Jornada de Direito Civil – CJF/STJ: No que tange à tutela especial da família, as regras do Código Civil que se referem apenas ao cônjuge devem ser estendidas à situação jurídica que envolve o companheiro, como, por exemplo, na hipótese de nomeação de curador dos bens do ausente (art. 25 do Código Civil).

Seção II
Da Sucessão Provisória

Art. 26. Decorrido um ano da arrecadação dos bens do ausente, ou, se ele deixou representante ou procurador, em se passando três anos, poderão os interessados requerer que se declare a ausência e se abra provisoriamente a sucessão.

Feita a arrecadação dos bens, como existe a possibilidade de o desaparecido retornar a qualquer momento, os bens não podem ser dissipados. A fase seguinte é da sucessão provisória.

A referência feita nesse artigo quanto à declaração de ausência é resquício do sistema anterior, que causava dúvidas, e não deveria estar neste texto. A declaração de ausência, tratada no art. 22, é pressuposto para a sucessão provisória. Nessa situação, já existe presunção relativa de morte. A posse dos herdeiros fica sujeita a garantias prestadas por eles (art. 30). Este Código reduz os prazos dessa fase, tendo em vista a maior facilidade atual das comunicações, harmonizando-se com o estatuto processual.

A curadoria dos bens do ausente cessará, evidentemente, se ele reaparecer, não havendo dúvidas de sua identidade. Receberá os seus bens, deduzidos os valores de conservação e remuneração do curador. Cessa também a curadoria de ausente quando se tem certeza de sua morte, quando então abrir-se-á sua sucessão. No período de curadoria, têm-se por válidos e eficazes os atos praticados pelo curador.

Se decorrido um ano da arrecadação dos bens do ausente, com publicação de editais bimensais, não tendo ele comparecido, os interessados poderão requerer a abertura da sucessão provisória (veja arts. 744 e 745 do CPC). O prazo é contado a partir da arrecadação de bens na sistemática atual. Não pode ser decretada de ofício, pois a sucessão provisória deve ser requerida. O citado prazo será de três anos se o ausente deixou procurador. Neste último caso entende-se que a possibilidade de reaparecimento do ausente é maior. É necessário, porém, atentar-se para a amplitude e duração da procuração, pois não é de se considerar automaticamente esse prazo. A procuração pode não ser ampla ou suficiente para todos os atos ou pode ter duração inferior a três anos. Nessas situações, é possível que só deva preponderar o prazo ânuo.

Essa sucessão provisória consiste na segunda fase do processo de desaparecimento. Os bens são entregues aos herdeiros presumidos, mas com cautelas para sua preservação, pois se aguarda, em tese, o reaparecimento do ausente a qualquer momento. A natureza jurídica dessa sucessão provisória é polêmica. Melhor que se a trate simplesmente como um estágio provisório, antecedente à sucessão definitiva.

De acordo com o art. 10 da LINDB, atual Lei de Introdução às Normas do Direito Brasileiro, Lei 12.376, de 30-12-2.010, a sucessão por morte ou por ausência obedece à lei do país em que era domiciliado o defunto ou o desaparecido, qualquer que seja a natureza e a situação dos bens. Contudo, conforme o § 1º desse artigo, a situação de bens de estrangeiros, situados no país, será regulada pela lei brasileira em prol do cônjuge ou dos filhos brasileiros, sempre que não lhes seja mais favorável a lei estrangeira, pessoal do falecido. Nesse contexto de proteção, por força do preceito constitucional, também deve ser inserido o convivente.

Agravo de instrumento – Ação de sucessão provisória dos bens do ausente – arts. 744 e 745, do Código de Processo Civil – Transferência das cotas do sócio ausente para outra empresa – Ausência de prejuízo ou desvalorização das cotas-partes do ausente – Lotes gravados com cláusula de inalienabilidade – Recurso não provido. 1. Nos termos dos artigos 744 e 745, ambos do Código de Processo Civil, após a declaração da ausência nos casos previstos em lei, o juiz mandará arrecadar os bens do ausente e lhe nomeará curador. 2. Considerando que não restou provado cabalmente o prejuízo ou a desvalorização das cotas-partes, a partir da transferência das cotas do sócio ausente para outra empresa, e haja vista que os lotes foram gravados com cláusula de inalienabilidade, não deve ser alterada a decisão recorrida. 3. Recurso não provido (*TJMG* – AI 1.0596.13.003640-0/001, 31-07-2018, Rel. Corrêa Junior).

Art. 27. Para o efeito previsto no artigo anterior, somente se consideram interessados:
I – o cônjuge não separado judicialmente;
II – os herdeiros presumidos, legítimos ou testamentários;
III – os que tiverem sobre os bens do ausente direito dependente de sua morte;
IV – os credores de obrigações vencidas e não pagas.

Para requerer a declaração de ausência e a nomeação de curador, a legitimidade é ampla, pois o art. 22 se refere a qualquer interessado ou o Ministério Público. No entanto, para a abertura da sucessão provisória a legitimidade é restrita.

Esse aparente *numerus clausus* no presente dispositivo que aponta a legitimidade dos interessados não pode excluir o convivente, pelo que já apontamos. O legislador deste Código Civil tratou inexplicavelmente de forma refratária os companheiros, esquecendo-se totalmente do princípio constitucional. O companheiro pode ter bens em comum e participar da sucessão do outro. A questão deve ser analisada em concreto.

Por outro lado, não há plena justificação de se outorgar legitimidade apenas ao cônjuge que não esteja separado judicialmente. Mesmo este pode ter interesse no patrimônio.

No inciso II, não há referência à legitimidade dos legatários, os quais, sem dúvida, por analogia e pelo interesse que têm no patrimônio, não podem ser impedidos de requerer a sucessão provisória.

O inciso III refere-se a interessados sobre os bens do ausente em direito subordinado à condição da morte, como, por exemplo, os seus beneficiários de seguro de vida.

O inciso IV é de fácil compreensão, pois os credores não satisfeitos de obrigações contraídas pelo ausente têm interesse no processo de sucessão provisória.

Note que o § 1º do art. 745 do CPC concede legitimidade para o Ministério Público, se no prazo de um ano da publicação do primeiro edital não houver interessados na sucessão provisória. O § 2º do art. 745 dispõe que "*O interessado, ao requerer a abertura da sucessão provisória, pedirá a citação pessoal dos herdeiros presentes e do curador e, por editais, a dos ausentes para requererem habilitação, na forma dos arts. 689 a 692.*" Os ausentes aí referidos têm compreensão exclusivamente processual: são os herdeiros e demais interessados não encontrados ou desaparecidos.

Art. 28. A sentença que determinar a abertura da sucessão provisória só produzirá efeito cento e oitenta dias depois de publicada pela imprensa; mas, logo que passe em julgado, proceder-se-á à abertura do testamento, se houver, e ao inventário e partilha dos bens, como se o ausente fosse falecido.
§ 1º Findo o prazo a que se refere o art. 26, e não havendo interessados na sucessão provisória, cumpre ao Ministério Público requerê-la ao juízo competente.
§ 2º Não comparecendo o herdeiro ou interessado para requerer o inventário até trinta dias depois de passar em julgado a sentença que mandar abrir a sucessão provisória, proceder-se-á à arrecadação dos bens do ausente pela forma estabelecida nos arts. 1.819 a 1.823.

A sentença determinando a sucessão provisória, na forma do art. 26, ao transitar em julgado, permite a abertura do testamento, se houver, bem como a proceder o inventário e a partilha, como se o ausente já estivesse falecido. Os efeitos dessa sentença são atípicos, porque provisórios. A entrega dos bens aos sucessores provisórios deve aguardar o prazo de 180 dias da publicação da sentença. Desse modo, não será possível, nesse prazo, a cessão de direitos hereditários. Essa entrega de bens pressupõe que tenham sido ultimados o inventário e a partilha.

O art. 104 da Lei dos Registros Públicos estabelece que a sentença que determina a abertura da sucessão provisória deve ser averbada no Registro Civil de pessoas naturais.

A escolha do prazo em dias e não mais em meses é do legislador deste Código. Esse prazo também permite que se habilitem os herdeiros e legatários nomeados no testamento, que com sua abertura se tornam conhecidos.

Como já acenado, o § 1º deste dispositivo concede legitimidade ao Ministério Público para requerer a sucessão provisória, na falta de outros interessados. Esse dispositivo melhor estaria colocado no art. 26.

Na forma do presente § 2º, se após 30 dias do trânsito em julgado da sentença que determinar a sucessão provisória não aparecer qualquer interessado para abrir o inventário, a herança será tida como jacente, na forma dos arts. 1.819 a 1.823. Assim, nessa hipótese, partindo-se da presunção de que não há herdeiros, o procedimento será outro: após a jacência da herança, haverá o período de vacância dos bens, e passados mais cinco anos da abertura da sucessão provisória, o patrimônio irá para os Municípios, o Distrito Federal ou a União, conforme a localização dos bens (arts. 1.820 e 1.822).

Agravo de instrumento – Ação de declaração de ausência – Sucessão provisória – Inventário – Imissão da meeira/herdeiros na posse dos bens do "falecido" – Possibilidade – Artigo 28 do CC/2002 e artigo 1.159 e seguintes do CPC/1973 – Expedição de alvará para levantamento de valores e movimentação de conta bancária – Indeferimento – Decisão reformada. 1. De acordo com o artigo 28, *caput* do Código Civil de 2002, "A sentença que determinar a abertura da sucessão provisória só produzirá efeito cento e oitenta dias depois de publicada pela imprensa; mas, logo que passe em julgado, proceder-se-á à abertura do testamento, se houver, e ao inventário e partilha dos bens, como se o ausente fosse falecido". 2. Transitando em julgado a sentença que determinou a abertura da sucessão provisória, não se pode negar à meeira e aos filhos herdeiros que entrem na posse dos bens do ausente, tido como falecido, na esteira do artigo 1.165 do CPC de 1973 aplicável ao caso, o que impõe a reforma da decisão objurgada. 3. Recurso provido (*TJMG* – AI 1.0024.06.104466-5/001, 8-12-2016, Rel. Teresa Cristina da Cunha Peixoto).

Os direitos que eventualmente sobrevierem ao ausente, desde que desapareceu sem dele haver notícias, e que sejam dependentes da condição da sua existência passam, na forma da lei, às pessoas que seriam chamadas à sua titularidade, se o ausente fosse falecido – **Interpretação dos arts. 28 do Código Civil** (efeitos da sentença de declaração de ausência e abertura de sucessão provisória) e 943, IV, do CPC (bens que devem ser arrolados no processo de inventário e partilha) – Direito comparado, no qual se haure a mesma solução, e que se há de ter como princípio de direito, aplicável entre nós (art. 4º da Lei de Introdução às Normas do Direito Brasileiro). Doutrina de Luiz da Cunha Gonçalves. Com a declaração de ausência e a abertura da sucessão provisória, o ausente presume-se morto e sua esposa, portanto, viúva. Aberta, no curso da década do art. 37 do Código Civil, sucessão de sua ex-esposa, em que, se vivo, recolheria meação, os bens que a ele, a tal título, caberiam, passam diretamente aos sucessores da *de cujus*. Na década seguinte à declaração de ausência, aquele que herda em lugar do desaparecido tem a propriedade resolúvel dos bens que recebe. Decisão monocrática de relator, em sentido contrário, que se reforma. Agravo interno (CPC, § 1º do art. 557) provido (*TJSP* – AgRg 2010157-76.2015.8.26.0000, 30-7-2015, Rel. Cesar Ciampolini).

Art. 29. Antes da partilha, o juiz, quando julgar conveniente, ordenará a conversão dos bens móveis, sujeitos a deterioração ou a extravio, em imóveis ou em títulos garantidos pela União.

A qualquer momento o juiz pode e deve tomar providências para que não se deteriorem os bens do ausente. Para isso, o curador deve estar solerte, bem como o Ministério Público. Bens perecíveis, deterioráveis ou facilmente extraviáveis devem ser alienados e o seu produto aplicado em imóveis ou títulos garantidos pela União. Pode ocorrer que imóveis do patrimônio estejam em estado de deterioração que não permita conservação ou reforma com as forças da herança, o que também aconselha sua alienação. A situação afigura-se óbvia. Em princípio, o produto da venda deve ser aplicado em imóveis, o que, em tese, proporciona melhor segurança patrimonial. Caberá sempre ao juiz, como diz o texto, aferir a oportunidade e conveniência.

Art. 30. Os herdeiros, para se imitirem na posse dos bens do ausente, darão garantias da restituição deles, mediante penhores ou hipotecas equivalentes aos quinhões respectivos.
§ 1º Aquele que tiver direito à posse provisória, mas não puder prestar a garantia exigida neste artigo, será excluído, mantendo-se os bens que lhe deviam caber sob a administração do curador, ou de outro herdeiro designado pelo juiz, e que preste essa garantia.
§ 2º Os ascendentes, os descendentes e o cônjuge, uma vez provada a sua qualidade de herdeiros, poderão, independentemente de garantia, entrar na posse dos bens do ausente.

Na sucessão provisória, como decorre da própria denominação, ainda não existe certeza da morte do titular do patrimônio. Assim, os herdeiros recebem os bens com esse caráter de provisoriedade, pois terão que devolvê-los, se o indigitado desaparecido retornar. Assim, os beneficiários somente terão a posse dos bens dando garantias reais de restituição, penhores e hipotecas, nos valores suficientes para cada quinhão. A garantia é de mera restituição e poderá ser inócua quanto aos imóveis, pois a regra geral impede a alienação nessa fase (veja o artigo seguinte).

Assim, o que não puder ou não quiser prestar a garantia não receberá a posse, e os bens de seu quinhão ficarão com o curador, ou outro herdeiro que tenha prestado garantia (§ 1º). Veja o art. 34 a respeito desse tópico. No entanto, como estampa o § 2º, os ascendentes, descendentes e o cônjuge estarão dispensados dessa garantia. Por tudo o que temos explanado, o convivente também deve ser incluído nesse rol.

Há que se entender que as pessoas apontadas no § 2º não ficam simplesmente dispensadas de prestar a garantia. Podem fazê-lo após a posse, se houver fundada razão para tal.

⚖️ Ausência – Sucessão Provisória – **Imissão na posse dos bens do ausente** – Cônjuge – Os ascendentes, os descendentes e o cônjuge, uma vez provada a sua qualidade de herdeiros, poderão, independentemente de garantia, entrar na posse dos bens do ausente (art. 30, § 2º, do CC). Recurso provido para dispensar a exigência de garantia ao cônjuge para imissão na posse dos bens do ausente (*TJSP* – AI 0043212-23.2013.8.26.0000, 9-5-2016, Rel. Carlos Alberto Garbi).

⚖️ Ausência – **Sucessão provisória** – Partilha homologada – Exigência da prestação de caução para levantamento de valores – Descabimento da garantia – Aplicação do § 2º do art. 30 do Código Civil – Recurso provido (*TJSP* – Acórdão Agravo de Instrumento 0271088-08.2009.8.26.0000, 23-3-2011, Rel. Des. Fortes Barbosa).

Art. 31. Os imóveis do ausente só se poderão alienar, não sendo por desapropriação, ou hipotecar, quando o ordene o juiz, para lhes evitar a ruína.

Em princípio os imóveis do ausente não podem ser alienados, pois ainda fica latente a possibilidade de seu reaparecimento. Contudo, os imóveis do patrimônio podem se apresentar em ruínas, necessitando de reparos e restaurações. Poderá não ser possível ou conveniente que esses reparos ou mesmo a manutenção desses bens sejam feitos com as forças da herança. Assim, por requerimento dos interessados, pode ser autorizada a alienação pelo juiz. Da mesma forma se procederá à hipoteca de imóvel se assim for justificável no caso concreto. Gravar um bem já é início de alienação. O exame da necessidade, oportunidade e conveniência de gravar o imóvel ou aliená-lo dependerá das circunstâncias do caso concreto. Na forma do art. 29, o produto da alienação será convertido em outros imóveis ou aplicado em títulos garantidos pela União. Também assim se fará com a indenização recebida por desapropriação do imóvel, a qual não poderá ser obstada em prol da supremacia do interesse público.

Anote-se que esse artigo se aplica tanto aos imóveis originalmente presentes no patrimônio, como àqueles que se sub-rogaram em decorrência de alienações anteriores.

⚖️ Inventário – Ausente – Abertura de sucessão provisória – Pretensão à alienação de bem imóvel – Necessidade de autorização judicial – Art. 31, do Código Civil – Inventariante que é coproprietário do bem Expedição de alvará para sua alienação determinada Hipótese, entretanto, em que deve ser depositado em juízo 50% do valor arrecadado com a venda do bem em questão Recurso provido, com determinação, na parte não prejudicada (*TJSP* – Ap. 1030647-25.2018.8.26.0100, 12-05-2020, Rel. Luiz Antonio de Godoy).

Art. 32. Empossados nos bens, os sucessores provisórios ficarão representando ativa e passivamente o ausente, de modo que contra eles correrão as ações pendentes e as que de futuro àquele forem movidas.

Com a posse dos bens em mãos dos sucessores provisórios, eles passam a representar ativa e passivamente o ausente, desaparecendo essa função para o curador. Serão eles autores e réus nas ações já propostas e nas que forem posteriormente ajuizadas. Se um sucessor provisório estiver litigando ou for litigar contra o ausente, deverá ser nomeado curador especial para representar este último, em razão do conflito de interesses.

Art. 33. O descendente, ascendente ou cônjuge que for sucessor provisório do ausente, fará seus todos os frutos e rendimentos dos bens que a este couberem; os outros sucessores, porém, deverão capitalizar metade desses frutos e rendimentos, segundo o disposto no art. 29, de acordo com o representante do Ministério Público, e prestar anualmente contas ao juiz competente.
Parágrafo único. Se o ausente aparecer, e ficar provado que a ausência foi voluntária e injustificada, perderá ele, em favor do sucessor, sua parte nos frutos e rendimentos.

O artigo cuida da destinação dos frutos e rendimentos. Os herdeiros mais próximos, descendentes, ascendentes e cônjuge, enquanto sucessores provisórios, receberão todos os frutos e rendimentos. Todos os demais, porém, somente receberão metade desses frutos e rendimentos, devendo capitalizar a outra metade, em imóveis ou títulos garantidos pela União. Estes últimos também devem prestar contas anualmente. Trata-se de mais uma cautela em prol do ausente que ainda pode reaparecer. Esse benefício em prol dos herdeiros tem por finalidade compensar o ônus de manutenção do patrimônio do ausente, cuja posse ainda é precária.

O Ministério Público, como fiscal da lei e importante auxiliar do juízo, opina sobre a destinação dos fundos e fiscaliza as contas dos sucessores.

O parágrafo único é inovação de compreensão polêmica: se a ausência foi voluntária e injustificada e o ausente reaparecer, perderá, em favor do sucessor, sua parte nos frutos e rendimentos. Trata-se, na verdade, de punição ao ausente que descurou de seu patrimônio. A primeira pergunta é saber se os dois elementos da lei (ausência voluntária e injustificada) são necessários concomitantemente para a apenação. A resposta estará com o caso concreto. A ausência pode ter-se dado por perda de memória do agente; por outros problemas físicos ou psíquicos; por fuga a perseguição religiosa ou política; por ameaça contra sua vida etc. O que o texto pune é o desaparecimento por mero capricho ou emulação.

Art. 34. O excluído, segundo o art. 30, da posse provisória poderá, justificando falta de meios, requerer lhe seja entregue metade dos rendimentos do quinhão que lhe tocaria.

Aquele que não puder prestar garantias, não podendo receber a posse dos bens hereditários, pode, como uma forma de auxiliar na sua subsistência e dentro do prognóstico de que o ausente pode mesmo ter falecido, requerer que metade dos rendimentos do seu respectivo quinhão lhe seja entregue. Não há razão para se excluírem os *frutos* desse dispositivo, que devem ser tratados como pertencentes aos rendimentos. Trata-se de um abrandamento da regra do art. 30. O artigo aplica-se ao herdeiro que não for ascendente, descendente ou cônjuge do ausente. Como se percebe, há duas categorias de sucessores provisórios, com tratamentos legais diversos.

A falta de meios a que se refere o dispositivo diz respeito à impossibilidade de prestar as garantias, não se tratando especificamente de averiguar meios de subsistência, como se faz nos alimentos.

Como no caso presente o herdeiro indigitado recebe metade dos rendimentos, é de se questionar a destinação da outra metade. Parece mais lógico, pelos princípios adotados pelo Código, e nos termos do art. 33, que essa parte beneficie quem fica na posse dos bens e os administra, como forma de amenizar esse ônus, não tendo direito a esses proventos o ausente, se retornar.

Art. 35. Se durante a posse provisória se provar a época exata do falecimento do ausente, considerar-se-á, nessa data, aberta a sucessão em favor dos herdeiros, que o eram àquele tempo.

A morte estabelece a sucessão, ou seja, pelo princípio da *saisine*, morto o autor da herança, esta passa imediatamente aos herdeiros, sem qualquer intervalo (art. 1.784). Trata-se de princípio consagrado em nosso sistema hereditário. Assim, se no curso da posse provisória se tiver notícia da época exata do falecimento, abre-se a sucessão aos herdeiros que assim eram considerados naquele momento. Cessa a provisoriedade. Com o conhecimento da época da morte pode ser que herdeiros presumidos não se coloquem na posição de sucessores do morto. A propriedade dos herdeiros presume-se iniciada no momento da morte.

Apelação cível – Ação de cobrança – Imóvel oriundo de inventário – Partilha – Ausente – Utilização exclusiva por um dos herdeiros – Rendimentos – Devidos – Proporção da cota parte – Recurso não provido. Segundo o princípio da saisine, previsto no art. 1.784 do Código Civil, aberta a sucessão, a herança é transmitida de plano como um todo, ainda que existam diversos herdeiros. Até a partilha, o direito dos coerdeiros à propriedade e posse dos respectivos bens será indivisível e regular-se-á pelas normas relativas ao condomínio, consoante dispõe o parágrafo único do art. 1.791 da referida legislação (*TJMG* – Ap. 1.0701.15.025567-0/001, 23-10-2018, Rel. Amorim Siqueira).

Art. 36. Se o ausente aparecer, ou se lhe provar a existência, depois de estabelecida a posse provisória, cessarão para logo as vantagens dos sucessores nela imitidos, ficando, todavia, obrigados a tomar as medidas assecuratórias precisas, até a entrega dos bens a seu dono.

Não há mais razão para o processamento da sucessão se o ausente reaparece ou há certeza que está vivo. Os sucessores devem devolver o que receberam e tomar as cautelas devidas de guarda e cuidado com os bens até a efetiva entrega ao dono. Nesse interregno, a situação dos indigitados herdeiros assemelha-se à do gestor de negócios. Respondem por dolo ou culpa na perda ou deterioração dos bens. Afora a parcela de rendimentos e frutos a que têm direito (art. 33, parágrafo único), os herdeiros presumidos devem prestar contas pelo período em que mantiveram a posse dos bens.

O ausente que reaparece deve arcar com as despesas processuais da curadoria do ausente e da sucessão provisória.

Seção III
Da Sucessão Definitiva

Art. 37. Dez anos depois de passada em julgado a sentença que concede a abertura da sucessão provisória, poderão os interessados requerer a sucessão definitiva e o levantamento das cauções prestadas.

No período de sucessão provisória, ainda se mantém persistente a dúvida sobre a possibilidade de reaparecimento do ausente. Por isso, preserva-se tanto quanto possível o seu patrimônio. Se ele ressurge, cessa o estado de sucessão provisória. Presentes os requisitos legais, pode ser requerida a sucessão definitiva (art. 745, § 2º, do CPC). Embora permaneça a possibilidade tênue de reaparecimento do titular da herança, já se procede quase como se ele morto fosse, pois não se suprime a ideia de que possa ele ainda retornar (veja artigo seguinte).

Trata-se, portanto, de uma sucessão quase definitiva, tanto que já se permite que sejam levantadas as cauções prestadas. Assim, embora ainda pendente condição resolutiva, os herdeiros têm todas as prerrogativas e direitos de proprietário, podendo alienar e gravar os bens que lhe tocaram. Trata-se, ainda, como se nota, de uma propriedade resolúvel. Além dos bens originalmente presentes no patrimônio do autor da herança, agregam-se-lhe os frutos e rendimentos porventura produzidos nesse período.

Com a abertura da sucessão definitiva, os sucessores não serão mais provisórios, mantendo a propriedade resolúvel dos bens recebidos. Os rendimentos dos bens serão seus e podem eles demandar e ser demandados como herdeiros do ausente.

Podem requerer a sucessão definitiva todos que podem fazê-lo no tocante à provisória, bem como outros que demonstrarem legítimo interesse. O Ministério Público não se mostra legitimado, porém, a esse requerimento, levando-se em conta que sua legitimidade para requerer a sucessão provisória é subsidiária.

Recorde-se que há importante efeito na sucessão definitiva que é presumir a morte, na forma do art. 6º.

Como sempre existe a possibilidade de o ausente não estar morto, há consequências várias com seu retorno, mormente no tocante ao casamento e seu desfazimento. A opinião mais consistente entenderá como válido e eficaz o casamento mais recente do cônjuge do desaparecido, sempre se levando em conta a possibilidade de o divórcio já ter ocorrido no período de ausência. A matéria é desenvolvida em local próprio.

Recurso especial. Civil e Processual Civil. Seguro de vida. Declaração de ausência da segurada. Abertura de sucessão provisória. Pagamento da indenização. Necessidade de se aguardar a abertura da sucessão definitiva, quando será presumida a morte da pessoa natural. 1. O instituto da ausência e o procedimento para o seu reconhecimento revelam um *iter* que se inaugura com a declaração, perpassa pela abertura da sucessão provisória e se desenvolve até que o decênio contado da declaração da morte presumida se implemente. 2. Transcorrido o interregno de um decênio, contado do trânsito em julgado da decisão que determinou a abertura da sucessão provisória, atinge sua plena eficácia a declaração de ausência, consubstanciada na morte presumida do ausente e na abertura da sua sucessão definitiva. 3. A lei, fulcrada no que normalmente acontece, ou seja, no fato de que as pessoas, no trato diário de suas relações, não desaparecem intencionalmente sem deixar rastros, elegeu o tempo como elemento a solucionar o dilema, presumindo, em face do longo transcurso do tempo, a probabilidade da ocorrência da morte do ausente. 4. Estabelecida pela lei a presunção da morte natural da pessoa desaparecida, é o contrato de seguro de vida alcançado por esse reconhecimento, impondo-se apenas que se aguarde pelo momento da morte presumida e a abertura da sucessão definitiva. 5. Recurso especial a que se nega seguimento (*STJ* – REsp 1.298.963 – SP, 26-11-2013, Min. Paulo de Tarso Sanseverino).

Art. 38. Pode-se requerer a sucessão definitiva, também, provando-se que o ausente conta oitenta anos de idade, e que de cinco datam as últimas notícias dele.

Nesse caso, é bem restrito o prognóstico de retorno do desaparecido, em face de sua idade avançada (80 anos) e da data das suas últimas notícias (cinco anos). Nesse caso, ao contrário do que exige o tópico anterior, não se exige a decretação de prévia sucessão provisória. Na verdade, é perfeitamente sustentável que nem mesmo será necessária a prévia declaração de ausência, embora seu processamento facilite a arrecadação de bens. Veja também as hipóteses de presunção de morte dos arts. 6º e 7º e do art. 88 da Lei dos Registros Públicos, que se harmonizam com o presente dispositivo.

Pelo sentido literal do presente texto, parece que basta a prova de que o desaparecido já conte com 80 anos de idade e que há mais de cinco anos não se saiba dele. Há quem entenda que é necessário que o ausente já conte com 80 anos quando do seu desaparecimento. Não é o que decorre da compreensão literal do texto.

Agravo de instrumento. Ação declaratória de ausência. Abertura da sucessão definitiva. Após a declaração de ausência, será aberta a sucessão provisória, que se desenvolve até completados dez anos do trânsito em julgado da sentença que concede a abertura da sucessão provisória, com isso ocorre a sucessão definitiva. Todavia a lei prevê a possibilidade de requerer a sucessão definitiva provando-se que o ausente conta oitenta anos de idade, e que de cinco datam as últimas notícias dele. Tendo em vista que a desaparecida contava com mais de 106 anos quando da propositura da ação, a sucessão deve ser considerada aberta com a sentença declaratória de ausência. Agravo de instrumento provido (*TJRS*, AI 70077319119, 25-07-2018, Rel. Jorge Luís Dall'Agnol).

Art. 39. Regressando o ausente nos dez anos seguintes à abertura da sucessão definitiva, ou algum de seus descendentes ou ascendentes, aquele ou estes haverão só os bens existentes no estado em que se acharem, os sub-rogados em seu lugar, ou o preço que os herdeiros e demais interessados houverem recebido pelos bens alienados depois daquele tempo.

Parágrafo único. Se, nos dez anos a que se refere este artigo, o ausente não regressar, e nenhum interessado promover a sucessão definitiva, os bens arrecadados passarão ao domínio do Município ou do Distrito Federal, se localizados nas respectivas circunscrições, incorporando-se ao domínio da União, quando situados em território federal.

Contra todos os prognósticos, pode ainda o ausente, bem como algum descendente ou ascendente seu, regressar após a decretação da sucessão definitiva. Nesse caso, só receberá o saldo do patrimônio que houver, incluindo os bens sub-rogados ou o preço dos bens que os herdeiros houverem recebido. A principal consequência que denota esse artigo é a proteção dos terceiros de boa-fé, adquirentes de bens dos herdeiros.

Com o retorno do desaparecido, na verdade conclui-se que os herdeiros não podiam ter essa condição. Não sendo titulares dos bens, devem devolvê-los, mas o fazem no estado em que estiverem. Os valores ainda em posse dos citados herdeiros devem ser devolvidos, assim como os bens que se sub-rogaram como decorrência da alienação de bens do patrimônio. Nem sempre será fácil provar essa sub-rogação. Não há necessidade de restituição de frutos e rendimentos recebidos até a volta do ausente, pois tal decorre do exercício legítimo da posse. Embora possa ser justificado o contrário, a lei não excepciona os bens alienados gratuitamente, de molde que

também não pode o ex-cônjuge ausente reivindicá-los. Ainda que a lei não o diga, os herdeiros devem indenizar os danos que ocasionarem ao ausente por culpa ou dolo, algo que nem sempre será fácil de fixar no caso concreto. Há sempre que se proteger a boa-fé.

O parágrafo único melhor estaria em artigo autônomo e redigido de outra forma. Se ninguém pedir os bens da herança, se não for requerida a sucessão definitiva, a propriedade do patrimônio irá para o Município ou Distrito Federal, no tocante aos bens localizados nas respectivas circunscrições, ou para a União, se os bens estiverem localizados em território federal. A disposição é confusa e sua redação deveria ter sido melhorada no atual Código, mas a ideia central é essa. Bastaria que o texto se referisse à ausência de interessados na herança, nada mais. As referências ao reaparecimento do titular e à sucessão definitiva só servem para confundir. É sustentável, de acordo com essa redação, que caso a propriedade passe para o Estado, o ausente ainda contará com o prazo de dez anos para reaver os bens, mas o texto por si só não permite essa conclusão.

Enunciado nº 614, VIII, Jornada de Direito Civil – CJF/STJ: Os efeitos patrimoniais da presunção de morte posterior à declaração da ausência são aplicáveis aos casos do art. 7º, de modo que, se o presumivelmente morto reaparecer nos dez anos seguintes à abertura da sucessão, receberá igualmente os bens existentes no estado em que se acharem.

TÍTULO II
DAS PESSOAS JURÍDICAS

CAPÍTULO I
Disposições Gerais

Art. 40. As pessoas jurídicas são de direito público interno ou externo, e de direito privado.

1. Introdução

O ser humano, pessoa física ou natural, é dotado de capacidade jurídica. No entanto, isoladamente é frágil para a realização de grandes empreendimentos. Desde cedo, percebeu a necessidade de conjugar esforços, de se unir a outras pessoas, para realizar determinados empreendimentos, conseguindo, por meio dessa união, uma polarização de atividades em torno do grupo reunido.

Daí decorre a atribuição de capacidade jurídica aos entes abstratos assim constituídos, gerados pela vontade e necessidade do homem. As pessoas jurídicas surgem, portanto, ora como conjunto de pessoas, ora como destinação patrimonial, com aptidão para adquirir direitos e contrair obrigações.

A necessidade da sociedade em constituir pessoas jurídicas surge desde a criação de uma associação de bairro para defender o interesse de seus moradores ou de uma associação esportiva para reunir adeptos de determinada prática, até a criação do Estado, entidade jurídica que transcende a própria noção singela que ora descrevemos.

A necessidade ou premência de conjugar esforços é tão inerente ao ser humano como a própria necessidade de viver em sociedade. É por meio da pessoa jurídica que a pessoa sobrepuja suas limitações e transcende a brevidade de sua vida. Há sempre, na vontade do ser humano, ao constituir uma pessoa jurídica, um sentido de perenidade, a qual, como ser mortal, não pode atingir.

Contudo, não basta a simples aglomeração ou união de pessoas para que surja uma pessoa desvinculada da vontade e da autonomia de seus próprios membros. É imprescindível a vinculação psíquica entre os que constituem a pessoa jurídica para que esta assim seja considerada. É essa vinculação jurídica entre as pessoas, entre seus membros, que imprime *unidade orgânica* ao ente criado.

De forma singela, surge a *personificação* do ente abstrato, cuja vontade é diversa da vontade de seus membros – *societas distat a singulis* –, há personificação do ente coletivo.

No antigo Direito Romano, a criação da pessoa jurídica era livre. Modernamente, não basta a simples vontade para sua constituição. A lei impõe certos requisitos a serem obedecidos, mais ou menos complexos, dependendo da modalidade, para que a pessoa jurídica possa ser considerada regular e esteja apta a agir com todas as suas prerrogativas na vida jurídica. Regulamentam-se, também, os poderes e direitos dos diretores e de seus membros integrantes. A forma de constituição e de dissolução da pessoa jurídica e o destino de seus bens igualmente devem ser disciplinados.

A pessoa jurídica apresenta muitas das peculiaridades da pessoa natural: nascimento, registro, personalidade, capacidade, domicílio, previsão de seu final, sua morte, e até mesmo um direito sucessório.

O século XX, podemos afirmar, foi o século da pessoa jurídica. Desde então, pouquíssimas atividades da sociedade são desempenhadas pelo homem como pessoa natural. A pessoa jurídica, da mais singela à mais complexa, interfere e imiscui-se na vida de cada um, até mesmo na vida privada. Sentimos um crescimento exacerbado da importância das pessoas jurídicas.

Atualmente, o peso da economia se traduz pela potencialidade de suas pessoas jurídicas, que transcendem o próprio Estado e se tornam supranacionais naquelas empresas que se denominam "multinacionais".

O Código de 1916 não poderia prever, no final do século XIX e início do século XX, a dimensão que tomaria a matéria. Esse estatuto serve, portanto, tão somente de ponto de partida para a fixação dos conceitos fundamentais de pessoas jurídicas. A refugir desses limites, o estudo da pessoa jurídica passa a pertencer ao novo Direito Empresarial, Financeiro e Econômico.

A legislação não acompanha efetivamente as dinâmicas mutações constantes e rápidas que ocorrem no âmbito das pessoas jurídicas. Sente-se perfeitamente, dentro de cada ordem de pessoas jurídicas, necessidade permanente de o legislador, a cada momento, estar a disciplinar um novo fenômeno que surge tanto no campo dos atos lícitos como no campo dos atos ilícitos. Sim, porque, se a pessoa jurídica é mola propulsora para a economia, também pode servir de instrumento para atos contrários à Moral e ao Direito. São os chamados crimes de "colarinho branco" praticados por pessoas jurídicas; seus danos são tão grandes ou até maiores que os crimes praticados por assaltantes à mão armada; são transgressões da lei que se mostram de forma indolor, mas que ocasionam, ou podem ocasionar, ruínas financeiras profundas na economia não só da pessoa jurídica como também do próprio Estado, que as têm como que sob manto protetor.

Assim como o legislador, a doutrina ressente-se da novidade do fenômeno da participação das pessoas jurídicas na sociedade, não se aprofundando e não atingindo verdadeiramente o âmago das intrincadas questões surgidas a cada dia. A doutrina tradicional mostra-se ainda insuficiente.

Note que os criadores já não conseguem controlar suas criaturas. As pessoas jurídicas constituídas pela vontade do ser humano agigantam-se de tal forma que se tornam impessoais, insensíveis e fazem dos seres humanos, pessoas que certo dia as instituíram, meras peças componentes de uma engrenagem que a qualquer momento pode ser substituída, como se substitui, pura e simplesmente, um mecanismo obsoleto por um novo. Modernamente, como regra, a pessoa natural despersonaliza-se, torna-se um objeto, um joguete de interesses. Os poderosos controladores da pessoa jurídica do presente pode, sem nenhuma hesitação, tornar-se o mecanismo obsoleto do amanhã. Tais reflexos não devem ser esquecidos pelo legislador, porque repercutem decididamente na questão social ou econômica com relação direta com o desemprego e a produção.

2. Denominação

Não é unânime na doutrina e nas várias legislações comparadas a denominação *pessoa jurídica*. Essa é a denominação de nosso Código e também do Código alemão. Na França, usa-se da expressão "pessoas morais". Na verdade, a denominação por nós utilizada tem a vantagem de realçar o aspecto jurídico, o que nos interessa. *"Pessoa coletiva"* é como denomina o Direito português, realçando mais o aspecto externo do instituto; enfatiza as pessoas jurídicas constituídas de indivíduos, mas deixa de fora aquelas pessoas jurídicas constituídas fundamentalmente de patrimônio, que são as fundações.

Teixeira de Freitas, em seu esboço, denominou-as "pessoas de existência ideal", contrapondo-se às pessoas de existência visível, como denominava as pessoas naturais; essa denominação foi adotada pelo Código argentino do passado (art. 32).

Outras denominações são lembradas, como pessoas místicas, civis, fictícias, abstratas, intelectuais, universalidades de pessoas e de bens etc.

Como vimos, a denominação *persona* para designar o instituto em questão não era utilizada no Direito Romano, já que o termo era reservado à pessoa humana. Entretanto, *pessoa jurídica* é a expressão mais aceitável, a denominação menos imperfeita, como afirma Caio Mário da Silva Pereira (1978, v. 1, p. 256), pois é mais tradicional na doutrina. Se, de fato, sua criação é obra do Direito, surge da abstração a que o Direito atribui personalidade; se é somente na esfera jurídica que é tomada em consideração, há que se ter a terminologia tradicional como a mais apropriada.

3. Natureza da pessoa jurídica

É por demais polêmica a conceituação da natureza da pessoa jurídica, dela tendo-se ocupado juristas de todas as épocas e de todos os campos do Direito. Como diz

Francesco Ferrara (1958, p. 18), com frequência o problema dessa conceituação vê-se banhado por posições e paixões políticas e religiosas e, de qualquer modo, sobre a matéria formou-se uma literatura vastíssima e complexa, cujas teorias se interpenetram e se mesclam, num emaranhado de posições sociológicas e filosóficas.

Na verdade, o conceito de *pessoa jurídica* é um dos assuntos mais tormentosos em Direito.

Intuitivamente, percebemos, quer se trate de sociedades, de associações ou de fundações, destacar-se delas algo que as transforma em entidade que não se confunde com as pessoas que as constituíram ou as dirigem, nem com as pessoas que são beneficiadas por sua atividade. Sua personalidade é distinta.

Agrupamos a seguir as principais opiniões a respeito do tema e destacamos as teorias da *ficção*, da *realidade*, as *negativistas* e as da *instituição*.

3.1. Doutrinas da ficção

Há múltiplas formas de encarar a pessoa jurídica. Dizem os adeptos dessa teoria que os direitos são prerrogativas concedidas apenas ao ser humano nas relações com seus semelhantes. Tais prerrogativas humanas pressupõem vontade capaz de deliberar, assim como poder de ação. Por isso, só o homem pode ser titular de direitos, porque só ele tem existência real e psíquica. Quando se atribuem direitos a pessoas de outra natureza, isso se trata de *simples criação da mente humana*, construindo-se uma ficção jurídica. Desse raciocínio infere-se que o legislador pode livremente conceder, negar ou limitar a capacidade desses entes ficticiamente criados. A capacidade das pessoas jurídicas, sendo criação ficta do legislador, é limitada na medida de seus interesses. Essa teoria tem em Savigny (apud FERRARA, 1958, p. 20) seu grande defensor. A pessoa jurídica, portanto, é obra do direito positivo, restringindo seu âmbito de ação apenas às relações patrimoniais.

Uma das mais sérias críticas feitas a essa teoria refere-se à personalidade do próprio Estado, como sujeito de direito, isto é, como sujeito capaz de possuir, adquirir e transferir bens, de estar em juízo etc. Se o próprio Estado é uma pessoa jurídica, é de se perguntar quem o investe de tal capacidade. Respondem os adeptos dessa corrente que, como o Estado é necessidade primária e fundamental, tem existência natural. Contudo, isso não afasta a contradição da teoria.

Essa teoria, liderada por Savigny, prevaleceu na Alemanha e na França no século XVIII.

O defeito desse pensamento reside não só no fato de restringir o alcance das pessoas jurídicas apenas aos direitos patrimoniais, mas também no fato, como objeta Ferrara (1958, p. 21), de considerar como ficção o que é uma configuração técnica e que, por isso mesmo, possui realidade jurídica, como qualquer outra figura ou instituto do mundo jurídico.

Embora nem sempre Hans Kelsen (1979, p. 263) seja considerado um ficcionista, dada a originalidade de seu pensamento, pode sua opinião sobre a matéria ser assim considerada. Esse autor parte da premissa de que o conceito de "pessoa", em si, não significa realidade alguma, mas um modo de exercer direitos por meio de normas que incidem sobre o que vulgarmente se entende por essa pessoa. Entende-se a pessoa como um centro de imputações normativas, um aglomerado de normas. Portanto, não há que se falar na distinção de pessoas físicas ou jurídicas, pois ambas são criações do Direito e devem ser consideradas pessoas jurídicas. De acordo com sua tese, o conceito de pessoa, em geral, é tão só um recurso mental, artificial para o raciocínio jurídico. Para o autor, a pessoa natural não é o homem, como afirma a teoria tradicional, uma vez que o Direito não o concebe em sua totalidade, com todas as suas funções anímicas e corporais: o Direito apenas prescreve atos humanos determinados como deveres ou faculdades. Portanto, o ser humano não pertence à comunidade constituída por um ordenamento jurídico como um todo integral, *mas unicamente com suas ações e omissões enquanto essas são objeto de regulamentação normativa*.

> *"Quando se diz que a ordem jurídica confere a uma corporação personalidade jurídica, isso significa que a ordem jurídica estatui deveres e direitos que têm por conteúdo a conduta de indivíduos que são órgãos e membros da corporação constituída através de um estatuto, e que esta situação complexa pode ser descrita com vantagem, de maneira relativamente mais simples, com o auxílio de uma personificação do estatuto constitutivo da corporação."*

Para Kelsen, às vezes o conceito de "pessoa jurídica" é a personificação de uma ordem parcial, constituindo-se de uma comunidade parcial, como, por exemplo, uma associação; outras vezes é a personificação de uma ordem jurídica total, constituindo-se de todas as comunidades parciais, como é o Estado. Segundo a teoria kelseniana, os deveres e direitos da pessoa jurídica não são mais do que deveres e direitos de homens individuais, enquanto a conduta humana é regulada e o que se denomina patrimônio da pessoa jurídica é um patrimônio dos homens que a constituem; os homens não podem dispor indistintamente desses bens, porque devem seguir as normas prescritas.

O conceito de Kelsen, embora seja de exemplar logicidade, não pode fugir às críticas que se fazem a todas as teorias ficcionistas.

3.2. Doutrinas da realidade

Essas doutrinas consideram as pessoas jurídicas como realidade social.

A doutrina normalmente denominada de "realidade objetiva ou orgânica" sustenta que a vontade, pública ou privada, é capaz de criar e dar vida a um organismo, que passa a ter existência própria, distinta da de seus membros, tornando-se um sujeito de direito, com existência real e verdadeira (RÁO, 1952, v. 2, p. 240).

Clóvis Beviláqua, entre nós, filia-se a essa corrente, dizendo em seus Comentários ao art. 13 do Código de 1916:

> "A pessoa jurídica, como sujeito de direito, do mesmo modo que do ponto de vista sociológico, é uma realidade, é uma realidade social, uma formação orgânica investida de direitos pela ordem jurídica, a fim de realizar certos fins humanos."

Considera as fundações como universalidades de bens, personalizadas em atenção ao fim que lhes dá unidade.

Vicente Ráo (1952, v. 2, p. 241) refere-se à doutrina da "realidade técnica" como dominante entre os modernos autores franceses. As pessoas jurídicas, segundo essa corrente, são *reais*, porém dentro de uma realidade que não se equipara à das pessoas naturais. Existem, como o Estado que confere personalidade às associações e demais pessoas jurídicas. O Direito deve assegurar direitos subjetivos não unicamente às pessoas naturais, mas também a esses entes criados. Não se trata, portanto, a pessoa jurídica como uma ficção, mas como uma realidade, uma *"realidade técnica"*. Para essa teoria, o ser humano é o centro fundamental de interesse e vontade a quem o Direito reconhece personalidade. Como indivíduo, porém, não pode cumprir todas as atividades a que se propõe senão unindo-se a outros, o Direito deve reconhecer e proteger os interesses e a atuação do grupo social. Para tal é mister que o Direito encontre um corpo ideal coletivo com interesse unificado, diferente da vontade individual de seus membros, e com uma organização capaz de expressar a vontade coletiva.

Como acentua Washington de Barros Monteiro (1977, v. 1, p. 100), a "teoria da realidade técnica" surge como teoria eclética entre a teoria da ficção e a teoria da realidade orgânica, pois reconhece traços de validade em ambas, uma vez que admite que só o homem é passível de direitos e obrigações e que a personalidade da pessoa jurídica deriva de uma criação, de uma técnica jurídica.

A doutrina de Ferrara (1958, p. 32 ss) deve ser incluída nessa última. Para ele a personalidade jurídica, tanto individual como coletiva, não é fato nem ficção. É categoria jurídica, criada pelo Direito. A pessoa jurídica funciona como conceito unificador das relações jurídicas entre os indivíduos e as organizações. A realidade jurídica a que se refere é meramente abstrata, ideal, como sucede a todos os institutos jurídicos, porque a pessoa jurídica, diferentemente dos seres humanos, não se vê, nem se toca.

3.3. Doutrinas negativistas

Há doutrinas que, partindo da negação do conceito de direito subjetivo, concluem pelo desconhecimento da personalidade.

Portanto, além do grupo de doutrinas que, de uma forma ou de outra, reconhece a existência da pessoa jurídica, há opiniões que negam essa mesma existência. Para tais sistemas, na grande maioria, só existem no Direito os seres humanos, carecendo as denominadas pessoas jurídicas de qualquer atributo de personalidade.

É nessa categoria que deve ser colocado M. Planiol (1911/1913, t. 1, p. 3005-3019), para quem a denominação "pessoa jurídica" mascara um "patrimônio coletivo" ou uma "propriedade coletiva". Sustenta esse autor que se trata de forma muito especial de propriedade, que tem em si mesma sua razão de ser e que se fundamenta no necessário agrupamento de indivíduos a quem a propriedade pertence. A propriedade é comum, embora a administração dos bens seja apenas reservada a alguns membros.

A identificação que faz M. Planiol da propriedade coletiva com a pessoa jurídica complica mais o problema da natureza jurídica, pois é evidente que a existência de um patrimônio deve ter como referência uma coletividade; contudo, essa coletividade não pode ser confundida com seus membros integrantes.

Não podemos negar, portanto, que ao lado da pessoa natural existe uma pessoa criada pelo Direito, uma pessoa jurídica.

3.4. Doutrina da instituição

Essa corrente foi criada por Maurice Hauriou, tendo sido desenvolvida por George Bonnard (cf. RÁO, 1952, v. 2, p. 243). Segundo essa opinião, existe na realidade social uma série de realidades institucionais que se apresentam à observação como constituindo uma estrutura hierárquica. Para Hauriou, uma instituição dá ideia de obra, de empresa que se desenvolve, realiza e projeta, dando formas definidas aos fatos sociais. A vida interior da pessoa jurídica revela-se por meio das decisões dos órgãos diretores. Ao exercer a atividade exterior, como a aquisição de bens, empréstimos etc., a pessoa age como pessoa jurídica.

Quando a ideia de obra ou de empresa se firma de tal modo na consciência dos indivíduos que estes passam a atuar com plena consciência e responsabilidade dos fins sociais, a "instituição" adquire personalidade moral. Quando essa ideia permite unificar a atuação dos indivíduos de tal modo que essa atuação se manifesta como exercício de poder juridicamente reconhecido, a instituição adquire personalidade jurídica.

Como percebemos, tal doutrina nada aclara sobre a existência da pessoa jurídica.

3.5. Conclusão

Todo ordenamento jurídico é destinado a regular a vida dos indivíduos. Não se pode negar que o Direito tem por finalidade o homem como sujeito de direitos.

No entanto, assim como se criam institutos jurídicos em prol do indivíduo, tais como a propriedade, os direitos obrigacionais, os direitos intelectuais, criam-se pessoas jurídicas como forma de se atribuir maior força ao ser humano, para realizar determinadas tarefas, as quais, sozinho ou em um grupo amorfo de indivíduos sem comando e estrutura, seriam inconvenientes ou impraticáveis.

Da mesma forma que o Direito atribui à pessoa natural direitos e obrigações, restringindo-os em certos casos, também existe essa atribuição para as pessoas jurídicas. Há para cada tipo de pessoa certas condições objetivas e subjetivas prescritas pelo ordenamento. Portanto, o conceito de pessoa jurídica é uma *objetivação do ordenamento*, mas uma objetivação que deve reconhecer tanto a personalidade da pessoa física, quanto da jurídica como criações do Direito. Desse modo, encaramos a pessoa jurídica como realidade técnica.

Para nosso direito positivo, a pessoa jurídica tem *realidade objetiva*, porque assim está estabelecido na lei. Diz o art. 45 do Código Civil que *"começa a existência legal das pessoas jurídicas de direito privado"* com a inscrição do ato constitutivo no registro competente, e o art. 20 do antigo diploma legal rezava que *"as pessoas jurídicas têm existência distinta da dos seus membros"*. E o art. 21 enunciava as hipóteses em que *"termina a existência da pessoa jurídica"*. Para nosso direito, portanto, a pessoa jurídica é uma criação técnica.

Direito administrativo e processual civil. Apelação cível. Ação de conhecimento. Ilegitimidade do Distrito Federal para responder pelos atos de autarquia em regime especial. Personalidade jurídica própria e autonomia. Honorários advocatícios. Sentença mantida. 1. As autarquias em regime especial são pessoas jurídicas de direito público interno (art. 40, IV, do Código Civil), criadas por lei e que possuem autonomia administrativa e financeira, conforme o art. 5º, I, do Decreto-Lei 200, de 1967. (...) 5. Apelação conhecida, mas não provida. Unânime (*TJDFT*, Ap. 0711718-34.2017.8.07.0018, 24-05-2018, Rel. Fátima Rafael).

Art. 41. São pessoas jurídicas de direito público interno:
I – a União;
II – os Estados, o Distrito Federal e os Territórios;
III – os Municípios;
IV – as autarquias, inclusive as associações públicas;
V – as demais entidades de caráter público criadas por lei.
Parágrafo único. Salvo disposição em contrário, as pessoas jurídicas de direito público, a que se tenha dado estrutura de direito privado, regem-se, no que couber, quanto ao seu funcionamento, pelas normas deste Código.

A primeira grande divisão que se faz é de *pessoas jurídicas de direito público* e *pessoas jurídicas de direito privado* (art. 40 do vigente Código Civil).

As pessoas jurídicas de direito público são de direito público *interno* e de direito público *externo* ou *internacional*.

O Estado é a pessoa jurídica de direito público interno por excelência; é a nação politicamente organizada. Nos Estados de organização federativa, desdobra-se a pessoa jurídica, como entre nós, em Estados federados e Municípios.

No âmbito do direito interno, a União, os Estados e os Municípios são reconhecidos como pessoas jurídicas. A princípio eram só essas as pessoas de direito público interno, juntamente com o Distrito Federal (art. 14 do Código Civil de 1916). Em virtude da crescente multiplicidade e complexidade das funções do Estado, a Administração viu-se obrigada a criar organismos paraestatais, para facilitar a ação administrativa, como ocorre com a criação das autarquias. Nesse diapasão, o atual Código enumera também as autarquias e *"as demais entidades de caráter público criadas por lei"*.

O art. 5º do Decreto-lei nº 200/1967, com a alteração do Decreto nº 900/1969, define autarquia como

"o serviço autônomo, criado por lei, com personalidade jurídica, patrimônio e receita próprios, para executar atividades típicas da Administração Pública, que requeiram, para seu melhor funcionamento, gestão administrativa e financeira descentralizada".

Portanto, a autarquia é um ente com personalidade pública que desfruta de certa autonomia. Embora ligada umbilicalmente ao Estado, pode ter maior ou menor atividade desvinculada do Estado, dependendo de cada caso. Os limites de sua atividade são definidos pela lei que as institui.

As autarquias podem ser criadas nos três níveis administrativos, pela União, pelos Estados e Municípios.

O art. 14 do Código Civil de 1916, ao enunciar as pessoas jurídicas de direito público interno, não mencionava os Territórios Federais, ainda não constituídos em Estados, o que é feito pelo presente artigo do vigente estatuto civil, embora não mais existam. Possuíam eles certa autonomia administrativa, como as autarquias, mas não são autônomos, posto que vinculados à União; não deixam, contudo, de ter personalidade para muitos atos.

Enunciado 141, III Jornada de Direito Civil – CJF/STJ: A remissão do art. 41, parágrafo único, do CC às pessoas jurídicas de direito público, a que se tenha dado estrutura de direito privado, diz respeito às fundações públicas e aos entes de fiscalização do exercício profissional.

Art. 42. São pessoas jurídicas de direito público externo os Estados estrangeiros e todas as pessoas que forem regidas pelo direito internacional público.

As nações politicamente organizadas, os Estados, dotam-se reciprocamente de personalidade jurídica, trocando representantes diplomáticos e organizando entidades internacionais, como a Organização das

Nações Unidas, a Organização dos Estados Americanos etc. Desse modo, todos os Estados, politicamente organizados, são tidos como pessoas jurídicas na esfera internacional.

Entende-se que a Igreja Católica tem personalidade internacional sob a égide da Santa Sé, com representantes diplomáticos nas nações, que igualmente enviam seus embaixadores à Santa Sé. Esse tratamento é excepcional, porque é a única igreja assim tratada. Já no direito interno, a Igreja Católica fragmenta-se em várias entidades, sob a forma de associações.

De qualquer modo, as pessoas jurídicas de direito público, tanto interno quanto externo, não devem ser objeto de estudo do direito privado, mas do direito público.

Art. 43. As pessoas jurídicas de direito público interno são civilmente responsáveis por atos dos seus agentes que nessa qualidade causem danos a terceiros, ressalvado direito regressivo contra os causadores do dano, se houver, por parte destes, culpa ou dolo.

1. Responsabilidade civil das pessoas jurídicas

A pessoa jurídica de direito público ou de direito privado é responsável na esfera civil, *contratual* e *extracontratual*.

No campo do direito contratual, tem aplicação o art. 389 do Código, ficando o devedor, pessoa natural ou jurídica, responsável por perdas e danos, no descumprimento da obrigação ou no inadimplemento parcial. O Código acrescentou que, nesse caso, além das perdas e danos, o devedor responderá também com juros e atualização monetária segundo índices oficiais, bem como por honorários de advogado. A referência aos honorários de advogado deve ser recebida com certa reserva, porque não haverá honorários se não houver efetiva atividade desse profissional. A matéria deveria ter sido explicitada na lei civil. A presente lei também não se refere à proporcionalidade desses honorários, o que leva a crer que deva ser utilizada a lei processual a esse respeito (art. 85, § 2º, do CPC).

Na esfera extracontratual ou extranegocial, a responsabilidade das pessoas jurídicas de direito privado decorre do art. 927 do Código Civil, no tocante às associações sem intuito de lucro. Quanto às sociedades com intuito lucrativo, sua responsabilidade extracontratual deriva da interpretação dos arts. 932 e 933, levando-se em conta que a jurisprudência estende os casos de responsabilidade. No vigente Código, a matéria vem disciplinada nos. O art. 43 do Código estabelece a responsabilidade civil das pessoas jurídicas de direito público interno.

A responsabilidade extracontratual das pessoas jurídicas de direito público por danos causados a particulares pelos órgãos ou funcionários oferece nuanças especiais.

Este Código é expresso, nesse artigo, naquilo que a jurisprudência já de há muito solidificara, em obediência a princípio constitucional.

A responsabilidade é sempre ligada ao conceito de obrigação; resulta do comportamento do homem, omissivo ou comissivo, que tenha causado modificação nas relações jurídicas com seu semelhante, com conteúdo patrimonial.

Se, por um ato do agente, há prejuízo resultante de infringência de contrato entre as partes, estaremos diante da responsabilidade *contratual*. Se não há vínculo contratual entre o causador do dano e o prejudicado, a responsabilidade é *extracontratual*. A doutrina moderna tende a equiparar as duas modalidades, pois ontologicamente não há diferença. O conceito gravita em torno da reparação de um prejuízo, que pode derivar de um contrato ou não. A ideia de reparação é sempre a mesma. Para efeito exclusivamente de estudo e posição didática, no atual estágio do direito positivo brasileiro, a distinção deve ser mantida, pelo que dispõem os arts. 389, 393 e 927 do Código.

A responsabilidade civil, portanto, resulta de um dano, direto ou indireto, causado a patrimônio de terceiro, por dolo, culpa ou simples fato, que deve ser ressarcido. A responsabilidade civil não exclui a responsabilidade criminal, se o fato é descrito como delito, mas coexiste com ela.

Por essa conceituação, a responsabilidade civil desdobra-se em *direta*, quando recai sobre o próprio autor do ato lesivo, ou *indireta*, quando incide sobre uma pessoa, por ato praticado por seu representante, mandatário ou por quem, enfim, a lei dispõe ser responsável.

Responsabilidade objetiva e *responsabilidade subjetiva* são duas outras divisões da matéria. Esta última é sempre lastreada na ideia central de culpa (*lato sensu*). A responsabilidade objetiva resulta tão só do fato danoso e do nexo causal, formando a teoria do risco. Por essa teoria, surge o dever de indenizar apenas pelo fato de o sujeito exercer um tipo determinado de atividade.

O Código de 2002 coloca a responsabilidade subjetiva como regra geral, mas o art. 927, parágrafo único, inova ao permitir que o juiz adote a responsabilidade objetiva no caso concreto, não somente nos casos especificados em lei, mas também *quando a atividade normalmente desenvolvida pelo autor do dano implicar, por sua natureza, risco para os direitos de outrem*. Sobre essa nova dimensão da responsabilidade objetiva em nosso direito, discorremos nos artigos dedicados à responsabilidade civil.

No direito privado, entre nós, em princípio, há necessidade de culpa. Contudo, com a crescente publicização do direito privado, a responsabilidade objetiva vem ganhando terreno. Nos confrontos entre particular e Estado, avulta de importância a responsabilidade objetiva que atende melhor à reparação dos danos e à equidade.

Portanto, para o Direito só importarão em responsabilidade civil os fatos ou atos do homem que geram prejuízo econômico, ainda que o dano seja apenas de cunho moral.

A responsabilidade exclusivamente moral, de conhecimento do leigo, não é objeto do Direito. Desta última devem ocupar-se outras ciências sociológicas afins, tais como a Religião e a Ética.

Não podemos, porém, negar afinidade entre a responsabilidade jurídica e a responsabilidade moral. O domínio da Moral é mais extenso do que o domínio do Direito, porque *"desembaraçado de qualquer fim utilitário, o que não acontece com o direito, cuja função é fazer prevalecer a ordem e assegurar a liberdade individual e harmonia de relações entre os homens"* (DIAS, 1979, p. 14).

Não se deve confundir a responsabilidade moral, ora mencionada, com a indenização por danos morais, capítulo importante da indenização e que se tornou possível em nosso país com a Constituição de 1988. Os danos morais colocam-se em paralelo com os danos materiais e podem resultar da mesma conduta. Essa matéria será amplamente enfocada em nosso volume dedicado à responsabilidade civil.

A ideia central da responsabilidade civil é a reparação do dano, embora na reparação por danos exclusivamente morais esse aspecto não fique muito claro. Em sede de danos morais, como se examinará, há um forte conteúdo punitivo na indenização. Por meio dessa reparação restabelece-se o equilíbrio na sociedade. A reparação do dano e os meios conferidos pelo direito para se concretizar essa reparação outorgam aos membros da sociedade foros de segurança. Um dano irreparado é sempre um fator de insegurança social. Pessoa alguma se conforta em não ter o seu prejuízo reparado.

O conceito e o fundamento de responsabilidade civil são, portanto, essencialmente dinâmicos. O jurista e o legislador do final do século XX e início do século XXI não podem encarar a reparação do dano da forma que faziam seus pares do passado não muito remoto. Em sede de responsabilidade civil e reparação do dano, quer no campo da culpa quer no campo do risco, o legislador e o julgador devem ter em mente sempre dois parâmetros: a indenização deve ser suficiente para restabelecer o equilíbrio da relação; não podendo, porém, ser exagerada, a ponto de depauperar o causador do dano e de tolher suas atividades, sua iniciativa, vindo a causar desequilíbrio a pretexto de reparar outrem. Isso é tanto verdadeiro para as pessoas naturais, como para as pessoas jurídicas. Agregam-se outros elementos aos valores que se estabelecem para reparar danos exclusivamente morais, que serão oportunamente estudados.

As noções até aqui expostas pertencem à teoria geral da responsabilidade civil, sobre a qual adiantamos algumas noções.

A *responsabilidade civil do Estado* pertence à categoria da responsabilidade por fato de outrem. Nesse aspecto, a pessoa que tem o dever de reparar o dano não é a executora do ato danoso. No dizer de Alvino Lima (1973, p. 27),

> *"a responsabilidade civil pelo fato de outrem se verifica todas as vezes em que alguém responde pelas consequências jurídicas de um ato material de outrem, ocasionando ilegalmente um dano a terceiro. Em matéria de responsabilidade pelo fato de outrem, a reparação do dano cabe a uma pessoa que é materialmente estranha à sua realização".*

O responsável pela reparação está ligado ao causador do dano por um liame jurídico, em situação de subordinação ou submissão, em caráter permanente ou eventual.

A doutrina dominante e erigida em lei, entre nós, no que toca ao fundamento da responsabilidade das pessoas jurídicas de direito público, é a teoria da *garantia*. O Poder Público, no exercício de sua atividade em prol do bem comum, tem o dever de garantir os direitos dos particulares contra danos a eles causados. Se houve lesão de um particular, sem excludente para o Estado, deve ser reparada. O Estado tem esse dever, mais do que qualquer outra pessoa jurídica, justamente por sua finalidade de tudo fazer para assegurar a atividade dos particulares em prol do progresso da coletividade. Contudo, para atingir esse estágio de desenvolvimento jurídico, muitos séculos decorreram e o princípio não tem a mesma validade para todas as legislações.

Modernamente, melhor seria empregarmos a expressão *responsabilidade civil da Administração*, porque essa responsabilidade surge dos atos de administração e não dos atos do Estado como entidade política.

2. Evolução doutrinária da responsabilidade civil da administração

A princípio, não se podia responsabilizar o Estado por atos de seus agentes. Aplicava-se a máxima: *The King can do no wrong.*

Na Inglaterra, não havia a possibilidade de se demandar contra o rei ou os funcionários da Coroa, com base na responsabilidade civil. Deve-se entender *King* como abrangente dos funcionários do reino.

Não bastasse isso, o direito anglo-saxão estabelecia dificuldades para acionar diretamente os funcionários, impondo várias barreiras, tais como prescrição breve e direito conferido ao funcionário de oferecer ao demandante determinada composição pecuniária (Dias, 1979, v. 2:592 ss).

Destarte, era completamente desconhecida no direito inglês a ação fundada em danos derivados de culpa dos funcionários. A vítima tinha de acionar o funcionário diretamente ou conformar-se com o prejuízo, se o funcionário pertencesse à categoria de *servants of the crown*, que gozavam de imunidade funcional (tais como juízes, autoridades alfandegárias, policiais e sanitárias). Possuía também a Coroa a prerrogativa de impedir a *petition of rights* do particular, embora quase nunca se utilizasse dessa faculdade.

A estrutura sócio-histórico-cultural da Inglaterra (e também dos Estados Unidos da América, onde o regime foi adotado) permitia esse sistema, sem que, via de regra, ocorressem danos de vulto sem reparação.

José de Aguiar Dias (1979, v. 2, p. 595 ss), com base na opinião de Rodolfo Bulrich, autor argentino, proclama:

> *"Justificava-se o sistema na Inglaterra e Estados Unidos pelo religioso respeito pelas instituições e pelos seus semelhantes, isto é, pela liberdade, o que não se observa nos países em período de evolução, carentes de disciplina geral e com educação nova e deficiente, havendo necessidade de normas severas, que permitam modelar as instituições e assegurar os princípios constitucionais."*

Tais palavras continuam atualíssimas para nosso país.

Mesmo nesses países, o sistema está derrogado pelo *Crown Proceeding Act*, de 1947, na Inglaterra, e pelo *Federal Tort Claims*, de 1946, nos Estados Unidos da América, caindo os últimos redutos da irresponsabilidade pura do Estado.

Verdade é que o erário público tanto menos será onerado quanto melhores forem os serviços prestados pelo Estado.

Para a responsabilização do Estado, passou-se ao conceito de culpa, de acordo com o direito privado. No entanto, legislações há que procuram safar o Estado de responsabilidade, mesmo havendo culpa de seu servidor, como é o caso do México.

A doutrina civilista, ou da culpa civil comum, por sua vez, vem perdendo terreno, com predomínio da teoria do risco na relação entre Administração e administrados.

A teoria da responsabilidade objetiva da Administração (responsabilidade sem culpa) divide-se em três subespécies: *culpa administrativa*, *risco administrativo* e *risco integral*.

A *culpa administrativa* constitui-se no primeiro estágio de transição dos princípios de direito civil para o direito administrativo, pois leva em conta a falta do serviço, para dela inferir a responsabilidade da administração. Não prescinde do elemento culpa do órgão da administração, no entanto.

Pela teoria do *risco administrativo* surge a obrigação de indenizar o dano, como decorrência tão só do ato lesivo e injusto causado à vítima pela Administração. Não se exige falta do serviço, nem culpa dos agentes. Na culpa administrativa, exige-se a falta do serviço, enquanto no risco administrativo é suficiente o mero *fato do serviço*. A demonstração da culpa da vítima exclui a responsabilidade da Administração. A culpa concorrente, do agente e do particular, autoriza uma indenização mitigada ou proporcional ao grau de culpa.

Pelo *risco integral*, haveria em qualquer hipótese de nexo causal a responsabilidade da Administração. É a modalidade extremada que não pode ser aceita, e de fato não o é em qualquer legislação, pois leva a desvios e abusos.

No direito brasileiro, a responsabilidade da Administração, no curso dos tempos, oscilou entre as doutrinas subjetivas e objetivas.

A Constituição de 1967, com a Emenda Constitucional de 1969, seguindo o exemplo da lei maior de 1946, dava cunho legal à teoria do risco administrativo, no art. 107:

> *"As pessoas jurídicas de direito público responderão pelos danos que seus funcionários, nessa qualidade, causarem a terceiros.*
> *Parágrafo único. Caberá ação regressiva contra o funcionário responsável, nos casos de culpa ou dolo."*

A Carta de 1946, no art. 194, possuía a mesma redação, apenas acrescentando a palavra *interno* às pessoas jurídicas de direito público.

A Constituição vigente, promulgada em 5 de outubro de 1988, dispõe, no art. 37, § 6º:

> *"As pessoas jurídicas de direito público e as de direito privado prestadoras de serviços públicos responderão pelos danos que seus agentes, nessa qualidade, causarem a terceiros, assegurado o direito de regresso contra o responsável nos casos de dolo ou culpa."*

A dicção constitucional atual preferiu explicitar o que já se entendia no texto anterior. Incluem-se na responsabilidade do Estado os atos das pessoas que exerçam funções delegadas, sob a forma de entidades paraestatais, ou de empresas concessionárias ou permissionárias de serviços públicos, ainda que tenham personalidade de direito privado.[1] Há, no entanto, por exceção à regra, situações emanadas da Administração que ainda ficam sob a regência da responsabilidade subjetiva, isto é, da responsabilidade com culpa, como ocorre com os danos causados pela má prestação jurisdicional. Veja o que comentamos a respeito em nosso volume dedicado à Responsabilidade Civil.

---

[1] Interessante julgado encontramos na *Revista dos Tribunais* 499/98. Em determinado município, a Prefeitura contratou serviços de terceiro para a realização de espetáculo pirotécnico. Um dos morteiros lançados caiu ao solo e atingiu uma pessoa e outros espectadores a uma distância de 200 metros. O Tribunal de Justiça de São Paulo deu a correta interpretação à norma constitucional, responsabilizando a municipalidade, com apoio, na opinião de Hely Lopes Meirelles, aduzindo: "Assim é irrelevante a circunstância de não ser o funcionário da Administração o técnico encarregado de acionar os foguetes, já que o espetáculo pirotécnico programado foi ordenado pela Prefeitura Municipal. Daí emerge a responsabilidade objetiva da Municipalidade pelo evento."

3. O art. 15 do Código Civil de 1916. Art. 43 do atual Código

Veja o texto do antigo art. 15. Como se nota, ali o legislador não previra somente a concorrência de danos a terceiros causados por *atos* dos funcionários, mas também decorrentes de suas *omissões*. Decorre daí que, conforme palpável corrente doutrinária, nem o art. 194 da Constituição de 1946, nem o art. 105 da Constituição de 1967, nem o art. 37 da Constituição atual revogaram o dispositivo do Código Civil de 1916 no tocante às omissões dos funcionários. O art. 15 fora derrogado apenas no que se refere aos danos causados por atos positivos dos servidores.

Apesar da divergência de interpretação no que respeita a esse artigo, a culpa foi exigida pelo legislador, embora de maneira imprecisa para a responsabilidade civil do Estado.

Para as omissões dos funcionários, não havia, entre nós, a responsabilidade objetiva em face da vigência, nessa parte, do art. 15 do Código Civil anterior, embora a jurisprudência seja vacilante.

Como decorre do presente artigo, não existe mais referência às omissões da Administração. Diz esse dispositivo que as pessoas jurídicas de direito público interno são responsáveis pelos atos de seus agentes. A pergunta é saber se a responsabilidade objetiva do Estado passa a estender-se também às omissões da Administração, com essa supressão na nova dicção legal. À primeira vista parece que a responsabilidade objetiva do Estado é ampliada também para suas omissões. Há, porém, argumentos em contrário que devem ser ponderados, sob o risco de se estender em demasia a responsabilidade do Estado. A responsabilização objetiva do Estado por omissões, de forma ampla, inviabilizaria, na prática, a Administração. Caberá à jurisprudência e aos estudos de direito administrativo estabelecer os limites e pressupostos desse aparente alargamento. A omissão em concreto, aquela que deriva de uma ausência de um serviço ou de uma atividade administrativa que deveria estar presente perante o administrado, em tese, caracteriza uma responsabilidade objetiva da Administração. Assim, por exemplo, responde a Administração por não enviar bombeiros a um chamado de incêndio, em local onde costumeiramente esse serviço está disponível. No entanto, não responderá, em tese, se o chamado ocorre em local ermo, distante da urbanização ou civilização, onde o serviço ainda não tinha condições de ser implantado. A matéria exige o exame do caso específico e maior estudo.

4. Aplicação da teoria do risco administrativo

Não se pode ampliar em demasia o âmbito do preceito constitucional, sob pena de se admitir a teoria do risco integral.

Segundo a teoria, repara-se o dano simplesmente porque existe um ato ou um fato que o produz. O ato pode ser lícito ou ilícito, não sendo necessária a noção de culpa. Seu fundamento é a equidade. Todos os cidadãos são iguais perante as cargas públicas.

Para a perfeita aplicação da teoria erigida em preceito no nosso direito, há que se fixarem parâmetros: o dano deve ter o caráter de permanência, ainda que não tenha o de perpetuidade, deve ser direto (relação de causalidade entre o causador do dano e o Estado), atual e não tão só eventual e, principalmente, excepcional e não ordinário, isto é, deve exceder os inconvenientes comuns da vida na coletividade, em suma, deve ter o caráter de *anormalidade*.

O princípio de reparação do dano não pode dar margem a enriquecimento sem causa, nem pode caracterizar caso fortuito e força maior.

5. Responsabilidade por atos legislativos e judiciais

O ato legislativo possui características de generalidade e abstração. Excepcionalmente, há ato materialmente administrativo, mascarado de ato legislativo, e, por isso, de efeito concreto, sem as características de norma. Nesse caso, havendo violação de direito subjetivo e tendo causado dano patrimonial, poderá ocorrer indenização.

O ato judicial típico (sentença ou acórdão) não ofende a direitos subjetivos, pois o juiz age como membro integrante de um poder do Estado. Ainda que a sentença cause prejuízos de fato, não há que se falar em indenização. Meros prejuízos de fato não são indenizáveis. Para serem passíveis de indenização, os prejuízos devem ser de direito. Segundo a doutrina mais antiga, os atos judiciais são manifestações da soberania interna do Estado e não são indenizáveis. Do contrário resultaria total instabilidade para o sistema judicial.

Por ato judiciário, em princípio, há apenas dois casos em que haverá indenização, expressamente resguardados por lei: a revisão criminal procedente (art. 630 do CPP) e as situações de dolo, fraude, omissão ou retardamento injustificado de providências por parte do juiz (art. 143 do CPC). Há tentativas legislativas para ampliar a responsabilidade dos juízes, algo que deve ser visto com extremo cuidado, pois a garantia ampla dos magistrados é um dos pilares da democracia. Neste caso mencionado, a responsabilidade será integral do magistrado, não se comunicando ao Estado. A forte tendência atual de ser alargada a responsabilidade do Estado derivada de atos judiciais, matéria que deve ser cuidadosamente ponderada sob pena de subverter o sentido da independência e harmonia dos Poderes, bem como as garantias individuais. No entanto, não mais resta dúvida de que o Estado deve ser responsabilizado pela omissão ou pelo excessivo retardamento na prestação jurisdicional. Há várias situações que devem ser analisadas, como, por exemplo, os danos causados por uma medida liminar ou antecipação de tutela que a final se mostram descabidas. Desenham-se novas teorias nesse sentido, que são analisadas nos artigos específicos da responsabilidade civil.

Quanto aos atos materialmente administrativos, mas praticados pelo Judiciário, dúvida não há de serem passíveis de indenização. Assim se coloca, por exemplo, a nomeação de um funcionário, que também pode ser feita pelo Judiciário e Legislativo, para o mecanismo administrativo desses poderes.

Lembre-se, ademais, no mesmo diapasão, de que os titulares do Poder Executivo, Presidente da República, Governadores e Prefeitos são agentes políticos. Tomam decisões de alta complexidade que muito se aproximam dos atos judiciais. Em vista disso, tais agentes do poder não se equiparam a funcionários públicos para os fins do art. 37, § 6º, do preceito maior. Para eles haverá necessidade de culpa manifesta. Há certa dose de falibilidade para essas funções. O regime que rege seus atos submete-se a outras normas de direito administrativo e criminal.

6. Reparação do dano: a ação de indenização

O funcionário público *lato sensu* não responde perante o particular por atos danosos praticados. Sob o prisma do preceito constitucional, apenas o Estado tem o dever de indenizar o lesado. Este, por sua vez, deve demandar contra o Estado e unicamente contra ele. O funcionário é parte ilegítima para essa demanda. Na ação entre particular e Estado, o funcionário pode ter interesse jurídico, é fato, pois poderá vir a ser acionado em ação regressiva. Tal interesse, porém, não o legitima passivamente para a ação. Poderá ingressar na figura processual de assistente do Estado.

Na relação jurídica processual entre particular-Estado, em face da doutrina do risco administrativo, não se discute culpa do funcionário. Na maioria das vezes, no entanto, o aspecto da culpa será enfocado "incidentalmente". Na ação de regresso movida contra o funcionário, aí, sim, incumbe ao Estado provar culpa de seu servidor, caso contrário a ação regressiva não prosperará.

Oportuno lembrar que ocorrem casos em que não há nenhuma responsabilização por parte do funcionário: casos de *culpa de serviço* em que a atividade administrativa não funciona a contento, sem que haja culpa do servidor. O fato é indenizável, mas não há que se falar em ação de regresso.

Agravo regimental no recurso extraordinário com agravo. Administrativo. Acidente de trânsito. Pessoa jurídica de direito público. Responsabilidade objetiva por ações e omissões que acarretem dano a terceiros. Necessidade de reexame de provas. Incidência da súmula 279/STF. Agravo regimental a que se nega provimento, com aplicação de multa. I – A jurisprudência do Supremo Tribunal Federal é no sentido de que as pessoas jurídicas de direito público e as pessoas jurídicas de direito privado prestadoras de serviço público respondem objetivamente pelos danos que causarem a terceiros, com fundamento no art. 37, § 6º, da Constituição Federal, tanto por atos comissivos quanto por atos omissivos. (...) (*STF*, ARE 1207942 AgR – PE, 30-08-2019, Rel. Min. Ricardo Lewandowski).

Direito administrativo. Recurso extraordinário. Repercussão geral. Dano material. Atos e omissões danosas de notários e registradores. Tema 777. Atividade delegada. Responsabilidade civil do delegatário e do estado em decorrência de danos causados a terceiros por tabeliães e oficiais de registro no exercício de suas funções. Serventias extrajudiciais. Art. 236, § 1º, da Constituição da República. Responsabilidade objetiva do estado pelos atos de tabeliães e registradores oficiais que, no exercício de suas funções, causem danos a terceiros, assegurado o direito de regresso contra o responsável nos casos de dolo ou culpa. Possibilidade. 1. Os serviços notariais e de registro são exercidos em caráter privado, por delegação do Poder Público. Tabeliães e registradores oficiais são particulares em colaboração com o poder público que exercem suas atividades *in nomine* do Estado, com lastro em delegação prescrita expressamente no tecido constitucional (art. 236, CRFB/88). 2. Os tabeliães e registradores oficiais exercem função munida de fé pública, que destina-se a conferir autenticidade, publicidade, segurança e eficácia às declarações de vontade. 3. O ingresso na atividade notarial e de registro depende de concurso público e os atos de seus agentes estão sujeitos à fiscalização do Poder Judiciário, consoante expressa determinação constitucional (art. 236, CRFB/88). Por exercerem um feixe de competências estatais, os titulares de serventias extrajudiciais qualificam-se como agentes públicos. 4. O Estado responde, objetivamente, pelos atos dos tabeliães e registradores oficiais que, no exercício de suas funções, causem dano a terceiros, assentado o dever de regresso contra o responsável, nos casos de dolo ou culpa, sob pena de improbidade administrativa. (...) 7. A responsabilização objetiva depende de expressa previsão normativa e não admite interpretação extensiva ou ampliativa, posto regra excepcional, impassível de presunção. 8. A Lei 8.935/94 regulamenta o art. 236 da Constituição Federal e fixa o estatuto dos serviços notariais e de registro, predicando no seu art. 22 que "os notários e oficiais de registro são civilmente responsáveis por todos os prejuízos que causarem a terceiros, por culpa ou dolo, pessoalmente, pelos substitutos que designarem ou escreventes que autorizarem, assegurado o direito de regresso. (Redação dada pela Lei nº 13.286, de 2016)", o que configura inequívoca responsabilidade civil subjetiva dos notários e oficiais de registro, legalmente assentada. 9. O art. 28 da Lei de Registros Públicos (Lei 6.015/1973) contém comando expresso quanto à responsabilidade subjetiva de oficiais de registro, bem como o art. 38 da Lei 9.492/97, que fixa a responsabilidade subjetiva dos Tabeliães de Protesto de Títulos por seus próprios atos e os de seus prepostos. 10. Deveras, a atividade dos registradores de protesto é análoga à dos notários e demais registradores, inexistindo *discrímen* que autorize tratamento diferenciado para somente uma determinada atividade da classe notarial. 11. Repercussão geral constitucional que assenta a tese objetiva de que: o Estado responde, objetivamente, pelos atos dos tabeliães e registradores oficiais que, no exercício de suas funções, causem dano a terceiros, assentado o dever de regresso contra o responsável, nos casos de dolo ou culpa, sob pena de improbidade administrativa. 12. *In casu*, tratando-se de dano causado por registrador oficial no exercício de sua função, incide a responsabilidade objetiva do Estado de Santa Catarina, assentado o dever de regresso contra o responsável, nos casos de dolo ou culpa, sob pena de improbidade administrativa. 13. Recurso extraordinário conhecido e desprovido para reconhecer que o Estado responde, objetivamente, pelos atos dos tabeliães e registradores oficiais que, no exercício de suas funções, causem dano a terceiros, assentado o dever de regresso contra o responsável, nos casos de dolo ou culpa, sob pena de improbidade administrativa. Tese: "O Estado responde, objetivamente, pelos atos dos tabeliães e registradores oficiais que, no exercício de suas funções, causem dano a terceiros, assentado o dever de regresso contra o responsável, nos casos de dolo ou culpa, sob pena de improbidade administrativa" (*STF* – RE 842846 – SC, 27-02-2019, Rel. Min. Luiz Fux).

Apelação cível. Responsabilidade civil. Incêndio na boate kiss. Óbito de filho. Estado do Rio Grande do Sul. Responsabilidade objetiva das pessoas jurídicas de direito público interno. Nexo de causalidade com o evento danoso evidenciado. Configuração do dever de indenizar. O Estado (*lato sensu*) responde objetivamente por eventuais danos causados, seja de ordem moral ou material, porque incide a teoria do risco objetivo da administração, mesmo em se tratando de conduta omissiva. Hipótese dos autos em que evidenciada a falha no dever de fiscalização e no exercício do poder de polícia do Estado do Rio Grande do Sul, permitindo o funcionamento de casa noturna que conglomerava grande quantidade de jovens e que não possuía as mínimas condições de segurança aos seus frequentadores. Concausa determinante para a ocorrência do evento danoso, decorrente de tragédia que tomou grandes proporções em razão da incúria dos entes públicos. Aplicação, ainda, do princípio da solidariedade social. Precedentes desta Corte. Óbito da filha do autor. *Quantum* indenizatório. Valor da condenação ao autor (R$ 50.000,00) fixado de acordo com as peculiaridades do caso em concreto, além de observados os princípios da proporcionalidade e razoabilidade segundo a jurisprudência. Incidência da taxa única de serviços judiciais. Nos termos do art. 3º, inc. II, da Lei Estadual n. 14.634/2014, quando demandada e vencida a fazenda pública, a contar de 15/06/2015, há incidência da taxa única de serviços judiciais. Apelo parcialmente provido (*TJRS* – Ap. 70081883407, 17-07-2019, Rel. Tasso Caubi Soares Delabary).

Responsabilidade civil do Estado – *Bullying* dentro do estabelecimento de ensino – Dano Moral – Cabimento – "Apelação. Responsabilidade civil do Estado. *Bullying* sofrido por longo período de tempo dentro de estabelecimento de ensino. Danos morais. Pretensão inicial voltada à reparação moral da autora, relativamente incapaz, em decorrência de grave omissão por parte da Diretoria da Escola Estadual no seu dever constitucional de proteção a um de seus estudantes. Possibilidade. Rompimento do dever de segurança estatal em relação à pessoa que se encontrava sob sua guarda. Responsabilidade objetiva (art. 37, § 6º, da CF/1988). Nexo de causalidade configurado. Acervo fático-probatório coligido aos autos que se mostra suficiente para evidenciar os elementos constitutivos da responsabilidade de civil do Estado em decorrência de negligência de seus servidores, os quais não tomaram providências adequadas a fim de impedir que a autora sofresse por anos com a prática de *bullying* praticadas em seu desfavor por colegas de escola. Nexo de causalidade configurado. Danos morais (*in re ipsa*) fixados em R$ 5.000,00. Respeito aos princípios da proporcionalidade e razoabilidade. Sentença de improcedência reformada. Recurso da autora provido" (*TJSP* – Ap. 0001356-63.2012.8.26.0146, 18-8-2016, Rel. Paulo Barcellos Gatti).

Art. 44. São pessoas jurídicas de direito privado:
I – as associações;
II – as sociedades;
III – as fundações;
IV – as organizações religiosas;
V – os partidos políticos.
VI – as empresas individuais de responsabilidade limitada. (inciso revogado pela MP 1.085/2021)
§ 1º São livres a criação, a organização, a estruturação interna e o funcionamento das organizações religiosas, sendo vedado ao poder público negar-lhes reconhecimento ou registro dos atos constitutivos e necessários ao seu funcionamento.
§ 2º As disposições concernentes às associações aplicam-se subsidiariamente às sociedades que são objeto do Livro II da Parte Especial deste Código.
§ 3º Os partidos políticos serão organizados e funcionarão conforme o disposto em lei específica.

1. Pessoas jurídicas de direito privado

As pessoas jurídicas de direito privado originam-se da vontade individual, propondo-se à realização de interesses e fins privados, em benefício dos próprios instituidores ou de determinada parcela da coletividade.

As pessoas jurídicas vinham enunciadas no art. 16 do Código Civil de 1916: sociedades civis, religiosas, pias, morais, científicas ou literárias, as associações de utilidade pública e as fundações, bem como as sociedades mercantis. O atual Código, assimilando a doutrina e os costumes contemporâneos, enuncia "*I – as associações; II – as sociedades; III – as fundações*". A Lei nº 10.825/2003, incluiu nesse artigo duas outras entidades: "*IV – as organizações religiosas; V – os partidos políticos*".

As sociedades e associações de ordem civil (*universitas personarum*), à primeira vista, podem ter ou não finalidade de lucro. As fundações (*universitas bonorum*) constituem-se de um patrimônio destinado a um fim sempre altruísta. Não existe uma finalidade direta de lucro nas fundações. Há nelas a figura de um instituidor que separa um patrimônio, para atingir certa finalidade, podendo ser pessoa natural ou jurídica.

As sociedades mercantis possuem sempre finalidade lucrativa e são regidas pelas leis comerciais, como mencionava o § 2º do art. 16 do Código antigo. O atual Código assume as disposições do direito de empresa no Livro II (arts. 966 ss) e passa a disciplinar as sociedades nos arts. 981 ss. A sociedade anônima ou companhia continuará, no entanto, regida por lei especial (art. 1.089).

As sociedades mercantis constituem-se por diversas formas típicas originárias do provecto Direito Comercial, conforme a responsabilidade de seus sócios, solidária ou não, ilimitada ou não, dentro de determinado capital, para cuja formação concorrem os sócios, os quais podem concorrer, também, apenas com sua atividade, seu trabalho. As sociedades anônimas têm sempre finalidade mercantil. As demais formas de capital podem ser comuns tanto às sociedades e associações civis quanto às sociedades mercantis, embora, na prática, nas entidades mercantis, os sócios não respondam, via de regra, pelo capital social com seu próprio patrimônio, embora isso deva constar dos atos constitutivos.

A lei civil de 1916 mencionava as sociedades e associações que podem ter fins econômicos ou não, perseguindo apenas finalidades pias, filantrópicas, morais, religiosas etc. Geralmente, embora isso não seja regra, as sociedades têm fins econômicos; as associações, não. Essa é a posição assumida pelo atual Código. São constituídas de agrupamentos de indivíduos que se associam em torno de objetivo comum e, de conformidade com a lei, integram um ente autônomo e capaz. Tais entidades podem até não ter patrimônio. Nesse sentido, o art. 53 define: "*Constituem-se as associações pela união de pessoas que se organizem para fins não econômicos*". O termo *sociedade* é reservado às entidades com finalidades econômicas.

As *fundações*, sempre de natureza civil, são outra modalidade de pessoa jurídica. São constituídas por um patrimônio destinado a determinado fim. O instituidor, quem atribui o patrimônio, será uma pessoa natural ou jurídica; ele faz nascer essa pessoa mediante a dotação de determinada quantidade de bens, à qual a lei atribui personalidade. Seus fins serão sempre altruísticos, geralmente dedicados à educação, à pesquisa científica ou a finalidades filantrópicas.

Sob o termo *corporação* podemos englobar as sociedades e associações, que são as *universitas personarum*, distinguindo-as das fundações, que são as *universitas bonorum*. Suas distinções são bem nítidas, uma vez que nas *corporações* (sociedades e associações) os interesses são exclusivos dos sócios; seu patrimônio é constituído pelos sócios, que deliberam livremente sobre sua destinação, e podem alterar a finalidade social, desde que obedecida a vontade da maioria. Já nas *fundações*, os fins são estabelecidos pelo instituidor e não pelos sócios, além de possuírem finalidade imutável, como regra geral, limitando-se os administradores a executarem a busca da finalidade fundacional; as resoluções são limitadas pelo instituidor.

O art. 52 assevera que se "*aplica às pessoas jurídicas, no que couber, a proteção dos direitos da personalidade*". De fato, a jurisprudência e a doutrina já se posicionaram no sentido de que a pessoa jurídica pode ser passível de dano moral de caráter objetivo (ver nosso v. 2). No entanto, a extensão dos direitos da personalidade às pessoas jurídicas não é de fácil compreensão técnica e somente pode ser entendida sob o prisma dos prejuízos com repercussão patrimonial.

2. Organizações religiosas e partidos políticos

A Lei nº 10.825/2003 acrescentou dois incisos ao art. 44. Assim, além das associações, das sociedades e das fundações, o ordenamento conclui pela existência de duas outras pessoas jurídicas de direito privado: as *organizações religiosas* e os *partidos políticos*. Ao mesmo tempo, esse diploma, no art. 2.031, acrescenta parágrafo único para estatuir: "*O disposto neste artigo não se aplica às organizações religiosas nem aos partidos políticos.*" Lembre-se de que esse art. 2.031, pertencente às disposições finais do Código, determinou que as citadas pessoas jurídicas, associações, sociedades e fundações, constituídas sob a legislação anterior, deviam adaptar-se às regras deste Código, a partir de um ano de sua vigência. Também existem projetos em tramitação para estender ou modificar esse prazo.

A principal justificativa do legislador para a elaboração dessa norma deveu-se ao fato de os partidos políticos e as igrejas, bem como suas entidades mantenedoras, terem entrado *numa espécie de limbo legal*, pois não se enquadrariam na definição do art. 53. Essa afirmação deve, sem dúvida, ser recebida com reservas. Na verdade, a modificação perdeu seu maior sentido com a alteração mencionada na redação do art. 59, que determinava a eleição e destituição dos administradores, bem como aprovação de contas e alteração de estatuto, somente pela assembleia geral. A lei modificadora, no seu § 1º, art. 44, estabelece que "*são livres a criação, a organização, a estruturação interna e o funcionamento das organizações religiosas, sendo vedado ao poder público negar-lhes reconhecimento ou registro dos atos constitutivos e necessários ao seu funcionamento*". Mormente as instituições religiosas, tanto as tradicionais como as arrivistas, não comprometidas verdadeiramente com a Fé, continuarão a gozar dos mesmos benefícios, benesses e privilégios legais e se manterão herméticas e obscuras em suas administrações, como sempre demonstrou a História. O dedo corporativo se mostrara evidente na iniciativa e no espírito dessa nova disposição legal. Talvez o *limbo* a que o relator do Projeto textualmente se referiu não seja exatamente aquele por ele descrito, mas meros interesses corporativos subjacentes. Ademais, frise-se, quando se falava em eleição por assembleia geral, nunca havia de se entender como a assembleia de fiéis a determinada igreja, corpo social sem reflexos jurídicos, mas assembleia daqueles que efetivamente participam como sócios. A justificativa do projeto baralhou, quiçá propositalmente, esses conceitos elementares. Tudo é no sentido de que existe outra axiologia em torno desse fato social, utilizando-se, mais uma vez, dos princípios da teoria tridimensional. Cada um fará seu próprio julgamento sobre a oportunidade e a conveniência dessa nova disposição, a qual, certamente, não aponta para os novos rumos do atual direito social. É conveniente que o tema seja rediscutido.

3. Grupos com personificação anômala

Há determinadas entidades com muitas das características das pessoas jurídicas, mas que não chegam a ganhar sua personalidade. Faltam-lhes requisitos imprescindíveis à personificação, embora, na maioria das vezes, tenham representação processual, isto é, podem agir no processo, ativa e passivamente, como ser transeunte entre a pessoa jurídica e um corpo apenas materializado, um simples agrupamento, sem que haja a *affectio societatis*, porque são formados independentemente da vontade de seus membros ou por ato jurídico que vincule um corpo de bens. Na maioria dessas entidades, existe, na verdade, uma capacidade ou personalidade diminuída ou restrita.

A primeira dessas formas limítrofes que enumeramos é a *família*. O conjunto familiar não constitui uma pessoa jurídica. Ainda que exista um grupo de pessoas sob a direção de um ou uma chefe familiar, a lei não lhe atribui nem mesmo representação processual. Cada indivíduo do corpo familiar é considerado autônomo, embora na família exista, em virtude do vínculo de sangue, identidade de interesses e de finalidade. Não existe o patrimônio familiar no moderno direito, mas o patrimônio da pessoa natural que, com sua morte, seguirá o destino ditado pelo direito sucessório. Igualmente, não existe responsabilidade da família pelos débitos, mas responsabilidade individual de cada um de seus componentes. Não há interesse em atribuir personalidade à família, tendo em vista que suas atividades jurídicas, de natureza patrimonial ou não, podem ser realizadas sem tal atributo.

O CPC, no art. 75, ao estabelecer como são representadas em juízo, ativa ou passivamente, as pessoas jurídicas, atendendo a uma realidade social, atribui *personificação processual* a certas entidades que não têm personalidade jurídica de direito material. São os casos da *massa falida, da herança jacente ou vacante, do espólio, das sociedades sem personalidade jurídica* (sociedades irregulares ou de fato) e do *condomínio*.

A *massa falida* passa a ter existência no mundo jurídico após a sentença declaratória de falência, trazendo como consequência para o devedor a perda do direito à administração e disposição de seus bens. A massa falida, portanto, substitui o falido como figura eminentemente processual, embora possa agir, dentro do campo que a lei estipula. É representada por administrador judicial (art. 75, V), que é o administrador da massa e age processualmente por ela.

A *herança jacente* vinha definida nos arts. 1.591 e 1.592 do Código Civil anterior. Este diploma disciplina a matéria no art. 1.819:

> "Falecendo alguém sem deixar testamento nem herdeiro legítimo notoriamente conhecido, os bens da herança, depois de arrecadados, ficarão sob a guarda e administração de um curador, até a sua entrega ao sucessor devidamente habilitado ou à declaração de sua vacância."

Já a *herança vacante* vem delineada no art. 1.820 do atual Código.

Herança jacente e herança vacante são faces do mesmo fenômeno, isto é, herança que não possui herdeiro, ainda que transitoriamente. A lei lhes atribui representação processual, por meio de seu curador (art.75, VI do CPC). Trata-se de fenômeno paralelo ao *espólio*.

Espólio é o conjunto de direitos e deveres pertencentes à pessoa falecida, ao *de cujus*. É simples massa patrimonial que permanece coesa até a atribuição dos quinhões hereditários aos herdeiros. É o inventariante quem representa processualmente o espólio (art. 75, VII, do CPC). Surge, pois, com a abertura do inventário e a nomeação e compromisso do inventariante. Até que o inventariante preste compromisso, o espólio fica na administração de um *"administrador provisório"* (art. 613 do CPC), que o representará ativa e passivamente (art. 614 do CPC). No entanto, o espólio não é pessoa jurídica, não tem qualquer personalidade.

O CPC, no art. 75, IX, diz que as sociedades sem personalidade jurídica serão representadas no processo pela pessoa a quem couber a administração de seus bens. O diploma processual refere-se às *sociedades de fato ou irregulares*. São as pessoas jurídicas que ainda não atenderam aos requisitos legais que lhes autorizam a vida jurídica regular, ou por faltar o registro, que é essencial, ou por esse registro ser irregular. A falta de registro implica ausência de personalidade jurídica. Contudo, havendo a sociedade, como realidade fática, o direito não pode abstrair todos os seus efeitos jurídicos. Sem estabelecer a personalidade jurídica, o ordenamento reconhece efeitos práticos na existência dessa identidade. Dá-se nome de *sociedades de fato*, para distingui-las das sociedades de direito ou regulares. O atual Código, sob a epígrafe "*da sociedade em comum*", dispõe a esse respeito no art. 986:

> "*Enquanto não inscritos os atos constitutivos, reger-se-á a sociedade, exceto por ações em organização, pelo disposto neste Capítulo, observadas, subsidiariamente e no que com ele forem compatíveis, as normas da sociedade simples.*"

Na esteira do que observamos, o art. 987 dispõe que os sócios, nessa entidade, nas relações entre si ou com terceiros, somente podem provar a sua existência por escrito, mas os terceiros podem prová-la de qualquer modo.

O fato é que essas sociedades, enquanto não registradas, não podem regularmente adquirir direitos e assumir obrigações. Mesmo assim, se essas pessoas atuaram na esfera jurídica, não se pode negar-lhes certos efeitos jurídicos, mormente na defesa de terceiros de boa-fé. O patrimônio da entidade responde pelas obrigações e subsidiariamente responderão os bens dos sócios na proporção de sua entrada de capital segundo o art. 1.381 e o art. 1.396 do Código Civil de 1916. Essa disposição trazia dificuldades e obstava direito de terceiros. O atual Código dispõe que todos os sócios respondem, em princípio, solidária e ilimitadamente pelas obrigações sociais (art. 990).

Perante a ausência de personalidade, está a entidade impedida de agir, não podendo acionar nem seus sócios, nem terceiros. A irregularidade da sociedade ocasiona comunhão patrimonial e jurídica entre os vários sócios: "*os bens e dívidas sociais constituem patrimônio especial, do qual os sócios são titulares em comum*" (art. 988). O CPC protege ainda terceiros, ao afirmar que "*A sociedade ou associação sem personalidade jurídica não poderá opor a irregularidade de sua constituição quando demandada*" (art. 75, § 2º).

Entre o ato constitutivo e o registro pode haver um período mais ou menos longo em que a pessoa vive como sociedade de fato. Nessa fase, aplicam-se os princípios da sociedade irregular ou sociedade em comum, como denomina este Código. Feito o registro, ela regulariza-se e ganha personalidade jurídica; contudo, o registro não retroage, não purifica os atos praticados durante o estágio irregular.

Algumas pessoas jurídicas, tendo em vista sua finalidade, exigem autorização para funcionar (veja art. 45). A falta de autorização não impede a constituição da sociedade, mas implica convertê-la em sociedade de fato. A falta de autorização, que no caso também é elemento essencial, impede o registro.

Como a pessoa jurídica irregular, apesar de não se constituir em pessoa legalmente falando, pode figurar em determinadas relações jurídicas, entendemos que

> "*a compreensão do tratamento que a lei dispensa à sociedade irregular somente pode decorrer daquele princípio, segundo o qual a aquisição de direitos é consequência da observância da norma, enquanto a imposição de deveres* (princípio da responsabilidade) *existe sempre*" (PEREIRA, 1978, v. 1, p. 299).

Finalmente, juntamente com essas entidades assemelhadas às pessoas jurídicas, pode ser considerado o *condomínio*.

Entende-se por condomínio a propriedade, ao mesmo tempo e sobre o mesmo bem, de mais de um proprietário. Pode-se tratar de condomínio simples, ou tradicional, tratado nos arts. 1.314 ss do Código de 2002, ou do condomínio em apartamentos, regulado, anteriormente ao atual Código, pela Lei nº 4.591/1964. Esse condomínio edilício sofre nova regulamentação no atual Código, a substituir essa lei (arts. 1.331 ss). Sua representação em juízo, ativa e passivamente, cabe ao administrador ou síndico, que defenderá os direitos do condomínio sob a fiscalização da assembleia.

No condomínio tradicional, parece não existir dúvida de que não se trata de uma pessoa jurídica. Leve-se em conta que a lei, quando possível, incentiva a extinção de condomínio, sempre um campo propício ao desentendimento e à discórdia.

Já no edifício de apartamentos ou situações assemelhadas, como residenciais fechados, clubes de campo, há maiores pontos de contato do condomínio com a sociedade. A lei, no entanto, admite-lhe apenas a personalidade processual, no art. 75, XI, do CPC. O Código Civil, contudo, observa que compete ao síndico representar ativa e passivamente o condomínio, praticando, em juízo ou fora dele, os atos necessários à defesa dos interesses comuns (art. 1.348, II). Em que pesem opiniões em contrário, apesar de o condomínio poder figurar extrajudicialmente em aquisição de direitos e contração de obrigações, nele não existe a *affectio societatis*. Quem adquire um apartamento não está buscando algum relacionamento com os coproprietários. Esse relacionamento decorre de situação fática e não de uma situação jurídica. O síndico é mero representante dos condôminos, por meio do mandato outorgado pela assembleia.

De acordo com esse entendimento, ressaltam J. Nascimento Franco e Nisske Gondo (1978, p. 217) que, conforme Parecer Normativo CST nº 76,

> "*não estão os condomínios em edifícios obrigados a fazer declaração de renda, uma vez que, para efeitos fiscais, não são considerados pessoas jurídicas. Coerente com esse critério, o Parecer Normativo CST nº 37, de 24-1-72, declarou que esses condomínios não podem reter imposto de renda na fonte sobre os rendimentos que pagarem, porque essa obrigação só existe quando a fonte pagadora for pessoa jurídica*".

Igualmente, Caio Mário da Silva Pereira (1981, v. 1, p. 73), em obra monográfica sobre o condomínio de apartamentos, nega que possa ser vista uma sociedade no condomínio, por faltar completamente a *affectio societatis*; alega que o vínculo jurídico a congregar os condôminos não é pessoal, mas real, não havendo vínculo associativo algum.

No entanto, não apenas no condomínio horizontal, como também, com menor intensidade, no espólio, massa falida e herança jacente, observamos que sua personificação anômala extravasa o simples limite processual regulado pela lei. De fato, o condomínio compra e vende; pode emprestar, locar etc. O mesmo pode ser dito acerca das outras entidades. Ora, esses atos são típicos de direito material. Existe aproximação muito grande dessas entidades com a pessoa jurídica, estando a merecer atual tratamento legislativo. Não se pode negar ao condomínio, ao espólio ou à massa falida o direito de, por exemplo, adquirir imóvel para facilitar e dinamizar suas atividades. Nada está a impedir que o condomínio de edifício de apartamentos, por exemplo, adquira e mantenha, em seu próprio nome, propriedade de unidade autônoma sua, ou até mesmo estranha ao edifício, utilizando-a para suas necessidades, ou locando-a para abater as despesas gerais de toda a coletividade. Nessa atividade, em tudo esse condomínio pratica atos próprios de quem detém personalidade jurídica. Perdeu excelente oportunidade o legislador de 2002 de aclarar definitivamente essa matéria, da qual a doutrina não tem dúvida. Também, com muita frequência esses negócios necessitam ser praticados pelo espólio e pela massa falida, em que pese a transitoriedade de sua existência. Não bastasse isso, lembre-se de que essas pessoas mantêm contas bancárias, contribuem regularmente para o Fisco etc.

Enunciado nº 142, III Jornada de Direito Civil – CJF/STJ: Os partidos políticos, os sindicatos e as associações religiosas possuem natureza associativa, aplicando-se-lhes o Código Civil.

Enunciado nº 143, III Jornada de Direito Civil – CJF/STJ: A liberdade de funcionamento das organizações religiosas não afasta o controle de legalidade e legitimidade constitucional de seu registro, nem a possibilidade de reexame pelo Judiciário da compatibilidade de seus atos com a lei e com seus estatutos.

Enunciado nº 144, III Jornada de Direito Civil – CJF/STJ: A relação das pessoas jurídicas de Direito Privado, constante do art. 44, incs. I a V, do Código Civil, não é exaustiva.

Enunciado nº 280, IV Jornada de Direito Civil – CJF/STJ: Por força do art. 44, § 2º, consideram-se aplicáveis às sociedades reguladas pelo Livro II da Parte Especial, exceto às limitadas, os arts. 57 e 60, nos seguintes termos: a) em havendo previsão contratual, é possível aos sócios deliberar a exclusão de sócio por justa causa, pela via extrajudicial, cabendo ao contrato disciplinar o procedimento de exclusão, assegurado o direito de defesa, por aplicação analógica do art. 1.085; b) as deliberações sociais poderão ser convocadas por iniciativa de sócios que representem 1/5 (um quinto) do capital social, na omissão do contrato. A mesma regra aplica-se na hipótese de criação, pelo contrato, de outros órgãos de deliberação colegiada.

(...) 4. O condomínio tem legitimidade ativa para pleitear, em favor próprio, indenização por dano moral, não podendo fazê-lo em nome dos condôminos. 5. No âmbito das Turmas que compõem a Segunda Seção do STJ, prevalece a corrente de que os condomínios são entes despersonalizados, pois não são titulares das unidades autônomas, tampouco das partes comuns, além de não haver, entre os condôminos, a *affectio societatis*, tendo em vista a ausência de intenção dos condôminos de estabelecerem, entre si, uma relação jurídica, sendo o vínculo entre eles decorrente do direito exercido sobre a coisa e que é necessário à administração da propriedade comum. (...) 9. Recurso especial conhecido e provido (*STJ* – REsp 1.736.593 – SP, 11-02-2020, Rel. Min. Nancy Andrighi).

Art. 45. Começa a existência legal das pessoas jurídicas de direito privado com a inscrição do ato constitutivo no respectivo registro, precedida, quando necessário, de autorização ou aprovação do Poder Executivo, averbando-se no registro todas as alterações por que passar o ato constitutivo.
Parágrafo único. Decai em três anos o direito de anular a constituição das pessoas jurídicas de direito privado, por defeito do ato respectivo, contado o prazo da publicação de sua inscrição no registro.

Para a constituição de uma pessoa jurídica, exigem-se três requisitos básicos: vontade humana criadora, observância das condições legais para sua formação e finalidade lícita.

No que diz respeito à *vontade humana* criadora, o *animus* de constituir um corpo social diferente dos membros integrantes é fundamental. Existe uma pluralidade inicial de membros que, por sua vontade, se transforma numa unidade, na pessoa jurídica que futuramente passará a existir como ente autônomo. O momento em que passa a existir o vínculo de unidade caracteriza precisamente o momento da constituição da pessoa jurídica.

Há de se ter presente a diferença fundamental entre a constituição das pessoas jurídicas de direito público e de direito privado. Embora tratemos aqui de direito privado, não se podem ignorar as pessoas jurídicas do direito público que têm no Estado sua mais elevada posição.

As pessoas jurídicas de direito público de caráter fundamental, como o próprio Estado, iniciam-se em razão de suporte histórico, de criação constitucional, surgindo como que espontaneamente da necessidade social de soberania de um Estado em face de outro. Afasta-se, portanto, esse conceito criativo, por ser um processo diferente, da gênese das pessoas jurídicas de direito privado.

No direito privado, o fato que dá origem à pessoa jurídica é a vontade humana, sem, a princípio, nenhuma interferência do Estado, exceto quando a autorização estatal é necessária. Antes de qualquer ato de cunho estatal a personalidade desses entes já existe, ainda que em estado potencial. Esses entes podem ser tratados como *sociedades irregulares*, mas não se nega que já tenham certos atributos da personalidade.

Há, portanto, um direcionamento da vontade de várias pessoas em torno de uma finalidade comum e de um novo organismo. A pessoa jurídica também pode nascer da destinação de bens de uma pessoa para integrá-la na procura de uma finalidade. Para que essa destinação de bens se transforme em pessoa jurídica, é sempre necessária a atuação da vontade do instituidor. É o princípio das *fundações*. Em qualquer caso, portanto, a pessoa jurídica tem como ponto de nascimento a vontade criadora.

Passada a fase da manifestação da vontade, no sentido da *criação* do novo ente, a pessoa jurídica já existe em *estado latente*.

Para que essa pessoa jurídica possa gozar de suas prerrogativas na vida civil, cumpre observar o segundo requisito, qual seja, a *observância das determinações legais*. É a lei que diz a quais requisitos a vontade preexistente deve obedecer, se tal manifestação pode ser efetivada por documento particular ou se será exigido o documento público, por exemplo. É a lei que estipula que determinadas pessoas jurídicas, para certas finalidades, só podem existir mediante prévia autorização do Estado. É o ordenamento que regulamenta a inscrição no Registro Público, como condição de existência legal da pessoa jurídica. É, pois, por força da lei que aquela vontade se materializa definitivamente num corpo coletivo.

Finalmente, a atividade do novo ente deve dirigir-se para um *fim lícito*. Não se adapta à ordem jurídica a criação de uma pessoa que não tenha finalidade lícita. Não pode a ordem jurídica admitir que uma figura criada com seu beneplácito contra ela atente. Se a pessoa jurídica, em suas atividades, desviar-se das finalidades lícitas, o ordenamento tem meios para cercear e extinguir sua personalidade.

O presente dispositivo moderniza a compreensão do antigo art. 18. O parágrafo único, dentro da sistemática adotada por este Código, estabelece prazo decadencial para anular a constituição das pessoas jurídicas de direito privado. Para que nasça a pessoa jurídica de direito privado, é necessário, portanto, que a vontade já manifestada e documentada seja inscrita no respectivo registro. O ordenamento estabelece outras exigências, algumas gerais, outras específicas de acordo com a natureza e o âmbito de atuação da pessoa jurídica. Há pessoas jurídicas que só podem ter existência legal com autorização ou aprovação do Poder Público, como ocorre com instituições financeiras, securitárias, jornalísticas etc.

A inscrição dos atos constitutivos deve ser feita, para as associações, sociedades não empresárias e fundações, no registro civil de pessoas jurídicas (arts. 998 e 1.150); para as sociedades empresárias o ato deverá ser efetivado nas Juntas Comerciais (arts. 1.150 e 1.154). Há situações intermediárias e duvidosas, como ocorre com as cooperativas, quando não fica muito claro onde o registro deve ser efetuado. Os partidos políticos possuem requisitos próprios que devem ser seguidos. As sociedades de advogados, outro exemplo, devem ser registradas junto ao Conselho Seccional da OAB onde tiverem sede (art. 15, § 1º, do Estatuto da OAB, Lei nº 8.906/1994).

🔖 Apelação cível. Ação civil pública. Associação de proteção ambiental e agricultura familiar. Constituição há menos de um ano. Requisitos da Lei n. 7.347 de 1985 (LACP). Não preenchimento. Ilegitimidade configurada. Sentença mantida. A teor do art. 45 do Código Civil, começa a existência legal das pessoas jurídicas de direito privado com a inscrição do ato constitutivo no respectivo registro, precedida, quando necessário, de autorização ou aprovação do Poder Executivo, averbando-se no registro todas as alterações por que passar o ato constitutivo. De acordo com a Lei n. 7.347/85 (art. 5º, inc. V, alínea *a*), para que uma associação tenha legitimidade para propor ação civil pública, é necessário que ela tenha sido constituída há mais de um ano. Contudo, comprovado nos autos que o registro da associação autora somente ocorreu na data de 02 de março de 2018, resta evidenciada a sua ilegitimidade para propositura da presente ação civil pública, devendo ser mantida a sentença que indeferiu a petição inicial. Recurso conhecido e não provido (*TJMG* – Ap. 1.0452.17.009013-1/001, 04-07-2019, Rel. Fábio Torres de Sousa).

🔖 Apelação cível. Processual civil. Ação monitória. Ilegitimidade passiva. Extinção da empresa. Sucessão processual. Suspensão processual. *Ope legis*. Sentença condenatória de pessoa jurídica extinta. Impossibilidade. Apelação conhecida e provida. Sentença cassada. 1. A existência legal das pessoas jurídicas de direito privado começa com a inscrição do ato constitutivo no respectivo registro (artigo 45 do Código Civil). Da mesma forma, a extinção da sociedade ocorre com a averbação de sua dissolução no registro (artigo 51, § 1º, do Código Civil). 2. Extinta a pessoa jurídica no curso do processo, o Magistrado deverá suspender o processo e designar prazo razoável para que seja sanado o vício, nesse caso, com a promoção da sucessão processual (entendimento do artigo 110 em combinação com o artigo 313, I, ambos do Código de Processo Civil). (...) (*TJDFT* – Ap. 0003688-30.2016.8.07.0004, 12-12-2018, Rel. Luís Gustavo B. de Oliveira).

🔖 Prestação de serviços – Ação de cobrança – Ilegitimidade ativa configurada – **Pessoa Jurídica – Registro** e regularização posterior à contratação – A pessoa jurídica depende da inscrição do ato constitutivo no respectivo registro para existir no mundo do Direito, conforme estabelece o art. 45 do CC. Configura-se ilegitimidade ativa *ad causam* da empresa que não estava devidamente registrada no órgão oficial competente à época da contratação de seus sócios para a prestação de serviços agrícolas. Recurso desprovido (*TJSP* – Ap. 0003593-35.2014.8.26.0038, 20-6-2016, Rel. Gilberto Leme).

Art. 46. O registro declarará:
I – a denominação, os fins, a sede, o tempo de duração e o fundo social, quando houver;
II – o nome e a individualização dos fundadores ou instituidores, e dos diretores;
III – o modo por que se administra e representa, ativa e passivamente, judicial e extrajudicialmente;
IV – se o ato constitutivo é reformável no tocante à administração, e de que modo;
V – se os membros respondem, ou não, subsidiariamente, pelas obrigações sociais;
VI – as condições de extinção da pessoa jurídica e o destino do seu patrimônio, nesse caso.

Esses são os requisitos mínimos necessários para qualquer pessoa jurídica. Há entidades, como realçamos, que necessitam de um *plus*, conforme seu ordenamento, como vimos no comentário anterior.

Todos os requisitos aqui elencados têm sua importância específica. O atual Código traz como texto novo a referência ao tempo de duração e ao fim social da entidade (inciso I) e ao nome e individualização dos fundadores ou instituidores.

O registro defeituoso ou a ausência de registro coloca a pessoa jurídica como irregular ou de fato, em situação de inferioridade jurídica (arts. 985 ss). As pessoas jurídicas que atentem contra a legalidade, a Moral e os bons costumes, ainda que tenham registro formal legal, podem ser dissolvidas por iniciativa do Ministério Público, se assim não o fizerem os sócios ou alguns deles.

Art. 47. Obrigam a pessoa jurídica os atos dos administradores, exercidos nos limites de seus poderes definidos no ato constitutivo.

A pessoa jurídica age por seus administradores, que são sua voz e sua ação nos limites dos poderes que lhe foram atribuídos. Desse modo, os atos desses administradores, no seu âmbito de atuação, são, na verdade, atos da pessoa jurídica. Os atos constitutivos e suas subsequentes modificações indicam quem são os administradores e quais os atos que podem, e principalmente, que não podem praticar.

A pessoa jurídica se representa, ou mais propriamente, se apresenta ou se presenta por seus órgãos, seus administradores. Os desvios de finalidade são estudados caso a caso.

Não há que se confundir a responsabilidade negocial dos administradores da pessoa jurídica com os atos que acarretam responsabilidade civil, decorrente de culpa dos seus prepostos, inclusive administradores, algo que é muito mais amplo.

Enunciado nº 145, III Jornada de Direito Civil – CJF/STJ: O art. 47 não afasta a aplicação da teoria da aparência.

Art. 48. Se a pessoa jurídica tiver administração coletiva, as decisões se tomarão pela maioria de votos dos presentes, salvo se o ato constitutivo dispuser de modo diverso.
Parágrafo único. Decai em três anos o direito de anular as decisões a que se refere este artigo, quando violarem a lei ou estatuto, ou forem eivadas de erro, dolo, simulação ou fraude.

O presente artigo, inovação neste Código, enfatiza algo que a prática e a doutrina já sufragavam. A regra é residual. Se não for disposto diferentemente no contrato ou estatuto, ou no ordenamento, na administração coletiva prevalecerão os votos da maioria. Pressupõe-se, então, um número ímpar de dirigentes. Apesar de essa orientação sempre ter prevalecido, o legislador preferiu expressão para evitar os impasses que acabavam desaguando na via judicial. É importante que os atos constitutivos sejam perfeitamente claros a respeito da administração, pois se trata de matéria curial da pessoa jurídica.

Como o texto não especifica, há de prevalecer a maioria simples, e não absoluta. Esta somente há de preponderar mediante texto expresso nos estatutos.

Seguindo a regra geral estabelecida por este Código, o prazo decadencial presente no próprio tópico, no parágrafo, tem, por objetivo, afastar dúvidas e dar maior segurança jurídica.

Apelação cível. Ação de nulidade de transação. Venda de imóvel. Pessoa jurídica com administração coletiva. Preliminar. Decadência. Prazo trienal. Acolhida. Decisão mantida. A anulação de decisões tomadas por pessoa jurídica de administração coletiva, em caso de ilegalidade ou transgressão às normas do estatuto, decai em 03 anos, nos termos do artigo 48 do Código Civil, parágrafo único (*TJMG* – Ap. 1.0183.13.011498-0/001, 21-06-2018, Rel. Amauri Pinto Ferreira).

Art. 48-A. As pessoas jurídicas de direito privado, sem prejuízo do previsto em legislação especial e em seus atos constitutivos, poderão realizar suas assembleias gerais por meios eletrônicos, inclusive para os fins do art. 59 deste Código, respeitados os direitos previstos de participação e de manifestação.

Esse texto, que deflui de lei, via medida provisória que organiza o sistema registral no País, chancela aquilo que os tempos de pandemia tornaram usual entre nós: a utilização dos meios informatizados tanto quanto possível, incluindo as assembleias gerais de pessoas jurídicas em geral. O sistema funcionou bem, inclusive sento utilizado para sessões nos tribunais.

O verbo "poderão" indica que a realização de assembleias não presenciais é uma faculdade. Pergunta-se: os estatutos ou contratos sociais poderão proibir a realização de assembleias nessa modalidade? Nossa tendência é pela negativa, mas os novos tempos darão a resposta.

As assembleias dos condomínios e assemelhados, como pessoas jurídicas com personalidade anômala, também podem ser realizadas dessa forma, como tem demonstrado a prática.

Art. 49. Se a administração da pessoa jurídica vier a faltar, o juiz, a requerimento de qualquer interessado, nomear-lhe-á administrador provisório.

Se não houver previsão no ato constitutivo e se, por qualquer razão, a pessoa jurídica ficar acéfala, isto é, sem administração, caberá ao juiz, mediante requerimento de qualquer interessado, que poderá ser membro da pessoa ou ainda o Ministério Público, nomear administrador provisório. O magistrado deve escolher quem melhor possa desempenhar a tarefa, ainda que estranho aos quadros da entidade. Essa atividade será remunerada de acordo com o vulto do trabalho e as forças da pessoa jurídica. Os poderes desse administrador devem ser estabelecidos na decisão.

O administrador provisório permanecerá no cargo até que a entidade possa designar validamente o substituto. Aliás, tendo em vista a provisoriedade dessa função. Como qualquer pessoa que administra bens alheios, deverá prestar contas, agindo sempre sob a supervisão do juízo e do Ministério Público.

Agravo de instrumento – Procedimento de jurisdição voluntária – Nomeação de administrador provisório – Recurso em face de decisão inicial que, em procedimento de jurisdição voluntária, indeferiu a nomeação de administrador provisório – Instituto acéfalo, ante a expiração do mandato do seu administrador, e pela necessidade de cumprir exigências do Tabelião para registrar as atas – Requerente que, além de fundador do instituto, sempre foi seu diretor-administrador – Necessidade de nomeação de administrador provisório, para regularização da situação jurídica, bem como para administrar a entidade, ao encontro do artigo 49 do CC – Administração que vigerá até o final do exercício de 2018, ou quando sanadas as irregularidades, na forma do Estatuto da entidade – Prestações de contas que serão mantidas nos autos, para posterior análise do corpo diretivo e eventuais interessados – Recurso provido, com observação (*TJSP* – AI 2197940-46.2017.8.26.0000, 23-07-2018, Rel. Costa Netto).

Ação de nomeação de administrador provisório. Procedimento de jurisdição voluntária. Pedido de nomeação de administrador provisório. Impossibilidade de levar à averbação a ata de Assembleia Geral realizada em 2009. A averbação está condicionada à apresentação de declaração formal dos membros da Diretoria anterior, a fim de comprovar a lícita sucessão de uma para outra gestão. Impossibilidade de cumprimento da exigência em razão de não se localizar as ex-integrantes da Diretoria da Associação, que retornaram a seus países de origem ou encontram-se em local ignorado. Necessário se faz o atendimento do pedido judicial para a nomeação de administrador provisório. Inteligência do art. 49 do Código Civil. Presente o interesse de agir da autora. Hipótese em que a diretoria eleita para o biênio 2009/2010 foi impedida de averbar seus atos. Julgamento nos termos do art. 515, § 3º, do CPC. Extinção afastada. Recurso provido (*TJSP* – Acórdão Apelação Cível 0060211 – 50.2010.8.26.0002, 8-6-2011, Rel. Des. James Siano).

Art. 49-A. A pessoa jurídica não se confunde com os seus sócios, associados, instituidores e administradores. (acrescido pela Lei 13.874/2019).
Parágrafo único. A autonomia patrimonial das pessoas jurídicas é um instrumento lícito de alocação e segregação de riscos, estabelecido pela lei com a finalidade de estimular empreendimentos, para a geração de empregos, tributo, renda e inovação em benefício de todos.

As pessoas jurídicas nascem pela vontade dos seres humanos, mas, uma vez criada, essa realidade da técnica jurídica é tratada de forma autônoma, de molde que os seus atos não se confundem com os atos de seus integrantes e próceres, não importando qual a natureza destes. Na verdade, esse princípio é postulado fundamental na compreensão das pessoas jurídicas e o legislador da lei econômica houve por bem introduzir texto expresso neste código. O direito intermédio já reconhecia o princípio no tradicional brocardo *universitas distat a singulis*.

A dicção do parágrafo, proveniente dessa chamada Lei da Liberdade Econômica é desnecessária em um Código Civil e mais se amoldaria a um princípio constitucional programático ou a um programa político. Nunca se duvidou que a separação de patrimônios das pessoas jurídicas tivesse todas essas finalidades. Contudo, o novel legislador achou necessário o texto expresso, para acentuar o fato, como se isso fosse necessário, justificar a redação do art. 50, que trata do abuso da personalidade jurídica, que foi acrescido por texto dessa lei.

Execução de título extrajudicial – Ante o insucesso da busca por ativos da executada, pessoa física, pretende o credor penhorar faturamento da EIRELI, pertencente à devedora – Descabimento – Patrimônios que não se confundem. Inteligência do art. 49-A e do art. 980-A, § 7º, ambos do Código Civil – Ilegitimidade passiva da pessoa jurídica – Ausência de alegação de eventual fraude – Decisão mantida – recurso desprovido (TJSP - AI 2183767-12.2020.8.26.0000, 3-12-2020, Rel.

(a) Ana Catarina Strauch). Ação de dissolução parcial de sociedade cumulada com apuração de haveres. Fase de liquidação. Penhora de bem pessoal do sócio. Impossibilidade. Ausência de solidariedade entre o sócio e a sociedade empresária que é a devedora dos haveres do sócio retirante. Personalidades jurídicas distintas. Aplicação do **art. 49-A do CC**. Recurso provido (TJSP – AI 2169471-82.2020.8.26.0000, 14-10-2020, Rel. Azuma Nishi). Penhora de bens da pessoa jurídica. Empresa individual. Possibilidade. Confusão do patrimônio da pessoa jurídica e da física, decisão mantida. Recurso improvido. Inexiste distinção de patrimônios entre a firma individual e a pessoa física do titular. Desse modo, o cumprimento de sentença pode alcançar os bens do empresário individual envolvidos com a exploração da atividade econômica, assim como aqueles que não estão ligados ao desenvolvimento da referida atividade. É certo que o **art. 49-A do CC/2002** dispõe que a pessoa jurídica não se confunde com os seus sócios, associados, instituidores ou administradores. Entretanto, o mesmo não se aplica à firma individual, pois esta não possui personalidade jurídica distinta da de seu titular, existindo confusão patrimonial entre a pessoa física do titular e a pessoa jurídica. Desse modo, os bens da pessoa física podem responder pela obrigação decorrente de débito da pessoa jurídica e vice-versa (TJSP – AI 2107662-91.2020.8.26.0000, 10-6-2020, Rel. Adilson de Araujo).

Art. 50. Em caso de abuso da personalidade jurídica, caracterizado pelo desvio de finalidade ou pela confusão patrimonial, pode o juiz, a requerimento da parte, ou do Ministério Público quando lhe couber intervir no processo, desconsiderá-la para que os efeitos de certas e determinadas relações de obrigações sejam estendidos aos bens particulares dos administradores ou sócios da pessoa jurídica beneficiados direta ou indiretamente pelo abuso. (Redação da Lei 13.874/2019)
§ 1º Para os fins do disposto neste artigo, desvio de finalidade é a utilização da pessoa jurídica com o propósito de lesar credores e para a prática de atos ilícitos de qualquer natureza.
§ 2º Entende-se por confusão patrimonial a ausência de separação de fato entre os patrimônios, caracterizada por:
I – cumprimento repetitivo pela sociedade de obrigações do sócio ou do administrador ou vice-versa;
II – transferência de ativos ou de passivos sem efetivas contraprestações, exceto os de valor proporcionalmente insignificante; e
III – outros atos de descumprimento da autonomia patrimonial.
§ 3º O disposto no *caput* e nos §§ 1º e 2º deste artigo também se aplica à extensão das obrigações dos sócios ou de administradores à pessoa jurídica.
§ 4º A mera existência de grupo econômico sem a presença dos requisitos de que trata o *caput* deste artigo não autoriza a desconsideração da personalidade da pessoa jurídica.
§ 5º Não constitui desvio de finalidade a mera expansão ou a alteração da finalidade original da atividade econômica específica da pessoa jurídica. (Parágrafos introduzidos pela Lei 13.874/2019)

Dispunha o art. 20 do Código Civil de 1916 que as pessoas jurídicas têm existência distinta da de seus membros.

Ao ser analisada a natureza jurídica do instituto, colocamo-nos na teoria da realidade técnica. A pessoa jurídica deflui de técnica do Direito; é criação jurídica para consecução de certos fins.

Contudo, não é infrequente que a entidade assim criada se desvie de sua finalidade, para atingir fins escusos ou prejudicar terceiros. Não esqueça que, apesar de a pessoa ser distinta de seus membros, são estes que lhe dão vida e agem por ela.

Nesse contexto, ganhou corpo na doutrina e legislação brasileiras certo abrandamento ao princípio exacerbado da pessoa jurídica, baseado em doutrina estrangeira.

Sob determinadas situações não é possível manter a clássica distinção entre pessoa jurídica e pessoa natural. Há situações de fraude nas quais proteger a pessoa jurídica sob o seu manto técnico leva a profundas distorções e iniquidades.

Rubens Requião (1977, v. 2, p. 61), um dos introdutores do tema entre nós, assim se expressa: *"todos percebem que a personalidade jurídica pode vir a ser usada como anteparo da fraude, sobretudo para contornar as proibições estatutárias do exercício do comércio ou outras vedações legais"*. Surge, então, o que o direito anglo-saxão denomina *disregard of legal entity*, conhecida entre nós como *desconsideração da pessoa jurídica*, *teoria da desestimação da pessoa jurídica*, ou então *despersonalização da pessoa jurídica*.

Assim, quando a pessoa jurídica, ou melhor, a personalidade jurídica for utilizada para fugir a suas finalidades, para lesar terceiros, deve ser *desconsiderada*, isto é, não deve ser levada em conta a personalidade técnica, não deve ser tomada em consideração sua existência, decidindo o julgador como se o ato ou negócio houvesse sido praticado pela pessoa natural (ou outra pessoa jurídica). Na realidade, nessas hipóteses, a pessoa natural procura um escudo de legitimidade na realidade técnica da pessoa jurídica, mas o ato é fraudulento e ilegítimo. Imputa-se responsabilidade aos sócios e membros integrantes da pessoa jurídica que procuram burlar a lei ou lesar terceiros, mediante confusão de patrimônio ou outras fraudes. Não se trata de considerar sistematicamente nula ou destruir a pessoa jurídica, mas, em caso específico e determinado, não a levar em consideração. Tal não implica, como regra geral, negar validade à existência da pessoa jurídica.

A modalidade de fraude é múltipla, sendo impossível enumeração apriorística, algo que a Lei nº 13.874/2019 tenta fazer com a introdução desses parágrafos. De qualquer modo, dependerá sempre do exame do caso concreto. Poderá ocorrer fraude à lei, simplesmente, fraude a um contrato ou fraude contra credores, noções presentes neste Código e que são oportunamente examinadas.

O direito brasileiro não possuía norma específica sobre o tema. Contudo, já dispunha o § 2º do art. 2º da Consolidação das Leis do Trabalho:

"*Sempre que uma ou mais empresas, tendo embora, cada uma delas, personalidade jurídica própria estiverem sob a direção, controle ou administração de outra, constituindo grupo industrial, comercial ou de qualquer outra atividade econômica, serão, para os efeitos da relação de emprego, solidariamente responsáveis a empresa principal e cada uma das subordinadas.*"

Trata-se de franca aplicação do princípio da desconsideração em prol de maior proteção ao trabalhador. Levantando o véu de uma empresa, encontra-se outra, responsável pelas obrigações trabalhistas.

O art. 59 do Projeto do presente Código Civil em redação primitiva, de 1975, de forma tímida e não enfrentando diretamente a questão, estatuíra:

"*A pessoa jurídica não pode ser desviada dos fins estabelecidos no ato constitutivo, para servir de instrumento ou cobertura à prática de atos ilícitos, ou abusivos, caso em que poderá o juiz, a requerimento de qualquer dos sócios ou do Ministério Público, decretar a exclusão do sócio responsável, ou, tais sejam as circunstâncias, a dissolução da entidade. Parágrafo único. Neste caso, sem prejuízo de outras sanções cabíveis, responderão, conjuntamente com os da pessoa jurídica, os bens pessoais do administrador ou representante que dela se houver utilizado de maneira fraudulenta ou abusiva, salvo se norma especial determinar a responsabilidade solidária de todos os membros da administração.*"

Mal redigido, no entanto, o dispositivo nada mencionava acerca da desconsideração da personalidade no caso concreto sob julgamento, e não se referia à possibilidade de iniciativa de terceiro interessado no reconhecimento do desvio de finalidade. Na verdade, essa redação pouco tinha a ver com a consagrada doutrina estrangeira sobre a matéria.

Atendendo a essas críticas, foi modificado o Projeto originário, constando atualmente a presente redação, agora com nova alteração e acréscimos. O Ministério Público, citado no texto, atua como fiscal da lei; é parte no interesse e tutela de seus direitos. O CPC de 2015 disciplina o incidente de desconsideração da personalidade jurídica nos arts. 133 a 137. O incidente é cabível em todas as fases do processo, inclusive na execução, quando mais comumente o problema é aflorado.

O estatuto processual também menciona, de forma oportuna, a possibilidade de desconsideração inversa da pessoa jurídica (art. 133, §2º). A desconsideração inversa ocorre geralmente quando o devedor esvazia seu patrimônio, transferindo-o a pessoas jurídicas. Cuida-se de transferência fraudulenta de bens permitindo que o juiz alcance os bens irregularmente transferidos a pessoa jurídica. Trata-se de mais um aspecto de fraude social, dentre tantas que ocorrem no meio negocial. Apresenta-se, na verdade, como um substitutivo da ação pauliana, dentro do sistema de fraude contra credores. O ordenamento deve tornar homogêneo esses institutos, mas não resta dúvida de a desconsideração quer direta, como inversa, é instrumento importante para coibir fraudes de maus devedores. Em princípio, na desconsideração inversa, busca-se o patrimônio da pessoa jurídica por má conduta negocial do sócio. Para aplicação do instituto deve ficar caracterizado o abuso de direito, fraude, simulação ou abuso da qualidade de sócio. Somente o caso concreto definirá esse vício. Como sempre reiteramos, a fraude é um vício de muitas faces. Uma obrigação não honrada é sempre um fator de inquietação social e todas as formas de ressarcimento devem ser utilizadas, desde que permitidas expressa ou precipuamente pelo ordenamento.

Essa dicção melhorada do presente Código Civil e com extensão ampliada pela Lei nº 13.874/2019, atende à necessidade de o juiz, no caso concreto, avaliar até que ponto o véu da pessoa jurídica deve ser descerrado para atingir os administradores ou controladores nos casos de desvio de finalidade, em prejuízo de terceiros. Nem sempre há que se entender que há necessidade de requerimento do interessado ou do Ministério Público, embora essa deva ser uma regra geral. O abuso da personalidade jurídica deve ser examinado sob o prisma da boa-fé objetiva, que deve nortear todos os negócios jurídicos. Aliás, o texto presente adota o entendimento objetivo para caracterizar o desvio de finalidade. Nem sempre deverá ser avaliada com maior profundidade a existência de dolo ou culpa. A despersonalização é aplicação de princípio de equidade trazida modernamente pela lei. Note ainda que não apenas o patrimônio das pessoas naturais dos controladores, dos administradores ou dos diretores podem ser atingidos quando se desmascara uma pessoa jurídica, mas também e principalmente outras pessoas jurídicas ou naturais que direta ou indiretamente detêm o capital e o controle da pessoa desconsiderada, como especifica o novo texto acrescido no *caput*, pela mais recente lei. É muito comum que a pessoa jurídica atue no país com parco ou nenhum patrimônio e que esteja totalmente em mãos de uma empresa escritural estrangeira, as famigeradas *off shores*. Cabe ao juiz avaliar esse aspecto no caso concreto, onerando o patrimônio dos verdadeiros responsáveis, sempre que injusto prejuízo é ocasionado a terceiros sob o manto escuso de uma pessoa jurídica.

A Lei nº 8.078/1990 (Código de Defesa do Consumidor) trouxe disposição expressa sobre o tema, com redação reclamada pela doutrina:

> "*O juiz poderá desconsiderar a personalidade jurídica da sociedade quando, em detrimento do consumidor, houver abuso de direito, excesso de poder, infração da lei, fato ou ato ilícito ou violação dos estatutos ou contrato social. A desconsideração também será efetivada quando houver falência, estado de insolvência, encerramento ou inatividade da pessoa jurídica provocados por má administração.*"

Acrescenta ainda o § 5º do art. 28 do CDC:

> "*Também poderá ser desconsiderada a pessoa jurídica sempre que sua personalidade for, de alguma forma, obstáculo ao ressarcimento de prejuízos causados aos consumidores.*"

Destarte, a abrangência do vigente dispositivo na lei do consumidor é ampla, permitindo, como vimos, o exame da oportunidade e conveniência da desconsideração no caso concreto. Razões de equidade devem orientar o julgador. No entanto, o texto do CDC leva a uma interpretação mais subjetiva para a conclusão pela desconsideração, mas não nos parece que haja colisão de textos entre a lei geral (Código Civil) e a lei especial (CDC). A aplicação da lei deve sempre levar em conta sua finalidade social e nisto ambos os textos não divergem.

> "*Diante do abuso e da fraude no uso da personalidade jurídica, o juiz brasileiro tem o direito de indagar, em seu livre convencimento, se há de consagrar a fraude ou abuso de direito, ou se deva desprezar a personalidade jurídica, para, penetrando em seu âmago, alcançar as pessoas e bens que dentro dela se escondem para fins ilícitos ou abusivos*" (REQUIÃO, 1977, v. 2, p. 61).

Portanto, a teoria da desconsideração autoriza o juiz, quando há desvio de finalidade, a não considerar os efeitos da personificação, para que sejam atingidos bens particulares dos sócios ou até mesmo de outras pessoas jurídicas, mantidos incólumes, pelos fraudadores, justamente para propiciar ou facilitar a fraude. Essa é a única forma eficaz de tolher abusos praticados por pessoa jurídica, por vezes constituída tão só ou principalmente para o mascaramento de atividades dúbias, abusivas, ilícitas e fraudulentas. Antes mesmo do CDC nossa jurisprudência aplicava os princípios (*RT* 484/149, 418/213, 387/138, 343/181, 580/84), como descreve João Casillo (*RT* 528) em estudo sobre a matéria.

Ainda que não se trate de típica relação de consumo, impõe-se que o princípio seja aplicado por nossos tribunais, sempre que o abuso e a fraude servirem-se da pessoa jurídica como escudo protetor, daí por que, como afirmamos, a iniciativa do juiz nem sempre dependerá de requerimento do interessado.

Lembre-se, de outro lado, que a aplicação da desconsideração possui gradação. Por vezes, a simples desconsideração no caso concreto é suficiente para restabelecer o equilíbrio jurídico. Outras vezes, será necessário ato mais abrangente, como a própria decretação da extinção da pessoa jurídica. Ainda, a gradação da desconsideração estará na medida da prática de um ato isolado abusivo ou fraudulento, ou de uma série de atos, o que permitirá a desconsideração equivalente. Como se denota, o tema é vasto, de difícil enumeração teórica. Conclui Marçal Justen Filho (1987) que

> "*a escolha por uma desconsideração mais ou menos extensa, então, não é produzida por atenção específica à natureza do risco de sacrifício, mas à extensão do abuso. Quanto mais ampla for a utilização abusiva da pessoa jurídica, tanto mais extensa será a desconsideração*".

Perspectivas da desconsideração com os acréscimos da Lei nº 13.874/2019, Declaração de Direitos de Liberdade Econômica.

Com esse novo texto, há substancial alteração na extensão e compreensão para a caracterização da desconsideração da pessoa jurídica, o que, a nosso ver, tornará mais complexa e justa a tarefa do juiz.

Como pontuamos, deve-se proceder à desconsideração sempre que a personalidade da pessoa jurídica seja utilizada para fraude. Quando a pessoa jurídica age para fugir de suas finalidades, para lesar terceiros, deve ser desconsiderada, isto é, deve ser atingido o patrimônio dos sócios ou de terceiros que tenham se valido do estratagema. A esse respeito deve ser lembrada a dicção colocada por esta lei no final da redação do art. 50: os bens atingidos pela desconsideração devem alcançar os *direta ou indiretamente envolvidos* no abuso ou na fraude. Essa posição já vinha sendo determinada pela jurisprudência, não sem alguma dificuldade. A desconsideração deve ser sempre considerada quando a personalidade jurídica sofre desvio de finalidade. Note que o § 3º acrescentado menciona que a desconsideração também deve ser aplicada aos sócios e administradores da pessoa jurídica, a saber, quando essas pessoas naturais desviam bens próprios para pessoa jurídica para finalidades fraudatórias. Cuida-se do que se costuma denominar *desconsideração inversa da pessoa jurídica.*

As modalidades de fraude são infindáveis, não se podendo aprioristicamente descrevê-las. Daí porque o texto adverte que não há número fechado de hipóteses e menciona no inciso III do § 2º "*outros atos de descumprimento da autonomia patrimonial*". Nem sempre a caracterização da fraude será facilmente descoberta. Poderá necessitar de prova técnica que somente o caso concreto poderá constatar.

O novo texto adverte que a mera existência de um mesmo grupo econômico entre as empresas não implica em desconsideração. Impõe-se, nesse caso, comprovação cabal de fraude.

Lembre-se que persistem integralmente, como acentuamos, os dispositivos do Código de Defesa do Consumidor, inclusive os textos da desconsideração da pessoa jurídica, que devem se integrar e interagir com os artigos do Código Civil.

Em síntese, a teoria da desconsideração autoriza o juiz, quando há desvio de finalidade, a não considerar os efeitos da personificação, para que sejam atingidos bens particulares dos sócios (ou vice-versa, como aponta o presente texto legal), ou de outras pessoas jurídicas, mantidos incólumes pelos fraudadores, para propiciar ou facilitar a fraude.

Enunciado nº 7, I Jornada de Direito Civil – CJF/STJ: Só se aplica a desconsideração da personalidade jurídica quando houver a prática de ato irregular e, limitadamente, aos administradores ou sócios que nela hajam incorrido.

Enunciado nº 146, III Jornada de Direito Civil – CJF/STJ: Nas relações civis, interpretam-se restritivamente os parâmetros de desconsideração da personalidade jurídica previstos no art. 50 (desvio de finalidade social ou confusão patrimonial).

Nota: Este Enunciado não prejudica o Enunciado nº 7.

Enunciado nº 281, IV Jornada de Direito Civil – CJF/STJ: A aplicação da teoria da desconsideração, descrita no art. 50 do Código Civil, prescinde da demonstração de insolvência da pessoa jurídica.

Enunciado nº 282, IV Jornada de Direito Civil – CJF/STJ: O encerramento irregular das atividades da pessoa jurídica, por si só, não basta para caracterizar abuso de personalidade jurídica.

Enunciado nº 283, IV Jornada de Direito Civil – CJF/STJ: É cabível a desconsideração da personalidade jurídica denominada "inversa" para alcançar bens de sócio que se valeu da pessoa jurídica para ocultar ou desviar bens pessoais, com prejuízo a terceiros.

Enunciado nº 284, IV Jornada de Direito Civil – CJF/STJ: As pessoas jurídicas de direito privado sem fins lucrativos ou de fins não econômicos estão abrangidas no conceito de abuso da personalidade jurídica.

Enunciado nº 285, IV Jornada de Direito Civil – CJF/STJ: A teoria da desconsideração, prevista no art. 50 do Código Civil, pode ser invocada pela pessoa jurídica em seu favor.

Enunciado nº 406, V Jornada de Direito Civil – CJF/STJ: A desconsideração da personalidade jurídica alcança os grupos de sociedade quando estiverem presentes os pressupostos do art. 50 do Código Civil e houver prejuízo para os credores até o limite transferido entre as sociedades.

Recurso especial – Ação de indenização por danos morais e materiais – Cumprimento de sentença – Herdeira – Sócio minoritário – Poderes de gerência ou administração – Atos fraudulentos – Contribuição – Ausência – Responsabilidade – Exclusão. 1. Recurso especial interposto contra acórdão publicado na vigência do Código de Processo Civil de 1973 (Enunciados Administrativos nºs 2 e 3/STJ). 2. Cuida-se, na origem, de ação de indenização por danos morais e materiais na fase de cumprimento de sentença. A questão central a ser dirimida no presente recurso consiste em saber se a herdeira do sócio minoritário que não teve participação na prática dos atos de abuso ou fraude deve ser incluída no polo passivo da execução. 4. A desconsideração da personalidade jurídica, em regra, deve atingir somente os sócios administradores ou que comprovadamente contribuíram para a prática dos atos caracterizadores do abuso da personalidade jurídica. No caso dos autos, deve ser afastada a responsabilidade da herdeira do sócio minoritário, sem poderes de administração, que não contribuiu para a prática dos atos fraudulentos. Recurso especial não provido (*STJ - REsp 1861306/SP, 2-2-2021. Rel. Ministro Ricardo Villas Bôas Cueva*).

Agravo de Instrumento – **Incidente de desconsideração inversa da personalidade jurídica**, instaurado por dependência à execução. Decisão que deferiu a desconsideração da personalidade. Empresa executada sem ativos financeiros suficientes para satisfazer a execução, nem bens passíveis de penhora. Evidência de grupo econômico com a empresa executada que atua com outra denominação, em idêntico ramo da empresa executada, no mesmo endereço, tendo como sócia a então esposa do devedor (atualmente, ex-exposa). Direcionamento dos efeitos da execução para inclusão tanto da pessoa física como da jurídica. Presença dos requisitos do art. 50 do Código Civil – Decisão Mantida – Agravo Desprovido (*TJSP – AI 2062223-23.2021.8.26.0000, 13-5-2021, Rel. Ramon Mateo Júnior*). Agravo de instrumento – contrato de locação – ação de despejo por falta de pagamento c.c. cobrança. Desconsideração da personalidade jurídica – Exceção dentro do ordenamento jurídico brasileiro – **Teoria Maior da Desconsideração** – Insolvência da pessoa jurídica e comprovação de requisitos legais específicos (art. 50 do Cód. Civil). Preenchimento. Fortes indícios no sentido de que os sócios da executada se utilizaram de simulação de negócios jurídicos, objetivando o desvio de patrimônio, a fim de evitar que este seja alcançado pela penhora. Possível a desconsideração da pessoa jurídica, assim como a extensão da responsabilidade patrimonial às demais empresas do grupo econômico de fato. Recurso desprovido (*TJSP - AI 2185118-20.2020.8.26.0000, 11-5-2021, Rel. Antonio Nascimento*).

Agravo de instrumento – Incidente de Desconsideração de Personalidade Jurídica – Decisão que indeferiu o pedido de desconsideração de personalidade jurídica da empresa devedora – Inconformismo dos autores, alegando que ficou comprovado o desvio de finalidade e a confusão patrimonial entre a empresa ré e seus sócios, devendo ser deferida a desconsideração para inclusão deles no polo passivo da demanda – Descabimento – Acervo probatório coligido aos autos que não demonstra a ocorrência de abuso da personificação jurídica, consubstanciado em excesso de mandato, desvio de finalidade da empresa, confusão patrimonial entre a sociedade ou os sócios, e, ainda, dissolução irregular da empresa executada – Inteligência do **art. 50, do CC** – Recurso desprovido (*TJSP* – Agravo de Instrumento 2063010-86.2020.8.26.0000, 11-5-2021, Rel. José Aparício Coelho Prado Neto).

🔖 Agravo de instrumento – Execução – Desconsideração da personalidade jurídica – Inclusão de sócio e pessoa jurídica no polo passivo – Confusão patrimonial entre empresas – Aplicação do art. 28 do CDC e 50 do NCCB – Possibilidade de aplicação da desconsideração da personalidade jurídica de empresa e inclusão do sócio no polo passivo da demanda – Empresas que apresentam o mesmo objeto social e o mesmo endereço e sócios – Empresa que não foi localizada por 04 vezes no endereço declinado na sua ficha cadastral junto à Jucesp – Tentativas de bloqueio infrutíferas – Execução que está em andamento desde 2009 – Elementos indicativos de gestão fraudulenta, insolvência, confusão patrimonial entre empresas e sócios e desvio de finalidade – Determinada a reforma da r. decisão para o fim de penhora dos bens da empresa Know Way e do sócio – Observado que referida empresa e sócio devem ser citados na execução para o fim de integrar a lide – Inocorrência de desrespeito ao devido processo legal – Artigos 133 e 137 do NCPC – Agravo provido com observação (TJSP – AI 2153862-98.2016.8.26.0000, 14-9-2016, Rel. Salles Vieira).

🔖 Recurso especial. Apelação cível. Ação declaratória de ineficácia e desconsideração inversa da personalidade jurídica c/c partilha de bens. Inépcia da inicial. Inexistência. Causa de pedir. Transmissão fraudulenta de quotas sociais por ex-companheiro. Tentativa de sonegar bens da meação. Pedido de desconsideração inversa da personalidade jurídica das empresas. Possibilidade. Decadência do direito. Inocorrência. Ausência de pedido declaratório de nulidade por fraude. Agravo interno não provido. 1. O acórdão do Tribunal de origem, analisando os elementos fático-probatórios dos autos, assentou que a causa de pedir seria a transferência, pelo réu, de quotas sociais a terceiros, mantendo-se, todavia, no comando das referidas empresas, com intuito de esvaziar patrimônio, não se sujeitar ao regime de bens da união estável e burlar eventual partilha. Daí decorreu, segundo a Corte Estadual o pedido da necessária desconsideração inversa da personalidade jurídica das empresas para se declarar a ineficácia da transferência em relação à autora. 2. O posicionamento do Tribunal de origem está em harmonia com o entendimento consolidado em julgados desta Corte Superior que, acerca da temática, entenderam, em situações análogas à deste processo (união estável), ser "possível a desconsideração inversa da personalidade jurídica sempre que o cônjuge ou companheiro empresário valer-se de pessoa jurídica por ele controlada, ou de interposta pessoa física, a fim de subtrair do outro cônjuge ou companheiro direitos oriundos da sociedade afetiva". 3. "A jurisprudência desta Corte admite a aplicação da desconsideração inversa da personalidade jurídica toda vez que um dos cônjuges ou companheiros utilizar-se da sociedade empresária que detém controle, ou de interposta pessoa física, com a intenção de retirar do outro consorte ou companheiro direitos provenientes da relação conjugal" (REsp 1522142/PR, Rel. Ministro Marco Aurélio Bellizze, Terceira Turma, julgado em 13/06/2017, DJe 22/06/2017) (...) (*STJ*, AgInt no AREsp 1243409 – PR, 08-06-2020, Min. Luis Felipe Salomão).

🔖 Civil. Processual civil. Agravo interno em recurso especial. Ação de execução de título extrajudicial. Desconsideração da personalidade jurídica. Requisitos do art. 50 do CC/02. Ausentes. Ausência de bens penhoráveis. insuficiência. 1. Ação de execução de título extrajudicial. 2. A existência de indícios de encerramento irregular da sociedade aliada à falta de bens capazes de satisfazer o crédito exequendo não constituem motivos suficientes para a desconsideração da personalidade jurídica, eis que se trata de medida excepcional e está subordinada à efetiva comprovação do abuso da personalidade jurídica, caracterizado pelo desvio de finalidade ou pela confusão patrimonial. Súmula 568/STJ. 3. Agravo interno não provido (*STJ* – AgInt no Resp 1862672 – SP, 25-05-2020, Rel. Min. Nancy Andrighi).

🔖 Agravo interno no recurso especial – Autos de agravo de instrumento na origem – Decisão monocrática que deu provimento ao apelo extremo – Insurgência da agravada. (...) 2. Na espécie, o Tribunal de origem, ao consignar inexistirem bens penhoráveis da empresa e concluir ter havido encerramento das atividades, entendeu estarem presentes os requisitos aptos ao deferimento do pleito de desconsideração da personalidade jurídica. 2.1. A teoria da desconsideração da personalidade jurídica, medida excepcional prevista no artigo 50 do CC, pressupõe a ocorrência de abusos da sociedade, advindos do desvio de finalidade ou da demonstração de confusão patrimonial. 2.2. A mera inexistência de bens penhoráveis ou eventual encerramento irregular das atividades da empresa não enseja a desconsideração da personalidade jurídica. Precedentes. 3. Agravo interno desprovido (*STJ* – AgInt no REsp 1853199 – RS, 12-05-2020, Rel. Min. Marco Buzzi).

Art. 51. Nos casos de dissolução da pessoa jurídica ou cassada a autorização para seu funcionamento, ela subsistirá para os fins de liquidação, até que esta se conclua.

§ 1º Far-se-á, no registro onde a pessoa jurídica estiver inscrita, a averbação de sua dissolução.
§ 2º As disposições para a liquidação das sociedades aplicam-se, no que couber, às demais pessoas jurídicas de direito privado.
§ 3º Encerrada a liquidação, promover-se-á o cancelamento da inscrição da pessoa jurídica.

A pessoa jurídica não possui condições de fato e de direito de se extinguir abruptamente. Mais ou menos complexa, a entidade que se finda deixa sempre efeitos e obrigações a serem cumpridas.

A questão da dissolução das pessoas jurídicas não foi suficientemente versada pelo legislador de 1916, nem foi esgotada pelo Código atual. O término da pessoa natural é fisicamente definido pela morte. O fim da pessoa jurídica também deve ser determinado, pois o problema interessa à própria coletividade. Tanto numa como noutra, há efeitos residuais que permanecem após a morte do ser humano ou extinção ou dissolução da pessoa jurídica.

A dissolução convencional é a deliberada pelos consócios. Da mesma forma que a vontade pode criar o ente, pode decidir por extingui-lo. Qualquer associação ou sociedade pode ser extinta por essa forma, ficando fora do princípio as fundações que possuem conotação diversa.

No CPC/2015 a matéria sobre a dissolução total de sociedade em juízo, passou a observar o procedimento comum. Além disso, o art. 1.049 do CPC aduz que "sempre que a lei remeter a procedimento previsto na lei processual sem especificá-lo, será observado o procedimento comum previsto neste Código", como também, os art. 1.111 do CC e 209, parágrafo único da Lei nº 6.404/1976 fazem essa exata referência. Ainda quanto a dissolução parcial, no Capítulo V do CPC/2015 a matéria está tratada sob o título, da ação de dissolução parcial de sociedade, arts. 599 a 609.

Devem-se distinguir, no entanto, as sociedades sem fins lucrativos, hoje definitivamente denominadas associações, daquelas que os têm. As sociedades de fins lucrativos desaparecem por motivos peculiares a sua própria existência, quando desaparece seu capital ou quando é sensivelmente reduzido, levando a entidade à insolvência. A morte dos sócios pode também dissolver a entidade, se o estatuto não prevê a substituição.

As associações de fins não lucrativos não desaparecem tão só pela falta do capital, que não lhes é essencial. Geralmente, a morte de seu associado, pois o quadro de membros é indeterminado, de igual maneira, não ocasiona sua extinção.

Há que se enfocar ainda a dissolução da sociedade pelo implemento da condição que a mantinha em funcionamento ou pelo decurso do prazo, tendo a pessoa jurídica tempo determinado de existência. Situação semelhante é a das pessoas jurídicas criadas para determinado fim e que se extinguem quando seu objetivo é alcançado ou se esvai, deixando de ter razão sua existência. Serve-nos de exemplo, para melhor esclarecer, o caso da criação de uma associação de auxílio aos flagelados de enchentes em determinada região, cuja finalidade cessa quando cessadas as razões de sua constituição.

Citemos também a *dissolução judicial*, derivada de processo, sempre que qualquer interessado promovê-la em juízo.

No tocante à morte dos membros da sociedade, Clóvis Beviláqua colocara no Projeto primitivo a exigência da permanência de pelo menos dois sócios. Como essa redação não foi aceita, vigora o princípio de que, no silêncio dos estatutos, permanece a corporação com um único associado, o que é incongruente, uma vez que para a constituição se exige a pluralidade. O fundamento está em que, mesmo permanecendo apenas um indivíduo na pessoa jurídica, há sempre a possibilidade de sua reconstrução e recondução. Transitoriamente, até a própria sociedade anônima pode permanecer com um único acionista, como observamos do art. 206, I, *d*, da Lei nº 6.404/1976 (com as alterações introduzidas pelas Leis nºs 457/1997 e 10.303/2001).

Ao contrário do que ocorre com a pessoa natural, o desaparecimento da pessoa jurídica não pode, por necessidade material, dar-se instantaneamente, qualquer que seja sua forma de extinção. Havendo patrimônio e débitos, a pessoa jurídica entrará em *fase de liquidação*, subsistindo tão só para a realização do ativo e para o pagamento dos débitos, vindo a terminar completamente quando o patrimônio atingir seu destino.

Se se tratar de pessoa jurídica com finalidade de lucro, o acervo será distribuído entre os sócios, na proporcionalidade de seus quinhões, após a liquidação das dívidas, salvo se dispuser diferentemente sua organização interna. A matéria deve ser aprofundada no estudo do direito empresarial no Código de 2002, mormente porque, consoante o § 2º deste artigo, os princípios para a liquidação das sociedades se aplicam a todas as pessoas jurídicas de direito privado, no que couber. Assim serão tratados, por exemplo, o decurso de prazo para sua duração; implemento da condição; caducidade ou cassação da autorização para funcionar (art. 1.125) etc. Toda a presente matéria longe está de exaurida neste Código. Cumpre que cada situação seja amoldada dentro do ordenamento ou dos atos constitutivos da pessoa jurídica.

Desse modo, verifica-se que pode tardar algum tempo para que se obtenha o cancelamento da inscrição da pessoa jurídica, citado no § 3º. A fase do estado de liquidação da entidade pode ser mais ou menos longo, dependendo de sua complexidade. Não há que se esquecer que o ordenamento, em princípio, não permite a extinção da pessoa jurídica sem a liquidação dos débitos fiscais.

Art. 52. Aplica-se às pessoas jurídicas, no que couber, a proteção dos direitos da personalidade.

Esse dispositivo é inovação de vanguarda no sistema. De fato, a pessoa jurídica não pode ser atingida na sua personalidade, dentro do conceito desse vocábulo que se aplica ao ser humano. Quanto à proteção de dados, veja o que falamos nos comentários ao art. 21, que também interessam diretamente à pessoa jurídica.

O dispositivo não pode, destarte, ser compreendido com amplitude. O que se protege é o conceito objetivo que envolve a pessoa jurídica como sua reputação negocial, a proteção de sua marca, de seus produtos, seus serviços, seus antecedentes financeiros etc. Nesse sentido deve ser entendida a Súmula nº 227 do STJ: "*A pessoa jurídica pode sofrer dano moral.*" Assim, há de ficar bem claro ao intérprete que os valores do dano moral, dos danos à personalidade do ser humano merecem outro raciocínio, que não se amolda às pessoas jurídicas.

Na verdade, quando se afirma, e isso se faz com frequência nas decisões e na doutrina, que a pessoa jurídica pode ser atingida na sua honra *objetiva*, o que se quer verdadeiramente permitir é a indenização de danos não facilmente avaliáveis. Nesse aspecto torna-se indenizável o ataque à honra, ao nome e à boa fama da pessoa jurídica. Sob esse diapasão, também não se afasta a possibilidade de a pessoa jurídica sem fins lucrativos também ser atingida sob esses aspectos, principalmente porque essa categoria de entidade pode ser afetada em sua credibilidade e com isso ficar prejudicada no desempenho do papel social a que se propôs. Assim, com a mitigação necessária, podem ser trazidos à baila dos princípios do arts. 11 a 21, no que couber, longe estando esse rol de ser exaustivo.

Enunciado nº 286, IV Jornada de Direito Civil – CJF/STJ: Os direitos da personalidade são direitos inerentes e essenciais à pessoa humana, decorrentes de sua dignidade, não sendo as pessoas jurídicas titulares de tais direitos.

Recurso especial. Direito processual civil e civil. Recurso inominado. Apelação. Denominação. Equívoco. Erro material. Instrumentalidade das formas. Incidência. Falha na prestação de serviço. Portabilidade de linha telefônica móvel. Responsabilidade civil. Ônus da prova. Prequestionamento. Ausência. Súmula 211/STJ. Dano moral. Pessoa jurídica. Art. 52 do CC/02. Honra objetiva. Lesão a valoração social, bom nome, credibilidade e reputação. Prova. Indispensabilidade. 1. Ação de obrigação de fazer cumulada com compensação de danos morais, devido à transferência, por portabilidade, das linhas telefônicas móveis da recorrente, pessoa jurídica, independentemente de seu prévio pedido ou autorização. (...) 3. O propósito recursal consiste em determinar se: a) em processo que não tramita nos juizados especiais cíveis, o recurso inominado pode ser recebido como apelação; e b) configurada falha na prestação de serviço de telefonia, o dano moral da pessoa jurídica depende de prova do abalo extrapatrimonial. (...) 9. Os danos morais dizem respeito à atentados à parte afetiva (honra subjetiva) e à parte social da personalidade (honra objetiva). 10. Embora as pessoas jurídicas possam sofrer dano moral, nos termos da Súmula 227/STJ, a tutela da sua personalidade restringe-se à proteção de sua honra objetiva, a qual é vulnerada sempre que os ilícitos afetarem seu bom nome, sua fama e reputação. 11. É impossível ao julgador avaliar a existência e a extensão de danos morais supostamente sofridos pela pessoa jurídica sem qualquer tipo de comprovação, apenas alegando sua existência a partir do cometimento do ato ilícito pelo ofensor (*in re ipsa*). Precedentes. 12. Na hipótese dos autos, a Corte de origem consignou não ter havido prova de que o erro na prestação do serviço de telefonia afetou o funcionamento da atividade exercida pela recorrente ou sua credibilidade no meio em que atua, não tendo ficado, assim, configurada a ofensa à honra objetiva da recorrente. 13. O reexame de fatos e provas em recurso especial é inadmissível. 14. Recurso especial desprovido (*STJ* – REsp 1.822.640 – SC, 12-11-2019, Min. Nancy Andrighi).

Anulatória – Dano Moral – Duplicata – **Dano Moral – Pessoa Jurídica** – Admissibilidade – Aplicação da Súmula 227 do Superior Tribunal de Justiça – Protesto Indevido – Dano Moral *in re ipsa* – Empresa de *factoring* – Responsabilidade solidária por não ter se acautelado ao enviar o título para protesto. Inteligência da Súmula 475 do Superior Tribunal de Justiça. Indenização fixada de acordo com os princípios da equidade, proporcionalidade e razoabilidade. Sentença mantida. Apelações não providas (*TJSP* – Ap. 0037095-81.2011.8.26.0001, 6-5-2016, Rel. Jairo Oliveira Junior).

Indenização – **Dano moral** – Erro no protesto de título já quitado e inserção indevida nos órgãos de restrição ao crédito – Ocorrência. Conduta culposa do banco. Confissão – Responsabilidade objetiva da instituição financeira na prestação de serviços. Incidência do *caput* do artigo 14 do Código de Defesa do Consumidor. Pessoa jurídica. Sujeito passivo de dano moral indenizável. Possibilidade. Súmula nº 227 do Colendo Superior Tribunal de Justiça. Incidência. Dano moral – Caracterização. Recurso improvido (*TJSP* – Ap. 991.03.015427-9, 9-9-2011, Rel. Candido Alem).

CAPÍTULO II
Das Associações

Art. 53. Constituem-se as associações pela união de pessoas que se organizem para fins não econômicos.
Parágrafo único. Não há, entre os associados, direitos e obrigações recíprocos.

1. Sociedades e associações

No âmbito do Direito Civil brasileiro, geralmente, o termo *associação* é reservado para as entidades sem fins econômicos, enquanto *sociedade*, para as entidades com fins lucrativos, embora isso não seja estrito, nem seja regra. A regra faz parte do atual Código no presente artigo.

As sociedades e associações civis estão com suas atividades situadas no campo exclusivamente do Direito Civil, distinguindo-se das sociedades mercantis ou empresariais. O atual Código denomina "sociedades simples" aquelas que possuem finalidade civil, distinguindo-se do que o atual estatuto denomina "*sociedade empresária*" (art. 982). Considera-se empresária a sociedade que tem por objeto o exercício de atividade própria de empresário e simples, as demais. Alude o parágrafo único deste último dispositivo, como se admitia no sistema anterior, que será sempre considerada empresária a sociedade por ações e simples, a sociedade cooperativa.

O art. 966, por seu lado, considera empresário quem exerce profissionalmente atividade econômica organizada para a produção e circulação de bens ou de serviços; o parágrafo único dispõe que não se considera empresário quem exerce profissão intelectual, de natureza científica, literária ou artística, ainda com o concurso de auxiliares ou colaboradores, salvo se o exercício da profissão constituir elemento de empresa. Com essas novas disposições, fica mais clara a distinção, feita antes instintivamente pela doutrina, no tocante às associações, bem como quanto às sociedades civis (sociedades simples) e sociedades mercantis. O texto, porém, não é isento de dúvidas para a caracterização da atividade empresária.

A lei de 1916, contudo, não definia o que se entendia por associações de fins não econômicos. Havia, por isso mesmo, dúvida na doutrina. Há que se entender que a associação de fins não lucrativos é aquela não destinada a preencher fim econômico para os associados, e, ao contrário, terá fins lucrativos a sociedade que proporciona *lucro* a seus membros. Assim, se a associação visa tão somente ao aumento patrimonial da própria pessoa jurídica, como um clube recreativo, por exemplo, não deve ser encarada como tendo intuito de lucro. Diferente deve ser o entendimento no tocante à sociedade civil de profissionais liberais, na qual o intuito de lucro para os membros é evidente. No vigente sistema, a conceituação é mais clara, embora, como na maioria dos institutos jurídicos, sempre possa haver uma zona cinzenta.

Quando o parágrafo único deste artigo aponta que não há entre os associados direitos e obrigações recíprocos, a lei reitera que a instituição da pessoa jurídica traduz a união de várias vontades em busca de um fim comum. O negócio jurídico não é bilateral, pois não se contrapõem ou se antagonizam vontades, mas as vontades se unem em prol de uma entidade que irá atender a todos. Cuida-se de exemplo de negócio jurídico plurissubjetivo, que não se identifica com o negócio jurídico plurilateral.

Há corporações que requerem, além da vontade de seus membros, autorização estatal, como é o caso dos sindicatos, das sociedades de seguros, das sociedades cooperativas etc.

As pessoas jurídicas constituídas no país podem ser declaradas de *utilidade pública*, por decreto do Poder Executivo, quando servirem desinteressadamente à coletividade, não sendo remunerados os cargos de diretoria. O reconhecimento de utilidade pública de uma associação outorga-lhe capacidade maior, gozando de maior proteção do Estado, mas continua a ser regida pelo direito privado.

A declaração de utilidade pública pode promanar dos três níveis de administração, *federal*, *estadual* e *municipal*.

2. Associações

Este Código abre aqui um capítulo para tratar das associações. Vimos que esse diploma acentua o fim não econômico dessas entidades. A Constituição Federal diz ser plena a liberdade de associação para fins lícitos, vedada a de caráter paramilitar (art. 5º, XVII). Dadas as particularidades de suas finalidades, o parágrafo único do art. 53, como vimos, lembra que entre os associados não há direitos e obrigações recíprocas. As associações preenchem as mais variadas finalidades na sociedade. Qualquer atividade lícita pode ser buscada por uma associação, como, por exemplo, as associações esportivas, que desempenham importante papel na formação da pessoa e no equilíbrio social.

Enunciado nº 534, VI Jornada de Direito Civil – CJF/STJ: As associações podem desenvolver atividade econômica, desde que não haja finalidade lucrativa.

Enunciado nº 615, VIII, Jornada de Direito Civil – CJF/STJ: As associações civis podem sofrer transformação, fusão, incorporação ou cisão.

Agravo de instrumento. Civil e processo civil. Cumprimento de sentença. Incidente de desconsideração da personalidade jurídica. Associação civil sem fins lucrativos. Abuso de personalidade. Confusão patrimonial. Desvio de finalidade. Condomínio de empresas atuantes no mesmo segmento comercial. Finalidade lucrativa comprovada. Encerramento irregular das atividades da pessoa jurídica. Requisitos comprovados. Responsabilidade solidária dos diretores. Contraditório. Ampla defesa. Arguição de matérias atinentes à execução. Possibilidade. Necessidade de prévia liquidação. (...) 2. As associações constituem-se pela união de pessoas que se organizam para fins não econômicos, consoante artigo 53 do Código Civil. É possível a aplicação da teoria menor da desconsideração da personalidade jurídica às associações sem fins lucrativos, quando vislumbrado os requisitos constantes do artigo 50 do Código Civil, ou seja, abuso da personalidade caracterizado pelo desvio de finalidade ou confusão patrimonial, atribuindo-se aos diretores da associação a responsabilidade pela prática dos atos de gestão que resultem em prejuízos a terceiros ou à própria pessoa jurídica, conforme artigo 1.016 do Código Civil. (...) 7. Recurso conhecido e parcialmente provido (*TJDFT* – AI 0707684-36.2018.8.07.0000, 18-10-2018, Rel. Cesar Loyola).

> **Art. 54. Sob pena de nulidade, o estatuto das associações conterá:**
> **I – a denominação, os fins e a sede da associação;**
> **II – os requisitos para a admissão, demissão e exclusão dos associados;**
> **III – os direitos e deveres dos associados;**
> **IV – as fontes de recursos para sua manutenção;**
> **V – o modo de constituição e de funcionamento dos órgãos deliberativos;**
> **VI – as condições para a alteração das disposições estatutárias e para a dissolução;**
> **VII – a forma de gestão administrativa e de aprovação das respectivas contas.**

O texto original desse artigo enunciava os requisitos obrigatórios que deviam constar dos estatutos da associação:

"I – a denominação, os fins e a sede da associação;
II – os requisitos para a admissão, demissão e exclusão dos associados;
III – os direitos e deveres dos associados;
IV – as fontes de recursos para sua manutenção;
V – o modo de constituição e funcionamento dos órgãos deliberativos e administrativos;
VI – as condições para a alteração das disposições estatutárias e para a dissolução."

Assim, o inciso V apresentou redação com modificação sutil: "*o modo de constituição e de funcionamento dos órgãos deliberativos*". Suprimiu-se a referência aos órgãos administrativos, cujo peculiar interesse de cada entidade deve definir. Nem sempre será fácil discernir na prática entre órgãos deliberativos e administrativos, pois na maioria das vezes se confundem e se identificam. O inciso VII foi acrescentado, dando como requisito essencial "*a forma de gestão administrativa e de aprovação das respectivas contas*". A aprovação de contas fora, no texto primitivo, atribuída privativamente à assembleia geral (art. 59, III), em texto posteriormente suprimido. Essa aprovação de contas por assembleia poderia, de fato, gerar infindáveis contendas, em associações com milhares de sócios e dificuldades intransponíveis de gestão. Sob a atual redação, cabe a cada entidade definir como suas contas serão aprovadas, definindo quais os órgãos competentes para tal. É evidente que esses órgãos devem ter representatividade, possibilitando que cada membro possa examinar e impugnar as contas, por si, ou por algum órgão escolhido de forma democrática.

Outras disposições podem ser acrescentadas, mas as presentes no texto legal são essenciais. O estatuto ou os estatutos constituem a lei orgânica da entidade. Geralmente, a terminologia *contrato social* é reservada para as sociedades, mas seu conteúdo e finalidade são idênticos. É norma obrigatória para os fundadores da associação e de todos aqueles que no futuro dela venham participar. A vontade dos novos membros manifesta-se pela adesão à associação e aos regulamentos que a compõem.

Esses são os requisitos mínimos que deverão conter os estatutos. A finalidade deve compreender, como comentamos, um sentido não econômico, característica das associações. A sede da pessoa jurídica fixa seu domicílio e disso decorre uma série de consequências. Nada impede que a associação tenha várias sedes, sendo uma principal e outras subsidiárias (filiais, sucursais, agências).

A Lei nº 11.127/2005, atendendo a pressões de inúmeras associações, alterou a redação desse artigo, bem como dos arts. 57, 59 e 60, os quais apresentavam originalmente inovações que se mostravam difíceis de serem aplicadas na prática, embora o intuito moralizador fosse evidente.

A admissão de sócios deve atender ao peculiar interesse da pessoa jurídica. O estatuto pode estabelecer certos requisitos para que alguém tenha a qualidade de sócio. Assim, por exemplo, uma associação de advogados somente poderá ter advogados como seus membros. A demissão não se confunde com a exclusão. A demissão decorre da iniciativa do próprio interessado, por oportunidade ou conveniência sua. A exclusão é pena e somente pode ser operada se for dado direito a ampla defesa ao associado envolvido, como veremos a seguir. Isso é verdadeiro tanto nas hipóteses de conduta incompatível ou antissocial, como nas de mora ou inadimplemento por parte do sócio quanto ao pagamento das contribuições sociais. Neste último caso, o inadimplente deve ser regularmente constituído em mora, concedendo-se oportunidade para que seja purgada.

É importante que o estatuto estabeleça a proveniência dos fundos, que podem derivar de contribuições iniciais e periódicas dos próprios associados ou de doações de terceiros. Nada impede que a associação exerça alguma atividade que lhe forneça meios financeiros, sem que com isso se descaracterizem suas finalidades. O exame será muito mais do caso concreto. Assim, por exemplo, uma agremiação esportiva ou social pode cobrar por serviços de locação de suas dependências para eventos; pode vender lembranças e uniformes; pode cobrar pelos serviços de fisioterapia; exames médicos etc. O que importa verificar é se não existe desvio de finalidade.

O modo de constituição diz respeito ao início de suas atividades. A entidade poderá ter vários órgãos deliberativos e administrativos, como conselho fiscal, conselho de administração patrimonial, conselho disciplinar, comissão de admissão de novos sócios etc. Esses órgãos poderão ser permanentes ou temporários.

As condições de alteração das disposições estatutárias, inclusive de suas finalidades, devem ser minuciosamente descritas, bem como o *quorum* necessário para que sejam realizadas em assembleia especialmente convocada. Da mesma forma a dissolução. Sempre deverão ser obedecidos os princípios legais mínimos, pois os estatutos não podem com eles conflitar. Veja o que consta no art. 61, supletivo do estatuto.

⚖ Agravo de instrumento – Declaratória de nulidade – **Alteração de estatuto de associação** – Postulada tutela de evidência, com fulcro no artigo 311, IV, do Código de Processo Civil, visando à imediata anulação da modificação de dispositivo estatutário – Postergação da decisão, para o momento processual oportuno, ou seja, para depois da eventual defesa dos demandados – Evidência que apenas surge do cotejo entre as teses do autor e do réu – Decisão mantida – Agravo desprovido (*TJSP* – AI 2224347-26.2016.8.26.0000, 13-12-2016, Rel. A. C. Mathias Coltro).

⚖ Apelação cível. Ação cominatória. Associados que pretendem ter acesso ao relatório de auditoria realizada na associação. Sentença parcialmente procedente para permitir aos associados o acesso aos relatórios da auditoria. Sentença que deve ser mantida. **As associações regem-se por seus estatutos**. O estatuto social prevê que é dever do associado fazer cumprir o estatuto, regulamentos e regimentos internos. Para fazer cumprir o estatuto social, o associado deverá ter livre acesso às deliberações e aos relatórios de auditoria. Os associados, apelados, não tiveram acesso aos relatórios da auditoria e, assim, não poderiam afirmar se houve infração a alguma regra. Apelo improvido (voto 21288) (*TJSP* – Ap. 994.04.080247-2, 25-10-2011, Rel. Ribeiro da Silva).

Art. 55. Os associados devem ter iguais direitos, mas o estatuto poderá instituir categorias com vantagens especiais.

Esse artigo estipula que os associados devem ter iguais direitos, mas o estatuto poderá instituir categorias com vantagens especiais. Nem sempre o âmbito dessas vantagens especiais fica muito claro no caso concreto. O legislador deveria ter sido mais descritivo.

Pode ocorrer que existam categorias diversas de associados: sócios efetivos, sócios beneméritos, sócios honorários etc. A dificuldade está em saber, no caso concreto, se é válida a atribuição de vantagens especiais a sócios que contrariam a finalidade primeira do dispositivo, qual seja, a igualdade de direitos. Parece que a melhor solução é entender que toda entidade dessa espécie deve garantir os direitos mínimos aos associados e que as vantagens são excepcionais a algumas categorias que, por natureza, sejam diferenciadas, como, por exemplo, a atribuição da categoria de "sócio benemérito" a alguém estranho inicialmente aos quadros sociais, mas que tenha trazido efetivo benefício à entidade. Nem sempre o deslinde será fácil perante o caso concreto. Essa diferenciação de direitos entre categorias de sócios pode interferir no direito a voto, mas só pode persistir se baseada em critérios objetivos e protegidos pelo ordenamento. No silêncio do estatuto, os direitos dos associados devem ser iguais.

📖 Enunciado nº 577, VII Jornada de Direito Civil – CJF/STJ: A possibilidade de instituição de categorias de associados com vantagens especiais admite a atribuição de pesos diferenciados ao direito de voto, desde que isso não acarrete a sua supressão em relação a matérias previstas no art. 59 do CC.

⚖ Direito civil – Pessoas jurídicas – **Associação** – Declaratória de inexigibilidade – Sócio remido – Sentença de procedência do pedido, na origem, condenada a entidade requerida à obrigação de não condicionar o acesso do autor às suas dependências ao adimplemento de prestação tida por indevida, sob pena de pagamento de multa no valor de R$ 788,00 por episódio, limitada a aludida multa, a vinte (20) vezes o valor atribuído à causa, atualizado. Recurso de Apelação da entidade requerida. Insurgência que se revela infundada. Sócios portadores dos títulos remidos estão isentos dos pagamentos das mensalidades ordinárias devidas pelos denominados sócios contribuintes, mas não estão imunes à contribuição extraordinária. Natureza extraordinária da exigência não caracterizada, todavia, na espécie. Ainda que se compreenda a difícil situação financeira da recorrente, sem a eventual mudança da disposição estatutária (artigo 7º, § 1º), torna-se absolutamente proscrita a possibilidade de cobrança de contribuição extraordinária dos sócios remidos com a finalidade prática de fazer frente às despesas de manutenção dos débitos ordinários da entidade. Caso concreto no qual a cobrança rotulada como extraordinária, em verdade, estava destinada ao custeio de despesas com imposto predial, débitos trabalhistas, REFIS e contas de consumo de água e energia, dentre outros. Recurso de Apelação da entidade requerida, portanto, não provido (*TJSP* – Ap. 0054963-41.2013.8.26.0506, 28-7-2016, Rel. Alexandre Bucci).

Art. 56. A qualidade de associado é intransmissível, se o estatuto não dispuser o contrário.
Parágrafo único. Se o associado for titular de quota ou fração ideal do patrimônio da associação, a transferência daquela não importará, de per si, na atribuição da qualidade de associado ao adquirente ou ao herdeiro, salvo disposição diversa do estatuto.

Esse artigo se refere a duas espécies de associado, que podem até mesmo conviver na mesma entidade: com ou sem participação em quota ou fração ideal do patrimônio da entidade. São os chamados sócios patrimoniais e sócios meramente contributivos. O que o dispositivo pretende resguardar é o peculiar interesse da associação. Ou, em outras palavras, cabe à própria entidade definir quem pode ingressar como associado. O simples fato de transferir-se a quota ou a qualidade de sócio a terceiro não é suficiente, se o estatuto não o permitir.

Na grande maioria das associações, há condições de admissibilidade como associado que devem ser obedecidas. Geralmente, dependendo da sofisticação da entidade, há uma comissão de admissão que examina a vida pregressa do candidato a sócio e opina sobre sua admissão, possibilitando a qualquer interessado que impugne o procedimento. Imagine-se, por exemplo, que não é qualquer pessoa que pode ingressar na Academia Brasileira de Letras. Nem há que se entender que um clube social tenha o dever ou a obrigação de receber qualquer pessoa em seu convívio.

Se o associado guarda apenas essa situação singela de contribuição, sem participação patrimonial, não pode transferir a terceiro sua situação jurídica, sem aquiescência da associação, se esta o proibir. Da mesma forma, se o associado detém quota ou fração ideal do patrimônio da entidade, a transferência a outrem dessa parcela patrimonial, por negócio *inter vivos* ou *mortis causa*, não tem o condão de, *de per si*, converter o sucessor em sócio. Para tal, há que ser obedecido o estatuto. Na maioria das vezes, os clubes sociais e também associações de outra natureza costumam cobrar, para essa admissão, quando se faz possível, um valor em dinheiro, vulgarmente denominado "joia", ou seja, uma taxa de transferência, que se reverte em benefício da entidade. Todos esses procedimentos devem estar previstos no estatuto. Percebe-se, portanto, que poderá ocorrer que alguém detenha uma quota ou fração ideal da entidade, sem que goze do estado de associado.

A ideia fundamental é no sentido de permitir que a associação faça um juízo de oportunidade e conveniência para a admissão de novos associados. Há entidades que exigem, por exemplo, qualificação profissional ou específica para o ingresso. Os estatutos devem definir a natureza e os requisitos dos associados. Assim, não pode, em princípio, participar de uma associação de engenheiros quem não o seja, salvo sob uma forma diversa de participação associativa. Veja o que falamos a respeito da diversidade de categorias de sócio nos comentários ao art. 55. Não há que se admitir que uma entidade deva aceitar em seu seio pessoas de conduta moral duvidosa ou com vida pregressa pontuada de condutas antissociais ou de crimes. A cada caso compete o devido exame para avaliar eventual abuso, que pode ser discutido no Judiciário. Porém, como regra geral, esse vínculo associativo é visto sob o prisma da oportunidade e conveniência. Sob o atual direito constitucional e levando-se em conta a igualdade do homem e da mulher, torna-se difícil sustentar, por exemplo, que uma associação somente admita pessoas do sexo masculino ou do sexo feminino. No entanto, caberá ao bom-senso do julgador definir essa possibilidade, no caso concreto, sob o prisma da boa-fé objetiva e dos usos e costumes. Não se esqueça que a tradição, em princípio, integra os usos e costumes, mas não é fator imutável. Por muitos séculos, por exemplo, entidades como a Maçonaria e outras tantas são reservadas apenas para pessoas do sexo masculino. Este novo século há de demonstrar se haverá mudanças também sob esse aspecto.

Em princípio, a qualidade de sócio é intransmissível, salvo permissão do estatuto. Como se trata basicamente de uma entidade de pessoas, cumpre que o corpo social aprove os novos associados. Desse modo, o estatuto deve regulamentar a sucessão entre vivos e *causa mortis* da fração social ou quota de que o sócio é detentor, geralmente denominada "título". Daí por que o parágrafo único do artigo afirmar que a transferência da quota ou fração não importará, *de per si*, na atribuição da qualidade de associado ao adquirente ou ao herdeiro, salvo disposição diversa no estatuto. Geralmente, as instituições associativas, além da aprovação do novo membro que se apresenta como adquirente do título, exigem, como referimos, um pagamento pela transferência, vulgarmente denominado de "joia".

(...) Associação – Transmissão à autora da ação fixada como principal da condição de associado de seu falecido companheiro – Admissibilidade – Qualidade que, conforme o art. 56 do Código Civil, é intransmissível, salvo se houver previsão específica no estatuto, não se enquadrando diretamente nas regras de direito da sucessão – Dispositivo estatutário que permite a transferência por declaração de última vontade – Inexistência de exigência, pela instituição, da elaboração de um testamento sobre o tema ou de qualquer outra formalidade específica – Juntada de documento elaborado pelo então sócio autorizando a transmissão de seu posto na instituição que se mostra válido para tanto – Presença, após o falecimento do companheiro da principal demandante (associado), de um único gestor remanescente anteriormente eleito – Dispositivo estatutário que estabelece que integrantes do Conselho Gestor serão eleitos pela Assembleia Geral e cumprirão mandatos de até cinco anos, os quais serão estendidos interinamente até a investidura de novos mandatários – Desavença entre as partes que não justifica descumprimento do estatuto – Regra da associação que assegura a manutenção do mandato interinamente até a investidura de novos mandatários após a devida eleição por Assembleia Geral que não permite a fixação de data limite – Parcial acolhimento do apelo da Instituição apenas para afastar a data de 28-02-2019, designada para uma assembleia, instituindo que a administração fica com o gestor provisório até nova eleição nos termos do estatuto – Não configuração de nulidade por julgamento "extra petita" – Fixação de limite na sentença que se apresenta como análise de mérito com imposição de restrição do alcance da decisão adotada e cuja reforma, nesta fase recursal, se dá por análise de mérito, sem qualquer reconhecimento de nulidade – Extinção sem resolução do mérito da ação nº 1029508-62.2017.8.26.0071 – Não cabimento – Pleito com dois pedidos, tendo sido cumprido o primeiro em razão de ordem judicial liminar no processo, não se configurando uma perda do objeto propriamente dita, enquanto que o segundo não foi acolhido, porquanto se almejava a nomeação para a administração provisória dos associados indicados na respectiva exordial, o que não ocorreu diante da nomeação de um dos litigantes da parte contrária – Recursos parcialmente providos. Sucumbência – Manutenção da forma imposta em primeira instância em relação às ações nº 1001053-87.2017.8.26.0071 e nº 1029721-68.2017.8.26.0071 – Alteração, diante do afastamento da extinção sem resolução do mérito, daquelas verbas inseridas na ação nº 1029508-62.2017.8.26.0071, estabelecendo-se a sucumbência recíproca, devendo as custas ficarem recíproca e proporcionalmente distribuídas e impondo que cada litigante arque com os honorários de 10% (dez por cento) do valor da causa ao patrono da parte contrária – Recursos parcialmente providos (*TJSP* – Ap. 1001053-87.2017.8.26.0071, 04.06-2019, Rel. Alvaro Passos).

✎ Administração de associação – **Anulatória de assembleia** – Parcial procedência (apenas no que tange à anulação da eleição do corréu Mareio Pereira de Mello) – recurso interposto por este último que não prospera – destituição que encontra respaldo em regra estatutária (que coíbe a participação do associado em eleições, quando litigar com a associação. Hipótese dos autos) – Quanto mais não fosse, descabido, a esta altura, questionar a eleição do apelante, na medida em que já decorreu (e muito) o prazo de seu mandato. Aliás, o mesmo foi afastado do cargo mediante deferimento de tutela antecipada, por decisão proferida no ano de 2004. Sentença mantida. Recurso desprovido (*TJSP* – Ap. 994.06.140091-8, 15-4-2011, Rel. Salles Rossi).

Art. 57. A exclusão do associado só é admissível havendo justa causa, assim reconhecida em procedimento que assegure direito de defesa e de recurso, nos termos previstos no estatuto.
Parágrafo único. (Revogado pela Lei nº 11.127, de 28 de junho de 2005)

Uma vez admitido o associado, sua exclusão somente será possível por justa causa, obedecido o estatuto. Especificava ainda esse dispositivo, na redação original, que, se o estatuto fosse omisso, a exclusão poderia ocorrer se fosse reconhecida a existência de motivos graves, em deliberação fundamentada, pela maioria absoluta dos presentes à assembleia geral especialmente convocada para esse fim. O parágrafo único desse artigo acrescentava ainda que, da decisão do órgão que, de conformidade com o estatuto, decretasse a exclusão, caberia sempre recurso à assembleia geral.

Esse dispositivo dizia menos do que devia: qualquer que seja a dimensão da sociedade ou a gravidade da conduta do associado, deve ser-lhe concedido amplo direito de defesa. Nenhuma decisão de exclusão de associado, ainda que o estatuto permita e ainda que decidida em assembleia geral convocada para tal fim, pode prescindir de procedimento que permita ao indigitado sócio produzir sua defesa e suas provas. A compreensão, que poderia estar enfatizada nessa redação original, decorre de princípios individuais e garantias constitucionais em prol do amplo direito de defesa (art. 5º, LV, da Constituição). A Lei nº 11.127/2005, atendendo à nossa crítica, modificou a redação do presente artigo, colocando-a nos termos por nós sugeridos.

Foi suprimida a referência que o parágrafo fazia ao recurso à assembleia geral. Dentro do princípio fundamental da ampla defesa, o estatuto deve prever o recurso e o órgão recursal, o qual necessariamente não será a assembleia geral.

Procedimento sumário ou defeituoso para exclusão de sócio não resistirá certamente ao exame pelo Poder Judiciário. Isso é verdadeiro não somente para a pena de exclusão do quadro social, que é a mais grave; mas também para as demais penalidades que podem ser impostas, como advertência, repreensão, multa ou suspensão. Para que se atenda a esse ditame, era conveniente, como dizíamos, e agora é imposto pela lei, que o estatuto preveja um procedimento específico para a aplicação de penalidades, utilizando sempre, por analogia, os direitos e as garantias da ciência processual, mormente os básicos constitucionais, quais sejam, o contraditório e a ampla defesa, com os meios e recursos a ela inerentes. Nesse diapasão, o estatuto e a lei estabelecerão sempre os limites do exercício dos direitos sociais, como mencionado no artigo seguinte.

✎ Associação recreativa – **Exclusão de associado** – Direito de defesa não respeitado – Decisão associativa anulada – Insurgência contra sentença de improcedência do pedido de anulação de ato administrativo que deliberou pela eliminação de sócio c/c indenização. Reforma parcial. Autor que não teve informações claras acerca dos fatos e da natureza da sindicância. Deliberação realizada sem oportunidade de defesa. Ofensa ao art. 57 do Código Civil. Anulação determinada, com reintegração do autor ao quadro associativo. Danos materiais e morais, todavia, não demonstrados. Exclusão como consequência da atuação como presidente da associação e das sérias acusações contra ele pendentes. Contratempos inerentes à direção de entidades coletivas. Recurso parcialmente provido (*TJSP* – Ap. 0190310-37.2012.8.26.0100, 9-5-2016, Rel. Carlos Alberto de Salles).

✎ **Associação Civil** – Clube – Exclusão de Diretor Financeiro por deliberação de órgão incompetente, segundo o Estatuto Social, e sem que tenha sido respeitado o princípio do contraditório e da ampla defesa – Reintegração do membro ao quadro de associados da agremiação – Necessidade – Observância do disposto no art. 5º, XXXV e LV, da CF/1988 – Recurso improvido (TJSP – Ap. 0083488-27.2012.8.26.0002, 26-7-2016, Rel. Álvaro Passos).

🔨 **Administração de associação** – Ação declaratória – Procedência para anular a deliberação de exclusão da requerente, dos quadros associativos da ré. Inocorrência de cerceamento de defesa (ante a desnecessidade de dilação probatória). Decreto de procedência que decorre da correta aplicação do disposto no artigo 57 do Código Civil (aliada a omissão dos estatutos da ré acerca da forma de exclusão de seus associados). Aplicação, na hipótese, do artigo 252 do Regimento Interno deste E. Tribunal de Justiça. Ausência de fato novo. Desnecessária repetição dos adequados fundamentos expendidos pela r. sentença recorrida. Precedentes. Sentença mantida. Recurso improvido (*TJSP* – Ap. 994.06.117069-0, 6-5-2011, Rel. Salles Rossi).

Art. 58. Nenhum associado poderá ser impedido de exercer direito ou função que lhe tenha sido legitimamente conferido, a não ser nos casos e pela forma previstos na lei ou no estatuto.

Os direitos sociais de cada associado estarão definidos no estatuto, o qual não pode se sobrepor à norma cogente. Na verdade, o presente dispositivo é uma superfetação, pois nunca se poderia duvidar do que contém seu texto, autoexplicativo. O que nunca se pode permitir são arbitrariedades que comprometam os direitos sociais.

Art. 59. Compete privativamente à assembleia geral:
I – destituir os administradores;
II – alterar o estatuto.
Parágrafo único. Para as deliberações a que se referem os incisos I e II deste artigo é exigido deliberação da assembleia especialmente convocada para esse fim, cujo *quorum* será o estabelecido no estatuto, bem como os critérios de eleição dos administradores.

A assembleia geral é órgão necessário da associação, exercendo o papel de poder legislativo na instituição. O art. 59, ao elencar a matéria privativa da assembleia geral, veio originalmente pleno de intenções moralizadoras, mas de difícil execução em concreto: "*I – eleger os administradores; II – destituir os administradores; III – aprovar as contas; IV – alterar o estatuto*". Para a matéria dos incisos II e IV, o parágrafo único desse artigo exigia o voto de dois terços dos presentes à assembleia convocada para esse fim, não podendo ela deliberar, em primeira convocação, sem a maioria absoluta dos associados, ou com menos de um terço nas convocações seguintes. O legislador, atento a abusos que ocorrem com frequência, preferiu, no texto aprovado originalmente, ser detalhado nessa hipótese, estabelecendo um *quorum* mínimo a ser obedecido em importantes decisões sociais. Não era posição ideal, uma vez que cada sociedade deveria ter autonomia para fixar essas normas. Em nossos trabalhos anteriores, dizíamos que o futuro apontaria a senda correta. O novel legislador preferiu suprimir do texto as matérias que traziam complexidade prática. A norma ora cogente: qualquer disposição estatutária que estabelecesse *quorum* inferior para essas decisões seria ineficaz.

Dizíamos, porém, que esse artigo introduzira importante e salutar inovação na estrutura das associações que certamente implicaria alteração de atitude de grande número de entidades no país. Descreve esse artigo a matéria que compete privativamente à assembleia geral. A primeira perspectiva é analisar se se trata de princípio cogente, que não admite disposição em contrário pela vontade privada, isto é, se é admissível disposição em contrário nos estatutos. Tudo é no sentido da obrigatoriedade ou imperatividade dessa norma, tendo em vista o advérbio peremptório "*privativamente*" colocado no *caput*. O legislador não deixou dúvida a esse respeito. A norma jurídica que tem em mira proteger a boa-fé de terceiros ou interessados ou evitar graves injustiças sociais possui marcadamente o caráter impositivo ou irrenunciável, como denota esta ora comentada. A propósito, lembre-se de que Karl Larenz (1978, p. 43) refere-se expressamente à maioria das normas que regulam as associações como sendo imperativas, referindo-se ao Código alemão, em afirmação perfeitamente aplicável a nosso estatuto. Desse modo, estamos perante um preceito legal de ordem pública que deságua na imperatividade da disposição. Sempre que o legislador impõe uma norma desse nível e obsta aos interessados dispor diferentemente, é porque considera que há um interesse social comprometido com seu cumprimento (BORDA, 1991, v. 1, p. 77). Assim, pelo atual texto legal, competirá privativamente à assembleia geral somente a destituição dos administradores e a alteração do estatuto.

Ora, partindo dessa premissa, de acordo com o inciso I, na redação original, somente a assembleia geral, para a qual deviam ser convocados todos os associados com direito a voto, poderia eleger os diretores. Com esse princípio, caía por terra qualquer possibilidade de a eleição desses próceres ser realizada por via indireta. Muitas associações, mormente clubes sociais e esportivos deste país, sempre elegeram os diretores por meio de um Conselho, que recebia variados nomes (conselho deliberativo, eleitoral etc.). Algumas entidades possuem ainda conselheiros vitalícios. Com essa estratégia, muitos diretores e grupos conhecidos eternizaram-se no poder, dominando a associação, sem possibilidade de renovação para novas lideranças. Os exemplos são patentes, principalmente, mas não unicamente, nos clubes de futebol profissional, pois a imprensa sempre os decanta e os deplora. Essa eleição direta mostrava-se, contudo, de difícil realização na prática. Havia necessidade, portanto, de modificação de atitude e que essa nova posição legislativa fosse devidamente absorvida no seio dessas entidades, como princípio que atendesse aos novos interesses sociais. Certamente, esse princípio atingia um segmento empedernido de nossa sociedade, acostumado às benesses de uma posição excêntrica, e que resiste a mudanças. Havia, sem dúvida, em muitas situações, dificuldades materiais de difícil transposição na eleição direta, mormente quando existem associados em todo o país e mesmo no exterior, o que desde o início da vigência do Código acarretou muita resistência à aplicabilidade desse dispositivo. Exemplo disso é o que é exposto no item seguinte. Devemos, pois, estar atentos às novas manifestações jurídicas e adaptá-las da melhor forma à nossa realidade e à melhor função social.

De acordo com o dispositivo ora em vigor sob enfoque cabe privativamente à assembleia geral, por lei, apenas a destituição dos administradores e a alteração do estatuto. A alteração do estatuto pela assembleia geral, nas associações com muitos membros, irá exigir esforços. Nada impede que o estatuto de cada entidade acrescente outras matérias como privativas dessa assembleia. Esses atos são tidos como fundamentais para a vida da entidade, não podendo ser relegados a corpos delegados.

Ainda, de acordo com o parágrafo único, na redação primitiva a destituição dos administradores e a alteração de estatutos dependeria do voto de dois terços dos presentes à assembleia convocada para esses fins. Se instalada em primeira convocação, havia necessidade de maioria absoluta de membros para deliberação, e nas convocações seguintes, necessidade de um terço de todos os associados. Desse modo, afastava-se a possibilidade de essas matérias serem discutidas por alguns poucos sócios. Sem o *quorum* mínimo nem mesmo poderia ser instalada a assembleia. Cuidara o legislador de evitar que as assembleias fossem realizadas à socapa, em horários impróprios ou inusitados, como tanto se fez no passado. No tocante à eleição dos administradores e aprovação de contas, a lei original dispensava *quorum* mínimo de instalação e *quorum* mínimo de aprovação, dependendo a aprovação de maioria simples.

Com a nova redação dada pela mais recente lei, perdeu-se o sentido da moralidade e da ética do texto original em prol da praticidade, pois o parágrafo único permite que o estatuto defina o *quorum* de deliberação dessas matérias.

Com isso não se impede que camarilhas se instalem com facilidade no poder de inúmeras associações, cumprindo que as minorias dissidentes estejam sempre atentas.

O estatuto, porém, pode estabelecer outros limites desde que não ultrapasse o conceito da razoabilidade e do aceitável em situações análogas. Apenas os atos descritos nesse artigo dependem coercitivamente da assembleia geral. O estatuto pode, no entanto, como norma interna regulamentadora subjacente à lei, incluir outros. Tudo o que não depender da assembleia geral pode ser decidido e deliberado por outros órgãos, pela diretoria ou conselhos, conforme dispuser o estatuto.

A Lei nº 11.127/2005 suprimiu do artigo como matéria privativa da assembleia geral a eleição dos administradores e a aprovação de contas, algo que, se possível em pequenas entidades, tornar-se-ia obstáculo, intransponível em associações de monta, com milhares de associados. Essa era uma reclamação constante dos dirigentes dessas entidades. O legislador buscara moralizar entidades cujos dirigentes eternizam-se no poder, mediante o controle dos órgãos eletivos. Não há que se desistir desse desiderato, porém, buscando-se novas fórmulas, ainda que não presentes no Código Civil.

⚖ Ação anulatória proposta contra associação. Autora, sócia remida de clube recreativo, que gozava de isenção das contribuições associativas. Alteração estatutária posterior que estendeu a cobrança de taxa contributiva também a essa categoria de sócio. Possibilidade. Modificação do regramento interno da associação que se deu por assembleia geral extraordinária em conformidade com o art. 59, do CC e com o estatuto da entidade. Inexistência de direito adquirido. Vantagem conferida por mera liberalidade, que pode ser suprimida por deliberação da associação. Precedentes deste Eg. Tribunal de Justiça. Sentença de improcedência mantida. Recurso Desprovido (*TJSP* – Ap. 1056474-75.2017.8.26.0002, 06-11-2019, Rel. Paulo Alcides Amaral Salles).

⚖ Recurso especial. Alteração de estatuto da associação. Deliberação ocorrida em 27/10/2003. Modificação realizada por ato do conselho deliberativo. Necessidade de observância das novas regras estatuídas pelo Código Civil de 2002. Competência privativa da assembleia geral. Art. 59 do CC/2002. Nulidade mantida. Recurso não provido. 1. O art. 2.033 do Código Civil de 2002 dispôs que as modificações dos atos constitutivos das pessoas jurídicas referidas no art. 44, entre as quais se incluem as associações, regem-se, desde logo, por este Código, em vigor desde 11/1/2003. 2. O termo "adaptar", previsto no art. 2.031 do CC/2002, apenas estabelece que as pessoas jurídicas deverão se amoldar, dentro do prazo estipulado, ao regime jurídico em vigor a partir de 11/1/2003. Assim, todos os atos praticados posteriormente àquela data deverão respeitar as novas disposições normativas, sob pena de nulidade e/ou ineficácia. 3. A alteração do estatuto, realizada em 27/10/2003, por ato do Conselho Deliberativo da associação esportiva recorrente, órgão distinto da Assembleia Geral, é nula de pleno direito, por violação ao art. 59 do CC/2002. 4. Recurso especial não provido (*STJ* – REsp 1.444.707 – SP, 07-06-2016, Rel. Min. Luis Felipe Salomão).

Art. 60. A convocação dos órgãos deliberativos far--se-á na forma do estatuto, garantido a 1/5 (um quinto) dos associados o direito de promovê-la.

No mesmo sentido, o presente artigo determina que a convocação da assembleia geral e dos órgãos deliberativos far-se-á na forma do estatuto, garantindo-se sempre a um quinto dos associados o direito de promovê-la. Assim será ineficaz se o estatuto exigir *quorum* maior para essa convocação.

O poder executivo da pessoa jurídica é exercido por um diretor ou diretoria, podendo ser criados outros órgãos auxiliares, dependendo do vulto da entidade, tais como outras entidades, conselhos consultivos e fiscais etc.

Direito civil e processual civil. Apelação cível. Extinção do processo. Ilegitimidade ativa e passiva. Teoria da asserção. Carência da ação. Associação. Anei. Infraero. Órgãos diretivos. Presidência. Extinção do mandato. Decurso do prazo. Nova assembleia. Convocação. Inocorrência. Regulamento. Hipótese não prevista. Regra geral. Código Civil. Assembleia geral. Convocação. Um quinto dos associados. Litisconsórcio ativo necessário. Pertinência subjetiva ausente. Sentença mantida. Polo passivo. Litisconsórcio passivo necessário. Citação. Necessidade. Recurso desprovido. 1. No presente caso, foi ajuizada ação cominatória com o objetivo de compelir o réu a se afastar das atividades de direção da associação, a entregar os instrumentos e balancetes necessários à administração da entidade, bem como a postular a convocação e realização de assembleia geral. 1.1. A sentença proferida extinguiu processo nos termos do art. 485, inc. I, em composição com o art. 330, inc. II, ambos do CPC, ao fundamento de que o autor não teria legitimidade ativa para, isoladamente, ajuizar a referida ação. Além disso, o réu não teria legitimidade para figurar no polo passivo da demanda. 2. Diante da lacuna existente no Estatuto, que não apresenta solução para o caso dos autos, é necessária a aplicação do art. 60 do Código Civil, no sentido de que a convocação dos órgãos deliberativos far-se-á na forma do estatuto, garantido a 1/5 (um quinto) dos associados o direito de promovê-la. 3. Em relação ao tema, é importante destacar que o ordenamento jurídico brasileiro adotou, em relação à pertinência subjetiva para a integração da relação jurídica processual, a teoria da asserção. Nessa linha, a análise inicial da legitimidade *ad causam*, bem como das demais condições da ação, deve ser procedida à luz dos fatos narrados na petição inicial. 3.1. Na hipótese dos autos, apesar das dificuldades relatadas pelo autor, não é possível atestar o preenchimento das condições da ação, razão pela qual, de fato, deve ser mantida a declarada carência de ação. 4. Diante de hipótese de formação de litisconsórcio passivo necessário, a solução correta consiste em intimar o autor para que formule requerimento de citação dos demais litisconsortes, de acordo com a regra prevista no art. 115, parágrafo único, do CPC. 5. No entanto, em virtude da incongruência existente entre os itens do pedido, o próprio atendimento ao primeiro impossibilitaria o acolhimento do segundo, razão pela qual deve ser mantida a respeitável sentença proferida, ainda que por fundamentos diversos. 6. Apelação conhecida e desprovida (*TJDFT* – Ap. 0706103-23.2018.8.07.0020, 06.12.2018, Rel. Alvaro Ciarlini).

Apelação. Ação declaratória. Assembleia geral. Estatuto. Artigo 60 do CC/02. Validade da ata. Ainda que o estatuto da associação disponha de forma diferente, o direito pátrio resguarda a 1/5 (um quinto) dos associados o direito de promover assembleias. O artigo 60 do Código Civil determina que a convocação da assembleia geral far-se-á na forma do estatuto, garantindo-se sempre a um quinto dos associados o direito de promovê-la (*TJMG* – Acórdão Apelação Cível 1.0024.08.062719-3/00, 28-7-2011, Rel. Des. Rogério Medeiros).

Art. 61. Dissolvida a associação, o remanescente do seu patrimônio líquido, depois de deduzidas, se for o caso, as quotas ou frações ideais referidas no parágrafo único do art. 56, será destinado à entidade de fins não econômicos designada no estatuto, ou, omisso este, por deliberação dos associados, à instituição municipal, estadual ou federal, de fins idênticos ou semelhantes.
§ 1º Por cláusula do estatuto ou, no seu silêncio, por deliberação dos associados, podem estes, antes da destinação do remanescente referida neste artigo, receber em restituição, atualizado o respectivo valor, as contribuições que tiverem prestado ao patrimônio da associação.
§ 2º Não existindo no Município, no Estado, no Distrito Federal ou no Território, em que a associação tiver sede, instituição nas condições indicadas neste artigo, o que remanescer do seu patrimônio se devolverá à Fazenda do Estado, do Distrito Federal ou da União.

Esse artigo dispõe acerca da destinação do patrimônio na hipótese de dissolução da associação. O remanescente do patrimônio líquido, depois de deduzidas as eventuais quotas ou frações ideais dos associados, será destinado a entidade de fins não econômicos, designada no estatuto, ou, omisso este, por deliberação dos associados, a instituição municipal, estadual ou federal, de fins idênticos ou semelhantes. Faculta-se aos associados, pelo estatuto ou por sua deliberação, que estes recebam, antes da destinação final do patrimônio, o valor atualizado das contribuições que tiverem prestado ao patrimônio da associação. Essa possibilidade poderá ser utilizada, na prática, para encobrir fraudes, e deverá ser cuidadosamente documentada. O § 2º determina que o patrimônio social remanescente seja devolvido ao Estado, ao Distrito Federal ou à União, se não existir instituição com fins semelhantes ou idênticos a quem se possa atribuí-lo.

> Enunciado nº 407, V Jornada de Direito Civil – CJF/STJ: A obrigatoriedade de destinação do patrimônio líquido remanescente da associação à instituição municipal, estadual ou federal de fins idênticos ou semelhantes, em face da omissão do estatuto, possui caráter subsidiário, devendo prevalecer a vontade dos associados, desde que seja contemplada entidade que persiga fins não econômicos.

> Apelação cível – Registro civil – Dúvida – Dissolução de associação sem fins lucrativos – Destinação de patrimônio – Estatuto social e art. 61 do CC/2002 – Deliberação em assembleia – Prevalência – Princípio da autonomia da vontade – Recurso Desprovido. A aventada ausência no Estatuto Social da associação dissolvida da designação ou identificação de qual entidade seria a destinatária do remanescente do seu patrimônio líquido não implica, por si só, a aplicação do disposto no art. 61, "caput", parte final, do CC/2002 (que prevê, omisso o estatuto, a destinação dos bens à instituição municipal, estadual ou federal, de fins idênticos ou semelhantes), mormente quando a dita omissão estatutária é sanada ou complementada por meio de assembleias da associação dissolvida em que estipulada, de forma livre, precisa e categórica, a destinação de um de seus bens imóveis a uma então especificada associação de fim semelhante (*TJMG* – Ap. 1.0083.16.001856-6/001, 22-01-2019, Rel. Peixoto Henriques).

> Agravo de instrumento – Cumprimento de sentença – **Dissolução Irregular** – **Associação** sem fins lucrativos – Obrigações Pendentes – Desconsideração da personalidade jurídica – I- Dissolvida irregularmente a associação, porque a atividade foi encerrada sem deixar endereço ou bens para saldar obrigações pendentes, defere-se a desconsideração da personalidade jurídica, a fim de que os bens particulares dos membros da Diretoria Executiva, respondam pelos débitos da associação. Súmula 435 do STJ. II- Agravo de instrumento conhecido e provido (*TJDFT* – AI 20150020330502AGI – (931304), 8-4-2016, Relª Vera Andrighi).

CAPÍTULO III
Das Fundações

Art. 62. Para criar uma fundação, o seu instituidor fará, por escritura pública ou testamento, dotação especial de bens livres, especificando o fim a que se destina, e declarando, se quiser, a maneira de administrá-la.
Parágrafo único. A fundação somente poderá constituir-se para fins de:
I – assistência social;
II – cultura, defesa e conservação do patrimônio histórico e artístico;
III – educação;
IV – saúde;
V – segurança alimentar e nutricional;
VI – defesa, preservação e conservação do meio ambiente e promoção do desenvolvimento sustentável;
VII – pesquisa científica, desenvolvimento de tecnologias alternativas, modernização de sistemas de gestão, produção e divulgação de informações e conhecimentos técnicos e científicos;
VIII – promoção da ética, da cidadania, da democracia e dos direitos humanos;
IX – atividades religiosas; e
X – (VETADO).

Nas fundações, há de início um patrimônio despersonalizado, destinado a um fim. Ao contrário das sociedades e associações, que são uma reunião de pessoas, uma coletividade, as fundações assentam sua razão de ser no patrimônio para certa finalidade. Esse patrimônio deve render frutos, a fim de permitir sua existência e finalidade social. Nesse sentido será entendida a afirmação de que a fundação não busca lucros. Assim, é facilmente compreensível por que os bens destinados à fundação devem ser livres.

Trata-se, pois, como decorre desse artigo, de acervo de bens que recebe personalidade para realizar fins determinados. O patrimônio se personaliza quando a fundação obtém sua existência legal. Não é qualquer destinação de bens que constitui uma fundação. É necessário o ato de personificação. O parágrafo único do artigo circunscreve o âmbito de atuação das fundações aos fins *religiosos, morais, culturais* ou *de assistência*, além de temas importantes de várias naturezas, finalidades que se amoldam à origem histórica dessas instituições, mas que devem ser entendidas de forma ampla e não restritiva. Nessa perspectiva, há que se dar a devida elasticidade ao dispositivo, sob pena de ser tolhida importante função social das fundações. Com a palavra o consenso dos membros do Ministério Público e da Magistratura. Anote que o extinto Projeto de Lei nº 6.960/2002 pretendia a revogação pura e simples desse parágrafo.

A fundação, por suas próprias características, possui noção mais técnica que as sociedades e associações.

Para a constituição da fundação, há dois momentos bem delineados: o ato de fundação propriamente dito, que é sua constituição emanada de vontade, e o ato de dotação de um patrimônio, que lhe dará vida.

O *ato de dotação* compreende a reserva de bens livres, a indicação dos fins e a maneira pela qual o acervo será administrado.

Os bens devem estar livres e desembaraçados, uma vez que qualquer ônus sobre eles colocaria em risco a existência da entidade, frustrando seus objetivos.

São duas, na verdade, as modalidades de formação: a direta e a fiduciária. Pela *formação direta*, o próprio instituidor projeta e regulamenta a fundação; pela *formação fiduciária*, o instituidor entrega a tarefa de organizá-la a outrem.

O instituidor tanto pode ser pessoa natural como outra pessoa jurídica.

Há dificuldade em conceituar juridicamente a universalidade de bens que constitui uma fundação. Por esta ser uma criação eminentemente técnica, não pode ser simplesmente considerada como patrimônio destinado a um fim. Muitas vezes há interesse pessoal, maior ou menor, de seus administradores. Tendo em vista as demais pessoas jurídicas, certas peculiaridades exclusivas das fundações devem ser examinadas:

1. Na fundação, o elemento "pessoa natural" pode deixar de ser múltiplo, uma vez que a vontade de uma só pessoa basta para sua constituição, enquanto nas demais pessoas jurídicas de direito privado a pluralidade de pessoas é indispensável.
2. O patrimônio não é elemento essencial para as demais pessoas jurídicas, enquanto nas fundações o é.
3. Nas fundações, os fins são imutáveis, porque fixados pelo instituidor, enquanto nas outras pessoas jurídicas a maioria pode alterar a finalidade social.

Nas fundações, os administradores não são sócios, mas podem ser qualificados como membros contribuintes, fundadores, beneméritos, efetivos, mantenedores etc. A instituição é regida por seus estatutos, sempre com a fiscalização do Ministério Público. Geralmente, há um conselho de Administração, cujo presidente representa a entidade, podendo haver, de acordo com sua importância, um Conselho Executivo, um Conselho Fiscal etc.

Enunciado nº 8, I Jornada de Direito Civil – CJF/STJ: A constituição de fundação para fins científicos, educacionais ou de promoção do meio ambiente está compreendida no Código Civil, art. 62, parágrafo único.

Enunciado nº 9, I Jornada de Direito Civil – CJF/STJ: Deve ser interpretado de modo a excluir apenas as fundações com fins lucrativos.

Agravo de instrumento – Ação de revisão de aposentadoria complementar – Previdência privada – Ilegitimidade passiva do empregador/patrocinador – Decisão mantida – (...) As fundações privadas correspondem a um conjunto patrimonial de bens que adquire personalidade jurídica própria, razão pela qual não se pode confundir a fundação requerida com a empresa que a instituiu (*TJMG* – AI 10024131782922001, 23-03-2019, Rel. Maurício Pinto Ferreira).

Art. 63. Quando insuficientes para constituir a fundação, os bens a ela destinados serão, se de outro modo não dispuser o instituidor, incorporados em outra fundação que se proponha a fim igual ou semelhante.

Pode ocorrer que os bens doados sejam insuficientes para a futura instituição. O atual Código dá solução diferente daquela propugnada pelo art. 25 do estatuto anterior.

Sob tal aspecto, em nosso direito, pelo Código de 1916, o Estado ficava como agente fiduciário da vontade do instituidor até que houvesse capital suficiente para a existência da entidade. Não havia prazo estipulado na lei para a utilização desse capital, de modo que não havia garantia, nessa hipótese, de que fosse de fato utilizado, se outra destinação não tivesse sido prevista pelo instituidor. Justamente para evitar essa incerteza, o novel legislador optou pela utilização imediata dos recursos em outra fundação semelhante, quando o instituidor não dispuser diferentemente.

Os recursos, portanto, não voltam ao instituidor nem ficam aplicados para rendimento, salvo se assim dispuser o instituidor. Se a finalidade determinada pelo instituidor chegar a um impasse, caberá ao Ministério Público opinar pela melhor solução, que será avaliada e determinada pelo magistrado. Qualquer solução que se dê não pode ser demorada.

Art. 64. Constituída a fundação por negócio jurídico entre vivos, o instituidor é obrigado a transferir-lhe a propriedade, ou outro direito real, sobre os bens dotados, e, se não o fizer, serão registrados, em nome dela, por mandado judicial.

Uma vez constituída a pessoa jurídica da fundação, o negócio está perfeito e acabado. A propriedade dos bens dotados, já pertencentes à fundação, deve ser ultimada a ela, sendo então registrados. Se, por qualquer razão, não forem os bens transferidos, abre-se a possibilidade do mandado judicial que pode decorrer de ação judicial específica, movida pelo Ministério Público ou interessados. A promessa do instituidor, traduzida na dotação de bens, possui caráter irrevogável e irretratável, estando autorizada a execução específica. O presente dispositivo tem por finalidade dar seriedade à constituição da fundação, evitando entidades de mera fachada. Esse dispositivo aplica-se apenas às fundações constituídas por ato entre vivos.

Questão que fica em aberto diz respeito às fundações públicas, entendendo alguns que este artigo não se aplica a elas, tendo em vista a indisponibilidade dos bens públicos. Contudo, criada a fundação por lei, o patrimônio já se deve mostrar afetado nesse ato constitutivo, o que permite, a nosso ver, a execução específica. Poderão ocorrer particularidades no caso concreto que não se amoldam a essa afirmação. As fundações de direito público submetem-se a ordenamento próprio, que deve ser aplicado.

Art. 65. Aqueles a quem o instituidor cometer a aplicação do patrimônio, em tendo ciência do encargo,

formularão logo, de acordo com as suas bases (art. 62), o estatuto da fundação projetada, submetendo-o, em seguida, à aprovação da autoridade competente, com recurso ao juiz.
Parágrafo único. Se o estatuto não for elaborado no prazo assinado pelo instituidor, ou, não havendo prazo, em cento e oitenta dias, a incumbência caberá ao Ministério Público.

As pessoas encarregadas da aplicação do patrimônio, não só zelarão por este, na forma do artigo anterior, como também redigirão o estatuto que será a lei interna da fundação. O Ministério Público é a autoridade competente para examiná-lo e submetê-lo à aprovação judicial. A palavra final, porém, será do julgador, que poderá acolher ou não as observações do Ministério Público. Nada impede, no entanto, que o próprio julgador formule minuta dos estatutos e as envie para exame de um membro do Ministério Público.

O instituidor pode ter estabelecido prazo para a elaboração dos estatutos. Se não o fez, deverão ser redigidos em 180 dias a contar da ciência dos interessados. Se não for concluída essa tarefa, os estatutos serão redigidos pelo Ministério Público, que o submeterá à aprovação judicial.

Art. 66. Velará pelas fundações o Ministério Público do Estado onde situadas.
§ 1º Se funcionarem no Distrito Federal ou em Território, caberá o encargo ao Ministério Público do Distrito Federal e Territórios.
§ 2º Se estenderem a atividade por mais de um Estado, caberá o encargo, em cada um deles, ao respectivo Ministério Público.

O Ministério Público aprovará os estatutos e os submeterá ao juiz. Como fiscal do patrimônio dessa entidade, deverá zelar pela boa aplicação dos recursos e utilização do patrimônio fundacional. Deverá promover todas as medidas necessárias para que a fundação cumpra suas finalidades. A atribuição é do Ministério Público estadual. O Ministério Público Federal atuará apenas nas fundações situadas no Distrito Federal ou em Território, o que não impede de intervir sempre que uma questão de sua alçada estiver em exame ou discussão.

Em todas as legislações, de uma forma ou de outra, há uma fiscalização oficial sobre as fundações em virtude de sua natureza.

Enunciado nº 10, I Jornada de Direito Civil – CJF/STJ: Em face do princípio da especialidade, o art. 66, § 1º, deve ser interpretado em sintonia com os arts. 70 e 178 da LC nº 75/93.

Ação Civil Pública. Art. 18 da Lei da Ação Civil Pública (Lei 7.347/1985). Honorários advocatícios em favor do Ministério Público. Impossibilidade. Princípio da simetria. Regra inaplicável às associações e fundações privadas. 1. Por conta do princípio da simetria, a previsão do art. 18 da Lei 7.347/1985 deve ser interpretada também em favor do réu, quando se tratar de demanda ajuizada pelo *Parquet* ou outro colegitimado estatal, ressalvadas associações e fundações privadas, que recebem tratamento privilegiado e diferenciado no domínio da ação civil pública. (...) 3. Nos termos da jurisprudência do STJ, a vedação de condenação do Ministério Público ou entidades estatais em honorários advocatícios – salvo comprovada má-fé – impede que sejam beneficiados quando vencedores na ação civil pública. Evidentemente, tal orientação não se deve aplicar a demandas propostas por associações e fundações privadas, pois, do contrário, barrado de fato estaria um dos objetivos mais nobres e festejados da Lei 7.347/1985, ou seja, viabilizar e ampliar o acesso à justiça para a sociedade civil organizada. Tudo com o agravante de que não seria razoável, sob enfoque ético e político, equiparar ou tratar como "simétricos" grandes grupos econômicos/instituições do Estado e organizações não governamentais (de moradores, ambientais, de consumidores, de pessoas com necessidades especiais, de idosos, etc). 4. Assim, dessume-se que o acórdão recorrido está em sintonia com o atual entendimento do STJ, razão pela qual não merece prosperar a irresignação. Incide, *in casu*, o princípio estabelecido na Súmula 83/STJ: "Não se conhece do Recurso Especial pela divergência, quando a orientação do Tribunal se firmou no mesmo sentido da decisão recorrida". 5. Recurso Especial não provido (*STJ* – REsp 1.796.436 – RJ, 09-05-2019, Min. Herman Benjamin).

Art. 67. Para que se possa alterar o estatuto da fundação é mister que a reforma:
I – seja deliberada por dois terços dos competentes para gerir e representar a fundação;
II – não contrarie ou desvirtue o fim desta;
III – seja aprovada pelo órgão do Ministério Público no prazo máximo de 45 (quarenta e cinco) dias, findo o qual ou no caso de o Ministério Público a denegar, poderá o juiz supri-la, a requerimento do interessado.

A alteração do estatuto de uma fundação deve obedecer ao procedimento interno nele estabelecido. Essa alteração não pode contrariar ou desvirtuar as finalidades da entidade e requer os votos de dois terços dos membros que tenham esse direito. Posteriormente, essa alteração deve ser submetida ao Ministério Público, que deverá aprovar em 45 dias. Se este não a aprovar, abre-se a possibilidade da via judicial.

A questão sempre mais sensível será examinar o eventual desvio de finalidade da fundação, o que somente o caso concreto poderá desvendar. Os objetivos fundacionais não podem ser interpretados de forma estrita, a ponto de tolher a atividade da entidade.

O presente estatuto aumentou da maioria absoluta para dois terços o índice de aprovação e menciona expressamente a possibilidade de recurso à via judicial, embora não houvesse dúvidas quanto a isso no passado.

O que comumente se faz é uma consulta prévia ao Ministério Público, acerca da viabilidade da alteração, o que, de qualquer forma, não garante sua aprovação, mas dá maior certeza quando da realização da assembleia.

⚖ Apelação cível – Constitucional e administrativo – Entidades filantrópicas – Planos privados de assistência à saúde – Artigo 34 da Lei nº 9.656/98 – Direito Adquirido – Ausência de violação – **Art. 67 do Código Civil** – 1- A Lei nº 9.656/98, que regula a atividade de operação de planos de assistência privada à saúde, dispõe em seu art. 34, com a redação da Medida Provisória nº 2.177-44/2001, que as pessoas jurídicas que executam outras atividades além das abrangidas por aquela Lei devem, na forma e no prazo definidos pela ANS, constituir pessoas jurídicas independentes, com ou sem fins lucrativos, especificamente para operar planos privados de assistência à saúde, na forma da legislação em vigor e em especial da própria Lei nº 9.656 e de seus regulamentos. 2- A determinação para que a prestadora de assistência à saúde se adeque à norma em comento não importa em violação do direito adquirido, eis que as entidades que operam planos de saúde, atividade sujeita à normatização, controle e fiscalização direta da Administração Pública, devem se submeter às normas que regulam tal atividade, de forma imediata, de modo que as condições e requisitos originalmente impostos, no que se refere à autorização de funcionamento, poderão ser alterados. 3- Na hipótese em que a parte autora seja entidade filantrópica constituída na modalidade de fundação, não existe violação ao disposto no art. 67 do Código Civil, pois o art. 34 da Lei nº 9.656, ao impedir as operadoras de exercerem atividades diversas da operação de planos de saúde, apenas restringiu o objeto social, seja pelo ângulo formal ou substancial, de forma que a competência atribuída ao **Ministério Público de curador das fundações** (art. 66 do Código Civil) não exclui a competência da Agência Reguladora de "fiscalizar as atividades das operadoras de planos privados de assistência à saúde e zelar pelo cumprimento das normas atinentes ao seu funcionamento" (art. 4º, XXIII, da Lei nº 9.961/2001). 4- Apelo desprovido (*TRF-2ª R.* – AC 2010.51.01.005162-7 – (517290), 18-5-2016, Rel. Marcelo Pereira da Silva).

> **Art. 68.** Quando a alteração não houver sido aprovada por votação unânime, os administradores da fundação, ao submeterem o estatuto ao órgão do Ministério Público, requererão que se dê ciência à minoria vencida para impugná-la, se quiser, em dez dias.

O Código antigo dispunha sobre a possibilidade de a minoria vencida, dentro de um ano, promover a nulidade da deliberação. Ora, o simples fato de ser vencida a minoria não significa que exista nulidade nos novos estatutos. O presente estatuto, de forma técnica, fala em impugnação pela minoria vencida em dez dias. As eventuais nulidades seguem as regras gerais dos atos e negócios jurídicos. O silêncio da minoria nesse decêndio, após ser notificada, não implica renúncia, não significa que não possam os interessados impugnar atos ilegítimos ou irregulares pelas vias ordinárias. Todo ato nulo é impugnável, mas não apenas será impugnável o ato nulo, também o será o ato anulável.

O presente artigo reproduz regra do art. 1.203, parágrafo único, do CPC/1973, que já derrogara o art. 29 do Código Civil anterior, tendo por objetivo preservar os direitos dos integrantes e a gestão democrática. Esta regra não foi mantida no CPC/2015.

> **Art. 69.** Tornando-se ilícita, impossível ou inútil a finalidade a que visa a fundação, ou vencido o prazo de sua existência, o órgão do Ministério Público, ou qualquer interessado, lhe promoverá a extinção, incorporando-se o seu patrimônio, salvo disposição em contrário no ato constitutivo, ou no estatuto, em outra fundação, designada pelo juiz, que se proponha a fim igual ou semelhante.

O art. 765 do CPC já ampliara a legitimidade de quem pudesse pedir a extinção das fundações, ao estabelecer, como este dispositivo, que qualquer interessado ou o Ministério Público podem fazê-lo. A ilicitude, impossibilidade ou inutilidade da fundação deve ser examinada criteriosamente no caso concreto. O artigo ainda prevê a extinção da fundação por decurso de prazo de sua existência, caso raro na prática.

A simples deliberação dos órgãos dirigentes não pode ter por objeto sua extinção, como podem fazer os membros das demais pessoas jurídicas, porque no caso das fundações, a função dos representantes e demais membros é de mera administração de patrimônio que não lhes pertence.

É elementar que antes da extinção propriamente dita, há que se proceder à liquidação, observando-se, no que couber, os princípios do art. 61.

Por outro lado, uma vez determinada a extinção, surge a problemática da destinação dos bens. Primeiramente, conforme o ordenamento, será obedecida a vontade do instituidor. Se houver omissão nesse aspecto, recorre-se ao disposto no estatuto. Perante a omissão de ambos, o patrimônio será incorporado a outra fundação de finalidades iguais ou semelhantes, mediante decisão judicial, com opinião do Ministério Público. Essa observância se refere às fundações de direito privado. Nas fundações de direito público, a lei determinará o destino dos bens.

Entende a doutrina que se não houver fundação de finalidades semelhantes, os bens devem ser declarados vagos, passando para o Estado. Essa, aliás, a solução do § 2º do art. 61.

🔖 Ação civil pública – **Fundação privada** – **Extinção** – Desvio de finalidade – Irregularidades na prestação de contas – Ausência de receita – Inviabilidade de efetivo exercício das atividades previstas no estatuto – Patrimônio a ser incorporado em entidade de fins semelhantes – Apelação da ré não provida – 1- Sentença que julgou procedente a "ação civil pública" para decretar a extinção da Fundação privada ré, e determinar a incorporação do patrimônio a outra entidade de fins semelhantes. Manutenção. 2- Inobrigatoriedade de citação da instituidora (entidade religiosa). Pessoas jurídicas diversas, sendo que aquela não é responsável pelos atos da ré. 3- Cerceamento de defesa. Inocorrência. Impossibilidade de conciliação, sendo que o Ministério Público insiste na manutenção da sentença. Desnecessidade de perícia a fim de verificar a origem da transmissão irregular de rádio. Interdição das atividades pela ANATEL. Efetivo envolvimento da ré/apelante na referida "rádio pirata" a ser apurado nas esferas competentes (criminal e administrativa). 4- O que interessa para a presente demanda é que a ré nunca exerceu as atividades previstas no estatuto social, sendo verificado o desvio de finalidade em vários aspectos. 5- Não obstante os esforços empreendidos pelos atuais representantes da Fundação após o ajuizamento da demanda, não foram comprovadas as regularizações necessárias, nem o início das atividades em busca dos fins estatutários. Ação ajuizada em 2009. 6- Viabilidade de manutenção da entidade não demonstrada. Vício nas prestações de contas. Falta de receita. Art. 69, CC. 7- Estatuto social que não designou uma entidade à qual os bens da recorrente deveriam ser incorporados, de modo que deve ser mantida aquela designada pelo magistrado, com fins semelhantes. 8- Apelação da ré não provida (*TJSP* – Ap. 0000364-57.2009.8.26.0292, 17-12-2016, Rel. Alexandre Lazzarini).

Art. 69-A. (VETADO pela Lei 12.715/2012)

TÍTULO III
DO DOMICÍLIO

Art. 70. O domicílio da pessoa natural é o lugar onde ela estabelece a sua residência com ânimo definitivo.

Tanto a pessoa natural como a pessoa jurídica possuem um local onde gravita seu centro de interesses, seus negócios, seu centro familiar, seu centro social. Assim como a vida da pessoa tem determinado limite de tempo, possui também limite de espaço.

A atividade jurídica e social da pessoa manifesta-se no tempo e num espaço definido. "*O lugar em que a ação jurídica da pessoa se exerce de modo contínuo e permanente é o seu domicílio*" (ESPÍNOLA, 1977, p. 372).

Todo ser humano, como regra geral, constrói sua existência em torno de um lugar. O nomadismo é exceção na História da humanidade a partir do momento em que sua cultura atinge determinado estágio, quando as sociedades deixam de ser nômades. Poucos são os povos e as pessoas que, na atualidade, não se estabelecem em um local.

Podemos dizer, inclusive, que o domicílio tem um sentido metafísico, isto é, o local onde a pessoa vive passa a integrar o próprio sentido de sua personalidade. Geralmente, as pessoas apegam-se ao local onde vivem e onde possuem seu centro de interesses, tanto por motivos de ordem moral e afetiva como por motivos de ordem econômica.

Desde os primórdios da História, quando o homem passou a ligar-se a um ponto geográfico, a noção de domicílio passou a ter relevância jurídica, mormente no campo do Direito Processual. A pessoa necessita ter um local onde possa ser costumeiramente encontrada para a própria garantia da estabilidade das relações jurídicas. Quem, por exceção, não tem domicílio certo terá sua vida jurídica e familiar incerta, pois são as raízes do local onde o homem planta sua personalidade que fazem florescer sua vida no campo sociológico, profissional, moral, familiar e jurídico.

Daí por que não bastam as simples noções de residência e morada para a conotação jurídica de domicílio. O domicílio, além do vínculo material, que prende objetivamente o homem a determinado local, possui vínculo imaterial, por todos percebido, que o fixa em um ponto determinado da Terra.

No curso da História, quando o ser humano deixa de ser o caçador para se fixar em determinado local, ali passa a exercer seus atos corriqueiros da vida e ali pode ser encontrado. O ser errante, sem eira nem beira, nunca atingirá a plenitude de seu relacionamento social. Sua situação será sempre precária e instável. A sociedade o verá sempre como estranho, opondo-lhe toda sorte de reservas. O domicílio, ao lado do nome e do estado civil, é um dos principais identificadores da pessoa. Como se nota, é interesse da própria pessoa que tenha um domicílio.

Impõe-se, portanto, fixar a noção de *domicílio*, a sede jurídica, a sede da pessoa onde ela se presume presente, para uma série de efeitos jurídicos. Como percebemos, a conceituação de domicílio transcende sua simples conotação jurídica.

Em sentido amplo, que abrange também o conceito de residência, a *moradia* pode ser entendida como o local onde uma pessoa habita atualmente ou simplesmente permanece. Em sentido estrito, contrapondo-se esse conceito ao de habitação, podemos dizer que habitação é a *moradia habitual*. Para nosso Direito, não há maior importância para a distinção entre moradia e habitação. Na habitação ou moradia, há simplesmente um relacionamento de fato entre o indivíduo e o local.

A moradia é conceito mais tênue do que residência. Quem aluga uma casa de campo ou de praia para passar um período de férias tem aí sua "moradia" e não sua residência. A estada passageira de alguém por um hotel, do mesmo modo, caracteriza a moradia e não a residência.

Como a moradia é uma relação passageira e de vínculo tênue de ordem material, não podemos falar em duas moradias, uma vez que o conceito exige a presença, e não existe a presença da mesma pessoa em mais de um local.

Há, portanto, transitoriedade na noção de moradia.

Em *residência*, há um sentido de maior permanência. É o lugar em que se habita, com ânimo de permanência, com vontade de ali ficar. Ainda que desse local a pessoa se ausente temporariamente. Nossos Códigos não definiram residência; o Código italiano, no entanto, entende-a como "*o lugar onde a pessoa tem a moradia habitual*" (art. 43).

Na noção romana de domicílio, estavam presentes o estabelecimento do lar e o centro de negócios. A noção romana levava em conta a vontade de o indivíduo permanecer em determinado local.

O Direito moderno, por meio da doutrina francesa, embaralhou essa noção clara de domicílio, imaginando a "*relação jurídica entre uma pessoa e um lugar*". O art. 102 do Código francês conceitua domicílio como lugar onde a pessoa tem seu principal estabelecimento. Se entendermos o domicílio como uma "relação de direito", como queria a antiga doutrina francesa, necessariamente devemos concluir que toda pessoa deve ter necessariamente um domicílio, não podendo existir pessoa sem domicílio, e a pessoa não poderia ter mais de um domicílio.

O conceito alemão de domicílio restaurou-lhe a antiga simplicidade, pois o art. 7º do BGB – Código Civil alemão – trata do domicílio como o centro de relações de uma pessoa.

O Código suíço, no art. 23, fala em "intenção" de se estabelecer em um local, ideia que está presente em nossa noção de domicílio.

Nosso Código Civil, tendo esses três modelos a seguir, optou por redefinir a conceituação suíça conforme a definição presente neste artigo.

Nosso diploma legal, portanto, leva em consideração a residência, que, como vimos, constitui vínculo material. Portanto, na conceituação legal sobre o tema, não resta dúvida de que nosso legislador foi mais feliz que os Códigos que possuía como modelo: estipulou nitidamente a existência de dois elementos na definição: um *material* ou *objetivo*, a fixação da pessoa em determinado lugar, e outro *subjetivo* ou *psíquico*, ou seja, o ânimo de permanecer.

Há, pois, um elemento externo para caracterizar o domicílio, que é a residência; isso facilita, na prática, sua conceituação; existe, por outro lado, o elemento interno, este essencialmente jurídico, que é o ânimo de permanecer.

Desse modo, fixada a ideia de residência, se a ela se agregar a conceituação psíquica do ânimo de permanecer, fica caracterizado o domicílio, segundo nosso dispositivo. Uma noção completa a outra. Nesse sentido, afirma com exatidão Caio Mário da Silva Pereira (2006, v. 1, p. 372):

> "*O lar, o teto, a habitação do indivíduo e de sua família, o abrigo duradouro e estável – eis a residência: as relações sociais, e a extensão das atividades profissionais, o desenvolvimento das faculdades de trabalho, a radicação no meio, a filiação às entidades locais, a aquisição de bens – eis algumas das circunstâncias que autorizam concluir pela existência do ânimo definitivo de ficar.*"

Destarte, para nós, o domicílio não é mero conceito de fato.

Em que pese a essa noção de domicílio, o art. 70 de nosso estatuto deve ser visto em consonância com os arts. 71 e 73. Isso porque o art. 71 admite que a pessoa possua mais de uma residência ou mais de um domicílio, ao contrário de outras legislações, e o art. 73 admite que uma pessoa simplesmente não tenha domicílio, como passamos a ver.

Com o desenvolvimento da informática e a utilização universal da rede mundial de dados, há que se pensar agora em um *domicílio virtual*, que já merece ser observado pelo legislador, partindo-se para nova realidade jurídica.

Enunciado nº 408, V Jornada de Direito Civil – CJF/STJ: Para efeitos de interpretação da expressão "domicílio" do art. 7º da Lei de Introdução às Normas do Direito Brasileiro, deve ser considerada, nas hipóteses de litígio internacional relativo a criança ou adolescente, a residência habitual destes, pois se trata de situação fática internacionalmente aceita e conhecida.

Ação originária de mandado de segurança. Concurso público. Outorga de delegações de notas e de registros. Edital. Apresentação de certidões. Domicílios do candidato. Local de trabalho. Inclusão como domicílio profissional. Indeferimento da inscrição definitiva. Lesão a direito líquido e certo presente. Segurança concedida. 1. O edital nº 2/2015, do Concurso Público de Provas e Títulos para Outorga de Delegações de Notas e de Registros do Estado de Minas Gerais, exige que o candidato apresente certidões negativas expedidas nos locais em que manteve domicílio nos últimos dez anos, contados até a primeira publicação do Edital. 2. O art. 70 do Código Civil de 2002 dispõe que o domicílio da pessoa natural é o lugar onde ela estabelece a sua residência com ânimo definitivo. O art. 72 do mesmo código estabelece que também é domicílio da pessoa natural, quanto às relações concernentes à profissão, o lugar onde esta é exercida. 3. Embora o conceito de domicílio se estenda ao local de trabalho da pessoa natural, o edital deveria ter especificado que a exigência das certidões negativas alcançava, também, os locais onde o candidato exerceu a sua profissão nos últimos dez anos. 4. Não tendo havido tal especificação, não é razoável que a interpretação da expressão "domicílio" seja extensiva, abrangendo todos os locais que podem ser considerados como domicílio pela lei civil. 5. Segurança concedida (*TJMG* – MS 1.0000.18.024719-9/000, 23-01-2019, Rel. Caetano Levi Lopes).

⚖ Agravo interno. Conflito positivo. Duas ações de inventário. Competência relativa. Domicílio da autora da herança. Local da residência com ânimo definitivo. Prevenção. Data do ajuizamento. Competência do juízo do paranaense. 1. Estabelecido que o domicílio da autora da herança foi fixado com ânimo definitivo em Cascavel, PR, onde residia com o marido, inventariante, ao tempo do óbito, ainda acresce o fato de que a ação de inventário ajuizada na comarca paranaense é anterior a outra distribuída em Santa Catarina. 2. Agravo interno a que se nega provimento (*STJ* – AgInt no CC 143.741 – PR, 14-09-2016, Rel. Min. Maria Isabel Gallotti).

⚖ Inventário – Competência territorial – **Domicílio** do autor da herança – Cumulação de inventários – Decisão que declinou da competência, em relação ao inventário de José Marques da Silva, para a comarca de Aracajú/SE. Irresignação de uma das herdeiras. Competência territorial do domicílio do autor da herança (art. 48, CPC/2015). Domicílio que é considerado o local de residência da pessoa. Falecimento do *de cujus* em Aracajú/SE, mas residente anteriormente em conjunto com sua esposa, em Cubatão/SP. Pluralidade de residências, pluralidade de domicílios (arts. 70 e 71, CC). Domicílio do cônjuge no domicílio conjugal (art. 1.569, CC). Possibilidade de cumulação (art. 672, CPC/2015). Determinação de intimação da declarante da certidão de óbito de José Marques da Silva, por cautela de possíveis herdeiros dele. Competência fixada na comarca de Cubatão, no foro do juízo *a quo*. Decisão reformada. Recurso provido, com determinação (*TJSP* – AI 2199596-72.2016.8.26.0000, 9-12-2016, Rel. Carlos Alberto de Salles).

Art. 71. Se, porém, a pessoa natural tiver diversas residências, onde, alternadamente, viva, considerar-se-á domicílio seu qualquer delas.

O Direito Romano admitia a pluralidade de domicílios, porque fundava sua noção no conceito de residência.

A maioria dos direitos alienígenas não admite a pluralidade de domicílios. Contudo, o princípio da unidade obrigatória de domicílio refoge à realidade da vida social, mormente em nossa época, em que as comunicações são desenvolvidas e o indivíduo pode deslocar-se com rapidez e facilidade.

O fato é que a pessoa pode ter mais de uma residência ou mais de um domicílio. Nesse caso, bipartem-se as noções objetiva e subjetiva de domicílio do art. 70, mas o presente artigo resolve a situação, considerando domicílio qualquer das residências onde alternadamente viva a pessoa. O Código, aqui, mantém exclusivamente a noção objetiva de múltiplas residências, como critério suficiente para a caracterização de múltiplos domicílios. O caso concreto deve esclarecer se a pessoa possui vários centros de interesses nos locais onde reside.

⚖ Agravo de instrumento – Ação ordinária anulatória – Decisão que indeferiu a suspensão da exigibilidade do crédito tributário, condicionando-a ao prévio depósito em dinheiro de seu valor integral. Pretensão à suspensão da exigibilidade do crédito tributário até julgamento final da ação sem a necessidade de promover o depósito. Impossibilidade. Súmula 112/STJ. Ausência dos requisitos ensejadores da tutela antecipatória pretendida. **Duplo domicílio** e recolhimento do tributo em outro Estado da Federação. Questões a serem dirimidas após instauração do contraditório e regular instrução nos autos de origem. Recurso não provido (*TJSP* – AI 2114002-27.2015.8.26.0000, 1º-2-2016, Rel. Carlos Violante).

Art. 72. É também domicílio da pessoa natural, quanto às relações concernentes à profissão, o lugar onde esta é exercida.
Parágrafo único. Se a pessoa exercitar profissão em lugares diversos, cada um deles constituirá domicílio para as relações que lhe corresponderem.

O vigente diploma civil introduz a noção do "domicílio profissional", muito reclamada pela doutrina, o qual possui importantes reflexos principalmente na ordem processual. As situações ora descritas tornam-se atualmente cada vez mais frequentes, com as facilidades propiciadas pelo mundo moderno. A pessoa pode residir em um município e ali ter seu domicílio doméstico, e exercer sua profissão exclusivamente em outro. Poderá também exercer a profissão em várias localidades, todas sendo consideradas domicílio para as respectivas relações ou obrigações.

> **Art. 73.** Ter-se-á por domicílio da pessoa natural, que não tenha residência habitual, o lugar onde for encontrada.

Aqui, perante a impossibilidade de uma definição jurídica de domicílio de uma pessoa, leva-se em conta apenas o aspecto geográfico, portanto, o aspecto material, qual seja, o local onde a pessoa estiver. Trata-se do chamado *domicílio aparente*. Note que ninguém está obrigado a ter domicílio; a lei procura resolver essa ausência. Há uma necessidade jurídica de se estabelecer um domicílio.

> **Art. 74.** Muda-se o domicílio, transferindo a residência, com a intenção manifesta de o mudar.
> **Parágrafo único.** A prova da intenção resultará do que declarar a pessoa às municipalidades dos lugares, que deixa, e para onde vai, ou, se tais declarações não fizer, da própria mudança, com as circunstâncias que a acompanharem.

O domicílio, quando não aquele imposto por lei, é essencialmente mutável. O direito de alterar domicílio é um atributo da personalidade. Pelas mais variadas razões, o ser humano pode ter necessidade de mudar seu centro de interesses, transferindo sua residência com ânimo definitivo. Essa mudança pode ser voluntária ou poderá decorrer de uma imposição legal. É o que sucede com o servidor público, cujo domicílio é o local onde exerce permanentemente suas funções (art. 76). Na verdade, no domicílio legal ocorre a adoção de outro domicílio por força de lei.

No tocante à mudança voluntária, com o aspecto externo que é a mudança de residência, avalia-se a intenção manifesta de mudar no caso concreto, que consiste no elemento subjetivo. Analisam-se as circunstâncias. Raramente haverá declaração precípua às autoridades municipais, como aduz a lei.

> **Art. 75.** Quanto às pessoas jurídicas, o domicílio é:
> I – da União, o Distrito Federal;
> II – dos Estados e Territórios, as respectivas capitais;
> III – do Município, o lugar onde funcione a administração municipal;
> IV – das demais pessoas jurídicas, o lugar onde funcionarem as respectivas diretorias e administrações, ou onde elegerem domicílio especial no seu estatuto ou atos constitutivos.
> § 1º Tendo a pessoa jurídica diversos estabelecimentos em lugares diferentes, cada um deles será considerado domicílio para os atos nele praticados.
> § 2º Se a administração, ou diretoria, tiver a sede no estrangeiro, haver-se-á por domicílio da pessoa jurídica, no tocante às obrigações contraídas por cada uma das suas agências, o lugar do estabelecimento, sito no Brasil, a que ela corresponder.

Também para a pessoa jurídica o domicílio é essencial em razão do seu centro de interesses, local onde gravitarão as consequências jurídicas dos atos e negócios jurídicos.

No tocante à União, já tinham sido profundas as alterações introduzidas pelo CPC no tocante ao domicílio. O estatuto processual, no art. 51, parágrafo único, estatui:

> "É competente o foro de domicílio do réu para as causas em que seja autora a União. Parágrafo único. Se a União for a demandada, a ação poderá ser proposta no foro de domicílio do autor, no de ocorrência do ato ou fato que originou a demanda, no de situação da coisa ou no Distrito Federal."

A Constituição Federal, no art. 109, § 1º, dispõe que as causas em que a União for autora serão aforadas na seção judiciária onde tiver domicílio a outra parte. O § 2º estabelece que as causas intentadas contra a União poderão ser aforadas na seção judiciária em que for domiciliado o autor, naquela onde tiver ocorrido o ato ou fato que deu origem à demanda ou onde esteja situada a coisa ou, ainda, no Distrito Federal. Destarte, sempre que a União for parte na ação judicial, será competente, em princípio, a Justiça Federal sediada na Capital dos Estados.

No Estado de São Paulo, quando o Estado é parte, compete aos Juízos das Varas Privativas da Fazenda Pública julgar os feitos. Também o Município de São Paulo tem foro privativo nas Varas de Fazenda.

O princípio do presente artigo, no seu § 1º, atinente às pessoas jurídicas em geral, vem em auxílio da parte que tenha de demandar contra entidade com estabelecimentos em vários lugares. Cada um dos estabelecimentos será considerado domicílio, para os atos nele praticados. Dispõe a Súmula 363 do Supremo Tribunal Federal: "*A pessoa jurídica de direito privado pode ser demandada no domicílio da agência ou estabelecimento em que se praticou o ato.*" Se a parte fosse obrigada sempre a demandar contra a pessoa jurídica em sua sede, o ônus seria enorme. Todavia, a parte pode renunciar a esse benefício. É necessário dar elasticidade ao conceito de filial, sucursal ou agência para não tolher o caminho do Judiciário, mormente às partes de menores recursos.

O § 2º desse artigo diz respeito às pessoas jurídicas estrangeiras que tenham estabelecimento no Brasil: no foro desse estabelecimento poderão ser demandadas, bem como no de qualquer agência aqui localizada. O parágrafo único do art. 21 do CPC, por sua vez, diz que "Para o fim do disposto no inciso I, considera-se domiciliada no Brasil a pessoa jurídica estrangeira que nele tiver agência, filial ou sucursal".

O fato é que a lei pressupõe, no caso das pessoas jurídicas, que, se elas espalham filiais pelo país, necessariamente devem colocar prepostos seus à altura de serem demandados. Tais medidas são de grande alcance para todos que travam contato, de um modo ou de outro, com uma pessoa jurídica.

O texto do inciso IV desse artigo visa eliminar casuísmos e dificuldade de aferir o domicílio da pessoa jurídica, mormente para fins processuais.

O § 1º, já mencionado, aciona a ideia de vários domicílios da pessoa jurídica, para facilitar procedimentos processuais, no que é completado pelo § 2º no tocante a pessoas jurídicas com sede no exterior.

⚖ Processual civil. Agravo interno no recurso especial. Agravo de instrumento. Adimplemento contratual objetivando a subscrição de ações por cessão de direito. Embargos de declaração. Omissão, contradição ou obscuridade. Não ocorrência. Cessionário. Não incidência das regras de competência do CDC. Foro da sede da demandada. Local onde deverá ser satisfeita a obrigação na hipótese de procedência da demanda. Art. 75, IV, do CC/2002. Súmula 568/STJ. (...) 3. O domicílio da pessoa jurídica é o local de sua sede, não sendo possível o ajuizamento da ação em locais nos quais a recorrente mantém suas filiais se a obrigação não foi contraída em nenhuma delas. Precedentes. 4. Agravo interno não provido (*STJ* – AgInt no REsp 1.861.470 – PR, 18-05-2020, Rel. Min. Nancy Andrighi).

Art. 76. Têm domicílio necessário o incapaz, o servidor público, o militar, o marítimo e o preso.
Parágrafo único. O domicílio do incapaz é o do seu representante ou assistente; o do servidor público, o lugar em que exercer permanentemente suas funções; o do militar, onde servir, e, sendo da Marinha ou da Aeronáutica, a sede do comando a que se encontrar imediatamente subordinado; o do marítimo, onde o navio estiver matriculado; e o do preso, o lugar em que cumprir a sentença.

O domicílio necessário decorre de uma presunção legal e afasta, segundo a maioria das perspectivas, o domicílio voluntário. Será necessário o domicílio das pessoas enumeradas em razão de sua função ou posição. A presunção é absoluta e visa facilitar a convivência social.

Desse modo, o incapaz tem como domicílio o de seu representante ou assistente legal porque só este poderá praticar seus atos da vida civil.

As outras hipóteses decorrem de uma imposição lógica: o servidor público terá como domicílio o local onde exerce sua função permanentemente, assim como o do militar. O do preso, o local onde cumpre a sentença.

O domicílio necessário não afasta sempre o domicílio voluntário, uma vez que nossa lei admite a pluralidade de domicílios. Assim, por exemplo, o funcionário público, além de seu domicílio legal, poderá ter outro domicílio voluntário, por residir e ter seu centro de interesses domésticos ou negociais em outra localidade. Pode exercer sua função em uma cidade e residir em outra.

⚖ Recurso inominado – Autor, militar, que possui domicílio voluntário nesta comarca de Guarulhos, mas que serve na comarca de São Paulo – Militar que possui domicílio necessário, nos termos do art. 76, parágrafo único, do Código Civil, no lugar onde servir – Domicílio necessário, no entanto, que não afasta o domicílio voluntário, podendo o autor escolher, em prestígio à garantia constitucional do acesso à justiça, em qual dos domicílios demandará – Sentença de extinção do processo sem resolução do mérito anulada – Recurso provido (*TJSP* – Recurso Inominado 1024390-97.2018.8.26.0224, 09-12-2018, Rel. Sandro Cavalcanti Rollo).

Art. 77. O agente diplomático do Brasil, que, citado no estrangeiro, alegar extraterritorialidade sem designar onde tem, no país, o seu domicílio, poderá ser demandado no Distrito Federal ou no último ponto do território brasileiro onde o teve.

Os agentes diplomáticos possuem imunidade internacional de jurisdição. Dessa forma, não importa em qual país residam, consideram-se domiciliados em seu país. Assim, devem ser acionados, quando for o caso, perante os tribunais de seu próprio país. Podem, porém, renunciar a esse privilégio mediante autorização de seu governo e em algumas situações especiais. Se, citado no estrangeiro, o diplomata alegar extraterritorialidade sem indicar onde tem seu domicílio, poderá ser demandado no Distrito Federal do último posto do território brasileiro onde o teve. Poucas legislações adotaram essa regra. O dispositivo visa beneficiar os agentes diplomáticos brasileiros, que podem ser acionados no Brasil.

Art. 78. Nos contratos escritos, poderão os contratantes especificar domicílio onde se exercitem e cumpram os direitos e obrigações deles resultantes.

Esse domicílio especial que, na prática, é denominado *foro do contrato* ou *foro de eleição* tem a finalidade de facilitar a execução de um contrato e a propositura de ação ao menos para um dos contratantes, geralmente o credor, modificando a competência processual.

Muito se discutiu se essa disposição não estaria derrogada. Com o art. 111 do CPC/1973 e atual arts. 62 e 63, §§ 1º e 2º, a questão foi superada:

> "*Art. 62. A competência determinada em razão da matéria, da pessoa ou da função é inderrogável por convenção das partes.*
> *Art. 63. As partes podem modificar a competência em razão do valor e do território, elegendo foro onde será proposta ação oriunda de direitos e obrigações.*
> *§ 1º A eleição de foro só produz efeito quando constar de instrumento escrito e aludir expressamente a determinado negócio jurídico*
> *§ 2º O foro contratual obriga os herdeiros e sucessores das partes.*"

O art. 47 do CPC também alude ao foro de eleição.

O foro de eleição opera tão somente quanto às questões emergentes dos contratos, não infringindo qualquer norma cogente de competência do estatuto processual. Dentro da terminologia do processo, em que a matéria deve ser estudada, apenas a *competência relativa* referente ao valor e ao território pode sofrer modificação pelo foro de eleição.

A *competência absoluta*, representada no artigo por aquela em razão da matéria e da hierarquia, é inderrogável por vontade das partes.

Em face de tal faculdade, portanto, a lei permite que as partes criem um domicílio para o fim único da execução de um contrato, para a execução de um ato ou para uma série de atos; para um negócio jurídico, enfim.

No entanto, ainda que exista foro de eleição, se o credor preferir, pode valer-se da regra geral, demandando no domicílio do réu, porque essa norma favorece a este último.

Há palpável corrente jurisprudencial que pretende negar validade à disposição que elege foro nos contratos de adesão, mormente naqueles referentes a consórcios e demais situações de relação de consumo. Sustentam seus seguidores que se trata de cláusula abusiva, obrigando o consumidor a responder por ação judicial em local diverso de seu domicílio. Essa interpretação vem fundada no art. 51, IV, do Código de Defesa do Consumidor (Lei nº 8.078/1990). Por esse dispositivo são nulas as cláusulas que *estabeleçam obrigações iníquas, abusivas, que coloquem o consumidor em desvantagem exagerada, ou sejam incompatíveis com a boa-fé ou a equidade*. Não nos parece acertada essa interpretação, se aplicada de forma peremptória e sistemática. Primeiramente, porque, como deflui do espírito do instituto no Código Civil, o foro de eleição sempre é inserido no contrato para facilitar o credor. Essa a sua finalidade. Em segundo plano, dentro da economia de massa regulada pela lei do consumidor, embora seja sublimada sua proteção, devem ser vistas todas as relações de consumo. Se o consumidor tem prévia notícia do foro de eleição no contrato que se lhe apresenta, não podemos concluir sistematicamente que a cláusula seja abusiva. A adesão ao contrato não desnatura o contratualismo. Tal ainda é mais verdadeiro quando, na economia de mercado, existem muitos fornecedores de serviços e produtos idênticos ou semelhantes, com possibilidade de escolha por parte do adquirente de empresa que elege foro mais favorável. Se o consumidor aderiu a contrato como foro previamente definido, existindo outras empresas com a mesma finalidade no mercado nacional, não há como negar validade ao domicílio contratual. Entender de outro modo, antes de proteger o consumidor, é estar protegendo, como regra, o mau pagador. Todavia, sempre deverá atuar o bom-senso do julgador em cada caso concreto, com suas peculiaridades exclusivas.

Atendendo a essa perspectiva, aduz o CPC no art. 63, § 3º: "Antes da citação, a cláusula de eleição de foro, se abusiva, pode ser reputada ineficaz de ofício pelo juiz, que determinará a remessa dos autos ao juízo do foro de domicílio do réu." Trata-se, portanto, de norma que permite ao juiz declinar de ofício da competência relativa, um dos grandes óbices nessa seara ora tratada. Esse texto legal reflete o entendimento já Tribunal de Justiça. A invalidade do foro contratual não é uma imposição legal, mas uma faculdade atribuída ao juiz, perante o exame do caso concreto. Trata-se de mais uma das denominadas cláusulas abertas, nas quais o magistrado deve dar uma resposta socialmente adequada segundo as circunstâncias do caso. Há que se verificar sempre a abusividade, isto é, quando o foro é imposto pela parte economicamente mais forte, a dificultar o direito de defesa daquele, em tese, economicamente mais fraco.

Não prevalece, por outro lado, o foro de eleição quando se tratar de ação que verse sobre imóveis, sobre direito real; nesse caso, será competente o foro da situação da coisa, como regra geral, de acordo com o art. 47 do CPC.

⚖ Embargos de divergência em recurso especial. Processual civil. Exceção de incompetência. Contrato de distribuição. Ação de indenização. Contrato de adesão. Cláusula de eleição de foro. Validade. Embargos de divergência acolhidos e providos. 1. A jurisprudência desta Corte preconiza que, via de regra, para que se declare a invalidade de cláusula de eleição de foro, é necessária a presença conjunta de, ao menos, três requisitos: a) que a cláusula seja aposta em contrato de adesão; b) que o aderente seja reconhecido como pessoa hipossuficiente (de forma técnica, econômica ou jurídica); e c) que isso acarrete ao aderente dificuldade de acesso à Justiça. 2. Ademais, a mera desigualdade de porte econômico entre as partes proponente e aderente não caracteriza automática hipossuficiência econômica ensejadora do afastamento do dispositivo contratual de eleição de foro. 3. Na espécie, equivocou-se o v. acórdão embargado, pois não fora adequadamente justificado, nas instâncias ordinárias, o reconhecimento da hipossuficiência do aderente. 4. Embargos de divergência conhecidos e providos (*STJ* – Embargos de divergência em REsp 1.707.526 – PA, 27-05-2020, Rel. Min. Raul Araújo).

⚖ Agravo de instrumento – Exceção de incompetência – Ação de cobrança – Termo de responsabilidade – **Foro de eleição** – Consumidor – Possibilidade de convencionar foro de eleição, ainda que o contrato seja de adesão, em face da competência ser territorial e relativa – Aplicação da Súmula nº 335 do STF – Inaplicabilidade dos artigos 94 e 100, IV, "a", do ACPC – Relação de consumo e desequilíbrio afastada – Agravo improvido (*TJSP* – AI 2076303-65.2016.8.26.0000, 22-6-2016, Rel. Salles Vieira).

⚖ Competência – Contrato de adesão – Cláusula de eleição de foro – Declinação de ofício – Admissibilidade – Tendo em vista a redação do art. 112, parágrafo único, do CPC, acrescentado pela Lei nº 11.280/06, é lícito ao magistrado declarar, de ofício, a nulidade da cláusula de eleição de foro, em contrato de adesão, declinando de sua competência para o Juízo da Comarca onde tem domicílio o devedor, equilibrando a relação processual (*TJSP* – AGI 990.10.568491-2, 11-2-2011, Renato Sartorelli).

LIVRO II
DOS BENS

TÍTULO ÚNICO
DAS DIFERENTES CLASSES DE BENS

CAPÍTULO I
Dos Bens Considerados em si Mesmos

Seção I
Dos Bens Imóveis

Art. 79. São bens imóveis o solo e tudo quanto se lhe incorporar natural ou artificialmente.

1. Bens e coisas: objeto do Direito

Todo direito tem um objeto sobre o qual repousa. O objeto do Direito pode ser a existência mesma da pessoa, seus atributos da personalidade: a honra, a liberdade, a manifestação do pensamento. Tais direitos são atributos da personalidade, são imateriais e, quando violados, podem ser avaliados em dinheiro, denominador comum de qualquer indenização, embora esses direitos não tenham valor pecuniário direto e imediato.

O objeto do Direito pode traduzir-se também em uma atividade da pessoa; uma prestação; um dar, um fazer ou deixar de fazer algo. As ações humanas, como objeto do direito, manifestam-se no direito obrigacional, que é pessoal, une uma pessoa a outra por meio de um vínculo jurídico.

O objeto do Direito, porém, pode recair sobre coisas corpóreas e incorpóreas, como um imóvel, no primeiro caso, e os produtos do intelecto, no segundo.

Como o direito subjetivo é poder outorgado a um titular, requer, portanto, um objeto. O objeto é a base material sobre a qual se assenta o direito subjetivo, desenvolvendo o poder de fruição da pessoa, com o contato das coisas que nos cercam no mundo exterior.

Entende-se por *bens* tudo o que pode proporcionar utilidade aos homens. Não deve o termo ser confundido com *coisas*, embora a doutrina longe está de ser uníssona. Bem, numa concepção ampla, é tudo que corresponde a nossos desejos, nosso afeto em uma visão não jurídica. No campo jurídico, bem deve ser considerado aquilo que tem valor, abstraindo-se daí a noção pecuniária do termo. Para o direito, *bem* é uma utilidade econômica ou não econômica.

O termo *bem* é uma espécie de coisa, embora por vezes seja utilizado indiferentemente. Coisas são os bens apropriáveis pelo homem, como assevera Serpa Lopes (1962, v. 1, p. 354):

"*Sob o nome de coisa, pode ser chamado tudo quanto existe na natureza, exceto a pessoa, mas como bem só é considerada aquela coisa que existe proporcionando ao homem uma utilidade, porém com o requisito essencial de lhe ficar suscetível de apropriação.*"

Assim, todos os bens são coisas, mas nem todas as coisas merecem ser denominadas bens. O sol, o mar, a lua são coisas, mas não são bens, porque não podem ser apropriados pelo homem. As pessoas amadas, os entes queridos ou nossas recordações serão sempre um bem. O amor é o bem maior do homem. Essa acepção do termo somente interessa indiretamente ao Direito.

A palavra *bem* deriva de *bonum*, felicidade, bem-estar. A palavra *coisa*, tal como os estudos jurídicos a consagram, possui sentido mais extenso no campo do Direito, compreendendo tanto os bens que podem ser apropriados, como aqueles objetos que não podem.

Todavia, é importante que se advirta, não há acordo entre os autores sobre a conceituação de coisa e bem. Na verdade, há bens jurídicos que não podem ser nomeados como coisas, como é o caso da honra, da liberdade, do nome. Essa afirmação, porém, não é unanimidade na doutrina. Assim é o Direito.

Coisa, por sua vez, pode ser tomada apenas por seu lado corpóreo, como faz o Direito alemão. Em nossa doutrina, porém, coisa pode abranger tanto objetos corpóreos como incorpóreos.

Nossos Códigos não definem os dois termos. O Código português, no art. 202, diz: "*Diz-se coisa tudo aquilo que pode ser objeto de relações jurídicas.*" O Código italiano, no art. 810, diz que são bens as coisas que podem formar objetos de direitos.

Nossa legislação e doutrina inclinam-se a tratar indiferentemente ambas as noções. Às vezes, coisa é gênero e bem é espécie, e vice-versa.

O termo *bens*, conforme o título do Código aqui estudado, tem significação extensa, abrangendo coisas e direitos, sob diversos aspectos. Na Parte Especial, ao tratar do Direito das Coisas, a lei dedica-se unicamente à propriedade e a seus respectivos direitos derivados.

No Livro II, o Código trata *"das diferentes classes de bens"*. Primeiramente, *"dos bens considerados em si mesmos"*:

"I – dos bens imóveis;
II – dos bens móveis;
III – dos bens fungíveis e consumíveis;
IV – dos bens divisíveis e indivisíveis;
V – dos bens singulares e coletivos."

A seguir, trata *"dos bens reciprocamente considerados"* (principais e acessórios) e *"dos bens públicos"*.

2. Bens corpóreos e incorpóreos

Bens corpóreos são aqueles que nossos sentidos podem perceber: um automóvel, um animal, um livro. Os *bens incorpóreos* não têm existência tangível. São direitos das pessoas sobre as coisas, sobre o produto de seu intelecto, ou em relação a outra pessoa, com valor econômico: direitos autorais, créditos, invenções.

As coisas corpóreas podem ser objeto de compra e venda, enquanto as incorpóreas prestam-se à cessão, embora no seu âmago sejam idênticas. As coisas incorpóreas não podem ser objeto de usucapião nem de transferência pela tradição, a qual requer a entrega material da coisa. Em que pese ao silêncio da legislação, essa distinção, que vem desde o Direito Romano, é de importância relativa.

Os bens incorpóreos são entendidos como abstração do Direito; não têm existência material, mas existência jurídica. São criações da técnica jurídica. As relações jurídicas podem ter como objeto tanto os bens materiais quanto os imateriais.

3. Móveis e imóveis

Essa classificação substituiu, sob o prisma da importância, a das *res mancipi* e *res nec mancipi do direito romano clássico*. Desde a Idade Média, é dada maior importância aos imóveis em detrimento dos móveis. Embora seja essa a orientação de nossa Lei, podemos dizer que hoje os valores mobiliários já superam, em importância, sob vários prismas, os bens imóveis.

Imóveis são aqueles bens que não podem ser transportados sem perda ou deterioração, enquanto *móveis* são os que podem ser removidos, sem perda ou diminuição de sua substância, por força própria ou estranha. *Semoventes* são os animais. São essas noções que se encontram no art. 82.

Aos direitos, quer recaiam sobre bens móveis, quer recaiam sobre imóveis, também se aplica a divisão. Assim, os direitos de servidão, uso e habitação são imóveis. O usufruto será móvel ou imóvel, dependendo de seu objeto.

Os bens imóveis são adquiridos tão só pela transcrição do título no Registro de Imóveis, ou pela acessão, pela usucapião e pelo direito hereditário, mas sempre deverá constar o titular do respectivo registro. Os móveis são adquiridos por simples tradição, bem como pela ocupação, caça, pesca e invenção (art. 1.263). Os bens imóveis, como regra geral, são dados em hipoteca, enquanto os bens móveis são dados em penhor. O tempo para a aquisição dos imóveis por usucapião é mais longo (10 ou 15 anos no presente Código, art. 1.238) do que para os móveis (três ou cinco anos; arts. 1.260 e 1.261). Foram introduzidas novas perspectivas para a usucapião no Código atual.

4. Regime dos bens imóveis

Do ponto de vista estritamente natural, o único bem imóvel é o terreno – uma porção de terra do globo terrestre. O legislador, porém, partindo do pressuposto da transferibilidade para distinguir os bens móveis de imóveis, *idealiza* o conceito da imobilidade para outros bens que materialmente seriam móveis. Daí, portanto, os conceitos dos arts. 43 e 44 do Código de 1916, estatuindo quatro categorias de bens imóveis: *por natureza, por acessão física, por acessão intelectual* e *por determinação legal*.

Imóveis por natureza no diploma passado (art. 43, I) eram "*o solo com a sua superfície, os seus acessórios e adjacências naturais, compreendendo as árvores e frutos pendentes, o espaço aéreo e o subsolo*". O atual Código descreve: "*São bens imóveis o solo e tudo quanto se lhe incorporar natural ou artificialmente*" (art. 79). São tantas as restrições ao espaço aéreo e ao subsolo que a atual lei preferiu subtrair essa noção.

Nos componentes do solo, algumas partes são sólidas, outras líquidas, umas integram e formam a superfície, outras o subsolo. Se alguma das partes é separada pela força humana, passa a constituir-se em unidade distinta, mobilizando-se, como a árvore que se converte em lenha, e assim por diante. A água, enquanto pertencente a um imóvel, será imóvel; destacada pelo homem, torna-se móvel.

As árvores e os arbustos, ainda que plantados pelo homem, deitando suas raízes nos solos, são imóveis. Não serão assim considerados se plantados em vasos e recipientes removíveis, ainda que de grandes proporções.

As riquezas minerais ou fósseis, que no regime do Código anterior pertenciam ao proprietário do solo, passaram a constituir propriedade distinta pertencente ao patrimônio da União, a qual pode outorgar ao particular mera concessão de exploração de jazidas.

Portanto, embora se considerem propriedade o subsolo e o espaço aéreo, tais pontos apenas se consentirão presos à propriedade na medida de sua utilização pelo proprietário do solo. Já não se considera que a propriedade se debruce *usque ad sidera et usque ad inferos* (até o céu e até o inferno). A utilização do solo e do espaço aéreo, pois, não pode ser ilimitada. A lei só ampara o direito de propriedade enquanto de utilidade para o titular. Assim objetiva a função social da propriedade. Nesse propósito, dispõe o atual Código, no art. 1.229:

"*A propriedade do solo abrange a do espaço aéreo e subsolo correspondentes, em altura e profundidade*

> *úteis ao seu exercício, não podendo o proprietário opor-se a atividades que sejam realizadas, por terceiros, a uma altura ou profundidade tais, que não tenha ele interesse legítimo em impedi-las."*

A disposição entrosa-se com o uso racional, *civiliter*, da propriedade e sua função social, que não pode estampar abuso de direito.

São *imóveis por acessão física* (art. 43, II, do Código anterior)

> *"tudo quanto o homem incorporar permanentemente ao solo, como a semente lançada à terra, os edifícios e construções, de modo que se não possa retirar sem destruição, modificação, fratura ou dano".*

Essa noção passa a ser compreendida dentro da definição do art. 79 da presente lei. As construções que se agregam ao solo participam de sua natureza jurídica, porém, se se tratarem de construções ligeiras e provisórias, apenas acostadas ao solo, a sua superfície, tais como barracas, barracões e construções provisórias, não devem ser consideradas imóveis.

Os imóveis, edificados ou não, denominam-se *prédios*. São prédios rurais, segundo Clóvis (1980, p. 181), os terrenos situados fora dos limites das cidades, vilas e povoações, destinados à agricultura ou aos campos de criação, ou incultos. São prédios urbanos os situados nos limites das cidades, vilas e povoações, ainda que não cultivados nem edificados. Pouco importará o tipo de construção e a destinação do prédio, que será considerado urbano ou rural, se situado dentro ou fora do perímetro urbano, segundo dados de leis administrativas locais.

Desde que definitiva, pouco importa o material de que seja feita a construção: concreto, tijolos, pedra, madeira etc. O que interessa é sua aderência ao solo em caráter permanente.

Uma vez que se agregarão ao solo, as sementes são consideradas imóveis se lançadas para germinar.

Os chamados prédios ou edifícios de apartamentos, propriedade em planos horizontais, criados pela necessidade urbana moderna, são considerados também imóveis presos ao solo, ainda que os planos acima do andar térreo não estejam diretamente ligados a ele. Trata-se de uma propriedade superposta.

Nem sempre a imobilização das partes que aderem ao solo serão de propriedade do titular do domínio do solo. Habitualmente, ocorre isso. Contudo, pode suceder que a semente lançada ao solo seja de proprietário diverso, assim como os materiais de construção do edifício. Nesse caso, haverá perda dos móveis em favor do proprietário do solo, com direito à indenização a quem construiu ou plantou em terreno alheio de boa-fé (art. 1.255), ou sem direito algum em caso de má-fé.

Acessão significa justaposição, aderência de uma coisa a outra, de modo que haja absorção de uma coisa por outra. Na hipótese ora tratada, as sementes, os materiais de construção são originalmente coisas móveis, que aderem definitivamente ao solo, passando à categoria de imóveis. Aqui aplica-se o princípio de que o acessório segue o principal.

Eram considerados *imóveis por acessão intelectual* no Código de 1916 (art. 43, III) *"tudo quanto no imóvel o proprietário mantiver intencionalmente empregado em sua exploração industrial, aformoseamento, ou comodidade"*. Essa noção também deve estar compreendida na fórmula geral do novo art. 79 e dependerá do exame do caso concreto. Há que se distinguir, também, no caso específico, as benfeitorias. Há quem entenda, porém, que essa categoria não mais existe, suprimida que foi sua menção expressa no presente artigo. Apenas o proprietário, ou seu representante, pode imobilizar esses objetos. Não pode fazê-lo o mero locatário ou detentor, cuja relação com o imóvel é transitória.

Eram três as espécies da acessão intelectual. Em primeiro lugar, a lei falava em objetos mantidos intencionalmente no imóvel para sua exploração industrial. Seriam assim considerados máquinas, ferramentas, adubos. Contudo, o simples fato de esses objetos serem encontrados no imóvel não levava à automática conclusão de que foram imobilizados. É a circunstância de cada caso que define sua situação. A dificuldade estava em saber quais utensílios são necessários à exploração do imóvel. Por isso, o atual Código preferiu suprimir essa classificação.

Em segundo lugar, falava a lei em objetos empregados para o aformoseamento do imóvel. São vasos, estátuas e estatuetas nos jardins e parques, quadros, cortinas etc. nos prédios de modo geral. Como nem sempre é fácil definir a imobilização, vale o que foi dito no parágrafo anterior.

Em terceiro lugar, mencionava o texto anterior os objetos destinados à comodidade do imóvel. Incluíam-se nessa categoria geradores, circuladores de ar, aparelhos de ar condicionado, escadas de emergência justapostas nos edifícios, equipamentos de incêndio etc. Note que a noção de pertenças, a seguir mencionada, abrange essa noção.

Os bens de acessão intelectual distinguiam-se dos bens das classes anteriores, porque, ao contrário da acessão física, não havia justaposição material da coisa móvel ao imóvel. Ocorria tão só um vínculo de ordem subjetiva. Como se tratava de idealização, esses bens não eram permanentemente imobilizados e podiam readquirir, a qualquer tempo, a condição de móveis. Isso tinha importância prática no momento da alienação do imóvel. Se o proprietário o aliena sem fazer ressalva dos imóveis dessa categoria, presume-se que na alienação também tais objetos estivessem englobados. Note que a imobilização por acessão intelectual apenas ocorria quando os bens são colocados a serviço do imóvel e não de determinada pessoa. Modernamente, na nova lei, cumpre que esses objetos sejam devidamente discriminados ou que se analise a vontade dos interessados, mormente porque introduz a noção de *pertenças*, como veremos.

Na acessão física, os objetos são definitivamente incorporados ao imóvel, seguindo seu destino. Na acessão intelectual, a imobilização é transitória e dependente da vontade, daí por que podem os objetos recuperar a mobilidade. Por essa razão, a essa categoria denominava-se, também, *imóveis por destinação do proprietário*.

É interessante, neste tópico, mencionar o conceito de *partes integrantes*. São aquelas que podem ser separadas do todo, sem perda ou deterioração; como sua finalidade é completar o todo, seu deslocamento prejudica-o. Podem as partes integrantes ser essenciais e não essenciais. *Essenciais* são as que não podem ser objeto de direito real separadamente. São inseparáveis. São *não essenciais* aquelas que, ainda que com diminuição da utilidade do todo, podem ser destacadas. A venda e a transferência de uma coisa determinada compreendem o conjunto das partes integrantes, se não houver ressalva expressa por parte do alienante (LARENZ, 1978, p. 380). O caso concreto dará a noção da essencialidade, que vem disposta no Código alemão.

Enunciado nº 11, I Jornada de Direito Civil – CJF/STJ: Não persiste no novo sistema legislativo a categoria dos bens imóveis por acessão intelectual, não obstante a expressão "tudo quanto se lhe incorporar natural ou artificialmente", constante da parte final do art. 79 do Código Civil.

Usucapião. Extraordinária. Bem imóvel urbano. Posse mansa, pacífica e ininterrupta caracterizada, sendo exercida pela requerente com ânimo de proprietário por prazo superior a 15 anos. Sentença, todavia, que declarou a propriedade apenas dos terrenos, excluindo o edifício nele construído. Edificação erigida que passou a integrar permanentemente o solo, por meio de acessão, contituindo bem imóvel, por força do artigo 79 do Código Civil. Edificação que, em relação ao solo, se revela bem acessório e, nessa condição, deve seguir a sorte do bem principal. Pretensão da demandante que se arrima no artigo 1.238, do Código Civil. Norma jurídica que defere àquele que exerce posse mansa, pacífica, ininterrupta e com ânimo de dono pelo prazo de quinze anos a propriedade do bem imóvel. Prescrição aquisitiva que alcança o bem principal e os bens acessórios. Sentença reformada. Recurso provido (*TJSP* – AP.1000577-40.2015.8.26.0032, 04-07-2019, Rel. Vito Guglielmi).

Apelação cível. Embargos de terceiro opostos em razão de decisão que deferiu liminar de reintegração de posse em favor da embargada. Sentença de improcedência. Aquisição, pelo embargante de árvores de pinus plantadas sobre a área litigiosa. Negócio jurídico realizado com o réu da ação de reintegração de posse. Pretensão de continuidade da exploração florestal. Impossibilidade. Posse legítima ou propriedade sobre a área litigiosa não comprovada. Alegação de que a demonstração de posse sobre as árvores seria suficiente para procedência do pedido. Tese rejeitada. Árvores que são bens imóveis por acessão natural (artigo 79 do código civil). Aplicação do princípio geral de que o bem acessório segue o principal (artigo 92 do Código Civil). Alienação de árvores para corte que, embora não encontre vedação legal, não poderia ter sido realizada por quem aparentemente não era proprietário ou possuidor legítimo da área em que situada a cobertura vegetal. Recurso desprovido (*TJPR* – Ap.1730368-1, 07-02-2018, Rel. Helder Luis Henrique Taguchi).

Ação de indenização por acessão e benfeitorias – Comodato gratuito decorrente de laços familiares e realização de benfeitorias. Improcedência da ação e do pedido reconvencional. Recurso da autora. Alegação de que o valor da indenização pode ser apurado pelos documentos juntados ou por meio de liquidação de sentença. Recurso adesivo (ré). Alegação de que os aluguéis cobrados na reconvenção são devidos. Direito de indenização reconhecido. Indenização restrita às benfeitorias que restaram incontroversas. Reconhecido o *an debeatur*, possível a apuração do *quantum debeatur* por meio de liquidação de sentença. Liquidação por arbitramento – Ausência de notificação da rescisão comodatária. Esbulho não caracterizado. Direito de cobrança de alugueres afastado. Recurso da autora provido e da ré improvido (*TJSP* – Ap. 990.10.321844-2, 24-10-2011, Rel. Miguel Petroni Neto).

Art. 80. Consideram-se imóveis para os efeitos legais:
I – os direitos reais sobre imóveis e as ações que os asseguram;
II – o direito à sucessão aberta.

O presente Código restringe-se a apontar, nessa categoria, os direitos reais sobre imóveis e as respectivas ações e o direito à sucessão aberta restringindo conceito mais amplo do antigo Código.

Os direitos são bens imateriais e, destarte, não poderiam ser entendidos como coisas móveis ou imóveis. Contudo, para maior segurança das relações jurídicas, a lei considera os direitos sobre imóveis (enfiteuse, servidões, usufruto, uso, habitação, rendas constituídas sobre imóveis, penhor, anticrese, direito de laje e hipoteca, além da propriedade e outras inovações legais, como os fundos de investimento) como imóveis, e, como tal, as respectivas ações, que revestem a própria dinâmica desses direitos (ações de reivindicação, confessória e negatória de servidão, hipotecárias, pignoratícias, de nulidade ou rescisão de compra e venda etc.).

O legislador entende que tais direitos devem ser imóveis e trata-se de disposição cogente, não podendo as partes dispor diferentemente.

As apólices da dívida pública são bens móveis, mas passavam a ser tratadas como imóveis por disposição legal, desde que oneradas com a cláusula de inalienabilidade, que podia decorrer de doação ou testamento, ou do caso raro de dote, sem transferência ao patrimônio do marido. Se fossem inalienáveis, as apólices seriam consideradas imóveis, por força de lei, e sujeitavam-se às regras relativas à propriedade imóvel. A regra não foi repetida neste Código.

O direito à sucessão aberta é o complexo patrimonial transmitido pela pessoa falecida a seus herdeiros. É considerado bem imóvel, ainda que a herança seja composta apenas de bens móveis. Não cogita a lei sobre as coisas que compõem a herança, mas sim sobre o direito a elas. Somente com a partilha e sua homologação deixa de existir a herança, passando os bens a serem encarados individualmente. A sucessão aberta abarca tanto os direitos reais como os direitos pessoais. Dessa ficção legal deflui que a renúncia da herança é renúncia de imóvel, e sua cessão configura transmissão de direitos imobiliários sujeita a tributação respectiva. A meação do cônjuge não ingressa no conceito de sucessão e, portanto, não deve ser considerada imóvel.

O vigente Código, como vimos, simplificou a compreensão dos imóveis, suprimindo categorias antiquadas.

Inventário. Cessão de direitos hereditários de quotas sociais. ITBI. 1. Segundo dispõe o art. 80, inc. II, do Código Civil, consideram-se imóveis para os efeitos legais, o direito à sucessão aberta. 2. Como as quotas sociais fazem parte do acervo hereditário que compõe o inventário, devem ser vistas como bem imóvel. 3. Tratando-se de direito sucessório e ocorrendo a cessão desse direito, deve incidir imposto sobre essa transmissão *inter vivos* dos herdeiros para o recorrente. Recurso desprovido (*TJRS* – AI 70076003573, 25-07-2018, Rel. Sérgio Fernando de Vasconcellos Chaves).

Art. 81. Não perdem o caráter de imóveis:
I – as edificações que, separadas do solo, mas conservando a sua unidade, forem removidas para outro local;
II – os materiais provisoriamente separados de um prédio, para nele se reempregarem.

A propósito dos materiais, este Código apresenta descrição mais extensiva, ao informar quando as edificações e os materiais provisoriamente separados de um prédio não perdem o caráter de imóveis. Menciona as edificações que podem ser separadas do solo, removidas para outro local, como inúmeras construções modernas.

Importa aqui saber a destinação da separação desses materiais e das edificações. Se os materiais foram separados para conserto ou manutenção, para novamente serem agregados ao prédio, não perdem a condição de imóveis, pois o que se tem em vista é sua aplicação. O inciso II deve ser visto em consonância com o art. 84. Essa noção de materiais provém do Direito Romano.

Se os materiais se destinam a serem reaproveitados no prédio, devem continuar a serem considerados imóveis.

Apelação – Ação de indenização – Autora que alega ter sido proprietária de um imóvel arrematado em ação que tramitou na 3ª Vara Cível do Foro Regional de Pinheiros, cujo mandado de imissão na posse foi expedido em 19 de maio de 2008. Contudo, não teria recebido os objetos e acessórios que guarneciam o imóvel e arrolou as benfeitorias voluptuárias por ela realizadas, pugnando pela respectiva indenização – Sentença de extinção do feito, com resolução do mérito, nos termos do artigo 487, inciso II do novo CPC – Apelação da autora – Bens relacionados na petição inicial que não perdem o caráter de imóveis e, portanto, não são passíveis de apropriação indébita – Inteligência dos artigos 81, inciso II, do Código Civil, e 168, do Código Penal – Pleito indenizatório descabido – Precedente do TJSP – Ademais, ainda que a autora fizesse jus à pretendida indenização, sua pretensão estaria prescrita, uma vez que o prazo para reparação civil é de 3 (três) anos – Inteligência do artigo 206, § 3º, V, do Código Civil – Precedentes do TJSP – Na interpretação mais benevolente à autora, o termo inicial do prazo é o dia 19/05/2008, data em que foi expedido o mandado de imissão na posse – Ação distribuída em 13/02/2017 – Causa suspensiva ou interruptiva não demonstrada – Prescrição consumada – Ação julgada improcedente – Sentença mantida, por fundamento diverso – Recurso Improvido (*TJSP* – Ap.1012220-14.2017.8.26.0100, 14-12-2017, Rel. Rodolfo Pellizari).

Seção II
Dos Bens Móveis

Art. 82. São móveis os bens suscetíveis de movimento próprio, ou de remoção por força alheia, sem alteração da substância ou da destinação econômico-social.

São três as categorias de bens móveis: por natureza, por antecipação e por determinação da lei.

São móveis, por natureza, *"os bens suscetíveis de movimento próprio, ou de remoção por força alheia, sem alteração da substância ou da destinação econômico-social"*. São, portanto, as coisas corpóreas que se podem movimentar, por força própria ou alheia, com exceção daquelas que se agregam aos imóveis. Existem bens móveis que a lei imobiliza para fins de hipoteca, como é o caso dos navios. O Código particulariza com sucesso a noção de bens móveis, inserindo na parte final do artigo a expressão *"sem alteração da substância ou da destinação econômico-social"*. Essa noção é importante e resulta em utilidade prática, pois não pode ser considerado móvel aquele bem que, uma vez deslocado, perde sua finalidade.

Modernamente, os bens mobiliários ganham maior dimensão, embora as maiores fortunas ainda se façam com bens imóveis. Avulta, pois, de importância o regime jurídico a ser atribuído a determinados bens móveis.

O direito moderno reconhece a categoria dos móveis por antecipação. São bens que, incorporados ao solo, destinam-se à separação e serão convertidos em móveis, como é o caso de árvores que se converterão em lenha, ou da venda de uma casa para demolição. Atribui-se-lhes, dada sua peculiaridade, a condição de coisas móveis. A qualidade mobiliária de seu objeto retroage à data do contrato, em face de seu caráter.

Art. 83. Consideram-se móveis para os efeitos legais:
I – as energias que tenham valor econômico;
II – os direitos reais sobre objetos móveis e as ações correspondentes;
III – os direitos pessoais de caráter patrimonial e respectivas ações.

Aqui a definição da mobilidade decorre de opção legislativa.

Se os direitos sobre coisas imóveis são imóveis, os direitos sobre móveis devem ser móveis, assim como as respectivas ações.

Os direitos autorais, qualificados pelo Código de 1916 como propriedade incorpórea, eram também móveis por disposição legal. Hoje, essa conceituação passa a ser irrelevante, pois nada há que se confunda o direito autoral com coisa móvel. A matéria é disciplinada por legislação própria, dentro de um microssistema legal. Assim, a cessão de um direito autoral não necessita da outorga uxória ou marital. A expressão da lei "direitos de autor" devia ser entendida em sentido amplo, englobando toda a forma de produção intelectual, incluindo os desenhos e modelos industriais, as patentes de invenção, os nomes e as marcas de comércio, tudo objeto do Código de Propriedade Industrial, além do direito de autor propriamente dito, isto é, a criação de obras literárias, artísticas e científicas. No atual Código, os direitos de autor incluem-se nos direitos pessoais de caráter patrimonial. Estão incluídas nessa classe as cotas de capital ou ações de sociedade mercantil.

Pelo Código Penal, art. 155, § 3º, a energia elétrica ou qualquer outra forma de energia que tenha valor econômico equipara-se à coisa móvel. Os dados transmitidos por cabos ou por via aérea também se incluem na dicção.

Art. 84. Os materiais destinados a alguma construção, enquanto não forem empregados, conservam sua qualidade de móveis; readquirem essa qualidade os provenientes da demolição de algum prédio.

Os materiais serão móveis até serem aproveitados na construção. Após a demolição definitiva do prédio, readquirem a qualidade de móveis, que lhes é própria. Veja o art. 81, II, que deve ser examinado em consonância com este.

Agravo de instrumento – Ação possessória em fase de cumprimento de sentença – Determinação de reintegração de posse em cumprimento provisório – Possibilidade – Mandado de constatação expedido e verifica a dilapidação do bem imóvel, com destruição do local – Agravante que sustenta ter direito a retirar tais bens, já que são móveis e foram custeados por ele – Impossibilidade – Os materiais empregados na construção perdem a característica de bem imóvel – Art. 84 do CC – Ausência de discussão, na ação, acerca das benfeitorias e eventual direito de ressarcimento ao agravante – Impossibilidade de estender o objeto da lide e os limites da sentença para além daquilo que ficou estabelecido na sentença – Advertência ao agravante de que deve cumprir a decisão judicial na forma correta, sob pena de incidir naquilo já descrito pelo Juiz de Direito da origem – Recurso não provido (*TJSP* – AI 2140532-63.2018.8.26.0000, 17-07-2018, Rel. Achile Alesina).

Seção III
Dos Bens Fungíveis e Consumíveis

Art. 85. São fungíveis os móveis que podem substituir-se por outros da mesma espécie, qualidade e quantidade.

Bens fungíveis são aqueles que podem ser substituídos por outros do mesmo gênero, qualidade e quantidade, tais como cereais, peças de máquinas, gado etc.

Bens infungíveis são aqueles corpos certos, que não admitem substituição por outros do mesmo gênero, quantidade e qualidade, como um quadro de Portinari, uma escultura ou qualquer outra obra de arte.

Este Código mantém a mesma redação do estatuto anterior. Fungíveis são as coisas avaliadas e consideradas no comércio em sua massa quantitativa, enquanto infungíveis são as coisas consideradas em sua massa individual. "Espécie" na dicção legal está colocada como gênero, tal como este é entendido nas ciências exatas.

A vontade das partes não pode tornar fungíveis coisas infungíveis, por faltar praticidade material. No entanto, a infungibilidade pode resultar de acordo de vontades ou das condições especiais da coisa, à qual, sendo fungível por natureza, se poderá atribuir o caráter de infungível. Assim, uma garrafa de vinho pode ser emprestada apenas para uma exposição: por vontade da parte, o que é fungível torna-se infungível, no empréstimo *ad pompam vel ostentationem* (para pompa ou ostentação).

A fungibilidade é qualidade da própria coisa. Haverá situações em que apenas o caso concreto poderá classificar o objeto. Uma garrafa de vinho raro, de determinada vindima, da qual restam pouquíssimos exemplares, será infungível, enquanto o vinho, de maneira geral, é fungível.

A distinção interessa precipuamente ao Direito das Obrigações. A prestação do devedor, se for obrigação de fazer, poderá ser personalíssima, como o é a obrigação de um pintor famoso fazer um retrato. Tal prestação não pode ser substituída por outro artista, sendo, portanto, infungível. Nesse sentido, na obrigação quanto ao objeto do pagamento, "*o credor não é obrigado a receber prestação diversa da que lhe é devida, ainda que mais valiosa*" (art. 313). Destarte, se o devedor se comprometeu a entregar o cavalo de corrida de nome "X", não poderá desvencilhar-se da obrigação entregando o cavalo "Y", ainda que esse animal seja considerado superior e mais caro.

É diferente a situação de quem se obrigou a entregar uma saca de trigo, pois o cereal é substituível em gênero, quantidade e qualidade.

Em qualquer caso, porém, há de se examinar a vontade das partes, pois se podem agregar especificações à coisa, que em princípio é fungível, mas será colocada em zona cinzenta, não muito fácil de ser qualificada. Assim, um automóvel de série de fábrica é ordinariamente fungível, mas um automóvel com certa preparação de motor, certas adaptações e certos acessórios pode tornar-se infungível.

Nem por isso, contudo, pode-se afirmar, como pretendem alguns autores, que a fungibilidade seja atributo da vontade das partes. Tal qualidade resulta da própria coisa, de seu sentido econômico e não físico e do número de coisas iguais encontráveis. A fungibilidade é qualidade objetiva da própria coisa e não é dada pelas partes, que não podem arbitrariamente alterar a natureza dos objetos.

A fungibilidade ou infungibilidade é conceito próprio das coisas móveis. Os imóveis, mormente aqueles que o são por sua natureza, são sempre infungíveis, embora existam autores com opiniões contrárias. Talvez, em nossa era, considerando que os imóveis podem ser construídos em massa e em série, o conceito de infungibilidade deva mesmo ser revisto.

É no Direito das Obrigações que a diferença avulta de importância: o mútuo é o empréstimo de coisas fungíveis, ao contrário do comodato, que é o empréstimo de coisas infungíveis (arts. 579 e 586). "*O mutuário é obrigado a restituir ao mutuante o que dele recebeu em coisas do mesmo gênero, qualidade e quantidade.*" O depósito de coisas fungíveis, em que o depositário se obriga a restituir objetos do mesmo gênero, qualidade e quantidade, é regulado pelo disposto acerca do mútuo (art. 645). A compensação efetiva-se entre dívidas líquidas, vencidas, e de coisas "fungíveis" (art. 369). Também no direito sucessório divisamos a importância da distinção, pois o art. 1.915 estatui que "*se o legado for de coisa que se determine pelo gênero, será o mesmo cumprido, ainda que tal coisa não exista entre os bens deixados pelo testador*".

O dinheiro é bem fungível por excelência, o mais constante objeto das obrigações de dar coisa incerta. Poderá tornar-se infungível na hipótese de se tratar de moeda retirada de circulação e, portanto, objeto de coleção.

⚖ Agravo de instrumento – Execução – Penhora de semoventes – Bens fungíveis – Morte – Nomeação do devedor como depositário – Aresentação dos bens em juízo ou substituição – Ato atentatório à dignidade da justiça – Aplicação de multa – Possibilidade. Ainda que os semoventes tenham falecido, os animais penhorados são bens fungíveis, nos termos do artigo 85 do Código Civil, podendo haver a substituição por outros da mesma espécie, qualidade e quantidade. As alegações de que todos os semoventes penhorados morreram não têm o condão de eximir o depositário do dever de entrega dos bens a ele confiados judicialmente, tendo em vista que era seu dever, antes de esvair o bem depositado, comunicar ao Juízo, buscando sua substituição. A recalcitrância da parte executada, ora agravada, no sentido de informar a localização dos bens penhorados, configura ato atentatório à dignidade da justiça, nos termos do art. 774 do CPC (*TJMG* – AI 1.0637.97.000869-3/007, 18-07-2019, Rel. Valdez Leite Machado).

⚖ Embargos de declaração em agravo de instrumento. Processual Civil. Efeito infringente. Preliminar de não conhecimento rejeitada. Recuperação judicial. Contradição entre os fundamentos e a conclusão de julgamento. Interesse recursal. Apreciação do mérito. Penhor mercantil. Bens fungíveis. Liberação. Condicionada. Industrialização da matéria-prima. Sub-rogação da garantia pelo produto da operação. Precedentes. Em se tratando de penhor sobre bens fungíveis, a alienação destes não implica em esvaziamento ou enfraquecimento da garantia, tampouco na descaracterização do privilégio do crédito, contanto que fixada a obrigação de reposição por outros bens da mesma natureza. É da essência da fungibilidade dos bens a possibilidade de substituição por outros da mesma espécie, qualidade e quantidade, pouco importando a existência individual do bem, nos termos do art. 85 do Código Civil. Não escapa à compreensão deste juízo que a disponibilidade dos grãos à utilização da recuperanda é decisiva para o sucesso da recuperação judicial, porém, isso não pode se dar sem a imposição de condição de reposição dos bens penhorados por outros de mesma natureza, valor e liquidez, pois, do contrário, a liberação dos bens importará no esvaziamento da garantia, pela perda do objeto, em prejuízo do credor. Consoante disposto no art. 45 do Decreto-Lei nº de 1969, aplicável por analogia, "a transformação da matéria-prima oferecida em penhor cedular não extingue o vínculo real, que se transfere para os produtos e subprodutos." Deve ser autorizada a utilização dos grãos penhorados, mediante a sub-rogação dos mesmos pelo produto do esmagamento (óleo), em quantidade suficiente a resguardar o montante garantido pelo empenho. Acolheram os embargos de declaração com efeitos modificativos. Unânime (TJRS – ED 70069288603, 14-07-2016, Rel. Rinez da Trindade).

Agravo de instrumento – Ação de execução de título extrajudicial – **Bens Fungíveis** – Gado Bovino – Depositário que indica outros animais em substituição a outros penhorados e alienados – Pretensão de condenação do depositário ao pagamento dos valores referentes às arrobas dos bois "ilegalmente" comercializados – Possibilidade de substituição por outros animais, em mesmo número e qualidade – Determinação pelo juízo de avaliação dos novos animais oferecidos pelo depositário, consignando que eventual diferença de valor em relação àqueles que, ao final, não foram apresentados, determinando perícia judicial – Conveniência de se aguardar a avaliação – Recurso desprovido (*TJSP* – AI 2009188-27.2016.8.26.0000, 21-11-2016, Rel. Jacob Valente).

Art. 86. São consumíveis os bens móveis cujo uso importa destruição imediata da própria substância, sendo também considerados tais os destinados à alienação.

A consuntibilidade pode ser *de fato*, como os alimentos, ou *de direito*, como o dinheiro.

São *inconsumíveis* os bens que admitem uso reiterado, sem destruição de sua substância. Tal qualidade deve ser entendida no sentido econômico e não no sentido vulgar, pois tudo que existe na face da terra inexoravelmente será consumido, ou ao menos deixará de ser o que é, para ser transformado.

Algo que normalmente é inconsumível, isto é, permite reiterado uso, como um livro, por exemplo, pode ser considerado consumível se estiver nas prateleiras de uma livraria, pronto para ser alienado, amoldando-se à dicção legal do presente artigo.

Não se deve confundir a noção de coisas consumíveis com a de coisas fungíveis: em regra, é fato, coisa fungível é sempre consumível, mas pode acontecer que coisa infungível seja consumível. É o exemplo do vinho raro que mencionamos no comentário anterior. O vinho é essencialmente consumível, mas pode ser infungível. Destarte, coisa fungível pode não ser consumível, como, por exemplo, um automóvel de série de uma fábrica ou os livros de uma livraria destinados à venda.

Deve ser entendido como bens consumíveis todos aqueles que podem desaparecer por um só ato de utilização. *Inconsumíveis* são aqueles que permitem uso continuado, sem acarretar sua destruição total ou parcial. Note que o importante é a destruição "jurídica". As mercadorias destinadas à venda no estoque do comerciante são sempre consideradas consumíveis. Poderão deixar de sê-lo no momento em que forem adquiridas.

Hoje, com as novas técnicas da indústria, muitos objetos tradicionalmente considerados inconsumíveis são tratados como "descartáveis", isto é, de utilização única ou limitada, o que os torna consumíveis. O CDC introduz, nesse diapasão, a distinção entre bens duráveis e não duráveis (art. 26), numa classificação que se aplica tanto a produtos como a serviços, para fins de contagem de prazos para reclamação por vícios aparentes e de fácil constatação. Bens não duráveis são aqueles que se exaurem com, em princípio, um único uso; bens duráveis são os que têm vida útil mais ou menos longa. Observe-se que essa classificação não se confunde com a de produtos perecíveis (art. 13, III, do CDC), que possui outra compreensão. São perecíveis porque necessitam cuidados especiais de conservação e armazenamento.

Pode a coisa consumível tornar-se inconsumível por vontade das partes: por exemplo, se empresto uma garrafa de vinho raro tão só para uma exposição. Todavia, essa estipulação só tem efeito para com os contratantes, sendo ineficaz em relação a terceiros.

É importante a distinção, porque nas relações jurídicas que transferem o uso de uma coisa a obrigação de restituir não pode recair, evidentemente, na própria coisa, se for consumível. Certos direitos ordinariamente não podem recair sobre bens consumíveis, como é o caso do usufruto. O chamado "usufruto impróprio", regulado pelo art. 726 do Código Civil antigo, estampava a noção de consuntibilidade ao dizer:

> "*As coisas que se consomem pelo uso caem para logo no domínio do usufrutuário, ficando, porém, este obrigado a restituir, findo o usufruto, o equivalente em gênero, qualidade e quantidade, ou, não sendo possível, o seu valor, pelo preço corrente ao tempo da restituição.*"

Tratava-se, o "quase usufruto", de um desvio do instituto que normalmente deveria recair tão somente em coisas inconsumíveis. A redação deste artigo não se manteve no presente Código.

A consuntibilidade, portanto, não decorre da natureza do bem, mas de sua destinação econômico-jurídica, a qual pode, por vezes, ser alterada.

Seção IV
Dos Bens Divisíveis

Art. 87. Bens divisíveis são os que se podem fracionar sem alteração na sua substância, diminuição considerável de valor, ou prejuízo do uso a que se destinam.

Apelação cível – Ação ordinária – Nulidade de matrícula – Desmembramento de lote – Bem divisível

– condomínio – Inexistência – Ausência de ato ilícito – Dever de indenizar não configurado. Bens divisíveis são os que podem ser fracionados sem alteração na sua substância, diminuição considerável de valor, ou prejuízo do uso a que se destinam. Restando clara a divisão do bem desde a sua aquisição, com a individualização da propriedade em duas partes distintas, não há se falar em existência de condomínio. Não houve a prática de qualquer ato ilícito pelos réus capaz de ensejar a sua responsabilização, não havendo que se falar em obrigação do pagamento de danos morais, pelo que, deve ser mantida a sentença recorrida e, consequentemente, julgado improcedente o pedido inicial (*TJMG* – Ap. 1.0024.08.243981-1/001, 16-11-2017, Rel. Marco Aurelio Ferenzini).

Agravo de instrumento – Ação de execução – Penhora da integralidade do imóvel rural – Impossibilidade –Bem divisível – Penhora sobre a quota-parte que já satisfaz o débito – Recurso não provido. De acordo com art. 87 do Código Civil é divisível o bem que pode ser fracionado sem alterar sua substância. O imóvel rural é passível de divisão cômoda sem alteração de sua substância ou diminuição do valor econômico da quota-parte. Constatando que a penhora já satisfaz o débito não deve ser deferida a penhora sobre a totalidade do imóvel rural, sob pena de excesso da execução (*TJMG* – Ap. 1.0000.17.062120-5/002, 10-07-2019, Rel. Marcos Henrique Caldeira Brant).

Art. 88. Os bens naturalmente divisíveis podem tornar-se indivisíveis por determinação da lei ou por vontade das partes.

O art. 88 completa a noção do art. 87. Embora a compreensão seja a mesma, as novas dicções atualizam os conceitos dos arts. 52 e 53 do velho Código. Nos bens divisíveis, cada segmento mantém as mesmas qualidades do todo. O bem indivisível não admite fracionamento.

Aqui, também, devemos entender a noção com temperamentos. Assim é que para um diamante, por exemplo, dependendo de sua qualidade e pureza, seu fracionamento fará com que haja perda de valor.

Deve ser considerada a indivisibilidade material ou física e a intelectual ou jurídica, ambas decorrentes da lei, ou da vontade das partes. Normalmente, um imóvel não construído é divisível, porém as leis de zoneamento proíbem construções abaixo de determinada metragem. O imóvel rural, por disposição de lei (Estatuto da Terra), não é divisível em áreas de dimensão inferior à constitutiva do módulo rural, dimensão mínima que o legislador entendeu como produtiva.

Há obrigações divisíveis e outras indivisíveis, de acordo com sua natureza ou com a vontade das partes. Há direitos que são sempre indivisíveis, como as servidões e a hipoteca. Resumindo, com base em ambos os dispositivos, há que se ter a indivisibilidade *por natureza*, *por determinação legal* e *por vontade das partes*.

Como se nota, essa noção de divisibilidade não se aplica apenas a bens corpóreos, mas também a bens incorpóreos, como os direitos.

Da delimitação da indivisibilidade ou divisibilidade decorrem inúmeras consequências. Por exemplo: as obrigações são divisíveis ou indivisíveis conforme a natureza das prestações; cada caso dirá se a prestação pode ser fracionada (art. 259); no condomínio, haverá importantes consequências; em sua extinção, se divisível, cada consorte receberá seu quinhão, mas se indivisível, ante a recusa de os comunheiros adjudicarem o bem a um só deles, indenizando os demais, o bem será vendido e o preço repartido entre eles (art. 1.322). O condômino em coisa indivisível não poderá vender sua parte sem consultar os demais condôminos (art. 504). Todas essas noções, mantidas no atual Código, estavam presentes no estatuto anterior.

Devemos ter em mira, no entanto, que uma coisa material ou legalmente indivisível pode ser dividida em partes ideais (*pro indiviso*), mantendo-se as partes em condomínio, sem ocorrer a decomposição. Esse ordenamento, como se nota, tornou mais clara a noção da redação anterior. Portanto, não mais repete o atual diploma o "*todo perfeito*" de inteligência obscura. Refere-se a presente lei à alteração da substância, diminuição de valor considerável ou prejuízo do uso, o que fica muito mais fácil de perceber no caso concreto.

Seção V
Dos Bens Singulares e Coletivos

Art. 89. São singulares os bens que, embora reunidos, se consideram *de per si*, independentemente dos demais.

As coisas singulares podem ser simples e compostas. *Singulares simples* são as coisas constituídas de um todo formado naturalmente ou em consequência de um ato humano, sem que as respectivas partes integrantes conservem sua condição jurídica anterior, como, por exemplo, um animal, um edifício. *Singulares compostas* são as coisas que se juntam, unindo diferentes objetos, corporeamente, em um só todo, sem que desapareça a condição particular de cada um. Surge aqui, mais propriamente, o conceito *parte integrante*, essencial e não essencial. Cabe, como se vê da presente presunção legal, o exame do caso concreto. Uma árvore é coisa simples, um computador é coisa composta, mas ambos são coisas singulares.

Para ser compreendido o conceito de parte integrante, devemos ter em vista dois requisitos: uma conexão corpórea que deixa a parte integrante aparecer como uma coisa e a necessidade de que o todo constitutivo das partes integrantes seja considerado uma coisa. É o que ocorre em um automóvel, por exemplo, formado de várias partes integrantes.

⚖ Decisão que indefere pedido de avaliação de bens partilháveis. Indeferimento precipitado. Inventário judicial, por força do litígio entre os herdeiros. Como não se trata de esboço de partilha universal, não foi aquinhoado cada um dos herdeiros com parte ideal do patrimônio comum do autor da herança. Nada impede que sejam atribuídos bens singulares a cada herdeiro, com vistas a evitar situação de condomínio. Inviável, todavia, a partilha sem prévia avaliação dos bens do acervo hereditário, à vista da alegada discrepância entre os valores atribuídos a cada bem, em especial o bem imputado ao quinhão do agravante. Impossível impor ao herdeiro dissidente esboço de partilha que, ao menos em tese, contraria seus interesses e lhe causa suposto prejuízo. A despeito da alegação de que todos os bens foram computados com base no valor fiscal para fins de lançamento de IPTU, sabido que nem sempre o valor fiscal coincide com o valor de mercado. Persistindo a dissensão quanto ao valor dos bens que integram os quinhões, indispensável será a avaliação judicial. Não deve ser imediatamente homologada a partilha. Deve ser dirimida, antes, a questão atinente à avaliação dos bens partilháveis, bem como as demais questões envolvendo bens não declarados pela inventariante e a ausência de prestação e contas de veículos e bens móveis alienados por alvará judicial. Recurso provido (*TJSP*, AI 2044884-56.2018.8.26.0000, 17-04-2018, Rel. Francisco Loureiro).

Art. 90. Constitui universalidade de fato a pluralidade de bens singulares que, pertinentes à mesma pessoa, tenham destinação unitária.
Parágrafo único. Os bens que formam essa universalidade podem ser objeto de relações jurídicas próprias.

📖 Enunciado nº 288, IV Jornada de Direito Civil – CJF/STJ: A pertinência subjetiva não constitui requisito imprescindível para a configuração das universalidades de fato e de direito.

⚖ Apelação. Ação de partilha. Condomínios agropecuários e áreas de terra. Semoventes. Fração ideal sobre imóvel. Sucumbência. Caso de exploração de atividade agropecuária por parte do réu e dos irmãos dele, em áreas de terra cuja propriedade está em condomínio entre eles, e através de sociedade de fato não personificada (ou seja, sem contrato social, e sem capital social dividido em cotas ou ações). Hipótese em que inexiste "participação societária" em nome do réu, representada por cotas ou ações, que possa ser objeto de divisão entre os litigantes. Nesse caso, o que deve ser dividido de forma igualitária entre o réu e a autora (que eram casados pelo regime da comunhão universal), é o percentual que pertence ao réu, tanto sobre as áreas de terra em condomínio, quanto sobre os bens e direitos da exploração econômica. Reconhecida a existência e a comunicabilidade de um rebanho de semoventes, e relegada para liquidação de sentença a apuração da quantidade e o valor de tais bens, tem-se por inadequada a determinação sentencial que impôs a um a obrigação de pagar ao outro o valor equivalente à metade do rebanho. Como o rebanho é uma universalidade de fato divisível por natureza, a determinação sentencial deve se limitar a reconhecer a comunicabilidade e impor a divisão. Mas a forma específica da divisão (se um pagando ao outro, se o outro pagando ao um, se com divisão pela metade, ou se com venda para terceiros, por exemplo) é questão típica e própria de execução e cumprimento de sentença de partilha. Caso no qual incontroversa a existência e a comunicabilidade de uma fração ideal sobre um imóvel, mas no qual não há nos autos prova cabal a permitir imediata quantificação dessa fração ideal. Hipótese de determinação de partilha da fração ideal, cuja definição deverá ser apurada em sede de liquidação de sentença. Tendo as partes decaído de forma equivalente em suas respectivas pretensões, mostra-se adequado o reconhecimento de sucumbência recíproca entre elas. Deram provimento ao apelo do réu, e deram parcial provimento ao apelo da autora (*TJRS* – Ap. 70047705835, 05-07-2012, Rel. Rui Portanova).

Art. 91. Constitui universalidade de direito o complexo de relações jurídicas, de uma pessoa, dotadas de valor econômico.

Segundo Clóvis (1980, p. 186), "*coisas coletivas (universitas rerum) são as que, sendo compostas de várias coisas singulares, se consideram em conjunto, formando um todo*". Dentro dessa conceituação, encontram-se as universalidades de fato (*universitates facti*), que são complexos de coisas corpóreas; e as universalidades de direito, que são complexos de coisas e direitos. Essa matéria é controvertida entre os estudiosos. A distinção entre universalidade de fato e universalidade de direito nasceu com os glosadores. São, por exemplo, universalidades de fato um rebanho, uma biblioteca. São universalidades de direito a herança, o patrimônio. Clóvis (1980, p. 187) entende que se devem superar as divergências em prol de uma definição prática dos institutos, concluindo pelos seguintes princípios:

"*(a) A universitas facti, agregado de coisas corpóreas, como o rebanho, o armazém, a biblioteca, existe e aparece nas relações jurídicas, mas somente se pode reputar unidade para o direito, quando, por considerações econômicas, a vontade, juridicamente manifestada, ou a lei, assim o determina.*
(b) A universitas iuris, unidade abstrata de coisas e direitos aparece também na vida jurídica ou para o fim de unificar a irradiação da pessoa na esfera dos bens, ou para o fim de mostrar a integridade econômica de um conjunto de bens. O patrimônio é o exemplo a dar-se do primeiro caso; a herança, os pecúlios, o dote, a massa falida são exemplos do segundo caso.

(c) Resultando a universidade de direito de diversas razões e realizando-se para diversos fins, não se submete a regras uniformes."

Complementa o autor do projeto do Código Civil de 1916 que a matéria se apresenta com contornos confusos, razão pela qual o mestre não a contemplou na redação de sua obra.

Tentando sintetizar matéria de difícil assimilação, conclui-se que a *universalidade* é o conjunto de várias coisas singulares reunidas para determinado objeto, formando um todo econômico, com funções próprias. Dentro desses princípios, o Código presente houve por bem definir a universalidade de fato como *"a pluralidade de bens singulares que, pertinentes à mesma pessoa, tenham destinação unitária"* (art. 90), acrescentando no parágrafo único que *"os bens que formam essa universalidade podem ser objeto de relações jurídicas próprias"*. No tocante à universalidade de direito, adotou a lei nova a seguinte definição: *"Constitui universalidade de direito o complexo de relações jurídicas de uma pessoa, dotadas de valor econômico"* (art. 91). Nesse sentido, o patrimônio, a herança etc., como enfatizamos, constituem universalidade de direito, aliás como expressamente afirmado pelo art. 57 do Código anterior.

Pelo princípio legal, enquanto remanescer um indivíduo da coletividade, esta fica nele representada. Se um incêndio destruir toda uma biblioteca, menos um livro, os direitos sub-rogam-se sobre o livro remanescente.

O *patrimônio* constitui-se pela reunião de todos os bens, corpóreos e incorpóreos, todo o ativo e todo o passivo pertencentes a uma pessoa. Formado por esses elementos, o patrimônio adquire a natureza de universalidade de direitos, do mesmo modo que a *herança*, que tem essa natureza.

Enunciado nº 288, IV Jornada de Direito Civil – CJF/STJ: A pertinência subjetiva não constitui requisito imprescindível para a configuração das universalidades de fato e de direito.

Agravo de instrumento. Assistência judiciária gratuita. Espólio. Universalidade de direito impossibilidade de arcar com as despesas processuais. Patrimônio insuficiente. Concessão do benefício pedido. 1. A concessão de assistência judiciária gratuita decorre de efetiva demonstração de carência financeira, mesmo momentânea, independentemente da condição de pobreza ou miserabilidade da parte, consoante estabelece o art. 98, *caput*, do novel Código de Processo Civil, combinado com o artigo 5º, LXXIV, da CF. 2. Cabe ao espólio o ônus de suportar as despesas do processo, e não ao inventariante, ou seja, a universalidade de direitos em tela que este representa é que deve ser levada em conta para obtenção do benefício pretendido. 3. A situação fática examinada autoriza a concessão do benefício, em função da parte agravante ter apresentado documentação hábil a demonstrar a carência financeira do espólio, de sorte que não é possível arcar com o pagamento das custas processuais sem prejuízo de todos os integrantes deste agregado familiar, herdeiros do patrimônio do *de cujus*. Dado provimento ao agravo de instrumento (TJRS – AI 70081885469, 28-06-2019, Rel. Jorge Luiz Lopes do Canto).

Processual civil – Ação reivindicatória – Bem imóvel objeto de herança – Intervenção – Coerdeiros – Cessão de direitos hereditários – Cessionários – Assistência litisconsorcial – Possibilidade – Interesse jurídico – Afirmação – Decisão mantida – 1- Compreendendo-se a herança como uma universalidade de bens indivisíveis, ensejando a formação legal de condomínio *pro diviso* (CC, art. 1.791, par. ún.), cada um dos herdeiros, não apenas o inventariante, ostenta legítimo interesse em litigar em defesa da parte que espera receber ou do todo (**universitas rerum**), pois o interesse jurídico na coisa comum, que emerge de forma autônoma em relação a cada coerdeiro e, conseguintemente, se transmite aos cessionários dos direitos hereditários, legitima que o herdeiro ou o cessionário sejam admitidos como litisconsortes ou assistentes do espólio em qualquer demanda que tenha por objeto um dos bens que compõe a herança. 2- A legitimidade conferida ao inventariante para representar o espólio em juízo (CPC, art. 12, inc. V) não ilide o interesse jurídico dos demais herdeiros ou, como é o caso, dos cessionários que adquiriram dos herdeiros direitos hereditários traduzidos em cota-parte de imóvel integrante do acervo hereditário em intervir como assistentes litisconsorciais do espólio na ação petitória onde se questiona a propriedade do bem imóvel objeto da herança, já que eventual sentença de procedência ou improcedência do pedido reivindicatório atingirá, reflexamente, suas esferas patrimoniais (CPC, art. 50). 3- A representação do espólio pelo inventariante, que decorre do artigo 12, inciso V, do Código de Processo Civil, não é capaz de infirmar, por si, o interesse dos coerdeiros e, igualmente, dos cessionários que aguardam a partilha em se manifestarem nas ações que tenham por objeto os bens da herança, já que não se confundem, obviamente, representação processual e interesse jurídico, de modo que um jamais excluirá o outro, mesmo porque, esclareça-se, o inventariante representa o espólio, que é uma ficção jurídica, não os titulares dos direitos hereditários sobre a universalidade dos bens inventariados, cujos interesses são próprios. 4- Agravo conhecido e improvido. Maioria (TJDFT – PC 20130020065285 – (711747), 17-9-2013, Rel. p/ o Ac. Des. Teófilo Caetano).

CAPÍTULO II
Dos Bens Reciprocamente Considerados

Art. 92. Principal é o bem que existe sobre si, abstrata ou concretamente; acessório, aquele cuja existência supõe a do principal.

Depois de haver descrito os bens considerados em si mesmos, o legislador preocupa-se em classificar os bens, uns em relação aos outros, distinguindo-os em *principais* e *acessórios*.

O acessório pode não seguir o principal, pois a própria lei de 1916 já admitia o contrário, embora a regra seja *acessorium sequitur principale* (o acessório segue o principal). O contrato, a vontade das partes, pode também subverter o princípio geral.

Não apenas o objeto corpóreo pode ser acessório, como também os direitos, como é o caso da fiança e da cláusula penal que possuem noção de subordinação a um contrato principal.

Para que se configure o *acessório*, há necessidade de pressupor a existência de um bem principal, ficando assentado que o bem acessório não tem autonomia. Não basta a simples relação de dependência com a coisa, pois não há que se confundir *acessório* com a noção de *parte integrante*, que é parte constitutiva da própria coisa.

De acordo com o processo de ligação à coisa principal, os acessórios podem ser *naturais, industriais* e *civis*.

São acessórios naturais os que aderirem naturalmente ao principal, sem a intervenção do homem, como os frutos a uma árvore. No art. 61, dizia a lei mais antiga que os produtos orgânicos da superfície eram acessórios do solo. Os minerais do subsolo já não podiam ser considerados como tal, porque havia incompatibilidade com a disposição do art. 61, II, do Código com o art. 176 da Constituição Federal, que atribui à União esses bens.

São acessórios industriais os derivados do trabalho humano. O art. 61, III, entendia como acessórios "*as obras de aderência permanente, feitas acima ou abaixo da superfície*". Portanto, as construções efetuadas sobre um terreno, ou abaixo da superfície, são acessórios do solo, conforme redação do artigo em comento.

Acessórios civis são os que resultam de uma relação de direito e não de uma relação material, como os juros em relação ao capital.

Como corolário da acessoriedade, presume-se que o proprietário da coisa principal também seja dono do acessório, embora essa presunção admita prova em contrário.

A regra de que o acessório segue o principal tem inúmeros efeitos, lembrando-se de que a acessão é modo de aquisição da propriedade (arts. 1.248 ss). Todas as regras da acessão se escudam no princípio da acessoriedade.

⚖ Locação de imóvel – Exoneração de fiança – Sentença que julgou procedente o pedido – Entrega das chaves e desocupação do imóvel antes do término da vigência do contrato – A extinção do contrato de locação resulta na imediata extinção da fiança, **contrato acessório que, portanto, segue o principal**.

Demandante que tinha conhecimento da rescisão do contrato de locação antes do ajuizamento da ação – Falta de interesse de agir caracterizada – Pedido de regularização das contas de água e de energia elétrica – Tem a própria demandante legitimidade para pleitear diretamente às concessionárias dos serviços públicos a alteração da titularidade das contas, independentemente da intervenção do Poder Judiciário, uma vez que se trata de obrigação pessoal – Preliminar reconhecida – Sentença reformada – Recurso provido (*TJSP* – Ap. 0010334-90.2013.8.26.0664, 20-7-2016, Relª Carmen Lucia da Silva).

> **Art. 93.** São pertenças os bens que, não constituindo partes integrantes, se destinam, de modo duradouro, ao uso, ao serviço ou ao aformoseamento de outro.

O art. 817 do diploma italiano define pertenças como *as coisas destinadas, de modo permanente, ao serviço ou ao ornamento de outra coisa*. A destinação, pela lei italiana, pode ser feita pelo proprietário da coisa principal ou por quem tenha direito real sobre ela.

O termo *pertença* vem do latim *pertinere*, pertencer a, fazer parte de. Trata-se de acessório, portanto. Depende economicamente de outra coisa. Nossa lei anterior não se preocupou com o tema. O legislador de 1916 denominou aquilo que alhures seria considerado pertença, como bens imóveis por acessão intelectual. Entretanto, pertença pode dizer respeito tanto aos bens móveis quanto aos imóveis. São suas características:

a) um vínculo intencional, material ou ideal, estabelecido por quem faz uso da coisa, colocado a serviço um destino duradouro e permanente ligado à coisa principal e não apenas transitório;
b) uma destinação concreta, de modo que a coisa fique efetivamente a serviço da outra. A pertença forma, juntamente com a coisa, unidade econômico-social.

Estabelecido o instituto das pertenças, o Código italiano eliminou o regime da imobilização, utilizado por nosso estatuto. Essa é a orientação que passa a ser adotada entre nós por este Código. A relevância passa a ser não mais a imobilização, mas a destinação da coisa, a colocação a seu serviço. O art. 818 do estatuto peninsular determina que os atos e as relações jurídicas referentes à coisa principal também abrangem o sistema das pertenças, salvo disposição em contrário, podendo elas ser objeto de relações jurídicas autônomas.

Este estatuto, secundando o diploma italiano, refere-se às pertenças neste capítulo em que trata dos bens reciprocamente considerados. Dispõe o art. 93: "*São pertenças os bens que, não constituindo partes integrantes, se destinam, de modo duradouro, ao uso, ao serviço ou ao aformoseamento de outro.*"

Como se nota, dentro do conceito de pertenças, na mesma forma da lei italiana, podem ser incluídos os bens presentes na classificação do Código de 1916. No caso concreto haverá que se distinguir, para efeitos práticos, as pertenças das benfeitorias, algo que o novel legislador não fez. Sob o vigente conceito, haverá pertenças que objetivamente serão consideradas benfeitorias. Veja, por exemplo, a situação de estátuas que adornam a entrada de um prédio. A destinação e seus efeitos poderão variar. Muito dependerá a situação, também, da vontade das partes. Tanto assim é que o artigo seguinte deve ser visto em consonância com este ora comentado.

As pertenças também podem constituir-se de bem imóvel, como a garagem agregada a um apartamento ou escritório ou armários e depósitos localizados no solo e no subsolo de um edifício.

📚 Enunciado nº 535, VI Jornada de Direito Civil – CJF/STJ: Para a existência da pertença, o art. 93 do Código Civil não exige elemento subjetivo como requisito para o ato de destinação.

🔍 Recurso especial. Ação de busca e apreensão de caminhão, dado em garantia fiduciária em contrato de empréstimo. Procedência, decorrente do inadimplemento. Pedido de restituição do equipamento de monitoramento acoplado ao caminhão. Pertença. Restituição ao devedor fiduciário. Necessidade. Recurso especial provido. 1. Ainda que se aplique aos bens acessórios a máxima de direito, segundo a qual "o acessório segue o principal", o Código Civil conferiu tratamento distinto e específico às pertenças, as quais, embora tidas como bens acessórios, pois, destinadas, de modo duradouro, ao uso, ao serviço ou ao aformoseamento de um bem principal, sem dele fazer parte integrante, não seguem a sorte deste, salvo se houver expressa manifestação de vontade nesse sentido, se a lei assim dispuser ou se, a partir das circunstâncias do caso, tal solução for a indicada. 2. O equipamento de monitoramento acoplado ao caminhão consubstancia uma pertença, a qual atende, de modo duradouro, à finalidade econômico-social do referido veículo, destinando-se a promover a sua localização e, assim, reduzir os riscos de perecimento produzidos por eventuais furtos e roubos, a que, comumente, estão sujeitos os veículos utilizados para o transporte de mercadorias, caso dos autos. Trata-se, indiscutivelmente, de "coisa ajudante" que atende ao uso do bem principal. Enquanto concebido como pertença, a destinação fática do equipamento de monitoramento em servir o caminhão não lhe suprime a individualidade e autonomia o que permite, facilmente, a sua retirada, tampouco exaure os direitos sobre ela incidentes, como o direito de propriedade, outros direitos reais ou o de posse. 2.1 O inadimplemento do contrato de empréstimo para aquisição de caminhão dado em garantia, a despeito de importar na consolidação da propriedade do mencionado veículo nas mãos do credor fiduciante, não conduz ao perdimento da pertença em favor deste. O equipamento de monitoramento, independentemente do destino do caminhão, permanece com a propriedade de seu titular, o devedor fiduciário, ou em sua posse, a depender do título que ostente, salvo se houver expressa manifestação de vontade nesse sentido, se a lei assim dispuser ou se, a partir das circunstâncias do caso, tal solução for a indicada, exceções de que, no caso dos autos, não se cogita. 2.2 O contrato de financiamento de veículo, garantido por alienação fiduciária, ao descrever o veículo, objeto da avença, não faz nenhuma referência à existência do aludido equipamento e, por consectário, não poderia tecer consideração alguma quanto ao seu destino. Por sua vez, o auto de busca e apreensão, ao descrever o veículo, aponta a existência do equipamento de monitoramento, o que, considerada a circunstância anterior, é suficiente para se chegar a compreensão de que foi o devedor fiduciário o responsável por sua colocação no caminhão por ele financiado. 3. Recurso especial provido (*STJ* – Resp 1.667.227 – RS, 26-06-2018, Rel. Min. Marco Aurélio Bellizze).

🔍 Recurso especial. Alienação fiduciária em garantia. Ação de busca e apreensão. Aparelhos de adaptação para condução veicular por deficiente físico ou com mobilidade reduzida. Pertenças que não seguem o destino do principal (carro). Direito de retirada das adaptações. Solidariedade social. CF/1988 e Lei n. 13.146/2015. 1. Segundo lição de conceituada doutrina e a partir da classificação feita pelo Código Civil de 2002, bem principal é o que existe por si, exercendo sua função e finalidade, independentemente de outro; e acessório é o que supõe um principal para existir juridicamente. 3. Os instrumentos de adaptação para condução veicular por deficiente físico, em relação ao carro principal, onde estão acoplados, enquanto bens, classificam-se como pertenças, e por não serem parte integrante do bem principal, não devem ser alcançados pelo negócio jurídico que o envolver, a não ser que haja imposição legal, ou manifestação das partes nesse sentido. 4. É direito do devedor fiduciante retirar os aparelhos de adaptação para direção por deficiente físico, se anexados ao bem principal, por adaptação, em momento posterior à celebração do pacto fiduciário. 5. O direito de retirada dos equipamentos se fundamenta, da mesma forma, na solidariedade social verificada na Constituição Brasileira de 1988 e na Lei n. 13.146 de 2015, que previu o direito ao transporte e à mobilidade da pessoa com deficiência ou com mobilidade reduzida, assim como no preceito legal que veda o enriquecimento sem causa. 6. Recurso especial provido (*STJ* – REsp 1.305.183 – SP, 18-10-2016, Rel. Min. Luis Felipe Salomão).

🔍 Apelação cível – Ação de resolução de compromisso de venda e compra e cobrança de perdas e danos – Compromisso de compra e venda bem imóvel inadimplemento do comprador – Direito de retenção – Indenização pelos prejuízos suportados – Móveis planejados – pedido de indenização – não configuração como benfeitoria – natureza de **pertenças**.

Impossibilidade – Taxa de ocupação – dever de indenização – período de utilização do imóvel – valores devidos a título de aluguéis – multa ausência de pedido julgamento *extra petita* – correção monetária índices adequados – manutenção – 1- "A rescisão de um contrato exige que se promova o retorno das partes ao *status quo ante*, sendo certo que, no âmbito dos contratos de promessa de compra e venda de imóvel, em caso de rescisão motivada por inadimplência do comprador, a jurisprudência do STJ se consolidou no sentido de admitir a retenção, pelo vendedor, de parte das prestações pagas, como forma de indenizá-lo pelos prejuízos suportados, notadamente as despesas administrativas havidas com a divulgação, comercialização e corretagem, o pagamento de tributos e taxas incidentes sobre o imóvel e a eventual utilização do bem pelo comprador" (STJ, REsp 1224921/PR, Terceira Turma, Rel. Min. Nancy Andrighi, j. 26/04/2011). 2- "Caso, todavia, excepcional, em que ocorreu a reintegração da posse após a entrega da unidade aos compradores e o uso do imóvel por considerável tempo, a proporcionar enriquecimento injustificado, situação que leva a fixar-se, além da retenção aludida, um ressarcimento, a título de aluguéis, a ser apurado em liquidação de sentença" (*STJ*, REsp 331923/RJ, Quarta Turma, Rel. Min. Aldir Passarinho Junior, j. 28/04/2009). 3- Recurso conhecido e parcialmente provido (*TJPR* – AC 0812946-8, 7-11-2011, Rel. Des. Ruy Muggiati).

Alienação fiduciária em garantia – ação de busca e apreensão com pedido liminar – apelação contra sentença que julgou procedente o pedido inicial, consolidando a propriedade do bem em posse do credor, determinando, igualmente, a retirada de acessórios consistentes na adaptação do veículo para uso por portadores de deficiência física e pertença consistente em instrumento de pagamento automatizado de pedágios – acessórios que seguem a sorte do bem principal. Exclusão da determinação de devolução dos acessórios, mantida no referente às **pertenças** – Manutenção parcial da sentença por seus próprios fundamentos. Apelação sentença que merece ser parcialmente confirmada por seus fundamentos – supedâneo no artigo 252 do RITJSP – possibilidade. Precedentes do colendo Superior Tribunal de Justiça em respaldo da providência, prestigiando o célere desfecho recursal. Apelo improvido. Disposição regimental que prevê a possibilidade de confirmação da sentença recorrida por seus próprios fundamentos, sem a necessidade de injustificada repetição da motivação amplamente deduzida, como forma de se prestigiar a célere prestação jurisdicional. Preceito de aplicação possível, consoante pronunciamentos reiterados do Superior Tribunal de Justiça (*TJSP* – *Ap.* 990.10.512494-1, 5-7-2011, Rel. Luis Fernando Nishi).

Art. 94. Os negócios jurídicos que dizem respeito ao bem principal não abrangem as pertenças, salvo se o contrário resultar da lei, da manifestação de vontade, ou das circunstâncias do caso.

Como denota este artigo, os interessados devem ser expressos a respeito das pertenças. Assim, por exemplo, na venda de um imóvel, as antenas de captação de sinais de televisão e dados não farão parte do negócio se não forem expressamente referidas.

Conclui-se, pois, que muito dependerá do caso concreto para uma definição do conceito de pertença, ainda porque a própria lei aponta que se examinem as "*circunstâncias do caso*". Quando se tratar de negócio jurídico, que envolva transferência de posse ou propriedade, é conveniente que as partes se manifestem expressamente sobre os acessórios, sejam os tidos como benfeitorias ou como pertenças, evitando situações dúbias. Na alienação de imóvel, por exemplo, devem as partes mencionar se o cabo de dados ou de televisão a cabo estão incluídas; na alienação de um automóvel, deve o vendedor mencionar se o equipamento de som está incluso no negócio.

Sob o aspecto de pertenças podem ser incluídos vários bens, como, por exemplo, as máquinas de uma fábrica, os armários embutidos, o equipamento de telefonia e segurança do imóvel, os implementos agrícolas de um estabelecimento rural, os aparelhos de ar condicionado etc. Pertenças são, portanto, coisas dependentes que não se incorporam à coisa principal, mas que a elas estão vinculadas em função de sua destinação. No entanto, as pertenças conservam sua individualidade e podem ser separadas. Assim, por exemplo, podem ser considerados alguns acessórios que são colocados em veículos, como já apontamos. Voltaremos ao tema no estudo dos direitos reais.

Como ressaltamos anteriormente, o presente diploma civil cuidou das pertenças no capítulo em que trata dos bens principais e acessórios. Desse modo, na alienação de um imóvel, as esculturas, lustres, armários, aparelhos de ar condicionado, sistemas de comunicação e segurança e as alfaias que o adornam, em princípio, não se inserem no negócio jurídico se não forem expressamente mencionados. De qualquer forma, em todo negócio jurídico cabe examinar não só a intenção das partes, mas também os usos e costumes do lugar.

Apelação Cível. Ação de obrigação de fazer. Autor que perdeu imóvel em leilão extrajudicial e insiste na devolução de pertenças existentes no bem. Sentença de improcedência, com condenação do autor às penas da litigância de má-fé. Apelo do demandante. Preliminar de nulidade da sentença por cerceamento defensório. Julgamento antecipado da lide, porém, que bem observou o artigo 355, inciso I, do Código de Processo Civil. Eventual confusão entre pertenças e benfeitorias pela r. sentença que não tem a repercussão pretendida pelo autor. Apelante que, em sua inicial, elenca bens que são pertenças e benfeitorias voluptuárias. Contrato firmado pelo autor com terceira pessoa que indica que a negociação sobre o imóvel abrangeu benfeitorias, melhoramentos e instalações. Conclusão evidente de que os melhoramentos e instalações consubstanciam efetivamente as pertenças. Pertenças que, no caso em tela, seguem o principal, em decorrência da expressa declaração de vontade das partes (artigo 94, CC). Manutenção da improcedência. Afastamento, tão somente, da condenação do autor às penas da litigância de má-fé, porquanto não evidenciada a abusividade do exercício do direito de ação. Recurso parcialmente provido (*TJSP* – Ap. 0004273-09.2015.8.26.0483, 24-04-2018, Rel. Viviani Nicolau).

Agravo (art. 1.021 do CPC/2015) – Processo Civil – Ação de busca e apreensão – Decisão agravada que autorizou a devedora fiduciária a retirar aparelho de som do veículo apreendido. Bens que se caracterizam com pertenças. **Incidência do art. 94 do Código Civil**. Ausência de previsão expressa no contrato de financiamento de que o aparelho de som fazia parte do veículo por ocasião da pactuação e de que foi dado em alienação fiduciária. Garantia que se limita ao bem alienado fiduciariamente. Possibilidade de retirada das pertenças pela devedora fiduciária, sob pena de enriquecimento sem causa da instituição financeira. Recurso não provido (*TJPR* – AG 1506584-6/01, 15-6-2016, Rel. Des. Espedito Reis do Amaral).

Art. 95. Apesar de ainda não separados do bem principal, os frutos e produtos podem ser objeto de negócio jurídico.

O art. 95 do presente Código diz que os frutos e os produtos *podem* ser objeto do negócio jurídico. Na verdade, as duas ideias, presentes em diplomas diversos, completam-se dentro da lógica jurídica (Washington de Barros Monteiro, 2005, v. 1, p. 190). Duas teorias podem ser mencionadas ao estudarmos os frutos: a teoria objetiva e a teoria subjetiva. Para a teoria objetiva, os frutos são utilidades periodicamente produzidas pela coisa; enquanto, para a teoria subjetiva, eles são as riquezas normalmente produzidas por um bem, podendo ser tanto uma safra, como os rendimentos de um capital. Nosso ordenamento ateve-se à teoria objetiva.

Os *frutos* classificam-se em *naturais, industriais* e *civis*.

Naturais são os provenientes da força orgânica que se renovam periodicamente, como as frutas de uma árvore e as crias de um animal. *Industriais* são aqueles decorrentes da intervenção do homem sobre a natureza, como a produção de uma fábrica. *Civis* são as rendas provenientes do capital, da utilização de uma coisa frugífera pelo homem, como juros, alugueres e dividendos.

Produtos são bens que se extraem da coisa, diminuindo sua substância, pois não se produzem periodicamente, como os frutos. É o caso do ouro extraído de mina, do petróleo, da pedra de pedreira etc.

Rendimentos são os frutos civis; o Código antigo fora, nesse aspecto, redundante.

Todos esses bens, portanto, ingressam na categoria de coisas acessórias.

Os frutos são classificados em *pendentes*, quando unidos à coisa que os produziu; *percebidos* ou *colhidos*, depois de separados; *estantes*, depois de separados e armazenados; *percipiendos*, os que deveriam ter sido colhidos e não o foram; e *consumidos*, os utilizados, que já não existem.

Todas essas conceituações são importantes, porque utilizadas nas relações jurídicas constantes da Parte Especial do Código, bem como em inúmeras relações jurídicas de outros compartimentos do Direito.

Assim, o art. 1.215 estatui que os frutos naturais e industriais reputam-se colhidos e percebidos tão logo sejam separados; os civis reputam-se percebidos dia a dia. O possuidor de boa-fé tem direito, enquanto ela durar, aos frutos percebidos. O parágrafo único do art. 1.214 determina que os frutos pendentes, quando cessar a boa-fé do possuidor, devem por ele ser devolvidos ao reivindicante. Devem ser também devolvidos os frutos colhidos por antecipação. O art. 1.232 do atual Código acentua que *"os frutos e mais produtos da coisa pertencem, ainda quando separados, ao seu proprietário, salvo se, por preceito jurídico especial, couberem a outrem"*.

Art. 96. As benfeitorias podem ser voluptuárias, úteis ou necessárias.
§ 1º São voluptuárias as de mero deleite ou recreio, que não aumentam o uso habitual do bem, ainda que o tornem mais agradável ou sejam de elevado valor.
§ 2º São úteis as que aumentam ou facilitam o uso do bem.
§ 3º São necessárias as que têm por fim conservar o bem ou evitar que se deteriore.

Benfeitorias são obras ou despesas feitas na coisa, para o fim de conservá-la, melhorá-la ou embelezá-la. Veja o que expusemos acerca das pertenças, cujo conceito pode se confundir com o de benfeitorias.

Benfeitorias são, portanto, obras decorrentes da ação humana. Excluem-se de sua noção os acréscimos naturais ou cômodos, que se acrescem à coisa sem intervenção humana.

A divisão das benfeitorias é tripartida, de acordo com a doutrina clássica. São *necessárias* as que têm por fim conservar a coisa ou evitar que se deteriore: assim será o reparo nas colunas de um edifício. São *úteis* as que aumentam ou facilitam o uso da coisa: é o caso do aumento de área para o estacionamento em um edifício. São *voluptuárias* as de mero deleite ou recreio, que não aumentam o uso habitual da coisa, ainda que a tornem mais agradável, ou de elevado valor: é o caso da substituição de um piso comum de um edifício por mármore ou a construção de uma piscina ou sauna.

Já acentuamos que no caso concreto há que se distinguirem as benfeitorias das pertenças. Por vezes, a diferença será sutil e dependerá do exame da intenção dos interessados.

As consequências da classificação em uma das três categorias são grandes, pois o possuidor de boa-fé tem direito à indenização pelas benfeitorias necessárias e úteis, podendo levantar as voluptuárias, se não lhe forem pagas e permitir a coisa, sem que haja prejuízo. Poderá, ainda, o possuidor de boa-fé, pelas benfeitorias úteis e necessárias, exercer *direito de retenção*. Já o possuidor de má-fé não terá tal direito, devendo apenas ser ressarcido pelo valor das benfeitorias necessárias (arts. 1.219 e 1.220). Em várias modalidades de contrato o conceito e a natureza das benfeitorias serão importantes, como ocorre, por exemplo, no contrato de locação.

A benfeitoria é avaliada de acordo com o acréscimo de utilidade ou de valor que tiver trazido à coisa.

Tecnicamente, a *construção* não é considerada benfeitoria, mas outra espécie de acessório, como se percebe pela redação do art. 61, III, do Código de 1916. No entanto, para certos efeitos, a construção é equiparada à noção de benfeitoria, como se faz na prática e como deflui da própria lei, no art. 1.256 do Código atual.

Não se confundem, também, benfeitorias com *acessões*. Tudo o que se incorpora, natural ou artificialmente, a uma coisa chama-se *acessão*. A acessão artificial, mormente as construções, na prática, pode ser confundida com benfeitorias, o que não é correto. Pontifica com clareza Miguel Maria de Serpa Lopes (1962, v. 1, p. 374):

> "Há uma benfeitoria, quando quem faz procede como dono ou legítimo possuidor, tanto da coisa principal como da acessória, ou como mandatário expresso ou tácito do dono da primeira, por exemplo, benfeitorias feitas pelo locatário. Na acessão, pelo contrário, uma das coisas não pertence a quem uniu a outra ou a quem a transformou; o autor da acessão não procede na convicção de ser dono ou legítimo possuidor de ambas as coisas unidas, ou como mandatário de quem o é de uma delas, antes sabe não é."

Nas benfeitorias, portanto, há convicção de que a coisa acrescida pertence ao mesmo dono ou ao menos ao possuidor. Na acessão, a coisa acrescida pertence a proprietário diverso e não existe tal convicção. A acessão é uma das formas de aquisição da propriedade.

Há um tipo de acessório que não é considerado benfeitoria, conforme estatuído no art. 62 do Código de 1916. O critério não é quantitativo, mas qualitativo: a pintura em relação à tela, por exemplo. Na realidade, não se podendo separar do todo, a pintura integra a própria coisa. É critério de valor, cuja logicidade é patente, dispensando sua repetição na nova lei. A ideia é repetida, contudo, no atual Código, em seu art. 1.270, § 2º, quando trata da aquisição da propriedade móvel pela especificação. Assim, conforme o Código antigo, não são consideradas benfeitorias a pintura em relação à tela, a escultura em relação à matéria-prima, a escritura e outro qualquer trabalho gráfico em relação à matéria-prima que os recebe.

A ideia aí é exclusivamente de valor. É tão evidente a disparidade de valores, nesses casos, que o Código afasta a regra geral dos acessórios. Sílvio Rodrigues (2006, v. 1, p. 143) questiona se o critério do valor com relação aos acessórios não deveria transformar-se numa regra geral. Na verdade, é de lembrar que em matéria imobiliária, na grande maioria das vezes, o preço das construções supera, em muito, o valor do solo. É de se pensar em uma reformulação legislativa sobre a matéria, para facilitar as soluções mais justas para quem, de boa-fé, constrói, por exemplo, em terreno alheio.

Recurso especial. Civil e Processual Civil (CPC/1973). Imóvel financiado pelo Sistema Financeiro da Habitação – SFH. Adjudicação pelo credor hipotecário. Alienação a terceiro. Ação de imissão de posse. Negativa de prestação jurisdicional. Não ocorrência. Retenção por benfeitorias. Descabimento. 1. Controvérsia acerca do direito de retenção por benfeitorias em imóvel sujeito a garantia hipotecária no Sistema Financeiro da Habitação – SFH. 2. Descabimento do chamado prequestionamento numérico, não configurando negativa de prestação jurisdicional a ausência de menção a um dispositivo legal específico, bastando o enfrentamento da questão jurídica pelo Tribunal "a quo". 3. "A hipoteca abrange todas as acessões, melhoramentos ou construções do imóvel" (art. 1.474 do Código Civil de 2002). 4. Sujeição das benfeitorias à garantia hipotecária, independentemente da transcrição destas na matrícula do imóvel. 5. Exclusão do direito de retenção por benfeitorias na execução hipotecária do Sistema Financeiro da Habitação - SFH (cf. art. 32, § 2º, do Decreto-Lei n. 70/66). 6. Inaplicabilidade do direito de retenção por benfeitorias ao possuidor de má-fé (cf. art. 1.220 do CC/2002). 7. Transmutação da natureza da posse de boa-fé para de má-fé após o início da execução hipotecária. Julgado específico desta Turma. 8. Inaplicabilidade do direito de retenção na espécie, seja por benfeitorias anteriores, seja por posteriores à adjudicação. 9. Recurso especial desprovido (*STJ* – Resp 1.399.143 – MS, 07-06-2016, Rel. Min. Paulo de Tarso Sanseverino).

Apelação – Rescisão de compromisso de compra e venda – Ausência de nulidade – Inadimplência do comprador – Circunstância que não impede a devolução das parcelas pagas, sob pena de ofensa ao art. 53 do CDC, admitida a retenção de 20% pela construtora para ressarcimento de perdas e danos e despesas administrativas. Entendimentos pacificados por súmulas deste Tribunal de Justiça. Possibilidade de pagamento pelo longo período de ocupação do imóvel por parte da compradora. Eventual possibilidade de **retenção por benfeitorias** a ser discutida em outra ação. Recursos principal e adesivo parcialmente providos (*TJSP* – Ap. 994.09.327541-0, 24-5-2011, Relª Viviani Nicolau).

⚖ Agravo de instrumento – Imissão na posse – **Benfeitorias – Retenção** – Liquidação – Cumprimento do julgado – A decisão sujeita a cumprimento prevê a possibilidade de retenção por benfeitorias, cuja demonstração é dependente de comprovação. Individualização e valor. Significando que há pertinência da exigência resultante de despacho que determina a liquidação para apuração das benfeitorias. Recurso negado (*TJSP* – AI 994.08.198522-0, 29-3-2011, Rel. Danilo Panizza).

Art. 97. Não se consideram benfeitorias os melhoramentos ou acréscimos sobrevindos ao bem sem a intervenção do proprietário, possuidor ou detentor.

A acessão natural ocorre sem a participação do trabalho humano. Não terá o tratamento de benfeitoria. O conceito é importante quando se discute acerca de indenizações devidas ao possuidor de boa-fé. Na presente hipótese, como o possuidor não concorreu com o acréscimo, não terá direito a indenização. O mesmo ocorre quando o acréscimo provém de terceiro, situação que merecerá a análise se este terceiro fará jus a indenização ou se esta é devida ao próprio possuidor quando este adquiriu o acréscimo a título oneroso. Como regra geral, contudo, a acessão natural não será objeto de remoção ou indenização.

CAPÍTULO III
Dos Bens Públicos

Art. 98. São públicos os bens do domínio nacional pertencentes às pessoas jurídicas de direito público interno; todos os outros são particulares, seja qual for a pessoa a que pertencerem.

Aqui, os bens são considerados em relação a seus respectivos proprietários. Na verdade, o art. 98 não é exaustivo, pois há bens que a ninguém pertencem.
O Direito Romano já fizera tal distinção, mas não fornece critério objetivo. Na época clássica, distinguiam-se os bens de domínio público (*res publicae*) das coisas do príncipe (*res fisci*), que eram coisas do soberano, derivadas dessa qualidade. O feudalismo, na Idade Média, fez desaparecer tal distinção; quando surge o rei com poderes absolutos, tudo é considerado, desde que não seja de domínio privado, bens da Coroa.

📖 Enunciado nº 287, IV Jornada de Direito Civil – CJF/STJ: O critério da classificação de bens indicado no art. 98 do Código Civil não exaure a enumeração dos bens públicos, podendo ainda ser classificado como tal o bem pertencente a pessoa jurídica de direito privado que esteja afetado à prestação de serviços públicos.

⚖ Direito constitucional e administrativo – Cobrança de retribuição pecuniária pela instalação de equipamentos necessários à prestação de serviço público – Bem público de uso comum do povo – Inconstitucionalidade decorrente da violação da competência legislativa privativa da união (art. 22, IV, da CF/88) – Precedente do plenário – RE 581.947/RO – 1- O Plenário do Supremo Tribunal Federal, no julgamento do RE 581.947/RO, rel. Min. Eros Grau, *DJe* 27.08.2010, firmou o entendimento de que o Município não pode cobrar indenização das concessionárias de serviço público em razão da **instalação de equipamentos necessários à prestação do serviço em faixas de domínio público de vias públicas (bens públicos de uso comum do povo), a não ser que a referida instalação resulte em extinção de direitos.** 2- O Município do Rio de Janeiro, ao instituir retribuição pecuniária pela ocupação do solo para a prestação de serviço público de telecomunicações, invadiu a competência legislativa privativa da União (art. 22, IV, da CF/88). Precedente. 3- Agravo regimental a que se nega provimento (*STF* – AgRg-RE 494163, 15-3-2011, Relª Minª Ellen Gracie).

**Art. 99. São bens públicos:
I – os de uso comum do povo, tais como rios, mares, estradas, ruas e praças;
II – os de uso especial, tais como edifícios ou terrenos destinados a serviço ou estabelecimento da administração federal, estadual, territorial ou municipal, inclusive os de suas autarquias;
III – os dominicais, que constituem o patrimônio das pessoas jurídicas de direito público, como objeto de direito pessoal, ou real, de cada uma dessas entidades.
Parágrafo único. Não dispondo a lei em contrário, consideram-se dominicais os bens pertencentes às pessoas jurídicas de direito público a que se tenha dado estrutura de direito privado.**

De acordo com nosso direito, são bens públicos as coisas corpóreas e incorpóreas pertencentes ao Estado, em geral, com suas subdivisões administrativas; tais bens estão submetidos a regime especial. São três as categorias em que se dividem: os de uso comum do povo, os de uso especial e os dominiais.

Os bens de *uso comum do povo (res communes omnium)* são aqueles de que o povo se utiliza, conforme sua regulamentação. Pertencem à União, aos Estados ou aos Municípios, conforme o caso. Tais bens podem ser usados por todos, sem restrição, gratuita ou onerosamente, sem necessidade de permissão especial, como as praças, os jardins, as ruas etc. Não perdem tal característica se o Poder Público regulamentar seu uso, restringi-lo ou tornar sua utilização onerosa, como é o caso do pedágio nas rodovias. Pode até mesmo a administração restringir ou vedar o uso, em razão de segurança nacional ou do próprio povo, como é o caso da proibição do tráfego ou da interdição de uma estrada.

Sobre os bens de uso comum, a administração tem a guarda, direção e fiscalização. Tem, portanto, o ente público a faculdade de reivindicá-los de quem quer que deles se apposse ou impeça a utilização pelo povo, sob qualquer aspecto. Alguns autores, dado o caráter peculiar da relação do Estado com esses bens, negam a existência de um direito de propriedade. Contudo, trata-se de um direito de propriedade com características próprias, *sui generis*.

Os bens públicos de *uso especial* são reservados a determinada espécie de serviço público, como os edifícios destinados aos ministérios ou secretarias de Estado, as escolas públicas, os presídios etc. São bens que têm, portanto, aplicação especial. Esses bens distinguem-se dos anteriores, porque o Poder Público não tem apenas a titularidade, mas também sua utilização. Seu uso pelos particulares é regulamentado e a Administração tanto pode permitir que os interessados ingressem em suas dependências, como pode proibir.

Os bens *dominiais* (ou dominicais) são os que formam o patrimônio dos entes públicos. São aqueles objeto de propriedade do Estado como de qualquer pessoa, como se particular fosse. Seu direito de propriedade é exercido seguindo os princípios de direito constitucional, administrativo e civil, como as estradas de ferro, títulos da dívida pública, telégrafos, oficinas do Estado etc. Também nada impede a utilização desses bens pelos particulares, subordinada às normas administrativas e às condições e limitações impostas pelo Poder Público.

⚖ Apelação – Reintegração de posse – Ocupação indevida de imóvel – Bens públicos que são insuscetíveis de serem adquiridos por meio de usucapião – Artigo 183, § 3º, e 191, parágrafo único, da Constituição Federal – Os bens públicos, por força do texto constitucional e da legislação infraconstitucional, não são passíveis de apropriação, furtando-se, por desdobramento, do rol de bens que podem ser apossados pelos particulares. É dizer: precisamente pela impossibilidade de apropriação (*corpus*) o estado de fato espelhado nos autos reveste-se como mera detenção, não induzindo, por conseguinte, o estado de fato afeito à posse – Ocupação de bem público por particular que se configura como mera detenção, de modo que os réus não possuem qualquer direito possessório sobre o bem – Constatada a ocupação indevida de bem público, de rigor a procedência do pedido de reintegração de posse – Recurso não provido (*TJSP* – Ap. 1001451-26.2-019.8.26.0439, 08-06-2020, Rel. Marcos Pimentel Tamassia).

⚖ Apelação – Ação de reintegração de posse – **Bem de uso comum do povo** que foi desafetado para bem dominical – Área que foi dividida em lotes para a população de baixa renda, mediante concessão de uso especial para fins de moradia – Réus que invadiram o lote, sem qualquer autorização do Município – O legítimo possuidor do lote é o autor, restando caracterizado o esbulho possessório – Sentença mantida – Agravo retido e recurso de apelação improvidos (*TJSP* – Ap. 0015771-96.2009.8.26.0068, 30-6-2016, Rel. Antonio Celso Faria).

Art. 100. Os bens públicos de uso comum do povo e os de uso especial são inalienáveis, enquanto conservarem a sua qualificação, na forma que a lei determinar.

⚖ Apelação cível – Contrato de compra e venda de jazigo de cemitério público – Invalidade do negócio jurídico – Direito real de uso – 1- Os cemitérios públicos são área de domínio público e se qualificam como bens de uso especial, em razão da prestação específica de serviço de interesse público nas áreas públicas em que se situam; 2- Os bens públicos de uso especial são inalienáveis, desde que conservem sua qualificação, conforme a lei determinar (CC/02, art. 100); 3- Somente é possível a transferência do direito real de uso de jazigo a outro herdeiro, sendo que a transferência a terceiro depende de anuência do poder público; 4- É inválido e, em consequência, ineficaz, contrato de compra e venda de jazigo de cemitério municipal, sem autorização da Administração (*TJMG* – AC 1.0016.14.003071-5/002, 23-8-2016, Rel. Renato Dresch).

Art. 101. Os bens públicos dominicais podem ser alienados, observadas as exigências da lei.

Os bens públicos, de qualquer categoria, são *inalienáveis* e *imprescritíveis*.

A inalienabilidade dos bens públicos decorre de sua própria natureza. A faculdade de aliená-los só pode ocorrer mediante desafetação, isto é, por meio de lei ou ato administrativo que autorize essa alienação (art. 67 do Código anterior), que poderá dar-se só em relação a bens que não se destinem ao uso comum do povo, como mares, rios, estradas etc. Afetação significa a destinação específica de um bem público. Desafetação é a modificação da destinação do bem, incluindo bens de uso comum ou uso especial entre os dominicais, possibilitando sua alienação. A matéria pertence ao estudo do direito administrativo.

Os arts. 100 e 101 absorvem justamente essa noção: os bens públicos de uso comum do povo e os de uso especial são inalienáveis, enquanto conservarem sua qualificação, na forma que a lei determinar; os bens dominicais podem ser alienados, observadas as exigências legais.

⚖️ Apelação cível. Embargos de terceiro. Reintegração de posse determinada em ação de resolução de contrato. Bem público. Gleba incluída, em parte, em área de proteção ambiental. Posse. Viabilidade. Ressalvada possibilidade de ação reivindicatória e do exercício do poder de império pelo estado. 1. Os bens públicos dominicais constituem o patrimônio disponível do Estado, pois não estão afetados a um fim público. Logo, não precisam de desafetação para que sejam alienados ou apossados. 2. Hipótese de ocupação de imóvel, situação em que parte da gleba está incluída em área de proteção ambiental, sem que tenha havido a devida delimitação. A outra parte do imóvel está localizada em área de natureza dominical. A determinação de reintegração de posse em ação de resolução de contrato não pode atingir terceiro que demonstra exercer posse em bem público dominical. 3. Nessas circunstâncias, deve-se ressaltar que o ocupante, em tese, não poderia oferecer resistência à eventual ação reivindicatória ajuizada pelo proprietário do bem, nem mesmo ao eventual exercício do poder de império do Estado, no sentido de determinar a desocupação da parcela do imóvel que esteja incluída em área de proteção ambiental. 4. Recurso conhecido e provido (*TJDFT* – Ap. 0009368-17.2017.8.07.0018, 1º-08-2018, Rel. Fátima Rafael).

⚖️ Recurso especial. Posse. Direito civil e Processual Civil. Bem público dominical. Litígio entre particulares. Interdito possessório. Possibilidade. Função social. Ocorrência. 1. Na ocupação de bem público, duas situações devem ter tratamentos distintos: I) aquela em que o particular invade imóvel público e almeja proteção possessória ou indenização/retenção em face do ente estatal e II) as contendas possessórias entre particulares no tocante a imóvel situado em terras públicas. 2. A posse deve ser protegida como um fim em si mesma, exercendo o particular o poder fático sobre a res e garantindo sua função social, sendo que o critério para aferir se há posse ou detenção não é o estrutural e sim o funcional. É a afetação do bem a uma finalidade pública que dirá se pode ou não ser objeto de atos possessórios por um particular. 3. A jurisprudência do STJ é sedimentada no sentido de que o particular tem apenas detenção em relação ao Poder Público, não se cogitando de proteção possessória. 4. É possível o manejo de interditos possessórios em litígio entre particulares sobre bem público dominical, pois entre ambos a disputa será relativa à posse. 5. À luz do texto constitucional e da inteligência do novo Código Civil, a função social é base normativa para a solução dos conflitos atinentes à posse, dando-se efetividade ao bem comum, com escopo nos princípios da igualdade e da dignidade da pessoa humana. 6. Nos bens do patrimônio disponível do Estado (dominicais), despojados de destinação pública, permite-se a proteção possessória pelos ocupantes da terra pública que venham a lhe dar função social. 7. A ocupação por particular de um bem público abandonado/desafetado – isto é, sem destinação ao uso público em geral ou a uma atividade administrativa –, confere justamente a função social da qual o bem está carente em sua essência. 8. A exegese que reconhece a posse nos bens dominicais deve ser conciliada com a regra que veda o reconhecimento da usucapião nos bens públicos (STF, Súm 340; CF, arts. 183, § 3º; e 192; CC, art. 102); um dos efeitos jurídicos da posse – a usucapião – será limitado, devendo ser mantido, no entanto, a possibilidade de invocação dos interditos possessórios pelo particular. 9. Recurso especial não provido (*STJ* – Resp 1296964 – DF, 18-10-2016, Min. Luis Felipe Salomão).

Art. 102. Os bens públicos não estão sujeitos a usucapião.

Os juristas sempre cogitaram da imprescritibilidade dos bens públicos. Esse era o posicionamento adotado por Clóvis Beviláqua. Objetavam outros, em razão de dispor o art. 67 do Código de 1916 sobre a perda da inalienabilidade, que podem esses bens ser objeto de usucapião, de prescrição aquisitiva, portanto. Nossa lei maior determinou a imprescritibilidade dos bens públicos nos arts. 183, § 3º, e 191, parágrafo único. Nesse sentido, o presente artigo é expresso ao afirmar que os bens públicos não estão sujeitos a usucapião (art. 102). A matéria não foi isenta de dúvidas no passado, mas a Constituição de 1988 superou definitivamente a questão.

Como consequência da inalienabilidade, os bens públicos também são impenhoráveis, pois desta forma se impede que passem do patrimônio do devedor ao do credor, por meio da execução judicial.

⚖️ Ação de usucapião. Improcedência na origem. Irresignação. Afastamento. Imóvel dado em pagamento à Prefeitura Municipal de Taubaté, como indicado na matrícula. **Bens de domínio público que são insuscetíveis de usucapião**. Inteligência do art. 183, § 3º, da Constituição Federal e do art. 102 do Código Civil. Precedente da Câmara. Não comprovados, ainda, quaisquer dos requisitos necessários para a usucapião. Apelo desprovido. (*TJSP* – Ap. 1005523-80.2019.8.26.0625, 16-4-2021, Rel. Donegá Morandini).

⚖️ Apelação cível – Usucapião – Bem público – Comprovação – Imprescritibilidade. De acordo com o art. 102 do Código Civil de 2002: "os bens públicos não estão sujeitos a usucapião". Nos termos da Súmula 340 do STF: "Desde a vigência do Código Civil, os bens dominicais, como os demais bens públicos, não podem ser adquiridos por usucapião". Demonstrado nos autos que o imóvel objeto do litígio se encontra dentro de uma área maior, de propriedade do Município de Uberlândia, inviável a pretensão de declaração da usucapião, devendo ser mantida a sentença de improcedência do pedido (*TJMG* – Apelação Cível 1.0702.12.008741-7/001, 22-01-2019, Rel. Yeda Athias).

Art. 103. O uso comum dos bens públicos pode ser gratuito ou retribuído, conforme for estabelecido legalmente pela entidade a cuja administração pertencerem.

O texto refere-se aos bens de uso comum. Razões de oportunidade e conveniência administrativa poderão estabelecer pagamento para utilização dos bens de uso comum, como pedágios, utilização de parques, ancoradouros etc. A gratuidade, portanto, não é uma regra geral.

🔨 Apelação cível. Direito público não especificado. Ação declaratória. Faixa de domínio público. Jurisdição do DAER. Concessão de uso retribuído. Decisão normativa 35/2003. Trata-se de ação de declaratória de inexigibilidade de tarifa por uso de faixa de domínio, calcada na decisão normativa de nº 35/2003, a qual não contempla a hipótese para os casos de autarquia, julgada improcedente na origem. O uso dos bens públicos pode ser feito pela própria pessoa que detém a propriedade ou por particulares, quando for transferido o uso do bem público. Referida transferência pode-se dar através de autorização, concessão ou permissão de uso. No caso dos autos, trata-se de concessão de uso, posto que contempla contrato administrativo através do qual se transferiu o uso de bem público (faixa de domínio público) de um órgão da Administração para outro na mesma esfera de governo. Nos termos do artigo 103 do Código Civil, o uso comum dos bens públicos pode ser gratuito ou retribuído, conforme for estabelecido legalmente pela entidade a cuja administração pertencerem. Em regra, a utilização dos bens públicos vergastados é de forma gratuita, contudo, confirmando a regra, os entes públicos podem instituir remuneração, na forma da lei. Com efeito, as faixas de domínio são patrimônio público relacionadas ao DAER, que possui disposição de onerar sua utilização por terceiros. (...) Apelação parcialmente provida (*TJRS* – Ap. 70035971589, 09-11-2011, Rel. Niwton Carpes da Silva).

LIVRO III
DOS FATOS JURÍDICOS

TÍTULO I
DO NEGÓCIO JURÍDICO

CAPÍTULO I
Disposições Gerais

Art. 104. A validade do negócio jurídico requer:
I – agente capaz;
II – objeto lícito, possível, determinado ou determinável;
III – forma prescrita ou não defesa em lei.

1. Introdução: os fatos jurídicos

São fatos jurídicos todos os acontecimentos, os eventos que, de forma direta ou indireta, acarretam efeito jurídico. Nesse contexto, admitimos a existência de fatos jurídicos em geral, em sentido amplo, que compreendem tanto os fatos naturais, sem interferência do homem, como os fatos humanos, relacionados com a vontade humana.

Assim, são *fatos jurídicos* a chuva, o vento, o terremoto, a morte, bem como o usucapião, a construção de um imóvel, a pintura de uma tela. Tanto uns como outros apresentam, com maior ou menor profundidade, consequências jurídicas. Assim, a chuva, o vento, o terremoto, os chamados *fatos naturais*, podem receber a conceituação de fatos jurídicos se apresentarem consequências jurídicas, como a perda da propriedade, por sua destruição, por exemplo. Assim também ocorre com os fatos relacionados com o homem, mas independentes de sua vontade, como o nascimento, a morte, o decurso do tempo, os acidentes ocorridos em razão do trabalho. De todos esses *fatos* decorrem importantíssimas consequências jurídicas. O nascimento com vida, por exemplo, fixa o início da personalidade entre nós. Por aí se pode antecipar a importância da correta classificação dos fatos jurídicos.

A matéria era lacunosa mormente em nossa lei civil de 1916. Em razão disso, cada autor procura sua própria classificação, não havendo, em consequência, unidade de denominação. A classificação aqui exposta é simples e acessível para aquele que se inicia nas letras jurídicas.

Partamos do seguinte esquema:

Fatos jurídicos
1. Fatos naturais (fatos jurídicos em sentido estrito)
2. Atos jurídicos (atos humanos ou jurígenos) { Lícitos { Meramente lícitos / Negócios jurídicos ; Ilícitos

Assim, são considerados *fatos jurídicos* todos os acontecimentos que podem ocasionar efeitos jurídicos, todos os atos suscetíveis de produzir aquisição, modificação ou extinção de direitos.

São fatos naturais, considerados *fatos jurídicos em sentido estrito*, os eventos que, independentes da vontade do homem, podem acarretar efeitos jurídicos. Tal é o caso do nascimento mencionado, ou terremoto, que pode ocasionar a perda da propriedade.

Numa classificação mais estreita, são *atos jurídicos* (que podem também ser denominados atos humanos ou atos jurígenos) aqueles eventos emanados de uma vontade, quer tenham intenção precípua de ocasionar efeitos jurídicos, quer não.

Os atos jurídicos dividem-se em atos *lícitos* e *ilícitos*. Afasta-se, de plano, a crítica de que o ato ilícito não seja jurídico. Nessa classificação, como levamos em conta os efeitos dos atos para melhor entendimento, consideramos os atos ilícitos como parte da categoria de atos jurídicos, não considerando o sentido intrínseco da palavra, pois o ilícito não pode ser jurídico. Daí por que se qualificam melhor como atos humanos ou jurígenos, embora não seja essa a denominação usual dos doutrinadores.

Atos jurídicos meramente lícitos são os praticados pelo homem sem intenção direta de ocasionar efeitos jurídicos, tais como invenção de um tesouro, plantação em terreno alheio, construção, pintura sobre uma tela. Todos esses atos podem ocasionar efeitos jurídicos, mas não têm, em si, tal intenção. São eles contemplados pelo art. 185. Esses atos não contêm um intuito negocial, dentro da terminologia que veremos adiante.

O presente Código procurou ser mais técnico e trouxe a redação do art. 185: "*Aos atos jurídicos lícitos, que não sejam negócios jurídicos, aplicam-se, no que couber, as disposições do Título anterior.*" Desse modo, o atual estatuto consolidou a compreensão doutrinária e manda que se aplique ao ato jurídico meramente lícito, no que for aplicável, a disciplina dos negócios jurídicos.

Alguns autores, a propósito, preocupam-se com o que denominam ato-fato jurídico. O ato-fato jurídico, nessa classificação, é um fato jurídico qualificado pela atuação humana. Nesse caso, é irrelevante para o direito se a pessoa teve ou não a intenção de praticá-lo. O que se leva em conta é o efeito resultante do ato que pode ter repercussão jurídica, inclusive ocasionando prejuízos a terceiros. Como dissemos, toda a seara da teoria dos atos e negócios jurídicos é doutrinária, com muitas opiniões a respeito. Nesse sentido, costuma-se chamar à exemplificação os atos praticados por uma criança, na compra e venda de pequenos efeitos. Não se nega, porém, que há um sentido de negócio jurídico do infante que compra confeitos em um estabelecimento. Ademais, em que pese à excelência dos doutrinadores que sufragam essa doutrina,

> "*em alguns momentos, torna-se bastante difícil diferenciar o ato-fato jurídico do ato jurídico em sentido estrito categoria abaixo analisada. Isso porque, nesta última, a despeito de atuar a vontade humana, os efeitos produzidos pelo ato encontram-se previamente determinados pela lei, não havendo espaço para a autonomia da vontade*" (STOLZE GAGLIANO; PAMPLONA FILHO, 2002, p. 306).

Por essa razão, não deve o iniciante das letras jurídicas preocupar-se com essa categoria, pois a matéria presta-se a voos mais profundos na teoria geral do direito.

Quando existe por parte da pessoa a intenção específica de gerar efeitos jurídicos ao adquirir, resguardar, transferir, modificar ou extinguir direitos, estamos diante do *negócio jurídico*. O Código Civil de 1916 denominava atos jurídicos, de acordo com o art. 81 (ver atual art. 185); a moderna doutrina prefere denominá-los negócios jurídicos, por ver neles o chamado intuito negocial. Assim, serão negócios jurídicos tanto o testamento, que é unilateral, como o contrato, que é bilateral, negócios jurídicos por excelência. Quem faz um testamento e quem contrata está precipuamente procurando atingir determinados efeitos jurídicos. Desses atos brotam naturalmente efeitos jurídicos, porque essa é a intenção dos declarantes da vontade. Já nos atos meramente lícitos não encontramos o chamado intuito negocial. Neste último caso, o efeito jurídico poderá surgir como circunstância acidental do ato, circunstância esta que não foi, na maioria das vezes, sequer imaginada por seu autor em seu nascedouro, como, por exemplo, uma declaração sentimental a fazer posteriormente prova em processo judicial.

Nosso legislador de 1916 não atentou para essas diferenças, limitando-se a definir o que se entendia por ato jurídico, sem mencionar a expressão *negócio jurídico*, embora referindo-se a este último.

Os *atos ilícitos*, que promanam direta ou indiretamente da vontade, são os que ocasionam efeitos jurídicos, mas contrários, *lato sensu*, ao ordenamento. No campo civil, importa conhecer os atos contrários ao Direito, à medida que ocasionam dano a outrem. Só nesse sentido o ato ilícito interessa ao direito privado. Não tem o Direito Civil a função de punir o culpado. Essa é a atribuição do Direito Penal e do Direito Processual Penal. Só há interesse em conhecer um ato ilícito, para tal conceituado como ilícito civil, quando há dano ocasionado a alguém e este é *indenizável*, embora já se defenda que a indenização exclusivamente por dano moral tenha um sentido punitivo.

Dano e indenização formam, portanto, um binômio inseparável no campo do direito privado. Por essa razão, o campo da ilicitude civil é mais amplo do que o da ilicitude penal. Só há crime quando a lei define a conduta humana como tal. Há ato ilícito civil em todos os casos em que, com ou sem intenção, alguém cause dano a outrem, transgredindo um preceito ou agindo contra o Direito.

Há situações em que está presente a intenção de praticar o dano. Tem-se aí o chamado *dolo*. Quando o agente pratica o *dano* com *culpa*, isto é, quando seu ato é decorrente de imprudência, negligência ou imperícia, e decorre daí um dano, também estaremos no campo do ilícito civil. O ato ilícito, nessas duas modalidades, vinha descrito no art. 159 do Código Civil de 1916: "*Aquele que, por ação ou omissão voluntária, negligência, ou imprudência, violar direto, ou causar prejuízo a outrem, fica obrigado a reparar o dano.*" O presente Código, no art. 186, mantém a mesma ideia: "*Aquele que, por ação ou omissão voluntária, negligência ou imprudência, violar direito e causar dano a outrem, ainda que exclusivamente moral, comete ato ilícito.*" O vigente diploma, que ainda consagra a possibilidade de indenização do dano exclusivamente moral, como autorizou a Constituição de 1988, substitui a partícula alternativa "ou" presente no Código antigo, pela aditiva "e". Desse modo, na letra da nova lei, não basta violar direito, como estampava o antigo estatuto, é necessário que ocorra o dano a outrem. A matéria dá, sem dúvida, azo a críticas e a várias interpretações, como estudaremos nos artigos dedicados exclusivamente à responsabilidade civil.

Trata-se, em ambas as situações, de qualquer modo, da responsabilidade civil. Na culpa ou no dolo, a vontade está presente, ainda que de forma indireta, como no caso de culpa.

Há situações em que, mesmo na ausência de vontade, mas perante o dano, ocorre o dever de indenizar. São os casos da chamada responsabilidade objetiva, criados por necessidade social, como nos acidentes de trabalho.

2. Negócio jurídico

Essa terminologia tem origem na doutrina alemã e foi assimilada pela Itália e posteriormente por outros países. Fundamentalmente, consiste na manifestação de vontade que procura produzir determinado efeito jurídico, embora haja profundas divergências em sua conceituação na doutrina. Trata-se de uma declaração de vontade que não apenas constitui um ato livre, mas pela qual o declarante procura uma relação jurídica entre as várias possibilidades que oferece o universo jurídico. Inclusive, há ponderável doutrina estrangeira que entende que o negócio jurídico já é uma conceituação superada, tendo em vista o rumo tomado pelos estudos mais recentes (FERRI, 1995, p. 61). Há, sem dúvida, manifestações de vontade que não são livres na essência, mormente no campo contratual, o que dificulta a compreensão original do negócio jurídico. É, contudo, no negócio jurídico, até que se estabeleça nova conceituação, que repousa a base da autonomia da vontade, o fundamento do direito privado. Não obstante as críticas que sofre, a doutrina do negócio jurídico demonstra ainda grande vitalidade no direito ocidental, mormente na Itália, Alemanha e França. O negócio jurídico continua sendo um ponto fundamental de referência teórica e prática. É por meio do negócio jurídico que se dá vida às relações jurídicas tuteladas pelo direito.

O Código Civil de 1916 não regulamentou o negócio jurídico como tal, preferindo tratá-lo como ato jurídico. No entanto, esse estatuto civil trata de diferentes modalidades de atos unilaterais e de contratos que nada mais são do que negócios jurídicos. Embora a categoria também seja usada no direito público, é no direito privado que encontramos o maior número de modalidades de negócios jurídicos. O atual Código adota a denominação negócio jurídico (arts. 104 ss).

O Código de 2002 preferiu não repetir a definição do Código de 1916. Poucas leis o definem, é verdade. Lembre-se do Código Civil holandês, que no art. 33 do livro terceiro define o negócio jurídico como o ato de vontade que é destinado a produzir efeitos jurídicos e que se manifesta com uma declaração. Muito, porém, discutiu a doutrina até chegar a essa sintética compreensão do fenômeno. Cuida-se muito mais de uma categoria que surge por uma necessidade de sistematização do que propriamente de uma categoria jurídica. Como se percebe, trata-se de fruto do raciocínio jurídico moderno, não estando presente no direito mais antigo. De qualquer modo, o surgimento e a difusão da doutrina do negócio jurídico é um capítulo importante na história do Direito, principalmente tendo em vista sua sistemática e didática, relativa à teoria geral do Direito e à parte geral do Direito Civil, presente na maioria dos Códigos mais modernos. Por outro lado, a teoria geral dos negócios jurídicos abriu margem e horizonte à mais recente teoria geral dos contratos, levando-se em conta que o contrato é a principal manifestação de negócio jurídico.

3. Elementos, pressupostos e requisitos

No exame da estrutura do negócio jurídico, a doutrina longe está de atingir unanimidade de critérios. Assim, cada autor apresenta estrutura própria no exame do negócio jurídico.

Em primeiro lugar, há divergência quanto à denominação que se deve dar aos caracteres estruturais do instituto. Embaralham-se noções como *elementos*, *pressupostos* e *requisitos* do negócio jurídico.

Pelo conceito léxico, *elemento* é tudo que se insere na composição de alguma coisa, cada parte de um todo. *Pressuposto* é a circunstância ou fato considerado como antecedente necessário de outro. E *requisito* é a condição necessária para a obtenção de certo objetivo, ou para preenchimento de certo fim.

No sistema tradicional de classificação, parte-se da noção inicial de elemento para qualificar o negócio jurídico. Distinguem-se aí os elementos *essenciais* (genéricos e específicos), *naturais* e *acidentais*. Segundo Vicente Ráo (1961, p. 97),

> "*essenciais dos atos jurídicos são, pois, os elementos que os compõem, qualificam e distinguem dos demais atos, elementos, isto é, sem os quais ou sem algum dos quais aqueles atos não se formam, nem se aperfeiçoam. Deles, uns são genéricos porque a todos atos jurídicos dizem respeito; específicos são outros, por atinentes a cada tipo de ato particularmente considerado*".

Sob esse aspecto, são elementos essenciais do negócio jurídico o *agente capaz*, o *objeto lícito* e a *forma*, estampados neste artigo, como requisitos de validade.

Washington de Barros Monteiro (1977, v. 1, p. 176) também se refere às três citadas categorias de elementos dos atos jurídicos: *essentialia negotii*, *naturalia negotii* e *accidentalia negotii*. São, destarte, elementos *essenciais genéricos* aos negócios jurídicos os três anteriormente citados. São elementos *essenciais específicos* aqueles pertinentes a determinado negócio jurídico; a compra e venda, por exemplo, têm como elementos essenciais a coisa, o preço e o consentimento (*res, pretium* e *consensus*).

Os *elementos naturais* são *as consequências que decorrem do próprio ato, sem necessidade de expressa menção* (MONTEIRO, 1977, v. 1, p. 176). Na referida compra e venda, serão elementos naturais a garantia que presta o vendedor pelos vícios redibitórios (art. 441) e pelos riscos da evicção (arts. 447 e 448).

Os *elementos acidentais* dos negócios jurídicos são aqueles que se acrescentam ao ato para modificar alguma de suas características naturais. Os mais estudados, porque presentes no Código Civil, são a condição, o termo e o encargo (modo ou ônus).

Como não há unanimidade nessa classificação, apresentamos a nossa para facilitar a aprendizagem daquele que se inicia no estudo da Ciência do Direito.

Não devemos esquecer, contudo, que no exame do negócio jurídico, em estudo mais aprofundado, devem ser levados em conta três planos: o da *existência*, o da *validade* e o da *eficácia* do negócio. O ato pode existir, isto é, possuir um aspecto externo de negócio jurídico, mas não ter validade, por lhe faltar, por exemplo, capacidade de agente. Por outro lado, o negócio pode existir, ser válido, mas ser ineficaz, quando sobre ele, por exemplo, pender condição suspensiva.

Nesse quadro, é importante colocar a *vontade* como elemento do negócio jurídico. No exame do plano de existência não se cogita de invalidade ou ineficácia, mas simplesmente da realidade de existência do negócio. Importa examinar a existência da vontade ou, mais que isso, a existência da declaração de vontade. Temos para nós, contudo, que a vontade, muito antes de ser unicamente um elemento do negócio, é um pressuposto dele, mas um pressuposto que ora interferirá na validade, ora na eficácia do negócio, já que pode "existir" um negócio jurídico com mera aparência de vontade, isto é, circunstância em que a vontade não se manifestou e houve apenas mera "aparência" de vontade.

Tanto a noção de elemento, como a de pressuposto abrangem a compreensão de requisito. Destarte, afora os elementos mencionados, incumbe tecer considerações sobre os pressupostos. Vimos que podemos colocar a vontade como pressuposto do ato jurídico; pressuposto fundamental, acrescentaríamos.

O agente capaz é um dos elementos do negócio. Pressuposto do agente é, portanto, a capacidade. Ao lado dessa capacidade, devemos estudar o conceito de *legitimação*, que também é pressuposto do agente.

Por fim, é mister lembrarmos o tormentoso tema da causa no negócio jurídico e em particular na nossa legislação.

4. Capacidade do agente

Já falamos da pessoa natural e da pessoa jurídica, bem como da capacidade e da incapacidade. Vimos que todos possuem capacidade de gozo, em sentido geral, no tocante às pessoas naturais. Quanto às pessoas jurídicas, tal dependerá de sua regular constituição. Ao analisar a capacidade do agente, suplantamos o plano de existência e nos situamos no plano de validade do negócio jurídico. Ao lado da capacidade do agente, o plano de validade diz respeito, também, à manifestação de vontade livre e de boa-fé, ao objeto lícito, determinado e possível, e à forma livre ou prescrita em lei.

Vimos que sob determinadas circunstâncias as pessoas naturais não possuem capacidade de exercício, por questões de idade, saúde física ou mental.

A capacidade é conceito, portanto, referente à idoneidade da pessoa para adquirir direitos ou contrair obrigações no universo negocial. Não é só isso, contudo. O conceito de capacidade estende-se a outros fatos e efeitos jurídicos, principalmente aos fatos ilícitos e à responsabilidade civil deles decorrentes. Ao lado da chamada capacidade negocial, devemos, pois, lembrar da capacidade delitual, na esfera civil. O que nos interessa primordialmente é a capacidade negocial, aquela que dá aptidão para o agente intervir em negócios jurídicos como declarante ou declaratário.

Tal ideia reconduz-nos às já examinadas capacidades de gozo e de exercício.

Os detentores da incapacidade de exercício só podem praticar os atos da vida civil mediante o instituto da *representação*, como regra geral. Supre-se a incapacidade dos absolutamente incapazes pela representação, enquanto a incapacidade relativa, dos maiores de 16 anos e menores de 21, no Código de 1916, principalmente, pelo instituto da *assistência*. Pela assistência, o relativamente incapaz tem a sua incapacidade "completada" por outrem, que é seu responsável. A vontade do assistente é completiva da vontade do assistido. Entendemos que essa incapacidade é estabelecida em benefício do próprio incapaz, que não teria ainda o pleno discernimento para a vida civil. Não se esqueça de que no atual Código a plena capacidade é atingida aos 18 anos.

A regra é a existência sempre da capacidade de gozo. A pessoa natural, maior ou menor, com ou sem discernimento mental, gozará dessa capacidade.

As pessoas jurídicas terão capacidade de gozo de acordo com a destinação para a qual foram criadas, pois não podem agir em desacordo com suas finalidades estatutárias. Por isso, diz-se que no tocante à capacidade de gozo sofrem as pessoas jurídicas restrições de duas ordens: as comuns à generalidade das pessoas coletivas (não podem praticar atos de direitos de família, por exemplo) e as especiais, próprias para certas classes de pessoas jurídicas e de acordo com suas finalidades.

A capacidade de exercício das pessoas naturais é dada pela lei de forma negativa. A lei diz quais pessoas não possuem capacidade de exercício.

Para a validade do ato, portanto, o Código requer *agente capaz*. Tal capacidade deve ser aferida no momento do ato. A capacidade superveniente à prática do ato não é suficiente para sanar a nulidade. Por outro lado, a incapacidade que sobrevém ao ato não o inquina, não o vicia.

4.1. Legitimação

Ao lado da noção de capacidade, surge na doutrina a ideia mais moderna de *legitimação*, conceito que tem origem na ciência processual.

Quando se indaga se um menor de 18 anos, de acordo com o Código de 2002, pode realizar negócios jurídicos e se responde pela negativa, temos aí o problema da capacidade.

Quando, porém, pergunta-se se um ascendente pode vender bens aos descendentes, sem que os outros descendentes expressamente o consintam (art. 496; antigo art. 1.132), ou se os mandatários podem comprar os bens que estejam sob sua administração (art. 497; antigo, art. 1.133, II), por exemplo, e a resposta é negativa, a situação que se coloca é outra.

Aqui, já não se discutem as qualidades intrínsecas da pessoa, sua capacidade, que a habilitam para os atos da vida negocial. O que está em jogo, ao contrário, é a posição de determinadas pessoas em face de determinadas situações criadas por fora de sua capacidade, que não está em discussão. Nos últimos exemplos citados, não falamos em incapacidade para os negócios, mas em falta de *legitimação*.

Emilio Betti (1969, t. 2, p. 11) assim se posiciona sobre o tema:

> "*A distinção entre capacidade e legitimidade manifesta-se com toda evidência: a capacidade é a aptidão intrínseca da parte para dar vida a atos jurídicos; a legitimidade é uma posição de competência, caracterizada quer pelo poder de realizar atos jurídicos que tenham um dado objeto, quer pela aptidão para lhes sentir os efeitos, em virtude de uma relação em que a parte está, ou se coloca, com o objeto do ato.*"

Podemos compreender a legitimidade e a capacidade como duas formas de aptidão para realizar negócios jurídicos, entendendo a capacidade como a idoneidade adquirida. Ambos os conceitos, contudo, são expressos sob forma negativa de incapacidade e ilegitimidade, uma vez que os conceitos positivos são a regra, e os negativos, a exceção, dentro do sistema.

Sob tais aspectos, são exemplos de falta de legitimação para a prática de certos atos: marido e mulher, para a prática dos atos enumerados nos arts. 235 e 242 do Código de 1916, necessitavam do assentimento recíproco, ou na falta, de autorização judicial. Essa matéria vem doravante disciplinada no art. 1.647 do Código de 2002. O condômino de coisa indivisível, para vender sua quota-parte a estranhos ao condomínio, salvo se houver previamente oferecido preferência aos demais condôminos (art. 504); as pessoas indicadas no art. 1.521, as quais, apesar de genericamente capazes, não podem casar devido a laços de parentesco de sangue ou civil, ou à preexistência de outro vínculo matrimonial não extinto, ou à circunstância de haverem sido condenadas pela prática de certos atos qualificados como crime; o cônjuge adúltero para fazer doações a seu cúmplice (art. 550).

Nesses casos, vemos que não se trata de incapacidade genérica para os atos da vida negocial, mas de aptidão específica para a prática de determinados atos, que pode cessar em certa época, como perdurar durante toda a existência do agente.

A legitimação ou legitimidade depende da particular relação do sujeito com o objeto do negócio, portanto.

As partes, em determinado negócio jurídico, devem ter competência específica para praticar o ato. Esse é o conceito de legitimação.

5. Forma

É requisito de validade dos negócios jurídicos obedecerem à forma prescrita, ou não adotarem a forma proibida pela lei.

A regra é a forma livre. É o que determina o art. 107 deste Código.

> "*A validade da declaração de vontade não dependerá de forma especial, senão quando a lei expressamente a exigir.*"

Vimos que a vontade deve ser externada para dar vida ao negócio jurídico. Tal externação pode ocorrer pela palavra escrita, ou simplesmente verbal, ou mesmo só por meio de gestos. O próprio silêncio, sob determinadas condições, pode ser apto a criar negócio jurídico.

A forma pela qual a vontade exterioriza-se é a expressão externa, palpável, da vontade.

Em numerosos casos, a lei exige das partes, para a própria garantia dos negócios, forma especial. É o caso, por exemplo, da compra e venda de imóveis de valor superior a um mínimo legal, dos pactos antenupciais e das adoções, em que requer a escritura pública. Já outros atos não dependem de solenidade. Há contratos que têm forma absolutamente livre, enquanto para outros exige-se ao menos a forma escrita.

Os negócios jurídicos que dependem de determinada forma para terem validade são os *atos formais* ou *solenes*. São *não solenes* ou *não formais* quando sua forma é livre.

Por vezes, a lei, visando garantir sua eficácia, cerca sua forma de *fórmulas*, isto é, de rituais mais ou menos complicados, como ocorre no casamento e no testamento, atos formais por excelência e subordinados a rituais formalísticos. A isso denomina-se solenidade.

A forma especial tanto pode ser imposta pela lei quanto pela própria parte, que contrata com a cláusula de a avença não valer senão sob determinada forma, conforme expresso no art. 109.

6. Objeto

Ao lado da capacidade, legitimidade, forma e naturalmente da vontade, constitui também elemento integrante do negócio jurídico o objeto.

O objeto deve ser idôneo, isto é, apto a regular os interesses sobre os quais recai o negócio. Emilio Betti (1969, t. 2, p. 53) prefere falar em *interesses* em vez de bens,

> *"mesmo quando o objeto do negócio sejam coisas (bens materiais), elas não são consideradas por si, abstratamente, mas sempre com referência aos sujeitos, e são apreciadas e diferenciadas tendo em consideração a sua aptidão para satisfazer necessidades da vida de relações, segundo as opiniões econômicas ou éticas e as valorações historicamente condicionadas da consciência social".*

Sob o enfoque ora dado, podemos distinguir o *objeto imediato* ou *conteúdo*, que são os efeitos jurídicos a que o negócio tende, de acordo com as manifestações de vontade e a lei aplicável; e o *objeto mediato*, ou objeto propriamente dito, que é aquilo sobre o que recaem aqueles efeitos.

No sentido de *objeto imediato* ou *conteúdo*, estamos no campo de "constituição, modificação ou extinção" de relações jurídicas. Desse modo, o conteúdo imediato de um contrato de compra e venda, por exemplo, será a transferência da propriedade da coisa alienada, a obrigação de o vendedor entregar a coisa, a obrigação de o comprador pagar o preço.

No sentido de *objeto mediato* ou objeto propriamente dito, temos a própria coisa ou o próprio interesse sobre os quais recai o negócio. No contrato de compra e venda, o objeto mediato será a coisa vendida. Se se tratar de negócio que visa a bens incorpóreos, então mais propriamente diremos *interesse do negócio*, como acentua o mestre italiano citado.

A expressão *objeto do negócio jurídico* deve englobar tanto um sentido, como outro, quer se examine sob o prisma da idoneidade, em conteúdo amplo, quer estritamente sob o prisma da licitude, como quer o art. 104 do nosso Código.

Deve-se ter em mira que todo ato jurídico é praticado com vista a uma *utilidade*. Sob esse aspecto, o negócio deve gozar de proteção. Há sentido teleológico a ser protegido. Nesse campo, atua a autonomia da vontade e cada um é livre para praticar o negócio que lhe aproveite. Essa é a regra geral, mas ela esbarra em óbices a seguir examinados.

O Código dispõe neste artigo, ao estabelecer os elementos de validade do negócio jurídico, que o objeto deve ser *"lícito, possível, determinado ou determinável"*.

O objeto, portanto, deve ser *determinado* ou ao menos *determinável*. Pode o objeto não ter sido determinado no próprio ato, mas há de ser determinável, pelo menos.

Distingue-se aí a determinação absoluta da determinação relativa.

> *"É absoluta a determinação quando o ato enuncia o seu objeto de modo certo, individualizando a prestação ou prestações em que consiste, quer se trate de bens corpóreos ou incorpóreos, quer de atos positivos ou negativos. Relativa é a determinação quando os agentes ou partes, para a determinação ou singularização do objeto de seu ato, adotam algum critério a ser, subsequente, observado"* (RÁO, 1952, p. 172).

O objeto deve ser *possível*, entendendo-se tudo que estiver dentro das forças humanas ou das forças da natureza. Será impossível o objeto que fugir a essas forças. É preciso, nesse ponto, distinguir a *impossibilidade absoluta*, que a todos, indistintamente, atinge, da *impossibilidade relativa*, pois o que pode ser impossível para uns pode não ser para todos. Levemos em conta, também, que a impossibilidade para o presente não significa sempre impossibilidade para o futuro.

A impossibilidade pode emanar de leis físicas ou naturais, bem como de leis jurídicas, tendo-se aí a impossibilidade física e a impossibilidade jurídica. Um negócio jurídico que tenha por objeto a herança de pessoa viva é impossível, porque a lei não o permite (art. 426).

Para que seja idôneo o objeto, não basta ser determinado ou determinável e possível. Cumpre, igualmente, ser *lícito*. A licitude do objeto é regulada pela forma negativa: atingimos a compreensão do objeto lícito pelo conceito de ilicitude. A lei impõe limitações ao objeto do negócio.

O objeto do ato não gozará da proteção legal quando for contrário às *leis de ordem pública*, ou aos *bons costumes*.

Nesse sentido, estatui a Lei de Introdução às normas do Direito Brasileiro, no art. 17:

> *"As leis, atos e sentenças de outro país, bem como quaisquer declarações de vontade, não terão eficácia no Brasil, quando ofenderem a soberania nacional, a ordem pública e os bons costumes."*

É difícil conceituar o que sejam normas de ordem pública. São, em síntese, aquelas disposições que dizem respeito à própria estrutura do Estado, seus elementos essenciais; são as que fixam, no Direito Privado, as estruturas fundamentais da família, por exemplo.

Da mesma forma, é diluído o conceito de *bons costumes*, não encontrável na lei. Embora não sejam exclusivamente preenchidos pela Moral, os bons costumes são integrados por ela. Existe moral costumeira variável no tempo e no espaço. Incumbe ao juiz, em cada caso concreto, interpretar o que sejam os bons costumes na sociedade na qual o próprio magistrado se insere. Não resta dúvida de que não podemos admitir negócio jurídico contrário a Moral. Sabe-se que a moral é mais ampla que o Direito. Como é difusa, sua conceituação apenas toscamente pode ser dada como noção teórica. Em princípio, nos anos passados, contrariava a moral um contrato de convivência conjugal entre companheiros, salvo, modernamente, o disposto no art. 5º da Lei nº 9.278/1996, por exemplo; ou qualquer negócio que tenha por objeto a exploração de casas de tolerância. Como percebemos, o conceito é mais social e psicológico do que propriamente jurídico.

Temos em todo o caso de levar em conta a *moral predominante* no espaço e no tempo.

Lembra Sílvio Rodrigues (2006, v. 1, p. 174), no exame da imoralidade do negócio jurídico, que os tribunais valem-se do adágio *nemo auditur propriam turpitudinem allegans* (a ninguém é dado alegar a própria torpeza) ou, então, *in pari causa turpitudinis cessat repetitio* (se ambas as partes agiram com torpeza, não pode qualquer delas pedir em retorno a importância que pagou). Em ambas as situações, tolhe-se ao participante do negócio valer-se dele para fim imoral. Ou, como diz o autor: "*Os tribunais, na defesa de sua dignidade, se recusam a ouvir o autor, pois não lhes é permitido tolerar que uma pessoa proclame, nos pretórios, sua própria torpeza.*" Há aplicações legislativas do princípio, como vemos nos arts. 150 e 104 do Código Civil.

Contudo, como alerta Vicente Ráo (1952, p. 167), essas máximas latinas não traduzem princípios absolutos e imperativos. No caso concreto, o juiz deve examinar a oportunidade e a conveniência de aplicá-las.

7. Causa

Esse é um dos temas que tem gerado grande polêmica na doutrina.

Toda atividade humana tem um motivo. Todo negócio jurídico é composto por um motivo, ou melhor, há motivação para se atingir um fim.

Não sendo esse o local para estender a discussão a respeito da causa, devemos deixar patente que *causa* é aquele motivo com relevância jurídica.

Numa compra e venda, por exemplo, o comprador pode ter os mais variados motivos para realizar o negócio: pode querer especular no mercado; pode pretender utilizar-se da coisa para seu próprio uso; pode querer adquiri-la para revender. Todos esses motivos, porém, não têm relevância jurídica. O motivo com relevância jurídica será receber a coisa, mediante o pagamento. Para o vendedor, por outro lado, o motivo juridicamente relevante é receber o preço. Pouco importa, para o Direito, se o vendedor aplicará o dinheiro recebido no mercado de capitais ou pagará dívida.

Sem pretender aprofundar demasiadamente a matéria, devemos entender que *causa*, como se viu no exemplo, é o motivo juridicamente relevante. Os motivos podem ser muitos e geralmente o são, mas causa deve ser entendida como aquele motivo gerador de consequências jurídicas.

Embora semanticamente não haja aproximação, juridicamente os conceitos de *causa* e *objeto* muito se aproximam. O objeto é necessário ao ato, não havendo negócio que não o tenha (CAMPOS FILHO, s.d., p. 53). Giram os conceitos em torno da mesma ideia, ou seja, o fim do negócio jurídico. O Código de 1916, no art. 82, e o atual, no art. 104, empregou o termo *objeto* no mais amplo sentido, abrangendo a noção de *causa*. A mesma posição é mantida pelo Código de 2002, portanto.

O fato é que os juristas debatem-se incessantemente, uns vendo na causa elemento essencial do ato; outros entendendo a causa como elemento dispensável, como ponto de criação de dúvidas na validade do negócio jurídico.

Os causalistas dividem-se em várias correntes que podem ser agrupadas em duas fundamentais: a *concepção subjetivista* ou *psicológica* da causa e a *concepção objetivista*.

A *concepção subjetivista*, que predominou entre os juristas franceses, entende que a causa deve ser compreendida como representações psicológicas que fazem as partes concluir negócio ou *fim próximo* para referida conclusão. Esse fim próximo é justamente a causa, enquanto os fins remotos são simplesmente motivos ou móveis do ato. Na compra e venda, no exemplo, fim próximo é, para o comprador, receber a coisa, e, para o vendedor, receber o preço.

A *concepção objetivista* é mais moderna e adotada principalmente na Itália; para ela, a causa vem a ser aquele elemento distintivo do negócio jurídico para cada tipo de negócio, ou a função econômico-social própria de cada figura negocial. Trata-se da *finalidade intrínseca do negócio* (ANDRADE, 1974, p. 345). Na compra e venda, por exemplo, a causa seria a *própria prestação* do negócio, ou seja, a entrega da coisa e o pagamento do preço. O comprador recebe a coisa, *porque* pagou o preço. O vendedor recebe o preço, *porque* entregou a coisa.

Como conclui Manuel A. Domingues de Andrade (1974, p. 346), ambas as correntes chegam a resultados fundamentalmente idênticos, divergindo a corrente objetivista somente no aspecto de ver o negócio jurídico em si próprio, abstraindo-o da representação psíquica das partes.

Nosso Código anterior inspirou-se no sistema germânico, ao afastar a causa como elemento do negócio jurídico, conforme o próprio Clóvis assevera.

No caso do art. 90, *causa* devia ser entendida como motivo determinante do ato, que pode anular o ato jurídico desde que tenha sido conhecido pela outra parte. Nesse sentido, o art. 140 do atual Código manifesta-se corretamente ao se referir ao motivo: "*O falso motivo só vicia a declaração de vontade quando expresso como razão determinante.*" Normalmente, a seriação de motivos para a prática do negócio permanece desconhecida para a outra parte contratante; essa razão por que melhor é afastar a nulidade do ato por defeito de causa. Entretanto, quando a parte erige determinado motivo em razão de ser do negócio, a situação muda de figura, passando a ser esse motivo *parte integrante da validade do negócio*. Aqui, trata-se de erro sobre o motivo, quando este se reveste de certa gravidade. Suponhamos, por exemplo, a hipótese de alguém que contrata a locação de imóvel para nele instalar um restaurante, com base no pressuposto de que em frente será instalada indústria que trará o necessário movimento ao estabelecimento comercial. Posteriormente, verifica-se que nunca houve qualquer projeto para a instalação da indústria, que o contratante agiu com evidente erro no motivo. Se esse motivo expressou-se como razão determinante do ato, o negócio é anulável. No caso do art. 90 do antigo diploma, portanto, a expressão *causa* muito pouco tinha a ver com o sentido técnico da palavra, estando mais para motivo.

Há outras situações especiais em que o problema da causa pode ser resolvido, como ocorre no capítulo do pagamento indevido (arts. 876 ss), que é parte do tema *enriquecimento sem causa*, assim como do *contrato aleatório*, quando a parte não ignora o desaparecimento da sorte e o negócio pode ser anulado (art. 461).

Não resta dúvida, contudo, que por vezes a noção de objeto não é suficiente para o exame da ilicitude ou imoralidade do negócio jurídico, mas nossa jurisprudência nunca teve dificuldade em examinar a questão, sempre sob o prisma do objeto. Como conclui Miguel Maria de Serpa Lopes (1962, p. 485),

"*o negócio jurídico já contém em si mesmo, consoante a noção realística que se lhe tem dado, a chamada causa, completando-se, assim, a demonstração da falta de fundamento de se pretender construir aquela noção como requisito autônomo. A sua inexistência importa na inexistência do negócio jurídico e não dá lugar, então, a qualquer questão particular*".

8. Vontade e sua declaração

A declaração de vontade, que a doutrina mais tradicional denomina *consentimento*, é elemento essencial do negócio jurídico. É seu pressuposto. Quando não existir pelo menos aparência de declaração de vontade, não podemos sequer falar de negócio jurídico. A vontade, sua declaração, além de condição de validade, constitui elemento do próprio conceito e, portanto, da própria existência do negócio jurídico.

A vontade, quando não manifestada, não tem qualquer influência no mundo jurídico. Só após a manifestação passa a ter influência na ordem jurídica, quando então começa a dar vida ao negócio. Apesar de vários autores encontrarem sutil diferença, tanto faz tratarmos da exteriorização da vontade como *manifestação*, ou como *declaração*. Alguns entendem que este último termo deve ser reservado para aquela vontade dirigida a alguém em especial, enquanto a *manifestação* é qualquer exteriorização de vontade.

Nos contratos, quando há ponto de acordo de suas vontades, a vontade toma o nome de *consentimento* ou *mútuo consenso*. O consenso ou consentimento implica, portanto, pelo menos duas declarações de vontade que se encontram; o consentimento é elemento dos contratos e outros negócios bilaterais. Nos negócios jurídicos em geral, e em especial nos unilaterais, fala-se somente em vontade e sua declaração ou manifestação.

A identificação do negócio jurídico com a declaração de vontade tem trazido acirradas discussões. Há autores que entendem que não basta a declaração de vontade para gerar o negócio, porque às vezes a ordem jurídica pede não só uma pluralidade de emissões de vontade, como também procedimentos complementares (como consentimento de um terceiro, entrega da coisa etc.), para sua real constituição. A propósito da vontade em si, debatem-se duas correntes: pela *teoria da vontade*, entende-se que se deve perquirir a vontade interna do agente, sua real intenção; pela *teoria da declaração*, entende-se que não há que se investigar o querer interior do declarante, bastando deter-se na declaração em si.

Desse modo, uma vez fixado ser a vontade elemento pressuposto do negócio jurídico, é fundamental que ela se exteriorize. Enquanto não externada ou exteriorizada não há que se falar em negócio jurídico. Para a vontade, no psiquismo do agente, há um estímulo interno que leva à prática de determinado ato jurídico, mas, enquanto esse agente não exterioriza tal impulso, não pode haver negócio jurídico.

Falamos em *declaração de vontade* em sentido amplo. Não há necessidade de que a vontade atue de uma ou de outra forma. Sua exteriorização pode ser de forma verbal ou escrita, ou até por gestos ou atitudes que revelem uma manifestação de vontade. Não há dúvida, contudo, de que é na palavra, escrita ou falada, que encontramos o grande manancial de declarações de vontade. Quando a vontade é assim exteriorizada, estamos diante de uma manifestação *expressa*, que tanto pode ser pela palavra escrita como pela falada, quer pela expressão da voz, quer pela simples mímica.

Por outro lado, a declaração de vontade pode resultar de comportamento do agente, que expressa a vontade por determinada atitude. Trata-se de manifestação *tácita* de vontade.

Tanto a manifestação expressa quanto a manifestação tácita de vontade têm valor para o ordenamento, salvo nos casos em que a lei especificamente exige a forma expressa; na manifestação por forma expressa, por vezes se exigirá a forma escrita. Muitas vezes, porém, o próprio ordenamento refere-se à manifestação tácita, como faz nosso Código Civil, no art. 1.805, ao tratar da aceitação da herança. O *silêncio* é ponto importante a examinar se é válido como manifestação de vontade.

Por tudo isso, podemos falar em *vontade negocial*. Trata-se da vontade dirigida à obtenção de efeitos práticos, geralmente econômicos, com intenção de que esses efeitos sejam juridicamente tutelados e vinculantes.

Às vezes, a manifestação de vontade não busca um destinatário em particular, como é o caso da promessa de recompensa, cuja oferta é dirigida a um número indeterminado de pessoas. Na maioria dos casos, a vontade é dirigida a determinada pessoa, como no contrato. Pode até ocorrer que a manifestação volitiva não tenha destinatário, como acontece quando o agente apodera-se de coisa abandonada. Há, de qualquer forma e em qualquer caso, o que se pode chamar de *comportamento declarativo*, como faz Manuel A. Domingues de Andrade (1974, v. 2, p. 122). O autor desse comportamento é o *declarante*. Aquele a quem tal manifestação volitiva é dirigida, em cuja esfera jurídica há de ter efeitos a declaração, é o *declaratário,* isto é, o destinatário da manifestação. Pode haver, é lógico, mais de um declarante e mais de um declaratário.

Ao enunciarmos pela primeira vez a expressão *negócio jurídico*, reservamo-la para aqueles atos em que o declarante procura especificamente um efeito jurídico. Isso é que, fundamentalmente, distingue o negócio jurídico do fato jurídico em geral. Portanto, não basta a simples atuação da vontade para estamparmos um negócio jurídico. É necessário que a *manifestação de vontade* possua um intuito negocial.

8.1. Elementos constitutivos da declaração de vontade

Nas declarações de vontade, podemos distinguir dois elementos principais: (a) declaração propriamente dita ou elemento externo e (b) vontade ou elemento interno:

a) *Declaração de vontade propriamente dita* ou *elemento externo* resume-se no comportamento palpável do declarante, já estudado. Nesse comportamento externo, estampa-se o verdadeiro sentido da vontade, no sentido de que só ele é pressuposto do negócio jurídico.

b) *Vontade* ou *elemento interno* é aquele impulso que se projetará no mundo exterior e pressupõe essa projeção.

Nem sempre, porém, há exata correspondência entre o que foi pensado e o que foi transmitido pelo declarante. Reside aí um dos maiores problemas atinentes ao negócio jurídico. Quando não há correspondência entre o elemento interno e o elemento externo do negócio, o declarante emite vontade defeituosa, o que será estudado oportunamente.

Manuel A. Domingues de Andrade (1974, v. 2, p. 126) distingue três subelementos nesse elemento interno: *vontade da ação, vontade da declaração* e *vontade negocial.*

A *vontade da ação* é a pretendida, desejada, *voluntária*. Um agente diz ao outro que aceita sua proposta de contrato; faz um aceno de cabeça que significa afirmação, ou levanta o polegar num gesto que significa "positivo". O fato de serem tais atos praticados voluntariamente constitui a vontade de ação. Por vezes, esta pode faltar, havendo mera "aparência" de vontade, o que pode dar margem a equívocos ou a mera aparência de negócio jurídico: alguém distraidamente faz um gesto de cabeça interpretado como aquiescência, uma declaração do agente. Nesse caso, não há vontade.

Por outro lado, o declarante pode ter agido consciente e voluntariamente de acordo com o comportamento negocial, mas sem ter desejado atribuir-lhe o significado estampado no negócio. É o caso de um indivíduo, segundo exemplo do autor lusitano supracitado, que entra em um leilão e, vendo um conhecido, lhe faz um cumprimento de cabeça como saudação. Acontece que tal saudação, no leilão, é interpretada, segundo a praxe local, como oferta ou lanço pelo objeto que está sendo leiloado. Aqui, temos a vontade de ação, mas não há vontade de declaração. O ato foi praticado conscientemente, mas sem a vontade de praticar o negócio jurídico.

O terceiro subelemento é a *vontade negocial* ou a *intenção do resultado.* O declarante deve ter a vontade e manifestá-la com o objetivo de praticar determinado negócio e não outro, ou qualquer outro ato. O declarante pode querer comprar o prédio A, quando na verdade o nome do prédio é B. O elemento interno sai distorcido. Há desvio da vontade de ação.

Em quaisquer dos casos, podem não coincidir os elementos interno e externo da declaração; há aqui vício no negócio jurídico, que na maioria das vezes poderá anulá-lo, se já não for nulo de início.

Desses elementos, interno e externo, o último é o mais importante, pois sem ele não se pode falar em existência do negócio jurídico.

🔖 Apelação. Declaratória. Agente incapaz. Objeto ilícito. Configuração. Contrato nulo. Descontos indevidos. Danos morais. Ocorrencia. A validade do negócio jurídico pressupõe agente capaz, objeto lícito e forma prescrita ou não proibida pela Lei, sendo nulos os contratos firmados por pessoas jurídicas que não compõem o sistema financeiro nacional. Incidindo as regras dos artigos 104 e 166 do CC, resta patente a nulidade do contrato que descontos indevidos e inexigíveis em benefício do consumidor. O desconto realizado de todo o montante encontrado na conta salário do consumidor não é mero aborrecimento, ainda mais se for levado em consideração que a remuneração tem finalidade de alimentar. A conduta fere o princípio da dignidade humana insculpido no artigo 1º, III, da CRFB (*TJMG* – Ap. 1.0000.19.029392-8/001, 04-06-2020, Rel. Antônio Bispo).

🔖 Civil. Processual Civil. Apuração de haveres. Acordo extrajudicial. Homologado. Advogado. Dispensável. 1. O artigo 104 do Código Civil preconiza ser válido o negócio jurídico quando constatada a capacidade dos agentes, objeto lícito, possível e determinado e forma prescrita ou não defesa em lei. 2. Em se tratando de acordo extrajudicial firmado entre as partes, tem-se que a assistência de advogado não é requisito obrigatório, conforme se extrai do disposto nos artigos 840 e seguintes do mesmo diploma legal. 3. O CPC estabelece que as partes podem transigir a qualquer momento no curso da ação e o juiz somente deixará de homologar o acordo firmado se verificar a presença de algum dos vícios resultantes de erro, dolo, coação, estado de perigo ou lesão ou vícios sociais, como a simulação ou a fraude. 4. Recurso desprovido (*TJDFT*, 0729123-37.2017.8.07.0001, 24-01-2019, Rel Mario-Zam Belmiro).

Art. 105. A incapacidade relativa de uma das partes não pode ser invocada pela outra em benefício próprio, nem aproveita aos cointeressados capazes, salvo se, neste caso, for indivisível o objeto do direito ou da obrigação comum.

Esse artigo deve ser visto em conjunto com o art. 181. As incapacidades são meios protetivos a pessoas que não podem praticar todos os atos da vida civil, sob risco de serem prejudicadas. O texto atual dispõe apenas quanto à incapacidade relativa. O relativamente incapaz não pode invocar essa sua situação jurídica em benefício próprio. Nem essa incapacidade aproveita aos demais interessados comuns. A ressalva diz respeito à obrigação e a direito indivisível por uma impossibilidade lógica. Assim, ainda que uma das partes seja relativamente incapaz, a outra, capaz, não pode invocar esse aspecto para se beneficiar, como regra geral. O próprio incapaz não poderá invocar sua condição, se tinha consciência do que praticava. Na obrigação indivisível ou comum, a invocação da incapacidade relativa se estende a todos os partícipes. O texto não se aplica à incapacidade absoluta. A situação nem sempre é fácil de ser dissecada na prática.

Art. 106. A impossibilidade inicial do objeto não invalida o negócio jurídico se for relativa, ou se cessar antes de realizada a condição a que ele estiver subordinado.

A validade do negócio jurídico deve ser aferida quando do momento em que ele deve gerar efeitos. Assim, por exemplo, será válida a venda de coisa futura, algo que o vendedor não tem quando firma o negócio, mas que já está no seu patrimônio no momento da entrega. Assim também se a condição é impossível de início, mas se torna possível posteriormente. Trata-se de princípio geral que busca aproveitar os contratos no universo jurídico sempre que for possível.

Art. 107. A validade da declaração de vontade não dependerá de forma especial, senão quando a lei expressamente a exigir.

O princípio geral que impera em nosso sistema é o do consensualismo ou liberdade de forma. Para certos negócios, tendo em vista a proteção dos seus partícipes ou a ordem pública, o ordenamento exigirá determinada forma. Nesses casos, a forma será essencial para a validade do negócio. Assim, por exemplo, pode ser exigida a forma escrita. Pode ser exigido que essa forma escrita seja por escritura pública. Sob o prisma da forma, podem haver solenidades. O casamento e o testamento são exemplos mais patentes de exigência de solenidades sem suas formas de celebração.

Parte da doutrina e alguns sistemas jurídicos distinguem as formas *ad substantiam* ou *ad solemnitatem* das formas *ad probationem*. As primeiras seriam da essência do ato e não valeriam sem elas. As segundas dizem respeito apenas à sua prova. Entre nós, a distinção não tem importância, pois se a lei exige determinada forma, o negócio é necessariamente *ad solemnitatem*; se não exige, o negócio pode ser provado por qualquer dos meios permitidos em Direito.

⚖ Apelação cível – Embargos à execução – Cobrança – Seguro de vida – Perícia grafotécnica – Falsidade de assinatura – Inexistência do negócio jurídico por ausência de declaração válida de vontade de uma das partes – A existência e validade do negócio jurídico pressupõe a presença de todos os seus elementos constitutivos, quais sejam, declaração válida de vontade, objeto e forma, sendo a ausência de quaisquer destes elementos causa de inexistência do próprio negócio jurídico. Tendo restado comprovado por meio de perícia grafotécnica a falsidade da assinatura do proponente, e consequentemente a ausência de manifestação de vontade, outra conclusão não há senão pela própria inexistência do negócio jurídico, ensejando a procedência dos embargos à execução (*TJMG* – Ap. 1.0145.13.042195-4/001, 07-11-2018, Rel. Pedro Aleixo).

⚖ Ação de cobrança. Comissão de corretagem. Contrato verbal. Validade. Instrumento particular de confissão de dívida. Legitimidade. Valor devido. Sentença mantida. 1 – A validade da declaração de vontade não depende de forma especial, senão quando a lei expressamente a exigir, assim, o contrato verbal é suficiente para que haja apreciação da relação jurídica entre as partes. 2 – A corretagem é o contrato por meio do qual uma pessoa não ligada à outra em virtude de mandato, de prestação de serviços ou por qualquer relação de dependência, obriga-se a obter para a segunda um ou mais negócios, nos termos do art. 722 do Código Civil. 3 – O instrumento particular de confissão de dívida legitima a ação de cobrança ante ao reconhecimento formal do débito, bem como comprova a relação jurídica que gerou a dívida. 4 – Recurso conhecido e não provido (*TJDFT* – Ap. 0003790-04.2016.8.07.0020, 21-03-2018, Rel. Gilberto Pereira de Oliveira).

⚖ Apelação cível – contrato de prestação de serviço de *slogan* e fonética para propaganda política – avença destituída de instrumento escrito – **negócio jurídico que permite forma livre de contratação** – art. 107 do Código Civil – indícios de prova suficientes a confirmação do ajuste de vontades – livre convencimento motivado do julgador – art. 131 do Código de

Processo Civil – inadimplência confessada – responsabilidade contratual atribuída – art. 389 do Código Civil – dever de pagamento da contraprestação. Assegura o art. 107 do Código Civil que o negócio jurídico, via de regra, pode ser pactuado de forma livre, recaindo sobre o titular do direito o ônus de provar (art. 333, I, CPC) os termos e condições avençadas. Destituído de instrumento escrito, o contrato que dispensa a forma prescrita em lei pode ser comprovado por indícios de prova suficientes a formação do livre convencimento motivado do julgador (art. 131, CPC). Recurso desprovido (*TJSC* – Acórdão Apelação Cível 2008.065831-7, 7-6-2011, Rel. Des. Guilherme Nunes Born).

Agravo legal. Direito civil. Fiança. Outorga uxória. Solidariedade. Inexistência. 1 – O ordenamento jurídico dispõe que a fiança deve se dar por escrito, não admitindo interpretação extensiva (CC/1916, art. 1.483 e CC/2002, art. 819), excetuando, desta forma, o princípio geral da **liberdade da forma**, previsto no art. 107 do aludido diploma legal. 2 – Neste contexto, a mera outorga uxória firmada não implica, por si só, na solidariedade prevista no art. 829 do Código Civil em relação ao cônjuge do prestador da fiança. 3 – Precedentes do Superior Tribunal de Justiça (*TJRJ* – Acórdão Apelação Cível 0043332-34.2008.8.19.0001, 17-5-2011, Rel. Des. Milton Fernandes de Souza).

Art. 108. Não dispondo a lei em contrário, a escritura pública é essencial à validade dos negócios jurídicos que visem à constituição, transferência, modificação ou renúncia de direitos reais sobre imóveis de valor superior a trinta vezes o maior salário-mínimo vigente no País.

Esse artigo é relevante no que toca à obrigatoriedade de escritura pública quanto à constituição, transferência, modificação ou renúncia de direitos reais sobre imóveis de valor superior a 30 vezes o maior salário-mínimo. Nesse caso, a escritura pública é requisito formal de validade. Há tendência salutar de se alargar a liberdade de forma. Há inúmeros negócios relativos a imóveis no ordenamento que permitem o escrito particular, como os contratos sob o Sistema Financeiro de Habitação (Lei nº 4.380/1964) e os contratos de venda e compra de imóveis com alienação fiduciária (Lei nº 9.514/1997), entre várias outras situações. No entanto, nos negócios de certa importância, a escritura pública concede maior garantia às partes.

Enunciado nº 289, IV Jornada de Direito Civil – CJF/STJ: O valor de 30 salários mínimos constante no art. 108 do Código Civil brasileiro, em referência à forma pública ou particular dos negócios jurídicos que envolvam bens imóveis, é o atribuído pelas partes contratantes, e não qualquer outro valor arbitrado pela Administração Pública com finalidade tributária.

Apelação cível – Ação anulatória de doação de imóvel c/c indenização por danos morais – Imóvel – Valor superior a 30 salários mínimos – Art. 541 c/c 108 do CC/02 – Escritura pública – Forma prescrita em lei – elemento essencial à validade do negócio – Inobservância – Nulidade – Art. 166 do CC/02. A validade do negócio jurídico requer agente capaz; objeto lícito, possível, determinado ou determinável; forma prescrita ou não defesa em lei. Nos termos do art. 541 do CC/02 "a doação far-se-á por escritura pública ou instrumento particular", lado outro, nos casos de doação de imóvel cujo valor supera 30 (trinta) salários mínimos, a norma deve ser conjugada com o previsto no art. 108 do mesmo diploma, que impõe como elemento essencial à validade do negócio a lavratura de escritura pública. Inobservado elemento essencial à validade do negócio, não revestindo a devida forma prescrita em lei, nula a doação, conforme expresso no art. 166 do CC/02 (*TJMG* – Ap. 1.0313.14.027673-1/001, 30-10-2018, Rel. Claret de Moraes).

Agravo regimental. Recurso especial. Civil e Processual Civil. Dação de imóvel em pagamento. Necessidade de escritura pública. Art. 108 do Código Civil. Confissão ficta. Descabimento. 1. "Não dispondo a lei em contrário, a escritura pública é essencial à validade dos negócios jurídicos que visem à constituição, transferência, modificação ou renúncia de direitos reais sobre imóveis de valor superior a trinta vezes o maior salário mínimo vigente no País" (art. 108 do Código Civil). 2. Alegação, na petição inicial, de que teria havido dação de um imóvel em pagamento da dívida. 3. Contestação padronizada e não condizente com a realidade dos autos, sendo inapta para impugnar especificamente os fatos alegados pela parte autora. 4. Impossibilidade de se presumir a ocorrência de dação de imóvel com base apenas na confissão ficta do réu, pois a escritura pública é requisito de validade de todo negócio jurídico que implique transferência de direito real sobre imóvel (cf. art. 108 do Código Civil). 5. Caso concreto em que o Tribunal de origem presumiu uma dação não celebrada por escritura pública. 6. Agravo regimental desprovido (*STJ* – Agrg nos Edcl no Resp 1.379.750 – PI, 15-09-2015, Rel. Min. Paulo de Tarso Sanseverino).

Art. 109. No negócio jurídico celebrado com a cláusula de não valer sem instrumento público, este é da substância do ato.

O instrumento público é aquele lavrado por oficial público, notário investido das respectivas funções. Não é comum que as partes especifiquem em cláusula a obrigatoriedade da escritura pública, mas se o fizerem, essa modalidade de escrito passa a ser essencial para a validade do negócio, sua substância, como diz o texto. Os direitos e deveres entre as partes ficam dependentes desse negócio formal e solene. O negócio não valerá e não gerará efeitos sem a escritura. As partes elegem assim a escritura pública como requisito de validade do negócio. Melhor diria a lei se mencionasse negócio em seu texto e não ato.

⚖ Agravo de instrumento – Execução contra a fazenda pública – Requisitos de validade para cessão de créditos constantes de precatórios – Pedido do agravante voltado ao reconhecimento da validade e eficácia da cessão de créditos oriundos de precatórios formalizada com terceira-empresa por meio de singelo instrumento particular – Decisão agravada que condicionou a **eficácia do negócio jurídico** à juntada de outros documentos, dentre os quais a **escritura pública** de cessão de direitos – Competência recursal – Registrada a prevenção da 4ª Câmara de Direito Público desta Corte, em razão de anterior julgamento proferido no ano de 1997, nos autos da Apelação nº 9028853-42.1995.8.26.0000 – Inaplicabilidade da regra de fixação da competência (art. 105, do RITJSP) – Decisão colegiada que remonta data anterior à edição da EC nº 45/2004 e à Resolução 194/2004 – Prevenção não caracterizada – Unificação dos Tribunais que criou uma nova estrutura ao Tribunal de Justiça Paulista – Precedente da Turma Especial de Direito Público. Recurso não conhecido, com determinação (*TJSP* – AI 2162033-78.2015.8.26.0000, 6-10-2015, Rel. Paulo Barcellos Gatti).

Art. 110. A manifestação de vontade subsiste ainda que o seu autor haja feito a reserva mental de não querer o que manifestou, salvo se dela o destinatário tinha conhecimento.

A reserva mental ou reticência ocorre, em princípio, quando o declarante faz a ressalva de não querer o negócio objeto da sua declaração. Na reserva mental, o declarante emite conscientemente declaração discordante de sua vontade real, com intenção de enganar ou confundir o declaratário. Não se confunde com a simulação, porque neste existe conluio, mancomunação. Para uma compreensão tosca, sem sentido técnico, pode-se afirmar que a reserva mental seria uma simulação unilateral "*Há reserva mental quando o declarante manifesta uma vontade que não corresponde à sua vontade real, com o fim de enganar o declaratário*" (AMARAL, 2003, p. 404). Este é o único dispositivo do Código que menciona a reserva mental, sem conceituá-la, contudo.

A reserva mental configura-se, é certo, por uma mentira do declarante. No entanto, essa mentira somente será relevante para o negócio se gerar efeitos jurídicos. "*A mentira pura e simples, que não traduza nenhum reflexo no âmbito do direito, não se pode dar importância para o fim de conceituar a reserva mental*" (LOPES, 1962, v. 1, p. 451). Essa relevância jurídica deve permitir anulação do negócio por parte do declaratário, que foi maliciosamente induzido a erro (dolo). A reserva mental totalmente desconhecida pela parte a quem se destina a declaração não afeta a validade desta e produz efeitos regulares. Em síntese, nessa hipótese a reserva mental será irrelevante para o universo negocial. Há, portanto, que se distinguir duas modalidades de reserva mental, a conhecida e a desconhecida pelo declaratário.

Nosso direito civil de 1916 não tratou da reserva mental, a qual constava, no entanto, do primitivo projeto do Código Civil de Bevilaqua: "*A declaração de vontade subsiste válida, ainda que o declarante haja feito reserva mental de não querer o que declara, salvo se a pessoa a quem for dirigida tiver conhecimento da reserva.*"

Não houve justificativa para a exclusão desse texto na redação final do Código de 1916. A disposição, contudo, é reintroduzida no presente artigo, acompanhando a redação de Clóvis Bevilaqua.

A ideia é no sentido de que a validade e a eficácia do negócio jurídico e a estabilidade das relações negociais não podem ficar sujeitas ao exclusivo subjetivismo do declarante. Cuida-se da proteção da boa-fé. Esse artigo coloca justamente a boa-fé como prevalente na confiabilidade do negócio jurídico. Em princípio, a vontade declarada, expressada, deve prevalecer. Nesse sentido reside a utilidade do presente dispositivo.

Sob esse clima, portanto, como apontam a doutrina e a lei atual, o negócio não pode ser anulado com escudo na reserva mental. Esta será, pois, juridicamente irrelevante. A solução seria a mesma mesmo perante a ausência de texto expresso na lei. Se a reserva mental for, por outro lado, conhecida da outra parte, o deslinde da questão desloca-se do campo da reserva mental e deve buscar solução no caso concreto. Poderá ocorrer outro vício no negócio jurídico.

Quando a reserva mental é conhecida do declaratário, a situação em muito se aproxima da simulação, do acordo simulatório, tanto que nessa hipótese parte da doutrina equipara ambos os institutos. No entanto, o que caracteriza primordialmente a reserva mental é a convicção do declarante de que o declaratário ignora a mentira. Todavia, se este sabe efetivamente da reserva e com ela pactua, os efeitos serão inelutavelmente os da simulação, aplicando-se o art. 167.

⚖ Promessa de contemplação – Ineficácia do negócio jurídico – Vício de consentimento – Dolo – Comprovação – Invalidade do negócio jurídico – Danos materiais e morais devidos. Em se tratando de relação de consumo, impõe à empresa administradora de consórcio provar que houve venda regular, sem promessa de contemplação imediata, o que não ocorreu. Conclui-se, assim, pela prova produzida, que tal conduta visou, de maneira ardilosa, vender cota do consórcio sem se atentar à ética e aos princípios que regem a boa-fé contratual. A manifestação de vontade subsiste ainda que o seu autor haja feito a reserva mental de não querer o que manifestou, salvo se dela o destinatário tinha conhecimento (artigo 110 do Código Civil). O fato de o contrato conter ressalva quanto à ausência de garantia de data de contemplação, não afasta o dolo praticado pela administradora de consórcio, que contrariou o contrato e induziu o consumidor em erro pelas promessas de contemplação imediata, o que enseja a nulidade do negócio jurídico, em razão do vício de consentimento com fundamento na publicidade enganosa, vedada pelo artigo 37, § 1º, do CDC, como na existência de dolo sobre o negócio jurídico, previsto pelo artigo 145 do Código Civil. Declarada a nulidade do negócio jurídico por vício de dolo, decorrenteda falsa promessa de imediata contemplação, impõe-se a devolução integral e imediata de todos os valores pagos pelo autor para aderir ao grupo consorcial, de modo a que se restabeleça o "status quo ante". Demonstrado o ato ilícito, é evidente a angústia, frustração e transtorno suportado pela parte autora ao tomar conhecimento de que não teria mais os valores e as condições verbalmente acordadas, o que enseja a reparação pelos danos morais sofridos (*TJMG* – Ap. 1.0142.19.000142-0/001, 23-04-2020, Rel. Juliana Campos Horta).

Ação declaratória cumulada com indenizatória – Confissão de dívida – Validade – **Vício na manifestação de vontade** – Inexistência – Presunção de que tenha havido apenas no campo da reserva mental – Art. 110 do Código Civil. Recurso do autor não provido (*TJSP – Ap.* 0021208-80.2012.8.26.0564, 23-9-2016, Rel. Antonio Luiz Tavares de Almeida).

Art. 111. O silêncio importa anuência, quando as circunstâncias ou os usos o autorizarem, e não for necessária a declaração de vontade expressa.

"*Quem cala consente*" é um ditado popular, mas não jurídico.

Existe acalorada discussão na doutrina em torno do silêncio como manifestação de vontade.

Foi Miguel Maria de Serpa Lopes (1961) que, entre nós, melhor estudou a matéria valendo-se das fontes romanas. Vários eram os casos no Direito Romano em que se atribuía ao silêncio valor jurídico. A aplicação, porém, era casuística, não permitindo regra geral.

No direito moderno, em que pesem várias correntes, o silêncio é tido, em regra, como fato ambíguo, que por si só não representa manifestação de vontade: quem cala não nega, mas também não afirma.

Na verdade, o silêncio apenas produz efeitos quando acompanhado de outras circunstâncias ou condições. O silêncio de um contratante só pode induzir manifestação de vontade, aquiescência de contratar, se naquelas determinadas circunstâncias, inclusive pelos usos e costumes do lugar, pode intuir-se uma manifestação volitiva.

Esse, aliás, é o sentido deste Código, no artigo sob comentário.

Desse modo, não podemos admitir que quem pura e simplesmente silencia em face de proposta de contrato a aceita (*qui tacet consentire videtur* – quem cala consente). Também é de se rejeitar, dados os inúmeros inconvenientes, a situação de quem cala, quando podia e devia falar, aceita (*qui tacet, ubi loqui potuit ac debuit, consentire videtur* – quem cala onde poderia ou deveria falar consente).

Propendemos aqui, portanto, como a maioria da doutrina atual, para o sentido de *quem cala não nega, nem confessa; não diz que não nem sim; não rejeita nem aceita* (*qui tacet neque negat, neque utique fatetur*).

Junto a outras circunstâncias, não se nega valor ao silêncio, que não se confunde com a vontade tácita e muito menos com a vontade expressa.

O silêncio, por si só, não pode ter valor algum. Uma parte poderia aproveitar-se de outra, se tal fosse válido, pelo fato de o declaratário ser tímido, ter pouca diligência, ou não ter conhecimentos necessários para a manifestação de vontade.

O puro silêncio só vale se a lei assim o determinar, ou se vier acompanhado de outros fatores externos. A atitude omissiva, pura e simples do destinatário da vontade, em princípio, não tem valor algum.

Era comum editoras remeterem fascículos, revistas ou livros a eventuais interessados, dizendo que a não manifestação em determinado prazo induziria a aceitação por parte do destinatário. Tal atitude do destinatário, por si só, não faz defluir a aceitação do objeto, muito menos a aceitação de um fascículo induz a aceitação de assinatura completa. Tanto assim que o Código de Defesa do Consumidor, em seu art. 39, parágrafo único, inciso III, considera prática abusiva a entrega de produto ou serviço sem a autorização ou solicitação do consumidor.

Miguel Maria de Serpa Lopes (1962, p. 165) conclui que em cada caso o juiz deverá examinar as circunstâncias do silêncio, sob aspectos social e psicológico.

"*É preciso tomar-se em conta a convicção inspirada na outra parte de que a ação negativa do silente foi no sentido de ter querido seriamente obrigar-se.*"

Há necessidade de se fundamentar o silêncio no princípio da boa-fé dos participantes do negócio, na função social do negócio, sem a que não há que se falar em silêncio idôneo para produzir efeitos.

Agravo de instrumento – Ação ordinária – Art. 111 do CC – Silêncio – Anuência – Não comprovação – recurso a que se dá provimento. Conforme preceitua o art. 111 do Código Civil, o silêncio importa anuência, quando as circunstâncias ou os usos o autorizarem, e não for necessária a declaração de vontade expressa (*TJMG* – AI 1.0287.12.008942-3/003, 29-05-2018, Rel. Belizário de Lacerda).

Processual cível – Cerceamento de defesa – Inocorrência – Poder discricionário do magistrado na condução das provas ao autorizar o julgamento antecipado. Exegese dos artigos 130, *caput*, e 330, inciso I, em combinação, um e outro do Código de Processo Civil – Arts. 370 e 355, I, do CPC/2015. Preliminar rejeitada. Apelação cível. Bem móvel – Veículo zero quilômetro. Compra e venda. Ação indenizatória por danos materiais e morais. Ausência de prova no sentido de que as suplicadas se obrigaram à entrega do automóvel na data apontada na exordial. Notificações – Expediente unilateral que não comprova, por si, a informada data. **Silêncio, no alusivo, que não importa anuência** – Art. 111 do Código Civil. Automóvel entregue ao depois de 8 (oito dias) do integral pagamento. Razoabilidade. Fato constitutivo do direito, em nível probatório, a cargo da autora, nos termos do art. 333, inciso I, do Código de Processo Civil – Art. 373, I, do CPC/2015 – Do que não se desincumbiu. Danos não evidenciados. Sentença preservada. Recurso improvido (*TJSP – Ap.* 1000759-66.2014.8.26.0224, 6-7-2016, Rel. Tercio Pires).

Alvará judicial – Pedido de alvará formulado por adquirentes de imóvel compromissado à venda pelo autor da herança para que seu espólio proceda à outorga da escritura definitiva – Ausência de concordância da inventariante – Imprescindível sua manifestação expressa – **Silêncio que não implica anuência** – Alvará que não se presta ao suprimento do consentimento do outorgante – Necessária a remessa das partes às vias ordinárias – Sentença de indeferimento mantida – Recurso não provido (*TJSP – Ap.* 0010003-88.2012.8.26.0100, 26-2-2016, Rel. Walter Barone).

Art. 112. Nas declarações de vontade se atenderá mais à intenção nelas consubstanciada do que ao sentido literal da linguagem.

Há ponderável paralelismo entre a interpretação da lei e a dos negócios jurídicos. Em ambas as situações procuramos fixar o verdadeiro sentido da manifestação de vontade. Só que a lei tem sentido geral, é dirigida a número indeterminado de pessoas, enquanto o negócio jurídico é particular, dirigido apenas ao declarante e ao declaratório de vontade. O hermeneuta, portanto, apesar de usar de técnicas similares, deve ter em vista sempre essa diferença.

Interpretar o negócio jurídico é determinar o sentido que ele deve ter; é determinar o conteúdo voluntário do negócio. Interpretar é, em última análise, aplicar o Direito. Interpretar e aplicar o Direito no caso concreto são ações conjugadas. Não há outro interesse na interpretação senão buscar a melhor aplicação da norma.

A declaração de vontade é constituída por dois elementos: o elemento externo (a declaração propriamente dita) e o elemento interno (o substrato da declaração; a vontade real). O ideal é que haja coincidência entre a vontade interna e a declaração, aspecto externo. Pode ocorrer, porém, divergência ou equívoco entre a vontade real e a declarada, por falta ou desvio dos elementos em que se desdobra a primeira. Nesse caso, impõe-se a interpretação, isto é, a busca do sentido que trará efeitos jurídicos. Essa interpretação, via de regra, cabe ao juiz que, ao defrontar-se com o caso concreto, deverá interpretar a vontade dos declarantes para aplicar o Direito. Por isso, é dito que o problema da interpretação do negócio jurídico é fenômeno psíquico, porque se cogita de adentrar no psiquismo do declarante; bem como jurídico-processual, pois cabe ao juiz fixar o "verdadeiro sentido" da declaração de vontade, em sua atividade jurisdicional. Geralmente, a interpretação do negócio jurídico é exigida quando devemos deslindar uma controvérsia em ação judicial. No entanto, o primeiro intérprete será sempre o interessado, envolvido no negócio, ou o advogado que o aconselha.

O juiz ou árbitro, destinatários últimos das regras de interpretação, ficam adstritos a dois parâmetros, dos quais não se pode fugir: de um lado, a vontade declarada, geralmente externada por palavras; de outro lado, a possibilidade de investigar a verdadeira "intenção do agente". Nessa atividade mental, o julgador não pode se descurar de que a palavra externada é garantia das partes. Afinal, quando se lavra um documento, tem-se a intenção de sacramentar o negócio jurídico e as partes procuram afastar qualquer dúvida que possa advir no futuro. É claro, também, que na mente do intérprete deve estar presente o princípio da boa-fé objetiva, como veremos, que deve nortear todo negócio jurídico. No entanto, ficar preso tão só à letra fria das palavras, ou de qualquer outra forma de externação ou exteriorização do pensamento, pode levar a situação de iniquidade. Em razão disso, não pode ser desprezada a possibilidade de o julgador também levar em conta a vontade interna do declarante. Sabemos muito bem que, por melhor que dominemos o idioma, as palavras podem não se amoldar exatamente ao que foi pensado; podem falsear o pensamento ou, como frequentemente acontece, dar margem a entendimento dúbio por parte dos partícipes.

A interpretação do negócio jurídico situa-se, então na fixação do conteúdo da declaração de vontade. Para isso, o julgador se valerá de regras empíricas, mais do que verdadeiramente normas, com o inconveniente inafastável de pisar terreno inseguro, no qual muito importará seu bom-senso e subjetivismo.

Não podemos nos prender a uma só dessas duas atitudes. Pela *posição subjetivista*, que equivale à corrente voluntarista da manifestação da vontade, deve o hermeneuta investigar o sentido da efetiva vontade do declarante. O negócio jurídico valerá tal como foi desejado. Por essa posição, a vontade real pode e deve ser investigada por meio de todos os elementos ou circunstâncias que a tal respeito possam elucidar o intérprete. Nos contratos, que são negócios jurídicos bilaterais, procurar-se-á a vontade *comum* dos contratantes. Pela *posição objetivista*, que corresponde à teoria da declaração, não é investigada a vontade interna, mas o intérprete se atém à vontade manifestada. Abstrai-se, pois, a vontade real. Procuramos o sentido das palavras por meio de circunstâncias exclusivamente materiais.

Nenhuma dessas posições isoladas e extremadas é mais conveniente que a outra, mas fizeram brotar uma série de teorias intermediárias que ora dão mais relevância a uma posição, ora a outra.

Em qualquer caso, deve o juiz comportar-se de tal forma que evite o apego excessivo a uma só das posições, pois tal procedimento pode levar a confusões e conclusões injustas.

Nossa lei civil, mormente a de 1916, foi parcimoniosa ao traçar normas sobre o tema, no que andou bem. Não deve o legislador descer a minúcias no tocante à interpretação dos atos jurídicos, pois essa é tarefa da doutrina e da jurisprudência; é matéria difícil de ser fixada legislativamente. As legislações que detalham esse assunto tendem a ser vistas como meros conselhos ao juiz, sem qualquer outra finalidade. Nosso Código Civil de 1916 fixou um princípio geral no art. 85. O mesmo sentido permanece aqui agregado ao Código de 2002, no artigo sob exame. Procura-se dar prevalência à intenção, sem descuidar da vontade expressa na linguagem.

Tal princípio, como percebemos de plano, procura afastar-se do extremismo ou evitando a adoção unicamente a declaração, ou a vontade, como formas de interpretação.

Como na interpretação o que procuramos é a fixação da vontade, e como esta exprime-se por forma exterior, devemos ter por base a declaração, e a partir dela será investigada a vontade do manifestante. O intérprete não pode simplesmente abandonar a declaração de vontade e partir livremente para investigar a vontade interna.

Deve, então, o hermeneuta, com base na declaração, procurar o verdadeiro sentido da vontade, como quer o Código, dar-lhe proeminência. Nessa pesquisa, o intérprete examinará o sentido gramatical das palavras, os elementos econômicos e sociais que cercam tal manifestação, tais como nível intelectual e educacional dos manifestantes, seu estado de espírito no momento da declaração etc. Enfim, é cada caso concreto que proporciona a solução.

Contudo, apesar de o Código aconselhar preferência pela vontade interna, tal não é de ser utilizado se as palavras são claras e não dão margem a dúvidas.

O presente artigo consagra forma eclética de interpretação. Não se trata de procurar o pensamento íntimo do declarante, mas a intenção consubstanciada na declaração. A matéria ganha relevo no Direito das Obrigações, quando da interpretação dos contratos. Lá se encontram algumas regras de interpretação (arts. 819, 843). No Direito das Sucessões, está inserida regra quanto à interpretação dos testamentos (art. 1.899), que é aplicação da regra ora estudada.

Apelação cível. Reconhecimento e dissolução de união estável *post mortem*. Elementos do artigo 1.723, do Código Civil. Convívio marital. Prova documental e testemunhal. Manifestações da falecida no sentido da existência da união estável. Demonstração. A união estável, como entidade familiar, é conceituada pelo artigo 1.723, do Código Civil, nos seguintes termos: é reconhecida como entidade familiar a união estável entre o homem e a mulher, configurada na convivência pública, contínua e duradoura e estabelecida com o objetivo de constituição de família. O objetivo de constituir família, elemento anímico que distingue a referida relação de um simples relacionamento de namoro, ainda que qualificado e de longa duração, reside especialmente na mútua assistência, material e imaterial, e na manutenção de propósitos e objetivos comuns. De acordo com o comando legal insculpido no artigo 112, do Código Civil, nas declarações de vontade se atenderá mais à intenção nelas consubstanciada do que ao sentido literal da linguagem. Demonstrado por documentos que a falecida declarava e apontava o recorrente como sendo seu cônjuge/companheiro, fato confirmado pela prova testemunhal, tem-se por preenchido o *animus* ou *affectio maritalis*, elemento de ordem subjetiva, de modo que a procedência do pedido e reconhecimento da união estável havida entre as partes é medida que se impõe (*TJDFT* – Ap. 0005216-51.2016.8.07.0020, 14-11-2018, Rel. Esdras Neves).

Monitória e consignação em pagamento. Sentença de improcedência da ação monitória e procedência da ação de consignação em pagamento. Contrato de prestação de serviços de transporte celebrado por mensagens eletrônicas. Erro de comunicação. Decisão que está em consonância com a circunstância de que nos contratos deve-se levar em consideração que nas declarações de vontade se atenderá mais à intenção nelas consubstanciadas e a boa-fé do que ao sentido literal da linguagem (CC, artigos 112 e 113). Cotações acostadas pela apelada, ainda que em datas posteriores aos serviços realizados, comprovam que o valor cobrado pela apelante está muito acima do praticado no mercado. Apelação improvida (*TJSP* – Ap. 1009970-08.2017.8.26.0003, 23-05-2018, Rel. Jairo Oliveira Júnior).

Apelação – Ação de cobrança – Compra e venda de veículo – Pretensão da concessionária ao recebimento de multa por desistência imotivada do contrato. Descabimento da cláusula penal. Quebra do devedor de informação, inerente às relações de consumo. Nas **declarações de vontade se atenderá mais à intenção** nelas consubstanciada do que ao sentido literal da linguagem (Cód. Civil, art. 112). Interpretação mais favorável ao consumidor (CDC, art. 47). Improcedência mantida. Recurso desprovido (*TJSP – Ap.* 0002007-70.2012.8.26.0704, 2-6-2016, Rel. Antonio Nascimento).

Art. 113. Os negócios jurídicos devem ser interpretados conforme a boa-fé e os usos do lugar de sua celebração.
§ 1º A interpretação do negócio jurídico deve lhe atribuir o sentido que:
I – for confirmado pelo comportamento das partes posterior à celebração do negócio;

II – corresponder aos usos, costumes e práticas do mercado relativas ao tipo de negócio;
III – corresponder à boa-fé;
IV – for mais benéfico à parte que não redigiu o dispositivo, se identificável; e
V – corresponder a qual seria a razoável negociação das partes sobre a questão discutida, inferida das demais disposições do negócio e da racionalidade econômica das partes, consideradas as informações disponíveis no momento de sua celebração.
§ 2º As partes poderão livremente pactuar regras de interpretação, de preenchimento de lacunas e de integração dos negócios jurídicos diversas daquelas previstas em lei.

O presente diploma orienta o legislador para, ao procurar o sentido de uma manifestação de vontade, ter sempre em mira os princípios de boa-fé, regra geral dos contratos, bem como a orientação dos costumes que cercam a realização do negócio. Bastava essa disposição para abranger tudo que o legislador mais recente quis introduzir.

Esse Código, em várias disposições busca uma aplicação social do Direito, dentro de um sistema aberto, ao contrário do espírito do de 1916, de cunho essencialmente patrimonial e individualista. Sob esse prisma, o princípio da denominada *boa-fé objetiva*, aqui colimado, é um elemento dessa manifestação. Nos contratos e nos negócios jurídicos em geral, temos que entender que os declarantes buscam, em princípio, o melhor cumprimento das cláusulas e manifestação a que se comprometem. O que se tem em vista é o correto cumprimento do negócio jurídico, ou melhor, a correção desse negócio. Cumpre que se busque, no caso concreto, um sentido que não seja estranho às exigências específicas das partes no negócio jurídico.

Afirma-se que cabe ao juiz analisar a manifestação de vontade sob esse princípio geral de boa-fé. Essa boa-fé é reiterada no art. 422, nas disposições dos contratos.

Igualmente para a conceituação do abuso de direito, no campo da ilicitude, o atual Código recorre à compreensão da boa-fé objetiva (art. 187).

Acentuemos que, ainda quando não estavam vigentes esses dispositivos, a atual busca pela aplicação do sentido social às relações jurídicas implica fazer com que o juiz esteja atento permanentemente a esse princípio de boa-fé, que, em síntese, atende ao ideal de justiça e ao direito natural e faz parte dos princípios gerais do Direito. Em outros termos: no caso concreto, o juiz deve repelir a intenção dos declarantes de vontade, em qualquer negócio jurídico, que se desvie da boa-fé objetiva, qual seja, a conduta normal e correta para as circunstâncias, seguindo o critério do razoável. Trata-se de um processo teleológico de interpretação. Ainda que estivessem ausentes esses princípios no direito positivo, ainda que não vigorante o atual estatuto, a boa-fé objetiva recebeu e recebe tratamento adequado de nossa jurisprudência, por decidida influência da doutrina. A boa-fé subjetiva, por outro lado, é aquela intimamente refletida e pensada pelo declarante no negócio jurídico, e que também pode e deve ser investigada pelo hermeneuta no caso concreto, tendo em vista os princípios gerais aqui expostos. De qualquer forma, a presença de princípio geral sobre a boa-fé objetiva no ordenamento legal dará maior segurança ao julgador e ao sistema. Desse modo, pelos dispositivos transcritos da vigente lei civil, percebemos que o diploma de 2002 prescreveu três funções inerentes à boa-fé objetiva: função interpretativa (art. 113), função de controle (art. 187) e função de integração (art. 422).

No entanto, a denominada Lei da Liberdade Econômica, Lei nº 13.874/2019, fugindo a intuito exclusivamente jurídico, traz disposições sobejamente conhecidas de interpretação dos negócios jurídicos, nesses dois parágrafos, como se os magistrados e juristas deste País já não os conhecessem desde Pothier, vários séculos atrás.

Considerando que interpretar é aplicar o Direito, o ponto central dessa recente norma é a interpretação dos contratos, ou seja, a exegese do que foi redigido ou declarado.

O contrato, bem como qualquer instrumento, deve ser claro para que uma generalidade de público, um segmento social, o famoso auditório tratado por Chaim Perelman, consiga compreender e absorver a integralidade de seus termos. Interpretar é uma reconstrução da vontade das partes no momento da formação do contrato.

Contudo, como nem sempre as palavras conseguem atingir certeiramente o que as partes contratantes almejavam na época na elaboração do documento, a interpretação e integração dos contratos e negócios jurídicos em geral passam a ser o enfoque. Na verdade, toda lei e todo contrato, todo escrito negocial exige interpretação, mais ou menos ampla. É falacioso o brocardo *in claris cessat interpretatio*.

Com os novos itens trazidos pela Lei nº 13.874, adiciona-se ao antigo artigo 113 do Código Civil parágrafos e incisos, com regras interpretativas para um negócio jurídico. Aliás, diga-se, todas essas regras introduzidas são de sobejo conhecidas na doutrina e utilizadas nos tribunais. Ademais, não é conveniente que texto legal esteja pleno de regras, a atulhar o raciocínio do julgador, pois esse trabalho é doutrinário e jurisprudencial. No entanto, o novel legislador parece estar longe dos ensinamentos de Pothier, Demoge e tantos outros autores, nacionais e estrangeiros, do passado distante e do presente.

Passemos, então, à análise de cada um desses novos dispositivos.

Lembremos o texto do *caput* deste artigo: "Os negócios jurídicos devem ser interpretados conforme a boa-fé e os usos do lugar de sua celebração".

Recorde-se, ainda, o texto do art. 112, que estatui que "nas declarações de vontade se atenderá mais à intenção nelas consubstanciada do que ao sentido literal da linguagem".

Assim, tendo esses dois textos em mente, analisemos o que a novel lei introduziu.

Comportamento

"§ 1º A interpretação do negócio jurídico deve lhe atribuir o sentido que:
I – for confirmado pelo comportamento das partes posterior à celebração do negócio."

Neste inciso, o legislador volta-se para a prática contratual. A interpretação deve ser direcionada ao rumo do que os contratantes efetivamente encetaram no cumprimento daquilo que foi acordado no negócio jurídico. O comportamento das partes depois da conclusão do contrato denota um rumo, uma interpretação do negócio dada pelos próprios contratantes, na realidade os intérpretes primeiros deste negócio. No caso de conflito desses comportamentos, poderá surgir a necessidade do intérprete final, um julgador, juiz ou árbitro.

Imagine-se um contrato de locação de imóvel, quando o locatário efetua o pagamento mensal do aluguel sempre a destempo, e, não lhe sendo aplicada qualquer penalidade e sem que tal fato seja contestado pelo locador ou observado na quitação. Então, em um momento posterior, não há que o locador intente cobrar qualquer valor de multa e juros por esses dias de atraso no pagamento, tendo em vista que na execução do contrato de locação nunca cobrou ou reclamou por tal inadimplemento. Trata-se de análise típica de comportamento contratual, sufragada pelos tribunais.

Usos, Costumes e Práticas de Mercado do Tipo de Negócio

"§ 1º, II – corresponder aos usos, costumes e práticas do mercado relativas ao tipo de negócio."

Além dos usos do local da celebração, que já estavam previstos no *caput* do artigo 113 referente aos negócios jurídicos, a novidade passa a ser a menção dos usos, costumes e práticas do mercado para o respectivo tipo de negócio na interpretação. Esse aspecto já era sobejamente conhecido da doutrina e da jurisprudência. Posição primária do legislador, desacostumado certamente com os procedimentos processuais e com o direito doutrinário. Esses aspectos já fazem parte da cultura comercial e empresarial local e internacional.

Desses conceitos, de forma muito resumida, se tem: "usos" é algo que é feito pelo próprio mercado de forma rotineira; "costume" é a prática reiterada e que as partes entendem como necessária para o negócio; e "práticas de mercado" são os atos comuns no desenrolar de cada negócio.

Independentemente de tentar separar tais conceitos, os usos, costumes e práticas do mercado são termos complementares para referir à prática civil e empresarial de um negócio, o que é subentendido mesmo na ausência desse texto legal superfetado.

Invocando o sempre lembrado Pothier, importante doutrinador francês que no século XVIII listou mais de uma dezena de regras para a interpretação das convenções, e que já considerava essa cultura mercantil que está sendo positivada em nossa lei no presente, vejamos: quando a cláusula não for clara, deve seguir o mais aplicável à natureza do contrato. Pois é, a lei nova traz aqui uma falsa modernidade, porque tradicional há vários séculos.

Vejamos um exemplo: em um contrato de fornecimento de uma quantidade fixa de mercadorias mensalmente, caso as partes descrevam apenas um valor no instrumento, sem especificar que será pago aquele mesmo valor mensalmente, pela prática deste tipo de negócio, entende-se que aquele montante será pago todos os meses. Ademais, se fosse aquele valor a ser pago pelo contratante uma única vez durante todo o período de vigência contratual seria irrisório para a contratação, não fazendo o menor sentido essa interpretação restritiva.

Notem, ainda, que em cada região o mesmo negócio pode ter práticas mercantis diferentes, e isso também deve ser observado. Devido a essa prática, o mercado segue uma ordem e tem certa previsibilidade e será o que regerá o caso de uma lacuna ou contradição de uma previsão contratual.

Impõe-se, ainda mais, que se compreenda o negócio e até o posicionamento físico, ético e social dos agentes para prever cláusulas específicas que atendam o seu negócio.

Boa-Fé

"§ 1º, III – corresponder à boa-fé;"

A boa-fé é bem difundida no Código Civil de 2002, e agora também vem reiterada em certos aspectos na Lei nº 13.874 (como também no artigo 3º, V). A ideia é realçar que a interpretação corresponda à boa-fé, desconsiderando ou punindo toda ação que for contrária a esse princípio.

Como regra, a boa-fé prevista na legislação civilista é a objetiva, em contrapartida à boa-fé subjetiva, que é a vontade em si, o que o agente, em seu íntimo, entende ou vislumbra. A boa-fé objetiva nada tem a ver com essa subjetividade, e sim com a conduta social externamente percebida, eticamente aceita antes, durante e depois do contrato. Trata-se do comportamento aceito como padrão, *standard*, em cada caso concreto.

Por isso, a boa-fé objetiva dá mais segurança ao sistema, porque não há que se adentrar em pensamentos íntimos que são impossíveis de se acompanhar, quando não imprevisíveis.

Interpretação Mais Benéfica

"§ 1º, IV – for mais benéfico à parte que não redigiu o dispositivo, se identificável."

Essa dicção consagra o brocardo *ambiguitas contra stipulatorem est*, ou seja, fato já bem conhecido do Direito. Chamamos a atenção para a parte final deste inciso e os dizeres "se identificável". Tal destaque é um ponto inovador, pois para algumas negociações pode ser difícil ou até impossível estabelecer quem inseriu o vocábulo ou estipulou a redação final que gerou a contradição.

Nas discussões das minutas contratuais, em especial de contratos complexos, as partes contratantes realizam diversos ajustes, inclusões e exclusões nas minutas, há marchas e contramarchas e a identificação da autoria de um ponto específico é atividade complexa.

De qualquer forma, independentemente do negócio jurídico, identificando-se a parte que redigiu a previsão que não é clara, não pode esta ser beneficiada de sua torpeza.

Razoabilidade das Negociações

"§ 1º, V – corresponder a qual seria a razoável negociação das partes sobre a questão discutida, inferida das demais disposições do negócio e da racionalidade econômica das partes, consideradas as informações disponíveis no momento de sua celebração."

Essa disposição é prolixa. Desde os ensinamentos de Pothier que se tem essa noção de interpretação, a de que é preciso voltar-se para a intenção comum das partes e não somente para as palavras em si. Uma cláusula nunca deve ser interpretada isoladamente, mas sim no contexto do instrumento negocial, o conjunto do texto e do contexto é que vai permitir ao exegeta a real compreensão do que foi pretendido pelas partes. O mesmo vale em uma operação com um conjunto de contratos, ou contratos interligados, em que todos os instrumentos devem ser analisados conjuntamente.

Sobre a racionalidade econômica, trata-se de um termo da economia relativa não apenas ao objetivo de lucro, mas voltada à eficiência dos negócios, acarretando maior proveito e lucro. Diante desse direcionamento da interpretação, verificamos que os considerandos do contrato devem ser bem redigidos, na forma mais clara possível e aprofundada, para que o contexto da celebração seja açambarcado integralmente, uma vez que os destinatários do contrato não serão certamente os mesmos agentes que o redigiram. Esse ponto é de se recomendar em qualquer contratação e não apenas para os contratos mais complexos.

Regas de Interpretação

"§ 2º. As partes poderão livremente pactuar regras de interpretação, de preenchimento de lacunas e de integração dos negócios jurídicos diversas daquelas previstas em lei."

Por essa norma, as partes contratantes podem pactuar suas próprias regras e limites de interpretação, estabelecendo parâmetros, além dos legais. Interpretar é aplicar o Direito buscando o significado do texto negocial e dar aplicabilidade ao previsto no instrumento.

A integração não se confunde com a interpretação. Integração é a complementação de uma previsão, um raciocínio mais amplo do intérprete; é o preenchimento de lacunas com elementos externos ao contrato.

As partes contratantes podem prever qual será a solução que seguirão diante de um fato novo quando houver lacunas nas cláusulas do contrato, ou estabelecer ao menos um procedimento diante desses fatos. Para tal devem sempre recorrer a juristas técnicos, versados na arte de contratar (§ 2º).

Note que essas previsões não são frequentes no cenário e nas negociações brasileiras.

Toda essa matéria interpretativa será novamente lembrada nos arts. 421 e 421-A.

📖 Enunciado nº 409, V Jornada de Direito Civil – CJF/STJ: Os negócios jurídicos devem ser interpretados não só conforme a boa-fé e os usos do lugar de sua celebração, mas também de acordo com as práticas habitualmente adotadas entre as partes.

🔎 Agravo de instrumento – Ação com pedidos de reconhecimento de contrato de distribuição e de indenização – Existência de foro de eleição pactuado em contrato de corretagem – Pretensão de reforma da r. decisão recorrida, que acolheu preliminar de incompetência relativa – Existência de contrato de corretagem entre as partes, com cláusula de eleição de foro – Descabimento – Hipótese em que a agravante postula o reconhecimento de um contrato de distribuição, com início em 2011 – Partes litigantes que celebraram, em 2015, contrato de corretagem – Contrato de corretagem no qual constou expressamente que a agravante era revendedora de elevadores, excluída qualquer forma de representação para negócios pretéritos e futuros, inclusive distribuição – Contrato de corretagem que é antecedente lógico e pressuposto prejudicial à análise do pedido de reconhecimento do suposto contrato de distribuição – Agravante que postulou o pagamento de comissões para diversos outros projetos com base no mesmo contrato de corretagem – Comportamento indicativo de que tal contrato de corretagem não se limitou aos empreendimentos nele listados, estendendo seus efeitos a todos os demais ajustes entre as partes – Comportamento das partes que deve ser considerado para a interpretação do negócio jurídico (CC, art. 113, § 1º, incisos I e V) – (...) – Cláusula de eleição de foro que deve ser observada – Recurso desprovido (*TJSP* – AI 2151255-10.2019.8.26.0000, 9-3-2021, Rel. (a) Ana de Lourdes Coutinho Silva da Fonseca).

🔎 Recurso inominado. Compra e venda de veículo entre particulares. Impossibilidade de cumprimento do negócio pelo comprador. Bem que retorna à posse do vendedor. Impossibilidade de retenção de arras confirmatórias. Precedente do STJ. Dever de restituição das arras ao autor. Interpretação do contrato de acordo com a vontade real das partes (CC, art. 113, § 1º, V). Redução da cláusula penal para patamar razoável (CC, art. 413). Regularidade da condenação do autor ao pagamento dos empréstimos reconhecidos e comprovados. Pedido contraposto procedente. Determinação de compensação das condenações. Situação que não ultrapassa o mero aborrecimento. Danos morais não configurados. Recurso parcialmente provido (*TJPR* – Ap. 0000169-66.2019.8.16.0109, 27-11-2020, Rel. Alvaro Rodrigues Junior).

Civil e Processual Civil. Ação declaratória de inexistência de vínculo jurídico. Indenização por danos morais. Protesto de títulos. Compra de mercadorias. Ato realizado por suposto representante da empresa. Teoria da aparência. Negócio jurídico válido. Nos termos do artigo 113, do Código Civil, os negócios jurídicos devem ser interpretados conforme a boa-fé e os usos do lugar de sua celebração. Revela-se válido o negócio jurídico realizado no estabelecimento da empresa autora, por pessoa que aparentou representar os seus interesses, porquanto não foi comprovado que houve erro inescusável ou má-fé da empresa ré. Ao contrário, restou evidenciada a boa-fé do seu representante comercial, que acreditou estar negociando com o proprietário daquele estabelecimento. Aplicável se mostra, portanto, a Teoria da Aparência, a preservar a boa-fé nas relações negociais (*TJDFT* – 0701374-11.2018.8.07.0001, 14-11-2018, Rel. Esdras Neves).

Apelação. Compromisso de compra e venda de imóvel. Pretensão da adquirente de desistência imotivada do contrato, com restituição integral dos valores pagos, fundada em cláusula contratual que assegura o direito, mas que não havia sido preenchida quanto ao prazo para exercício desta faculdade. Inadmissibilidade. Interpretação contratual contrária à boa-fé. Contrato que inegavelmente estabelecia que o direito de desistência não era ilimitado no tempo, apenas havendo falha no preenchimento do impresso. Adquirente que jamais questionou o vendedor quanto ao prazo de desistência e nem manifestou qualquer intenção de resilir o contrato, apenas enviando notificação às vésperas da propositura da ação. Inadimplemento da adquirente caracterizado, pois a pretensão de desistência somente surgiu sete meses depois de celebrado o contrato e quando já havia decorrido o prazo para a autora quitar a parcela final e mais significativa do preço. Quebra da confiança depositada pelo vendedor no negócio, considerando o tempo decorrido sem manifestação de interesse em por fim ao contrato. Decurso de prazo muito dilatado, incompatível com os usos comerciais, para desistência. Contrato que deve ser interpretado conforme a boa-fé e usos comerciais. Afastamento da pretensão de restituição integral do preço. Aplicação do entendimento jurisprudencial que autoriza retenção de 20% do valor pago. Abusividade da cláusula contratual que estipula retenção de 40% do despendido pelo adquirente. Juros moratórios incidentes quanto ao montante a ser restituído incidentes desde o trânsito em julgado. Recurso adesivo. Pretensão de restituição de valores pagos pelo adquirente a título de comissão de corretagem. Cadeia de consumo e contrato coligado a determinar solidariedade entre vendedor e corretores. Comissão de corretagem. Admissibilidade da contratação a cargo do adquirente, conforme orientação firmada pelo STJ no Resp. nº 1.599.511/SP. Recurso principal provido e adesivo improvido (*TJSP* – Ap. 1005274-24.2014.8.26.0361, 24-09-2018, Rel. Enéas Costa Garcia).

Licenciamento de marca. Rescisão contratual. Ação e reconvenção. Improcedência da primeira e procedência da segunda, para condenar as autoras reconvindas nas penalidades contratuais e ao pagamento de indenização por danos morais. Decisão mantida em parte. Controvérsia contratual acerca de garantia de faturamento mínimo (*markup*) para os períodos de liquidação. Inexistência de cláusula contratual específica sobre o tema. Ônus da autora de se informar sobre as variáveis do negócio. Racionalidade econômica que impede seja acolhida a tese de que o *markup* deveria ser observado durante os períodos de liquidação do estoque. Inviável interpretação que implique custos adicionais. Inteligência do inc. V do art. 113 do CC c.c art. 421-A do mesmo diploma legal. Rescisão por culpa da autora. Sanções contratuais decorrentes da violação da política de preço e da continuidade da empresa mesmo após notificação de rescisão contratual. Danos morais inexistentes. Inadimplemento contratual, em regra, não gera danos morais. Recurso provido em parte, prejudicada a análise do agravo retido (*TJSP* – Ap. 1090565-96.2014.8.26.0100, 14-10-2020, Rel. Azuma Nishi).

Ação de despejo cumulada com cobrança de aluguel – Cerceamento de defesa – Alegação genérica – Ilegitimidade passiva de cônjuge do fiador – Outorga uxória – Interpretação restritiva do contrato de fiança – Legitimidade passiva do fiador – Responsabilidade até a data da devolução do imóvel – Ausência de notificação de exoneração – Multa moratória – Possibilidade. (...). 2 – Ilegitimidade passiva de cônjuge que não figurou como fiadora do negócio. Sua participação se restringiu à outorga uxória, requisito de eficácia do contrato de fiança (CC, art. 1.647, III; Súmula 332 do C. STJ). Contrato de fiança que deve ser interpretado restritivamente (CC, arts. 114 e 819), e, em caso de dúvida, de forma mais benéfica à parte que não redigiu o contrato (CC, art. 113, § 1º, IV) ou, ainda, de forma mais benéfica ao devedor (regra que prevalece na hermenêutica contratual e outrora fora positivada no Código Comercial, art. 131, '5') 3 – Legitimidade passiva do réu fiador. A morte do fiador, com efeito, limita a responsabilidade dos herdeiros ao tempo decorrido até a morte do fiador (CC, art. 836). Inadimplência originada antes do óbito e perdurou até a devolução do imóvel, que também antecedeu ao óbito. Legitimidade reconhecida. 4 - A fiança, na hipótese de prorrogação automática do contrato de locação, só poderia ser desfeita se houvesse notificação do fiador manifestando seu desejo de se exonerar (Lei n. 8.245/91, art. 40, X; CC, art. 835). Essa manifestação de vontade superveniente à formação do contrato tem o poder de se sobrepor à manifestação contida na cláusula de responsabilidade até a devolução do imóvel. Ausência de notificação de exoneração. Manutenção do contrato de fiança. Precedentes do C. STJ. 5 – Multa contratual prevista para o caso de atraso no pagamento. Possibilidade. Percentual de 10% (dez por cento) que não encontra óbice legal. Precedente do C. STJ. Recurso do autor parcialmente provido. Recurso dos réus não provido (*TJSP* – Ap. 1002181-69.2017.8.26.0063, 27-11-2019, Rel. (a) Maria Lúcia Pizzotti).

Apelação cível – Ação anulatória – Contrato de compra e venda – Ação ajuizada sucessores dos vendedores – Arguição de vícios de consentimento (dolo) – Ausência de provas de haver os compradores o induzido os vendedores na manifestação de vontade. A venda por preço inferior ao preço praticado no mercado não revela por si só vícios de consentimento. **Negócios jurídicos devem ser interpretados de acordo com uso do lugar** (art. 113 do CC). Costume de avaliação prévia antes da venda. Valor venal à época era bem próximo do valor que o imóvel foi vendido. Inadimplemento dos autores não restou caracterizado nos autos. O imóvel, objeto da venda, não se encontrava e não se encontra regularizado junto ao Registro Imobiliário, posto que não foram objeto de inventário. Procuração pública outorgada pela viúva a um dos herdeiros e vendedores que lhe permitia receber o preço, passar recibos e dar quitação. Recibo apresentado pelo comprador que prova o pagamento do preço. Se houve negligência, esta se deu também por parte dos herdeiros legais do espólio, e, assim, deve prevalecer o princípio da boa-fé. Mantida a improcedência da ação. Apelo desprovido (*TJSP* – Ap. 0009133-62.2011.8.26.0008, 15-6-2016, Rel. Silvério da Silva).

Art. 114. Os negócios jurídicos benéficos e a renúncia interpretam-se estritamente.

Os negócios jurídicos benéficos ou gratuitos são aqueles que beneficiam somente uma parte no negócio. Neles há uma unilateralidade obrigacional. São hipóteses nas quais não há um paralelismo de ônus e obrigações, como na doação. Assim, por exemplo, quem doa acessórios de uma coisa não faz presumir que doou o principal.

A renúncia é ato de despojamento de direitos. Independe de concordância de quem quer que seja; é ato próprio e exclusivo do declarante. Renúncia não se presume e não admite prazo ou condição. O presente artigo explicita, de acordo com tradicional doutrina, que esses negócios não permitem interpretação extensiva, ou seja, na dúvida, não se alarga a extensão desses atos. Daí por que se fala em interpretação restritiva. Assim, quem renuncia ao recebimento de determinado legado na sucessão não faz presumir que renunciou a toda herança.

No mais, repetimos, cabe à jurisprudência traçar normas de interpretação. É no direito contratual que maiores problemas surgirão.

A interpretação dos negócios jurídicos e da lei em geral mescla-se, na prática, com a aplicação do Direito. Interpretar e aplicar o Direito traduz-se em uma única operação. Não há sentido de interpretar senão para aplicar a norma a um caso concreto. Há todo um substrato filosófico a embasar essa atuação do juiz, do árbitro e da sociedade em geral. A matéria, como se apontou, deve ser mais aprofundada não somente nas áreas específicas do Direito, mas também no estudo de sua filosofia.

Agravo de instrumento. Processual Civil. Cumprimento de sentença. Transação entre as partes. Homologação judicial. Interpretação das cláusulas do acordo. Princípio da boa-fé. Intepretação restritiva. Agravo desprovido. 1. A interpretação de acordo judicial firmado em cumprimento de sentença deve considerar as cláusulas firmadas pelas partes levando em apreço não só as disposições próprias do direito privado, mas também o ordenamento processual, mormente considerando que o acordo produz seus efeitos também em relação à ação em que foi pactuada a transação judicial. 2. Os artigos 113 e 114 do Código Civil estabelecem a boa-fé como fonte de interpretação bem como impõem a interpretação restritiva em se tratando de negócios jurídicos benéficos ou renúncias. Também o art. 843 da indigitada norma estabelece a necessidade de se interpretar restritivamente as transações. 3. O Código de Processo Civil (art. 480, § 3º), por sua vez, estabelece que as decisões judiciais também devem ser interpretadas sistemicamente e em conformidade com os princípios da boa-fé. O regramento do processo de execução e do procedimento de cumprimento de sentença estabelecem a efetividade e a menor onerosidade como seus princípios orientadores. 4. Nesse contexto, constatada que a obrigação do pagamento do débito exequendo foi assumida por todos os devedores e não havendo qualquer disposição que afaste a obrigação de um ou mais dos devedores em relação ao pagamento e nem que tenham sido excluídos da relação processual, não há como pretender a desobrigação em relação às obrigações assumidas no acordo consoante pretendida pelos agravantes. 5. Ao dispor que o pagamento seria feito por meio de depósito sob a responsabilidade da primeira devedora, não restou afastada a obrigação pactuada em relação aos demais devedores, mas tão somente fixou-se a forma de pagamento. 6. Agravo de instrumento conhecido e desprovido (*TJDFT* – Ap. 0713006-37.2018.8.07.0000, 14-11-2018, Rel. Leila Arlanch).

Apelação cível. Ação de cobrança. Nulidade da sentença. Inocorrência. Cerceamento de defesa. Não caracterização. Valores decorrentes de partilha de bens. Confissão de dívida que não abrange determinada importância cujo pagamento fora anteriormente acordado. Interpretação restritiva. Valores devidos. Sentença reformada. Tendo a magistrada singular enfrentado todos os argumentos deduzidos no processo capazes de, em tese, infirmar a conclusão adotada na sentença, não há que se falar no alegado vício de fundamentação. Nos termos do art. 370 do CPC, cabe ao juiz determinar as provas necessárias à instrução do processo, rejeitando aquelas que se mostrem inúteis ou protelatórias. Nas declarações de vontade se atenderá mais à intenção nelas consubstanciada do que ao sentido literal da linguagem, devendo os negócios jurídicos benéficos e a renúncia serem interpretadas restritamente (*TJMG* – Ap. 1.0693.17.012309-7/001, 20-11-2018, Rel. Luiz Artur Hilário).

CAPÍTULO II
Da Representação

Art. 115. Os poderes de representação conferem-se por lei ou pelo interessado.

1. Conceito

Geralmente, é o próprio interessado, com a manifestação de sua vontade, que atua em negócio jurídico. Dentro da autonomia privada, o interessado contrai pessoalmente obrigações e, assim, pratica seus atos da vida civil em geral. Contudo, em uma economia evoluída, há a possibilidade, e muitas vezes se obriga, de outro praticar atos da vida civil no lugar do interessado, de forma que o primeiro, o *representante*, possa conseguir efeitos jurídicos para o segundo, o *representado*, do mesmo modo que este poderia fazê-lo pessoalmente. Na representação, portanto, uma pessoa age em nome de outra ou por outra. Trata-se da mais eficaz modalidade de cooperação jurídica.

O representado, ao permitir que o representante atue em seu lugar, amplia sua esfera de atuação e a possibilidade de defender seus interesses no universo jurídico. O representante posiciona-se de maneira que conclua negócios em lugar diverso de onde se encontra o representado, ou quando este se encontra temporariamente impedido de atuar na vida negocial, ou ainda quando o representado não queira se envolver diretamente na vida dos negócios ou em determinado negócio.

Para que essa situação ocorra, é necessário, primeiramente, que o ordenamento jurídico a permita e, em segundo lugar, que os requisitos desse mesmo ordenamento jurídico tenham sido cumpridos. Há situações de legitimação específica na qual o ordenamento proíbe a representação; nesses casos, somente o interessado pode praticar o ato. São atos exclusivamente pessoais ou personalíssimos. Cuida-se de exceção, pois a regra geral é a permissão da representação. Assim, por exemplo, o testamento é negócio jurídico personalíssimo que não admite representação. Ademais, é necessária a emissão de vontade *em nome do representado* e *dentro do poder de representação* por ele outorgado ou pela lei.

A noção fundamental, pois, é a de que o representante atua em nome do representado, no lugar do representado. O representante conclui o negócio não em seu próprio nome, mas como pertencente ao representado. Quem é parte no negócio é o representado e não o representante. Reside aí o conceito básico da representação. Estritamente falando, o representante é um *substituto* do representado, porque o substitui não apenas na manifestação externa, fática do negócio, como também na própria emissão de *vontade* do representado.

No Direito Romano, os atos possuíam caráter solene e personalíssimo e não admitiam representação. Não se tinha ideia de que alguém pudesse praticar atos por outrem. A obrigação havia de ser contraída pelo próprio titular. Segundo alguns autores, tal proibição possuía motivo político de resguardar a liberdade de uma pessoa, uma vez que uma obrigação não cumprida poderia levá-la até a escravidão; para outros, a proibição derivava do formalismo inerente aos atos do Direito Romano mais antigo; outros veem na proibição consequência da compreensão pessoal do vínculo obrigacional, na época. O rigorismo da situação era atenuado por um estratagema, pois quando se tornava necessária a mediação para a aquisição por um menor, por exemplo, atingia-se o resultado pretendido do seguinte modo: o representante do ato adquiria o direito para ele próprio e depois, com uma segunda operação, o transferia ao verdadeiro titular. O sistema, como podemos imaginar, era arriscado, pois dependia da boa vontade do transmitente, bem como de sua solvência. Da mesma forma, eram intervenientes do ato os titulares das ações tendentes a conservar os direitos e não os verdadeiros adquirentes. Só muito mais tarde na história do Direito Romano, concedeu-se ação direta ao verdadeiro titular. O desenvolvimento do instituto da representação é corolário do desenvolvimento econômico dos povos. A necessidade de recorrer a mecanismos rápidos para a pronta circulação do crédito demonstra ser imprescindível a moderna representação.

2. A figura do núncio

Núncio ou *mensageiro* é a pessoa encarregada de levar ou transmitir um recado de outrem. É o que se pode chamar de *porta-voz*. A tarefa do núncio pode consistir no simples ato de entrega de documento, no qual haja declaração de vontade do interessado, ou na reprodução, de viva voz, da declaração de alguém. Em ambos os casos, o mensageiro coopera na conclusão do negócio jurídico, mas não atua em nome e por conta do verdadeiro titular. Trata-se de mero instrumento fático da vontade do manifestante. Sua atuação não configura a representação. O núncio não é, portanto, parte do negócio jurídico; não deve ter qualquer influência em seu perfazimento. Quando sua atividade limita-se à entrega de documento, pouco ou nenhuma dúvida advirá. O problema pode surgir quando se tratar de transmissão oral da mensagem. Nesse caso, poderá haver distorção de seu conteúdo, e o núncio poderá ser responsabilizado por perdas e danos, tenha agido com culpa ou não, ressalvando-se ao interessado anular o negócio por erro.

Como o mensageiro não é mais do que prolongamento da vontade do declarante, em geral o erro praticado por ele é imputado ao declarante, quando não se tratar de emissão deliberadamente errônea de vontade.

Nesse diapasão, é importante lembrar que o núncio não possui mobilidade em sua vontade ou, mais propriamente, não atua com sua própria vontade. Não pode, portanto, por exemplo, pagar mais do que o autorizado e, se o fizer, fará por sua conta e risco. O representante já se apresenta com uma faixa de mobilidade mais ou menos ampla, de acordo com o mandato, mas sempre com parcela da própria vontade que completa a vontade do mandante. Quanto mais restrito o âmbito do mandato, mais a situação se distancia do representante e se aproxima do núncio.

O mandato é a forma pela qual se torna conhecida a representação por vontade dos interessados. Por isso se diz que o mandato é um contrato, que se instrumentaliza pela procuração. Assim como há representação para a "recepção" de negócios jurídicos (alguém constitui um representante para receber doação, por exemplo), igualmente pode haver constituição de núncio para os atos receptivos. Na verdade, a distinção entre o representante e o núncio é qualitativa.

Pelo fato de não ser o mensageiro participante do negócio, em geral, não se exige dele plena capacidade para integrar o ato. Desde que o núncio não interponha sua vontade, não há de se cogitar de sua capacidade, podendo até ser incapaz.

3. Representação legal e voluntária

Ao contrário de outras legislações, nosso Código Civil de 1916 absteve-se de dar disciplina à representação, apesar de a ela referir-se em dispositivos esparsos e de modo geral.

A representação pode ser *legal* ou *voluntária*, conforme resulte de disposições de lei ou da vontade das partes. Ambas as situações diferem tanto na sua estrutura que poderiam ter tratamento diverso. Preferiu o Código tratar, na parte geral, de ambas. Pode-se acrescentar a essas formas a representação judicial, nos casos de administradores nomeados pelo juiz, no curso de processos, como os depositários, mas isso é exceção no sistema. Também pode ser considerada forma de representação, ainda que anômala, aquela que tenha um fim eminentemente processual, como é o caso do inventariante, do administrador ou síndico da massa falida, do síndico de edifícios de apartamentos etc.

A *representação legal* ocorre quando a lei estabelece, para certas situações, uma representação, o que ocorre no caso dos incapazes, na tutela, curatela etc. Nesses casos, o poder de representação decorre diretamente da lei, que estabelece a extensão do âmbito da representação aos casos em que é necessária, o poder de administrar e quais as situações em que se permite dispor dos direitos do representado.

A *representação voluntária* é baseada, em regra, no mandato, cujo instrumento é a procuração. A figura da representação não se confunde com a do mandato.

Este Código Civil traz disposições gerais sobre a representação (arts. 115 a 120), distinguindo o presente artigo essas duas formas de representação, conferidas "*por lei ou pelo interessado*". O art. 116 aponta o efeito lógico da representação: "*A manifestação de vontade pelo representante, nos limites de seus poderes, produz efeitos em relação ao representado.*" Esclarece o art. 120 que os requisitos e os efeitos da representação legal são os estabelecidos nas normas respectivas, enquanto os da representação voluntária são os da parte especial do Código, principalmente no contrato de mandato.

Deve-se entender que o representante conclui negócio cujo efeito reflete no âmbito negocial do representado. É importante que os terceiros tenham ciência da representação, sob pena de inviabilizar o negócio jurídico. Essa é uma das questões fulcrais da matéria, conforme o art. 118.

Também o representante legal do incapaz deve informar sua qualidade a terceiros. Sem que o terceiro tenha plena ciência da representação, sua extensão e qualidade, seja ela voluntária ou legal, o dito representante responderá pela prática de atos que excederem os poderes. A esse propósito, o art. 119 pontifica ao afirmar que é anulável o negócio concluído pelo representante em conflito de interesses com o representado, se tal fato era ou devia ser conhecido pelo terceiro com quem contratou.

A ideia essencial da representação (levando-se em conta que o representante atua e emite vontade em nome do representado, que é verdadeiramente quem adquire, modifica ou extingue direitos) é de que o representante possui *poder de representação*. Tal poder é, portanto, o ponto central do instituto. Na verdade, em qualquer modalidade de representação, tal poder deflui da lei, pois somente há poder de representação quando o ordenamento jurídico o permitir.

Tal poder de representação é legal quando emana diretamente da lei, como já vimos no caso dos incapazes. No caso das pessoas jurídicas, o art. 17 do Código antigo dizia impropriamente que eram representadas ativa e passivamente por quem seus estatutos designassem. Não se tratava de representação típica, pois os diretores agem *como se fossem* a própria pessoa jurídica, tanto que preferimos dizer, utilizando a expressão de Pontes de Miranda, que as pessoas jurídicas são *presentadas* e não representadas. Não existe, no caso, duplicidade de vontades, pois falta declaração volitiva do representante em lugar do representado. A pessoa jurídica projeta sua vontade no mundo jurídico por meio de seus órgãos.

O poder de representação é convencional nos casos de representação voluntária, quando uma pessoa encarrega outra de representá-la; esse efeito é normalmente conseguido com o *mandato*. A doutrina entende que a *procuração*, forma pela qual se estampa o mandato, é figura autônoma e independente dele, porque na maioria das vezes, a procuração tem em mira regular unicamente a relação interna de gestão entre mandante e mandatário. Deve ser intuída a procuração como mero instrumento do mandato. Todavia, deve ficar assentado que, como regra geral, sempre que houver mandato, haverá representação, embora exista quem sustente que essa regra tem exceção, como, por exemplo, o mandatário que atua em causa própria (MAIA JÚNIOR, 2004, p. 204).

🔨 Apelação cível. Direito privado não especificado. Ação de anulação de título c/c declaração de inexistência de débito. Instrumento firmado por funcionário sem poderes de representação da pessoa jurídica. Invalidade do negócio jurídico. Inexigibilidade do débito. Improcedência da reconvenção. O contrato de prestação de serviços de publicação em lista telefônica firmado por funcionário que não possuía poderes de representação ou de gestão na empresa não tem validade jurídica. Prática comercial censurável adotada pela ré em obter "contratação" de serviços de divulgação de anúncios e publicidade da empresa por meio de assinatura lançada por pessoa sem poderes de representação. Ausente negócio jurídico válido, corolário lógico é a declaração de inexigibilidade de débito e a exclusão definitiva de inscrição no SERASA. Apelação provida (*TJRS* – Ap. 70083387662, 09-03-2020, Rel. Guinther Spode).

Art. 116. A manifestação de vontade pelo representante, nos limites de seus poderes, produz efeitos em relação ao representado.

O representante atua em nome do representado. Uma vez realizado o negócio pelo representante, é como se o representado houvesse atuado, pois seus efeitos repercutem diretamente sobre o último. Tudo se resume, porém, no poder de representação. No conteúdo desse poder, deve-se examinar se a representação foi corretamente exercida.

Como a ideia central da representação se funda no poder de representação, aquele que trava negócios com representante tem o direito de averiguar se existe tal poder e se, para o determinado ato em tela, o representante possui poderes. É esse o sentido estabelecido pelo referido artigo sob exame.

Quando se trata da representação legal, será na lei que se buscará o teor do poder de representação. O pai, na administração de bens do filho, possui poderes gerais de gerência, não podendo, contudo, aliená-los ou gravá-los, sem autorização judicial. Para contrair obrigações, o princípio é o mesmo. Tal não ocorre, porém, quando se tratar de aquisição de direitos que, em tese, beneficie o menor ou incapaz. A lei tem em mira, aí, a proteção ao incapaz de consentir.

Na representação voluntária, é na vontade emitida pelo representado que se deve aquilatar a extensão dos poderes outorgados ao representante. O representante legal pode, por sua vez, constituir representante voluntário que representará o incapaz em determinados atos.

🔨 Apelação cível. Família. Ação anulatória. Sentença homologatória de acordo. Parte representada por procurador com amplos poderes de representação em juízo ou fora dele, inclusive para transigir. O fato de não haver a assinatura da parte autora no acordo que foi homologado nos autos de ação de dissolução de união estável acerca não acarreta a anulabilidade do ato, porquanto houve a outorga de amplos poderes de representação judicial e extrajudicial ao advogado que subscreveu e firmou o acordo, inclusive para transigir. Nos precisos termos do art. 116 do CCB, "a manifestação de vontade pelo representante, nos limites de seus poderes, produz efeitos em relação ao representado". Cumpre salientar que, no tocante à partilha de bens – que é o único objeto de inconformidade manifestado pela parte autora acerca dos termos do acordo homologado – o ato tratou de direitos patrimoniais e, portanto, disponíveis, passíveis de transação (art. 841 do Código Civil). Negaram provimento. Unânime (*TJRS* – Ap. 70079947206, 21-03-2019, Rel. Luiz Felipe Brasil Santos).

Art. 117. Salvo se o permitir a lei ou o representado, é anulável o negócio jurídico que o representante, no seu interesse ou por conta de outrem, celebrar consigo mesmo.
Parágrafo único. Para esse efeito, tem-se como celebrado pelo representante o negócio realizado por aquele em quem os poderes houverem sido subestabelecidos.

Questão interessante neste tópico é a chamada *autocontratação*. Parte-se do seguinte pressuposto: se o representante pode tratar com terceiros em nome do representado, poderia, em tese, contratar consigo mesmo, surgindo a figura do *autocontrato* ou *contrato consigo mesmo*. Há no caso a figura de dois contratantes numa só pessoa. Há várias circunstâncias que desaconselham tal procedimento. O atual Código Civil trouxe essa disposição específica sobre o tema.

Nesse caso, há ausência de duas vontades distintas para a realização do negócio. Moralmente, o negócio também é desaconselhável, pois ineluctavelmente haverá a tendência de o representante dar proeminência a seus interesses em detrimento dos interesses do representado. Nosso Código de 1916, apesar de não possuir dispositivo proibindo, como o art. 181 do Código alemão ou semelhante ao vigente Código, possuía várias disposições casuísticas que proibiam, por exemplo, o tutor de adquirir bens do pupilo, o mandatário de adquirir bens do mandante, e assim por diante.

A proibição cai por terra, no entanto, como diz inclusive o atual estatuto, quando o próprio interessado, ou seja, o representado, autoriza a autocontratação; supera-se aí o inconveniente da inexistência de duas vontades, pois passam elas a existir *ex radice*, isto é, desde o nascedouro do negócio.

Assim, cuida-se da procuração em causa própria, instrumento idôneo para viabilizar o contrato consigo mesmo. Desse modo, como aponta o parágrafo, permite-se o substabelecimento, que poderá ser vedado pela vontade das partes. Esse instituto é utilizado com certa frequência e utilidade na compra e venda imobiliária, substituindo o compromisso preliminar.

⚖ Apelação cível. Anulatória de ato jurídico. Cerceamento de defesa. Não ocorrência. Prolação de sentença antes do oferecimento de memoriais que não causou prejuízo ao apelante. *Pas de nullité sans grief*. Omissão na sentença ao não fixar sucumbência quando homologou desistência de um dos pedidos do apelado (autor). Irresignação que não ocorreu no momento oportuno. Preclusão temporal. Anulação de ato jurídico. Apelante que realizou transferência de veículos do autor/apelado para seu próprio nome como se lhe tivesse sido outorgado mandato em causa própria. Impossibilidade da celebração de contrato consigo mesmo sem autorização do mandante. Inteligência do art. 117 do Código Civil. Primeira procuração outorgada que, apesar de dispensar o dever de prestar contas, não continha elementos do mandato em causa própria, tais como previsão de preço, declaração de quitação do negócio e irrevogabilidade. Alegação do apelante de que as transferências dos veículos ocorreram por ter celebrado compra e venda com o apelante. Compra e venda que para concretização necessita da presença dos elementos: coisa, preço e consenso. Elementos ausentes no caso concreto. Documentos de transferência dos veículos do apelado em que o apelante assinou como vendedor e comprador ao mesmo tempo. Procuração outorgada que não era em causa própria. Impossibilidade de o apelante celebrar contrato consigo mesmo. Anulação dos atos jurídicos de transferência dos bens de propriedade do apelado. Exclusão de 02 veículos adquiridos pelo apelante de terceiros em decorrência de sua própria atividade de venda de veículos. Honorários sucumbenciais. Valor que não merece redução pois fixado dentro dos princípios da razoabilidade e proporcionalidade. Sentença parcialmente modificada. Recurso de apelação parcialmente provido (*TJPR* – Ap. 1.517.863-9, 29-03-2017, Rel. Sigurd Roberto Bengtsson).

⚖ Direito Civil – Apelação – Ação de nulidade de negócio jurídico c/c antecipação de tutela. **Autocontrato**. Procuração sem expressa autorização para que o mandatário realizasse contrato consigo mesmo. Ausência da cláusula "em causa própria". Nulidade da escritura de compra e venda de imóvel. 1- A apelada e seu marido (já falecido) outorgaram procuração ao recorrente para que o mesmo vendesse o imóvel da propriedade dos outorgantes. 2- O mandatário, ora apelante, utilizou-se deste instrumento para realizar escritura pública de compra e venda, transferindo o imóvel para si próprio, assinando em nome dos outorgantes. 3- Em regra, o autocontrato não é válido, por força do art. 117 do CC, não podendo o representante contratar consigo mesmo, salvo se o permitir a lei, o representado ou o contrato. Para tanto, o mandante deve declarar expressamente que autoriza o mandatário a adquirir o imóvel cujos poderes de venda lhe foram outorgados. 4- Da análise da procuração não foi constatada tal formalidade. 5- A procuração também não contém a cláusula "em causa própria" (mandato *in rem propriam*). 6- Por esses motivos, o negócio jurídico deve ser nulo. Recurso conhecido e não provido. Vistos, relatados e discutidos estes autos de Apelação Cível nº 0049972-27.2014.8.06.0091, em que são apelantes Edinardo Paulino e Maria Marta Teixeira e apelada, Irismar Inácio Silva do Carmo, acorda a 2ª Câmara de Direito Privado do Tribunal de Justiça do Estado do Ceará, por unanimidade, em conhecer do recurso de apelação e negar-lhe provimento, mantendo a sentença de primeiro grau em sua integralidade (*TJCE* – Ap. 0049972-27.2014.8.06.0091, 26-10-2016, Rel. Francisco Barbosa Filho).

Art. 118. O representante é obrigado a provar às pessoas, com quem tratar em nome do representado, a sua qualidade e a extensão de seus poderes, sob pena de, não o fazendo, responder pelos atos que a estes excederem.

Não só o representante deve demonstrar sua qualidade e extensão da representação às pessoas com quem trata, como estas, pela melhor cautela, devem sempre certificar-se da qualidade do representante, sob pena de agir ou contratar mal. Essa questão deve ser melhor aprofundada quando do estudo dos artigos do contrato de mandato (art. 653 ss).

Tratando-se de representação legal, os poderes são definidos no ordenamento, para o caso específico. O representante responderá perante o representado por atos que excederem sua representação, não havendo conivência ou intenção de prejudicar por parte de terceiro. Trata-se de situação de abuso de direito. Pode ocorrer, por exemplo, que o mandato seja verbal ou que o mandato escrito não contenha todas as particularidades da representação, as quais incumbem ao representante alertar o terceiro. Protege-se a boa-fé dos terceiros.

O excesso de poderes na representação legal pode acarretar a anulabilidade ou nulidade do negócio. O excesso de poderes na representação voluntária poderá significar a ineficácia do negócio com relação ao representado, o qual, aliás, poderá ratificá-lo, se desejar, mantendo o ato hígido.

🔨 Direito processual civil – Condições da ação – Legitimidade ativa – Teoria da asserção – Denunciação da lide – DER/MG – Não cabimento – Ação de indenização – Retirada de terra de imóvel rural – Autorização concedida por terceiro – Ausência de poderes de representação – Nulidade – Danos materiais devidos – Danos morais – Não configuração – Meros aborrecimentos – Indenização indevida. (...) Uma vez que a autorização para retirada de terra do imóvel do autor foi concedida por terceiro, que não era proprietário do imóvel, caberia à segunda apelante verificar se o terceiro tinha poderes de representação, nos termos do art. 118 do Código Civil. V – Não provada a qualidade de representante do terceiro que autorizou a retirada de volume de terra do imóvel do autor, cabe à ré reparar o dano a ele causado. VI – Meros dissabores, aborrecimentos, contrariedades, não geram danos morais (*TJMG* – Ap. 1.0021.09.010060-9/001, 23-06-2015, Rel. Vicente de Oliveira Silva).

> **Art. 119.** É anulável o negócio concluído pelo representante em conflito de interesses com o representado, se tal fato era ou devia ser do conhecimento de quem com aquele tratou.
> **Parágrafo único.** É de cento e oitenta dias, a contar da conclusão do negócio ou da cessação da incapacidade, o prazo de decadência para pleitear-se a anulação prevista neste artigo.

Neste caso, a hipótese é diversa daquela narrada no art. 117. Aqui, o representante pratica ato contrário aos interesses do representado: é autorizado, por exemplo, a alugar imóvel do representante por um valor e loca-o pela metade do pretendido pelo representante. Para que tal negócio seja anulável, mister que o terceiro que tratou com o representante soubesse ou devesse saber da extensão da representação. Se o terceiro ignorar o obstáculo, o negócio será mantido em prol da boa-fé, respondendo o representante por perdas e danos perante o representado.

O parágrafo único estipulou o prazo decadencial de 180 dias para a respectiva anulação, prazo contado da conclusão do negócio ou do término da incapacidade do representado.

🔨 Apelação cível – Ação declaratória de nulidade de ato jurídico, c/c revisão de contrato – Aval – Alegação de ausência de poderes do procurador – Má-fé do terceiro com quem foi contratado (art. 119 do CC) – Cerceamento de defesa – Nulidade da sentença de improcedência – Recurso provido. Se a questão atinente a nulidade do ato jurídico e até mesmo a sua natureza (compra e venda ou mútuo) envolve dentre outras alegações a má-fé de terceiro ora apelado, considerando-se que em sendo presumida a boa-fé a má-fé deve ser comprovada, não restam dúvidas de que o julgamento antecipado cerceou o direito de defesa da apelante, devendo ser declarada a nulidade da sentença de improcedência (*TJMS* – Acórdão Apelação Cível 2011.030334-0/0000-00, 20-10-2011, Rel. Des. Sideni Soncini Pimentel).

> **Art. 120.** Os requisitos e os efeitos da representação legal são os estabelecidos nas normas respectivas; os da representação voluntária são os da Parte Especial deste Código.

Já acenamos, nos comentários anteriores, acerca do conteúdo desse artigo. Na representação legal, será dentro da respectiva regulamentação que se encontrará o âmbito dos poderes de representação, assim como na representação legal dos menores, na tutela e na curatela. Na representação voluntária, há que se buscar o conteúdo do mandato.

CAPÍTULO III
Da Condição, do Termo e do Encargo

> **Art. 121.** Considera-se condição a cláusula que, derivando exclusivamente da vontade das partes, subordina o efeito do negócio jurídico a evento futuro e incerto.

Nesses conceitos legais de ambos os Códigos, encontramos os elementos essenciais do instituto da condição: a *futuridade* e a *incerteza* do evento. Apesar de o ordenamento referir-se a partes, há negócios unilaterais, como o testamento e a promessa de recompensa, cuja participação é de uma única parte e também admitem condições.

A condição deve se referir a fato futuro. Fato passado não pode constituir-se em condição. Se disser respeito a fato pretérito, o fato já ocorreu ou deixou de ocorrer. Se o fato ocorreu, o negócio deixou de ser condicional, tornando-se puro e simples. Se o fato deixou de ocorrer definitivamente, sem possibilidade de se realizar, a estipulação tornou-se ineficaz, pois não houve implemento da condição. Imagine a hipótese de pessoa "x" prometer quantia a pessoa "y" se determinado cavalo ganhar corrida. Se o cavalo ganhou, a obrigação a que se comprometeu é simples e não condicional; se o cavalo não ganhou, a estipulação tornou-se ineficaz, por ter falhado o implemento da condição. Essas seriam as chamadas *condições impróprias* do direito romano e não podem ser consideradas condição.

Ademais, a condição deve se relacionar-se com fato incerto. Se o fato avençado for certo, inexorável, como, por exemplo, a morte de uma pessoa, não haverá condição, mas termo. A cláusula condicional deve depender exclusivamente da vontade das partes. Esta última dicção, aliás, foi acrescentada, para melhor compreensão, à definição de condição no atual Código. O evento falível é externo ao negócio, mas a condição é elemento da vontade e somente opera porque os interessados no negócio jurídico assim o desejaram.

Enquanto não realizada a condição, o ato não pode ser exigido. Assim, a promessa de pagar quantia a alguém, se concluir curso superior, não pode ser exigida enquanto não ocorrer o evento.

A condição atinge os efeitos dos negócios jurídicos se assim desejarem os agentes, uma vez que o ato sob condição se apresenta como todo unitário, não devendo a condição ser compreendida como cláusula acessória. Trata-se de elemento integrante do negócio. A condição agrega-se inarredavelmente ao negócio, por vontade exclusiva das partes, como acentua o Código, e não pode ser preterida, como elemento de validade e eficácia. Apesar de a condição não ser considerada *a priori* elemento essencial, quando aposta a negócio torna-se essencial com relação a ele. Trata-se de um elemento acidental do negócio que se agrega a este.

É importante notar que a palavra *condição* tem várias acepções equívocas no Direito. Sob o prisma ora enfocado, trata-se de determinação da vontade dos manifestantes em subordinar o efeito do negócio a evento futuro e incerto. Pode o vocábulo, também, ser tomado no sentido de requisito do ato, daí as expressões *condição de validade* ou *condição de capacidade*. Numa terceira acepção, a condição é considerada *pressuposto* do ato, sendo chamada por alguns de *condição legal* (*conditio juris*), que também se denomina *condição imprópria*. É o caso, por exemplo, de se exigir em negócio translativo de imóveis escritura pública com valor superior ao legal.

Na presente seção do Código, a condição tem o sentido técnico exposto no artigo.

Fique assente que a condição deve-se referir a evento incerto. Essa incerteza deve ser objetiva e não subjetiva. Não há condição se o agente estiver em dúvida sobre a ocorrência ou não de determinado fato.

Há certos atos que não comportam condição como exceção dentro do ordenamento. São os chamados atos ou negócios puros. São, por exemplo, os direitos de família puros e os direitos personalíssimos. Assim, o casamento, o reconhecimento de filho, a adoção, a emancipação não a admitem. Assim também, por sua natureza, a aceitação ou renúncia da herança (art. 1.808). Geralmente, os atos ou negócios unilaterais que necessariamente devem gerar efeitos imediatos, como os atos abdicativos ou de renúncia de direitos, não admitem condição.

As condições admitem várias classificações, como a seguir veremos.

⚖ Agravo de instrumento. Prestação de serviços. Ação de cobrança de honorários profissionais. Cumprimento da sentença. Acordo celebrado para pagamento de valores aos exequentes. Negócio jurídico submetido a determinado acontecimento futuro e incerto. Rescisão unilateral do contrato. Situação que afetou diretamente a executada, impossibilitando o cumprimento da condição. Inexigibilidade da obrigação. Ocorrência. Ausência dos requisitos básicos da condição. Recurso improvido. O acordo firmado entre exequentes e executada condicionava o pagamento à ocorrência de evento futuro e incerto. Sucede que, por rescisão unilateral de outra empresa à qual a executada estava vinculada, a condição subordinada a evento futuro e incerto não ocorreu, fato jurídico que torna inexigível a obrigação de pagar. Não se olvide, ademais, que o acordo não previu eventual culpa pela não convalidação do evento (*TJSP* – AI 2130167-47.2018.8.26.0000, 15-07-2018, Rel. Adilson de Araujo).

⚖ Apelação. Obrigação de fazer. Aquisição de imóvel. Pendente de regularização. Ciência do comprador. Negócio jurídico condicionado. Evento futuro e incerto. Ausência de termo. Artigos 121 e 125, ambos do Código Civil. Recurso não provido. 1. Nos termos do artigo 121 do Código Civil, considera-se condição a cláusula que, derivando exclusivamente da vontade das partes, subordina o efeito do negócio jurídico a evento futuro e incerto. O artigo 125 do mesmo diploma legal condiciona a eficácia do negócio à condição suspensiva. 2. No caso dos autos, o apelante tinha conhecimento da situação documental do imóvel que estava adquirindo e mesmo assim resolveu contratar e espera a regularização para, finalmente, obter a escritura pública. 3. Diante do demonstrado conhecimento prévio e anuência de que o imóvel, objeto do contrato, ainda se encontrava pendente de regularização, acrescido das medidas levadas a efeito pelas partes para objetivar a escrituração da compra e venda, enquanto não for implementada a condição suspensiva (regularização do imóvel), o contratante não poderá exigir a obrigação de transferência. 4. São devidos os honorários advocatícios sucumbenciais em percentual incidente sobre o valor da causa ou sobre o proveito econômico, nos termos do artigo 85, § 8º, do NCPC. 5. Recurso do autor conhecido e desprovido. Recurso adesivo conhecido e provido (*TJDFT* – Ap. 0006004-52.2012.8.07.0005, 02-08-2017, Rel. Silva Lemos).

⚖ Adjudicação compulsória – Compromisso de venda e compra – Não comprovação da quitação do preço – Pagamento da última parcela do preço condicionada à outorga da escritura definitiva – **Condição suspensiva** que impediu o início do prazo prescricional para a cobrança do saldo devedor – Recurso desprovido (*TJSP – Ap.* 0014946-70.2011.8.26.0008, 6-9-2016, Rel. Alcides Leopoldo e Silva Júnior).

⚖ Mandado de segurança. Afronta à Súmula n. 268, do STF. Inocorrência. Remédio que ataca decisão administrativa proferida pela autoridade coatora. Legitimidade ativa. Impetrante que, em tese, é proprietária do bem. Possibilidade de discutir registro ou averbação na matrícula do imóvel. Preliminares afastadas. Contrato de permuta. Escritura pública. Registro da transferência da propriedade e averbação de edificações. Possibilidade. Propriedade do imóvel permutada pela propriedade de cinco mil títulos de sócio do clube. Transferência efetivada. Inocorrência de **condição suspensiva, resolutiva ou encargo**. Presença de contraprestação, somente. Preparo em apelação interposta contra decisão proferida em dúvida registrária. Desnecessidade. Segurança denegada (*TJSP* – Acórdão Mandado de Segurança 0140107-51.2010.8.26.0000, 25-5-2011, Rel. Des. Cauduro Padin).

⚖ Apelação cível. Ação monitória. Substituição de cláusula rescisória. Dação em pagamento. Ausência de evicção. **Condição suspensiva**. Contrato não cumprido em sua integralidade. Termo de rescisão ineficaz. Rejeição dos embargos. Conversão em mandado de execução. Retorno dos autos ao juízo de origem. Apelação conhecida e provida. Sentença reformada. 1. Presente condição suspensiva, não ocorrendo o evento futuro e incerto previsto, ineficaz o negócio jurídico pendente, mantendo-se, assim, incólume o avençado originariamente. 2. A responsabilidade pela evicção ocorre apenas quando a causa da constrição operada sobre a coisa é anterior à relação jurídica entabulada entre o alienante e o evicto, o que não ocorreu *in casu*. 3. Rejeitados os embargos, deve-se converter o mandado inicial em mandado executivo, *ex vi legis* do § 3º, do art. 1.102-C, CPC 4. Apelação conhecida e provida (*TJCE* – Acórdão Apelação Cível 269269-06.2000.8.06.0001/1, de 9-5-2011, Rel. Des. Washington Luis Bezerra de Araujo).

Art. 122. São lícitas, em geral, todas as condições não contrárias à lei, à ordem pública ou aos bons costumes; entre as condições defesas se incluem as que privarem de todo efeito o negócio jurídico, ou o sujeitarem ao puro arbítrio de uma das partes.

1. Condições lícitas e ilícitas

Sob interpretação contrária a essa dicção, serão ilícitas todas aquelas que atentarem contra proibição expressa ou virtual do ordenamento jurídico. Há que se verificar no caso de condição ilícita o fim ilícito da condição, pois uma condição nesse aspecto sempre pode ser realizada pela vontade da pessoa a quem se dirige.

Devem ser consideradas ilícitas as condições imorais e as ilegais.

São *imorais* as que, no geral, atentam contra a moral e os bons costumes. São dessa natureza as que vão contra o direito de liberdade das pessoas, seus princípios religiosos, sua honestidade e retidão de caráter.

São *ilegais* as que incitam o agente à prática de atos proibidos por lei ou a não praticar os que a lei manda.

Não pode ser admitida, portanto, a condição de alguém se entregar à prostituição ou transgredir alguma norma penal. O presente Código expande mais o conceito, ao disciplinar aqui que são *lícitas, em geral, todas as condições não contrárias à lei, à ordem pública ou aos bons costumes*.

Alguns casos, contudo, dão margem a dúvidas. Lembrem-se da condição de obrigar alguém a se manter em celibato. Na verdade, tal estipulação atenta contra a liberdade individual e não pode ser considerada válida. A condição oposta, porém, de valer o ato se a pessoa contrair matrimônio, deve ser tida como eficaz, pois não contraria a ordem normal da vida. A condição de não contrair matrimônio com determinada pessoa deve ser admitida, pois aí não existe restrição maior da liberdade do indivíduo (MONTEIRO, 2005, v. 1, p. 278). A condição de obrigar alguém a se manter em estado de viuvez, em regra, por atentar contra a liberdade individual, não deve ser admitida.

A condição deve ser proposta por um dos contraentes e aceita pelo outro. É esse justamente o sentido. Clóvis Beviláqua, em seus *Comentários*, tece o seguinte exemplo: alugo uma casa se o locador me garantir seu uso pacífico, durante o tempo do contrato. Aqui, não se trata de condição, mas de obrigação inerente ao contrato de locação. Não haverá locação sem essa perspectiva. Não se admite como condição, portanto, essa perplexidade (daí o termo *condição perplexa*).

2. Condição perplexa e potestativa

O Código, nesse artigo, segunda parte, estipula que "*entre as condições defesas se incluem as que privarem de todo efeito o negócio jurídico, ou o sujeitarem ao puro arbítrio de uma das partes*". A primeira hipótese trata das chamadas condições *perplexas*, as quais nulificam e fulminam a eficácia do negócio jurídico; a segunda, das condições potestativas.

São condições *perplexas* ou *contraditórias* as "*que não fazem sentido e deixam o intérprete perplexo, confuso, sem compreender o propósito da estipulação*" (GONÇALVES, 2003, p. 344). Nelas há uma impossibilidade lógica, invalidando o negócio por serem incompreensíveis ou contraditórias, como estipula o art. 123, III.

Ao tratar das condições potestativas, o presente Código inseriu o adjetivo *puro*, ao se referir ao arbítrio de uma das partes, e veremos a razão.

A *condição potestativa* é a que depende da vontade de um dos contraentes. Uma das partes pode provocar ou impedir sua ocorrência. A ela contrapõe-se a *condição causal*, a que depende do acaso, não estando, de qualquer modo, no poder de decisão dos contraentes.

Porém, nem todas as condições potestativas são ilícitas. Somente aquelas cuja eficácia do negócio fica exclusivamente sob o arbítrio de uma das partes, sem a interferência de qualquer fator externo. Por essa razão, a fim de espalmar dúvidas, o Código atual inseriu a expressão "*puro arbítrio*" na dicção legal mencionada.

Distinguem-se, destarte, as *condições potestativas simples* das *condições puramente potestativas*. Nas primeiras, não há apenas vontade do interessado, mas também interferência de fato exterior. Assim serão, por exemplo, as condições "se eu me casar", "se eu viajar para o Rio", "se eu vender minha casa". Por outro lado, a condição puramente potestativa ou potestativa pura depende apenas e exclusivamente da vontade do interessado: "se eu quiser", "se eu puder", "se eu entender conveniente", "se eu assim decidir" ou equivalentes. A proibição do art. 122 refere-se, de acordo com a doutrina, e agora mais fortemente pela mais recente dicção legal, tão só às condições puramente potestativas. *Puro arbítrio de uma das partes*. Isso, doravante, consta do atual ordenamento.

Embora não seja muito comum, a jurisprudência tem registrado a ocorrência de condições potestativas:

"*É condição puramente potestativa cláusula que, em contrato de mútuo, dê ao credor poder unilateral de provocar o vencimento antecipado da dívida, diante da simples circunstância de romper-se o vínculo empregatício entre as partes*" (RT 568/180).

As condições simplesmente potestativas exigem também a ocorrência de fato estranho ao mero arbítrio da parte. "Dar-te-ei uma quantia se fores à Europa." O fato de ir à Europa depende de série de fatores que não se prende unicamente à vontade do declarante. Carlos Alberto Dabus Maluf (1983, p. 34), em monografia sobre o tema, lembra da condição referente à renovação de locação deixada ao arbítrio do locatário. Nossa jurisprudência tem entendido, sem discrepância, que essa cláusula não configura condição puramente potestativa, mas potestativa simples. Isso porque a manifestação do locatário depende de circunstâncias externas a sua exclusiva vontade, não de mero capricho. Simplesmente potestativa é a condição que extravasa o mero arbítrio do agente.

A condição potestativa simples pode perder esse caráter depois de feita a avença. Considere-se o caso: "Dar-te-ei uma importância se fores a determinado local." Se o agente vier a sofrer um acidente que o impeça de se locomover, a condição, de potestativa que era, torna-se *promíscua*, e passa a ser regida pelo acaso. Não se confunde esta, no entanto, com as denominadas *condições mistas*, estas ao mesmo tempo dependentes da vontade das partes e do acaso ou de fato de terceiro: "se for eleito deputado", por exemplo.

🔖 Apelação cível – Ação de rescisão contratual c/c reintegração de posse – Contrato de compromisso de compra e venda de imóvel – Condição potestativa – Art. 122 do Código Civil. É vedada a condição ou cláusula puramente potestativa, que sujeitem a eficácia do negócio jurídico ao arbítrio exclusivo de uma das partes, conforme art. 122 do Código Civil. Comprovado nos autos que a autora deu causa à rescisão contratual, deve ser ela responsabilizada pelo pagamento da cláusula penal (TJMG – Ap. 1.0686.15.016541-9/001, 20-06-2018, Rel. Pedro Aleixo).

🔖 Apelação – Ações de cobrança – Despesas condominiais – Insurgência da construtora – Descabimento – Responsabilidade pelos débitos condominiais até efetiva imissão na posse do adquirente, não bastando para a exclusão de sua responsabilidade o "habite-se" – Eventual pacto diverso entre adquirente e construtora não é oponível ao condomínio, dada a relatividade dos contratos – Cláusula abusiva que limita a responsabilidade da construtora em prejuízo à coletividade, por se tratar de **condição potestativa** (art. 122 do CC) – Manutenção da sentença – Negado provimento (TJSP – Ap. 1004240-74.2015.8.26.0071, 23-11-2016, Rel. Hugo Crepaldi).

🔖 Direito civil. Direito dos contratos. Seguro. Contrato consensual. Momento em que é considerado perfeito e acabado. Manifestação de vontade, ainda que tácita. Contratação junto à corretora. Preenchimento da proposta com autorização de pagamento do prêmio por débito em conta. Sinistro. Ocorrência antes da emissão da apólice. Negativa de cobertura. Descabimento. 1. O seguro é contrato consensual e aperfeiçoa-se tão logo haja manifestação de vontade, independentemente de emissão da apólice - ato unilateral da seguradora –, de sorte que a existência da avença não pode ficar a mercê exclusivamente da vontade de um dos contratantes, sob pena de ter-se uma conduta puramente potestativa, o que é, às expressas, vedado pelo art. 122 do Código Civil. (...) 5. No caso, não havendo nenhuma indicação de fraude e tendo o sinistro ocorrido efetivamente após a contratação junto à corretora de seguros, ocasião em que o consumidor firmou autorização de pagamento do prêmio mediante débito em conta, se em um prazo razoável não houve recusa da seguradora, só tendo havido muito tempo depois e exclusivamente em razão do sinistro noticiado, há de considerar-se aceita a proposta e plenamente aperfeiçoado o contrato. Deveras, vulnera os deveres de boa-fé contratual a inércia da seguradora em aceitar expressamente a contratação, vindo a recusá-la somente depois da notícia de ocorrência do sinistro e exclusivamente em razão disso. 6. Recurso especial não provido (STJ, REsp 1.306.367 – SP, 20-03-2014, Min. Luis Felipe Salomão).

🔖 Ação pelo rito ordinário. Contrato bancário. Fiança. Cláusula que determina a prorrogação automática da fiança que se afigura nula. Artigo 819 c/c 122, do Código Civil. Não se pode admitir a perpetuação das obrigações decorrentes da fiança se o fiador não anuir, expressamente, em cada prorrogação contratual. Isso quer dizer que não tem validade, por ser **puramente potestativa** (artigo 122, do CC) cláusula contratual que imponha a prorrogação automática da fiança em caso de prorrogação do contrato. Hipótese que se diferencia da fiança em contrato de locação. Dano moral devidamente arbitrado em R$ 5.000,00. Recurso desprovido (*TJRJ* – Acórdão Apelação Cível 0019676-13.2009.8.19.0066, 26-4-2011, Rel. Des. Odete Knaack de Souza).

123. Invalidam os negócios jurídicos que lhes são subordinados:
I – as condições física ou juridicamente impossíveis, quando suspensivas;
II – as condições ilícitas, ou de fazer coisa ilícita;
III – as condições incompreensíveis ou contraditórias.

Uma condição pode ser impossível para uns, mas não para outros. A condição fisicamente impossível poderá ser relativa. Assim, a condição indivíduo comum viajar para a Lua é impossível; não o será, no entanto, para um astronauta da Nasa... Importa, aí, o exame de cada caso concreto.

No que diz respeito às condições juridicamente impossíveis, invalidavam elas os respectivos atos a que acediam. Atente para a diversidade de tratamento: as condições fisicamente impossíveis tinham-se por não escritas; as juridicamente impossíveis invalidavam o ato. O Código de 1916 foi criticado pela diferença de tratamento. Clóvis Beviláqua, nos *Comentários*, defende a posição dessa lei, dizendo que as condições juridicamente impossíveis invalidam os atos porque o Direito não pode amparar o que lhe é adverso. Dá como exemplo a condição de contrair matrimônio antes da idade núbil. A nulidade atingia não só as condições juridicamente impossíveis, como também as imorais.

No entanto, essa solução podia trazer injustiças, pois uma liberalidade poderia ser anulada se se fizesse acompanhar de uma condição juridicamente impossível, prejudicando o beneficiário que em nada concorreu para a aposição da condição.

A condição juridicamente impossível poderia produzir a nulidade do ato em seu todo ou apenas em parte, conforme a condição se referisse ao ato em sua unidade ou apenas a alguma disposição particular.

Há maior rigor técnico e lógico na especificação do artigo sob exame. No mesmo caminho trilhado pelo estatuto antigo, as condições juridicamente impossíveis invalidam os negócios a elas subordinados (art. 116, segunda parte, do Código de 1916). O atual Código, contudo, especifica que essa nulidade ocorre apenas se a condição for suspensiva. Se resolutiva for, o ato ou negócio já possui, de início, plena eficácia, que não será tolhida pela condição ilegal. O conceito das condições resolutiva e suspensiva é visto a seguir. No tocante às condições fisicamente impossíveis, o atual Código adota idêntica solução: se for suspensiva essa condição, o negócio será inválido.

Quanto à ilicitude da condição ou a de fazer coisa ilícita, de forma peremptória, ao contrário do antigo sistema, o presente Código aponta que essas condições invalidam, em qualquer circunstância, os negócios jurídicos que lhes são subordinados. Desse modo, a condição de furtar ou de alguém se entregar ao tráfico de drogas, por exemplo, invalida o negócio subordinado.

Este Código também acentua que as condições incompreensíveis ou contraditórias invalidam os negócios respectivos, conforme já referimos. Apontamos, de início, que a condição aposta a um negócio jurídico passa a integrá-lo como um todo e dele não pode mais ser dissociada. As condições são elementos acidentais do negócio até que se materializem em um negócio jurídico. Nesse sentido, se a condição não puder ser entendida com clareza, se for contraditória dentro do contexto do negócio jurídico, o vigente sistema pune com a invalidade todo o negócio jurídico a ela subordinado. Nesses termos, a base do negócio contamina-se pela incompreensão da condição. De qualquer forma, a incompreensibilidade ou a contradição da condição deve ser apurada no caso concreto e tem a ver com as regras de interpretação do negócio jurídico.

Art. 124. Têm-se por inexistentes as condições impossíveis, quando resolutivas, e as de não fazer coisa impossível.

No sistema de 1916, as condições fisicamente impossíveis, em geral, eram tidas por inexistentes, portanto não maculavam a higidez do ato ou negócio. O art. 124 do atual Código acrescenta, portanto que *"têm-se por inexistentes as condições impossíveis, quando resolutivas, e as de não fazer coisa impossível"*. Inexistentes as condições desse jaez, o negócio terá, pois, plena eficácia e validade, como negócio puro, sem qualquer condição. Entende-se que essas situações não são sérias para o universo jurídico.

Art. 125. Subordinando-se a eficácia do negócio jurídico a condição suspensiva, enquanto esta se não verificar, não se terá adquirido o direito, a que ele visa.

Apelação cível. Compra e venda. Ação de resolução de contrato c/c dano moral. Descumprimento contratual do vendedor. Não configurado. Aquisição de lote urbano (na planta). Condomínio horizontal. Outorga da escritura pública submetida a evento futuro e incerto. Art. 125 do CC/02. Condição suspensiva. Concretização do desmembramento. Não implementada. Sequência de atos administrativos do vendedor que não demonstram inércia. Sentença confirmada. I. No caso, os autores adquiriram, na planta, via instrumento particular de compra e venda um lote de terreno urbano, devidamente identificado, localizado em condomínio horizontal. As partes submeteram a outorga da escritura pública à concretização do processo de desmembramento do imóvel junto a Prefeitura Municipal. II. A cadeia de atos administrativos praticados pelos vendedores junto aos órgãos públicos até a certificação de aprovação de desmembramento para fins de registro pelo cartório imobiliário não comprovam a inércia da parte capaz de obstar o cumprimento do avençado. III. Em que pese as alegações dos autores, na pendência da implementação de condição suspensiva não é exigível a obrigação de escritura pública. Assim, não ocorrendo o descumprimento contratual da vendedora é totalmente descabida a pretensão de resolução do contrato de compra e venda por responsabilidade da vendedora. Art. 125 do CC/02. Doutrina e jurisprudência a respeito. Sentença confirmada. Apelação desprovida (TJRS – Ap. 70084011691, 27-05-2020, Rel. Glênio José Wasserstein Hekman).

Art. 126. Se alguém dispuser de uma coisa sob condição suspensiva, e, pendente esta, fizer quanto àquela novas disposições, estas não terão valor, realizada a condição, se com ela forem incompatíveis.

Art. 127. Se for resolutiva a condição, enquanto esta se não realizar, vigorará o negócio jurídico, podendo exercer-se desde a conclusão deste o direito por ele estabelecido.

Agravo de instrumento. Ação de execução. Contrato de mediação em corretagem. Condição resolutiva. Exceção de pré-executividade. Descabimento. Necessidade de dilação probatória. 1. A exceção de pré-executividade é espécie de defesa atípica, sem regulamentação na lei, embora aceita pela doutrina e jurisprudência quando preenchidos determinados requisitos simultâneos. Precedente no STJ: REsp 1.110.925/SP. 2. De acordo com o art. 127 do Código Civil, se for resolutiva a condição, enquanto esta se não realizar, vigorará o negócio jurídico, podendo exercer-se desde a conclusão deste o direito por ele estabelecido. No caso, por livre disposição entre as partes ficou avençado que a rescisão do contrato de compra e venda importa na rescisão do contrato de mediação ora em execução, o que remete a fato futuro e incerto que não impede o exercício do direito por cuidar em verdade de condição resolutiva. 3. Agravo conhecido e não provido (*TJDFT* – AI 0712373-60.2017.8.07.0000, 22-02-2018, Rel. Fábio Eduardo Marques).

Art. 128. Sobrevindo a condição resolutiva, extingue-se, para todos os efeitos, o direito a que ela se opõe; mas, se aposta a um negócio de execução continuada ou periódica, a sua realização, salvo disposição em contrário, não tem eficácia quanto aos atos já praticados, desde que compatíveis com a natureza da condição pendente e conforme aos ditames de boa-fé.

1. Condição resolutiva e condição suspensiva

Para melhor compreensão, é conveniente que esses artigos sobre condição resolutiva e condição suspensiva sejam examinados em conjunto.

Essas duas modalidades de condição possuem estrutura bastante diversa e se afastam bastante uma da outra no alcance e na compreensão.

Prescreve o art. 125: "*Subordinando-se a eficácia do negócio jurídico a condição suspensiva, enquanto esta se não verificar, não se terá adquirido o direito, a que ele visa.*" Sob essa forma de condição, portanto, o nascimento do direito fica em suspenso, a obrigação não existe durante o período de pendência da condição. O titular tem apenas situação jurídica condicional, mera expectativa. "Dar-te-ei uma quantia se te graduares no curso superior"; "farei o negócio se as ações da empresa X obtiverem a cotação Y em Bolsa, em determinado dia". Enquanto o agente não concluir o curso superior, não terá direito ao prometido; se as ações não atingirem o valor especificado, não será concluído o negócio.

Resolutiva é a condição cujo implemento faz cessar os efeitos do ato ou negócio jurídico:

"*Se for resolutiva a condição, enquanto esta se não realizar, vigorará o ato jurídico, podendo exercer-se desde o momento deste o direito por ele estabelecido; mas, verificada a condição, para todos os efeitos, se extingue o direito a que ela se opõe*" (art. 119 do Código de 1916).

O atual Código biparte em dois dispositivos a noção, visando à melhor compreensão:

"*Se for resolutiva a condição, enquanto esta não se realizar, vigorará o negócio jurídico, podendo exercer-se desde a conclusão deste o direito por ele estabelecido*" (art. 127).

"*Sobrevindo a condição resolutiva, extingue-se, para todos os efeitos, o direito a que ela se opõe; mas, se aposta a um negócio de execução continuada ou periódica, a sua realização, salvo disposição em contrário, não tem eficácia quanto aos atos já praticados, desde que compatíveis com a natureza da condição pendente e conforme aos ditames de boa-fé*" (art. 128).

Os romanos não estabeleciam tal distinção. Para eles, toda condição era suspensiva.

É exemplo de condição resolutiva: "pagar-te-ei uma pensão enquanto estudares"; "enquanto a cotação das ações da empresa se mantiver acima do valor X, pagarei o aluguel mensal".

Na condição suspensiva, seu implemento faz com que o negócio, que estava em suspenso, tenha vida, enquanto na condição resolutiva seu implemento faz com que o negócio cesse sua eficácia; resolve-se o negócio jurídico.

No exame dos fatos, nem sempre é fácil distinguir a condição resolutiva da condição suspensiva. A condição: "dar-te-ei cem se meu filho se bacharelar em Direito" é suspensiva. Se digo: "dar-te-ei cem, mas se meu filho não se bacharelar em Direito aos vinte e cinco anos a doação ficará sem efeito", a condição é resolutiva. Há zonas limítrofes onde classificar o tipo de condição é difícil, como por exemplo: "dar-te-ei cem se não tiver mais filhos" ou "compro este imóvel se não for inadequado para a construção de uma casa" (MALUF, 1983, p. 61).

Nessas situações, é impossível a fixação de regras *a priori*, devendo-se recorrer às regras sobre a interpretação da vontade, pois propender para uma ou para outra classificação dependerá da vontade do declarante.

A condição suspensiva pode ser examinada em três estágios possíveis: o estado de pendência (situação em que ainda não se verificou o evento futuro e incerto); o estado de implemento da condição (quando o evento efetivamente ocorre) e o estado de frustração (quando o evento definitivamente não tem mais possibilidade de ocorrer).

Pendente a condição, a eficácia do ato fica suspensa. Se se trata de crédito, enquanto não ocorrer o implemento da condição, é ele inexigível, não há curso da prescrição e, se houver pagamento por erro, há direito à repetição. No entanto, "*ao titular do direito eventual, no caso de condição suspensiva, é permitido exercer os atos destinados a conservá-lo*" (art. 121 do Código de 1916). Este Código, no art. 130, é mais abrangente, pois estatui que "*ao titular do direito eventual, nos casos de condição suspensiva ou resolutiva, é permitido praticar os atos destinados a conservá-lo*". Mesmo nos casos de condição resolutiva, poderá haver interesse nesse sentido do titular do direito eventual.

Nessa hipótese, pode o titular desse direito, sob condição suspensiva geralmente, lançar mão das medidas processuais cautelares para fazer valê-lo no futuro. Interessante notar que, uma vez concedida a tutela cautelar, a parte deve propor o pedido principal no prazo de 30 dias (art. 308 do CPC). Parece-nos que, no caso estampado no art. 130 do Código Civil, o prazo processual citado não é de ser obedecido, em face da própria natureza do direito material em jogo. Interpretar-se, *in casu*, ao pé da letra o estatuto processual é fazer *tabula rasa* do dispositivo de direito material. A tutela cautelar deve sobreviver até o implemento da condição, ou melhor, até 30 dias após o implemento da condição ou até a data de sua frustração. O titular de um crédito sob condição suspensiva não pode ser obrigado a ficar inerte enquanto o futuro devedor dilapida seu patrimônio.

Quando ocorre o implemento da condição, o direito passa de eventual a adquirido, obtendo eficácia o ato ou negócio, como se desde o princípio fosse puro e simples e não eventual. Trata-se do chamado efeito retroativo das condições.

Se a condição se frustra, é como se nunca houvesse existido a estipulação. Por exemplo: prometo uma quantia se determinado cavalo vencer uma corrida e o cavalo vem a falecer antes da prova.

Importa lembrarmos, também, que o ato sob condição suspensiva está formado, perfeito. Já não podem as partes retratar-se, porque o vínculo derivado da manifestação de vontade está estabelecido. Desse modo, o direito condicional é transmissível, *inter vivos* e *causa mortis*, mas é transmissível com a característica de direito condicional, pois ninguém pode transferir mais direitos do que tem.

No caso de condição resolutiva, dá-se de plano, desde logo, a aquisição do direito. A situação é inversa à condição suspensiva. O implemento da condição resolutiva "resolve" o direito em questão, isto é, faz cessar seus efeitos, extingue-se. A obrigação é desde logo exigível, mas o implemento restitui as partes ao estado anterior. A retroatividade das condições é aqui mais patente porque o direito sob condição resolutiva é limitado, podendo-se até dizer, ainda que impropriamente, mas para melhor compreensão, que se trata de um direito "temporário". Com o implemento, apagam-se os traços do direito. A cláusula resolutiva, por ser limitação ao direito, deve constar do Registro Público porque, se assim não for, terceiros não serão obrigados a respeitá-la, não sendo atingidos, de qualquer forma, os atos de administração.

Nos termos do art. 474, a condição resolutiva pode ser expressa ou tácita. Se for expressa, opera de pleno direito, independentemente de notificação ou interpelação. Se for tácita, há necessidade desse procedimento.

No tocante à condição suspensiva, há de se levar em conta o disposto no art. 126:

"*Se alguém dispuser de uma coisa sob condição suspensiva, e, pendente esta, fizer quanto àquela novas disposições, estas não terão valor, realizada a condição, se com ela forem incompatíveis.*"

Sílvio Rodrigues apresenta o seguinte exemplo: alguém promete dar um veículo sob condição; dá em penhor o veículo no entretempo da condição suspensiva. Com o advento do implemento da condição, o penhor se resolve, os efeitos da condição retroagem à data do negócio, por força do citado art. 126 (RODRIGUES, 2006, v. 1, p. 251). O texto legal, deveras, não é de fácil compreensão. Neste Código, a solução aponta para o art. 123, III, que se refere à invalidade dos negócios jurídicos se as condições forem incompreensíveis ou contraditórias.

Lembre-se de que o legislador imagina uma condição resolutiva em todos os contratos bilaterais. Contrato bilateral é todo aquele que possui obrigações recíprocas, carreadas a ambos os contratantes, como a compra e venda, por exemplo. Nos contratos bilaterais, o perfazimento de uma prestação está ligado à contraprestação da outra parte. Nesse tipo de convenção existe sempre, de forma expressa ou tácita, condição resolutiva, pois o contrato se resolverá se uma das partes não fornecer sua prestação. Ocorrendo o inadimplemento de um contratante, o outro pode pedir a rescisão com o pagamento de perdas e danos (art. 475 atual).

O presente Código transplantou a regra para a temática contratual, no art. 474: *"A cláusula resolutiva expressa opera de pleno direito; a tácita depende de interpelação judicial."* Quer isso dizer que, na resolutória tácita, a parte prejudicada poderá pedir ao juiz que declare rescindido o contrato e que aprecie se houve ou não causa de rescisão. No caso de resolutória expressa, quando essa modalidade se pactua no contrato, a parte pode pedir desde logo ao juiz aplicação dos efeitos do inadimplemento das obrigações contratuais, independentemente de qualquer interpelação judicial, considerando-se o contrato rescindido pelo simples fato do não cumprimento da obrigação, no tempo, lugar e forma devidos.

2. Retroatividade da condição

O estado de pendência de uma condição cessa por seu implemento ou por sua falta, isto é, quando a condição falha, se frustra, não se realiza ou se realiza fora do tempo estipulado.

Ocorrendo o implemento da condição, isto é, realizada ou verificada a condição, muitos entendem que tudo se passa como se o ato fosse puro e simples, como se o tempo mediado entre a manifestação de vontade e o implemento da condição não existisse. É o que se denomina efeito retroativo da condição. Os que o admitem entendem o negócio jurídico como se tratasse desde o início de manifestação de vontade não condicionada. Outros entendem que a condição não tem esse efeito retro-operante. A controvérsia vem desde o Direito Romano.

Como nosso Código Civil atual, na mesma senda do estatuto revogado, não possui dispositivo específico a respeito da retroatividade, não podemos dizer que ocorra retroação. Como conclui Caio Mário da Silva Pereira (2006, v. 1, p. 562), o efeito retroativo só operará se expressamente convencionado pelas partes, pois não decorre da lei. Há casos em que a própria lei admite a retroatividade, quando então o ato terá efeito de negócio puro e simples; as consequências e os efeitos ocorridos *medio tempore* são destruídos pela ocorrência da condição, como na propriedade resolúvel, e não têm efeito retro-operante aqueles atos a que a lei dá validade *medio tempore*, como, por exemplo, os atos de administração. Como acrescenta o mestre,

> *"a doutrina legal brasileira encontra-se, portanto, na linha das teorias mais modernas que contestam esse efeito retro-operante como regra geral, admitindo que ele se entenda como uma forma de construção jurídica, que explica e torna mais claros os efeitos do direito condicional, fixando de que maneira atua o evento na aquisição ou na resolução do direito, na maioria dos casos".*

A conclusão semelhante chega Sílvio Rodrigues (2006, v. 1, p. 254, 255):

> *"A retroatividade dos efeitos do ato jurídico constitui, a meu ver, exceção à regra geral da não retroatividade, de sorte que, para retroagirem os efeitos de qualquer disposição contratual, mister se faz que haja lei expressa em tal sentido, ou convenção entre as partes. Caso contrário, isto é, se nada se estipulou e a lei é silente, os efeitos da condição só operam a partir do seu advento."*

Mesmo os que admitem retroatividade das condições concluem que nesse caso os efeitos visados *"são quase os mesmos e resolvidos do mesmo modo"*, como aduz Serpa Lopes (1962, v. 1, p. 499), após analisar as duas posições.

De qualquer forma, como recorda Orlando Gomes (1983, p. 233), a preferência, quer pela teoria da retroatividade, quer pela teoria da irretroatividade, é acadêmica, porquanto o que se deve examinar é o estado do direito durante a condição. De fato, é difícil fixação de regra geral. Em cada caso, deve ser examinada a espécie da condição; se houve avença pela retroatividade das partes; se a lei determina a retroatividade naquele determinado caso concreto etc. Importa saber, pendente a condição, se o titular do direito condicional deve ser protegido e até que ponto. Isso só o caso concreto poderá solucionar, aplicando-se as regras da interpretação da vontade, juntamente com a obediência aos princípios legais e regras de princípios gerais de direito. Não se esqueça de que o titular do direito eventual, nos casos de condição suspensiva ou resolutiva, pode praticar os atos destinados a conservá-lo (art. 130 do atual Código).

A esse respeito, veja que este Código reporta-se ao problema na segunda parte do art. 128 referido. No tocante aos negócios de execução periódica ou continuada, operada a condição, somente haverá retroatividade nos efeitos, nos atos já praticados, se houver disposição nesse sentido. O mais recente legislador assume, portanto, como regra geral, a irretroatividade da condição: sem vontade expressa das partes e sem lei que a estabeleça, não haverá retroação. Essa é, em síntese, a opinião da doutrina colacionada aqui.

Apelação cível e agravos retidos. Promessa de compra e venda. Contrato de promessa de compra e venda com cláusula resolutiva. Imóvel com infraestrutura própria para o funcionamento de posto de combustível. Descumprimento de cláusula contratual que impunha a utilização da bandeira Ipiranga. Configuração da cláusula resolutiva. Retorno das partes ao *status quo ante*. Desocupação do imóvel. Perdas e danos. (...) Se a manutenção do vínculo contratual estabelecido entre as partes estaria impedindo o primeiro réu de viabilizar financeiramente suas atividades comerciais, deveria ter solucionado a questão mediante o desfazimento do vínculo, importando na desocupação do imóvel e na devolução dos equipamentos, acarretando a desmontagem integral do estabelecimento, o que não foi feito. Nenhuma dúvida de que restou configurada a condição resolutiva ajustada entre as partes no negócio de compra e venda firmado, em virtude do descumprimento de disposição contratual, que determinava a obrigação de manter no imóvel do posto de serviço e atividades afins, a marca, nome comercial e combinação de cores da Ipiranga, pelo prazo de vinte anos. Incidência do disposto no artigo 128 do Código Civil, estando extintos os direitos oriundos do contrato de promessa de compra e venda, devendo as partes retornar ao *status quo ante*, sem prejuízo das perdas e danos, a serem apurados em liquidação de sentença. (...) (*TJRS* – Ap. 70075043125, 13-12-2017, Rel. Walda Maria Melo Pierro).

Apelação cível – Ação de obrigação de fazer – Outorga de escritura definitiva de imóvel recebido em doação – Imóvel doado pelo Município com encargo para empresa responsável pela construção de Distrito Industrial. Matéria Preliminar – Carência da ação por falta de interesse de agir. Inocorrência. Adequação e necessidade da tutela jurisdicional. Mérito – Revogação da doação pela inexecução dos encargos. Inadmissibilidade. Condições impostas à donatária que constituem **condição resolutiva** e, uma vez implementadas, deram a interessada o direito de propriedade sobre a área doada. Autora que cumpriu o objeto da doação por dez anos, antes de ser decretada a sua falência. Havendo cláusula resolutiva expressa, não há necessidade de interpelação, motivo pelo qual, cumprido o encargo, operam-se os efeitos da doação de imediato. Direito à outorga da escritura reconhecido em primeiro grau. Sentença de procedência do pedido mantida. Honorários advocatícios – Apelo interposto pelos autores visando à majoração da verba honorária fixada na sentença. Descabimento. Ausência de legitimidade da parte recorrente. Impossibilidade de postular direito alheio em nome próprio. Honorários que pertencem ao advogado atuante na causa e não à parte. Interpretação do art. 23 da Lei Federal nº 8.906/94 (Estatuto da Advocacia) e art. 6º do Código de Processo Civil. Preliminar rejeitada, recursos dos autores não conhecidos e recurso da Municipalidade não provido (*TJSP* – Ap. 0010172-97.2011.8.26.0201, 28-7-2016, Rel. Djalma Lofrano Filho).

Art. 129. Reputa-se verificada, quanto aos efeitos jurídicos, a condição cujo implemento for maliciosamente obstado pela parte a quem desfavorecer, considerando-se, ao contrário, não verificada a condição maliciosamente levada a efeito por aquele a quem aproveita o seu implemento.

1. Implemento ou não implemento das condições por malícia do interessado. Frustração da condição

O Código pune, em ambas as situações, quem impede e quem força, respectivamente, a realização do evento em proveito próprio. Suponhamos o seguinte exemplo: um agente promete pagar, subordinando o pagamento a determinada cotação de ação na Bolsa de Valores. Para que a cotação não atinja o montante avençado, o agente manipula artificialmente o mercado e a cotação da Bolsa. Provado o fato, reputa-se implementada a condição.

A malícia, ou seja, o dolo é requisito expressamente exigido por esse artigo para verificação da hipótese, não bastando, pois, por vontade do legislador, a simples culpa. Presentes os pressupostos do dispositivo, o dano é ressarcido de modo específico, considerando-se verificada a condição obstada e não verificada aquela cujo implemento foi maliciosamente causado pela parte interessada. A execução específica da avença não impede, ainda, que a parte prejudicada pela malícia pleiteie perdas e danos se ocorrerem os requisitos. O implemento ou não implemento da condição, nesse caso, deve ser incentivado ou obstado pela parte, para que ocorra o efeito desse art. 129; se o fato for levado a efeito por terceiro, sem participação da parte interessada, o caso não é de se considerar como implemento ou não da condição, mas tão só de pedir indenização a esse terceiro.

Se a parte não age com dolo, malícia, como diz a lei, mas por negligência ou imperícia, e tem-se a condição por verificada ou não, conforme o caso,

> "nem por isso deixa de ser aplicável a regra da responsabilidade decorrente da violação das obrigações, contratuais ou não, responsabilidade que se traduz no dever de ressarcimento das perdas e danos causados (artigos 159 e 1.056 do Código Civil)" (RÁO, 1952, p. 344).

Nesse caso, contudo, não tem aplicação o art. 129 do Código, que exige o dolo.

É, em qualquer caso, à parte prejudicada que cabe o ônus da prova, mas à outra é facultado provar que, mesmo sem sua intervenção, se verificaria ou não a condição, conforme o caso.

Como bem lembra Sílvio Rodrigues (2006, v. 1, p. 252-253), a regra do art. 129 é baseada no princípio da responsabilidade, pois, *"convocando ou frustrando a condição, um dos contratantes causa prejuízo ao outro, e a melhor maneira de repará-lo é considerar a condição como não ocorrida ou realizada"*.

2. Condição e pressuposição

Há referência na doutrina a uma figura que se aproxima da condição, a *pressuposição*. Trata-se de uma condição subentendida, não declarada, mas que se faz presente na mente dos participantes de um negócio, doutro modo este não se realizaria. Também se traduz como um evento futuro, mas nem sempre incerto. Se alguém adquire, por exemplo, um imóvel de outrem casado sob o regime de comunhão de bens, pressupõe que o cônjuge do alienante esteja de acordo, caso contrário o negócio se inviabiliza; na aquisição de um imóvel, também, pressupõe-se que não está ele onerado com cláusula de inalienabilidade. Trata-se, como se percebe, de um meio-termo entre motivo e condição de um negócio (AMARAL, 2003, p. 473).

Caracteriza-se por ser explícita e nem sempre carrega a futuridade e incerteza. Só terá sentido se for futura e incerta, porque, se já existente quando da concretização do negócio, confundir-se-á com o erro na declaração de vontade, sujeitando o negócio à anulação.

O direito brasileiro não se refere expressamente a esse fenômeno, embora o art. 140 se refira ao falso motivo como razão determinante da declaração de vontade, justamente ao tratar do erro. Em hipótese que já nos referimos, o conceito dessa figura é mesmo de uma pressuposição, quando alguém adquire, por exemplo, imóvel para instalar um restaurante próximo ao local onde se supõe será construída uma escola e o fato não é verdadeiro ou não se realiza; ou quando alguém aliena imóvel por preço vil, sob o escudo de um decreto expropriatório que não existe ou caducou. No entanto, o julgador deve ser muito cuidadoso no exame dessas hipóteses, sob pena de converter a causa como elemento integrante da validade do negócio, o que não pertence ao nosso sistema.

Apelação cível – Direito Processual Civil – Vício de julgamento *extra petita* – Não configuração – Ação monitória – Contrato de distrato – Condição suspensiva – Malícia constatada – Art. 129, Código Civil – Aplicação – Correção monetária e juros de mora – Início de incidência – Vencimento. 1 – Em harmonia com as garantias constitucionais do contraditório e ampla defesa, o princípio da congruência, previsto nos arts. 141 e 492 do CPC, impede o julgamento fora (decisão *extra petita*), além (decisão *ultra petita*) ou aquém (decisão *citra petita*) do pedido deduzido na petição inicial. Ao solucionar a matéria controvertida, que diz respeito ao vencimento do título, a sentença não incorreu em vício de julgamento. 2 – Dispõe a primeira parte do art. 129 do Código Civil, que "reputa-se verificada, quanto aos efeitos jurídicos, a condição cujo implemento for maliciosamente obstado pela parte a quem desfavorecer". 3 – A condição implementada pela apelante configurou malícia sua para deixar de cumprir a obrigação firmada no contrato de distrato, pois não firmou o contrato de financiamento associativo com a Caixa Econômica Federal, não provou nenhuma condição excepcional que a tenha impedido de conseguir o financiamento e muito menos tratou de restituir aos apelados o valor que lhes é devido. 4 – A correção monetária, não constitui um plus, mas mera recomposição do valor da moeda, corroído pelo processo inflacionário, e deve incidir a partir do vencimento do título. 5 – Os juros de mora são contados da data do vencimento do título, pois, nos termos do art. 394 do Código Civil, considera-se em mora o devedor que não efetuar o pagamento no tempo, lugar e forma que a lei ou a convenção estabelecer (*TJMG* – Ap. 1.0000.17.080018-9/001, 28-11-2017, Rel. Claret de Moraes).

Embargos de declaração recebidos como agravo regimental – Recurso Especial – Embargos à execução – Separação Consensual – Acordo Homologado – Exigibilidade do título – Obrigação – Deveres anexos – **Art. 129 do CC/02** – Condição Verificada – Reexame de provas – Súmula 7/STJ – Alegação de omissão – Inexistência – 1- Nos termos do artigo 129 do Código Civil, "reputa-se verificada, quanto aos efeitos jurídicos, a condição cujo implemento for maliciosamente obstado pela parte a quem desfavorecer, considerando-se, ao contrário, não verificada a condição maliciosamente levada a efeito por aquele a quem aproveita o seu implemento". 2- O acórdão recorrido concluiu que, ainda que a cláusula do acordo em questão seja entendida como condicional, no caso, reputa-se verificada a condição, tendo em vista a conduta do recorrente no sentido de obstar o cumprimento do acordo. Nesse contexto, a alteração desse entendimento, como pretendido, demandaria novo exame do acervo fático-probatório, o que é vedado pela Súmula 7 do STJ. 3- Os embargos de declaração só se prestam a sanar obscuridade, omissão ou contradição porventura existentes no acórdão, não servindo à rediscussão da matéria já julgada no recurso. 4- Embargos de declaração recebidos como agravo regimental, ao qual se nega provimento (*STJ* – EDcl-REsp 1.096.464 – (2008/0218674-0), 12-2-2015, Relª Minª Maria Isabel Gallotti).

Art. 130. Ao titular do direito eventual, nos casos de condição suspensiva ou resolutiva, é permitido praticar os atos destinados a conservá-lo.

O *direito eventual* é direito incompleto, que pode ter vários aspectos. O direito eventual é direito futuro, pois depende de um acontecimento para completar-se, mas já apresenta características embrionárias, isto é, em alguns de seus elementos constitutivos. Trata-se de relação jurídica ainda incompleta. Os contratos aleatórios estampam direitos eventuais, assim como a venda de coisa alheia: quem vende algo que ainda não possui fica na dependência de adquirir a coisa para poder transmiti-la. Nesses casos, os direitos já se apresentam moldados, faltando tão só um ou alguns elementos para completá-los. Por ser direito quase completo, apresentando-se como direito futuro, mas com certa relação com o presente, já desfruta de alguma proteção jurídica, como estampa o presente dispositivo. Os atos conservatórios mencionados na lei podem ser de várias naturezas. São atos que visam impedir que o direito chegue deteriorado ou vazio de conteúdo ao patrimônio do seu titular, quando deixar de ser meramente eventual.

Assim, enquanto se aguarda o implemento da condição, o interessado pode mover medidas acautelatórias se o direito for colocado em risco. Lembre-se, por exemplo, da situação do fideicomissário, que aguarda a transmissão do direito pelo fiduciário. No entanto, tecnicamente, não é correta a equiparação do direito sob condição ao direito eventual. O direito condicional estampa apenas uma expectativa de direito, à qual, no entanto, o legislador resolveu conceder proteção. Melhor seria que a lei não mencionasse a expressão "direito eventual" nesse dispositivo, bastando referir-se ao interessado no caso de condição suspensiva ou resolutiva. Este Código alargou a proteção também para a condição resolutiva porque, ainda que pendente condição resolutiva, o interessado é titular de um direito expectativo. Assim, por exemplo, o futuro proprietário de um bem sob propriedade resolúvel (arts. 1.359 e 1.360) pode praticar atos para preservar hígida a coisa.

Na técnica jurídica plena, não há que se confundir o direito eventual com a *expectativa de direito*, que é a mera possibilidade ou simples esperança de se adquirir um direito. O direito não existe nem em embrião, apenas potencialmente. Na imagem de Serpa Lopes (1962, v. 1, p. 396), *"a situação é comparável à de um casal, cuja esposa não apresenta o menor sinal de gravidez. Há elementos biológicos capazes de produzir a geração, mas, para esta, falta o pressuposto indispensável, à semelhança da vontade em face da capacidade e do objeto lícito".* É o caso do direito que possui objeto lícito e agente capaz, mas não se lhes ajunta a manifestação de vontade; e do herdeiro testamentário que aguarda a abertura da sucessão. Enquanto não ocorrer o evento "morte", tal herdeiro não tem qualquer direito sobre o patrimônio do testador, não gozando de qualquer proteção jurídica.

A lei só concede proteção jurídica quando a expectativa de direito se transforma em direito eventual, isto é, quando a expectativa se converte em *direito*. Enquanto não houver proteção jurídica, estaremos diante de mera expectativa e não de um direito.

Agravo de instrumento. Preliminar de descumprimento do art. 526 do CPC/73. Interpretação teleológica da norma. Finalidade atingida. Juíza que teve oportunidade de exercer o juízo de retratação. Ausência de prejuízo á defesa dos agravados. Preliminar afastada. Devedor fiduciante que pode figurar como autor em ação de imissão na posse, vez que detém expectativa à propriedade. Direito sujeito à condição suspensiva (adimplemento). Art. 130 do CCB. Ao titular do direito eventual, nos casos de condição suspensiva ou resolutiva, é permitido praticar os atos destinados a conservá-lo. Ausência de nulidade no fato de o agravante não ter se manifestado antes da prolação da decisão de antecipação de tutela. Decisão que, via de regra, é proferida *inaudita altera pars*. Ausência de prejudicialidade entre a presente demanda reivindicatória e ação anulatória que tramita na justiça federal. Julgamento da presente ação que não depende do julgamento daquela. Recurso desprovido (*TJPR* – AI 1473463-9, 04-05-2016, Rel. Fernando Paulino da Silva Wolff Filho).

Apelação cível – Ação Monitória – Embargos – Comissão de corretagem – Aproximação das partes concluída – Rescisão posterior do contrato – Comissão proporcionalmente devida – Condição não implementada – Honorários advocatícios – 1- É devida a remuneração pela corretagem quando é incontroverso nos autos que foi eficaz o trabalho dos corretores, de aproximação entre os vendedores e o comprador, tendo se consumado a venda do imóvel, ainda que ocorrida a rescisão posterior do contrato. Precedentes do C. STJ. 2- Caracteriza **condição suspensiva**, a previsão em cláusula contratual de que o pagamento da comissão de corretagem seria feito à medida e na proporção do pagamento das parcelas do valor do imóvel. 3- Efetuado o pagamento de apenas 20% do valor cobrado pelo imóvel, tem direito os corretores a 20% do valor pactuado pela comissão de corretagem. 4- Ocorrendo nova distribuição dos ônus da sucumbência, fica prejudicado o apelo do réu/embargante para majorar o valor dos honorários advocatícios. 5- Deu-se parcial provimento ao apelo dos autores/embargados e julgou – Se prejudicado o apelo do réu/embargante (*TJDFT* – AC 20140110821854APC – (927298), 13-4-2016, Rel. Des. Sérgio Rocha).

Art. 131. O termo inicial suspende o exercício, mas não a aquisição do direito.

A eficácia de um negócio jurídico pode ser fixada *no tempo*. Determinam as partes ou fixa o agente quando a eficácia do ato começará e terminará. Esse dia do início e do fim da eficácia do negócio chama-se termo, que pode ser *inicial* ou *final*.

Denomina-se termo *inicial* (ou *suspensivo* ou *dies a quo*) aquele a partir do qual se pode exercer o direito; é termo *final* (ou *extintivo* ou *dies ad quem*) aquele no qual termina a produção de efeitos do negócio jurídico.

O termo inicial suspende a eficácia de um negócio até sua ocorrência, enquanto o termo final resolve seus efeitos. Os pontos de contato com as condições (suspensiva e resolutiva) são muitos, tanto que estipulava o Código de 1916, no art. 124, que *"ao termo inicial se aplica o disposto, quanto à condição suspensiva, nos artigos 121 e 122 e, ao termo final, o disposto acerca da condição resolutiva do artigo 119"*. O mesmo sentido, de forma mais técnica, faz-se presente no recente Código: *"Ao termo inicial e final aplicam-se, no que couber, as disposições relativas à condição suspensiva e resolutiva"* (art. 135).

O termo, porém, é modalidade do negócio jurídico que tem por finalidade suspender a execução ou o efeito de uma obrigação, até um *momento determinado*, ou o advento de um evento *futuro e certo*. Aí reside a diferença entre o termo e a condição.

Na condição, tem-se em mira evento futuro e *incerto*; no termo, considera-se evento futuro e *certo*. Tanto que, na condição, o implemento desta pode falhar e o direito nunca vir a se consubstanciar; o termo é inexorável e sempre ocorrerá. No termo, o direito é futuro, mas *diferido*, porque não impede sua aquisição, cuja eficácia é apenas suspensa.

Como a compreensão de condição é muito próxima da compreensão de termo, ao titular do direito a termo, a exemplo do direito condicional, permite-se a prática de atos conservatórios, de acordo com o art. 130. E no termo, com maior razão, pois o titular de direito condicional possui apenas direito equiparado ao eventual; o titular de direito a termo possui direito diferido, apesar de futuro.

Embora tenhamos afirmado que o termo seja sempre certo, o momento de sua ocorrência pode ser indeterminado. Assim, é certo e determinado o vencimento de dívida no dia 30 de outubro. É indeterminado, porém certo, o termo fixado para o falecimento de uma pessoa. A doutrina, ainda que impropriamente, denomina, no caso, termo certo e termo incerto. É de capital importância saber se o *termo é certo (determinado)* ou *incerto (indeterminado)*, porque a obrigação a termo certo constitui o devedor de pleno direito em mora, enquanto a de termo incerto necessita de interpelação do devedor (art. 397).

O termo pode derivar da vontade das partes (termo propriamente dito ou termo convencional); decorrer de disposição legal (termo de direito) ou de decisão judicial (termo judicial).

Na condição, enquanto não se verificar seu implemento, não se adquire o direito a que o ato visa (art. 125); no termo inicial, pelo contrário, não se impede a aquisição do direito, mas se retarda seu exercício (art. 131).

O termo, portanto, aposto a negócio jurídico, indica o momento a partir do qual seu exercício inicia-se ou extingue-se.

Há atos, contudo, que não admitem a aposição de termo. Tal não é possível quando o direito for incompatível com o termo, dada sua natureza, bem como nos casos expressos em lei. Há incompatibilidade nos direitos de personalidade puros, nas relações de família e nos direitos que por sua própria natureza requerem execução imediata. Ninguém pode fazer adoção ou reconhecer filho, renunciar a direitos subordinando tais atos a termo, por exemplo.

Observe-se que os prazos de direito material neste dispositivo não se confundem com os prazos processuais, estampados no CPC.

É regra geral de interpretação que a aposição do termo seja feita em benefício da pessoa obrigada, salvo prescrição legal ou estipulação em contrário. É regra também encontrada no Código, no art. 133.

> **Art. 132.** Salvo disposição legal ou convencional em contrário, computam-se os prazos, excluído o dia do começo, e incluído o do vencimento.
> **§ 1º** Se o dia do vencimento cair em feriado, considerar-se-á prorrogado o prazo até o seguinte dia útil.
> **§ 2º** Meado considera-se, em qualquer mês, o seu décimo quinto dia.
> **§ 3º** Os prazos de meses e anos expiram no dia de igual número do de início, ou no imediato, se faltar exata correspondência.
> **§ 4º** Os prazos fixados por hora contar-se-ão de minuto a minuto.

Tradicionalmente diz-se que prazo é o lapso de tempo decorrido entre a declaração de vontade e a superveniência do termo. O prazo é também o tempo que medeia entre o termo inicial e o termo final. Não se confunde, portanto, com o termo. O termo é o limite, quer inicial, quer final, aposto ao prazo. É o tempo que decorre entre o ato jurídico e o início do exercício ou o fim do direito que dele resulta.

Diz-se que o prazo é certo se o ato é a termo certo, e incerto se o ato é a termo incerto.

Esse artigo traça as disposições sobre a contagem dos prazos:

Se o prazo cair em sábado, fica igualmente prorrogado de um dia útil, de acordo com o art. 3º da Lei nº 4.674/65. As obrigações vencíveis em sábado serão pagáveis no primeiro dia útil imediato, por força da Lei nº 4.178/1962, que suprimiu o expediente bancário aos sábados.

A Lei nº 810/1949, reformara o critério do § 3º do art. 125 do Código de 1916, definindo o ano civil:

> *"Art. 1º Considera-se ano o período de dozes meses contados do dia do início ao dia e mês correspondentes do ano seguinte.*
> *Art. 2º Considera-se mês o período de tempo contado do dia do início ao dia correspondente do mês seguinte.*
> *Art. 3º Quando no ano ou mês do vencimento não houver o dia correspondente ao do início do prazo, este findará no primeiro dia subsequente."*

O critério do § 3º do art. 125 antigo era diferente: mês era o período sucessivo de 30 dias completos, 30 dias corridos. A Lei nº 810 amoldou a lei civil à lei que regulava o direito cambiário (Decreto nº 2.044/1908), uniformizando a contagem dos prazos e revogando o citado § 3º.

O atual Código incorporou sinteticamente nesse artigo as regras ultimamente adotadas. Os prazos de meses e anos expiram no dia de igual número do de início, ou

⚖ Civil. Processo Civil. Apelação. Dano moral. Reparação. Prescrição. *Actio nata*. Contagem do prazo. Direito material. Vencimento em feriado. Prorrogação. Sentença afastada. 1 – Os prazos de meses e anos expiram no dia de igual número do de início, ou no imediato, se faltar exata correspondência. Inteligência do art. 132, § 3º, do Código Civil. 2 – Quando o termo final do prazo prescricional recair em data na qual não houve expediente forense, mostra-se cogente sua prorrogação para o primeiro dia útil subsequente. 3 – Recurso provido (*TJDFT* – Ap. 0707730-62.2018.8.07.0020, 12-12-2018, Rel. Leila Arlanch).

Art. 133. Nos testamentos, presume-se o prazo em favor do herdeiro, e, nos contratos, em proveito do devedor, salvo, quanto a esses, se do teor do instrumento, ou das circunstâncias, resultar que se estabeleceu a benefício do credor, ou de ambos os contratantes.

Nos testamentos, o herdeiro tem a contagem de prazo a seu favor, preferindo ao legatário. Herdeiro é aquele sucessor em razão da morte que recebe uma fração da herança, sem bem individualizado. Legatário é aquele que recebe um bem determinado da herança. Na dúvida em favor de quem for estabelecido o prazo, entende-se que o prazo favorece o herdeiro para inúmeras obrigações que podem decorrer do inventário ou do testamento.

A preferência do prazo em favor do devedor, na hipótese de dúvida, é porque, no silêncio do contrato e na dúvida, deve ser beneficiado, em detrimento do credor, pois o primeiro deve cumprir a obrigação e está geralmente em situação de inferioridade.

Art. 134. Os negócios jurídicos entre vivos, sem prazo, são exequíveis desde logo, salvo se a execução tiver de ser feita em lugar diverso ou depender de tempo.

Como regra geral, as partes fixam prazo dentro do qual deve ser cumprida a obrigação. O credor não pode exigir o cumprimento antes do termo. Ainda que não haja fixação de prazo, há certas obrigações que, por sua natureza, só podem ser cumpridas dentro de certo lapso de tempo, como é o caso do empréstimo, por exemplo. Quando, porém, a obrigação permite e os contraentes não fixam prazo, a obrigação é exequível desde logo, com as ressalvas da lei, ou seja, se a execução tiver de ser feita em lugar diverso ou depender de tempo. Se se tratar de empréstimo, é óbvio que o credor não pode exigir imediatamente a devolução da coisa emprestada, assim também na empreitada, no contrato de fornecimento etc. De qualquer modo, a expressão *desde logo*, estampada neste, não deve ser entendida ao pé da letra: temos que entender que o negócio jurídico deve ser realizado em tempo razoável, ainda que exequível *desde logo*, isto é, deve haver prazo razoável para que o ato seja realizado. Não havemos de dar rigor excessivo à regra aí estabelecida.

⚖ Adjudicação compulsória inversa. Propositura pelo promitente vendedor, para compelir o promissário comprador a receber escritura definitiva do imóvel compromissado à venda, com preço solvido. Possibilidade. Direito de qualquer das partes em contrato bilateral à celebração do contrato definitivo e se liberar da obrigação. Art. 463 do Código Civil. Alegação de inexistência de prazo para cumprimento da obrigação rejeitada. Exequibilidade imediata do negócio jurídico sem prazo. Artigos 134 e 331 do Código Civil. Decurso de mais de cinco anos desde a quitação integral do preço do apartamento. Concessão de prazo moral de 15 dias pela credora. Prazo mais que suficiente para adoção da providência. Pedido subsidiário de gratuidade dos emolumentos. Ausência de interesse recursal, tendo em vista que a despesa já está abrangida na Justiça Gratuita concedida ao autor. Sentença mantida. Recurso desprovido (*TJSP*, Ap. 1010764-43.2019.8.26.0008, 05-05-2020, Rel. Francisco Loureiro).

⚖ Direito civil. Apelação cível. Ação de cobrança. Transação efetuada pelas partes. Negócio jurídico válido. Emissão de retratação em momento posterior a perfectibilização do negócio jurídico. Desobediência ao prazo do art. 433 do Código Civil. Retratação inoperante acordo perfeito. Inexistência de débitos pendentes. Recurso conhecido e desprovido (*TJRN* – Acórdão Apelação Cível 2010.015943-8, 17-5-2011, Rel. Des. Expedito Ferreira).

Art. 135. Ao termo inicial e final aplicam-se, no que couber, as disposições relativas à condição suspensiva e resolutiva.

O termo inicial e a condição suspensiva têm em comum o fato de ambos tornarem pendente a eficácia de um negócio jurídico até um evento futuro. Com a particularidade já vista de ser a condição falível, incerta e o termo inexorável. O termo final coloca um paradeiro a um prazo, extinguindo o direito. A condição resolutiva faz também cessar o direito. Da mesma forma, o termo é certo e a condição é incerta. Como existem muitos pontos análogos nos dois institutos, o ordenamento manda aplicar aos termos as disposições das condições, *no que couber*. Tudo dependerá do exame do caso concreto. O legislador desse diploma preferiu não indicar os artigos aplicáveis, como o direito anterior fazia, no que andou bem. Assim, o titular de um direito, que aguarda o termo inicial, poderá tomar as medidas acautelatórias cabíveis para sua proteção.

⚖ Agravo interno no agravo em recurso especial. Ação possessória e ação consignatória. Compra e venda de imóvel. Cláusula resolutiva expressa. Ausência de prequestionamento. Necessidade de manifestação judicial para a resolução do contrato. Recurso não provido. 1. Observa-se que o tema inserto nos arts. 474 e 475 do Código Civil não foi objeto de debate pela Corte local, tampouco foram opostos embargos de declaração, nesse ponto, a fim de suprir eventual omissão. É entendimento assente no Superior Tribunal de Justiça a exigência do prequestionamento dos dispositivos tidos por violados, ainda que a contrariedade tenha surgido no julgamento do próprio acórdão recorrido. Incidem, na espécie, as Súmulas 282 e 356 do Supremo Tribunal Federal. 2. De qualquer forma, a jurisprudência do STJ entende que é imprescindível a prévia manifestação judicial na hipótese de rescisão de compromisso de compra e venda de imóvel para que seja consumada a resolução do contrato, ainda que existente cláusula resolutória expressa, diante da necessidade de observância do princípio da boa-fé objetiva a nortear os contratos. Precedentes. 3. Agravo interno não provido (*STJ* – Agint no Aresp 1.278.577 – SP, 19-09-2018, Rel. Min. Luis Felipe Salomão).

Agravo de instrumento – Reintegração de posse – Arrendamento mercantil – Contrato com **cláusula resolutiva expressa** – Notificação de devedor fiduciário sem a intermediação de Cartório de Títulos e Documentos. Decisão que anula a citação e ordena a juntada de nova notificação, sob pena de indeferimento da inicial. Inadmissibilidade. Falta de regular notificação que apenas implica a denegação da liminar. Esbulho e mora que podem ser comprovados no curso da ação. Recurso provido em parte (*TJSP* – AGI 990.10.568251-0, 25-2-2011, Rel. Reinaldo Caldas).

Art. 136. O encargo não suspende a aquisição nem o exercício do direito, salvo quando expressamente imposto no negócio jurídico, pelo disponente, como condição suspensiva.

O encargo ou modo é restrição imposta ao beneficiário de liberalidade. Trata-se de ônus que diminui a extensão da liberalidade. Assim, faço doação a instituição, impondo-lhe o encargo de prestar determinada assistência a necessitados; doo casa a alguém, impondo ao donatário obrigação de residir no imóvel; faço legado de determinada quantia a alguém, impondo-lhe o dever de construir monumento em minha homenagem; faço doação de área a determinada Prefeitura, com encargo de ela colocar, em uma das vias públicas, meu nome etc. Os exemplos multiplicam-se.

Geralmente, o encargo é aposto às doações; porém, a restrição é possível em qualquer ato de índole gratuita, como nos testamentos, na cessão não onerosa, na promessa de recompensa, na renúncia e, em geral, nas obrigações decorrentes de declaração unilateral de vontade.

Destarte, o encargo apresenta-se como restrição à liberdade, quer estabelecendo uma finalidade ao objeto do negócio, quer impondo uma obrigação ao favorecido, em benefício do instituidor ou de terceiro, ou mesmo da coletividade. Não deve, porém, o encargo se configurar em contraprestação; não pode ser visto como contrapartida ao benefício concedido. Se houver contraprestação típica, a avença deixa de ser liberal para ser onerosa, não se configurando o encargo.

O fato é que ninguém é obrigado a aceitar liberalidade. Se o faz, sabendo ser gravada com encargo, fica sujeito a seu cumprimento.

Embora o encargo não se possa configurar em contraprestação, não há para ele limitação quantitativa: a instituição pode deixar intacto o montante do benefício, como no caso de se fazer uma doação de uma área à Municipalidade com a obrigação de esta colocar o nome do doador em uma das vias públicas; ou pode a disposição abater parte do benefício, como no caso de fazer doação de quantia a alguém com o ônus de o donatário pagar pensão aos pobres do lugar; ou pode até a instituição esgotar todo o benefício, como no caso de legado com a obrigação de o legatário erigir um túmulo ao testador que absorva toda a quantia legada. Em nenhum caso, no entanto, o encargo pode constituir contraprestação.

Como nos casos de condição, o encargo deve estampar obrigação lícita e possível. A ilicitude ou impossibilidade do encargo torna-o não escrito, valendo a liberalidade como pura e simples; nisso difere da condição, em que somente a juridicamente impossível ou a ilícita ou imoral anulam o próprio ato. Se o ato é fisicamente irrealizável, tem-se, da mesma forma, por não escrito.

Em que pese a aparente semelhança, o encargo não se confunde com a *condição*. O encargo é *coercitivo*, o que não ocorre com a condição, uma vez que ninguém pode ser obrigado a cumpri-la. Doutro lado, a condição suspende a aquisição do direito, se for suspensiva, o que não ocorre com o encargo, a não ser que assim seja expressamente disposto pelo manifestante, conforme reza o presente artigo. Assim, feita a doação com o encargo, a liberalidade não se suspende por seu não cumprimento, salvo na hipótese de suspensividade ora enfocada. A condição ora suspende a aquisição do direito (suspensiva), ora o extingue (resolutiva). O encargo não suspende tal aquisição, que se torna perfeita e acabada desde logo, salvo a exceção desse artigo. O não cumprimento do encargo poderá resolver a liberalidade, mas *a posteriori*. O encargo obriga, mas não suspende, o exercício do direito.

Na prática, surgindo dúvidas sobre a existência de condição ou encargo, deve-se concluir pela existência de encargo, porque é restrição menor que a condição. Como meio prático de se distinguir uma da outra, Washington de Barros Monteiro (2005, v. 1, p. 288) apresenta um critério: a conjunção *se* serve para indicar que se trata de condição, enquanto as expressões *para que, a fim de que, com a obrigação de* denotam a presença de encargo. É, sem dúvida, critério interpretativo, não infalível.

O cumprimento do encargo, nas doações modais, pode ser exigido por via judicial pelo doador, quer o encargo haja sido imposto em seu benefício, quer em benefício do donatário, quer em benefício geral, assim como pelo terceiro favorecido pela liberalidade ou pelo Ministério Público, depois da morte do doador, se este não tiver tomado a iniciativa, nas liberalidades em geral (MONTEIRO, 2005, v. 1, p. 288).

O doador pode optar (assim como herdeiros) entre duas ações: a de resolução da liberalidade, do negócio, por descumprimento do encargo, que caracteriza a mora (essa ação é conferida pelo art. 555), e a de execução do encargo (obrigação de fazer ou de dar, conforme a natureza do encargo), por força do art. 553.

Quanto aos demais casos, afora o de doação, por analogia havemos de aplicar, no tocante às ações, os princípios aqui expostos. Lembre-se, contudo, de que, apesar de o encargo não ser essencial ao negócio jurídico, uma vez aposto, torna-se elemento integrante, de modo que qualquer interessado (e o interesse deve ser examinado em face do caso concreto) está legitimado a pedir a anulação do negócio.

A ação de revogação das doações por descumprimento do encargo prescrevia em um ano, contado o prazo do dia em que o doador soube do fato que autorizava a revogação (art. 178, § 6º, I, do Código Civil de 1916). Na falta de disposições gerais a respeito do encargo para outros casos, defendia a doutrina que, por analogia, deveria ser aplicado esse prazo. No entanto, tratando-se de omissão do agente, difícil era precisar o termo inicial, sem sua constituição em mora. Esse prazo também é de um ano, decadencial, no atual Código (art. 559). No entanto, o atual Código estipula no art. 562 que

"*a doação onerosa pode ser revogada por inexecução do encargo, se o donatário incorrer em mora. Não havendo prazo para o cumprimento, o doador poderá notificar judicialmente o donatário, assinando-lhe prazo razoável para que cumpra a obrigação assumida*".

Note que, se ao instituidor e seus herdeiros cabe a ação para revogar a liberalidade, aos terceiros beneficiados e ao Ministério Público só caberá ação para executar o encargo, porque seu interesse situa-se tão só na exigência de seu cumprimento. O instituidor pode optar entre a revogação e a execução.

Falecendo o beneficiário antes de cumprir o ônus, a ele ficam obrigados seus herdeiros, a não ser que a disposição seja personalíssima e incompatível para com estes.

Embargos de declaração. Omissão reconhecida. Doação com encargo. Alegação de inexistente condição com efeito suspensivo. Ocorrência ou não de prescrição. Efeitos infringentes negados. Recurso não provido. A condição suspensiva não se confunde com encargo na doação. Enquanto a primeira submete-se a evento futuro e incerto, este não impede a aquisição de direitos desde já pelo donatário. O que houve na hipótese foi imposição de encargo, sem suspensão do prazo prescricional. Omissão reconhecida, mas que em nada interfere no julgamento, mantendo-se o voto que reconheceu a prescrição (*TJMG* – ED 1.0027.10.025251-2/002, 19-03-2015, Rel. Wander Marotta).

Art. 137. Considera-se não escrito o encargo ilícito ou impossível, salvo se constituir o motivo determinante da liberalidade, caso em que se invalida o negócio jurídico.

O atual Código inova nesse dispositivo, o qual, aliás, se apresenta com redação diversa com relação à original do Projeto, preenche lacuna e estanca dúvidas da doutrina. O encargo ilícito ou impossível somente viciará o negócio se for motivo determinante da disposição, o que deve ser examinado no caso concreto, como, por exemplo, a locação de um imóvel para casa de jogos proibidos. De outra forma, considera-se não escrito. Assim, para ter eficácia, o encargo deve ser lícito e possível. A impossibilidade será tanto a física como a jurídica.

CAPÍTULO IV
Dos Defeitos do Negócio Jurídico

Seção I
Do Erro ou Ignorância

Art. 138. São anuláveis os negócios jurídicos, quando as declarações de vontade emanarem de erro substancial que poderia ser percebido por pessoa de diligência normal, em face das circunstâncias do negócio.

1. Defeitos dos negócios jurídicos

A vontade é a mola propulsora dos atos e dos negócios jurídicos. Essa vontade deve ser manifestada de forma idônea para que o ato tenha vida normal na atividade jurídica e no universo negocial. Se essa vontade não corresponder ao desejo do agente, o negócio jurídico torna-se suscetível de nulidade ou anulação.

Quando a vontade nem ao menos se manifesta, quando é totalmente tolhida, não se pode falar nem mesmo em existência de negócio jurídico. O negócio é inexistente ou nulo por lhe faltar requisito fundamental.

Quando, porém, a vontade é manifestada, mas com vício ou defeito que a torna mal dirigida, mal externada, estamos, na maioria das vezes, no campo do ato ou negócio jurídico anulável, isto é, o negócio terá vida jurídica somente até que, por iniciativa de qualquer prejudicado, seja pedida sua anulação.

O Código Civil de 2002, neste capítulo, dá a essas falhas de vontade a denominação "*Defeitos do Negócio Jurídico*".

O art. 171 do atual Código expressa que, além dos casos expressamente declarados por lei, é anulável o negócio jurídico: "*I – por incapacidade relativa do agente; II – por vício resultante de erro, dolo, coação, estado de perigo, lesão ou fraude contra credores*". O art. 147 do antigo diploma legal dizia ser anulável o ato jurídico por vício resultante de erro, dolo, coação, simulação ou fraude. Na verdade, nos casos de ausência absoluta de vontade, defrontamo-nos com um ato nulo, como em tese ocorre com certa modalidade de erro, como veremos, e com a coação absoluta. Por política legislativa, porém, preferiu o Código de 2002, na mesma senda do estatuto anterior, englobar todos esses vícios passíveis de tornar o negócio anulável. Isso não impede, por exemplo, que em se tratando de coação absoluta, o negócio seja tratado como nulo.

O Código coloca-se, como se nota, de forma mais compreensível no art. 171. O relativamente incapaz, quando não devidamente assistido, pratica negócio anulável, como também, pontilhado em todo ordenamento, há situações nas quais a lei tipifica e imputa diretamente a anulabilidade de um ato. Nesta última situação está, por exemplo, a venda do ascendente ao descendente, sem o consentimento dos demais descendentes e do cônjuge, que o art. 496 do atual diploma qualifica expressamente como anulável, pondo fim a dúvida que grassava no Código anterior. Tal como esse artigo, várias outras disposições são encontradas no Código e em leis extravagantes que definem o ato ou negócio como nulo ou anulável.

Ao lado dos vícios de consentimento e deles muito se aproximando, coloca-se a *lesão* junto do *estado de perigo*, que não estavam presentes no Código de 1916, mas é disciplinada pelo Código atual e pelo CDC.

Serão esses, portanto, os tópicos comentados.

O primeiro vício de consentimento é o *erro*, com as mesmas consequências da *ignorância*. Trata-se de manifestação de vontade em desacordo com a realidade, quer porque o declarante a desconhece (ignorância), quer porque tem representação errônea dessa realidade (erro).

Quando esse desacordo com a realidade é provocado maliciosamente por outrem, estamos perante o *dolo*. Quando o agente é forçado a praticar um ato por ameaça contra si, ou contra alguém que lhe é caro, o ato é anulável por *coação*. Quando o agente paga preço desproporcional ao real valor da coisa, sob certas circunstâncias, estaremos perante hipótese de *lesão*. O *estado de perigo* configura-se quando alguém, premido da necessidade de salvar-se, ou a pessoa de sua família, de grave dano conhecido pela outra parte, assume obrigação excessivamente onerosa.

Esses vícios afetam a vontade intrínseca do agente e a manifestação de vontade é viciada. Se não existisse uma dessas determinantes, o declarante teria agido de outro modo ou talvez nem mesmo realizado o negócio.

Nos vícios sociais, a situação é diversa. O intuito é ludibriar terceiros. A vontade, por parte do declarante, é real e verdadeira, mas dirigida para prejuízo de outrem.

Na *simulação*, há processo de mancomunação do declarante e declaratário com o objetivo de fraudar a lei ou prejudicar terceiros. Este Código coloca esse vício no campo dos atos nulos, não sendo mais anulável como no sistema anterior.

Na *fraude contra credores*, a intenção do declarante é afastar seu patrimônio de seus credores, por meio de atos que possuam aparência de legitimidade.

Como vemos, apesar de tratados sob a mesma epígrafe, os temas apresentam diversidade. Como o legislador deu o efeito de anulabilidade a todos esses defeitos, houve por bem tratá-los no mesmo local, uma vez que, por força do art. 147, II, do antigo diploma legal, e art. 171 do atual, todos esses vícios conduzem ao mesmo fim. Reitere-se, contudo, que a simulação no atual Código é vista sob o prisma da nulidade e não mais da anulabilidade.

Para esses aspectos patológicos do ato ou negócio jurídico, o ponto de partida é o seguinte: todo ato ou negócio jurídico é manifestação de vontade, a qual constitui seu substrato.

A posição adotada pelo legislador, pela qual o vício de consentimento torna o ato anulável, traz alguns problemas. Como já nos referimos, no caso de erro-obstáculo, isto é, quando não há absolutamente manifestação de vontade, como veremos a seguir, ou no caso de coação absoluta, a vontade praticamente não existe, é *mera aparência*. Contudo, para fins práticos, o legislador houve por bem tratar, em linha geral, esses atos no tocante ao erro como simplesmente anuláveis. Não houve modificação nesse sentido no Código de 2002. Há legislações que tratam diferentemente dessas duas classes de erro, colocando o erro-obstáculo como causa de nulidade.

Partindo da manifestação de vontade, deve-se fazer referência, como fizemos ao tratar da interpretação dos atos jurídicos, às teorias *da vontade* e *da declaração*.

Há tendência de combinar ambas as teorias, não se dando preponderância a uma ou outra. No exame do art. 112, vimos que se parte da declaração para atingir a real intenção do agente.

Surge, nesse repasse, a *teoria da responsabilidade*, em que se prefere o interesse da sociedade ao do indivíduo; a segurança das relações sociais ao interesse individual. Por essa teoria, o erro poderia anular o ato jurídico tão somente se o declarante houvesse agido de plena boa-fé, sem culpa ou dolo. Trata-se de abrandamento à teoria da declaração.

Existe ainda a corrente eclética, a *teoria da confiança*, que é o abrandamento da teoria da vontade. Por ela, se a declaração diverge da vontade, o ato será válido se o defeito não for perceptível pelo declaratário.

De qualquer modo, o Código, no art. 112, formula um conselho ao intérprete a fim de não se apegar unilateralmente a uma só das correntes doutrinárias.

Cumpre ainda que mencionemos dois institutos que também retratam desvios de vontade e defeitos nos negócios jurídicos, a reserva mental e a lesão, esta já citada anteriormente.

Interessante apontar, de plano, que o Código de 1916, para os defeitos do negócio jurídico, estabeleceu o prazo prescricional de quatro anos para sua anulação (art. 178, § 9º, V). O vigente Código, esclarecendo dúvida da doutrina, admite expressamente que o prazo, para anular o negócio jurídico por coação, erro, dolo, fraude contra credores, estado de perigo e lesão é *decadencial*, também de quatro anos (art. 178, I e II). Nesse mesmo prazo, decai a pretensão para anular atos de incapazes, a contar do dia em que cessar a incapacidade (art. 178, III). Tratando a simulação como causa de nulidade, a ação para a sua declaração é imprescritível no vigente ordenamento civil.

2. Erro ou ignorância

O Código assemelhou e equiparou os efeitos do erro à ignorância. O erro manifesta-se mediante compreensão psíquica errônea da realidade, ou seja, a incorreta interpretação de um fato. A ignorância é um "nada" a respeito de um fato, é o total e pleno desconhecimento.

Erro é forma de representação psíquica, porém desacertada, incorreta, contrária à verdade e à realidade. A ignorância é ausência de conhecimento, falta de noção a respeito de um assunto; não há na ignorância nem mesmo a representação imperfeita, porque inexiste qualquer representação mental ou conhecimento psíquico. Como vemos, apesar de equiparadas nos efeitos pela lei, não há identidade de conceitos para as duas noções. Portanto, o que se diz para o erro, para fins legais, aplica-se à ignorância.

O presente artigo descreve circunstancialmente o que era reclamado pela doutrina. Essa redação protege melhor o terceiro de boa-fé, porque somente permite a anulação se a parte contratante, pessoa com diligência normal e destinatária da manifestação, tivesse condição de perceber o erro.

A matéria atinente ao erro tem suscitado as mais vivas controvérsias, mormente porque diz respeito à posição filosófica referente à manifestação de vontade. Quer adotemos a teoria da declaração, quer a da vontade, ou qualquer das teorias ecléticas, tal refletirá na postura a respeito do deslinde do problema do erro no negócio jurídico.

O presente artigo fala em *erro substancial*. Distingue-se, portanto, de início, o erro substancial do *erro acidental*.

Antes de adentrarmos nessa distinção, importa, ainda que de maneira perfunctória, enumerar e analisar os *requisitos do erro*.

Clóvis Beviláqua (1980, p. 219), baseado em Dernburg, diz que o erro deve apresentar os seguintes requisitos:

> "I – ser escusável;
> II – ser real, isto é, recair sobre o objeto do contrato e não simplesmente sobre o nome ou sobre qualificações;
> III – referir-se ao próprio negócio e não a motivos não essenciais; e
> IV – ser relevante."

3. Escusabilidade do erro

Clóvis apresenta a escusabilidade do erro como um dos seus requisitos para a anulação do negócio, mas não a colocou na lei de 1916.

O fato é que sem esse requisito, na prática, se chegaria a soluções injustas. É o que demonstra, com sua habitual argúcia, Sílvio Rodrigues (1979, p. 59 ss), em sua obra *Dos vícios do consentimento*. Para esse autor, atendendo a corrente generalizada na doutrina e na jurisprudência, é impossível imaginar que a lei possa permitir o desfazimento de negócio jurídico, quando se defronta com erro inescusável.

O erro grosseiro, facilmente perceptível pelo comum dos homens, não pode ser idôneo para autorizar a anulação do ato. O princípio geral é do homem médio. Por essa razão, este Código reporta-se ao erro que pode ser percebido por pessoa de diligência normal para as circunstâncias do negócio. Trata-se do conceito do homem médio para o caso concreto. Assim, poderá ser anulável o negócio para um leigo em um negócio, para o qual não se admitiria o erro de um técnico na matéria.

Todo vício de vontade, e principalmente o erro, deve ser examinado sob o prisma da declaração de vontade. Doutra parte, não podemos deixar de levar na devida conta a situação do declaratário, principalmente na situação que não obrou, não colaborou para o erro do declarante. Nesse caso, a anulação do ato jurídico para o primeiro será sumamente gravosa. Tendo em vista esse aspecto, não podemos deixar de levar em consideração a escusabilidade do erro.

Se o erro facilmente perceptível pudesse trazer anulabilidade ao negócio jurídico, estaria instalada a total instabilidade nas relações jurídicas. Este Código de certa forma introduz o requisito da escusabilidade, pois exige que se examine o erro no caso ou na situação concreta da parte que nele incide. Avulta de importância, como em toda análise da manifestação de vontade, o trabalho do julgador diante do caso concreto a ser examinado. É sua prudência que dirá se o erro, nas condições sob enfoque, é passível de anular o negócio jurídico.

Como assevera Domingues de Andrade (1974, p. 239), a escusabilidade aparece quando o erro não provém de extraordinária ignorância ou diligência. Por outro lado, o erro indesculpável é o *erro escandaloso*, que procede de culpa grave do declarante; "*é aquele em que* não teria caído uma pessoa dotada de normal inteligência, experiência e circunspecção".

Embora a lei não contemplasse essa exigência em requisito, a doutrina e a jurisprudência não lhe têm negado aplicabilidade. Isso se dá por necessidade prática de proteção à estabilidade das relações jurídicas e, principalmente, à boa-fé do declaratário, quando este não agiu com culpa.

O Anteprojeto de 1973 continha dispositivo que colocava a escusabilidade como requisito. O presente Código retirou-o, preferindo assim substituí-lo pela descrição apontada.

Foi correta a supressão do requisito *escusabilidade* porque, na atual lei, o negócio só será anulado se o erro for passível de reconhecimento pela outra parte. A escusabilidade, nesse caso, torna-se secundária. O que se levará em conta é a diligência normal da pessoa para reconhecer o erro, em face das circunstâncias que cercam o negócio. Sob tal prisma, há que se ver a posição de um técnico especializado e de um leigo no negócio que se trata. Avultam de importância as condições e a finalidade social do negócio que devem ser avaliadas pelo julgador.

Enunciado nº 12, I Jornada de Direito Civil – CJF/STJ: Na sistemática do art. 138, é irrelevante ser ou não escusável o erro, porque o dispositivo adota o princípio da confiança.

Negócios jurídicos bancários. Apelação cível. Ação anulatória, cumulada com indenização por danos morais. Vício de consentimento. Não demonstração. A teor do art. 138 do CC, são anuláveis os negócios jurídicos quando as declarações de vontade emanarem de erro substancial que poderia ser percebido por pessoa de diligência normal, em face das circunstâncias do negócio. No caso *sub judice*, apesar de se tratar de relação regida pelo CDC, deixou a parte autora de demonstrar, ainda que minimamente, os fatos narrados na petição, notadamente que fora induzida a erro ao firmar o contrato de refinanciamento. Portanto, consequência lógica é a manutenção da sentença que julgou improcedentes os pedidos. Apelação desprovida (*TJRS* – Ap. 70079990172, 28-03-2019, Rel. Voltaire de Lima Moraes)

Direito civil e Processual Civil – Apelação cível – Ação de rescisão de contrato – Cessão de cotas de sociedade empresarial – Erro – Prova – Ausência – Inadimplemento – Inocorrência – Pedido improcedente – Sentença mantida – Recurso não provido. São anuláveis os negócios jurídicos, quando as declarações de vontade emanarem de erro substancial que poderia ser percebido por pessoa de diligência normal, em face das circunstâncias do negócio, nos exatos termos do artigo 138 do Código Civil. Pelas regras ordinárias de distribuição do ônus da prova, cabe ao autor a demonstração dos fatos constitutivos de seu direito, nos termos do que dispõe o art. 333, inciso I, do Código de Processo Civil de 1973, vigente à época da instrução, e, ao réu, de situação obstativa do direito alegado por aquele, segundo o inciso II, do mesmo dispositivo legal. Descabe a aplicação da penalidade prevista no art. 940 do Código Civil, uma vez que não há prova de má-fé do credor. A declaração da parte autora acerca do conhecimento de todo o passivo da sociedade empresarial, cujas cotas adquiriu da parte ré, é incompatível com a alegação de erro substancial, em relação à composição da dívida da empresa (*TJMG* – Ap. 1.0428.08.009773-9/001, 02-10-2018, Rel. Des. Amorim Siqueira).

1) Cartão de crédito consignado, com aparência de empréstimo consignado tradicional. Indução em erro essencial quanto à natureza do negócio jurídico. Anulação, nos termos do artigo 138 do Conversão possível (artigo 170 do Código Civil). Empréstimo que deverá ser recalculado em cumprimento de sentença, com base nas regras existentes para empréstimos consignados. Incabível a devolução em dobro das quantias pagas, pois houve empréstimo efetivo, malgrado em modalidade não desejada pela consumidora. 2) Danos morais. Direitos da personalidade que não foram violados. Alteração da disciplina sucumbencial. Recurso parcialmente provido (*TJSP* – Ap. 1005098-48.2018.8.26.0541, 15-4-2021, Rel. Edgard Rosa).

Art. 139. O erro é substancial quando:
I – interessa à natureza do negócio, ao objeto principal da declaração, ou a alguma das qualidades a ele essenciais;
II – concerne à identidade ou à qualidade essencial da pessoa a quem se refira a declaração de vontade, desde que tenha influído nesta de modo relevante;
III – sendo de direito e não implicando recusa à aplicação da lei, for o motivo único ou principal do negócio jurídico.

1. Erro substancial

A lei exige que o erro, para anular o ato, seja *substancial*. O erro substancial ou essencial contrapõe-se ao erro acidental ou incidental.

Erro essencial é o que tem papel decisivo na determinação da vontade do declarante, de modo que, se conhecesse o verdadeiro estado de coisas, não teria desejado, de modo nenhum, concluir o negócio. Erro substancial ou essencial é, portanto, o que dá causa ao negócio (*causam dans*), mas não é necessário que tenha sido a causa única. Pode ter sido *concausa* ou causa concomitante. Dessa forma, o erro deve ser causa suficiente para a conclusão do negócio, uma das causas.

Suponhamos a situação de alguém que crê estar adquirindo coisa, quando na verdade está locando-a (I).

Ou a situação de quem, ao verificar planta de loteamento, acredita estar adquirindo o lote 5, da quadra B, quando na realidade está adquirindo o lote 5 da quadra A (II).

Ou a hipótese de quem adquire cavalo, acreditando que é de tiro, quando na realidade é de competição (III).

E ainda o caso de quem faz doação a outrem, supondo que este lhe salvou a vida, o que não ocorreu (IV).

Pois bem, o presente artigo define o que a lei entende por erro substancial o que interessa à natureza do negócio, o objeto principal da declaração, ou alguma das qualidades a ele essenciais. O inciso II menciona o erro quanto à pessoa, aquele que *"concerne à identidade ou à qualidade essencial da pessoa a quem se refira a declaração de vontade, desde que tenha influído nesta de modo relevante"*. O presente Código concede um tratamento mais específico e restrito no tocante ao erro quanto à pessoa, pois se refere à influência relevante na vontade, o que não vinha mencionado no diploma anterior. Essa nova posição reflete claramente o trabalho da jurisprudência e da doutrina no tocante ao erro quanto à pessoa.

Destarte, nos exemplos dados, temos em "I" o erro substancial que interessa à natureza do ato (*error in ipso negotio*), o declarante pretende praticar certo ato e, entretanto, outro é praticado. No exemplo "II", há erro sobre o objeto principal da declaração (*error in ipso corpore rei*), a coisa objetivada pelo declarante não era a constante do negócio.

Nesses dois casos, temos o que a doutrina denomina *erro obstáculo*, o qual não seria exatamente vício de consentimento, mas óbice impeditivo da manifestação de vontade. Em outras legislações, como a alemã, tais situações de "erro-obstáculo" ou "erro impróprio" atribuem nulidade ao negócio, ficando as demais situações enfocadas como "erro próprio", exatamente vício de vontade, passível de *anular* o negócio. A lei brasileira equipara as duas situações e não faz distinção entre elas; trata todas as situações sob o prisma da *anulabilidade*, entendendo que o erro sobre a natureza do negócio ou sobre a identidade do objeto perfaz, em síntese, manifestação de vontade, errônea, é verdade, mas que nem por isso deixa de ser uma externação volitiva. Se se levasse em conta a distinção, portanto, os casos de "erro-obstáculo", por inexistência da vontade, levariam irremediavelmente à nulidade do negócio, ficando as outras hipóteses para a anulação. Como não foi isso que pretendeu a lei brasileira, Sílvio Rodrigues (1979, p. 26) conclui que, perante nossa legislação, o problema *"ganhou em clareza e em simplicidade o que perdeu em lógica"*.

No exemplo "III", temos caso de erro sobre alguma das qualidades essenciais do objeto principal da declaração (*erro in substantia*); supunha-se existente determinada qualidade que, na verdade, inexistia. A qualidade pretendida era o motivo determinante do ato; por essa razão, o negócio é anulável.

O exemplo "IV" configura situação de erro quanto à pessoa da forma como está estampado no inciso II deste artigo. A intenção de doar teve em mira retribuição pelo fato de o donatário ter salvo a vida do doador, mas, na verdade, não foi o donatário quem efetuou o salvamento. Não está presente, portanto, no declaratário uma qualidade essencial, a razão de ser do negócio jurídico, o qual também se torna anulável.

No tocante ao casamento, há no art. 1.557 a definição, em três incisos, do que entende a lei por erro essencial para inquinar a vontade matrimonial. Trata-se de aplicação particular do erro quanto à pessoa.

Assim, o erro, para propiciar a anulação do negócio, além de *escusável*, deve ser *substancial* e *real*, isto é, verdadeiro, tangível, palpável, importando em verdadeiro prejuízo ao declarante.

2. Erro acidental

Erro *acidental*, pelo contrário, não é suficiente para anular o negócio. Avulta de importância o exame do caso concreto feito pelo juiz ou árbitro, na busca da intenção das partes. *Acidental* é o erro que recai sobre motivos ou qualidades secundárias do objeto ou da pessoa, não alterando a validade do negócio: não se poderia presumir que o declarante não fizesse o negócio se soubesse das reais circunstâncias. Pode-se configurar erro acidental, por exemplo, o fato de alguém adquirir um automóvel de cor branca, quando o automóvel era de cor preta. Trata-se de *error in qualitate*. Pode ser acidental também o *error in qualitate* quando existe diferença entre o que se recebe e o que se intenciona receber. Em qualquer caso, repetimos, é o exame do caso concreto que define o erro substancial ou acidental, cuja dúvida, geralmente, reside nas qualidades essenciais do objeto ou nas qualidades essenciais da pessoa, a quem se refira a declaração da vontade. Em geral, os casos de "erro-obstáculo" são sempre de erro substancial.

3. Erro de fato e erro de direito

O princípio entre nós dominante, como na maioria das legislações, é o de que *a ninguém é lícito desconhecer a lei*. Diz o art. 3º da Lei de Introdução às Normas do Direito Brasileiro: *"Ninguém se escusa de cumprir a lei, alegando que não a conhece."*

Clóvis Beviláqua não admitiu o erro de direito para anular o ato jurídico, comentando o art. 86 do Código de 1916 à luz do art. 5º da antiga Lei de Introdução. Sua opinião fez adeptos entre os primeiros comentadores do Código.

Sílvio Rodrigues (1981, p. 102) verifica que a opinião de Clóvis, baseada na revogada Lei de Introdução, não podia prevalecer na lei de introdução atual. A lei anterior dizia: *"Ninguém se escusa alegando ignorar a lei."* O texto atual da Lei de Introdução às Normas do Direito Brasileiro dispõe: *"Ninguém se escusa de cumprir a lei, alegando que não a conhece."* Concluiu o autor:

> "Enquanto o texto revogado impedia se alegasse ignorância da lei, possibilitando, talvez, a interpretação de Beviláqua, o artigo, na forma que lhe deu o legislador de 1942, tem menor abrangência, pois só veda a escusa para o caso de descumprimento da lei."

Portanto, quem é levado a falso entendimento, por ignorância de lei não cogente, não está desobedecendo-a. Logo, em nossa sistemática, nada impede que se alegue erro de direito se seu reconhecimento não ferir norma de ordem pública ou cogente e servir para demonstrar descompasso entre a vontade real do declarante e a vontade manifestada. Serpa Lopes (1962, v. 1, p. 432) acentua: *"O que justifica o erro de direito é a ignorância da lei, senão a própria razão do consentimento viciado."*

Destarte, a regra *nemo ius ignorare consentur* (a ninguém é dado ignorar a lei) tem alcance limitado e refere-se, sobretudo, aos atos ilícitos.

Como exemplo, citamos o caso de quem contrata a importação de determinada mercadoria sem saber ser ela proibida. A parte não pretendeu furtar-se ao cumprimento da lei, tanto que efetuou o contrato. É o caso típico em que a vontade foi externada viciada por erro.

Essa opinião foi quase unânime na doutrina. Para tanto, aduz Washington de Barros Monteiro (2005, v. 1, p. 231), com sua habitual argúcia:

> "O apego à ficção – nemo jus ignorare licet – só deve ser mantido, quando indispensável à ordem pública e à utilidade social. A lei é humana e equitativa. Entendê-la de outro modo será muitas vezes, condenar quem realmente estava enganado e foi vítima de equívoco perfeitamente desculpável."

Nesse aspecto, o presente Código foi expresso ao estatuir, no art. 139, III, que o erro é substancial também quando *"sendo de direito e não implicando recusa à aplicação da lei, for o móvel único ou principal do negócio jurídico"*, pondo, assim, fim à controvérsia.

⚖ Apelação cível – Ação indenizatória – Conta corrente e conta salário – Erro substancial – Danos morais e danos materiais – Ocorrência – Repetição em dobro – Má-fé demonstrada. A responsabilidade contratual da instituição financeira é objetiva, nos termos do art. 14 do Código de Defesa do Consumidor, respondendo, independentemente de culpa, pela reparação dos danos causados a seus clientes por defeitos/falhas decorrentes dos serviços que lhes presta. Trata-se, portanto, de responsabilidade civil pelo fato do serviço fundada na teoria do risco. O erro é substancial quando, sendo de direito e não implicando recusa à aplicação da lei, for o motivo único ou principal do negócio jurídico. Os requisitos para a configuração da responsabilidade são: falha na prestação do serviço, dano e nexo causal. Na responsabilidade objetiva, a atitude culposa ou dolosa do agente causador do dano é de menor relevância, pois, desde que exista relação de causalidade entre o dano experimentado pela vítima e o ato do agente, surge o dever de indenizar, quer tenha este último agido ou não culposamente. Com relação ao valor a ser arbitrado a título de indenização por dano moral há que se levar em conta o princípio da proporcionalidade, bem como, as condições do ofendido e a capacidade econômica da empresa ofensora. A repetição do indébito deverá ocorrer na forma dobrada quando presentes dois requisitos: a cobrança indevida e a má-fé do credor. Restando comprovada a má-fé da instituição financeira, a repetição do indébito deverá se dar em dobro (*TJMG* – Ap. 1.0145.13.068882-6/001, 11-03-2020, Rel. Marcos Henrique Caldeira Brant).

⚖ Apelação cível. Direito civil. Contrato de compra e venda. Não aplicação do Código de Defesa do Consumidor. Inexistência de vício redibitório. Ocorrência de erro substancial da adquirente do bem. *Iura novit curia*. Inocorrência de sucumbência mínima. Recursos conhecidos e desprovidos. 1. Hipótese em que a autora pretende ober a rescisão de contrato de compra e venda sob a alegação de ocorrência de vício redibitório no veículo. (...) 4. A venda de um bem em leilão antes do negócio celebrado entre as partes não pode ser vista como causa do aludido vício redibitório. No entanto, diante da aplicação do brocardo *iura novit curia* e, diante da ocorrência de erro substancial da adquirente do bem, deve haver a decretação de desconstituição do negócio jurídico em evidência, aplicando-se ao caso a regra prevista no art. 138, em composição com o art. 139, inc. I, ambos do Código Civil. Hipótese de anulação. 5. Não há sucumbência mínima na hipótese em que a parte é vencida em parcela significativa do pedido. 6. Recursos conhecidos e desprovidos. Sentença mantida, embora por fundamento diverso (*TJDFT* – Ap. 0003414-90.2017.8.07.0017, 05-12-2018, Rel. Alvaro Ciarlini).

⚖ Agravo de instrumento – Prestação de serviços hospitalares – Ação de cobrança – Fase de cumprimento de sentença – Arrematação declarada nula, por existência de **erro substancial** na descrição do bem penhorado. A indicação errônea do ano de fabricação do veículo penhorado (constou o ano 2010 quando, em realidade, o bem foi fabricado em 1999) constitui erro substancial, que torna nulo o edital e, por conseguinte, a arrematação. Recurso não provido (*TJSP* – AI 2023216-97.2016.8.26.0000, 15-3-2016, Rel. Cesar Lacerda).

Art. 140. O falso motivo só vicia a declaração de vontade quando expresso como razão determinante.

Segundo o art. 90 ou 140, representações psíquicas internas ou razões de ordem subjetiva que antecedem a realização do negócio não têm relevância jurídica para viciar o ato, a não ser que alguma delas tenha sido erigida em motivo determinante. É o caso daquele que aluga imóvel para instalar um restaurante, pressupondo que em frente será estabelecida indústria, ou escola, que dará movimento ao estabelecimento, quando, na verdade, não há nem mesmo conjecturas para a fixação desses estabelecimentos. O negócio seria anulável se tal motivo fosse expresso no negócio.

No mais, os motivos são de ordem interna, psicológica, e não devem intervir na estabilidade jurídica dos negócios. Se as partes, porém, erigem um dos motivos em razão determinante do negócio, ele se integra ao próprio, passa a fazer-lhe parte, gerando a anulabilidade se for inverídico ou falso. Importa aqui mencionar que o motivo deve ser de conhecimento do declaratário; caso contrário, não pode ser alegado como fundamento de anulação do ato.

Apelação cível – Anulação de negócio jurídico – Vício de vontade – Erro substancial – Erro de motivo – Ausência demonstração – Ônus da prova – Indenização por danos materiais e morais – Responsabilidade civil objetiva – Culpa exclusiva de terceiro – Excludente. 1. O erro substancial, apto a ensejar a anulação do negócio jurídico, diz respeito à natureza do negócio, ao objeto principal da declaração, ou a alguma das qualidades a ele essenciais, nos termos do art. 139, do Código Civil. 2. Em se tratando de erro de motivo, deve-se observar o disposto no art. 140 do CC, segundo o qual, o falso motivo apenas vicia a declaração de vontade quando ele é expresso como determinante do negócio. 3. A existência de relação de consumo não implica a imediata inversão do ônus probatório. Em se tratando de alegação de vício de consentimento, o ônus permanece sendo do autor de provar os fatos constitutivos de seu direito. 4. A responsabilidade civil é o instituto que designa o dever que alguém tem de reparar o prejuízo em consequência da ofensa a um direito alheio. 5. Em se tratando de relação de consumo, a responsabilidade civil é objetiva, nos termos do artigo 14 do Código de Defesa do Consumidor. 6. A culpa exclusiva de terceiros afasta a responsabilidade do fornecedor de serviço relativa aos danos sofridos pelo consumidor (TJMG – Ap. 1.0000.15.070404-7/002, 19-10-2017, Rel. José Américo Martins da Costa).

Art. 141. A transmissão errônea da vontade por meios interpostos é anulável nos mesmos casos em que o é a declaração direta.

Apesar de a lei de 1916 falar em nulidade, é evidente que se tratava de nulidade relativa ou anulabilidade. Nesse sentido, a redação do atual Código é correta, pois trata a situação descrita como anulável nesse artigo.

Se a vontade é transmitida erradamente por anúncio, por exemplo, ou no caso de mensagem truncada por telex, telegrama, correio eletrônico, fac-símile ou outros meios atuais, o ato pode ser anulado, nas mesmas condições da transmissão direta.

A doutrina estrangeira trata o presente caso como "erro-obstáculo"; tal procedimento ensejaria a nulidade, mas não é o que ocorre entre nós.

Aqui, também, temos de ter em vista a situação do declaratário. O erro deve ser reconhecível por ele. A lei, é evidente, não cuidou da hipótese, mas podemos aplicar o que foi dito anteriormente.

Se o ato não logra ser anulado, a hipótese é de responsabilidade do emitente da declaração (do núncio ou do mensageiro), se obrou com culpa, nos termos do art. 186 do Código Civil.

Civil e processual civil. Anulação de negócio erro substancial. Vício de consentimento não comprovada. Improcedência do pedido mantida. São anuláveis os negócios jurídicos, quando as declarações de vontade emanarem de erro substancial, que poderia ser percebido por qualquer pessoa, em face das circunstâncias do negócio. Não comprovado nos autos que o ato jurídico praticado se deu de forma errônea, escusável e sem a verdadeira vontade, o pedido deve ser julgado improcedente (TJMG, Ap. 1.0084.14.000779-4/001, 31-08-2017, Rel. Luiz Carlos Gomes da Mata).

Art. 142. O erro de indicação da pessoa ou da coisa, a que se referir a declaração de vontade, não viciará o negócio quando, por seu contexto e pelas circunstâncias, se puder identificar a coisa ou pessoa cogitada.

Esse dispositivo trata de erro acidental ou incidental e, portanto, sanável, incapaz de viciar o ato.

O testador refere-se ao filho Antônio José, quando, na realidade, não tem filho com esse nome, mas apenas filho de nome Antônio Carlos. O comprador menciona que adquire veículo de uma marca, quando o vendedor só trabalha com veículos de outra. São meros enganos facilmente corrigíveis pelo contexto e pelas circunstâncias.

Esse artigo é mero complemento do art. 138, pelo qual a anulação só é possível no erro substancial, tendo sido mantida neste Código.

Art. 143. O erro de cálculo apenas autoriza a retificação da declaração de vontade.

Essa disposição é inovação que repete o art. 665 do Código português vigente. De acordo com essa disposição, que podia perfeitamente ser aplicada como orientação doutrinária, o erro é acidental. Não constitui motivo de anulação, mas pode ser corrigido; vale, portanto, o negócio. Há necessidade, porém, como fala a doutrina portuguesa, de que se trate de erro ostensivo, facilmente perceptível; caso contrário, o erro será substancial.

Art. 144. O erro não prejudica a validade do negócio jurídico quando a pessoa, a quem a manifestação de vontade se dirige, se oferecer para executá-la na conformidade da vontade real do manifestante.

Imaginemos o exemplo supracitado. O comprador crê que adquire o lote 5 da quadra B, quando, na verdade, adquire o lote 5 da quadra A, segundo a planta que lhe é apresentada. Trata-se de erro substancial. Antes mesmo, porém, que o declarante pretenda anular o ato, ou quando este já exerce sua pretensão, o declaratário (vendedor) concorda em entregar-lhe o lote 5 da quadra B. Não há, assim, qualquer prejuízo para o declarante. Tal solução, pelos princípios gerais, é perfeitamente aplicável na atualidade. A esse propósito, o atual Código foi expresso nesse artigo.

A execução, porém, de acordo com a vontade real deve ser possível, pois de nada adiantará a boa vontade do declaratário se for ela impossível. O texto legal busca aproveitar o ato e torná-lo hígido, sempre que possível.

1. Consequências da anulação do negócio por erro.

Quando se decreta a anulação de negócio por erro, cria-se situação insólita, geralmente não enfrentada pela doutrina e pelos tribunais. A anulação do negócio jurídico por erro redunda em situação especial, ou seja, a responsabilidade pelo vício é do próprio declarante, aquele que justamente pede a anulação do ato. Para o erro não há concorrência da vontade do outro participante no negócio. Seria sumamente injusto que a parte inocente seja penalizada pelo erro da outra. Assim, quem deve arcar com o prejuízo e eventuais perdas e danos é o autor do erro, qual seja o autor da ação. Nosso Código é omisso a esse respeito. Para isso devem atentar nossos julgadores.

Por essa razão, são poucos os casos documentados na jurisprudência sustentados por erro. Os interessados preferem ajuizar as ações por dolo, tentando a prova de culpa.

Veja o que falamos a esse respeito em nossa obra de Teoria Geral, volume 1 de nossa série, item 22.13.

Rescisão contratual cumulada com indenização. Contratação de refinanciamento. Termo assinado pela parte. Arguição de vícios do consentimento. Quitação do financiamento anterior e crédito do saldo remanescente em conta de titularidade do autor. Possibilidade de retorno às condições anteriores, mediante mera restituição do valor depositado. Opção não acatada pelo autor. Dolo não comprovado e erro que não anula o negócio jurídico, uma vez existente a oferta de execução em conformidade com a vontade real do manifestante (art. 144 do CC). Manutenção da contratação. Inexistência de dano moral ou material. Improcedência da demanda. Recurso do estabelecimento bancário provido para esse fim, prejudicado o do autor (TJSP – Ap. 0130113-53.2011.8.26.0100, 9-9-2013, Rel. Luiz Sabbato).

Seção II
Do Dolo

Art. 145. São os negócios jurídicos anuláveis por dolo, quando este for a sua causa.

1. Conceito de dolo

Nossa lei não define o dolo, como se nota da presente dicção. Dolo consiste no artifício, artimanha, engodo, encenação, astúcia, desejo maligno tendente a viciar a vontade do destinatário, a desviá-la de sua correta direção. O Código Civil português define o dolo no art. 253, primeira parte: *"Entende-se por dolo qualquer sugestão ou artifício que alguém empregue com a intenção ou consciência de induzir ou manter em erro o autor da declaração, bem como a dissimulação, pelo declaratário ou terceiro, do erro do declarante."*

O dolo induz o declaratário, isto é, o destinatário da manifestação de vontade, a erro, mas erro provocado pela conduta do declarante. O erro participa do conceito de dolo, mas é por ele absorvido. Entre nós é clássica a definição de Clóvis Beviláqua (1980, p. 219): *"Dolo é artifício ou expediente astucioso, empregado para induzir alguém à prática de um ato jurídico, que o prejudica, aproveitando ao autor do dolo ou a terceiro."*

O dolo tem em vista o proveito ao declarante ou a terceiro. Não integra a noção de dolo o prejuízo que possa ter o declarante, porém, geralmente, ele existe, daí por que a ação de anulação do negócio jurídico, como regra, é acompanhada de pedido de indenização de perdas e danos. Sem prejuízo, não há direito à indenização. A prática do dolo é ato ilícito, nos termos do art. 186 do Código Civil.

Embora a noção seja ontologicamente igual, não confundimos o dolo nos atos ou negócios jurídicos com o dolo no Direito Penal. Neste é doloso o crime *"quando o agente quis o resultado ou assumiu o risco de produzi-lo"* (art. 18, I, do Código Penal). Nesse dispositivo, estão presentes as duas espécies de dolo do direito criminal, o dolo direto e o indireto. Compete à outra ciência estudá-los. Para nós importa saber que, sendo o dolo um ato ilícito, tal ilicitude pode tipificar crime, e daí ocorrer que o dolo civil seja também dolo criminal, acarretando procedimentos paralelos, com pontos de contato entre ambos os juízos.

O dolo, como noção genérica, ocorre em qualquer campo do Direito. No processo civil, o dolo da parte ou de seu procurador gera as penas estatuídas ao litigante de má-fé (arts. 79 ss. do CPC).

No campo do Direito Civil, o dolo, como os demais vícios, tem o condão de anular o negócio jurídico.

O dolo pode ocorrer por único ato ou por série de atos para atingir-se a finalidade ilícita do declarante, perfazendo uma *conduta dolosa*.

Como temos repetido, o elemento básico do negócio jurídico é a vontade. Para que essa vontade seja apta a preencher o conceito de um negócio jurídico, necessita brotar isenta de qualquer induzimento malicioso. Deve ser espontânea. Quando há perda dessa espontaneidade, o negócio está viciado. O induzimento malicioso, o dolo, é uma das causas viciadoras do negócio.

2. Erro e dolo

Objetivamente, o erro mostra-se à vista de todos, da mesma forma que o dolo, ou seja, como representação errônea da realidade. A diferença reside no ponto que no erro o vício da vontade decorre de íntima convicção do agente, enquanto no dolo há o induzimento ao erro por parte do declaratário ou de terceiro. Como costumeiramente diz a doutrina: o dolo surge provocado, o erro é espontâneo. O dolo, na verdade, é tomado em consideração pela lei, em virtude do erro que provoca na mente do agente.

Conforme dispositivos legais, assim como existe erro essencial e erro acidental, há dolo principal ou essencial e dolo incidente, com iguais consequências; os primeiros implicam a anulabilidade e os segundos, não. O dolo essencial, assim como erro essencial são aqueles que afetam diretamente a vontade, sem os quais o negócio jurídico não teria sido realizado.

Na prática, verificamos que a mera alegação de erro é suficiente para anular o negócio. Sucede, no entanto, que a prova do erro é custosa, por ter de se adentrar no espírito do declarante. Daí por que preferem as partes legitimadas alegar dolo e demonstrar o artifício ardiloso da outra parte, menos difícil de se evidenciar.

3. Dolo e fraude

A fraude é processo astucioso e ardiloso tendente a burlar a lei ou convenção preexistente ou futura. O dolo, por seu lado, surge concomitantemente ao negócio e tem como objetivo enganar o próximo. O dolo tem em mira o declaratário do negócio. A fraude, que na maioria das vezes se apresenta de forma mais velada, escudada em artifícios, tem em vista burlar dispositivo de lei ou número indeterminado de terceiros que travam contato com o fraudador. A fraude geralmente visa à execução do negócio, enquanto o dolo visa à sua própria conclusão.

Desse modo, podemos exemplificar: há dolo quando alguém omite dados importantes para elevar o valor do seguro a ser pago no caso de eventual sinistro; há fraude se o sinistro é simulado para o recebimento do valor do seguro.

De qualquer modo, é preciso encarar tanto o dolo quanto a fraude como circunstâncias patológicas do negócio jurídico, como aspectos diversos do mesmo problema.

4. Requisitos do dolo

Washington de Barros Monteiro (2005, v. 1, p. 232) e Serpa Lopes (1962, v. 1, p. 439) em uníssono enumeram os requisitos do dolo baseados em Eduardo Espínola:

> "a) intenção de induzir o declarante a praticar o ato jurídico;
> b) utilização de recursos fraudulentos graves;
> c) que esses artifícios sejam a causa determinante da declaração de vontade;
> d) que procedam do outro contratante ou sejam por este conhecidos como procedentes de terceiros."

O dolo há de ser essencial, isto é, mola propulsora da vontade do declarante. Deve, em outro conceito, estar na base do negócio jurídico. Caso contrário, será dolo acidental e não terá potência para viciar o ato.

A intenção de prejudicar é própria do dolo, mas, em que pese a opinião de parte da doutrina, o prejuízo é secundário. Basta que a vontade seja desviada de sua meta para que o ato se torne anulável. O prejuízo pode ser apenas de ordem moral e não econômico. Lembra Serpa Lopes (1962, p. 440) que o ato ou negócio é anulável ainda que a pessoa seja levada a praticar ato objetivamente vantajoso, mas que ela não desejava.

A gravidade dos atos fraudulentos de que costuma falar a doutrina não é definida em lei. Implica o exame de cada caso concreto. Importa muito o exame da condição dos participantes do negócio. O dolo, que pode ser considerado grave para a pessoa inocente em matéria jurídica, pode não o ser para pessoa experiente e escolada no trato dos negócios da vida. Os artifícios astuciosos são da mais variada índole e partem desde a omissão dolosa até todo um complexo, uma conduta dolosa.

O presente artigo especifica o requisito no sentido de que o dolo deve ser a causa da realização do negócio jurídico. Trata-se do dolo principal. Dolo de base da vontade.

Por derradeiro, o dolo deve promanar do outro contratante ou, se vindo de terceiro, o outro contratante dele teve conhecimento (art. 148).

O silêncio intencional de uma das partes sobre fato relevante ao negócio também constitui dolo.

O atual Código admite expressamente que o prazo para anular o negócio jurídico é de decadência, fixando-o em quatro anos, contado do dia em que se realizou o negócio (art. 178, II). O Código de 1916 também estabelecia esse prazo em quatro anos (art. 178, § 9º, V, b), definindo-o como prescrição, embora essa conceituação trouxesse dúvidas na doutrina.

Processo – Não se conhece dos agravos retidos interpostos, porquanto não foram reiterados. Contrato de compra e venda mercantil – Relação contratual entre as partes, em que intervêm partes empresárias, no exercício de atividade comercial, não está subordinada ao CDC. Vício de consentimento – Como (a) não configura ardil, nem a prática de ato violador da boa-fé objetiva, o que é indispensável para a configuração do vício de consentimento, consistente no dolo, previsto no art. 145, do CC, a simples falha, na elaboração do projeto de viabilidade econômica e financeira do empreendimento, no que concerne ao dimensionamento de combustíveis, elaborado pela distribuidora autora reconvinda, somente apurada, no curso do presente feito, após a realização de prova pericial, em ação proposta cerca de quatro anos após o início da execução contrato celebrado entre as partes e de alteração da composição da sociedade empresária ré reconvinte, e (b) as manobras ardilosas imputadas a preposto da autora reconvinda no curso da execução do contrato, além de não provadas, não caracterizam o vício de consentimento do dolo, (c) de rigor, a manutenção da r. sentença, no que concerne ao julgamento de improcedência da reconvenção, com rejeição do pedido de anulação do contrato ajustado entre as partes, autora reconvinda e ré reconvinte, com condenação em pagamento de multa contratual. Agravos retidos não conhecidos, apelação da parte autora reconvinda desprovido e apelação da parte ré reconvinte e dos atuais fiadores provida, em parte (*TJSP* – Ap. 0000606-09.2001.8.26.0094, 18-03-2018, Rel. Rebello Pinho).

🔨 Instituição financeira. Empréstimo consignado pela modalidade cartão de crédito. Dolo essencial quanto ao negócio jurídico realizado. Incidência do art. 145 do Código Civil. Nulidade do contrato celebrado entre as partes. Danos materiais e danos morais configurados. Repetição do indébito em dobro. *Quantum* indenizatório arbitrado que se demonstra adequado ao caso concreto. Sentença mantida pelos próprios fundamentos. Exegese do art. 46 da lei 9.099/95. Recurso conhecido e desprovido. (*TJPR* – Ap. 0009271-70.2019.8.16.0026, 27-2-2021, Rel. Fernando Swain Ganem).

🔨 Apelação – Ação anulatória – Escritura pública – Cessão e transferência de direitos possessórios – Bem imóvel – Defeito do negócio jurídico – **Vício de consentimento – Dolo** – Art. 145, CC – Autor ludibriado pelo réu que lhe prometeu outro imóvel em troca da cessão de direitos possessórios. Presunção oriunda de escritura dotada de fé pública (CC, art. 215), gozando de presunção de veracidade não absoluta. Precedente do Superior Tribunal de Justiça. Pertinência da instrução probatória para a comprovação do ato ilícito atribuído ao réu. Admissibilidade da prova oral. Princípio de prova escrita (CC, art. 227 c.c. art. 401 do CPC). Poderes instrutórios do julgador. Sentença anulada de ofício. Recurso improvido (*TJSP* – Ap. 0037691-08.2011.8.26.0602, 19-1-2016, Rel. Hamid Bdine).

🔨 Apelação cível. Direito privado não especificado. Ação de anulação de contrato e perdas e danos. **Dolo**. Venda de carro. Ocultação da atividade pretérita do veículo como táxi. Veículo vendido com mais de 350.000 km. Colore a figura do art. 145 do Código Civil Brasileiro, a ocultação da atividade do veículo vendido, que servira na capital, por mais de seis anos, como táxi. Além disso, não dispondo de conhecimentos mecânicos, o autor foi ludibriado na compra, percebendo pouco depois as precárias condições do automóvel, quando levado esse à revisão em mecânica especializada. Sentença mantida. Apelo desprovido (*TJRS* – Acórdão Apelação Cível 70039157722, 24-2-2011, Rel. Des. Ana Lúcia Carvalho Pinto Vieira Rebout).

> **Art. 146. O dolo acidental só obriga à satisfação das perdas e danos, e é acidental quando, a seu despeito, o negócio seria realizado, embora por outro modo.**

1. Dolo essencial e dolo acidental

A essencialidade, ou principalidade, em termo mais próximo, é um dos requisitos para a tipificação do dolo (*dolus causam dans* – dolo como causa de dano). O *dolo principal* ou essencial torna o ato anulável. O *dolo acidental*, aqui citado, "*só obriga à satisfação das perdas e danos*"

No *dolo essencial* ou *causal* há vício do consentimento, enquanto no *dolo acidental* há ato ilícito que gera responsabilidade para o culpado, de acordo com o art. 186. Tanto no dolo essencial como no dolo acidental (*dolus incidens*), há propósito de enganar. Neste último caso, o dolo não é a razão precípua da realização do negócio; o negócio apenas surge ou é concluído de forma mais onerosa para a vítima. Não influi para a finalização do ato, tanto que a lei o define.

A *contrario sensu*, nos termos do artigo sob exame, é essencial o dolo, que é a razão de ser do negócio jurídico. A jurisprudência tem seguido os ditames da doutrina, nesse sentido:

> "*O dolo essencial, isto é, o expediente astucioso empregado para induzir alguém à prática de um ato jurídico que o prejudica, em proveito do autor do dolo, sem o qual o lesado não o teria praticado, vicia a vontade deste e conduz à anulação do ato*" (RT 552/219).

Procura-se, por outro lado, identificar o dolo incidente ou acidental como aquele praticado no curso de negociação já iniciada. Com frequência isso pode ocorrer, mas não é caso exclusivo de dolo incidental.

De qualquer forma, a diferenciação entre essas duas modalidades é árdua. A tarefa cabe ao julgador que a examina no sopesamento e avaliação das provas.

2. *Dolus bonus* e *dolus malus*

Essa distinção já teve maior importância no passado, mas ainda merece ser mencionada. Como examinamos, a gravidade do dolo é verificada de acordo com sua intensidade. Há, na história do Direito, dolo menos intenso, tolerado, que os romanos denominavam *dolus bonus*, opondo-o ao dolo mais grave, o *dolus malus*.

O denominado dolo bom é, no exemplo clássico do passado, a atitude do comerciante que elogia exageradamente sua mercadoria, em detrimento dos concorrentes. Trata-se de dolo de mera jactância ou exasperação inocente, facilmente perceptível. Assim, por exemplo, o restaurante afirmar nos meios de comunicação que faz o melhor hamburger do mundo! É, em princípio, dolo tolerado a gabança, o elogio, quando circunstâncias típicas e costumeiras do negócio. É forma de dolo já esperada pelo declaratário. Assim se colocam, por exemplo, as expressões do vendedor: "o melhor produto"; "o mais eficiente"; "o mais econômico" etc. Em princípio, essa conduta de mera jactância, imodéstia, soberba, ostentação não traz qualquer vício ao negócio, mas há que se ter hodiernamente maior cuidado tendo em vista os princípios do Código de Defesa do Consumidor e as ofertas de massa. Caberá ao caso concreto e ao bom-senso do julgador distinguir o uso tolerável do abuso intolerável e prejudicial no comércio. Na atualidade, é difícil conceber que possa ocorrer um dolo irrelevante, se ele foi a causa interna para a manifestação de vontade.

A doutrina tradicional defendia que quem incorresse nessa forma inocente ou inofensiva de dolo o faria por culpa própria, por não ter a diligência média, os cuidados do "bom pai de família", o homem médio. Em síntese, nessa situação, em princípio, não há dolo a ser considerado, embora, como vimos, não haja peremptoriedade nessa afirmação. Esse procedimento de dolo do bom comerciante é irrelevante para o campo do Direito. O eventual erro em que incorre o destinatário da vontade, no caso, é inescusável. O princípio é o mesmo do erro, incapaz de anular o ato jurídico, se acidental. De qualquer forma, há um novo enfoque que deve ser dado a esse denominado dolo bom em face das novas práticas de comércio e dos princípios de defesa do consumidor.

⚖ Apelação cível – Ação anulatória – Contrato de empréstimo consignado – Pessoa idosa – Vício de consentimento – Inocorrência – Dever de informação – Ausência de violação – Manutenção do contrato – necessidade. Não macula a manifestação de vontade do consumidor, ainda que idoso, o fato de o fornecedor de serviços ter se utilizado dos meios publicitários e de atrativos comumente empregados no mercado financeiro para convencer os clientes a contratar os produtos oferecidos, sendo esta conduta do fornecedor configuradora do *dolus bonus*, prática aceita juridicamente e que não pode ser invocada para anular o negócio jurídico. A senilidade, por si só, não afasta a capacidade da parte, devendo a incapacidade ser comprovada nos autos. Não há que se falar em violação do dever de informação insculpido no art. 6º, inciso III, do CDC, quando no contrato entabulado entre os litigantes, ao qual o consumidor teve acesso, consta todas as informações atinentes à contratação (*TJMG* – Ap. 1.0245.12.027534-3/001, 07-12-2017, Rel. Fernando Lins).

⚖ Direito civil e Processual Civil. Negócio jurídico. Liberdade de contratar. Dolo acidental. Obrigação de satisfação das perdas e danos. Boa-fé. Lealdade. Transparência. Sentença mantida. 1. O magistrado não está vinculado à produção de qualquer tipo de prova, podendo indeferir aquelas que julgar prescindíveis para embasar o seu convencimento. 2. Consoante norma inserta no art. 171, II, do Código Civil, além dos casos expressamente declarados na lei, é anulável o negócio jurídico por vício de vontade decorrente de erro, dolo, coação, estado de perigo, lesão ou fraude contra credores. 3. O dolo pode ser acidental e, de acordo com o artigo 146 do CC, não tem influência para a finalização do ato, não acarretando a anulação do negócio jurídico, mas obriga o autor do dolo a satisfazer as perdas e danos da vítima. 4. Oque se espera nas relações contratuais é que as pessoas envolvidas atuem com boa-fé, com lealdade e transparência. A partir do instante em que a conduta de determinado envolvido na relação contratual ultrapassa os limites da boa-fé objetiva, beirando ao abuso, ao utilizar de artifícios para se locupletar de forma indevida, essa atuação merece reprimenda, devendo o Estado intervir quando devidamente acionado. 5. Recurso conhecido e desprovido (*TJDFT* – 0003145-56.2014.8.07.0017, 28-09-2016, Rel. Carlos Rodrigues).

⚖ Compromisso de compra e venda – Confissão de dívida – Defeito do negócio jurídico – Valor confessado a maior por **dolo acidental** da promitente vendedora. Inclusão de encargos abusivos. Redução da dívida. Nulidade das notas promissórias vinculadas exorbitantes do valor do débito. Depósito nos autos. Impossibilidade de quitação da confissão de dívida. Existência de saldo devedor remanescente. Redução da multa morat**ó**ria aplicada no percentual de 10% para 2% do valor do débito. Descabimento de indenização por dano moral em razão da inclusão de valores abusivos que não chegaram a ser pagos. Reiteração de embargos de declaração protelatórios. Manutenção da multa por litigância de má-fé. Recurso parcialmente provido (*TJSP* – Ap-Rev 994.05.090967-9, 13-4-2011, Rel. Francisco Loureiro).

⚖ Conforme investigação da *security exchange commission* – Em razão da descoberta da fraude, as ações da IPG desvalorizaram demais, passando de US$ 43,75 (2000) para US$ 14,64 (2003). Viram-se obrigados a vender as ações em quatro lotes, perdendo quantia equivalente a R$ 5.748.051,67, ou seja, entregaram a participação que detinham na empresa Bullet por cerca de 37% do valor estabelecido no contrato. Sustentaram que a ré agiu com **dolo acidental**, faltando com o dever de informação, na fase pré-contratual, ocultando a elevação artificial do preço das ações, dando causa ao prejuízo noticiado. Contam que a ré, na fase pós-contratual, faltou com seu dever de garantia da coisa permutada, devendo ser responsabilizada pelos prejuízos. Afirmaram que ocorreu, na hipótese, fato imprevisível, que autorizaria correção judicial do contrato com o fito de se preservar o equilíbrio entre as partes, conforme os arts. 317, 478 e 480 do CC 2002. Requereram a condenação da ré ao pagamento dos prejuízos suportados, além da multa contratual prevista nas cláusulas 15.2 e 15.3 do contrato. O ilustre Magistrado oficiante julgou a ação improcedente (fls. 254), decisão reformada por esta Câmara (fls. 430). Insatisfeita, a ré apresenta, agora, embargos de declaração, afirmando contradição e omissão do acórdão (fls. 439) (*TJSP* – EDcl 994.06.037236-0, 16-2-2011, Rel. José Luiz Gavião de Almeida).

Art. 147. Nos negócios jurídicos bilaterais, o silêncio intencional de uma das partes a respeito de fato ou qualidade que a outra parte haja ignorado, constitui omissão dolosa, provando-se que sem ela o negócio não se teria celebrado.

O *dolo positivo* (*ou comissivo*) traduz-se por expedientes enganatórios, verbais ou de outra natureza que podem importar em série de atos e perfazer uma conduta ativa. É comissivo, por exemplo, o dolo daquele que faz imprimir cotação falsa da Bolsa de Valores para induzir o incauto a adquirir certas ações; é comissivo o dolo do fabricante de objeto com aspecto de "antiguidade" para vendê-lo como tal.

O *dolo negativo* (*ou omissivo*) é a reticência, a ausência maliciosa de ação para incutir falsa ideia ao declaratário. Costuma-se dizer na doutrina, a ser admitido com certa reserva, que só há verdadeiramente dolo omissivo quando existe para o "deceptor" o dever de informar. Tal dever, quando não resulta da lei ou da natureza do negócio, deve ser aferido pelas circunstâncias. Nas vendas, por exemplo, o vendedor não se deve calar perante o erro do comprador acerca das qualidades que ordinariamente conhece melhor. Assim devemos operar nos contratos análogos. Em síntese: é sempre o princípio da boa-fé que deve nortear os contratantes e é com base nele que o julgador deve pautar-se.

Interessante julgado de dolo omissivo encontrado na jurisprudência:

> "*O silêncio intencional de um dos contraentes sobre a circunstância de se achar insolúvel, e, portanto, em situação de absoluta impossibilidade de cumprir a obrigação de pagar o preço, vicia o consentimento de outro contratante, que não teria realizado o negócio se tivesse ciência do fato, configurando omissão dolosa, que torna o contrato passível de anulação*" (*RT* 545/198).

Tratava-se de uma pessoa jurídica que, ao contratar, estava em situação de insolvência, sem mínima possibilidade de efetuar pagamento. É aplicado, destarte, este art. 147.

A omissão dolosa deve ser cabalmente provada, devendo constituir dolo essencial.

São, portanto, requisitos do dolo negativo ou omissivo:

a) intenção de levar o outro contratante a se desviar de sua real vontade, de induzi-lo a erro;
b) silêncio sobre circunstância desconhecida pela outra parte;
c) relação de essencialidade entre a omissão dolosa intencional e a declaração de vontade;
d) ser a omissão do próprio contraente e não de terceiro.

Nos contratos de seguro, há aplicação específica do dever de informação particularmente amplo, como estatui o art. 773 do nosso Código.

> "*O segurador que, ao tempo do contrato, sabe estar passado o risco de que o segurado se pretende cobrir, e, não obstante, expede a apólice, pagará em dobro o prêmio estipulado.*"

Desse modo, concluímos que, apesar de o silêncio, por si só, não gerar efeito jurídico algum, quando há dever de informar, pode caracterizar dolo omissivo. Trata-se de situação especial de silêncio nos negócios.

Esse dever de informar decorre de cada caso concreto, do prudente exame do julgador. Nesse aspecto, avulta de importância o critério do julgador para identificar o verdadeiro *dolus bonus*, ou dolo inocente, distinguindo-o do *dolus malus*.

✍ Apelações cíveis. Direito privado não especificado. Ação de anulação de contrato de compra e venda de cotas de participação em sociedade limitada c/c indenização por dano moral. Nulidade da sentença por insuficiência de fundamentação. Inocorrência, no caso. Mérito. Demonstrado o dolo negativo (ou reticência), consistente no silêncio intencional a respeito de fato ou qualidade a que a outra parte haja ignorado, e cujo prévio conhecimento demonstradamente dissuadiria a conclusão do contrato, nos termos do artigo 147 do Código Civil. Manutenção da sentença que anulou o contrato de compra e venda de cotas sociais, celebrado entre as partes, em razão da deliberada ocultação de passivo relevante, a respeito do qual não foram os compradores devidamente informados, e que inviabiliza por completo a continuidade da atividade econômica. Improcede a pretensão de responsabilização do corréu Alcindo, que atuou como mero aproximador dos sujeitos contratuais. Dano moral inocorrente no caso concreto. Apelações desprovidas. (*TJRS* – Ap. 70073571093, 21-06-2018, Rel. Mylene Maria).

✍ Apelação cível – Ilegitimidade passiva e cerceamento de defesa – Preliminares rejeitadas – Condomínio – Despesas – Ausência de boa-fé contratual – Omissão dolosa de informação relevante – Alteração da verdade dos fatos em escritura pública – Danos morais – Cabíveis – Obrigação *propter rem* – Direito de restituição – Danos materiais devidos – Recurso não provido – Sentença mantida. Considerando que os réus fizeram parte do negócio jurídico trazido aos autos, envolvendo também as autoras, por certo que devem ser mantidos na lide, não havendo se falar em ilegitimidade passiva. Tendo os réus dispensado a produção da prova, ao manifestarem interesse no julgamento antecipado da lide, resta rejeitada, por essa razão, qualquer invocação de cerceamento de defesa. Nos termos do art. 147, do CC, nos negócios jurídicos bilaterais, o silêncio intencional de uma das partes a respeito de fato ou qualidade que a outra parte haja ignorado, constitui omissão dolosa. O prejuízo moral suportado pelas autoras restou demonstrado, ante a frustração e angústia de serem surpreendidas com uma ação judicial e a possibilidade de perda do imóvel que adquiriram, provocada pela omissão dolosa pelos réus da informação no momento de celebração do negócio. A obrigação de pagar os débitos condominiais persegue os novos proprietários do imóvel, em razão da natureza propter rem da dívida, ressalvado o direito de regresso (*TJMG – Ap.* 1.0024.09.583921-3/001, 31-07-2017, Rel. Juliana Campos Horta).

⚖ Anulatória. Compra e venda de imóvel localizado em área pública invadida. Alegado vício de consentimento. Ação de reintegração de posse que já estava em curso, com posterior ordem de demolição do imóvel. **Silêncio intencional da vendedora a caracterizar o dolo**. Restituição integral dos valores pagos devida. Ratificação do seu conteúdo diante aplicação do disposto no artigo 252 do regimento interno do tribunal de justiça. Sentença confirmada. Recurso não provido (*TJSP – Ap.* 0068349-82.2011.8.26.0224, 19-1-2015, Rel. Elcio Trujillo).

Art. 148. Pode também ser anulado o negócio jurídico por dolo de terceiro, se a parte a quem aproveite dele tivesse ou devesse ter conhecimento; em caso contrário, ainda que subsista o negócio jurídico, o terceiro responderá por todas as perdas e danos da parte a quem ludibriou.

Geralmente, o dolo que conduz à anulação do negócio provém do outro contratante. Pode ocorrer, contudo, que terceiro fora da eficácia direta do negócio aja com dolo. Nesse sentido é descritivo o presente artigo.

Imagine a hipótese de agente que pretende adquirir uma joia, imaginando-a de ouro, quando na verdade não é. O fato de não ser de ouro não é ventilado pelo vendedor e muito menos pelo comprador. Um terceiro, que nada tem a ver com o negócio, dá sua opinião encarecendo que o objeto é de ouro. Nisso o comprador é levado a efetuar a compra. Fica patente, aí, o *dolo de terceiro*. O fato, porém, de o vendedor ter ouvido a manifestação do terceiro e não ter alertado o comprador é que permitirá a anulação. Daí por que o atual Código especifica que o ato é anulável se a parte a quem aproveite tivesse conhecimento do dolo ou dele devesse ter conhecimento. O exame probatório é das circunstâncias de fato em relação ao que se aproveita do negócio.

O dolo de terceiro, para se constituir em motivo de anulabilidade, exige a ciência de uma das partes contratantes. O acréscimo constante deste Código é absorção do que a doutrina e a jurisprudência já entendiam. Caberá ao critério do juiz ou árbitro entender o ato anulável por ciência real ou presumida do aproveitador do dolo de terceiro.

O dolo pode ocorrer, de forma genérica, nos seguintes casos:

1. dolo direto, ou seja, de um dos contratantes;
2. dolo de terceiro, qual seja, artifício praticado por estranho ao negócio, com a cumplicidade da parte;
3. dolo de terceiro, com mero conhecimento da parte a quem aproveita;
4. dolo exclusivo de terceiro, sem que dele tenha conhecimento o favorecido.

Nas três primeiras situações, o negócio é anulável. No último caso, quando o eventual beneficiado não toma conhecimento do dolo, o negócio persiste, mas o autor do dolo, por ter praticado ato ilícito, responderá por perdas e danos (art. 186). O vigente Código Civil é específico ao determinar essas perdas e danos ao terceiro nesse caso no presente dispositivo. Lembre-se, contudo, de que em qualquer caso de dolo, como se trata de ato ilícito, haverá o direito à indenização por perdas e danos, com ou sem a anulação do negócio.

Não se fala, no entanto, em dolo de terceiro se a vítima previamente tomou conhecimento do artifício a ser perpetrado por ele.

Levando em conta que, conquanto o dolo de terceiro seja desconhecido pela vítima e pelo outro contratante, há desvio de vontade, a doutrina critica o legislador por não permitir a anulação do ato. Protege-se, no entanto, nessa hipótese, a boa-fé do contratante inocente, em detrimento do desvio de vontade do declarante.

A inovação permite maior âmbito de decisão ao julgador, pois poderá ser anulado o negócio em circunstâncias em que o beneficiado com dolo de terceiro, presumivelmente, tivesse conhecimento.

⚖ Apelação cível. Negócios jurídicos bancários. Embargos à execução de título extrajudicial. Cédula de crédito bancário. Vicio de consentimento. Dolo. De terceiro. Anulabilidade. Invalidade do pacto firmado não reconhecida. Apesar de haver indícios de que o autor foi induzido em erro por terceiro, não há comprovação da participação ou ciência do banco em referida conduta dolosa. A falta de cautela e de diligência do embargante no momento da contratação, o qual afirma não ter lido o contrato, onde estavam claramente expressos todos os ônus e encargos da operação financeira firmada, não configura vício de consentimento capaz de atingir a instituição bancária. Violação ao princípio da informação não configurada. Contrato que contém informações claras e específicas acerca do valor do crédito, das taxas incidentes e do prazo de pagamento. Invalidade do negócio não reconhecida. Negaram provimento. Unânime (*TJRS – Ap.* 70058546011, 17-04-2014, Rel. Pedro Celso Dal Pra).

Art. 149. O dolo do representante legal de uma das partes só obriga o representado a responder civilmente até a importância do proveito que teve; se, porém, o dolo for do representante convencional, o representado responderá solidariamente com ele por perdas e danos.

O dolo pode ser do representante do agente. O representado era responsável, pela dicção da lei antiga, tivesse ou não ciência do dolo do representante. Se, porém, tivesse conhecimento do dolo e nada houvera feito para evitá-lo, deveria responder solidariamente por perdas e danos, com o representante. A solução legal era injusta, mormente no tocante à representação voluntária. O legislador do Código de 1916 deveria ter diferenciado as situações da representação legal da representação voluntária. Na representação legal, o representado não tem responsabilidade alguma pela escolha, boa ou má, do representante. Na representação convencional, incumbe ao representado escolher bem seu representante, sob pena de responder por culpa *in eligendo*. Este Código corrige a distorção.

A solução da atual lei é mais justa. O tutor, curador, pai ou mãe no exercício do poder familiar são representantes impostos pela lei. Se esses representantes atuam com malícia na vida jurídica, é injusto que a lei sobrecarregue os representados pelas consequências de atitude que não é sua e para a qual não concorreram. O mesmo não se pode dizer da representação convencional, na qual existe a vontade do representante na escolha de seu representado. O representado, ao assim agir, cria risco para si.

Desse modo, a culpa *in eligendo* ou *in vigilando* do representado deve ter por consequência responsabilizá-lo solidariamente pela reparação do dano e não simplesmente, como dizia o Código antigo no tópico analisado, limitar sua responsabilidade *ao proveito que teve*.

🔨 Bem móvel – Participação da fabricante do produto na compra e venda – Comprovação – Legitimidade passiva – Reconhecimento – **Dolo no negócio jurídico por parte do representante da fabricante**. Demonstração. Anulação da compra e venda. Admissibilidade na espécie. Inserção indevida do nome da consumidora em órgão de proteção ao crédito. Dano moral. Ocorrência. Dever da fabricante em indenizar tal dano decorrente do ato ilícito praticado pelo seu representante. Sentença mantida. Apelo da ré improvido (*TJSP* – Ap. 990.10.316827-5, 14-6-2011, Rel. Mendes Gomes).

Art. 150. Se ambas as partes procederem com dolo, nenhuma pode alegá-lo para anular o negócio, ou reclamar indenização.

Se ambas as partes procederem com malícia, com dolo, há empate, igualdade na torpeza. A lei pune a conduta de ambas, não permitindo a anulação do ato. É aplicação da regra geral pela qual ninguém pode alegar a própria torpeza – *nemo propriam turpitudinem allegans*. Quando o dolo é bilateral, não há boa-fé a se defender.

Note que não se compensam dolos, embora a conclusão prática possa ser esta. O que a lei faz é tratar com indiferença ambas as partes que foram maliciosas, punindo-as com a impossibilidade de anular o negócio, pois ambos os partícipes agiram de má-fé.

🔨 Apelação Cível – Rescisão contratual – Reintegração de posse – Abusividade de cláusula – Inocorrência – Contrato firmado entre pessoas físicas, não possuindo natureza de adesão – Estipulação de quitação irrevogável do preço que não se afigura abusiva – Ausência de alegação de vício na manifestação da vontade – Má-fé dos apelados não caracterizada – Acolhimento da tese que equivaleria a permitir que a parte obtivesse vantagens com a alegação da própria torpeza (*nemo auditur propriam turpitudinem allegans*) – Sentença mantida – Recurso improvido. Sucumbência recursal – Majoração da verba honorária fixada em desfavor dos apelantes – Observância do art. 85, §§ 8º e 11, do CPC – Execução dos valores sujeita ao disposto no art. 98, § 3º, do CPC (*TJSP* – Apelação 1039837-44.2015.8.26.0576, 24-04-2018, Rel. José Joaquim dos Santos).

🔨 Apelação cível. Promessa de compra e venda. Anulação de contrato. Permuta de direito de posse sobre imóveis. Nos termos do art. 150 do Código Civil, se ambas as partes procederem com dolo, nenhuma delas poderá alegar o vício para fins de anulação do negócio jurídico. Hipótese em que improcede a pretendida anulação do contrato, eis que evidenciado o silêncio intencional a respeito de informações acerca dos imóveis permutados, constituindo omissão dolosa bilateral. Apelação desprovida (*TJRS* – Ap. 70073868937, 14-12-2017, Rel. Mylene Maria Michel).

Seção III
Da Coação

Art. 151. A coação, para viciar a declaração da vontade, há de ser tal que incuta ao paciente fundado temor de dano iminente e considerável à sua pessoa, à sua família, ou aos seus bens.
Parágrafo único. Se disser respeito a pessoa não pertencente à família do paciente, o juiz, com base nas circunstâncias, decidirá se houve coação.

1. Conceito de coação

Ao traçarmos os princípios do erro e do dolo, percebemos que ambos guardam relação próxima, pois no dolo, ao menos externamente, há erro não espontâneo, mas provocado. O erro ocorre também no dolo.

Já na coação, a vontade deixa de ser espontânea como resultado de violência contra ela. A figura da coação não é reduzível a qualquer outro vício, guardando visível autonomia. A matéria, como acontece com os demais vícios de vontade, é da Teoria Geral do Direito, aplicando-se aos negócios jurídicos em geral; não é exclusiva dos contratos, como pode parecer por outras legislações que versam sobre o tema na parte do direito contratual.

Entre os vícios que podem afetar o negócio jurídico, a coação é o que mais repugna à consciência humana, pois dotado de violência. Nesse vício da vontade, mais vivamente mostram-se o egoísmo, o individualismo, a rudeza, o primitivismo do ser humano. Trata-se do vício mais grave que pode afetar a vontade. Pretender alguém lograr um benefício pela força, pela ameaça, é aspecto reprovado por nossa consciência. Daí ser importante fixar o exato alcance do problema na teoria dos negócios jurídicos. Como aduz Francisco Amaral (2003, p. 508), "*a coação não é, em si, um vício de vontade, mas sim o temor que ela inspira, tornando defeituosa a manifestação de querer do agente*".

O medo e o temor são fraquezas próprias do homem. Afetam-no diferentemente, dependendo de várias circunstâncias. Uma pessoa absolutamente destemida foge à normalidade; é caso patológico. Sabedores disso, há espíritos que se achando mais fortes buscam aproveitar-se das fraquezas humanas, incutindo temor por ameaças.

Clóvis Beviláqua (1980, p. 221) define coação como "*um estado de espírito, em que o agente, perdendo a energia moral e a espontaneidade do querer, realiza o ato, que lhe é exigido*".

No conceito de coação, é importante distinguir a coação absoluta (*vis absoluta*), que tolhe totalmente a vontade, da coação relativa (*vis compulsiva*), que é o vício de vontade propriamente falando. Na *coação absoluta*, não há vontade ou, se quisermos, existe, se tanto, apenas vontade aparente. Trata-se de violência física que não concede escolha ao coacto. Assim, se um indivíduo aponta arma a outrem, ou conduz sua mão para conseguir sua assinatura em documento, não há vontade por parte do violentado. No final das contas, a ação obtida não é do violentado, mas do violentador, pois a este deve ser materialmente imputada. Na coação absoluta, não há vício de vontade, mas, existindo total ausência de manifestação volitiva, o negócio jurídico reduz-se a caso de nulidade.

O que nos ocupa, agora neste tópico, é a *coação relativa* ou coação moral, em que, com maior ou menor amplitude, haverá certa possibilidade de escolha por parte do coacto. Nessa hipótese, a vítima da coação não fica reduzida à condição de puro autômato, uma vez que pode deixar de emitir a declaração pretendida, optando por resistir ao mal cominado. Daí por que a *vis relativa* torna o ato simplesmente *anulável*, como vício de vontade que é.

Portanto, na coação relativa, conserva ao coacto a possibilidade de optar entre expor-se ao mal colimado e a conclusão do negócio que se lhe pretende extorquir. Nesse caso, a vontade do agente é tão só *cerceada, restringida, diminuída* e não totalmente *excluída*. Equivale a total exclusão da vontade a situação do assaltante que diz: "A bolsa ou a vida!" Aqui não há propriamente escolha... Trata-se aqui de coação absoluta.

A coação, por outro lado, no campo do negócio anulável, deve deixar margem de escolha mais ou menos perceptível ao agente.

No Direito Romano, o ato praticado sob coação moral era considerado válido, mas foram introduzidos meios destinados a proteger a parte que tinha a vontade viciada pela violência. Havia a *actio quod metus causa* (ação derivada do medo), concedida contra o autor da violência e também contra o terceiro que obtivesse a coisa com violência. Por meio da *exceptio*, podia-se reprimir ato proveniente de violência, pois era meio de defesa. Também havia a *restitutio in integrum* (restituição integral), concedida pelo direito pretoriano, que considerava não realizado o ato jurídico extorquido por violência; restabelecia-se, assim, a situação anterior.

A ação *quod metus causa* era de caráter penal e impunha ao agente da coação o pagamento do quádruplo do valor do prejuízo causado à vítima. Essa penalidade só era imposta, contudo, quando o réu não fazia, voluntariamente, devolução do que recebera injustamente, pois era esse o fim real da demanda. Pouco a pouco, foi desaparecendo o aspecto penal da ação, que se converteu em instrumento processual. O direito romano era um direito basicamente de ações concedidas pelo pretor, como se percebe.

2. Requisitos da coação

No contexto desse artigo enumeram-se os seguintes requisitos da coação:

1. essencialidade da coação;
2. intenção de coagir;
3. gravidade do mal cominado;
4. injustiça ou ilicitude da cominação;
5. dano atual ou iminente;
6. justo receio de prejuízo, igual, pelo menos, ao decorrente do dano extorquido;
7. tal prejuízo deve recair sobre pessoa ou bens do paciente, ou pessoas de sua família.

O presente diploma estabeleceu o prazo decadencial de quatro anos para pleitear-se a anulação do negócio jurídico no caso de coação, contado do dia em que ela cessar (art. 178, I). Portanto, se a vítima estiver sob sequestro, ou alguém de sua família, para obtenção do negócio, o prazo decadencial somente principia quando a vítima ou terceiro relacionado estiver em segurança, tendo cessado a violência.

2.1. Essencialidade da coação

É preciso que a coação seja determinante ou essencial, ou melhor ainda, que seja a causa ou motivação do negócio. Pode ocorrer, a exemplo do que sucede com o dolo, que a coação seja incidente ou acidental. Quando o ato jurídico seria realizado de qualquer forma, a ocorrência de coação só gera o direito de o coacto pleitear perdas e danos, com fundamento no art. 186

do Código Civil. Este, no entanto, não faz referência a essa coação acidental, a qual deve ser admitida, pois decorre do sistema.

Para que se configure, porém, a coação capaz de anular o negócio, deve existir relação de causalidade entre a ameaça e a declaração. A coação deve ser o motivo determinante do ato ou da conduta da vítima.

Se, por exemplo, alguém foi ameaçado, mas consentiu, emitiu vontade ou praticou o ato ou negócio independentemente da ameaça, não houve coação.

No tocante à prova, cumpre ao coacto fazê-la. O critério do exame de prova depende da prudência do julgador diante do caso concreto, pois a coação é geralmente de difícil comprovação, porque quem se vale dela geralmente se mune de artifícios para camuflá-la ou escamoteá-la.

2.2. Intenção de coagir

Trata-se de elemento da própria noção do vício. Consiste no ânimo de extrair e forçar o consentimento para o negócio. Esse exame da intenção depende muito da prova. Normalmente, são as circunstâncias externas do negócio que denotam a coação. A propósito já se decidiu:

> "É nula a escritura de venda e compra, realizada fora do cartório e a desoras, outorgada a um dos diretores de estabelecimento bancário, e não ao banco, a fim de evitar prisão e instauração da ação criminal, por desfalque de seu funcionário, e, ainda, com ocultação das circunstâncias que cercavam o fato" (RT 428/175).

Por outro lado, não haverá intenção de coagir no caso, por exemplo, de alguém que, ameaçado de morte, compra arma para se defender.

2.3. Gravidade do mal cominado

Importa aqui a intensidade do mal, sua probabilidade de consumação. A vítima, perante a violência procedente do outro contraente ou de terceiro, deve escolher entre consentir e curvar-se à ameaça ou sofrer as consequências. A ameaça deve, por isso, se revestir de certa gravidade. Assim já se decidiu: "*Não basta qualquer constrangimento para que se haja o ato jurídico por viciado. Para que ocorra a coação, mister se faz que se atinja o limite da anormalidade*" (RT 524/65). A ideia do julgado é que todos nós, com maior ou menor amplitude, vivemos sob pressão constante das próprias condições que a sociedade nos impõe. Não podemos sujeitar um negócio jurídico à anulabilidade, trazendo incerteza às relações jurídicas, perante essas vicissitudes ou pressões ordinárias e comezinhas da vida.

2.4. Injustiça ou ilicitude da cominação

A doutrina não é unânime nesse requisito. No tocante à injustiça, trata-se de fator de natureza ética, difícil de precisar. Quanto à ilicitude, porém, nossa lei civil estatui que não se considera coação a ameaça do exercício normal de um direito (art. 153). Assim, não pratica coação o credor que ameaça pedir a falência ou protestar dívida do devedor. Aqui avulta, porém, de importância o *abuso de direito*, descrito no art. 187 do atual Código. O exercício regular de um direito não pode ser desvirtuado. Tal exercício deve ser exercido com civilidade, moderação, com o objetivo de atingir a finalidade para a qual foi criado.

Nessas premissas, nosso ordenamento de 1916 coibia o ato abusivo, ao estipular no art. 160, I (atual, art. 188, I), que não constituem atos ilícitos os praticados *no exercício regular de um direito reconhecido*. Tratava-se de indução a *contrario sensu*, pois *o exercício irregular de um direito é ilícito*. Destarte, a ameaça ao devedor de requerer sua falência é um direito. Publicar em jornais que a situação financeira de seu devedor é ruim e que será requerida sua falência é abuso, por exemplo. Este Código é expresso na definição de abuso de direito, enquadrando-o na categoria de ato ilícito: "*Também comete ato ilícito o titular de um direito que, ao exercê-lo, excede manifestamente os limites impostos pelo seu fim econômico ou social, pela boa-fé ou pelos bons costumes*" (art. 187). Ou, como diz Manuel A. Domingues de Andrade (1974, p. 226): "*A exorbitância da vantagem obtida pelo credor colora de ilicitude seu comportamento*." Também é assim que se manifesta Orosimbo Nonato (1957, p. 171) sobre a matéria: "*Se o constrangimento, posto eficaz e intenso, é legal, é legítimo, constituiria incivilidade maior da marca haver como injusta a ameaça de seu emprego.*"

2.5. Dano atual ou iminente

Esse art. 151 prescreve que o dano deve ser iminente. Nesse sentido, o dano deve ser atual e inevitável sob o prisma da vítima.

A lei não exige mal remoto e distante, evitável pela intervenção da autoridade, ou de quem quer que seja. O temor deve ser de dano palpável, visível, iminente para as condições da vítima. Se a ameaça não contiver *atualidade*, não há que se falar em vício.

É evidente que a gravidade da ameaça se entrelaça com a iminência e atualidade. O caso concreto fornece as diretrizes.

O art. 151 reporta-se a *fundado temor*. Tem-se em vista também a pessoa do coacto. Não basta, porém, a mera *suspeita* da vítima para anular o negócio. Como para todos os requisitos, a prova deve ser segura. Não pode, contudo, o julgador ser rigoroso em seu exame a ponto de nulificar a intenção do legislador.

2.6. Justo receio de prejuízo igual, pelo menos, ao decorrente do dano extorquido. A posição do atual Código

Segundo disposição do Código anterior, a coação só viciava o negócio quando provocasse na vítima, em seu espírito, temor de dano a sua pessoa, à pessoa de sua família ou a seus bens, devendo esse dano ser igual, pelo menos, ao receável do ato extorquido (art. 98).

A terminologia da lei de 1916, ao mencionar contrapeso do ato receável, cotejando-o com o conteúdo da ameaça, era inconveniente, como foi demonstrado pela doutrina. Em outras legislações, a mensuração da intensidade do dano é difusa, não tendo descido a minúcias. Assim age o vigente Código, no art. 151, a exemplo do Código francês. Fala em dano *considerável* e assim concede maior elasticidade ao julgador. Aliás, em várias oportunidades, este Código concede maior atividade discricionária ao magistrado, naquilo que a doutrina convenciona denominar cláusulas abertas. No sistema de 1916, levado o texto citado ao pé da letra, a vítima da coação teria de provar que o mal prometido era igual, pelo menos, ao que resultaria do cumprimento da ameaça, como se tais condutas pudessem ser postas em uma balança. Como podemos facilmente perceber, em muitos casos concretos a utilização desse "equilíbrio" desejado pelo legislador era impraticável, mormente quando se tratasse de ameaça de dano moral. Como saber se uma injúria ou calúnia prometida, ou o sequestro de um filho, tem o mesmo valor? Como defendiam Clóvis Beviláqua (1916) e Sílvio Rodrigues (2006, v. 1, p. 215), tal requisito deveria mesmo ser dispensado, mormente se o dano ameaçado não fosse de ordem patrimonial.

De qualquer forma, no sistema anterior, para poder balancear o dano com a intensidade da ameaça, o juiz deveria ponderar os vários fatores em jogo, principalmente aqueles dispostos no art. 99, atual art. 152. Conquanto se tratasse de ameaça de dano patrimonial, não se deveria fixar fórmula matemática para atingir a igualdade entre o dano e a ameaça. Deveria preponderar certa elasticidade de raciocínio por parte do julgador, que examinaria a espontaneidade da manifestação de vontade, verificando se a pressão exercida contra ela fora capaz de viciar o ato, tanto pela gravidade, como pela iminência do dano ameaçado. Nesse diapasão, a redação do art. 151 do Código de 2002, como pontuamos, atendeu às críticas da doutrina.

2.7. Ameaça de prejuízo à pessoa ou bens da vítima, ou pessoas de sua família

O texto do art. 98 do Código antigo não precisou o alcance do vocábulo *família*. Em sentido abrangente, dentro do termo estariam abrangidos todos os membros com vínculo de sangue. Também devem ser inseridos os membros ligados à pessoa pela afinidade, relação nascida com o vínculo conjugal, ou seja, o cunhado, bem como as pessoas do sogro e da sogra. Modernamente, contudo, com a diminuição dos vínculos afetivos, há tendência social de incluir na "família" apenas os cônjuges e os filhos. É inelutável, pois, que o julgador examine as circunstâncias da violência, incumbindo ao coacto provar que a ameaça foi dirigida ou relacionada a pessoa de estreito vínculo afetivo, tratando-se de parente ou afim mais afastado, ou mesmo alguém ligado ao coacto pela amizade profunda. Não se esqueça que a Constituição de 1988 considera a entidade familiar como um todo, independentemente de casamento, levando em consideração até mesmo a denominada família monoparental. A doutrina e a prática jurisprudencial têm reconhecido outros organismos familiares passíveis de proteção. Portanto, também esse aspecto deve ser levado em conta.

Destarte, surge o problema de a coação ameaçar pessoa que não se insere no vocábulo *família*, mas ligada ao coacto por vínculo afetivo intenso, como, por exemplo, o amigo íntimo, a concubina sem conotação técnica de companheira, o menor do qual o coacto tem a guarda. É inexorável, dependendo da ordem de afetividade, que a coação aja como instrumento viciador da vontade nessas hipóteses. É sempre do exame das circunstâncias realizado pelo juiz que advirá a sábia solução. Foi nesse sentido que propugnou o vigente Código, ao estampar, no parágrafo único do art. 151: "*Se disser respeito* (a coação) *a pessoa não pertencente à família do paciente, o juiz, com base nas circunstâncias, decidirá se houve coação.*"

Mesmo no sistema do Código anterior, não era desvinculada da lei a solução que adote a orientação do presente Código, pois o legislador não definiu o alcance de *família*.

Quanto aos bens, devem ser eles próprios do ameaçado. Ao que tudo indica, o texto não autoriza a anulação do ato, se a ameaça for dirigida a bens que não do próprio coagido. Em todo caso, nessa hipótese é temerário fazer afirmação peremptória, pois certamente casos concretos ocorrem em que a aplicação textual da lei pode conduzir a injustiças. Deve o julgador sempre levar em conta a existência ou não de espontaneidade na manifestação de vontade, analisando em conjunto todos os requisitos da coação.

Apelação cível. Dissolução e liquidação de sociedade. Ação anulatória por vício de consentimento. Preliminar de cerceamento de defesa. Prova pericial contábil. Rejeitada. Não demonstrado o vício de consentimento por coação quando da assinatura da alteração contratual da sociedade empresária. 1) Desacolhida a prefacial de cerceamento de defesa em razão do indeferimento da prova pericial contábil, tendo em vista que o objeto desta demanda é a anulação da 14ª Alteração e Consolidação do Contrato Social da sociedade empresária, em especial das cláusulas primeira e segunda, por vício de consentimento por alegada coação sofrida pelo recorrente quando da assinatura do negócio jurídico. Portanto, as questões relativas à apuração de haveres, prestação de contas, sonegação de impostos, ocultação de patrimônio, fluxo de mercadoria, etc., são matérias que deverão ser objeto de demanda própria, pois estranhas aos limites da lide. 2) A questão central, portanto, constitui-se em definir se ocorreu a hipótese de vício de consentimento por coação no momento da assinatura do negócio jurídico realizado entre as partes, que lhe forçou a retirada da empresa. Do que se extrai dos autos é que inexiste comprovação, pelo autor, quanto ao fato constitutivo do seu direito, ou seja, de que tenha ocorrido quaisquer das hipóteses a que se referem os artigos 151 e 171, ambos do Código Civil. Negaram provimento ao recurso de apelação (*TJRS* – Ap. 70083398065, 30-04-2020, Rel. Eliziana da Silveira Perez).

⚖ Civil e Processual Civil. Apelação cível. Negócio jurídico. Cirurgia plástica. Vício de consentimento. Anulação do negócio jurídico. Coação. Não ocorrência. Contratação prévia dos serviços. Recurso desprovido. 1. A anulação de negócio jurídico perfeito e acabado exige a demonstração cabal de defeitos no ato jurídico, como a ocorrência de erro (art. 138, CC), dolo (art. 145 do CC), coação (art. 151 do CC), estado de perigo (art. 156 do CC), lesão (art. 157 do CC), ou de fraude contra credores (art. 158 do CC). 2. Considera-se coação o vício que macula a vontade do indivíduo, a qual deve ser livre quando de sua manifestação. Ela ocorre, nos termos do art. 151 do CC, quando incute ao paciente fundado temor de dano iminente e considerável à sua pessoa ou à sua família, ou aos seus bens. 3. Não há que se falar em coação se a contratação dos serviços médicos ocorreu de forma prévia à sua realização e não há elementos nos autos que evidenciem a prática de conduta ilícita do réu durante o procedimento cirúrgico. 4. Apelação conhecida e desprovida (*TJDFT* – Ap. 0000141-54.2017.8.07.0001, 21-03-2018, Rel. Sebastião Coelho).

Art. 152. No apreciar a coação, ter-se-ão em conta o sexo, a idade, a condição, a saúde, o temperamento do paciente e todas as demais circunstâncias que possam influir na gravidade dela.

No Direito Romano, vigorava critério para aferição da gravidade da ameaça. Tinha-se em mira a coação capaz de atemorizar um homem diligente. Nosso Código, fugindo à tradição romana, adotou critério concreto para o exame, em cada caso, do vício, conforme esse artigo.

A posição do legislador é de estrito respeito à vontade individual e à dignidade humana. Para aferição desse vício, não se leva em consideração, portanto, o padrão do homem médio, mas a situação no caso concreto. Desse modo, entende-se que uma criança reage diferentemente a uma ameaça do que um adulto; a mulher, de forma diversa do homem; o doente, do são, o jovem do idoso e assim por diante.

Até o mais destemido dos seres humanos pode ser atemorizado. Grande é a liberdade do juiz em tais circunstâncias, mas não deverá descuidar-se dos demais requisitos.

⚖ Apelação cível. Sessão de prosseguimento. Art. 942, NCPC. Responsabilidade civil. Doação de pessoa vulnerável à igreja em promessa de cura de câncer. Coação moral caracterizada. Invalidade do negócio jurídico. Dever de reparar o dano material com a restituição da quantia ofertada pelo fiel. Danos morais não configurados no caso concreto. Caso concreto no qual pessoa em condição de hipossuficiência, portador de grave enfermidade, câncer (mieloma múltiplo), e que percebe parcos rendimentos da Previdência Social, acreditando em promessas de milagres, veiculadas em programas televisivos muito bem feitos, com estratégias de manipulação de massas, acabou dando o pouco que tem em busca da cura prometida. Contexto de evidente vício na manifestação de vontade, a justificar a intervenção judicial com a invalidação do negócio jurídico feito sob coação moral. Inteligência do art. 152 do Código Civil. Mácula no consentimento que impõe a reparação material com a devolução corrigida da quantia ofertada pelo fiel (R$ 7.000,00). Danos morais, contudo, não configurados no caso concreto. (...) Apelo parcialmente provido, por maioria (*TJRS* – Ap. 70069531150, 14-09-2016, Rel. Tasso Caubi Soares Delabary).

Art. 153. Não se considera coação a ameaça do exercício normal de um direito, nem o simples temor reverencial.

Por temor reverencial "*entende-se o receio de desgostar o pai, a mãe ou outras pessoas, a quem se deve obediência e respeito*" (Beviláqua, 1980, p. 224). A ideia principal é o desejo de não desagradar, de não prejudicar a afeição e o respeito do descendente para com o ascendente. Mas não é só. Reverencial é o temor de acarretar desprazer a pessoas ligadas por vínculo afetivo, ou por relação hierárquica.

O Código francês, no qual se inspirou nosso texto, refere-se apenas em "*pai, mãe, ou outro ascendente*". Nossa lei é mais abrangente. O princípio deriva de fontes romanas.

É significativo o fato de nosso legislador ter colocado o termo *simples* na dicção legal. Nem sempre haverá temor reverencial na situação enfocada, pois existe zona cinzenta, em que dúvidas ocorrem sobre se houve ou não coação. É fato, porém, que, extravasando os limites do "*simples*" temor reverencial, existirá a coação. Tal fato ora estudado é importante em matéria de casamento, em que é frequente a pressão de um cônjuge a outro e dos parentes.

No caso do temor reverencial, o agente se curva a praticar, ou deixar de praticar ação por medo de desgostar a outrem, a quem deve obediência e respeito. O filho em relação ao pai, o militar, funcionário público ou empregado com relação a seu superior hierárquico. Não havendo gravidade na ameaça, a lei desconsidera a existência de coação. Quem consente apenas para não desgostar o pai ou a mãe equipara-se ao que soçobra a ameaça inócua ou irrisória, não devendo o ato ser passível de anulação. O vocábulo *simples*, sabiamente colocado em nossa lei, está a demonstrar que é do exame de cada caso concreto que advirá a solução. Cabe ao julgador determinar onde termina o "*simples*" temor de desagradar e onde começa a coação. Se ao temor reverencial ajunta-se a ameaça idônea para viciar o ato, ele é anulável.

⚖️ Apelação cível. Embargos à execução. Pedido de anulação de aval. Cédula de crédito bancário. Alegação de coação. Não configuração. Insuficiência da alegação de relação trabalhista. Recurso desprovido. 1. Mormente por se tratar de profissional liberal – médico – se afigura improcedente o pedido invalidante do aval prestado em cédula de crédito bancário, sob a argumentação de que restaria configurada a coação, em decorrência da relação empregatícia entre avalista e empregador reconhecida pela Justiça Obreira. A possibilidade do exercício regular de um direito, tal qual a resolução do contrato de trabalho, ou mesmo o temor reverencial se afiguram insuficientes à configuração do defeito do negócio jurídico. 2. Recurso desprovido (*TJMG* – Ap. 1.0024.13.202162-7/003,13.03.2020, Rel. Otávio Portes).

⚖️ Apelação – Prestação de serviços – Fornecimento de energia elétrica – Alegação de que confissão de dívida foi subscrita mediante coação, sob a ameaça de corte no fornecimento de energia elétrica – Por força do que dispõe o art. 153, do Código Civil, iterativa jurisprudência firmou entendimento de que não há como considerar **coação**, a advertência ou ameaça de interrupção do fornecimento de energia elétrica para invalidar confissão de dívida. Com efeito, embora a interrupção do serviço de fornecimento de energia elétrica seja capaz de causar dano à autora e à sua família, dúvida não há de que ela ou sua filha poderiam ter evitado ou afastado a alegada ameaça de corte, por outros meios, que não a celebração da confissão, em que foi reconhecida a existência da dívida – Destarte, e por não provada séria e concludentemente a existência do vício de vontade, inadmissível a pretensão de repetição em dobro do valor pago em virtude da confissão de dívida, que, na espécie, deve ser considerada perfeita e acabada – Danos Morais – Inocorrência – Recurso Improvido (*TJSP* – Ap. 4000166-86.2013.8.26.0590, 23-6-2016, Rel. Neto Barbosa Ferreira).

Art. 154. Viciará o negócio jurídico a coação exercida por terceiro, se dela tivesse ou devesse ter conhecimento a parte a que aproveite, e esta responderá solidariamente com aquele por perdas e danos.

Apelação cível. Negócios jurídicos bancários. Ação declaratória de inexistência de relação contratual, cumulada com reparação por dano moral. Abertura de conta-corrente. Coação da empregadora. Alegada ciência da instituição bancária. 1. Caso em que a autora não demonstrou que o banco demandado tinha ciência de que a abertura da conta-corrente em seu nome decorreu de coação exercida pela empregadora daquela, ônus que lhe incumbia, nos termos do artigo 373, I, do Código de Processo Civil. Situação delineada nos autos que não se enquadra na hipótese prevista no artigo 154 do Código Civil. 2. Dano moral inocorrente. 3. Honorários recursais devidos, nos termos do art. 85, §§ 1º e 11, do Código de Processo Civil/2015. Majorada a verba honorária fixada na sentença, observada a gratuidade da Justiça. Recurso desprovido (*TJRS* – Ap. 70081086415, 21-11-2019, Rel. Cláudia Maria Hardt).

Art. 155. Subsistirá o negócio jurídico, se a coação decorrer de terceiro, sem que a parte a que aproveite dela tivesse ou devesse ter conhecimento; mas o autor da coação responderá por todas as perdas e danos que houver causado ao coacto.

Vimos, ao comentar o dolo, que o tratamento do Código de 1916 era diferente para o dolo de terceiro (art. 95; atual art. 148) e para a coação provinda de terceiro (art. 101; atuais arts. 154 e 155). Enquanto o dolo de terceiro poderia viciar o ato, se uma das partes o soubesse, a coação emanada de terceiro sempre o viciaria. No caso, havendo coação por parte de terceiros, o negócio sempre poderia ser anulado. Se o agente tivesse conhecimento da coação, estaria na posição de cúmplice, coautor da violência e, por isso, responderia solidariamente com o coator principal por perdas e danos. Não tendo conhecimento da coação, só o coator responderia pela indenização.

O tratamento diferenciado da lei de 1916 no que toca ao dolo e à coação, nessa hipótese, mereceu críticas, como já examinado. O legislador pretérito pareceu entender ser a coação extremamente mais grave que o dolo; por essa razão, deu solução diferente, em prejuízo da estabilidade das relações. Na coação de terceiro, desprezava-se a boa-fé do contratante inocente que ignorava sua existência. A solução reclamada pela doutrina foi adotada pelo vigente Código, no art. 154, segundo o qual, na coação exercida por terceiros vicia o ato, se dela tivesse ou *devesse ter conhecimento a parte a quem aproveita*, respondendo ambos, coator e parte no negócio, solidariamente pela indenização. De acordo com o art. 155 dessa mais recente lei, o negócio subsistirá, no caso de coação de parte de terceiro, com o desconhecimento real ou implícito por parte do agente no negócio.

A solução do sistema de 1916 era iníqua, portanto, ao contratante de boa-fé, que não tinha ciência sobre estar o outro manifestante de vontade agindo sob coação. No prazo de quatro anos, esse negócio pode vir a ser anulado. Esse prazo tinha nítido caráter decadencial, embora a jurisprudência vacilasse a respeito. Como vimos, o vigente Código estabelece expressamente esse prazo como decadencial para o negócio viciado por coação, contado a partir do dia em que ela cessar (art. 178, I).

A presente solução legislativa quanto à coação praticada por terceiro, semelhante àquela já encontrada para o caso de dolo de terceiro, muda de aspecto. Pelo atual Código, se as circunstâncias da declaração de vontade do agente revestiam-se de veementes indícios de coação, que o beneficiado não podia ignorar, é anulável o negócio. Por outro lado, se a coação estava camuflada sem existir motivos para que o beneficiado a conhecesse, o negócio subsiste em prol da boa-fé. Aliás, a boa-fé objetiva é um dos pontos cardeais do atual Código (arts. 422 e 187).

📎 Direito civil e Processual Civil – Apelação cível – Embargos à execução – Constituição de hipoteca em garantia de dívida alheia – Alegação de vício de vontade decorrente de coação – Requisitos do artigo 151 do Código Civil – Ameaça de dano atual e grave à própria pessoa, a sua família ou a seus bens – Não demonstração – Coação dita exercida por terceiro – Ausência de comprovação de conhecimento do vício pela parte beneficiada – Invalidação do negócio – Impossibilidade – Ônus da prova – Fatos constitutivos do direito do autor – Inteligência do artigo 373, inciso I, do vigente Código de Processo Civil – Recurso provido – Sentença reformada. Para que seja possível a invalidação de negócio jurídico em razão de contratação decorrente de coação, é indispensável, a teor do artigo 151 do Código Civil, a demonstração de ameaça concreta de dano atual e grave – Suficiente para gerar fundado temor, de acordo com as características pessoais da vítima – À própria pessoa, à sua família ou aos seus bens. Nos termos dos artigos 154 e 155 do Código Civil, a coação exercida por terceiro não autoriza a invalidação do negócio jurídico se a parte a que aproveite a declaração de vontade tivesse ou devesse ter conhecimento do vício, caso em que o coator responderá, ao coacto, pelas perdas e danos decorrentes de sua conduta. Incumbe ao autor o ônus da prova em relação aos fatos constitutivos do direito invocado na inicial, nos termos do artigo 373, inciso I, do Código de Processo Civil (*TJMG* – Ap. 1.0702.13.033517-8/003, 24-04-2018, Rel. Márcio Idalmo Santos Miranda).

Seção IV
Do Estado de Perigo

Art. 156. Configura-se o estado de perigo quando alguém, premido da necessidade de salvar-se, ou a pessoa de sua família, de grave dano conhecido pela outra parte, assume obrigação excessivamente onerosa.
Parágrafo único. Tratando-se de pessoa não pertencente à família do declarante, o juiz decidirá segundo as circunstâncias.

Imagine-se o exemplo clássico de alguém que está se afogando e, naquele momento de desespero, promete toda a sua fortuna para ter salva sua vida. A doutrina lastreada no velho Código Civil procurava enquadrar essa hipótese na coação. A vítima estaria agindo sob coação.

A situação, na realidade, se aproxima ou se identifica ao estado de necessidade do direito penal. Aplica-se também o paradigma penal da inexigibilidade de conduta diversa. O estado de necessidade, porém, como instituto mais amplo, abrange situações diversas. Pode-se afirmar, sem preocupação com o tecnicismo, que o estado de perigo é uma modalidade do estado de necessidade.

A questão primordial que se analisa é aquela na qual o indivíduo, de acordo com as circunstâncias, não possui outra saída ou alternativa viável. Veja que a afinidade do estado de perigo com a coação sob esse aspecto é muito ampla. É vasta a doutrina que equipara ambos os vícios. Na coação, porém, leva-se em conta primordialmente o temor iminente, o elemento subjetivo para a realização do negócio. No estado de perigo, o elemento objetivo é o que mais importa, isto é, as condições por demais onerosas do negócio.

Também existe muita afinidade do estado de perigo com a lesão.

Importa saber se obrigação contraída em estados semelhantes é válida, levando-se em conta que o beneficiado não colaborou para o estado de perigo. Se for entendido simplesmente ter havido vício na vontade do declarante, o negócio será anulável. Se for entendido o contrário, o negócio valerá, sofrendo a vítima empobrecimento considerável, desproporcional ao serviço prestado. Como vemos, nenhuma das soluções extremadas satisfaz.

A doutrina aventou a hipótese, sob várias fundamentações, de o negócio praticado em estado de perigo subsistir, mas o valor do pagamento ser reduzido a seu preço justo, porque a mera anulação do negócio conduz também a resultado injusto, pois houve um serviço prestado. Por outro lado, a persistência do negócio leva a um locupletamento por parte do beneficiado. Portanto, a solução justa, que se prende aos princípios gerais, é o juiz manter o negócio, mas reduzir o valor da prestação aos limites razoáveis relativos ao serviço prestado.

Desse dispositivo sob comentário conclui-se que o estado de perigo possui os seguintes requisitos: uma situação de necessidade; a iminência de dano atual e grave; nexo de causalidade entre a manifestação e o perigo de grave dano; ameaça de dano à pessoa do próprio declarante ou de sua família; conhecimento do perigo pela outra parte e a assunção de obrigação excessivamente onerosa.

Como se nota, muitos desses requisitos se afinam com os da coação. Há um amplo exame no caso concreto que deve ser feito pelo juiz. Há de diverso, aqui, o exame das circunstâncias do negócio e sua excessiva onerosidade. Se o preço é razoável, não haverá espaço para a anulação. Esse aspecto há de ser examinado pelo juiz em seu mister. Aduz com propriedade Carlos Roberto Gonçalves:

> "O objetivo da regra do art. 156 é afastar a proteção a um contrato abusivo entabulado em condições de dificuldade ou necessidade do declarante. O fundamento é o enorme sacrifício econômico que teria o devedor para cumprir a prestação assumida, colocando em risco, algumas vezes, todo o seu patrimônio, em consequência do desmedido desequilíbrio das prestações, e ferindo a equidade que deve estar presente em todo contrato comutativo" (2003, p. 395).

Se, por um lado, a vigente lei merece elogios por ter trazido ao ordenamento a conceituação que faltava ao Código de 1916, por outro lado, o fato de permitir aparentemente a anulação do ato em estado de perigo merece críticas. Melhor seria a solução aceita pela doutrina de manter o ato, mas reduzir o valor do pagamento ao justo limite pelo serviço prestado. Na solução deste Código, em tese, uma vez anulado o negócio, só restaria ao agente recorrer à ação de enriquecimento sem causa para haver o pagamento. Contudo, ao estampar o conhecimento do estado de perigo por parte do beneficiado ("grave dano conhecido pela outra parte"), entende o legislador que houve abuso de situação; o agente valeu-se do terror incutido a outra parte para realizar o negócio, tendo cessado a boa-fé. Nesse caso, o negócio não poderia subsistir. Nada impede, porém, e se harmoniza com o sistema, a solução de o juiz manter a validade do negócio, atendendo às circunstâncias do caso, determinando que a prestação seja reduzida ou reconduzida a seu justo valor, a exemplo do que a nova lei alvitra para o caso de lesão (art. 157, § 2º).

No estado de perigo, ao contrário do que ocorre na coação, há uma parte que não é responsável pelo estado em que ficou ou se colocou a vítima. O perigo não foi causado pelo beneficiário, embora ele tome conhecimento da situação. Essa ciência do perigo é essencial para que ocorra o vício. Trata-se, como se nota, de um abuso de situação. A situação, embora análoga, também se distancia da lesão, porque nesta o contratante, com base em razões econômicas ou por sua própria inexperiência, é levado a contratar. Na lesão, não existe a situação emergencial, que é ínsita ao estado de perigo ou estado de necessidade.

O prazo decadencial, expressamente admitido como tal pelo atual Código, para anular o negócio jurídico eivado de estado de perigo, é de quatro anos, contado do dia em que se realizou o negócio (art. 178, II).

📖 Enunciado nº 148, III Jornada de Direito Civil – CJF/STJ: Ao "estado de perigo" (art. 156) aplica-se, por analogia, o disposto no § 2º do art. 157.

⚖️ Civil. Processual civil. Recurso especial. Prestação de serviços médicos-hospitalares. Ação de cobrança. Estado de perigo. Ocorrência. O estado de perigo é vício de consentimento dual, que exige para a sua caracterização, a premência da pessoa em se salvar, ou a membro de sua família e, de outra banda, a ocorrência de obrigação excessivamente onerosa, aí incluída a imposição de serviços desnecessários, conscientemente fixada pela contraparte da relação negocial. O tão-só sacrifício patrimonial extremo de alguém, na busca de assegurar a sua sobrevida ou de algum familiar próximo, não caracteriza o estado de perigo, pois embora se reconheça que a conjuntura tenha premido a pessoa a se desfazer de seu patrimônio, a depauperação ocorrida foi conscientemente realizada, na busca pelo resguardo da própria integridade física, ou de familiar. Atividades empresariais voltadas especificamente para o atendimento de pessoas em condição de perigo iminente, como se dá com as emergências de hospitais particulares, não podem ser obrigadas a suportar o ônus financeiro do tratamento de todos que lá aportam em situação de risco à integridade física, ou mesmo à vida, pois esse é o público-alvo desses locais, e a atividade que desenvolvem com fins lucrativos é legítima, e detalhadamente regulamentada pelo Poder Público. Se o nosocômio não exigir, nessas circunstâncias, nenhuma paga exagerada, ou impor a utilização de serviços não necessários, ou mesmo garantias extralegais, mas se restringir a cobrar o justo e usual, pelos esforços realizados para a manutenção da vida, não há defeito no negócio jurídico que dê ensejo à sua anulação. Recurso especial provido (STJ – Resp 1680448 / Mg, 22-08-2017, Rel Min. Nancy Andrighi).

Seção V
Da Lesão

Art. 157. Ocorre a lesão quando uma pessoa, sob premente necessidade, ou por inexperiência, se obriga a prestação manifestamente desproporcional ao valor da prestação oposta.
§ 1º Aprecia-se a desproporção das prestações segundo os valores vigentes ao tempo em que foi celebrado o negócio jurídico.
§ 2º Não se decretará a anulação do negócio, se for oferecido suplemento suficiente, ou se a parte favorecida concordar com a redução do proveito.

1. Conceito

A lesão, como meio de viciar o negócio jurídico, caracteriza-se, em síntese, pela desproporcionalidade existente nas prestações. O seu campo de atuação é o dos contratos onerosos, mormente o de compra e venda. É *"o prejuízo que uma pessoa sofre na conclusão de um ato negocial resultante da desproporção existente entre as prestações das duas partes"* (PEREIRA, 1978, v. 1, p. 472).

Ou

"*o negócio defeituoso em que uma das partes, abusando da inexperiência ou da premente necessidade da outra, obtém vantagem manifestamente desproporcional ao proveito resultante da prestação, ou exageradamente exorbitante dentro da normalidade*" (RIZZARDO, 1983, p. 69).

O instituto da lesão justifica-se como forma de proteção ao contratante que se encontra em estado de inferioridade. No contrato, mesmo naqueles paritários, ou seja, naqueles em que as partes discutem livremente suas cláusulas, em determinadas situações, um dos contratantes, por premências várias, é colocado em situação de inferioridade. Esse agente perde a noção do justo e do real, e sua vontade é conduzida a praticar atos que constituem verdadeiros disparates do ponto de vista econômico. É evidente que sua vontade está viciada. Vê-se, de plano, que posicionamos a lesão como vício de vontade), contaminada que é por pressões de natureza vária.

O direito não pode desvincular-se dos princípios morais, da equidade, da proteção à dignidade humana; não pode ser convertido em instrumento do poderoso contra o fraco. Numa época em que as diferenças sociais e econômicas se acentuam, importa fazer revisão no conceito da lesão, mormente agora que foi reintroduzido no direito positivo, no CDC, presente também no atual Código.

2. Noção histórica

O instituto da lesão, em regra emanada do Direito Romano, equivalia à alienação da coisa por menos da metade de seu justo preço ou valor, tendo-se estendido, posteriormente, e alcançado o Direito francês. O Código de Napoleão possui princípio lesionário: sempre que o prejuízo for igual ou superior a sete doze avos do valor da coisa.

No Direito Romano, não sem algumas dúvidas, diz a doutrina que a *laesio enormis* surgiu como instituto jurídico na Lei Segunda (*lex secunda*), do ano 285 de nossa era, promulgada por Diocleciano. O instituto encontra-se presente no Código de Justiniano, mencionado como pertencente às Constituições de Diocleciano e Maximiliano. No Direito Romano primitivo, era desconhecido.

Na *lex secunda*, haveria lesão sempre que o preço pago fosse inferior à metade do valor da coisa, possibilitando, assim, desfazimento do negócio ou complementação do preço. O critério, como percebemos, era completamente objetivo. O instituto era destinado à anulação de negócios sobre imóveis.

Na alta Idade Média, o instituto desaparece, mas ressurge no século XII influenciado pela Igreja, sob a égide do *justo preço*, e alicerçado no pensamento de Santo Tomás de Aquino. No auge do pensamento cristão, foi criada a *lesão enormíssima*, inexistente no pensamento romano. Era reconhecida nas situações em que o vendedor sofria prejuízo em mais de dois terços do valor da coisa. A presença desse vício não somente inquinava o contrato, possibilitando sua rescisão, como também o considerava inexistente como ato jurídico. Consistia, pois, em forma especial de lesão.

Em nosso direito anterior a 1916, a lesão conservava o aspecto original romano, não sendo caracterizada por qualquer defeito de ordem psicológica, mas tão só pelo lado objetivo: a desproporcionalidade entre o valor e o preço. Nas Ordenações Afonsinas, a lesão estendia-se a todos os contratos. Nas Ordenações Manuelinas e Filipinas, tendo sido mantidos os mesmos princípios, foram estabelecidas a lesão enorme e a lesão enormíssima, respectivamente, para os negócios afetados pela desproporção de mais da metade ou de mais de dois terços do valor da coisa.

O princípio não encontrou lugar em nosso Código Comercial de 1850, vendo-se no art. 220 que não há possibilidade de anulação por lesão nas compras e vendas entre comerciantes.

A lesão, não obstante, sobreviveu na maioria dos Códigos ocidentais, com certa restrição, com seu campo de atuação quase sempre restrito ao contrato de compra e venda e à partilha.

De certo modo, o instituto foi revivido entre nós, como veremos na legislação que define os crimes contra a economia popular, Decreto-lei nº 869/1938, modificado pela Lei nº 1.521/1951, com roupagem diversa, como lesão de cunho subjetivo, semelhantemente ao que foi disciplinado nos Códigos alemão, suíço e italiano atual. No Anteprojeto do Código de Obrigações de Caio Mário, o instituto foi inserido como lesão qualificada ou subjetiva, princípio que foi aceito no Projeto de 1975.

Existe traço claro da lesão no CDC, em vários de seus dispositivos. Em seu art. 39, ao tratar das *práticas abusivas* por parte do fornecedor de bens ou serviços, veda a exigência de *vantagens manifestamente excessivas* em perfeita alusão ao vício da lesão. O dolo de aproveitamento nessa lei é presumido. O dispositivo refere-se à prestação exagerada, requisito objetivo, cujos conceitos veremos a seguir.

3. Conceito e requisitos

Há ponderável doutrina que resiste em colocar a lesão como um dos vícios de vontade. Muitos juristas negam a relação dos vícios com a lesão. É inegável, porém, a íntima relação entre os vícios de vontade e o instituto, ainda que não se queira vê-lo como vício de vontade estrito.

Com efeito, atualmente, como se vê das disposições sobre o instituto nas legislações modernas, a lesão perdeu o caráter marcadamente objetivo do Direito Romano para ganhar contornos também de índole subjetiva, como em nossa Lei de Economia Popular. Há elemento objetivo, representado pela desproporção do preço, desproporção entre as prestações, mas há também elemento subjetivo, que faz aproximar o defeito dos vícios de vontade, representado pelo estado de necessidade, inexperiência ou leviandade de uma das partes, de que se aproveita a outra das partes no negócio.

A redação do presente artigo atende ao que reclamava a doutrina. Poderá alegar lesão qualquer das partes contratantes e não apenas o vendedor, como acontece em outras legislações. Se alguém se prevalece do estado de necessidade do outro contratante, estaremos muito próximos da coação. Na segunda hipótese, se se trata da leviandade ou inexperiência de outrem, para provocar o engano, estaremos próximos do dolo. Verifica-se, então, a vizinhança desse vício com os vícios de vontade, local onde o instituto vem tratado neste Código.

A Lei nº 1.521/1951, que tipifica os crimes contra a economia popular, assim define uma das formas de usura pecuniária ou real, no art. 4º, b:

> "Obter ou estipular, em qualquer contrato, abusando da premente necessidade, inexperiência ou leviandade de outra parte, lucro patrimonial que exceda o quinto do valor corrente ou justo da prestação feita ou prometida."

Grosso modo, com nuanças que a seguir veremos, também na lei penal estão presentes os requisitos para o vício ora estudado.

Como lembra Caio Mário da Silva Pereira (1978, v. 1, p. 473), a lesão situa-se na zona limítrofe dos vícios de consentimento,

> "por aproveitar-se o beneficiário da distorção volitiva, para lograr um lucro patrimonial excessivo; é sem dúvida um defeito do negócio jurídico, embora diferente, na sua estrutura, dos até agora examinados, razão por que é chamado por alguns de vício excepcional".

A lesão, em linhas gerais, consiste no prejuízo que um contratante experimenta em contrato comutativo quando não recebe da outra parte valor igual ou proporcional ao da prestação que forneceu. Nos contratos aleatórios, apenas excepcionalmente pode ser tipificada a lesão, quando a vantagem obtida é frontalmente superior à álea do contrato. A lesão tem seu campo de atuação, de fato, como modalidade de aplicação da decantada boa-fé objetiva nos contratos sinalagmáticos ou comutativos. No Direito Romano, ocorria o vício quando havia desproporção entre as prestações recíprocas, quando uma das partes recebia menos da metade do valor que entregava. O conceito era tão somente objetivo.

No direito moderno, para a caracterização do vício, como percebemos pelas definições legais já expostas, devem estar presentes o *requisito objetivo* e o *requisito subjetivo*.

O *requisito objetivo* se configura pelo lucro exagerado, pela desproporção das prestações que fornece um dos contratantes. Pelo que se depreende da lei dos crimes contra a economia popular, tal requisito foi tarifado em *um quinto do valor corrente ou justo da prestação feita ou prometida*. Esse tarifamento sempre se mostrou inconveniente, por limitar em demasia a atividade do julgador. É sempre mais aceitável deixar a caracterização para o prudente arbítrio do julgador em cada caso concreto, como faz a redação deste Código Civil. Nenhuma legislação estrangeira estabelece cifra determinada.

O *requisito subjetivo* consiste no que a doutrina chama *dolo de aproveitamento* e se afigura, como dizem os diplomas legislativos, na circunstância de uma das partes se aproveitar da outra pela inexperiência, leviandade ou estado de premente necessidade. Tais situações psicológicas são aferidas no momento do contrato. Não há necessidade de o agente induzir a vítima à prática do ato, nem é necessária a intenção de prejudicar. Basta que o agente se aproveite dessa situação de inferioridade em que é colocada a vítima, auferindo lucro desproporcional e anormal.

Verificados esses dois pressupostos, o ato é anulável. Contudo, a solução do ordenamento de 2002, já reclamada pela doutrina, permite que o negócio seja aproveitado, conforme o § 2º, "*se for oferecido suplemento suficiente, ou se a parte favorecida concordar com a redução do proveito*". Mesmo quando não se tratava de lei vigente, essa solução não contrariava qualquer dispositivo e poderia ser adotada, com base nos princípios gerais.

A necessidade de que fala a lei é a premência negocial, contratual, não se identificando com o estado de necessidade ou estado de perigo. É a indispensabilidade de contratar sob determinadas premissas. É irrelevante o fato de o lesado dispor de fortuna, pois a necessidade se configura na impossibilidade de evitar o contrato; a necessidade contratual, portanto, independe do poder econômico do lesado. O conceito envolve também o estado de penúria pelo qual pode passar a vítima, mas não é o único elemento. O lesado vê-se na premência de contratar impulsionado por urgência inevitável. Caracteriza-se a necessidade, por exemplo, numa época de seca, quando o lesado paga preço exorbitante pelo fornecimento de água.

Além da necessidade, caracteriza ou pode caracterizar o vício a inexperiência do lesado. Trata-se de pessoa envolvida no negócio sem maiores conhecimentos dos valores, desacostumada no trato de determinado negócio ou dos negócios jurídicos em geral. Mesmo o erudito, o culto, o técnico pode ser lesado sob determinadas circunstâncias, se não conhece os meandros dos negócios em que se envolve.

A leviandade é outro elemento estatuído na lei penal citada. Trata-se da irresponsabilidade do lesado. É leviano quem procede irrefletidamente, impensadamente. Por vezes, por agir desavisadamente, o leviano põe a perder toda uma fortuna. O Direito tem o dever de proteger as vítimas contra tais atos. Note que o termo *leviandade* não vem estatuído no Código vigente. A omissão, porém, não traz problemas, pois os elementos presentes no artigo sob comentário, a premente necessidade ou inexperiência, suprem-na.

A desproporção das prestações deve ser aferida no momento de contratar. Quando surge posteriormente ao negócio, é irrelevante, pois, nessa hipótese, estaríamos no campo da cláusula *rebus sic stantibus* (teoria da imprevisão).

A desproporção do preço pode ser apurada pela técnica pericial, se necessária, devidamente ponderada pelo julgador.

A lesão distancia-se do estado de perigo, porque neste a vítima, ou alguém de sua família, corre perigo de vida. Na lesão, o dano é patrimonial e sua estrutura a afasta também dos demais vícios de vontade.

4. Procedimento judicial

A ação judicial contra lesão visa à restituição do bem vendido, se se tratar de compra e venda, ou restabelecimento da situação anterior, quando possível. Há faculdade de evitar tal deslinde com a complementação ou redução do preço, conforme a situação, o que não desnatura o caráter típico da ação. Fundamentalmente, seu objeto é o retorno ao estado anterior. A pretensão pode conter pedido subsidiário ou alternativo, portanto.

A ação é de natureza pessoal, mas, se versar sobre imóveis, é imprescindível a presença de ambos os cônjuges, na forma do art. 73 do CPC.

Se a coisa se encontrar em poder de terceiros, a discussão de direito obrigacional restringe-se essencialmente entre alienante e adquirente. O terceiro será demandado como simples detentor. Se vier a devolver o bem, terá o direito à indenização, seguindo-se os princípios da evicção.

Como o instituto não se restringe apenas à compra e venda, mas a todos os negócios, conforme a natureza do contrato, é impossível a volta ao estado anterior, só restando o caminho da indenização, por perdas e danos.

Na lide entre os participantes do contrato lesionário, o terceiro possuidor pode ingressar no processo como assistente, nos termos do art. 119 do CPC.

Se o terceiro possuidor for demandado para restituir a coisa, deve denunciar a lide ao transmitente, de acordo com o art. 125, I, do estatuto processual.

5. Renúncia antecipada à alegação de lesão

Não é de se admitir que os contratantes renunciem previamente ao direito de anular o contrato por qualquer vício de vontade e muito menos por lesão. Permitir esse artifício equivaleria a anular o princípio da lesão, afastando do Judiciário seu exame. O mesmo se diga em relação a qualquer outro vício de vontade. A renúncia, em qualquer situação, não pode ser admitida na hipótese.

Na verdade, os fatores que levaram a vítima da lesão a contratar sob suas circunstâncias terão levado esse contratante a abrir mão, no mesmo ato, de seu direito de anular o negócio. Não pode, portanto, vingar renúncia nas mesmas circunstâncias do vício, pois viciada também estará.

A renúncia posterior ao ato ou negócio será válida, se especificado no instrumento o preço real ou justo e se a parte prejudicada se conformar em manter o negócio. De qualquer modo, a renúncia posterior só será válida se ausentes os fatores lesionários.

6. Prazo decadencial

No atual Código, o legislador assume expressamente o prazo decadencial de quatro anos, contado do dia em que se realizou o negócio, citando expressamente a lesão (art. 178, II).

📖 Enunciado nº 149, III Jornada de Direito Civil – CJF/STJ: Em atenção ao princípio da conservação dos contratos, a verificação da lesão deverá conduzir, sempre que possível, à revisão judicial do negócio jurídico e não à sua anulação, sendo dever do magistrado incitar os contratantes a seguirem as regras do art. 157, § 2º, do Código Civil de 2002.

📖 Enunciado nº 150, III Jornada de Direito Civil – CJF/STJ: A lesão de que trata o art. 157 do Código Civil não exige dolo de aproveitamento.

📖 Enunciado nº 290, IV Jornada de Direito Civil – CJF/STJ: A lesão acarretará a anulação do negócio jurídico quando verificada, na formação deste, a desproporção manifesta entre as prestações assumidas pelas partes, não se presumindo a premente necessidade ou a inexperiência do lesado.

📖 Enunciado nº 291, IV Jornada de Direito Civil – CJF/STJ: Nas hipóteses de lesão previstas no art. 157 do Código Civil, pode o lesionado optar por não pleitear a anulação do negócio jurídico, deduzindo, desde logo, pretensão com vista à revisão judicial do negócio por meio da redução do proveito do lesionador ou do complemento do preço.

📖 Enunciado nº 410, V Jornada de Direito Civil – CJF/STJ: A inexperiência a que se refere o art. 157 não deve necessariamente significar imaturidade ou desconhecimento em relação à prática de negócios jurídicos em geral, podendo ocorrer também quando o lesado, ainda que estipule contratos costumeiramente, não tenha conhecimento específico sobre o negócio em causa.

🔨 Apelação cível. Ação de indenização. Locação não residencial. Inadimplemento do locatário. Ponto comercial. Lesão. Não demonstrada. Benfeitorias. Renúncia. Restituição. Indevida. Dano moral. Não cabimento. Sentença mantida. 1. Não há falar em lesão (art. 157 do Código Civil), uma vez ausente desproporção manifesta entre os valores de compra e venda de ponto comercial do locatário, que, inadimplente quantos aos locatícios devidos, firmou acordo com o locador para desocupação do imóvel. 2. Incabível indenização por benfeitorias realizadas pelo locatário que sequer eram necessárias e não foram autorizadas pelo locador e, de resto, havia expressa previsão contratual de renúncia desse direito. 3. Apelação conhecida e não provida (*TJ-DFT* – Ap. 0001079-37.2017.8.07.0005, 30-01-2019, Rel. Fábio Eduardo Marques).

⚖️ Apelação cível – Ação ordinária de cobrança fundada em contrato firmado entre genitora e filho – Alegação de premente necessidade – Lesão – Anulabilidade do pacto – Recurso não provido – Sentença mantida. A força obrigatória dos contratos, excepcionalmente, cederá aos vícios que recaem sobre a própria manifestação do contraente, quando se vislumbra descompasso com o real querer do agente e aquele que foi externado. Nos termos do art. 157 do Código Civil, ocorre lesão quando uma pessoa, sob premente necessidade, ou por inexperiência, se obriga a prestação manifestamente desproporcional ao valor da contraprestação. Na hipótese dos autos, resta clara a ocorrência de lesão, tendo em vista que a requerida obrigou-se a pagar, a seu próprio filho e sem qualquer justificativa que não fosse a desocupação do imóvel pelo autor, todo o valor que receberia em razão da venda do bem, recebido por herança. Recurso não provido (*TJMG* – Apelação Cível 1.0027.13.028713-2/001, 03-10-2017, Rel. Mariangela Meyer).

⚖️ Compromisso de compra e venda – Ausência de prova não prejudicou autores (CPC 249, § 1º) – Não configuração de cerceamento de defesa (CRFB 5º LV) – Comprometentes vendedoras negociaram integralidade do bem, apesar de proprietárias de apenas 75% – Aproveitamento do negócio relativamente à venda de seu quinhão no imóvel (CC 170) – Incapacidade das comprometentes vendedoras afastada por perícia (CPC 333 II) – Diferença de 13,5% entre preço prometido e valor de mercado não configura **desproporção manifesta ensejadora de lesão** (CC 157) – Recurso dos promitentes compradores provido – Recurso Adesivo não conhecido (*TJSP* – Ap. 0167039-33.2011.8.26.0100, Rel. Luiz Antonio Costa).

⚖️ Ação revisional – Contrato de compra e venda – Julgamento antecipado da lide – Cerceamento de defesa – Inocorrência – **Lesão – Manifesta desproporção entre as prestações das partes** – Onerosidade excessiva – Não comprovação – Dano moral – Inocorrência – Apelação desprovida – Não há cerceamento de defesa quando a demanda versa sobre matéria de direito que carece de dilação probatória e encontra-se em condição de julgamento, a teor do artigo 330 do CPC. Ocorrerá a lesão quando uma pessoa, sob premente necessidade, ou por inexperiência, se obriga a prestação manifestamente desproporcional ao valor da prestação oposta (art. 157, CC), caracterizando onerosidade excessiva. Ausente a comprovação dos requisitos legais, não há que se falar em invalidação do negócio jurídico realizado pelas partes ou em condenação dos vendedores em reparar dano moral inexistente (*TJMT* – Ap. 16705/2012, 18-6-2012, Rel. Des. Carlos Alberto Alves da Rocha).

Seção VI
Da Fraude Contra Credores

Art. 158. Os negócios de transmissão gratuita de bens ou remissão de dívida, se os praticar o devedor já insolvente, ou por eles reduzido à insolvência, ainda quando o ignore, poderão ser anulados pelos credores quirografários, como lesivos dos seus direitos.

§ 1º Igual direito assiste aos credores cuja garantia se tornar insuficiente.

§ 2º Só os credores que já o eram ao tempo daqueles atos podem pleitear a anulação deles.

1. Introdução

A garantia dos credores para a satisfação de seus créditos reside no patrimônio do devedor. Enquanto o devedor, no curso de sua vida jurídica, pratica atos que não colocam em choque ou em excessivo risco a garantia de seus credores, está ele plenamente livre para agir dentro da capacidade que o Direito lhe concede.

No momento em que as dívidas do devedor superam seus créditos, mas não só isso, no momento em que sua capacidade de produzir bens e aumentar seu patrimônio mostra-se insuficiente para garantir suas dívidas, seus atos de alienação tornam-se suspeitos e podem ser anulados. Surge, então, o tema da fraude contra credores, como parte deste capítulo muito mais amplo que é o da fraude em geral, como categoria geral do Direito.

É interesse da sociedade coibir a possibilidade de alguém obter proveito com a própria fraude. Houve evolução lenta na teoria dos atos e negócios jurídicos, especialmente na parte que trata dos atos ilícitos, como estão a demonstrar os enfoques atuais da responsabilidade extracontratual e do abuso de direito. O sentido é a coibição do abuso e da fraude. A fraude é o mais grave dos dois atos ilícitos, destruidora das relações sociais, responsável por danos de vulto e, na maioria das vezes, de difícil reparação.

Se, por um lado, no campo do ato ilícito, existe arcabouço repressor, por vezes até excessivo, não encontramos para a fraude um dispositivo genérico, talvez pela dificuldade de fixar seu conceito. Trata-se, evidentemente, de compreensão atinente aos princípios gerais de direito, ao *honeste vivere*.

Nessas premissas, preocupa-se o Direito com dois aspectos do problema: a *fraude à lei* e a *fraude contra o direito de terceiros*.

Na fraude contra o direito de terceiros, além da transgressão à lei, a ação fraudulenta é dirigida com malícia, com ou sem a intenção de ocasionar prejuízo contra o titular do direito lesado.

É fora de dúvida que toda fraude, em princípio, atenta contra o Direito. Secundariamente, pode existir prejuízo de terceiros.

Aqui, ocupa-se da fraude contra credores, matéria colocada em nosso Código Civil antigo e atual, em sua Parte Geral, como um dos defeitos dos atos jurídicos, um dos chamados vícios sociais.

É, portanto, princípio assente que o patrimônio do devedor constitui garantia comum de seus credores. Se estes dispensam garantias reais ou especiais para assegurar o adimplemento de seu crédito, o fazem pressupondo que o devedor aja dentro dos princípios da boa-fé. Recordemos que hoje sobreleva o conceito de boa-fé objetiva, como cláusula aberta, expressa no atual Código (art. 422). Ao contrair a obrigação, contentam-se os credores com a existência do patrimônio do devedor como garantia suficiente. Assim, quando o devedor age com malícia, para depauperar seu patrimônio, há fraude, podendo os credores insurgir-se contra os atos por meio da ação pauliana.

Como vemos, há proeminência da boa-fé, como aplicação de regra moral por excelência, no deslinde dos conflitos de interesses. O dever de conduta leal no mundo jurídico é essencial para manter o equilíbrio das relações sociais.

2. Noção histórica

A origem da ação pauliana é obscura e segue sendo discutida. Para alguns intérpretes, a origem vincula-se à evolução do interdito *fraudatorium*, do qual derivou uma *actio in factum*, a qual, ao contrário do primeiro, só podia ser exercida contra o terceiro cúmplice da fraude. Importa recordar também como origem remota do instituto a *missio in bona*, pela qual era permitido ao credor vender os bens do devedor para se ressarcir. Por meio da *venditio bonorum*, o credor podia satisfazer a seu crédito. O pretor concedia a medida ingressando o credor na posse de todo patrimônio do devedor, sozinho, ou em concurso com outros credores, havendo possibilidade, após certo tempo, de oferecer esses bens à venda.

O devedor, pela *bonorum venditio*, sofria *capitis deminutio maxima*. A *missio in bona* compreendia a universidade dos bens do devedor, daí por que o credor (*bonorum emptor*) era sucessor universal do patrimônio do devedor. Contudo, o instituto não impedia que o devedor alienasse bens em prejuízo de seus credores. Surge a atividade do pretor, que visa coibir abusos do devedor e permitir, por meio de um édito, que os credores impugnem as vendas fraudulentas.

A *actio pauliana* é terminologia aposta pelos glosadores, segundo alguns, na Idade Média. Por essa ação, o pretor punia a fraude contra credores e exigia a intenção de causar prejuízo na diminuição do patrimônio; que o devedor conhecesse o caráter fraudulento do ato e que tivesse a noção do *eventus damni*, bem como tivesse conhecimento da fraude o terceiro adquirente (*consilium fraudis*).

3. Fraude em geral

A fraude é vício de múltiplas faces. O fraudador está sempre à frente da lei ou dos órgãos repressores. Está presente em sem-número de situações na vida social e no Direito. Sua compreensão mais acessível é a de todo artifício malicioso que uma pessoa emprega com intenção de transgredir o Direito ou prejudicar interesses de terceiros.

A má-fé encontra guarida não só na fraude, mas também em outros vícios, como dolo, coação e simulação. O dolo é caracterizado pelo emprego de artifícios ou ardis que incidem sobre a vontade de alguém e a viciam. Existe erro na mente de quem é vítima do dolo, mas erro provocado, externo ao próprio agente. A coação caracteriza-se pela violência contra o livre agir do coacto, que pratica o ato mediante vontade conduzida, viciada por um *metus*.

Na simulação, que possui muitos pontos de contato com a fraude, as partes fazem aparentar negócio que não tinham intenção de praticar. Na fraude, o negócio jurídico é real, verdadeiro, mas feito com o intuito de prejudicar terceiros ou burlar a lei.

Alvino Lima (1965, p. 29) diz: "*A fraude decorre sempre da prática de atos legais, em si mesmos, mas com a finalidade ilícita de prejudicar terceiros, ou, pelo menos, frustrar a aplicação de determinada regra jurídica.*" O mesmo autor, porém, acrescenta que não existe unanimidade na doutrina de que o dano constitua elemento essencial ao instituto. É certo, porém, que a existência do prejuízo deve ocorrer para proporcionar ação ao lesado, dentro dos parâmetros do interesse de agir.

Não resta dúvida de que a fraude a terceiro também é forma de fraude à lei, dentro de conceito amplo. A regra de direito, ou simplesmente o Direito, é imperativo disciplinador da sociedade e obriga seus membros a agirem conforme normas. São multiformes os meios e processos empregados pelos infratores para se furtarem ao império e às sanções das leis.

Não ingressam no conceito de fraude aquelas ações ofensivas às normas de forma aberta, flagrante. A fraude caracteriza-se por meios que iludem, escamoteiam a lei por via indireta, sem que ocorra forma ostensiva. A fraude dá ideia de disfarce, sem adentrar no conceito de simulação.

A fraude orienta-se em direção à finalidade do ato ou negócio jurídico. Geralmente, o objeto e as condições do ato ou negócio são perfeitos. A causa final do ato é que apresenta vício. O entendimento é deveras sutil e a matéria merece estudo mais aprofundado.

Em razão do que expusemos, cumpre, portanto, fazer a distinção, para efeitos civis, de atos em violação à lei e atos em fraude à lei. É claro que sempre haverá zona cinzenta entre ambos os aspectos, o que não elidirá os efeitos práticos que visam à anulação de um ou de outro ato. Na fraude contra credores, o preceito a ser protegido é a defesa dos credores, a igualdade entre eles e o patrimônio do devedor, enfim, a garantia dos créditos. Trata-se, pois, de aplicação do conceito mais amplo de fraude.

4. Fraude contra credores

Desde os tempos em que o devedor já não respondia com o próprio corpo por suas dívidas, a garantia de seus credores passou a residir em seu patrimônio. Não havendo garantia real, privilegiada, conta o credor exclusivamente com a garantia genérica, proporcionada pelos bens. Trata-se do credor quirografário que apenas possui a garantia comum: o patrimônio do devedor.

Esse patrimônio pode ser depauperado de vários modos pelo próprio devedor para frustrar a garantia, seja pela alienação gratuita ou onerosa dos bens, seja pela remissão de dívidas, pela renúncia da herança, pelo privilégio concedido a um dos credores e por tantos outros meios capazes de diminuir a garantia do credor. Nessas premissas, vêm em socorro do credor as armas conferidas pelas disposições da *fraude contra credores* (arts. 158 a 165) para recompor o patrimônio do devedor.

Como vimos, o conceito de fraude é volátil, mas pode ser percebido com facilidade pelo bom-senso do magistrado.

O objeto da ação pauliana é anular o ato tido como prejudicial ao credor. Melhor seria falar em ineficácia do ato em relação aos credores do que propriamente em anulação, como defende com razão a doutrina mais moderna. Essa não é, porém, a diretriz de nosso Código, embora os efeitos sejam típicos de ineficácia do ato ou do negócio. Na realidade, o que ocorre em concreto é um processo ou conduta fraudatória. A matéria continua em aberto, contudo, para maior discussão. Lembre-se, ademais, de que o atual Código não aclarou a questão, pois persiste estatuindo que o negócio em fraude contra credores é anulável. O Código não adotou, assim, como defende boa parte da doutrina, o caminho da ineficácia relativa do negócio apenas no tocante ao credor, permanecendo o negócio válido entre os contratantes. Se admitida essa tese,

"*para essa corrente, a ação pauliana tem natureza declaratória de ineficácia do negócio jurídico em face dos credores, e não desconstitutiva. Se o devedor, depois de proferida a sentença, por exemplo, conseguir levantar numerário suficiente e pagar todos eles, o ato de alienação subsistirá, visto não existirem mais credores*" (Gonçalves, 2003, p. 414).

Para muitos, portanto, com razão, a posição do Código atual é inaceitável, pois não se amolda à teoria mais moderna. Perante os termos peremptórios do ordenamento, a solução é realmente a anulação do negócio jurídico, ainda porque houve tentativa de modificação do texto no Código de 2002 nesse sentido, não atendida pela Comissão Revisora.

Será fraude contra credores qualquer ato praticado pelo devedor já insolvente ou por esse ato levado à insolvência com prejuízo de seus credores. Se tivermos em mente que o patrimônio do devedor responde por suas dívidas, que esse patrimônio possui ativo e passivo e se levarmos em conta que para o devedor insolvente o passivo supera o ativo, concluímos que, ao diminuir bens de seu patrimônio, está de certo modo alienando bens que pertencem mais propriamente a seus credores. Daí as medidas legais visando proteger os credores nessas situações.

5. Requisitos para a tipificação da fraude

São três os requisitos para a tipificação da fraude contra credores: a *anterioridade do crédito*, o *consilium fraudis* e o *eventus damni*.

A anterioridade do crédito em face da prática fraudulenta está expressamente prevista no art. 158, § 2º.

É facilmente perceptível a razão dessa exigência. Quem contrata com alguém já insolvente não encontra patrimônio garantidor. Os credores posteriores não encontram a garantia almejada pela lei. Sua obrigação é certificar-se da situação patrimonial do devedor.

Destarte, a matéria pode transferir-se para a prova acerca de quando foi o débito contraído; quando o foi por escrito particular. Se o documento foi registrado, a data do registro constatará a anterioridade do crédito, mormente porque o documento deve ser registrado para ter eficácia contra terceiros.

Outra hipótese a ser enfocada é a sub-rogação de crédito, quando esta é posterior ao ato fraudulento. Como a dívida é anterior, entendemos existir a anterioridade; a sub-rogação ou a cessão de crédito não desnaturam essa característica. O mesmo não se pode dizer da novação, em que há a extinção da obrigação anterior e constituição de uma nova.

Quanto aos créditos condicionais, no que tange ao crédito sob condição resolutiva, não há dúvida de que o ato fraudulento o atinge. Com relação aos créditos sob condição suspensiva, há divergências na doutrina, pois, sendo seu implemento futuro, resta saber como colocar o requisito da anterioridade do crédito. Acredita-se que, mesmo no caso de suspensividade da condição, há direito eventual do credor; existe, portanto, anterioridade; já pode ser resguardada qualquer violação de direito, como é a fraude contra credores.

Outra hipótese trazida pela doutrina diz respeito à fraude que objetiva o futuro. Ora, o credor posterior conhecia, ou devia conhecer, os atos ditos fraudulentos; não pode, pois, impugná-los. Caso não conhecesse as manobras, o vício seria outro, dolo ou simulação; nesse caso, a ação pauliana seria imprópria.

Não confunda, de qualquer forma, a fraude contra credores, no que diz respeito à anterioridade do crédito, com a fraude à execução, estatuída no CPC.

Da mesma forma, o *eventus damni* necessita estar presente para ocorrer a fraude tratada. Aqui não há divergência. Sem o prejuízo, não existe legítimo interesse para propositura da ação pauliana.

O objeto da ação é revogar o ato em fraude, ou, na forma acolhida pela doutrina, tornar a declarar a ineficácia do ato em relação aos credores. Esse ato danoso para o credor tanto pode ser alienação, gratuita ou onerosa, como remissão de dívida etc. Verifica-se o *eventus damni* sempre que o ato for a causa do dano, tendo determinado a insolvência ou a agravado. Protege-se o credor quirografário, bem como aquele cuja garantia se mostrar insuficiente (§ 1º). O dano, portanto, constitui elemento da fraude contra credores.

O terceiro requisito é elemento subjetivo, ou seja, o *consilium fraudis*. Em nosso direito, esse elemento subjetivo dispensa a intenção precípua de prejudicar, bastando para a existência da fraude o conhecimento dos danos resultantes da prática do ato. Em nossos ordenamentos civis, é diferente o tratamento para os atos ou negócios a título gratuito e a título oneroso. No que diz respeito aos casos de transmissão gratuita e de remissão de dívidas, nos termos desse art. 158, a fraude constitui-se por si mesma, independentemente do conhecimento ou não do vício. Basta o estado de insolvência do devedor para que o ato seja tido como fraudulento, pouco importando que o devedor ou o terceiro conhecesse o estado de insolvência. Tanto assim é que este último aspecto da ignorância do fato da insolvência pelo devedor, sempre decantado pela doutrina, foi expresso em boa hora no vigente Código nesse artigo.

Justifica a doutrina o dispositivo entre o beneficiado e os credores, os quais procuram a reparação de um prejuízo já causado. A lei protege os últimos, não só pelos princípios do locupletamento ilícito, como também porque quem está em estado de insolvência não está em condições de praticar liberalidades. Há, na realidade, presunção de má-fé.

Enunciado nº 151, III Jornada de Direito Civil – CJF/STJ: O ajuizamento da ação pauliana pelo credor com garantia real (art. 158, § 1º) prescinde de prévio reconhecimento judicial da insuficiência da garantia.

Enunciado nº 292, IV Jornada de Direito Civil – CJF/STJ: Para os efeitos do art. 158, § 2º, a anterioridade do crédito é determinada pela causa que lhe dá origem, independentemente de seu reconhecimento por decisão judicial.

Fraude contra credores – Ação pauliana - Doação e venda de parte de imóveis de titularidade dos devedores a seu filho, portador de microcefalia – Situação de insolvência que não foi afastada pelos apelantes – Prova que poderia ser realizada por mera apresentação de documentação de titularidade de outros bens - Fraude caracterizada – Artigo 158 do CC – Má-fé sinalizada pelo vínculo havido entre os alienantes – Irrelevância do donatário não ter participado do *consilium fraudis*, dada sua incapacidade – Suficiência da conduta maliciosa dos doadores – Ausência de ato que levasse ao início do cumprimento da obrigação em aberto – *Consilium fraudis* caracterizado – Desnecessidade de produção de prova oral ou pericial – Ineficácia da doação e submissão do patrimônio à constrição judicial – Alegação de cerceamento de defesa afastada – Recurso não provido (*TJSP* – Ap. 1001585-55.2018.8.26.0094, 24-3-2021, Rel. Mônica de Carvalho).

Apelação cível. Ação pauliana. Fraude contra credores. Alienação de imóvel por ex-prefeito (Restinga) a filhos. Negócio efetuado por valor irrisório em face ao valor venal, após investigações instauradas para apurar diversos atos de improbidade praticados pelo então Alcaide e depois de impedimento. Alegação de que a alienação da gleba rural ocorreu antes do ajuizamento das ações civis públicas. Sentença de primeiro grau que julgou procedente a ação. Manutenção que se impõe. 1. Fraude contra credores. Hipótese em que, ainda que a despeito da ventilada alienação ter ocorrido anteriormente ao ajuizamento das seis ações civis públicas por ato de improbidade, ficou configurado o *consilium fraudis*, no instante em que quando da assinatura da venda da gleba, o então alienante/requerido já era investigado pelas inúmeras irregularidades ocorridas durante seu mandato no Município de Restinga e após ter sofrido processo de *impeachment*. Compradores filhos. Fraude presumida. Filhos que não poderiam desconhecer a situação financeira insolvente do genitor. 2. Boa-fé que não pode ser reconhecida, pena de se albergar transação efetuada com cristalino intuito de frustrar execução e gerar insolvência para obviar direito de credores. 3. Sentença mantida. Recursos não providos (*TJSP* – Ap. 1022145.71.2016.8.26.0196, 30-10-2019, Rel. Oswaldo Luiz Palu).

Direito privado não especificado. Apelação cível. Ação pauliana. Anulatória de negócio jurídico. Alienação de imóvel. *Consilium fraudis* não demonstrado. Para o reconhecimento da fraude contra credores (art. 158 do CC), deve a parte-autora comprovar a anterioridade do seu crédito, o *consilium fraudis* (ciência de que o ato praticado pelo devedor provoca ou intensifica o seu estado de insolvência) e o *eventus damni* (insolvência). No caso, contudo, apesar de comprovada a anterioridade do crédito e a insolvência do devedor, não houve demonstração quanto ao *consilium fraudis*, ônus que competia, exclusivamente, à parte-demandante, nos termos do art. 373, inciso I, do CPC Assim, inviável a anulação do negócio jurídico entabulado entre os réus. Preliminar rejeitada. Apelação desprovida (*TJRS* – Ap. 70081226821, 23-05-2019, Rel. Voltaire de Lima Moraes).

Ação pauliana – **Fraude contra credores** que demanda requisitos legais específicos para sua caracterização, nos termos do art. 158, do CC. Ausência de *consilium fraudis* e de existência de crédito em benefício do Autor na hipótese dos autos, porque a doação de bens objeto da demanda foi estipulada em acordo firmado em Juízo, inclusive sob homologação judicial, sendo que o Autor figurava como advogado da Corré na época. Recurso dos réus provido (*TJSP* – Ap.

0036071-89.2012.8.26.0451, 2-12-2016, Relª Berenice Marcondes Cesar).

Art. 159. Serão igualmente anuláveis os contratos onerosos do devedor insolvente, quando a insolvência for notória, ou houver motivo para ser conhecida do outro contratante.

Essa hipótese é a tradicional no sistema e não dispensa o *consilium fraudis*. Diz a lei, porém, que a insolvência deve ser notória ou deve haver motivo para ser conhecida do outro lado contratante. Entendemos aqui, como alhures, que a matéria será resolvida exclusivamente dentro do bojo probatório da ação pauliana. A notoriedade e a ciência da insolvência pelo outro contratante dependem, exclusivamente, do caso concreto, podendo, no entanto, ser traçadas balizas para essa prova, mas nunca de forma inflexível. Importa também lembrar, como faz Jorge Americano (1932, p. 56), que

> "a alienação é o meio de converter os bens imóveis ou móveis de difícil ocultação, em moeda corrente, facilmente ocultável. Mas, outras vezes é o meio procurado pelo devedor para obter fundos com que manter o seu crédito e desembaraçar-se da má situação que considera passageira".

Serão importantes a sensibilidade do julgador e os valores em jogo. Daí por que a ciência da insolvência, por parte do adquirente, torna-se importante para o legislador. Essa notoriedade de que fala a lei não tem o mesmo conteúdo dos fatos notórios, meios de prova de processo, que não necessitam ser provados. Tal notoriedade de insolvência deve ser provada na ação pauliana, não se confundindo com os fatos notórios que eventualmente podem ser utilizados tanto nessa ação como em qualquer outra. Na verdade, dispensar a prova da notoriedade seria transformar o juiz em testemunha do fato sobre o qual se pronunciará.

Note, igualmente, que o conceito atual de fraude não implica a utilização de meios ilícitos. Pode o vício consistir em atos plenamente válidos, perfeitos e lícitos, mormente porque, sempre que desaparecer a insolvência, ainda que no curso de ação, desaparece o interesse para a demanda.

A intenção de prejudicar também não é exigência. Geralmente, quem contrata com insolvente não conhece seus credores. Se a intenção fosse erigida em requisito para a ação, estaria ela frustrada, porque muito difícil é o exame do foro íntimo do indivíduo. O requisito está, por conseguinte, na previsibilidade do prejuízo. Ou, fazendo um paralelo com o Direito Penal, basta a culpa para possibilitar a anulação do ato, não se exigindo o dolo.

Quem compra bem de agente insolvente, ou em vias de se tornar tal, deve prever que esse ato pode lesar credores. Não lhe é lícito ignorar que a lei proíbe a aquisição nessas circunstâncias, na proteção dos respectivos credores. Esse é o princípio legal. Contudo, o erro de fato aproveita ao terceiro adquirente se provar que a insolvência não era notória e que não possuía motivos para conhecê-la. Mas a prova lhe compete. Quanto ao próprio devedor, a fraude, nessas circunstâncias, é presumida.

A notoriedade, como expusemos, depende do caso concreto, mas a jurisprudência e a doutrina fixaram determinadas situações: amizade íntima entre o insolvente e o terceiro adquirente; seu parentesco próximo; protesto de cambiais; elevado número de ações de cobrança; empréstimos excessivos junto a instituições bancárias; pagamento de juros extorsivos etc. Fica, todavia, a critério do juiz decidir quando havia notoriedade e quando havia motivo para o outro contratante conhecer da insolvência do devedor, se o fato não for notório. A prova deve ser concludente, sendo de capital importância.

🔎 Direito civil e Processual Civil – Apelação cível – Ação de cobrança c/c pauliana – Escritura pública de comrpa e venda de imóvel – Pleito de anulação, fundado em alegação de ocorrência de fraude contra credores – Negócio jurídico oneroso – Requisitos do artigo 158 do Código Civil – Anterioridade do crédito, estado de insolvência do devedor e *concilium fraudis* – Ausência de comprovação – Fato constitutivo do direito invocado na inicial – Ônus da prova – Inteligência do artigo 373, inciso I, do vigente Código de Processo Civil – Recurso provido – Sentença reformada. Para que seja possível a invalidação de contrato de alienação onerosa de bens em razão ocorrência de fraude contra credores, é indispensável, a teor do que dispõe o artigo 159 do Código Civil, a demonstração da existência de crédito anterior e do estado de insolvência do devedor no momento da celebração do negócio, bem como a presença do *consilium fraudis*, traduzido no conluio entre as partes envolvidas, com a intenção de lesar credores. Incumbe ao autor o ônus da prova em relação aos fatos constitutivos do direito invocado na inicial, nos termos do artigo 373, inciso I, do Código de Processo Civil (*TJMG* – Ap. 1.0145.14.058021-1/002, 10-03-2020, Rel. Márcio Idalmo Santos Miranda).

🔎 Apelação – Ação pauliana ou revocatória – Venda de imóvel objeto de garantia anterior prestada em contrato de locação, firmado com o autor – **Insolvência presumida** – Dicção do disposto no art. 159 do CC – Retorno do status quo ante, a fim de não prejudicar o credor e recompor o patrimônio dos devedores para garantir a higidez de eventual cobrança – Requisitos da ação revocatória que se fizeram presentes, diante do acervo probatório existente nos autos – Os réus não se desincumbiram do seu ônus de afastar a constituição do direito da parte autora, nos termos do artigo 333, II do atual CPC – Recurso desprovido (TJSP – Ap. 0003826-08.2012.8.26.0004, 22-3-2016, Rel. Mario Chiuvite Junior).

> **Art. 160.** Se o adquirente dos bens do devedor insolvente ainda não tiver pago o preço e este for, aproximadamente, o corrente, desobrigar-se-á depositando-o em juízo, com a citação de todos os interessados.
> **Parágrafo único.** Se inferior, o adquirente, para conservar os bens, poderá depositar o preço que lhes corresponda ao valor real.

Esse artigo trata do instrumento que possui o adquirente para evitar a anulação do ato, mediante a ação pauliana. São requisitos, de acordo com esse dispositivo: que o adquirente não tenha pago o preço; que o preço do negócio seja aproximadamente o corrente; que seja feito o depósito desse preço em juízo, com citação de todos os interessados. O Código de 1916 exigia que fosse promovida a citação-edital de todos os interessados. O vigente Código suprime a referência à citação por edital, meio de conhecimento processual que traz mais problemas do que vantagens. Destarte, deverá ser obtida a citação pessoal dos interessados; a citação por edital será válida e necessária desde que obedecidos os princípios processuais para o caso concreto que a propicia.

O adquirente só pode valer-se desse meio se o preço contratado foi o justo, devendo consignar em juízo e citar todos os interessados. Há que se examinar, no caso concreto, quais são os verdadeiros interessados. No sistema de 1916, quanto à referência da citação por edital, nas edições anteriores desta obra observávamos: é claro que, se for possível, como medida de economia e de evidente segurança, a citação pessoal deveria ser preferida. A hipótese é de *fraude não concluída*.

O meio processual é a ação de consignação em pagamento, na qual algum credor poderá contestar e alegar que o preço não é real, não é o valor corrente de mercado. O deslinde caberá à perícia, que dirá se o preço é real ou não. Não deve ser negado, contudo, ao adquirente o direito de complementar o justo preço alcançado pela perícia, atingindo-se, então, a intenção da lei. Essa solução, viável no sistema anterior, está agora expressa no atual Código, no parágrafo único. De fato, pelo atual diploma, se o preço for inferior, o adquirente poderá depositar o preço faltante, para conservar os bens.

De acordo com o dispositivo sob exame, o adquirente que ainda não ultimou o pagamento pode optar por restituir o objeto comprado e desfazer o negócio ou depositar o preço. Essa opção é exclusivamente sua, não podendo os credores se insurgir contra a escolha, pois dela não lhes advirá prejuízo.

Carvalho Santos (s. d.) lembra a hipótese de o adquirente pagar preço correspondente à aquisição e de o devedor decidir não dar prejuízo a seus credores e, por isso, resolve ele depositar o preço, com fundamento no presente artigo. Conclui o autor que, apesar de o Código não prever a hipótese, não há razão para proibir tal iniciativa, não existindo substrato para que se anule o ato: o próprio devedor requererá o depósito do preço corrente e promoverá a citação de todos os seus credores. Não existindo, destarte, dano, não podem os credores recorrer à ação pauliana. Tanto faz ao credor que a coisa em espécie fique à disposição de seu crédito ou, melhor ainda, o equivalente em dinheiro.

⚖ Agravo de instrumento. Ação pauliana. Decisão interlocutória que indeferiu o pedido de protesto contra a alienação do imóvel vendido pelo devedor insolvente, bem como autorizou a caução da demanda pelo valor do crédito do autor. Inconformismo. Admissibilidade da averbação do protesto contra a alienação dos bens, mediante ordem judicial. Precedentes. Aplicabilidade do Provimento nº 20/2007 da CGJ. Prova pré-constituída que confere verossimilhança à teórica insolvência do réu, em face do qual corriam diversas execuções à época em que alienado o imóvel. Plausibilidade quanto à ciência da adquirente e a subadquirente do aludido bem de raiz. Pleito acolhido. Pretensão ao depósito judicial de numerário suficiente à quitação de todos os débitos do réu. Constitui faculdade do adquirente depositar em juízo o preço do imóvel para que possa conservar o bem (art. 160, parág. único, do Código Civil). Rejeição. Documentos novos juntados pelo agravante em sede recursal. Prova que sequer fora apreciada pelo juízo *a quo*. Princípio do duplo grau de jurisdição que deve ser observado. Agravo parcialmente provido (*TJSP, AI 2209233-42.2019.8.26.0000, 17-05-2020, Rel. Rômolo Russo*).

> **Art. 161.** A ação, nos casos dos arts. 158 e 159, poderá ser intentada contra o devedor insolvente, a pessoa que com ele celebrou a estipulação considerada fraudulenta, ou terceiros adquirentes que hajam procedido de má-fé.

1. Ação pauliana

Os credores que movem a ação o fazem em seu nome, atacando o ato fraudulento como um direito seu.

Quanto à natureza da ação pauliana, não concorda a doutrina. Sustentam alguns ser a ação real, enquanto outros a entendem direito pessoal. Esta última é a corrente majoritária. Sua finalidade é anular ato fraudulento, visando ao devedor alienante e ao adquirente, participantes da fraude. Na verdade, como apontamos, a real finalidade da ação é tornar o ato ou negócio ineficaz, proporcionando que o bem alienado retorne à massa patrimonial do devedor, beneficiando, em síntese, todos os credores. Se o ato houver sido gratuito, seu intento é evidentemente evitar o enriquecimento ilícito.

A natureza da ação é revocatória e tem por fim recomposição do patrimônio. Assim, não pode a ação ser proposta contra atos que não levaram o devedor à insolvência nem contra aqueles atos pelos quais o devedor deixou de ganhar algo.

De acordo com nosso estatuto civil (o antigo e o atual), só os credores quirografários podem exercer a ação. O credor com garantia pode também ajuizar a ação se a garantia for insuficiente: nesse caso, ele será um credor quirografário no montante no qual a garantia não o protege. Incumbe a esse credor provar que a garantia não é suficiente para cobrir a integralidade do crédito.

Apesar de nosso Código, nesse artigo, dispor que "*a ação, nos casos dos arts. 158 e 159, poderá ser intentada contra o devedor insolvente, a pessoa que com ele celebrou a estipulação considerada fraudulenta, ou terceiros adquirentes que hajam procedido de má-fé*", o que se deve entender na dicção legal é que a ação deverá ser movida contra todos os participantes do ato em fraude. Isso porque só com a participação de todos será atingido o objetivo de anulação ou ineficácia do negócio, com efeito de coisa julgada. Caso contrário, o ato seria anulado ou ineficaz para uns e não para outros, o que é inadmissível. Há alguns julgados que contrariam essa afirmação, mas são minoria.

O terceiro adquirente, como estatui o Código, pode ser chamado à relação processual em diversas hipóteses, desde que se constate conluio e sua má-fé. Esta existirá sempre que a insolvência for notória ou sempre que esse terceiro tiver motivos para conhecê-la.

Jorge Americano (1932, p. 83) lembra a hipótese de ação pauliana para anular instituição de bem de família em fraude contra credores. Nesse caso, a ação é movida tão só contra o instituidor, para fazer reverter o bem ao patrimônio alienável.

2. Fraude de execução

Embora os institutos tenham o mesmo sentido ontológico, não se confunde a fraude contra credores com a fraude de execução.

Dispõe o art. 792 do CPC:

"*A alienação ou a oneração de bem é considerada fraude à execução:*

I – quando sobre o bem pender ação fundada em direito real ou com pretensão reipersecutória, desde que a pendência do processo tenha sido averbada no respectivo registro público, se houver;

II – quando tiver sido averbada, no registro do bem, a pendência do processo de execução na forma do art. 828;

III – quando tiver sido averbado, no registro do bem, hipoteca judiciária ou outro ato de constrição judicial originário do processo onde foi arguida a fraude;

IV – quando ao tempo da alienação ou da oneração, tramitava contra o devedor ação capaz de reduzi-lo à insolvência;

V – nos demais casos expressos em lei."

As hipóteses do titular de bem que pretende furtar-se ao pagamento de seus credores podem ocorrer de duas formas, com denominação semelhante, mas origem diferente: a fraude contra credores e a fraude contra execução. Trata-se de dupla aplicação do vocábulo *fraude*, mas não há equivalência nos dois institutos, se bem que a finalidade seja a mesma.

Na fraude contra credores, o devedor adianta-se a qualquer providência judicial de seus credores para dissipar bens, surrupiá-los, remir dívidas, beneficiar certos credores etc. Nessa hipótese, o credor ainda não agiu em juízo, pois a obrigação pode estar em curso, sem poder ser exigido seu cumprimento. O interesse na fraude contra credores até aqui estudado é de âmbito privado. A insolvência do devedor é requisito fundamental para o instituto.

Na fraude de execução, o interesse é público, porque já existe demanda em curso. Não é necessário, portanto, que tenha sido proferida a sentença. O interesse é público porque existe processo, daí por que vem a matéria disciplinada no estatuto processual.

Na fraude de execução, o elemento *má-fé* é indiferente, tanto do devedor como do adquirente a qualquer título, pois é presumido. Nessa hipótese, existe mera declaração de ineficácia dos atos fraudulentos. Não se trata de anulação, como na fraude contra credores; conforme já mencionamos, a moderna doutrina tende a considerar esses negócios ineficazes.

Não sobra dúvida, no entanto, que ambos os institutos buscam a mesma finalidade, ou seja, proteger o credor contra os artifícios do devedor que procura subtrair seu patrimônio, furtando-se ao pagamento de uma obrigação. Ocorre na fraude de execução um procedimento mais simplificado para o credor, que não necessitará do remédio pauliano para atingir seus fins. O fato, porém, de o ato inquinado ser anulado na ação pauliana ou declarado ineficaz na fraude de execução não terá maior importância prática, desde que o credor seja satisfeito.

Note que, na fraude de execução, o ato apontado pode apresentar-se tanto sob as vestes da simulação como sob o manto da fraude propriamente dita. Os vícios equivalem-se nesse caso, não existindo a diferença que ocorre no direito privado.

O diploma processual refere-se não só à alienação dos bens em fraude, como também à oneração, nem sempre lembrada. A fraude do devedor pode ser tanto unilateral como bilateral. Importante, porém, para existir a fraude de execução, em qualquer das espécies descritas no Código processual, é que já exista ação judicial proposta. Observe que o atual CPC é mais descritivo que o estatuto processual anterior (art. 593). A averbação no registro imobiliário é elemento importante para a caracterização dessa fraude, embora nem sempre seja essencial. No caso do inciso IV desse art. 792, incumbe ao interessado que averbe a existência de ação ou procedimento capaz de levar o devedor à insolvência.

A ideia central da fraude de execução é impedir o descrédito do Poder Judiciário; impedir que o credor depois de mais ou menos longo caminho judicial veja frustrada sua pretensão e o adimplemento de seu crédito. A fraude está sempre um passo à frente da lei.

> "Com efeito, a fraude de execução, fruto da deturpação de valores e depravação de costumes, é prática costumeira, cuja severa repressão sempre se propugnou. Fato é que atualmente os expedientes empregados na prática de tal modalidade de fraude são cada vez mais sofisticados, dissimulados e difíceis de combater, sobretudo porque a mente fértil do fraudador não é acompanhada pela implementação de mecanismos importantes à erradicação dessa fraude (v. g., a saudável interligação dos cartórios de Registros de Imóveis de todo o País) e, tampouco, por uma evolução no pensamento da doutrina e da jurisprudência, ainda tímidas no seu reconhecimento" (CAIS, 2005, p. 2).

Tanto na fraude de execução, como na fraude contra credores, a alienação ou oneração, por si só, pode não configurar fraude, se o devedor possuir outros bens que suportem suas dívidas. Nesse caso, não haverá dano.

Sustentada e provada a fraude no curso da ação, pode o credor pedir a penhora do bem fraudulentamente alienado, pois tal alienação para o direito público é ineficaz em relação a terceiros. Estes, é claro, terão ação regressiva contra o transmitente para se ressarcirem do que pagaram, cumulada com perdas e danos, se presentes seus requisitos.

Desse modo, os casos capitulados no CPC trazem a

> "presunção peremptória de fraude, e por isso, em execução movida contra o alienante, a penhora pode recair sobre os bens transmitidos, como se não houvesse alienação. Mas fora dessas hipóteses, os atos de alienação em fraude de credor só podem ser anulados por demanda revocatória, ou pauliana, a fim de que possa, depois, a penhora recair sobre os bens alienados" (TORNAGHI, 1976, v. 1, p. 86).

A jurisprudência majoritária entende que a fraude de execução pode ocorrer a partir da citação, quando se tem a ação por proposta e ajuizada.

3. Ação revocatória falencial

Em que pese a ação revocatória na falência ter a mesma finalidade, esta não tem por objeto anular o ato, mas simplesmente torná-lo ineficaz em relação à massa. Não se confunde, portanto, com a ação pauliana.

O art. 52 da velha Lei de Falência dispunha: *"não produzem efeito relativamente à massa, tenha ou não o contratante conhecimento do estado econômico do devedor, seja ou não intenção deste fraudar credores"*. Vemos claramente que a natureza da ação era tornar tais atos *"sem efeito"*, ineficazes. A boa-fé do contratante também era irrelevante, assim como era irrelevante perquirir se houve intenção por parte do devedor em fraudar credores. A doutrina declarava que os atos do art. 52 apresentavam ineficácia objetiva, por não haver necessidade da *consilium fraudis*.

O art. 53 dispunha diferentemente e dizia que seriam revogáveis os atos praticados com a intenção de lesar os credores, sendo a prova da fraude necessária. Aqui, a ação é pauliana típica, porque exige o *consilium fraudis* e o *eventus damni*.

A ação do art. 52 exige que o ato tenha sido praticado no período suspeito da falência. No art. 53, é exigida a prova da fraude, sem a limitação do período suspeito.

A Lei nº 11.101/2005, Lei de Falências e de Recuperação de Empresas, mantém os mesmos princípios. O art. 129 relaciona os atos que *são ineficazes em relação à massa falida*, o que equivale à expressão *não produzir efeito*, embora com maior clareza, mantida em síntese a mesma redação do art. 52 da antiga lei. O art. 130 mantém a mesma noção do anterior art. 53: *"São revogáveis os atos praticados com a intenção de prejudicar credores, provando-se conluio fraudulento entre o devedor e o terceiro que com ele contratar e o efetivo prejuízo sofrido pela massa falida."*

A ação revocatória falencial existe tão só em razão da quebra. Caso haja outro remédio concursal, a ação perde, em princípio, sua razão de ser.

🔎 Apelação cível – Ação pauliana – Preliminar de cerceamento do direito de defesa – Produção de prova indeferida – Prova inútil – Rejeitar – Fraude contra credores – Insolvência – Conluio fraudulento – *Eventus damni* e *consilium fraudis* – Requisitos presentes. Existindo nos autos prova suficiente a formar o convencimento do juiz, não se deve admitir a produção de provas inúteis, irrelevantes ou desnecessárias. Pela dicção literal dos artigos 158 e 159 do Código Civil, infere-se que a preexistência das condições de credor e devedor é antecedente lógico necessário à ação pauliana, que trata exatamente da fraude contra credores. Para que haja ocorrência de fraude contra credores é necessária a configuração de seus requisitos: *eventus damni* e *consilium fraudis*. Deve-se manter a sentença que julgou procedente a ação pauliana, quando restarem configurados e comprovados os requisitos da fraude contra credores, quais sejam, o *eventus damni* e o *consilium fraudis* (*TJMG* – Ap. 1.0205.15.000846-9/001, 10-02-2020, Rel. Pedro Aleixo).

🔎 Agravo de instrumento – Execução por título extrajudicial – Indeferimento de penhora de imóvel – Alegação de que o executado fraudulentamente transmitiu de forma gratuita um imóvel de sua propriedade, por ocasião de divórcio e partilha, à sua ex-esposa, situação que alegadamente o levou à insolvência – Pretensão de penhora do referido imóvel – Descabimento – Fatos narrados que ocorreram muito antes da propositura da execução originária, o que impede a aplicação do instituto da fraude à execução – Inexistência de prova da fraude contra credor, cuja análise demandaria o ingresso de ação própria (art. 161 do Código Civil) – Responsabilidade patrimonial que deve limitar-se aos bens que integram o patrimônio do devedor no momento em que o ato executivo (a penhora, no caso) for praticado – Executado que não figura como proprietário do imóvel constrito – Necessidade de que os atos de constrição de bens observem o princípio da legalidade (arts. 789 e 790 do CPC e art. 5º, inc. II, da CF) – Decisão mantida – Recurso improvido (*TJSP* – AI 2220852-66.2019.8.26.0000, 20-11-2019, Rel. Correia Lima).

⚖ Apelação – **Ação pauliana** – Avalista de quinze cheques não compensados – Doação de imóvel às filhas e esposa – *Consilium fraudis* presente – Insolvência confessada – Fraude presumida, quando a alienação decorre de ato gratuito. Claro intuito de se evitar constrição judicial. Fraude a credores reconhecida. Alegação de impenhorabilidade de bem cuja análise não cabe nesta ação. Arguição deverá ser apresentada em momento processual oportuno. Sentença mantida, por seus próprios fundamentos, nos termos do artigo 252 do Regimento Interno deste E. Tribunal. Recurso não provido (*TJSP* – *Ap.* 0026762-90.2009.8.26.0114, 19-4-2016, Rel. Edson Luiz de Queiroz).

Art. 162. O credor quirografário, que receber do devedor insolvente o pagamento da dívida ainda não vencida, ficará obrigado a repor, em proveito do acervo sobre que se tenha de efetuar o concurso de credores, aquilo que recebeu.

Pelo princípio aqui estampado, o credor quirografário, isto é, aquele sem maior garantia, que receber do devedor insolvente o pagamento da dívida ainda não vencida fica obrigado a repor o que recebeu, em benefício do acervo. A redação original do Código de 1916 também aqui falava em *massa*. A atual, mantida neste Código, fala em *acervo do concurso de credores*. Pelo procedimento do devedor insolvente houve benefício a um de seus credores. Esse credor adquiriu situação mais favorável do que a dos outros. Deve ser restabelecida a igualdade entre eles para eventual rateio. Cuida-se do princípio da paridade dos credores da mesma natureza. São requisitos para a ação pauliana, sob o fundamento do art. 162: que a dívida não esteja vencida, que tenha sido paga por credor insolvente e que o pagamento seja feito a credor quirografário. Se a dívida for vencida, o pagamento subsistirá, evidentemente.

Como vemos, a fraude contra credores só ocorre, nessa hipótese, no pagamento antecipado. Na dação em pagamento, pode surgir a fraude, mesmo no caso de dívida vencida. É o caso de o bem dado em pagamento suplantar a dívida; evidentemente, haverá excesso em prejuízo dos credores. Esse excesso ou é doação ou negócio oneroso e, nesse caso, cabível a ação pauliana.

Também nesse dispositivo exige-se a ciência da insolvência por parte do credor que recebe antecipadamente. O princípio do art. 159 é geral, aplicável a todos os negócios onerosos.

O pagamento antecipado feito a credor privilegiado também pode ocasionar dano aos credores, quando o pagamento ocorrer em valor superior ao bem dado em garantia. Nesse caso, o que superar o valor do bem deve ser entendido como pagamento feito a credor quirografário e, portanto, anulável.

Cumpre notar que, uma vez procedente a ação pauliana com fundamento nesse artigo, deve o credor então beneficiado repor o que recebeu, não para o autor da ação pauliana, mas para o acervo de bens. Reside nesse aspecto, processualmente, uma das particularidades interessantes da ação pauliana, tanto que se defende que se trata de ineficácia do ato. Qualquer credor pode ingressar como assistente litisconsorcial do autor (art. 124 do CPC).

Art. 163. Presumem-se fraudatórias dos direitos dos outros credores as garantias de dívidas que o devedor insolvente tiver dado a algum credor.

A ação pauliana com fundamento nesse dispositivo tem por fim anular as garantias dadas. Aqui, a ação pode ser intentada ainda que o credor não conheça o estado de insolvência, pois se trata de presunção absoluta. Uma vez que as garantias pessoais em nada afetam o patrimônio do devedor, o texto refere-se evidentemente às garantias reais.

No tópico ora examinado, não importa o fato de a dívida estar vencida ou não. O art. 823 do Código de 1916 tratava de caso de nulidade de hipoteca se feita nos 40 dias anteriores à quebra. Também é caso de presunção de fraude. O dispositivo do art. 163 do atual, porém, tratam de ato anulável e não nulo.

⚖ Agravo de instrumento – Discussão sobre tentativa de fraude à execução por meio de dação de imóvel em pagamento – Decisão agravada não reconheceu fraude e indeferiu o bloqueio de matrícula de imóvel – Inconformismo – Não acolhimento – A despeito da notória situação de insolvência do Grupo Esser e da existência de ações judiciais em face das empresas dele, não é o caso de fraude contra credores – Dação em pagamento foi realizada em benefício de outros credores (sócios participantes), o que afasta a alegação de tentativa de esvaziamento de patrimônio – Em realidade, a dação em pagamento evidencia a escolha de dar preferência a alguns credores (sócios participantes) em detrimento de outros (bancos), enquanto ainda não forem efetivadas as averbações indicadas no art. 792, do CPC, ou o registro de eventual penhora (súmula 375, do STJ) – Decisão mantida – Recurso desprovido (*TJSP* – AI 2061741-80.2018.8.26.0000, 09-09-2018, Rel. Grava Brazil).

⚖ Execução – Confissão de dívida garantida por hipoteca – Dação em pagamento – Quitação – Credor hipotecário que em seguida vende o imóvel que serviu de hipoteca a terceiros. Decisão agravada que reconhece **fraude à execução** e ineficácia da alienação posterior à dação. Terceiros adquirentes e atuais detentores do domínio que não integraram a lide, apesar de diretamente atingidos pela decisão. Necessidade de oportunizar aos atuais proprietários do imóvel adquirido do credor hipotecário de se manifestarem sobre a fraude que lhes anulou a aquisição. Ofensa aos princípios do contraditório e da ampla defesa. Cerceamento de defesa configurado. Decisão agravada cassada. Agravo de instrumento provido para cassar a decisão agravada (*TJPR* – AI 1476758-5, 4-7-2015, Rel. Des. Hamilton Mussi Correa).

Art. 164. Presumem-se, porém, de boa-fé e valem os negócios ordinários indispensáveis à manutenção de estabelecimento mercantil, rural, ou industrial, ou à subsistência do devedor e de sua família.

A disposição é de sentido evidente, pois, caso contrário, o devedor estaria fadado ineluctavelmente à insolvência ou à falência. O fato de ele poder continuar produzindo é meio de subsistência não só seu, mas também garantia para os credores. O princípio deve ser visto de forma mais ampla, abrangendo todas as atividades essenciais do devedor. A questão de saber se os negócios praticados eram essenciais à manutenção do patrimônio do devedor e se podiam ser classificados como atividade ordinária de seu comércio é tarefa para o juiz e fatalmente dependerá de perícia. Essa prova deverá por vezes descer a minúcias.

Art. 165. Anulados os negócios fraudulentos, a vantagem resultante reverterá em proveito do acervo sobre que se tenha de efetuar o concurso de credores.
Parágrafo único. Se esses negócios tinham por único objeto atribuir direitos preferenciais, mediante hipoteca, penhor ou anticrese, sua invalidade importará somente na anulação da preferência ajustada.

Quanto aos efeitos da ação pauliana, várias eram as soluções que o legislador poderia adotar.

No tocante aos credores, as legislações optam por três tipos de efeitos:

1. restitui-se o objeto do ato invalidado ao patrimônio do devedor, aproveitando indistintamente essa invalidação a todos;
2. restitui-se o objeto do ato invalidado ao patrimônio do devedor, aproveitando apenas aos credores anteriores ao ato;
3. faz-se aproveitar a invalidação apenas aos que a promoveram.

O presente dispositivo, que acompanha o texto do estatuto anterior, mostra-se de certa forma incoerente, porque a redação original do Código de 1916 dizia que a vantagem resultante da anulação reverteria em proveito da *massa*, numa referência à insolvência civil então adotada. A redação final substituiu o termo *massa* pela expressão *acervo sobre que se tenha de efetuar o concurso de credores*. Portanto, por esse dispositivo, a anulação aproveita a todos os credores sem distinção, quirografários ou privilegiados. Ainda que não exista concurso de credores aberto, o resultado da ação beneficia a todos os credores. Não será fácil, nessas premissas, conciliar os princípios processuais da coisa julgada, pois há terceiros juridicamente interessados, atingidos pela sentença, que não serão obrigados a respeitá-la no caso de improcedência, por exemplo.

Por outro lado, a anulação só será acolhida até o montante do prejuízo dos credores.

Se o escopo dos atos revogados era apenas atribuir preferências a determinado credor, o efeito da ação importará tão só no desaparecimento de dita preferência, como estatui o parágrafo único.

⚖ Agravo de instrumento. Veículos. Ação de cobrança em fase de cumprimento da sentença. Título executivo judicial. Responsabilidade dos garantes-fiadores. Hipoteca de bem imóvel oferecida como garantia de pagamento de dívida futura. Caracterização. Alienação da propriedade objeto de garantia para terceiro após a ação de conhecimento. Negócio jurídico anulado considerado fraudulento com o restabelecimento da hipoteca. Propositura de atual demanda pela agravante arguindo irregularidade na constituição da garantia hipotecária. Pedido rejeitado na impugnação. Suspensão do processo. Prejudicialidade externa. Questão principal da eficácia da hipoteca já decidida em anterior processo. Penhora do bem, inclusive após declaração de ineficácia da alienação em face da credora (fraude à execução). Alegação prejudicial afastada. Recurso improvido. No caso, não há que falar em prejudicialidade externa com relação às irregularidades levantadas na constituição da hipoteca do bem imóvel debatidas na atual demanda ajuizada pela agravante em face da agravada. Oferecido bem imóvel como garantia para pagamento de dívida estabelecida na ação de cobrança movida pela agravada em face da agravante, no curso da ação de conhecimento a propriedade foi alienada para terceiro. Considerado fraudulento, o negócio jurídico realizado foi anulado mediante o restabelecimento da garantia, desfazendo-se qualquer invalidade da obrigação principal constituída no título executivo judicial já transitado em julgado. Decorre que a agravante ajuizou nova demanda anulatória questionando irregularidades na hipoteca, mas tal questão não tem o condão de atingir o que já foi decidido. Sem embargo, incidente a penhora sobre bem alienado em fraude à execução, não há que se cogitar de prejudicialidade externa hábil a ensejar a suspensão do curso da presente execução (*TJSP* – AI 2107904-21.2018.8.26.0000, 13-08-2018, Rel. Adilson de Araujo).

Execução de título extrajudicial – Penhora – Pretensão de que a constrição recaia sobre imóvel cuja doação fora anulada em ação pauliana promovida por outro credor – Possibilidade: Nos termos do art. 165, do Código Civil, com a anulação do negócio fraudulento, o bem retorna ao acervo do devedor, beneficiando a todos os credores e não apenas ao autor da ação que ensejou a anulação. Recurso provido (*TJSP* – AI 2195149-41.2016.8.26.0000, 08-02-2017, Rel. Nelson Jorge Júnior).

CAPÍTULO V
Da Invalidade do Negócio Jurídico

Art. 166. É nulo o negócio jurídico quando:
I – celebrado por pessoa absolutamente incapaz;
II – for ilícito, impossível ou indeterminável o seu objeto;
III – o motivo determinante, comum a ambas as partes, for ilícito;
IV – não revestir a forma prescrita em lei;
V – for preterida alguma solenidade que a lei considere essencial para a sua validade;
VI – tiver por objetivo fraudar lei imperativa;
VII – a lei taxativamente o declarar nulo, ou proibir-lhe a prática, sem cominar sanção.

1. Introdução ao estudo das nulidades do negócio jurídico

Trataremos do negócio jurídico *ineficaz* e da *ineficácia* dos negócios jurídicos em sentido genérico, abrangendo os fenômenos da *inexistência, nulidade* e *anulabilidade*, como específicos de ineficácia. O conceito de invalidade é vasto, abarcando todos esses fenômenos.

Não há uniformidade na doutrina a respeito da terminologia; pelo contrário, cada autor busca apresentar sua própria classificação. Será estampada aqui a teoria da ineficácia de forma lógica, sem grandes arroubos de profundidade; pretende-se, porém, clareza de conceitos.

Quando o negócio jurídico se apresenta de forma irregular, defeituosa, tal irregularidade ou defeito pode ser mais ou menos grave, e o ordenamento jurídico pode atribuir reprimenda maior ou menor. Ora a lei simplesmente ignora o ato, pois não possui mínima consistência, nem mesmo aparece como simulacro perante as vistas do direito, que não lhe atribui qualquer eficácia; ora a lei fulmina o ato com pena de nulidade, extirpando-o do mundo jurídico; ora a lei o admite, ainda que viciado ou defeituoso, desde que nenhum interessado se insurja contra ele e postule sua anulação. Traçamos, pois, aqui as três categorias de ineficácia dos negócios jurídicos: negócios inexistentes, nulos e anuláveis. Tal divisão tripartida, todavia, ainda que implicitamente admitida pela lei, recebe tratamento legal por vezes confuso, mormente no Código de 1916, o que dá margem a criação própria, com várias correntes de pensamento. Nosso ordenamento atual, a exemplo do revogado, não contemplou o conceito de rescindibilidade, questão que já foi versada quando vimos os efeitos da fraude contra credores. O estatuto preocupou-se com as categorias de nulidade e anulabilidade.

A ineficácia, no sentido geral, é a declaração legal de que os negócios jurídicos não se amoldam aos efeitos que ordinariamente produziriam. Sem dúvida, a ineficácia, por qualquer de suas formas, tem sentido de pena, punição pelo fato de os agentes terem transgredido os requisitos legais. Essa pena ora tem o interesse público a respaldá-la, como nos atos ou negócios inexistentes e nulos, ora o simples interesse privado, em que a lei vê o defeito de menor gravidade, como nos atos ou negócios anuláveis.

O vocábulo *ineficácia* é empregado para todos os casos em que o negócio jurídico se torna passível de não produzir os efeitos regulares. Quando o negócio jurídico é declarado judicialmente defeituoso, torna-se *inválido*. Nesse sentido, há que se tomar o termo *invalidade*.

2. Nulidade

A função da nulidade é tornar sem efeito o ato ou negócio jurídico. A ideia é fazê-lo desaparecer, como se nunca houvesse existido. Os efeitos que lhe seriam próprios não podem ocorrer. Trata-se, portanto, de vício que impede o ato de ter existência legal e produzir efeito, em razão de não ter sido obedecido qualquer requisito essencial.

Nos casos de nulidade absoluta, em contraposição à nulidade relativa, que é a anulabilidade, existe interesse social, além de interesse individual, para que o ato não ganhe força.

O rol de nulidades no art. 166 foi aparentemente alargado. A ocorrência de qualquer das hipóteses aí elencadas é reputada pela lei como séria causa de sua infringência; provoca, como reação do ordenamento, a decretação de nulidade. Essa nulidade pode inquinar todo o ato, como regra, *nulidade total*, ou apenas parte dele, *nulidade parcial*, se assim o ordenamento e a natureza do negócio o permitirem.

Da mesma forma, deixa de ter fundamento legal o ato quando tiver por objeto coisa ilícita ou impossível. O objeto é ilícito quer por afrontar a moral, quer por afrontar os bons costumes, assim tidos como tal de acordo com a moral vigente na época. Este Código ainda acrescenta nesse tópico que o objeto do negócio jurídico deva ser *determinável*. Não é necessário que o objeto exista e que seja perfeitamente delineado quando do negócio, tanto que é possível a compra e venda de coisa futura; o que se exige é que o objeto seja identificável, sob pena de tornar o negócio írrito porque vazio de conteúdo.

O presente dispositivo menciona também que haverá nulidade quando o *motivo determinante*, comum a ambas as partes, for ilícito. Aqui, não se trata pura e simplesmente de objeto ilícito, embora a espécie assim devesse ser tratada pelo Código de 1916. A matéria tem a ver, embora não exclusivamente, com a simulação, onde há conluio para mascarar a realidade. Se ambas as partes se orquestrarem para obter fim ilícito, haverá nulidade. Nem sempre será fácil distinguir o objeto ilícito do motivo determinante comum ilícito. Assim, a compra e venda de um lupanar possui em si a finalidade ilícita. O financiamento, conhecido de ambas as partes, com a finalidade de adquirir esse conventilho ingressa no motivo determinante que tornará o negócio nulo. Veja o que comentamos a esse respeito do motivo e da causa. No caso, se uma só das partes conhecer da finalidade ilícita, não há nulidade do negócio quanto ao motivo determinante, porque o que se pune é o negócio na integralidade. Quando um só dos partícipes estiver ciente da ilicitude, não há como nulificar o negócio sob pena de constante instabilidade no mundo jurídico. A ciência de ambas as partes quanto ao motivo determinante é matéria de prova; nem sempre fácil, por sinal.

É evidente a necessidade de ser obedecida determinada forma para alguns negócios jurídicos. Sua preterição, quando exigida, acarretará a nulidade.

O ato também será nulo quando preterida qualquer solenidade considerada essencial pela lei para sua validade. É o caso, por exemplo, do testamento que em suas formas ordinárias pedia cinco testemunhas, no Código de 1916. Um testamento realizado perante número inferior, sob a égide do antigo ordenamento, será nulo. No Código de 2002, esse número de testemunhas é reduzido, de acordo com a modalidade de testamento, duas para os testamentos público e cerrado e três, pelo menos, para o testamento particular (arts. 1.864, II; 1.868, I, e 1.876, § 2º).

A lei menciona ainda que o negócio será nulo quando taxativamente o ordenamento o disser. São vários os casos pontilhados no Código que se inserem nesse dispositivo. A lei pode expressamente declarar nulo determinado negócio. Assim por exemplo:

"Art. 1.548. É nulo o casamento contraído:
I – (Revogado pela Lei nº 13.146/2016.);
II – por infringência de impedimento."

"Art. 489. Nulo é o contrato de compra e venda, quando se deixa ao arbítrio exclusivo de uma das partes a fixação do preço."

Muitas outras hipóteses podem ser lembradas, como as dos arts. 142, 548, 549 etc.

Na expressão *quando "a lei taxativamente o declarar nulo,* ou proibir-lhe a prática, sem cominar sanção" devem ser compreendidas outras situações que atingem a mesma finalidade.

Desse modo, são também casos de nulidade os dispositivos que surgem com as expressões: "*não terá validade*"; "*não vale*"; "*será de nenhum efeito*"; "*não produzirá efeito*"; "*sob pena de nulidade*", e outras equivalentes. Por vezes, a lei usa de expressões como: "*não pode*"; "*não é lícito*"; "*não é permitido*", e outras semelhantes. Nesses casos, incumbirá ao intérprete, em interpretação sistemática, verificar se se trata de nulidade ou anulabilidade. Observe-se, ainda, que, quando a lei tolhe o efeito do ato, está suprimindo-lhe a eficácia. Preferiu a nova lei suprimir essa expressão ambígua.

O presente Código, também, em socorro à maior compreensão do tema, diz que o negócio jurídico será nulo quando a lei proibir-lhe a prática, sem cominar sanção. Desse modo, fica mais simples o raciocínio do intérprete: perante as expressões encontráveis: "*não pode*", "*é vedado*", "*é proibido*" etc. sem qualquer observação sancionatória diversa, o negócio será nulo. Advirta-se, contudo, que em Direito qualquer afirmação peremptória é arriscada: poderão existir situações nas quais o negócio se apresenta aparentemente como nulo, mas a interpretação sistemática o faz entendê-lo como anulável. De qualquer forma, o caminho torna-se mais seguro para o exegeta com a nova dicção legal.

Devemos ter em mente que a nulidade repousa sempre em causas de ordem pública, enquanto a anulabilidade tem em vista mais acentuadamente o interesse privado. Essa perspectiva deve sempre estar presente no exame das nulidades.

Ao estudarmos a fraude em geral, quando do exame dos artigos referentes à fraude contra credores, vimos que se trata de vícios de muitas faces. O fraudador procura mascarar seu ato; nunca transgride a lei de forma visível e frontal. Sempre se reclamou um dispositivo genérico sobre a fraude, dando mais conforto ao julgador ao concluir pela nulidade do negócio. Nesse diapasão, o art. 166, VI, é expresso ao considerar nulo o negócio jurídico quando tiver por objetivo fraudar lei imperativa. A lei dispositiva, aquela que permite às partes dispor diferentemente, podendo ser desconsiderada pelos interessados, não ocasiona nulidade. A lei poderia ter, nesse caso, optado pela ineficácia do ato, mas optou pela nulidade.

Em geral, prova-se o ato nulo de forma objetiva, pelo próprio instrumento ou por prova literal. Poderá ocorrer, porém, com menos frequência, que a nulidade necessite ser provada, caso seja contestada ou posta em dúvida, como é o caso de ato praticado pelo alienado mental, antes de sua interdição, da hipótese do motivo ilícito bilateral ou da fraude mencionadas. Tais circunstâncias deverão ser provadas para que se constate a nulidade.

Como foi explanado, a lei declara a nulidade por diversas formas, não havendo fórmula sacramental, o que, aliás, é inconveniente por não conferir a devida certeza ao intérprete. Ora a lei estipula explicitamente, declarando que o ato é nulo em determinada circunstância;

ora o proíbe terminantemente; ora fulmina o ato em termos imperativos. Há, porém, circunstâncias em que a lei não estatui expressamente nulidade do ato; o texto não a menciona, mas esta é subentendida. Daí distinguirem-se duas espécies de nulidades: *nulidade textual* e *nulidade virtual*.

É *nulidade textual* aquela disciplinada expressamente na lei. É *nulidade virtual* aquela implícita no ordenamento, depreendendo-se da função da norma na falta de sanção expressa. A determinação das nulidades virtuais é custosa, pois não existe critério seguro, de ordem geral, a autorizar sua conclusão. No direito de família, por exemplo, só se têm admitido nulidades textuais, enquanto nos outros campos do Direito Civil se admite a nulidade virtual. A propósito, o sistema de nulidade no direito de família possui características próprias, não se submetendo tão só às regras gerais aqui estudadas. Desse modo, quando se examinam nulidades em matéria de casamento, sua decretação e os respectivos efeitos obedecerão a princípios peculiares.

A nulidade é insuprível pelo juiz, de ofício ou a requerimento das partes. O ato ou negócio nulo não pode ser ratificado. Se as partes estão de acordo em obter efeitos jurídicos para o ato viciado praticado, só conseguirão isso praticando-o novamente, seguindo, então, todas as formalidades. Há, no caso, o perfazimento de um segundo ato, pois o primeiro está irremediavelmente nulo. Apenas impropriamente pode ser denominado esse segundo ato ou negócio (e agora válido) de confirmação do primeiro. Tal não ocorre, como veremos, nos atos anuláveis que podem ser ratificados.

Assim, uma compra e venda realizada por menor impúbere sem representação legal é nula. Para que o negócio valha, deve ser repetido com a presença do representante legal do menor. Só tem existência legal o segundo negócio. A partir dele é que se produzirão os efeitos da compra e venda; o primeiro negócio, nulo, nenhum efeito produz.

Enunciado nº 616, VIII Jornada de Direito Civil – CJF/STJ: Os requisitos de validade previstos no Código Civil são aplicáveis aos negócios jurídicos processuais, observadas as regras processuais pertinentes.

Apelação cível. Ação de anulação de negócio jurídico c/c perdas e danos. Preliminar. Cerceamento de defesa. Indeferimento de prova pericial. Afastamento. Contrato de compra e venda. Vício de consentimento. Não comprovação. Anulação do contrato. Impossibilidade. Sentença mantida. I – A prova é dirigida ao juiz, podendo este indeferi-la, se considerá-la impertinente, ou determinar sua realização nos casos em que julgá-la imprescindível, o que não acarreta cerceamento de defesa. II – O art. 166 do Código Civil dispõe ser nulo o negócio jurídico quando celebrado por pessoa absolutamente incapaz, a qual não tem o necessário discernimento para a prática dos atos civis. III – Para que seja declarada a nulidade do negócio jurídico, fundado em erro ou dolo, faz-se imprescindível a prova inequívoca do vício de consentimento. III – No nosso ordenamento jurídico, o direito de alegar está intrinsecamente associado ao direito de provar, prevalecendo a máxima de que "fato alegado e não provado equivale a fato inexistente". Desta feita, não tendo havido provas de qualquer vício capaz de macular o negócio jurídico firmado entre as partes, é de rigor a sua manutenção. IV – Recurso conhecido e não provido (*TJMG* – Apelação Cível 1.0000.20.045733-1/001, 15-06-2020, Rel. Vicente de Oliveira Silva).

Recursos especiais. Ação declaratória de nulidade. 1. Alteração contratual realizada mediante falsificação da assinatura do sócio controlador da empresa. Convalidação admitida pelas instâncias ordinárias. 2. Negócio jurídico nulo de pleno direito. Ausência de manifestação da vontade do declarante. Ilicitude da operação realizada. Inteligência do art. 166, II, do Código Civil. 3. Impossibilidade de ratificação (convalidação). Art. 169 do Código Civil. Norma cogente. Nulidade absoluta (*ex tunc*). Violação ao interesse público. Negócio realizado por meio de cometimento de crime previsto no Código Penal. Suprimento da nulidade pelo juiz. Inviabilidade. Art. 168, parágrafo único, do CC/02. (...) 2. A questão posta em discussão trata de nulidade absoluta, pois o art. 166, inciso II, do Código Civil proclama ser nulo o negócio quando for ilícito o seu objeto, valendo ressaltar que essa ilicitude não é apenas do bem da vida em discussão, mas, também, da própria operação jurídica realizada, a qual, no caso, configura, inclusive, crime previsto no Código Penal. 2.1. Com efeito, embora não haja qualquer vício no objeto propriamente dito do negócio jurídico em questão (cessão das cotas sociais da empresa Servport), a operação realizada para esse fim revela-se manifestamente ilícita (falsificação da assinatura de um dos sócios), tornando o negócio celebrado nulo de pleno direito, sendo, portanto, inapto a produzir qualquer efeito jurídico entre as partes. 3. A teor do disposto nos arts. 168, parágrafo único, e 169, ambos do Código Civil, a nulidade absoluta do negócio jurídico gera, como consequência, a insuscetibilidade de convalidação, não sendo permitido nem mesmo ao juiz suprimir o vício, ainda que haja expresso requerimento das partes. 4. Ademais, a manutenção do arquivamento de negócio jurídico perante a Junta Comercial, cuja assinatura de um dos declarantes é sabidamente falsa, ofende, ainda, o princípio da verdade real, o qual norteia o sistema dos registros públicos. 5. Se as partes tinham interesse em manter a transferência das cotas da empresa Servport, deveriam renovar (repetir) o negócio jurídico, sem a falsificação da assinatura de quaisquer dos envolvidos, ocasião em que os efeitos seriam válidos a partir de então, isto é, a alteração do quadro societário somente se daria no momento do novo negócio jurídico, o que, contudo, não ocorreu na espécie. 6. Recursos especiais providos (*STJ* – Resp 1.368.960 – RJ, 07-06-2016, Rel. Min. Marco Aurélio Bellizze).

Art. 167

⚖️ Ação declaratória de nulidade – **Negócio jurídico celebrado por incapaz** – Comprovação nos autos de que a autora-apelante era portadora de distúrbio incapacitante à época em que firmou contratos com o réu-apelado – Nulidade reconhecida – Comprovada a incapacidade na data da celebração do negócio jurídico, reconhece-se a sua nulidade nos termos do art. 166, inciso I, do Código Civil, ainda que anterior à decretação da interdição do incapaz – Ausência de comprovação do dano material alegado e da má-fé do réu – Dano material e moral não caracterizados. Recurso provido em parte (*TJSP – Ap.* 0329642-19.2007.8.26.0577, 1º-11-2016, Rel. Nelson Jorge Júnior).

Art. 167. É nulo o negócio jurídico simulado, mas subsistirá o que se dissimulou, se válido for na substância e na forma.

§ 1º Haverá simulação nos negócios jurídicos quando:

I – aparentarem conferir ou transmitir direitos a pessoas diversas daquelas às quais realmente se conferem, ou transmitem;

II – contiverem declaração, confissão, condição ou cláusula não verdadeira;

III – os instrumentos particulares forem antedatados, ou pós-datados.

§ 2º Ressalvam-se os direitos de terceiros de boa-fé em face dos contraentes do negócio jurídico simulado.

1. Simulação. Conceito

Simular é fingir, mascarar, camuflar, esconder a realidade. Juridicamente, é a prática de ato ou negócio que esconde a real intenção. A intenção dos simuladores é encoberta mediante disfarce, subterfúgio, parecendo externamente negócio que não é espelhado pela vontade dos contraentes. As partes não pretendem originalmente o negócio que se mostra à vista de todos; objetivam tão só produzir *aparência*. Trata-se de declaração enganosa de vontade.

A característica fundamental do negócio simulado é a divergência intencional entre a vontade e a declaração. Há, na verdade, oposição entre o pretendido e o declarado. As partes desejam mera aparência do negócio e criam ilusão de existência. Os contraentes pretendem criar aparência de um ato, para assim surgir aos olhos de terceiros.

A disparidade entre o desejado e o manifestado é produto da deliberação dos contraentes. Na simulação, há conluio. Existe uma conduta, um processo *simulatório*; acerto, concerto entre os contraentes para proporcionar aparência exterior do negócio. A simulação implica, portanto, mancomunação. Seu campo fértil é dos contratos, embora possa ser encontrada nos atos unilaterais recíprocos. A simulação implica sempre conluio, ligação de mais de uma pessoa para criar a aparência.

Trata-se de chamado vício social, por diferir dos vícios de vontade. No erro, o declarante tem representação errônea da realidade, induzindo-o a praticar negócio não desejado; daí a disparidade da vontade. No dolo, o erro é induzido por outrem. Na coação, a violência conduz a vontade. Na simulação, as partes em geral pretendem criar na mente de terceiros falsa visão do pretendido.

Estampa-se a simulação, na prática, de várias formas, dentro do que pretende a dicção legal, quer por interposta pessoa, caso do inciso I do dispositivo, quer por manifestação de vontade não verdadeira, como está no inciso II, casos mais encontradiços nos tribunais.

Assim, já se decidiu que a cessão onerosa de meação à mulher disfarça doação que atenta contra o regime da separação legal de bens entre os cônjuges:

> "*Se a mulher não tinha pecúnia bastante para pagar o preço constante de escritura de compra e venda de meação do seu marido, com o qual era casada no regime de separação legal de bens, resulta a convicção de que tal cessão onerosa nada mais foi que simulação, para infringência da proibição contida na parte final do artigo 226 do Código Civil*" (*RT* 440/87).

2. Requisitos

Voltando ao conceito podemos configurar a simulação quando existe divergência intencional entre a vontade e a declaração, emanada do acordo entre os contratantes, com o intuito de enganar terceiros. Daí podemos extrair os elementos do instituto.

Há *intencionalidade* na divergência entre a vontade e a declaração. Trata-se da consciência por parte do declarante ou declarantes de que a emissão de vontade não corresponde a sua vontade real. O declarante não só sabe que a declaração é errônea, como também quer emitir essa vontade. É divergência livre, querida, desejada pelo declarante. A declaração de vontade é livre. Caso tal declaração fosse conduzida por violência, não haveria espontaneidade e estaríamos perante coação. É por meio desse elemento que distinguimos o vício social da simulação.

Existe, também, *acordo simulatório*, concerto, ajuste entre os contraentes, conforme já dito. O campo fértil da simulação é o dos contratos. Nos atos unilaterais, a simulação é possível nos negócios receptícios. Quando se trata de negócio jurídico unilateral não recíproco, não há como configurar esse vício, embora haja quem o defenda. A simulação implica conluio, mancomunação. Há todo um processo simulatório. Na maioria das vezes, o ato simulado esconde o ato verdadeiro, ou seja, o ato dissimulado. O conteúdo material da simulação insere-se no instrumento do simulacro, ou seja, a falsificação ou o arremedo do ato. O conluio, geralmente, antecede a declaração, mas pode a ela ser contemporâneo.

Contém a simulação, igualmente, o *intuito de enganar terceiros*. Não se confunde o intuito de enganar com o intuito de prejudicar. Terceiros podem ser enganados, sem que sofram prejuízos. Não se considera vício quando inexistente a intenção de prejudicar terceiros, ou violar disposição de lei.

A finalidade de enganar terceiros pode ser defender legítimo interesse ou até beneficiar terceiros. É o caso da chamada simulação inocente, que se contrapõe à simulação maliciosa. O que constitui elemento da simulação é o intuito de enganar ou iludir, e não o intuito de prejudicar, causar dano a outrem; este último elemento pode não estar presente.

Como a simulação caracteriza-se pelo conhecimento da outra parte (mancomunação, conluio), evidencia-a também a ignorância da artimanha por parte de terceiros. Distingue-se, aí, do dolo, no qual apenas uma das partes conhece o artifício malicioso, geralmente por ela engendrado. Na simulação, existe dolo de ambas as partes contra terceiros.

3. Espécies de simulação

No primeiro inciso, o legislador trata da simulação por *interposição de pessoa*, forma muito utilizada de simulação. O intuito do declarante é atingir, com o negócio jurídico dissimulado, um terceiro que não o figurante no próprio negócio. O figurante no negócio é o *testa de ferro, presta-nome* ou *homem de palha*. Há uma *mise-en-scène* em que o figurante, na realidade, adquire, extingue ou modifica direitos para terceiro oculto. O "testa de ferro" é apenas titular aparente do direito. Para que isso ocorra, há necessidade de entendimento entre todos os participantes do procedimento, porque a simulação estampa procedimento complexo, ainda que, externamente, apareça negócio que supostamente pressupõe outro, o negócio oculto. Temos de ver a simulação como um todo unitário. Não se confunde a figura do "testa de ferro" com a do mandatário. "*É um titular aparente, nominal, que em momento algum detém os direitos e obrigações decorrentes do negócio celebrado, ao contrário do que ocorre com o mandatário*" (MIRANDA, 1980, p. 104). Para caracterizar a natureza jurídica dessa figura, há necessidade de distinguir duas situações: aquelas que pressupõem no mero figurante um direito ou uma posição anterior e aquelas em que ele não possui essa qualidade anterior.

No primeiro caso, por exemplo, para perdoar dívida, efetuar venda, em que se supõe a qualidade de proprietário ou de credor, embora no interesse de um terceiro, sua condição jurídica é de um *fiduciário* (MIRANDA, 1980, p. 105). Aqui, além da inerente atribuição patrimonial que faz o titular do direito, existe a relação de confiança (fidúcia), que é característica fundamental do negócio fiduciário.

No segundo caso, por exemplo, para efetuar aquisição, ou contrair dívida, existe iniciativa da celebração do negócio por parte do figurante; sua condição jurídica é de *mandatário em nome próprio*.

Nas duas figuras, a pessoa interposta, aqui denominada figurante, adquire direitos em nome próprio, os quais, por um motivo ou outro, está obrigada a transmitir a outrem.

Imaginemos a hipótese de indivíduo, separado de fato da esposa, em vias de ultimar a separação judicial, cuja atividade laborativa implica a especulação com imóveis. Para que os imóveis adquiridos não ingressem na comunhão de bens, essa pessoa vale-se de terceiro para realizar os negócios. Sabedora dos fatos, a mulher ingressa com a ação para desmascarar os negócios. O problema da ação judicial posiciona-se na prova, mas, como foram vários os negócios realizados e o tal terceiro não possuía capacidade financeira para aquelas aquisições, obtém-se a declaração de nulidade, ou seja, fazer com que se considerem as transações imobiliárias como feitas pelo próprio simulador, ingressando os bens no regime da comunhão. Desmascarou-se, portanto, a "aparência" referida no dispositivo.

No inciso II, a lei trata da simulação por *ocultação da verdade na declaração*. É o que ocorre quando, por exemplo, uma doação oculta venda, ou um pacto de retrovenda oculta empréstimo, ou quando na compra e venda o preço estampado no título não é o realmente pago. Existe aí ocultação da exata natureza do ato, que não se apresenta no mundo jurídico com a devida seriedade.

O inciso III diz que há simulação "*quando os instrumentos particulares forem antedatados ou pós-datados*". Quando no documento particular se coloca data não verdadeira, anterior ou posterior à real, existe simulação, porque a data constante do documento não é aquela na qual foi assinado. O simples fato de alguém pretender colocar data falsa no documento revela intenção discordante da verdade, que o torna suspeito.

Quando se exige autenticação do documento, pelo reconhecimento de firma ou pela inscrição no Registro de Título de Documentos, tolhe-se, em tese, a possibilidade de antedatar. Quando se trata de instrumentos públicos, a fixação da data é atribuição legal do oficial, cuja declaração merece fé, e qualquer falsidade nesse sentido, além de grave falta funcional, é crime de responsabilidade do funcionário.

4. Simulação absoluta e simulação relativa

Há *simulação absoluta* quando o negócio é inteiramente simulado, quando as partes, na verdade, não desejam praticar ato algum. Não existe negócio encoberto porque realmente nada existe. Não existe ato dissimulado. Existe mero simulacro do negócio: *colorem habet, substantiam mero nullam* – possui cor, mas a substância não existe. Veja que o artigo sob comentário expressamente se refere à substância do negócio dissimulado.

Na *simulação relativa*, pelo contrário, as partes pretendem realizar um negócio, mas de forma diferente daquela que se apresenta (*colorem habet substantiam vero alteram* – possui cor, mas a substância é outra). Há divergência, no todo ou em parte, no negócio efetivamente efetuado. Aqui, existe *ato ou negócio dissimulado*, oculto, que forma um complexo negocial único. Desmascarado o ato simulado pela ação de simulação, aflora e prevalece o ato dissimulado, se não for contrário à lei nem prejudicar terceiros. Esse é, aliás, o sentido expresso pelo atual Código neste artigo.

Sílvio Rodrigues (2006, v. 1, p. 298) destaca três formas de simulação relativa:

a) sobre a natureza do negócio;
b) sobre o conteúdo do negócio ou seu próprio objeto;
c) sobre a pessoa participante do negócio.

Há simulação sobre a natureza do negócio quando as partes simulam doação, mas, na verdade, realizam compra e venda. Há simulação sobre o conteúdo do negócio quando, por exemplo, se coloca preço inferior ao real em compra e venda, para se recolher menos imposto, ou quando se altera a data do documento para acomodar interesses dos simulantes. Finalmente, há simulação sobre a pessoa participante do negócio quando o ato vincula outras pessoas que não os partícipes do negócio aparente; quando, na compra e venda, por exemplo, é um "testa de ferro", também conhecido como "laranja", que aparece como alienante ou adquirente.

Nossos Códigos não se referiram a essa classificação expressamente. Nas modalidades do art. 167, § 1º, I e II, podem ocorrer duas formas de simulação: a absoluta e a relativa. A hipótese contemplada no inciso III é de simulação relativa.

Lembre-se de que o vínculo na simulação relativa, entre negócio simulado e negócio oculto ou dissimulado, é tão íntimo que o instituto deve ser tratado como negócio único. Essa perspectiva unitária contraria parte da doutrina mais tradicional que costuma ver aí dois negócios distintos. O negócio jurídico simulado, segundo o entendimento mais moderno, forma, com a relação jurídica dissimulada, parte de um todo, *um procedimento simulatório*. Daí por que, com a ação de simulação, desmascarado o defeito, valerá o negócio dissimulado, desde que não contrarie a lei ou prejudique terceiros, desde que seja válido na substância e na forma, como é expresso o atual ordenamento.

Pergunta-se: para admitir validade ao negócio dissimulado há necessidade de que o negócio simulado tenha obedecido à forma prescrita àquele? Entendendo-se o procedimento simulatório, na simulação relativa inteira, a declaração de vontade simulada deverá conter os requisitos de forma exigidos à relação dissimulada. É a posição adotada pela nova lei. Não temos de levar em conta a forma de eventual documento oculto, celebrado pelas partes, o qual raramente existirá ou será trazido como conteúdo probatório à ação de simulação. Entender diferentemente poderá ocasionar injustiças aos terceiros prejudicados, além de entraves difíceis de ser sobrepujados, na ordem processual.

Recorde que, como todos os vícios do negócio jurídico, o prazo de prescrição para a ação de simulação era de quatro anos, de acordo com o art. 178, § 9º, V, *b*, do Código Civil de 1916. No atual sistema, considerada a simulação como negócio nulo, a ação é imprescritível.

5. Simulação maliciosa e simulação inocente

Aqui, a diferenciação é vista sob o aspecto da boa ou má-fé dos agentes. Na *simulação inocente*, a declaração não traz prejuízo a quem quer que seja, sendo, portanto, tolerada. É o caso do homem solteiro que, por recato, simula compra e venda a sua concubina ou companheira, quando, na verdade, faz doação. Na *simulação maliciosa*, existe intenção de prejudicar por meio do processo simulatório.

A esse respeito, dizia o art. 103 do Código de 1916: "*A simulação não se considerará defeito em qualquer dos casos do artigo antecedente, quando não houver intenção de prejudicar a terceiros, ou de violar disposição de lei.*" O atual Código, sob o mesmo propósito, mas com efeitos diversos, dispõe no art. 167, § 2º: "*Ressalvam-se os direitos de terceiros de boa-fé em face dos contraentes do negócio jurídico simulado.*"

Nos efeitos, encontramos a definição de uma ou de outra forma de simulação, não existindo critério aprioristico para a conclusão pela boa ou má-fé da simulação. A simulação inocente, enquanto tal, não levava à anulação do ato porque não trazia prejuízo a terceiros. O ordenamento não a considera defeito.

Questão a ser considerada era aquela levantada pelo art. 104 do Código antigo. Por esse dispositivo, na simulação maliciosa, os simuladores não podiam alegar o vício em juízo, um contra o outro, ou contra terceiros, numa aplicação do princípio pelo qual a ninguém é dado alegar a própria torpeza. A doutrina e a jurisprudência sempre resistiam a esse entendimento. Portanto, a contrário senso, a simulação inocente *podia* ser alegada pelos agentes, porque, nesse caso, a lei não proibiu. No sistema do Código de 2002, desaparece definitivamente a restrição, porque a simulação se situa no plano de nulidade. O dispositivo antigo era sumamente inconveniente e essa foi a principal razão de ter sido a simulação trazida para o campo das nulidades.

A doutrina vinha entendendo que, para a configuração da simulação maliciosa, não era necessário o resultado constante do prejuízo a terceiros. Bastava mera possibilidade de esse prejuízo ser ocasionado. Tal interpretação era escudada na lei, que se referia apenas à intenção de prejudicar. Não havendo tal intenção, mas ocorrendo o prejuízo ou possibilidade de sua existência, o ato não poderia ser anulado. Protegia-se, em síntese, a boa-fé objetiva. O mesmo não se sustentava, no entanto, quanto a violar disposição de lei. Quando a simulação feria ou fere disposição legal, por força do princípio do art. 3º da Lei de Introdução às Normas do Direito Brasileiro, pelo qual "*ninguém se escusa de* cumprir a lei, alegando que não a conhece", não se pode utilizar o mesmo raciocínio. Nesta última hipótese, poderia haver casos em que, ainda que não houvesse intenção de infringir a lei, a simulação seria ilícita, passível de anulação.

Por outro lado, utilizando-se do raciocínio a contrário senso, no art. 104 do antigo Código,

> "tratando-se de simulação inocente, assiste aos contraentes o direito de usar da ação declaratória de simulação ou opô-la sob a forma de exceção, em litígio de um contra o outro ou contra terceiros" (RT 527/71).

Na simulação maliciosa, os terceiros prejudicados ou o representante do Poder Público podiam e podem pleitear a anulação e agora a nulidade. Destarte, na simulação maliciosa, se não houvesse terceiros interessados em anular o ato, pela proibição do art. 104 do antigo Código, os agentes simuladores seriam compelidos a sofrer o resultado de sua própria atitude, ainda que para eles tal declaração se mostrasse danosa. Daí se infere que nem sempre a simulação tinha o condão de proporcionar anulação do negócio. Se era inocente, não se anularia. Se era maliciosa, era necessário distinguir as duas situações: quando houvesse prejuízo de terceiros, apenas eles teriam legitimidade para impugnar o ato; caso contrário, os simuladores não se podiam valer da própria malícia para anulá-lo, restando a hipótese em que a Fazenda Pública ou o Ministério Público pudessem fazê-lo. A situação era complexa e trazia iniquidades na prática. Por mais essa razão, a deslocação do vício para a sede de nulidade, no Código de 2002, apresenta vantagens. Como aponta Moreira Alves:

> "Ressalvando os direitos de terceiros de boa-fé em face dos contraentes do negócio jurídico simulado, admite, como decorrência da mesma nulidade, que a simulação possa ser invocada pelos simuladores em litígio de um contra o outro, ao contrário do que reza o art. 104 do Código de 1916" (2003, p. 119).

Enunciado nº 293, IV Jornada de Direito Civil – CJF/STJ: Na simulação relativa, o aproveitamento do negócio jurídico dissimulado não decorre tão somente do afastamento do negócio jurídico simulado, mas do necessário preenchimento de todos os requisitos substanciais e formais de validade daquele.

Enunciado nº 294, IV Jornada de Direito Civil – CJF/STJ: Sendo a simulação uma causa de nulidade do negócio jurídico, pode ser alegada por uma das partes contra a outra.

Enunciado nº 578, VII Jornada de Direito Civil – CJF/STJ: Sendo a simulação causa de nulidade do negócio jurídico, sua alegação prescinde de ação própria.

Embargos de terceiro – Imóvel – Financiamento bancário – Alienação fiduciária – Penhora de direitos – Dação em pagamento – Transferência de dívida – Simulação – Nulidade – Art. 167, § 1º, II, do Código Civil. 1 – O bem alienado fiduciariamente, por não integrar o patrimônio do devedor, não pode ser objeto de penhora. Nada impede, contudo, que os direitos do devedor fiduciante oriundos do contrato sejam constritos. 2 – Caracteriza-se a fraude contra à execução, em face da presença de indícios robustos a autorizar o seu reconhecimento, eis que, ao tempo da dação em pagamento do imóvel pelos devedores ao embargante, seu testa-de-ferro, para o pagamento de suposta dívida em valor muito inferior ao do bem, aqueles já estavam sendo demandados em duas ações de cobrança de dívidas, ajuizadas pelo banco embargado, importando também a presença de indícios veementes quanto à simulação do negócio jurídico, com o objetivo de livrar de futura penhora tal bem, não tendo o suposto adquirente sequer comprovado o pagamento do saldo devedor do preço. Nulidade reconhecida, nos termos do artigo 167, § 1º, II, do Código Civil. Ação improcedente. Recurso do embargado provido. Recurso do embargante prejudicado (*TJSP* – Ap. 1028901-91.2019.8.26.0196, 29-4-2021, Rel. Itamar Gaino).

Apelação cível. Direito privado não especificado. Ação de nulidade de contrato de franquia alternada com anulação ou rescisão cumulada com ressarcimento. Simulação. Nos termos do art. 167, § 1º, II, CC, a simulação resta configurada no negócio jurídico quando nele houver declaração, confissão, condição ou cláusula não verdadeira. O negócio jurídico simulado pode ter sido realizado para não produzir qualquer efeito, quando a declaração de vontade emitida não se destina a resultado algum (simulação absoluta), ou, diversamente, com escopo de encobrir outro de natureza diversa, destinando-se apenas a ocultar a vontade real dos contraentes e, por conseguinte, a avença de fato almejada (simulação relativa ou dissimulação). No caso concreto, o conjunto probatório permite uma conclusão segura no sentido de que o réu-apelante, aproveitando-se da sociedade constituída entre as partes e da colaboração mútua de longo período, com a concordância da autora, simulou Contrato de Franquia, o qual, além de não dar a proteção e segurança à sociedade, apenas concedeu direitos ao sócio de cobrar supostos *royalties*. Destarte, considerando as peculiaridades, comprovado efetivo desacordo entre a vontade declarada pela autora e a sua vontade interna, assim como desacordo entre a conduta do réu e a referida condição de franqueador declarada no contrato simulado, impõe-se a manutenção da sentença que declarou a nulidade do Contrato de Franquia. Majoração dos honorários. Ao julgar o recurso, o Tribunal deve majorar os honorários fixados anteriormente ao advogado do vencedor, devendo considerar o trabalho adicional realizado em grau recursal (art. 85, § 11, do CPC/2015). Apelação desprovida (*TJRS* – Ap. 70082474008, 12-03-2020, Rel. Marco Antonio Angelo).

⚖ Apelação cível – Nulidade de negócio jurídico – Contrato de promessa de compra e venda de imóvel – Divórcio – Cotas da empresa dos ex-cônjuges – Exclusão da partilha de bens do casal – Negócio jurídico simulado – Nulidade – Validade do negócio jurídico que se dissimulou – Sobrepartilha de bens – Art. 167 do Código Civil – Honorários advocatícios – Manutenção. Provado que as partes simularam contrato de compra e venda do imóvel a fim de ocultar a sobrepartilha de bens do casal, impõe-se declarar a nulidade do negócio jurídico, mas reconhecer a validade do que transacionaram. Em sentença que não há condenação e o proveito econômico obtido corresponde ao valor atribuído à causa, os honorários advocatícios de sucumbência devem ser fixados em percentual sobre o valor da causa, nos termos do art. 85, § 2º, do Código de Processo Civil/2015, observados os critérios estabelecidos no mesmo dispositivo legal (*TJMG* – Ap. 1.0079.15.030757-1/001, 05-02-2019, Rel. Sérgio André da Fonseca Xavier).

⚖ Apelação cível. Ação de anulação de negócio jurídico. Simulação. Sentença mantida. 1. A simulação, nos termos do artigo 167 do Código Civil, é causa de nulidade do negócio jurídico, nas hipóteses de aparentar, conferir ou transmitir direitos a pessoas diversas daquelas as quais realmente se conferem, ou transmitem; contiver declaração, confissão, condição ou cláusula não verdadeira; e os instrumentos particulares forem antedatados, ou pós-datados (artigo 167, § 1º, incisos I a III, CC). 2. Não há qualquer evidência no acervo probatório no sentido de que os Réus tenham efetuado um negócio jurídico simulado, pois quiseram, como de fato conseguiram, a transmissão da propriedade do bem imóvel vendido. 3. Recurso de apelação conhecido e não provido (*TJDFT* – Ap. 0003122-83.2013.8.07.0005, 04-04-2018, Rel. Silva Lemos).

Art. 168. As nulidades dos artigos antecedentes podem ser alegadas por qualquer interessado, ou pelo Ministério Público, quando lhe couber intervir.
Parágrafo único. As nulidades devem ser pronunciadas pelo juiz, quando conhecer do negócio jurídico ou dos seus efeitos e as encontrar provadas, não lhe sendo permitido supri-las, ainda que a requerimento das partes.

Na elaboração da teoria das nulidades, nosso legislador não adotou a orientação francesa, erigindo *o prejuízo* em critério de nulidade. Nosso ordenamento é inspirado no critério do *respeito à ordem pública*, estando, por isso, legitimado a arguir a nulidade qualquer interessado, em seu próprio nome, ou o representante do Ministério Público, em nome da sociedade, que representa o vício por ofício. Não bastasse isso, nossa lei foi ainda mais longe na recusa de efeitos aos atos nulos ao estabelecer a legitimidade para arguição das nulidades a qualquer interessado, ao Ministério Público e ordenando que o juiz as declare, de ofício, quando delas tiver conhecimento, ainda que não haja provocação da parte.

📄 Enunciado nº 294, IV Jornada de Direito Civil – CJF/STJ: Sendo a simulação uma causa de nulidade do negócio jurídico, pode ser alegada por uma das partes contra a outra.

⚖ Apelação cível. Negócios jurídicos bancários. Ação declaratória de nulidade contratual. Empréstimo. Negócio jurídico firmado por pessoa absolutamente incapaz. Nulidade. É nulo o negócio jurídico firmado por pessoa absolutamente incapaz, sendo insuscetível de convalidação ou confirmação. Aplicação combinada dos art. 166, I, art. 168, parágrafo único e art. 169, todos do Código Civil. Precedentes. Repetição em dobro do indébito e compensação. Faz jus a parte apelante à repetição em dobro do indébito, nos termos do art. 42 do Código de Defesa do Consumidor. Determinada a compensação dos valores disponibilizados pelo Banco a título de empréstimo, evitando-se hipótese de enriquecimento sem causa. Danos morais. No caso concreto, não há elementos que justifiquem a indenização por danos morais. Apelo parcialmente provido. (*TJRS* – Ap. 70077544237, 30-01-2019, Rel. Glênio José Wasserstein Hekman).

⚖ Apelação cível – Embargos à execução – Termo de confissão de dívida oriundo de contrato de compra e venda de bens móveis – Retrovenda – Impossibilidade do objeto sob o aspecto jurídico – Nulidade da cláusula – inexequibilidade do instrumento. Conforme o art. 166, do Código Civil, é nulo o negócio quando for impossível o seu objeto, sob o aspecto jurídico. Verificada a nulidade da Cláusula de Retrovenda, por não se compatibilizar com a previsão do art. 505, do Código Civil, deve o Juiz pronunciá-la, ainda que sem requerimento das partes (art. 168, parágrafo único, do Código Civil). É inexequível o Termo de Confissão de Dívida fundado em Cláusula Contratual declarada nula (*TJMG* – Ap. 1.0433.16.007125-7/001, 05-07-2018, Rel. Roberto Vasconcellos).

Art. 169. O negócio jurídico nulo não é suscetível de confirmação, nem convalesce pelo decurso do tempo.

Os autores divergiam no tocante à *prescrição* dos atos nulos. Para uns, o ato ou negócio nulo era imprescritível; para outros prescrevia no prazo máximo admitido pela lei. Embora não fôssemos maioria, encampamos a opinião de Caio Mário da Silva Pereira (2006, v. 1, p. 635), para quem o ato nulo prescrevia no prazo máximo estabelecido em lei, ou seja, 20 anos. Isso porque nosso legislador de 1916, ao estabelecer que os direitos reais prescreviam em 10 e 15 anos e os pessoais em 20 anos, de acordo com o art. 177, determinara que nenhum direito poderia sobreviver à inércia de seu titular por tempo maior que 20 anos.

"*Esta prescrição* longi temporis *não respeita a vulnerabilidade do ato nulo, e, portanto, escoados 20 anos do momento em que poderia ter sido proposta a ação de nulidade, está trancada a porta, e desta sorte opera-se a consolidação do negócio jurídico, constituído embora sob o signo do desrespeito à ordem pública.*"

A ideia central é que a prescritibilidade é regra e a imprescritibilidade é exceção, em prol do princípio de mantença da paz social.

No tocante ainda à prescrição, para extinguir com a divergência na doutrina, o presente Código é expresso em relação à imprescritibilidade do negócio jurídico: "*O negócio jurídico nulo não é suscetível de confirmação, nem convalesce pelo decurso do tempo.*"

Tal dispositivo reforça o entendimento de que o próprio legislador desse mais recente diploma admitia a prescritibilidade dos atos nulos no Código de 1916, tanto que houve por bem estabelecer dispositivo expresso a esse respeito, para que não pairem mais dúvidas. Doravante, portanto, não cabe mais a divagação doutrinária perante os termos peremptórios da nova lei.

Enunciado nº 536, VI Jornada de Direito Civil – CJF/STJ: Resultando do negócio jurídico nulo consequências patrimoniais capazes de ensejar pretensões, é possível, quanto a estas, a incidência da prescrição.

Enunciado nº 537, VI Jornada de Direito Civil – CJF/STJ: A previsão contida no art. 169 não impossibilita que, excepcionalmente, negócios jurídicos nulos produzam efeitos a serem preservados quando justificados por interesses merecedores de tutela.

Apelação cível. Compra e venda. Ação declaratória de nulidade de negócio jurídico e pedido indenizatório por dano material e moral. Sentença de procedência. Preliminares de ilegitimidade passiva dos sócios da pessoa jurídica. Rejeitada. Prescrição. Afastada. Ilicitude e impossibilidade do objeto do contrato. Ato nulo. Nulidade que não se consolida. Arts. 166 e 169 do CC/02. Inocorrência de prescrição para indenização por dano moral. Art. 206, § 3º, inc. V, do CC/02. Razões do mérito recursal que não impugnam os fundamentos da sentença. Copia idêntica a defesa. Afronta do art. 1.010, II, do CPC/15. (1) Prescrição de ação anulatória. Compra e venda e objeto ilícito. Art. 166, inc. II e art. 169 do CC. É nulo o negócio jurídico de compra e venda quando seu objeto é ilícito e impossível. Lote adquirido pelo autor localizado em área de preservação permanente -APP (dunas). Não é possível de convalidação. Prescrição afastada. (2) Prescrição para indenização por dano moral. Art. 206, § 3º, inc. V, do CC/02. Da ciência da ilicitude do objeto da compra e venda à propositura da ação indenizatória não decorreu o prazo de três anos a afastar a pretensão indenizatória por decurso do prazo. (3) Legitimidade dos sócios. Atos praticados pelos sócios, representados pela assinatura do sócio Rogério no instrumento particular de contrato na condição promitente-vendedor, bem como emissão de termo de quitação do preço do lote e outros documentos relativos a infraestrutura do loteamento pela sócia que os legitimam a integrar o polo passivo da ação. (4) Mérito. O recurso de apelação cujas razões não atacam o que foi decidido pela sentença hostilizada não pode ser conhecido pelo juízo ad quem. Inteligência do art. 1.010, II, do CPC/15. Apelação conhecida em parte, e, nesta, não provida (TJRS – Ap. 70080252596, 19-02-2020, Rel. Glênio José Wasserstein Hekman).

Ato jurídico – Ação declaratória de nulidade – Renúncia de usufruto e compra e venda da meação de imóvel – Escrituras públicas celebradas mediante procuração cujos poderes cessaram em razão do óbito da outorgante – **Nulidade absoluta – Imprescritibilidade** – Ato nulo, porém, que tem preservados seus efeitos em relação a terceiros de boa-fé – Caso em que o comprador da metade ideal do imóvel não poderia ter conhecimento do falecimento da proprietária e da cessação dos poderes outorgados ao procurador – Sentença reformada em parte – Recurso do adquirente provido, não provido o apelo dos demais corréus (*TJSP* – Ap. 1009933-20.2013.8.26.0100, 23-6-2016, Rel. Augusto Rezende).

Art. 170. Se, porém, o negócio jurídico nulo contiver os requisitos de outro, subsistirá este quando o fim a que visavam as partes permitir supor que o teriam querido, se houvessem previsto a nulidade.

Trata-se aqui da hipótese em que o negócio jurídico nulo não pode prevalecer na forma pretendida pelas partes, mas seus elementos são suficientes para caracterizar outro negócio. Analisa-se a pressuposição das partes, situação já acenada ao tratarmos das condições. É a transformação de um negócio jurídico nulo em outro de natureza diversa. Não será fácil sua existência, na prática. Cuida-se, enfim, de modalidade de aplicação do brocardo *utile per inutile non vitiatur*. Aproveita-se a finalidade do ato desejado pelas partes sempre que for possível e não for obstado pelo ordenamento. Trata-se da denominada *conversão substancial do negócio jurídico*, quando o negócio vale, em síntese, em sua substância, em seu conteúdo formal. Nesse sentido, por exemplo, uma escritura pública nula de compra e venda de imóvel poderia ser admitida como compromisso de compra e venda, para o qual não existe necessidade da escritura. Uma nota promissória nula, por não conter os requisitos formais, pode ser convertida em uma confissão de dívida plenamente válida (Mello, 2000, p. 209).

Como anota José Abreu Filho, para viabilidade da conversão há necessidade de requisitos que a doutrina aponta: identidade de substância e de forma entre os dois negócios (nulo e convertido; identidade de objeto num e noutro e adequação do negócio substitutivo à vontade hipotética das partes (1997, p. 363).

Para a conversão, é necessário, primeiramente, reunião no negócio nulo de todos os elementos para um negócio de natureza diversa e que esse negócio possa ser entendido como contido na vontade das partes.

Essa conversão só será possível quando não proibida taxativamente ou então pela natureza da norma, como ocorre nos casos de testamento, cujas formalidades para cada modalidade são absolutamente estritas. Nesse caso, obsta-se a chamada *conversão formal*, que a doutrina entende que se afasta da conversão substancial descrita no presente art. 170. Aponta-se ainda para a menção da *conversão legal*. Nessa situação, a própria lei, por política ou necessidade social, autoriza que certos atos praticados com um sentido sejam aproveitados em outro, se lhes falta algum elemento essencial (MELLO, 2002, p. 213).

Discute-se, por outro lado, se a conversão é possível também no negócio anulado. Em princípio, não seria de admitir-se, porque sendo o negócio anulável passível de confirmação, caberia sanar o vício, não havendo utilidade para a conversão. Contudo, há muitas situações nas quais se impossibilita a ratificação pela própria parte, quando então surge a utilidade da conversão (MELLO, 2002, p. 211). De qualquer modo, a conversão não é modalidade de corrigenda ou sanação da irregularidade. Quando se corrige um negócio, na realidade pratica-se outro para sanar o primeiro, enquanto na conversão aproveitam-se os elementos do próprio negócio inquinado. Quando se pratica um negócio de saneamento, o que era inválido torna-se algo novo válido, enquanto na conversão é o próprio negócio que se converte em válido.

Na conversão do negócio jurídico, vê-se um fenômeno posto à disposição das partes no sentido de que seja aproveitada a manifestação de vontade que fizeram, desde que não seja contrariada sua intenção. Nesse sentido, uma venda simulada poderia valer como uma doação, por exemplo (STOLZE GAGLIANO; PAMPLONA FILHO, 2002, p. 413). Não se admite converter, porém, se o resultado do procedimento traduz a um ato imoral ou ilícito, o que é reprimido pelo sistema.

Stolze Gagliano e Pamplona Filho recordam exemplo de conversão no campo processual que pode ocorrer nas ações possessórias, quando, de acordo com o art. 554 do CPC, a propositura de uma ação possessória em vez de outra não obstará a que o juiz conheça do pedido e outorgue a proteção legal correspondente àquela, cujos requisitos estejam provados (2002, p. 415). A lei processual se refere aos interditos de proibição, manutenção e reintegração de posse. O exemplo, na verdade, se amolda à conversão legal, já mencionada.

Em termos gerais, contudo, o presente art. 170 introduzido na legislação pátria abre um novo caminho no campo de estudo e aplicação no sistema de nulidades em nosso Direito.

Apelação cível. Negócios jurídicos bancários. Ação declaratória c/c repetição de indébito e indenização por danos morais. Contratação de cartão de crédito com reserva de margem consignável (RMC). Inobstante demonstrada a celebração de contrato de cartão de crédito com reserva de margem consignável (RMC), com autorização expressa para desconto do pagamento mínimo em seu benefício, inexistente prova que demonstre a entrega do cartão respectivo ao autor e nem o seu uso como tal, o que descaracteriza a contratação como formalizada e reconhece a sua nulidade. Frente à intenção de contratação de empréstimo pessoal consignado e recebido valores, a contratação deve subsistir como se empréstimo pessoal consignado fosse (art. 170, do Código Civil). Sentença confirmada. Fixação de honorários recursais. Negaram provimento ao recurso. Unânime (TJRS – Ap. 70081810525, 14-04-2020, Rel. Nelson José Gonzaga).

Art. 171. Além dos casos expressamente declarados na lei, é anulável o negócio jurídico:
I – por incapacidade relativa do agente;
II – por vício resultante de erro, dolo, coação, estado de perigo, lesão ou fraude contra credores.

A anulabilidade é sanção mais branda ao negócio jurídico. A anulabilidade tem em vista a prática do negócio ou do ato em desrespeito a normas que protegem certas pessoas. As causas de anulabilidade residem no interesse privado. Há razões de ordem legislativa que têm em mira amparar esse interesse. Na verdade, o negócio jurídico realiza-se com todos os elementos necessários a sua validade, mas as condições em que foi realizado justificam a anulação, quer por incapacidade relativa do agente, quer pela existência de vícios do consentimento ou vícios sociais. A anulação é concedida a pedido do interessado.

Os vícios do negócio jurídico já foram comentados, situando-se na área da anulabilidade.

Quanto ao agente relativamente capaz, lembre-se de que sua participação no negócio jurídico só será perfeitamente idônea quando agir devidamente autorizado pelo respectivo assistente ou com a intervenção de curador. Em caso contrário, a anulabilidade de tal ato só será possível se o menor não agiu com malícia, nos termos do art. 180 A ordem jurídica, neste caso, recusa proteção ao que usou de má-fé. A regra geral, contudo, estava estatuída no art. 154 do Código antigo:

"*As obrigações contraídas por menores, entre 16 (dezesseis) e 21 (vinte e um) anos, são anuláveis (arts. 6º e 84), quando resultem de atos por eles praticados: I – sem autorização de seus legítimos representantes (art. 84); II – sem assistência do curador que neles houvesse de intervir.*"

Em sociedade, há uma série de atos de pequeno âmbito praticados exclusivamente por menores ou outros incapazes, sem qualquer participação dos pais ou responsáveis, que são perfeitamente tolerados: ninguém argumenta ser nulo, por exemplo, o ato de um menor adquirir guloseima em um estabelecimento comercial; adquirir ingresso para um cinema etc. O sistema tem, porém, dificuldade de explicar tecnicamente essa adequação social. Cuida-se de atos civilmente tolerados.

Sob outro aspecto, quando, em qualquer situação, o interesse do filho menor colidir com o interesse dos pais, ainda que em tese, ou potencialmente, deve ser-lhe dado curador especial, para o ato determinado.

Observe-se que este Código adotou o sistema de enunciar os prazos de decadência, no bojo dos dispositivos de cada instituto. Assim, no tocante aos negócios anuláveis, o art. 178 estabeleceu o prazo de decadência de quatro anos para o caso de coação, do dia em que ela cessar; no caso de erro, dolo, fraude contra credores, estado de perigo ou lesão, do dia em que se realizou o negócio jurídico e, no caso de atos de incapazes, do dia em que cessar a incapacidade. O art. 179 estabelece o prazo decadencial de dois anos para os negócios anuláveis em geral, para os quais não se dispuser prazo diferente, a contar da data da conclusão do ato. Tendo a lei, peremptoriamente, assumido a decadência para essas situações, não mais se discutirá acerca da celeuma de sua diferenciação com a prescrição e sua aplicação nessas hipóteses.

🔎 Apelação cível. Negócios jurídicos bancários. Ação anulatória. Contratos bancários. Incapacidade relativa não comprovada. Validade do negócio jurídico. Nos termos do art. 171 do Código Civil, é anulável o negócio jurídico realizado por agente relativamente incapaz. Da análise dos documentos acostados, não restou demonstrado que o autor, embora em tratamento para recuperação do alcoolismo e dependência química – atestados médicos de fls. 22 e 24, quando da realização do negócio jurídico, não estava em sua plena consciência ou mesmo com redução do discernimento. Logo, embora em tratamento à época, não restou demonstrado nos autos de que estava incapacitado para os autos da vida civil, a mera internação em clínica para o tratamento e recuperação do alcoolismo (fl. 24), não basta para embasar a decretação de nulidade do negócio jurídico firmado entre as partes (contrato de financiamento). Cabia a parte autora, nos termos do art. 373, I, do CPC, comprovar a alegada incapacidade, do que não se desincumbiu, pois não demonstrada a sua falta de discernimento ao firmar o contrato de empréstimo com o Banco PAN. Portanto, diante da ausência de prova de que à época não possuía plena capacidade para realização do ato, não há como acolher o pleito recursal de anulação do contrato firmado entre as partes, mantenho, assim, a sentença de improcedência. Apelação desprovida (*TJRS* – Ap. 70082146895, 28-08-2019, Rel. Jorge Maraschin dos Santos).

Art. 172. O negócio anulável pode ser confirmado pelas partes, salvo direito de terceiro.

Ao contrário do que ocorre com o negócio nulo, o negócio anulável pode ser confirmado ou ratificado pelas partes, tornando-se hígido. Sobre este artigo e os dois subsequentes, veja os comentários ao art. 175.

🔎 Prestação de serviços. Ação de obrigação de fazer cumulada com indenização por danos materiais e morais, fundamentada na nulidade do negócio jurídico que foi celebrado pela autora quando era relativamente incapaz. Hipótese, no entanto, em que ficou demonstrada a convalidação do negócio jurídico por ela celebrado. Inteligência do artigo 172, do Código Civil. Pagamento das faturas que importaram na ratificação do negócio jurídico anulável. Nulidade não verificada. Consideração de que o inadimplemento tornou legítima a restrição cadastral. Danos morais não configurados. Pedido inicial julgado improcedente. Sentença mantida. Recurso improvido. Dispositivo: negaram provimento ao recurso (*TJSP* – Ap. 1007703-97.20158.26.0079, 26-09-2016, Rel. João Camillo de Almeida Prado Costa).

Art. 173. O ato de confirmação deve conter a substância do negócio celebrado e a vontade expressa de mantê-lo.

🔎 Direito processual civil – Embargos declaratórios – Apelação – Ação de cobrança – Alegação de omissão – Embargos rejeitados – 1- Embargos declaratórios opostos sob a alegação de omissão. 2- O acórdão é claro ao situar a controvérsia na discussão a respeito da validade de negócio jurídico objeto de ação de cobrança. Nesse cenário, declarou-se, fundamentadamente, que o contrato não tem validade, ante a falta de requisito indispensável, qual seja, estar o agente autorizado para representar a pessoa jurídica. 3- O órgão julgador examinou, clara e objetivamente, os temas suscitados pelas partes, asseverando que não se pode admitir a aplicação do artigo 172 do Código Civil para se reconhecer a "convalidação tácita do contrato", pelo simples fato de existirem outros negócios jurídicos válidos entre as partes. 3.1- Ressaltou-se que somente a nulidade relativa pode convalescer, uma vez confirmada, expressa ou tacitamente, pelas partes. No caso, a nulidade não é relativa, mas absoluta. Além disso, não foi confirmada pelos demandantes, seja expressa ou tacitamente, porque, ao contrário, contestada pela contratada. 4- Tem-se, ainda, que o voto condutor fundamentou seu posicionamento em dispositivos legais, ainda que diversos daqueles utilizados pela parte autora, salientando que conforme estabelece o artigo 173 do Código Civil, "o ato de **confirmação deve conter a substância do negócio celebrado e a vontade expressa de mantê-lo**". Portanto, uma vez não patente a livre intenção de confirmar o ato negocial que se sabe anulável, não se pode convalidar o ato nulo. 5- Os embargos declaratórios não se prestam ao reexame da matéria, visto que somente têm cabimento para "suprir omissão de ponto ou questão sobre o qual devia se pronunciar o juiz de ofício ou a requerimento" (CPC, 1.022, II). 6. Embargos declaratórios rejeitados (*TJDFT* – Proc. 20140111325512APC – (955134), 20-7-2016, Rel. João Egmont).

Art. 174. É escusada a confirmação expressa, quando o negócio já foi cumprido em parte pelo devedor, ciente do vício que o inquinava.

Ação declaratória c/c indenização por perdas e danos – Franquia – Reconvenção com pedidos declaratório e condenatório – Sentença de parcial procedência dos pedidos formulados na inicial e na reconvenção – Ambas as partes recorreram. Recurso da autora-reconvinda – Pretensão de anulação do contrato por inobservância do prazo de entrega da Circular de Oferta de Franquia (COF), pela falta de informações obrigatórias e pela veiculação de dados falsos, bem como pela ocorrência de vício de consentimento (coação) na sua formação – Enunciado nº IV do Grupo de Câmaras de Direito Empresarial deste Tribunal de Justiça – Exploração da atividade franqueada por lapso temporal considerável (cerca de um ano), o que implica convalidação tácita de eventuais vícios (CC, arts. 172 e 174) – Ausência de comprovação de prejuízos à franqueada em decorrência das supostas irregularidades da COF – Conjunto probatório que revela ser inverossímil a alegação de ocorrência de coação a justificar a anulação do contrato – Sentença mantida no tocante ao reconhecimento da validade do contrato – Honorários recursais devidos – Recurso desprovido. Recurso das rés-reconvintes – Sentença que declarou a culpa exclusiva da franqueadora pela rescisão do contrato, em razão do fornecimento de produtos de baixa qualidade e informações inconsistentes nas suas embalagens – Conjunto probatório que revela a ocorrência de problemas isolados, insuficientes a configurar a culpa da franqueadora – Ausência de comprovação, ademais, de descumprimentos contratuais por parte da franqueadora – Circunstâncias que evidenciam que a autora perdeu o interesse na continuidade do contrato de franquia em razão da sua insatisfação com o retorno financeiro do negócio, sem que a franqueadora tenha contribuído de forma decisiva para essa desistência com suas ações ou omissões – Condenação da franqueada ao pagamento das taxas de royalties e de propaganda devidas até a data de ajuizamento da ação mantida, sendo desnecessária a liquidação dos respectivos valores, ante a existência de expressa previsão contratual – Comprovado descumprimento da cláusula de não concorrência pela franqueada – Multa contratual devida, porém, excessiva (15 vezes o valor da taxa de franquia), que demanda redução de ofício (CC, art. 413) – Precedentes do STJ e das Câmaras Reservadas de Direito Empresarial deste Tribunal de Justiça – Enunciados 355 e 356 da IV Jornada de Direito Civil – Sentença extra petita – Sentença nula – Processo em condições de imediato julgamento – Recurso parcialmente provido, com observação. Dispositivo: Desprovido o recurso da autora-reconvinda e parcialmente provido o das rés-reconvintes (*TJSP* – Ap. 1007444-71.2017.8.26.0099, 28-01-2020, Rel. Maurício Pessoa).

Processo rejeição da alegação de nulidade da sentença, por cerceamento do direito de defesa em razão do julgamento antecipado da lide – Negócio jurídico – O negócio jurídico firmado por pessoa relativamente incapaz sem qualquer assistência não é nulo de pleno direito, mas apenas anulável (art. 171, do CC), podendo ser confirmado, de forma expressa ou tácita, pelas partes, nos termos dos arts. 173 e 174, ambos do CC. Na espécie, reconhece-se a **existência de confirmação tácita** prevista no art. 174, do CC, vez que houve o cumprimento parcial da obrigação pelo autor, bem como tentativa de negociação do débito, após adquirir a plena capacidade civil, razão pela qual o pedido de anulação do negócio jurídico não merece acolhida. Recurso desprovido (*TJSP – Ap.* 0001362-62.2011.8.26.0451, 23-6-2014, Rel. Rebello Pinho). 75

Art. 175. A confirmação expressa, ou a execução voluntária de negócio anulável, nos termos dos arts. 172 a 174, importa a extinção de todas as ações, ou exceções, de que contra ele dispusesse o devedor.

Ao contrário do que ocorre com o negócio nulo, o negócio anulável pode ser *ratificado* ou *confirmado*, ou seja, poderá ser expurgado o vício inquinador por meio do instituto da ratificação.

O presente Código prefere utilizar o termo *confirmação*. A ratificação ou confirmação implica atitude positiva daquele que possuía qualidade para atacar o negócio, no sentido de acatá-lo e atribuir-lhe efeitos. Daí por que se fala, também, em *confirmação do ato*.

Ratificar ou confirmar é dar validade a ato ou negócio que poderia ser desfeito por decisão judicial. Por meio da ratificação, há renúncia à faculdade de anulação.

A lei de 1916 dizia que a ratificação "*retroage à data do ato*", expressão que o vigente Código preferiu suprimir. Embora o termo *retroagir* expressasse bem a ideia da lei, não é tecnicamente perfeito: o negócio anulável produz efeitos normalmente até que haja sentença em sentido contrário. O ato ou negócio continuará, como que pela lei da inércia, a manter seus efeitos, desaparecendo, tão só, a faculdade de ser desfeito, não havendo, propriamente, efeito "retroativo".

A ratificação poderá ser *expressa* ou *tácita*. Será *expressa* quando houver declaração do interessado que estampe a substância do ato, com intenção manifesta de torná-lo isento de causa de anulação. É o caso do ato sob coação, por exemplo, quando o coacto, após cessada a coação, concorda em convalidá-lo, em aceitá-lo definitivamente por meio de nova manifestação de vontade. Assim também ocorre com relação ao ato praticado por menor entre 16 e 18 anos (16 e 21 anos no Código anterior). O pai ou tutor do menor poderá ratificar o ato praticado sem sua assistência. O próprio menor e os outros relativamente incapazes, adquirindo a capacidade plena, poderão também ratificar o ato praticado. O art. 176, a propósito, dispõe: *"Quando a anulabilidade do ato resultar de falta de autorização de terceiro, será validado se este a der posteriormente."* Trata-se de caso expresso de ratificação, que sempre foi admitido.

Como vemos, a ratificação cabe aos que teriam o direito subjetivo de alegar a anulabilidade. O ato de ratificação ou confirmação deve ser claro e expresso a respeito da intenção das partes; deve conter a substância do negócio e a vontade expressa de mantê-lo, segundo a dicção do art. 173.

A confirmação *tácita* é referida no art. 174. O início de cumprimento da obrigação proveniente de ato anulável induz sua ratificação. A ciência do vício por parte do contraente dependerá das circunstâncias do negócio e será matéria de prova. Desse modo, por exemplo, em venda a prazo, o contraente sabedor de eventual vício, e tendo iniciado o pagamento das prestações, estará, tacitamente, ratificando o negócio.

Quando se tratar de ratificação *expressa*, será necessário que obedeça à mesma forma do ato inquinado; se este foi realizado por escritura pública, que era essencial à validade do ato, a ratificação deve obedecer a essa forma. *"O ato de confirmação deve conter a substância do negócio celebrado e a vontade expressa de mantê-lo."* Não é necessário, destarte, que se reproduza por inteiro o ato a ser ratificado, mas a ratificação deve ser inequívoca, identificando claramente o ato e declarando a intenção de confirmá-lo, não havendo necessidade, entre nós, de mencionar-se o defeito que se quer expurgar.

Os terceiros, porém, devem ser protegidos contra eventuais danos advindos da ratificação.

A ratificação pode ocorrer de forma *unilateral*, e não necessita, em regra, da presença do outro contraente, isto é, daquele que é responsável pelo vício. A ratificação ou confirmação, na verdade, não representa novo contrato, mas apenas a clarificação do negócio precedente. Nada impede, porém, que ambos os contraentes participem do ato.

Qualquer que seja a modalidade de ratificação, haverá extinção de todas as ações ou exceções que contra ele pudesse opor o interessado (art. 175). Desaparece o interesse para essas ações e meios de defesa.

Apelação cível – Prejudicial de mérito – Cumprimento voluntário do contrato – Art. 175 do Código Civil - Inaplicabilidade – Prejudicial rejeitada – Revisional de contrato bancário – Comissão de permanência cumulada com outros encargos moratórios – Proibição – Sentença mantida. Inaplicável, *in casu*, o disposto no art. 175 do Código Civil, por ser admitida a revisão do contrato que supostamente contenha cláusulas abusivas, ainda que a parte tenha cumprido voluntariamente parte do pacto. A cobrança de comissão de permanência – cujo valor não pode ultrapassar a soma dos encargos remuneratórios e moratórios previstos no contrato – exclui a exigibilidade dos juros remuneratórios, moratórios e da multa contratual (*TJMG* – Ap. 1.0710.10.001612-4/001, 08-11-2018, Rel Aparecida Grossi).

Apelação cível. Alienação fiduciária. Ação ordinária. Revisão de contrato. 1. Os negócios jurídicos bancários estão sujeitos às normas inscritas no CDC (Súmula n. 297 do STJ), com consequente relativização do ato jurídico perfeito e do princípio *pacta sunt servanda*, não se cogitando, nesse passo, no caso sob comento, a aplicação do disposto no artigo 175 do Código Civil, pelo que vai afastada a preliminar de extinção da ação suscitada pela instituição financeira apelante. Precedente deste Tribunal. 2. Verificando-se que os juros remuneratórios foram pactuados em montante consideravelmente superior à média de mercado divulgada pelo Banco Central do Brasil para operações similares no período da contratação (o que, no caso sob comento, depreende-se da cópia incompleta da avença que instrui a petição inicial), impõe-se a sua limitação a este índice. Hipótese em que, não tendo havido irresignação de parte do consumidor, deve ser mantida a limitação da taxa de juros remuneratórios realizada na origem, sob pena de *reformatio in pejus* em relação ao credor fiduciário. 3. A instituição financeira não trouxe aos autos a cópia do contrato celebrado entre os litigantes, apesar de devidamente intimada para tanto, devendo arcar com os ônus decorrentes da sua inércia. 4. Não comprovada a sua efetiva contratação, impõe-se o afastamento da cobrança da comissão de permanência, incidindo, em caso de inadimplemento, juros moratórios de 1% ao mês, multa de 2% sobre o valor do débito e correção monetária segundo a variação do IGP-M, conforme determinado no provimento hostilizado. 5. Como corolário lógico da revisão contratual realizada na origem, deve ser mantida a ordem de compensação dos valores pagos a maior com o débito remanescente após a revisão do pacto. Já a eventual repetição do indébito em favor do requerente, todavia, deverá ocorrer na forma simples, não em dobro. 6. Mantida a distribuição dos ônus sucumbenciais na forma em que realizada na primeira instância. Apelação parcialmente provida (*TJRS* – Ap. 70074382581, Rel. Mário Crespo Brum).

Art. 176. Quando a anulabilidade do ato resultar da falta de autorização de terceiro, será validado se este a der posteriormente.

Aqui, como já referido, trata-se de caso expresso de ratificação. Cuida-se das situações para as quais a prática do ato necessita da autorização de terceiro, como corre, por exemplo, com a necessidade de outorga conjugal (art. 1.647). Trata-se de mais uma situação na qual o ato ou negócio pode convalescer.

🔨 Anulatória de ato jurídico – Anuência do autor ao acordo entabulado entre os demais contratantes que convalida o negócio firmado – Aplicação do artigo 176 do Código Civil – Apontado vício por erro – Prazo decadencial de quatro anos – Artigo 178, inciso II, do atual Código Civil – Negócio jurídico realizado em 26 de maio de 2003 – Propositura da ação em 08 de agosto de 2007 – Decadência operada (*TJSP* – Ap. 02100164-90.2007.8.26.0100, 06-05-2014, Rel. Elcio Trujillo).

Art. 177. A anulabilidade não tem efeito antes de julgada por sentença, nem se pronuncia de ofício; só os interessados a podem alegar, e aproveita exclusivamente aos que a alegarem, salvo o caso de solidariedade ou indivisibilidade.

1. Efeitos na anulabilidade

O negócio jurídico anulável produz efeitos até ser anulado. O interesse para a anulação é privado. Os efeitos da anulação passam a ocorrer a partir do decreto anulatório (*ex nunc*). A anulação dependerá sempre de sentença. No Código de 1916, a regra constava do art. 152, que se reportava às "*nulidades do art. 147*". O velho Código referia-se às nulidades relativas. Para evitar os termos equívocos utilizados no Código revogado, no dispositivo equivalente transcrito, o atual Código menciona que a *anulabilidade* não tem efeito antes de julgada por sentença.

2. Distinção entre negócios nulos e negócios anuláveis

No texto, já foram pontuadas características de cada um. Atente-se, porém, para os detalhes mais marcantes:

Os negócios nulos no sistema de 1916, segundo uns, nunca prescreviam ou, como entendíamos, prescreviam no prazo máximo estipulado pela lei. Os negócios anuláveis têm prazos menores de prescrição. Como vimos, este Código aponta expressamente para prazos decadenciais para os atos anuláveis e declara a imprescritibilidade dos negócios nulos.

A anulabilidade é deferida no interesse privado do prejudicado ou no interesse de determinadas pessoas, enquanto a nulidade é de ordem pública, decretada no interesse da coletividade. Daí por que tem legitimidade para pedir a declaração de nulidade qualquer interessado ou o Ministério Público (art. 168), devendo ser pronunciada pelo juiz, quando conhecer do negócio ou dos seus efeitos; não lhe cabendo suprir nulidades. Já no que diz respeito à anulabilidade, só os interessados a podem alegar (art. 177).

Os negócios anuláveis permitem a ratificação, o que não ocorre com os negócios nulos, que não só não a permitem, como também não podem ter a nulidade suprida pelo juiz.

A anulação deve ser sempre requerida por meio de ação judicial. Tal não é essencial à nulidade dos negócios jurídicos, embora, por vezes, torne-se necessária a declaração judicial de nulidade.

A nulidade é sanção mais intensa, como vimos, porque visa punir transgressores de preceitos de ordem pública ou de interesse geral. A anulabilidade é mais branda, porque versa sobre interesses privados.

3. Problemática da inexistência dos negócios jurídicos

À margem dos atos ou negócios nulos e anuláveis, refere-se a doutrina aos *atos inexistentes*. Nossa lei não consagra essa classificação. Não é, porém, raro que tenhamos de defrontarmo-nos, em caso prático, com o problema da inexistência.

No negócio nulo e no negócio anulável existe a "formação" ao menos do ato aparente, mas em razão de falta de integração jurídica eles não produzem efeitos regulares.

No ato ou negócio inexistente, há, quando muito, "aparência" de ato ou negócio jurídico. A teoria da inexistência foi engendrada por Zaccharias, que encontrou adeptos nas doutrinas italiana e francesa. A questão foi primeiramente enunciada no tocante ao casamento inexistente, aquele onde faltasse o consentimento, ou a autoridade celebrante, ou quando houvesse igualdade de sexos. Nesses casos, o casamento simplesmente não existiria. No direito de família, vigora o princípio de que o casamento só é ineficaz quando a lei o declara de modo expresso. O legislador só se preocupa com sua validade. Destarte, algumas situações absurdas poderiam surgir, como as que enunciamos, nas quais os pressupostos do casamento estão ausentes, ainda que a ordem jurídica não acoberte atos a que faltam elementos essenciais. O raciocínio seria que, faltando texto expresso, o ato deveria ser admitido como válido. Para coibir tais absurdos, foi criada a doutrina dos *atos inexistentes*, para justificar a ineficácia absoluta daqueles atos a que faltam requisitos elementares a sua existência. É o que se dava na situação citada de casamento de pessoas do mesmo sexo. Tratava-se de mera aparência de matrimônio que não poderia, rigorosamente falando, ser declarado nulo. A situação era de *inexistência* do negócio jurídico. Seria absurdo admitir essas situações como atos jurídicos. Hoje, no entanto, é possível o casamento de pessoas do mesmo sexo, o que joga por terra a doutrina tradicional de inexistência de casamento nesse aspecto. A matéria é enfocada no direito de família.

Desse modo, a ideia de inexistência, nascida em matéria de casamento, espraiou-se para a teoria geral dos negócios jurídicos. É de ser visto como inexistente, por exemplo, compra e venda de imóvel lavrada por quem não é oficial público, em livro particular. Ainda aqui, porém, a ideia de nulidade ampara a situação.

A denominação *ato ou negócio inexistente* é, sem dúvida, ambígua e contraditória, pois o que não existe não pode ser considerado "ato". Contudo, o que pretendemos exprimir é que, embora existente porque possui aparência material, o ato ou negócio não possui conteúdo jurídico. Na verdade, o ato não se formou para o Direito.

Alguns autores têm a teoria dos atos ou negócios inexistentes por inconveniente e inútil. Todavia, não podemos negar que por vezes o jurista, perplexo, na enorme variedade de fenômenos que o cerca, encontrará casos típicos de inexistência do ato. Embora se diga que o ato ou negócio inexistente prescinda de declaração judicial, a aparência de ato pode ser tão palpável que a declaração por sentença talvez se mostre necessária. A declaração judicial, no entanto, terá os mesmos efeitos da declaração de nulidade, à qual, para efeitos práticos, a inexistência se assemelha.

No tocante à prescrição, afirmamos: ainda que se admitisse a prescrição dos atos nulos no sistema de 1916, os atos inexistentes não prescrevem, pela simples razão de que nunca chegaram a formar-se para o mundo do Direito.

Embora na maioria das vezes, para fins práticos, as consequências do ato ou negócio nulo se equivalham às do ato inexistente, situações haverá em que isso não será verdadeiro.

Não devemos dar maiores dimensões à teoria dos atos inexistentes, pois, na grande maioria das vezes, estaremos perante ato ou negócio nulo. O ato inexistente deve ser visto como simples fato sem existência legal. Como afirma Orlando Gomes (1983), somente dois requisitos devem ser vistos como elementares ao ato e, uma vez ausentes, podem levar à inexistência: a *vontade* e o *objeto*. Todo negócio jurídico deve conter elementarmente declaração de vontade; faltando esta, não haverá negócio. Também o negócio jurídico sem objeto é um nada jurídico. Todas as outras situações aberrantes à normalidade do negócio jurídico devem ser tidas como casos de nulidade.

Há nítida separação entre inexistência e nulidade, que o jurista não pode ignorar. A lei não admite a categoria dos atos inexistentes, porque, sendo eles simples fatos sem ressonância no campo jurídico, não deve o ordenamento deles se ocupar.

Agravo de instrumento – Ação monitória – Cumprimento de sentença – Impugnação – Rejeição – Confissão de dívida – Posterior homologação de acordo judicial, com trânsito em julgado – Arguição de vício de consentimento no ato da assinatura do instrumento de confissão de dívida – Inocorrência – Não verificada qualquer coação ou simulação – Irrelevância da ausência da companhia de advogado no ato, sendo a parte, então com 38 anos de idade, maior e capaz, responsável por seus atos – Alegada nulidade reconhecível apenas por meio de sentença, nos termos do disposto no artigo 177 do Código Civil, não por mero pedido nos autos – Prescrição inocorrente – Acordo exequendo homologado ainda em 2018 – Litigância de má-fé da recorrente não verificada – Mera defesa dos interesses, dentro dos limites da lei – Decisão mantida – Recurso não provido (*TJSP* – AI 2110928-57.2018.8.26.0000, 16-09-2018, Rel. Daniela Menegatti Milano).

Art. 178. É de quatro anos o prazo de decadência para pleitear-se a anulação do negócio jurídico, contado:
I – no caso de coação, do dia em que ela cessar;
II – no de erro, dolo, fraude contra credores, estado de perigo ou lesão, do dia em que se realizou o negócio jurídico;
III – no de atos de incapazes, do dia em que cessar a incapacidade.

Esse Código, em salutar modificação, simplificou a compreensão e distinção entre prescrição e decadência. Dentro da regulação de cada instituto estipula prazos decadenciais, como sucede no presente artigo. Os prazos prescricionais estão reunidos no art. 206.

Aqui, o texto legal prevê o prazo de quatro anos para a ação de anulação do negócio jurídico, estipulando os termos iniciais para as hipóteses de coação (*o dia em que ela cessar*). Para o erro, dolo, fraude contra credores, estado de perigo e lesão (*o dia em que se realizou o negócio*) e para os atos praticados pelos incapazes (*o dia em que cessar a incapacidade*). Nesta última hipótese, trata-se da incapacidade relativa, pois a incapacidade absoluta gera nulidade.

Apelação cível. Contratos agrários. Ação anulatória com cobrança de arrendamento. Cessão onerosa de direitos hereditários e meação. Cessão e transferência gratuita com reserva de usufruto. Escritura pública de partilha amigável. Vício de consentimento. Decadência. I. Da decadência. Na forma do artigo 178, inciso II, do Código Civil, "É de quatro anos o prazo de decadência para pleitear-se a anulação do negócio jurídico, contado: (...) II - no de erro, dolo, fraude contra credores, estado de perigo ou lesão, do dia em que se realizou o negócio jurídico". No caso, os contratos foram firmados em 14/03/2012, 22/03/2012 e 12/04/2012, e a demanda ajuizada em 08/09/2017, após o prazo legal, portanto. Assim, se impõe o reconhecimento da decadência do pedido de anulação dos negócios jurídicos. II. Da simulação. A nulidade do negócio jurídico sob o fundamento de simulação, pode e até deve ser reconhecida de ofício pelo Juiz por se tratar de nulidade absoluta. Na hipótese, não há incidência da decadência prevista no art. 178 do CCB. A prova é esclarecedora quanto ao fato de ter havido relação de "compra e venda" quando seria de doação onerosa dos bens alienados, com a finalidade da doadora receber cuidados pelo doador, inclusive com manutenção de valores costumeiramente havidos oriundos de arrendamento.

Deve ser considerado nulo o negócio jurídico simulado, por conter declaração não verdadeira, de compra e venda de imóvel quando seria doação onerosa. Subsiste o negócio jurídico entre as partes, pois válido na substância e forma, contendo os requisitos de doação onerosa, sendo eficaz quanto ao fim realmente visado, nos termos dos arts. 167 e seguintes do Código Civil. Reconhecida a relação de doação onerosa quanto aos imóveis de matrículas 15.906, 20.324, 20.322 e 20.323, se impõe fixar os encargos desta doação, representados por valor equivalente ao arrendamento da área cultivável. À unanimidade, negaram provimento ao recurso e, de ofício, reconheceram a simulação com subsistência de doação onerosa (*TJRS* – Ap. 70083619643, 12-03-2020, Rel. Liege Puricelli Pires).

Civil e Processual Civil. Ação anulatória. Arrematação judicial. Erro substancial configurado. Anulação do negócio jurídico. Decadência. Não ocorrência. Restituição das quantias pagas. Juros de mora a partir da citação. Sentença mantida. 1. A pretensão anulatória fundamentada em vício de consentimento rege-se pelo prazo decadencial de quatro anos previsto no art. 178 do Código Civil. 2. Impõe-se a anulação da arrematação judicial quando comprovado que a declaração de vontade do arrematante emanou de erro substancial, nos termos dos arts. 138 e 139 do Código Civil. 3. Embora as obrigações pelo pagamento das taxas condominiais acompanhem a coisa, não pode o adquirente do imóvel responder por dívidas que não constaram de forma clara, correta, precisa e expressamente do edital de leilão. 4. Os juros de mora são devidos a partir da citação, conforme dispõe o artigo 405 do Código Civil. 5. Recursos conhecidos e desprovidos (*TJDFT* – 0013980-05.2015.8.07.0006, 22-11-2017, Rel. Sebastião Coelho).

Apelação cível. Anulação de ato jurídico. **Prazo decadencial – Artigo 178 do Código Civil**. Possibilidade de análise de ofício e em qualquer momento processual – Artigo 210 do Código Civil. Partilha de bens realizada em ação de separação judicial – Segredo de justiça – Início do prazo decadencial – Averbação no registro de imóveis e não do trânsito em julgado. Sentença mantida. 1. "Deve o juiz, de ofício, conhecer da decadência, quando estabelecida por lei" (art. 210 do Código Civil). 2. O prazo decadencial teve seu início não com o trânsito em julgado da sentença que homologou a partilha, mas sim com a averbação da separação judicial e respectiva partilha de bens no Registro de Imóveis, uma vez que o processo de separação judicial tramitou em segredo de justiça. 3. Recurso conhecido e desprovido (*TJPR* – Acórdão Apelação Cível 715.882-9, 13-4-2011, Rel. Des. Ruy Muggiati).

Art. 179. Quando a lei dispuser que determinado ato é anulável, sem estabelecer prazo para pleitear-se a anulação, será este de dois anos, a contar da data da conclusão do ato.

Há outras situações de anulabilidade além daquelas expressas neste capítulo, nas quais a lei não explicita prazo decadencial. Nesse caso, o prazo será de dois anos. Veja a situação do art. 496, por exemplo, que trata da anulabilidade da venda de ascendente a descendente. O prazo decadencial nessa situação será de dois anos a contar da conclusão do negócio. Há várias outras hipóteses de anulabilidade no Código (arts. 117, 533, II, 1.247, 1.903).

Enunciado nº 538, VI Jornada de Direito Civil – CJF/STJ: No que diz respeito a terceiros eventualmente prejudicados, o prazo decadencial de que trata o art. 179 do Código Civil não se conta da celebração do negócio jurídico, mas da ciência que dele tiverem.

Apelação cível. Propriedade industrial. Ação anulatória de contrato de franquia e ação de obrigação de fazer. Julgamento conjunto. Circular de oferta de franquia. Ausência de informações indispensáveis. Prejuízo constatado. Decadência. 1. Alegação de decadência afastada. Hipótese em que o prazo de dois anos previsto no art. 179 do CC deve ser computado a partir da assinatura do contrato de franquia objeto do pedido de anulação. (...) Recurso desprovido (*TJRS* – Ap. 70082388844, 18-12-2019, Rel. Isabel Dias Almeida).

Apelação cível. Seguros. Planos de saúde. Ação revisional. Pedido que engloba contrato extinto. Prazo decadencial implementado. Com relação ao contrato extinto em dezembro de 2003, não há a possibilidade de apreciação da pretensão, pois, é certo que o direito da parte com relação aos reajustes aplicados na vigência deste contrato restou fulminado pela decadência. Prazo decadencial de dois anos. Art. 179 do CC. Contrato atual que observa os percentuais de reajustes anuais autorizados pela ANS. Apelo não provido (*TJRS* – Ap. 70082746579, 05-12-2019, Rel. Ney Wiedemann Neto).

Art. 180. O menor, entre dezesseis e dezoito anos, não pode, para eximir-se de uma obrigação, invocar a sua idade se dolosamente a ocultou quando inquirido pela outra parte, ou se, no ato de obrigar-se, declarou-se maior.

O sistema pune a malícia do menor que não pode se escudar dolosamente na sua menoridade para praticar atos. Não se trata de situação na qual a maioridade é suprida, mas de ato que gerará efeitos sob o prisma de punição. É dever do menor declinar sua idade.

Apelação cível – Ação anulatória de negócio jurídico – Contrato celebrado por relativamente incapaz – Validade. I – Muito embora o art. 171 do Código Civil preveja a anulabilidade do negócio jurídico por incapacidade relativa do agente, o art. 180 do Código Civil veda que o menor, entre dezesseis e dezoito anos, invoque sua idade para se eximir de obrigação contratada, devendo-se proceder a uma interpretação extensiva da norma, abrangendo também a situação em que o relativamente incapaz atua dolosamente para a celebração do negócio, uma vez que a ordem jurídica não confere proteção àquele que atua com má-fé (*TJMG* – Ap. 1.0000.19.161064-1/001, 17-03-2020, Rel. João Cancio).

Ação declaratória e indenizatória. Contrato firmado por menor de idade. Inteligência do art. 180 do Código Civil. Ausência de prejuízo. Danos morais inocorrentes. 1. Hipótese em que a empresa requerida juntou aos autos provas da contratação. Tendo a parte autora alegado a falsidade de tais documentos, cabia a esta a demonstração de tal falsidade, ônus do qual não se desincumbiu. Aplicação do art. 389, I, do CPC/1973, com correspondência no art. 429, I, do CPC/2015. 2. Não há que se falar em nulidade do negócio jurídico quando a parte demandante, mesmo sendo menor – relativamente incapaz –, ocultou dolosamente a sua idade ou, no ato de se obrigar, declarou-se maior. Ademais, ausente qualquer prejuízo a justificar a anulação do ato. Incidência do art. 180 do CC. Precedentes desta Corte. 3. Ausência de conduta ilícita por parte da ré. Danos morais inocorrentes. Apelação desprovida. Unânime. (*TJRS* – Ap. 70069159564, 02-06-2016, Rel. Jorge Alberto Schreiner Pestana).

Art. 181. Ninguém pode reclamar o que, por uma obrigação anulada, pagou a um incapaz, se não provar que reverteu em proveito dele a importância paga.

Aqui a situação é praticamente oposta à do artigo anterior, embora o conceito de dolo não participe da compreensão deste artigo. Trata-se de uma exceção às regras de invalidade. No caso, decretada a nulidade ou anulada uma obrigação, o interessado ainda terá que provar que o proveito do negócio reverteu em benefício do incapaz. O artigo aplica-se tanto à incapacidade absoluta como à relativa.

Civil e Processo Civil – Apelação cível – Ação de indenização por danos materiais e morais – Anterior anulação do contrato de compra e venda – Reconvenção – Pedido de reintegração de posse e cobrança de aluguéis – Cabimento – Preliminar rejeitada – Mérito – Ausência do dever de indenizar – Inexistência de ato ilícito e da prova dos danos. (...) 2. Quanto ao pedido de restituição do valor do preço pago pelo autor, ora apelante, na compra e venda do imóvel rural que pertencia ao vendedor já falecido, tendo em vista que tanto a escritura de compra e venda quanto o respectivo registro na matrícula do imóvel foram anulados por sentença em demanda anterior que também determinou que o imóvel retornasse ao patrimônio do vendedor (ff. 13/20), tenho que caberia ao autor o ônus da prova de que o valor do preço foi revertido em proveito do vendedor, que à época era incapaz - inteligência do art. 181 do Código Civil: "Ninguém pode reclamar o que, por uma obrigação anulada, pagou a um incapaz, se não provar que reverteu em proveito dele a importância paga". 3. Como o autor, ora apelante, não se desincumbiu do ônus de provar que o valor do preço foi revertido em proveito do vendedor incapaz, a improcedência do pedido de devolução da quantia paga é medida que se impõe. 4. Para a responsabilização civil por ato ilícito, imprescindível a coexistência dos seguintes requisitos: (i) conduta culposa ou dolosa do agente, (II) dano e (III) nexo de causalidade entre o comportamento do ofensor e o abalo perpetrado à vítima - inteligência do artigo 186 c/c art. 927 do Código Civil. 5. Reconhecida a ilegitimidade da posse do autor/reconvindo, ora apelante, sobre o imóvel rural objeto da lide mesmo após o trânsito em julgado da sentença que anulou a compra e venda do referido bem, ele deve ressarcir os réus/reconvintes, atuais proprietários do imóvel, pagando o aluguel mensal enquanto lá permanecer, cujo valor (R$ 500,00) não foi impugnado na sua contestação à reconvenção e nem nas razões recursais (*TJMG* – Ap. 1.0051.11.002685-6/002, 01-12-2016, Rel. Otávio Portes).

Art. 182. Anulado o negócio jurídico, restituir-se-ão as partes ao estado em que antes dele se achavam, e, não sendo possível restituí-las, serão indenizadas com o equivalente.

A nulidade é penalidade que importa em deixar de existir qualquer efeito do ato, desde o momento de sua formação (*ex tunc*). A sentença que decreta a nulidade retroage, pois, à data do nascimento do ato viciado. O ideal legal é que os efeitos do negócio jurídico nulo desapareçam como se nunca houvessem se produzido. Os efeitos que seriam próprios ao ato desaparecem. No entanto, ainda que a lei determine que as nulidades atuem dessa maneira, é inevitável que restarão efeitos materiais, na maioria das vezes, do ato declarado nulo. A solução indenizatória será a solução possível.

Assim, a regra "*o que é nulo não pode produzir qualquer efeito*" (*quod nullum est nullum effectum producit*) deve ser entendida com o devido temperamento. Na maioria das vezes, embora o ato seja tido como nulo pela lei, dele decorrem efeitos de ordem material. No dizer de Miguel Maria de Serpa Lopes (1962, v. 1, p. 503), "*essa criação inválida não deixa de ser um fato jurídico, uma atividade que deve ser e é tomada em consideração pelo Direito*". Desse modo, por exemplo, um negócio praticado por alienado mental, por pessoa sem o devido discernimento sem a outra parte o soubesse, gera uma série de efeitos materiais. O negócio é juridicamente nulo, mas o ordenamento não pode deixar de levar em conta efeitos materiais produzidos por esse ato. Isso é verdadeiro tanto em relação aos atos nulos como em relação aos atos anuláveis. As partes contraentes devem ser reconduzidas ao estado anterior. Nem sempre, fisicamente, isso será possível.

Daí a razão de o presente artigo aventar a possibilidade de indenização quando não for possível o retorno ao estado anterior. A regra, apropriada ao negócio anulado, aplica-se, quando for o caso, ao negócio nulo para efeitos práticos.

⚖ Apelação cível – Declaração de anulabilidade das escrituras de doação e compra e venda – Divergências sobre os efeitos dessa anulação – Imissão de posse a favor dos herdeiros – Confirmação – Pleito de indenização pela fruição indevida – Ausência de comprovação de ilícito – Rejeição do pedido – Sentença confirmada. Ressoando dos autos que as escrituras levadas a efeito não atenderam a forma prescrita em lei, o que levou ao reconhecimento de anulação das escrituras de doação e compra e venda de imóvel, bem como, não havendo insurgência recursal dos adquirentes sobre a anulação havida, cumpre reconhecer que, os efeitos da anulação, por força de aplicação do artigo 182 do Código Civil, conduzem as partes ao estado *status quo ante* e, portanto, impõe-se a confirmação da imissão de posse em favor dos herdeiros. O não atendimento à forma prescrita em lei na formação da escritura, por si só, não é caso de reconhecimento de prática de ilícito. Não havendo a comprovação de prática de ilícito pelos adquirentes, improcede o pleito indenizatório de fruição baseado no artigo 927 do Código Civil (*TJMG* – Ap. 1.0183.13.006331-0/001, 28-05-2020, Rel. Luiz Carlos Gomes da Mata).

⚖ Apelação cível. Negócios jurídicos bancários. Ação declaratória de nulidade de negócio jurídico com pedidos de indenização por danos morais e de repetição do indébito. 1. Nulidade da contratação. Agente incapaz. À luz do disposto no art. 166, I, do Código Civil, é nulo o negócio jurídico celebrado por pessoa absolutamente incapaz. No caso em tela, considerando-se que os contratos de empréstimo pessoal foram pactuados pela autora, sem a anuência de sua curadora, no ano de 2016, posteriormente à decretação de sua incapacidade, ocorrida no ano de 2008, há de ser declarada a nulidade de tais negócios jurídicos firmados entre as partes. 2. Repetição do indébito. Cabimento. Tendo havido o desconto de valores indevidos e não restituídos na esfera extrajudicial, é viável juridicamente a repetição do indébito na forma simples. Na hipótese, nos termos do art. 182 do Código Civil, devem as partes retornar ao *status quo ante*, sendo admitida, para tanto, a compensação dos valores pagos pela parte autora com o montante a ser restituído pela parte ré. 3. Honorários advocatícios. Redução. Impossibilidade. Os honorários advocatícios fixados na origem, no caso concreto, encontram-se de acordo com as disposições do art. 85 do CPC, bem como os parâmetros desta câmara para o tipo de demanda, razão pela qual descabe a redução pretendida. Apelação desprovida, por maioria (*TJRS* – Ap. 70080413602, 24-04-2019, Rel. Fernando Flores Cabral Junior).

Art. 183. A invalidade do instrumento não induz a do negócio jurídico sempre que este puder provar-se por outro meio.

O ato anulável é imperfeito, mas seu vício não é tão grave para que haja interesse público em sua declaração. Desse modo, a lei oferece alternativa ao interessado, que pode conformar-se com o ato, tal como foi praticado, sendo certo que sob essa situação o ato terá vida plena. Por essa razão, estão legitimados a ingressar com a ação anulatória os interessados que intervêm nos atos e, sob certas condições, seus sucessores, bem como determinados terceiros que sofram influência dos atos, como é o caso do credor prejudicado, na fraude contra credores.

Assim, tendo em vista a dicção do presente artigo, se a escritura pública não fosse essencial ao ato, nula esta, poderia haver prova do ato por outros meios. Esse é o sentido, também, do presente artigo redigido de forma mais técnica. O instrumento defeituoso será início de prova.

Os negócios jurídicos anuláveis podem convalescer por duas razões, tornando-se eficazes. Primeiramente, pelo decurso do tempo, pois os atos anuláveis têm prazos de prescrição ou decadência mais ou menos longos; decorrido o lapso prescricional ou decadencial, o ato ou negócio torna-se perfeitamente válido. Há como que ratificação presumida do ato; o interessado que podia impugná-lo queda-se inerte. A segunda possibilidade de convalescimento do negócio anulável é a *ratificação*, confirmação do ato pelos interessados.

⚖ Ação declaratória de nulidade de contratos bancários cumulada com indenização por dano moral. Esposa do autor que celebrou contratos com a ré por meio de falsificação das assinaturas deste. Instrumento inválido que não necessariamente invalida o negócio jurídico. Inteligência do artigo 183 do Código Civil. Valor disponibilizado na conta conjunta pertencente ao autor e sua esposa. Autor que se insurgiu contra os empréstimos um ano após a celebração do primeiro deles, quando do falecimento de sua esposa. Alegação de que a esposa do autor empreendia meios para que ele não percebesse os descontos mensais das parcelas dos empréstimos. Não demonstração. Dívidas de empréstimos contraídas por um dos cônjuges que obrigam solidariamente a ambos. Artigos 1.643 e 1644 do Código Civil. Sentença de parcial procedência. Recurso improvido (*TJSP* – Ap. 0004991-76.2008.8.26.0539, 05-04-2016, Rel. Jairo Brazil Fontes Oliveira).

Art. 184. Respeitada a intenção das partes, a invalidade parcial de um negócio jurídico não o prejudicará na parte válida, se esta for separável; a invalidade da obrigação principal implica a das obrigações acessórias, mas a destas não induz a da obrigação principal.

A nulidade do negócio pode ser *total* ou *parcial*. Total quando afeta todo o negócio; parcial quando se limita a uma ou algumas de suas cláusulas. A lei de 1916 admitia que, sempre que possível, a parte sã do negócio fosse aproveitada. O princípio tradicional é que a parte nula do ato não torna írrita a porção válida. O atual Código mantém o mesmo princípio, mas observa que essa validade parcial deve respeitar a intenção das partes.

A matéria é de prova e requer o cuidado do julgador, que deverá também examinar se a invalidade não macula todo o negócio, ou seja, se é ou não separável. O princípio aplica-se tanto aos casos de nulidade absoluta como aos casos de nulidade relativa (anulabilidade). O princípio da acessoriedade aí estampado é o já estudado de que o acessório segue o destino do principal, mas o principal não é afetado pelo destino do acessório.

Apelação cível – Ação revisional – Preliminar de ofício – Conhecimento parcial do recurso – Ausência de interesse recursal – Contrato de arrendamento mercantil – Comissão de permanência – Ausência de previsão – tarifa abertura de crédito – Convenção anterior à norma proibitiva – Validade – Recurso provido. Falece interesse na interposição de recurso visando situação jurídica já determinada na sentença recorrida. Não havendo previsão de incidência da comissão de permanência em contrato, não há que se declarar a ilegalidade de tal encargo. A interpretação a ser empregada deve levar em consideração o princípio da conservação do contrato, a intenção manifestada das partes e o aproveitamento da parte válida do negócio (art. 184 do Código Civil). Lícita a tarifa de abertura de crédito convencionada antes da vigência da resolução nº 3518/2007 do CMN (*TJMG* – Ap. 1.0024.13.306049-1/001, 18-07-2017, Rel. Pedro Bernardes).

Apelação cível. Ensino particular. Embargos à execução. Título executivo extrajudicial. Falsidade de assinaturas em contrato de fiança. Obrigação acessória. Validade do contrato principal. Litigância de má-fé. Inocorrência. 1. O artigo 184 do Código Civil estabelece que a invalidade da obrigação principal implica a das obrigações acessórias, mas a destas não induz a da obrigação principal. 2. No presente caso, realizada perícia concluiu-se que foram falsificadas as assinaturas do fiador lançadas nos contratos nº 20-04206/02, 20-04206/0-5, 20-04206/0-6 e 20-04206/0-07, fls. 08, 11, 12 e 13, respectivamente, dos autos em apenso, bem como a assinatura aposta na alteração contratual de fl. 398. 3. Entretanto, considerando a natureza acessória da fiança, constatada a falsidade das assinaturas apostas naquela, não há que se falar em nulidade dos títulos extrajudiciais, tendo em vista que a nulidade da obrigação acessória não atinge a obrigação principal. Da litigância de má-fé. 4. Não há que se falar em litigância de má-fé por parte da embargada, na medida em que não se verificam quaisquer das hipóteses constantes no artigo 17 do Código de Processo Civil. Dado provimento ao apelo (*TJRS* – Ap. 70061256699, 25-03-2015, Rel. Jorge Luiz Lopes do Canto).

TÍTULO II
DOS ATOS JURÍDICOS LÍCITOS

Art. 185. Aos atos jurídicos lícitos, que não sejam negócios jurídicos, aplicam-se, no que couber, as disposições do Título anterior.

Atos jurídicos lícitos, ao contrário dos negócios jurídicos, são aqueles que embora não tenham sido emanados pela vontade com a intenção precípua de outorgar efeitos jurídicos, emanam ou podem emanar reflexos no campo do Direito. Grande parte da doutrina prefere denominá-los "*atos jurídicos em sentido estrito*". Não nos parece deslocada, contudo, a rotulação preferida pelo Código Civil, a qual dá bem a noção da compreensão do instituto.

Assim, uma carta comercial ou sentimental, embora não tenham sido emanações de vontade diretamente ligadas à produção de efeitos jurídicos, pode tê-los, conforme as circunstâncias. Há atos que ganham juridicidade no curso de sua existência, portanto.

⚖ Apelação – Casamento – Ato jurídico *stricto sensu* – Simulação – Art. 185 do Código Civil – Não comprovação – improcedência – Sentença reformada. Os atos jurídicos *stricto sensu*, como o casamento, podem ser anulados com base na simulação, por interpretação da norma extensiva do artigo 185, do Código Civil. Não verificada simulação no casamento, para a obtenção de efeitos secundários, mas com finalidade de fruir da vida conjugal, não se anula o ato (*TJRS* – Ap. 1.0687.11.003342-4/001, 14-11-2017, Rel. Caetano Levi Lopes).

⚖ Apelação cível – Anulação de ato jurídico – Declaração de empresário individual – Aplicação das regras do negócio jurídico – Vício do consentimento – Erro – Não demonstração – O art. 185 do Código Civil determina que aos **atos jurídicos lícitos**, que não sejam negócios jurídicos, aplicam-se, no que couber, as disposições sobre negócio jurídico. Os vícios dos negócios jurídicos dependem de clara demonstração pela parte interessada (*TJDFT* – AC 20110110279537 – (572954), 19-3-2012, Relª Desª Carmelita Brasil).

TÍTULO III
DOS ATOS ILÍCITOS

Art. 186. Aquele que, por ação ou omissão voluntária, negligência ou imprudência, violar direito e causar dano a outrem, ainda que exclusivamente moral, comete ato ilícito.

1. Responsabilidade civil, responsabilidade contratual e extracontratual (negocial ou extranegocial)

Quando o agente pratica ato volitivo, quer especificamente para atingir efeitos jurídicos, quer não, estamos no campo já estudado dos negócios jurídicos.

Se o agente dos negócios e atos jurídicos, por ação ou omissão, pratica ato contra o Direito, com ou sem intenção manifesta de prejudicar, mas ocasiona prejuízo, dano a outrem, estamos no campo dos atos ilícitos. O ato ilícito pode constituir-se de ato único, ou de série de atos, ou de *conduta* ilícita. A ação ou omissão ilícita pode acarretar dano indenizável. Essa mesma conduta pode ser punível no campo penal.

Embora o ato ilícito, ontologicamente, tenha entendimento único, pode receber punição civil e penal, como, por exemplo, quando há lesões corporais. O Direito Penal pune o autor das lesões corporais com pena privativa de liberdade, além de outras sanções na ordem criminal. O interesse de punir, no campo penal, é social, coletivo. Pouco importa para o Direito Penal que não tenha havido prejuízo patrimonial, pois é direito punitivo ou repressivo por excelência. As razões ontológicas e axiológicas das punições aplicadas nesse campo são objeto do estudo da Sociologia e da Política Criminal.

Para nós, no Direito Civil, importa saber quais os reflexos dessa conduta ilícita. No crime de lesões corporais, a vítima pode ter sofrido prejuízos, tais como despesas hospitalares, faltas ao trabalho e até prejuízos de ordem moral, se foi submetido à chacota social ou se ficou com cicatriz que prejudique seu trânsito social. No campo civil, só interessa o ato ilícito na medida que exista dano a ser indenizado. O Direito Civil, embora tenha compartimentos não patrimoniais, como os direitos de família puros, é essencialmente patrimonial. Quando se fala da existência de ato ilícito no campo privado, o que se tem em vista é exclusivamente a reparação do dano, a recomposição patrimonial. Quando se condena o agente causador de lesões corporais a pagar determinada quantia à vítima, objetiva-se o reequilíbrio patrimonial, desestabilizado pela conduta do causador do dano. Não há, no campo civil, em princípio, ao contrário do que vulgarmente podemos pensar, sentido de "punir o culpado", mas o de se indenizar a vítima. Esta última afirmação, quase um dogma no passado, tem sofrido modificações modernamente, pois muito da indenização de dano exclusivamente moral possui uma conotação primordialmente punitiva, como veremos em nossos estudos nesse campo.

No campo penal, há série de condutas denominadas típicas, descritas na lei, que se constituem nos *crimes* ou *delitos*. Quando alguém pratica alguma dessas condutas, insere-se na esfera penal. O *ato ilícito* no campo penal, portanto, é denominado *crime* ou *delito*. A terminologia *ato ilícito* é reservada, no sentido específico, para o campo civil, daí se falar em *responsabilidade civil*.

Em matéria de responsabilidade civil, havia artigo no Código Civil de 1916 a fundamentar a indenização *não derivada de contrato*. O atual Código, nesse dispositivo, refere-se ao dano moral, presente expressamente na Constituição de 1988.

Desses artigos decorrem todas as consequências atinentes à responsabilidade extracontratual entre nós. Na responsabilidade extracontratual ou extranegocial, também denominada aquiliana, em razão de sua origem romana, não preexiste um contrato. É o caso de alguém que ocasiona acidente de trânsito agindo com culpa e provocando prejuízo indenizável. Antes do acidente, não havia relação contratual ou negocial alguma. Tal fato difere do que ocorre no descumprimento, ou cumprimento defeituoso, de um contrato no qual a culpa decorre de vínculo contratual. Por vezes, não será fácil definir se a responsabilidade é contratual ou não. O ato ilícito, portanto, tanto pode decorrer de contrato ou negócio jurídico em geral como de relação extracontratual. O atual Código atualiza o conceito de responsabilidade negocial no art. 389: "*Não cumprida a obrigação, responde o devedor por perdas e danos, mais juros e atualização monetária segundo índices oficiais regularmente estabelecidos, e honorários de advogado.*"

A ilicitude cominada no presente artigo diz respeito à infringência de norma legal, à violação de um dever de conduta, por dolo ou culpa, que tenha como resultado prejuízo de outrem. A infração à norma pode sofrer reprimenda penal, consistente em pena corporal ou multa, correlatamente a indenização civil, ou tão somente indenização civil, caso a norma violada não tenha cunho penal. O artigo sob comentário menciona tanto o dolo como a culpa, assim considerados no campo penal. Fala o dispositivo em "*ação ou omissão voluntária*". O Código Penal define dolo como a situação em que o agente *quer o resultado ou assume o risco de produzi-lo* (art. 18, I). No dolo específico, o agente quer o resultado direta ou indiretamente. No dolo eventual, especificado no dispositivo penal (quando o agente assume o risco de produzir o resultado), o agente pratica o ato sem querer propriamente certo resultado; quando, porém, de forma implícita, aquiesce com ele, tolerando-o, estará agindo com dolo eventual.

A culpa, segundo o presente dispositivo, vem estatuída pela expressão *negligência* ou *imprudência*. O Código Penal, no art. 18, acrescenta a *imperícia*. Na conduta culposa, há sempre ato voluntário determinante do resultado involuntário. O agente não prevê o resultado, mas há previsibilidade do evento, isto é, o evento, objetivamente visto, é previsível. O agente, portanto, não prevê o resultado; se o previsse e praticasse a conduta, a situação se configuraria como dolo. Quando o resultado é imprevisível, não há culpa; o ato entra para o campo do caso fortuito e da força maior, e não há indenização alguma.

Quando se fala em *culpa* no campo civil, englobam-se ambas as noções distinguidas neste art. 186, ou seja, a culpa civil abrange tanto o dolo quanto a culpa, estritamente falando. Ainda para fins de indenização, uma vez fixada a existência de culpa do agente, no campo civil, pouco importa tenha havido dolo ou culpa, pois a indenização poderá ser pedida em ambas as situações. Também não há, em princípio, graduação na fixação da indenização, tendo em vista o dolo, mais grave, ou a culpa, menos grave. No entanto, deve ser lembrado o art. 944, parágrafo único, do Código Civil, o qual permite ao juiz reduzir equitativamente a indenização, se houver expressiva desproporção entre a gravidade da culpa e o dano.

Quando temos em mira a culpa para a caracterização do dever de indenizar, estaremos no campo da chamada *responsabilidade subjetiva*, isto é, dependente da culpa do agente causador do dano. Em contraposição, há várias situações nas quais o ordenamento dispensa a culpa para o dever de indenizar, bastando o dano, a autoria e o nexo causal, no campo que se denomina *responsabilidade objetiva*. Realce-se que neste ponto temos apenas noções introdutórias, que serão aprofundadas nestes comentários, dedicado exclusivamente à responsabilidade civil.

O que importa na responsabilidade civil é a fixação de um *quantum* para reequilibrar o patrimônio atingido. Não se trata, portanto, de punição. Cuida-se da minimização de um prejuízo, tanto quanto possível. Um prejuízo não reparado é sempre um fator de instabilidade e desequilíbrio social. O Direito Penal é punitivo, e na fixação da pena, sem dúvida, o juiz atenderá, entre outros fatores, à intensidade da culpa ou do dolo para aplicar a pena mais adequada.

Outro ponto deve ser destacado: no Direito Penal, o ato ilícito, o crime, é de definição estrita, atendendo-se ao princípio do *nulla poena sine lege*. Só haverá responsabilidade penal se for violada a norma compendiada na lei, isto é, o crime é sempre um fato típico, descrito em lei. Por outro lado, a responsabilidade civil emerge do simples fato do prejuízo, que igualmente viola o equilíbrio social, mas cuja reparação ocorre em benefício da vítima. Por conseguinte, as situações de responsabilidade civil são mais numerosas, pois independem de definição típica da lei.

2. Elementos da responsabilidade extracontratual (extranegocial) ou aquiliana

Como nessa rápida introdução prendemo-nos apenas à responsabilidade extracontratual ou extranegocial, impõe-se decompor os elementos do presente art. 186.

Para que aflore o dever de indenizar, é necessário, primeiramente, que exista ação ou omissão do agente; que essa *conduta* esteja ligada por relação de causalidade com o prejuízo suportado pela vítima e, por fim, que o agente tenha agido com culpa (assim entendida no sentido abrangente exposto). Faltando algum desses elementos, desaparece o dever de indenizar.

Quanto à *ação ou omissão voluntária*, já expusemos que mais propriamente se trata de conduta, porque o ato ilícito pode compor-se de um único ato ou de série de atos. A conduta ativa geralmente se constitui em ato doloso ou imprudente, enquanto a conduta passiva é estampada normalmente pela negligência. A conduta omissiva só ocorre quando o agente tem o dever de agir de determinada forma e deixa de fazê-lo. É ativa a conduta do indivíduo que imprime velocidade excessiva a seu automóvel e provoca acidente. É omissiva a conduta do indivíduo que deixa seu automóvel estacionado em declive, sem acionar o freio de mão, e o deslizamento do veículo provoca dano na propriedade alheia.

A ideia original é que a ação praticada pelo próprio agente o incumbirá de indenizar. No entanto, na responsabilidade civil, tendo em vista o maior equilíbrio das relações sociais, por vezes o autor do dano não será o responsável ou ao menos responsável único pela indenização. Os empregados, por exemplo, agindo com culpa, farão com que o dever de indenizar seja dos patrões, assim como nas demais situações do art. 932. Trata-se da responsabilidade por fato de outrem, que se distingue da responsabilidade primária por fato próprio. Toda essa matéria deve ser aprofundada nos artigos específicos.

Para que emerja o dever de indenizar, também deve ficar evidenciada a *relação de causalidade* ou *nexo causal*. Pode ter ocorrido ato ilícito, pode ter decorrido um dano, mas pode não ter havido nexo de causalidade entre esse dano e a conduta do agente. O dano pode ter sido provocado por terceiros, ou, ainda, por culpa exclusiva da vítima, bem como por caso fortuito ou força maior. Nessas situações, não haverá dever de indenizar. Na maioria das vezes, incumbe à vítima provar o requisito. Deverá ser considerada como causa aquela condição sem a qual o evento não teria ocorrido (*conditio sine qua non*).

Em terceiro lugar, para reclamar indenização, é necessário ocorrer *dano*. Não havendo dano, para o Direito

Privado o ato ilícito é irrelevante. Com relação ao dano patrimonial, não há dúvida quanto à indenização, pois é ele facilmente avaliável. O problema maior surge quando o dano é moral ou extrapatrimonial. Pergunta-se: até que ponto a dor ou incomodo podem ser indenizados? Muito têm escrito os autores sobre o dano moral. Parece não haver mais dúvida de que o dano moral ou extrapatrimonial, quando acompanhado de prejuízo de ordem material, deve ser indenizado. Assim, na injúria, quando a dignidade ou o decoro da pessoa é atingido, há dano moral, mas com reflexos de ordem patrimonial. Quando se alega que um comerciante ou profissional é de moral duvidosa, é inafastável a ocorrência também de prejuízo econômico. A maior resistência da doutrina e da jurisprudência reside na indenizabilidade do dano exclusivamente moral, na dor ou no incômodo exagerado. Nesse diapasão, como já apontamos, a indenização por dano exclusivamente moral denota, ainda que perfunctoriamente, um cunho eminentemente punitivo, pedagógico e não meramente indenizatório.

Não há mais dúvida de que o dano extrapatrimonial deve ser indenizado em qualquer hipótese, se presentes os demais requisitos. O art. 186 é específico ao mencioná-lo, secundando o princípio da Constituição de 1988 (art. 5º, V).

Em quarto lugar, surge a *culpa* para fazer emergir a responsabilidade civil. Culpa civil abrange, portanto, o dolo e a culpa estritamente falando. Da culpabilidade já nos ocupamos na seção anterior. Nosso direito abandonou a vetusta distinção entre delitos e quase-delitos, do Código francês, que compreendiam, respectivamente, os atos dolosos e os atos culposos. Para nós, tanto os atos provenientes de dolo como os decorrentes de culpa geram dever de indenizar. O que se deve medir é o prejuízo causado e não a intensidade da conduta do agente.

A noção de culpa implica a de imputabilidade, de modo que, em princípio, os deficientes mentais e os menores impúberes não podem ser responsabilizados, a não ser por intermédio das pessoas que os tenham sob sua guarda ou proteção. De acordo com o art. 156 do Código Civil de 1916, o menor púbere equiparava-se ao maior quanto às obrigações decorrentes de ato ilícito em que for culpado. No sistema tradicional de 1916, era irrelevante a consideração do grau de culpa que outrora era levado em conta. Distinguiam-se a culpa grave, a leve e a levíssima. A culpa grave era decorrente de imprudência ou negligência manifesta, avizinhando-se do dolo. A culpa leve era aquela em que faltava ao agente a diligência ordinária em sua conduta, aquela em que um homem comum poderia incidir, mas não um homem cuidadoso. A culpa levíssima era a situação que apenas um homem de extrema diligência e cuidado poderia evitar, não gerando, em geral, o dever de indenizar.

Na doutrina tradicional, tal distinção é irrelevante, pois no sistema de 1916 o elemento fundamental era o prejuízo e não o grau de culpa, pois mesmo a culpa levíssima criará o dever de indenizar. Ultimamente, temos sentido uma reviravolta nesses paradigmas clássicos. A moderna doutrina, calcada nos juristas franceses mais atuais, admite que a indenização, mormente por dano moral, não tem um sentido exclusivamente de reparação do prejuízo, mas preenche também finalidade social, pedagógica e punitiva, ao impor um pagamento ao ofensor.

De qualquer modo, o presente Código não é infenso a essa nova perspectiva. O art. 944 estampa em seu *caput* a regra geral, qual seja, "*a indenização mede-se pela extensão do dano*". No entanto, seu parágrafo único, já referido, dispõe: "*Se houver excessiva desproporção entre a gravidade da culpa e o dano, poderá o juiz reduzir, equitativamente, a indenização.*" Portanto, o grau de culpa passa a ter influência na fixação da indenização, o que, no passado, não era admitido, ao menos expressamente. A atual lei se refere à possibilidade de redução da indenização. A jurisprudência ainda se apresenta tímida na aplicação desse artigo. É de se prever que está aberta a válvula, inclusive, para a exacerbação da indenização, mormente nos danos não patrimoniais e nos casos de culpa grave, o que, aliás, harmoniza-se com as novas tendências doutrinárias. Voltaremos, evidentemente, ao tema nos artigos respectivos.

Outro critério na distinção da culpa é o da culpa *in concreto* e da culpa *in abstrato*. Pela culpa *in concreto*, examina-se a conduta do agente no caso ocorrido. Pela culpa *in abstrato*, a responsabilidade tem como padrão o homem médio da sociedade, o *diligens pater familias* dos romanos; trata-se de ficção. Entre nós, é adotado o critério da culpa *in concreto*.

Outras modalidades de culpa podem ser citadas. A culpa *in eligendo* é a decorrente da má escolha do representante ou preposto: alguém entrega a direção de veículo a pessoa não habilitada, por exemplo.

A culpa *in vigilando* é a que decorre da ausência de fiscalização sobre outrem, em que essa supervisão é necessária ou decorre da lei; é a que ocorre no caso do patrão com relação aos empregados; os atos ilícitos do preposto fazem surgir o dever de indenizar do preponente. Pode também ocorrer com relação à própria coisa. O indivíduo que dirige veículo sem a devida manutenção dos equipamentos de segurança, por exemplo. A culpa *in committendo* acontece quando o agente pratica ato positivo; a culpa *in omittendo*, quando a atitude consiste em ato negativo ou omissivo. A culpa *in custodiendo* consiste na ausência de devida cautela com relação a alguma pessoa, animal ou coisa. É o caso do animal que não é devidamente guardado pelo dono e causa dano.

Todas essas situações, com maior ou menor profundidade, foram acolhidas em nossa lei. A vítima, como regra geral, dentro da responsabilidade decorrente da culpa, deve provar os elementos constitutivos do ato ilícito para obter a reparação do dano. Há tendência na jurisprudência que a cada dia mais se avoluma: a de se alargar o conceito de culpa para possibilitar maior âmbito na reparação dos danos, assim como a tendência legislativa de ser ampliada a responsabilidade objetiva, aquela que independe de culpa.

Criou-se a noção de culpa presumida, alegando-se que existe dever genérico de não prejudicar. Sob esse fundamento, chegou-se, noutro degrau, à teoria da *responsabilidade objetiva*, que escapa à culpabilidade, o centro da *responsabilidade subjetiva*. Passou-se a entender ser a ideia de culpa insuficiente, por deixar muitas situações de dano sem reparação. Passa-se à ideia de que são importantes a causalidade e a reparação do dano, sem se cogitar da imputabilidade e da culpabilidade do causador do dano. O fundamento dessa teoria atende melhor à justiça social, mas não pode ser aplicado indiscriminadamente para que não se caia no outro extremo de injustiça. Contudo, já são vários os casos de responsabilidade objetiva em nossa legislação. O princípio geral de nosso Código Civil de 1916, no entanto, era de responsabilidade subjetiva. É no campo da teoria objetiva que se coloca a *teoria do risco*, pela qual cada um deve suportar os riscos da atividade a que se dedica, devendo indenizar quando causar dano. O presente Código inova sobranceiramente nessa área.

São várias as subdivisões da teoria objetiva da responsabilidade, mas devem elas conviver lado a lado com a teoria subjetiva, pois, na verdade, completam-se. A teoria do risco encontra respaldo legislativo, entre nós, por exemplo, na legislação dos acidentes de trabalho. O raciocínio fundamental reside no seguinte fato: aquele que se serve da atividade alheia e dela tira proveitos responde pelos riscos a que expõe os empregados. Surge então a regra pela qual o patrão deve sempre indenizar os acidentes de trabalho sofridos pelos empregados, não se cogitando da culpa do patrão. A lei, para indenizar sempre, prevê indenização moderada, sendo o montante inferior àquele que normalmente decorreria da responsabilidade com culpa. O legislador criou um sistema securitário para suportar os acidentes do trabalho.

Com o alargamento que se dá hoje à tendência de admitir a responsabilidade sem culpa, inelutavelmente, no futuro, partiremos para a ampliação do campo securitário, como já ocorre em países mais desenvolvidos, para proteger determinadas profissões e atividades. Os mais extremados chegam a propugnar por um seguro geral que protegeria o indivíduo perante qualquer tipo de dano praticado a terceiros.

Enunciado nº 159, III Jornada de Direito Civil – CJF/STJ: O dano moral, assim compreendido todo dano extrapatrimonial, não se caracteriza quando há mero aborrecimento inerente a prejuízo material.

Enunciado nº 411, V Jornada de Direito Civil – CJF/STJ: O descumprimento de contrato pode gerar dano moral quando envolver valor fundamental protegido pela Constituição Federal de 1988.

Enunciado nº 550, VI Jornada de Direito Civil – CJF/STJ: A quantificação da reparação por danos extrapatrimoniais não deve estar sujeita a tabelamento ou a valores fixos.

Apelação cível. Ação ordinária (obrigação de fazer c/c indenização por danos morais e materiais). CDC. Aplicabilidade. Falha na prestação de serviços. Ocorrência. Danos morais devidos. Compra e venda de veículo. Comunicação da alienação. Alienante e adquirente. Responsabilidade solidária. Artigos 123 e 134 do CTB. Sentença reformada. I – Aplicam-se as disposições do Código de Defesa do Consumidor à vítima de evento danoso, nos termos do artigo 17 do CDC. II – O instituto da responsabilidade civil prevê, claramente, a aplicação de medidas que obriguem uma pessoa a reparar dano moral ou patrimonial, causado a terceiro, em virtude da prática de um ato ilícito (art. 186 do Código Civil de 2002). III – Tendo a empresa ré dado causa à inscrição do nome da parte nos cadastros de inadimplentes, haja vista não ter cumprido obrigação contratualmente estabelecida, deve responder pela sua negligência. IV – Na fixação do valor referente à indenização por danos morais, leva-se em conta o caráter reparatório e pedagógico da condenação, bem como a satisfação da vítima, sem, contudo, representar um enriquecimento sem causa. V – De acordo com o art. 123, I, § 1º, do Código de Trânsito Brasileiro (CTB), cabe ao novo proprietário transferir administrativamente o veículo adquirido. Na mesma esteira, o art. 134 do CTB impõe ao proprietário anterior o dever de comunicar a transferência da propriedade do veículo junto ao DETRAN, no prazo de 30 (trinta) dias, sob pena de que lhe seja imputada a responsabilidade solidária pelas penalidades impostas. VI – Nessa esteira, cumpre-me salientar que o dano sobrevindo da inserção de pontuação em CNH da parte autora poderia ter sido evitado por uma atitude dela própria, haja vista o seu dever de comunicação do negócio realizado ao órgão executivo de trânsito. VII - Recurso conhecido e parcialmente provido (*TJMG* – Apelação Cível 1.0610.14.000560-0/001, 10-06-2020, Rel. Vicente de Oliveira Silva).

Recurso especial. Família. Abandono material. Menor. Descumprimento do dever de prestar assistência material ao filho. Ato ilícito (CC/2002, arts. 186, 1.566, IV, 1.568, 1.579, 1.632 e 1.634, I; ECA, arts. 18-A, 18-B e 22). Reparação. Danos morais. Possibilidade. Recurso improvido. 1. O descumprimento da obrigação pelo pai, que, apesar de dispor de recursos, deixa de prestar assistência material ao filho, não proporcionando a este condições dignas de sobrevivência e causando danos à sua integridade física, moral, intelectual e psicológica, configura ilícito civil, nos termos do art. 186 do Código Civil de 2002. 2. Estabelecida a correlação entre a omissão voluntária e injustificada do pai quanto ao amparo material e os danos morais ao filho dali decorrentes, é possível a condenação ao pagamento de reparação por danos morais, com fulcro também no princípio constitucional da dignidade da pessoa humana. 3. Recurso especial improvido (*STJ* – REsp 1.087.561 – RS, 13-07-2017, Rel. Min. Raul Araújo).

⚖ Apelação. Ação de indenização. Sentença que condenou a ré ao pagamento de indenização por danos morais. Inconformismo de ambas as partes. Rejeição. Acidente ocorrido no interior de estabelecimento comercial que explora atividade de estacionamento de veículos. Queda em poço de elevador. Ausência de sinalização no local. Negligência caracterizada. Ato ilícito que impõe o dever de indenizar. Inteligência dos artigos 186 e 927 do Código Civil. Valor fixado que atende aos princípios pedagógico e indenizatório. Responsabilização do réu pelo pagamento das verbas de sucumbência. Manutenção. Sucumbência mínima do autor. Inteligência do artigo 86, parágrafo único, do Código de Processo Civil. Recursos desprovidos (*TJSP* – Ap. 1015788-95.2018.8.26.0005, 5-4-2021, Rel. Rogério Murillo Pereira Cimino).

Art. 187. Também comete ato ilícito o titular de um direito que, ao exercê-lo, excede manifestamente os limites impostos pelo seu fim econômico ou social, pela boa-fé ou pelos bons costumes.

1. Abuso de direito

Cada dia mais se torna difícil manter o homem no estrito âmbito de seus próprios direitos. Tendo em vista a pressão social, o exercício de um direito, ainda que dentro de seu próprio limite, pode causar dano a outrem.

Na harmonização procurada pelo Direito, nem sempre a lesão do direito alheio conduzirá à possibilidade de indenização, tal como ocorre nos direitos de vizinhança, na legítima defesa, na manifestação do pensamento.

Na noção de ato ilícito, pugna o jurista segundo os conceitos de dolo e culpa e atinge a noção ampla de culpa civil. Por vezes, ocorre dano obrado por alguém que, aparentemente no exercício de seu direito, causa transtorno a terceiros. Esse extravasamento de conduta, dentro do âmbito do direito, pode gerar dever de indenizar. A consciência e temperança no exercício de qualquer ato da vida humana não são apenas virtudes morais ou éticas. O Direito não pode ignorar essa realidade. Assim como a conduta do homem deve ser exercida com moderação, para não se sujeitar a uma repreenda social ou psíquica, também o Direito não pode ser levado ao extremo.

A compreensão inicial do abuso de direito não se situa, nem deve necessariamente se situar, em textos de direito positivo. A noção é supralegal, quiçá mais ligada aos princípios do direito natural. Decorre da própria natureza das coisas e da condição humana. Extrapolar os limites de um direito em prejuízo do próximo merece repreenda, em virtude de consistir em violação a princípios de finalidade social da lei e da equidade.

É inafastável, por outro lado, que a noção de abuso de direito se insira e se inspire no conflito entre o interesse individual e o interesse coletivo. A aplicação da teoria é relativamente recente. Contudo, não há que se localizá-la exclusivamente no campo do Direito Civil ou do direito privado propriamente dito. Na contemporaneidade, com a plublicização do direito privado e com o crescimento avassalador dos poderes do Estado, deve a teoria servir de obstáculo aos mandos e desmandos do Estado títere, por seus dirigentes.

No vocábulo *abuso*, encontramos sempre a noção de excesso; o aproveitamento de uma situação contra pessoa ou coisa, de maneira geral. Juridicamente, abuso de direito pode ser entendido como o fato de se usar de um poder, de uma faculdade, de um direito ou mesmo de uma coisa, além do que razoavelmente o Direito e a sociedade permitem.

Ocorre abuso quando se atua aparentemente dentro da esfera jurídica, daí ser seu conteúdo aplicável em qualquer esfera jurídica, ainda que isso no direito público possa ter diferente rotulação, como desvio de finalidade, terminologia que também aqui se aplica. Cumpre, portanto, saber quais as situações em que se configura o abuso de direito, quais suas consequências, quais os sujeitos ativo e passivo dessa relação jurídica e, ainda, qual sua natureza jurídica.

2. Conceito de abuso de direito

A doutrina tem certa dificuldade em situar o abuso de direito em uma categoria jurídica. Primeiramente, a teoria ora tratada foi colocada em capítulo "Da responsabilidade civil" como simples expansão da noção de culpa. Também foi o abuso de direito situado como categoria autônoma, uma responsabilidade especial, paralela ao ato ilícito.

O fato é que a teoria atingiu a noção de direito subjetivo, delimitando sua atuação. Entendeu-se que nenhum direito pode ser levado às últimas consequências. Nada mais, nada menos do que a aplicação do velho brocardo *summum ius, summa iniura* (justiça perfeita, injustiça perfeita).

Pedro Batista Martins (1941) vê no abuso de direito não uma categoria jurídica à parte, mas fenômeno social. Ocorre, porém, que o abuso de direito deve ser tratado como categoria jurídica simplesmente porque acarreta efeitos jurídicos. Aquele que transborda os limites aceitáveis de um direito, ocasionando prejuízo, deve indenizar. Como vemos, os pressupostos são por demais assemelhados aos da responsabilidade civil. Contudo, como no campo da responsabilidade civil há quase sempre a noção de culpa, no abuso de direito, essa noção, se bem que possa integrar a natureza do ato, deve ser aprioristicamente afastada.

Quer se divise o abuso de direito como extensão do conceito de responsabilidade civil, quer se o encare como falta praticada pelo titular de um direito, importa saber, do ponto de vista eminentemente prático, como devem ser regulados os efeitos do abuso. Resta inarredável que, sendo o abuso transgressão, no sentido lato, de um direito, suas consequências deverão ser assemelhadas às do ato ilícito. Isso será tanto mais verdadeiro, como se percebe, em nosso direito, nos termos dos mencionados arts. 186 e 188.

Deve ser afastada qualquer ideia de que exista direito absoluto. No abuso de direito, pois, sob a máscara de ato legítimo esconde-se uma ilegalidade. Trata-se de ato jurídico aparentemente lícito, mas que, levado a efeito sem a devida regularidade, ocasiona resultado tido como ilícito. O exercício de um direito não pode afastar-se da finalidade para a qual foi criado.

É inarredável certo arbítrio do julgador, ao se defrontar com situação de abusos de direito. Todavia, esse arbítrio é mais aparente do que real, pois o juiz julga em determinada época, circundado por um contexto social e histórico, o que fatalmente o fará obedecer a esses parâmetros, uma vez que sua decisão sofrerá o crivo de seus pares.

Não obstante os resultados práticos do abuso de direito (forma de indenização) localizarem-se no campo da responsabilidade civil, é na parte geral do Direito Civil, ou melhor ainda, na Teoria Geral do Direito, que deve ser colocada a teoria ora estudada. Por esse fato, uma norma genérica sobre o abuso de direito é de difícil solução legislativa, como se vê das próprias legislações que adotaram positivamente o sistema. Daí por que, mesmo nas legislações que silenciam sobre a teoria, é ela aplicada sem rebuços, como na França, que teve jurisprudência precursora sobre a matéria.

Conclui-se, portanto, que o titular de prerrogativa jurídica, de direito subjetivo, que atua de modo tal que sua conduta contraria a boa-fé, a moral, os bons costumes, os fins econômicos e sociais da norma, incorre no *ato abusivo*. Nessa situação, o ato é contrário ao direito e ocasiona responsabilidade do agente pelos danos causados.

Este Código, como se percebe, adotou aqui fórmula expressa para definir o abuso de direito, colocando-o na categoria dos atos ilícitos.

3. Alguns aspectos significativos de abuso de direito

Nos direitos reais, especialmente no direito de propriedade, surge a teoria quando os direitos são exercidos com intenção de prejudicar, com aplicação sensível nos direitos de vizinhança.

Nos direitos de família, mormente nos casos de abuso do pai de família, do velho poder marital e do poder familiar, lembramos que incumbia ao marido, entre nós, no estatuto de 1916, antes dos princípios constitucionais de igualdade de 1988, fixar o domicílio do lar conjugal, mas não podia o varão alterar o domicílio a seu arbítrio, de modo que prejudicasse o lar conjugal e a prole. Também se aplica a teoria ao caso de negativa injustificada para autorização de casamento de filho menor.

No direito contratual, podemos exemplificar abuso de direito na recusa injustificada de contratar, no rompimento da promessa de contratar, no desfazimento unilateral injustificado do contrato (resilição do contrato).

No direito de trabalho, defrontamo-nos com o direito de greve, que pode desviar-se da legalidade, pois não pode ser exercido senão com propósitos de beneficiar os trabalhadores.

No direito processual, o abuso de direito caracteriza-se pela lide temerária, trazendo o CPC, no art. 77, descrição pormenorizada da falta processual.

No caso de dano ecológico, nem sempre a teoria da culpa será suficiente para combatê-lo. A teoria do abuso de direito servirá para tal finalidade.

Intimamente ligados com este último problema estão os danos causados por experiências nucleares e pela utilização da energia derivada dessa fonte. Cada vez se tornam mais discutíveis as vantagens da energia nuclear, se cotejadas com a possibilidade de causar danos irreparáveis à humanidade.

4. Aplicação da teoria do abuso em nosso direito

O art. 160, I, de nosso Código Civil de 1916, timidamente, consagrara o princípio do abuso de direito, com caráter objetivo:

> *"Não constituem atos ilícitos:*
> *I – Os praticados em legítima defesa ou no exercício regular de um direito reconhecido."*

Portanto, em nosso direito de antanho ficou consagrado que o exercício *"irregular"* de um direito constituía ato ilícito. O abuso de direito, como acenamos, é tratado como ato ilícito. Suas consequências são as mesmas do ato ilícito.

A controvérsia maior surge, na prática, em delimitar o alcance do exercício irregular de um direito. Não resta dúvida de que o juiz terá amplos poderes no exame de cada caso.

Ademais, existem disposições em nosso direito nas quais despontam a noção de coibição do abuso de direito.

O art. 5º da Lei de Introdução ao Código Civil (Lei nº 4.657/1942), atualmente denominada Lei de Introdução às Normas do Direito Brasileiro por força da Lei 12.376 de 30.12.2010 dispõe: *"Na aplicação da lei, o juiz atenderá aos fins sociais a que ela se dirige e às exigências do bem comum."* O critério finalístico do direito deve, pois, sempre estar presente no julgamento.

O art. 76 do Código Civil de 1916 determinava que *"para propor, ou contestar uma ação, é necessário ter legítimo interesse econômico, ou moral"*. A propositura de demanda temerária converte-se em abuso de direito.

O art. 153 do CC atual dispõe que *"não se considera coação a ameaça do exercício normal de um direito"*, numa aplicação específica do princípio do art. 188, I.

Também, entre outras, as disposições referentes aos direitos de vizinhança nada mais são do que a aplicação do princípio, desde o Direito Romano.

O grande critério norteador do instituto entre nós, no sistema do Código antigo, era o do art. 160, I. Como vimos, o legislador preferiu forma indireta de instituí-lo.

A problemática surge quanto ao modo de se reconhecer no caso concreto o abuso. A dúvida maior é saber se por nossa legislação há necessidade do *animus* de prejudicar, ou se o critério objetivo da pouca valia do ato para o agente pode ser utilizado.

Preferimos concluir, aderindo à parte da doutrina, que o melhor critério é o finalístico adotado pelo direito pátrio. O exercício abusivo de um direito não se restringe aos casos de intenção de prejudicar. Será abusivo o exercício do direito fora dos limites da satisfação de interesse lícito, fora dos fins sociais pretendidos pela lei, fora, enfim, da normalidade.

Assim, o abuso de direito não se circunscreve às noções de dolo e culpa, como pretendem alguns. Se isso fosse de se admitir, a teoria nada mais seria do que um capítulo da responsabilidade civil, ficando em âmbito mais restrito. Se, por outro lado, fosse essa a intenção do legislador, o princípio genérico do art. 186 seria suficiente, não tendo por que a lei falar em "*exercício regular de um direito*" no artigo seguinte. Portanto, se, de um lado, a culpa e o dolo podem integrar a noção, tal não é essencial para a configuração do abuso, uma vez que o proposto é o exame, em cada caso, do desvio finalístico do exercício do direito. Daí sustentarmos que a transgressão de um dever legal preexistente, no abuso de direito, é acidental e não essencial para configurá-lo.

Se, por um lado, não se equipara o abuso de direito ao ato ilícito, nem se coloca o instituto no campo da responsabilidade civil, como consequência prática, por outro lado, a reparação do dano causado será sempre feita como se se tratasse de um ato ilícito. Isso quando não houver forma específica de reparação no ordenamento.

📖 Enunciado nº 37, I Jornada de Direito Civil – CJF/STJ: A responsabilidade civil decorrente do abuso do direito independe de culpa e fundamenta-se somente no critério objetivo-finalístico.

📖 Enunciado nº 412, V Jornada de Direito Civil – CJF/STJ: As diversas hipóteses de exercício inadmissível de uma situação jurídica subjetiva, tais como *supressio*, *tu quoque*, *surrectio* e *venire contra factum proprium*, são concreções da boa-fé objetiva.

📖 Enunciado nº 413, V Jornada de Direito Civil – CJF/STJ: Os bons costumes previstos no art. 187 do CC possuem natureza subjetiva, destinada ao controle da moralidade social de determinada época, e objetiva, para permitir a sindicância da violação dos negócios jurídicos em questões não abrangidas pela função social e pela boa-fé objetiva.

📖 Enunciado nº 414, V Jornada de Direito Civil – do CJF/STJ: A cláusula geral do art. 187 do Código Civil tem fundamento constitucional nos princípios da solidariedade, devido processo legal e proteção da confiança, e aplica-se a todos os ramos do direito.

📖 Enunciado nº 539, VI Jornada de Direito Civil – CJF/STJ: O abuso de direito é uma categoria jurídica autônoma em relação à responsabilidade civil. Por isso, o exercício abusivo de posições jurídicas desafia controle independentemente de dano.

📖 Enunciado nº 617, VIII Jornada de Direito Civil – CJF/STJ: O abuso do direito impede a produção de efeitos do ato abusivo de exercício, na extensão necessária a evitar sua manifesta contrariedade à boa-fé, aos bons costumes, à função econômica ou social do direito exercido.

🔍 **Abuso de direito** – Plano de saúde – Resilição unilateral do contrato – Dependente que atingiu a maioridade – Rescisão operada meses depois de aditivo contratual firmado justamente em razão da maioridade civil – *venire contra factum proprium* – Violação da boa-fé objetiva – Abuso de direito – Inteligência do disposto no art. 187 do CC – Negativa de cobertura de cirurgia – Manifesto abalo emocional – Dano moral – Indenização arbitrada em R$ 10.000,00 – Sentença mantida – Recurso desprovido (*TJSP* – Ap. 1000064-19.2016.8.26.0588, 1º-11-2016, Rel. Theodureto Camargo).

🔍 Apelação – **Ação de indenização por dano moral** – Propositura em face do sacador e da instituição financeira que apresentou o título a protesto, por endosso-mandato – Duplicatas emitidas em duplicidade – Sentença de acolhimento dos pedidos – Irresignações improcedentes – Responsabilidade da sacadora das duplicatas – Empresa ré que não nega o indevido saque dos títulos e a posterior transmissão à instituição financeira corré, por endosso-mandato, decorrente de contrato de desconto de títulos – Irrelevância no fato de não ter ela, diretamente, promovido o protesto dos títulos – Legitimidade da instituição financeira para figurar no polo passivo da relação processual, mesmo que tenha recebido o título por endosso-mandato – Responsabilidade, ainda, à luz da orientação cristalizada na Súmula 476 do STJ – Instituição financeira que, com efeito, nenhum elemento apresentou para demonstrar ter averiguado a existência de lastro das duplicatas em questão, nem mesmo declaração a tanto emitida pelo sacador endossante, na forma prevista no item "11.1.1", Cap. XV, das Normas de Serviço da Corregedoria-Geral da Justiça do Estado de São Paulo – Quadro caracterizando **abuso de direito**, para dizer o menos, e, pois, ensejando a responsabilidade do banco, conforme dispõe o art. 187 do CC – Dano moral presumido em hipóteses tais – Indenização por dano moral arbitrada em primeiro grau (R$ 15.000,00) não comportando redução – Juros de mora devendo incidir a partir da citação, conforme assentado em primeiro grau, por se tratar de responsabilidade de fundo contratual – Honorários de sucumbência, por igual, bem arbitrados – Sentença confirmada, com a fixação de honorários adicionais pela etapa recursal, nos termos do que dispõe o art. 85, § 11, do CPC. Dispositivo: Negaram provimento às apelações (*TJSP* – Ap. 1032938-72.2015.8.26.0562, 2-12-2016, Rel. Ricardo Pessoa de Mello Belli).

Apelação cível. Responsabilidade civil. Dano moral. Agência bancária. Porta giratória. Dever de segurança. Exercício regular de direito. Policial militar armado e fardado. **Abuso no exercício desse direito que se equipara a ato ilícito. Art. 187, CC.** *Quantum* indenizatório. Sucumbência. Honorários advocatícios. A simples abordagem em porta giratória, por si só, não é situação suficiente para caracterizar dano moral. Equipamento de segurança integrante do aparato de segurança dos bancos, que têm obrigação de prestar vigilância e garantir a segurança interna de seus empregados e usuários. Lei nº 7.102/1983. No entanto, responde a instituição financeira quando exercer tal direito excedendo manifestamente os limites impostos pelo seu fim econômico ou social, pela boa-fé ou pelos bons costumes. Art. 187 do Código Civil. Situação concreta em que, à luz da prova dos autos, a situação a que restou exposto o autor superou em muito o razoavelmente aceito, tendo ocorrido abuso de direito. Dever de indenizar mantido. Policial Militar que, mesmo devidamente identificado com a farda e apresentando a carteira funcional, só foi autorizado a entrar na agência bancária depois da chegada do comando local da instituição. Dano moral *in re ipsa*. Valor da condenação fixado de acordo com as peculiaridades do caso em concreto, bem assim observados os princípios da proporcionalidade e razoabilidade e a natureza jurídica da condenação. Verba indenizatória majorada. Honorários advocatícios mantidos na forma fixada pela sentença. Art. 20, § 3º, do CPC. Negaram provimento ao apelo e proveram o recurso adesivo (*TJRS* – Acórdão Apelação Cível 70037657186, 2-3-2011, Rel. Des. Tasso Caubi Soares Delabary).

Art. 188. Não constituem atos ilícitos:
I – os praticados em legítima defesa ou no exercício regular de um direito reconhecido;
II – a deterioração ou destruição da coisa alheia, ou a lesão a pessoa, a fim de remover perigo iminente. Parágrafo único. No caso do inciso II, o ato será legítimo somente quando as circunstâncias o tornarem absolutamente necessário, não excedendo os limites do indispensável para a remoção do perigo.

1. Exclusão ou diminuição da responsabilidade

Sob determinadas circunstâncias, embora à primeira vista se encontrem presentes os requisitos para a responsabilização, esta não ocorre ou ocorre mitigadamente.

No tocante à diminuição dos efeitos do ato ilícito, deve ser mencionada a *concorrência de culpas*. Pode suceder que, não obstante o agente tenha agido com culpa, da mesma forma se tenha comportado a vítima. A culpa da vítima faz por compensar a culpa do agente. No campo civil, as culpas compensam-se, o que não ocorre no campo penal. Essa tem sido a orientação tradicional da jurisprudência. Nesse sentido, este Código é expresso: "*Se a vítima tiver concorrido culposamente para o evento danoso, a sua indenização será fixada tendo-se em conta a gravidade de sua culpa em confronto com a do autor do dano*" (art. 945).

Quando ocorre *culpa exclusiva da vítima*, não podemos falar em indenização, pois o agente não contribuiu para o evento. Quando a culpa é concorrente da vítima e do agente, isto é, a vítima *também concorreu para o evento danoso*, com sua própria conduta, o julgador, geralmente, fixará a indenização mitigadamente, em montante inferior ao prejuízo. É comum a indenização ser concedida pela metade ou em fração diversa, dependendo do grau de culpa com o qual concorreu a vítima. Como ambas as partes cooperaram para o evento, não é justo que uma só arque com os prejuízos. Aqui, a graduação da culpa interferirá no montante da indenização. Veja a dicção atual.

Se o evento foi ocasionado por *caso fortuito* ou *força maior* (nossa lei não distingue os efeitos de ambos), deixa de existir o elemento culpa, cessando a responsabilidade. O parágrafo único do art. 393 equipara os fenômenos e define: "*O caso fortuito ou de força maior verifica-se no fato necessário, cujos efeitos não era possível evitar ou impedir.*" No fenômeno do caso fortuito e da força maior, existem dois elementos: um de ordem interna, que é a inevitabilidade do evento, outro de ordem externa, que é a ausência de culpa do indigitado agente.

A alegação de caso fortuito ou força maior cabe ao réu, e é a defesa mais comumente alegada.

Ainda, o presente art. 188 estatui casos de exclusão de ilicitude. O dispositivo prevê a *legítima defesa*, o *exercício regular de um direito reconhecido* e o *estado de necessidade*. Essas três situações fazem desaparecer a ilicitude.

A lei civil não define a legítima defesa porque é na lei penal que encontramos seu conceito. Com efeito, reza o art. 25 do Código Penal: "*Entende-se em legítima defesa quem, usando moderadamente dos meios necessários, repele injusta agressão, atual ou iminente, a direito seu ou de outrem.*"

A regra geral é de que a defesa dos direitos deve ser entregue à decisão do Poder Judiciário. Excepcionalmente, porém, permite a lei a justiça de mão própria. Segundo o conceito do Direito Penal, para que ocorram os pressupostos da legítima defesa, é necessário:

a) que a ameaça ou a agressão ao direito seja atual ou iminente;
b) que seja injusta;

c) que os meios utilizados na repulsa sejam moderados, isto é, não vão além do necessário para a defesa;
d) que a defesa seja de direito do agente ou de outrem.

Se a ameaça de ofensa ao direito não é iminente, deve o ameaçado recorrer às vias judiciais. Se a ameaça é justa, não pode haver legítima defesa, não se justificando a reação. Os meios utilizados não podem ir além do estritamente necessário para a repulsa à injusta agressão. É claro que, sob situação de agressão, não há termômetro exato para aferição de todas essas circunstâncias. Caberá ao julgador sopesar os elementos em cada caso concreto.

Assim como na esfera penal, a legítima defesa exclui a punição; no direito civil a legítima defesa exclui o dever de reparar o dano.

Outra situação prevista na lei é o *estado de necessidade*. Sob determinadas circunstâncias, uma pessoa pode vir a ser compelida a destruir bem alheio, sem que isso constitua ato ilícito, como prescreve o citado dispositivo do Código em análise. Da mesma forma que a legítima defesa, o estado de necessidade encontra sua conceituação no campo penal. Dispõe o art. 24 do Código Penal: "*Considera-se em estado de necessidade quem pratica o fato para salvar de perigo atual, que não provocou por sua vontade, nem podia de outro modo evitar, direito próprio ou alheio, cujo sacrifício, nas circunstâncias, não era razoável exigir-se.*"

O estado de necessidade, na esfera penal, afasta a ideia de crime. No estado de necessidade, o fato é objetivamente lícito. Para que se configure o estado de necessidade, exige-se:

1. Perigo atual que ameace um bem jurídico, não provocado voluntariamente pelo agente. O perigo deve surgir independentemente da vontade do agente. Pouco importa a natureza do bem jurídico ameaçado, podendo tratar-se de pessoa ou coisa.
2. Prejuízo indispensável para evitar o dano iminente. O perigo deve ser de tal monta que deve obrigar o dono a praticar dano ao bem alheio. Nesse sentido, prescreve o parágrafo único do art. 188. O ato necessário requer do agente a intenção de evitar um perigo.
3. A limitação do prejuízo com relação à sua extensão. O agente deve limitar-se ao necessário para a remoção do perigo.
4. Proporção maior do dano evitado em relação ao dano infligido. É evidente que, para salvar coisa inanimada, não pode o agente atentar contra a vida de outrem. Não pode haver desproporção desmedida entre o valor do dano provável e o que se irá causar.

Cada caso concreto dará a solução. Assim, age em estado de necessidade quem destrói a propriedade de outrem para salvar vida alheia, no caso de acidente, de incêndio, de afogamento.

Ainda que a lei declare que a ação sob estado de necessidade não tipifica um ato ilícito, nem por isso deixa de sujeitar o autor do dano a sua reparação. Nos termos do parágrafo único do art. 930 deste Código, tanto no caso de estado de necessidade como no de legítima defesa, quando o prejudicado não é o ofensor, mas terceiro, o dever de indenizar mantém-se. Tal direito só desaparece se o atingido é o próprio ofensor ou o autor do estado de perigo.

Embora haja semelhança, a legítima defesa não se confunde com o estado de necessidade. Na legítima defesa, há reação do ofendido, por meio de contra-ataque; o perigo surge de uma agressão injusta. Já o estado de necessidade surge de um acontecimento fortuito, acidental, criado pelo próprio atingido ou por terceiro.

O outro caso que escusa a responsabilidade é *o exercício regular de um direito reconhecido*. No ato ilícito, há um procedimento contrário ao Direito. Portanto, o exercício de um direito elimina a ilicitude. Quem exerce um direito não provoca o dano (*qui iure suo utitur nemine facit damnum*). O credor que, preenchendo as condições legais, requer a falência do devedor comerciante; o proprietário que constrói em seu terreno, embora tolhendo a vista do vizinho, apesar de esses agentes causarem dano a outrem, em princípio não estão obrigados a indenizá-lo, porque agem na esfera de seu direito.

Sempre que o agente, conquanto à primeira vista esteja exercendo direito seu, extravasa os limites para os quais esse direito foi criado, ingressa na esfera do *abuso de direito*.

Apelação. Direito civil e processo civil. Ação de indenização por danos morais. Preliminar de não conhecimento. Rejeitada. Inquérito policial. Apuração de denúncia. Ato ilícito. Não configurado. Inexistência de comprovação de dolo ou má-fé. Exercício regular de direito. Dano moral. Inexistente. Sentença mantida. Honorários majorados. 1. Analisando-se as razões recursais, percebe-se que o Apelante rebateu suficientemente os fundamentos da sentença recorrida, conforme exposto. Assim, não há que se falar em não conhecimento por violação à dialeticidade. 2. Consoante o disposto no Art. 927 do Código Civil, "Aquele que, por ato ilícito (arts. 186 e 187), causar dano a outrem, fica obrigado a repará-lo". Já o Art. 186 do mesmo diploma, dispõe que comete ato ilícito quem, por ação ou omissão voluntária, negligência ou imprudência, violar direito e causar dano a outrem, ainda que exclusivamente moral. Na sequência, o Art. 187 reputa que também comete ato ilícito o titular de um direito que, ao exercê-lo, excede manifestamente os limites impostos pelo seu fim econômico ou social, pela boa-fé ou pelos bons costumes. Por outro lado, não se reputa ato ilícito, nos termos do Art. 188 do Código Civil, os atos praticados em legítima defesa, ou no exercício regular de um direito reconhecido, ou o ato que cause a deterioração ou destruição de coisa alheia ou lesão à pessoa com a finalidade de remover perigo iminente. Extrai-se, daí, que a responsabilidade civil extracontratual exige a presença dos seguintes pressupostos: conduta ilícita dolosa ou culposa ou por abuso de direito, nexo de causalidade e dano. 3. De uma análise detida dos autos, não evidencio o dolo da Apelada em prejudicar o Autor, além da busca por apurar os fatos relatados pelo seu filho de 4 anos de idade. Entendo que a conduta da Apelada configura apenas exercício regular de direito, amparada nos termos do Art. 188, I, do Código Civil, o que afasta a alegação de ato ilícito ensejador de danos morais. 4. Além de que, no caso em tela, o Autor/Apelante, dentro do seu ônus de comprovar os fatos constitutivos do seu direito (Art. 373, I, do CPC), não demonstrou que a Ré agiu de forma temerária ao provocar a instauração de inquérito policial em seu desfavor. Assim, não vislumbro a ocorrência de ato ilícito passível de ser indenizado, em razão da conduta da Requerida, não ficando comprovado que teria buscado apurar os fatos visando prejudicar a honra e a dignidade do Autor, mas afim de exercer o seu papel de responsável pela guarda do menor, diante dos graves relatos da criança. 5. Rejeito a preliminar suscitada e nego provimento ao recurso, mantendo integra a sentença recorrida. Em atenção ao disposto no Art. 85, § 11, do CPC, majoro para 12% (doze por cento) os honorários fixados na origem, ficando a exigibilidade suspensa devido a gratuidade (*TJDFT* – Ap. 0703834-68.2018.8.07.0001, 04-03-2020, Rel. Roberto Freitas)

⚖ Responsabilidade civil. Ação de indenização por danos materiais e morais. Sentença que julgou improcedente a ação e procedente a reconvenção, condenando o autor a pagar à ré indenização por danos morais no valor de R$ 30.000,00. Insurgência do autor. Ré que ao acusar o autor de roubo de um celular agiu no exercício regular de direito, excludente de ilicitude (art. 188, I do CC). Inexistência de ato ilícito indenizável. Ausência de provas das ameaças que a ré alega ter sofrido. Ação e reconvenção improcedentes. Sentença reformada em parte. Recurso parcialmente provido (*TJSP* – Ap. 1008753-61.2017.8.26.0606, 27-4-2021, Rel. Alex Zilenovski).

⚖ Apelação cível – Ação ordinária – Relação jurídica comprovada – Inclusão no SPC – Exercício regular de direito – Nos termos do artigo 188, inciso I, do Código Civil de 2002 **não constituem atos ilícitos aqueles praticados em legítima defesa ou no exercício regular de um direito reconhecido**, sendo indevida a reparação civil (*TJMG* – AC 1.0707.13.027697-5/001, 11-3-2016, Rel. Rogério Medeiros).

TÍTULO IV
DA PRESCRIÇÃO E DA DECADÊNCIA

CAPÍTULO I
Da Prescrição

Seção I
Disposições Gerais

> **Art. 189.** Violado o direito, nasce para o titular a pretensão, a qual se extingue, pela prescrição, nos prazos a que aludem os arts. 205 e 206.

1. Influência do tempo nas relações jurídicas

O exercício de um direito não pode ficar pendente indefinidamente. Deve ser exercido pelo titular dentro de determinado prazo. Isso não ocorrendo, perderá o titular a prerrogativa de fazer valer seu direito. O tempo exerce influência abrangente no Direito em todos os campos.

Se a possibilidade de exercício dos direitos fosse indefinida no tempo, haveria instabilidade social. O devedor, passado muito tempo da constituição de seu débito, nunca saberia se o credor poderia, a qualquer momento, voltar-se contra ele. O decurso de tempo, em lapso maior ou menor, deve colocar uma pedra sobre a relação jurídica cujo direito não foi exercido. É com fundamento na paz social, na tranquilidade da ordem jurídica que devemos buscar o fundamento do fenômeno da prescrição e da decadência. A tendência é restringir o lapso de tempo para o exercício de direitos, fixado em extensos 20 anos no sistema de 1916, para as ações pessoais (art. 177). Em passado mais remoto esse prazo era ainda maior, de 30 anos. Esse prazo mostrava-se exagerado mais recentemente e foi restringido por este Código.

Num primeiro contato, e para os não iniciados na ciência jurídica, a prescrição pode parecer injusta, pois contraria o princípio segundo o qual quem deve e se comprometeu precisa honrar as obrigações assumidas. Contudo, como pretendemos demonstrar, a prescrição é indispensável à estabilidade das relações sociais. O adquirente de imóvel precisa ter essa aquisição estabilizada e não pode ficar sujeito indefinidamente a eventual ação de reivindicação. Esse mesmo adquirente, ao efetuar o negócio, deve certificar-se de que a propriedade adquirida efetivamente pertence ao alienante e que, no prazo determinado pela lei, esse bem não tenha sofrido turbação. Não fosse assim, o adquirente nunca poderia ter certeza de estar adquirindo bem livre e desembaraçado, porque teria de investigar, retroativamente, por tempos imemoriais, as vicissitudes do bem que adquiriu. Não fosse o tempo determinado para o exercício dos direitos, toda pessoa teria de guardar indefinidamente todos os documentos dos negócios realizados em sua vida, bem como das gerações anteriores.

Com a extinção dos direitos pela prescrição e pela decadência, há prazo determinado, o qual, depois de escoado, isenta de perigos de eventual anulabilidade. Numa aquisição de imóvel, o adquirente só deve examinar o título do alienante e dos seus antecessores imediatos no período de 20 anos, que era o prazo máximo estabelecido no Código de 1916. Houve redução para 10 anos no atual estatuto (art. 205). Se tudo estiver em ordem, poderá efetuar tranquilamente a aquisição. Os recibos e demais documentos de negócios efetuados só precisam ser guardados até que se escoem os respectivos prazos prescricionais ou decadenciais fixados na lei. Assim, o aspecto à primeira vista desfavorável da prescrição é superado pelas vantagens apontadas e necessárias.

Note que os institutos da prescrição e da decadência são construções jurídicas. O tempo é fato jurídico, acontecimento natural. A prescrição e a decadência são fatos jurídicos em sentido estrito, porque criados pelo ordenamento. Cabe, portanto, ao legislador estabelecer os prazos de extinção dos direitos, que podem ser mais ou menos dilatados, dependendo da política legislativa. Coube também ao legislador deste Código estabelecer critérios mais seguros e objetivos para distinguir prescrição de decadência, como veremos.

2. Prescrição extintiva e prescrição aquisitiva

A *prescrição extintiva*, prescrição propriamente dita, conduz à perda do direito de ação por seu titular negligente, ao fim de certo lapso de tempo, e pode ser encarada como força destrutiva desse direito subjetivo.

Fala-se também da *prescrição aquisitiva*, que será tratada devidamente ao ser estudada a usucapião, no direito das coisas.

A prescrição aquisitiva consiste na aquisição do direito real pelo decurso de tempo. Tal direito é conferido em favor daquele que possuir, com ânimo de dono, o exercício de fato das faculdades inerentes ao domínio ou a outro direito real, no tocante a coisas móveis e imóveis, pelo período de tempo que é fixado pelo legislador. São dois os fatores essenciais para a aquisição de direito real pelo usucapião: o *tempo* e a *posse*. O decurso de tempo é essencial, porque cria uma situação jurídica. A posse cria estado de fato em relação a um direito.

É tida como aquisitiva essa prescrição porque, solidificando uma situação fática, pelo decurso de tempo, confere direito real ao possuidor. O direito do possuidor convalesce, ainda que a princípio não seja perfeito.

Embora tanto na prescrição extintiva como na prescrição aquisitiva o ponto de contato seja o decurso do tempo, os institutos têm finalidades diversas. Em razão disso, é correta a posição de ambos os Códigos em separar as duas formas de prescrição. A prescrição extintiva é estruturada na Parte Geral, uma vez que se aplica a todos os direitos, enquanto a usucapião é regulada na Parte Especial, dentro do direito das coisas, onde tem seu campo de aplicação, pois sua finalidade é a aquisição de direitos reais.

Como percebemos, a finalidade social de uma e de outra é diversa: enquanto a prescrição extintiva faz desaparecer direitos em face da inércia do titular, a prescrição aquisitiva ou usucapião faz nascer direito real, motivado pela posse contínua de uma coisa.

Neste capítulo, tratamos unicamente da prescrição extintiva, denominada simplesmente *prescrição*.

3. Síntese histórica da prescrição

A palavra *prescrição* vem do vocábulo latino *praescriptio*, derivado do verbo *praescribere*, formado por *prae* e *scribere*; significa *escrever antes* ou *no começo*. Antônio Luís Câmara Leal (1978, p. 3) descreve a história desse conceito etimológico. Quando o pretor foi investido pela lei Aebutia, no ano 520 de Roma, do poder de criar ações não previstas no direito honorário, introduziu o uso de fixar prazo para sua duração, dando origem, assim, às chamadas ações *temporárias*, em contraposição com as ações de direito quiritário que eram *perpétuas*. Ao estabelecer que a ação era temporária, fazia o pretor precedê-la de parte introdutória chamada *praescriptio*, porque era escrita antes ou no começo da fórmula. Por uma evolução conceitual, o termo passou a significar extensivamente a matéria contida nessa parte preliminar da fórmula, surgindo então a acepção tradicional de extinção da ação pela expiração do prazo de sua duração.

A noção etimológica mais antiga romana foi absorvida nos países de *Common Law* como *statute of limitations*, referindo-se à limitação de direitos no tempo.

O instituto da prescrição era desconhecido no Direito Romano. Vigorava, a princípio, noção de perpetuidade das ações. Foi justamente com o período ânuo de jurisdição do pretor, como vimos na explicação etimológica, que surgiu a temporaneidade das ações. Surge, então, necessidade de delimitar o tempo dentro do qual as ações poderiam ser propostas, criando-se distinção entre ações perpétuas e temporárias.

No direito de família, a noção completou-se. O casamento formal dos romanos – *cum manu* – obedecia a um rito, nas duas formas, a *confarreatio* e a *coemptio*. Se não fosse obedecida alguma das formalidades, haveria nulidade. No entanto, o decurso do tempo sanava a irregularidade, caso tivesse havido convivência conjugal durante um ano. O *usus*, que era outra forma de união, pela Lei das XII Tábuas, consolidava-se ao fim de dois anos de convivência, daí surgindo a palavra *usucapião*, que pressupõe uma aquisição pela posse, com justo título e boa-fé. *Praescriptio* significava, como vimos, a propositura tardia de uma demanda, fora de qualquer questão possessória.

Justiniano estabeleceu duas espécies de prescrição: (a) a *longis temporis praescriptio*, que corresponde ao *usucapio*, que exige posse, justo título e boa-fé; (b) a *longissimi temporis praescriptio*, que era oponível em qualquer situação e não exigia nem posse nem justo título.

4. Conceito e requisitos da prescrição

Sempre foi controvertido na doutrina se a prescrição extingue a ação ou se mais própria e diretamente o direito. Como aduz Câmara Leal (1978, p. 8), historicamente a prescrição foi introduzida como forma de tolher a ação. O direito podia sobreviver à ação. A inércia é causa eficiente da prescrição; ela não pode, portanto, ter por objeto imediato o direito. O direito incorpora-se ao patrimônio do indivíduo. Com a prescrição o que perece é o exercício desse direito. É, portanto, contra a inércia da ação que age a prescrição, a fim de restabelecer estabilidade do direito, eliminando um estado de incerteza, perturbador das relações sociais. Por isso, a prescrição só é possível quando existe ação a ser exercida. O direito é atingido pela prescrição por via de consequência, porque, uma vez tornada a ação não exercitável, o direito torna-se inoperante. Tanto isso é válido que a lei admite como bom o pagamento de dívida prescrita, não admitindo ação para repeti-lo. Também os títulos de crédito, prescritos, se não autorizam a ação executiva, sobrevivem à prescrição, pois podem ser cobrados por ação ordinária de enriquecimento sem causa, o que demonstra que o direito, na verdade, não se extingue. Ver, a esse respeito, os arts. 61 e 62 da Lei do Cheque (Lei nº 7.357/1985).

Na clássica e decantada definição de Clóvis Beviláqua (1980, p. 286), *"prescrição é a perda da ação atribuída a um direito, e de toda a sua capacidade defensiva, em consequência do não uso dela*s*, durante um determinado espaço de tempo"*. Como acrescenta o autor do Projeto de 1916, não é o fato de não se exercer um direito que lhe tira a força. Os direitos podem ficar inativos em nosso patrimônio por tempo indeterminado. O que torna inválido esse direito é a não utilização de sua propriedade defensiva, em suma, da ação que protege esse direito.

Como requisitos da prescrição, ou seus elementos integrantes, temos (LEAL, 1978, p. 11):

"1. a existência de ação exercitável;
2. a inércia do titular da ação pelo seu não exercício;
3. a continuidade dessa inércia por certo tempo;
4. ausência de fato ou ato impeditivo, suspensivo ou interruptivo do curso da prescrição."

1. A existência de ação exercitável é o objeto da prescrição. Tendo em vista a violação de um direito, a ação tem por fim eliminar os efeitos dessa violação. Violado o direito, surge a pretensão. A ação prescreverá se o interessado não a promover. Tão logo surge o direito de ação, já começa a correr o prazo de prescrição.
2. A inércia do titular da ação pelo seu não exercício é atitude passiva. O titular nada promove para nulificar os efeitos do direito violado. Há, por parte do prescribente, abstenção do direito de ação. A inércia é, pois, o não exercício da ação, em seguida à violação de direito. Tal inércia cessa com a propositura da ação, ou por qualquer ato idôneo que a lei admita como tal.
3. A continuidade dessa inércia durante certo lapso de tempo é outro requisito. Esse é o fator operante da prescrição que joga com o tempo. Não é a inércia momentânea ou passageira que configura a prescrição, mas aquela ocorrida durante o lapso de tempo fixado em lei, especificamente para aquele direito violado. Se antes de advir o termo legal da prescrição o titular move a ação, ou pratica ato equivalente, interrompe-se a prescrição. A inércia exigida é a continuada, que constitui elemento da prescrição. O Código Civil de 1916 fixou prazos para todas as situações: há prazos especiais para determinados direitos e quando não existe prazo especial, a prescrição ocorrerá nos prazos gerais do art. 177 do Código de 1916, segundo sua natureza pessoal ou real (atual Código, arts. 205 e 206). O Código de 2002 reduziu os prazos de prescrição e procurou simplificar a compreensão do instituto da decadência.
4. A lei estipula causas que impedem, suspendem ou interrompem a prescrição. São fatores neutralizantes do instituto a serem examinados adiante.

5. Ações imprescritíveis

A regra geral é ser toda ação prescritível. A prescrição refere-se a todos os direitos indistintamente. Essa é a noção inferida do art. 205 do Código. A regra, porém, não é absoluta. Há relações jurídicas incompatíveis, inconciliáveis, por sua própria natureza, com a prescrição e a decadência. Desse modo, não se acham sujeitos a limite de tempo e não se extinguem pela prescrição os direitos da personalidade, como a vida, a honra, o nome, a liberdade, a nacionalidade. Também não prescrevem as chamadas ações de estado de família, como a já extinta ação de separação judicial, a investigação de paternidade etc.

Os bens públicos não podem ser adquiridos por usucapião e são, portanto, imprescritíveis por força de lei (Decreto-lei nº 9.760/1946, art. 200; art. 183, § 3º, e art. 191 da Constituição Federal).

Igualmente são imprescritíveis os denominados direitos facultativos ou potestativos, já por nós mencionados, como é o caso de o condômino exigir a divisão da coisa comum (art. 1.320) ou pedir sua venda (art. 1.323); a faculdade de se pedir a meação do muro divisório entre vizinhos (art. 1.327), princípios mantidos pelo atual Código. Trata-se de ações de exercício facultativo, que persistem enquanto persistir a situação jurídica. O mesmo ocorre com a já extinta ação de separação judicial e o divórcio entre cônjuges cujo direito de ação persiste enquanto casados estiverem.

Enunciado nº 14, I Jornada de Direito Civil – CJF/STJ: 1) O início do prazo prescricional ocorre com o surgimento da pretensão, que decorre da exigibilidade do direito subjetivo; 2) o art. 189 diz respeito a casos em que a pretensão nasce imediatamente após a violação do direito absoluto ou da obrigação de não fazer.

Enunciado nº 295, IV Jornada de Direito Civil – CJF/STJ: A revogação do art. 194 do Código Civil pela Lei n. 11.280/2006, que determina ao juiz o reconhecimento de ofício da prescrição, não retira do devedor a possibilidade de renúncia admitida no art. 191 do texto codificado.

Enunciado nº 579, VII Jornada de Direito Civil – CJF/STJ: Nas pretensões decorrentes de doenças profissionais ou de caráter progressivo, o cômputo da prescrição iniciar-se-á somente a partir da ciência inequívoca da incapacidade do indivíduo, da origem e da natureza dos danos causados.

Responsabilidade civil. Indenização por danos morais e materiais. Prestação de serviços contábeis. Ausência de repasse das contribuições previdenciárias. Teoria da *actio nata*. Prescrição trienal não implementada. 1. A presente ação tem por objeto a indenização por danos morais e materiais em decorrência de falha na prestação de serviços de contabilidade, tendo em vista que não teria sido realizado o pagamento das contribuições previdenciárias dos autores. 2. Os pedidos formulados na inicial foram julgados parcialmente procedentes, insurge-se a ré apenas quanto ao afastamento da prefacial de prescrição, cabendo ao Colegiado desta Câmara, portanto, realizar a análise do prazo prescricional aplicável ao caso, bem como do termo inicial deste. 3. No presente feito o prazo prescricional para esta espécie de relação jurídica é o trienal, de acordo com o regramento atual quanto à matéria, estabelecido no art. 206, § 3º, da legislação civil vigente, pois a ação em exame versa sobre indenização por danos materiais e morais devido a falha na prestação dos serviços de contabilidade contratados. 4. No caso em análise, em que os autores pretendem a condenação da ré ao pagamento de indenização devido à ausência de repasse dos valores das contribuições ao INSS, o termo inicial do prazo prescricional é a data de ciência acerca de tal fato (14/12/2015, fl. 171), nos exatos termos do art. 189 do Código Civil, o qual positivou o princípio da *actio nata*. 5. Destarte, como a presente demanda foi ajuizada em 29/06/2018, logo, não há falar em prescrição do direito de ação dos postulantes, pois não decorrido o prazo trienal para o exercício da pretensão deduzida. 6. Os honorários advocatícios deverão ser majorados quando a parte recorrente não lograr êxito neste grau de jurisdição, independente de pedido a esse respeito, devido ao trabalho adicional nesta instância, de acordo com os limites fixados em lei. Inteligência do art. 85 e seus parágrafos do novel CPC. Negado provimento ao recurso (*TJRS* – Ap. 70082653247, 15-04-2020, Rel. Jorge Luiz Lopes do Canto).

Agravo de instrumento. Direito civil e processual civil. Reparação de danos. Prescrição. Não ocorrência. 1. De acordo com a teoria da *actio nata*, o momento em que ocorre a violação de um direito faz nascer a pretensão para postulá-lo judicialmente, e inaugura o início da contagem do prazo prescricional (art. 189 do Código Civil). Na aplicação da referida teoria, o prazo prescricional começa somente quando o titular do direito violado toma plena ciência da lesão e de toda a sua extensão, bem como do responsável pelo ilícito. Precedentes do STJ e do TJDFT. 2. Agravo de instrumento desprovido (*TJDFT* – AI 0713630-86.2018.8.07.0000, 14-11-2018, Rel. Hector Valverde).

Indenizatória – Protesto indevido de título de crédito – Sentença de pronúncia da prescrição com base no CPC/1973, art. 269 e CC, art. 206, § 3º, inciso V – **Princípio da *actio nata*** – Violado o direito, nasce para o titular a pretensão, a qual se extingue, pela prescrição, nos prazos a que aludem os artigos 205 e 206 – Protesto ocorrido em 1999 – Apelação não provida (*TJSP* – Ap. 9185975-30.2009.8.26.0000, 18-7-2016, Rel. Gil Coelho).

Art. 190. A exceção prescreve no mesmo prazo em que a pretensão.

Exceção significa, nesse artigo, meio de defesa. A prescrição é exceção de direito material. Assim, a prescrição também pode ser alegada como meio de defesa no mesmo prazo em que pode ser proposta uma ação. Trata-se de duas faces de um mesmo direito, ou de direito e contradireito. A ausência de um dispositivo semelhante no estatuto anterior abriu muitas dúvidas, de início. Esse artigo entrosa-se com o 193: a prescrição pode ser alegada em qualquer grau de jurisdição, mas dentro de igual prazo conferido para a pretensão.

As exceções distinguem-se em próprias e impróprias. A exceção própria diz respeito à ampla defesa. A exceção imprópria é aquela que poderia ser alegada também autonomamente como uma pretensão. É a esta última que se refere o texto. Quando o réu é demandado e somente pode opor seu direito por via de defesa, não há que se falar em prescrição. A prescrição pressupõe sempre um direito exercitável.

Enunciado nº 415, V Jornada de Direito Civil – CJF/STJ: O art. 190 do Código Civil refere-se apenas às exceções impróprias (dependentes/não autônomas). As exceções propriamente ditas (independentes/autônomas) são imprescritíveis.

Obrigação de fazer. Outorga de escritura de compra e venda. Loteamento Parque Savoy City. Última prestação vencida há mais de dez anos quando da propositura. Prescrição da cobrança de eventual saldo. Inércia do loteador por longos anos. *Supressio*. Precedentes da Corte. **Extinção da exceção substancial no mesmo prazo da prescrição da pretensão**. Art. 190 do CC. Falta de quitação do preço aqui inoponível à parte adquirente. Procedência decretada. Recurso provido (*TJSP* – Ap. 1005402-03.2018.8.26.0006, 23-3-2021, Rel. Augusto Rezende).

Juizado especial cível. Direito civil. Cobrança de reserva de poupança a caixa beneficente. Associação que alega a existência de dívida do associado. Dívida prescrita. Prescrição da exceção. Impossibilidade de compensação. Art. 190 do Código Civil. Recurso conhecido e não provido. I. Trata-se de recurso inominado interposto pela parte ré face a sentença que julgou procedentes em parte os pedidos iniciais, para condená-la ao pagamento de R$ 2.629,02 (dois mil, seiscentos e vinte e nove reais, dois centavos), referente a reserva de poupança contratada entre as partes, cujo valor poderia ser resgatado pelo associado recorrido após a aposentadoria. Consta que, no momento do resgate, a parte recorrente realizou a compensação de dívida referentes a cheques emitidos pelo associado em junho/2008, bem como a contrato BRCARD. Alega a parte recorrente que os débitos existem e que a prescrição não atinge o direito material. Argumenta que a inação refere-se à cobrança (judicial), a o passo que a compensação representa uma ação material, não alcançada pela prescrição. II. Recurso próprio, tempestivo e com preparo regular (ID 4085812-4085817). As contrarrazões não foram apresentadas (ID 4085823). III. Não paira controvérsia acerca da prescrição do crédito alegado pela parte recorrente. Cinge-se a celeuma aos efeitos da prescrição. Sabe-se que a prescrição fulmina a pretensão da parte que se manteve inerte quanto ao exercício do seu direito durante o intervalo temporal estabelecido em lei. Todavia, olvida-se a parte recorrente do disposto no art. 190 do Código Civil: A exceção prescreve no mesmo prazo em que a pretensão. Assim, ainda que o crédito exista, está desprovido de proteção jurídica; não pode ser exigido pela parte recorrente, nem mesmo por compensação de crédito. É o que preleciona a doutrina: A prescrição extintiva, fato jurídico em sentido estrito, constitui, nesse contexto, uma sanção ao titular do direito violado, que extingue tanto a pretensão positiva quanto a negativa (exceção ou defesa) (TARTUCE, Flávio. Manual de Direito Civil: volume único. São Paulo: Editora GEN, 5. ed., 2015, p. 278). Prossegue o autor: Ainda no que concerne ao art. 190 do CC, na V Jornada de Direito Civil aprovou-se enunciado estabelecendo que o comando somente incide às exceções impróprias, aquelas que são dependentes ou não autônomas, caso da compensação (obra citada, p. 282). IV. Assim, prescrita a pretensão e a defesa, não estava a parte recorrente autorizada a realizar a compensação do crédito, devendo manter-se hígida a sentença. V. Recurso conhecido e não provido. Sentença mantida. Custas recolhidas. Sem condenação em honorários advocatícios, ante a ausência de contrarrazões. VI. A súmula de julgamento servirá de acórdão, consoante disposto no artigo 46 da Lei nº 9.099/95 (TJDFT – 0714946-50.2017.8.07.0007, 23-05-2018, Rel. Almir Andrade de Freitas).

Art. 191. A renúncia da prescrição pode ser expressa ou tácita, e só valerá, sendo feita, sem prejuízo de terceiro, depois que a prescrição se consumar; tácita é a renúncia quando se presume de fatos do interessado, incompatíveis com a prescrição.

Renúncia é ato de vontade abdicativo, de despojamento, de abandono de um direito por parte do titular. Trata-se de ato exclusivo e totalmente dependente da vontade do renunciante, sem necessidade de aprovação ou aceitação de terceiro. É ato unilateral, não receptício, portanto.

Renúncia à prescrição é a desistência, por parte do titular, de invocá-la.

A renúncia à prescrição não pode ser antecipada, isto é, não se pode abrir mão dela antes que o prazo se inicie, ou seja, não há renúncia antecipada da prescrição. Se fosse permitida a renúncia prévia, a prescrição perderia sua finalidade, que é de ordem pública, criada para a estabilização do direito.

A lei dispõe que a renúncia da prescrição só é válida depois de consumada. Pergunta-se: é válida a renúncia no curso do prazo da prescrição? Câmara Leal entende que é válida a renúncia depois de iniciado prazo prescricional, mas antes de seu termo. Argumenta que, permitindo a lei a renúncia tácita, implicitamente admite a renúncia nesses termos. A própria lei estampa, entre as causas interruptivas da prescrição, o ato inequívoco, ainda que extrajudicial, que importa reconhecimento pelo devedor. Como a interrupção inutiliza o tempo decorrido do prazo prescricional, o reconhecimento do direito do titular pelo prescribente determina a renúncia da prescrição em curso. Afora esse caso, na hipótese de renúncia expressa, tendo em vista os termos peremptórios do dispositivo legal, não se afigura possível a renúncia da prescrição antes de consumada. O que a parte pode fazer é abrir mão da prescrição já decorrida, iniciando-se novo lapso prescricional.

As partes poderão, por outro lado, dilatar a prescrição já em curso, uma vez que a interrupção da prescrição nada mais é do que um prolongamento de seu curso. Se o titular pode interromper a prescrição, por ato de sua vontade, reconhecendo o direito de outrem, é evidente que pode prolongar o prazo da prescrição. O que o prescribente não pode fazer é estender o prazo prescricional com relação a prazo por decorrer, porque isso importaria em renúncia antecipada.

Entende-se que as partes não podem diminuir o prazo da prescrição, não só porque o instituto é de ordem pública, como também porque poderiam os interessados reduzir a prazo tão ínfimo a prescrição que a aniquilaria.

A renúncia pode ser expressa ou tácita, presumindo-se, na segunda hipótese, de fatos do interessado incompatíveis com a prescrição. Expressa não significa que seja necessariamente escrita: pode-se expressar verbalmente a renúncia, provada por todos os meios permitidos, da mesma maneira que se deve considerar tácita a renúncia decorrente da prática, pelo interessado, mesmo por escrito, de qualquer ato incompatível com a prescrição. Trata-se de renúncia tácita, por exemplo, a carta do devedor ao credor pedindo prazo para pagar obrigação prescrita. A validade da renúncia independe da aceitação do credor. A renúncia expressa, não escrita, prova-se por todos os meios, observado, para a prova testemunhal, o limite do art. 401 do CPC anterior, o que não mais ocorre. A renúncia tácita ocorre sempre que o prescribente, sabendo ou não da prescrição, pratica algum ato que importe no reconhecimento do direito, cuja ação está prescrita. Ainda que o prescribente não saiba do decurso da prescrição, entendemos que, se praticar ato incompatível com ela, estará abrindo mão desse instituto. Não fora assim, poderia repetir o pagamento alegando erro, o que não se admite, porque não se repete dívida prescrita.

A renúncia à prescrição é ato jurídico que requer plena capacidade do agente. Por essa razão, o Código Civil francês traz regra expressa dispondo que só pode renunciar à prescrição consumada quem puder alienar (art. 2.222). A renúncia à prescrição é ato de liberalidade. Desse modo, o incapaz só poderá renunciar à prescrição se devidamente autorizado judicialmente, o que, na prática, não ocorrerá, pois, o juiz só poderá autorizar o incapaz a praticar tal ato se houver, para ele, interesse. Por essa razão é impraticável a renúncia da prescrição pelo incapaz.

A renúncia à prescrição é ato pessoal do agente e apenas afeta o renunciante ou seus herdeiros. Considera-se inexistente em relação a terceiros que jamais deverão ser por ela prejudicados. Sendo, portanto, diversos os coobrigados de obrigação solidária ou indivisível, prescrita essa, a renúncia feita por um dos devedores não restabelece a obrigação dos demais coobrigados não renunciantes, passando o renunciante a responder, individualmente, pelo cumprimento integral da obrigação.

A renúncia à prescrição pelo devedor insolvente tipifica fraude contra credores, cabendo a estes, que já o eram ao tempo da renúncia, anulá-la por meio da ação pauliana.

Como a renúncia é ato de liberalidade, para o caso basta a existência do *eventus damni*, por aplicação do art. 158. O efeito da renúncia à prescrição é de natureza retro-operante e torna o negócio jurídico já prescrito plenamente eficaz, como se nunca houvesse sido extinto.

Enunciado nº 581, VII Jornada de Direito Civil – CJF/STJ: Em complemento ao Enunciado 295, a decretação *ex officio* da prescrição ou da decadência deve ser precedida de oitiva das partes.

Apelação cível. Contratos de cartão de crédito. Ação declaratória de inexistência de débito c/c repetição de indébito. Termo de aditamento de dívida. Renúncia à prescrição. Vício de consentimento. Ausência de prova. I – Preliminar de inépcia recursal. Contendo as razões recursais os nomes e qualificação das partes, os fundamentos de fato e de direito da reforma da sentença e o pedido de nova decisão, inexiste a alegada ofensa ao princípio da dialeticidade, satisfazendo o apelo, pois, os requisitos do art. 1.010 do CPC. Preliminar contrarrecursal rejeitada. II – Mérito. A existência incontroversa da dívida afasta o acolhimento da pretensão de declaração de sua inexistência, sendo que a eventual prescrição somente acarretaria a inexigibilidade do débito, o que também não se verifica na hipótese em apreço, porquanto houve renúncia da prescrição pela recorrente, por ocasião da adesão à proposta de aditamento de dívida, situação que, de igual forma, afasta a alegação de nulidade da confissão de dívida prescrita, porquanto a renúncia, que pode ser até mesmo tácita, pressupõe esteja consumada a prescrição, nos termos do art. 191 do Código Civil. Apelo desprovido, rejeitada a preliminar (*TJRS* – Ap. 70084065309, 24-06-2020, Rel. Cairo Roberto Rodrigues Madruga).

Processo civil – Administrativo – Diferenças de proventos de aposentadoria – Prescrição do fundo de direito – **Renúncia da prescrição** pela administração – A edição da portaria 63.214/2012 e o memorando 2008 – NPA, de 04/11/2008, implicaram renúncia tácita da Administração Pública à prescrição, nos termos do art. 191 do Código Civil, uma vez que houve o reconhecimento expresso do direito do servidor público civil de receber as diferenças provenientes da integralização de aposentadoria. Agravo regimental improvido (*STJ* – AgRg-AgRg-AgRg-AG-REsp. 810.839 – (2015/0288510-5), 13-4-2016, Rel. Min. Humberto Martins).

Apelação cível e recurso adesivo. Ação de cobrança de complementação do seguro obrigatório DPVAT. Procedência. Prescrição. Inocorrência. Pagamento parcial que caracteriza **renúncia tácita**. Inteligência do art. 191 do Código Civil. Prejudicial afastada. Substituição do polo passivo para que figure como ré a seguradora líder dos consórcios do seguro DPVAT S/A. Indeferimento. Demanda que pode ser ajuizada contra qualquer seguradora participante do consórcio. Falta de documento indispensável ao exame da questão. Inviabilidade. Elementos dos autos suficientes à análise do pleito. Matéria, ademais, que se confunde com o mérito. Ausência de nexo causal entre o sinistro e o óbito. Rejeição. Circunstâncias do caso apontando que este decorreu das lesões sofridas com o acidente. Dever de indenizar. Alteração da base de cálculo do montante indenizatório. Impossibilidade. Incidência do salário mínimo vigente à época do sinistro. Observância do art. 5º, § 1º, da Lei n. 6.194/74. Modificação do termo inicial da correção monetária. Descabimento. Contagem da data do pagamento na via administrativa. Honorários advocatícios. Majoração. Viabilidade. Recurso de apelação conhecido e não provido. Recurso adesivo conhecido e parcialmente provido (*TJSC* – Acórdão Apelação Cível 2011.025534-8, 3-6-2011, Rel. Des. Victor Ferreira).

Art. 192. Os prazos de prescrição não podem ser alterados por acordo das partes.

O presente texto encerra celeuma do direito anterior. A prescrição é um dos mais importantes institutos de ordem pública. O interesse do Estado não permite que as partes negociem sobre os prazos prescritivos. Assim, os prazos prescricionais não podem nem ser aumentados nem reduzidos.

Da mesma forma, a vontade privada não pode estabelecer que determinado direito seja imprescritível. A imprescritibilidade somente pode decorrer da lei ou da natureza do direito. As pretensões ressarcitórias são sempre prescritíveis.

Agravo de instrumento. Direito privado não especificado. Embargos à ação monitória. Cheque. Débito fulminado pela prescrição. Prazo prescricional quinquenal a contar da emissão da cártula. Interrupção da prescrição. Pagamentos parciais. Inovação recursal. Matéria não suscitada na origem. 1. Preliminar contrarrecursal: insubsistente o pedido de não conhecimento do recurso, tendo em vista que o agravante acostou todos os documentos essenciais, previstos no art. 1.017, I, do NCPC. 2. Prescrição: irretocável o reconhecimento da prescrição da cártula, ante o ajuizamento da ação 05 (cinco) anos após a data de emissão do cheque, não havendo falar em início do prazo prescricional com base na data avençada pelas partes para compensação, sob pena de descaracterizar o título de crédito como ordem de pagamento à vista e de violar o disposto no art. 192 do Código Civil, que prevê que os prazos prescricionais não podem ser alterados pela vontade das partes. 3. Inovação recursal: descabe analisar o pedido de reconhecimento da existência de causa interruptiva da prescrição, levando em conta que o embargado/agravante, além de não ter suscitado a tese no Juízo de origem, negou que os depósitos realizados pela devedora se relacionassem aos cheques que aparelham a ação monitória, alterando a tese, após o reconhecimento da prescrição na decisão agravada, de modo a tentar cobrar o cheque após o transcurso do prazo quinquenal. Agravo de instrumento parcialmente conhecido e, na parte em que conhecido, desprovido (*TJRS* – AI 70069741791, 30-08-2016, Rel. Umberto Guaspari Sudbrack).

🔖 Direito comercial. Recurso especial. Cheque. Ordem de pagamento à vista. Caractere essencial do título. Data de emissão diversa da pactuada para apresentação da cártula. Costume *contra legem*. Inadmissão pelo direito brasileiro. Considera-se a data de emissão constante no cheque. 1. O cheque é ordem de pagamento à vista e submete-se aos princípios cambiários da cartularidade, literalidade, abstração, autonomia das obrigações cambiais e inoponibilidade das exceções pessoais a terceiros de boa-fé, por isso que a sua pós-datação não amplia o prazo de apresentação da cártula, cujo marco inicial é, efetivamente, a data da emissão. 2. "A alteração do prazo de apresentação do cheque pós-datado implicaria na dilação do **prazo prescricional do título**, situação que deve ser repelida, visto que infringiria o artigo 192 do Código Civil. Assentir com a tese exposta no especial, seria anuir com a possibilidade da modificação casuística do lapso prescricional, em razão de cada pacto realizado pelas partes" (AgRg no Ag 1159272/DF, Rel. Ministro Vasco Della Giustina (desembargador convocado do TJ/RS), Terceira Turma, julgado em 13/04/2010, DJe 27/04/2010). 3. Não se pode admitir que a parte descumpra o artigo 32 da Lei 7.357/85 e, ainda assim, pretenda seja conferida interpretação antinômica ao disposto no artigo 59 do mesmo Diploma, para admitir a execução do título prescrito. A concessão de efeitos à pactuação extracartular representaria desnaturação do cheque naquilo que a referida espécie de título de crédito tem de essencial, ser ordem de pagamento à vista, além de violar os princípios da abstração e literalidade. 4. Recurso especial não provido (*STJ* – Acórdão Recurso Especial 875.161 – SC, 9-8-2011, Rel. Min. Luis Felipe Salomão).

Art. 193. A prescrição pode ser alegada em qualquer grau de jurisdição, pela parte a quem aproveita.

Ao contrário da decadência, que pode ser conhecida de ofício pelo juiz, a prescrição de direitos patrimoniais, não sendo invocada pelo beneficiado, não podia ser decretada pelo juiz, salvo quando favorecesse a absolutamente incapaz (art. 194). Esse artigo foi revogado, como já apontamos, pela Lei nº 11.280/2006.

O dispositivo menciona *"qualquer instância"*, isto é, qualquer grau de jurisdição, podendo, portanto, a prescrição ser alegada em grau de recurso. O texto atual espalma qualquer dúvida que houvesse. Pode ser alegada em qualquer estado da causa. Era inadmissível, porém, em recurso extraordinário, se não tivesse ocorrido prequestionamento da questão, pois o Supremo Tribunal Federal e o Superior Tribunal de Justiça não conhecem de questões que não tenham sido apreciadas na justiça local (Súmula 282 do Supremo Tribunal Federal). No entanto, note que o art. 194 foi derrogado e o juiz pode declarar de ofício a prescrição. Conveniente que o julgador ouça as partes, antes de decretar a prescrição, pois é possível sua renúncia.

Cessa, contudo, a faculdade de alegá-la com o trânsito em julgado. A prescrição não pode ser alegada na fase de execução, porque, se o interessado não a alegou no processo de conhecimento, tacitamente a ela renunciou.

🔖 Agravo de instrumento. Direito privado não especificado. Ação de execução. Prescrição. Penhora de cotas empresariais. Apesar de ser possível a alegação de prescrição em qualquer grau de jurisdição, conforme preceitua o artigo 193 do Código Civil, deve ser observado que ela já foi enfrentada no caso dos autos, tratando-se de matéria preclusa, nos termos do artigo 507 do CPC. Hipótese em que a decisão agravada se limitou a determinar a penhora das ações que os agravantes têm em sociedade empresária, sendo que eventual impugnação ao ato expropriatório deverá ser manejada diretamente na instância de origem, sob pena de ser suprimido um grau de jurisdição. Agravo de instrumento não conhecido. Unânime (*TJRS* – AI 70078014073, 24-10-2018, Rel. Antônio Maria Rodrigues de Freitas Iserhard).

🔖 Ação rescisória. Violação a literal disposição de lei. Inocorrência. Embora o art. 193 do Código Civil disponha no sentido de que a prescrição pode ser alegada em qualquer grau de jurisdição, pela parte a quem aproveita, fato é que o alcance da referida norma cessa com o trânsito em julgado da decisão, de maneira que, a inércia da parte interessada em arguir a prejudicial de mérito no curso do processo de conhecimento importa em renúncia à prescrição, tornando incabível o acolhimento da tese de que a sentença que não a pronunciou de ofício possui vício capaz de corroborar o ajuizamento da ação rescisória. Inexistente identidade de ato, fato, contrato, ou relação jurídica entre ação rescisória e prévio julgamento de agravo de instrumento, inviável que se reconheça a prevenção - ainda que pelo amplo conceito do RITJMG – razão pela qual a rescisória ulterior deve ser distribuída livremente. A sentença que não declara a prescrição em conformidade com o art. 219, § 5º do Código de Processo Civil de 1973 pode ser desconstituída pela Ação Rescisória. Precedentes do Superior Tribunal de Justiça (*TJMG* – Ação Rescisória 1.0000.14.047093-1/000, 10-11-2017, Rel. Cláudia Maia).

Art. 194. (Revogado pela Lei nº 11.280, de 2006).

Com a supressão desse artigo, desaparece uma das mais enfatizadas diferenças entre prescrição e decadência. A referida lei alterou o § 5º do art. 219 do CPC de 1973, passando a permitir a decretação da prescrição de ofício pelo juiz. Já desde 2004, com a Lei nº 11.051, que alterara a Lei de Execução Fiscal (Lei nº 6.830/1980), permitia-se o conhecimento de ofício da prescrição do crédito fiscal, desde que ouvida previamente a Fazenda. A Lei nº 11.280/2006 estendeu essa possibilidade para qualquer prescrição e não unicamente para favorecer o absolutamente incapaz.

O sentido, inserido por uma lei processual, foi, sem dúvida, mais um meio de imprimir rapidez no julgamento, mormente porque na maioria das vezes a prescrição é facilmente perceptível. Em todas as reformas processuais que temos sofrido, sempre se procurou alargar os poderes do juiz em prol da efetividade, nem sempre conseguida.

Sob o prisma da teoria tradicional não se percebe uma justificativa doutrinária para essa alteração. Trata-se, sem dúvida, de opção legislativa de índole processual. Não se alteram os demais dispositivos presentes nesse Código a respeito da prescrição, nem ela se torna direito indisponível. Continua a ser uma exceção substancial (art. 190). Como já lembramos, na decretação da prescrição de ofício é adequada a oitiva prévia das partes, em face da possibilidade de renúncia.

Enunciado nº 154, III Jornada de Direito Civil – CJF/STJ: O juiz deve suprir, de ofício, a alegação de prescrição em favor do absolutamente incapaz.

Enunciado nº 155, III Jornada de Direito Civil – CJF/STJ: O art. 194 do Código Civil de 2002, ao permitir a declaração *ex officio* da prescrição de direitos patrimoniais em favor do absolutamente incapaz, derrogou o disposto no § 5º do art. 219 do CPC.

Art. 195. Os relativamente incapazes e as pessoas jurídicas têm ação contra os seus assistentes ou representantes legais, que derem causa à prescrição, ou não a alegarem oportunamente.

Essa regra não diz especificamente respeito à prescrição, mas a consequências da inércia de quem possui o ônus de alegá-la ou evitá-la. O presente artigo proporciona proteção mais ampla, pois não trata simplesmente da ação regressiva, nem se limita às situações de dolo ou negligência, aborda também a responsabilidade sem culpa. No entanto, importa sempre verificar o caso concreto.

Art. 196. A prescrição iniciada contra uma pessoa continua a correr contra o seu sucessor.

O herdeiro do *de cujus* disporá, portanto, apenas do prazo faltante para exercer a ação, quando esse prazo se iniciou com o autor da herança. Com a morte deste, o prazo não se inicia novamente. Corretamente, o atual Código refere-se ao "sucessor", e não ao herdeiro, como fazia o Código anterior, em conotação mais ampla. Esse sucessor não será apenas o decorrente da morte, mas também de ato entre vivos.

Observe que a prescrição continua a fluir contra ou a favor dos interessados, de modo que o último titular tem a seu favor, ou contra si, todo o tempo decorrido em relação a seus antecessores. O Código não foi explícito e referiu-se no art. 196 apenas ao efeito passivo da prescrição e, mesmo assim, de modo incompleto. Lembre-se de que a prescrição deve ser vista também pelo lado ativo.

📚 Embargos de declaração face a acórdão exarado em apelação cível. Determinação, em recurso especial, de reanálise. Omissão. Ocorrência. Acolhimento com efeitos infringentes. Presente no acórdão a omissão apontada pela parte autora nos embargos, relativa à preexistência de regra de prescrição em curso, a atrair o disposto no art. 196 do Código Civil. Não é possível iniciar nova contagem de prazo prescricional quando já iniciada em face da associada ainda em vida e, após o falecimento, continuado a correr perante seus sucessores. Inaplicável ao caso o previsto no art. 36, parágrafo único, da Lei nº 5.764/71. Aclaratórios acolhidos com efeitos infringentes (*TJRS* – ED 70064559578, 21-05-2020, Rel. Mylene Maria Michel).

📚 Embargos de declaração – Agravo de instrumento – Omissão verificada – Provimento – 1- Nos termos do art. 535, do CPC, os embargos de declaração são cabíveis quando há no acórdão obscuridade, omissão ou contradição acerca de ponto sobre o qual deveria pronunciar-se o juiz ou tribunal, sendo adequados, ainda, segundo construção pretoriana, para sanar erro material. 2- À luz do que dispõe o art. 196 do Código Civil: "**a prescrição iniciada contra uma pessoa continua a correr contra o seu sucessor**". 3- O exequente deixou de promover a diligência que lhe era imputável muito antes do seu óbito, ocorrido em 14/08/2009, não obstante tenha sido instado a se manifestar, conforme as petições atravessadas, permitindo a ocorrência da prescrição. 4- Embargos de declaração providos, com efeitos modificativos, para dar provimento ao agravo de instrumento (*TRF-5ª R.* – AGTR 0009780-94.2014.4.05.0000/01 – (140891/PE), 26-11-2015, Rel. Des. Fed. Edilson Pereira Nobre Júnior).

Seção II
Das Causas que Impedem ou Suspendem a Prescrição

Art. 197. Não corre a prescrição:
I – entre os cônjuges, na constância da sociedade conjugal;
II – entre ascendentes e descendentes, durante o poder familiar;
III – entre tutelados ou curatelados e seus tutores ou curadores, durante a tutela ou curatela.

1. Impedimento, suspensão e interrupção da prescrição.

Não se confundem impedimento, suspensão e interrupção da prescrição.

O impedimento e a suspensão da prescrição fazem cessar, temporariamente, seu curso. Uma vez desaparecida a causa de impedimento ou superada a causa de suspensão, a prescrição retoma seu curso normal, computado o tempo anteriormente decorrido, se este existiu.

O Código não faz expressamente distinção entre suspensão e impedimento. Embora alguns autores façam a distinção no rol de causas apresentadas pela lei, tais causas ora impedem, ora suspendem a prescrição, de modo que os arts. 197, 198, 199 e 200 aplicam-se a ambas as situações. Vejamos: ou preexiste ao vencimento da obrigação o obstáculo ao início do curso do prazo prescricional, *e o caso será de impedimento*, ou esse obstáculo surge *após* o vencimento da obrigação e durante a fluência do prazo, *ocorrendo nessa hipótese a suspensão da prescrição*. Desse modo, não podemos preestabelecer, dentro dos artigos citados, casos estanques de impedimento ou suspensão da prescrição, como querem alguns, pois a classificação dependerá da situação fática.

Antônio Luís Câmara Leal (1978, p. 133) houve por bem distinguir as causas de impedimento das causas de suspensão. Diz que são causas impeditivas da prescrição:

"*a) entre cônjuges, na constância do matrimônio;
b) entre ascendentes e descendentes, na vigência do pátrio poder;
c) entre tutelados e tutores, na vigência da tutela;
d) entre curatelados e curadores, na vigência da curatela;
e) contra o depositante, o devedor pignoratício, o mandante e pessoas representadas, na guarda dos bens pelo depositário, pelo credor pignoratício, pelo mandatário, pelo representante, de modo a não correr a favor destes e contra aqueles a prescrição das ações resultantes de direitos ou obrigações relativos a esses bens;
f) contra os incapazes, em sua incapacidade absoluta;
g) contra todos, na condição suspensiva e o prazo ainda não vencido;
h) contra o adquirente, e a favor do transmitente, a pendência de ação de evicção proposta por terceiro*".

Diz que são causas suspensivas (LEAL, 1978, p. 159):

"*a) a ausência do titular da ação, fora do Brasil, a serviço público da União, dos Estados ou dos Municípios;
b) o serviço militar, em tempo de guerra, para aqueles que se acharem servindo na Armada ou no Exército nacionais.*"

Não nos parece conveniente essa distinção apriorística, pois a maioria das causas das citadas hipóteses poderá enquadrar-se ora como impedimento, ora como suspensão. É o caso da pessoa capaz que se torna incapaz no curso do prazo prescricional: suspende-se a prescrição. Se a pessoa já era incapaz, o prazo prescricional não começa a fluir, sendo, portanto, caso de impedimento.

Nos casos de impedimento, mantém-se o prazo prescricional íntegro, pelo tempo de duração do impedimento, para que seu curso somente tenha início com o término da causa impeditiva. Nos casos de suspensão, nos quais a causa é superveniente, uma vez desaparecida esta, o prazo prescricional retoma seu curso normal, computando-se o tempo verificado antes da suspensão.

Na *interrupção* da prescrição, a situação é diversa: verificada alguma das causas interruptivas (art. 202), perde-se por completo o tempo decorrido. O lapso prescricional iniciar-se-á novamente. O tempo precedentemente decorrido fica totalmente inutilizado. Verificamos, portanto, interrupção da prescrição quando ocorre fato hábil para destruir o efeito do tempo já transcorrido, anulando-se, assim, a prescrição já iniciada.

A diferença essencial é que na suspensão o termo anteriormente decorrido é computado, enquanto na interrupção o termo precedente é perdido. Se a interrupção decorreu de processo judicial, somente recomeça o prazo a ser contado do último ato nele praticado (art. 202).

2. As hipóteses desse artigo

Discute-se se os casos enumerados na lei são taxativos ou permitem ampliação. Há que se entender que deve haver a mitigação necessária. Assim sendo, quando há obstáculo invencível, independente da vontade do interessado, como, por exemplo, a desídia do escrivão do processo, é preciso entender ser caso de suspensão da prescrição. Desse modo, quando a ação é proposta oportunamente, o titular do direito não pode ser prejudicado por impedimento judicial (*RT* 510/99, 501/154; contra *RT* 487/128). Essa posição é expressamente acatada pela redação atual do art. 240, § 2º, do CPC.

Como assevera Clóvis Beviláqua (1916, p. 296), as razões inspiradoras desse artigo são de ordem moral, a determinar o impedimento ou o curso da prescrição. As relações afetivas que devem existir entre essas pessoas justificam o preceito legal. Por razão moral semelhante, não tinha curso a prescrição no caso do inciso IV, do antigo Código, entre pessoas que estivessem ligadas por relação jurídica de *confiança*, conservando bens da outra em seu poder ou sob sua guarda. Por isso, não fluía a prescrição em favor do credor pignoratício contra o devedor, quanto à coisa apenhada; em favor do depositário contra o depositante; do mandatário contra o mandante; do administrador de bens alheios contra seus proprietários. A lei, em síntese, queria dizer nesse tópico que o credor pignoratício, o depositante, o mandatário e todos aqueles em situações análogas não poderiam se prevalecer da prescrição para se recusarem a restituir os bens recebidos em decorrência dessas relações jurídicas. Esse inciso não foi repetido no atual Código; no entanto, continuam presentes as demais situações do antigo art. 168 no contemporâneo art. 197.

Enunciado nº 296, IV Jornada de Direito Civil – CJF/STJ: Não corre a prescrição entre os companheiros, na constância da união estável.

Embargos de declaração em apelação cível. Prescrição entre cônjuges. Termo final da suspensão. Encerramento da convivência. Inteligência do inciso I do art. 197 do Código Civil. Omissão sanada. A regra suspensiva da prescrição entre cônjuges incide somente até o encerramento da convivência, nos termos das disposições do inciso I do art. 197 da Lei Civil, e não até o encerramento definitivo do vínculo matrimonial que se opera mediante o trânsito em julgado do decreto de divórcio. Embargos de declaração acolhidos sem efeito infringente (*TJRS* – Embargos de Declaração 70076505841, 27-03-2019, Rel. Sandra Brisolara Medeiros).

Direito civil. Apelação cível. Abandono afetivo. Dano moral. Pretensão de reparação civil. Prescrição trienal. Termo *a quo*. Maioridade civil. Pretensão fulminada pela prescrição. 1. Nas ações de indenização por abandono afetivo a prescrição é trienal, conforme o art. 206, § 3º, V, do Código Civil. 2. O termo inicial da prescrição, na hipótese, é a data em que a parte autora atinge a maioridade civil, aos 18 anos de idade, porquanto não corre a prescrição entre ascendentes e descendentes, durante o poder familiar, consoante disposto no art. 197 do Código Civil. 3. Demonstrado que a propositura da presente ação de indenização ocorreu após o transcurso do prazo trienal contado da data em que a parte autora atingiu a maioridade civil, forçoso o reconhecimento da prescrição. 4. Apelação conhecida e desprovida. Sentença mantida (*TJDFT* – Ap. 0008166-33.2016.8.07.0020, 28-06-2017, Rel. Gilberto Pereira de Oliveira).

Apelação cível. Execução de alimentos. **Prescrição.** Não incidência durante a vigência do poder familiar. Durante o poder familiar não corre a prescrição entre ascendente e descendente. Aplicação do artigo 197, II, do Código Civil. Considerando que o embargante não logrou êxito em demonstrar que os veículos constritos judicialmente são utilizados para sua atividade laboral, ônus que lhe incumbia, nos termos do artigo 333, inciso I, do CPC, não há que se falar em impenhorabilidade. As parcelas pagas pelo alimentante devem ser excluídas do cálculo do débito em execução. Recurso parcialmente provido, por maioria (*TJRS* – Acórdão Apelação Cível 70036658458, 20-10-2012, Rel. Des. Claudir Fidélis Faccenda).

Art. 198. Também não corre a prescrição:
I – contra os incapazes de que trata o art. 3º;
II – contra os ausentes do País em serviço público da União, dos Estados ou dos Municípios;
III – contra os que se acharem servindo nas Forças Armadas, em tempo de guerra.

O dispositivo não trata da impossibilidade do curso da prescrição *em favor*, mas *contra* as pessoas que menciona, as quais são beneficiadas como credoras. Nos casos em que forem devedoras, a prescrição corre normalmente a seu favor.

Conforme o art. 3º, são absolutamente incapazes de exercer pessoalmente os atos da vida civil os menores de 16 (dezesseis) anos, com a nova redação da Lei nº 13.146, de 2015.

Não se incluem no dispositivo o deficiente mental que não tenha sido interditado, bem como os surdos-mudos que puderem exprimir sua vontade. A ausência, como vimos, não é mais causa de incapacidade. Aprecia-se o texto de acordo com o Estatuto da Pessoa com Deficiência.

Se qualquer desses incapazes se tornar titular de direito cujo prazo de prescrição já estiver em curso, ele se suspenderá. Identicamente, haverá impedimento do curso do prazo prescricional, se o direito ainda não for exercitável por ocasião da aquisição, como no caso de crédito ainda não vencido.

O benefício ora tratado restringe-se aos absolutamente incapazes, não atingidos os relativamente incapazes, que agem assistidos.

No sistema de 1916, corria prescrição contra os ausentes, ainda que não declarados como tais por sentença judicial. No entanto, o mesmo não acontecia se a ausência referia-se às situações dos incisos II e III do art. 169, do antigo Código, quais sejam: serviço público no estrangeiro ou serviço militar em tempo de guerra.

Enunciado nº 156, III Jornada de Direito Civil – CJF/STJ: Desde o termo inicial do desaparecimento, declarado em sentença, não corre a prescrição contra o ausente.

Agravo de instrumento. Direito civil. Estatuto da pessoa com deficiência. Reconhecimento de prescrição retroativa. Impossibilidade. Ação indenizatória. Absolutamente incapaz. Prescrição. Nomeação de curador não interrompe o curso do prazo prescricional. Recurso conhecido e desprovido. 1. A enfermidade ou deficiência mental deixaram de ser consideradas como causa de incapacidade absoluta com a vigência da Lei 13.146/2015 (Estatuto da Pessoa com Deficiência) em 2 de janeiro de 2016. 2. A alteração legal afeta diretamente a prescrição contra o incapaz, uma vez que o artigo 198 do Código Civil impede o curso da prescrição somente contra os absolutamente incapazes. 3. Não é possível o reconhecimento retroativo da prescrição, a atingir períodos em que a situação da agravada se encaixava nas hipóteses de incapacidade absoluta e, consequentemente, contra ela não corria prescrição. 4. Contra a agravada não correu o prazo prescricional, porquanto até a modificação do artigo 3º do CC pela vigência do Estatuto da Pessoa com Deficiência, incidia, indubitavelmente, o previsto no artigo 198, inciso I, do Código Civil sobre o caso. 5. Carece de amparo legal a tese quanto ao (re)começo do curso do prazo de prescrição a contar da nomeação de curador. Com efeito, a norma civil possui finalidade protetiva do incapaz e em nenhum ponto excepcionou hipótese em que a prescrição recomeçaria a correr havendo nomeação de curador. 7. Recurso conhecido e desprovido (TJDFT – AI 0710207-55.2017.8.07.0000, 19-04-2018, Rel. Robson Barbosa de Azevedo).

Apelação cível. Remessa necessária. Previdência pública. Filho inválido. Inclusão como dependente junto ao IPE-SAÚDE. Invalidez superveniente comprovada. Prescrição. Inocorrência. Prescrição. O prazo prescricional não corre com relação aos absolutamente incapazes, de acordo com o art. 3º cumulado com o art. 198 do Código Civil, com a redação dada pela Lei n. 10.406/2002. Portanto, não há falar em prescrição da pretensão material, no caso dos autos. Invalidez superveniente à maioridade do beneficiário. O fato de a invalidez ser superveniente a maioridade, não retira o direito à dependência previdenciária, nos termos do art. 9º, inc. I, da Lei n. 7.672/82. A superveniência de decisão de interdição judicial é declarativa e não constitutiva da invalidez, razão por que apenas reconhece situação de fato preexistente. Ademais, é presumida a dependência econômica do filho inválido, como faz constar o art. 9º, parágrafo 5º, da Lei n. 7.672/82. Apelo desprovido. Sentença confirmada em remessa necessária (TJRS – Apelação e Reexame Necessário 70073348336, 31-05-2017, Rel. Lúcia de Fátima Cerveira).

Apelação cível – Execução individual de sentença proferida contra a fazenda pública em ação coletiva. Prescrição quinquenal. **Autora absolutamente incapaz**. Interdição declarada em sentença. Nomeação de curador. Prescrição executória inocorrente. Sentença cassada. Recurso provido (TJPR – AC 1277272-0, 23-1-2017, Rel. Des. Clayton de Albuquerque Maranhão).

> **Art. 199.** Não corre igualmente a prescrição:
> I – pendendo condição suspensiva;
> II – não estando vencido o prazo;
> III – pendendo ação de evicção.

As situações aqui são objetivas, sendo, portanto, de *impedimento* da prescrição, cujo prazo ainda não se iniciou em nenhuma delas.

Condição suspensiva é aquela cuja eficácia do ato subordina-se a seu implemento. Enquanto esta não se verificar, não se terá adquirido o direito visado. Assim, se o direito é condicional, e não adquirido, não há ainda ação correspondente para assegurá-lo. Da mesma forma, não há ainda ação exercitável antes de vencido o termo fixado.

Evicção é a perda total ou parcial do direito sobre alguma coisa, decorrente de decisão judicial, que o atribui a outrem, que o adquirira anteriormente. Se o terceiro propõe a ação de evicção, fica suspensa a prescrição até seu desfecho final.

Clóvis Beviláqua, em seus comentários ao art. 170, equivalente no diploma anterior, entende-o supérfluo, pelo simples fato de que nos decantados casos, a prescrição não corre e nem poderia correr, porque não existe ação para o cumprimento da obrigação.

Leis posteriores criaram outras situações de impedimento e suspensão, como é o caso, entre outros, do art. 440 da Consolidação das Leis do Trabalho: "*Contra os menores de 18 anos não corre nenhum prazo de prescrição.*"

O Decreto nº 20.910/1932, em princípio ainda em vigência, que estipulou prazo de cinco anos de prescrição de dívidas passivas da União, dos Estados e dos Municípios, determinou no art. 4º que:

> "*não corre a prescrição durante a demora que, no estudo, no reconhecimento ou no pagamento da dívida, considerada líquida, tiverem as repartições ou funcionários encarregados de estudar e apurá-la*".

Tal suspensão começa a ter eficácia a partir do momento em que se der "*a entrada do requerimento do titular do direito ou do credor nos livros ou protocolos das repartições públicas, com designação do dia, mês e ano*" (parágrafo único do art. 4º). Por outro lado, o art. 5º do mesmo diploma estabelece:

> "*Não tem efeito de suspender a prescrição a demora do titular do direito ou do crédito ou do seu representante em prestar os esclarecimentos que lhe forem reclamados, ou o fato de não promover o andamento do feito judicial, ou do processo administrativo, durante os prazos respectivamente estabelecidos para extinção do seu direito à ação ou reclamação.*"

Deve ser acrescentada outra regra no tocante à suspensão da prescrição: defende-se que não corre a prescrição na pendência de evento que impossibilite alguém de agir, quer em razão de motivação legal, quer em razão de motivo de força maior, consubstanciando-se na regra que a jurisprudência francesa adota, seguindo o brocardo: "*contra non valentem agere non currit praescriptio*" (contra incapaz de agir não corre a prescrição). Desse modo, não se deve entender o elenco legal de causas de suspensão e impedimento como número taxativo. Várias leis estrangeiras admitem a regra expressamente. Sobre sua aplicação entre nós, assim se manifesta Serpa Lopes (1962, v. 1, p. 606):

> "*A regra* contra non valentem agere *inspira-se numa ideia humana, um princípio de equidade, e*

que não pode deixar de ser reconhecida pelo juiz. Cabe, portanto, a aplicação analógica. Mesmo entendida como uma exceção à regra geral, esta não é de molde a encerrar num numerus clausus os casos de suspensão da prescrição, sobretudo quando se impõe interpretá-la com o espírito de equidade."

Assim, se o titular do direito estiver impedido de recorrer à Justiça, por interrupção administrativa de suas atividades, o princípio deve ser reconhecido.

⚖ Apelação cível. Ação de cobrança. Seguro de vida. Invalidez funcional permanente por doença. Aviso de sinistro. Ausência de curso do prazo prescricional até a resposta da seguradora. Pedido de reconsideração. Não suspensão ou interrupção do prazo. Prescrição ânua configurada. Extinção o processo. Art. 269, IV, do CPC. A pretensão do segurado contra a seguradora prescreve em um ano, contado da ciência do fato gerador da pretensão, consoante regra do art. 206, § 1º, II, b, do Código Civil de 2002. O prazo tem início na data em que o segurado toma conhecimento da incapacidade, permanecendo suspenso entre a comunicação do sinistro e a resposta de recusa do pagamento (Súmula 229, STJ). O pedido de reconsideração não tem o condão de suspender o prazo prescricional, ainda que, a teor do disposto no art. 199, do Código Civil, o requerimento administrativo impeça – até a respectiva resposta – o começo do curso do prazo, já que a condição suspensiva impede a aquisição do direito (Art. 125, Código Civil). Segundo o Art. 202, do Código Civil, a prescrição, que começa a correr ante a resposta da seguradora (irrelevante o pedido de reconsideração), somente se interrompe (e uma única vez) pela ação em Juízo (*TJMG* – Apelação Cível 1.0024.09.570776-6/001, 24-07-2014, Rel. José Marcos Vieira).

Art. 200. Quando a ação se originar de fato que deva ser apurado no juízo criminal, não correrá a prescrição antes da respectiva sentença definitiva.

Trata-se da apuração de questão prejudicial a ser verificada no juízo criminal. A lei mais recente a estampa como causa de impedimento do curso da prescrição, que só começará a correr após a sentença definitiva de natureza criminal, como apontamos. Na prática, a maior dificuldade será definir se a matéria discutida no juízo criminal é efetivamente uma questão prévia, uma prejudicial. Importa analisar as hipóteses no caso concreto. Em princípio, examinam-se a materialidade do fato e a autoria. Busca-se, é verdade, uma homogeneidade nas decisões do Estado, embora nem sempre seja obtida. Não há que se ver independência absoluta entre o juízo penal e o civil.

Estabelecida a prejudicialidade, o termo inicial da prescrição terá, como regra geral, o trânsito em julgado da sentença penal definitiva. Há situações nas quais não mais será levada em conta a prejudicialidade, como a extinção da punibilidade, rejeição liminar da denúncia, suspensão do processo penal etc.

⚖ Apelação cível. Responsabilidade civil. Indenização por danos morais e materiais. Prazo prescricional afastado em parte. Existência de ação penal. Incidência do art. 200 do Código Civil. No caso, dentre os fundamentos para embasar o pedido de danos morais, a autora aponta a agressão física sofrida por ela e praticada pelo réu, o que deu ensejo ao processo criminal com sentença condenatória. Logo, de acordo com o disposto no art. 200 do Código Civil, o termo inicial da pretensão indenizatória na esfera cível, tendo sido ajuizada ação penal pelo mesmo fato, inicia-se após o trânsito em julgado da sentença penal. Em vista disso, para o pedido de danos morais, não se verifica implementado o prazo trienal estabelecido no art. 206, § 3º, V, do Código Civil. Contudo, quanto ao pedido de danos materiais consistentes no valor dos móveis da residência do casal que o réu teria vendido na constância da união estável, resta implementada a prescrição, cujo marco inicial ocorreu com a desconstituição da autora da função de curadora e a consequente dissolução da união estável, em 25/09/2014, uma vez que a presente demanda foi movida em 20/08/2018. Sentença desconstituída para reabertura da instrução processual e produção de provas. Apelação provida em parte (*TJRS* – Ap. 70083534974, 22-04-2020, Rel. Eugênio Facchini Neto).

⚖ Processual civil. Agravo interno no recurso especial. Código de Processo Civil de 2015. Aplicabilidade. Ilícito penal. Prescrição. Termo inicial. Trânsito em julgado da ação penal. Argumentos insuficientes para desconstituir a decisão atacada. Aplicação de multa. Art. 1.021, § 4º, do Código de Processo Civil de 2015. Descabimento. I – Consoante o decidido pelo Plenário desta Corte na sessão realizada em 09.03.2016, o regime recursal será determinado pela data da publicação do provimento jurisdicional impugnado. In casu, aplica-se o Código de Processo Civil de 2015. II – Antes do trânsito em julgado da ação criminal não corre a prescrição quando a ação se origina de fato que também deva ser apurado no juízo criminal, ou seja, quando houver relação de prejudicialidade entre a esferas cível e penal, nos termos do art. 200 do Código Civil. III – Não apresentação de argumentos suficientes para desconstituir a decisão recorrida. IV – Em regra, descabe a imposição da multa, prevista no art. 1.021, § 4º, do Código de Processo Civil de 2015, em razão do mero improvimento do Agravo Interno em votação unânime, sendo necessária a configuração da manifesta inadmissibilidade ou improcedência do recurso a autorizar sua aplicação, o que não ocorreu no caso. V – Agravo Interno improvido (*STJ* – AgInt no REsp 1548593 – ES, 14-10-2019, Rel. Min. Regina Helena Costa).

Art. 201. Suspensa a prescrição em favor de um dos credores solidários, só aproveitam os outros se a obrigação for indivisível.

A regra geral é que a suspensão da prescrição só aproveita ao credor, solidário ou não, de acordo com o arts. 197, 198 e 199. Nem mesmo no caso de solidariedade a suspensão da prescrição pode beneficiar outros credores. A exceção ocorre no presente dispositivo, tendo-se em vista a indivisibilidade do objeto da obrigação. Assim, por exemplo, no caso de existirem três credores contra devedor comum de determinada quantia em dinheiro, sendo um dos credores absolutamente incapaz, o fato de não correr a prescrição contra o menor não impede o curso normal da prescrição contra os demais credores. Neste caso, o direito é divisível, pois se trata de dinheiro. A prescrição fica suspensa em relação ao incapaz, não se aproveitando dela, porém, os demais credores. Em outro exemplo, um pai compra imóvel indivisível em nome de seus filhos, sendo que um é absolutamente incapaz. Como contra o incapaz não corre a prescrição, esta só começará a correr, *para todos os filhos*, quando o incapaz completar 16 anos. Se o direito é indivisível, a suspensão aproveita a todos os credores.

🔨 Apelação cível. Ação de usucapião extraordinária. Imóvel em condomínio *pro indiviso* com incapaz. Prescrição aquisitiva. Prazo. Impossibilidade de decurso. Aproveitamento aos demais proprietários. Ausência de *animus domini*. Ocupação decorrente de mera permissão ou tolerância. Requisitos não comprovados. Improcedência do pedido. Apelo não provido. Sentença mantida. Em se tratando de imóvel em condomínio pro indiviso com incapaz, é de se considerar que a impossibilidade de decurso do prazo da prescrição aquisitiva em relação à proprietária incapaz aproveita aos demais, com fulcro na disposição do art. 201 do Código Civil. Não comprovado, por prova robusta e inconteste, o preenchimento dos requisitos legalmente exigidos para a usucapião extraordinária, já que existentes nos autos fortes indícios de que a ocupação do bem pela Autora decorreu de mera permissão ou tolerância dos proprietários, correta a sentença que julga improcedente o pedido de declaração de domínio (*TJMG* – Ap. 1.0240.12.001218-4/001, 02-08-2017, Rel. José Marcos Vieira).

🔨 Apelação cível – Ação monitória – Prova escrita presente – Prescrição – Inocorrência – Mérito – Acordo extrajudicial de aquisição de imóvel em prol dos filhos – Dever incontroverso do genitor – Impossibilidade de se beneficiar da própria torpeza – Uso indevido de saldo de conta poupança pelos credores – Abatimento – Recurso parcialmente provido – 1- O acordo extrajudicial subscrito por credor e devedor constitui prova escrita hábil a instruir ação monitória, sendo desnecessária a subscrição de tal documento por duas testemunhas, uma vez que tal formalidade somente é exigida para dotar o título de eficácia executiva (art. 585, II c/c art.1.102-A, CPC). 2- Os alimentos *intuitu personae* possuem **natureza indivisível, de modo que todos os credores solidários se beneficiam da suspensão da contagem do prazo prescricional** derivada da incapacidade civil de um dos alimentandos (art. 197, II c/c art. 201, CC/02). 3- Se o réu voluntariamente se obrigou a adquirir bem imóvel, em proveito dos filhos com o uso de carta de crédito de consórcio, é inadmissível que ele se furte do cumprimento do seu dever sob a assertiva de que o consórcio está em nome de sua esposa, sob pena de se beneficiar de sua própria torpeza, uma vez que já tinha conhecimento de tal fato quando da assinatura do acordo extrajudicial. 4- Se o acordo extrajudicial firmado entre as partes previa que o saldo em caderneta de poupança existente em nome dos filhos seria utilizado exclusivamente para a compra de bem imóvel, mostra-se indevida a aplicação da quantia, pelos credores, para a aquisição de veículo automotor, devendo ser abatida da obrigação do devedor. 5- Planilhas unilateralmente produzidas pelo devedor não têm o condão de comprovar o adimplemento de obrigação alimentícia. 6- Preliminar e prejudicial rejeitada e recurso parcialmente provido (*TJMG* – AC 1.0024.09.739223-7/001, 11-6-2014, Rel. Edgard Penna Amorim).

Seção III
Das Causas que Interrompem a Prescrição

Art. 202. A interrupção da prescrição, que somente poderá ocorrer uma vez, dar-se-á:
I – por despacho do juiz, mesmo incompetente, que ordenar a citação, se o interessado a promover no prazo e na forma da lei processual;
II – por protesto, nas condições do inciso antecedente;
III – por protesto cambial;
IV – pela apresentação do título de crédito em juízo de inventário ou em concurso de credores;
V – por qualquer ato judicial que constitua em mora o devedor;
VI – por qualquer ato inequívoco, ainda que extrajudicial, que importe reconhecimento do direito pelo devedor.
Parágrafo único. A prescrição interrompida recomeça a correr da data do ato que a interrompeu, ou do último ato do processo para a interromper.

Note, de plano, que o novel estatuto civil inova e somente permite a interrupção da prescrição uma única vez, algo que em muito restringirá o alcance da disposição. Desse modo, a possibilidade de exercício do direito de ação não mais se eterniza por constantes interrupções de prescrição.

O inciso I do antigo art. 172 já fora alterado pelo art. 219, § 1º, do CPC de 1973, que tratava da interrupção da prescrição nos seguintes termos: "*A interrupção da prescrição retroagirá à data da propositura da ação.*" Acrescentava o § 2º do mesmo dispositivo: "*Incumbe à parte promover a citação do réu nos dez (10) dias subsequentes ao despacho que a ordenar, não ficando prejudicada pela demora imputável exclusivamente ao serviço judiciário."* O art. 240 do CPC atual cuida dessa matéria. Assim, o presente art. 202 deve ser aplicado em consonância com esse dispositivo processual.

A parte não pode ser prejudicada por obstáculo judicial para o qual não concorreu, de modo que tais dispositivos devem ser entendidos com essa ressalva.

Para a interrupção da prescrição, a nosso entender, é suficiente, portanto, o simples despacho ordenando a citação ou a distribuição protocolar. Promover a citação, na dicção legal, é providenciar a extração do mandado citatório, com pagamento de custas devidas, para que seja entregue ao oficial de justiça.

Cabe-nos a pergunta se a citação ordenada em processo anulado é idônea para interromper a prescrição. Se não é a nulidade decretada exatamente por vício de citação, tudo nos leva a concluir que, em tal hipótese, há interrupção. Tanto isso é verdadeiro que o Decreto nº 20.910/1932, que trata da prescrição contra entidades públicas, estatuiu expressamente em seu art. 7º que *"a citação inicial não interrompe a prescrição quando, por qualquer motivo, o processo tenha sido anulado".* Se o legislador entendeu de bom alvitre dispor expressamente sobre a matéria no tocante à prescrição de ações contra a Fazenda, é porque implicitamente admite que, com relação às demais pessoas, a citação sempre interrompe a prescrição, embora depois o processo venha a ser anulado (MONTEIRO, 2005, v. 1, p. 353).

Outra situação a ser examinada é quando existe no processo sua própria extinção, sem o julgamento do mérito (art. 485 do CPC), instituto anteriormente denominado "absolvição de instância", embora com pequenas alterações de conteúdo. Quando há a extinção do processo sem julgamento do mérito, quer-nos parecer que esse processo não teve a força de interromper a prescrição, não deve surtir efeito algum. Ao menos com relação aos incisos II e III desse art. 485, que caracterizam inércia das partes, essa situação é verdadeira. As demais hipóteses, como admite a doutrina, não se enquadram nessa situação de inércia, e permanece incólume o efeito interruptivo da prescrição. De qualquer forma, ao lado dessa aparente exceção, a prescrição só se interromperá no processo com sentença de mérito.

A citação, enfim, demonstra providências do titular do direito em não se manter inerte. A lei admite que a citação alcance o efeito apontado *"ainda que ordenada por juiz incompetente".* Não é de se beneficiar, porém, aquele que, à última hora, pede a citação ao primeiro juiz que encontrar. Temos para nós que, nesse ponto, não se pode admitir o erro grosseiro. O dispositivo está na lei para beneficiar aqueles que, de boa-fé, peticionam perante o juiz incompetente. Não interromperá a prescrição, por exemplo, a citação em processo cível, ordenada por juiz trabalhista.

No sistema do antigo Código, constava que, para a citação interromper a prescrição, não podia padecer de vício de forma, por se achar perempta a instância ou a ação (art. 175). A questão tem hoje a ver com a extinção do processo sem julgamento do mérito e deve ser examinada no caso concreto.

A validade do ato citatório é condição de eficácia de causa interruptiva da prescrição e dependerá da obediência aos requisitos legais estatuídos na lei processual.

O que o Código Civil de 1916 denominava perempção da instância é o que o CPC de 1939 denominava de absolvição de instância e o CPC/1973 denominava de extinção do processo sem julgamento do mérito, sem exata equivalência. Como já examinamos a questão, um processo terminado desse modo, nas hipóteses apontadas, faz com que o efeito interruptivo da prescrição caia por terra.

A segunda modalidade de interrupção da prescrição, estampada no art. 202, é o *"protesto, nas condições do inciso antecedente".* A lei refere-se aqui ao protesto judicial, na forma do art. 726 do CPC. Devem ser obedecidos todos os requisitos da citação. Embora, a princípio, tenha havido certa vacilação da jurisprudência, o protesto cambial não era idôneo para essa finalidade no sistema do Código de 1916. Em boa hora, o novel Código é expresso no sentido de admitir o protesto cambial como idôneo para essa finalidade interruptiva (inciso III). De fato, o protesto cambial ou equivalente, além do sentido clássico de evidenciar a impontualidade do devedor, demonstra que o credor não está inerte.

Lembre-se, a propósito, de que, no processo interruptivo contra a Fazenda Pública, a prescrição só se interrompe também uma única vez, por força dos arts. 8º e 9º do Decreto nº 20.910/1932. A possibilidade de interrupção por uma única vez é regra geral consagrada no vigente Código no art. 202. Desse modo, interrompida a prescrição por qualquer das causas, não poderá haver nova interrupção. Nesse caso, a dúvida poderá se situar na efetiva existência de uma interrupção de prescrição primitiva e se houve intenção de ser feita, como, por exemplo, se determinado ato judicial teve esse condão interruptivo ou não.

A quarta modalidade de que fala a lei é a *apresentação do título de crédito em juízo de inventário, ou em concurso de credores.* Tais atitudes denotam a intenção do titular do direito em interromper a prescrição. A situação pode ser estendida ao caso análogo da habilitação de crédito na falência cuja finalidade é idêntica.

De acordo com o inciso V, também interrompe a prescrição *"qualquer ato judicial que constitua em mora o devedor".* O Código não esclarece quais são esses atos. Neles podem ser incluídas as tutelas provisórias do estatuto processual (arts. 294, parágrafo único), bem como as notificações e interpelações (MONTEIRO, 2005, v. 1, p. 355).

Finalmente, diz a lei que interrompe a prescrição *"qualquer ato inequívoco, ainda que extrajudicial, que importe reconhecimento do direito pelo devedor"* (art. 202, inciso VI, Código Civil).

A lei dispõe que não importa seja o ato judicial ou extrajudicial, bastando ser inequívoco. Assim, interrompe a prescrição carta do devedor reconhecendo a legitimidade da dívida, bem como o pagamento parcial da dívida ou de juros. Tais atitudes, na verdade, declaram renúncia à prescrição do lapso já decorrido. O dispositivo aplica-se também às obrigações comerciais. Em todo o caso, a atitude do devedor não pode ser presumida, mas há de ser patente, inequívoca, como quer a lei. A situação avulta de importância no vigente Código, porque permite uma única interrupção de prescrição.

Sílvio Rodrigues (2006, v. 1, p. 342) lembra que, embora o protesto cambial não interrompesse a prescrição no sistema anterior, a jurisprudência vinha entendendo que, se o devedor, intimado do título enviado a protesto, comparecesse a cartório e reconhecesse a dívida, a prescrição ter-se-ia por interrompida, com fundamento neste último inciso e não propriamente no protesto extrajudicial.

O parágrafo único do presente artigo dispõe que "*a prescrição interrompida recomeça a correr da data do ato que a interrompeu, ou do último ato do processo para a interromper*". Trata-se de decorrência do princípio do efeito instantâneo da interrupção da prescrição. O prazo recomeça imediatamente após a interrupção, restituindo-se integralmente ao credor. Leve-se em conta, porém, que não haverá reinício de prazo se a interrupção já ocorrera anteriormente, por força da regra do *caput*, pela qual essa interrupção só poderá ocorrer uma vez.

Desse modo, os atos interruptivos são os enumerados neste artigo. O processo para interromper a prescrição é o da causa principal, em que se dá a citação pessoal do devedor (inciso I). Afora esta última hipótese, o prazo recomeça do ato interruptivo. Tudo se passa a um só tempo. A interrupção verifica-se e desde logo começa a correr novo prazo. Na hipótese de processo, a prescrição recomeça do último ato. A citação inutiliza a prescrição, mas o reinício do prazo somente terá lugar quando do último ato praticado no processo. Aliás, é apenas neste último caso que a prescrição não tem efeito instantâneo.

Já se decidiu, porém, que o último ato do processo não é o que manda os autos ao arquivo, quando houve anteriormente abandono manifesto da causa pelo autor (*RT* 459/121). Entendeu-se que o último ato a que se refere o dispositivo é o praticado no processo e que expressa, de qualquer forma, direito do credor de cobrar a dívida.

Lembre-se, a propósito, de que, se o processo ficar paralisado, sem justa causa, pelo tempo de prescrição, esta se consumará. É o que se denomina *prescrição intercorrente*, decorrente da inércia no processo, a qual deve sempre ser imputada à parte interessada. Veja o que mais recentemente dispôs o texto do art. 206-A.

Enunciado nº 416, V Jornada de Direito Civil – CJF/STJ: A propositura de demanda judicial pelo devedor, que importe impugnação do débito contratual ou de cártula representativa do direito do credor, é causa interruptiva da prescrição.

Enunciado nº 417, V Jornada de Direito Civil – CJF/STJ: O art. 202, I, do CC deve ser interpretado sistematicamente com o art. 219, § 1º, do CPC, de modo a se entender que o efeito interruptivo da prescrição produzido pelo despacho que ordena a citação é retroativo até a data da propositura da demanda.

Embargos à execução – Mensalidades escolares – Vício citra a *ultra petita* – Rejeição – prescrição – Inocorrência. Quando da prolação da sentença, o julgador deve se ater às questões de fato e de direito que foram apresentadas pelo autor na petição inicial, sendo esta a peça processual que irá limitar a decisão que será dada à lide. Prescreve o art. 202 do Código Civil que a prescrição será interrompida pelo despacho do juiz que ordenar a citação, se o interessado a promover no prazo e na forma da lei processual. A interrupção da prescrição retroage à data da propositura da ação, sendo que o ora apelante promoveu a execução antes do prazo prescricional, não podendo ficar prejudicado pela máquina judiciária (*TJMG* – Ap 1.0694.18.003005-8/001, 13-02-2020, Rel. Alberto Henrique).

Recurso especial. Direito civil. Ação declaratória. Prescrição. Cédula de crédito comercial. Prazo quinquenal. Ajuizamento de ação anulatória pelo devedor. Interrupção do prazo até o trânsito em julgado. Nova interrupção pelo ajuizamento de outra demanda. Impossibilidade. Prescrição. Reconhecida. 1. Ação ajuizada em 07/12/2011. Recurso interposto em 20/10/2014 e atribuído ao gabinete em 25/08/2016. 2. Ação declaratória ajuizada pelo devedor de cédula de crédito comercial, na qual pretende que seja declarada a prescrição da pretensão de cobrança da dívida, com a consequente extinção de garantia hipotecária. 3. Não se tratando de execução, cujo prazo é trienal, a prescrição da pretensão de cobrança de dívida documentada em título de crédito regula-se pelo prazo quinquenal. Precedentes. 4. A propositura de demanda judicial pelo devedor, seja anulatória, seja de sustação de protesto, que importe em impugnação do débito contratual ou de cártula representativa do direito do credor, é causa interruptiva da prescrição. Precedentes. 5. Em se tratando de causa interruptiva judicial, a contagem do prazo prescricional reinicia após o último ato do processo, ou seja, o trânsito em julgado. Precedentes. 6. Conforme dispõe o art. 202, *caput*, do CC/2002, a interrupção da prescrição ocorre somente uma única vez, ainda mais quando se trata, como na hipótese dos autos, da mesma causa interruptiva. 7. Recurso especial conhecido e provido (*STJ* – Resp 1.810.431 – RJ, 04-06-2019, Rel. Min. Nancy Andrighi).

Art. 203. A prescrição pode ser interrompida por qualquer interessado.

O titular do direito, o prescribente, é o maior interessado em interromper a prescrição. Geralmente, é ele quem a promove. O representante legal do prescribente pode promover a interrupção. O assistente dos menores relativamente capazes pode fazê-lo, assim como os representantes convencionais, pois contra os absolutamente incapazes não corre a prescrição. No mais, importa examinar no caso concreto quem possui interesse para promover a interrupção da prescrição. Em princípio, interrupção efetivada por quem não tenha interesse ou legitimação será ineficaz. Os terceiros, com legítimo interesse, podem promover a interrupção, tais como os herdeiros do prescribente, seus credores, os fiadores etc.

Lembre-se de que o inciso VI do art. 202 refere-se à interrupção da prescrição por qualquer ato inequívoco *do devedor*. Aqui, o direito de interromper é só do prescribente ou de seu representante, se for o caso, e não estão os terceiros intitulados a fazê-lo, por mais legítimo interesse que possuam.

⚖ Agravo de instrumento. Transporte. Ação de regresso. Prescrição. Prazo ânuo. Notificação judicial. Interrupção do prazo prescricional. Art. 202, II, CC. Revela-se eficaz o ajuizamento de notificação judicial pela segurada em desfavor da causadora do dano, com a finalidade de interromper o prazo prescricional, conforme disposto no art. 202, II, do Código Civil. Segurada que se enquadra no conceito de interessado previsto no art. 203 do Código Civil, possuindo, por conseguinte, legitimidade para ajuizar notificação judicial em face da causadora do prejuízo, ainda mais que, embora firmado termo de quitação, o pagamento ainda não havia se perfectibilizado, conforme prova documental. Agravo de instrumento desprovido (*TJRS* – AI 70075322990, 06-02-2018, Rel. Umberto Guaspari Sudbrack).

Art. 204. A interrupção da prescrição por um credor não aproveita aos outros; semelhantemente, a interrupção operada contra o codevedor, ou seu herdeiro, não prejudica aos demais coobrigados.
§ 1º A interrupção por um dos credores solidários aproveita aos outros; assim como a interrupção efetuada contra o devedor solidário envolve os demais e seus herdeiros.
§ 2º A interrupção operada contra um dos herdeiros do devedor solidário não prejudica os outros herdeiros ou devedores, senão quando se trate de obrigações e direitos indivisíveis.
§ 3º A interrupção produzida contra o principal devedor prejudica o fiador.

Geralmente, os *efeitos da prescrição* são pessoais, de maneira que a interrupção da prescrição feita por um credor não aproveita aos outros, assim como aquela promovida contra um devedor não prejudica os demais. É regra do presente. O dispositivo traz, porém, exceções.

Em se tratando de credores solidários, observe-se que, na relação jurídica, existem várias relações enfeixadas numa só, que se denomina solidariedade. Os vários credores podem exigir, individualmente, o pagamento de toda a dívida. Desse modo, a interrupção fomentada por um dos credores solidários aproveita a todos.

O mesmo ocorre na solidariedade passiva. A interrupção feita a um dos devedores (já que todos são responsáveis pela totalidade da dívida) a todos prejudica, inclusive a seus herdeiros, porque se trata de convenção tratada de maneira una, decorrente da lei ou da vontade das partes.

Por outro lado, ainda de acordo com texto legal, se um dos herdeiros do devedor solidário sofre a interrupção, os outros herdeiros, ou devedores, não são prejudicados; o prazo, para estes últimos, continuará a correr, a não ser que se trate de obrigações e direitos indivisíveis. Neste caso, todos os herdeiros ou devedores solidários sofrem os efeitos da interrupção da prescrição, passando a correr contra eles o novo prazo prescricional.

Por fim, em se tratando de fiança, que é obrigação acessória, se a interrupção for promovida apenas contra o afiançado, que é o devedor principal, o prazo se restabelece também contra o fiador, que fica prejudicado, conforme o princípio de que o acessório segue sempre o destino do principal. Por consequência, a interrupção operada contra o fiador não prejudica o devedor principal, já que a recíproca não é verdadeira, ou seja, o principal não é afetado pelo destino do acessório.

⚖ Agravo de instrumento. Ação de cobrança. Seguro DPVAT. Prazo trienal. Interrupção. Art. 204, § 1º, do CC. Impossibilidade. Inexistência de solidariedade entre os credores. Prescrição. Ocorrência. Decisão reformada. Com a vigência do Código Civil de 2002, o prazo prescricional para a pretensão do beneficiário contra o segurador é de três anos, conforme o artigo 206, § 3º. O termo inicial da prescrição trienal se inicia no momento em que o segurado tem ciência da invalidez permanente, ou no caso de falecimento da vítima, na data do óbito. O ponto nodal da controvérsia, entretanto, diz com a possibilidade ou não de o ajuizamento da ação de cobrança pela companheira do *de cujus* interromper a fluência do prazo prescricional. Todavia, a partir do reconhecimento de que não se trata de obrigação solidária, tem-se que, inviável a aplicação regra inscrita no § 1º do artigo 204 do Código Civil. Daí porque, coexistindo mais de um herdeiro, também beneficiário, cada um terá direito a receber sua cota-parte, de forma individual. A conclusão inarredável, portanto, é a de que, decorridos mais de 03 (três) anos entre a data do acidente (07/07/2014) e o ajuizamento da ação de cobrança (26/01/2018), fulminada está a pretensão condenatória pelo implemento da prescrição. Decisão reformada. Recurso provido (*TJRS* – AI 70082045659, 24-10-2019, Rel. Marlene Marlei de Souza).

⚖ Embargos de declaração em apelação cível. Embargos à execução. Contrato de crédito educativo.

Prescrição. Interrupção. Fiança. Omissão. Existência. Prequestionamento. Sanadas as omissões quanto às normas aplicáveis à interrupção da prescrição, bem como quanto ao caráter da fiança prestada de forma a embasar a aplicação do § 3º, do art. 204, do Código Civil, não implicando a modificação do julgado. Por outro lado, o Juízo não está obrigado a rebater todos os argumentos e artigos de lei ventilados pela parte, bastando que a sua decisão seja devidamente fundamentada. Embargos de declaração acolhidos em parte, sem atribuição de efeitos infringentes. Unânime (*TJRS* – ED 70078248564, 18-09-2018, Rel. Pedro Luiz Pozza).

Seção IV
Dos Prazos da Prescrição

Art. 205. A prescrição ocorre em dez anos, quando a lei não lhe haja fixado prazo menor.

Os prazos extintivos de direitos sofreram sensível redução neste Código, atendendo à maior dinâmica do mundo contemporâneo. Não há mais distinções, nesse artigo, entre ações pessoais e ações reais. O prazo máximo de prescrição para todas as ações, quando não houver prazo especial, será de dez anos.

O atual Código preferiu um critério objetivo para distinguir prescrição de decadência, deixando de lado as contrastantes opiniões doutrinárias a esse respeito. Há normas específicas sobre a decadência, conforme veremos a seguir.

Não se esqueça da norma de direito intertemporal do art. 2.028, que trata de prazos extintivos e que requer exame de inúmeras situações.

⚖ Embargos de declaração. Agravo interno. Recurso especial. Pretensão relativa ao descumprimento de contrato. Prescrição decenal. 1. Em se tratando de responsabilidade contratual, como sucede com os contratos bancários, salvo o caso de algum contrato específico em que haja previsão legal própria, especial, o prazo de prescrição aplicável à pretensão de revisão e de repetição de indébito será de dez anos, previsto no artigo 205 do Código Civil. Precedentes. 2. Embargos de declaração acolhidos, com efeitos infringentes, para dar provimento ao recurso especial (*STJ* – EDcl no AgInt no REsp 1.429.893 – ES, 11-05-2020, Rel. Min. Maria Isabel Gallotti).

⚖ Agravo interno no recurso especial. Plano de saúde. Negativa de cobertura. Reembolso. Prescrição decenal. Agravo não provido. 1. Aplica-se a prescrição geral decenal do art. 205 do Código Civil às pretensões de cobrança de despesas médico-hospitalares contra plano de saúde. Precedentes. 2. Agravo interno a que se nega provimento (*STJ* – AgInt no REsp 1.808.190 – RS, 20-04-2020, Rel. Min. Maria Isabel Gallotti).

Art. 206. Prescreve:
§ 1º Em um ano:
I – a pretensão dos hospedeiros ou fornecedores de víveres destinados a consumo no próprio estabelecimento, para o pagamento da hospedagem ou dos alimentos;
II – a pretensão do segurado contra o segurador, ou a deste contra aquele, contado o prazo:
a) para o segurado, no caso de seguro de responsabilidade civil, da data em que é citado para responder à ação de indenização proposta pelo terceiro prejudicado, ou da data que a este indeniza, com a anuência do segurador;
b) quanto aos demais seguros, da ciência do fato gerador da pretensão;
III – a pretensão dos tabeliães, auxiliares da justiça, serventuários judiciais, árbitros e peritos, pela percepção de emolumentos, custas e honorários;
IV – a pretensão contra os peritos, pela avaliação dos bens que entraram para a formação do capital de sociedade anônima, contado da publicação da ata da assembleia que aprovar o laudo;
V – a pretensão dos credores não pagos contra os sócios ou acionistas e os liquidantes, contado o prazo da publicação da ata de encerramento da liquidação da sociedade.
§ 2º Em dois anos, a pretensão para haver prestações alimentares, a partir da data em que se vencerem.
§ 3º Em três anos:
I – a pretensão relativa a aluguéis de prédios urbanos ou rústicos;
II – a pretensão para receber prestações vencidas de rendas temporárias ou vitalícias;
III – a pretensão para haver juros, dividendos ou quaisquer prestações acessórias, pagáveis, em períodos não maiores de um ano, com capitalização ou sem ela;
IV – a pretensão de ressarcimento de enriquecimento sem causa;
V – a pretensão de reparação civil;
VI – a pretensão de restituição dos lucros ou dividendos recebidos de má-fé, correndo o prazo da data em que foi deliberada a distribuição;
VII – a pretensão contra as pessoas em seguida indicadas por violação da lei ou do estatuto, contado o prazo:
a) para os fundadores, da publicação dos atos constitutivos da sociedade anônima;
b) para os administradores, ou fiscais, da apresentação, aos sócios, do balanço referente ao exercício em que a violação tenha sido praticada, ou da reunião ou assembleia geral que dela deva tomar conhecimento;
c) para os liquidantes, da primeira assembleia semestral posterior à violação;
VIII – a pretensão para haver o pagamento de título de crédito, a contar do vencimento, ressalvadas as disposições de lei especial;

IX – a pretensão do beneficiário contra o segurador, e a do terceiro prejudicado, no caso de seguro de responsabilidade civil obrigatório.
§ 4º Em quatro anos, a pretensão relativa à tutela, a contar da data da aprovação das contas.
§ 5º Em cinco anos:
I – a pretensão de cobrança de dívidas líquidas constantes de instrumento público ou particular;
II – a pretensão dos profissionais liberais em geral, procuradores judiciais, curadores e professores pelos seus honorários, contado o prazo da conclusão dos serviços, da cessação dos respectivos contratos ou mandato;
III – a pretensão do vencedor para haver do vencido o que despendeu em juízo.

O presente artigo trata de prazos de prescrição específicos, os quais, como regra, sofreram sensível alteração no novo estatuto civil. Os presentes prazos referem-se exclusivamente à prescrição, uma vez que a decadência ganhou critério objetivo neste Código. Os prazos menores que o prazo geral são escolhas do legislador que leva em conta os valores e fatos sociais em jogo.

Algumas notas gerais merecem destaque.

O menor prazo estabelecido é de *um ano*. O prazo deve ser contado de modo que se finde no ano seguinte em igual dia ou no dia imediato, se faltar correspondência (art. 132, § 3º).

A pretensão dos hospedeiros e fornecedores de víveres (termos em total desuso) (§ 1º, I) foi o único prazo aumentado de seis meses para um ano no atual Código. O termo prescritivo inicial será a data do fornecimento do serviço.

Quanto à pretensão do segurado (§ 1º, II), o direito vigente suprime a distinção de prazos entre fato ocorrido no País ou no Exterior. No seguro de responsabilidade civil é importante notar o início do prazo prescritivo para o segurado da data em que é citado para responder a ação de indenização proposta pelo terceiro prejudicado, ou da data que a este indeniza com anuência do segurador. Desse modo, é importante que o segurador tenha ciência imediata tão logo o segurador seja acionado. Quanto aos demais seguros, a regra geral para o prazo inicial será a ciência do fato gerador da pretensão. A matéria é vasta e dependerá do caso concreto, inclusive do exame da aplicação do CDC nas ações contra a seguradora.

No inciso III, o prazo ânuo se refere à pretensão dos tabeliães, auxiliares de justiça, serventuários judiciais, árbitros e peritos, pela percepção de emolumentos, custas e honorários. Incluem-se aí, como se vê, os agentes públicos e os agentes privados que servem à Justiça. No foro judicial e extrajudicial, quando as serventias não são oficializadas, a remuneração dos serventuários se dá por custas e emolumentos pagos pelas partes que se utilizam dos serviços. Os peritos e árbitros prestam serviços esporádicos e fazem jus a honorários, arbitrados pelo juiz. Se as custas estiverem incluídas no decisório da sentença, a prescrição segue os princípios da ação judicial respectiva. Nesse caso, as custas são acessório na sentença.

O inciso IV reporta-se "*a pretensão contra os peritos, pela avaliação dos bens que entraram para a formação do capital da sociedade anônima, contado da publicação da ata da assembleia que aprovar o laudo*".

A sociedade anônima é uma sociedade em que o que interessa é a movimentação de capitais obtidos junto aos investidores. Essa espécie societária desempenha um papel importante na economia em geral, especialmente porque está aberta à captação de recursos do investidor popular. Daí a preocupação do legislador em traçar regras protetivas para os investidores. A constituição de uma sociedade anônima, diversamente do que ocorre, por exemplo, com a sociedade limitada, é um processo complexo e com regras rígidas para atendimento. Sejam abertas ou fechadas, as sociedades anônimas, em processo de constituição, devem observar as formalidades impostas à sua constituição, entre elas as formalidades preliminares traçadas no art. 84 da Lei das Sociedades por Ações. Entre esses requisitos, o inciso II preceitua que se parte do capital social for formada por bens, é necessária a discriminação desses bens e o valor a eles atribuídos pelos fundadores.

Assim, havendo subscrição das ações em bens, é necessário que seja feita uma avaliação desses bens por peritos nomeados em Assembleia, ou seja, convoca-se uma Assembleia de avaliação de bens, onde serão nomeados os peritos, observadas as disposições do art. 8º e parágrafos, da Lei das Sociedades por Ações. Essa formalidade revela, ainda, a necessidade de efetividade do capital social, ou seja, revela que o capital social deve corresponder com exatidão aos valores que os acionistas trouxeram para a sua formação. Por isso, é atribuída responsabilidade aos peritos avaliadores e mesmos aos subscritores, pelos danos que causarem aos acionistas ou terceiros pela inexatidão dos valores atribuídos a esses bens (arts. 8º e 9º da Lei das Sociedades por Ações).

Assim, qualquer acionista ou terceiros que sofrer danos em razão da inexatidão da avaliação de bens para a formação do capital social da sociedade anônima tem pretensão para demandar contra os peritos avaliadores e subscritores, com o fim de recompor seu direito lesado. E o prazo para o exercício dessa pretensão conta-se a partir da publicação da ata da Assembleia que aprovar o laudo confeccionado. Essa publicação ocorre quando a ata da referida Assembleia é arquivada na Junta Comercial, ou seja, conta-se o prazo prescricional a partir do arquivamento da ata da Assembleia de avaliação de bens na Junta Comercial.

De se observar que, tratando-se de constituição de sociedade anônima por escritura pública, a descrição dos bens, bem como o valor atribuído no laudo de avaliação pelos peritos deve constar do conteúdo da escritura, contando-se o prazo prescricional, então, do arquivamento da escritura pública na Junta Comercial.

No inciso V do § 1º do art. 206 do Código Civil, também com prescrição de um ano, está descrita *"a pretensão dos credores não pagos contra os sócios ou acionistas e os liquidantes, contado o prazo da publicação da ata de encerramento da liquidação da sociedade".*

A liquidação de uma sociedade é o processo pelo qual se apuram os haveres e procede-se ao pagamento do passivo, partilhando entre os sócios ou acionistas eventual sobra proporcionalmente à participação de cada um no capital social, se não houver regra disposto em contrário no contrato social ou estatuto.

Assim, a liquidação é a fase final da extinção da sociedade e pode ocorrer tanto judicial como extrajudicialmente. Em ambas as formas, é nomeado um liquidante pelos sócios ou pelo juiz, observada a natureza do procedimento, se judicial ou extrajudicial, tendo aquele os deveres traçados nos arts. 1.103, do Código Civil para as sociedades contratuais, e 210 da Lei das Sociedades por Ações, no caso dessa espécie societária.

O liquidante tem a função de representar e dirigir a sociedade durante o processo de liquidação segundo se denota da letra do art. 1.105 do Código Civil. Sendo assim, responde pessoalmente pelos atos que praticar em detrimento seja dos sócios, seja de terceiros, geralmente credores.

A liquidação encerra-se com a publicação da ata da Assembleia que aprova as contas, isto é, na Assembleia convocada após o pagamento do passivo e partilha de eventual ativo remanescente (arts. 1.108 e 1.109 do Código Civil). A ata dessa Assembleia é arquivada na Junta Comercial, contando-se daí o prazo prescricional de um ano para o credor insatisfeito exercer sua pretensão contra o liquidante ou sócios. A pretensão do credor não é exercida contra a sociedade, que foi extinta após a liquidação, mas sim contra o liquidante ou os próprios sócios, responsáveis pelos atos irregulares praticados na liquidação.

No § 2º do art. 206 do Código Civil é estabelecido o prazo de *dois anos*, a partir do vencimento, para as *prestações alimentícias*. O atual Código reduziu o prazo de vencimento de cada prestação em três anos (de cinco para dois). Importante lembrar que o direito a alimentos é imprescritível; o que prescreve são as prestações periódicas vencidas.

Prescreve em *três anos* a *pretensão relativa a aluguéis urbanos ou rústicos* (art. 206, § 3º, I). Esse prazo foi reduzido de cinco para três anos. Aluguel é o pagamento pela locação de um bem. Aqui trata-se apenas da locação de imóveis. Geralmente, é periódico, mas pode ser estipulado em pagamento único. A prescrição se conta a partir da data do vencimento da parcela.

O inciso II desse § 3º reporta-se à *pretensão para receber prestações vencidas de rendas temporárias ou vitalícias*. Qualquer renda periódica deve ser incluída nesse dispositivo. Os arts. 803 e 804 cuidam especificamente do contrato de constituição de renda, mas o presente prazo não se refere apenas a esse negócio. Cada parcela vencida tem computado o prazo prescricional de três anos. Note que juros e correção monetária são acessórios do capital e não podem ser vistos separadamente para o presente texto.

O inciso III do § 3º do art. 206 concede o prazo de três anos de prescrição para *"a pretensão para haver juros, dividendos ou quaisquer prestações acessórias, pagáveis, em períodos não maiores de um ano, com capitalização ou sem ela".*

Ao final de cada exercício financeiro é apurado através das demonstrações financeiras se houve perdas ou ganhos no exercício a que se referem. Havendo perdas a companhia teve prejuízo. Do contrário, havendo resultado positivo, isto é, as receitas superando as despesas, a companhia obteve lucros. O lucro de uma companhia não é necessariamente distribuído entre os acionistas, podendo ser aplicado na própria sociedade. Se distribuído entre eles, fala-se em dividendos. Não cabe nessa sede examinar acerca das diversas espécies de dividendos, sendo certo que, uma vez distribuído o lucro entre os acionistas, estes recebem os dividendos a que têm direito.

Havendo distribuição irregular dos dividendos, os administradores são responsáveis pelos danos que daí possam resultar para a companhia. Nesse caso, se os acionistas recebem os dividendos de boa-fé, não estão obrigados a devolvê-lo, sendo, entretanto, compensáveis nos exercícios futuros, sob pena de enriquecimento injustificado. Entretanto, se os dividendos são recebidos pelos acionistas sem a observância do procedimento legal de distribuição, presume-se a má-fé daqueles, razão pela qual estão obrigados a repor à companhia o indevidamente recebido (art. 201, §§ 1º e 2º, da Lei das Sociedades por Ações).

Assim, uma vez distribuídos e consequentemente recebidos indevidamente os dividendos, os prejudicados e a própria companhia podem demandar pela reposição, contando-se o prazo prescricional de três anos, a partir do dia em que houve a deliberação acerca da distribuição.

O dispositivo pode, em princípio, abranger também juros e acessórios de outra natureza, não se restringindo às modalidades societárias. Aplica-se quando os juros e acessórios estão contidos em pretensão isolada, desvinculada da obrigação principal. A correção monetária faz parte do capital ou da obrigação e não pode ser considerada acessório: o seu prazo de prescrição segue o da natureza do negócio jurídico obrigacional.

Dentro do rol dos prazos de três anos sobressaem *a pretensão de ressarcimento por enriquecimento sem causa* (art. 206, § 3º, IV) e a pretensão de reparação civil. Ambas as situações não estavam previstas nos prazos especiais do Código de 1916, sendo reguladas pelo prazo geral. Em inúmeras situações concretas esse prazo se mostra por demais exíguo.

O enriquecimento sem causa está disciplinado no Código de 2002 nos arts. 884 a 886. O pagamento indevido (arts. 876 a 883) é modalidade do enriquecimento sem causa, como coloca em uníssono a doutrina, e deve se submeter ao mesmo prazo. Há que se atentar, contudo, para prazos constantes em leis especiais sobre repetição do indébito, mormente, mas não exclusivamente, as de caráter tributário.

No tocante às *pretensões indenizatórias por responsabilidade civil* (art. 206, § 3º, V), a redução de prazo foi espantosa, de vinte, para três anos. O dispositivo se aplica, em princípio, à responsabilidade *ex delicto*.

Embora existam opiniões discordantes, esse prazo não se aplica à violação dos contratos, onde as perdas e danos se apresentam como aspecto secundário. Nesse caso, aplica-se a prescrição da prestação principal contratual. As perdas e danos são acessórios da obrigação principal. A prescrição será então a geral do art. 205 ou outra aplicável ao caso concreto por força de outra norma (Theodoro Junior, 2005, p. 333, v. III, t. II).

Nesse campo, também há que se levar em conta os prazos do CDC, que buscam ressarcimento pela prestação defeituosa do serviço ou pelo fato do produto e cujas pretensões se enquadrarem no chamado acidente de consumo. Nesse diapasão, é sempre necessário verificar se não há lei específica regulando determinada ação de reparação.

O inciso VI do § 3º do art. 206 do Código Civil estabelece a prescrição trienal para "*a pretensão de restituição dos lucros ou dividendos recebidos de má-fé, correndo o prazo da data em que foi deliberada a distribuição*".

A questão diz respeito às sociedades por ações. Ao final de cada exercício financeiro é apurado através das demonstrações financeiras se houve perdas ou ganhos no exercício a que se referem. Havendo perdas a companhia teve prejuízo. Do contrário, havendo resultado positivo, isto é, as receitas superando as despesas, a companhia obteve lucros. O lucro de uma companhia não é necessariamente distribuído entre os acionistas, podendo ser aplicado na própria sociedade. Se distribuído entre os acionistas, fala-se em dividendos. Não cabe nessa sede examinar acerca das diversas espécies de dividendos, sendo certo que, uma vez distribuído o lucro entre os acionistas, estes recebem os dividendos a que têm direito.

Havendo distribuição irregular dos dividendos, os administradores são responsáveis pelos danos que possam resultar para a companhia. Nesse caso, se os acionistas recebem os dividendos de boa-fé, não estão obrigados a devolvê-lo, sendo, entretanto, compensáveis nos exercícios futuros, sob pena de enriquecimento injustificado. Entretanto, se os dividendos são recebidos pelos acionistas sem a observância do procedimento legal de distribuição, presume-se a má-fé daqueles, razão pela qual estão obrigados a repor à companhia o indevidamente recebido (art. 201, §§ 1º e 2º, da Lei das Sociedades por Ações).

Assim, uma vez distribuídos e consequentemente recebidos indevidamente os dividendos, os prejudicados e a própria companhia podem demandar pela reposição, contando-se o prazo prescricional de três anos, a partir do dia em que houve a deliberação acerca da distribuição.

O inciso VII do § 3º do art. 206 do Código Civil, nesse rol trienal de prescrição, dispõe, com minudência, acerca da "*pretensão contra as pessoas em seguida indicadas por violação da lei ou do estatuto, contando o prazo*:

a) *para os fundadores, da publicação dos atos constitutivos da sociedade anônima;*

b) *para os administradores, ou fiscais, da apresentação, aos sócios, do balanço referente ao exercício em que a violação tenha sido praticada, ou da reunião ou assembleia geral que dela deva tomar conhecimento;*

c) *para os liquidantes, da primeira assembleia semestral posterior à violação*".

Todos aqueles que têm relevante papel na realização dos interesses das sociedades, seja na sua constituição, execução ou extinção, têm o dever de agir com probidade e dentro dos poderes que o contrato ou estatuto social lhes confere.

Assim ocorre em relação aos fundadores das sociedades anônimas por subscrição pública, que agindo no interesse do empreendimento em comum têm que praticar vários atos por sua criação, ficando responsáveis pelas obrigações que assumirem na prática de referidos atos. Os fundadores, portanto, têm responsabilidade pessoal pelos atos que praticam enquanto a sociedade encontra-se em processo de constituição, sendo que qualquer interessado ou prejudicado por atos por eles praticados dispõe de demanda para solucionar a controvérsia, contando-se o prazo prescricional de três anos da publicação dos atos constitutivos da sociedade. Essa publicação ocorre com o arquivamento da ata de assembleia de constituição na Junta Comercial.

Os administradores das sociedades, por sua vez, são quem propriamente executam o contrato ou estatuto social, são as pessoas que efetivamente dirigem a sociedade praticando atos de gestão. Seus poderes são os necessários para o desempenho da função, sendo que o contrato ou estatuto podem limitá-los ou ampliá-los. A regra é de que o administrador não se vincula pessoalmente pelos atos que praticar na consecução do objetivo social, uma vez que age como se fosse a sociedade. Entretanto, responde perante a sociedade e perante terceiros pelos atos que praticar por culpa ou dolo no desempenho de suas funções (Código Civil, art. 1.015, parágrafo único), isto é, por atos que praticar com excesso de poderes ou contrariamente ao disposto em lei.

Os prejudicados por atos dessa natureza têm o prazo de três anos para exercerem sua pretensão, contado da apresentação das contas do exercício em que a violação tenha sido praticada ou da reunião ou assembleia geral que dela deva tomar conhecimento.

Por fim, tratando-se de atos praticados com excesso de poder ou violação da lei praticados pelos liquidantes durante o processo de liquidação e apuração de haveres, os prejudicados dispõem do prazo prescricional de três anos para exercerem sua pretensão, contados da primeira assembleia semestral posterior à violação.

No tocante aos *títulos de crédito* (art. 206, § 3º, VIII), o prazo de três anos é estabelecido, a contar do vencimento, para quando não houver outro prazo em lei especial. A ressalva é importante porque são inúmeros os prazos estabelecidos em leis especiais. As várias leis reguladoras de títulos de crédito são específicas quanto aos respectivos prazos prescricionais e devem sempre ser consultadas.

O inciso IX do § 3º do art. 206 estipula o prazo prescricional de três anos para *"a pretensão do beneficiário contra o segurador, e a do terceiro prejudicado, no caso de seguro de responsabilidade civil obrigatório"*. A matéria que gerou polêmica no Código de 1916 agora é afastada pelo novo diploma. No passado os tribunais vinham entendendo que a prescrição era vintenária. Desse modo, aclarada agora a hipótese pelo legislador, houve sensível redução. Para o próprio segurado, prevalecerá a prescrição de um ano (art. 206, § 1º, II). O prazo inicia-se a partir do momento em que o interessado tem ciência do sinistro.

A única hipótese com prazo prescricional de quatro anos refere-se à pretensão relativa à tutela, e começa a ser contada da data da aprovação das contas (§ 4º). A tutela gera uma das situações que impedem a prescrição. Durante a tutela, não corre prescrição entre tutor e tutelado (art. 197, III). O tutor deve prestar contas periódicas, de dois em dois anos (art. 1.757), bem como quando deixar o exercício da tutela (art. 1.757). As contas podem gerar saldo a favor do pupilo ou a favor do tutor. O presente prazo refere-se a essa pretensão. Nesse prazo de quatro anos, apenas está mencionado o tutor. Já o curador também está incluído no prazo de cinco anos (art. 206, § 5º, II). O dispositivo se refere à pretensão de cobrança. Quando as contas não são prestadas, a ação para obrigar o demandado a prestá-las sujeita-se ao prazo ordinário de dez anos previsto no art. 205 e contado da cessação da tutela.

A primeira situação de *prescrição em cinco anos* cuida da *pretensão de cobrança de dívidas líquidas constantes de instrumento público ou particular* (art. 206, § 5º, I). Essa previsão era vintenária no diploma anterior. Houve, portanto, uma sensível redução no prazo. O texto exige liquidez na obrigação, sem a qual não se contará esse prazo.

O inciso II do § 5º descreve a prescrição quinquenal para *"a pretensão dos profissionais liberais em geral, procuradores judiciais, curadores e professores pelos seus honorários, contado o prazo da conclusão dos serviços, da cessação dos respectivos contratos ou mandato"*. Nesse dispositivo estão reunidas várias hipóteses tratadas separadamente no Código anterior. Não se cuida aqui de situações abrangidas pela legislação trabalhista. Recorde-se também que os profissionais liberais são alcançados pelo Código de Defesa do Consumidor, que também estabelece o prazo de cinco anos para a pretensão relativa ao fato do serviço (art. 27).

E finalmente no inciso III do § 5º do art. 206 do Código Civil está *"a pretensão do vencedor para haver do vencido o que despendeu em juízo"*. Trata-se da cobrança das despesas processuais em geral. Incluem-se aí não somente custas e emolumentos, como as despesas com perícia, avaliação de bens etc. O prazo coincide com os honorários da sucumbência, conforme o Estatuto da OAB.

📖 Enunciado nº 418, V Jornada de Direito Civil – CJF/STJ: O prazo prescricional de três anos para a pretensão relativa a aluguéis aplica-se aos contratos de locação de imóveis celebrados com a administração pública.

📖 Enunciado nº 419, V Jornada de Direito Civil – CJF/STJ: O prazo prescricional de três anos para a pretensão de reparação civil aplica-se tanto à responsabilidade contratual quanto à responsabilidade extracontratual.

📖 Enunciado nº 420, V Jornada de Direito Civil – CJF/STJ: Não se aplica o art. 206, § 3º, V, do Código Civil às pretensões indenizatórias decorrentes de acidente de trabalho, após a vigência da Emenda Constitucional n. 45, incidindo a regra do art. 7º, XXIX, da Constituição da República.

📖 Enunciado nº 580, VII Jornada de Direito Civil – CJF/STJ: É de três anos, pelo art. 206, § 3º, V, do CC, o prazo prescricional para a pretensão indenizatória da seguradora contra o causador de dano ao segurado, pois a seguradora sub-roga-se em seus direitos.

Civil e processual civil. Embargos de divergência no recurso especial. Dissenso caracterizado. Prazo prescricional incidente sobre a pretensão decorrente da responsabilidade civil contratual. Inaplicabilidade do art. 206, § 3º, V, do código civil. Subsunção à regra geral do art. 205, do Código Civil, salvo existência de previsão expressa de prazo diferenciado. Caso concreto que se sujeita ao disposto no art. 205 do diploma civil. Embargos de divergência providos. I – Segundo a jurisprudência deste Superior Tribunal de Justiça, os embargos de divergência tem como finalidade precípua a uniformização de teses jurídicas divergentes, o que, in casu, consiste em definir o prazo prescricional incidente sobre os casos de responsabilidade civil contratual. II – A prescrição, enquanto corolário da segurança jurídica, constitui, de certo modo, regra restritiva de direitos, não podendo assim comportar interpretação ampliativa das balizas fixadas pelo legislador. III – A unidade lógica do Código Civil permite extrair que a expressão "reparação civil" empregada pelo seu art. 206, § 3º, V, refere-se unicamente à responsabilidade civil aquiliana, de modo a não atingir o presente caso, fundado na responsabilidade civil contratual. IV – Corrobora com tal conclusão a bipartição existente entre a responsabilidade civil contratual e extracontratual, advinda da distinção ontológica, estrutural e funcional entre ambas, que obsta o tratamento isonômico. V – O caráter secundário assumido pelas perdas e danos advindas do inadimplemento contratual, impõe seguir a sorte do principal (obrigação anteriormente assumida). Dessa forma, enquanto não prescrita a pretensão central alusiva à execução da obrigação contratual, sujeita ao prazo de 10 anos (caso não exista previsão de prazo diferenciado), não pode estar fulminada pela prescrição o provimento acessório relativo à responsabilidade civil atrelada ao descumprimento do pactuado. VI – Versando o presente caso sobre responsabilidade civil decorrente de possível descumprimento de contrato de compra e venda e prestação de serviço entre empresas, está sujeito à prescrição decenal (art. 205, do Código Civil). Embargos de divergência providos (*STJ* – EREsp 1281594/SP, 15-5-2019, Rel. Ministro Benedito Gonçalves).

Art. 206-A. A prescrição intercorrente observará o mesmo prazo de prescrição da pretensão, observadas as causas de impedimento, de suspensão e de interrupção da prescrição previstas neste Código e observado o disposto no art. 921 da Lei nº 13.105, de 16 de março de 2015 (Código de Processo Civil).

Nunca se duvidou que a denominada prescrição intercorrente obedece aos mesmos prazos para cada pretensão. Alguns distorcidos entendimentos jurisprudenciais obrigaram o legislador a ser expresso, via texto da lei, introduzida por MP, que traçou rumos modernos ao direito registral contemporâneo A referência ao art. 921 do CPC se reporta às situações de suspensão da execução, que devem ser vistos caso a caso.

Apelação cível. Direito privado não especificado. Ação de indenização. Prescrição. Trienal. Cobrança indevida ou repetição de indébito e indenização por dano moral. O prazo prescricional da pretensão de restituição de valores por fato do serviço rege-se por previsão no art. 27 do CDC, mas se tratando de pretensão por cobrança indevida ou repetição do indébito que constitui enriquecimento sem causa e por dano moral aplicam-se regras específicas contidas no art. 206 do Código Civil prevendo a prescrição trienal. Precedentes do e. STJ. – Circunstância dos autos em que se impõe manter a sentença recorrida. Dano moral. Cobrança indevida. Ausência de dano indenizável. O reconhecimento à compensação por dano moral exige a prova de ato ilícito, a demonstração do nexo causal e o dano indenizável que se caracteriza por gravame ao direito personalíssimo, situação vexatória ou abalo psíquico duradouro que não se justifica diante de meros transtornos ou dissabores da relação jurídica civil. A cobrança indevida não é suficiente à caracterização do dano moral indenizável. – Circunstância dos autos em que se impõe manter a sentença. Recurso desprovido (*TJRS* – Ap. 70084064369, 14-04-2020, Rel. João Moreno Pomar).

Recurso especial. Prazo prescricional. Ação de cobrança. Boleto bancário. Relação contratual. Dívida líquida. Instrumento público ou particular. Prazo quinquenal. Correção monetária. Juros de mora. Termo inicial. Vencimento da obrigação. 1. Recurso especial interposto contra acórdão publicado na vigência do Código de Processo Civil de 2015 (Enunciados Administrativos nºs 2 e 3/STJ). 2. Cinge-se a controvérsia a discutir a) o prazo prescricional aplicável à pretensão de cobrança, materializada em boleto bancário, ajuizada por operadora do plano de saúde contra empresa que contratou o serviço de assistência a médico-hospitalar para seus empregados e b) o termo inicial da correção monetária e dos juros de mora. 3. Não se aplica a prescrição ânua (art. 206, § 1º, II, do Código Civil às ações que discutem direitos oriundos de planos ou seguros de saúde. Precedentes. 4. Conforme disposição expressa do art. 205 do Código Civil, o prazo de 10 (dez) anos é residual, devendo ser aplicado apenas quando não houver regra específica prevendo prazo inferior. 5. Na hipótese, apesar de existir relação contratual entre as partes, a cobrança está amparada em boleto bancário, hipótese que atrai a incidência do disposto no inciso I do § 5º do art. 206 do Código Civil, que prevê o prazo prescricional de 5 (cinco) anos para a pretensão de cobrança de dívidas líquidas constantes de instrumento público ou particular. 6. Nas dívidas líquidas com vencimento certo, a correção monetária e os juros de mora incidem a partir da data do vencimento da obrigação, mesmo quando se tratar de obrigação contratual. Precedentes. 7. Recurso especial não provido (*STJ* – REsp 1.763.160 – SP, 17-09-2019, Rel. Min. Ricardo Villas Bôas Cueva).

Apelação cível. Ação de cobrança indenizatória. Acidente no trabalho. Incapacidade. Prazo prescricional. Art 206 do Código Civil. Termo inicial. Ciência inequívoca. O prazo prescricional incidente na hipótese de seguro indenizatório é de 01 (um) ano, segundo o art. 206, 1º, II do Código Civil. O prazo prescricional passa a fluir a partir da ciência inequívoca da invalidez, o que se opera somente com laudo pericial, à exceção de invalidez notória (*TJMG* – Ap. 1.0145.15.000247-8/001, 18-05-2018, Rel. Amauri Pinto Ferreira).

Direito Tributário. Execução fiscal. Prescrição intercorrente configurada. 1. Analisando as novas regras sobre prescrição intercorrente fixadas pelo Superior Tribunal de Justiça em sede de recurso repetitivo, no julgamento do REsp n. 1.340.553/RS (Tema n. 566), conclui-se, em primeiro, que o fato de o ente público ter buscado encontrar o devedor, ou bens passíveis de penhora nos endereços contidos nos autos, desimporta para constatação da inércia do fisco, uma vez que a ausência de diligências hábeis ou úteis para tanto, no período total de 06 (seis) anos, é suficiente para que haja a presunção de estagnação processual. A tese é clara. Para a aplicação automática do procedimento previsto no artigo 40 da Lei n. 6.830/80, basta que a Fazenda Pública tenha tido ciência da não localização do devedor ou da inexistência de bens penhoráveis. Dispensa-se, inclusive, a intimação do credor quanto ao despacho que determina a suspensão da execução fiscal, ocorrendo automaticamente no primeiro momento em que constatada a não localização do devedor e/ou ausência de bens sujeitos à penhora. No que tange ao redirecionamento da execução à sucessão do executado, a partir da inclusão dos sucessores no polo passivo do feito, começa a fluir um novo prazo prescricional de 06 seis anos (um ano de suspensão + cinco anos de prescrição), em face dos sucessores, pois entende-se que, com a inclusão no polo passivo da sucessão, opera-se uma "nova ação executiva". Desse modo, desde a inclusão da sucessão do executado no polo passivo do feito em 21/12/2010, até a sentença em 28/02/2019, transcorreram mais de 06 anos (01 ano de suspensão + 05 anos de prescrição), dando ensejo à extinção do feito. 3. A despeito de haver previsão legal de que a prescrição intercorrente possa ser reconhecida de ofício somente após a oitiva do exequente, tal regra deve ser mitigada quando não se vislumbra prejuízo, tampouco é demonstrada a sua possibilidade na apelação. Trata-se de aplicação da regra *pas de nullité sans grief*, de modo que somente se cogita de invalidade processual quando demonstrado prejuízo. Precedentes do Superior Tribunal de Justiça e desta Câmara. Manutenção da decisão atacada. Negado provimento ao recurso, em decisão monocrática (*TJRS* – ApCiv 70085102333, Rel. Laura Louzada Jaccottet, j. 26-05-2021)

Direito tributário. Execução fiscal. Sentença que extinguiu o feito ante o reconhecimento da prescrição intercorrente. Condenação da Fazenda Pública ao pagamento das custas processuais e honorários advocatícios. Não cabimento. Parte executada que deu causa ao ajuizamento da demanda. Bens não localizados mesmo após diligências pleiteadas pelo exequente. Aplicação do princípio da causalidade. Precedentes do Superior Tribunal de Justiça. Inversão do ônus sucumbencial. Recurso conhecido e provido. a) Excepcionalmente, na hipótese de não localização do devedor ou de bens penhoráveis, deve o executado arcar com o pagamento das custas processuais decorrentes do reconhecimento da prescrição intercorrente, em atenção ao princípio da causalidade. b) Conforme a jurisprudência do Superior Tribunal de Justiça: "a prescrição intercorrente por ausência de localização de bens não retira o princípio da causalidade em desfavor do devedor, nem atrai a sucumbência para o exequente." (REsp 1769201/SP, Rel. Ministra Maria Isabel Gallotti, Quarta Turma, julgado em 12/03/2019, DJe 20/03/2019) (*TJDFT* – ApCiv 0004619-52.2010.8.16.0017, 2ª Câmara Cível, Rel. Des. Rogério Luis Nielsen Kanayama, j. 26-5-2021)

CAPÍTULO II
Da Decadência

Art. 207. Salvo disposição legal em contrário, não se aplicam à decadência as normas que impedem, suspendem ou interrompem a prescrição.

1. A problemática da distinção entre prescrição e decadência

Decadência é a ação de cair ou o estado daquilo que caiu. No campo jurídico, indica a queda ou perecimento de um direito pelo decurso de prazo estabelecido para seu exercício.

Os pontos de contato entre decadência e prescrição são muitos, daí a maior dificuldade de sua diferenciação. Os autores apresentaram uma série de traços distintivos sem que, no entanto, se lograsse atingir o âmago da problemática. O presente Código introduz critério objetivo para essa distinção, o que diminui consideravelmente as dificuldades práticas.

Em uma posição mais acessível, sob o prisma doutrinário do Código revogado, afirmávamos que a prescrição extingue diretamente as ações e, por consequência, indiretamente os direitos que essas ações tutelam. A decadência atinge diretamente o direito e, portanto, não há possibilidade de ser acionada a pretensão. Costuma-se distinguir mais claramente a prescrição da decadência por seus efeitos, que são diversos.

Este Código faz referência expressa à decadência nesses arts. 207 a 211. O principal elemento prático para a distinção nesse diploma reside no aspecto de os prazos de distinção estarem presentes dentro dos próprios institutos jurídicos, não só na Parte Geral, como nos compartimentos da Parte Especial. Assim, os prazos extintivos pontilhados em todo o Código e fora do rol de prazos prescritivos do art. 206 serão prazos decadenciais e, desse modo, subordinados aos seus efeitos, diversos dos efeitos da prescrição. Afastam-se, então, todos os argumentos da vasta literatura não conclusiva que tínhamos no passado. Não mais se discute a natureza do prazo. Assim, por exemplo, o art. 179 desta Parte Geral, que estabelece o prazo de dois anos quando a lei dispuser que determinado ato é anulável, sem estabelecer prazo para pleitear-se a anulação. Muitos outros prazos dessa natureza estão espalhados por todo o Código.

Em linhas gerais, o que este Código pretendeu foi estabelecer que quando um direito potestativo não é exercido ocorre a decadência. Direito potestativo é aquele que depende da exclusiva vontade do titular.

A prescrição fica reservada para as situações claras de violação de direito, quando então surge a pretensão, a ação sob o princípio da *actio nata*.

Nota-se, portanto, que o Código adotou os critérios da operosidade e razoabilidade, afastando dúvidas estéreis e teorias que em nada facilitavam a compreensão desses temas. Assim, fora dos arts. 205 e 206 não existem prazos de prescrição. Existirão em outras leis, evidentemente. Todos os demais prazos deste diploma são de decadência.

2. Aspectos da decadência. Inexorabilidade do prazo decadencial

Os poderes do juiz são muito mais amplos no tocante à decadência. Enquanto a prescrição tem a ver com o exercício da pretensão, a decadência se reporta a um direito que deixa de existir pela inércia do interessado.

Como não se trata de violação de um direito, o prazo decadencial surge com o próprio direito.

O fato de o prazo decadencial não se submeter a impedimento, suspensão ou interrupção era um dos aspectos que a doutrina apontava como distintivos da prescrição. Os prazos de decadência se prendem aos direitos potestativos, não dependendo de uma violação de direito, nem se associando ao direito de outrem. Dependem exclusivamente da iniciativa do interessado. Daí por que os princípios que regem o impedimento, a interrupção ou a suspensão da prescrição não se aplicam à decadência. No entanto, essa regra, por opção legislativa, comporta exceções legais, como a do art. 208, que obsta o prazo decadencial contra os absolutamente incapazes. No entanto, o princípio descrito nesse artigo não pode ser afastado por vontade privada.

Apesar de a inexorabilidade do prazo decadencial ser um princípio do instituto, após vacilação jurisprudencial, definiu-se em nosso meio que quando o termo final do prazo decadencial cair em feriado ou dia sem expediente forense, considerar-se-á válido o seguinte dia útil, por aplicação do art. 132, § 1º. Assim, para nosso sistema de direito civil, nenhum prazo se vence em dia não útil (THEODORO JÚNIOR, 2005, p. 364).

Ação rescisória. Decadência configurada. Inobservância do prazo previsto no art. 975 do CPC. Ajuizamento de ação rescisória anterior. Não suspensão ou interrupção do prazo decadencial. O ajuizamento de ação rescisória precedente, extinta por falta de preparo, não suspende ou interrompe o prazo decadencial previsto no artigo 975 do CPC/2015, a teor do disposto no artigo 207 do Código Civil. Ação rescisória extinta (*TJRS* – Ação Rescisória 70080522428, 29-07-2019, Rel. Ana Beatriz Iser).

Pauliana. Decadência. Prazo de quatro anos, nos termos do art. 178, II, do Código Civil. O prazo decadencial não se interrompe nem se suspende segundo a regra do art. 207 do Código Civil. Venda registrada em 06.07.2004 e ação ajuizada em 30.04.2014. Não interfere no prazo decadencial o fato de ter pedido a desconsideração da personalidade jurídica da reclamada na Justiça do Trabalho. A decadência tem em sua essência a necessidade de certeza jurídica, daí porque, decorrido o prazo legal, o direito facultativo não exercido deixa de existir. Decadência bem reconhecida. Recurso improvido (*TJSP* – Ap. 1013542-20.2014.8.26.0506, 21-11-2018. Rel. Maia da Cunha).

Art. 208. Aplica-se à decadência o disposto nos arts. 195 e 198, inciso I.

O legislador, seguindo exemplos do direito comparado, abre exceção dentro dos princípios da decadência, para proteger o incapaz. Assim, nos termos do art. 195, os relativamente incapazes e as pessoas jurídicas têm ação contra os seus assistentes ou representantes legais que derem causa à decadência, como ocorre na prescrição (art. 195). Da mesma forma, impede-se o curso do prazo decadencial em favor dos incapazes do art. 3º (art. 198, I). O prejuízo ao incapaz com relação à decadência deve ser visto no caso concreto.

O espírito que rege a presente disposição tem também a mesma natureza de proteção social e salvaguarda da dignidade humana de acordo com os artigos apontados.

Ação rescisória. Condomínio. Ação de extinção de condomínio. Alegação de violação manifesta de dispositivo legal. Litisconsórcio necessário e citação de incapaz. Prazo decadencial para o manejo da ação rescisória desatendido. Art. 975 do CPC. Petição inicial indeferida. O ajuizamento da ação rescisória somente é possível até o prazo de dois anos contado da data do trânsito em julgado da decisão rescindenda, conforme previsão contida no art. 975 do Código de Processo Civil. Hipótese em que a ação rescisória foi proposta depois de ultrapassado o prazo decadencial, acarretando no indeferimento da petição inicial. Não tendo, a parte autora, reconhecida a sua incapacidade para os atos da vida civil por sentença (a ação de interdição recém foi proposta), de efeitos, de regra, *ex nunc*, não se lhe aproveita a regra do art. 208 do Código Civil, que obsta o transcurso do prazo decadencial contra incapaz. Petição inicial indeferida (*TJRS* – Ação Rescisória 70081978173, 04-07-2019, Rel. Pedro Celso Dal Pra).

Art. 209. É nula a renúncia à decadência fixada em lei.

O instituto da decadência é de ordem pública, daí porque a impossibilidade de sua renúncia quando seu prazo é fixado em lei. As partes podem renunciar ao prazo decadencial quando estabelecido em seu próprio interesse, no bojo de um negócio jurídico. Assim, os prazos decadenciais convencionais podem ser renunciados. Como a vontade negocial pode criar prazos, pode a eles renunciar.

Quando os prazos decadenciais forem estabelecidos por lei, as partes não podem dilatá-los ou reduzi-los.

Art. 210. Deve o juiz, de ofício, conhecer da decadência, quando estabelecida por lei.

O juiz deve decretar de ofício a decadência estabelecida em lei. Da mesma forma, a decadência pode ser alegada a qualquer momento, não se admitindo, porém, sua alegação, pela primeira vez, por ocasião de recurso especial ou extraordinário, pois esses recursos exigem o decantado prequestionamento.

Apelação cível – Ação declaratória de anulação de ato jurídico sem outorga uxória – Alienação de imóvel – Ciência da companheira – Confissão em depoimento pessoal – Prazo decadencial de dois anos, contados da data da ciência – Decadência configurada. O prazo decadencial para o cônjuge/companheiro pleitear a anulação do ato praticado pelo outro sem a sua autorização, quando necessária, é de até 02 anos depois de terminada a sociedade conjugal/dissolvida a união estável. Entretanto, se o cônjuge/companheiro toma ciência do ato e a ele não se opõe, o prazo decadencial supra deve ser contado da data desta ciência, vedando-se, com isso, o exercício tardio e abusivo do direito (art. 187 do Código Civil) e a adoção de comportamento contraditório, violador da boa-fé objetiva. *In casu*, a parte autora confessou, em depoimento pessoal, que se cientificou do ato praticado por seu ex-companheiro em data muito anterior à propositura da demanda, excedendo o prazo decadencial de 02 anos aplicável à espécie. O art. 210 do Código Civil estabelece que é dever do juiz, de ofício, conhecer da decadência, quando estabelecida por lei. Prejudicial de decadência instalada de ofício. Processo extinto, com resolução de mérito. Recurso prejudicado (*TJMG* – Apelação Cível 1.0313.10.020148-9/001, 26-02-2019, Rel. Maurício Pinto Ferreira).

Apelação cível – Ação de rescisão de contrato de compra e venda – Vício redibitório – Código de Defesa do Consumidor – Inaplicabilidade – **Decadência constatada – Declaração de ofício – Possibilidade** – Processo extinto com resolução do mérito na forma do art. 269, IV, do CPC – Recurso prejudicado – O entendimento do Superior Tribunal de Justiça é no sentido de que o Código de Defesa do Consumidor não se aplica na hipótese em que o produto ou serviço adquirido seja alocado na prática de outra atividade produtiva – O vício redibitório pressupõe a existência de um contrato comutativo, um defeito oculto existente no momento da tradição e a diminuição do valor econômico ou prejuízo à adequada utilização da coisa – A decadência deve ser declarada de ofício pelo juiz, quando o prazo for estipulado em lei, na forma do art. 210 do Código Civil – Deve ser declarada a decadência do direito de a apelada de redibir o contrato de compra e venda, em razão do vício apresentado pela máquina adquirida, uma vez constado o transcurso do prazo estabelecido no § 1º do art. 445 do Código Civil (*TJMG* – AC 1.0647.14.005883-3/001, 11-4-2016, Relª Juliana Campos Horta).

Art. 211. Se a decadência for convencional, a parte a quem aproveita pode alegá-la em qualquer grau de jurisdição, mas o juiz não pode suprir a alegação.

A decadência convencional, estabelecida pela vontade privada em negócio jurídico, é do peculiar interesse dos interessados. Permite-se a alegação pela parte a qualquer momento, em qualquer grau de jurisdição, mas não pode o juiz reconhecê-la de ofício. As mesmas razões permitem a renúncia da decadência convencional, não permitindo, contudo, a renúncia da decadência estabelecida em lei (art. 209).

Há situações de decadência que são estabelecidas em lei, mas que permitem a redução do prazo por via convencional, como ocorre no direito de preferência (art. 513) e na retrovenda (art. 505). A lei estabelece um prazo máximo de decadência e as partes podem reduzi-lo negocialmente. Essa redução será convencional e a vontade privada não pode ultrapassar o prazo máximo estabelecido em lei.

Direito civil e processual civil. Apelação cível. Previdência privada. Revisão de benefício. Decadência convencional. Impossibilidade de reconhecimento de ofício. Art. 515, § 1º, do CPC. Juros de mora. Interpelação extrajudicial. 1. A hipótese recursal envolve discussão a respeito da impossibilidade de reconhecimento de ofício da decadência convencional e do termo inicial de juros moratórios. 2. Inviável a declaração *ex officio* da decadência convencional, nos termos do art. 211 do Código Civil. 3. Com fulcro no art. 515, § 1º, do Código de Processo Civil, julga-se improcedente o pleito de manutenção do salário de contribuição em virtude do art. 30 do Regulamento da previdência ser aplicado nas hipóteses de afastamento e redução da remuneração. 4. Os juros de mora são devidos a partir da interpelação extrajudicial, nos termos do parágrafo único do art. 397 do Código Civil. 5. Recurso parcialmente provido. Com base no art. 515, § 1º, do CPC, pedido relativo à conservação do quinhão julgado improcedente. Reforma da sentença referente ao termo inicial de incidência dos juros moratórios (*TJDFT* – Ap. 0018803-37.2015.8.07.0001, 08-03-2017. Rel. Mario-Zam Belmiro).

Apelação cível – Arbitramento de honorários advocatícios – Agravo Retido – Litispendência ou continência – Falta de interesse de agir – **Decadência convencional** – Nulidade da sentença por falta de fundamentação – Rescisão do contrato de prestação de serviços – Cabimento do arbitramento de honorários contratuais – 1- Rejeita-se preliminar de litispendência e continência quando não se trata de reprodução de ação anteriormente ajuizada (art. 301, § 1º, CPC), porque não têm as mesmas partes, a mesma causa de pedir e o mesmo pedido (art. 301, § 2º, CPC), sendo certo que o arbitramento de honorários contratuais pela atuação em processos judiciais também não é objeto da ação supostamente caracterizadora da continência (art. 104, CPC). 2- A sociedade de advogados tem interesse de agir para ajuizar ação de arbitramento de honorários em razão de rescisão imotivada de contrato de prestação de serviços de advocacia. 3- Não se pode dar interpretação extensiva à cláusula que prevê decadência convencional para nela abranger honorários proporcionais que não foram pagos. 4- Não se cogita nulidade da sentença por falta de fundamentação quando declinadas as razões de decidir do magistrado *a quo*, bem como os motivos de sua convicção. 5- Nos termos do art. 22 da Lei 8.906/94, "a prestação de serviço profissional assegura aos inscritos na OAB o direito aos honorários convencionados, aos fixados por arbitramento judicial e aos de sucumbência". 6- O parágrafo 2º deste dispositivo legal informa que "na falta de estipulação ou de acordo, os honorários são fixados por arbitramento judicial, em remuneração compatível com o trabalho e o valor econômico da questão, não podendo ser inferiores aos estabelecidos na tabela organizada pelo Conselho Seccional da OAB". 7- "Admite-se o arbitramento judicial de honorários contratuais, quando as cláusulas previstas não contenham critérios suficientes para auferir, por mero cálculo aritmético, o valor devido na hipótese de cumprimento parcial dos serviços contratados" (REsp 1290109/PR). 8- "Na falta de pactuação, os honorários contratuais devem ser fixados em montante compatível com o trabalho realizado, o grau de zelo do profissional e o valor econômico em questão, devendo, sempre que possível, serem observados os valores constantes da tabela de honorários da Seccional da OAB a que alude o art. 22, § 2º, da Lei nº 8.906/1994" (AgRg no REsp 664.050/RS) (*TJMG* – AC 1.0024.11.276340-4/002, 22-1-2016, Rel. José Flávio de Almeida).

TÍTULO V
DA PROVA

Art. 212. Salvo o negócio a que se impõe forma especial, o fato jurídico pode ser provado mediante:
I – confissão;
II – documento;
III – testemunha;
IV – presunção;
V – perícia.

1. Conceito, valor e função da forma

A manifestação de vontade é essencial para a existência do negócio jurídico. Essa manifestação deve vir inserida em um contexto devendo existir envoltório para essa vontade. O modo pelo qual a vontade se expressa é a forma e ela só poderá ser levada em conta no campo do Direito se, de qualquer modo, houver uma expressão ou manifestação externa.

O mais comum é a vontade declarar-se por intermédio de palavras, ora por uma única palavra, como "sim" ou "não", ora por proposições mais ou menos complexas. Estudamos que o silêncio tem seu valor, ainda que relativo, como meio de manifestação de vontade. Menos comumente a vontade também pode manifestar-se por gestos, sinais mímicos, ou comportamentos voluntários que denotam manifestação. É o meneio de cabeça que afirma ou nega, e o sinal do polegar para cima ou para baixo que significa "positivo" ou "negativo".

Tudo isso são formas de manifestação de vontade, isto é, fatores externos que fazem a vontade extravasar os limites do pensamento, do raciocínio singelo, que por si sós não podem ter efeito jurídico. É por meio da forma que existe a comunicação; tal comunicação ganhará contornos jurídicos dependendo da direção imposta pelo agente. Ao mesmo tempo em que serve para exteriorizar a vontade, a forma serve de prova para o negócio jurídico. Por vezes, para maior garantia do próprio interessado e da ordem pública, a lei exigirá que determinados atos só tenham eficácia no mundo jurídico se revestidos de determinada forma.

Sob essas premissas, na clássica definição de Clóvis (1980, p. 242), *"forma é o conjunto das solenidades, que se devem observar para que a declaração da vontade tenha eficácia jurídica"*.

O art. 104, III, ao tratar dos requisitos essenciais do ato jurídico, refere-se à *"forma prescrita ou não defesa em lei"*. O art. 166, IV, estatui que é nulo o negócio jurídico quando não se revestir da forma prescrita em lei. O inciso V do mesmo artigo inquina também de nulidade o negócio quando for preterida alguma solenidade que a lei considere essencial para sua validade.

A regra é, portanto, a forma livre. Quando determinado ato exigir certa forma, a lei assim disporá. A forma confere maior segurança às relações jurídicas. No antigo Direito Romano, a forma era a regra, em que a menor desobediência implicava nulidade do ato. Numa sociedade primitiva, na qual ainda não se utilizava da forma escrita, os rituais substituíam a escritura. Quando o Império Romano se expandiu, sentiram os antigos necessidade de abandonar o formalismo em prol de maior dinamização do mundo jurídico e de seu comércio.

A forma determinada na lei, contudo, permanece para uma série de atos. Note-se, hoje, ressurgimento da forma, talvez como reflexo da época atual, em que as pressões sociais fazem aumentar a desconfiança na sociedade. Isso faz com que as pessoas tentem cercar-se de maiores garantias contra a má-fé. São tão numerosos os atos formais no momento atual que a doutrina chega a afirmar que, na realidade, a regra é a forma prescrita. A tecnologia trazida pela informática traz novas vestes às formas, que continuam persistentes, e nem poderia ser de outra maneira.

O art. 107 dispõe que *"a validade da declaração de vontade não dependerá de forma especial, senão quando a lei expressamente a exigir"*. Na verdade, a lei não comina nenhuma outra sanção, a não ser a própria nulidade do ato, pois preceitua o art. 166 ser nulo o ato jurídico *"[...] IV – (quando) não revestir a forma prescrita em lei; V – (quando) for preterida alguma solenidade que a lei considere essencial para a sua validade"*.

Paralelamente ao exposto, o art. 170 do Código exprime que, se o negócio jurídico nulo contiver os requisitos de outro, subsistirá este quando o fim a que visavam as partes permitir supor que o teriam querido, se tivessem previsto a nulidade. Nesse diapasão, por exemplo, se as partes participam de escritura pública nula porque lavrada em desacordo com os princípios legais, mas se o ato puder valer como documento particular, poderá atingir o efeito procurado pelas partes. Trata-se de medida conservatória que a doutrina denomina *conversão substancial* do negócio jurídico. Aproveita-se do negócio nulo o que for possível para ser tido como válido.

Nem sempre, porém, o ordenamento permite essa conversão, o que deve ser examinado no caso concreto. Não se aplica em matéria de testamento, por exemplo: inválido o testamento pela forma pública, não pode ser admitida sua validade como testamento particular, embora as disposições não patrimoniais no ato podem ter eficácia de per si.

Não se confunde, por outro lado, *forma* com *prova* dos atos jurídicos. A forma é vista sob o aspecto estático; é aquele envoltório que reveste a manifestação de vontade. A prova é vista sob o aspecto dinâmico; serve para demonstrar a existência do ato, ao evidenciá-lo. Quando a lei impõe determinada forma, o ato não se pode provar senão quando esta for obedecida.

Em alguns sistemas e em nosso Direito anterior, as formas distinguiam-se em *ad solemnitatem*, quando sem elas o ato jurídico não se configurava, e *ad probationem tantum*, quando o ato não podia ser provado, porque sua consubstanciação ficaria condicionada à forma imposta pela lei. No sistema atual, não há utilidade nessa distinção, pois não há formas impostas exclusivamente para prova dos atos: os atos ou negócios jurídicos têm forma especial, determinada pela lei, ou sua forma é livre. Se a forma é estampada na lei, dela não se pode fugir sob pena de invalidade do ato; se a forma é livre, podem os atos ser demonstrados pelos meios de prova admitidos em geral no Direito.

Dizem-se *formais* ou *solenes* os atos que requerem determinada forma. São solenes, por excelência, por exemplo, o casamento e o testamento. A solenidade é um *plus*, na verdade, que expande e qualifica a própria forma exigida. A celebração do casamento, por exemplo, exige que o ato seja formalizado em recinto com portas abertas (art. 1.534). A preterição dessa solenidade que integra a forma inquina o ato. A preterição de suas formas ou solenidades faz com que o ato não valha. Assim, quando não há exigência de escritura pública, podem os atos ser realizados por escrito particular. Aos atos formais e solenes contrapõem-se os atos *não formais* ou *não solenes*.

Há situações nas quais a lei admite a realização do ato por vários modos. Quando a lei apenas determina a forma escrita, não há necessidade de escritura pública, sendo suficiente qualquer forma gráfica, até mesmo a escritura pública.

As partes podem também, se desejarem, estabelecer uma forma para suas avenças, mesmo quando a lei não determine. É o que dispõe o art. 109: "*No negócio jurídico celebrado com a cláusula de não valer sem instrumento público, este é da substância do ato.*" Trata-se da forma prescrita por convenção das partes; elas podem não só contratar a respeito de determinada forma, mas também especificar livremente seus requisitos, indicando se desejam a forma escrita, a forma pública, o registro do documento etc. O que não podem fazer é impor ou ajustar forma diversa da exigida pela lei. Pode ocorrer, no entanto, que as partes tenham praticado o ato por forma não prescrita em lei, forma facultativa, mas que apresente algum vício. Nesse caso, o ato deve prevalecer, por força de regra de conversão formal dos atos jurídicos.

Há ocasiões em que o formalismo assume novo aspecto, quando a lei, ou mesmo a vontade das partes, impõe a necessidade da divulgação de um negócio para conhecimento de terceiros, isto é, para aqueles que não tomaram parte no negócio. Essa *publicidade* é conferida pelo sistema de registros públicos. A preterição do registro, no caso, não atinge a validade do negócio, mas afeta sua oponibilidade contra terceiros. Tais formalidades no Registro Público constituem segurança para preservação do ato e para sua validade perante quem não participou dele. O Registro Público, portanto (regulado entre nós pela Lei nº 6.015/1973), constitui fonte segura de informações, ao alcance de qualquer interessado.

De acordo com a Constituição Federal, que concede garantias ao devido processo legal (art. 5º, LIV), ao amplo acesso à Justiça (art. 5º, XXXV) e ao contraditório e ampla defesa (art. 5º, LV), é possível afirmar que existe um amplo direito constitucional à prova, que não pode ser restringido. Contudo, o art. 5º, LVI, da Constituição Federal rejeita a prova ilícita, isto é, aquela obtida por meio ilícito, o que deve ser estudado caso a caso.

2. Prova dos negócios jurídicos

Prova é o meio de que o interessado se vale para demonstrar legalmente a existência de um fato, ato ou negócio jurídico. A matéria encontra-se na zona fronteiriça entre o direito material e o direito processual, razão pela qual o Código Civil traça os contornos principais, enquanto o CPC tece as minúcias necessárias sobre o tema. Melhor seria que apenas o estatuto processual se ocupasse da matéria.

O Direito Civil estipula "*os meios de prova*" e os fundamentos principais respectivos pelos quais se comprovarão fatos, atos e negócios jurídicos. O direito processual traça os limites da produção da prova, sua apreciação pelo julgador, bem como a técnica de produzi-la em juízo ou em procedimento arbitral. Como é íntimo o conteúdo do negócio jurídico com sua prova, é acertado o enfoque do Código Civil, ao traçar apenas princípios fundamentais e dispor sobre meios de prova. A utilidade de um direito mede-se pela possibilidade de que se dispõe para se realizar a prova de um fato. De nada adianta possuir um direito se não se têm os meios para prová-lo. Na verdade, o que se prova não é o direito. Prova-se o fato relacionado com um direito. A demonstração da evidência em juízo é a finalidade elementar do processo na busca da verdade processual. Isso porque nem sempre o que se logra provar em uma lide coincide com a verdade real. Não há outra solução, para o Direito, a não ser contentar-se com a "*verdade processual*".

Na clássica definição de Clóvis Beviláqua (1980, p. 245), prova "*é o conjunto dos meios empregados para demonstrar, legalmente, a existência de um ato jurídico*".

A teoria da prova deve obedecer a certas regras gerais. Segundo o autor do Projeto do Código de 1916, a prova deve ser *admissível, pertinente* e *concludente*. A prova admissível é aquela que o ordenamento não proíbe, tendo valor jurídico para a situação que se quer provar. Desse modo, se a lei exige para determinado negócio a forma escrita, não se provará de outro modo, ou seja, a prova testemunhal não terá valor para demonstrar sua evidência. A prova pertinente significa que deve dizer respeito à situação enfocada, deve relacionar-se com a questão discutida. Deve ser concludente, porque não pode ser dirigida à conclusão de outros fatos que não aqueles em discussão, caso contrário a atitude do julgador, que é o condutor da prova, seria inócua.

Ademais, é princípio fundamental em campo probatório no sentido de que quem alega um fato deve prová-lo: *ei incumbit probatio qui dicit non qui negat* (a prova incumbe a quem afirma e não a quem nega). De modo geral, pode afirmar-se que o ônus da prova incumbe ao autor da demanda. Se um credor se alega como tal, deverá provar seu crédito. Se o devedor, demandado, alega pagamento, também deverá fazê-lo no tocante a essa afirmação. Se o devedor, porém, alega algum fato extintivo, modificativo ou suspensivo do direito do credor, é a ele, devedor, que caberá a prova. São princípios estampados no CPC (art. 373, I e II).

O magistrado fica adstrito, para julgar, ao alegado e provado. Não pode decidir fora do que consta do processo. Por isso se diz que há uma *verdade processual*, nem sempre correspondente à verdade real. Julga-se pelas provas que são apresentadas, mas pode e deve o julgador examiná-las e sopesá-las de acordo com sua livre convicção, para delas extrair a verdade legal, uma vez que a verdade absoluta é apenas um ideal dentro do processo.

Lembre-se, ainda, de que os *fatos notórios* não precisam ser provados (art. 374, I, do CPC). São fatos de conhecimento comum da sociedade ou, ao menos, da sociedade onde tem curso o processo. Assim, tendo havido inundação ou pandemia amplamente noticiada pelos meios de comunicação, o evento não necessita ser provado, por ser de conhecimento comum. Os fatos notórios não são aqueles de conhecimento do julgador, mas de conhecimento de toda uma comunidade, mais ou menos extensa.

Os fatos incontroversos também não merecem prova. Nesse aspecto, nada adianta aos litigantes lutar por prová-los, pois ambos têm os fatos como verídicos. Assim, em ação de alimentos, se a paternidade geradora do direito a alimentos não é contestada, a matéria é incontroversa e sobre ela não girará a prova. No entanto, ainda que os fatos sejam incontroversos, não ficará o julgador adstrito a aceitá-los, porque o contrário poderá resultar do bojo probatório.

É costume mencionar que os fatos negativos não podem ser provados. Como lembra, porém, Washington de Barros Monteiro (2006, v. 1, p. 297), a questão deve ser entendida com reserva, porque as negativas, por vezes, correspondem a uma afirmativa. Como afirma o saudoso mestre: *"Digo, por exemplo, que Paulo é rico; nega-o meu opositor; mas essa negativa equivale a uma afirmativa, suscetível de comprovação (a de que Paulo é pobre)."*

O juiz ou árbitro é o condutor do processo. Embora a prova seja produzida pelas partes, deve o julgador *"velar pela duração razoável do litígio"* (CPC, art. 139, II), indeferindo as diligências inúteis ou meramente protelatórias (art. 370 e par. único do CPC). Por outro lado, tudo que for alegado deve ser provado.

Lembremos, finalmente, que *"a anuência ou a autorização de outrem, necessária à validade de um ato, provar-se-á do mesmo modo que este, e constará, sempre que se possa, do próprio instrumento"* (art. 220 do Código Civil). Assim, se o ato exige escritura pública, a autorização ou a anuência de outrem deverá constar de escritura pública e esta, sempre que possível, deverá fazer parte do próprio instrumento do ato principal.

Conforme exposto, os atos *formais* ou *solenes*, que exigem forma especial, predeterminada na lei, provam-se pela própria forma que lhes é essencial. Quando a escritura pública for da substância do ato, não poderá ser provado de outra forma. Nos casos de casamento, testamento e de outros atos de forma preestabelecida, sua prova só se fará conforme sua forma legal.

A prova dos atos *não formais*, aqueles cuja forma pode ser livremente escolhida pelas partes, faz-se por intermédio dos meios admitidos em Direito.

3. Meios de prova

O art. 136 do Código Civil de 1916 enumerava de forma exemplificativa, e não taxativa, os meios de prova para os atos de forma livre. O mesmo faz o artigo sob comentário. Não é possível enunciar em número fechado todos os meios de prova.

Primeiramente, cumpre atestar que, em se tratando de negócio jurídico no qual a lei não exige forma especial, qualquer meio de prova é admitido pela ordem jurídica, desde que não proibido expressa ou tacitamente. A esse respeito, dispõe o art. 369 do CPC que as partes têm o direito de empregar todos os meios legais, bem como os moralmente legítimos, ainda que não especificados no Código, para provar a verdade dos fatos em que se funda o pedido ou a defesa e influir eficazmente na convicção do julgador. A noção vem melhor redigida do que no estatuto processual anterior.

Desse modo, filmes, gravações de voz e imagem, pelos meios técnicos cada vez mais aperfeiçoados, devem ser admitidos como prova lícita, desde que não obtidos de forma oculta, sem o consentimento das partes, o que os tornaria moralmente ilegítimos, e desde que provada sua autenticidade. Assim se posta este Código no art. 225. Dentro desse diapasão, deve ser colocado o correio eletrônico e outros meios semelhantes que cada vez mais se sofisticam. O jurista não pode ficar insensível ao avanço tecnológico e deve adaptar os velhos conceitos da prova aos avanços da ciência, em seus vários campos.

A seguir, examinaremos cada meio de prova, de forma mais ampliada do que o texto legal, fazendo referência, inclusive, ao rol do antigo Código.

3.1. Confissão

O art. 389 do CPC estatui o que o legislador entende por confissão: *"Há confissão, judicial ou extrajudicial, quando a parte admite a verdade de um fato, contrário ao seu interesse e favorável ao do adversário."* A confissão é, portanto, um pronunciamento contra o próprio manifestante da vontade; é o reconhecimento que alguém faz da verdade de um fato. O objetivo da confissão deve ser um fato, porque só os fatos estão sujeitos à prova. A confissão não é admissível quanto a direitos indisponíveis (art. 213). Somente pode confessar quem pode dispor do direito discutido.

A confissão é sempre da parte, embora se admita por mandato, desde que existam poderes especiais para tal. O parágrafo único do art. 213 do Código remarca que, se a confissão é feita por um representante, somente é eficaz nos limites em que este pode vincular o representado. Em outros termos, somente será válida a confissão nos limites da representação conferida ao representante; este não pode confessar mais do que foi autorizado. Nem sempre, no caso concreto, ficará muito claro esse aspecto.

É considerada a rainha das provas, desde os tempos mais antigos, mas não são todos os fatos que a admitem, nem deve a confissão ser tomada sistematicamente como peremptória. Como apontamos: *"Não vale como confissão a admissão, em juízo, de fatos relativos a direitos indisponíveis"* (art. 392 do CPC). Assim, não tem efeito absoluto a confissão em matéria de anulação de casamento, por exemplo, quando seu valor será apenas relativo, na livre apreciação da prova feita pelo juiz.

Sujeito da confissão é sempre a parte. Quem confessa não pode ser terceira pessoa, estranha à lide, ao litígio, pois ela atuaria como testemunha e não como confitente.

Em qualquer definição que se faça do instituto, um aspecto fica patente: a confissão é sempre admissão de fato contrário ao interesse do declarante.

Como se trata de ato de disposição, a confissão requer agente capaz. O confitente deve ser capaz de obrigar-se. Feita por quem não seja capaz, seu efeito não será absoluto, mas meramente relativo, dentro do bojo probatório do processo.

A própria lei distingue dois tipos de confissão: *judicial* e *extrajudicial*. A *confissão judicial* é aquela ocorrida durante o curso do processo e em seu bojo; a *extrajudicial* configura-se no reconhecimento do fato litigioso fora do processo. O momento oportuno para a confissão judicial é o depoimento pessoal da parte, pela forma oral, perante o juiz. Isso não significa, contudo, que a confissão não possa ocorrer em outros momentos processuais. A confissão extrajudicial é trazida para o bojo do processo e pode, é verdade, sofrer maiores ataques quanto à autenticidade do que aquela perpetrada perante o magistrado. Daí inferir-se que a confissão judicial mostra-se mais forte. Embora esta última tenha valor probante maior, é incontestável a importância de ambas dentro do contexto probatório.

A confissão pode ser *expressa*, quando emana da deliberação precípua do confitente por forma verbal ou escrita; ou *presumida*, porque não expressa e apenas admitida por presunção (pode ser chamada também confissão *tácita*, porque decorrente do silêncio, ou *ficta*, porque criada por ficção jurídica). O fundamento e as formas de confissão presumida pertencem a princípios de ordem processual. Assim, *"se o réu não contestar a ação, será considerado revel e presumir-se-ão verdadeiras as alegações de fato formuladas pelo autor"* (art. 344 do CPC). Trata-se da *revelia*, que é consequência da confissão tida como presumida pela lei. Da mesma forma ocorre quando a parte intimada a comparecer para prestar depoimento pessoal deixa de fazê-lo, ou se recusa a depor; o juiz, nesse caso, aplicar-lhe-á a pena de confissão (art. 385, § 1º, do CPC). Não é uma prova definitiva, contudo, como a experiência já nos demonstrou.

É discutida a chamada *indivisibilidade da confissão*. Vem estampada no art. 395 do CPC:

"A confissão é, em regra, indivisível, não podendo a parte, que a quiser invocar como prova, aceitá-la no tópico que a beneficiar e rejeitá-la no que lhe for desfavorável, porém cindir-se-á quando o confitente lhe aduzir fatos novos, capazes de constituir fundamento de defesa de direito material ou de reconvenção."

Como aduz Moacyr Amaral Santos (1971, v. 2, p. 287),

"com várias e significativas exceções, as legislações e a doutrina contemporâneas estabelecem, como regra, o princípio da indivisibilidade da confissão. Quer dizer, a confissão não pode ser dividida em prejuízo de quem a fez. Ou, em outras palavras, a confissão não pode ser aceita em parte e rejeitada em parte; não pode cindir-se, de forma que seja aceita na parte que beneficia o adversário do confitente e repelida na parte que o prejudicar".

3.2. Atos processados em juízo

São evidentemente documentos. São aqueles atos praticados no bojo de um processo ou objeto de processo judicial, ou procedimento arbitral, inclusive a *coisa julgada*. Coisa julgada é a decisão judicial de que já não mais caiba recurso. É atribuição dos princípios do processo estipular os requisitos da coisa julgada, estabelecendo, inclusive, quando a decisão não pode mais ser atacada pelos meios recursais. Trata-se de presunção (veja item seguinte). O fato afirmado em *sentença* nessas condições não comporta contradita e não pode ser alterado por outra sentença, salvo as limitadas hipóteses de ação rescisória. Não pode, também, a sentença com trânsito em julgado ser negada pela parte a quem seja oponível, pois se trata de fator de estabilidade das relações sociais.

Muitas vezes, poderá ocorrer de a sentença ser injusta, mas o legislador prefere esse risco a admitir instabilidade das relações, dos julgamentos.

Só pode ocorrer coisa julgada quando houver identidade de objeto, de causa de pedir e de pessoas, estampando, nesse caso, uma certeza legal.

Cumpre mencionar como ato processado em juízo a chamada *prova emprestada*, isto é, prova produzida em outro processo que não aquele dos litigantes. Em geral, só se admite validade a essa prova se produzida entre as mesmas partes, pois a parte que não participou do processo não pode "agir" sobre ela, isto é, interferir positivamente em sua produção. De qualquer forma, sendo outro o juiz a receber a prova emprestada, seu valor será menor e servirá tão só de subsídio à convicção do julgador.

São exemplos outros de atos processados em juízo os termos judiciais, cartas de arrematação, formais de partilha, alvarás e mandados expedidos pelos juízes. O atual Código houve por bem suprimir a referência aos atos processados em juízo, pois todos, de uma forma ou de outra, se inserem nas demais categorias. O art. 218 do atual Código, repetindo a noção do art. 139 do antigo diploma civil, observa, ademais, que "*os traslados e as certidões considerar-se-ão instrumentos públicos, se os originais se houverem produzido em juízo como prova de algum ato*".

3.3. Documentos públicos ou particulares

É comum a referência a *instrumento* e *documento* como sinônimos, mas a lei faz distinção. Documento é gênero, enquanto instrumento é espécie. O documento denota a ideia de qualquer papel ou material útil para provar ato jurídico. Instrumento é veículo criador de um ato ou negócio. Pode-se dizer que o instrumento é criado com a intenção precípua de fazer prova, enquanto o documento, genericamente falando, faz prova, mas não é criado especificamente para tal. No dizer de Moacyr Amaral Santos (1971, v. 2, p. 78), o instrumento é prova pré-constituída; o documento é prova meramente casual.

Assim, os documentos públicos ou particulares, documentos em geral, são escritos que, não tendo surgido como prova pré-constituída, apresentam elementos de prova.

São públicos os documentos emanados de autoridade pública, como avisos ministeriais, portarias, ordens de serviço, páginas dos diários oficiais. São particulares os documentos criados pelo particular, tais como cartas, memorandos, atas de assembleias de pessoas jurídicas, livros, artigos de jornal etc.

Em sentido amplo, o termo *documento* não abrange apenas a forma escrita, mas também toda e qualquer representação material destinada a reproduzir duradouramente um pensamento.

Os *instrumentos* também podem ser *públicos* e *particulares*. Os instrumentos públicos são os escritos lavrados por oficial público no seu mister, tais como escrituras públicas, atos judiciais, certidões extraídas pelos oficiais de registro, bem como qualquer certidão emanada de autoridade pública etc. São instrumentos particulares contratos, cartas comerciais, livros contábeis etc.

Os documentos escritos em língua estrangeira deverão ser traduzidos por tradutor público juramentado, para ter efeito legal no país (art. 224).

As certidões extraídas de qualquer ato do processo terão o mesmo valor probatório dos originais (art. 216). Assim também os traslados e as certidões extraídas por oficial público, de instrumento ou documento lançados em suas notas (art. 217).

Os documentos públicos provam materialmente os negócios que exigem tal forma. Quando a lei não requer registro, são oponíveis contra terceiros. Transcrito o documento perante o oficial público, tem *fé pública*, do qual decorre a autenticidade do ato quanto às formalidades exigidas. Havendo presunção de autenticidade, pode ela ser contraditada por prova cabal.

3.4. A prova testemunhal

Prova testemunhal é a que resulta do depoimento oral de pessoas que viram, ouviram ou souberam dos fatos relacionados com a causa.

A prova testemunhal é sempre campo fértil para o ataque dos que criticam o sistema jurídico. É prova perigosa, volúvel, difícil, custosa, mas importante e necessária. É prova sempre sujeita a críticas; não havendo outra saída, é a que na grande maioria das vezes é utilizada para decidir uma causa.

Fatos podem ser provados por testemunhas quando perceptíveis aos sentidos. A prova testemunhal apresenta grande carga de subjetivismo, daí sua maior crítica. Essa era uma das razões pelas quais havia a limitação à prova testemunhal estabelecida pelo art. 401 do CPC anterior, o que não mais ocorre.

Testemunha é, portanto, a pessoa, estranha ao processo, que afirma em juízo a existência ou inexistência de fatos em discussão, relevantes para a causa.

As testemunhas podem ser *judiciárias*, pessoas naturais, estranhas à relação processual, que declaram em juízo fatos relevantes para a causa, e *instrumentárias*, quando se manifestam sobre o conteúdo do instrumento que subscrevem, devendo ser duas nas escrituras públicas e cinco nas formas ordinárias de testamento. As judiciárias, segundo o art. 357, § 6º do CPC, não podem exceder a dez para cada uma das partes, sendo *três testemunhas no máximo para a prova de cada fato*. O juiz pode dispensar as demais.

Segundo a tradição de nosso antigo direito, dizia-se que uma só testemunha era insuficiente para a prova de um fato (*testis unus, testis nullus*). Essa regra, no entanto, está totalmente desprestigiada, não é lógica e não pode ser levada em consideração. A prova testemunhal, independentemente da quantidade, é também prova qualitativa, pois se levam muito em conta a personalidade e a idoneidade da testemunha. Uma só testemunha idônea poderá provar suficientemente um fato, autorizando o juiz a formar sua convicção.

As disposições processuais tratam das testemunhas judiciárias, cuja função é traduzir ou comunicar ao juiz do processo as percepções que tiveram dos fatos ou acontecimentos relacionados com a causa. Há, portanto, diferença no conceito de testemunha judicial e de testemunhas instrumentárias. A testemunha instrumentária participa como integrante de um negócio jurídico. Sua função é estar presente ao desenvolvimento, formação ou encerramento de negócios jurídicos. Sob determinadas circunstâncias, nem mesmo é necessário que as testemunhas instrumentárias estejam presentes no momento da feitura do ato. Tendo em vista sua função, a testemunha instrumentária, geralmente duas para a ordinariedade dos atos, mais interessa ao Direito Privado e apenas excepcionalmente ao Direito Público, processual, pois quando é chamada a prestar depoimento, deve relatar sua participação nos atos instrumentais, cujo conteúdo nem sempre conhece. Na maioria das vezes, a testemunha instrumentária tem ciência das formalidades do ato e não de seu conteúdo.

Como está estampado no CPC, o sujeito da relação jurídica processual não pode ser testemunha. Pode, porém, ser ouvido no processo por iniciativa da parte contrária ou do próprio juiz: trata-se do *"depoimento pessoal"*, outro meio de prova admitido. No entanto, não devemos confundir o depoimento pessoal da parte com o depoimento testemunhal. O depoimento da parte é naturalmente faccioso, pois o depoente tem interesse na demanda. Cabe ao juiz dar o devido valor a esse meio de prova, o qual, contudo, não deixa de ser importante para a convicção do julgador.

3.5. Presunções e indícios

Presunção é a conclusão que se extrai de fato conhecido para provar-se a existência de outro desconhecido.

As presunções classificam-se em *legais* (*juris*) e *comuns* (*hominis*). As presunções legais dividem-se em presunções *iuris et de iure* (*absolutas*) e presunções *iures tantum* (*relativas*), expressões essas criadas na Idade Média.

Presunção *iuris et de iure* é aquela que não admite prova em contrário; a própria lei a admite como prova absoluta, tendo-a como verdade indiscutível. A lei presume fato, sem admitir que se prove em contrário. Por exemplo: o ordenamento presume que todos conheçam a lei; que a coisa julgada seja tida como verdadeira, não admitindo prova em contrário; uma vez decretada a interdição do alienado mental, presume-se, de forma absoluta, sua incapacidade; a venda de ascendente a descendente, sem o consentimento dos demais descendentes, presume-se fraudulenta (art. 496). Em todos esses casos, a lei não admite prova em contrário.

A presunção *iuris tantum* admite prova em contrário, daí por que também se denomina condicional. Por exemplo, o art. 8º do Código Civil presume a comoriência: *"Se dois ou mais indivíduos falecerem na mesma ocasião, não se podendo averiguar se algum dos comorientes precedeu aos outros, presumir-se-ão simultaneamente mortos."* Tal presunção admite prova em contrário: admite-se provar que a morte de um precedeu a de outro. A presunção legal tem o condão de eliminar dificuldade no deslinde de questão de prova, mas se essa prova é possível, cai por terra a presunção. Outros exemplos dessa categoria de presunção são os arts. 219, 1.597, 322, 323 e 324.

A presunção relativa faz reverter o ônus da prova. Normalmente, esse ônus pertence ao autor da ação, que alega um direito. Se a lei, porém, presume um fato, o ônus da prova transfere-se para o réu, que tem que provar em contrário ao que foi estabelecido na presunção.

As presunções comuns (*hominis*) são decorrência do que habitualmente acontece na realidade que nos rodeia. Fundam-se naquilo que ordinariamente acontece e se impõem pela consequência do raciocínio e da lógica. Tal raciocínio auxilia o juiz na formação de sua convicção. Por exemplo: presume-se que os pais amam os filhos e nada farão que os prejudique. Não é conclusão absoluta. A presunção *simples* ou *hominis* só pode ser aceita pelo juiz quando não contrariada pelo restante da prova produzida no processo. É de ser admitida dentro dos limites em que se admite a prova testemunhal, excluindo-se eventualmente os casos em que tal prova exclusiva não seja admissível.

Muitos entendem que existe sinonímia entre *indício* e *presunção*. Embora seu valor como prova seja equivalente, existe diferença. O *indício* é o ponto de partida do qual, por inferência, chega-se a estabelecer uma presunção. É o caso de, ao se deparar com uma ponta de gelo no mar glacial, entender-se que é indício de um *iceberg*. Ou, no campo do Direito, quando se verifica que o agente vende bem por preço irrisório a um parente, estando assoberbado por dívidas, tal fato indicia que pode haver fraude contra credores. O *indício*, portanto, deve ser entendido como causa ou meio de se chegar a uma presunção, que é o resultado. A esse respeito, acrescenta Moacyr Amaral Santos (1971, v. 2, p. 399):

> *"Conquanto sejam dois conceitos distintos, justo é reconhecer-se que as duas palavras, na ordem lógica, se equivalem, por isso que significam o procedimento racional pelo qual de um fato conhecido e certo se infere, por concatenação de causa e efeito, o fato desconhecido. Nesse sentido compreende-se a sinonímia entre a presunção e indício, por muitos autores afirmada."*

Para distinguirmos, na prática, quando se está perante uma presunção *absoluta* ou presunção *relativa*, devemos ter em mira o seguinte: as presunções relativas formam a regra, as absolutas são a exceção; são presunções relativas aquelas cuja lei declara admitir prova em contrário, colocando no próprio texto, "*salvo prova em contrário*", ou outra equivalente. Nos casos de dúvida, a presunção será tida como absoluta tão só quando se refira a matéria de ordem pública ou de interesse coletivo, segundo o mesmo mestre Moacyr Amaral Santos (1971, v. 2, p. 471).

3.6. A perícia. A inspeção judicial

O juiz, embora se requeira que seja pessoa de razoável cultura, não pode ou não é de se esperar ser especialista em matérias técnicas. O juiz é um técnico do Direito. Quando o deslinde de uma causa depende de conhecimento técnico, o magistrado se valerá de um "perito" que o auxiliará na questão fática.

Exame é apreciação de alguma coisa para o esclarecimento do juízo. *Vistoria* é operação semelhante, porém atinente à inspeção ocular. Normalmente, a "perícia" abrangerá tanto o exame como a vistoria.

Arbitramento é forma de perícia tendente a fixar um valor ou estimação em dinheiro de uma obrigação.

Desse modo, o perito deve ter conhecimentos técnicos para elaborar seu mister. A prova pericial poderá requerer especialista graduado em engenharia ou medicina, nas várias especializações, assim como em economia, contabilidade, informática etc. Poderá também versar sobre a falsidade ou autenticidade de documento e requerer perito em grafotécnica ou documentoscopia. Enfim, o campo do exame pericial é tão vasto quanto o próprio conhecimento humano.

A produção da prova pericial vem disciplinada no CPC, arts. 464 ss. Por outro lado, os arts. 156 a 158 definem a figura do perito e sua responsabilidade. Dispõe o art. 156: "*O juiz será assistido por perito quando a prova do fato depender de conhecimento técnico ou científico*."

O perito é auxiliar da justiça. Uma vez nomeado, não poderá recusar-se ao mister, sem justo motivo: "*O perito tem o dever de cumprir o ofício, no prazo que lhe designar o juiz, empregando toda a sua diligência, podendo escusar-se do encargo alegando motivo legítimo*" (art. 157 do CPC).

Na verdade, o perito funciona como a real visão do juiz sobre a causa, devendo sua manifestação ser imparcial:

> "*O perito que, por dolo ou culpa, prestar informações inverídicas, responderá pelos prejuízos que causar à parte, ficará inabilitado para atuar em outras perícias pelo prazo de 2 (dois) a 5 (cinco) anos, independentemente das demais sanções previstas em lei, devendo o juiz comunicar o fato ao respectivo órgão de classe para adoção das medidas que entender cabíveis*" (art. 158 do CPC).

O art. 342 do Código Penal pune a falsa perícia.

Lembremos, porém, o que é de vital importância, que o juiz não ficará, em hipótese alguma, adstrito a admitir a conclusão do perito em sua decisão. Pode o magistrado determinar nova perícia, como pode também formar sua convicção para julgar, não adotando a conclusão de qualquer delas. Se o juiz ficasse preso à perícia para formar seu julgamento, estaria transferindo a missão de julgar ao perito.

A perícia é prova indireta; pressupõe sempre a figura do perito. Quando o exame é feito pelo próprio juiz, a prova denomina-se "*inspeção judicial*", regulada pelo CPC, arts. 481 a 484. Por vezes, será da mais alta conveniência para a convicção do julgador que ele examine pessoalmente local, objeto ou pessoa, importantes para o deslinde da questão, o que nem sempre será possível, mormente nos grandes centros, onde os juízes se veem assoberbados com pletora de feitos. Mas essa dificuldade não justifica o indeferimento dessa prova. Em inúmeras oportunidades este autor, no exercício da magistratura, compareceu pessoalmente a locais e objetos envolvidos na lide e, nesse caso, a maioria das dificuldades de compreensão do caso se aclaram e se elucidam.

Na realidade, a perícia deve ser vista como sucedâneo da inspeção judicial; deve ser utilizada quando ao juiz faltam os conhecimentos técnicos necessários ou quando não pode ou não é oportuno fazer a inspeção. É lamentável que a inspeção judicial feita pelo próprio juiz da causa não seja mais frequentemente utilizada, em parte devido ao estranho entendimento de que essa providência é de difícil realização. Como já apontamos, em muitas oportunidades, em nossa carreira de magistrado, decidimos questões, à primeira vista complexas, com absoluta tranquilidade com uma simples visão local dos fatos, mormente em questões de posse, ações divisórias e demarcatórias de terras, visita ao local de acidente de veículos, construções irregulares etc. Muitas vezes, nós decidimos realizar essa prova de ofício, no curso da própria audiência de instrução, com as partes e patronos presentes se dirigindo ao local, quando as testemunhas se tornam contraditórias ou confusas, quando não reticentes, como sói acontecer. Indo imediatamente ao local para o exame, não terão as partes oportunidade para alterá-lo. É fato, porém, que o procedimento tanto mais se dificulta quanto maior a cidade ou a comarca em que se atua. A inspeção judicial é meio de prova regulado pelo CPC, constituindo-se em importante instrumento para a convicção do magistrado. Não é concebível a renitência e resistência dos magistrados em realizar essa prova, inclusive de ofício, independentemente de requerimento das partes. Fica aqui, portanto, registrado um conselho aos juízes, mormente aos jovens magistrados do país, que tanto têm buscado contribuir para a melhor distribuição da Justiça.

No entanto, a inspeção judicial é simples visão ocular de um fenômeno. A perícia é exame técnico. Quando há necessidade de conhecimentos técnicos, as duas provas devem ser combinadas.

Em toda perícia gravitam elementos que lhe são essenciais: a verificação, certificação e comprovação de fatos quer para carrear a prova deles para o processo, quer para interpretá-los e torná-los inteligíveis e acessíveis ao juiz.

A perícia pode ser feita extrajudicialmente. Se apresentada em processo, terá o valor relativo que o juiz houver por bem conceder (art. 472 do CPC). Não elidirá, porém, a perícia realizada no processo, por meio de perito de confiança do magistrado que o nomeia.

Quando a perícia tiver por finalidade fixar fatos que com o tempo podem modificar-se ou desaparecer, denomina-se vistoria *ad perpetuam rei memoriam*, conceito que integra a noção da produção antecipada de provas. Tem por finalidade fixar indelevelmente uma situação, um fato transeunte, e serve de prova para o futuro.

Uma vez que o juiz é ou deve ser cientista do Direito e tem como mister conhecê-lo, a perícia deverá visar à matéria técnica que não da ciência jurídica.

A prova pericial deve ser vista pelo prisma da necessidade. Os fatos ordinários, de conhecimento comum, não necessitam de perícia.

Dignos de serem realçados em matéria de prova e de perícia são os arts. 231 e 232 do atual Código, a seguir tratados.

Enunciado nº 157, III Jornada de Direito Civil – CJF/STJ: O termo "confissão" deve abarcar o conceito lato de depoimento pessoal, tendo em vista que este consiste em meio de prova de maior abrangência, plenamente admissível no ordenamento jurídico brasileiro.

Enunciado nº 297, IV Jornada de Direito Civil – CJF/STJ: O documento eletrônico tem valor probante, desde que seja apto a conservar a integridade de seu conteúdo e idôneo a apontar sua autoria, independentemente da tecnologia empregada.

Enunciado nº 298, IV Jornada de Direito Civil – do CJF/STJ: Os arquivos eletrônicos incluem-se no conceito de "reproduções eletrônicas de fatos ou de coisas" do art. 225 do Código Civil, aos quais deve ser aplicado o regime jurídico da prova documental.

Apelação cível. Ação anulatória de confissão de dívida – Vício de consentimento – Coação – Art. 151 do Código Civil – Ausência de comprovação – Manutenção da sentença – Desprovimento do recurso – Sabe-se que, de acordo com o **art. 212 do Código Civil**, o fato jurídico pode ser provado, entre outros, por meio de **confissão**, salvo o negócio a que se impõe forma especial. Além disso, confissão é o ato pelo qual uma das partes, capaz e com ânimo de se obrigar, faz da verdade, integral ou parcial, dos fatos alegados pela parte contrária como fundamento da ação ou da defesa – O negócio jurídico pode ser anulado, caso decorra de coação. De acordo com o art. 151 do Código Civil, "a coação, para viciar a declaração da vontade, há de ser tal, que incuta ao paciente fundado temor de dano eminente e considerável à sua pessoa, à sua família, ou aos seus bens" – É cediço que cabe ao autor comprovar o fato constitutivo do seu direito, nos termos do art. 333, I, do Código de Processo Civil. Caso tal obrigação processual não tenha sido satisfeita, o julgamento de improcedência do pedido é medida que se impõe (*TJPB* – Ap. 0002857-06.2015.815.0000, 29-2-2016, Rel. Des. Oswaldo Trigueiro do Valle Filho).

Operações portuárias – Cobrança – Correspondência eletrônica – Dívida – Admissão – "Prestação de serviços – operações portuárias. Cobrança – reconhecimento da dívida pela mandatária. O art. 212 do CC aponta a **confissão como meio de prova** do fato jurídico, bem como não há formalidade prescrita em lei para o ato. Logo, é concludente pela correspondência eletrônica, não impugnada material ou ideologicamente, que a mandatária da representante da ré admitiu a existência da dívida e do valor, estando presente a única exigência da lei, qual seja a disponibilidade do direito, nos termos do art. 213 do CC, o que se confirma pela procuração. A par da confissão, tem-se robusta prova documental acerca da prestação de serviços, de tratativas das partes quanto aos valores devidos, além de notas fiscais e relatórios de desempenho do terminal, documentação que não foi impugnada especificamente assumindo a ré o risco quanto ao ônus da impugnação específica. Abstenção da ré ao não referir ou considerar a essência do ato de vontade constante do documento. Condenação no montante confessado. Recurso parcialmente provido" (*TJSP* – Ap. 0021810-14.2011.8.26.0562, 24-2-2014, Rel. Des. José Malerbi).

Art. 213. Não tem eficácia a confissão se provém de quem não é capaz de dispor do direito a que se referem os fatos confessados.
Parágrafo único. Se feita a confissão por um representante, somente é eficaz nos limites em que este pode vincular o representado.

Nesse texto, a lei enfatiza, em linha geral, que não se concede eficácia à confissão de direitos indisponíveis. Quem não pode dispor de um direito não pode confessar. Ou melhor, ainda que o confesse, essa confissão será ineficaz. Daí, por exemplo, é ineficaz a confissão do réu em ação de anulação de casamento por erro. Assim também, o incapaz, não podendo dispor de seu direito, não pode confessar e, se o fizer, essa confissão será ineficaz e apenas levada em conta como adminículo de prova, se for o caso. O juiz dará à confissão, nesses casos, a valoração de mais um meio de prova, porém não definitivo.

O parágrafo desse artigo trata de matéria diversa, confissão pelo representante, e deveria constar de dispositivo autônomo. O ordenamento permite a confissão por representante. No entanto, exige-se que o bojo da confissão esteja entre os poderes outorgados pelo representado e não só que o confitente possa vincular o representado com sua declaração. Assim, o declarante deve ter poderes expressos para confessar, poderes esses que devem sempre ser interpretados restritivamente, uma vez que tocam diretamente à disposição de direitos. Desse modo, a confissão por parte de quem não tenha poderes específicos será ineficaz.

Quando o conteúdo o permitir, a confissão ineficaz pode ser ratificada pelo titular do direito, para a obtenção de efeitos jurídicos.

Sempre é oportuno recordar que a confissão, embora contendo toda a carga de sua natureza, nunca poderá ser considerada como prova definitiva e inconcussa para o julgador, que deve sempre analisar todo o contexto probatório.

⚖ Apelação cível – Processual civil – Cerceamento de defesa – Adotantes: depoimento pessoal – Direito indisponível – Confissão: não cabimento – Prova – Suficiência – Cerceamento de defesa: não caracterização. Sendo indisponível o direito litigioso, não cabe a confissão nem é aplicada a pena de confesso ao depoente que se recuse a depor, de modo que, suficientemente instruída a causa, não caracteriza cerceamento de defesa a prolação da sentença sem o depoimento pessoal da parte (*TJMG* – Ap. 1.0460.14.001119-4/005, 05-11-2019, Rel. Oliveira Firmo).

Art. 214. A confissão é irrevogável, mas pode ser anulada se decorreu de erro de fato ou de coação.

Em princípio, a confissão será irrevogável. Já vimos que sua importância é grande, mas não é peremptória. Não se trata de um negócio jurídico, mas de ato próprio e íntimo do confitente. Assim como a renúncia, com a qual a confissão possui pontos de contato, não é dado ao confitente arrepender-se. No entanto, o texto legal ressalva que pode ser anulada se decorrente de erro de fato ou coação.

A anulação ou, melhor afirmando, declaração de ineficácia da confissão pode ser pleiteada em processo autônomo ou no curso do processo onde ocorreu, dependendo da oportunidade e conveniência. A nova lei não se refere ao dolo: a confissão decorrente de dolo pode gerar, em princípio, indenização à vítima, mas a confissão será válida. Se o erro integrar o dolo, permite-se que sob esse fundamento seja invalidada a confissão. Por tal razão, o exame do dolo na manifestação de vontade de uma confissão deve ser aferido com cuidado, pois não deve afetar o conteúdo da confissão. Dessa maneira, o novel legislador não se referiu a tal vício de vontade nesse artigo.

Destarte, exclui-se o erro de direito da confissão porque esta se refere apenas a fatos: quem confessa o faz com relação a fatos e não a direitos. O direito, por sua natureza, refoge ao âmbito da confissão.

⚖ Apelação cível. Direito civil e processual civil. Código de Defesa do Consumidor. Atraso na entrega de imóvel. Programa habitacional minha casa, minha vida. Confissão de dívida. Erro de fato ou coação. Não configurados. Ônus da prova. Exceção do contrato não cumprido. Mora da consumidora. Lucros cessantes. Danos morais. Mero descumprimento contratual. Honorários advocatícios. 1. Ao caso sob julgamento são aplicadas as normas extraídas do Código de Defesa do Consumidor, porque as partes envolvidas enquadram-se nos conceitos de consumidora e fornecedora, respectivamente, nos termos dos artigos 2º e 3º, do referido Código. 2. A confissão, judicial ou extrajudicial, constitui meio de prova idôneo e irrevogável, podendo ser anulada caso decorrente de erro de fato ou de coação, segundo expressa disposição do artigo 214 do Código Civil. 3. Na espécie, inexistem provas aptas a atestar os elementos configuradores da coação, tal qual previstos pelo artigo 151 do Código Civil, porquanto ausente dano ou ameaça de dano atual e iminente à apelante e seus familiares na ocasião da assinatura do Termo de Confissão de Dívida em questão. 4. Pela exceção de contrato não cumprido, prevista no artigo 476 do Código Civil, nos contratos bilaterais, não se pode exigir o cumprimento da obrigação de um contratante se o outro contratante deixar de cumprir a prestação que lhe compete. 5. Conforme Informativo de Jurisprudência número 340 do Tribunal de Justiça do Distrito Federal e dos Territórios, incabível o arbitramento de lucros cessantes em decorrência de atraso na entrega de imóvel financiado com recursos do programa habitacional Minha Casa Minha Vida. (...) 10. Recurso conhecido e parcialmente provido (*TJDFT* – Ap. 0027175-38.2016.8.07.0001, 22-01-2020, Rel. Eustáquio de Castro).

⚖ Direito administrativo – Termo de confissão de dívida – Tentativa de anulação sob a alegação de coação – Exercício normal de um direito – Preliminar de cerceamento de defesa afastada. O magistrado é o destinatário da instrução probatória, cabendo a ele determinar as providências indispensáveis à instrução do feito e aferir a necessidade de formação de outros elementos para apreciação da demanda, nos termos dos arts. 130 e 131 do Código de Processo Civil. A **confissão é irrevogável**, a menos que decorra de erro de fato ou de coação, casos em que poderá ser anulada. Não se considera coação a ameaça do exercício normal de um direito (art. 153, do Código Civil). Apelação desprovida (*TJDFT* – DirAdm. 20130111762178 – (915758), 2-2-2016, Rel. Des. Hector Valverde Santanna).

Art. 215. A escritura pública, lavrada em notas de tabelião, é documento dotado de fé pública, fazendo prova plena.

§ 1º Salvo quando exigidos por lei outros requisitos, a escritura pública deve conter:
I – data e local de sua realização;
II – reconhecimento da identidade e capacidade das partes e de quantos hajam comparecido ao ato, por si, como representantes, intervenientes ou testemunhas;
III – nome, nacionalidade, estado civil, profissão, domicílio e residência das partes e demais comparecentes, com a indicação, quando necessário, do regime de bens do casamento, nome do outro cônjuge e filiação;
IV – manifestação clara da vontade das partes e dos intervenientes;
V – referência ao cumprimento das exigências legais e fiscais inerentes à legitimidade do ato;
VI – declaração de ter sido lida na presença das partes e demais comparecentes, ou de que todos a leram;
VII – assinatura das partes e dos demais comparecentes, bem como a do tabelião ou seu substituto legal, encerrando o ato.
§ 2º Se algum comparecente não puder ou não souber escrever, outra pessoa capaz assinará por ele, a seu rogo.
§ 3º A escritura será redigida na língua nacional.
§ 4º Se qualquer dos comparecentes não souber a língua nacional e o tabelião não entender o idioma em que se expressa, deverá comparecer tradutor público para servir de intérprete, ou, não o havendo na localidade, outra pessoa capaz que, a juízo do tabelião, tenha idoneidade e conhecimento bastantes.
§ 5º Se algum dos comparecentes não for conhecido do tabelião, nem puder identificar-se por documento, deverão participar do ato pelo menos duas testemunhas que o conheçam e atestem sua identidade.

O texto enuncia os requisitos da escritura pública. Outros podem existir em leis extravagantes, dependendo da natureza da escritura pública. A responsabilidade pela observância dos requisitos é do notário, que será responsabilizado, inclusive como agente delegado do Estado, se causar prejuízo por falha funcional.

A escritura é um documento público com finalidades precípuas. Em muitas oportunidades o ordenamento exige escritura pública para determinados negócios jurídicos para sua plena eficácia e validade (art. 108). As partes, por sua vontade, podem exigi-la também.

Com a restrição do formalismo, a tendência é serem reduzidas a situações de escritura pública obrigatória. Como a escritura pública goza de presunção de autenticidade será opção do legislador exigi-la, ou dos interessados, quando assim acharem conveniente. Essa presunção é relativa, pois é possível prova em contrário.

A função dos requisitos presentes nesse dispositivo ressalta de forma óbvia, dada a natureza e importância desse instrumento público. Note que o dispositivo menciona que a escritura deve conter de forma clara a vontade dos partícipes. Esse é um cuidado que fica a cargo do oficial. Trata-se de um documento que será preservado para a posteridade e deve ser entendido, tanto quanto possível, por pessoas comuns, ou seja, pelo homem médio. Outro requisito que tem por finalidade preservar a vontade manifesta dos interessados é sua leitura "*na presença das partes e demais comparecentes, ou de que todos o leram*". Cabe ao oficial atentar que todos saibam ler e efetivamente tenham lido o texto: na dúvida, deverá lê-lo na presença de todos.

A escritura pública, lavrada por serventuário, dispensa a presença de testemunhas, embora muitos defendam sua necessidade. O texto permite que duas testemunhas atestem a identidade de comparecente que não for conhecido do tabelião, nem puder ser identificado por documento. Essa válvula deve ser permitida com o maior cuidado, pois abre margem fácil a fraude.

Enunciado nº 158, III Jornada de Direito Civil – CJF/STJ: A amplitude da noção de "prova plena" (isto é, "completa") importa presunção relativa acerca dos elementos indicados nos incisos do § 1º, devendo ser conjugada com o disposto no parágrafo único do art. 219.

Nulidade de escritura pública – Aquisição de lotes em empreendimento – Contrato de compra e venda – Escritura pública que define todas as regras condominiais e obrigações das partes – Sentença de improcedência – Inconformismo do autor – Alegada divergência entre o conteúdo do contrato e da escritura pública – Fé pública da escritura lavrada em notas de tabelião – Artigo 215 CC – Documento público faz prova de formação e dos fatos declarados – Artigo 405 CPC – Vício de consentimento – Não comprovação – Precedente desta Câmara – Inexistência de ilegalidade ou abusividade na escritura pública – Sentença mantida – Recurso não provido (*TJSP* – Ap. 1024990-34.2020.8.26.0100, 18-3-3021, Rel. Benedito Antonio Okuno).

Ação declaratória de nulidade. Escritura pública não atendeu todas as formalidades necessárias estabelecidas no artigo 215, § 1º, incisos I, IV e VI, do CC e artigos 3º, 15, alínea "b" e "n", 65 e 66 do Provimento 58/89 da Corregedoria Geral do TJSP. Além da data errada, constou na escritura pública que a autora e o requerido compareceram no Cartório no ato da outorga, ocorrendo a leitura da procuração pela Tabeliã e a assinatura das partes, o que não ocorreu. Autora estava presa e recebeu o documento no cárcere, não sendo informada que se tratava de procuração dada ao marido para a alienação de imóvel, mas que se tratava de assunto bancário. Sentença que declarou nula a procuração deve ser mantida. Recursos improvidos (*TJSP* – Ap. 0008531-47.2010.8.26.0189, 1-12-2020, Rel. Silvia Maria Facchina Esposito Martinez).

Apelação cível – Ação declaratória de nulidade – Compra e venda de imóvel – Alegação de simulação

– Irregularidade na escritura de compra e venda – Ausência de provas – Improcedência. A alegação de simulação, segundo a sistemática do direito brasileiro, não admite a presunção como meio de prova, de modo que eventual arguição de tal questão deve ser sustentada em prova robusta. Nos termos do art. 373, I, do CPC/2015, é ônus da parte autora demonstrar em juízo a existência do ato ou fato por ela descrito na inicial como ensejador de seu direito, pois o fato alegado e não provado é o mesmo que fato inexistente. Conforme art. 215, do Código Civil, a escritura pública, lavrada em notas de tabelião, é documento dotado de fé pública, fazendo prova plena. Assim, diante da ausência de prova de ocorrência de simulação no negócio jurídico celebrado entre as partes, bem como de irregularidade na escritura pública, impõe-se a improcedência do pedido inicial (*TJMG* – Ap. 1.0000.20.007069-6/001, 26-06-2020, Rel. Luciano Pinto).

⚖ Apelações. Ação ordinária de dissolução de união estável c/c partilha de bens. Pleito do autor. Elastecimento quanto ao marco final da união estável. Impossibilidade. Análise conjuntural dos elementos probatórios. Pleito da demandada. Alegação de inexistência de união estável. Descabimento. Sentença confirmada. Apelo da demandada. Caso dos autos em que a existência de união estável foi declarada por escritura pública, sendo dotada de fé pública, fazendo prova plena, nos termos do artigo 215, do Código Civil. Apelo do autor. Descabido o pleito de elastecimento do término da união estável, na medida em que as provas dos autos atestam de forma cabal que após o ano de 2010, o relacionamento entre os litigantes, não mais publicizavam contornos de união estável. Apelações desprovidas (*TJRS* – Ap. 70077624443, 28-02-2019, Rel. José Antônio Daltoe Cezar).

Art. 216. Farão a mesma prova que os originais as certidões textuais de qualquer peça judicial, do protocolo das audiências, ou de outro qualquer livro a cargo do escrivão, sendo extraídas por ele, ou sob a sua vigilância, e por ele subscritas, assim como os traslados de autos, quando por outro escrivão consertados.

As cópias autenticadas fazem a mesma prova dos documentos originais, salvo menção expressa em contrário pelo ordenamento. O art. 161 da Lei dos Registros Públicos (Lei nº 6.015/1973), no mesmo sentido, estatui que as certidões e traslados de registros públicos, emanados pelo oficial de registro, gozam de presunção de veracidade e o mesmo valor probante dos originais.

Certidão é documento fornecido pelo ente estatal, afirmando ou negando a existência de um fato ou ato. As certidões podem ser integrais, ou de inteiro relato, ou de breve relato, conforme atestem todo ato ou fato ou parte deles. Os traslados são cópias mecânicas ou eletrônicas dos documentos oficiais. O texto legal peca ao utilizar o termo "consertados", quando a grafia correta é a do Código revogado, "concertados". Esses documentos devem ser extraídos pelo próprio escrivão ou, quando não, sob sua vigilância.

Os serventuários e agentes do Estado em geral respondem administrativa, civil e penalmente por certidões inverídicas, pois esses documentos guardam presunção relativa de veracidade.

⚖ Apelação. Contratos bancários. Ação de danos morais c.c. inexistência de débito. Descabimento da inversão do ônus da prova. Ausência de verossimilhança das alegações. Aplicação do art. 373, I, do Código de Processo Civil/15. Não comprovação dos fatos constitutivos do direito da autora. Débito existente. Validade da certidão de ofício civil para prova da dívida e da cessão de crédito, nos termos do art. 216 e 217 do Código Civil. Regularidade da negativação do nome da autora pela cessionária do crédito. Ausência de notificação do devedor quanto à cessão de crédito. Ineficácia da cessão de crédito não caracterizada. Dano moral não configurado. Majoração da verba honorária. Aplicação do § 11 do artigo 85 do CPC de 2015. Sentença de improcedência mantida. Recurso desprovido (*TJSP* – Ap. 1059591-74.2017.8.26.0002, 17-09-2018, Rel. Pedro Kodama).

Art. 217. Terão a mesma força probante os traslados e as certidões, extraídos por tabelião ou oficial de registro, de instrumentos ou documentos lançados em suas notas.

O princípio é o mesmo dos artigos até aqui vistos. Cuida-se da presunção relativa de veracidade e a respectiva força probante dos traslados e certidões extraídas por tabelião ou registrador. Esses agentes delegados do Estado gozam de fé pública em seus atos de ofício.

⚖ Apelação cível. Sucessões. Anulatória de testamento. Descabimento. Não comprovação da incapacidade mental da testadora ao tempo da lavratura do documento. Testemunhas e laudos periciais que indicam parcial comprometimento após o ato realizado, sem menção de pré-existência. *In casu*, emerge da análise dos diversos pareceres e laudos médicos a que foi submetida a pericianda/testadora, somado aos relatos judicializados por testemunhas, inclusive, com fé pública, a inexistência de que, ao tempo da lavratura do testamento realizado pela *de cujus*, estivesse ela com suas faculdades mentais comprometidas a impossibilitar a disposição de bens móveis ou imóveis a que lhe eram de direito. Documento testamentário em que foi firmado por Tabelião, conferindo fé pública no que tange a capacidade da testadora, conforme dispõe o artigo 217 do Código Civil. Apelação provida (*TJRS* – Ap. 70076473891, 22-11-2018, Rel. José Antônio Daltoé Cezar).

Art. 218. Os traslados e as certidões considerar-se-ão instrumentos públicos, se os originais se houverem produzido em juízo como prova de algum ato.

Em princípio, todos os atos praticados perante o magistrado em juízo, no curso de processo ou fora dele, possuem o nível de instrumentos públicos. Assim, por exemplo, os termos de audiência, os atos tomados por termo perante o juiz, as decisões interlocutórias, sentenças etc. O escrivão da serventia judicial equipara-se ao registrador e tabelião. Assim, a carta de arrematação, adjudicação ou remição referente a imóveis são títulos hábeis para o registro imobiliário.

Os documentos particulares juntados pelas partes ao processo não gozam da mesma situação jurídica, e devem ser analisados como tais. Assim, um contrato entre particulares continuará a ser visto como negócio privado, ainda que juntado aos autos.

Art. 219. As declarações constantes de documentos assinados presumem-se verdadeiras em relação aos signatários.
Parágrafo único. Não tendo relação direta, porém, com as disposições principais ou com a legitimidade das partes, as declarações enunciativas não eximem os interessados em sua veracidade do ônus de prová-las.

No *caput* desse artigo, consta regra geral que estampa outra presunção relativa: as declarações em documentos assinados presumem-se da lavra dos signatários. A noção de documento particular é obtida por exclusão: assim, o que não for documento público será documento particular. O conceito de documento particular não é fornecido pela lei. Assim, todo instrumento material que sirva para provar um fato ou ato pode ser considerado documento particular, embora parte da doutrina prefira fazer referência a provas técnicas ou a meios técnicos.

Sempre que exista presunção relativa de veracidade, admite-se prova em contrário. As presunções presentes no ordenamento visam facilitar a convivência e evitar que a cada momento se apresente prova mais aprofundada. Daí por que se entende que o documento, em princípio, é da lavra do seu subscritor. Há várias questões que afloram em torno dessa problemática e que merecem estudo mais detido, como a hipótese de validade de documento assinado em branco e o respectivo abuso no seu preenchimento (art. 428, II do CPC).

O parágrafo único deste artigo refere-se às declarações enunciativas, que não guardam relação direta com as disposições principais e legitimidade das partes. Consideram-se supérfluas, portanto. Assim, por exemplo, em um contrato de compra e venda, serão principais e elementares as declarações referentes ao preço, ao prazo de pagamento e ao consentimento. Serão enunciativas, por exemplo, declarações referentes às condições físicas do imóvel e as pertinentes ao lançamento tributário. Assim, faz-se diferença entre essas declarações meramente enunciativas e as declarações dispositivas. Porém, de qualquer modo, ambas são importantes para o deslinde do negócio jurídico. Há, contudo, uma diferente valoração probatória para ambas.

🔎 Apelação cível. Direito civil e processual civil. Compra e venda de veículo. Desfazimento. Restituição valor de entrada. Declaração particular. Presunção de veracidade. Ônus da prova. Ausência de prova de recebimento a menor. Sentença mantida. 1. Segundo preceitua o art. 373, I, do Código de Processo Civil, o ônus da prova incumbe ao autor, quanto ao fato constitutivo de seu direito. Por outro lado, o inciso II do normativo impõe ao réu o ônus probatório da existência de fato impeditivo, modificativo ou extintivo do direito do autor. 2. Por força do artigo 219 do Código Civil, as declarações constantes de documentos assinados presumem-se verdadeiras em relação aos signatários, de modo que ao alienante do bem caberia comprovar que recebeu quantia inferior a que declarou ter recebido. 3. Não se desincumbindo o alienante de provar que recebeu valor inferior ao que declarou em recibo de compra e venda, revela-se obrigatório o reconhecimento da veracidade das informações constantes da declaração firmada. 4. Apelação conhecida e não provida (*TJDFT* – Ap. 0704943-94.2017.8.07.0020, 05-02-2020, Rel. Simone Lucindo).

🔎 União estável – Companheirismo admitido por ambos os litigantes, com divergência relevante apenas quanto ao termo inicial – Questões controvertidas quanto à partilha de um bem imóvel, um automóvel, valores em contas bancárias e guarda de filha menor – Declaração firmada por ambos os companheiros e por duas testemunhas reconhecendo a união estável e seu termo inicial – Declarações constantes de documentos que se presumem verdadeiras quanto aos seus signatários, na forma do art. 219 do Código Civil – Desnecessidade de colheita de prova oral em audiência para confirmação da declaração – Aplicação das regras do regime da comunhão parcial de bens à união estável – Inteligência do art. 1.725 do Código Civil – Inexistência de prova da sub-rogação de bens próprios do companheiro – Guarda de menor atribuída à mãe – Laudos social e psicológico indicativos de que ambos os genitores apresentam condições de criar e educar a filha – Inexistência de motivos razoáveis para modificação de situação fática já consolidada da guarda da menor com a mãe – Sentença mantida – Recurso não provido (*TJSP* – Ap. 1000212.28.2018.8.26.0663, 27-01-2020, Rel. Francisco Loureiro).

Art. 220. A anuência ou a autorização de outrem, necessária à validade de um ato, provar-se-á do mesmo modo que este, e constará, sempre que se possa, do próprio instrumento.

Há situações nas quais a lei, ou a vontade das partes, exigem a anuência ou autorização de terceiros para plena eficácia do negócio. Essa particularidade destaca, na verdade, em princípio, o aspecto da legitimidade para o ato ou negócio. Legitimidade pode ser conceituada como a capacidade específica para a prática de um ato. A capacidade é geral, todos a possuem, ao menos a de gozo. A lei pode exigir requisitos específicos nessa capacidade para algum ato, que se denomina legitimidade, em nomenclatura emprestada da ciência processual. Assim, por exemplo, o cônjuge não pode, sem autorização do outro, salvo no regime da separação absoluta, alienar ou gravar de ônus real bens imóveis, prestar fiança ou aval ou fazer doação de bens comuns (art. 1.647). Os exemplos são inúmeros no Código e no ordenamento em geral.

Essa anuência ou autorização deve vir preferentemente no bojo do próprio instrumento, nada impedindo que esteja presente em outro ato, anterior ou posterior ao ato. A preferência legal se deve a facilitar a prova de veracidade. Sua prova segue os mesmos princípios para os documentos em geral.

Nas hipóteses de recusa de anuência por parte do terceiro ou impossibilidade de esta ser obtida, sempre haverá, em princípio, a possibilidade de suprimento judicial, quando a recusa for injusta.

Oportuno recordar que, no tocante ao mandato, aclarando dúvidas do sistema passado, o art. 657 deste diploma expressamente exige que o mandato utilize a mesma forma do ato a ser praticado. Assim, se o ato exige escritura pública, o mandato também assim o será.

Apelação cível. Suscitação de dúvida. Registro de imóveis. Integralização de imóvel outorga uxória que não pode se dar por simples anuência em contrato social. Inaplicabilidade do art. 220 do Código Civil. Transferência dos imóveis das cônjuges e sua concordância que deve se dar através de escritura pública. Ausência de qualidade de sócias. Inaplicabilidade do art. 64 da Lei nº 8.934/1994. Sentença mantida. Recurso de apelação não provido (*TJPR* – Ap. 1. 1295860-8, 13-06-2016, Rel. Sigurd Roberto Bengtsson).

Art. 221. O instrumento particular, feito e assinado, ou somente assinado por quem esteja na livre disposição e administração de seus bens, prova as obrigações convencionais de qualquer valor; mas os seus efeitos, bem como os da cessão, não se operam, a respeito de terceiros, antes de registrado no registro público.
Parágrafo único. A prova do instrumento particular pode suprir-se pelas outras de caráter legal.

Leve-se em conta que documento é qualquer coisa que registra materialmente um fato. Os meios informatizados também se incluem nessa afirmação. O documento não possui a finalidade precípua de fazer prova, mas poderá eventualmente fazê-lo. O instrumento é modalidade de documento criado especialmente para provar algo. Daí distinguir-se o instrumento particular, sem ingerência de agente do Estado, do instrumento público.

Quando o instrumento público não for exigido pela lei para determinado ato, ou quando as partes não convencionarem em contrário, vale o instrumento particular para prova dos negócios jurídicos de qualquer valor. Esse instrumento deve ser assinado pelo declarante capaz e tem valor apenas entre as partes contraentes. Para valer com relação a terceiros, é necessário que o instrumento particular seja objeto de inscrição no Registro Público, como estipula o artigo. O escrito particular, porém, não é da substância de negócio jurídico algum e, por isso, pode sua prova ser suprida por outra admissível; daí a redação do parágrafo único. Não há mais restrição à prova testemunhal pelo valor do contrato, como constava do art. 401 do CPC anterior. A lei não distingue, colocando no mesmo nível, o documento escrito e assinado pelo titular, daquele escrito por outrem e assinado pelo interessado. Essa regra é decorrência do já afirmado no art. 219.

As cessões de crédito, débito e direitos em geral pressupõem o registro público para efeito com relação a terceiros, embora sejam válidas e eficazes entre os partícipes.

Os instrumentos particulares podem ser manuscritos ou obtidos por meios mecânicos ou eletrônico. Exige que seja assinado por pessoa capaz que esteja na livre disposição e administração de seus bens. Se o instrumento não se referir a bens, esse requisito será inócuo, bastando que o assinante seja capaz.

O analfabeto ou quem estiver incapacitado de assinar somente participará de instrumento particular mediante procuração pública.

O vigente texto atual suprime a necessidade de duas *testemunhas*.

A dicção também não exige o *reconhecimento de firma*, que pode ser exigida por outra lei ou pelo interesse das partes. O reconhecimento de firma será necessário para o registro do instrumento.

A *data* inserida no instrumento presume-se verdadeira. As dúvidas serão resolvidas no caso concreto. O art. 409 do CPC aponta critérios para essa finalidade:

"*A data do documento particular, quando a seu respeito surgir dúvida ou impugnação entre os litigantes, provar-se-á por todos os meios de direito.*
Parágrafo único. Em relação a terceiros, considerar-se-á datado o documento particular:
I – no dia em que foi registrado;
II – desde a morte de algum dos signatários;
III – a partir da impossibilidade física que sobreveio a qualquer dos signatários;

IV – da sua apresentação em repartição pública ou em juízo;
V – do ato ou fato que estabeleça, de modo certo, a anterioridade da formação do documento."

Note que aí a lei estabelece um rol de presunções relativas. O critério mais eficaz e aplicável, contudo, é o da data do registro. A questão da data ganha importância nos meios eletrônicos.

Há toda uma estrutura doutrinária e legal em torno dos documentos em geral, sua validade ou nulidade e vários procedimentos que gravitam em torno dessa temática.

Ação de cobrança. Honorários. Preliminar. Cerceamento de defesa. Inocorrência. Rejeição. Contrato de prestação de serviços advocatícios. Ausência de assinatura dos contratantes. Negócio jurídico. Inexistência. 1. Não há cerceamento de defesa quando os documentos juntados aos autos mostraram-se suficientes para a apreciação da lide, assim como para firmar a livre convicção do julgador. 2. O contrato de prestação de serviços advocatícios tem por objetivo remunerar o advogado pelo trabalho prestado e assegura aos inscritos na OAB o direito aos honorários convencionados, aos fixados por arbitramento judicial e aos de sucumbência (art. 22 da Lei nº 8.906/1994). 3. O instrumento particular produz efeitos entre os signatários quando for devidamente assinado pelas partes, independentemente da subscrição de testemunhas, nos termos do art. 221 do Código Civil. 4. A sucumbência que autoriza a condenação do vencido pelas despesas e honorários advocatícios quando o outro litigante decai de parte mínima do pedido é aquela que se apresenta irrelevante, tanto do ponto de vista jurídico quanto do ponto de vista econômico. 5. Preliminar rejeitada. Recurso conhecido e não provido (*TJDFT* – Ap. 0715333-49.2018.8.07.0001, 19-12-2019, Rel. Diaulas Costa Ribeiro).

Embargos de terceiro. Direito privado não especificado. Penhora de bens móveis. Legitimidade ativa. Ônus da prova. Exegese do artigo 373, I, do CPC. Não comprovação. Legitimidade ativa. Não há que se falar em ilegitimidade da empresa embargante, pois o contrato de locação de equipamentos está firmado em seu nome, não sendo parte da execução, de forma que é legítima para o ajuizamento dos presentes embargos. Locação dos bens. O contrato de locação trazido aos autos consiste em documento puramente particular inexistindo reconhecimento de firma dos contratantes; assinatura de testemunhas, bem como não se encontra registrado no registro público, de forma que não é oponível a terceiros, nos termos do art. 221 do Código Civil. Ônus da prova. Para o reconhecimento da pretensão deveria a embargante comprovar que o contrato de locação é válido e vigente, bem como de que os bens são de sua propriedade, nos termos exigidos pelo artigo 373, inciso I, do NCPC. Não há prova de propriedade dos bens ou de pagamento de valores pelo aluguel. Embargante que não se desincumbiu de seu ônus. Desacolheram a preliminar e deram provimento ao apelo. Unânime (*TJRS* – Ap. 70074983461, 26-10-2017, Rel. Giovanni Conti).

Art. 222. O telegrama, quando lhe for contestada a autenticidade, faz prova mediante conferência com o original assinado.

O telegrama está em flagrante desuso na atualidade. O legislador deveria ter se preocupado com o correio eletrônico e outros meios informatizados que o substituem com vantagem. Ainda porque, na grande maioria das vezes, o telegrama é enviado por via telefônica à empresa de correios, não havendo mais assinatura.

Esse artigo reporta-se ao telegrama que tenha sua autenticidade contestada. Essa contestação pode ser feita pelos partícipes do telegrama ou por qualquer interessado. Nesse caso, a prova é feita mediante a conferência com o original assinado, quando houver. Essa solução também pode ser conferida ao *fax* e ao correio eletrônico. Até mesmo o *fax* já perdeu importância no mundo negocial. A informática, porém, dada a sua complexidade, exige soluções próprias. Essa tendência é inexorável. Certamente que também o correio eletrônico pode ter sua autenticidade comprovada. Sua prova será buscada nos princípios dinâmicos da informática.

Art. 223. A cópia fotográfica de documento, conferida por tabelião de notas, valerá como prova de declaração da vontade, mas, impugnada sua autenticidade, deverá ser exibido o original.
Parágrafo único. A prova não supre a ausência do título de crédito, ou do original, nos casos em que a lei ou as circunstâncias condicionarem o exercício do direito à sua exibição.

Já vai longe no tempo a utilização das velhas fotocópias, com negativos e tudo o mais. As reprografias são obtidas atualmente por máquinas cada vez mais sofisticadas, com coloração que torna difícil, ao mais desavisado, distinguir a cópia do original.

Como regra geral, as cópias fotográficas ou equivalentes são admitidas como documentos, quando autenticadas ou não impugnada sua validade e autenticidade. A autenticação é feita por oficial público que declara ser a cópia fiel ao original.

Atente-se que, de acordo com o parágrafo único, a cópia não supre a ausência do título de crédito ou do original quando a lei o tiver por essencial. Nesses casos, mormente em se tratando de direito cartular, o original deve ser apresentado, ainda que para simples conferência pelo cartório ou autoridade judiciária. O original dos títulos de crédito em geral, em razão de seus princípios de literalidade e abstração, deve sempre, salvo exceções permitidas, ser apresentado.

Esse artigo trata apenas da cópia autenticada. Não se afaste, porém, de plano, o valor probatório das cópias simples, mormente quando não impugnadas pelos interessados.

🔨 Agravo de instrumento. Direito privado não especificado. Ação anulatória. Cessão de crédito. Contrato original. Desnecessária a juntada do contrato original. Inteligência dos artigos 223 do Código Civil e 385 do CPC. Hipótese em que a agravada não nega que tenha contratado com o credor primitivo, sendo desnecessária a juntada da via original do contrato. Agravo de instrumento provido. Unânime (*TJRS* – AI 70064852049, 09-09-2015, Rel. Antônio Maria Rodrigues de Freitas Iserhard).

Art. 224. Os documentos redigidos em língua estrangeira serão traduzidos para o português para ter efeitos legais no País.

Essa regra tradicional decorre do princípio constitucional do art. 13 da Constituição Federal, que estabelece a língua portuguesa como nosso idioma oficial. Assim, os documentos produzidos ou introduzidos no país, para valerem como prova, devem ser redigidos em língua portuguesa ou traduzidos por tradutor juramentado (Decreto nº 13.609/1943). No mesmo sentido se colocam os arts. 192 e parágrafo único do CPC.

O Decreto nº 2.067, que tornou lei interna o Protocolo de Cooperação e Assistência entre os países do Mercosul, no art. 26 define que os documentos redigidos em espanhol possuem o mesmo valor probante dos escritos em vernáculo, não necessitando de tradução.

Os instrumentos públicos no Brasil somente podem ser redigidos em português. Os escritos em língua estrangeira, desde que com caracteres comuns, poderão ser registrados no País no original, para fins de conservação, mas para produzir efeitos legais, deverão ser traduzidos para o vernáculo e registrada essa tradução (art. 148 da Lei dos Registros Públicos). A problemática transfere-se para a acuidade da tradução, pois conhecido é o brocardo *tradutori, traditori*.

Art. 225. As reproduções fotográficas, cinematográficas, os registros fonográficos e, em geral, quaisquer outras reproduções mecânicas ou eletrônicas de fatos ou de coisas fazem prova plena destes, se a parte, contra quem forem exibidos, não lhes impugnar a exatidão.

Os documentos, como se nota, não se apresentam exclusivamente sob a forma escrita. Esse artigo descreve documentos de várias naturezas materiais. As reproduções mecânicas ou eletrônicas podem fazer servir de prova. Os meios se apresentam no presente de forma cada vez mais sofisticada. Assim também as fraudes. A parte contra quem se pretende fazer prova poderá impugnar essa modalidade de documento, o que será decidido no caso concreto. Desse modo, essas reproduções materiais apresentam-se com presunção relativa de autenticidade.

📚 Enunciado nº 298, IV Jornada de Direito Civil – CJF/STJ: Os arquivos eletrônicos incluem-se no conceito de "reproduções eletrônicas de fatos ou de coisas" do art. 225 do Código Civil, aos quais deve ser aplicado o regime jurídico da prova documental.

🔨 Apelação cível. Concurso público. Mandado de segurança. Indeferimento da inicial e extinção do processo. Cabimento no caso concreto. A parte impetrante, na inicial do *mandamus*, menciona que participou do concurso público aberto pelo Edital nº 01/2016, destinado ao preenchimento de diversos cargos do SEMAE de São Leopoldo, dentre os quais o de Agente Administrativo, que exige que o candidato resida em São Leopoldo, conforme previsão do Edital. Com efeito, como fundamentado pelo magistrado *a quo*, os elementos probatórios trazidos aos autos são frágeis à constatação do descumprimento das regras do certame. Mesmo com a lavratura de ata notarial, trata-se de conversas via facebook com alguns candidatos nomeados às vagas, consubstanciando, apenas, em indícios promovidos de forma unilateral pelo impetrante. Não se trata de negar valor probante à ata notarial ou a própria conversa travada pelo impetrante com os agentes públicos que aponta como fraudadores, mas não lhe atribuir valor absoluto, especialmente no estreito escopo da ação mandamental, que exige a prova pré-constituída do direito alegado. A dicção do art. 225 do Código Civil não deixa dúvida nesse aspecto, ao estabelecer a dependência da caracterização de prova plena às reproduções mecânicas ou eletrônicas de fatos ou de coisas à ausência de impugnação da parte contra quem foram tais provas exibidas. Portanto, está configurada no caso concreto a hipótese de indeferimento da inicial, com base na regra do citado artigo 10 da Lei nº 12.016/09. Negado provimento ao apelo (artigo 932, inc. IV, do CPC e artigo 169, XXXIX, do Regimento Interno deste Tribunal) (*TJRS* – Ap. 70077015881, 08-05-2018, Rel. Leonel Pires Ohlweiler).

🔨 Embargos à execução – Pagamento parcial – Prova documental – Existindo nos autos a cópia – Não impugnada pelo credor – De um documento digitado em papel timbrado contendo o nome do credor e dando conta de que houve pagamento parcial da dívida, esta deve ser reputada válida para fins de comprovação do adimplemento parcial. Nesse sentido, preceitua o artigo 225 do Código Civil que "as **reproduções fotográficas, cinematográficas, os registros fonográficos** e, em geral, quaisquer outras reproduções mecânicas ou eletrônicas de fatos ou de coisas fazem prova plena destes, se a parte, contra quem forem exibidos, não lhes impugnar a exatidão". A lei civil admite que terceiros, mesmo não interessados, paguem dívidas alheias (artigos 304 e seguintes do Código Civil). Se o credor tem seu débito satisfeito, e, mais do que isso, demonstra concordância com os pagamentos efetuados por terceiros, a dívida deve ser reputada adimplida, sob pena de o credor incorrer em enriquecimento ilícito e sem causa, por pretender receber duas vezes o mesmo crédito. A presunção de pagamento não se dá somente por meio da entrega dos títulos ao devedor, pois há hipóteses em que o credor pode se recusar a entregar os títulos, ou mesmo em que estes sejam extraviados ou deteriorados. Não há, no ordenamento jurídico brasileiro, qualquer disposição legislativa no sentido de impor, como única forma de comprovação de pagamento, a posse dos títulos pelo devedor. O próprio artigo 320 do Código Civil estabelece que "a quitação, que sempre poderá ser dada por instrumento particular, designará o valor e a espécie da dívida quitada, o nome do devedor, ou quem por este pagou, o tempo e o lugar do pagamento, com a assinatura do credor ou do seu representante". Apelação conhecida e não provida (*TJDFT* – Eex 20090110084322 – (505806), 26-5-2011, Relª Desª Ana Maria Duarte Amarante Brito).

Art. 226. Os livros e fichas dos empresários e sociedades provam contra as pessoas a que pertencem, e, em seu favor, quando, escriturados sem vício extrínseco ou intrínseco, forem confirmados por outros subsídios.
Parágrafo único. A prova resultante dos livros e fichas não é bastante nos casos em que a lei exige escritura pública, ou escrito particular revestido de requisitos especiais, e pode ser ilidida pela comprovação da falsidade ou inexatidão dos lançamentos.

O texto reporta-se a documentos da empresa. O empresário ou comerciante deve manter seus livros devidamente escriturados (art. 1.179), os quais devem ser produzidos por contabilista habilitado (art. 1.182). Sempre se atribuiu valor probante aos livros mercantis, embora não tivéssemos texto expresso. O presente aclara definitivamente a questão. Essa escrituração não supre a escritura pública, quando esta for necessária, mas faz prova tanto a favor como contra o empresário, em favor de terceiros. Nunca será prova definitiva se puder ser complementada por outros meios. Cada vez menos se utiliza o papel para documentos. Isso deve sempre estar em mente hodiernamente.

Há procedimento que faz exigir a apresentação de livros em juízo, mas a empresa não estará obrigada a fazê-lo se não for parte.

Portanto, os livros e fichas dos empresários e sociedades provam contra as pessoas a que pertencem ou em seu favor, quando escriturados sem vício extrínseco ou intrínseco e forem confirmados por outros subsídios.

Como notamos, os livros e os documentos das empresas, hoje em grande parte informatizados, terão importante valor probatório e deverão ser corretamente valorados pelo juiz.

Agravo de instrumento. Dissolução e liquidação de sociedade. Apresentação dos livros contábeis. Balanço patrimonial. Necessidade da documentação contábil para adequada liquidação do feito. Multa diária. Cabimento. 1. Preambularmente, é oportuno destacar que o balanço patrimonial da sociedade em fase de dissolução e apuração de haveres deve ser apresentado, a fim de possibilitar correta liquidação, pois os dados contábeis pleiteados fazem prova pré-constituída a favor e contra os sócios em litígio, nos termos do art. 226 do Código Civil. Ademais, a documentação em questão é a única capaz de demonstrar a situação econômico-financeira da sociedade em liquidação no curso do tempo. 2. Igualmente, o balanço contábil deve ser apresentado, ainda, que por meio eletrônico na atualidade, anualmente, consoante estabelece o art. 1.065, combinado com o art. 1.186, ambos do atual Código Civil. Obrigação esta que também era disposta no art. 18 da lei 3.708/19 da lei das sociedades limitadas combinado com o art. 132 da lei das Sociedades Anônimas, aplicada subsidiariamente ao caso conforme a anterior legislação dispunha e a atual lei civil também estabelece. 3. Releva ponderar, ainda, que é possível a fixação de multa pecuniária, a fim de instar a parte demandada a cumprir o provimento judicial. A astreinte deve ser fixada de forma excessiva em relação ao patrimônio do devedor, a fim de compeli-lo ao cumprimento da obrigação devida, de sorte que adequado seu arbitramento no presente feito. 4. Por outro lado, o prazo estabelecido pelo Magistrado a quo se mostra exíguo para diligenciar a totalidade da documentação contábil pretendida. Assim, adequada à dilação do lapso temporal em questão, a fim de ser dado cumprimento a determinação judicial em discussão, fixando-o em sessenta dias para atendimento desta. Dado parcial provimento ao agravo de instrumento (*TJRS* – AI 70075755538, 28-03-2018, Rel. Jorge Luiz Lopes do Canto).

Apelação cível – Embargos à execução – Sentença – Ausência de fundamentação – Execução fiscal – CDA – Nulidade afastada – Cerceamento de defesa – Decadência e prescrição – Preliminares rejeitadas – Escrituração contábil – Livros empresariais – Força probatória contrária ao seu autor – Saída de mercadorias desacobertadas de documentação fiscal – Presunção juris tantum não elidida – Multas de revalidação e isolada – Confisco – Inexistência – Honorários advocatícios – Art. 85 do CPC/15 – Reforma parcial da sentença. (...) 3. Verificando-se que o título que embasa a execução fiscal discrimina todos os valores do débito, notadamente a origem e natureza da dívida, possibilitando a ampla defesa, deve prevalecer a presunção de que goza a CDA, não elidida por prova em contrário, denotando-se a presença dos requisitos contidos no artigo 202 do CTN. 4. Tratando-se de tributo sujeito ao lançamento por homologação, após a ocorrência do fato gerador, deve o contribuinte efetuar o pagamento, tendo a Fazenda Pública o prazo de cinco anos, contados do fato gerador, para proceder à homologação, tácita ou expressa, do crédito, prevendo o art. 150, parágrafo 4º, do Código Tributário Nacional, não se operando seja o prazo decadencial para o lançamento do tributo, seja o quinquídio relativo à prescrição da pretensão executória da exação. 5. Em regra, os livros empresariais possuem força probante contrária ao seu autor, admitindo-se a eficácia probatória dos livros e fichas das sociedades em seu favor nos litígios entre empresários, na hipótese de conter escrituração sem vício intrínseco ou extrínseco, ou seja, devidamente regular, consoante dispõe o art. 226 do Código Civil de 2002 c/c arts. 417 e 418 do CPC/15. (...). 9. Preliminares rejeitadas. Recurso parcialmente provido (*TJMG* – Ap. 1.0223.13.024021-9/001, 08-02-2018, Rel. Teresa Cristina da Cunha Peixoto).

Art. 227. (Revogado pela Lei nº 13.105, de 2015). Parágrafo único. Qualquer que seja o valor do negócio jurídico, a prova testemunhal é admissível como subsidiária ou complementar da prova por escrito.

Esse texto harmonizava-se com o art. 401 do CPC, não mais repetido. O *caput* deste artigo, revogado, não deve mais ser empregado tendo em vista a solução do estatuto processual vigente. No entanto, como está no parágrafo, a prova testemunhal sempre será admitida como adminículo no conjunto probatório. A tendência de limitação da prova exclusivamente testemunhal cai por terra sob os princípios da ampla defesa. Como se tratava de medida restritiva de prova, se houver dúvida quanto ao valor do negócio jurídico, a prova exclusivamente testemunhal deve ser admitida, ainda porque, como está no parágrafo, ela será sempre admitida como subsidiária ou complementar, qualquer que seja o valor do negócio jurídico.

Assim como todos os demais meios de prova, a prova testemunhal será avaliada dentro do conjunto probatório, ainda que se trate de testemunha única. Não se esqueça que há fatos, atos e negócios que somente podem ser provados mediante documento.

Art. 228. Não podem ser admitidos como testemunhas:
I – os menores de dezesseis anos;
II – (Revogado pela Lei nº 13.146, de 2015).
III – (Revogado pela Lei nº 13.146, de 2015).
IV – o interessado no litígio, o amigo íntimo ou o inimigo capital das partes;
V – os cônjuges, os ascendentes, os descendentes e os colaterais, até o terceiro grau de alguma das partes, por consanguinidade, ou afinidade.

§ 1º Para a prova de fatos que só elas conheçam, pode o juiz admitir o depoimento das pessoas a que se refere este artigo.
§ 2º A pessoa com deficiência poderá testemunhar em igualdade de condições com as demais pessoas, sendo-lhe assegurados todos os recursos de tecnologia assistiva.

A lei proíbe determinadas pessoas de servir como testemunhas. É o que faz esse artigo. A razão é justificada por questão de incapacidade, como no caso dos que não possuem discernimento, dos menores impúberes e dos cegos e surdos quando a ciência do fato que se quer provar depende do sentido que lhes falta. Também a razão situa-se na falta de legitimação, quando se trata de pessoa com interesse no litígio, ou de parente ou cônjuge dos demandantes.

As pessoas com deficiência devem ser admitidas a depor com os instrumentos imprescindíveis para suprir essa deficiência, sempre que possível, devendo o Estado fornecer os meios necessários.

O CPC, no art. 447, distingue os *incapazes*, os *impedidos* e os *suspeitos* de servirem como testemunhas.

Os *incapazes* são os que não podem depor em razão de deficiência orgânica ou desenvolvimento mental incompleto:

"*I – o interdito por enfermidade ou deficiência mental;*
II – o que, acometido por enfermidade, ou retardamento mental, ao tempo em que ocorreram os fatos, não podia discerni-los; ou, ao tempo em que deve depor, não está habilitado a transmitir as percepções;
III – o que tiver menos de 16 (dezesseis) anos;
IV – o cego e o surdo, quando a ciência do fato depender dos sentidos que lhes faltam."

Os *impedidos* de depor como testemunhas são aqueles que possuem um relacionamento "objetivo" com a causa:

"*I – o cônjuge, o companheiro, o ascendente e o descendente em qualquer grau, ou colateral, até o terceiro grau, de alguma das partes, por consanguinidade ou afinidade, salvo se o exigir o interesse público, ou, tratando-se de causa relativa ao estado da pessoa, não se puder obter de outro modo a prova, que o juiz repute necessária ao julgamento do mérito;*
II – o que é parte na causa;
III – o que intervém em nome de uma parte, como o tutor na causa do menor, o representante legal da pessoa jurídica, o juiz, o advogado e outros, que assistam ou tenham assistido as partes" (art. 447, § 2º).

Os *suspeitos* são aqueles que guardam uma razão "subjetiva" que os proíbe de depor:

"*I – o inimigo da parte ou seu amigo íntimo;*
II – o que tiver interesse no litígio" (art. 405, § 3º).

O § 4º do art. 447 do estatuto processual acrescenta:

"*Sendo necessário, pode o juiz admitir o depoimento das testemunhas menores, impedidas ou suspeitas.*"
§ 5º "*Os depoimentos referidos no § 4º serão prestados independentemente de compromisso, e o juiz lhe atribuirá o valor que possam merecer*".

Trata-se de depoimento colhido como "meras declarações", nesse caso, algo que se pode tornar útil no conjunto probatório para o convencimento do juiz.

O art. 458, por sua vez, determina que a testemunha se compromisse a dizer a verdade, sendo advertida pelo juiz sobre o crime de falso testemunho. O crime de falso testemunho é tipificado no art. 342 do Código Penal.

O art. 143 do Código Civil de 1916 admitia expressamente como testemunhas os ascendentes, por consanguinidade ou afinidade, "*em questões em que se trate de verificar o nascimento ou óbito dos filhos*". O Código de 2002 prefere fórmula mais genérica e que permite maior mobilidade e discricionariedade ao juiz no caso concreto, reportando-se a todas as testemunhas impedidas relacionadas no art. 228, dispondo no § 1º desse artigo: "*Para a prova de fatos que só elas conheçam, pode o juiz admitir o depoimento das pessoas a que se refere este artigo.*" Assim, por exemplo, o ascendente ou amigo íntimo da parte envolvida em processo pode ser admitido como testemunho se foi a única pessoa que tomou conhecimento dos fatos em discussão. Nessa situação, porém, o bom-senso indica que essas pessoas devem ser ouvidas em simples declarações, sem o compromisso que possa levá-las ao crime de falso testemunho.

De acordo com o CPC, também os impedidos por parentesco podem, excepcionalmente, ser admitidos a depor como testemunhas, em ações de estado, tais como investigação de paternidade, separação judicial etc.

O presente artigo enumera as pessoas que não podem ser admitidas como testemunhas, na mesma trilha do art. 142 do estatuto anterior. Nessa matéria, dada sua natureza, há de prevalecer a orientação técnica da lei processual, sem prejuízo de harmonização dos dois diplomas.

O art. 144 do Código Civil de 1916 dispunha: "*Ninguém pode ser obrigado a depor de fatos a cujo respeito, por estado ou profissão, deva guardar segredo.*" Regra geral, a testemunha não pode recusar-se a depor, salvo exceções expostas na lei. A testemunha funciona como auxiliar da Justiça. O CPC ampliara a regra de exceção do Código Civil, dispondo no art. 448:

"*A testemunha não é obrigada a depor sobre fatos:
I – que lhe acarretem grave dano, bem como ao seu cônjuge ou companheiro e aos seus parentes consanguíneos ou afins, em linha reta, ou na colateral em terceiro grau;
II – a cujo respeito, por estado ou profissão, deva guardar sigilo.*"

Agravo regimental no agravo em recurso especial. Falso testemunho. Alegação de atipicidade. Súmula 7/STJ. Violação do art. 228 do Código Civil. Inexistência. Recurso desprovido. 1. A pretensão da defesa de modificar o entendimento firmado pelas instâncias ordinárias, no sentido da tipicidade do fato imputado tendo em conta que a intenção da recorrente foi falsear a verdade dos fatos, demandaria reexame de provas, o que é inviável na via do recurso especial, segundo dispõe o enunciado da Súmula 7/STJ. 2. A agravante, na condição de ex-namorada, não se enquadra no rol do art. 228 do Código Civil, segundo o qual não podem ser admitidos como testemunhas os cônjuges, os ascendentes, os descendentes e os colaterais, até o terceiro grau de alguma das partes, por consanguinidade, ou afinidade. 3. Agravo regimental improvido (STJ – AgRg no Agravo em Resp 1.339.374 – SP, 04-10-2018, Rel. Ministro Reynaldo Soares da Fonseca).

Art. 229. (Revogado pela Lei nº 13.105, de 2015).

Esse dispositivo, que se harmonizava com o art. 406 do CPC/1973 (corresponde ao art. 448 do CPC/2015), permitia que sob determinadas condições alguém poderia se recusar a prestar depoimento. A fundamentação básica do art. 229 residia na proteção à dignidade humana.

A obrigação de guardar segredo profissional é garantia para as partes, bem como para determinadas profissões. Sem a segurança de que determinados fatos serão mantidos em sigilo, as pessoas não confiariam a solução de seus negócios ou problemas a terceiros.

Da mesma forma, a testemunha não é obrigada a depor sobre fatos que representem ameaça ou desonra a si e a seus parentes próximos, ou dano imediato ao patrimônio. Ninguém tem o dever de incriminar-se a si ou àqueles que lhe são próximos. Nem deve chamar a si o perigo. As questões devem ser analisadas pontualmente no caso concreto. Nada impede que o sujeito converse reservadamente com o juiz e exponha as razões de sua recusa.

Lembramos que algumas profissões estão sujeitas a sigilo profissional por imposição do seu próprio regulamento, como é o caso de médicos e advogados. Os sacerdotes católicos, por exemplo, não podem revelar, por sua profissão, fatos que tomam conhecimento durante o ato de confissão.

Note-se que as pessoas colocadas nessa situação podem não prestar depoimento se assim entenderem conveniente; poderão fazê-lo, contudo, se desejarem.

Essa escusa em prestar depoimento deve ser comunicada oportunamente ao juiz da causa, preferentemente assim que o agente souber da motivação da recusa. Esse momento pode ocorrer durante o próprio depoimento, segundo o desenrolar dos questionamentos feitos pelo julgador e pelos advogados.

Art. 230. (Revogado pela Lei nº 13.105, de 2015).

Já nos referimos acima às presunções. *Presunção* é a conclusão que se extrai de fato conhecido para provar-se a existência de outro desconhecido. As presunções classificam-se em *legais* (*juris*) e *comuns* (*hominis*). As presunções legais dividem-se em presunções *iuris et de iure* (*absolutas*) e presunções *iures tantum* (*relativas*).

A presunção consiste, portanto, em um conhecimento antecipado de um fato, uma ilação de acordo com uma modalidade de raciocínio. Aqui, o texto não se referia às presunções legais. Assim, não se admitiam as presunções comuns nos casos em que a lei exclui a prova testemunhal. É uma presunção comum, por exemplo, concluir que ocorreu chuva porque o solo está molhado.

Art. 231. Aquele que se nega a submeter-se a exame médico necessário não poderá aproveitar-se de sua recusa.

Será forte elemento para a convicção do juiz a recusa do agente em se submeter a exame médico. Porém, o simples fato da recusa não deverá ser prova conclusiva em favor do renitente. A questão ganha relevo nos exames de paternidade, principalmente os de DNA. A matéria entrosa-se com o artigo seguinte e poderia vir descrita em dispositivo único.

⚖️ Apelação cível. Investigação de paternidade. Exame genético (DNA). Não comparecimento do investigado, em duas ocasiões. Presunção de paternidade. Reconhecimento da filiação e seus reflexos. Precedentes. Súmula 301 do STJ. Art. 231 do Código Civil. Sentença de procedencia confirmada. Apelação desprovida (TJRS – Ap. 70082838343, 27-05-2020, Rel. Afif Jorge Simões Neto).

⚖️ Indenização – Procedimento cirúrgico – Danos morais e materiais – Recusa à perícia judicial – Impossibilidade da análise do nexo causal – Idoneidade do laudo pericial – Sentença mantida. 1) Ausente o nexo de causalidade, pressuposto indispensável da responsabilidade civil, não há que se falar em indenização por danos morais e materiais. 2) Negando-se a parte a realizar a perícia judicial, não poderá ela aproveitar-se de sua recusa, de acordo com o art. 231 do Código Civil. 3) A perícia judicial é instrumento esclarecedor quanto à extensão da lesão ocorrida após o ato cirúrgico, e quanto à existência de conduta ilícita do profissional envolvido, ou seja, o nexo causal, que é pressuposto imprescindível para a apuração da responsabilidade civil. 4) Não há que se falar em fraude no laudo emitido pelo Instituto Médico Legal da Polícia Civil, quando documento se mostrar fidedigno, elaborado por profissional do próprio quadro da Polícia, e perito nomeado *ad hoc*, e conter os devidos requisitos formais inerentes ao documento, inclusive carimbos da instituição, rubricas e assinaturas dos responsáveis. 5) O Código de Defesa do consumidor incluiu a possibilidade de responsabilização dos profissionais liberais (médicos, advogados, dentistas etc.), conforme o § 4º do art. 14, acima descrito, mas havendo quebra da regra da objetividade, sua responsabilização será verificada mediante verificação de culpa. 6) Não se pode extrair qualquer responsabilidade ou culpa do réu quando na seara criminal o processo resultou em transação. 7) Recurso conhecido e não provido (*TJDFT* – Ap. 0076150-72.2008.8.07.0001, 16-10-2013, Rel. Luciano Moreira Vasconcellos).

Art. 232. A recusa à perícia médica ordenada pelo juiz poderá suprir a prova que se pretendia obter com o exame.

O artigo antecedente dispõe que quem se recusar a submeter-se a exame médico necessário não poderá aproveitar-se de sua recusa. O presente artigo estatui que a recusa à perícia médica ordenada pelo juiz *poderá* suprir a prova que se pretenda obter com o exame.

Essa problemática relaciona-se primordialmente, mas não exclusivamente, com as investigações de paternidade. Embora não de forma peremptória, pois a nova lei utiliza a terminologia o *juiz "poderá"* suprir a prova, quem se recusar a permitir o exame de DNA, por exemplo, poderá ter contra si a presunção indigitada. De qualquer modo, a recusa em submeter-se a exame médico nunca poderá ser valorada em favor do recusante, mas, como regra geral, operará contra ele. Será importante meio de prova utilizado contra o recusante. Muito cuidado, no entanto, é exigido do juiz nesses casos, pois há sempre forte carga emocional nesses processos. Se o exame do DNA e outros exames técnicos por si são quase infalíveis, as pessoas que com eles se envolvem não o são. O juiz deverá exercer sua máxima cautela a aplicar os arts. 231 e 232. Em muitas oportunidades em centenas de processos em que atuamos, nem sempre o que mais parece é real. O exame de todas as circunstâncias do processo e do conjunto probatório será sempre fundamental. A preservação do princípio da dignidade humana sempre estará em jogo. No conflito de interesses fundamentais em jogo, a conclusão deverá buscar sempre a que mais seja adequada à necessidade social.

A lei, como se nota, não estabeleceu uma presunção legal nesses dois artigos e nem deveria fazê-lo, ao contrário do que entendem alguns.

⚖️ Ação de Investigação de Paternidade – Recusa injustificada do apelante a se submeter a exame de DNA – Presunção *juris tantum* de paternidade – Inteligência dos artigos 231 e 232 do CC – Aplicação da Súmula nº 301 do STJ – Sentença de improcedência fundamentada na paternidade afetiva que não prevalece – Não há pedido de reconhecimento da dupla paternidade – Pleito restrito ao reconhecimento do vínculo biológico em detrimento do suposto vínculo afetivo – Ilegitimidade do apelado para pedir o reconhecimento do vínculo afetivo entre o autor e o pai registral, que presumivelmente concordou o pleito, revelando a ausência de vínculo afetivo forte o suficiente a instigá-lo a resistir à pretensão do autor – Recurso provido para reformar a sentença, julgando procedente o pedido (*TJSP* – Ap. 1000174-22.2014.8.26.0189, 11-02-2020, Rel. J.B. Paula Lima).

PARTE ESPECIAL

LIVRO I
DO DIREITO DAS OBRIGAÇÕES

TÍTULO I
DAS MODALIDADES DAS OBRIGAÇÕES

1. Posição da obrigação no campo jurídico

O Direito se coloca no mundo da cultura, isto é, dentro da realidade das realizações humanas. Antepõe-se ao mundo da cultura, que é o mundo do "dever-ser", um mundo do ideal, ao mundo do "ser", que é o mundo da natureza, das equações matemáticas. Por outro lado, o mundo da cultura se vale de outra dimensão da realidade que nos rodeia, que é o mundo dos valores: por meio da valoração de cada conduta humana atingimos o campo do Direito.

Direito é o ordenamento das relações sociais. Só existe Direito porque há sociedade (*ubi societas, ibi ius*). Pois bem, dentro da sociedade (e até mesmo fora dela, embora não seja esse o enfoque que aqui se queira dar), o homem atribui valor a tudo que o circunda.

A relação jurídica estabelece-se justamente em função da escala de valores do ser humano na sociedade. A todo momento, em nossa existência, somos estimulados a praticar essa ou aquela ação em razão dos valores que outorgamos às necessidades da vida: trabalhamos, compramos, vendemos, alugamos, contraímos matrimônio etc.

Em palavras singelas, eis aí descrita a relação jurídica: o liame que nos une a nosso semelhante, ou a uma pessoa jurídica ou ao Estado e que pode tomar múltiplas facetas. A obrigação, no sentido que vamos examinar, é uma relação jurídica. Ninguém, em sociedade, prescinde desse instituto. A todo instante em nossa vida, por mais simples que seja a atividade do indivíduo, compramos ou vendemos, alugamos ou emprestamos, doamos ou recebemos doação. Existe, portanto, um estímulo, gerado por um valor, para que seja por nós contraída uma obrigação. Há um impulso que faz com que nos comprometamos a fazer algo em prol de alguém, recebendo, na maioria das vezes, algo em troca.

Ao mesmo tempo que esse estímulo nos impulsiona a obter algo, como no caso de passarmos diante de uma vitrine e sermos levados a adquirir a mercadoria aí exposta, o fato de partirmos para a relação jurídica objetivada faz também com que exista limitação a nossa própria liberdade. Isso porque, no caso descrito, se adquirirmos a mercadoria que nos atrai, teremos de despender certa quantia, a qual, certamente, poderia ser destinada a outras atividades, talvez até mais necessárias.

Do sopesamento do estímulo e da limitação psíquica que sofremos nasce a noção essencial de obrigação. E o estímulo e a limitação psíquica é que traçarão o perfil do homem equilibrado, pois, exacerbando-se um ou outro elemento, sociologicamente falando, o indivíduo desequilibra-se e, consequentemente, também seu patrimônio. Dentro desse contexto, podem ser tratadas da mesma forma as obrigações de cunho não jurídico, como as obrigações morais, religiosas, ou de cortesia. Sobre esse tema discorremos em nossa obra *Introdução ao estudo do direito: primeiras linhas*, por esta mesma editora.

Todavia, o que diz respeito a nosso estudo é a obrigação jurídica, aquela protegida pelo Estado, que lhe dá a garantia da coerção no cumprimento, que depende de uma norma, uma lei, ou um contrato ou negócio jurídico, enfim.

Destarte, por trás do estímulo e da limitação, na atividade do agente, existe um ordenamento total subjacente. Em toda obrigação, portanto, existe a submissão a uma regra de conduta. A relação obrigacional recebe desse modo a proteção do Direito.

Sob esses aspectos, a teoria geral das obrigações representa ponto fundamental que desdobra o campo do Direito Civil e se espraia pelos diversos caminhos do Direito. É no direito obrigacional que posicionamos um aspecto fundamental: de um lado, a liberdade do indivíduo, sua autonomia em relação aos demais membros da sociedade e, de outro lado, a exigência dessa mesma sociedade ao entrelaçamento de relações, que devem coexistir harmonicamente.

A sociedade não pode subsistir sem o sentido de cooperação entre seus membros, pois, no corpo social, uns suprem o que aos outros falta. Essa necessidade de cooperação faz nascer a imperiosa necessidade de contratar, negociar. Os membros da sociedade vinculam-se entre si. Esse vínculo, percebido nos primórdios do Direito Romano, tinha cunho eminentemente pessoal, incidia diretamente sobre a pessoa do devedor, a tal ponto que este podia ser convertido em escravo, caso não cumprisse o prometido. Essa visão de antanho serve para demonstrar claramente que, se hoje o vínculo obrigacional é psicológico, já houve tempo na História em que o vínculo foi material.

A economia de massa cria o contrato dirigido ao consumidor, um negócio jurídico geralmente com cláusulas predispostas, única forma de viabilizar a nova realidade de consumo, em que não é dado ao contratante discutir livremente as cláusulas. Entre nós, o CDC (Lei nº 8.078/1990) instituiu um microssistema jurídico dirigido a essas relações jurídicas de consumo que hoje dominam as relações negociais.

Não é, porém, unicamente o estímulo criativo do homem que faz nascer a obrigação. Há obrigações que surgem de situações jurídicas de desequilíbrio patrimonial injustificado, em que a vontade desempenha papel secundário: o enriquecimento sem causa em geral. Por vezes, dentro desse círculo maior do injusto enriquecimento, ocorre um pagamento indevido, que gera a obrigação de restituir. Por vezes, a vontade não atua no sentido precípuo de criar uma obrigação, mas no de ocasionar intencionalmente um dano, com consequente prejuízo. Nasce a obrigação de reparar o dano, de pagar indenização. Também pode ocorrer que a vontade não atue diretamente a fim de criar um dever de indenizar, mas a conduta do agente, decorrente de negligência, imprudência ou imperícia, culpa no sentido estrito, ocasiona um dano indenizável no patrimônio alheio.

Não bastasse esse quadro, perfeitamente caracterizado no direito privado, o indivíduo, inserido no ordenamento do Estado, tem obrigações para com ele. O Estado, para a consecução de seus fins, impõe que determinados fatos originem obrigação de solver tributos, possibilitando meios financeiros à Administração. A obrigação tributária decorre do poder impositivo do Estado, embora subjacentemente sempre haja uma vontade ou atividade inicial do contribuinte, direta ou indireta, que a impulsiona.

A palavra *obrigação*, como vem tratada no título do Código, recebeu um conteúdo técnico e restrito, de modo que sua acepção estrita dá perfeitamente o conhecimento de seu alcance.

Sob o prisma didático, o Direito das Obrigações ocupa destaque fundamental no estudo do Direito, porque seus lineamentos fundamentam não só o Direito Civil, mas também todo o aspecto estrutural de nossa ciência.

2. Definição

É absolutamente clássica a definição das Institutas de Justiniano: *obligatio est juris vinculum, quo necessitate adstringimur alicujus solvendae rei, secudum nostrae civitatis jura* (Liv. 3º, Tít. XIII) (a obrigação é um vínculo jurídico que nos obriga a pagar alguma coisa, ou seja, a fazer ou deixar de fazer alguma coisa).

Embora brilhantemente concisa e elegante a definição, é de notar que ela se presta a todo tipo de obrigação jurídica e não apenas no sentido restrito do Direito das Obrigações. As obrigações são, no geral, apreciáveis em dinheiro. Ademais, a definição clássica ressalta em muito a figura do devedor, o lado passivo da obrigação, não se referindo ao lado ativo, credor.

Nosso Código Civil, de hoje e do passado, não apresenta definição de obrigação, no que andou bem, pois o conceito é intuitivo e não cabe, como regra geral, ao legislador definir. Clóvis Beviláqua (1977, p. 14) assim a define:

"obrigação é a relação transitória de direito, que nos constrange a dar, fazer ou não fazer alguma coisa, em regra economicamente apreciável, em proveito de alguém que, por ato nosso ou de alguém conosco juridicamente relacionado, ou em virtude da lei, adquiriu o direito de exigir de nós essa ação ou omissão".

Sem dúvida, qualquer definição em Direito se apresentará passível de críticas, pois se trata de tarefa bastante difícil.

Washington de Barros Monteiro (1979, v. 4, p. 8) entende lacunosa a definição de Beviláqua por não aludir ao elemento responsabilidade, aduzindo que esse fator entra em jogo no caso de descumprimento da obrigação e apresenta a seguinte definição:

"obrigação é a relação jurídica, de caráter transitório, estabelecida entre devedor e credor e cujo objeto consiste numa prestação pessoal econômica, positiva ou negativa, devida pelo primeiro ao segundo, garantindo-lhe o adimplemento através de seu patrimônio".

Mais sinteticamente, podemos conceituar obrigação como *uma relação jurídica transitória de cunho pecuniário, unindo duas (ou mais) pessoas, devendo uma (o devedor) realizar uma prestação à outra (o credor).* A responsabilidade que aflora no descumprimento, materializando-se no patrimônio do devedor, quer-nos parecer que não integra o âmago do conceito do instituto, embora seja fator de vital importância.

Qualquer definição que tentemos apresentará elementos constantes, mais ou menos realçados, ainda que implicitamente.

Assim, a obrigação é *relação jurídica*. O Direito Romano já realçava o vínculo que, nos tempos mais remotos, incidia pessoalmente sobre o devedor. Já acentuamos essa relação que une duas ou mais pessoas. Qualificando como jurídica a relação, afastamos todas as demais relações estranhas ao Direito, tais como as obrigações morais e religiosas, que são desprovidas de sanção, escapando ao manto da lei, embora sejam reconhecidos pelo Direito alguns relacionamentos de índole acentuadamente moral. Washington de Barros Monteiro (1979, v. 4, p. 8) recorda a ingratidão do donatário que pode ocasionar a revogação da doação (arts. 555 ss).

A obrigação tem *caráter transitório*, porque essa relação jurídica nasce com a finalidade ínsita de extinguir-se. A obrigação visa a um escopo, mais ou menos próximo no tempo, maas que, uma vez alcançado, extingue-a. Aqui, já se antevê uma das distinções do Direito obrigacional, do Direito real, porque este tem caráter de permanência regido e dominado que é pelo conceito de propriedade. Uma vez satisfeito o credor, quer amigável, quer judicialmente, a obrigação deixa de existir. Atinge-se a solução da obrigação e o vínculo desaparece. Não pode existir obrigação perene. Por mais longas que sejam as obrigações, um dia elas se extinguirão. A obrigação é, portanto, efêmera, embora possa ser bastante dilatada no tempo.

Essa relação jurídica, esse vínculo, une duas ou mais pessoas. Credor e devedor são os dois lados da obrigação, do ponto de vista ativo e passivo. Ressaltamos aqui a pessoalidade do vínculo. Antepomos esse direito pessoal aos direitos reais, que são oponíveis contra todos (*erga omnes*). Como já lembramos, na antiga Roma esse vínculo surgiu com tamanha intensidade que incidia diretamente sobre a pessoa do devedor que, no descumprimento da obrigação, poderia tornar-se escravo.

O objeto da obrigação constitui-se numa *atividade do devedor*, em prol do credor. Essa atividade é a prestação. Pode ser um ato ou um conjunto de atos, uma conduta, enfim, de aspecto positivo ou negativo, uma vez que a prestação poderá ser simples abstenção. Destarte, a obrigação poderá ser não só positiva, como numa compra e venda, em que o vendedor entregará a coisa e o comprador pagará com dinheiro, como também negativa, como no caso de dois vizinhos limítrofes comprometerem-se a não levantar muro entre seus dois imóveis.

Observe, no entanto, que é o *patrimônio do devedor* que responde, em última análise, pelo adimplemento. Passada a fase da Antiguidade na qual o vínculo era estritamente pessoal, é sobre o patrimônio que vai recair a satisfação do credor. Mesmo quando a obrigação é personalíssima, como, por exemplo, a contratação de artista para pintar um retrato, não podemos obrigá-lo a cumprir o contratado, por atentar contra a dignidade humana. A questão se resolverá em perdas e danos porque, em razão da contratação de matiz exclusivamente pessoal, o credor não aceitará nenhum outro artista para realizar a prestação.

Cumpre realçar, primordialmente, o *cunho pecuniário* da obrigação. O objeto da obrigação resume-se sempre a um valor econômico. A obrigação que não tenha essa coloração poderá, é verdade, ser jurídica, mas não se insere no contexto do Direito das Obrigações que ora estudamos. A propósito, no Direito de Família encontraremos obrigações sem conteúdo econômico. O Direito das Obrigações é, portanto, essencialmente patrimonial.

O vocábulo *obrigação* ainda pode ganhar duas outras conotações separadas do sentido próprio que estamos tratando, mas com ele correlatas. Há um sentido mais geral, quando o termo designa tudo o que a lei ou mesmo a moral determina a uma pessoa, sem que haja propriamente um credor: é, por exemplo, a obrigação de servir às Forças Armadas; a obrigação de o proprietário respeitar os regulamentos administrativos em relação a seu imóvel etc. Num sentido mais restrito, nos meios financeiros, a palavra *obrigação* designa um título negociável, nominativo ou ao portador, representando para seu titular um crédito. É de emissão de uma instituição particular ou órgão público, como as Obrigações do Tesouro.

3. Distinção entre direitos reais e direitos pessoais

Já foi dito que o direito obrigacional é um direito pessoal, pois sua ínsita relação jurídica vincula somente duas (ou mais) pessoas. Os direitos reais, que têm sua maior expressão no direito de propriedade, incidem diretamente sobre a coisa. Como vemos, ambos os campos enfocados têm um conteúdo patrimonial.

Importa apresentar, ainda que sucintamente, porque o direito real não é objeto desta obra, as principais distinções entre os direitos obrigacionais, direitos pessoais (*jus ad rem*) e os direitos reais (*ius in re*):

1. O direito real é exercido e recai diretamente sobre a coisa, sobre um objeto basicamente corpóreo (embora haja titularidade sobre bens imateriais), enquanto o direito obrigacional tem em mira relações humanas. Sob tal aspecto, o direito real é um direito absoluto, exclusivo, oponível perante todos (*erga omnes*), enquanto o direito obrigacional é relativo, uma vez que a prestação, que é seu objeto, só pode ser exigida ao devedor.

2. Portanto, como consequência, o direito real não comporta mais do que um titular (não se confunda, contudo, com a noção de condomínio, em que a propriedade sob esse aspecto continua a ser exclusiva, mas de vários titulares). Esse titular exerce seu poder sobre a coisa objeto de seu direito de forma direta e imediata. O direito obrigacional comporta, como já tomamos conhecimento, um sujeito ativo, o credor, um sujeito passivo, o devedor, e a prestação, o objeto da relação jurídica. Nesse sentido, pode ser afirmado que o direito real é atributivo, enquanto o direito obrigacional é cooperativo.

3. O direito real é direito que concede o gozo e a fruição de bens. O direito obrigacional concede direito a uma ou mais prestações efetuadas por uma pessoa.

4. O direito obrigacional, como já visto, tem caráter essencialmente transitório. O direito real tem sentido de inconsumibilidade, de permanência.

5. O direito real, como corolário de seu caráter absoluto, possui o chamado direito de sequela: seu titular pode perseguir o exercício de seu poder perante quaisquer mãos nas quais se encontre a coisa. O direito pessoal não possui essa faceta. O credor, quando recorre

à execução forçada, tem apenas uma garantia geral do patrimônio do devedor, não podendo escolher determinados bens para recair a satisfação de seu crédito.

6. Os direitos reais não são numerosos, são *numerus clausus*, números fechados, isto é, são só aqueles assim considerados expressamente pela lei. São mais facilmente enunciáveis. Já os direitos obrigacionais apresentam-se com um número indeterminado. As relações obrigacionais são infinitas, as mais variadas possíveis, e as necessidades sociais estão, sempre e sempre, criando novas fórmulas para atendê-las.

Outras diferenças, não tão palpáveis, poderiam ser enunciadas, porém é importante acentuar que é no Direito das Obrigações, baluarte do Direito privado, que se encontra a maior amplitude da autonomia da vontade.

Em que pesem as diferenças, não há antagonismo nas duas categorias. As duas classificações não se distanciam a ponto de não se tocarem. São muitos os pontos de contato entre os direitos obrigacionais e os direitos reais, que se entrelaçam e se cruzam frequentemente. Muitas vezes, a obrigação tem por escopo justamente adquirir a propriedade ou qualquer outro direito real. É exatamente essa a finalidade do contrato de compra e venda. Não se trata, pois, de dois compartimentos estanques, já que no Direito não os há. Há mesmo, como em tudo no Direito, uma zona intermediária em que a distinção será difícil.

Por vezes, os direitos reais servem como verdadeiros acessórios de direitos obrigacionais. É o que sucede nas garantias reais (penhor, hipoteca e alienação fiduciária) que surgem em razão de uma obrigação contraída pelo devedor, o qual, em caso de insolvência, estará com seu bem onerado para garantia do credor.

Doutro lado, o direito obrigacional, por vezes, pode estar vinculado a um direito real, como é o caso das obrigações *propter rem* ou reipersecutórias, das quais nos ocuparemos mais adiante. Aqui, a linha divisória entre os dois direitos é bastante tênue.

4. Importância do direito das obrigações

O estudo do Direito das Obrigações, seguindo inclusive a estrutura de nosso Código Civil, compreende parte de conceitos gerais e parte de particularizações. Na Parte Geral das obrigações, que é objeto agora de nosso estudo, fixam-se os princípios a que estão subordinadas todas as obrigações. São estudados o nascimento, as espécies, o cumprimento, a transmissão e a extinção das obrigações. Na Parte Especial, são estudadas as obrigações em espécie, pontificando os contratos, sujeitando-se cada uma delas a disciplina específica, mas sob o manto da parte geral. Nessa primeira parte de nosso estudo, nos ocuparemos desses princípios gerais de conhecimento indispensável, porque aplicáveis a todas as espécies de obrigações, mesmo porque muitas relações obrigacionais surgem sem estar especificamente disciplinadas na lei. São, por exemplo, os contratos atípicos, que se subordinam, fundamentalmente, aos princípios gerais. As relações típicas são reguladas pela parte especial, em geral como normas supletivas.

A importância das obrigações revela-se por ser projeção da autonomia privada no Direito. Ao contrário dos direitos reais, as relações obrigacionais são infinitas, podendo ser criadas de acordo com as necessidades individuais e sociais. Estão presentes desde a atividade mais simples até a atividade mais complexa da sociedade. São reguladas pelo direito obrigacional tanto a mais comezinha compra e venda, quanto a mais complexa negociação.

O Direito das Obrigações dá o suporte econômico da sociedade, porque é por meio dele que circulam os bens e as riquezas e escoa-se a produção. Cada vez mais, no mundo contemporâneo, avulta a importância dos patrimônios constituídos quase exclusivamente de títulos de crédito, que são obrigações.

Na sociedade de consumo em que vivemos, há tendência crescente de pulverização das relações obrigacionais. A todo momento, a publicidade e a propaganda estão incentivando o consumo. Da necessidade mais premente ao fator mais supérfluo, o homem está sempre consumindo e para isso estará socorrendo-se do Direito das Obrigações. Em todas as atividades, da produção à distribuição de bens e serviços, imiscui-se o direito obrigacional.

Nossa legislação de proteção ao consumidor, embora tenha instituído um microssistema jurídico, não pode deixar de ter como substrato fundamental os conceitos tradicionais do direito obrigacional.

5. Estrutura da relação obrigacional

Pelo que se pode perceber da definição de *obrigação*, estrutura-se ela pelo vínculo entre dois sujeitos, para que um deles satisfaça, em proveito do outro, determinada prestação.

Destarte, o sujeito ativo, o credor, tem uma *pretensão* com relação ao devedor. Na obrigação, não existe um poder imediato sobre a coisa. Preliminarmente, o interesse do credor é que o devedor, sujeito passivo, satisfaça, voluntária ou coativamente, a prestação. A sujeição do patrimônio do devedor só vai aparecer em uma segunda fase, na execução coativa, com a intervenção do poder do Estado.

A existência de pelo menos dois sujeitos é essencial ao conceito de obrigação. A possibilidade de existir o chamado *contrato consigo mesmo* não desnatura a bipolaridade do conceito de obrigação, pois continuam a existir no instituto dois sujeitos na estrutura da obrigação. Oportunamente, voltaremos a esse assunto.

O objeto da relação obrigacional é a *prestação* que, em sentido amplo, constitui-se numa atividade, numa conduta do devedor. Nesse diapasão, importa não confundir a prestação, ou seja, a atividade do devedor em prol do credor, que se constitui no *objeto imediato* da obrigação. Em um contrato de mandato, por exemplo, o objeto imediato da prestação é a execução de serviços, atos ou atividades do mandatário em nome do mandante.

Há, outrossim, também, um *objeto mediato* na prestação, que é nada mais nada menos que o objeto material ou imaterial sobre o qual incide a prestação. No contrato de mandato, no exemplo apresentado, o objeto mediato da prestação são os próprios serviços ou a própria atividade material desempenhada pelo mandatário, como a assinatura de uma escritura, a quitação dada etc. Orlando Gomes (1978, p. 23) prende-se ao exemplo do comodato:

> "*O objeto da obrigação específica de um comodatário é o ato de restituição da coisa ao comodante. O objeto dessa prestação é a coisa emprestada, seja um livro, uma joia, ou um relógio. Costuma-se confundir o objeto da obrigação com o objeto da prestação, fazendo-se referência a este quando se quer designar aquele, mas isso só se permite para* abreviar a frase. *Tecnicamente, são coisas distintas.*"

Há, portanto, uma distinção entre objeto mediato e imediato na obrigação, distinção que não possui maior utilidade prática.

Assim, uma vez conhecida a noção de obrigação, é importante analisar a estrutura da relação obrigacional, isto é, decompô-la em seus elementos constitutivos, saber como se articulam entre si e, finalmente, como funciona todo o sistema obrigacional.

Embora haja discrepância entre os autores, a obrigação decompõe-se, fundamentalmente, em três elementos: *sujeitos, objeto* e *vínculo jurídico*. Passemos a focalizar cada um deles.

5.1. Sujeitos da relação obrigacional

A polaridade da relação obrigacional apresenta, de um lado, o sujeito ativo (credor) e, de outro, o sujeito passivo (devedor). Poderão ser múltiplos os sujeitos ativos e passivos. O sujeito ativo tem *interesse* em que a prestação seja cumprida. Para que a tutela de seu direito protegido tenha eficácia, o credor pode dispor de vários meios que a ordem jurídica lhe concede. Assim, pode o credor exigir o cumprimento da obrigação (art. 331; antigo art. 952) ou a execução, que é sua realização coativa. Pode também dispor de seu crédito, remitindo a dívida no todo ou em parte (art. 385). Pode igualmente dispor de seu direito de crédito por meio da *cessão* (art. 286) etc.

Devedor é a pessoa que deve praticar certa conduta, determinada atividade, em prol do credor, ou de quem este determinar. Trata-se, enfim, da pessoa sobre a qual recai o dever de efetuar a prestação.

Os sujeitos da obrigação devem ser ao menos *determináveis*, embora possam não ser, no nascedouro da obrigação, determinados. Não é necessário que desde a origem da obrigação haja individuação precisa do credor e do devedor. De qualquer modo, a indeterminação do sujeito na obrigação deve ser transitória, porque no momento do cumprimento os sujeitos devem ser conhecidos. Se a indeterminação perdurar no momento da efetivação da prestação, a lei faculta ao devedor um meio liberatório que é a consignação em pagamento. Deposita-se o objeto da prestação em juízo, para que o juiz decida quem terá o direito de levantá-la.

Pode ocorrer indeterminação do credor quando houver ofertas ao público, ou a número mais ou menos amplo de pessoas, como é o da promessa de recompensa (arts. 854 ss.). Nesse caso, o devedor é certo, mas o credor indeterminado no nascimento da obrigação, embora obrigação exista desde logo. Quem preencher os requisitos da promessa se intitulará, a princípio, credor. Outra situação semelhante ocorre nos títulos ao portador ou à ordem. No primeiro caso, o devedor deve pagar a quem quer que se apresente com o título; no segundo caso, o sujeito ativo é originalmente determinado, mas pode ser substituído por qualquer indivíduo que receber validamente a cártula, por meio do endosso.

Como lembra Caio Mário da Silva Pereira (1972, v. 2, p. 19), a indeterminação do devedor é mais rara, mas também pode ocorrer, decorrendo em geral de direitos reais que acompanham a coisa em poder de quem seja seu titular. É, por exemplo, a situação do adquirente de imóvel hipotecado que responde com ele pela solução da dívida, embora não tenha sido o devedor originário, nem tenha contraído a obrigação. O credor, nessa hipótese, poderá receber de quem quer que assuma a titularidade da coisa gravada.

Fixemos, contudo, que, determinados ou determináveis os sujeitos, apenas a pessoa natural ou jurídica poderá ficar nos polos da obrigação. Nada impede, porém, que em cada polo da relação obrigacional se coloquem mais de um credor ou mais de um devedor.

É importante também lembrar que a fusão numa só pessoa das qualidades de credor e devedor ocasiona a extinção da obrigação, fenômeno que se denomina *confusão* (art. 381).

Ocorre com frequência que os sujeitos da obrigação sejam *representados*. Os representantes agem em nome e no interesse de qualquer dos sujeitos da obrigação e sua declaração de vontade vincula os representados.

5.2. Objeto da relação obrigacional

Trata-se do ponto material sobre o qual incide a obrigação. Cuida-se da prestação, em última análise. Essa prestação, que se mostra como atividade positiva ou negativa do devedor, consiste, fundamentalmente, em dar, fazer ou não fazer algo. Constitui-se de um ato, ou conjunto de atos, praticados por uma pessoa: a realização de uma obra, a entrega de um objeto ou, sob a forma negativa, a abstenção de um comerciante de se estabelecer nas proximidades de outro, por exemplo. Não nos esqueçamos, porém, da distinção que fizemos na abertura deste capítulo, acerca do objeto imediato e do objeto mediato da prestação. A *prestação*, ou seja, a atividade culminada pelo devedor constitui-se no objeto imediato. O bem material que se insere na prestação constitui-se no objeto mediato. Trata-se de objeto material da obrigação em sentido estrito.

Como corolário da noção de negócio jurídico, a prestação deve ser *possível, lícita* e *determinável*.

Note que os requisitos da prestação são os mesmos do objeto material sobre o qual ela incide. A prestação deve ser física ou juridicamente possível, nos termos do art. 166, II. Os conceitos de impossibilidade física ou jurídica são os mesmos aí expostos. Quando a prestação for inteiramente impossível, será nula a obrigação. Já se a prestação for tão só parcialmente impossível, não se invalidará a obrigação, de acordo com o art. 106, uma vez que o cumprimento da parcela possível poderá ser útil ao credor. Ademais, uma prestação impossível ao nascer, que se torne possível quando do momento do cumprimento, é perfeitamente válida e deve, portanto, ser cumprida.

A prestação poderá ser *possível*, isto é, materialmente realizável, mas poderá haver um obstáculo de ordem legal em seu cumprimento. O ordenamento pode repudiar a prestação. Trata-se de aplicação particular da teoria geral dos atos jurídicos. É o caso, por exemplo, de se contratar importação de artigos proibidos por lei. Ainda, a prestação deve apresentar *licitude*. Deve atender aos ditames da moral, dos bons costumes e da ordem pública, sob pena de nulidade, como em qualquer ato jurídico (art. 166). Destarte, é ilícito contratar assassinato, elaborar contrato para a manutenção de relações sexuais, contratar casamento em troca de vantagens pecuniárias, por exemplo.

Por fim, a prestação, se não for *determinada*, deve ser ao menos *determinável*. Será determinada a prestação quando perfeitamente individualizado o objeto: compro um automóvel marca X, com número de chassi e de licença declinados. Será determinável a prestação quando a identificação é relegada para o momento do cumprimento, existindo critérios fixados na lei ou na convenção para a identificação. É o que sucede nas denominadas obrigações genéricas (art. 243), cujo objeto é fungível, indicado pelo gênero e pela quantidade, o que será objeto de nosso estudo. No momento do cumprimento da prestação, no entanto, devemos *determinar* a prestação, num ato que se denomina *concentração* da prestação, ora por parte do devedor, ora por parte do credor, conforme o caso.

5.3. Vínculo jurídico da relação obrigacional

O vínculo jurídico que ligava o devedor ao credor nos primórdios de Roma, como já exposto, tinha caráter estritamente pessoal, notando-se um direito do credor sobre a pessoa do devedor, como num estágio tendente à escravidão deste último. Posteriormente, o vínculo atenua-se paulatinamente, torna-se mais humano, mais conforme aos princípios da liberdade e autonomia da vontade. Modernamente, podemos dizer que o vínculo tem caráter pessoal, porém diverso da rudeza antiga, porque se tem em mira um dever do devedor em relação ao credor. Esse caráter legitima uma expectativa do credor de que o devedor pratique uma conduta esperada pelo primeiro. Como vimos, nesse caráter obrigacional há uma executividade eminentemente patrimonial, tendo em vista os meios que o ordenamento coloca à disposição do credor para a satisfação de seu crédito.

Nessas noções preliminares e introdutórias até aqui vistas, já acenamos que, normalmente, na obrigação, existem um elemento pessoal e um elemento patrimonial. O primeiro é relativo à decantada *atividade* do devedor, ou mais exatamente a um *comportamento* deste, uma vez que a obrigação pode ser negativa; comportamento esse que se liga à vontade do credor. O segundo elemento, o patrimonial, é passivo com relação ao devedor, pois se refere à disposição de seu patrimônio para a satisfação do credor. O devedor deve suportar a situação de servir seu patrimônio de adimplemento da obrigação.

Nitidamente, pois, divisam-se os dois elementos da obrigação: o *débito* (*debitum, Schuld*, em alemão) e a *responsabilidade* (*obligatio, Haftung*).

Embora o primeiro aspecto que surge na obrigação seja o débito, ele não pode ser visto isoladamente, sem a responsabilidade, já que esta garante aquele. Toda obrigação, como expresso, dá lugar a uma diminuição da liberdade do sujeito passivo e a constrição que pode advir a seu patrimônio é o espelho dessa diminuição. A responsabilidade, por seu lado, revela a *garantia* de execução das obrigações, pelo lado do credor, que muitos consideram como elemento autônomo. A *garantia*, no entanto, deve ser vista como o aspecto extrínseco do elemento vínculo.

Essa garantia manifesta-se no ordenamento das mais variadas formas processuais para propiciar a obtenção da satisfação do interesse do credor (por exemplo, art. 786 do CPC, outorgando ao credor a iniciativa da promoção da execução; arts. 806 ss. Do mesmo diploma que regula a execução para a entrega de coisa certa etc.).

Assim, o cerne ou núcleo da relação obrigacional é o *vínculo*. Esse vínculo, portanto, biparte-se no *débito* e na *responsabilidade*. Cria-se, dessa forma, uma relação de subordinação jurídica, devendo o devedor praticar ou deixar de praticar algo em favor do credor. Em contrário, existe o poder atribuído ao credor de exigir a prestação. Não conseguida espontaneamente a prática da prestação, o credor possui meios coercíveis, postos pelo Estado, para consegui-la, ressaltando-se aí a *responsabilidade*. O credor é titular de uma tutela jurídica, portanto. Em princípio, só o credor pode tomar a iniciativa de interpelar o devedor; a ele cabe colocar em marcha o processo contra o devedor faltoso. Em muitos contratos, há deveres recíprocos de prestação de ambas as partes, regulados por princípios que oportunamente examinaremos.

O direito à prestação que possui o credor tem como correspondente, do outro lado da relação obrigacional, o *dever de prestar* do devedor. Trata-se de dever e não de ônus. É instrumento que serve para satisfazer a um interesse alheio. Caso não atenda ao dever de prestar, o devedor ficará sujeito às sanções atinentes à mora e ao inadimplemento (arts. 394 ss e arts. 402 ss).

Por outro lado, a bipartição do vínculo em *débito* e *responsabilidade*, existente na relação obrigacional, fica bem clara nos casos de exceção à regra geral: há situações em que, excepcionalmente, ora falta um, ora falta outro elemento. Nas obrigações naturais, que estudaremos a seguir, existe o débito, mas o credor não está legitimado a exigir seu cumprimento. Aqui, *há débito, mas não há responsabilidade*. No contrato de fiança, ao contrário, alguém, o fiador, responsabiliza-se pelo débito de terceiro. Nesse caso, *há responsabilidade, mas não há débito*. Portanto, nessas exceções, nas quais o débito e a responsabilidade não estão juntos, observam-se claramente os dois elementos do vínculo.

De qualquer forma, a exceção vem confirmar a regra: na relação obrigacional, débito (*Schuld*) e responsabilidade (*Haftung*) vêm sempre juntos, como fenômenos inseparáveis. Na realidade, como já pudemos perceber, são aspectos do mesmo fenômeno da relação obrigacional. Não podemos dar preponderância quer a um, quer a outro elemento, embora, à primeira vista, ressalte o elemento débito.

5.4. Causa nas obrigações

O tema tem dado origem a vivas discussões.

O Código Civil pátrio não apresenta a causa como pressuposto essencial dos negócios jurídicos. A ela já nos referimos quando tratamos dos requisitos do negócio jurídico e nos referimos ao art. 140, que menciona "falso motivo" e não mais "falsa causa", como fazia o Código anterior (art. 90).

Deve ser entendido como "causa" do ato o fundamento, a razão jurídica da obrigação.

No campo jurídico, quando uma pessoa se obriga, ela o faz por um fundamento juridicamente relevante. Não se confunde, sob o prisma jurídico, o motivo com a causa. Podemos dizer que *a causa é o motivo juridicamente relevante*. Em razão das dificuldades que apresenta, entre nós a causa é substituída pelo objeto, entre os requisitos essenciais dos negócios jurídicos (art. 104). Não obstante isso, como por vezes o ordenamento civil faz referência à causa, é importante que a ela se faça referência.

Um exemplo prático poderá ilustrar a matéria. Não se confunde a causa, ou fim imediato e essencial em que se baseia a obrigação, com o motivo, ou seja, o fim mediato, particular ou pessoal da mesma obrigação. Apenas a causa terá relevância para o Direito, os motivos, não. Assim, suponhamos um comerciante que, tendo em mira evitar a concorrência que lhe faz outro da mesma localidade, compra o estabelecimento deste último. O fim pessoal, mediato, particular do negócio é a eliminação da concorrência, porém esse motivo não apresenta relevância jurídica. O fim imediato da obrigação, a causa, o que determinou o contraimento da obrigação, juridicamente falando, é o que se avençou no adquirente em pagar o preço e no alienante de transferir a propriedade do estabelecimento. O ordenamento não toma conhecimento dos motivos pessoais e particulares.

Enquanto os motivos apresentam-se sob forma interna, subjetiva, a causa é externa e objetiva, rígida e inalterável em todos os atos jurídicos da mesma natureza, como podemos perceber no exemplo de compra e venda exposto.

Não cumpre, aqui, adentrar em divagações filosóficas que mais importam às legislações que trazem a causa como requisito essencial do negócio jurídico. Cabe-nos apenas dar noção sobre o tema. O Código Civil francês estatui que toda obrigação convencional deve ter uma causa, indispensável a sua validade, devendo ser lícita (art. 1.108). É claro, para nós, que o *objeto lícito* substitui essa noção.

Nosso Código, a exemplo dos Códigos suíço e alemão, não considera, como vimos, a causa como requisito essencial da obrigação. Como assevera Washington de Barros Monteiro (1979, v. 3:29), "*a causa constitui o próprio contrato, ou o seu objeto. Quando se diz assim que a causa ilícita vicia o ato jurídico é porque seu objeto vem a ser ilícito*". E continua esse autor, advertindo que de modo indireto a lei refere-se à causa, não só no já mencionado art. 90 do Código anterior e 140 do atual, como também ao tratar do pagamento indevido, no art. 876, que diz: "*todo aquele que recebeu o que lhe não era devido fica obrigado a restituir*". Desse modo, o ordenamento requer justa causa para o enriquecimento; se não existe esse requisito, deve haver a repetição do indevidamente pago.

No art. 373, também há referência à causa:

"*A diferença de causa nas dívidas não impede a compensação, exceto:*
I – se provier de esbulho, furto ou roubo;
II – se uma se originar de comodato, depósito ou alimentos;
III – se uma for de coisa não suscetível de penhora."

Ao que tudo indica, portanto, a lei civil admite implicitamente a causa nas obrigações, embora o legislador não faça dela um elemento autônomo, identificando-o com o próprio contrato ou com o objeto. Assim, no exemplo citado de compra e venda de estabelecimento comercial, a noção de causa desliga-se totalmente da noção de motivo, sendo, portanto, a causa na compra e venda a mesma em todos os contratos da mesma natureza. Enfatizamos, pois, que a causa é objetiva e inalterável em todos os negócios semelhantes.

Ademais, quando o objeto do negócio é ilícito, tal se confunde com a própria causa: se alguém se propõe a adquirir mercadorias em contrabando, por exemplo, o fim que leva o agente a contratar caracteriza-se pela ilicitude, decorrendo daí a nulidade do ato, de acordo com o art. 166, II.

Para determinadas relações jurídicas, ainda, existe abstração da causa, como ocorre com a grande maioria dos títulos de crédito. A força vinculatória emerge do próprio documento, da cártula. Crédito abstrato é o que existe independentemente da causa. Pode ter havido causa, mas com o título esta deixa de ser relevante.

É oportuno concluir, como faz Washington de Barros Monteiro (1979, v. 4, p. 30), que,

> "perante o direito positivo pátrio, não se justifica a inclusão da causa entre os elementos componentes da relação obrigacional. Pela nossa lei, a noção de causa torna-se supérflua à constituição da obrigação, porque ela se dispersa entre os demais extremos da relação".

CAPÍTULO I
Das Obrigações de Dar

Seção I
Das Obrigações de Dar Coisa Certa

Art. 233. A obrigação de dar coisa certa abrange os acessórios dela embora não mencionados, salvo se o contrário resultar do título ou das circunstâncias do caso.

1. Obrigações de dar

A obrigação de dar tem como conteúdo a entrega de uma coisa, em linhas gerais.

Segundo o Código Civil de 1916, em categorias já abandonadas pela maioria das legislações, mas mantidas no atual estatuto, o importante era a referência ao objeto da prestação, seu conteúdo; isto é, os três modos da conduta humana que podem constituir objeto da prestação: *dar, fazer* e *não fazer*.

Pelo nosso sistema, a obrigação de dar não se constitui especificamente "na entrega" efetiva da coisa, mas num *compromisso de entrega* da coisa. Nosso Direito ateve-se à tradição romana pela qual a obrigação de dar gera apenas um crédito e não um direito real: "*traditionibus et usucapionibus dominia rerum, non nudis pactis transferuntur*". A obrigação de dar gera apenas um direito à coisa e não exatamente um direito real.

A propriedade dos imóveis, entre nós, ocorre, precipuamente quando derivada de uma obrigação, pela transcrição do título no Registro de Imóvel; os móveis adquirem-se pela tradição, isto é, com a entrega da coisa. O sistema processual atual, contudo, ao permitir todo um conjunto de medidas constritivas para o adimplemento coercitivo de obrigações, com medidas cautelares, antecipações de tutela, multas diárias ou periódicas, aproxima sobremaneira os efeitos de direito obrigacional aos efeitos de direito real.

Assim, em princípio, pelo nosso sistema, o vínculo obrigacional por si só não tem o condão de fazer adquirir a propriedade. É o sistema que adota também o Código alemão.

Pelo sistema diverso, da unidade formal, adotado pelo Código francês, seguido pelo italiano e vários outros, a obrigação de dar e a transferência da coisa estão incluídas em um só ato. A obrigação de dar cria, por si só, um direito real.

Por essas razões, não é exatamente apropriada a afirmação com que abrimos o capítulo de que a obrigação de dar tem como conteúdo a entrega de uma coisa.

A obrigação de dar é aquela em que o devedor se compromete a entregar uma coisa móvel ou imóvel ao credor, quer para constituir novo direito, quer para restituir a mesma coisa a seu titular.

Inclui-se na definição a obrigação de restituir, pois ela é modalidade da obrigação de dar, disciplinada nos arts. 238 ss.

Observe, mais uma vez, que nem sempre as obrigações se apresentarão de forma pura: dar, fazer ou não fazer. Por vezes, as três modalidades se interpenetram e se completam. O dar pode estar ligado a um fazer, por exemplo.

2. Obrigações de dar coisa certa

O verbo *dar* deve ser entendido mais amplamente como o ato de *entregar*. Certa será a coisa determinada, perfeitamente caracterizada e individuada, diferente de todas as demais da mesma espécie.

O que foi objeto da obrigação, a coisa certa, servirá para o adimplemento da obrigação. Na dicção do art. 313 do atual Código, que se reporta à prestação: "*O credor não é obrigado a receber prestação diversa da que lhe é devida, ainda que mais valiosa.*" Sempre se teve esse princípio como básico para a obrigação de dar coisa certa, conforme antiga regra do Direito Romano: *aliud pro alio, invito creditore, solvi non potest* (Digesto 12, 1, 2, 1) (ideia de que o credor não pode ser obrigado a receber uma coisa por outra). Assim, da mesma forma que o credor não pode ser obrigado a receber prestação diversa do avençado, ainda que mais valiosa, não pode este mesmo credor exigir outra prestação, ainda que menos valiosa. É corolário dessa regra o princípio pelo qual os contratos devem ser cumpridos tal qual foram ajustados (*pacta sunt servanda*).

Desse modo, ainda que estivesse ausente o texto na lei, o princípio seria plenamente aplicável conforme as regras gerais. Este Código coloca a regra no capítulo do pagamento.

Na *dação em pagamento* (arts. 356 a 359), um dos meios de extinção das obrigações, uma coisa é dada por outra, mas com o consentimento do credor, consentimento esse que é essencial ao instituto.

Destarte, o credor pode aquiescer em receber outra coisa, nessa modalidade ora estudada, mas não pode ser obrigado a aceitar essa outra coisa.

Não pode também o devedor adimplir a obrigação, substituindo a coisa que é seu objeto por dinheiro, pois estaria transformando arbitrária e unilateralmente uma obrigação simples em obrigação alternativa.

Da mesma forma, o pagamento parcelado só é possível se expressamente convencionado. Tínhamos o preceito do art. 431 do Código Comercial que atingia esse princípio.

O efeito da obrigação de *restituir* é análogo, mas deve ser levado em conta que nesse tipo o agente deve receber em retorno aquilo que lhe já pertence.

O princípio da acessoriedade aplica-se à obrigação de dar coisa certa. Trata-se de aplicação do princípio geral do art. 92. Ressalta, porém, o artigo sob exame que o princípio geral da acessoriedade pode não vingar *se o contrário resultar do título, ou das circunstâncias do caso*. É exemplo o caso de locação de imóvel que necessariamente não abrange também a cessão de linha de informática ou TV a cabo, salvo se expressamente exposto no contrato.

O presente dispositivo tem que ser entendido em consonância com o 237. Por esse dispositivo, *"até à tradição pertence ao devedor a coisa, com os seus melhoramentos e acréscidos, pelos quais poderá exigir aumento no preço; se o credor não anuir, poderá o devedor resolver a obrigação"*.

A contradição é apenas aparente. O devedor deve entregar os acessórios (art. 233), mas, se houver acréscimos na forma do art. 237, os chamados *cômodos, pode o devedor cobrar por eles a respectiva importância*.

Note que os acessórios de que fala a lei são tanto aqueles de natureza corpórea, como aqueles de natureza incorpórea. É o exemplo citado por Washington de Barros Monteiro: ao se efetuar a entrega da coisa alienada, o alienante, por força de lei, assume a obrigação de responder pela evicção, de acordo com o art. 447. Podem, no entanto, as partes abrir mão dessa garantia. A exclusão, contudo, deve vir de forma expressa.

Apelação cível. Direito privado não especificado. Ação de obrigação de dar coisa certa c/c pedido indenizatório. Nulidades da sentença rejeitadas. Inconteste a não entrega do bem transacionado, correta a sentença que determinou sua entrega, forte no art. 233 do CC. Também correta a conversão da entrega em indenização, em caso de inviabilidade do cumprimento da obrigação, bem como à indenização por perdas e danos a serem aferidas em liquidação de sentença, forte no art. 234 do CC. Sentença mantida. Preliminares rejeitadas. Apelo conhecido em parte, e nesta, desprovido (*TJRS* – Ap. 70080347875, 03-04-2019, Rel. Bayard Ney de Freitas Barcellos).

Processo civil. Direito civil. Apelação cível. Ação de indenização por danos materiais. Alienação fiduciária. Inadimplência. Busca e apreensão. Veículo com acessórios instalados pelo devedor fiduciário. Artigo 233 do Código Civil. Acessórios que devem seguir o principal. Possibilidade de retenção tendo em vista o possível detrimento da coisa. Sentença reformada apenas para constar a gratuidade de justiça deferida à parte. 1. De acordo com o art. 233 do Código Civil, nas obrigações de entregar coisa certa, os acessórios devem seguir a sorte do principal, a não ser que haja disposição contratual em contrário, o que não foi demonstrado pelo autor, não fazendo jus, portanto, à devolução dos mesmos ou à compensação pecuniária. 2. A retirada pelo devedor dos equipamentos que instalou no automóvel que garante o contrato de financiamento pode lhe causar danos ou retardar a execução do crédito reconhecido ao réu, configurando-se o requisito negativo em detrimento da coisa a que se refere o art. 1.219 do CC. 3. Não há possibilidade de locupletamento pelo réu em virtude do não levantamento das benfeitorias realizadas no automóvel, pois essas refletirão necessariamente no valor de revenda do próprio bem móvel em leilão extrajudicial. 4. Apelação conhecida e parcialmente provida. Unânime (*TJDFT* – Ap. 0716196-21.2017.8.07.0007, 20-02-2019, Rel. Fátima Rafael).

Agravo de instrumento – **Ação de obrigação de dar coisa certa e determinada** – Decisão que, acolhendo parcialmente os embargos de declaração opostos pelo réu, reduziu a extensão da tutela antecipada anteriormente deferida, desobrigando o Facebook Serviços On-line do Brasil Ltda. A fornecer dados e/ou conteúdo de responsabilidade do aplicativo WhatsApp – Descabimento – Conforme entendimento majoritário desta Corte, deve ser reconhecida a legitimidade do FACEBOOK SERVIÇOS ON-LINE DO BRASIL LTDA. Para responder por pedidos direcionados ao WHATSAPP, por ser notória a aquisição deste último, e também porque é o único a possuir representação no país – Pretendida concessão de tutela antecipada para exibição de histórico de mensagens, entretanto, que não se justifica na hipótese dos autos – Agravo parcialmente provido (*TJSP* – AI 2108924-18.2016.8.26.0000, 27-10-2016, Rel. José Aparício Coelho Prado Neto).

Art. 234. Se, no caso do artigo antecedente, a coisa se perder, sem culpa do devedor, antes da tradição, ou pendente a condição suspensiva, fica resolvida a obrigação para ambas as partes; se a perda resultar de culpa do devedor, responderá este pelo equivalente e mais perdas e danos.

No tocante à perda ou deterioração da coisa na obrigação de dar coisa certa, a diretriz tomada por nosso ordenamento é distinguir o momento anterior e o momento posterior à tradição da coisa.

Perda, na técnica de nossa ciência, é o desaparecimento completo da coisa para fins jurídicos. Assim, se a coisa é destruída por incêndio ou é furtada, no sentido ora tratado, temos que houve perda, desaparecimento total do objeto para fins patrimoniais. Quando, por outro lado, a coisa sofre danos, sem que desapareça, como por exemplo um acidente que a danifique parcialmente, fala a lei de deterioração da coisa, porque aqui a lei quer exprimir a perda parcial. Com isso, há diminuição de seu valor, tendo em vista perda de parte de suas faculdades, de sua substância ou capacidade de utilização.

Como observa Álvaro Villaça Azevedo (2001, p. 81), seriam de melhor entendimento as expressões *perda total* e *perda parcial* da coisa, mas os vocábulos *perda* e *deterioração* acham-se consagrados no uso jurídico.

Verdadeiro divisor de águas quanto à responsabilidade na perda ou deterioração é a existência ou não de culpa por parte do devedor. *Sempre que houver culpa, isto é fundamental, haverá direito a indenização por perdas e danos.*

O Código especifica a perda da coisa antes e depois da tradição.

Na forma deste dispositivo, se o devedor se obrigou a entregar um cavalo e este vem a falecer por ter sido atingido por um raio, no pasto, desaparece a obrigação, sem ônus para as partes, devendo ambas voltar ao estado anterior. Isto é, se o cavalo já fora pago pelo comprador, evidentemente deve ser devolvido o preço, com atualização da moeda. Contudo, como não houve culpa, não se deve falar em perdas e danos. O fato de não ter havido culpa do devedor não pode significar um meio de injusto enriquecimento de sua parte, ou, do outro lado da moeda, injusto empobrecimento do comprador, matéria que estudaremos mais adiante.

Continua o art. 234, em sua segunda parte, mencionando a culpa do devedor. Conforme o art. 402, "*as perdas e danos devidas ao credor abrangem, além do que ele efetivamente perdeu, o que razoavelmente deixou de lucrar*". No novel Código: "*A indenização mede-se pela extensão do dano*" (art. 944). Ocupar-nos-emos das perdas nos artigos respectivos. Todavia, apenas para uma primeira compreensão, no exemplo apresentado, se o devedor se obrigou a entregar um cavalo e este vem a falecer porque não foi devidamente alimentado, entra em operação o presente art. 234, segunda parte. Deve o devedor culpado pagar o valor do animal mais o que for apurado em razão de o credor não ter recebido o bem, como, por exemplo, indenização referente ao fato de o cavalo não ter participado de competição turfística já contratada pelo comprador, ou seu valor de revenda a que este comprador já se obrigara.

Agravo de instrumento. Ação de cumprimento de obrigação de fazer, com pedido de concessão de liminar. Contrato de locação de ferramentas e equipamentos. Insurgência contra a r. Decisão que indeferiu o pedido de concessão de tutela de urgência. Não preenchimento dos requisitos do art. 300 do CPC, notadamente o perigo de dano irreparável e o risco ao resultado útil do processo. Perda dos bens locados por culpa do devedor que deve ser resolvida em perdas e danos. Dicção do art. 234, *in fine*, do CC. Arresto liminar de bens da agravada. Impossibilidade. Estado de insolvência da locatária não demonstrado. Necessidade de aguardar a constituição do título executivo. Decisão mantida. Recurso não provido (TJSP – AI 2114508-95.2018.8.26.0000, 19-09-2018, Rel. Carmen Lucia da Silva).

Art. 235. Deteriorada a coisa, não sendo o devedor culpado, poderá o credor resolver a obrigação, ou aceitar a coisa, abatido de seu preço o valor que perdeu.

Esse artigo ocupa-se da deterioração ou perda parcial da coisa. A deterioração da coisa acarreta sempre uma depreciação de seu valor. Não sendo o devedor culpado, abrem-se duas alternativas ao credor: resolver a obrigação, recebendo a restituição do preço, se já tiver pago; ou então aceitar a coisa, no estado em que ficou, abatendo-se em seu preço o valor da depreciação. Essa disposição é consequência do disposto no art. 313, uma vez que o credor não pode ser obrigado a receber outra coisa, que não a efetivamente contratada. Com a deterioração, a coisa já não é a mesma e, portanto, não pode o credor ser obrigado a recebê-la. Daí por que a solução alternativa do Código.

Assim, se o credor adquire um cavalo para competições e o animal vem a contrair moléstia que o impede de participar, servindo apenas para reprodução, o comprador poderá dar por resolvida a obrigação, se não mais pretender a coisa, ou receber o semovente, abatendo-se o preço respectivo, levando-se em conta o valor de um animal para reprodução e não mais para competições.

Apelação cível. Direito processo civil. Execução provisória. Entrega de coisa certa. Carro deteriorado. Perdas e danos em ação própria. Recurso conhecido e desprovido. Sentença mantida. 1. Não é cabível a conversão da execução de entrega de coisa certa em perdas e danos após o objeto ser entregue conforme o título executivo. 2. No caso, o executado entregou o carro ao exequente, conforme título executivo judicial. Portanto, correta a sentença que extinguiu a ação ante o cumprimento da obrigação de entregar coisa certa. 3. O exequente poderá pedir perdas e danos pelo veículo deteriorado em ação própria de conhecimento. 4. Recurso conhecido e desprovido. Sentença mantida (TJ-DFT – Ap. 0021310-34.2016.8.07.0001, 03-10-2018, Rel. Robson Barbosa de Azevedo).

⚖ Agravo interno em agravo de instrumento – Execução por quantia certa contra devedor solvente – Cobrança de débito remanescente – Retificação do cálculo apresentado – Valor do veículo à época da adjudicação – Recurso improvido – 1- No presente caso, há que ser observada a regra *res perit domino*, ou seja, se a **coisa foi destruída ou deteriorada sem culpa de ninguém**, quem deve sofrer o prejuízo é o dono, pouco importando se este é o credor ou o devedor. Ao contrário de quando se agiu com culpa, como o culpado ele responde pelas perdas e danos sofridas pela outra parte, não sendo esse o caso dos presentes autos. 2- A decisão que indeferiu o requerimento de cobrança de débito remanescente que consta na planilha feita pelo banco, e determinou a retificação do cálculo apresentado, no qual deverá constar o valor do veículo à época da adjudicação, não está a merecer reparos. 3- Agravo interno improvido (*TJES* – AGInt-AI 0903221-84.2011.8.08.0000, 22-6-2012, Rel. Roberto da Fonseca Araújo).

Art. 236. Sendo culpado o devedor, poderá o credor exigir o equivalente, ou aceitar a coisa no estado em que se acha, com direito a reclamar, em um ou em outro caso, indenização das perdas e danos.

O Código ocupa-se aqui da deterioração da coisa com culpa do devedor: Como enfatizamos, sempre que houver culpa, haverá possibilidade de indenização por perdas e danos. Nessa hipótese, o credor terá a alternativa de receber ou enjeitar a coisa, mas sempre com direito de obter perdas e danos. O valor da indenização será apurado, geralmente, por intermédio de perícia.

Em todas essas situações, a orientação do presente Código é exatamente a mesma do estatuto anterior, e decorre da Lógica. Pelo que se viu, até a tradição da coisa, cabe ao devedor a obrigação geral de diligência e prudência em sua manutenção, devendo velar por sua conservação e defendê-la contra o ataque de terceiros, valendo-se, também, se for necessário, dos meios judiciais para atingir tal proteção. É exatamente no exame da diligência do devedor que se vai apurar se houve culpa sua na perda ou deterioração da coisa, para a aplicação dos dispositivos ora examinados.

A *tradição* da coisa faz cessar a responsabilidade do devedor. Se a coisa perece após a entrega, o risco é suportado pelo comprador. Não se trata aqui, porém, de analisar os vícios redibitórios, cujo exame faz por concluir por outra solução. É claro que, mesmo após a entrega, se houve fraude ou negligência do devedor, este deve ser responsabilizado. Por outro lado, o credor pode ser colocado em mora, quando a coisa for posta a sua disposição no tempo, lugar e modo ajustados, correndo por conta dele os riscos (art. 492, § 2º).

Portanto, antes da entrega da coisa, tem aplicação o princípio *res perit domino* (a coisa perece com o dono), descrito nos arts. 234 e 235. Na obrigação de restituir, a seguir comentada, veremos que, embora o mecanismo seja diverso, o princípio é idêntico nos arts. 238 e 240. Havendo perda ou deterioração da coisa, sem culpa do devedor, nas obrigações de entregar ou restituir, é sempre o dono que arca com o prejuízo.

Art. 237. Até a tradição pertence ao devedor a coisa, com os seus melhoramentos e acrescidos, pelos quais poderá exigir aumento no preço; se o credor não anuir, poderá o devedor resolver a obrigação. Parágrafo único. Os frutos percebidos são do devedor, cabendo ao credor os pendentes.

Assim como a coisa pode se perder, ou seu valor ser diminuído, pode ocorrer que, no tempo compreendido entre a constituição da obrigação e a tradição da coisa, esta venha a receber melhoramentos ou acrescidos. São os *cômodos* na obrigação. É o caso, por exemplo, da compra de um animal que fique prenhe quando se der a tradição. Esse fenômeno, sem dúvida, altera a situação jurídica da obrigação.

Enquanto não ocorrer a tradição, a efetiva entrega da coisa, esta pertence ao devedor e, por consequência, os melhoramentos e acrescidos pertencerão a ele. O princípio legal está nesse artigo.

Assim como o devedor perde quando a coisa desaparece ou diminui de valor, deve ganhar quando ocorre o oposto, quando há aumento no valor da coisa. Essas noções visam impedir o enriquecimento sem causa.

Deve ser lembrado, no entanto, que essa regra geral poderá comportar exceções: se o devedor promoveu o acréscimo ou melhoramento com evidente má-fé, para tumultuar o negócio, ou dele obteve maior proveito, é claro que o princípio, pela lógica, não poderá prevalecer.

Por esse princípio, contudo, fica bem clara a distinção feita em nossa lei para o momento em que nasce o direito real: enquanto não ocorrer a tradição, para os móveis, e a transcrição para os imóveis, não há direito real. Até esses fenômenos só existe direito obrigacional, pessoal; caso contrário, as regras aqui expostas dos riscos e dos cômodos (melhoramentos e acrescidos) da obrigação não se aplicariam.

O parágrafo único desse artigo trata dos frutos. Frutos são riquezas normalmente produzidas por um bem, podendo tanto ser uma safra, como os rendimentos de um capital. No tocante às obrigações de dar coisa certa, o Código atém-se aos frutos naturais. Os pendentes são do credor e os percebidos são do devedor. Os frutos pendentes são acessórios e acompanham o destino da coisa. Os percebidos já foram separados e já estão com o possuidor. Os frutos são normalmente esperados na coisa, razão pela qual não haverá alteração do preço.

Art. 238

Art. 238. Se a obrigação for de restituir coisa certa, e esta, sem culpa do devedor, se perder antes da tradição, sofrerá o credor a perda, e a obrigação se resolverá, ressalvados os seus direitos até o dia da perda.

O artigo cuida da hipótese de perda na obrigação de restituir coisa certa. Vigora aí o mesmo princípio referido: "*res perit domino*". Resolve-se a obrigação na ausência de culpa porque desapareceu seu objeto. Ressalva, contudo, a lei os direitos do credor até o dia da perda, tais como aluguéis, seguro etc.

Se, no entanto, a coisa se perder por culpa do devedor, vigorará o disposto no art. 239.

🔨 Ação de rescisão de contrato de comodato. Perdas e danos. Ressarcimento. A aplicação da regra prevista no art. 238 do Código Civil exige prova concreta no feito no sentido de que o comodatário não incorreu com culpa no evento que ensejou a perda da coisa dada em comodato. De acordo como o art. 582 do CC, o comodatário é obrigado a conservar, como se sua própria fora, a coisa emprestada, de maneira que emanando do feito que o desaparecimento da moto decorreu da ausência de zelo do comodatário, ora apelante, o acolhimento do pedido relativo ao ressarcimento do seu valor é medida que se impõe (*TJMG* – Ap. 1.0143.16.002492-1/001, 20-02-2020, Rel. Cláudia Maia).

🔨 Embargos de declaração. Alegada omissão. Questionamento voltado à manifestação expressa sobre a suposta negativa de vigência aos arts. 238 e 240 do Código Civil, notadamente no tocante à alegada ausência de culpa da parte dos ora embargantes quanto ao perecimento da coisa. Vício inocorrente. Argumentação do v. Acórdão, ao que parece não lido, que não apenas deixou clara a culpa dos agravantes pela má conservação dos aparelhos a eles entregues como ainda assentou a irrelevância do fator culpa para efeito de caracterização da responsabilidade civil por dano processual. Lacuna inexistente, pela incompatibilidade entre a fundamentação adotada e os dispositivos legais cuja aplicação pretendiam os embargantes ver reconhecida. Embargos declaratórios rejeitados (*TJSP* – Ap. Embargos de Declaração 2152016-12.2017.8.26.0000, 10-04-2018, Rel. Fabio Tabosa).

Art. 239. Se a coisa se perder por culpa do devedor, responderá este pelo equivalente, mais perdas e danos.

O atual Código preferiu ser mais explícito nesse artigo. O devedor, que tem coisa alheia sob sua guarda, deve zelar por ela. Caso, por desídia ou dolo, a coisa se perca, deve repor o equivalente, com perdas e danos. Não devemos esquecer o que se afirmou, com ênfase, anteriormente, que sempre haverá direito a perdas e danos quando ocorrer culpa.

Exemplo esclarecedor é o do comodato. O comodatário tem obrigação de restituir a coisa emprestada e responderá pelo dano ocorrido, ainda que derivado de caso fortuito ou força maior, se antepuser a salvação de seus próprios bens, abandonando os bens emprestados (art. 583).

🔨 Processual civil e civil. Agravo de instrumento. Ação em fase e cumprimento de sentença. Obrigação de dar. Devolução de cártulas não compensadas por falta de fundos. Extravio dos cheques. Conversão da obrigação em perdas e danos. Valor equivalente ao prejuízo causado. Art. 239 do CC. Astreintes. Não cabimento. 1. Cuida-se de recurso de agravo de instrumento interposto contra decisão que, nos autos do cumprimento de sentença nº 0735967-66.2018.8.07.0001, fixou a obrigação de pagar em R$ 10.000,00 em virtude da impossibilidade do cumprimento da obrigação de entregar. 2. O artigo 239 do Código Civil preconiza que, nas obrigações de dar. Se a coisa se perder por culpa do devedor, responderá este pelo equivalente, mais perdas e danos. 3. No caso dos autos, o agravado extraviou as cártulas que deveriam ter sido devolvidas à agravante, dando, portanto, causa ao seu prejuízo. Nesses termos, o valor da indenização no caso deve abranger o prejuízo causado à recorrente, o qual, no caso, corresponde ao somatório dos valores discriminados nas cártulas extraviadas, devidamente atualizados desde cada vencimento. 4. Em relação ao pedido de fixação de astreintes, descabida a pretensão, em virtude da conversão da obrigação em perdas e danos, de forma que, a partir desta data, em caso de atraso no pagamento, deverão incidir sobre o montante devido os encargos legais moratórios, e não mais a multa diária. 5. Recurso conhecido e parcialmente provido (*TJDFT* – AI 0715596-50.2019.8.07.0000, 06-11-2019, Rel. Cesar Loyola).

Art. 240. Se a coisa restituível se deteriorar sem culpa do devedor, recebê-la-á o credor, tal qual se ache, sem direito a indenização; se por culpa do devedor, observar-se-á o disposto no art. 239.

No caso de deterioração da coisa restituível, sem culpa do devedor, o credor deverá recebê-la, tal qual se ache, sem direito à indenização. Nessa situação, não há razão jurídica para que ocorra qualquer indenização. Por outro lado, se a deterioração ocorreu por culpa do devedor, a solução é a do art. 239: responderá o devedor pelo equivalente, mais perdas e danos. O credor pode exigir o equivalente ou aceitar a devolução da coisa tal como se encontra, com direito a reclamar, em qualquer das duas hipóteses, indenização das perdas e danos.

📖 Enunciado nº 15, I Jornada de Direito Civil – CJF/STJ: As disposições do art. 236 do novo Código Civil também são aplicáveis à hipótese do art. 240, *in fine*.

🔨 Embargos de declaração. Inexistência de omissão e contradição. Constituição da devedora em mora devidamente explicitada no acórdão e amparada no art. 240 do Código Civil. Desnecessidade de recusa da credora quanto ao valor consignado igualmente tratada no julgado. Reconhecimento que independentemente dos procedimentos extrajudiciais, deveria a autora ter buscado amparo judicial para aferição do valor devido e quitação do débito, antes que a ré buscasse a consolidação da propriedade, como ocorreu. A adoção de providências na esfera extrajudicial não obsta a apreciação judicial da controvérsia. A alienação da propriedade a terceiro antes do julgamento da apelação seria passível de conversão em perdas e danos, o que se mostra desnecessário, diante da manutenção da consolidação da propriedade, nos termos do art. 26 da Lei nº 9.514/97. Recurso revela mera insatisfação com o resultado do julgado. Pretensa outorga de caráter infringente. Embargos rejeitados (*TJSP* – ED 1001200-31.2014.8.26.0100, 06-02-2019, Rel. James Siano).

Art. 241. Se, no caso do art. 238, sobrevier melhoramento ou acréscimo à coisa, sem despesa ou trabalho do devedor, lucrará o credor, desobrigado de indenização.

Nessa hipótese, como a coisa pertence já ao credor, antes mesmo do nascimento da relação obrigacional, aumentado de valor, lucrará o credor, uma vez que para o acréscimo não concorreu o devedor. É o caso, por exemplo, do empréstimo de um objeto de ouro. Se durante o empréstimo o ouro sofrer grande valorização, a vantagem é do credor.

Art. 242. Se para o melhoramento, ou aumento, empregou o devedor trabalho ou dispêndio, o caso se regulará pelas normas deste Código atinentes às benfeitorias realizadas pelo possuidor de boa-fé ou de má-fé.
Parágrafo único. Quanto aos frutos percebidos, observar-se-á, do mesmo modo, o disposto neste Código, acerca do possuidor de boa-fé ou de má-fé.

Por outro lado, se a coisa sofre melhoramento ou aumento em decorrência de trabalho ou dispêndio do devedor, o regime será o das benfeitorias. Busca-se evitar o injusto enriquecimento.

Importa examinar, ainda que superficialmente, o regime das benfeitorias. Sua divisão é tripartida, de acordo com o art. 96 do Código. As consequências da classificação em uma das três categorias são grandes, na forma do art. 1.219 ss. Importa saber se o melhoramento ou acréscimo decorreu de boa ou má-fé do devedor. Estando de boa-fé, tem o devedor direito aos aumentos ou melhoramentos necessários e úteis. No que tocar aos voluptuários, se não for pago o respectivo valor, poderá o devedor levantá-los, desde que não haja detrimento para a coisa.

De acordo com os princípios que regem as benfeitorias, o devedor de boa-fé tem *direito de retenção*. O direito de retenção é uma faculdade negativa. O que detém a coisa, legitimamente, pode manter essa retenção até que seja indenizado das despesas e dos acréscimos que fez. São seus pressupostos, em primeiro lugar, a legítima detenção da coisa sobre a qual se pretende exercer o direito; em segundo lugar, que exista um crédito por parte do retentor e, em terceiro lugar, que exista um acréscimo do retentor. Ao estudarmos as garantias de execução das obrigações neste volume, voltaremos ao assunto. Todavia, nesse primeiro enfoque, tendo em vista o tópico agora estudado, é importante que a noção já seja fixada. Processualmente, o retentor pode opor *embargos de retenção* para exercer o direito, regulado pelo art. 917, IV, do CPC. Como veremos, o direito de retenção é meio de defesa que se manifesta antes de qualquer medida judicial, por interesse e iniciativa do detentor.

Por aplicação do artigo sob exame, quando o melhoramento ou acréscimo decorreu de atividade do devedor, para sabermos se ele tem direito de retenção, cumpre, portanto, examinar se agiu com boa ou má-fé. Se, como vimos, o devedor de boa-fé é tratado com benevolência, o devedor de má-fé só terá direito à indenização pelos acréscimos necessários, não devendo ser ressarcido pelos melhoramentos úteis, nem podendo levantar os acréscimos voluptuários.

De acordo com o princípio do art. 1.221, o melhoramento ou acréscimo são compensados com eventual dano e só haverá direito de ressarcimento se, no momento do pagamento, ainda existirem.

O art. 1.222, também aplicável, por força do art. 242, *caput*, e do art. 878, diz que o credor, ao indenizar as benfeitorias (no caso, trata-se de melhoramentos ou acréscimos), tem direito de optar entre seu valor atual e seu custo. Mesmo levando em conta que devemos corrigir os valores monetariamente, pode ocorrer diferença entre os dois parâmetros facultados pela lei. O que a lei quer impedir é o enriquecimento injustificado, tanto de uma, como de outra parte.

O parágrafo único do artigo sob exame diz que, quanto aos frutos percebidos, observar-se-á o disposto acerca do possuidor de boa-fé ou de má-fé.

O devedor de boa-fé tem direito, enquanto a boa-fé durar, aos frutos percebidos (art. 1.214). "*Os frutos pendentes ao tempo em que cessar a boa-fé devem ser restituídos, depois de deduzidas as despesas da produção e custeio (...)*" (art. 1.214, parágrafo único). A lei manda deduzir tais despesas para impedir o injusto enriquecimento. É do mesmo dispositivo o princípio de que os frutos colhidos com antecipação devem também ser restituídos.

Reprimindo o dolo e a má-fé, o art. 1.216 estipula que o devedor de má-fé responde

"*por todos os frutos colhidos e percebidos, bem como pelos que, por culpa sua, deixou de perceber, desde o momento em que se constituiu de má-fé; tem direito às despesas da produção e custeio*".

Em todos esses casos, não se deve esquecer de que se trata de obrigação de restituir, quando a coisa já pertencia, antes mesmo do nascimento da obrigação, ao credor.

⚖ Direito civil. Ação reivindicatória. Imóvel público. Ocupação irregular. Indenização por benfeitorias e retenção. Descabimento. Sentença mantida. I. A indenização de benfeitorias realizadas pelo possuidor e o direito de retenção do bem até o seu pagamento têm como premissa a existência de posse de boa-fé, na linha do que preceituam os artigos 1.219 e 1.220 do Código Civil. II. A ocupação de imóvel público sem qualquer lastro jurídico, isto é, sem ato de atribuição do próprio ente estatal que detém a sua titularidade, não induz posse, segundo a inteligência do artigo 1.208 do Código Civil. III. Não têm direito de indenização por benfeitorias ocupantes de imóvel público que não podem ser qualificados como possuidores e que, além disso, não estão de boa-fé, na medida em que conhecem o impedimento à sua aquisição. IV. Recurso desprovido (*TJDFT* – Ap. 0018871-65.2007.8.07.0001, 03-10-2018, Rel. James Eduardo Oliveira).

⚖ Ação de retenção por benfeitoria e indenização – Sentença de improcedência – Insurgência do autor – Alegação de que seria possuidor de boa-fé e, por isso, teria direito à retenção e indenização por benfeitorias realizadas no imóvel – Descabimento – Não demonstração da boa-fé do autor, que não era mais proprietário do imóvel, em razão do contrato de compra e venda celebrado com os réus e, ainda assim, empreendeu construções nos terrenos, após o início da ação de imissão de posse, da qual restou sucumbente – Sentença mantida – Recurso não provido (*TJSP* – Ap. 1005139-35.2016.8.26.0072, 13-12-2018, Rel. Miguel Brandi).

Seção II
Das Obrigações de Dar Coisa Incerta

Art. 243. A coisa incerta será indicada, ao menos, pelo gênero e pela quantidade.

A obrigação de dar coisa incerta tem por objeto a entrega de uma quantidade de certo gênero e não uma coisa especificada. Daí a presente dicção legal.

A incerteza não significa propriamente uma indeterminação, mas uma determinação genericamente feita. São obrigações de dar coisa incerta: entregar uma tonelada de trigo, um milhão de reais ou cem grosas de lápis. O objeto é fungível. A coisa é indicada tão somente pelos caracteres gerais, por seu gênero. O que a lei pretende dizer ao referir-se à coisa incerta é fazer referência a coisa indeterminada, mas suscetível de oportuna determinação. O termo *gênero* desse dispositivo sempre foi criticado por não expressar exatamente a compreensão buscada pela norma. O Projeto de Lei nº 6.960/2002 propusera, nesse artigo, como se sugeria, sua substituição pela palavra *espécie*. Assim, por exemplo, será obrigação de dar coisa incerta a de entregar café tipo Santos, automóveis de determinada cilindrada, livros jurídicos.

Na obrigação de dar coisa certa, libera-se o devedor, entregando a *coisa determinada* que se obrigou, uma vez que esta está perfeitamente caracterizada na avença. Na obrigação de dar coisa incerta, há um momento precedente à entrega da coisa que é o ato de escolher o que vai ser entregue. Uma vez feita a escolha, de acordo com o contratado, ou conforme estabelece a lei (trata-se do que a lei denomina *concentração*), a obrigação passa a ser regida pelos princípios da obrigação de dar coisa certa.

A obrigação de dar coisa incerta é uma obrigação *genérica*, enquanto a obrigação de dar coisa certa é específica.

Pelo que podemos perceber até aqui, são objeto das obrigações ditas genéricas as coisas fungíveis que se podem determinar pelo peso, número e medida. Por outro lado, as obrigações específicas, ou de dar coisa certa, têm por objeto, quase sempre, coisas não fungíveis que são individualizadas no comércio jurídico, como coisas determinadas e os objetos insubstituíveis (cf. VON TUHR, 1934, p. 41).

Por outro lado, se o gênero se reduz a número muito restrito de unidades, a obrigação deixará de ser genérica, para se tornar alternativa. Vejamos a hipótese de alguém se obrigar a entregar cavalos de determinada linhagem e quando se dá o adimplemento só existem dois ou três (cf. VON TUHR, 1934, p. 45). Aliás, existem muitos pontos de contato entre as obrigações genéricas e as obrigações alternativas.

📖 Enunciado nº 160, III. Jornada de Direito Civil – CJF/STJ: A obrigação de creditar dinheiro em conta vinculada de FGTS é obrigação de dar, obrigação pecuniária, não afetando a natureza da obrigação a circunstância de a disponibilidade do dinheiro depender da ocorrência de uma das hipóteses previstas no art. 20 da Lei n. 8.036/90.

⚖ Apelação cível. Embargos. Execução para entrega de coisa incerta (sacas de arroz) com pleito de conversão em pecúnia em caso de impossibilidade de cumprimento específico. Improcedência dos embargos mantida. 1. Preliminar recursal. Inépcia da inicial. Rejeição. A mera sucessão de pedidos de execução de entrega de coisa incerta e de conversão da obrigação em pecúnia em caso de impossibilidade do cumprimento específico é admitido pela legislação. 2. Prefacial. Prescrição. Interrupção. Ajuizamento de ação na qual ocorreu citação válida. Entendimento majoritário da jurisprudência na interpretação das normas que correlacionam a interrupção da prescrição, a citação válida e a extinção de feito anterior, sem julgamento do mérito, no sentido de que a citação só não gera efeito interruptivo nos casos de inércia da parte autora (incisos II e III do art. 485 do CPC/15, de referência no vetusto CPC/73, art. 267). 3. Vícios no título executivo e na obrigação. Petição inicial supostamente inespecífica relativamente ao produto objeto da obrigação. Rejeição. Título executivo líquido, certo e exigível. 4. Excesso de execução na eventualidade de conversão da obrigação em pecúnia. Juros e correção monetária. Alegação antecipada suscitada pelo devedor, para a eventualidade de conversão da obrigação de dar coisa incerta em pecúnia, não analisada especificamente pela sentença. 5. A inviabilidade de aplicação de juros e correção monetária se dá apenas anteriormente a eventual conversão em pecúnia, ou seja, quando ainda postulado o cumprimento da obrigação ou discutida a aplicação de multa em sacas de sementes e grãos, sendo o título claro ao prever a quantidade de grãos a serem devolvidos pelo devedor. 5. Na eventualidade de conversão da obrigação de entrega de coisa em pecúnia, todavia, o que ainda não ocorreu in casu, deverá ser considerada a cotação do produto na data da conversão, e só a partir de então incidiriam possíveis encargos moratórios, de modo a não ocorrer dupla incidência. Procedência dos embargos quanto ao ponto. Preliminar recursal e prefacial de mérito rejeitadas. Apelo parcialmente provido (*TJRS* – Ap. 70083461053, 18-06-2020, Rel. Mylene Maria Michel).

⚖ Apelação cível – Ação ordinária – Obrigação de dar coisa incerta – Preliminar – Cerceamento de defesa – Inércia da parte – Rejeitar – Cláusula contratual – Indeterminação absoluta – Nulidade. Ausente qualquer manifestação no sentido de que ainda pretendia que fosse realizada a referida vistoria, mas, permitindo o prosseguimento do feito, restou preclusa a oportunidade para a sua produção. Coisa incerta é aquela não determinada em sua individualidade, não particularizada, porém, nos termos do art. 243, do CC, a indeterminação não é total, vez que é preciso determinar ao menos o gênero e a quantidade. Na cláusula em comento, verifica-se que a indeterminação da coisa é absoluta e, em sendo assim, como bem asseverado na r. Sentença recorrida, "se mostra incapaz de gerar obrigação", o que leva à sua nulidade (*TJMG* – Ap. 1.0024.12.223114-5/002, 18-10-2017, Rel. Pedro Aleixo).

Art. 244. Nas coisas determinadas pelo gênero e pela quantidade, a escolha pertence ao devedor, se o contrário não resultar do título da obrigação; mas não poderá dar a coisa pior, nem será obrigado a prestar a melhor.

A escolha, porém, nessa modalidade de obrigação, não configura mero arbítrio do devedor, a quem, no silêncio do contrato, cabe tal direito. A lei estabelece que, na falta de disposição contratual, o devedor não poderá dar a coisa pior, nem ser obrigado a dar a melhor (parte final desse dispositivo). Na obrigação de dar coisa certa, não há que falar em escolha, porque o objeto da obrigação já se encontra plenamente determinado desde o nascimento da avença.

Devem as partes estabelecer a quem cabe a escolha. Se as partes nada estabelecerem, a escolha ou *concentração* caberá ao devedor. O texto legal também determina que o devedor deverá estabelecer o meio-termo, não entregando nem o pior nem sendo obrigado a entregar o melhor. Nada impede que a escolha seja cometida a um terceiro, que desempenhará as funções semelhantes às de um árbitro.

Processualmente, a entrega de coisa incerta vem regulada pelos arts. 811, 812 e 813 do CPC. O devedor será citado para entregar as coisas individualizadas, se lhe couber a escolha, mas se a escolha couber ao credor, este a indicará na petição inicial (art. 811 do CPC). O art. 812 do estatuto processual faculta às partes, em 15 dias, impugnar a escolha feita pela outra, podendo o juiz decidir de plano, ou mediante a nomeação de perito. Dúvidas podem surgir no tocante à escolha do *meio-termo*, disciplinado no art. 244 (antigo art. 875). Aí só restará ao juiz a nomeação de perito. Quanto à execução específica para a entrega de coisa incerta, o CPC manda que sejam aplicadas as regras para entrega de coisa certa (art. 813). É lógica a determinação, porque, uma vez feita a concentração, isto é, cientificado da escolha o credor, a obrigação converte-se em dar coisa certa, como também dispõe o art. 245 do Código Civil.

⚖ Processo civil. Compromisso. Dação em pagamento. Liminar. Abstenção de alienação de unidades não individualizadas de empreendimento imobiliário. Possibilidade. Dispositivos legais analisados: artigos 176 da Lei nº 6.015/73 e 244 do CC/02. 1. Agravo de instrumento interposto em 04.03.2010. Recurso especial concluso ao gabinete da Relatora em 03.04.2012. 2. Recurso especial em que se discute se é juridicamente possível impor à parte o dever de não comercializar unidades indeterminadas de um empreendimento. 3. Nada impede que o proprietário se comprometa a dar em pagamento de dívida unidades indeterminadas de empreendimento imobiliário, desde que haja condições de identificar os bens a serem entregues. 4. Nos termos do artigo 244 do CC/02, nas obrigações de dar coisa incerta, salvo disposição em contrário, cabe ao devedor a escolha das coisas determinadas pelo gênero e pela quantidade. 5. Na hipótese dos autos, tendo sido reconhecida a existência de dívida a ser paga pela cessão de 12 vagas de garagem e 271 m² de salas de um determinado empreendimento imobiliário, nada impede a concessão de liminar impondo ao devedor que se abstenha de alienar as unidades indeterminadamente, ficando a cargo do devedor a individualização dos bens a serem gravados. 6. Recurso especial a que se nega provimento (*STJ* – Resp 1313270, 26-05-2014, Rel. Min. Nancy Andrighi).

⚖ Agravo interno em apelação cível – Decisão que negou seguimento ao recurso ante a sua manifesta improcedência – Contrato particular de compra e venda – Embargos à execução – Procedência – **Obrigação** de dar coisa incerta – **Concentração** pertencente ao devedor – Responsabilidade pelas multas, débitos tributários e outros – Cláusula de exclusão – Responsabilidade do recorrente – decisão mantida – recurso desprovido – 1- Não havendo previsão contratual quanto a espécie de "boi" que serviria de parâmetro para o cálculo do débito residual de compra e venda celebrada pelas partes a concentração pertence ao devedor (CC., art. 244). 2- A cláusula décima primeira do contrato de compra e venda realizado pelas partes é clara e precisa ao dispor que quaisquer ônus que incidissem sobre a propriedade até a data da assinatura da escritura definitiva eram de inteira responsabilidade do promitente vendedor – O apelante/agravante. 3- Recurso conhecido e desprovido (*TJES* – AgRg-AC 24070324850, 27-1-2016, Rel. Dair José Bregunce de Oliveira).

Art. 245. Cientificado da escolha o credor, vigorará o disposto na Seção antecedente.

Como explanado, a obrigação de dar coisa incerta tem objeto que vem a ser determinado por meio de um ato de escolha, quando do adimplemento. Nesse sentido, disciplina o presente artigo. Ou seja, após a escolha ou concentração, os princípios aplicáveis são os da obrigação de dar coisa certa. Assim, se sou credor de 100 cabeças de gado de corte, uma vez escolhido o gado e apontadas as cabeças, cuida-se da obrigação como de coisa certa.

Decorrente dessa dicção legal, é importante o momento em que o credor toma ciência da escolha pelo devedor. O texto do presente Código é mais objetivo ao mencionar a cientificação da escolha, como divisor de águas. Não há necessidade da entrega para operar o artigo, mas da simples ciência da escolha.

Art. 246. Antes da escolha, não poderá o devedor alegar perda ou deterioração da coisa, ainda que por força maior ou caso fortuito.

Antes da concentração, a obrigação de dar coisa incerta será sempre genérica. A posição do devedor na obrigação ora tratada é mais favorável porque se desvencilha do vínculo com a entrega de uma das coisas ou de um conjunto de coisas compreendidas no gênero indicado. No entanto, sua responsabilidade pelos riscos será maior: vimos que na obrigação de dar coisa certa, se esta se perder sem culpa do devedor, fica resolvida a obrigação. Sob esse aspecto, portanto, a responsabilidade do devedor é maior, porque o texto é expresso ao mencionar força maior ou caso fortuito.

O dispositivo é aplicação do princípio *genus nunquam perit* (o gênero nunca perece). Se alguém se obriga a entregar mil sacas de farinha de trigo, continuará obrigado a tal, ainda que em seu poder não possua referidas sacas, ou que parte ou o total delas se tenha perdido. Já se o devedor se tivesse obrigado a entregar uma tela de pintor famoso, a perda da coisa, sem sua culpa, resolveria a obrigação. Já vimos que existem coisas genéricas de existência restrita, como, por exemplo, um vinho raro, um veículo que saiu de linha de fabricação. Para essas situações que por vezes causam certa perplexidade no caso concreto, o Projeto de Lei nº 6.960/2002 acrescentava uma segunda parte à redação do mencionado art. 246: "*salvo se se tratar de dívida genérica limitada e se extinguir toda a espécie dentro da qual a prestação está compreendida*". No caso do vinho exemplificado, desaparecida a coisa nessa situação, poderá o devedor alegar perda ou deterioração. Cuida-se da hipótese de coisas fungíveis de existência limitada.

Note que a obrigação de pagar, obrigação pecuniária, é regida pelos princípios da obrigação de dar coisa incerta.

Como lembra Washington de Barros Monteiro (1979, v. 4, p. 82), porém, "*o princípio segundo o qual nunca perece o gênero é falível e comporta temperamentos*". É fato, o gênero pode ser limitado, isto é, não existir com abundância suficiente. É o caso, por exemplo, da obrigação de entregar garrafas de vinho de determinada marca ou safra que não mais é produzido e que vai rareando com o passar do tempo. Ou o caso da obrigação de entregar certo material químico que não existe em grandes quantidades, ou cuja produção é controlada. Nesses casos, se o gênero é limitado, a inviabilidade do atendimento da obrigação, examinável em cada caso concreto, acarretará a extinção da obrigação.

A respeito desse art. 246 (antigo art. 877), quando o Código fala em *antes da escolha*, Washington de Barros Monteiro critica a dicção legal. Diz que os vocábulos pecam por ambiguidade, no que tem razão. Não basta que o devedor separe o objeto da obrigação para entregá-lo ao credor. Deve o devedor colocar a coisa à disposição do credor: só assim, conforme está no artigo, o devedor exonera-se da obrigação, caso haja perda da coisa, como diz Monteiro (1979, v. 4, p. 83), com toda propriedade:

"*O devedor não poderá subtrair-se à prestação, dizendo, por exemplo: 'já tinha escolhido tal saca de café, que se perdeu', ou ainda, 'queria dar tal rês, que se extraviou, ou pereceu'*."

Enquanto a coisa não é efetivamente entregue, ou, pelo menos, posta à disposição do credor, impossível a desoneração do devedor, que terá sempre diante de si a parêmia *genus nunquam perit*. O atual Código nada alterou, embora houvesse redação anterior do Projeto original que inserira nesse artigo a expressão *salvo se se tratar de dívida genérica restrita*. Nessa hipótese, a perda da coisa deve reger-se pelos princípios da obrigação específica, como é de toda justiça. Imagine-se, por exemplo, a hipótese de perda de vinho de uma safra restrita. De qualquer forma, presente essa premissa no caso concreto, essa deverá ser a solução. Melhor será que se qualifique o gênero restrito como coisa infungível.

🔖 Apelação cível. Ação de rescisão contratual. Contrato de permuta para entrega de safra futura. Coisa incerta. Artigo 246 do Código Civil. Caso fortuito ou força maior. Riscos por conta do produtor. Inaplicabilidade da teoria da imprevisão. Parte autora que não se desincumbiu do ônus de comprovar o fato constitutivo de seu direito. Artigo 373, I, do Código de Processo Civil. Recurso não provido (TJPR – Ap. 1.0005806-22.2012.8.16.0148, 22-05-2019, Rel. Espedito Reis do Amaral).

CAPÍTULO II
Das Obrigações de Fazer

Art. 247. Incorre na obrigação de indenizar perdas e danos o devedor que recusar a prestação a ele só imposta, ou só por ele exequível.

1. Obrigações de fazer

A obrigação de fazer, por se traduzir numa atividade do devedor, é a que traz maiores transtornos ao credor, quando se defronta com inadimplemento. O conteúdo da obrigação de fazer consiste numa "atividade" ou conduta do devedor, no sentido mais amplo: tanto pode ser a prestação de uma atividade física ou material (como, por exemplo, fazer um reparo em máquina, pintar imóvel, levantar muro), como uma atividade intelectual, artística ou científica (como, por exemplo, escrever obra literária, partitura musical, ou realizar experiência científica). Ademais, o conteúdo da atividade do devedor, na obrigação de fazer, que denominamos, ainda que impropriamente, "atividade" do devedor, no sentido o mais amplo possível, pode constituir-se numa atividade que pouco aparece externamente, mas cujo conteúdo é essencialmente jurídico, como a obrigação de locar ou emprestar imóvel, de realizar outro contrato etc.

A obrigação de fazer, que, ao lado da obrigação de dar, pertence à classe das obrigações positivas, pode ser contraída, tendo em vista a figura do devedor. O credor pode escolher determinado devedor para prestar a obrigação, não admitindo substituição. Isso em razão de o devedor ser um técnico especializado, um artista, ou porque simplesmente o credor veja no obrigado qualidades essenciais para cumprir a obrigação. É o caso do exemplo clássico da contratação de um pintor para executar um retrato, de um cantor para uma apresentação etc. Desse modo, como estava exposto no art. 878 do velho Código, *"na obrigação de fazer, o credor não é obrigado a aceitar de terceiro a prestação, quando for convencionado que o devedor a faça pessoalmente".*

Este Código preferiu definir imediatamente, na abertura do capítulo, a obrigação de indenizar nas obrigações de fazer nesse artigo. Cuidamos, aqui, portanto, das chamadas *obrigações de fazer de natureza infungível, intuitu personae*, quando a pessoa do devedor não admite substituição. É de notar, contudo, que a infungibilidade que ora tratamos pode decorrer, quer da própria natureza da obrigação (como é o caso da pintura de retrato, ou da exibição de orquestra, ou de corpo de baile, por exemplo), quer do contrato, isto é, embora existam muitas pessoas tecnicamente capacitadas para cumprir a obrigação, o credor não admite a substituição (como é o caso, por exemplo, da contratação de advogado para fazer defesa no Tribunal do Júri, ou de engenheiro para acompanhar a realização de uma construção). Aqui, surge um aspecto que deve ser analisado: por vezes, as partes não estipulam expressamente a infungibilidade da obrigação de fazer, mas esta decorre das *circunstâncias* de cada caso. Isso é importante para as consequências do inadimplemento. Tanto que o mais recente Código Civil não mais repete a dicção do antigo art. 878. Assim, dependerá, na nova lei, do exame de cada caso concreto verificar se a figura do devedor pode ser substituída ou não, tendo em vista a natureza e as circunstâncias da obrigação, mercê do disposto anteriormente no art. 880, repetido nesse art. 247 do novel diploma.

2. Obrigação de dar e de fazer

Nem sempre, e essa é a crítica costumeiramente feita, existe distinção entre as obrigações de dar e de fazer. Ambas as espécies constituem-se nas *obrigações positivas*, em contraposição às obrigações negativas, que são as obrigações de não fazer.

Na compra e venda, por exemplo, o vendedor contrai a obrigação de entregar a coisa (um *dar*, portanto), bem como de responder pela evicção e vícios redibitórios (um *fazer*). Na empreitada, o empreiteiro contrai a obrigação de fornecer a "mão de obra" (fazer) e de entregar os materiais necessários (dar). Preocupam-se, daí, os doutrinadores em estabelecer critérios diferenciadores das duas espécies de obrigações.

Washington de Barros Monteiro (1979, v. 4, p. 87), com a habitual propriedade, esclarece que o ponto crucial da diferenciação está em verificar

> *"se o dar ou entregar é ou não consequência do fazer. Assim, se o devedor tem de dar ou de entregar alguma coisa, não tendo, porém, de fazê-la previamente, a obrigação é de dar; todavia, se, primeiramente, tem ele de confeccionar a coisa para depois entregá-la, tendo de realizar algum ato, do qual será mero corolário o de dar, tecnicamente a obrigação é de fazer".*

Maria Helena Diniz (1983, v. 2, p. 87) ainda acrescenta que, na obrigação de dar, a *tradição* é imprescindível, o que não ocorre na obrigação de fazer. Ademais, na grande maioria das obrigações de fazer, é costume enfatizar que a pessoa do devedor é preponderante no cumprimento da obrigação, o que não ocorre nas obrigações de dar.

Acentuamos, no entanto, que vezes haverá nas quais inelutavelmente, numa mesma avença, coexistirão as duas espécies. A importância maior ocorrerá no momento da execução. As obrigações de dar autorizam, em geral, a execução coativa. As obrigações de fazer possuem apenas meios indiretos de execução coativa, por não permitirem a intervenção direta na esfera de atuação da pessoa do devedor, como examinaremos.

⚖ Agravo de instrumento – Recurso interposto contra decisão que reduziu o valor das *astreintes* e determinou o cumprimento da obrigação de fazer no prazo de 20 dias, sob pena de conversão em perdas e danos. Redução que atende aos princípios da razoabilidade e da vedação ao enriquecimento sem causa, com base no art. 461, § 6º, do CPC/73, vigente à época. Possibilidade de **conversão da obrigação de fazer não cumprida em perdas e danos**, com esteio no art. 5º, II, da CRFB/88, e art. 247 do CC/02. Recurso conhecido e desprovido. Unânime (*TJRJ* – AI 0017261-17.2016.8.19.0000, 15-7-2016, Rel. Gabriel de Oliveira Zefiro).

Art. 248. Se a prestação do fato tornar-se impossível sem culpa do devedor, resolver-se-á a obrigação; se por culpa dele, responderá por perdas e danos.

Pacta sunt servanda: as obrigações devem ser cumpridas. Contudo, por três classes de razões diferentes, as obrigações de fazer podem ser descumpridas, sob o prisma da teoria tradicional: porque a prestação tornou-se impossível por culpa do devedor ou sem culpa do devedor; ou então porque o devedor manifestamente se recusa ao cumprimento delas.

O enfoque comparativamente com as obrigações de dar é diverso, porque neste último tipo de obrigação (dar) o devedor pode ser coagido a entregar a coisa, ou, sob outro aspecto, a coisa poderá chegar coercitivamente às mãos do credor, embora nem sempre isso seja possível, resumindo-se, aí, a obrigação em perdas e danos.

No entanto, o aspecto é outro nas obrigações de fazer, porque não é possível, tendo em vista a liberdade individual, exigir coercitivamente a prestação de fazer do devedor. Imaginemos, sendo desnecessário qualquer outro comentário, que a sentença determine que um artista faça uma escultura ou uma pintura, ou que determinado pugilista adentre um ringue, se essas pessoas manifestamente demonstraram seu desejo de não o fazer. Logo, é importante examinar cada uma das hipóteses de descumprimento da obrigação de fazer.

Na sistemática do CPC de 1939, havia a ação cominatória prescrita no art. 302. O autor, credor de uma obrigação de fazer, pedia a citação do réu para prestar o fato, sob pena de pagar a multa contratual, ou aquela pedida pelo autor, se nenhuma cláusula penal tivesse sido avençada. A função da cominação da multa era constranger o devedor a cumprir a obrigação, quer em espécie, quer em seu substitutivo, ou seja, um pagamento em dinheiro.

O atual CPC aboliu esse procedimento da ação cominatória, certamente porque na sistemática anterior, na prática, a ação não tenha surtido bons efeitos.

O cumprimento coativo das obrigações de fazer e de não fazer está disciplinado nos arts. 815 ss do CPC. A execução das obrigações de fazer possui instrumentos processuais efetivos, inclusive com possibilidade de tutelas antecipatórias específicas, mercê de mais recentes alterações efetuadas no âmbito processual. A redação original do estatuto processual anterior não era suficientemente clara a respeito desse processo, o que dava margem a dificuldades na prática, pois os dispositivos dos artigos citados deveriam ser adaptados ao processo de conhecimento. Os atuais arts. 497 e 498 do CPC, aclararam a situação, com os contornos ora modernizados da antiga ação cominatória. Outorga-se amplo poder discricionário ao juiz no sentido de que a obrigação seja efetivamente adimplida. O juiz poderá, de ofício ou a requerimento das partes, para obter o resultado específico, determinar a imposição de multa, busca e apreensão, remoção de pessoas e coisas etc. Essa nova redação presente no CPC é aproximada reprodução do que já consta do CDC (art. 84). Desse modo, uma disposição inicialmente voltada para as relações de consumo passou a regular de forma ampla a tutela das obrigações específicas.

É na esfera das obrigações de fazer (e nas de não fazer) que se encontra campo para as denominadas *astreintes*, multa cominatória diária, de índole pecuniária, por dia de atraso no cumprimento da obrigação. A orientação do art. 497 e 500 do CPC é permitir a imposição dessa multa tanto na tutela liminar, como na sentença, independentemente de requerimento da parte. No entanto, seu valor reverterá sempre para o autor. A multa deve ser de montante tal que constranja o devedor a cumprir a obrigação. Nada impede que as partes, contratualmente, já estipulem a multa e seu valor, mas caberá sempre ao juiz colocá-la em seus devidos parâmetros. Essa multa deverá ter um limite temporal, embora a lei não o diga, sob pena de transformar-se em obrigação perpétua. Decorrido o prazo mínimo de imposição diária, essa constrição perderá seu sentido, devendo a situação resolver-se em perdas e danos para se colocar um fim à demanda.

Lembremo-nos, também, de que o campo de maior atuação da multa diária é o das obrigações infungíveis. Nas obrigações fungíveis, embora não seja excluída a imposição diária, o credor pode obter seu cumprimento por meio de terceiro (art. 817 do CPC).

Interessante relembrar que entre nós o contrato tradicionalmente não tem o condão de transferir a propriedade. A sentença, por si só, não a transfere. No entanto, tendo em vista a extensão da estrutura processual contemporânea, os efeitos dessa ação obrigacional podem atingir extensão que permite concluir pela transferência da coisa, mormente do bem móvel, fazendo desaparecer a tênue fronteira entre os direitos reais e os direitos pessoais.

A propósito, deve ser lembrada a ação de *obrigação de prestar declaração de vontade*. Ocorre quando existe um contrato preliminar e o devedor compromete-se a outorgar contrato definitivo. Nesse caso, existe uma obrigação de fazer que possui como conteúdo uma declaração de vontade. O art. 466-B do CPC de 1973, com modificação introduzida pela Lei nº 11.232/2005, manteve em síntese a dicção do revogado art. 639 do CPC/1939, permitindo que a sentença produza o mesmo efeito do contrato a ser firmado. O texto não é repetido no estatuto processual vigente pois o juiz terá poderes amplos para decidir, inclusive nos termos do revogado dispositivo.

Lembremo-nos, no entanto, de que, como por nosso sistema o contrato simplesmente não tem o condão de transferir a propriedade, a sentença, consequentemente, nessas premissas, também, por si só, não a transfere. Não se confunde, destarte, a ação que visa aos efeitos de emissão de vontade com a ação de adjudicação compulsória, conforme o atual CPC sob o rito comum, art. 318, *caput*), em face da recusa dos promitentes vendedores em assinar a escritura definitiva (CC, art. 1.417 c/c CC, art. 1.418).

As disposições processuais acerca da obrigação de fazer são complemento do que dispõem os arts. 247 a 249 do Código Civil.

Notemos, ainda, que no caso de o cumprimento da obrigação ser impossibilitado, se não houver culpa do devedor, resolve-se a obrigação; se houver culpa do devedor, só restará o recurso a perdas e danos. Tal situação será verdadeira sempre que o cumprimento da obrigação de fazer não for mais útil para o credor. Assim, por exemplo, contratada uma orquestra para um evento e não se apresentando na data designada, de nada adianta essa orquestra comprometer-se a comparecer em outra data, pois o dano é irreversível.

A solução de pedir perdas e danos também é a única quando de antemão já se sabe que o devedor não deseja, ou não pode cumprir a obrigação. Sempre, porém, que houver dúvida acerca da recusa por parte do devedor e ainda houver possibilidade de a prestação ser útil para o credor, deve ser aplicado o princípio da execução específica do art. 497 do CPC.

Um aspecto que não pode ser descurado e deve preocupar o credor é o fato de que o devedor obrigado a cumprir a obrigação dentro de um processo judicial pode, em razão disso, cumpri-la deficientemente. Cabe ao juiz, em qualquer caso, decidir se a obrigação deve ser considerada cumprida ou não. Os princípios presentes nos dispositivos processuais da obrigação de fazer devem ser aplicados. Para tal, existe a dicção do art. 819 do CPC:

> *"Se o terceiro contratado não realizar a prestação o fato no prazo, ou se o fizer de modo incompleto ou defeituoso, poderá o exequente requerer ao juiz, no prazo de 15 (quinze) dias, que o autorize a concluí-la, ou a repará-la à custa do contratante.*

> *Parágrafo único. Ouvido o contratante no prazo de 15 (quinze) dias, o juiz mandará avaliar o custo das despesas necessárias e o condenará a pagá-lo."*

⚖ Apelação cível. Obrigação de fazer. Verba alimentar in natura. Impossibilidade de cumprimento do acordo judicial por culpa do devedor. Conversão em perdas e danos. Art. 248 do Código Civil. Requisitos configurados. Dano moral. Inocorrencia. Litigancia de má-fé. Requisitos não evidenciados. 1. Nos termos do artigo 248 do Código Civil. Se a prestação do fato tornar-se impossível sem culpa do devedor, resolver-se-á a obrigação; se por culpa dele, responderá por perdas e danos. 2. No caso dos autos, verifica-se que o apelante, deu causa à impossibilidade de prestar a obrigação estabelecida, já que, por culpa, não efetivou com o determinado, tanto em relação à manutenção da ex-cônjuge como beneficiária do plano de saúde, quanto à manutenção dos recorridos como associados no clube ASBAC. 3. O pagamento das mensalidades compõe a obrigação alimentar estabelecida estre os consortes, de sorte que o inadimplemento caracteriza redução da verba acordada, sendo possível apenas por revisão judicial, já que homologada judicialmente a avença. 4. O dano moral, passível de ser indenizado, é aquele que, transcendendo à fronteira do mero aborrecimento cotidiano, a que todos os que vivem em sociedade estão sujeitos, e violando caracteres inerentes aos direitos da personalidade, impinge ao indivíduo sofrimento considerável, capaz de fazê-lo sentir-se inferiorizado, não em suas expectativas contratuais, mas em sua condição de ser humano. 5. Na espécie, os fatos narrados pelo apelante não são capazes de elidir a responsabilidade, do apelante, pela indenização por danos morais, pois resta evidenciado que o genitor requereu, de maneira unilateral, o desligamento do quadro de associados do clube, sob o frágil argumento de que estava passando por dificuldades financeiras. E, ao efetivar o desligamento do clube e, consequentemente, não avisar ao menor, sem dúvida, trouxe abalos a sua personalidade. Porquanto, este realizava atividades no clube recreativo, e a sensação de ser barrado na portaria, com certeza, causou perturbação ao menor, capaz de abalar sua tranquilidade de espírito, a liberdade individual, a integridade psíquica e a honra. Nesta ocasião, não se trata de mero dissabor, transborda todas as expectativas do filho, menor, então com doze anos de idade, pois tal fato tem potencialidade lesiva suficiente para causar-lhe abalos na sua personalidade, quiçá no desenvolvimento da vida adulta. Situação que enseja a condenação a título de danos morais. (...) 8. Recurso conhecido e desprovido (*TJDFT* – Ap. 0000298-28.2016.8.07.0012, 13-02-2019, Rel. Gislene Pinheiro).

⚖ Cumprimento de sentença. Internet. Fornecimento de dados. Obrigação de fazer. Conversão em perdas e danos. Decisão que aplicou multa por descumprimento do dispositivo da sentença, de R$ 50.000,00 (cinquenta mil reais) e outros R$ 500.000,00 (quinhentos mil reais), em caso de não cumprimento no prazo subsequente de 10 dias. Irresignação da executada. Obrigação de fornecimento de dados de IP. Indicação das datas e do local de acesso da conexão, ocorrida nos EUA, por provedor estrangeiro. Dados requeridos pelo pedido da inicial. Satisfação da obrigação. Exibição de mensagens da caixa postal. Obrigação de fazer não cumprida, por impossibilidade de satisfação. Perda dos dados após longo tempo. Conversão da obrigação em perdas e danos. Inteligência do artigo 248 do Código Civil e do artigo 499 do CPC/2015. Exame do valor em primeiro grau, sob pena de supressão de instância. Decisão parcialmente reformada, reconhecendo o cumprimento integral da obrigação (i), de fornecimento dos dados de registro do usuário "caraiba2009", e convertendo a obrigação (ii), de fornecimento das mensagens da caixa postal com o nome "Carta de Desabafo", em perdas e danos, cujo valor deve ser examinado primeiramente pelo juízo de primeiro grau. Recurso parcialmente provido (*TJSP* – Agravo de Instrumento 2120531-57.2018.8.26.0000, 03-12-2018, Rel. Carlos Alberto de Salles).

Mandado de Segurança. Trânsito. Apreensão de veículo quadriciclo, por transitar em via pública sem estar registrado. Pleito de liberação do veículo, sem o pagamento da multa e das taxas de remoção e estada. Sentença que concede parcial segurança, determinando a liberação, mas com o pagamento das despesas de estadia e remoção. Manutenção. Autoridade de trânsito que condiciona a liberação do veículo à obrigação que ela própria reconhece ser impossível, de registro de veículo quadriciclo no DETRAN. Ninguém é obrigado a fazer o impossível (*ad impossibilia nemo tenetur*). Inteligência do art. 248, do Código Civil, que veda a imposição de obrigação impossível. Precedentes desta Câmara e do TJSP. Sentença mantida. Remessa necessária não provida (*TJSP* – Remessa Necessária Cível 1001299-92.2016.8.26.0338, 25-8-2020, Rel. Marcelo Semer).

Art. 249. Se o fato puder ser executado por terceiro, será livre ao credor mandá-lo executar à custa do devedor, havendo recusa ou mora deste, sem prejuízo da indenização cabível.
Parágrafo único. Em caso de urgência, pode o credor, independentemente de autorização judicial, executar ou mandar executar o fato, sendo depois ressarcido.

1. Obrigações de fazer fungíveis e não fungíveis

Vejam esses exemplos de obrigação de fazer: contrato pintor para restaurar a pintura de uma residência; contrato pintor para recuperar um famoso quadro do Renascimento; contrato pedreiro para levantar um muro; contrato equipe esportiva para realizar uma exibição. Vemos, de plano, que, embora todas essas obrigações sejam de fazer, há uma diferença na natureza delas: há obrigações de fazer para as quais existe um número indeterminado de pessoas hábeis a completá-las; há outras obrigações de fazer que são contraídas exclusivamente pela fama ou habilidades próprias da pessoa do obrigado.

Pois bem, quando a pessoa do devedor é facilmente substituível, como é o caso do pintor de paredes ou do pedreiro, dizemos que a obrigação é *fungível*. Quando a obrigação é contraída tendo em mira exclusivamente a pessoa do devedor, como é o caso do artista contratado para restaurar uma obra de arte ou da equipe esportiva contratada para uma exibição, a obrigação é *intuitu personae*, porque levamos em conta as qualidades pessoais do obrigado.

Tendo em mira essa situação, o atual Código traz solução nesse art. 249, modernizando a redação do antigo art. 881.

É interessante notar que, no parágrafo, a vigente lei introduz a possibilidade de procedimento de *justiça de mão própria*, no que andou muito bem. Imagine-se a hipótese da contratação de empresa para fazer a laje de concreto de um prédio, procedimento que requer tempo e época precisos. Caracterizadas a recusa e a mora, bem como a urgência, aguardar uma decisão judicial, ainda que liminar, no caso concreto, poderá causar prejuízo de difícil reparação.

Poderá então o credor contratar terceiro para a tarefa, sem qualquer ingerência judicial, requerendo posteriormente a devida indenização. Para a caracterização da recusa ou mora do devedor, sob pena de frustrar-se o posterior pedido de indenização, deverá o credor resguardar-se com a documentação necessária possível, tais como notificações, constatação do fato por testemunhas, fotografias etc. Nada impede, porém, antes se aconselha, que, se houver tempo razoável, seja obtida a autorização judicial, nos moldes do que comentamos no tópico seguinte.

Essa solução, como é evidente, não poderá ocorrer quando se tratar de obrigação infungível (quando, por exemplo, contrato um artista plástico ou um ator para um trabalho específico).

Nada impede, porém, como antes afirmamos, que uma obrigação de fazer, ordinariamente fungível, torne-se infungível por vontade do credor, ou pelas próprias circunstâncias do caso concreto.

Prestação de serviços. Transportes de carga. Ação de rescisão contratual cumulada com inexigibilidade de débito e indenização por danos materiais. Prestação do serviço não realizada na forma do contrato. Autora que, por conta própria, contrata terceiros para a conclusão das remessas das mercadorias a serem transportadas, sendo de rigor a rescisão do contrato e o recebimento de indenização por danos materiais, nos termos do art. 249 do CC. Recurso não provido (*TJSP* – Ap. 1062527-35.2018.8.26.0100, 23-11-2020, Rel. Gilberto dos Santos).

⚖ Agravo de instrumento – Cumprimento de sentença – Obrigação de fazer: demolição de muro – Multa cominatória: restabelecimento – Limitação – Mudança do quadro fático – Audiência: justificativa. 1. Demonstrada a absoluta inércia das partes no cumprimento de sentença condenatória que impôs obrigação de fazer, consistente na demolição de muro edificado em área pública, justifica-se se mantenha a multa cominatória com o fim de dar efetividade à decisão judicial. 2. Havendo indícios de que o quadro fático se alterou no curso da lide, com implicação no cumprimento do comando judicial, prudente se realize audiência para esclarecimento desses fatos. 3. Na renitência dos devedores em cumprir a obrigação judicialmente imposta, viável autorizar-se que o ato se faça diretamente pelo credor, nos moldes do art. 249 do Código Civil (*TJMG* – AI 1.0672.04.146278-5/007, 30-07-2019, Rel. Oliveira Firmo).

⚖ Apelação cível. Direito privado não especificado. Ação de cobrança. Contrato para industrialização e montagem de reservatório de água. Defeito incontroverso. Inércia da vendedora em prestar a assistência devida. Ausência de prova. Danos materiais. Conserto efetivado por terceiro. Ressarcimento. Impossibilidade. Sentença de improcedência mantida. I. Havendo recusa ou mora da parte responsável pela efetivação de reparos em produto que forneceu, será livre ao credor mandá-lo executar às custas do devedor, sem prejuízo da respectiva indenização. Exegese do artigo 249 do Código Civil. II. Caso em que não demonstrada mora ou recusa da empresa que forneceu o reservatório de água em sanar os defeitos apresentados. III. Não comprovados os fatos constitutivos do direito do autor, deve ser mantida a sentença que julgou improcedente a demanda – inciso I do artigo 373 do Código de Processo Civil. Apelo desprovido. Unânime (*TJRS* – Ap. 70073834756, 31-08-2017, Rel. Liege Puricelli Pires).

CAPÍTULO III
Das Obrigações de Não Fazer

Art. 250. Extingue-se a obrigação de não fazer, desde que, sem culpa do devedor, se lhe torne impossível abster-se do ato, que se obrigou a não praticar.

As obrigações de *dar* e *fazer* são as obrigações *positivas*. As obrigações de *não fazer* são as obrigações *negativas*. Enquanto nas obrigações de dar e fazer o devedor compromete-se a realizar algo, nas obrigações de não fazer o devedor se compromete a uma abstenção. Assim, por exemplo, são obrigações de não fazer a obrigação do locador de não perturbar o locatário na utilização da coisa locada; a obrigação contraída pelo locatário de não sublocar a coisa; a obrigação do artista de não atuar senão para determinado empresário, ou para determinada empresa; a obrigação do alienante de estabelecimento comercial em não se estabelecer no mesmo ramo dentro de determinada região etc.

A imposição de uma obrigação negativa determina ao devedor uma abstenção que pode ou não ser limitada no tempo. A obrigação de não fazer ora se apresenta como pura e simples abstenção, como no caso do alienante de estabelecimento comercial que se compromete a não se estabelecer num mesmo ramo de negócios, em determinada zona de influência; ora como um dever de abstenção ligado a uma obrigação positiva, como é o caso do artista que se compromete a se exibir só para determinada empresa de comunicação ou evento. Também a obrigação de não fazer pode surgir como simples dever de tolerância, como o não realizar atos que possam obstar ou perturbar o direito de uma das partes ou de terceiros, como é o caso do locador que se compromete a não obstar o uso pleno da coisa locada ou do vizinho que se compromete a não construir muro alto para não tolher a vista do primeiro.

Na realidade, nessa modalidade de obrigação, o devedor se compromete a não realizar algo que normalmente, estando ausente a proibição, poderia fazer. O cumprimento ou adimplemento dessa obrigação se dá de forma toda especial, ou seja, pela abstenção mais ou menos prolongada de um fato ou de um ato jurídico. Por tais razões, nem todas as regras de cumprimento das demais obrigações podem ser carreadas às obrigações de não fazer.

A obrigação negativa pode ser instantânea, isto é, imediata, caracterizada por uma única abstenção, ou de caráter continuado, exigindo uma conduta ou lapso temporal mais ou menos longo na abstenção prometida. Justifica-se o caráter da obrigação de não fazer como personalíssima, mas cujo conteúdo pode ser transmitido a sucessores. Não se admite essa modalidade de obrigação, como na realidade qualquer uma, contra texto de lei cogente.

Toda obrigação deve se revestir de objeto lícito, negócio jurídico que é. Na obrigação de não fazer, tal licitude reveste-se de um especial aspecto, pois

> "será lícita sempre que não envolva restrição sensível à liberdade individual. Assim, é ilícita a obrigação de não casar, ou a de não trabalhar, ou a de não cultuar determinada religião, porque o Estado repugna prestigiar um vínculo obrigatório que tem por escopo alcançar resultado que colide com os fins da sociedade. Daí por serem imorais ou antissociais tais tipos de obrigação, o Direito não lhes empresta a forma coercitiva" (RODRIGUES, 1981ª, v. 2, p. 44).

De qualquer forma, é o caso concreto que trará a melhor solução ao julgador: se, por exemplo, a obrigação de não casar em geral é inválida, não o será, no entanto, a obrigação de não casar com determinada pessoa, se houver justificativa plausível para tal.

Pelo que vemos, o objeto das obrigações de não fazer se caracteriza por uma *omissão* autônoma, ou ligada a outra obrigação positiva.

A obrigação negativa cumpre-se pela abstenção, isto é, o devedor cumpre a obrigação todas as vezes em que poderia praticar o ato e deixa de fazê-lo. Há uma continuidade ou sucessividade em seu cumprimento. A abstenção pode ser limitada ou ilimitada no tempo, sempre se levando em conta sua licitude ou natureza, no campo da moral e dos bons costumes.

Como dispõe o art. 250 do Código Civil, "*extingue-se a obrigação de não fazer, desde que, sem culpa do devedor, se lhe torne impossível abster-se do ato, que se obrigou a não praticar*". Embora possa parecer estranho à primeira vista, às vezes a abstenção prometida pelo devedor torna-se impossível ou extremamente gravosa. O exemplo clássico é do devedor que se compromete a não levantar muro, para não tolher a visão do vizinho, e vem a ser intimado pelo Poder Público a fazê-lo. Na dicção do Código, extingue-se a obrigação. A imposição da municipalidade tem o condão de fazer desaparecer a obrigação de *non facere*. Se a impossibilidade de se abster, porém, ocorreu por culpa do devedor, este deve indenizar o credor.

Direito do consumidor. Contrato de prestação de serviço de tv a cabo. Cobrança indevida de aluguel de equipamento. Ponto adicional. Repetição em dobro. 1 – Na forma do art. 46 da Lei 9.099/1995, a ementa serve de acórdão. Recurso próprio, regular e tempestivo. Pretensão de obrigação de não fazer, consistente na abstenção de cobranças, e repetição de indébito. Recurso do autor pleiteando a inversão do ônus da prova, para fins de majoração do valor a ser repetido. Recurso da ré visando à reforma para sentença que julgou procedentes os pedidos iniciais. 2 – Recurso da ré. Sinal de TV por assinatura. Ponto adicional. (...) 5 – Obrigação de não fazer. Abstenção de cobranças. Cumprimento. Impossibilidade. A eventual impossibilidade de cumprimento da obrigação de não fazer fixada na sentença, consistente na abstenção da cobrança de aluguel de equipamento decodificador, deve ser devidamente demonstrada pela ré na fase de cumprimento de sentença, momento em que, na forma do art. 250 do Código Civil, atendida a respectiva condição, poderá ser extinta a obrigação. 6 – Recurso do autor. Valor a ser repetido. Período comprovado. Inversão do ônus da prova. Não cabimento. A repetição de indébito exige a comprovação do pagamento indevido, sendo inaplicável, para cumprir tal mister, o instituto da inversão do ônus da prova. 7 – Recursos conhecidos, mas não providos. Custas processuais proporcionais. Sem honorários advocatícios ante a sucumbência recíproca (*TJDFT* – Recurso Inominado Cível 0734568-54.2018.8.07.0016, 02-05-2019, Rel. Aiston Henrique de Sousa).

Execução de sentença homologatória de acordo contendo obrigação de não fazer – Formação insatisfatória do instrumento – Elementos que permitem compreensão da controvérsia – Recebimento do recurso de agravo de instrumento – Cerceamento de defesa – Não configuração – Comprovação da violação à obrigação de abstenção de uso da marca – Vídeo institucional – Multa eleita pelas partes para a hipótese de descumprimento – Impossibilidade de redução – Ajuste bilateral – Inocorrência das hipóteses previstas no artigo 250 do Código Civil – Imposição de verba de sucumbência à parte vencida na impugnação oferecida – Possibilidade – Aplicação do princípio da causalidade – Recurso não provido (*TJSP* – Acórdão Agravo de Instrumento 0101426-75.2011.8.26.0000, 27-9-2011, Relª Desª Marcia Regina Dalla Déa Barone).

> **Art. 251. Praticado pelo devedor o ato, a cuja abstenção se obrigara, o credor pode exigir dele que o desfaça, sob pena de se desfazer à sua custa, ressarcindo o culpado perdas e danos.**
> **Parágrafo único. Em caso de urgência, poderá o credor desfazer ou mandar desfazer, independentemente de autorização judicial, sem prejuízo do ressarcimento devido.**

Se, por outro lado, o devedor pratica o ato sobre o qual se abstivera, fora da hipótese do art. 250, diz o presente artigo que o credor pode exigir dele que o desfaça, sob pena de se desfazer a sua custa, ressarcindo o culpado das perdas e danos. Cuida-se aqui de mais uma hipótese de justiça privada ou autotutela de interesses privados.

O art. 497 do CPC cuida também da tutela específica das obrigações de não fazer. Da mesma forma, é possível a antecipação de tutela, bem como a imposição de multa diária quando viável o desfazimento. Quando impossível voltar-se ao estado anterior, a obrigação converter-se-á em perdas e danos (art. 499). No tocante à execução dessas obrigações negativas, em mandamento similar ao do processo de conhecimento, o estatuto processual, no art. 822, dispõe que o juiz assinará prazo ao devedor para desfazer o ato. Completa o art. 823:

> "*Havendo recusa ou mora do executado, o exequente requererá ao juiz que mande desfazer o ato à custa daquele, que responderá por perdas e danos. Parágrafo único. Não sendo possível desfazer-se o ato, a obrigação resolve-se em perdas e danos (...)*."

As hipóteses de impossibilidade de desfazimento do ato em geral são bastante nítidas: por exemplo, alguém se compromete a não revelar um segredo empresarial ou industrial e o faz; não há outra forma de reparar a situação senão por indenização de perdas e danos.

Em determinadas circunstâncias, porém, o cumprimento forçado da obrigação de não fazer implica violência intolerável à pessoa do devedor, ou um dano ainda maior. Imagine-se, por exemplo, a obrigação de não edificar. O devedor descumpre o *non facere* e ergue custosa construção plenamente utilizável. É de toda conveniência, em face da repercussão social, que a obra não seja desfeita, resumindo-se o descumprimento em perdas e danos. Outro exemplo é o de ator que se comprometeu a apresentar-se com exclusividade para uma empresa. Se descumpre esse dever de abstenção, obrigá-lo a não fazer pode representar uma violência contra sua liberdade individual e o direito de exercer profissão. A indenização poderá ser o desaguadouro desse descumprimento, conforme o caso.

🔨 Apelação – Desfazimento de venda e compra com pacto de alienação fiduciária em garantia – Sentença de parcial procedência da ação, inclusive, com o desfazimento pretendido – Insurgência das alienantes. Recurso em face de sentença que, reconhecendo o inadimplemento contratual das alienantes/credoras fiduciárias, decretou o desfazimento da compra e venda, bem como da acessória garantia de alienação fiduciária, condenando-as à devolução de valores – Manutenção da sentença – Prazo para conclusão das obras extrapolado, não podendo as alienantes valer-se de cláusula com redação confusa, sem termo certo – Interpretação a favor dos adquirentes/consumidores – Prazo contratual de dois anos, a contar da concessão do alvará de obra nova – Prazo legal, acerca da validade da autorização do Poder Público, para conclusão das obras, conforme diretrizes, que com o outro não se confunde, de natureza contratual, a afastar a pretensão das alienantes – Possibilidade de desfazimento da compra e venda, em tais hipóteses, não havendo óbice pelas disposições específicas da Lei 9.514/97. Recurso desprovido, com majoração da verba honorária advocatícia sucumbencial (*TJSP* – Ap. 1003333-68.2016.8.26.0361, 30-07-2018, Rel. Costa Netto).

🔨 Apelação. Responsabilidade civil. Ação de indenização por danos morais decorrentes da realização de laqueadura das trompas da paciente sem seu consentimento. Prescrição. Incidência do prazo quinquenal previsto no art. 27 do CDC. Defeito na prestação do serviço médico. Termo inicial que corresponde à data em que a autora teve ciência da realização do procedimento, na medida em que o ilícito que gera a pretensão reparatória é a submissão da paciente à laqueadura sem seu consentimento informado. A partir do momento em que a autora soube da laqueadura não autorizada, já podia exigir dos réus o desfazimento da cirurgia ou a reparação pecuniária na impossibilidade desse desfazimento, nos termos do art. 251 do CC. Prescrição consumada. Sentença mantida por fundamento diverso. Recurso improvido (*TJSP* – Ap. 4000874-44.2013.8.26.0362, 12-05-2016, Rel. Hamid Bdine).

CAPÍTULO IV
Das Obrigações Alternativas

Art. 252. Nas obrigações alternativas, a escolha cabe ao devedor, se outra coisa não se estipulou.

§ 1º Não pode o devedor obrigar o credor a receber parte em uma prestação e parte em outra.
§ 2º Quando a obrigação for de prestações periódicas, a faculdade de opção poderá ser exercida em cada período.
§ 3º No caso de pluralidade de optantes, não havendo acordo unânime entre eles, decidirá o juiz, findo o prazo por este assinado para a deliberação.
§ 4º Se o título deferir a opção a terceiro, e este não quiser, ou não puder exercê-la, caberá ao juiz a escolha se não houver acordo entre as partes.

1. Obrigações cumulativas e alternativas

As obrigações podem ter um objeto *singular*: vendemos um automóvel, um imóvel, um cavalo. Podem, porém, ter um objeto *composto* ou *plural*, isto é, a prestação pode constituir-se de mais de um objeto.

O objeto composto pode ser ligado pela partícula *e*: devemos um cavalo e um automóvel. Trata-se aqui de uma obrigação *conjuntiva* ou *cumulativa*. Mais de uma prestação é devida conjuntamente, tendo o credor o direito de exigir todas elas do devedor. As obrigações de objeto conjunto não possuem regime legal peculiar, estando regidas pelos princípios gerais aplicáveis às obrigações de dar.

O objeto da obrigação é *disjuntivo* ou *alternativo* quando ligado pela partícula *ou*: pagaremos um cavalo ou um automóvel, entregarei um barco ou seu valor em dinheiro. Nesses casos, o devedor apenas está obrigado a entregar uma das coisas objeto da obrigação. Essa espécie de obrigação, ao contrário, tem um regime especial disciplinado pelos arts. 252 a 256. O brocardo romano resumia essa obrigação numa frase: nas obrigações alternativas *plures sunt in obligatione, una autem in solutione*, ou seja, a obrigação concerne a várias prestações, mas uma só delas é que será realizada.

2. Obrigação alternativa

Denomina-se, portanto, obrigação alternativa aquela que se tem por cumprida com a execução de qualquer das prestações que formam seu objeto. Questão importante é saber, uma vez que o objeto é múltiplo, a quem cabe a *escolha* da prestação que vai ser executada. De acordo com esse art. 252, a escolha cabe ao devedor, se outra coisa não se estipulou. A lei, no silêncio das partes, prefere o devedor na escolha porque é a parte onerada na obrigação e deve possuir melhores condições de escolher os bens de seu patrimônio (ou de terceiro, se for o caso) para a entrega.

No entanto, as partes podem convencionar que a escolha (tecnicamente denominada *concentração*) caiba ao credor ou mesmo a um terceiro.

Enquanto não for efetivada a concentração, o credor não terá qualquer direito sobre os objetos, no sentido de que não poderá exigir a entrega desta ou daquela coisa. Somente quando é feita a escolha, a concentração, o credor poderá exigir o pagamento.

Desse modo, as obrigações alternativas possuem as seguintes características (cf. BORDA, s. D., p. 222): (a) seu objeto é plural ou composto; (b) as prestações são independentes entre si; (c) concedem um direito de opção que pode estar a cargo do devedor, do credor ou de um terceiro e enquanto este direito não for exercido pesa sobre a obrigação uma incerteza acerca de seu objeto; e (d) feita a escolha, a obrigação concentra-se na prestação escolhida.

Do fato de os objetos da prestação serem independentes entre si resulta que o devedor não pode obrigar o credor a receber parte em uma prestação e parte em outra (art. 252, § 1º). Também, se uma das prestações se torna inexequível (ou for impossível), subsistirá o débito quanto à outra (art. 253). Da mesma forma, se a escolha cabe ao credor, este não poderá pedir o pagamento parte de um e parte de outro dos objetos.

Como lembra o saudoso Antônio Chaves (1984, v. 2, p. 96), pode haver uma pluralidade de credores ou devedores. Nesse caso, há necessidade de que os vários credores ou devedores se acertem sobre a escolha. Nessa situação, parece-nos que deveria prevalecer a vontade da maioria, por analogia à situação do condomínio. Não é essa a nova solução legal. Se os credores não chegarem a um acordo, devem valer-se de uma decisão judicial. Não havendo acordo unânime entre os interessados, o atual Código defere a solução ao julgador, após este ter concedido um prazo para deliberação (art. 252, § 3º).

Quando a escolha cabe ao devedor, basta simples declaração unilateral de sua vontade, seguindo-se a oferta real, tornando-se definitiva a execução da prestação. Tal escolha deverá se realizar no prazo estabelecido no pacto e, caso não tenha havido fixação de prazo, o devedor deverá ser notificado, ficando constituído em mora. O CPC, no art. 800, diz:

> "Nas obrigações alternativas, quando a escolha couber ao devedor, este será citado para exercer a opção e realizar a prestação dentro de 10 (dez) dias, se outro prazo não lhe foi determinado em lei ou em contrato.
> § 1º Devolver-se-á ao credor a opção, se o devedor não a exercer no prazo determinado."

Se a escolha couber ao credor, este indicará sua opção na inicial (art. 800, § 2º, do CPC). Algo que deve ser observado é que esses dispositivos processuais estão inseridos na parte atinente à execução do CPC. Porém, na maioria das vezes, não há possibilidade de que o credor ingresse diretamente com o pedido executório. Há necessidade do processo de conhecimento para alcançarmos o título executório. Daí, no tocante à alternatividade da obrigação, deve ser levada em conta a possibilidade que o estatuto processual abre para o pedido alternativo (art. 325 do CPC):

> "O pedido será alternativo, quando, pela natureza da obrigação, o devedor puder cumprir a prestação de mais de um modo.
>
> Parágrafo único. Quando, pela lei ou pelo contrato, a escolha couber ao devedor, o juiz lhe assegurará o direito de cumprir a prestação de um ou de outro modo, ainda que o autor não tenha formulado pedido alternativo."

No entanto, segundo entendemos, em se tratando de escolha cabente ao devedor, o autor deve mencionar, mesmo fazendo pedido determinado, a existência da alternatividade, para não decair do pedido, porque o juiz ou árbitro não pode dar prestação jurisdicional diversa daquela pedida na inicial.

É fundamental lembrarmos mais uma vez que, feita a escolha, a obrigação concentra-se na prestação eleita. Esse princípio da concentração explica muitos dos efeitos dessa classe de obrigações. As consequências jurídicas, a partir daí, passam a ser de uma obrigação simples. Esse é o efeito fundamental da concentração, ou seja, converter uma obrigação alternativa em obrigação de coisa certa; há uma concentração dos deveres do devedor sobre esse objeto. Ainda, a concentração é irrevogável. Uma vez operada, sobre um dos objetos, os demais objetos que compunham a prestação possível deixam de estar sujeitos às pretensões do credor, o que é consequência natural da conversão da obrigação alternativa em obrigação de coisa certa.

Como se nota, a grande utilidade da obrigação alternativa é aumentar a possibilidade de adimplemento por parte do devedor, aumentando as garantias do credor.

A obrigação alternativa permite combinar as obrigações de dar, fazer e não fazer. Pode incluir os mais variados objetos na prestação, pode também representar abstenções. Assim sendo, pode ser estipulada, por exemplo, a obrigação alternativa de não se estabelecer comercialmente em determinada área, ou pagar quantia mensal, caso ocorra tal fato.

Nada impede que a obrigação alternativa tenha mais que dois objetos, tornando-se múltipla. Pode ocorrer, também, sem que haja solidariedade, que a obrigação seja subjetivamente alternativa, isto é, que o devedor se libere da obrigação pagando a um ou a outro credor.

3. Concentração e cumprimento da obrigação alternativa

Discute-se se na obrigação alternativa há uma única obrigação ou tantas quantos sejam os objetos, isto é, se há um único ou vários vínculos obrigacionais. Entende Washington de Barros Monteiro (1979, v. 4, p. 110), amparado em boa doutrina, que existe uma única obrigação:

> "as prestações são múltiplas, mas efetuada a escolha, quer pelo devedor, quer pelo credor, individualiza-se a prestação e as demais ficam liberadas, como se, desde o início, fosse a única objetivada na obrigação".

Como regra geral, o direito de escolha cabe ao devedor, mas nada impede que o credor reserve no contrato tal faculdade para si. Se surge dúvida no contrato acerca de a quem cabe a escolha, o ponto obscuro deve resolver-se a favor do devedor, seguindo a regra de que, na dúvida, as convenções são interpretadas em favor do devedor.

Qualquer que seja a natureza das prestações ajustadas, o devedor não pode desincumbir-se da obrigação dando parte de uma e parte de outra (art. 252, § 1º, do Código Civil). Da mesma forma, o credor a quem cabe fazer a escolha deve limitar seu pedido a um dos objetos da obrigação, ainda que, no caso concreto, tenha havido danos a ambos os objetos, salvando-se parte de um e parte de outro. O credor pede o cumprimento de um dos objetos, com a complementação de valor indenizatório.

O Código acrescenta que, quando a obrigação for constituída de prestações periódicas anuais, haverá direito de o devedor exercer em cada ano sua opção, se do contrário não resultar a avença (art. 252, § 2º). O Código, no dispositivo ora citado, refere-se, aliás acertadamente, em "prestações periódicas", não se referindo apenas às prestações anuais.

O § 3º, já mencionado, que enfoca a situação de existir uma pluralidade de optantes, estatui que "*não havendo acordo unânime entre eles, decidirá o juiz, findo o prazo por este assinado para a deliberação*". Mesmo na ausência dessa norma expressa, essa deveria ser sempre a melhor solução. Já, inicialmente, alvitramos a solução a ser dada pelo magistrado: deve prevalecer a vontade da maioria, qualificada pelo valor das respectivas quotas-partes. Melhor seria que essa solução preconizada constasse da lei. Talvez o legislador da vigente lei civil tenha entendido que deferindo a solução ao juiz, para cada caso concreto, estariam satisfeitas certas peculiaridades típicas de obrigações que não podem ganhar uma solução geral ideal.

O Código dispõe ainda acerca da hipótese de opção deferida a terceiro (§ 4º). Nesse caso, segundo a atual lei, quando este não quiser ou não puder exercer a escolha, ela será deferida ao juiz. Desse modo, no caso de recusa ou impossibilidade de atuação do terceiro, pelo vigente ordenamento, não haverá nulidade da obrigação.

Como acertadamente anota Washington de Barros Monteiro (1979, v. 4, p. 113), quando cabe a escolha a terceiro ela é uma *condição*, tornando-se, portanto, essencial ao ato jurídico que se agrega. No Código Civil, a não atuação do terceiro na eleição faz com que não ocorra o implemento da condição, que não completaria a obrigação, por falta de um de seus elementos essenciais. Decorreria daí a nulidade. Contudo, o novel diploma permite que o juiz defina e conclua a condição, mantendo hígida a relação jurídica.

Interessante notar a posição jurídica desse terceiro, que não é sujeito da obrigação. Ao que tudo indica, substituindo ele a vontade dos interessados, coloca-se numa posição de mandatário dos sujeitos da obrigação. "*Sua opção equivale à efetuada pelos próprios interessados, de que é representante, sendo por isso obrigatória, coercitiva*" (Monteiro, 1979, v. 4, p. 113).

Nada impede, também, que as partes optem pelo sorteio para o cumprimento da obrigação alternativa. O optante, ao efetuar a escolha, faz uma declaração unilateral de vontade.

⚖ Recurso especial. Direito civil e processual civil. Ação de obrigação de fazer. Pretensão de constrição do réu ao cumprimento de obrigação contratualmente estabelecida. Compra e venda de veículos. Obrigação de pagar cumprida. Obrigações alternativas consistentes no adimplemento paulatino dos contratos de financiamento dos veículos adquiridos junto às credora ou de cessão da posição passiva nesses contratos de financiamento. Inadimplemento destas obrigações. 1. Controvérsia em torno do cabimento de ação para cumprimento de obrigação de fazer para compelir o comprador de diversos veículos financiados perante terceiros a proceder à cessão dos financiamentos, ou, periodicamente, efetuar o adimplemento das parcelas do financiamento, tendo sido ambas as obrigações inadimplidas. 2. O perfeito enquadramento das obrigações nas modalidades doutrinariamente previstas nem sempre é possível e, por vezes, provoca tormento àquele que vê o seu direito afrontado, mas não consegue identificar a ação adequada para cessação do ilícito. 3. Sendo a obrigação de fazer a determinação de uma conduta, na espécie, conforme o contrato celebrado, a consubstancia o comportamento atribuído ao comprador de proceder à cessão dos financiamentos dos veículos adquiridos, o que não dependia apenas de sua vontade, ou de, periodicamente, proceder ao adimplemento do financiamento na forma contratada junto a terceiros. 4. Possível categorizar como obrigação de fazer aquela em que o devedor se obriga a saldar mensalmente junto a terceiro o financiamento dos bens por ele adquiridos, mas que se encontra ainda em nome do vendedor. 5. Na perspectiva de sobrelevo do direito material e da adaptação dos meios processuais existentes para a repressão do ilícito, razoável a utilização da ação de obrigação de fazer na espécie, notadamente, em face do eficaz meio de concitação ao cumprimento consubstanciado na aplicação de multa diária. (...) 7. Recurso especial provido (*STJ* – Resp 1.528.133 – PR, 12-06-2018, Rel. Min. Paulo de Tarso Sanseverino).

⚖ Agravo de instrumento – Ação de entrega de coisa certa – Imposição de multa à agravante por ato atentatório à dignidade da Justiça – Art. 600, II do CPC/73 – Descabimento – Recorrente que, na impossibilidade de realizar a entrega de 5.000.000 (cinco milhões) de ações preferenciais ao portador da empresa Indústrias de Papel Simão S/A aos agravados, apresentou considerações e documentos que entendeu serem necessários para a liquidação da obrigação alternativa de pagar. Recurso provido (*TJSP* – AI 2037864-82.2016.8.26.0000, 9-12-2016, Rel. José Roberto Furquim Cabella).

Art. 253. Se uma das duas prestações não puder ser objeto de obrigação ou se tornada inexequível, subsistirá o débito quanto à outra.

Caso pereça ou não possa ser executada alguma das prestações, sem que tenha havido culpa do obrigado, o direito do credor ficará circunscrito às coisas restantes. E, no caso de restar apenas uma das prestações, o devedor deverá entregá-la, uma vez que a obrigação se converte em pura e simples, não sendo ao devedor permitido descartar-se da dívida oferecendo dinheiro em substituição à coisa que se perdeu ou se tornou de impossível entrega ou cumprimento. O Código fala em duas prestações, mas vimos que ela pode ser múltipla.

🔨 Apelação – Compromisso de compra e venda – Rescisão contratual cumulada com restituição de quantias – Sentença de procedência – Inconformismo dos réus rejeitado – Cerceamento de defesa – Inocorrente – Prova oral suscitada que não se mostra útil à solução da lide, sendo suficientes os documentos juntados – Irrelevância da alegação de que se trata de negócio simulado – Inadimplemento dos réus em relação à obrigação de transferir a propriedade do imóvel prometido à venda – Bem objeto de hipoteca e outras constrições que não foram solvidas pelos vendedores – Compra e venda que se tornou inexequível – Não houve formalização do outro negócio mencionado pelos réus, em que a autora viria a assumir obrigações que resolveriam o contrato de compra e venda objeto dos autos – Mantida a rescisão com retorno das partes ao estado anterior – Reconvenção – Rejeição mantida – Pretensão dos réus de procedência para condenar a autora reconvinda a indenizá-los pela perda de uma chance – Inexistência de chance real de vantagem econômica frustrada por conduta da autora – Mera expectativa ou desejo dos réus em fechar um negócio de construção de empreendimento imobiliário para salvar sua situação econômica – Sentença mantida – Negaram provimento ao recurso (*TJSP* – Ap. 1003514-07.2016.8.26.0220, 27-06-2018, Rel. Alexandre Coelho).

🔨 Apelação cível. Contrato de permuta de imóveis. Alienação fiduciária de um deles. Retomada pelo credor fiduciário. Inexequibilidade. Retorno das partes ao estado anterior. Se o imóvel urbano oferecido por uma das partes contratantes em permuta ao imóvel rural pertencente à outra parte era alienado fiduciariamente e foi retomado pela credora fiduciária, resta evidente que o contrato se tornou inexequível, sendo certo que a quitinete não mais poderá ser destinada àqueles que a adquiriram por meio do contrato de permuta, impondo-se, por conseguinte, o retorno das partes ao *status quo ante* (*TJDFT* – Ap. 0705337-64.2017.8.07.0000, 03-08-2017, Rel. João Egmont).

Art. 254. Se, por culpa do devedor, não se puder cumprir nenhuma das prestações, não competindo ao credor a escolha, ficará aquele obrigado a pagar o valor da que por último se impossibilitou, mais as perdas e danos que o caso determinar.

🔨 Apelação. Prestação de serviços educacionais. Ação de cobrança de mensalidades escolares c./c. Indenização por danos morais proposta em face da aluna e de seu genitor. Sentença julgando parcialmente procedente a ação em face da aluna e improcedente em face do genitor. Ausência de contrato escrito entre as partes. Incontroversa a efetiva prestação de serviços pela Autora em favor da aluna Ré. Contrato celebrado exclusivamente pela aluna, maior e capaz na época da contratação. Ausência de provas de participação do genitor na contratação verbal efetivada. Responsabilidade exclusiva da aluna pelo pagamento dos serviços educacionais que lhe beneficiaram. Ausência de solidariedade entre os Réus. A solidariedade não se presume e decorre da lei ou da vontade das partes, conforme art. 254 do Código Civil. Danos morais não configurados. Sentença mantida. Recurso desprovido (*TJSP* – Ap. 1003533-60.2018.8.26.0408, 23-03-2020, Rel. L. G. Costa Wagner).

Art. 255. Quando a escolha couber ao credor e uma das prestações tornar-se impossível por culpa do devedor, o credor terá direito de exigir a prestação subsistente ou o valor da outra, com perdas e danos; se, por culpa do devedor, ambas as prestações se tornarem inexequíveis, poderá o credor reclamar o valor de qualquer das duas, além da indenização por perdas e danos.

Art. 256. Se todas as prestações se tornarem impossíveis sem culpa do devedor, extinguir-se-á a obrigação.

Essas hipóteses desses três dispositivos merecem ser tratadas em conjunto.

Na forma do art. 254:

> "Se, por culpa do devedor, não se puder cumprir nenhuma das prestações, não competindo ao credor a escolha, ficará aquele obrigado a pagar o valor da que por último se impossibilitou, mais as perdas e danos que o caso determinar."

Chega-se, portanto, à conclusão de que, se ambas as prestações perecem sem culpa do devedor e antes de qualquer constituição em mora, extingue-se a obrigação.

No caso de remanescer apenas uma das prestações, não importando o fator culpa e cabendo a escolha do devedor, a obrigação resume-se na remanescente, porque é como se tivesse havido uma concentração por parte do devedor. Assim sendo, não se pode fugir à obrigação, quer seja intencional, quer seja involuntária a inexequibilidade. O devedor continuará obrigado à prestação remanescente.

Vários exemplos poderiam ser figurados: o devedor compromete-se a vender um imóvel ou a pagar quantia em dinheiro: vende o imóvel a terceiro (impossibilidade voluntária) ou o imóvel sofre desapropriação (impossibilidade não voluntária); continuará o devedor obrigado a pagar a quantia em dinheiro à qual se obrigou. Destarte, a impossibilidade de oferecer uma das prestações pode ser de natureza jurídica ou de natureza física, o que não altera a solução legal. Se há diminuição do valor de uma das coisas em obrigação, não pode o devedor oferecê-la ofertando uma complementação em dinheiro: nesse caso, estaria obrigando o credor a receber algo diverso do contratado, contrariando o disposto no ordenamento (ainda que mais valiosa a prestação, como se refere o atual Código). Se o credor aceitar sob tais premissas, o fará por mera liberalidade.

No caso de perecimento de todas as prestações, sem a ocorrência de culpa, como já vimos, há extinção da obrigação, por falta de objeto. É o que está exposto no art. 256: *"Se todas as prestações se tornarem impossíveis sem culpa do devedor, extinguir-se-á a obrigação."* Essa disposição segue o mesmo princípio do já examinado art. 234. É regra geral de direito, sempre que não houver culpa, ainda que presumida, não há indenização.

Se ocorrer culpa do devedor, por outro lado, na perda ou impossibilidade de todas as obrigações, sendo ele o encarregado da escolha, a solução exposta no art. 255, já transcrito, é de obrigá-lo a pagar a que por último se impossibilitou, mais perdas e danos. Sempre que houver culpa, haverá perdas e danos. A solução legal subentende que, tendo perecido a primeira prestação por culpa do devedor, ele, automaticamente, fez a concentração na última que se impossibilitou. Impossibilitada esta, abre-se ao credor a possibilidade de cobrá-la, com perdas e danos. Trata-se, sem dúvida, de uma concentração ficta, que se opera, ao contrário do que ocorreria normalmente, antes da época do pagamento.

Embora não seja o mais comum, pode a escolha pertencer ao credor. Assim, no caso de perecimento das prestações, abre-se um leque de situações.

Em primeiro lugar, se a escolha couber ao credor e o perecimento for de ambas as prestações, por culpa do devedor, terá o credor o direito de reclamar qualquer das duas, além da indenização pelas perdas e danos (art. 255).

Em segundo lugar, se uma das prestações se tornar impossível por culpa do devedor, o credor terá o direito de exigir a prestação subsistente ou o valor da outra com perdas e danos (art. 255, 1ª parte). Nesses dois casos, tolheu-se o direito de escolha cabente ao credor.

Em terceiro lugar, existe a hipótese não enfocada pelo Código: pode ocorrer, embora não seja fácil na prática, que o perecimento das prestações ocorra *por culpa do credor*. Nossos Códigos não imaginaram a hipótese em que haja o perecimento de uma das prestações ou de todas, na obrigação alternativa, decorrente de fato culposo do credor. Quando o perecimento é de uma só das prestações e a escolha não cabe ao credor, o Código Civil italiano, no art. 1.280, libera o devedor da obrigação quando este não preferir executar a outra prestação e pedir perdas e danos (LOPES, 1966, v. 2, p. 95). Essa se mostra a solução mais segura na hipótese. Se a escolha couber ao próprio credor, a mesma solução pode ser aplicada ao devedor, uma vez que dispõe o art. 1.289 do Código italiano, servindo-nos, aqui, de orientação:

"Quando a escolha pertence ao credor, o devedor se libera da obrigação, se uma das duas prestações se torna impossível por culpa do credor, salvo se este preferir exigir a outra prestação e ressarcir o dano."

O devedor é liberado da obrigação, salvo se o credor preferir exigir a outra prestação, com perdas e danos.

Se ocorrer a perda de todas as prestações por culpa do credor, a obrigação desaparece, mas o credor deve indenizar o devedor, evidentemente, já que não tinha o direito de exigir as prestações.

Serpa Lopes (1966, v. 2, p. 96) lembra, ainda, de outras situações que podem ocorrer: *uma das prestações perece primeiramente por caso fortuito e a segunda, posteriormente, por culpa do devedor, ou vice-versa*. Nessa hipótese, com o desaparecimento fortuito da primeira prestação, a obrigação concentrou-se na remanescente, transformando-se em obrigação simples, e como tal devem ser as consequências.

Pode suceder, também, *primeiramente o desaparecimento de uma das prestações por caso fortuito, perecendo a outra por culpa do credor, ou vice-versa*. Com a perda de uma das prestações fortuitamente, a obrigação concentra-se na restante, tornando-se simples. Perecendo a outra por culpa do credor, logicamente a obrigação do devedor desaparece, como se a tivesse cumprido.

Em uma última situação, lembrada pelo autor citado, *uma das prestações perece primeiramente por culpa do devedor e a outra, posteriormente, por culpa do credor; ou ao contrário, a primeira desaparece por culpa do credor e a outra por culpa do devedor*. Quando ocorre o perecimento de uma das prestações por culpa do devedor, cabendo a ele o direito de escolha, a obrigação alternativa torna-se simples, como se tivesse feito a concentração. Se perecer a prestação remanescente, por culpa do credor, este nada poderá exigir, pois o objeto da prestação, já concentrado, desapareceu por sua própria culpa. Deve ser lembrado, sempre, que, em havendo culpa, haverá penalização para o culpado. Quando se trata de culpa do credor, essa culpa não atua sobre a obrigação alternativa da mesma forma que o faz para o devedor, gerando, em princípio, direito de indenização deste para com o credor, mas sempre tendo-se em mira as hipóteses versadas.

Por último, cumpre lembrar que o ato de escolha, a concentração, não se reveste de forma especial. Pode ser expresso pelo devedor até o pagamento e pelo credor até o momento da propositura da ação.

I. Obrigações alternativas. Outras situações.

1. Retratabilidade da concentração

Para o devedor que, ignorando ser a obrigação alternativa, havendo, portanto, direito de escolha, efetuar o pagamento, supondo-se obrigado a uma única prestação, qual seria a solução? A pergunta que aqui se faz é a seguinte: pode ele retratar-se, para exercer posteriormente o direito de escolha, isto é, pode repetir o pagamento para fazer outro?

No Direito Romano, havia divergência entre os sabinianos e os proculeanos, os primeiros admitindo a retratação e a repetição e os últimos, não. No Antigo Direito, venceu a posição dos sabinianos. E essa opinião é vitoriosa até hoje. Porém, a repetição só pode ser admitida se a obrigação for cumprida com erro do declarante, porque *a regra geral é a irretratabilidade da escolha* e não poderia ser de outro modo.

Por outro lado, se o devedor ajuíza ação para repetir o pagamento, não pode mais escolher a prestação primitiva que efetuou por erro, uma vez que aí já fez a escolha.

II. Acréscimos sofridos pelas coisas na obrigação alternativa

O Código também não se ocupou desse fenômeno. A coisa, ou as coisas, objeto das prestações na obrigação alternativa, podem sofrer acréscimos (cômodos) e aumentar de valor, após a avença.

Por aplicação dos princípios gerais, podem ser admitidos os seguintes aspectos para os cômodos (acréscimos) na obrigação alternativa:

a) se todas as coisas sofreram acréscimo, o credor deve pagar o maior volume daquela que ele ou o devedor escolher; se não se chegar a essa solução, o devedor pode dar como extinta a obrigação;
b) se alguma das coisas aumentou de valor e a escolha couber ao devedor, poderá ele cumprir a obrigação entregando a de menor valor; se a escolha couber ao credor, deverá ele contentar-se com a escolha da que não sofreu melhoramentos, ou, então, se escolher a coisa de maior valor, pagando a diferença.

III. Obrigações facultativas

1. As obrigações facultativas

Nosso ordenamento não se ocupou dessa categoria de obrigações, como a maioria das legislações. O Código Civil argentino anterior assim como o atual, no entanto, disciplinaram o fenômeno com detalhes. O vigente código portenho é ainda mais claro no art. 786 : "A obrigação facultativa possui uma prestação principal e outra acessória. O credor somente pode exigir a principal, mas o devedor pode liberar-se cumprindo a acessória. O devedor dispõe até o momento do pagamento para exercer a faculdade de optar". Nesse diapasão, a legislação argentina pode servir-nos de parâmetro.

De fato, obrigação dita facultativa é aquela que, tendo por objeto apenas uma obrigação principal, confere ao devedor a possibilidade de liberar-se mediante o pagamento de outra prestação prevista na avença, com caráter subsidiário. Por exemplo: o vendedor compromete-se a entregar 100 sacas de café, mas o contrato admite a possibilidade de liberar-se dessa obrigação entregando a cotação do café em ouro. Outro exemplo: o contrato estipula o pagamento de um preço, entretanto o comprador reserva-se o direito de liberar-se da obrigação dando coisa determinada.

Nessas obrigações, há uma prestação principal, que constitui o verdadeiro objeto da obrigação, e uma acessória ou subsidiária. Essa segunda prestação constitui um meio de liberação que o contrato reconhece ao devedor.

Não se confunde, como à primeira vista poderia parecer nos exemplos dados, a obrigação facultativa com a *dação em pagamento*. Nesta é imprescindível a concordância do credor (art. 356), enquanto na facultativa a faculdade é do próprio devedor e só dele. Ademais, na dação em pagamento, a substituição do objeto do pagamento ocorre posteriormente ao nascimento da obrigação, enquanto na facultativa a possibilidade de substituição participa da raiz do contrato.

Contudo, na verdade, a maior semelhança aparente dessa classe de obrigação é com as *obrigações alternativas*. Na realidade, porém, as duas categorias não se confundem. Na obrigação facultativa há uma prestação principal e outra acessória. É a prestação principal que determina a natureza do contrato Aí está a diferença fundamental das obrigações alternativas. Se a obrigação principal é nula ou impossível, fica sem efeito a obrigação acessória; mas a nulidade da prestação acessória não tem qualquer influência sobre a principal (art. 645 do Código Civil argentino antigo). Trata-se de aplicação do princípio de que o acessório segue o principal. Já nas obrigações alternativas, as duas ou mais prestações aventadas estão no mesmo nível e já vimos que o desaparecimento de uma não faz por extinguir a obrigação. Destarte, como vemos, na obrigação alternativa há pluralidade de objetos, enquanto na obrigação facultativa existe unidade de objeto ao ser contraída a obrigação. Na obrigação alternativa, todos os objetos se acham *in obligatione* e na obrigação facultativa apenas um objeto é devido, podendo ser substituído por outro *in facultate solutionis*.

Anteriormente, foi visto que na obrigação alternativa a escolha pode competir ao devedor ou ao credor; enquanto na obrigação facultativa a faculdade de escolha é exclusiva do devedor, porque isso é inerente a essa classe de obrigação.

Ao demandar a obrigação facultativa, o credor só pode exigir a obrigação principal. Na obrigação alternativa, o credor fará pedido alternativo, se a escolha couber ao devedor; se a escolha couber a ele, credor, poderá exigir uma ou outra das prestações.

No entanto, a linha divisória entre ambas não é das mais nítidas e, na dúvida, entre a existência de uma obrigação alternativa ou de uma obrigação facultativa, concluímos pela obrigação facultativa, que é menos onerosa para o devedor, embora aponte Washington de Barros Monteiro (1979, v. 4, p. 128) que tal questão não é pacífica.

Guillermo A. Borda (s.d., p. 228) elenca as seguintes características das obrigações facultativas:

a) são obrigações de objeto plural ou composto;
b) as obrigações têm uma relação de dependência correspondente ao conceito de *principal* e *acessório*; e
c) possuem um *direito de opção* em benefício do devedor.

São fontes de obrigações facultativas, em primeiro lugar, a vontade das partes ou então a lei. Na obrigação facultativa não existe propriamente uma concentração (escolha) da obrigação, mas o exercício de uma opção. E o devedor pode optar pela prestação subsidiária até o efetivo cumprimento. Ao contrário das obrigações alternativas, no caso de erro, não pode haver retratação se o devedor cumpre a obrigação principal, pois esta é que dá a natureza da obrigação. Já se o devedor cumpre, por erro, a subsidiária, poderá repetir, pela mesma razão pela qual pode repetir nas obrigações alternativas.

IV. Efeitos da obrigação facultativa

A perda da coisa principal, sem culpa do devedor, extingue a obrigação. Se a perda ou a impossibilidade de cumprir ocorreu depois da constituição em mora, o credor poderá reclamar perdas e danos, mas não o pagamento da prestação subsidiária.

Se a perda ou impossibilidade ocorreu por fato imputável ao devedor, o credor pode pedir o preço da coisa que pereceu mais perdas e danos? Se houve perecimento, nesse caso, da coisa principal, é justo que possa o credor exigir o pagamento da coisa acessória, como permitia a lei argentina (art. 648 do Código anterior), se não quiser pedir a indenização? Essa solução não consta mais do Código argentino atual, que enfatiza a preponderância exclusiva da obrigação principal. Contudo, essa solução, entre nós, encontra óbice se se examinar a natureza da obrigação facultativa, o que faria surgir tão só um direito de indenização para o credor, e, na prática, isso poderia ser inconveniente.

Ainda, a nulidade da obrigação principal extingue também a acessória. Já a perda ou deterioração do objeto da prestação acessória, com ou sem culpa do devedor, em nada influencia a obrigação principal, que se mantém incólume.

Pelo que vimos, é adequada a crítica de Washington de Barros Monteiro (1979, v. 4, p. 123) acerca da impropriedade de denominação *obrigação facultativa*, pois o que é obrigatório não pode ser facultativo. Melhor seria denominá-las *obrigações com faculdade de substituição de objeto*.

Na verdade, obrigação facultativa é uma obrigação comum, que tem por objeto uma só prestação, com uma faculdade atribuída ao devedor. Em nossa lei, sua disciplina básica deve ser vista à luz das obrigações singelas.

🔖 Apelação – Embargos de terceiro – Alega o apelante ser cotitular da conta bancária alvo de penhora nos autos da ação indenizatória em fase de cumprimento de sentença que a empresa embargada move contra sua esposa – Afirma ainda que, a despeito da conta ser conjunta, os valores ali constantes são provenientes exclusivamente de sua aposentadoria, sendo, então, impenhoráveis – Sentença que mantém a penhora realizada – Na conta conjunta prevalece o princípio da solidariedade ativa e passiva apenas em relação ao banco, de modo que o ato praticado por um dos titulares não afeta os demais nas relações jurídicas e obrigacionais com terceiros, haja vista que a solidariedade não se presume, devendo resultar da vontade da lei ou da manifestação de vontade inequívoca das partes – Inteligência do art. 256 do Código Civil – Precedentes deste Egrégio Tribunal de Justiça – O apelante, todavia, não logrou comprovar o mais basilar ato constitutivo de seu alegado direito, qual seja, o de que figura como cotitular das contas bancárias bloqueadas – Honorários advocatícios sucumbenciais majorados, nos termos do art. 85, § 11, do Código de Processo Civil, com a ressalva do art. 98, § 3º, deste mesmo diploma legal – Negado provimento (*TJSP* – Ap. 1001280-15.2016.8.26.0006, 01-06-2017, Rel. Hugo Crepaldi).

CAPÍTULO V
Das Obrigações Divisíveis e Indivisíveis

Art. 257. Havendo mais de um devedor ou mais de um credor em obrigação divisível, esta presume-se dividida em tantas obrigações, iguais e distintas, quantos os credores ou devedores.

1. Conceito

A obrigação mais singela é aquela que tem um único devedor e um único credor e apenas um objeto na prestação. Por outro lado, as chamadas obrigações complexas possuem pluralidade de credores ou devedores, ou pluralidade de objetos na prestação.

Já explanamos que, se múltiplo for o objeto da prestação, estaremos perante uma obrigação conjuntiva, alternativa ou facultativa. Quando, porém, o sujeito ativo ou o sujeito passivo, ou ambos, forem múltiplos, o fenômeno da obrigação denomina-se divisibilidade ou solidariedade. Da solidariedade nos ocuparemos adiante.

A classificação das obrigações em divisíveis e indivisíveis não tem em mira o objeto, pois seu interesse reside e se manifesta quando ocorre *pluralidade de sujeitos*.

Em linhas gerais, podemos afirmar que *divisíveis* são as obrigações possíveis de cumprimento fracionado e *indivisíveis* são aquelas que só podem ser cumpridas em sua integralidade.

Para afastarmos qualquer mal-entendido, deve ficar compreendido que é o divisível ou indivisível é a prestação. Desse modo, havendo mais de um credor, ou mais de um devedor, devemos observar a prestação: se ela for suscetível de cumprimento fracionado, a obrigação é divisível; caso contrário, estaremos perante uma obrigação indivisível. Sob o ponto de vista material, tudo pode ser fracionado. Contudo, evidentemente, não é esse o aspecto ora examinado. Algo é divisível quando as partes divididas mantêm as mesmas propriedades do todo, tal como as obrigações em dinheiro ou em coisas fungíveis. Sob esse aspecto é que deve ser vista a prestação.

A indivisibilidade pode decorrer da própria natureza do objeto da prestação: se várias pessoas se comprometem a entregar um cavalo, a obrigação é indivisível. Trata-se, então, de *indivisibilidade material*.

Ademais, a indivisibilidade pode ser *jurídica*. Normalmente, todo imóvel pode ser dividido, mas, por restrições de zoneamento, a lei pode proibir que um imóvel seja fracionado abaixo de determinada área. Está aí, portanto, a indivisibilidade por força de lei. Ainda, pode ser o objeto da prestação perfeitamente divisível, como, por exemplo, a obrigação de entregar uma tonelada de trigo, mas podem as partes ter convencionado que a obrigação só poderá ser cumprida por inteiro. É o que afirma, aliás, o art. 314: "*Ainda que a obrigação tenha por objeto prestação divisível, não pode o credor ser obrigado a receber, nem o devedor a pagar, por partes, se assim não se ajustou.*" Trata-se de corolário do princípio geral segundo o qual não se pode obrigar o credor a receber algo diverso do contratado. O atual Código acrescentou uma definição no art. 258.

Importa sempre examinar o objeto do negócio e a vontade das partes quanto à possibilidade de divisão da obrigação ou, mais propriamente, da prestação. O fato é que a matéria não apresenta a dificuldade vista pelos juristas de antanho, principalmente os franceses, que estabeleceram distinções artificiais e inexistentes na matéria (cf. PEREIRA, 1972, v. 2, p. 49).

Destarte, embora tenhamos agora uma definição de obrigação indivisível, o critério sempre seguro para uma conceituação de obrigação divisível e indivisível é aquele ministrado pelos arts. 87 e 88 do Código Civil, pelo qual as coisas divisíveis são as que podemos dividir em porções ideais e distintas, formando cada qual um todo perfeito, e indivisíveis são as que não podemos partir sem alteração em sua substância ou as que, embora naturalmente divisíveis, são consideradas indivisíveis, por lei ou vontade das partes (art. 88). Sintetizando, poderíamos dizer que o conceito de divisibilidade situa-se na possibilidade ou impossibilidade de fracionamento do objeto da prestação, seja ele coisa ou fato. A referência à indivisibilidade liga-se ao objeto da prestação, mas sempre que houver uma *pluralidade de sujeitos*, caso contrário não aflorará juridicamente o problema.

Sob o ponto de vista objetivo, as obrigações de dar podem ter por objeto prestação divisível ou indivisível. Consistem na entrega da coisa. Será divisível quando cada uma das parcelas separadas guardar as características do todo. Na lembrança das exposições do mestre Gofredo Telles, *indivíduo é aquilo que não pode ser dividido sem deixar de ser o que é*. Assim, se o objeto da prestação é corpo certo e determinado, móvel (como um automóvel, um animal) ou imóvel (um apartamento, uma residência), não precisamos falar em divisibilidade, ainda que materialmente as coisas permitam fracionamento.

A indivisibilidade deve ser vista também quando o fracionamento faz com que as retiradas do todo percam parte considerável de seu valor econômico.

A obrigação de restituir é, como regra geral, indivisível, uma vez que o credor não pode ser obrigado a receber a coisa, em devolução, por partes, a não ser que a avença disponha diferentemente.

A obrigação de fazer pode ser divisível ou indivisível. Um trabalho a ser realizado pode ser cumprido por partes ou não, dependendo de sua natureza ou do que foi acertado entre os interessados. Quem se compromete a pintar um retrato, por exemplo, deve entregá-lo perfeito e acabado, não sendo admissível o contrário.

A obrigação de não fazer, aquela que importa numa abstenção, numa atitude negativa do devedor, é geralmente indivisível. A abstenção, em geral, é una e indivisível, não sendo possível o parcelamento. Quando, porém, se trata de um conjunto de obrigações negativas, cada uma deve ser vista individualmente.

2. Pluralidade de credores e de devedores

Como vimos, o interesse na classificação ora em estudo surge quando há pluralidade de sujeitos. A noção está presente no art. 257. Quando existe mais de um credor ou mais de um devedor, a obrigação "divide-se" em tantas quantos sejam os sujeitos ativos e passivos. Este Código, como vimos, acrescentou o art. 258 para conceituar a indivisibilidade. Há negócios jurídicos que têm como essência a prestação una e indivisível.

Destarte, quando há um só devedor e um só credor, a prestação é realizada por completo, a não ser que tenha havido convenção em contrário. Na pluralidade de sujeitos, a obrigação divide-se; haverá obrigações distintas, recebendo cada credor de devedor comum ou pagando cada devedor ao credor comum sua quota na prestação.

A dificuldade a ser transposta surge quando, na pluralidade de partes, a prestação for indivisível. Aí surgirá a necessidade de conceituação de divisibilidade e indivisibilidade. A hipótese mais simples está, pois, disciplinada no dispositivo sob exame.

📖 Agravo interno nos embargos de declaração no agravo em recurso especial. 1. Obrigações. Tribunal de justiça que reconheceu apenas a quitação parcial do débito, porquanto afirmou tratar-se de obrigação solidária. Artigo 265 do CC. Solidariedade presumida. Impossibilidade. Obrigação divisível. Devedor que paga a sua parte da dívida extingue a obrigação naquilo que lhe concerne. 2. Questões arguidas tão somente no agravo interno e não deduzidas nas contrarrazões ao recurso especial. Indevida inovação recursal. 3. Agravo interno desprovido. 1. Constatada a divisibilidade, o silêncio das partes a respeito do quinhão pelo qual cada uma responde não presume a solidariedade, mas, sim, que o débito está dividido em tantas obrigações, iguais e distintas, quantos os credores ou devedores, conforme o disposto no artigo 257 do CC. 2. Não merece conhecimento as questões suscitadas tão somente no âmbito do agravo interno, por configurarem indevida inovação recursal, uma vez que não foram deduzidas pela parte, oportunamente, nas contrarrazões ao recurso especial. Precedentes. 3. Agravo interno desprovido (*STJ* – AREsp 957.156 – GO, 05-05-2017, Rel. Min. Marco Aurélio Bellizze).

Art. 258. A obrigação é indivisível quando a prestação tem por objeto uma coisa ou um fato não suscetíveis de divisão, por sua natureza, por motivo de ordem econômica, ou dada a razão determinante do negócio jurídico.

Esse texto não estava presente no Código anterior. Há obrigações que não permitem divisibilidade. Há negócios jurídicos que têm como essência a indivisibilidade. Nesses casos a obrigação somente pode ser executada por inteiro.

É perceptível com facilidade a indivisibilidade pela natureza das coisas. A indivisibilidade determinada pela ordem econômica ocorre em muitas oportunidades, como, por exemplo, dividir-se um diamante de elevados quilates, muito valioso, cujas partes nunca terão o mesmo valor do todo. A indivisibilidade pela razão determinante do negócio decorre da oportunidade e conveniência das partes interessadas.

Se virmos o fenômeno da divisibilidade ou indivisibilidade da obrigação sob o prisma da prestação, fica mais fácil compreendermos o fenômeno. Há que se partir da compreensão de que a prestação e não a própria coisa é indivisível. Com essa noção, fica perfeitamente compreensível a indivisibilidade por vontade das partes e por motivo de ordem econômica.

📖 Apelação cível. Direito civil. Ação de cobrança de taxas condominiais. Unidade imobiliária com vários coproprietários. Obrigação propter rem e indivisível. Solidariedade.juros de mora simples. 12% (doze por cento) ao ano e 1% (hum por cento) ao mês. Equivalencia. Multa moratória. Sentença parcialmente reformada. 1. A obrigação relativa ao pagamento das despesas condominiais é propter rem e indivisível, na forma do art. 258 do Código Civil. 1.1. Tratando-se de unidade imobiliária com vários coproprietários, cada um deles será obrigado pela dívida toda, sendo deferido ao devedor que a paga, sub-rogar-se no direito do credor em relação aos demais coobrigados. Inteligência do parágrafo único do art. 259 do Código Civil. 2. Os juros de mora ?constituem um ressarcimento imputado ao devedor pelo descumprimento parcial da obrigação. Como regra geral, os juros moratórios são devidos desde a constituição em mora e independem da alegação e prova do prejuízo suportado (art. 407 do CC) (Flávio Tartuce. Manual de Direito Civil. Volume único. 6ª edição. Rio de Janeiro: Método, 2016, p. 464). 2.1. Não procede a irresignação recursal referente aos juros de mora, pois, tratando-se de juros simples, 12% (doze por cento) ao ano é equivalente a 1% (hum por cento) ao mês, não acarretando prejuízos ao recorrente. 2.2. Igual entendimento deve ser aplicado a multa moratória, que foi fixada sobre o valor total do débito. 3. Apelação conhecida e parcialmente provida (*TJDFT* – Ap. 0737878-50.2017.8.07.0001, 08-05-2019, Rel. Gislene Pinheiro).

📖 Ação de cobrança arrendamento rural – Obrigação indivisível aluguel não pago por um dos arrendatários pagamento feito pelos demais sub-rogação no crédito do arrendador obrigação indivisível inteligência do art. 258 do Código Civil pedido de compensação envolvendo outros negócios descabimento crédito ainda não constituído ação procedente. Recurso desprovido (*TJSP* – Ap. 0003984-03.2012.8.26.0218, 22-04-2015, Rel. Andrade Neto).

Art. 259. Se, havendo dois ou mais devedores, a prestação não for divisível, cada um será obrigado pela dívida toda.
Parágrafo único. O devedor, que paga a dívida, sub-roga-se no direito do credor em relação aos outros coobrigados.

Na hipótese narrada no texto, havendo pluralidade de devedores, não tem qualquer um deles a faculdade de solver parcialmente a obrigação, em havendo outros sujeitos passivos. O devedor, nessa hipótese, estará obrigado pela dívida toda. Assim, se dois devedores se obrigaram a entregar um cavalo, o semovente poderá ser entregue por qualquer um deles, ficando este com direito de cobrar o que for devido do outro devedor, nos termos do parágrafo único desse artigo, que fala em sub-rogação, matéria tratada adiante.

Desse modo, o credor pode e deve acionar todos os devedores para o cumprimento de obrigação, mas ainda que coativamente (pela penhora e leilão, por exemplo) um só dos devedores poderá cumprir a obrigação, ocorrendo a sub-rogação ora examinada.

Os devedores podem ser responsáveis pela prestação em partes iguais ou em proporção fixada no negócio jurídico, que merece um exame em cada caso concreto. Assim também no tocante aos credores.

Sendo a obrigação indivisível, cada um dos devedores responde pela dívida toda, como ocorre na solidariedade. Na verdade, aqui, pela pluralidade de credores de prestação indivisível, estes devem ser considerados como equiparados a credores solidários, enquanto persistir a indivisibilidade. As consequências práticas são, de fato, de dívida solidária (cf. MONTEIRO, 1979, v. 4, p. 138). Contudo, solidariedade e indivisibilidade, embora com muitos pontos de contato, não se confundem, como veremos a seguir.

Ação de cobrança – Despesas condominiais – Respondendo a unidade autônoma pela dívida, em razão da natureza *propter rem* da obrigação condominial, e sendo esta solidária e indivisível, a cobrança pode recair sobre um, alguns ou todos os titulares do domínio do imóvel, assegurado o direito de regresso àquele que pagar a dívida (artigo 259, Código Civil). Apelante que figura no polo passivo e como coproprietária na matrícula do imóvel deve responder solidariamente pelo pagamento da dívida condominial. Recurso desprovido (TJSP – Ap. 1006628-17.2015.8.26.0566, 11-10-2016, Rel. Dimas Rubens Fonseca).

Art. 260. Se a pluralidade for dos credores, poderá cada um destes exigir a dívida inteira; mas o devedor ou devedores se desobrigarão, pagando:
I – a todos conjuntamente;
II – a um, dando este caução de ratificação dos outros credores.

Nesse caso, a pluralidade é de credores. Figure-se o exemplo de dois proprietários de um mesmo cavalo, um sendo detentor de 30% de seu valor e outro detentor de 70%. Comprometeram-se eles a entregar o animal. Sendo o minoritário que entrega e recebe o preço, deve dar, depois, 70% do valor recebido ao outro vendedor. Mas o devedor, não pagando aos dois credores, na forma do art. 260, II, deverá exigir caução do que recebe, para garantir que o pagamento seja bem feito. Na falta de caução, não deve o devedor pagar a um só dos credores.

Art. 261. Se um só dos credores receber a prestação por inteiro, a cada um dos outros assistirá o direito de exigir dele em dinheiro a parte que lhe caiba no total.

A hipótese enfoca uma prestação indivisível, recebida por um só dos credores. O objeto não pode ser fracionado na obrigação indivisível. É evidente que nessa situação o credor recebe também parte que cabe a outros credores. Deve sempre ser examinado o negócio jurídico para se verificar qual a parcela de cada um na obrigação. Se nada dispuser o negócio, presume-se idêntico o direito de cada credor. Da mesma forma, deve ser vista a responsabilidade de cada devedor, na pluralidade de partes, no lado passivo. Os acertos devem ser feitos entre os interessados, no caso do artigo, entre os credores. Os respectivos reembolsos serão efetuados em dinheiro, se nada for disposto em contrário.

Art. 262. Se um dos credores remitir a dívida, a obrigação não ficará extinta para com os outros; mas estes só a poderão exigir, descontada a quota do credor remitente.
Parágrafo único. O mesmo critério se observará no caso de transação, novação, compensação ou confusão.

O credor que remite a dívida abre mão de seu cumprimento, a perdoa. Em se tratando de prestação indivisível, porém, os demais credores não podem ser prejudicados: a dívida deve ser paga aos credores não remitentes, mas estes, ao exigi-la, devem descontar a quota remitida. Assim, existem três credores de um apartamento. Um dos credores remite a dívida. Os dois credores remanescentes ainda podem exigir a coisa, mas devem descontar 33,33%, indenizando esse valor ao titular do apartamento, já que essa é a parte correspondente ao credor remitente. Esse desconto ou reembolso deve ser feito em dinheiro. Anote-se que o Projeto nº 6.960/2002 objetivou substituir a dicção final do artigo, dizendo *"reembolsando o devedor pela quota do credor remitente"*. A ideia de fundo do dispositivo continua a mesma, mas a terminologia é sensivelmente melhor.

O parágrafo único desse artigo aplica o mesmo princípio à transação, novação, compensação ou confusão, modalidades de extinção de obrigações, institutos para os quais remetemos o leitor, nos comentários seguintes.

Apelação. Ação de resolução contratual cumulada com pleito de reintegração de posse. Alegação de alteração verbal das condições de quitação do preço. Impossibilidade. Dívida de natureza indivisível, cabendo a todos os credores a decisão pela modificação das condições de adimplemento, nos termos do art. 262, parágrafo único do Código Civil. Ausência de demonstração da ocorrência de acordo em relação à vendedora falecida, que sequer emitiu recibo de quitação correspondente a valores alegadamente pagos. Negócios jurídicos escritos, ademais, que não podem ser modificados de forma verbal. Precedentes desta E. Corte. Usucapião. Impossibilidade de reconhecimento. Posse decorrente do contrato que é de natureza *ad interdicta*. Concessão de uso especial para fim de moradia. Ausência de previsão legal em relação à situação concreta. Direito de retenção por benfeitorias. Descabimento. Não comprovação das benfeitorias levadas a efeito. Sucumbência. Imposição de honorários recursais, nos termos do art. 85, § 11 do CPC/15. Recurso não provido (*TJSP* – Ap. 0000712-96.2012.8.26.0445, 30-01-2018, Rel. Rosangela Telles).

> **Art. 263.** Perde a qualidade de indivisível a obrigação que se resolver em perdas e danos.
> § 1º Se, para efeito do disposto neste artigo, houver culpa de todos os devedores, responderão todos por partes iguais.
> § 2º Se for de um só a culpa, ficarão exonerados os outros, respondendo só esse pelas perdas e danos.

Finalmente, quando uma obrigação indivisível, por qualquer razão, se resumir em perdas e danos, perderá o caráter de indivisível. A indenização é feita em dinheiro, que é bem divisível por excelência. Pode ter ocorrido culpa. Se a culpa que motivou a indenização for de todos os devedores, responderão todos por partes iguais (§ 1º). Se a culpa for de um só ou de alguns, apenas este ou estes responderão por perdas e danos (§ 2º), mas pelo valor da prestação, evidentemente, responderão todos. A mora de um ou mais devedores também deve ser tratada da mesma forma, uma vez que mora pressupõe culpa.

Em matéria de prescrição, esta aproveita a todos os devedores, mesmo que seja reconhecida a apenas um deles, assim como sua suspensão ou interrupção aproveita ou prejudica a todos.

Da mesma forma, a nulidade da obrigação declarada com relação a um dos devedores estende-se a todos. Um ato defeituoso com relação a uma das partes danifica o ato com relação aos demais partícipes do negócio.

Por outro lado, a insolvência de um dos devedores não prejudicará o credor, que estará intitulado a exigir o cumprimento da obrigação dos demais, integralmente.

Indivisibilidade e solidariedade

Embora esteja a seção da solidariedade colocada a seguir, tendo em vista os vários pontos análogos entre a solidariedade e a indivisibilidade, é importante que seja feito um paralelo entre ambos os institutos.

São as seguintes as diferenças, entre outras, que podem ser apontadas.

A causa da solidariedade reside no próprio título, no vínculo jurídico, enquanto a indivisibilidade, geralmente, resulta da natureza da prestação (há, como vimos, indivisibilidade que decorre da vontade das partes, convencional). Assim sendo, na solidariedade, o credor pode exigir de qualquer devedor solidário o pagamento integral da prestação, porque qualquer um deles é devedor de toda a dívida. Na indivisibilidade, o credor pode exigir o cumprimento integral de qualquer dos devedores, não porque o demandado seja devedor do total (já que só deve uma parte), e sim porque a natureza da prestação não permite o cumprimento fracionado.

Destarte, na solidariedade cada devedor paga por inteiro porque deve por inteiro, enquanto na indivisibilidade o devedor paga por inteiro porque outra solução não é possível.

Enfocamos que a solidariedade é subjetiva, enquanto, geralmente, a indivisibilidade é objetiva, isto é, decorre da natureza da prestação. Trata-se de artifício jurídico criado para reforçar o vínculo e facilitar a solução da dívida. A solidariedade reside nas próprias pessoas envolvidas, decorre da lei ou do título constitutivo (art. 265). Por isso, podemos dizer, *grosso modo*, que a solidariedade é de *origem técnica*, decorre da técnica jurídica, enquanto a indivisibilidade é de *origem material*.

Quando a obrigação solidária se converter em perdas e danos, os atributos da solidariedade permanecem (art. 271). Quando a obrigação indivisível se converter em perdas e danos, como vimos, desaparece a primitiva indivisibilidade (art. 263). Neste último caso, a transformação da obrigação em dever de indenizar a transforma em obrigação pecuniária.

Embora existam nítidas diferenças, assim como pontos de contato, nada impede que se reúnam na obrigação as qualidades de indivisíveis e solidárias ao mesmo tempo.

> Enunciado nº 540, VI Jornada de Direito Civil – CJF/STJ: Havendo perecimento do objeto da prestação indivisível por culpa de apenas um dos devedores, todos respondem, de maneira divisível, pelo equivalente e só o culpado, pelas perdas e danos.

CAPÍTULO VI
Das Obrigações Solidárias

Seção I
Disposições Gerais

> **Art. 264.** Há solidariedade, quando na mesma obrigação concorre mais de um credor, ou mais de um devedor, cada um com direito, ou obrigado, à dívida toda.

1. Solidariedade. Antecedentes históricos

A noção fundamental da obrigação solidária está no sentido de que o codevedor que paga extingue a dívida, tanto em relação a si quanto em relação aos demais devedores. Do lado ativo, cada credor tem a faculdade de exigir a totalidade da coisa devida do devedor.

A explicação do mecanismo dessa modalidade de obrigação não apresenta dificuldade. Difícil se torna explicarmos o porquê do fenômeno, pois seus antecedentes históricos não são muito claros.

A ideia da solidariedade teve origem no Direito Romano. Quando os credores ou devedores desejavam evitar os inconvenientes da divisão da dívida, ligavam-se por um vínculo particular, por meio do qual um dos credores podia cobrar de cada um dos devedores. Como lembra Caio Mário da Silva Pereira (1972, v. 2, p. 59), nessa matéria o recurso às fontes é difícil, tendo em vista a existência de interpolações. Sem grande utilidade prática, foi feita a distinção entre *solidariedade perfeita* ou *correalidade* e *solidariedade propriamente dita* ou *imperfeita*. A solidariedade perfeita produziria todos os efeitos atuais da solidariedade e tinha sua origem na vontade das partes, enquanto a imperfeita (ou obrigações *in solidum*) produziria apenas os efeitos principais, e não os secundários, tais como as situações dos arts. 279 e 280 deste Código a serem examinadas, tendo estas últimas origem na lei. Isso foi sustentado por alguns romanistas alemães.

Na verdade, o Direito Romano não conheceu essa distinção. Para nós, a solidariedade tem uma só natureza, com idênticas consequências.

2. Obrigações *in solidum*

Acentuamos no tópico anterior que, de acordo com nosso ordenamento, não havemos de fazer distinção, sendo a solidariedade uma só. No entanto, é inafastável o fato de existirem situações em que vários agentes aparecem devendo a totalidade, sem serem solidários. Alguns exemplos podem aclarar o que ora afirmamos.

Um motorista particular atropela e fere um pedestre, agindo com culpa. No evento, surge dupla responsabilidade: a do condutor do veículo e a de seu proprietário, que responde por culpa indireta. Ambos estarão obrigados pela totalidade da indenização. Assim também no caso dos coobrigados em um título de crédito. Todos respondem pela totalidade do crédito. O credor tem o direito de acionar qualquer obrigado indistintamente.

Bem apropriado é o exemplo ministrado por Guillermo A. Borda (s.d., p. 242). Suponhamos um caso de incêndio de uma propriedade segurada, causada por culpa de um terceiro. Tanto a seguradora como o autor do incêndio devem à vítima a indenização pelo prejuízo; a seguradora no limite do contrato e o agente, pela totalidade. A vítima pode reclamar a indenização de qualquer um deles, indistintamente, e o pagamento efetuado por um libera o outro devedor. Contudo, *não existe solidariedade entre os devedores porque não existe uma causa comum, uma origem comum na obrigação*. Cada obrigação tem uma origem diversa.

No caso do acidente de veículo, a responsabilidade do motorista funda-se em sua culpa; a responsabilidade do dono do automóvel resulta exatamente de sua condição de proprietário, independentemente da perquirição de culpa.

No caso do incêndio, a responsabilidade da companhia seguradora tem como fonte um contrato, enquanto a responsabilidade do incendiário decorre dos princípios do art. 186) deste Código: o ato ilícito.

Desse modo, temos as obrigações *in solidum*, nas quais os liames que unem os devedores ao credor são totalmente independentes, embora ligados pelo mesmo fato. Assim sendo, como consequência, a prescrição referente aos devedores é independente; a interpelação feita a um dos devedores não constitui em mora os outros; a remissão da dívida feita em favor de um dos credores não beneficia os demais.

Todavia, como acenamos anteriormente, deve ser lembrado que, enquanto a dívida solidária é suportada por igual por todos os devedores, pode ocorrer nas obrigações *in solidum* que os devedores não sejam responsáveis, todos, pelo mesmo valor. No caso da companhia seguradora, por exemplo, o valor segurado pode ser inferior aos danos. O incendiário será responsável pelo valor integral do dano, mas a seguradora responde até o limite estabelecido no contrato.

3. Características e fundamento da solidariedade

Como está firmado pela doutrina quase unânime, a obrigação solidária é relação obrigatória unitária, compreensiva do credor e de todos os devedores solidários, que encerra uma pluralidade de créditos, do credor contra cada um dos devedores solidários (ou com maior razão, quando a solidariedade for ativa) (cf. LARENZ, 1958b, v. 1, p. 504). Cada uma das relações entre o lado ativo e o lado passivo pode desenvolver-se até certo grau, com certa independência com as demais. No entanto, todas essas relações obrigatórias permanecem unidas entre si por meio da *unidade finalística da prestação*, cuja realização alcança sua finalidade de conformidade com a avença, incluindo-se, assim, todas as relações obrigatórias singulares.

Portanto, ressaltam-se, de plano, duas importantes características: *a unidade da prestação* (qualquer que seja o número de credores ou devedores, o débito é sempre único) e a *pluralidade e independência do vínculo*. Sobre este último aspecto, enfatize-se, mais uma vez, que a unidade de prestação não impede que o vínculo que une credores e devedores seja distinto e independente, como já afirmamos. Tal independência no vínculo dá margem a algumas consequências:

a) a obrigação pode ser pura e simples para algum dos devedores e pode estar sujeita à condição, ao prazo ou ao encargo para outros (art. 266);
b) se uma obrigação é nula porque um dos credores é incapaz, por exemplo, conserva sua validade quanto aos demais;
c) um dos devedores pode ser exonerado de sua parte da dívida, permanecendo a obrigação para com os demais. *Contudo, não devemos ver uma independência total de vínculos*, caso em que haveria somente uma obrigação composta ou mancomunada, e nunca solidariedade.

Falamos também que a obrigação solidária tem uma *unidade de causa*, pois, caso contrário, nos encontraríamos perante uma obrigação in solidum e não uma obrigação solidária, como examinamos acima.

Como consequência dessas características, elementarmente, portanto, as obrigações solidárias têm uma *pluralidade de credores ou de devedores* e uma *corresponsabilidade entre os interessados*. Como consequência desta última característica, por conseguinte, o que solve a dívida pode reaver dos demais a quota-parte de cada um na obrigação. Do lado da solidariedade ativa, da mesma forma, o recebimento por parte de um dos credores extingue o direito dos demais. Todavia, o que recebe deve entregar aos demais credores o que cada um tem direito.

O que deve ficar bem claro, desde o princípio, mormente na solidariedade passiva, é que as relações internas do vínculo entre os vários devedores é absolutamente irrelevante para o credor. Após um dos devedores ter solvido a dívida é que ele vai entender-se com os demais companheiros do lado passivo. Assim é que um dos devedores solidários pode ter-se obrigado por mera liberalidade, em razão de um negócio de sociedade, porque tinha direitos para com o credor etc. Todas essas relações são irrelevantes para o credor. Portanto, *sob o aspecto externo, todos os devedores e todos os credores* solidários estão em pé de igualdade.

Do que já foi exposto, percebe-se claramente que a finalidade da solidariedade passiva, a mais comum, tem em mira assegurar a solvência, reforçar o vínculo. O credor goza de uma situação de maior garantia, pelo simples fato de poder exigir de qualquer devedor o cumprimento de toda a obrigação. Ainda, facilita a cobrança por parte do credor, que no caso de inadimplemento não fica obrigado a mover uma ação contra todos os devedores (o que não poderia ocorrer se a obrigação fosse simplesmente mancomunada).

Do lado da solidariedade ativa, embora sua utilização seja restrita, os credores têm a vantagem de que qualquer um deles pode atuar no recebimento do crédito, demandando o pagamento integral. Há um poder recíproco que facilita o recebimento.

🔖 Recurso inominado. Estado do Rio Grande do Sul. Direito à saúde. Fornecimento de medicamento. Responsabilidade solidária dos entes federativos na efetivação do direito à saúde. A responsabilidade dos entes públicos é solidária, havendo, nessa esteira, exigência de atuação integrada do Poder Público em todas as suas esferas federativas (União, Estado e Município) para garantir o direito à saúde de todos os cidadãos, conforme a positivação constitucional das normas contidas nos artigos 196 e 23, II, da Constituição Federal, que estabelecem, respectivamente, o dever e a competência comum dos entes políticos na efetivação do direito à saúde. Não há falar, portanto, na possibilidade de responsabilidade solidária condicionada. Aliás, sobre a solidariedade, impende referir que "Art. 264 do Código Civil. Há solidariedade, quando na mesma obrigação concorre mais de um credor, ou mais de um devedor, cada um com direito, ou obrigado, à dívida toda." Por esta razão é que descabe o pedido do Estado do Rio Grande do Sul para que o bloqueio se efetive também na conta do Município, na mesma proporção. Recurso desprovido. Unânime (*TJRS* – Recurso Cível 71009285875, 27-05-2020, Rel. Mauro Caum Gonçalves).

🔖 Administrativo, civil e processual civil. Direito de regresso do Município contra o Estado. Obrigação solidária. Inexistência. Inaplicabilidade dos artigos 275 e 283 do Código Civil. Violação do artigo 535 do CPC/73. Inexistência. Parcela recursal. Ausência de prequestionamento. Incidência Súmula 211/STJ. Divergência jurisprudencial. Ausência de similitude fática. Recurso especial provido. 4. Para o exercício do direito de regresso, disciplinado no artigo 283 do Código Civil, faz-se necessário que a obrigação seja solidária, da forma prevista nos artigos 264 e 265 do Código Civil, ou seja, quando concorrer, na mesma obrigação, mais de um devedor obrigado e que tal vínculo seja determinado por lei ou pela vontade das partes (contrato). 5. Nas demandas cujo objeto do pedido consiste no fornecimento de medicamentos ou serviços de saúde, a obrigação é direcionada na formação da relação processual, ocasião em que o autor indica qual o ente da federação deve ser o sujeito passivo da relação obrigacional para cumprir o mandamento constitucional, podendo indicar mais de uma entidade em litisconsórcio. 6. A formação da dívida solidaria, nas demandas cujo objeto do pedido consiste no fornecimento de medicamentos ou serviços de saúde, somente é possível quando houver litisconsórcio passivo entre as entidades da federação, devendo tal comunhão ocorrer na propositura da demanda, com a formação da relação processual, possibilitando o julgador, no comando decisório, determinar a partilha da obrigação entre os litisconsortes. 7. Não integrando o Estado do Rio de Janeiro, originalmente, o polo passivo da demanda, não há como se estabelecer a solidariedade descrita nos artigos 275 e 283 do Código Civil, tendo em vista que, na formação do título executivo judicial, não constava como devedor da obrigação o referido ente federativo. Recurso especial provido (*STJ* – REsp 1.316.030 – RJ, 17-08-2016, Rel. Min. Humberto Martins).

🔖 Cumprimento de sentença – ação de reparação de danos morais e materiais c.c. repetição de indébito – impugnação – solidariedade - Pretensão do banco executado de que seja afastada a solidariedade imposta aos executados e aplicada a proporcionalidade de 50% para cada um quanto ao pagamento da condenação imposta – Não acolhimento – Sentença que foi expressa ao condenar os requeridos ao pagamento de danos materiais e morais sofridos pela parte autora – Decisão mantida em sede recursal – Ausência, ademais, de impugnação por parte dos requeridos quanto à questão da solidariedade reconhecida na sentença por ocasião da interposição dos respectivos recursos – Aplicação ao caso do disposto nos artigos 264 e 275, ambos do Código Civil - Decisão mantida. Recurso não provido (*TJSP* – AI 2261977-77.2020.8.26.0000, 12-1-2021, Rel. Marino Neto).

Art. 265. A solidariedade não se presume; resulta da lei ou da vontade das partes.

Este dispositivo é fundamental para o exame da solidariedade. Manteve-se nosso ordenamento fiel à doutrina tradicional. A obrigação solidária possui um verdadeiro *caráter de exceção* dentro do sistema, não se admitindo responsabilidade solidária fora da lei ou do contrato. Assim sendo, não havendo expressa menção no título constitutivo e não havendo previsão legal, prevalece a presunção contrária à solidariedade. Não estando presente o instituto, a obrigação se divide; cada devedor sendo obrigado apenas a uma quota-parte, ou cada credor tendo direito a apenas uma parte. Na dúvida, interpreta-se a favor dos devedores, isto é, conclui-se pela inexistência de solidariedade. No entanto, uma vez estabelecida a solidariedade, não se ampliam as obrigações.

A solidariedade, portanto, não pode decorrer da sentença, como à primeira vista em alguns casos pode parecer. É fato que o Código Civil argentino revogado, no art. 700, dizia expressamente que a solidariedade podia também ser constituída, por decisão judicial, com força de coisa julgada. Contudo, essa disposição sofreu críticas pelos juristas platinos, tanto que o código portenho atual não repete essa disposição. O juiz, na verdade, não faz senão por *declarar* o direito das partes e não pode condenar solidariamente os réus se a solidariedade já não preexiste num contrato ou na lei. Contudo, não é sem frequência que surge, na sentença, uma obrigação *in solidum* ou mancomunada, já vista anteriormente. No exemplo do incêndio, que estudamos, se o autor move a ação contra a companhia seguradora e contra o autor do dano, surgirá essa modalidade de condenação.

Há necessidade, então, de que a solidariedade seja expressa. Não há necessidade, contudo, de palavras sacramentais, bastando que fique clara a vontade de se obrigar solidariamente. Notemos que isso não ocorre em todas as legislações, pois no Código alemão (art. 427), em caso de dúvida, a solidariedade é presumida. No entanto, a solução alemã não é a melhor. A ideia de que a solidariedade não se presume se fundamenta na aplicação do princípio de que na dúvida se prefere a solução menos onerosa para o devedor. Na prática, no entanto, para apresentar melhores garantias para o credor, são criadas as obrigações solidárias, com muito maior frequência.

Como não existe presunção, quem a alega solidariedade deve provar. Provindo a solidariedade da lei, não há necessidade de prova.

Não há dúvida, no entanto, de que a solidariedade pode ser provada por testemunhas. Meras presunções e indícios podem reforçar a prova da solidariedade, mas não a induzem.

Washington de Barros Monteiro (1979, v. 4, p. 160) apanha alguns exemplos em pretérita jurisprudência: não induz solidariedade parentesco próximo dos coobrigados: não se pode admitir solidariedade por indícios e conjecturas, mais ou menos verossímeis; em se tratando de obrigação assumida por sócios ou condôminos, a presunção é de que cada qual contrai obrigação proporcional ao seu quinhão (art. 1.317); não se infere solidariedade pelo simples fato de ter sido a obrigação assumida na mesma oportunidade. Como acentua o saudoso autor com a costumeira acuidade: *"em todos esses casos, há meras afinidades de interesses, que não legitimam o reconhecimento da solidariedade"*.

Agravo interno nos embargos de declaração no agravo em recurso especial. 1. Obrigações. Tribunal de justiça que reconheceu apenas a quitação parcial do débito, porquanto afirmou tratar-se de obrigação solidária. Art. 265 do CC. Solidariedade presumida. Impossibilidade. Obrigação divisível. Devedor que paga a sua parte da dívida extingue a obrigação naquilo que lhe concerne. 2. Questões arguidas tão somente no agravo interno e não deduzidas nas contrarrazões ao recurso especial. Indevida inovação recursal. 3. Agravo interno desprovido. 1. Constatada a divisibilidade, o silêncio das partes a respeito do quinhão pelo qual cada uma responde não presume a solidariedade, mas, sim, que o débito está dividido em tantas obrigações, iguais e distintas, quantos os credores ou devedores, conforme o disposto no art. 257 do CC. 2. Não merece conhecimento as questões suscitadas tão somente no âmbito do agravo interno, por configurarem indevida inovação recursal, uma vez que não foram deduzidas pela parte, oportunamente, nas contrarrazões ao recurso especial. Precedentes. 3. Agravo interno desprovido (*STJ* – Agint nos Edcl no AREsp 957156 – GO, 27-04-2017, Rel. Min. Marco Aurélio Bellizze).

Execução de título extrajudicial. Ilegitimidade passiva da coexecutada Valéria muito bem reconhecida, pios não subscrever o contrato779, I, do CPC. Solidariedade não se presume, resultando apenas da lei ou da vontade das partes. Art. 265, do Código Civil. Responsabilidade do executado é contratual e não pode ser imposta à sua cônjuge, que não contratou com o credor. Princípio da literalidade dos títulos de crédito. Recurso não provido (*TJSP* – AI 2215095-57.2020.8.26.0000, 4-5-2021, Rel. Miguel Petroni Neto).

Agravo de instrumento – Ação de execução – Mensalidades escolares – Responsabilidade solidária dos genitores – Contrato de prestação de serviços educacionais celebrado somente pela genitora dos estudantes – Responsabilidade decorrente de contrato que não pode ser imposta a quem não contratou – **Solidariedade que não se presume** – Incabível o pedido de inclusão do genitor no polo passivo da ação de execução – Inteligência dos art. 568, I, do CPC e art. 265 do CC – Decisão mantida – Agravo improvido (*TJSP* – AI 2117739-04.2016.8.26.0000, 5-9-2016, Rel. Salles Vieira).

Art. 266. A obrigação solidária pode ser pura e simples para um dos cocredores ou codevedores, e condicional, ou a prazo, ou pagável em lugar diferente, para o outro.

Não descaracteriza a solidariedade o fato de as condições de cada sujeito estar sob situação distinta na obrigação, sob o prisma de ser permitido que um ou alguns sejam codevedores ou cocredores condicionais, a prazo ou obrigado a pagar e lugar diverso. O texto deste Código acrescentou a possibilidade de um dos coobrigados pagar em local diverso, como vinha admitindo a doutrina. Assim, cada credor ou devedor solidário pode ter uma situação particular diversa com relação aos demais. A diretriz desse dispositivo não coloca em dúvida o fato de a solidariedade ser um vínculo único. Assim, por exemplo, o devedor solidário sob condição suspensiva pode não ser demandado junto com os demais, enquanto não ocorrer o implemento da condição.

Apelação – Contrato de compra e venda de produto agrícola – Alegação de inadimplemento e pretensão de que a dívida seja satisfeita pelos réus solidariamente – Obrigação contratual afastada pela dissolução da sociedade celebrada por iniciativa de um dos sócios – Condição resolutiva presenciada pelo autor-vendedor que anuiu na continuidade do fornecimento em regime de exclusividade quanto ao outro sócio – Conjunto probatório irrefutável – Recurso do vendedor improvido – No caso concreto, as atividades negociais, em seu conteúdo, permaneceram incólumes tal como existiam antes da retirada de um dos sócios, pois dos termos da dissolução da sociedade, o autor não só teve conhecimento, mas, também, concordou na continuidade do contrato estabelecido apenas em relação a um dos réus. A rigor, a solidariedade obrigacional emanada da natureza do contrato restou desfeita (*TJSP* – Ap. 992.05.141212-7, 19-8-2011, Rel. Adilson de Araujo).

Enunciado nº 347, IV Jornada de Direito Civil – CJF/STJ: A solidariedade admite outras disposições de conteúdo particular além do rol previsto no art. 266 do Código Civil.

Seção II
Da Solidariedade Ativa

Art. 267. Cada um dos credores solidários tem direito a exigir do devedor o cumprimento da prestação por inteiro.*

1. Solidariedade ativa. Noção

Como afirmado, a solidariedade ativa é a que contém mais de um credor, todos podendo cobrar a dívida por inteiro. Sua importância prática é escassa, pois não tem outra utilidade a não ser servir como mandato para recebimento de um crédito comum, efeito que se pode obter com o mandato típico. Nossa lei não contém em princípio exemplos claros de solidariedade ativa. O direito italiano, em seu Código Civil, possui duas hipóteses, que tradicionalmente nos servem de exemplos: a conta corrente bancária em nome de duas ou mais pessoas, com a faculdade de operarem separadamente (art. 1.854), e o aluguel de cofres de segurança (art. 1.839). Devemos lembrar que entre nós, portanto, esses exemplos de solidariedade ativa devem decorrer da manifestação de vontade, do contrato. Não se confunde, também, a conta conjunta bancária, quando duas ou mais pessoas podem movimentar livremente, conjunta ou separadamente, a importância ou os valores depositados, com a conta conjunta que exige a presença de duas assinaturas.

O contrato de cofres de segurança terá a solidariedade ativa desde que se permita sua utilização e abertura, indiferentemente, por qualquer dos titulares. Esses cofres reduziram-se em nosso país e raramente ainda são utilizados.

Portanto, entre nós, a origem da solidariedade ativa é a vontade das partes, seja um contrato, seja um testamento.

Como vimos, a vantagem dessa modalidade é a de que qualquer credor pode exigir a totalidade de dívida, sem depender da aquiescência dos demais credores (art. 267) e cada devedor (ou o devedor, se for um só) poderá liberar-se da obrigação pagando a prestação a qualquer um dos credores (art. 269).

O grande inconveniente da solidariedade ativa, o que certamente é causa de seu desuso, é o fato de que qualquer credor, recebendo a dívida toda, exonera o devedor, tendo então os demais credores que se entenderem com o credor que deu quitação.

2. Efeitos da solidariedade ativa

É conveniente que os efeitos da solidariedade ativa sejam enumerados, mormente porque presentes de forma esparsa no ordenamento:

1. Cada credor pode reclamar de qualquer dos devedores (ou do devedor) a dívida por inteiro (art. 267), não podendo, assim, o devedor pretender pagá-la parcialmente, sob a alegação de que há outros credores.
2. O pagamento feito a um dos credores, a compensação, a novação e a remissão da dívida feita por um dos credores a qualquer dos devedores extingue também a obrigação (art. 269). No entanto, o direito livre de pagar dos devedores sofre uma limitação de ordem

processual: se um dos credores já acionou o devedor, este só poderá pagar àquele em juízo ou em razão dele. Complementando o art. 269, diz o art. 272: "*O credor que tiver remitido a dívida ou recebido o pagamento responderá aos outros pela parte que lhes caiba.*" Assim, pode o credor remitir, isto é, abrir mão da cobrança da dívida, perdoá-la, mas não poderá, com essa atitude, prejudicar os demais credores, devendo pagar-lhes a parte devida.

3. A constituição em mora feita por um dos cocredores favorece a todos os demais.
4. A *interrupção da prescrição* por um dos credores beneficia os demais (art. 204, § 1º). Já a *suspensão da prescrição* em favor de um dos credores solidários só aproveitará aos outros se o objeto da obrigação for indivisível (art. 201). A *renúncia da prescrição* em face de um dos credores aproveitará aos demais.
5. Qualquer credor poderá propor ação para a cobrança de crédito. Outro credor poderá ingressar na ação na condição de assistente (art. 124 do CPC).
6. A incapacidade de um dos credores não obsta que a obrigação mantenha seu caráter solidário a respeito dos demais. O Código argentino possui regra específica nesse caso (art. 703).
7. Enquanto não for cobrada a dívida por algum credor, o devedor pode pagar a qualquer um dos credores (art. 268 do Código Civil de 2002). Havendo demanda, como já vimos, haverá prevenção judicial e o devedor só poderá pagar em juízo.
8. A constituição em mora do credor solidário, pela oferta de pagamento feita pelo devedor comum, prejudicará a todos os demais, que passarão a responder, todos, pelos juros, riscos e deteriorações da coisa.
9. Na forma do art. 270: "*Se um dos credores solidários falecer deixando herdeiros, cada um destes só terá direito a exigir e receber a quota do crédito que corresponder ao seu quinhão hereditário, salvo se a obrigação for indivisível.*" Assim, nessa hipótese, desaparece a solidariedade para os herdeiros. Os demais credores continuarão solidários.
10. A conversão da prestação em perdas e danos não faz desaparecer a solidariedade, correndo em proveito de todos os credores os juros de mora (art. 271).
11. Como vimos, a relação interna, a natureza do débito e a quota de cada credor no débito é irrelevante para o devedor (trata-se de relação interna entre os credores), e o credor que receber deve prestar contas aos demais, pela parte que lhes caiba (art. 272). Os demais credores terão *ação regressiva* contra os *accipiens*, de acordo com o título de cada um. É claro que, se a solidariedade ativa foi estabelecida apenas para outorgar um poder a outros para receber, haverá um único interessado no negócio, que terá direito à totalidade do crédito.

⚖ Agravo de instrumento – Ação civil pública – Expurgos inflacionários – Representação processual de poupador falecido – Pedido de cumprimentoLiquidação de sentença provenientederivada de ação civil pública movida pelo IDEC relativamente a expurgos inflacionários em cadernetas de poupança – Determinação para Decisão que determinou a parte exequente promova a regularização do polo ativo – Reconhecimentoemenda da possibilidade dos herdeiros ingressarem com a pretendida liquidaçãoinicial para juntar-se procuração e documentos do cotitular da necessidade de regularização oportuna da representação do espólio que deverá vir aos autos da liquidação – Precedentes do STJ – Agravo de instrumento – Ação civil pública – Expurgos inflacionários – Cotitularidade – Conta bancária – Descabimento – Abertura de conta bancária conjunta que configura solidariedade ativa, na medida em que cada qual dos titulares autorizado está a movimentá-la livremente – Solidariedade ativa que garante a qualquer cotitular a formulação de pedido que diga respeito a créditos de qualquer natureza que tais correntistas possam ter junto à instituição financeira, exigindo do devedor o cumprimento da prestação por inteiro – Inteligência do art. 267, do CC – Entendimento do STJ – Caso do autos. Agravo de instrumento – Ação civil pública – Expurgos inflacionários – Representação processual de poupador falecido – Pedido de cumprimento de sentença proveniente de ação civil pública movida pelo IDEC relativamente a expurgos inflacionários em cadernetas de poupança – Determinação para que a agravante, cotitular da conta que mantinha com o de cujus, pleiteia possa, isoladamente, levantar todo o valor discutido na demanda por ela individualmente ajuizada – Impossibilidade – Conveniente a vinda ao processo de eventuais outrosparte exequente promova a regularização do polo ativo – Qualquer um dos herdeiros para se resguardar os direitos envolvidos e atribuir a cada um o que é seu tem legitimidade para ingressar na defesa de patrimônio comum, independentemente da existência de inventário, porém, igualmente necessária a regularização da representação do espólio que deve ser buscada oportunamente pelos herdeiros. Recurso parcialmente provido (*TJSP* – AI 2021406-53.20172039117-08.2016.8.26.0000, 14-4-202119-05-2020, Rel. João Batista Vilhena).

⚖ Apelação cível – Outorga de escritura – Ilegitimidade ativa – Rejeição – Exigibilidade da obrigação por um dos credores solidários – Possibilidade artigo 267 Código Civil – Negativa de assinatura pelo vendedor – Confirmação – Procedência da ação confirmada. Tratando-se a empresa vendedora da mesma empresa que ingressou com a ação, com CNPJ idênticos, inclusive, afasta-se a tese de ilegitimidade ativa. Não há impedimento para que apenas um dos compradores do imóvel exija o cumprimento da obrigação pela ação proposta, ante o disposto no artigo 267 do Código Civil. Comprovada a negativa dos vendedores em assinar a escritura de compra e venda, impõe-se a confirmação da sentença que julgou procedente o pedido de outorga de escritura (*TJMG* – Ap. 1.0000.19.000685-8/001, 21-03-2019, Rel. Luiz Carlos Gomes da Mata).

Ação revisional de cláusulas de cédulas de crédito rural c.c. Repetição de indébito – Aplicação do prazo vintenário previsto no art. 177 do Código Civil de 1916. Termo inicial. Data da ciência da lesão. Precedentes do c. STJ. Prescrição quanto aos pedidos de revisão das cláusulas que preveem a incidência de capitalização de juros e de taxa de juros remuneratórios e moratórios, tendo em vista que as cédulas de crédito rural foram emitidas em agosto de 1988, dezembro de 1988 e novembro de 1989, enquanto o protesto interruptivo somente foi protocolado em março de 2010, ou seja, depois de mais de vinte anos da data de emissão dos títulos. Prazo prescricional quanto à restituição de diferenças da correção monetária aplicada às cédulas de crédito rural em março de 1990, em razão do Plano Collor. I- Inocorrência. O termo inicial é a data do pagamento indevido. Precedentes do c. STJ. Correção monetária da caderneta de poupança em março de 1990 (PLANO COLLOR I). Aplicação do índice de 41,28% (BTN FISCAL). Entendimento consolidado no c. STJ. Restituição em dobro dos valores cobrados indevidamente. Descabimento. Matéria controvertida a ser deslindada em processo de conhecimento. Pedido de restituição integral das diferenças da correção monetária aplicada indevidamente. Cabimento. Apesar de as cédulas de crédito rural terem sido emitidas por outras cinco pessoas além do autor, que não figuram no polo ativo da demanda, qualquer um dos credores solidários tem o direito de exigir o cumprimento da prestação por inteiro. Observância à regra do art. 267 do Código Civil. Redução do valor dos honorários advocatícios. Descabimento. A quantia arbitrada pela r. sentença em R$ 1.500,00 se afigura razoável e proporcional para remunerar o patrono do réu de forma condigna, levando-se em consideração o grau de zelo e o trabalho realizado. Recursos providos em parte (*TJSP* – Ap. 9000011-80.2010.8.26.0047, 24-5-2016, Rel. Alberto Gosson).

Art. 268. Enquanto alguns dos credores solidários não demandarem o devedor comum, a qualquer daqueles poderá este pagar.

Essa é uma das principais características da solidariedade ativa e sua maior inconveniência. O credor que receber a dívida toda terá que prestar contas aos demais solidários, reforme suas relações internas. Enquanto não for dada ciência da demanda proposta por um dos credores ao devedor, este pode pagar a qualquer deles. Assim, em princípio, o devedor deve pagar ao primeiro credor que exigir a dívida ou pode escolher o devedor a quem pagar. Após a propositura da ação, não poderá mais fazer isso.

O credor que inicia a ação pode prosseguir até final decisão, restringindo a iniciativa dos demais credores. Se o devedor pagar a outro credor após a propositura da ação, não se liberará da totalidade da dívida, devendo provar até que montante esse pagamento é eficaz para o *accipiens* (veja artigo seguinte) e, na verdade, arrisca-se a pagar mal.

Embargos de declaração. Embargos à execução de titulo executivo judicial. Omissões apontadas pelo superior instância. Vícios sanados. I. Sanada omissão quanto ao pleito de compensação do valor da condenação objeto da execução com os honorários devidos ao procurador que atuou em causa própria durante a ação de conhecimento. Nos termos do artigo 268 do Código Civil, é vedada a compensação legal de créditos de naturezas diversas. Vício sanado. II. Sanada omissão quanto à alegação de ofensa à coisa julgada no que se refere à determinação de liquidação da sentença para apuração do quantum devido. Caso em que desnecessária a liquidação do julgado, porquanto a obtenção do valor devido pode e foi obtido por meio da apresentação de cálculo aritmético. Embargos de declaração acolhidos, sem efeito infringente (*TJRS* – ED 70031245913, 22-08-2019, Rel. Liege Puricelli Pires).

Art. 269. O pagamento feito a um dos credores solidários extingue a dívida até o montante do que foi pago.

Trata-se de pagamento parcial, que deve ser deduzido do todo. O credor que recebe, por seu lado, só pode dar quitação da parcela recebida. O parágrafo único do Código anterior foi suprimido. No entanto, é da essência desses institutos que a novação, compensação e remissão operam a extinção da obrigação, ainda que a novação faça por originar outra. Há que se examinar a eficiência dessas modalidades de extinção da obrigação a fim de verificar sua idoneidade no caso concreto.

Inova esse dispositivo ao não mais se referir pura e simplesmente à extinção total da dívida e o faz corretamente. O pagamento integral ou não deve ser examinado na espécie em face das peculiaridades da solidariedade e não fica impossibilitado, salvo expressa menção no negócio. O que nunca pode ser olvidado é que na solidariedade todos os credores podem receber e todos os devedores devem pagar o débito por inteiro. As situações de pagamento e recebimento parcial devem ser examinadas caso a caso.

Note que o pagamento, ainda que parcial, feito antes do vencimento ou exigibilidade da obrigação, é realizado por risco e responsabilidade do *solvens*.

🔖 Apelações – Ação declaratória de inexigibilidade de débito cumulada com indenização por danos materiais e morais – Contrato de empreitada com fornecimento de material - rescisão contratual – Sentença de parcial procedência – Recursos de ambas as partes. 1. Recurso da autora. 1.1. Cumulação de cláusula penal e perdas e danos – Autora aditou a inicial alegando que teve que contratar outra empresa por R$ 1.150.000,00, ficando com prejuízo de R$ 443.618,46 – Sentença que acolheu tão somente o pleito de condenação da ré ao pagamento da cláusula penal de 20% sobre o valor de R$ 706.381,54 – Pretensão da autora com vistas ao recebimento da multa e da indenização por perdas e danos – Descabimento no caso – Clausula penal que tem natureza compensatória e constitui prefixação das perdas e danos – Cumulação que somente é cabível se as partes contratantes assim convencionaram (parágrafo único do art. 416, do Código Civil) – Ademais, não houve alegação de que houve necessidade de refazimento parcial da obra, tampouco, se poderia imputar à ré o preço ajustado no contrato do qual não participou e o custo efetivo dos serviços faltantes não fora objeto de necessária avaliação. 1.2. Cumulação de multa moratória e compensatória – Incabível a cumulação de tais multas, pois oriundas do mesmo fato gerador, qual seja, a não conclusão da obra, e ninguém pode ser apenado duplamente pelo mesmo fato. 1.3. Compensação de valores – Notas fiscais (total de R$ 104.337,23) e aplicação de multa contratual (20% de R$ 706.381,54) – Autora e ré são, ao mesmo tempo, credor e devedor uma da outra – A compensação efetua-se entre dívidas líquidas, vencidas e de coisas fungíveis – Preenchimento dos requisitos legais – Inteligência do artigo 269, do Código Civil - Recurso neste ponto provido, para o fim de permitir a compensação das obrigações. 2. Recurso da ré – Gratuidade da justiça indeferida, com intimação para recolhimento do preparo recursal, sob pena de deserção – Decurso do prazo concedido, sem qualquer providência por parte da apelante – Recurso que não vence o juízo de admissibilidade, porque não preparado – Deserção caracterizada. Recurso da autora parcialmente provido e não conhecido o da ré (*TJSP* – Ap. 1068969-51.2017.8.26.0100, 28-05-2019, Rel. Sergio Gomes).

🔖 Civil e processo civil – Ação cominatória – Outorga de escritura de imóvel – Pagamento de dívida – Recibo – um dos credores – Solidariedade ativa – Validade e eficácia do pagamento – Extinção da dívida do comprador – Outorga devida. 1. Existe solidariedade quando, na mesma obrigação, concorre uma pluralidade de credores ou devedores, cada um com direito ou obrigado a toda a dívida, nos termos do art. 264 do Código Civil. 2. Na solidariedade ativa há mais de um credor com direito a toda dívida ou a parte dela, sendo que o credor pode exigir apenas sua parte ou todo o crédito. 3. Por figurarem como credores/vendedores no instrumento particular de compra do imóvel objeto da presente lide, os réus possuem solidariedade ativa, ou seja, cada um deles poderia exigir da ré a prestação final por inteiro, qual seja, o ressarcimento do valor final gasto para a quitação do financiamento junto à CEF, nos termos do art. 267 do Código Civil: "Art. 267. Cada um dos credores solidários tem direito a exigir do devedor o cumprimento da prestação por inteiro". 4. Portanto, ao pagar a quantia acordada à segunda ré, a obrigação da autora foi extinta - inteligência do art. 269 do Código Civil: "Art. 269. O pagamento feito a um dos credores solidários extingue a dívida até o montante do que foi pago" (*TJMG* – Ap. 1.0024.05.703796-2/001, 02-09-2015, Rel. Otávio Portes).

Art. 270. Se um dos credores solidários falecer deixando herdeiros, cada um destes só terá direito a exigir e receber a quota do crédito que corresponder ao seu quinhão hereditário, salvo se a obrigação for indivisível.

A solidariedade não desaparece com o falecimento de um dos credores. No entanto, os herdeiros desse falecido só poderão exigir e receber a quota de seu quinhão hereditário, salvo se a obrigação for indivisível. Isso significa que os vários herdeiros não são solidários entre si nesse quinhão e sua situação é de partícipes credores de obrigação divisível. Os herdeiros recebem sua quota-parte, a qual não lhes vêm com a característica da solidariedade. Todos os herdeiros em conjunto, contudo, são vistos pelo instituto como um credor solidário. A solidariedade desfaz-se na relação interna entre eles, e com isso não poderão demandar a dívida por inteiro. Pode-se dizer que existe um esgarçamento do vínculo da solidariedade no tocante aos herdeiros, com relação à quota do falecido. É claro que se houver herdeiro único, nada se altera na relação da solidariedade.

Por outro lado, se a obrigação for indivisível, como tal será tratada entre os herdeiros, por decorrência lógica.

🔖 Recurso inominado. Ação anulatória. Acordo judicial entabulado entre um dos credores e o devedor após o falecimento do credor solidário. Homologação. Demanda na qual houve supressão da sucessão. Solidariedade ativa. Incidência do art. 270 do CC. Alteração das condições do negócio originalmente realizado. Impossibilidade sem a participação dos herdeiros. Erro substancial do negócio. Decisão anulada. Permissivo do art. 486 do CPC. Sentença reformada. 1. Acordo judicial firmado por um dos credores, homologado em demanda anterior na qual não houve a participação dos herdeiros do outro credor, e ainda foram alteradas as condições do negócio originalmente firmado, é inválida e passível de anulação por erro. Incidência do art. 486 do CPC c/c art. 139 do CC. 2. Com o falecimento do credor solidário, há a formação de vínculo entre o credor supérstite e os herdeiros do falecido, os quais terão direito a receber a quota do crédito proporcional ao quinhão hereditário, nos termos do art. 270 do Código Civil. 3. A solidariedade ativa, que resulta do contrato firmado entre credores e devedores, autoriza o credor sobrevivente a executar as parcelas inadimplidas, mas não a alterar as condições do negócio havido, sem que haja anuência dos herdeiros do credor falecido. 4. Possível a anulação do acordo homologado na demanda anterior uma vez que não houve apreciação do mérito. Recurso provido (*TJRS – Recurso Cível 71005608674, 23-02-2016, Rel. José Ricardo de Bem Sanhudo*).

Art. 271. Convertendo-se a prestação em perdas e danos, subsiste, para todos os efeitos, a solidariedade.

O fato de a solidariedade decorrer da vontade das partes ou da lei faz com que, se a prestação solidária converter-se em uma obrigação indenizatória em dinheiro, não se suprime a natureza solidária. Trata-se de mais um reforço do vínculo, para manter íntegra a obrigação, evitando-se subterfúgios dos devedores em pagá-la. Esse fenômeno não ocorre com as obrigações indivisíveis, quando a prestação se torna divisível; eis a razão do presente texto. As obrigações indivisíveis se tornam divisíveis quando se convertem em perdas e danos.

O texto atual suprime a referência aos juros, feitas no estatuto anterior, mas não lhe altera o alcance. Os juros são acessórios naturais e a referência expressa era mesmo desnecessária.

Apelação cível – Ação de obrigação de fazer c/c pedido de restituição de valores e indenização por dano moral – contratação de plano de telefonia – Relação de consumo – Legitimidade passiva da empresa ofertante – verificação – Participação ativa na cadeia de prestação de serviços – Apelação cível. Seguro viagem. Extensão. Permanência forçada. Risco à saúde. Negativa de cobertura. Preliminares. Perda do objeto. Ilegitimidade passiva. Rejeitadas. Falha na prestação do serviço. Responsabilidade objetiva e solidária. Código de defesa do consumidor. Se a pretensão de extensão da cobertura securitária até o retorno do consumidor ao país foi resistida pelos fornecedores, ensejando o ajuizamento de ação judicial para cumprimento legal do contrato, não há que falar em perda do objeto em razão do posterior regresso do consumidor ao País. Tratando-se de relação consumerista, no que tange à responsabilidade pela falha na prestação do serviço, a responsabilidade é solidária dos fornecedores pelos vícios dos produtos e serviços construídos, fornecidos e comercializados. A solidariedade entre os diversos participantes da cadeia de fornecimento decorre do sistema de proteção ao consumidor. Nos termos do artigo 14, do Código de Defesa do Consumidor, o fornecedor responde objetivamente pela reparação dos danos causados aos consumidores por defeitos relativos à prestação dos serviços, sendo suficiente a comprovação do dano, da conduta do prestador de serviço e o nexo de causalidade entre ambos. No caso de impossibilidade de retorno do segurado por evento coberto, o prazo de vigência das coberturas do seguro viagem se estenderá, automaticamente, até o retorno do segurado ao local de domicílio ou de início da viagem (*TJDFT* – Ap. 0000739-71.2018.8.07.0001, 14-11-2018, Rel. Esdras Neves).

Responsabilidade objetiva e solidária – Caracterização – Dano moral – responsabilidade objetiva – Configuração – Lucros cessantes – Não comprovação – Revelia – Inovação recursal – Manifestação em sede de apelação – Possibilidade – Conversão em perdas e danos – Impossibilidade do cumprimento da obrigação – Não demonstração – Manutenção da liminar – Restituição do indébito em dobro – Má-fé – imposição mantida. Nos termos do caput do artigo 14 do CDC, o fornecedor de serviços responde, independentemente da existência de culpa, pela reparação dos danos causados aos consumidores por defeitos relativos à prestação dos serviços. Cuida-se, portanto, de hipótese de responsabilidade civil objetiva, baseada na teoria do risco da atividade, que alcança todos os agentes econômicos que participaram do fornecimento do serviço no mercado de consumo, ressalvados os profissionais liberais, dos quais se exige a verificação da culpa. Sob essa ótica e tendo em vista o disposto no parágrafo único do artigo 7º e no § 1º do artigo 25 do CDC, sobressai a solidariedade entre todos os integrantes da cadeia de fornecimento de serviços, cabendo direito de regresso (na medida da participação na causação do evento lesivo) àquele que reparar os danos suportados pelo consumidor. Conforme entendimento já sumulado pelo Superior Tribunal de Justiça, a "pessoa jurídica pode sofrer dano moral" (Súmula 227). Tendo sido comprovada nos autos a irregularidade do serviço telefônico contratado, e considerando que a restrição dos serviços de chamada certamente embaraçou a comunicação entre a empresa autora e os seus clientes, os prejuízos aos negócios comerciais daí advindos são inevitáveis, além de se macular a imagem do estabelecimento comercial. O valor a ser fixado a título de indenização por danos morais deve atender ao binômio reparação/punição, à situação econômica dos litigantes, e ao elemento subjetivo do ilícito, arbitrando-se um valor que seja ao mesmo tempo reparatório e punitivo, não sendo irrisório nem se traduzindo em enriquecimento indevido. Os lucros cessantes correspondem a tudo aquilo que o lesado deixou de lucrar, ficando condicionado, portanto, a uma probabilidade objetiva resultante do desenvolvimento normal dos acontecimentos. Para o surgimento da obrigação de indenização por lucros cessantes é indispensável que haja comprovação robusta e objetiva para além da mera probabilidade de que, sem a conduta antijurídica da parte, haveria o alegado aumento de capital. Operado o efeito da revelia, o réu revel poderá ainda manifestar-se em sede de apelação quanto às matérias de ordem pública e às questões jurídicas enfrentadas na sentença, não cabendo discutir questões fáticas que não tenham sido objeto de exame pelo juiz singular, em razão da preclusão. Nos termos do art. 499 do Novo CPC, a obrigação se converterá em perdas e danos somente se o autor o requerer ou se impossível a tutela específica ou a obtenção do resultado prático correspondente. A Ré deve proceder ao ressarcimento em dobro do indébito, tendo em vista a manutenção das cobranças, não obstante o plano já ter sido cancelado, mantendo-se inerte até a presente data (*TJMG* – Ap. 1.0194.15.007184-4/001, 13-11-2018, Rel. Mota e Silva).

Art. 272. O credor que tiver remitido a dívida ou recebido o pagamento responderá aos outros pela parte que lhes caiba.

Esse artigo decorre da regra geral pela qual ninguém pode outorgar mais direito do que tem ou, vulgarmente, não se faz esmola com chapéu alheio. O credor solidário não está impedido de perdoar a dívida (remir) ou recebê-la, mas não pode com isso prejudicar os demais credores solidários. Deve pagar os demais credores no que lhes cabe. Se recebeu 10 e só tinha direito a 5, deve entregar o que deve aos outros credores solidários. O princípio aplica-se a qualquer tipo de extinção da dívida.

Agravo de instrumento. Cumprimento de sentença. Solidariedade dos credores presumida. Responsabilidade no recebimento do crédito. Art. 272 do Código Civil. Decisão mantida. 1. Na presente hipótese, os recorrentes pretendem que um dos credores exija integralmente o crédito consubstanciado na sentença sem a participação do outro credor. 2. No caso, ao reconhecer o débito dos requerentes no valor de R$ 16.000,00 (dezesseis mil reais), em favor dos requeridos, o Juízo singular, ainda que sem mencionar expressamente, estabeleceu a solidariedade dos credores para exigir o adimplemento da obrigação. 3. Ressalte-se que apesar da ausência de menção expressa à solidariedade, a redação do dispositivo está de acordo com as práticas correntes no Judiciário. Diante da própria locução utilizada pelo Juízo singular, ao reconhecer o débito (...) em favor dos requeridos, ficou revelada a constituição da solidariedade ativa em relação ao crédito. 4. O art. 272 do Código Civil enuncia de forma expressa a responsabilidade do credor que receber o pagamento integral diante dos demais credores, que podem exigir daquele a parte que lhes couber. Ademais, cumprirá ao Juízo que preside a relação jurídica processual deliberar a respeito da matéria no momento da eventual expedição de alvará de levantamento em favor de ambos os credores ou de apenas um deles. 5. Recurso conhecido e desprovido (*TJDFT* – AI 0718788-88.2019.8.07.0000, 04-12-2019, Rel. Alvaro Ciarlini).

Cumprimento de sentença – Honorários de sucumbência – Solidariedade ativa entre patronos – Verbas sucumbenciais – Quando existem dois ou mais patronos constituídos no processo há entre eles solidariedade ativa em relação aos honorários de sucumbência, admitindo-se que um dos credores solidários execute a obrigação, ou receba em nome de todos. Neste último caso, extingue-se a dívida até o montante que foi pago, como dispõe o art. 269, do Código Civil; Com fundamento no art. 272 do Código Civil, o credor que receber o pagamento responderá aos outros pela parte que lhes caiba, isto é, possuirá o ônus de pagar-lhes a parte devida pelo devedor; Como o cumprimento de sentença foi extinta por falta de interesse de agir, são devidos honorários advocatícios sucumbenciais em favor do executado. Recurso improvido (*TJSP* – Ap. 0001118-62.2018.8.26.0363, 30-10-2019, Rel. Maria Lúcia Pizzott).

Art. 273. A um dos credores solidários não pode o devedor opor as exceções pessoais oponíveis aos outros.

Esse texto não estava presente no Código anterior. A problemática das exceções pessoais sempre foi tradicional no tocante aos devedores (art. 281).

O termo *exceção* está no texto sob o prisma de formas de defesa. Na verdade, cuida-se do mesmo princípio estampado no art. 281, para onde remetemos o leitor. O dispositivo tem a ver com a multiplicidade de relações dentro da solidariedade.

Agravo de instrumento – Cumprimento de sentença – Ação civil pública – Consumidor – Responsabilidade solidária – Opção do credor em executar qualquer um dos devedores – Competência com abrangência nacional – Chamamento ao processo – Impossível em sede de agravo – Competência declinada de ofício – Impossibilidade – Foro facultado dentre as opções legais. Aplicam-se às relações bancárias as regras do Código de Defesa do Consumidor. Nos termos do disposto no art. 273 do Código Civil, o credor pode incluir no posso passivo da demanda todos ou um devedor específico, à sua escolha, quando se tratar de condenação solidária. Ajuizada a ação civil pública pelo Ministério Público, com assistência de entidades de classe de âmbito nacional, perante a Seção Judiciária do Distrito Federal e sendo o órgão prolator da decisão final de procedência o Superior Tribunal de Justiça, a eficácia da coisa julgada tem abrangência nacional. Inteligência dos artigos 16 da LACP, 93, II, e 103, III, do CDC (REsp 1319232/DF). O chamamento de outros executados ao polo passivo da demanda deve ocorrer na ação principal, não sendo o agravo de instrumento o meio adequado para fazê-lo, porque diante de seu alcance, impossibilita aos devedores o exercício do contraditório e da ampla defesa. Ademais, o momento adequado deve ser aquele em que o executado é citado para apresentar defesa. Não que se falar em competência da Justiça Federal, quando apenas figura no polo passivo apenas o Banco do Brasil S.A. Litigando como autor, cabe ao consumidor escolher, dentro das limitações impostas pela lei, o foro em que melhor possa deduzir sua pretensão, podendo optar pelo local onde um dos réus possui sede, filial, agência ou sucursal (TJMG – AI 1.0450.17.002787-1/001, 05-09-2019, Rel. José Augusto Lourenço dos Santos).

Civil e processual civil. Apelação cível. Recurso interposto na vigência do Código de Processo Civil de 1973. Aplicação do enunciado administrativo 2 do Superior Tribunal de Justiça. Embargos à execução. Nota de crédito industrial. Título executivo extrajudicial. Garantia complementar FAMPE/SEBRAE. Execução contra o devedor principal. Possibilidade. Sentença mantida. (...) 2. A nota de crédito industrial é título executivo extrajudicial nos termos dos artigos 10 do Decreto-Lei 413/69 e 585, inciso VII do Código de Processo Civil de 1973, não havendo necessidade de ser assinada por duas testemunhas ou registrada em cartório de títulos. 3. Apresente ação de execução é válida e contém todos os requisitos legais, entre eles a planilha de cálculo demonstrativa da evolução do débito e todos os encargos incidentes sobre o saldo devedor. 4. A existência da garantia complementar do aval prestada pelo fundo de aval às micro e pequenas empresas/FAMPE não afasta a responsabilidade do devedor principal pelo pagamento do crédito inadimplido, bem como não retira a liquidez do título exequendo. 5. Isso porque o aval é ato cambiário voltado à garantia do pagamento do título de crédito, por meio do qual o avalista assume a obrigação de pagar o título de crédito nas mesmas condições do avalizado. Contudo, por força do princípio da autonomia, a obrigação cambial do avalista é independente e autônoma em relação à obrigação do devedor principal. 6. O avalista e o devedor têm responsabilidade solidária quanto ao pagamento do crédito, sendo que ao credor é facultado mover a execução contra os dois ou contra somente um deles conforme autoriza o artigo 273 do Código Civil quando disciplina sobre a solidariedade passiva. Portanto, é legítima a propositura de ação de execução, aparelhada na cédula de crédito industrial, vez que a garantia complementar instituída no contrato não atinge a relação obrigacional entre o credor e o devedor. (...) 9. Recurso conhecido, preliminar de nulidade da execução rejeitada e, na extensão, improvido (TJDFT – Ap. 0006442-73.2015.8.07.0005, 12-07-2017, Rel. Maria Ivatônia).

Art. 274. O julgamento contrário a um dos credores solidários não atinge os demais, mas o julgamento favorável aproveita-lhes, sem prejuízo de exceção pessoal que o devedor tenha direito de invocar em relação a qualquer deles.

Esse dispositivo também é inovação neste Código. Tem tudo a ver com os efeitos da coisa julgada. Os princípios da coisa julgada nessa pós-modernidade não têm mais a coesão, a extensão e o hermeticismo de antanho. No entanto, o exposto nesse artigo é uma decorrência dos princípios gerais da solidariedade ativa.

A decisão de mérito favorável a um dos credores solidários repercute nos demais credores. Assim, nesse diapasão, não mais se discute o que foi decidido em um processo ou em outro processo eventualmente ajuizado onde se discute a mesma coisa, salvo se a decisão se referir a exceção pessoal, como incapacidade do agente, por exemplo. Veja o que falamos sobre exceções pessoais nos comentários ao art. 281.

Não repercutirá em outro processo, dessa forma, contudo, a decisão contrária a um dos credores solidários. Nesse dispositivo, que não encontra ressonância no sistema anterior, a aparente relativização da coisa julgada opera em favor do reforço do vínculo da solidariedade, isto é, como corolário do princípio segundo o qual cada um dos credores solidários pode exigir do devedor o cumprimento da prestação por inteiro (art. 267). Trata-se do chamado *efeito natural* da solidariedade. Assim, não se exige que todos os credores solidários ajuízem a ação.

Em princípio, a coisa julgada não beneficia nem prejudica terceiros (arts. 506 do CPC). Contudo, efeitos reflexos da coisa julgada são inafastáveis, o que preferimos denominar ressonância da coisa julgada. Sempre que se discutem os efeitos da coisa julgada há que se ter em mira os princípios da identidade de partes, de objeto e de causa de pedir. O presente dispositivo abre válvula no tocante à identidade de partes, em razão das particularidades de direito material da solidariedade, mas há sempre que se examinar o objeto e a causa de pedir para se concluir por ressonância dos efeitos do tema decisório. Melhor se entenderá o dispositivo se atentarmos ao fato de, apesar de um só credor solidário cobrar a dívida, a obrigação ser uma ou una.

Agravo de instrumento. Recuperação judicial. Impugnação à lista de credores. Credor solidário. 1. É fato que na recuperação judicial, quanto à classificação dos créditos, não há que se falar na classe credor solidário. 2. No caso concreto, o Termo de Confissão de Dívida foi celebrado entre as empresas com anuência de C. F, sendo apenas a empresa CHS titular dos créditos arrolados. 3. O entendimento de que não precisam estar todos os credores solidários arrolados na relação de credores pode inviabilizar a participação de um deles na Assembleia Geral de Credores e inviabilizar o exercício do direito de voz de um legítimo credor do devedor em recuperação judicial (cf. art. 39 da LREF). Também inviabiliza a própria atuação do credor solidário no curso do processo de recuperação judicial, uma vez que não teria como contestar a legalidade de certas decisões, como a legalidade de cláusulas do plano de recuperação judicial aprovado. 4. A não habilitação do credor solidário no quadro geral de credores violaria o disposto nos artigos 267, 273 e 274 do Código Civil, impedindo-o de exercer os seus direitos. 5.

Impõe-se a reforma da decisão recorrida para determinar a inclusão do credor solidário no quadro geral de credores. 6. Agravo de instrumento provido (*TJRS* – AI 70072150956, 25-05-2017, Rel. Ney Wiedemann Neto).

⚖ Apelação. Execução de título judicial. Cumprimento de sentença ajuizado por credor solidário não participante da ação de despejo cumulada com cobrança, na qual figurou somente a outra colocadora como autora, e que foi julgada procedente Interesse de agir manifesto. Art. 274 do CC que autoriza a extensão dos efeitos da coisa julgada ao credor solidário não integrante do processo de que se originou o título, desde que este não tenha se constituído sob o fundamento de uma exceção pessoal. Legitimidade para a execução fundada no art. 566, inc. I, do CPC. Necessária exclusão do fiador do polo passivo, já que ele não participou da outra demanda Súmula 268 do STJ aplicável. Recurso parcialmente provido (*TJSP* – Ap. 0007730-90.2012.8.26.0568, 19-03-2015, Rel. Hugo Crepaldi).

Seção III
Da Solidariedade Passiva

Art. 275. O credor tem direito a exigir e receber de um ou de alguns dos devedores, parcial ou totalmente, a dívida comum; se o pagamento tiver sido parcial, todos os demais devedores continuam obrigados solidariamente pelo resto.
Parágrafo único. Não importará renúncia da solidariedade a propositura de ação pelo credor contra um ou alguns dos devedores.

1. Solidariedade passiva

Solidariedade passiva é aquela que obriga todos os devedores ao pagamento total da dívida. Sua importância é enorme na vida negocial porque, como já acenado, se trata de meio muito eficiente de garantia, de reforço do vínculo, facilitando o adimplemento. Para que o credor fique insatisfeito, é necessário que todos os devedores fiquem insolventes, uma vez que pode acionar qualquer um deles pela dívida completa. Como vimos, desde que presente a solidariedade, fica facilitada a conduta do credor. Sua aplicação, portanto, é infinitamente maior do que a solidariedade ativa, raríssima no universo negocial.

Lembremos, mais uma vez, que externamente todos os devedores são coobrigados na solidariedade passiva. Internamente, cada devedor poderá ser responsável por valores desiguais na obrigação ou, até mesmo, ter unicamente a responsabilidade, sem que haja débito, como é o caso da fiança com equiparação solidária.

A solidariedade passiva apresenta, assim como a ativa, *direito individual de persecução*. Cada credor tem direito de reclamar de qualquer dos devedores a totalidade da dívida. Não é aconselhável, no entanto, que o credor demande a mais de um devedor em processos diversos, concomitantemente, pois isso é processualmente inconveniente. Poderão ocorrer decisões contraditórias e não é isso que busca o sistema. Deverão, portanto, ser reunidas as ações para um julgamento conjunto. Nesse sentido, este Código aponta no parágrafo único do art. 275 uma das regras fundamentais da solidariedade: "*Não importará renúncia da solidariedade a propositura de ação pelo credor contra um ou alguns dos devedores.*"

2. Aspectos processuais da solidariedade. Pagamento parcial. A coisa julgada

Pelo fato de o credor poder acionar um, alguns, ou todos os devedores, nos termos do art. 275, parágrafo único, há reflexos no processo que merecem ser vistos.

Questão interessante vinha inserida no art. 27 da Lei de Falências (Decreto-lei nº 7.661/1945), já substituída:

"*O credor de obrigação solidária concorrerá pela totalidade do seu crédito às massas dos respectivos coobrigados falidos, até ser integralmente pago.
§ 1º Os rateios distribuídos serão anotados no respectivo título pelos síndicos das massas e o credor comunicará às outras o que de alguma recebeu.
§ 2º O credor que, indevida e maliciosamente, receber alguma quantia dos coobrigados solventes ou das massas dos coobrigados falidos, fica obrigado a restituir em dobro, além de pagar perdas e danos.*"

Com o mesmo sentido, posiciona-se a Lei nº 11.101/2005: "*O credor de coobrigados solidários cujas falências sejam decretadas tem o direito de concorrer, em cada uma delas, pela totalidade do seu crédito, até recebê-la por inteiro quando então comunicará ao juízo*" (art. 127, *caput*).

A mesma solução das quebras, na esfera mercantil, deve ocorrer nos casos de insolvência civil. O princípio é sempre o mesmo. Qualquer pagamento parcial deve ser anotado no título. Ninguém deve receber mais do que tiver direito. Ocorrendo recebimento a mais, havendo culpa (porque eventualmente a culpa poderá inexistir), haverá possibilidade de indenização por perdas e danos.

Quando um devedor solidário é acionado, os demais podem intervir no processo como assistentes, na figura de assistente qualificado (art. 124 do CPC). Notemos, porém, que, se a defesa do acionado é por exceção pessoal, a assistência será simples.

Em relação à eficácia da coisa julgada, quando da ação não participam todos os devedores solidários, a questão deve ser vista pelo prisma processual. Muito discutiu a doutrina sobre o problema, mas o fato é que para existirem os efeitos da coisa julgada deve haver a tríplice identidade (de objeto, de causa de pedir e de pessoas). Assim sendo, a moderna doutrina inclina-se em ver efeitos da coisa julgada apenas para os partícipes da ação. O julgado restringe-se às partes e só elas são atingidas por ele.

No entanto, é evidente que o Poder Judiciário, como poder estatal, é uno. Devem os julgados, sempre que possível, evitar decisões contraditórias, ou conflitantes, que confundem os que dele se valem, causam instabilidade social e prejudicam a figura do magistrado. Desse modo, embora não haja comunicação de coisa julgada, os tribunais devem procurar sempre proferir decisões homogêneas. Tomando conhecimento de uma decisão, ou de um processo, em que se discute a mesma relação obrigacional, como é o caso da solidariedade, o julgador deve buscar uma decisão única, reunindo-se os processos, para decisão conjunta, sempre que for viável. Quando já existe uma decisão, deve ser proferida decisão que seja homogênea àquela, sem violentar o livre convencimento do julgador.

📖 Enunciado nº 348, IV Jornada de Direito Civil – CJF/STJ: O pagamento parcial não implica, por si só, renúncia à solidariedade, a qual deve derivar dos termos expressos da quitação ou, inequivocamente, das circunstâncias do recebimento da prestação pelo credor.

⚖ Agravo de instrumento. Negócios jurídicos bancários. Ação de cumprimento de sentença de ação civil pública. Diferenças de correção monetária de financiamento rural. Cédula rural. Impugnação ao cumprimento de sentença. Litisconsórcio necessário. Não se apresenta impositiva a formação de litisconsórcio passivo necessário, tampouco o chamamento ao processo da União Federal e do Banco Central do Brasil, os quais, embora figurem na condenação solidária da ação civil pública, não participaram da cédula rural que embasa o pedido, restrita ao produtor rural e ao Banco financiador. Ademais, tratando-se de obrigação solidária, o credor tem o direito de exigir e receber o valor total da dívida de qualquer dos devedores, conforme estabelecido no artigo 275 do Código Civil. Competência. A Justiça Estadual é plenamente competente para o julgamento das ações movidas contra sociedade de economia mista federal, em especial contra o Banco do Brasil, nos termos da Súmula n. 508 do Supremo Tribunal Federal. Suspensão do processo. Desnecessária a suspensão do processo, considerando que os embargos de divergência EREsp n. 1.319.232/DF já foram julgados pelo Superior Tribunal de Justiça, tornando-se superada a tutela provisória antes concedida pela Corte Superior. Prequestionamento. O órgão julgador não está obrigado a se manifestar expressamente sobre todos os dispositivos de lei invocados pela parte, cumprindo-lhe resolver o litígio em sua complexidade e extensão. Agravo de instrumento desprovido (*TJRS* – AI 70083217794, 18-06-2020, Rel. Ana Lúcia Carvalho Pinto Vieira Rebout).

⚖ Agravo de instrumento. Negócios jurídicos bancários. Cédula de crédito rural. Impugnação ao cumprimento individual de sentença coletiva. Ação civil pública nº 94.00.08514-1/DF. Competência da justiça estadual. 1. Considerando que um dos deveres dos Tribunais, impostos pelo novo Código de Processo Civil, é também uniformizar e manter estável a sua jurisprudência (art. 926), e considerando o entendimento majoritário esposado por este colegiado, no sentido de ser da competência da Justiça Estadual o processamento e julgamento de cumprimento individual da sentença coletiva proferida na ação civil pública nº 94.00.08514-1/DF, a manutenção da presente demanda nesta esfera é medida que se impõe. 2. Tendo o cumprimento individual de sentença sido ajuizada em desfavor do Banco do Brasil, sociedade de economia mista, não havendo qualquer manifestação de interesse jurídico da União, autarquia federal ou empresa pública federal em integrar o processo, deve ser reconhecida a competência da justiça estadual para processar e julgar o feito. Precedentes deste tribunal. Litisconsórcio passivo necessário com União e BANCEN. Chamamento ao processo. Devedores solidários. 1. A União, o BACEN e o Banco do Brasil, ora executado, foram condenados solidariamente na ação civil pública que deu ensejo ao presente cumprimento de sentença, razão pela qual é faculdade do credor escolher contra quem vai demandar o processo executivo, não havendo falar em litisconsórcio passivo necessário (art. 275 do Código Civil). 2. A cadeia produtiva solidariamente responsável perante o consumidor pode ser, e na maioria das vezes o é, muito longa, o que implicaria na formação de um litisconsórcio passivo facultativo muito longo, que, por óbvio, dificultaria a defesa do consumidor em juízo, o que violaria o disposto no art. 6º, inc. VIII, do CDC. Vedação contida no art. 88 do Código de Defesa do Consumidor que impossibilita esta hipótese de intervenção de terceiros. Agravo de instrumento desprovido (*TJRS* – AI 70081930497, 29-05-2020, Rel. Ana Paula Dalbosco).

⚖ Cumprimento provisório de sentença – Exigência de intimação prévia de todos executados antes de que seja conscretizada a penhora de bens – Devedores solidários – Interpretação do art. 275, "caput" do CC/02 – Desnecessidade de encerramento do ciclo intimatório – Exercício de faculdade do credor - Prosseguimento do trâmite do feito com a concretização das constrições requeridas pelo agravante – Exclusão de imóvel rural indicado e que não compunha o acervo patrimonial de devedor falecido - Recurso parcialmente provido (*TJSP* – Agravo de Instrumento 2005096-35.2018.8.26.0000, 24-04-2018, Rel Fortes Barbosa).

⚖ Cumprimento de sentença. Impugnação.InconformismoSolidariedade passiva. Possibilidade de o credor exigir de um ou alguns devedores a dívida comum. Pagamento parcial do débito. Permanência da responsabilidade solidária de todos os devedores, inclusive daquele que pagou parte da dívida. Inteligência do artigo 275 do Código Civil. Honorários relativos à fase de cumprimento de sentença devidos, nos moldes do artigo 523, § 1º e § 2º do CPC/15. Súmula 517 do STJ. Alegação de excesso, afastada. Decisão mantida. Recurso não provido (*TJSP* – AI 2073672-12.2020.8.26.0000, 7-4-2021, Rel. Ana Maria Baldy).

Art. 276. Se um dos devedores solidários falecer deixando herdeiros, nenhum destes será obrigado a pagar senão a quota que corresponder ao seu quinhão hereditário, salvo se a obrigação for indivisível; mas todos reunidos serão considerados como um devedor solidário em relação aos demais devedores.

A morte de um dos devedores solidários não extingue a solidariedade. Essa disposição sofreu melhora de redação no vigente Código, sem alteração de sentido.

Tal se deve pelo fato de que os herdeiros respondem pelos débitos do *de cujus*, desde que não ultrapassem as forças de herança (princípio do *benefício do inventário*). Cada herdeiro fica responsável por sua quota na parte do falecido, a menos que a obrigação seja indivisível, caso em que se mantém a solidariedade por impossibilidade material. Existe uma relação íntima do art. 276, ora em estudo, com o art. 270, que diz respeito à solidariedade ativa.

Juizados especiais civeis. Processo civil. Cumprimento de sentença. Falecimento superveniente da executada. Ausência de inventário. Sucessão processual dos herdeiros. Impossibilidade. Ausência de patrimônio. Habilitação. Conhecido e não provido. 1. Recurso próprio, regular e tempestivo. 2. Insurge-se o recorrente contra decisão proferida em cumprimento de sentença, a qual extinguiu o processo com relação a um dos executados, em razão do seu falecimento, e pelo fato de não ter como mensurar o limite do quinhão de cada um dos herdeiros, ante a ausência de inventário e informação sobre seu patrimônio. 3. Ocorrendo a morte de qualquer das partes, dar-se-á a sucessão pelo seu espólio ou pelos seus sucessores, conforme o art. 110 do Código de Processo Civil (CPC). 4. Diante da inexistência de inventário, deveriam ser chamados à sucessão processual os herdeiros do falecido. Contudo, tratando-se de fase de cumprimento de sentença, o art. 276 do Código Civil impõe a regra de que os herdeiros só responderão até a quota que corresponder ao seu quinhão hereditário. Sendo impossível mensurar esse limite, ante a ausência de notícia acerca da existência de patrimônio do de cujus, inviabiliza-se, pois, o prosseguimento do cumprimento em relação à parte falecida. Art. 51, II, da Lei nº 9.099/90. 5. O crédito da recorrente pode ser resguardado com sua habilitação em eventual inventário (art. 642 do CPC), ao qual o credor do autor da herança tem legitimidade concorrente para instauração, nos termos do art. 616, VI, do CPC. 6. Recurso conhecido e não provido. Decisão mantida em todos os seus termos. 7. Condenada a recorrente ao pagamento das custas processuais e dos honorários advocatícios, fixados em 10% sobre o valor perseguido no cumprimento de sentença, nos termos do art. 55, Lei 9.099/95. Suspensa a exigibilidade em razão da gratuidade de justiça ora deferida. 8. A súmula de julgamento servirá de acórdão, conforme regra do art. 46 da Lei n. 9.099/95 (*TJDFT* – Recurso Inominado 0700148-82.2016.8.07.0019, 19-07-2018, Rel. Fabrício Fontoura Bezerra).

Agravo de instrumento. Ação de Execução. Afastada a preliminar de não conhecimento do recurso, arguida em contraminuta. Decisão que rejeitou impugnação dos devedores. Irresignação. Descabimento. Herdeiros dos devedores solidários que são parte legítima para figurar no polo passivo da execução, como sucessores dos genitores que eram os executados e faleceram. Inteligência do art. 688, I, do CPC e art. 1.792 do CC. Herdeiro que responde pelo débito *sub judice* até o limite das forças da herança. Excesso de execução não configurado. Encargos contratuais reafirmados no acordo firmado pelas partes e não cumprido pelos devedores. Juros contratuais devidos. Valor integral da dívida já vencido quando da morte dos fiadores, razão pela qual deve ser ressarcido pelos herdeiros. Litigância de má-fé da parte agravada não caracterizada. Recurso não provido (*TJSP* – AI 2250638-29.2017.8.26.0000, 27-06-2018, Rel. Walter Barone).

Art. 277. O pagamento parcial feito por um dos devedores e a remissão por ele obtida não aproveitam aos outros devedores, senão até à concorrência da quantia paga ou relevada.

Entenda-se a razão da regra. Se o credor já recebeu parcialmente a dívida, não poderá exigir dos demais codevedores a totalidade, mas deverá abater o que já recebeu.

O credor pode exigir parcialmente a dívida apenas se desejar, porque a obrigação não é essa. No entanto, se já foi paga parcialmente, por iniciativa de um dos devedores e com a concordância do credor, os demais devedores podem pagar o saldo, não sendo mais obrigados pela dívida toda (cf. MONTEIRO, 1979, v. 4, p. 188; LOPES, 1966, v. 2, p. 162; e WALD, 1979, p. 41, entre outros).

Da mesma forma operamos com a remissão parcial. Ocorre o contrário, porém, do que sucede na solidariedade ativa (art. 269). Quando o credor perdoa a dívida em relação a um dos devedores solidários, isso não faz com que a dívida desapareça com relação aos demais devedores, que permanecem vinculados à solução da dívida, com abatimento daquela parte que foi dispensada pelo credor. Se, contudo, a remissão ocorrer totalmente e sem ressalvas, atinge toda a dívida e todos os devedores. O mesmo contexto se aplica a todas as modalidades de extinção das obrigações.

Processo civil. Agravo de instrumento. Cumprimento de sentença. Solidariedade passiva. Transação. Pagamento parcial. Cobrança dos demais devedores solidários. Possibilidade. Decisão mantida. 1. A transação realizada entre o credor e um dos corréus não abrange a totalidade do débito devido pelos demais coobrigados. 2. A quitação oferecida pelo credor diz respeito tão somente à parte signatária do termo de acordo, fazendo incidir o disposto no art. 277 do Código Civil. 3. Legítimo o prosseguimento do cumprimento de sentença com relação aos demais devedores solidários quando houve apenas pagamento parcial do débito. 4. A decisão que determina o prosseguimento do feito não viola a coisa julgada, visto que a sentença homologatória somente produz efeitos entre as partes signatárias da transação. 5. Recurso conhecido e não provido (TJDFT – AI 0724403-59.2019.8.07.0000, 18-06-2020, Rel. Roberto Freitas).

⚖ Apelação cível. Transporte aéreo. Indenizatória. Responsabilidade solidária dos réus. Acordo firmado e homologado com um dos réus. Prosseguimento em relação à corré remanescente. Aplicabilidade do art. 277, do Código Civil. O acordo firmado com um dos devedores solidários não aproveita aos demais, senão até à concorrência da quantia paga ou relevada. Inteligência do art. 277, do Código Civil. Impossibilidade do julgamento do mérito com base no art. 1013, I, do CPC, uma vez que ainda não oportunizado às partes a manifestação sobre eventuais provas que pretendam produzir. Sentença desconstituída e determinado o retorno dos autos à origem para o prosseguimento em relação à TAM linhas aéreas. Apelo provido. Sentença desconstituída (TJRS – Ap. 70083596841, 11-05-2020, Rel. Pedro Luiz Pozza).

Art. 278. Qualquer cláusula, condição ou obrigação adicional, estipulada entre um dos devedores solidários e o credor, não poderá agravar a posição dos outros sem consentimento destes.

O princípio geral é que ninguém pode ser obrigado a mais do que desejou ou contratou, a não ser que concorde expressamente. Os atos descritos nesse artigo alteram a relação obrigacional, prejudicando os devedores solidários. São exemplos desse agravamento o aumento da taxa de juros ou a restrição de prazo para pagar. Poderão apenas obrigar o devedor que estipulou tais cláusulas, sem aquiescência dos demais.

⚖ Apelação cível. Alienação fiduciária. Ação de indenização. 1. Não há falar em irregularidade no julgamento dos embargos de declaração opostos pela empresa de cobrança contra a sentença, pois não houve atribuição de efeitos infringentes à pretensão aclaratória. 2. Reconhecida a legitimidade passiva da empresa de cobrança para responder pelos prejuízos sofridos pela consumidora em razão dos atos por ela praticados, pois ausente demonstração de que ela atuava exclusivamente em nome da instituição financeira. 3. Não há falar em solidariedade entre as demandadas pelo pagamento da verba indenizatória devida à autora em razão do acordo por ela celebrado com o HSBC, diante do comando inscrito no artigo 278 do Código Civil. 4. Flagrada a irregularidade da conduta da empresa de cobrança ao exigir o pagamento de dívida que já se encontrava adimplida, impõe-se sua condenação ao ressarcimento dos prejuízos morais sofridos pela consumidora. 5. Fixada a verba indenizatória devida pela empresa de cobrança à demandante em R$ 3.000,00 (três mil reais), diante de pedido expresso da autora, com correção monetária pelo IGPM a partir da data do presente julgamento e juros moratórios de 1% ao mês a contar da citação. 6. Diante das peculiaridades do caso sob comento, vai mantida a distribuição dos ônus sucumbenciais fixada na sentença. Primeira apelação (da empresa de cobrança) e recurso adesivo (da consumidora) parcialmente providos. Segunda apelação (da instituição financeira) desprovida (TJRS – Ap. 70075507558, 26-10-2017, Rel. Mário Crespo Brum).

⚖ Embargos de declaração. Ausência de omissão, contradição ou obscuridade. 1 – Incompetência. Complexidade probatória. Questão já examinada em julgamento anterior. 2 – Danos morais. Em julgamento anterior foi reconhecida a existência de danos morais do devedor solidário, a que se vincula a obrigação do embargante. 3 – Solidariedade. Renúncia. Acordo realizado entre o credor e um dos devedores solidários. Não obstante o disposto no art. 278 do Código Civil, há de prevalecer o acordo homologado judicialmente em relação ao qual não houve recurso do interessado. A preclusão do prazo recursal resulta em renúncia da solidariedade, por força do acordo, na forma do art. 282 do Código Civil. 4 – Sem demonstração de que o acórdão se enquadra em uma das hipóteses definidas no art. 48 da Lei 9.099/1995, c.c. o art. 1.022 do CPC, ou seja, sem demonstração de omissão, contradição, obscuridade ou erro material, a simples pretensão de reexame deve ser rejeitada. É que os embargos de declaração não têm por finalidade um novo julgamento das questões já decididas. 5 – Recurso conhecido, mas não provido (TJDFT – ED 0001735-13.2016.8.07.0010, 17-08-2017, Rel. Aiston Henrique de Sousa).

Art. 279. Impossibilitando-se a prestação por culpa de um dos devedores solidários, subsiste para todos o encargo de pagar o equivalente; mas pelas perdas e danos só responde o culpado.

Esse artigo mantém incólume a ideia do estatuto precedente, modernizando a redação do anterior art. 908. Portanto, a sanção de perdas e danos só será carreada ao culpado ou culpados. Embora a solidariedade gere obrigação una, não pode quem não concorreu com culpa ser responsabilizado. Igual solução ocorrerá se a impossibilidade da prestação se deu quando o devedor já estava em mora. Este responderá pelos riscos, mesmo que tenha havido caso fortuito ou força maior (ver art. 399).

Art. 280

⚖ Promessa de compra e venda. Alienação de um único imóvel a três promitentes-compradores distintos. Ato ilícito. Gestão culposa. Responsabilidade do administrador da sociedade. Reponsabilidade dos corretores. Omissão do dever de informação. 1. Conforme o art. 1.016 do CC, os administradores da sociedade empresarial respondem solidariamente pelos atos de gestão praticados com culpa. O sócio-gerente da construtora, que deliberadamente alienou o mesmo imóvel a três pessoas diferentes, deve responder pelos danos advindos do seu ato ilícito. 2. Os corretores, ao omitirem a circunstância de que o imóvel já fora objeto de promessa de compra e venda anterior, violaram o seu dever de informar acerca da segurança e dos riscos do negócio, motivo pelo qual têm responsabilidade pelas perdas e danos, de acordo com o art. 723 do CC. 3. Em observância aos limites impostos pelo pedido formulado, o sócio-gerente deve ser condenado à devolução dos valores pagos pelo preço do imóvel, enquanto os corretores devem ser condenados à restituição da quantia correspondente à comissão de corretagem. 4. Apelação conhecida e provida (*TJDFT* – 0017329-47.2014.8.07.0007, 08-08-2018, Rel. Carlos Rodrigues).

Art. 280. Todos os devedores respondem pelos juros da mora, ainda que a ação tenha sido proposta somente contra um; mas o culpado responde aos outros pela obrigação acrescida.

Esse artigo complementa o antecedente. Os juros são decorrência natural da obrigação e da mora. São inafastáveis, ainda que à primeira vista possa parecer injusto aos devedores que não concorreram para a mora e devem adiantá-los, para apenas posteriormente pleitear o reembolso dos responsáveis. A ideia é que os responsáveis pela mora respondem pelos juros respectivos. O acréscimo motivado pelo culpado deve ser carreado a ele dentre os vários coobrigados solidários, mas isso geralmente ocorrerá apenas após a satisfação integral do credor. Cuida-se da relação interna entre os devedores solidários que não afeta o credor. O texto é decorrência do princípio de unicidade da obrigação solidária.

Assim, se algum dos coobrigados estiver ligado a obrigação por termo ou condição suspensiva, somente após os respectivos implementos poderá ser responsabilizado pelos consectários da mora.

⚖ Agravo interno. Recurso especial. Representação comercial. Prestação jurisdicional. Comissão. Prescrição. Quitação. Responsabilidade solidária. Juros de mora. Termo inicial. Citação válida do primeiro devedor solidário. 1. Se as questões trazidas à discussão foram dirimidas, pelo Tribunal de origem, de forma suficientemente ampla e fundamentada, deve ser afastada a alegada violação ao artigo 535 do Código de Processo Civil de 1973. 2. Tratando-se de responsabilidade solidária, contam-se os juros de mora para todos os devedores a partir da primeira citação válida. Inteligência dos artigos 280 do Código Civil e 219 do Código de Processo Civil de 1973. 3. Agravo interno provido. Recurso especial a que se dá parcial provimento (*STJ* – AgInt no REsp 1.362.534 – DF, 02-08-2018, Rel. Min. Lázaro Guimarães).

⚖ Agravo de instrumento. Direito civil. Direito processual civil. Cumprimento de sentença. Juros de mora. Termo inicial. Data da citação. Múltiplos devedores. Responsabilidade solidária. Recurso conhecido e não provido. Decisão mantida. 1. O Código Civil estabelece que o termo inicial para contagem dos juros moratórios é a citação e que nos casos de condenação solidária os devedores respondem de forma conjunta pelos juros (artigos 405 e 280 do Código Civil, respectivamente). 2. Os juros são decorrência natural da obrigação e da mora devendo todos os devedores que concorrem para mora responder por ele, sendo incabível que o credor seja penalizado mesmo tendo ajuizado a ação da forma mais célere. 3. O prazo inicial para contagem dos juros de mora é a realização da citação. A data da juntada do mandado de citação se presta tão somente para contagem do prazo de apresentação de defesa. Precedentes. 4. O termo inicial para contagem dos juros de mora é a data da efetiva citação do primeiro devedor. Precedentes. 5. Recurso conhecido e não provido. Decisão mantida (*TJDFT* – AI 0716282-13.2017.8.07.0000, 22-08-2018, Rel. Romulo de Araújo Mendes).

Art. 281. O devedor demandado pode opor ao credor as exceções que lhe forem pessoais e as comuns a todos; não lhe aproveitando as exceções pessoais a outro codevedor.

1. Exceções pessoais e exceções gerais

Essa problemática foi introduzida por este Código no art. 273, no tocante à solidariedade ativa. Cuida-se da outra face da mesma moeda. No entanto, as questões afloram maiormente sob o prisma da solidariedade passiva, mas os princípios são os mesmos para a solidariedade ativa.

Fixemos, de plano, que o termo *exceção* significa forma e meio de defesa. Para melhorar o entendimento, uma vez que se procura modernamente simplificar a terminologia, o falecido Projeto nº 6.960/2002 propôs justamente que se utilizasse o termo *defesas*, substituindo *exceções*, neste dispositivo.

Na obrigação solidária, embora exista uma única prestação devida, há multiplicidade de vínculos motivada pela existência de mais de uma pessoa no polo passivo ou no polo ativo. De acordo com o dispositivo estudado, tudo que disser respeito à própria obrigação pode ser alegado por qualquer devedor demandado. Situações tais como inexistência da obrigação, quitação, ilicitude da obrigação, ausência de forma prescrita, prescrição, extinção da obrigação, tudo isso fere diretamente a obrigação, ficando qualquer devedor intitulado para sua alegação, pois esses fenômenos colhem a obrigação em si, e não os diversos vínculos. Essas exceções, por isso, são denominadas *comuns* ou *reais*, e que preferimos denominar *gerais*, porque possibilitam a qualquer coobrigado alegá-las.

Porém, como essa obrigação é subjetivamente complexa, podem existir meios de defesa, exceções, particulares e próprias só a um (ou alguns) dos devedores (ou credores). Aí, então, só o devedor exclusivamente atingido por tal exceção é que poderá alegá-la. São as exceções *pessoais*, que não atingem nem contaminam o vínculo dos demais devedores. Assim, um devedor que se tenha obrigado por erro só poderá alegar esse vício de vontade em sua defesa. Os outros devedores ou copartícipes em geral, que se obrigaram sem qualquer vício, não podem alegar em sua defesa a anulabilidade da obrigação, porque o outro coobrigado laborou em erro. Destarte, cada devedor pode opor em sua defesa, nas obrigações solidárias, as exceções gerais (todos coobrigados podem fazê-lo), bem como as exceções que lhe são próprias, as pessoais. Assim, não pode o coobrigado, que se comprometeu livre e espontaneamente, tentar invalidar a obrigação porque outro devedor entrou na solidariedade sob coação.

Em apertada síntese, pode-se afirmar que as exceções pessoais são meios de defesa que podem ser opostos por um ou vários dos coobrigados; exceções gerais são os meios de defesa que podem ser opostos por todos os participantes da obrigação solidária. Como vemos da dicção do art. 278, um devedor solidário, individualmente, pode obter até mesmo a remissão da dívida, possibilitando, pois, atingir benefícios próprios e, na forma do artigo, qualquer cláusula, condição ou obrigação adicional, não poderá agravar a situação dos demais, sem seu consentimento.

🔖 Agravo de instrumento – Execução de Título Extrajudicial – Exceção de Pré-executividade – Deferimento do processamento da Recuperação de Sociedade Empresarial devedora solidária da qual os Executados são sócios – Irrelevância – Exceções pessoais que não aproveitam co-devedores solidários – Inteligência do artigo 281 do CCB – Deferimento de Recuperação Judicial que não aproveita os débitos dos devedores solidários, fiadores ou avalistas da Recuperanda - Necessária separação entre a personalidade da Pessoa Jurídica daqueles que a compõem – Expediente processual, ademais, inadequado para discussão de questões que demandam a dilação probatória – Decisão mantida – recurso não provido (*TJSP* – AI 2052788-59.2020.8.26.000, 11-05-2020, Rel. Penna Machado).

🔖 Apelação – Execução e Embargos à execução – "Instrumento particular de cessão de direitos creditórios e outras avenças" – Sentença de procedência dos embargos e indeferimento da inicial da execução – Pleito de reversão do julgado – Descabimento – Ausência de elementos aptos a aferir a exigibilidade da dívida – Cessão de crédito pro soluto – Cedente que responde pela existência e legalidade do crédito, mas não se responsabiliza pela solvência do devedor – Ausência de provas de exigência do débito perante a empresa devedora ou de eventual recebimento do crédito pela cedente, em manifesto ato de má fé - Impossibilidade de exigência dos valores da execução nos moldes pretendidos – Inexigibilidade da dívida que aproveita a todos os codevedores – Inteligência do art. 281, do Código Civil – Pleito de redução da verba honorária sucumbencial - Admissibilidade – Honorários arbitrados em 10% do valor do débito exequendo, em cada uma das ações, o que representaria cifra superior a R$ 230.000,00, em cada um dos feitos, patamar evidentemente exacerbado – Arbitramento equitativo, nos termos do § 8º, do artigo 85 do CPC, que se revela de rigor, sopesados os critérios estampados nos incisos I, III e IV, do §2º, do mesmo dispositivo legal – Montante que, nesse passo, comporta redução para R$ 5.000,00 (para cada ação) atendendo parâmetro reiteradamente adotado por esta Câmara, sem demérito do trabalho técnico realizado – Precedentes – Sentença reformada – Recursos parcialmente providos (*TJSP* – Ap. 1057612-74.2017.8.26.0100, 16-09-2018, Rel. Claudia Grieco Tabosa Pessoa).

🔖 Juizados especiais cíveis. Direito processual civil. Ação anterior com o mesmo pedido e mesma causa de pedir contra parte distinta. Solidariedade passiva. Coisa julgada. Exceção comum que aproveita a todos os devedores solidários. Eficácia preclusiva da coisa julgada. Possibilidade de enriquecimento sem causa e bis in idem. Recurso conhecido e não provido 1. Insurge-se a autora recorrente contra a sentença que julgou extinto o processo sem resolução de mérito por reconhecer a existência de coisa julgada em relação ao pedido da inicial, sob o fundamento de que possui a mesma causa de pedir do processo nº 0707535-26.8.07.0016. 2. A presente demanda tem por objeto a determinação para que a parte ré se abstenha de realizar qualquer desconto das dívidas de cartão de crédito na conta corrente da autora bem como a condenação por danos morais, esse pedido possui a mesma causa de pedir relativa ao processo nº 0707535-26.8.07.0016, no qual há condenação judicial de parte diversa (BRB Banco de Brasília) transitada em julgado. Naqueles autos (0707535-26.8.07.0016), restou determinado que a requerida se abstivesse de efetuar descontos na conta bancária da autora, relativos aos contratos bancários e acordos de renegociação firmados entre as partes, que ultrapassem o percentual de 30% incidente sobre os seus rendimentos salariais líquidos, além de tratar dos danos morais. 3. Para ser reconhecida a existência de coisa julgada nem sempre as partes precisarão ser idênticas, como ocorre no caso de legitimação extraordinária ou de solidariedade passiva/ativa. No caso, a causa de pedir é pautada em uma situação de solidariedade passiva, na qual, pode o devedor solidário aduzir exceção comum a todos, consoante dispõe o art. 281 do Código Civil, o qual transcrevo: O devedor demandado pode opor ao credor as exceções que lhe forem pessoais e as comuns a todos; não lhe aproveitando as exceções pessoais a outro codevedor. Trata-se de situação em que os limites subjetivos da coisa julgada se estendem para além das partes. 4. Tendo sido procedente o mesmo pedido autoral, baseado no mesmo fato, só que contra pessoa diversa, e que poderia ter constado como litisconsorte passiva sob aqueles autos, entendo que a questão posta nesta ação se encontra sob o manto da eficácia preclusiva da coisa julgada. 5. Importa consignar que entendimento contrário geraria a possibilidade de bis in idem e enriquecimento sem causa, uma vez que a procedência do pedido deste processo geraria dois títulos judiciais executáveis baseados no mesmo fato e cuja comprovação dos danos já foi apurada naqueles autos. (...) 7. Recurso conhecido e não provido. Sentença mantida. (...) (*TJDFT* – Recurso Inominado 0717509-87.2017.8.07.0016, 29-11-2017, Rel. Edilson Enedino das Chagas).

Art. 282. O credor pode renunciar à solidariedade em favor de um, de alguns ou de todos os devedores. Parágrafo único. Se o credor exonerar da solidariedade um ou mais devedores, subsistirá a dos demais.

Pode haver renúncia à solidariedade. Trata-se de uma das modalidades de extinção da solidariedade. Renunciar é abrir mão, dispensar, despojar-se de direitos. Todos aqueles plenamente capazes podem fazê-lo. A renúncia à solidariedade pode ser total ou parcial, no tocante a um ou alguns dos devedores ou a todos. Deve a renúncia ser cabal. Pode ser expressa, quando o credor declara que não deseja mais receber o crédito, ou que, no caso, abre mão da solidariedade. Pode ser tácita, quando na falta de declaração expressa a atitude do credor é incompatível com a continuidade da solidariedade. É o caso, por exemplo, de o credor receber parcialmente de um devedor e dar-lhe quitação. Aí o credor demonstra desinteresse em receber a integridade da dívida. O mesmo ocorre quando o credor demanda judicialmente apenas parte do crédito a um devedor, ou recebe, reiteradamente, pagamentos parciais, sem qualquer reserva.

Na prática, são muitos os casos em que pode ocorrer extinção da solidariedade, ainda que não descritos em lei.

Os não exonerados pelo credor permanecem com o vínculo da solidariedade intacto. Note que o texto reporta-se à renúncia à solidariedade e não renúncia ao crédito, o qual toma o nome de remissão.

Enunciado nº 348, IV Jornada de Direito Civil – CJF/STJ: O pagamento parcial não implica, por si só, renúncia à solidariedade, a qual deve derivar dos termos expressos da quitação ou, inequivocamente, das circunstâncias do recebimento da prestação pelo credor.

Enunciado nº 349, IV Jornada de Direito Civil – CJF/STJ: Com a renúncia à solidariedade quanto a apenas um dos devedores solidários, o credor só poderá cobrar do beneficiado a sua quota na dívida, permanecendo a solidariedade quanto aos demais devedores, abatida do débito a parte correspondente aos beneficiados pela renúncia.

Enunciado nº 351, IV Jornada de Direito Civil – CJF/STJ: A renúncia à solidariedade em favor de determinado devedor afasta a hipótese de seu chamamento ao processo.

Agravo de instrumento – Cumprimento de sentença - Obrigação solidária – Homologação de acordo para exclusão de um dos litisconsortes – Artigos 275 e 282 do Código Civil – Possibilidade. O artigo 275 do Código Civil é claro ao dispor que "O credor tem direito a exigir e receber de um ou de alguns dos devedores, parcial ou totalmente, a dívida comum; se o pagamento tiver sido parcial, todos os demais devedores continuam obrigados solidariamente pelo resto". A referida codificação estabelece, ainda, que "O credor pode renunciar à solidariedade em favor de um, de alguns ou de todos os devedores" (artigo 282, *caput*), sendo que, no caso de exoneração da solidariedade de um ou mais devedores, subsistirá a dos demais (artigo 282, parágrafo único). Diante da natureza solidária da obrigação discutida e da existência de acordo entre a parte credora e um dos devedores estabelecendo a exclusão deste do polo passivo da relação processual, a manutenção da decisão impugnada é medida que se impõe (*TJMG* – AI 1.0035.05.051221-5/005, 09-06-2020, Rel. Edilson Olímpio Fernandes).

Embargos à execução – Confissão de dívida – Obrigação solidária – Acordo celebrado nos autos da execução – Descumprimento – Sentença de improcedência – Apelação dos embargantes - Irresignação dos embargantes com relação à sentença que julgou improcedentes os embargos à execução, sustentando que não são obrigados ao pagamento da dívida remanescente em virtude do descumprimento do acordo pelos demais devedores, porque adimpliram a sua parte do acordo e a credora deu quitação de sua quota parte – Não acolhimento – "O pagamento parcial não implica, por si só, renúncia à solidariedade, a qual deve derivar dos termos expressos da quitação ou, inequivocadamente, das circunstâncias do recebimento da prestação pelo credor" (Enunciado nº 348 da IV Jornada de Direito Civil) – Sentença mantida por seus próprios fundamentos. Recurso não provido (*TJSP* – Ap. 1014560-26.2015.8.26.0576, 26-04-2048, Rel. Marino Neto).

Apelação cível – Ação ordinária – Financiamento de veículo – Documentos fraudados – Preliminares – Ausência de impugnação específica – Ilegitimidade passiva – Inocorrência – Dano moral – Ocorrência – 1- Não se conhece do apelo quanto aos pontos referentes ao registro do nome do autor em cadastros de inadimplentes se não houve pedido e nem condenação ao pagamento de indenização por danos morais com fundamento na inscrição do nome da autora nos órgãos de proteção ao crédito e quanto à revisão dos honorários advocatícios se não trazidos os fundamentos de fato e de direito que amparam tal pedido. 2- O pagamento parcial feito por um dos devedores e a remissão por ele obtida não aproveitam aos outros devedores, senão até a concorrência da quantia paga ou relevada (CC 277). 3- O **credor pode renunciar à solidariedade** em favor de um, de alguns ou de todos os devedores (CC 282). 4- Havendo acordo do autor com um dos devedores solidários, no curso da lide, a condenação do réu não transigente deve ser realizada levando-se em consideração apenas a sua cota-parte (50%). 5- Conheceu-se parcialmente do apelo, rejeitou-se a preliminar de ilegitimidade passiva e deu-se parcial provimento ao apelo da ré (*TJDFT* – AC 20140610074498 – (872927), 16-6-2015, Rel. Des. Sérgio Rocha).

Art. 283. O devedor que satisfez a dívida por inteiro tem direito a exigir de cada um dos codevedores a sua quota, dividindo-se igualmente por todos a do insolvente, se o houver, presumindo-se iguais, no débito, as partes de todos os codevedores.

Cuida-se aqui do direito de regresso. O texto refere-se às relações internas entre os coobrigados, devedores solidários. O devedor que paga a dívida tem direito a reembolsar-se do valor devido pelo demais, segundo suas relações negociais. Pode até ocorrer que tenha direito a tudo o que foi pago, se estava na posição de garante ou fiador solidário, por exemplo (veja art. 285). Nem sempre, portanto, o rateio será por igual. Somente no silêncio da relação negocial a divisão será em partes iguais. Com o pagamento da dívida, o *solvens* pode apenas cobrar o que lhe é devido dos demais, porque a solidariedade entre eles desaparece.

Se quando do pagamento algum dos devedores era insolvente, a doutrina entende que sua quota será rateada e suportada por todos os demais.

O texto em análise fala em devedor que satisfez a "*dívida por inteiro*", mas a solução deverá ser a mesma na hipótese de pagamento parcial, estando a dívida vencida e exigível, pois nada justifica o contrário.

⚖ Apelação cível – Ação regressiva – Avalistas – Codevedores solidários – Pagamento da integralidade do débito feito por um dos avalistas – necessidade de observância da quota-parte – Artigo 283 do Código Civil. O devedor que satisfez a dívida por inteiro tem direito a exigir de cada um dos codevedores a sua quota, dividindo-se igualmente por todos a do insolvente, se o houver, presumindo-se iguais, no débito, as partes de todos os codevedores. Inteligência do artigo 283 do Código Civil (*TJMG* – Ap. Cível 1.0016.14.009399-4/001, 09-05-2019, Rel. José de Carvalho Barbosa).

⚖ Civil e processual civil. Ação de regresso. Discussão sobre a solidariedade. Matéria examinada em outra demanda. Preclusão. Pagamento integral da dívida por um dos devedores solidários. Exercício do direito de regresso. Possibilidade. 1. Nos termos do artigo 283 do Código Civil, o devedor que satisfez a dívida por inteiro tem direito a exigir de cada um dos devedores solidários a sua quota. 2. Tratando-se de Ação de Regresso, mostra-se incabível a discussão a respeito da existência de solidariedade entre as partes, reconhecida na sentença transitada em julgado, pela qual foi imposta a condenação solidária à restituição de valores pagos pelo promitente comprador de bem imóvel, à titulo de comissão de corretagem. 3. Constatado que a empresa autora promoveu o pagamento da integralidade do montante da condenação imposta solidariamente as partes litigantes, correto se mostra o reconhecimento do direito ao ressarcimento da metade dos valores desembolsados para esta finalidade. 4. Recurso de Apelação conhecido e não provido (*TJDFT* – Ap. 0035106-92.2016.8.07.0001, 16-08.2018, Rel. Nídia Corrêa Lima).

⚖ Administrativo, civil e processual civil – Direito de regresso do município contra o Estado – Obrigação solidária – Inexistência – Inaplicabilidade dos arts. 275 e 283 do Código Civil – Violação do art. 535 do CPC/73 – Inexistência – Parcela recursal – Ausência de prequestionamento – Incidência Súmula 211/STJ – Divergência jurisprudencial – Ausência de similitude fática – Recurso especial provido – 1- Inexiste violação do art. 535 do CPC/73 quando a prestação jurisdicional é dada na medida da pretensão deduzida, com enfrentamento e resolução das questões abordadas no recurso. 2- Estando ausente no acórdão recorrido o necessário e indispensável exame dos artigos indicados no recurso especial, a despeito da oposição dos embargos de declaração, mostra-se inviabilizada a análise de tal parcela recursal. Incidência da Súmula 211/STJ. 3- A inexistência de similitude fática entre os acórdãos recorrido e paradigma inviabiliza o confronto jurisprudencial. 4- Para o exercício do **direito de regresso**, disciplinado no art. 283 do Código Civil, faz-se necessário que a obrigação seja solidária, da forma prevista nos arts. 264 e 265 do Código Civil, ou seja, quando concorrer, na mesma obrigação, mais de um devedor obrigado e que tal vínculo seja determinado por lei ou pela vontade das partes (contrato). 5- Nas demandas cujo objeto do pedido consiste no fornecimento de medicamentos ou serviços de saúde, a obrigação é direcionada na formação da relação processual, ocasião em que o autor indica qual o ente da federação deve ser o sujeito passivo da relação obrigacional para cumprir o mandamento constitucional, podendo indicar mais de uma entidade em litisconsórcio. 6- A formação da dívida solidária, nas demandas cujo objeto do pedido consiste no fornecimento de medicamentos ou serviços de saúde, somente é possível quando houver litisconsórcio passivo entre as entidades da federação, devendo tal comunhão ocorrer na propositura da demanda, com a formação da relação processual, possibilitando o julgador, no comando decisório, determinar a partilha da obrigação entre os litisconsortes. 7- Não integrando o Estado do Rio de Janeiro, originalmente, o polo passivo da demanda, não há como se estabelecer a solidariedade descrita no arts. 275 e 283 do Código Civil, tendo em vista que, na formação do título executivo judicial, não constava como devedor da obrigação o referido ente federativo. Recurso especial provido (*STJ* – REsp 1.316.030 – (2012/0058867-6), 17-8-2016, Rel. Min. Humberto Martins).

Art. 284. No caso de rateio entre os codevedores, contribuirão também os exonerados da solidariedade pelo credor, pela parte que na obrigação incumbia ao insolvente.

Se houver rateio entre os codevedores, para reembolso do devedor que solveu a obrigação, todos contribuirão, mesmo aqueles que tiveram dispensada a solidariedade. Isso porque, se é dado ao credor abrir mão de seu direito, no caso da solidariedade e não da dívida em si, tal não interfere no relacionamento entre os vários devedores, porque nesse caso específico haveria agravamento da situação dos devedores em benefício de um (ou mais de um) deles. A disposição é imposta pela equidade.

O "pagamento feito por terceiro, com desconhecimento ou oposição do devedor, não obriga a reembolsar, se o devedor tinha meios para ilidir a ação". Como, no caso, a exigência do tributo sobre o veículo se encontrava prescrita quando do pagamento, afasta-se a condenação ao respectivo reembolso (*TJSP* – Ap. 1001609-33.2017.8.26.0510, 18-02-2018, Rel. Celso Pimentel).

Art. 285. Se a dívida solidária interessar exclusivamente a um dos devedores, responderá este por toda ela para com aquele que pagar.

Em princípio a relação entre os vários devedores solidários não interessa ao credor. Porém, pode a dívida ser exclusivamente do interesse de um dos devedores. É o que ocorre, por exemplo, quando há um devedor principal e um fiador, responsabilizado solidariamente, que é apenas garantidor da obrigação. Nesse caso, apenas um dos devedores solidários será responsável perante os demais pela dívida inteira. Imagine-se a hipótese de um locatário com vários fiadores solidários. Nesse exemplo, a solidariedade deve ser expressa. No entanto, para efeito externo, isto é, para o vínculo perante o credor, que pode cobrar a obrigação de qualquer dos fiadores ou do locatário, o aspecto ora visto é irrelevante.

Outras modalidades de obrigações

1. Obrigações principais e acessórias

A noção de acessório e principal nos é dada pelo art. 92: "*Principal é o bem que existe sobre si, abstrata ou concretamente; acessório, aquele cuja existência supõe a da principal.*"

Transporta-se o princípio para as obrigações. Há obrigações que nascem e existem por si mesmas, independentes. Há outras que surgem unicamente para se agregar a outras, isto é, são obrigações acessórias. Sua existência está na razão de ser da obrigação principal e em torno dela gravitam. O caráter de acessório e principal pode emanar da vontade das partes ou da lei. Pode a obrigação acessória surgir concomitantemente com a principal ou posteriormente. Podem estar presentes no mesmo instrumento ou em instrumento diverso.

Quando fixada convencionalmente pelas partes, os sujeitos ajustam uma obrigação a par da obrigação principal. São comuns os direitos de garantia, como a fiança, garantia pessoal, e o penhor e a hipoteca, garantias reais. A fiança, o penhor e a hipoteca (e a anticrese) constituem obrigações acessórias a uma obrigação principal. Não se deve esquecer que mesmo os direitos reais de garantia aqui referidos surgem originalmente como uma obrigação. E são acessórios. Não têm razão de ser sem a existência da obrigação principal. Constituem, na verdade, um reforço para o adimplemento da obrigação principal.

Por vezes, a acessoriedade decorre da própria lei. Como é o caso da evicção, pela qual o vendedor, além da obrigação inerente à compra e venda, de entregar a coisa vendida, é obrigado a resguardar o comprador contra os riscos (art. 447).

Os juros também configuram uma obrigação acessória, porque sua existência depende da obrigação principal, pois os juros são *frutos civis*.

A principal consequência da distinção é que a obrigação acessória segue a sorte da principal. Desaparecendo a principal, desaparece a acessória. Porém, a recíproca não é verdadeira. Destarte, pode o contrato principal ser perfeito, sendo nula a fiança, por incapacidade do agente, por exemplo. No entanto, nulo o contrato principal, não havemos de falar em fiança, porque desapareceu a eficácia da obrigação principal, não tendo mais a fiança o que garantir.

Quando se transfere a obrigação principal, com ela seguem os acessórios. Essa observação deve ser vista com reserva, contudo, pois na fiança, por exemplo, o fiador garante um primitivo devedor e só com sua anuência garantirá outro, pois a fiança não admite interpretação extensiva, sendo baseada na confiança.

Como consequência do princípio geral, se prescrita a obrigação principal, estará também prescrita a acessória.

Pelo princípio geral, portanto, desaparece a acessoriedade com o desaparecimento do principal. Lembre-se, no entanto, de que os juros são obrigação acessória, mas podem ser demandados autonomamente. É que, nessa hipótese, o juro ganha foros de obrigação autônoma, mas nem por isso perde seu caráter de acessório.

2. Obrigações líquidas e ilíquidas

A distinção é importante, tendo em vista as consequências de uma e de outra. Assim, as obrigações de pagar R$ 1.000,00, 100 sacas de cereal ou de entregar um automóvel especificado são obrigações líquidas. Nelas acham-se presentes os requisitos que permitem a imediata identificação do objeto da obrigação, sua qualidade, quantidade e natureza.

A obrigação é ilíquida quando depende de prévia apuração para a verificação de seu exato objeto. Se se tratar de apuração em dinheiro, é seu exato montante que deve ser apurado. No entanto, a apuração poderá ser de outro objeto que não dinheiro. A obrigação ilíquida tenderá sempre a se tornar líquida, para possibilitar, se for o caso, a execução forçada. A conversão ocorrerá em juízo. Quando a sentença condenar de forma ilíquida, esse será o procedimento. Nada impede, porém, tenham as partes avençado uma obrigação ilíquida e a liquidem judicialmente.

A sentença deve procurar sempre uma condenação líquida. A fase de liquidação de sentença poderá procrastinar desnecessariamente o deslinde da causa. Somente quando o juiz não tiver efetivamente elementos para proferir uma sentença líquida é que deverá deixar a apuração para a fase de liquidação, a qual, na verdade, se embute no processo de execução, atualmente completamente alterado.

Há procedimentos inovadores a respeito da liquidação que devem ser estudados no processo civil.

Existe certa analogia entre as obrigações ilíquidas e as obrigações de dar coisa incerta. A princípio, o objeto da prestação é desconhecido. Sempre é permitida a transação ou o simples acordo entre as partes para se atingir a liquidação. Contudo, nas obrigações de dar coisa incerta, a incerteza da obrigação surge com a própria obrigação, enquanto nas obrigações ilíquidas "*a imprecisão não é originária, decorrendo, ao contrário, da natureza da relação obrigacional*" (cf. MONTEIRO, 1979, v. 4, p. 232).

O grande efeito da distinção é que o inadimplemento de obrigação positiva e líquida, em seu termo, constitui de pleno direito o devedor em mora. É a mora da própria coisa, do próprio objeto (*ex re*). Na obrigação ilíquida, há necessidade da prévia liquidação para a constituição em mora. No tocante aos juros, diz o art. 407:

> "*Ainda que se não alegue prejuízo, é obrigado o devedor aos juros da mora que se contarão assim às dívidas em dinheiro, como às prestações de outra natureza, uma vez que lhes esteja fixado o valor pecuniário por sentença judicial, arbitramento, ou acordo entre as partes.*"

Nas obrigações ilíquidas, os juros de mora são contados desde a citação inicial. Os juros de mora serão sempre uma decorrência da sentença, quer a dívida seja líquida, quer ilíquida, independendo do pedido. Precisamos examinar o aspecto dos juros sob o prisma da mora, o que veremos mais adiante.

3. Obrigações condicionais

Nosso Código, ao contrário de outras legislações, com a máxima propriedade, tratou das condições, assim como do termo e do encargo, na parte geral, porque podem elas ser apostas, com poucas exceções, em todos os negócios jurídicos, e não apenas em obrigações. No Direito de Família, vamos encontrar a maioria dos direitos puros, isto é, aqueles que não admitem condições, como, por exemplo, o casamento, o reconhecimento de filiação.

É, portanto, no campo patrimonial que encontramos espaço para as condições. O direito de obrigações é patrimonial por excelência.

Note que sempre a condição subordina a obrigação a evento futuro e incerto. Não havendo futuridade, tendo já ocorrido o evento, não há condição e a obrigação é exigível desde logo. Assim sendo, se subordinamos um pagamento a um resultado de uma competição esportiva que ocorreu ontem, da qual apenas não sabemos o resultado, não há futuridade, não há condição, não se trata de obrigação condicional, embora sua aparência o seja.

Sem dúvida, a divisão mais importante nessa matéria é a de condições *suspensivas* e *resolutivas*. A questão que se levanta é sobre a situação jurídica da obrigação que está sob *condição suspensiva* antes do implemento. O credor possui um direito eventual. Não existe ainda a obrigação, não podendo o credor exigir seu cumprimento, enquanto não ocorrer o implemento. Frustrada a condição, por outro lado, a obrigação deixa de existir. Aqui reside a maior distinção com as obrigações a termo, nas quais o direito existe desde logo.

Destarte, não tendo ocorrido o evento e tendo o devedor cumprido a obrigação, assiste-lhe o direito de repetição, porque se trata de pagamento indevido (art. 876). Ainda, não corre prazo prescricional na obrigação pendente de condição suspensiva (art. 199, I). Como está disposto no art. 126, "*se alguém dispuser de uma coisa sob condição suspensiva, e, pendente esta, fizer quanto àquela novas disposições, estas não terão valor, realizada a condição, se com ela forem incompatíveis*".

O Código estipula que não vale disposição posterior ao estabelecimento da condição suspensiva, se essa disposição é incompatível com a condição.

O direito eventual tem como característica principal o fato de seu titular poder exercer os meios assecuratórios para conservá-lo (art. 130). Assim, se alguém promete entregar coisa sob condição suspensiva e, pendente ela, enquanto não ocorre o evento, abandona a coisa, sujeitando-a à deterioração, pode o credor, por exemplo, pedir caução ou pleitear para si o depósito da coisa.

A morte do credor ou do devedor, antes de ocorrido o evento suspensivo, em nada modifica a situação jurídica criada pelo negócio condicional, a menos que se trate de fato personalíssimo da parte falecida, porque o cumprimento se torna impossível. Não se esqueça, porém, de que sempre que a parte impede que o fato se realize, a condição se tem por cumprida e se torna exigível a obrigação (art. 129). Da mesma forma, o mesmo artigo considera não verificada a condição maliciosamente levada a efeito por aquele a quem aproveita seu implemento.

O alienante de coisa fixada sob condição suspensiva conserva a propriedade e gozo da coisa enquanto não ocorrer o implemento. Daí concluímos que a coisa continua consigo por sua conta e risco; se a coisa perece (*res perit domino*), perece para ele, não tendo, pois, o alienante direito de exigir o cumprimento da obrigação da outra parte, já que não há objeto. Por conseguinte, se o adquirente já houvera pago em parte o preço, com o perecimento da coisa pode pedir a devolução ao alienante, com perdas e danos, caso tenha havido culpa por parte deste último.

Ocorrendo o implemento da condição, imediatamente é exigível a obrigação (art. 332). Cabe ao credor provar que o devedor teve ciência do evento.

No tocante às *condições resolutivas*, como o direito se adquire de plano, tal aquisição não se diferencia das obrigações puras e simples. Como consequência, tendo o adquirente a posse da coisa objeto da obrigação, tem ele o poder de disposição e o gozo, se diverso não resultar do negócio. Se a coisa perece, o possuidor suporta a perda, nada podendo exigir da outra parte na relação obrigacional.

A condição resolutória não proíbe a disposição da coisa para terceiro e, tendo isso ocorrido, e não sendo possível ir buscar a coisa com quem se encontre, só resta a resolução em perdas e danos. Na verdade, na condição resolutiva, o vínculo alcança terceiros, que adquirem uma propriedade resolúvel. O implemento da condição resolutiva, na realidade, invalida o vínculo. Se se tratar de imóveis, deve a resolução constar de registro, para que os terceiros não possam alegar ignorância.

Com o implemento da condição resolutiva, deve o possuidor entregar a coisa com seus acréscimos naturais. A questão das benfeitorias, se não constar da avença, rege-se por seus princípios legais.

Aqui, na condição resolutiva, quando se frustra o implemento, a condição que já era tratada como pura e simples assim permanecerá.

Não esqueçamos que nos contratos bilaterais sempre existe a cláusula resolutória implícita, para o caso de descumprimento da avença de uma das partes.

4. Obrigações modais

O modo ou encargo é outro elemento acidental que pode ser agregado ao negócio jurídico; dele nos ocupamos nos comentários aos arts. 136 e 137. Ali, já fizemos a distinção do encargo e da condição. Basicamente, o encargo é coercitivo, o que não ocorre com a condição, porque ninguém pode ser obrigado a cumpri-la.

À distinção já acenada com a condição, acrescentemos que a condição é sempre um acontecimento *futuro e incerto*, do qual depende a existência ou a extinção do direito; o encargo é uma obrigação imposta ao beneficiário de um direito.

Vezes haverá em que persistirá a dúvida se a disposição é de condição ou encargo. A lógica manda, como faz a doutrina, concluirmos pela existência do encargo, que é a solução menos severa para o beneficiário, solução, aliás, colocada na lei argentina (art. 588, *in fine*, do Código Civil).

O encargo fica restrito aos negócios gratuitos. A definição de Guillermo A. Borda (s.d., p. 282) é que "*o modo ou encargo é uma obrigação acessória que se impõe àquele que recebe uma liberalidade*". É fato que não se pode admitir o instituto fora dos atos de liberalidade. Serpa Lopes (1966, v. 2, p. 103) acrescenta que

"*as obrigações modais são as que se encontram oneradas com um encargo, que impõe ao onerado o dever de empregar todos ou parte dos bens recebidos pela maneira e com a finalidade indicada pelo instituidor, ou de dar, fazer ou não fazer alguma coisa, de tal sorte que, se não existisse essa cláusula acessória, o onerado não estaria vinculado a qualquer prestação, em razão da natureza gratuita do ato*".

Assim, são encargos, por exemplo, a doação de bens, com o ônus de pagamento periódico a uma instituição filantrópica; a cessão de direitos autorais, com a obrigação de o editor reservar um número de exemplares gratuitos ao cedente ou a terceiro; o pagamento de débito, ficando o beneficiário onerado com a regularização de documentação perante as repartições públicas.

O modo, agregado a uma obrigação, pode objetivar uma ação ou omissão em favor do próprio disponente, de um terceiro ou do próprio beneficiário. Observa Serpa Lopes (1966, v. 2, p. 103) que neste último caso o encargo se torna uma espécie de conselho, desprovido de sanção, porque não podemos ter na mesma pessoa a figura de credor e devedor.

Quanto ao inadimplemento da obrigação modal, já nos referimos na parte geral (doação com encargo). Ali, expusemos que aos demais casos de encargo (poucos, é verdade), por analogia, há de se aplicarem os mesmos princípios. Enfatizemos que, enquanto aos instituidores e seus herdeiros cabe ação para revogar liberalidade, aos terceiros beneficiados e ao Ministério Público só caberá ação para fazer executar o encargo, porque seu interesse situa tão só na exigência dessa execução. Como ali afirmamos, o instituidor pode optar entre a revogação e a execução.

Acerca de encargos impossíveis, ilícitos ou imorais, este Código traz a regra: "*Considera-se não escrito o encargo ilícito ou impossível, salvo se constituir o motivo determinante da liberalidade, caso em que se invalida o negócio jurídico*" (art. 137). A solução da mais recente lei é boa, ao contrário, por exemplo, da lei argentina, que considera simplesmente nulo o negócio se o encargo imposto é impossível, ilícito ou imoral (art. 564 do Código Civil argentino). A questão maior passa a ser, no caso concreto, definir se o encargo é o motivo determinante da liberalidade. O art. 137 do corrente Código não distingue as formas de impossibilidade.

5. Obrigações a termo

Ocupamo-nos do termo e do prazo ao analisarmos o art. 131 ss, para os quais remetemos o leitor. Quase todos os negócios jurídicos admitem a fixação de um lapso temporal para o cumprimento, salvo exceções principalmente sediadas no Direito de Família (casamento, reconhecimento de filiação etc.).

Já observamos a diferença entre termo e condição: na condição há um evento futuro e incerto. O evento é falível. O implemento pode não ocorrer. A condição, daí, se frustra. O termo, que depende do tempo, é inexorável. No termo, o direito é futuro, mas deferido, já que não impede a aquisição do direito, cuja eficácia fica apenas em suspenso.

Nas obrigações de direito privado, estamos tratando do chamado *termo convencional*, fixado pelas partes. Nas obrigações de direito público, há o termo legal, fixado pela lei, como aquele para pagamento de um tributo. No processo, há o termo judicial, aquele fixado pelo juiz. O termo, uma vez aposto à obrigação, indica o momento em que sua exigibilidade se inicia ou se extingue. O *termo inicial*, portanto, indica o momento do início, e o *termo final* indica o momento em que deve cessar o exercício do direito.

6. Obrigações de juros. Obrigações pecuniárias

6.1. Obrigações de juros

O conceito de juros não se apresenta na lei. Juros são a remuneração que o credor pode exigir do devedor por se privar de uma quantia em dinheiro. Os juros são precipuamente em dinheiro e em retribuição de uma quantia em dinheiro, embora nada impeça a entrega de juros em espécie nas obrigações fungíveis que tenham por objeto outras coisas que não dinheiro (cf. VON THUR, 1934, v. 1, p. 46). Os juros retribuem o capital paulatinamente, dependendo do prazo de duração da obrigação.

Representam os chamados frutos civis do capital e são, portanto, acessórios (art. 92). Os juros (ou interesses) são, pois, uma obrigação acessória da dívida principal. Seguem a sorte desta. Deve ser lembrado que a relação de dependência dos juros surge quando do *nascimento* da dívida. Isso porque, excepcionalmente, após o surgimento da dívida os juros podem-se autonomizar. É possível acontecer que a obrigação de juros destaque-se da obrigação principal e tenha vida autônoma, mas seu nascimento é sempre acessório e assim será sua natureza. Tanto que se presumem pagos, quando na quitação de capital a eles não se faz ressalva (art. 323).

Ordinariamente, os juros são fixados em porcentagem. É da tradição. Podem, porém, ser fixados em outra proporção.

A noção de juros remonta à Antiguidade. A Igreja cristã sempre, a princípio, tentou combater os juros, mas acabou por revitalizar o instituto que veio a instalar-se na legislação civil (cf. Costa, 1984, p. 508).

6.1.1. Espécies de juros

Podem os juros ser *convencionais* ou *legais*. Os primeiros são pactuados; os segundos provêm da lei. Podem, também, ser *moratórios* ou *compensatórios*.

A ideia que deu origem aos juros moratórios é a de uma pena imposta ao devedor pelo atraso no cumprimento da obrigação. Entendem-se por compensatórios os juros que se pagam como *compensação pelo fato de o credor estar privado da disponibilidade de um capital*.

Geralmente, a noção de juros de mora vem ligada à de juros legais, mas não existe perfeita coincidência, porque os juros de mora podem, perfeitamente, ser fixados, *contratados* pelas partes. Existem, por outro lado, juros compensatórios que derivam da lei. No entanto, os juros compensatórios geralmente decorrem da vontade das partes. A jurisprudência das desapropriações criou juros compensatórios devidos pelo poder expropriante desde quando este se imite na posse do imóvel.

O que se deve ter em mira é que os juros compensatórios surgem afastados de qualquer noção de culpa ou descumprimento da obrigação. Já os juros de mora surgem pelo atraso no cumprimento.

A questão da fixação da porcentagem de juros é mais moral e ética, antes de ser jurídica. Os juros excessivos podem entravar o desenvolvimento econômico. Os juros por demais baixos desestimulam a atividade financeira.

O fato é que a taxa de juros não pode ficar ao sabor dos ventos da lei da oferta e da procura, por mais que defendamos a livre iniciativa e a não intervenção na vontade das partes.

Inicialmente, nosso Código Civil de 1916 permitiu o ajuste a qualquer taxa. Já em 1933, porém, o governo, sentindo os problemas advindos da liberdade percentual, promulgou o Decreto nº 22.626/1933, a chamada *lei de usura*. Essa lei tentou limitar os juros a 12% ao ano, o que foi confirmado posteriormente pelo Decreto-lei nº 182, de 5.1.1938. O art. 4º do primeiro decreto proibiu o anatocismo, a contagem de juros sobre juros, o que já fazia o art. 253 do Código Comercial. Essa lei erigiu em crime sua infração, substituída que foi, nessa parte, pela Lei dos Crimes contra a Economia Popular, nº 1.521/1951.

A história econômica recente desse país faz com que nos abstenhamos de tecer comentários sobre a aplicação das leis de usura, conhecidas por nós, quiçá com nosso próprio sacrifício. O fato é que poucos países ditos democráticos sofrem tanta intervenção que afeta diretamente a economia privada. Mormente de 1964 para cá, desde a reforma financeira imposta pelo movimento daquele ano até o malfadado *plano cruzado e planos subsequentes*, a instabilidade e a incerteza sempre pairaram sobre o cidadão comum. É patente que, com a inflação desmedida, o país tornou-se um grande cassino financeiro, esperando-se que o período de relativa estabilidade alcançada nos últimos anos seja mantido. De qualquer modo, não é uma obra de Direito privado o local para maiores digressões de natureza econômica.

Tornou-se evidente que, com a permissão da cobrança pelas instituições bancárias da *taxa de permanência, juros remuneratórios* nas operações financeiras, permissão essa concedida pela Circular nº 82, de 15.3.1967, e posteriormente por resoluções complementares para os títulos não liquidados no vencimento, caiu por terra o pouco de eficácia que restava da lei de usura. O próprio Supremo Tribunal Federal passou a entender que o Decreto nº 22.626/1933 não se aplica às instituições financeiras, de acordo com a Súmula 596. *Quid juris?* Pune-se o particular que cobra juros acima da taxa; autoriza-se o banco a cobrá-la? Na verdade, a matéria deve ser examinada sob o prisma da correção monetária, que trataremos a seguir. A Constituição de 1988 primeiramente pretendeu dar outros rumos à matéria, estabelecendo o limite anual de 12% para os juros (art. 192, § 3º). Essa disposição era polêmica e o mais alto Tribunal do país a entendia não autoaplicável. De fato, é mais do que evidente que o estabelecimento da taxa de juros não pode depender exclusivamente da lei. Ora e vez, no entanto, pontilham no país tentativas de ser aplicado esse teto constitucional para os juros.

A limitação constitucional dos juros em 12% não mais existe. Ela foi retirada da Constituição por meio de Emenda Constitucional 40/2003, que suprimiu a redação do § 3º, do art. 192, da Constituição da República. A experiência da *ciranda financeira* do país demonstrou que qualquer prefixação de taxa de juros é incoerente. Só resta a solução de deixar a norma em branco para que os luminares da economia fixem os juros de acordo com os ventos da conjuntura. É o que faz, como princípio, este Código no art. 406:

> "*Quando os juros moratórios não forem convencionados, ou o forem sem taxa estipulada, ou quando provierem de determinação da lei, serão fixados segundo a taxa que estiver em vigor para a mora do pagamento de impostos devidos à Fazenda Nacional.*"

Como ressalta à primeira vista, essa disposição legal esbarra nos interesses econômicos do país, e dificilmente o Poder Executivo deixará que os juros sejam estipulados livremente. Da mesma forma, tudo é no sentido de que as autoridades monetárias não se conformarão com a flutuação dos juros entre particulares com as mesmas taxas oficiais.

Ainda, para os impostos devidos à Fazenda Nacional, as taxas de mora incluem fatores que não se restringem unicamente a juros. Ainda não temos uma linha segura a ser seguida para a interpretação do art. 406. A Fazenda pratica a denominada taxa SELIC – Sistema Especial de Liquidação e de Custódia –, prevista no art. 39, § 4º, da Lei nº 9.250/1995. Como essa taxa embute uma série de elementos, inclusive correção monetária, é problemática sua atuação como taxa de juros.

Pelo art. 1.062 do Código de 1916, os juros de mora foram fixados em 6% ao ano, quer sejam moratórios, quer sejam compensatórios, sendo os primeiros devidos independentemente da prova de prejuízo do credor. Os juros convencionados podem ser de até 12%.

O início da fluência dos juros é matéria não pacífica e encontra discussão na doutrina e jurisprudência. Não há clareza nas disposições do Código Civil.

Realmente, havemos de concordar com aqueles que não formulam uma regra uniforme.

Serpa Lopes (1964, v. 3, p. 76), com a acuidade de sempre, descreve as várias situações:

Para a obrigação líquida e certa, os juros serão certamente devidos desde o advento do termo, quando tem início a mora do devedor.

Para a obrigação líquida e certa, mas sem prazo, a mora só poderá iniciar-se a partir da interpelação ou notificação de que trata o art. 397.

Para a obrigação negativa, serão devidos os juros desde o momento em que o obrigado praticou o ato do qual deveria abster-se. É a partir desse momento que o devedor encontra-se em mora (art. 390).

Para as obrigações decorrentes de ato ilícito, o art. 398 diz: "*Nas obrigações provenientes de ato ilícito, considera-se o devedor em mora, desde que o praticou.*" Aqui, a lei quer que, mesmo em se tratando de valor ilíquido, os juros fluam a contar da perpetração do delito. Na lei de 1916, a palavra *delito* era usada como sinônimo de crime.

Para as obrigações que originariamente não eram em dinheiro, mas que nele se transformam, só é possível a contagem de juros quando fixado o valor, por sentença ou acordo. Nas obrigações ilíquidas, a contagem é a partir da citação inicial.

A aplicação legal desta última hipótese é a do art. 405, uma vez que não é possível cobrar o ônus da mora a quem ignora seu débito.

6.1.2. Anatocismo

O anatocismo é, na realidade, um problema dentro de outro problema que são os juros. Constitui-se na contagem de juros sobre juros (*ana* = repetição, *tokos* = juros).

O Decreto nº 22.626/1933 não permite sua cobrança. Tal lei, no entanto, não proíbe o fenômeno derivado da lei. Não são, porém, todas as legislações que proíbem, como acontece com o Código português, no art. 560, que não só regulamenta, mas também diz, no § 3º, que nem mesmo as restrições legais operam quando "*forem contrárias a regras ou usos particulares do comércio*". Há exceções no ordenamento que permitem o fenômeno entre nós.

O anatocismo é uma das formas de usura, certamente a mais perigosa, ficando o devedor sujeito à cupidez do credor. Há mais recente orientação jurisprudencial permitindo a cobrança de juros sobre juros dentro do sistema financeiro.

6.2. Obrigações pecuniárias

A obrigação pecuniária é modalidade da obrigação de dar, que tem por objeto o dinheiro, denominador comum da economia. Trata-se de uma obrigação *genérica*, de coisas fungíveis, portanto. Só será pecuniária a obrigação que tenha por objeto moeda corrente. Um pagamento a ser feito em moedas raras, ou fora de circulação, para colecionadores, por exemplo, não tem essa característica. Serão elas obrigações específicas ou de dar coisa certa.

Supondo que vivêssemos em uma economia absolutamente estável, sem que houvesse qualquer alteração de preços e serviços (o que não ocorre na prática, nem mesmo nas mais adiantadas economias), o que se levaria em conta na obrigação aqui estudada seria tão só o valor da pecúnia, ou seja, do dinheiro. Ou, ainda, o valor estampado na moeda corrente. Esse é o *valor nominal*, impresso nas cédulas ou moedas.

Ora, na essência mais pura, esse é o conteúdo da obrigação pecuniária, o *nominalismo* na moeda. Para efeitos jurídicos, portanto, o que importa é o valor do dinheiro. Assim, a obrigação pecuniária é uma obrigação *de* dinheiro.

O art. 947 do Código Civil de 1916 estipulava que "*o pagamento em dinheiro, sem determinação da espécie, far-se-á em moeda corrente no lugar do cumprimento da obrigação*". O Código de 1916 não proibia a contratação em moeda estrangeira. Pelo Decreto nº 23.501, de 27.11.1933, estatui-se o curso forçado da moeda nacional, cominando-se de nulidade qualquer estipulação de pagamento em ouro ou em determinada espécie de moeda. Lei posterior (nº 28, de 15.2.1935) abriu exceções a situações particulares, referentes a contratos de importação e às obrigações contraídas no exterior, para serem executadas no Brasil.

A legislação econômica brasileira é um verdadeiro emaranhado, recheado de portarias e regulamentos, nestas últimas décadas. O aviltamento da moeda e o chamado "plano cruzado", que instituiu o "cruzado", como moeda corrente, após seu fracasso, jogou por terra definitivamente qualquer esperança de mantença de obrigações puramente nominalistas no Direito brasileiro.

Assim é que o valor nominal de uma dívida, hoje, em nosso país, podemos assegurar, é meramente enunciativo. As várias formas de reavaliação das obrigações, quando essas linhas são escritas, numa inflação maior ou menor, jogam por terra o conceito nominal da moeda e da obrigação em dinheiro. Existe uma flutuação do valor do dinheiro para a extinção da obrigação, sempre para mais, é claro, com base em diversos índices, oficiais, oficiosos e todos os mais que a inventividade própria das dificuldades pode imaginar. Há índices para pagamento de salários, de construção civil, de previdência etc. Hoje, já há necessidade de uma especialização em siglas neste país.

A correção monetária é capítulo à parte na economia brasileira e continua a desafiar juristas e economistas. Nesse diapasão e no atual estágio de nossa triste história econômica do passado recente, a já clássica distinção entre *dívidas de valor* e *dívidas de dinheiro* adquiriu também uma mera conotação histórica, como vimos. A doutrina diz que a dívida de dinheiro é a autenticamente pecuniária, expressa numa quantia numérica, imutável. Já a dívida de valor não expressa, enunciativamente, uma quantia numérica, mas uma "*prestação diversa, intervindo o dinheiro apenas como meio de determinação do seu quantitativo ou da respectiva liquidação*" (COSTA, 1984, p. 500). Exemplo clássico de obrigação em dinheiro: a quantia estampada em um título de crédito. Exemplo tradicional de dívida de valor: prestação de alimentos.

Ora, não podemos mais, no presente, admitir, para fins práticos, a distinção. Não podemos dizer que a dívida do credor de uma nota promissória possa sofrer deságio. Não podemos mais sustentar que as dívidas de alimentos são diversas, por exemplo, das demais. Ou o credor de nota promissória também não necessita do valor de seu crédito para a subsistência?

O fato é que a criação da teoria das dívidas de valor serviu para alterar e minorar as iniquidades que ocorriam, entre nós, quando os preços aviltavam-se e os tribunais mostravam-se excessivamente tímidos para generalizar, ainda que por via pretoriana, a correção monetária. O que vimos, antes do advento da Lei nº 6.899/1981, que abrangeu com a correção monetária os débitos ajuizados, foi uma escandalosa transformação do Poder Judiciário em instrumento de moratória de oportunistas e maus pagadores. Na verdade, ou se corrigem todas as dívidas, ou não se corrige dívida alguma. Para o jurista, a situação nunca pôde fugir daí. Não cabe ao jurista e muito menos ao julgador corrigir os erros e desmandos do Estado à custa, geralmente, do hipossuficiente. O que ocorreu no passado, com dívidas ajuizadas e pagas após anos de seu vencimento, só com juros legais, foi brutal enriquecimento indevido. Isso porque os poderosos sempre tiveram a seu dispor, com o beneplácito legal, meios para defender-se e locupletar-se da inflação. Se hoje a situação é diversa e os vários índices de correção aviltam a economia, não cabe ao jurista resolver, mas apenas estudar o fenômeno.

No entanto, longe estamos de imaginar que o problema seja só nosso. Guillermo Borda (s.d., p. 204) da mesma forma analisa a situação na Argentina. Demorou muito para que, também lá, se impusesse na jurisprudência a generalização da correção monetária. Diz ele ao enfocar a insuficiência dos conceitos de dívida de valor e dívida de dinheiro:

> "Era evidente que liberar o devedor moroso de sua obrigação com somente o pagamento da soma originalmente devida, estimulava a má-fé do devedor. Quanto maior fosse a inflação e maior a demora em cumprir a obrigação, maior era o benefício que obtinha o mau pagador, como consequência de seu descumprimento. Pois lançando mão de recursos de lei ruim, deixando-se demandar e utilizando chicanas, o devedor logrará pagar ao cabo de vários anos, uma soma que nenhuma relação real terá com a que devia originalmente. E terminou por se impor na jurisprudência que qualquer dívida, seja de valor ou de dinheiro, devia ser paga atualizada. Hoje, repetimos, esta solução está imposta definitivamente."

De qualquer modo, sob a justificação eminentemente jurídica,

> "entre os prejuízos não cobertos pelos juros moratórios, mas sofridos, também, pelo credor, em virtude da tardança do devedor no cumprir sua obrigação, não podem deixar de figurar os representados pela depreciação ou pela perda de poder aquisitivo da moeda, ocorrida entre o momento de constituição da obrigação e o da sua execução pelo devedor. E se esses prejuízos não tiverem sido levados em conta pelo primeiro, no ato de contratar, ou estipular, ninguém, ao que nos parece, poderá duvidar da justiça de serem eles suportados pelo devedor em mora" (cf. CAMPOS FILHO, 1971, p. 14).

Recordemos ainda que nosso Código Civil de 1916 não era totalmente alheio à revisão da moeda. De fato, determinava o art. 948 que "*nas indenizações por fato ilícito prevalecerá o valor mais favorável ao lesado*", numa clara referência ao valor da moeda.

Fora do âmbito litigioso, difundiu-se plenamente a chamada *indexação da economia*, nos contratos privados e públicos, a denominada *cláusula móvel*.

A redação definitiva deste atual Código, fruto de situação econômica diversa no país, alterou o dispositivo originário e preferiu excluir referência direta à correção monetária. O art. 315 dispôs: "*As dívidas em dinheiro deverão ser pagas no vencimento, em moeda corrente e pelo valor nominal, salvo o disposto nos artigos subsequentes*."

No entanto, o art. 317 acrescenta:

> "*Quando, por motivos imprevisíveis, sobrevier desproporção manifesta entre o valor da prestação devida e o do momento de sua execução, poderá o juiz corrigi-lo, a pedido da parte, de modo que assegure, quanto possível, o valor real da prestação.*"

Voltaremos ao assunto nos comentários respectivos.

✎ Ação regressiva – Débito pago em ação trabalhista – Pedido de reembolso – Sentença de procedência. Recurso das partes. Preliminar de nulidade afastada. Alegação de quitação de sua parte na dívida trabalhista solidária. Inviabilidade. A solidariedade na esfera trabalhista não produz necessariamente os mesmos efeitos na esfera civil, pois declarada para conferir maior efetividade aos direitos do trabalhador. Entendimento do artigo 285 do Código Civil: "Apelações cíveis. Civil. Veículo financiado em nome de terceiro. Posse do veículo exercida por pessoa diversa do titular. IPVA. Decreto distrital art. 8º do Decreto 34.024/2012. Infração de trânsito. Art. 134 do CTB. Obrigação solidária do titular e do adquirente perante a fazenda e o departamento de trânsito. Relação jurídica interna entre os negociantes. Código Civil art. 285. 1. O Decreto Distrital nº 34.024, de 10 de dezembro de 2012, em seu art. 8º, estabelece solidariedade entre o titular e o adquirente pelo pagamento do Imposto sobre a propriedade de veículos automotores – IPVA. 2. O art. 134 do Código de Trânsito Brasileiro impõe ao proprietário originário o dever de comunicar ao Estado a transferência do veículo, sob pena de ter que se responsabilizar solidariamente pelas penalidades impostas. 3. Na relação jurídica firmada entre o titular e adquirente, incide o disposto no art. 285 do Código Civil, que determina que se a dívida solidária interessar exclusivamente a um dos devedores, responderá este por toda ela para com aquele que pagar". No caso em análise, a parte autora não dirigia a atividade laboral do reclamante trabalhista, razão pela qual não pode ser responsabilizada por acidente de trabalho provocado pelo descumprimento das normas de segurança do trabalho. Os juros moratórios são devidos desde a citação na presente ação, que reconheceu o direito de regresso do autor. A correção monetária desde cada desembolso, que deverá ser apurado em liquidação de sentença. Recurso da ré não provido. Recurso da autora parcialmente provido (*TJSP* – Ap. 1030875-40.2016.8.26.0562, 24-2-2021, Rel. Benedito Antonio Okuno). 3. Recurso conhecido e provido (*TJDFT* – Ap. 0718036-16.2019.8.07.0001, 04-03-2020, Rel. Getúlio de Moraes Oliveira).

✎ Civil. Processo civil. Contrato. Prestação de serviços. Atraso pagamentos. Prescrição. Responsabilidade contratual. Prazo decenal. Art. 205 Código Civil. Interpretação cláusulas vencimento parcelas. Retenção pagamento. Reclamações trabalhistas. Responsabilidade empresas. Artigo 285 Código Civil. Recursos conhecidos. Desprovido das requeridas e parcialmente provido da autora. 1. A demanda principal foi ajuizada em face do descumprimento de cláusulas dos contratos firmados entre as partes. Assim, a análise do caso em tela deve ser feita sob a ótica da responsabilidade contratual. Na espécie, é incontroverso que a pretensão é de reparação civil por responsabilidade contratual, cabendo a aplicação do prazo prescricional previsto no art. 205 do Código Civil. 2. Recentemente a Segunda Seção do Superior Tribunal de Justiça definiu que se aplica o prazo de 10 (dez) anos para prescrição nas controvérsias relacionadas à responsabilidade contratual. (...) 5. Nos termos do artigo 285 do Código Civil, se a dívida solidária interessar exclusivamente a um dos devedores, responderá este por toda ela para com aquele que pagar. Restando inequívoco, no julgamento das reclamações trabalhistas, que era em nome das apelantes que os empregados recebiam ordens, pagamentos, designações de local de trabalho, ou seja, elas figuram como as empregadoras e desembolsaram os pagamentos, aplicável a espécie o artigo acima transcrito, eis que agiram exclusivamente em seus próprios interesses. 6. A reunião realizada pelas partes no dia 20.01.2009 não alterou o contrato firmado, tão somente estabeleceu um ajuste entre elas no tocante à interpretação dada à cláusula 2.4.2, alinhando o fluxo de pagamento mensal em face das divergências ocorridas no mês de janeiro/2009, quanto ao prazo de pagamento após a entrega das notas fiscais por parte da apelante. Não se revela razoável que, para se beneficiar, a apelante defenda que a metodologia estabelecida na reunião datada de 20.01.2009, seja aplicada às notas fiscais emitidas por ela, em período anterior, num comportamento contraditório com o intuito unicamente de se favorecer. (...) 8. Recursos conhecidos. Desprovido o das requeridas e parcialmente provido o da autora (*TJDFT* – Ap. 0037458-62.2012.8.07.0001, 31-07-2019, Rel. Gilberto Pereira de Oliveira).

Apelação – Arrendamento mercantil – Revisão de cláusula contratual – CDC – Juros remuneratórios – Capitalização mensal – Comissão de permanência – Verba honorária – 1 – Pacífica a natureza consumerista do contrato com a instituição financeira, nos termos dos artigos 2º e 3º do Código de Defesa do Consumidor – Súmula 297 do Superior Tribunal de Justiça; 2 – Capitalização: pacificação da matéria pelo C. STJ (Recurso Especial nº 973.827/RS, julgado nos termos do artigo 543-C, do Código de Processo Civil) – Anatocismo não verificado, cognoscível a aplicação dos juros compostos (cálculo exponencial). A ausência de inadimplência do consumidor afasta a hipótese de anatocismo – Segundo o entendimento do STJ, constitui capitalização a incidência dos juros vencidos e incorporados ao principal, o que pressupõe a mora; 3 – Abusividade da comissão de permanência repelida – Entendimento pacificado pelo C. STJ não condizente com o caso concreto, cláusula contratual não exercida pela Instituição Bancária; 4 – Aplica-se a Súmula Vinculante nº 7, inclusive para contratos anteriores à sua edição, em nome da uniformização da jurisprudência. Em caso de os juros remuneratórios não encontrarem prévia estipulação contratual ou se forem abusivos devem ser aplicadas as taxas de mercado para as operações equivalentes. Recurso não provido (TJSP – Ap. 3007633-34.2013.8.26.0526, 23-1-2017, Relª Maria Lúcia Pizzotti).

TÍTULO II
DA TRANSMISSÃO DAS OBRIGAÇÕES

CAPÍTULO I
Da Cessão de Crédito

Art. 286. O credor pode ceder o seu crédito, se a isso não se opuser a natureza da obrigação, a lei, ou a convenção com o devedor; a cláusula proibitiva da cessão não poderá ser oposta ao cessionário de boa-fé, se não constar do instrumento da obrigação.

1. A transmissibilidade das obrigações

Nesses artigos, o Código ocupa-se da transferência das obrigações. Nosso estatuto de 1916 tratou de uma de suas modalidades, ou seja, da cessão de crédito, nos arts. 1.065 a 1.078, no final da parte geral das obrigações, antes de disciplinar os contratos. Este Código cuida da matéria após as modalidades das obrigações, em título dedicado à "transmissão das obrigações", disciplinando a cessão de crédito nos arts. 286 a 298 e a assunção de dívida nos arts. 299 a 303.

A cessão de crédito enfoca a substituição, por ato entre vivos, da figura do credor. O Código revogado não disciplinou a substituição do devedor, a assunção de dívida (o que já fora feito desde o Projeto de 1975). A cessão de posição contratual não foi contemplada por qualquer dos dois diplomas civis.

A transmissão de direitos e obrigações pode se verificar tanto por causa de morte, quanto por ato entre vivos. A transmissão *causa mortis* deve ser estudada e disciplinada pelo direito das sucessões. O que examinaremos neste tópico são as possibilidades de substituições subjetivas das obrigações pela vontade das partes, principalmente. Examinar-se-á a possibilidade de o credor transferir seu crédito a terceiro, bem como o devedor sua dívida. Na cessão de contrato, ou cessão de posição contratual, ocorre a transferência a um terceiro de todo um complexo contratual, o contrato como um todo.

O crédito, contido na obrigação, constitui de um valor no patrimônio do credor, um valor ativo. Se visto pelo lado do devedor, o débito é um valor passivo. Ao se examinar um contrato, verificar-se-á que possui um valor no comércio jurídico. Ora, aqui não tratamos de meros valores axiológicos (que também estão presentes, é verdade), mas de valores materiais, de bens, os quais, estando no comércio, podem ser objeto de negócios jurídicos de transmissão. É o exame dessas situações que passamos a fazer, doravante, iniciando com a *cessão de crédito*.

2. Conceito de cessão de crédito. Afinidades

O crédito, como integrante de um patrimônio, possui um valor de comércio. Trata-se, sem dúvida, de uma alienação. Quando, no direito, a alienação tem por objeto bens imateriais, toma o nome de cessão. Na cessão de crédito, o *cedente* é aquele que aliena o direito; o *cessionário*, o que adquire. O *cedido* é o devedor, a quem incumbe cumprir a obrigação. Como veremos, a cessão de crédito não é totalmente alheia ao cedido.

A cessão de crédito é, pois, um negócio jurídico pelo qual o credor transfere a um terceiro seu direito. O negócio jurídico tem feição nitidamente contratual. Nesse negócio, o crédito é transferido íntegro, intacto, tal como contraído; mantém-se o mesmo objeto da obrigação. Há apenas uma modificação do sujeito ativo, outro credor assume a posição negocial.

A lei permite a cessão de crédito, de maneira geral. Por exceção, não podem ser cedidos créditos inalienáveis por natureza, por lei, ou por convenção com o devedor, como está dito no artigo em epígrafe. Houve sugestão importante para acréscimo nesse dispositivo no extinto Projeto de Lei nº 6.960/2002. Incluía-se no texto desse artigo que também o crédito compensável fiscal ou parafiscal poderia ser cedido, reportando-se ao problemático e revogado art. 374. Com essa alteração, a possibilidade expressa de cessão de crédito fiscal ou parafiscal passaria a ser um elemento dinamizador importante no universo negocial, mas sua transformação em lei certamente não ocorrerá, pois esbarraria na sanha arrecadatória do Estado brasileiro.

O contrato pode proibir a cessão de crédito, mas, para que esse pacto impeditivo possa ser eficaz com relação a terceiro de boa-fé, deve constar do instrumento da obrigação, para que este tenha conhecimento da vedação. Essa regra lógica, admitida pela doutrina, é doravante enfatizada no atual diploma, na segunda parte do presente art. 286. O terceiro poderá ter tomado conhecimento da proibição de outra forma, o que lhe suprime a boa-fé, aspecto que deverá ser examinado no caso concreto. Em qualquer situação, há que se verificar se o terceiro teve ciência da proibição de cessão. Se não o teve, mesmo perante a proibição, a cessão será válida, tendo-se por ineficaz a cláusula proibitiva.

Como apontamos, o importante é estabelecer o conhecimento da proibição por parte do cessionário, o que fará desaparecer sua boa-fé, ainda que essa ciência se dê por outros meios, antes de efetivada a cessão, quando ausente a cláusula proibitiva no próprio instrumento.

A cessão pode ocorrer a título gratuito ou oneroso; não há distinção na lei. Os respectivos efeitos não se alteram.

O Direito Romano, preservando o individualismo que lhe era intrínseco, não admitia a cessão. Recorriam os romanos à novação subjetiva, a qual extinguia a obrigação primitiva e criava nova. Era indispensável o consentimento do credor. Posteriormente, o direito comum criou a procuração em causa própria, para evitar o problema do consentimento do devedor. Nomeava-se um mandatário, que agia em causa própria na cobrança da dívida, dava quitação e agia em seu próprio interesse.

No direito moderno, prescinde-se, na cessão de crédito, do consentimento do devedor. Deve ele apenas ter ciência de quem é o credor, para poder efetuar o pagamento válido; o devedor é estranho ao negócio da cessão. Isso em linhas gerais, uma vez que há particularidades que afetam a posição do devedor, como veremos.

A cessão tem pontos de contato com a *compra e venda*, tanto que o Código francês cuida do instituto no mesmo capítulo. No entanto, na compra e venda existe apenas um comprador e um vendedor. Na cessão de crédito, há necessariamente as três figuras já apontadas. A compra e venda objetiva sempre um bem material. A cessão objetiva *direitos*, assim entendidos bens imateriais. Na cessão, portanto, não vamos encontrar a possibilidade de a avença servir de veículo para a aquisição da propriedade.

Já os pontos de contato da cessão de crédito com a *sub-rogação* são maiores. Tanto que o art. 347, I, diz que quando o credor recebe o pagamento de terceiro e expressamente lhe transfere todos os seus direitos (art. 348), vigorará o disposto acerca da cessão de crédito. Essa situação é de equiparação de uma das hipóteses de sub-rogação à cessão de crédito, mas isso não quer dizer que há identidade. Dois institutos ou dois fenômenos jurídicos, porque equiparados, são diversos; caso contrário, não haveria necessidade de equipará-los. Assim é que, na cessão, seu efeito só ocorre a partir do momento em que se notifica o devedor da cessão, o que não ocorre na sub-rogação. Existe sub-rogação por força de lei, enquanto a cessão é ato voluntário. O art. 350 da sub-rogação limita o direito do sub-rogado até a soma que desembolsou para desobrigar o devedor. Na cessão, não existe essa limitação; a cessão pode ter sempre caráter especulativo.

Por outro lado, não há que se confundir a cessão de crédito com o "*endosso*", que é peculiar forma de transferência dos títulos de crédito, partindo de outros postulados, embora se refira também à transferência de um crédito.

3. Natureza jurídica

A natureza contratual do negócio é patente. Cuida-se de contrato simplesmente consensual, mas por vezes a necessidade obrigará o escrito particular ou a forma pública. Há créditos incorporados a documentos, e sem eles torna-se impossível sua respectiva transferência. É, contudo, um contrato todo peculiar, tanto que fez bem o Código em colocá-lo na parte geral das obrigações, pois se trata de forma genérica de alienação.

A cessão pode ser gratuita, assemelhando-se a uma doação; ou onerosa, a qual é mais comum, assemelhando-se à compra e venda. Gratuita ou onerosa, suas consequências admitirão a interpretação peculiar desses atos.

4. Requisitos. Objeto. Capacidade e legitimação

Em primeiro lugar, deve estar presente a *possibilidade jurídica* para a transmissão do crédito. Tal pode ser obstado pela *natureza da obrigação*, pela *lei* ou pela *convenção das partes*. A regra geral é no sentido de que os créditos em geral podem ser cedidos. As exceções enunciadas nesse art. 286 devem ser examinadas em cada caso concreto. Há créditos que por sua natureza não admitem cessão, como ocorre com o direito de *alimentos*. Outros a lei proíbe expressamente, como é o caso dos direitos previdenciários. Essa matéria diz respeito à proteção da dignidade humana.

Por outro lado, os créditos impenhoráveis, por si só, não impedem a transferência. Ocorre que geralmente o que é impenhorável é inalienável e daí decorre a impossibilidade da cessão (cf. VARELLA, 1977, p. 313).

De outro modo, como transitamos no campo do direito disponível das partes, podem elas avençar a intransferibilidade do crédito. Também, lembre-se que as obrigações *personalíssimas*, por sua natureza, não admitem cessão. É nula a cessão de um crédito que contrarie as exceções legais. Não havendo estipulação em contrário, a cessão abrange os acessórios, por exemplo, direitos de garantia, juros, taxas de correção monetária, cláusula penal etc.

Como a cessão de crédito constitui ato de disposição, requer por isso plena capacidade do cedente e poderes específicos na representação, se for o caso. Como certas pessoas não podem adquirir certos créditos, porque a lei subjetivamente as impede, há questões de legitimação na cessão a serem observadas: o tutor, por exemplo, não pode adquirir bens do pupilo; não pode, portanto, adquirir-lhe um crédito.

É evidente que, *a priori*, só seu titular pode ceder um crédito. Todavia, os créditos futuros também podem ser cedidos, desde que venham a existir. Mesmo os direitos litigiosos podem ser cedidos, assumindo o cessionário os riscos.

5. Espécies

Já vimos que a cessão pode ocorrer a título gratuito ou oneroso. Cuida-se da forma *convencional*.

Distingue-se, ademais, a cessão de crédito *pro soluto*, quando com a transferência o cedente deixa de ter qualquer responsabilidade pelo crédito, afora sua existência real, e *pro solvendo*, quando o cedente continua responsável pelo pagamento do crédito, caso o cedido não o faça.

Podem ser mencionadas a cessão legal, judicial e convencional.

Pode ocorrer cessão de crédito *judicial*, operada por força de decisão do juiz. É o que sucede nas partilhas, quando um crédito do *de cujus* é atribuído a um herdeiro. Também quando numa execução existe penhora de um crédito que é adjudicado ao credor exequente ou arrematado por terceiro.

Há outras situações nas quais a *lei* determina a cessão. O Código determina que nesses casos o cedente fica isento de qualquer responsabilidade. Seu alcance prático é pequeno. Serpa Lopes (1966, v. 2, p. 471) enumera os seguintes casos: os direitos acessórios do crédito; a cessão que o reivindicante deve fazer ao possuidor de boa-fé que pagou o valor da coisa existente em poder de terceiro; a cessão que o locador deve fazer ao locatário em relação à coisa locada quando, não podendo restituir a coisa, lhe prestou perdas e danos; a cessão que o possuidor de boa-fé de bens hereditários deve fazer de todas as ações ao herdeiro, quando não estiver com todos os bens, entre outros. Os efeitos da cessão legal produzem efeitos quase iguais aos da sub-rogação, mas dela se distinguem, uma vez que a cessão legal só existe quando prevista em lei.

Ainda, a cessão de crédito, como todo negócio jurídico ordinário, admite condição, sujeitando-se ademais às vicissitudes de nulidade e anulabilidade dos atos jurídicos em geral.

Há algumas situações pontuais no ordenamento que mencionam a possibilidade de cessão, como o direito de retrato ou retratação no pacto de retrovenda, cessível e transmissível a herdeiros e legatários, exercitável contra o terceiro adquirente (art. 507); e a cessão dos créditos de estabelecimento comercial que é transferido (art. 1.149).

6. Efeitos

Nos tópicos anteriores, os efeitos já foram delineados. O cessionário recebe o crédito, tal como se encontra, substituindo o cedente na relação obrigacional. O crédito é transferido com todos os direitos e obrigações, virtudes e defeitos.

Como exposto, na cessão de crédito onerosa, o cedente garante, ao menos, a existência do crédito. Trata-se de direito muito semelhante à garantia da evicção. Nas cessões gratuitas, o cedente só responde pela existência do crédito se agiu com má-fé. Sempre é conveniente recordar que a má-fé não se presume e deve ser cabalmente provada.

Já apontamos que a cessão pode ocorrer *pro soluto* ou *pro solvendo*, variando os efeitos. Na cessão *pro soluto*, o cessionário dá plena quitação, exonerando o cedente; na cessão *pro solvendo*, se o cedido não pagar, ainda restará direito do cessionário de cobrar do cedente. Pode ser incluído um terceiro garante no negócio.

Orlando Gomes (1978, p. 257) acrescenta ainda outras obrigações inerentes à posição do cedente: a de prestar informações para o exercício do direito de crédito, quando solicitadas pelo cessionário, a de entregar os documentos indispensáveis para que o cessionário possa cobrar o crédito e a de fornecer documento comprobatório da cessão, se necessário. O cedente não pode dificultar a atividade do cessionário, omitindo, por exemplo, a existência de bens penhoráveis do devedor, de que tem conhecimento, sob pena de responder por perdas e danos.

A partir do momento da cessão, independentemente de seu conhecimento pelo devedor, como já se trata de um valor que integra o patrimônio do cessionário, pode este tomar qualquer medida conservatória de seu crédito. Tal disposição, aceita pela doutrina, vem expressa neste Código, art. 293.

No caso de cessão parcial, o crédito biparte-se, não havendo nenhuma preferência de recebimento por um ou por outro credor. O devedor deve pagar a parte de ambos, na forma devida.

O art. 1.078 do Código de 1916 determinava que se aplicassem a outras cessões, isto é, cessões de outros direitos, as disposições da cessão de crédito, quando não houver disciplina legal. O Código de 1916 não tratou da assunção de dívida e da cessão de posição contratual, que examinaremos a seguir. Portanto, no que couber, mesmo hodiernamente, devem ser aplicados os princípios da cessão de crédito, princípio básico de analogia que se mantém, se estiverem presentes seus pressupostos. Destarte, também a muito utilizada cessão de direitos hereditários, agora tratada expressamente neste Código, encaixava-se no dispositivo, assim como a cessão de direitos sobre imóveis e de direitos de autor. O atual Código não repetiu a exortação do art. 1.078, talvez porque já trate de outras formas de cessão. Contudo, a regra analógica continuará válida, pois a novel lei não cuida, por exemplo, da cessão de posição contratual. Há, ademais, outras modalidades de cessão no universo jurídico.

⚖ Inexigibilidade de débito c.c. danos morais – Contrato de financiamento – Cessão de crédito – Artigo 286 do Código Civil – Devedor notificado – Regularidade – Legitimidade do cessionário para perseguir o crédito objeto da cessão – Artigo 293 do Código Civil – Comprovação de existência da contratação – Ônus que cabia ao réu, do qual se desincumbiu – Artigo 373, II do CPC – Inocorrência de fraude – Regularidade do débito – Inadimplência configurada – Negativação – Exercício regular de direito – Indenização indevida – Sentença mantida – RITJ/SP, artigo 252 e Assento Regimental nº 562/2017, artigo 23. Recurso não provido (*TJSP* – Ap. 1092297-39.2019.8.26.0100, 6-7-2020, Rel. Henrique Rodriguero Clavisio).

⚖ Agravo de instrumento. Cessão de crédito. Instrumento acostado aos autos. Requisitos preenchidos. Substituição do polo ativo. Possibilidade. Decisão reformada. 1. A cessão de crédito é um negócio jurídico bilateral pelo qual o credor transfere a um terceiro os direitos inerentes à obrigação, se a isso não se opuser a natureza da obrigação, a lei, ou a convenção com o devedor, conforme disciplina o art. 286 do Código Civil (*TJDFT* – Ag 0704655-07.2020.8.07.0000, 17-6-2020, Rel. Josaphá Francisco dos Santos)

Art. 287. Salvo disposição em contrário, na cessão de um crédito abrangem-se todos os seus acessórios.

Os acessórios acompanham o crédito na cessão, salvo se as partes convencionem em contrário. Cuida-se do princípio geral segundo o qual os acessórios seguem o principal.

Embora não diga a lei, nada impede que haja cessão parcial do crédito, como permite a lei portuguesa (art. 577 do Código Civil português). Nesse caso, o devedor deve ser claramente informado da cisão e essa multiplicidade de credores no mesmo crédito não lhe deve causar maiores gastos, isto é, sua situação não poderá ser agravada sem sua concordância.

O cessionário sub-roga-se na qualidade creditória do cedente, isto é, assume seu lugar na relação obrigacional, que continua a mesma. Nisso a cessão distingue-se da novação.

⚖ Cessão de crédito é o negócio jurídico pelo qual o credor de uma obrigação, chamado cedente, transfere a um terceiro, chamado cessionário, sua posição ativa na relação obrigacional, independentemente da autorização do devedor, que se chama cedido. É uma forma de transmissão das obrigações, e a transferência pode ser onerosa ou gratuita, devendo ser celebrada por meio de instrumento público ou particular revestidos das solenidades previstas em lei. 3. O art. 287 do CC prevê que "Salvo disposição em contrário, na cessão de um crédito abrangem-se todos os seus acessórios", do que se entende que a cessão de crédito, sem as devidas ressalvas expressas em documento próprio, opera na sua integralidade, incluídos os acessórios. 4. Sendo lícito o objeto da cessão de créditos, diante da natureza da obrigação, devidamente realizada por instrumento público, sem ressalvas ou restrições quanto à quota parte ou de seus acessórios, não há dúvida de que a cessão operou seus efeitos ao cessionário na sua integralidade, sendo indevida, no caso concreto, a habilitação da parte (...) (*TJDFT* – Ap. 0700675-83.2019.8.07.0001, 12-11-2019, Rel. Roberto Freitas)

Art. 288. É ineficaz, em relação a terceiros, a transmissão de um crédito, se não celebrar-se mediante instrumento público, ou instrumento particular revestido das solenidades do § 1º do art. 654.

📖 Enunciado nº 618, VIII Jornada de Direito Civil – CJF/STJ: O devedor não é terceiro para fins de aplicação do art. 288 do Código Civil, bastando a notificação prevista no art. 290 para que a cessão de crédito seja eficaz perante ele.

⚖ Agravo de instrumento. Execução. Cessão de crédito. Multiplicidade de cessões. Cessão de direito que possui eficácia contra terceiros a partir do registro da escritura pública em Cartório. Inteligência dos art. 288 do CC c/c art. 129, § 9º da LF nº 6.015/73. Entendimento jurisprudencial deste E. TJSP, inclusive desta C. 8ª Câmara de Direito Público. Recurso provido (*TJSP* – Ag 2176361-71.2019.8.26.0000, 30-10-2019, Rel. Antonio Celso Faria)

⚖ Apelação cível. Negócios jurídicos bancários. Embargos à execução. Nota de crédito comercial. É ineficaz, em relação a terceiros, a transmissão de um crédito, se não celebrar-se mediante instrumento público, ou instrumento particular revestido das solenidades. Na hipótese, a cessão de crédito não cumpriu com os requisitos legais para o reconhecimento de sua eficácia perante terceiros, razão pela qual merece ser reconhecida sua nulidade. Incidência do art. 306 do CC, na espécie. Sentença reformada. Apelo provido (*TJRS* – Ap. 70079239190, j. 3-4-2019, Rel. Bayard Ney de Freitas Barcellos)

Art. 289. O cessionário de crédito hipotecário tem o direito de fazer averbar a cessão no registro do imóvel.

A hipoteca, como direito real de garantia imobiliária, exige escritura pública e o devido registro para eficácia *erga omnes*. O cessionário, como novo titular do direito, pode fazer averbar a cessão junto à matrícula imobiliária. A averbação é anotação acessória que se faz junto à matrícula. A cessão possui plena validade entre os participantes do negócio, mas a averbação dará a devida ciência a terceiros. As averbações são reguladas pela Lei dos Registros Públicos (Lei nº 6.015/1973), arts. 167, II, e 246.

⚖ Apelação cível – Ação de usucapião – **Cessão de crédito hipotecário não averbada na matrícula do imóvel** – Legitimidade passiva do sucessor da instituição financeira cedente – Configuração – Recurso desprovido. A análise das condições da ação deve ser realizada *in statu assertionis*, com base na narrativa realizada pelo autor na petição inicial. Em se concluindo que os requerentes são os possíveis titulares do direito sustentado na peça de ingresso, bem como que os réus devem suportar a eventual procedência da demanda, estará consubstanciada a condição da ação relativa à legitimidade das partes. O disposto no art. 289 do Código Civil, a despeito de sua literalidade, não deve ser entendido como mera faculdade do cessionário de **fazer averbar (registrar) a cessão de hipoteca no Ofício Imobiliário**, mas de medida imprescindível para que a cessão de crédito hipotecário seja eficaz perante terceiros, por meio da publicidade do registro. Considerando que a MGI – Minas Gerais Participações S/A, não registrou a cessão do crédito imobiliário, realizada com o extinto BEMGE, na matrícula do imóvel usucapiendo, inexistente prova de que os devedores, proprietários do imóvel, foram previamente notificados a respeito da aludida cessão de crédito, não se pode exigir dos autores, terceiros, que incluíssem a cessionária no polo passivo da ação. É lícita a propositura da ação de usucapião em face de todos aqueles que constem na matrícula do imóvel, como proprietários e credor hipotecário, não havendo que se falar, portanto, a ilegitimidade passiva do banco-apelante, sucessor do primitivo credor hipotecário. Recurso desprovido (TJMG – AC 1.0699.07.072327-4/001, 11-11-2014, Rel. Eduardo Mariné da Cunha).

Art. 290. A cessão do crédito não tem eficácia em relação ao devedor, senão quando a este notificada; mas por notificado se tem o devedor que, em escrito público ou particular, se declarou ciente da cessão feita.

Como exposto, o devedor cedido não é parte no negócio da cessão. É claro que ele deve tomar conhecimento do ato para efetuar o pagamento. Enquanto não for notificado, pagando ao credor primitivo, estará pagando bem. Essa notificação pode ocorrer de várias formas, desde que idônea, judicial ou extrajudicial, e pode decorrer de iniciativa tanto do cedente como do cessionário, ou mesmo de terceiro interessado. Não há prazo estabelecido para essa notificação, mas é óbvio que deve ocorrer até o vencimento, em tempo oportuno para que o pagamento seja validamente efetuado. Essa notificação também possui o condão de propiciar oposição à cessão por parte do devedor ou do interessado (art. 294). O mecanismo desse artigo tem sido admitido com eficácia para o instituto do *factoring*.

Da mesma forma, e com maior razão, se o devedor anuiu no próprio instrumento da cessão, essa notificação deve ser idônea. Pode ser promovida pelo cedente ou cessionário; é indiferente. A lei não o diz, mas é conveniente que seja por escrito. Aliás, não sendo por escrito, não valerá com relação a terceiros, pois, para tal, assim exige o art. 288. O vigente diploma, nesse caso, se refere, corretamente, à "ineficácia" em relação a terceiros. Esses terceiros, citados pela lei, devem ter interesse no patrimônio das partes. Não são quaisquer terceiros,

> "são os que não intervêm no contrato, mas que, possuindo direitos anteriores à cessão, podem vê-los prejudicados em consequência dela: os credores do cedente e do cessionário, e os do devedor" (cf. CHAVES, 1973, p. 358).

Não se esqueça de que a cessão de crédito pode ser instrumento para tipificar fraude contra credores ou simulação.

Enunciado nº 618, VIII Jornada de Direito Civil – CJF/STJ: O devedor não é terceiro para fins de aplicação do art. 288 do Código Civil, bastando a notificação prevista no art. 290 para que a cessão de crédito seja eficaz perante ele.

A finalidade da notificação disposta no art. 290 do CC é somente de dar ciência ao devedor de que existe um novo credor, para o fim de que não efetue o adimplemento de forma equivocada, não vedando ao cessionário que realize os atos necessários à conservação do seu direito, como é o caso de inscrição nos órgãos de restrição ao crédito. 2. Ausente prova de pagamento da dívida, impõe-se a reforma da sentença e a improcedência dos pedidos. Recurso provido (TJRS – Ap. 70083856765, 28-5-2020, Rel. Jucelana Lurdes Pereira dos Santos).

Apelação cível. Direito privado não especificado. Cessão de crédito. Ausência de notificação da cessão de crédito. Origem do débito. Exigibilidade da dívida. Restou provado documentalmente a origem da dívida, pois a ré trouxe contrato de serviços assinado pela autora, bem como demonstrativo de inadimplência de faturas de cartão de crédito. Negativação anterior ao termo de cessão de crédito. Alegação que não condiz com os fatos, considerando que a inscrição no serviço de proteção ao crédito ocorreu após a cessão de crédito. Carta de comunicação do Serasa acerca da existência do débito que não se confunde com a inscrição no rol de inadimplentes. Ausência de notificação da cessão de crédito. A ausência de notificação, nos termos do art. 290 do CC, não tem o condão de afastar a exigibilidade da dívida, mas tão somente evitar que o devedor pague a quem não detém mais o crédito. Precedentes do STJ. Apelo desprovido. Unânime (TJRS – Ap. 70083000018, 27-5-2020, Rel. Glênio José Wasserstein Hekman).

Apelação cível. Consignação em pagamento. **Cessão de créditos** realizada após o protocolo da petição inicial. Ausência do procedimento constante no artigo 290, do Código Civil. Inexistência de justa causa para recusa de recebimento dos valores consignados. Exegese do artigo 335, I, do referido diploma legal. Sentença mantida. Recurso desprovido (TJSC – Acórdão Apelação Cível 2011.012539-9, 30-9-2011, Rel. Des. Eduardo Mattos Gallo Júnior).

Art. 291. Ocorrendo várias cessões do mesmo crédito, prevalece a que se completar com a tradição do título do crédito cedido.

Pelos dizeres do artigo, não fica, portanto, o devedor obrigado a pesquisar qual é o último cessionário; tal seria um ônus muito grande para ele. Presume-se que aquele que se apresenta com o título está legitimado a receber. Nesse caso, supõe-se que haja título representativo do crédito. Se houver danos aos demais cessionários, a questão resolve-se entre eles. Se houver válida dúvida sobre a quem pagar, o *solvens* deve valer-se da consignação em pagamento.

Se ocorrer cessão a vários cessionários, divide-se a obrigação, mas o devedor deve ter ciência do fato.

🔎 Agravo de instrumento – Execução – Cessão de direito creditório – Precatório judicial – Multiplicidade de cessão – Concurso de cessionários – Decisão agravada que, diante da situação de duplicidade de cessões de direito creditório, concluiu pela prevalência da cessão que primeiro foi comunicada ao Juízo, nos termos do art. 100, § 14, da CF – Inadmissibilidade – Cessão de direito que possui eficácia contra terceiros a partir do registro da escritura pública em Cartório (art. 288 do CC/2002), que foi concretizada em data anterior a do outro cessionário – Precedentes do TJSP – Decisão reformada – Recurso da empresa-agravante provido (*TJSP* – Ag 2051765-15.2019.8.26.0000, 10-6-2019, Rel. Paulo Barcellos Gatti)

🔎 Apelação – Ação de consignação em pagamento – Sentença que reconheceu o Fundo de Investimentos em Direitos Creditórios Multisetorial Daniele LP como verdadeiro credor de dívidas oriundas de duplicatas mercantis – Irresignação dos réus Banco Industrial do Brasil S.A. e Banco Daycoval S.A. – Apelantes que colacionaram cédulas de crédito bancário sem menção específica às duplicatas em debate, não comprovando sequer a tradição do título de crédito – Apelado que trouxe aos autos Termo de Cessão e respectivas duplicatas devidamente assinadas – Inteligência do art. 291 do Código Civil – Sentença que deve ser confirmada, adotando-se os seus fundamentos, nos moldes do art. 252 do RITJSP – Precedentes desta Corte e da Corte Superior – Sentença mantida – Recurso desprovido (*TJSP* – Ap. 1000359-54.2018.8.26.0566, 16-5-2019, Rel. Jonize Sacchi de Oliveira)

Art. 292. Fica desobrigado o devedor que, antes de ter conhecimento da cessão, paga ao credor primitivo, ou que, no caso de mais de uma cessão notificada, paga ao cessionário que lhe apresenta, com o título de cessão, o da obrigação cedida; quando o crédito constar de escritura pública, prevalecerá a prioridade da notificação.

Essa matéria dependerá do exame do caso concreto. Verificar-se-á o momento exato no qual o *solvens* tomou conhecimento da cessão e se efetivamente isso ocorreu. A posse do título faz presumir legitimidade para receber o crédito, como visto no artigo anterior. Poderá não existir comprovante material do crédito, o que exigirá o exame das circunstâncias do negócio. Chama-se à baila o princípio da boa-fé objetiva. Quem pagar mal, poderá pagar duas vezes e terá que se valer da ação de enriquecimento sem causa para recuperar a perda. Da mesma forma, poderá haver enriquecimento sem causa por parte de quem recebeu mais do que tinha direito.

Se o devedor já estiver em mora, a citação supre validamente a notificação. O art. 1.071 do Código de 1916 era igualmente expresso no sentido de dar validade ao pagamento feito pelo devedor ao credor originário, se não tinha conhecimento da cessão. O equivalente no mais recente diploma é o art. 292, no final, que acrescenta ao texto: "*Quando o crédito constar de escritura pública, prevalecerá a prioridade da notificação.*" Há que se verificar em que momento a notificação foi efetuada.

Nesse caso, a obrigação para o devedor extingue-se. A questão passa ao âmbito entre cedente e cessionário. A mesma disposição trata das cessões múltiplas: no caso de mais de uma cessão notificada, deve o cedido pagar ao cessionário que se apresenta com o título da cessão. Se tiver fundadas dúvidas a quem pagar, como já estudado, deve recorrer à consignação em pagamento.

🔎 Consumidor. Cessão de crédito. Pagamento ao cedente. Negativação indevida. Responsabilidade solidária. Dano moral. Manutenção do *quantum*. 1. Dispõe o art. 290 do Código Civil que "a cessão de crédito não tem eficácia em relação ao devedor, senão quando a este notificada; mas por notificado se tem o devedor que, em escrito público ou particular, se declarou ciente da cessão feita". O Termo de Reconhecimento de Dívida firmado entre o autor/recorrido e a 2ª ré/recorrente (ID 2074385) não supre a ausência de notificação, uma vez que não restou evidenciado que, por meio do referido documento, o autor tenha tido informação clara da cessão de crédito, acreditando ser a 2ª ré somente intermediária da cobrança. A ausência de notificação não isenta o devedor do adimplemento do débito, mas torna ineficaz, quanto a ele, a cessão realizada, permanecendo indene, portanto, a relação jurídica inicial, entre o devedor e o credor/cedente, se desobrigando de realizar o pagamento do débito ao cessionário, conforme art. 292 do CC (*TJDFT* – Rec. Inominado 0700385-12.2017.8.07.0010, 7-12-2017, Rel. Soniria Rocha Campos D'Assunção)

🔎 Apelação cível – Embargos à ação monitória – Sentença de rejeição dos embargos – Procedência da monitória e conversão do mandado inicial em mandado executivo – Recurso dos embargantes pleiteando o afastamento do pedido inicial do valor de R$ 9.012,92 - Saldo do cartão de crédito, representado pelo Instrumento de Cessão de Direitos Creditórios nº 201509184355, porquanto a cessão de crédito não teria validade – Improcedência das alegações – Cessão de crédito, entre as partes cedente, cessionário e devedor, é forma de transmissão de obrigação não solene – Negócio jurídico perfeito, de acordo com o art. 286 do CC – Desnecessidade de o devedor ter conhecimento da cessão de crédito no momento da sua realização, ou com ela anuir – Art. 292 do CC – Compete ao cedente e ao cessionário comunicar o devedor a respeito da cessão e, inclusive, a quem ele, devedor, deverá pagar – Desnecessidade da concordância do devedor quanto à realização da cessão – Apelação desprovida (*TJPR* – Ap. 1605146-4, 19-7-2017, Rel. Fernando Antonio Prazeres).

Art. 293. Independentemente do conhecimento da cessão pelo devedor, pode o cessionário exercer os atos conservatórios do direito cedido.

Esse dispositivo é inovação neste Código. A doutrina sempre reconheceu a possibilidade de atos conservatórios por parte dos cessionários. O texto é ampliativo, pois o cessionário poderá tomar medidas até mesmo antes de tomar conhecimento da cessão. Assim, abrem-se as possibilidades de tutelas específicas dentro dos princípios processuais. Trata-se do cuidado geral de preservação de direitos. Irrelevante, nesse caso, se mostra o eventual conhecimento da cessão pelo devedor. O cessionário é sucessor singular do cedente.

⚖ Ação declaratória de inexistência de débito c.c. indenização por danos morais. Apontamento restritivo. Sentença de improcedência. Insurgência do autor. Réu que aduziu em preliminar extinção da ação por falta de interesse de agir. Acordo realizado entre as partes antes da propositura da demanda. Princípio da primazia do julgamento de mérito. Origem e lisura do débito comprovadas pelo réu. Cessão de crédito. Utilização de cartão de crédito. Faturas juntadas. Divergência do número dos contratos que não revela irregularidade. Dívida e apontamento que têm valor e datas idênticos. Negativação regular. Eventual ausência de notificação ao devedor da cessão de crédito que não constitui óbice à persecução do direito pelo cessionário. Inteligência do art. 293 do CC. Aviso prévio da negativação. Providência que compete ao órgão mantenedor do cadastro de proteção ao crédito (Súmula nº 359, STJ). Réu que agiu em exercício regular de direito. Sentença mantida. Recurso desprovido, com majoração da verba honorária (*TJSP* – Ap. 1120404-30.2018.8.26.0100, 14-7-2020, Rel. Cauduro Padin)

Art. 294. O devedor pode opor ao cessionário as exceções que lhe competirem, bem como as que, no momento em que veio a ter conhecimento da cessão, tinha contra o cedente.

Para o devedor, não obstante, não se rompem todos os vínculos que mantinha com o credor primitivo. Cuidam-se aqui das formas de defesa, as exceções.

Assim, se o devedor podia alegar erro ou dolo, por exemplo, contra o cedente, poderá fazê-lo contra o cessionário. Isso porque o crédito se transfere com as mesmas características, caso contrário estaria aberto um grande caminho para a fraude. Sobre as exceções já falamos ao tratar da solidariedade. Exceção aí é empregada como um meio substancial de defesa, como já anotamos. O Projeto nº 6.960/2002 propugnava pela substituição do termo no dispositivo, utilizando a palavra *defesas*, para melhorar o entendimento, uma vez que os termos clássicos do Direito cada vez mais caem no esquecimento das novas gerações. O devedor deve, no entanto, tão logo notificado, alertar o cessionário que tem exceções a opor, sob pena de perder o direito.

A lei não fixa prazo; "*o momento em que tem conhecimento*" da cessão deve ser examinado, com prudente arbítrio do juiz, em cada caso. A lei de 1916 ressalvava, com propriedade, o cessionário de boa-fé, no tocante à simulação. O cedido não pode alegar contra ele a simulação, isto é, contra o cessionário que não participou, não tinha conhecimento da simulação. A presente redação suprime a referência à simulação, pois esta passa a ser causa de nulidade do negócio jurídico no presente ordenamento e não mais de anulabilidade.

⚖ Comercial e processual civil. Apelação. Ação monitória. Cheque. Embargos monitórios. Faturização (*factoring*) e fomento mercantil. Cessão de crédito. Art. 294 do Código Civil. Endosso póstumo. Art. 27 da Lei 7.357/85. *Causa debendi*. Não demonstrada pelo autor credor embargado. Art. 373, I, do CPC. Embargos acolhidos. Sentença mantida. 1. Inexistente a ofensa ao princípio da dialeticidade quando o recorrente se insurge contra os elementos nos quais se escora o provimento jurisdicional recorrido, expondo, ainda que concisamente, mas especificadamente, seu inconformismo, bem assim declinando sua pretensão revisional. Preliminar arguida em contrarrazões rejeitadas. 2. Nas operações de transferência de crédito às empresas de *factoring*, a jurisprudência do Superior Tribunal de Justiça e também desta Corte é assente no sentido de que aquela possui natureza de cessão civil de crédito, e não de endosso, pelo que é admitida a averiguação do negócio jurídico do qual decorre o título de crédito, bem assim a oposição de exceções pessoais pelo devedor originário. Precedentes. 3. De acordo com o art. 27 da 7.357/85 (Lei do Cheque), o endosso póstumo ou tardio produz efeito de mera cessão civil, admitindo, ainda, a presunção de que na ausência de data na aposição do endosso na cártula, este tenha ocorrido no prazo para apresentação do cheque, ressalvada demonstração em contrário. 4. Em se tratando de mera cessão civil e refutando a embargante a origem da cártula, imprescindível a comprovação do negócio que embasou sua emissão (art. 294 do CC), ônus processual o qual, acaso não observado pela parte, autoriza o acolhimento dos embargos à monitória (art. 373, I, do CPC) (*TJDFT* – Ap. 0703780-56.2019.8.07.0005, 5-2-2020, Rel. Alfeu Machado)

⚖ Apelações – Autor e réu – Ação revisional de contratos bancários, cujos créditos foram cedidos, cumulada com pedido de rescisão de contrato de conta corrente – Um dos fundamentos da inicial diz respeito às dívidas dos contratos bancários notificados ao Autor que, ao procurar a instituição financeira Ré, tomou conhecimento das respectivas cessões de crédito para outras instituições. É de se ressaltar que dos débitos dos contratos bancários cedidos, verifica-se que os documentos apresentados na inicial, fls. 21/22 e 42/45, são claros em demonstrar as cessões de créditos. Inexistindo qualquer vedação à cessão do crédito e tendo sido efetuada regularmente a notificação do devedor, não há qualquer mácula nos negócios jurídicos discutidos. Ademais, o próprio Autor reconhece as notificações e demonstrou de forma cristalina conhecimento acerca dos fatos. Dessa forma, descabe nos presentes autos discussão acerca dos encargos que recaem sobre referidos créditos cedidos. Sendo o caso, **deve o Autor valer-se das faculdades previstas no artigo 294, do Código Civil**. O acolhimento da conclusão do laudo pericial não supre a ausência de fundamentos de fato e de direito da exordial, restando impossível a prova técnica ampliar objetivamente a demanda, o que acarretaria plena violação à Súmula 381, do STJ. Isso não impossibilita a propositura de ação autônoma para discussão específica dos termos dos contratos bancários celebrados e posteriormente cedidos. Possível, inclusive, a utilização da própria prova técnica produzida neste juízo, notadamente pela sistemática da prova emprestada pela identidade das partes do processo. Quer pelas cessões efetivadas que, por si só, limitariam a atuação deste órgão em proceder à revisão dos débitos, quer pelos fundamentos dos precedentes do STJ apresentados, a improcedência é medida que se impõe neste ponto. Por fim, deve ser mantida procedência do pedido de rescisão do contrato de conta corrente mantido entre as partes. Trata-se de faculdade do contratante a possibilidade de rescisão contratual, sendo que a existência de débitos junto à instituição financeira não constitui óbice ao implemento da faculdade. Deve-se lembrar que restam ao credor diversos instrumentos extraprocessuais e processuais para a satisfação do seu crédito, sendo impossível a manutenção compulsória do contrato bancário de conta corrente com agravamento circunstancial da situação do devedor – Art. 252, do Regimento Interno do e. Tribunal de Justiça de São Paulo – Em consonância com o princípio constitucional da razoável duração do processo, previsto no art. 5º, inc. LXXVIII, da Carta da República, é de rigor a ratificação dos fundamentos da sentença recorrida. Precedentes deste Tribunal de Justiça e do Superior Tribunal de Justiça – Sentença mantida – Recursos improvidos (*TJSP* – Ap. 0065170-07.2010.8.26.0506, 23-1-2017, Rel. Eduardo Siqueira).

Art. 295. Na cessão por título oneroso, o cedente, ainda que não se responsabilize, fica responsável ao cessionário pela existência do crédito ao tempo em que lhe cedeu; a mesma responsabilidade lhe cabe nas cessões por título gratuito, se tiver procedido de má-fé.

Embargos à execução – Pagamento – Inocorrência – Cessão onerosa de crédito tributário – Na **cessão por título oneroso**, o cedente, ainda que não se responsabilize, fica responsável ao cessionário pela existência do crédito ao tempo em que lhe cedeu (CF; art. 295, CC/02) – Decisão administrativa que reconsiderou a existência dos créditos de IPI, no ano seguinte ao do deferimento parcial – Responsabilidade da cedente, sem prejuízo de eventual ressarcimento a ser obtido junto ao Poder Público em ação própria – Precedentes – Embargos julgados improcedentes – Sentença mantida. Recurso desprovido (*TJSP* – Ap. 1008124-15.2001.8.26.0100, 29-1-2016, Rel. Álvaro Torres Júnior).

Apelação cível. Ação de cobrança. Cessão de crédito. Precatório. O cedente, ainda que não se responsabilize, fica responsável por imposição legal (artigo 295 do CC) junto ao cessionário pela existência do crédito ao tempo que lhe cedeu. Ainda, como claramente discorrido na sentença, a obrigação pela liquidez do crédito consta expressamente na escritura pública de cessão, bem como no termo de confissão de dívida. Desta forma, está em aberto o cumprimento da obrigação assumida no que se refere às alíneas "c" e "d" da cláusula 7ª, sendo incontestável o pagamento dos valores referidos na sentença. Incidência do artigo 295 do Código Civil. Decisão mantida. Apelações desprovidas (*TJRS* – Ap. 70040075400, 20-03-2014, Rel. Munira Hanna)

Art. 296. Salvo estipulação em contrário, o cedente não responde pela solvência do devedor.

Embargos à execução. Cerceamento de defesa afastado. Interesse de agir presente. Recuperação judicial da principal devedora (pessoa jurídica). Execução proposta contra coobrigado. Recuperação judicial da devedora principal. Prosseguimento da ação contra o coobrigado, garantidor da obrigação. Exegese do artigo 49, § 1º, da lei 11.101/2005. Cláusula de recompra dos títulos inadimplidos. Exequente que é fundo de investimentos. Precedente do STJ. Cessão de crédito. Aplicação do art. 296 do Código Civil. Possível a cláusula de recompra dos títulos, transferindo ao garantidor da cedente a responsabilidade pelo pagamento em caso de inadimplência. Sentença de improcedência. Decisão mantida. Recurso desprovido, com majoração da verba honorária (*TJSP* – Ap. 1099945-70.2019.8.26.0100, 14-7-2020, Rel. Cauduro Padin).

Apelação cível. Embargos à execução. Ilegitimidade. Direito de regresso do faturizador. Contrato de fomento mercantil. Cessão de crédito ordinária. A decisão hostilizada foi exarada na vigência da Lei nº 5.869/1973 e, portanto, foi analisada com base no CPC/73. Não há ilegalidade na cláusula que convencionou pela responsabilização do faturizado pelos títulos negociados, no caso de inadimplemento do sacado, previsão legal do art. 296 do CC. Decisão de primeiro grau mantida. Apelo desprovido (*TJRS* – Ap. 70068439074, 14-12-2016, Rel. Glênio José Wasserstein Hekman).

Art. 297. O cedente, responsável ao cessionário pela solvência do devedor, não responde por mais do que daquele recebeu, com os respectivos juros; mas tem de ressarcir-lhe as despesas da cessão e as que o cessionário houver feito com a cobrança.

Esses artigos merecem um comentário conjunto.

A responsabilidade do cedido é pagar a dívida. O cedente, ainda que não se responsabilize pela solvência do cedido, nem subsidiariamente pelo pagamento, é responsável pela *existência do crédito ao tempo de cessão*, se esta se operou a título oneroso (art. 295). Caso não houvesse objeto, haveria burla e enriquecimento injusto. Por outro lado, na cessão gratuita de crédito, por se tratar de uma liberalidade, não existe tal responsabilidade.

O cedente só responde pela solvência do devedor se assim o fizer expressamente (art. 296). Responderá somente no caso de dolo. No silêncio da avença, o risco da insolvência do cedido corre por conta do cessionário.

O art. 297 completa a noção, limitando nesse caso a responsabilidade do cedente àquilo que efetivamente foi por ele recebido e juros e despesas da cessão. Já quando se tratava de transferência de crédito por força de lei, o cedente não respondia pela realidade ou materialidade da dívida, nem pela solvência do devedor. A vontade do cedente não existiu nessa situação; não poderia ele aí ser responsabilizado. Esse dispositivo estava deslocado e não mais se encontra no atual Código.

Agravo interno no agravo em recurso especial – Direito civil e empresarial – Contrato de *factoring* – **Cessão de crédito *pro soluto* (CC/2002, arts. 295 e 296)** – Duplicata emitida pela faturizada como garantia dos títulos transferidos à faturizadora – Impossibilidade – Precedentes do STJ – Decisão mantida – Agravo não provido – 1- A faturizadora não tem direito de regresso contra a faturizada sob alegação de inadimplemento dos títulos transferidos, porque esse risco é da essência do contrato de *factoring*. Precedentes. 2- A duplicata, regulada pela Lei 5.474/1968, constitui título causal que só pode ser emitido para documentar determinadas relações jurídicas preestabelecidas pela sua Lei de regência, quais sejam: (a) compra e venda mercantil; ou (b) contrato de prestação de serviços. 3- No caso, da moldura fática delineada no v. acórdão recorrido, fica claro que as duplicatas decorrem de contrato de *factoring*, emitidas em face da inadimplência dos títulos objeto do contrato da faturização. 4- Agravo interno não provido (*STJ* – AGInt-AG-REsp 638.055 – (2014/0334470-3), 2-6-2016, Rel. Min. Raul Araújo).

Art. 298. O crédito, uma vez penhorado, não pode mais ser transferido pelo credor que tiver conhecimento da penhora; mas o devedor que o pagar, não tendo notificação dela, fica exonerado, subsistindo somente contra o credor os direitos de terceiro.

O crédito penhorado não pode mais ser cedido, mas se o devedor não tiver tomado conhecimento da penhora, pagará validamente ao cessionário. Pagará mal, se pagar ao credor após cientificado da penhora. A penhora atua como fator impeditivo da cessão. Nada impede, porém, que créditos discutidos em juízo sejam cedidos de forma geral, desde que com plena ciência do cessionário. Mas, neste caso não se trata de cessão de crédito, mas cessão de direitos em geral. Questão irrelevante para o devedor que pagará em juízo.

Apelação cível – Execução de títulos extrajudiciais – Embargos à execução – **Cessão de crédito penhorado** judicialmente – Fraude à execução – Inviabilidade do processo de execução – Sentença reformada para acolher os embargos e decretar a extinção do processo de execução. 1- Reza o artigo 298 do Código Civil que "**o crédito, uma vez penhorado, não pode mais ser transferido pelo credor que tiver conhecimento da penhora**; mas o devedor que o pagar, não tendo notificação dela, fica exonerado, subsistindo somente contra o credor os direitos de terceiro". 2- Uma vez realizada a penhora judicial do crédito, o credor fica impossibilitado de cedê-lo, pois a penhora servirá como garantia para o resgate da obrigação no processo em que foi penhorada. Caso o titular do crédito venha a cedê-lo, seu ato constitui fraude à execução. 3- A titular de crédito que foi objeto de penhora judicial anterior à cessão do crédito é parte ilegítima para exigir o pagamento pelo devedor do título, porquanto o direito/crédito dele proveniente estará vinculado ao processo judicial em que foi penhorado. 4- A fraude à execução em relação à cessão do título torna ineficaz o ato em relação ao credor e ao processo de execução, permanecendo válida em relação ao cedente e ao cessionário dos títulos (*TJDFT* – AC 20110110525246 – (673968), 6-5-2013, Rel. Des. J. J. Costa Carvalho).

CAPÍTULO II
Da Assunção de Dívida

Art. 299. É facultado a terceiro assumir a obrigação do devedor, com o consentimento expresso do credor, ficando exonerado o devedor primitivo, salvo se aquele, ao tempo da assunção, era insolvente e o credor o ignorava.
Parágrafo único. Qualquer das partes pode assinar prazo ao credor para que consinta na assunção da dívida, interpretando-se o seu silêncio como recusa.

1. Conceito e natureza da assunção de dívida

Como comentado na seção anterior, o credor pode alienar seu crédito a um cessionário, que substitui a parte ativa da obrigação. Não surpreende essa noção, pois o crédito é um valor do patrimônio ativo da pessoa. No entanto, pode haver substituição da parte passiva da obrigação, com outro devedor assumindo-a. Não é um fenômeno muito comum, mas nem por isso deixa de ter interesse prático.

Na denominada assunção de dívida (denominada *cessão de débito* por alguns, denominação que realça uma forma de alienação, não muito clara do fenômeno), a primeira noção a ser enfocada é que ela *não pode ocorrer sem a concordância do credor*. Isso faz a diferença básica para o início de seu estudo. O credor possui como garantia de adimplemento da obrigação (se não tiver privilégio, for meramente quirografário) o patrimônio do devedor. Portanto, a pessoa do devedor é importante para o credor. Assim como o credor não é obrigado a receber coisa diversa do objeto da obrigação, ainda que mais valiosa, não está o credor obrigado a aceitar outro devedor, ainda que mais abastado. A questão é básica. Basta dizer que o devedor mais afortunado patrimonialmente que assume a dívida de um terceiro pode não ter a mesma disponibilidade moral para pagar a dívida.

A redação desse dispositivo, inovação em nossa legislação, apresenta-se na mesma esteira do Código alemão.

A assunção de dívida também é um negócio jurídico. Essa noção nunca foi admitida no Direito Romano, salvo os casos incontornáveis de transmissão global de patrimônio, como a sucessão *causa mortis* e a venda ou cessão de todos os bens (*bonorum venditio* e *bonorum cessio*). Conseguiam os romanos atingir a finalidade da cessão, com a novação subjetiva passiva. No entanto, como exposto, na novação existe a extinção da dívida primitiva, o que não acontece nem na cessão, nem na assunção de débito. A transferência de dívidas pelo lado passivo é colocação dos Códigos mais modernos, como o alemão, o suíço e o italiano atual. Como se trata de transferência de valor patrimonial negativo, ao contrário da cessão de crédito, há necessidade de manifestação de concordância expressa pelo credor. Os interessados podem obter de plano ou concomitantemente com o negócio essa concordância, ou assinar prazo para que o credor se manifeste. Nessa hipótese, como adverte o texto legal no parágrafo, para evitar outra interpretação, seu silêncio representará pura e simplesmente sua negativa em admitir um novo devedor para sua obrigação. Nunca se deve esquecer que o patrimônio e a pessoa do devedor interessam diretamente ao credor e não lhe pode ser imposto novo devedor.

Entre nós, embora a assunção conste apenas no atual diploma, nada impedia sua aplicação antes de sua vigência, pois o campo obrigacional é o campo dispositivo por excelência do direito privado. Há sempre regras gerais de lógica jurídica das quais não se pode fugir. Se o credor e o devedor estão de acordo com a substituição, nada obsta a substituição do devedor primitivo. E mais, pode até mesmo tão só o devedor conseguir um novo credor para sua dívida, embora esta seja uma afirmação que requererá meditações.

A assunção pode liberar o devedor primitivo, ou mantê-lo atado ainda à obrigação; trata-se de opção das partes, uma escolha do credor. Também, e pelas mesmas razões, o contrato pode proibir a assunção de dívida, hipótese em que o interessado poderá opor-se a ela.

A assunção também tem natureza contratual; é negócio bilateral, quer se faça somente entre credor e terceiro, quer se faça com a intervenção expressa do devedor primitivo.

No tocante à forma, vale o que dissemos a respeito da cessão: se o negócio exigir forma especial, assim deverá ser feito, caso contrário a forma é livre. Como na cessão, podem dela ser objeto dívidas presentes e futuras. Admitem também condição. Os vícios possíveis são os dos negócios jurídicos em geral. Como qualquer negócio jurídico de disposição, há que se examinar a capacidade das partes e a legitimação, no caso concreto. Trata-se, ao mesmo tempo, de ato de aquisição e disposição.

2. Espécies

Por dois modos pode ocorrer a assunção: por acordo entre o terceiro e o credor e por acordo entre o terceiro e o devedor. Na falta de uma disposição legal, tomamos emprestado a nomenclatura da doutrina estrangeira. A chamada *expromissão* do Código italiano é a forma típica de assunção de dívida. Por ela um terceiro (expromitente) contrai perante o credor a obrigação de liquidar o débito. A ideia é de o terceiro assumir espontaneamente o débito de outra. A avença é entre o terceiro e o credor. No entanto, há que se dizer que o devedor pode ter interesse moral em pagar a dívida. Pode, da mesma forma, valer-se da consignação em pagamento.

Essa expromissão pode ocorrer com a liberação do devedor (caso típico de assunção), ou mantendo-se o devedor cumulativamente responsável pela obrigação. É a situação de reforço assinalada anteriormente, que nós poderíamos denominar *assunção de débito imperfeita*, em contrapartida à assunção perfeita que exclui totalmente o primitivo devedor. A solidariedade, entre nós, só vai existir pela lei ou vontade das partes (art. 265), porque a solidariedade não se presume. Em face do interesse moral do devedor em desejar pagar a dívida e não havendo disposição legal, cremos poder ele validamente se opor à assunção com terceiro, em relação da qual não participou. Apenas que, como se trata de um benefício para ele, não há necessidade de seu consentimento expresso, o qual pode ser tácito. É o que se infere, inclusive, da dicção desse art. 299. Parece que nossos doutrinadores, que cuidaram da matéria, entusiasmados com o instituto no direito estrangeiro, não se aperceberam dessa particularidade.

Na hipótese de contrato entre o terceiro e o devedor, ocorre modalidade de *delegação*. Não há que se confundir com a forma de delegação que ocorre na novação, na qual a primitiva dívida é extinta. Não há que se confundir também com a delegação regulada no Código italiano (arts. 1.269 a 1.271), a qual não possuímos em nosso direito. Na falta de disposição expressa, as regras a serem seguidas são as das obrigações em geral.

De qualquer modo, entendamos aí a *delegação* que ocorre quando o devedor transfere a terceiro sua posição de devedor, com a concordância do credor. Mesmo aqui pode, se desejarem as partes, continuar o devedor primitivo responsável pela dívida, ocorrendo também uma assunção imperfeita ou *de reforço*. Trata-se da figura de um garante. A solidariedade só existirá, também, na manifestação expressa. Sempre, contudo, há um elemento inafastável na assunção, sob qualquer modalidade: a concordância do credor. Na ausência de sua aquiescência, o negócio jurídico será outro, *res inter alios*, irrelevante para o credor.

O Projeto nº 6.960/2002, que muito prematuramente já pretendera alterar este Código Civil, reformulava o conceito de assunção de dívida expresso neste art. 299, para deixar mais claras as situações de expromissão e delegação, aproximando nossa assunção do estatuto italiano, bem como definindo as possibilidades de exoneração do credor primitivo:

"*É facultado a terceiro assumir a obrigação do devedor, podendo a assunção verificar-se:*
I – Por contrato com o credor, independentemente do assentimento do devedor;
II – Por contrato com o devedor, com consentimento expresso do credor;
§ 1º Em qualquer das hipóteses referidas neste artigo, a assunção só exonera o devedor primitivo se houver declaração expressa do credor. Do contrário, o novo devedor responderá solidariamente com o antigo;
§ 2º Mesmo havendo declaração expressa do credor, tem-se como insubsistente a exoneração do primitivo devedor sempre que o novo devedor, ao tempo da assunção, era insolvente e o credor o ignorava, salvo previsão em contrário no instrumento contratual;
§ 3º Qualquer das partes pode assinar prazo ao credor para que consinta na assunção da dívida, interpretando-se o seu silêncio como recusa;
§ 4º Enquanto não for ratificado pelo credor, podem as partes livremente distratar o contrato a que se refere o inciso II deste artigo."

A razão dessa proposição reside no fato de o artigo ora vigente não ter disposto sobre as modalidades de assunção, parecendo, à primeira vista, referir-se tão só à forma delegatória. Na modalidade expromissória, como se expôs, não há necessidade de consentimento do devedor, pois é o credor que realiza o negócio com terceiro que vai assumir a posição do antigo devedor. Com esse negócio, o devedor é excluído da relação obrigacional.

As necessidades do comércio mostram a utilidade da assunção: alguém, por exemplo, adquire um estabelecimento comercial, mas deseja-o isento de dívidas. O devedor apresenta um terceiro, estranho ao negócio, que assume as dívidas do estabelecimento. Em todo o caso, o que é peculiar a esse negócio é o fato de um terceiro assumir uma dívida que originalmente não foi contraída por ele. O terceiro (*assuntor*) obriga-se pela dívida.

O saudoso Antônio Chaves (1973, p. 368) aponta como os casos mais frequentes de assunção de dívida os de venda de estabelecimento comercial ou de fusão de duas ou mais pessoas jurídicas, bem como os de dissolução de sociedades, quando um ou alguns dos sócios assumem dívidas da pessoa jurídica no próprio nome.

Ademais, não nos esqueçamos de que o negócio só pode gerar efeitos entre as partes, não podendo prejudicar terceiros. Na verdade, o grande efeito da assunção é a substituição do devedor na mesma relação obrigacional. A liberação do devedor originário pode ou não ocorrer, como examinamos.

Enunciado nº 16, I Jornada de Direito Civil – CJF/STJ: O art. 299 do Código Civil não exclui a possibilidade da assunção cumulativa da dívida quando dois ou mais devedores se tornam responsáveis pelo débito com a concordância do credor.

Consignação em pagamento. Sentença de improcedência. Apelo do autor. Contrato de financiamento com cláusula de alienação fiduciária em garantia. Bem imóvel. Pretensão do autor, terceiro em relação ao contrato originalmente celebrado com o réu, de assumir a obrigação do devedor. Autor que se encontra em estado de insolvência no tempo da assunção. Aplicação do artigo 299 do CC. Credor que não estava obrigado a anuir com a assunção da obrigação. Recusa justa do credor no recebimento do pagamento ou dar quitação. Ademais, o autor pretende com esta ação consignatória, obter quitação mediante penhora no rosto dos autos de processo diverso, cujo título judicial ainda não executado. Credor que não está obrigado a aceitar prestação diversa da que lhe é devida (art. 313 do CC). Sentença mantida. Verba honorária aumentada. Apelo desprovido (*TJSP* – Ap. 1009723-51.2019.8.26.0037, 14-7-2020, Rel. Carlos Dias Motta).

Agravo retido – Matéria alegada em sede recursal que se confunde com a matéria exposta em sede de apelação – Análise das teses em conjunto com os demais recursos em homenagem aos princípios constitucionais da celeridade e da economia processual – Recurso conhecido e no mérito, não provido – Apelação Cível – Ação cominatória c.c. Indenizatória – Compra e venda de veículo – Sentença de improcedência – Inconformismo que prospera em parte – Transferência do veículo adquirido com financiamento pendente – Recurso do autor – Pedido cominatório – Improcedência mantida – Veículo objeto dos autos de propriedade de banco não integrante da lide – Impossibilidade de oposição dos termos do contrato entre as partes a terceiro não anuente – Assunção de dívida – Tratando-se de **contrato de assunção de d**ívida, necessária a imprescindível concordância expressa do credor para a substituição da titularidade do devedor – Inteligência do artigo 299 do CCB – Inoponibilidade do contrato de cessão de crédito à instituição credora que não impede a apuração da responsabilidade contratual do pacto firmado entre as partes – Aplicação objetiva do princípio processual da primazia da resolução de mérito, nos termos dos artigos 4º e 6º do NCPC

– Inadimplência incontroversa – Aplicação dos ônus moratórios em desfavor do réu – Inteligência do artigo 389 do CCB – Condenação do réu ao pagamento das perdas e danos apurados – Danos morais – Inscrição do nome do autor em cadastros de inadimplentes e ajuizamento da ação em seu desfavor – Conduta do réu que excede o mero descumprimento contratual – Infringência aos princípios basilares da lealdade e boa-fé contratual – Dano moral verificado – Recurso parcialmente provido – Recurso do autor parcialmente provido para condenar o réu ao ressarcimento de perdas e danos e a indenização nos danos morais apurados (*TJSP* – Ap. 0023735-50.2012.8.26.0161, 13-7-2016, Rel. Penna Machado).

Ação monitória – **Cessão de crédito** – Ausência de notificação da devedora que não implica na sua liberação quanto ao cumprimento da obrigação – Prestação de serviços de informática – Comprovação – Vícios não demonstrados – Inadimplência configurada – Recurso provido para julgar improcedentes os embargos monitórios – A cessão de crédito é válida porque a lei, diferentemente do que determina em relação à assunção de dívida ou cessão de débito (**art. 299, parágrafo único, do CC**), não exige a anuência do devedor para que seja substituído o credor da obrigação (*TJSP* – Ap. 0012488-08.2012.8.26.0344, 26-9-2016, Rel. Renato Sartorelli).

Art. 300. Salvo assentimento expresso do devedor primitivo, consideram-se extintas, a partir da assunção da dívida, as garantias especiais por ele originariamente dadas ao credor.

A obrigação, como na cessão, mantém-se inalterada. No entanto, esse artigo considera, como regra geral, extintas as garantias especiais da dívida com a assunção, salvo se houver expresso assentimento do devedor primitivo O aspecto é diverso da cessão. A razão é visível. Se não for feita a ressalva, a hipoteca dada por terceiro deve desaparecer. No mesmo diapasão, o fiador não é obrigado a garantir um devedor que não conhece, não confia. Ademais, a fiança não admite interpretação extensiva (art. 819). Cuida-se de contrato acessório. Deve o fiador concordar expressamente com a substituição. A ideia, portanto, é no sentido de que as garantias ditas especiais não subsistirão com a assunção se não houver menção expressa a esse respeito. No entanto, devem permanecer as garantias dadas pelo devedor primitivo e ligadas a sua pessoa. Como esse artigo não foi suficientemente claro a esse respeito, o extinto Projeto nº 6.960 sugeria nova redação:

"Com a assunção da dívida transmitem-se ao novo credor todas as garantias e acessórios do débito, com exceção das garantias especiais originariamente dadas ao credor pelo primitivo devedor e inseparáveis da pessoa deste.

Parágrafo único. As garantias do crédito que tiverem sido prestadas por terceiro só subsistirão com o assentimento deste."

Desse modo, transferida a dívida, salvo manifestação expressa dos garantidores primitivos, exoneram-se o fiador e o terceiro hipotecante.

Lembremos que a legislação portuguesa, por exemplo, permite a assunção sem declaração expressa do credor. Todavia, nesse caso, o novo devedor passa a responder "*solidariamente com o novo obrigado*" (art. 595 do Código português). Não se pode falar aqui em uma assunção típica de dívida, mas em um reforço, ou garantia da obrigação existente. No direito brasileiro, na ausência dessa disposição nos dispositivos respectivos, a relação do novo devedor seria de garantia. Trata-se de uma *adesão* à dívida, de um reforço (cf. GOMES, 1978, p. 264). Não se trata de fiança, porque essa é uma garantia de dívida *alheia*, o que não ocorre nesse fenômeno.

O estampado nesse artigo aplica-se aos casos de delegação e expromissão. Este dispositivo está em harmonia com o art. 364, que trata da novação, o qual prevê também a extinção dos acessórios e garantias da dívida primitiva (na novação, a dívida originária se extingue, quando não houver expressa disposição em contrário).

Enunciado nº 352, IV Jornada de Direito Civil – CJF/STJ: Salvo expressa concordância dos terceiros, as garantias por eles prestadas se extinguem com a assunção da dívida; já as garantias prestadas pelo devedor primitivo somente serão mantidas se este concordar com a assunção.

Enunciado nº 422, V Jornada de Direito Civil – CJF/STJ: (Fica mantido o teor do Enunciado nº 352.) A expressão "garantias especiais" constante do art. 300 do CC/2002 refere-se a todas as garantias, quaisquer delas, reais ou fidejussórias, que tenham sido prestadas voluntária e originariamente pelo devedor primitivo ou por terceiro, vale dizer, aquelas que dependeram da vontade do garantidor, devedor ou terceiro para se constituírem.

Cível. Processual Civil. Cobrança de quotas condominiais. Acordo extrajudicial realizado pelo condomínio e terceira pessoa versando sobre o mesmo débito objeto da ação. Extinção do processo sem julgamento do mérito. Apelação. **Assunção da dívida** perseguida na presente ação por terceiro com a anuência do credor. Extinção do débito em face do devedor originário. Inteligência dos artigos 299 e 300 do Código Civil. Manifesta ausência de interesse no prosseguimento da demanda e ilegitimidade do réu. Sentença que se prestigia. Recurso manifestamente improcedente. Inteligência do art. 557, *caput*, do CPC (*TJRJ* – Apelação Cível 0007800-25.2006.8.19.0209, 5-9-2011, Rel. Des. Pedro Raguenet).

Art. 301. Se a substituição do devedor vier a ser anulada, restaura-se o débito, com todas as suas garantias, salvo as garantias prestadas por terceiros, exceto se este conhecia o vício que inquinava a obrigação.

Como qualquer negócio jurídico, a assunção subordina-se às suas vicissitudes em geral. A anulação da assunção, como parece evidente, não se confunde com a anulação do negócio subjacente, duas estruturas negociais diversas. O legislador pátrio preferiu repristinar a situação anterior se a assunção for anulada. A regra ressalvou, contudo, as garantias prestadas por terceiros, as quais não se revivem, exceto se o terceiro conhecia o vício. O texto legal não prima pela clareza e certamente poderá acarretar dúvidas no caso concreto.

Enunciado nº 423, V Jornada de Direito Civil – CJF/STJ: O art. 301 do CC deve ser interpretado de forma a também abranger os negócios jurídicos nulos e a significar a continuidade da relação obrigacional originária em vez de "restauração", porque, envolvendo hipótese de transmissão, aquela relação nunca deixou de existir.

Direito civil. Assunção de dívida. Ausência de anuência expressa do credor. Inadimplemento do novo devedor. Dano moral. Inexistente. 1 – Na forma do art. 46 da Lei 9.099/1995, a ementa serve de acórdão. Recurso próprio, regular e tempestivo. 2 – Assunção de dívida. Ausência de anuência expressa do credor. Nas operações de assunção de dívida por terceiro é imprescindível a anuência expressa do credor sob pena de anulação, restaurando-se o débito ao devedor primitivo (arts. 299 e 301 do CC/02). No caso em tela, é devida a cobrança de débito junto ao devedor primitivo ante a inexistência de comprovação da anuência do credor à assunção da dívida por terceiro, não se podendo imputar à instituição financeira o ônus decorrente do inadimplemento do novo devedor. 3 – Dano moral. O reconhecimento da responsabilidade civil por danos morais pressupõe a prática de ilícito. Sem demonstração de ilegalidade não se acolhe pedido de indenização por danos morais (art. 186 do Código Civil). Sentença que se mantém pelos próprios fundamentos. 4 – Recurso conhecido, mas não provido. Custas processuais e honorários advocatícios, estes fixados em 10% sobre o valor da causa, pelo recorrente vencido (*TJDFT* – Rec. Inominado 0700772-94.2017.8.07.0020, 31-8-2017, Rel. Aiston Henrique de Sousa).

Apelação cível – Ação de anulação de assunção de dívida c/c danos materiais e morais – Devedor primário que não participou do processo – Indispensável a formação do litisconsórcio passivo – Matéria de ordem pública – Reconhecimento *ex officio* – Sentença anulada – Recurso prejudicado – Anulando-se a substituição do devedor, **restaura-se o débito, com toda as suas garantias** (art. 301 do CC). Por conseguinte, devem participar na ação que tem por objeto a anulação da assunção os primários devedores, pois trata-se de litisconsórcio passivo necessário, já que a sentença repercutirá no universo jurídico de todos os envolvidos. Verificada a ausência de citação, cabe ao julgador declarar de ofício a nulidade de todos os atos desde o momento em que as partes faltantes deveriam ter integrado a lide, e determinar que o autor promova a citação de todos (*TJMT* – Ap. 2959/2014, 22-5-2015, Rel. Des. Rubens de Oliveira Santos Filho).

Art. 302. O novo devedor não pode opor ao credor as exceções pessoais que competiam ao devedor primitivo.

Já nos manifestamos quanto às exceções pessoais quando do exame da solidariedade (art. 281) e da cessão de crédito (art. 294). A assunção pressupõe, é óbvio, a existência de uma dívida, uma relação obrigacional já existente. Na falta de estipulação expressa, as exceções oponíveis pelo primitivo devedor transferem-se ao assuntor, salvo as exceções pessoais. Caso contrário, poder-se-ia abrir caminho à fraude. Assim, o assuntor pode alegar prescrição, que é uma exceção geral, mas não pode alegar vício do consentimento do partícipe anterior, porque se trata de uma exceção pessoal. O assuntor pode, destarte, usar todos os meios de defesa próprios de sua condição.

Art. 303. O adquirente de imóvel hipotecado pode tomar a seu cargo o pagamento do crédito garantido; se o credor, notificado, não impugnar em trinta dias a transferência do débito, entender-se-á dado o assentimento.

Esse texto está bem colocado e traduz algo que ocorre com muita frequência. Como regra quase geral, quem adquire imóvel hipotecado absorve no preço o valor da hipoteca e se compromete a liquidar o débito junto ao credor. Se este é notificado da aquisição e da assunção da dívida e não impugnar em 30 dias, seu silêncio, nesse caso particular, implicará concordância com a modificação subjetiva. A situação é bem diversa daquela descrita no art. 299, porque aqui a obrigação está garantida por bem hipotecado e assim permanecerá até a extinção da obrigação. No entanto, há que se lembrar que ao credor pode não interessar a substituição do devedor se, por exemplo, o valor do bem hipotecado for inferior à dívida. Nesse caso, quanto ao crédito que sobejar à garantia real, o devedor continuará respondendo com seu patrimônio geral, como credor quirografário. Nessa premissa, poderá não agradar ao credor o patrimônio do adquirente do bem hipotecado por ser insuficiente, situação em que deverá impugnar a transferência de crédito nos 30 dias de sua ciência, para manutenção de seu devedor primitivo na relação obrigacional. Contudo, como é óbvio, se a alienação do bem hipotecado não for comunicada ao credor, nem a possibilidade de assunção, a posição do devedor primitivo não se altera.

Cessão de posição contratual (cessão de contrato)

O contrato, como instituto pleno de direitos e obrigações, constitui um bem jurídico. Como tal, assim como o crédito isoladamente, possui um valor, tanto na acepção filosófica quanto na acepção material do termo.

Os contratos, mormente aqueles nos quais as partes têm plena autonomia de vontade em suas tratativas, são frutos, na maioria das vezes, de ingentes esforços, de tratativas longas, de minutas, viagens, estudos preliminares, marchas e contramarchas, desgaste psicológico das partes, contratação de terceiros especialistas que opinam sobre a matéria. Enfim, o contrato, o acordo de vontades para gerar efeitos jurídicos, como ora se enfoca, adquire um valor que extravasa pura e simplesmente seu objeto. Exemplifica-se: se vou adquirir um imóvel, forma-se primeiramente em meu psiquismo a necessidade dessa compra, um impulso que me leva a contrair a obrigação; cogito sobre minha possibilidade financeira de pagá-lo, bem como o prazo de pagamento a que estarei adstrito. Passada essa fase, passo a preocupar-me com a outra parte, o vendedor; sua posição financeira; seu conceito no comércio; sua vida financeira pregressa, daí por que necessito saber se não é insolvente; se o negócio a ser realizado, em tese, não pode vir a prejudicar terceiros; enfim, se há idoneidade na proposta de venda. Tudo isso aliado a um desgaste psicológico de ambas as partes que, no mundo atual, se veem mais e mais premidas pela pressão social de serem proprietários de algo, como forma de estabilidade de vida, por meio de um bem obtido por um contrato.

Realizado o negócio, muito mais do objeto em si do contrato idealizado, conseguiram as partes uma posição de privilégio em relação às outras pessoas da sociedade: lograram a posição de *contratantes*. E isso, na vida moderna, muito mais que em tempos pretéritos, passa a outorgar uma posição de preeminência. Afinal, dependendo da profundidade do negócio, não é a qualquer pessoa que é dado figurar como *contratante*; as fichas cadastrais bancárias e os famigerados serviços de proteção ao crédito que o digam.

Desse modo, a posição de parte em um contrato de execução continuada ou diferida, em princípio, passa a ter um valor de mercado. Não se trata pura e simplesmente de conceituar uma dívida, ou um conjunto de dívidas, ou um crédito, ou um conjunto de créditos; a posição contratual é tudo isso e muito mais. No contrato, há uma complexidade de direitos, daí por que os institutos da cessão de crédito e assunção de dívida não são suficientes e satisfatórios para escalar a conceituação da transferência de uma posição contratual. O Código Civil português trata da matéria sob o título de *cessão de posição contratual* (art. 424). Alguns autores italianos também assim se referem. A expressão *cessão de contratos* figura no Código italiano (art. 1.406). Não é de grande importância a pequena diferença de compreensão entre os dois vocábulos. Nada impede que se utilizem indiferentemente as duas expressões. Preferimos falar em *cessão de posição contratual*, porque não é o contrato que é cedido, mas os direitos e deveres

emergentes da posição de contratante (cf. Antônio da Silva Cabral, 1987, p. 66 ss). Quem transfere sua posição contratual a um terceiro não transfere unicamente o bem de vida almejado em referido contrato, mas transfere também (e talvez o que é mais valioso que o próprio objeto imediato do contrato) toda aquela gama de esforços iniciais, as marchas e contramarchas das primeiras tratativas e, por vezes, um verdadeiro *know-how* que aquele contrato custou. Por isso, vemos na transferência da posição contratual um *plus* em relação ao próprio objeto do contrato, um valor agregado; quiçá, certo privilégio pelo acesso a determinado bem, que só a posição de contratante, em determinada situação, pode conferir.

Destarte, sem adentrar na celeuma da possibilidade de um direito sobre outro direito, o que de plano queremos enfatizar é o conjunto de relações jurídicas que não se esgotam unicamente em créditos e débitos existentes no contrato.

Assim, a cessão de posição contratual examina a mudança ou substituição de titularidade jurídica contratual, sem alteração do conteúdo jurídico da avença, do pacto; ou seja, a substituição subjetiva no contrato. A matéria não vem tratada por nosso direito positivo, tendo sido olvidada também por este Código. Tratando-se, porém, de direito eminentemente dispositivo, não se diga que, como regra geral, exista qualquer proibição, mesmo porque existia a previsão legal do já citado art. 1.078 do Código anterior, aplicando-se, no que couber, os princípios da cessão de crédito, para outros direitos para os quais não haja forma especial de transferência. No mais, ainda que assim não fosse, aplica-se o art. 4º da Lei de Introdução às Normas do Direito Brasileiro, com a aplicação da analogia, dos costumes e dos princípios gerais de direito.

Não cabe aqui discorrer mais longamente sobre o tema, riquíssimo em detalhes. Recomendamos a leitura do texto específico em nosso *Direito civil, v. 2, nº 7.3*, por esta mesma editora.

📚 Enunciado nº 353, IV Jornada de Direito Civil – CJF/STJ: A recusa do credor, quando notificado pelo adquirente de imóvel hipotecado comunicando-lhe o interesse em assumir a obrigação, deve ser justificada.

📚 Enunciado nº 424, V Jornada de Direito Civil – CJF/STJ: Art. 303, segunda parte: A comprovada ciência de que o reiterado pagamento é feito por terceiro no interesse próprio produz efeitos equivalentes aos da notificação de que trata o art. 303, segunda parte.

📚 Obrigação de fazer – Cessão dos direitos sobre imóvel financiado pela CDHU, sem sua expressa anuência e sem regularidade de pagamento de prestações vencidas – Não preenchimento dos requisitos legais que autorizam a cessão da posição contratual – Improcedência da ação – Recurso desprovido (*TJSP* – Ap. 1057431-76.2017.8.26.0002, 5-9-2019, Rel. Alcides Leopoldo).

TÍTULO III
DO ADIMPLEMENTO E EXTINÇÃO DAS OBRIGAÇÕES

CAPÍTULO I
Do Pagamento

Seção I
De Quem Deve Pagar

Art. 304. Qualquer interessado na extinção da dívida pode pagá-la, usando, se o credor se opuser, dos meios conducentes à exoneração do devedor.
Parágrafo único. Igual direito cabe ao terceiro não interessado, se o fizer em nome e à conta do devedor, salvo oposição deste.

1. Pagamento. Extinção normal das obrigações

Vimos que a obrigação já nasce com a finalidade de se extinguir. Essa é uma das diferenças das obrigações e do direito pessoal, dos direitos reais. Estes últimos têm caráter de permanência. A obrigação tem caráter de efemeridade. A obrigação cumpre seu papel de fazer circular a riqueza e, uma vez cumprida, exaure-se, ainda que outra obrigação idêntica venha a surgir posteriormente, entre as mesmas partes.

Quando nada existe de anormal, de patológico, no cumprimento da obrigação, extingue-se pelo *pagamento*. O pagamento é, pois, o meio normal ou ordinário de extinção das obrigações, do seu *adimplemento*. Adimplir é extinguir a obrigação.

Vulgarmente, quando nos assoma a noção de *pagamento*, logo temos em mente o cumprimento de uma obrigação em dinheiro. Isto é, corriqueiramente, até entre nós mesmos, técnicos do Direito, imperceptivelmente ligamos o pagamento a uma transferência em dinheiro. Nada impede que continuemos a raciocinar assim. Contudo, o termo *pagamento*, no sentido estritamente técnico e tal como está no art. 304 ss. do Código, é toda forma de cumprimento da obrigação. Trata-se da *solutio*, solução do velho direito. A obrigação, a dívida, solve-se, resolve-se, paga-se. Tendemos a ver o termo *solução da obrigação* como o gênero, do qual o pagamento (em dinheiro, portanto) seria a espécie. O sentido comum, vulgar, tem grande importância.

Destarte, embora o pagamento tenha sentido de cumprimento ou adimplemento normal ou ordinário da obrigação (isto é, aquele que não é coativo), não deve ser considerada impropriedade técnica restringi-lo tão só aos cumprimentos de obrigações em dinheiro. O termo *solução* fica reservado para qualquer outra modalidade de cumprimento da obrigação.

Enfocamos aqui, outrossim, o *"pagamento como forma de liberação do devedor, mediante a prestação do obrigado, conceito que reúne as preferências dos escritores mais modernos"*, segundo ensina Caio Mário da Silva Pereira (1972, v. 2, p. 111).

Assim, o pagamento deve ser visto nas obrigações de dar, fazer e não fazer. Paga-se, na compra e venda, quando se entrega a coisa vendida. Paga-se, na obrigação de fazer, quando se termina a obra ou conduta encomendada. Paga-se, na obrigação de não fazer, quando o devedor se abstém de praticar o fato ou ato a que se comprometeu negativamente, por um tempo mais ou menos longo. O credor pode ou não concorrer para o pagamento. Nos contratos bilaterais, há obrigações recíprocas. Portanto, há "pagamento", no sentido ora tratado, para ambas as partes: na compra e venda, o comprador deve pagar "dinheiro", o vendedor deve pagar a "coisa", entregando-a ou colocando-a à disposição do comprador.

Quando a obrigação se extingue com a intervenção judicial, a forma de extinção será anormal. Há também formas especiais de pagamento, tratadas especificamente pelas legislações, nas quais o pagamento sofre perturbações, o que não lhe tira, no entanto, sua característica básica, como é o caso da consignação em pagamento, dação em pagamento, novação etc.

Pode ocorrer, também, que, na impossibilidade de cumprimento da obrigação, não haja possibilidade de pagamento. Quando essa impossibilidade se der sem culpa do devedor, a obrigação extingue-se. Quando houver culpa, abre-se à parte lesada a possibilidade de pedir perdas e danos. A indenização pela inexecução culposa não é pagamento. Substitui o pagamento, mas com ele não se confunde.

Mantenha-se, também, a ideia de que o termo *adimplemento* substitui a expressão *cumprimento da obrigação*. Devedor inadimplente é o que deixou de cumprir a obrigação no tempo, na forma e no lugar devidos.

2. Natureza jurídica do pagamento

A doutrina expressa a dificuldade de se estabelecer a natureza jurídica do pagamento. Tal fato reside na particularidade de que, como vimos, o pagamento pode constituir-se na transferência de um numerário, na entrega de uma coisa, na elaboração de uma obra, na apresentação de uma atividade e até mesmo numa abstenção.

Desse modo, impossível ver o pagamento como de natureza una. Desnecessário, pois, perscrutar as várias doutrinas que tentaram unificar sua teoria.

Ora o pagamento é um fato jurídico: o pintor conclui o retrato encomendado. Esse fato jurídico se transforma em ato jurídico quando o pintor comunica o término do trabalho ao encomendante e o coloca a sua disposição. Ora o pagamento é por vezes negócio jurídico, já que as partes fazem dele um meio de verdadeiramente extinguir a obrigação, inserindo-se no conceito do art. 81 do Código de 1916, como, por exemplo, um recibo de sinal ou arras.

Como, às vezes e apenas por vezes, o pagamento toma a forma de um negócio jurídico, pode-se assemelhar a um contrato, se bilateral. O pagamento, porém, em geral, nem sempre é bilateral. Pode ocorrer sem o concurso da vontade do *accipiens* (o que deve receber o pagamento), na atividade de cumprimento da obrigação por parte do *solvens* (o que efetua o pagamento).

De tudo isso, nesse diapasão, como faz o sempre lembrado Antunes Varella (1977, v. 2, p. 24), o que importa no pagamento é *a realização real da prestação*. Isso deve ser visto em cada caso concreto.

Fato, ou negócio jurídico, a questão é que, embora em muitas oportunidades o pagamento seja bilateral, isto é, dependa do concurso do *accipiens*, ocorre que nem sempre tal concurso será necessário, como visto. O pagamento poderá ser um ato *unilateral* do *solvens*, até mesmo sem o conhecimento do credor. Veja-se, *ad exemplum*, apenas a situação mais gritante das obrigações negativas. Em sentido amplo, todavia, o pagamento será sempre um *fato jurídico*, que é gênero do ato e do negócio jurídico.

A questão não é meramente doutrinária. Na prática, se o pagamento constitui negócio jurídico, seus requisitos de validade e eficácia devem ser observados. Será, portanto, nulo se efetuado por agente incapaz; anulável se ocorrerem vícios de consentimento. Contudo, se o pagamento se constituir em simples *fato*, a conotação não será essa, o rigor não será esse. A efetivação do pagamento deve ser *causal*, isto é, deve ter relação com a obrigação avençada. Desviando-se da obrigação, o pagamento estará malfeito, ou descumprirá a obrigação, pura e simplesmente, total ou parcialmente; um pagamento sem causa dará direito à repetição do indébito (art. 876).

3. De quem deve pagar. O *solvens*

Normalmente, o próprio devedor será obrigado a pagar ou quem efetivamente paga. Pode ocorrer, no entanto, que terceiros o façam. O pagamento feito pelo devedor não é apenas uma obrigação, é um *direito* seu. Não é do interesse do devedor que a dívida se prolongue além do estipulado. É evidente que isso lhe trará maiores encargos, juros, correção monetária, multa. Assim, o bom pagador desejará pagar na forma contratada. Tanto que a lei lhe confere meios coercitivos para jungir o credor a receber.

Não deve ser deixada de lado, também, a ideia do núncio e da representação, pois, afora os casos de obrigação personalíssima, o pagamento pode ser feito não só pelo devedor, mas também por terceiros que o representem. O representante ou o núncio, este sem poderes de representação, efetuam tão só o ato material de pagar.

Como o pagamento é efetuado em benefício do credor, deve este aceitá-lo. Exceção ocorre quando se trata de obrigação em que a figura do devedor é importante no desempenho da obrigação e assim foi convencionado (art. 878 do Código de 1916), como nas obrigações personalíssimas em geral, por exemplo, a apresentação de um artista. Ou naquelas em que a confiança desempenha papel primordial, como no caso de mandato.

No entanto, tais exemplos são exceções para confirmar a regra. O credor deve aceitar o pagamento, ainda que proveniente de terceiro. O pagamento, mormente aquele feito em dinheiro, não tem cor nem bandeira.

O *interessado* na extinção da dívida, conforme mencionado nesse artigo, é aquele que tem interesse jurídico, o que lhe legitima a ação de consignação. Assim, por exemplo, o fiador tem interesse em quitar a dívida do afiançado.

Temos, assim, três categorias de pessoas aptas a figurar como *solvens*, pagador, isto é, aquele que paga. Em primeiro lugar, como já visto, o próprio devedor, por si ou por representante.

Pode também pagar o terceiro, interessado ou não interessado, distinção que a lei faz nos arts. 304 e 305, para distinguir os efeitos.

O terceiro interessado na dívida, como o já citado fiador, se utiliza desse art. 304, *caput*, e o credor não poderá recusar o pagamento.

O parágrafo único desse artigo acrescenta que o terceiro *não interessado* tem o mesmo direito de pagar, "*se o fizer em nome e à conta do devedor*". Citemos, por exemplo, o caso de um pai que paga a dívida de um filho. Seu interesse não é jurídico. Faz o pagamento com interesse altruístico, moral ou familiar. Contudo, fá-lo em nome e por conta do filho devedor. Não há representação, nem mesmo autorização ou quiçá ciência do devedor. O pagamento, porém, deve ser aceito. E o *solvens*, aqui, tem a mesma legitimidade de consignar, se houver resistência. Em todo caso, deve ser visto se o devedor não se opôs ao pagamento por terceiro e se tem justa motivação para essa oposição.

Se o terceiro não interessado pagar em seu próprio nome, tem direito a reembolsar-se do que pagar, mas não se sub-roga nos direitos do credor. Há direito a uma ação de cobrança singela do que foi pago. Quando é o interessado que paga, sub-roga-se em todos os direitos do crédito (art. 346).

Já, por outro lado, se é o terceiro não interessado que paga em nome do devedor, como o caso do pai que paga dívida do filho

"*o faz por simples liberalidade, ou por mero espírito de filantropia, nada pode reaver; se o faz, contudo, como gestor de negócios, terá então ação contra o devedor para reembolsar-se do que pagou*" (cf. MONTEIRO, 1979, v. 4, p. 249).

A questão de saber se o pagamento ocorreu por mera filantropia ou não se desloca para as circunstâncias do caso. O autor acima citado lembra da gestão de negócios que deve ser examinada no caso concreto. Entenda-se que sempre haverá possibilidade de ação de enriquecimento sem causa, no caso de pagamento desinteressado, a não ser que o terceiro expressamente abra mão deste último remédio. A ação de enriquecimento sem causa é uma aplicação de regra de equidade. Veja o que examinamos no local próprio desse instituto.

🔖 Apelação – Ação de despejo por falta de pagamento c.c. cobrança – Insurgência da requerente contra sentença de total improcedência – Requerente alega que o pagamento dos aluguéis teria sido feito pela Seguradora responsável pelo seguro-fiança contratado no início da relação locatícia – Qualquer interessado na extinção da dívida pode pagá-la – Inteligência do art. 304 do Código Civil – Entender de maneira diversa seria permitir o enriquecimento sem causa da apelante, o que é verdade pelo art. 884 do Código Civil – De rigor a manutenção da r. sentença recorrida pelos seus próprios e jurídicos fundamentos – Negado provimento (*TJSP* – Ap. 1028844-36.2019.8.26.0564, 25-2-2021, Rel. Hugo Crepaldi).

**Art. 305. O terceiro não interessado, que paga a dívida em seu próprio nome, tem direito a reembolsar-se do que pagar; mas não se sub-roga nos direitos do credor.
Parágrafo único. Se pagar antes de vencida a dívida, só terá direito ao reembolso no vencimento.**

Aqui a situação diverge da do artigo anterior porque se trata de terceiro não interessado que paga a dívida em seu próprio nome. Na hipótese do terceiro não interessado que paga em seu próprio nome, a ação de reembolso é singela e não de sub-rogação, porque tal pagamento pode ter sido efetuado com intuito especulativo, e inclusive agravar a situação do devedor, ou até mesmo para colocá-lo numa posição moralmente vexatória. Imaginemos o exemplo de um devedor conhecido na comunidade que tem sua dívida paga pelo inimigo. Após o fato, o *solvens* alardeia que Fulano não consegue nem mesmo pagar suas dívidas e mostra à sociedade a prova do pagamento efetuado. A situação poderá até mesmo se deslocar para a esfera criminal. Desse modo, a lei não defere a esse terceiro a sub-rogação. O mesmo se diga quanto à intenção da lei, no tocante a pagamento antecipado da dívida, como está no parágrafo único desse artigo. O presente artigo, singelamente, busca evitar o enriquecimento sem causa. Note que não havendo sub-rogação, todos os direitos que a sub-rogação traz não estarão presentes no simples reembolso.

O parágrafo contempla a hipótese de dívida paga antes do vencimento: o reembolso só pode ser exigido após o vencimento. Esse pagamento, em princípio, não admite efeito especulativo. Assim, o terceiro que paga em seu próprio nome, antes do vencimento, e com isso obtém alguma vantagem, não pode obter mais do que pagou do real devedor da obrigação. Mas, é fato, os juros legais são acréscimo natural da obrigação. O princípio geral a ser seguido é no sentido de que o terceiro *solvens* não pode agravar a situação do devedor.

🔖 Recurso especial. Relação de consumo. Prevenção de danos indevidos ao consumidor. Dever do fornecedor. Ação de consignação em pagamento. Forma válida de extinção da obrigação. Adimplemento das obrigações. Interesse social. Cumprimento de obrigação por terceiro. Possibilidade. Interesse jurídico. Prescindibilidade. Título de crédito. Quitação de débito para cancelamento de protesto de cliente ensejado por fortuito interno. Viabilidade. (...) 3. Ressalvadas as obrigações infungíveis ou personalíssimas, que somente o devedor pode cumprir, como há interesse social no adimplemento das obrigações, o direito admite que um terceiro venha a pagar a dívida, não se vislumbrando prejuízo algum para o credor que recebe o pagamento de pessoa diversa do devedor, contanto que seu interesse seja atendido. O Código Civil, porém, distingue a disciplina aplicável conforme o terceiro possua ou não interesse jurídico no pagamento (artigos 304 a 306 do CC) (...) (*STJ* – REsp 1318747, 31-10-2018, Rel. Luis Felipe Salomão)

🔖 Indenização por danos materiais – Cerceamento de defesa inexistente diante da fundamentação da r. sentença, reconhecendo a assunção da obrigação pelos requeridos em decorrência da cláusula contratual que garantia que o bem estava isento de dívidas. Considerações acerca dos princípios norteadores da interpretação das leis, preponderando uns sobre outros. Preponderância do princípio da boa-fé contratual, previsto no art. 422 do Código Civil, sobre o disposto nos artigos 305 e 306, notadamente diante do art. 112 do mesmo Código. Amplitude do declarado pelos requeridos na escritura de compra e venda acerca da inexistência de ônus sobre o bem que os torna responsáveis pelo pagamento de dívida atinente ao período anterior ao contrato, sem que se possam valer das exclusões previstas nos artigos 305 e 306 do Código Civil. Decisão acertada, mantendo-se a r. sentença inclusive por seus próprios e jurídicos fundamentos, com fulcro no art. 252, do RI deste TJSP. Recurso improvido (*TJSP* – Ap. 1085312-64.2013.8.26.0100, 15-7-2015, Rel. Maia da Cunha).

Art. 306. O pagamento feito por terceiro, com desconhecimento ou oposição do devedor, não obriga a reembolsar aquele que pagou, se o devedor tinha meios para ilidir a ação.

Pode ocorrer que o devedor tenha justo motivo para não pagar a dívida e se surpreenda ao ver que terceiro se adiantou no pagamento. É o caso, por exemplo, de a dívida não ser exigível por inteiro, de estar no todo ou em parte prescrita, de promanar de negócio anulável, de existir a possibilidade de *exceptio non adimpleti contractus* (exceção de contrato não cumprido) etc.

O motivo da oposição deve ser justo. O terceiro *solvens* deve ter, evidentemente, conhecimento da oposição pelo devedor, antes de pagar. Pagará, nessa hipótese, assumindo um risco.

Questão importante, também estampada nesse artigo, pode ocorrer no caso de o terceiro pagar sem que o devedor tome conhecimento, e este tinha motivo justo para não o fazer, isto é, para se opor ao pagamento. Essa hipótese é enfocada pelo atual dispositivo. Se o terceiro pagou mal, só poderá reembolsar-se até o total que aproveitou ao devedor. O que pagou mal deverá repetir do credor que, em tese, recebeu mais do que lhe competia. Complete-se que, como afirma Caio Mário da Silva Pereira (1972, v. 2, p. 115),

> "em qualquer caso, o pagamento feito por terceiro, invito vel prohibente debitore, *não pode piorar a situação do devedor. É um limite que não há de ser transposto nunca*".

Assim deve ser entendido também se o devedor tinha meios para *elidir* apenas parcialmente o pagamento. Examina-se o caso em concreto.

O texto desse art. 306 do vigente Código tentou ser mais claro: o dispositivo, contudo, não é muito compreensível, dando margem a dúvidas, e mereceria melhor redação. O que se deve entender é que, se o devedor tinha meios para se opor ao pagamento, esse pagamento feito contra sua vontade ou sem o seu conhecimento não o obriga a reembolsar, pois não lhe terá sido útil. A expressão *elidir a ação* não atende a melhor técnica. Deve ser entendida como qualquer procedimento, judicial ou não, que possa obstar a cobrança por parte do devedor.

Da mesma forma na hipótese de desconhecimento por parte do devedor: impõe-se que o *solvens* informe o devedor que vai pagar, sob pena de pagar mal. Em qualquer situação, o montante do pagamento que tenha sido útil para o devedor deve ser reembolsado, em que pese a nova redação, sob pena de ocorrer injusto enriquecimento. A óptica desloca-se, no caso concreto, para o âmbito da prova.

O extinto Projeto nº 6.960, atendendo a nossa crítica, tentou complementar a redação do art. 306, estatuindo: "... *se o devedor tinha meios para ilidir a ação do credor na cobrança do débito*". Aqui a ideia já ficaria mais clara, todavia, há que se entender que mesmo antes da propositura da ação, dependendo da situação, já pode o devedor antecipar-se e comunicar sua resistência em pagar ao terceiro.

Questão não erigida na lei é aquela na qual tanto o devedor como o credor se opõem ao pagamento por terceiro. Suponhamos a hipótese em que há dúvida se a obrigação é personalíssima ou não. O credor diz que não aceita a *solutio* por terceiro. O devedor informa ao terceiro que não deve pagar. Aí não se pode negar a impossibilidade do pagamento, pois o terceiro passa a ser absolutamente inconveniente numa relação jurídica que não lhe pertence.

🔖 1. Recurso especial interposto contra acórdão publicado na vigência do Código de Processo Civil de 2015 (Enunciados Administrativos nºs 2 e 3/STJ). 2. **O terceiro não interessado que paga a dívida em seu próprio nome tem direito a se reembolsar do que pagar, mas não se sub-roga nos direitos do credor.** 3. Nos termos do artigo 206, § 3º, V, do Código Civil, prescreve em 3 (três) anos a pretensão de reparação civil. Precedentes. 4. É devida a majoração da verba honorária sucumbencial, na forma do artigo 85, § 11, do CPC/2015, quando estiverem presentes, simultaneamente, os seguintes requisitos: a) decisão recorrida publicada a partir de 18.3.2016, quando entrou em vigor o Código de Processo Civil de 2015; b) recurso não conhecido integralmente ou não provido, monocraticamente ou pelo órgão colegiado competente, e c) condenação em honorários advocatícios desde a origem no feito em que interposto. 5. Agravo interno não provido (*STJ* – AREsp 1259419, 6-12-2018, Rel. Ricardo Villas Bôas Cueva).

🔖 Apelação cível – Direito Civil – Ação de cobrança – **Pagamento por terceiro não interessado** – Meios do devedor para elidir a dívida – Recurso não provido – O pagamento feito por terceiro, com desconhecimento ou oposição do devedor, não obriga a reembolsar aquele que pagou, se o devedor tinha meios para ilidir a ação (CC, art. 306) (*TJMG* – AC 1.0422.11.001373-3/001, 17-9-2014, Rel. José Flávio de Almeida).

Art. 307. Só terá eficácia o pagamento que importar transmissão da propriedade, quando feito por quem possa alienar o objeto em que ele consistiu. Parágrafo único. Se se der em pagamento coisa fungível, não se poderá mais reclamar do credor que, de boa-fé, a recebeu e consumiu, ainda que o solvente não tivesse o direito de aliená-la.

Esse texto trata de pagamento que importe em transmissão de domínio. Obrigação de dar, portanto. Aplica-se o princípio fundamental de que ninguém pode transferir mais direitos do que tem. Para a transmissão do domínio, deverão estar presentes todos os requisitos do negócio jurídico. A alienação *a non domino*, isto é, por quem não seja o dono da coisa, é ineficaz. Um pagamento nessa situação abre à vítima a possibilidade de indenização. Se, porém, se tratar de coisa fungível (parágrafo único), já consumida, de boa-fé, pelo credor, não se pode mais reclamar a coisa deste. Não havendo mais a coisa a ser reivindicada, a situação é do substitutivo indenizatório. Do credor, contudo, não se pode reclamar. A questão resolver-se-á entre o terceiro que pagou e o devedor. Para a exceção do parágrafo tratado, há necessidade de três condições: que o pagamento seja de coisa fungível, que tenha havido boa-fé por parte do *accipiens* e que tenha sido consumida a coisa. Enquanto não consumida, haverá direito à repetição, no todo ou em parte.

Seção II
Daqueles a Quem se Deve Pagar

Art. 308. O pagamento deve ser feito ao credor ou a quem de direito o represente, sob pena de só valer depois de por ele ratificado, ou tanto quanto reverter em seu proveito.

A regra geral em matéria da pessoa que recebe (*accipiens*) é a desse dispositivo em sua parte inicial. O pagamento deve ser feito ao credor. Cumpre estabelecer, de plano, em cada caso, quem é o verdadeiro credor da obrigação. Como regra, quem recebe é o credor. No entanto, podem ocorrer exceções. Tanto o credor poderá estar inibido de receber, como o devedor poderá, em certas situações especiais, pagar validamente a quem não seja credor. Assim, na compra e venda, o preço deve ser entregue ao vendedor; a coisa, ao comprador.

Pode suceder que, no momento de ser efetuado o pagamento, o credor originário já tenha sido substituído. Tal substituição pode ter sido tanto efetivada por ato entre vivos, como a cessão de crédito, como por ato de morte, quando o espólio, o herdeiro ou legatário estará na posição de *accipiens*. Se vários os credores, como na obrigação solidária, qualquer um deles pode receber o pagamento.

Também, no caso de obrigação indivisível, o pagamento a um só dos credores será válido, com as regras próprias do instituto (art. 259). Se a obrigação for divisível e não solidária, cada credor deve receber sua parte no crédito.

Esse artigo dá também como válido o pagamento feito ao representante do credor. O representante atua em nome do representado, *no lugar* do representado. Acrescente-se, por vezes, que a representação pode decorrer de via judicial, isto é, de nomeação pelo juiz. É o caso do síndico da falência, de um administrador judicial de bens penhorados etc. Denomina-se o fenômeno, impropriamente, representação judicial. Tais pessoas estarão, também, autorizadas a receber. O credor pode ter indicado outra pessoa para receber o pagamento, como uma instituição financeira, sem que necessariamente não seja um representante, algo costumeiro no mundo negocial. Destarte, quando do nascimento da obrigação, em momento posterior, os contraentes podem estipular que o *accipiens* seja um terceiro. Assim, esse terceiro pode não ter nenhuma relação material com a dívida, mas estar intitulado a recebê-la.

Portanto, se o pagamento não for efetuado ao credor ou seu representante, será ineficaz. Vale lembrar o brocardo genuíno, disseminado pelo povo, *quem paga mal, paga duas vezes*.

O pagamento, porém, pode ser feito a pessoa não intitulada e mesmo assim valer, se houver ratificação do credor ou do representante. Também será eficaz o pagamento quando reverter em proveito do credor, algo que exigirá prova. Regras desse mesmo artigo. Esses dispositivos visam evitar o enriquecimento sem causa.

Note-se que nem sempre a pessoa intitulada ou qualificada a receber apresenta-se com um mandato formalmente completo. Não se pode esquecer que a *autorização* singela para receber, fornecida e concedida pelo credor, equivale à situação do representante mencionado na lei. Assim é a situação, por exemplo, de quem se apresenta munido da quitação emitida pelo credor (art. 311).

Enunciado nº 425, V Jornada de Direito Civil – CJF/STJ: O pagamento repercute no plano da eficácia, e não no plano da validade como preveem os arts. 308, 309 e 310 do Código Civil.

Por força do disposto no art. 308 do CC, o pagamento deve ser feito ao credor ou a quem de direito o represente, sob pena de só valer depois de por ele ratificado, ou tanto quanto reverter em seu proveito. Nessas circunstâncias, ainda que a anterior administradora fosse a cedente dos títulos, não era a credora, de maneira que não se pode considerar regularmente efetuado o pagamento, pois realizado de maneira diversa da avençada e não ratificado pelo credor. 2. Parcial modificação da decisão recorrida, a fim de considerar regularmente adimplida a cota condominial do mês de fevereiro/2013, única cujo pagamento foi demonstrado por recibo acostado aos autos. 3. Dilação probatória. O julgador é o destinatário da prova e a ele cabe deferir ou não sua realização, observada sua conveniência, necessidade e utilidade para o deslinde da controvérsia (art. 370 do CPC). No caso, mostra-se desnecessária a dilação probatória, considerando que as provas já produzidas são suficientes para a verificação do direito invocado, mormente considerando que, uma vez constituído o título executivo judicial, a matéria a ser discutida é limitada. 4. Compensação de honorários advocatícios. Manutenção, nos termos do definido na sentença proferida na fase cognitiva, fundamentada na Súmula 306 do STJ, então vigente. Não obstante a redistribuição dos ônus sucumbenciais em sede recursal, não houve modificação daquele anterior comando, que deve ser mantido, mesmo porque ao caso foi aplicado o CPC/1973. Agravo de instrumento parcialmente provido (*TJRS* – Ag 70080804891, 14-11-2019, Rel. Voltaire de Lima Moraes).

Cobrança. Compra de uniformes. **Alegado pagamento efetuado a preposto da autora.** Ausência de prova capaz de infirmar a versão inicial. Ônus probatório desatendido. Dever de pagar reconhecido. 1. Cabe ao devedor, no momento do pagamento, cercar-se das cautelas necessárias à validade da quitação, efetuando a entrega da prestação devida ao legítimo credor, para que não se veja obrigado a pagar novamente a mesma dívida, nos termos do disposto no artigo 308 do Código Civil. 2. Ausência de prova acerca de eventual ajuste com a legítima credora, ou de erro justificável, que autorizasse a realização do pagamento ao terceiro. 3. A insurgência do recorrente, em relação ao valor cobrado, não encontra amparo, pois somente aponta um suposto equívoco na atualização, sem demonstrar como encontrou tal disparidade, ao contrário da autora, que convenceu acerca do débito que pretende receber, devendo este ser reputado correto, diante da ausência da necessária contraprova. Recurso improvido (*TJRS* – Acórdão Recurso Inominado 71002833309, 28-1-2011, Relª Fernanda Carravetta Vilande).

Art. 309. O pagamento feito de boa-fé ao credor putativo é válido, ainda provado depois que não era credor.

Acentuamos, em várias passagens, que o direito não pode prescindir da aparência. Quando chegamos ao caixa de um banco e efetuamos um pagamento, não temos necessidade de averiguar se a pessoa que recebe é funcionário da instituição financeira. Na verdade, a aparência é uma forma de equilíbrio de toda vida social. Ao lado da aparência, a boa-fé objetiva é outro elemento paralelo e inafastável.

Pode ocorrer o pagamento a pessoa que tenha a mera aparência de credor ou de pessoa autorizada. É o caso do credor putativo. Aquele que tem a mera aparência de credor. O exemplo mais marcante é a situação do credor aparente. Contudo, muitas hipóteses podem ocorrer. Suponhamos o caso de alguém que, ao chegar a um estabelecimento comercial, paga a um assaltante, que naquele momento se instalou no guichê de recebimentos, ou a situação de um administrador de negócio que não tenha poderes para receber, mas aparece aos olhos de todos como um efetivo gerente.

Não se trata apenas de situações em que o credor se apresenta falsamente com o título ou com a situação, mas de todas aquelas situações em que *se reputa* o *accipiens* como credor. Daí então a dicção do presente artigo. O extinto Projeto nº 6.960/2002 objetivou substituir o termo *válido* por *eficaz*, que melhor se amolda ao efeito desse negócio jurídico.

A lei condiciona a eficácia do pagamento ao fato de o *accipiens* ter a aparência de credor e estar o *solvens* de boa-fé. Restará ao verdadeiro credor haver o pagamento do falso *accipiens*.

Enunciado nº 425, V Jornada de Direito Civil – CJF/STJ: O pagamento repercute no plano da eficácia, e não no plano da validade como preveem os arts. 308, 309 e 310 do Código Civil.

Ação declaratória de inexigibilidade de débito c.c. indenização por dano moral – Pagamento de boletos bancários adulterados por falsários – Legitimidade passiva da Vitacon bem reconhecida, porquanto ela quem efetivamente administra os recebíveis e encaminha os boletos aos compromissários compradores – Boletos fraudulentos emitidos, todavia, com informações verossímeis e fidedignas – Prova dos autos que dá conta que as requeridas concorreram substancialmente com o prejuízo sofrido pela requerente, pois colaboraram, ainda que inconscientemente, como golpe aplicado por terceiros – Erro escusável do devedor que, de boa-fé, efetuou o pagamento ao credor putativo – Pagamentos válidos – Exegese do art. 309 do Código Civil – Sentença de parcial procedência mantida, nos termos do art. 252 do RITJESP – Recurso improvido (*TJSP* – Ap. 1108291-10.2019.8.26.0100, 7-7-2020, Rel. Lígia Araújo Bisogni).

Apelação cível – Ação de cobrança de seguro obrigatório – DPVAT – Certidão de óbito atestando estado civil solteiro. Pagamento realizado administrativamente a mãe do *de cujus*. Desconhecimento da existência de casamento. **Boa-fé da seguradora. Credor putativo**. Pagamento válido. Exoneração da seguradora. I- O pagamento do seguro DPVAT realizado pela seguradora aos pais do *de cujus*, quando a certidão de óbito atesta o estado civil do falecido como solteiro, desobriga-a do pagamento do seguro à esposa, se esta não levou ao conhecimento da seguradora, previamente, a sua condição, mediante notificação para que a seguradora não pagasse a outrem, que não ela. II- O pagamento realizado de boa-fé ao credor putativo desobriga o devedor, ao teor do **art. 309 do Código Civil**, boa-fé essa reconhecida pelo fato de que a seguradora desconhecia a existência de terceiro em condições de receber o seguro, que não a mãe da vítima. Recurso conhecido e provido (*TJGO* – AC 201294398270, 10-3-2014, Rel. Roberto Horacio de Rezende).

Apelação cível – Embargos à execução – Pagamento liberatório – No caso, tendo o embargante/apelado efetuado pagamento ao advogado constituído para defender interesses da empresa embargada/apelante, tem-se que ocorreu com efeito liberatório, seja por ter sido realizado a quem de direito representava o credor, seja porque destinado a **credor putativo (teoria da aparência)**. Sentença mantida. Apelo não provido (*TJCE* – Ap. 3798-56.2005.8.06.0064/2, 20-4-2011, Rel. Des. Lincoln Tavares Dantas).

Art. 310. Não vale o pagamento cientemente feito ao credor incapaz de quitar, se o devedor não provar que em benefício dele efetivamente reverteu.

Certas pessoas, embora figurem na posição de credoras, estão inibidas de receber, e quem paga a elas arrisca-se a pagar mal. Esse artigo refere-se ao pagamento efetuado ao incapaz de quitar. Ora, a incapacidade inibe o agente para a prática dos atos da vida civil. Essa disposição é aplicação específica dessa incapacidade no tocante ao pagamento.

Note que a lei usa do termo *cientemente*, isto é, são situações nas quais o *solvens* tem pleno conhecimento da incapacidade do *accipiens*. O representante legal do credor terá legitimidade para impugnar o pagamento. Cabe ao *solvens* provar que o resultado do pagamento reverteu no benefício do incapaz. Nem sempre será prova fácil. Imaginemos, por exemplo, o caso de pagamento efetuado a um pródigo. A lei também não distingue a incapacidade relativa ou absoluta. Valerá o pagamento, todavia, se o que paga não tinha conhecimento dessa incapacidade. Lembre-se do art. 180, que reforça essa ideia. Cuida-se, ali, da situação do menor, relativamente incapaz, que dolosamente oculta sua condição em um negócio jurídico.

Essa regra, além de evidentemente proteger o credor e o próprio incapaz, visa obstar o enriquecimento sem causa.

Enunciado nº 425, V Jornada de Direito Civil – CJF/STJ: O pagamento repercute no plano da eficácia, e não no plano da validade como preveem os arts. 308, 309 e 310 do Código Civil.

Declaratória c/c Danos morais. Devedor que promove depósito na conta bancária do credor em valor referente a título cambial objeto de protesto cambial. Ausência de impugnação específica do credor que torna incontroverso que o valor depositado reverteu-se a seu favor, tornando válido o pagamento (art. 310 do CC). Prova documental e ausência de impugnação específica na contestação que tem o condão de comprovar a recusa na emissão da respectiva carta de anuência em favor do devedor para baixa do respectivo protesto. Imposição de obrigação de fazer consistente no dever do credor emitir a carta de anuência para cancelamento do protesto cambial. Ato ilícito configurado. Dano moral devido. Arbitramento que também deve considerar a culpa concorrente do devedor que somente promoveu o pagamento após o protesto cambial (art. 945 do CC). Recurso provido (*TJSP* – Ap. 1017092-41.2018.8.26.0002, 11-6-2019, Rel. Roberto Mac Cracken).

Art. 311. Considera-se autorizado a receber o pagamento o portador da quitação, salvo se as circunstâncias contrariarem a presunção daí resultante.

Para a estabilidade das relações negociais, o direito gravita em torno de aparências. As circunstâncias externas, não denotando que o portador da quitação seja um impostor, tornam o pagamento válido. As circunstâncias ditadas pela lei nesse dispositivo dependerão de exame pelo juiz, em cada caso concreto. A regra geral é ter em vista o padrão do homem médio. De qualquer modo, a presunção relativa é a de que quem se apresenta com um recibo firmado por terceiro possui mandato específico para receber. É portador da quitação, enfim. Há, nessa situação, presunção *iuris tantum* de um mandato tácito. O texto protege mais uma vez o *solvens* de boa-fé e busca obstar o injusto enriquecimento. Contudo, como se trata de presunção relativa, esta cede perante evidências em contrário.

Agravo de instrumento. Cumprimento de sentença. Obrigação de fazer. Partes firmaram acordo em ação de extinção de condomínio segundo o qual o agravante ficou obrigado a entregar diversos bens móveis à agravada em dia preestabelecido, sob pena de multa. Alegação de descumprimento. Inocorrência. Credora que não compareceu pessoalmente para a satisfação da obrigação, enviando indivíduos sem o poder de dar a quitação ao devedor. Retenção legítima. Inteligência dos arts. 308, 311 e 319 do Código Civil. Mora não caracterizada. Multa afastada. Decisão reformada. Recurso provido (*TJSP* – Ag 2048218-64.2019.8.26.0000; 28-6-2019, Rel. Rosangela Telles).

Apelação cível – Busca e apreensão pelo Decreto-lei 911/69 – Acordo Extrajudicial – Pagamento feito a terceira pessoa não autorizada pela financeira – Credor Putativo – Não configurado – Teoria da aparência afastada – 1- Conf. art. 311 do Código Civil: "**considera-se autorizado a receber o pagamento o portador da quitação, salvo se as circunstâncias contrariarem a presunção daí resultante**". 2- Cediço que credor putativo é aquele que aparentemente tem poderes para receber desde que haja boa-fé do devedor, sendo a escusabilidade desse erro apreciado segundo a situação pessoal de quem nele incorreu. 3- *In casu*, a apelante/r. entabulou acordo, para quitação de parcelas vencidas, ref. ao contrato de financiamento junto à apelada/r., efetuando o pagamento à terceira pessoa desconhecida da financeira, ora apelada/a. 4- Para que o erro no pagamento seja escusável, conf. entendimento do colendo STJ, é necessária a existência de elementos suficientes para induzir e convencer o devedor diligente de que o recebedor é o verdadeiro credor. No caso em apreço, a apelante/r. não foi diligente ao não certificar a legitimidade da afirmação de que a terceira pessoa, recebedora do pagamento, estava, efetivamente, representando a financeira, ora apelada/r. Teoria da aparência afastada. Apelação conhecida e desprovida. Sentença mantida (*TJGO* – AC 201492510998, 13-5-2016, Rel. Des. Olavo Junqueira de Andrade).

Art. 312. Se o devedor pagar ao credor, apesar de intimado da penhora feita sobre o crédito, ou da impugnação a ele oposta por terceiros, o pagamento não valerá contra estes, que poderão constranger o devedor a pagar de novo, ficando-lhe ressalvado o regresso contra o credor.

Essa situação também é de ineficácia do pagamento e não propriamente de validade. É requisito, porém, que o *solvens* tenha tomado ciência da penhora ou da oposição de terceiro. Se pagar ao credor, assumirá o risco. Trata-se de modalidade de aplicação das garantias dos direitos de crédito. A lei equipara, para os efeitos, tanto a ciência da penhora, quanto a ciência por notificação ou interpelação feita por terceiro. Ao terceiro, nesse caso, cabe depositar em juízo, ou nos autos em que foi efetivada a penhora, ou consignar em pagamento, se tiver dúvidas quanto à validade do pagamento que efetuaria a terceiro. No caso de esse terceiro ter agido de forma abusiva, impedindo ou retardando o recebimento do crédito pelo credor, responderá pelo abuso ou má-fé.

Também estará inibido de receber e quitar o devedor falido, desde o momento da abertura da falência, dentro do âmbito de seus atos de comércio. Na forma do art. 75 da Lei falencial (alterada pela Lei nº 14.112/2020), o falido fica afastado de suas atividades. Tal incapacidade é conferida em benefício dos credores e da *par conditio creditorum*, isto é, do tratamento igual que merecem todos os credores.

Aqui se trata, como se nota, de outra inibição para o pagamento válido. Ciente o devedor da penhora, ato judicial ou administrativo equivalente ou de uma impugnação feita por terceiros, não pode mais pagar ao credor. Essa impugnação referida na lei é sobre o fato, ato ou negócio do pagamento, que o torna controvertido. Embora costumem os autores referir que dita impugnação deva ser judicial, assim não nos parece. Isso porque pagará também mal o devedor que notificado extrajudicialmente da impugnação. Cuida-se de ineficácia do pagamento com relação ao penhorante ou ao impugnante, eis que o pagamento será válido entre credor e devedor. Por isso, é feita a afirmação que o devedor poderá ser jungido a pagar de novo, ressalvando-se-lhe o respectivo direito de regresso.

⚖ Cumprimento de Sentença. Penhora no rosto dos autos. Pagamento ao credor após a respectiva intimação. Pagamento ineficaz em relação ao credor do credor. Inteligência do art. 312 do CC. Decisão mantida. Recurso não provido, com observação (*TJSP* – Ag 2272743-29.2019.8.26.0000; 16-4-2020, Rel. Gilson Delgado Miranda).

Seção III
Do Objeto do Pagamento e Sua Prova

Art. 313. O credor não é obrigado a receber prestação diversa da que lhe é devida, ainda que mais valiosa.

O pagamento deve compreender, como objeto, aquilo que foi acordado. Nem mais, nem menos. Recebendo o credor o objeto da prestação, seu pagamento, estará a obrigação extinta. O credor não pode ser obrigado a receber outra coisa, ainda que mais valiosa. E ainda que a prestação seja divisível, não pode ser o credor obrigado a receber por partes ou em parcelas, se assim não foi convencionado.

Só existirá solução da dívida com a entrega do objeto da prestação. Se a prestação é complexa, constante de vários itens, não se cumprirá a obrigação enquanto não atendidos todos.

As perdas e os danos, no caso de inadimplemento, são substituição de pagamento, e não pagamento. Também não são pagamento os outros meios válidos de extinguir a obrigação, como a transação, dação, sub-rogação etc.

Nessa questão deve ser lembrado o que foi dito acerca das obrigações de dar coisa certa e de dar coisa incerta. Nas obrigações de dar coisa certa, uma vez deteriorada ou perdida a coisa, as regras são aquelas dos já estudados arts. 235 e 236, distinguindo-se se houve ou não culpa do devedor. Nas obrigações genéricas, reportemo-nos ao art. 246, antes da escolha, e ao art. 245, para as situações de perda após a escolha.

⚖ Consignação em pagamento. Sentença de improcedência. Apelo do autor. Contrato de financiamento com cláusula de alienação fiduciária em garantia. Bem imóvel. Pretensão do autor, terceiro em relação ao contrato originalmente celebrado com o réu, de assumir a obrigação do devedor. Autor que se encontra em estado de insolvência no tempo da assunção. Aplicação do artigo 299 do CC. Credor que não estava obrigado a anuir com a assunção da obrigação. Recusa justa do credor no recebimento do pagamento ou dar quitação. Ademais, o autor pretende com esta ação consignatória, obter quitação mediante penhora no rosto dos autos de processo diverso, cujo título judicial ainda não executado. Credor que não está obrigado a aceitar prestação diversa da que lhe é devida (art. 313 do CC). Sentença mantida. Verba honorária aumentada. Apelo desprovido (*TJSP* – Ap. 1009723-51.2019.8.26.0037, 14-7-2020, Rel. Carlos Dias Motta)

⚖ Agravo de instrumento – Contrato financiamento imobiliário – 1- O credor não é obrigado a receber prestação diversa da que lhe é devida, mesmo que mais valiosa. 2- Ainda que restasse caracterizada a boa-fé do devedor, esta não é suficiente para afastar as disposições do contrato, caso não comprovada a existência de ilegalidades ou mesmo a má-fé do devedor. 3- Decisão agravada reformada (*TRF-4ª R.* – AI 5016559-36.2016.4.04.0000, 8-6-2016, Rel. Luís Alberto Azevedo Aurvalle).

Art. 314. Ainda que a obrigação tenha por objeto prestação divisível, não pode o credor ser obrigado a receber, nem o devedor a pagar, por partes, se assim não se ajustou.

Aqui se apresenta princípio complementar ao artigo anterior. O cumprimento da prestação e consequentemente o pagamento, deve ser exato, isto é, o que foi contratado. Não se pode pagar diferentemente do acordado e nem por partes, se assim não se estipulou, ainda que a prestação seja divisível. Somente se o credor transigir o pagamento parcelado será possível. Na verdade, o objeto da prestação, a prestação em si, é indivisível porque assim se manifestou a vontade das partes. Essa é a regra geral, que pode comportar exceções no ordenamento.

Em torno dessa questão, destaca o CPC atual, no art. 916:

> "No prazo para embargos, reconhecendo o crédito do exequente e comprovando o depósito de trinta por cento do valor em execução, acrescido de custas e de honorários de advogado, o executado poderá requerer que lhe seja permitido pagar o restante em até 6 (seis) parcelas mensais, acrescidas de correção monetária e de juros de um por cento ao mês."

Há quem defenda que com esse texto, deixa de ser aplicado o paradigma do art. 313, permitindo-se, assim, que o valor do débito seja pago parceladamente. Não pensamos assim. O juiz "pode" deferir pedido nesse sentido, com a concordância do credor. A norma é de processo e há de se atender ao contraditório. O credor deve necessariamente se manifestar e aquiescer. O credor teria, ademais, outros meios mais eficazes de obter seu crédito, como a penhora *on-line*.

Como se nota, a novidade processual foi emitida em benefício exclusivo do devedor e, a nosso ver, não toca nos princípios basilares obrigacionais do Código Civil. Há que se dar homogeneidade e interpretação lógica, portanto, a essa antinomia entre o citado dispositivo processual e arts. 313 e 314 do Código Civil. Há que se dispensar, para isso, o critério cronológico, pois esse artigo do CPC é, sem dúvida, posterior ao Código Civil. A preponderância deve ser segundo o critério da especialidade, pois os arts. 313 e 314 regulam as obrigações em geral, enquanto a norma inserida no CPC é procedimental, sediada na fase de execução. As normas de direito das obrigações do Código Civil devem ser entendidas como normas especiais de direito material em relação ao CPC, mero instrumento. Fora da execução e das condições do art. 916, o parcelamento não pode ser concedido, isso é isento de dúvida de qualquer modo. A questão está em aberto, mas nossa conclusão é no sentido que sem manifestação favorável do credor, não se aplica a faculdade do art. 916.

Condomínio. Ação de cobrança. Preliminar de inépcia recursal rejeitada. Impugnação à gratuidade da justiça deferida aos réus desacolhida. Débito condominial incontroverso. Situação de fragilidade financeira que não exime os condôminos do dever de contribuir para as despesas do condomínio (art. 1.336, I, do CC). Proposta de parcelamento do valor da condenação repelida pelo autor. Credor que não pode ser compelido a receber seu crédito de forma parcelada se assim não foi avençado entre as partes (art. 314 do CC). Litigância de má-fé não caracterizada. Recurso desprovido (*TJSP* – Ap. 1001410-26.2017.8.26.0602, 29-5-2020, Rel. Milton Carvalho).

Agravo de instrumento. CEB. Declaratória de inexistência de débito. Antecipação de tutela. Parcelamento da dívida. 1. Não se encontram presentes os requisitos para a antecipação da tutela pretendida, já que, em princípio, o credor não pode ser compelido a receber a dívida de modo parcelado, se assim não ajustou, nos termos do art. 314, do CC, bem como não há, ao menos nesse momento processual, elementos seguros a fim de averiguar a ilegalidade na multa que está sendo cobrada. 2. Por outro lado, indemonstrado que o pagamento integral do débito, tal como exigido pela CEB, irá inviabilizar a vida financeira do autor, não há que se falar em risco ao resultado útil do processo. 3. Correta, pois, a decisão que indeferiu a liminar postulada. 4. Agravo de instrumento não provido (*TJDFT* – Ag 0706436-98.2019.8.07.0000, 12-2-2020, Rel. Arnoldo Camanho).

Art. 315. As dívidas em dinheiro deverão ser pagas no vencimento, em moeda corrente e pelo valor nominal, salvo o disposto nos artigos subsequentes.

É oportuno lembrar que o corrente Código procurou atualizar o conceito de pagamento em dinheiro. Assim, nesse artigo estatui que as dívidas em dinheiro deverão ser pagas no vencimento em moeda corrente e pelo valor nominal, como regra geral. Afastam-se, em princípio, as modalidades de cláusula móvel e correção monetária, que eram expressamente admitidas na redação anterior. Por outro lado, nesse mesmo capítulo essa lei admite a intervenção judicial com correção do valor no pagamento do preço, quando, "*por motivos imprevisíveis, sobrevier desproporção manifesta entre o valor da prestação devida e o do momento de sua execução*" (art. 317). Nessa situação, poderá o juiz corrigir o preço a pedido da parte interessada para assegurar, "*quanto possível*", o valor real da prestação. É difícil prever o alcance dessa norma, que sempre balouçará aos ventos da economia. De qualquer forma, atribui-se ao Judiciário, de forma expressa, o poder de revisão dos preços, dentro da teoria da imprevisão ou excessiva onerosidade. Não há que se falar, contudo, nesta e em outras disposições do mesmo alcance, em discricionariedade exclusiva do Judiciário, pois os advogados, procuradores em geral e a sociedade desempenham papel importante nessas chamadas cláusulas abertas do atual Código.

Art. 316. É lícito convencionar o aumento progressivo de prestações sucessivas.

Esse texto aparentemente diz respeito a índices de correção monetária, portanto cláusula móvel das prestações, além de abrir válvula à inclusão de juros compostos nas prestações, algo que, sem dúvida, converte-se em terreno pedregoso para os interessados e dependerá dos ventos da jurisprudência. Há, portanto, todo um embasamento peculiar no pagamento quando este é estabelecido em dinheiro. Tudo se deve, sem dúvida, às experiências inflacionárias que tivemos no passado.

Todavia, o aumento progressivo de prestações sucessivas pode ter outra base contratual, diversa do aqui exposto, o que deve ser examinado no caso concreto.

As obrigações de trato sucessivo, isto é, aquelas que se alongam no tempo, podem sofrer, e ordinariamente sofrem, depreciação na moeda utilizada como meio de pagamento. É menos normal, aliás não usual, mas também pode ocorrer que a moeda se valorize, mas não é disso que trata o presente dispositivo. Essa norma é nova no ordenamento civil e certamente merecerá o cuidado periódico das autoridades financeiras para evitar abusos e para adequar-se às políticas econômicas. O texto é, portanto, de alto risco e melhor seria que não estivesse presente em um Código Civil, relegando-se ao momento dos contratos e à legislação ordinária e às resoluções periódicas a possibilidade que descreve, pois, sem dúvida, trata-se de um incentivo inflacionário. Recorde-se que a Lei nº 9.069/95 prescreveu periodicidade anual de correção monetária nos contratos.

Ocorre, porém, que o presente texto legal exprime-se em *"aumento* progressivo das prestações". Em uma interpretação exclusivamente gramatical, distante da exegese sistemática, pode-se entender que "aumento" nessa situação não se refere a correção monetária ou a juros agregados, mas simplesmente a um valor majorado nas prestações. Assim, pela singeleza do texto, nada impede que numa compra e venda a prazo, as primeiras prestações sejam de 100, outras sucessivas de 110, prestações semestrais de 200 e assim por diante. No entanto, parece-nos por demais linear e acanhada essa interpretação no contexto amplo que o legislador deu ao pagamento nesses artigos. Ademais, nunca se duvidou e nem se questionou a validade de um contrato com essa alteração sucessiva de prestações, fora do contexto inflacionário. Por outro lado, também não parece apropriada a exegese que esse aumento de prestações dependeria de condições outras e mais gravosas que adviessem no curso do cumprimento do contrato. Também nessa situação não haveria necessidade de autorização legal expressa.

Art. 317. Quando, por motivos imprevisíveis, sobrevier desproporção manifesta entre o valor da prestação devida e o do momento de sua execução, poderá o juiz corrigi-lo, a pedido da parte, de modo que assegure, quanto possível, o valor real da prestação.

Esse artigo permite que o juiz corrija o valor do pagamento, a pedido da parte, quando ocorrerem fatos imprevisíveis que proporcionem defasagem manifesta entre o valor original da prestação devida e o valor do momento da execução da prestação. Cuida-se de aplicação específica da *teoria da imprevisão*, teoria da *excessiva onerosidade* ou de *revisão judicial das prestações* dinâmica, para cujos princípios e artigos respectivos chamamos a atenção. Há uma vasta literatura em torno dessa problemática que deve ser consultada e refoge ao âmbito destes comentários. Tratamos desse assunto em nosso *Direito Civil: Obrigações...*

Assim como na teoria da imprevisão, aplicação mais ampla da *cláusula rebus sic stantibus*, essa válvula não pode se converter em placebo jurídico nem em válvula para o injusto enriquecimento.

Os motivos imprevisíveis, primeiro requisito do texto, baloiçam aos ventos do mundo fático e não são, convenhamos, facilmente caracterizáveis. A pandemia que o País e o mundo atravessaram em 2020 é exemplo palpável. A desproporção manifesta entre o valor devido e o momento da execução (segundo requisito) deve ser provada pelos meios de prova possíveis, geralmente contábeis, financeiros e econômicos, quando não for a hipótese de fatos notórios, que não dependem de prova. Esses elementos devem chegar, tanto quanto possível, ao valor real e admissível da prestação (conclusão da premissa legal), sabendo-se que há índices mais ou menos acurados e que nenhum deles satisfaz plenamente o chamado valor real ou justo, embora o preço justo não ingresse comumente nesse raciocínio.

Para a obtenção do resultado colimado no texto há necessidade, como ressalta aos olhos, de ação judicial específica de revisão de valores das prestações, quando não for possível a negociação e conciliação. A correção monetária é valor agregado que traduz um valor real da prestação e não se amolda ao presente texto, devendo ser levada em conta como uma questão tangencial.

Enunciado nº 17, I Jornada de Direito Civil – CJF/STJ: A interpretação da expressão "motivos imprevisíveis" constante do art. 317 do novo Código Civil deve abarcar tanto causas de desproporção não previsíveis como também causas previsíveis, mas de resultados imprevisíveis.

Apelação. Ação de revisão contratual. Anterior demanda em que foi reconhecida a nulidade parcial da cláusula que previu reajuste das mensalidades devidas pela ora apelante com base no salário mínimo. Desproporção superveniente manifesta entre o valor da fixação da prestação e o momento da execução, diante da ausência de atualização monetária. Art. 317 do CC. Determinação de correção pelo IPCA-E que não foi objeto de impugnação específica pelo devedor. Manutenção. Sentença mantida. Recurso desprovido (*TJSP* – Ap. 1056071-09.2017.8.26.0002, 11-1-2019, Rel. Azuma Nishi)

Tutela de urgência. Ação revisional. Decisão que indeferiu tutela provisória de urgência, por meio da qual a autora pretendia rever valor do aluguel. Inconformismo. Acolhimento. Presença dos requisitos do art. 300 do CPC/15. Probabilidade do direito invocado. *Prima facie*, a pandemia de COVID-19 se apresenta como fato imprevisível capaz de interferir no negócio jurídico e autorizar a revisão do contrato, com base na teoria da imprevisão. A conservação do negócio, ademais, atende à função social do contrato. Revisão cabível, nos termos do art. 317 do Código Civil. Perigo de dano. Inadimplemento dos locativos que pode fundamentar pedido de despejo e interromper as atividades da agravante. Tutela de urgência concedida parcialmente. Valor do 13º aluguel calculado com base nos locativos pagos no ano de 2020. Substituição do IGP-M pelo IPCA. Recurso provido em parte (*TJSP* – AI 2298701-80.2020.8.26.0000, 14-5-2021, Rel. Rosangela Telles).

🔨 Ação de obrigação de fazer e não fazer cumulada com restituição de valores – Prestação de serviço – Fornecimento de energia elétrica – Autora – Pretensão – Faturamento pelo que efetivamente consumido – Cláusula do volume mínimo contratado – Afastamento – Possibilidade – Pandemia da covid-19 – Teoria da imprevisão – Inteligência do art. 317 Código Civil – Precedentes da Corte – Sentença – Manutenção – Apelo da ré não provido (*TJSP* – Ap. 1015413-87.2020.8.26.0114 – 12-5-2021, Rel. Tavares de Almeida).

🔨 Agravos de instrumento. Ação revisional de aluguel. Decisão do juízo singular que reduziu o valor do aluguel em dois terços. Locação comercial. Tutela provisória de urgência (art. 300, do CPC/15). Aferição da probabilidade do direito e do perigo de dano ou risco ao resultado útil do processo. Pandemia da covid-19. Evento extraordinário e imprevisível (arts. 317 e 421-A, do CC/02). Alteração sucessiva do cenário ao longo da tramitação do recurso. Medidas mais recentes adotadas pelo estado do paraná que restringem a circulação de pessoas e permite atividades não essenciais em horários específicos e observadas regras rígidas. Município, em que está o imóvel locado, que se encontra com elevadíssima ocupação de leitos para infectados pela covid-19. Cenário de pandemia que importa em dificuldades no plano sanitário, político, social e econômico. Fatos notórios (arts. 374, I, e 375, do CPC/15). Recessão econômica que autoriza a interferência do poder judiciário nas relações privadas. Teoria da imprevisão (art. 371, do CC/02). Necessidade de preservar a paridade da relação locatícia. Paralisação ou redução de suas atividades que impacta tanto a locatária, quanto o locador. Distribuição do ônus. Modificação das bases do contrato de acordo com a razoabilidade e a proporcionalidade. Precedentes do tribunal. Consideração dos efeitos práticos da decisão, não sendo possível decidir com base em valores jurídicos abstratos (art. 8º, do CPC/15, e art. 20, da LINDB/42). Redução do aluguel pela metade enquanto perdurar a pandemia. Preservação do contrato e equilíbrio dos interesses das partes. Possibilidade de compensação que deve ser discutida na origem, sob pena de violação ao duplo grau de jurisdição. Possibilidade de revisão do valor ao longo da instrução. Recurso conhecido e provido em parte (*TJPR* – Ap. 0042887-80.2020.8.16.0000, 3-5-2021, Carlos Henrique Licheski Klein).

🔨 Agravo de instrumento – Embargos à execução de título extrajudicial – Pretensão de parcelamento compulsório e liminar da dívida em 120 (cento e vinte) prestações mensais – Impossibilidade de, em regra, obrigar-se o credor a receber o *quantum* executado na forma pretendida pelo devedor mediante imposição judicial de alteração do modo de execução da prestação avençada (princípios contratuais da autonomia privada e da *pacta sunt servanda*), ressalvada a possibilidade de revisão do contrato no caso de **desproporção superveniente e manifesta entre o valor da prestação devida e o do momento de sua execução** decorrente de motivos imprevisíveis, conforme estabelece o art. 317 do CC-2002, que acolheu a teoria da imprevisão (relacionada ao princípio do equilíbrio econômico do contrato) – Agravantes que sequer intentam demonstrar a existência de causas imprevisíveis, restringindo-se a suscitar supostas abusividades praticadas pela instituição financeira que, no entanto, não encontram amparo na jurisprudência seja desta corte seja dos tribunais superiores – Impossibilidade, na hipótese, de interferência judicial no contrato, com amparo na teoria da imprevisão, tendente a determinar o parcelamento compulsório da dívida – Decisão interlocutória mantida – Recurso conhecido e não provido (*TJPR* – AI 1165113-3, 23-4-2014, Rel. Juiz Conv. Subst. Francisco Eduardo Gonzaga de Oliveira).

Art. 318. São nulas as convenções de pagamento em ouro ou em moeda estrangeira, bem como para compensar a diferença entre o valor desta e o da moeda nacional, excetuados os casos previstos na legislação especial.

Vimos que atualmente tal pagamento, como regra geral, só pode ser feito em moeda corrente no país, proibida a moeda estrangeira. A Lei nº 10.192/2001, na mesma senda da legislação especial anterior (Decreto nº 23.501/33), estabeleceu expressamente no art. 1º que todas as estipulações pecuniárias devem ser em Real, moeda corrente no país. Os negócios em moeda estrangeira somente são permitidos, por exceção, nos contratos de importação e exportação; nos contratos de compra e venda de câmbio e nos contratos celebrados com pessoa residente e domiciliada no exterior. O presente artigo expressa-se no mesmo sentido, proibindo as convenções de pagamento em ouro ou em moeda estrangeira, excetuados os casos da legislação especial.

🔨 Apelação cível. Embargos à execução. Instrumento particular de confissão de dívida. Contratação em dólares americanos. Pagamento em moeda nacional. Nulidade não verificada. Improcedência mantida. Pagamento. Moeda: considerando que no contrato celebrado entre as partes o pagamento previsto não se dá em moeda estrangeira, mas sim em moeda nacional (Real), não há infringência ao disposto no artigo 318, do CC, às Leis n. 10.191/01 e n. 8.880/94, ao Decreto-Lei n. 857/69, tampouco à jurisprudência consolidada do e. Superior Tribunal de Justiça, razão pela qual não configurada a nulidade do título executivo extrajudicial. Prequestionamento: o prequestionamento de normas constitucionais e infraconstitucionais fica atendido nas razões de decidir deste julgado, o que dispensa manifestação pontual acerca de cada artigo aventado. Tampouco se negou vigência aos dispositivos normativos que resolvem a lide (*TJRS* – Ap. 70080529209, 25-4-2019, Rel. Eduardo João Lima Costa).

Direito civil – Ação de cobrança prestação de serviços – Inadimplemento – Indenização em desfavor do contratado – Indevida – **Pagamento em moeda estrangeira** – Necessidade de conversão para a moeda nacional – Cabimento – Recurso conhecido e não provido – Decisão unânime (*TJAL* – AC 2011.001221-2 – (6-1802/2011), 1º-12-2011, Rel. José Cícero Alves da Silva).

Art. 319. O devedor que paga tem direito a quitação regular, e pode reter o pagamento, enquanto não lhe seja dada.

Enunciado nº 18, I Jornada de Direito Civil – CJF/STJ: A "quitação regular" referida no art. 319 do novo Código Civil engloba a quitação dada por meios eletrônicos ou por quaisquer formas de "comunicação a distância", assim entendida aquela que permite ajustar negócios jurídicos e praticar atos jurídicos sem a presença corpórea simultânea das partes ou de seus representantes.

Apelação cível. Civil e Processual Civil. Ação de obrigação de fazer c/c danos morais. Atraso na entrega do habite-se. Multas contratuais. Pretensão de cobrança prescrita. Prazo quinquenal. Renúncia tácita da prescrição. Pagamento integral do débito. Interesse processual verificado. Preliminar rejeitada. Quitação. Baixa da obrigação de fazer. Direito da devedora. Sentença parcialmente reformada. 1. O Código Civil dispõe, no art. 191, a possibilidade de o devedor renunciar a prescrição que lhe favorece, desde que o prazo prescricional já esteja esgotado e a renúncia não gere prejuízos a terceiros. 2. Comprovada a ciência da devedora sobre o transcurso do prazo prescricional e o posterior pagamento espontâneo da dívida, a renúncia tácita da prescrição é manifesta. 3. O devedor que voluntariamente paga dívida prescrita, não tem direito à repetição do montante despendido (art. 882 do Código Civil). 4. A entrega da "Baixa de Obrigação de Fazer" é direito da devedora que saldou a totalidade do débito, pois, conforme previsto no art. 319 do CC/02, "O devedor que paga tem direito a quitação regular". 5. Apelação conhecida e parcialmente provida. Preliminar rejeitada (*TJDFT* – Ap. 0708143-89.2019.8.07.0004, 13-5-2020, Rel. Robson Teixeira de Freitas)

Cédula de crédito bancário – Hipoteca – Quitação do débito – Liberação ou baixa da hipoteca determinada pela r. sentença – Possibilidade – **O devedor que paga tem direito à quitação regular** – Inteligência do art. 319 do CC – Sentença mantida, nos termos do art. 252 do Regimento Interno deste e. Tribunal de Justiça de São Paulo. Recurso não provido (*TJSP* – Ap. 1012344-57.2014.8.26.0114, 21-9-2016, Relª Denise Andréa Martins Retamero).

Art. 320. A quitação, que sempre poderá ser dada por instrumento particular, designará o valor e a espécie da dívida quitada, o nome do devedor, ou quem por este pagou, o tempo e o lugar do pagamento, com a assinatura do credor, ou do seu representante.
Parágrafo único. Ainda sem os requisitos estabelecidos neste artigo valerá a quitação, se de seus termos ou das circunstâncias resultar haver sido paga a dívida.

Esses dois artigos sobre quitação possuem conteúdo próximo que justificam seus comentários em conjunto.

Prova é a demonstração material, palpável de um fato, ato ou negócio jurídico. Trata-se de manifestação externa de um acontecimento. Constitui uma evidência, como fala o Direito. Quem paga tem direito a se munir de prova desse pagamento, da *quitação*. Assim trata o texto peremptório do art. 319. A quitação regular é documento fundamental para o *solvens*.

O art. 320 descreve os requisitos do recibo, instrumento da quitação. Trata-se de prova cabal de pagamento. Admite-se prova testemunhal quando houver começo de prova por escrito, em documento emanado da parte contra quem se quer fazer valer o documento e nos casos em que o credor, moral ou materialmente, não tinha condições de obter a quitação, exemplificando a própria lei (art. 444 do CPC) com o parentesco, depósito necessário ou hospedagem em hotel. Contudo, o texto da lei é meramente enunciativo.

Recibo é o documento idôneo para comprovar o pagamento das obrigações de dar e fazer. Nas obrigações de não fazer, o ônus da prova é do credor, que deve evidenciar se foi praticado o ato ou os atos.

A quitação, contendo os requisitos do art. 320, não necessita ter a mesma forma do contrato. Um escrito particular pode, por exemplo, valer como quitação para uma obrigação contraída por instrumento público. Este Código acrescentou no art. 320 que a quitação pode ser dada sempre por instrumento particular. Nada impede, porém, que seja dada por instrumento público e, se fornecida por instrumento particular, não exigirá palavras sacramentais, basta que se refira claramente ao pagamento da obrigação, o qual, aliás, pode ser parcial. Se ressalva alguma for feita no instrumento, entende-se que a quitação se refere a todo débito. Nesse sentido, apresenta-se o parágrafo único do atual art. 320. Nem mesmo o instrumento poderá ter sido elaborado com a finalidade de quitação, mas servirá para tal nos termos desse parágrafo, o que torna a compreensão de quitação bastante flexível. Note que o comércio eletrônico simplificou muito as transações, mas não prescinde da regular quitação.

O termo *quitação* vem do latim *quietare*, que significa acalmar, deixar tranquilo. É uma forma de deixar tranquilo o devedor. Trata-se de um direito dele; um dever do credor de dar a quitação, uma vez recebido o pagamento. A Lei do Inquilinato, Lei nº 8.245/1991, erige como crime (art. 44, I) a recusa do fornecimento de recibo de aluguel nas habitações coletivas multifamiliares.

Dispõe o art. 319 acerca da possibilidade de retenção do pagamento, enquanto não for dada a quitação ao devedor. Esse direito de negar o pagamento, como se vê, é aplicação específica da *exceptio non adimpleti contractus*.

Se o credor, em situações ordinárias, se recusar a conceder a quitação ou não a der na devida forma, pode o devedor acioná-lo, e a sentença substituirá a regular quitação. Trata-se de ação para obrigar o réu a uma manifestação de vontade. A sentença substituirá essa vontade renitente.

⚖ Apelação cível. Embargos à execução. Cobrança de duplicatas. Pagamento não comprovado. Embargante que defende que a dívida já foi integralmente quitada, consoante termo de quitação, assinado por ex-sócia da exequente. Prova carreada aos autos a indicar que o termo de quitação foi firmado por pessoa que, na data em que ajustado, não mais compunha o quadro social da parte credora. Considerando que a assinatura do credor ou de seu representante é um dos requisitos de validade da quitação e, não atendidos os requisitos do art. 320 do CC, de rigor o reconhecimento da higidez da dívida. Mantida a sentença de improcedência dos embargos à execução. Fixados honorários recursais. Negaram provimento ao apelo. Unânime (*TJRS* – Ap. 70083094599, 14-4-2020, Rel. Nelson José Gonzaga).

⚖ Apelação cível. Ação de execução de título extrajudicial. Nota promissória. Alegação de quitação do débito não demonstrada. **Comprovação do pagamento através de recibo ou documento equivalente.** Ausência. 1. À luz do princípio da cartularidade, presume-se credor aquele que se encontra na posse do título, desta forma, efetuado o pagamento, cabe ao devedor a exigência da devolução da respectiva nota promissória. 2. Nos termos do art. 320, do Código Civil, a quitação, que sempre poderá ser dada por instrumento particular, designará o valor e a espécie da dívida quitada, o nome do devedor, ou quem por este pagou, o tempo e o lugar do pagamento, com a assinatura do credor, ou do seu representante. Inexistindo prova do pagamento do débito não há falar em quitação ou desobrigação expressa do título cambiário. Apelo conhecido e desprovido. Sentença mantida (*TJGO* – Acórdão: Apelação Cível 336314-22.2000.8.09.0105 (200093363141),15-3-2011, Rel. Des. Camargo Neto).

Art. 321. Nos débitos, cuja quitação consista na devolução do título, perdido este, poderá o devedor exigir, retendo o pagamento, declaração do credor que inutilize o título desaparecido.

Há débitos literais, isto é, representados por um título (cheque, nota promissória). Em tais casos, a posse do título pelo credor é presunção de que o título não foi pago. Daí a necessidade da declaração citada neste texto, para a hipótese de extravio. O *solvens* pode exigir que o credor declare que inutiliza a cártula. A devolução do título do devedor presume o pagamento, bem como a legitimidade daquele que entrega o documento. Trata-se, como se nota, de presunção *iuris tantum*. Embora esse texto legal enfoque apenas a hipótese de desaparecimento, aplica-se também no caso de recusa na devolução do título.

Se o credor vier a perder o título, como uma nota promissória endossável, por exemplo, terá de promover procedimento de justificação que retire sua eficácia. Sem essa justificação, o devedor poderá validamente reter o pagamento.

⚖ Cambial – Duplicata mercantil – Protesto indevido – Inocorrência – Alegação da autora de que houve pagamento da duplicata protestada – Ônus da prova que competia à autora: art. 373, I, do CPC/2015 – Recibo apresentado aos autos, desacompanhado de outros elementos, não é hábil a comprovar que a ré tinha ciência de que o depósito realizado se referia à duplicata protestada – Recibo que não tem os requisitos do art. 321 do CC/2002 – Quando de sua realização o protesto era devido – Improcedência da ação declaratória de inexistência de débito c.c. indenização por dano moral – Sentença mantida – Honorários recursais – Cabimento – Honorários advocatícios majorados de 10% para 15% sobre o valor da causa – Recurso desprovido, com observação (*TJSP* – Ap. 1060039-71.2017.8.26.0576, 25-6-2020, Rel. Álvaro Torres Júnior).

⚖ Apelação. Despejo por falta de pagamento. Relação locatícia. Presença de negócio jurídico consistente em cessão de direito do imóvel pelos locatários ao locador. Preço não pago na integralidade. Questões que versam sobre a existência de crédito, ou débito, entre as partes. Reconvenção. Documentos que demonstram a existência de pagamento parcial do preço. Ausência de prova da quitação. Quitação do pagamento que deve ser comprovada documentalmente (arts. 319 a 321 do CC). Sentença parcialmente reformada. Recurso parcialmente provido (*TJSP* – Ap. 4006457-23.2013.8.26.0002, 18-2-2019, Rel. L. G. Costa Wagner)

Art. 322. Quando o pagamento for em quotas periódicas, a quitação da última estabelece, até prova em contrário, a presunção de estarem solvidas as anteriores.

A partir desse artigo, o Código passa a tratar de presunções de pagamento. São presunções relativas, as quais, portanto, admitem prova em contrário. Aqui cuida-se de hipótese de prestações periódicas, presumindo-se que a quitação da última faz concluir que as precedentes estão pagas. A questão, na verdade, tem mais relação com o ônus da prova. Provado o último pagamento, em princípio, o ônus da prova quanto aos demais passará ao credor, porque a presunção é estabelecida em favor do devedor. Essa presunção legal baseia-se na regra do razoável, naquilo que ordinariamente ocorre.

O mais lógico é entender que o credor não receberia a última prestação, se a anterior não tivesse sido paga. Admite-se, no entanto, prova em contrário. Daí por que é costume, por exemplo, nas contas de fornecimento de energia elétrica ou de outros serviços essenciais ou semelhantes, periódicos, inserir a declaração de que a quitação da última conta não faz presumir a quitação de débitos anteriores. Não cabe, contudo, ao credor, segundo alguns, em se tratando de prestações sucessivas, recusar-se ao recebimento da última, se não recebeu alguma anterior: deve receber com ressalva, a fim de evitar a presunção legal (cf. LOPES, 1966, v. 2, p. 206). É defensável também a posição de que o credor pode opor-se ao recebimento nessa situação, tendo em vista que o devedor já está em mora. No campo tributário, por exemplo, não prepondera essa presunção: o contribuinte deverá comprovar todos os pagamentos.

✍ Civil. Processual civil. Apelação. Monitória. Título de crédito em poder do credor. Comprovação do débito. Art. 322 do Código Civil. Presunção de pagamento. Afastada. 1. A presunção de pagamento das prestações anteriores, conforme previsto no art. 322 do CC, é relativa, podendo ser afastada pela comprovação do débito. 2. O credor, nos termos do art. 373, I, do CPC, fez prova do fato constitutivo do seu direito, pois apresentou para cobrança os títulos originários do crédito perseguido. 3. Como a posse do título de crédito faz presumir sua quitação pelo devedor (art. 324 do CC), sua detenção pelo credor firma a presunção de não pagamento. 4. Nos termos do inciso II do art. 373 do CPC, é ônus do devedor provar a quitação da última quota/prestação para ver incidir a presunção de pagamento das anteriores. Precedentes. 5. Não havendo a prova da quitação da última parcela, não há como prevalecer a presunção de pagamento das anteriores, razão pela qual a apelante deverá arcar com a dívida cobrada. 6. Apelação desprovida (*TJDFT* – Ap. 07106123120178070020, 5-6-2019, Rel. Alfeu Machado)

✍ Compra e venda de veículo – Financiamento – Quitação – Presunção – Inteligência do art. 322 do CC/02 – Inadimplemento contratual – Fornecedor – Responsabilização – Danos morais – Não configuração – Improcedência – Segundo disposto no artigo 322 do CC/02, "**Quando o pagamento for em quotas periódicas, a quitação da última estabelece, até prova em contrário, a presunção de estarem solvidas as anteriores**" –– Não obstante ser o aborrecimento ínsito ao inadimplemento ou mesmo cumprimento imperfeito da obrigação, ressalvadas questões excepcionais, dificilmente tal situação chega a lesionar a dignidade enquanto manifestação da subjetividade humana e, por conseguinte, gerar o dano moral, uma vez que num primeiro momento seus efeitos restam adstritos ao âmbito patrimonial (*TJMG* – AC 1.0145.15.020175-7/001, 21-9-2016, Rel. Alberto Diniz Junior).

Art. 323. Sendo a quitação do capital sem reserva dos juros, estes presumem-se pagos.

Essa regra é intuitiva, repetindo o texto dicção do Código anterior. Se o *accipiens* ainda tiver e desejar receber juros, ao receber o capital sem eles, deve fazer a ressalva de modo expresso.

A presente regra deve se harmonizar com à do art. 92 pela qual o acessório sempre segue o principal. Aqui, nesse dispositivo, discutiu-se se essa presunção era absoluta ou relativa. A maioria propendeu por entendê-la relativa, que é a posição mais justa. Os juros são frutos civis do capital. Há que se recordar da regra do art. 354, segundo a qual, havendo capital e juros, o pagamento imputar-se-á primeiro nos juros vencidos e depois no capital.

✍ Recurso inominado. Ação declaratória de inexistência de débito c/c indenizatória. Inscrição indevida. Prova de pagamento de fatura de débitos pretéritos. Cobrança posterior de encargos moratórios sem acréscimo de juros, visto que presumidamente pagos. Aplicação do art. 323 do CC. Inscrição indevida. Danos morais configurados. Indenização arbitrada mantida. Recurso parcialmente provido (*TJRS* – Recurso Cível 71007467798, 18-7-2018, Rel. José Ricardo de Bem Sanhudo).

✍ Direito civil e processual civil – Ato processual – Anulação – Prejuízo – Necessidade – Pagamento – Juros – Forma de abatimento – Venda e compra – Bem imóvel – Imposto de renda – Cobrança de dívida já paga – Devolução em dobro – Má-fé do credor – Necessidade – 1- Vige em nosso sistema processual o chamado princípio do prejuízo, positivado no art. 249, §

1º, do CPC, segundo o qual não se anula ato processual que não tenha causado prejuízo à parte. Precedentes. 2- O art. 323 do CC/02 aplica-se apenas aos pagamentos efetivados pelo devedor em cota única ou à última prestação dos pagamentos parcelados, situação em que **a quitação do capital pelo credor, sem reserva dos juros, faz presumir terem estes sido pagos.** 3- Nos pagamentos parciais efetuados pelo devedor, vale a regra do art. 354 do CC/02, de modo que a quitação outorgada pelo credor, salvo estipulação em contrário, abrange apenas o valor recebido, o qual se imputará primeiro no abatimento dos juros e, havendo saldo, servirá para redução do principal. 4- Como, na venda e compra de bens imóveis, não é praxe imputar ao comprador o dever de arcar com o imposto de renda a ser pago pelo vendedor, é de se esperar que tal obrigação conste expressamente do contrato. Ademais, o fato gerador do imposto de renda não é a venda e compra de imóveis. Trata-se, nos termos do art. 43 do CTN, de tributo a ser pago em virtude da aquisição da disponibilidade econômica ou jurídica da renda ou de proventos de qualquer natureza. Na hipótese específica dos autos, houve a incidência do imposto de renda porque o vendedor auferiu lucro com a operação, isto é, obteve ganho de capital (acréscimo patrimonial), vendendo o imóvel por um preço maior do que aquele por ele pago quando da aquisição do bem. Sendo assim, por não constituir um encargo derivado diretamente do negócio celebrado pelas partes, o imposto de renda não poderia estar compreendido na obrigação assumida pelo comprador. 5- A aplicação da sanção prevista no artigo 1.531 do Código Civil de 1916 (mantida pelo art. 940 do CC/2002) – Pagamento em dobro por dívida já paga ou pagamento equivalente a valor superior do que é devido – Depende da demonstração de má-fé, dolo ou malícia, por parte do credor. Precedentes. Negado provimento ao agravo interno do primeiro recorrente. Agravo interno do segundo recorrente provido, para dar parcial provimento ao seu recurso especial (STJ – AgRg-REsp 1.079.690 – (2008/0170899-1), 16-6-2011, Rel. Min. Sidnei Beneti).

Art. 324. A entrega do título ao devedor firma a presunção do pagamento.
Parágrafo único. Ficará sem efeito a quitação assim operada se o credor provar, em sessenta dias, a falta do pagamento.

O texto se ampara nos títulos de crédito que se apresentam com literalidade e certeza. A cártula, nessa hipótese, representa o crédito, daí por que sua tradição ao devedor estabelece a presunção de pagamento. Não é propriamente a entrega do título que faz presumir o pagamento, mas sua posse. Conjuga-se com o art. 321, que menciona a perda do título. A presunção, porém, não terá aplicação *de per si*, quando o crédito representar-se por mais de uma via do título ou por outros documentos.

Trata-se de mais uma presunção em favor do devedor. O parágrafo aponta prazo decadencial de 60 dias para o credor provar em contrário, isto é, a falta de pagamento. Quando necessário, deverá promover ação judicial nesse sentido, nesse prazo, que se conta a partir da entrega do título. O documento poderá ter chegado de forma irregular às mãos do devedor. Decorrido esse prazo, a presunção opera de forma plena.

Este Código excluiu a regra que constava do art. 945, § 2º, do estatuto anterior que não permitia ao credor provar o não pagamento em 60 dias, quando a quitação fosse dada por escritura pública. O texto fora muito criticado pela doutrina, pois causava perplexidade por sua evidente impropriedade não só de fundo como de forma.

⚖ Civil. Processual civil. Apelação. Monitória. Título de crédito em poder do credor. Comprovação do débito. Art. 322 do Código Civil. Presunção de pagamento. Afastada. 1. A presunção de pagamento das prestações anteriores, conforme previsto no art. 322 do CC, é relativa, podendo ser afastada pela comprovação do débito. 2. O credor, nos termos do art. 373, I, do CPC, fez prova do fato constitutivo do seu direito, pois apresentou para cobrança os títulos originários do crédito perseguido. 3. Como a posse do título de crédito faz presumir sua quitação pelo devedor (art. 324 do CC), sua detenção pelo credor firma a presunção de não pagamento. 4. Nos termos do inciso II do art. 373 do CPC, é ônus do devedor provar a quitação da última quota/prestação para ver incidir a presunção de pagamento das anteriores. Precedentes. 5. Não havendo a prova da quitação da última parcela, não há como prevalecer a presunção de pagamento das anteriores, razão pela qual a apelante deverá arcar com a dívida cobrada (TJDFT – Ap. 0710612-31.2017.8.07.0020, 5-6-2019, Rel. Alfeu Machado)

⚖ Apelação – Embargos do devedor – Agravo retido – Improvido – Testemunha contraditada – **Prova desnecessária e imprestável para comprovar pagamento de título de crédito** – Recibo ou entrega do título – Recurso improvido. Inexiste cerceamento de defesa no indeferimento de prova testemunhal que objetiva comprovar o pagamento de dívida representada por título de crédito. A prova testemunhal é a mais frágil de todas e, em se tratando de notas promissórias, o pagamento deve ser provado pelo recibo (art. 320, do Código Civil de 2002) ou pela entrega do título ao devedor (art. 324, do mesmo diploma legal). É lícito ao devedor reter o pagamento enquanto não lhe for dada a quitação regular (art. 319, do Código Civil de 2002). Se não existe prova do pagamento, a dívida persiste (TJMG – Acórdão Apelação Cível 1.0024.10.015599-3/001, 16-2-2011, Rel. Des. Marcelo Rodrigues).

Art. 325. Presumem-se a cargo do devedor as despesas com o pagamento e a quitação; se ocorrer aumento por fato do credor, suportará este a despesa acrescida.

Em princípio, o credor deve receber seu crédito de forma integral, sem qualquer dedução. O texto repete regra do estatuto anterior, mas acrescenta hipótese importante, ao mesmo tempo que simplifica a compreensão: o devedor deve arcar com as despesas de pagamento e quitação, mas, se ocorrer aumento dessas despesas por fatos imputáveis ao credor, este suportará a despesa acrescida. Assim, por exemplo, se o credor solicitar que o pagamento seja feito por transferência bancária, que tem um custo, algo que não estava acordado de início, deverá ele suportar essa nova despesa. O presente texto legal refere-se a despesas extrajudiciais, pois as judiciais são reguladas pelo estatuto processual (art. 82, § 2º, 84 e 85 do CPC).

Ação cominatória julgada procedente. Inconformismo da cooperativa-ré firme na tese de que não pode ser compelida a emitir boletos bancários porque (1) não é instituição financeira – (2) o autor se obrigou a pagar o valor das parcelas no seu estabelecimento; e, (3) a obrigação assumida pelo autor é *portable*. Acolhimento. Autor que aceitou a característica *portable* da obrigação. Presunção legal de que **correm a cargo do devedor as despesas com o pagamento e a quitação**. Art. 325, do CC. Sucumbência fixada. Recurso provido (*TJSP* – Ap. 3001808-14.2009.8.26.0506, 18-4-2013, Rel. Moura Ribeiro).

Art. 326. Se o pagamento se houver de fazer por medida, ou peso, entender-se-á, no silêncio das partes, que aceitaram os do lugar da execução.

Esse texto ainda leva em conta o Brasil, que ainda existe, que se apega a antigas práticas, não se referindo ao sistema métrico. As partes podem ter negociado em arrobas ou alqueires, medidas que são diversas em várias regiões do país. Assim, se os interessados contratam a compra e venda de imóvel em Goiás, referindo-se a alqueires, firmando-o em São Paulo, na dúvida há de se entender como alqueires goianos. A presunção é, evidentemente, relativa. Não é uma situação confortável para os intérpretes em pleno século XXI.

Seção IV
Do Lugar do Pagamento

Art. 327. Efetuar-se-á o pagamento no domicílio do devedor, salvo se as partes convencionarem diversamente, ou se o contrário resultar da lei, da natureza da obrigação ou das circunstâncias.
Parágrafo único. Designados dois ou mais lugares, cabe ao credor escolher entre eles.

No silêncio da avença, o pagamento será efetuado no domicílio do devedor. É a regra geral desse dispositivo. Em geral, portanto, a dívida é *quérable*. Cabe ao credor procurar o devedor para a cobrança. Se não o fizer, após o vencimento o credor estará em mora *accipiendi*.

Em caso de disposição contratual em contrário, muito comum, aliás, quando o devedor deve procurar o credor em seu domicílio, ou no local por ele indicado, a dívida é *portable*.

O lugar do pagamento é importante para a obrigação porque estabelece onde ela deve ser cumprida, isto é, onde o devedor deve pagar e onde o credor pode exigir o pagamento. Será inadimplente quem paga em local diverso do acordado.

Sempre será o acordo das partes que prevalecerá. A matéria é dispositiva, de acordo com o art. 78. Há obrigações que, por força de circunstâncias ou de sua natureza, mormente de usos ou costumes, devem ser executadas ora no domicílio do credor, ora no domicílio do devedor. A lei também pode fixar o lugar do pagamento. Tudo isso está nesse artigo. Suas regras são sempre supletivas da vontade das partes.

O parágrafo único acresce que, se forem designados dois ou mais lugares, caberá ao credor a escolha. O credor deve, no entanto, manifestar sua escolha ao devedor, em tempo hábil, para que este possa efetuar o pagamento.

Problema surge quando o devedor muda de domicílio. O credor não pode ficar preso ao capricho do devedor. Embora haja divergência na doutrina, e sendo a lei omissa, o mais lógico é que o credor opte por manter o mesmo local originalmente fixado. Se isso não for possível e o pagamento tiver que ser necessariamente feito em outro local, no novo domicílio do devedor, arcará este com as despesas acarretadas ao credor, tais como taxas de remessa bancária, viagens etc.

Embora o contrato possa estabelecer a dívida como *quérable*, se ordinária e continuamente o devedor procura o credor para pagar, há *animus* de mudança de local de pagamento. Ou vice-versa. A habitualidade há de ser vista como intenção de mudar o lugar de pagamento, salvo se as partes fizerem ressalva que a inversão do que consta no contrato é mera liberalidade. A grande importância na exata fixação do lugar do pagamento reside na ocorrência da mora. Quem paga em lugar errado, paga mal, na grande maioria das vezes.

Recurso inominado. Ação de cobrança. Incompetência territorial do juízo. Ação ajuizada no domicílio do autor. Infringência ao disposto no art. 4º, II, da Lei 9.099/95. Inteligência do art. 327 do CC que prevê que o pagamento, em regra, se efetua no domicílio do devedor. Não havendo acordo em sentido diverso entre as partes, a ação deve tramitar no foro do domicílio da parte ré. Extinção da ação, com fulcro no art. 51, III, da Lei 9.099/95. Sentença mantida. Recurso desprovido (*TJRS* – Recurso Cível 71008400434, 26-6-2019, Rel. Alexandre de Souza Costa Pacheco).

Apelação – Obrigação de fazer. Relação de consumo. Empréstimo consignado. Descontos que deixaram de ser efetivados no prazo e na forma contratados: ao Banco incumbia, antes de liberar o empréstimo, verificar a margem consignável correspondente à transação. **Dívida quesível** (CC/02, art. 327). Condições do contrato alteradas unilateralmente pelo credor, sem prévia comunicação ao devedor. Cancelamento. Dano moral não configurado. Parcial provimento, por maioria (*TJRJ* – Ap. 0007673-39.2006.8.19.0031, 7-3-2016, Rel. Jessé Torres Pereira Júnior).

⚖ Responsabilidade civil. Negativação indevida. **Dívida quesível**. Mora do credor. Sentença de improcedência. Inconformidade recursal, que se acolhe. Segundo a norma do artigo 327 do Código Civil, o pagamento é em regra quesível, a ser feito no domicílio do devedor, de modo que inexiste obrigatoriedade de se valer da via consignatória, com efeito liberatório da dívida. De tal sorte, ainda que vencida a dívida no respectivo termo, se não efetuadas as diligências necessárias para constituir o devedor em mora, a exemplo do envio de boleto de cobrança, segue-se que a inércia do credor afasta a *mora debitoris*. Indevida inscrição em cadastro de inadimplentes caracterizada. Dano moral *in re ipsa*, independentemente da comprovação da dor, sofrimento e humilhação pertinente à indevida negativação. *Quantum* indenizatório, que se arbitra em R$ 8.000,00, porquanto consentâneo com a razoabilidade e proporcionalidade. Encargos moratórios do parcelamento, que se afastam. Sentença em confronto com jurisprudência dominante do STJ e do TJRJ. Aplicação do art. 557, § 1º-A, do CPC. Provimento do recurso (*TJRJ* – Apelação Cível 0000928-28.2010.8.19.0023, 26-8-2011, Relª Desª Célia Maria Vidal Meliga Pessoa).

Art. 328. Se o pagamento consistir na tradição de um imóvel, ou em prestações relativas a imóvel, far-se-á no lugar onde situado o bem.

Este dispositivo trata de pagamento consistente na *tradição de um imóvel*, dizendo que far-se-á no lugar onde este se acha. O corrente Código melhora a redação e se refere ao "*lugar onde situado o bem*", mas não altera a inutilidade da regra. Washington de Barros Monteiro (1979, v. 4, p. 259) criticava, com razão, essa redação mais antiga, pois dava ideia de que o imóvel pode *movimentar-se*. Esse artigo não guarda interesse prático de monta. As prestações relativas a imóveis, ditas na lei, não significam aluguéis, mas são referentes a serviços só realizáveis no local do imóvel, como reparações de cerca, retificações de curso de córregos, mudança de servidão etc. No entanto, sempre que a natureza da obrigação o permitir, as partes poderão dispor diferentemente.

⚖ Consignação em pagamento. Escritura pública de venda e compra de imóvel. Lugar do pagamento. Partes que não ajustaram expressamente o lugar do pagamento. Nota promissória referente a prestações relativas a imóvel. Lugar do pagamento é no lugar onde o imóvel se situa ou do subscritor da nota promissória, no caso o devedor. Aplicação dos arts. 327 e 328 do CC, além de art. 76 da Lei Uniforme de Genebra. Dívida quesível. Obrigação do credor em buscar o pagamento das prestações na residência do devedor. Configurada "mora accipiendi". Devedor que efetuou os depósitos das parcelas em aberto. Cálculos da Contadoria Judicial que apurou diferença em favor do credor de R$ 721,24. Autor que efetuou o depósito dessa diferença. Valores depositados nos autos suficientes para quitação das prestações em aberto. Sentença de improcedência reformada para declarar cumprida a obrigação do autor. Inversão da sucumbência. Fixação dos honorários advocatícios em 10% dos valores depositados. Deferido levantamento pelo réu, com desconto das verbas da sucumbência. Recurso provido (*TJSP* – Ap. 0022331-02.2012.8.26.0019, 31-5-2017, Rel. Fernanda Gomes Camacho)

Art. 329. Ocorrendo motivo grave para que se não efetue o pagamento no lugar determinado, poderá o devedor fazê-lo em outro, sem prejuízo para o credor.

Essa regra ratifica o brocardo pelo qual nada se pode fazer perante uma impossibilidade. Imagine-se que o local do pagamento esteja isolado ou em estado de calamidade pública: o devedor poderá efetuar o pagamento em outro local, o mais cômodo possível para o credor. O motivo deve ser sério. A expressão "*sem prejuízo para o credor*" deverá ser entendida com reservas. O simples fato de o pagamento efetuar-se em outro local já acena com o descumprimento de uma obrigação. Se o credor deve ou não ser ressarcido dos incômodos de receber em local diverso do combinado é matéria para ser examinada no caso concreto. Lembre-se de que, como regra, o caso fortuito e a força maior não autorizam indenização e que o cumprimento da obrigação deve se efetuar da forma menos onerosa para o devedor. Note, também, que essa matéria pode ser versada e discutida em ação de consignação em pagamento. Por outro lado, a mudança do local do pagamento não pode ocorrer por mera conveniência do devedor.

⚖ Apelações cíveis – Ação de indenização – Danos morais e materiais – Agravo retido – Cerceio de defesa inocorrente – Rol de testemunhas não juntado – Art. 407, do CPC – Resolução nº 642, de 2010, do TJMG – Petição do rol por protocolo postal – Impossibilidade – Locação transformada em contrato de compra e venda – Acordo homologado em juízo – **Cumprimento diverso do pactuado – Possibilidade** – art. 329 do CC – Busca e apreensão proposta por terceiro – Bem alienado fiduciariamente – Justificado receio do comprador – Ação de busca e apreensão prematuramente requerida pelo vendedor – Ilicitude da conduta – Dever de reparar – Danos comprovados impostos – *Quantum* arbitrado – Proporcionalidade e razoabilidade – Lucros cessantes não comprovados – Multa contratual não devida – Ausência de liberação dos valores depositados em juízo em favor do comprador – Retenção dos documentos de transferência – Possibilidade – Nos termos do art. 407 do CPC, o rol de testemunhas deve ser juntado no prazo de 10 (dez) dias que antecedem a audiência de instrução e julgamento. A Resolução nº 642, de 2010, veda o envio da petição que apresenta rol testemunhal por protocolo postal, devendo ser protocolada no juízo em que será realizado o ato. Nos termos do art. 329 do CC, ocorrendo motivo grave para que não se efetue o pagamento no lugar determinado, poderá o devedor fazê-lo em local diverso do pactuado, sem prejuízo para o credor. A possibilidade de busca e apreensão dos veículos objeto da compra e venda homologada justifica o depósito em juízo das prestações pactuadas no acordo. É abusivo o requerimento de busca e apreensão dos veículos se a parte requerente/vendedora, que negociou bens alienados fiduciariamente, tem ciência dos depósitos judiciais efetuados pelo devedor/comprador, para cumprimento da obrigação acordada, em razão do fundado receio daquele de frustração da compra dos bens que são objetos de outra ação de busca e apreensão proposta por instituição financeira em face da parte vendedora. Configurada a conduta abusiva e ilícita, provado o dano e a existência de nexo de causalidade entre um e outro, impõe-se ao causador do dano o dever de repará-lo. A reparação civil deve ser completa, abrangendo todos os danos comprovados, sejam eles morais ou materiais. O *quantum* arbitrado para a reparação civil por danos morais deve observar os princípios da proporcionalidade e razoabilidade. Obedecidos tais princípios, não há que se falar em redução do valor aferido em primeira instância (*TJMG* – AC 1.0707.13.025002-0/001, 13-5-2016, Rel. Manoel dos Reis Morais).

Art. 330. O pagamento reiteradamente feito em outro local faz presumir renúncia do credor relativamente ao previsto no contrato.

Essa presunção é relativa, pois pode o contrato ter assinalado que o recebimento do pagamento em local diverso do indicado, ainda que reiterado, é feito por mera liberalidade, sem prejuízo de o credor exigi-lo no local apontado. Não se deve esquecer que, nesse caso, como em qualquer situação contratual, o juiz deve examinar a conduta dos contratantes sob o prisma da boa-fé objetiva e dos costumes do local. Ordinariamente, renúncia não se presume, daí a maior cautela no exame dessas circunstâncias. Aqui, temos uma exceção ao princípio geral da renúncia tácita de direitos. Note que a renúncia mencionada pode ser tanto do devedor como do credor. Pode-se trazer à baila aqui a mesma argumentação feita para o art. 322.

Seção V
Do Tempo do Pagamento

Art. 331. Salvo disposição legal em contrário, não tendo sido ajustada época para o pagamento, pode o credor exigi-lo imediatamente.

A época, o momento em que a obrigação deve ser cumprida, é de suma importância, principalmente para estabelecer o inadimplemento total e a mora (inadimplemento parcial). Quando existe uma data para o pagamento, um termo, o simples advento dessa data já constitui em mora o devedor (art. 397), regra clássica que desenvolveremos mais adiante (*dies interpellat pro homine*, o simples dia do vencimento é uma interpelação). Quando não existe data para o cumprimento da obrigação, deve ser notificado o devedor para ser constituído em mora. Voltaremos a esse tema.

A assertiva do presente texto legal deve ser vista com a reserva necessária. Há obrigações que, por sua própria natureza, não podem ser exigidas de plano, como no caso do empréstimo, da locação, do depósito.

Quando as partes ou a lei não estipulam um prazo para o pagamento, a prestação pode ser exigida a qualquer momento: são as *obrigações puras*. As obrigações com prazo fixado são as *obrigações a termo*.

Quando existe um prazo, a obrigação só pode ser exigida pelo credor com o advento do termo desse prazo. Entre nós o prazo presume-se estipulado em benefício do devedor (art. 133). Sendo um favor seu, nada impede que cumpra antecipadamente a obrigação. O credor não pode exigir seu cumprimento, mas a obrigação, nesses moldes, é cumprível pelo devedor desde sua constituição.

Não é muito comum, mas a obrigação pode ter um prazo fixado em benefício do credor. Nesse caso, não pode ser o credor obrigado a receber antecipadamente. Suponhamos, por exemplo, o comprador de uma mercadoria que fixa um prazo de 90 dias para recebê-la, porque nesse período estará construindo um armazém para guardá-la. O prazo foi instituído a seu favor, porque o recebimento antecipado lhe seria sumamente gravoso.

Se a obrigação consistir em obrigações periódicas, cada pagamento deve ser examinado *de per si*. Cada prestação periódica deve ser estudada isoladamente.

A obrigação, se por um lado pode ser cumprida antecipadamente, salvo os casos examinados, não pode ser cumprida além do prazo marcado. Isto é, se ainda for útil para o credor, a obrigação em retardo pode ser cumprida, mas já com os encargos de mora. Se, de um lado, o devedor pode antecipar o cumprimento, inclusive com medida judicial, não pode pedir dilação de prazo ao juiz, ressalvadas as situações de caso fortuito ou de força maior.

O credor não pode exigir o pagamento antes do vencimento, sob pena de ficar obrigado a esperar o tempo que faltava para o vencimento, a descontar os juros correspondentes, embora estipulados, e a pagar as custas em dobro (art. 939). A jurisprudência tem entendido que essa pena do final do artigo só é impingida nos casos de dolo do agente.

O devedor que se antecipa e paga antes do termo o faz por sua conta e risco. Destarte, não pode repetir a prestação, não lhe trazendo qualquer vantagem a solução antes do tempo, tais como redução de juros ou de taxas, a não ser que convencionado. O direito argentino tem princípio expresso a respeito (art. 791, I, do Código Civil argentino).

Quando a obrigação não possui termo certo, o credor pode interpelar o devedor para que cumpra a obrigação num prazo razoável, que poderá ser fixado pelo juiz.

No dia, na data do pagamento, termo final, portanto, há que se entender que ele pode ser feito até a expiração das 24 horas do dia. Não é assim, no entanto, quando se trata de pagamento que dependa de horário de atividade do comércio, horário bancário ou forense. Terminado o expediente, cujo horário é fixado por norma administrativa, frustra-se a possibilidade de se efetuar o pagamento naquela data. Lembremos que modernamente é possível o pagamento por via informatizada, permitindo que o acesso às contas bancárias seja feito nas 24 horas. Há, sem dúvida, que se estabelecer regras mais flexíveis que possibilitem o pagamento a qualquer tempo até o decurso do último dia da data de vencimento.

O tempo na obrigação pode ser estipulado concomitantemente, em benefício tanto do credor, quanto do devedor. Aí não se admite, também, antecipação do cumprimento.

⚖ Prestação de serviços advocatícios. Embargos à execução. Alegações de prescrição, inexigibilidade do título e excesso. Embargos julgados improcedentes. Apelação da embargante. Renovação dos argumentos anteriores. Insurgência quanto à prescrição. Insistência na tese de que o termo inicial para o cômputo do prazo prescricional é a data em que firmado contrato, nos termos do art. 331 do CC. Descabimento. Exigibilidade da obrigação contratada que depende da demonstração efetiva da prestação dos serviços. Aplicação do prazo quinquenal previsto pelo artigo 206, § 5º, inciso II do Código Civil. Termo inicial do prazo prescricional que se dá a partir da conclusão dos trabalhos. Prescrição afastada. Título executivo devidamente assinado pela apelante. Contrato que apresenta todos os requisitos exigidos pelo art. 783 do CPC. Alegação de excesso da execução que não se sustenta. Serviços efetivamente prestados em benefício de todos os reclamados na ação trabalhista. Solidariedade que decorre da relação jurídica firmada entre as partes, a luz do art. 680 do CC. Sentença mantida. Recurso improvido (*TJSP* – Ap. 1006772-04.2018.8.26.0269, 15-4-2020, Rel. Francisco Occhiuto Júnior).

⚖ Direito civil e processual civil – Apelação Cível – Embargos à execução – Título executivo extrajudicial – Instrumento particular de confissão de dívida e promessa de pagamento – Juízo de primeiro grau que entendeu pela ausência de exigibilidade do título – Inexistência de disposição que regule o vencimento – **Dívida que neste caso pode ser exigida imediatamente, nos termos do art. 331 do CC/02** – Notificação extrajudicial válida – Constituição em mora – Reforma da sentença e retorno dos autos à origem para considerar exigível o título, bem como para análise das demais questões levantadas – O fato do título não conter prazo para o cumprimento da obrigação não torna o título inexigível, eis que o art. 331 do Código Civil concede ao credor o Estado do Paraná Poder Judiciário Tribunal de Justiça. Direito de exigir o cumprimento imediato da obrigação em não tendo sido ajustado o limite temporal. Recurso de apelação conhecido e provido (*TJPR* – AC 1393914-5, 17-12-2015, Rel. Des. Coimbra de Moura).

Art. 332. As obrigações condicionais cumprem-se na data do implemento da condição, cabendo ao credor a prova de que deste teve ciência o devedor.

As obrigações condicionais, para seu cumprimento, dependem do implemento da condição. O credor tem o ônus de provar a ciência ou conhecimento desse implemento pelo devedor, pois sem esse conhecimento a obrigação não se torna exigível. A condição deriva exclusivamente da vontade das partes e subordina o efeito do negócio jurídico a evento futuro e incerto (art. 121). Trata-se de cláusula acessória ao negócio jurídico. Veja os comentários aos arts. 121 a 130, mormente a distinção entre condição resolutiva e condição suspensiva.

⚖ Apelação cível. Promessa de compra e venda (bens imóveis). Ação de rescisão contratual. Reconvenção obrigação de fazer. Alegação de incapacidade civil do vendedor e de venda por preço vil não comprovadas. Boa-fé contratual. Obrigação condicional. Inadimplemento da vendedora não caracterizado. Dever do vendedor quanto ao registro do formal de partilha. Sentença mantida. Capacidade civil. Ausência de provas de que o vendedor estivesse incapaz para a prática dos atos da vida civil. Interdição provisória levantada antes da assinatura do contrato. Preço vil. As avaliações acostadas aos autos nas não se prestam a comprovar a irregularidade do preço do bem, pois não são contemporâneas à data da venda. Contrato. Condição contratual suspensiva implementada. Art. 332 do CCB. As obrigações condicionais cumprem-se na data do implemento da condição, cabendo ao credor a prova de que deste teve ciência o devedor. Caso. *Exceptio non adimpleti contractus*. Estando inadimplente, não pode a parte exigir que a compradora cumpra com sua obrigação nos termos do que dispõe o art. 476 do CCB. Mora do vendedor. Dever de registrar o formal da partilha na matrícula imobiliária. Condição para a continuidade do pagamento acordado em contrato. Sentença mantida. Negaram provimento ao apelo. Unânime (*TJRS* – Ap. 70077123586, 28-6-2018, Rel. Giovanni Conti).

⚖ Compromisso de compra e venda – Bens imóveis – Cláusula contratual que autorizou a suspensão do pagamento das prestações vincendas enquanto não cumprida a obrigação dos promitentes vendedores relativa à regularização do direito de uso das "áreas de laje" – Incidência do art. 953 do Código Civil de 1916 (art. 332 do Código Civil vigente) – Prestações exigíveis a partir do conhecimento, pela compromissária compradora, do trânsito em julgado da sentença que reconheceu o referido direito de uso – Mora configurada – Número de prestações devidas inferior ao determinado pela sentença – Correção monetária – Incidência a partir do inadimplemento – Juros de mora – Responsabilidade contratual – Incidência a partir da citação – Termo inicial fixado pela sentença mantido, ante a falta de recurso dos autores – Vedação da *reformatio in pejus* – Recurso provido em parte (*TJSP* – Acórdão Apelação Cível 0008693-24.2001.8.26.0006, 5-4-2011, Rel. Des. Elliot Akel).

Art. 333. Ao credor assistirá o direito de cobrar a dívida antes de vencido o prazo estipulado no contrato ou marcado neste Código:
I – no caso de falência do devedor, ou de concurso de credores;
II – se os bens, hipotecados ou empenhados, forem penhorados em execução por outro credor;
III – se cessarem, ou se se tornarem insuficientes, as garantias do débito, fidejussórias, ou reais, e o devedor, intimado, se negar a reforçá-las.
Parágrafo único. Nos casos deste artigo, se houver, no débito, solidariedade passiva, não se reputará vencido quanto aos outros devedores solventes.

Esse artigo, ao contrário de outros anteriormente examinados neste capítulo do Código, reveste-se de muita importância para o universo negocial.

O credor não pode exigir o pagamento antes do vencimento, sob as penas do art. 939. No entanto, o presente dispositivo faculta ao credor cobrar a dívida antes de vencido o prazo, em três situações. Este Código manteve a redação anterior, acrescentando, porém, no inciso I, a hipótese de falência.

Nas três situações, a do devedor executado permite um prognóstico de não cumprimento da obrigação. O concurso creditório é caracterizado pela insolvência civil, o equivalente à falência do devedor comerciante. Ocorre a insolvência quando o passivo do devedor supera o ativo e ele não tem condições de alterar a situação.

No segundo caso, quando há garantia real, representada por hipoteca e penhor (a anticrese, embora não se tenha notícia de sua utilização na prática), os bens dados em garantia sofrem penhora por outro credor. A presunção é de que, se esse outro credor não encontrou outros bens livres e desembaraçados, é porque a situação do devedor é ruim.

Na terceira hipótese, há uma diminuição na garantia pessoal ou real, ou mesmo sua perda. É o caso, por exemplo, da morte do fiador, ou desaparecimento da coisa caucionada. O devedor deve ser intimado para reforçar a garantia, em prazo razoável. Se não o fizer, aqui, como nos demais casos, como passa a periclitar o adimplemento da obrigação, a lei autoriza a cobrança antes do vencimento da dívida. Os casos são taxativos. Não há outros dentro do ordenamento civil codificado.

O parágrafo desse texto deve ser visto em consonância com os princípios da solidariedade passiva. A antecipação do vencimento da obrigação não atinge os devedores solidários solventes, que não podem ser prejudicados pela periclitação patrimonial de um codevedor. O devedor nesse estado, sendo solidário, pode ser demandado antecipadamente pela dívida toda.

Questão que pode ser levantada nessas hipóteses de vencimento antecipado de dívida diz respeito à possibilidade de esse estado de periclitação processual ter sido causado pelo próprio credor, isto é, situação imputável a ele. Assim, por exemplo, o credor age com conduta que leva o devedor à falência ou insolvência. Nessa premissa, não seria equitativo que a dívida pudesse ser exigida antecipadamente. Cumpre que se examine o caso concreto, pois a conduta do credor pode tipificar o denominado *venire contra factum proprium*, princípio que é modalidade de aplicação da boa-fé objetiva (veja em nosso *Direito Civil*, v. II, seção 16.4.3, *Proibição de comportamento contraditório*).

CAPÍTULO II
Do Pagamento em Consignação

Art. 334. Considera-se pagamento, e extingue a obrigação, o depósito judicial ou em estabelecimento bancário da coisa devida, nos casos e forma legais.

1. Interesse do devedor em extinguir a obrigação

O devedor, e não apenas o credor, também tem interesse no sentido de que a obrigação seja extinta. Não pagando o devedor no tempo, local e forma devidos, sujeitar-se-á aos ônus da mora.

Ainda, se sua obrigação consistir na entrega de coisa, enquanto não houver a tradição, o devedor é responsável pela guarda, respondendo por sua perda ou deterioração.

Se o credor não tomar a iniciativa de receber, ou pretender receber de forma diversa do contratado, ou quando não for conhecido o paradeiro do credor, como exemplos, o devedor possui meio coativo de extinguir sua obrigação: a consignação em pagamento.

A consignação, tendo muito de procedimento, é instituto pertinente tanto ao direito material quanto ao direito processual. Trata-se em regra do depósito judicial de uma coisa. A decisão judicial irá atestar se o pagamento feito desse modo em juízo ou em estabelecimento bancário terá o condão de extinguir a obrigação. O objeto da consignação é um pagamento, mas, com frequência, tais processos inserem questões prejudiciais mais profundas: quando alguém pretende consignar um aluguel porque o réu recusa-se a receber, por negar a relação locatícia, embora a finalidade da ação seja a extinção de uma dívida, na procedência estar-se-á reconhecendo a existência de uma locação. A sistemática introduzida no CPC anterior pela Lei nº 8.951/1994, pelo art. 890, § 1º, agora art. 539, permite-se que, em se tratando de obrigação em dinheiro, o devedor ou terceiro possa optar pelo depósito em estabelecimento bancário, cientificando o credor por carta com AR (Aviso de Recebimento), assinado o prazo de dez dias para eventual recusa.

A consignação em pagamento tem a ver com a imputação da mora ao credor. No entanto, não é obrigatório ao devedor recorrer à ação de consignação para conseguir esse efeito. A mora do credor pode ser reconhecida na ação que este move contra o devedor: se o devedor é cobrado judicialmente e alega que não paga porque o credor não cumpriu sua parte na avença, aplicação da *exceptio non adimpleti contractus* (art. 476), reconhecida essa situação, reconhecida estará a mora do credor.

Destarte, note que a consignação é uma *faculdade* às mãos do devedor. Trata-se de uma modalidade de pagamento ou extinção de obrigação. Não tem ele a obrigação de consignar; sua obrigação é de cumprir a obrigação. A consignação é apenas uma forma de cumprimento colocada à sua disposição. Na maioria das vezes, razões de ordem prática e de absoluta conveniência instam o devedor a mover a ação consignatória. Quando, por exemplo, o locador procura frustrar o recebimento do aluguel, a fim de propiciar fundamento para a propositura de ação de despejo, deve o locatário consignar, para que impute a mora *creditoris*. Portanto, a consignação é considerada uma forma de pagamento, extinguindo a obrigação com "*o depósito judicial da coisa devida, nos casos e forma legais*" (art. 334).

2. Objeto da consignação

Não é só dinheiro, como à primeira vista possa parecer, o objeto da consignação. Qualquer coisa que seja objeto da obrigação pode ser consignada. Se a coisa for corpo certo, dispõe o art. 341 que deve "*ser entregue no mesmo lugar onde está, poderá o devedor citar o credor para vir ou mandar recebê-la, sob pena de ser depositada*". Com as modificações processuais introduzidas mais recentemente, foi suprimida a audiência prévia de oblação no processo de consignação, que na grande maioria das vezes era infrutífera. De acordo com o atual art. 540 do CPC, o autor requererá a consignação imediata, cessando a partir da data do depósito os riscos e os juros para o devedor, salvo se a demanda for julgada improcedente.

Quando a obrigação for de coisas fungíveis, ou em sendo a obrigação alternativa, cabendo ao devedor a escolha, ele ofertará a coisa. No entanto, se a escolha competir ao credor, como podem dispor as partes,

"*será ele citado para esse fim, sob cominação de perder o direito e de ser depositada a coisa que o devedor escolher; feita a escolha pelo devedor, proceder-se-á como no artigo antecedente*" (art. 342).

Esse dispositivo tem que ser visto em consonância com o que examinamos a respeito das obrigações alternativas (arts. 252 a 256) e com as obrigações de dar coisa incerta (arts. 243 a 246). O estatuto processual traça outras normas a respeito.

A consignação é modalidade de pagamento. Como tal, seu objeto deve ser certo. Obrigações ilíquidas não podem ser objeto de consignação, enquanto não se tornarem líquidas. Há forte tendência das partes em tentar alargar o âmbito da ação de consignação, tentando substituir a ação cabível pela consignação. Não pode pretender o consignante, por exemplo, tentar depositar o valor de um sinal de um contrato, se não houver qualquer contrato entre as partes. Um exemplo: um corretor plantonista de imóveis recebe um sinal, mediante um recibo de proposta de compra de um bem. Geralmente, existe uma proposta impressa; o interessado dá um sinal, propõe a forma de pagamento e a empresa corretora reserva-se o direito de aprovar ou não a proposta (há uma série de requisitos, como se sabe, para a figura do comprador, mormente se há financiamento). Se a corretora se recusa a firmar o contrato e coloca o sinal à disposição do comprador, não pode este consignar o valor estampado no *recibo-proposta*, porque o sinal foi dado sob condição suspensiva. Não pode o interessado comprador obrigar o réu a firmar o contrato, pelo qual não se comprometeu.

Da mesma forma, uma vez acolhido o pedido de consignação, automaticamente não estará validado um contrato. O que é validado é o pagamento. Cada caso concreto merece exame acurado. O que não se pode fazer é utilizar a consignação "*com a finalidade de antecipar ou desviar ação própria, a decisão sobre dúvida ou divergência entre as partes*" (RT 480/126).

Por seu lado, as obrigações puramente de *fazer ou não fazer*, por sua natureza, não permitem a consignação. A obrigação de não fazer será sempre incompatível com a medida. Na obrigação de fazer, se esta estiver aderida a uma obrigação de *entregar*, em princípio pode haver consignação da coisa.

Ainda, o imóvel pode ser consignado. O depósito das chaves simboliza o depósito da coisa consignada. No entanto, também o imóvel não edificado pode ser objeto da consignação. Aliás, o Decreto-lei nº 58, de 1937, que trata dos compromissos de compra e venda, em seu art. 17, admite-a expressamente, em favor do compromitente vendedor, que já recebeu todo o preço.

Apelação. Civil. Empréstimo consignado. Averbação não realizada. Ausência de desconto. Consumidor.

Impossibilidade de pagamento direto. Pagamento em consignação. 1. O fato de as partes celebrarem contrato com consignação em pagamento não exime o devedor da obrigação de adimplir o financiamento caso as prestações não sejam debitadas na folha de pagamento. 2. Havendo recusa indevida no recebimento do pagamento diretamente ao banco, o credor pode buscar a extinção da obrigação através do pagamento em consignação. Art. 334 do CC. Art. 539 do CPC. 3. Apelação desprovida (*TJDFT* – Ap. 0705482-66.2017.8.07.0018, 10-7-2019, Rel. Hector Valverde Santana).

Locação de bem imóvel. Ação de repetição de indébito julgada procedente. Pretendida restituição de aluguéis pagos depois de extinta a obrigação em ação de consignação de chaves e multa contratual. Relação *ex locato* extinta a partir do momento em que efetuado o depósito das chaves e não do trânsito em julgado de sentença. **A extinção das obrigações se dá com o depósito judicial da coisa devida** (CC, artigo 334). Precedentes do STJ. Correção monetária fixada em consonância com a Súmula 43, do STJ. Falta de interesse recursal no tocante à incidência de juros moratórios, excluídos da pretensão inicial e da sentença. Preliminar de inadmissibilidade do recurso por falta de impugnação dos fundamentos da sentença afastada. Sentença mantida. Recurso conhecido e não provido (*TJSP* – Ap. 3002590-21.2009.8.26.0506, 8-11-2012, Rel. Sá Duarte).

> **Art. 335. A consignação tem lugar:**
> I – se o credor não puder, ou, sem justa causa, recusar receber o pagamento, ou dar quitação na devida forma;
> II – se o credor não for, nem mandar receber a coisa no lugar, tempo e condição devidos;
> III – se o credor for incapaz de receber, for desconhecido, declarado ausente, ou residir em lugar incerto ou de acesso perigoso ou difícil;
> IV – se ocorrer dúvida sobre quem deva legitimamente receber o objeto do pagamento;
> V – se pender litígio sobre o objeto do pagamento.

Trata-se da situação mais corriqueira. As motivações do credor em não receber podem ser várias. Só era considerada, contudo, no antigo diploma, a falta de justa causa ou a impossibilidade. Acrescente-se, como já admitia a jurisprudência, as situações nas quais, por qualquer motivo, o credor não pode ou não tem condições de receber. Se o credor não recebe, por exemplo, porque quer mais do que é devido, ou simplesmente porque quer forçar uma rescisão contratual, há ausência de justa causa. A quitação é um direito do devedor. Não está o devedor obrigado a pagar sem a devida quitação, como já vimos. A recusa do credor, sem justa causa, coloca-o em mora. Como lembra Serpa Lopes (1966, v. 2, p. 216), a expressão *recusar receber* deve ser entendida em sentido lato, abrangendo a simples falta de aceitação do pagamento, como já consta do presente Código. Pode o *accipiens* recusar o recebimento por entender que não é credor. Se no processo se entender que está na posição de receber, a situação se insere no dispositivo em exame. Como enfoca a redação deste Código, abre-se a possibilidade da consignação não somente quando o credor se recusar sem justa causa a receber ou dar quitação, como também quando, por qualquer razão, não puder fazê-lo. A impossibilidade em receber também pode ter as mais variegadas causas que o juiz examinará no caso concreto.

> *"II – se o credor não for, nem mandar receber a coisa no lugar, tempo e condição devidos."*

A hipótese trata da situação em que cabe ao credor receber a coisa, caso de dívida *quérable*. A primeira situação já vista é caso de dívida *portable*. Aqui, a iniciativa deve ser do credor. Se este se mantém inerte, abre a possibilidade da consignação ao devedor. Como já vimos, porém, não tem o devedor de ingressar com a consignação para caracterizar a mora *creditoris*. O conteúdo da consignação, contudo, como sempre, deve ser o de toda a obrigação. Essa situação pressupõe a hipótese em que a obrigação deve ser cumprida fora do domicílio do credor e este se mantém inerte.

> *"III – se o credor for incapaz de receber, for desconhecido, declarado ausente, ou residir em lugar incerto ou de acesso perigoso ou difícil."*

Não existe, em princípio, credor desconhecido. Todavia, situações várias podem torná-lo tal. É o caso, por exemplo, de credor falecido, quando não se conhecem os herdeiros. No processo, há sempre que constar a parte passiva. Ao menos o espólio deve figurar no polo passivo do processo. Aqui, a citação será, fatalmente, editalícia, para ciência de todos os interessados. A ausência é situação jurídica definida: é ausente quem declarado tal judicialmente. Para a consignação, no entanto, o ausente equipara-se àquele que está em local ignorado, ou de acesso perigoso ou difícil. Não será obrigado, por exemplo, o devedor, a dirigir-se ao domicílio do credor para entregar a *res* devida se o local foi declarado em calamidade pública, em face de uma epidemia ou de uma inundação. É claro que, nessas situações, nem mesmo a ação poderá ser proposta no domicílio do credor. A questão do foro para a ação deve ser vista com o necessário temperamento. Nessas situações, o devedor não está obrigado a aguardar indefinidamente para liberar-se da obrigação, muitas vezes consubstanciada na entrega de uma coisa que está sob sua guarda e risco. Na situação da ausência, juridicamente falando, deve haver um curador nomeado para o ausente. Nesse caso, o curador poderá receber validamente. Não há necessidade da consignação. A questão fica restrita ao ausente que deixou procurador, mas sem poderes de dar quitação (ver art. 22) (cf. LOPES, 1966, v. 2, p. 217).

O diploma civil contemporâneo inseriu a hipótese de incapacidade de receber nesse inciso, suprimindo o inciso VI do Código antigo. Como o incapaz não pode dar quitação, não havendo quem por ele o faça, caberá a consignação. A lei não distingue entre a incapacidade absoluta e a relativa. Se o relativamente incapaz não estiver assistido, não poderá dar quitação eficaz.

"IV – se ocorrer dúvida sobre quem deva legitimamente receber o objeto do pagamento."

Já dissemos, e repete o povo, que quem paga mal, pagará duas vezes. São muitas as situações em que, na prática, veremos o devedor em dúvida quanto a quem pagar. O credor originário faleceu e apresentam-se vários sucessores para receber, por exemplo. Tal não pode servir de empecilho a que o devedor obtenha a quitação por via do pagamento. O art. 548 do CPC contempla o procedimento da hipótese, para o caso em que não compareça nenhum dos demandados (quando então o processo converte-se em arrecadação de coisas vagas); quando comparece apenas um (então o juiz julgará de plano e não necessariamente será quitada a dívida com relação ao réu que compareceu); e quando comparece mais de um pretendente (o juiz julgará efetuado o depósito, extinta a dívida e o processo; pelo rito comum, prosseguirá entre os postulantes, declarando afinal a quem pertence o depósito. O consignante ficará, então, fora do procedimento). A dúvida do consignante deve fundar-se em motivos relevantes. Deve o juiz ter a cautela de obstar o devedor que se serve da ação apenas com finalidade emulatória, isto é, para retardar o pagamento, forjando situação de dúvida que não existe. A questão fica para o caso concreto.

"V – se pender litígio sobre o objeto do pagamento."

O litígio aí mencionado é entre o credor e terceiro. O devedor deve entregar coisa ao credor, coisa essa que está sendo reivindicada por terceiro. Deve o devedor exonerar-se com a consignação. O credor e o terceiro resolverão, entre eles, a pendência. A questão estava, inclusive, melhor especificada no antigo art. 983 do Código revogado:

"O devedor de obrigação litigiosa exonerar-se-á mediante consignação, mas, se pagar a qualquer dos pretendidos credores, tendo conhecimento do litígio, assumirá o risco do pagamento."

Esse inciso sob exame tem íntima ligação com o inciso anterior, pois às vezes se confundirão as dúvidas objetiva e subjetiva acerca da dívida.

O credor pode sofrer um processo de interdição. Pode existir fundada dúvida sobre sua capacidade de praticar o negócio jurídico da quitação. Se já há interdição decretada, o curador está legitimado a receber. No concurso de preferência, haverá vários credores do credor intitulados ao crédito. O devedor consignante não pode arriscar-se a pagar mal. Na verdade, aí, o crédito já é um bem que *pertence* a terceiros e não mais ao credor da dívida. O crédito integra o patrimônio do devedor.

A enumeração ora vista não esgota todas as possibilidades de consignação. O Código Civil de 1916 trazia outras situações (art. 535, parágrafo único). Leis extravagantes também trazem a consignação, como é o caso do Decreto-lei nº 58/1937, art. 17, parágrafo único.

⚖ Apelação cível. Consignação em pagamento. Art. 335 do Código Civil. Situação que não se adequa ao rol previsto na legislação aplicável à espécie. Obrigações contratuais. Deveres anexos e conceitos parcelares. Boa-fé objetiva. Violação. Irregularidades no repasse de pagamentos de convênio de assistência à saúde. Fato constitutivo do direito da autora/apelante. Ausência de comprovação (art. 373, I, do CPC/2015). Os elementos de convicção arreados denotam a existência de irregularidades no repasse de pagamentos relativos à obrigação contratual outrora havida entre as litigantes, de modo que a hipótese dos autos não se amolda ao rol previsto no artigo 335 do Código Civil – que legitima o ajuizamento da ação de consignação em pagamento. *In casu*, restou suficientemente comprovada a violação à boa-fé objetiva, relacionada diretamente com os deveres anexos de conduta, ínsitos a quaisquer negócios jurídicos. Sob essa perspectiva, correto asseverar que a apelante não se desincumbiu do ônus que lhe está designado pelo art. 373, I, do CPC, acerca dos fatos constitutivos de seu direito (*TJDFT* – Ap. 07039991820188070001, 24-6-2020, Rel. Carmelita Brasil).

⚖ Apelação cível. Direito privado não especificado. Ação de consignação em pagamento. Serviço educacional. Depósito efetuado pela parte autora. Revelia. Configurada a hipótese prevista no inciso I do art. 335 do CC. Considerando a revelia da parte demandada e a ausência de impugnação específica nas razões de apelo ao valor depositado pela parte autora, deve ser mantida a sentença que reconheceu a quitação do débito e declarou extinta a obrigação. Apelo desprovido (*TJRS* – Ap. 70082595125, 10-6-2020, Rel. Glênio José Wasserstein Hekman).

⚖ Agravo interno. Seguros. Plano de saúde. Petição com requerimento de concessão de efeito suspensivo à apelação antes da distribuição do recurso. Ação de consignação em pagamento. Depósito de mensalidade sem os valores de coparticipação. Caso dos autos em que não se encontra configurado o requisito da probabilidade de provimento do recurso, na medida em que a ação de consignação em pagamento somente tem lugar naquelas hipóteses previstas na legislação, especificamente no art. 335 do CC. Embora o autor, ora agravante, assevere que, quando do ajuizamento da presente ação consignatória, pendia litígio sobre o objeto do pagamento, porquanto a ação condenatória ajuizada em face da ré, na qual postulava sua condenação ao fornecimento dos tratamentos de fisioterapia e fonoaudiologia via *home care*, ainda não havia transitado em julgado, estando, dessa forma, satisfeito o requisito do artigo 335, inciso V, do CC, verifica-se, neste momento, que o autor apenas obteve pronunciamento judicial a respeito da obrigação da parte ré de fornecer os tratamentos postulados, porquanto não houve, naquele processo, qualquer discussão a respeito das cobranças de coparticipações, previstas contratualmente. Logo, em não havendo discussão, no feito anterior, sobre a validade da cláusula contratual que prevê a coparticipação do usuário, mas tão somente sobre o direito de o consumidor obter a cobertura dos tratamentos postulados, em razão da relação contratual havida, não se vislumbra, nesse momento processual, os requisitos ensejadores da concessão da atribuição de efeito suspensivo ativo ao Recurso de Apelação interposto. Negaram provimento ao agravo interno (*TJRS* – Ag 70083698803, 28-5-2020, Rel. Eliziana da Silveira Perez).

⚖ Compra e venda de veículo – Ação visando a consignação das chaves – Pagamento integral do preço – **Recusa injustificada do comprador** de retirar o veículo da concessionária. Ação procedente. Indenização pela guarda do veículo na sede da Autora. Alteração do critério de fixação dos juros e correção monetária. Recurso parcialmente provido (*TJSP* – Ap. 0041641-48.2011.8.26.0562, 3-2-2017, Pedro Baccarat).

⚖ Direito processual civil – **Consignação em pagamento** – Credor desconhecido – Admissibilidade do processo – 1- É possível o ajuizamento de ação de consignação em pagamento para a devedora, ora autora, liberar-se da obrigação representada pela cártula em exame, uma vez que o réu encontra-se em lugar incerto, dificultando de sobremaneira o pagamento do título de crédito (art. 335, III, do Código Civil c/c art. 890 do CPC). 2- Recurso conhecido. Preliminar de nulidade da citação editalícia rejeitada por maioria. Negou-se provimento ao recurso unânime (*TJDFT* – Proc. 20100110544118 – (597022), 29-6-2012, Relª Desª Leila Arlanch).

⚖ Mediação – **Consignação em pagamento fundada em dúvida a quem pagar** – Credor originário falecido – Dúvida justificada – Ação julgada procedente – Reconhecimento da legitimidade da filha do *de cujus* para receber o valor depositado nos autos. Viúva casada em regime de separação de bens. Condenação da credora, filha do falecido, ao pagamento dos ônus sucumbenciais. Apelação. Credora que pretende a condenação da corré vencida ao pagamento dos ônus sucumbenciais. Inconformismo acolhido em parte. Ação de consignação em pagamento que se divide em duas fases. Acolhida a pretensão da autora, as rés devem ser condenadas ao pagamento dos ônus sucumbenciais em favor da devedora. Em um segundo momento, verificado a quem cabe o crédito, de rigor a condenação do réu-vencido ao pagamento dos honorários do legítimo credor, bem como ao reembolso do valor por ele pago ao autor da ação. Recurso parcialmente provido. Sentença reformada em parte (*TJSP* – Ap. 992.09.073605-1, 28-3-2012, Rel. Francisco Occhiuto Júnior).

Art. 336. Para que a consignação tenha força de pagamento, será mister concorram, em relação às pessoas, ao objeto, modo e tempo, todos os requisitos sem os quais não é válido o pagamento.

Os requisitos para que o pagamento seja efetuado por consignação são os mesmos do pagamento em geral, e nem poderia ser diferente.

Não é obrigatório ao devedor, como vimos, recorrer à consignação. No entanto, se optar pelo procedimento, seguirá os ditames do estatuto processual. Por essa razão, as questões materiais da consignação estão intimamente ligadas a seu processo (arts. 539 ss. do CPC).

Esse art. 336 já aponta que a consignação nada mais é que modalidade de pagamento, com todos os seus requisitos efetuados por via do processo. Excepcionalmente, o legislador permitiu que o valor de obrigação em dinheiro seja depositado inicialmente em estabelecimento bancário oficial situado no local do pagamento (art. 539, § 1º, do CPC). Trata-se de inovação mais recente da lei processual que teve em mira aliviar a pletora de feitos do judiciário.

⚖ Consignação em pagamento – Contrato bancário – Mora do devedor – Necessário o pagamento integral da dívida, com os encargos moratórios devidos – Depósito insuficiente – Justa recusa do banco réu – Arts. 335, I e 336 do CC – Recurso provido (*TJSP* – Ap. 1108859-26.2019.8.26.0100, 25-6-2020, Rel. J. B. Franco de Godoi).

⚖ Civil e processual. Recurso especial. Ação de consignação em pagamento. Contrato bancário. Improcedência. Finalidade de extinção da obrigação. Necessidade de depósito integral da dívida e encargos respectivos. Mora ou recusa injustificada do credor. Demonstração. Obrigatoriedade. Efeito liberatório parcial. Não cabimento. Código Civil, artigos 334 a 339. CPC de 1973, artigos 890 A 893, 896, 897 E 899. Recurso representativo de controvérsia. CPC de 2015. 1. "A consignação em pagamento visa exonerar o devedor de sua obrigação, mediante o depósito da quantia ou da coisa devida, e só poderá ter força de pagamento se concorrerem 'em relação às pessoas, ao objeto, modo e tempo, todos os requisitos sem os quais não é válido o pagamento' (artigo 336 do NCC)". (Quarta Turma, REsp 1.194.264/PR, Rel. Ministro Luís Felipe Salomão, unânime, DJe de 4.3.2011). 2. O depósito de quantia insuficiente para a liquidação integral da dívida não conduz à liberação do devedor, que permanece em mora, ensejando a improcedência da consignatória. 3. Tese para os efeitos dos artigos 927 e 1.036 a 1.041 do CPC: "Em ação consignatória, a insuficiência do depósito realizado pelo devedor conduz ao julgamento de improcedência do pedido, pois o pagamento parcial da dívida não extingue o vínculo obrigacional". 4. Recurso especial a que se nega provimento, no caso concreto (*STJ* – REsp 1.108.058, 23-10-2018, *STJ* – Rel. Lázaro Guimarães)

Art. 337. O depósito requerer-se-á no lugar do pagamento, cessando, tanto que se efetue, para o depositante, os juros da dívida e os riscos, salvo se for julgado improcedente.

Direito civil e do consumidor – Ação declaratória de inexistência de débito e indenização por dano moral – Débito discutido em sede de ação revisional anterior – Homologação de acordo para quitação da dívida – Realização de depósito judicial pelo devedor – Cessação dos efeitos da mora – Manutenção do nome dos cadastros de inadimplentes e posterior ajuizamento de ação de busca e apreensão de bem dado em garantia – Impossibilidade – Dano moral configurado – Indenização – Critérios de fixação – Correção monetária – Termo inicial – Súmula nº 362/STJ – Aplicabilidade – Sentença confirmada – 1- Efetuado o depósito, cessam para o devedor dos efeitos da mora, por incidência analógica do disposto no artigo 337 do Código Civil: "O depósito requerer-se-á no lugar do pagamento, cessando, tanto que se efetue, para o depositante, os juros da dívida e os riscos, salvo se julgado improcedente." 2- Se pelo depósito judicial cessa a incidência de juros de mora, é porque mora não mais subsiste. Hipótese em que realizado depósito judicial para quitação de acordo nos autos de ação revisional de contrato, rechaçando a legitimidade da manutenção do nome do depositante nos cadastros restritivos de crédito e, mais ainda, o propósito de posterior ajuizamento de ação de busca a apreensão de bem dado em garantia fiduciária. 3- Pertinente à quantificação do dano, o artigo 944 do Código Civil nos informa que, como regra, a indenização mede-se pela extensão do prejuízo causado. Sabe-se que, quanto ao dano moral, inexistem critérios objetivos nesse mister, tendo a praxe jurisdicional e doutrinária se balizado em elementos como a condição econômica da vítima e do ofensor, buscando ainda uma finalidade pedagógica na medida, capaz de evitar a reiteração da conduta socialmente lesiva. 4- Quanto ao termo inicial de incidência da correção monetária, nenhum reparo a ser feito na sentença recorrida, que no ponto está acorde com o disposto na Súmula nº 362/STJ: "A correção monetária do valor da indenização do dano moral incide desde a data do arbitramento." (*TJMG* – AC 1.0027.13.020982-1/001, 10-10-2016, Rel. Otávio Portes).

Art. 338. Enquanto o credor não declarar que aceita o depósito, ou não o impugnar, poderá o devedor requerer o levantamento, pagando as respectivas despesas, e subsistindo a obrigação para todas as consequências de direito.

Agravo de instrumento – Tutela antecipada – Ação de obrigação de fazer – Tutela antecipada objetivando devolução dos depósitos consignados efetuados em favor do Banco Itaú S/A – Banco réu reconhece na contestação o direito do Autor levantar a quantia depositada, informando, inclusive, que o numerário se encontra a disposição do autor – Possibilidade do **agravante levantar os valores consignados em Banco, enquanto o Banco credor não declarar que aceita o depósito** – Inteligência do art. 338 do CC – Presentes os requisitos do art. 273 do CPC – Decisão reformada – Recurso provido (*TJSP* – AI 2078831-09.2015.8.26.0000, 11-9-2015, Rel. Francisco Giaquinto).

Art. 339. Julgado procedente o depósito, o devedor já não poderá levantá-lo, embora o credor consinta, senão de acordo com os outros devedores e fiadores.

Art. 340. O credor que, depois de contestar a lide ou aceitar o depósito, aquiescer no levantamento, perderá a preferência e a garantia que lhe competiam com respeito à coisa consignada, ficando para logo desobrigados os codevedores e fiadores que não tenham anuído.

1. Procedimento da consignação

A íntima relação entre os temas de processo e de direito material da consignação permitem o exame conjunto do estatuto processual e desses artigos que são específicos do seu procedimento.

O art. 539 do CPC admite a consignação "*nos casos previstos em lei*", isto é, todos os do Código Civil e os demais previstos em outras leis.

A pretensão de consignar nasce no momento do vencimento da obrigação. Na maioria dos casos, ocorre o vencimento e a ulterior recusa de recebimento por parte do credor. Em outras situações, como as examinadas anteriormente, não existirá o momento ulterior da recusa, como ocorre na dúvida a quem pagar.

Antes de vencida a dívida, não existe a pretensão de consignar. Não pode o credor ser obrigado a receber antes do vencimento, se assim não se estipulou. Nem sempre a caracterização do vencimento será fácil, principalmente em se tratando de mora *ex persona*. A lei não estabelece até quando, após o vencimento, pode ser utilizada a consignação. O fato é que se ainda não está caracterizada a mora do devedor, não pode ser proposta substancialmente a consignação. A sentença decidirá se a consignação foi oportuna e, consequentemente, eficaz o depósito, ou não.

A questão muito versada é a da consignatória de aluguéis. Mesmo a propositura da ação de despejo não inibe a consignatória. É de toda cautela, no entanto, que noticiem as partes ao juiz a existência das duas ações, para que obtenham julgamento conjunto, evitando-se decisões conflitantes. Pela prevenção, as duas ações devem correr pelo juízo que recebeu o primeiro processo. Evidentemente, o acolhimento da pretensão de consignação, imputando mora ao credor, fará desacolher o despejo por falta de pagamento, e vice-versa. A vigente Lei do Inquilinato (nº 8.245/1991) disciplinou a ação de consignação em pagamento decorrente da relação locatícia em seu art. 67. Nessa lei, já era suprimida a audiência de oblação antes que a modificação constasse do CPC. (Ver, a esse respeito, nosso livro *Lei do inquilinato comentada*, por esta mesma Editora.)

Vê-se, portanto, que a *mora debitoris* por si só não inibe a consignação. Com a contestação, a ação segue o rito comum, o que permite o ajuizamento de reconvenção quando seu fundamento for conexo com o que se discute na consignação (*RT* 548/161, 597/155, 605/139).

Ademais, o débito consignado deve sofrer correção monetária, sob pena de ocorrer injusto enriquecimento. Deve ser tido como insuficiente o depósito efetuado sem a devida correção (*RT* 613/119). Trata-se de mera aplicação, *a contrario sensu*, da Lei nº 6.899/1981. Se o depósito for insuficiente, permite-se ao autor que o complemente em 10 dias (art. 545 do CPC). O parágrafo primeiro desse dispositivo foi acrescido para permitir que, uma vez alegada a insuficiência do depósito, o réu possa levantar desde logo a quantia ou coisa incontroversa, prosseguindo-se o processo quanto à parte controvertida. A sentença que concluir pela insuficiência do depósito determinará, sempre que possível, o montante devido e valerá, nesse caso, como título executivo, podendo a execução ocorrer nos mesmos autos (art. 545, § 2º).

Como apontamos, nos depósitos em dinheiro, somente nestes, o consignante pode, se assim entender oportuno e conveniente, optar por depositar a quantia devida em banco oficial no lugar do pagamento, em conta com correção monetária, cientificando o credor por carta com aviso de recepção, assinado o prazo de dez dias para manifestação de recusa (art. 539, § 1º, do CPC). Se não houver banco oficial no local, nada impede que o depósito seja efetivado em estabelecimento privado. Se, nesse prazo, não houver manifestação do credor, reputar-se-á liberado o devedor da obrigação, ficando à disposição do credor a quantia depositada (art. 539, § 2º). Entende-se, nesse caso, que o pagamento é perfeito e eficaz. Ocorre presunção de quitação. É claro que se trata de presunção relativa, pois pode não ter ocorrido a devida ciência ao credor ou pode esta ter-se processado de forma irregular.

Se houver recusa, manifestada por escrito ao estabelecimento bancário, o devedor ou o terceiro poderá propor, dentro de um mês, a ação de consignação em pagamento, instruindo a inicial com a prova do depósito e da recusa (art. 539, § 3º). Note-se que a recusa é formulada ao estabelecimento bancário e não ao consignante. Se não for proposta a consignação nesse trintídio, o depósito ficará sem efeito, podendo levantá-lo o depositante (art. 539, § 4º). Seguindo o exemplo de outras legislações, o estatuto processual institui uma modalidade de consignação extrajudicial que substitui com vantagens a extinta audiência prévia de oblação em juízo. A referência da lei à conta com correção monetária deve ser entendida no sentido de não sofrer o depósito a correção da inflação, ainda que a conta seja remunerada nominalmente de outra forma.

O art. 540 do CPC é denso embora compacto:

> "Requerer-se-á a consignação no lugar do pagamento, cessando para o devedor, à data do depósito, os juros e os riscos, salvo se a demanda for julgada improcedente."

Em menor escala, a matéria está tratada no art. 337 do Código Civil. Feito o depósito, a sentença procedente retroage seus efeitos a ele. A partir de então, isto é, *ex tunc*, o depósito é subsistente. A responsabilidade do devedor termina nesse momento. A mora do credor, contudo, retroage à data da citação. Se a ação for julgada improcedente, ou se o processo for extinto sem julgamento do mérito, o depósito será ineficaz, como se não tivesse ocorrido.

O artigo em questão versa também sobre questões do foro. A consignação deve ser proposta no foro do lugar do pagamento. Importa verificar se a dívida é *quérable* ou *portable*. O estatuto processual, nesse tópico, traz uma regra de competência, em simetria ao art. 53 do CPC. Destarte, o ajuizamento da ação em foro diverso enseja a oposição de exceção de incompetência, porque se trata de incompetência relativa. Prorrogar-se-á competência, se a medida não for oportunamente proposta. Não haverá reflexos de ordem material (FABRÍCIO, 1980, v. 8, p. 93).

O foro de eleição poderá dispor diversamente, no entanto. Nem sempre a coisa poderá ser depositada materialmente, nem sempre é bem deslocável. O depósito poderá ser simbólico, com nomeação de depositário. O importante é que se estabeleça data e local, no foro competente, para o depósito, a fim de que seja possível às partes comparecer, por si ou por seus representantes. Pela dicção do art. 540 do CPC, com o depósito cessam as obrigações de juros e riscos com a coisa. Como os depósitos bancários judiciais devem ser sempre feitos com correção monetária, a partir de então a responsabilidade pelos acréscimos de juros e correção será da instituição financeira autorizada a receber tais valores. As despesas com a guarda e a conservação da coisa, a partir do depósito, levando-se em conta a procedência do pedido, correm por conta do credor. Por vezes, a recusa do credor em receber é justamente no tocante a esses acréscimos.

No interregno entre a citação e o depósito, contudo, as responsabilidades persistem com o devedor. Daí porque

Art. 341

é insustentável não dever ele pagar correção monetária até o depósito. Em se tratando de prestações sucessivas, nos termos do art. 541 do CPC, *o devedor pode continuar a depositar, no mesmo processo e sem mais formalidades, as que se forem vencendo, desde que os depósitos sejam efetuados até cinco dias, contados da data do vencimento.*

Como se observa, não é obrigatório que o devedor deposite as parcelas sucessivas no processo; trata-se de uma faculdade. A regra é de economia processual, pois se não houvesse a permissão, haveria necessidade de um processo para cada parcela, com possibilidade de decisões conflitantes ou contraditórias. No entanto, as prestações devem ser da mesma natureza e pertencer ao mesmo título, do contrário fugir-se-ia à *causa petendi*, que no caso é uma só. Presentes os pressupostos para a continuidade dos depósitos, é mister que pelo menos a primeira consignação tenha ocorrido. Não há necessidade de menção ou requerimento específico na inicial.

A lei discorre que os depósitos sucessivos devem ocorrer até cinco dias após o vencimento. É prazo estatuído para superar os entraves burocráticos. Não ocorrendo o depósito nesse prazo, tal não inibe que em outra ação venha a ocorrer. Depósito feito a destempo nessa hipótese não inibe a procedência da ação de consignação (*RT* 546/147, 560/142, 563/149). O que está em julgamento, nessa situação, é o depósito inicial. Após a sentença de primeiro grau, não deve mais ser admitido qualquer depósito, em virtude das dificuldades procedimentais que adviriam. No entanto, se após o trânsito em julgado persistirem as recusas pelo mesmo motivo, a questão é de ser examinada em execução de sentença ou em novo processo.

Na petição inicial, requererá o depósito da quantia ou da coisa a ser efetivado em cinco dias contados do deferimento e a citação do réu para levantar o depósito ou oferecer resposta (art. 542 do CPC). Se o réu receber e der quitação, a obrigação será julgada extinta, ficando ele condenado em custas e honorários de advogado. Trata-se da mesma situação para a revelia. Sempre que o pedido consignatório for procedente, é conveniente que o depósito, ou parte dele, permaneça nos autos para atender aos consectários da sucumbência. Permitindo-se que o réu levante o depósito integral antes de liquidar custas e honorários, dificultará a execução, com todos os entraves da penhora.

O art. 544 do CPC procura limitar o âmbito da discussão na ação consignatória, atendendo a sua natureza no direito material. O réu poderá alegar que:

> "I – não houve recusa ou mora em receber a quantia ou a coisa devida;
> III – foi justa a recusa;
> III – o depósito não se efetuou no prazo ou no lugar do pagamento;
> IV – o depósito não é integral."

Nesta última hipótese, o parágrafo único do artigo dispõe que a alegação de depósito insuficiente somente será admissível *se o réu indicar o montante que entende devido.* De nada adiantará alegação vazia, com cunho procrastinatório ou que visa confundir o juiz e a parte adversa.

Convém não esquecermos que a resposta do réu, além da contestação, engloba também a reconvenção e a exceção, que não estão obstadas na consignação.

A intenção do legislador sempre foi delimitar o alcance da discussão no âmbito da consignatória. Mesmo assim, na prática, é muito difícil, por vezes, cercear a discussão do âmbito de direito material. Notemos, porém, que as situações do art. 544 referem-se basicamente à discussão sobre recusa no recebimento e qualidade ou quantidade da coisa depositada. O art. 335 contempla outras hipóteses que certamente ampliam a matéria da contestação, como, por exemplo, se se trata de depósito de coisa litigiosa. A contestação pode aduzir que não há litígio (inciso V), assim também com base nos incisos II, III e IV desse dispositivo.

O art. 543 do CPC explicita o art. 342 do Código Civil e diz respeito às obrigações genéricas ou alternativas. Em cinco dias, quando a escolha couber ao credor, após a citação, se outro prazo não constar de lei ou contrato, deverá exercer o direito de escolha, sob pena de, não o fazendo, a escolha passar ao devedor. O juiz deve fixar lugar, dia e hora para o depósito. Aplica-se tudo o que foi dito acerca das obrigações para dar coisa incerta e das obrigações alternativas. A citação do réu é única: para que escolha e para que se submeta ao processo de acordo com o capítulo da consignação. A questão não tem aplicação, é evidente, nas obrigações facultativas, porque, nessa situação, a escolha, pela natureza da obrigação, é sempre do devedor.

O art. 548 do CPC cuida da consignação na hipótese de dúvida sobre quem deva legitimamente receber, conforme já examinamos.

Do que foi dito conclui-se que, acolhido o pedido na ação de consignação, feito estará o pagamento e extinta a obrigação. Na maioria das hipóteses, se houver compatibilidade com as situações do art. 335, estará caracterizada a *mora creditoris*. Em razão da mora do credor, por conseguinte, cessa para o depositante a obrigação de pagar juros; a obrigação pelos riscos com a guarda da coisa, riscos esses transferidos para o credor. Liberam-se também os fiadores da obrigação, naquilo que se extinguiu. Caberá ao réu pagar custas e honorários de advogado, bem como despesas atinentes à entrega da coisa em juízo (art. 343).

Na hipótese de se frustrar a consignação pela improcedência ou pela carência, permanece o devedor na mesma posição anterior e, por força das regras de processo, arcará com o ônus da sucumbência.

Art. 341. Se a coisa devida for imóvel ou corpo certo que deva ser entregue no mesmo lugar onde está, poderá o devedor citar o credor para vir ou mandar recebê-la, sob pena de ser depositada.

A consignação de imóvel é simbólica, geralmente substanciada pela entrega das chaves, determinando a lei que se faça no lugar onde está situada a coisa. Trata-se de uma particularidade do sistema pátrio, que permite a consignação de bem imóvel. A redação anterior referia-se a "*corpo certo*", o que a doutrina entendia como imóvel, ainda que não exclusivamente. As partes, contudo, podem ter estipulado a entrega de imóvel ou outro corpo certo, de forma simbólica ou real, em outro local. Nesse caso, *pacta sunt servanda*: atende-se a vontade negocial. No caso concreto, verificar-se-á se a hipótese é de tradição real ou simbólica. A menção à *citação* presente nesse texto atesta mais uma vez o hibridismo da consignação entre o direito material e o direito processual.

Art. 342. Se a escolha da coisa indeterminada competir ao credor, será ele citado para esse fim, sob cominação de perder o direito e de ser depositada a coisa que o devedor escolher; feita a escolha pelo devedor, proceder-se-á como no artigo antecedente.

Cuida-se aqui da obrigação de *coisa incerta* que não dinheiro (arts. 243 a 246). A coisa incerta é aquela que é indicada ao menos pelo gênero e pela quantidade. Esse artigo é claro. O presente artigo também é aplicável às obrigações alternativas (arts. 252 a 256), quando a escolha é atribuída ao credor. O credor, estando autorizado para fazer a escolha, é citado para esse fim. Se não se manifestar no prazo processual, estará em mora, perdendo o direito de escolha que passa a ser do devedor, o qual separará a coisa incerta e a depositará na forma do art. 341.

Art. 343. As despesas com o depósito, quando julgado procedente, correrão à conta do credor, e, no caso contrário, à conta do devedor.

Trata-se de um corolário da sucumbência. Cabe ao sucumbente arcar com honorários de advogado e despesas processuais. Esse texto poderia tranquilamente ser excluído do Código Civil. Há particularidades em torno das verbas na ação consignatória, mormente quando há dúvidas a quem pagar ou quando especificamente não há sucumbência, que devem ser examinadas na seara do processo.

Art. 344. O devedor de obrigação litigiosa exonerar-se-á mediante consignação, mas, se pagar a qualquer dos pretendidos credores, tendo conhecimento do litígio, assumirá o risco do pagamento.

Esse dispositivo, embora não o diga de forma direta, abrange não somente o inciso V do art. 335 (*litígio sobre o objeto do pagamento*) como seu inciso IV (*dúvida sobre quem deva legitimamente receber o objeto do pagamento*). Veja que a redação da segunda parte desse texto menciona pagamento a qualquer dos pretendidos credores. Cuida-se de mais uma aplicação do brocardo segundo o qual quem paga mal arrisca-se a pagar duas vezes, sujeitando-se a um custoso pedido ulterior de devolução. A ciência do litígio faz com que o *solvens* assuma o risco. Para não o assumir, deve consignar. Na verdade, também esse texto legal mostra-se como superfetação e não faria falta se suprimido.

Art. 345. Se a dívida se vencer, pendendo litígio entre credores que se pretendem mutuamente excluir, poderá qualquer deles requerer a consignação.

Aqui o litígio é entre credores que pretendem mutuamente se excluir. Cuida-se de uma exceção aos princípios da consignação. Há credores que litigam entre si. Trata-se, na verdade, de uma antecipação a uma consignação pelo devedor, que não saberia a quem pagar. Um credor busca excluir outro, como uma garantia de seu recebimento, isto é, para validamente ficar na posição de *accipiens*. O cunho marcantemente declaratório da ação é inafastável, não se submetendo esse artigo aos procedimentos característicos da ação de consignação em pagamento.

CAPÍTULO III
Do Pagamento com Sub-Rogação

Art. 346. A sub-rogação opera-se, de pleno direito, em favor:
I – do credor que paga a dívida do devedor comum;
II – do adquirente do imóvel hipotecado, que paga a credor hipotecário, bem como do terceiro que efetiva o pagamento para não ser privado de direito sobre imóvel;
III – do terceiro interessado, que paga a dívida pela qual era ou podia ser obrigado, no todo ou em parte.

1. Sub-rogação. Conceito

O termo *sub-rogação* significa, mormente em nossa ciência, uma substituição. A sub-rogação não extingue propriamente a obrigação. O instituto contemplado no art. 346 ss do Código faz substituir o sujeito da obrigação. O termo pode também ser empregado para a sub-rogação *real*, quando uma coisa de um patrimônio é substituída por outra. É o que ocorre se substituem os vínculos restritivos de inalienabilidade, impenhorabilidade e incomunicabilidade de um imóvel a outro (art. 1.848, § 2º).

No pagamento com sub-rogação, um terceiro, e não o primitivo devedor, efetua o pagamento. Esse terceiro *substitui* o credor originário da obrigação, de forma que passa a dispor de todos os direitos, ações e garantias que tinha o primeiro. Ressalta evidente que, quando alguém paga o débito de outrem, fique com o direito de reclamar do verdadeiro devedor o que foi pago e que esse crédito goze das mesmas garantias originárias. Não há prejuízo algum para o devedor, que em vez de pagar o que deve a um, deve pagar o devido a outro.

O fato é que a dívida se conserva, não se extinguindo. Trata-se de um instrumento jurídico muito utilizado na prática. Permite que, muitas vezes, um devedor pressionado por credor mais poderoso tenha sua dívida paga por outrem, que passa a ser seu credor, de forma mais acessível e com melhores condições de pagamento.

2. Origem histórica

Apontam-se dois institutos romanos como as formas embrionárias da moderna sub-rogação (cf. WEILL; TERRÉ, 1975, p. 1045): o *beneficium cedentarum actionum* (benefício de cessão de ações) e a *sucessio in locum creditoris* (sucessão no lugar do credor).

Na primeira hipótese, protegia-se aquele que pagava dívida do terceiro, impedindo o enriquecimento injusto. Transferiam-se-lhe o direito das ações do primitivo credor; mantendo-se ao novo credor também as hipotecas do crédito primitivo, operando-se, destarte, a sucessão *in colum creditoris*. Três categorias de pessoas poderiam usufruir dessa vantagem: os credores hipotecários posteriores que pagavam o primeiro credor, a pessoa que emprestava uma importância em dinheiro para liberar o devedor de credores hipotecários e, por último, o comprador de um bem hipotecado que liquidava o débito hipotecário. Localiza-se aí o embrião de nossa sub-rogação legal, nas hipóteses do art. 346. O Direito Intermédio fundiu ambos os institutos para criar a sub-rogação atual, por influência do Direito Canônico. O Direito Romano não chegou a empregar o vocábulo *sub rogare*.

3. Natureza jurídica e institutos afins

A sub-rogação possui muitos pontos de contato com a *cessão de crédito*, muitos encontrando aí sua natureza jurídica. Não se confunde, porém, o instituto em exame com a cessão de crédito. Sustentam alguns juristas que a sub-rogação é uma cessão de crédito operada por lei. A opinião não deixa de ter algum apoio, uma vez que a própria lei (art. 348) remete aos dispositivos da cessão de crédito uma das situações de sub-rogação convencional (quando o credor recebe o pagamento de terceiro e expressamente lhe transfere todos os seus direitos) (art. 347, I).

Contudo, ambas as figuras não coincidem. A sub-rogação contém como essência o pagamento de uma dívida por terceiro e fica adstrita aos termos dessa mesma dívida. Por outro lado, a cessão de crédito pode ter efeito especulativo, podendo ser efetivada por valor diverso da dívida originária. Na cessão de crédito, há necessidade de que o devedor seja notificado para ser eficaz com relação a ele (art. 290), o que não ocorre na sub-rogação. A cessão de crédito é uma alienação de um direito, aproximando-se à compra e venda. Não existe esse caráter de *alienação* na sub-rogação. Na cessão, a operação é sempre do credor, enquanto a sub-rogação pode operar mesmo sem anuência do credor e até mesmo contra sua vontade.

Para alguns, com a sub-rogação, haveria extinção do crédito primitivo, com o nascimento de outra obrigação. Na verdade, a sub-rogação é instituto autônomo. Não pode ser tratada simplesmente como um meio de *extinção* de obrigações. Se quem cumpre a obrigação é um terceiro, como vimos, a obrigação subsiste na pessoa desse terceiro. Uma razão de equidade apoia a existência da sub-rogação. Em vez de se extinguir o crédito, este se transfere ao terceiro por vontade das partes ou por força de lei. A própria relação jurídica sobrevive com a mudança do sujeito ativo. Tratando-se de uma forma de facilitar o adimplemento, é incentivada pela lei.

4. Sub-rogação legal

O presente art. 346 traz três situações em que a sub-rogação opera *de pleno direito, em favor*:

> "I – do credor que paga a dívida do devedor comum;"

A situação pressupõe a existência de mais de um credor do mesmo devedor. Pode ocorrer que esse credor tenha interesse em afastar o outro que tenha prioridade no crédito, preferindo ficar sozinho na posição de credor, aguardando momento mais oportuno para cobrar a dívida. Alguém, por exemplo, é credor quirografário juntamente com um credor trabalhista, o qual tem, portanto, preferência. Afastando o débito trabalhista, pode aguardar com maior tranquilidade o momento oportuno de, por exemplo, levar bem penhorado à praça e se ressarcir de toda a dívida, a sua e a dívida trabalhista que pagou e nela se sub-rogou. O fato de o atual artigo ter suprimido a parte final no correspondente de 1916 não lhe retira o alcance, ao contrário, amplia para todas as situações em que existe credor comum. Assim, para que o credor comum pague a dívida, não há mais necessidade de existir direito de preferência.

> "II – do adquirente do imóvel hipotecado, que paga a credor hipotecário, bem como do terceiro que efetiva o pagamento para não ser privado de direito sobre imóvel;"

O imóvel, mesmo hipotecado, pode ser alienado. O adquirente desse bem tem o maior interesse em extinguir a hipoteca. Na prática, é muito raro que a hipótese ocorra. Geralmente, o adquirente deseja que o bem alcance-lhe as mãos já livre e desembaraçado, excluindo-se a hipoteca, *a priori*. Em determinadas situações fáticas, porém, alguém poderia ser levado a adquirir o bem hipotecado. Não ocorre a hipótese da lei se é o próprio vendedor quem recebe o dinheiro do adquirente e paga a hipoteca. A hipótese vale, também, no entanto, quando incide mais de uma hipoteca sobre o bem. O adquirente pode ter maior interesse em livrar-se ao menos da primeira hipoteca.

O atual Código introduziu importante acréscimo nesse dispositivo declarando a sub-rogação de pleno direito também para o *terceiro que efetiva o pagamento para não ser privado de direito sobre imóvel*. A situação trazida é de justiça. A hipótese se aplica, por exemplo, ao promissário adquirente de imóvel que paga dívida sobre o imóvel contraída e não paga pelo transmitente do direito, para que não se veja privado dos direitos sobre o bem. Aqui não mais se exige preferência ou existência de um direito real.

"III – do terceiro interessado, que paga a dívida pela qual era ou podia ser obrigado, no todo ou em parte."

Trata-se da questão mais comum e útil na prática. O fiador paga a dívida do afiançado e sub-roga-se nos direitos do credor. Da mesma forma, é o que ocorre quando um dos devedores solidários paga toda a dívida, ou o codevedor de obrigação indivisível. Reportamo-nos ao que foi dito acerca da solidariedade. Sua sub-rogação, de acordo com a forma pela qual foi contraída a solidariedade, é parcial ou total da dívida. A finalidade primordial do inciso é colocar o devedor que paga a cobro de uma situação difícil e embaraçosa. O fiador pode ter, por exemplo, o máximo interesse em não ver o afiançado acionado. Notemos que a lei reporta-se a terceiro *interessado* que paga. Se for terceiro não interessado, não haverá sub-rogação, como já estudamos no capítulo reservado ao pagamento. O terceiro não interessado que paga a dívida em seu próprio nome não se sub-roga nos direitos do credor (art. 305). Só terá esse direito ao reembolso, por uma questão de equidade, para evitar-se o enriquecimento sem causa.

Em todos esses casos, a obrigação continua a existir para o devedor, mas terá ocorrido substituição de credor.

A lei pode descrever outros casos de sub-rogação, mas o fenômeno só existirá se o ordenamento autorizar, quando for expressa a norma, não comportando aplicação analógica, como ensina Washington de Barros Monteiro (1979, v. 4, p. 282). Esse autor lembra de duas outras situações do Direito Mercantil: a do interveniente voluntário que paga a letra de câmbio (art. 40, parágrafo único, do Decreto nº 2.044) e a do segurador, que paga o dano ocorrido à coisa segurada (art. 720 do Código Comercial, já revogado).

✎ Agravo de instrumento. Responsabilidade civil. Dano ambiental. Cumprimento de sentença. Decisão que homologa a desistência da ação com relação a uma das corrés, indicando que eventual crédito derivado da condenação solidária deverá ser perseguido em incidente autônomo. Irresignação. Possibilidade de exercício do direito de regresso nos mesmos autos da execução original. Inteligência dos artigos 283, 346, I, do CC e 778, § 1º, IV, do CPC. Pretensão que, entretanto, somente poderá ser efetivada após a satisfação do crédito dos credores originais, com o levantamento de todos os valores a que fazem jus. Precedentes. Decisão reformada. Agravo provido, com observação (*TJSP* – Ag 2247658-41.2019.8.26.0000, 6-2-2020, Rel. Alexandre Marcondes).

✎ Apelação cível. Responsabilidade civil. Ação de regresso. Pagamento em sub-rogação. Sub-rogação legal ou automática. Art. 346, II, CC. Terceiro que efetiva pagamento para não ser privado de direito sobre imóvel. Restrição proveniente de condenação do alienante em demanda trabalhista. Pagamento efetuado com a finalidade de evitar a implementação da evicção sobre o imóvel adquirido. Multa por litigância de má-fé fixada na ação laboral. Impossibilidade de cobrança. Fixação em razão de ato praticado pela autora, o qual não deu causa a ré. À unanimidade, deram parcial provimento ao apelo (*TJRS* – Ap. 70079570495, 27-06-2019, Rel. Luís Augusto Coelho Braga).

> **Art. 347. A sub-rogação é convencional:**
> **I – quando o credor recebe o pagamento de terceiro e expressamente lhe transfere todos os seus direitos;**
> **II – quando terceira pessoa empresta ao devedor a quantia precisa para solver a dívida, sob a condição expressa de ficar o mutuante sub-rogado nos direitos do credor satisfeito.**

Esse artigo admite duas formas de sub-rogação convencional. Nessas hipóteses, há um acordo de vontades entre o credor e o terceiro. Não se exigem palavras sacramentais.

No primeiro caso, ocorre iniciativa do credor, que recebe a importância de terceiro. O devedor não necessita aquiescer; o fenômeno pode ocorrer com ou sem seu conhecimento. Mas essa operação não pode ocorrer com sua oposição, cujos efeitos devem ser examinados caso a caso.

No segundo caso, há iniciativa do devedor, que consegue alguém que lhe empreste o numerário para pagar a dívida e passa a dever, com todos os direitos originários, ao mutuante.

Ambas as figuras são úteis. Na primeira, o credor vê-se satisfeito, numa situação de adimplemento duvidoso. No segundo caso, o devedor consegue talvez se afastar de um credor cúpido e poderoso, mais insistente, e poderá pagar, depois, a quem lhe emprestou, quiçá em situação mais favorável. Ambas as situações favorecem o adimplemento da dívida.

Difere da cessão de crédito, como vimos, pois nesta há necessidade de ciência do devedor (art. 290).

A segunda hipótese ocorre com muita frequência nos financiamentos dos bancos ditos sociais. A Caixa Econômica, por exemplo, costuma liquidar os débitos de devedores com instituições privadas, fornecendo financiamentos em condições mais favoráveis.

⚖ Apelações. Administrativo e processual civil. Licitação. Imóvel alienado pela Terracap. Obstrução por terceiros. Posterior transferência do bem pela adquirente originária a terceiro. Pretensão de restituição de valor pago a título de IPTU/TLP. Preliminares de ilegitimidade ativa e passiva suscitadas em contrarrazões rejeitadas. Prejudicial de prescrição suscitada em contrarrazões afastada. Ausência de relação jurídico-contratual com a Terracap. Não ocorrência de sub-rogação. Honorários advocatícios. Fixação por equidade. Valor da causa elevado. Majoração. Recurso do autor conhecido e desprovido. Recurso da ADTER conhecido e parcialmente provido. 1. Se o autor alega suposto direito de ser ressarcido pelas despesas que teve referentes ao pagamento de IPTU/TLP do imóvel que adquiriu de terceiro, argumentando a impossibilidade de uso e gozo do bem por culpa da Terracap, em consonância com o conjunto probatório carreado aos autos, revela-se a sua legitimidade para compor o polo ativo da lide e a da Terracap para figurar no polo passivo, haja vista a situação jurídica delineada. Preliminares de ilegitimidade suscitadas em contrarrazões rejeitada. (...) 4. Contudo, se o autor não firmou relação jurídico-contratual com a Terracap, mas com a herdeira da adquirente primitiva do imóvel, esta, sim, quem celebrou contrato de compra e venda referente ao edital de licitação, verifica-se que o apelante não detém a titularidade dos direitos decorrentes de contrato celebrado entre a Terracap, não incidindo a hipótese aos casos de sub-rogação legal e convencional previstos nos arts. 346 e 347 do CC, de modo que não dispõe da prerrogativa de exigir o cumprimento de cláusula contratual a cargo da empresa pública e, por conseguinte, a restituição de valores. (...) Recurso do autor conhecido e desprovido. Recurso da ADTER conhecido e parcialmente provido. Honorários majorados (*TJDFT* – Ap. 07038113720198070018, 27-11-2019, Rel. Sandra Reves).

⚖ Apelação cível – Embargos à execução – Contrato de mútuo feneratício – Relação negocial firmada com a Caixa Econômica Federal – Inadimplência dos apelados – Apelante quitou o débito, sub-rogando-se nos direitos da casa bancária – Legitimidade ativa para exigir a satisfação do débito dos apelados – Inteligência do art. 347,inciso I, do Código Civil – Sentença reformada – "[...] 5- A **sub-rogação é convencional** quando o credor recebe o pagamento de terceiro e expressamente lhe transfere todos os seus direitos. Art. 347, inciso I, do novo Código Civil. Contrato de Empréstimo/Financiamento firmado entre os réus e a Caixa Econômica Federal. Inadimplência já no início da pactuação. Contrato de seguro de crédito interno firmado pela instituição financeira com a exequente. Pagamento de montante do débito à credora originária. Sub-rogação nos créditos e direitos decorrentes da avença. No caso, se verifica que, quando da firmatura do contrato, os executados tinham plena ciência de eventual sub-rogação da seguradora exequente no crédito por ela indenizado à instituição financeira, em caso de inadimplemento, não podendo alegar a extinção da obrigação ou ilegitimidade da credora derivada para cobrar o débito. Conheceram do apelo em parte e, nesta, deram-lhe parcial provimento" (Apelação Cível nº 70032392334, Vigésima Câmara Cível, Tribunal de Justiça do RS, Relator: Glênio José Wasserstein Hekman, Julgado em 11/05/2011). Mérito. Incidência do art. 515, § 3º, do CPC. Excesso de execução. Alegada cobrança de juros capitalizados. Memorial evolutivo do débito apresentado na execução deixa evidente a ausência de incidência de tal encargo. Ônus da prova afeto aos embargantes. Tese rechaçada (*TJSC* – AC 2008.060817-8, 24-7-2012, Rel. Des. Guilherme Nunes Born).

Art. 348. Na hipótese do inciso I do artigo antecedente, vigorará o disposto quanto à cessão do crédito.

Os pontos de contato da cessão de crédito com a situação do inciso I do art. 347 são evidentes. Isto é, quando o credor recebe o pagamento de terceiro e expressamente lhe transfere todos os seus direitos. Assim, essa modalidade de sub-rogação reporta-se aos arts. 286 a 298, que tratam da cessão de crédito. O fato de a lei dizer que "vigorará" o disposto quanto à cessão de crédito não torna os dois institutos iguais; quando muito se equiparam alguns efeitos.

A principal diferença entre esses institutos é que a sub-rogação caracteriza um pagamento, enquanto tal não ocorre com a cessão, pois nesta a finalidade é transferir um crédito. Há uma celeuma doutrinária a respeito desse artigo com opiniões divergentes. Como conclui Renan Lotufo, a melhor interpretação que se pode dar ao artigo é no sentido de que as normas da cessão de crédito aplicáveis à sub-rogação são aquelas que não possuem natureza negocial, como as dos arts. 288 a 290, referentes à prova e eficácia da cessão (v. 2, 2003, p. 310). Assim, não será possível, em princípio, fazer aplicação intensa e direta dos demais artigos da cessão de crédito à hipótese descrita de sub-rogação.

⚖ Cumprimento de sentença desconsideração da personalidade jurídica – Sócios que passam a integrar a execução e efetuam pagamento ao credor. Pagamento feito por terceiro interessado, com sub-rogação convencional, instrumentalizada mediante negócio jurídico de cessão de crédito. Possibilidade de o terceiro que efetuou o pagamento da dívida prosseguir na execução, sub-rogado em todos os direitos do cedente. Distinção entre parte substancial do negócio jurídico e parte processual. Distinção entre débito e responsabilidade. Correto prosseguimento da execução pelos credores sub-rogados. Recurso improvido (*TJSP* – AI 2081611-53.2014.8.26.0000, 5-8-2014, Rel. Francisco Loureiro).

Art. 349. A sub-rogação transfere ao novo credor todos os direitos, ações, privilégios e garantias do primitivo, em relação à dívida, contra o devedor principal e os fiadores.

Esse artigo descreve a essência do instituto. Tais princípios aplicam-se tanto à sub-rogação legal, quanto à sub-rogação convencional. O sub-rogado não recebe mais do que receberia o credor originário. Não pode haver, em princípio, finalidade especulativa na sub-rogação.

Da mesma forma, o sub-rogado não tem ação contra o sub-rogante no caso de o devedor ser insolvente. Por outro lado, se a obrigação for nula ou não existir, pelo princípio do enriquecimento sem causa, o que pagou tem direito ao reembolso.

O novo credor receberá todos os direitos e acessórios do credor primitivo, tal como se encontravam.

Questão que pode ser levantada diz respeito à insolvência do devedor. As partes podem expressamente garantir essa hipótese na sub-rogação convencional, o que fica na autonomia da vontade. Se as partes nada dispuserem, havendo má-fé, sempre que isso ocorre, o culpado responderá por perdas e danos. Cumpre examinar o caso concreto, mas não se anula a sub-rogação.

⚖ Ação regressiva de ressarcimento de danos. Energia elétrica. Sentença de procedência. Pretensão de reforma. INADMISSIBILIDADE: Seguradora que paga indenização sub-roga-se nos direitos dos segurados – Art. 349 do CC e Súmula 181 STJ. Aplicação do CDC. Desnecessidade do pedido administrativo. Cerceamento de defesa não configurado. Sentença mantida. Recurso desprovido (*TJSP* – Ap. 1002844-55.2019.8.26.0125, 13-7-2020, Rel. Israel Góes dos Anjos).

⚖ Agravo de instrumento. Responsabilidade civil. Ação regressiva de ressarcimento movida por seguradora. Inversão do ônus da prova. 1. Em ações de ressarcimento movida por seguradoras sub-rogadas nos direitos de seus segurados, não se altera, é verdade, o regime de responsabilização aplicado à parte ré, tal como se ela estivesse sendo demandada pela própria parte nos direitos de quem a seguradora se sub-rogou, pelas próprias regras de regem à instituto (art. 349 do CC), e consoante posicionamento já firmado no Superior Tribunal de Justiça (STJ, REsp 1321739/SP, 3ª T., j. 05/09/2013; REsp 802442 / SP, 4ª T., j. 02/02/2010). 2. Daí, o que se pode extrair é apenas que – em se tratando, no caso, a demandada de concessionária de serviço público e em sendo os danos decorrentes de oscilações de tensão ocorridas na rede de abastecimento que danifica bens de consumidores –, o regime de responsabilização é o da responsabilidade objetiva, nos termos do art. 37, §6º, da CF/88 e do art. 14, *caput*, do CDC, este último aplicado, sim, na situação, conforme posicionamento também já firmado pelo Superior Tribunal de Justiça (STJ, AgRg no AREsp nº 468064/RS, 1ª T., j. 12/12/2015). 3. Ou seja, a conclusão a que se chega é que à autora compete a demonstração da ocorrência do evento danoso, dos danos e do nexo causal entre estes e o primeiro. À ré, por sua vez, compete comprovar a ausência de defeito na prestação do serviço e/ou a ocorrência de culpa exclusiva de terceiro ou da vítima (CDC, art. 14, §3º). Agravo de instrumento provido (*TJRS* – Ag 70083590703, 29-4-2020, Rel. Eugênio Facchini Neto).

Art. 350. Na sub-rogação legal o sub-rogado não poderá exercer os direitos e as ações do credor, senão até à soma que tiver desembolsado para desobrigar o devedor.

Nada impede que as partes expressem sua vontade no sentido de alterar os valores da sub-rogação convencional, o que não ocorre na sub-rogação legal, por força desse artigo. Portanto, na sub-rogação convencional, as partes podem dispor diferentemente. Mas, se não houver pacto expresso, tem plena aplicação o disposto no art. 350.

Esse artigo aplica-se à sub-rogação legal. Não há intuito de lucro na sub-rogação legal. Como na sub-rogação legal não há vontade negocial, ela deve ser limitada e vista isoladamente. A quantia do desembolso será o teto permitido para a sub-rogação legal.

⚖ Liquidação de sociedade. Habilitação de crédito. Cessão de crédito. Sub-rogação legal. Agravo de instrumento contra a decisão que acolheu o pedido dos agravantes, habilitantes, com fundamento em sub-rogação. Pretensão dos agravantes ao reconhecimento da cessão de crédito, pela qual buscam a habilitação do valor originário do crédito. Não se pode admitir, na presente liquidação, o caráter especulativo buscado pelos agravantes através da suposta cessão de crédito. Isto porque auferiram eles lucros da sociedade, que deveria pagar pelo valor originário da dívida, sendo certo que os habilitantes pagaram a dívida com significativa redução. Conquanto os instrumentos estejam intitulados como cessão de crédito, a dívida foi quitada em face das instituições financeiras, credoras originárias. Houve, como seria de rigor em sub-rogações, o adimplemento da obrigação, que não se conservou. Por serem os habilitantes herdeiros de um dos sócios, teriam interesse no pagamento da dívida, o que, com maior razão, confirma a sub-rogação, que afasta a natureza especulativa (arts. 346, inc. III, e 350, do CC). Recurso não provido (*TJSP* – Ag 2089391-39.2017.8.26.0000, 11-8-2017, Rel. Carlos Alberto Garbi).

⚖ Apelação cível – Embargos à execução – Inadequação da via eleita – Impossibilidade jurídica do pedido – Preliminares rejeitadas – Cédula de produto rural – Sub-rogação legal – Art. 346, III, do CC/02 – Alegação de caso fortuito e força maior – Prorrogação do vencimento – Impossibilidade – Encargos da dívida primitiva – Exclusão – O cumprimento da cédula de produto rural somente pode ser exigido através de execução para entrega de coisa incerta, ou pela execução de quantia certa, nos termos da Lei nº 8.929, de 1994, da qual decorre situação jurídica específica – Encontrando-se a pretensão da parte exequente prevista na Lei nº 8.929/1994, aliado ao fato de terem sido preenchidos os requisitos imprescindíveis à postulação de execução, não há que se cogitar em impossibilidade jurídica do pedido – O art. 11 da Lei nº 8.929/1994 veda ao devedor a invocação em seu favor da ocorrência de caso fortuito ou de força maior – Tratando-se de sub-rogação legal, a teor do art. 346, III, do Código Civil, **aplica-se o disposto no art. 350** do referido diploma legal, segundo o qual o sub-rogado **somente poderá cobrar do devedor a importância que pagou ao credor, sendo-lhe vedado o exercício dos direitos e ações inerentes a este que ultrapassem a soma efetivamente paga** (*TJMG* – AC 1.0694.10.003253-1/001, 17-10-2014, Rel. Valdez Leite Machado).

Art. 351. O credor originário, só em parte reembolsado, terá preferência ao sub-rogado, na cobrança da dívida restante, se os bens do devedor não chegarem para saldar inteiramente o que a um e outro dever.

Esse artigo refere-se ao pagamento parcial ao credor originário, isto é, à sub-rogação parcial.

Suponha-se que a dívida seja de 1.000. Um terceiro paga 500 e sub-roga-se nos direitos dessa importância. O devedor fica então a dever 500 ao credor originário e 500 ao sub-rogado. Quando da cobrança de seus 500, o credor originário não encontra bens suficientes para seu crédito de 500. Terá ele preferência, recebendo, no que tiver, antes do sub-rogado, que ficará irressarcido. Alguns veem injustiça na solução, acreditando melhor na solução italiana, que manda fazer um rateio entre sub-rogante e sub-rogado, que suportariam igualmente a insolvência do devedor. No entanto, quem se sub-roga na forma atualmente prescrita assume o risco da insolvência do devedor. Disso já tem ciência pelos termos expressos nesse artigo.

⚖ Impugnação de crédito – Seguradora sub-rogada nos direitos de crédito de segurado pretende que sua a classificação desse crédito sub-rogado seja admitido com preferência – Direito inexistente e, se existisse, seria inútil diante da recuperação judicial – Art. 351 do CC e cláusula contratual entre a seguradora e o segurado que não repercutem no direito dos credores concorrentes à recuperação – Conhecimento apenas parcial do recurso diante da falta de interesse da segurada – Recurso conhecido em parte e, nesta, improvido. Dispositivo: Recurso conhecido em parte e, nesta, não provido, com observação (*TJSP* – Ag 2095982-51.2016.8.26.0000, 13-11-2017, Rel. Ricardo Negrão).

CAPÍTULO IV
Da Imputação do Pagamento

Art. 352. A pessoa obrigada por dois ou mais débitos da mesma natureza, a um só credor, tem o direito de indicar a qual deles oferece pagamento, se todos forem líquidos e vencidos.

1. Imputação do pagamento. Conceito

Imaginemos uma situação esquemática na qual um devedor contraiu várias obrigações com um mesmo credor. Deve parcela vencida de um empréstimo; deve aluguel referente à locação mensal de um imóvel e deve valor representado por nota promissória. Para que o exemplo fique de fácil compreensão, tomemos em conta que as três dívidas, vencidas, são, cada uma, no valor de 1.000. O devedor, nesse nosso exemplo, remete ao credor a importância de 1.000. Pergunta-se, na falta de especificação do devedor, qual das três obrigações estará ele adimplindo, com o pagamento da importância de 1.000? A resposta implicará saber a qual obrigação estará o devedor atribuindo, isto é, imputando seu numerário, *imputando* seu pagamento. A situação pode ocorrer com mais frequência na esfera bancária, em contas correntes, principalmente.

A *imputação de pagamento* tem esse sentido no direito obrigacional. É forma de se quitar um ou mais débitos, quando há vários, do mesmo devedor, em relação ao mesmo credor. Trata-se da aplicação de um pagamento a determinada dívida (ou mais de uma), entre outras que se têm com o mesmo credor, desde que sejam todas da mesma natureza, líquidas e vencidas, conforme exposto nesse artigo.

Geralmente, a doutrina não dá muita importância ao tema. Entretanto, longe está de destituído de aplicação prática. Basta recordarmos os vários débitos autorizados pelo correntista de um banco, em sua conta corrente. Modernamente, é costume que uma infinidade de obrigações seja debitada automaticamente, em conta, mediante singela autorização do correntista. Se este não tiver numerário depositado em volume suficiente para débitos que vençam na mesma data, por exemplo, devem ser aplicados os princípios da imputação de pagamento. É frequente o abuso das instituições financeiras a esse respeito.

A preferência na escolha da dívida a ser adimplida é do devedor. Esse artigo é cristalino a esse respeito: cabe à pessoa obrigada, ou quem lhe faz as vezes, fazer a imputação. Se for cabal a escolha pelo devedor, não pode ser recusada pelo credor. Se o devedor se mantiver silente e não se manifestar oportunamente, o direito de escolha passa ao credor (art. 353, a menos que ele aja com violência ou dolo. Se nenhuma das partes se manifestar oportunamente, a lei dá os parâmetros para fixar qual dos débitos foi pago (art. 355). Trata-se, no último caso, da imputação legal.

2. Requisitos

Vamos encontrar os requisitos dessa forma de pagamento nesse artigo sob comentário. Portanto, somente surgirá o fenômeno se houver *pluralidade de débitos*: mais de um débito, porém independentes entre si. Não se constituem débitos diversos, por exemplo, os pagamentos mensais da mesma obrigação, contraída para pagamentos a prazo. Em um só débito, como já vimos, não pode o credor ser obrigado a receber parcialmente.

Para a imputação devem concorrer também as pessoas de *um só credor e um só devedor*. Ou, melhor dizendo, uma parte ativa e uma parte passiva da obrigação. Tal situação é da essência do instituto. Não se confunda com o fenômeno da solidariedade, que pode, no entanto, integrar a problemática da imputação.

Os *débitos devem ser da mesma natureza*, isto é, deve existir compatibilidade no objeto do pagamento. Pagamentos de dívidas em dinheiro são sempre compatíveis. Não são compatíveis obrigações de dar com obrigações de fazer e não fazer. Se um débito se refere a um pagamento em dinheiro e outro à feitura de uma obra, não há compatibilidade. Se uma obrigação deve ser paga em dinheiro e outra em cereais, também não há compatibilidade.

As dívidas também devem ser *líquidas*. Uma dívida que dependa de apuração, quer judicial, quer extrajudicial, não é líquida. Não só não é líquida, como também não é certa.

O pagamento ofertado pelo devedor deve ser suficiente para quitar ao menos uma das dívidas. Uma vez que o credor não está obrigado a receber parcialmente, esse princípio é consequência da regra geral. O pagamento pode ser suficiente para uma (no mínimo) ou mais de uma dívida. E se a quantia ofertada for superior ao débito de menor valor, mas não atingir o débito de maior valor? Entende-se sem dúvida, afora acordo entre as partes, que o pagamento refere-se à dívida de menor valor. O excedente não deverá necessariamente ser aceito pelo credor para amortizar a dívida de maior valor, porque se trataria de pagamento parcial.

Por fim, *a dívida deve ser vencida*. Presume-se que o credor não queira receber, nem o devedor pagar, antes de a dívida vencer e tornar-se exigível. Contudo, no caso, afirmava o Código de 1916, só se faria a imputação a uma dívida ilíquida ou não vencida com o consentimento do credor (art. 991, segunda parte). A ausência desse dispositivo no atual Código, que não tinha maior alcance, não altera a regra, que deriva dos princípios gerais do pagamento. Não é dado ao devedor impor o pagamento nessas condições. O credor recebe dívida não vencida; qualquer que seja, se assim desejar.

Por igual modo, se o devedor oferece regularmente o pagamento a uma das dívidas, não pode o credor recusá-lo, sob pena de incidir em mora *creditoris*. Pode, nesse caso, o devedor se valer da consignação.

🔨 Agravo de Instrumento. Ação indenizatória. Fase de liquidação. Decisão que fixa o valor do crédito, sem arbitramento de novos honorários advocatícios. Imputação do pagamento. Alegações a respeito do tema basicamente ininteligíveis. Agravada teria direito de imputar o pagamento ao débito que mais lhe desfavorece, nos termos do artigo 352 do CC. Crédito ainda não liquidado. Fato que afasta a aplicação do art. 532, § 1º do CPC e por consequência a fixação de novos honorários. Recomposição anual da pensão. Cálculo da Contadoria Judicial que desconsidera a recomposição do valor histórico da pensão pela tabela prática desta Corte, o que deveria ocorrer ano a ano. Necessidade de recálculo do crédito relativo à pensão. Agravo parcialmente provido (*TJSP* – Ag 2161472-15.2019.8.26.0000, 13-12-2019, Rel. Alexandre Marcondes).

🔨 A parte exequente elaborou o cálculo do valor discriminado do débito sem considerar os pagamentos efetuados pelo executado a título de abatimento da dívida. Nos termos do art. 352 do CC, é direito do devedor, possuindo mais de uma dívida líquida e vencida, indicar a qual oferece o pagamento, não podendo a instituição financeira liquidar o contrato que lhe parecer mais conveniente, mormente quando não se insurge em relação à imputação ao pagamento no momento adequado. Decisão mantida. Apelo desprovido (*TJRS* – Ap. 70076841212, 28-11-2018, Rel. Jorge Maraschin dos Santos).

🔨 Civil e processual civil – Ação declaratória de inexistência de débito e danos morais – Protesto de cheques – Existência de outras dívidas – Pagamento parcial da dívida – Ausência de indicação por parte do devedor do débito a ser quitado – Indicação feita pelo credor – Ilicitude do protesto não configurada – 1. Nos termos do artigo 352 do Código Civil, a pessoa obrigada por dois ou mais débitos da mesma natureza, a um só credor, tem o direito de indicar a qual deles oferece pagamento, se todos forem líquidos e vencidos. 2. Ante a ausência de comprovação do exercício da faculdade prevista no artigo 352 do Código Civil, **cabe à parte credora a escolha dos débitos a serem quitados**, nos termos do artigo 353 do mesmo diploma legal. 3.Tendo a parte autora promovido pagamento de apenas parte do débito, de modo que ainda persiste saldo devedor remanescente, o protesto das cártulas dadas a título de caução em contrato de locação configura exercício regular do direito. 4- Recurso de Apelação conhecido e não provido (*TJDFT* – AC 20140111371178APC – (918814), 15-2-2016, Relª Nídia Corrêa Lima).

Art. 353. Não tendo o devedor declarado em qual das dívidas líquidas e vencidas quer imputar o pagamento, se aceitar a quitação de uma delas, não terá direito a reclamar contra a imputação feita pelo credor, salvo provando haver ele cometido violência ou dolo.

Se ofertar o pagamento a uma ou mais dívidas e o devedor não disser qual sua imputação, o credor dará quitação naquela que lhe aprouver. Se aceitar tal quitação, não poderá mais o devedor reclamar dessa imputação feita pelo credor. Assim, no exemplo que demos na abertura dessa matéria, se há os chamados débitos automáticos em conta de um cliente de banco e o correntista, não tendo saldo para quitar todos os débitos, não notifica a instituição financeira acerca de qual ou quais débitos deseja o pagamento, cabe ao banco escolher as dívidas a serem quitadas. Destarte, é fato que optará o credor, nesse caso, pela solução que lhe é mais favorável. Dará, por exemplo, quitação de um débito quirografário, mantendo inadimplente um débito garantido por hipoteca. É ônus decorrente da desídia do devedor.

Esse artigo diz que tal imputação pelo credor só não terá valor se cometida por violência (coação) ou dolo. A matéria transmuta-se, sem dúvida, para a boa-fé objetiva. A prova incumbe ao devedor. A lei não menciona o erro, que não é elemento para anular a imputação. Como a lei menciona dois vícios de vontade (violência e dolo), evidentemente não desejou que se aplicassem os três vícios de vontade da parte geral (erro, dolo e coação).

Pelo que vemos da dicção desse artigo, a imputação pelo credor deve ocorrer no momento do pagamento, quando da quitação. Isso porque, se as duas partes forem omissas, os princípios serão da imputação legal. O devedor perde seu direito quando aceita a quitação.

Art. 354. Havendo capital e juros, o pagamento imputar-se-á primeiro nos juros vencidos, e depois no capital, salvo estipulação em contrário, ou se o credor passar a quitação por conta do capital.

Se não houver avença em contrário, porque o campo é de direito dispositivo, a escolha na imputação é do devedor. Este, sempre que possível, é tratado de forma mais benigna pelo Código. Facilita a lei sua posição de onerado. A tradição dessa posição já vem das fontes romanas. Deve o devedor declarar oportunamente qual débito deseja quitar.

Tal direito, porém, sofre mitigação; não é absoluto. Se houver capital e juros, o pagamento imputar-se-á primeiro nos juros vencidos. Pode haver, no entanto, estipulação em contrário e pode o credor, se desejar, concordar em quitar parte do capital. Todavia, não tem o devedor direito de imputar por sua exclusiva vontade o pagamento no capital.

Ademais não pode haver pagamento parcial de uma das dívidas, salvo concordância do credor. Também, tal não pode ocorrer caso o devedor deseje pagar dívida ainda não vencida.

Afora isso, o devedor escolhe a dívida que paga e não pode o credor se opor. É claro que, se puder pagar a dívida mais onerosa, assim o fará. Entre uma dívida com juros superiores e multa e outra com juros menores e sem multa, é claro que, *a priori*, o devedor escolherá por pagar a primeira. E não pode o credor esquivar-se.

✍ Impugnação de crédito (recuperação judicial) – Decisão judicial que julgou parcialmente procedente a impugnação de crédito, sem sucumbência, por se tratar de mero incidente processual – Minuta recursal que alega que o pagamento realizado deve abarcar não só o principal, como também considerar os encargos decorrentes da mora (CC, arts. 389, 395 e 407) – Descabimento – Primeiro deve ser considerado quitado o montante de juros, a não ser que as partes estipulem de forma diferente (inteligência do art. 354 do CC), caso concreto em que isto não ocorreu – Não havendo disposição em contrário e tendo a agravante considerado quitadas as faturas apesar dos pagamentos realizados com atraso, não se verifica nenhum equívoco na decisão combatida – Agravante não demonstrou insatisfação com o pagamento em atraso por meio de notificação, conforme previsto nos contratos – Decisão mantida – Agravo de instrumento não provido. Dispositivo: Negam provimento ao agravo de instrumento (*TJSP* – Ag 2254414-66.2019.8.26.0000, 1-7-2020, Rel. Ricardo Negrão).

✍ Título judicial – Execução – Embargos – FAM – Determinada pela sentença que os pagamentos administrativos sejam abatidos somente do principal. Pretensão do embargado de abatimento de forma proporcional sobre principal e juros de mora. Determinação do artigo 354 do Código Civil de **imputação dos pagamentos primeiro nos juros vencidos e depois no capital**, salvo estipulação em contrário ou se o credor passar a quitação por conta do capital. Não cabendo decidir *ultra petita*, cumpre acolher a postulação do apelante no sentido na imputação dos pagamentos proporcionalmente sobre principal e juros de mora. Recurso provido para julgar improcedentes os embargos à execução, com inversão do ônus da sucumbência (*TJSP* – Ap.1039541-39.2015.8.26.0053, 31-1-2017, Rel. Edson Ferreira).

Art. 355. Se o devedor não fizer a indicação do art. 352, e a quitação for omissa quanto à imputação, esta se fará nas dívidas líquidas e vencidas em primeiro lugar. Se as dívidas forem todas líquidas e vencidas ao mesmo tempo, a imputação far-se-á na mais onerosa.

Se restarem inertes ambas as partes da obrigação e surgir posteriormente a problemática, ocorrerá a imputação de pagamento conforme este artigo, imputação legal. A lei procura facilitar a situação do devedor.

Preferir-se-ão as dívidas vencidas em primeiro lugar porque parece lógico o fator temporal. O devedor, em tese, pagaria primeiramente a dívida com vencimento mais antigo. Presume-se, embora não de forma absoluta, que a dívida vencida em primeiro lugar possua maiores acréscimos de juros, cláusula penal e correção monetária. Mesmo que assim não fosse, no silêncio das partes, essa é a vontade da lei.

É claro que não surgirá o problema de imputação se houver dívidas ilíquidas e não vencidas. Estas não entram na imputação legal. Já se todas forem líquidas e vencidas ao mesmo tempo, a lei diz que a imputação far-se-á na *mais onerosa*. Cabe ao julgador o exame da dívida mais onerosa, embora a doutrina possa traçar os pilares da vontade da lei. Como a questão é de privilegiar, no caso, o devedor, haverá preferência de imputação na dívida com garantia real ou fiança à dívida exclusivamente quirografária. Preferir-se-á a dívida com juros de 12% ao ano àquela com juros de 6%; preferir-se-á o débito com multa maior etc.

Se as dívidas forem iguais, costuma a doutrina dizer que se preferirá a mais antiga. Dúvida surge se a obrigação contraída em primeiro lugar é mais antiga ou se aquela que primeiramente se venceu. A melhor solução é de se imputar àquela que primeiro se venceu porque se tornou exigível em primeiro lugar.

Se os débitos são rigorosamente iguais, mesmo valor, mesma data de nascimento e mesma data de vencimento, Serpa Lopes (1966, v. 2, p. 244) entende, com base em fontes romanas, que a imputação se deve fazer proporcionalmente, em relação a todos os débitos iguais. Na verdade, difícil seria qualquer outra solução. É o que manda fazer o Código francês (art. 223).

Como vemos, não existe nada de muito especial ou excepcional nas regras de imputação de pagamento. Seu efeito é de extinguir uma ou mais dívidas; seus efeitos são os do pagamento em geral.

Na compensação (art. 379), aplicar-se-ão as regras da imputação de pagamento, quando a mesma pessoa for obrigada por várias dívidas compensáveis. A compensação é também forma especial de pagamento.

CAPÍTULO V
Da Dação em Pagamento

Art. 356. O credor pode consentir em receber prestação diversa da que lhe é devida.

1. Conceito

Se o credor consentir, a obrigação pode ser resolvida substituindo-se seu objeto. *Dá-se* algo em pagamento, que não estava originalmente na obrigação. Esse é o sentido da *datio in solutum*. Só pode ocorrer com o consentimento do credor, pois ele não está obrigado a receber nem mesmo coisa mais valiosa (art. 313).

O presente artigo fala da substituição da prestação: "*o credor pode consentir em receber prestação diversa da que lhe é devida*". A dação em pagamento, como se nota, não se restringe, à substituição de dinheiro por coisa. Basta que se substitua, quando do cumprimento da obrigação, o objeto original dela. Trata-se de um acordo liberatório que só pode ocorrer após o nascimento da obrigação. Pode consistir na substituição de dinheiro por coisa (*rem pro pecuni*), como também de uma coisa por outra (*rem pro re*), assim como a substituição de uma coisa por uma obrigação de fazer.

Quando existir entrega de uma coisa, em substituição, haverá alienação, daí por que sua analogia com a compra e venda, decantada pelo art. 357. Este Código atualiza a compreensão da definição de dação em pagamento, conforme nossa observação, feita anteriormente a sua vigência. Assim, quando se substitui, com aquiescência do credor, o objeto da prestação, ocorre a dação.

É de se notar que se a obrigação for alternativa, ou mesmo facultativa, só haverá a *datio in solutum* se nenhuma das prestações originalmente avençadas for cumprida, e sim uma prestação totalmente estranha ao pacto original. Sua utilidade é grande no comércio jurídico, mormente quando há falta de numerário por parte do devedor ou escassez de mercadoria originalmente prometida. É mais conveniente para o credor, em princípio, receber coisa diversa do que nada receber ou receber com atraso.

2. Requisitos e natureza jurídica

Para que ocorra a dação, há necessidade de: (a) uma obrigação previamente criada, (b) um acordo posterior, em que o credor concorda em aceitar coisa diversa e, por fim, (c) a entrega da coisa diversa com a finalidade de extinguir a obrigação. Trata-se, portanto, de negócio jurídico bilateral, oneroso e real, pois implica a entrega de uma coisa (salvo se a prestação substituída seja de fazer ou não fazer, pura e simples). Sua finalidade é extinguir a dívida. Se a coisa entregue for imóvel, seguir-se-ão todas as regras aplicadas às alienações de imóveis: necessidade de escritura pública se superior ao valor legal, outorga conjugal etc.

Na dação em pagamento, não há necessidade de equivalência de valor na substituição. Não há nem mesmo necessidade de que as partes expressem um valor. Tão só que manifestem sua intenção de extinguir a dívida com a entrega. Pode a dação ser parcial: apenas parte do conteúdo da obrigação é substituído. O devedor, por exemplo, não tendo dinheiro suficiente, dá parte em dinheiro e parte em espécie. Pode também o credor concordar em receber parcialmente *in solutum* remanescendo parte da dívida na obrigação originária. Nessa hipótese, há necessidade de se explicitar o valor que fica em aberto.

A aceitação da dação em pagamento depende de plena capacidade do credor. Se o credor for incapaz, sem autorização judicial não poderá fazê-lo, pois possibilitará acarretar prejuízo. O representante necessita de poderes especiais para dar esse tipo de quitação, que foge ao exato cumprimento da obrigação. O mandatário com poderes gerais não poderá aceitá-la.

🔑 Apelação cível. Contrato de compra e venda de imóvel. Rescisão contratual cumulada com perdas e danos. Prescrição decenal. Inadimplemento contratual. Teoria do adimplemento substancial. Improcedência dos pedidos iniciais. Honorários de sucumbência. Legitimidade e interesse recursal da parte. Patrono da litisdenunciada. Condenação do denunciante. Arbitramento da verba. Princípios da razoabilidade e proporcionalidade. Aplicabilidade. 1. Os argumentos recursais que não integram a causa de pedir inicial não devem ser conhecidos, na medida em que constituem flagrante inovação recursal, em contraposição ao princípio da estabilização da lide (art. 329, inc. II, do CPC). 2. O direito autônomo do advogado à execução das verbas dos honorários de sucumbência não exclui a legitimidade da própria parte (Súmula 306 do STJ). 3. A pretensão indenizatória decorrente do inadimplemento contratual está sujeita ao prazo de dez anos, nos termos do art. 205 do Código Civil. Aplicação de precedentes do Superior Tribunal de Justiça em sede de embargos de divergência. 4. O consentimento em receber prestação diversa à originalmente ajustada está inserida na liberalidade do credor (art. 356 do CC). Daí, recebida a coisa pelo valor declarado como parte do pagamento, nada importa a venda posterior por valor menor, se nenhuma ressalva constou nesse sentido para fins de abatimento do preço (*TJDFT* – Ap. 0727017-05.2017.8.07.0001, 13-11-2019, Rel. Fábio Eduardo Marques).

🔑 Embargos de declaração em apelação cível – **Ação de dação em pagamento** – Alegação de omissão – Inexistência – Pretensão de reexame da matéria – Impossibilidade – Súmula nº 18 do TJCE – 1- Os embargos declaratórios não têm o condão de instauração de novo debate sobre o *thema decidendum*, mas, somente, o esclarecimento de ponto omisso, obscuro ou contraditório. 2- Inteligência da Súmula 18 TJCE: "São indevidos embargos de declaração que têm por única finalidade o reexame da controvérsia jurídica já apreciada." 3- "Os embargos de declaração somente são cabíveis quando presente, ao menos, uma das hipóteses previstas no artigo 535 do Código de Processo Civil. A jurisprudência desta Corte é firme no sentido de que os embargos de declaração, ainda que opostos com o objetivo de prequestionamento visando à interposição do apelo extraordinário, não podem ser acolhidos quando inexistentes omissão, contradição ou obscuridade na decisão recorrida." (EDcl no AgRg no REsp nº 1.077.723/RS, Ministro Paulo Gallotti, Sexta Turma, DJe 5/3/2009). 4- Embargos declaratórios conhecidos, porém, rejeitados (*TJCE* – EDcl 744664-36.2000.8.06.0001/2, 9-1-2012, Rel. Manoel Cefas Fonteles Tomaz).

🔑 Compromisso de venda e compra – Descumprimento contratual – Réus que deixaram de apresentar às autoras os carnês do IPTU e demais documentos necessários à regularização do imóvel por eles alienado. Sentença que declarou rescindido o contrato, restituindo às autoras os pagamentos que efetuaram aos réus (a posse do apartamento por estes recebido em **dação de pagamento**, mais o preço pago em dinheiro). Reconhecimento de litigância de má-fé dos réus por terem adulterado documento e vendido a terceiros de boa-fé o mesmo imóvel comprado pelas autoras – Apelo que nega a falsificação, pede a reforma total da sentença, com o afastamento da litigância de má-fé. Alegações descabidas. Decisão mantida por seus próprios fundamentos, conforme Regimento Interno deste Egrégio Tribunal de Justiça. Apelo desprovido (*TJSP* – Ap.994.07.024582-2, 28-4-2011, Rel. Rui Cascaldi).

Art. 357. Determinado o preço da coisa dada em pagamento, as relações entre as partes regular-se-ão pelas normas do contrato de compra e venda.

A *contrario sensu* do disposto nesse artigo, portanto, *se não foi determinado o preço da coisa* que substitui a obrigação, não havemos de chamar à baila os dispositivos da compra e venda. A questão tem importância na dação de imóvel porque deve constar um valor, ao menos para fins fiscais. Daí por que a equiparação ora tratada tem maior aplicação quando da entrega de imóvel, em que as partes estipulam valor no negócio. Lembre-se de que *equiparação* não é identidade. O que é equiparado não é igual. Tratando-se de negócio jurídico oneroso, aplicam-se todas as regras atinentes ao negócio, suas questões de nulidade e anulabilidade. Com frequência, pode ocorrer fraude contra credores e simulação na dação em pagamento. Há que se analisarem os pressupostos desses institutos, da parte geral do Código. O presente artigo incide tanto se o bem objeto da dação for móvel quanto se for imóvel. Nem sempre a solução será simples no caso concreto.

Se o objeto não for pecuniário e houver substituição por outra coisa, a analogia será com a troca (art. 533) e não com a compra e venda.

Na aplicação dos princípios da compra e venda, a jurisprudência anterior a 2002 vinha mais recentemente entendendo que era nula a dação de todos os bens do devedor quando não houvesse consentimento de todos os descendentes; também seria nula quando feita pelo ascendente ao descendente, bem como a dação realizada no período suspeito da falência e em fraude contra credores. O art. 496 deste Código determina que essa venda descendente é anulável, finalizando polêmica, conforme veremos ao comentarmos os artigos do contrato de compra e venda.

Art. 358. Se for título de crédito a coisa dada em pagamento, a transferência importará em cessão.

Não existe propriamente dação no pagamento com títulos de crédito, porque, no caso, haverá cessão de crédito. A doutrina não é, contudo, unânime a esse respeito, pois há os que entendem que essa é uma modalidade de dação. O pagamento com cheque é pagamento e não dação; assim também o pagamento feito por cartão de crédito. Se houver substituição de título de crédito, o problema transfere-se para o instituto da novação.

Somente haverá pagamento com título de crédito, se isso não estiver previamente acordado, com aquiescência do credor. Nesse caso, a entrega do título será *pro solutum*, salvo se as partes forem expressas em contrário (*pro solvendo*). Essa é uma das características que, a nosso ver, afasta a tipificação dessa modalidade com a dação em pagamento.

Adjudicação compulsória. Requerente munido de instrumento particular de confissão de dívida com dação do bem imóvel em pagamento. Suficiência para obtenção do título judicial em substituição à escritura de compra e venda – Apelo improvido (*TJSP* – Ap.994.07.033614-5, 31-5-2011, Rel. Testa Marchi).

Art. 359. Se o credor for evicto da coisa recebida em pagamento, restabelecer-se-á a obrigação primitiva, ficando sem efeito a quitação dada, ressalvados os direitos de terceiros.

No caso de perda da coisa pela evicção, repristina-se a obrigação originária, isto é, a obrigação originária revive. Essa é a opção de nosso legislador nesse artigo. Esse artigo, que repete a redação do antigo art. 998, acrescenta, porém, ao final: "*ressalvados os direitos de terceiros*". Remetemos o leitor para os comentários aos artigos da evicção (447 a 457). A evicção aflige a dação em pagamento tal qual na compra e venda.

Trata-se de efeito semelhante à condição resolutiva. Os terceiros, no caso concreto, não podem ser prejudicados pela ineficácia da dação em pagamento, sob pena de instabilidade nas relações negociais. O terceiro protegido, no caso, é o de boa-fé.

Note que nosso ordenamento opta por não mandar aplicar os efeitos da evicção na dação em pagamento, em que pese a possibilidade de equiparação da dação com a compra e venda.

O mesmo não deve ocorrer no tocante a vício redibitório na coisa entregue. O legislador a ele não se referiu. Vigoram aí os princípios dos vícios redibitórios. Já no caso de perda pela evicção, total ou parcial, a situação é como se não tivesse havido quitação; a obrigação mantém-se tal como contraída originalmente. Não são todas as legislações que adotam essa solução. Notemos, contudo, que a fiança não se restabelece por disposição expressa de lei: o fiador ficará desobrigado,

"*se o credor, em pagamento da dívida, aceitar amigavelmente do devedor objeto diverso do que este era obrigado a lhe dar, ainda que depois venha a perdê-lo por evicção*" (art. 838, III).

As garantias reais, no entanto, permanecem. Contudo, como é expresso no atual estatuto civil, em benefício da aparência no Direito, devem ser protegidos os terceiros de boa-fé, adquirentes, por exemplo, de imóvel que já se liberara da hipoteca pela dação em pagamento da dívida. Se a evicção ocorre quando já estava liberado o imóvel no registro de imóveis, não podem ser prejudicados os terceiros de boa-fé.

CAPÍTULO VI
Da Novação

Art. 360. Dá-se a novação:
I – quando o devedor contrai com o credor nova dívida para extinguir e substituir a anterior;
II – quando novo devedor sucede ao antigo, ficando este quite com o credor;
III – quando, em virtude de obrigação nova, outro credor é substituído ao antigo, ficando o devedor quite com este.

1. Conceito e espécies

A novação é a operação jurídica por meio da qual uma obrigação nova substitui a obrigação originária. O credor e o devedor, ou apenas o credor, dão por extinta a obrigação e criam outra. A existência dessa nova obrigação é condição de extinção da anterior.

Alguém deve um valor representado por cheque; o devedor entrega duplicata de seu comércio e extingue-se o débito representado pelo cheque. Passa a existir apenas a obrigação representada pela duplicata. Um fornecedor deveria entregar 1.000 pães a um mercado; na falta dos pães, convencionam as partes que entregará o fornecedor 100 sacas de café. Extingue-se a obrigação representada pelos pães; nasce outra.

A novação pode se referir ao objeto da prestação, como nos exemplos citados. Trata-se da *novação objetiva*. Vem ela descrita no inciso I: "*dá-se a novação quando o devedor contrai com o credor nova dívida, para extinguir e substituir a anterior*". Os incisos II e III desse artigo tratam da *novação subjetiva*, quando se substituem o devedor (exonerando-se o devedor primitivo) ou o credor (liberando-se o devedor em face do antigo credor). Ocupar-nos-emos dessas modalidades a seguir.

Modernamente, não tem a novação a importância que lhe atribuía o direito romano. Como no velho direito as obrigações não podiam ser transmitidas, a novação preencheu essa necessidade. O Direito Romano servia-se da novação para substituir a figura do credor e do devedor, pela assunção de um novo débito. Modernamente, com a possibilidade da cessão de crédito, cessão de posição contratual, assunção de dívida e sub-rogação, a importância da novação diminuiu consideravelmente. Seu declínio tanto é notado, que o Código alemão dela não mais se ocupa.

Interessante notar que na novação não existe a *satisfação* do crédito. Débito e crédito persistem, mas sob as vestes de uma *nova* obrigação, daí a terminologia. Inova-se a obrigação. É meio extintivo, porque a obrigação pretérita desaparece. Como o *animus*, a vontade dos interessados é essencial ao instituto; não existe novação automática, por força de lei.

Enquanto o Direito Romano utilizava-se da novação para fugir à problemática da intransmissibilidade das obrigações, fazendo com que, em síntese, persistisse a mesma obrigação, a moderna novação permite que uma obrigação absolutamente nova surja: alguém deve 1.000 em razão de um aluguel; as partes resolvem extinguir a dívida e essa mesma pessoa passa a dever 1.000 em razão de empréstimo. Como bem lembra Orlando Gomes (1978, p. 166), "*no direito moderno, admite-se* a novação causal, *isto é, a que se realiza pela mudança da* causa debendi, *não permitida no direito romano*". Vale aqui falar da *novação objetiva*, aquela referida no inciso I desse artigo. Não apenas o objeto da obrigação pode ser outro, como também a própria causa do débito, conforme o exemplo ora citado: o devedor deveria um aluguel; passou a dever um empréstimo. Mera substituição do *objeto* da obrigação é o caso do exemplo da substituição do fornecimento de pães por café, citado na abertura dessa exposição. Na novação objetiva, pode ser alterada também a natureza do débito: acrescenta-se, por exemplo, uma condição ou um termo na obrigação nova, quando esses elementos acidentais primitivamente não existiam.

É de importância ressaltar, contudo, que simples alteração de prazo ou condição não importam em novação. É muito comum aos devedores alegar novação em embargos à execução de título extrajudicial. Dificilmente a provam, porém. O fato de o credor, por exemplo, receber parcelas com atraso não implica novação. Isso pode tão só *modificar* a obrigação, mas não nová-la. Da mesma forma, não implicam novação a mudança de lugar do cumprimento; a modificação pura e simples do valor da dívida; o aumento ou a diminuição de garantias; a substituição de um título representativo da dívida (o que vulgarmente ocorre com a substituição de cheques que mascara empréstimos), mesmo que o novo título passe a ter força executiva, quando antes não tinha, e vice-versa (cf. BORDA, s.d., p. 360). Ademais, nunca se pode esquecer que, embora não se exijam palavras sacramentais, a vontade de novar das partes deve ser expressa, clara e indubitável.

Há alguma aproximação da novação objetiva com a dação em pagamento. Todavia, é da essência da dação em pagamento que se extinga a dívida, com a entrega de outro objeto. Na novação, cria-se uma nova obrigação.

A *novação subjetiva* pode ocorrer por mudança do credor ou do devedor. A novação subjetiva passiva pode ocorrer de dois modos. O devedor pode ser substituído pela delegação e pela expromissão.

Na *delegação*, existe consentimento do devedor originário (inciso II). O devedor indica um novo sujeito passivo. A legislação francesa e outras regulam o instituto da delegação autônoma juntamente com a novação. No entanto, pode haver delegação com novação e sem ela. Existe novação por delegação quando um terceiro (delegado) consente em tornar-se devedor perante o credor (delegatório), extinguindo-se a dívida primitiva. Existe apenas delegação quando o credor aceita o novo devedor, sem renunciar, sem abrir mão de seus direitos contra o primitivo devedor. Não se inova. Não há aqui novação. É o que se denomina de *delegação imperfeita*. A *expromissão* é a outra forma de novação subjetiva passiva. Pode-se dizer que há *expulsão* do devedor originário. É essa mesma a noção da origem latina do vocábulo. Um terceiro assume a dívida do devedor originário, com o que concorda o credor.

Só haverá novação na delegação quando o primitivo devedor é excluído. Há liberação do devedor primeiramente constituído. Não basta que o credor concorde com a assunção do novo devedor. Deve expressamente excluir o outro. Há que se investigar se houve *animus novandi*.

Do lado ativo, pode haver mudança do credor. É o que dispõe o inciso III. Um novo credor substitui o antigo; exclui-se o credor primitivo, mediante acordo, com *animus* de extinguir a primeira obrigação contraída. Por exemplo: tenho um devedor, como também devo a um terceiro; acerto com meu devedor para que pague a esse terceiro, que assume a posição de credor. Fico liberado da posição ativa da obrigação. O novo credor deve concordar expressamente, é evidente. Sua utilidade é de pouco alcance, uma vez que a cessão de crédito a substitui com vantagem. Nesta, no entanto, é a mesma obrigação que persiste.

A novação é, geralmente, fruto de um acordo ou transação. Frequentemente é fruto da pressão psíquica que o credor exerce sobre o devedor. Requer maior cuidado quando elaborada no âmbito do direito do consumidor. Nessa seara, mais do que em outras esferas, é importante que o intérprete verifique se a novação não atenta contra os direitos do consumidor, se não há abuso, mormente quando vem estampada em um contrato de adesão, hipótese na qual a interpretação deve ser sempre, na dúvida, em benefício do aderente. Nesse sentido devem ser vistos os negócios que as partes, mormente as instituições financeiras, denominam "renegociação", "alongamento" e "securitização" de dívidas, terminologia atécnica, tão ao gosto dos financistas, mas desprovidas ainda de conteúdo jurídico conhecido, a qual procura quase sempre mascarar novações e transações nem sempre imbuídas da melhor boa-fé.

Civil. Processo civil. Cumprimento de sentença. Obrigação sucessiva decorrente de acordo homologado judicialmente. Novação. Art. 360 do CC. Segunda avença cujo objeto se limita às parcelas vencidas e não pagas. Ausência de disposição quanto à própria obrigação e às parcelas vincendas. *Animus novandi*. Não verificado. Agravo desprovido. Decisão mantida. 1. A novação é modalidade extintiva de uma obrigação pela constituição de uma nova que venha a ocupar o lugar da primitiva, sendo certo ademais. 2. A novação não se presume. Nos termos no artigo 361 do Código Civil, que trata da novação, não havendo ânimo de novar (*animus novandi*), expresso ou tácito desde que inequívoco, a segunda obrigação confirma simplesmente a primeira. 3. No caso vertente, a obrigação principal foi estabelecida em um primeiro acordo, o qual foi sucedido por um segundo que objetivou transacionar tão somente as parcelas vencidas daquele decorrentes, de maneira a facilitar o adimplemento de montante reconhecidamente devido e não pago pela agravante. 3.1. Assim, nada havendo no segundo acordo que denote a intenção das partes em extinguir a obrigação originária e constituir outra substitutiva, nem tampouco dispondo sobre as parcelas vincendas, não há se falar em novação. 4. Agravo desprovido (TJ-DFT – Ag 07231815620198070000, 5-2-2020, Rel. Alfeu Machado).

Execução de título executivo. Despesas condominiais. Acordo homologado judicialmente, constando informações do cumprimento. R. despacho que reconheceu que o sobredito acordo constitui-se em dívida novada (art. 360 do CC). Art. 323 do CPC (antigo 290) que não se aplica na hipótese, sob pena de não ter fim a contenda. Em havendo novos débitos (prestações sucessivas, ou periódicas), tais deverão ser objetos de ação própria. Nega-se provimento ao agravo instrumental do Condomínio exequente (*TJSP* – Ag 2227986-47.2019.8.26.0000, 17-12-2019, Rel. Campos Petroni).

Civil – Ação monitória – Requisitos – Cédula de produto rural – **Novação – Ocorrência – Obrigação primitiva extinta** – Cláusula contratual estipulando 20% de honorários advocatícios – Abusiva – Recursos conhecidos e não providos – 1- A novação subjetiva passiva disciplinada pelo inciso II do art. 360 do novel estatuto civil pode ocorrer por delegação ou por expromissão. 2- Na delegação há o consentimento do devedor ao indicar uma terceira pessoa para assumir o seu débito. Na expromissão, um terceiro se dirige ao credor e se responsabiliza pela dívida, dando aquela quitação ao devedor primitivo. 3- Restando comprovado que o devedor indicou terceira pessoa para assumir o seu débito e que o credor, expressamente, aceitou a substituição, conclui-se pela ocorrência de novação subjetiva passiva por delegação, extinguindo-se, consequentemente, a obrigação primitiva, pois, em sendo o novo devedor insolvente, não tem o credor, que o aceitou, ação regressiva contra o primeiro (CC, arts. 360, II, e 363). 4- É abusiva a cláusula contratual que estipula o pagamento de 20% de honorários advocatícios, no caso de cobrança judicial ou extrajudicial, uma vez que cabe ao julgador, determinar a quantia dos honorários advocatícios, consoante sua apreciação equitativa, segundo os parâmetros fixados nas alíneas do § 3º do art. 20 do Código de Processo Civil (CPC, § 4º do art. 20). 5- Recursos conhecidos e não providos (*TJDFT* – Proc. 20100110129447 – (578030), 12-4-2012, Relª Desª Leila Arlanch).

Art. 361. Não havendo ânimo de novar, expresso ou tácito mas inequívoco, a segunda obrigação confirma simplesmente a primeira.

1. Ânimo de novar e outros aspectos e requisitos

Do exame prévio já feito, podemos inferir os requisitos da novação. Há uma *dívida anterior* que se extingue. Cria-se uma *obrigação nova* (*obligatio novanda*).

A *validade* da obrigação é também, portanto, requisito para a novação. Contudo, a dívida prescrita, equiparada à obrigação natural, também pode ser objeto da novação, pois a prescrição pode ser renunciada. Nada impede sua novação, ao contrário do que entendeu Clóvis Beviláqua (cf. LOPES, 1966, v. 2, p. 260). Fosse outra a intenção do legislador, ademais, e teria ele feito expressa menção à dívida prescrita no art. 367.

Para ser criada uma nova obrigação, há necessidade de um novo elemento e de caráter essencial. Pode-se então denominar esse requisito de "*essencialidade na modificação*". Já vimos que meras alterações de elementos acidentais das obrigações não operam novação. É o *aliquid novi* que deve existir. Junto com esse requisito, deve estar presente o *animus* de novar. A novação não se presume; deve vir expressa, ainda que não com palavras sacramentais. Rezava o art. 1.000 do diploma anterior que, "*não havendo ânimo de novar, a segunda obrigação confirma simplesmente a primeira*". Cada caso concreto merece cuidadoso exame. Na dúvida, há que se entender não ter ocorrido novação; ou ter havido confirmação da obrigação, ou se criado uma nova obrigação. Não se presume a intenção de novar.

Esse Código é ainda mais enfático ao se referir ao ânimo de novar, no presente artigo. O ânimo de novar pode ser expresso ou tácito. Mais comum que não seja expresso. Desse modo, no caso concreto, deve ser concluído que houve inequívoca intenção de novar, caso contrário haverá mera confirmação da obrigação sob exame.

Na grande maioria das oportunidades nas quais se alega novação, como demonstra nossa longa experiência profissional, a parte interessada não consegue provar o ânimo de novar. Geralmente, o devedor busca alegar novação como tábua de salvação no processo de conhecimento ou de execução. Poucos conseguem prová-la, pois a novação requer mesmo essa intenção específica que deve ser declinada pelas partes, ainda que não com palavras sacramentais.

Como se cria um novo vínculo, um novo negócio jurídico deve existir para a nova obrigação: *capacidade* e *legitimação* para o ato. Assim, se a obrigação novanda for a do art. 496 na venda de ascendente a descendente, por exemplo, há necessidade de consentimento dos demais descendentes. Da mesma forma, os incapazes não poderão pura e simplesmente criar o novo vínculo; necessitam de seus representantes legais. Em se tratando de representação voluntária, há necessidade de poderes especiais; há necessidade de transigir. A aplicação é da parte geral do Código.

Se a nova obrigação for inválida, nula ou anulável, renasce a antiga obrigação. Como lembra Antunes Varella (1977, v. 2, p. 220), há legislações estrangeiras que ressalvam a posição de terceiros garantidores da primitiva dívida, de boa-fé. Como nossa lei é omissa, entende o autor, e com razão, que o princípio é o mesmo da dação em pagamento (art. 359). Continuará em vigor a obrigação originária.

Apelação cível. Negócios jurídicos bancários. Embargos à execução. Novação. *Animus*. Inexistência. Sentença mantida. Nos termos do art. 361 do CC, a novação exige o *animus* de assim proceder. Caso concreto em que não há ânimo de novar, ao contrário, expresso no pacto firmado não se tratar de novação do crédito anterior. Ausência de afronta ao direito de informação. Sentença mantida. Apelo desprovido. Unânime (*TJRS* – Ap. 70077820009, 18-9-2018, Rel. Pedro Luiz Pozza).

Indenização – Novação – Inocorrência – Art. 361 do Código Civil – Mera manifestação unilateral do devedor se dispondo a pagar valor inferior ao apontado como devido, sem substituição da obrigação original. Inexistência de *animus novandi*. Recurso improvido (*TJSP* – Ap. 1032809-95.2015.8.26.0100, 24-1-2017, Rel. Walter Cesar Exner).

Agravo de instrumento – Execução de título executivo extrajudicial – Contrato de penhor de ações representativas do capital social de empresa. Preliminar. Ilegitimidade passiva dos garantidores. Inocorrência. Contrato com garantia real que constitui título executivo judicial e permite a execução autônoma deles. Art. 585, III, do CPC. Mérito. Segundo aditamento do instrumento de assunção de dívida, que autorizou o resgate antecipado das debêntures da Série II e IV pela PST, mediante o pagamento de prêmio à agravante, prorrogou o período de carência, alterou a taxa de juros e autorizou a emissão de outra série adicional de debêntures (Série V). Hipótese que não configura novação objetiva da dívida, nos termos do art. 360, I, do CC. **Mera ratificação da dívida anterior**. Art. 361 do CC. Ausência de registro do aditamento do contrato de penhor no livro de registro de ações nominativas que não acarreta a nulidade da garantia. Obrigação assumida pela PST. Maioria absoluta das ações ordinárias que foram devidamente registradas. Excesso de execução não verificado. Necessidade de avaliação do valor de mercado das ações penhoradas. Risco de esvaziamento patrimonial evidenciado diante da ausência de localização de bens penhoráveis dos agravantes. Penhora sobre a integralidade das ações mantida. Recurso improvido (*TJSP* – AI 2029629-29.2016.8.26.0000, 21-6-2016, Rel. Hamid Bdine).

Art. 362. A novação por substituição do devedor pode ser efetuada independentemente de consentimento deste.

A característica dessa modalidade é prescindir do consentimento do devedor.

A *expromissão*, já referida, é, portanto, a outra modalidade de novação subjetiva passiva. É uma forma que se pode dizer de *expulsão* do devedor originário. É essa mesma a noção da origem latina do vocábulo. Um terceiro assume a dívida do devedor originário, com o que concorda o credor. Não há necessidade de concordância do primeiro devedor, conforme estampa esse artigo. A situação vem, evidentemente, em benefício do credor, que aceitará um devedor em melhores condições de adimplir. As relações entre o primitivo devedor e o novo são irrelevantes para o credor e para o instituto da novação. Da mesma forma que ocorre na delegação, deve existir liberação de responsabilidade do primeiro devedor. Deve existir, em síntese, a intenção de novar. O novo devedor, um amigo do primitivo, por exemplo, chega até o credor e diz que deseja, desde aquela oportunidade, ser o responsável pelo débito; o credor dá quitação ao devedor primitivo e contrai nova obrigação ao amigo que se apresentou.

Ação de indenização – Ressarcimento da quantia despendida com a construção de rede elétrica particular. Legitimidade ativa *ad causam* verificada. Contrato de financiamento firmado entre a ré e terceiro. Autor responsável pela obrigação de pagar. **Novação subjetiva por substituição do devedor**. Sentença anulada. Recurso provido (*TJSP* – Ap. 0019437-79.2012.8.26.0269, 4-4-2014, Rel. Nestor Duarte).

Art. 363. Se o novo devedor for insolvente, não tem o credor, que o aceitou, ação regressiva contra o primeiro, salvo se este obteve por má-fé a substituição.

Esse artigo cuida da insolvência do novo devedor. O credor assume o novo devedor por sua conta e risco; exonera o primitivo devedor. Não terá ação regressiva contra este último no caso de insolvência deste. A lei abre exceção no caso de má-fé. Terá o credor de provar que a novação subjetiva passiva foi obtida justamente com o fito de não ser saldada a nova dívida. O caso não é raro na prática; a prova, sim, é difícil. O devedor primitivo, por exemplo, pode ter ocultado maliciosamente o estado pré-falimentar do novo devedor. Nesse caso, haverá o direito de regresso. Se a própria lei fala em ação regressiva, não se trata de reviver a obrigação anterior, como citam alguns autores (cf. DINIZ, 1983, v. 2, p. 254; e GOMES, 1978, p. 172). Caso a obrigação anterior fosse repristinada, ou seja, renascida, não haveria necessidade de a lei falar em ação regressiva. Tal conclusão é importante, uma vez que, não existindo mais a obrigação anterior, mas mero direito de regresso, desapareçam as garantias.

Como a novação extingue, em síntese, a obrigação originária, paralisam-se os juros e a correção monetária, cessa o estado de mora, se eventualmente existisse, no tocante à dívida extinta.

Art. 364. A novação extingue os acessórios e garantias da dívida, sempre que não houver estipulação em contrário. Não aproveitará, contudo, ao credor ressalvar o penhor, a hipoteca ou a anticrese, se os bens dados em garantia pertencerem a terceiro que não foi parte na novação.

Como dissemos, o principal efeito da novação é extinguir a dívida primitiva. Na nova obrigação, ou há novo objeto, ou novo credor, ou novo devedor.

Com a criação da nova obrigação, extinguem-se os acessórios e garantias da dívida "*sempre que não houver estipulação em contrário*". Isso se aplica entre as partes contratantes. Se há garantias ofertadas por terceiros, só com o consentimento deles persistirão as garantias, conforme a segunda parte desse artigo. Cuida-se do princípio pelo qual os acessórios seguem o principal.

⚖ Apelação cível. Negócios jurídicos bancários. Cancelamento hipoteca. Prescrição. Novação. Sendo a cédula de crédito rural objeto de novação, na qual não restou ressalvada a garantia hipotecária, faz jus a parte apelante a ver cancelada a hipoteca. Art. 364 do CC. Não logrando a instituição financeira comprovar o alargamento do prazo para pagamento, tem-se como marco inicial da prescrição a data de vencimento do título. Prazo de prescrição implementado em data anterior ao ajuizamento da ação. Direito ao cancelamento da hipoteca reconhecido. Apelo da parte autora provido em parte. Apelo da ré desprovido. Unânime (*TJRS* – Ap. 70079056271, 30-1-2019, Rel. Pedro Luiz Pozza).

⚖ Embargos à execução – Fiadores – **Exoneração dos fiadores e extinção da fiança** – Inocorrência – Alegação de exoneração da fiança em decorrência de novação e moratória não comprovada, embora o ônus incumbisse aos Embargantes. Se a locação foi firmada por tempo certo, e a fiança até a entrega das chaves do imóvel locado, a fiança foi por tempo indeterminado, com isso a fiança (acessório) se extingue com o término da locação (devolução das chaves). Agravo retido dos embargantes não provido. Recurso de apelação dos embargantes não provido (*TJSP* – Ap.992.05.123139-4, 1º-8-2011, Relª Berenice Marcondes Cesar).

Art. 365. Operada a novação entre o credor e um dos devedores solidários, somente sobre os bens do que contrair a nova obrigação subsistem as preferências e garantias do crédito novado. Os outros devedores solidários ficam por esse fato exonerados.

Nas obrigações solidárias, se a novação se opera entre o credor e um dos devedores solidários, os outros ficam exonerados. Só persistirá a obrigação para eles se concordarem com a nova avença. Se houver reservas de garantia, só garantirão a dívida os bens do devedor solidário que novou. Em se tratando de solidariedade ativa, uma vez ocorrida a novação, extingue-se a dívida. A novação é meio de cumprimento. Segue-se o princípio geral da solidariedade ativa. Feita a novação por um dos credores solidários, os demais credores que não participaram do ato se entenderão com o credor operante, de acordo com os princípios da extinção da solidariedade ativa. No tocante à obrigação indivisível, questão omissa na lei, entende Orlando Gomes (1978, p. 171) que, se um dos credores novar,

"*a obrigação não se extingue para os outros; mas estes somente poderão exigi-la, descontada a quota do credor que novou. Se forem vários os devedores e o credor comum fizer novação com um deles, os outros ficam desobrigados*".

Art. 366. Importa exoneração do fiador a novação feita sem seu consenso com o devedor principal.

Não pode o fiador ficar obrigado a uma dívida que não assentiu, não concordou, não participou. Para que o fiador fique ligado à nova obrigação, deve com ela concordar expressamente. No entanto, pode ser a própria fiança a obrigação nova, que deve ser tratada de per si, o que manterá intacta a obrigação principal.

⚖ Apelação – Ação declaratória de inexistência de relação jurídica e de indenização por danos morais – Negativação indevida – Contrato bancário – Sentença de improcedência – Dois contratos bancários – Primeiro contrato – Subscrição pelo autor na qualidade de garantidor e não como outorga marital. Divórcio do autor com a sócia da empresa devedora principal que não altera essa condição. Autenticidade dos contratos não impugnada. Segundo contrato. **Novação**. Possibilidade de análise. Fato novo. Aplicação do artigo 462, CPC. **Firmado novo contrato em substituição a anterior**. Naquele, inexistem obrigações imputadas ao autor. Não ocorrência da condição de garantidor. Ação procedente em relação ao segundo contrato, firmado para desconto de títulos. Art. 366, CC. Declaratória de inexistência de relação jurídica procedente, apenas em relação a esse contrato. Danos morais não caracterizados. Cobranças extrajudiciais configuram mero aborrecimento e não prejuízo imaterial.

Indenização indevida. Recurso parcialmente provido (*TJSP* – Ap.0160760-65.2010.8.26.0100, 6-5-2016, Rel. Edson Luiz de Queiroz).

Art. 367. Salvo as obrigações simplesmente anuláveis, não podem ser objeto de novação obrigações nulas ou extintas.

As obrigações nulas ou extintas não podem ser novadas porque já não estão mais a produzir efeito. Esse o sentido do presente texto. Este Código manteve o mesmo sentido do diploma anterior, embora com redação um pouco diversa. Não se pode novar algo que já deixou de projetar efeitos no mundo negocial, ou, em outras palavras, não se pode extinguir o que já fora extinto. Não se esqueça que a novação é modalidade de extinção de obrigações, ainda que tenha o condão de fazer nascer outra. Na forma da dicção desse artigo, as obrigações simplesmente anuláveis permitem novação, pois enquanto não anuladas, permanecem hígidas e eficazes. Sob esse aspecto, quem inova obrigação sabendo-a anulável está, de certa forma, ratificando-a.

A essa altura, pergunta-se se as obrigações naturais podem ser objeto de novação. Como persiste o débito na obrigação natural e o pagamento feito é válido e não enseja a repetição, a conclusão é pela possibilidade de novação dessa modalidade. A nova obrigação passa a ser civil, isto é, plena, salvo se tiver as mesmas características de obrigação natural.

Execução – Título extrajudicial – Instrumento particular de novação, confissão de dívida e outras avenças. Embargos do devedor. Tese de nulidade da obrigação evidenciada nos autos – Acolhimento. Execução extinta – Procede o reclamo dos embargantes contra o título executivo extrajudicial, na medida em que os elementos de convicção trazidos pelas partes evidenciam que credora e devedores são unidos num complexo de relações jurídicas estabelecidas formalmente de direito, mas com verdade e intenção que, de fato, mantêm ocultas. A leitura do referido documento não revela requisito essencial à caracterização da pretendida "novação", qual seja a criação de obrigação com nova prestação ou *causa debendi*, porque não foi possível apurar sobre as supostas obrigações anteriores, se existentes ou válidas. Daí por que se fazia essencial conhecer dos contratos anteriores e verificar origem e legalidade do valor que se disse "renegociado" e, com isso, a liquidez e a certeza do título executivo, uma vez que **obrigação extinta ou nula não pode ser convalidada por meio de novação** (Código Civil, art. 367). Embora a embargada tenha negado peremptoriamente as teses desenvolvidas pelos embargantes, no sentido de que a pessoa jurídica devedora foi por ele (credora) montada e administrada e de que nunca existiu contrato de mútuo entre elas, elaborado unicamente para justificar "um imenso fluxo de transferência de recursos financeiros da empresa Syngenta para a Agricoop sem qualquer registro contábil", ao cabo a prova se inclinou para a confirmação da petição inicial. Não pode a embargada aqui pretender extrair efeitos jurídicos do documento emitido para mascarar uma obrigação nula de pleno direito. Apelação provida. Embargos acolhidos. Execução extinta (*TJSP* – Ap.3004522-78.2008.8.26.0506, 23-6-2014, Relª Sandra Galhardo Esteves).

CAPÍTULO VII
Da Compensação

Art. 368. Se duas pessoas forem ao mesmo tempo credor e devedor uma da outra, as duas obrigações extinguem-se, até onde se compensarem.

1. Conceito

Compensar é contrabalançar, contrapesar, equilibrar, estabelecer ou restabelecer um equilíbrio. No direito obrigacional, significa um acerto de débito e crédito entre duas pessoas que têm, ao mesmo tempo, a condição recíproca de credor e devedor, uma conta de chegada, em sentido mais vulgar. Os débitos extinguem-se até onde se compensam, isto é, se contrabalançam, se contrapõem e se reequilibram. É um encontro de contas. Contrapesam-se dois créditos, colocando-se cada um em um dos pratos da balança. Com esse procedimento, podem ambos os créditos deixar de existir, ou pode subsistir parcialmente um deles, caso não exista contrapeso do mesmo valor a ser sopesado. É a noção primeira dada pela lei nesse artigo.

Trata-se de uma forma indireta de extinção de obrigações, diferente de pagamento, que verdadeiramente não existe. As obrigações extinguem-se por via oblíqua. Com a compensação evita-se uma dúplice ação; facilita-se, com ela, o adimplemento. Por isso, deve ser incentivada e facilitada pela lei.

2. Compensação em sua origem romana

Os romanos, apegados ao individualismo e à autonomia extrema da vontade, de início não conheciam a compensação. Tinham eles por independentes os débitos recíprocos. Tal situação criava problemas sob o aspecto da equidade. Um devedor pagava ao seu credor; este, por sua vez, deixava de pagar ao devedor recíproco. Expunha-se desnecessariamente o crédito à insolvência.

O remédio sempre admitido foi a compensação convencional, acertada entre as partes. Numa época mais moderna do Direito Romano, no final da República, já se encontram formas de compensação fora do campo da vontade das partes.

Uma das hipóteses mais antigas era a *compensatio argentari* (cf. GIFFARD; VILLERS, 1976, p. 315). O banqueiro, que tivesse uma conta corrente com um cliente, era obrigado a compensar o crédito e a não cobrá-lo.

Tal necessidade resultava da própria prática dos bancos, cujas contas dos correntistas deviam estar sempre atualizadas. A compensação deveria ter por conteúdo o mesmo objeto, só possível por dívidas vencidas.

Outra forma de compensação romana era a *deductio do bonorum emptor*. O *bonorum emptor* era o comprador em bloco de todo um patrimônio, geralmente de pessoa insolvente. Se esse comprador fosse também credor do falido, operava-se a compensação. O magistrado concedia a *bonorum* ao comprador *cum deductione*, isto é, somente na diferença dos seus créditos, extinguindo-se os débitos do alienante porventura existentes. Aqui, o débito compensado poderia ter causa diferente, uma vez que todo um patrimônio era alienado.

No Direito Romano, também se conhecia a compensação resultante de ações de boa-fé. Seria contra a honestidade não se compensarem dívidas recíprocas. Era realizada de forma facultativa pelo magistrado; daí dizer-se que se tratava de uma compensação judicial (cf. GIFFARD; VILLERS, 1976, p. 316).

Era também de conhecimento no Direito Romano a petição recíproca. Quem tivesse um crédito para com seu credor deveria mover contra ele uma *mutua petitio* (reconvenção).

A *deductio* foi ampliada na época de Marco Aurélio, em um seu rescrito, por meio de uma forma de defesa, a exceção de dolo. Admitia-se a compensação mesmo de dívidas provenientes de causas diversas.

No entanto, foi muito demorada a aceitação da ideia de compensação no Direito Romano. O Direito Medieval desconheceu a compensação, incompatível com o sistema feudal. O senhor feudal recebia uma parcela sobre os litígios. O Direito Canônico fez reviver o instituto com sua inspiração originária, ou seja, a equidade.

O fato é que, no Direito Romano, apenas com Justiniano é que se chega a uma generalização do instituto, estendendo-se a compensação a todas as ações desde que o crédito do réu fosse líquido e vencido, operando-se, então, automaticamente.

3. Natureza jurídica

De pouco adianta hoje a controvérsia dos autores acerca da natureza jurídica do fenômeno. Já se entendeu a compensação como um *pagamento fictício*. Não existe, destarte, pagamento. Da mesma forma, não se confunde com o instituto da confusão, na qual é necessário que, na mesma pessoa, se identifique o polo ativo e o polo passivo da relação obrigacional. Seu verdadeiro caráter é de meio extintivo de obrigações, como dissemos a princípio.

Pelo sistema legislativo filiado ao Código alemão, a compensação só se opera quando oposta por um dos interessados. Deve haver uma *declaração* de compensação, como está, por exemplo, no Código português (arts. 847 ss). No sistema do Código francês, a compensação opera-se por força de lei. Nosso Código filia-se a esse sistema, o da compensação legal, como está nesse artigo. A compensação, entre nós, opera independentemente da iniciativa dos interessados e até mesmo contra a vontade de um deles.

Questão de realce é o fato de a compensação poder ser oposta como meio de defesa, como uma exceção substancial. Pode ser invocada pelo demandado em sua defesa ou em embargos à execução. O credor pede 1.000, o réu diz que deve, mas que só paga R$ 500, porque também é credor do demandante em 500.

Se a alegação do demandado limitar-se à defesa, os efeitos devem ficar na paralisação da pretensão do credor até o montante da compensação. Porém, se o demandado tiver um crédito superior ao que lhe é cobrado, deve deduzir pedido em juízo. Deverá fazê-lo por *pedido contraposto*, se o processo permiti-lo. Caso contrário, se tratar de uma execução (em que se defende por meio de embargos), deverá deduzir sua pretensão em lide autônoma. A contestação não é meio técnico que permita ao juiz condenar o autor em pedido substancial. A improcedência do pedido apenas paralisará a ação de cobrança. Destarte, tendo em vista os princípios processuais, perde atualidade a controvérsia acerca de a compensação apenas poder ser oposta por meio de reconvenção. A questão resolve-se pelos princípios de processo, e não de direito material. Se o réu não ingressou com reconvenção e tiver crédito superior ao autor, não está inibido de cobrá-lo por ação autônoma, apenas é conveniente, estando a ação em curso, em face da litispendência, que os processos corram paralelamente pelo mesmo Juízo. Cabível, também, a ação simplesmente declaratória para a extinção da dívida.

Se o débito que se pretende compensar não existe ou é nulo, não é possível a compensação. Uma vez estabelecida a nulidade ou inexistência, ou anulado o crédito, restabelece-se a dívida original (a qual, em síntese, não se extinguiu).

4. Efeitos

A compensação é modalidade de extinção de obrigações. Gera os mesmos efeitos do pagamento e a ele se equipara. Há um cancelamento de obrigações pelo encontro de débitos, ficando os credores reciprocamente satisfeitos. Operando de pleno direito, evita muitos entraves do pagamento. Como vimos, a compensação pode ser total ou parcial. A dívida pode ser compensada (portanto extinta) parcialmente.

Operando *ipso iure*, a *compensação legal* não necessita de sentença. Caso esta advenha por lide entre os interessados, a sentença é de natureza declaratória, tendo, portanto, eficácia retroativa à época em que os créditos (com todos os requisitos estudados) se extinguiram. Já a compensação judicial referida (e negada por alguns) só se opera a partir da sentença que a reconhece, isso quando há necessidade de liquidação em juízo.

A *compensação convencional* gera efeito a partir da avença plena e acabada entre as partes. A compensação facultativa opera-se quando seu titular renuncia ao direito de alegá-la.

Tendo efeito de pagamento, compensada a obrigação principal, extingue-se a obrigação acessória. Existindo várias dívidas compensáveis entre duas pessoas, serão observadas as regras da imputação de pagamento. Deve, a princípio, o devedor indicar qual a dívida que deseja compensar.

Como consequência da compensação de direito, as dívidas compensadas deixam de ter juros e correção monetária a partir do momento de sua ocorrência. Daí ser importante a fixação do momento da compensação pelo julgador, porque duas dívidas da mesma natureza podem ter taxa de juros e fórmulas de correção diversas.

🔎 Cumprimento de sentença. Honorários sucumbenciais. Impossibilidade de compensação. Valores em depósito, ademais, submetidos a inventário decorrente do falecimento da ré. Possibilidade de prosseguimento do processo. Extinção afastada. Extinção do processo por pagamento, com transferência do valor aos autos do inventário de bens da ré falecida. Insurgência do escritório de advocacia que patrocinou a construtora autora, vencedora na maior parte dos pedidos. Não acolhimento. Recurso não conhecido no que tange à alegação de extinção do processo em relação à autora. Falta de recurso em nome desta. Ilegitimidade *ad causam* dos patronos para, em nome próprio, defender interesse da cliente. Conhecimento do recurso somente no tocante ao crédito relativo a honorários sucumbenciais. Título judicial inconteste. Impossibilidade, entretanto, de ser satisfeito por meio de depósitos existentes nos autos, que, com a morte da ré, se submetem a seu inventário. Valores não são compensáveis, nos termos do art. 368 do CC. Descabimento, por outro lado, da extinção do cumprimento de sentença em relação ao apelante, pois a possibilidade de habilitação no inventário não significa, por si só, satisfação da obrigação, podendo ser buscada por outros meios. Recurso não conhecido em parte e parcialmente provido, na parte conhecida (*TJSP* – Ap. 0038740-10.2018.8.26.0224, 4-5-2020, Rel. Carlos Alberto de Salles).

🔎 A compensação, forma de extinção das obrigações, exige que as partes sejam ao mesmo tempo credor e devedor uma da outra (art. 368 do CC). A compensação efetua-se entre dívidas líquidas, vencidas e de coisas fungíveis (art. 369 do CC). No caso em tela, a credora comprovou: a) a origem e natureza do crédito (operação de venda de embalagens), e b) seu efetivo recebimento pela devedora, sendo juridicamente possível o reconhecimento do crédito em seu favor, referente à compra de mercadorias realizada pela apelada, e sua compensação frente aos débitos já reconhecidos em sentença. Ônus da sucumbência. Reconvenção. Redimensionamento. Sucumbência recíproca. Se cada litigante for, em parte, vencedor e vencido, serão proporcionalmente distribuídas entre eles as despesas processuais. A fixação dos honorários advocatícios deve observar o grau de zelo do profissional, o lugar da prestação do serviço, além da natureza e importância da causa, o trabalho realizado pelo advogado e o tempo exigido para o seu serviço. Apelação parcialmente provida (*TJRS* – Ap. 70078765815, 23-05-2019, Rel. Marco Antonio Angelo).

🔎 Responsabilidade civil – Veículo danificado em estacionamento de universidade particular – 1- Danos materiais – Riscos na pintura do automóvel – Dever de guarda – Súmula nº 130 do STJ – 2- Danos morais – Inadimplemento contratual – Mero dissabor – 3- Compensação – Sentença não transitada em julgado – Requisitos não preenchidos – Impossibilidade – 4- Levantamento dos depósitos – Ausência de pedido da parte interessada – 1- A instituição de ensino superior particular, a qual assume o dever de guarda de veículo de seus alunos, ainda que a título gratuito, responde pela reparação dos danos que tenham ocorridos quando o bem estava sob sua guarda. 2- O inadimplemento contratual não é hábil, por si só, a acarretar danos morais por gerar meros aborrecimentos e dissabores decorrentes da vida em sociedade. 3- Para que seja possível a compensação é **necessário que exista reciprocidade de débitos e créditos entre as partes** e, ainda, que eles sejam líquidos, vencidos e de coisa fungível. 4- Por não ter a parte interessada formulado o pedido de levantamento dos valores depositados em nenhuma de suas manifestações não se releva possível referida autorização de ofício, em atenção ao princípio da inércia, *ex vi* do art. 2º do CPC. Recurso (1) conhecido e desprovido. Recurso (2) conhecido e parcialmente provido (*TJPR* – Acórdão 0852646-5, 25-6-2012, Rel. Des. Jurandyr Reis Junior).

Art. 369. A compensação efetua-se entre dívidas líquidas, vencidas e de coisas fungíveis.

1. Modalidades

A compensação *legal* já referida é aquela tratada no artigo anterior. É a compensação típica e mais importante, na prática. Por ela, a compensação opera por força da lei.

Contudo, a compensação pode ser *voluntária*, quando as partes concordam, podendo até compensar dívidas ilíquidas e não vencidas, por exemplo, pois aí estamos em sede de atos dispositivos.

A compensação será *judicial* quando decretada em reconvenção ou seu equivalente atual, ou numa ação autônoma, como já referimos. Geralmente, a compensação judicial decorre dos princípios da compensação legal, mas pode ocorrer que a dívida venha a tornar-se líquida no processo judicial, unicamente. Aí, é a sentença que vai operar a compensação. O pedido reconvencional, por exemplo, pode depender de liquidação judicial.

Alguns autores referem-se à compensação *facultativa*. Ocorre quando apenas uma das partes pode opor compensação. No caso, por exemplo, de *A* ser credor de alimentos de *B*, e *B* ser credor de uma nota promissória de *A*, *B* não pode alegar compensação (proibição do art. 373, II), no entanto, *A* poderia fazê-lo.

A compensação legal é a mais importante de todas, pelos problemas práticos que levanta. Importa examinar seus requisitos, que são de ordem objetiva e subjetiva. Os requisitos de ordem objetiva dizem respeito às obrigações compensadas em si. Devem ser referidas: a reciprocidade de créditos; a homogeneidade das prestações; a liquidez, certeza e exigibilidade e a existência e validade do crédito compensante.

É indispensável que o crédito a ser oposto pelo devedor a seu credor permita exigibilidade imediata. Deve, desse modo, ser certo, líquido e exigível.

Um crédito subordinado à condição não é certo, por exemplo. Um crédito que necessite de apuração de valor não é líquido. Não é exigível um crédito ainda não vencido. Não há necessidade, porém, que os vencimentos sejam simultâneos. A compensação pode ser oposta, mesmo que o crédito tenha-se vencido posteriormente ao crédito cobrado do devedor. O requisito da certeza encontra-se dentro do conceito de exigibilidade do crédito (cf. VARELLA, 1977, v. 2, p. 233). Atente-se para o fato de que o esquecido Projeto nº 6.960/2002 buscou acrescentar no art. 369 que as dívidas compensáveis podem ser vencidas *ou vincendas*. Há que se atentar, porém, ainda que o texto viesse, que enquanto ambas as dívidas não estiverem vencidas, admitindo-se o vencimento no curso da demanda, não havendo exigibilidade, não poderá haver compensação, salvo se assim concordarem as partes.

A obrigação natural não é compensável, porque lhe falta o requisito da exigibilidade. No tocante à obrigação prescrita, se a prescrição operou antes da coexistência das dívidas, não pode a dívida ser compensada, porque há inexigibilidade e porque a prescrição extingue a pretensão. No entanto, se os dois créditos coexistiram antes de se escoar o prazo de prescrição, houve compensação de pleno direito. Cabe ao julgador tão somente declará-la (cf. PEREIRA, 1972, v. 2, p. 166; LOPES, 1966, v. 2, p. 282).

Como já se viu, os débitos se compensam até o montante em que se encontrarem. Pode sobrar saldo para uma das partes. Também não são compensáveis as obrigações de fazer, porque lhes falta o requisito da homogeneidade. Mesmo nas obrigações de fazer não personalíssimas (pintar uma casa, por exemplo), essa atividade não encontrará uma atividade paralela compensável. Com maior razão, não há que se falar em compensação nas obrigações negativas (de não fazer).

2. Requisitos para a compensação

A compensação somente opera entre *dívidas líquidas*. Diz-se líquida aquela certa quanto a sua existência e determinada quanto ao seu objeto. O conceito de liquidez era fornecido pelo art. 1.533 do Código anterior, não repetido no atual. Dívida ilíquida não pode ser compensada enquanto não for liquidada. Liquidar uma dívida significa fazer com que ela se torne fixa quanto a sua quantia ou quantidade.

Enquanto não vencida, a dívida não é compensável, salvo por vontade das partes. Crédito compensável é aquele exigível; dívida não vencida ainda não é exigível.

O terceiro requisito para a compensação citado nesse artigo é a fungibilidade das dívidas. Em linhas gerais, o que é fungível é substituível. Assim, as obrigações personalíssimas não geram dívidas compensáveis. No entanto, além de fungíveis, as dívidas devem ser homogêneas, o que deve ser visto no caso concreto. Toda dívida convertida em dinheiro será homogênea. Veja o artigo seguinte.

⚖ Agravo de instrumento. Cumprimento de sentença. Impugnação rejeitada. Excesso não comprovado. Compensação indeferida. Ausência dos requisitos do art. 369 do CC. Multa e honorários. Arbitramento decorrente de imposição legal. Decisão mantida. 1. A Agravante deixou de observar a regra do § 4º do art. 525 do CPC, segundo a qual é imprescindível a apresentação de demonstrativo discriminado e atualizado do cálculo, o que traz por consequência a rejeição liminar da impugnação, prevista no § 5º do referido dispositivo processual. 2. A mera afirmativa no sentido de que a planilha em si demonstra o equívoco não lhe socorre, eis que competia ao impugnante indicar com precisão como concluiu de modo diverso da planilha apresentada pelo credor. 3. A compensação tem por objetivo extinguir obrigações entre pessoas que forem, ao mesmo tempo, credor e devedor uma da outra em quantias certas, líquidas e exigíveis (art. 369 do CC). Sendo assim, e conforme acertadamente afirmado pelo Magistrado singular, a compensação somente é viável quando há reciprocidade de créditos e dívidas dotadas de certeza, liquidez e exigibilidade, hipótese não configurada no caso concreto. 4. Recurso desprovido. Unânime (*TJDFT* – Ag 07275026820188070001, 22-1-2020, Rel. Alfeu Machado).

⚖ Agravo interno no agravo em Recurso Especial – Processual Civil – Cheque – Ação monitória – Pedido de compensação – Impossibilidade – Inexistência de crédito líquido e vencido – Necessidade de reexame de prova – Inteligência da Súmula 7 do STJ – Recurso desprovido – 1- Nos termos do art. 369 do Código Civil, "a compensação efetua-se entre dívidas líquidas, vencidas e de coisas fungíveis". Precedentes. 2- No caso, o Eg. Tribunal de origem, analisando o acervo probatório carreado aos autos, concluiu que não ficou comprovada a existência de crédito líquido e vencido em favor da parte ora agravante contra o agravado, reputando como inviável a pretensão de compensação. 3- Nesse contexto, observa-se que a alteração das premissas fáticas estabelecidas no acórdão recorrido, tal como postulada nas razões do apelo especial, exigiria novo exame do acervo fático-probatório constante dos autos, o que se sabe vedado pela Súmula 7 do STJ. 4- Agravo interno a que se nega provimento (*STJ* – AGInt-AG-REsp 911.525 – (2016/0111297-3), 30-9-2016, Rel. Min. Raul Araújo).

Art. 370. Embora sejam do mesmo gênero as coisas fungíveis, objeto das duas prestações, não se compensarão, verificando-se que diferem na qualidade, quando especificada no contrato.

Deve haver fungibilidade das prestações, de acordo com o art. 369. Coisas compensáveis são aquelas da mesma natureza. Dinheiro compensa-se com dinheiro. Determinada mercadoria compensa-se com mercadoria da mesma espécie. Aqui, o texto faz uma especificação da fungibilidade. Não se compensam, no entanto, objetos da mesma natureza, mas de qualidade diversa. Por exemplo, não se compensa, em tese, gado de raças diferentes; é a regra desse artigo. Daí por que sempre se criticou a inserção da fungibilidade em sede de compensação. Tanto é assim, que o legislador teve necessidade de abrir a exceção desse artigo. As dívidas, mais do que fungíveis, devem ser homogêneas.

Apelação – Locação – Despejo por falta de pagamento c.c. Cobrança de alugueres e encargos locatícios – O contrato e o débito locatício estão incontroversos nos autos. Tratando-se de dívida em dinheiro, somente a prova de quitação regular elide a pretensão do autor. Ausência dos requisitos autorizadores da compensação legal (**reciprocidade de obrigações, liquidez e exigibilidade das dívidas, e fungibilidade das prestações**). Recurso desprovido (*TJSP* – Ap. 1045592-22.2015.8.26.0100, 10-8-2016, Rel. Antônio Nascimento).

Art. 371. O devedor somente pode compensar com o credor o que este lhe dever; mas o fiador pode compensar sua dívida com a de seu credor ao afiançado.

1. Reciprocidade de créditos

A compensação só pode extinguir obrigações de uma das partes ante a outra, não se incluindo obrigações de terceiros. O corolário lógico dessa afirmação estava no art. 1.019 do Código anterior: "*Obrigando-se por terceiro uma pessoa, não pode compensar essa dívida com a que o credor dele lhe dever*"; no mesmo sentido é colocado o art. 376 deste diploma: "*Obrigando-se por terceiro uma pessoa, não pode compensar essa dívida com a que o credor dele lhe dever.*" A dívida contraída em nome de terceiro é estranha à compensação, por ser estranha àquele que eventualmente pretendesse compensar. Essa regra deve ser interpretada em consonância com o presente artigo: o devedor somente pode compensar com o credor aquilo que este diretamente lhe dever. Não pode compensar dívida de outrem.

O requisito da reciprocidade está pois aqui firmado. O devedor só pode compensar com o credor o que este lhe dever. No entanto, esse mesmo dispositivo abre uma exceção ao princípio: "*mas o fiador pode compensar sua dívida com a de seu credor ao afiançado*". Na verdade, a lei reconhece a possibilidade de o fiador arguir compensação contra o credor, da mesma forma que o devedor principal poderia fazê-lo (art. 837). Trata-se de uma exceção substancial à mão do fiador. Não nos esqueçamos que a fiança cria obrigação acessória à obrigação principal.

As questões atinentes ao fiador e à cessão de crédito dizem respeito aos *requisitos subjetivos* da compensação. Também é subjetiva a situação examinada no art. 376. Deve ser lembrada também, nesse mesmo diapasão, a situação do mandato. O art. 669 proíbe o mandatário de compensar os prejuízos a que deu causa com os proveitos que tiver obtido para seu constituinte.

Essas situações, embora digam respeito às personagens da compensação, inserem-se na problemática da reciprocidade de créditos.

Art. 372. Os prazos de favor, embora consagrados pelo uso geral, não obstam a compensação.

Prazo de favor possui sentido ético. É aquele que o uso generalizou, concedido graciosamente pelo credor. Tem a ver com o chamado "dia de graça", consagrado em alguns setores mercantis, que permite que a dívida seja solvida um dia depois do vencimento. Prazo dessa natureza não obsta a exigibilidade da dívida vencida e, por consequência, nem a compensação, tendo o legislador preferido ser expresso a esse respeito. O que está em berlinda é a exigibilidade da obrigação.

Art. 373. A diferença de causa nas dívidas não impede a compensação, exceto:
I – se provier de esbulho, furto ou roubo;
II – se uma se originar de comodato, depósito ou alimentos;
III – se uma for de coisa não suscetível de penhora.

Há dívidas que não se compensam. A referência à causa, no dispositivo, tem razões históricas, porquanto o Direito Romano só aceitava a compensação em dívidas que tivessem a mesma causa. Não há que se levar em conta esse termo sob o prisma técnico. Hoje, se fosse exigido tal requisito, cairia por terra toda importância da compensação. Portanto, a compensação pode ter por objeto dívidas com diferentes causas: compensam-se, por exemplo, dívidas provenientes de aluguel com aquelas emanadas de um mútuo. Nesse artigo, a lei não permite excepcionalmente que determinadas obrigações sejam compensadas.

No primeiro inciso, *esbulho*, *furto* e *roubo* são delitos. Não pode a lei admitir a oposição de um delito para extinguir uma obrigação válida. Imagina-se o exemplo do devedor que se apoderou furtivamente de dinheiro do credor; admitir a compensação de sua dívida aí seria imoral e contra a equidade e a boa-fé.

O comodato e o depósito obstam a compensação por serem objeto de contratos com corpo certo e determinado que devem ser devolvidos; não existe a fungibilidade necessária à compensação.

Os alimentos, por serem dirigidos à subsistência da pessoa, se compensáveis, esvaziariam seu sentido. Permitir-se sua compensação seria obstar a vida e a subsistência do alimentando. Não pode, pois, o devedor de pensão alimentícia deixar de pagá-la, mesmo que seja simultaneamente credor do necessitado de alimentos.

Por último, o dispositivo sob menção fala da impossibilidade de compensação, se uma das dívidas relaciona-se com coisa não suscetível de penhora. O salário é impenhorável, por exemplo. O devedor de salário não pode opor compensação contra ele como regra geral. O art. 833 do CPC enumera os bens impenhoráveis. A relevância dessa enumeração explica por si a inalienabilidade e a consequente incompensabilidade.

As *dívidas fiscais* também estão fora da compensação. Só a lei e o regulamento emanados do poder público podem autorizar a compensação. A lei pode, no entanto, facultar à autoridade a compensação. Mas o agente administrativo está vinculado à autorização legal para aceitar compensação do contribuinte.

Como se vê, há casos em que a lei exclui a possibilidade de compensação e outros em que a lei permite que a vontade das partes a exclua. Veja também o art. 380.

Apelação cível. Subclasse responsabilidade civil. Impugnação ao cumprimento de sentença. Acolhimento, com extinção da fase executiva, diante de possibilidade de compensação. 1. Uma vez que a diversidade de causa não é obstáculo à compensação, salvo nas hipóteses previstas nos incisos do art. 373 do CC, o acolhimento da impugnação com a consequente extinção do cumprimento de sentença mostra-se solução perfeitamente ajustada ao caso. 2. É que havendo débitos e créditos recíprocos, líquidos, vencidos e fungíveis, a compensação opera-se de pleno direito, na forma do art. 368 e 369 do CC. Apelação desprovida (*TJRS* – Ap. 70072510100, 19-04-2017, Rel. Eugênio Facchini Neto).

Execução de alimentos – Impugnação à execução rejeitada acertadamente – Descumprimento da obrigação – **Inadmissibilidade de compensação de dívida de alimentos** – Decisão mantida – Recurso repelido (*TJSP* – AI 2160476-22.2016.8.26.0000, 24-1-2017, Rel. Giffoni Ferreira).

Alimentos – Pagamento *in natura* – **Pedido de compensação** – Impossibilidade – "Processual civil. Agravo regimental no recurso especial. Família. Alimentos. Embargos à execução. Pagamento *in natura*. Pedido de compensação. Impossibilidade. 1. A jurisprudência desta Corte está sedimentada no sentido de que fixada a prestação alimentícia, incumbe ao devedor cumprir a obrigação na forma determinada pela sentença, não sendo possível compensar os alimentos arbitrados em pecúnia com parcelas pagas *in natura*. Precedentes. 2. Agravo regimental desprovido." (*STJ* – AgRg-REsp 1.257.779 – (2011/0095834-8), 12-11-2014, Rel. Min. Antonio Carlos Ferreira).

Art. 374. (Revogado pela Lei nº 10.677, de 22 de maio de 2003.)

As *dívidas fiscais* também estão fora da compensação. Só a lei e o regulamento emanados do poder público podem autorizar a compensação. A lei pode, no entanto, facultar à autoridade a compensação. Mas o agente administrativo está vinculado à autorização legal para aceitar compensação do contribuinte.

Sob esse prisma, o Código de 2002 tentou modernizar o conceito neste artigo. Dizíamos em nossa edição logo depois deste Código que essa possibilidade relativa à compensação das dívidas fiscais em texto do Código Civil era primordialmente polêmica. Afirmamos que muita discussão ela traria e certamente as autoridades fiscais não se conformariam com esse texto, aliás de extrema justiça para o contribuinte. No entanto, nem sempre a história desse país demonstra justiça para quem paga corretamente seus impostos. Tanto assim é que a Medida Provisória de 2002, renovada a seguir e depois substituída por lei (Lei nº 10.677/2003), à socapa da sociedade, sem maiores justificativas e de forma juridicamente inusitada para dizer o menos, em texto legal que se refere a assuntos fiscais diversos, revogou simplesmente o citado art. 374, antes mesmo da entrada em vigor deste Código. Na verdade, esse artigo era por si só polêmico, pois foi introduzido na Câmara dos Deputados, após a vinda do texto do Senado, em situação de discutível validade. De qualquer forma, a dicção do art. 374 já acenava com uma vida muito curta no cenário jurídico nacional, pois, sem dúvida, a cupidez tributária de nossas autoridades não permitiria que ao menos, nesse aspecto, se fizesse justiça fiscal e social. De qualquer modo, o Código Civil invadira indevidamente a seara dos tributos e seria discutível sua aplicação perante os princípios de direito público.

Enunciado nº 19, I Jornada de Direito Civil – CJF/STJ: A matéria da compensação no que concerne às dívidas fiscais e parafiscais de estados, do Distrito Federal e de municípios não é regida pelo art. 374 do Código Civil.

Art. 375. Não haverá compensação quando as partes, por mútuo acordo, a excluírem, ou no caso de renúncia prévia de uma delas.

Outros casos existem em que a lei obsta a compensação. Este Código é ainda mais abrangente nesse artigo do que o estatuto anterior. Trata-se de direito dispositivo das partes. As partes podem excluir a possibilidade de compensação por vontade negocial. Por vontade bilateral, ou por renúncia prévia de uma das partes, que é ato unilateral. Em princípio, a renúncia prévia só é possível de forma expressa. O mais, em qualquer situação desse artigo, transporta-se para o exame da validade e eficácia da manifestação de vontade.

Art. 376. Obrigando-se por terceiro uma pessoa, não pode compensar essa dívida com a que o credor dele lhe dever.

O texto não é claro e sempre foi passível de críticas, pois repete redação anterior. Veja a hipótese de Antônio dever a João e este manda que seu devedor, Antônio, pague a José. Nessa mudança de personagens, não pode haver compensação, pois a dívida é de terceiro. Nada impede que as partes admitam por vontade a compensação. O texto deveria falar em obrigação *em favor* de terceiro. Essa regra deve ser interpretada juntamente com a do art. 371, pela qual o devedor somente pode compensar com o credor o que este lhe dever e não outra pessoa.

Apelação – Ação de despejo por falta de pagamento cumulada com cobrança – Ilegitimidade ativa do cessionário – Inocorrência – **Compensação** – Impossibilidade – Cerceamento de defesa decorrente de não ser ouvida testemunha em relação à qual se acolheu contradita – Inexistência – Matéria preclusa – Decisão proferida em audiência de instrução e julgamento deve ser impugnada por agravo retido, oral e imediatamente. Nada há que obste a cessão da posição jurídica de locador, com a sub-rogação do cessionário nos direitos do cedente, independentemente de anuência do devedor. O fato de ter havido a cessão dos direitos do locador não torna a situação do locatário distinta, incumbindo-lhe apenas os mesmos deveres que assumira diante do locador originário. E a contraprestação do locatário, como se vê, é da essência do contrato de locação, erigida como um dos elementos substanciais deste tipo de pacto. Quanto à compensação, há de se enfatizar que o corréu supostamente detentor de crédito a ser compensado é fiador da locatária, o que atrai **a vedação contida no artigo 376 do Estatuto Civil**, segundo a qual "**obrigando-se por terceiro uma pessoa, não pode compensar essa dívida com a que o credor dele lhe dever**". De acordo com o artigo 523, § 3º, do Código de Processo Civil de 1973, contra as decisões proferidas em audiência de instrução e julgamento deverá ser interposto agravo retido, oral e imediatamente, que deverá constar do termo. Esse recurso não foi interposto, consoante se constata na leitura do termo da audiência e da inexistência de sua ratificação nas razões de apelação. Não houve, portanto, cerceamento de defesa, pois a ausência de interposição oportuna do recurso adequado demonstra a conformação dos réus com a decisão que acolheu a contradita e, consequentemente, impossibilitou a oitiva da testemunha. Apelação desprovida (*TJSP* – Ap. 0072300-21.2010.8.26.0224, 22-6-2016, Rel. Lino Machado).

Art. 377. O devedor que, notificado, nada opõe à cessão que o credor faz a terceiros dos seus direitos, não pode opor ao cessionário a compensação, que antes da cessão teria podido opor ao cedente. Se, porém, a cessão lhe não tiver sido notificada, poderá opor ao cessionário compensação do crédito que antes tinha contra o cedente.

Esse artigo reporta-se à cessão de crédito. O devedor deve ser notificado da cessão. Se ele não se opõe à cessão, não poderá posteriormente opor ao cessionário direito de compensação que tinha com o credor originário (cedente). Caso ele não tenha sido notificado da cessão, persistirá com tal direito. A lei não esclarece a forma pela qual deve se opor à cessão. O devedor deve fazê-lo em tempo hábil, para preservar seu direito de compensação. Deve notificar *incontinenti* o cessionário de que tem direito compensatório na dívida objeto desse negócio jurídico. Se o devedor não for notificado, não pode ser prejudicado em seu direito; por isso, mantém o direito de compensar seu crédito com um terceiro, excepcionalmente, que é o cessionário.

Art. 378. Quando as duas dívidas não são pagáveis no mesmo lugar, não se podem compensar sem dedução das despesas necessárias à operação.

Quando o local de pagamento das duas obrigações é diverso, a lei não obsta a compensação, mas estipula que devem ser deduzidas as despesas "*necessárias à operação*". As partes não podem ser oneradas pela compensação. Não se pode obrigar que o credor se desloque para receber a um local diverso do contratado, sem que seja indenizado. Pode o credor recusar-se validamente à compensação, se não for assim indenizado.

Art. 379. Sendo a mesma pessoa obrigada por várias dívidas compensáveis, serão observadas, no compensá-las, as regras estabelecidas quanto à imputação do pagamento.

A compensação é forma de pagamento, modalidade de extinção das obrigações. Quando há várias dívidas compensáveis, aplicam-se os princípios da imputação de pagamento (arts. 352 a 355) e não poderia ser diferente. A regra, porém, é dispositiva, e podem as partes convencionar diversamente. Veja o que falamos a respeito da imputação.

Art. 380. Não se admite a compensação em prejuízo de direito de terceiro. O devedor que se torne credor do seu credor, depois de penhorado o crédito deste, não pode opor ao exequente a compensação, de que contra o próprio credor disporia.

A primeira parte do artigo parece superfetação, pois não há como se admitir que a compensação, feita exclusivamente entre credor e devedor, possa prejudicar terceiro. De qualquer forma, isso não pode ocorrer. No entanto, a continuação do artigo tenta esclarecer, embora merecesse ser mais claro. Quando o devedor se torna credor do seu credor, após a penhora não pode mais opor compensação ao exequente.

Agravo de instrumento. Ação de reintegração de posse de bem móvel decorrente de contrato de arrendamento mercantil. Cumprimento de sentença. Compensação de crédito. Incontroversa a existência de crédito, cabe o pedido de compensação com dívidas líquidas, certas, exigíveis, de coisas fungíveis. As obrigações se extinguem, até onde se compensarem. Operando-se esta "ipso iure", nos termos do art. 368 do Código Civil, não necessita de sentença, tendo, portanto, eficácia retroativa à época em que os créditos se extinguiram. Aplicação do artigo 368 do Código Civil. Caso dos autos em que, ao contrário do que defendem os agravantes, a exequente passou a não mais era detentora do crédito objeto da compensação desde a data da rescisão do contrato, declarada na sentença, não sendo o caso de incidir o artigo 380, do CC, posto que inexistia direito de terceiros declarados na presente execução quando se deu a compensação. Recurso não provido (TJSP – Ag 2034502-33.2020.8.26.0000, 22-6-2020, Rel. Alfredo Attié).

CAPÍTULO VIII
Da Confusão

Art. 381. Extingue-se a obrigação, desde que na mesma pessoa se confundam as qualidades de credor e devedor.

1. Confusão. Conceito e natureza jurídica

Na obrigação, é essencial a existência de dois polos, um credor do lado ativo e um devedor do lado passivo. Ninguém pode ser credor ou devedor de si mesmo. Quando, por fatores externos à vontade das partes, ou mesmo por sua vontade, as características de credor e devedor se fundem, se *confundem* na mesma pessoa, há impossibilidade lógica de sobrevivência da obrigação. Não é possível a convivência de duas situações jurídicas contrapostas. A confusão não requer manifestação de vontade.

Portanto, há *confusão* na acepção do direito obrigacional ora em estudo, quando se reúnem na mesma pessoa a qualidade de credor e devedor, conforme dispõe esse artigo. O presente Código mantém os mesmos textos anteriores.

Confundir significa fundir, misturar, reunir. Há outras formas de confusão no direito. Nos direitos reais, encontra-se a confusão tratada nos arts. 1.272 a 1.274, quando ocorre a mistura de coisas líquidas pertencentes a pessoas diversas. Também é usado o vocábulo quando se reúnem na mesma pessoa parcelas de direitos reais bipartidos, quando, por exemplo, o usufrutuário recebe a nu-propriedade, tornando-se proprietário pleno. No entanto, em todas as acepções a ideia de fusão está presente. Assim, Antônio, filho de João, é credor deste último. Com a morte de João, Antônio, seu herdeiro, passa a possuir as qualidades de credor e devedor ao mesmo tempo e o débito se extingue. Já se discutiu se esse é realmente um meio de extinção de obrigações ou uma *paralisação* do direito creditório, porque uma vez cessado o estado de confusão, restabelece-se a obrigação, com todos os seus acessórios (art. 384).

Não há, modernamente, como se sustentar que a dívida não se extinga. Os romanos não conheciam perfeitamente o mecanismo. Os Códigos modernos tratam do fenômeno como extinção da obrigação. A possibilidade de a obrigação restabelecer-se não inibe o efeito extintivo, pois a mesma situação já ocorre na dação em pagamento (art. 359). O princípio que governa a extinção da obrigação não reside num pagamento, mas numa incompatibilidade lógica de persistência do vínculo.

2. Fontes da confusão

A confusão pode se originar de uma *transmissão universal* de patrimônio. Esse fenômeno pode ocorrer *causa mortis*, o que é mais comum. O herdeiro passa a ter ambas as qualidades de credor e devedor com o desaparecimento do autor da herança, e a dívida se confunde. Pode ocorrer por ato *entre vivos* quando, por exemplo, uma empresa, credora de outra, vem a receber, por qualquer razão (um decreto governamental, por exemplo), todo o patrimônio da última. Os débitos confundem-se até onde se compensarem. Não obstante, não se mesclam confusão e compensação. Na confusão, há identidade de pessoas, credor e devedor, com relação a um único débito; na compensação, há existência de dois créditos que se eliminam.

Pode o fenômeno derivar de um *título singular*, no caso, por exemplo, de alguém ter uma dívida com outrem que lhe faz legado de crédito, já que o legado importa numa transmissão a título singular e não universal (cf. BORDA, s.d., p. 388). Também pode derivar de cessão de crédito, de sub-rogação. Pode ocorrer, *inter vivos*, por ato gratuito ou oneroso.

Agravo de instrumento – Impugnação ao cumprimento de sentença – Execução de honorários de sucumbência em favor da Defensoria Púbica do Estado de São Paulo, contra o Estado de São Paulo – Ocorrência de confusão – Execução vazia e, portanto, inviável. Recurso provido. Embora a Defensoria Pública do Estado seja órgão com autonomia (funcional e administrativa: art. 7º da LC Estadual nº 988/06) e a verba honorária fixada nas causas em que atua constitua sua receita (art. 8º, III, da LC estadual nº 988/06), o titular desse crédito é o Estado de São Paulo e, por isso, quando o débito correspondente é da Fazenda Pública do mesmo Estado, há confusão (art. 381 do CC), que conduz à extinção da obrigação e da respectiva execução (*TJSP* – Ag 3001279-72.2020.8.26.0000, 7-4-2020, Rel. Vicente de Abreu Amadei).

Apelação – Ação de obrigação de fazer – Morte da autora – Direito à saúde – Intransmissibilidade – Fazenda Pública Estadual – Verba honorária sucumbencial – Ação patrocinada pela defensoria pública (assistência à saúde) – Honorários advocatícios indevidos – **Confusão entre credor e devedor** – Entendimento jurisprudencial do STJ, com a edição da Súmula nº 421 – Ocorrência de confusão, na mesma pessoa, das qualidades de credor e devedor (art. 381, do CC, e art. 267, X, do CPC/1973), não havendo que se falar em sucumbência – Municipalidade que possui legitimidade para figurar no polo passivo da demanda, ante a solidariedade das três esferas de governo – No entanto, não pode responder pelos honorários advocatícios, uma vez que não deu causa à propositura da ação – Recurso provido em parte (*TJSP* – Ap.1009620-23.2015.8.26.0348, 23-1-2017, Rel. Ponte Neto).

Art. 382. A confusão pode verificar-se a respeito de toda a dívida, ou só de parte dela.

A confusão pode extinguir toda a dívida ou apenas parte dela. Assim, teremos a confusão *total* ou *parcial*. Se no fato *causa mortis* o herdeiro é apenas credor de uma parte de dívida divisível do *de cujus*, a confusão é parcial. No caso de dívida indivisível, a questão resolve-se pelos princípios já vistos da indivisibilidade das obrigações, não deixando de existir, porém, a confusão parcial.

No caso de herança, existindo sempre o benefício de inventário (art. 1.792), temos de ver que enquanto houver separação de patrimônios entre credor e devedor, isto é, enquanto não houver partilha, não se opera a confusão. Nos títulos ao portador, como eles são circuláveis por natureza, a confusão será meramente transitória, pois a qualquer momento o portador pode transferi-los.

Art. 383. A confusão operada na pessoa do credor ou devedor solidário só extingue a obrigação até a concorrência da respectiva parte no crédito, ou na dívida, subsistindo quanto ao mais a solidariedade.

Como se nota, mesmo no caso de solidariedade os efeitos da confusão são limitados à parcela do crédito ou débito que se confundiram em uma única pessoa. Não se comunica aos demais credores ou devedores solidários. Embora o Código seja omisso, por uma questão de lógica o mesmo princípio se aplica às obrigações indivisíveis, com o devido temperamento.

Art. 384. Cessando a confusão, para logo se restabelece, com todos os seus acessórios, a obrigação anterior.

O efeito primordial é extintivo da obrigação. A confusão pode deixar de existir por ser inválida ou por cessar o motivo que a acarretou. A questão que se sobreleva nesse diapasão é a colocada nesse artigo: o restabelecimento da obrigação, uma vez cessada a confusão. Por exemplo: alguém é devedor de um estabelecimento e vem a adquiri-lo. Operou-se a confusão. Posteriormente, aliena o mesmo estabelecimento. Restabelece-se a obrigação primitiva. Várias são as situações em que isso pode ocorrer, mormente no direito sucessório. O dispositivo é peremptório no sentido de que também revivem todos os acessórios da obrigação. Revigora-se a fiança e a hipoteca que garantiam a dívida, por exemplo. O fato que origina a confusão pode não ser de caráter permanente, daí a razão desse artigo.

Há que se proteger, em prol da estabilidade jurídica, os direitos de terceiros. Assim, se *medio tempore* foi dada baixa numa hipoteca, o terceiro adquirente não pode ver repristinada uma hipoteca extinta quando de sua aquisição. A melhor solução, que não contraria a lei, é entender que a hipoteca se revigora, com a diferença que não prejudicará nunca o terceiro adquirente, que adquiriu o bem quando nada existia no registro de imóveis. Assim, para ele, a hipoteca é ineficaz. Se for o caso de várias hipotecas, a hipoteca extinta, quando renasce, não pode ter a mesma graduação primitiva. Irá para a averbação em último lugar, após as hipotecas existentes a esse tempo. Do mesmo modo, nada se poderá fazer contra terceiros se *medio tempore* os imóveis foram alienados como livres e desembaraçados, salvo se tiver havido má-fé.

Se a confusão extingue as obrigações acessórias, a recíproca não ocorre. Se existe confusão na pessoa do credor e do fiador, extingue-se a fiança, que é acessória, mas não a obrigação principal. A questão também é de impossibilidade lógica.

O renascimento da dívida não ocorrerá, como é evidente, se já decorrido lapso prescricional. A confusão não interrompe esse prazo.

CAPÍTULO IX
Da Remissão das Dívidas

Art. 385. A remissão da dívida, aceita pelo devedor, extingue a obrigação, mas sem prejuízo de terceiro.

1. Conceito. Natureza jurídica. Afinidades

Ocorre a remissão de uma dívida quando o credor libera o devedor, no todo ou em parte, sem receber pagamento. A remissão é o ato ou efeito de *remitir, perdoar* uma dívida; não se confunde com *remição*, ato ou efeito de *remir, resgatar*, que é instituto de direito processual, então regulado pelos arts. 787 a 790 do antigo CPC, não repetidos no estatuto processual atual.

A remissão de uma dívida é uma renúncia a um direito que ocorre no campo obrigacional. A renúncia é um conceito mais abrangente, postulado em vários outros campos jurídicos. Quem abandona um direito, com tal declaração de vontade, o renuncia. Em princípio, podem ser renunciados todos os direitos disponíveis, reais, pessoais e intelectuais. Pode-se renunciar à propriedade, à posse, à herança, à patente de invenção, ao direito autoral. Quando a renúncia se dirige especificamente à vontade do credor em não receber o que lhe é devido, estamos perante a remissão. Algumas legislações, como a alemã e a portuguesa, encaram a remissão sob o prisma contratual. Daí a celeuma criada por parte da doutrina, na dificuldade de fixar sua natureza jurídica, se bilateral ou unilateral. Não se chega a um acordo. Embora seja a remissão uma espécie de renúncia, com ela não se confunde, pois, embora possa ser um ato unilateral, não prescinde da concordância do devedor. O credor pode desejar perdoar a dívida. A motivação desse perdão é irrelevante para o direito; no entanto, o devedor pode ter interesse moral em pagar a dívida ou, melhor, interesse moral em que a dívida não seja perdoada. Pode, pois, valer-se da consignação, no caso de recusa por parte do credor. Não é necessário, por igual lado, que o devedor decline a motivação em não aceitar a remissão: pode não desejar dever favores ao credor; pode ter interesse em que a sociedade saiba que paga suas dívidas etc. Isso também é irrelevante para o campo jurídico.

Por sua natureza, a remissão não se amolda à onerosidade. Se houver, descaracteriza-se o fenômeno como remissão.

Destarte, nada impede que a remissão tome a forma bilateral de um contrato, mas não é de sua essência. Essencial é a aquiescência do devedor, ainda que presumida ou tácita.

Também não se confunde com a doação, embora possa haver *animus donandi*. A remissão será sempre um ato sinalagmático (cf. LOPES, 1966, v. 2, p. 346). Não se confunde com doação, porque nem sempre estará presente o intuito de liberalidade. Ademais, para a remissão é irrelevante o intuito com que é feita, o que não ocorre na doação.

O ato de perdoar ou abrir mão de uma dívida é ato de disposição de direitos. Requer não só plena capacidade de renúncia, de alienação, como também legitimação para dispor de referido crédito.

Não se deve confundir, também, a remissão com a desistência da ação proposta para cobrá-la. Tal desistência fica apenas no plano processual. A remissão não admite condição.

2. Origem histórica

No antigo Direito Romano, a remissão requeria o ato solene e formal *per aes et libram*. Posteriormente, o Direito Romano conheceu a *acceptilatio*, que era uma declaração do credor de ter recebido a dívida e de nada mais reclamar. Era uma solução fictícia da dívida; extinguia a dívida *ipso iure*, como o pagamento, não só no tocante ao principal, mas também com relação aos acessórios. Era um ato abstrato, independente da causa (cf. GIFFARD; VILLERS, 1976, p. 302). Outra forma era o *pacto de non petendo*, quando o credor prometia nada reclamar do devedor no tocante à dívida.

Essas formas, embora sendo raízes da moderna remissão, não se mantiveram no direito atual.

3. Espécies

A remissão pode ser *total* ou *parcial*. É sempre um ato de disposição do credor. Se ele não é obrigado a receber parcialmente a dívida, pode, todavia, perdoá-la parcialmente. Persistirá o débito no montante não remitido.

Pode ser também *expressa* ou *tácita*. Será expressa, de forma contratual ou não, quando firmada por escrito, público ou particular, declarando o credor que não deseja receber a dívida. Não há necessidade da palavra *remissão*, mas a intenção deve ser clara. Por se tratar de ato de disposição, não é de admitir interpretação ampliativa. A interpretação do negócio deve ser restritiva. Veja os arts. 386 e 387.

O Direito alemão conhece outro fenômeno, qual seja, o *reconhecimento negativo da dívida*. As partes contratam declarando expressamente que determinada obrigação não existe, tendo em vista aclarar eventuais dúvidas a respeito. Evitam, assim, a propositura de uma ação declaratória. Tem os mesmos efeitos da remissão e segue suas regras. Pode atingir dívidas diferidas ou eventuais e direitos aleatórios. As expectativas de direito não são direito e não podem, em princípio, ser renunciadas enquanto não se materializarem em direitos. A remissão expressa pode decorrer também de ato *causa mortis*, de um testamento. A remissão de dívida por testamento é típico ato de última vontade e segue as formalidades do negócio testamentário. Não será válida, se inválido for o testamento.

Realcemos que apenas as obrigações de índole privada podem ser objeto de remissão. O perdão da dívida pública depende de autorização legislativa.

4. Efeitos

O fato de o credor abrir mão de seu crédito equivale a um pagamento. Trata-se da mesma noção do Direito Romano. O direito moderno abrange a *acceptilatio* e o *pacto de non petendo*.

A extinção da dívida principal elimina as obrigações acessórias, mas, como já visto, podem ser eliminadas as obrigações acessórias, persistindo a obrigação principal.

Terceiros não podem ser prejudicados com a remissão. É o que está, inclusive, expresso neste art. 385 do presente Código. O fato de esse artigo não ter correspondência no Código anterior não significa que no sistema pretérito a solução era diferente. Podem, no entanto, os terceiros ser beneficiados por ela.

O atual diploma civil preferiu abrir o capítulo da remissão de dívidas, neste art. 385, enunciando seu efeito principal: *"A remissão da dívida, aceita pelo devedor, extingue a obrigação sem prejuízo de terceiro."* Desse modo, a lei enfatiza que a remissão somente opera com a concordância, aceitação do devedor. A sistemática já era essa no direito anterior, ainda que não houvesse disposição expressa equivalente. Como reportamos, o devedor pode ter motivos para rejeitar a remissão ofertada pelo credor. A presente lei deixa clara essa noção, consagrada pela doutrina e pelo direito comparado. Também, como dissemos, a remissão pode beneficiar terceiros direta ou indiretamente ligados à dívida, como o fiador, mas não pode prejudicá-los. A questão de eventual prejuízo a terceiro pela remissão deve ser examinada no caso concreto. Ocorrido o prejuízo, essa remissão deve ser tida como ineficaz com relação ao prejudicado. A propósito, lembremos que a remissão de dívida praticada pelo devedor já insolvente, ou por ela reduzido à insolvência, poderá ser anulada como fraude contra credores (art. 158). Portanto, fica claro que não está o credor absolutamente livre para conceder a remissão.

Quanto à forma de remissão tácita mencionada anteriormente, referente à *"entrega voluntária do título da obrigação"*, o art. 386 é mais técnico e de acordo com a realidade ao se referir à *"voluntária do título da obrigação"*. De fato, se o título foi emitido pelo devedor e entregue ao credor, o termo *devolução* dele ao devedor caracteriza a remissão, mais propriamente do que a simples entrega. No mesmo diapasão posta-se o atual art. 387: *"A restituição voluntária do objeto empenhado prova a renúncia do credor à garantia real, não a extinção da dívida."* A mais recente lei substitui, pela mesma razão, o termo *entrega* pelo termo, mais elucidativo e de melhor compreensão, *restituição*: o credor restitui a coisa que recebera em penhor do devedor. Mantém-se, contudo, o princípio pelo qual essa restituição do bem empenhado extingue somente a garantia real, mantendo-se íntegra a dívida.

Art. 386. A devolução voluntária do título da obrigação, quando por escrito particular, prova desoneração do devedor e seus coobrigados, se o credor for capaz de alienar, e o devedor capaz de adquirir.

Art. 387. A restituição voluntária do objeto empenhado prova a renúncia do credor à garantia real, não a extinção da dívida.

Os arts. 386 e 387 trazem situações de remissão tácita. Há, em ambos, uma presunção de perdão, de renúncia.

O primeiro dos dispositivos fala da entrega voluntária do título da obrigação, quando por escrito particular. Diz a lei que tal tradição do título *"prova a desoneração do devedor e seus coobrigados, se o credor for capaz de alienar, e o devedor, capaz de adquirir"*. Destarte, incumbe que a entrega do título (particular, não se tratar de escritura pública) seja espontânea, com a intenção de perdoar a dívida. A presunção, de qualquer modo, não é absoluta, pois o ato pode emanar de erro, por exemplo. De qualquer modo, feita a entrega do título, é o credor que deve provar que sua intenção não foi de remitir.

Nesse caso de remissão tácita ou presumida, embora existam semelhanças com o pagamento presumido, com ele não se confunde. Aqui, na remissão, não há cumprimento da obrigação. O pagamento sempre pressupõe o adimplemento. Embora existam opiniões em contrário, como o fato de o art. 386 dizer que a entrega do título *prova* a desoneração do devedor, não se divisa aí uma presunção absoluta, a qual pode levar a iniquidades (cf. LOPES, 1966, v. 2, p. 352, contrariamente à nossa opinião).

Quando o título for representado por escritura pública, *a contrario sensu*, é imprescindível a remissão expressa.

A situação do art. 387 diz respeito à entrega da coisa empenhada. Tal entrega implica renúncia à garantia pignoratícia, que se perfaz com a tradição. Prova a renúncia à garantia, mas não a remissão da dívida. O que a tradição prova é o desaparecimento da garantia real. Aqui, a situação é diferente. É dificilmente defensável não ser absoluta essa presunção, a qual, contudo, não atinge a obrigação. A garantia pignoratícia é acessória. Pode desaparecer o acessório, sem desaparecer o principal. Da mesma forma, pode o credor abrir mão da fiança ou da hipoteca, sem abrir mão de seu crédito.

Art. 388. A remissão concedida a um dos codevedores extingue a dívida na parte a ele correspondente; de modo que, ainda reservando o credor a solidariedade contra os outros, já lhes não pode cobrar o débito sem dedução da parte remitida.

Este artigo dispõe acerca da remissão feita a um dos devedores, quando existem outros. A regra especifica o que conta do art. 277. A remissão só extingue a dívida ao devedor apontado, na parte a ele correspondente. Na solidariedade, o vínculo permanece com relação aos outros coobrigados. De outro lado, se um credor solidário perdoar a dívida, esta estará extinta. No que toca à obrigação indivisível, *"se um dos credores remitir a dívida, a obrigação não ficará extinta para com os outros; mas estes só a poderão exigir, descontada a quota do credor remitente"* (art. 262). Há uma aplicação do princípio da remissão parcial nesse ponto.

TÍTULO IV
DO INADIMPLEMENTO DAS OBRIGAÇÕES

CAPÍTULO I
Disposições Gerais

Art. 389. Não cumprida a obrigação, responde o devedor por perdas e danos, mais juros e atualização monetária segundo índices oficiais regularmente estabelecidos, e honorários de advogado.

1. Obrigação em crise

Pacta sunt servanda. Os pactos devem ser cumpridos. Se a palavra empenhada na sociedade deve ser cumprida sob o prisma moral e ético, a palavra inserida em um negócio jurídico deve ser cumprida sob o prisma da paz social e credibilidade do Estado.

As obrigações surgem para ter existência mais ou menos efêmera, transitória, fugaz. Uma vez cumpridas, exaurem seu papel no campo social, propiciando a circulação de riquezas, a criação de obras, a realização, por que não dizer, de sonhos e ideais.

Na convivência social ideal, todos os homens cumprem suas obrigações sociais, morais e jurídicas. A obrigação cumprida desempenha o papel dos vasos comunicantes. Alguém paga, o que recebe paga a outrem, este outrem ao receber já tem, por sua vez, programada a aplicação do objeto do pagamento recebido etc.

Uma obrigação descumprida ou mal cumprida, ou cumprida com atraso, desempenha o papel de uma célula doente no organismo social; célula essa que pode contaminar vários órgãos do organismo.

Quando se trata, por exemplo, do descumprimento de uma obrigação moral: deixo de visitar um amigo enfermo; sofro uma reprimenda do organismo social ou de minha consciência. Ninguém pode obrigar-me a visitar meu amigo. Porém, a sociedade poderá reprimir-me, mostrando seu desagrado de várias formas. As regras morais ou de cortesia, embora desempenhem relevante figura social, refogem ao âmbito jurídico. Vejam o que ilustramos a respeito dessa matéria em nossa obra *Introdução ao estudo do direito: primeiras linhas*.

Todavia, se deixo de pagar uma dívida, ou atraso seu pagamento, ou pago em local ou à pessoa errada, o ordenamento legal arma meu credor de meios para fazer com que eu cumpra a obrigação, ou, não sendo isso possível, que minore a situação do credor insatisfeito sob forma de um pagamento de quantia em dinheiro, uma indenização em perdas e danos. Não conseguiu o Direito encontrar outra forma de substituir o não cumprimento ou o mau cumprimento de uma obrigação, senão com um pagamento em dinheiro.

No Direito Romano, como tantas vezes decantado, era, primeiramente, o próprio corpo do devedor que respondia pela dívida. O devedor poderia tornar-se escravo. Contudo, não demoraram muito os antigos a descobrir que essa solução não trazia praticidade e pouco auxiliava o credor. O fato é que de há muito o patrimônio do devedor responde pelo cumprimento da obrigação. No direito atual, o princípio vem expresso no art. 391 deste Código. O patrimônio do devedor sofrerá a constrição judicial, representada pela penhora e a transformação de bens em dinheiro como última etapa do cumprimento de uma obrigação. O ideal que se busca é muito antes disso a obrigação ser cumprida, tanto quanto possível espontaneamente pelo devedor.

Entretanto, o descumprimento de uma obrigação (e como descumprimento englobamos todas as formas de mau cumprimento ou de ausência de cumprimento, inadimplemento) gera uma verdadeira crise na avença, no contrato, que o direito procura resolver da melhor maneira possível.

Daí então ser necessário que a lei regule os direitos do devedor (e também do credor) nas situações de crise no cumprimento da obrigação. Cremos que o termo *crise* estampa bem a ideia do que ocorre na patologia da obrigação. Dentre as várias acepções da palavra, encontramos aquelas que refletem bem o estado em que ficam as partes no inadimplemento da obrigação: ora será uma ruptura violenta e repentina de um estado de equilíbrio; ora um estado de dúvidas e incertezas; ora uma situação difícil em razão de fatos ocorridos; ora uma conjuntura embaraçosa. Quem de nós já não passou por tais sensações, como credor, não recebendo o que nos é devido; como devedor, crendo que não poderia cumprir os compromissos assumidos?

Por essa razão, usamos o título não usual nesta abertura de comentário, mas que exprime bem o que a doutrina chama de *inexecução das obrigações, mora e inadimplemento*.

A crise na obrigação, enquanto esta não é exigível, é tão só um estado de espírito. Quando exigível o pagamento e não efetuado, já há um estado jurídico a ser examinado, embora a lei não se descuide das garantias do credor, mesmo antes de exigível a dívida. Há situações em que a lei antecipa o vencimento da dívida, como nas situações elencadas nos arts. 333, I – IV, parágrafo único, 1.425, I – V, § 1º e § 2º, por exemplo.

O devedor, segundo a regra do art. 394, está preso a certo comportamento, isto é, comprometeu-se a dar, fazer ou não fazer algo. E o dispositivo legal diz que *"considera-se em mora o devedor que não efetuar o pagamento e o credor que o não quiser recebê-lo no tempo, lugar e forma que a lei ou a convenção estabelecer"*. Como é interesse também do devedor liquidar a obrigação, também existe mora do credor, como analisaremos.

Nenhum estudo que se faça sobre esse tema em nosso meio pode prescindir dos ensinamentos de Agostinho Alvim (1972). Esse saudoso autor traça o perfil do inadimplemento absoluto e do inadimplemento relativo e do conceito de mora.

Quando a prestação corresponde exatamente ao avençado, ao objetivo da obrigação, esta se exaure, desonera o devedor e satisfaz o interesse do credor. Incumbe agora estudar as situações em que o devedor não paga, ou paga defeituosamente, não satisfazendo o credor e, também, quando o credor não aceita, por qualquer razão, o cumprimento por parte do devedor, ou alguém por ele.

2. Inadimplemento absoluto e inadimplemento relativo. Adimplemento substancial

Cuida-se, principal e primeiramente, do descumprimento por parte do devedor, que é a situação mais comum.

O inadimplemento da obrigação poderá ser absoluto. A obrigação não foi cumprida em tempo, lugar e forma convencionados e não mais poderá sê-lo. O fato de a obrigação poder ser cumprida, ainda que a destempo (ou no lugar e pela forma não convencionada), é critério que se aferirá em cada caso concreto. Cabe ao Juiz, com a consideração de homem ponderado, tendo como orientação o interesse social e a boa-fé objetiva, como veremos, colocar-se na posição do credor: se o cumprimento da obrigação ainda for útil para o credor, o devedor estará em mora (haverá inadimplemento relativo). O critério da utilidade fará a distinção.

Assim, o pagamento de obrigações em dinheiro sempre será útil para o credor, vindo, é claro, acompanhado dos acréscimos devidos pela desvalorização da moeda e outros consectários derivados da mora. O critério não é subjetivo. Não pode, por exemplo, entender o devedor que o inadimplemento é absoluto, no pagamento em dinheiro, porque tal recebimento estava vinculado a outro negócio por parte do credor, que se frustrou pelo não recebimento do numerário. Não pode o julgador fugir a certo grau de objetividade no exame da utilidade do cumprimento da prestação em atraso.

É de vital importância a distinção entre inadimplemento absoluto e mora, pois diversas serão as respectivas consequências.

Noutro exemplo extremo, existirá inadimplemento absoluto quando, por exemplo, contrato uma orquestra para uma festividade e ela deixa de comparecer. De nada adiantará para o organizador da efeméride (o credor, então) que a orquestra disponha-se a apresentar-se no dia seguinte, uma vez que todos os convivas já estavam presentes na data agendada.

Não é pelo prisma da possibilidade do cumprimento da obrigação que se distingue mora de inadimplemento, mas sob o aspecto da *utilidade para o credor*, de acordo com o critério a ser aferido em cada caso, de modo quase objetivo. Se existe ainda utilidade para o credor, existe possibilidade de ser cumprida a obrigação; podem ser elididos os efeitos da mora. Pode ser purgada a mora. Não havendo essa possibilidade, restará ao credor recorrer ao pedido de indenização por perdas e danos.

Deve também o julgador perscrutar a intenção da parte. Ao decidir a questão, deve indagar em seu raciocínio se a intenção do devedor é ainda de executar a obrigação ou se essa intenção está ausente. Muito dependerá da sensibilidade do julgador. Como lembra Werter R. Faria (1981, p. 25),

> "em caso de impossibilidade (no cumprimento da prestação) é imprescindível investigar, cuidadosamente, o obstáculo que se interpôs ao cumprimento. Não raro, o impedimento torna a prestação mais gravosa, difícil e, até, definitivamente irrealizável".

Essa investigação caberá ao julgador, porque a natureza da impossibilidade do cumprimento gerará diversos efeitos. Mesmo a afirmação que fizemos de que as obrigações em dinheiro sempre admitem cumprimento deve ser vista com a devida reserva. Haverá situações fáticas em que isso é impossível. Toda afirmação peremptória em direito é perigosa.

A jurisprudência tem minorado a situação do devedor quando este, em contrato amplo, cumpre sua maior parte. Por exemplo, em um pagamento a ser feito em 12 parcelas, o devedor já pagou 11. Esse chamado adimplemento substancial tem recebido o beneplácito dos tribunais, permitindo que o devedor cumpra o saldo devido de forma mais favorável, na maioria das vezes.

3. Responsabilidade negocial e extranegocial. Consequências da inexecução

As obrigações podem ter origem em um negócio jurídico, o mais comum é o contrato, mas nada impede que decorram de negócio unilateral, como a promessa de recompensa ou título de crédito, ou em uma ação ou conduta independentemente da existência de um negócio prévio. Assim, o inadimplemento pode ocorrer porque o devedor não paga no tempo, lugar e forma devidos um valor derivado de um contrato ou deixa de indenizar um dano que ocasionou por culpa, como um acidente de veículos, por exemplo. Neste último exemplo, estamos no campo da chamada responsabilidade aquiliana. Não há diferença ontológica entre as duas modalidades de obrigação. Os arts. 186 e 187 referem-se à responsabilidade extranegocial. O presente Título IV refere-se à responsabilidade negocial, denominação mais ampla e mais apropriada do que a tradicional "responsabilidade contratual". Nesta última modalidade há necessidade de um relacionamento negocial prévio entre devedor e credor. Em torno de todas as obrigações gravitam o conceito de inadimplemento absoluto ou parcial (mora).

Embora não exista diferença intrínseca entre essas duas modalidades de obrigação, existem algumas regras distintas para ambas, pois não há dúvida que há princípios diversos para um inadimplemento decorrente de um contrato e outro decorrente de um ato ilícito. A matéria é vista no curso desses breves comentários. Há situações limites, ou zona cinzenta, onde não fica bem caracterizada se a responsabilidade deriva de um negócio jurídico ou não.

As perdas e danos citadas dizem respeito à indenização. Indenizar é reparar um dano, isto é, torná-lo indene. Assim, em princípio, não há indenização sem dano, material ou moral, ainda que esse dano seja implicitamente considerado. No dano sempre há a compreensão de uma perda. O art. 402 especifica a compreensão por perdas e danos que abrangem quanto ao credor, "*além do que ele efetivamente perdeu* (dano emergente), *o que razoavelmente deixou de* lucrar (lucro cessante)". As perdas e danos consistem em um substitutivo da prestação obrigacional e não equivalem ao adimplemento, aquele que é feito *in natura*.

Os juros, a correção monetária e os honorários de advogado são consectários do inadimplemento. A expressão legal deve ser vista com reservas, pois nem sempre essas três parcelas estarão presentes. Não serão devidos honorários de advogado em um pagamento amistoso, sem intervenção do profissional. A correção monetária poderá não ser devida se obstada pela norma legal, como um decurso de prazo mínimo de inadimplemento.

📚 Enunciado nº 161, III Jornada de Direito Civil – CJF/STJ: Os honorários advocatícios previstos nos arts. 389 e 404 do Código Civil apenas têm cabimento quando ocorre a efetiva atuação profissional do advogado.

📚 Enunciado nº 426, V Jornada de Direito Civil – CJF/STJ: Os honorários advocatícios previstos no art. 389 do Código Civil não se confundem com as verbas de sucumbência, que, por força do art. 23 da Lei nº 8.906/1994, pertencem ao advogado.

📚 Enunciado nº 548, VI Jornada de Direito Civil – CJF/STJ: Caracterizada a violação de dever contratual, incumbe ao devedor o ônus de demonstrar que o fato causador do dano não lhe pode ser imputado.

⚖ Apelação – Seguro obrigatório (DPVAT) – Correção monetária – Pleito de recebimento de atualização monetária e juros de mora incidentes sobre o valor pago administrativamente pela requerida – Não cabimento – Recebimento de eventual diferença de correção monetária, apenas nos casos em que o pagamento administrativo é efetuado a menor, ou se a ré não cumpriu o prazo de 30 (trinta) dias para pagamento após a entrega da documentação – Consectários legais que decorrem do mero descumprimento da obrigação pela parte – Inteligência do art. 389 do CC – Ré demonstrou que não incorreu em mora, pois efetuou o pagamento da indenização securitária ao autor dentro do prazo legal de trinta dias – Inteligência dos § 1º e 7º, do art. 5º da Lei nº 6.194/74, com redação dada pela Lei nº 11.482/07– Por outro lado, o autor não demonstrou que a indenização securitária foi paga a menor – Condenação da ré afastada – Recurso provido (*TJSP* – Ap. 1007036-12.2019.8.26.0196, 27-5-2020, Rel. Luis Fernando Nishi).

⚖ Promessa de compra e venda. Ação estimatória (*quanti minoris*) cumulada com consignação em pagamento. Embargos do executado. Sentença única. Julgamento simultâneo. Relação de compra e venda entre particulares. Ocorrendo a falta de pagamento de parte do valor pactuado no contrato de compra e venda de imóvel firmado pelas partes, não há falar em excesso de execução em razão da aplicação de encargos moratórios previstos no art. 389 do CC, pois a dívida foi corrigida pelo IGP-M, com juros legais de 1% ao mês e honorários advocatícios. Majorado o valor da verba honorária fixada ao procurador dos embargados, conforme o disposto no §11 do art. 85 do CPC, levando ainda em conta os vetores constantes do §2º, incisos I a IV, desse artigo. Apelação desprovida (*TJRS* – Ap. 70079867354, 27-6-2019, Rel. Voltaire de Lima Moraes).

⚖ Ação ordinária – Indenização – Danos – **Descumprimento contratual** – Perdas e danos – Entendimento do art. 389 do Código Civil – Danos morais – Pessoa jurídica – Demonstração – Necessidade. – Provado nos autos que houve descumprimento do contrato firmado entre as partes, pela requerida, tem-se que, por força do que dispõe o art. 389 do Código Civil, não cumprida a sua obrigação, deverá esta arcar com as perdas e danos sofridos pela autora, devidamente comprovados nos autos. – O dano moral da pessoa jurídica é possível, desde que esteja efetivamente comprovado, demonstrando-se que o fato ocorrido teve repercussão no meio empresarial, causando transtornos comerciais e lesão ao seu bom nome comercial. Ou seja, não basta para sua comprovação, no caso, do descumprimento do contrato e do prejuízo material, mas deve ser comprovada também a repercussão lesiva do fato (*TJMG* – Acórdão Apelação Cível 1.0024.05.643.703-1/001, 3-8-2011, Rel. Des. Batista de Abreu).

Art. 390. Nas obrigações negativas o devedor é havido por inadimplente desde o dia em que executou o ato de que se devia abster.

Esse artigo complementa a noção do art. 251. Nas obrigações negativas, a mora confunde-se com a inexecução. Quando alguém pratica o ato ao qual estava obrigado a se abster, não se pode, geralmente, obter a execução coativa, com a repristinação do estado das coisas ao estado anterior, contudo, o credor pode ter interesse que o inadimplente não persista na falta. Dependerá do exame concreto. Assim, se a obrigação era de não construir muro, este pode ser desfeito na forma do artigo aqui indicado. Veja que o parágrafo único desse dispositivo possibilita ao credor mandar desfazer a obra, por conta do devedor, havendo urgência, independentemente de ordem judicial, cobrando depois, as perdas e danos. Evidente que essa atitude do credor só pode ser praticada dentro de limites, isto é, *civiliter*, sem abuso, para não dar origem a responsabilização. Nem sempre, porém, o desfazimento das consequências do ato praticado será possível, oportuno ou conveniente, resumindo-se em perdas e danos.

Também é importante que se verifique se houve culpa do agente, pois o ato pode ter sido praticado em obediência a uma ordem do Poder Público, por exemplo. Quando não há culpa, não haverá indenização e a obrigação se extingue.

Art. 391. Pelo inadimplemento das obrigações respondem todos os bens do devedor.

É tradicional na história do direito o aspecto segundo o qual o corpo do devedor respondia por suas dívidas. No Direito Romano, o devedor poderia se tornar escravo do credor. Em certo momento do curso da história percebeu-se que essa não era a solução que traria maiores vantagens ao credor, antes de se pensar na dignidade humana. Assim, todos os bens do devedor, isto é, seu patrimônio, passou a responder por suas dívidas. Ainda existem vestígios da prisão por dívidas na legislação contemporânea, como o caso da obrigação por alimentos e a situação do depositário infiel (art. 5º, LXVII, da Constituição Federal/Súmula Vinculante 25).

Quando não é reservado um bem específico, ou uma porção de bens do patrimônio do devedor, o credor é geral, quirografário, isto é, sem privilégio. Quando há destaque de bem do patrimônio do devedor para garantir uma dívida, o credor será privilegiado, como ocorre com o credor hipotecário.

Por exceção, alguns bens podem estar fora da garantia, quando há impenhorabilidade. Assim ocorre, por exemplo, com o bem de família, instituído pela Lei nº 8.009/90; com os bens gravados com a cláusula de inalienabilidade (art. 1.911); com o crédito alimentício (art. 1.707) etc.

Embargos de devedor – Execução fiscal – Penhora de terreno adquirido para construção de imóvel para moradia – Bem de família comprovado – Inteligência da Lei 8.009/90 – Interpretação restritiva do artigo 3º, que enumera as exceções à impenhorabilidade – Sentença correta – Cinge-se a controvérsia sobre eventual impenhorabilidade de imóvel em ação de execução fiscal, onde o executado sustenta que o mesmo se caracteriza como bem de família – Dispõe o artigo 391 do Código Civil que **pelo inadimplemento das obrigações respondem todos os bens do devedor**. No entanto, há exceções legais – As disposições da Lei 8.009/90, que possui raiz constitucional, visam tutelar a dignidade humana, não permitindo que o devedor fique privado do imóvel destinado à residência de sua família, garantindo-lhe, portanto, o mínimo existencial – Não obstante a regra geral seja a impenhorabilidade do bem de família sob a ótica da dignidade da pessoa humana, necessário realizar, em cada caso concreto, o sopesamento entre essa proteção e o direito fundamental à tutela do credor naquelas hipóteses em que o imóvel não demonstra o cumprimento dos escopos da Lei 8.009/1990, hipótese na qual a regra da impenhorabilidade legal pode ser flexibilizada – Nesse contexto, a circunstância de se tratar de terreno não edificado ou de terreno cujo empreendimento se encontra com edificação mínima, por si só, não obsta sua qualificação como bem de família, na medida em que tal qualificação pressupõe a análise, caso a caso, da finalidade realmente atribuída ao imóvel (interpretação teleológica das impenhorabilidades) – *In casu*, verifica-se através da análise dos documentos trazidos aos autos pelo apelado que o terreno anteriormente penhorado, tem sim, por finalidade servir de moradia familiar, devendo o mesmo, portanto, ser qualificado como bem de família – Ressalte-se que não ficou provado nos autos que o apelado possuísse outro imóvel para residir com sua família, eis que o mesmo reside em apartamento alugado, sendo irrelevante o fato de o imóvel estar em construção quando da penhora. O que importa, aqui, é que o imóvel acabou por se destinar a moradia do apelado e sua família – Os honorários de sucumbência não merecem censura eis que a alegação de impenhorabilidade poderia ter sido aceita de plano pelo apelante, mas como este resistiu, conforme se depreende das petições que se veem do processo, andou bem mais uma vez, o juízo *a quo* em arbitrar os referidos honorários. Negado provimento ao recurso (*TJRJ* – Ap.0000032-73.2015.8.19.0034, 23-9-2016, Relª Flávia Romano de Rezende).

Art. 392. Nos contratos benéficos, responde por simples culpa o contratante, a quem o contrato aproveite, e por dolo aquele a quem não favoreça. Nos contratos onerosos, responde cada uma das partes por culpa, salvo as exceções previstas em lei.

O texto se refere diretamente à interpretação dos negócios jurídicos contratuais. Como regra geral, para fins de apuração de responsabilidade, no âmbito civil não se distingue culpa ou dolo. A culpa civil abrange tanto os atos culposos em sentido estrito, como os atos dolosos, com a intenção de praticar o dano, conforme a compreensão penal. Na responsabilidade subjetiva, sempre deverá ser vista a culpa a fim de ser concedida indenização. Nos casos de responsabilidade objetiva, sem culpa, quando expressamente apontada pela lei, não se aplica o preceito, embora essa modalidade de responsabilidade seja extranegocial.

Aqui, porém, há uma exceção no sistema geral de culpa civil, para proteção dos contratantes benéficos ou unilaterais, isto é, em favor daqueles que são isoladamente onerados pela avença, como nas doações. A culpa grave muitas vezes é equiparada ao dolo, não preponderando a aplicação do presente artigo, como, por exemplo no transporte gratuito.

Esses contratos são tidos como gratuitos, pois só uma das partes possui ônus e obrigações. Aquele sobre o qual recaem os ônus de um contrato dessa natureza, como no comodato, na doação só responderá por conduta dolosa. Trata-se de aplicação da equidade. Nos contratos bilaterais ou onerosos, como na compra e venda e locação, as responsabilidades, vantagens e desvantagens, se distribuem entre ambos contratantes. Nesse caso, aplica-se a regra geral, cada contratante responde por culpa em sentido lato, culpa ou dolo. O que não ocorre nos negócios estritamente benéficos.

Art. 393. O devedor não responde pelos prejuízos resultantes de caso fortuito ou força maior, se expressamente não se houver por eles responsabilizado.
Parágrafo único. O caso fortuito ou de força maior verifica-se no fato necessário, cujos efeitos não era possível evitar ou impedir.

Na inexecução dos contratos em geral, a única coisa que compete ao credor provar é seu descumprimento. O artigo anterior é exceção. Não está o credor obrigado a comprovar a culpa do outro contratante. Sua prova é objetiva: tinha que receber e não recebeu no tempo, lugar ou modo devidos. Incumbe ao devedor provar não ter agido com culpa para se eximir da responsabilidade. Assim, incumbe ao credor provar a existência do contrato, seu descumprimento, e que esse descumprimento lhe causou dano. A cláusula penal é uma prefixação de indenização pelo descumprimento.

Importante também é a distinção já feita entre as obrigações de meio e de resultado. Nas obrigações de meio, a culpa do executor da obrigação residirá na indevida aplicação dos meios empregados, porque ele não se responsabiliza pelos resultados. Nas obrigações de resultado, não atingido o resultado, descumprida estará a obrigação. Todavia, tanto num como noutro caso o ônus da prova para eximir-se de culpa é do devedor. O ônus da prova é diverso na responsabilidade extracontratual, quando é a vítima que deve provar a culpa do autor do dano, salvo casos de responsabilidade objetiva e algumas exceções legais.

Quando o devedor está em mora, é atingido pela responsabilização, ainda que presentes as excludentes do caso fortuito e da força maior.

O parágrafo único do artigo em questão conceitua o caso fortuito e a força maior como o *fato necessário, cujos efeitos não são possíveis evitar, ou impedir*. A lei equipara, portanto, os dois fenômenos. Para o Código, caso fortuito e força maior são situações invencíveis, que refogem às forças humanas, ou às forças do devedor em geral, impedindo e impossibilitando o cumprimento da obrigação. É o devedor faltoso, o inadimplente, que deve provar a ocorrência desses fatos. Há dois elementos a serem provados, um de índole objetiva, que é a inevitabilidade do evento, e outro de índole subjetiva, isto é, ausência de culpa. Deve o devedor provar que o evento surpreendente não poderia ter sido previsto ou evitado. Outro requisito pode ser lembrado nessa seara: a impossibilidade de executar a prestação, o que será examinado no caso concreto. Só haveria sentido em distinguir caso fortuito de força maior se seus efeitos jurídicos fossem diversos. Há casos fortuitos que independem de prova, por serem fatos notórios, como a pandemia do coronavírus que assomou o mundo em 2020.

Muito se discutiu em doutrina sobre a distinção entre caso fortuito e força maior. De todas as distinções feitas, concluímos que entre ambos os fenômenos há apenas uma diferença de grau, com idênticas consequências. Washington de Barros Monteiro (1979, v. 4, p. 331), após enfileirar em síntese as distinções apresentadas na literatura, conclui que a força maior é o fato que resulta de situações independentes da vontade do homem, como um ciclone, um maremoto, uma tempestade, a pandemia; o caso fortuito é a situação que decorre de fato alheio à vontade da parte, mas proveniente de fatos humanos, como uma greve, uma guerra, um incêndio criminoso provocado por terceiros etc. É a posição mais homogênea. No entanto, para fins práticos, pouco importa a distinção.

Nem sempre a excludente de indenização será vista de forma idêntica, objetiva, até mesmo num único contrato. No caso de incêndio criminoso, o agente que provocou o desastre agiu com culpa. Para o terceiro que não participou do evento, mas que deixou de cumprir a obrigação em razão do incêndio, tal evento é o caso fortuito. Se o incêndio ocorreu pela combustão natural, trata-se de força maior.

A doutrina discute se a simples ausência de culpa basta por si só para excluir a responsabilidade, ou deve o agente provar o caso fortuito ou força maior. Não vemos grande interesse na prática porque a ausência de culpa, para nós, equivale ao caso fortuito ou força maior do art. 393. A simples culpa mencionada no art. 392 afasta o fortuito. A questão requer que seja examinado o caso concreto. A força maior, sendo fato externo à vontade do agente, é mais ampla que o caso fortuito. Quando tratarmos de responsabilidade aquiliana baseada no risco nos artigos sobre responsabilidade civil, veremos que só a força maior exclui a responsabilidade, na maioria das vezes. Nessa área do risco, costuma-se também distinguir o chamado fortuito interno do fortuito externo, o que será visto na mesma oportunidade.

O contratante pode ter assumido a responsabilidade mesmo perante o caso fortuito ou a força maior, de forma total ou parcial. Há que se ver a dicção do contrato. O agente só responde pelos atos ou fatos que assumiu expressamente. A interpretação deve ser restritiva. No campo do consumidor não se admite que este assuma os riscos.

1. Exoneração da excludente. A cláusula de não indenizar

Acentue-se que quando está o devedor em mora, após esta, ocorrendo caso fortuito, mesmo assim este responderá pelos danos. Outra situação é a do mandatário ter substabelecido poderes contra proibição expressa do mandante. Responde o primeiro pelo caso fortuito e força maior pela má gerência, mesmo com caso fortuito (art. 667, § 1º). Todavia, como estamos no campo essencialmente de direito dispositivo das partes, podem os contratantes convencionar que se exima o faltoso de fazer a reparação. Trata-se da aplicação da *cláusula de não indenizar*. Da mesma forma que a cláusula penal predetermina a indenização, a cláusula de não indenizar limita o montante de eventual indenização ou simplesmente exclui o dever de indenizar. Há renúncia prévia, convencionada, ao direito de pedir reparação. Importa sabermos se tal ajuste é legítimo. Várias são as situações na prática que podem ser lembradas: o parque de diversões, no ingresso, diz que a utilização dos aparelhos é de conta e risco do usuário e que não responde a administração por danos pessoais ou materiais; o estacionamento de veículos no bilhete de depósito diz que não se responsabiliza por furtos ocorridos no interior dos veículos ou limita os danos por eventuais abalroamentos. Nesses casos, os contratantes querem se eximir dos riscos. Os encargos passam, nessa convenção, a ser suportados pelo próprio lesado. Note que ordinariamente a cláusula de não indenizar não prepondera no âmbito dos direitos do consumidor.

A princípio, contudo, nos contratos paritários nada impede a convenção de não indenizar. Se, ao contrário, já se permite a prefixação dos danos com a cláusula penal, o oposto pode ser feito, isto é, a nulificação dos danos. No entanto, a possibilidade de ser a cláusula aposta indistintamente deve ser vista com a devida reserva. Para o direito moderno, a isenção de responsabilidade, como regra geral, nunca é vista de maneira positiva.

Preambularmente, é oportuno lembrar que não se confunde a cláusula de não indenizar, na qual é excluída totalmente a indenização, de qualquer modo, com as cláusulas de *limitação de responsabilidade*. Assim como se pode agravar a situação de um contratante, com a imposição de multa, pode ser minorada sua responsabilidade, respondendo limitadamente pelos danos, isto é, a indenização é paga, nessa hipótese, somente até certo montante.

Nem sempre a cláusula de total irresponsabilidade é bem-vista e aceita na doutrina e na jurisprudência. O Código português proíbe a renúncia antecipada à indenização no art. 809. Só depois de adquirido o direito à indenização é que pode ser renunciado (cf. TELLES, 1982, p. 338). O mesmo não se afirma a respeito da limitação da responsabilidade. Tal limitação é útil em muitos pactos, quando uma das partes não pretende assumir um risco exagerado em uma situação sujeita a situações perigosas ou arriscadas.

A repulsa maior encontrável nessas cláusulas, tanto nas de limitação como nas de exclusão, surge nos contratos de adesão. Diga-se, também, que a limitação de responsabilidade deve ser vista com muita cautela no âmbito das contratações do consumidor. Nos contratos paritários, nos quais ambos os contratantes têm a possibilidade de discutir e redigir suas cláusulas, a questão fica em sede de direito disponível das partes, sempre que não esbarrar em normas de ordem pública.

Aflora ao intérprete a noção de que quem se sabe não responsável, *a priori*, inevitavelmente afrouxa seus sentimentos de cautela e vigilância. Só por aí já se vê o inconveniente da cláusula. Mesmo nas situações de responsabilidade limitada, se a limitação restringir-se a uma indenização mínima, ridícula em relação aos danos, a situação será idêntica.

Quem entrega seu automóvel a um estacionamento pago está almejando sossego e segurança. Realiza na verdade um negócio jurídico, um contrato de garagem. O contrato de adesão, nessa situação, tendo em vista as situações de estacionamento nas grandes cidades, é equivalente a um verdadeiro contrato coativo. Qualquer cláusula de não indenizar, ainda que simplesmente limitativa, temos para nós, contraria a índole do contrato e deve ser tida como não escrita, nula ou ineficaz. Ao tratarmos dos contratos de adesão, em outra obra, voltamos ao tema. Contudo, se o estacionamento é gratuito, a situação inverter-se-á, ao menos em tese, uma vez que o depositante do veículo assume o risco e a cláusula é válida. Não levemos aqui em conta, no entanto, as situações dos estabelecimentos comerciais que oferecem estacionamentos com ou sem manobrista a sua porta. Tal estacionamento não é gratuito e o estacionamento é um *acessório* do contrato principal que o cliente entabula com o estabelecimento. O estacionamento oferecido pela empresa integra o estabelecimento comercial e seus serviços. Nesses casos, a cláusula limitativa ou excludente de adesão não tem valor, sendo ineficaz. Quem recebe o veículo é responsável pela devolução da coisa intacta, nessas hipóteses.

Em nosso direito, não podemos negar que a cláusula de não indenizar é permitida pela dicção do art. 393. Todavia, todas as várias nuanças devem ser examinadas. A cláusula, como superficialmente já vimos, deve ser vista à luz dos princípios de direito contratual.

Pelo que aqui dizemos, aliás um aspecto esquecido em nossa doutrina, são válidas as palavras de Caio Mário da Silva Pereira (1972, v. 2, p. 55):

"adjeta a um contrato desta espécie (de adesão), a cláusula não pode ser admitida quando violadora da vontade do aceitante, ou revestindo a forma de uma imposição a ele dirigida. Seria, aliás, injurídico que aqueles que não têm a liberdade de deixar de contratar, por serem constrangidos pelas circunstâncias à aceitação do serviço, fossem tratados como aceitantes de uma convenção contrária aos seus interesses, determinada por uma imposição, a tartufamente interpretada como de **livre aceitação**, sob fundamento de que o serviço foi **livremente aceito**".

De qualquer forma, ainda que livremente convencionada, não opera essa cláusula em caso de dolo do agente. Não é porque o contratante sabe que está isento de indenizar que intencionalmente possa ocasionar o dano ou conduzir-se com negligência. Como, nessa inconveniente cláusula, naturalmente o agente relaxa no cumprimento da obrigação, se sua culpa for de elevado nível (culpa grave), sua conduta se equipara ao dolo. O caso concreto vai elucidar o juiz.

Normalmente, a cláusula de não indenizar vem integrada a um contrato, surgindo, então, como estipulação acessória. Nada impede, no entanto, que seja aposta isolada e autonomamente, ou até mesmo como declaração unilateral, aí já dentro da responsabilidade extracontratual (cf. DIAS, 1980, p. 40).

Nunca se esqueça que o CDC (Lei nº 8.078/1990) considera nula a cláusula que estabeleça obrigação iníqua, abusiva, que coloque o consumidor em desvantagem exagerada, ou seja, incompatível com a boa-fé ou equidade (art. 51, IV). A cláusula de não indenizar tipifica-se dessa forma nas relações de consumo, sem a menor sombra de dúvida, e não pode ser aceita nas mesmas em favor do fornecedor de produtos ou serviços.

Enunciado nº 443, V Jornada de Direito Civil – CJF/STJ: O caso fortuito e a força maior somente serão considerados como excludentes da responsabilidade civil quando o fato gerador do dano não for conexo à atividade desenvolvida.

Responsabilidade civil – Sentença de procedência – Recurso da ré – Transporte aéreo internacional – Cancelamento de voo – Pandemia da Covid-19 – Relação de consumo – Fortuito externo – Fechamento das fronteiras e proibição de entrada e saída de imigrantes – Pretensão ao afastamento de danos morais e materiais – Possibilidade – Voo cancelado em pleno início da pandemia – Deflagrado o caso fortuito externo, o que afasta a responsabilidade objetiva da companhia aérea – Exegese dos arts. 393 e 734 do Código Civil – Danos morais e materiais indevidos – Precedentes – Alteração da disciplina da sucumbência – Sentença reformada – recurso provido (*TJSP* – Ap. 1054414-24.2020.8.26.0100, 27-4-2021, Rel. Achile Alesina).

Responsabilidade civil – Transporte aéreo internacional – Cancelamento de voo – Sentença de procedência – Recurso da ré Decolar – legitimidade passiva – Preliminar afastada – incidência do art. 14 da Lei nº 8.078/90 – Precedentes – mérito - Pandemia da Covid-19 - Relação de consumo – Fortuito externo – Autor que estava fora do Brasil quando da declaração do estado de calamidade, momento em que iniciou-se a devastação causada pelo vírus, fechamentos de fronteiras, além de *lockdown*, restando pela impossibilidade de responsabilizar a companhia aérea pelo cancelamento do voo para trazê-lo de volta ao país, passando por países, totalmente fechados, em meio a todos esses fatores externos, decorrentes da pandemia pelo Covid-19 – Voo cancelado logo no início da pandemia, com comunicação antecedente ao autor – Caso fortuito externo, o que afasta a responsabilidade objetiva da companhia aérea – Exegese dos arts. 393 e 734 do Código Civil – Danos materiais e morais indevidos – Precedentes - Sentença reformada – Sucumbência revista – Recurso provido (*TJSP* – Ap. 1048455-72.2020.8.26.0100, 24-2-2021, Rel. Achile Alesina).

Transporte aéreo nacional. Cancelamento de voo. Restrições de circulação de pessoas em razão da pandemia da covid-19. Medidas emergenciais. Lei n. 14.034/2020. Excludente de responsabilidade. Motivo de força maior. CC, art. 393. Ausência de nexo causal. Danos materiais e morais indevidos. Recurso provido (*TJPR* – Ap. 0022200-21.2020.8.16.0182, j. 30-4-2021, Rel. Curitiba. Rel. Alvaro Rodrigues Junior).

Apelação – Ação indenizatória – Transporte aéreo nacional – Condições climáticas que acarretaram o fechamento do aeroporto – Mau tempo demonstrado – Cancelamento de voo – **Caso fortuito ou de força maior** – O fenômeno natural impeditivo do voo caracteriza caso fortuito ou de força maior, excludente de responsabilidade do transportador, segundo os arts. 393 e 734 do Código Civil – Companhia aérea reacomodou os seus passageiros para outro voo – Dever indenizatório não configurado – Sentença de improcedência que deve ser mantida – Recurso desprovido (*TJSP* – Ap.1000145-44.2016.8.26.0595, 20-1-2017, Relª Jonize Sacchi de Oliveira).

CAPÍTULO II
Da Mora

Art. 394. Considera-se em mora o devedor que não efetuar o pagamento e o credor que não quiser recebê-lo no tempo, lugar e forma que a lei ou a convenção estabelecer.

1. Mora

A mora é o retardamento ou mal cumprimento *culposo* na realização da obrigação, quando se trata de mora do devedor. Na mora *solvendi*, a culpa é essencial. A mora do credor, *accipiendi*, é simples fato ou ato e independe de culpa. Assim, o simples retardamento no cumprimento da obrigação não tipifica a mora do devedor. Há que existir culpa.

Embora, pela própria compreensão do termo, a maior preocupação com a mora seja o tempo correto para o cumprimento da obrigação, o Código diz que estará também em mora o devedor (e o credor), quando não cumprida a obrigação no *lugar e forma convencionados*. Costuma-se também mencionar este último aspecto como *violação positiva do contrato*, quando o descumprimento não advém do atraso ou omissão no cumprimento da obrigação, mas de deficiências ou vícios na conduta do devedor, quando da prestação. O desempenho inexato da prestação tipifica o inadimplemento parcial.

O inadimplemento apresenta gradações, desde o denominado inadimplemento antecipado do contrato até o descumprimento total da obrigação, que devem ser examinadas no caso concreto e merecem estudos monográficos.

Desse modo, numa obrigação de fazer, por exemplo, se contratum pintor para um retrato, haverá mora de sua parte se não finalizar a obra no prazo, como também se não realizar a pintura a contento ou se a entregar em local não convencionado.

Como já acentuado nos comentários anteriores neste segmento, a mora, consistindo no retardamento culposo do cumprimento da obrigação, levanta a problemática da utilidade desse cumprimento ao credor. Se este já se tornou inútil, o inadimplemento será absoluto. Essa avaliação, contudo, deve sempre ser objetiva. Enquanto persistir a possibilidade de o credor receber a prestação, há mora.

Há particularidades diversas na mora do credor, pois este pode ter motivos para recusar o recebimento. Em torno da recusa injustificada gravita a mora do credor. Nos artigos sobre consignação em pagamento, o assunto já foi versado (arts. 334 a 345).

Quando há simultaneidade nas prestações, a mora pode ser recíproca, tanto do devedor como do credor. Nesse caso, as moras recíprocas se anulam, segundo o princípio romano. As moras também podem ser sucessivas, o que implica a análise do caso concreto. Nesse caso, cada cumpridor moroso de suas obrigações deve arcar com as respectivas consequências.

O art. 396 pontua a necessidade de culpa por parte do devedor, pois "*não havendo fato ou omissão imputável ao devedor, não incorre este em mora*". O art. 399, já por via indireta, refere-se à necessidade de culpa por parte do devedor. O simples retardamento no cumprimento da obrigação, portanto, não implicará reconhecimento de mora. Nosso direito é expresso no requisito culpa. Não há dúvida quanto a isso. Da mesma forma se entende o atraso ou descumprimento justificado da obrigação nas hipóteses de caso fortuito ou força maior.

O devedor moroso responde pelos prejuízos a que a sua mora der causa. O requisito da utilidade ou não da prestação para o credor está no parágrafo único do art. 395: "*se a prestação, devido à mora, se tornar inútil ao credor, este poderá enjeitá-la, e exigir satisfação das perdas e danos*". O enjeitamento do cumprimento da obrigação não pode ser arbitrário. Na mora do credor, em princípio, não há necessidade de culpa.

2. Mora do devedor

Para que ocorra a mora *solvendi*, há necessidade, em primeiro lugar, de que a obrigação já seja exigível. Não há mora em dívida não vencida, salvo raríssimas exceções.

Quando a obrigação é líquida e certa, com termo determinado para o cumprimento, o simples advento do *dies ad quem*, do termo final, constitui o devedor em mora. É a mora *ex re*, que decorre da própria coisa, estampada no *caput* do art. 397. Nas obrigações por prazo indeterminado, há necessidade de constituição em mora, por meio de *interpelação, notificação ou protesto*. O parágrafo único do art. 397 dispõe de forma mais moderna sobre a denominada mora *ex persona*.

Na aplicação da mora *ex re*, tem aplicação a regra *dies interpellat pro homine*. O simples advento do dia do cumprimento da obrigação já interpela o devedor. Não havendo prazo determinado, haverá necessidade de interpelação para a constituição em mora.

A lei, ou a convenção, poderá exigir a interpelação, mesmo no caso de prazo certo. É o que faz o Decreto-lei nº 58/1937, que criou eficácia real para os compromissos de compra e venda de imóveis loteados. Nesse estatuto, é necessária a constituição em mora, na forma do art. 14, para que possa ser rescindido o contrato por mora do devedor.

A exigibilidade da obrigação é requisito objetivo na mora do devedor.

Nas obrigações negativas, a mora ou inadimplemento ocorre para o devedor desde o dia em que praticou o ato de que prometera se abster (art. 390). Cuida-se de constituição em mora de pleno direito, também.

Embora as obrigações ilíquidas não sejam exigíveis, enquanto não transformadas em valor certo, o art. 1.536, § 2º, do Código de 1916, dizia que os juros moratórios são contados desde a citação inicial. E o art. 398 diz que "*nas obrigações provenientes de ato ilícito, considera-se o devedor em mora, desde que o praticou*". O vigente Código, para aplacar dúvidas quanto à extensão do dispositivo, substituiu a palavra *delito*, do diploma anterior, por ato ilícito, pois poder-se-ia entender aí apenas o crime da esfera penal.

Se, por um lado, a exigibilidade da obrigação é requisito objetivo para a mora do devedor, a culpa, como já vimos, é requisito subjetivo. Assim, não responde o devedor pelo ônus da mora se não concorreu para ela. Se, no dia do vencimento da obrigação, por exemplo, houve greve bancária, não pode a instituição financeira cobrar juros e cláusula penal, pelo não cumprimento da obrigação no vencimento.

Escusa-se o devedor da mora, se provar caso fortuito ou força maior. A culpa é essencial para a caracterização da mora, ainda que esta deflua diretamente de fatos objetivos do contrato.

Em terceiro lugar, para que os ônus da mora sejam exigíveis, há de existir a constituição em mora. Na mora *ex re*, a situação é automática, com o decurso do prazo. Na mora *ex persona*, o credor deve tomar a iniciativa de constituir o devedor em mora. Um dos efeitos da citação, no processo, é justamente constituir em mora o devedor (art. 240 do CPC). Nem sempre, no entanto, haverá possibilidade de ingressar-se imediatamente com a ação judicial, para ultimar a constituição em mora do devedor, pela situação. Por vezes, a lei exige uma notificação prévia, como condição de procedibilidade. É o caso do art. 6º da Lei do Inquilinato (Lei nº 8.245/1991).

Apelação – Ação de consignação em pagamento de despesas condominiais – Sentença que julga procedente em parte o pedido – Emissão dos boletos, no curso do processo, que permitiam à autora efetuar o pagamento das cotas condominiais, tal como antes fazia – Irrelevância – Direito deduzido em Juízo que se tornou litigioso, havendo regra legal que faculta ao consignante o depósito das prestações vencidas no curso do processo. Proposta a ação e citado o réu, **torna-se litigioso o direito deduzido em Juízo e constitui-se em mora o credor** (no caso dos autos, conforme art. 394 do CC), nos termos das regras expostas nos artigos 219, *caput*, e 263, parte final, do Código de Processo Civil. O devedor tem não só a obrigação de pagar, mas também o direito de fazê-lo, sendo a consignação o meio processual de liberar-se dessa obrigação com a satisfação de seu direito, nas hipóteses contempladas pelo ordenamento jurídico. Segundo prescreve a norma disposta no artigo 892 do Código de Processo Civil, consignada a primeira prestação periódica, a consignação das subsequentes é faculdade do consignante, tendo em conta também, consoante aludido acima, a litigiosidade do direito discutido no processo. Apelação provida (TJSP – Ap. 0012018-96.2013.8.26.0002, 2-9-2015, Rel. Lino Machado).

Civil – Processual civil – *Leasing* – **Mora ex re** – Rescisão unilateral do contrato – Culpa do arrendatário – Ação reintegratória de posse – Prévia notificação da mora – Inexigibilidade – Prestações vincendas – Vencimento antecipado – 1- A impontualidade no pagamento de prestação devida em contrato de *leasing* provoca automática mora *ex re* do devedor, importando no vencimento antecipado do saldo devedor do contrato, independentemente de notificação prévia da mora, bem como na ruptura do vínculo locativo, como circunstância a caracterizar esbulho possessório do devedor-arrendatário; 2- O vencimento antecipado do contrato de *leasing* obriga o arrendatário ao pagamento dos aluguéis vencidos e vincendos, como previsto em lei e ajustado na convenção, acrescidos dos demais encargos contratuais, inclusive da mora; 3- O pagamento da prestação em efetiva mora, ocorrido depois da propositura pelo credor de ação de reintegração na posse direta do bem arrendado e consolidação em sua propriedade, antes porém do advento da citação, se insuficiente à quitação integral do saldo devedor, desautoriza a revogação da medida possessória já liminarmente deferida, assim também o julgamento pela improcedência da ação interdital e inversa procedência da ação reconvencional, oferecida em simultaneidade com a contestação do devedor; 4- Precedentes do Egrégio STJ e do TJAP; 5- Recurso conhecido à unanimidade, a que, no mérito, pelo mesmo *quorum*, dado provimento (TJAP – Ap. 0023189-68.2008.8.03.0001, 16-2-2011, Rel. Constantino Brahuna).

Art. 395. Responde o devedor pelos prejuízos a que sua mora der causa, mais juros, atualização dos valores monetários segundo índices oficiais regularmente estabelecidos, e honorários de advogado.
Parágrafo único. Se a prestação, devido à mora, se tornar inútil ao credor, este poderá enjeitá-la, e exigir a satisfação das perdas e danos.

O devedor moroso responde pelos prejuízos que a mora der causa. Ele pagará, portanto, uma indenização. Esta não substitui o correto cumprimento da obrigação. Toda indenização serve para minorar os entraves criados ao credor pelos descumprimentos; no caso, cumprimento defeituoso da obrigação. Se houve tão só mora e não inadimplemento absoluto, as perdas e danos indenizáveis devem levar em conta o fato. No pagamento de dívida em dinheiro, por exemplo, os juros e a correção monetária reequilibram o patrimônio do credor. Situações poderão ocorrer, contudo, em que um *plus* poderá ser devido. Cada caso merece a devida análise. Nunca, contudo, a mora do devedor deve servir de veículo de enriquecimento indevido por parte do credor.

Nos artigos anteriores, já nos reportamos ao aspecto da utilidade da prestação para o credor e a avaliação concreta que esse aspecto deve ter. O critério da utilidade ou inutilidade da prestação nem sempre será simples de ser deslindado. Vários critérios de ordem lógica e sociológica podem ser trazidos à baila.

Os juros são computados a partir da mora. Para tal é importante estabelecer quando a mora ocorreu, se a obrigação era líquida ou ilíquida, se havia necessidade de notificação etc. A resposta a essas indagações é dada pelos arts. 390 (obrigações negativas), 397 (obrigações positivas e líquidas) e 398 (obrigações decorrentes de atos ilícitos).

A correção monetária não é um acréscimo, mas simples reavaliação nominal da obrigação. Deve ser computada em princípio desde quando deveria ter sido cumprida a obrigação e, na hipótese de ato ilícito, desde o efetivo prejuízo. Há que se atentar à legislação específica sobre correção monetária, mormente no tocante aos prazos mínimos que possibilitam sua inserção.

Art. 396

📖 Enunciado nº 162, III Jornada de Direito Civil – CJF/STJ: A inutilidade da prestação que autoriza a recusa da prestação por parte do credor deverá ser aferida objetivamente, consoante o princípio da boa-fé e a manutenção do sinalagma, e não de acordo com o mero interesse subjetivo do credor.

📖 Enunciado nº 354, IV Jornada de Direito Civil – CJF/STJ: A cobrança de encargos e parcelas indevidas ou abusivas impede a caracterização da mora do devedor.

⚖ Apelação cível. Promessa de compra e venda de imóvel. Atraso na entrega. Culpa exclusiva da promitente-vendedora. Rescisão do contrato. Devolução integral dos valores pagos. Enunciado de Súmula 286, do STJ. Enunciado de Súmula 543, do STJ. Justiça gratuita. Deferimento. Sentença mantida. 1. Quando a construtora extrapola o prazo previsto no contrato para a entrega do imóvel, mesmo considerando o período de tolerância (180 dias), configura-se a sua mora, devendo, assim, responder pelos prejuízos causados ao adquirente, na forma do art. 395, do CC. 2. Resolvido o contrato por culpa das promitentes vendedoras, as partes devem retornar ao status quo ante, tendo a promitente compradora direito à devolução de todos os valores que pagou em razão do negócio jurídico que se frustrou, inclusive a comissão de corretagem. 3. O mero distrato não é causa impeditiva sobre eventuais ilegalidades contratuais (Enunciado nº 286, do STJ). 4. O colendo STJ, no Enunciado n.º 543, de sua Súmula, estabelece que na hipótese de resolução de contrato de promessa de compra e venda de imóvel submetido ao Código de Defesa do Consumidor deve ocorrer a imediata restituição das parcelas pagas pelo promitente comprador – integralmente, em caso de culpa exclusiva do promitente vendedor/construtor, ou parcialmente, caso tenha sido o comprador quem deu causa ao desfazimento. 5. Se não foram produzidas provas capazes de ilidir a presunção relativa de veracidade da declaração de pobreza, impossibilita-se a revogação do benefício da gratuidade judiciária anteriormente deferida. 6. Apelo não provido (TJDFT – Ap. 07086198920178070007, 7-11-2018, Rel. Arnoldo Camanho).

⚖ Processual civil. Agravo de instrumento. Imóveis. Sala comercial e garagem – Atraso na entrega. Lucros cessantes. Aluguéres. Termo *a quo*. Indenização. Valor do metro quadrado. Coisa julgada. Obrigações *propter rem* debitadas à construtora antes da entrega das chaves. Pagamento pelo adquirente do imóvel. Devolução – 1- O valor definido como parâmetro para o cálculo de indenização de lucros cessantes, metro quadrado, foi uniforme para os dois imóveis e restou coberto pelo manto da coisa julgada, motivo pelo qual não poderá ser alterado em cumprimento de sentença. 2- Como um dos efeitos da mora, responde **o devedor pelos prejuízos a que seu atraso der causa**, devendo o dano ser ressarcido desde a data em que esse for reconhecido. Inteligência do art. 395 do Código Civil. 3- Constando do título exequendo que as obrigações *propter rem* só seriam debitadas ao comprador após a entrega das chaves do imóvel, cabível a restituição de valores ao adquirente, empregados para esse fim. 4- Recurso conhecido e parcialmente provido (TJDFT – AI 20160020010606AGI – (942998), 25-5-2016, Rel. Josaphá Francisco dos Santos).

Art. 396. Não havendo fato ou omissão imputável ao devedor, não incorre este em mora.

Esse texto legal representa o núcleo para a compreensão do inadimplemento. Tanto no inadimplemento absoluto como na mora somente haverá responsabilização do devedor, em princípio, se houver fato ou omissão imputável ao devedor. O texto legal não utiliza o termo *culpa*, porém, a doutrina sempre trata essa matéria no âmbito da culpa. Ocorre, contudo, que em grande parte das obrigações negociais essa culpa é implícita ou subentendida, como ocorre com o devedor que deixa de pagar obrigação líquida no seu vencimento.

Assim, a mora exige um elemento objetivo, o descumprimento a destempo ou defeituoso da prestação, e um elemento objetivo, a culpa, que nem sempre deverá ser prova e que ressaltará do simples inadimplemento. Nesta última situação, a culpa emerge da simples violação de um dever jurídico. Diferentemente do que ocorre em sede de responsabilidade extranegocial subjetiva, quando a culpa deverá ser cabalmente provada. Nas situações de responsabilidade objetiva, prescinde-se do conceito de culpa. Há, portanto, uma diferente compreensão entre culpa negocial e culpa extranegocial. Em linha geral, no entanto, a culpa representa uma conduta faltosa do devedor.

Entende a doutrina mais atual que a culpa aqui examinada também se aplica à mora do credor, principalmente sob o prisma da boa-fé. O credor também deve se portar corretamente para o cabal cumprimento da prestação.

📖 Enunciado nº 354, IV Jornada de Direito Civil – CJF/STJ: A cobrança de encargos e parcelas indevidas ou abusivas impede a caracterização da mora do devedor.

⚖ Alienação fiduciária – Busca e apreensão – Configuração da mora – Pagamento, mediante boleto, favorecendo terceira pessoa, preposta da credora – Purgação verificada – Improcedência – Na forma do art. 396 do Código Civil, "**[não] havendo fato ou omissão imputável ao devedor, não incorre este em mora**". Sucumbência. Reforma. Ausência de interesse recursal (CPC, art. 499). Recurso conhecido em parte e improvido (TJSP – Ap. 0012719-38.2010.8.26.0010, 7-3-2014, Rel. Hamid Bdine).

Art. 397. O inadimplemento da obrigação, positiva e líquida, no seu termo, constitui de pleno direito em mora o devedor. (Vide art. 240 da Lei nº 13.105, de 2015)

Parágrafo único. Não havendo termo, a mora se constitui mediante interpelação judicial ou extrajudicial.

Este artigo traz à lume a problemática da mora *ex re* e da mora *ex persona*.

Na mora *ex re*, tipificada no *caput* desse dispositivo, simples decurso de prazo, o inadimplemento no termo da obrigação já coloca em mora o devedor: *dies interpellat pro homine*, traduz tradicionalmente o brocardo. Essa regra fundamenta-se no fato de o devedor já saber previamente o dia em que tem que cumprir a prestação. Para tal, é necessário que a obrigação seja positiva e líquida, isto é, dependendo de uma ação do devedor e com um valor perfeitamente conhecido. Obrigações positivas são as de *dar* e *fazer*. As obrigações negativas têm por objeto uma abstenção imposta ao agente. Líquida é a obrigação que se apresenta com um débito certo e com o seu valor identificado.

Já apontamos nos comentários deste capítulo que a noção do *caput* do artigo comporta exceções, por força de lei ou decorrente da vontade das partes. Pode estar estabelecido que apesar de líquida e positiva, há necessidade de interpelação.

Na mora *ex persona*, caracterizada no parágrafo único, a mora se constitui mediante interpelação, a qual pode ser judicial ou extrajudicial. Essa interpelação convoca o devedor para solver o débito, ainda que o valor seja discutível. A interpelação pode ser suprida pela citação.

O provecto Código Comercial indicava, como regra geral, nas obrigações mercantis, a necessidade de interpelação, mora *ex persona* (art. 138). Com a revogação desse Código nessa parte (art. 2.045), todas as obrigações se regem pelo Código Civil. Não se olvide, porém, que se trata de direito disponível, podendo os contratantes dispor diferentemente.

Enunciado nº 427, V Jornada de Direito Civil – CJF/STJ: É válida a notificação extrajudicial promovida em serviço de registro de títulos e documentos de circunscrição judiciária diversa da do domicílio do devedor.

Enunciado nº 619, VIII Jornada de Direito Civil – CJF/STJ: A interpelação extrajudicial de que trata o parágrafo único do art. 397 do Código Civil admite meios eletrônicos como *e-mail* ou aplicativos de conversa *on-line*, desde que demonstrada a ciência inequívoca do interpelado, salvo disposição em contrário no contrato.

Compromisso compra e venda – Rescisão e reintegração de posse – Dação de imóvel e pagamento do saldo mediante notas promissórias e cheques – Desnecessidade de prévia constituição em mora – Mora configurada a partir do inadimplemento da obrigação, positiva e líquida – **Artigo 397 do Código Civil** – Títulos entregues para pagamento de apenas parte do preço, sem intenção de liberação das partes antes que as obrigações pactuadas fossem integralmente cumpridas – Negócio que não restou perfeito e acabado diante inadimplemento absoluto do comprador – Rescisão decretada por culpa do devedor – Indenização por danos morais – Cabimento – Fixação em R$ 30.000,00 (trinta mil reais) que não comporta redução – Sentença confirmada – Recurso não provido (*TJSP* – Ap. 0017199-03.2012.8.26.0006, 31-3-2016, Rel. Elcio Trujillo).

Art. 398. Nas obrigações provenientes de ato ilícito, considera-se o devedor em mora, desde que o praticou. (Vide art. 240 da Lei nº 13.105, de 2015)

Nessa hipótese, o devedor está em mora desde a prática do ato ilícito porque, como regra, nesse momento há violação de conduta e prejuízo ao patrimônio do ofendido. Cuida-se de modalidade de mora *ex re*. O termo *delito* constante na redação anterior sempre foi entendido como ato ilícito.

Ação de indenização por danos morais – Autor que, no momento do pagamento das compras que havia efetuado, é alertado pela funcionária de caixa de hipermercado de que as notas eram falsas e as substitui imediatamente. Posteriormente, é seguido e ameaçado por segurança, preposto da ré, que o ameaça, ofendendo-o verbalmente e batendo com revólver em seu veículo. Dano moral configurado. *Quantum* indenizatório adequadamente fixado. Alteração do termo de início dos juros moratórios, aplicando-se o art. 398 do Código Civil. Sentença de parcial procedência essencialmente mantida (art. 252, RITJSP). Apelação da ré desprovida e provida, em parte, a do autor (*TJSP* – Ap. 0040680-93.2011.8.26.0114, 11-11-2015, Rel. Cesar Ciampolini).

Apelação – Ação indenizatória – Direito de vizinhança – 1- Desabamento causado por construção mal realizada em imóvel vizinho. Laudo pericial atestou que, embora o desabamento tenha sido ocasionado por caso fortuito de força maior, poderia ter sido evitado caso houvesse escoamento provisório ou outros atos similares. Afirmou, também, que a estrutura de alvenaria não estava rígida com os demais elementos estruturais. 2- Reparação do prejuízo material limitada aos bens comprovadamente danificados. 3- Danos morais configurados. Os transtornos provocados pelo desabamento atingiram o âmbito da vida privada da autora, causando-lhe inaceitáveis prejuízos de ordem psicológica, porque impactaram significativamente na dinâmica que normalmente se espera desenvolver no interior de uma residência, além de considerável sofrimento físico. 4- Responsabilidade civil extracontratual. Danos materiais devem ser corrigidos desde o efetivo prejuízo (Súmula 43, do STJ) e acrescidos de **juros moratórios desde a partir da data do evento danoso**, nos termos do artigo 398, do CC, e da Súmula 54, do STJ, ao passo que os morais são corrigidos desde o arbitramento da indenização (Súmula 362, do

STJ) e acrescidos de juros moratórios a partir da data do evento danoso, nos termos do artigo 398, do CC, e da Súmula 54, do STJ. Recurso parcialmente provido (*TJSP* – Ap. 0011986-79.2009.8.26.0019, 24-1-2017, Relª Kenarik Boujikian).

Art. 399. O devedor em mora responde pela impossibilidade da prestação, embora essa impossibilidade resulte de caso fortuito ou de força maior, se estes ocorrerem durante o atraso; salvo se provar isenção de culpa, ou que o dano sobreviria ainda quando a obrigação fosse oportunamente desempenhada.

No caso de total inadimplemento, quando a obrigação é descumprida, a indenização deve ser ampla, por perdas e danos. As perdas e danos, como regra geral, abrangem o que o credor efetivamente perdeu e o que razoavelmente deixou de lucrar (art. 402). É o princípio da *perpetuatio obligationes* que decorre desse artigo.

Aqui, há um agravamento da situação do devedor. Terá ele o grande ônus de provar, se já estava em atraso, que a situação invencível ocorreria com ou sem mora. Imaginemos o caso de alguém que se comprometeu a entregar cabeças de gado. Não entregue no dia aprazado, posteriormente o gado vem a contrair uma epidemia. O devedor responderá perante o credor, salvo se provar que a epidemia ocorreria de qualquer modo, ainda que a tradição tivesse ocorrido no termo.

Apelação. Busca e apreensão. Código de Defesa do Consumidor. Relação de consumo. Inversão do ônus da prova. Necessidade de convencimento do magistrado. Mora. Arts. 393 e 399, do CC. Ausência de prova do fato constitutivo do direito alegado. Art. 373, inciso I, do CPC. Sentença mantida. 1. A inversão do *ônus probandi* prevista no art. 6º, inciso VIII, do CDC, não decorre automaticamente da existência de relação de consumo, mas sim de convencimento do magistrado acerca da hipossuficiência do consumidor e da verossimilhança de suas alegações. Não juntados aos autos elementos mínimos para conferir a verossimilhança das alegações, inviável a concessão desse benefício processual. 2. A mora é caracterizada pelo cumprimento defeituoso da obrigação e o atraso quanto ao seu adimplemento, tendo como efeito a responsabilidade do devedor pelos prejuízos causados ao credor, nos termos do art. 399, do CC. Haverá a exoneração da responsabilidade do devedor quando este demonstrar que não agiu com culpa e que o fato ocorreria mesmo se a obrigação tivesse sido cumprida. Quanto à aplicação do art. 393, do CC, o caso fortuito e a força maior excluirão a responsabilidade do devedor quando efetivamente constituir evento imprevisível. 3. Impõe-se a improcedência do pedido quando a autora não se desincumbe do ônus de provar o fato constitutivo do seu direito, nos termos do art. 373, inciso I, do CPC. 4. Apelo não provido (*TJDFT* – Ap. 00009951420188070001, 5-9-2018, Rel. Arnoldo Camanho).

Compromisso de venda e compra de bem imóvel – Ação de indenização por danos morais e materiais – 1- Mora contratual – Incontroverso atraso na entrega do imóvel, inadmitida a tolerância pretendida pela vendedora. Enunciado nº 38.2 desta Câmara. Descumprimento bilateral do contrato (art. 476, Código Civil). Não acolhimento. Quitação do saldo remanescente, outrossim, devida somente após a individualização da matrícula imobiliária (art. 44, Lei 4.591/64). Impossibilidade de atribuição da mora ao comprador até o cumprimento da providência. Greve bancária ocorrida após o aperfeiçoamento da mora contratual. Irrelevância, segundo o art. 399 do CC: "**O devedor em mora responde pela impossibilidade da prestação, embora essa impossibilidade resulte de caso fortuito ou de força maior**, se estes ocorrerem durante o atraso". 2- Indenização por danos materiais. Correta restituição simples da taxa de assessoria imobiliária. Enunciado nº 38.4 desta Câmara. Arbitramento multa. Impossibilidade, segundo o Enunciado nº 38.6 desta Câmara. Demais pedidos formulados no apelo do autor (lucros cessantes e reembolso dos aluguéis) que importaram em indevida inovação recursal. Pedidos constantes da inicial que não os contemplam (rol de fls. 16-17). 3- Indenização por danos morais. Afastamento. Atraso, na espécie, de poucos meses. Circunstância que aparta a existência de lesão extrapatrimonial. Mero inadimplemento contratual sem *status* de lesão moral indenizável. Sentença em parte reformada. Apelo do autor parcialmente provido, desprovendo-se o recurso da ré (*TJSP* – Ap. 1005096-88.2014.8.26.0292, 20-7-2015, Rel. Donegá Morandini).

Art. 400. A mora do credor subtrai o devedor isento de dolo à responsabilidade pela conservação da coisa, obriga o credor a ressarcir as despesas empregadas em conservá-la, e sujeita-o a recebê-la pela estimação mais favorável ao devedor, se o seu valor oscilar entre o dia estabelecido para o pagamento e o da sua efetivação.

1. Mora do credor

Já vimos que a mora do credor não está ligada à culpa. O credor que não pode, não consegue ou não quer receber está em mora.

O art. 394 estatui que o credor estará em mora quando não *quiser* receber em tempo, lugar e forma convencionados. O termo, na prática, é entendido de forma mais elástica. Existindo um fato positivo por parte do devedor, ou seja, uma oferta efetiva por parte dele, pode ocorrer que não haja propriamente recusa por parte do credor. Pode ocorrer que, ainda momentaneamente, esteja o credor impossibilitado, por exemplo, de comparecer ao local para o recebimento da prestação.

Como a mora do credor é ato ou fato, tal será irrelevante para o devedor que quer pagar e, portanto, deverá usar dos meios coercitivos para a caracterização da mora do credor. Esse é o grande problema da mora *creditoris*: saber se sempre há necessidade da consignação judicial ou não.

Agostinho Alvim (1972b, p. 74) sustentou que a mora do credor e seus efeitos começam da simples recusa injustificada. A consignação seria útil, mas não necessária. Sua opinião é absolutamente lógica. Ocorre, todavia, que em certas situações fáticas a consignação por parte do devedor é a única forma que ele possui para desvencilhar-se da obrigação. Na prática, portanto, a utilidade da consignação, nos termos do estatuído na lei, torna-se necessária. Só assim poderá o devedor, por exemplo, desonerar-se dos riscos pela guarda da coisa.

Na dívida *quérable*, não sendo nem mesmo necessária a oferta do devedor, pois deve ele aguardar a presença de cobrança do credor, o princípio é do *dies interpellat pro homine*. A mora caracteriza-se pelo fato de o credor deixar de cobrar a dívida junto ao devedor. Mas isso não anula o que dissemos a respeito da utilidade (ou quase necessidade) da consignação. Não vai pretender o devedor, que quer saldar seu débito, esperar indefinidamente até o prazo de prescrição, aguardando iniciativa do credor para opor exceção substancial, imputando, então, de efetivo, a mora ao credor.

É, pois, importantíssimo o efeito liberatório da consignação ou depósito judicial. É oportuno acentuar que o devedor não impõe ao credor a aceitação do pagamento. Ele, devedor, é que *tem o direito de liberar-se da obrigação*. Tanto que a consignação, ou outra modalidade de depósito, é meio idôneo de liberação, quando o credor é desconhecido (art. 335, III).

Só a recusa *justificada* no recebimento isenta o credor de sua mora, independendo de culpa.

A questão de saber se houve efetiva oferta de pagamento por parte do devedor é matéria de prova. Mas a oferta deve ser efetiva. Simples promessa de pagar, sem a intenção ou materialidade de fazê-lo, não é oferta efetiva.

O conteúdo da oferta deve corresponder exatamente ao conteúdo da obrigação. Justa será a recusa do credor se a oferta for incompleta; ocorrer antes de vencida a obrigação (não é o credor obrigado a aceitar), ou ocorrer de forma e lugar diversos do contratado. Por outro lado, não pode o credor recusar-se a receber por querer mais do que foi contratado.

Deve ser entendida como recusa do credor não apenas sua afirmação peremptória, isto é, expressa, como também a forma tácita de recusa: o credor opõe dificuldades e entraves ao pagamento. É o que mais comumente ocorre. A situação é a mesma quando o credor está ausente.

Não pode haver concomitância de moras: a mora de um exclui a mora de outro. Ou seja, existe mora do credor ou mora do devedor. Caberá ao julgador estabelecer de quem é a mora.

Às situações de mora do credor, verificar a consignação em pagamento (art. 334).

2. Efeitos da mora do credor

Esse artigo estabelece três efeitos da mora do credor.

No primeiro caso, constituída a mora do credor, o devedor exonera-se dos ônus pela guarda da coisa. Não, contudo, se tiver agido com dolo. Por exemplo, o devedor deve entregar cabeças de gado; há mora do credor, e a partir daí deixa o devedor de alimentar o gado. Evidente que a lei não poderia acobertar a má intenção do devedor, sua má-fé, seu dolo. Porém, estando o credor em mora, todas as despesas pela conservação da coisa correm às suas expensas. A lei só exclui a responsabilidade do credor no caso de *dolo*, que não se confunde com culpa, nem mesmo a culpa grave.

Conforme o segundo efeito aqui narrado, despesas pela conservação da coisa, trata-se de inferência direta da primeira: quem não tem mais responsabilidade pela guarda da coisa não deve arcar com os custos de ter a coisa consigo ou sob sua responsabilidade. Como o devedor não está em mora, nem por isso deve abandonar a coisa, pois estaria sujeito à pecha de agir dolosamente. Se continua com a coisa, mas sob as expensas do credor, deve continuar a mantê-la, com o zelo necessário para que a *res debita* não se deteriore. É o zelo do homem médio que é requerido. Não pode cobrar do credor despesas efetuadas desnecessariamente na guarda e conservação da coisa. O caso concreto e o bom senso do julgador, como sempre, darão a solução.

A terceira consequência desse artigo é a de sujeitar o credor a receber a coisa em sua mais alta estimação, se o seu valor oscilar entre o tempo do contrato e do pagamento. O que a lei quer dizer é que, na mora do credor, havendo oscilação de valores, o devedor pagará com o valor que lhe for mais favorável. Houve um cochilo do legislador anterior no dispositivo. O artigo de 1916 falava em oscilação entre *o tempo do contrato* e o do pagamento. Tal situação agravava por demais a situação do credor e não fora essa a intenção da lei. O lógico é que a oscilação de valor a ser levada em conta é a do *dia estabelecido para o pagamento e o de sua efetivação*, como já corrige o presente Código, nesse artigo. A interpretação literal desse terceiro dispositivo era extremamente gravosa para o credor e devia ser afastada para uma interpretação teleológica. A redação do atual Código nada mais é do que uma tendência da doutrina e jurisprudência contemporâneas.

Agostinho Alvim (1972b, p. 109), com sua verve exemplar, dizia que essa questão relativa à antiga redação vinha gerando *confusões diabólicas*. Contudo, deixando de lado a expressão legal *mais alta estimação* da lei, como conclui o monografista, todos os juristas estão de acordo que, no caso de pagamento de valor variável, *o credor moroso deverá receber a coisa pelo preço mais favorável à outra parte*.

Assim, o devedor deve entregar 100 cabeças de gado no dia 30, ao valor de 100. O pagamento é feito no dia 15, por mora do credor. Nesse dia, a cotação do gado é 120. Deve o credor pagar a diferença. Paga o gado pela mais alta estimação. Se a oscilação for para menor, isto é, houver uma queda na cotação do gado, o credor moroso pagará o preço avençado, não podendo pagar menos. Daí o sentido pretendido pela lei antiga em falar da mais alta estimação. Todavia, como vimos, não era a melhor redação. Este Código se reporta doravante à estimação mais favorável ao devedor, o que deve ser apurado no caso concreto.

O Código nada fala a respeito dos juros na mora do credor. No entanto, é absolutamente lógico que deve cessar a contagem de juros contra o devedor, quando está em mora o credor. Não há, na verdade, necessidade de disposição expressa em lei.

A obrigação pode não estar ainda cumprida, mas a situação do devedor fica mais atenuada. Torna-se um vínculo menos pesado, tendo em vista as consequências do art. 400. Limita-se, assim, a responsabilidade do devedor.

Recurso especial. Contrato internacional de prestação de serviços para a ampliação de usina termelétrica nacional. Pagamento em liras italianas. Remessa via banco central. Violação do dever de cooperação. Mora da prestadora de serviços italiana reconhecida (**mora creditoris**). I – Contratação, por concessionária de energia elétrica nacional, de sociedade italiana para a prestação de serviços relacionados à ampliação de Usina Termelétrica no Estado de Santa Catarina. II – Remuneração convencionada em liras italianas nos termos do art. 2º do Decreto-lei 857/69, remetida via Banco Central do Brasil. III – Não pagamento, pela concessionária, de notas e faturas de serviço em razão da impossibilidade de remessa dos valores à Itália ante a não regularização da situação da prestadora dos serviços junto ao Banco Central do Brasil. IV – Rejeição das preliminares da recorrida relativas à Súmula 07 e à não demonstração, nas razões do recurso especial, do dissídio jurisprudencial. Ausência de violação ao art. 535, II, do CPC. V – Exigidos documentos relativos aos seus funcionários, pertence à prestadora de serviços italiana, em que pese a omissão contratual, a obrigação acessória, derivada do princípio da boa-fé objetiva, de, em cooperação com a concessionária, regularizar a situação, permitindo a remessa dos valores. Doutrina. VI – Caracterizada a mora da sociedade italiana credora (mora *creditoris*), estava desobrigada a devedora, enquanto não houvesse a regularização, de consignar a quantia e de pagar juros de mora. Doutrina. Precedentes. VII – Considerado implícito o pedido de atualização monetária, não há contrariedade, pelo acórdão recorrido, ao art. 128 do CPC. Precedente. VIII – A parte final do art. 958 do CC/16, que disciplina os efeitos da mora do credor, não autoriza a exclusão da correção monetária, cuja função é evitar a depreciação do valor do crédito. Precedente. IX – Inexistindo previsão contratual ou legal que discipline a forma de atualização monetária do crédito e não sendo possível a utilização da variação cambial da lira italiana, já que o pagamento ocorrerá nesta moeda, razoável o seu cálculo por índices oficiais brasileiros. X – Doutrina e jurisprudência acerca do tema. XI – Recurso especial parcialmente provido (*STJ* – Acórdão Recurso Especial 857.299 – SC, 3-5-2011, Rel. Paulo de Tarso Sanseverino).

> **Art. 401.** Purga-se a mora:
> **I** – por parte do devedor, oferecendo este a prestação mais a importância dos prejuízos decorrentes do dia da oferta;
> **II** – por parte do credor, oferecendo-se este a receber o pagamento e sujeitando-se aos efeitos da mora até a mesma data.

Purgar a mora é o ato pelo qual a parte que nela incorreu suprime-lhe os efeitos. Aplica-se tanto no caso do devedor, como no caso do credor. Diz-se também emendar a mora, ou reparar a mora. Em nosso direito, *purgar* é o termo mais usual; significa no nosso vernáculo limpar, despoluir, depurar, eliminar.

Como já discorremos, não é possível purgar a mora quando se está perante um inadimplemento absoluto e consumado, isto é, o cumprimento da obrigação não é mais possível ou útil para a parte. A questão resolver-se-á em perdas e danos (art. 395, parágrafo único). Apontamos, contudo, que não há discricionariedade do credor em optar pela indenização.

A purgação da mora gera efeitos para o futuro, *ex nunc*. A partir da purgação não fica mais o agente sujeito aos ônus da mora; todavia, continuará a responder pelas cominações pretéritas, tais como juros e correção monetária, até a efetiva purgação. Não se confunde, pois, a purgação da mora com a *cessação*, a qual ocorre para extinguir todos os efeitos da mora, pretéritos e futuros. É o que sucede quando o credor renuncia aos seus efeitos, ou quando existe novação ou remissão da dívida.

A mora é purgada por parte do devedor quando ele oferece a prestação, mais os prejuízos decorrentes até o dia da oferta (inciso I). Como está na lei, não há necessidade do cumprimento, bastando a oferta. Esta, por sua vez, deve conter tudo o que constou na avença, em termos de tempo, lugar e forma convencionados. Deficiências no cumprimento da obrigação em purgação são resolvidas e minoradas com o pagamento dos prejuízos.

É evidente que mora implica quase sempre retardamento no cumprimento da obrigação. Purgam-se, eliminam-se, os efeitos do destempo no cumprimento com o pagamento com o *plus* da lei e do contrato (cláusula penal, se houver).

Questão que em nosso direito sempre levantou celeuma é saber até quando pode ser purgada a mora. Uma das soluções da doutrina é admitir a purgação até o momento da propositura da ação, como sufraga Orlando Gomes (1978, p. 210), por exemplo. Entendem, não sem razão, os que assim defendem que, se o devedor foi negligente a ponto de permitir que contra si fosse ajuizada uma ação, não tem mais o direito de purgar a mora. O emitente Agostinho Alvim (1972b, p. 159) sufraga a possibilidade da purgação até o prazo para a contestação. Isso se não houver cláusula resolutória expressa: nesse caso, o advento do termo já constituiu em mora o devedor. No caso contrário, diz o mestre que a regra geral é a admissibilidade de purgação até a contestação da lide. Sem dúvida, essa interpretação está em consonância com nosso sistema, que se cala a respeito de uma regra geral sobre o problema. No entanto, quando o legislador quer tolher o direito de purgação dentro da ação judicial, o faz expressamente. O Decreto-lei nº 58/37 também estabeleceu um regime especial para a purgação de mora pelo devedor no art. 14: "*a mora só pode ser purgada nos trinta dias de prazo da notificação*". Entende-se que na ação judicial, não tendo ocorrido a purgação instada pela notificação, não é dado ao réu purgar a mora. Desse modo, quando a lei quer impedir a purgação no curso da ação o faz expressamente; não havendo norma proibitiva, é de ser aceita a posição de Agostinho Alvim (1972b, p. 163), que é a mais tolerante e a mais justa:

> "*se o devedor, citado para a ação oferece a prestação agravada dos juros, pena convencional e mais prejuízos, inclusive custas e honorários advocatícios, prosseguir no feito seria ato meramente emulativo, sem qualquer interesse social. Deve-se entender purgada a mora*".

Extingue-se o processo, nesse caso, com julgamento do mérito (art. 487, II, do CPC). Há várias outras situações em leis especiais surgidas posteriormente nas quais a situação é semelhante.

Por outro lado, o credor purga a mora oferecendo-se para receber o pagamento e sujeitando-se aos efeitos da mora até a mesma data (inciso II). Deverá o credor reembolsar o devedor o que sua recusa, sua mora, enfim, ocasionou, como a guarda da coisa, por exemplo. Não há que se falar, no tocante ao credor, em perdas e danos, mas sim em reembolso, porque a lei não tem regra expressa a respeito. Pode também um terceiro, legitimado a receber e dar quitação, purgar a mora do credor.

O credor também pode purgar a mora até a fase de contestação da lide, por paralelismo à mora do devedor. Na ação de consignação em pagamento, há época processual própria para o recebimento pelo credor.

O devedor, renunciando aos efeitos da mora do credor, faz desaparecer a mora deste último.

O terceiro dispositivo do art. 959 do Código de 1916 dizia que se purgaria a mora "*por parte de ambos, renunciando aquele que se julgar por ela prejudicado os direitos que da mesma lhe provierem*". Não existe mora de ambos os contratantes, como a princípio queria dizer o Código. Estando ambos em mora, elas se anulam, já que as partes colocam-se em estado idêntico e uma nada pode imputar à outra. Portanto, o preceito era despiciendo, ao dizer que aquele que se julgar prejudicado pode renunciar aos direitos da mora do outro. O credor pode concordar em receber sem juros e correção monetária; o devedor pode concordar em pagar após a recusa do credor, desonerando-o de ônus. O dispositivo foi suprimido neste Código.

Para finalizar, é oportuno lembrar que as *leis do inquilinato* sempre trouxeram uma forma especial de purgação de mora para o inquilino. O direito à purgação de mora, aí, é um direito do *locatário*. Na legislação anterior, muito se discutiu se os contínuos pedidos de purgação de mora, em contínuas e sucessivas ações de despejo, caracterizavam um abuso de direito se o juiz decidisse obstar a purgação. Defendíamos à época essa tese, dependendo do caso concreto. Contudo, a jurisprudência firmara-se em sentido contrário, permitindo sempre a purgação, com pequenas discrepâncias. Não há dúvida, no entanto, que muitos locatários usavam do direito de purgação como verdadeira emulação em relação ao locador. O direito mal utilizado, desviado, constitui-se em abuso. A atual lei das locações tentou coibir o abuso: "*não se admitirá a emenda da mora se o locatário já houver utilizado essa faculdade, nos 24 (vinte e quatro) meses imediatamente anteriores à propositura da ação*" (art. 62, parágrafo único). A solução é melhor do que a lei anterior, que exigia um débito mínimo de dois meses de aluguel. De qualquer modo, melhor seria que se atribuísse ao julgador a fixação do abuso de direito na purgação da mora locatícia. Contudo, a redação é infinitamente superior às leis revogadas.

Processual – *Leasing* – Pedido de gratuidade formulado após a sentença e denegado – Apelação que veio desacompanhada das guias de recolhimento do preparo e dos portes de retorno, com novo pedido de gratuidade pela ré. Indeferimento e concessão de prazo adicional para o recolhimento, por parte do MM. Juízo *a quo*. Descabimento. Parte que, em razão do primeiro indeferimento, não poderia ter deixado de comprovar desde logo, no ato da interposição do apelo, o recolhimento das verbas pertinentes, nos termos do art. 511, *caput*, do CPC/73. Recolhimento feito normalmente, após o segundo indeferimento, a demonstrar o abuso do requerimento e a plena capacidade da parte de suportar as custas e despesas processuais. Deserção reconhecida, sem embargo da admissão do processamento, em Primeiro Grau. Apelação da ré não conhecida. *Leasing*. Reintegração de posse. Sentença reconhecendo a purga da mora em função do depósito judicial, devidamente autorizado, das parcelas em aberto até aquele momento. Autora que não se insurgiu contra essa autorização. Demanda anterior à vigência da Lei nº 13.043/2014. Entendimento do STJ, de todo modo, no sentido de ser possível anteriormente a tal diploma a **purgação da mora em sede de litígios fundados no inadimplemento** de contrato de arrendamento mercantil, com fundamento no art. 401 do Código Civil. Sentença confirmada. Apelação da autora não provida (*TJSP* – Ap. 0001078-69.2008.8.26.0286, 23-1-2017, Rel. Fabio Tabosa).

CAPÍTULO III
Das Perdas e Danos

Art. 402. Salvo as exceções expressamente previstas em lei, as perdas e danos devidas ao credor abrangem, além do que ele efetivamente perdeu, o que razoavelmente deixou de lucrar.

🔍 Apelação – Ação Indenizatória – Responsabilidade Civil – Apelantes que atuam na fabricação e comércio de material óptico (óculos, armações, lentes de contato, etc.) e afirmam estar sofrendo difamação e perseguição pessoal por parte do apelado, médico oftalmologista. Alegação de que o profissional de medicina estaria denegrindo a imagem da clínica e do optometrista, bem como gerando o desvio de sua clientela. Fatos não demonstrados pelos elementos de prova constantes nos autos. Ônus que incumbia aos apelantes (art. 333, I, CPC/73). Ausência de comprovação da conduta ilícita do apelado, que apenas agiu no intuito de proteger seus pacientes. Dever de indenizar não caracterizado. Dano moral – Inexistência de lesão a direito de personalidade – Situação que reflete, no máximo, mero aborrecimento, insuscetível de reparação extrapatrimonial. Dano Material. **Impossibilidade de indenização de dano eventual ou hipotético.** Inteligência do art. 402 do CC. Sentença de improcedência mantida. Recurso não provido (*TJSP* – Ap. 0014688-46.2012.8.26.0066, 24-1-2017, Relª Rosangela Telles).

🔍 Recurso especial. Responsabilidade civil. Violação ao art. 535 do CPC. Inexistência. **Cálculo dos lucros cessantes.** Despesas operacionais. Deduzidas. Termo final. Alienação do bem. 1. Para o atendimento do requisito do prequestionamento, não se faz necessária a menção literal dos dispositivos tidos por violados no acórdão recorrido, sendo suficiente que a questão federal tenha sido apreciada pelo Tribunal de origem. Ausência de violação do art. 535, do CPC. 2. Lucros cessantes consistem naquilo que o lesado deixou razoavelmente de lucrar como consequência direta do evento danoso (Código Civil, art. 402). No caso de incêndio de estabelecimento comercial (posto de gasolina), são devidos pelo período de tempo necessário para as obras de reconstrução. A circunstância de a empresa ter optado por vender o imóvel onde funcionava o empreendimento, deixando de dedicar-se àquela atividade econômica, não justifica a extensão do período de cálculo dos lucros cessantes até a data da perícia. 3. A apuração dos lucros cessantes deve ser feita com a dedução de todas as despesas operacionais da empresa, inclusive tributos. 4. Recurso especial provido (*STJ* – Acórdão Recurso Especial 1.110.417 – MA, 7-4-2011, Relª Minª Maria Isabel Gallotti).

🔍 Recurso especial. Responsabilidade civil. Ação de indenização. Acidente com helicóptero. **Lucros cessantes.** Incapacidade laboral parcial. 1. Não há falar em violação ao art. 535 do Código de Processo Civil, quando o recorrente aduz violação ao art. 535 do CPC de modo genérico, sem sequer indicar as supostas omissões do Tribunal de origem. Incidência da Súmula 284/STF. 2. No caso dos profissionais autônomos, uma vez comprovado a realização contínua da atividade e a incapacidade absoluta pelo período da convalescença, os lucros cessantes devem ser reconhecidos com base nos valores que a vítima, em média, costumava receber, a serem fixados por arbitramento, em liquidação de sentença. 3. Na hipótese ora em análise, revisar as conclusões das instâncias ordinárias, no sentido de que a redução da capacidade não o impede de exercer suas funções – ainda que não mais exerça as atividades de fotógrafo aéreo, parcela diminuta de seu mister –, implicaria em análise do conjunto fático-probatório, o que é vedado em recurso especial. Incidências da Súmula 7/STJ. 4. Tratando-se, na hipótese, de responsabilidade contratual, os juros moratórios devem ser aplicados a partir da citação. Precedentes. 5. Os juros moratórios incidem à taxa de 0,5%, ao mês, até o dia 10.01.2003, nos termos do art. 1.062 do Código Civil de 1916, e à taxa de 1%, ao mês, a partir de 11.01.2003, nos termos do art. 406 do Código Civil de 2002. 6. Para a configuração do dissídio jurisprudencial, faz-se necessária a indicação das circunstâncias que identifiquem as semelhanças entre o aresto recorrido e o paradigma, nos termos do parágrafo único, do art. 541, do Código de Processo Civil e dos parágrafos do art. 255 do Regimento Interno do STJ. 7. Recurso especial conhecido em parte e, na extensão, parcialmente provido (*STJ* – Acórdão Recurso Especial 971.721 – RJ, 17-3-2011, Rel. Min. Luis Felipe Salomão).

Art. 403. Ainda que a inexecução resulte de dolo do devedor, as perdas e danos só incluem os prejuízos efetivos e os lucros cessantes por efeito dela direto e imediato, sem prejuízo do disposto na lei processual.

1. Indenização

Se houver inadimplemento, parcial ou total, surge o dever de indenizar. Indenizar é reparar o dano, o prejuízo. *Indene* é aquele que não sofreu prejuízo, que está incólume. Indenizar é tornar indene. Tanto na responsabilidade contratual, como na extracontratual, para que surja o direito à indenização, há necessidade de um *prejuízo*, isto é, um dano avaliável, uma perda, uma diminuição no patrimônio. Esse prejuízo, afora alguns casos de responsabilidade objetiva, estudados na responsabilidade aquiliana, deve decorrer de *culpa*. Mormente no direito contratual, não havendo culpa, em rigor, não há dever de indenizar. E, por fim, deve existir um *nexo causal*, o liame que liga o prejuízo à conduta do agente. O descumprimento da obrigação é noção que integra o pressuposto do prejuízo.

Para que ocorra a responsabilidade do devedor, não basta que deixe culposamente de cumprir sua obrigação. Deve existir um prejuízo. Em sede de dano exclusivamente moral, a matéria exige digressão maior que será feita no tomo destinado exclusivamente à responsabilidade civil: no dano moral pode ocorrer um cunho quase exclusivamente punitivo na indenização. O montante do prejuízo será examinado no caso concreto. Pode até ocorrer que o devedor se comporte de forma reprovável, contrária ao estabelecido, mas desse comportamento decorram prejuízos. Galvão Telles (1982, p. 291) dá exemplo bem significativo: alguém se compromete a representar outrem em uma assembleia geral; a assembleia não se instala por falta de *quorum*. Porém, *quorum* não haveria com ou sem a presença do mandatário que efetivamente não compareceu. Não houve prejuízo, embora tenha havido descumprimento do contrato. Por outro lado, como visto, os danos podem ser presumidos pelo simples inadimplemento, como acontece na cláusula penal.

Ambos os artigos, 402 e 403, completam-se na mesma compreensão.

A indenização é representada por valor em dinheiro. Deve consistir numa recomposição de um prejuízo e nunca fator de enriquecimento ou vantagem. A interpretação dos dois artigos mencionados do Código de 1916 deu certa margem a dúvidas, porque o parágrafo único do art. 1.059 do antigo Código não se referia à culpa, mas somente à mora do devedor:

> "O devedor, porém, que não pagou no tempo e forma devidos, só responde pelos lucros, que foram ou podiam ser previstos na data da obrigação."

A conclusão a que chegou a doutrina fora que, em caso de mora, a responsabilidade limitar-se-ia à indenização dos prejuízos e dos lucros cessantes previsíveis, enquanto, no inadimplemento absoluto, pelo texto, estarão abrangidos também os lucros imprevisíveis (cf. Agostinho Alvim, 1972b, p. 222). Não é, porém, o que na prática ocorria quando um magistrado tinha diante de si um processo de indenização. A distinção será feita porque, havendo mora, ainda existe possibilidade de adimplemento e os prejuízos serão os apurados até o cumprimento da obrigação. No inadimplemento absoluto, a indenização terá a amplitude do *caput* do art. 402.

Perdas e danos, em nossa lei, são expressões sinônimas. Constituem a configuração de uma perda em prejuízos. Lucro cessante constitui a indenização de que a lei fala no que a parte *razoavelmente deixou de lucrar*.

O *dano emergente* consiste na efetiva diminuição do patrimônio. Ao credor incumbe a prova do montante que perdeu. Nas obrigações em dinheiro, as perdas e danos consistem nos juros de mora e custas, além da correção monetária cabível, de acordo com o art. 404. Deve também o devedor pagar os ônus processuais da sucumbência (custas e honorários de advogados). A correção monetária também passou a ser devida modernamente, como já estudamos. Trata-se de mera reavaliação pelo que o credor deixou de receber no tempo fixado para o cumprimento. Sem a correção monetária, não haverá indenização, sob pena de se premiar o mau pagador.

O *lucro cessante* consiste naquilo que o credor razoavelmente deixou de lucrar. O critério do razoável é para ser examinado em cada caso concreto mediante a prudência do julgador; não pode a indenização converter-se em enriquecimento do credor. Devemos notar que, no descumprimento da obrigação, em primeiro lugar verificamos se não é possível o cumprimento coativo, por meio do processo judicial. Já falamos a respeito disso quando tratamos das obrigações de fazer. Se for possível e a natureza da obrigação permitir, pode o devedor ser coercitivamente obrigado a entregar a coisa objeto da obrigação. Se não for isso possível, se partirá para a indenização em dinheiro, que nunca equivalerá ao cumprimento, mas é um substitutivo. Nem sempre uma indenização repara totalmente o mal causado pelo descumprimento. No mais das vezes, servirá de simples lenitivo para um credor insatisfeito. Por vezes, mesmo que haja o cumprimento da obrigação *in natura*, mas a destempo ou no local e na forma indevidos, haverá também a indenização pelo mau cumprimento da obrigação.

A liquidação do dano apresenta menores dificuldades do que a apuração do lucro cessante, isto é, o que o credor razoavelmente deixou de ganhar.

As perdas e os danos são avaliados pelo efetivo prejuízo causado pelo descumprimento. Por uma diminuição econômica no patrimônio do credor. O dano é efetivo e não hipotético, o que nem sempre é efetivo ou perceptível em sede de dano moral ou extrapatrimonial. Há novos rumos a serem examinados no campo da indenização, como a responsabilidade por perda de uma chance e a responsabilidade por ricochete, matérias que veremos nos artigos sobre responsabilidade civil.

De outro lado, os lucros cessantes possuem várias sutilezas em sua apuração. Um taxista, por exemplo, que sofre um abalroamento em seu veículo, será indenizado pelo valor dos reparos do veículo. Contudo, a título de lucros cessantes, deve ser indenizado *de forma razoável, pelos dias em que não pôde trabalhar com seu instrumento de trabalho*. A apuração do *quantum* levará em conta a féria razoável, média comum, ordinária, para os dias não trabalhados. Esse é o sentido da dicção da parte final do art. 402. A cautela do julgador deve ser no sentido de nem proporcionar uma vantagem ao credor, atribuindo-lhe algo além do dano, nem minimizar a indenização a ponto de lhe tornar inócua. Os vários meios de prova, tais como perícias e arbitramento, são muito importantes no caso; mas também é importante a utilização da experiência dos fatos corriqueiros da vida social. A intensidade de culpa ou o dolo são, como dissemos, irrelevantes na responsabilidade civil, de acordo com o art. 403. Assim, deve o julgador refrear o sentido de pretender aumentar inconscientemente a indenização quando há dolo ou culpa grave, porque essa não foi a intenção de nosso legislador, enfatizada agora no atual ordenamento. Tal orientação, porém, não estampa o mais atual sentido das indenizações por responsabilidade civil. Por isso, chamamos a atenção para o que estudamos em nosso volume dedicado à responsabilidade civil, quando apontamos um padrão indenizatório atual, mormente para os danos morais. Há novos aspectos a serem considerados, inclusive a indenização como forma de punição.

Não esqueçamos ainda que as partes podem sempre liquidar os danos sem instaurar procedimento para tal. A questão é estritamente de direito civil, direito dispositivo, portanto. Para a indenização, sob o prisma do dano emergente e lucro cessante, deve ser visto sempre o nexo de causalidade. A apuração de indenização é a que decorre exclusivamente do fato jurígeno. Assim, se um veículo é abalroado, mas seu proprietário o deixa ao relento, com um agravamento das condições de reparação, não pode o devedor ser obrigado a pagar por um dano para o qual não concorreu.

2. Culpa do devedor

O art. 403 aponta a irrelevância do dolo estrito para a apuração do valor da indenização. No campo da responsabilização civil, a culpa é vista em sentido amplo, abrangendo o dolo e a culpa, na sua conceituação penal. Desse modo, como regra geral, não agrava a indenização o fato de o agente ter praticado a violação de condutas com dolo: o parâmetro será sempre o prejuízo. Há, porém, situações particulares na lei que são excepcionais.

A culpa na esfera civil é entendida em sentido amplo. O descumprimento se verifica quer quando o agente simplesmente não deseja cumprir a obrigação, com o intuito precípuo de prejudicar o credor, quer quando se porta com negligência, imprudência ou imperícia, que são circunstâncias da culpa em nosso direito penal (art. 18, II, do Código Penal). Ora, no campo das obrigações, o simples fato de o devedor não pagar no dia do vencimento já caracteriza inadimplemento culposo. Essa é a regra geral.

Como num ou noutro caso, o fato pelo descumprimento da obrigação deve ser imputável ao devedor; é a conduta do agente devedor que deve ser examinada. Fixada a culpa do devedor, tal não influi, em princípio, no montante da indenização. Na esfera civil, o pagamento de perdas e danos é reparação patrimonial e não imposição de pena ao ofensor. Há, contudo, novos parâmetros doutrinários que se estabelecem no campo da indenização por dano moral, que implicam em modalidade de punição.

Pela dicção do art. 392, nota-se que a lei reconhece tanto o dolo como a culpa. No entanto, só nesse artigo é que se faz a distinção entre dolo e culpa: nos contratos unilaterais ou benéficos, embora nem sempre ocorra perfeita identidade entre eles. Quando o peso das obrigações de um contrato está de um só lado, como na doação, só por dolo, isto é, pela intenção de prejudicar, é que responderá o doador. O donatário responde pela culpa civil no sentido lato. Nos contratos bilaterais (ou onerosos), a culpa em sentido amplo é que deve ser examinada.

A intensidade da culpa civil, portanto, é irrelevante, como regra geral. Há exceção no sistema em sede de responsabilidade extracontratual, que examinaremos oportunamente e que confirma a regra geral. Não são investigadas, entre nós, as minudências da gradação de culpa. Despiciendo, portanto, tentarmos mais uma definição de culpa ou descermos às considerações de sua gradação. No contrato, a culpa se caracteriza pela transgressão da avença ou de um dever de conduta. Pelo descumprimento ou inadimplemento. Só se desvencilhará o devedor do dever de indenizar se provar que a transgressão ocorreu por fato alheio a suas forças e não simplesmente à sua vontade.

Da chamada culpa extracontratual nos ocuparemos ao tratar da responsabilidade civil. Ali, também traçaremos noções sobre eventuais distinções entre elas.

Fixemo-nos, de plano, que, quando há contrato, em seu descumprimento estaremos com a culpa contratual sob exame.

A gradação de culpa, das fontes romanas, *culpa grave, leve e levíssima*, com influência dos glosadores, não foi adotada por nossa legislação com inteligência. Em algumas passagens do Código, há menção de culpa grave, mas como a culpa civil abrange o dolo, a distinção, como regra geral, é irrelevante. O exame da existência de culpa, ou não, caberá ao juiz no caso concreto. E, fatalmente, o juiz chegará à conclusão de que se somente *o homem diligentíssimo* poderia evitar o dano no caso concreto (o caso da culpa levíssima), não haverá culpa. O padrão a ser examinado pelo julgador é do homem médio no caso em exame. O que poderá ser culpa para um técnico num contrato de equipamento de seu mister, certamente não será culpa para um leigo.

Como já destacamos, não há correlação, para nós, ao menos no sistema geral, entre a intensidade de culpa e a reparação do dano.

Não há importância, inclusive, na distinção entre culpa grave e dolo. A intensidade do dolo ou da culpa não agrava, em síntese, a indenização.

Há, no entanto, uma mudança de óptica de vital importância, proporcionada pelo art. 944 e seu parágrafo único do Código Civil:

"A indenização mede-se pela extensão do dano. Parágrafo único. Se houver excessiva desproporção entre a gravidade da culpa e o dano, poderá o juiz reduzir, equitativamente, a indenização."

Desse modo, pelo vigente ordenamento, embora a extensão do dano continue a ser o limite da indenização, o julgador pode *reduzir* a indenização se assim entender justo no caso concreto, quando há desproporção entre o prejuízo e o grau de culpa ou dolo; não poderá, no entanto, *majorar* essa indenização perante dolo ou culpa intensos. Não nos parece que essa seja uma solução mais adequada. Se o presente Código busca um sentido social ao direito obrigacional, a majoração de indenização, na hipótese de culpa desproporcional, também será de justiça, mormente levando-se em conta que a indenização, principalmente em sede de danos morais, tem também um cunho educativo. Como veremos, a indenização por danos morais possui um marcante caráter punitivo, ao contrário da reparação por danos materiais. Esse tem sido o posicionamento dos tribunais, ainda que não declarado ou imperceptível à primeira vista. Veja o que falamos a respeito quando tratamos de responsabilidade aquiliana. Com a palavra os tribunais.

O que se leva em conta na execução do contrato (e na responsabilidade aquiliana a situação não é diversa) é a medida normal de comportamento, de diligência exigida no cumprimento da obrigação. A *culpa leve* representa, em síntese, a regra geral (cf. LOPES, 1966, v. 2, p. 376).

Às vezes, porém, o Código exige diligência extraordinária, mas o faz expressamente: é o que ocorre, por exemplo, na situação do depositário na guarda e conservação da coisa depositada, quando o art. 629 exige dele "*o cuidado e diligência que costuma com o que lhe pertence*"; ou a situação do credor pignoratício, que também como depositário deve empregar "*a diligência exigida pela natureza da coisa*" (antigo art. 774, I; atual art. 1.435).

Embora a intensidade da culpa não sirva de parâmetro para o montante da indenização, segundo a problemática anteriormente enfocada, o magistrado é levado quase imperceptivelmente a ver com maior rigor a culpa grave ou o dolo, mesmo em se tratando de ação civil. A questão é absolutamente sensível e humana. Daí por que, também, há tendência de se abrandar a indenização quando a culpa é leve, atendendo o que o atual Código busca.

Falamos sempre em culpa do devedor. Já vimos que a culpa não integra a mora do credor. No entanto, o credor que se recusa a receber também deve repor patrimonialmente os prejuízos. Nesse sentido, é inevitável que falemos, ainda que à margem de nossa lei, em *culpa do credor*. Sua *culpa*, em síntese, consiste na omissão das diligências necessárias para receber a prestação. Não havemos de investigar em sua conduta a intenção de prejudicar. Simplesmente, uma atitude passiva ou de negligência. Entram em operação, portanto, os arts. 400 e 401 do Código Civil.

Sob esse último aspecto, há uma situação que não é enfocada diretamente por nosso Direito, mas já enfrentada por nossos tribunais. Sob o comportamento do devedor, no caso concreto, há um dever de mitigar os danos, isto é, diminuir as perdas do credor. Cuida-se do princípio da boa-fé objetiva. Em um incêndio de prédio, por exemplo, não basta ao proprietário chamar o corpo de bombeiros, se concomitantemente pode tentar minimizar os danos, acionando os dispositivos contra fogo ainda disponíveis. Em acidente com veículo com danos, por exemplo, não basta abandonar a coisa, mas deve ser evitado o agravamento do prejuízo, protegendo o veículo e colocando-o a salvo de novos embates. Neste último caso, principalmente se houver seguro, este não poderá abranger os danos agravados. Aqui não se trata de culpa concorrente da vítima, mas de um dever que nasce dos princípios gerais e da boa-fé objetiva.

Como pontua Daniel Dias, em obra sobre o tema "mitigação de danos", citando o autor Niel Jansen, "o desenvolvimento ulterior do dano está na maior parte das vezes somente nas mãos do lesado; o lesante tipicamente não tem nenhuma influência sobre o acontecimento ulterior" (2020: 215). Assim, os danos adicionais, depois de um surgimento ou de um primeiro dano, como nos casos exemplificados, são carreados à culpa da própria vítima ou lesado, que não tomou os cuidados necessários para que danos adicionais não ocorressem. Desse modo, por uma situação de equidade, mitigam-se os danos imputados ao agente, tanto na responsabilidade negocial como na extranegocial. Há como uma interrupção no nexo causal. A situação deve ser vista e examinada no caso concreto, pois nem sempre os fatos se apresentam muito claros.

3. Prova da culpa

Na inexecução do contrato, a única coisa que compete ao credor provar é seu descumprimento. Não está obrigado a provar a culpa do outro contratante. Sua prova é objetiva: tinha que receber e não recebeu no tempo, lugar ou modo devidos. Incumbe ao devedor provar não ter agido com culpa para se eximir da responsabilidade. Assim, incumbe ao credor provar a existência do contrato, seu descumprimento e que esse descumprimento lhe causou dano. Conforme veremos, a cláusula penal é uma prefixação de indenização pelo descumprimento.

Importante também é a distinção já feita entre as obrigações de meio e de resultado. Nas obrigações de meio, a culpa do executor da obrigação residirá na indevida aplicação dos meios empregados, porque ele não se responsabiliza pelos resultados. Nas obrigações de resultado, não atingido o resultado, descumprida estará a obrigação. Todavia, tanto num como noutro caso o ônus da prova para eximir-se de culpa é do devedor (cf. BORDA, s.d., p. 87). O ônus da prova é diverso na responsabilidade extracontratual, quando é a vítima que deve provar a culpa do autor do dano, salvo casos de responsabilidade objetiva e algumas exceções legais.

⚖ Apelação cível. Contrato de compra e venda. Móveis. Inadimplemento. Rescisão contratual. Restituição imediata dos bens. Não ocorrência. Terceiro de boa-fé. Lucros cessantes. Não configurados. Ausência de comprovação do prejuízo. Honorários de sucumbência. Redistribuição. Descabimento. 1. Indevida a restituição imediata de bens móveis, mesmo após a rescisão contratual, se sujeita a penalizar terceiro de boa-fé que não integrou o negócio jurídico, tampouco teve qualquer participação no ilícito perpetrado. 2. Além dos danos emergentes (efetiva diminuição patrimonial), o prejuízo material compreende os lucros cessantes (frustração da expectativa de um lucro esperado). Ausente prova da efetiva perda de obtenção de ganhos decorrente do ato ilícito noticiado, não há falar em indenização a título de lucros cessantes (artigos 402 e 403 do CC), para fins de ressarcimento. 3. A sucumbência deve levar em conta a quantidade de pedidos deduzidos na ação e o decaimento proporcional das partes em relação a cada pedido. 4. Apelação conhecida e não provida (*TJDFT* – Ap. 07355805120188070001, 3-6-2020, Rel. Fábio Eduardo Marques).

⚖ Apelação – Ação de indenização – Arguição de má prestação de serviços advocatícios – Desídia não demonstrada – Improcedência mantida. A responsabilidade civil contratual do advogado é subjetiva, configurando-se quando evidenciar dolo ou culpa (art. 32 da Lei nº 8.906/94). Com efeito, somente o dolo ou a culpa grave, o erro grosseiro, é capaz de impor ao advogado a obrigação de reparação dos danos decorrentes direta e imediatamente de sua conduta (art. 403, do CC). A despeito da insatisfação com os resultados obtidos na referida ação, deve-se lembrar de que a obrigação do advogado é de meio e não de resultado, o que significa dizer estar satisfeita a obrigação do advogado desde que ele aja com a prudência e diligências necessárias ao desempenho de seu mister. Apelação desprovida, com observação (*TJSP* – Ap. 1022392-25.2017.8.26.0032, 27-4-2020, Rel. Lino Machado).

⚖ Apelações cíveis – Ação de resolução contratual c/c devolução de quantia paga e perdas e danos – Compromisso de compra e venda – Atraso na entrega da obra – Inobservância do prazo do contrato mesmo após o prazo de 180 dias sentença de parcial procedência – Legitimidade da ré pela comissão de corretagem – Natureza indenizatória diante da culpa pelo atraso – Restituição integral dos valores pagos pelo autor – Lucros cessantes cabíveis – Fixação na forma de alugueres – Danos emergentes incabíveis – Valorização imobiliária que representa mera expectativa os alegados danos são hipotéticos – Inteligência do artigo 403 do Código Civil – Dano moral – Não cabível – Condenação em lucros cessantes durante período do atraso que se revela suficiente para cumprimento da restituição – Sucumbência recíproca – Percentual fixado a título de ônus sucumbenciais corretamente postos – Honorários advocatícios – Redução – Sentença reformada em parte – Recursos parcialmente providos. "**Ainda que a inexecução resulte de dolo do devedor, as perdas e danos só incluem os prejuízos efetivos e os lucros cessantes por efeito dela direto e imediato, sem prejuízo do disposto na lei processual**" (Artigo 403 do Código Civil) (*TJPR* – AC 1566098-3, 13-12-2016, Rel. Des. Prestes Mattar).

Art. 404. As perdas e danos, nas obrigações de pagamento em dinheiro, serão pagas com atualização monetária segundo índices oficiais regularmente estabelecidos, abrangendo juros, custas e honorários de advogado, sem prejuízo da pena convencional.
Parágrafo único. Provado que os juros da mora não cobrem o prejuízo, e não havendo pena convencional, pode o juiz conceder ao credor indenização suplementar.

O pagamento em dinheiro, em princípio, sempre será útil ao credor, ainda que a soma originária deva ser acrescida de consectários.

O Código anterior não tinha como prever a correção monetária, fenômeno desconhecido no início do século passado. Essa atualização monetária foi sendo paulatinamente introduzida na legislação brasileira, como uma forma de defesa contra a desvalorização da moeda e inflação, tantos foram os períodos graves que tivemos na nossa história. O legislador procura cercear a correção de molde a não permitir realimentação da inflação. Cabe, portanto, ao legislador ordinário legislar sobre o tema.

Os juros aqui previstos decorrem do decurso de prazo e serão calculados na forma dos arts. 394, 395, 405, 406 e 407. São juros moratórios vinculados a obrigações de pagamento em dinheiro. Os juros compensatórios têm outra finalidade, que é, como a própria denominação indica, compensar o fato de o credor estar impedido de utilizar seu bem ou capital. Geralmente, os juros compensatórios decorrem de convenção. Os juros moratórios aqui previstos são devidos como pena imposta ao inadimplente.

O presente artigo prevê a possibilidade de um *plus*, isto é, uma indenização suplementar. Se os juros de mora forem insuficientes para cobrir o prejuízo e não havendo pena convencional, o juiz poderá conceder indenização suplementar. Essa indenização suplementar é inovação no sistema e somente pode ser concedida mediante prova. Não há que se admitir como uma panaceia para todas as indenizações. Há que se buscarem exemplos no caso concreto. O princípio do parágrafo atende, sem dúvida, a equidade. A pena convencional, por outro lado, pode ser insignificante, o que, a nosso ver, permitiria a aplicação do parágrafo.

Os honorários de advogado somente serão devidos quando há participação efetiva de advogado, ainda que na esfera extrajudicial. O paradigma para a fixação dos honorários deverá em princípio ter por base o art. 85 do CPC. A menção aos honorários de advogado em um Código Civil é deslocada e imprópria.

Enunciado nº 161, III Jornada de Direito Civil – CJF/STJ: Os honorários advocatícios previstos nos arts. 389 e 404 do Código Civil apenas têm cabimento quando ocorre a efetiva atuação profissional do advogado.

Art. 405. Contam-se os juros de mora desde a citação inicial.

Este Código foi ao menos objetivo a respeito do início de contagem dos juros de mora, afastando incertezas do passado. Os juros computam-se desde a citação ou interpelação naquelas situações que dependem da constituição em mora. Nas hipóteses de mora *ex re*, o texto não se aplica, nem naquelas provenientes de ato ilícito (art. 398). A questão, porém, ainda fica em aberto, pois nem sempre haverá citação, nem sempre haverá processo judicial, o que trará certamente dúvidas.

Enunciado nº 163, III Jornada de Direito Civil – CJF/STJ: A regra do art. 405 do novo Código Civil aplica-se somente à responsabilidade contratual, e não aos juros moratórios na responsabilidade extracontratual, em face do disposto no art. 398 do novo Código Civil, não afastando, pois, o disposto na Súmula 54 do STJ.

Enunciado nº 428, V Jornada de Direito Civil – CJF/STJ: Os juros de mora, nas obrigações negociais, fluem a partir do advento do termo da prestação, estando a incidência do disposto no art. 405 da codificação limitada às hipóteses em que a citação representa o papel de notificação do devedor ou àquelas em que o objeto da prestação não tem liquidez.

Apelação cível. Contratos de cartão de crédito. Ação ordinária. Inscrição indevida nos órgãos de restrição ao crédito. Reparação de danos. Dano moral. Quantificação. O *quantum* indenizatório deve ser fixado de acordo com os princípios da proporcionalidade e da razoabilidade, já que aquele deve guardar proporção com a ofensa praticada, além de ser capaz de reprimir eventuais falhas futuras, sem deixar de levar em consideração o poder econômico da empresa ré. Caso concreto em que cabível a majoração da verba fixada, pois aquém do patamar habitualmente utilizado pela jurisprudência para casos análogos ao presente. Juros de mora. Termo inicial. Tratando-se de responsabilidade contratual, nos termos do artigo 405 do CC, cumulado com o artigo 240, do CPC, devem incidir juros a contar da citação. Honorários sucumbenciais. Quantificação. A verba honorária deve ser fixada a fim de remunerar de forma digna os procuradores, em virtude do exercício de função essencial à Justiça (CF, art. 133). Sua quantificação deve se dar por apreciação equitativa para as ações em que for inestimável ou irrisório o proveito econômico ou, ainda, quando o valor da causa for muito baixo (CPC, art. 85, § 8º). Caso concreto em que mantida a fixação dos honorários, pois de acordo com os parâmetros adotados por essa Câmara em casos análogos. Apelação parcialmente provida (*TJRS* – Ap. 70083678516, 30-6-2020, Rel. Afif Jorge Simões Neto).

Contrato bancário – Responsabilidade civil – Saques indevidos na conta corrente do autor – Ausência de provas quanto à regularidade das movimentações, ônus que cabia à instituição financeira ré – Danos morais e materiais configurados – Manutenção do valor das indenizações por danos materiais e morais – A correção monetária da indenização por dano material incide desde a data de cada evento danoso, tendo em vista sua natureza de mera recomposição do valor nominal da moeda – A correção monetária da indenização por dano moral incide desde a data do arbitramento, nos termos da Súmula 362 do Superior Tribunal de Justiça – Os juros de mora incidem a partir da citação, por se tratar de relação contratual – Aplicação do art. 405 do Código Civil – Danos morais – Indenização – Redução – Pleito subsidiário de fixação de novo *quantum* – Descabimento – Adequação da condenação à extensão do dano – Manutenção da verba honorária fixada em primeiro grau – Razoabilidade – Sentença mantida – Recurso não provido (*TJSP* – Ap. 1035582-53.2014.8.26.0002, 23-1-2017, Rel. Renato Rangel Desinano).

CAPÍTULO IV
Dos Juros Legais

Art. 406. Quando os juros moratórios não forem convencionados, ou o forem sem taxa estipulada, ou quando provierem de determinação da lei, serão fixados segundo a taxa que estiver em vigor para a mora do pagamento de impostos devidos à Fazenda Nacional.

O conceito de juros não é fornecido pela lei. Juros consistem na remuneração que o credor pode exigir do devedor por se privar de uma quantia em dinheiro. Os juros são precipuamente em dinheiro e em retribuição de uma quantia em dinheiro, embora nada impeça juros em espécie nas obrigações fungíveis que tenham objeto outros bens que não dinheiro.

Sob esse prisma, no dizer de Jorge Leite Areias Ribeiro de Faria,

> "juro é uma quantidade de coisas fungíveis, que pode exigir-se como rendimento de uma obrigação de capital, em proporção da importância ou valor do capital e do tempo durante o qual se cede a sua utilização a alguém" (2001, v. 2, p. 240).

Os juros devem remunerar o capital paulatinamente, dependendo do prazo da obrigação. Representam os chamados frutos civis do capital e são, portanto, acessórios. Traduzem, portanto, obrigação acessória de dívida principal. A relação de dependência dos juros surge quando do nascimento da dívida. Isso porque, após o surgimento da dívida, os juros podem se tornar autônomos, mas sua origem será sempre acessória, como sua natureza. É possível, excepcionalmente, a obrigação de juros destacar-se da principal. Como regra, no entanto, os juros presumem-se pagos quando da quitação do capital (art. 323).

Os juros podem ser convencionais ou legais. Os primeiros são pactuados e os segundos provêm da lei. O presente artigo trata destes últimos. A questão da porcentagem dos juros é mais moral e ética do que jurídica ou econômica. Os juros excessivos podem entravar o desenvolvimento econômico; os juros por demais baixos desestimulam a atividade financeira e podem alimentar a inflação.

Inicialmente os juros eram livres. Já em 1933, percebendo o governo os sérios problemas dessa flexibilidade econômica, objetivou limitar os juros a 12% ao ano, pelo Decreto nº 22.626/33, a chamada lei de usura. O art. 1.062 do antigo diploma fixara os juros de mora em 6% ao ano, quer os moratórios, quer os compensatórios, sendo os primeiros devidos independentemente da prova de prejuízo do credor. Os juros convencionados podiam ir até 12%.

O presente artigo trouxe e traz celeuma quanto à taxa dos juros, ao mandar que se aplique "*a taxa que estiver em vigor para a mora do pagamento de impostos devidos à Fazenda Nacional*". Assim, a taxa não é mais fixa. A Fazenda vem praticando a taxa SELIC – Sistema Especial de Liquidação e de Custódia, conforme o art. 39, § 4º, da Lei nº 9.250/95, alterado pelo Art. 73 da Lei nº 9.532/1997, com a seguinte redação: "O termo inicial para cálculo dos juros de que trata o § 4º do art. 39 da Lei nº 9.250, de 1995, é o mês subsequente ao do pagamento indevido ou a maior que o devido." A sua aplicação vem sofrendo críticas e não está ainda completamente estabilizada. Deve-se aguardar uma posição mais firme da jurisprudência ou do legislador. A taxa Selic não se apresenta como um critério confortável para a sociedade e traz incertezas, tendo em vista a sua composição econômica variável. Há, por isso, os que sustentam a aplicação deste art. 406 com o art. 161, § 1º, do Código Tributário Nacional, de molde a fixar os juros legais em 12% ao ano. Nesse caso, voltamos então ao sistema anterior. O ideal seria que o legislador aclarasse definitivamente essa situação incômoda.

O presente artigo deve ser visto em conjunto com o art. 591, que ao tratar do mútuo dispõe: "*Destinando-se o mútuo a fins econômicos, presumem-se devidos juros, os quais, sob pena de redução, não poderão exceder a taxa a que se refere o art. 406, permitida a capitalização anual*". Assim, de qualquer forma, em nosso ordenamento há limitação dos juros: a questão será sempre a flutuação da taxa ora apontada, que pode variar aos sabores da economia.

O Código não se referiu aos juros legais compensatórios, aqueles derivados da lei e que não têm origem na mora. A melhor ou talvez única solução permitida pelo ordenamento é empregar a mesma taxa dos juros moratórios, por analogia.

A solução aventada pelo presente Código ao erigir taxa flutuante de juros parece ser a melhor, embora os seus limites devam ser mais bem estabelecidos e fixados pelo ordenamento.

Lembre-se que o art. 552, ao tratar da doação, menciona que o doador não está obrigado a pagar juros moratórios. Cuida-se de um contrato gratuito no qual a ideia é não onerar o doador.

📖 Enunciado nº 20, I Jornada de Direito Civil – CJF/STJ: A taxa de juros moratórios a que se refere o art. 406 é a do art. 161, § 1º, do Código Tributário Nacional, ou seja, um por cento ao mês.

📖 Enunciado nº 164, III Jornada de Direito Civil – CJF/STJ: Tendo início a mora do devedor ainda na vigência do Código Civil de 1916, são devidos juros de mora de 6% ao ano, até 10 de janeiro de 2003; a partir de 11 de janeiro de 2003 (data de entrada em vigor do novo Código Civil), passa a incidir o art. 406 do Código Civil de 2002.

⚖ Civil – Processo civil – Ação de cobrança – Fazenda Pública do Distrito Federal – Correção monetária – Utilização da taxa Selic – Não aplicabilidade – Honorários advocatícios – Valor da condenação – Reconhecimento do pedido – Não cumprimento da prestação – Redução do valor – Inviável – A partir da vigência do Novo Código Civil, em 11/01/2003, impõe-se a observância do disposto no art. 406, que determina: "**quando os juros moratórios não forem convencionados, ou o forem sem taxa estipulada, ou quando provierem de determinação da lei, serão fixados segundo a taxa que estiver em vigor para a mora do pagamento de impostos devidos à Fazenda Nacional**", que atualmente é o INPC. Para a redução dos honorários de sucumbência pelo reconhecimento do pedido, imprescindível que haja o cumprimento integral da obrigação reconhecida. 4- Os honorários serão fixados entre o mínimo de dez por cento (10%) e o máximo de vinte por cento (20%) sobre o valor da condenação, nos moldes do artigo 20, § 3º, do CPC. 5- Recurso conhecido e desprovido (*TJDFT* – Proc. 20150111090387APC – (975175), 25-10-2016, Rel. Sandoval Oliveira).

Art. 407. Ainda que se não alegue prejuízo, é obrigado o devedor aos juros da mora que se contarão assim às dívidas em dinheiro, como às prestações de outra natureza, uma vez que lhes esteja fixado o valor pecuniário por sentença judicial, arbitramento, ou acordo entre as partes.

Os juros decorrem da mora e independem da alegação de prejuízo. Não se ligam à noção de dano. A mora implica em juros e o prejuízo fica subentendido. Os juros são computados a todas as dívidas que tenham um valor pecuniário, valor esse originário ou obtido posteriormente. Se a dívida é em dinheiro, os juros se contam desde o dia em que o devedor é constituído em mora (*mora ex persona*), salvo quando a mora é *ex re*, isto é, decorre da própria natureza da obrigação. Se a dívida não for em dinheiro, os juros começam a fluir desde quando a obrigação materializa-se em uma quantia em dinheiro, por sentença, arbitramento ou acordo. Veja que o art. 405 indica a citação inicial para a fluência dos juros, como regra geral, o que não impede que exista razão jurídica para que os juros tenham termo inicial anterior.

⚖ Prestação de serviços – Ação de rescisão contratual c/c restituição de valores pagos, e indenização por danos morais – Retenção de multa – Possibilidade – Evento cancelado poucos dias antes da data marcada – Inexistência de danos morais – Sentença de parcial procedência mantida. O autor cancelou o evento poucos dias antes da data agendada, sendo devida a multa por rescisão contratual. Apesar da doença e internação de sua noiva que impossibilitou a realização da cerimônia, a rescisão se deu por iniciativa sua, por razões particulares, sendo possível a restituição nos termos do contrato, com o desconto da multa prevista. Juros moratórios – Aplicação – Possibilidade – Art. 407 do Código Civil – 1% ao mês, de acordo com o art. 406 Código Civil c/c art. 161, § 1º do Código Tributário Nacional – Recurso provido nesta parte. Os juros moratórios são devidos (art. 407 do CC), e devem ser calculados à ordem de 1% ao mês, de acordo com o art. 406 do CC, combinado com o art. 161, § 1º do Código Tributário Nacional (*TJSP* – Ap. 1002255-37.2019.8.26.0554, 2-4-2020, Rel. Paulo Ayrosa).

⚖ Processual civil – Embargos à execução – Juros de mora – Inclusão na fase de execução – Cabimento – Apelação desprovida – 1- A irresignação do apelante não se sustenta, pois os juros de mora decorrem de imposição legal e se incluem nos cálculos da dívida, por força do art. 407 do Código Civil: "**Ainda que se não alegue prejuízo, é obrigado o devedor aos juros da mora que se contarão assim às dívidas em dinheiro, como às prestações de outra natureza**, uma vez que lhes esteja fixado o valor pecuniário por sentença judicial, arbitramento, ou acordo entre as partes." Na mesma toada o art. 293 do Código de Processo Civil de 1973 esclarece que os juros integram o próprio valor da dívida principal: "Os pedidos são interpretados restritivamente, compreendendo-se, entretanto, no principal os juros legais." 2- O tema foi objeto da Súmula 254 do Supremo Tribunal Federal: "Incluem-se os juros moratórios na liquidação, ainda que omisso o pedido inicial ou a condenação." 3- Apelação desprovida (*TRF-1ª R.* – Proc. 00614314020084019199, 27-9-2016, Rel. Juiz Ubirajara Teixeira).

CAPÍTULO V
Da Cláusula Penal

Art. 408. Incorre de pleno direito o devedor na cláusula penal, desde que, culposamente, deixe de cumprir a obrigação ou se constitua em mora.

1. Conceito. Natureza jurídica

Cláusula penal consiste em uma obrigação de natureza acessória. Por meio desse instituto insere-se uma multa, termo também utilizado como sinônimo para essa cláusula, uma penalidade na obrigação, para a parte que deixar de dar cumprimento ou apenas retardá-lo. Aí estão as duas faces da cláusula penal: de um lado, possui a finalidade de indenização prévia de perdas e danos, de outro, a de penalizar, punir o devedor moroso. Trata-se basilarmente, como decorre da própria denominação, de uma modalidade de pena. Assim, as funções destacadas da cláusula penal são estimular o devedor a cumprir a obrigação e prefixar as perdas e danos em razão do inadimplemento parcial ou total. A doutrina discute qual dessas duas funções é preponderante, o que nos parece irrelevante. Não há que se confundir a cláusula penal com as penas processuais, isto é, aquelas aplicadas no curso de processo, as quais, embora também tenham cunho penal, possuem outra natureza.

Apesar de regida no campo do direito obrigacional, nada impede que seja instituída de outros campos do direito, como sua inserção em um testamento, "*a fim de estimular o herdeiro à fiel satisfação do legado*", como ensina Washington de Barros Monteiro (1979, v. 4, p. 416).

Entre nós, no Código Civil de 1916, a matéria vinha regulada em título referente à modalidade das obrigações. Muitos discutiam a colocação, porque a multa diz mais respeito ao inadimplemento da obrigação.

O Código anterior não definiu o instituto. Assim como no Código de 2002, parte-se para a descrição do fenômeno, como assim está no presente artigo. Destarte, submete-se, *a priori*, a uma pena o devedor que descumprir a obrigação culposamente, ou cumpri-la com atraso, tipificado como mora.

Esse instituto é muito utilizado. E assim deve ocorrer, com extrema frequência nos negócios contratuais. Raros serão os contratos que não a têm presente. Em contrato de locação, por exemplo, estipula-se multa, caso o locatário pague o aluguel após um dia do mês fixado. É comum as partes camuflarem a cláusula penal, estipulando-a ao avesso, isto é, no contrato de locação, fixam um *desconto*, caso o devedor pague até determinado dia, rezando a avença que o preço do aluguel é outro, mais elevado. Trata-se de verdadeira multa moratória.

No mesmo exemplo do contrato de locação, geralmente são encontradas as duas formas tradicionais de cláusula penal: *a moratória*, já acenada, e a *compensatória*, quando se estipula uma multa, no caso de infringência de qualquer das cláusulas do contrato, como por exemplo, desvio de uso do imóvel locado ou da coisa em geral, resolução antecipada etc.

Portanto, a cláusula penal é obrigação acessória de um contrato principal. A regra geral é a de que o acessório segue o principal. Dizia o art. 922 do Código Civil de 1916 que "*a nulidade da obrigação importa a da cláusula* penal". A recíproca, evidentemente, não é verdadeira. Nem sempre, porém, essa regra do art. 922 era uma verdade, tanto que o atual diploma preferiu suprimir o dispositivo.

Serpa Lopes (1966, v. 2, p. 172), com sua habitual argúcia, aponta situações nas quais, mesmo perante a nulidade do contrato, sobrevive a cláusula penal. Lembra das situações em que a nulidade seja de tal gravidade a dar margem a uma indenização por perdas e danos, como é o caso da venda de coisa, dolosamente, não pertencente ao vendedor. Recorda, ainda, que a cláusula penal pode ter sido pactuada justamente para os casos de ser tida como nula a obrigação principal. Aqui, na realidade, a cláusula penal deixa de ser acessória, para tornar-se obrigação autônoma.

O texto legal atual incluiu o termo "*culposamente*" no artigo sob exame, com o intuito de assim qualificar a conduta do devedor. Perante a ausência dessa referência à culpa no estatuto anterior, a cláusula penal tinha aparentemente evidente conteúdo objetivo, algo que não deve ocorrer com o presente texto, quando se exigirá sempre que o inadimplemento seja imputável ao devedor. No entanto, no passado, nunca se duvidou dessa assertiva, isto é, da imputação de responsabilidade do devedor. Assim, passa a ser criticável a inserção da nova dicção, como se o legislador tivesse incluído um novo requisito ao instituto, o que não é real, até porque há muitas situações de responsabilidade sem culpa, como ocorre no Código de Defesa do Consumidor.

Enunciado nº 354, IV Jornada de Direito Civil – CJF/STJ: A cobrança de encargos e parcelas indevidas ou abusivas impede a caracterização da mora do devedor.

Apelação cível. Promessa de compra e venda. Ação de resolução contratual por inadimplemento cumulada com reintegração de posse e perdas e danos. Culpa exclusiva do promitente-comprador. Indenização pelo uso indevido do imóvel. Termo inicial. Reconhecida a resolução do contrato por culpa exclusiva do promitente-comprador, cabível fixação de aluguel mensal desde data da imissão na posse até a efetiva desocupação do bem. Despesas com imposto predial territorial urbano (IPTU). Havendo prova do inadimplemento do imposto territorial no período de utilização do imóvel pelo promitente-comprador, impõe-se a sua condenação ao pagamento da verba. Cláusula penal. Retenção de percentual dos valores em caso de resolução contratual. Incorre de pleno direito o devedor na cláusula penal, desde que, culposamente, deixe de cumprir a obrigação ou se constitua em mora (art. 408 do CC). No caso concreto, mantida a devolução da importância recebida em pagamento à demandada, viável a retenção de 10% do montante devido a título de cláusula penal. Apelação provida (*TJRS* – Ap. 70081383036, 30-7-2019, Rel. Marco Antonio Angelo).

Apelação cível – Contrato de promessa de compra e venda – Atraso na entrega do imóvel – Rescisão contratual – Cláusula penal – Natureza compensatória – Incidência a partir da mora da construtora – Após decorrido o prazo de 180 (cento e oitenta) dias de tolerância – Possibilidade – Perdas e danos – Cumulação – Possibilidade – Dano moral – Configurado na hipótese – Sentença mantida – Recurso desprovido – 1- Nos termos dos arts. 408 e seguintes do Código Civil "**incorre de pleno direito o devedor na cláusula penal, desde que, culposamente, deixe de cumprir a obrigação ou se constitua em mora**" e, ainda, "a cláusula penal estipulada conjuntamente com a obrigação, ou em ato posterior, pode referir-se à inexecução completa da obrigação, à de alguma cláusula especial ou simplesmente à mora". 2- A pena convencional prevista no contrato é válida e aplicável a espécie, haja vista, que as Apelantes não cumpriram com as obrigações assumidas perante os Autores/Apelados. 3- A jurisprudência do colendo STJ "afasta qualquer ilação no sentido da caraterização de *bis in idem* na hipótese de condenação do promissário comprador ao pagamento cumulativo da cláusula penal compensatória e da indenização por perdas e danos a título de fruição do bem. Isso porque, "enquanto a cláusula penal é sanção pelo descumprimento de obrigação contratualmente assumida, a indenização pela fruição tem por fim ressarcir a ocupação indevida do imóvel pela parte que deu causa à rescisão contratual" (AgRg no REsp 1179783/MS). 4- Na hipótese, o atraso por mais de 03 (três) anos na entrega do imóvel em que a parte vai residir gera transtornos e frustrações que ultrapassam o mero dissabor, ensejando danos morais. 5- Sentença mantida. Recurso desprovido (*TJES* – Ap. 0030922-66.2013.8.08.0035, 16-11-2016, Rel. Des. Arthur José Neiva de Almeida).

Art. 409. A cláusula penal estipulada conjuntamente com a obrigação, ou em ato posterior, pode referir-se à inexecução completa da obrigação, à de alguma cláusula especial ou simplesmente à mora.

A cláusula penal pode dirigir-se à inexecução completa da obrigação (inadimplemento absoluto), ao descumprimento de uma ou mais cláusulas do contrato ou ao inadimplemento parcial, ou simples mora. A cláusula penal ou multa pode ser estipulada conjuntamente com a obrigação, ou em ato posterior.

Quando a multa é aposta para o descumprimento total da obrigação, ou de uma de suas cláusulas, será *compensatória*. Como denota a própria rotulação, sua finalidade é compensar a parte inocente pelos entraves e infortúnios decorrentes do descumprimento. Quando se apõe a multa para o cumprimento retardado da obrigação, mas ainda útil para o credor, a cláusula penal será *moratória*. Nessa hipótese, o devedor moroso pagará um *plus* pelo retardamento no cumprimento de sua obrigação.

A cláusula penal compensatória constitui prefixação de perdas e danos. Sua maior vantagem reside no fato de que basta ao credor provar o inadimplemento imputável ao devedor, ficando este obrigado ao pagamento da multa estipulada. Não existindo a previsão de multa, deve o credor, como regra geral, provar a ocorrência de perdas e danos e seu respectivo montante. Na multa, ocorrendo seus pressupostos de exigibilidade, ela é devida, sem discussão. Pode até mesmo ocorrer que, no caso concreto, o valor da multa seja superior ao efetivo prejuízo sofrido pela parte, mas esse aspecto será, em princípio, irrelevante. Esse tema, contudo, permite variações, como veremos.

A cláusula penal constitui de qualquer forma um reforço ao liame contratual. Sendo acessória, pode ser estipulada no contrato, em aditivo contratual, em outro instrumento ou em outro negócio, sempre antes do momento apontado para a execução da obrigação, isto é, antes de sua inexecução.

Apelação. Prestação de Serviços. Ação de cobrança. Inadimplemento incontroverso. Confissão do recorrente e ausência de demonstrativo de pagamento (art. 373, I, do CPC). Cláusula penal estabelecida livremente pelas partes (artigos 408 e 409, do CC). Não se vislumbra abuso ou onerosidade excessiva. Inexistência de fundamento para amparar a pretensão de exclusão ou redução da cláusula penal. Multa contratual devida. Sentença mantida. Recurso desprovido (*TJSP* – Ap. 1009240-25.2015.8.26.0566, 28-3-2018, Rel. Elói Estevão Troly).

Apelação cível. Direito privado não especificado. Ação de cobrança. Preliminar. Decisão. Fundamentação. Nulidade. Inocorrência. Não é nula por ausência de fundamentação, julgamento em tese ou negativa da prestação jurisdicional a decisão que atendendo ao princípio da persuasão racional enfrenta e decide com razões lógico-jurídicas a questão posta em juízo. A necessidade de fundamentação é prevista no inc. IX do art. 93 da CF e no art. 489 do CPC/15; e o princípio que orienta a formação do convencimento se deduz do art. 371 do CPC/15. Circunstância dos autos em que a decisão não incorre em nulidade. Convênio de Participação no Sistema SPC. Rescisão contratual. Cobrança de multa. O princípio da livre associação insculpido na Constituição Federal assegura que ninguém possa ser compelido a associar-se ou a permanecer associado (art. 5º, II). A penalidade estipulada em cláusula penal (art. 409 do CC) não é aplicável quando a rescisão de convênio vinculado à qualidade de associado se dá ipso facto ao exercício do direito de desvinculação associativa, sob pena de frustrar-se a regência constitucional. Circunstância dos autos em que se acresce justa causa; e se impõe manter a sentença de improcedência da cobrança. Recurso desprovido (*TJRS* – Ap. 70076276930, 27-2-2018, Rel. João Moreno Pomar).

Art. 410. Quando se estipular a cláusula penal para o caso de total inadimplemento da obrigação, esta converter-se-á em alternativa a benefício do credor.

Consoante o presente artigo, o credor pode pedir o valor da multa ou o cumprimento da obrigação. Há quem denomine essa categoria como cláusula penal alternativa. Escolhida uma via, não pode o credor exigir também a outra. O devedor, pagando a multa, nada mais deve, porque ali já está fixada antecipadamente uma indenização pelo descumprimento da obrigação. Não cabe, porém, ao devedor, escolher entre pagar a multa ou cumprir a obrigação porque essa é alternativa do credor.

O presente dispositivo cuida do inadimplemento total da obrigação. O artigo realça a função de antecipação de perdas e danos. As partes podem, porém, estabelecer indenização suplementar ou o credor pode preferir uma apuração completa de perdas e danos, provando-os, abandonando o montante da cláusula penal.

Art. 411. Quando se estipular a cláusula penal para o caso de mora, ou em segurança especial de outra cláusula determinada, terá o credor o arbítrio de exigir a satisfação da pena cominada, juntamente com o desempenho da obrigação principal.

A operatividade desse artigo depende do que foi estipulado no negócio jurídico. Há cláusulas penais em contratos cuja utilidade se volta exclusivamente para o cumprimento de determinada cláusula. O instrumento pode estabelecer, por exemplo, multa para o caso de um objetivo não ser alcançado, ou não ser alcançado dentro de determinadas condições ou determinado prazo, sem que isso afete o contrato como um todo e a respectiva cláusula penal que o atinge na totalidade. Como dispõe o presente artigo, essa modalidade de cláusula penal *parcial* pode ser moratória ou compensatória, ao contrário do que entende parte da doutrina. A cláusula de segurança a que se refere a lei é uma disposição de reforço para a obrigação. Assim se vê que podem coexistir múltiplas cláusulas penais no mesmo contrato, referindo-se a facetas diversas do mesmo negócio.

Apelação cível. Direito civil e do consumidor. Ação de resolução contratual. Promessa de compra e venda de imóvel. Termo de ajustamento de conduta. Não vinculação do consumidor. Cláusula penal prevista em favor do promissário comprador. Inadimplemento da construtora. Aplicação devida. Termo final. Decisão de suspensão dos efeitos da contratação. Sentença reformada. 1. Tendo em vista que o consumidor não participou do Termo de Ajustamento de Conduta (TAC) e nem formulou, individualmente, previsão semelhante com a construtora, não há viabilidade, no caso dos autos, no pedido de aplicação de seus termos. 2. A cláusula penal pode assumir tanto o feitio compensatório dos danos causados aos contratantes, quanto moratório, a fim de impor o cumprimento do contrato ou de um dos seus termos. Nesse viés, em caso de inexecução do contrato, quando o valor da cláusula penal estipulada suprir ou se aproximar bastante do prejuízo causado ao promissário comprador, a natureza será compensatória (art. 410 do CC); todavia, quando apenas punir o inadimplente pelo atraso, mediante valor reduzido, a natureza será moratória e, assim, terá o credor o arbítrio de exigir a satisfação da pena cominada, juntamente com o desempenho da obrigação principal (art. 411 do CC). 3. Verificando-se que o contrato foi rescindido por culpa exclusiva da construtora, bem como que o pacto prevê, expressamente, a existência de cláusula penal compensatória em favor do consumidor, impõe-se a sua aplicação no caso concreto, mormente porque é inviável se conceber que o inadimplemento de uma das partes ocorra sem a aplicação de penalidades previstas em contrato. 4. Obtida tutela de urgência que deferiu a suspensão do pagamento das parcelas vincendas do contrato de compra e venda firmado, deve ser este o termo final para incidência dos efeitos da cláusula penal compensatória, tendo em vista ser este o momento em que os efeitos do contrato foram cessados. 5. Apelo conhecido e provido. Sentença parcialmente reformada (*TJDFT* – Ap. 07030185220198070001, 3-6-2020, Rel. Simone Lucindo).

Apelação – Compromisso de compra e venda de bem imóvel – Ação revisional de contrato e obrigação de fazer c.c. Lucros cessantes, indenização por danos morais e pedido de tutela antecipada. Sentença de procedência parcial. Inconformismo de ambas as partes. Cláusula penal para mora da ré – Impossibilidade de **imposição de cláusula penal prevista para o descumprimento relativo da obrigação (mora), no caso em que há inadimplemento absoluto com resolução da obrigação em perdas e danos (art. 411 do CC).** Rescisão contratual com devolução dos valores pagos – Constatada a culpa da construtora pelo descumprimento do contrato, devem ser devolvidos de forma integral os valores pagos. A previsão contratual de retenção de percentual sobre os valores pagos, estabelecida para o caso de rescisão motivada pelo comprador, não pode ser estendida para o caso de culpa da vendedora. Lucros cessantes – Hipótese em que há rescisão contratual com devolução dos valores pagos, corrigidos monetariamente e acrescidos de juros de mora. Descabimento de fixação de indenização por lucros cessantes. DANOS MORAIS – Devida indenização pelos danos morais sofridos, diante das peculiaridades do caso concreto. Valor arbitrado em R$ 20.000,00, que se harmoniza com o entendimento que vem prevalecendo nesta Câmara. Sucumbência maior da ré, que deverá arcar com as custas, despesas processuais e honorários advocatícios arbitrados em 15% sobre o valor da condenação. Recursos parcialmente providos (*TJSP* – Ap. 0022618-87.2012.8.26.0625, 11-3-2016, Rel[a] Viviani Nicolau).

Art. 412. O valor da cominação imposta na cláusula penal não pode exceder o da obrigação principal.

O acessório não pode suplantar o principal. A noção é básica. A regra lastreia-se historicamente na equidade. Se não houvesse esse limite, o credor poderia impor abusivamente sua vontade mediante a cláusula penal. Essa cláusula possui finalidades específicas já vistas e não pode se converter em instrumento de enriquecimento injustificado. Veja o artigo seguinte, disposto no mesmo sentido, que permite a redução do montante da cláusula penal pelo juiz, se for manifestamente excessivo. Há, no ordenamento, outras limitações que atingem situações específicas, como, por exemplo, 2% referente a contratos de crédito no âmbito do consumidor, 2% para despesas de condomínio (art. 1.336, § 1º). Recorde-se, contudo, que o prejuízo pode ser superior ao valor da multa; nesse caso a parte prejudicada deve recorrer aos princípios gerais das perdas e danos.

Apelação cível. Responsabilidade civil. ação de Indenização por danos materiais. Aplicação, por analogia, do artigo 412 do CC e da boa-fé objetiva. Tese de defesa não alegada em contestação. Inovação recursal. não conhecimento. Instituição de gravame sobre o veículo da autora em contrato bancário celebrado por terceiro. Responsabilidade da instituição financeira. Dever de indenizar. Acordo realizado em ação que tinha por objeto apenas o cancelamento do gravame. Interpretação restritiva da transação. Dever de indenizar mantido. Locação de outro veículo durante o período de indisponibilidade. Prova documental dos valores pagos não impugnada. Indenização que se mede pela extensão do dano. Impossibilidade de limitar o valor a ser indenizado pelo valor de mercado do veículo. Incidência de honorários recursais. Recurso parcialmente conhecido e não provido. A tese de limitação da indenização com base no art. 412 do CC e por violação da boa-fé objetiva não pode ser conhecida por consistir em inovação recursal, uma vez que não alegada em contestação. Atua com culpa a instituição financeira que, ao contratar com terceiro, recebeu o veículo da autora em garantia, o que obstou o recebimento do seguro. A transação havida em ação que visava somente a liberação do gravame sobre o veículo não obsta o exercício da pretensão de indenização do dano material. As faturas do contrato de locação de veículo são documentos hábeis a comprovar o dano. A indenização mede-se pela extensão do dano. O valor da indenização a ser paga é proporcional à desídia do banco requerido que demorou um ano para resolver a situação por ele próprio criada, não havendo que se cogitar de limitação pelo valor de mercado do veículo (*TJPR* – Ap. 0025973-14.2016.8.16.0021, 9-5-2019, Rel. Rafael Vieira de Vasconcellos).

Agravo de instrumento – Execução de título extrajudicial – Confissão de dívida – Cláusula penal moratória – Impossibilidade de atualização – Matéria já decidida anteriormente – Preclusão – Limitação do valor da cominação imposta na cláusula penal. **Obrigação principal.** *Quantum* pactuado. Considerando que a questão referente à possibilidade de atualização da multa penal moratória já foi analisada e decidida, não é possível rediscuti-la. Isso porque, nos termos do art. 471 do CPC/73 (correspondente ao art. 505 do NCPC), "nenhum juiz decidirá novamente as questões já decididas, relativas à mesma lide [...]". O valor da cominação imposta na cláusula penal não pode exceder o da obrigação principal, previsto no contrato. Ademais, o período de inadimplemento do devedor é compensado pela incidência de juros moratórios e correção monetária sobre a obrigação principal. Já a cláusula penal, diferentemente, visa assegurar ao credor uma espécie de indenização por perdas e danos pré-fixada, e não pode se tornar mais atraente que a própria satisfação do encargo principal. Agravo de instrumento desprovido (*TJGO* – AI 201691754730, 25-8-2016, Rel. Des. Zacarias Neves Coelho).

Art. 413. A penalidade deve ser reduzida equitativamente pelo juiz se a obrigação principal tiver sido cumprida em parte, ou se o montante da penalidade for manifestamente excessivo, tendo-se em vista a natureza e a finalidade do negócio.

O art. 927 do Código Civil de 1916, além de dispor que, para exigir a pena convencional, não havia necessidade de o autor alegar prejuízo, em sua segunda parte completava que "*o devedor não pode eximir-se de cumpri-la, a pretexto de ser excessiva*". Assim, a regra geral, em nosso estatuto antigo, era de que a cláusula penal era imutável. A afirmação devia ser recebida com a devida reserva, como o foi pelos tribunais.

Existe, no entanto, o limite na lei, conforme o art. 412. Abria-se, ainda, exceção ao princípio geral, permitindo-se ao juiz que reduzisse o valor da imposição, quando ocorresse cumprimento parcial da obrigação. Aqui se tratava claramente de uma tão só *faculdade* do julgador. O juiz *poderá* reduzir a multa, conforme rezava o dispositivo. O caso concreto é que daria melhor solução ao julgador. Aqui já se divisava uma chamada "cláusula aberta", tão decantada no presente Código. No entanto, sempre se entendeu que essa redução era um *direito* do devedor que cumprira parte da obrigação, não existindo propriamente uma faculdade do julgador. Imaginemos um contrato de locação com vigência de um ano. O locatário necessita sair do imóvel decorridos seis meses. Nesse caso, jurisprudência firmou-se pela redução proporcional da multa erigida para todo o contrato. Esse inquilino fica então responsável por metade da multa contratual. Diferente é a situação do inquilino que abandona o imóvel em ruínas, quando então deverá responder pela totalidade da cláusula penal.

Sílvio Rodrigues (1981a, v. 2, p. 100) entendia que também a multa moratória é passível de redução pelo juiz. Tal é verdadeiro, pois situações existirão em que a cobrança integral da multa, na mora, será excessiva e injusta punição ao devedor. Trata-se de aplicação da equidade. Assim se posiciona a doutrina majoritária.

Por outro lado, não se poderia, nunca, tolher ao juiz a faculdade de redução da multa, em que pesem opiniões em contrário. A faculdade atribuída ao juiz era, inelutavelmente, de ordem pública. Hoje, não se encontrará quem defenda o contrário, sob pena de se colocar o devedor em situação de extrema inferioridade no contrato, mormente nos contratos de adesão. Essa também é a orientação do CDC.

Esse é o sentido finalmente adotado pelo vigente Código, neste art. 413. Note que a presente lei usa o verbo *dever*. Nesse caso, a redução passa a ser definitivamente um dever do julgador, e não mais uma faculdade. Cabe ao juiz também, no caso concreto, reduzir a multa se esta for manifestamente excessiva, levando-se em conta a natureza e a finalidade do negócio. O campo é o da equidade. Não há padrão ou limites apontados pela lei. O princípio se coaduna com a finalidade social do contrato que o corrente Código atribui, bem como com a boa-fé objetiva. O dispositivo em exame não pode ser afastado pela vontade das partes: disposição nesse sentido, a nosso ver, será ineficaz.

Enunciado nº 165, III Jornada de Direito Civil – CJF/STJ: Em caso de penalidade, aplica-se a regra do art. 413 ao sinal, sejam as arras confirmatórias ou penitenciais.

Enunciado nº 355, IV Jornada de Direito Civil – CJF/STJ: Não podem as partes renunciar à possibilidade de redução da cláusula penal se ocorrer qualquer das hipóteses previstas no art. 413 do Código Civil, por se tratar de preceito de ordem pública.

Enunciado nº 356, IV Jornada de Direito Civil – CJF/STJ: Nas hipóteses previstas no art. 413 do Código Civil, o juiz deverá reduzir a cláusula penal de ofício.

Enunciado nº 357, IV Jornada de Direito Civil – CJF/STJ: O art. 413 do Código Civil é o que complementa o art. 4º da Lei n. 8.245/91.

Enunciado nº 358, IV Jornada de Direito Civil – CJF/STJ: O caráter manifestamente excessivo do valor da cláusula penal não se confunde com a alteração das circunstâncias, a excessiva onerosidade e a frustração do fim do negócio jurídico, que podem incidir autonomamente e possibilitar sua revisão para mais ou para menos.

📖 Enunciado nº 359, IV Jornada de Direito Civil – CJF/STJ: A redação do art. 413 do Código Civil não impõe que a redução da penalidade seja proporcionalmente idêntica ao percentual adimplido.

📖 Enunciado nº 429, V Jornada de Direito Civil – CJF/STJ: As multas previstas nos acordos e convenções coletivas de trabalho, cominadas para impedir o descumprimento das disposições normativas constantes desses instrumentos, em razão da negociação coletiva dos sindicatos e empresas, têm natureza de cláusula penal e, portanto, podem ser reduzidas pelo juiz do trabalho quando cumprida parcialmente a cláusula ajustada ou quando se tornarem excessivas para o fim proposto, nos termos do art. 413 do Código Civil.

⚖ Cumprimento de sentença. Impugnação. Gratuidade da justiça. Presunção legal de veracidade da afirmação de que os agravantes não possuem condições de arcar com o pagamento das custas do processo e dos honorários advocatícios sem prejuízo de seu sustento ou de sua família (CPC, art. 99, § 3º). Ausência de elementos aptos a afastar aludida presunção relativa. Ônus da prova que incumbia à parte contrária, mas que não impugnou a pretensão. Benefício que possui efeitos "ex nunc", atingindo apenas atos futuros. Acordo extrajudicial não noticiado nos autos para homologação. Irrelevância. Produção imediata de efeitos. Inteligência do art. 200 o CPC. Avença, contudo, que previu que a inadimplência implicaria a perda de efeitos da transação. Mora confessada. Inexistência de novação da dívida. Indenização por benfeitorias que não foi objeto do título judicial. Impossibilidade de conhecer da questão na fase executiva. Multa compensatória que se mostra demasiadamente excessiva na hipótese. Redução com fundamento no art. 413 do CC. Diminuição parcial do valor exequendo. Cabimento de fixação de honorários advocatícios. Recurso especial repetitivo nº 1.134.186/RS. Honorários arbitrados em favor dos executados em 10% do proveito econômico obtido em consequência do acolhimento parcial da impugnação ao cumprimento de sentença. Recurso parcialmente provido (*TJSP* – Ag 2136782-82.2020.8.26.0000, 17-7-2020, Rel. Milton Carvalho).

⚖ Apelação – Cláusula penal – **Multa compensatória** fixada em montante excessivo – Valor que comporta redução equitativa – Inteligência do artigo 413 do Código Civil – Valor arbitrado na sentença, porém, que deve ser majorado para montante razoável e proporcional. Honorários advocatícios – Se cada litigante for em parte vencedor e vencido, serão recíproca e proporcionalmente distribuídos, entre eles, os honorários e as despesas – Sucumbência recíproca mantida – Ausente alteração significativa da sucumbência verificada na sentença – Recurso parcialmente provido (*TJSP* – Ap. 0006773-95.2012.8.26.0566, 26-1-2017, Rel. Luis Fernando Nishi).

⚖ Apelação cível. Locação residencial por temporada. Ofensa atribuída a empregado vinculado ao imóvel. Ausência de comprovação. Rescisão imotivada pelo locatário no transcurso do ajuste. Multa contratual. Incidência. Redução equitativa. Art. 4º da Lei nº 8.245/91 c/c art. 413 do Código Civil. Dano moral não configurado. Desprovimento dos recursos. 1. A verificação de eventual prática de ofensa e conduta agressiva do empregado vinculado ao imóvel objeto de locação depende da produção de provas cujo ônus recai sobre a parte autora, nos termos do artigo 333, I, do CPC. 2. Uma vez oportunizada a produção de provas e manifestando-se o autor pelo julgamento antecipado da lide, há espontânea dispensa da produção de prova oral, julgando-se o feito com os elementos probatórios disponíveis. 3. A multa rescisória tem como razão de existir o término antecipado do contrato de locação, objetivando reduzir o prejuízo do locador diante da desocupação prematura do imóvel. 4. Existindo no contrato cláusula específica para sanção na hipótese de denúncia antecipada do contrato, incide a multa rescisória. 5. Tendo em vista as circunstâncias fáticas, em observância proporcionalidade, afigura-se razoável a modificação equitativa da multa de caráter indenizatório, com redução correspondente a 50% dos valores antecipados a título de aluguel, excluídos os valores pagos a título de salário, com aplicação do disposto no art. 4º da Lei nº 8.245/91 c/c art. 413 do Código Civil. 6. Dano moral não configurado, impondo-se a manutenção da sentença. 7. Desprovimento dos recursos (*TJRJ* – Acórdão Apelação Cível 0117278-39.2008.8.19.0001, 2-2-2011, Rel. Des. Elton M. C. Leme).

Art. 414. Sendo indivisível a obrigação, todos os devedores, caindo em falta um deles, incorrerão na pena; mas esta só se poderá demandar integralmente do culpado, respondendo cada um dos outros somente pela sua quota.
Parágrafo único. Aos não culpados fica reservada a ação regressiva contra aquele que deu causa à aplicação da pena.

Essa regra está em relação com a do art. 263, pois "*perde a qualidade de indivisível a obrigação que se resolver em perdas e danos*" e "*se for de um só a culpa, ficarão exonerados os outros, respondendo só esse pelas perdas e danos*". Desse modo, sendo indivisível a obrigação, basta que um só dos codevedores infrinja-a, para que se torne exigível a multa. Só do culpado, porém, é que se pode pedir o valor da cláusula penal por inteiro. Dos demais devedores conjuntos, não culpados, só se pode demandar sua respectiva quota. Esses depois terão ação regressiva contra o culpado, que suportará o total do ônus. Assim, embora tratando-se de obrigação indivisível, a pena convencional possui natureza divisível. Nas obrigações solidárias, quando um dos codevedores incorre em culpa, só este arcará com perdas e danos (art. 279).

Art. 415. Quando a obrigação for divisível, só incorre na pena o devedor ou o herdeiro do devedor que a infringir, e proporcionalmente à sua parte na obrigação.

Nessa hipótese de obrigação divisível, com maior razão, a pena será divisível. Só o culpado incorre na pena, proporcionalmente à sua parte na obrigação. A solução é lógica e decorre da equidade. Esse artigo na verdade seria até mesmo dispensável.

Art. 416. Para exigir a pena convencional, não é necessário que o credor alegue prejuízo.
Parágrafo único. Ainda que o prejuízo exceda ao previsto na cláusula penal, não pode o credor exigir indenização suplementar se assim não foi convencionado. Se o tiver sido, a pena vale como mínimo da indenização, competindo ao credor provar o prejuízo excedente.

Essa é a utilidade precípua da cláusula penal: ao prefixar perdas e danos, evita que o credor tenha que percorrer o longo caminho da prova do prejuízo para obter a indenização. Embora uma das finalidades da cláusula penal seja a prefixação de perdas e danos, não é a única.

O parágrafo constitui inovação deste Código. Sempre se discutiu se poderia o credor pedir uma indenização suplementar, se o prejuízo superar o valor estabelecido na cláusula penal. A nosso ver, o credor pode simplesmente ignorar a cláusula e partir para um pedido de indenização ampla, subordinando-se às suas vicissitudes. Não está o credor obrigado a pedir o valor da cláusula penal, isto é, não está impedido de ingressar com ação geral por perdas e danos, dispensando a multa contratual, com a devida vênia daqueles que entendem em contrário. O que a lei estipula é que não pode cumular o pedido de cláusula penal com o de indenização suplementar. Nesse caso, só poderá fazê-lo se a dicção negocial o permitir, hipótese na qual a pena será o mínimo indenizatório, e o que sobejar dependerá da prova do efetivo prejuízo.

Enunciado nº 430, V Jornada de Direito Civil – CJF/STJ: No contrato de adesão, o prejuízo comprovado do aderente que exceder ao previsto na cláusula penal compensatória poderá ser exigido pelo credor independentemente de convenção.

Apelação cível. Promessa de compra e venda. Ação indenizatória. Legitimidade passiva. Atraso na regularização. Ocorrência. Inadimplemento contratual. Cláusula penal. Lucros cessantes. Da ilegitimidade passiva: versando o caso *sub judice* sobre relação de consumo prevista no art. 18 do CDC, conforme entendimento doutrinário, é objetiva e solidária em relação ao fornecedor e ao fabricante. Portanto, o fornecedor é parte legítima para figurar no polo passivo da presente relação jurídico-processual. Verificado o inadimplemento do contrato no que toca à entrega jurídica do bem, incide a cláusula penal contratual. Os lucros cessantes são devidos em razão do inadimplemento

contratual e decorrem da impossibilidade de fruição do bem no prazo avençado. Entretanto, diante de previsão de cláusula penal convencional, não pode a parte exigir indenização suplementar, a teor do art. **416** do **CC**. Apelo parcialmente provido. Unânime (*TJRS* – Ap. 70083186528, 12-3-2020, Rel. Gelson Rolim Stocker).

Compromisso de venda e compra – Inadimplemento contratual – Empreendimento imobiliário que não deslanchou e sequer início das obras houve. Rescisão do contrato. Medida de rigor. Devolução do valor pago. Sinal de R$ 10.000,00. Multa contratual – Aplicação invertida da multa prevista contratualmente para o caso de mora de adquirente. Cláusula penal. Pedido dos alugueres em razão da não entrega do imóvel que fica indeferido, até porque não ocorreu pagamento integral do preço. Sem quitação total não é possível afirmar que houve privação do uso de patrimônio (lucros cessantes). Não há de se falar em concomitante **exigibilidade de cláusula penal com indenização suplementar**. Art. 416, parágrafo único, do Código Civil. Adotada a prefixação dos danos, não há espaço para outras pretensões, inclusive reparação por dano moral – Recursos não providos (*TJSP* – Ap. 1003095-83.2015.8.26.0361, 10-5-2016, Rel. Enio Zuliani).

CAPÍTULO VI
Das Arras ou Sinal

Art. 417. Se, por ocasião da conclusão do contrato, uma parte der à outra, a título de arras, dinheiro ou outro bem móvel, deverão as arras, em caso de execução, ser restituídas ou computadas na prestação devida, se do mesmo gênero da principal.

1. Conceito de arras

Na vida negocial, com muita frequência, as partes, ao tratarem um contrato, procuram firmá-lo indelevelmente com uma quantia ou valor inicial entregue por uma parte a outra, o que confirma a existência do negócio. São as *arras* ou o *sinal* dados para demonstrar que os contratantes estão com propósitos sérios a respeito do contrato, com a verdadeira intenção de contratar e manter o negócio.

Na verdade, ao falarmos de arras, logo pensamos em um sinal em dinheiro, conquanto nada impede que consista noutra coisa, embora isso não seja frequente. O atual Código destaca esse aspecto no presente artigo. Por outro lado, não há obrigatoriedade de um valor predeterminado para esse sinal, desde que não ocorra a integralidade do pagamento. Deve remanescer pagamento a ser feito, pois, doutro modo, haverá cumprimento integral do contrato.

O sinal desempenha duplo papel na relação contratual. Em primeiro lugar, e primordialmente em nossa lei, é uma garantia que serve para demonstrar a seriedade do ato e tem a característica de significar princípio de pagamento e adiantamento do preço. Em segundo lugar, as arras podem servir de indenização em caso de arrependimento de qualquer dos contratantes, quando isso é colocado e facultado na avença. Neste último caso, se o desistente foi quem deu o sinal, perdê-lo-á em favor da outra parte; se a desistência foi de quem o recebeu, devolvê-lo-á em dobro, segundo o Código de 1916. Contudo, como a prática demonstra, a maior utilidade do instituto, mas não exclusiva, é servir de garantia do negócio, uma vez que, com maior frequência, os contratantes negam-se à possibilidade de arrependimento. É um pacto acessório, que insere uma condição resolutiva no negócio, se houver possibilidade de arrependimento.

Embora seja a compra e venda o grande campo de utilização das arras, pode o sinal estar presente em todos os contratos nos quais ficam obrigações pendentes. Não parece acertada a afirmação de grande parte da doutrina de que o sinal pode ser inserido apenas nos contratos bilaterais. Perfeitamente possível que no mútuo oneroso, contrato unilateral, exista um sinal para firmar o início do contrato. Sustentando esse ponto de vista, Arnoldo Wald (1979, p. 112) lembra que a posição do instituto na sistemática do ordenamento reforça esse entendimento.

Se, como regra geral, é um dos contratantes quem dá o sinal, o instituto não exclui que um sinal possa ser dado por ambos os contraentes. As chamadas *arras recíprocas* não encontram óbice na lei. Nessa hipótese, procura-se reforçar a confirmação do negócio com maior ênfase para ambos os sujeitos, para ambas as partes contratantes (D'AVANZO, verbete *caparra*, *Novissimo digesto italiano*, 1957). Por outro lado, na situação comum de um só prestar as arras, nada há de estabelecido, de antemão, acerca de quem deve fazê-lo. Estamos no âmbito da autonomia da vontade. Não há possibilidade de um terceiro dar o sinal, porque isso desnaturaria o negócio. Esse terceiro, no contrato *inter alios*, não está impedido de fazê-lo, mas sua intervenção será a título de garantia ou caução, e não sob a forma de arras. Estas são exclusivas das partes do contrato. As *arras confirmatórias* vinham descritas no Código de 1916 no art. 1.094. As denominadas *arras penitenciais* foram tipificadas pelo art. 1.095.

O sinal é elemento acidental dos contratos, que pode estar presente tanto nos contratos definitivos como nos contratos preliminares. As arras devem ser formalizadas no momento da celebração do contrato, ou mesmo em momento posterior, mas sempre antes do cumprimento das prestações do negócio.

Há necessidade de distinção entre as arras dadas para contratos solenes e para os não solenes. Nos contratos não solenes, mormente nos consensuais, a função das arras é marcantemente de ênfase da vontade de contratar. Nestes, o sinal indica claramente a realização definitiva do negócio (LOPES, 1964, v. 3, p. 207).

Para os contratos solenes, a situação é outra. Como existe necessidade de uma forma para o contrato subsequente, o sinal sobreleva com a função de prevenir eventual arrependimento, com uma prefixação de perdas e danos. Daí por que o realce da situação penitencial nas arras dadas para compra e venda de imóveis. Quando o contratante, perante mero recibo de sinal, desiste do negócio imobiliário, recusando-se às formalidades de alienação, o enfoque transfere-se exclusivamente para o campo da indenização, aplicando-se o art. 1.088, que remete a hipótese para os artigos das arras.

Há uma modalidade de arras não disciplinada na lei, criada pelos usos, principalmente para a aquisição de imóveis. Com frequência, para "assegurar" um negócio, o interessado entrega uma importância, geralmente simbólica, a um proponente, ficando na dependência de o negócio definitivo ser aprovado posteriormente. Em geral, dá-se um cheque, que não será descontado, ou somente o será se confirmado o negócio. Esse tipo de sinal, que pode ser denominado de *arras securatórias ou assecuratórias* (WALD, 1979, p. 114), mais se aproxima das arras confirmatórias, mas com elas não se identifica. Demonstra, é fato, uma intenção efetiva de contratar, mas o contrato fica sob condição suspensiva, não obrigatório, dependendo de eventos futuros. Geralmente, o negócio, na prática, apresenta-se como uma proposta não obrigatória para ambas as partes, as quais, no entanto, demonstram a intenção efetiva de contratar. A não efetivação do contrato implica somente a devolução singela do sinal devolvido, sem direito a indenização. Esse sinal é, pois, dado anteriormente à formação do contrato, na fase das tratativas, diferenciando-se das arras confirmatórias, entregues no ato da conclusão do negócio (Gomes, 1983a, p. 109). Nada impede, por outro lado, que se estipule, também aqui, a perda desse sinal em caso de desistência, ou a devolução em dobro, mas isso deve vir expresso, porque o negócio é atípico e não se subordina aos princípios gerais das arras.

2. Noção histórica

Arras têm sentido de garantia (do latim *arrha*, com o mesmo sentido nas demais línguas da Antiguidade). Essa ideia de garantia, ao afirmar a existência de um negócio, persiste até hoje. Na origem histórica, não era instituto exclusivo do direito das obrigações. No Baixo Império, era conhecida a *arrha sponsalicia*, que teve sua origem em povos do Oriente. Era a entrega de uma coisa feita pelo noivo aos pais ou ao tutor da noiva ou à própria noiva, que tinha por finalidade reforçar a promessa de casamento. Em caso de rompimento da promessa, a mulher incorreria na pena de pagar o quádruplo do valor, a princípio, que foi reduzido ao dobro posteriormente (CUQ, 1928, p. 158). A noção foi incorporada ao direito das obrigações, tendo vivido por muito tempo em ambos os compartimentos do Direito.

Os romanos davam o nome de *arrha* a tudo o que uma parte dava à outra em sinal de conclusão de uma convenção e para assegurar indiretamente a execução (MAYNS, 1889, v. 2, p. 422). Esse sinal era geralmente em dinheiro, mas não exclusivamente. Os romanos serviam-se com frequência do gado. Por sua natureza, as arras constituem-se verdadeiro contrato real; só existe com a entrega efetiva da coisa. Se não ocorrer a entrega, existe mera promessa de contratar. A coisa entregue normalmente será móvel e fungível. Nada impede (nosso Código não faz restrição) que o conteúdo do sinal seja infungível ou imóvel, embora seja difícil que na prática assim ocorra. Este Código, a exemplo do Código italiano, fala em *bem móvel* (art. 417).

Como a cláusula penal, instituto que com as arras tem muitos pontos de contato, o sinal supunha a existência de uma obrigação principal, sendo, portanto, um pacto acessório. Esse entendimento tradicional chega a todas as legislações modernas com os mesmos princípios, de forma pura, e poucas alterações. Inicialmente, as arras tinham apenas o sentido confirmatório. Posteriormente, com Justiniano, permitiu-se o arrependimento, a finalidade penitencial.

3. Arras no Código Civil de 1916. Arras confirmatórias e arras penitenciais

É importante que se trace um paralelo com os dispositivos das arras no Código anterior, pois houve uma total reformulação textual no Código de 2002, sem que o âmago do instituto tenha sido transformado. Suas dimensões básicas, como se verá, não foram alteradas.

O sinal confirmatório significa adiantamento do preço, como garantia de cumprimento de um contrato. As partes devem ser expressas a respeito da revogabilidade do negócio. Nosso Código anterior adotou a orientação germânica, considerando as arras como confirmatórias, salvo disposição em contrário. Quando o negócio era irrevogável, o sinal tinha esse sentido de confirmação e princípio de pagamento. Em nosso sistema, a palavra *sinal*, usada sem qualificativos, tem normalmente o significado de confirmatório, e assim se deve entender, a menos que o contrário resulte claramente do contrato. A primeira regra é que as arras são confirmatórias. Na verdade, o direito de arrependimento, ainda que expresso, se esvai quando já existe início de execução do contrato e se, pela natureza do negócio, não se entende presente o direito de retrato. Por exemplo, a quem encomenda uma roupa a um alfaiate, dando sinal, não há como admitir o arrependimento, salvo termos absolutamente inequívocos, tendo em vista a natureza do negócio e o fato de o objeto da prestação ser personalíssimo (o traje sob medida). Tal posição afinava-se aos termos do art. 1.095, pois as partes podem *"estipular o direito de se arrepender"*, ideia que se mantém no Código em vigor.

Tendo o efeito confirmatório como o principal, nossa legislação de 1916 seguiu a tradição romana. As arras servem para demonstrar que o contrato principal está concluído e as partes estão vinculadas. Nesse caso, não há direito de arrependimento. Se a parte posteriormente se recusa a cumprir o contrato, não usa do direito de retrato, porque esse direito não existe, mas infringe uma convenção, responsabilizando-se pelo inadimplemento.

Como principal efeito do sinal confirmatório, temos, pois, que dar por firmado o negócio conforme descrevia o antigo art. 1.096. O dispositivo seguia as raízes históricas e não merecia as críticas que ocorreram na doutrina. As arras em dinheiro serão princípio de pagamento. Nada impede que o objeto das arras fosse constituído de bens fungíveis, também objeto do contrato. Pode ocorrer, tanto no sistema revogado como no atual, neste por disposição expressa, que o bem dado não seja dinheiro e não guarde identidade com o objeto da prestação: na compra e venda, o comprador pode dar uma quantidade de cereais como sinal, a qual será substituída por dinheiro quando do cumprimento do contrato. Nesse caso, entregue o dinheiro, devemos devolver o sinal em espécie anteriormente transferido ao vendedor. E se o contrato for desfeito, por qualquer razão, temos de devolver o objeto das arras.

Se o negócio se impossibilitasse sem culpa, por mero distrato, ou caso fortuito ou força maior, deveria ocorrer a devolução singela do sinal, voltando as partes ao estado anterior. Essa posição não é obstada pelo sistema atual. O mesmo deveria ocorrer se for constatada a culpa de ambos os contratantes. Se o insucesso do contrato ocorresse por culpa de quem deu as arras, perderá ele o sinal em benefício do outro contratante (art. 1.097).

Nada dizia a lei a respeito de culpa por parte de quem recebeu as arras. Lógico que, se houvesse culpa, ineluctavelmente haveria direito a perdas e danos. Parte da doutrina entendia que, nesse caso, a devolução deveria ser em dobro, paralelamente com o que ocorreria nas arras penitenciais. No entanto, se as arras fossem de natureza confirmatória, a devolução do sinal pelo culpado é o mínimo que se poderia pretender pelo rompimento injustificado do negócio. As perdas e danos devem seguir a regra geral, indenizando-se o que efetivamente se perdeu e o que razoavelmente se deixou de ganhar. Não há razão para que haja um paralelo com a devolução. A tendência moderna é desvincular as arras como limite das perdas e danos (PEREIRA, 1986, v. 3, p. 68). Sob esse aspecto, foi expresso o Código de 2002. O pacto entre as partes, porém, pode ter colocado o sinal como montante de eventuais perdas e danos. É importante verificar a intenção das partes. De qualquer forma, não devemos entender as arras como cumuláveis com as perdas e danos, mas como parte integrante destes, sob pena de o negócio proporcionar injusto enriquecimento. Veja o que se diz a esse respeito quanto à lei atual. Em qualquer situação, tanto para aquele que pagou como para aquele que recebeu o sinal, se culpados pelo insucesso do contrato, é injusto somar às arras uma indenização completa.

Nesse sentido posicionou-se expressamente o vigente Código no art. 419, ao mencionar a possibilidade de indenização suplementar, servindo as arras como base mínima indenizatória. De qualquer modo, havendo cláusula de arrependimento, as arras são penitenciais (Súmula 412 do STF).

Em síntese, podemos dizer que as arras confirmatórias tinham expressamente função *probatória*, pois firmam a presunção de acordo final (art. 1.094); e função de *desconto*, salvo estipulação em contrário, se constituírem início de pagamento (art. 1.096).

As *arras penitenciais* tinham clara função secundária. Pelo sistema do Código francês, a entrega das arras mantém livre o direito de arrependimento, servindo o sinal dado como indenização. Esse sistema não é o mais justo nem o mais seguro, porque coloca os contratantes em estado de incerteza, sob uma sistemática condição resolutiva. Como vimos, as arras em nosso Código de 1916 só teriam essa utilidade se assim as partes dispusessem (art. 1.095). Por isso, entre nós, essa função do sinal é secundária.

Sob essa possibilidade, se qualquer das partes desistir do contrato, se valerá de um direito emanado da autonomia da vontade. As arras, nesse caso, servem de limite de indenização: se quem as deu desiste, perde-as em favor do outro contratante; se quem as recebeu desiste, deve devolvê-las em dobro. Este Código ratifica expressamente que nesse caso a função das arras é unicamente indenizatória (art. 420). Deve sempre ser lembrado que em nosso país todos os valores sujeitam-se à correção monetária de acordo com a lei, até o momento do efetivo pagamento, sob pena de ocorrer enriquecimento injustificado. Também na contratação de arras penitenciais, se a concretização do contrato deixa de ocorrer sem culpa de qualquer dos contraentes, a devolução do sinal deve ser, evidentemente, com correção monetária, para que voltem as partes ao estado anterior. A situação das arras penitenciais é marcadamente diversa das arras confirmatórias. Na hipótese sob exame, o direito de arrependimento unilateral é estipulado entre as partes. Essa desistência do negócio independe de qualquer inadimplemento da outra parte. O contratante pode escolher entre cumprir ou não cumprir o contrato, existindo já indenização prefixada. Esse arrependimento, no entanto, deve ser manifestado em tempo hábil: havendo já início de cumprimento do contrato, não pode mais ocorrer o retrato. Examina-se a situação no caso concreto. Podem as partes também estipular um prazo para o exercício do direito de arrependimento, findo o qual se terá o contrato como concluído, hipótese em que as arras passam a ser confirmatórias.

Não existe forma sacramental para a parte manifestar seu arrependimento, que pode ser expresso ou tácito. Podem, no entanto, as partes, ou a natureza do negócio, exigir a forma escrita. O arrependimento, de sua parte, deve ser atual e incondicional, não podendo ficar subordinado a eventos futuros e incertos. Se quem se arrepende recebeu o sinal, e se o outro contraente se recusa a receber o dobro em devolução, pode o retratante valer-se da ação de consignação em pagamento.

Cumpre observar que, mesmo no caso de estipulação do direito de arrependimento, quando o contrato é cumprido, a importância entregue serve de início de pagamento, uma amortização do débito, salvo se o contrário resultar da avença.

Em resumo, as arras penitenciais têm a função de permitir o *arrependimento* e substituir uma *cláusula penal*, antes do cumprimento do contrato (art. 420; antigo art. 1.095).

4. Arras e obrigação alternativa

Nas arras penitenciais, existe a alternativa entre a desistência ou o cumprimento do contrato. Nas obrigações alternativas, também existe uma escolha, entre duas ou mais prestações (art. 252). No entanto, nessa modalidade de obrigações, o negócio já nasce com mais de uma obrigação e o cumprimento de qualquer delas opera como adimplemento. As arras, seguindo a tradição histórica original, servem de reforço do vínculo obrigacional, que é um só, e ainda fixam antecipadamente as perdas e danos. As ideias de garantia de outra obrigação e indenização prévia distinguem nitidamente o sinal ou arras da obrigação alternativa.

5. Arras e cláusula penal

Com a cláusula penal, as arras possuem maiores pontos de afinidade, a começar pelo fato de ambas servirem de garantia para o cumprimento de um contrato. Como visto nos comentários anteriores, por meio da cláusula penal insere-se uma multa na obrigação para a parte que deixar de dar cumprimento a um contrato, ou retardá-lo.

A semelhança entre os dois institutos é apenas aparente. Como explicitado aqui, nas arras existe um cunho real. Deve ocorrer a entrega efetiva de algo para firmar o contrato, enquanto para que a cláusula penal opere não existe necessidade de entrega, depósito, ou alguma outra prestação. A cláusula penal decorre de uma violação ou de um retardamento no cumprimento do contrato, ao passo que, nas arras, se estipulado o arrependimento, este é um direito da parte. A cláusula penal é prestação prometida, que pode vir a não se concretizar. Nas arras, já existe uma prestação cumprida, com a entrega da coisa, que é essencial. Lembre-se, ainda, de que a cláusula penal pode ser reduzida pelo juiz (art. 413), o que não ocorre com o sinal ou arras.

6. Arras no atual Código

Este Código buscou um tratamento mais moderno e adequado à jurisprudência mais recente no que se refere às arras. As modificações neste texto são importantes, a começar pela localização, junto ao inadimplemento das obrigações e não mais junto à disciplina dos contratos.

Realça-se mais uma vez o fato de que apenas excepcionalmente as partes estabelecem o direito de se arrepender. O presente art. 417 destaca a função de início de pagamento ou confirmação do negócio. O sinal em dinheiro, modalidade mais comum, deve ser computado no pagamento do preço total. Se as arras dadas forem em coisa diversa do objeto do negócio, sobreleva sua função confirmatória e deve, em princípio, ser restituída. O artigo realça a natureza real das arras, pois implica na entrega de coisa. Também possui natureza acessória: não há arras ou sinal se não houver um contrato. No sistema de 2002, a função preponderante das arras é de princípio de pagamento, função que possuía aparente caráter secundário no sistema de 1916. A doutrina não chega a um acordo sobre essa temática, o que, no entanto, não prejudica a compreensão do instituto.

As arras não tinham preponderante função de princípio de pagamento no sistema anterior. Ocorre que as partes, por sua vontade negocial, geralmente as colocam nessa função, na maioria dos contratos. O sentido do atual Código foi esse.

Compra e venda. Rescisão contratual. Culpa do comprador. Retenção do sinal. Insurgência da ré em face da sentença de procedência parcial. Condenação da ré à devolução de 90% dos valores pagos pelo comprador. Pretensão à retenção da comissão de corretagem. Não acolhimento. Corretagem válida, se informada ao consumidor (REsp repetitivo nº 1.599.511/SP). Caso em que não houve o pagamento de comissão de corretagem pelo comprador. Valores constantes no pedido de reserva dizem respeito ao sinal pela compra do imóvel. Retenção desses valores sob o fundamento art. 725 do CC que não tem cabimento. Retenção da vendedora. Percentual que deve ficar entre 10% e 25% das quantias pagas. Precedentes do STJ. Sentença que fixou um percentual de 10% sobre os valores pagos. Percentual reduzido. Cláusula penal, porém, abusiva (art. 51, IV do CDC). Vendedora que, nessa situação, ficaria com cerca de 85% das quantias pagas. Fixação da retenção nos valores correspondentes ao sinal (art. 417 do CC). Retenção, portanto, de aproximadamente 25% das quantias pagas, estando em conformidade com este Tribunal. Correção monetária a partir do desembolso. Juros de mora a partir do trânsito em julgado. Devolução em parcela única pela apelante (Súmula 02 do TJSP). Sucumbência recíproca das partes, com distribuição das custas e honorários nos termos do acórdão. Recurso provido parcialmente (*TJSP* – Ap. 1040483-83.2017.8.26.0576, 28-9-2018, Rel. Carlos Alberto de Salles).

Apelação cível – Ação revisional de contrato de compra e venda – Sentença de improcedência – **Abatimento ou Restituição das arras** – Valor não mencionado no contrato – Art. 417 do Código Civil – Devida a restituição pretendida – Sentença reformada neste ponto – Aplicação correta dos juros e reajustes – Consonância com o pactuado entre as partes, laudo técnico apresentado e com a legislação em vigor. Aplicação da multa contratual. Alteração da fundamentação apresentada na petição inicial. Inovação recursal. Recurso conhecido e parcialmente provido (*TJPR* – AC 1550381-6, 23-1-2017, Rel. Des. D'Artagnan Serpa As).

Art. 418. Se a parte que deu as arras não executar o contrato, poderá a outra tê-lo por desfeito, retendo-as; se a inexecução for de quem recebeu as arras, poderá quem as deu haver o contrato por desfeito, e exigir sua devolução mais o equivalente, com atualização monetária segundo índices oficiais regularmente estabelecidos, juros e honorários de advogado.

Esse texto cuida precipuamente da inexecução do contrato. Em regra, desejando a parte inocente a execução do contrato após o pagamento ou recebimento do sinal, poderá valer-se da execução específica, nos termos da legislação processual. A função precípua das arras é, como se vê, confirmar o contrato. O efeito penitencial pode ocorrer, mas não é o principal. As arras, de acordo com o presente dispositivo, somente podem ser retidas no caso de inadimplemento absoluto, quando não mais será cumprida a obrigação principal. O valor das arras servirá de base indenizatória.

Poderá o credor, no entanto, como afirma o dispositivo, optar pelo desfazimento do contrato, pois com frequência a execução específica se tornará inviável ou excessivamente gravosa. Nesse caso, haverá retenção das arras ou a obrigatoriedade de devolvê-las com o equivalente, conforme o caso. A lei não mais se refere à devolução em dobro. O termo *equivalente* se refere a esse aspecto e o novel legislador preferiu utilizá-lo, certamente, para apontar que essa devolução com esse *plus* (que em síntese é o dobro) será acrescida de correção monetária, juros e honorários de advogado. Se o sinal constituir-se de coisa, o equivalente será o seu valor. Não nos parece clara a disposição que poderá dar margem a dúvidas. Nem sempre haverá intervenção de advogado no pagamento espontâneo, sem procedimento judicial, o que exclui os honorários, por exemplo.

Pode ocorrer que o negócio simplesmente se desfaça e que as partes retornem ao estado anterior sem aplicação desse artigo, com a devolução singela, acrescida de correção monetária, se aplicável. O negócio pode ter-se inviabilizado sem culpa de qualquer dos contratantes, por caso fortuito, podem eles ter transigido etc. Nada impede, outrossim, que as partes contratem a não aplicação da devolução em dobro.

Apelação cível. Promessa de compra e venda. Corretagem. Responsabilidade civil. Fraude perpetuada em desfavor da autora. Distrato. Nulidade. Condenação solidária do corretor de imóveis, proprietária do bem e imobiliária intermediadora reconhecida. Rescisão contratual declarada. Dever de devolução de arras na forma do art. 418 do CC. Impossibilidade de cumulação de cláusula penal compensatória com devolução de arras. Natureza indenizatória prevalência do arras. Danos morais configurados. Redução do *quantum*. Caso em que restou demonstrado nos autos que a autora foi vítima de fraude praticada pelos requeridos que, após receberam o valor do arras, celebraram um instrumento de distrato por suposto descumprimento contratual pela demandante eivado de vício de consentimento. Dever de restituição em dobro do desta quantia, na forma do art. 418 do CC e de pagamento de indenização por danos morais configurado. Redução do valor arbitrado a título de danos morais. Deram parcial provimento aos apelos e ao recurso adesivo da parte autora. Unânime (*TJRS* – Ap. 70082041195, 26-9-2019, Rel. Paulo Sérgio Scarparo).

Apelação cível – Ação declaratória cumulada com cobrança – **Pagamento de arras confirmatórias** – Promessa de compra e venda – Pedido julgado improcedente – Indeferimento do financiamento pelo banco – Inadimplemento do contrato por parte do comprador – Inocorrência de caso fortuito ou força maior – Impossibilidade de restituição da quantia paga a título de sinal. Retenção legítima. Artigo 418 do Código Civil. Enriquecimento ilícito não configurado. Sentença mantida. Recurso conhecido e não provido (*TJPR* – AC 1577016-8, 24-1-2017, Rel. Des. D'Artagnan Serpa As).

Art. 419. A parte inocente pode pedir indenização suplementar, se provar maior prejuízo, valendo as arras como taxa mínima. Pode, também, a parte inocente, exigir a execução do contrato, com as perdas e danos, valendo as arras como o mínimo da indenização.

Esse artigo é inovação no sistema e esclarece dúvida que pontificou no passado, permitindo que seja pedido pela parte inocente indenização suplementar, além do valor do sinal, valendo este como valor mínimo indenizatório e computado como tal em valor maior. Cuida-se das perdas e danos que seguem a regra geral, como apontamos acima. O dispositivo trata das arras confirmatórias, pois as consequências das penitenciais estão no art. 420. Desse modo, no caso concreto, se o sinal foi de 100, mas o prejuízo comprovado da parte inocente foi de 300, se esta foi aquela que ficou com o sinal, intitular-se-á a receber mais 200. O princípio, por lógica, se aplica também na hipótese de pedido de execução específica do contrato, quando cumulado com perdas e danos: desse modo, com o novel dispositivo, o valor indenizatório pode superar a devolução em dobro das arras previstas para a hipótese de arrependimento (art. 420).

Apelação – Compra e venda de semovente com reserva de domínio – Ação de resolução contratual com pedido de retenção de valores – Culpa exclusiva do réu pela resolução do negócio reconhecida – Possibilidade de retenção integral dos valores pagos pelo comprador diante da comercialização de crias e sêmen do animal puro sangue sem a efetiva quitação do preço – Lucro obtido pelo réu que foi superior ao valor do negócio – Indenização suplementar devida (art. 419 do CC) – Hipótese que se equipara a depreciação da coisa e admite a retenção integral dos valores (art. 527 do CC) – Recurso provido (*TJSP* – Ap. 1000892-71.2018.8.26.0482, 29-4-2020, Rel. Luis Fernando Nishi).

Apelação cível – Relação de consumo – Obrigação de fazer c/c indenizatória – Empreendimento imobiliário – Contrato de promessa de compra e venda – Autores que ao diligenciarem no sentido de obterem o financiamento do imóvel descobriram restrição em nome de terceiro, consubstanciada no registro de outro contrato de promessa de compra e venda firmado pelas rés. Sentença de parcial procedência condenando as rés ao pagamento de R$ 10.000,00 a título de danos morais, concedendo a posse provisória do bem em favor dos autores e determinando que as rés regularizem o financiamento do imóvel e, após, procedam a lavratura da escritura definitiva, julgando improcedentes os demais pedidos. Apelo apenas dos autores. Ausência de quitação integral do preço do imóvel. Pagamento de aproximadamente 35%. Não preenchimento de todos os requisitos específicos para a adjudicação compulsória pleiteada. Inteligência do artigo 15 do Decreto-lei nº 58/1937. Precedentes desta corte. Restituição da "comissão de corretagem". Descabimento. Observância do dever de informação. Tese fixada em recurso repetitivo. Inteligência dos artigos 927, III, e 1.039 do CPC. **Impossibilidade de aplicação do artigo 419 do Código Civil para a determinação do *quantum* a título de dano moral.** Arras que possuem natureza patrimonial que não se confunde com a natureza extrapatrimonial do dano moral. Dano material que não foi deduzido na demanda. Patamar fixado na sentença que se mostra adequado ao caso concreto e aos princípios da proporcionalidade e razoabilidade. Inteligência da Súmula nº 343 do TJRJ. Sucumbência recíproca. Desprovimento do recurso (*TJRJ* – Ap. 0025270-91.2014.8.19.0208, 27-1-2017, Rel. Francisco de Assis Pessanha Filho).

Art. 420. Se no contrato for estipulado o direito de arrependimento para qualquer das partes, as arras ou sinal terão função unicamente indenizatória. Neste caso, quem as deu perdê-las-á em benefício da outra parte; e quem as recebeu devolvê-las-á, mais o equivalente. Em ambos os casos não haverá direito a indenização suplementar.

As partes poderão reservar-se o *direito de arrependimento*. Somente haverá esse direito se as partes assim se manifestarem expressamente. Trata-se de uma faculdade dos interessados. A hipótese contemplando o arrependimento perante as arras está descrita nesse artigo.

Portanto, fica claro que indenização suplementar, além do valor do sinal, somente se torna possível perante o contrato irretratável. Quando existe possibilidade de retrato, tal como no diploma mais antigo, as arras servem de limite de indenização. Veja o que expusemos anteriormente.

Nessa modalidade de arras penitenciais do presente artigo, o legislador também preferiu não utilizar a expressão *devolução em dobro*, mas também se refere ao *equivalente*. Só que nessa hipótese a lei não se reporta à "correção monetária, juros e honorários". Sem dúvida, a ausência de correção monetária nessa devolução do "equivalente" poderá acarretar enriquecimento injusto e como tal pode ser pleiteado. Como enfatizamos, as arras penitenciais têm a função de permitir o arrependimento, substituindo uma cláusula penal.

Não se esqueça, porém, que nessa hipótese, bem como em todas as demais situações analisadas, estamos no campo da autonomia da vontade, podendo as partes dispor diferentemente. Nada impede, por exemplo, que, mesmo perante uma avença irretratável, as partes disponham que quantia alguma será devida além do valor do sinal, vedando-se o acréscimo por perdas e danos. Nesse caso, haveria uma cláusula limitativa de responsabilidade.

Tudo indica que a Súmula 412 do STF continue aplicável, no tocante ao compromisso de compra e venda: *"No compromisso de compra e venda com cláusula de arrependimento, a devolução do sinal por quem o deu, ou a sua restituição em dobro por quem a recebeu, exclui indenização maior a título de perdas e danos, salvo os juros moratórios e os encargos do processo."*

⚖️ Apelação cível. Ação de rescisão contratual cumulada com reintegração de posse e pedido de perdas e danos. Sentença de parcial procedência, declarando rescindido o contrato "sub judice", reintegrando a autora na posse e condenando-a a restituir 80% dos valores recebidos da requerida. Inconformismo da requerente, que apela pugnando pela indenização a título de fruição, retenção das arras e majoração dos honorários advocatícios, além de prequestionar a matéria. Descabimento. Desnecessária a fixação de alugueres a título de fruição, por se tratar de lote sem qualquer edificação, não havendo, inclusive, comprovação de que a apelada foi imitida na posse. Valor dado como sinal e princípio de pagamento que não é passível de aplicação do art. 418 do Código Civil, haja vista não caracterizar arras penitenciais (art. 420 do CC). Alteração "ex officio" da r. sentença quanto à incidência do juros moratórios, que passam a incidir a partir do trânsito em julgado (Tema 1002 do E. STJ), e aos honorários advocatícios sucumbenciais, os quais não foram fixados em primeiro grau. Prequestionamento. Recurso desprovido, com observação. (*TJSP* – Ap. 1008232-43.2018.8.26.0037, 14-7-2020, Rel. Clara Maria Araújo Xavier).

⚖️ Apelação – Compromisso de compra e venda de imóvel – Preliminar – Intempestividade do recurso – Inocorrência – Recurso interposto no último dia do prazo legal – Mérito – Restituição do sinal pago pela adquirente – Impossibilidade de retenção – Expressa previsão de perda dos valores pagos a título de sinal na hipótese de desistência da compradora. **Arras penitenciais**. Retenção devida (art. 420 do CC). Recurso improvido (*TJSP* – Ap. 3000073-24.2013.8.26.0079, 26-1-2017, Rel. Hamid Bdine).

TÍTULO V
DOS CONTRATOS EM GERAL

CAPÍTULO I
Disposições Gerais

Seção I
Preliminares

Art. 421. A liberdade contratual será exercida nos limites da função social do contrato.
Parágrafo único. Nas relações contratuais privadas, prevalecerão o princípio da intervenção mínima e a excepcionalidade da revisão contratual.

1. Historicidade do conceito de contrato. Sua evolução. A chamada crise do contrato

A preponderância da autonomia da vontade no direito obrigacional, e como ponto principal do negócio jurídico, nos vem dos conceitos traçados para o contrato no Código francês e no Código alemão.

A ideia de um contrato absolutamente paritário é aquela ínsita ao direito privado. Duas pessoas, ao tratarem de um objeto a ser contratado, discutem todas as cláusulas minudentemente, propõem e contrapropõem a respeito de preço, prazo, condições, formas de pagamento etc., até chegarem ao momento culminante, que é a conclusão do contrato. Nesse tipo de contrato, sobreleva-se a autonomia da vontade: quem vende ou compra; aluga ou toma alugado; empresta ou toma emprestado está em igualdade de condições para impor sua vontade nesta ou naquela cláusula, transigindo num ou noutro ponto da relação contratual para atingir o fim desejado. Pois bem, não se diga que esse contrato desapareceu. Aliás, nosso Código Civil de 1916 dirigia-se a ele e de certa forma também o faz o vigente diploma, pois persistem em vigor as regras do CDC, basicamente destinadas à contratação em massa. Essa forma clássica de contratar permanece como o baluarte do direito privado naquilo que é essencial ao direito civil, ou seja, o direito do "cidadão", aquele que contrata com seus iguais. Pressupõe essa contratação que os bens objeto da relação jurídica sejam únicos e individualizados e inseridos dentro do patrimônio da pessoa física, preponderantemente.

O consensualismo pressupõe igualdade de poder entre os contratantes. Esse ideal, na verdade, nunca foi atingido. É evidente que o contrato essencialmente privado e paritário ocupa hoje parcela muito pequena do mundo negocial, embora não tenha desaparecido. É o contrato de quem adquire o cavalo do vizinho; o automóvel usado anunciado pelo atual proprietário no jornal; uma peça de antiguidade exposta por um colecionador; ou quem contrata os serviços de alimentação de uma quituteira que trabalha autonomamente; do mágico que anima festas infantis etc. Mesmo esses pequenos prestadores de serviço se inserem hoje no campo da empresa, ainda que como microempresários.

Como podemos perceber, a atual dinâmica social relega a plano secundário esse contrato. Cada vez mais raramente contrata-se com uma pessoa física. A pessoa jurídica, a empresa, pequena, média ou grande, os grandes e pequenos detentores do capital, enfim, e o próprio Estado são os que fornecem os bens e serviços para o consumidor final. Os contratos são *negócios de massa*. O mesmo contrato, com idênticas cláusulas, é imposto a número indeterminado de pessoas que necessitam de certos bens ou serviços. Não há outra solução para a economia de massa e para a sociedade de consumo.

O contrato deixa de ser a peça-chave, a ponte para alcançar a propriedade. No neocapitalismo, afastado do capitalismo embrionário surgido com a Revolução Francesa, no novo direito social, há valores mobiliários, bens imateriais que constituem parcela de riqueza importante, desvinculando-se do binômio riqueza-propriedade imóvel. A exemplo do que diz Enzo Roppo (1988, p. 64),

> "*com o progredir do modo de produção capitalista, com o multiplicar-se e complicar-se das relações econômicas, abre-se um processo que poderemos definir como de imobilização e desmaterialização da riqueza, a qual tende a subtrair ao direito de propriedade (como poder de gozar e dispor, numa perspectiva estática, das coisas materiais e especialmente dos bens imóveis) a sua supremacia entre os instrumentos de controle e gestão da riqueza. Num sistema capitalista desenvolvido, a riqueza de fato não se identifica apenas com as coisas materiais e com o direito de usá-las; ela consiste também, e sobretudo, em bens imateriais, em relações, em promessas alheias e no correspondente direito ao comportamento de outrem, ou seja, a pretender de outrem algo que não consiste necessariamente numa res a possuir em propriedade*".

A sociedade contemporânea, doutro lado, é imediatista e consumista. Os bens e serviços são adquiridos para serem prontamente utilizados e consumidos. Rareiam os bens duráveis. As coisas tornam-se descartáveis. A economia de massa é levada pela mídia dos meios de comunicação. O que tem valor hoje não o terá amanhã e vice-versa. Nesse contexto, cumpre ao jurista analisar a posição do contratante individual, aquele que é tratado como "consumidor", o qual consegue, na sociedade capitalista, ser ao mesmo tempo a pessoa mais importante e, paradoxalmente, mais desprotegida na relação negocial. A ingerência do direito público nesse relacionamento não retira do campo do direito privado esse exame.

O fato de este Código Civil mencionar que a liberdade de contratar será exercida nos limites da função social do contrato nesse artigo sob epígrafe e a açular os contratantes a portar-se com probidade e boa-fé (art. 422) abre toda uma nova perspectiva no universo contratual, embora os princípios já fossem plenamente conhecidos no passado. Trata-se de aplicação moderna da nova dialética do Direito. A lei modificadora suprimiu os dizeres de que a liberdade de contratar também era *em razão da função social*, pois havia crítica na doutrina, postulando que a função social não é uma razão de contratar mas um ambiente geral e maior de contratação.

Nesse diapasão, ao contrário do que inicialmente possa parecer, o contrato, e não mais a propriedade, passa a ser o instrumento fundamental do mundo negocial, da geração de recursos e da propulsão da economia. É certo que se trata de um contrato sob novas roupagens, distante daquele modelo clássico, mas se trata, sem sombra de dúvida, de contrato. Por conseguinte, nesse momento histórico, não podemos afirmar que o contrato esteja em crise, estritamente falando, nem que a crise seja do direito privado. A crise situa-se na própria evolução da sociedade, nas transformações sociais que exigem do jurista respostas mais rápidas. O sectarismo do direito das obrigações tradicional é colocado em choque. O novo direito privado exige do jurista e do juiz soluções prontas e adequadas aos novos desafios da sociedade. Daí por que se torna importante a referência ao interesse social no contrato. E o direito das obrigações, e em especial o direito dos contratos, que durante tantos séculos se manteve avesso a modificações de seus princípios, está a exigir reflexões que refogem aos dogmas clássicos. Nesse cenário, este Código procura inserir o contrato como mais um elemento de eficácia social, trazendo a ideia básica de que o contrato deve ser cumprido não unicamente em prol do credor, mas como benefício da sociedade. De fato, qualquer obrigação descumprida representa uma moléstia social e não prejudica unicamente o credor ou contratante isolado, mas toda uma comunidade.

Enquanto se cuidava de uma sociedade predominantemente agrícola, a propriedade e o poder patriarcal desempenhavam o instrumento principal da circulação de recursos. Essa economia apresentava um aspecto estático que perdurou durante séculos e ainda perdura teimosamente em alguns rincões de nosso país. É justamente nos bolsões onde grassa a miséria que esse sistema perdura. A propriedade agrícola, como regra geral, concentra o poder e a riqueza nas mãos de poucos. Quando se cuida de sociedade dinâmica, o perfil da geração de recursos já é determinado não mais pela propriedade, mas pela *empresa*. No mundo atual, a empresa imiscui-se na vida de cada indivíduo. Os processos econômicos explodem com pequeno espaço temporal nos vários países. Com o esfacelamento do mundo comunista, a atual época transcende a tudo que se podia imaginar com relação à nova sociedade. Uns com mais, outros com menos vigor, todos querem inserir-se no contexto da produção e consumo da empresa. Não há mais fronteiras para o capital. Abastado é aquele que consegue produzir e consumir. Pobre será aquele que não produz e não consome! À empresa, pouco interessando as barreiras representadas pelas fronteiras geográficas ou políticas, interessa que todos consumam. À empresa, pequena, média, ou grande, nacional ou multinacional, interessa que todos possam participar de sua atividade: que todos possam consumir, enfim, *contratar*.

Diante desse cenário, o legislador pátrio, procurando incutir na norma a realidade em que vivemos, fez presentes, no atual Código, a limitação da liberdade de contratar e a função social do contrato. Isso representa clara preocupação com a tutela dos interesses sociais daqueles que se veem cotidianamente contratando. Longe de ser mera cláusula aberta como tem sido conceituada, a função social trata-se de uma responsabilização da sociedade que não desemboca em discricionariedade do juiz, como a princípio possa parecer, mas em um desafio permanente para os operadores do Direito, principalmente os advogados, que terão que iluminar e apontar novos caminhos, diversos dos princípios tradicionais.

O contrato torna-se hoje, portanto, um mecanismo funcional e instrumental da sociedade em geral e da empresa. O Estado, não sem custo em nosso país, percebe que bens e serviços devem ser atribuídos à empresa. O Estado-empresário sempre se mostrou um péssimo gerenciador. O exemplo não é só nosso, mas de todas as repúblicas socialistas que tiveram de abruptamente abrir mão de um ferrenho regime econômico, sob o risco de um total desastre.

A empresa de uma só pessoa desaparece. As pessoas jurídicas são coletivas. Os entes coletivos procuram pulverizar a responsabilidade dificultando a identificação do contratante. Tudo está a modificar-se no direito contratual. A própria estrutura da empresa é contratual. Participar de uma empresa é ser parte de um contrato. Valer-se dos serviços e produtos da empresa também é contratar.

Sob tais aspectos, podemos divisar o declínio do conceito originário de negócio jurídico que afirmamos no início deste trabalho. A autonomia da vontade não mais se harmoniza com o novo direito dos contratos. A economia de massa exige contratos impessoais e padronizados; doutro modo, o individualismo tornaria a sociedade inviável.

O Estado, por sua vez, com muita frequência ingressa na relação contratual privada, proibindo ou impondo cláusulas. O parágrafo único inserido pela lei mais recente busca diminuir essa ingerência estatal no contratualismo, estatuindo que isso somente pode ocorrer mínima e excepcionalmente. Essa mensagem programática não se destina precipuamente ao julgador, mas principalmente ao legislador. Caberá, no entanto, aos magistrados, coarctar, sempre que possível e inconveniente, essa intervenção.

Esses aspectos vêm colocar em choque o contrato como dogma do liberalismo. O binômio liberdade-igualdade que forjou esse liberalismo no direito das obrigações tende a desaparecer. Há vontades que se impõem, quer pelo poder econômico, quer pelo poder político. Essa posição exige a dialética permanente, a argumentação, a retórica sob novas vestes.

Em razão dessas modificações, a força obrigatória dos contratos não se aprecia tanto à luz de um dever moral de manter a palavra empenhada, mas sob o aspecto de realização do bem comum e de sua finalidade social. O homem moderno já não mais aceita o dogma no sentido de que seja justo tudo que seja livre (BORDA, 1989, p. 16). Por esses prismas aqui delineados, devemos iniciar o estudo e o exame do direito contratual. Todas as afirmações feitas nestes comentários e em nossas obra de direito contratual devem ser vistas em consonância com estas linhas introdutórias.

2. Função social do contrato

Esse artigo, consentâneo com a função dos contratos nas últimas décadas, representa exemplo claro das chamadas cláusulas abertas, presentes e pontilhadas em todo este Código e em várias leis extravagantes. A função social do contrato que deve nortear a liberdade de contratar, segundo esse dispositivo, está a indicar uma norma aberta ou genérica, a ser preenchida pelo julgador no caso concreto. O texto final do presente artigo trouxe certa comoção na doutrina e no mundo jurídico nacional, algo que já não é mais tão proeminente.

Quando da codificação moderna, cujo maior baluarte é o Código Civil francês de 1804, a chamada liberdade de contratar tinha um cunho essencialmente capitalista ou burguês, porque o que se buscava, afinal, era fazer com que o contrato permitisse a aquisição da propriedade. Como corolário, o princípio da obrigatoriedade dos contratos possuía o mesmo mister.

Na contemporaneidade, a autonomia de vontade clássica é substituída pela autonomia privada, sob a égide de um interesse social. Nesse sentido, este Código aponta para a liberdade de contratar sob o freio da função social. Há, portanto, uma nova ordem jurídica contratual que se afasta da teoria clássica, tendo em vista mudanças históricas tangíveis. O fenômeno do interesse social na vontade privada negocial não decorre unicamente do intervencionismo do Estado nos interesses privados, com o chamado dirigismo contratual, mas da própria modificação de conceitos históricos em torno da propriedade. No mundo contemporâneo há infindáveis interesses interpessoais que devem ser sopesados, algo nunca imaginado em passado recente, muito além dos princípios do simples contrato de adesão.

Assim, cabe ao interessado apontar e ao juiz ou árbitro decidir sobre a adequação social de um contrato ou de uma ou algumas de suas cláusulas. Em determinado momento histórico do país, por exemplo, pode não atender ao interesse social o contrato de *leasing* de veículos a pessoas naturais, como já ocorreu no passado. Eis uma das importantes razões pelas quais se exige uma sentença afinada com o momento histórico e um julgador antenado perante os fatos sociais e com os princípios interpretativos constitucionais. Como menciona com acuidade Flávio Tartuce (2005, p. 315).

"*a função social do contrato, preceito de ordem pública, encontra fundamento constitucional no princípio da função social do contrato lato sensu (art. 5º, XXII e XXIII, e 170, III), bem como no princípio maior de proteção da dignidade da pessoa humana (art. 1º, III), na busca de uma sociedade mais justa e solidária (art. 3º, I) e na isonomia (art. 5º, caput). Isso, repita-se, em uma nova concepção do direito privado,* no plano civil-constitucional, *que deve guiar o civilista do novo século, seguindo tendência de personalização*".

A função social do contrato se avalia, portanto, na concretude do direito, como apontamos. Todo esse quadro deve merecer deslinde que não coloque em risco a segurança jurídica, um dos pontos fulcrais mais delicados das denominadas cláusulas abertas. Esse será o grande desafio do aplicador do Direito deste século. Assim, não há como se apontar aprioristicamente se um contrato atende ou não o interesse ou função social, mas apenas depois de estudar o caso concreto, o universo contratual no qual o negócio se coloca, qual a amplitude de pessoas atingidas, quais os reflexos políticos e econômicos do negócio etc.

Quando o julgador concluir que um contrato no todo ou em parte desvia-se de sua função social, deverá extirpar sua eficácia ou, se for o caso, adaptá-lo às necessidades sociais, tal como o faria com cláusulas abusivas.

Enunciado nº 21, I Jornada de Direito Civil – CJF/STJ: A função social do contrato, prevista no art. 421 do novo Código Civil, constitui cláusula geral a impor a revisão do princípio da relatividade dos efeitos do contrato em relação a terceiros, implicando a tutela externa do crédito.

Enunciado nº 22, I Jornada de Direito Civil – CJF/STJ: A função social do contrato, prevista no art. 421 do novo Código Civil, constitui cláusula geral que reforça o princípio de conservação do contrato, assegurando trocas úteis e justas.

Enunciado nº 23, I Jornada de Direito Civil – CJF/STJ: A função social do contrato, prevista no art. 421 do novo

Código Civil, não elimina o princípio da autonomia contratual, mas atenua ou reduz o alcance desse princípio quando presentes interesses metaindividuais ou interesse individual relativo à dignidade da pessoa humana.

📚 Enunciado nº 166, III Jornada de Direito Civil – CJF/STJ: A frustração do fim do contrato, como hipótese que não se confunde com a impossibilidade da prestação ou com a excessiva onerosidade, tem guarida no Direito brasileiro pela aplicação do art. 421 do Código Civil.

📚 Enunciado nº 167, III Jornada de Direito Civil – CJF/STJ: Com o advento do Código Civil de 2002, houve forte aproximação principiológica entre esse Código e o Código de Defesa do Consumidor no que respeita à regulação contratual, uma vez que ambos são incorporadores de uma nova teoria geral dos contratos.

📚 Enunciado nº 360, IV Jornada de Direito Civil – CJF/STJ: O princípio da função social dos contratos também pode ter eficácia interna entre as partes contratantes.

📚 Enunciado nº 361, IV Jornada de Direito Civil – CJF/STJ: O adimplemento substancial decorre dos princípios gerais contratuais, de modo a fazer preponderar a função social do contrato e o princípio da boa-fé objetiva, balizando a aplicação do art. 475.

📚 Enunciado nº 431, V, Jornada de Direito Civil – CJF/STJ: A violação do art. 421 conduz à invalidade ou à ineficácia do contrato ou de cláusulas contratuais.

📚 Enunciado nº 582, VII, Jornada de Direito Civil – CJF/STJ: Com suporte na liberdade contratual e, portanto, em concretização da autonomia privada, as partes podem pactuar garantias contratuais atípicas.

📚 Enunciado nº 621, VIII, Jornada de Direito Civil – CJF/STJ: Os contratos coligados devem ser interpretados a partir do exame do conjunto das cláusulas contratuais, de forma que se privilegie a finalidade negocial que lhes é comum.

⚖️ Ação revisional – Contrato de financiamento de veículo – Autor – Arguição – Cerceamento de defesa – Inocorrência – Processo em termos para o julgamento – Princípio da persuasão racional. Civil e processual civil. Locação de imóvel não residencial. Antenas de telecomunicações. Contrato de cessão de crédito locatício e outras avenças. Ação declaratória de nulidade contratual. Ausência de prejuízo ao acordo locatício. Nulidade contratual não verificada. Princípio da autonomia da vontade. Direito de preferência – art. 27 da Lei 8.245/91. Não transmissão da propriedade. Inoponibilidade do direito de preferência. 1. Como base conceitual do direito contratual brasileiro, o princípio da autonomia da vontade, expresso pela liberdade contratual, é garantido pela mínima intervenção e revisão excepcional (Art. 421 do CC). 2. A mera cessão de crédito, na forma prevista aos artigos 286 a 298 do Código Civil não afeta o contrato de onde se originam os créditos. Em regra, Eventuais disposições contratuais acessórias que não importem em prejudicialidade à continuidade dos contratos já firmados não trazem qualquer mácula às avenças anteriores. 3. O direito de preferência previsto ao artigo 27 da Lei 8.245/91 refere-se às situações de transmissão de titularidade dos direitos de propriedade. A mera cessão de direitos por prazo certo não motiva o exercício da prerrogativa preferencial. 4. Apelo não provido. Honorários recursais fixados (*TJDFT* – Ap. 0706279-59.2018.8.07.0001, 5-2-2020, Rel. Arquibaldo Carneiro).

⚖️ Tabela *price* – Método de amortização – Substituição – Não cabimento – Respeito à liberdade contratual e aos princípios da intervenção mínima e excepcionalidade da revisão contratual – art. 421, parágrafo único, do Código Civil – Financiamento – Valores – Pagamento – Parcelas fixas – Anatocismo (crédito fixo) – Não incidência – Juros anuais superiores ao duodécuplo da taxa mensal – Possibilidade – Julgamento de recurso representativo de controvérsia – REsp nº 973.827/RS e Súmula nº 541/STJ – Juros remuneratórios – Cobrança – Legalidade – Súmula 596 do STF e REsp representativo de controvérsia nº 1.061.530 – Limitação – Inaplicabilidade – Pedido inicial – Improcedência – Sentença – Manutenção – Apelo do autor não provido (*TJSP* – Ap. 1000604-61.2020.8.26.0383, 8-4-2021, Tavares de Almeida).

⚖️ Ação de cobrança – Partes – Celebração de contrato de honorários advocatícios – Autor – Prévia ciência dos termos – Livre manifestação de vontade – Liberdade contratual – Princípios da intervenção mínima e da excepcionalidade da revisão contratual – 421, parágrafo único, do Código Civil – Avença – Legalidade – Ajuste – Prevalência – Autor – Vedação ao comportamento contraditório ("venire contra factum proprium") – Princípio da boa-fé objetiva – 422 do Código Civil – Pedido inicial – Improcedência – Sentença – Manutenção – Apelo do autor não provido (*TJSP* – Ap. 1001277-90.2018.8.26.0426, 7-5-2020, Rel. Tavares de Almeida).

Art. 421-A Os contratos civis e empresariais presumem-se paritários e simétricos até a presença de elementos concretos que justifiquem o afastamento dessa presunção, ressalvados os regimes jurídicos previstos em leis especiais, garantido também que:
I – as partes negociantes poderão obedecer parâmetros objetivos para a interpretação das cláusulas negociais e de seus pressupostos de revisão ou de resolução;
II – a alocação de riscos definida pelas partes deve ser respeitada e observada; e
III – a revisão contratual somente ocorrerá de maneira excepcional e limitada. (Artigo introduzido pela Lei n. 13.874/2019)

⚖️ Não nos agrada essa redação que possui mais um caráter de programa de política legislativa do que verdadeiramente ditames jurídicos. Já tivemos oportunidade de expor que os contratos paritários diminuem sensivelmente na sociedade. Por outro lado, a simetria nos contratos nem sempre é verdadeira, pois geralmente haverá um contratante que se sobrepõe ao outro.

Por outro lado, nunca se duvidou que as partes contratantes, e não exatamente negociantes como diz o texto, sempre puderam estabelecer parâmetros de interpretação para suas avenças. E ainda, nos termos da sistemática deste Código Civil, a revisão contratual sempre foi excepcional e limitada, sob a excessiva onerosidade e outros princípios presentes neste estatuto civil, como demonstram os parcos e restritos julgados que aplicaram essa matéria e esse remédio em nossos tribunais. Essa denominada Lei da Liberdade Econômica, que introduziu esse artigo e outros princípios superfetados neste Código, mais nos parece uma medida demagógica do que uma verdadeira intenção de colaborar com a compreensão e clarificação de provectos e bem conhecidos institutos jurídicos.

Agravo de Instrumento. Medida cautelar antecedente de exibição de documentos com pedido de tutela de urgência cautelar. Decisão proferida que manteve o indeferimento da tutela cautelar. Inconformismo. Impossibilidade de se autorizar a intervenção judicial, mesmo nos moldes do art. 6º, V, do CDC, pois não se argumenta que houve ofensa à boa-fé contratual ou mesmo impossibilidade de alcance da finalidade do contrato, observada a sua função social. Artigos 421-A e 317 do Código Civil. Temerário qualquer raciocínio de fundo sobre os negócios jurídicos que os agravantes vieram tratar e pendem para atendê-los na prestação jurisdicional que trazem, se nem os próprios subsidiam concretamente o que lhes circunda de obrigações perante a instituição financeira, à medida que formulam concomitante pleito de exibição dos contratos que vigem. Muito embora não seja possível ficar insensível aos fatos e se entenda a difícil situação retratada pelos autores, a alteração econômica de uma das partes contratantes, por si só, não é suficiente para autorizar a modificação de cláusulas contratuais com a finalidade de afastar encargos moratórios, reduzir taxas de juros, dilatar prazos para pagamento. Admitir tal hipótese significaria impor ao credor as consequências da alteração financeira do devedor por questões de sua esfera, prisma metajurídico, para contornar das obrigações firmadas. E nem se diga que a parte contrária, no caso concreto, é instituição financeira e, portanto, a alteração se torna possível para ser atingido o fim social e o bem comum. O fim social e o bem comum, no caso, somente podem ser atingidos se houver respeito ao ato jurídico perfeito. A onerosidade alegada não foi gerada pelo contrato, mas por circunstâncias que dizem respeito, exclusivamente, às condições pessoais dos autores. Tal fato, ademais, sequer pode ser considerado imprevisível, por ser algo semelhante ao que usual e referente às oscilações econômicas do mercado. O pactuado, ademais, em cognição sumária do momento processual dos autos principais, não pode ser acoimado de ilegal, inconstitucional ou mesmo contrário às normas que regem relação paritária sem uma análise acurada em decisão de fundo. Casos como o presente a alteração econômica não pode ser invocada para a revisão, devendo haver prevalência do quanto contratado. Recurso não provido (*TJSP* – Agravo de Instrumento 2275794-14.2020.8.26.0000, 10-2-2021, Rel. Hélio Nogueira).

Apelação – Ação indenizatória – Locação comercial em *shopping center* – Inexecução do contrato pelas locadoras – Empreendimento não concluído – Cláusula de renúncia antecipada – Nulidade – Devolução da *res sperata* – Possibilidade – Fixação de multa contratual –Possibilidade 1 – Cláusula prevendo a renúncia antecipada de qualquer pretensão indenizatória é nula por implicar em renúncia a pretensões inexistentes. Precedente análogo do C. STJ. 2 – Antecipação da *res sperata* em contrato de locação comercial em *shopping center* deve ser restituída em caso de não construção do empreendimento, sob pena de enriquecimento sem causa das locadoras. Precedente do C. STJ. 3 – Fixação de multa contratual por analogia é possível em razão da função social dos contratos e para manter o equilíbrio econômico, respeitando os limites da revisão judicial dos contratos (CC, art. 421 e 421-A, III). Recurso não provido (*TJSP* – Ap. 1002762-61.2019.8.26.0048, 12-2-2020, Rel. Maria Lúcia Pizzotti).

Art. 422. Os contratantes são obrigados a guardar, assim na conclusão do contrato, como em sua execução, os princípios de probidade e boa-fé.

1. Princípio da boa-fé nos contratos. Desdobramentos. Proibição de comportamento contraditório (*venire contra factum proprium*)

A questão da boa-fé atine mais propriamente à interpretação dos contratos e não se desvincula do exame da função social. Como já acentuamos, a interpretação liga-se inexoravelmente à aplicação da norma. Interpretar e aplicar o Direito implicam-se reciprocamente. O Código italiano possui norma que estabelece que, no desenvolvimento das tratativas e na formação do contrato, as partes devem portar-se com boa-fé (art. 1.337). Esse dispositivo serviu, certamente, de inspiração para nosso presente Código. O aspecto guarda muita importância com relação à responsabilidade pré-contratual, que também estudaremos.

Coloquialmente, podemos afirmar que esse princípio da boa-fé se estampa pelo dever das partes de agir de forma correta, eticamente aceita, antes, durante e depois do contrato, isso porque, mesmo após o cumprimento de um contrato, podem sobrar-lhes efeitos residuais.

Importa, pois, examinar o elemento subjetivo em cada contrato, ao lado da conduta objetiva das partes. A parte contratante pode estar já, de início, sem a intenção de cumprir o contrato, antes mesmo de sua elaboração. A vontade de descumprir pode ter surgido após o contrato. Pode ocorrer que a parte, posteriormente, veja-se em situação de impossibilidade de cumprimento. Cabe ao julgador examinar em cada caso se o descumprimento decorre de boa ou má-fé. Ficam fora desse exame o caso fortuito e a força maior, que são examinados previamente, no raciocínio do julgador, e incidentalmente podem ter reflexos no descumprimento do contrato.

Na análise do princípio da boa-fé dos contratantes, devem ser examinadas as condições em que o contrato foi firmado, o nível sociocultural dos contratantes, o momento histórico e econômico. É ponto da interpretação da vontade contratual.

2. A boa-fé contratual no vigente Código. A boa-fé objetiva

Diz-se que o atual Código constitui um sistema aberto, predominando o exame do caso concreto na área contratual. Cuida-se, na verdade, da dialética contemporânea que abrange todas as ciências, principalmente as ciências sociais. Trilhando técnica moderna, esse estatuto erige cláusulas gerais para os contratos. Nesse campo, realça-se, como já referimos, o art. 421 e, especificamente, este art. 422, que faz referência ao princípio basilar da boa-fé objetiva, a exemplo do Código italiano anteriormente mencionado.

Essa disposição constitui modalidade que a doutrina convencionou denominar *cláusula geral*. Essa rotulação não nos dá perfeita ideia do conteúdo. A cláusula geral não é, na verdade, geral. A denominação *cláusulas abertas* tem sido mais utilizada para essas hipóteses, dando ideia de um dispositivo que deve ser amoldado ao caso concreto, sob uma compreensão social e histórica.

O que primordialmente a caracteriza é o emprego de expressões ou termos vagos, cujo conteúdo é dirigido ao julgador, para que este tenha um sentido norteador no trabalho de hermenêutica. Trata-se, portanto, de uma norma mais propriamente dita genérica, a apontar uma exegese. Não resta dúvida que se há um poder aparentemente discricionário do juiz ou árbitro, há um desafio maior permanente para os aplicadores do Direito em apontar novos caminhos que se façam necessários.

A ideia central é no sentido de que, em princípio, contratante algum ingressa em um conteúdo contratual sem a necessária boa-fé. A má-fé inicial ou interlocutória em um contrato pertence à patologia do negócio jurídico e como tal deve ser examinada e punida. Toda cláusula geral remete o intérprete para um padrão de conduta geralmente aceito no tempo e no espaço. Em cada caso o magistrado deverá definir quais as situações nas quais os partícipes de um contrato se desviaram da boa-fé. Na verdade, levando-se em conta que o Direito gira em torno de *tipificações* ou descrições legais de conduta, a cláusula geral traduz uma tipificação de descrição aberta.

Como o dispositivo deste art. 422 se reporta ao que se denomina *boa-fé objetiva*, é importante que se distinga da *boa-fé subjetiva*. Na boa-fé subjetiva, o manifestante de vontade crê que sua conduta é correta, tendo em vista o grau de conhecimento que possui de um negócio. Para ele há um estado de consciência ou aspecto psicológico que deve ser considerado.

A boa-fé objetiva, por outro lado, tem compreensão diversa. O intérprete parte de um padrão de conduta comum, do homem médio, naquele caso concreto, levando em consideração os aspectos sociais envolvidos. Desse modo, a boa-fé objetiva se traduz de forma mais perceptível como uma regra de conduta, um dever de agir de acordo com determinados padrões sociais estabelecidos e reconhecidos.

Há outros dispositivos no atual Código que se reportam à boa-fé de índole objetiva. Assim dispõe o art. 113: "*Os negócios jurídicos devem ser interpretados conforme a boa-fé e os usos do lugar de sua celebração.*" Ao disciplinar o abuso de direito, o art. 187 do atual estatuto estabelece: "*Também comete ato ilícito o titular de um direito que, ao exercê-lo, excede manifestamente os limites impostos pelo seu fim econômico ou social, pela boa-fé ou pelos bons costumes.*" Desse modo, pelo prisma do vigente Código, há três funções nítidas no conceito de boa-fé objetiva: função interpretativa (art. 113); função de controle dos limites do exercício de um direito (art. 187); e função de integração do negócio jurídico (art. 422).

Em qualquer situação, porém, não deve ser desprezada a boa-fé subjetiva, dependendo seu exame sempre da sensibilidade do julgador. Não se esqueça, contudo, de que haverá uma proeminência da boa-fé objetiva na hermenêutica, tendo em vista o vigente descortino social que este Código assume francamente. Nesse sentido, portanto, não se nega que o credor pode cobrar seu crédito; não poderá, no entanto, exceder-se abusivamente nessa conduta porque estará praticando ato ilícito.

Tanto nas tratativas como na execução, bem como na fase posterior de rescaldo do contrato já cumprido (responsabilidade pós-obrigacional ou pós-contratual), a boa-fé objetiva é fator basilar de interpretação. Dessa forma, avalia-se sob a boa-fé objetiva tanto a responsabilidade pré-contratual, como a responsabilidade contratual e a pós-contratual. Em todas essas situações, sobreleva-se a atividade do juiz na aplicação do Direito ao caso concreto. Caberá à jurisprudência definir o alcance da norma dita aberta do presente diploma civil, como, aliás, já vinha fazendo como regra, ainda que não seja mencionado expressamente o princípio da boa-fé nos julgados. Como aponta Judith

Martins-Costa (2000, p. 517), é no campo da responsabilidade pré-contratual que avulta a importância do princípio da boa-fé objetiva, *"especialmente na hipótese de não justificada conclusão dos contratos"*.

A boa-fé é instituto que também opera ativamente nas relações de consumo, mormente no exame das cláusulas abusivas. O art. 422 se aplica a todos os contratantes, enquanto os princípios que regem a boa-fé no CDC se referem às relações de consumo. Ambos os diplomas se harmonizam em torno do princípio.

3. Proibição de comportamento contraditório: *venire contra factum proprium*

No conceito de boa-fé objetiva, ingressa como forma de sua antítese, ou exemplo de má-fé objetiva, o que se denomina proibição de comportamento contraditório ou, na expressão latina, *venire contra factum proprium*. Trata-se da circunstância de um sujeito de direito buscar favorecer-se em processo judicial, assumindo conduta que contradiz outra que a precede no tempo e assim constitui um proceder injusto e, portanto, inadmissível (STIGLITZ, 1990, p. 491). Cuida-se de uma derivação necessária e imediata do princípio de boa-fé e, como assevera esse mesmo doutrinador argentino, especialmente na direção que concebe essa boa-fé como um modelo objetivo de conduta.

É um imperativo em prol da credibilidade e da segurança das relações sociais e consequentemente das relações jurídicas que o sujeito observe um comportamento coerente, como um princípio básico de convivência. O fundamento situa-se no fato de que a conduta anterior gerou, objetivamente, confiança em quem recebeu reflexos dela.

Assim, o comportamento contraditório se apresenta no campo jurídico como uma conduta ilícita, passível mesmo, conforme a situação concreta de prejuízo, de indenização por perdas e danos, inclusive de índole moral. A aplicação do princípio não exige dano efetivo, porém, basta a potencialidade do dano. O exame do caso concreto deve permitir a conclusão, uma vez que nem sempre um ato que se apresenta como contraditório verdadeiramente o é.

Embora a doutrina do comportamento contraditório não tenha sido sistematizada nos ordenamentos como uma formulação autônoma, tal não impede que seja aplicada como corolário das próprias noções de Direito e Justiça, e como conteúdo presente na noção de boa-fé, como afirmamos. O conteúdo do instituto guarda proximidade com a proibição de alegação da própria torpeza, esta de há muito decantada na doutrina: *nemo auditur turpitudinem allegans* (ninguém pode ser ouvido ao alegar a própria torpeza). Essa orientação sempre foi tida como conteúdo implícito no ordenamento, no tocante ao comportamento das partes. Trata-se de princípio geral de uso recorrente. Nesse princípio, dá-se realce à própria torpeza, aspecto subjetivo na conduta do agente que se traduz em dolo, malícia. Por outro lado, o *nemo potest venire contra factum proprium* é de natureza objetiva, dispensa investigação subjetiva, bastando a contradição objetiva do agente entre dois comportamentos.

Em monografia sobre o tema, pontua Anderson Schreiber (2005, p. 50):

"De fato, a proibição de comportamento contraditório não tem por fim a manutenção da coerência por si só, mas afigura-se razoável apenas quando e na medida em que a incoerência, a contradição aos próprios atos, possa violar expectativas despertadas em outrem e assim causar-lhes prejuízos. Mais que contra a simples coerência, atenta o venire contra factum proprium à confiança despertada na outra parte, ou em terceiros, de que o sentido objetivo daquele comportamento inicial seria mantido, e não contrariado."

Considera ainda o monografista acerca de sua aplicabilidade:

"No Brasil, o nemo potest venire contra factum proprium é ainda uma novidade. Parte reduzida da doutrina tomou conhecimento do instituto, entretanto, o vasto número de situações práticas em que o princípio de proibição ao comportamento contraditório tem aplicação, bem como o seu forte poder de convencimento, têm assegurado invocações cada vez mais frequentes no âmbito jurisprudencial" (ob. cit., p. 187).

Historicamente situada como uma das formas da *exceptio doli*, o comportamento contraditório pode e deve ser alegado processualmente como matéria de defesa ou exceção substancial, para obstar qualquer pretensão que tenha como fundamento comportamento contraditório. Essa teoria encontra vasta aplicação no direito das obrigações, quando, por exemplo, uma parte faz crer a outra que uma forma não é obrigatória e posteriormente argui nulidade por ausência de forma exigida em lei para furtar-se ao cumprimento da obrigação; quando, apesar da existência de nulidade, numa parte dela se beneficia e, posteriormente, aduz nulidade para não cumprir sua obrigação. Os exemplos podem ser vários e também se estendem aos outros campos do Direito.

📄 Enunciado nº 24, I Jornada de Direito Civil – CJF/STJ: Em virtude do princípio da boa-fé, positivado no art. 422 do novo Código Civil, a violação dos deveres anexos constitui espécie de inadimplemento, independentemente de culpa.

📄 Enunciado nº 25, I Jornada de Direito Civil – CJF/STJ: O art. 422 do Código Civil não inviabiliza a aplicação pelo julgador do princípio da boa-fé nas fases pré-contratual e pós-contratual.

📄 Enunciado nº 26, I Jornada de Direito Civil – CJF/STJ: A cláusula geral contida no art. 422 do novo Código Civil impõe ao juiz interpretar e, quando necessário, suprir e corrigir o contrato segundo a boa-fé objetiva, entendida como a exigência de comportamento leal dos contratantes.

📖 Enunciado nº 27, I Jornada de Direito Civil – CJF/STJ: Na interpretação da cláusula geral da boa-fé, deve-se levar em conta o sistema do Código Civil e as conexões sistemáticas com outros estatutos normativos e fatores metajurídicos.

📖 Enunciado nº 166, III Jornada de Direito Civil – CJF/STJ: A frustração do fim do contrato, como hipótese que não se confunde com a impossibilidade da prestação ou com a excessiva onerosidade, tem guarida no Direito brasileiro pela aplicação do art. 421 do Código Civil.

📖 Enunciado nº 167, III Jornada de Direito Civil – CJF/STJ: Com o advento do Código Civil de 2002, houve forte aproximação principiológica entre esse Código e o Código de Defesa do Consumidor, no que respeita à regulação contratual, uma vez que ambos são incorporadores de uma nova teoria geral dos contratos.

📖 Enunciado nº 168, III Jornada de Direito Civil – CJF/STJ: O princípio da boa-fé objetiva importa no reconhecimento de um direito a cumprir em favor do titular passivo da obrigação.

📖 Enunciado nº 169, III Jornada de Direito Civil – CJF/STJ: O princípio da boa-fé objetiva deve levar o credor a evitar o agravamento do próprio prejuízo.

📖 Enunciado nº 170, III Jornada de Direito Civil – CJF/STJ: A boa-fé objetiva deve ser observada pelas partes na fase de negociações preliminares e após a execução do contrato, quando tal exigência decorrer da natureza do contrato.

📖 Enunciado nº 361, IV Jornada de Direito Civil – CJF/STJ: O adimplemento substancial decorre dos princípios gerais contratuais, de modo a fazer preponderar a função social do contrato e o princípio da boa-fé objetiva, balizando a aplicação do art. 475.

📖 Enunciado nº 362, IV Jornada de Direito Civil – CJF/STJ: A vedação do comportamento contraditório (*venire contra factum proprium*) funda-se na proteção da confiança, tal como se extrai dos arts. 187 e 422 do Código Civil.

📖 Enunciado nº 363, IV Jornada de Direito Civil – CJF/STJ: Os princípios da probidade e da confiança são de ordem pública, sendo obrigação da parte lesada apenas demonstrar a existência da violação.

📖 Enunciado nº 432, V Jornada de Direito Civil – CJF/STJ: Em contratos de financiamento bancário, são abusivas cláusulas contratuais de repasse de custos administrativos (como análise do crédito, abertura de cadastro, emissão de fichas de compensação bancária, etc.), seja por estarem intrinsecamente vinculadas ao exercício da atividade econômica, seja por violarem o princípio da boa-fé objetiva.

📖 Enunciado nº 546, VI Jornada de Direito Civil – CJF/STJ: O § 2º do art. 787 do Código Civil deve ser interpretado em consonância com o art. 422 do mesmo diploma legal, não obstando o direito à indenização e ao reembolso.

⚖️ Apelação cível. Seguros. Plano de saúde. Ação de obrigação de fazer. Negativa de cobertura. Colocação de prótese tipo esfíncter artificial. Cobertura devida. 1. Os planos de saúde estão submetidos às disposições do Código de Defesa do Consumidor, razão pela qual se aplica o disposto no art. 35 da Lei 9.656/98 ao caso em tela, decorrente de interpretação literal e mais benéfica ao aderente. 2. Os contratantes devem observar o princípio da boa-fé em todas as fases do contrato. Inteligência do art. 422 do CC. 3. Reconhecido que o contrato entabulado entre as partes prevê a cobertura de tratamento da patologia apresentada pela parte autora, revela-se abusiva a cláusula contratual que exclui da cobertura procedimento necessário ao tratamento. Precedentes. Apelação desprovida (*TJRS* – Ap. 70084005735, 29-4-2020, Rel. Isabel Dias Almeida).

⚖️ Agravo interno no Recurso Especial – Embargos à execução – Contrato de honorários advocatícios – Caráter abusivo – **Boa-fé objetiva** – Revisão do contrato – Possibilidade – 1- Execução fundada em contrato de honorários advocatícios, em que a cliente se comprometeu a pagar ao advogado, por seus serviços profissionais, quantia equivalente à metade do seu direito, ou seu equivalente em dinheiro, do proveito que obtivesse na ação voltada à recuperação de imóvel em demanda proposta contra o ex-companheiro. 2- No curso da ação, as partes fizeram acordo para estabelecer o partilhamento do referido imóvel, na proporção de 50% para cada um, gerando desentendimento acerca do pagamento dos honorários advocatícios contratados. 3- Em prevalecendo os termos do contrato executado, nada restará à parte contratante, pois o proveito econômico obtido no acordo ficará inteiramente com o advogado contratado. 4- As razões do recurso especial não rebateram, de forma específica, o fundamento adotado pelo acórdão recorrido, quanto ao princípio da boa-fé objetiva, circunstância que atrai a incidência das Súmulas 283 e 284 do Supremo Tribunal Federal. 5- Não é razoável que o benefício econômico obtido pela cliente com a causa demandada caiba, por inteiro, ao advogado que contratara. Tal situação ofende a **boa-fé objetiva (artigo 422 do Código Civil)**. 6- A jurisprudência desta Corte se posiciona firme no sentido de que o princípio *pacta sunt servanda* pode ser relativizado, visto que sua aplicação prática está condicionada a outros fatores, como, por exemplo, a função social, a onerosidade excessiva e o princípio da boa-fé objetiva, devendo ser mitigada a força obrigatória dos contratos diante de situações como a dos autos. 7- Agravo interno não provido (*STJ* – AGInt-REsp 1.208.844 – (2010/0153221-4), 7-2-2017, Rel. Min. Raul Araújo).

Art. 423. Quando houver no contrato de adesão cláusulas ambíguas ou contraditórias, dever-se-á adotar a interpretação mais favorável ao aderente.

📖 Enunciado nº 167, III Jornada de Direito Civil – CJF/STJ: Com o advento do Código Civil de 2002, houve forte aproximação principiológica entre esse Código e o Código de Defesa do Consumidor, no que respeita à regulação contratual, uma vez que ambos são incorporadores de uma nova teoria geral dos contratos.

Art. 424

📚 Enunciado nº 171, III Jornada de Direito Civil – CJF/STJ: O contrato de adesão, mencionado nos arts. 423 e 424 do novo Código Civil, não se confunde com o contrato de consumo.

⚖️ Apelação cível. Ação de obrigação de fazer. Plano de saúde. Plano de autogestão. Cerceamento de defesa. Inocorrência. Tratamento *home care*. Cobertura devida. Caso concreto. 1. Não há razão para determinar realização de nova perícia porque a demandada não se contentou com o resultado do laudo confeccionado em juízo. Preclusão temporal. Convencimento do julgador formado com base no restante do conjunto probatório. Cerceamento de defesa inocorrente. 2. A inaplicabilidade do CDC aos planos de saúde na modalidade de autogestão não implica inobservância aos princípios da boa-fé e da função social do contrato (arts. 421 e 422 do CC). O art. 423 do CC determina que, no contrato de adesão, deve-se adotar a interpretação mais favorável ao aderente. 3. O plano de saúde não pode se recusar a custear tratamento prescrito pelo médico, pois cabe a este definir qual é o melhor tratamento para o segurado. Ademais, importa é a existência de cobertura do contrato para a doença apresentada pela parte autora, e não a forma como o tratamento será realizado ou ministrado. 4. Hipótese em que a parte autora comprovou a necessidade e adequação do atendimento em ambiente domiciliar como substituto à internação hospitalar. Preliminar desacolhida e apelo desprovido (*TJRS* – Ap. 70082378407, 27-05-2020, Relª. Isabel Dias Almeida).

⚖️ Plano de saúde – Resilição unilateral – Desequilíbrio – Redução do número de beneficiários – Notificação – Vigência mínima – 1- Quando houver no contrato de adesão **cláusulas ambíguas ou contraditórias**, dever-se-á adotar a interpretação mais favorável ao aderente. 2- Existência de cláusula que denota a normalidade do contrato para um mínimo de duzentos beneficiários. 3- Termo aditivo que estabeleceu vigência mínima de trinta e seis meses de contrato. Recurso não provido (*TJSP* – Ap. 1004352-78.2014.8.26.0006, 1º-2-2016, Relª Silvia Maria Facchina Espósito Martinez).

Art. 424. Nos contratos de adesão, são nulas as cláusulas que estipulem a renúncia antecipada do aderente a direito resultante da natureza do negócio.

1. Contratos com cláusulas predispostas

O contrato com negociação paritária ocupa hoje menor parcela do Direito Privado. Podemos afirmar que persiste como reminiscência romântica do antigo Direito. Na sociedade de consumo, a contratação de massa faz girar nossa vida negocial. O fenômeno da massificação congrega um conjunto de muitos indivíduos anônimos. Dentro dessa nova realidade, o contrato negociado não encontra guarida. Hoje, deparamos com certo automatismo contratual que deixa imperceptível o mecanismo da vontade, antes um baluarte do contrato. Modernamente, cada vez mais o indivíduo contrata com um ente despersonalizado. A figura do contratante que oferta bens e serviços às massas geralmente é desconhecida. Com o inadimplemento é que o contratante individual lesado procura identificá-lo. Desde a compra de um ingresso para o cinema até a aquisição de bens por meio de uma máquina de refrigerantes ou por meio de processamento de dados, com utilização de linhas telefônicas, a automatização aperfeiçoa-se e mostra-se crescente na vida social.

Por aí vemos como estão distantes os princípios clássicos de Direito Contratual. No entanto, tal não afasta os princípios fundamentais até aqui estudados. A automatização do contrato não inibe nem dilui os princípios de boa-fé, relatividade das convenções e obrigatoriedade e intangibilidade das cláusulas. As regras de investigação interpretativa é que devem ser diversas. O elemento objetivo do contrato, em se tratando de contratos de massa, ganha proeminência sobre o elemento subjetivo. O exame do contrato, nessa hipótese, aproxima-se do inconsciente coletivo. Parece correto dizer que nesses contratos existe uma abstração das atitudes psíquicas de seus autores (Rezzonico, 1987, p. 4).

2. Despersonalização do contratante

A contratação em massa apresenta-nos o consumidor anônimo, ainda que possa haver contratos de adesão não alcançados pelo Código de Defesa do Consumidor. Esse contratante só adquire parcial identificação no momento em que chega ao guichê de um espetáculo para adquirir ingresso; aciona a máquina de vendas inserindo uma moeda ou ficha para adquirir um produto; recebe a nota fiscal ao adquirir um bem em um estabelecimento comercial. Note que esse consumidor permanecerá anônimo e não haverá interesse em sua identificação, a não ser nos casos de inadimplemento. O descumprimento também, regra geral, personificará, pelo processo escolhido de reclamação, o produtor ou o fornecedor de serviços de massa, assim como o consumidor.

Apenas se ordenou legislativamente a posição desse contratante anônimo, em nosso país, pela edição da Lei nº 8.078, de 11.9.1990, o CDC. Essa lei, que entrou em vigor 180 dias após sua publicação, coloca, com certo atraso, nosso país dentro das mais modernas legislações protetivas das contratações de massa. Até a vigência dessa lei, os mecanismos do contratante anônimo, baseados na velha lei civil e em estatuto processual que não contemplam hipóteses específicas de proteção, mostraram-se absolutamente obsoletos, e a jurisprudência, salvo raras exceções, não procurou fugir a esse sectarismo. Até a vigência desse Código, entre nós, podemos afirmar que o consumidor era uma pessoa desamparada perante a economia de massa e o poder econômico, público ou privado. O CDC permite reduzir a crise de identidade desse grande anônimo da sociedade moderna, o consumidor. Esse cliente abstrato, na maioria das vezes identificado por um número, ganha definição na citada lei: *"Consumidor é toda pessoa física ou jurídica que adquire ou utiliza produto ou serviço como destinatário final"* (art. 2º). Somos, pois, todos nós, consumidores. A vida em sociedade não pode prescindir do consumo de bens e serviços.

Dentro desse atual prisma, devem ser examinadas as novas manifestações contratuais, em especial o contrato de adesão, com suas variantes, dentro de um capítulo geral de contrato com cláusulas predispostas. Nele, o aderente limita-se a dizer sim ou não ao contrato. Não é permitida a discussão das cláusulas por ser incompatível com os métodos de contratação em massa. O contrato de adesão não é exclusivo do campo do consumidor, mas é nele que encontra campo profícuo.

3. Contrato de adesão

Trata-se do típico contrato que se apresenta com todas as cláusulas predispostas por uma das partes. A outra parte, o aderente, somente tem a alternativa de aceitar ou repelir o contrato. Essa modalidade não resiste a uma explicação dentro dos princípios tradicionais de direito contratual, como vimos. O consentimento manifesta-se, então, por simples adesão às cláusulas que foram apresentadas pelo outro contratante. Há condições gerais nos contratos impostas ao público interessado em geral. Assim é o empresário que impõe a maioria dos contratos bancários, securitários, de transporte de pessoas ou coisas, de espetáculos públicos etc. Isso não significa que, por exceção, esse empresário, em situações excepcionais, deixe de contratar, sob a forma tradicional, um seguro, um financiamento bancário ou o transporte de determinada pessoa ou coisa. Não é, no entanto, a regra geral. Para o consumidor comum, não se abre a discussão ou alteração das condições gerais dos contratos ou das cláusulas predispostas. Enquanto não houver adesão ao contrato, as condições gerais dos contratos não ingressam no mundo jurídico.

Há condições gerais de contratos, no entanto, que podem emanar da vontade paritária das partes, do poder regulamentar do Estado ou da atividade de terceiros. Destarte, pode haver condições gerais nos contratos sem que haja necessariamente contrato de adesão. Portanto, o contrato de adesão é um contrato com cláusulas predispostas, mas não é o único. Orlando Gomes (1983a, 81, p. 121) prefere a terminologia *cláusulas gerais dos contratos*, porque o termo *cláusula* é mais afeto ao direito contratual, enquanto *condição* tem sentido técnico diverso. Outros falam em cláusulas uniformes, ou mencionam os termos "contrato *standard*", como no Direito alemão. A expressão *condições gerais dos contratos* vem sendo aceita pela doutrina para qualificar essas cláusulas padronizadas, o que não implica afastar o termo *contrato de adesão*, expressão consagrada na nossa doutrina e inserida no Código de Defesa do Consumidor:

"Contrato de adesão é aquele cujas cláusulas tenham sido aprovadas pela autoridade competente ou estabelecidas unilateralmente pelo fornecedor de produtos ou serviços, sem que o consumidor possa discutir ou modificar substancialmente seu conteúdo" (art. 54).

A necessidade de criar situações negociais homogêneas e numerosas predispõe, portanto, um *esquema contratual*, isto é, um complexo uniforme de cláusulas. Esse contrato *standard*, por mimetismo e pela lei do mínimo esforço, atinge também relações *a priori* essencialmente paritárias. Exemplo disso são os contratos de locações de imóveis, cujos impressos são vendidos em larga escala.

O art. 423 expressa regra de interpretação consagrada universalmente pela doutrina e pela jurisprudência, no tocante à interpretação. O princípio é no sentido de que o redator da cláusula deve ser claro; se não o foi, a ambiguidade opera contra ele. A questão tem a ver diretamente com a tendência de os predisponentes serem propositadamente obscuros na redação das cláusulas para obterem vantagens em detrimento do aderente. Cabe ao juiz coibir essa atitude. A doutrina sempre admitiu o princípio como regra fundamental de hermenêutica nos contratos de adesão. Sob esse aspecto também o CDC é expresso: *"Os contratos de adesão escritos serão redigidos em termos claros e com caracteres ostensivos e legíveis, cujo tamanho da fonte não será inferior ao corpo doze, de modo a facilitar sua compreensão pelo consumidor"* (art. 54, § 3º). E ainda: *"As cláusulas que implicarem limitação de direito do consumidor deverão ser redigidas com destaque, permitindo sua imediata e fácil compreensão"* (art. 54, § 4º).

Levando-se em consideração que o contrato de adesão se dirige à contratação em massa, dificilmente se imaginará hipótese de contrato dessa modalidade fora do âmbito do consumidor, embora seja possível. Ainda que assim seja, não há que se dispensarem essas regras, que procuram proteger o aderente, cuja manifestação de vontade, como vimos, é sumamente reduzida nesse negócio.

Este Código pontua disposição importante acerca dos contratos de adesão no art. 424 sob epígrafe. O simples fato de o contrato ser de adesão não significa que seja abusivo. No entanto, requer cuidado maior do intérprete. Veda-se, assim, a renúncia antecipada por parte do aderente. Assim, por exemplo, em um contrato de locação não se pode impor ao locatário a renúncia antecipada a seu direito de usar e dispor integralmente da coisa locada, que é da natureza do negócio. Em sede de consumidor, por outro lado, qualquer restrição nesse sentido será considerada cláusula abusiva.

Esses contratos surgem como uma necessidade de tornar mais rápidas as negociações, reduzindo custos. Reduzimos assim a iniciativa individual. Os contratos com cláusulas predispostas surgem, então, como fator de racionalização da empresa. O predisponente, o contratante forte, encontra nessa modalidade contratual um meio para expandir e potencializar sua vontade. Cabe ao legislador, e particularmente ao julgador, traçar os limites dessa imposição de cláusulas, tendo em vista a posição do aderente, o contratante fraco. Daí concluirmos que não podemos defender hoje uma total liberdade contratual, porque a sociedade não mais a permite. Paradoxalmente, a plena liberdade contratual, nos dias atuais, se converteria na própria negação dessa liberdade, concluindo-se que "*a liberdade contratual destrói-se a si própria, determinando a sua própria negação*" (ROPPO, 1988, p. 318).

Enunciado nº 167, III Jornada de Direito Civil – CJF/STJ: Com o advento do Código Civil de 2002, houve forte aproximação principiológica entre esse Código e o Código de Defesa do Consumidor, no que respeita à regulação contratual, uma vez que ambos são incorporadores de uma nova teoria geral dos contratos.

Enunciado nº 172, III Jornada de Direito Civil – CJF/STJ: As cláusulas abusivas não ocorrem exclusivamente nas relações jurídicas de consumo. Dessa forma, é possível a identificação de cláusulas abusivas em contratos civis comuns, como, por exemplo, aquela estampada no art. 424 do Código Civil de 2002.

Enunciado nº 364, IV Jornada de Direito Civil – CJF/STJ: No contrato de fiança é nula a cláusula de renúncia antecipada ao benefício de ordem quando inserida em contrato de adesão.

Enunciado nº 433, V Jornada de Direito Civil – CJF/STJ: A cláusula de renúncia antecipada ao direito de indenização e retenção por benfeitorias necessárias é nula em contrato de locação de imóvel urbano feito nos moldes do contrato de adesão.

"Apelação – Embargos à execução – Instrumento particular de confissão de dívida – Novação – Incompetência do juízo – Foro de eleição – Contrato de adesão – Nulidade – I. Partes que convencionaram sobre eleição de foro, para dirimir quaisquer dúvidas oriundas do contrato, renunciando a qualquer outro, por mais privilegiado que seja – Possibilidade em face da competência ser territorial e relativa, ainda que o contrato seja de adesão – II. Inviabilidade de acolher-se a tese de nulidade da cláusula de eleição de foro, vez que os embargantes celebraram livremente o negócio jurídico junto à embargada, de maneira que não há, nos autos, provas capazes de invalidá-lo – Inexistência de vício de vontade ou de consentimento – O só fato de ser o contrato de adesão não enseja sua nulidade automática – Inocorrência da hipótese prevista no art. 424 do CC, o qual veda renúncia antecipada do aderente a direito resultante da natureza do negócio – Aplicação, ademais, do disposto da Súmula nº 335 do STF – Sentença mantida – Apelo improvido". "Renúncia ao benefício de ordem – Contrato de adesão – Nulidade – Violação de princípios – Cláusula contratual que prevê a obrigação dos apelantes como fiadores e principais pagadores do débito, bem como revogação expressa ao benefício de ordem – Manifestação de vontade que não padece de vício – Inexistência de nulidade na revogação ao benefício – Ausência de violação aos princípios da função social do contrato e da boa-fé objetiva - Inteligência dos arts. 827 e 828, I e II, ambos do CCB – Precedentes deste E. TJSP – Sentença mantida – Apelo improvido". "Duplicatas não vencidas – Inexigibilidade de títulos – Nulidade da execução – Execução Proposta anteriormente ao vencimento originário de duas duplicatas – Previsão contratual que possibilita a antecipação da dívida em caso de inadimplemento – Títulos que são, portanto, exigíveis – Inexistência de nulidade da execução – Sentença mantida – Apelo improvido". "Honorários Advocatícios Recursais – Majoração – Sentença proferida e publicada quando já em vigor o atual CPC – Em razão do trabalho adicional realizado em grau de recurso, com base no art. 85, § 11, do CPC, majora-se os honorários advocatícios para 12% sobre o valor da causa, observando-se, ainda, o disposto no artigo 98, § 3º, do CPC" (*TJSP* – Ap. 1054268-85.2017.8.26.0100, 23-8-2018, Rel. Salles Vieira).

Apelação cível – Previdência privada fechada – Não aplicação do Código de Defesa do Consumidor – Novo entendimento do STJ – Resgate de reserva de poupança – Contrato abusivo – Ofensa ao princípio da boa-fé – Renúncia antecipada de direito – Restituição devida – Correção monetária – Conforme contrato – Honorários advocatícios – Valor razoável e proporcional – Sentença mantida – 1- Esclareço que em 24 de fevereiro de 2016, Superior Tribunal de Justiça (STJ) cancelou a Súmula 321. 2- "Entende-se, assim, revisando o posicionamento antes defendido, que o Código de Defesa do Consumidor, pelos motivos acima alinhavados, não se aplica às entidades fechadas de previdência complementar". 3- "O Código de Defesa do Consumidor é aplicável a entidades abertas de previdência complementar, não incidindo nos contratos previdenciários celebrados com entidades fechadas". 4- O pacto tem força executiva entre as partes que devem guardar desde seu início o princípio da boa-fé e da probidade. 5- Entendo que no momento de a parte autora contratar o plano de previdência privada – renunciando e desistindo da reserva de poupança para momento posterior – foi desrespeitado o princípio da boa-fé, bem como o artigo 424, do CC. 6- A retenção dos valores configura enriquecimento ilícito da ré, que no contrato de adesão estimulou cláusulas que violam a boa-fé objetiva. 7- A correção monetária deve incidir conforme contrato. 8- Honorários fixados em valor razoável e proporcional. 9- Recursos conhecidos e não providos (*TJMG* – AC 1.0024.12.205136-0/002, 30-8-2016, Relª Mariza Porto).

Art. 425. É lícito às partes estipular contratos atípicos, observadas as normas gerais fixadas neste Código.

Afirme-se, de plano, a total inutilidade desse artigo. Nunca, em momento algum, após o rigorismo inicial do Direito Romano, se coloca em dúvida que o universo negocial é rico e que as partes podem contratar o que lhes aprouver, fora das fórmulas contratuais regradas, desde que não esbarrem em princípios de ordem pública.

No mundo negocial, especificamente no campo do contrato, negócio jurídico bilateral por excelência, impera a autonomia da vontade, como regra geral. As partes contratantes irão valer-se do instrumento contratual de que necessitam. Esse instrumento pode ser um daqueles descritos na lei. Assim ocorre pela importância da relação negocial descrita ou pela tradição jurídica. Se a avença contratual for daquelas descritas e especificadas na lei, estaremos diante de um contrato *típico* (ou nominado, embora não seja a terminologia mais correta, como veremos). Se a avença contratual tiver por objeto regular relações negociais menos comuns, ou *sui generis*, mais ou menos empregadas na sociedade, mas não descritas ou especificadas na lei, estaremos perante um contrato *atípico* (ou inominado, segundo a doutrina mais antiga).

Nosso Código Civil de 1916 atribuiu nome (daí contratos *nominados*) e regulou (portanto, *tipificou* essas relações negociais) 16 figuras contratuais, embora não se refira expressamente à distinção sob exame. Neste Código, encontramos a disciplina dos contratos de compra e venda, troca, doação, locação, empréstimo, depósito, mandato, gestão de negócios, edição, representação dramática, sociedade, parceria rural, constituição de renda, seguro, jogo e aposta e fiança. Há outros contratos nominados no presente Código: contrato estimatório; comissão; agência e distribuição; corretagem; transporte.

Recorde, de plano, que é tênue a compreensão contratual da gestão de negócios. Contudo, são essas as relações contratuais típicas no Código Civil de 1916 e no atual diploma. Típicas porque sofrem o fenômeno da tipificação por parte da lei. São típicos também todos os demais contratos disciplinados por leis extravagantes ao Código, como é o caso do contrato de incorporação imobiliária regulado pela Lei nº 4.591/1964, por exemplo. O Direito atua com predeterminações formais de conduta, ou seja, descrições legais na norma que regulam determinado comportamento, a tipicidade.

Nos contratos atípicos, a determinação formal é dada pelas partes. Isso não significa que a lei não proteja essa manifestação de vontade. Como estamos no campo da autonomia da vontade, respaldada pelo ordenamento, a descrição das condutas, feita pelas partes nesses contratos, estará inserida em um negócio jurídico perfeitamente válido e eficaz.

Destarte, quer no contrato típico, quer no contrato atípico, parte-se de um plano geral de existência, validade e eficácia como em qualquer outro negócio jurídico.

Examinam-se os requisitos orientadores da Parte Geral do Código e da teoria geral das obrigações e dos contratos. Se o contrato for típico, podem as partes valer-se das normas descritas na lei, a elas nem mesmo devendo fazer menção. Em se tratando de normas não cogentes, se em um contrato típico pretenderem as partes dispor diferentemente, poderão fazê-lo, mas isso deverá ficar expresso. Na ausência de manifestação de vontade acerca de particularidades de um contrato típico, aplicamos as disposições da lei. Se o contrato é atípico, devem as partes tecer maiores minúcias na contratação, porque a interpretação subjacente será mais custosa e problemática numa omissão, justamente porque não existe um molde legal. Há regras que se observam para suprir essa ausência.

Como lembra Caio Mário da Silva Pereira (1986, v. 3, p. 40), tendo em vista a doutrina moderna, é mais conveniente a nomenclatura *"típicos e atípicos, atendendo a que não é a circunstância de ter uma designação própria* (nomen iuris) *que preleva, mas a tipicidade legal"*. Os contratos atípicos ou inominados, portanto, são fonte infinita e inesgotável de obrigações. Na realidade, o termo *inominado* atém-se à noção do contrato para o qual não se dá uma denominação; a lei não dá um nome. Contudo, o contrato pode ser mencionado ou referido por uma lei, o que por si só o "nomina", mas não o converte em contrato típico. Por isso, ter um nome no sistema legal não basta; importa que o contrato, além de nominado, seja regulado pela lei. Esse é o sentido técnico que se dá ao contrato típico. Com essa observação, deve ser entendida a nomenclatura sob estudo. Nesse diapasão, o contrato deve ser tido como atípico quando for regulado por normas gerais, e não por normas específicas.

Outro aspecto que não pode ser esquecido é o fato de que a reiteração social de uma forma contratual força o legislador a tipificá-la. Assim como há contratos típicos em total desuso, como a constituição de renda, há contratos atípicos cuja reiteração está a exigir (ou exigiu) sua regulamentação, como ocorre com o arrendamento mercantil (*leasing*), faturização, *franchising* etc. Essas manifestações contratuais que serão tanto mais profusas quanto o desenvolvimento da economia, criam, no dizer de Jorge Mosset Iturraspe (1988, p. 63), uma verdadeira *tipicidade social*, em consequência de existirem primeiro na realidade social de uma época, na consciência social, econômica ou ética, antes que o legislador as esquematize. A recepção pelo legislador de um fenômeno social tem a ver diretamente com a própria criação e dinamismo do Direito.

Como lembra Messineo (1973, v. 21, t. 1, p. 693), seria fora da realidade imaginar que as partes, ao se vincularem em um contrato, estejam preocupadas em fazer ingressar suas cláusulas em um esquema predisposto pela lei. Isso só acontece quando estão assistidas por um técnico na ciência jurídica, o que não é corriqueiro. Não é comum os contratantes conhecerem, ou conhecerem a fundo, a lei que regula sua contratação. Assim, o exame da validade do negócio é feito *a posteriori*. Por isso, é muito fértil o campo dos contratos atípicos. Os contratos desse jaez podem tanto se aproximar, como se afastar de tipos conhecidos.

A importância principal em qualificar um contrato como típico ou atípico está em sua integração e interpretação. Assim, para identificar um contrato como típico ou atípico, importa mais a intenção das partes, a finalidade da vontade contratual, do que as palavras expressas. Trata-se de aplicação da regra do art. 112. Em cada caso, temos de verificar se existem normas imperativas que regem a relação jurídica, ou se toda a relação admite a autonomia da vontade. Quando um contrato atípico se aproxima de um contrato típico, a interpretação pode ter base analógica no contrato semelhante. Nesse aspecto, importa muito a essência do contrato atípico sob exame. Há contratos atípicos que não se assemelham a qualquer outro. Esses atípicos puros devem ser interpretados de acordo com os princípios gerais.

Existem, no entanto, contratos coligados que se unem, pinçando disposições de mais de um contrato. Distingue a doutrina a união externa de contratos da ligação de contratos dependentes entre si. A união meramente externa liga contratos independentes que se unem unicamente sob o ponto de vista material. Poderá haver, por exemplo, um comodato de móveis dentro de uma locação de imóvel. São dois os contratos, apenas que contingencialmente se apresentam no mesmo instrumento.

Na união de contratos com interdependência, os vários pactos influem uns sobre os outros. Forma-se um mosaico contratual. Uma avença pode depender de outra ou uma excluir a outra. O contratante vende um equipamento de informática (*hardware*) e cede gratuitamente os programas de utilização (*software*), por exemplo. Somente existe a cessão gratuita, porque houve a compra e venda. A cessão depende da compra e venda. Por outro lado, pode ser estipulado que o contratante escolha entre pagar pelo equipamento, ou pagar pelos programas. Uma avença exclui a outra. Há uma contratação com obrigação alternativa. Os exemplos podem multiplicar-se.

Nos contratos atípicos mistos, quando não há simplesmente uma justaposição de dois contratos, o que existe é um único contrato, que unitariamente deve ser interpretado.

Para a disciplina jurídica dos contratos atípicos, normalmente a doutrina refere-se a três teorias. Pela *teoria da absorção*, o intérprete deve procurar a categoria de contrato típico mais próxima para aplicar seus princípios. Pela *teoria da extensão analógica*, aplicam-se os princípios dos contratos que guardam certa semelhança. Pela chamada *teoria da combinação*, procura aplicar-se os princípios de cada contrato típico envolvido (ITURRASPE, 1988, p. 68). Temos para nós que não deve o intérprete fixar-se em normas predeterminadas.

Os contratos atípicos devem ser examinados de acordo com a intenção das partes e os princípios gerais que regem os negócios jurídicos e os contratos em particular. Nem sempre a busca em princípios de outros contratos dará o sentido exato da intenção das partes, tanto que, se isso fosse possível, provavelmente teriam elas se valido do contrato típico, ou expressamente de algumas de suas normas. O contrato atípico, da mesma forma que o típico, surge como unidade orgânica. A força de usos e costumes também é muito presente em sua elaboração e interpretação.

São muito frequentes na vida jurídica os contratos atípicos de hospedagem, garagem, publicidade, excursão turística, espetáculos artísticos, feiras e exposições, serviços de gala e nojo, serviços de bufê em geral, mudança, claque teatral, garantia, fornecimento, manutenção de equipamentos, bem como vários contratos bancários, entre outros.

📖 Enunciado nº 582, VII Jornada de Direito Civil – CJF/STJ: Com suporte na liberdade contratual e, portanto, em concretização da autonomia privada, as partes podem pactuar garantias contratuais atípicas.

🔖 Outorga de escritura definitiva – Imóvel – Obrigação cumprida pela titular do imóvel em favor de quem comprovou ser o atual cessionário dos direitos, a partir de longa cadeia de sucessões – Validade – Afastamento do pedido de anulação da escritura pública de compra e venda – Improcedência – Indeferimento do pedido para prolongamento da instrução processual – Desnecessidade - Cessão de posição contratual – Contrato atípico – Possibilidade – Inteligência dos artigos 286 e 425, do CC – Desnecessidade de anuência da cedente, desde que cedido e cessionário respondam conjuntamente pela obrigação – Recurso não provido (*TJSP* – Ap. 1016855-49.2014.8.26.0001, 9-5-2018, Rel. Mônica de Carvalho).

🔖 Obrigação de fazer – Contrato de compra e venda de veículo – Alienação fiduciária – Negócio jurídico que traduz cessão de direitos – Validade entre as partes que o subscreveram – Recurso desprovido – 1- O contrato firmado entre as partes, a despeito de denominado como compra e venda de veículo, refere-se, na verdade, a cessão de direitos e obrigações decorrentes do contrato de alienação fiduciária firmado entre a apelante e o Banco Itaucard S.A. Referido instituto, apesar de não possuir previsão legal específica, é admitido pela doutrina com respaldo nos postulados da autonomia da vontade, liberdade contratual e na possibilidade de **celebração de contratos atípicos**, a teor do disposto nos arts. 421 e 425, do Código Civil. 2- Não havendo disciplina específica da cessão da posição contratual, os institutos que mais se aproximam dela, e que poderão contribuir para solucionar os temas que lhe dizem respeito, são a cessão de créditos e a assunção de débitos, de que tratam os artigos 286 a 303 do Código Civil. 3- A cessão da posição contratual com substituição de uma parte por outra exige expressa anuência das partes originárias para sua validade, o que não ocorreu. A transferência de posse do veículo pela apelante ao apelado gera direitos e obrigações entre os mesmos amparáveis pela lei. A ineficácia adstringe-se ao credor fiduciário, perante o qual o vendedor, no caso a apelante, continua na posição de depositário. 4- Não havendo anuência do agente financeiro e considerando que este sequer integrou a relação processual, não há como determinar que o apelado "diligencie junto ao Banco Itaucard S.A. para passar a titularizar o contrato de financiamento firmado para a aquisição do veículo Fiat Strada Fire Flex, 2007/2007, placa MRB9490, figurando como devedor e posteriormente que adote as providências necessárias junto ao DETRAN/ES para o registro da propriedade do veículo em seu nome". 5- Recurso desprovido (*TJES* – Ap. 0000860-72.2014.8.08.0014, 27-10-2016, Rel. Des. Fabio Clem de Oliveira).

Art. 426. Não pode ser objeto de contrato a herança de pessoa viva.

Nosso sistema filia-se à corrente dos numerosos ordenamentos que não permitem contratar sobre herança de pessoa viva. Aliás, o texto legal apresenta incongruência porque não existe herança antes da morte de seu autor. Enquanto vivo o titular de um patrimônio, não se pode contratar sobre este para depois da morte. O testamento, como ato de última vontade, é negócio unilateral cuja eficácia somente ocorre após a morte.

A proibição é da tradição do Direito Romano. Não pode a transmissão hereditária ter origem contratual. O Direito Romano condenava tanto o contrato que tinha por objeto a própria herança como aquele que objetivava a herança de terceiro. A principal razão da proibição era de que, com o pacto vedado, poder-se-ia derrogar a ordem de vocação hereditária.

A razão da existência de norma expressa em nosso Direito é que o antigo Direito germânico não proibia o pacto sucessório. Enquanto o Direito Romano se baseava no poder irrestrito do *pater familias*, o Direito germânico levava em conta o interesse coletivo, não individualístico, próprio do Direito latino. O Direito germânico permitia o pacto na ausência de herdeiro de sangue. Como assinala Lodovico Barassi (1944, p. 46), com a recepção do Direito Romano na Alemanha, tais contratos se transformaram em verdadeiros contratos *causa mortis*. O contrato sucessório distinguia-se do testamento tão só por sua formação e pelo fato de ser irrevogável.

Como, entre nós, e na maioria das legislações de inspiração romana, o testamento é sempre ato da última vontade do *de cujus*, e sempre revogável, foi mantida a tradição da proibição.

Não discrepa a doutrina em entender os pactos sobre herança de pessoa viva como imorais. Imagine a situação do futuro herdeiro ou legatário, protegido por um contrato desses, sabendo que o negócio não poderia ser revogado. Não resta dúvida de que o futuro beneficiário do contrato não zelaria muito pela vida do transmitente dos bens. O mesmo Barassi (1944, p. 47) mostra sua estranheza à solução alemã, entendendo que ali existe uma sensibilidade diferente para o que seja ou não seja moral nesse aspecto.

Também, os pactos sucessórios violariam as regras do direito das sucessões, com interferência do contrato nas disposições exclusivas de herança. Tais contratos, portanto, constituiriam uma especulação sobre a morte de uma pessoa, contrariando a moral e os bons costumes (OLIVEIRA, 1987, p. 42). Tanto que eram denominados *pacta corvina*.

O princípio, porém, sofre ou sofria duas exceções entre nós. Uma das situações era a possibilidade de, nos pactos antenupciais, os nubentes poderem dispor a respeito da recíproca e futura sucessão. Tratava-se da doação *propter nuptias* que, estipulada no pacto antenupcial, aproveitava aos filhos do donatário, se este falecesse antes do doador. Não parece que no sistema atual esse negócio seja vedado. Note, aqui, que a doação não vem subordinada à morte, mas às bodas; sendo a morte mera consequência, não encontrando oposição no atual sistema. Outra exceção é a do art. 2.018: *"É válida a partilha feita por ascendente, por ato entre vivos ou de última vontade, contanto que não prejudique a legítima dos herdeiros necessários."* Essa é, na verdade, a única exceção real ao art. 426, porque possibilita a ocorrência de uma disposição antecipada de bens para após a morte. Embora seja de pouco uso corrente, não tem grandes inconvenientes, pois só pode abranger bens presentes.

O fundamento dessa proibição situa-se mais acentuadamente no campo ético, pois nada impediria que o ordenamento autorizasse contratos desse jaez, tanto que nos vários ordenamentos essa proibição nunca tem um caráter absoluto. A expressão pacto sucessório, como apontamos, é imprecisa, não flui muito clara. Araken de Assis (2007, p. 140), em profundos comentários sobre o tema, afirma que se inserem nessa proibição os contratos que reúnam as seguintes características:

"(a) o negócio há de envolver uma sucessão ainda não aberta, e, portanto, futura;
(b) os bens contemplados como objeto do negócio, na oportunidade de sua formação, devem pertencer à futura sucessão;
(c) a aquisição desses bens, posteriormente ao contrato, ocorra sucessionis causa".

Assim, na verdade, todo negócio jurídico que objetive relações que tenham como causa ou decorram da morte de alguém é vedado. São os denominados *pacta corvina*. Afasta-se, claro, o testamento, que tem função precípua de atribuir o patrimônio do testador após sua morte. Negócios desse jaez inserem-se na nulidade expressa pelo art. 166, VII.

⚖ Apelação cível. Família. União estável. Alimentos. Direitos hereditários. 1.Inexiste prova suficiente a indicar a existência de necessidade por parte da apelante requisito indispensável ao estabelecimento de uma obrigação alimentar (art. 1.694 do Código Civil), e que não é presumida. 2. Com efeito, a herança de pessoa viva é mera expectativa de direito, inadmitindo-se discussão a seu respeito, conforme artigo 426 do CC, que prevê a impossibilidade de que seja objeto de contrato. Recurso desprovido (*TJRS* – Ap. 70080590797, 28-2-2019, Rel. Liselena Schifino Robles Ribeiro).

⚖ Apelação cível – Ação de anulação de ato jurídico – Sentença que indeferiu a inicial por carência de ação – Legitimidade ativa – Não demonstrada extinção do feito – 1- Demanda em que os descendentes pretendem a anulação de negócio jurídico feito por ascendente com terceiros. 2- Sentença que julgou o feito extinto sem resolução do mérito, em razão da ausência de legitimidade ativa dos Requerentes. 3- Ausência de legitimidade extraordinária: o simples fato da mãe dos Apelantes ser pessoa idosa, não a torna incapaz de exercer seus atos da vida civil. Menos ainda dá aos seus filhos o direito de, em nome próprio, requerer o que é direito dela. 4- Ausência de legitimidade ordinária: **afronta o estabelecido no Código Civil a permissão da discussão de herança de pessoa viva**, o qual proíbe que a herança de pessoa viva seja objeto de contrato. Assim, enquanto ainda vive, a pessoa pode usar, gozar e dispor de seus bens da forma que melhor lhe aprouver. 5- Sentença que deve ser mantida. 6- Recurso conhecido e desprovido (*TJPR* – AC 1511757-2, 23-1-2017, Rel. Des. Marcelo Gobbo Dalla Dea).

⚖ Agravo interno em apelação cível – Ação anulatória de contrato de compra e venda de imóvel – Pessoa idosa – Alegação de lesão como vício no negócio jurídico – Incapacidade civil não comprovada – Ilegitimidade dos filhos – Possível nulidade relativa – Arts. 157 e 178, ambos do CC – **Vedação ao *Pacta Corvina*** – Desprovimento do agravo interno – 1- A lesão é vício do negócio jurídico que exige a prova da desproporção da contraprestação (elemento objetivo), bem como da premente necessidade ou inexperiência do lesado (elemento subjetivo). Assim, ausentes tais elementos não há que se falar na eiva alegada, além do que sendo passível de anulabilidade, patente a ilegitimidade dos filhos em tencionar discutir o negócio aviado pela mãe, tão somente alicerçados no argumento de idade avançada da apelada, sobretudo quando ausentes prova da incapacidade sustentada. 2- A situação dos autos revela somente a insatisfação dos recorrentes quanto a negócio procedido por sua mãe, o qual lhes desagradou, o que faz parecer que visam, como encartado na sentença e na decisão aqui hostilizada, ao resguardo de futura herança da mãe ainda viva, terminantemente vedado pelo ordenamento (CC, art. 426). Agravo interno conhecido e desprovido (*TJGO* – AC 201393191932, 16-6-2016, Rel. Des. Amaral Wilson de Oliveira).

Seção II
Da Formação dos Contratos

Art. 427. A proposta de contrato obriga o proponente, se o contrário não resultar dos termos dela, da natureza do negócio, ou das circunstâncias do caso.

1. Período pré-contratual. Formação da vontade contratual

O período de formação da vontade contratual pode ser mais ou menos longo. Por outro lado, o contrato pode ser concluído instantaneamente, ficando quase imperceptível, ou inexistindo uma fase preliminar. Contudo, não é o mais comum. Geralmente, os contratos com maior complexidade exigem uma troca normal de tratativas e negociação. Essa fase de tratativas será tanto mais longa e complexa quando no futuro contrato existir um interesse econômico relevante, um conteúdo complexo, a observância de determinada forma imposta pela lei ou pelas partes etc. É a fase também conhecida por negociações.

Essas tratativas ocorrem na presença ou na ausência das partes, como veremos, bem como por meio de representantes ou núncios. As pessoas jurídicas fazem-se representar por seus órgãos, nem sempre aqueles que celebrarão o negócio.

Existe, portanto, maturação das negociações antes que culminem na conclusão do contrato. Ao final das tratativas, as partes desembocam quer num contrato definitivo, quer num contrato preliminar, ou então não concluem negócio algum, frustrando-se as expectativas. No contrato preliminar, as partes preordenam o que será disposto no definitivo, mas o contrato em si já é definitivo. A questão da responsabilidade pré-contratual, tanto pela recusa de contratar como pelo rompimento injustificado das negociações, também é matéria importante nessa área. A responsabilidade, nesse caso, é extracontratual, porque contrato ainda não houve.

Já apontamos que as tratativas podem ser ingentes, precedidas de estudos, projetos e reflexão profunda sobre as implicações da contratação. Deixando agora à margem o rompimento das negociações preliminares, questão importante que surge na matéria é a fixação do momento em que reputamos concluído o contrato.

As negociações preliminares não obrigam, enquanto não firmado o contrato. As concordâncias paulatinas obtidas ainda constituem tratativas; não são contrato. Essas tratativas podem transcorrer unicamente sob a forma oral, mas também podem ser documentadas, com correspondência entre os interessados, anotações etc. Por vezes, há interesse das partes de se assegurarem por escrito nessa fase pré-contratual, denominada pontuação, em que pode surgir um esboço ou rascunho do contrato, ou uma carta de intenções. Denomina-se geralmente minuta o esboço do futuro contrato.

O termo significa algo que é menor, leve. A minuta, em regra, não obriga, mas serve de subsídio para a interpretação do contrato futuro. Pode também servir de base probatória para o exercício da ação de indenização pelo rompimento injustificado das tratativas. Há outro significado impróprio para a minuta, que é o de um resumo ou sinopse de um contrato já firmado, o que refoge ao tema tratado.

🔑 Leilão extrajudicial. Ação cominatória. Sentença de parcial procedência dos pedidos. Recurso de apelação. Ré que ofereceu bens em leilão extrajudicial, sem, contudo, disponibilizá-los após o lance, confessadamente por não tê-los em estoque. A proposta de contrato obriga o proponente, se o contrário não resultar dos termos dela, da natureza do negócio, ou das circunstâncias do caso. Inteligência do art. 427 do CC/2002. A oferta ao público equivale a proposta quando encerra os requisitos essenciais ao contrato, nos termos do art. 429 do CC/2002. Proposta e oferta que devem ser cumpridas. Eventual impossibilidade de cumprimento de obrigação de fazer resolve-se em perdas e danos, nos termos do art. 499 do CPC/2015, se o autor o requerer ou se impossível a tutela específica ou a obtenção de tutela pelo resultado prático equivalente. Honorários recursais. Majoração. Recurso não provido (*TJSP* – Ap. 1001685-86.2017.8.26.0565, 22-4-2020, Rel. Alfredo Attié).

🔑 Cobrança – **Prêmio – Proposta – Quitação – Vinculação** – Descumprimento contratual – Multa – Litigância de má-fé – 1- A proposta de contrato obriga o proponente, se o contrário não resultar dos termos dela, da natureza do negócio, ou das circunstâncias do caso. 2- Se a proposta de quitação do débito não foi cumprida por culpa da proponente, que não cumpriu com a obrigação de emitir boleto com o valor proposto, não tem ela direito a multa por descumprimento contratual. 3- A litigância de má-fé, que não se presume, pressupõe má conduta processual, com o propósito evidente de prejudicar. 4- Apelação não provida (*TJDFT* – Proc. 20150111241295APC – (961860), 30-8-2016, Rel. Jair Soares).

As negociações preliminares ou as tratativas não podem ter o mesmo tratamento jurídico da oferta, esta com consequências fixadas na lei. A oferta já traz uma manifestação de vontade inequívoca de contratar e, enquanto não revogada, até o momento legalmente permitido, é obrigatória (LOPES, 1964, v. 3, p. 75). As negociações preliminares não traduzem uma vontade definitiva de vincular-se ao contrato. As circunstâncias concretas serão importantes para distinguir ambos os fenômenos. A lei dá força vinculativa à proposta. Essa é sua verdadeira natureza jurídica. A frustração da proposta pode gerar um dever de indenizar, por vontade da lei, dever esse que não é contratual, porque contrato não existe. Contudo, ao rompimento da proposta aplicamos princípios legais quando ocorrer inadimplemento, assemelhando-se a uma obrigação, enquanto o rompimento injustificado das negociações preliminares e a recusa de contratar situam-se, como já estudamos, no plano exclusivo da responsabilidade extracontratual.

Discute-se se a minuta assinada é vinculativa. A questão é exclusivamente de exame do caso concreto. Se apenas uma das partes firmou a minuta, poderá ela ter os efeitos de uma proposta. Se firmada por ambos os contratantes, a questão é de interpretação de sua vontade. Poderá valer como contrato se a lei, ou a vontade das partes, não exigir escritura pública. Por outro lado, se o contrato é apresentado à parte em desacordo com a minuta e mesmo assim concluído, a questão é transferida para os vícios de vontade, sendo possível ocorrer erro ou dolo.

2. Contratos preliminares. A opção

Os contratos preliminares, que por negócios jurídicos devem ser entendidos, são contratos perfeitos e concluídos. Podem ser bilaterais, quando, por exemplo, as partes se comprometem reciprocamente a cumprir obrigações e a firmar a escritura definitiva de venda e compra de um imóvel; mas podem ser unilaterais, quando uma só das partes se obriga a contratar. A outra parte, nesse caso, fica com a faculdade de exigir a outorga definitiva em certo prazo, como ocorre com a *opção*.

Na opção, o outorgante compromete-se a não revogar a avença, a qual, se violada, o sujeita a perdas e danos. Ocorre uma verdadeira renúncia temporária à revogação da proposta. A matéria será vista quando do exame dos contratos em espécie.

3. Oferta ou proposta

A oferta ou proposta, também denominada policitação, é a primeira fase efetiva do contrato, disciplinada na lei. Na proposta, existe uma declaração de vontade pela qual uma pessoa (o proponente) propõe a outra (o oblato) os termos para a conclusão de um contrato. Para que este se aperfeiçoe, basta que o oblato a aceite. Serpa Lopes (1964, v. 3, p. 86) conclui que a oferta é uma declaração unilateral do proponente, receptícia, e que deve conter, em princípio, os elementos essenciais do negócio jurídico.

A proposta deve ser clara e objetiva, descrevendo os pontos principais do contrato. Nesse aspecto, apresenta-se, portanto, de forma diversa das negociações preliminares. A proposta vincula a vontade do proponente, que somente ficará liberada com a negativa do oblato ou o decurso do prazo estipulado na oferta (ou pela caducidade, em razão da natureza da proposta). A esse respeito é expresso o artigo sob comentário.

As exceções dispostas na lei permitem a conclusão de que a manifestação de vontade nesse aspecto não é oferta, mas apenas parte das negociações preliminares. No entanto, leve em conta também que a proposta pode ter um prazo certo de validade, ou então os usos e costumes não a fazem obrigatória. É o que será examinado no caso concreto. Não persistindo as exceções legais, a recusa em contratar pelo ofertante o sujeitará à indenização por perdas e danos.

A proposta séria é aquela que demonstra efetiva vontade de contratar, não um simples espírito jocoso ou social, por exemplo. A proposta feita ao público em vitrinas, mostruários, catálogos, anúncios etc. vincula o ofertante. O conteúdo completo desse tipo de proposta é um direito básico do consumidor (art. 6º, III, do CDC): "a informação adequada e clara sobre os diferentes produtos e serviços, com especificação correta de quantidade, características, composição, qualidade, tributos incidentes e preço, bem como sobre os riscos que apresentem".

O fornecedor deve garantir não somente o preço e as características do produto e serviços, mas também as quantidades disponíveis em oferta. As ofertas de espetáculos públicos, por exemplo, devem discriminar o número de pessoas que pode ser admitido no teatro, cinema, estádios esportivos etc. Por outro lado, o art. 30 dessa lei do consumidor dispõe, a respeito da oferta:

> "Toda informação ou publicidade, suficientemente precisa, veiculada por qualquer forma ou meio de comunicação com relação a produtos e serviços oferecidos ou apresentados, obriga o fornecedor que a fizer veicular ou dela se utilizar e integra o contrato que vier a ser celebrado."

O aderente, no caso o consumidor, deve saber exatamente o conteúdo de sua aquisição. Desse modo, perante essa lei expressa, está dirimida entre nós qualquer dúvida que pudesse haver acerca da vinculação das ofertas feitas ao público em geral ou a um número indeterminado de pessoas. O art. 31 da mesma lei é absolutamente expresso sobre o que deve conter a proposta nesse caso:

> "A oferta e apresentação de produtos ou serviços devem assegurar informações corretas, claras, precisas, ostensivas e em língua portuguesa sobre suas características, qualidades, quantidade, composição, preço, garantia, prazos de validade e origem, entre outros dados, bem como sobre os riscos que apresentam à saúde e segurança dos consumidores."

A omissão desses requisitos na oferta ou na simples exposição de produtos à venda implica a responsabilidade do fornecedor, responsabilidade solidária com seus prepostos ou representantes (art. 34 do CDC). A referida lei é rigorosa, exigindo que os produtos importados tenham não somente a oferta, mas também os manuais em português. Nesse diapasão, a oferta obriga também os sucessores do proponente. Esses dispositivos vinculam tanto o fabricante como o comerciante e respectivos prepostos.

4. Força vinculante da oferta

Importa precisar que a proposta é vinculativa da vontade do proponente, dentro do sistema de nosso Código. Lembre-se de que tanto a proposta como a aceitação são manifestação de vontade unilateral, com efeitos jurídicos. A proposta e a aceitação buscam a integração de duas vontades, para formar a vontade contratual.

No Código francês, não há dispositivo expresso acerca da obrigatoriedade da proposta. Entende-se ali que a oferta não tem força vinculante. Em consequência, o ofertante pode retirar a proposta até a aceitação. Tal sistema gera insegurança para os interessados.

No sistema do Código alemão, a proposta é vinculativa e deve ser mantida sob certo prazo e sob certas condições. Não se confunde a vinculação da proposta com sua revogabilidade. O ofertante pode deixar de realizar o negócio, submetendo-se a perdas e danos. Não poderá fazê-lo, porém, se a proposta vier com a cláusula de *irrevogabilidade*.

O presente art. 427 do vigente Código Civil, a exemplo do art. 1.080 do estatuto anterior, filia-se ao sistema germânico. A proposta é vinculativa, com efeitos concretos, sendo esses efeitos já disciplinados pela lei do consumidor. A formação do contrato diz respeito tanto aos interessados presentes quanto aos ausentes. No entanto, como se nota da dicção legal, esse princípio vinculante da proposta não é absoluto.

Em sede de direitos do consumidor, entretanto, com a simples oferta ao público o fornecedor vincula-se aos termos da proposta, conforme o acima expresso. Isso ocorre independentemente da presença do consumidor no estabelecimento comercial. Desde a proposta, e enquanto ela tiver validade, o fornecedor deve garantir suas condições: não pode revogar a proposta nem alterar o preço. Existe aqui, sem dúvida, evolução de posição com relação às teorias expostas no passado. Deve o fornecedor atender aos adquirentes no limite do estoque anunciado, sob pena de responsabilidade. A esse respeito dispõe o art. 35 do Código de Defesa do Consumidor:

> "Se o fornecedor de produtos ou serviços recusar cumprimento à oferta, apresentação ou publicidade, o consumidor poderá, alternativamente e à sua livre escolha: I – exigir o cumprimento forçado da obrigação, nos termos da oferta, apresentação ou publicidade; II – aceitar outro produto ou prestação de serviço equivalente; III – rescindir o contrato, com direito à restituição de quantia eventualmente antecipada, monetariamente atualizada, e a perdas e danos."

5. Manutenção da proposta pelos sucessores do ofertante

No campo dos direitos do consumidor, não resta sombra de dúvida de que o espírito da lei obriga o sucessor do fornecedor à proposta oferecida por este. Isso é aplicado tanto no caso de sucessão *inter vivos* como *causa mortis*.

A teoria tradicionalmente aceita em nosso ordenamento também entende que os herdeiros obrigam-se a cumprir a oferta do proponente falecido. Trata-se de consequência da adoção da teoria germânica entre nós. No sistema francês, como a oferta não era vinculativa, a morte do proponente extingue-a sem consequência para os herdeiros. No entanto, a oferta tem existência jurídica independentemente da aceitação. Constituindo-se uma obrigação, transmite-se aos herdeiros do ofertante, que somente poderão retratar-se na forma do art. 428, IV, do Código Civil de 2002. O princípio, evidentemente, não se aplica a uma proposta de obrigação personalíssima.

O vigor da oferta estende-se até a realização do contrato. No dizer de Arnaldo Rizzardo (1988, v. 1, p. 73), a morte intercorrente não desfaz a promessa, que se insere como elemento passivo da herança. A proposta se transmite aos herdeiros como qualquer outra obrigação.

6. Proposta não obrigatória

Há hipóteses, contidas nos arts. 427 e 428, que retiram a obrigatoriedade da proposta. O próprio ofertante pode ressalvar que a proposta não é obrigatória, tanto que o art. 427 menciona: *"se o contrário não resultar dos termos dela"*. O ofertante pode inserir no documento cláusulas como *"não vale como proposta"*; *"sujeita a confirmação"*; *"apenas para divulgação"* etc. Aplicamos essa hipótese também no âmbito do consumidor.

Por vezes, como diz a lei, a própria natureza do negócio deixa de tornar a proposta obrigatória. O exame será do caso concreto e das situações dos próprios incisos do art. 427, a seguir examinadas.

7. Aceitação

A proposta é uma declaração de vontade dirigida a outra pessoa, ou a um grupo de pessoas. Essa oferta pode ocorrer na presença do oblato ou não. Se os interessados não estiverem presentes, há necessidade de que se expeça, por carta, ou outro meio, a proposta. Atualmente o correio eletrônico (*e-mail*) é eficaz e utilizadíssimo meio de comércio.

A aceitação é o ato de aderência à proposta feita. Somente é aceita proposta existente e válida, o que deve ser examinado em cada caso. A aceitação sob condição ou com novos elementos equivale a uma nova proposta, uma contraproposta, como veremos. Decorre daí que, para ser idônea a formar o contrato, a aceitação deve equivaler à proposta formulada. A aceitação deve ser pura e simples, obedecendo aos requisitos de tempestividade de forma, se houver. Exterioriza-se a aceitação com um simples aquiescer, um "de acordo", um "sim" ou palavra equivalente. A simples aposição de um "visto" do oblato não significa que a proposta tenha sido aceita. Nada impede, porém, que a aceitação venha com redação mais completa, inclusive com repetição de todos os termos da oferta. Também a rejeição da proposta ocorre de forma singela, com um simples "não aceita", "rejeitada" ou equivalente. Nas ofertas ao público em geral, são elas aceitas à medida que os interessados se apresentam no estabelecimento do ofertante, quando não se tratar de remessa postal ou outra modalidade de compra.

Cobrança – **Prêmio** – **Proposta** – **Quitação** – **Vinculação** – Descumprimento contratual – Multa – Litigância de má-fé – 1- A proposta de contrato obriga o proponente, se o contrário não resultar dos termos dela, da natureza do negócio, ou das circunstâncias do caso. 2- Se a proposta de quitação do débito não foi cumprida por culpa da proponente, que não cumpriu com a obrigação de emitir boleto com o valor proposto, não tem ela direito a multa por descumprimento contratual. 3- A litigância de má-fé, que não se presume, pressupõe má conduta processual, com o propósito evidente de prejudicar. 4- Apelação não provida (*TJDFT* – Proc. 20150111241295APC – (961860), 30-8-2016, Rel. Jair Soares).

Direito Civil e Processual Civil – Apelação Cível – Ação Cominatória c/c Indenização – Oferta de compra e venda – **Vinculação do proponente** – Art. 427 do Código Civil – Consignação em pagamento – Art. 890, § 1º do CPC/73 – Correção Monetária – Responsabilidade da instituição financeira mantenedora da conta – Dano Material – Prejuízos não comprovados – Recurso parcialmente provido – É sabido que "a proposta de contrato obriga o proponente, se o contrário não resultar dos termos dela, da natureza do negócio, ou das circunstâncias do caso", nos termos do disposto no art. 427 do Código Civil – A partir do momento em que o valor da obrigação é colocado à disposição do credor em estabelecimento bancário oficial, nos termos do disposto no art. 890, § 1º, do CPC/73, o devedor não mais responde pelos encargos decorrentes da mora, sendo certo que a responsabilidade pela atualização monetária de tal valor passa a ser da instituição financeira mantenedora da conta – Em se tratando de dano material, indispensável a comprovação exata dos prejuízos efetivos e potenciais sofridos para que se imponha ao causador da lesão o dever de indenizar o ofendido (*TJMG* – AC 1.0317.11.000432-0/002, 22-11-2016, Rel. Márcio Idalmo Santos Miranda).

Demurrage ou sobre-estadia de contêiner – Ação de cobrança – Prescrição – Prazo quinquenal – Art. 206, § 5º, inc. I, do Código Civil – A pretensão da autora não está prescrita, porque o prazo aplicável à hipótese ora tratada é aquele previsto no art. 206, § 5º, inc. I, do Código Civil. Excesso de cobrança. Proposta que previu a concessão de prazos isentos de cobrança maiores do que aqueles previstos nas notas de débito. Vinculação. Respeito à boa-fé objetiva. Se a autora, por sua mandatária, concedeu à ré, nos certificados que acompanharam os conhecimentos de embarque, prazos isentos de cobrança mais extensos do que aqueles previstos nas notas de débito, fica vinculada à proposta, sob pena de violação à boa-fé objetiva, máxime porque "**a proposta de contrato obriga o proponente, se o contrário não resultar dos termos dela, da natureza do negócio, ou das circunstâncias do caso**" (CC, art. 427). Deve ser expungido o excesso de cobrança. Apelação provida em parte

Art. 428

(*TJSP* – Ap. 0015696-19.2013.8.26.0100, 16-9-2016, Rel.ª Sandra Galhardo Esteves).

🔨 Apelação cível – Ação de rescisão de contrato c/c indenização – Pedido de reserva e proposta de compra de imóvel – Não configuração de contrato de promessa de compra e venda – Art. 427, do CC – Ato unilateral – Multa – Inaplicabilidade – Dano moral – Ofensa aos direitos da personalidade – Não configuração – 1 – O pedido de reserva e proposta de compra de unidade imobiliária não configura contrato de promessa de compra e venda de imóvel, ante a ausência de aceitação do fornecedor, nos exatos termos do art. 427, do CC. 2 – A **policitação**, apesar de discriminar o objeto, o valor e demais características do contrato futuro, não constitui um contrato, sendo ato unilateral que somente vincula o proponente e por prazo determinado. 3 – Somente deve incidir a multa se decorrido o prazo de aceitação do oblato, já que, não havendo a aceitação, não há que se falar em direito de arrependimento. 4 – Para a reparação do dano moral é preciso que ocorra ofensa aos direitos da personalidade. O que se permite indenizar não são os dissabores experimentados nas contingências da vida em sociedade, mas, sim, e exclusivamente, as violações de direitos protegidos, que aviltam a honra alheia ou, acima de tudo, a dignidade humana, causando dano efetivo. 5 – Apelo improvido (*TJDFT* – AC 20080110213459 – (558002), 10-1-2012, Rel. Des. Arnoldo Camanho de Assis).

Art. 428. Deixa de ser obrigatória a proposta:
I – se, feita sem prazo a pessoa presente, não foi imediatamente aceita. Considera-se também presente a pessoa que contrata por telefone ou por meio de comunicação semelhante;
II – se, feita sem prazo a pessoa ausente, tiver decorrido tempo suficiente para chegar a resposta ao conhecimento do proponente;
III – se, feita a pessoa ausente, não tiver sido expedida a resposta dentro do prazo dado;
IV – se, antes dela, ou simultaneamente, chegar ao conhecimento da outra parte a retratação do proponente.

A proposta não pode ter eficácia indefinida. O tempo de sua duração deve ser determinado ou determinável. Cumpre examinar os efeitos da proposta entre *presentes e ausentes*.

O inciso I do artigo reza que a proposta, *feita sem prazo a uma pessoa presente*, deixa de ser obrigatória, se não for imediatamente aceita. A lei considera presentes as partes na contratação por telefone ou meios assemelhados da informática. Com as possibilidades de contratação por computadores, celulares etc., a situação passa a merecer análise, o que faremos a seguir.

O contrato realizado *entre presentes* é aquele em que a proposta e a aceitação ocorrem diretamente entre as partes ou seus representantes. A lei entende como *entre ausentes* o contrato em que as partes se manifestam indiretamente, por intermediário, mensageiro ou outra forma de correspondência (LOPES, 1964, v. 3, p. 85). O contato negocial por telefone ou meio semelhante, como, por exemplo, o chamado "chat" da internet, é entre presentes. Nessa orientação, verificamos que a ausência nada tem a ver com a distância em que se encontram os interessados, já que presentes são os que contratam por telefone. Quando ocorre a troca de correspondência, intercâmbio de documentos entre as partes, os participantes devem ser considerados ausentes, para os fins legais.

Quanto às pessoas ausentes, várias foram as opções encontradas no Direito comparado. A proposta entre ausentes diz respeito à correspondência por carta ou telegrama, com ou sem a intervenção dos serviços de correio. A correspondência pode ser remetida e entregue pelo próprio interessado, ou por alguém contratado para tal.

Pelo *sistema da cognição ou informação*, o contrato somente se perfaz no momento em que o proponente toma conhecimento da aceitação. Tem o inconveniente de deixar ao arbítrio do ofertante tomar a iniciativa de conhecer a resposta, abrindo ou não a correspondência.

Pelo *sistema da agnação ou declaração em geral*, o contrato aperfeiçoa-se pela declaração do oblato. Existem três correntes dentro do sistema da agnação: pela *teoria da declaração propriamente dita*, o contrato completa-se no momento em que o oblato redige a aceitação. Nesse momento é que se exterioriza a vontade. No entanto, enquanto não expedida a resposta, a aceitação não ingressa no mundo jurídico, porque dela não se toma conhecimento. O sistema não pertence a qualquer lei comparada. Pela *teoria da expedição*, o momento de ultimação do contrato é aquele em que a aceitação é *expedida* pelo oblato. A partir daí, a aceitação ingressa no mundo jurídico, não tendo mais o aceitante como obstar, em tese, os efeitos de sua manifestação de vontade. Finalmente, pela *teoria da recepção*, o aperfeiçoamento do negócio jurídico somente ocorre quando o proponente recebe o comunicado da aceitação, ainda que não o leia.

Veja a redação do art. 1.086 do Código de 1916, aqui transcrita, que cuidava do aperfeiçoamento da *aceitação* da proposta. Este Código substitui o *caput* do artigo pela terminologia referente aos contratos entre ausentes, mantidas as três alíneas ("*Os contratos entre ausentes tornam-se perfeitos desde que a aceitação é expedida, exceto:...*"). Desse modo, é inescusável inferir que pertencem ao passado os contratos ultimados por via telegráfica, sendo substituídos pelo correio eletrônico ou outros meios contemporâneos cada vez mais disponíveis. Embora a matéria do chamado comércio eletrônico deva ser regulamentada, inclusive no plano internacional, em princípio os contratos pelo chamado *e-mail* devem ser considerados entre ausentes, aplicáveis os princípios gerais do Código (art. 434).

Em termos claros, verificamos que nossa lei civil adotou a *teoria da expedição*, como já o fizera anteriormente o velho Código Comercial. Portanto, a regra geral está no *caput* do dispositivo aqui transcrito: nada se dispondo em contrário, temos como aperfeiçoado o contrato com a *expedição da aceitação*. No entanto, há temperamentos nessa adoção, porque o Código permite, apesar de acatar a teoria da expedição, a retratação da proposta, atendendo a uma necessidade social. Lembre-se, acima de tudo, de que essas regras acerca do momento da conclusão do contrato são supletivas da vontade das partes, que podem dispor diferentemente.

O oblato, que expedir a resposta aceitando-a, não estará impedido de se retratar; porém, torna-se imperioso que proceda de acordo com o art. 433, mencionando na exceção do inciso I do artigo posterior transcrito: "*Considera-se inexistente a aceitação, se antes dela ou com ela chegar ao proponente a retratação do aceitante.*" Deve então o aceitante envidar esforços para atender ao requisito legal, sob pena de responder por perdas e danos.

O artigo sob exame, disciplinador da obrigatoriedade da proposta, deve ser examinado em conjunto com o art. 434. Aí se afirma que a proposta deixa de ser obrigatória, "*se, antes dela, ou simultaneamente, chegar ao conhecimento da outra parte a retratação do proponente*" (art. 428, IV). Destarte, também o proponente pode desistir da proposta, mas, da mesma forma, deve fazer com que antes do recebimento pelo oblato, ou concomitantemente, receba ele a retratação. Essa simultaneidade deve ser vista como temperamento interpretativo, que se mencionou a respeito da retratação da aceitação. Nas ofertas feitas ao público, a retratação deve ocorrer da mesma forma da oferta e com o mesmo destaque, sob pena de ser ineficaz. É mais uma garantia que decorre da defesa dos direitos do consumidor.

A proposta pode trazer um prazo de validade, o que ocorre com frequência. Decorrido o prazo sem manifestação do oblato, desobriga-se o proponente. Deve ele tomar conhecimento da aceitação dentro do prazo. É o que diz o inciso III do art. 434. A proposta, mesmo sem prazo de validade, não pode ter vigência ilimitada no tempo. O momento em que caduca a proposta, nessa hipótese, é questão para o caso concreto e dependerá das circunstâncias.

Nos contratos que costumeiramente não exigem maiores tratativas, geralmente estabelecidos entre presentes, a proposta é feita sem prazo. Deve o oblato manifestar-se de imediato. Se nada disser, deixa de ser obrigatória a proposta (inciso I). Quando a proposta for feita *sem prazo à pessoa ausente*, ficará o proponente liberado da proposta se *tiver decorrido tempo suficiente para chegar a resposta* a seu conhecimento (inciso II). A questão é de exame do caso concreto, importando bastante os usos e costumes. O inciso III do artigo sob comentário é corolário da teoria da expedição adotada pelo Código: a proposta deixa de ser obrigatória se feita a pessoa ausente, e *a resposta não é expedida no prazo dado*. É hipótese de proposta com prazo certo, portanto. Toda

a matéria de oferta e aceitação é excessivamente casuística, realçando a importância das circunstâncias do negócio, apuradas na prova. Cumpre examinar, no caso concreto, quando ocorre uma aceitação tardia. Na hipótese em que ocorrer circunstância imprevista e a aceitação chegar tarde ao conhecimento do proponente, *este comunicá-lo-á imediatamente* ao aceitante, sob pena de responder por perdas e danos. Pode ocorrer que o aceitante tenha expedido a aceitação no prazo, mas tenha havido extravio ou retardamento na entrega da correspondência, por exemplo. Recebendo a aceitação a destempo, o proponente já poderia ter tomado outro rumo, não contando mais com esse negócio jurídico. Para que não incorra no dever de indenizar, deve comunicar imediatamente o fato ao oblato, que àquela altura já tinha o negócio como certo e ultimado.

A aceitação pode ser feita sob condição, com modificações e alterações. Configura-se, aí, uma contraproposta. Nesse caso, a espécie deve ser tratada como uma *nova proposta*, apresentada, então, pelo oblato. Não está o proponente obrigado a contratar o que não propôs. Equivale a nova proposta, também, quando a aceitação vem fora do prazo. É o que decorre da dicção do art. 431, que disciplina duas espécies que devem ser entendidas como contraproposta: a aceitação tardia, fora do prazo razoável ou estabelecido, e a aceitação com modificação na proposta original. A aceitação só ocorre com a adição total à proposta. Mormente sob inflação ou desequilíbrio econômico, não estará o proponente obrigado a contratar após o prazo concedido, ou nas hipóteses em que devemos entender como escoado o prazo razoável de aceitação. É possível a aceitação parcial quando o negócio admite fragmentação.

Há contratos em que as partes iniciam de plano o cumprimento das obrigações, com *aceitação tácita*, portanto, não sendo comum a aceitação. O início do cumprimento implica aceitação. Semelhante é a situação do proponente que abre mão expressamente da aceitação. Se o oblato não pretender ingressar na relação jurídica, deve notificar em tempo hábil o ofertante (art. 432): "*Se o negócio for daqueles em que não seja costume a aceitação expressa, ou o proponente a tiver dispensado, reputar-se-á concluído o contrato, não chegando a tempo a recusa.*"

Veja o caso de um contrato de fornecimento de materiais ou prestação de serviços, por exemplo, em que periodicamente são alteradas as condições mediante comunicação do fornecedor (o que equivale à proposta de renovação). Se o oblato não concordar com as novas condições, deve comunicar a recusa antes de se iniciar o novo fornecimento ou a continuação da prestação de serviços.

Modifica-se a dicção com o presente art. 428 para declarar que os contratantes por telefone são considerados presentes. A nova lei se refere a outro meio de comunicação semelhante, como a videoconferência, por exemplo. Parece-nos que a contratação por correio eletrônico deve ser considerada entre ausentes. Os demais dispositivos são mantidos idênticos pelo atual diploma.

1. Vinculação da oferta no Código de Defesa do Consumidor

Cabe ao intérprete harmonizar a aplicação do CDC com a legislação em geral e com o Código Civil. Como reiteradamente acentuado, não há compartimentos estanques no Direito. Essa intercambialidade jurídica torna-se mais evidente com o sistema do consumidor. A preponderância deve ser a aplicação teleológica da lei na proteção do consumidor. A sobrevivência das regras gerais dos contratos é fundamental, porque nem todos os contratos são regidos pela lei de consumo, como nem todos podem ser considerados consumidores. Ademais, o Código de Defesa do Consumidor não teve a finalidade de regular toda a matéria referente à existência, validade e eficácia dos contratos.

Nunca devemos esquecer, contudo, na análise do caso concreto que envolve o consumidor, que os princípios protetivos em seu favor não podem ser levados ao extremo de aniquilar a livre iniciativa e o incentivo à produção. Ou seja, embora a finalidade da lei seja protetiva do economicamente mais fraco, não podemos sistematicamente entender prevalente sempre o interesse do consumidor. Protege-se o consumidor à medida que a atividade do fornecedor de produtos ou serviços seja abusiva ou contrária a princípios gerais. Essa proteção não afasta os princípios tradicionais, pois, na realidade, não se criou um novo Direito. Ainda que sob nova filosofia, sempre serão levados em conta os tradicionais princípios de direito contratual, tais como o da autonomia da vontade; da força obrigatória dos contratos; da relatividade das convenções; e, principalmente, o princípio da boa-fé, entre outros.

Quando o CDC estabelece a vinculatividade da oferta ou proposta, nada mais faz do que ratificar o estabelecido como princípio no Código Civil. Esse é mais um aspecto da harmonização buscada e referida neste capítulo, concernente às normas do consumidor. A distinção fundamental é a destinação do CDC à contratação em massa, como regra geral. A proposta feita ao público em vitrinas, mostruários, catálogos, anúncios, panfletos, jornais, revistas, rádio, televisão etc. vincula o ofertante. Como delineado a princípio, o conteúdo dessa proposta está no rol de direitos fundamentais do consumidor: a informação adequada e clara sobre os diferentes produtos e serviços, com especificações corretas, composição, qualidade, tributos incidentes e preço (art. 6º, III). O fornecedor deve assegurar não apenas o preço e as características dos produtos e serviços, mas também as quantidades disponíveis em estoque. O mesmo se aplica, com as necessárias adaptações, ao fornecimento de serviços. Nos termos do art. 30 dessa lei, toda informação ou publicidade, suficientemente precisa, veiculada por qualquer forma ou meio de comunicação com relação a produtos ou serviços oferecidos ou apresentados, obriga o fornecedor, integrando o contrato. O art. 31 completa acerca da necessidade de informações claras e preciosas na oferta. A omissão dos requisitos aí estampados, na oferta ou na simples exposição de produtos, implica a responsabilidade solidária do fornecedor com seus prepostos ou representante (art. 34 do CDC). A oferta deve, portanto, ser verdadeira, clara, precisa, veiculada em língua portuguesa. Essencial é o uso do vernáculo.

Decorre do art. 30 que a oferta, proposta, anúncio ou publicidade deve ter conteúdo suficientemente preciso, quer dizer, nos termos do princípio tradicional de Direito Civil, a proposta deve ser séria. Nesse sentido, não pode ser levado em conta anúncio de imóveis do tipo "venha morar como um rei" ou "more em um paraíso", pois seu conteúdo de generalidade não tem condições de ser vinculativo. Por outro lado, se a divulgação menciona, por exemplo, "aquecimento central" ou "tábuas de ipê na área social", inegavelmente representam verdadeiras cláusulas contratuais. Pelas informações suficientemente precisas responde o fornecedor, cabendo, inclusive, a execução específica.

Por outro lado, também em harmonia com o princípio tradicional, enquanto a oferta ou proposta tiver validade, o fornecedor é obrigado a garantir suas condições, não podendo revogá-la ou alterá-la. O fornecedor deve atender à clientela nos limites do estoque garantido e informado, sob pena de responsabilidade. O art. 35 é expresso ao especificar que, se o fornecedor recusar dar cumprimento a sua oferta, o consumidor poderá exigir, alternativamente, o cumprimento forçado da obrigação, um produto equivalente ou ainda a rescisão do contrato, recebendo perdas e danos. Na hipótese de veiculação errônea da oferta, como, por exemplo, modelo inexistente de produto, ou preço diverso do pretendido pelo vendedor, o fornecedor somente exonerar-se-á da proposta se, oportunamente, e com igual destaque e mesmo instrumento de divulgação, pelo menos, fizer retratação da proposta, de acordo com o art. 428, IV, do Código Civil. Sem o alerta oportuno ao consumidor, a oferta é vinculante. Nessa hipótese, as empresas jornalísticas e publicitárias ou qualquer terceiro que integre a cadeia de divulgação não podem, como regra, responder diretamente perante o consumidor por mensagem defeituosa. Perante este responde o fornecedor, que terá ação de regresso contra o responsável pela divulgação. Não se esqueça de que a responsabilidade do fornecedor é objetiva, conforme os arts. 12, 14, 18, 20, 30 e 35 do CDC.

No campo do consumidor, inelutavelmente o sucessor do fornecedor, *inter vivos* ou *causa mortis*, também responderá pela oferta. Essa é a teoria tradicionalmente aceita em nosso Direito. A proposta é transmitida aos herdeiros e sucessores dos fornecedores, como qualquer outra obrigação.

A *aceitação da oferta* nos negócios de massa, efetuada a proposta ao público em geral, é efetivada à medida que os interessados se apresentam no estabelecimento do ofertante, quando não realizado o negócio em domicílio ou em outro local. Há outro momento de aceitação a ser analisado no caso concreto, quando tratarmos de ofertas por telefone, reembolso postal, fac-símile, meio informatizado etc.

2. Formação dos contratos por meio de processamento de dados

O mundo ingressou definitivamente em uma nova era, a da tecnologia da informação. A maior riqueza das nações e dos produtores de bens ou serviços está constituída pelo conhecimento estratégico das informações. Hoje, são produzidas informações em massa do mesmo modo que os países industrializados produzem bens de consumo.

A cibernética é a ciência que se ocupa das redes de controle e comunicações que governam os computadores e sistemas respectivos. Já estamos inseridos no contexto de uma nova cultura, que não pode prescindir da ciência da informática, hoje à disposição de todos, com a popularização cada vez mais frequente dos computadores pessoais cada vez mais sofisticados (PCs, iPhones, *tablets* etc.). Atualmente, a antiga ideia de que o conhecimento é poder mostra-se obsoleta. Na época contemporânea e cada vez mais, haverá necessidade de se conhecerem as técnicas de conhecimento para o próprio conhecimento.

Essa informática cria novos problemas jurídicos, derivados de relações formadas por ela. Já podemos dizer que existe uma responsabilidade civil decorrente da informática:

> "*Informática é a ciência que tem por objeto próprio o conhecimento* da informação; como método a teoria de sistemas; como instrumento *operativo a computação; como âmbito de desenvolvimento a organização; como objeto da racionalização para a eficiência e eficácia na ação, a partir do processo de produção e circulação da informação*" (GUTIÉRREZ, 1989, p. 121).

No tema aqui estudado, importa saber a mecânica da formação dos contratos por computadores e telefones celulares e similares, aparelhos que se comunicam entre si. Essa forma de contratação torna-se mais e mais frequente à medida que esses equipamentos tornam-se padrão em todas as empresas, e muito difundidos entre as pessoas naturais, que os utilizam como instrumento de trabalho, utilidade doméstica e lazer.

Na celebração de contratos por meio dessa modalidade, intervêm duas ou mais partes, que se comunicam entre si, com um ou mais equipamentos de informática. A questão passa a ter relevância para nós, porque se utilizam cabos e outros meios de comunicação cada vez mais sofisticados, com transmissão de dados eletrônicos, que são traduzidos para linguagem compreensível. Os dispositivos eletrônicos se multiplicam e se modernizam a cada dia para essa finalidade. Para o diálogo entre os computadores, utiliza-se um *software* de comunicação (programação armazenada no computador).

Assim, o proponente, que desejar enviar uma proposta contratual a outro por meio dos computadores, digita o endereço eletrônico do destinatário em seu aparelho e remete a mensagem. Há necessidade que as linguagens do *software* sejam compatíveis. Uma vez estabelecida a comunicação, os computadores dialogam entre si, com a execução de ordens previamente estabelecidas pelos interessados.

Embora seja utilizada a linha telefônica, cabo, antena ou outro sistema, temos de ter em mente que essa contratação, como regra geral, não pode ser tida como entre presentes. A contratação por telefone, reputada entre presentes, mencionada pelo Código (art. 428, I; antigo, art. 1.081, I), é a que se aperfeiçoa pelo colóquio direto entre as partes, seus núncios ou representantes. Na contratação via computador, somente podemos reputar entre presentes a formação do contrato quando cada pessoa se utiliza de seu computador de forma simultânea e concomitante, como se ocorresse uma conversa ordinária, materializada na remessa recíproca de dados: remetemos a proposta, o destinatário está à espera, lê-a no monitor e envia a aceitação ou rejeição, ou formula contraproposta.

Quem opera com esse sistema sabe que não é isso que geralmente ocorre. As transmissões são normalmente decorrentes de pré-programação, com horários acertados de transmissão, que procuram, por vezes, os momentos de menor sobrecarga nas redes. Por sua vez, o receptor, o oblato, no caso, raramente estará à espera da mensagem, a postos diante de seu equipamento eletrônico. Destarte, a contratação, nesse caso, é feita entre ausentes. Existem fases de apresentação da proposta e de aceitação bem nítidas.

Desse modo, a contratação por computadores ou assemelhados, assim como pelos já superados aparelhos de *fax*, serão entre presentes ou entre ausentes, dependendo do posicionamento das partes quando das remessas das mensagens e documentos. As partes podem manter uma comunicação interativa, e, portanto, um diálogo instantâneo, ou os computadores podem dialogar entre si de forma instantânea, sem intervenção atual dos interessados, conforme programas previamente carregados. Pode também a mensagem ficar armazenada na memória do equipamento receptor, aguardando que os comandos sejam acionados para conhecimento. Todas as hipóteses exigirão um exame concreto da prova.

Não existe, em princípio, a menor dificuldade, com a informática, de que os mesmos princípios do Código Civil sejam aplicados. Levamos em conta a teoria da expedição adotada na lei (lembre-se de que os computadores podem registrar data e horário). Tudo o que foi dito acerca da retratação e suas variantes aplica-se, com muito maior dinamismo e facilidade de prova. Recorde-se que as possibilidades de fraude existem em qualquer atividade humana e a informática não é exceção. As questões são resolvidas pelos princípios gerais da responsabilidade civil.

Também a oferta ao público, a um número indeterminado de pessoas, ocorre frequentemente pelos meios eletrônicos da informática. O fornecedor possui um banco de ofertas, com acesso possível ao público em sítios sociais. As compras perfazem-se por meio dos equipamentos. Aplicam-se os princípios de defesa do consumidor e seu respectivo código.

A prova da concretização do contrato eletrônico, admitindo-se que não há necessidade de escritura pública, faz-se pela impressão gráfica das comunicações trocadas, quando não pelas próprias gravações nos dispositivos magnéticos que armazenam os dados. Essas gravações, no entanto, devem ser transcritas em linguagem vernacular. Há necessidade, portanto, de uma decodificação dos dados, o que não apresenta maior problema. As comprovações fática e jurídica do contrato resultam da impressão gráfica, daí derivando um documento particular (o que não impede que os cartórios de notas, já informatizados, redijam os documentos públicos da mesma forma).

Dúvidas são levantadas quanto à forma de assinatura dos contratos realizados no comércio eletrônico (*e-business, e-commerce*). Na maioria das vezes, esses contratos são firmados por meio de um simples toque no *mouse*. Apesar de serem distantes das formas tradicionais, as assinaturas eletrônicas, cujo procedimento é regulamentado, devem ser consideradas válidas e capazes de gerar uma relação contratual. Cuidados devem ser tomados para que se possa verificar a real intenção de contratar. Os meios para tal averiguação não são jurídicos, mas da seara da tecnologia da informática, cabendo a seus técnicos implementá-los.

Caberá à jurisprudência e à doutrina, e à legislação presente e futura, aprofundar as questões que fatalmente decorrerão da era da informática. Não há necessidade premente, porém, ao menos nesse estágio, de normas específicas reguladoras, porque mais uma vez se mostram perenes os velhos postulados românicos do Direito Civil.

A questão da assinatura digital é algo que ainda não apresenta dúvidas, mas segue célere seu caminho para plena utilização. Como lembra Ricardo Lorenzetti, há que se distinguir a problemática da assinatura em si com a tecnologia utilizada para ela. No mundo digital, com quase toda certeza, não é mais a grafia que se utilizará: permite-se que um código identifique o autor de um documento ou uma declaração. Acrescenta esse autor argentino:

> "Em sentido amplo, a assinatura é qualquer método ou símbolo usado por uma parte com a intenção de vincular-se ou autenticar um documento. As técnicas podem ser variadas: a assinatura holográfa, assinatura manual transformada em carimbo, assinatura manual digitalizada, o código em cartão de crédito, a chave na criptografia" (LORENZETTI, 2004, p. 102).

Todos os sistemas apresentam grau maior ou menor de segurança. Por enquanto a criptografia assimétrica é o que apresenta maior garantia. O futuro nos apontará os caminhos.

⚖ Plano de saúde – Oferta pela operadora para continuação da avença – Alegação de equívoco na porcentagem de reajuste – Retratação ulterior ao aceite – Manutenção do valor proposto que se impõe – Art. 427 e 428 do CC – Princípio da probidade e boa-fé contratual – Comprovada a duplicidade da cobrança – Devolução necessária – Sentença confirmada – Apelo desprovido (*TJSP* – Ap. 1031729-28.2017.8.26.0100, 16-4-2018, Rel. Giffoni Ferreira).

⚖ Ação declaratória de inexigibilidade de título c.c. Cancelamento de protesto e indenização por danos morais – Nota promissória vinculada a proposta de compra a venda de imóvel – **Proposta efetuada entre ausentes** – Inteligência do art. 428, II, do Código Civil – Requerida que não comunicou o autor (proponente) da aceitação do oblato, de modo a vinculá-lo à proposta efetuada – Negócio jurídico que, nessas circunstâncias, não chegou a se consumar, sendo indevido o valor a título de comissão, bem como inexigível a nota promissória levada a protesto – Danos morais evidenciados em razão do protesto indevido do título (*damnun in re ipsa*) – Adoção dos fundamentos da sentença pelo Tribunal – Incidência do art. 252 do Regimento Interno do Tribunal de Justiça do Estado de São Paulo – Recurso negado (*TJSP* – Ap. 1004424-93.2014.8.26.0320, 14-12-2016, Rel. Francisco Giaquinto).

Art. 429. A oferta ao público equivale a proposta quando encerra os requisitos essenciais ao contrato, salvo se o contrário resultar das circunstâncias ou dos usos.
Parágrafo único. Pode revogar-se a oferta pela mesma via de sua divulgação, desde que ressalvada esta faculdade na oferta realizada.

A oferta feita ao público, a policitação, atinge número indeterminado de pessoas e por isso deve revestir-se da mesma ou maior seriedade do que a proposta contratual. Note que nessa situação somente pode ocorrer retratação se essa faculdade é mencionada na oferta realizada, como está no parágrafo. Essa retratação somente será eficaz se utilizados os mesmos instrumentos da proposta. Importa analisar detidamente o caso concreto. É fundamental que a solução de eventuais pendências leve em conta sempre a boa-fé objetiva, sem prejuízo do exame da função social do negócio proposto.

Por outro lado, a proposta ao público ou policitação somente terá eficácia se contiver os requisitos essenciais do contrato. Porém, os usos e costumes poderão indicar o contrário, isto é, a vinculação da oferta, mesmo perante a ausência desses requisitos. São exemplos de ofertas ao público os leilões, os concursos, as licitações. O presente preceito legal, porém, somente se aplica se não houver, no caso concreto, legislação específica, como quase sempre ocorre. A oferta individualizada busca uma resposta do oblato, o que não sucede com a oferta genérica ao público. A adesão à oferta pública pode ou não ocorrer em relação a um número indeterminado de pessoas. Salvo menção expressa nos termos na proposta, na oferta ao público não há necessidade de recusa expressa, dada sua própria natureza.

A oferta no campo do direito do consumidor possui característica, amplitude e vinculação próprias, como já acentuado no comentário ao artigo anterior. A legislação consumerista tende a descer a minúcias quanto à vinculação da proposta, exigindo requisitos como tamanho das letras, propriedade dos veículos de transmissão como rádio TV, jornais, redes sociais etc.

⚖ Leilão extrajudicial. Ação cominatória. Sentença de parcial procedência dos pedidos. Recurso de apelação. Ré que ofereceu bens em leilão extrajudicial, sem, contudo, disponibilizá-los após o lance, confessadamente por não tê-los em estoque. A proposta de contrato obriga o proponente, se o contrário não resultar dos termos dela, da natureza do negócio, ou das circunstâncias do caso. Inteligência do art. 427 do CC/2002. A oferta ao público equivale a proposta quando encerra os requisitos essenciais ao contrato, nos termos do art. 429 do CC/2002. Proposta e oferta que devem ser cumpridas. Eventual impossibilidade de cumprimento de obrigação de fazer resolve-se em perdas e danos, nos termos do art. 499 do CPC/2015, se o autor o requerer ou se impossível a tutela específica ou a obtenção de tutela pelo resultado prático equivalente. Honorários recursais. Majoração. Recurso não provido (*TJSP* – Ap. 1001685-86.2017.8.26.0565, 22-4-2020, Rel. Alfredo Attié).

⚖ Civil – Processo Civil – Leilão extrajudicial – Aumento unilateral do preço pelo vendedor – Impossibilidade – Danos morais – Ação declaratória de nulidade de cláusulas cumulada com indenizatória porque o Autor ofertou o único lance pelo imóvel leiloado, mas o Réu exige valor maior pelo bem. Rejeita-se a preliminar de não conhecimento do apelo, pois atende aos requisitos legais. Nos termos dos artigos 427 e 429 do Código Civil, **oferta ao público equivale a proposta e obriga aquele que a realiza**. Se a oferta do Autor é o único lance e igual a pedida inicial divulgada ao público, o Réu não pode majorar o preço do bem após o encerramento do leilão. A possibilidade prevista no edital de o Réu não liberar o bem arrematado constitui cláusula potestativa pura, vedada pela lei e nula de pleno direito. O ato ilícito consubstanciado no aumento unilateral no preço do imóvel arrematado caracteriza dano moral passível de reparação. Recurso desprovido (*TJRJ* – Ap. 0003693-54.2014.8.19.0209, 9-9-2016, Rel. Henrique Carlos de Andrade Figueira).

Art. 430. Se a aceitação, por circunstância imprevista, chegar tarde ao conhecimento do proponente, este comunicá-lo-á imediatamente ao aceitante, sob pena de responder por perdas e danos.

Como visto, a proposta feita a pessoa ausente deixará de ser obrigatória se a resposta for expedida fora do prazo concedido. No entanto, por inúmeras circunstâncias a aceitação pode chegar serodiamente ao proponente, ainda que expedida no prazo. Este, não tendo recebido a aceitação a sua proposta, levará em conta que não houve interesse por parte do oblato. Se o proponente receber a aceitação depois do prazo concedido na proposta ou após prazo razoável, segundo usos e costumes, deverá comunicar o fato imediatamente, sob pena de responder por perdas e danos. O tema é importante porque o não recebimento da aceitação por parte do proponente pode ter indicado a ele novos rumos negociais e, pelo lado do oblato, este não sabendo da chegada tardia de sua aceitação, tem o negócio como firmado. Aceitação e proposta soltas ao acaso não firmam negócio jurídico. A aceitação constitui uma manifestação de vontade receptícia, como a proposta está a exigir.

São sutis as hipóteses que ocorrem nos casos concretos, a merecer a argúcia do julgador. Daí por que é fundamental que se dê a devida compreensão ao vocábulo *imediatamente*, constante do presente texto. A lei pretende punir a negligência dos interessados. Caberá aos imputados provar que negligência não houve e que as iniciativas devidas em torno da proposta e sua aceitação foram tomadas. Sublima-se aqui mais uma vez a boa-fé. Há propostas simples e complexas a serem examinadas. Não se esqueça, também, que em muitas oportunidades a proposta se traveste no denominado "orçamento", que lhe faz as vezes.

Art. 431. A aceitação fora do prazo, com adições, restrições, ou modificações, importará nova proposta.

O texto é direto e não admite tergiversações. O mais dependerá da exegese do caso concreto como, por exemplo, verificar se a aceitação foi feita fora do prazo, levando-se em conta o que foi dito no artigo anterior. Adições, supressões, restrições ou modificações na proposta implicam em reinício de todo o processo policitatório. Resta então que uma proposta pode repetir-se com diferentes nuanças, idas e vindas, dentro do processo das negociações preliminares, até que se efetive a proposta definitiva que venha a vingar ou definitivamente a se frustrar.

O artigo contempla hipóteses diversas: aceitação tardia, aceitação com adições, restrições ou modificações. Assim ocorrendo, a outra parte deverá dar sua aquiescência, pois a lei considera que houve nova proposta. Afora a situação de aceitação tardia, as demais hipóteses qualificam-se na verdade como contraproposta.

Art. 432. Se o negócio for daqueles em que não seja costume a aceitação expressa, ou o proponente a tiver dispensado, reputar-se-á concluído o contrato, não chegando a tempo a recusa.

O presente dispositivo requer cautela, porque não constitui regra geral. Nem sempre há necessidade de aceitação expressa da proposta, ou porque em determinada categoria de negócios não seja costume ou porque essa aceitação seja dispensada pelo próprio ofertante. Nesse caso, a conduta do oblato é fundamental porque se não desejar aceitá-la deve recusar expressamente, fazendo com que essa recusa chegue em tempo hábil ao proponente. Assim, por exemplo, em um contrato de fornecimento, no qual regular e periodicamente são enviados materiais ao oblato: se numa dessas ofertas o interessado não desejar o negócio, deve se manifestar oportunamente, sob pena de ter-se a proposta por aceita. Note que não se pode admitir o silêncio do oblato por si só como aceitação da proposta: o silêncio somente ter-se-á como aceitação se os usos e costumes autorizarem no caso concreto. O presente texto não se refere diretamente ao silêncio como manifestação de vontade. Veja os comentários ao art. 111.

No sistema do consumidor é abusiva a prática de entregar produtos ou restar serviços não solicitados (art. 39, III, VI e parágrafo único do CDC).

Art. 433. Considera-se inexistente a aceitação, se antes dela ou com ela chegar ao proponente a retratação do aceitante.

Esse artigo deve ser entendido em conjunto com o art. 428, IV. Esse dispositivo permite a retratação do proponente. Aqui se trata da retratação por parte do aceitante. O tratamento é equânime. A revogação da proposta ou da aceitação impede a conclusão do negócio.

Questão que pode surgir na prática é acerca da contemporaneidade da chegada da retratação: a carta ou equivalente (ou *e-mail*) com a proposta e a carta ou telegrama (ou *e-mail*) com a retratação chegam, por exemplo, na mesma data. Temos de entender que o requisito da retratação foi cumprido, embora as características do caso concreto possam forçar interpretação diversa. Quem se vale do telegrama, por exemplo, pretende uma comunicação rápida.

Direito civil. Apelação cível. Ação de cobrança. Transação efetuada pelas partes. Negócio jurídico válido. **Emissão de retratação** em momento posterior a perfectibilização do negócio jurídico. Desobediência ao prazo do art. 433 do Código Civil. Retratação inoperante acordo perfeito. Inexistência de débitos pendentes. Recurso conhecido e desprovido (*TJRN* – Acórdão Apelação Cível n. 2010.015943-8, 17-5-2011, Rel. Des. Expedito Ferreira).

Art. 434. Os contratos entre ausentes tornam-se perfeitos desde que a aceitação é expedida, exceto:
I – no caso do artigo antecedente;
II – se o proponente se houver comprometido a esperar resposta;
III – se ela não chegar no prazo convencionado.

O texto se reporta agora a contratos entre ausentes e não mais se refere a contrato epistolar ou equivalente. Será entre ausentes a proposta realizada por carta, telegrama, telex, fax, *e-mail* e todas as outras formas informatizadas onde não é possível ou desejável contato imediato. Há várias outras formas eletrônicas de contratar entre ausentes atualmente e a surgir no futuro que devem ser consideradas. Será contrato entre ausentes todo aquele que exigir um interregno entre a proposta e a aceitação. Cuida-se aqui da adoção da *teoria da expedição*. Veja o que se falou nos comentários ao art. 428. A regra geral é ter a proposta por aceita e concluído o negócio jurídico com a expedição da aceitação. No entanto, essa regra longe está de ser absoluta. É flexível, como retrata o presente texto e os artigos anteriores. De qualquer forma, todas as presentes regras em torno da proposta e aceitação são supletivas e as partes podem dispor diferentemente sob o prisma da autonomia da vontade.

O inciso I trata da retratação, conforme examinado. O inciso II especifica a hipótese de o proponente ter-se comprometido a esperar a resposta. Nesse caso o contrato só se aperfeiçoa quando a resposta chegar ao proponente. É evidente que essa espera não pode ser indefinida e cumpre às partes tomar as providências para que não se eternize a situação. No inciso II, diferentemente, há um prazo que foi convencionado e que deve ser aguardado. Esse prazo não necessita ser expresso e pode decorrer das circunstâncias do negócio. Há propostas que, por sua natureza, exigem um lapso conhecido para ser aceita ou rejeitada. Nesses casos e em outros, admite-se a teoria da recepção.

Enunciado nº 173, III Jornada de Direito Civil – CJF/STJ: A formação dos contratos realizados entre pessoas ausentes, por meio eletrônico, completa-se com a recepção da aceitação pelo proponente.

Bem móvel – Compra e venda – Ação de reparação por danos materiais – Improcedência – Descumprimento do prazo certo de entrega da mercadoria adquirida. Recusa da mercadoria. Contrato entre ausentes. Art. 434 do CC. Correio eletrônico. Prevalece a teoria da expedição. Existência de prazo-limite declarado na aceitação expedida. Entrega posterior. Descumprimento contratual que permitia a recusa. Sentença mantida. Recurso desprovido. No caso de contrato entre ausentes aplica-se a regra do art. 434 do CC. Para a aceitação feita mediante correio eletrônico prevalece a data da expedição, com o envio da mensagem. De qualquer modo, na mensagem virtual expedida pelo oblato constou o prazo final estabelecido para a entrega, sem contrariedade do proponente. Daí por que, descumprido o termo, a recusa está justificada e não há direito à reparação de danos (*TJSP* – Ap. 1037218-78.2014.8.26.0576, 21-10-2015, Rel. Kioitsi Chicuta).

Art. 435. Reputar-se-á celebrado o contrato no lugar em que foi proposto.

O local do contrato é importante para a lei aplicável, em âmbito internacional. Por sua vez, o art. 9º, § 2º, da Lei de Introdução às Normas do Direito Brasileiro, reza que "*a obrigação resultante do contrato reputa-se constituída no lugar em que residir o proponente*". A regra geral é a aplicação da lei do local em que foi feita a proposta. Dentro da autonomia da vontade, no entanto, podem as partes escolher o foro competente e a lei aplicável. Nos contratos informatizados no campo do consumidor surge a problemática dos contratos que se originam de provedores e proponentes situados no exterior, algo que está a exigir convenções internacionais.

Seção III
Da Estipulação em Favor de Terceiro

Art. 436. O que estipula em favor de terceiro pode exigir o cumprimento da obrigação.
Parágrafo único. Ao terceiro, em favor de quem se estipulou a obrigação, também é permitido exigi-la, ficando, todavia, sujeito às condições e normas do contrato, se a ele anuir, e o estipulante não o inovar nos termos do art. 438.

1. Terceiros e o Contrato

Um dos princípios fundamentais do contrato é sua relatividade, isto é, o negócio só ata os participantes, não podendo beneficiar ou prejudicar terceiros, como aplicação do princípio *res inter alios acta, aliis neque nocet neque potest*. No entanto, como sempre enfatizamos, toda afirmação peremptória na ciência jurídica pode dar margem a compreensão não verdadeira.

Existem sucessores que tomam o lugar das partes no contrato, sem que dele tenham participado. Os *sucessores a título universal*, basicamente decorrentes da sucessão *causa mortis*, acabam envolvidos pelo contrato, tanto como credores quanto como devedores. O crédito é bem economicamente apreciável que integra o patrimônio do morto. O herdeiro sucede o *de cujus* nesse valor positivo, assim como responderá pelas dívidas do falecido, até as forças da herança. A transmissão das obrigações por via hereditária é fator de segurança social. Seria estabelecida total incerteza caso as obrigações em geral simplesmente se extinguissem com a morte de seus titulares.

Os sucessores *mortis causa* são continuadores do patrimônio do morto. Extinguem-se apenas as obrigações personalíssimas. Enquanto não feita a partilha, o espólio materializa a massa de bens do falecido. O *espólio* é uma massa patrimonial que permanece coesa até a atribuição dos quinhões hereditários aos herdeiros e legatários. Com a morte, abertura da sucessão, o domínio e a posse dos bens do morto (a herança) transmitem-se imediatamente aos herdeiros legítimos e testamentários (art. 1.784). Incluem-se as posições contratuais nessa transmissão. O legatário é um sucessor singular *causa mortis*. Tem ele necessidade de pedir a posse dos bens que lhe são atribuídos em um testamento. O legatário também pode suceder o morto em um contrato do qual este era parte, por disposição de última vontade.

Do ponto de vista passivo, a herança deve bastar-se a si mesma para atender às responsabilidades do espólio. O herdeiro tem o ônus de fazer inventário exatamente para que não se confunda seu patrimônio com o patrimônio hereditário. O Código Civil menciona no art. 1.997 que a herança responde pelo pagamento das dívidas do falecido. Responde cada herdeiro na proporção de seus quinhões. A herança, entre nós, sempre é recebida sob *benefício de inventário*, o que não impede o herdeiro de suceder o *de cujus* em direitos e obrigações:

"*O herdeiro não responde por encargos superiores às forças da herança; incumbe-lhe, porém, a prova do excesso, salvo se houver inventário que a escuse, demonstrando o valor dos bens herdados*" (art. 1.792).

No contrato, também existe a *sucessão a título particular por ato entre vivos*. Vimos que créditos e débitos podem ser transferidos, assim como a própria posição contratual. Nessas hipóteses, terceiros assumem posição de contratantes anteriores. O comprador recebe a coisa do vendedor e é um sucessor de sua posse.

No entanto, nessas situações de sucessão no contrato aqui mencionadas não existem propriamente efeitos de contratos com relação a terceiros, porque esses novos integrantes ingressam na relação contratual e substituem os predecessores, integrando-se como parte no negócio jurídico. Não fogem eles ao conceito de *parte* nessa relação jurídica de direito material.

Questão particular de sucessão obrigacional é a relacionada com as obrigações *propter rem* ou reipersecutórias. Essas obrigações acompanham o titular de um direito real. Há mudança subjetiva do devedor sempre que se altera a propriedade. Existe vinculação obrigacional relacionada com uma coisa. O nascimento, a transmissão e a extinção da obrigação *propter rem* seguem o Direito Real, com uma vinculação de acessoriedade.

O contrato coletivo, usado para as relações de trabalho, bem como presente no CDC (art. 107), apresenta um conceito extensivo de parte. Nesse negócio, o acordo de vontades é estabelecido entre duas pessoas jurídicas de direito privado, com repercussão em todos os membros integrantes dessas entidades. Os reflexos desses contratos serão mais ou menos amplos de acordo com a amplitude da representação das pessoas jurídicas envolvidas. Todavia, não podemos conceituar tecnicamente como terceiros esse universo de pessoas atingidas pelo acordo coletivo.

2. Verdadeiros terceiros na relação contratual

A noção técnica de *terceiros* no contrato é restrita e não pode compreender os terceiros impropriamente ditos, acima mencionados. Terceiro é aquele que não participa do negócio jurídico, para quem a relação é absolutamente alheia. Nesse sentido, o contrato não pode prejudicar terceiros. Esses, sim, terceiros propriamente ditos. Aí reside a pureza de aplicação do princípio da relatividade dos contratos.

Jorge Mosset Iturraspe (1988, p. 293) faz afirmação com excelente figuração. Diz ele que não apenas os Direitos Reais são oponíveis *erga omnes*. Sob certo aspecto, um contrato também é absoluto e oponível perante todos, porque os terceiros são estranhos a esse negócio e devem, portanto, respeitá-lo. A interferência indevida do terceiro numa relação negocial que não lhe pertence pode lhe acarretar o dever de indenizar. Pode o terceiro, por exemplo, ser cúmplice em um vício de vontade contra um dos contratantes. Tanto isso é verdadeiro que os terceiros podem ter interesse na declaração de existência de um contrato do qual não participam, e não têm o direito de ignorar tais vínculos e neles interferir. Sob tal aspecto, não se nega que, se, por um lado, não existem efeitos dos contratos com relação aos terceiros estranhos, por outro, pode haver repercussões que, por via oblíqua, atinjam terceiros, porque nada em sociedade se mostra exclusivamente individual (LOPES, 1964, v. 3, p. 122).

3. Contratos em favor de terceiros

A expressão possui sentido técnico de extensão restrita. Quando falamos em contratos ou estipulações em favor de terceiros, procura-se mencionar aqueles que originalmente não participaram da relação jurídica, mas podem ser chamados a fazê-lo. A estipulação em que dois contratantes procuram beneficiar terceiros apresenta-se, portanto, como uma exceção ao princípio da relatividade dos contratos.

Historicamente, no Direito Romano, não se admitia, a princípio, a interferência de terceiros na relação negocial. Os negócios jurídicos em Roma eram essencialmente individualistas. A época pós-clássica veio a admitir a contratação em favor de terceiros, tal como a conhecemos.

Os artigos de nosso ordenamento, referentes ao tema, apresentam, pois, uma derrogação do princípio da relatividade dos contratos. Acentue-se que essa exceção é mais aparente do que real: o terceiro participa da relação jurídica exclusivamente para aferir benefícios e como decorrência da autonomia da vontade contratual. Não sendo parte no contrato, sua capacidade é irrelevante. Diferentemente será o exame de sua legitimação, pois no caso concreto há de ser ver se o terceiro pode receber o benefício, se o ordenamento não lhe obsta, se não há fraude. O terceiro pode ser até mesmo designado após a elaboração do contrato e pode não existir quando da conclusão do negócio. Pode ser beneficiada uma pessoa a nascer ou uma pessoa jurídica a ser criada.

Dentro dos princípios gerais, aliás não alinhavados em nossa lei, que não define o instituto, há estipulação em favor de terceiro quando uma das partes (*o estipulante*) contrata em seu próprio nome com a outra parte (*o promitente*), que se obriga a cumprir uma prestação em favor de terceiro (*o beneficiário*). Os contratantes, portanto, celebram um contrato em nome próprio, tendente a proporcionar diretamente uma vantagem a terceiro, estranho a esse negócio. A lei nacional preocupa-se com as consequências do negócio. O Código português, porém, no art. 443, apresenta a seguinte estrutura para o instituto:

> "*1. Por meio de contrato, pode uma das partes assumir perante outra, que tenha na promessa um interesse digno de protecção legal, a obrigação de efectuar uma prestação a favor de terceiro, estranho ao negócio; diz-se promitente a parte que assume a obrigação e promissário o contraente a quem a promessa é feita. 2. Por contrato a favor de terceiro, têm as partes ainda a possibilidade de remitir dívidas ou ceder créditos, bem assim de constituir, modificar, transmitir ou extinguir direitos reais.*"

O que mais comumente se concede ao terceiro é um direito de crédito, como é feito nos seguros de vida.

Nos contratos em favor de terceiro, existem três partícipes, o *estipulante* ou *policitante*, que faz a oferta ou estipulação em favor ou benefício de outrem, o *oblato* ou *devedor*, a quem incumbe cumprir a obrigação direcionada ao terceiro, e o *terceiro* ou *beneficiário*, destinatário do objeto da obrigação. O contrato de seguro ilustra bem esse negócio jurídico: o segurado e o segurador estipulam um prêmio que poderá futuramente ser pago a um terceiro indicado, quando da morte do segurado (art. 790, CC/2002).

Pela regra do presente art. 436, tanto o estipulante assim como o beneficiário poderão exigir o cumprimento da obrigação pelo devedor.

O parágrafo do artigo exige certo cuidado. Ali se estipula que o terceiro que anuir ao contrato fica sujeito às suas condições. Ora, não há que se entender que o devedor esteja obrigado a cumprir algo fora do contrato, ainda que não ocorra essa anuência. Não é comum que ocorra tal anuência, mormente em contratos de seguro de vida. Ao anuir simplesmente, porém, torna-se figurante do contrato, embora não possa ser considerado parte. Sua anuência deve se dirigir tanto ao estipulante como ao devedor. A posição jurídica do anuente nessa hipótese não é fácil de ser definida. De qualquer modo, a anuência somente se torna eficaz após a celebração do contrato. Se junto com a anuência foram estabelecidas obrigações para o terceiro, este, inelutavelmente, torna-se parte contratual, desvirtuando-se o instituto tal como ora estudado.

Por outro lado, também aduz o parágrafo que o estipulante pode substituir o terceiro, independentemente de sua anuência ou do outro contratante, isto é, inová-lo na forma do art. 438. Assim, será terceiro beneficiário quem, quando do cumprimento da obrigação, estiver indicado nessa condição pelo estipulante.

Questão não muito versada refere-se à recusa por parte de terceiro. Ninguém está obrigado a aceitar um benefício. O terceiro pode ter razões morais ou éticas para não usufruir da destinação de um seguro de vida, por exemplo. A sua recusa constitui uma renúncia ao direito, quando já adquirido. Não haverá renúncia prévia. Assim ocorrendo, para o terceiro tudo se passa como se nunca tivesse sido beneficiário. Dependendo das várias modalidades com estipulações em favor de terceiro, os efeitos da renúncia não são homogêneos. Não se afasta a possibilidade de ocorrer renúncia em fraude ou prejuízo de terceiros, o que requer detido exame do caso concreto.

⚖ Acidente de trânsito – Ação de indenização por danos morais – Cerceamento de defesa em razão do julgamento antecipado da lide. Inocorrência. Presença de elementos suficientes para apuração dos fatos. Impossibilidade de realização de perícia no local, eis que decorridos quase sete anos desde o acidente. Possibilidade de aproveitamento das provas já existentes nos autos. Legitimidade passiva da condutora do veículo que atropelou o pai dos autores no acostamento da faixa de rolamento adjacente, no sentido contrário de direção. De acordo com as provas dos autos, o acidente ocorreu por culpa da requerida, que, agindo com imprudência em face da forte chuva, optou por continuar seu trajeto sem a necessária atenção, sofrendo aquaplanagem, invadindo pista adjacente em sentido contrário de direção, e dando causa à colisão lateral com o veículo que se encontrava no respectivo acostamento, vitimando o genitor dos autores. Indenização por danos morais fixada em R$ 75.000,00 para cada um dos dois filhos da vítima. Quantia que se afigura adequada às circunstâncias do caso e às finalidades da condenação, não comportando a redução ou a majoração pretendidas pelos apelantes. A responsabilidade da seguradora é limitada aos riscos assumidos na apólice, bem como ao valor de cobertura contratado. Exegese dos arts. 757 e 760, do CC. Observe-se, por fim, que os autores podem acionar diretamente a seguradora, uma vez que o contrato de seguro encerra verdadeira **estipulação em favor de terceiro**, o qual é definido no momento do sinistro. Exceção ao princípio da relatividade dos contratos. Exegese do art. 436, parágrafo único, do CC. Recursos improvidos, com observação (*TJSP* – Ap. 0002866-17.2010.8.26.0297, 23-1-2017, Rel. Gomes Varjão).

Art. 437. Se ao terceiro, em favor de quem se fez o contrato, se deixar o direito de reclamar-lhe a execução, não poderá o estipulante exonerar o devedor.

Nesse caso, o contrato deve estar expresso. No entanto, o texto deveria ser mais claro. A primeira questão é saber se há necessidade de o terceiro anuir no contrato. Nessa hipótese, porém, atribuindo-se o direito ao terceiro como está no artigo, como regra geral, o devedor não pode ser mais desonerado. Há que se atentar que na estipulação em favor de terceiro ocorrem duas fases distintas: antes da aceitação do beneficiário e depois de sua aceitação.

Quando o contrato estipular que o beneficiário pode reclamar a execução, não poderá ser ele exonerado. Contudo, na ausência dessa disposição, antes da aceitação por parte do terceiro, essa exoneração é livre. Na verdade, quando o terceiro nem mesmo tem conhecimento dessa estipulação, não terá qualquer prejuízo. Ocorrerá diferentemente se já há aceitação por parte do beneficiário: este poderá exigir o cumprimento do contrato. No entanto, é importante atentar que estamos em terreno dispositivo, no campo da autonomia da vontade, e o contrato pode estabelecer diferentes cláusulas. A regra geral, porém, é que o terceiro sempre poderá exigir o benefício do contrato, salvo se diversamente foi estabelecido.

⚖ Apelação – Ação Monitória – Sentença de procedência – Prestação de serviços – Fornecimento de gêneros alimentícios, bebidas, *displays* e carrinhos – **Estipulação em favor de terceiro** – Descabimento – *Liau group* que, como sócia da empresa requerida, agiu em seu nome e celebrou contrato com a autora – Afastada a exceção de contrato não cumprido – Requerida que não logrou êxito em demonstrar que a autora deixou de cumprir sua obrigação contratual – Reconhecida a responsabilidade da requerida pelo pagamento da dívida – Recurso desprovido (*TJSP* – Ap. 4004359-28.2013.8.26.0564, 18-1-2016, Rel. Cesar Luiz de Almeida).

⚖ Civil e processo civil. Recurso especial. Indenização securitária. **Ação proposta diretamente em face da seguradora sem que o segurado fosse incluído no polo passivo.** Legitimidade. 1. A interpretação de cláusula contratual em recurso especial é inadmissível. Incidência da Súmula 5/STJ. 2. Inexiste ofensa ao art. 535 do CPC, quando o tribunal de origem pronuncia-se de forma clara e precisa sobre a questão posta nos autos. 3. A interpretação do contrato de seguro dentro de uma perspectiva social autoriza e recomenda que a indenização prevista para reparar os danos causados pelo segurado a terceiro seja por este diretamente reclamada da seguradora. 4. Não obstante o contrato de seguro ter sido celebrado apenas entre o segurado e a seguradora, dele não fazendo parte o recorrido, ele contém uma estipulação em favor de terceiro. E é em favor desse terceiro – na hipótese, o recorrido – que a importância segurada será paga. Daí a possibilidade de ele requerer diretamente da seguradora o referido pagamento. 5. O fato de o segurado não integrar o polo passivo da ação não retira da seguradora a possibilidade de demonstrar a inexistência do dever de indenizar. 6. Recurso especial conhecido em parte e, nessa parte, não provido (*STJ* – Acórdão Recurso Especial 1.245.618 – RS, 22-11-2011, Relª Minª Nancy Andrighi).

Art. 438. O estipulante pode reservar-se o direito de substituir o terceiro designado no contrato, independentemente da sua anuência e da do outro contratante.
Parágrafo único. A substituição pode ser feita por ato entre vivos ou por disposição de última vontade.

Essa faculdade em favor do estipulante deve vir expressa. Assim, em um contrato de seguro de vida, como ocorre ordinariamente, o contratante pode substituir a qualquer momento o terceiro ou terceiros beneficiários. Geralmente, bastará simples comunicação escrita ao segurador. O art. 791 dispensa até mesmo a menção expressa no contrato para os seguros de vida. Em qualquer contrato, porém, em que se estipula terceiro beneficiário, essa faculdade pode ser reservada ao estipulante. Como dispõe o parágrafo desse dispositivo, o testamento também será instrumento idôneo para essa substituição.

O fato de o terceiro ser substituível não descaracteriza o presente instituto jurídico. O seu direito será resolúvel, mas adquirido com a conclusão do respectivo negócio.

É curial que o promitente seja cientificado da substituição em tempo oportuno.

Seção IV
Da Promessa de Fato de Terceiro

Art. 439. Aquele que tiver prometido fato de terceiro responderá por perdas e danos, quando este o não executar.
Parágrafo único. Tal responsabilidade não existirá se o terceiro for o cônjuge do promitente, dependendo da sua anuência o ato a ser praticado, e desde que, pelo regime do casamento, a indenização, de algum modo, venha a recair sobre os seus bens.

Nessa hipótese, o promissário não beneficia terceiro, mas se responsabiliza por uma prestação de terceiro.

Trata-se de promessa de fato alheio. Como o terceiro não pode ser obrigado pela avença, se o contratante não obtiver o fato prometido, responderá por perdas e danos.

Imagine-se a situação de um empresário que se compromete a apresentar o espetáculo com determinado ator ou músico. Não cumprida a prestação, será o empresário o responsável pela indenização por perdas e danos. Esse o sentido do presente artigo. A relação porventura existente entre o terceiro e o promitente é irrelevante para o outro contratante.

Como se percebe, não se confunde a promessa de fato de terceiro com a estipulação em favor de terceiro. Nesta, o terceiro coloca-se exclusivamente para receber um benefício. Na promessa de fato de terceiro, este cumpre uma obrigação assumida por outrem. Na verdade, nesse fenômeno, o terceiro é totalmente estranho à relação jurídica, não está vinculado ao contrato; ele é simples objeto dessa prestação. A não prestação do fato equivale à não entrega da coisa, na obrigação de dar, ou à negativa à prestação da obrigação de fazer. Ademais, cumpre observar que a prestação de fato de terceiro é modalidade da obrigação de fazer, mas cujo inadimplemento só pode resumir-se em perdas e danos. Note que a obrigação do promitente é de resultado. Ele não se compromete a tecer todos os esforços para conseguir a prestação, compromete-se efetivamente ao fato de terceiro. Lembre o que dissemos acerca do exemplo do empresário artístico.

Guillermo Borda (1989, p. 120) recorda a possibilidade de três modalidades de promessa de fato de terceiro: (a) o estipulante promete que o terceiro ratificará o contrato, mas não garante o cumprimento do contrato pelo terceiro; (b) o estipulante promete que o terceiro não somente ratificará o contrato como irá cumpri-lo. Nesse caso, o estipulante passa a garantir o cumprimento do contrato, tal como um fiador, podendo ser responsabilizado por perdas e danos; e (c) o estipulante promete envidar os melhores esforços para obter a ratificação por parte do terceiro. Neste caso, somente poderá ser responsabilizado se não agiu devidamente para obter a participação do terceiro. Nos dois primeiros casos, o estipulante assume uma obrigação de resultado e, o último, uma obrigação de meio. Apenas a segunda hipótese, quando é garantida a participação do terceiro, configura o tipo descrito no art. 439. Nas outras situações, como regra, o estipulante não assume obrigação pela participação do terceiro indicado e eventual indenização dependerá do exame do caso concreto e da interpretação do negócio. Lembre que estamos em sede de autonomia da vontade.

Este Código acrescenta o parágrafo único, reportando-se ao cônjuge: a ressalva é deveras salutar. Imagine a hipótese de o cônjuge ter se comprometido a obter a autorização para prestar fiança ou obter a própria fiança do outro cônjuge, seu esposo ou esposa, companheiro ou companheira: a responsabilidade pela frustração da avença atingiria o patrimônio comum do casal. Assim sendo, o texto exclui essa responsabilidade expressamente.

🔖 Apelação. Ação de resolução de contrato de trespasse cumulada com pedido indenizatório. Preliminar. Impossibilidade jurídica do pedido. Inocorrência. Pedido possível. Autor que tem interesse indenizatório decorrente da resolução de contrato celebrado com o réu em razão de inadimplemento deste. Pedido juridicamente possível. Mérito. Promessa de fato de terceiro. Descumprimento contratual que deve ser resolvido em perdas e danos, nos termos do art. 439 do CC. Indenização mantida. Honorários advocatícios sucumbenciais recursais. Resultado do julgamento que não implica majoração. Arbitramento em grau máximo pela sentença. Art. 85, § 2º e 11, do CPC/15. Sentença mantida. Recurso improvido (*TJSP* – Ap. 0020655-52.2012.8.26.0008, 8-11-2017, Rel. Hamid Bdine).

🔖 Apelação – Sociedade Limitada – Preliminar – Nulidade por cerceamento de defesa – Inocorrência – Desnecessidade de produção da prova oral requerida pelo autor. Mérito. Retirada de sócio administrador. Empresa que assumiu a obrigação contratual de promover a substituição do antigo avalista junto à instituição financeira. **Promessa de fato de terceiro**. Descumprimento contratual que deve ser resolvido em perdas e danos, nos termos do art. 439 do CC. Indenização que deve ser apurada em fase de liquidação de sentença. Negativação indevida do nome do antigo sócio. Danos morais configurados. Indenização devida. Valor indenizatório fixado em R$ 10.000,00. Recurso parcialmente provido (*TJSP* – Ap. 1035831-04.2014.8.26.0002, 7-6-2016, Rel. Hamid Bdine).

Art. 440. Nenhuma obrigação haverá para quem se comprometer por outrem, se este, depois de se ter obrigado, faltar à prestação.

Essa disposição também é elogiável. Ora, nessa hipótese, o terceiro assume posição de contratante e exonera o estipulante, salvo se no pacto for expressamente mantida a responsabilidade conjunta ou solidária deste último. Veja a situação de alguém que prometa a exibição de um ator: tendo esse ator se obrigado pessoalmente quanto à obrigação, responsabilidade alguma caberá mais ao estipulante, pois sua promessa (de fato de terceiro) foi, em síntese, cumprida. Como estamos no campo da autonomia da vontade, há que se analisar o que foi disposto pelas partes.

🔖 Agravo de instrumento – Cumprimento de sentença – Acordo homologado inadimplido – Avença que importou em promessa de fato de terceiro – Hipótese em que, todavia, não pode ser excluído o promitente, porque os termos da avença estipularam o prosseguimento da execução contra ambos, no caso de inadimplemento do terceiro. Inteligência do art. 440 do CC. Doutrina. Recurso provido (*TJSP* – AI 2266979-04.2015.8.26.0000, 24-2-2016, Rel. Milton Carvalho).

🔖 Indenização – Pretensão de perdas e danos sob alegação de descumprimento do pagamento total do preço em negócio jurídico de compra e venda de bem imóvel – **Promessa de fato de terceiro** – Contrato para entrega de dois apartamentos para complementação do preço do negócio primitivo celebrado diretamente com terceiro. Inadimplemento deste não obriga a ré apelante que figurou no negócio primeiro. Aplicação do disposto no art. 440 do Código Civil. Ação improcedente. Recurso provido (*TJSP* – Ap. 0005944-84.2004.8.26.060229-8-2014, Rel. Beretta da Silveira).

Seção V
Dos Vícios Redibitórios

**Art. 441. A coisa recebida em virtude de contrato comutativo pode ser enjeitada por vícios ou defeitos ocultos, que a tornem imprópria ao uso a que é destinada, ou lhe diminuam o valor.
Parágrafo único. É aplicável a disposição deste artigo às doações onerosas.**

1. Obrigações de garantia na entrega da coisa

As obrigações do vendedor ou do transmitente da coisa na compra e venda e em outros contratos não terminam com a entrega da *res*. O alienante deve garantir ao adquirente que ele possa usufruir da coisa conforme sua natureza e destinação. Essa obrigação resulta do princípio da boa-fé objetiva que deve nortear a conduta dos contratantes. Essa modalidade de garantia, que sucede a entrega da coisa, assume três diferentes facetas. De plano, deve o transmitente da coisa abster-se de praticar qualquer ato que implique turbação do direito transmitido. Como consequência dessa obrigação, deve também evitar que o adquirente seja turbado no exercício do direito por atos espoliativos emanados de terceiros, decorrentes de causas anteriores à transmissão. Se esse terceiro triunfa, e obtém a coisa para si, o alienante tem a obrigação de indenizar o adquirente pela perda. Finalmente, o alienante deve assegurar a materialidade idônea da coisa, garantindo o adquirente de vícios ocultos.

Como decorrência dos princípios da boa-fé e da *exceptio non adimpleti contractus*, a garantia elementar a resguardar o adquirente é no sentido que o próprio alienante não venha a turbar a posse e o uso manso e pacífico da coisa. A noção participa da compra e venda, mas fica também ressaltada em contratos como a locação, o comodato, a doação etc. Essa obrigação é um *prius* presente em todos os contratos nos quais existe a transferência de uma coisa a outrem, definitiva ou temporariamente. A interferência indevida do alienante pode gerar direito à indenização por parte do adquirente. Não é necessário que, a cada caso, a lei repita essa obrigação. Em matéria de locação, o legislador resolveu realçar expressamente esse dever, tendo em vista a natureza de direitos envolvidos, dizendo que o locador é obrigado a *garantir, durante o tempo da locação, o uso pacífico do imóvel locado* (Lei nº 8.245/91, art. 22, II). O locador não só está impedido de tolher o uso da coisa locada pelo inquilino, como também deve garantir, no que estiver a seu alcance, o uso inconturbado do imóvel. Isso se aplica em qualquer contrato em que a posse seja transferida. O transmitente deve garantir ao adquirente tanto as turbações de direito, como as turbações de fato. A questão da origem da causa turbativa deve ser vista de acordo com a natureza e os efeitos de cada contrato. Na compra e venda, troca e doação, a proteção a ser conferida pelo vendedor, permutante ou doador é, evidentemente, apenas aquela originada de fatos anteriores à transmissão. Na locação e no comodato, por se tratar de contratos continuativos, durante toda a avença a garantia persiste. Esses atos turbativos podem motivar não somente as perdas e danos, como também a rescisão do contrato ou os remédios possessórios, dependendo de sua gravidade.

Como se trata de elemento integrante do próprio contrato e relativo à boa-fé dos contratantes, unicamente o acordo de vontades admite uma cláusula que exima o vendedor ou outro transmitente dessa garantia. Também porque resulta da natureza mesma da contratação, não há necessidade de disposição específica a descrevê-la.

Muito se discute acerca da natureza jurídica dos vícios redibitórios. Participando da natureza de certas obrigações emergentes dos contratos, fundam-se, sem dúvida, no inadimplemento contratual e nas regras de boa-fé. Não há razão para maiores digressões a esse respeito.

A lei preocupa-se, tradicionalmente, em disciplinar os vícios de fato (redibitórios) e de direito (evicção) na coisa transferida.

2. Vícios redibitórios. Conceito

O presente art. 441 encarrega-se de conceituar, entre nós, o instituto. Como acentuamos, a garantia decorre da própria natureza do contrato. Contrato comutativo, a bem dizer, porque o contrato aleatório é incompatível com essa modalidade de garantia, ao menos no que diga respeito ao aspecto da prestação sujeita à álea. Fez bem nossa lei em generalizar a aplicação do instituto, ao contrário de algumas legislações que o disciplinam dentro da compra e venda. Pelo que expusemos, nota-se que a garantia dos vícios redibitórios aplica-se, embora com particularidades, aos contratos comutativos em geral.

A garantia refere-se a vícios ocultos na coisa, ao tempo da transmissão. Presume-se que o negócio não teria sido realizado, ou teria sido realizado de outra forma, se o adquirente soubesse da existência do defeito na coisa. A lealdade contratual manda que o transmitente alerte o adquirente da existência do vício. No entanto, ainda que o vício seja desconhecido do próprio titular, os efeitos da teoria aplicam-se como consequência do princípio do equilíbrio das relações negociais. Evidente que, como em toda situação em que existe culpa, esta acarreta a indenização por perdas e danos, afora o desfazimento do negócio ou o abatimento do preço, como veremos. A má-fé é elemento secundário do instituto.

O atual Código, aliás, se reporta especificamente às *doações onerosas*, no parágrafo único deste art. 441. Não se aplica aos contratos gratuitos, porque nestes o beneficiário da liberalidade não terá realmente o que reclamar, porque nada perde, apenas deixa de ganhar. Ainda que menos valiosa do que o esperado, a coisa transmitida o é graciosamente. Nesse caso, o donatário sempre terá tido um aumento patrimonial. Refoge a essa situação a hipótese em que a coisa transferida gratuitamente venha a causar um dano decorrente de culpa. O enfoque transfere-se para os princípios gerais de responsabilidade civil. Nada impede, também, que mesmo nos contratos gratuitos as partes convencionem expressamente a garantia.

Não é qualquer vício que se traduz em redibitório, senão aquele que torna a coisa imprópria para o uso colimado no contrato, ou diminua-lhe o valor. Quem compra um cavalo de corridas portador de uma moléstia respiratória, que o impede de correr, recebe o semovente com vício oculto que o torna impróprio para o uso pretendido. Quem compra um animal para abate, por outro lado, não pode ver nessa moléstia um vício redibitório. Este deve ser grave, de acordo com o caso concreto, oculto e existente ao tempo da transmissão.

Não se confunde o vício redibitório com o erro no negócio jurídico. No erro, o adquirente tem uma ideia falsa da realidade. A deficiência é subjetiva, emanada do próprio declarante da vontade. Se o erro é induzido intencionalmente pelo alienante ou por terceiros, o vício de vontade passa a ser o dolo. No erro, o adquirente recebe uma coisa por outra. O vício redibitório decorre da própria coisa, que é a verdadeiramente desejada pela parte, e o adquirente não toma conhecimento do defeito, porque está oculto. No erro, o declarante forma uma convicção diversa da realidade, a coisa em si não é viciada; ocorre o oposto no vício redibitório. Quem compra um quadro falso, pensando que é verdadeiro, incide em erro. Quem compra um quadro que apresenta fungos invisíveis, e, após a aquisição, vem a mofar, estará perante um vício redibitório. A distinção é importante, visto que gera consequências diversas, a começar por diferentes prazos de decadência.

3. Noção histórica

A princípio, em Roma, não havia uma garantia implícita na coisa, no contrato de compra e venda. Para que surgisse responsabilidade do alienante, era necessário que, ao concluir a venda, fosse feita uma declaração de que a coisa estava isenta de vícios. Geralmente, essa declaração vinha unida à evicção. Na falta dessas declarações de garantia, surgiam disputas, principalmente relacionadas com a venda de escravos. O *edil curul*, que era o magistrado encarregado da fiscalização dos mercados, editou normas para evitar as celeumas, que passaram a ser definitivas. Segundo o edito, o vendedor de escravos ou de certos animais estava obrigado a declarar expressamente os vícios ou defeitos das coisas vendidas (o escravo era considerado coisa, *res*).

Em consequência dessa garantia, surgiram a *actio redhibitoria* e a *actio quanti minoris*. A ação redibitória, que teria surgido em primeiro lugar, tem por fim a resolução da venda. Deveria ser ajuizada em seis meses a contar da data do contrato e deveria objetivar a devolução de tudo quanto fora pago. O comprador devolvia a coisa com todos os seus acessórios, e o vendedor devolvia o preço, com os juros correspondentes. Delineava-se um caráter penal na ação, porque, se o vendedor se negasse a efetuar a restituição, ficaria condenado a pagar o dobro. O comprador também podia cobrar os gastos com a manutenção da coisa e pelos danos eventualmente ocasionados por ela.

A ação *quanti minoris* tem por objeto obter do vendedor uma dedução do preço pago pela coisa. O pedido deveria ser feito em um ano a contar da venda, mas podia ser exercitado várias vezes, à medida que o comprador descobrisse novos vícios. Essa ação, contrariamente ao que hoje ocorre, poderia dar margem à rescisão do contrato.

A ingerência dos *edis* nos contratos tornou obrigatória uma estipulação dupla, em que eram garantidos não somente os vícios ocultos na coisa, como também os vícios de direito, protegidos pela evicção. Não era excluída, porém, uma ação geral e mais ampla, decorrente da estipulação, que visava a uma indenização geral pelo descumprimento da avença, fora da atividade dos edis (ZULUETA, 1945, p. 51). No Direito Romano, assim como no atual, as partes, por força de acordo, podiam dispensar as garantias.

No direito de Justiniano, já existe a garantia implícita acerca dos vícios da coisa, consagrando a ação redibitória e a ação *quanti minoris*.

4. Requisitos

O vício deve ser oculto. O art. 441 também se refere a vícios ou defeitos ocultos. Os defeitos aparentes não dão margem à responsabilidade do alienante. Há necessidade de valoração prática desse requisito em cada caso concreto. Há coisas que na vida social são conhecidas pela sociedade em geral. Há coisas que dependem de maior ou menor conhecimento técnico, para serem conhecidas. A noção de homem médio no caso dos vícios redibitórios tem que ser avaliada dessa forma. Um mecânico ou um vendedor de automóveis não pode ser tratado como um comprador comum na aquisição de um veículo, sob o prisma de aferição de conhecimento do vício. O que se mostra como defeito notório para um especialista não o será para o homem médio. Modernamente, quanto mais lidamos com aparelhos cada vez mais sofisticados, maior deverá ser o cuidado do julgador no caso concreto.

Como menciona Guillermo Borda (1989, p. 216), a reputação dos vícios ocultos é uma questão sujeita à livre apreciação judicial. Como primeiro enfoque do problema, podemos afirmar que os vícios ou defeitos ocultos são os que poderiam ser descobertos mediante exame atento e cuidadoso da coisa, praticado pela forma usual no caso concreto. Não deve ser entendido que o homem comum tenha o dever de se assessorar de um técnico em qualquer negócio jurídico. O alienante é quem tem o dever de boa-fé no contrato, alertando sobre eventual vício. O CDC realça esse *direito à informação* do adquirente, que deve inclusive ser alertado sobre os riscos que a coisa possa apresentar (art. 6º, III). À lei do consumidor voltaremos em seguida, para o exame da garantia ora estudada nesse diploma.

Não pode reclamar de vício oculto quem adquire objeto usado ou avariado, com a ressalva do vendedor ou transmitente de que a coisa é entregue "no estado".

O defeito deve ser grave. E deve ser de tal importância que, se dele tivesse tomado conhecimento anteriormente o adquirente, o contrato não teria sido concluído. Essa importância vista no caso concreto é que torna a coisa imprópria para o uso destinado, ou lhe diminui o valor, como dispõe o artigo sob exame. A impropriedade para o uso, ou a diminuição do valor, norteará a escolha da ação a ser proposta pelo prejudicado, a redibitória, para desfazimento do negócio, ou a *quanti minoris*, para abatimento do preço. A escolha da ação, no entanto, incumbe à parte.

Defeitos irrelevantes que não alteram a destinação da coisa, nem seu preço, não são considerados vícios. Os defeitos devem existir ao tempo do contrato. O dever do alienante é de garantia e, portanto, não pode ter como origem uma causa posterior à transferência da coisa. A questão da fixação do momento da origem do vício é resolvida por meio de prova, nem sempre muito fácil. É matéria complexa, por exemplo, saber se a umidade em um prédio provém de vazamento de tubulação anterior ao negócio, assim como o é a moléstia do gado vendido, o defeito no motor de um veículo etc. Os exemplos são profusos em matéria de construção civil atinentes a vícios de construção, do solo e má qualidade de materiais empregados. As questões técnicas devem ser deslindadas por perícia. Os vícios que eclodem após a transferência são de responsabilidade do adquirente. É importante fixar, nesse diapasão, que será considerado vício ou defeito oculto aquele cujo fato gerador é anterior ou concomitante ao negócio jurídico.

📖 Enunciado nº 583, VII Jornada de Direito Civil – CJF/STJ: O art. 441 do Código Civil deve ser interpretado no sentido de abranger também os contratos aleatórios, desde que não inclua os elementos aleatórios do contrato.

⚖ Apelação cível. Direito privado não especificado. Contrato de compra e venda. Aparelhos de ar condicionado. Vício oculto. Redibição. Dano moral. 1. Relação entre as partes que não é de consumo, tendo em vista a informação do próprio demandante de que utilizou os equipamentos para fomentar sua atividade empresarial. Hipótese que se subsume às disposições da lei civil (art. 441 e seguintes). 2. Existência de defeito/vício oculto incontroversa nos autos. 3. O art. 441 do CC prevê que, para o desfazimento do negócio na forma pretendida pelo autor na inicial, é necessário que o vício ou defeito oculto torne a coisa imprópria ao uso a que se destina ou que haja uma diminuição em seu valor. No caso, inexiste notícia nos autos de que os aparelhos de ar condicionado apresentaram o defeito após o conserto realizado pelo autor (troca das placas eletrônicas), estando, segundo consta, em pleno funcionamento. Confirmação da sentença que determinou a restituição das despesas suportadas pelo demandante com o conserto, comprovadas até o encerramento da instrução processual. 4. Dano moral verificado. Situação que extrapolou o mero aborrecimento e o limite de tolerância que se exige das partes nas relações negociais que estabelecem. Valor da indenização, arbitrada na origem em R$ 8.000,00, que deve ser mantido. 5. Juros de mora devidos desde a citação, cuidando-se de relação contratual. Sentença reformada no ponto. apelação provida em parte (*TJRS* – Ap. 70082266495, 14-5-2020, Rel. Cláudia Maria Hardt).

⚖ **Responsabilidade civil – vícios de construção**. Ação movida pelos compradores do imóvel contra os vendedores pretendendo o reembolso de importância gasta com reformas. – Os autores não podem pedir que os réus os indenizem por vícios construtivos, uma vez que não foram empreiteiros da obra. As ações que caberiam contra os vendedores seriam por vícios redibitórios (art. 441, Código Civil) ou para reclamar o abatimento no preço (art. 442, Código Civil). Improcedência da ação mantida. Recurso desprovido (*TJSP* – Ap. 0062802-08.2008.8.26.0114,20-2-2014, Rel. Alcides Leopoldo e Silva Júnior).

Art. 442. Em vez de rejeitar a coisa, redibindo o contrato (art. 441), pode o adquirente reclamar abatimento no preço.

Como visto na origem histórica, dos vícios redibitórios decorrem duas ações viáveis, a ação redibitória e a ação *quanti minoris*. A escolha entre uma e outra é opção exclusiva do adquirente. A esse respeito dispõe o art. 442, que, "*em vez de rejeitar a coisa, redibindo o contrato (art. 441), pode o adquirente reclamar abatimento no preço*". Escolhida uma ação, não pode o autor pretender ou ingressar com o outro remédio. No entanto, em nosso Direito, a liberdade de optar por uma ou outra ação é ampla, podendo, por exemplo, ser escolhida a ação de redução do preço, ainda que a coisa se torne imprópria para sua destinação. Uma vez proposta a ação escolhida, não poderá o autor variar o pedido, porque nosso ordenamento processual não o permite, sem o consentimento do réu. A prova do vício incumbe ao adquirente, seguindo-se a regra geral do ônus probatório do autor.

Em defesa, o réu poderá alegar que o vício era de conhecimento prévio do adquirente, ou que o defeito originou-se exclusivamente após a transferência. Ademais, pode ter havido renúncia à garantia, possível dentro da autonomia da vontade, ou pode ter transcorrido o prazo decadencial de reclamação.

Questão importante é saber se o adquirente pode reclamar da coisa, mesmo tendo efetuado pagamento após ter-se inteirado do vício. É necessário, nessa hipótese, o exame das condições em que esse pagamento é feito, uma vez que nem sempre será cômodo ao adquirente deixar de cumprir sua obrigação, sendo preferível o *solve et repete*. Não sendo essa a conclusão, o pagamento pode significar renúncia tácita à reclamação.

Se a coisa não mais existe, remanesce o direito de redibição para o adquirente, persistindo a responsabilidade do alienante (art. 444), se presentes os pressupostos gerais. Se a coisa foi transformada, não pode o contratante ser compelido a receber coisa diversa da que entregou. Nesse caso, subsistirá somente a possibilidade da ação estimatória.

Há uma aplicação específica da teoria do dolo em sede de vícios redibitórios. Se o alienante sabia da existência do vício e não alertou seu contratante, responderá por perdas e danos, além da restituição. Se não houve culpa, restituirá o valor singelamente, com as despesas do contrato (com correção monetária até o efetivo pagamento, é evidente). As perdas e danos seguem a regra geral: devem efetivamente ser provadas. O dever de garantia subsiste, pois, mesmo na ignorância do alienante, podendo, a esse respeito, ser convencionado o contrário, ainda porque as partes podem excluir, restringir ou ampliar essa garantia. Esse dispositivo não é repetido no presente Código. Podem as partes, sem dúvida, transigir a respeito dos vícios redibitórios e da cláusula de garantia, mas, em toda situação, deve ser examinado o abuso de direito e levado em conta que o âmbito da vontade é restrito no campo dos direitos do consumidor.

A ação redibitória é indivisível, se participam do negócio jurídico vários alienantes e vários adquirentes. Não é possível destruir o negócio com relação a apenas algum dos participantes. A ação estimatória deve ser considerada divisível, por outro lado. O objeto dessa ação é o pagamento de uma soma em dinheiro, podendo ser intentada por qualquer dos adquirentes contra qualquer dos vendedores, em proporção à parte de cada um (BORDA, 1989, p. 223).

Quando várias coisas são vendidas conjuntamente, o defeito oculto de uma não autoriza a redibição de todas, desde que os bens admitam separação e ainda que tenha havido um preço global (art. 503). Só a coisa defeituosa no conjunto será objeto de redibição.

Por vezes, haverá necessidade de perícia para avaliar o correto valor a ser concedido na ação *quanti minoris*, pois nem sempre de plano se saberá o montante do abatimento do preço em relação à utilidade da coisa.

⚖ Perdas e danos – **Vícios redibitórios em imóvel** – Danos materiais e morais – Insurgência das partes em face de sentença de parcial procedência. Ação intentada em face dos vendedores e do engenheiro responsável pela construção. Corréus condenados ao pagamento de R$ 17.542,00, para cobertura dos vícios construtivos, e R$ 10.000,00 a título de danos morais. Julgamento *extra petita*. Inocorrência. Sentença atrelada ao pedido. Suposta inexistência de ação diante da desistência do pedido de redibição. Não acolhimento. Pedidos expressos na exordial de indenização por danos materiais e morais. Ilegitimidade passiva do engenheiro. Não acolhimento. Possibilidade de responsabilização, em tese, pelos defeitos da obra. Decadência. Inocorrência. Respeito ao prazo estabelecido no art. 445, § 1º, CC. Vícios ocultos. Contagem do prazo a partir do conhecimento. Demonstração da existência de vícios ocultos a ensejar o abatimento do preço ou indenização. Laudo pericial acolhido. Teses defensivas afastadas. **Dever de indenização por danos materiais. Responsabilidade dos vendedores.** Art. 442, CC. Responsabilidade do engenheiro. Constatação de má execução da obra. Culpa. Imperícia. Art. 927, CC. Danos morais. Responsabilidade por danos extrapatrimoniais reconhecida na sentença. Afastamento. Mero dissabor experimentado pelos autores não é suficiente para caracterizar o dano moral e ensejar a reparação perseguida. A indenização por dano moral não pode servir de fonte de enriquecimento sem causa. Banalização do instituto que merece ser rechaçada. Sentença reformada. Condenação por danos morais afastada. Fixação de sucumbência recíproca. Recurso adesivo prejudicado. Sentença reformada. Recursos dos corréus parcialmente providos. Recurso adesivo prejudicado (*TJSP* – Ap. 0006229-24.2010.8.26.0196, 26-11-2015, Rel. Carlos Alberto de Salles).

⚖ **Compra e venda de veículo usado entre particulares.** Trator. Defeitos mecânicos apresentados logo após a realização da venda. Princípio da boa-fé objetiva. Vício oculto. Componentes essenciais. Motor, embreagem e tratômetro. Cabível a restituição dos valores despendidos em razão do conserto, uma vez que é obrigação do vendedor entregar o veículo (tradição) em plenas condições de uso. Negaram provimento ao recurso (*TJRS* – Acórdão 71002756666, 14-4-2011, Rel. Heleno Tregnago Saraiva).

Acolhida a pretensão redibitória, o negócio se resolve retroativamente, *ex tunc*. Se for provado que o alienante conhecia o vício, caracterizado então o dolo, restituirá o que recebeu, com o acréscimo de perdas e danos. Em qualquer situação jurídica, sempre que houver má-fé, existe a possibilidade de perdas e danos. Se o vício não lhe era conhecido, o valor será restituído singelamente, com acréscimo das despesas do contrato. Aqui, estamos no campo da prova e dependerá da sentença. O outorgado deverá devolver o bem defeituoso.

A noção de vício redibitório independe de má-fé, esta apenas funcionará com um *plus* indenizatório em ambas as ações. A menção às perdas e danos neste artigo parece dar ideia que eles somente são possíveis em caso de redibição. Não é real. Haverá também possibilidade de recebimento de perdas e danos também se o prejudicado optar pela ação de abatimento do preço. O pedido de perdas e danos deve ser, como é evidente, expresso.

⚖ Apelação cível. Veículo usado. Vício redibitório. Abatimento proporcional do preço. Ausência de comprovação. 1. Os vícios redibitórios são os defeitos ocultos em coisa recebida em virtude de contrato comutativo, que a tornem imprópria para o uso ou lhe diminuam o valor (art. 441 do Código Civil). 2. Em ação redibitória envolvendo veículo automotor usado que apresenta defeito, deve ser julgado improcedente o pedido, quando as provas produzidas pelo autor, comprador do veículo, não são suficientes para demonstrar que o veículo por ele adquirido já se encontrava com algum defeito oculto no motor, conhecido do vendedor, antes da tradição. 3. Assiste ao adquirente o direito de postular perdas e danos, se o alienante conhecia o vício ou defeito da coisa, nos termos do art. 443 do CC, desde que reste comprovada a existência do vício à época da tradição. 4. A responsabilidade de arcar com os prejuízos decorrentes do desgaste do veículo, em razão do tempo de uso e estado de conservação, compete àquele que o possua quando da apresentação dos defeitos. 5. Recurso conhecido e improvido (*TJDFT* – Ap. 07097315320188070009, 17-6-2020, Rel. Ana Cantarino).

⚖ Apelação – Ação Indenizatória – **Vícios redibitórios** – Ônus probatório da autora em comprovar a existência dos vícios ocultos na época da aquisição. Ônus decorrente da regra do art. 333, I, CPC. Precedente. Má-fé dos requeridos que também não ficou demonstrada. Vendedor de boa-fé. Inexistência do dever de reparar. Pedido de restituição dos valores não compreendido na inicial. Inteligência do art. 443, CC. Sentença mantida. Recurso improvido (*TJSP* – Ap. 0004043-74.2003.8.26.0066, 5-4-2016, Rel. Hamid Bdine).

Art. 443. Se o alienante conhecia o vício ou defeito da coisa, restituirá o que recebeu com perdas e danos; se o não conhecia, tão somente restituirá o valor recebido, mais as despesas do contrato.

Art. 444. A responsabilidade do alienante subsiste ainda que a coisa pereça em poder do alienatário, se perecer por vício oculto, já existente ao tempo da tradição.

Nos vícios redibitórios, como regra, o vício oculto manifestar-se-á com a coisa já na posse do outorgado ou adquirente. Daí por que o artigo é lógico em manter a responsabilidade do alienante, modificando o princípio geral *res perit dominus*. Se a coisa desapareceu em razão do vício, o resultado da irresignação do adquirente será receber a devolução do que pagou. Se o bem se deteriorou, ainda haverá possibilidade da *quanti minoris*, com devolução parcial e proporcional do preço. É evidente que não haverá responsabilidade do transmitente se a coisa se perdeu ou deteriorou por caso fortuito.

Compra e venda – Insurgência dos vendedores quanto ao perdimento do valor pago por sinal – Impossibilidade de acolhimento – Devolução legítima – Arras penitenciais não configuradas – Avença rescindida por culpa recíproca dos contratantes – Do comprador, porque pagara parte do preço a despeito do conhecimento acerca da impossibilidade de transferência do imóvel pelos vendedores – Dos vendedores, porque insistiram na alienação de imóvel sobre o qual não podem outorgar a propriedade – Área rural em condomínio – Gleba de terra alienada que é menor que o módulo rural, inviabilizando-se o registro de propriedade por vedação expressa do estatuto da terra (art. 65) – Impropriedade do objeto (art. 441, do CC) – Vendedor que responde pela viabilidade no uso da coisa (art. 444, do CC) – Devolução legítima – Sentença mantida por outro fundamento (culpa recíproca) – Apelo desprovido (*TJSP* – Ap. 1001232-27.2016.8.26.0145, 30-1-2020, Rel. Hertha Helena de Oliveira).

Art. 445. O adquirente decai do direito de obter a redibição ou abatimento no preço no prazo de trinta dias se a coisa for móvel, e de um ano se for imóvel, contado da entrega efetiva; se já estava na posse, o prazo conta-se da alienação, reduzido à metade.
§ 1º Quando o vício, por sua natureza, só puder ser conhecido mais tarde, o prazo contar-se-á do momento em que dele tiver ciência, até o prazo máximo de cento e oitenta dias, em se tratando de bens móveis; e de um ano, para os imóveis.
§ 2º Tratando-se de venda de animais, os prazos de garantia por vícios ocultos serão os estabelecidos em lei especial, ou, na falta desta, pelos usos locais, aplicando-se o disposto no parágrafo antecedente se não houver regras disciplinando a matéria.

Os prazos para o exercício da ação redibitória e da ação estimatória (também denominadas *edilícias*, tendo em vista suas origens) são de decadência, iniciando-se no momento em que o adquirente recebe o bem por força do contrato. Nem sempre coincidirá a data do contrato com a data da entrega da coisa, a tradição. O art. 178, §§ 2º e 5º, do Código anterior, fixava o prazo de 15 dias para as ações relativas aos móveis e seis meses para as ações relativas a imóveis. O Código Comercial, em seu art. 211, estabelecia o prazo de 10 dias para os bens móveis.

O prazo de 15 dias era demasiadamente exíguo, mormente para equipamentos cada vez mais sofisticados, cuja utilização plena pode levar muito mais tempo. Há casos concretos em que a aplicação desse prazo decadencial mostra-se extremamente ínfima. Destarte, era perfeitamente defensável, e não contrariava o espírito do Código e a natureza milenar do instituto, que esse prazo se iniciasse, no que se refere a máquinas e equipamentos, a partir da efetiva utilização e funcionamento. A esse respeito, como se vê, dispôs diferentemente o vigente Código, conforme o art. 445, § 1º. A jurisprudência e a doutrina majoritárias vinham sufragando esse entendimento (CHAVES, 1984, v. 2, p. 462).

Por outro lado, quando existe extensão do prazo de garantia, o exercício da reclamação ou ação deve ocorrer em seu curso. O vigente estatuto civil dispõe que nessa hipótese não se inicia o curso de prazo para a ação, mas o defeito deve ser comunicado ao alienante no prazo de 30 dias (art. 446). Havendo prazo contratual de garantia, existe uma suspensão convencional do início do prazo de decadência.

1. Prazos decadenciais no atual Código

Como já reportamos nos comentários respectivos, o presente estatuto preocupou-se em inserir os respectivos prazos de decadência na Parte Especial, em cada um dos institutos jurídicos pertinentes. Em matéria de vícios redibitórios, foram atendidos os reclamos da doutrina e da realidade negocial, com inovações sobre os prazos e sua forma de contagem. Peca, porém, o legislador do Código, aqui como alhures, ao permitir que tenhamos dois estatutos, o Código Civil e o Código de Defesa do Consumidor, para regular o mesmo instituto, em matéria que poderia ser perfeitamente unificada, evitando-se o desnecessário desgaste jurisprudencial.

Estabeleceu este art. 445 o prazo de 30 dias para o adquirente obter a redibição ou abatimento no preço, se a coisa for móvel, e de um ano se for imóvel, contado da entrega efetiva. O dispositivo acrescenta, ainda, que se o adquirente já estava na posse da coisa, o prazo conta-se da alienação, mas reduzido à metade. Destarte, se o locatário, que já está na posse do imóvel, vem a adquirir a coisa, seu prazo decadencial para a reclamação é reduzido para seis meses. Essa inovação, contrariando a regra geral, não parece ser eficiente. Quem está na posse da coisa deve conhecê-la devidamente e saber de seus vícios. Melhor seria que o legislador mantivesse os prazos da regra geral nesses casos, computados, no entanto, desde o início efetivo da posse.

Assim, por exemplo, em prol da estabilidade das relações negociais, se o inquilino estivesse na posse do imóvel há um ano, não teria mais como reclamar de vício ou defeito oculto.

Para atender àquelas situações nas quais os vícios existem, mas somente se manifestam e se tornam perceptíveis posteriormente, dispôs o § 1º do art. 445:

> "*Quando o vício, por sua natureza, só puder ser conhecido mais tarde, o prazo contar-se-á do momento em que dele tiver ciência, até o prazo máximo de cento e oitenta dias, em se tratando de bens móveis; e de um ano, para os imóveis.*"

Melhor seria que o atual Código se utilizasse da denominação mais acessível e clara do CDC: essa lei faz distinção entre *vícios aparentes ou de fácil constatação* e *vícios ocultos*. Esse dispositivo transcrito socorre, por exemplo, o adquirente de uma máquina, que possui originalmente peça defeituosa, mas cujas consequências danosas somente se manifestam após o uso mais ou menos prolongado da coisa; ou no caso de imóvel que possui defeitos nas fundações, mas cujos efeitos, tais como recalques, fendas ou rachaduras, surgem muito tempo após a posse do adquirente.

O estatuto preocupa-se também com a venda de animais, dadas as suas particularidades nos diversos rincões do país, estabelecendo:

> "*Tratando-se de venda de animais, os prazos de garantia por vícios ocultos serão os estabelecidos em lei especial, ou, na falta desta, pelos usos locais, aplicando-se o disposto no parágrafo antecedente se não houver regras disciplinando a matéria*" (art. 445, § 2º).

Lembramos, por exemplo, de caso concreto que enfrentamos na venda de um cavalo de corridas que sofria de grave moléstia respiratória que afetava seu desempenho. Caberá ao juiz aferir se há costumes que se aplicam ao negócio. Não se esqueça que nesse e nos negócios em geral as partes podem estabelecer prazos de garantia ou para reclamação, devendo preponderar sua vontade. Em qualquer caso, não podem renunciar à decadência fixada em lei (art. 209), mas nada impede que convencionem prazos mais extensos.

2. Vícios ocultos segundo o Código de Defesa do Consumidor

Sem sombra de dúvida, é no âmbito do consumidor que avulta de importância a garantia pelos produtos ou pelos serviços. Ressalte-se que o fornecedor tem o dever de informar o consumidor acerca das qualidades do produto ou serviço, bem como adverti-lo dos riscos. Entre as regras de programa que traz a lei (Lei nº 8.078/1990), é reconhecida a *vulnerabilidade* do consumidor no mercado de consumo.

No campo dos vícios redibitórios, a lei do consumidor reforça a responsabilidade do fornecedor. O art. 12 da Lei nº 8.078/1990 faz com que o fabricante, o produtor, o construtor, nacional ou estrangeiro, e o importador respondam,

> "*independentemente da existência de culpa, pela reparação dos danos causados aos consumidores por defeitos decorrentes de projeto, fabricação, construção, montagem, fórmulas, manipulação, apresentação ou acondicionamento de seus produtos, bem como por informações insuficientes ou inadequadas sobre sua utilização e riscos*".

O âmago da lei é de inspiração idêntica aos princípios históricos dos vícios redibitórios; apenas o legislador teve que ser mais minucioso, para impedir que escapassem o fornecedor e assemelhados à sua responsabilidade social.

Quanto à responsabilidade por vício do produto ou do serviço, a lei do consumidor abre novas possibilidades, colocadas à disposição do consumidor, no art. 18:

> "*Os fornecedores de produtos de consumo duráveis ou não duráveis respondem solidariamente pelos vícios de qualidade ou quantidade que os tornem impróprios ou inadequados ao consumo a que se destinam ou lhes diminuam o valor, assim como por aqueles decorrentes da disparidade, com as indicações constantes do recipiente, da embalagem, rotulagem ou mensagem publicitária, respeitadas as variações decorrentes de sua natureza, podendo o consumidor exigir a substituição das partes viciadas.*"

Existe ampliação da responsabilidade legal do fornecedor, atendendo ao dinamismo e à forma das práticas de comércio. O fornecedor responsabiliza-se não somente pelo produto em si que coloca no mercado, como também pela imagem que divulga desse produto, sendo obrigado a respeitar sua veracidade.

O consumidor pode pedir a substituição de peças ou reparação da coisa adquirida, o que deve ser feito em 30 dias. Não sendo feitos os devidos reparos nesse prazo, a contar da solicitação (§ 1º do art. 18), é aberta ao consumidor tríplice possibilidade:

> "*I – a substituição do produto por outro da mesma espécie, em perfeitas condições de uso;*
>
> *II – a restituição imediata da quantia paga, monetariamente atualizada, sem prejuízo de eventuais perdas e danos;*
>
> *III – o abatimento proporcional do preço.*"

Não está o prejudicado, porém, obrigado a aguardar esse prazo de reparo: pode partir diretamente para uma das três alternativas apontadas

> "*sempre que, em razão da extensão do vício, a substituição das partes viciadas puder comprometer a qualidade ou características do produto, diminuir-lhe o valor ou se tratar de produto essencial*" (§ 3º).

Figure-se que o adquirente tenha comprado ou locado equipamento básico para sua atividade profissional.

Aguardar o prazo de reparo lhe trará enorme prejuízo. Deve pedir imediatamente a redibição. O mesmo pode ser dito se o defeito atinge o funcionamento básico do produto, colocando a perder a própria confiabilidade do fornecedor.

Note que persistem nessa lei as clássicas ações edilícias aqui estudadas. Nesse ponto, afora as ações redibitória e estimatória, tem o consumidor o direito de pedir a substituição da coisa por outra idêntica. Essa possibilidade não fica afastada na ação redibitória clássica. Apenas não se imagina que nas relações exclusivamente privadas exista a possibilidade de o vendedor, ou assemelhado, ter condições de substituir uma coisa por outra, pois nem sempre o bem será fungível. Por essa razão, essa derivação na ação redibitória clássica somente é possível com a concordância do alienante. Na lei do consumidor, também existe alternatividade por disposição expressa: o consumidor escolhe um dos três pedidos permitidos.

Embora exista alternatividade, parece-nos que em sede de ação judicial nada impede que o autor-consumidor peça do produtor a restituição do valor corrigido, em alternatividade ou em subsidiariedade, porque, como foi exposto, tanto um, como outro pedido, se inserem no espírito da ação redibitória. Se optarmos pela *quanti minoris*, o pedido deve ser feito isoladamente, porque incompatível com as outras alternativas. Observe que, quando o consumidor opta pela pretensão de substituição da coisa, não sendo esta possível, o Código permite a substituição por outro objeto de espécie, marca ou modelo diversos, mediante complementação ou restituição de eventual diferença de preço, sem prejuízo das ações redibitória e estimatória. É o que dispõe o § 4º do art. 18. No entanto, uma vez proposta a ação para a substituição, e não tendo o fornecedor produto para substituir, não pode a sentença julgar fora do pedido, e resumir-se-á a condenação em perdas e danos. Dessa forma, podemos optar pelo pedido alternativo ou subsidiário.

Quanto ao prazo que tem o fornecedor para efetuar os reparos na coisa, o § 2º do art. 18 dispõe:

> "*Poderão as partes convencionar a redução ou ampliação do prazo previsto no parágrafo anterior, não podendo ser inferior a sete nem superior a cento e oitenta dias. Nos contratos de adesão, a cláusula de prazo deverá ser convencionada em separado, por meio de manifestação expressa do consumidor.*"

Não se trata de prazo de decadência para o ajuizamento de ação, mas de prazo para o fornecedor efetuar os reparos. É prazo de direito material.

O art. 19 responsabiliza o fornecedor solidariamente pelos vícios de quantidade de produto posto à disposição do consumidor. Não ficará o consumidor, portanto, obrigado a localizar o fabricante, tarefa nem sempre fácil. Responde solidariamente quem comercializa os produtos. Daí decorrem também as ações conhecidas, além de existir possibilidade de pedido de complementação do peso ou medida, questão que se agrega à natureza da ação estimatória, quando então haverá o inverso: não é abatido o preço, mas o vendedor ou assemelhado fica obrigado a completar a quantidade de produto faltante.

O dever de informação do fornecedor de serviços fica reforçado: não somente responde ele

> "*pelos vícios de qualidade que os tornem impróprios ao consumo ou lhes diminuam o valor, assim como por aqueles decorrentes da disparidade com as indicações constantes da oferta ou mensagem publicitária...*" (art. 20).

Trata-se de uma proteção à extensão da qualidade. Se um fotógrafo anuncia que entrega a foto em cinco minutos, deve cumprir sua mensagem publicitária; assim também o construtor que informa terminar uma casa em 90 dias, e assim por diante. Vale consequentemente o brocardo popular "*quem não tem competência que não se estabeleça*". A mensagem publicitária vincula o fornecedor. Também nessa hipótese haverá a alternatividade das ações edilícias, bem como a possibilidade, também alternativa, de ser pedida a reexecução dos serviços, sem custo adicional e quando cabível. Lembre-se de que os serviços devem ser executados não apenas no prazo dado, mas também com a perfeição suficiente para sua finalidade. Isso é decorrência da própria garantia clássica que regula a teoria dos vícios redibitórios. Aqui, são trazidos os princípios dos vícios também para a prestação de serviços. É necessidade da vida social. O defeito é examinado não propriamente na coisa, mas no resultado da atividade prestação de serviços. Nem sempre haverá um resultado material nessa prestação. No entanto, a orientação será sempre a mesma do aqui exposto. São objeto de exame, portanto, a qualidade de serviços da pintura de um prédio, da manutenção de uma máquina, como também o nível de um músico contratado para animar uma festa, de acordo com sua oferta ou mensagem publicitária. Estas, como já estudado, não apenas fazem parte da proposta, mas também do próprio contrato de prestação de serviços. O mesmo dispositivo, paralelamente com o que se permite no estatuto processual a respeito das obrigações de fazer, diz que "*reexecução dos serviços poderá ser confiada a terceiros devidamente capacitados, por conta e risco do fornecedor*" (art. 20, § 1º). Aqui, a iniciativa é do fornecedor, em nível pré-processual.

Na avaliação dos vícios redibitórios de serviços, o intérprete levará em conta que "*são impróprios os serviços que se mostrem inadequados para os fins que razoavelmente deles se esperam, bem como aqueles que não atendam as normas regulamentares de prestabilidade*" (art. 20, § 2º).

Em cada caso concreto, porém, os critérios de aferição terão ineluctavelmente uma parcela maior ou menor de apreciação subjetiva. Em sede de direitos do consumidor, o dever de garantia legal não pode ser restringido, nem pode o fornecedor dele exonerar-se contratualmente. Qualquer cláusula nesse sentido, que impossibilite, exonere ou atenue a obrigação de indenizar, é nula (art. 25). Ademais, a garantia é de cunho legal e independe de termo expresso (art. 24). Se o fornecedor de bens ou serviços é o Estado, também a entidade pública será responsabilizada nos termos do Código (art. 22).

3. Decadência e prescrição no Código de Defesa do Consumidor. Vícios aparentes e ocultos

Considerando-se o espectro amplo que qualifica o *fornecedor* nessa lei (art. 3º) é que devemos nos posicionar dentro ou fora do Código. Ficam fora do alcance do CDC, em princípio, apenas as relações paritárias, exclusivamente de cunho privado, sem conotação com bens ou serviços oferecidos ao público consumidor em geral, em que prepondera, mas não é exclusivo, o contrato de adesão. Portanto, na sociedade moderna, diminuto será o alcance exclusivo dos princípios tradicionais do Código Civil. Aliás, a nosso ver, sempre que existir a vulnerabilidade de uma das partes no contrato, podem ser aplicados os princípios de direito material do Código do Consumidor. O ideal é que o instituto recebesse tratamento unificado, como já dissemos.

Assim, em matéria de prescrição ou decadência, devem ser examinados os dispositivos dos arts. 26 e 27. A lei faz distinção entre *vícios aparentes ou de fácil constatação* e *vícios ocultos*. O fornecedor responsabiliza-se por uns e outros. Não devemos ver na possibilidade de reclamação de vícios aparentes uma derrogação do princípio dos vícios redibitórios. Como expusemos nas linhas introdutórias desta obra, a sociedade de consumo é uma sociedade de massa. Como tal, os serviços e produtos oferecidos em grande quantidade não permitem ao consumidor que faça um exame detalhado do que está adquirindo. Quando muito, e se tanto, fará ligar o televisor na loja para saber se está funcionando; inspecionará externamente um veículo novo que adquire em uma concessionária; e lerá o folheto publicitário de um prestador de serviços. Evidentemente, vícios aparentes e comezinhos podem surgir quando o consumidor efetivamente colocar em uso a coisa adquirida: o televisor não tem som; o veículo foi entregue com defeito somente perceptível com dias de uso etc. Desse modo, a aparência de que fala a lei é a que surge após a utilização da coisa, o que não retira a aplicação dos princípios dos vícios redibitórios; na verdade, mais acentua sua utilidade. O fato de o defeito ser facilmente percebido influirá somente nos prazos de reclamação, e isso fica bem nítido na lei, mesmo porque em qualquer situação será responsável o fornecedor. Inadmissível, e fora de raciocínio lógico, que o fornecedor coloque à disposição bens ou serviços defeituosos ou inadequados, assim adquiridos conscientemente pelo consumidor. Evidente que não opera a distinção quando o comércio refere-se a produtos de refugo, em que se ressalvam as possibilidades de defeito.

Pois bem, nos casos em que os defeitos logo se manifestam e são facilmente perceptíveis, a caducidade ocorre em:

"I – trinta dias, tratando-se de fornecimento de serviço e de produtos não duráveis;

II – noventa dias, tratando-se de fornecimento de serviço e de produto duráveis.

§ 1º Inicia-se a contagem do prazo decadencial a partir da entrega efetiva do produto ou do término da execução dos serviços.

§ 2º Obstam a decadência:

I – a reclamação comprovadamente formulada pelo consumidor perante o fornecedor de produtos e serviços até a resposta negativa correspondente, que deve ser transmitida de forma inequívoca;

II – [...];

III – a instauração de inquérito civil, até seu encerramento" (art. 26).

Destarte, não flui, isto é, obsta ou impede o prazo de decadência, a reclamação que o consumidor faz, nos termos do art. 18, § 1º. Devemos entender que a fluência do prazo decadencial ficou impedida até a reclamação e só passou a transcorrer com a resposta negativa do fornecedor, que deve ser *inequívoca*. A matéria conflita em parte com os princípios da decadência. Um prazo começa a transcorrer desde a entrega da coisa, mas a reclamação faz com que outro novamente se inicie. Não devemos ver aí uma interrupção, porque a decadência não o permite. Para que se harmonizem os princípios da caducidade, entendamos que há dois momentos em que surge o direito do consumidor: quando da entrega e quando da reclamação. Se o consumidor não reclamar no prazo fixado a partir da entrega efetiva, decai do direito. Se reclamar nesse prazo, e até a resposta negativa do fornecedor, o prazo de caducidade que decorre dessa reclamação, que é de direito material, não se inicia. Não podemos admitir interrupção de prazo de decadência. O fornecedor tem 30 dias para sanar o vício (art. 18).

Por outro lado, quanto ao tratamento decadencial para os vícios de difícil percepção, os ocultos propriamente ditos, o prazo inicia-se no momento em que ficar evidenciado o defeito (§ 3º). A questão pode dar margem a dúvidas nos casos limítrofes. Entenda-se, porém, que, sempre que o consumidor reclama "administrativamente", provoca o início do prazo de caducidade, com a resposta negativa do fornecedor. Nada impede, porém, que o consumidor ingresse com a ação independentemente da reclamação, em qualquer situação. Tratando-se de vício de difícil entendimento, porém, terá que provar, se for o caso, que sua "evidência" ocorreu dentro do prazo decadencial de 30 e 90 dias da lei. Lembre-se do que foi dito a respeito da extensão temporal da garantia concedida pelo alienante em geral, que suspende o curso do prazo decadencial.

No entanto, o legislador poderia ter sido mais feliz na disciplina da decadência na lei do consumidor. Melhor seria que traçasse princípios bem nítidos, para diferençar a prescrição da decadência, sem necessidade de o intérprete tentar harmonizar os princípios de direito material. Na verdade, os primeiros comentadores do estatuto fugiram ao problema (OLIVEIRA, 1991, p. 128). No entanto, caso não entendamos que existem no dispositivo dois marcos de início de caducidade, um embutido dentro do outro, admitiremos que a lei criou uma monstruosidade jurídica, qual seja, o mesmo prazo poderá ser de prescrição ou decadência, o que é inadmissível. A decadência inicia-se com a possibilidade do exercício de um direito. A prescrição gera um direito de ação pela transgressão de um direito (por isso, todas as ações de cobrança são prescritíveis, porque nascem com o inadimplemento). No sistema do consumidor, o direito à ação é gerado quando a coisa ou o serviço é entregue. O cumprimento da obrigação faz iniciar a caducidade. A lei deveria ter colocado a atividade reclamatória do consumidor como um divisor de águas entre a prescrição e a decadência. Com a reclamação, no prazo de decadência, iniciar-se-ia o prazo prescritivo. Lembre-se do que dissemos em outra obra:

> "*Como critério seguro de distinção, ao se examinar o caso específico, toma-se em consideração a origem da ação; se a origem for a mesma do direito e nasceu com ele, configura-se a decadência; se for diversa, se a ação nascer posteriormente, quando o direito já era existente e vem a ser violado, tal ato caracteriza a prescrição*" (VENOSA, *Direito civil: parte geral*, Cap. 30).

Os termos peremptórios da lei afastam qualquer aplicação dos princípios da prescrição, e a interpretação aqui dada parece a que se harmoniza com a intenção do legislador. Inobstante, bastaria que a lei dissesse que com a resposta negativa do fornecedor inicia-se o prazo de prescrição para o consumidor que as questões práticas seriam muito mais facilmente resolvidas, ainda porque há necessidade de análise da *forma inequívoca* da resposta do consumidor, o que torna dúctil e duvidoso o termo inicial do prazo.

A prescrição tratada pelo art. 27 do CDC nada tem a ver com os defeitos de produtos ou serviços, mas com os danos ocasionados por eles, tanto materiais como pessoais. Essa ação é típica de responsabilidade civil, e o prazo prescritivo inicia-se a partir do conhecimento do dano e de sua autoria. Tratando-se de prescrição, aplicamos os princípios de suspensão e interrupção, não podendo ser decretada de ofício. O dispositivo prescricional, aqui corretamente determinado, refere-se à responsabilidade pelo fato do produto e do serviço, nos termos dos arts. 12 a 17.

Enunciado nº 28, I Jornada de Direito Civil – CJF/STJ: O disposto no art. 445, §§ 1º e 2º, do Código Civil reflete a consagração da doutrina e da jurisprudência quanto à natureza decadencial das ações edilícias.

Enunciado nº 174, III Jornada de Direito Civil – CJF/STJ: Em se tratando de vício oculto, o adquirente tem os prazos do *caput* do art. 445 para obter redibição ou abatimento de preço, desde que os vícios se revelem nos prazos estabelecidos no § 1º, fluindo, entretanto, a partir do conhecimento do defeito.

Agravo de instrumento. Direito privado não especificado. Ação redibitória c/c danos morais e medida cautelar. Cumprimento de sentença. Assistência judiciária gratuita. Ausência de comprovação da necessidade. Alegação de decadência. Afastada. Pedido de compensação da deterioração do veículo. Pedido de reconvenção não comporta o cumprimento de sentença. Assistência Judiciária Gratuita. O deferimento da AJG deve ser amparado por documentação que comprove que a parte possui a necessidade de litigar sob o manto de tal benesse. No caso em comento, intimada a carrear nos autos documentação que ateste sua hipossuficiência, se limitou a juntar documentos ilegíveis e desconexos. Ademais, a impugnação à AJG trazida em contrarrazões demonstra que o agravante não é pessoa necessitada, o que veda o deferimento do benefício. Decadência. Tratando-se de vício oculto de bem móvel constatado após a realização da tradição do bem, segundo o § 1º do art. 445 do CC, caduca em 180 dias o direito autoral. *In casu*, a ação foi proposta cerca de 30 dias após a constatação do vício, o que afasta a alegação de decadência. Abatimento da deterioração do veículo. Incabível a realização de pedido de reconvenção no âmbito do cumprimento de sentença. Tal matéria deve ser arguida em sede de contestação/reconvenção. Negaram provimento ao agravo de instrumento. Unânime (TJRS – Ag 70081341992, 4-12-2019, Rel. Glênio José Wasserstein Hekman).

Bem móvel – Embargos monitórios – Sustação dos cheques sob alegação de defeito no bem adquirido – Alegação de vício e de responsabilidade civil da vendedora – **Ausência de reclamação no prazo legal** – Código de Defesa do Consumidor – Inaplicabilidade – Em se tratando de consumidor que adquiriu mercadorias para fins econômicos, não se enquadra, assim, como "destinatário final", não há, *in casu*, a aplicação da lei consumerista – Compradora não comprovou o fato constitutivo de seu direito, de rigor a improcedência da ação – Apelo improvido (TJSP – Acórdão Apelação Cível 9272539-46.2008.8.26.0000, 17-1-2011, Rel. Des. José Malerbi).

Art. 446. Não correrão os prazos do artigo antecedente na constância de cláusula de garantia; mas o adquirente deve denunciar o defeito ao alienante nos trinta dias seguintes ao seu descobrimento, sob pena de decadência.

A redação em exame não é das melhores e sustenta o que dissemos sobre a necessidade de unificação do instituto dos vícios redibitórios para todos os negócios, sejam típicos do consumidor ou não. Aliás, peca o legislador desse atual Código como um todo, por ignorar, como regra geral, o microssistema do consumidor.

O que o dispositivo pretende firmar é que, quando o alienante (fornecedor de produtos ou serviços) estabelece prazo de garantia, há causa impeditiva para o início de prazo decadencial. Como regra, terminado o prazo de garantia, inicia-se a contagem dos prazos estabelecidos em lei. Contudo, se durante a garantia surgir o defeito na coisa, o adquirente deve denunciar o fato nos 30 dias seguintes a seu descobrimento, "*sob pena de decadência*". Desse modo, uma vez evidenciado o defeito, o adquirente deve denunciá-lo ao alienante. Não se trata de prazo para o ingresso de ação, mas para simples comunicação, denúncia do defeito, solicitando as providências cabíveis. Com isso, se não for resolvida a questão, abre-se a possibilidade para a ação redibitória ou *quanti minoris*. Como os prazos decadenciais não correm durante o período de garantia, conforme a dicção legal, eles somente se iniciam após o termo final dessa garantia. Trata-se de obstáculo legal do prazo decadencial (art. 207). No entanto, o adquirente deve comunicar o evidenciamento do defeito no prazo de 30 dias, para manter viva a possibilidade de reclamar; não efetivando essa denúncia, o que ocorre nessa situação melhor se denomina *perempção*, pois estará tolhida a ação judicial. Nesse caso não há mais que se falar em decadência, cujo prazo nem se iniciara. Ademais, em se tratando de defeito de manifestação tardia, aplica-se o § 1º do art. 445. A óptica da questão transfere-se para a prova.

Apelação cível. Ação de rescisão contratual e indenização por danos morais e materiais. Vício redibitório. Bem móvel. Decadência não verificada. Defeito que se manifestou durante a vigência da garantia adicional e foi denunciada dentro de 30 dias de seu descobrimento (art. 446 do CC). Prova pericial que atestou a existência de vícios ocultos, que tornaram o maquinário agrícola impróprio ao uso a que é destinado. Ausência de produção de prova pela ré desconstituído o direito da autora (art. 373 do CPC). Recurso adesivo. Perdas e danos incabíveis. Inexistência de prova de má-fé e de prévio conhecimento do vício pela alienante (ART. 443 do CC). Danos morais não verificados. Abalo à honra ou dignidade humana da adquirente não verificados. Necessidade de redistribuição dos ônus da sucumbência. Recurso de apelação e adesivo parcialmente providos (*TJPR* – Ap. 0002176-28.2013.8.16.0081, 16-3-2020, Rel. Carlos Mansur Arida).

Seção VI
Da Evicção

Art. 447. Nos contratos onerosos, o alienante responde pela evicção. Subsiste esta garantia ainda que a aquisição se tenha realizado em hasta pública.

1. Conceito

Existe um conjunto de garantias às quais o alienante, por força de lei, está obrigado, na transferência da coisa ao adquirente. Essas garantias estão presentes tanto na compra e venda, como naqueles contratos em que se transferem a posse e a propriedade. O alienante deve não somente abster-se de interferir na fruição da coisa por parte do adquirente, como também impedir que terceiros o façam. Essa garantia ocorre tanto nas questões de direito, como nas questões de fato. Nos ataques de fato à coisa transferida, tem o adquirente as ações possessórias, entre outros meios a sua disposição. Examinamos que os defeitos ocultos trazem atrás de si toda a teoria dos vícios redibitórios.

Na evicção, o dever de garantia refere-se a eventual perda da coisa, total ou parcial, cuja causa seja anterior ao ato de transferência. Este Código decanta em dois artigos (447 e 448) o mesmo princípio, estampado no anterior art. 1.107 do CC/1916.

Essa garantia está presente em todo contrato oneroso, e não apenas na compra e venda, como vem regulada em algumas legislações. Quem transmite uma coisa por título oneroso (vendedor, cedente, arrendante etc.) está obrigado a garantir a legitimidade, higidez e tranquilidade do direito que transfere. Desde que exista equivalência de obrigações para as partes, a garantia faz-se presente. Deve ser assegurado ao adquirente que seu título seja bom e suficiente e que ninguém mais tem direito sobre o objeto do contrato, vindo a turbá-lo, alegando melhor direito. A evicção garante contra os defeitos de direito, da mesma forma que os vícios redibitórios garantem contra os defeitos materiais. Nos contratos gratuitos, não há razão para a garantia, porque a perda da coisa pelo beneficiário não lhe traz um prejuízo, apenas obsta um ganho. No entanto, nada impede que, mesmo em uma doação, as partes estipulem a garantia, que não existe na lei.

Desse modo, para que se torne operativa tal garantia, é necessário que exista uma turbação de direito com relação à propriedade ou posse do adquirente e que esse terceiro invoque um título anterior ou contemporâneo ao negócio que atribuiu a coisa ao adquirente. A perda da posse ou da propriedade põe em marcha o direito de evicção. O termo vem de *evincere, ex vincere*, vencer, colocar de lado, excluir. Nossa língua possui o verbo *evencer*, com sentido técnico. Evictor é o que vence, o vencedor que fica com a coisa; evicto é o que se vê despojado dela, o excluído, o perdedor. No caso, o evicto está intitulado aos direitos decorrentes da evicção.

Geralmente, o evicto é posicionado como réu em que se reivindica a coisa, ou se pede a posse. O comprador recebe a coisa e vê-se acionado por um terceiro que alega ser o verdadeiro titular. Como as ações possessórias são dúplices, eventualmente também o autor pode ser evicto, se a posse for deferida em favor do réu. Por isso, o CPC obriga a denunciação da lide para proteção dos direitos da evicção ao autor e ao réu, como examinaremos (art. 125). A evicção significa, portanto, a perda em juízo da coisa adquirida (ou em situação assemelhada, como veremos), isto é, a perda da coisa pelo adquirente em razão de uma decisão judicial. Tratando-se de uma garantia, o alienante é responsável pelos prejuízos em razão de ter transferido um "mau" direito, isto é, um direito viciado ou alheio.

2. Noção histórica

A responsabilidade por evicção surge nos contratos consensuais em Roma. Em época mais antiga, nascia das formalidades da *mancipatio*, ou, quando faltava esta, do negócio correspondente, menos formal, a *stipulatio* (VENOSA, *Direito civil: parte geral*, seção 30.3). Se o adquirente pela *mancipatio* era demandado por um terceiro antes de ocorrer o usucapião, poderia chamar o vendedor a fim de que ele se apresentasse em juízo para assisti-lo e defendê-lo na lide. Se o vendedor se negasse a comparecer, ou, se mesmo comparecendo, o adquirente se visse privado da coisa, teria este último a chamada *actio auctoritatis*, para obter o dobro do preço que havia pago no negócio.

Posteriormente, a venda passou a admitir dupla estipulação, em que o adquirente privado da coisa poderia pedir uma indenização ao alienante. No direito pretoriano, a garantia da evicção decorria do princípio da boa-fé entre os contratantes, ficando por fim presente em qualquer contrato.

A situação era muito semelhante, como ainda o é, aos vícios redibitórios. No direito de Justiniano, o remédio para o comprador privado da coisa por defeito de título do vendedor era tanto a *actio empti* para uma indenização, como a *actio ex stipulatu*, ação baseada na *stipulatio*, para obter o dobro do preço. O prejudicado deveria optar por uma das ações. De qualquer modo, a noção é no sentido de que a evicção não influi na validez do contrato. A venda continua válida e a única consequência é o dever do vendedor de indenizar o comprador pelo prejuízo. O pagamento do dobro do preço foi fixado como limite dos prejuízos na época de Justiniano.

3. Requisitos

Para que seja operada a garantia da evicção, em primeiro lugar é indispensável que ocorra uma perturbação de direito, qual seja, fundada em causa jurídica. As turbações de fato provenientes de terceiros devem ser protegidas pelo próprio adquirente, que tem a sua disposição os remédios possessórios. A periclitação de direito fica patente em toda pretensão ou defesa deduzida em juízo por um terceiro, que possa culminar na perda da propriedade ou da posse do adquirente, total ou parcial. Essa turbação pode fundar-se em um direito real (propriedade, usufruto, por exemplo), ou em direito pessoal (arrendamento, por exemplo) arvorado pelo terceiro em relação à coisa.

Na evicção, é examinado um vício no título do alienante; ou seja, quando do negócio o defeito jurídico já existe.

Esse vício de direito deve ser anterior ou concomitante à alienação, o que é ponto primordial. Se o vício tem origem posterior ao negócio, a responsabilidade é do novo titular. Nos vícios redibitórios, o momento em que se examina sua existência é a tradição; na evicção, é no momento da transferência da posse ou da propriedade, a data, enfim, da formalização do negócio jurídico.

Finalmente, é da tradição do instituto que para a evicção deve haver uma sentença, por via da qual o adquirente perde o uso, posse ou propriedade. Na verdade, somente após a ação do evictor o evicto age contra o alienante para reclamar os prejuízos.

A pretensão decorrente da evicção é de natureza pessoal, pois atinge o contrato, obedecendo ao prazo ordinário de dez anos (art. 205). Não se aplica o prazo trienal do art. 206, § 3º, V, porque este é restrito à responsabilidade civil em geral.

4. Requisito da existência de sentença judicial

A doutrina vinha dogmaticamente repetindo essa exigência de origem romana. A realidade do mundo negocial já não permite uma posição dogmática. A esse respeito, podemos perguntar qual a diferença entre o adquirente de imóvel que o perde por decisão judicial, porque o alienante não era proprietário, e o adquirente de veículo, que o perde porque a autoridade policial o apreende por se tratar de coisa furtada com documentação falsificada, mas emitida pelo Estado. Destarte, temos acompanhado sem rebuços essa corrente jurisprudencial que entende ser a apreensão administrativa, nessas premissas, equivalente a uma decisão judicial, dentro do espírito do instituto.

A questão não é só nossa. O mestre Guillermo Borda (1989, p. 888) aponta:

"Nossos tribunais aceitam hoje sem discrepâncias que, quando o direito do terceiro fora indiscutível, o comprador pode fazer o abandono da coisa e reclamar a garantia da evicção. É solução lógica, pois não tem sentido obrigar o comprador a seguir um juízo que certamente há de perder, o qual ocasionará incômodos e gastos que de forma definitiva redundarão em prejuízo do devedor."

É claro que o direito do terceiro deve se apresentar de forma precisa e cristalina. Havendo dúvida, importa seguir o princípio tradicional de existência de sentença para elucidar a questão, porque pode o vendedor defender-se e sustentar que a posição do terceiro não era pacífica, negando-se à garantia. Nada mais cristalino se mostra à evicção do que nas situações processuais de apreensão pela autoridade policial ou administrativa em geral de veículos furtados, em que se apresentam sucessivas transmissões da coisa. Arnoldo Wald (1979, p. 208) sustenta o mesmo entendimento entre nós, e também traz exemplo expressivo:

"O mesmo princípio podemos aplicar à apreensão administrativa que importará em responsabilidade do alienante, se o vício de direito for anterior à alienação, como tem acontecido com as apreensões pelas autoridades alfandegárias de automóveis que entraram ilegalmente no país, havendo no caso responsabilidade dos vendedores pela evicção, salvo causa explícita, em sentido contrário."

Não é, porém, toda apreensão administrativa, ou ato administrativo, que pode ser equiparado à sentença para os fins de evicção. No caso de desapropriação, por exemplo, diverge a doutrina. No entanto, se o bem foi alienado como livre e desembaraçado, quando já havia decreto expropriatório, deve-se ter como configurado o direito de evicção. Note que a responsabilidade pela evicção independe de culpa. A perda da coisa por ato administrativo de política sanitária ou de segurança pública, como regra geral, não faz operar a garantia.

No entanto, leve em conta que não existe responsabilidade pela evicção se sabia que a coisa era alheia ou litigiosa (art. 457 do Código Civil). Também na evicção, não se esqueça, a exemplo das outras modalidades legais de garantia, de que o que se protege é a boa-fé nos contratos, mormente a boa-fé objetiva.

5. Evicção nas aquisições judiciais

Nas arrematações judiciais, é possível ocorrer a evicção. O arrematante ou adjudicante pode pedir que seja restituído o preço da coisa perdida integralmente, ou o valor do desfalque, porque possível, no caso, a evicção total ou parcial. A ação é movida contra o credor ou credores que se beneficiaram, ou contra o executado, se esse recebeu saldo remanescente (MIRANDA, 1972, v. 38, p. 181).

Nas alienações judiciais decorrentes de jurisdição voluntária, os princípios gerais são aplicáveis, persistindo, com maior razão, a garantia de evicção. Esse artigo do atual Código é expresso no sentido de serem aplicados os princípios da evicção nas aquisições em hasta pública. O Código anterior era omisso a esse respeito. Questão que fica em aberto a saber a quem cabe a responsabilidade no caso de evicção para bem adquirido em hasta pública: ao antigo proprietário que teve o bem penhorado ou ao credor beneficiado. Nenhuma das soluções satisfaz, pois as possibilidades de ressarcimento junto ao antigo proprietário serão ínfimas e se atribuída a responsabilidade ao credor, a responsabilidade pela evicção recairá em quem nunca foi proprietário.

✎ Evicção. Ação de indenização por danos morais e materiais. Aquisição do imóvel pelos autores em leilão extrajudicial promovido pela instituição financeira-ré. Proprietário originário do imóvel que obteve a anulação da arrematação promovida pelos autores. Evicção caracterizada. Banco réu, como alienante, que responde pelos riscos da evicção, ainda que não caracterizada conduta culposa na realização do leilão. Responsabilidade civil objetiva. Aplicação do art. 447 do CC. Perda do imóvel pelos autores que deve ser reparada. Restituição do valor pago pelo imóvel na arrematação, além da valorização da coisa resultante dos investimentos feitos pelos autores. Reparação integral da coisa, consoante prevê do art. 450, parágrafo único, do CC, que deve ser objeto de liquidação de sentença, com produção de prova pericial para correta avaliação do imóvel, considerando-se o valor do bem à época do desapossamento. Reparação por danos materiais, limitada aos gastos realizados pelos autores com o registro do título aquisitivo e honorários de advogados contratados para defesa da propriedade na ação anulatória ajuizada pelo proprietário originário. Despesas com a fruição da coisa, durante o período no qual os autores tiveram a posse do bem, que não podem ser indenizadas, ao contrário do que considerou a sentença. Dano moral caracterizado. Indenização por danos morais (R$ 10.000,00 a cada um dos autores), adequadamente fixada na sentença. Recursos parcialmente providos (*TJSP* – Ap. 1020687-79.2017.8.26.0100, 2-6-2020, Rel. Alexandre Marcondes).

✎ Bem móvel – Rescisão contratual – Alienação de veículo que apresentava adulteração no chassi – Apreensão administrativa do bem – **Evicção.** 1. Não se caracteriza má-fé a defesa do direito. Ausente dolo ou ilicitude da parte. Não tipificação dos artigos 14 a 18 do Código de Processo Civil. Preliminar suscitada em contrarrazões afastada. 2. Na compra e venda de veículo o fornecedor é responsável, independentemente de culpa e má-fé, pelos vícios posteriormente apurados que impossibilitam o uso normal do bem. Logo, de rigor, a restituição dos valores desembolsados pelo adquirente, sendo cabível, também, diante dos elementos carreados aos autos, a indenização por danos morais, mas não conforme pleiteada. Inteligência do artigo 447 do Código Civil e artigo 18 do Código de Defesa do Consumidor. Preliminar afastada. Sentença parcialmente reformada. Recurso adesivo do autor provido em parte apenas para fixar valor a título de danos morais. Recurso da requerida não provido (*TJSP* – Acórdão Apelação Cível 9151760-67.2005.8.26.0000, 21-9-2011, Rel. Des. Marcondes D'Angelo).

✎ Direito civil – Indenização dano material e moral – **Veículo adquirido em leilão – Obrigação de entregar documento para transferência** – Inadimplemento do proprietário e comitente. Responde o proprietário comitente pela composição de perdas e danos ao arrematante de veículo adquirido em leilão, impossibilitado de regularização perante o órgão de trânsito, pela ausência de apresentação de documentos essenciais que também o impede de transitar, embora tenha efetuado o pagamento do sinal. Recurso parcialmente provido (*TJSP* – Acórdão Apelação Cível 9141859 – 36.2009.8.26.0000, 25-7-2011, Rel. Des. Clóvis Castelo).

Art. 448. Podem as partes, por cláusula expressa, reforçar, diminuir ou excluir a responsabilidade pela evicção.

A garantia de evicção decorre da lei, independendo da iniciativa das partes. Daí ser absolutamente inútil a cláusula de praxe tabelioa reafirmando essa responsabilidade. No silêncio dos interessados, a garantia se faz presente nos contratos onerosos mencionados no artigo antecedente. Cuida-se, porém, de direito dispositivo, sendo este texto expresso nesse sentido. As partes, se desejarem, por meio de cláusula expressa, essencial nesse caso, podem reforçar, diminuir ou excluir a responsabilidade pela evicção. Defende-se que a cláusula de reforço, por exemplo, não poderá ultrapassar o dano ocasionado, sob pena de ocorrer enriquecimento injusto. A posição é lógica. A redução, por outro lado, pode estabelecer um teto de valor, ou excluir valor de benfeitorias, por exemplo. A exceção dessa responsabilidade é a regra contida no art. 51, I, do CDC, ou seja, deixam-se de fora as relações de consumo.

A presente cláusula pode vir expressa no próprio bojo do contrato, ou em instrumento à parte. A exclusão da evicção tem que ser interpretada em consonância com o artigo seguinte, sempre de forma restrita.

⚖ Civil. Ação de rescisão contratual c/c ressarcimento de perdas e danos. Compra e venda de automóvel. Evicção. Justiça laboral. Ausência. Cláusula. Art. 448 do CC. Aplicação integral do art. 447 do CC. Sentença mantida. 1. A preliminar de ilegitimidade é plenamente afastada pela constatação de que está assentada a natureza de relação jurídica material da pretensão. *In casu*, estando a causa de pedir e o pedido amparados por prova da obrigação, não merece acolhida a tese recursal de que não houve relação jurídica, mas mera intermediação de aquisição de veículo. 2. Na lição de Caio Mario da Silva Pereira, evicção é "a perda da coisa, por força de sentença judicial, que a atribui a outrem, por direito anterior ao contrato aquisitivo [...]". 3. Constatado que (i) o pronunciamento da Justiça Laboral se funda em reclamação trabalhista preexistente ao contrato de compra e venda de veículo pelo qual se operou a aquisição do direito do evicto; e, (ii) não há cláusula expressa, na qual se reforça, diminui ou exclui a responsabilidade pela evicção (art. 448 do CC); opera-se de pleno direito as regras do art. 447 do CC. 4. Recurso não provido (*TJDFT* – Ap. 0000917-79.2016.8.07.0004, 5-9-2018, Rel. Leila Arlanch).

⚖ Direito civil – Obrigações – Troca ou permuta – Rescisão – Relato fático sustentado pela autora na petição inicial a indicar que houvera permuta entre um bem imóvel, de um lado, e um veículo e uma motocicleta, de outro lado. Veículo modelo Monza entregue em permuta pelo requerido que se encontrava com numeração de motor incompatível, impossível a ultimação da transferência do bem, terminando o veículo por ser apreendido ante a existência de "queixa de furto". Sentença, todavia, de improcedência do pedido de rescisão contratual. Recurso de Apelação da autora. Preliminar recursal. Cerceamento de defesa. Não caracterização. Juízo de admissibilidade das provas que não dispensa pertinência no requerimento. Prova oral que se mostrava desnecessária na espécie. Mérito recursal. Rescisão descabida. **Limitação da responsabilidade do alienante até a venda do bem** (artigo 448 CC). Caso concreto no qual as circunstâncias negociais não indicam tivesse havido má-fé ou atuação culposa do requerido no momento da permuta envolvendo o veículo cujo motor se constatou irregular mais de cinco anos após a permuta. Responsabilidade por evicção não caracterizada no caso concreto. Sentença que diante da solução de improcedência do pedido merece ser prestigiada, ainda que adotados em segundo grau de jurisdição outros fundamentos. Recurso de Apelação da autora não provido (*TJSP* – Ap. 0006921-80.2011.8.26.0198, 19-5-2016, Rel. Alexandre Bucci).

Art. 449. Não obstante a cláusula que exclui a garantia contra a evicção, se esta se der, tem direito o evicto a receber o preço que pagou pela coisa evicta, se não soube do risco da evicção, ou, dele informado, não o assumiu.

O presente artigo se insere dentre aqueles do ordenamento que visam obstar o enriquecimento injusto. Assim, ainda que ocorra a exclusão da garantia da evicção na forma do artigo antecedente, nas circunstâncias descritas neste artigo, poderá o evicto ser ressarcido. Para que a evicção não gere pagamento algum, é necessário não somente excluí-la expressamente, mas que também o adquirente tenha ciência do risco e o tenha assumido expressamente. É o caso, por exemplo, de quem adquire objeto ou crédito litigioso com perfeita ciência desse fato. Nesse caso, o contrato equiparar-se-á a negócio aleatório na forma do art. 460. Para que não ocorra pagamento algum ao adquirente, é mister provar que o interessado tinha pleno conhecimento do risco.

⚖ Civil e processo civil. Ação de evicção. Pedido de tramitação do feito em segredo de justiça. Descabimento. Preliminar. Prescrição. Rejeitada. Ciência do adquirente sobre a indisponibilidade do bem. Não assumiu o risco pela evicção. Direito a ser restituído do valor pago pela coisa evicta. 1. Indefere-se o pedido de tramitação do feito em segredo de justiça porque a presente hipótese não se amolda ao disposto no art. 189 do CPC, tampouco o processo eletrônico aos ditames do § 2º, do art. 78 do mesmo diploma legal. 2. A interrupção da prescrição se opera com o despacho que ordena a citação, ainda que proferido por juízo incompetente, e retroage à data de propositura da ação, nos termos do § 1º do art. 240 do CPC. 3. Não obstante a cláusula que exclui a garantia contra a evicção, se esta se der, tem direito o evicto a receber o preço que pagou pela coisa evicta, se não soube do risco da evicção, ou, dele informado, não o assumiu. Inteligência do art. 449 do CC. 4. Recurso conhecido. Prejudicial de prescrição rejeitada. Apelo provido (*TJDFT* – Ap. 07049681020178070020, 4-12-2019, Rel. Ana Cantarino).

⚖ Apelação – Ação indenizatória – Danos materiais – Compra e venda – Transferência da propriedade de veículo – **Evicção** – Artigos 449 e 450 do CC – Nos contratos onerosos o alienante responde pela evicção e o evicto tem direito, além da restituição integral do preço, à indenização pelos prejuízos que diretamente resultem da perda do bem, pelas custas judiciais e pelos honorários advocatícios que contratar – Relação de consumo – Enquadram-se o autor e a corré apelante na condição, respectivamente, de consumidor e fornecedora, nos termos dos artigos 2º e 3º da Lei 8.078/90 – Responsabilidade objetiva – Art. 14 do CDC – Negado provimento (*TJSP* – Ap. 0015531-16.2011.8.26.0011, 2-12-2015, Rel. Hugo Crepaldi).

Art. 450. Salvo estipulação em contrário, tem direito o evicto, além da restituição integral do preço ou das quantias que pagou:
I – à indenização dos frutos que tiver sido obrigado a restituir;
II – à indenização pelas despesas dos contratos e pelos prejuízos que diretamente resultarem da evicção;
III – às custas judiciais e aos honorários do advogado por ele constituído.
Parágrafo único. O preço, seja a evicção total ou parcial, será o do valor da coisa, na época em que se evenceu, e proporcional ao desfalque sofrido, no caso de evicção parcial.

Este Código manteve a mesma redação do diploma anterior, acrescentando os *honorários de advogado* e as custas judiciais. Esse acréscimo é inócuo: se o direito da evicção resultou de sentença, os honorários de advogado são uma consequência processual da sucumbência; se o direito foi reconhecido fora do processo, os honorários de advogado serão objeto da transação. Se nada foi dito a esse respeito no negócio jurídico, o advogado terá ação autônoma para cobrá-los, dentro dos princípios gerais.

O montante indenizatório é consequência do direito de garantia, que, por sua vez, tem relação com o princípio da boa-fé, como vimos. Os prejuízos efetivos decorrentes da perda da coisa devem ser devidamente provados. Cuida-se, nessa hipótese, do princípio geral que rege as perdas e danos.

Questão importante é saber se o preço a ser devolvido é o da época do negócio ou o da época em que ocorreu a evicção. O bem provavelmente terá tido uma oscilação de seu valor entre os dois momentos, independentemente da desvalorização da moeda. Caio Mário da Silva Pereira (1986, v. 3, p. 92) entende que o alienante responde pela *plus valia* da coisa. Sustenta, a nosso ver com razão, que a Lei de 1916 mandava que a indenização englobasse os prejuízos sofridos pelo adquirente (art. 1.109, II), lembrando também, como temos feito com insistência, que o art. 1.059 inseria, na indenização, não apenas o que se perdeu, mas também o que razoavelmente se deixou de ganhar. Na evicção, a ideia é de que o patrimônio seja recomposto integralmente. Assim também se posiciona Washington de Barros Monteiro (1980, v. 5, p. 64). Não poderia o Código ter adotado outro peso e outra medida para a evicção integral. Acrescenta ainda esse autor que essa era a posição tradicional em nosso Direito e seguia a orientação adotada pelas leis estrangeiras. Doutro lado, a singela correção monetária do valor do preço pago normalmente não se equiparará ao valor atual da coisa, mormente em se tratando de imóveis.

É computado no valor da evicção tudo o que o evicto perdeu, referindo-se a lei aos frutos que teve de restituir e às custas judiciais. Evidentemente, também a verba a que foi condenado, relativa a honorários de advogado, deve ser incluída, inserindo-se nos prejuízos advindos da perda da coisa.

O parágrafo único do art. 450 pretendeu solucionar a quezília a propósito do valor. Acolhe-se, portanto, o que a doutrina já sufragava.

O regime das benfeitorias em matéria de evicção vem disciplinado nos arts. 453 e 454. São consequências lógicas dos princípios gerais que regem as benfeitorias. Se o adquirente fez benfeitorias úteis e necessárias e não tiver sido reembolsado, na sentença (a lei diz *abonado*), seus respectivos valores devem ser incluídos na indenização devida pelo alienante (que terá ação regressiva contra o evictor). Se houve abono delas na sentença, mas foi o alienante quem as realizou, devem ser descontadas na ação contra este último. Se as benfeitorias, feitas pelo adquirente, foram abonadas na sentença de perda da coisa, este não terá direito a qualquer reembolso, porque não teve prejuízo por elas. As benfeitorias voluptuárias, pelo regime geral, podem ser levantadas pelo benfeitor, desde que isso não prejudique a coisa.

⚖ Danos morais. Sentença que julgara improcedente. Ausência de recurso dos autores e de temática de ordem pública. Coisa julgada formal e material (arts. 505 e 1.013, *caput*, do CPC). Danos materiais. Compra e venda de imóvel. Penhora de bem por dívida trabalhista. Imóvel sob risco de evicção. Quitação da dívida perante o credor trabalhista. Pleito de restituição da quantia paga a fim de evitar a evicção. Cabimento (art. 450 do CC). Sentença mantida. Recurso desprovido (*TJSP* – Ap. 1005778-55.2015.8.26.0309, 6-7-2020, Rel. Rômolo Russo).

⚖ Compra e venda de veículo – **Responsabilidade do alienante pelos riscos da evicção** – 1 – O alienante é responsável pela evicção em contrato oneroso pelo qual transfira o domínio, a posse ou o uso do bem, independentemente de ter agido de boa ou má-fé. 2 – O evicto tem direito à restituição do preço – Que será o do valor da coisa, na época em que se evenceu –, à indenização pelos prejuízos que diretamente resultarem da evicção e ao ressarcimento das custas e honorários (art. 450, CC). 3 – Apelação não provida (*TJDFT* – Proc. 20130710329715 – (844707), 3-2-2015, Rel. Des. Jair Soares).

Art. 451. Subsiste para o alienante esta obrigação, ainda que a coisa alienada esteja deteriorada, exceto havendo dolo do adquirente.

Art. 452. Se o adquirente tiver auferido vantagens das deteriorações, e não tiver sido condenado a indenizá-las, o valor das vantagens será deduzido da quantia que lhe houver de dar o alienante.

Em continuação à ideia de integridade da indenização, o art. 451 determina que, mesmo estando a coisa evicta deteriorada, ainda assim persiste a obrigação integral, salvo se a deterioração ocorreu por dolo do adquirente. Subsiste, portanto, a indenização se a deterioração decorreu de simples culpa. A simples deterioração da coisa não impede o ressarcimento da evicção. Só não haverá esse direito se a deterioração decorreu de dolo por parte do adquirente. Não lhe basta, portanto, a culpa singela. O dolo de terceiro é irrelevante para essa indenização. Ressalva, porém, o art. 452 que o adquirente pode ter recebido vantagens dessa deterioração: pode ter recebido o valor de um seguro, por exemplo, ou a coisa deteriorada sofreu surpreendente valorização. Nesse caso, deverá deduzir o valor dessa vantagem, pois do contrário ocorreria injusto enriquecimento.

Art. 453. As benfeitorias necessárias ou úteis, não abonadas ao que sofreu a evicção, serão pagas pelo alienante.

Art. 454. Se as benfeitorias abonadas ao que sofreu a evicção tiverem sido feitas pelo alienante, o valor delas será levado em conta na restituição devida.

O regime das benfeitorias em matéria de evicção vem disciplinado nestes arts. 453 e 454. São consequências lógicas dos princípios gerais que regem as benfeitorias. Se o adquirente fez benfeitorias úteis e necessárias e não tiver sido reembolsado, na sentença (a lei diz *abonado*), seus respectivos valores devem ser incluídos na indenização devida pelo alienante (que terá ação regressiva contra o evictor). Se houve abono delas na sentença, mas foi o alienante quem as realizou, devem ser descontadas na ação contra este último. Se as benfeitorias, feitas pelo adquirente, foram abonadas na sentença de perda da coisa, este não terá direito a qualquer reembolso, porque não teve prejuízo por elas. As benfeitorias voluptuárias, pelo regime geral, podem ser levantadas pelo benfeitor, desde que isso não prejudique a coisa.

Art. 455. Se parcial, mas considerável, for a evicção, poderá o evicto optar entre a rescisão do contrato e a restituição da parte do preço correspondente ao desfalque sofrido. Se não for considerável, caberá somente direito a indenização.

O evicto pode perder toda a coisa ou parte dela, daí a possibilidade de evicção total ou parcial. A evicção parcial pode se referir à parte de um todo: o adquirente de um imóvel rural perde para o terceiro parte dele. Pode ocorrer que haja um conjunto de bens na coisa vendida, e apenas alguns são perdidos: é vendida uma biblioteca e parte dos livros é reivindicada. A exemplo dos vícios redibitórios, o evicto pode escolher entre duas ações, a ação de evicção ou a de indenização pela perda (a lei fala em *desfalque*). Vale o princípio de que, eleita uma via processual, não é possível o retorno a outra. Para que essa escolha opere, a lei exige que a evicção seja considerável, o que se apurará no caso concreto. Se o adquirente perde 90% da propriedade, não há como exigir que se mantenha a coisa, ainda que recebendo o valor do desfalque. Um prédio vendido livre e desembaraçado, que após se verifica existir uma hipoteca sobre ele, enseja a evicção parcial, sem a rescisão do contrato, se o valor do débito não for preponderante. Não sendo considerável a perda, o adquirente não terá opção e deverá pedir o correspondente a ela. O que é considerável será matéria para apuração no caso concreto. Como vimos, a lei fala em indenização dos prejuízos pelo valor da época da evicção. Lembre-se de que pode ter havido depreciação no valor, que será suportada, então, pelo adquirente, se para essa desvalorização não concorreu o alienante.

Art. 456. (Revogado pela Lei n. 13.105/2015). Parágrafo único. (Revogado pela Lei n. 13.105/2015, em vigor um ano após a publicação).

De acordo com o texto legal revogado, sem litisdenunciação referida o adquirente decairia do direito à evicção. O Código Civil remetia às leis processuais. Com essa revogação não será mais impositiva essa denunciação. O prejudicado deve se valer de outros instrumentos legais. O CPC em vigor, por sua vez, dentro da "*denunciação da lide*" (art. 125), diz apenas que é *admissível* a denunciação, para exercer os direitos resultantes da evicção. O código processual enfatiza que é o alienante imediato que deve ser notificado, e não todos os alienantes anteriores. Nesse diapasão, não existe mais a peremptoriedade da perda do direito da evicção se não for promovida a denunciação. Admite-se, portanto, que esse direito possa ser buscado por outros meios procedimentais.

A denunciação da lide é uma das modalidades de intervenção de terceiros no processo.

Doutro lado, para atender ao que descreve a lei processual, o adquirente deve denunciar o alienante no primeiro processo em que periclite sua posse ou propriedade.

Concluímos, como já ressaltava Serpa Lopes (1964, v. 3, p. 189), a exigência absoluta da litisdenunciação não inibia, em sua falta, a ação de indenização decorrente dos princípios gerais, do inadimplemento dos contratos, ação essa transmissível aos sucessores universais e singulares.

Como se nota, o vigente CPC procurou dar traços mais claros, objetivos e seguros à litisdenunciação.

Situações podem ocorrer que são ricas em detalhes e deveras elucidativas. Nesse diapasão, o adquirente poderá denunciar à lide não aquele que lhe vendeu a coisa, mas um transmitente pretérito que tenha, por exemplo, falsificado o título. A matéria requer exame mais aprofundado na ciência processual.

📚 Enunciado nº 29, I Jornada de Direito Civil – CJF/STJ: A interpretação do art. 456 do novo Código Civil permite ao evicto a denunciação direta de qualquer dos responsáveis pelo vício.

📚 Enunciado nº 434, V Jornada de Direito Civil – CJF/STJ: A ausência de denunciação da lide ao alienante, na evicção, não impede o exercício de pretensão reparatória por meio de via autônoma.

⚖️ Apelação cível – Ação Ordinária – Pluralidade de réus – Apresentação de contestação por parte deles – Aplicação dos efeitos da revelia em relação à ré revel – Não cabimento – Compra e venda de bem imóvel – Superveniência de penhora e arrematação em hasta pública – **Evicção** – Caracterização – Dever de ressarcimento do preço do bem ao tempo em que se evenceu e da quantia despendida a título de aluguéis de outro imóvel – Condenação do segundo réu, na condição de alienante primitivo – Exoneração dos demais, que não integram a cadeia de alienação – Se, havendo pluralidade de réus, algum deles contesta a ação, não se aplica, em relação àquele que não ofereceu resposta, o efeito da revelia consistente na presunção de veracidade dos fatos afirmados na inicial, a teor do disposto no artigo 320, I, do CPC/1973, então vigente. Nos contratos onerosos, pelos quais se transfere o domínio, posse ou uso, será obrigado o alienante a resguardar o adquirente dos riscos da evicção, toda vez que não tenha excluído expressamente esta responsabilidade. A garantia da evicção independe de culpa em razão dos danos ocasionados pela perda da posse ou propriedade do bem, pois se opera de pleno direito, prescindindo de convenção expressa e de prova, por decorrer da própria lei (CCB, art. 447). Especificamente sobre os valores devidos à parte autora, tem-se que o preço a ser considerado não deve se referir à quantia despendida quando da aquisição do bem, mas aquele que o bem possuía quando se verificou a evicção, consoante o disposto no artigo 450, parágrafo único, do CC/2002. Restando comprovada a celebração de contrato de locação, pelos autores, por terem sido privados do exercício dos poderes inerentes à propriedade, têm eles direito ao ressarcimento dos valores pagos a título de aluguéis. Finalmente, é de se salientar que somente o segundo réu, na condição de alienante primitivo, deve responder pelos prejuízos advindos da evicção, não podendo a condenação recair sobre os demais réus. Malgrado o entendimento contrário do magistrado de primeira instância, independentemente de o imóvel ter sido adquirido, pelo primeiro requerente, de terceira pessoa – Estranha à lide – E, não, do segundo réu – Em nome de quem o imóvel estava registrado –, a jurisprudência e doutrina mais abalizadas, aplicando o art. 456 do CC/2002 e art. 73 do CPC/1973, vêm se posicionando no sentido de que o **direito advindo da evicção pode ser exercido em face do alienante imediato ou dos alienantes anteriormente envolvidos na cadeia da alienação**. Em contrapartida, a primeira, a terceira e o quarto requeridos não integram a cadeia de alienação do bem, não podendo sofrer os efeitos da condenação (*TJMG* – AC 1.0106.13.001481-9/001, 6-9-2016, Rel. Eduardo Mariné da Cunha).

Art. 457. Não pode o adquirente demandar pela evicção, se sabia que a coisa era alheia ou litigiosa.

Quem adquire coisa sabendo ser litigiosa ou tendo ciência ser de outrem assume os riscos desse negócio. Não pode reclamar a evicção se a coisa não lhe chega indene. São duas, portanto, as hipóteses contidas nesse artigo. O adquirente deve saber dessas situações quando do negócio. Não exige a lei que expressamente assuma esse conhecimento no contrato, mas é essencial que a prova denote que inevitavelmente o interessado sabia ou não tinha como não saber que a coisa era alheia ou litigiosa. A aplicação desse artigo, que especifica o mais, deve atingir também o menos, isto é, as situações em que a coisa adquirida está onerada com gravame real.

A coisa será litigiosa desde o momento em que a relação processual se completa pela citação, até o final do processo. Nada impede, contudo, que a coisa sob litígio seja adquirida.

⚖️ Apelação cível – Ação Regressiva – Compra e venda de veículo automotor – Ordem superveniente de penhora do bem – Roubo do veículo – Indenização Securitária – **Evicção** – Caracterização – Excludente – Coisa litigiosa – Inaplicabilidade – Recurso provido – Nos contratos onerosos, pelos quais se transfere o domínio, posse ou uso, será obrigado o alienante a resguardar o adquirente dos riscos da evicção – Embora na data da alienação do bem fosse possível se aventar a probabilidade de que a sua penhora viesse a ser pleiteada nos autos da execução trabalhista, naquela ocasião a execução se encontrava devidamente garantida por bens penhorados cujo valor era suficiente à quitação do débito, não se podendo, assim, considerá-lo como "coisa litigiosa", restando, assim, afastada a aplicação da **exclusão de responsabilidade** prevista pelo art. 457, do CC (TJMG – AC 1.0498.14.002541-8/001, 6-6-2016, Relª Juliana Campos Horta).

Seção VII
Dos Contratos Aleatórios

Art. 458. Se o contrato for aleatório, por dizer respeito a coisas ou fatos futuros, cujo risco de não virem a existir um dos contratantes assuma, terá o outro direito de receber integralmente o que lhe foi prometido, desde que de sua parte não tenha havido dolo ou culpa, ainda que nada do avençado venha a existir.

É *comutativo* o contrato no qual os contraentes conhecem, *ex radice*, suas respectivas prestações. É *aleatório* o contrato em que ao menos o conteúdo da prestação de uma das partes é desconhecido quando da elaboração da avença. O conhecimento do que deve conter a prestação ocorrerá no curso do contrato, ou quando do cumprimento da prestação. Nos contratos comutativos, as partes têm, de plano, conhecimento do que têm a dar, fazer ou não fazer e a receber.

Portanto, o contrato aleatório funda-se na álea, sorte, ao menos para uma das partes. O contrato pode ser aleatório por sua própria natureza ou a álea pode resultar da vontade das partes. Assim, são aleatórios por sua natureza os contratos de seguro (art. 757 ss), jogo e aposta (arts. 814 a 817), incluindo-se nessa natureza as loterias, rifas, lotos e similares, e o contrato de constituição de renda (arts. 803 a 813).

Por outro lado, um contrato que normalmente é comutativo, como a compra e venda, por exemplo, pode ser transformado em aleatório pela vontade das partes, como a aquisição de uma futura colheita.

Geralmente, a doutrina ressalta a importância dessa classificação no fato de que somente os contratos comutativos estão sujeitos à lesão. No entanto, havendo abuso exagerado de uma das partes, mesmo no contrato aleatório pode ter campo a lesão, se uma das prestações é muito desproporcional em relação à situação do contrato. Destarte, não fica inibido o julgador de considerar lesivo, abusivo, um contrato protegido pelo CDC, ainda que aleatório. Em um contrato de seguro, por exemplo, examinar-se-á o abuso de acordo com o exame da natureza e conteúdo desse contrato, o interesse das partes e outras peculiaridades do caso (art. 51, § 1º, III). O mesmo podemos dizer no tocante à excessiva onerosidade, que será examinada a seguir, cujos princípios fundamentais dirigem-se aos contratos comutativos de duração, mas não impedem que, de acordo com as circunstâncias, essa teoria seja aplicada também aos contratos aleatórios: basta que ocorram circunstâncias que refujam ao risco próprio do contrato, isto é, fora daquele programado e imaginado pelas partes ou da própria natureza do contrato.

Por tais razões, não há grande decorrência prática dessa distinção, afora quanto à exigibilidade das prestações, o que torna específica e diversa, de acordo com o caso concreto, a *exceptio non adimpleti contractus*.

De qualquer modo, para efetuar a distinção nessa categoria, temos de ter em mira o momento do aperfeiçoamento do contrato. Nesse ponto é que pode mostrar-se aleatório. Quando do cumprimento das prestações, a álea poderá, como regra, deixar de existir. A indeterminação inicial da prestação caracteriza a "sorte" no contrato.

Nosso ordenamento não se preocupa especificamente com essa distinção.

O *contrato condicional* não se confunde com o contrato aleatório. No contrato condicional, a condição é aposta pelas partes como seu elemento acidental, quer seja ela suspensiva ou resolutiva; nos contratos aleatórios, a incerteza é seu elemento estrutural, ainda que colocado pela vontade das partes. A incerteza, neste último, está insita à estipulação aleatória, enquanto na condição, a incerteza, o fato incerto, pode ou não ocorrer (Iturraspe, 1988, p. 70).

Sob o título "Contratos Aleatórios" (arts. 458 a 461), o Código ocupa-se aparentemente da compra e venda aleatória, embora tais normas se apliquem, no que couber, a outros contratos, ainda porque em outras disposições encontramos também negócios dessa natureza, já mencionados, como o seguro, a constituição de renda, o jogo e a aposta.

Este art. 458 mantém integralmente o princípio, com pequenas modificações de redação que facilitam o entendimento, admitindo, porém, *que qualquer das partes pode assumir o risco de nada obter*.

Nesse caso, o alienante, ou o adquirente, salvo culpa sua pela inexistência do objeto da prestação, terá direito a todo o preço ou o que foi prometido no contrato. Trata-se de contrato de *emptio spei*, ou seja, venda de coisa esperada. Nessa situação, as coisas que servem de objeto à prestação podem vir a não existir. Exemplo clássico é o da compra da rede do pescador. Pode ocorrer de o arremesso da rede nada captar. Mesmo que peixe algum venha na rede, vale e tem eficácia o contrato, sendo devido o preço, pois foi, na realidade, uma esperança que se adquiriu.

Direito civil – Compra e venda de safra futura de soja – Desequilíbrio contratual – **Contrato aleatório** – Teoria da imprevisão – Inaplicabilidade – Onerosidade Excessiva – Não ocorrência – 1- Não há que se falar em desequilíbrio contratual ou nulidade de cláusula penal quando se tratar de contrato aleatório, de compra e venda de safra futura, no qual a apelante consentiu em assumir o risco pela frustração do negócio, tornando inaplicável a teoria da imprevisão. 2- A resolução de contrato com suporte em onerosidade excessiva não prescinde de superveniência de acontecimento extraordinário, desconexo com os riscos ínsitos à prestação assumida. Inexiste respaldo para rescisão de contrato aleatório quando ausente qualquer alteração nas bases fáticas sobre as quais ele foi firmado. 3- Apelação conhecida e desprovida (*TJDFT* – Proc. 20140110793553APC – (957103), 1º-8-2016, Rel. J. J. Costa Carvalho).

Art. 459. Se for aleatório, por serem objeto dele coisas futuras, tomando o adquirente a si o risco de virem a existir em qualquer quantidade, terá também direito o alienante a todo o preço, desde que de sua parte não tiver concorrido culpa, ainda que a coisa venha a existir em quantidade inferior à esperada. Parágrafo único. Mas, se da coisa nada vier a existir, alienação não haverá, e o alienante restituirá o preço recebido.

Esse artigo cuida da hipótese de coisas futuras, quando o adquirente assume o risco de virem a existir em qualquer quantidade. O preço será devido ao alienante, ainda que a quantidade seja inferior à esperada. Trata-se da *emptio rei speratae*. O risco nesse caso diz respeito apenas à quantidade, que pode ser maior ou menor. Nada impede, porém, que as partes assegurem um pagamento mínimo e uma quantidade mínima. Tudo dependerá do exame da vontade contratual. Exemplo típico é o da compra de uma colheita em que não se garante uma quantidade mínima. Nesse caso de aquisição de coisa esperada, diferentemente do artigo anterior, se nada vier a existir, o alienante é obrigado a restituir o preço.

Tanto num quanto noutro caso, o vendedor deve empregar toda a sua diligência para que a esperança, total ou parcial, tenha sucesso. Como vemos, no aspecto de vendas de coisas futuras, há duas espécies de álea descritas pelo Código. Na *emptio rei* (art. 458), a álea diz respeito à própria existência da coisa objeto do negócio. Na *emptio rei speratae* (art. 459), a álea diz respeito apenas à quantidade da coisa objeto do negócio. A diferença sutil entre ambas as vendas exigirá o exame do caso concreto, da verdadeira intenção negocial das partes. Importante será também o exame dos usos locais. Sua utilização no agronegócio é muito difundida. É necessário examinar se o adquirente comprometeu-se a pagar em qualquer situação, ainda que como resultado da álea nada venha a existir, ou se o compromisso ressalvou a existência de alguma coisa e em qual quantidade. O parágrafo único do art. 459, cuja redação é mantida idêntica ao antigo diploma,

enfatiza: "*Mas, se da coisa nada vier a existir, alienação não haverá, e o alienante restituirá o preço recebido.*" Os usos e costumes do ramo de venda e do local servirão de adminículo à prova. Orlando Gomes (1983a, p. 256), apesar de defender essa posição subjetiva, na distinção entre os dois contratos, adverte que na doutrina prevalece um critério objetivo: "*há venda de esperança, se a existência das coisas futuras depende do acaso; há venda de coisa esperada, se a existência das coisas futuras está na ordem natural. Uma colheita, por exemplo, será objeto de **emptio rei speratae**, porque é de se esperar normalmente que haja frutificação. No fundo, trata-se de uma **quaestio voluntatis**, devendo-se, na dúvida, preferir a **emptio rei speratae**, por ser mais favorável ao comprador*".

Verifica-se, portanto, que qualquer critério predeterminado é difícil na matéria, e nunca podemos prescindir do exame da vontade contratual.

⚖ Civil. Processual civil. Apelação. Ação de cobrança de rendimentos de direito de patente, com pedido subsidiário de perdas e danos. Alegação de falta de responsabilidade de um dos réus. Inovação. Não conhecimento. Contrato aleatório. Venda de direitos econômicos futuros de exploração de patente. Valor a ser obtido com a comercialização dos direitos. Álea contratual comum. Cobrança de dividendos de contrato posterior inexistente. Improcedência. Risco da existência de posterior comercialização da patente. Assunção expressa pelo alienante. Não cumprimento. Devolução dos valores, acrescidos de encargo de mora. Expressa previsão contratual. Procedência. Caso fortuito. Impertinência. Prorrogação da avença. Efeito liberatório. Inexistência. Mora por interpelação judicial. Juros contados da citação. Fixação de índice fixo e elevado de correção monetária. Impossibilidade. Julgamento ultra petita. Distribuição do ônus de sucumbência. Adequação. 1. Os limites da apelação restringem-se ao conteúdo discutido nos autos, não servindo a instância recursal para analisar questões fáticas não alegadas oportunamente e não apreciadas pelo Juízo de primeiro grau, sob pena de inadmissível supressão de instância. 1.1. Não comporta conhecimento a alegação de inexistência de responsabilidade solidária de um dos réu pelos danos derivados do descumprimento do contrato do qual teve participação pessoal, pois fundada em matéria fática inovadora, não impugnada oportunamente em contestação, como exige o art. 336, do CPC. 2. No contrato aleatório de coisa futura, caso o alienante não assuma expressamente o risco da coisa vir a existir, fará jus ao recebimento do preço ajustado com o adquirente, ainda que o objeto se torne impossível, mas desde que de sua parte não tenha havido dolo ou culpa, conforme dispõe o art. 458 do CC. 2. Contudo, nos termos do art. 459 do CC, caso o adquirente assuma o risco de que o objeto de contrato aleatório de coisa futura venha a existir, fará jus ao recebimento do preço quando do efetivo cumprimento do ajuste, tendo adquirente direito à restituição do preço e perdas e danos, caso o alienante deixe de cumprir a obrigação assumida. 3. Na hipótese, cuida-se de contrato de alienação parcial de patente em que ambas as partes se propuseram ao risco negocial quanto ao valor possível de se alcançar com a comercialização dos direitos da patente, mas os réus assumiram expressamente o risco de obterem a efetiva comercialização do projeto em prazo específico, afirmando possuírem clientes previamente interessados, sobe pena de ficarem obrigados a devolver o valor investido, acrescido de multa e encargos de mora. (...) Apelo dos réus parcialmente conhecido e parcialmente provido (*TJDFT* – Ap. 07224344020188070001, 27-5-2020, Rel. Alfeu Machado).

Art. 460. Se for aleatório o contrato, por se referir a coisas existentes, mas expostas a risco, assumido pelo adquirente, terá igualmente direito o alienante a todo o preço, posto que a coisa já não existisse, em parte, ou de todo, no dia do contrato.

Esse dispositivo trata de venda de coisas expostas a risco. Nesse caso, assumindo o adquirente o risco, *"terá igualmente direito o alienante a todo o preço, posto que a coisa já não existisse, em parte, ou de todo, no dia do contrato"*. Mister, porém, que o contratante não saiba da inexistência das coisas quando do contrato, caso contrário estará agindo de má-fé. É o que afirma o art. 461, ao dispor que o contrato pode ser anulado por dolo se o outro contraente já sabia da *consumação do risco*, isto é, da materialização da inexistência da coisa. Imagine, por exemplo, a compra de mercadoria sitiada em zona de guerra, ou em região sob estado de calamidade pública. O adquirente assume o risco de que as mercadorias não mais existam quando da tradição. Tal não inibe o alienante de receber todo o preço contratado. A álea desse contrato reside exatamente na assunção do risco por parte do comprador, risco que evidentemente influi nas condições do contrato. Evidente que agirá com dolo, em nosso exemplo, o contratante, no caso o comprador, que sabe que as mercadorias contratadas já não mais correm risco, ou, no caso do alienante, se este já sabe não mais existir qualquer mercadoria. Daí então a aplicação do art. 461. O risco aqui tratado é da existência total ou parcial das coisas. Não se confunde com vícios ocultos na própria coisa, que sujeitam as partes às consequências dos vícios redibitórios, próprios dos contratos comutativos.

Como vemos, não somente a compra e venda pode ser aleatória, nos três níveis fixados no Código. Perfeitamente possível que exista, entre outros negócios, uma locação ou um mútuo aleatórios. Imagine, por exemplo, que o mutuante empreste ao mutuário todo o valor que possui num investimento litigioso; ou que o locador dê em arrendamento toda a sua propriedade rural, assumindo o arrendatário o risco de que parte da gleba, ou toda ela, esteja na posse de invasores. Por isso, embora aparentemente o Código de 1916 referia-se unicamente à compra e venda, porque falava nos arts. 1.118 a 1.121 em alienação, alienante e adquirente, o título mencionava, a exemplo do atual Código, a *contratos aleatórios*, porque as disposições aplicavam-se a todos aqueles negócios que tenham por objeto uma prestação sujeita à sorte, ao risco. Aliás, nessa senda, este Código menciona no art. 458 *contratantes* e não mais o adquirente, corrigindo a impropriedade. Em regra geral, contudo, as disposições serão incompatíveis com aqueles contratos aleatórios por natureza, como um contrato de seguro, por exemplo. Como acenamos, há contratos que são aleatórios por sua própria natureza e outros em que a aleatoriedade é fixada pela vontade das partes. Nestes últimos, o contrato é por natureza comutativo, como um mútuo, uma locação, um mandato; as partes é que introduzem um elemento aleatório.

No contrato aleatório, a álea deve afetar ambas as partes, de maneira geral. Nesse contrato, surge uma situação de expectativa para os contratantes, que dependem do curso dos acontecimentos para conhecer o objeto da prestação.

Art. 461. A alienação aleatória a que se refere o artigo antecedente poderá ser anulada como dolosa pelo prejudicado, se provar que o outro contratante não ignorava a consumação do risco, a que no contrato se considerava exposta a coisa.

Esse artigo complementa o anterior. Na verdade, quando o contratante já sabia quando da avença que a coisa não existia e não existirá, o negócio será nulo por falta de objeto, não se cuidando propriamente de anulação. Note que aqui o dolo ocorre no momento do consentimento. O mais, transfere-se para o campo da prova. Para que a álea do contrato seja hígida, o art. 460 exige que o desconhecimento da consumação do risco seja de ambas as partes e que ambos estejam com boa-fé, como é evidente em todos os contratos. Assim, por exemplo, na alienação de gleba na qual podem haver grileiros, devendo o adquirente receber a parte livre, aplica-se o artigo se o vendedor sabe, de antemão, que toda a área será tomada.

Seção VIII
Do Contrato Preliminar

Art. 462. O contrato preliminar, exceto quanto à forma, deve conter todos os requisitos essenciais ao contrato a ser celebrado.

Um contrato representa um acréscimo patrimonial para o contratante. De fato, a posição contratual tem um valor economicamente apreciável. Nem sempre o mero interesse em contratar materializa-se em um contrato. Os contratos, mormente aqueles em que as partes têm plena autonomia de vontade em suas tratativas, são frutos, na maioria das vezes, de ingentes esforços, de longas ponderações, de minutas, viagens, estudos preliminares, desgaste psicológico das partes, contratação de terceiros especialistas que opinam sobre a matéria. Cuida-se da denominada fase de puntuação. Enfim, o contrato, o acordo de vontades, para gerar efeitos jurídicos, como ora se enfoca, adquire um valor que extravasa pura e simplesmente seu objeto.

Em razão disso, pode às partes não parecer oportuno, possível ou conveniente contratar de forma definitiva, plena e acabada, mas será talvez mais inconveniente nada contratar, sob pena de se perder uma oportunidade ou toda essa custosa fase preparatória. Talvez necessitem as partes de completar maiores estudos, aguardar melhor situação econômica ou remover algum obstáculo legal ou material que obste, naquele momento, a contratação. Nessas premissas, partem os interessados para uma contratação preliminar, prévia, antevendo um futuro contrato. Essas figuras antecedentes a um contrato definitivo tomam diversas denominações: *contrato preliminar, promessa de contrato, compromisso, contrato preparatório, pré-contrato* etc. Essa categoria abrange, desimportando a denominação, todos os acordos que antecedem a realização de outro contrato; são evidentemente negócios jurídicos e como tal devem ser tratados. Convenções que objetivam a realização de um contrato, gerando deveres e obrigações a uma ou a ambas as partes. Nessas avenças, podem as partes determinar com maior ou menor amplitude as cláusulas que vão constar do contrato definitivo. Terminologicamente, dizemos que, com o contrato preliminar, as partes buscam a conclusão de um contrato *principal* ou *definitivo*. Situações ocorrem na prática que nem mesmo se faça necessário um contrato definitivo.

Embora tenha cunho preliminar ou preparatório, na maioria das vezes esse negócio possui todas as características de pleno contrato, daí porque optamos por colocá-lo no capítulo de sua classificação. Não se pode confundir, no entanto, as chamadas *negociações preliminares* com *contrato preliminar* ou *pré-contrato*. Como regra, as negociações preliminares não geram direitos. Todavia, quando falamos de *responsabilidade pré-contratual*, esta decorre justamente de danos causados na fase de negociações, fora do contrato, indenizáveis sob a égide do art. 186. Na esfera dos negócios mais complexos, é comum que as partes teçam considerações prévias, ou firmem até mesmo um *protocolo de intenções*, mas nessas tratativas preliminares ainda não existem os elementos essenciais de um contrato, quais sejam, *res, pretium et consensus* (AZULAY, 1977, p. 80). Gozando o pré-contrato de todos os requisitos de um contrato, seu inadimplemento é examinado sob o prisma contratual. O contrato preliminar estampa uma fase da contratação, porque as partes querem um contrato, mas não querem que todos os seus efeitos operem de imediato. Como negócio jurídico, porém,

goza de autonomia. Enfatiza-se que a figura ora estudada afasta-se das negociações preliminares referidas, estampadas por simples manifestações sem caráter vinculativo. De qualquer forma, não há um longo vácuo entre as negociações preliminares e o contrato preliminar ou pré-contrato, porque se está no campo que Messineo (1973, v. 21, t. 1, p. 528) denomina com propriedade de formação gradual do contrato (ou formação *ex intervallo*). De fato, em contratos com maior complexidade há uma formação gradual do negócio, desde a oferta, as negociações prévias, eventual opção, até se chegar ao contrato preliminar e, finalmente, ao contrato definitivo ou principal. O efeito vinculativo *negocial* só ocorre a partir do pré-contrato, embora exista inelutavelmente uma responsabilidade pré-contratual.

A *opção* é negócio jurídico que parte de premissa distinta do contrato preliminar, embora deva ser tratada dentro do campo da formação gradual do contrato. Muitos a consideram uma espécie de contrato preliminar. Por esse negócio, uma pessoa oferece a outra um contrato e compromete-se a manter em vigor essa oferta, assim considerada. Nesse período, o oferente não pode retirar a oferta. A outra parte pode aceitá-la no período fixado ou não. Se aceitá-la, o contrato conclui-se, sem necessidade de nova manifestação de vontade do oferente (Borda, 1989, p.1934). A parte que recebe a oferta na opção verificará sua própria conveniência de aceitar ou não. O direito do ofertado ou oblato, destinatário da proposta, é potestativo. O instituto da opção também deve ser encarado como uma modalidade de negócio preliminar a um contrato definitivo, mas tem características próprias que o fazem diferir bastante do pré-contrato que aqui enfocamos. O exercício do direito de opção pode culminar em um contrato preliminar ou em um contrato definitivo. Tal dependerá da vontade das partes (MESSINEO, 1973, v. 21, t. 1, p. 489). É típico pacto de opção a *reserva de compra ou aquisição de serviços*. Quando reservamos ingressos em um teatro, uma mesa num restaurante ou uma mercadoria de gênero restrito, garantimos, durante certo prazo, o direito da parte em exercer a opção. Decorrido esse prazo, o titular dos bens ou serviços fica livre para aliená-los ou cedê-los a terceiros.

A figura do contrato preliminar já era conhecida no Direito Romano: o *pactum de contrahendo* compreendia o *pactum de mutuando* e *pactum de commodando*, entre outros. Em nosso Direito, é largamente utilizado, não estando, contudo, organizada como uma unidade codificada. O Decreto-lei nº 58/37 inaugurou profícua atividade legislativa do contrato preliminar, ao regular o compromisso de compra e venda de terrenos para pagamento em prestações.

Como o contrato preliminar tem força vinculante, maiormente sentida quando a promessa é irretratável, pode ser exigida judicialmente a conclusão do contrato definitivo. No entanto, como observa Orlando Gomes (1983a, p. 152), "*o juiz não se substitui à parte na conclusão do contrato; determina, apenas, **a execução específica do pré-contrato**. A noção de contrato repele evidentemente suprimento judicial, para sua formação*".

A sentença não é declaração de vontade da parte compromissada. A execução específica, porém, mune a parte de um título jurídico com os mesmos efeitos da declaração, quando isso for possível, ou determina o pagamento de indenização substitutiva. A execução coativa do contrato, entretanto, deve ser sempre procurada como uma solução que se aproxima do efetivamente pretendido pelos promitentes. As disposições acerca de sua execução encontram-se no capítulo das obrigações de fazer do CPC. O conteúdo do instrumento permitirá ou não a execução específica.

São requisitos do pré-contrato os mesmos dos contratos e negócios jurídicos em geral. Quanto à forma, embora haja vacilação nos julgados, nada está a obrigar que se obedeça às mesmas formalidades do contrato principal, salvo se assim já estiver previsto na lei. Na realidade, o promitente compromete-se a uma obrigação de fazer. Se o contrato preliminar não contiver todos os requisitos do contrato principal para gozar da execução específica, nem por isso deixam de existir efeitos a essa obrigação de fazer, que se resumirá, em última análise, em perdas e danos. Quando se trata de compromisso de compra e venda de imóveis, na recusa do promitente vendedor em outorgar a escritura definitiva, a lei confere, sob determinadas condições, a permissão ao adquirente de obter uma sentença que substitua a escritura, por meio da ação de adjudicação compulsória.

Na ausência de disposição legal, não se promovendo a execução específica, resolve-se o contrato preliminar por inadimplemento de qualquer das partes, podendo decorrer da vontade bilateral, pelo distrato.

Postos esses princípios doutrinários, o presente Código Civil disciplina a matéria, assim dispondo este artigo: "*O contrato preliminar, exceto quanto à forma, deve conter todos os requisitos essenciais ao contrato a ser celebrado.*"

Ora, nada impede que no contrato definitivo as partes acrescentem novas cláusulas. Tal não desnatura o contrato preliminar, de modo que a afirmação legal deve ser entendida de forma relativa. O que se deduz é que o contrato preliminar deve conter todos os requisitos de um contrato definitivo. Dispensa-se a forma, como ordinariamente se faz, quando o contrato definitivo exige a escritura pública, o contrato preliminar pode ser lavrado em instrumento particular.

Enunciado nº 435, V Jornada de Direito Civil – CJF/STJ: O contrato de promessa de permuta de bens imóveis é título passível de registro na matrícula imobiliária.

Apelação. Ação declaratória c.c. indenizatória por danos materiais e morais. Compromisso de compra e venda de imóvel verbal. Pretensão dos autores de fazer cumprir o ajuste verbal de venda de imóvel ou repetir em dobro os valores pagos, com indenização por danos morais. Sentença de parcial procedência, apenas para reconhecer o direito à restituição simples dos valores pagos. Insurgência pelos autores. Ausência de contrato escrito. Celebração de contrato preliminar, contendo os requisitos do art. 462 do CC, que não se verificou. Apresentação apenas de recibo de pagamento descrevendo o valor de entrada paga para aquisição de imóvel. Documento que não se reveste de aptidão para aperfeiçoamento do negócio, pois ainda que não seja exigível escritura pública de compra e venda, o compromisso não dispensa, ao menos, a forma escrita, contendo os requisitos mínimos do negócio (partes, objeto, preço e força de pagamento), a teor do art. 1.517 CC. Tratativas que, ainda que acompanhadas de início de pagamento, não se prestam à validação da compra e venda de imóvel. Repetição em dobro. Descabimento. Inaplicabilidade do artigo 940 do CC à espécie. Situação de insucesso negocial que determina a restituição simples do que foi pago, de forma a evitar o enriquecimento indevido. Danos morais não configurados. Insucesso negocial que causa dissabor, mas não possui aptidão para gerar violação intensa aos sentimentos, com afetação à dignidade e bem estar dos adquirentes. Manutenção na posse. Pedido dos autores de manutenção na posse do imóvel até a devolução integral dos valores pela ré. Impossibilidade. Posse exercida em virtude de contrato de locação, de modo que a retomada deve observar o procedimento estabelecido pela Lei 8.245/91, sem vinculação aos valores a restituir nesta demanda. Sentença mantida. Recurso improvido (*TJSP* – Ap. 4002309-51.2013.8.26.0007, 28-5-2019, Rel. Mariella Ferraz de Arruda Pollice Nogueira).

Ação declaratória de existência de contrato c/c indenização – Autora afirma ter celebrado contrato verbal com os réus pelo qual vendeu-lhes seu estabelecimento comercial – Ausência, contudo, de provas nos autos a amparar a tese da demandante – Conjunto probatório indicativo da existência de meras **tratativas preliminares, em fase de puntuação**, entre as partes para a consecução do negócio, o qual não foi ultimado – Sociedade ré que apenas sublocou o imóvel em que se situava o estabelecimento da demandante, e adquiriu os direitos sobre a respectiva marca – Depoimento de única testemunha é insuficiente à comprovação do trespasse afirmado – Ação corretamente julgada improcedente – Recurso não provido (*TJSP* – Ap. 1084328-46.2014.8.26.0100, 5-10-2016, Rel. Francisco Loureiro).

Ação declaratória de nulidade de ato jurídico. Instrumento particular de acordo. Autores que se comprometeram em vender imóvel de sua propriedade e partilhar o produto da venda entre os réus, seus pais. Existência de processo de separação judicial dos réus, convertida em consensual antes da celebração do acordo extrajudicial. Inexistência de conflito entre o acordo judicial e o extrajudicial. Alienação do imóvel e partilha condicionada à homologação e cumprimento do acordo pelos réus nos autos da ação de separação judicial. Alegação de ausência de formalidade prescrita em lei, sob argumento de ser imprescindível a lavratura de escritura pública face a litigiosidade do bem. Imóvel sobre o qual não houve discussão na ação de separação judicial. **Acordo que corresponde a contrato preliminar**. Desnecessidade de observância da formalidade legal. Alegação de simulação do acordo. Ausência de prova. Alegação de vício de consentimento. Coação. Argumento de que foram coagidos a alienar o bem para auxiliar os pais no processo de separação. Ausência de prova acerca do vício de consentimento. Circunstância que não se abstrai do termo de ajuste particular ou das alegações das partes. Improcedência do pedido. Sentença mantida. Recurso improvido. Não se verifica o alegado conflito entre os acordos realizados, porquanto o Instrumento Particular de Acordo extrajudicial dispõe expressamente que o acordo da ação de Separação Judicial já havia sido assinado. A tese dos autores de ausência de forma prescrita em lei para ato que pretendem anular, ante a necessidade de escritura pública, nos termos dos artigos 108 c/c artigo 842, ambos do Código Civil não se aplica na hipótese, porquanto não se trata de acordo sobre direito litigioso ou contestado em juízo, sobretudo porque em juízo houve acordo firmado pelos réus nos autos da ação de Separação Judicial antes da assinatura do acordo extrajudicial. Além disso, os autores não eram partes na separação judicial levada a efeito pelos réus e naquela demanda também não havia disputa ou discussão acerca do imóvel objeto do acordo extrajudicial. Considerando-se que os autores não produziram prova inequívoca acerca da alegada simulação do Instrumento Particular de Acordo, bem assim a coação que teriam sofrido por parte dos réus e, considerando-se que não se verificam a existência esses do conjunto probatório, a improcedência do pedido é medida que se impõe, a teor do que prescreve o art. 333, I, do CPC (*TJSC* – Acórdão Apelação Cível 2011.079415-6, 24-1-2012, Rel. Saul Steil).

Art. 463. Concluído o contrato preliminar, com observância do disposto no artigo antecedente, e desde que dele não conste cláusula de arrependimento, qualquer das partes terá o direito de exigir a celebração do definitivo, assinando prazo à outra para que o efetive.
Parágrafo único. O contrato preliminar deverá ser levado ao registro competente.

Cumpridas as obrigações do contrato preliminar e sendo ele irretratável, portanto sem cláusula de arrependimento, a parte pode exigir sua execução específica, com os meios que o estatuto processual lhe faculta, como referimos acima. O interessado poderá levar o pré-contrato a registro, geralmente o imobiliário, se o desejar, embora a vigente lei utilize o termo *deverá*. É evidente que para ser ultimado o registro, o contrato preliminar deve obedecer aos requisitos exigidos pela legislação registral, o que deve ser examinado em cada caso.

Importante observar que na maioria das vezes esse contrato preliminar ou promessa basta-se por si mesmo e, tratando-se de venda a prestações, pago o preço, torna-se mesmo desnecessário elaborar o chamado contrato definitivo, pois o pacto cumpriu integralmente sua finalidade. Por essa razão, no compromisso irretratável e irrevogável de compra e venda de imóvel, a denominada escritura definitiva é uma superfetação cartorial desnecessária, mormente quando o compromisso já consta do Registro de Imóveis.

Se prevista a cláusula de arrependimento, não há meio coativo de exercitá-lo. Essa cláusula de arrependimento pode beneficiar um ou ambos os contratantes. Assim, nada impede que o contrato seja irretratável apenas para uma das partes. Essa cláusula deve ser expressa e específica. Entende-se que o pacto é irretratável se as partes nada mencionarem em sentido contrário, pois assim se atende à lógica da vinculação contratual. A lei poderá proibir a cláusula de arrependimento em determinados contratos, como faz a Lei nº 6.766/1976, no tocante a compromissos de compra e venda de imóveis, na senda do antigo Decreto-lei nº 58/1937.

Ainda que o parágrafo único deste artigo pareça peremptório, o registro do contrato preliminar é uma faculdade do interessado.

Enunciado nº 30, da I Jornada de Direito Civil – CJF/STJ: A disposição do parágrafo único do art. 463 do novo Código Civil deve ser interpretada como fator de eficácia perante terceiros.

Apelação cível. Ação ordinária. Pedido de anulação de negócio jurídico. Cerceamento de defesa. Inocorrência. Conjunto probatório produzido nos autos suficiente para a análise da controvérsia. Compromisso de compra e venda. Rescisão contratual operada. Imóvel revendido a terceira pessoa. Legalidade do segundo contrato de compra e venda firmado. Contrato que previa cláusula de arrependimento. Inteligência dos artigos 463 e 1.417 do código civil. Ausência de direito real à aquisição do imóvel. Recurso desprovido. 1. Para a resolução da controvérsia do caso *sub judice*, basta a análise dos documentos que já foram acostados aos autos, sobretudo o instrumento contratual firmado entre as partes e eventuais comprovantes de pagamento das arras realizado pelo autor Alexandre Vieira Quadros, sendo que a oitiva de testemunhas se mostra dispensável, pois não tem o condão de modificar o teor das cláusulas do contrato firmado. Ou seja, trata-se de matéria de direito, não havendo outros fatos a serem elucidados pelo meio de prova requerida. 2. A principal questão controvertida consiste em verificar se a rescisão do contrato firmado entre o autor e os corréus pode ser considerada válida, para então sopesar a validade da segunda venda do imóvel. 3. Nos termos do artigo 463 do CC, "concluído o contrato preliminar, com observância do disposto no artigo antecedente, e desde que dele não conste cláusula de arrependimento, qualquer das partes terá o direito de exigir a celebração do definitivo, assinando prazo à outra para que o efetive." 4. No caso em análise, o contrato prevê expressamente a possibilidade de arrependimento, o que desobriga a pactuação de contrato definitivo, não gerando ao adquirente promissário o direito real a aquisição do imóvel (*TJPR* – Ap. 0010987-14.2014.8.16.0025, 9-5-2018, Rel. Marcelo Gobbo Dalla Dea).

⚒ Direito civil – Declaratória – Negócio Jurídico – Aceitação – **Contrato não aperfeiçoado** – Distrato – Proposta – Não aceita – Reconhecimento do contrato – Impossibilidade – Enriquecimento sem causa – Não configurado – Honorários Sucumbenciais – *Quantum* Fixado – Patamar Ínfimo – Majoração – Possibilidade – I- A formação dos contratos envolve quatro fases, sendo elas: a fase de negociações preliminares ou de puntuação; a fase de proposta, policitação ou oblação; a fase do contrato preliminar e a do contrato definitivo ou de aperfeiçoamento do contrato. II- Ocorre o distrato quando o liame subjetivo entre as partes é desfeito, em especial, quando a proposta e a aceitação são desfeitas, antes do aperfeiçoamento da relação contratual. III- Tratativas contratuais preliminares não ensejam, necessariamente, formalização do negócio jurídico, razão por que inexiste, até então, vinculação com eventual compromisso assumido por qualquer das partes, com base no contrato ainda não formalizado. IV- É ônus do autor comprovar o fato constitutivo do seu direito, inteligência do artigo 333, I, do Código de Ritos. V- A mera alegação de que o réu teria enriquecido por conta do dinheiro do autor não se justifica, quando não há comprovação. VI- Nas causas em que não houver condenação, embora caiba ao juiz a fixação equitativa da verba honorária, deverá fixar o valor observando os critérios estabelecidos no § 3º, do artigo 20, do Código de Processo Civil. VII- Possibilidade de majoração dos honorários sucumbenciais, quando verificada a alta complexidade e importância da causa e, mesmo assim, ocorre a fixação em *quantum* ínfimo. VIII- Ambas as apelações conhecidas. Recurso do autor desprovido. Apelação do réu provida (*TJDFT* – Proc. 20130110905647 – (875014), 22-6-2015, Rel. Des. Gilberto Pereira de Oliveira).

Art. 464. Esgotado o prazo, poderá o juiz, a pedido do interessado, suprir a vontade da parte inadimplente, conferindo caráter definitivo ao contrato preliminar, salvo se a isto se opuser a natureza da obrigação.

A regra é de nítido caráter processual, mas houve por bem o legislador inseri-la no atual diploma, escoimando assim algumas decisões dúbias que ainda pontilham em nossa jurisprudência.

Quando a natureza da obrigação assumida não se amoldar à execução coativa, restará ao credor o caminho das perdas e danos.

Art. 465. Se o estipulante não der execução ao contrato preliminar, poderá a outra parte considerá-lo desfeito, e pedir perdas e danos.

Esse artigo se reporta à inexecução do contrato preliminar por parte do estipulante, o que autoriza a outra parte a considerá-lo rescindido, abrindo-se o caminho para as perdas e danos. A questão se refere aos princípios da *pacta sunt servanda* e à *exceptio non adimpleti contractus*. Há que se entender essa dicção em consonância com o artigo anterior.

Art. 466. Se a promessa de contrato for unilateral, o credor, sob pena de ficar a mesma sem efeito, deverá manifestar-se no prazo nela previsto, ou, inexistindo este, no que lhe for razoavelmente assinado pelo devedor.

Esse artigo não se refere propriamente ao contrato preliminar acima tratado, mas à promessa unilateral de contratar. Como regra, o que pode ser prometido bilateralmente, também o pode ser unilateralmente. O fato de ser unilateral a promessa não lhe retira o caráter de contrato, porque há necessidade da vontade do outro contratante, embora se entenda que não há necessidade formal de o outro contratante figurar nessa promessa.

Como é lógico, quem promete dar, fazer ou não fazer algo não pode ficar indefinidamente vinculado. Se não houve prazo na promessa, cujo decurso por si só desobriga o promitente, deve este conceder um prazo para que o interessado se manifeste. Em várias situações práticas a promessa unilateral é utilizada, como, por exemplo, na opção que se dá a um credor, para alienar determinado bem. Mas a promessa unilateral, como afirma a doutrina maior, não se confunde com o contrato de opção. Nesta, não existe promessa de contratar. O ponto de contato decorre do fato de que em ambas as situações, não há necessidade de uma segunda vontade estar presente no pacto.

Seção IX
Do Contrato com Pessoa a Declarar

Art. 467. No momento da conclusão do contrato, pode uma das partes reservar-se a faculdade de indicar a pessoa que deve adquirir os direitos e assumir as obrigações dele decorrentes.

A inspiração desse dispositivo está nos Códigos português e italiano. O contrato é útil quando uma pessoa não quer ou não pode figurar como contratante. Suponha que uma pessoa não deseje aparecer imediatamente como comprador, assim efetuará a compra por interposta pessoa, a qual reserva para posteriormente fazer a designação do contratante definitivo; ou noutro caso no qual o comprador ainda não tem certeza de ficar com a coisa e pode pretender passá-la a outro no futuro. Esse negócio não se confunde, contudo, com figuras aproximadas e que podem obter a mesma finalidade, como o mandato e o contrato em favor de terceiro.

A nomeação ou declaração do terceiro indicado é elemento de integração dessa modalidade contratual. Essa reserva de nomeação da pessoa integra a própria essência do contrato com pessoa a declarar, ou a nomear, como também é chamado. Essa nomeação ocorre já no contrato original, *ex tunc*. A participação do indicado é ato posterior que apenas complementa o que estava no contrato. Não havendo a possibilidade de nomeação, o contrato será ordinário.

Como se trata de pacto no qual ambos os contratantes acordam, nada impede que a obrigação seja personalíssima e o contraente concorde com a indicação de outra pessoa.

Art. 468. Essa indicação deve ser comunicada à outra parte no prazo de cinco dias da conclusão do contrato, se outro não tiver sido estipulado.
Parágrafo único. A aceitação da pessoa nomeada não será eficaz se não se revestir da mesma forma que as partes usaram para o contrato.

A nomeação deve ser feita ao outro contraente no prazo de cinco dias da conclusão do contrato. O contrato já deve prever essa nomeação e esse prazo pode ser livremente pactuado pelas partes. Entende-se que a nomeação deve ser documentada por escrito. Nada impede que várias pessoas sejam nomeadas.

O parágrafo observa que a pessoa nomeada deve aceitar essa designação pela mesma forma pela qual as partes utilizaram no contrato. Assim, pode ser necessária a escritura pública, se assim foi feito no contrato original.

O contrato pode especificar restrições a determinadas pessoas, para que não figurem na nomeação. A matéria é dispositiva e de interpretação.

Art. 469. A pessoa, nomeada de conformidade com os artigos antecedentes, adquire os direitos e assume as obrigações decorrentes do contrato, a partir do momento em que este foi celebrado.

O terceiro assume o contrato *ex tunc*, isto é, desde o momento da conclusão do contrato, e assim deve assumi-lo aceitando suas cláusulas. Com o ingresso do nomeado na relação contratual, este assume integralmente os direitos e obrigações do contrato. Não há uma sucessão, mas uma substituição. Se o contratante originário permanecer no contrato como parte e nomear outro para conjuntamente integrá-lo, não haverá o negócio típico, mas sim uma adesão ao contrato.

Art. 470. O contrato será eficaz somente entre os contratantes originários:
I – se não houver indicação de pessoa, ou se o nomeado se recusar a aceitá-la;
II – se a pessoa nomeada era insolvente, e a outra pessoa o desconhecia no momento da indicação.

Art. 471. Se a pessoa a nomear era incapaz ou insolvente no momento da nomeação, o contrato produzirá seus efeitos entre os contratantes originários.

Nas situações descritas no art. 470, o contrato com relação ao nomeado será ineficaz, permanecendo a relação negocial unicamente entre os contratantes primitivos. A nomeação contratual esvazia-se se não existe a indicação do terceiro ou se o nomeado se recusar a integrar a relação contratual. O fato de não ocorrer a nomeação pode derivar de várias causas que serão examinadas no caso concreto. Cabe às partes definir o destino do contrato se não ocorrer a nomeação ou se o nomeado, por qualquer razão, não aceitá-la. Se não houver diretriz no contrato, este poderá se extinguir. Há que se examinar a intenção das partes, sempre sob o princípio da boa-fé.

O inciso II traz hipótese de ineficácia da nomeação, se o terceiro indicado for insolvente. Nesse caso, é imperioso que o outro contratante conhecesse o estado de insolvência. A matéria é de prova. A insolvência deve existir no momento da indicação.

Na forma do art. 471, será ineficaz a nomeação se o nomeado era incapaz ou insolvente *no momento da nomeação*, o que reforça o fato de a nomeação ocorrer *ex tunc*. Apesar de o texto referir-se à incapacidade, melhor será compreendido se aí se entender por ilegitimidade, como ocorre, por exemplo, na venda de ascendente a descendente, que exige a concordância dos demais descendentes. A insolvência deve ser comprovada pelo interessado. Há que se partir da noção que essa insolvência era desconhecida do outro contratante, na forma do art. 470, II.

CAPÍTULO II
Da Extinção do Contrato

Seção I
Do Distrato

Art. 472. O distrato faz-se pela mesma forma exigida para o contrato.

1. Transitoriedade e desfazimento dos contratos. Extinção

As obrigações, direitos pessoais, têm como característica fundamental seu caráter *transitório*. A obrigação objetiva um escopo mais ou menos próximo no tempo. Atingida a finalidade para a qual foi criada, a obrigação extingue-se. Essa é a exata noção presente no contrato. O contrato desempenha importantíssima função econômica e social, mas nasce para em determinado momento ser extinto em prazo mais ou menos longo. Essa é sua nobre e importante função social. Não existem obrigações perenes. Isso não é da natureza do direito pessoal. A permanência é característica dos direitos reais, a partir da propriedade, que é o direito real mais amplo.

Ao contrair uma obrigação, ao engendrar um contrato, as partes têm em mira, desde o início, a possibilidade de seu término, ainda que não se fixe *a priori* um prazo para o cumprimento. O vínculo contratual, quando o bojo de suas obrigações atinge o desiderato, desfaz-se.

A doutrina muito diverge em termos de nomenclatura ao tratar da extinção dos contratos. Com razão Maria Helena Diniz (1984, v. 3, p. 111), que, ao sentir a dificuldade, afirma: "*Não há uma teoria que ponha termo à confusão reinante sobre esse assunto.*" Procuremos, ao menos, compreensão quanto às denominações, pois a questão tem importância eminentemente didática.

Situamos, em primeiro lugar, esse aspecto do *desfazimento*, porque sua compreensão traz a noção de desate de uma obra, de um vínculo, qualquer que seja a razão. Uma coisa que se desfaz desaparece como objeto primitivo que era. Podem restar resquícios desse desfazimento, mas nunca com a integridade perfeita anterior.

Com o desejo das partes, ou contra sua vontade, ou até independentemente dessa vontade, existem possibilidades de desatar o vínculo contratual. O contrato se desfaz, deixa de tomar parte ativa no mundo jurídico, e passa a ser reminiscência e história jurídica das pessoas envolvidas.

Como não existe concordância na doutrina acerca dos termos *extinção, resolução, resilição, rescisão, revogação*, melhor que partamos da noção de desfazimento, que vai envolver todos esses institutos, qualquer que seja a compreensão jurídica a eles outorgada. A dificuldade terminológica surge entre nós por não estar a questão totalmente disciplinada na lei. O vínculo chega a um final, termina, desfaz-se, de várias maneiras.

O contrato pode estar inquinado, desde o início de sua elaboração, de um vício. Se ocorrer vício insanável, a nulidade opera desde a raiz do vínculo. Embora se decrete a nulidade *ex tunc*, é inegável que o contrato nulo deixa rastros materiais que não podem ser ignorados. A compra e venda efetuada por agente incapaz, por exemplo, pode ter transferido a posse da coisa e pode ter gerado benfeitorias, direito de retenção, perdas e danos etc. Nesse caso, o desfazimento retroage à data do contrato, mas o momento em que se declara desfeito o vínculo em juízo não deixa de ter importância.

Quando se trata de anulabilidade, presentes os vícios de vontade (erro, dolo ou coação), ou vícios sociais (fraude contra credores, não se esquecendo da lesão), os efeitos operam *ex nunc*. Todavia, tanto nos casos de nulidade, incluindo-se nesta a simulação, como nos de anulabilidade, as causas que desfazem o vínculo contratual existem desde o nascimento do negócio jurídico. São hipóteses em que as causas de dissolução do contrato são contemporâneas a sua origem; o ato nasce com a potencialidade do desfazimento. Essas formas de desfazimento do vínculo são modalidades que dizem, de fato, respeito à extinção dos contratos.

Contudo, parece-nos que o termo *extinção* apresenta noção mais clara para os contratos que tiveram vida normal e por qualquer razão vieram a ser extintos, seja porque o contrato foi cumprido, seja porque o vínculo extinguiu-se a meio caminho de seu cumprimento. Parece mais apropriado reservar o termo *extinção* para essas hipóteses.

Não se identificam, também, as causas extintivas das obrigações com as causas extintivas dos contratos. Vimos no estudo da teoria geral que as obrigações extinguem-se pelo pagamento e por várias outras formas, como a consignação, a transação, a novação, a remissão etc. O contrato dissolve-se por motivos que lhe são próprios, e pode incluir várias obrigações, em suas diversas modalidades. Como, no entanto, o contrato traz em seu bojo uma ou mais obrigações, pode extinguir-se em decorrência da extinção da obrigação. Não se amolda à obrigação o termo *desfazimento*, em razão de sua natureza.

A extinção do contrato, por sua vez, pode ocorrer de forma normal ou não. Um contrato regularmente cumprido em suas obrigações extingue-se normalmente. O contrato extingue-se por sua *execução*. É na extinção anormal, antecipada no tempo ou alterada no objeto ou na forma, que vamos encontrar outras hipóteses de extinção, um desfazimento mais restrito.

2. Resilição dos contratos

O termo *resilição* é importado do Direito francês. Advertimos, porém, que não é expressão consagrada no passado em nosso meio negocial. Com muita frequência, as partes, e mesmo a lei, usam da palavra *rescisão*, para significar a mesma coisa (LOPES, 1964, v. 3, p. 199). A resilição é a cessação do vínculo contratual pela vontade das partes, ou, por vezes, de uma das partes. A resilição é, portanto, termo reservado para o desfazimento voluntário do contrato. Este Código utiliza essa denominação no art. 473.

A *rescisão* é palavra que traz, entre nós, a noção de extinção da relação contratual por culpa. Originalmente, vinha ligada tão só ao instituto da lesão. No entanto, geralmente quando uma parte imputa à outra o descumprimento de um contrato, pede a *rescisão* em juízo e a sentença a decreta. Os interessados, no entanto, usam com frequência o termo com o mesmo sentido de *resilir*, isto é, terminar a avença de comum acordo, distratar o que foi contratado. Nada impede que assim se utilize, num costume arraigado em nossos negócios.

A *resilição bilateral* é o distrato mencionado por nossa lei neste art. 472. É o mútuo consenso para o desfazimento do vínculo.

3. Distrato e forma

Esse artigo estatui que "*o distrato faz-se pela mesma forma que o contrato*". Ou seja, na resilição do contrato existe uma atração da forma por força de lei. A questão deve ser vista com reservas, tendo em vista a validade e eficácia do negócio de desfazimento.

Nada impede que um contrato oral seja desfeito pela forma escrita e que um escrito particular seja desfeito por uma escritura pública. Esse crescendo de formas dá até garantias mais amplas ao negócio, servindo mesmo para confirmar o contrato desfeito. A maior dúvida pode residir na hipótese invertida. Pode um contrato por escritura pública ser distratado por um instrumento particular? Na prática, não se tratando de alienação imobiliária, em razão da natureza da transmissão da propriedade, é raro que isso aconteça. O comprador devolve ao vendedor as mercadorias recebidas, que as aceita, e devolve o dinheiro; o inquilino devolve as chaves ao senhorio antes do prazo contratual, sem resistência. Nesses casos, em que o desfazimento do contrato revela-se por atos materiais, não se questiona a validade do distrato, ainda que não se obedeça à forma originária.

O distrato se fará necessário naqueles contratos mais complexos, que não se revelam facilmente com atos materiais. Aí, sim, será necessária a forma escrita, pois não terão as partes outros meios de provar que houve o *contrarius consensus*. Suponhamos, por exemplo, a hipótese de um advogado que é contratado para aconselhar juridicamente um cliente, orientando procedimentos, em advocacia denominada "preventiva". Os atos externos que caracterizam essa prestação de serviço são irregulares, sobretudo orais, e podem até mesmo não se materializar. Nesse caso, será necessário o distrato escrito, perante a existência de um contrato, também escrito, em curso. A utilização do distrato passa a ser, então, uma questão de oportunidade e conveniência dos contratantes.

O distrato gera efeitos a partir de sua ultimação, a não ser que as partes reconheçam o contrário no ato. Quando se trata de desfazimento de transmissão imobiliária, o ato pode gerar nova negociação de propriedade, com nova incidência tributária.

4. Quitação, recibo

A quitação é um direito de quem paga, do *solvens*. Se a quitação é negada ou oferecida de forma irregular, o *solvens* pode validamente reter o pagamento (art. 319). O art. 320 descreve os requisitos da quitação. O art. 1.093 do Código anterior estampa que a quitação vale, qualquer que seja sua forma. Deve, no entanto, ser idônea e apresentar materialidade suficiente. O recibo, que é o instrumento da quitação, não necessita de palavras sacramentais, mas deve identificar o débito. Quem paga tem direito a munir-se de prova desse pagamento, *da quitação*.

Enunciado nº 584, VII Jornada de Direito Civil – CJF/STJ: Desde que não haja forma exigida para a substância do contrato, admite-se que o distrato seja pactuado por forma livre.

Prestação de serviços educacionais – Ação monitória – Cobrança de mensalidades – Sentença que condenou a ré ao pagamento de mensalidades escolares vencidas e não quitadas relativas ao período de junho a dezembro de 2018 – Pretensão da ré apelante de que seja reconhecida a responsabilidade de terceiro pelo seu pagamento, embora admita que assinou contrato de prestação de serviços com o apelado, e que sua filha frequentou a escola no período correspondente ao débito ora exigido – Alegações de que o contrato entre as partes não teria validade, e de que o pai de sua filha teria assumido a obrigação de pagamento das mensalidades – Ação monitória instruída com documentos aptos a comprovar a relação contratual entre as partes e o crédito dela derivado – Ausência de prova relativa ao suposto distrato, negócio que deve ser provado pela mesma forma exigida para o contrato, nos termos do artigo 472, do Código Civil, e de eventual instrumento de assunção de dívida, para a prova de que terceiro teria assumido a obrigação da ora recorrente de pagamento das mensalidades escolares, de modo a exonerá-la do débito perante o recorrido, conforme dispõem os artigos 299, e seguintes, do Código Civil – Precedentes desta C. Câmara e deste E. Tribunal – Honorários advocatícios já fixados em seu patamar máximo – Sentença mantida – Recurso desprovido (*TJSP* – Ap. 1020678-39.2019.8.26.0071, 23-4-2021, Rel. Angela Lopes).

Apelação cível – Locação – Imóvel não residencial – Embargos à Execução – Execução de título extrajudicial lastreado em contrato de locação, adendo e termo de confissão de dívida - Sentença de improcedência – Pretensão da embargante à reforma – Julgamento antecipado da lide – Cerceamento de defesa – Inocorrência – Desnecessidade de dilação probatória – Contrato de locação e respectivo adendo celebrados na forma escrita que exige alteração também na forma escrita – Inteligência do art. 472 do CC – Distrato verbal que não pode ser aceito para alterar as disposições contratuais celebrado na forma escrita – Prova literal acostada aos autos suficiente para a formação do convencimento do Juízo a quo – Aplicabilidade do art. 370 e parágrafo único do CPC – Nulidade da sentença afastada – Mérito – Renúncia da locatária ao direito de indenização por benfeitorias e acessões expressamente manifestada em cláusula do contrato – Ato volitivo – Direito disponível que está em consonância com a regra dispositiva do art. 35 da Lei nº 8.245/91 e Súmula nº 335 do STJ – Princípio *pacta sunt servanda* que vincula as partes no direito contratual – Precedentes jurisprudenciais – Pretensão à descaracterização da fiança prestada ao contrato e impenhorabilidade de imóveis – Parte da insurgência recursal que se revela mera reprodução literal da petição inicial dos embargos à execução – Ausência de crítica específica à sentença, expondo as razões pelas quais o julgado se encontra equivocado – Violação ao princípio da dialeticidade – Inteligência do art. 1.010, II e III, do CPC – Não conhecimento – Precedentes – Insurgência ao critério adotado para a fixação dos honorários advocatícios sucumbenciais e percentual, com base no art. 85, § 2º, do CPC – Não acolhimento – Sentença mantida – Recurso a que se conhece em parte e, na parte conhecida, nega-se provimento. Sem majoração dos honorários advocatícios em fase recursal, porquanto vedado ultrapassar o limite máximo já fixado em Primeiro Grau (parte final do § 11, art. 85, do CPC) (*TJSP* – Ap. 1002333-02.2017.8.26.0554, 22-6-2020, Rel. Sergio Alfieri).

Locação – Ação Indenizatória – **Distrato** – Forma – Inteligência do artigo 472 do Código Civil – Recurso improvido – A teor do disposto no art. 472 do CC, o distrato faz-se pela mesma forma do contrato (*TJSP* – Ap. 1019867-23.2014.8.26.0114, 14-2-2017, Rel. Renato Sartorelli).

Art. 473. A resilição unilateral, nos casos em que a lei expressa ou implicitamente o permita, opera mediante denúncia notificada à outra parte.
Parágrafo único. Se, porém, dada a natureza do contrato, uma das partes houver feito investimentos consideráveis para a sua execução, a denúncia unilateral só produzirá efeito depois de transcorrido prazo compatível com a natureza e o vulto dos investimentos.

Em alguns contratos, sua natureza permite que unilateralmente a parte dê por finda a relação. Isso ocorre no comodato, no mandato, no depósito; contratos em que o fator *confiança* tem papel importante. Como a confiança no outro contratante pode cessar no curso do contrato, permite-se que unilateralmente somente um dos contratantes dê por terminada a avença, obedecendo-se a trâmites específicos.

Os contratos de trato sucessivo, de execução continuada, quando por prazo indeterminado, permitem que, por meio de uma denúncia prévia, para não surpreender o outro contratante, sejam resilidos (ou rescindidos, como quer o termo mais vulgar). É o que sucede, por exemplo, na prestação de serviços em geral, no fornecimento, no contrato de trabalho, na locação.

Até o momento de vigência do contrato, isto é, até o decurso do prazo da denúncia da avença, todas as obrigações do negócio continuam exigíveis. O contrato bilateral pode dispor em cláusula a possibilidade de resilição unilateral. Não é dispensável o aviso prévio de resilição, mas a autorização dessa denúncia é consequência da convenção dos contratantes. A situação é de distrato, previamente autorizado.

Por vezes, essa resilição unilateral leva o nome de *revogação*. Por esse ato unilateral, são retirados os efeitos de um ato jurídico, que foram previamente outorgados. É o que ocorre na revogação da doação e do testamento. Dizemos também revogação do mandato, embora o caso seja típico de resilição unilateral, mas trata-se de expressão consagrada.

O atual Código trouxe importante inovação, fruto de sugestão de Miguel Reale, condutor do projeto. Afeta diretamente a resilição unilateral, a chamada denúncia vazia do contrato, dispondo no parágrafo único do art. 473:

"Se, porém, dada a natureza do contrato, uma das partes houver feito investimentos consideráveis para sua execução, a denúncia unilateral só produzirá efeito depois de transcorrido prazo compatível com a natureza e o vulto dos investimentos."

Essa disposição atende à finalidade social que o vigente estatuto procurou imprimir ao cumprimento das obrigações e se apresenta com o caráter cogente. A regra geral é no sentido de que nos contratos por prazo indeterminado ou naqueles que se converterem em tal, após o decurso de um prazo estabelecido, basta a vontade unilateral de um contratante para resili-lo. Cuida-se de chamá-la "denúncia vazia" ou imotivada do contrato. No entanto, a notificação com prazo exíguo pode trazer injustiças. Imagine a hipótese de quem se estrutura para distribuir determinados produtos de um fabricante; contrata muitos empregados; adquire veículos; contrata publicidade; faz longas previsões orçamentárias e, após pouco tempo de relação negocial, se vê perante uma singela notificação de resilição do contrato em 30 dias. É evidente que essa resilição é abusiva e que tempo razoável deve ser concedido ao contratante, tendo em vista os investimentos realizados. A matéria já vinha sendo enfrentada dessa forma pela jurisprudência. O caso concreto, contudo, deverá dar a melhor solução ao juiz, que sempre levará em conta o princípio da boa-fé objetiva. A regra é geral para todos os contratos.

Resilir unilateralmente o contrato significa denunciá-lo. Quando não há motivação nessa denúncia, cuida-se da denúncia vazia. Quando há motivação, isto é, uma causa na denúncia do contrato, há denúncia cheia, terminologia que não se amolda perfeitamente à noção de resilição unilateral.

Recurso inominado. Consumidor. Ação de indenização por danos morais e materiais. Encerramento unilateral de conta corrente, pela instituição financeira. Retenção de quantias. Danos morais configurados. Ausência de notificação prévia. Infração à Resolução nº 2.025 do BACEN. 1 – Cuida-se de ação na qual postula o autor pela condenação do banco réu ao pagamento de indenização por danos materiais e morais, decorrente do encerramento unilateral, por parte da instituição financeira, da conta corrente do autor, utilizada para recebimento de salário e demais movimentações financeiras cotidianas, além da retenção de quantia pertencente ao autor. 2 – A interrupção do serviço prestado pelo demandado, desde que atendidas as normas regulatórias fixadas pelo BACEN, órgão federal incumbido de regular e fiscalizar o sistema financeiro nacional, não configura abuso de direito ou mesmo ato ilícito, por parte da instituição financeira. 3 – O cancelamento unilateral do contrato, inclusive, é admitido expressamente no art. 473 do CC. 4 – Certo que não é possível impedir a instituição bancária de romper unilateralmente o contrato, ainda que sem aquiescência do correntista, desafiando, no entanto, a prévia notificação, nos termos do artigo 12, I, da Resolução 2.025 do BACEN, com a redação dada pela Resolução 2.747/200 do mesmo órgão. 5 – Ocorre que, no caso concreto, se verifica que a instituição financeira não demonstrou ter comunicado ao autor, com antecedência, acerca de seu desinteresse em manter o contrato firmado entre as partes. Aliás, além de ter encerrado a conta, reteve valores e impossibilitou que o demandante recebesse quantia relativa às férias, que seriam depositadas pelo empregador. 6- Logo, mostrou-se irregular, na hipótese dos autos, o cancelamento unilateral pelo banco, da conta corrente de titularidade do demandante, que restou impossibilitado de realizar movimentações financeiras. Em consequência, impõe-se a condenação do banco réu a título de dano moral, no valor de R$ 2.000,00 (dois mil reais), valor que atende às circunstâncias do caso concreto, bem como aos princípios de proporcionalidade e razoabilidade. Recurso provido. Unânime (*TJRS* – Ap. 71008850273, 29-4-2020, Rel. Elaine Maria Canto da Fonseca).

Apelação – Ação de rescisão de contrato c.c. Reintegração de posse – Instrumento particular de compromisso de venda e compra – Alegação de inadimplemento – Reconvenção pugnando pela condenação da autora reconvinte, na obrigação de fazer consistente em efetuar reparo e pintura nos itens defeituosos do imóvel, bem como indenização por danos morais e materiais, pela desvalorização do imóvel e, ainda, revisão da avença com declaração de abusividade das cláusulas contratuais, substituindo a Tabela Price pelo método de juros linear – Sentença de extinção da lide principal, sem julgamento de mérito, determinando o prosseguimento da ação reconvencional – Inconformismo – Ausência de **notificação prévia** para constituição da ré em mora – Exigência da notificação premonitória decorre de expressa previsão legal do artigo 1º, do Decreto-lei nº 745/692, e do artigo 32, da Lei nº 6.766/79, não podendo ser suprida pela citação dos réus nos autos – Inteligência do artigo 473 do CC – Extinção da lide principal, sem julgamento de mérito, não obsta o prosseguimento da reconvenção – Inteligência do artigo 317 do CPC/73 – Recurso desprovido (*TJSP* – Ap. 0000517-23.2013.8.26.0075, 26-1-2017, Rel. José Aparício Coelho Prado Neto).

Agravo de instrumento – Tutela de urgência – Compromisso de venda e compra – Impossibilidade de dar cumprimento ao contrato – Resilição unilateral pela compradora – Admissibilidade – Suspensão da exigibilidade das prestações vencidas e das taxas de condomínio vencidas a partir de 17/06/2016, bem como para determinar que o réu não inclua o nome da parte autora nos cadastros de inadimplentes, sob pena de multa – Probabilidade do direito e *periculum in mora* presentes – Decisão mantida – Recurso desprovido (*TJSP* – AI 2197145-74.2016.8.26.0000, 23-1-2017, Rel. Alcides Leopoldo e Silva Júnior).

Seção II
Da Cláusula Resolutiva

Art. 474. A cláusula resolutiva expressa opera de pleno direito; a tácita depende de interpelação judicial.

O termo *resolução* é, geralmente, reservado para as hipóteses de inexecução do contrato por uma das partes, embora, como vimos, seja utilizada, na prática, indiferentemente a palavra *rescisão*.

"*Resolução é, portanto, um remédio concedido à parte para romper o vínculo contratual mediante ação judicial*" (GOMES, 1983a, p. 190). Essa inexecução pode ser culposa ou não. Quando se imputa culpa ao outro contratante, o demandante pode pedir a resolução do contrato, ou a execução em espécie, quando a natureza do negócio permitir, com indenização por perdas e danos. Quando existe o dever de indenizar, parece que o termo *rescindir* é mais forte, porque significa e traz a noção de rasgar, dilacerar, destruir o que está feito, e não simplesmente finalizar um acordo de vontades. A exceção de contrato não cumprido permite esse desfazimento. Outra hipótese de resolução é a *excessiva onerosidade* que não leva necessariamente à extinção do contrato.

A figura jurídica que autoriza a resolução por descumprimento imputável a uma das partes é conhecida pela denominação de *pacto comissório* ou *cláusula resolutória*, que pode ser expressa ou tácita. Evita-se o termo *condição*, para que não se confunda com o elemento acidental que pode ser aposto no negócio jurídico, de acordo com o art. 127 do Código. A noção fundamental, porém, daí decorre.

O pacto comissório pode ser conceituado como a cláusula pela qual se estipula que qualquer das partes opte pela resolução do contrato, se o outro contratante não cumpre a obrigação que lhe compete. Existe uma *cláusula resolutória tácita* em todos os contratos. São diversos os efeitos quando as partes expressamente declinam as consequências do descumprimento do contrato.

A origem desse pacto comissório remonta ao Direito Romano, que originalmente não o conhecia. Com a introdução da chamada *lex commissoria* nas vendas a crédito, o não pagamento do preço no dia do vencimento determinava a resolução do contrato de pleno direito.

O Direito francês adotou o sistema pelo qual a cláusula entendia-se presente em todos os contratos sinalagmáticos, ainda que os contratantes não a mencionassem expressamente. Passou a ser uma cláusula subentendida, *tácita*.

No sistema adotado pelo Código alemão, no caso de inadimplemento de uma das partes, a outra deve fixar um prazo fatal para o cumprimento da avença, para considerar o contrato resolvido. O Código argentino segue essa orientação, repelindo o pacto comissório tácito. Por esse diploma, se as partes não dispuserem expressamente que o contrato se dissolve em caso de inadimplemento, somente se poderá pedir seu cumprimento. Destarte, fica excluído o pacto comissório tácito como um elemento presente em todos os contratos, conforme ocorre entre nós.

Quando as partes estipulam no contrato que o descumprimento de qualquer de suas cláusulas autoriza a resolução dos contratos, estamos perante uma *cláusula resolutória expressa*, que legitima a resolução por iniciativa de uma delas. Esse princípio, em tese, derroga a noção de que a ninguém é dado fazer justiça de mão própria (BESSONE, 1987, p. 318). Essa cláusula autoriza a parte a considerar resolvido o contrato em face de inadimplemento. No entanto, uma compreensão apressada do instituto poderia supor que se afasta sistematicamente uma declaração judicial na hipótese. Não é o que acontece na maioria das vezes. Quando se dá por resolvido um contrato, há outros efeitos concretos de que necessitam as partes, além do singelo desfazimento. Basta lembrar que o inadimplemento culposo acarreta o dever de indenizar, que só pode ser obtido, em princípio, com uma sentença. Por outro lado, a parte indigitada como inadimplente pode ter interesse em demonstrar sua inocência, arguindo a improcedência da resolução, ou imputando culpa ao outro contraente. Conjunturas sociais, inclusive, fizeram com que a lei exigisse a denúncia prévia do contrato, ainda que na presença de uma cláusula expressa de resolução; é o que ocorre com os compromissos de venda e compra de imóveis loteados (Decreto-lei nº 58/1937 e Lei nº 6.766/1979), cujos delineamentos estudaremos ao tratar desse contrato em espécie. Todavia, essa hipótese é uma derrogação expressa da regra geral.

Questão tormentosa na doutrina é saber se, com a possibilidade de resolução automática, decorrente da cláusula expressa, há necessidade de notificação. É comum as partes estatuírem no contrato a resolução de pleno direito, independentemente de notificação ou aviso, no caso de descumprimento. No entanto, há situações de fato que tornam aconselhável a notificação, mesmo na presença dessa disposição. A declaração de resolução do contrato por inadimplência operará *ex tunc*. A notificação, ou simples aviso, poderá tornar-se importante meio de avaliação do momento em que o contrato se teve por resolvido, isto é, o momento em que se caracterizou o inadimplemento, contemporâneo ou próximo à denúncia do contratante. O que justifica essa retroação de efeitos é a culpa contratual, que dissolve o contrato. A partir desse momento, deve o contratante sentir-se e portar-se como desvinculado do pacto. Destarte, a resolução de pleno direito ocorre, é fato, mas com frequência a declaração judicial é necessária e útil, o que por si só não torna a cláusula inútil, como argumentam alguns. A diferença entre o pacto comissório tácito e o pacto comissório expresso é que, se a cláusula não está expressa no contrato, pode ele, também, resolver-se por inadimplemento, mas a notificação é essencial para conferir ao devedor uma derradeira oportunidade de cumpri-lo. Se a cláusula vem expressa, o contratante inocente limita-se a comunicar ao inadimplente sua vontade de resolver o contrato (BORDA, 1989, p. 143). A lei pode, no entanto, em relações jurídicas específicas, exigir sempre a notificação prévia para a purga da mora, como aqui já mencionado.

Messineo recomenda que a cláusula resolutória expressa indique com precisão o descumprimento contratual, porque a referência indiscriminada e geral à transgressão de todo o contrato transforma-se em cláusula desprovida de força, equivalendo à cláusula resolutória tácita (BESSONE, 1987, p. 319). De fato, não há como caracterizar um inadimplemento genérico de toda e qualquer cláusula de um contrato. Nesse caso, torna-se essencial o aviso, para que tome conhecimento o contratante do que efetivamente descumpriu e a fim de que possa cumpri-lo, se a prestação ainda for possível e útil ao credor.

Quando da dicção da cláusula resolutória redigida pelas partes não surgir claramente sua adequação ao caso concreto, será prudente que os interessados usem do mecanismo da cláusula tácita, com o devido aviso e reconhecimento judicial, evitando entraves posteriores, e eventual desqualificação, pela parte indigitada, do motivo de descumprimento do contrato (MIGUEL, 1986, p. 205). A esse respeito observe que a cláusula resolutória expressa, sendo restrição à possibilidade de cumprimento de obrigações, sujeita-se à interpretação restritiva, isso porque, de acordo com o princípio geral da boa-fé, as obrigações e os contratos nascem para serem cumpridos. Por outro lado, deve ser levado em conta, no caso concreto, que a cláusula expressa não necessita de termos sacramentais, mas deve prever não apenas a resolução do contrato, como também as situações aptas a provocá-la. Isto é, para que a cláusula fique isenta de dúvidas, mormente para sua operosidade automática, deve ter um conteúdo específico dirigido a obrigações descritas no contrato. Forçoso concluir que a cláusula em termos gerais é de mero estilo e não pode ter a aplicação automática colimada.

O art. 476 refere-se aos contratos bilaterais. A exceção de contrato não cumprido não é aplicada aos unilaterais porque não existe equivalência de direitos e obrigações. Como existe nesse caso apenas um devedor, se este deixa de cumprir a obrigação, a execução coativa ou o pedido de perdas e danos é simplesmente dirigido contra ele, que nada pode exigir do outro contratante, não onerado ou obrigado no contrato.

Essa cláusula tácita possibilita tão só a decretação judicial da resolução. Vimos que mesmo a condição resolutória expressa somente alcançará efeitos concretos com a sentença. Tanto numa, como noutra, a resolução opera *ex tunc*, desde o momento caracterizador do inadimplemento, portanto. Até a resolução, aproveitam-se as prestações realizadas e resguardam-se os terceiros de boa-fé. Efeito típico da resolução é sua retroatividade, no sentido de que elimina entre as partes o vínculo, sem prejuízo dos direitos adquiridos no tempo por terceiros. E nos contratos de execução continuada ou periódica, as prestações já cumpridas ficam a salvo.

Não se devem confundir as possibilidades de resolução do contrato, que surgem após sua elaboração, com as causas que decretam a nulidade ou a anulação do negócio jurídico, as quais pertencem ao estudo da teoria geral e têm como causa um fato contemporâneo à elaboração do contrato.

A resolução do contrato por inadimplemento que ora enfocamos está relacionada com a *exceptio non adimpleti contractus*.

1. Resolução por inexecução involuntária

Até aqui, realçamos a inexecução do contrato por culpa das partes. Sabemos que, com frequência, surgem situações maiores do que o desejo dos contratantes em cumprir a obrigação, o que validamente, com respaldo legal, autoriza a resolução, sem indenização. É o que sucede no caso fortuito e na força maior. Lembre-se, também, do que foi dito acerca da excessiva onerosidade, que pode causar a resolução sem culpa.

Nessas hipóteses, há uma causa superveniente ao contrato que inviabiliza seu cumprimento. A força maior ou o caso fortuito constituem causas objetivas a resolver o contrato. Essas causas podem obstar o cumprimento total ou parcial do negócio. Quando o contrato ainda pode ser cumprido parcialmente, pode o credor manter o interesse em que assim se faça. Não se confunde a impossibilidade superveniente com mera dificuldade de cumprimento. A impossibilidade deve ser examinada no caso concreto. A simples dificuldade é de cunho subjetivo e não serve de escudo para a parte deixar de cumprir o contratado.

A ocorrência da impossibilidade caracteriza o momento no qual o contrato já não pode ser cumprido. Se houver declaração judicial, esta retroagirá a esse momento. A impossibilidade superveniente no cumprimento rege-se pelos princípios da cláusula resolutória expressa. Apenas há necessidade de sentença declaratória quando são almejados efeitos concretos. Até o divisor de águas da impossibilidade, qual seja, o momento em que esta eclodiu, as prestações eram exigíveis. Tratando-se de contrato de trato sucessivo, permanecem incólumes e válidas as prestações já cumpridas, e devem ser indenizadas aquelas que não o foram, até o momento da impossibilidade, por culpa do devedor. Pode haver cláusula, contudo, que responsabiliza expressamente o devedor, ainda que a impossibilidade advenha de caso fortuito ou força maior.

2. Resolução por inadimplemento antecipado

Essa questão não é versada com frequência entre nós, sendo de grande interesse prático. Antes de tornar-se exigível uma prestação inserida no contrato, a situação material do negócio e dos contratantes, em especial do devedor, já pode denotar que não haverá cumprimento, ou porque o devedor manifestou intenção de não cumprir a prestação, ou porque se frustrou materialmente essa possibilidade. Ora, é noção básica de nossa matéria que os contratos extinguem-se pela impossibilidade do cumprimento.

Fortunato Azulay (1977, p. 101), discorrendo em monografia sobre o tema, narra as origens do instituto na doutrina do *anticipatory breach of contract* existente na *common law*. Aponta o autor que

> "desde meados do século passado surgiu na Inglaterra a chamada doutrina do *anticipatory breach do contrato*, pela qual veio a ficar consagrada em outros sucessivos julgados, também nos EUA, que, se um dos contraentes revela, por atos ou palavras peremptórias e inequívocas, a intenção de não cumprir a sua prestação, diferida a tempo certo, pode a outra parte considerar esse comportamento como inadimplência contratual".

Nosso legislador não trouxe dispositivo próprio ao instituto, embora nada exista no ordenamento a impedir-lhe aplicação. A própria cláusula resolutiva tácita do art. 476 permite a resolução antecipada do contrato.

Nessa hipótese, importa examinar as situações potenciais de descumprimento apriorístico do contrato. Se forem suficientemente fortes e justificadas, será desnecessário fazer com que o credor aguarde a época da respectiva exigibilidade, para caracterizar o inadimplemento, e só nesse momento denunciar e pedir a decretação da resolução da avença. Existe aí, evidentemente, uma derrogação do princípio geral que rege a exigibilidade das obrigações. Todavia, a situação é lógica e justa, não contrariando a lei positiva. De nada adianta ter o contratante de suportar a avença contratual, se já é certo que a outra parte vai descumpri-la, ou porque assim se manifestou, ou porque não tem mais condições materiais e técnicas de fazê-lo. No entanto, como se pisa o terreno da dúvida, pois com raridade a certeza do não cumprimento é absoluta, deve o contratante pedir a intervenção judicial, para que se declare resolvido o contrato, desatando-se, assim, antecipadamente, o liame. Note que a hipótese não deve ser confundida com a exigência antecipada da obrigação, só excepcionalmente permitida.

Levada a questão ao tribunal, terá o descumpridor do contrato oportunidade de provar a inveracidade da alegação. Todavia, uma vez comprovada a alegação e resolvido o contrato, essa resolução opera-se *ex tunc*, isto é, desde o momento em que eclodiu e caracterizou-se a impossibilidade do cumprimento. Esse aspecto será importante para, no caso concreto, avaliar-se a extensão das perdas e danos. Em sede de inadimplemento antecipado, o pedido judicial não pode ser, à primeira vista, de execução específica da obrigação. No entanto, imagine-se a hipótese do promitente vendedor que se comprometeu a outorgar a escritura definitiva do imóvel em certo prazo. Se o promitente vendedor se manifesta expressamente que não irá emitir essa vontade (estando a exigir um sobrepreço, por exemplo), ou se pratica ato que impede ou torna impossível ou inviável o cumprimento, ao chegar o termo fixado (promete o mesmo imóvel a um terceiro, por exemplo), abre-se a via processual, antes do termo indicado no contrato, para exigir-se tal manifestação de vontade. Seria gravame inútil para o adquirente aguardar, nessas premissas, o prazo contratual para a execução da obrigação. Se a obrigação é de pagar em pecúnia, por outro lado, ainda que não seja admissível a cobrança antecipada da dívida, é justificável o ingresso de medidas acautelatórias para o credor, para que não se esvaia definitivamente a possibilidade de adimplemento. Nas obrigações personalíssimas, somente existe a possibilidade de rescisão com perdas e danos. É o caso de um artista contratado para pintar um retrato: se o devedor já de plano, antes do prazo, diz que já não tem inspiração para a arte, caracterizado estará o inadimplemento antecipado da obrigação. A propósito da aplicação do instituto entre nós se manifesta o monografista citado:

> "Em nosso direito, seria curial a aplicação da doutrina do anticipatory breach através do art. 1.092 do Código Civil (cláusula resolutiva tácita) quando o estado caracterizado de insolvência do devedor demonstrasse a quase, senão a total, impossibilidade do cumprimento da prestação. Seria facultado ao credor, não só o direito de desobrigar-se do cumprimento da prestação que lhe caberia, como demandar perdas e danos (parágrafo único do citado art. 1.092)" (AZULAY, 1977, p. 115).

O instituto tem aplicação mesmo que já parcialmente cumprido o contrato. Aproveita-se o que foi executado. Contudo, a aplicação da doutrina requer cautela. Não pode o credor, mediante simples suspeitas, concluir pelo inadimplemento antecipado. Sujeita-se a decair da ação se for destemperado e intempestivo. O caso concreto melhor orientará a solução. Havendo apenas um *fumus iuris* do inadimplemento antecipado, conveniente que a parte se valha das medidas prévias e acautelatórias de direitos a seu dispor no estatuto processual, antes de se arvorar diretamente na resolução do contrato. O juiz, ao examinar a hipótese, deve levar em conta a natureza do contrato, bem como o princípio da boa-fé contratual e o comportamento dos contratantes.

A aplicação da doutrina do inadimplemento antecipado nada mais é do que corolário do princípio da exceção de contrato não cumprido. Não deixa de ser útil também para o devedor que, com a declaração antecipada de seu inadimplemento, terá, muitas vezes, reduzido o montante indenizatório devido ao credor. Ademais, liberam-se as partes do liame obrigacional, ao qual inutilmente ficariam presas até a caracterização do inadimplemento. É necessário não esquecer, por fim, que também o inadimplemento antecipado pode ter ocorrido por caso fortuito ou força maior, de sorte a afastar o dever de indenizar.

Enunciado nº 436, V Jornada de Direito Civil – CJF/STJ: A cláusula resolutiva expressa produz efeitos extintivos independentemente de pronunciamento judicial.

Declaratória de rescisão contratual c.c. cobrança e indenização por dano moral. Contrato de prestação de serviços de transporte. Rescisão antecipada motivada por inadimplemento da contratante. Cláusula resolutiva expressa que permite a rescisão por inadimplemento parcial, inclusive por atraso, de qualquer item ou condição do contrato. Artigo 474 do Código Civil. Atraso no pagamento das parcelas ajustadas. Rescisão por culpa da contratante, com incidência da multa rescisória. Valor da multa que não comporta a redução pretendida, pois fixado de comum acordo, em quantia reputada suficiente para reparar eventual prejuízo decorrente do inadimplemento. Sentença mantida. Recurso desprovido (*TJSP* – Ap. 1004645-52.2017.8.26.0100, 26-1-2021, Rel. Afonso Bráz).

Apelação Cível – Embargos à execução – Falta de notificação extrajudicial – Circunstância que não importa óbice à execução – Notificação extrajudicial da executada para que proceda à quitação do débito que não constitui condição de procedibilidade de sua execução – Inaplicabilidade do art. 474, do CC – Existência de cláusula resolutiva no termo de renegociação da dívida – Previsão expressa de vencimento antecipado de toda a dívida no caso de inadimplemento que dispensa a interpelação prévia – Impugnação do débito que foi realizada de maneira genérica – Inaplicabilidade dos cálculos trazidos pela apelante corretamente reconhecida pela sentença – Impenhorabilidade do bem não caracterizada – Ausência de comprovação de atendimento dos requisitos da Lei.

8.009/90 – Inadmissibilidade de comportamento contraditório consistente em invocar a impossibilidade de alienação de bem oferecido como garantia – Razões ofertadas que não impugnaram, com o devido rigor, os fundamentos da sentença – Apelante que nem mesmo apontou os motivos pelos quais entende que a conclusão exposta na sentença não poderia prevalecer – Reprodução literal das razões expostas na contestação que revela comodismo inaceitável – Sentença mantida – Recurso improvido. Sucumbência – Sucumbência recursal – Majoração da verba honorária em desfavor do apelante nos termos do art. 85, §§ 2º e 11, do CPC – Execução dos valores sujeita ao disposto no art. 98, § 3º, do CPC (*TJSP* – Ap. 1019844-94.2018.8.26.0451, 16-9-2019, Rel. José Joaquim dos Santos).

Direito civil – Contrato de concessão de direito real de uso – Inadimplemento – Cláusula resolutiva expressa – Prestações devidas até a resolução operada de pleno direito – I- Resolvido o contrato em face da cláusula resolutória expressa, a concedente faz jus ao recebimento das taxas de ocupação vencidas até a resolução. II- Apelação conhecida e desprovida (*TJDFT* – Proc. 20070110348716APC – (1000514), 10-3-2017, Rel. James Eduardo Oliveira).

Art. 475. A parte lesada pelo inadimplemento pode pedir a resolução do contrato, se não preferir exigir-lhe o cumprimento, cabendo, em qualquer dos casos, indenização por perdas e danos.

Presume-se presente em todos os contratos a *cláusula resolutória tácita*. A ocorrência da causa de resolução deve ser apurada pelo julgador. O art. 1.092, parágrafo único, do Código Civil de 1916 dispunha que *"a parte lesada pelo inadimplemento pode requerer a rescisão do contrato com perdas e danos"*. Esse art. 475 se refere não somente à possibilidade de a parte lesada pedir a resolução do contrato, como também à possibilidade de exigir-lhe o cumprimento, sem prejuízo, em qualquer caso, da indenização por perdas e danos. Não se esqueça que, em qualquer caso, o contrato deve ser examinado à luz de sua função social (art. 421) e sob o prisma dos princípios de probidade e boa-fé (art. 422). Pode também a parte prejudicada pedir o cumprimento da obrigação em espécie, como aponta este estatuto e permite o CPC, quando assim permitir sua natureza. A opção é do interessado. Note que, quando as obrigações de dar e fazer inviabilizam-se, acabam por desaguar nas perdas e danos, lugar-comum de qualquer inadimplemento culposo. Como temos sempre reiterado, a substituição da prestação por uma indenização não equivale ao cumprimento da obrigação.

Enunciado nº 31, I Jornada de Direito Civil – CJF/STJ: As perdas e danos mencionados no art. 475 do novo Código Civil dependem da imputabilidade da causa da possível resolução.

Enunciado nº 361, IV Jornada de Direito Civil – CJF/STJ: O adimplemento substancial decorre dos princípios gerais contratuais, de modo a fazer preponderar a função social do contrato e o princípio da boa-fé objetiva, balizando a aplicação do art. 475.

Enunciado nº 437, da V Jornada de Direito Civil – CJF/STJ: A resolução da relação jurídica contratual também pode decorrer do inadimplemento antecipado.

Enunciado nº 548, VI Jornada de Direito Civil – CJF/STJ: Caracterizada a violação de dever contratual, incumbe ao devedor o ônus de demonstrar que o fato causador do dano não lhe pode ser imputado.

Enunciado nº 586, VII Jornada de Direito Civil – CJF/STJ: Para a caracterização do adimplemento substancial (tal qual reconhecido pelo Enunciado 361 da IV Jornada de Direito Civil – CJF), levam-se em conta tanto aspectos quantitativos quanto qualitativos.

Direito civil e consumidor. Promessa de compra e venda. Indenização pelo atraso na entrega do imóvel. Julgamento do mérito pelo tribunal. Preliminar de ausência de interesse de agir. Rejeição. Indenização e rescisão. Possibilidade nos termos do artigo 475 do Código Civil. Atraso na entrega do imóvel. Cláusula expressa que prevê penalidade para a construtora no valor de 0.5% do valor do imóvel. Cumulação com lucros cessantes. Impossibilidade quando a multa estabelecida em valor equivalente ao locativo. *Bis in idem*. 1. A parte lesada pelo inadimplemento pode pedir a resolução do contrato, se não preferir exigir-lhe o cumprimento, cabendo, em qualquer dos casos, indenização por perdas e danos (Art. 475 do CC/02). 2. A ocorrência de fatos previsíveis como chuvas, mesmo que em excesso para o período, ausência de material e mão-de-obra qualificada, ainda que previstos em contrato e comprovados, não são hábeis a afastar a mora da construtora existindo, para isso, o prazo de tolerância. Essas ocorrências constituem riscos inerentes à atividade econômica desenvolvida pela ré não excluindo a responsabilidade da promitente vendedora, sob esse pretexto. 3. Configurado o atraso injustificado na entrega do imóvel, considerado, inclusive, o prazo de prorrogação fixado, e tendo sido o consumidor privado de dele usufruir economicamente durante o período de mora da construtora, assiste-lhe o direito de ser compensado pela vantagem econômica que deixou de auferir. 4. De acordo com o tema 970, sendo a cláusula penal moratória estabelecida em valor equivalente ao locativo e, tendo a finalidade de indenizar pelo adimplemento tardio da obrigação, afasta-se sua cumulação com lucros cessantes. 5. Havendo previsão contratual expressa e específica de cláusula penal que prefixa o valor de 0.5% sobre o valor do imóvel dispensa a inversão de cláusula penal sendo inviável a sua cumulação com lucros cessantes, conforme entendimento pacificado no c. STJ (Tema 970). 6. Apelos conhecidos. Preliminar rejeitada. Recurso do autor parcialmente provido. Recurso da parte ré parcialmente provido (*TJDFT* – Ap. 00223269120148070001, 1-4-2020, Rel. Arnoldo Camanho).

Ação de rescisão contratual c/c perdas e danos. Multipropriedade imobiliária (*time sharing*). Atraso na conclusão da obra. Gozo do período de fruição a que fariam jus os autores em outros imóveis. Concordância quanto ao procedimento adotado. Proveito econômico com o ajuste. Ausência de prejuízo material. Enleio preservado. Sentença mantida. Recurso desprovido. 1. O sistema *time sharing* ou multipropriedade imobiliária é uma espécie condominial relativa aos locais de prazer, pela qual há um aproveitamento econômico de bem imóvel (casa, chalé, apartamento), repartido, como ensina Gustavo Tepedino, em unidades fixas de tempo, assegurando a cada cotitular o seu uso exclusivo e perpétuo durante certo período anual (DINIZ, Maria Helena. *Curso de Direito Civil Brasileiro*, 4º volume. São Paulo: Saraiva, 2002, p. 212). 2. Atrasada a conclusão do empreendimento múltiplo, com violação de cláusula específica, assistia aos autores o direito à resolução, ou então, perseguir o cumprimento do enleio, nos termos do art. 1.092 do Código Civil de 1916 (art. 475 do CC/2002). Exercida a fruição de férias em outros imóveis da rede, equivalente à segunda opção, sem indicativo de prejuízo até que o *resort* ficou pronto, e sem demonstração de impossibilidade do uso ulterior, observa-se proveito econômico bastante à rejeição do pedido de ruptura negocial lançado de forma tardia. 3. Recurso desprovido (*TJSC* – Acórdão Apelação Cível 2010.063830-5, 1º-2-2011, Rel. Des. Maria do Rocio Luz Santa Ritta).

Seção III
Da Exceção de Contrato não Cumprido

Art. 476. Nos contratos bilaterais, nenhum dos contratantes, antes de cumprida a sua obrigação, pode exigir o implemento da do outro.

Se, depois de concluído o contrato sobrevier a uma das partes contratantes diminuição em seu patrimônio, capaz de comprometer ou tornar duvidosa a prestação pela qual se obrigou, pode a parte, a quem incumbe fazer prestação em primeiro lugar, recusar-se a esta, até que a outra satisfaça a que lhe compete ou dê garantia bastante de satisfazê-la.

As obrigações correspectivas dos contratos bilaterais aparecem de forma cristalina nesse artigo. Trata-se do tradicional princípio da *exceptio non adimpleti contractus*, que não é de origem romana, mas posterior. Trata-se de um dos baluartes do direito contratual. Nos contratos bilaterais, ambas as partes têm direitos e deveres. O fato de um volume maior de deveres estar carreado apenas a uma das partes não retira sua natureza bilateral. Há interdependência de deveres, claramente percebida na compra e venda e na locação, por exemplo. A *exceptio*, exceção de contrato não cumprido, só tem aplicabilidade nos contratos dessa espécie. Não é admitida nos contratos unilaterais, porque todo o peso do contrato onera só uma das partes. Esta nada tem a exigir da outra. Nos contratos bilaterais, cada parte tem direito de exigir que a outra cumpra sua parcela na avença. É característica ínsita ao *sinalagma* presente nesse negócio. Permite a lei que o contratante suste sua parte no cumprimento até que o outro contratante perfaça a sua. Cuida-se de uma "exceção" tratada dentro do princípio romano de que a *exceptio* é uma forma de defesa. O contratante opõe essa exceção como forma de se defender contra o outro contratante inadimplente. É defesa de mérito. Com essa oposição, o contratante logra apor um obstáculo legal à exigência de seu cumprimento, pelo não cumprimento da outra parte. Pressupõe-se, por outro lado, que o contratante em falta esteja a exigir indevidamente o cumprimento do contrato. Esse é justamente o âmago da questão, a ser examinado pelo juiz em cada caso concreto. Se o contratante está em dia com o cumprimento de suas obrigações, pode validamente exigir que o outro cumpra a avença no que lhe couber.

O fundamento desse princípio repousa no justo equilíbrio das partes no cumprimento do contrato, fundamentalmente em razão da equidade, portanto. Trata-se de aplicação do princípio da boa-fé que deve reger os contratos, por nós já referido.

Também o direito de retenção por benfeitorias é forma de forçar o cumprimento de obrigação por parte de um devedor. Trata-se, porém, de direito restrito a um tipo de obrigação inerente a uma coisa, sobre a qual se fez benfeitorias. Deriva de um crédito ligado à coisa que deva ser restituída pelo titular das benfeitorias. A exceção ora estudada tem cunho geral de aplicabilidade a todos os contratos sinalagmáticos.

Trata-se, portanto, do grande corolário do fundamento dos contratos bilaterais e aplica-se independentemente de texto legal. A parte que não deu causa ao descumprimento pode pedir o desfazimento judicial do contrato. A moderna técnica do direito, contudo, possibilita que se exija o cumprimento do contrato. O termo *rescisão* utilizado pela lei tem o sentido de extinção do contrato por inadimplemento de uma das partes. O vocábulo guarda sempre conotação judicial, embora nem sempre haja necessidade de sentença para imputar o desfazimento contratual. Todos os contratos bilaterais, portanto, trazem essa chamada *cláusula resolutória implícita*, que permite a rescisão. Se, contudo, as partes fizeram-na constar expressamente do contrato (cláusula resolutória expressa), poderão estipular outros efeitos para a hipótese, prefixando uma multa, por exemplo. Ainda que as partes tenham expressamente convencionado a resolução automática no caso de descumprimento, há efeitos no desfazimento do contrato que só podem ocorrer com uma sentença judicial, que se fará necessária.

Não se pense, porém, que o pacto comissório, expresso ou implícito, seja exclusivo dos contratos bilaterais. Com a propriedade habitual, Guillermo A. Borda

(1989, p. 23) lembra que a resolução do contrato é aplicável sempre que existam obrigações pendentes na avença e a parte que pretenda fazê-lo valer esteja interessada na resolução. Acrescenta o autor argentino que o empréstimo e o comodato são contratos unilaterais clássicos, mas tanto o mutuante como o comodante podem pedir a resolução do contrato e a restituição da coisa em caso de seu descumprimento pelo mutuário ou pelo comodatário.

Existem outras características que se ligam mais aos contratos bilaterais, como a cessão do contrato, assim como a lesão estudada na parte geral, e a excessiva onerosidade a ser aqui estudada.

1. Possibilidade de renúncia à exceção de contrato não cumprido: cláusula *solve et repete*

Interessante é questionar se, dentro do princípio de autonomia da vontade, que norteia as convenções, pode o contrato estipular que uma das partes, ou ambas, abrem mão do direito assegurado por este artigo, isto é, se a parte pode ficar obrigada a cumprir sua obrigação contratual, mesmo perante o descumprimento da ex-adversa. Cuida-se da cláusula *solve et repete*, em que o contratante cumpre sua obrigação mesmo perante o descumprimento da do outro, e somente depois se voltará contra este para pedir o cumprimento ou as perdas e danos.

Essa cláusula importa numa renúncia à oposição da exceção de contrato não cumprido. Serpa Lopes (1964, v. 3, p. 167) noticia a celeuma doutrinária de largo tempo, a qual culminou em admiti-la, apesar de muitos considerarem-na leonina. Dessa forma, outorga-se ao credor o poder de acionar o devedor sem que este possa opor-se a exceção. Essa cláusula mostra-se muito comum nos contratos administrativos, para favorecer e proteger a Administração. Nos contratos de direito privado, deve ela ser evitada, porque desequilibra o contrato bilateral. O Código italiano permitiu a cláusula no art. 1.462, desde que seja expressamente firmada e nos limites estipulados pelas partes, impondo ainda outras restrições.

Pelo CDC, essa cláusula exonerativa não pode ser admitida em detrimento da parte protegida pela lei, não apenas porque coloca o consumidor em situação de desvantagem exagerada, mas também porque a lei é expressa em repelir essa cláusula. De fato, o art. 51 considera nula de pleno direito as cláusulas que

"*estabeleçam obrigações consideradas iníquas, abusivas, que coloquem o consumidor em desvantagem exagerada, ou sejam incompatíveis com a boa-fé ou a equidade*" (inciso IV).

E o inciso IX do mesmo artigo é expresso em considerar nulas as cláusulas que "*deixem ao fornecedor a opção de concluir ou não o contrato, embora obrigando o consumidor*". No mesmo diapasão está o dispositivo do inciso XI, que proíbe o cancelamento unilateral do contrato, sem igual direito do consumidor. O § 1º do art. 51 especifica o que a lei entende por *vantagem exagerada*:

"*Presume-se exagerada, entre outros casos, a vantagem que:*
I – ofende os princípios fundamentais do sistema jurídico a que pertence;
II – restringe direitos ou obrigações fundamentais inerentes à natureza do contrato, de tal modo a ameaçar seu objeto ou o equilíbrio contratual;
III – se mostra excessivamente onerosa para o consumidor, considerando-se a natureza e conteúdo do contrato, o interesse das partes e outras circunstâncias peculiares ao caso."

Por aí vemos que não podemos excluir a garantia contratual da exceção de contrato não cumprido dentro do amplo alcance do CDC. Os princípios desse Código são mais amplos ainda, com institutos que serão estudados por nós no decorrer desta obra, tal como a excessiva onerosidade. A cláusula *solve et repete* fica livre apenas para os contratos paritários, livremente discutidos em seu conteúdo e para as tratativas, fora do alcance dos direitos do consumidor.

No campo do contrato administrativo, a inserção dessa cláusula deve ser levada à conta das chamadas *cláusulas exorbitantes*. São aquelas em que o Estado mune-se de direitos não conferidos ao particular contratante, atribuindo-se vantagens unilaterais no contrato. Essas cláusulas são exorbitantes justamente porque contrariam (exorbitam) as regras de direito comum. Essa problemática, que deve ter em mira sempre coibir eventual abuso de direito por parte da Administração, deve ser versada no Direito Público.

Direito civil. Prestação de serviços. Rastreamento veicular. Multa punitiva. Devida. Código de Defesa do Consumidor. Ausência de inadimplemento contratual pelo consumidor. Dano moral indevido. Mero descumprimento contratual. 1. Houve a realização de testes mensais do rastreador instalado no automóvel. Posto isto, e considerando que a apelante não apontou qualquer outro descumprimento contratual por parte do apelado, forçoso reconhecer a legitimidade na cobrança da multa punitiva (indenização securitária) prevista contratualmente, não podendo eximir-se do seu pagamento, alegando exceção de contrato não cumprido (art. 476, do CC) tampouco culpa exclusiva dos apelados. 2. O suposto dano moral se daria pelo descumprimento da cláusula de indenização, todavia, não há provas ou sequer indícios de que os fatos narrados tenham provocado para o autor dor ou angústia anormais ou, ainda, abalo psíquico ou ofensa a direitos da personalidade. Por tal razão é que eventual desgosto suportado deve ser entendido como mero dissabor da vida diária, o que não enseja reparação civil. 3. Recurso parcialmente provido (*TJSP* – Ap. 1004495-60.2018.8.26.0157, 6-7-2020, Rel. Artur Marques).

Art. 477

🔖 Agravo de instrumento – Compromisso de compra e venda – Pedido de vedação de anotação nos órgãos de proteção ao crédito em tutela antecipada. Descumprimento de obrigação acessória. Admissível a oposição da *exceptio non adimpleti contractus* (art. 476 do Código Civil). Agravo provido (*TJSP* – AI 2164792-78.2016.8.26.0000, 7-2-2017, Rel. Rômolo Russo).

Art. 477. Se, depois de concluído o contrato, sobrevier a uma das partes contratantes diminuição em seu patrimônio capaz de comprometer ou tornar duvidosa a prestação pela qual se obrigou, pode a outra recusar-se à prestação que lhe incumbe, até que aquela satisfaça a que lhe compete ou dê garantia bastante de satisfazê-la.

Se, depois de concluído o contrato sobrevier a uma das partes contratantes diminuição em seu patrimônio, capaz de comprometer ou tornar duvidosa a prestação pela qual se obrigou, pode a parte, a quem incumbe fazer prestação em primeiro lugar, recusar-se a esta, até que a outra satisfaça a que lhe compete ou dê garantia bastante de satisfazê-la. A garantia de cumprimento do contrato pelo devedor é sua higidez econômica.

Note que esse meio de defesa só pode ser validamente oposto se as prestações são simultaneamente exigíveis. Uma prestação futura, ainda não exercitável e inexigível dentro do contrato, não lhe pode servir de base de defesa, isto é, de paralisação de cumprimento do contrato pela parte cuja obrigação já esteja vencida e exigível. Destarte, só podemos opor essa defesa quando a lei ou o contrato não disser a quem cabe cumprir primeiramente a obrigação. Nessa hipótese, a lei abre a exceção descrita neste artigo. Trata-se de mais uma aplicação do princípio da boa-fé que deve nortear os contratos. Imagine o contratante de uma empreitada, que deve fornecer dinheiro e materiais em continuação ao empreiteiro e venha a saber que este se envolve em operações arriscadas, que colocam em perigo sua solvência e credibilidade. Pagar nessa situação seria um risco de não ver completada a obrigação do empreiteiro em concluir a obra ou serviço. Permite-se, pois, que o devedor suspeitoso peça uma garantia ao outro contratante, uma caução idônea.

Ao princípio dessa exceção acrescenta-se a *non rite adimpleti contractus*. Enquanto a exceção de contrato não cumprido tem como pressuposto o descumprimento da avença pela outra parte, uma inexecução completa, a *non rite* funda-se em um descumprimento parcial, incompleto ou defeituoso do negócio. Tanto numa como noutra, empregamos o princípio geral, porque as consequências são as mesmas, uma vez que uma obrigação somente será tida por cumprida no tempo, lugar e forma contratados. Na hipótese de solução parcial do contrato ou de descumprimento recíproco, caberá ao juiz, no caso concreto, fixar as responsabilidades, examinando a conduta e, consequentemente, a culpa dos contratantes.

O instituto guarda semelhanças e pontos de contato com outras modalidades de negócio jurídico que, em síntese, servem para garantir o cumprimento das obrigações. Assim ocorre com a *compensação*, que também pode ser oposta como meio de defesa para obstar o pagamento. Contudo, a compensação é forma especial de extinção de obrigações em razão de um encontro de débitos e créditos entre as partes. A exceção de contrato não cumprido não é meio de extinção da obrigação. Pelo contrário, se ela é oposta, é justamente porque a obrigação ainda não está extinta, servindo para compelir o devedor a extingui-la.

📖 Enunciado nº 438, V Jornada de Direito Civil – CJF/STJ: A exceção de inseguridade, prevista no art. 477, também pode ser oposta à parte cuja conduta põe, manifestamente em risco, a execução do programa contratual.

🔖 Apelação cível. Ação de resolução contratual. Compra e venda de soja com entrega futura. Exceção de insolvência. Notório risco de descumprimento da contraprestação. Art. 477 do CC. O risco do descumprimento da contraprestação estipulada no contrato autoriza a resolução da avença como forma de proteger o equilíbrio contratual. Exegese do art. 477 do CC. Hipótese em que o autor logrou comprovar a grave crise financeira enfrentada pela ré, sendo manifesto o risco de descumprimento da contraprestação avençada, a permitir a resolução do contrato. Apelo provido. Unânime (*TJRS* – Ap. 70083574533, 29-1-2020, Rel. Dilso Domingos Pereira)

Seção IV
Da Resolução por Onerosidade Excessiva

Art. 478. Nos contratos de execução continuada ou diferida, se a prestação de uma das partes se tornar excessivamente onerosa, com extrema vantagem para a outra, em virtude de acontecimentos extraordinários e imprevisíveis, poderá o devedor pedir a resolução do contrato. Os efeitos da sentença que a decretar retroagirão à data da citação.

1. Princípio da obrigatoriedade dos contratos e possibilidade de revisão

Segundo a concepção pura, uma vez concluído o contrato, deve ele permanecer incólume, imutável em suas disposições, intangível por vontade unilateral de um dos contratantes. É decorrência do princípio tradicional *pacta sunt servanda*. A obrigatoriedade do contrato forma o sustentáculo do direito contratual. Sem essa força obrigatória, a sociedade estaria fadada ao caos. Embora tenha que se tomar a afirmação com o devido cuidado, o contrato estabelece uma lei entre as partes. Essa força legal do contrato é sentida pelos participantes do negócio de forma mais concreta do que a própria lei, porque lhes regula relações muito mais próximas. No entanto, a nova concepção do contrato, suas novas funções desempenhadas na sociedade e no Estado modernos exigem, por exceção, uma atenuação do princípio geral.

Pelo princípio fundamental da obrigatoriedade das convenções, não é dado a uma das partes alterar a avença unilateralmente, ou pedir ao juiz que o faça. A vontade conjunta dos contratantes, como é curial, pode evidentemente revisar e alterar o pactuado, dentro dos princípios de sua autonomia. A revisão, que os próprios contraentes podem fazer em complemento a seu acordo de vontades, terá em mira substituir cláusulas, esclarecê-las, interpretá-las ou integrá-las. Assim como podem rever o contrato, mantendo-o, podem as partes resolvê-lo, extinguindo-o. Salvo as exceções próprias do dirigismo estatal, a autonomia da vontade prepondera. Trata-se, na realidade, da preponderância da vontade contratual.

No entanto, em situações excepcionais, a doutrina e a jurisprudência das últimas décadas entre nós têm admitido uma revisão das condições dos contratos por força de uma intervenção judicial. A sentença substitui, no caso concreto, a vontade de um dos contratantes. Essa revisão pode ocorrer, é fato, por via oblíqua, quando se reconhece o abuso de direito, ou o enriquecimento sem causa. No abuso de direito, podemos paralisar o cumprimento de um contrato, porque há desvio do fim social e econômico para o qual foi criado, sob a falsa aparência da legalidade. Vale lembrar, novamente, o art. 421, que dispõe sobre a limitação da liberdade contratual a seu fim social. No enriquecimento sem causa, a questão é mais geral e somente por via indireta pode atingir um contrato. Não é fenômeno que possa ser invocado para fundamentar uma revisão contratual.

A possibilidade de intervenção judicial no contrato ocorrerá quando um elemento inusitado e surpreendente, uma circunstância nova, como uma pandemia mundial que já atravessamos, surja no curso do contrato, colocando em situação de extrema dificuldade um dos contratantes, isto é, ocasionando uma excessiva onerosidade em sua prestação. O que se leva em conta, como se percebe, é a *onerosidade superveniente*. Em qualquer caso, devem ser avaliados os riscos normais do negócio. Nem sempre essa onerosidade equivalerá a um excessivo benefício em prol do credor. Razões de ordem prática, de adequação social, fim último do direito, aconselham que o contrato nessas condições excepcionais seja resolvido, ou conduzido a níveis suportáveis de cumprimento para o devedor.

2. Fundamentos da possibilidade de revisão judicial dos contratos

O princípio da obrigatoriedade dos contratos não pode ser violado perante dificuldades comezinhas de cumprimento, por fatores externos perfeitamente previsíveis. O contrato visa sempre a uma situação futura, um porvir. Os contratantes, ao estabelecerem o negócio, têm em mira justamente a previsão de situações futuras. A *imprevisão* que pode autorizar uma intervenção judicial na vontade contratual é somente a que refoge totalmente às possibilidades de previsibilidade. No país em que vivemos, por exemplo, a inflação não pode ser tida como imprevisível, nem a corrupção de membros do Poder Público, por exemplo. Vemos, portanto, que é fenômeno dos contratos que se protraem no tempo em seu cumprimento, e é inapropriada para os contratos de execução imediata.

Desse modo, questões meramente subjetivas do contratante não podem nunca servir de pano de fundo para pretender uma revisão nos contratos. A imprevisão deve ser um fenômeno global, que atinja a sociedade em geral, ou um segmento palpável de toda essa sociedade. É a guerra, a revolução, o golpe de Estado, totalmente imprevistos. A intervenção judicial nos negócios privados deve ser sempre excepcional.

Muitas teorias procuraram explicar o fenômeno, todas formando um complexo doutrinário. Para uns, fundamenta-se na *pressuposição*: os fenômenos sociais posicionam-se dentro das situações em que os contratos foram ultimados. A vontade contratual, em síntese, não pressupôs o acontecimento inesperado que desequilibrou o contrato. Outros entendem que todo contrato possui uma *condição implícita* de permanência de uma realidade, cuja modificação substancial autoriza a supressão dos efeitos por ela causados. São explicações subjetivas da teoria da excessiva onerosidade. Outras correntes partem para explicações objetivas. Pelo princípio da *reciprocidade ou equivalência das condições*, nos contratos bilaterais, ou unilaterais onerosos, deve existir certo equilíbrio nas prestações dos contratantes, desde o momento da estipulação até o momento de seu cumprimento. Se um fator externo rompe esse equilíbrio, estará autorizada a intervenção. Para outros, como o contrato desempenha uma *função social e econômica*, o desequilíbrio da sociedade e da economia autorizam a revisão.

A doutrina debruça-se em um sem-número de explicações sobre o instituto, lembrando, inclusive, o princípio da boa-fé nos contratos e a regra moral das obrigações que devem ilustrá-los e também fundamentar a imprevisão contratual.

3. Justificativa para a aplicação judicial da teoria da imprevisão

Lembre-se, de plano, de que estamos tratando da intervenção judicial nos contratos. Não se descuide que também ocorre com frequência, e cada vez mais atualmente, uma *intervenção legislativa* nos contratos. O legislador, levando avante a tendência do dirigismo contratual, na tentativa de ordenar a economia, intervém nos contratos entre os particulares, alterando suas cláusulas. Precisamos pontuar sobre o que ocorre, e ocorreu no passado entre nós, no tocante aos contratos de consórcio para aquisição de bens, principalmente veículos automotores, nos contratos de financiamento da casa própria e na legislação das locações prediais. A lei interfere nos prazos, nos preços e no próprio objeto dos contratos. Não discutimos aqui se essa modalidade de intervenção ocorre também, mas não exclusivamente, pela excessiva onerosidade superveniente. No entanto, existem razões de Estado que determinam a intervenção do legislador nesses contratos, que extravasam os limites da matéria aqui estudada, situando-se na política financeira e econômica, e não é nosso objetivo de apreciação. O Estado, na verdade, deve mesmo intervir, com "*normas emergenciais, para atender crises que afetem interesses sociais relevantes*" (FONSECA, 1958, p. 243).

Em sede de revisão e intervenção judicial, estas se justificam quando surge uma circunstância superveniente ao contratado, imprevista e imprevisível, alterando-lhe totalmente o estágio fático. Há uma consciência média da sociedade que deve ser preservada. Desequilibrando-se esse estado, estarão abertas as portas da revisão. Revisão nem sempre significará resolução do contrato. Tanto quanto possível, ainda que alterado, o contrato deve ser mantido. Não podemos, no entanto, trazer a teoria aos tribunais para solapar o tradicional princípio da obrigatoriedade das convenções. Não pode a teoria da imprevisão ou da excessiva onerosidade servir de panaceia para proteger o mau devedor. Em país que sofreu de inflação endêmica, como o Brasil, cujo fantasma está sempre presente, o surto inflacionário epidêmico não pode servir de suporte à teoria. Tantos foram os planos econômicos que sofremos, que deve o juiz usar de extrema cautela para admitir a intervenção. Nossa desoladora história econômica em passado não distante vem exigindo que os contratantes passem a ser cada vez mais imaginativos, tornando as cláusulas contratuais verdadeiros arsenais contra surpresas econômicas.

Não podemos, contudo, obstar a apreciação da revisão judicial, uma vez que a experiência e a prática demonstraram que, sem a intervenção judicial, importantes segmentos sociais seriam levados à penúria. Sempre deve imperar o bom senso, que felizmente tem sido apanágio de nossos tribunais. Com o instrumento da intervenção à mão dos juízes, concede-se um meio de evitar as temidas iniquidades, sem quebra dos princípios tradicionais orientadores dos contratos. É aplicação do sentido geral de justiça. Vai longe, portanto, a noção individualista, presente em nosso Código de 1916 inclusive, não podendo o contrato servir de puro jogo das competições particulares (SILVA PEREIRA, 1986, v. 3, p. 108).

4. Origens históricas. A cláusula *rebus sic stantibus*

É costume colocar na Idade Média a materialização dessa doutrina. É levada em consideração a aplicação da *conditio causa data non secuta*, segundo a qual o contrato devia ser cumprido conforme as condições em que foi ultimado. Possibilitava-se a alteração se se modificassem as condições: *contractus qui habent tractum sucessivum et dependentiam de futuro rebus sic stantibus* intelligentur. Difundiu-se a cláusula resumidamente como *rebus sic stantibus*, nos contratos de trato sucessivo e dependentes do futuro, como implícita em todo contrato de trato sucessivo.

No entanto, princípios da mesma natureza foram observados em legislações muito anteriores a Roma. J. M. Othon Sidou (1984, p. 3) cita texto do Código de Hamurabi pelo qual se admitia a imprevisão nas colheitas. Destarte, parece que o fenômeno já era conhecido antes do Direito Romano, o qual, entretanto, não o sistematizou, mas plenamente o conheceu e aplicou. Ganha altura na Idade Média, passa um tempo esquecido, para ressurgir com força após a Primeira Guerra Mundial. Essa conflagração de 1914-1918 trouxe um desequilíbrio para os contratos a longo prazo. Conhecida é a famosa Lei Failliot, da França, de 21.1.1918, que autorizou a resolução dos contratos concluídos antes da guerra porque sua execução se tornara muito onerosa. Esse diploma demandava a participação obrigatória do juiz.

Após a Segunda Guerra Mundial, com a desvalorização da moeda, os contratos de longa duração tornaram-se mais raros. Entre nós, os mecanismos de correção monetária afastaram, atualmente, ao menos nesse aspecto, a possibilidade de alegação de excessiva onerosidade. Ocorre, portanto, um renascimento histórico da teoria no século XX, embora os fundamentos sejam bastante antigos.

5. Requisitos para a aplicação da cláusula

Como vemos, não é qualquer contrato nem qualquer situação que possibilitam a revisão. Em primeiro lugar, devem ocorrer, em princípio, *acontecimentos extraordinários e imprevisíveis*. Há sempre uma gradação, na prática, em torno da compreensão desses fatos. No direito do consumidor, mais leves têm-se mostrado esses requisitos. Como examinamos, tais acontecimentos não podem ser exclusivamente subjetivos. Devem atingir uma camada mais ou menos ampla da sociedade. Caso contrário, qualquer vicissitude na vida particular do obrigado serviria de respaldo ao não cumprimento da avença. Um fato será extraordinário e anormal para o contrato quando se afastar do curso ordinário das coisas. Será imprevisível quando as partes não possuírem condições de prever, por maior diligência que tiverem. Não podemos atribuir a qualidade de extraordinário ao risco assumido no contrato em que estavam cientes as partes da possibilidade de sua ocorrência.

Esses acontecimentos devem refletir-se diretamente sobre a prestação do devedor. Não são motivo de revisão os fatos, por mais imprevistos, que não aumentam o sacrifício do obrigado. O instituto caracteriza-se pela incidência sobre a *prestação* devida, tornando-a *excessivamente onerosa para o devedor.* Isso é o que distingue a imprevisão do caso fortuito e da força maior. É questão de fato a ser apreciada no caso concreto.

Os *contratos devem ser a prazo*, ou *de duração*. O contrato de cumprimento instantâneo, como é elementar, não se amolda à problemática da excessiva onerosidade. Esta surge com o decorrer de certo tempo, ainda que muito próxima à feitura do contrato. O fato deve ser imprevisto e imprevisível aos contratantes. Se algum deles já souber de sua existência ou ocorrência, o enfoque desloca-se para os vícios de vontade. O campo de atuação é dos *contratos bilaterais comutativos, ou unilaterais onerosos*. A onerosidade, como a própria denominação está a dizer, é essencial. Não se aplica, em linha geral, aos contratos aleatórios, embora possamos defender a onerosidade excessiva se o fato imprevisível nada tem a ver com a álea propriamente dita do contrato, isto é, fatores estranhos aos riscos próprios do contrato. Aliás, a dicção da segunda parte do art. 1.198 do Código Civil argentino é expressa em descrever, com minúcias, os contratos atingidos pelo princípio.

Ainda, os fatos causadores da onerosidade devem desvincular-se de uma atividade do devedor. Portanto, temos de verificar uma *ausência de culpa do obrigado*. A doutrina e algumas legislações também mencionam como requisito a *ausência de mora do devedor*. No entanto, devemos tomar cuidado com esse aspecto. O devedor somente pode beneficiar-se da revisão se não estiver em mora no que diga respeito ao cumprimento das cláusulas contratuais não atingidas pela imprevisão, isso porque o inadimplemento poderá ter ocorrido justamente pela incidência do fenômeno. Não podemos considerar, nesse caso, em mora o devedor se a falta não lhe é imputável.

6. Como se opera a revisão. Efeitos

A revisão dos contratos de que se fala é judicial. Portanto, é necessária a intervenção do julgador de uma sentença. Não se afasta também a possibilidade de arbitragem. É claro que as partes podem mudar suas cláusulas de comum acordo, mas não é o que examinamos aqui. O devedor onerado deve ingressar com a ação, requerendo o reconhecimento da teoria da imprevisão. O pedido poderá ser tanto de liberação do devedor da obrigação como de redução do montante da prestação. Note que a revisão judicial não deve limitar-se exclusivamente a resolver a obrigação. Pode, e com muita utilidade, colocar o contrato em seus bons e atuais limites de cumprimento, sem rescindi-lo. Se a prestação se tornou excessiva, nada impede que o julgador a coloque no limite aceitável, de acordo com as circunstâncias, como permite o art. 479. Se o devedor, porém, pede exclusivamente a extinção da obrigação, não poderá o juiz decidir fora do pedido. Conveniente que, ao ser proposta a ação, seja dada margem, quando possível, ao magistrado de reduzir o valor da prestação. Denota boa-fé o contratante que quer pagar o justo, diferentemente daquele que simplesmente deseja livrar-se da obrigação. A questão, todavia, é de exame do caso concreto.

O pedido terá em mira as obrigações ainda não cumpridas. Aquelas cumpridas já estão extintas. A cessação do pagamento, porém, somente pode ocorrer com o ajuizamento da ação e a autorização judicial. Na pendência da lide, ainda em homenagem à boa-fé, deve o autor depositar o que entender devido.

Não se descure, também, que na arbitragem se encontra campo fértil para a revisão contratual, fazendo o árbitro o mesmo papel do juiz na seara ora tratada. A arbitragem, como se sabe, foi colocada no mesmo nível do procedimento judicial e decorre da vontade negocial das partes.

7. Soluções legais. Direito comparado

O Código Civil de 1916 não possuía regra sobre a onerosidade excessiva, orientado que foi por princípios individualistas. Desse modo, embora de há muito os tribunais tenham acolhido a teoria, sua aplicação sofria as incertezas da inexistência de um texto legal expresso. O atual Código traz três artigos específicos sobre a resolução do contrato por onerosidade excessiva, embora a noção também esteja espalhada por outros dispositivos. Lembre-se também do já citado art. 317, quando do estudo do pagamento:

> "*Quando, por motivos imprevisíveis, sobrevier desproporção manifesta entre o valor da prestação devida e o do momento de sua execução, poderá o juiz corrigi-lo, a pedido da parte, de modo que assegure, quanto possível, o valor real da prestação.*"

Esse artigo, valendo-se do conceito fundamental da imprevisão, "*estabelece uma autêntica cláusula tácita de correção do valor das prestações* contratuais ou de escala móvel, na hipótese do silêncio do contrato a esse respeito" (RODRIGUES JÚNIOR, 2002, p. 157). Ainda, podem ser lembrados os arts. 620 e 625 do atual Código, que traduzem princípios da imprevisão no contrato de empreitada.

Observemos que a lei ressalta o direito do réu, no caso o credor demandado, a exemplo do estatuto italiano, de concordar com a modificação equitativa do contrato, para sua manutenção e aproveitamento. À falta de texto expresso de lei nesse sentido, havia dificuldades processuais para que isso se aplique entre nós, sem concordância do autor. Deve, no entanto, o juiz buscar a melhor solução no caso concreto, levando em conta a natureza do instituto e a harmonização dos interesses das partes.

No entanto, como notamos no art. 479, pode o devedor, no pedido, formular uma pretensão de solução e adaptação equitativa do contrato, sem demonstrar interesse pela resolução. Vale o que afirmamos. O Código italiano, no art. 1.467, traz a mesma solução. Lembremos, mais uma vez, que o juiz não poderá livremente intervir na vontade contratual, para, perante um pedido de resolução, concluir por alterar simplesmente as cláusulas. A questão submete-se às regras de processo.

O mesmo princípio se aplicará aos contratos aleatórios quando a excessiva onerosidade se produza por causas estranhas ao risco próprio do contrato. Nos contratos de execução continuada, a resolução não alcançará os efeitos já cumpridos. Não procederá a resolução, se o *prejudicado tiver agido com culpa ou estiver em mora. A outra parte poderá impedir a resolução oferecendo melhorar equitativamente os* efeitos do contrato. São princípios doutrinários que dependerão do exame do caso concreto.

O Código português avançou no alcance dessa figura jurídica, obtendo uma forma mais vinculada ao negócio jurídico em si e ao princípio da boa-fé, realçando com propriedade a *alteração das circunstâncias do contrato*. O art. 437 dispõe:

"1. Se as circunstâncias em que as partes fundaram a decisão de contratar tiverem sofrido uma alteração anormal, tem a parte lesada direito à resolução do contrato, ou à modificação dele segundo juízos de equidade, desde que a exigência das obrigações por ela assumidas afecte gravemente os princípios da boa-fé e não esteja coberta pelos riscos próprios do contrato. 2. Requerida a resolução, a parte contrária pode opor-se ao pedido, declarando aceitar a modificação do contrato nos termos do número anterior."

A fórmula encontrada pelo legislador lusitano afigura-se a mais elegante, moderna e eficiente, inclusive mencionando tecnicamente que o demandado pode opor-se à pretensão, aceitando a modificação do contrato. O art. 438 seguinte desse Código refere-se à mora da parte lesada: *"A parte lesada não goza do direito de resolução ou modificação do contrato, se estava em mora no momento em que a alteração das circunstâncias se verificou."*

A legislação comparada mostra os elementos constantes que devem estar presentes na revisão judicial. Deve servir de orientação para a aplicação do instituto entre nós. Não se esqueça, no entanto, de que se trata de remédio de caráter excepcional no ordenamento.

Na dicção desse art. 478 de nosso vigente estatuto critica-se o fato de ser exigido que na hipótese ocorra *"uma extrema vantagem para a outra parte".* Como apontamos, o essencial nesse instituto é a posição periclitante em que se projeta uma das partes no negócio, sendo irrelevante que haja benefício para a outra. Desse modo, não se deve configurar a onerosidade excessiva com base em um contraponto de vantagem. Esse aspecto foi levado em conta pelo extinto Projeto nº 6.960/2002, que alterava o dispositivo para suprimir essa exigência e dava nova redação ao artigo. No entanto, sugeriu esse projeto que se introduzisse texto especificando que para o benefício da revisão a parte não deve encontrar-se em mora. Já apontamos que nem sempre esse aspecto dará uma solução justa. Referido projeto reformulava totalmente a redação do instituto, inclusive com nova numeração. Na conceituação, a dicção projetada é a seguinte:

"Nos contratos de execução sucessiva ou diferida, tornando-se desproporcionais ou excessivamente onerosas suas prestações em decorrência de acontecimento imprevisível, anormal e estranho aos contratantes à época da celebração contratual, pode a parte prejudicada demandar a revisão contratual, desde que a desproporção ou a onerosidade exceda os riscos normais do contrato."

Acrescenta o texto que não basta ser o acontecimento imprevisível; deve ser *anormal e estranho* aos contratantes quando da contratação. Ora, essa dicção enfatiza a excepcionalidade da situação, que é elementar ao instituto. Destarte, por exemplo, a nosso ver, não pode ser tomada como fato anormal e estranho uma desvalorização cambiária no país, tantas e tantas já ocorreram entre nós.

Nosso CDC (Lei nº 8.078/1990), no art. 6º, V, ao enumerar os *direitos básicos do consumidor*, dispõe, entre eles, *"a modificação das cláusulas contratuais que estabeleçam prestações desproporcionais ou sua revisão em razão de fatos supervenientes que as tornem excessivamente onerosas".* O dispositivo é genérico, preferindo o legislador não descer a uma profunda definição do que entende por excessiva onerosidade. No sistema do consumidor, não se faz referência à imprevisibilidade. Valem, sem dúvida, os princípios sedimentados de há muito na doutrina, paralelamente ao espírito geral de proteção ao consumidor que norteia essa lei. A tal respeito, no entanto, Otávio Luiz Rodrigues Junior lembra que alterações da realidade econômica, tais como mudança de padrão monetário, elevação de taxas de juros, planos econômicos, têm sido comumente trazidas à baila para justificar a teoria da imprevisão nas relações de consumo.

"Trata-se, na verdade, de uma discussão mais ampla, que abrange a possibilidade de que a imprevisão no Código do Consumidor exige apenas a onerosidade excessiva para que se configure" (RODRIGUES JÚNIOR, 2002, p. 167).

Nessa situação, desconsidera-se, em princípio, o aspecto subjetivo do instituto. A dispensa da imprevisibilidade, contudo, ainda que exclusivamente nas relações de consumo, traz, sem dúvida, maior desestabilidade aos negócios e deve ser vista com muita cautela. Como temos reiterado, o excesso de prerrogativas e direitos ao consumidor opera, em última análise, contra nós mesmos, todos consumidores, pois deságua no aumento de despesas operacionais das empresas e acresce o preço final. Com maestria, conclui a respeito o mesmo citado monografista cearense:

"Em síntese, os corifeus da objetividade da excessiva oneração dos contratos de consumo pretendem apenas qualificar o fato que altera as circunstâncias de execução da avença como sendo superveniente, deixando em posição subalterna qualquer outra tentativa de adjetivá-lo, o que se revelaria desnecessário ante a constatação pura e simples de seus efeitos deletérios ao equilíbrio das prestações" (2002, p. 169).

Aponte-se que a maior linha jurisprudencial tem-se voltado para essa corrente nas questões de consumo. O tratamento diferenciado ao fenômeno em sede de lei do consumidor decorre da proteção deste, pois o legislador distribui de forma diferenciada os riscos, imputando-os na maior parte ao fornecedor.

8. Cláusula de exclusão da revisão judicial

Discute-se se é válida a cláusula que, no contrato, proíbe as partes de recorrerem à teoria da imprevisão e à revisão contratual. Quer-nos parecer que uma cláusula genérica nesse sentido não pode ter validade, por cercear o direito de ação em geral e ser uma renúncia prévia genérica a direitos. Ainda, essa cláusula é a própria negação do instituto da imprevisão, que tem caráter geral para os contratos (ITURRASPE, 1988, p. 323). A situação muda de figura quando as partes preveem expressamente fatos configurativos de excessiva onerosidade, o que, na verdade, torna-os previsíveis, fazendo-os cláusulas ordinárias do contrato. Assim, não será válida a cláusula pela qual as partes concordam em não ingressar com ação de revisão contratual, qualquer que seja a causa ou fato futuro. Deve ser admitida, por outro lado, uma cláusula que proíba as partes de pedirem a revisão do contrato, no caso, por exemplo, da edição de um plano econômico que altere os parâmetros de correção monetária. Nessa situação, que mencionamos apenas como exemplo teórico, haverá necessidade, evidentemente, de levarmos em conta os demais princípios gerais do instituto do contrato. Em sede de contrato com cláusulas predispostas, e especificamente nas relações de consumidor, essa cláusula não é de ser admitida.

Enunciado nº 175, III Jornada de Direito Civil – CJF/STJ: A menção à imprevisibilidade e à extraordinariedade, insertas no art. 478 do Código Civil, deve ser interpretada não somente em relação ao fato que gere o desequilíbrio, mas também em relação às consequências que ele produz.

Enunciado nº 176, III Jornada de Direito Civil – CJF/STJ: Em atenção ao princípio da conservação dos negócios jurídicos, o art. 478 do Código Civil de 2002 deverá conduzir, sempre que possível, à revisão judicial dos contratos e não à resolução contratual.

Enunciado nº 365, IV Jornada de Direito Civil – CJF/STJ: A extrema vantagem do art. 478 deve ser interpretada como elemento acidental da alteração das circunstâncias, que comporta a incidência da resolução ou revisão do negócio por onerosidade excessiva, independentemente de sua demonstração plena.

Enunciado nº 366, IV Jornada de Direito Civil – CJF/STJ: O fato extraordinário e imprevisível causador de onerosidade excessiva é aquele que não está coberto objetivamente pelos riscos próprios da contratação.

Enunciado nº 439, V Jornada de Direito Civil – CJF/STJ: A revisão do contrato por onerosidade excessiva fundada no Código Civil deve levar em conta a natureza do objeto do contrato. Nas relações empresariais, observar-se-á a sofisticação dos contratantes e a alocação de riscos por eles assumidas com o contrato.

Enunciado nº 440, V Jornada de Direito Civil – CJF/STJ: É possível a revisão ou resolução por excessiva onerosidade em contratos aleatórios, desde que o evento superveniente, extraordinário e imprevisível não se relacione com a álea assumida no contrato.

Apelação cível – Ação declaratória – Pedido de **revisão da obrigação judicialmente** homologada em razão da alta na cotação da saca da soja – Extinção sem julgamento do mérito – Ausência de interesse de agir em razão do vencimento antecipado da dívida – Conversão da obrigação em pecúnia com base no valor da saca de soja que faz persistir o interesse na discussão da validade da cláusula contratual – Vencimento antecipado que é faculdade do credor que, pelo constante dos autos, não foi exercida – Sentença reformada – Causa madura art. 1.013, § 3º, I, do CPC/15 – Prosseguimento do julgamento do feito – Arts. 478 a 480 do CC que possibilitam a revisão da obrigação em caso de acontecimentos extraordinários e imprevisíveis – Aumento da cotação da saca de soja que não é acontecimento imprevisível – Precedentes do STJ – Contrato comutativo, e não aleatório, uma vez que as obrigações foram previamente definidas. Recurso conhecido e provido. Julgamento de improcedência da demanda, com fulcro no art. 1.013, § 3º, I, do CPC/15 (TJPR – AC 1481481-2, 10-11-2016, Relª Desª Josély Dittrich Ribas).

Apelação – Contrato de mútuo com financeira – Ação Revisional – Sentença de parcial procedência – Apelo do autor – Relação de consumo – Súmula nº 297 do STJ – Mesmo incidindo o Código de Defesa do Consumidor e se tratando de contrato de adesão, não há como se considerar, automaticamente, tudo o que foi pactuado como sendo abusivo. Cabe ao consumidor pleitear a revisão das cláusulas contratuais, sob alegação de ilegalidade ou abusividade, não havendo o que se falar em aplicação inflexível do princípio do *pacta sunt servanda*. **Teoria da imprevisão (cláusula rebus sic stantibus)**. A resolução contratual pela onerosidade excessiva reclama superveniência de evento extraordinário, impossível às partes antever, não sendo suficientes situações que se inserem nos riscos ordinários. Ausência da superveniência de fato que tenha tornado o pacto excessivamente oneroso. Rejeição da alegação. Juros abusivos. Inexistência. Possibilidade de fixação de juros remuneratórios em patamar superior a 12% a.a. nos contratos bancários. Capitalização de juros em periodicidade inferior a um ano. Possibilidade, desde que expressamente pactuada e, ainda, avençada posteriormente à Medida Provisória 1.963-17/2000, reeditada sob nº 2.170-36/2001. Outros pedidos. Inexistindo abusividade na capitalização dos juros, não há o que se falar em devolução em dobro ou em vedação de inscrição do nome do autor nos cadastros dos órgãos de proteção ao crédito. Honorários recursais. Artigo 85, § 11, do NCPC. Apelo desprovido (*TJSP* – Ap. 1000797-45.2015.8.26.0062, 16-3-2017, Rel. Roberto Maia).

Processo civil – Juros de mora – Sentença anterior ao Código Civil de 2002 – Execução – **Cláusula rebus sic stantibus** – Aplicação do novel diploma legal após sua vigência – Possibilidade – 1 – Não se discute no apelo a aplicação da Taxa Selic. A divergência suscitada cinge-se à aplicabilidade das normas do Código Civil de 1916 e daquelas instituídas pela codificação de 2002, considerando-se que a sentença foi prolatada em 04.02.1992 e determinou a aplicação de juros moratórios no percentual de 0,5% ao mês, nos termos do art. 1.062 do CC/16. 2 – A Corte Especial, no julgamento do REsp 1.111.117/PR, Rel. p/ acórdão Min. Mauro Campbell Marques, DJ. 02.09.2010, decidiu que o percentual de 6% ao ano deve incidir até 11 de janeiro de 2003. A partir daí, deve-se observar o disposto no art. 406 do CC/02, "seguindo a taxa que estiver em vigor para a mora do pagamento de impostos devidos à Fazenda Nacional" (atualmente, a taxa SELIC). 3 – Os juros moratórios, assim como a correção monetária, são consectários legais da obrigação principal e estão submetidos à cláusula *rebus sic stantibus*, o que implica reconhecer ter a sentença eficácia futura desde que mantida a situação de fato e de direito na época em que ela foi proferida. Assim, se o título judicial transitado em julgado aplicou o índice vigente à época, deve-se proporcionar a atualização do percentual em vigor no momento do cumprimento da obrigação. 4 – Embargos de divergência providos (*STJ* – ED-Resp 935.608 – (2010/0209855-0), 6-2-2012, Rel. Min. Castro Meira).

Art. 479. A resolução poderá ser evitada, oferecendo-se o réu a modificar equitativamente as condições do contrato.

A resolução por excessiva onerosidade, como está no título desta seção do Código, não leva necessariamente ao desfazimento do contrato. Como já acenamos no comentário anterior, essa resolução dar-se-á, em princípio, pela via judicial. Se nessa ação o réu concordar com o pedido do autor, pode oferecer-se para modificar equitativamente o contrato, pagando mais, modificando o prazo ou as condições de cumprimento da obrigação. A questão transfere-se para o bojo do processo. Essa atitude do réu deve consubstanciar numa proposta, série e eficaz como a proposta deve ser. A discussão entre as partes, nessa hipótese, girará em torno da possibilidade de ambos alterarem o contrato. Avulta a importância da conciliação nessa situação. Pode ocorrer que o autor concorde apenas parcialmente com o que for oferecido pelo réu. Nesse caso, caberá ao julgador definir os limites da modificação contratual em sua decisão, que acolherá total ou parcialmente a pretensão.

Enunciado nº 367, IV Jornada de Direito Civil – CJF/STJ: Em observância ao princípio da conservação do contrato, nas ações que tenham por objeto a resolução do pacto por excessiva onerosidade, pode o juiz modificá-lo equitativamente, desde que ouvida a parte autora, respeitada sua vontade e observado o contraditório.

Direito civil – Apelação – **Ação de revisão de contrato** – Endividamento acima do limite legal para empréstimos consignados. Caráter alimentar do salário. Dignidade da pessoa humana. Provimento parcial. I- Não obstante os empregados regidos pela CLT possam autorizar o desconto em folha de pagamento ou na sua remuneração disponível os valores referentes ao pagamento de empréstimos, quando assim avençados, o salário tem natureza alimentar, mesmo quando se percebe um superendividamento do empregado, pelo que ao menos um percentual da remuneração deve ser preservado com vistas a garantir à parte viver dignamente como pessoa humana; II- É ressabido que onerosidade excessiva, por exemplo, pode ou não ensejar a extinção do contrato, como menciona o artigo 479 do Código Civil ao dispor que "a resolução poderá ser evitada, oferecendo-se o réu a modificar equitativamente as condições do contrato"; III- A revisão contratual é uma forma de adequação do contrato à vontade dos contratantes, ou ainda, a hipótese de resolução contratual para os casos onde a redução da onerosidade não seja possível. O fato superveniente que provoca a desproporção manifesta da prestação é causa de resolução do vínculo contratual quando for insuportável para a parte prejudicada pela modificação das circunstâncias, seja o credor ou o devedor (GONÇALVES, 2004, p. 175); IV- Apelação parcialmente provida (*TJMA* – AC 011299/2015 – (181297/2016), 6-5-2016, Rel. Des. Cleones Carvalho Cunha).

Art. 480. Se no contrato as obrigações couberem a apenas uma das partes, poderá ela pleitear que a sua prestação seja reduzida, ou alterado o modo de executá-la, a fim de evitar a onerosidade excessiva.

Nessa hipótese cuida-se da obrigação unilateral no contrato. Cabe ao devedor assim definido na avença a solver prestações, por exemplo, as quais ele reputa excessivas ou gravosas na forma de cumprimento. Pode ajuizar ação para colocar o pacto nos limites aceitáveis. No processo, na conduta do juiz e no mais aplicam-se os princípios da excessiva onerosidade. Ainda que não existam prestações recíprocas. Como se nota, o presente dispositivo surge como superfetação, pois independente deste texto, os dois artigos anteriores já deslindam o fato típico aqui descrito, não bastassem os princípios da revisão de obrigações em geral. O campo é o mesmo da revisão dos contratos.

Apelação cível. Negócios jurídicos bancários. Embargos à execução. Preliminar contrarrecursal. Inépcia recursal do apelo da autora. Não caracterização. Presentes os requisitos do art. 1.010, II, do CPC, não há falar em inépcia das razões de apelação. Recurso adequadamente fundamentado. Apelo conhecido. Preliminar rejeitada. Onerosidade excessiva. Não caracterização. Não restam preenchidos os requisitos necessários à caracterização da teoria da imprevisão com base na onerosidade excessiva (arts. 478 a 480 do CC), na medida em que não houve alteração objetiva das condições do negócio jurídico e, tampouco, acontecimento extraordinário e imprevisível. Sentença mantida, no ponto. Encargos e tarifas. Não conhecimento. Vedada a revisão de ofício de cláusulas supostamente abusivas. Súmula 381/STJ. Juros remuneratórios. Limitação em 12% ao ano. A estipulação de juros remuneratórios superiores a 12% ao ano, por si só, não indica abusividade (Súmula n° 382/STJ). Manutenção. Taxa de juros remuneratórios pactuadas que se revelam inferiores à taxa média de mercado divulgada pelo BACEN para o mês de celebração do instrumento. Manutenção dos percentuais ajustados. Capitalização dos juros. Existência de contratação expressa. Manutenção da cobrança. Súmula 539, STJ. Preliminar contrarrecursal rejeitada. Recurso conhecido em parte e, na parte conhecida, desprovido (*TJRS* – Ap. 70075875591, 29-11-2017, Rel. Jorge Alberto Vescia Corssac).

TÍTULO VI
DAS VÁRIAS ESPÉCIES DE CONTRATO

CAPÍTULO I
Da Compra e Venda

Seção I
Disposições Gerais

Art. 481. Pelo contrato de compra e venda, um dos contratantes se obriga a transferir o domínio de certa coisa, e o outro, a pagar-lhe certo preço em dinheiro.

1. Conceito. Efeitos obrigacionais do contrato de compra e venda

Nos grupos primitivos, quando não era conhecido o valor fiduciário, ou seja, a moeda, a troca (permuta ou escambo) era o contrato mais importante. A partir da criação da moeda, a compra e venda passa a desempenhar o papel mais proeminente no campo contratual. Em singela síntese, a compra e venda pode ser definida como a troca de uma coisa por dinheiro. Nesse contexto, cumpre fixar que inexiste na sociedade moderna contrato mais importante e mais utilizado. A compra e venda, bem como a locação e a doação, inserem-se no grupo dos contratos que objetivam a transferência de um bem de um contratante a outro. Sua importância não se prende unicamente à compra e venda propriamente dita, em todas as suas nuanças e modalidades, mas também ao fato de serem aplicados seus princípios na elaboração e interpretação de inúmeros outros contratos que lhe estão próximos e que com ela possuem semelhança em estrutura e efeitos. Portanto, por sua importância econômica, a compra e venda é o contrato mais importante e mais frequente. Em razão disso, trata-se do contrato mais minuciosamente regulado pela lei, tanto na hipótese de compra e venda pura e simples, como nas numerosas cláusulas e subespécies do contrato-padrão.

A primeira questão que se antepõe é básica para a compreensão do sistema jurídico adotado por nosso legislador, do qual decorrem consequências fundamentais. Como o objeto do contrato de compra e venda é a transferência de um bem do vendedor ao comprador, mediante pagamento em dinheiro, nosso sistema põe esse negócio jurídico exclusivamente no campo obrigacional. Ou, então, expondo esse aspecto de forma mais direta: pelo sistema brasileiro, o contrato de compra e venda por si só não transfere a propriedade. Desse modo, o vendedor obriga-se a transferir a coisa, enquanto o comprador, pagando o preço, possui direito e obrigação de entregá-la. Esse o sentido estabelecido por nossos Códigos, atual e anterior nos artigos respectivos.

Não apenas nesse artigo em berlinda nota-se a preferência de nosso ordenamento. O art. 620 do estatuto antigo assinalava que o domínio das coisas somente se transfere com a tradição, e não com os contratos. Isto no tocante aos bens móveis. A mesma ideia é mantida pelo art. 1.226 do atual Código:

"Os direitos reais sobre coisas móveis, quando constituídos, ou transmitidos por ato entre vivos, só se adquirem com a tradição." O art. 1.245 completa o sistema ao estatuir que *"transfere-se entre vivos a propriedade mediante o registro do título translativo no Registro de Imóveis".*

Nesse mesmo diapasão se coloca o art. 1.227 do atual diploma, a respeito dos direitos reais sobre bens imóveis, repetindo o disposto no art. 676 do antigo diploma legal.

O contrato é veículo, instrumento, embora não o único, para aquisição de bens, mas por si só não transfere a propriedade. O domínio transmite-se pela tradição, quanto aos móveis, e pela transcrição do título aquisitivo no registro imobiliário para os imóveis.

No nosso sistema, o acordo de vontades negocial produz, como regra geral, unicamente a obrigação de o vendedor entregar a coisa ao comprador. Em contrapartida, nos sistemas que adotam orientação diferente, o simples pacto, com o pagamento do preço, já torna o comprador titular do domínio da coisa vendida, antes mesmo da entrega ou outra formalidade.

O Código francês estabeleceu o caráter de transferência da propriedade para o contrato de compra e venda, no que foi seguido por inúmeras legislações que se lhe sucederam. Optaram pelo sistema francês, entre outros, os Códigos Civis da Polônia, Itália, Portugal. Seguiram o modelo alemão os da Áustria, Suíça, Holanda e Espanha. No estatuto napoleônico, a compra e venda, assim como a doação e a permuta, embora de caráter consensual, são contratos de transferência da propriedade, de efeito real instantâneo, ou seja, o domínio transfere-se ao adquirente pelo simples consentimento, sem necessidade de tradição (MAGALHÃES, 1981, p. 17). A troca de consentimentos estampada no contrato é suficiente para converter o comprador em proprietário. O Direito francês desgarrou-se, portanto, da tradição romana. O registro imobiliário no sistema napoleônico, por decorrência, não é constitutivo; tem apenas caráter declarativo, com finalidade de dar publicidade ao ato. A não publicação do ato tem unicamente o efeito de tornar a transferência inoponível a terceiros, que, nessa hipótese, em princípio, têm o direito de ignorá-la.

Os Códigos italianos de 1865 e 1942 acolheram o mesmo princípio francês. Em Portugal, no Código de

1867, após vacilação inicial, solidificou-se a noção de que o contrato de compra e venda possuía eficácia real. O Código lusitano vigente de 1966 consagra também sistema que atribui efeito real à compra e venda.

Pela orientação romana, *traditionibus, non nudis pactis, dominia rerum transferuntur*. Na tradição, a entrega da coisa transfere o domínio e não o simples pacto. No Direito Romano, o contrato de venda é um compartimento jurídico, criando unicamente obrigações entre as partes; a entrega do bem é outro, que se traduz no ônus de o vendedor transferi-lo e no de o comprador pagar o preço (ZULUETA, 1945, p. 2).

A compra e venda caracteriza-se, portanto, entre nós, como contrato consensual, que se completa pelo mero consentimento, com efeitos exclusivamente obrigacionais, tornando-se perfeita e acabada mediante o simples acordo de vontades sobre a coisa e o preço, nos termos do art. 482 (*res, pretius, consensus*). A entrega da coisa e o pagamento do preço pertencem à fase posterior de execução do contrato, que se ultimara anteriormente (LASARTE, 2003, p. 202).

A tradição gera o direito mobiliário. Para os imóveis, acolheu-se o requisito do registro imobiliário como ato constitutivo, decorrente do sistema alemão, mas não com este perfeitamente identificável

> "no sentido de que, enquanto no sistema tedesco, o ato material do 'convênio' de transmissão (Einigung), de natureza real e abstrata, não se confunde com o contrato causal, configurando-se assim dois contratos, um obrigatório ou causal, e outro real e abstrato, entre nós, ao invés, é a própria compra e venda que se submete à transcrição, sem necessidade de um novo negócio jurídico" (MAGALHÃES, 1981, p. 65).

Destarte, o inadimplemento do contrato de compra e venda por parte do vendedor resolve-se por meio de ação pessoal para a entrega da coisa. Conforme lembramos na obra mencionada, embora inexista direito real, o adquirente de coisas móveis ou imóveis pode acionar o vendedor para entregá-la. Cuida-se de fazer cumprir obrigação de dar coisa certa. *Pacta sunt servanda*. Não se deve entender que o inadimplemento do contrato de compra e venda dê origem sistemática à indenização. Esta é substitutiva da prestação de entregar a coisa vendida e não objeto de obrigação facultativa em prol do vendedor. Se assim fosse, qualquer obrigação não cumprida em espécie poderia ser substituída por um valor indenizatório. É intuitivo que o ordenamento almeja em primeiro plano o cumprimento das convenções. Cuida-se de princípio contratual fundamental. Na impossibilidade de isso ocorrer, porque a coisa foi transferida validamente a terceiro ou porque, de qualquer forma, não mais existe no patrimônio do devedor ou porque não pode ser alienada, a obrigação converter-se-á em perdas e danos.

O aparente prejuízo que esse sistema pode acarretar ao comprador é superado pela maior estabilidade nas relações jurídicas que envolvem a transmissão da propriedade.

A lei processual permite que a compra e venda seja coercitivamente concluída em vários dispositivos. (arts. 806 ss. Do CPC).

Uma vez que a existência do simples pacto gera apenas vínculo obrigacional entre os contratantes, inexistindo registro imobiliário ou tradição, a ação não será nem reivindicatória, nem possessória, mas pessoal, obrigacional. Buscam-se as consequências do inadimplemento. Procura-se o cumprimento coativo do contrato porque inexiste direito real. O fato de o diploma processual permitir, na mais recente redação, a execução de obrigação de dar coisa certa não altera o caráter obrigacional do negócio jurídico. Não se confunde o título aquisitivo da propriedade com os títulos executivos extrajudiciais, descritos no art. 784 do CPC. No entanto, ao ampliar as possibilidades da ação executória, o legislador processual deu grande passo para facilitar o adimplemento dos contratos de compra e venda, sob proteção da boa-fé objetiva e na busca do sentido social do contrato.

Há, porém, situações de exceção na lei pátria, a confirmarem a regra, nas quais o domínio transfere-se pelo contrato. Maria Helena Diniz (1995, v. 3, p. 334) aponta o art. 8º do Decreto-lei nº 3.545/1941, referente à compra e venda de títulos da dívida pública da União, dos Estados e dos Municípios, e o Decreto-lei nº 911/1969, alusivo à alienação fiduciária em garantia, que transferem a propriedade independentemente da tradição.

2. Classificação

No que diz respeito à estrutura, a compra e venda é um contrato oneroso, translativo, bilateral ou sinalagmático (de prestações correspectivas) e geralmente comutativo. É *oneroso* porque supõe equivalência de prestações, ambas as partes obtêm vantagem econômica. Para o comprador, o direito de receber a coisa; para o vendedor, o direito de obter soma em dinheiro, o preço. O preço constitui a contraprestação pela transmissão da coisa. Existem interesse e utilidade jurídica para ambos os contratantes.

É *translativo* de propriedade porque, como reiteradamente apontado, é instrumento para a transferência e aquisição da propriedade. Como vimos, na compra e venda busca-se o efeito real, o qual, contudo, não é seu elemento integrante em nosso sistema. Da compra e venda nasce uma série de obrigações, a principal delas é a transferência da propriedade. Trata-se de contrato *bilateral* ou de prestações correspectivas porque cada parte assume respectivamente obrigações. O comprador deve pagar o preço e receber a coisa. O vendedor deve receber o preço e entregar a coisa. É contrato geralmente comutativo porque, no momento de sua conclusão, as partes conhecem o conteúdo de sua prestação. Admite-se a compra e venda aleatória quando uma das partes pode não conhecer de início o conteúdo de sua prestação, o que não suprime os fundamentos básicos do negócio. A compra e venda aleatória vem tratada no Código nos arts. 458 a 461, para cuja leitura e comentários remetemos o leitor.

A compra e venda pode ser *contrato de execução simultânea ou diferida*, dependendo da vontade das partes. A execução pode ocorrer de plano, imediatamente, ou então ser postergada para data futura. A prestação, contudo, deve ser considerada uma. Ainda que as partes avencem o pagamento em prestações, tão só por isso não se converte a compra e venda em contrato de duração ou de execução continuada.

Ao contrário do sistema francês, nosso contrato de compra e venda não pode ser classificado como causal, pois por si só não produz a transferência da propriedade.

Mantida entre nós, durante a vigência do Código de 1916, a díade legislativa com a vigência do Código Comercial, por vezes são encontrados efeitos diversos na *compra e venda civil* e na *compra e venda mercantil*, embora não se altere o âmago da teoria geral. Hoje, há que se entender como com a teoria geral das obrigações e dos contratos. Torna-se despiciendo, na era do direito empresarial e dos direitos do consumidor, definir a aparente dicotomia apresentada por obrigações e contratos civis e mercantis. Este Código revogou expressamente a Parte Primeira do Código Comercial, com os dispositivos acerca da compra e venda (art. 2.046). A *compra e venda mercantil* era regulada pelos arts. 191 a 220 do Código Comercial. Seu interesse cairá paulatinamente na medida da progressiva vigência do presente Código Civil. Esse código mercantil não definiu o contrato de compra e venda, descrevendo apenas como ele se aperfeiçoa. Por sua natureza, cuidava unicamente de coisas móveis ou semoventes, embora não se retire do comércio, modernamente, a compra e venda de imóveis. A distinção perde importância à medida que o chamado direito da empresa e do consumidor absorve todo o universo negocial.

Levada em consideração a compreensão moderna de empresa, não existe atualmente preocupação maior com a conceituação de ato de comércio, tão em voga no século passado. Presentes no negócio, porém, o uso e o costume mercantil e, principalmente, a figura de um comerciante no exercício de sua atividade, a compra e venda é mercantil. Essa avaliação, hoje com conotação histórica, era conferida pelo art. 191 do Código Comercial, *in fine*: "contanto que nas referidas transações o comprador ou vendedor seja comerciante". De outro lado, independentemente da pessoa natural ou jurídica envolvida, o contrato de compra e venda pode ser atingido pelo CDC. Deviam ser regulados exclusivamente pelos princípios do Código Comercial somente os contratos de compra e venda nos quais não se tipificava para um dos contratantes o conceito de *vulnerabilidade*, do art. 4º, I, e o de *consumidor*, do art. 2º, ambos da Lei nº 8.078/1990.

A comercialidade da compra e venda não pode, pois, residir mais na vetusta definição de atos de comércio, de compreensão confusa e incompleta. O ponto saliente para classificar a venda como mercantil era a participação do comerciante, como comprador ou vendedor, ou de dois comerciantes, no exercício de sua profissão (BULGARELLI, 1984, p. 171). Também o objeto da prestação podia não ser exclusivamente composto de móveis porque a atividade empresarial pode ser a construção, alienação e intermediação de imóveis.

A compra e venda civil é vista geralmente como ato de consumo, enquanto a compra e venda mercantil como ato especulativo, com intuito de lucro e revenda, em varejo ou atacado. De qualquer modo, é conveniente que as obrigações de direito privado sejam vistas, examinadas e interpretadas em conjunto, aplicando-se, quando for necessário, regras específicas ao caso concreto, o Código Civil e as leis civis extravagantes, as leis empresariais, o Código de Defesa do Consumidor etc. O velho Código Comercial, doravante, tem papel meramente ilustrativo e histórico. A tendência jurisprudencial, que já se fazia sentir, mostra propensão dos tribunais na aplicação dos princípios da lei do consumidor sempre que na relação jurídica houver contratante vulnerável.

O Código Civil não regulou separadamente a venda de móveis e de imóveis como fazem diplomas mais recentes. Essas modalidades na realidade se afastam, sendo a compra e venda imobiliária verdadeira especialidade desse contrato, exigindo disciplina diversa, aspecto que, no entanto, também não foi observado por este Código.

Apelação – Ação declaratória de inexistência de relação jurídica – Venda e compra de veículo – Golpe – Pagamento a terceiro – Negócio que não se concretizou – Sentença mantida. O autor pretendia a venda do veículo, mas não recebeu do réu o pagamento do preço, sendo certo de que foi feito depósito da quantia para terceiro. A realização de depósito em nome de pessoa que não é o proprietário do veículo, por si só, é motivo de desconfiança para um homem médio. É certo que o réu deveria ter tomado maior cautela ao realizar a transferência de vultosa quantia a pessoa desconhecida. Não há razão para persistir o negócio, pois, nem sequer se concretizou (art. 481, do CC). Apelação desprovida, com observação (*TJSP* – Ap. 1011235-93.2018.8.26.0590, 20-7-2020, Rel. Lino Machado).

Civil. Agravo de instrumento. Ação de obrigação de entregar coisa certa c/c danos materiais e lucros cessantes. Compra e venda de equipamento com defeito de fabricação. Tutela antecipada. Pressupostos. Substituição do bem por outro com as mesmas especificações. Responsabilidade solidária. Inteligência dos arts.

422, 481 e 482 do Código Civil. Agravo improvido. 1 – Se resta comprovado defeito de fabricação no equipamento, que inviabiliza sua utilização de forma plena, a fabricante é obrigada a indenizar o comprador pelos danos materiais sofridos. 2 – É solidária a responsabilidade dos fornecedores por vício do produto ou do serviço, que engloba os defeitos de qualidade ou quantidade que os torne impróprio ou inadequado para o consumo a que se destina ou lhe diminua o valor. 3 – A concessão de tutela antecipada pressupõe a configuração de três pressupostos: prova inequívoca da verossimilhança, fundado receio de dano irreparável ou de difícil reparação e reversibilidade da medida. 4 – Agravo improvido. Unanimidade (*TJMA* – Acórdão Agravo de Instrumento 034078-2010, 1º-2-2011, Rel. Des. Raimundo Freire Cutrim).

Art. 482. A compra e venda, quando pura, considerar-se-á obrigatória e perfeita, desde que as partes acordarem no objeto e no preço.

1. Elementos constitutivos. Coisa, preço e consentimento. Forma

Como merece sempre ser lembrado, a parte geral do Código e os princípios gerais de direito contratual encarregam-se de apontar a conceituação dos sujeitos do contrato de compra e venda, sua capacidade, bem como a manifestação de vontade, sua forma e seus eventuais defeitos. Em qualquer contrato há que se ter em mira sempre a denominada cláusula aberta da responsabilidade objetiva.

Enunciam-se tradicionalmente três elementos no contrato de compra e venda: *res* (a coisa), *pretius* (o preço) e *consensus* (o consentimento). A *res* ou *merx* é qualquer coisa suscetível de apreciação econômica, que pode sair do patrimônio do vendedor e ingressar no do comprador. É necessário, obviamente, que a coisa objeto do contrato de compra e venda esteja no comércio, isto é, seja suscetível de alienação.

Essa noção leva originalmente em conta as coisas corpóreas; todavia, os bens incorpóreos também podem ser objeto do negócio, embora para este assuma a denominação de cessão. Daí a cessão de crédito, cessão de direitos hereditários, cessão de direito de uso de marca, cessão de direito autoral etc. Contudo, a cessão de direitos possui o mesmo conteúdo fundamental da compra e venda.

As coisas fora do comércio, inalienáveis, portanto, não podem ser objeto de compra e venda. No Direito Romano, em princípio, as coisas sacras, religiosas ou públicas inseriam-se na restrição. No direito moderno, os bens públicos, como regra, não podem ser alvo de alienação, salvo autorização legal e processo administrativo específico (desafetação). O art. 69, do velho diploma, dispunha que "*são coisas fora do comércio as insuscetíveis de apropriação e as legalmente inalienáveis*". A inalienabilidade decorre da própria natureza, da força da lei ou da vontade. Os arts. 1.848 e 1.911 do Código de 2002 cuidam da cláusula de inalienabilidade imposta por doadores ou testadores. O art. 426 veda que a compra e venda tenha por objeto a herança de pessoa viva.

A coisa deve ter existência real ou potencial quando do negócio, seja ela corpórea ou incorpórea. Nem sempre, porém, a coisa vendida é perfeitamente conhecida no momento do negócio, visto que se permite a venda de coisas futuras no contrato aleatório. Examine o que foi exposto a respeito dos contratos aleatórios. Os arts. 458 a 461 cuidam do tema.

Nas vendas sob encomenda, modalidade típica de compra e venda de coisa futura não aleatória, é usual o pagamento antecipado parcial ou total. O art. 218 do Código Comercial estabelecera que o dinheiro adiantado antes da entrega da coisa vendida entende-se por conta do preço, não estabelecendo condição suspensiva nem direito de arrependimento de qualquer das partes, salvo estipulação em contrário. Esse princípio lógico que se traduz no que ordinariamente acontece deve prevalecer.

A regra geral, porém, é de que ninguém pode transferir mais direitos do que tem. Desse modo, o vendedor deve ter a disponibilidade da coisa quando do negócio. No entanto, admite-se *a venda de coisa alheia* se o vendedor, estando de boa-fé, posteriormente, vier a adquiri-la. Nessa hipótese, o § 1º do art. 1.268 entende revalidada e eficaz a transferência e operado o efeito da tradição, desde o momento de seu ato. Contudo, mesmo que esteja o vendedor, quando do negócio, de má-fé e, depois, adquira a coisa validamente, não há razão para ter-se a venda como viciada se de boa-fé o terceiro não adquirente (art. 1.268). Como por nosso sistema o vendedor se obriga tão somente a transferir a coisa, nada está a impedir que o contrato objetive coisa que não lhe pertence, pois, se vier a adquiri-la, cumprirá a obrigação no tempo, lugar e forma contratada; na hipótese contrária, a questão se resumirá em indenização por perdas e danos.

A coisa litigiosa não é retirada do comércio, podendo também ser objeto da compra e venda. O art. 109 do CPC dispõe que "*a alienação da coisa ou do direito litigioso, por ato entre vivos, a título particular, não altera a legitimidade das partes*". Não ocorre alteração processual com essa alienação, podendo o alienante atuar como substituto processual do adquirente, isto é, substituí-lo no processo. No mesmo diapasão, o art. 457 deste Código estipula que o adquirente, nessa hipótese, não pode invocar a proteção da evicção se sabedor da litigiosidade.

O *pretium*, como vimos, deve ser em dinheiro, *pecunia numerata*, sob pena de não ser conceituado o negócio como compra e venda. Na hipótese de existir pagamento com parte em dinheiro e parte em outra coisa diversa de moeda, pode ser caracterizada uma troca, dependendo da preponderância. A venda pressupõe necessariamente um preço. Sem estipulação de preço, inexiste venda. O preço é a contrapartida da entrega da coisa na compra e venda.

O preço deve ser *real*. Valor ínfimo, irrisório ou fictício, equivale a sua inexistência, pode simular ou caracterizar negócio diverso da compra e venda, como doação ou negócio fictício, por exemplo. O mesmo se pode dizer da hipótese oposta: valor astronomicamente elevado e desproporcional em relação a valor de mercado pode mascarar outro negócio nem sempre muito cristalino e honesto, como evasão de divisas ou lavagem de dinheiro.

Repete-se tradicionalmente que *preço justo* no direito moderno, ao contrário do Direito Romano mais recente e do direito medieval, não é requisito essencial do negócio, nem está presente em nossa lei. No entanto, hoje se observa cada vez mais a interferência estatal com imposição de preços, bem como tendência de se admitir o preço justo como elemento da compra e venda, mormente nas relações de consumo. Ademais, leve-se em conta a finalidade social do contrato e a boa-fé objetiva estampadas no Código (arts. 421 e 422). Tudo isso insere exceções ou nova perspectiva à regra consagrada. Ainda, a propósito, recorde-se dos princípios inspiradores da lesão nos contratos (art. 157). O CDC (Lei nº 8.078/1990), entre as cláusulas que considera nulas nos contratos de fornecimento de produtos ou serviços, inclui as que *"estabeleçam obrigações consideradas iníquas, abusivas, que coloquem o consumidor em desvantagem exagerada, ou sejam incompatíveis com a boa-fé ou a equidade"* (art. 51, IV).

Por outro lado, o mesmo diploma entende que se presume exagerada a vantagem que *"se mostra excessivamente onerosa para o consumidor, considerando-se a natureza e conteúdo do contrato, o interesse das partes e outras circunstâncias peculiares ao caso"* (art. 51, § 1º, III).

No entanto, como regra geral, deve-se entender que o contrato de compra e venda é válido, ainda que lhe falte absoluta correspectividade entre preço e valor. Nem sempre o valor apresenta conteúdo objetivo, de fácil percepção. As hipóteses de exceção devem prender-se ao caso concreto. A lesão nos contratos, inclusive como conceituada em nossa lei do consumidor e deste Código Civil, orienta a questão do preço justo.

A compra e venda não se submete, como regra geral, à forma especial. Pode ser ultimada verbalmente ou por escrito, público ou particular. Em sua essência, o contrato é meramente consensual. No entanto, o art. 134, II, do Código antigo dispunha que nos contratos constitutivos ou translativos de direitos reais sobre imóveis, de valor superior a 50.000 cruzeiros, excetuado o penhor agrícola, a escritura pública é da substância do ato. O valor era pequeno para imóveis, ainda que atualizado para o valor e padrão monetário atual, como determinava o § 6º desse mesmo dispositivo. Portanto, na prática, como regra, igualmente no sistema do atual Código, a compra e venda imobiliária sujeitar-se-á à escritura pública. Nesse sentido, o art. 108 do atual Código dispõe:

"Não dispondo a lei em contrário, a escritura pública é essencial à validade dos negócios jurídicos que visem à constituição, transferência, modificação ou renúncia de direitos reais sobre imóveis de valor superior a trinta vezes o maior salário mínimo vigente no País."

A tendência, como regra geral, é reduzir a utilização de contratos meramente verbais.

Nos contratos de compra e venda mercantil ou empresarial, mais do que na civil, existe quase sempre uma fase prévia, *fase de puntuação*, antecedente ao momento da conclusão do contrato. Com frequência, atuam intermediários, agentes auxiliares do comércio, corretores, agentes, representantes autônomos. Usual que, em certos ramos de atividade, a compra e venda, nessa fase, seja precedida de um *pedido* ou *orçamento*. O pedido constitui por si aceitação da proposta do vendedor, concluindo-se o contrato no momento em que o vendedor faz chegar ao comprador o documento devidamente assinado. Nos termos do CDC, esses instrumentos integram o contrato, não somente porque toda informação ou publicidade é vinculativa para o ofertante (art. 30), tornando-se obrigatória para o fornecedor, como ainda por força do art. 40 desse diploma, que dispõe:

"O fornecedor de serviço será obrigado a entregar ao consumidor orçamento prévio discriminando o valor da mão de obra, dos materiais e equipamentos a serem empregados, as condições de pagamento, bem como as datas de início e término dos serviços.
§ 1º Salvo estipulação em contrário, o valor orçado terá validade pelo prazo de dez dias, contado de seu recebimento pelo consumidor.
§ 2º Uma vez aprovado pelo consumidor, o orçamento obriga os contraentes e somente pode ser alterado mediante livre negociação das partes.
§ 3º O consumidor não responde por quaisquer ônus ou acréscimos decorrentes da contratação de serviços de terceiros, não previstos no orçamento prévio."

Nunca é demais recordar que, em nosso sistema consumerista, pessoas naturais ou jurídicas qualificam-se como consumidor na dicção ampla do art. 2º. Desse modo, reconhecida a vulnerabilidade do art. 4º, I, para uma das partes, seja ou não comerciante, a relação negocial será atingida pelo CDC. Para caracterização de ato de consumo a doutrina usualmente se refere ao objeto como destinado a consumo, mesmo que dirigido a uma empresa. Os insumos, materiais destinados à manutenção e viabilidade do negócio, serão, em princípio, tratados fora da legislação consumerista. Assim, serão destinados, por exemplo, para consumo e utilização os implementos utilizados na administração e escritórios; o mesmo não se diga do maquinário que é adquirido para a produção da empresa com considerado insumo.

Na compra e venda mercantil, não só o pedido poderia servir de prova escrita, como também a fatura prevista na Lei nº 5.474/1968, a qual deve conter relação das mercadorias, com indicação de quantidade, qualidade e preço, podendo comprovar também a entrega com o *canhoto* firmado pelo comprador ou seu preposto. Se nenhum outro fosse estipulado, o prazo para entrega da coisa na venda mercantil seria de dez dias (art. 137 do Código Comercial).

Além de *secunia numerata*, dinheiro de contado, normalmente se afirma que o preço deve ser certo, real ou justo e verdadeiro. Apenas após determinado o valor em dinheiro, a compra e venda torna-se perfeita e obrigatória (art. 482). O preço deve ser determinado ou determinável. Se não vier determinado, é necessário que sejam fixados parâmetros para essa determinação. O Projeto nº 6.960/2002 procurara tornar mais clara a dicção do art. 482, estatuindo que a compra e venda pura tornar-se-ia obrigatória e perfeita "*a partir do momento em que as partes contratantes se tenham acordado no objeto e no preço*".

Esse artigo deixa claro mais uma vez que a compra e venda é um contrato consensual que por si só não transfere a propriedade.

A compra e venda será pura quando não sujeita a condição suspensiva. Há situações no ordenamento que admitem a condição resolutiva desse contrato.

⚖ Ação de reintegração de posse – Veículo objeto de compra e venda – Transmissão da propriedade já operada com a tradição do bem – Negócio perfeito e acabado – Reconhecimento – Eventual inadimplemento do preço que não importa a retomada do bem pela vendedora – Incidência do disposto no artigo 482 do CC – Inexistência, ademais, de prova do inadimplemento atribuído ao réu – Improcedência mantida – Apelação Desprovida (*TJSP* – Ap. 1004564-69.2017.8.26.0079, 4-3-2020, Rel. Andrade Neto).

⚖ Apelação cível – Ação de obrigação de dar e fazer c/c indenizatória por danos materiais e morais – Compra e venda de veículo entre particulares. Apelante que não efetuou o pagamento relativo ao valor do contrato. Desfazimento do negócio que somente poderia ser requerido pela Ré se esta não tivesse dado causa ao desfazimento. Impossibilidade de desfazimento do negócio que se considera perfeitamente concretizado, independentemente de não ter ocorrido a tradição. Pelo contrato de compra e venda, um dos contratantes se obriga a transferir o domínio de certa coisa, e o outro, a pagar-lhe certo preço em dinheiro. Artigo 481 do CC. Não bastasse isso, dispõe o artigo 482 do CC que a **compra e venda, quando pura,** considerar-se-á obrigatória e perfeita, desde que as partes acordem no objeto e preço. Na presente hipótese, o contrato de compra e venda encontra-se perfeito, tanto que a Ré se valeu do veículo como se seu fosse para aditar o contrato de financiamento anteriormente firmado com o Banco. Logo, deve o contrato ser considerado válido com o devido pagamento dos valores a ele relativos, bem assim as despesas efetuadas pela autora com IPVA e 2ª via de CRV. Situação vivenciada pela autora que não se trata de mero descumprimento contratual e resulta em danos aos direitos da personalidade passíveis de indenização por danos morais. Valor arbitrado em R$ 1.000,00 (mil reais) que apesar de irrisório, não pode ser objeto de majoração por ausência de recurso pela parte autora. As despesas processuais e os honorários advocatícios devem ser suportados pela Ré, em razão da sucumbência. Honorários arbitrados em 10% sobre o valor da condenação que se mostra adequado. Consectário lógico da manutenção do negócio, que pode ser neste momento analisada, sem necessidade de anulação da sentença é a determinação de entrega do veículo objeto do contrato de compra e venda pela autora à Ré. Sentença parcialmente reformada. Dado parcial provimento ao recurso para determinar que seja designado dia e hora pelo magistrado para entrega do veículo à ré, mediante o pagamento do valor devido à autora (*TJRJ* – Ap. 0307242-17.2009.8.19.0001, 4-2-2016, Relª Márcia Cunha Silva Araújo de Carvalho).

Art. 483. A compra e venda pode ter por objeto coisa atual ou futura. Neste caso, ficará sem efeito o contrato se esta não vier a existir, salvo se a intenção das partes era de concluir contrato aleatório.

Como apontado, a coisa deve ter existência real ou potencial quando do negócio, seja ela corpórea ou incorpórea. Nem sempre, porém, a coisa vendida será perfeitamente conhecida quando do negócio, uma vez que se permite a venda de coisas futuras no contrato aleatório.

Como vimos, no contrato aleatório, a álea ou incerteza deve afetar ambas as partes, como regra. Há uma situação de expectativa para os agentes, enquanto não conhecem perfeitamente o objeto de sua prestação. Nula, porém, é a compra e venda de coisa que nunca existiu ou deixou de existir quando do negócio.

Essa mesma existência potencial deve ocorrer na venda de coisas a serem fabricadas, bens produzidos sob encomenda. A venda de coisa a ser feita (*venditio rei speratae*) é alienação de coisa futura. Em qualquer hipótese, porém, como vimos, a propriedade somente tornar-se-á do comprador com a tradição. Embora a existência da coisa possa ser potencial quando do pacto, deve ela ser individuada, *determinada* ou *determinável*, ao menos identificada pelo gênero e quantidade, estabelecendo obrigação de dar coisa incerta (art. 243). A simples possibilidade ou probabilidade de existência futura do objeto do contrato de compra e venda é suficiente para justificar o negócio. Nessa hipótese, como vimos, o contrato assume, ou pode assumir, o caráter aleatório, deixando de ser comutativo, pois não será nem mesmo necessário que a existência futura da coisa seja certa. Para o contrato aleatório, basta que ocorra probabilidade de existência da coisa. A esse propósito veja o art. 483. Sob esse prisma, é importante que as partes declinem exatamente sua vontade: o contrato aleatório não se presume, salvo usos e costumes em determinadas situações. Se a situação não é clara, há que se pesquisar a intenção das partes e o universo negocial que as cerca.

Art. 484. Se a venda se realizar à vista de amostras, protótipos ou modelos, entender-se-á que o vendedor assegura ter a coisa as qualidades que a elas correspondem.
Parágrafo único. Prevalece a amostra, o protótipo ou o modelo, se houver contradição ou diferença com a maneira pela qual se descreveu a coisa no contrato.

Quando a venda se efetua mediante amostras, *"entender-se-á que o vendedor assegura ter a coisa vendida qualidades por elas apresentadas"* (art. 1.135 do Código anterior). Este artigo do atual Código amplia a compreensão das amostras.

Em síntese, a amostra, o protótipo ou o modelo devem ser idênticos às coisas apresentadas para venda. A venda por amostras tem por finalidade simplificar o processo, evitando transporte e maiores entraves no exame da coisa a ser adquirida. Leve em consideração, no entanto, que, por vezes, as amostras são miniaturizadas ou compactadas por sua própria natureza, não dando noção do todo. A questão reverte-se para o caso concreto, mas a regra geral é a de que o comprador pode enjeitar a coisa que não se identificar com a amostragem. A amostra deve apresentar as qualidades da coisa vendida. Na dúvida, por vezes, apenas a perícia poderá esclarecer. Essa modalidade de venda é comum em feiras e exposições.

No tocante aos modelos e protótipos, nem sempre se iniciou a produção em série desses produtos, os quais, por vezes, dependem ainda de atualização tecnológica. Deve ser feita ressalva no contrato quanto a possíveis alterações, pois, na dúvida, prevalecerá o modelo ou o protótipo apresentado.

Em estudos anteriores a este Código já dizíamos que o mesmo princípio, a nosso ver, podia ser estendido às vendas por catálogos, modelos, maquetas, protótipos, sob determinadas circunstâncias, embora estes não se identifiquem perfeitamente com o conceito de amostra. A nova lei veio em auxílio ao que afirmávamos. Os desenhos, fotografias ou qualquer material de representação promocional devem possuir as mesmas qualidades da coisa vendida. O desenvolvimento tecnológico dos instrumentos de publicidade não permite outra conclusão. Os produtos apresentados em catálogos, filmes, representações informatizadas etc. possuem condições técnicas avançadas, até mesmo tridimensionais, que permitem equiparação à amostra descrita pelo legislador do Código.

No CDC, toda oferta ou publicidade obriga o fornecedor que a fizer veicular e integra o contrato a ser celebrado (art. 30). Assim, toda divulgação de produto ou serviço, com ou sem fornecimento de amostra, que pode ser apresentada a título de promoção no mercado, vincula o fornecedor. Também de acordo com o estatuto do consumidor, cabe ao fornecedor de produtos ou serviços, portanto o vendedor, provar que a amostra identifica-se com a coisa vendida. Se a coisa não se conforma com a amostra, existe inadimplemento por parte do vendedor. Se a relação negocial não é atingida pela lei do consumidor, parece-nos que a prova do fato incumbe em princípio ao comprador que a alega, seguindo-se os ditames processuais gerais a respeito da prova. A nosso ver, não existe substrato para trazer ao nosso sistema situações alienígenas que fazem distinção no tocante ao ônus da prova quanto a coisas fungíveis e não fungíveis.

O Código Comercial disciplinava a venda por amostras no art. 201:

"Sendo a venda feita à vista de amostras ou designando-se no contrato qualidade de mercadoria conhecida nos usos do comércio, não é lícito ao comprador recusar recebimento se os gêneros corresponderem perfeitamente às amostras, ou à qualidade designada; oferecendo-se dúvida será decidida por arbitradores."

Portanto, a contrário senso, não havendo identidade com a amostra, é lícito ao comprador recusar a mercadoria.

A venda por amostra se apresenta, segundo alguns, como modalidade de negócio condicional, que somente se aperfeiçoa comprovando-se a identidade da coisa comprada com as qualidades da amostra. Pontes de Miranda (1972, v. 39, p. 102) entende que se trata de venda pura e simples:

"Não há de pensar-se em condicionalidade. O que se comprou foi o que se disse, empregando-se a amostra como expressão. Nenhuma condição se insere no negócio jurídico, salvo se explícita ou implicitamente se indexou."

A venda por amostras não se confunde com a venda a contento, embora possam ter os contratantes se valido da amostra como instrumento da venda *ad gustum*, matéria a ser enfocada adiante.

Se não há prazo fixado pelos contratantes, a verificação da coisa deve ser imediata e a reclamação deve ser feita em momento próximo. Embora a dissonância da coisa com a amostra não se afigure propriamente como um vício redibitório, pela natureza do defeito, razoável que se admita o direito de reclamar tal como posto no CDC, quando há vícios aparentes e de fácil constatação, em 30 dias, tratando-se de bens não duráveis e 90 dias para os bens duráveis (art. 26). Esse dispositivo pode ser aplicado a qualquer espécie de vício em favor do consumidor e a hipótese vertente a ele amolda-se. O prazo é decadencial. A interpretação desse artigo, contudo, deve ser vista com a reserva que faz o § 2º, que dispõe:

"Obstam a decadência:
I – a reclamação comprovadamente formulada pelo consumidor perante o fornecedor de produtos e serviços até a resposta negativa correspondente, que deve ser transmitida de forma inequívoca.
II – (vetado).
III – a instauração de inquérito civil, até seu encerramento.
§ 3º Tratando-se de vício oculto, o prazo decadencial inicia-se no momento em que ficar evidenciado o defeito."

Recorde-se que o art. 18 do CDC responsabiliza solidariamente os fornecedores de produtos duráveis e não duráveis pelos vícios de qualidade e quantidade. Desse modo, mostra-se aplicável à questão aqui versada o mencionado art. 26. A lei do consumidor deu, sem dúvida, maior abrangência à compreensão de vícios ocultos (WALD, 1992, p. 230). Esse, aliás, já era o alcance do art. 211 do estatuto mercantil, que permitia ao adquirente reclamar do vendedor falta de quantidade ou *defeito de qualidade*, equiparando-os aos vícios ocultos. Com maior proteção ao adquirente, na sistemática do CDC não se permite exoneração da garantia dos vícios de parte do fornecedor.

Apontamos, ao cuidar dos vícios redibitórios, que esse dispositivo encerra dificuldade interpretativa no tocante aos prazos. Como discorremos, então, a matéria conflita com os princípios da decadência. Um prazo começa a transcorrer desde a entrega da coisa, mas a reclamação faz com que outro se inicie. Na hipótese em análise, a dissonância entre a amostra e a coisa comprada pode não ser facilmente notada, o que permitirá a analogia com o vício oculto mencionado pela lei transcrita.

Na compra e venda mercantil, de acordo com o Código Comercial, se afastada a aplicação do CDC, o comprador deve enjeitar a coisa, apresentando reclamação, em dez dias imediatamente seguintes ao recebimento.

Por outro lado, se não aplicável o CDC, em sede de direito civil, é sustentável que a compra e venda, com descompasso entre a amostra e a coisa, é negócio anulável. Incumbirá ao comprador comprovar a existência de dolo do vendedor, pois dificilmente se configurará o erro. Nessa situação, o prazo de anulação é de quatro anos (art. 178, II). Na presente lei civil, o prazo geral de prescrição é de 10 anos (art. 205). Pelo que se observa na doutrina e na jurisprudência, há tendência de abrangência ampla da lei do consumidor nas relações de compra e venda e negociais em geral. Contudo, desborda espaço para negócios não atingidos pela lei de consumo, regulados então pelo Código Civil, Código Comercial e leis extravagantes. A matéria requer digressão de fundo, imprópria no presente estudo. Todavia, leve em conta, como afirmação sintética, que o conceito de vulnerabilidade de uma das partes contratantes dirigirá a aplicação da lei do consumidor à relação negocial (art. 4º, I, da Lei nº 8.078/1990).

⚖ **Compra e venda de um guarda-roupas** – Divergência entre amostra exposta à venda e aquela entregue à consumidora – Ausência de espelho interno – Direito à rescisão do contrato – Cabimento – Aplicação do art. 35, II do CDC – Dano moral – Não configuração – Ressarcimento da quantia gasta com a contratação de advogado para atuar em defesa da autora – Descabimento – Ação parcialmente procedente. Recurso parcialmente provido (*TJSP* – Ap. 0007556-72.2013.8.26.0010, 18-5-2016, Rel. Andrade Neto).

⚖ **Apelação cível** – Rescisão contratual – Perdas e danos – Máquina de corte CNC – Produto viciado – Diversas falhas apresentadas – Mau uso decorrente da exposição ao tempo e da carga de resistividade inadequada não comprovados – Art. 333, II, CPC – Ônus da prova da parte ré. A procedência do pedido inicial encontra amparo nas provas documentais produzidas, testemunhais e na prova pericial. As alegações da parte ré de que as falhas no equipamento decorreram do acúmulo de água na chapa de corte e da carga de resistividade inadequada, não foram comprovadas – ônus que lhe competia nos termos do artigo 333, II, Código de Processo Civil – ao contrário, foram expressamente rechaçadas em laudo pericial. Aplicação do disposto no artigo 484 do Código Civil, cujo teor determina que, havendo a demonstração do equipamento, o vendedor assegura qualidades similares à coisa vendida. As diversas falhas constatadas pelas provas produzidas impõem a majoração da restituição à empresa autora à razão de 80% do valor gasto na compra do produto, que não atendeu aos fins a que se destinava, considerando uma estimativa de desgaste anual na ordem de 10% e atentando-se para o fato de que equipamento foi comprado em 2005, tendo parado de funcionar, definitivamente, em 2007. Inteligência do art. 944 do Código Civil. Recurso da ré desprovido e recurso da autora provido. Unânime (*TJRS* – Acórdão Apelação Cível 70.040.581.050, 26-1-2011 – Relª Desª Iris Helena Medeiros Nogueira).

Art. 485. A fixação do preço pode ser deixada ao arbítrio de terceiro, que os contratantes logo designarem ou prometerem designar. Se o terceiro não aceitar a incumbência, ficará sem efeito o contrato, salvo quando acordarem os contratantes designar outra pessoa.

Discute a doutrina acerca da posição jurídica desse terceiro. Para alguns, seria ele mandatário comum dos contratantes, os quais não poderiam insurgir-se quanto ao preço por ele fixado. Para outros, o terceiro coloca-se na posição de perito, auxiliar das partes no contrato, podendo sua taxação ser revista judicialmente quando injusta ou imprópria, o que nos parece ser a posição mais acertada. Na verdade, seja qual for o instituto jurídico, nunca deve ser admitida a pura arbitrariedade.

Se o terceiro nomeado não puder ou não quiser aceitar a incumbência, o contrato ficará sem efeito, salvo estipulação diversa das partes. Também podem os contratantes nomear arbitradores substitutos, para que não se esvazie a compra e venda. Não existe compra e venda sem preço.

Os interessados devem aceitar, em princípio, o preço apresentado pelo terceiro. Nada impede, porém, que o contrato estipule limites, critérios ou tabelas dentro dos quais o preço será fixado. Evidente que por erro ou dolo o preço pode ser impugnado, dentro dos princípios gerais dos negócios jurídicos.

Art. 486. Também se poderá deixar a fixação do preço à taxa de mercado ou de bolsa, em certo e determinado dia e lugar.

Esse dispositivo admite que pode ser deixada *"a fixação do preço à taxa do mercado, ou da bolsa, em certo e determinado dia e lugar"*. Se na data fixada houver ocorrido oscilação de preço, levar-se-á em conta o preço médio, se o contrato não estipular diferentemente, como, por exemplo, o preço mais alto ou mais baixo do dia, o preço de determinado horário, o preço de abertura ou encerramento do mercado ou do pregão etc. Essa modalidade de fixação de preço é utilizada para produtos que normalmente apresentam oscilações, com cotação em bolsas ou outras entidades. Como ocorre com café, laranja, carne, soja etc. O preço à taxa de mercado visa oferecer o preço justo, do dia. Não é possível a fixação do preço em outra moeda que não a nacional e abandona-se, em boa hora, o preço médio da moeda estrangeira como estava no Código anterior (art. 947, § 4º). Em se tratando de contratação com elemento internacional, esse critério pode ser contratado.

Art. 487. É lícito às partes fixar o preço em função de índices ou parâmetros, desde que suscetíveis de objetiva determinação.

Não viola o princípio geral a estipulação de correção monetária, na forma e na periodicidade permitidas pela lei especial, com fixação de índices de reajuste, principal e subsidiários, na hipótese de supressão do primeiro, tantos já foram os parâmetros e siglas utilizados neste país. A correção monetária, em sua essência, não altera o preço, mas somente o valor nominal da moeda.

Válido também é o preço traduzido em títulos de crédito: letras de câmbio, notas promissórias, cheques. A venda será *pro soluto* quando a entrega das cártulas representa pagamento definitivo. Os cheques ou outros títulos representam, nesse caso, outra dívida. Se emitidos e recebidos na modalidade *pro soluto*, serão títulos autônomos, que se desgarram do negócio subjacente. Se o pagamento em títulos é efetuado *pro solvendo*, somente se terá o pagamento como ultimado quando liquidados os valores dos títulos de crédito. Destarte, na venda com pagamento *pro solvendo*, sem provisão de fundos o cheque ou não honrada a promissória no vencimento, é possível a rescisão do contrato. Recebido o pagamento na modalidade *pro soluto*, os títulos possuem perfeita autonomia, dentro dos princípios cambiais, desvinculam-se do negócio, que não mais pode ser atingido. Deve, portanto, o vendedor ressalvar expressamente que recebe os títulos *pro solvendo* se quiser manter aberta a via da rescisão contratual na hipótese de inadimplemento. Quando não existe menção expressa, cumpre examinar a intenção das partes e os usos e costumes no caso concreto. Se emitidos os títulos *pro solvendo*, considera-se pago o total do preço somente depois de solvido o último título.

Sob este último prisma a regra desse artigo. Nesse campo referente à fixação de preço em função de índices ou parâmetros, é comum que determinados setores da indústria e do comércio se utilizem de critérios conhecidos da categoria para fixar o preço. Assim, por exemplo, a construção civil e a indústria automobilística. Normalmente, esses parâmetros são determinados por uma fórmula matemática que leva em conta custos específicos de um ramo de atividade ou setor da economia. Para que esse estratagema seja válido, porém, é necessário que ambas as partes conheçam seus métodos perfeitamente, ou, como dispõe a lei, que sua aferição seja suscetível de determinação objetiva, caso contrário o contrato ou a cláusula será nula, pois o preço ficará ao arbítrio exclusivo de uma das partes, esbarrando na vedação citada do art. 489. Note, no entanto, que este art. 487 permite o estabelecimento de índices ou parâmetros para fixar o preço; no entanto, o pagamento será sempre em moeda corrente do país, ou em moeda estrangeira quando norma específica o permitir. Oportuno notar que na maioria das vezes os usos e costumes mercantis se encarregam de consagrar esses índices ou parâmetros, na maioria das vezes incompreensíveis para o leigo.

Recorde-se que o preço não pode ser estabelecido com base no salário-mínimo, por força do art. 7º, IV, da Constituição Federal.

Como denota o texto, os índices devem ter sempre base objetiva, não podendo submeter-se a critério subjetivo do interessado.

Art. 488. Convencionada a venda sem fixação de preço ou de critérios para a sua determinação, se não houver tabelamento oficial, entende-se que as partes se sujeitaram ao preço corrente nas vendas habituais do vendedor.
Parágrafo único. Na falta de acordo, por ter havido diversidade de preço, prevalecerá o termo médio.

A compra e venda torna-se perfeita e acabada com o acerto de seu objeto, do preço e da modalidade de pagamento. Sob tal vertente, acrescenta este art. 488 critérios acerca da falta de preço no contrato, o que não o torna írrito. Pode ocorrer que as partes não se preocupem em fixar preços, pois estes serão os usuais de seus negócios. Afora essa situação, será mais raro que não estabeleçam o preço. Para isso vem em socorro o artigo em berlinda: a venda se sujeitará aos preços habitualmente praticados pelo vendedor. No entanto, não agrada o parágrafo que estabelece termo médio, e não é muito esclarecedor. Esse artigo não tem correspondente no Código Civil anterior, mas estava presente no art. 193 do Código Comercial, na sua parte derrogada.

Veja que a dicção do artigo menciona o preço corrente *nas vendas habituais do vendedor*, o que pressupõe comercialidade ou habitualidade no negócio, por parte do alienante. Uma venda isolada não merece a aplicação do presente dispositivo, em princípio. A questão não fica muito clara, no entanto.

📖 Enunciado nº 441, V Jornada de Direito Civil – CJF/STJ: Na falta de acordo sobre o preço, não se presume concluída a compra e venda. O parágrafo único do art. 488 somente se aplica se houverem diversos preços habitualmente praticados pelo vendedor, caso em que prevalecerá o termo médio.

Art. 489. Nulo é o contrato de compra e venda, quando se deixa ao arbítrio exclusivo de uma das partes a fixação do preço.

A lei considera nula a compra e venda quando a taxação do preço é relegada ao arbítrio exclusivo de uma das partes. Trata-se de modalidade de cláusula puramente potestativa, como definida na Parte Geral do Código. Pode, porém, o preço ser fixado por terceiro designado pelos contratantes, como alude o art. 485.

🔑 Recurso inominado. Ação de indenização por danos morais e materiais. Compra e venda de veículo com entrega futura. Extinção do modelo do automóvel. Restituição integral do valor pago pelo consumidor. Inteligência dos artigos 483 e 489 do CC. Sentença mantida. Recurso conhecido e desprovido (*TJPR* – Rec. Inominado 0001311-70.2017.8.16.0014, 25-4-2018, Rel. Melissa de Azevedo Olivas).

🔑 Agravo interno em apelação cível – Embargos de terceiro – Ilegitimidade – Mandato em causa própria – Não caracterização – Ausência dos requisitos essenciais do contrato de compra e venda. Inexistência de estipulação consensual do preço e prova da quitação. Improcedência do pedido. Sentença mantida. Ausência de fato novo. 1) A procuração em causa própria, *in rem propriam* ou *in rem suam*, é aquela realizada por instrumento público, em caráter irrevogável, pela qual o mandante outorga poderes ao mandatário para que administre determinado negócio jurídico em seu próprio e exclusivo interesse, obtendo as vantagens dessa administração, sem necessidade, inclusive, de prestar contas. 2) Para materializar negócio translativo de bem imóvel, a procuração em causa própria deve preencher os requisitos essenciais ao contrato de compra e venda, que são a individualização da coisa, o preço, o consenso e a quitação. 3) À luz do art. 489 do Código Civil, não se equipara à compra e venda o instrumento procuratório em que, inobstante contenha cláusula de irrevogabilidade, irretratabilidade e isenção de prestação de contas, não há estipulação consensual do preço do imóvel a que faz referência, cuja **fixação é atribuída ao arbítrio exclusivo do mandatário**, nem consta quitação ou modalidade de pagamento. 4) Logo, a procuração acostada à petição inicial não é apta a transferir o domínio ou comprovar a posse dos imóveis em litígio, de modo a caracterizar a ilegitimidade ativa do autor/recorrente como terceiro possuidor. 5) Se a parte agravante não demonstra qualquer fato novo ou argumentação suficiente para acarretar a modificação da linha de raciocínio adotada na decisão monocrática agravada, impõe-se o improvimento do agravo interno. 6) Agravo interno conhecido e improvido (*TJGO* – AC 201394333595, 15-4-2016, Rel. Des. Kisleu Dias Maciel Filho).

Art. 490. Salvo cláusula em contrário, ficarão as despesas de escritura e registro a cargo do comprador, e a cargo do vendedor as da tradição.

Geralmente, as partes dispõem em contrário, estabelecendo, mormente em imóveis, que as despesas de escritura e registro ficam a cargo do comprador. É necessário que sejam expressas nesse sentido.

Esse artigo traz norma dispositiva: as despesas da escritura ficarão a cargo do comprador, enquanto as da tradição caberão ao vendedor. As partes têm ampla liberdade de alterar a atribuição legal e com frequência o fazem. Nesse sentido, no direito mercantil, as cláusulas FOB (*free on board*), quando as despesas correm por conta do comprador, e CIF (*cost, insurance, freight*), quando o preço abrange também o seguro e o frete. Os costumes também podem inverter a dicção legal.

No tocante aos imóveis especificamente, o art. 1.137 do antigo diploma determinava que em todas as escrituras deveriam ser transcritas as certidões negativas de impostos federais, estaduais e municipais. Acrescentava o parágrafo único que "*a certidão negativa exonera o imóvel e isenta o adquirente de toda responsabilidade".* O Projeto nº 6.960/2002 propugnava pelo retorno do texto, inserindo-o como parágrafo único do art. 502. Uma vez apresentada e transcrita a certidão tributária, o Fisco não mais pode voltar-se contra o adquirente do imóvel, devendo voltar-se contra o alienante. A regra apresenta vantagem para o Fisco, porque assegura o recolhimento, e para o adquirente que se isenta de qualquer responsabilidade tributária pretérita relativa ao imóvel comprado. Nesse mesmo campo, dispõe o art. 502 do atual Código que *"o vendedor, salvo convenção em contrário, responde por todos os débitos que gravem a coisa até o momento da tradição".* As exigências tributárias decorrem também das leis fiscais.

Art. 491. Não sendo a venda a crédito, o vendedor não é obrigado a entregar a coisa antes de receber o preço.

Cuida-se aqui de aplicação do princípio da *exceptio non adimpleti contractus*. Se a venda for à vista, poderá o vendedor reter a coisa até que receba o preço. Assim, dentro da ótica lógica do Código, primeiramente o comprador paga o preço e em seguida o vendedor entrega a coisa. Atente-se que para os bens móveis, a tradição ou entrega constitui transferência de propriedade, o que ocorre com os imóveis com o registro. Há forma de pagamento na vida moderna que apesar de não ser propriamente à vista assim é considerada, como as compras por cartão de crédito, ainda que a administradora parcele o pagamento, e as ultimadas pela internet.

A presente dicção legal é de caráter supletivo, podendo as partes dispor diferentemente, não só nas vendas à vista, como também estipulando o que lhes aprouver nas vendas a prazo, quando geralmente a entrega da coisa ocorre antes do pagamento do preço.

Recurso de apelação – Relação jurídica de consumo. Atraso na entrega de unidade imobiliária. Afastada a preliminar de ilegitimidade passiva. Cláusula contratual que prevê a responsabilidade de ambas as Rés quanto à construção do empreendimento imobiliário. Comprovação do retardo na conclusão das obras. Não obstante, após o término das obras, o Autor ainda possuía saldo devedor em aberto junto às Rés, o qual somente foi quitado justamente no mês em que as chaves lhe foram entregues. Sabe-se que o contrato de promessa de compra e venda de unidade imobiliária é bilateral e sinalagmático, havendo obrigações para ambas as partes. Se, por um lado, a Ré não cumpriu com sua obrigação de entregar o imóvel no prazo assinalado em contrato, é também verdade que o Autor não havia cumprido até novembro de 2013 sua obrigação de quitar o valor do imóvel. Dessa forma, o demandante não poderia exigir sua imissão na posse do imóvel até novembro de 2013 por não ter ainda quitado o valor integral do bem, podendo a Ré valer-se da exceção do contrato não cumprido, na forma do que dispõe este artigo Por inadimplência do Autor, a unidade imobiliária não poderia ser entregue ainda que concluída suas obras dentro do prazo convencionado. Nessa esteira de raciocínio, não possui o demandante direito à multa contratual por atraso, tampouco a lucros cessantes e danos morais. Recurso conhecido e provido (*TJRJ* – Ap. 0019595-86.2014.8.19.0002, 15-7-2016, Rel. Murilo André Kieling Cardona Pereira).

Art. 492. Até o momento da tradição, os riscos da coisa correm por conta do vendedor, e os do preço por conta do comprador.
§ 1º Todavia, os casos fortuitos, ocorrentes no ato de contar, marcar ou assinalar coisas, que comumente se recebem, contando, pesando, medindo ou assinalando, e que já tiverem sido postas à disposição do comprador, correrão por conta deste.
§ 2º Correrão também por conta do comprador os riscos das referidas coisas, se estiver em mora de as receber, quando postas à sua disposição no tempo, lugar e pelo modo ajustados.

Se o vendedor tem obrigação de entregar a coisa vendida, está implícito que deve conservá-la, sem modificação de seu estado, até o momento da tradição. Mais do que uma obrigação propriamente dita, trata-se de encargo inerente a qualquer obrigação de entrega. Cuida-se de atividade preparatória que colocará o vendedor em posição de cumprir sua obrigação. Essa custódia da coisa vendida, portanto, não é uma prestação em sentido técnico, nem pode ser objeto de reclamação por parte do comprador. Para este, o que interessa é unicamente o resultado, qual seja, receber a coisa que comprou nas condições pactuadas (BORDA, 1989, p. 201). Essa guarda ou custódia da coisa é importante para a venda de coisa certa. Quando a obrigação tem por objeto coisas fungíveis, vigora o princípio pelo qual o gênero nunca perece (*genus non perit*), cumprindo o vendedor a tradição, entregando coisas do mesmo gênero, quantidade e qualidade.

Este artigo coroa o princípio, já presente nas obrigações de dar coisa certa, da *res perit domino*: *"até o momento da tradição, os riscos da coisa correm por conta do vendedor, e os do preço por conta do comprador"*. Preço está colocado no texto no sentido de pagamento. Risco está colocado no sentido do perigo a que pode estar sujeita a coisa de perecer ou se deteriorar por caso fortuito ou força maior, ou culpa. Recorde-se: sempre que houver culpa, existirá responsabilidade por perdas e danos do culpado. No caso vertente, o vendedor que ainda não efetuou a tradição.

Enquanto não entregue a coisa ao comprador, o vendedor deve suportar a perda ou deterioração da *res*, se no contrato não ficou estipulado diferentemente. A tradição é marco divisor na responsabilidade pela perda ou deterioração. Como em nosso sistema o contrato não transmite a propriedade, a coisa continua a pertencer ao alienante até sua entrega, ainda que a posse esteja com terceiro. Se a perda ou deterioração decorrer de culpa do vendedor, responderá ele pelo valor da coisa mais perdas e danos (art. 234). No entanto, o § 1º do art. 492 estatui que

> "*os casos fortuitos, ocorrentes no ato de contar, marcar ou assinalar coisas, que comumente se recebem, contando, pesando, medindo ou assinalando, e que já tiverem sido postas à disposição do comprador, correrão por conta deste*".

Desse modo, se já ocorreu a tradição simbólica ou a coisa já foi posta à disposição do comprador, entendemos que já houve entrega, liberando-se o alienante da responsabilidade pela perda ou deterioração. Na realidade, não existe exceção ao princípio do *caput*. No mesmo sentido a dicção do art. 494: se o comprador pede a expedição da coisa para local diverso, o vendedor exime-se da responsabilidade por ela tão logo a entrega ao transportador, salvo se proceder diferentemente das instruções recebidas. Nessa hipótese, a tradição ocorre no momento em que a coisa é entregue à pessoa encarregada de transportá-la. Ocorrendo perda ou deterioração no transporte, quem irá suportá-las é o comprador, que já é dono da coisa adquirida.

Na ocorrência de perda parcial ou deterioração da coisa adquirida, o comprador tem a faculdade de resolver o contrato, ou recebê-la com abatimento proporcional do preço (art. 235).

Se o objeto do contrato for coisa fungível, obrigação de dar coisa incerta, portanto, quando deverá ser indicada ao menos pelo gênero e pela quantidade (art. 243), o Código dispõe que antes da escolha não poderá o vendedor alegar perda ou deterioração, "*ainda que por força maior ou caso fortuito*" (art. 246). Cuida-se de corolário do princípio segundo o qual o gênero nunca perece. Nessa obrigação fungível, a escolha pertence ao devedor (o vendedor), salvo estipulação contratual em contrário. Somente depois de feita a escolha, isto é, concentrada a obrigação, é que se torna obrigação de dar coisa certa.

Pelo lado do comprador, até o momento da tradição, é por sua conta o risco do preço. Trata-se de consequência de sua obrigação de pagar. Se estiver, porém, em mora para receber a coisa que comprou, deve arcar com suas respectivas consequências. Entre as decorrências da mora do credor, *mora accipiendi*, estão os riscos pela perda da coisa. Supõe-se a hipótese de o comprador ter injustamente se recusado a recebê-la. Constituído em mora pela consignação da coisa, exime-se o vendedor dos riscos. Tal deflui do sentido da mora como instituto geral nas obrigações (art. 400), sendo também expresso nesse sentido o § 2º do art. 492. Nessa situação, o adquirente ainda não é dono, mas sua culpa em não receber a coisa o faz suportar os riscos.

No que nos referimos aos cômodos na coisa comprada (acréscimos ou melhoramentos), a regra aplicável é a do art. 237. O acréscimo ocorrido entre a celebração da compra e venda e a entrega favorece o dono (*res crescit domino*), ou seja, o vendedor. Este poderá reclamar aumento de preço e, se houver negativa por parte do comprador, considerará desfeito o negócio. Se, porém, o vendedor encontra-se em *mora accipiendi*, os acrescidos pertencerão ao comprador, não podendo aquele exigir aumento de preço (BORDA, 1989, p. 201). Essa solução decorre do princípio da inversão de responsabilidade que a mora do credor (no caso, o vendedor) acarreta.

Se realizadas benfeitorias na coisa, do interregno até a tradição, pode o vendedor levantar as que não danifiquem a coisa. Não pode exigir pagamento pelas benfeitorias necessárias porque decorrem do princípio geral do risco pela perda e consequente conservação da coisa até a entrega. Também, não pode pretender pagamento, nem exercer retenção, pelas benfeitorias úteis, porque não pode unilateralmente alterar a coisa, agravando o preço.

Após a tradição, a perda, deterioração ou benefício sobre a coisa toca unicamente o adquirente. Em toda essa matéria, revise o que foi por nós explanado acerca das obrigações de dar coisa certa e coisa incerta, anteriormente.

Apelação. Civil e processual civil. Contrato verbal de compra e venda entre particulares. Veículo usado. Vício redibitório inexistente. Deveres anexos contratuais. Violação não verificada. Recurso conhecido e desprovido. 1. Entende-se por vício redibitório, nos termos do art. 441 do CC, o vício oculto apresentado pelo bem, móvel ou imóvel, objeto de transferência em contratos comutativos, que o torne impróprio ao uso ou reduza seu valor. Ademais, tal vício deve ser preexistente à tradição do aludido bem, em consonância com o previsto no art. 492 do CC. 2. Dessa forma, é responsabilidade do adquirente de veículo usado comprovar a anterioridade do vício descoberto após a tradição do automóvel, bem como verificar o seu real estado de conservação, razão pela qual, se não demonstrada a sua preexistência, afasta-se a obrigação das alienantes de ressarcir os gastos despendidos com eventuais reparos no bem, afigurando-se, assim, escorreita a r. sentença, que julgou improcedentes os pedidos deduzidos na petição inicial. 3. Não há falar em violação das apeladas aos deveres anexos contratuais, tampouco em inadimplemento positivo do contrato, se não demonstrado, de forma inequívoca, que elas tinham ciência, à época da tradição, do alegado vício apresentado pelo automóvel. No ponto, vale ressaltar que a má-fé não se presume, sendo necessária prova concreta de sua existência, o que não se verifica na espécie. 4. Recurso conhecido e desprovido. Honorários majorados (*TJDFT* – Ap. 20150710252343, j. 5-12-2018, Rel. Sandra Reves).

⚖️ Apelação cível – Ação de rescisão contratual – Compromisso de compra e venda de imóvel urbano – Imóvel entregue com avarias – Realização de obras de reforma – Inadimplemento das prestações contratuais – Abatimento no preço – Admissibilidade – Aplicação dos princípios da boa-fé e da continuidade dos contratos – Inexistência de causa à rescisão – Sentença de improcedência mantida – Recurso conhecido e desprovido – **Até o momento da tradição, os riscos da coisa correm por conta do vendedor**, e os do preço por conta do comprador (exegese do art. 492 do Código Civil). Diante da necessidade de realização de obras de reforma no imóvel recém-adquirido, mostra-se correta a continuidade do contrato, com o abatimento dos gastos no preço do bem, sobretudo, diante dos princípios da boa-fé e da continuidade dos contratos (*TJMT* – Ap. 123366/2015, 2-2-2016, Rel. Dirceu dos Santos).

Art. 493. A tradição da coisa vendida, na falta de estipulação expressa, dar-se-á no lugar onde ela se encontrava, ao tempo da venda.

Esse artigo é inovação no atual Código, repetindo a parte inicial do revogado art. 199 do Código Comercial. Coroa, na verdade, procedimento comum na prática. O texto é evidentemente supletivo da vontade das partes, de natureza dispositiva, mas abre exceção à regra geral do art. 327, segundo a qual o pagamento efetua-se no domicílio do devedor. A regra geral para os imóveis, no entanto, está no art. 328, pois far-se-á no lugar onde situado o bem.

Art. 494. Se a coisa for expedida para lugar diverso, por ordem do comprador, por sua conta correrão os riscos, uma vez entregue a quem haja de transportá-la, salvo se das instruções dele se afastar o vendedor.

A alteração do lugar contratado para a entrega da coisa, por iniciativa do comprador, faz com que este assuma os riscos por perda ou deterioração, a partir do momento em que a coisa é entregue ao transportador. Na verdade, o risco é transferido ao comprador porque a tradição já se operou quando o bem é entregue para transporte.

Art. 495. Não obstante o prazo ajustado para o pagamento, se antes da tradição o comprador cair em insolvência, poderá o vendedor sobrestar na entrega da coisa, até que o comprador lhe dê caução de pagar no tempo ajustado.

Este artigo permite que o vendedor sobreste a entrega da coisa vendida se o comprador cair em insolvência. É curial, portanto, que o bem ainda não tenha sido entregue. Nesse caso, o vendedor evita um prejuízo certo. Caberá a este a prova da insolvência.

Aparentemente, nesse artigo o vendedor usufrui de situação mais confortável em relação ao comprador, mas Clóvis Beviláqua (1934, p. 307) recorda a hipótese oposta, qual seja, se antes de pago o preço sobrevier ao vendedor diminuição em seu patrimônio capaz de comprometer ou tornar duvidosa a tradição da coisa, assiste ao comprador direito correspondente ao que se atribui ao vendedor, com sustação do pagamento até prestação de efetiva garantia de entrega. Como consequência, o comprador pode não só sustar o pagamento do preço se o vendedor não está apto para entregar a coisa, como também o vendedor pode recusar-se a firmar escritura de venda, antes de receber o preço. A escritura, como regra, importa em quitação, total ou parcial, do preço, sendo ato posterior ao recebimento da coisa (ALVIM, 1961, p. 56).

Este artigo repete, em linha geral, a regra estampada no art. 477.

⚖️ Compra e venda de veículo – Veículo usado como parte do pagamento para adquirir o automóvel novo – Recusa da concessionária em receber o veículo usado conforme já contratado – Necessidade de informação ao comprador em tempo hábil, anterior à data da entrega do automóvel – Dano moral configurado – Recurso desprovido – Sentença mantida – 1- A concessionária recorrente aceitou o veículo usado Ford Ranger modelo XLS como parte do pagamento do automóvel novo que o recorrido iria adquirir, pois de acordo com o documento de fl. 39, o bem é claramente elencado como parte do pagamento. Contudo, posteriormente, somente no ato da entrega do bem, a recorrente informou que recusaria o recebimento do referido carro, ante a existência de uma ação de execução fiscal, no valor de R$ 418.000,00 ajuizada contra o proprietário, genitor do ora recorrido. 2- Verificada quebra da proposta de venda inicialmente feita pela vendedora, do que resulta no dever de indenizar. Ausência de má-fé do consumidor que em nenhum momento omitiu que o veículo era de terceiro. Em verdade, a contrato de compra e venda já estava aperfeiçoado nos termos do "Art. 482. A compra e venda, quando pura, considerar-se-á obrigatória e perfeita, desde que as partes acordarem no objeto e no preço." 3- A retenção da entrega do bem somente seria lícita na hipótese do art. 495, *verbis*: "Art. 495. Não obstante o prazo ajustado para o pagamento, se antes da tradição o comprador cair em insolvência, poderá o vendedor sobrestar na entrega da coisa, até que o comprador lhe dê caução de pagar no tempo ajustado (grifei). 4- A situação descrita nos autos ultrapassa os limites do mero dissabor e simples constrangimento uma vez que a recorrente não informou em tempo hábil ao recorrido que se recusaria a receber o veículo usado como parte do pagamento, o que frustrou sua legítima expectativa e os termos da proposta formalmente aceita de receber o veículo ranger, como parte do pagamento pela compra do veículo novo. Portanto, é devida a indenização por danos morais, não merecendo reparos a sentença. 5- Dessa forma, o valor dos danos morais, fixado no importe de R$ 6.000,00 (seis mil reais), deve ser mantido, tendo em vista que o juízo de origem detém, em regra, condições adequadas de verificação e avaliação das peculiaridades, minúcias e nuances do caso, visto estar mais próximo das partes do litígio e de eventual dilação probatória. A modificação do valor fixado somente deverá ocorrer em casos de evidente excesso, o que não restou comprovado no recurso interposto. 6- Recurso conhecido, mas desprovido. Custas e honorários advocatícios, que ora fixo em R$ 600,00 (seiscentos reais), pela recorrente vencida, nos termos do art. 55 da Lei nº 9.099/95. 7- Acórdão lavrado em conformidade com o disposto no art. 46 da Lei 9.099/1995, e arts. 12, inciso IX, 98 e 99 do Regimento Interno das Turmas Recursais (*TJDFT* – Proc. 20140110952512 – (870915), 3-6-2015, Rel. Juiz João Luis Fischer Dias).

Art. 496. É anulável a venda de ascendente a descendente, salvo se os outros descendentes e o cônjuge do alienante expressamente houverem consentido.
Parágrafo único. Em ambos os casos, dispensa-se o consentimento do cônjuge se o regime de bens for o da separação obrigatória.

1. Falta de legitimação do contratante na compra e venda

Ao regular a compra e venda e seus vários matizes, a lei incumbe-se de traçar eventuais modificações ou restrições às regras gerais. Como todo contrato, a compra e venda pressupõe *capacidade geral* das partes. Todavia, por vezes regra específica suprime a capacidade para certos e determinados negócios jurídicos, hipótese que mais propriamente se define como *ausência de legitimação*, que, na verdade, é uma especificação da capacidade. O falido, por exemplo, não pode alienar porque perde o poder de disposição sobre os bens. A venda feita pelo incapaz, sendo ato de disposição patrimonial, exige autorização judicial. Várias são essas hipóteses no ordenamento, cabendo aqui examinar as situações mais importantes.

2. Venda a descendente (art. 1.132 do Código de 1916 e art. 496 do atual Código)

Situação elucidativa marcante de ausência de legitimação situava-se no art. 1.132 do antigo Código, que proibia os ascendentes de vender aos descendentes, sem que os outros descendentes expressamente consentissem. A intenção do legislador, ao exigir o consentimento expresso dos demais descendentes, é evitar que o ascendente, numa venda simulada fraudulenta, altere a igualdade dos quinhões hereditários de seus descendentes, encobrindo doações sob o disfarce de uma compra e venda. As doações nessa hipótese importam adiantamento de legítima, nos termos do art. 544. O descendente beneficiado por esse ato de liberalidade deve colacionar o bem recebido em vida após a morte do autor da herança. A colação tem por finalidade igualar as porções legítimas dos herdeiros necessários, na linha descendente, na hipótese vertente, evitando que uns recebam mais que outros. As doações, como percebemos, são permitidas.

"*O motivo da proibição reside em que os pais, levados, muitas vezes, por desigual afeto, ou por artimanhas de um dos filhos, acabam vendendo bens a um deles, por preço inferior ao que valem, em prejuízo dos demais*" (ALVIM, 1961, p. 59).

O compromisso de compra e venda de imóveis também se inclui na proibição, pois se trata de venda. Nada obsta, contudo, a venda de descendente a ascendente, que não se insere na dicção legal impeditiva de extensão interpretativa.

O art. 496 deste Código, como se lê, passa a estipular expressamente a anulabilidade dessa modalidade de venda, pondo fim à celeuma anterior, e amplia a falta de legitimidade para a ausência de consentimento do cônjuge. O parágrafo único do dispositivo dispensa o consentimento do cônjuge quando o regime de bens for o da separação obrigatória.

3. Negócios jurídicos assemelhados à compra e venda. Incidência ou não da anulabilidade

a) Troca

Tratando-se de restrição a direito amplo, a interpretação do artigo não pode ser extensiva, embora existam nuanças a requerer cuidado do exegeta. Como o diploma apenas menciona a compra e venda, não há que se ter como compreendida, em princípio, a troca, negócio com conteúdo diverso, que pode ser atingido pelo vício da simulação em geral e não pela falta de legitimação específica desse artigo. Contudo, se na troca existe parcela em dinheiro ou os valores das *res* são desiguais, há que se examinar o caso concreto, pois existe possibilidade de fraude descrita pelo legislador. Neste último aspecto, o Código antigo era expresso: "*é nula a troca de valores desiguais entre ascendentes e descendentes, sem consentimento expresso dos outros descendentes*" (art. 1.164, II). O presente Código se posiciona pela anulabilidade nessa hipótese: "*é anulável a troca de valores desiguais entre ascendentes e descendentes, sem consentimento dos outros descendentes e do cônjuge do alienante*" (art. 533, II).

Se, na troca, apenas existe o escambo de coisas com equivalência de valores, não há proibição, portanto. Nesse sentido tem pendido a jurisprudência predominante. Contudo, muito próximos estão esses dois negócios, troca e compra e venda. A diferença mais proeminente é que, na troca, em vez de o preço ser pago em dinheiro, há outra coisa dada em permuta.

Quando existe parte do pagamento em dinheiro do lado do ascendente, o negócio é passível de nulidade (ou anulação, como menciona o mais recente diploma) perante os termos peremptórios do dispositivo legal aqui transcrito. Quando os valores dos objetos colocados na permuta apresentam disparidade, a situação exigirá cuidadoso exame. Não há motivo para anulabilidade se o bem entregue pelo descendente é de valor maior do que o do ascendente. Nula no sistema anterior e anulável atualmente será a troca se o valor do bem do ascendente for superior. Isso porque a lei não proíbe a venda de descendente a ascendente, como examinamos. Essas dificuldades aconselham que os interessados sempre obtenham a aquiescência dos descendentes (e doravante do cônjuge) na troca, para evitar dissabores.

A fraude também pode ocorrer na permuta quando é utilizada interposta pessoa ou colocado um testa-de-ferro no negócio para contornar a proibição. Devem ser levados em conta os princípios examinados abaixo, no tópico específico. A fraude, como sempre enfatizamos, é vício de muitas faces.

b) Dação em pagamento

Com pontos de contato com a compra e venda, a dação em pagamento, contudo, é modalidade de extinção de obrigações. O credor concorda com a extinção da obrigação mediante o recebimento de coisa diversa do dinheiro avençado no pacto. A doutrina majoritária entende que a dação está incluída na proibição do art. 496. O art. 357 estabelece:

> "Determinado o preço da coisa dada em pagamento, as relações entre as partes regular-se-ão pelas normas do contrato de compra e venda."

No entanto, é defensável a opinião que vê na dação em pagamento tão só uma forma de extinção de obrigações, a dispensar o consentimento dos demais descendentes, porque na hipótese existe pagamento e não compra e venda. Para tal, argumentemos ainda que não se pode dar sentido ampliativo a uma restrição legal. Os dois negócios têm em comum apenas a obrigação de transferência de bens. A partir daí, os institutos afastam-se. As fraudes, aspecto patológico dos negócios jurídicos, devem ser apuradas caso a caso.

c) Penhor, hipoteca e anticrese

A dúvida surge perante a dicção do art. 1.420:

> "Só aquele que pode alienar poderá empenhar, hipotecar ou dar em anticrese; só os bens que se podem alienar poderão ser dados em penhor, anticrese ou hipoteca."

Levando-se em conta que restrições de direitos não podem sofrer interpretação ampliativa, a ideia inicial é de que a proibição não se estende aos direitos reais de garantia. Se o legislador desejasse a restrição, tê-lo-ia feito expressamente. Nessas hipóteses, a coisa não sai do domínio do ascendente. Destarte, o ascendente está legitimado a constituir esses direitos reais de garantia. Esse tem sido o entendimento majoritário na doutrina e na jurisprudência. Alertemos, porém, que existem vozes em contrário. De qualquer modo, as fraudes, como acentuado, devem merecer a reprimenda judicial. A imaginação fraudatória das partes está sempre à frente da lei. O ascendente poderá, por exemplo, constituir hipoteca em favor do descendente e deixar este excuti-la, com ou sem interposição de terceira pessoa no processo, como arrematante em hasta pública, contornando assim a proibição legal.

d) Venda de fundo de comércio. Cessão de direitos

O ascendente não pode vender fundo de comércio a um descendente sem o consentimento dos demais. Vimos que a proibição do art. 496 (antigo art. 1.132) dispõe sobre o negócio da compra e venda, não distinguindo sobre o objeto. Desse modo, incluem-se na dicção legal móveis e imóveis, direitos corpóreos e incorpóreos, seres inanimados e semoventes. Enfim, tudo o que no patrimônio do ascendente integra o patrimônio sucessível não pode ser alienado ao descendente sem os consentimentos da lei. Nisso se inserem as cessões de direitos como cessão de crédito, cessão de direito hereditário, cessão de direito de marcas e patentes, cessão de direitos de autor etc. A cessão de direitos possui o mesmo conteúdo jurídico da compra e venda. Cuida-se apenas de compra e venda relativa a bens incorpóreos. Os pressupostos são idênticos. Esse também é o sentido do art. 498, cuja natureza é igual e expressamente se refere à cessão de crédito.

A propósito, já se decidiu que a restrição do dispositivo é extensiva à cessão de quotas de capital de sociedade mercantil, ainda que os compradores sejam seus sócios (*RT* 474/221; em sentido contrário STJ, REsp. 32246/SP, Rel. Min. Waldemar Zveiter, 11.5.1993).

4. Natureza jurídica da nulidade conforme o Código Civil de 1916. Prescrição

Esse art. 1.132 do Código Civil antigo levantou dificuldades e celeuma interpretativa desde sua promulgação no que tange à categoria de nulidade e ao consequente prazo prescricional. Após vacilação jurisprudencial, a Súmula 494 do STF concluiu: "*A ação para anular venda de ascendente a descendente, sem consentimento dos demais, prescreve em vinte anos, contados da data do ato, revogada a Súmula nº 152.*"

A revogada Súmula 152 dava como anulável o negócio, com fundamento na simulação, com prescrição da respectiva ação em quatro anos, a contar da abertura da sucessão. A orientação mais recente, que segue princípios doutrinários e práticos mais eficazes, permite que a ação anulatória seja ajuizada contra o ascendente, ainda em vida.

O interesse na propositura dessa ação era, então, unicamente dos descendentes não anuentes. Observe que o texto legal não se limitava a enunciar pais e filhos, mas ascendentes e descendentes. Na compreensão legal, portanto, a nulidade atingia não apenas a venda de pais a filhos, como também a de avós a netos, bisavós a bisnetos. Destarte, não existia legitimidade para outra classe de herdeiros na ação de nulidade, quais sejam, ascendentes, cônjuge e colaterais. Se é ação atribuída a descendentes, nestes se incluem todas as categorias, legítimos ou ilegítimos. Por tal razão, defendeu-se o negócio como sendo anulável. Todavia, em detrimento dessa anulabilidade pura, recorde que os descendentes podiam dar seu consentimento posteriormente ao negócio. A Súmula 494 colocou a hipótese definitivamente no campo da nulidade, embora nulidade tida como relativa, pois somente os interessados podiam alegá-la. Foi fixado, de outro lado, o prazo prescricional no máximo permitido pelo ordenamento até então vigente, 20 anos, uma vez que não atenta contra o sistema do Código antigo fixar-se prazo prescricional para atos nulos. Ingressando no campo da nulidade relativa,

> "é um tipo de nulo que não é o absoluto. Ela entra em cena quando houver infração à norma de ordem pública, mas que se refira a interesses privados; só as pessoas titulares desses interesses é que podem pleitear em juízo a decretação da nulidade do negócio; finalmente, assim como os atos anuláveis, a nulidade relativa também é passível de sanação, podendo o negócio ser confirmado" (GOZZO, 1988, p. 49).

5. A hipótese de venda de ascendente a descendente no atual Código

O presente diploma civil não alterou substancialmente o alcance e a finalidade da norma, mantendo a orientação anterior. Neste art. 496, aclarou que o negócio é anulável, tomando posição contrária à orientação sumulada mais recente, colocando fim à celeuma doutrinária e jurisprudencial. Acrescentou ainda a necessidade de o cônjuge do ascendente consentir, juntamente com os demais descendentes, uma vez que o consorte é nesse diploma colocado, em determinadas hipóteses, como herdeiro necessário. Destarte, essa venda passa a interessar diretamente ao consorte. Dispensa expressamente o consentimento do supérstite se o regime de bens for o de separação obrigatória. Sendo negócio anulável, pode ser confirmado pelas partes, com o consentimento outorgado posteriormente ao negócio (arts. 172 e 176). O prazo para essa anulação será de dois anos, a contar da conclusão do acordo de vontades (art. 179).

6. Consentimento dos descendentes. O consentimento do cônjuge no atual Código

O artigo sob exame exige o consentimento *expresso* dos demais descendentes. Esses descendentes são evidentemente os mais próximos em grau que teriam interesse, em tese, na sucessão. Recorde-se da regra segundo a qual, nas várias classes de herdeiros, os mais próximos excluem os mais remotos, salvo o direito de representação (art. 1.851). Herdeiros representantes de descendente pré-morto, nos termos da lei sucessória, também devem dar seu consentimento, portanto. O consentimento expresso exigido pela lei afasta qualquer possibilidade de alegação de concordância tácita.

Trata-se de manifestação de vontade de quem não é parte no contrato. A lei refere-se à anuência, autorização para dar validade ao negócio, a assentimento. Consentimento é termo próprio para quem é parte. Contudo, não há dificuldade na apreensão semântica do vocábulo posto na lei. Essa manifestação de vontade é a dos outros descendentes não participantes do negócio da compra e venda. São os demais descendentes herdeiros necessários, não importando se legítimos ou ilegítimos, pois não mais se distinguem quanto aos respectivos direitos. Apenas os herdeiros ilegítimos já reconhecidos devem dar seu assentimento. Não se inquina o negócio se o reconhecimento é posterior ao contrato. Também os descendentes adotivos ao tempo do negócio devem manifestar o consentimento, pois a lei atual confere-lhes os mesmos direitos. O art. 227, § 6º, da Constituição Federal proíbe qualquer discriminação na filiação.

Consentimento expresso não necessita, na regra geral, de forma solene. Desse modo, para a venda de coisas móveis, pode ser admitida a prova testemunhal para evidenciar o consentimento, somente quando não se supere o valor fixado no art. 227 do Código Civil. O art. 401 do CPC/1973 admitia a prova exclusivamente testemunhal nos contratos cujo valor não excedesse o décuplo do maior salário mínimo. Essa regra não está presente no CPC/2015. Na prática, por conseguinte, poucas serão as hipóteses nas quais esse consentimento não se provará por escrito. Por outro lado, para os imóveis, cuja alienação depende de escritura pública, nesta deve constar o consentimento ou em escrito de outro documento. Basta que o escrito seja idôneo. A anuência pode ser dada anterior ou concomitantemente ao negócio. Se concedida após o negócio, equivale a pacto de *non petendo* por parte do manifestante e obsta a ação anulatória. Não há como entender, como faz parte da doutrina, que nessa hipótese persiste a nulidade, simplesmente porque desaparece expressamente o interesse de agir. Inútil e gravoso para todos os envolvidos sustentar que o negócio é nulo e não admite ratificação (nesse sentido, a opinião do monografista Adahyl Lourenço Dias, 1976, p. 234). Como vimos, essa nulidade de índole relativa, doravante causa de anulabilidade no atual Código, depende da iniciativa dos descendentes interessados e, eventualmente, do cônjuge.

Nada impede que tal permissão seja outorgada por mandato com poder autorizador expresso.

Os descendentes menores e incapazes não podem anuir por lhes faltar capacidade. A cautela recomenda que se recorra à autorização judicial e à nomeação de curador especial nessas hipóteses. Lembre-se, ademais, da regra do art. 1.692, que determina a nomeação de curador especial sempre que alguém, no exercício do pátrio poder, necessitar de participar de negócio jurídico com interesse colidente com o do filho. Também ao nascituro deve ser dado curador especial, pois, podendo ser herdeiro, até mesmo testamentário, pode ser prejudicado pela compra e venda em questão. Essa curadoria do nascituro é unicamente para o ato, não integrando a curadoria do nascituro típica, descrita pelo art. 1.779 (DIAS, 1976, p. 280).

Não há necessidade de autorização do cônjuge do descendente, pois não se alarga a restrição legal. Por maior razão, não havemos de falar em assentimento da companheira do descendente. Genros e noras também não necessitam anuir. Como vimos, o mais recente diploma requer a autorização do cônjuge do alienante.

Persiste incerteza acerca da possibilidade de *suprimento judicial do consentimento* quando da recusa por parte do descendente (ou do cônjuge, modernamente). Embora existam ponderáveis opiniões em contrário que entendem que o ato é personalíssimo, temos que admitir o suprimento quando a recusa do agente é injusta, prejudicial às partes ou motivada por mero egoísmo e emulação. Sílvio Rodrigues (1983, p. 156), após apontar as opiniões eminentes em contrário de Clóvis Beviláqua, Washington de Barros Monteiro e Agostinho Alvim, conclui conosco:

> "Se o suprimento judicial corrige o arbítrio de uma recusa injusta, deve ser admitido, pois o interesse social da circulação da riqueza prevalece sobre o individual do descendente recusante, cada vez que o móvel deste último não seja legítimo."

As mesmas palavras se aplicam, no atual diploma, ao cônjuge renitente.

Desse modo, deve ser admitido o suprimento judicial do consentimento quando a recusa dos descendentes (ou do cônjuge) for imotivada, provada a seriedade do negócio e idoneidade das partes.

Acentue-se que o consentimento do cônjuge somente ficará dispensado se o casamento estiver sob o regime de separação obrigatória de bens (art. 496, parágrafo único). Ainda que o regime de bens não torne o cônjuge herdeiro (art. 1.829, I), será necessário o consentimento do cônjuge, pois a lei não fez distinção, salvo essa hipótese de separação obrigatória.

7. Venda a descendente por interposta pessoa

A ideia geral decorrente do dispositivo é de que a venda do ascendente ao descendente sem o consentimento dos demais é anulável também quando efetuada à interposta pessoa. O ascendente vende a um terceiro que, por sua vez, transfere a coisa ao descendente. O segundo negócio conceitua o alienante como interposta pessoa, em negócio fraudatório. Ambas as vendas são de acordo com este Código anuláveis, como se fossem um único negócio. A anulabilidade evidencia-se quando se ultima o segundo negócio. Sob o pendão do corrente Código, a causa de anulação se evidencia no segundo negócio.

Por outro lado, suponha a hipótese na qual é mantida a venda de direito em nome do terceiro, mas se suspeita ou se comprova que, de fato, o verdadeiro adquirente é um descendente. A situação tipifica simulação, surgindo como ato anulável dentro do sistema geral. Importante aduzir, no entanto, que neste Código a simulação ocasiona nulidade e sob esse prisma deve ser encarado esse ato simulatório, com reflexos importantes no tocante à prescrição.

Questão mais elaborada na prática ocorre quando a venda ao descendente é ultimada muito tempo após o primeiro negócio de venda a terceiro. Nessa hipótese, devemos entender que ocorre o defeito a partir da primeira transferência à interposta pessoa. Porém, na permanência da compra e venda em nome do agente interposto, não há que se inibir aos prejudicados a ação de anulação por simulação. No atual sistema, haverá nulidade na simulação, como apontamos. Temos que entender o vício da simulação, tal como descrito na parte geral, como integrante da nulidade ampla de fraude do art. 1.132, não se incompatibilizando com este. No sistema do art. 496, a simulação muda o enfoque do ato para o campo da nulidade.

> "A *fraus legis*, mal maior, aglutina os vícios elementares de que se compõe a simulação. Para demonstrar o agravamento do mal da fraude à lei, corrobora a simulação" (DIAS, 1976, p. 111).

Mais comumente ocorre a fraude por meio de um presta-nome, um testa-de-ferro, pois este permanece pouco tempo com a titularidade da coisa. Nessa venda oblíqua, a questão segue a regra geral de nulidade sem qualquer outra nuança. Recorde que, embora a reprimenda da disposição sob enfoque se aplique indistintamente a móveis e imóveis, na prática, reside na alienação imobiliária a caudal da jurisprudência.

Lembre-se de que em qualquer momento, o ascendente é livre para vender seus bens a quem lhe aprouver. A venda feita a terceiro é válida. O negócio corrompe-se se este terceiro aliena a propriedade ao descendente do transmitente originário. O vício retroage à origem, qual seja, a venda feita ao terceiro testa-de-ferro.

Tanto na venda e compra direta feita pelo ascendente, como naquela em que se usa o subterfúgio da interposição de estranho, existe fraude e, portanto, nulidade, no sistema do art. 1.132 do antigo diploma legal. O ordenamento não pode admitir que se obtenha por via indireta o que proíbe por via direta. Caracteriza-se, em ambas as situações, a intenção dos agentes de ferir a lei.

A venda feita a nora ou genro incidirá na reprimenda legal se o regime de bens do casamento permitir a comunicação. Contudo, ainda que o regime seja o de separação, é harmoniosa a opinião no sentido da nulidade, "*dadas as relações entre os cônjuges, a separação de bens não exclui de fato o comércio econômico que entre eles se estabelece*" (ALVIM, 1961, p. 66).

8. Ação de nulidade do art. 1.132. A anulação no atual Código

É aberta possibilidade para a ação anulatória sempre que faltar o consentimento do descendente. Este se legitima para a ação. Não possui interesse aquele que consentiu no negócio. De outro lado, não há necessidade de todos os descendentes no polo ativo da ação. Basta a presença de um deles. O litisconsórcio é facultativo. Essa pretensão é de ordem pessoal e não real. Seu objetivo é desfazer o vínculo contratual. De acordo com a orientação sumulada do STF (Súmula 494), a ação podia ser proposta com base na conclusão do contrato, quando principia o prazo prescricional de 20 anos, independentemente da morte do ascendente. Para os menores impúberes, não se inicia o prazo prescricional enquanto perdurar a incapacidade. Quanto aos interditos e aos maiores de 16 e menores de 21, na sistemática do Código de 1916 (18, no atual diploma), se houver desídia de seu curador, responderá ele por perdas e danos. Se o curador for o próprio ascendente, é evidente que, enquanto durar a incapacidade, não corre prazo prescricional. Para os absolutamente incapazes que não tiveram seu estado reconhecido, não corre a prescrição (art. 169, I; atual art. 198).

O próprio ascendente não tem legitimidade para a ação porque partícipe do ato, segundo o princípio pelo qual a ninguém é dado impugnar fato próprio.

A ação deve ser movida contra os ascendentes e descendentes participantes do negócio, bem como contra terceiros eventualmente colocados como interpostas pessoas. No polo passivo, é essencial a colocação de todos. É conveniente que o terceiro de boa-fé tenha ciência da ação, pois será atingido em sua esfera jurídica. Se perder a coisa, estando de boa-fé, terá direito a indenização por perdas e danos contra o descendente e o ascendente, se o caso, que lhe vendeu a coisa quando não viável solução mais equânime. Contudo, há que se proteger o terceiro adquirente de boa-fé sempre que possível, em prol da aparência e estabilidade das relações jurídicas, permitindo-se que ele permaneça com o bem, condenando-se o descendente a repor ao patrimônio do ascendente o valor equivalente (GOZZO, 1988, p. 87). Nem sempre, na prática, em virtude dos meandros processuais, essa solução é aplicável.

Não se admite, na defesa dos réus, a alegação de que a venda tenha sido real com preço efetivamente pago. Em outros termos: é irrelevante para a anulabilidade do negócio, de acordo com a orientação sumulada do Supremo Tribunal Federal, a prova da onerosidade do negócio e da equivalência das prestações. Fixada a anulabilidade da compra e venda, não é dado aos partícipes provar que inexistiu simulação. Também é inoponível a alegação de desconhecimento da lei, erro de direito, em matéria de nulidade.

Filho natural, reconhecido voluntária ou judicialmente após a venda, tem legitimidade para impugná-la porque o reconhecimento opera *ex tunc*, embora também se sustente o contrário. Essa legitimidade já inexiste para o filho nascido após o negócio de compra e venda.

No corrente Código, partindo-se do princípio de que o negócio é anulável, há que se ver com cuidado a hipótese de simulação por interposta pessoa. A simulação é vício mais amplo que busca a fraude e, sendo causa de nulidade, assim deve ser visto o negócio, não podendo ficar restrito ao exíguo prazo de anulação. Ainda, levando-se em conta a nova sistemática adotada pelo Código de 2002, o prazo dos arts. 178 e 179 é de decadência.

Enunciado nº 177, III Jornada de Direito Civil – CJF/STJ: Por erro de tramitação, que retirou a segunda hipótese de anulação de venda entre parentes (venda de descendente para ascendente), deve ser desconsiderada a expressão "em ambos os casos", no parágrafo único do art. 496.

Enunciado nº 368, IV Jornada de Direito Civil – CJF/STJ: O prazo para anular venda de ascendente para descendente é decadencial de dois anos (art. 179 do Código Civil).

Enunciado nº 545, VI Jornada de Direito Civil – CJF/STJ: O prazo para pleitear a anulação de venda de ascendente a descendente sem anuência dos demais descendentes e/ou do cônjuge do alienante é de 2 (dois) anos, contados da ciência do ato, que se presume absolutamente, em se tratando de transferência imobiliária, a partir da data do registro de imóveis.

Apelação cível. Ação anulatória de parte inoficiosa da doação. Alegação de que houve doação na transferência de quotas de sociedade empresária com a finalidade de prejudicar as herdeiras. Recurso interposto pelas autoras em face de sentença de improcedência. Não acolhimento. Alegação de nulidade da alienação de 1500 quotas, porque em realidade é doação simulada, com intuito de prejudicar a legítima, por isso, inoficiosa. Alegação ainda, que não houve concordância das autoras nos termos do artigo 496 do CC, para a alienação. Autoras que não se desincumbiram do ônus de demonstrar que a transferência se deu por doação. Tampouco que ela excedeu a parte disponível do patrimônio do genitor. Pessoas que receberam as quotas são irmãos do genitor, o que afasta a exigência de aquiescência para a alienação. Sentença confirmada. Honorários majorados. Negado provimento ao recurso (*TJSP* – Ap. 1005741-25.2015.8.26.0019, 24-7-2020, Rel. Viviani Nicolau).

Anulação de negócio jurídico – Simulação – Decadência verificada – Insurgência contra sentença de procedência – Sentença reformada – Venda de ascendente a descendente caracteriza ato anulável (art. 1.132, CC/16; art. 496, CC/02), sujeito a prazo decadencial de dois anos (art. 179, CC/02) contados a partir da entrada em vigor do atual Código Civil (art. 2.028, CC). Decadência verificada. Recurso provido (*TJSP* – Ap. 0004234-08.2006.8.26.0554, 13-2-2017, Rel. Carlos Alberto de Salles).

🔑 **Anulação de venda e compra de ascendentes a descendentes**, sem participação dos demais descendentes – Ato anulável – Por se tratar de ato praticado na surdina, sem suficiente publicidade que pudesse demonstrar aos demais descendentes a necessidade de agir na defesa de seus interesses, incapaz, portanto, de dar início ao prazo prescricional ou decadencial extintivo do direito destes, por inexistência de omissão, o termo inicial deverá ser o da abertura da sucessão da última ascendente. Precedentes do STJ. Termo aqui nem mesmo iniciado. Decadência afastada. Alienação no curso do feito, mesmo depois de averbação na matrícula, com realização de fusão e incorporação, a promover potencial colisão com o direito de terceiros. Diante da ausência de prova de pagamento e levando em conta o bem jurídico que se pretende tutelar (igualdade das legítimas), reconheço aqui tratar-se de doação, autorizando a colação e obrigando os réus, solidariamente, a pagar aos autores o percentual que seria cabível a cada um deles em relação ao imóvel que herdariam, evitando discussão com direito de terceiros adquirentes de unidades no empreendimento incorporado no local (*TJSP* – RN 4005575-54.2013.8.26.0554, 3-3-2017, Rel. Luis Mario Galbetti).

🔑 Direito civil. **Venda de ascendente a descendente sem anuência dos demais**. Anulabilidade. Requisitos da anulação presentes. 1. – Segundo entendimento doutrinário e jurisprudencial majoritário, a alienação feita por ascendente à descendente é, desde o regime originário do Código Civil de 1916 (art. 1.132), ato jurídico anulável. Tal orientação veio a se consolidar de modo expresso no novo Código Civil (CC/2002, art. 496). 2. – Além da iniciativa da parte interessada, para a invalidação desse ato de alienação é necessário: a) fato da venda; b) relação de ascendência e descendência entre vendedor e comprador; c) falta de consentimento de outros descendentes (CC/1916, art. 1.132); d) a configuração de simulação, consistente em doação disfarçada (REsp 476557/PR, Rel. Min. Nancy Andrighi, 3ª T., DJ 22.3.2004); ou, alternativamente, e) a demonstração de prejuízo (EREsp 661858/PR, 2ª Seção, Rel. Min. Fernando Gonçalves, DJe 19.12.2008; REsp 752149/AL, Rel. Min. Raul Araújo, 4ª T., 2.10.2010). 3. – No caso concreto estão presentes todos os requisitos para a anulação do ato. 4. – Desnecessidade do acionamento de todos os herdeiros ou citação destes para o processo, ante a não anuência irretorquível de dois deles para com a alienação realizada por avô a neto. 5. – Alegação de nulidade afastada, pretensamente decorrente de julgamento antecipado da lide, quando haveria alegação de não simulação de venda, mas, sim, de efetiva ocorrência de pagamento de valores a título de transferência de sociedade e de pagamentos decorrentes de obrigações morais e econômicas, à ausência de comprovação e, mesmo, de alegação crível da existência desses débitos, salientando-se a não especificidade de fatos antagônicos aos da inicial na contestação (CPC, art. 302), de modo que válido o julgamento antecipado da lide. 6. – Decisão do Tribunal de Justiça de Santa Catarina subsistente, Recurso Especial improvido (*STJ* – Acórdão Recurso Especial 953.461 – SC, 14-6-2011, Rel. Min. Sidnei Beneti).

Art. 497. Sob pena de nulidade, não podem ser comprados, ainda que em hasta pública:
I – pelos tutores, curadores, testamenteiros e administradores, os bens confiados à sua guarda ou administração;
II – pelos servidores públicos, em geral, os bens ou direitos da pessoa jurídica a que servirem, ou que estejam sob sua administração direta ou indireta;
III – pelos juízes, secretários de tribunais, arbitradores, peritos e outros serventuários ou auxiliares da justiça, os bens ou direitos sobre que se litigar em tribunal, juízo ou conselho, no lugar onde servirem, ou a que se estender a sua autoridade;
IV – pelos leiloeiros e seus prepostos, os bens de cuja venda estejam encarregados.
Parágrafo único. As proibições deste artigo estendem-se à cessão de crédito.

Determinadas pessoas, em face de posição subjetiva que ocupam em uma relação jurídica, estão ilegitimados para adquirir bens, postadas que estão de forma a influenciar, dirigir ou suprimir a vontade do alienante.

A inspiração de ordem moral nessas restrições, como facilmente se percebe, é evidente. As pessoas aí designadas estão colocadas em posição que lhes permite facilmente dela prevalecer para obter vantagens e locupletar-se indevidamente.

Questão mais palpitante e complexa era a da proibição de o mandatário adquirir bens do mandante, em disposição por isso não repetida na nova lei. Não era de se admitir a restrição quando as partes se faziam presentes no ato realizado de forma direta, devendo ser considerado como qualquer outro. Presentes mandante e mandatário no negócio, deixava de existir razão para a restrição. O mandatário podia ser autorizado, no próprio mandato, a adquirir o bem. Surgia aí a problemática do mandato em causa própria e do contrato consigo mesmo ou autocontrato, por nós estudado. O mesmo se aplicaria quando do mandato constassem precisamente todas as condições de venda do bem, não permitindo maior atividade voluntária do mandatário. A venda se efetuará nessa hipótese como a qualquer terceiro. Afora essa situação específica, existente, mas não muito comum na prática, o que a lei veda, em linhas gerais, é a aquisição pelo mandatário com poderes gerais de administração.

Aliás, a proibição ou ausência de legitimidade decorria da própria natureza das disposições sobre o mandato e não particularmente desse dispositivo. Assim é que o art. 661 do atual Código, acompanhando regra tradicional do sistema anterior (art. 1.295), determina que *"o mandato em termos gerais só confere poderes de administração"*. Complementa o § 1º:

> "Para alienar, hipotecar, transigir, ou praticar outros quaisquer atos que exorbitem da administração ordinária, depende a procuração de poderes especiais e expressos."

Essa proibição alcançava qualquer modalidade de mandato. A lei almejava evitar conflito de interesses entre mandante e mandatário, o que traria ineslutavelmente prejuízo ao primeiro. Desse modo, eventual exorbitância de poderes no desempenho do mandato deve ser examinada no âmbito exclusivo do próprio mandato e não dentro dessa regra geral proposta pelo Código Civil de 1916 No sistema de 1916, nessa situação do mandatário, a nulidade era de cunho relativo, pois somente o mandante poderia arguí-la. Os demais casos descritos no Código pretérito, em linha geral, permitiam que o Ministério Público promovesse a nulidade, bem como fosse declarada de ofício, quando estivesse presente o interesse público ou de incapazes. A afirmação peremptória de nulidade absoluta, no entanto, era discutível: a venda podia ser vantajosa para o incapaz, por exemplo, o qual é possível com ela aquiescer quando atingir a maioridade. Não haveria dúvida, contudo, na nulidade relativa no que diz respeito ao administrador adquirir bens do administrado, pois a hipótese assemelha-se à do mandatário, presente apenas o interesse privado na nulidade.

O testamenteiro, sendo também herdeiro, não estará inibido de adquirir bens do espólio a seu cargo porque não se proíbe ao herdeiro. A inibição dirige-se ao testamenteiro estranho à sucessão (BORDA, 1989, p. 172). Se não há interesse de menores e incapazes no inventário, essa nulidade deve ser tida como relativa, de iniciativa apenas dos interessados.

Este Código põe um paradeiro a essa dificuldade interpretativa, mencionando expressamente que a pena para transgressão do preceito é de nulidade. Contudo, essa nova posição expressa poderá gerar iniquidades na prática.

A nulidade que trata este artigo também pode ocorrer se essas pessoas nomeadas utilizarem de interposta pessoa ou simulação para ultimar o negócio.

Apelação cível – Ação Ordinária – Outorga de procuração, conferindo poderes para alienação de imóvel – Aquisição do bem pelo próprio mandatário – Vedação legal – Inteligência do artigo 1.133, II do CC/1916 – Procuração em causa própria – Ausência de comprovação – Artigo 333, II do CPC/1973 – Inobservância – Escritura pública de compra e venda – Nulidade – Nos termos do artigo 1.133, inciso II, do CC/1916, **"não podem ser comprados, ainda em hasta pública:** (...) II – pelos mandatários, os bens, de cuja administração ou alienação estejam encarregados". Tendo sido formalizada a aquisição, pelo próprio mandatário (primeiro réu), através de pessoa interposta (terceiro réu), de imóvel de cuja alienação aquele estava encarregado, considerando, sobretudo, que a transação ocorreu por preço muito inferior ao valor de mercado, e não havendo notícia – sequer alegação – de que o mandante compareceu diretamente no ato da venda, dele participando e recebendo o preço, deve ser reconhecida a nulidade do negócio jurídico em questão. A procuração em causa própria caracteriza-se como um negócio jurídico dispositivo, translativo de direitos, vez que outorgado no exclusivo interesse do mandatário, sendo comumente utilizado como meio de alienação de bens. Tal espécie de procuração, na medida em que encerra uma cessão de direitos em proveito do procurador, é irrevogável e o dispensa de prestar contas. Pode servir à transmissão do domínio, mediante transcrição no Registro Imobiliário, desde que reúna os requisitos fundamentais (*res, pretium et consensus*) e sejam satisfeitas as formalidades exigidas para a compra e venda. Na hipótese em tela, em que pesem os argumentos em sentido contrário, não se pode concluir que a procuração de f. 23 tenha sido outorgada ao primeiro requerido em causa própria. Embora tenham sido conferidos poderes ao mandatário para vender o imóvel ali descrito, com isenção do dever de prestar contas, não há indicação expressa da sua natureza "em causa própria", nem dispositivo assemelhado. Tampouco há cláusula de irrevogabilidade e irretratabilidade, ínsitas a esta modalidade de mandato. A procuração também não preenche as exigências do contrato de compra e venda, faltando-lhe o requisito do preço e forma de pagamento. Diante disso, só pode prevalecer uma conclusão: a de que se tratou de mandato comum (procuração *ad negotia*), tendo sido os poderes outorgados no interesse do mandante, de modo que o mandatário (primeiro réu) jamais poderia ter adquirido para si o bem, muito menos deixado de entregar o preço justo, obtido com a venda (*TJMG* – AC 1.0024.04.320683-8/0032, 22-11-2016, Rel. Eduardo Mariné da Cunha).

Art. 498. A proibição contida no inciso III do artigo antecedente, não compreende os casos de compra e venda ou cessão entre coerdeiros, ou em pagamento de dívida, ou para garantia de bens já pertencentes a pessoas designadas no referido inciso.

O Código atual restringe as exceções do estatuto anterior à hipótese do inciso III, e dessa forma amplia, em princípio, o rol de proibições. O texto se autoexplica. As situações de exceção fazem não haver desconfiança de fraude ou de abuso por parte dos envolvidos nos respectivos negócios, pois já há titularidade dos nomeados no inciso II no patrimônio envolvido.

Art. 499. É lícita a compra e venda entre cônjuges, com relação a bens excluídos da comunhão.

De acordo com o art. 1.647 deste Código, salvo caso de suprimento judicial de vontade e exceto no regime de separação absoluta, nenhum dos cônjuges pode, sem autorização do outro, alienar ou gravar de ônus real os bens imóveis. No sistema de 1916, o cônjuge, qualquer que fosse o regime de bens, não podia também "*alienar, hipotecar ou gravar de ônus os bens imóveis ou direitos reais sobre imóveis alheios*" (art. 235, I, e art. 242, I a III).

Nosso Código anterior não estipulou proibição, contudo, de venda de um cônjuge a outro. A doutrina inclinara-se por entendê-la nula. O atual Código, assumindo nova posição em matéria de família, autorizando inclusive a modificação do regime de bens no curso do casamento, permite expressamente esse negócio. No sistema anterior, sustentava-se:

> "*Se o regime vigente for o da comunhão universal, a venda não seria senão um ato fictício, pois que o acervo dos bens do casal é comum, e não pode haver compra e venda sem a consequente mutação de patrimônio. Se o regime for outro, a venda é proibida, porque contrária ao princípio que se opõe à sua alteração pela convenção das partes (Código Civil, art. 230; atual, art. 1.639)*" (PEREIRA, 1994, p. 128).

Serpa Lopes (1991, p. 263), ao contrário, entendia que, não havendo impedimento expresso na lei, a compra e venda entre cônjuges era válida desde que não ocorresse a simulação ou fraude à lei: "*se a lei entendeu inútil uma determinada forma de proteção, não pode ela ser introduzida por força de dedução*". No tocante aos bens da comunhão, será inútil e inócua e, portanto, suspeita de interesses simulados, a venda feita por um consorte a outro na comunhão de bens. Por essa razão o novel Código é expresso em permitir esse negócio apenas com relação aos bens excluídos da comunhão. Pondere-se, ainda, contra a utilidade dessa compra e venda em tese, que outra não fosse a causa, o dinheiro para a compra sairia da própria comunhão.

Na compra e venda no regime de separação ou da comunhão parcial, o sistema não impõe proibição (ALVIM, 1961, p. 84), importando examinar o caso concreto para averiguar eventual fraude ou prejuízo de terceiros. Essa é a orientação que deve preponderar no vigente ordenamento.

Art. 500. Se, na venda de um imóvel, se estipular o preço por medida de extensão, ou se determinar a respectiva área, e esta não corresponder, em qualquer dos casos, às dimensões dadas, o comprador terá o direito de exigir o complemento da área, e, não sendo isso possível, o de reclamar a resolução do contrato ou abatimento proporcional ao preço.

§ 1º Presume-se que a referência às dimensões foi simplesmente enunciativa, quando a diferença encontrada não exceder de um vigésimo da área total enunciada, ressalvado ao comprador o direito de provar que, em tais circunstâncias, não teria realizado o negócio.

§ 2º Se em vez de falta houver excesso, e o vendedor provar que tinha motivos para ignorar a medida exata da área vendida, caberá ao comprador, à sua escolha, completar o valor correspondente ao preço ou devolver o excesso.

§ 3º Não haverá complemento de área, nem devolução de excesso, se o imóvel for vendido como coisa certa e discriminada, tendo sido apenas enunciativa a referência às suas dimensões, ainda que não conste, de modo expresso, ter sido a venda *ad corpus*.

1. Venda *ad corpus* e *ad mensuram*

O art. 500 enuncia regra especial aplicável à compra e venda de imóveis. Diz respeito à venda de imóvel como corpo certo e determinado, independentemente das medidas especificadas no instrumento, assim tidas apenas como enunciativas (venda *ad corpus*); e à venda por medida certa, pela qual se garantem as dimensões descritas no instrumento para fixar a extensão e a área (venda *ad mensuram*).

A venda *ad corpus* é mais usual em imóveis rurais, embora se aplique indistintamente também aos imóveis urbanos. Quando se adquire imóvel tendo o instrumento enunciado medidas às quais se acrescentam termos como aproximadamente, mais ou menos ou equivalente, ou quando se mencionam e se descrevem apenas os confinantes, é de concluir-se que as medidas são exemplificativas, enunciativas, e que o imóvel está sendo alienado como corpo certo e determinado, presumivelmente conhecido das partes, não se admitindo reclamação quanto à falta de área. Isso, porém, não é regra inflexível, pois dependerá do exame da real intenção das partes. Assim, também, quando se nomeia e se identifica o imóvel e as circunstâncias presumem a venda de corpo certo, determinado e conhecido, referindo-se, por exemplo, a *Sítio São João, Fazenda Bela Vista, Chácara dos Sousas, Mansão Oliveira, Edifício Conde, Palácio Veneza* etc. Não é necessário que conste do instrumento a expressão *ad corpus*, embora aconselhável que assim se faça. Nesse sentido, a dicção da lei que não admite ação de complementação de área ou de rescisão do contrato ou abatimento de preço, "*se o imóvel foi vendido como coisa certa e discriminada, tendo sido apenas enunciativa a referência às suas dimensões*". Se apenas existe referência ao imóvel como corpo certo, sem menção a medidas, evidente que a venda se realiza *ad corpus*. Se existe referência a medidas, cumpre interpretar a vontade das partes e as circunstâncias do negócio.

Na venda *ad corpus*, presume-se que o comprador adquire o imóvel conhecendo-o em sua extensão e dimensão. Não pode reclamar complemento de área ou desconto. Presume-se que pagou preço global pelo que viu e conheceu. Trata-se de presunção, contudo, que pode soçobrar perante evidências em contrário. Dúvidas podem surgir no caso concreto sobre ocorrência de venda de corpo certo ou com medidas garantidas. Nem sempre será fácil concluir por uma ou outra. Como as consequências jurídicas são relevantes, importa fazer cuidadoso exame da prova, das circunstâncias da venda, da intenção das partes, dos costumes da região e do meio social dos contratantes, quando então a presunção legal pode não ter aplicação.

Por outro lado, especifica a lei que, se a venda imobiliária se faz com estipulação do preço por medida de extensão ou se determina a respectiva área, o vendedor está a garantir as dimensões. O comprador está a adquirir 30 alqueires ao preço de X por alqueire, ou imóvel de 1.500 m2, ao preço total de Y. Não pode ser obrigado a receber menor número de alqueires ou área menor da que comprou e pagou. Nessas hipóteses, abre-se ao comprador a possibilidade de acionar o alienante para que complemente a área. Se isso não for possível, pois poderá não existir área remanescente na disponibilidade do vendedor, o comprador pode optar pela rescisão do contrato ou pelo abatimento proporcional do preço. A primeira ação que se lhe abre, todavia, é a de complementação de área. Pode fazer pedido de rescisão ou de redução de preço subsidiariamente. Se existe área disponível, a complementação é direito do vendedor, que pode opor-se à ação de rescisão ou de abatimento (ALVIM, 1961, p. 92). A área que se pode complementar deve ser contígua ou contínua ao imóvel. Não pode constituir-se de outro imóvel, salvo com a concordância do comprador. Cuida-se de complemento à mesma área vendida. Denomina-se essa ação de *ex empto* ou *ex vendito*, ação do comprador para pedir complemento de área. É ação pessoal; prescrevia em 20 anos no sistema de 1916. Não se confunde com a ação redibitória ou *quanti minoris*, cujos pressupostos são vícios ocultos na coisa, cujo prazo decadencial é de seis meses. O vigente Código preferiu fixar prazo decadencial de um ano para essa ação, a contar da transcrição do título (atual art. 501), como regra geral, embora disponha, no parágrafo único, que, se houver atraso na imissão de posse do imóvel, atribuível ao alienante, a partir dela fluirá esse prazo de decadência. Há, portanto, esses dois prazos iniciais decadenciais a serem analisados, dependendo das circunstâncias. A nova lei procura encurtar prazos, evitando que permaneçam instáveis as vendas imobiliárias. Esta, sem dúvida, foi a justificativa do legislador.

O parágrafo único do art. 1.136 do antigo diploma, contudo, dava margem de tolerância e certa elasticidade à venda *ad mensuram*, fazendo presumir que "*a referência às dimensões foi simplesmente enunciativa, quando a diferença encontrada não exceder de um vinte avos da extensão total enunciada*". Esse dispositivo é parcialmente modificado pelo presente Código, mantido porém o mesmo sentido, art. 500, § 1º:

"*Presume-se que a referência às dimensões foi simplesmente enunciativa, quando a diferença encontrada não exceder de um vigésimo da área total enunciada, ressalvado ao comprador o direito de provar que, em tais circunstâncias, não teria realizado o negócio.*"

Essa presunção pode ser modificada pelas partes se expressamente avençarem sua não aplicação. As disposições legais acerca da venda *ad mensuram* e *ad corpus* são supletivas da vontade das partes. Se não são os contraentes expressos em contrário, não pode haver reclamação de área dentro do limite descrito na lei. A razão do dispositivo justifica-se porque nem sempre as medições do mesmo imóvel apresentam resultados idênticos, ocorrendo certa disparidade de resultados. Tolera-se então divergência de 5% nas medidas totais, equivalente a 1/20. Este Código fala em 1/20. Essa pequena diferença, em princípio, não autoriza ação alguma. A regra do parágrafo único, no entanto, somente deve ser chamada a operar nos casos de dúvida. Importa examinar a intenção dos contratantes. Nada impede que, apesar de existir diferença de menos de 1/20, o vendedor prove que a venda foi *ad mensuram* (RODRIGUES, 1983, p. 171). Daí então ter o corrente diploma feito a menção final, no sentido de que o comprador pode provar que nessas circunstâncias não teria realizado o negócio, o que dá margem ao desfazimento do negócio ou a indenização.

A corrente majoritária da doutrina e da jurisprudência sustenta que a hipótese sob exame não se aplica às compras feitas em hasta pública, praça ou leilão, por aplicação do art. 1.106, no sistema do Código de 1916. Vale lembrar que a venda de imóveis, vista sob o prisma do CDC, é sempre *ad mensuram*, conforme entendimento doutrinário predominante. No entanto, esse dispositivo é norma derrogatória do princípio geral aplicável apenas aos vícios redibitórios. A hipótese vertente do art. 500 deste Código não é de vício redibitório. Nenhuma exceção referente às hastas e leilões está colocada no capítulo da compra e venda em nosso Código.

"*A hipótese do art. 1.136 não é a de vício redibitório, porque dar menos não é dar coisa defeituosa. E o Código trata da diferença de área no capítulo da compra e venda, e não no dos vícios redibitórios, sendo de acrescentar que os autores, em geral, entendem que a prescrição da ação do comprador é a ordinária, e não a especial, do vício redibitório*" (ALVIM, 1961, p. 102).

Embora a venda em hasta seja venda forçada, se houver menor área, haverá prejuízo do comprador e enriquecimento injusto do alienante, não importando as circunstâncias, se não for completada a área ou reduzido o preço.

No sistema de 1916, se ficasse apurado existir área maior que a citada no instrumento, não se deferia ao vendedor, em princípio, pela doutrina preponderante, pedido de complementação do preço ou anulação da venda (TJSP, AC 179.039-1, 17.12.1992, Rel. Des. Marcus Andrade). Argumenta-se que o dispositivo em exame estava colocado como uma das modalidades de garantias postas em favor do comprador. Presume-se que o vendedor saiba o que está vendendo porque conhece o que lhe pertence (MONTEIRO, 1980, p. 96). Essa afirmação peremptória, todavia, podia gerar injustiça. Se houvesse *erro* por parte do vendedor, na dicção legal de 1916, tal deveria ser tratado pelos princípios da teoria geral do erro como vício do negócio jurídico (arts. 138 a 144). Caberia, portanto, ao vendedor provar o erro. O atual Código preferiu solução diversa, mais justa, fazendo constar o erro expressamente no § 2º do art. 500:

"*Se em vez de falta houver excesso, e o vendedor provar que tinha motivos para ignorar a medida exata da área vendida, caberá ao comprador, à sua escolha, complementar o valor correspondente ao preço ou devolver o excesso.*"

Essa solução era já preconizada por Agostinho Alvim (1961, p. 99), sendo certamente inspiração desse saudoso mestre a nova redação.

Lembramos também, como já apontamos, que o § 1º do art. 500 presume que a referência às dimensões foi simplesmente enunciativa quando a diferença encontrada "*não exceder de um vigésimo da área total enunciada, ressalvado ao comprador o direito de provar que, em tais circunstâncias, não teria realizado o negócio*". Abandona, portanto, a nova lei, a referência a "*um vinte avos*" e permite, como reclamava parte da doutrina, que o comprador possa provar que, se soubesse da real extensão do imóvel, não teria realizado o negócio.

A parte final do art. 1.136 foi destacada no atual Código como § 3º do art. 500, com redação mais enfática, inclusive com referência à possibilidade de devolução do excesso:

"*Não haverá complemento de área, nem devolução de excesso, se o imóvel for vendido como coisa certa e discriminada, tendo sido apenas enunciativa a referência às suas dimensões, ainda que não conste, de modo expresso, ter sido a venda ad corpus.*"

Quando surgem dúvidas a respeito da modalidade de venda, portanto, a óptica se desloca para o exame da real intenção das partes.

Agravo de instrumento – Liminar de manutenção de posse concedida ao comprador, determinando, ainda, a imediata suspensão do leilão do bem em questão. Irresignação do Réu. Descabimento. Pedido de revogação da tutela baseado na circunstância de que o bem *sub judice* (vaga de garagem) não constaria do compromisso de compra e venda do imóvel, bem como que a venda não seria *ad corpus*. Cláusula do compromisso firmado pelas partes que, expressamente, estipula que se tratou de **venda *ad corpus***. Extensão do objeto da compra que se constitui em controvérsia que deverá ser analisada juntamente com o mérito da ação. Decisão mantida. Recurso não provido (*TJSP* – AI 2198075-92.2016.8.26.0000, 20-1-2017, Rel. Walter Barone).

Civil e processual civil. Ação de indenização por perdas e anos. Promessa de compra e venda anterior ao CDC. Atraso na entrega de imóvel. **Diferença a menor na metragem de imóvel urbano**. Condomínio vertical. Art. 1.136, parágrafo único do Código Civil. Incidência. Verba honorária. S. 306 do STJ. I. O atraso na entrega do imóvel implica mora da empresa ré, impondo-se o dever de indenizar por perdas e danos. II. O art. 1.136, parágrafo único, do Código Civil de 1916, que considera não indenizáveis diferenças de até 1/20 do tamanho do imóvel, aplica-se aos condomínios verticais regidos pela Lei n. 4.591/62. III. "Os honorários advocatícios devem ser compensados quando houver sucumbência recíproca, assegurado o direito autônomo do advogado à execução do saldo sem excluir a legitimidade da própria parte" (Súmula n. 306/STJ). IV. Recurso especial parcialmente provido (*STJ* – Acórdão Recurso Especial 326.125 – DF, 4-10-2011, Relª Minª Maria Isabel Gallotti).

Art. 501. Decai do direito de propor as ações previstas no artigo antecedente o vendedor ou o comprador que não o fizer no prazo de um ano, a contar do registro do título.
Parágrafo único. Se houver atraso na imissão de posse no imóvel, atribuível ao alienante, a partir dela fluirá o prazo de decadência.

Já apontamos que este Código reduziu drasticamente os prazos de caducidade. O *caput* do artigo estabelece o exíguo prazo de um ano a contar do registro imobiliário. No entanto, o parágrafo faz referência a posse como termo inicial do prazo, quando houver atraso na imissão da posse do imóvel, quando então o prazo se inicia a partir dela. O adquirente somente com a posse terá, em princípio, melhores condições de conhecer o imóvel. Esse texto é de difícil harmonização com os princípios gerais da prescrição e da decadência. Sua interpretação pode dar margem a soluções díspares e até mesmo antagônicas. Melhor seria que a posse no imóvel fosse a regra geral para o termo *a quo*. Assim, pode ocorrer que a posse do imóvel ocorra no momento da alienação e o registro só venha a ser feito anos depois. Perante essas premissas, já há quem defenda que

"*o prazo de decadência para que o vendedor exerça o direito de propor ações referidas no art. 500 do Código Civil deve ser contado a partir da entrada do comprador na posse do bem vendido*" (Ronaldo Alves de Andrade, obra coletiva da Ed. Forense, 2007, p. 794).

A opinião é relevante, mas choca-se com o texto puro da lei. Na verdade, a posse é o melhor meio que tem o adquirente para examinar sua área e, se for o caso, no prazo de um ano, ingressar com a ação judicial. De qualquer forma, melhor que se altere a redação da lei.

🔖 Compromisso de compra e venda. Indenização por danos materiais. Vaga da garagem. Vício por diferença de área. Decadência. Ocorrência. Abatimento proporcional ao preço pela entrega de área menor. Exegese dos artigos 500 e 501 do CC. Extinção do feito com resolução do mérito, nos termos do art. 487, inciso II do CPC. Sentença de improcedência mantida, por motivo diverso. Recurso não provido (*TJSP* – Ap. 1027397-11.2018.8.26.0576, 24-7-2020, Rel. Ana Maria Baldy).

🔖 Recurso de apelação cível – Embargos à execução – Ação de execução para entrega de coisa incerta – Prescrição – Abatimento do preço – Medidas do imóvel não correspondentes àquelas descritas no instrumento contratual – **Data do registro de compra e venda – Artigo 501 do Código Civil** – Inocorrência – Cerceamento de defesa – Não caracterização – Contrato de compra e venda – Aditamento – Escritura de confissão de dívida – Princípio da força obrigatória dos contratos – *Pacta sunt servanda* – Ressarcimento – Despesas – Necessária comprovação – Recurso parcialmente provido. É de um ano o prazo prescricional para o exercício da pretensão de complementação de área ou abatimento do preço, na hipótese de as medidas do imóvel não corresponderem àquelas descritas no instrumento contratual. O termo inicial do prazo é o da data do registro do contrato de compra e venda no Cartório de Registro de Imóveis. Inteligência do art. 501 do Código Civil. O juiz é o destinatário da prova e a ele cabe o juízo de valor de sua necessidade ou desnecessidade, devendo evitar, inclusive, a procrastinação e a oneração inconsequente do processo, não havendo se falar em cerceamento de defesa se o Juiz entendeu que as provas existentes nos autos eram suficientes ao julgamento da causa. Os negócios jurídicos livremente pactuados devem ser cumpridos na forma ajustada. Ausente qualquer vício que possa macular o imprescindível e espontâneo consentimento dos acordantes, incabível a relativização do princípio da força obrigatória dos contratos. A parte demandante ou demandada só terá direito ao ressarcimento das despesas previstas no contrato, em razão da evicção, quando devidamente comprovada nos autos (*TJMS* – Acórdão Apelação Cível 89466/2010, 17-8-2011, Rel. Marilsen Andrade Addario).

Art. 502. O vendedor, salvo convenção em contrário, responde por todos os débitos que gravem a coisa até o momento da tradição.

Essa regra também é dispositiva e nova no nosso ordenamento, mas decorre do que é mais usual. Enquanto a coisa não é entregue, cabe ao alienante mantê-la e responder por todas as despesas respectivas, como impostos, taxas etc. Assim, ao se alienar um automotor, o alienante é responsável pelas multas até a transferência da posse ao adquirente. A obrigação de entregar a coisa sem despesas é ônus do vendedor. As partes podem inverter essa regra, mas devem ser detalhadas e expressas a esse respeito.

🔖 Direito civil e processual civil – Sumário – Agravo retido – Ausência de reiteração – Não conhecimento – Dupla apelação – Preliminar – Ilegitimidade passiva – Rejeição – Mérito – Compra e venda de imóvel – Débitos anteriores à tradição – Responsabilidade dos vendedores – Artigo 502, do CCB – Tributos – Obrigação *propter rem* – Despesas de água e energia elétrica – Utilização por terceiros – Obrigação pessoal – Recursos improvidos – 1- Destarte, "A virtude do procedimento sumaríssimo está em que ele se desenvolve *simpliciter et de plano ac sine strepita*. O que o caracteriza é a simplificação de atos, de modo que as demandas sejam processadas e decididas em curto espaço de tempo e com o mínimo de despesas" (item 37 exposição de motivos do Código Buzaid). 2- Não se conhece de agravo retido sobre o qual não foi reiterada sua apreciação nos termos do artigo 523, *caput* e § 1º, do CPC. 3- Figurando os réus, em escritura de compra e venda do imóvel, como outorgantes vendedores, eles ostentam legitimidade para compor o polo passivo de ação na qual se discute a cobrança de dívidas relativas ao referido bem. 3.1- Preliminar de ilegitimidade passiva rejeitada. 4- Nos termos do artigo 502, do CCB, "**O vendedor, salvo convenção em contrário, responde por todos os débitos que gravem a coisa até o momento da tradição**". 4.1- Demonstrado nos autos que existiam débitos relativos ao imóvel anteriores à tradição, respondem os vendedores, de regra, pelo seu pagamento. 4.2- Verificando-se, entretanto, que as dívidas se encontravam em nome de terceiros, tal implica que a única responsabilidade dos vendedores, derivada do negócio jurídico (compra e venda de imóvel), deve ser a concernente às obrigações *propter rem*, que no caso concreto, alcançam apenas aos débitos de natureza tributária. 5- As despesas referentes ao consumo de água e energia elétrica são de natureza pessoal, e devem ser cobradas de quem efetivamente utilizou o serviço. 5.1- Conforme entendimento do Superior Tribunal de Justiça, "o débito tanto de água como de energia elétrica é de natureza pessoal, não se vinculando ao imóvel. A obrigação não é *propter rem*" (2ª Turma, REsp. nº 890.572, rel. Min. Herman Benjamin, DJe de 13/4/2010). 6- Apelações conhecidas e improvidas (*TJDFT* – Proc. 20140310326579APC – (928713), 1º-4-2016, Rel. Des. João Egmont).

Art. 503. Nas coisas vendidas conjuntamente, o defeito oculto de uma não autoriza a rejeição de todas.

1. Vício redibitório em coisas vendidas conjuntamente

O artigo sofre acerba crítica no comentário de Clóvis, endossada por vários autores que se seguiram. Isso porque o defeito em uma das unidades pode macular ou prejudicar as demais. Suponhamos a hipótese de uma enciclopédia que apresenta defeito de impressão em um dos volumes. A devolução desse volume prejudica toda a obra (RODRIGUES, 1983, p. 173). Se passarmos o exemplo para a modernidade, suponha-se que a enciclopédia ou outro produto seja fornecido em vários arquivos e um deles vem com defeito. A interpretação de Agostinho Alvim é razoável. Entende esse autor que o artigo refere-se à compra de várias unidades autônomas, sem relação de interdependência: 100 livros da mesma edição, 10 automóveis etc. Nesse caso, o defeito em uma ou algumas unidades não interfere nas demais.

> "Para o bom entendimento do art. 1.138 deve ser empregada a interpretação restritiva, porque ele disse mais do que queria. Assim, aplica-se o texto às coisas singulares, ainda que vendidas na mesma ocasião e por um só preço; aplica-se às coisas coletivas, quando se perceba que não há estreita interdependência econômica entre os indivíduos que formam a coisa, como em regra não há num rebanho, ou numa biblioteca; não se aplica o dispositivo, quando, sendo coletiva a coisa, exista uma razão econômica a ditar sua inseparabilidade, sendo permitido, neste caso, rejeitar ambas, ou todas as coisas, pelo defeito de uma" (ALVIM, 1961, p. 112).

Desse modo, não temos que entender que o dispositivo em análise se refira unicamente à compra e venda de universalidades, como pretende parte da doutrina.

Essa questão deve atualmente ser analisada conjuntamente com os princípios do CDC (Lei nº 8.078/1990). O fornecedor de produtos de consumo duráveis e não duráveis responde pelos vícios de qualidade ou quantidade que os tornem impróprios ou inadequados ao consumo ou lhes diminuam o valor, podendo o consumidor exigir a substituição das partes avariadas (art. 18, que discrimina a forma e modalidade de reclamação por parte do adquirente). Determina o mesmo dispositivo dessa lei que se não sanado o vício no prazo máximo de 30 dias, ao consumidor se abrem três alternativas: substituição do produto por outro; restituição da quantia paga, sem prejuízo de perdas e danos, ou abatimento proporcional do preço (§ 1º). Essa aplicação da lei do consumidor deve ter em mira a interpretação preconizada ao art. 503 do Código Civil, para avaliar se é atingida a totalidade dos bens incluídos na venda, ou apenas as unidades defeituosas. O art. 503 do novel Código, como se nota, mantém a mesma redação do diploma anterior.

2. Garantia contra vícios redibitórios e evicção

Essas duas modalidades de garantia agregam-se de tal forma à compra e venda que muitas legislações as disciplinam juntamente com esse contrato. A posição desse instituto é mesmo dentro da teoria geral dos contratos porque essas garantias aplicam-se aos contratos comutativos e onerosos em geral. Os vícios redibitórios têm a ver com defeitos materiais na coisa vendida, enquanto a evicção diz respeito à perda da coisa em razão de vício jurídico.

No CDC, realça-se mais a garantia inerente ao fornecedor de serviços. O consumidor é favorecido com a inversão do ônus da prova a seu favor a fim de facilitar a defesa de seus direitos quando, "*a critério do juiz, for verossímil a alegação ou quando for ele hipossuficiente, segundo as regras ordinárias de experiências*" (art. 6º, VIII). Nesse diapasão, caberá ao fornecedor indigitado provar ausência de culpa, culpa da vítima, caso fortuito ou força maior. A lei do consumidor erigiu responsabilidade objetiva do fornecedor, o qual se safará de responsabilidade somente se provar as excludentes aqui enumeradas.

A obrigação do vendedor não é unicamente entregar a coisa, mas fazê-la de forma livre e desembaraçada de vícios. Essa é a efetiva garantia pela evicção e pelos vícios redibitórios. Deve o vendedor garantir que a coisa seja efetivamente útil para o destino proposto e que não sofra turbação de terceiros por fato ou ato anterior ao contrato. O vendedor assegura a posse pacífica e útil da coisa entregue. Como não se trata de condições essenciais à compra e venda, podem as partes, dentro de sua autonomia de vontade, dispensá-las, restringi-las ou alargá-las, modificá-las, enfim. Por tal razão, admite-se, por exemplo, que o vendedor reforce a garantia de evicção contra determinado terceiro, eventual turbador da coisa, ou que distenda o prazo legal de garantia dos vícios redibitórios.

Art. 504. Não pode um condômino em coisa indivisível vender a sua parte a estranhos, se outro consorte a quiser, tanto por tanto. O condômino, a quem não se der conhecimento da venda, poderá, depositando o preço, haver para si a parte vendida a estranhos, se o requerer no prazo de cento e oitenta dias, sob pena de decadência.
Parágrafo único. Sendo muitos os condôminos, preferirá o que tiver benfeitorias de maior valor e, na falta de benfeitorias, o de quinhão maior. Se as partes forem iguais, haverão a parte vendida os comproprietários, que a quiserem, depositando previamente o preço.

O condômino de parte indivisa não pode alienar sua parte a estranho, se outro condômino quiser, tanto por tanto. O Código institui preferência em favor dos condôminos porque a intenção é, sempre que possível, extinguir o condomínio e evitar o ingresso de estranhos na comunidade condominial, sempre ponto de discórdias. Sob a regência deste art. 504, o condômino preterido pode depositar o preço no prazo de 180 dias, havendo para si a parte vendida ao estranho, sob pena de decadência. O parágrafo único do artigo estabelece ordem de preferência na hipótese de mais de um condômino interessar-se pela aquisição. Preferirá o que tiver benfeitorias de maior valor e, na falta de benfeitorias, o de quinhão maior. Se os interessados tiverem quinhão igual, todos poderão adquirir a parte vendida, depositando o preço.

Essa disposição aplica-se ao condomínio tradicional, não servindo ao condomínio de apartamentos ou assemelhados, com unidades autônomas.

Cuida-se na hipótese de direito de *preempção ou preferência*, regulado nos arts. 513 a 520, cujo estudo deve ser aprofundado quando do exame dos dispositivos respectivos. O condômino não tem no negócio outro direito senão o de comprar a coisa. É direito, e não obrigação. Por outro lado, o vendedor não está obrigado a vender a coisa, mas, se o fizer, terá que oferecê-la ao condômino, que poderá adquiri-la, tendo preferência nas mesmas condições oferecidas pelo terceiro. Esse direito torna-se exercível, portanto, somente quando o condômino resolve vender sua parte na comunhão. Não se aplica quando se tratar de negócio diverso da compra e venda, salvo na dação em pagamento por força do art. 513, que é expresso a esse respeito. Os princípios são idênticos ao Código anterior.

Entende-se que esse depósito deve corresponder ao preço integral, atualizado se for o caso. Ainda, enfatizando que se trata de prazo de decadência, o atual diploma estabelece 180 dias para o requerimento, e não mais os seis meses do antigo art. 1.139, prazos que não são coincidentes. Esse prazo inicia-se no dia em que o negócio da venda a estranho se consumou e é contínuo e peremptório, não se suspendendo nem interrompendo. Entende-se que o prazo deva começar a correr da data em que efetivamente o interessado tomou ciência do negócio e, no caso de imóveis, da data do registro imobiliário.

O parágrafo estipula critérios de preferência quando há mais de um condômino interessado na compra. Quando não for possível utilizar os critérios apontados, estando dois ou mais condôminos na mesma situação, a aquisição será conjunta, sempre com o depósito prévio do preço.

Enunciado nº 623, VIII Jornada de Direito Civil – CJF/STJ: Ainda que sejam muitos os condôminos, não há direito de preferência na venda da fração de um bem entre dois coproprietários, pois a regra prevista no art. 504, parágrafo único, do Código Civil, visa somente a resolver eventual concorrência entre condôminos na alienação da fração a estranhos ao condomínio.

Ação anulatória c.c. Adjudicação compulsória – Venda de vagas de garagem em empreendimento comercial (Mall) a titular de conjunto comercial. Insurgência de proprietário de várias vagas de garagem no empreendimento, aduzindo que seria condômino de bem indivisível e teria direito de preferência, não respeitado. Sentença de improcedência. Data da distribuição da ação: 30/08/2012. Valor da causa: R$ 17.179,02. Apela o autor, insistindo no direito de preferência na aquisição de vagas de garagem, situadas em empreendimento comercial (Mall), argumentando que se tratava de fração de imóvel indivisível. Cada condômino pode vender a respectiva parte indivisa, respeitando o direito de preferência dos demais condôminos. Quando a coisa é indivisível, a venda a terceiros só é possível após a oferta, em igualdade de condições, aos comunheiros (art. 504, CC). Não há que se falar em decadência, pois o termo inicial para a contagem do prazo se dá a partir do conhecimento da transação perante terceiros, o que ocorre com o registro da escritura, ato que confere publicidade ao fato jurídico. Descabimento. Decadência. A publicidade da venda se dá pelo registro na matrícula. O registro ocorreu em 02 de março de 2012, o ajuizamento desta demanda em 29.08.2012 e o depósito realizado em 31/08/2012, dentro dos 180 dias previstos no art. 504 do CC. Afastada a alegação de decadência. Não há direito de preferência, uma vez que não se trata de bem em condomínio, na medida que cada uma das vagas pertence a proprietário distinto, ainda que todas as 38 vagas de garagem estejam em conjunto no mesmo local. Inexistência de copropriedade, a motivar o direito de preferência. Recurso improvido (*TJSP* – Ap. 0058817-89.2012.8.26.0114, 14-5-2014, Rel. James Siano).

Seção II
Das Cláusulas Especiais à Compra e Venda

Subseção I
Da Retrovenda

Art. 505. O vendedor de coisa imóvel pode reservar-se o direito de recobrá-la no prazo máximo de decadência de três anos, restituindo o preço recebido e reembolsando as despesas do comprador, inclusive as que, durante o período de resgate, se efetuaram com a sua autorização escrita, ou para a realização de benfeitorias necessárias.

O Código Civil, após disciplinar a compra e venda sob a epígrafe "Disposições Gerais", nos arts. 481 a 504, examinados anteriormente, trata das chamadas cláusulas especiais à compra e venda, nos artigos seguintes, dispondo acerca da retrovenda (arts. 505 a 508); da venda a contento (arts. 509 a 512); da preempção ou preferência (arts. 513 a 520); do pacto de melhor comprador e do pacto comissório. Estes dois últimos estão ausentes no atual Código, que introduz a conhecida venda com reserva de domínio (arts. 521 a 528) e venda sobre documentos (arts. 529 a 532).

A maioria desses institutos apresenta, modernamente, pouca aplicação e diminuta importância prática. Em passado recente, a venda com reserva de domínio, não disciplinada pelo Código, mas regida pelo atual diploma, teve larga aplicação e utilidade, substituída mais recentemente pela alienação fiduciária em garantia, também regulada por lei extravagante, com maior eficácia e garantia para as instituições financeiras e consórcios. Dessa matéria ocupa-se este capítulo, procurando realçar o que ainda mais possuir interesse prático.

Pela cláusula de retrovenda, o vendedor de coisa imóvel reserva-se o direito de recobrar, no prazo máximo de decadência de três anos, o que vendeu, restituindo o preço recebido, mais as despesas feitas pelo comprador. Percebe-se que a cláusula se aplica unicamente aos imóveis. Trata-se de imposição inconveniente, que mantém a venda e a propriedade resolúvel, ao alvedrio do vendedor, durante certo prazo, que não poderá ultrapassar os três anos. Esse lapso era fixado pelo art. 1.141 do Código anterior, para o denominado *resgate ou retrato* do vendedor, "*presumindo-se estipulado o máximo do tempo, quando as partes o não determinarem*". O atual Código, mais enfático, aponta o máximo de três anos para o retrato, como prazo de decadência.

Dois são os pontos fundamentais da cláusula, portanto: somente se defere à compra e venda de imóveis e seu prazo não pode ultrapassar os três anos. Houve quem no passado defendesse sua utilização para os móveis, sem sucesso, contudo. O fato de os móveis se transferirem sem maiores formalidades pela tradição, sem maior publicidade para cautela de terceiros, bem como os termos peremptórios da lei, não permite outra conclusão. Se estabelecida a retrovenda na alienação de bem móvel, a questão ficará no campo negocial da autonomia de vontade contratual, subordinando-se aos princípios obrigacionais em geral, desvinculando-se da aplicação das normas do Código ora examinadas.

Sabendo-se da importância das vendas imobiliárias para o patrimônio dos contratantes, resulta extremamente inconveniente essa cláusula, cuja franca utilidade facilmente percebida é mascarar empréstimos onzenários, exorbitantes, ou camuflar negócios não perfeitamente transparentes. Geralmente, a inserção desse pacto na venda de imóvel procura atender a dificuldades econômicas do vendedor, que as entende passageiras. Se era útil no passado para garantir o pagamento por parte do comprador nas vendas a prazo, o compromisso de compra e venda substituiu-a com ampla vantagem, sepultando definitivamente a utilidade da retrovenda.

O presente Código, oriundo do Projeto de 1975, no entanto, como vimos, seguindo a orientação da maioria dos Códigos estrangeiros, manteve a cláusula com os mesmos contornos. É, porém, mais completo o art. 505, no tocante à possibilidade de se agregar valor no resgate.

O pacto deve constar do mesmo instrumento da venda. Se constar de documento autônomo, isto é, em instrumento à parte, não será pacto adjeto, mas promessa de contratar ou outro negócio subordinado aos princípios da retrovenda. Se o pacto não constar do instrumento, não haverá como o terceiro adquirente tomar conhecimento.

Pelo pacto de retrovenda, que é acessório à compra e venda, o vendedor mantém o direito de resolver o negócio, dentro de certo prazo, de acordo com sua única vontade, devolvendo ao comprador o preço recebido, mais despesas feitas pelo comprador, reembolsando também "*as empregadas em melhoramentos do imóvel, até ao valor por esses melhoramentos acrescentado à propriedade*" (parágrafo único do art. 1.140 do Código anterior). Como vimos, o presente diploma reporta-se às despesas autorizadas por escrito e às benfeitorias necessárias. Sob essa lei, as partes devem especificar quais as despesas que serão passíveis de reembolso, além do valor das benfeitorias necessárias. Evidente que, modernamente, a devolução deve ocorrer com a devida e inafastável correção monetária, quando aplicável, sob pena de ocorrer injusto enriquecimento. Destarte, acresce-se mais esse entrave a desencorajar o negócio. Aos frutos e benfeitorias aplicam-se as regras gerais, inclusive quanto ao direito de retenção. Cumpre examinar as circunstâncias em concreto. Não está o vendedor, por exemplo, "*obrigado a reembolsar o comprador de benfeitorias que este, maliciosamente, tenha feito para dificultar-lhes o exercício do direito de retrato*" (ALVES, 1987, p. 222). Esse aspecto a mais recente lei procurou evitar. Em qualquer situação, tendo agido o comprador com culpa ou dolo, deve indenizar o prejuízo ao vendedor que se retrata. Eventuais indenizações a que tenha direito o retratante são direitos pessoais indenizatórios que não se confundem com o direito ao retrato. Nada impede que os pedidos sejam cumulados na mesma ação, mas são independentes.

Discute-se sobre a possibilidade de as partes fixarem na retrovenda um preço maior ao retrato, questão controvertida na doutrina que não mereceu tratamento expresso de nosso legislador. Os Códigos italiano e português consideram nulo o valor excedente ao preço originalmente pago. O silêncio de nossa lei não proíbe essa contratação, preço maior ou menor. Ocorre, no entanto, que na hipótese estará configurado negócio jurídico diverso da retrovenda, que estará desfigurada da tipicidade descrita na lei. A constatação de usura mediante a utilização do pacto dá margem à anulação por vício de simulação fraudulenta. Aliás, é de entender que o simples disfarce de mútuo pela retrovenda torna-a passível de anulação, pois traduz fórmula para permitir o pacto comissório, possibilitando ao credor ficar com a coisa que garante seu crédito, o que é vedado pelo art. 1.428 (WALD, 1992, p. 257, citando jurisprudência). Tratando-se de fraude à lei e sendo ilícito o objeto, o ato deve ser considerado nulo.

O prazo de retrato, decadencial por natureza, até o limite legal de três anos, prevalecerá em qualquer situação. Será ineficaz, portanto, qualquer prazo de retrato contratado que ultrapassar três anos. Avençado por prazo maior, operará o limite legal. Nesse pacto, existe condição resolutiva. Como se trata de resolução de negócio anteriormente feito, operada a cláusula do retrato, desfaz-se a compra e venda, isto é, não há negócio vigente. Tudo fica como se venda originária nunca houvesse ocorrido. Por isso, não incidem tributos sobre o ato de retrato, porque não há negócio novo (ALVIM, 1961, p. 133). Com esse desfazimento, desaparecem todos os direitos criados e surgidos *medio tempore*.

Pendente a cláusula, dentro do prazo especificado, a propriedade é resolúvel nos termos do art. 1.359. A maior parte da doutrina entende que o pacto não dá origem a direito real. Melhor seria que a lei fosse expressa a respeito, para melhor resguardo do direito de terceiros. A jurisprudência majoritária tem corroborado a doutrina nesse aspecto, entendendo que contrato com cláusula de retrovenda não constitui título hábil para a criação de direito real.

⚖ Contrarrazões – Regularidade formal do recurso de apelação – Interesse na reforma do julgado evidenciado – Valor da causa que corresponde ao benefício econômico perseguido pelo embargante/apelante – Tempestividade da propositura dos embargos de terceiro – Preliminares rejeitadas. Embargos de terceiro – Constrição de imóveis – Aquisição por terceiro decorrente de instrumento particular de retrovenda – Legitimidade do embargado/exequente em sustentar a decadência do negócio, diante da pretendida adjudicação dos bens – Suposta higidez do negócio jurídico que o prejudica diretamente – Instrumento que previa o prazo de 6 meses para exercício do direito de retrovenda pelo alienante/embargante – Prazos convencional e legal ultrapassados (art. 505 do CC) – Decadência reconhecida – Instrumento particular de retrovenda registrado em Cartório de Títulos e Documentos que confere legitimidade ao embargante para propositura dos embargos de terceiro (Súmula 84 do C. STJ), mas não importa, por si só, na prevalência do respectivo negócio em relação a terceiros – Inexistência de comprovação quanto ao pagamento do preço correspondente ao benefício auferido pelo banco Trendbank – Honorários recursais descabidos – Sentença mantida – Recurso improvido (*TJSP* – Ap. 1058557-61.2017.8.26.0100, 19-9-2018, Rel. Lígia Araújo Bisogni).

⚖ Recurso de apelação em ação ordinária – Administrativo – 1- Decadência – ausente hipótese de retrovenda a determinar a decadência – Hipótese em que foi determinada a reversão de cessão de imóvel em razão de inadimplemento de condição previamente estabelecida. 2- Inadimplemento na destinação e utilização de imóvel público – Parque Industrial Pariquera-Açu – Cessão de imóvel com subsequente outorga de escritura de compra e venda de imóvel condicionada ao cumprimento das condições expressamente estipuladas na Lei Municipal de Pariquera-Açu nº 04/83. Destinação e utilização do imóvel no âmbito do desenvolvimento e fomento do Parque Industrial de Pariquera-Açu que não restaram comprovadas pelo particular. Conjunto probatório que apenas aponta a construção de um galpão no local, sem efetivo exercício de atividade industrial ou comercial. Ônus processual que incumbia à autora, nos termos do que dispunha o art. 333, inciso I, do Código de Processo Civil então vigente, com redação mantida no art. 373, inciso I, do Novo Código de Processo Civil. 3- Sentença de improcedência mantida. Recurso desprovido (*TJSP* – Ap. 0001667-64.2010.8.26.0424, 24-2-2017, Rel. Marcelo Berthe).

⚖ Apelação cível – Adjudicação compulsória – Conjunto probatório que aponta a prática de pacto comissório, desnaturando a **retrovenda**, por encobrir empréstimo. Reconhecimento. Sentença mantida. Recurso não provido (*TJPR* – Acórdão 0686426-4, 17-2-2012, Rel. Des. Stewalt Camargo Filho).

> **Art. 506.** Se o comprador se recusar a receber as quantias a que faz jus, o vendedor, para exercer o direito de resgate, as depositará judicialmente.
> **Parágrafo único.** Verificada a insuficiência do depósito judicial, não será o vendedor restituído no domínio da coisa, até e enquanto não for integralmente pago o comprador.

O direito do vendedor deve ser considerado potestativo, isto é, daqueles que podem ser utilizados a qualquer tempo, pelo titular, dentro do lapso permitido. No dizer de Moreira Alves (1987, p. 108), ao ser classificado como potestativo, essa natureza jurídica afasta a dificuldade de classificar o direito de retrato como pessoal ou real, porque o direito potestativo não é nem pessoal nem real. Pendente a condição resolutiva de retrato, "*o comprador é o verdadeiro e único proprietário do imóvel. O vendedor é apenas titular de um direito potestativo à resolução do contrato*" (LOPES, 1991, v. 3, p. 310).

Extingue-se a retrovenda pelo exercício do direito potestativo do vendedor, pela preclusão do prazo decadencial, pelo perecimento do imóvel ou pela renúncia. Como o prazo é decadencial, não se admite interrupção, nem suspensão. O direito é renunciável, porque somente beneficia o vendedor de forma unilateral, a ele não podendo opor-se o comprador.

Uma vez extinto o direito por seu exercício, não se exaurem as obrigações do vendedor, que deve entregar o bem, não obstando seu registro imobiliário pelo adquirente.

O presente artigo traz inovações. Como o direito de resgate é um direito do vendedor, em caso de recusa pela outra parte, poderá ser consignado o preço, que deve ser integral e deve ser completado, se insuficiente, como está no parágrafo. A questão do exato valor a ser depositado é matéria com nuances a serem examinadas no caso concreto. O texto não especifica o prazo em que a complementação do depósito deve ser feita. Enquanto não decorrido o prazo decadencial, esse depósito poderá ser feito.

Art. 507. O direito de retrato, que é cessível e transmissível a herdeiros e legatários, poderá ser exercido contra o terceiro adquirente.

A natureza desse direito em tese não permitiria sua cessão por ato entre vivos (assim opina parte da doutrina; ver PEREIRA, 1994, p. 144), mas prevalecera, no sistema anterior, o entendimento contrário. O vigente Código é expresso, proibindo a cessão desse direito por ato entre vivos e autorizando apenas no direito sucessório, para herdeiros e legatários (art. 507). Atende-se ao que reclamava a doutrina anterior: melhor conclusão seria sem dúvida tratar-se de direito personalíssimo, portanto intransmissível por ato entre vivos, como sustentava Washington de Barros Monteiro (1980, p. 101). A possibilidade de cessão entre vivos, do direito de retrato, abriria, sem dúvida, mais uma possibilidade de fraude, entre todas aquelas que já dá margem o instituto. No entanto, todos os argumentos contrários à possibilidade de cessão do direito de retrovenda eram subjetivos, porque a lei de 1916 não o proibia expressamente. Se tivesse sido intenção do legislador vedá-lo, tê-lo-ia feito, como fez expressamente com o direito de preferência (art. 520). Agora, o atual Código é expresso nessa restrição. No sistema anterior, tratando-se de direito pessoal, nada estava a determinar na lei que o direito à retrovenda fosse personalíssimo.

Embora se reafirme a inexistência de direito real em nosso sistema, dispunha o art. 1.142 do Código de 1916: "*Na retrovenda, o vendedor conserva a sua ação contra os terceiros adquirentes da coisa retrovendida, ainda que eles não conhecessem a cláusula de retrato.*" A cláusula, devendo constar da escritura e do registro imobiliário, presume-se conhecida de eventuais adquirentes. Institui-se assim direito de sequela. Restava, portanto, inexplicável a menção da lei ao desconhecimento por parte de terceiros. O atual Código menciona no art. 507, de forma singela, que o direito de retrato poderá ser exercido contra o terceiro adquirente, que é efeito natural do instituto. O direito pode ser exercitado e a consequente ação pode ser então movida contra o comprador ou seus herdeiros, bem como contra o terceiro adquirente. A condição opera, ainda que se trate de aquisição por terceiro em hasta pública, que também não pode ignorar a cláusula.

Esse artigo toma, portanto, posição a respeito da cessão do direito de retrovenda. Portanto, o terceiro deve tomar conhecimento do direito com sua menção no instrumento de compra e venda. O direito registrário poderá aclarar melhor a situação, atribuindo expressamente eficácia real a esse pacto pessoal. Dispondo a lei que o direito somente é cessível e transmissível para herdeiros e legatários, está vedada a transmissão e cessão por ato entre vivos, embora a nova lei pudesse ter sido expressa a esse respeito.

Art. 508. Se a duas ou mais pessoas couber o direito de retrato sobre o mesmo imóvel, e só uma o exercer, poderá o comprador intimar as outras para nele acordarem, prevalecendo o pacto em favor de quem haja efetuado o depósito, contanto que seja integral.

Se o direito de retrato for atribuído a duas ou mais pessoas e apenas uma delas, ou algumas, mas não todas, o exercem, o comprador não é obrigado a cumprir parcialmente o pacto. Este pode intimar as outras para que concordem. Se não houver acordo entre os retratantes, e não querendo apenas um deles pagar a totalidade, caducará o direito de todos. Essa regra não se aplica quando se tratar de alienação de condomínio, na hipótese de a retrovenda não se ter ultimado no mesmo ato, isto é, quando os condôminos não venderam suas quotas na mesma oportunidade. Nessa hipótese, cada condômino poderá exercer individualmente o direito de retrato sobre seu quinhão respectivo. Cuida-se de regra que se prende aos princípios do condomínio.

Subseção II
Da Venda a Contento e da Sujeita a Prova

Art. 509. A venda feita a contento do comprador entende-se realizada sob condição suspensiva, ainda que a coisa lhe tenha sido entregue; e não se reputará perfeita, enquanto o adquirente não manifestar seu agrado.

Por essa cláusula de venda a contento, o comprador se reserva o direito de rejeitar a coisa se não lhe aprouver, se não gostar, dependendo de sua exclusiva apreciação. Se não houver disposição contrária no contrato, a cláusula atribui direito potestativo ao comprador que não necessita justificar a eventual recusa. Como regra geral, não pode o vendedor opor-se ao desagrado manifestado pelo comprador. A rejeição pelo comprador não decorre de vício na coisa ou de sua má qualidade. Eventual abuso de direito na recusa deve merecer exame no caso concreto, levando-se em conta que se está perante condição potestativa simples em favor do comprador. Não se examina a utilidade da coisa em si, de forma objetiva, mas a manifestação do arbítrio outorgada ao comprador. A condição é potestativa simples e não puramente potestativa, pois o arbítrio do comprador fica sujeito ao fato de a coisa experimentada agradar-lhe (PEREIRA, 1994, p. 146; RODRIGUES, 1983, p. 193).

É comum a oferta de bens com essa cláusula, principalmente pela via postal ou meios eletrônicos de comunicação destinados ao consumidor. Ressalta-se que o art. 49 do CDC confere ao consumidor o direito potestativo de desistir da compra realizada fora do estabelecimento no prazo de 7 (sete) dias. Também ocorre nos usos de comércio. O art. 207, II, do Código Comercial a ela referia-se expressamente, reconhecendo ao comprador, consoante contrato ou uso mercantil, direito de examinar a coisa vendida e declarar se lhe agrada, antes que o negócio seja tido como venda perfeita e acabada.

Na hipótese de caso fortuito ou força maior, a perda ou deterioração da coisa será suportada pelo vendedor, uma vez que ainda não se havia operado a transferência da titularidade, incidindo a regra do *res perit domino*. Como comodatário, pode usar da coisa para o uso a que se destina. Se a coisa é daquelas que se prova ou se degusta, o adquirente não estará obrigado a devolver o que retirou, contanto que se tenha limitado ao que for indispensável para a prova (ALVIM, 1961, p. 177).

Se estipulada sob condição resolutiva, a posição do adquirente é de possuidor a título de proprietário, pois o domínio já se transferiu pela tradição.

Não será a contento a venda na qual se estipula direito do comprador de trocar ou substituir a coisa. Também não o é aquela na qual são remetidas várias coisas ao comprador para que escolha uma ou algumas delas.

O direito resultante dessa cláusula, utilizável para os bens que se costumam provar ou experimentar, "*é simplesmente pessoal*", gerando, portanto, apenas ação pessoal para entrega de coisa ou indenizatória nas hipóteses de inadimplemento. Na verdade, o dispositivo refere-se a direito *personalíssimo*, não pretendendo contrapor-se aos direitos reais. Sua natureza personalíssima, pois, impede que esse direito seja transmitido aos sucessores do comprador por ato *inter vivos* ou *causa mortis*. O falecimento do comprador extingue o direito. Se sob a venda pendia condição suspensiva, esta se desfaz. Se resolutiva a condição, frustrada esta, a venda restará perfeita. O fato de ser direito de atividade pessoal não inibe, contudo, que seja exercido por mandatário habilitado, dependendo da natureza da prova ou experimento a ser realizado na coisa. Essas assertivas continuam vivas, ainda que o atual Código não se refira ao disposto no art. 1.148 expressamente, mesmo porque as disposições legais respectivas se encontram na seção de direitos obrigacionais. Nada impede, no entanto, que a lei o converta em direito real.

O CDC estabeleceu direito do consumidor de "desistir do contrato, no prazo de 7 dias a contar de sua assinatura ou do ato de recebimento do produto ou serviço, sempre que a contratação de fornecimento de produtos e serviços ocorrer fora do estabelecimento comercial, especialmente por telefone ou a domicílio" (art. 49 da Lei nº 8.078/1990).

Nessa situação, o adquirente não necessita, da mesma forma, justificar o motivo de sua recusa, nem pode o fornecedor a ela se opor. Cuida-se, evidentemente, de aplicação técnica que mais se aproxima da venda a contento em razão da natureza das relações de consumo, do que propriamente do direito de arrependimento, que o legislador denominou no parágrafo de prazo de reflexão. Como a lei refere-se a direito de arrependimento, a hipótese assume feição de condição resolutiva, no silêncio do contrato. Procurou o legislador proteger o consumidor nessas vendas por impulso, situações nas quais não trava contato mais direto com o produto ou serviço ou com o fornecedor. Acrescenta o parágrafo único desse dispositivo que, exercendo o consumidor o direito de arrependimento, deverá receber os valores pagos, devidamente corrigidos. Como o direito de arrependimento aplica-se de forma mais ampla do que a cláusula em estudo, não somente às coisas que se provam e se experimentam, a proteção do consumidor na dicção legal apresenta espectro mais amplo.

Não se esqueça, igualmente, de que todos os termos das ofertas publicitárias (art. 30 do CDC), quaisquer que sejam suas formas ou instrumentos, vinculam o fornecedor, integrando a proposta e, portanto, o contrato que vier a ser celebrado. Desse modo, anunciando o fornecedor a possibilidade de o adquirente-consumidor examinar, experimentar, provar, testar o produto por determinado prazo, com direito à devolução sem justificação, caracteriza-se a venda a contento.

Art. 510. Também a venda sujeita a prova presume-se feita sob a condição suspensiva de que a coisa tenha as qualidades asseguradas pelo vendedor e seja idônea para o fim a que se destina.

A cláusula posta em nosso ordenamento civil abrange tanto a venda *ad gustum* propriamente dita, dependente unicamente do agrado do comprador, como aquela na qual se submete a coisa a ensaio ou experimentação, sujeitando-se ambas à mesma solução legal. Sob esse aspecto, o vigente diploma civil foi expresso, referindo-se à *venda sujeita a prova*, também sob condição suspensiva neste artigo. A venda sob condição de prova, contudo, não se constitui em condição potestativa, salvo expressa menção no contrato, visto que, possuindo a coisa as qualidades asseguradas pelo vendedor e sendo idônea para o fim a que se destina, a rejeição por parte do experimentador, ao contrário da venda a contento, não pode ser injustificada. Esse, aliás, o sentido da nova lei nesse citado dispositivo.

Art. 511. Em ambos os casos, as obrigações do comprador, que recebeu, sob condição suspensiva, a coisa comprada, são as de mero comodatário, enquanto não manifeste aceitá-la.

Se antes do prazo concedido o comprador manifesta seu agrado, ter-se-á como concluída a venda. A venda será tida como perfeita, no âmbito desse artigo, também na hipótese de o comprador alienar a coisa a terceiro, quando então, tacitamente, aceitou-a.

Recebida a coisa sob condição suspensiva, a situação jurídica do adquirente é de comodatário até que manifeste sua aceitação. Mantém a posse direta em razão do contrato e como comodatário. Como tal responde pelos riscos de perda ou deterioração da coisa. Deve conservá-la como se fosse sua (art. 582), sujeitando-se às demais rígidas obrigações desse contrato impostas ao comodatário.

Art. 512. Não havendo prazo estipulado para a declaração do comprador, o vendedor terá direito de intimá-lo, judicial ou extrajudicialmente, para que o faça em prazo improrrogável.

O vendedor deve estipular prazo para a prova ou experimentação. Se não o fizer, a ele incumbe intimar judicialmente o comprador para reputar a venda como definitiva. Esse artigo estipula que nessa intimação se fixe prazo improrrogável. Se o comprador se mantiver silente nesse interregno, "*reputar-se-á perfeita a venda, quer seja suspensiva a condição, quer resolutiva; havendo-se, no primeiro caso, o pagamento do preço como expressão de que aceita a coisa vendida*" (art. 1.146, CC/1916), em disposição suprimida no mais recente diploma, mas perfeitamente aplicável. Trata-se, no entanto, de presunção relativa.

Subseção III
Da Preempção ou Preferência

Art. 513. A preempção, ou preferência, impõe ao comprador a obrigação de oferecer ao vendedor a coisa que aquele vai vender, ou dar em pagamento, para que este use de seu direito de prelação na compra, tanto por tanto.
Parágrafo único. O prazo para exercer o direito de preferência não poderá exceder a cento e oitenta dias se a coisa for móvel, ou a dois anos, se imóvel.

Pelo direito de preferência, o comprador, ao vender ou dar em pagamento o imóvel adquirido, obriga-se a oferecê-lo ao primitivo vendedor para que este adquira a coisa se assim desejar, tanto por tanto. Para isso, o proprietário da coisa deve afrontar o vendedor para que este exerça seu direito de prelação, que caducará se não se manifestar em três dias se a coisa for móvel, e 60 dias (30, no Código anterior) se for imóvel, a contar dessa notificação. Origina-se do *pactum protimiseos* do Direito Romano, de origem grega. O preferente não tem no negócio outro direito senão o de recomprar a coisa. Compra novamente se o desejar. É direito; não obrigação. Entretanto, o comprador não está obrigado a vender. Se o fizer, deve afrontar o vendedor primitivo. Para que esse direito se torne exercitável, é absolutamente indispensável que o comprador tenha decidido revender ou dar em pagamento o objeto da compra e venda primitiva. O instituto possui como características ser *intransmissível*, *indivisível* e *com prazo de caducidade*, como aqui se examina. Decorre da vontade das partes, no âmbito de sua autonomia, podendo constar do próprio instrumento de alienação ou de documento à parte, ou da lei, nas hipóteses de venda de propriedade condominial por condômino ou pelo locador ao locatário. Como é direito pessoal, pode constar de instrumento autônomo, porque irrelevante sua presença na escritura imobiliária e no registro respectivo para fins de ciência de terceiros. Ademais, o pacto não possui efeitos resolutivos, nem afeta direito de terceiros.

A venda com inserção dessa cláusula é definitiva, pois nada a condiciona, sendo plena a propriedade do adquirente que não está obrigado a alienar. Trata-se de negócio acessório à compra e venda, mas não incompatível com outros contratos, como a locação e permuta, dentro da autonomia da vontade contratual, embora assim não entenda parte da doutrina. Pactuado em outro negócio jurídico, no entanto, perde a tipicidade conferida pela lei nos dispositivos em estudo. Não há como se entender proibido o pacto em outros negócios se a matéria não é cogente e de ordem pública. Por sua natureza, o pacto de preempção opera como um contrato dentro de outro maior, que é a compra e venda.

Por meio desse pacto, o comprador contrai a obrigação de avisar, intimar, notificar, dar ciência, afrontar, enfim, o vendedor das condições que oferecerá a terceiro. Essa obrigação deve ser cumprida cabalmente, sem subterfúgios. Da notificação deve constar o preço da venda para que o vendedor possa exercer seu direito, pagando o preço e obedecendo às condições. Deve ser ultimada de forma idônea a comprovar que foi efetivamente recebida, pessoalmente, por via postal, por meio de cartório de títulos e documentos ou de forma judicial. Importa que o interessado tenha sido afrontado de forma efetiva para que não se sujeite o alienante a pagar indenização. Nada impede que os prazos fixados na lei sejam acrescidos na notificação. Omissa esta, persistem os prazos de caducidade de lei. Da informação do preço da venda também devem constar os prazos e condições de pagamento, bem como qualquer outra vantagem oferecida no negócio. Modificada a proposta de venda a terceiros, nova afronta deve ser efetivada sob pena de não se ter por cumprida a exigência legal. Não pode o notificante esconder aspectos da oferta que integram a proposta. O vendedor, por sua vez, somente poderá exercer a preferência se, pagando o preço, cumprir todas as condições da proposta.

Cuida-se de direito pessoal. É faculdade pessoal assegurada ao vendedor para readquirir a coisa vendida em igualdade de condições com terceiros, na hipótese de revenda do bem. O proprietário não está obrigado a vendê-la e muito menos tem prazo para fazê-lo; mas, se o fizer, deve oferecê-la ao vendedor.

Distingue-se da *retrovenda*, porque se aplica tanto a móveis como a imóveis, criando apenas direito obrigacional, sem qualquer reflexo no direito real. A retrovenda, no entanto, depende da iniciativa exclusiva do vendedor em reaver o imóvel vendido, enquanto na preempção é necessário que o comprador queira revender a coisa. Na retrovenda, a reaquisição é feita pelo preço pago anteriormente com os acréscimos especificados na lei já examinados; na preempção, o preço de venda é aquele aposto pelo titular oferecido a terceiros. Na retrovenda, há uma venda que se resolve; a preempção dá origem a novo contrato.

O vigente Código procurou restringir o alcance dessa norma, pois há, de fato, inconveniência na ausência de termo final. Desse modo, estabelece o parágrafo único do artigo em epígrafe: "*O prazo para exercer o direito de preferência não poderá exceder a cento e oitenta dias se a coisa for móvel, ou a dois anos, se imóvel.*" Os prazos, como ressalta à primeira vista, são decadenciais. Assim, ainda que as partes disponham sobre prazos maiores, o prazo que exceder os tetos legais será ineficaz, a exemplo do que ocorre na retrovenda, preponderando o máximo permitido neste artigo pela lei.

Questão dúbia pode surgir na dação em pagamento, quando nela não se estabelece preço. A dação em pagamento não se restringe, como se sabe, à substituição de dinheiro por coisa. Basta que se substitua, quando do cumprimento da obrigação, seu objeto original. Pode consistir na substituição de dinheiro por coisa (*rem pro pecunia*), como também de uma coisa por outra (*rem pro re*), assim como a substituição de uma coisa por uma obrigação de fazer. Se não for necessária a fixação de preço na dação, não há como se dar eficácia à cláusula de preferência. Se as partes não se manifestaram expressamente sobre essa lacuna, há que se concluir como ineficaz a cláusula nessa hipótese.

1. Direito de preferência legal. Preferência do inquilino

O direito de preempção ou preferência pode ser convencional, conforme está no Código Civil, ou legal, quando imposto pelo ordenamento. O Estatuto da Cidade (Lei nº 10.257/2001) disciplina a preferência em favor do Poder Público Municipal, para a consecução de políticas de urbanismos (arts. 25 a 27).

A legislação do inquilinato já tornou tradicional entre nós a preferência legal do inquilino para aquisição do imóvel locado, introduzida pela primeira vez pela Lei nº 3.912/1961. Foi transplantado do pacto adjeto da compra e venda ora sob exame. Por essa razão, aplicam-se à relação inquilinária os mesmos princípios, naquilo que não conflitar com a lei específica.

Como enfatizamos em nossa *Lei do Inquilinato Comentada*, na qual desenvolvemos a matéria com maiores detalhes, com a preferência concedida ao inquilino o legislador visa não só diminuir os riscos de uma venda simulada, que na maioria das vezes rompe a locação, como também facilitar a permanência do locatário no imóvel, sua moradia ou sede de seu comércio. Aplica-se, portanto, tanto à locação residencial, como à não residencial. Desse modo, não importando a natureza da locação, deve sempre o proprietário do imóvel afrontar o inquilino se desejar vendê-lo.

A atual lei inquilinária (Lei nº 8.245/1991) apresenta redação mais detalhada e impositiva ao cuidar do instituto. Disciplina no art. 27 que a preempção deve ser efetivada nos casos de venda, promessa de venda, cessão ou promessa de cessão de direitos, ou dação em pagamento. O texto aqui é expresso em mencionar a dação em pagamento. As promessas de venda e cessões equiparam-se à venda, buscando igual efeito. Quanto à afronta em si, o parágrafo único desse artigo é minucioso:

"*A comunicação deverá conter todas as condições do negócio e, em especial, o preço, a forma de pagamento, a existência de ônus reais, bem como o local e horário em que pode ser examinada a documentação pertinente.*"

Embora isso já decorresse da preempção no Código Civil, a lei do inquilinato acentua que a comunicação deve conter a descrição de todas as condições de venda, com menção expressa à existência de ônus reais, os quais efetivamente interferem no preço.

O art. 28 dessa lei menciona que o direito de preferência do locatário caducará se não houver manifestação, de maneira inequívoca, de aceitação integral da proposta, no prazo de 30 dias. A redação atual diz "*aceitação integral, de maneira inequívoca*", o que induz aspectos a serem examinados no caso concreto. O prazo inicia-se da data do efetivo recebimento da proposta pelo locatário e, sendo de caducidade, não permite suspensão ou interrupção.

O art. 29 trouxe inovação ao especificar: "*Ocorrendo aceitação da proposta, pelo locatário, a posterior desistência do negócio pelo locador acarreta, a este, responsabilidade pelos prejuízos ocasionados, inclusive lucros cessantes.*" Procurou o legislador coibir abusos do locador que pode tentar venda simulada para forçar a desocupação do imóvel pelo locatário. O locatário, porém, como em toda ação indenizatória, deve provar prejuízos. A lei refere-se expressamente a *lucros cessantes*, que é superfetação, uma vez que os prejuízos englobam, de forma genérica, lucros cessantes e danos emergentes.

O art. 30 da Lei do Inquilinato dispõe acerca da preferência quando o imóvel está sublocado. Se a sublocação é de todo o imóvel, a preempção cabe primeiramente ao sublocatário e, em seguida, ao locatário. Devem ser efetivadas duas afrontas sucessivas, ao sublocatário integral e ao locatário. Se forem vários os sublocatários de todo o imóvel, a preferência caberá a todos em comum, ou a qualquer deles, se um só for o interessado. De qualquer forma, a preferência somente pode ser exercida com relação ao imóvel por inteiro, não se admitindo alienação parcial da coisa. A aquisição em condomínio somente é possível por acordo entre os interessados. O parágrafo único esclarece que, na hipótese de existir pluralidade de pretendentes, a preferência caberá ao locatário mais antigo e, se da mesma data, ao mais idoso. A lei refere-se, evidentemente, à sublocação consentida pelo locador, porque, se ocorrer sem consentimento, trata-se de infração legal da locação e não merece a proteção da preempção.

Para espancar dúvidas, por vezes criadas pela jurisprudência do passado, embora o Código Civil seja claro e peremptório, o art. 32 esclarece que o direito de preferência não se aplica na perda da propriedade ou venda por decisão judicial, permuta, integralização de capital, cisão, fusão e incorporação de pessoas jurídicas. Procurou o legislador evitar infindáveis discussões acerca desses negócios. Aplica-se à dação em pagamento, por força do princípio do Código, quando nela se estabelece preço. Como visto, *a datio in solutum* pode ocorrer sem atribuição de preço. Tendo em vista o espírito e finalidade da lei do inquilinato, na relação *ex locato*, há que se concluir sempre necessária a fixação de preço para o imóvel locado na dação em pagamento. Se a ação decorrente da preterição da preferência no sistema do Código Civil é sempre pessoal, na lei do inquilinato criou-se a possibilidade de *eficácia real* à cláusula (art. 33). Estando o contrato de locação registrado no cartório imobiliário pelo menos 30 dias antes da alienação, pode o locatário depositar o preço e haver para si o imóvel. Se não houver registro imobiliário, a ação será a pessoal indenizatória já referida, expressa no início da dicção desse artigo: "*O locatário preterido no seu direito de preferência poderá reclamar do alienante as perdas e danos*", em ação movida contra o alienante. Há, nesse caso, necessidade, como enfatizado, da prova do prejuízo. A preferência ou preempção não é pena. Locatário que, por exemplo, "*ainda ocupa o imóvel objeto do litígio não tem direito a perdas e danos, pois só se indeniza prejuízo efetivamente sofrido*" (2º TACSP, Ap. 195.416 – 3ª Câm. – Rel. Juiz Oswaldo Breviglieri).

O efeito real somente é obtido mediante os dois requisitos da lei: a efetivação do registro mediante averbação junto à matrícula 30 dias antes da alienação e o depósito do preço por meio da ação respectiva, segundo as condições da venda. Essa ação é movida contra o alienante e o terceiro adquirente. Cuida-se de pedido de adjudicação do imóvel. Presente a eficácia real, a única pretensão do locatário é haver o imóvel para si. Não há possibilidade de escolha entre duas ações. Não pode o locatário optar pela indenização, porque existe incompatibilidade lógica que suprime seu legítimo interesse: se o locatário pôde adquirir o imóvel e não o fez, não há como persistir o direito a indenização. Não proposta a ação para depósito do preço e adjudicação do bem no prazo de seis meses, ocorre decadência do direito, não subsistindo interesse para indenização, portanto. O registro em cartório de títulos e documentos é ineficaz para a obtenção de eficácia real. Não havendo contrato escrito, impossível o registro e inviável a eficácia real.

O art. 34 refere-se à situação de condomínio no imóvel locado no que diga respeito ao direito de preferência. A lei do inquilinato estabelece *prioridade* na preferência em favor do condômino, em detrimento do locatário. Portanto, na hipótese de venda de imóvel locado indivisível, a questão é decidida em primeiro plano, em nível de direito real (art. 1.322 do Código Civil) e não de direito pessoal. Os locatários, com mero direito obrigacional, não terão direito de preferência, salvo se todos os condôminos expressamente dele abrirem mão. A prioridade primeira é dos condôminos. Não se aplica, evidentemente, ao condomínio constituído de unidades autônomas. Não havendo interesse dos condôminos na aquisição do imóvel, deve ele ser oferecido aos locatários.

Civil – Processo Civil – Direito intertemporal – Recurso – Requisitos-marco – Publicação da decisão recorrida – Posterior à vigência da Lei nº 13.105/2015. Regência pelo CPC/2015. Ação de despejo. Denúncia vazia. Locação. Imóvel residencial. Notificação extrajudicial. Não atendimento. Preliminares rejeitadas. Direito de preferência na aquisição. Ausência de registro em contrato imobiliário. Contrato verbal. Pedido contraposto. Indenização. Não cabimento. Recurso. Pedido. Gratuidade de justiça. Recolhimento de preparo. Preclusão lógica. Sucumbência. Honorários. Majoração. 1. A análise do recurso deve considerar, em substância, a lei processual vigente ao tempo em que foi publicada a decisão recorrida. 2. A Lei nº 13.105/2015 – Novo Código de Processo Civil – aplica-se às decisões publicadas posteriormente à data de sua entrada em vigor, ocorrida em 18 de março de 2016. 3. Prorroga-se a locação por prazo indeterminado quando, findo o prazo estipulado em contrato, o locatário permanecer no imóvel sem oposição do locador por mais de trinta dias, podendo este, não havendo mais interesse na continuidade da locação, denunciar o contrato, notificando o locatário para desocupação no prazo de 30 dias (inteligência dos arts. 56 e 57, da Lei nº 8.245/1991). 4. O exercício do direito de preferência ou preempção na aquisição do imóvel locado é conferido ao locatário que tenha levado a registro o contrato de locação no cartório imobiliário competente (art. 33 da Lei nº 8.245/1991). 5. A ação de despejo por denúncia vazia não admite pedido contraposto, razão pela qual, não é nula a sentença que não apreciou referido pleito. 6. Ao recolher o preparo, a parte apelante incorre em conduta incompatível com o requerimento de gratuidade de justiça formulado, o que acarreta a preclusão lógica do pedido formulado. 7. Devem ser majorados os honorários fixados em primeira instância, levando-se em conta o trabalho adicional realizado em grau recursal. Inteligência do § 11 do art. 85 do NCPC. 8. Preliminares rejeitadas. 9. Recurso conhecido e desprovido (*TJDFT* – Proc. 20150110258847APC – (975714), 28-10-2016, Relª Maria de Lourdes Abreu).

Art. 514. O vendedor pode também exercer o seu direito de prelação, intimando o comprador, quando lhe constar que este vai vender a coisa.

O vendedor pode, por sua vez, tomar a iniciativa da prelação, intimando o proprietário, se souber que este pretende vender a coisa. Essa atitude, porém, pode servir de alerta ao comprador, mas não lhe inibe a venda a terceiro. Se for dada ciência a terceiro antes da aquisição, este poderá ser acionado solidariamente por perdas e danos, pois não mais poderá alegar boa-fé. Isso inclusive é expresso no atual diploma (art. 518). Essa intimação mencionada no texto tem forma livre, importando que seja idônea no caso concreto.

Apelação cível – Direito Civil – Art. 513 e ss do CC – **Direito de preferência** fixado em instrumento particular – Art. 513, parágrafo único do CC – Limite de 2 anos para imóveis – Venda feita 1 anos após o termo do prazo – Inoperância de cláusula contratual que fixava prazo de 10 anos – Decadência reconhecida de ofício – Art. 10 do CDC – Extinção na forma do art. 269, VI do CPC – Inversão dos ônus sucumbenciais – 1- **O direito de preferência é regulamentado pelos artigos 513 a 520 do Código Civil.** O *caput* do art. 513 prevê que a "preempção, ou preferência, impõe ao comprador a obrigação de oferecer ao vendedor a coisa que aquele vai vender, ou dar em pagamento, para que este use de seu direito de prelação na compra, tanto por tanto". O parágrafo único do referido dispositivo, por sua vez, obtempera que "o prazo para exercer o direito de preferência não poderá exceder a cento e oitenta dias, se a coisa for móvel, ou a dois anos, se imóvel". 2- No caso dos autos a alienação do bem se deu após mais de 2 (dois) anos da assinatura do instrumento particular na qual foi constituída a preferência, ou seja, após escoado por completo o prazo decadencial fixado no art. 513, parágrafo único do CC. Inviável, portanto, se acolher o pleito autoral que alinha como causa de pedir a violação da prelação, pois esta, ao tempo dos fatos, era absolutamente inoperante. 3- A circunstância das partes terem fixado no instrumento particular colacionado às fls. 10/14 o prazo de 10 (dez) anos para o direito de preferência é absolutamente irrelevante, pois a autonomia da vontade, no caso, está indissoluvelmente jungida ao limite legal estabelecido no art. 513, parágrafo único do CC. Assim, como a venda do imóvel ocorreu 3 (três) anos após a constituição do direito de preferência, imperioso é, portanto, o reconhecimento da decadência na espécie. 4- A ausência de alusão nas razões recursais quanto à ocorrência da decadência tem como único efeito o achatamento dos honorários advocatícios a serem outorgados aos subscritores da apelação, especialmente pela intrínseca afetação da alínea *a* do § 3º do art. 20 do CPC, cumulado com o respectivo § 4º. 5- Recurso conhecido para, na forma ditada pelo art. 210 do Código Civil, declarar de ofício a decadência do direito postulado. Processo extinto com resolução do mérito na forma do art. 269, IV do CPC (*TJES* – Ap. 0088707-88.2010.8.08.0035, 9-8-2016, Rel. Des. Subst. Delio Jose Rocha Sobrinho).

Art. 515. Aquele que exerce a preferência está, sob pena de a perder, obrigado a pagar, em condições iguais, o preço encontrado, ou o ajustado.

Ao exercer o direito de preempção, o preferente tem obrigação de pagar o mesmo preço oferecido, encontrado ou ajustado a terceiros, em condições iguais. Nesse ponto há que se analisar se as condições de preço, prazo, juros, correção monetária são idênticas. Nessa cláusula, a lei é expressa no sentido de que a preferência é direito personalíssimo, somente podendo ser exercida pelo preferente indicado no contrato, ou seja, o vendedor, não sendo direito passível de cessão entre vivos nem por causa de morte (art. 520). Na verdade, o interessado não perde direito algum, como parece fazer o texto, apenas deixa de exercê-lo.

Art. 516. Inexistindo prazo estipulado, o direito de preempção caducará, se a coisa for móvel, não se exercendo nos três dias, e, se for imóvel, não se exercendo nos sessenta dias subsequentes à data em que o comprador tiver notificado o vendedor.

A presente cláusula aplica-se a móveis e imóveis. Não havendo prazo estabelecido no contrato, para os imóveis o direito extingue-se em 60 dias após a notificação e para os móveis, em 3 dias.

Art. 517. Quando o direito de preempção for estipulado a favor de dois ou mais indivíduos em comum, só pode ser exercido em relação à coisa no seu todo. Se alguma das pessoas, a quem ele toque, perder ou não exercer o seu direito, poderão as demais utilizá-lo na forma sobredita.

Ainda que atribuída a prelação a mais de um titular, o direito de preferência somente pode ser exercido com relação a todo o bem, não podendo ser feito parcialmente, salvo se houver menção expressa no pacto. Se algum dos titulares da preferência não exercer ou perder o direito, tal não inibe os demais de fazê-lo, obedecidos os requisitos, inclusive o disposto no artigo anterior. Qualquer dos condôminos que queira exercer o direito o fará no prazo comum.

Recorde-se ainda da preferência conferida ao condômino. O condômino de coisa indivisível não pode vender sua parte a estranhos, se outro condômino a desejar. A situação deve ser analisada como ausência de legitimidade para a venda, que a torna ineficaz, atingindo o direito real, pois o condômino preterido pode depositar o preço no prazo de seis meses, por meio de ação de adjudicação, havendo a coisa para si.

🔖 Condomínio geral – Domínio simultâneo – Direito de preferência – Depósito do preço – Prazo decadencial – Divisibilidade ou indivisibilidade – Irrelevância – 1 – Tratando-se de condomínio geral, a sua origem decorre da própria lei e se caracteriza pelo exercício simultâneo do domínio por mais de um titular, sendo prescindível qualquer outra formalização. 2 – Tal fato é o que basta para comprovar a existência do condomínio e, por conseguinte, gerar para os condôminos os direitos e obrigações inerentes, inclusive o direito de preempção. 3 – Vulnerado o direito de preferência, diante da imediata alienação do bem ao terceiro adquirente, sobejará aos condôminos prejudicados o exercício do direito potestativo à adjudicação da fração alienada, sendo suficiente o depósito do valor correspondente ao preço da venda, no prazo decadencial de cento e oitenta dias. 4 – O condômino não pode alienar o seu quinhão a terceiro, sem prévia comunicação aos demais consortes, a fim de possibilitar a estes o exercício do direito de preferência, tanto por tanto, seja a coisa divisível ou não. 5 – Apelos conhecidos e improvidos. Unanimidade (*TJMA* – Acórdão 208702010, 1º-4-2011, Rel. Paulo Sérgio Velten Pereira).

Art. 518. Responderá por perdas e danos o comprador, se alienar a coisa sem ter dado ao vendedor ciência do preço e das vantagens que por ela lhe oferecem. Responderá solidariamente o adquirente, se tiver procedido de má-fé.

Não observada a preempção, cabe pedir indenização por perdas e danos, "*se ao vendedor não der ciência do preço e das vantagens, que lhe oferecem pela coisa*". Leve-se em conta, no entanto, que perdas e danos não são sinônimos de cláusula penal. Ao pedir indenização por perdas e danos, aquele que alega prejuízo deve prová-lo. Não há perda ou dano sem prova do que efetivamente se perdeu e razoavelmente se deixou de ganhar (art. 402). Destarte, o preferente marginalizado no negócio não pode anular a venda feita a terceiro. Não tem legitimidade para tal, porque seu direito não é real. Esse negócio com o terceiro adquirente lhe é estranho. O direito de preempção não confere, em nosso sistema, um direito real sobre a coisa vendida. Somente a lei pode criar direito real e aqui não o faz. O CPC de 1939 estranhamente alterara a ordem tradicional do instituto, assegurando ao preferente ação para exigir a coisa do terceiro adquirente, afora a ação indenizatória. O estatuto processual de 1.973 não repetiu o dispositivo, de modo que persiste a situação jurídica tradicional. Efetuada a venda a terceiro, o preterido não só está impossibilitado de anular a venda a terceiros, como também não possui meios efetivos para impedir que ela ocorra (LOPES, 1991, p. 318).

🔖 Processual civil – Apelações Cíveis – Preempção – Emenda à petição inicial após a citação – Juntada de documentos – Decisão preclusa – Prescrição trienal – Termo *a quo* – Ciência inequívoca – Preliminares afastadas – Alienação de imóvel – Responsabilidade solidária – Má-fé configurada – Valor da condenação – Manutenção da paridade no valor negociado ou ajustado – Valor de mercado – Critério abusivo e ilegal – 1- Preclusa a discussão acerca da imprescindibilidade dos documentos para a propositura da ação, ante a inércia da Ré em impugnar, em momento processual oportuno, a decisão que acolheu a emenda à petição inicial, afasta-se a alegada ofensa ao ordenamento jurídico, mormente porque não houve afronta ao devido processo legal (contraditório e ampla defesa). 2- Demonstrado que não houve o transcurso do prazo trienal entre a data da ciência inequívoca da compra e venda do imóvel e a da propositura da presente ação indenizatória, afasta-se a ocorrência de prescrição. 3- Ante o descumprimento contratual atinente ao direito de preferência, mostra-se o **dever de o comprador indenizar o adquirente, de forma solidária, se tiver procedido de má-fé**, com fundamento no art. 518 do Código Civil. 4- Presume-se a má-fé da adquirente do imóvel, mormente porque é investidora com bom conhecimento acerca do mercado imobiliário e ignorou a cláusula de preferência, dotada de ampla publicidade. 5- Com vistas à preservação da paridade (condições iguais) no tratamento dado ao adquirente do imóvel, para fixação do valor da condenação, deve o magistrado *a quo* ter como referência o valor do preço encontrado ou ajustado na compra e venda do imóvel. 6- A utilização do valor de mercado do imóvel, como critério para fixação do valor da condenação, se revela abusiva e ilegal, porquanto encontra-se sujeito às variações do mercado imobiliário (especulação imobiliária) e poderá, em tese, acarretar locupletamento ilícito. 7- Apelação da 1ª Ré conhecida, mas não provida. Preliminar afastada. Prescrição não acolhida. Apelação da 2ª Ré conhecida e parcialmente provida. Unânime (*TJ-DFT* – PC 20140110669359 – (906311), 19-11-2015, Relª Desª Fátima Rafael).

Art. 519. Se a coisa expropriada para fins de necessidade ou utilidade pública, ou por interesse social, não tiver o destino para que se desapropriou, ou não for utilizada em obras ou serviços públicos, caberá ao expropriado direito de preferência, pelo preço atual da coisa.

Ambos os Códigos restringem a possibilidade de ampliação, limitando a preempção unicamente à compra e venda e à dação em pagamento, além da hipótese do art. 1.150 do velho diploma. Neste último dispositivo, mantida a mesma orientação neste art. 519 do presente Código, a lei faz incidir a obrigação de preferência nas hipóteses de desapropriação, obrigando o Poder Público a oferecer imóvel desapropriado ao ex-proprietário, pelo preço da expropriação, caso não lhe tenha dado o destino para o qual se expropriou. Entende-se, porém, que não haverá essa obrigação da denominada retrocessão, se foi dada finalidade de utilidade pública ao bem expropriado. Da dicção do artigo em comentário deflui que a preempção pode emanar da lei ou da vontade das partes. Assim, com a tipicidade ora descrita, não pode haver preferência em negócios jurídicos de outra natureza, por exemplo, na permuta, na venda judicial, na inclusão de imóvel em patrimônio de pessoa jurídica para integralização de capital social, nem no penhor ou na hipoteca.

Desobedecida a obrigação de retrocessão pelo órgão público, cabe ao expropriado ingressar com ação indenizatória, na qual pedirá a diferença entre o valor do bem quando deveria ter sido oferecido e o valor que o preterido teria recebido se houvesse sido respeitado seu direito de preferência. O presente artigo diz que o preço nessa preferência será o atual. O prazo de prescrição para essa ação é de cinco anos nos termos do Decreto nº 20.910/1932. Após vacilação inicial na doutrina e na jurisprudência, concluiu-se como inadmissível a ação reivindicatória contra o Poder Público na hipótese de retrocessão, uma vez que não se caracteriza o direito real. Cabível, porém, mostra-se, em nosso entender, a ação de obrigação de fazer contra a Administração, para que reintegre o bem ao patrimônio do expropriado, quando houve desvio de finalidade expropriatória, nos termos do estatuto processual, pois se trata de ação pessoal.

Enunciado nº 592, VII Jornada de Direito Civil –CJF/STJ: O art. 519 do Código Civil derroga o art. 35 do Decreto-Lei n. 3.365/1941 naquilo que ele diz respeito a cenários de tredestinação ilícita. Assim, ações de retrocessão baseadas em alegações de tredestinação ilícita não precisam, quando julgadas depois da incorporação do bem desapropriado ao patrimônio da entidade expropriante, resolver-se em perdas e danos.

Apelação cível. Retrocessão. Imóvel expropriado. Pretensão dos autores de ver anulado ato expropriatório, mediante devolução do valor da indenização, sob a alegação de que o Município aproveitou pequena parte da área expropriada para duplicação de uma avenida, o que teria caracterizado desvio de finalidade. Admissibilidade da retrocessão apenas quando descumprida a finalidade para a qual o bem foi desapropriado (art. 519 do CC). Autores que não se desincumbiram do ônus de comprovar suas alegações, em especial, o desvio de finalidade ou abandono da área pelo poder público expropriante (art. 373, inc. I, do CPC). Deferida a realização de prova pericial, os autores não fizeram o depósito dos honorários do perito, fixados em valor razoável para a sua remuneração. Preclusão verificada. Impossibilidade de realização da prova. Sentença de improcedência do pedido mantida. Majoração dos honorários advocatícios, nos termos do disposto no art. 85, § 11, do CPC/15. Recurso não provido (*TJSP* – Ap. 1000180-41.2016.8.26.0615, 24-10-2018, Rel. Djalma Lofrano Filho).

Apelação – **Retrocessão** – Demanda voltada ao retorno de imóvel desapropriado pela Municipalidade de Meridiano, em virtude de não ter sido dada destinação pública a ele, ou, subsidiariamente, a condenação dos demandados ao pagamento de indenização por danos material e moral em virtude da perda da propriedade. Preliminares afastadas – 1- Ilegitimidade ativa – Nada obsta que a autora, esposa, meeira e herdeira necessária do falecido proprietário, pleiteie a retrocessão do imóvel descrito na inicial, na condição de potencial coproprietária e substituta processual dos demais sucessores – 2- Ilegitimidade passiva do Município – Há pertinência subjetiva da ação ao Município-réu na exata medida em que, tendo adquirido originariamente o imóvel mediante desapropriação, ressentirá na sua esfera jurídica os efeitos de eventual procedência da ação de retrocessão – O pagamento de prévia indenização àquele que a Municipalidade alega que era o verdadeiro proprietário (Ernesto Cavallini) quando do ato expropriatório, circunstância que pode vir a ditar a responsabilidade de ressarcir prejuízos, é questão que diz com o mérito, não comportando análise *in statu assertionis* – 3- Impossibilidade jurídica do pedido – Dado que o pedido deduzido pela autora e devolvido à apreciação deste órgão jurisdicional (retrocessão de imóvel) não é proscrito pelo ordenamento jurídico (ao revés, tem expressa previsão no artigo 519 do Código Civil), não se cogita de impossibilidade jurídica da demanda. Mérito – Prescrição – Inocorrência – O fato gerador da pretensão à retrocessão consiste na reversão do terreno doado ao domínio público, porque corresponde ao momento em que a Administração Pública local externou em concreto o seu desinteresse em utilizar o bem seja para a implantação de programa habitacional, seja para qualquer outra finalidade pública – Foi apenas a partir da reversão da doação do imóvel que se divisou claramente a desistência do Poder Público municipal em implementar o fim expropriatório – Natureza real do direito à retrocessão – Sendo direito de natureza real, quando vigia o Código Civil de 1916, deveria prescrever no mesmo prazo das ações reais, então ditado pelo artigo 177 da codificação revogada, na esteira da jurisprudência do Superior Tribunal de Justiça – Hoje, sob a égide do Código Civil de 2002, não mais se distinguindo entre ação pessoal ou real, adota-se o prazo prescricional ordinário, de 10 (dez) anos, preconizado no artigo 205 do diploma vigente – Dado que a pretensão à retrocessão surgiu em 09.10.2013, e a ação foi proposta em 15.04.2014, aquela não foi fulminada pelo prazo prescricional decenal

– Tese meritória sustentada pelo apelante (prescrição da pretensão veiculada na inicial) afastada, com imediato exame das demais questões de mérito suficientemente debatidas no juízo de origem, por força da profundidade do efeito devolutivo da apelação (artigo 1.013, §§ 1º e 2º, do CPC/2015) – Imóvel descrito na inicial que foi adquirido pelo falecido marido da autora, José Manoel Pereira, em 14.03.1982, junto ao espólio de Ernesto Cavallini, mediante contrato particular de compromisso de compra e venda devidamente quitado – Apesar de o bem ter permanecido formalmente em nome do *de cujus* Ernesto Cavallini até a concretização da desapropriação em 30.12.1986, o que levou a Municipalidade a pagar a correlata indenização pelo ato expropriatório ao espólio daquele, não se pode perder de vista que o compromisso de compra e venda quitado, registrado ou não, deve ser considerado título translativo para fins de aquisição do domínio – Enunciado nº 87 do CJF – Conjunto probatório produzido nos autos que efetivamente corrobora a realidade fática exposta na inicial – Após a aquisição do imóvel, a autora e sua família construíram moradia simples no local, tendo passado ao largo do procedimento formal de desapropriação amigável que envolveu exclusivamente a Municipalidade de Meridiano e o espólio de Ernesto Cavallini, embora ressentindo os efeitos práticos da perda do domínio – Também as testemunhas ouvidas em juízo confirmam a versão fática, dando conta, ainda, de que a desapropriação não logrou alcançar a finalidade pública à qual se preordenara (construção de casas populares pela CDHU), tampouco qualquer outro fim de interesse coletivo – Ocorrência de tredestinação ilícita por desvio de finalidade – Sendo possível o retorno ao *statu quo ante*, incide o artigo 519 do Código Civil, afigurando-se cabível o retorno do imóvel ao patrimônio dos sucessores do expropriado, com o subsequente registro do imóvel em nome deles – Sentença de procedência da pretensão à retrocessão mantida – Honorários advocatícios – Sucumbência recíproca – Honorários advocatícios sucumbenciais fixados em 12% (doze por cento) do valor da condenação, nos termos encartados no artigo 85, *caput*, §§ 3º, inciso I, 11 e 14, do CPC/2015, sendo 6% (seis por cento) para o patrono da autora e 3% (três por cento) para os procuradores dos corréus. Recurso desprovido, com observação (*TJSP* – Ap. 1001531-37.2014.8.26.0189, 13-3-2017, Rel. Marcos Pimentel).

Art. 520. O direito de preferência não se pode ceder nem passa aos herdeiros.

Ratifica-se aqui a noção já exposta que o direito de preferência é personalíssimo. Somente a pessoa a quem foi atribuída a preferência poderá exercê-la. O direito não pode ser cedido por sucessão entre vivos ou a causa de morte. Aqui a disposição é cogente e não admite disposição em contrário das partes. Se houver interesse na substituição da parte, só por outro negócio jurídico bilateral poderá ser efetivada. A situação da Lei do Inquilinato, porém, é específica para o universo das locações imobiliárias.

Subseção IV
Da Venda com Reserva de Domínio

Art. 521. Na venda de coisa móvel, pode o vendedor reservar para si a propriedade, até que o preço esteja integralmente pago.

Na venda com reserva de domínio, o alienante reserva para si o domínio da coisa vendida até o momento no qual todo o preço é pago. Pacto adjeto muito empregado em passado já um pouco distante, para vendas a prazo, com a difusão das vendas a prestação, hoje tem sua utilidade diminuída perante a alienação fiduciária em garantia, e do *leasing* à disposição das instituições financeiras e administradoras de consórcios, de roupagem mais moderna e atuante. A origem histórica da reserva de domínio é antiga, presente no CPC revogado, mas não foi disciplinada pelo Código Civil anterior. Não faria falta se o atual Código excluísse esse instituto.

Estipulado o pacto, o comprador recebe pela tradição a coisa e ingressa de plano no uso e gozo do bem, em sua posse, ficando subordinada a aquisição da propriedade ao pagamento integral do preço. É contrato definitivo, não se confundindo, portanto, com contrato preliminar. Pago o preço, a propriedade é atribuída ao comprador, sem outra formalidade, sem necessidade de qualquer outro negócio jurídico. O *pactum reservati dominii* institui condição suspensiva à compra e venda, subordinando a aquisição do domínio ao pagamento do preço total. O implemento da condição ocorre, portanto, com o pagamento. Não se trata de condição resolutiva, como defende parte da doutrina, uma vez que o contrato de compra e venda não atinge a plenitude de seus direitos senão após a integralização do pagamento (PEREIRA, 1994, p. 156). Não pago o preço, o credor pode optar por cobrar a dívida, ou pedir a devolução da coisa.

A venda com reserva de domínio distingue-se do pacto comissório, pois este não passa de modalidade especial de cláusula resolutória expressa, presente tacitamente em todos os contratos de obrigações recíprocas. Em todos os contratos, entendemos que existe a possibilidade de resolução na hipótese de inadimplemento. No pacto comissório, garante-se ao vendedor a possibilidade de rescindir o contrato. Na venda com reserva de domínio, o vendedor mantém a propriedade, podendo reaver a coisa na hipótese de inadimplemento.

O domínio reservado ao vendedor é bastante limitado. Não pode dispor da coisa. Seu único direito, afora a cobrança do débito em aberto, é na verdade recuperar o bem, por meio da reintegração de posse, na hipótese de inadimplemento do comprador. A posse do comprador é *animus domini*, pois somente deixará de ser dono se não pagar o preço. Por essa razão, não havemos de sustentar a precariedade da posse, pois não existe obrigação de restituir a coisa da parte do comprador.

Tendo em vista a peculiar posição dos contratantes nesse negócio, os riscos pela perda e deterioração da coisa são transferidos ao comprador, com a tradição, ao adquirir a posse (LOPES, 1991, p. 335), salvo se dispuserem diversamente de forma expressa. Inverte-se, portanto, o princípio da *res perit dominus*, aplicando-se a concepção do *res perit emptoris*; a coisa perece com o comprador (RIZZARDO, 1988, v. 1, p. 471).

O CPC de 1973 disciplinava a reserva de domínio nos arts. 1.070 e 1.071. O instituto não está presente no CPC atual, tendo em vista o parco interesse na sua utilização. O remédio processual deverá ser então a via comum ou executória, se houver título executivo, sem prejuízo de decisão liminar ou cautelar de busca e apreensão. Como as situações criadas no instituto são de ordem processual, melhor seria que estes artigos de direito material fossem revogados. Ademais, há total desuso atualmente de vendas com reserva de domínio.

Ordinariamente, a venda com reserva de domínio era utilizada para bens duráveis, não fungíveis, identificados por números, marcas ou outros caracteres. Exigindo a forma escrita, podendo ser efetivada por instrumento particular, todo o procedimento do estatuto processual amolda-se aos bens móveis, sendo instituto incompatível para os imóveis, segundo majoritariamente se sustenta na doutrina, embora nada exista que proíba essa utilização. Nada impede que, com relação aos imóveis, também se deixe em suspenso a aquisição do domínio. Em tese, portanto, não há óbice para a venda com reserva de domínio para os imóveis. Contudo, o compromisso de compra e venda a substitui com vantagens nas vendas imobiliárias; daí a razão de ser diminuto o interesse da discussão teórica. O instituto caiu em pleno esquecimento, superado que foi por outros instrumentos, principalmente pela alienação fiduciária em garantia.

Art. 522. A cláusula de reserva de domínio será estipulada por escrito e depende de registro no domicílio do comprador para valer contra terceiros.

A forma escrita é necessária não somente em razão da necessidade de registro para obtenção de eficácia com relação a terceiros, mas também porque sem ela o vendedor não terá condições de valer-se do procedimento próprio de reintegração de posse estatuído pelo CPC.

Levando-se em conta a utilização do instituto entre nós unicamente para as vendas de bens móveis, há necessidade do registro do instrumento no cartório de títulos e documentos do domicílio do comprador para a devida publicidade e eficácia perante terceiros. O pacto não obsta que a coisa seja vendida pelo adquirente, posto que o ônus da suspensividade da venda a acompanha. Constando de registro público, o pacto é oponível a terceiros, ainda que o contrato seja omisso a esse respeito. Salvo expressa contratação pelas partes, o comprador não se qualifica como depositário da coisa vendida, e sim como mero comodatário, não podendo sofrer os ônus decorrentes desse instituto, mormente a prisão civil.

O Decreto-lei nº 1.027/1939 determinava o registro do instrumento de compra e venda com esse pacto no cartório de títulos e documentos para a eficácia *erga omnes*. A atual Lei dos Registros Públicos, no art. 130, reafirma a regra primitiva, sujeitando a venda de móveis a prestações, com ou sem reserva de domínio, ao respectivo registro, para surtir efeito com relação a terceiros. Evidente que essa publicidade é mera presunção legal de conhecimento de estranhos ao negócio, pois não se alcança efetivamente esse conhecimento por parte de terceiros interessados, mormente nos grandes centros populacionais. No tocante aos veículos automotores, a menção da reserva de domínio nos respectivos certificados expedidos pelo órgão de trânsito contorna em parte a dificuldade. Note, contudo, que esse certificado não é prova de propriedade, servindo de mero controle administrativo e princípio de prova de domínio. Visto está que a tradição faz surgir a propriedade dos bens móveis.

Geralmente, o pacto de venda com reserva de domínio vem incluso em um único instrumento. Nada impede, porém, que seja escrito em documento em separado.

Art. 523. Não pode ser objeto de venda com reserva de domínio a coisa insuscetível de caracterização perfeita, para estremá-la de outras congêneres. Na dúvida, decide-se a favor do terceiro adquirente de boa-fé.

A venda com reserva de domínio é destinada a bens duráveis e identificáveis. Essa identificação é essencial para o negócio. A coisa não precisa ser infungível. Os veículos automotores foram o melhor exemplo de destinação da venda com reserva de domínio. Se houver dúvida no tocante à identificação, segundo o texto, protege-se o terceiro de boa-fé. A defeituosa descrição da coisa opera contra os contratantes originários. Cuida-se, aqui, de alienações, que podem ser várias e sucessivas e pender dúvida sobre qual exatamente é o objeto da venda.

Art. 524. A transferência de propriedade ao comprador dá-se no momento em que o preço esteja integralmente pago. Todavia, pelos riscos da coisa responde o comprador, a partir de quando lhe foi entregue.

O pagamento do preço, de forma periódica vai operando a transmissão paulatina de direitos ao devedor, o qual, no entanto, só se torna titular da coisa após o pagamento integral do preço. Dissipando dúvidas, se é que as havia mais recentemente, como o comprador-devedor detém a posse direta da coisa, responde pelos riscos de perda ou deterioração. Desse modo, deverá pagar o preço ainda que a coisa tenha sido furtada, por exemplo.

Art. 525. O vendedor somente poderá executar a cláusula de reserva de domínio após constituir o comprador em mora, mediante protesto do título ou interpelação judicial.

A ação específica decorrente da venda com reserva de domínio era a de busca e apreensão, utilizada quando o credor deseja recuperar imediatamente a coisa (art. 1.071 do CPC de 1973). Pode optar também pela execução das parcelas em atraso ou, doravante, execução para entrega da coisa. Para que ingresse com esses procedimentos, o devedor deve ser constituído em mora, mediante protesto do título ou interpelação judicial. Esta possibilidade de interpretação não existia no CPC anterior, tendo sido introduzida pelo presente Código. Com a supressão de texto do atual CPC, segue-se a regra geral necessária para o caso.

⚖ Tutela de urgência. Compra e venda com reserva de domínio. Constituição em mora evidenciada por meio de protesto. 525 do CC. Reintegração de posse do bem. Cabimento. Probabilidade do direito e perigo de dano evidenciados. Decisão reformada. Recurso provido (*TJSP* – AI 2063176-84.2021.8.26.0000, 25-3-2021, Rel. Milton Carvalho).

⚖ Apelação civil – **Reserva de domínio** – Ação de busca e apreensão – Contrato de compra e venda sem cláusula específica – Ausência de protesto – Ausência de testemunhas instrumentárias – Indeferimento da inicial Trata-se de ação de busca e apreensão originária de contrato de compra e venda, cujo objeto é uma colheitadeira, sem cláusula expressa de reserva de domínio, mas de depósito. Além disso, não houve protesto para fins de constituição em mora do devedor e, por fim, não há subscrição de testemunhas instrumentárias de molde a erigir a negociação à alçada de título executivo extrajudicial. Tolerável, pelo princípio da fungibilidade, a admissão de ação de busca e apreensão como sendo de apreensão e depósito à luz da exigência do art. 1.071, *caput*, do CPC. Confusão técnica que não prejudica a defesa, desde que a mora esteja devidamente comprovada pelo protesto, como exige o pergaminho legal do mesmo dispositivo legal. Contudo, no caso em comento, o contrato não é específico e claro quanto a reserva de domínio, a que se chega por dedução. Além disso, sem embargo, não houve o protesto legal, para fins de comprovação da *mora debitoris*. Por último, o contrato não se erige à condição de título executivo extrajudicial, por ausência de testemunhas instrumentárias. Diante de tanta irregularidade formal e de conteúdo, que a inépcia da inicial, por impossibilidade jurídica do pedido *ut* art. 295, § único, inc. III do CPC, se alça como solução mais correta. Apelação provida e processo extinto. Apelação provida. Ação extinta (*TJRS* – Acórdão 70029675618, 2-6-2011, Rel. Niwton Carpes da Silva).

Art. 526. Verificada a mora do comprador, poderá o vendedor mover contra ele a competente ação de cobrança das prestações vencidas e vincendas e o mais que lhe for devido; ou poderá recuperar a posse da coisa vendida.

Esse artigo faz menção às duas ações primitivas que se abriam ao credor quando o devedor se mostrasse inadimplente. Atualmente o processo executório é o mais adequado.

Art. 527. Na segunda hipótese do artigo antecedente, é facultado ao vendedor reter as prestações pagas até o necessário para cobrir a depreciação da coisa, as despesas feitas e o mais que de direito lhe for devido. O excedente será devolvido ao comprador; e o que faltar lhe será cobrado, tudo na forma da lei processual.

No sistema do CPC anterior seria feita a avaliação prévia da coisa apreendida, conforme dispunha o art. 1.071 do CPC de 1973. O presente artigo explicita, na verdade, o sentido dessa avaliação: examinar o estado atual do bem e apurar sua depreciação. Com isso, o vendedor poderá reter as parcelas pagas e outras despesas, até que seja integralmente ressarcido. A final, havendo saldo em favor do credor, poderá cobrá-lo pela via ordinária; se houver saldo em favor do inadimplente, a ele será devolvido. Melhor seria que esses artigos sobre reserva de domínio fossem derrogados do atual Código. Contudo, é possível fazer essa avaliação durante o processo de execução.

⚖ Apelação cível. Reserva de domínio. Ação de resolução de contrato. A resolução do contrato opera efeito *ex tunc* devendo restituir os contratantes ao estado inicial, com a devolução do bem adquirido e do preço pago, sendo cabível a indenização por perdas e danos à parte lesada. Aplicação do disposto 527 do CC. Precedentes. Apelo Desprovido (*TJRS* – Ap. 70083845206, 28-5-2020, Rel. Roberto Sbravati).

⚖ Ação de cobrança. Compra e venda com reserva de domínio. Inadimplência. Devolução do bem. **Direito à restituição parcial do valor desembolsado.** Inteligência do artigo 527 do Código Civil. Pedido parcialmente procedente. I. As partes convencionaram a compra e venda de um trator com cláusula de reserva de domínio, contudo o preço ajustado não foi integralmente adimplido, motivando o distrato com a devolução do bem pelo comprador. II. A transação havida é subliminar ao próprio distrato promovido pelas partes e não pode ser interpretada de forma irrestrita. Se a requerida tinha o intuito de que a devolução do bem importasse renúncia à restituição de valores, deveria ter consignado isso em instrumento escrito, como demandava a situação. Exegese do artigo 843 do Código Civil. III. A extinção do contrato de compra e venda com reserva de domínio não pode gerar, por si só, a pretensão do vendedor de recebimento de alugueres na medida em que isso equivale à remuneração pela utilização do trator, obrigação para a qual o comprador não se obrigou. IV. Conforme constou do contrato avençado entre as partes, houve estipulação de cláusula penal no percentual de 25% sobre o valor da obrigação principal pelo inadimplemento parcial do contrato – obrigação do comprador de conservação do bem e intransmissibilidade da posse – conforme parágrafo terceiro da cláusula terceira. Nesse peculiar, ainda que o autor tenha permanecido com o bem aproximadamente por um ano e meio, a cláusula penal estipulada há de ser levada em conta como parâmetro para fixação da compensação devida ao vendedor, acrescida apenas da desvalorização do bem no período. Aplicação artigo 527 do Código Civil. V. Pedido parcialmente procedente, sentença, pois, em parte reformada. Recurso parcialmente provido (*TJRS* – Acórdão 71003050077, 27-9-2011, Rel. Carlos Eduardo Richinitti).

Art. 528. Se o vendedor receber o pagamento à vista, ou, posteriormente, mediante financiamento de instituição do mercado de capitais, a esta caberá exercer os direitos e ações decorrentes do contrato, a benefício de qualquer outro. A operação financeira e a respectiva ciência do comprador constarão do registro do contrato.

Esse dispositivo nada mais faz do que repetir os princípios da sub-rogação, a qual, no caso, será da instituição financeira que concedeu o financiamento. A cessão de posição contratual, o fato de ocorrer a intervenção de empresa de financiamento constará do registro. Como acentuamos, a alienação fiduciária substituiu com vantagens a venda com reserva de domínio. Veja a observação abaixo exarada em jornada de Direito Civil, apontando omissão do texto legal.

Enunciado nº 178, III Jornada de Direito Civil – CJF/STJ: Na interpretação do art. 528, devem ser levadas em conta, após a expressão "a benefício de", as palavras "seu crédito, excluída a concorrência de", que foram omitidas por manifesto erro material.

Subseção V
Da Venda Sobre Documentos

Art. 529. Na venda sobre documentos, a tradição da coisa é substituída pela entrega do seu título representativo e dos outros documentos exigidos pelo contrato ou, no silêncio deste, pelos usos.

Parágrafo único. Achando-se a documentação em ordem, não pode o comprador recusar o pagamento, a pretexto de defeito de qualidade ou do estado da coisa vendida, salvo se o defeito já houver sido comprovado.

Na venda sobre documentos, a tradição da coisa é substituída pela entrega do título representativo ou de outros documentos referentes ao contrato, ou, no silêncio deste, pelos usos. Essa definição está presente neste artigo. O comprador, nessa modalidade, não pode recusar o pagamento, alegando defeito na coisa vendida, salvo se este já estiver comprovado (parágrafo único). Cuida-se de modalidade criada pelos usos e costumes mercantis dirigida à coisa móvel. Baseada na confiança em determinados ramos negociais, o comprador assume o risco maior, porque geralmente não examina a coisa. Se a coisa descrita no título ou no documento não existir quando da conclusão do contrato, o negócio é nulo por falta de objeto.

O pagamento deve ser efetuado na data e no lugar da entrega dos documentos, salvo estipulação contrária (art. 530). O pagamento é efetuado mediante a apresentação dos documentos. Se entre os documentos figurar apólice de seguro que cubra os riscos de transporte, estes correm por conta do comprador, salvo se, quando da conclusão do contrato, o vendedor já tivesse ciência da perda ou avaria da coisa (art. 531).

Se o pagamento for estipulado por intermédio de estabelecimento bancário, a este caberá efetuar a entrega de documentos, sem obrigação de verificar a coisa vendida, pela qual não responde (art. 532). Ao banco caberá unicamente examinar os documentos e realizar a operação financeira. Acrescenta o parágrafo único desse último artigo que, somente após a recusa do banco a efetuar o pagamento, poderá o vendedor pretender o preço diretamente do comprador.

Essa modalidade é regulada pelo Código italiano. Premissa ordinária da venda contra documentos é que a coisa se encontre na posse de um terceiro em nome e por conta do vendedor. Ocorre com frequência na compra e venda internacional. Sua utilidade maior acentua-se quando um ou ambos os contratantes se encontram em local diverso da mercadoria no momento da conclusão do contrato ou quando a coisa está em trânsito. Há, sem dúvida, a interferência dos princípios dos títulos de crédito no contrato de compra e venda. Esse negócio tem lugar quando esses documentos representam a própria coisa, como ocorre em alguns títulos de crédito.

Art. 530. Não havendo estipulação em contrário, o pagamento deve ser efetuado na data e no lugar da entrega dos documentos.

As partes têm plena liberdade para escolher a data e o lugar do pagamento. Não havendo essa estipulação, prevalece o lugar e a data da entrega dos documentos. Nessa modalidade de negócio, geralmente o pagamento será feito por uma instituição financeira.

Art. 531. Se entre os documentos entregues ao comprador figurar apólice de seguro que cubra os riscos do transporte, correm estes à conta do comprador, salvo se, ao ser concluído o contrato, tivesse o vendedor ciência da perda ou avaria da coisa.

Aqui se trata de venda sujeita a transporte. O pagamento do seguro será por conta do comprador, se não for disposto diferentemente e se o vendedor não tivesse ciência de que a coisa já estava avariada ou perdida. Nesta última hipótese, caracteriza-se, evidentemente, a má-fé do vendedor.

Se não houver cobertura securitária com relação aos riscos de transporte, há que se obedecer ao que for estipulado no contrato. Se o negócio for omisso a esse respeito, a contrário senso do que dispõe esse artigo, a responsabilidade será do vendedor.

**Art. 532. Estipulado o pagamento por intermédio de estabelecimento bancário, caberá a este efetuá-lo contra a entrega dos documentos, sem obrigação de verificar a coisa vendida, pela qual não responde.
Parágrafo único. Nesse caso, somente após a recusa do estabelecimento bancário a efetuar o pagamento, poderá o vendedor pretendê-lo, diretamente do comprador.**

A instituição financeira expedirá carta de crédito como forma de pagamento, comprometendo-se a pagar mediante a apresentação de documentos. O banco será apenas o pagador, não tendo responsabilidade de verificar a coisa e seu estado. Havendo intervenção de banco, o comprador não pode pagar diretamente ao vendedor e este dele não poderá cobrar, salvo se houver recusa formal da instituição financeira.

CAPÍTULO II
Da Troca ou Permuta

**Art. 533. Aplicam-se à troca as disposições referentes à compra e venda, com as seguintes modificações:
I – salvo disposição em contrário, cada um dos contratantes pagará por metade as despesas com o instrumento da troca;
II – é anulável a troca de valores desiguais entre ascendentes e descendentes, sem consentimento dos outros descendentes e do cônjuge do alienante.**

1. Conceito

A troca, permuta ou escambo foi o primeiro contrato utilizado pelos povos primitivos, quando não conhecido valor fiduciário ou moeda. Desempenhava o papel fundamental da compra e venda da atualidade. O Código Civil de 1916 utilizou o termo *troca*, embora a prática tenha consagrado *permuta* para o negócio que envolve imóveis. O atual Código adota ambos os vocábulos.

Nesse contrato, existe a obrigação de dar uma coisa em contraposição à entrega de outra. *Rem pro re* em vez de *rem pro pretio*, coisa por dinheiro, como na compra e venda. Nesse contrato, as partes comprometem-se a entregar uma coisa por outra. No aspecto material, a compra e venda também não deixa de ser uma troca, de coisa por dinheiro.

Embora fosse o negócio mais utilizado primitivamente, o Direito Romano clássico não incluía a permuta como contrato reconhecido. A troca inseria-se no rol de negócios bilaterais que abriam possibilidade apenas à *condictio ob causam datorum*, sem ação específica para o permutante exigir o cumprimento da avença (MIRANDA, 1972, v. 39, p. 377). Como modalidade de *condictio*, ficava-se apenas no campo da origem do enriquecimento sem causa, portanto.

Tudo o que pode ser objeto de compra e venda também pode ser de permuta, exceto o dinheiro. Desse modo, são passíveis de troca coisas fungíveis por infungíveis. Bens incorpóreos também podem ser objeto de permuta, assimilada a cessão de direitos à compra e venda. Contudo, antepor-se-ia a esta última afirmativa a dicção do art. 481, porque na compra e venda o vendedor obriga-se a transferir o *domínio*, vocábulo tradicionalmente reservado às coisas corpóreas. No entanto, pela acepção aceita, não há que se restringir nem a permuta nem a compra e venda às coisas corpóreas, pois as cessões de direitos não possuem compreensão diversa da compra e venda. Os bens objeto de propriedade intelectual ou de propriedade industrial podem, pois, ser também objeto de troca. Aliás, o Código Comercial já expressava que *"tudo que pode ser vendido pode ser trocado"* (art. 221). Todavia, a troca deve ter por objeto dois bens. Não há troca se, em contraposição à obrigação de entregar coisa, o outro contratante compromete-se a prestar fato, por exemplo, a execução de determinado serviço.

A escassa regulamentação da troca em ambos os Códigos, em um único artigo, não se deve evidentemente a sua desimportância, mas ao fato de a ela serem aplicados supletivamente os princípios da compra e venda. A diferença mais notável com a compra e venda reside no aspecto de que nesta há plena distinção entre a coisa e o preço; existem a coisa vendida e o preço, enquanto na permuta há dois objetos que servem reciprocamente de preço.

2. Natureza

Assim como a compra e venda, trata-se de contrato *consensual*, *bilateral* e *oneroso*. Exige escritura pública somente quando tem por objeto imóveis que suplantam o valor mínimo legal. A permuta é contrato *comutativo*, porque as partes conhecem suas respectivas obrigações, visando, em princípio, prestações equilibradas no tocante aos objetos da permuta ou o justo valor. A diferença de valores no tocante aos bens não desvirtua a natureza do contrato. Se a desigualdade for, porém, de grande monta, poderá haver ato gratuito ou oneroso no que sobejar, permuta com doação ou compra e venda embutida quanto ao valor exorbitante. Sabe-se que dificilmente lograr-se-á que os valores dos bens permutados sejam idênticos. A preponderância dos valores em questão afigura o critério mais seguro para a distinção da compra e venda.

Nesse contrato, não há propriamente preço, porque os contratantes prometem entregar reciprocamente bens que não dinheiro. Não se desnatura a troca em que houver complemento de pagamento em dinheiro. É necessário, porém, que a coisa seja o objeto predominante do contrato e não o montante em dinheiro. Se o valor em dinheiro for primordial, ficando a coisa que integra o preço em segundo plano, não existe troca, mas compra e venda. A distinção a ser feita no caso concreto pode ter importância, em virtude de diversas consequências jurídicas que advêm de um ou de outro negócio. Lembre-se de que algumas particularidades afastam a troca de princípios da compra e venda, como, por exemplo, a desnecessidade de o ascendente obter o consentimento dos demais descendentes para trocar com um deles, salvo se os valores dos bens forem desiguais (art. 533, II), questão que nem sempre se resolve com facilidade na prática. A lei proíbe que sob o disfarce de uma permuta seja contornada a proibição do art. 496.

3. Efeitos

Os efeitos da troca são, em regra, os da compra e venda, inclusive no tocante aos riscos e cômodos da coisa, garantias da evicção e vícios redibitórios, identificando-se o permutante com o vendedor. Da mesma forma, os requisitos quanto à capacidade: para a permuta de imóvel há necessidade de outorga conjugal. Existe apenas um negócio jurídico, cada contratante tendo como obrigação entregar a coisa, recebendo outra. Cada permutante é credor do bem que o outro prometeu trocar. As partes podem fixar prazo idêntico ou diverso para a entrega dos bens. A pretensão de entrega materializa-se na ação da obrigação de dar, pois, como vimos, em nosso sistema, o contrato não transfere a propriedade. Tendo em vista a natureza do negócio, porém, sem que se perca de vista sua unitariedade, existe um desdobramento da noção da compra e venda.

Este Código mantém a mesma orientação do diploma anterior, acrescentando a necessidade do consentimento do cônjuge na hipótese do inciso II. Todavia, consentaneamente com o art. 496, expressa nesse inciso II que será *anulável* a troca de valores desiguais entre ascendentes e descendentes, sem consentimento dos outros descendentes e do cônjuge do alienante. Não mais nula, como estava no diploma anterior. Já analisamos a razão dessa guinada de posição.

Na troca, cada permutante pagará o imposto sobre o valor do bem adquirido, salvo disposição expressa em contrário. Afora essas peculiaridades, o interesse prático na distinção com a compra e venda é restrito. O Código Comercial disciplinava a troca ou escambo nos arts. 221 a 225. A troca é instrumento importante no comércio interno e externo.

Atente-se, porém, que na permuta o contratante pode pedir a devolução da coisa que entregou, se o outro não cumprir sua parte, pelo princípio da exceção de contrato não cumprido. Enquanto na compra e venda existem obrigações distintas, pagamento do preço e entrega da coisa, na permuta os contratantes têm idêntica obrigação, qual seja, entregar a coisa.

⚖ Apelação – Ação de indenização por danos materiais e morais – Contrato de permuta, pelo qual o autor entregou um terreno à requerida e recebeu em troca um automóvel objeto de arrendamento mercantil – Ré que se obrigou a efetuar o pagamento das parcelas do *leasing* em aberto – Alegação do autor de descumprimento, o que teria ensejado a retomada do bem pela instituição financeira e abalo moral – Documentos carreados à contestação que demonstram o adimplemento da obrigação, resultando na liquidação do arrendamento mercantil e na transferência da propriedade do veículo ao autor – Sentença de improcedência mantida – Negado provimento (*TJSP* – Ap. 0004614-78.2013.8.26.00712-9-2015, Rel. Hugo Crepaldi).

CAPÍTULO III
Do Contrato Estimatório

Art. 534. Pelo contrato estimatório, o consignante entrega bens móveis ao consignatário, que fica autorizado a vendê-los, pagando àquele o preço ajustado, salvo se preferir, no prazo estabelecido, restituir-lhe a coisa consignada.

Pelo contrato de consignação ou contrato estimatório, uma parte, denominada consignante, faz a entrega a outra, denominada consignatário, de coisas móveis, a fim de que esta conclua a venda em um prazo e preço fixados. Muito utilizado e difundido na vida negocial, não foi regulado pelo Código Civil de 1916. Considerado pela teoria tradicional como cláusula especial da compra e venda, merece, no entanto, disciplina autônoma, como fez o atual Código.

O negócio não era desconhecido nas fontes romanas que em duas passagens se refere a coisas entregues para vender (PEREIRA, 1994, p. 160). O contrato estimatório implica necessariamente para seu aperfeiçoamento a entrega da coisa pelo *tradens* ao *accipiens*, classificando-se, portanto, como contrato *real*. Sem a entrega efetiva, ainda que ocorra permissão de venda a outrem, haverá pacto diverso, a tipicidade será outra. É *oneroso, comutativo* e *bilateral,* impondo obrigações recíprocas.

Nesse contrato, o *tradens* ostenta a condição de dono, titular da disponibilidade da coisa móvel dada em consignação. O *accipiens*, o consignatário, recebe a coisa com finalidade de vendê-los a terceiro, segundo preço e condições estabelecidos pelo consignante, que os estima; daí sua denominação. Nada obsta que o consignatário fique com a coisa para si, pagando o preço estimado, embora isso não seja da essência e da finalidade precípua da avença. O consignatário assume o encargo de vender a coisa, entregando o preço estabelecido ao consignante. Auferirá lucro no sobrepreço que obtiver nessa venda. O contrato estabelece uma *obrigação facultativa*, visto que pode optar por devolver a coisa, em vez de pagar o preço. Não nos parece que a obrigação seja alternativa, como defendido por alguns, pois a possibilidade de devolver a coisa é subsidiária, o que caracteriza a facultatividade, inclusive como define o atual Código.

Durante a vigência do Código de 1916, a ausência de orientação legislativa trouxe incerteza quanto aos problemas concretos, chamando-se muitas vezes à baila princípios analógicos da compra e venda, do mandato, da corretagem ou da comissão.

O negócio é daqueles que dinamizam a circulação de bens móveis, ativando a economia. Contudo, tecnicamente, o negócio abstrai a destinação final das coisas móveis entregues que podem destinar-se a terceiro adquirente que compra do consignatário ou não.

Embora apresente afinidades com o mandato, o consignatário não representa o consignante na venda, de modo que atua em nome próprio com relação a terceiro. A consignação é irrelevante e estranha a este último. Particulariza, no entanto, o instituto o fato de o consignante manter o domínio das coisas consignadas, transferindo apenas a posse ao consignatário, como está disposto nesse artigo. Há, de fato, características de mandato nesse negócio, porque se autoriza a prática de ato por outrem. Cuida-se, em forçado conceito, de um mandato para vender. No entanto, o mandante não fica responsável pelos atos do *accipien*s perante o terceiro. Trata-se de negócio que apresenta, portanto, características próprias, no qual se destacam seus elementos constitutivos: *entrega da coisa móvel*; *disponibilidade da coisa*; *obrigação de restituir* ou *pagar o preço estimado* e *prazo*, conforme disposto no art. 534.

No entanto, pode ocorrer de não ter sido fixado um prazo. Este não deve ser considerado requisito essencial. Nessa hipótese, cumpre ao consignante, ao desejar o preço ou a coisa em retorno, que fixe prazo razoável, notificando o *accipiens* para o cumprimento, levando-se em conta os princípios que regem as obrigações por prazo indeterminado.

É ampla a função econômica desse contrato no meio consumidor. Como nem sempre o consignatário classificar-se-á como consumidor final, o caso concreto definirá a aplicação do CDC. Utiliza-se com frequência para bens duráveis, como veículos usados, eletrodomésticos, equipamentos de informática, maquinaria, joias, artigos de moda e arte etc.

Em torno do procedimento contratual, que se realiza com a entrega das coisas para a venda, podem gravitar outros contratos, como de publicidade, comissão, divulgação etc. O dono de galeria de arte que recebe quadros para a venda, por exemplo, pode comprometer-se a fornecer folhetos, realizar festividades, convidar críticos etc. Findo o prazo da exposição ou mostra, poderá o consignante optar em ficar com as obras remanescentes para seu acervo, pagando o preço estimado.

A utilidade do contrato mostra-se patente também em outras circunstâncias, quando o fabricante ou atacadista coloca produto no mercado de difícil comercialização, sem implicar imobilização de capital por parte dos varejistas, logrando assim melhor distribuição.

Ao consignatário é conferido o direito de dispor da coisa durante certo prazo. A venda da coisa a terceiro é o efeito natural e esperado do negócio. Daí porque entender que a restituição ao consignante constitui obrigação facultativa do *accipiens* (STIGLITZ, 1987, p. 186). Note que a restituição do bem é a única faculdade aposta no negócio.

Questão de importância é saber se o consignatário pode antecipar a prestação, devolvendo a coisa antes do prazo. Segundo a natureza do contrato, entende-se que o prazo é concedido em favor do consignatário. Desse modo, não havendo para ele interesse na venda a terceiro, nada impede que restitua o objeto da obrigação ao *tradens*, salvo se o contrário resultar expressamente do contrato. Uma vez feita a opção pelo consignatário, pagando o preço ou devolvendo a coisa, não há, em tese, possibilidade de retratação.

Se utilizada e comunicada a faculdade de restituir a coisa, investe-se o consignante na possibilidade de obtê-la, ainda que judicialmente. A partir desse momento, não pode o consignatário recusar a restituição.

Como o preço estimado é elemento fundamental do contrato, é de supor que na conclusão do contrato já esteja estabelecido. Nada obsta que seja fixado em momento posterior à entrega da coisa. No entanto, não se aperfeiçoa o contrato estimatório enquanto não determinado o preço. As partes podem estipular que o preço seja fixado por terceiro ou mediante cotação em bolsa, o que não altera a estrutura do instituto. De qualquer modo, subordinado o preço a termo ou evento futuro, a eficácia do contrato estará sob condição suspensiva.

Se for autorizado ao próprio consignatário estabelecer o preço, descaracterizado estará o negócio como contrato estimatório. Podem, no entanto, as partes estabelecer que o preço seja o corrente de mercado. Não haverá dúvidas se esse preço for tabelado ou cotado em bolsa. Se, no entanto, o preço de mercado se subordina a elementos falíveis, não será fácil dirimir a questão, podendo-se fazer necessária a intervenção de perícia. De qualquer forma, temos de entender como preço corrente o valor médio de venda da coisa no mercado.

Decorrido o prazo do contrato e não pago o preço ou restituída a coisa, submete-se o consignatário aos efeitos da mora. Contratado por prazo certo, opera a mora *ex re*. Por prazo indeterminado, como assinalado, os efeitos da mora *ex persona* decorrem da interpelação. Os efeitos da mora incidem sobre o valor estimado, porque constitui a obrigação principal. O local de pagamento e o da entrega da coisa, no silêncio do contrato, devem ser o do domicílio do devedor, o consignatário, aplicando-se a regra geral.

Enunciado nº 32, I Jornada de Direito Civil – CJF/STJ: No contrato estimatório (art. 534), o consignante transfere ao consignatário, temporariamente, o poder de alienação da coisa consignada com opção de pagamento do preço de estima ou sua restituição ao final do prazo ajustado.

Apelação – Ação de reintegração de posse – Contrato estimatório. Pretensão à reintegração de posse do veículo deixado em estabelecimento da primeira apelada para que fosse por ela vendido – Reconhecimento, em primeira instância, de conexão entre a demanda e os embargos de terceiro, opostos pelo segundo apelado, adquirente do automóvel vendido pela primeira apelada – Sentença de improcedência da ação de reintegração de posse e de procedência dos embargos de terceiro – Pleito de reforma da sentença – Não cabimento – Apelante que celebrou contrato estimatório com a primeira apelada, nos termos do art. 534 do CC, consignando automóvel para que esta o vendesse em seu estabelecimento – Comprovação do pagamento do preço pelo segundo apelado à primeira apelada, que, contudo, furtou-se de pagar o apelante – Impossibilidade de acolhimento da pretensão do apelante, diante da comprovada boa-fé do segundo apelado – Sentença mantida – Apelação não provida. Majoração dos honorários advocatícios, em segunda instância, nos termos do art. 85, §11, do CPC (*TJSP* – Ap. 1000470-71.2016.8.26.0125, 12-3-2019, Rel. Kleber Leyser de Aquino).

Agravo de instrumento – Bem móvel – Ação de reintegração de posse – **Contrato estimatório** – Ausência de repasse pelo consignante do valor recebido pela negociação do veículo – Adquirente pagou o valor integral cobrado – Transferência efetuada para o nome da adquirente que alienou fiduciariamente o bem à financeira – Tutela deferida para reintegrar os agravados na posse direta do veículo – Ausência de verossimilhança – Decisão revogada – Conquanto o revendedor não tenha transferido aos consignantes o valor recebido pelo veículo deixado para venda, não pode a adquirente, terceira de boa-fé que pagou integralmente o montante cobrado, ser privada da posse do bem que lhe foi transferido. O inadimplemento com relação ao contrato estimatório não tem o condão de macular o negócio jurídico celebrado entre a agravante e a loja de veículos. Agravo provido (*TJSP* – AI 2224567-24.2016.8.26.0000, 15-2-2017, Rel. Gilberto Leme).

Civil e processual civil – Apelação – Reparação de danos – Sentença – Fundamentação sucinta – Ausência de nulidade – Preliminar afastada – **Contrato de consignação ou estimatório** – Posterior furto do veículo – Impossibilidade de restituição – Negligência da consignatária – Obrigação de pagar o preço do bem – Lucros cessantes – Ausência de comprovação – Honorários advocatícios sobre o valor da condenação – Sentença reformada – 1 – As razões do convencimento do Juízo de origem, apesar de sucintas, mostram-se presentes na decisão em estudo, o que afasta a possibilidade de anulação do julgado. 2 – As partes celebraram negócio jurídico que a própria ré reconheceu tratar-se de contrato de consignação, denominado na redação do Código Civil vigente de contrato estimatório (artigos 534/537) mediante o qual o consignatário assume os riscos pela perda ou deterioração da coisa, e se obriga a pagar o preço, mesmo que, sem culpa sua, esteja impossibilitado de restituí-la. 3 – Diante da impossibilidade de devolver o veículo à consignante, que, no presente caso, decorreu de culpa da ré, deve a consignatária pagar o valor do bem. 4 – Não há comprovação dos efetivos prejuízos sofridos pela autora a título de lucros cessantes, o que impossibilita a alteração da sentença neste aspecto. 5 – Nos casos em que houver condenação, os honorários advocatícios devem ser fixados sobre o valor da condenação, consoante previsão do artigo 20, § 3º, do CPC, e não sobre o valor da causa. 6 – Sentença reformada apenas para fixar os honorários advocatícios em 15% (quinze por cento) sobre o valor da condenação (*TJCE* – Apelação 607613-80.2000.8.06.0001/1, 18-5-2012, Rel. Des. Francisco Auricélio Pontes).

Art. 535. O consignatário não se exonera da obrigação de pagar o preço, se a restituição da coisa, em sua integridade, se tornar impossível, ainda que por fato a ele não imputável.

O consignatário responde pela perda ou deterioração da coisa e continua obrigado pelo preço estimado, como obrigação principal, conforme estatui esse artigo. Destarte, não está o consignante obrigado a receber a coisa deteriorada, se não indenizado pelos danos, podendo exigir o preço. Permanecendo, durante o contrato, com a posse da coisa, são do consignatário os gastos ordinários com sua conservação, salvo disposição contratual em contrário. Como regra, os gastos extraordinários e urgentes são carreados ao consignante, não podendo, contudo, o consignatário permitir a deterioração ou perda, respondendo por culpa. Estando na posse de coisa alheia, cumpre que exerça toda diligência em sua guarda e manutenção. Por essas razões, há de se entender que o consignatário abriu mão da faculdade de restituir. O contrato de seguro, desse modo, é importante para ambas as partes.

⚖ **Responsabilidade civil. Loja de veículos. Firma individual. Roubo de veículo. Contrato estimatório. Força maior.** O fato exclusivo de terceiro pode excluir o nexo de causalidade e a responsabilidade do fornecedor. A exigência de evitar o resultado não pode ser atribuída à empresa ré. A segurança pública é de responsabilidade do Estado. Contudo, o contrato estimatório ou venda por consignação tem regras próprias. No contrato estimatório deve prevalecer a regra específica do art. 535 do CC. A responsabilidade do consignatário deve ser afirmada. A ré, firma individual, deve responder pelo roubo do veículo, que estava no local para ser vendido. Apelo não provido (*TJRS* – Ap. 70076562420, 24-5-2018, Rel. Marcelo Cezar Muller).

⚖ **Contrato estimatório** – Autora que alega terem as mercadorias consignadas sido roubadas – Pedido de declaração de inexigibilidade de cobranças e indenização por danos morais – Consignatário que não se exonera da obrigação de pagar o preço – Código Civil 535 – Inteligência – Improcedência dos pedidos. Recurso não provido (*TJSP* – Ap. 1001966-19.2016.8.26.0196, 5-4-2017, Rel. Luis Mario Galbetti).

⚖ **Compra e venda** – Caminhões vendidos em consignação – **Contrato estimatório** (art. 534, CC) – Responsabilidade do consignatário, ainda que por fato a ele não imputável (art. 535, CC) – Cerceamento de defesa não verificado – Contrato de compra e venda válido – Sentença mantida – Recursos improvidos (*TJSP* – Ap. 0063073-15.2010.8.26.0577, 10-2-2016, Rel. Nestor Duarte).

Art. 536. A coisa consignada não pode ser objeto de penhora ou sequestro pelos credores do consignatário, enquanto não pago integralmente o preço.

Como corolário da estrutura do contrato, continuando a coisa a pertencer ao consignante, não pode ser penhorada por credores do consignatário, nem arrecadada em insolvência ou falência, enquanto não pago integralmente o preço. Essa regra vem aqui expressa.

⚖ **Processual civil – Embargos de terceiro – Venda em consignação** – Bloqueio de valores de conta bancária da empresa executada (consignatária) – Veículo pertencente ao terceiro embargante (consignante) – Ilegitimidade ativa *ad causam* – Configurada – 1- O cabimento dos embargos de terceiro pressupõe legitimidade ativa por parte do embargante, pois tal ação só pode ser manejada por aquele que detém a condição de proprietário ou possuidor. 2- Dispõe o art. 536, do Código Civil, que a coisa consignada não pode ser objeto de penhora ou sequestro pelos credores do consignatário, enquanto não pago integralmente o preço. 3- Não houve penhora da coisa consignada-veículo, mas sim de valores decorrentes de bloqueio em conta bancária de titularidade da parte executada (consignatária). 4- No direito brasileiro a transmissão da propriedade de bem móvel, o que inclui ativos financeiros, se dá com a tradição (Código Civil, art. 1.267). Nesse contexto, os ativos bloqueados em nome da executada não integravam o patrimônio do terceiro embargante (consignante). Não possuindo direito de propriedade, e muito menos a posse do dinheiro bloqueado, mas tão somente um direito de cunho obrigacional frente à empresa executada, falta-lhe legitimidade para o manejo da presente ação. 5- Sentença mantida (*TRF-4ª R.* – Ap-RN 5002124-19.2015.4.04.7202, 25-8-2015, Relª Juíza Fed. Carla Evelise Justino Hendges).

Art. 537. O consignante não pode dispor da coisa antes de lhe ser restituída ou de lhe ser comunicada a restituição.

A disponibilidade da coisa móvel deve ser atribuída ao consignatário. Sem essa disponibilidade, descaracteriza-se o contrato. Se a coisa é entregue apenas para demonstração ou amostra, não há consignação. Por vezes, na prática, surge o problema que implica exame mais aprofundado da vontade das partes. Outro aspecto a ressaltar é que, durante o lapso do contrato, o consignante, embora dono da coisa, perde sua disponibilidade. Não pode aliená-la até que lhe seja restituída, salvo se diferentemente aposto no contrato.

Como acentuamos, é essencial que o *tradens* entregue a coisa móvel ao consignatário, bem como sua disponibilidade. No entanto, conserva a propriedade. Findo o prazo do contrato ou da notificação, conforme assinalado, terá ele direito ao preço ou à restituição da coisa. Outrossim, durante o lapso contratual, não pode pretender a restituição nem turbar a posse direta do consignatário, que pode opor-lhe os meios possessórios. Como o *tradens* mantém o domínio, pode prometer a venda da coisa para após o prazo de consignação, mediante a condição de reaquisição da disponibilidade.

CAPÍTULO IV
Da Doação

Seção I
Disposições Gerais

Art. 538. Considera-se doação o contrato em que uma pessoa, por liberalidade, transfere do seu patrimônio bens ou vantagens para o de outra.

1. Conceito. Natureza contratual. Conteúdo. Origens. Características

A doação fornece ao não versado na ciência jurídica um dos mais fáceis conceitos de intuir, porém apresenta dificuldades técnicas aos doutrinadores, que têm dificuldade em delinear precisamente seus contornos como relação jurídica. Quiçá o empecilho maior resida no fato de que nem todo ato gratuito seja doação. Assim, não o são os atos de disposição de última vontade, como numerosas outras liberalidades que, por vezes, nem sequer ingressam no mundo jurídico. A lei civil, por seu lado, limita-se a descrever o regime de certos atos da doação que considera relevantes. Desse modo, há muitos outros atos gratuitos regulados de forma diversa da doação. A ideia de liberalidade presente na doação é princípio que pode também fazer parte de outros atos.

A primeira celeuma a respeito do instituto, de vetusta origem histórica, parte da própria conceituação do negócio como contrato. Nosso Código Civil de 1916, por exceção, definiu-a no art. 1.165. Este Código mantém a mesma definição no artigo sob exame, suprimindo apenas a expressão final "*que os aceita*", para melhor compreensão técnica, como veremos, porque nem sempre essa aceitação é expressa ou muito clara. Desse modo, na apropriada definição de Carlos Lasarte (2008, p. 185), "*doação é a transmissão voluntária de uma coisa ou de um conjunto delas que faz uma pessoa, doador, em favor de outra, donatário, sem receber nada como contraprestação*".

Essa tomada de posição se fez necessária, porque o Código francês e outras legislações que o secundaram, disciplinam-na juntamente com os legados, conceituando a doação como ato unilateral e não como um contrato. Naquele sistema, a doação é modalidade particular de aquisição da propriedade. A tradição romana assim a conceituava nas *Institutas*. Nosso legislador partiu da conceituação de ato bilateral, atendendo à doutrina mais moderna.

Nessa concepção, doação é ato *inter vivos*, diferentemente dos testamentos, que são atos *causa mortis* com regime jurídico distinto. Por nosso sistema, não há doações para após a morte. Pela dicção do artigo transcrito, poder-se-ia inferir que a doação iria de encontro, isto é, conflitaria com o sistema geral quanto aos efeitos do contrato, ou seja, teria o condão de transferir a propriedade. No entanto, apesar de a lei expressar que o contrato de doação "*transfere*" o patrimônio, não existe exceção ao sistema geral, consoante o qual a transcrição imobiliária e a tradição são os meios de aquisição da propriedade. Como contrato, a doação traduz, sem dúvida, uma obrigação e não modalidade de aquisição da propriedade.

Observando as várias nuanças das doações na prática, percebemos que, enquanto em muitas oportunidades o conteúdo contratual apresenta-se claro e bem definido, em outras, essa contratualidade não é facilmente identificável, pois a participação do donatário no negócio não é sempre palpável ou ostensiva. Destarte, a referência feita pelo legislador anterior no art. 1.165, tocante à aceitação por parte do donatário, nem mesmo era necessária, dadas as particularidades do instituto; ainda porque fixado seu caráter contratual, a bilateralidade lhe é ínsita, ainda que, aparentemente, possa não ser perceptível outra vontade, qual seja, a do donatário.

A alienação gratuita de direitos imateriais, embora tendo em seu cerne os mesmos princípios de liberalidade da doação, classifica-se como *cessão de direitos*, como vimos ao comentar a teoria geral das obrigações. Assim como para a cessão onerosa recorre-se aos princípios da compra e venda, para a cessão gratuita chamam-se à baila os fundamentos da doação. Várias outras modalidades de liberalidade são encontráveis no ordenamento, as quais, contudo, não configuram doação.

Estabelecida a contratualidade em nosso Código, algo que não ficava muito claro no passado, assim acolhe a doutrina atual. Da definição deflui que se trata de negócio gratuito, unilateral e formal.

É contrato peculiarmente *gratuito*, pois traz benefício ou vantagem apenas para uma das partes, o donatário. Caracteriza-se pelo *animus donandi*, intenção de doar, a ser analisado no caso concreto. Ainda quando presente uma contrapartida por parte do favorecido, como na doação remuneratória ou modal, tal não deve ser de molde a constituir-se contraprestação. É contrato *unilateral*, porque cria obrigações unicamente para o doador. Quando imposto encargo à doação, não se desvirtua a unilateralidade. Se, porém, esse encargo constituir-se contraprestação, ainda que as partes o denominem impropriamente, o contrato não será de doação (PEREIRA, 1994, p. 169).

No contrato de doação, destacam-se claramente dois elementos constitutivos: objetivo e subjetivo. Elemento subjetivo é a manifestação de vontade de efetuar liberalidade, o *animus donandi*. Elemento objetivo é a diminuição de patrimônio do doador que se agrega ao ânimo de doar.

O contrato deve ser considerado no mais das vezes *formal*, por força do art. 541, que lhe prescreve escritura pública ou instrumento particular. O parágrafo único do dispositivo permite a doação verbal sobre bens móveis e de pequeno valor, se lhe seguir incontinenti a tradição, o que, sendo exceção à regra geral, de aplicação restrita, não a transforma em consensual.

2. Animus donandi

Muitos atos de liberalidade não constituem doação, por lhes faltar a precípua intenção de doar, o *animus donandi*. Nas situações nas quais se entrega ou se recebe algo gratuitamente, mas sem a finalidade de transferir o domínio, por exemplo, no comodato, depósito, mandato gratuito, a relação jurídica será outra. Assim também nos serviços gratuitos, quando não se costuma pedir um preço. Vejam que nessas classes de atos está presente a liberalidade, sem que possam ser conceituados como doação.

A doação exige gratuidade na obrigação de transferir um bem, sem recompensa patrimonial. Essa ausência de patrimonialidade não coincide com a noção de desinteresse. A motivação do ato jurídico de doação é irrelevante para o direito. Sempre haverá um interesse remoto no ato de liberalidade cujo exame, na maioria das vezes, é despiciendo ao plano jurídico. Dificilmente haverá doação isenta de interesse social, ético, político, religioso, científico, desportivo, afetivo, amoroso etc.

Como acentua com maior propriedade Guillermo Borda (1989, p. 671), com sua vasta experiência de vida, a doação é forma de satisfazer vaidades, um instrumento para receber honrarias, alcançar prestígio. Nem mesmo a expectativa de receber benefícios indiretos suprime-lhe o caráter de liberalidade. *"O contrário seria valorizar **o motivo**, que o nosso direito não leva em consideração, como elemento do contrato, e que não se deve confundir com a causa, ou objeto"* (ALVIM, 1972[a], p. 9). Motivo, portanto, não se confunde com o *animus donandi*. A doação, por conseguinte, não necessita ter como móvel a benemerência ou beneficência. Estas, por sua vez, não se identificam com o conceito de liberalidade. De outro modo, tão só a liberalidade é insuficiente para caracterizar doação, pois, como vimos, outros atos a possuem em seu cerne, não constituem doação.

Como vemos, ao contrário do negócio oneroso, a doação não se perfaz tendo por objetivo uma contraprestação patrimonial. A aposição de encargo não faz o negócio desviar-se da liberalidade. Para que ocorra, contudo, a lei exige que haja obrigação de transferir bens, em sentido amplo. Essa amplitude, porém, não é ilimitada. A vantagem do donatário deve ser de cunho patrimonial, devendo ocorrer o aumento de seu patrimônio em detrimento do doador.

Muitas situações, até mesmo sem conteúdo contratual, mas com sentido de liberalidade, não se convertem em doação, ora porque lhes falta o ânimo de doar, ora porque não ocorre a diminuição no patrimônio do doador. Assim sucede quando da inatividade do proprietário; consuma-se a usucapião em favor de outrem. O que sofre a prescrição aquisitiva de outrem pode ter variados motivos para não interrompê-la, inclusive o de liberalidade. A renúncia de direitos pode decorrer de liberalidade, mas não configura doação, salvo expressa ressalva legal ou vontade do doador. A esse respeito, por exemplo, deve ser examinada a renúncia de herança.

Ordinariamente, a doutrina afasta o *animus donandi* nas oferendas e presentes que são feitos por ocasião de bodas, aniversários ou datas festivas. Não porque sejam de pequeno valor, pois podem não sê-lo, mas porque são juridicamente irrelevantes, sendo atos de cortesia e mera convivência social cuja intenção não se insere na definição de negócio jurídico do art. 185.

Nesse sentido, a opinião de Agostinho Alvim (1972[a], p. 18). Assim também se colocam as gorjetas, gratificações e esmolas. No entanto, tal não deve ser entendido como regra inflexível, pois situações desse jaez ocorrerão com frequência, nas quais o ânimo de doar poderá fazer-se presente.

No entanto, é possível divisar na doação um negócio misto, isto é, considerá-lo apenas em parte gratuito. Trata-se de *negotium mixtum cum donatione*. Na venda e compra, por exemplo, o comprador sabe que a coisa vale 1.000, mas paga 1.500. Sua intenção estará, sem dúvida, inspirada em liberalidade no sobrepreço que paga voluntária e conscientemente. A questão é saber em que nível o negócio deixa de ser oneroso para converter-se em doação. A solução é examinar a preponderância do negócio, se onerosa ou gratuita. Da conclusão decorrerá a exegese do contrato. Entendemos que no negócio misto, não ocorrendo negócio simulado sob a forma de negócio oneroso, haverá doação na parte referente ao sobrepreço. No tocante à parte onerosa, aplicam-se os princípios próprios da compra e venda.

O sujeito pode se valer do conteúdo volitivo de liberalidade, para praticar a chamada *doação indireta*. Esse fenômeno conceitua-se por exclusão. Consideram-se doações indiretas todos os atos de liberalidade que não podem ser qualificados como doação direta, nos quais se observa o empobrecimento de um sujeito e o correspondente enriquecimento de outro. Na doação indireta, o doador pratica liberalidade recorrendo a um diverso meio jurídico, para obter o reflexo da gratuidade (TRABUCHI, 1992, p. 849). Exemplos típicos são a remissão de dívida, o pagamento de débito alheio, o contrato em favor de terceiro, entre outros. Como percebemos, não existe conceito unitário de doação indireta, pois em sua compreensão inserem-se várias formas de transmissão de direitos a título de liberalidade. A fixação de sua natureza jurídica apresenta importância para o exame da validade e eficácia do ato, bem como para sua hermenêutica. Não se confunde a doação indireta com a *doação simulada*. Nesta, o negócio jurídico é oneroso, mascarado por uma doação.

3. Aceitação. Capacidade e legitimação

A aceitação, no contrato de doação, pode tomar feição peculiar. A capacidade de figurar no pacto como donatário é ampla. Embora indispensável para perfazer o conteúdo contratual, a aceitação pode ser expressa ou tácita, admitindo a lei que também seja *presumida*. Essa possibilidade de presunção de manifestação de vontade do donatário reforça a tese daqueles que lhe negam o caráter contratual. No entanto, embora presumida, a aceitação sempre se fará presente. A esse respeito o art. 1.170 do Código Civil anterior dispunha que *"às pessoas que não puderem contratar é facultado, não obstante, aceitar doações puras"*. O presente Código, de forma mais técnica, dispõe no art. 543: *"Se o donatário for absolutamente incapaz, dispensa-se a aceitação, desde que se trate de doação pura."* Tratando-se de doação pura, que só benefício trará ao incapaz, a lei dispensa qualquer formalidade na aceitação. O silêncio qualificado, nessa hipótese, implica aceitação do benefício. Essa solução decorre do senso comum. Somente não será válida se ocasionar gravame ao incapaz, como na hipótese de encargo, dependente de exame do caso concreto.

Na mesma linha de raciocínio, a lei permite que os pais ou representante legal aceitem doação feita ao nascituro (art. 542). Nessa hipótese, a lei não restringe a liberalidade às doações puras, admitindo que o representante legal possa julgar de sua conveniência ou não para o nascituro. O nascimento com vida do beneficiário é condição suspensiva dessa doação.

Também haverá aceitação presumida quando o outorgante, em doação não sujeita a encargo, fixa prazo ao donatário, para declarar se a aceita ou não (art. 539). Seu silêncio presume a aceitação. Trata-se, nessa hipótese, de silêncio qualificado com consequências jurídicas. Situação peculiar na qual o silêncio possui conteúdo de manifestação de vontade, opera efeitos jurídicos. No entanto, esse silêncio somente terá relevância jurídica, se o outorgado tem conhecimento do prazo fixado pelo doador. Essa modalidade de aceitação somente deve ser admitida nas doações puras: se houve encargo, não se pode presumir que o outorgado o tenha admitido. Contudo, uma vez fixado prazo para a aceitação, enquanto este não decorrer, está livre o doador para revogá-la, desde que o faça de forma idônea (MONTEIRO, 1980, v. 5, p. 120).

Haverá da mesma forma aceitação tácita na doação em contemplação de casamento futuro de certa pessoa, quando esse matrimônio se realizar (art. 546). Nessa hipótese, o negócio não pode ser impugnado por falta de aceitação.

A aceitação será *expressa*, quando manifestada externamente de forma verbal, escrita ou mesmo gestual. Será *tácita*, quando resultar de comportamento do donatário no qual se admita a concordância no recebimento da coisa doada. Aquele que, recebendo a coisa, dela passa a utilizar-se, tacitamente aceitou a liberalidade.

A lei, no entanto, restringe a legitimação, para figurar como doador os tutores e curadores na doação relativa a bens dos tutelados ou curatelados, enquanto persistir a tutela ou curatela ou delas pender contas a prestar ou liquidar (art. 1.749). A razão é intuitivamente de ordem moral.

Quanto à capacidade do doador, esta será, como regra, a dos atos da vida civil em geral. No entanto, os menores de 16 anos não podem doar, sob pena de nulidade absoluta, pois seus representantes legais não podem dispor gratuitamente do patrimônio, porque "*as liberalidades nunca se consideram como feitas no interesse do representado*" (ALVIM, 1972ª, p. 24). Ademais, para esses incapazes não há como se reconhecer o *animus donandi*. Os menores de 16 a 18 anos (16 a 21 anos no estatuto de 1916) podem fazê-lo, desde que regularmente assistidos por seus representantes legais, uma vez que também possuem capacidade ativa para testar (art. 1.860), embora essa não seja opinião doutrinária unânime. Assim também o pródigo, desde que obtida autorização judicial.

Há situações legais, contudo, que tolhem a legitimação para doar. É o que sucede com o marido, bem como com a mulher, que estão proibidos de fazer doações individualmente com os bens e rendimentos comuns, exceto os remuneratórios e de pequeno valor, ou as doações ou dotes efetuados às filhas e doações feitas aos filhos para seu respectivo casamento, ou quando estabelecem economia autônoma (art. 1.647). O suprimento judicial nessa e em outras situações de doação não pode ser dado, porque o *animus donandi*, por natureza, é insuprível. Ninguém pode ser forçado a fazer liberalidade, pois a contradição é lógica, decorre de seus próprios termos.

Doação por mandato é possível, desde que o instrumento determine claramente o bem a ser doado. A pessoa do donatário, em princípio, parece não ser essencial nesse mandato, se presente a intenção de doar. De outro lado, restrição alguma existe para que a pessoa jurídica figure como doador ou donatário.

4. Doações em prejuízo dos credores do doador

De acordo com o art. 158, da Parte Geral, a lei presume fraudulentos os atos gratuitos de transmissão de bens, quando o devedor os pratica já insolvente, ou por eles levado à insolvência. Presumida a fraude, possibilita-se a ação pauliana aos credores, apenas comprovando o evento do dano. Leia os comentários ao respectivo artigo. O devedor não pode dispor gratuitamente de seu patrimônio, garantia geral dos credores, se seu passivo suplantar o ativo.

5. Efeitos. Obrigações das partes

Pelo contrato de doação, o outorgante compromete-se a entregar o bem. Sua principal obrigação, portanto, é fazer a entrega da coisa doada, pela tradição no tocante aos móveis e pela escritura pública, no caso de imóveis, auxiliando o donatário no que couber no tocante à respectiva transcrição (LOPES, 1991, p. 378).

O doador, tanto na doação propriamente dita, como na promessa de doação, não responde pelos defeitos de direito, salvo referência expressa. Não está, portanto, sujeito à evicção (art. 552), ou aos vícios redibitórios (art. 441), salvo nas doações remuneratórias ou modais, ou quando tiver expressamente assumido tais garantias. No mesmo princípio, o doador não está sujeito a juros de mora, dada sua decantada liberalidade. A regra geral é excluir as garantias dos vícios redibitórios e da evicção e o ônus de pagar juros de mora, porque não é razoável impor esses gravames a quem pratica uma liberalidade. No entanto, se demandado para entregar a coisa, responde pelos juros de mora, decorrentes da ação judicial, pois a exceção do artigo refere-se apenas ao direito material. Lembre-se também da regra interpretativa do art. 1.057 do antigo diploma, aplicável à doação: "*Nos contratos unilaterais, responde por simples culpa o contraente, a quem o contrato aproveite, e só por dolo, aquele a quem não favoreça*"; reformulada, mas com idêntico sentido no corrente art. 392. O doador responderá, portanto, no caso concreto, somente por dolo, ou por culpa grave que a ele equivale.

O donatário, entretanto, não se vincula efetivamente a prestação alguma, pois o contrato é de índole unilateral. A aposição de encargo, como vimos, não desnatura o princípio geral. No entanto, o donatário que não cumpre o encargo incorre em mora. Sua obrigação, uma vez aceito o benefício, é receber a coisa doada.

6. Promessa de doação

Persiste a polêmica acerca da possibilidade da promessa de doação. Dividem-se a doutrina e a jurisprudência. Pela promessa de doar, o doador compromete-se a praticar uma liberalidade em benefício do compromissário donatário ou de terceiro. Se admitida sua validade e eficácia, dentro dos princípios gerais dos contratos preliminares, investe-se o beneficiário no direito de exigir o cumprimento do prometido.

A dúvida maior reside na possibilidade de alguém comprometer sua vontade para uma liberalidade. Para os que defendem sua impossibilidade, não há como se admitir uma doação coativa, porque, na impossibilidade da execução em espécie, de acordo com a regra geral, a obrigação será substituída por perdas e danos, o que não se amolda à gratuidade inerente à doação. Entre nossos doutrinadores, despontam como contrários à promessa de doar Caio Mário da Silva Pereira e Miguel Maria de Serpa Lopes. Forte corrente jurisprudencial os secunda. No entanto, existem também argumentos ponderáveis em sentido contrário. Com o peso de sua autoridade, Pontes de Miranda (1972, v. 46, p. 261) admite que,

> "*se houve pacto **de donando**, e não doação, o outorgante não doa, isto é, não conclui o contrato de doação, contrato unilateral, tem o outorgado a pretensão ao cumprimento. Para exercê-lo judicialmente, ou propõe ação condenatória, ou a ação de preceito cominatório*".

Caso se torne impossível a entrega da coisa, por culpa do promitente doador, o outorgado tem ação de indenização por inadimplemento. Destarte, admitida a teoria do pré-contrato no ordenamento para os pactos em geral, não existe, em tese, obstáculo para a promessa de doar. Não é suficientemente convincente o argumento em contrário, afirmando que, se o doador pretende fazer liberalidade, que o faça logo e não em momento posterior. A vida prática ensina que razões várias podem determinar o pré-contrato, por exemplo, quando, na separação conjugal, prometem os consortes fazer doações entre si ou para a prole. A manifestação de vontade liberal já se torna cristalina no momento da promessa unilateral (RIZZARDO, 1988, p. 512). Não admitir exigibilidade nessa promessa é criar entrave embaraçoso para os outorgados e para terceiros. Em suma, a promessa de contratar doação, a nosso entender, deve ser admitida quando emanar de vontade límpida e sem vícios e seu desfecho não ofender qualquer princípio jurídico. Conclui-se que

> "*inexiste razão para excluir tal promessa, cuja possibilidade jurídica é expressamente admitida pelo direito alemão (BGB, art. 2.301). Ela não contraria qualquer princípio de ordem pública e dispositivo algum a proíbe*" (MONTEIRO, 1980, v. 5, p. 118).

Há, no entanto, corrente jurisprudencial ponderável no país que resiste a esse entendimento no sentido de que não há como coagir alguém a cumprir uma doação, sendo esta ato de pura liberalidade.

📖 Enunciado nº 549, VI Jornada de Direito Civil – CJF/STJ: A promessa de doação no âmbito da transação constitui obrigação positiva e perde o caráter de liberalidade previsto no art. 538 do Código Civil.

⚖️ Ação de cancelamento de registro de doação de imóvel. A doação é o contrato pelo qual uma pessoa, por liberalidade, retira e transfere bens ou vantagens do seu patrimônio para outra (art. 538 do CC). Em se tratando de doação pura e simples, a mesma se aperfeiçoa com a simples aceitação pelo donatário. No caso, a escritura de doação com reserva de usufruto foi lavrada em benefício da autora e do ex-marido há mais de 4 anos. Ausência de vícios formais. Impossibilidade de revogação pela própria donatária. Assim, perdeu o interesse em receber o bem após o seu divórcio. Via eleita que se mostra inidônea para realizar o cancelamento do ato. Sentença de improcedência mantida. Recurso desprovido (*TJSP* – Ap. 1005334-11.2019.8.26.0526, 28-4-2020, Rel. Paulo Alcides).

⚖️ Doação. Ação de cobrança promovida contra espólio. Quantia a ser percebida após óbito da declarante. Inadmissibilidade. Negócio que não constitui doação. Manifestação contraditória de vontade na qual a declarante menciona doação em vida, contudo, determina que o recebimento de valores ocorreria após sua morte e estipula que na falta do numerário em sua conta haveria crédito de valor oriundo de arrendamento de imóvel rural. Doação que exige efetiva transferência de bem ou vantagem (art. 538 do Código Civil), a qual inexistiu. Declaração que tem natureza de disposição de bens *causa mortis*, revelando verdadeiro legado, havendo nulidade por vício formal, considerada a exigência de sua instituição por meio de testamento. Ação de cobrança improcedente (*TJSP* – Ap. 1007203-25.2018.8.26.0047, 16-4-2021, Rel. Enéas Costa Garcia).

⚖️ Apelação – Ação de anulação de contrato de cessão de direitos e obrigações incidentes sobre imóvel.

Doação aperfeiçoada. Ato jurídico unilateral. Verificado o *animus donandi* da antiga proprietária. Posse mansa, pacífica e incontestada fundada no justo título. Recursos providos (TJSP – Ap. 0001154-61.2012.8.26.0219, 28-1-2016, Rel. J. B. Paula Lima).

Apelação cível – Ação de anulação de escritura pública de compra e venda com reserva de usufruto vitalício – Simulação – **Doação** – Ascendente para descendente – Parte disponível – Metade do patrimônio – Dever de provar do autor – Improcedência do pedido. Nos termos do art. 538, do Código Civil de 2002, a doação é "o contrato em que uma pessoa, por liberalidade, transfere de seu patrimônio bens ou vantagens para o de outra, que os aceita". Assim, a doação é a transferência de bens ou vantagens, do patrimônio do doador para o do donatário e, para que fique caracterizada, é indispensável que ocorra o empobrecimento de um – o donatário – em prol do enriquecimento de outro – o doador. Nos termos do art. 167 do Código Civil "é nulo o negócio jurídico simulado, mas subsistirá o que se dissimulou, se válido for na substância e na forma". O direito civil brasileiro aceita e regulamenta a doação de pais para filhos, estabelecendo, no entanto, determinados limites. Conforme os ditames do artigo 544 do Código Civil brasileiro, a doação feita por ascendentes a descendentes tem o efeito de adiantamento de herança, também denominada adiantamento de legítima, sendo que, caso o doador tenha herdeiros necessários, não poderá dispor da parte que constitui a legítima, ou seja, não pode dispor de mais de 50% (cinquenta por cento) de seu patrimônio a título de doação. Para que seja decretada a nulidade do contrato de compra e venda simulado é imprescindível que o valor dos bens, que na verdade foram doados, exceda o que o doador podia dispor por testamento, no momento da liberalidade, bem como qual seria o excesso. Do contrário, impõe-se a prevalência da doação, mesmo que simulada, eis que, válida em sua substância e forma, em consonância com o prescrito pelo art. 167, do Código Civil. Assim, se o autor não fez prova bastante do fato constitutivo do seu suposto direito, como determina o art. 333, I do CPC, deve o pedido ser julgado improcedente (TJMG – Acórdão Apelação Cível 1.0521.04.034015-5/001, 29-11-2011, Rel. Des. Darcio Lopardi).

Art. 539. O doador pode fixar prazo ao donatário, para declarar se aceita ou não a liberalidade. Desde que o donatário, ciente do prazo, não faça, dentro dele, a declaração, entender-se-á que aceitou, se a doação não for sujeita a encargo.

Haverá aceitação presumida quando o outorgante, em doação não sujeita a encargo, fixa prazo ao donatário, para declarar se a aceita ou não (art. 539). Seu silêncio presume a aceitação. Trata-se, nessa hipótese, de silêncio qualificado com consequências jurídicas. Situação peculiar na qual o silêncio possui conteúdo de manifestação de vontade, opera efeitos jurídicos. No entanto, esse silêncio somente terá relevância jurídica se o outorgado tiver conhecimento do prazo fixado pelo doador. Essa modalidade de aceitação somente deve ser admitida nas doações puras: se houver encargo, não se pode presumir que o outorgado o tenha admitido. Contudo, uma vez fixado prazo para a aceitação, enquanto este não decorrer, está livre o doador para revogá-la, desde que o faça de forma idônea.

Nesse dispositivo o texto legal toca mais uma vez a problemática da aceitação da doação. Como a doação deve ser tratada como negócio jurídico, contrato, há que se enunciar quatro modalidades de aceitação: expresso, tácito, presumido ou ficto. Expresso quando o donatário manifesta claramente sua vontade ao aceitar a doação. Tácito, quando a aceitação pode ser inferida da conduta do donatário, como na doação em contemplação de casamento; com o respectivo casamento do beneficiário. Presumido, como no texto presente: o donatário, ciente do prazo para se manifestar, mantendo-se silente, tem-se por aceita a doação. Nesse caso, há um silêncio qualificado que possui valor como manifestação de vontade. Será ficto o consentimento dos incapazes como donatários nas doações puras, ficção necessária para a exata compreensão do instituto.

Art. 540. A doação feita em contemplação do merecimento do donatário não perde o caráter de liberalidade, como não o perde a doação remuneratória, ou a gravada, no excedente ao valor dos serviços remunerados ou ao encargo imposto.

A forma pura de doação, referida pela doutrina como *pura e simples*, é aquela na qual a liberalidade resplende em sua plenitude, sem condição ou encargo. Não deixa de ser pura a doação à qual se apõem as cláusulas de inalienabilidade, impenhorabilidade e incomunicabilidade. Nada impede também que esses gravames sejam cancelados pelo próprio doador, com acordo dos interessados.

Subespécie dessa modalidade é a denominada doação *contemplativa*, aquela na qual o doador enuncia claramente o motivo da liberalidade, mas cuja lei enfatiza a permanência do caráter de pura liberalidade. Assim será, por exemplo, quando o doador afirma que efetua a dádiva em razão de profunda amizade dedicada ao donatário ou porque este é cientista renomado.

Doação *remuneratória* consiste naquela que se faz em recompensa a serviços prestados ao doador pelo donatário. Ainda que esses serviços possam ser estimados pecuniariamente, não se consideram prestação exigível, isto é, o donatário não se torna credor. Como essa doação é conferida em retribuição, esses serviços devem ser anteriores ao ato. O caráter liberal do negócio, como vemos, apresenta-se mais tênue nessa modalidade. Exemplo clássico é a doação feita a quem tenha salvo a vida do doador. Outros exemplos podem ser figurados: reconhecimento a quem obteve emprego ou função pública para o doador; retribuição a quem concedeu apoio psicológico ou religioso em momento difícil na vida do doador etc. Nessas situações, como bem anota Arnaldo Rizzardo (1988, p. 517),

> "a transferência de bens ou vantagens está alicerçada numa causação, sem perder o caráter de liberalidade, por não constituir dívida exigível e por conter gravame inferior ao valor do bem doado".

Nessa doação, o doador nada deve juridicamente ao donatário. O valor presente é axiológico e não meramente pecuniário. Efeito que deve ser acentuado na doação remuneratória é que sua aceitação equivale a pagamento pelo serviço ou benefício. Mesmo que, por hipótese, esse pagamento pudesse ser exigido, tem-se que o donatário satisfez-se com a doação, nada podendo reclamar a respeito do fato posteriormente (BORDA, 1989, p. 692).

A doação *por merecimento* do donatário submete-se aos mesmos princípios, por aproximar-se da remuneratória, pois pressupõe uma recompensa de favor ou serviço prestado que não se converte em obrigação.

A isenção de remuneração do ato pode não ficar muito clara e merece o exame do caso concreto.

Art. 541. A doação far-se-á por escritura pública ou instrumento particular.
Parágrafo único. A doação verbal será válida, se, versando sobre bens móveis e de pequeno valor, se lhe seguir incontinenti a tradição.

A lei estabeleceu nesse artigo a forma escrita para a doação, escritura pública ou instrumento particular. O parágrafo único permite a doação verbal no tocante aos móveis de pequeno valor, se lhe seguir *incontinenti* a tradição.

Dessa disposição decorre que o instrumento público será essencial, quando o bem for imóvel, com valor acima do mínimo fixado (art. 108). O instrumento particular será necessário, quando se tratar de bem móvel de valor considerável, comparativamente com a fortuna do doador. A modalidade verbal é admitida para bens móveis de pequena monta, sob idêntico prisma comparativo, desde que a tradição se lhe siga imediatamente.

A outorga do cônjuge será indispensável, se casado o doador, ainda que filho do casal seja beneficiado (art. 1.647, IV). Não se exige o consentimento conjugal, portanto, se a doação for remuneratória ou de pequeno valor; disposição não mais referida no presente diploma. Se remuneratória, porque de qualquer modo existe uma vantagem recebida em contrapartida; se de valor módico, porque não há em tese prejuízo para o patrimônio comum. Válidas também as doações feitas por um dos pais aos filhos, em razão de casamento ou de eles estabelecerem economia separada (art. 236, em conjunto com o art. 235, IV, exclusivamente no Código anterior). Essas possibilidades devem continuar válidas. Nestas últimas situações, porém, não havendo consentimento do outro cônjuge, o doador suportará sozinho a liberalidade, imputando-se apenas em sua meação. Essa doação, da mesma forma, não pode suplantar a metade disponível, sob pena de inoficiosidade.

Enunciado nº 622, VIII Jornada de Direito Civil – CJF/STJ: Para a análise do que seja bem de pequeno valor, nos termos do que consta do art. 541, parágrafo único, do Código Civil, deve-se levar em conta o patrimônio do doador.

Apelação cível. Ação declaratória de negócio jurídico. Promessa de recompensa não constatada. Contrato de doação. Ônus da prova. Manutenção da sentença extintiva. Hipótese em que pretendia o demandante ver declarado o direito de haver área de terras de propriedade do Espólio réu, as quais haveriam sido-lhe prometidas pelo *de cujus*. Cuida-se não de recompensa, mas de promessa de doação de bem imóvel, sendo imprescindível a apresentação de escritura pública ou documento particular que confiram indício de prova do direito postulado, consoante a exegese do art. 541 do CC. Sua ausência, ao revés, acarreta o indeferimento da inicial, nos termos do art. 485, I do NCPC. Honorários de sucumbência fixados nos termos do art. 85, § 2º do NCPC, haja vista a angularização da relação processual. Apelo desprovido. Unânime (*TJRS* – Ap. 70077060747, 11-4-2018, Rel. Dilso Domingos Pereira).

Agravo de instrumento – Ação de reintegração de posse com pedido liminar – Decisão agravada que deferiu a liminar – Contrato verbal de comodato – Notificação realizada – Esbulho caracterizado – Recurso improvido. 1- **A doação de bem imóvel é ato que demanda forma própria**, qual seja, celebração de escritura pública ou instrumento particular, nos termos do artigo 541 do Código Civil. 2- Das provas constantes dos autos, a posse dos agravantes decorre de contrato verbal de comodato realizado entre as partes litigantes, de modo que, após a regular notificação extrajudicial para desocupação, a não devolução do imóvel transformou a posse dos recorrentes em injusta. 3- O contrato de comodato verbal por tempo indeterminado encerra-se pela manifestação de vontade unilateral do comodante, sendo dever do comodatário, quando notificado, devolver a coisa requerida. 4- No que cinge ao eventual direito de indenização pelas benfeitorias realizadas pelos agravantes no imóvel, e ao direito de retenção, essa matéria ainda será analisada pelo magistrado de piso, não podendo ser abordada neste momento processual, sob pena de supressão de instância, bem como pela necessidade de dilação probatória. 5- No caso em tela os requisitos da tutela liminar possessória seguirão o rito especial, tendo em vista que o esbulho ocorreu dentro do prazo de um ano e um dia. 6- Recurso improvido (*TJES* – AI 0000018-37.2016.8.08.0042, 28-3-2016, Rel. Des. Manoel Alves Rabelo).

Art. 542. A doação feita ao nascituro valerá, sendo aceita pelo seu representante legal.

Na mesma linha de raciocínio da aceitação de doação pelo incapaz, a lei permite que os pais ou representante legal aceitem doação feita ao nascituro. Nessa hipótese, a lei não restringe a liberalidade às doações puras, admitindo que o representante legal possa julgar de sua conveniência ou não para o nascituro. O nascimento com vida do beneficiário é condição suspensiva dessa doação. Quando é o próprio representante legal que faz a doação, a aceitação deve ser feita por curador especial.

Art. 543. Se o donatário for absolutamente incapaz, dispensa-se a aceitação, desde que se trate de doação pura.

A aceitação, no contrato de doação, pode tomar feição peculiar. A capacidade de figurar no pacto como donatário é ampla. Embora indispensável para perfazer o conteúdo contratual, a aceitação pode ser expressa ou tácita, admitindo a lei que também seja *presumida*. Essa possibilidade de presunção de manifestação de vontade do donatário reforça a tese daqueles que lhe negam o caráter contratual. No entanto, embora presumida, a aceitação sempre se fará presente. No tocante aos incapazes de contratar, o presente Código dispõe de forma mais técnica nesse artigo. Tratando-se de doação pura, que só benefício trará ao incapaz, a lei dispensa qualquer formalidade na aceitação. O silêncio qualificado, nessa hipótese, implica aceitação do benefício. Essa solução decorre do senso comum. Somente não será válida se ocasionar gravame ao incapaz, como na hipótese de encargo, dependente de exame do caso concreto. A doação com encargo para o incapaz necessita da concordância do representante legal ou curador especial se houver conflito, e, sem dúvida, do órgão do Ministério Público.

Acidente de Trânsito. Embargos de terceiro. Sentença de procedência. Interposição de apelação pelo embargado. Pretensão de revogação do benefício da justiça gratuita concedido aos embargantes. Acolhimento. Devedor que, por meio de acordo celebrado nos autos de ação de dissolução união estável c. c. partilha de bens, doou aos seus filhos, ora embargantes, os imóveis objeto da penhora impugnada nesta demanda. Doação realizada sem a imposição de encargo. Ainda que os embargantes fossem absolutamente incapazes à época da alienação a título gratuito, o negócio jurídico deve ser reputado como válido, quanto a esse aspecto da capacidade. Doação pura. Dispensa da aceitação dos donatários. Artigo 543 do Código Civil. Ausência de registro do acordo de doação no cartório competente. Irrelevância. Acordo de doação homologado em juízo, ainda que não registrado no cartório competente, já confere aos donatários a legitimidade para impugnar a penhora incidente sobre os imóveis doados por meio da oposição de embargos de terceiros, por ser presumida a condição de possuidores de boa-fé. Doação realizada antes da propositura da demanda supostamente capaz de reduzir o devedor à insolvência. Alienação que não deve ser considerada fraude à execução. (...) Apelação parcialmente provida, com ressalva (*TJSP* – Ap. 1030675-56.2018.8.26.0564, 17-7-2019, Rel. Carlos Dias Motta).

Apelação cível – Ação de reintegração de posse c/c anulação de negócio jurídico – Doação de bem imóvel – Donatário incapaz – Desnecessidade de aceitação – Extrapolação da legítima – Não demonstração – Se o **donatário for absolutamente incapaz**, dispensa-se a aceitação, desde que se trate de doação pura (artigo 543 do Código Civil) – Incumbe ao autor provar que a doação é inoficiosa, a partir da demonstração da existência de excesso, a ensejar a declaração de nulidade do negócio (*TJMG* – AC 1.0024.11.022401-1/001, 8-3-2016, Rel. Márcio Idalmo Santos Miranda).

Art. 544. A doação de ascendentes a descendentes, ou de um cônjuge a outro, importa adiantamento do que lhes cabe por herança.

O texto é mais amplo, mencionando a doação de ascendentes a descendentes, e não mais doação de pais a filhos. Inclui-se a doação ao cônjuge, dentro da sistemática desse ordenamento que sob certas condições coloca-o como herdeiro do esposo ou esposa. A finalidade deste dispositivo é a mesma do art. 496, cujos respectivos comentários lembramos. A ideia é não prejudicar um descendente em detrimento de outro. Aqui não há menção ou necessidade de consentimento dos demais descendentes. A doação será válida dentro dos limites da legítima, podendo o doador, nesse caso, dispensar a colação. O doador poderá especificar no ato que a doação está saindo de sua parte disponível. O que se preserva, na verdade, é a igualdade das legítimas. Se houver parcela inoficiosa doada, a matéria será de prova. A expressão do texto "*do que lhes caiba na herança*" substitui e equivale à legítima da redação anterior.

Agravo de instrumento. Sucessões. Inventário. Transação judicial. Adiantamento de legítima. Divisão da parte disponível da herança paterna entre os herdeiros necessários. Colação. A transação judicial levada a efeito no inventário da genitora faz expressa menção ao adiantamento da legítima (o viúvo doou bens ao filho recorrente da parte que cabia a este na herança – art. 544 do CC). Logo, tem direito o agravante, assim como os demais filhos herdeiros, ao restante disponível da herança do genitor, observadas, porém, as disposições do testamento público, que beneficiou os outros três filhos. Em consequência, incumbe ao agravante trazer à colação os bens recebidos em adiantamento da legítima (doação paterna), a fim de igualar os quinhões com os demais irmãos-herdeiros necessários. Decisão agravada, que indeferiu a participação do agravante no presente inventário, reformada. Deram provimento. Unânime (*TJRS* – Ag 70083324608, 23-4-2020, Rel. Luiz Felipe Brasil Santos).

⚖ **Anulatória de negócio jurídico** – Compra e venda de imóvel – Ascendente a descendente – Ausente anuência de herdeiro – Nulidade – Insurgência contra sentença de improcedência – Sentença reformada – Consentimento do autor relativamente a doação, cujos efeitos sucessórios são distintos da compra e venda. Prejuízo por diminuição do patrimônio sujeito a partilha (art. 544, CC). Interpretação restritiva da anuência (art. 114, CC). Recurso provido (*TJSP* – Ap. 0001923-06.2011.8.26.0510, 30-1-2017, Rel. Carlos Alberto de Salles).

Art. 545. A doação em forma de subvenção periódica ao beneficiado extingue-se morrendo o doador, salvo se este outra coisa dispuser, mas não poderá ultrapassar a vida do donatário.

Esse dispositivo mantém a mesma possibilidade do Código anterior, mas no final do artigo enfatiza que o benefício "*não pode ultrapassar a vida do donatário*". Desse modo, superando dúvida da doutrina, essa forma de doação extinguir-se-á sempre com a morte do donatário. Normalmente estabelecida em dinheiro, nada impede que se estabeleça contribuição periódica em outros gêneros. O dispositivo demonstra a vicinitude da doação com o legado, embora a regra geral seja a extinção do benefício com a morte do outorgante, se nada foi expresso pelo outorgante. Agostinho Alvim (1972a, p. 113) não divisa no artigo doação *causa mortis*, em tese vedada pelo ordenamento, mas a obrigação dos herdeiros de dar execução a um contrato perfeito estabelecido pelo *de cujus, o que é normal na vida da obrigação*. Ressalta o autor, contudo, que a obrigação transfere-se aos herdeiros do doador, mas não aos herdeiros do donatário, exceto quando o tempo estabelecido no contrato os atingir, pois tal contrariaria a regra geral do fideicomisso. Para evitar esses entraves e a confusão com o direito hereditário, o art. 545 do atual ordenamento foi expresso, vedando a continuidade do benefício após a morte do donatário. O mesmo se aplica na doação à pessoa jurídica, sob pena de perpetuar-se uma obrigação, o que não pode ser admitido.

Tratando-se de ato de liberalidade, na hipótese de o doador ficar empobrecido, em penúria, há que se entender, pelo princípio da imprevisão, que o benefício não pode subsistir, sob pena de levar o doador à míngua.

⚖ Doação. Benefício previdenciário por morte recebido pelo réu, que se obrigou a transmitir à autora, mãe de sua esposa falecida, metade do valor recebido. Falta de nova liberalidade. Pretensão da autora ao recebimento das prestações vencidas e vincendas para aperfeiçoamento da doação. Não se discute a perfeição das doações já realizadas pelo autor. No entanto, a cada novo benefício previdenciário recebido pelo réu, deveria ele renovar o *animus donandi* à autora. Contudo, em maio de 2011, extinguiu-se a liberalidade e, por isso, não se pode exigir nova obrigação do então doador. A situação em exame difere-se daquela prevista no art. 545, do Código Civil, que dispõe sobre a realização de única doação em prestações periódicas. No caso em exame, múltiplas doações se efetivaram no tempo, até a decisão do réu de interrompê-las, o que poderia ocorrer. Ausente liberalidade, não se caracteriza a doação. Recurso do réu provido para julgar improcedente o pedido. Prejudicado o recurso da autora (*TJSP* – Ap. 0004810-82.2013.8.26.0189, 23-5-2017, Rel. Carlos Alberto Garbi).

⚖ Responsabilidade civil. Hipótese em que sobrinho promoveu o custeio de subsistência de parente de terceiro grau, sem ajustar eventual contraprestação pelos serviços domésticos ou valores pagos. Configuração de **doação sob forma de subvenção periódica**. Aplicação do artigo 545 do Código Civil. Impossibilidade de cobrança dos valores despendidos. Sentença mantida com outros fundamentos. Recurso desprovido (*TJSP* – Acórdão Apelação Cível 9124652-92.2007.8.26.0000, 27-9-2011, Rel. Des. Adilson de Andrade).

Art. 546. A doação feita em contemplação de casamento futuro com certa e determinada pessoa, quer pelos nubentes entre si, quer por terceiro a um deles, a ambos, ou aos filhos que, de futuro, houverem um do outro, não pode ser impugnada por falta de aceitação, e só ficará sem efeito se o casamento não se realizar.

A doação feita *em contemplação de casamento futuro (propter nuptias)*, modalidade sob condição suspensiva, independe de aceitação expressa, ficando, no entanto, sem efeito, se o casamento não se realizar. O disposto significa que não pode o doador arrependido reclamar os bens, se o casamento se realizou, sob fundamento de ausência de aceitação. Essa doação não se confunde com a condicional *se o donatário vier a casar*, de conteúdo mais amplo. A modalidade aqui enfocada supõe que o donatário esteja para casar com determinada pessoa. Por isso contempla-se, isto é, tem-se em mira, um casamento já prometido. A doação é feita sob esse motivo. Tendo em vista a finalidade do ato, não se admite essa doação sob exame que não por escritura pública, ainda que os bens sejam móveis ou inferiores à taxa legal. Por sua natureza, devem realizar-se no bojo de pacto antenupcial.

Essa modalidade de doação é negócio sob condição suspensiva. Quando feita a filhos dos nubentes, se estes não vierem a nascer, frustra-se a condição. A questão passa a ser o momento no qual a impossibilidade de implemento da condição ocorre. A adoção de filho, a nosso ver, não consistirá implemento da condição, independentemente da condição legal hoje usufruída pelos adotivos, salvo menção expressa do doador, sob pena de violação do disposto ao art. 129, segunda parte. Nesse sentido, também se coloca Agostinho Alvim (1972a, p. 125), entendendo que a adoção de filho escaparia ao intento do doador e aos termos da lei.

Recorde, ainda, que a doação *propter nuptias*, de acordo com o art. 314 do antigo Código, podia ter eficácia após a morte, noutro ponto de contato com os legados:

"*As doações estipuladas nos contratos antenupciais, para depois da morte do doador, aproveitarão aos filhos do donatário, ainda que este faleça antes daquele. Parágrafo único. No caso, porém, de sobreviver o doador a todos os filhos do donatário, caducará a doação.*"

A matéria, tratada diferentemente no vigente Código, deve ser mais aprofundada no direito de família e das sucessões. De qualquer forma, ao dispositivo se aplicarão primordialmente os princípios do contrato de doação, e não de direito sucessório.

Art. 547. O doador pode estipular que os bens doados voltem ao seu patrimônio, se sobreviver ao donatário.
Parágrafo único. Não prevalece cláusula de reversão em favor de terceiro.

A doação pode ser *condicional*, submetendo-se aos princípios gerais da condição suspensiva ou resolutiva, sofrendo a restrição no tocante às condições puramente potestativas. A doação modal é exemplo de condição resolutiva por descumprimento do encargo. Assim também o é a sujeita à cláusula de reversão, quando estipula o doador que os bens retornarão a seu patrimônio, se sobreviver ao donatário conforme o disposto nesse artigo. O dispositivo, porém, no parágrafo único, é expresso que "*não prevalece cláusula de reversão em favor de terceiro*". Se fosse possível essa atribuição a terceiro, teríamos um fideicomisso e confusão com o direito sucessório.

Como mencionado anteriormente, o doador pode estipular a reversão dos bens a seu patrimônio, na hipótese de sobreviver ao donatário. Essa cláusula opera como resolutória do negócio, com efeito retroativo, anulando eventuais alienações feitas pelo outorgado, recebendo-os o doador livres e desembaraçados de quaisquer ônus (WALD, 1992, p. 287). A hipótese é de propriedade resolúvel. O donatário, apesar da cláusula, goza do poder de disposição da coisa, salvo se imposta a inalienabilidade. A cláusula deve constar do escrito, seja público, seja particular. Não se adapta às doações manuais, de pequeno valor, que dispensam a forma escrita (ALVIM, 1972a, p. 152).

Discutia-se acerca da possibilidade de a reversão operar-se em favor de terceiro, no sistema de 1916, e não do doador. Embora o artigo em questão não fosse expresso, não se lho proíbe como no direito comparado, nada impedindo no ordenamento pretérito que isso ocorresse, se for admitido o mecanismo do fideicomisso como negócio jurídico válido *inter vivos*. O presente Código houve por bem vedar expressamente a cláusula de reversão em favor de terceiros (parágrafo único) em posição já defendida pelo autor do Código de 1916, Clóvis Beviláqua.

Pergunta-se também se essa cláusula pode ser aposta estipulando reversão antes da morte do donatário. A resposta é afirmativa. Cuida-se de aplicar o princípio geral que admite os negócios a termo. Institui-se, por vontade negocial, propriedade resolúvel. A questão refoge do alcance do artigo sob enfoque.

Como a cláusula de reversão é direito patrimonial disponível, pode o doador, com livre capacidade, revogá-la a qualquer tempo.

⚖ **Reversão de doação com encargo** – Anulação – Impossibilidade – Autor que não comprovou que o imóvel recebido por doação está cumprindo a função específica da doação – Sentença de procedência reformada – Recurso provido (*TJSP* – Ap. 1004324-26.2015.8.26.0152, 24-3-2017, Rel. Moreira de Carvalho).

⚖ Direito civil – **Doação** de bem público mediante condição resolutiva de construção de edifício – Inércia do donatário para execução da obra – **Reversão** de pleno direito do bem ao patrimônio público – Doação de bem público a título condicional dada a omissão de edificar, se tem como resolvida, desfazendo aquilo que foi doado – Retorno à afetação – 1 – Realizada doação de área, mediante condição resolutiva para início e conclusão de edificação para comercialização de atacado, a não implementação da condição importa na reversão de pleno direito do bem doado à municipalidade. 2 – Legítima defesa do patrimônio público ante a ineficácia ou inércia da empresa privada. 3 – Agravo conhecido e provido (*TJCE* – AI 0010568-53.2011.8.06.0000, 10-5-2012, Rel. Durval Aires Filho).

Art. 548. É nula a doação de todos os bens sem reserva de parte, ou renda suficiente para a subsistência do doador.

O conteúdo do contrato de doação consiste, como vimos, na obrigação de transferir gratuitamente um bem do doador ao donatário. A regra geral é a de que todos os bens no comércio podem ser seu objeto, tanto móveis como imóveis.

Nosso Código não se manifestou expressamente acerca da doação de bens futuros, expressamente proibida em outras legislações.

Na ausência de norma expressa, há que se entender que nosso ordenamento veda a doação de bens para após a morte, o que somente pode ser alcançado por testamento, bem como bens que tenham por objeto sucessão ainda não aberta (LOPES, 1991, p. 357). De qualquer modo, o instituto da doação não se harmoniza com a doação de coisa futura, porque esse contrato implica necessariamente destaque de algum bem já integrante do patrimônio do doador. Da mesma forma, por lhe faltar objeto, é nula a doação de bens alheios, salvo se vierem a integrar oportunamente o patrimônio do doador.

O ordenamento proíbe a assim denominada *doação universal*, isto é, de todos os bens do doador, conforme ao artigo sob exame. O sentido do ordenamento é impedir que o doador seja levado à penúria, em detrimento de sua família e do próprio Estado. Tratando-se de nulidade absoluta, pode ser alegada por todos que tiverem interesse, inclusive o credor. No entanto, essa nulidade não se confunde com a fraude contra credores, com requisitos próprios e pertencente ao campo da anulabilidade. A doação universal exige que se comprove que o doador deixou de reservar renda ou bens suficientes para sua subsistência.

Bastante utilizada na prática, em razão das vantagens que apresenta, é a *doação com reserva de usufruto*. Transfere-se a nua-propriedade ao donatário. O usufruto deve ficar reservado ao doador ou a pessoa determinada. Quando há instituição de usufruto suficiente para subsistência do doador, não incide a proibição deste artigo.

🔨 Bem móvel. Ação anulatória de ato jurídico. Doação de veículo para igreja. Sentença de improcedência. Alegação de único bem do apelante e de coação. Renda para a subsistência. Temor reverencial. Aplicação da regra do art. 153, CC. Receio incutido de obter castigo divino, no caso concreto, não é passível de ser considerado como coação a ensejar a anulação do negócio. Sentença mantida. Recurso desprovido, com observação. O veículo doado era o único bem do doador, o que exige observação da regra do art. 548 do CC. Contudo, é preciso considerar que o doador não refuta que possui renda idônea para a sua subsistência. Em relação à alegação de coação por temor reverencial, a regra do art. 153 do CC é clara ao afastar a nulidade. Com relação ao receio incutido de obter castigo divino, o autor não apresenta situação psicológica particular, assim, tem-se a doação feita de forma consciente, livre de vício, baseada em crença religiosa, não ensejando a anulação do ato jurídico (*TJSP* – Ap. 1009291-88.2016.8.26.0020, 21-3-2019, Rel. Kioitsi Chicuta).

🔨 Ação declaratória de nulidade de doação – **Alegação de doação feita sem reserva de parte suficiente para subsistência do doador** – Prova em contrário – Ingratidão – Inexistência de prova – Pedido julgado improcedente. Para anular a doação com base no art. 1.175, do CC/1916 (art. 548, do CC/2002), é necessária a prova dos elementos fáticos da norma, ou seja, inexistência de outro imóvel ou renda para a mantença. A autora tem outros bens imóveis e renda mensal fixa. Inviável admitir a procedência do pedido fundado no art. 1.175, do CC/1916 (art. 548, do CC/2002). Apesar de alegada ofensa física, não há qualquer indício do fato nos autos, inexistindo, também, ingratidão jurídica (*TJMG* – Acórdão Apelação Cível 1.0625.08.082022-2/001, 5-5-2011, Rel. Des. Batista de Abreu).

> **Art. 549. Nula é também a doação quanto à parte que exceder à de que o doador, no momento da liberalidade, poderia dispor em testamento.**

Esse artigo comina com nulidade a doação cuja parte exceder a que o doador, no momento da liberalidade, poderia dispor por testamento. Trata-se da chamada *doação inoficiosa*. O dispositivo visa proteger os herdeiros necessários, descendentes ou ascendentes. Assim como a liberdade de testar é restrita, quando houver herdeiros necessários, o mesmo se aplica às doações. Essa proteção seria contornada, se o testador pudesse doar o que não pode testar. Não tendo ascendentes ou descendentes, é livre o poder de disposição do doador e do testador. Questão importante é calcular a metade disponível, ou seja, o montante que pode ser doado em cada oportunidade. A avaliação do patrimônio é feita no momento da liberalidade, e não quando da abertura da sucessão. Se fosse aguardado esse momento, além de estabelecer insegurança nas relações sociais, o critério poderia trazer injustiças. A regra a ser seguida é, portanto, avaliar o patrimônio do doador, quando do ato. Se o montante doado não atinge a metade do patrimônio, não haverá nulidade. Nem sempre é fácil, depois de muito tempo, aferir o valor dessa inoficiosidade. Essa tem sido sempre a questão a ser examinada com cuidado.

Outro problema que se colocava era saber quando podia ser proposta a ação de nulidade. Era entendimento jurisprudencial que a prescrição da ação de anulação de venda de ascendente para descendente por interposta pessoa era de quatro anos e corria a partir da data da abertura da sucessão. Diferentemente, a prescrição da ação de nulidade pela venda direta de ascendente a descendente sem o consentimento dos demais era de 20 anos e fluía desde a data do ato de alienação. A prescrição da ação de anulação de doação inoficiosa era de 20 anos, correndo o prazo da data da prática do ato de alienação.

A doutrina e jurisprudência mais recentes propenderam pela possibilidade de ajuizamento da ação desde logo, desde o ato, o que atendia melhor à dicção legal, que mandava apurar naquele momento o valor da doação, além de não submeter o negócio a desnecessária incerteza por longo período. Desse modo, o prazo prescritivo principia no momento da doação. O extinto Projeto de Lei nº 6.960 procurou aclarar qualquer dúvida e sugeriu o acréscimo de parágrafo único ao art. 549: "*A ação de nulidade pode ser intentada mesmo em vida do doador.*" A nulidade não inquina todo o ato, mas somente a parte que exceder o disponível, por expressa disposição deste art. 549. Esse deve ser o sentido da ação judicial.

🔨 Negócio jurídico. Nulidade. É nula a doação de todo o patrimônio imobiliário aos apelantes sem reserva de usufruto. Havendo herdeiros necessários, é nula a doação da parte da herança que excede a que o doador poderia dispor em testamento. Arts. 548, 549 e 1.789 do CC. No caso em tela, os apelados são herdeiros necessários da doadora. A sentença deve ser confirmada por seus próprios fundamentos, como permite o art. 252 do Regimento Interno do Tribunal de Justiça do Estado. Recurso improvido (*TJSP* – Ap. 0000155-92.2010.8.26.0247, 5-7-2013, Rel. Paulo Eduardo Razuk).

🔨 Anulatória de doação – Apelante alega que a doação se dera dentro dos limites de 50% do patrimônio do doador, mas não produz qualquer prova – Revelia – Inteligência do art. 549 do Código Civil – Doação deve ser anulada naquilo que excede à parte disponível da herança – Sentença mantida – Apelo improvido (*TJSP* – Acórdão Apelação Cível 9135117 – 92.2009.8.26.0000, 11-10-2011, Rel. Des. José Carlos Ferreira Alves).

🔨 Sucessões. Doação de ascendente a descendente. Possibilidade. Desrespeito à legítima. Nulidade. Admissível é a doação do ascendente ao descendente, desde que respeitada a legítima, sendo a mesma entendida, em regra, como adiantamento da herança, devendo o herdeiro, quando do inventário, colacionar o patrimônio já recebido, sob pena de sonegação. Todavia, nos termos do art. 549 do Código Civil, é nula a doação quanto à parte que exceder à de que o doador, no momento da liberalidade, poderia dispor (*TJMG* – Acórdão Apelação Cível 1.0261.04.026238-6/005, 19-2-2011, Relª Desª Maria Elza).

Art. 550. A doação do cônjuge adúltero ao seu cúmplice pode ser anulada pelo outro cônjuge, ou por seus herdeiros necessários, até dois anos depois de dissolvida a sociedade conjugal.

Esta e outras disposições com o mesmo alcance, como as do art. 1.642 (reivindicação de bens doados ou transferidos pelo marido à concubina) e art. 793 (no seguro de vida, proibição de ser instituído beneficiário pessoa legalmente inibida de receber doação do segurado), visam proteger ao patrimônio do casal, em detrimento das relações concubinárias. Não se confunde o concubinato com a convivência de companheiros, ainda que não sob o mesmo teto (Súmula 382 do STF).

Assim, a jurisprudência encarregou-se de situar corretamente a proibição, não admitindo a anulação do ato, quando se trata de concubinato sólido, atualmente denominado união estável, de companheirismo *more uxorio*, com o donatário ou donatária, na hipótese de o doador encontrar-se separado de fato de há muito do cônjuge. O novo direito da união estável reforça ainda mais esse entendimento. Ademais, deve ser aplicado o dispositivo em consonância com o art. 540, que dispõe não perder o caráter de liberalidade a doação feita em merecimento do donatário, no excedente ao valor dos serviços prestados.

Essa proibição somente alcança as pessoas casadas. Não se aplica às solteiras, separadas ou divorciadas, que podem livremente doar seus bens aos companheiros, respeitado o limite de oficiosidade. Fica em aberto o exame da discussão se aplicável o dispositivo às uniões estáveis. Na hipótese do texto, contudo, mesmo a doação da parte disponível pode ser anulada, de outra forma, não haveria o sentido moral e ético que o texto busca.

🔨 Apelação cível. Ação declaratória de nulidade de ato jurídico. Suposta doação de imóvel por cônjuge adúltero à concubina. Escritura pública celebrada em 1984. Incidência da teoria da "actio nata". Conhecimento do fato pela filha do doador apenas em 2015. Quando do seu falecimento. Incidência do Código Civil de 2002. Prescrição afastada. Hipótese em que a autora pretende ver declarada nula a doação, supostamente transvestida de compra e venda, realizada por seu pai à concubina, quando ainda era casado pelo regime da comunhão de bens. Conquanto o ato jurídico que a autora pretende ver desconstituído date de 1984, somente tomou conhecimento da sua existência em 2015, quando do falecimento de seu genitor. Com base na teoria da "actio nata", considera-se como termo inicial da prescrição a data em que o respectivo titular toma conhecimento da violação ou lesão ao seu direito subjetivo. Nesse contexto, ainda que o negócio tenha sido celebrado em 1984, a lei de regência não pode ser o CC de 1916, mas o de 2002, pois vigente na data em que a autora tomou conhecimento da violação do seu direito subjetivo. Sendo de dois anos o prazo para o exercício da pretensão anulatória, contados, em face da teoria da "actio nata", da data do conhecimento da violação do direito subjetivo, não há falar em prescrição quando verificado que a ação foi ajuizada nesse interregno. Apelo provido. Unânime (*TJRS* – Ap. 70082127960, 14-8-2019, Rel. Dilso Domingos Pereira).

🔨 Apelação cível – Ação anulatória – **Doação simulada à concubina** – Para que fique caracterizada a simulação, o caso concreto deve, indispensavelmente, se enquadrar em alguma das hipóteses previstas no art. 167, § 1º do Código Civil. O art. 550 do CC estabelece que a doação do cônjuge adúltero ao seu cúmplice pode ser anulada pelo outro cônjuge, ou por seus herdeiros necessários, até 2 (dois) anos depois de dissolvida a sociedade conjugal. Restando demonstrada a ocorrência de doação simulada em compra e venda de veículo à concubina, na constância do casamento, impõe-se a anulação do ato (*TJMG* – AC 1.0390.12.000629-6/001, 29-7-2016, Rel. Wagner Wilson).

Art. 551. Salvo declaração em contrário, a doação em comum a mais de uma pessoa entende-se distribuída entre elas por igual.
Parágrafo único. Se os donatários, em tal caso, forem marido e mulher, subsistirá na totalidade a doação para o cônjuge sobrevivo.

Doação *conjuntiva* é aquela feita a mais de uma pessoa, distribuindo-se porção entre os beneficiados, que será igual para todos, se o contrário não se estipulou. O parágrafo único estipula o direito de acrescer, se feita a marido e mulher, remanescendo o bem na totalidade para o cônjuge sobrevivo. Esse direito de acrescer deve ser expresso nas outras situações.

Agravo regimental em agravo de instrumento – Inventário – Casamento – Regime da comunhão universal de bens – **Doação** – Para um dos cônjuges – Inexistência de cláusula de incomunicabilidade – Morte de um dos cônjuges – Meação – Composição do acervo da herança – Avaliação – Requerimento de reavalização – Impugnação – Decisão monocrática – Provimento de plano – Provimento parcial – Agravo regimental – Insurgência de ambas as partes – Não provimento – Quando somente um dos cônjuges aceitou a doação, a comunicabilidade do bem, por força do regime da comunhão de bens, conduz a inclusão do bem doado no monte hereditário, em caso de morte de qualquer dos cônjuges. Precedente do egrégio Superior Tribunal de Justiça. A norma do artigo 551, parágrafo único, do Código Civil de 2002 é aplicável apenas às doações conjuntivas. "O laudo pericial realizado por profissional nomeado pelo Juízo, não pode ser desconsiderado nos casos em que os seus termos forem contraditados por afirmações claramente desprovidas de cunho técnico, e, consequentemente, inaptas a abrandar a imperatividade da sua fé pública característica", segundo este egrégio Tribunal de Justiça, o STJ (*TJMS* – AgRg-AG 2010.037438-4/0001-00, 8-2-2011 – Rel. Des. Marco André Nogueira Hanson).

Art. 552. O doador não é obrigado a pagar juros moratórios, nem é sujeito às consequências da evicção ou do vício redibitório. Nas doações para casamento com certa e determinada pessoa, o doador ficará sujeito à evicção, salvo convenção em contrário.

O doador, tanto na doação propriamente dita, como na promessa de doação, não responde pelos defeitos de direito, salvo referência expressa. Não está, portanto, sujeito à evicção ou aos vícios redibitórios, salvo nas doações remuneratórias ou modais, ou quando tiver expressamente assumido tais garantias. No mesmo princípio, o doador não está sujeito a juros de mora, dada sua decantada liberalidade. A regra geral é excluir as garantias dos vícios redibitórios e da evicção e o ônus de pagar juros de mora, porque não é razoável impor esses gravames a quem pratica uma liberalidade. O texto abre exceção para a responsabilidade pela evicção nas doações em contemplação de casamento.

No entanto, se o doador for demandado para entregar a coisa, responde pelos juros de mora, decorrentes da ação judicial, pois a exceção do artigo refere-se apenas ao direito material. Lembre-se também da regra interpretativa do art. 1.057 do antigo diploma, aplicável à doação: "*Nos contratos unilaterais, responde por simples culpa o contraente, a quem o contrato aproveite, e só por dolo, aquele a quem não favoreça*"; reformulada, mas com idêntico sentido no corrente art. 392. O doador responderá, portanto, no caso concreto, somente por dolo, ou por culpa grave que a ele equivale.

O donatário, entretanto, não se vincula efetivamente a prestação alguma, pois o contrato é de índole unilateral. A aposição de encargo, ainda, não desnatura o princípio geral. No entanto, o donatário que não cumpre o encargo incorre em mora. Sua obrigação, uma vez aceito o benefício, é receber a coisa doada.

Art. 553. O donatário é obrigado a cumprir os encargos da doação, caso forem a benefício do doador, de terceiro, ou do interesse geral.
Parágrafo único. Se desta última espécie for o encargo, o Ministério Público poderá exigir sua execução, depois da morte do doador, se este não tiver feito.

Doação *modal, onerosa* ou *com encargo* é aquela na qual a liberalidade vem acompanhada de incumbência atribuída ao donatário, em favor do doador ou de terceiro, ou no interesse geral ou social. Será doação onerosa, por exemplo, aquela na qual se doa prédio para instalação de escola, nela colocando-se o nome do doador; doa-se terreno à Municipalidade, para construção de espaço esportivo ou área de lazer etc. Se o doador não fixar prazo para conclusão do encargo, o donatário deve ser constituído em mora. O doador, o terceiro ou o Ministério Público têm legitimidade para exigir o cumprimento do encargo. Se o modo é instituído em benefício da coletividade, o Ministério Público terá legitimidade para exigir sua execução, após a morte do doador, se este não o tiver feito (parágrafo único). Os sucessores do doador também possuem ação para exigir o cumprimento do modo. Não há ônus, contudo, se o interesse é exclusivamente do donatário ou se o doador se limita a dar conselho, sugestão ou exortação ao donatário.

A aposição de encargo torna-se inerente ao negócio, determinação anexa ou inexa, de forma que seu descumprimento pode acarretar a resolução da liberalidade, salvo se o contrário for previsto no contrato. Na hipótese de encargo estabelecido no interesse público, a autoridade competente não está legitimada a pedir a resolução da doação (MIRANDA, 1972, v. 46, p. 211). A eficácia do modo inicia-se da aceitação da doação. Pode ser estabelecido que o cumprimento do encargo seja concomitante com a aceitação.

Art. 554. A doação a entidade futura caducará se, em dois anos, esta não estiver constituída regularmente.

A doação pode ter como finalidade a constituição de uma pessoa jurídica, sob a forma de fundação, sociedade por ações ou outra. O termo entidade é por demais amplo. Não se afaste aqui a possibilidade das chamadas pessoas jurídicas com personalidade anômala, como o condomínio com unidades autônomas. O prazo decadencial para essa constituição é de dois anos, sob pena de ineficácia, caducidade. Como se trata de caducidade, não admite prorrogação. Trata-se de condição resolutiva.

Seção II
Da Revogação da Doação

Art. 555. A doação pode ser revogada por ingratidão do donatário, ou por inexecução do encargo.

A doação pode resolver-se por fatos comuns a todos os negócios jurídicos. Todos os defeitos que infirmam os contratos podem atingi-la. Pelo que foi examinado neste estudo, verifica-se que a doação pode configurar negócio resolúvel, com estabelecimento de cláusula de reversão ou termo. Examinou-se também a possibilidade de resolução por descumprimento do encargo nas doações onerosas, como figura nesse artigo. Essa revogação somente materializar-se-á por decisão judicial que reconheça o descumprimento, salvo se as partes houverem por bem distratar-se.

Situação peculiar da doação, no entanto, é a possibilidade de revogação por ingratidão do donatário Este art. 555 acrescenta ainda, ao texto anterior, a inexecução do encargo como motivação para essa revogação.

O desiderato da lei, na hipótese de ingratidão, é não somente punir o donatário ingrato, como também reparar moralmente o doador. Presume-se que o donatário, ao aceitar a doação, assume dever de abster-se de praticar atos desairosos contra quem o beneficiou. A configuração dessa ingratidão, no entanto, depende da tipificação da conduta do donatário em uma das dicções legais (art. 557). A conceituação de ingrato não terá, portanto, conteúdo vulgar ou subjetivo, porque a lei não pode tornar o negócio instável, para não colocar em risco as relações sociais. A medida é excepcional, restritiva, e como tal não admite ampliação, nem pode ficar sob o pálio da vontade das partes.

Declaratória de revogação de escritura de doação com encargos, cumulada com pedido de reintegração de posse – Doação de imóvel da autora para os réus, que obrigaram-se a zelar pela saúde, proteção e cuidados dela – Ação ajuizada sob o fundamento de que não houve o cumprimento do encargo – Procedência – Insurgência dos réus, que reconhecem que o encargo não foi cumprido a contento – Descabimento – Arguição não comprovada de que o descumprimento ocorreu apenas em razão da interferência de terceiros – Prova oral produzida pela requerente comprova a inexecução do encargo pelos requeridos, nos termos do art. 555, do CC – Decisão mantida – Recurso desprovido (*TJSP* – Ap. 1009040-43.2017.8.26.0438, 9-4-2020, Rel. Miguel Brandi).

Apelação cível. **Revogação de doação**. Ingratidão não configurada. Doação inoficiosa. Inocorrência. Antecipação de legítima. Ausente qualquer causa legal de revogação da doação, pois não provada a ingratidão e afastada a alegação de inoficiosidade levantada pelos irmãos dos donatários, mantém-se a doação de bem imóvel, formalizada por escritura pública, sem máculas, uma vez que não cabe revogação de doação por mero arrependimento. Negaram provimento. Unânime (*TJRS* – Acórdão: Apelação Cível 70035883727, 26-1-2012, Rel. Des. Luiz Felipe Brasil Santos).

Art. 556. Não se pode renunciar antecipadamente o direito de revogar a liberalidade por ingratidão do donatário.

Acentua o legislador a intenção de punir o ingrato, mais do que satisfazer ao interesse moral do doador, ao proibir a *renúncia antecipada* a esse direito de revogar. Não terá qualquer eficácia uma cláusula nesse sentido. Aqui, a exemplo de outras situações jurídicas, a vontade não pode ser autocerceada antes do evento. Mais que isso, no entanto, a revogação de doação encontra seu maior fundamento na vontade presumida do doador. A renúncia, contudo, é possível, após o fato motivador; o que a lei pune é a renúncia antecipada. A renúncia equipara-se a perdão por parte do doador.

Art. 557. Podem ser revogadas por ingratidão as doações:
I – se o donatário atentou contra a vida do doador ou cometeu crime de homicídio doloso contra ele;
II – se cometeu contra ele ofensa física;
III – se o injuriou gravemente ou o caluniou;
IV – se, podendo ministrá-los, recusou ao doador os alimentos de que este necessitava.

Examina-se o *numerus clausus* deste artigo, que enumera as únicas hipóteses de revogação por ingratidão, que não permitem extensão alguma:

I – Atentado contra a vida do doador ou homicídio doloso contra ele

Aberra o sentimento moral que alguém beneficiado pelo doador possa atentar contra sua vida. Anote-se, porém, a incongruência da lei de 1916, pois não dispunha acerca do homicídio praticado pelo donatário. Como a ação somente podia ser movida pelo doador e unicamente prosseguida por seus herdeiros, o donatário que consumasse o crime ficaria isento da revogação. Apenas a tentativa, deixando o doador vivo para se insurgir, possibilitaria a revogação. Evidente que esse paradoxo devia ser coarctado pela jurisprudência, admitindo-se que herdeiros ingressassem com ação revogatória nessa hipótese, pois o direito não pode compactuar com imoralidades. Essa possibilidade já foi albergada na jurisprudência (*RT* 524, p. 65). O sentido personalíssimo dessa ação não se via violentado por tal orientação. O presente Código corrigiu a falha expressamente no inciso I. O art. 561 desse ordenamento acrescentou que nesse caso a legitimidade da ação será dos herdeiros, salvo se o doador tiver perdoado o homicida. A lei, evidentemente, refere-se ao crime doloso, não se aplicando à modalidade culposa.

Não há necessidade que o atentado à vida seja julgado pelo juízo criminal. A responsabilidade civil independe da penal. Entretanto, nem sempre a absolvição criminal impedirá a ação civil, mormente quando por insuficiência probatória. O doador moverá ação contra o donatário, fundando-a no atentado contra sua vida, que nesse processo será examinado. O mesmo se diga, na posição que adotamos, quanto ao homicídio consumado, em ação movida pelos interessados. Leve em conta, no entanto, o art. 65 do CPP, pelo qual faz coisa julgada no cível a sentença penal que reconhecer ter sido o crime praticado em estado de necessidade, em legítima defesa, em estrito cumprimento do dever legal ou no exercício regular de direito. Nessas excludentes, não é de ser admitida a revogação. Também, se no juízo criminal já foi decidido sobre o fato ou quem seja seu autor, tais questões já não podem ser trazidas a julgamento civil (art. 935).

II – Ofensa física contra o doador

A lei refere-se à ofensa física, de modo que não há que se levar em conta meras ameaças ou atos que não a configurem. O Código Penal reporta-se à lesão corporal, mas não há que se afastar para a dicção civil as vias de fato. A matéria, como no tópico anterior, também é examinada na ação civil de revogação.

III – Injúria grave e calúnia contra o doador

Os conceitos de calúnia e injúria são os encontrados no Código Penal. Não é possível na hipótese de difamação, não cominada pela lei civil, porque o delito não era descrito autonomamente na lei penal de então. Não se tolera ampliação na restrição de direitos.

Também, nessas hipóteses não se faz necessária a condenação criminal, dirimindo-se a questão no juízo civil, admitidos os reflexos da sentença penal, como acenado. Os crimes de calúnia e injúria dependem de queixa. Nada obsta que o doador lance mão de ambas as ações ou se restrinja unicamente à ação civil (ALVIM, 1972a, p. 298). Lembre-se de que a gravidade da injúria, mencionada na lei, deve ser apurada no caso concreto.

IV – Recusa de alimentos ao doador

Para que se configure essa última hipótese de revogação da doação, mister que o doador necessite de alimentos, que não existam parentes próximos capazes de prestá-los e que o donatário esteja em situação de fazê-lo, recusando-se. O conceito e conteúdo dos alimentos são fornecidos pelo direito de família. O sentido moral e ético da norma é evidente.

Enunciado nº 33, I Jornada de Direito Civil – CJF/STJ: O novo Código Civil estabeleceu um novo sistema para a revogação da doação por ingratidão, pois o rol legal previsto no art. 557 deixou de ser taxativo, admitindo, excepcionalmente, outras hipóteses.

Apelação Cível – Revogação de doação – Hipóteses do art. 557 do CC não configuradas – Tumulto envolvendo as partes que se iniciou após ofensas perpetradas pelo apelante em face de sua ex-esposa e genitora dos apelados – Inocorrência da hipótese de revogação do art. 557, II, do CC – Apelados que reagiram a agressão praticada pelo apelante, com vistas a defender a si próprios e a sua genitora – Apelante que não se desincumbiu do ônus probatório imposto pelo art. 373, I, do CPC – Sentença mantida – Recurso improvido – Sucumbência Recursal – Majoração da verba honorária – Observância do disposto no art. 85, §§ 8º e 11, do CPC – Execução dos valores sujeita ao disposto no art. 98, § 3º, do CPC (*TJSP* – Ap. 1000965-26.2017.8.26.0596, 6-9-2019, Rel. José Joaquim dos Santos).

Ação de revogação de doação – Imóvel doado com reserva de usufruto vitalício – Alegação de ingratidão da donatária – Hipóteses do art. 557 do CC não configuradas – Sentença de improcedência mantida – Recurso desprovido (*TJSP* – Ap. 1001429-10.2014.8.26.0126, 3-3-2017, Rel. Theodureto Camargo).

Ação de cancelamento de usufruto. Causa de pedir na alegação de ingratidão por parte da usufrutuária. Dúvida se as causas extintivas do usufruto, previstas no art. 1.410 do CC, admitem a ingratidão. Ainda que se admita a instituição gratuita do usufruto, estendendo-se ao instituto as causas previstas para a **revogação da doação**, inclusive a ingratidão, não se encontram configuradas as hipóteses do rol do artigo 557 do Código Civil. Suposta apropriação indébita da usufrutuária não demonstrada com a força que exige a tipificação da ingratidão. Ação improcedente.

Sentença mantida. Apelo não provido (*TJSP* – Acórdão Apelação Cível 9156790-25.2001.8.26.0000, 12-1-2012, Rel. Des. Francisco Loureiro).

Art. 558. Pode ocorrer também a revogação quando o ofendido, nos casos do artigo anterior, for o cônjuge, ascendente, descendente, ainda que adotivo, ou irmão do doador.

Esse artigo amplia o sentido moral dessas possibilidades de revogação. Nessas hipóteses caberá ao juiz concluir, por exemplo, se a injúria perpetrada pelo donatário contra o cônjuge, o filho, o neto, o pai ou o irmão do doador foi de tal monta e de tal gravidade que autorize a revogação da doação por este. Como regra geral, contudo, qualquer causa de ingratidão praticada contra essas pessoas, assim como contra o doador, autorizam a revogação do negócio. Esse texto faz atingir a revogação em razão das vítimas decorrentes do vínculo conjugal e do parentesco. Não há limite de graus para ascendentes ou descendentes. Não se aplica às pessoas unidas pelo vínculo da afinidade. Por uma questão de lógica, deve ser aplicado ao convivente do doador, na união estável, fato a ser apurado *in concreto*.

Anulação de doação. Imprevisão legal. Sentença de improcedência. Recurso desprovido. Anulação de doação. Insurgência contra sentença de improcedência. Apelada que não praticou nenhuma das condutas previstas nos arts. 557 e 558 do CC. As condutas alegadas, ainda que reprováveis, não se enquadram nas hipóteses legais de revogação da doação por ingratidão. Doadora que detém o usufruto vitalício da parte ideal no imóvel, recebe pensão por mortes e alugueis. Art. 548 do CC que não se aplica na hipótese. Sentença mantida. Recurso desprovido (*TJSP* – Ap. 1005110-04.2016.8.26.0001, 17-7-2020, Rel. J. B. Paula Lima).

Apelação Cível. Ação Anulatória de Negócio Jurídico c/c Indenizatória. Revogação de doação. Alegação de ingratidão dos donatários. Bem imóvel doado em favor da sobrinha-neta e marido. Sentença julgou os pedidos procedentes, atendendo ao disposto nos arts. 557 e 558 do Código Civil. As provas carreadas aos autos, não comprovam a alegada ingratidão. Sentença que se reforma. Recurso conhecido e provido (*TJSP* – Acórdão Apelação Cível 0008279-60.2006.8.19.0001, 6-7-2011, Rel. Des. Sérgio Jerônimo Abreu da Silveira).

Art. 559. A revogação por qualquer desses motivos deverá ser pleiteada dentro de um ano, a contar de quando chegue ao conhecimento do doador o fato que a autorizar, e de ter sido o donatário o seu autor.

É de um ano o prazo decadencial, a contar de quando chegue ao conhecimento do doador o fato autorizador da revogação. O art. 178, § 6º, I, do antigo Código continha disposição no mesmo sentido. Como percebemos, o prazo não se conta do fato, mas do momento no qual o doador tem dele conhecimento. Pelo princípio da *actio nata*, a ação torna-se exercitável no momento em que o doador toma ciência da violação do direito. As características do prazo, no antigo diploma, não se amoldam, em princípio, à decadência, como defendem alguns. A doutrina dividia-se a esse respeito. A questão temporal e o início do lapso prescricional exigiam exame no caso concreto. O atual Código assumiu expressamente que o prazo é de decadência, colocando fim à dúvida doutrinária do passado.

Ação de revogação de doação. Sentença que julga extinta a ação, com resolução do mérito, decretando a decadência, nos termos do art. 487, II, do CPC. Doação sem qualquer encargo, realizada com reserva de usufruto. Revogação por ingratidão. **Prazo decadencial** reconhecido, a teor do art. 559 do Código Civil. Honorários advocatícios majorados para 15% do valor da causa, conforme o art. 85, §11, CPC, observada a gratuidade concedida (*TJSP* – Ap. 1001467-78.2018.8.26.0450, 26-2-2021, Rel. (a): Cristina Medina Mogioni).

Art. 560. O direito de revogar a doação não se transmite aos herdeiros do doador, nem prejudica os do donatário. Mas aqueles podem prosseguir na ação iniciada pelo doador, continuando-a contra os herdeiros do donatário, se este falecer depois de ajuizada a lide.

A lei entende personalíssimo o direito de revogar, atribuindo legitimidade unicamente ao doador. O direito à propositura não se transmite aos herdeiros do doador. No entanto, uma vez iniciada e contestada a ação, segundo o Código anterior, podem eles prosseguir, continuando inclusive contra os herdeiros do donatário. Nesta última situação, como dispunha a lei de 1916, não bastava a simples propositura para essa sucessão processual no polo passivo: necessária a contestação. Havia que se entender que bastava o decurso de prazo de contestação para que a exigência fosse satisfeita; de outro modo, possibilitar-se-ia a fraude. O que a lei deveria ter dito, mas buscou, foi a possibilidade de prosseguimento da ação *após a fase de contestação*. Este Código aclarou suficientemente a questão ao dispor que os herdeiros podem prosseguir na ação "*iniciada pelo doador, continuando-a contra os herdeiros do donatário, se este falecer depois de ajuizada a lide*".

Morto o donatário, porém, antes da propositura da ação, não podem ser acionados seus herdeiros. Nessa hipótese, não há como ser revogada a doação.

Se o doador perdoar o donatário, desaparece o interesse de agir. O perdão implica renúncia tácita ao interesse de agir.

Apelação cível. Propriedade e direitos reais sobre coisas alheias. Ação declaratória de revogação de escritura pública de doação. Legitimidade. Falecimento do doador. A teor do art. 560 do CC, a doação é ato personalíssimo e, portanto, terceiro não tem legitimidade para o pleito de revogação. Recurso desprovido. Unânime (*TJRS* – Ap. 70083048751, 20-2-2020, Rel. Gelson Rolim Stocker).

Ação anulatória de doação – Propositura pelos herdeiros do doador, sob a alegação de descumprimento de encargo – Sentença de Improcedência – Inconformismo – Herdeiros que são parte ilegítima para pleitear a revogação do ato por falta de cumprimento do encargo, o que não foi feito em vida pelo doador – Doador que não se insurgiu em vida contra o donatário – Ilegitimidade ativa reconhecida de ofício – Processo extinto – Recurso prejudicado (*TJSP* – Acórdão Apelação Cível 0031095-83.2002.8.26.0000, 29-11-2011, Relª Desª Viviani Nicolau).

Art. 561. No caso de homicídio doloso do doador, a ação caberá aos seus herdeiros, exceto se aquele houver perdoado.

Deve ser entendido o dispositivo da intransmissibilidade *cum granum salis* quanto ao que foi dito acerca do homicídio praticado pelo donatário contra o doador. Não se esqueça de que no caso de homicídio doloso do doador, os herdeiros terão legitimidade para a ação, segundo este inovador artigo. A ressalva do perdão, presente, no texto será matéria de prova e exige que seja cabal e induvidoso.

Art. 562. A doação onerosa pode ser revogada por inexecução do encargo, se o donatário incorrer em mora. Não havendo prazo para o cumprimento, o doador poderá notificar judicialmente o donatário, assinando-lhe prazo razoável para que cumpra a obrigação assumida.

A mora do donatário justifica a revogação. A mora *ex re* opera de pleno direito: havendo prazo na doação, prescinde-se da notificação. Tratando-se de encargo sem prazo, o donatário tem que ser notificado para ser constituído em mora (*ex persona*). O prazo razoável dependerá da natureza do encargo.

Art. 563. A revogação por ingratidão não prejudica os direitos adquiridos por terceiros, nem obriga o donatário a restituir os frutos percebidos antes da citação válida; mas sujeita-o a pagar os posteriores, e, quando não possa restituir em espécie as coisas doadas, a indenizá-la pelo meio termo do seu valor.

A revogação por ingratidão não prejudicará direito de terceiros, nem obrigará o donatário a restituir os frutos percebidos antes de contestada a lide. Pagará os frutos posteriores. Se impossibilitada a devolução das coisas doadas, a indenização far-se-á pelo *meio-termo de seu valor*. Desse modo, em prol da proteção a terceiros de boa-fé, a revogação não terá o condão de resolver direitos reais anteriormente constituídos. A eficácia da sentença é *ex nunc*. Até a revogação, o donatário será dono do bem.

O meio-termo de valor referido na lei significa a média entre o maior e o menor valor alcançado no período de titularidade do donatário, levando-se em conta o valor real, sem computar-se a desvalorização da moeda.

Art. 564. Não se revogam por ingratidão:
I – as doações puramente remuneratórias;
II – as oneradas com encargo já cumprido;
III – as que se fizerem em cumprimento de obrigação natural;
IV – as feitas para determinado casamento.

Há modalidades de doação, no entanto, que não admitem revogação por ingratidão, a saber: as puramente remuneratórias, as oneradas com encargo (encargo já cumprido, conforme o atual Código), as que se fizerem em cumprimento de obrigação natural e as feitas para determinado casamento. Não sendo doações puras, entendeu o legislador, nessa hipótese, por não introduzir um elemento de incerteza no negócio jurídico.

Ao dispor o ordenamento sobre a irrevogabilidade de doações *puramente* remuneratórias, lembra-se que se submetem à revogação aquelas parcialmente remuneratórias, mas somente na parte de exclusiva liberalidade (ALVIM, 1972ª, p. 322). Se o objeto for indivisível, a revogação atinge o valor da liberalidade.

Nas doações com encargo, a revogação poderá decorrer do não cumprimento do encargo, não sendo possível por ingratidão. Contudo, o que paga em razão de obrigação natural (o atual Código usa essa expressão, embora em outras oportunidades refira-se a "*obrigações juridicamente inexigíveis*") está extinguindo obrigação, razão pela qual não se amolda a possibilidade de ingratidão. Nesse caso, no entanto, se o doador pagou mais do que o valor da obrigação, nessa parte a doação é pura e admite revogação.

Também a lei exclui possibilidade de revogar por ingratidão as doações feitas em contemplação de determinado casamento. O motivo, sem dúvida, é não introduzir elemento de instabilidade no matrimônio. A proibição, como é evidente, não atinge as doações em geral somente porque o donatário é casado.

CAPÍTULO V
Da Locação de Coisas

Art. 565. Na locação de coisas, uma das partes se obriga a ceder à outra, por tempo determinado ou não, o uso e gozo de coisa não fungível, mediante certa retribuição.

1. Espécies de locação. Conceitos. Natureza

Toda a estrutura da locação em nosso Código Civil antigo baseou-se na preponderância da posição jurídica do locador, levando em consideração que na maioria das vezes ele é o proprietário da coisa locada, o titular do capital. A mesma ideia orientou a prestação de serviços. As modificações sociais exigiram que outras estruturas fossem concebidas, mormente na locação de imóveis e na prestação de atividade laboral, derrogando normas do Código.

O Direito Romano conhecia três modalidades de locação. A *locatio conductio rerum*, locação de coisas, pela qual o locador cedia ao locatário o uso de um bem mediante soma em dinheiro; a *locatio conductio operarum*, locação de serviços, pela qual um sujeito se comprometia a prestar serviços para outro, mediante certo pagamento; e a *locatio conductio operis*, locação de obra ou empreitada, pela qual um sujeito encomendava a outro a execução de uma obra mediante pagamento de um preço.

A prestação de serviços no Direito moderno, também tratada por nossos Códigos, foi na maior parte absorvida pelo contrato de trabalho, com princípios autônomos dentro do chamado direito trabalhista e social. A locação de obra redundou no contrato de empreitada.

Este Código, seguindo nova ordem, trata da "locação de coisas" nos arts. 565 a 578, da "prestação de serviço" nos arts. 593 a 609 e da empreitada nos arts. 610 a 626. Atualmente, a locação imobiliária é disciplinada de forma geral pela Lei do Inquilinato, nº 8.245/1991, após vários diplomas legais anteriores que regularam a matéria. A prestação de serviço civil, sem vínculo de subordinação, aplica-se a universo negocial restrito, porque a matéria, como dito, é objeto quase integral da legislação trabalhista.

De forma geral, a locação, dentro do conceito romano tradicional, é contrato pelo qual um sujeito se compromete, mediante remuneração, a facultar a outro, por certo tempo, o uso e gozo de uma coisa (locação de coisas); a prestação de um serviço (locação de serviços); ou a executar uma obra (empreitada). Na locação de coisas, que pode ter por objeto bens móveis e imóveis, as disposições gerais do estatuto civil aplicam-se principalmente no tocante à locação de móveis e subsidiariamente, quando não houver disposição específica em contrário, às locações imobiliárias. Alugam-se veículos, animais de carga ou montaria, máquinas e vestimentas, como se alugam lotes, lojas, residências e apartamentos. Não se alugam energia elétrica, gás, calor ou semelhantes, porque seu uso os consome. Nas locações de imóveis, há que se obedecer à legislação especial, embora a própria Lei do Inquilinato ressalve a vigência pelo Código Civil das locações que enumera no parágrafo único do art. 1º. Devemos acentuar que os princípios gerais estudados nos tópicos introdutórios deste capítulo aplicam-se, destarte, primordialmente, à locação de bens móveis.

O contrato de locação imobiliária situa-se logo em seguida à compra e venda quanto à utilização e importância no mundo negocial. Cuida-se do regramento da função social da propriedade. Exige, portanto, permanente atenção do legislador e do jurista, tendo em vista as implicações sociais referentes à moradia dos que não possuem casa própria e à produção e fornecimento de serviços e bens de consumo na locação com finalidade mercantil ou não residencial. No Direito Romano, a supremacia do locador sobre o locatário era gritante, em face das condições sociais da época. "*Daí as relações entre locadores e locatários terem sido como que transformadas entre senhores e súditos*" (MIRANDA, 1972, v. 40, p. 6). Essa tradição foi assimilada por nosso Código do início do século XX.

Segundo a definição do atual art. 565, a locação pode ser de coisa apenas para uso, sem direito de apropriação dos frutos, aproximando-se nesse caso do comodato, com a diferença constante da remuneração no contrato ora tratado. A locação de gozo, envolvendo também o uso, concede, além da utilização da coisa, a possibilidade de apropriação dos frutos. Podemos dizer, tendo em vista a definição legal, que as coisas não produtivas são objeto de locação de uso; as coisas frutíferas são, em princípio, objeto de locação de uso e gozo, exceto ressalva contratual.

A locação é, portanto, contrato *bilateral* e *comutativo*, a ela sendo aplicável o princípio da exceção de contrato não cumprido dos arts. 476 e 477. Existem obrigações recíprocas para ambas as partes. É *onerosa* porque importa em vantagem e sacrifício para as partes. Se a cessão da coisa é gratuita, tipifica-se como comodato. É *consensual* porque independe da entrega da coisa para que se tenha por perfeito. Como se trata de direito obrigacional, não transfere a propriedade. O locador obriga-se a ceder a coisa, mas a tradição não é essencial ao negócio, porque não se trata de contrato real. Constitui *relação duradoura* porque o decurso de tempo lhe é essencial. É *não solene* porque a lei não exige forma especial, embora na Lei do Inquilinato o contrato escrito conceda maior proteção ao inquilino. Nada impede, porém, que seja verbal.

O contrato de locação pode ser pactuado por tempo determinado ou indeterminado. Se o tempo for indeterminado, atingirá seu término com a denúncia das partes ou outras formas de resolução ou resilição dos contratos. As cláusulas que normalmente integram o contrato são as do prazo de duração do contrato, do prazo da denúncia e do valor do aluguel. É importante, também, para essa modalidade contratual, que estejam presentes, mormente na locação imobiliária, a cláusula penal e a cláusula de garantia, geralmente fidejussória, embora esta enfrente hoje dificuldades estruturais. Ressalvem-se, porém, as situações de locação predial, com intervenção legal nessas cláusulas. Podem as partes estipular prazo de duração de tantos meses ou anos, estabelecendo prazo de denúncia dita vazia, aviso prévio ou pré-aviso de 30 dias após os quais o locatário se despojará da coisa. Cessando ou não se determinando o lapso da locação, o locatário permanece com a coisa *ad nutum*, sob o alvedrio do locador. Cabe a este utilizar-se da retomada quando desejar. No tocante ao inquilinato, desde a primeira lei emergencial (Lei nº 4.403/21) esse exercício foi limitado.

Discute-se se a relação locatícia é *intuitu personae*. Miguel Maria de Serpa Lopes (1993, v. 4, p. 24) chama atenção para as leis do inquilinato que restringem a possibilidade de cessão ou sublocação, bem como estabelecem medidas tendentes a evitar transferências da coisa a terceiros, entendendo existir aí conteúdo pessoal no contrato. Embora essa opinião não seja unânime, sem dúvida há acentuado conteúdo de confiança pessoal depositada na pessoa do locatário.

Embora a lei de 1916 tratasse da locação de coisas e de serviços no mesmo capítulo, há tênue elemento comum entre ambas. Na locação de serviços, o trabalho apresenta-se como o valor principal, pouca relação tendo com o uso e gozo da coisa. Este Código, acertadamente, disciplina a locação de coisas autonomamente, nos arts. 565 a 578, após tratar da doação, disciplinando a prestação de serviço e a empreitada mais adiante (art. 593 ss, após cuidar do empréstimo).

O termo *arrendamento* é sinônimo de locação, sendo utilizado entre nós preferentemente para as locações imobiliárias rurais. Nada impede que, para ser evitada repetição, *locação* e *arrendamento*, *locar* e *arrendar* sejam utilizados indistintamente. No entanto, arrendamento prende-se mais à ideia de imóvel rural porque abrange a percepção de frutos, além do uso. Na locação, realça-se a relação de uso. *Aluguel* é vocábulo destinado a representar o valor da retribuição pela locação. Emprega-se tanto para designar o contrato como estritamente o preço. Quanto às partes, o *locador* ou *senhorio* é aquele que se compromete a ceder a coisa. De outro lado, coloca-se o *locatário* ou *inquilino*, reservando-se este último termo unicamente para as locações prediais. Utilizamos também os termos *arrendador* e *arrendatário*, derivados do arrendamento, mais apropriados ao arrendamento rural.

A locação distingue-se da *compra e venda*, embora na origem romana tenha havido confusão, porque nesta há obrigação de transferir o domínio; na locação, cede-se o uso com obrigação de restituição. O locatário exerce posse direta sobre a coisa, mas posse precária. Distingue-se, também, do *depósito*, embora neste possa haver autorização de uso da coisa, porque depósito é contrato real, enquanto a locação é consensual; nesta, a remuneração é essencial, podendo o depósito ser gratuito. Com o *empréstimo*, a locação também apresenta afinidade, porque ambos os negócios implicam utilização da coisa alheia. No *comodato*, porém, empréstimo destinado às coisas não fungíveis, a gratuidade é essencial, enquanto a onerosidade é essencial na locação. Mútuo é empréstimo de coisas fungíveis, implicando a transferência da propriedade. Na *enfiteuse* também existe cessão onerosa de uso, mas esta é instituto dos direitos reais e implica cessão perpétua, enquanto a locação é sempre temporária. O mesmo se pode dizer com relação ao direito de superfície, instituto de direito real, reintegrado ao ordenamento positivo pelo presente Código (arts. 1.369 a 1.377).

No *contrato de garagem*, a doutrina procura encontrar uma mescla de negócios, embora subsista a dúvida sobre a preponderância, se da locação de coisas ou do depósito. Melhor posição é considerá-lo contrato autônomo, que se utiliza dos princípios de ambos, com gradações diversas conforme se trate de local fechado ou aberto para abrigo e guarda dos veículos, local com ou sem vigilância etc.

2. Capacidade. Objeto. Aluguel

A capacidade do agente é aquela para os atos da vida civil em geral. O contrato de locação, como visto, não transfere a propriedade. Não se trata, pois, de ato de disposição. Inclui-se desse modo entre os atos considerados de administração. Assim, a exigência de outorga conjugal presente na compra e venda não se faz necessária na locação, como regra geral. O pai e o tutor podem dar em locação os bens dos filhos e pupilos. Há, porém, determinadas regras de legitimação, como no condomínio tradicional, hipótese em que a coisa somente pode ser concedida em locação com o consentimento da maioria do valor dos quinhões (arts. 1.323 ss). A Administração Pública não está inibida de dar em locação desde que devidamente autorizada por lei.

Quanto ao objeto da coisa locada, este art. 565 adverte que se trata de bem *não fungível*. Isso porque incumbe ao locatário restituí-la ao locador uma vez findo o contrato, nos termos do art. 569, IV. Ficam, portanto, excluídas da locação as coisas consumíveis, como a energia elétrica anteriormente referida. O objeto do contrato deve ser apto à utilização e fruição pelo locador. Objeto inidôneo, neste ou em qualquer outro contrato, torna nulo o negócio. Destarte, nula será a locação de objeto ilícito. Não é necessário que o locador tenha o poder de dispor da coisa, pois pode até não ser seu dono, como ocorre com o usufrutuário. Basta que tenha o poder de cedê-la; dá-la em locação.

O preço, aluguel ou aluguer é essencial nesse contrato. Mais comum que seja fixado em dinheiro e pago periodicamente, por semana, mês, bimestre etc. Nada impede, embora não seja usual, que seja pago de uma só vez por todo o período da locação, bem como seja constituído de outra espécie que não dinheiro, mas sempre redutível a um valor. O aluguel é devido durante o tempo em que a coisa estiver à disposição do locatário, ainda que dela não se utilize.

Art. 566. O locador é obrigado:
I – a entregar ao locatário a coisa alugada, com suas pertenças, em estado de servir ao uso a que se destina, e a mantê-la nesse estado, pelo tempo do contrato, salvo cláusula expressa em contrário;

II – a garantir-lhe, durante o tempo do contrato, o uso pacífico da coisa.

Sendo contrato bilateral, na locação há obrigações que emergem para o locador e para o locatário. O elenco de obrigações recíprocas estabelecido nos Códigos é consideravelmente alargado na Lei do Inquilinato. Esses aspectos integram o que mais recentemente se denominou de *bases do contrato*.

A principal obrigação do locador é entregar e possibilitar o uso e fruição da coisa. A recusa na entrega da coisa pelo locador permite ação judicial para execução em espécie. Impossibilitando-se a entrega por culpa do locador, responderá ele por perdas e danos. A entrega da coisa pode ocorrer em momento concomitante ou posterior à conclusão do contrato. O locatário ingressa na posse direta da coisa. Sua posse é precária, como toda aquela derivada de contrato na qual existe a obrigação de restituir. Da relação jurídica irradia-se o dever de conceder o uso e gozo e a manutenção nesse estado. No curso da locação, não pode o locador turbar o uso do locatário nem permitir que outros o façam. O locador tem obrigação de proteger o locatário de embaraços e turbações de terceiros, respondendo também por vícios ou defeitos anteriores à locação (art. 568). Aplicam-se os princípios dos vícios redibitórios. Não há, porém, que se exigir que esses vícios sejam ocultos, pois não está o locatário obrigado a manter-se com a coisa se não se adapta para o uso colimado. O art. 568 deve ser interpretado em consonância com os deveres do locador. Mesmo pelos defeitos posteriores à locação responde o locador, porque tem o dever de garantir o uso e o gozo da coisa para o fim a que se destina.

Art. 567. Se, durante a locação, se deteriorar a coisa alugada, sem culpa do locatário, a este caberá pedir redução proporcional do aluguel, ou resolver o contrato, caso já não sirva a coisa para o fim a que se destinava.

Obrigação sucessiva do locador é manter a coisa no estado em que foi entregue. Se o bem deteriorar-se no curso da locação, sem culpa do locatário, este poderá pedir redução proporcional do aluguel ou rescindir o contrato, caso já não mais sirva para o fim colimado. A vigência do contrato pode iniciar-se antes que o locatário ocupe a coisa alugada. O locatário tem direito de ocupar a coisa, mas não obrigação. Qualquer perda ou deterioração na coisa, uma vez vigente o contrato, reclama essa aplicação.

Bens móveis. Locação. Máquinas de reprografia e de impressão. Cerceamento de defesa não caracterizado. Preliminar rejeitada. Valor da causa deve corresponder ao conteúdo econômico da questão controvertida. Incidência do artigo 292, inciso II, do Código de Processo Civil. Impugnação acolhida. Rescisão contratual reclamada pelo locatário. Sucessivos defeitos apresentados pelos equipamentos locados. Aparelhos inservíveis para o uso a que se destinavam. Justa causa caracterizada. Resilição motivada. Inteligência do artigo 567 do Código Civil. Acolhimento do pedido declaratório de inexigibilidade do débito e rejeição do pleito reconvencional. Manutenção. Necessidade. Recurso parcialmente provido (*TJSP* – Ap. 1009911-87.2019.8.26.0152, 28-1-2021, Rel. Gilson Delgado Miranda).

Art. 568. O locador resguardará o locatário dos embaraços e turbações de terceiros, que tenham ou pretendam ter direitos sobre a coisa alugada, e responderá pelos seus vícios, ou defeitos, anteriores à locação.

É obrigação do locador manter a coisa na posse direta do locatário, de forma mansa e pacífica. Qualquer ataque a essa posse por terceiros deve ser repelido pelo locador, cuja legitimidade para a ação está aqui estampada; não estando impedido, porém, o locatário de fazê-lo. Sempre que a locação ficar comprometida, não podendo ter continuidade, responderá o locador, salvo as hipóteses de caso fortuito ou força maior, que merecem o acurado exame no caso concreto.

Assim, a perda da coisa, pela evicção, gera a responsabilidade do locador, assim como pelos defeitos na coisa (vícios redibitórios) com causa anterior à locação. Os vícios na coisa devem ser de tal monta que prejudiquem ou impossibilitem a utilização do bem. Esses defeitos devem ser ocultos e, ainda que aparentes, devem ser alertados pelo locador, sob pena de sofrer perdas e danos. O exame do caso concreto indicará o deslinde.

Art. 569. O locatário é obrigado:
I – a servir-se da coisa alugada para os usos convencionados ou presumidos, conforme a natureza dela e as circunstâncias, bem como tratá-la com o mesmo cuidado como se sua fosse;
II – a pagar pontualmente o aluguel nos prazos ajustados, e, em falta de ajuste, segundo o costume do lugar;
III – a levar ao conhecimento do locador as turbações de terceiros, que se pretendam fundadas em direito;
IV – a restituir a coisa, finda a locação, no estado em que a recebeu, salvas as deteriorações naturais ao uso regular.

O desvio de uso (inciso I) implica infração legal da locação, autorizando o pedido de rescisão por parte do locador cumulável com indenização por prejuízos. Se preferir, pode o locador ingressar com ação para que o locatário cesse ou se abstenha do uso indevido. A lei especifica o uso convencionado ou presumido. É necessário examinar o caso concreto. Importante por vezes tornar-se-á a prova pericial.

Utilizar animal de montaria para tiro ou veículo de passeio urbano para trânsito fora de estradas, por exemplo, caracteriza desvio de uso. Quando prepondera a pessoa do locatário para a utilização da coisa locada, a permissão de uso por terceiros pode configurar desvio de uso, como, por exemplo, permitir que pessoa não habilitada dirija veículo. A sublocação não autorizada situa-se no mesmo diapasão.

Como possuidor direto, o locatário assume o dever de manutenção da coisa. Trata-se de cuidado qualificado, porque a lei vai além da simples manutenção. Estatui que o locatário deve tratar da coisa locada como se sua fosse. Desse modo, responde por culpa se em caso de sinistro antepuser o salvamento de suas coisas em detrimento da coisa alugada. O art. 570 conclui que se o desvio de uso ocasionar danos, o locador, além de pleitear a rescisão, poderá exigir perdas e danos.

O pagamento de aluguel (inciso II), conforme já acentuado, é essencial à locação. O inadimplemento caracteriza infração legal da locação, autorizando a rescisão e a retomada da coisa. Na locação predial, a ação de retomada será sempre de despejo. Na locação de bens móveis, a pretensão de rescisão será acompanhada do pedido de reintegração de posse. Admite-se a purgação de mora na locação de imóveis enquanto não rescindida a locação; possível, portanto, no prazo de contestação. Em ação autônoma, que será executória se presentes os requisitos legais, também podem ser cobrados os alugueres em aberto. A consignação em pagamento pode ser utilizada pelo locatário dentro dos pressupostos legais.

O locatário deve comunicar ao locador turbações de terceiros sobre a coisa (inciso III). Deve protegê-la de ataques à posse e a outros direitos. Como possuidor direto, pode defendê-la por intermédio dos interditos, inclusive contra o próprio locador, se seu âmbito de posse for afetado. Se a ameaça ou turbação provier de terceiros, porém, além de poder exercitar pessoalmente a defesa, conforme o caso, o locatário tem a obrigação de comunicar oportunamente ao locador para que este possa providenciar a defesa de seu direito. Se se omitir e disso resultar prejuízo, além de sujeitar-se à rescisão da locação, responderá por perdas e danos perante o locador.

A obrigação de restituição é ínsita à locação (inciso IV), por isso que, nessas premissas, a posse do locatário é sempre precária. O locatário não pode mudar unilateralmente a natureza de sua posse. A ausência da obrigação de restituir transforma o contrato em outro negócio diverso da locação. A lei disciplina que a coisa deve ser devolvida no mesmo estado em que foi recebida, salvas as deteriorações naturais do uso regular. É preciso examinar a natureza da coisa locada. O aluguel de veículo automotor, por exemplo, implica desgaste natural de algumas peças, como pneus, pastilhas ou discos de freios etc. No caso concreto, examina-se a anormalidade que implicará indenização.

Locação de imóvel. Despejo por falta de pagamento cc tutela de urgência. Ainda que prevista garantia contratual de caução, nos casos em que o valor do débito é superior ao da importância garantida, hipótese dos autos, deve-se considerar como insubsistente tal garantia, para fins de interpretação do art. 59, § 1º, inciso IX, da Lei nº. 8.245/1991. Diante das circunstâncias excepcionais causadas pela pandemia da Covid-19, de rigor a manutenção do indeferimento da liminar, mas por fundamentos diversos do apontado pelo Juízo "a quo". Recente e notória derrubada do veto presidencial ao artigo 9º da Lei que dispõe sobre o regime jurídico emergencial e transitório das relações jurídicas de direito privado no período da pandemia da COVID-19 e que proíba a concessão de liminar para desocupação de imóvel nas ações de despejo até 30.out.2020. Eventual abandono do imóvel que enseje a imissão na posse, com base no art. 66 da Lei nº 8.245/91 e não o despejo. Ausência de demonstração ao menos por ora dos elementos caracterizadores. Decisão mantida, mas por fundamentos diversos. Recurso dos autores parcialmente provido (*TJSP* – AI 2178853-02.2020.8.26.0000, 21-9-2020, Rel. Berenice Marcondes Cesar).

Art. 570. Se o locatário empregar a coisa em uso diverso do ajustado, ou do a que se destina, ou se ela se danificar por abuso do locatário, poderá o locador, além de rescindir o contrato, exigir perdas e danos.

Cuida-se aqui do desvio de uso. Animal locado para exibição, por exemplo, não pode ser utilizado para tração. Imóvel locado para fins residenciais não pode ser transformado em comercial etc. O locatário deve cuidar da coisa com o mesmo zelo que teria com a sua. Não pode exigir de uma máquina locada um serviço para o qual ela não está dimensionada. Assim o desvio de uso abrange também o abuso no uso da coisa locada. A transgressão possibilita a rescisão do contrato, com indenização pelas perdas e danos que se comprovarem. Nem sempre o bom uso e o abuso surgem de forma clara, dependendo de provas convincentes. Não se indeniza pelo desgaste ou deterioração pelo uso normal, *civiliter* ou contratual, da coisa.

**Art. 571. Havendo prazo estipulado à duração do contrato, antes do vencimento não poderá o locador reaver a coisa alugada, senão ressarcindo ao locatário as perdas e danos resultantes, nem o locatário devolvê-la ao locador, senão pagando, proporcionalmente, a multa prevista no contrato.
Parágrafo único. O locatário gozará do direito de retenção, enquanto não for ressarcido.**

O art. 571 deste Código já não se refere ao aluguel faltante nesse caso, mas ao pagamento da multa prevista no contrato. De fato, essa é a orientação que assumiu a jurisprudência, na hipótese de devolução da coisa pelo locatário, antes de findo o prazo da locação. Essas regras são excessivamente rigorosas favoráveis ao locador, tendo em vista a natureza do negócio. Como apontamos, com relação ao pagamento do aluguel faltante nessa premissa, a doutrina e a jurisprudência entenderam ser o pagamento integral pelo tempo faltante na restituição antecipada pelo locatário excessivamente gravoso. Admitida a hipótese como cláusula penal, porém, é de ser permitida a redução proporcional do valor ao tempo cumprido pela via judicial. Em boa hora, a dicção foi modificada pelo vigente Código: tratando-se essa hipótese de descumprimento de cláusula contratual, a devolução antecipada da coisa permite a cobrança *proporcional* da multa pactuada. Entende-se a proporcionalidade como referente ao tempo decorrido do contrato. Não havendo cláusula penal no pacto, há que se admitir a possibilidade de avaliação de perdas e danos no caso concreto, seguindo-se a regra geral.

Esse artigo estampa mais uma aplicação do princípio *pacta sunt servanda*. Há proibição de não rompimento do contrato por ambas as partes.

O direito de retenção é apontado no parágrafo único, como mais uma forma de ser evitado o enriquecimento injusto. O direito de retenção é um meio direto e eficaz de defesa, geralmente presente no ordenamento em favor do possuidor de boa-fé. No caso desse texto, o direito de retenção não se refere apenas a benfeitorias mas ao direito de o locatário reter a coisa até que seja ressarcido de perdas e danos. É evidente que enquanto mantiver o bem, o locatário, como possuidor direto, deve mantê-la adequadamente. Veja o artigo seguinte.

Art. 572. Se a obrigação de pagar o aluguel pelo tempo que faltar constituir indenização excessiva, será facultado ao juiz fixá-la em bases razoáveis.

Esse artigo chama a atenção e merece um cuidado maior do intérprete. Como vimos, o Código antigo no parágrafo único do art. 1.193 mencionava a obrigação de pagar o aluguel faltante. No corrente diploma, a referência é à multa contratual e não ao aluguel restante. Parece que houve uma impropriedade do novel legislador ao manter essa noção no art. 572. Nessa hipótese, a nosso ver, há que se entender que as partes podem ter estipulado no contrato a obrigação de pagar o aluguel restante nessa situação de resilição antecipada pelo locatário: nesse caso, como na jurisprudência mais recente, o juiz pode reduzir equitativamente o valor dos alugueres faltantes, cuja índole é reparatória, no caso, sentido de cláusula penal.

Acrescenta ainda o parágrafo único do art. 571 do presente diploma que, se a indenização for a cabível ao locatário, este terá direito à retenção da coisa, enquanto não for ressarcido. A hipótese não terá muita utilidade na prática, pois a regra geral é de que o locatário não está obrigado a devolver a coisa antes de findo o prazo contratual. Se, por qualquer razão, for obrigado a isso, terá direito a perdas e danos e poderá reter a coisa, não a restituindo ao locador, até sua liquidação, isto é, até receber o que lhe é devido em razão dessa locação, ou seja, a multa contratual e outros acréscimos que podem decorrer da utilização da coisa (benfeitorias, por exemplo).

Art. 573. A locação por tempo determinado cessa de pleno direito findo o prazo estipulado, independentemente de notificação ou aviso.

Art. 574. Se, findo o prazo, o locatário continuar na posse da coisa alugada, sem oposição do locador, presumir-se-á prorrogada a locação pelo mesmo aluguel, mas sem prazo determinado.

Art. 575. Se, notificado o locatário, não restituir a coisa, pagará, enquanto a tiver em seu poder, o aluguel que o locador arbitrar, e responderá pelo dano que ela venha a sofrer, embora proveniente de caso fortuito. Parágrafo único. Se o aluguel arbitrado for manifestamente excessivo, poderá o juiz reduzi-lo, mas tendo sempre em conta o seu caráter de penalidade.

Nesses textos temos regra que se aplica, em princípio, a todos os negócios jurídicos com prazo determinado. Findo o prazo do contrato e mantendo-se silentes as partes, presume-se que dão continuidade ao contrato, com as mesmas cláusulas, doravante por prazo indeterminado. Se o contrato efetivamente tiver fim na data do termo final, há que se comprovar que houve de fato o rompimento do liame. Se o locatário não devolver a coisa no final do termo e não se conformar o locador, deve tomar as medidas cabíveis.

O art. 573 dispõe acerca do término da locação pelo escoamento do prazo determinado. A locação por prazo determinado cessa de pleno direito findo o prazo, independentemente de notificação ou aviso. Terminada a relação contratual, pode o locador *incontinenti* pedir a retomada da coisa. Se, porém, deixar escoar tempo sem reclamá-la, presume-se prorrogada a locação, pelo mesmo aluguel, mas sem prazo determinado (art. 574). Nada impede que o locador conceda prazo superior no bojo do contrato, nessa situação. Prorrogado dessa forma o contrato, a qualquer momento pode o locador resili-lo, mas nessa hipótese deve notificar o locatário para devolver a coisa (art. 575).

A vigente Lei do Inquilinato, consolidando posição jurisprudencial, admite a denúncia vazia imediata após o término do prazo determinado em até 30 dias de seu escoamento. Após esse interregno, entende-se prorrogada a locação e faz-se necessária a notificação para desocupação em 30 dias. Observe que a restituição, findo o prazo da locação, ou por denúncia do locador, situa-se fora da locação, com o contrato já terminado. Trata-se, como podemos denominar, de efeito residual do contrato.

Nas locações regidas pelo Código Civil, nessa notificação, o locador arbitrará aluguel, caso a coisa não seja devolvida (art. 575). Trata-se de *aluguel-pena* a que se sujeita o locatário pela retenção indevida da coisa. Sua natureza é de cláusula penal, subordinando-se a seus princípios, inclusive à redução que pode ser feita pelo juiz. A propósito, este Código, atendendo ao que sustentávamos em doutrina, acrescentou no parágrafo único do art. 575: "*Se o aluguel arbitrado for manifestamente excessivo, poderá o juiz reduzi-lo, mas tendo sempre em conta o seu caráter de penalidade.*" A finalidade dessa norma é de uma verdadeira "*astreinte*", isto é, constranger o locatário a devolver a coisa, pagando um *plus* pelo fato de não tê-lo feito na época oportuna. Na locação predial, o dispositivo foi aplicado por parte da jurisprudência na vigência de leis do inquilinato anteriores, quando se autorizava a denúncia vazia, não sendo mais admitido na lei vigente, após vacilação inicial da jurisprudência.

Enunciado nº 180, III Jornada de Direito Civil – CJF/STJ: A regra do parágrafo único do art. 575 do novo Código Civil, que autoriza a limitação pelo juiz do aluguel-pena arbitrado pelo locador, aplica-se também ao aluguel arbitrado pelo comodante, autorizado pelo art. 582, 2ª parte, do novo Código Civil.

Apelação cível e recurso adesivo em ação de despejo c/c cobrança – Recusa do locatário em desocupar o imóvel – Impossibilidade de aplicação de aluguel-pena pelo locador – Inaplicabilidade do art. 575, *caput*, do Código Civil – Locação de imóvel urbano – Incidência das regras da Lei do Inquilinato nº 8.245/91 – Disposições de caráter especial – Prevalência sobre as regras gerais previstas no Código Civil. Inteligência do art. 2º, § 2º, da LICC. Condenação ao pagamento do aluguel referente ao mês de fevereiro de 2013, em razão do locatário ter ocupado o imóvel durante o referido mês. Ocorrência de sucumbência recíproca. Custas processuais e honorários advocatícios suportados igualmente entre autor e réu. Verba honorária arbitrada em R$ 1.500,00 (mil e quinhentos reais), de acordo com o art. 20, § 4º do CPC/73, vigente à época. Recursos conhecidos e parcialmente providos, sentença reformada (*TJCE* – Ap. 0189138-24.2012.8.06.0001, 21-6-2016, Rel. Paulo Airton Albuquerque Filho).

Art. 576. Se a coisa for alienada durante a locação, o adquirente não ficará obrigado a respeitar o contrato, se nele não for consignada a cláusula da sua vigência no caso de alienação, e não constar de registro.

§ 1º O registro a que se refere este artigo será o de Títulos e Documentos do domicílio do locador, quando a coisa for móvel; e será o Registro de Imóveis da respectiva circunscrição, quando imóvel.

§ 2º Em se tratando de imóvel, e ainda no caso em que o locador não esteja obrigado a respeitar o contrato, não poderá ele despedir o locatário, senão observado o prazo de noventa dias após a notificação.

A alienação da coisa locada rompe o contrato de locação, não ficando o adquirente obrigado a respeitar o contrato, salvo se estiver presente cláusula de vigência para essa hipótese e constar de registro público. O registro para os móveis é o de títulos e documentos, salvo se houver norma especial que autorize outro. O registro imobiliário é o destinado aos imóveis.

Quanto ao registro, o § 1º do art. 576 do vigente diploma preferiu ser expresso sobre o Cartório de Registro de Títulos e Documentos, no tocante aos móveis, e o registro imobiliário, quanto aos imóveis.

Não havendo registro, o novo proprietário pode denunciar imediatamente a locação. Se não o fizer e admitir a continuidade, assume a posição de locador, sucedendo-o. A matéria trouxe muita discussão no âmbito da locação predial, sendo razoavelmente bem dirimida na lei atual. O Código Civil de 1916 trazia prazos de desocupação expressos para imóveis urbanos e rurais (art. 1.209).

O § 2º do art. 576 traz norma que deveria ser inserida na Lei do Inquilinato, pois o presente Código não trata especificamente da locação imobiliária: "*Em se Tratando de imóvel, e ainda no caso em que o locador não esteja obrigado a respeitar o contrato, não poderá ele despedir o locatário, senão observado o prazo de noventa dias após a notificação.*" Aliás, esse prazo de 90 dias para a desocupação é o mesmo do art. 8º da Lei nº 8.245/1991.

Há um dispositivo inovador neste Código que certamente será chamado à utilização nessa hipótese, bem como em outras situações inquilinárias e negociais que a multiplicação de casos concretos traz. Trata-se do parágrafo único do art. 473, que já examinamos ao estudarmos a teoria geral dos contratos: "*Se, porém, dada a natureza do contrato, uma das partes houver feito investimentos consideráveis para a sua execução, a denúncia unilateral só produzirá efeito depois de transcorrido prazo compatível com a natureza e o vulto dos investimentos.*"

Segundo podemos antever, mormente em situações de locação, principalmente a não residencial não albergada pela ação renovatória, haverá oportunidade e conveniência para aplicação desse dispositivo pelo julgador, na busca do equilíbrio social dos contratos, colimado pelo corrente diploma civil. Nessas premissas, e em outras que se apresentarem análogas na locação de móveis ou imóveis, sob o caso concreto, poderá ser concedido prazo superior para a restituição da coisa ou a desocupação do imóvel. O dispositivo exige a argumentação exaustiva dos interessados e a correlata visão aberta do juiz para ser aplicado corretamente.

Como deflui dos dispositivos enfocados, o legislador do Código de 1916 tomou francamente partido do locador na locação. Levando-se em conta a moradia e a problemática geral da locação inquilinária, é facilmente perceptível porque a vigência do Código Civil antigo na parte referente à locação imobiliária foi tão efêmera, com sucessivas leis emergenciais no tocante às locações prediais.

Art. 577. Morrendo o locador ou o locatário, transfere-se aos seus herdeiros a locação por tempo determinado.

Esse artigo acolheu a sucessão *causa mortis* dos herdeiros e legatários do locador e do locatário na locação por tempo determinado. Na locação por tempo indeterminado, possibilita-se o rompimento da relação. As leis do inquilinato sempre admitiram a locação feita no intuito da família no âmbito residencial, alargando o conceito hereditário.

Art. 578. Salvo disposição em contrário, o locatário goza do direito de retenção, no caso de benfeitorias necessárias, ou no de benfeitorias úteis, se estas houverem sido feitas com expresso consentimento do locador.

Esse dispositivo contém norma específica a respeito das benfeitorias e o respectivo direito de retenção. Este somente é deferido ao locatário no tocante às benfeitorias necessárias ou, quanto às úteis, se tiveram o expresso consentimento do locador. Quanto à indenização, segue-se o princípio geral. Decorrendo de contrato paritário, sem cláusulas predispostas, não sendo atingido pelo CDC, em princípio será válida a cláusula que admite a perda das benfeitorias de qualquer natureza em favor do locador. De outro modo, há de ser considerada abusiva e, portanto, írrita, acarretando injusto enriquecimento.

CAPÍTULO VI
Do Empréstimo

Seção I
Do Comodato

Art. 579. O comodato é o empréstimo gratuito de coisas não fungíveis. Perfaz-se com a tradição do objeto.

1. Empréstimo em geral

Nossos Códigos, assim como grande parte das legislações, distinguem o mútuo (empréstimo de consumo) e o comodato (empréstimo de uso). Justifica-se a separação, porque os efeitos de ambos os contratos são diversos. No mútuo, o mutuário recebe a propriedade da coisa emprestada; no comodato, o comodatário recebe apenas a posse de coisa não fungível, mantendo o comodante o domínio ou outro direito correlativo.

No entanto, a finalidade dos dois negócios é idêntica, com semelhante significado econômico, sem diferenças estruturais. Em ambos, as partes propõem-se entregar e receber um empréstimo, devendo o tomador devolver o que foi recebido. Desse modo, percebe-se que a diferença não reside na intenção das partes, mas na natureza do objeto do contrato. O emprestador entrega sempre coisa a fim de que o tomador dela se utilize. A diferença está no aspecto das coisas fungíveis, que não podem ser utilizadas sem perecimento. Por essa razão, o contrato de mútuo reconhece a transferência da propriedade ao mutuário, exigindo normas diversas do comodato.

2. Comodato. Natureza. Objeto. Forma

Commodum datum no latim significa o que se dá para o cômodo ou proveito de outrem. Esse o sentido do contrato.

Principia o Código a definir comodato como neste artigo. Trata-se de contrato unilateral gratuito por meio do qual o comodante entrega bem não fungível para uso ao comodatário, o qual deve devolvê-lo após certo tempo. O conceito de fungibilidade há de se reportar ao art. 85.

De plano, verificamos que o legislador optou por erigir o negócio em *contrato real*. O contrato se conclui pela entrega, ou seja, a tradição da coisa. Sem esse procedimento, sem a entrega da coisa ao comodatário, não há comodato. Poderá haver outro negócio jurídico. A promessa de efetuar comodato não se amolda à tipicidade; é negócio atípico. A posição legal, porém, não impediu que parte da doutrina conceituasse o instituto como negócio simplesmente consensual, isto é, concluído pelo simples acordo de vontades. A questão tem fundamental importância para caracterizar o inadimplemento. Sustentam os que admitem a simples consensualidade que a entrega não integra a formação do contrato, mas uma atividade posterior referente à execução da obrigação assumida. Essa é a opinião longamente fundamentada de Serpa Lopes (1993, v. 4, p. 348 ss), por exemplo. No entanto, esse mesmo autor conclui que não há como ser afastado o caráter real do contrato perante nossa legislação, a exemplo de tantas outras, como os Códigos francês, português, argentino e alemão. Não é, porém, a posição do Código suíço, que define o empréstimo de uso como aquele pelo qual um sujeito "*se obriga* a ceder gratuitamente o uso de uma coisa" (art. 305); e no empréstimo de consumo (mútuo) "*se obriga* a transferir a propriedade de uma soma de dinheiro ou outras coisas fungíveis" (art. 312). Por esse estatuto, basta o acordo de vontades, independentemente da tradição, para ter-se o empréstimo perfeito e acabado. Concluindo, perante os termos peremptórios de nosso Código, o contrato é real, dependente da tradição.

É contrato *unilateral*. Como somente há comodato com a entrega da coisa emprestada, integrando essa tradição a natureza do contrato, resta ao credor o direito de exigir a restituição do bem. Nenhuma obrigação é atribuída ao comodante. A tradição inicial não é elemento do contrato, não podendo ser considerada obrigação do emprestante. Destarte, apenas uma das partes contrai obrigações, ou seja, o comodatário. Além de zelar pela coisa, com as obrigações complementares, compete-lhe restituí-la findo o prazo do contrato ou quando solicitado, conforme examinaremos. O fulcro do contrato é o direito conferido ao comodatário de usar a coisa com a consequente obrigação de restituição.

É contrato *gratuito*, conforme inclusive a definição legal, pois, se há retribuição pelo uso da coisa, transforma-se em locação. A liberalidade é o móvel do negócio. O eventual interesse moral que leva o comodante a emprestar (amizade, religião, amor, recompensa) não terá cunho jurídico. Não ofende a gratuidade o fato de o comodatário pagar impostos, taxas, despesas de condomínio, ou até prestações referentes ao bem comodado (MARMITT, 1991, p. 13). Tal situação não afasta o caráter gratuito do negócio.

Esse negócio possui natureza *intuitu personae*, pois o comodante tem em mira a fidúcia que deposita na pessoa do comodatário, tanto que é contrato gratuito. Traduz favorecimento pessoal do comodatário. O benefício, salvo ratificação do comodante, não se estende, portanto, aos sucessores do comodatário.

É negócio *temporário* porque traz ínsita em seu bojo a obrigação de restituir. Por isso a posse do comodatário é sempre precária. Ausente esse aspecto, o negócio tipifica-se como doação. A devolução deve ocorrer findo o prazo ou finalidade estipulados no contrato ou, se por prazo indeterminado, após a notificação, como se examinará.

Podem ser objeto de comodato os bens não fungíveis móveis e imóveis. Nada impede que bem fungível, para finalidade de pompa e ostentação, como garrafas de vinho para decorar vitrina, possa ser objeto de comodato. Examina-se a intenção das partes. No comodato, a restituição deve ser da mesma coisa emprestada.

Os bens incorpóreos, desde que suscetíveis de uso e posse, também podem ser objeto de comodato. Desse modo, a linha telefônica, o direito autoral, a marca e o nome comercial, a patente de invenção podem ser objeto de comodato. Também as universalidades podem ser objeto desse contrato, assim como parte de determinado bem. O comodato de bem público depende de autorização legal.

O comodatário exerce a posse direta da coisa, mantendo o comodante a posse indireta. A posse do comodatário é precária, como toda aquela que insitamente traz a obrigação de restituir. (Ver o que examinamos a respeito da posse direta ou imediata e da posse indireta ou mediata, nos artigos respectivos.)

Trata-se de contrato *não solene*, porque não exige forma especial. Pode ultimar-se verbalmente, como é comum. Quanto à prova, tínhamos de levar em conta o art. 227 do estatuto civil, complementado pela noção do art. 401 do CPC/1973, que apenas admitia a prova exclusivamente testemunhal nos contratos cujo valor não excedesse o décuplo do maior salário mínimo. Esta regra não está presente no CPC/2015. Havendo início de prova escrita, porém, como missiva ou outro documento, não se aplica a norma. Pode ser formalizado por instrumento público ou particular. Prudente, porém, que, em se tratando de imóveis, seja utilizada a forma escrita, afastando-o da dificuldade probatória e da locação, regida por estatuto particular.

3. Promessa de comodato

Como referido, o comodato é contrato real que se perfaz com a entrega da coisa. A promessa de dar em comodato apresenta-se como contrato preliminar, cujo conteúdo seria contratar futuramente o comodato. Em tese, não havendo proibição no ordenamento, nada impede que se crie a figura como contrato atípico. A maior dúvida reside em seu inadimplemento. Como o comodato é contrato gratuito, pergunta-se se poderia arcar com multa ou perdas e danos aquele que se recusasse a contratar definitivamente. Levando-se em conta o princípio geral do pré-contrato, a resposta deve ser afirmativa, embora restrito o interesse de contratar sob essa modalidade, salvo quando esse pacto surge como complemento de envolvimento negocial complexo, de caráter oneroso. De qualquer modo, afigura-se inviável a execução coativa dessa promessa de emprestar, tendo em vista o caráter de gratuidade. Ninguém pode ser obrigado a emprestar, ainda que assim se tenha comprometido. Restará, na premissa, apenas a via indenizatória. Atento a essas dificuldades, o Código argentino revogado negava eficácia à promessa de dar em comodato, excluindo possibilidade de ação ao promitente (art. 2.256). Guillermo Borda (1989, p. 871) comenta que essa proibição justifica-se não somente porque se trata de contrato gratuito, mas também porque se considera uma "prestação de cortesia". De qualquer modo, acentuemos, não haverá comodato, enquanto não houver a tradição da coisa.

4. Comodato modal

Embora gratuito, e precipuamente como ato dessa natureza, o comodato admite a aposição de modo ou encargo, que não se equipara a contraprestação, não o transformando em contrato bilateral. O encargo é uma restrição que se apõe ao beneficiário de um negócio jurídico, ora estabelecendo um fim específico para a coisa objeto do ato, ora impondo uma obrigação em favor do próprio instituidor, de terceiro ou de coletividade indeterminada.

Como examinamos em nossa obra *sobre obrigações* (Capítulo 6), assim como nos artigos respectivos deste Código, o modo ou encargo é restrição que se impõe ao beneficiário de uma liberalidade. Veja o que ali expusemos, inclusive no tocante à diferença com as condições. Mais comum nas doações, admite-se o encargo, porém, em todos os negócios de natureza gratuita. Sua feição é de restrição aposta a uma liberalidade. Se há contraprestação, não há encargo; o contrato deixa de ser gratuito. O encargo deve ser visto com amplitude ponderavelmente menor do que seria uma contraprestação. De outro lado, enfatizemos, ninguém está obrigado a aceitar liberalidade; se o fizer, e esta contiver encargo, este deve ser cumprido.

Na legislação, o termo *encargo* é aplicado de maneira equívoca, nem sempre com o conteúdo ora em exame. O legislador não fez referência ao comodato modal.

Fabricante empresta prateleiras, refrigeradores e dispositivos de divulgação a fim de que o comerciante exponha e venda os produtos de sua fabricação; municipalidade empresta imóvel para ser utilizado como centro esportivo; distribuidora de derivados de petróleo fornece equipamentos, tais como bombas, elevadores de veículos, compressores etc., desde que o posto de serviços de veículos comercialize unicamente produtos de sua bandeira etc. Com efeito, o modo introduz certa onerosidade ao contrato, mas, podemos dizer, essa onerosidade situa-se em grau inferior à contraprestação.

"Nada impede que ao mesmo tempo se emprestem bens ao comodatário, e se o obrigue a revender bens do comodante, com exclusividade, sem que isso constitua remuneração. Esta não se encontra no comodato, mas no outro pacto, no de compra e venda, onde os contratantes gozam de vantagens inerentes ao negócio. O comodante não tem remuneração direta pelo uso de seu equipamento, que é emprestado. A obrigação de revenda exclusiva não representa remuneração ao comodato" (MARMITT, 1991, p. 102).

Com o modo ou encargo, o comodatário passa a ter outras obrigações além daquelas naturais a todo comodato. *"Se o que o comodatário tem de prestar é ínfimo, ou se, não sendo ínfimo, é insuficiente para que se pense em correspectividade, há comodato"* (MIRANDA, 1972, v. 46, p. 163).

Tal como na doação, o encargo introduz modalidade de obrigação no negócio e como tal pode ser exigido judicialmente, ou seu descumprimento pode gerar inadimplemento contratual. O comodante pede a rescisão por inadimplemento, ou o cumprimento do encargo. Qualquer beneficiário do encargo e o Ministério Público, se for o caso, podem pedir exclusivamente seu cumprimento, não tendo estes legitimidade para inquinar o contrato. Dessa forma, o encargo é obrigatório, o que não importa em anular o caráter gratuito da liberalidade.

Por outro lado, pode o contrato ter previsto cláusula penal para a hipótese de descumprimento do encargo. O mesmo óbice aqui acenado já foi examinado sob o aspecto da promessa de comodato. À primeira vista, repugna à consciência jurídica que se possa introduzir multa a um contrato essencialmente gratuito. No entanto, o ordenamento não o proíbe. O comodatário assume a avença ciente do encargo e sabedor de que se sujeita à pena no caso de descumprimento. Ainda que não se estabeleça multa, descumprindo o comodatário suas responsabilidades contratuais, sujeita-se a perdas e danos, como em qualquer contrato. O valor da cláusula penal é matéria examinada na obra *sobre obrigações*, bem como nos artigos respectivos deste Código, aplicando-se seus princípios. Conclui-se, em última análise, que essa multa nunca poderá superar o valor do contrato ou o valor da prestação descumprida, conforme o caso.

Nada obsta, ainda, que o comodante exija caução do comodatário para garantir o cumprimento do encargo. Esse aspecto também não desnatura o contrato e mostra-se consentâneo com a natureza do encargo.

⚖ Tributário – Apelação – Execução fiscal – Município de Aguaí – Iptu e taxas – Exercícios de 2011 a 2013 – Sentença que extinguiu o feito, reconhecendo a ilegitimidade passiva do executado – Apelo do exequente. Ilegitimidade passiva – Comodatário – Artigo 579 do Código Civil de 2002 – Contrato de comodato não tem o condão de transferir a propriedade do imóvel – Não cabimento da cobrança ao comodatário de tributos devidos pelo proprietário do bem – Inexistência de *animus domini* – Impossibilidade de redirecionamento da ação contra o proprietário quando o ajuizamento da execução fiscal se deu contra o comodatário – Inteligência da Súmula nº 392 e precedentes do C. Superior Tribunal de Justiça e do E. Tribunal de Justiça de São Paulo. Sentença mantida – Recurso desprovido (*TJSP* – Ap. 0002596-77.2015.8.26.0083, 31-1-2020, Rel. Eurípedes Faim).

⚖ Agravo de instrumento – Ação de reintegração de posse – Esbulho – **Comodato verbal** – Liminar – Indeferimento – Audiência de justificação prévia – Ausentes os requisitos legais, determinará o Juiz que os autores justifiquem previamente o alegado, citando-se a ré para comparecer à audiência que for designada – Norma cogente, que obriga o magistrado – Inteligência dos arts. 561 e 562, do NCPC – Determinada a designação de audiência de justificação prévia, sem prejuízo do reexame do pedido liminar – Efeitos da decisão agravada que ficam, por ora, suspensos – Agravo improvido, com observação (*TJSP* – AI 2240979-30.2016.8.26.0000, 3-3-2017, Rel. Salles Vieira).

Art. 580. Os tutores, curadores e em geral todos os administradores de bens alheios não poderão dar em comodato, sem autorização especial, os bens confiados à sua guarda.

Requer-se a capacidade geral para figurar no comodato. Não somente o proprietário pode emprestar a coisa, mas também aquele que tem a posse em razão de outro ato jurídico, como enfiteuta, superficiário, usufrutuário, usuário e locatário. Na locação de imóveis, o empréstimo da coisa locada pelo locatário depende de autorização expressa do locador (art. 13 da Lei nº 8.245/1991). Os tutores, curadores e os administradores de bens alheios necessitam de autorização especial que os legitime a emprestar bens dos pupilos e administrados conforme este texto.

Embora demandando agente capaz, se o empréstimo é feito por menor gerando com isso efeitos materiais, a restituição há que ser efetuada na pessoa do pai ou tutor, sob pena de ineficácia e responsabilidade.

Como visto, não é indispensável que o comodante seja proprietário da coisa infungível, basta que sobre ela tenha um direito real ou pessoal de uso e gozo e possa transferir a posse. Restam dúvidas sobre a possibilidade de o comodatário também ceder em comodato, utilizando-se desse modo do subcomodato. Como o contrato é baseado na confiança, temos de entender que, na falta de expressa autorização, o subcomodato é vedado. Sem autorização do comodante, essa subcontratação constitui abuso, com desvio de finalidade.

🔑 Apelação cível – Ação reivindicatória – Preliminar de não conhecimento do recurso – Rejeição – Imóvel Objeto de inventário – Contrato de comodato por coo-proprietário – Indivisibilidade do acervo – Necessidade de aquiescência de todos os herdeiros – Invalidade – Posse injusta configurada. I – Se, nos moldes em que interposto, o apelo viabiliza a prestação jurisdicional, não violando o princípio da dialeticidade, já que os recorrentes atacaram os fatos e fundamentos jurídicos da sentença recorrida, não há que se falar em não conhecimento do recurso por irregularidade formal. II – A ação reivindicatória é aquela proposta pelo proprietário que não tem a posse, contra o não proprietário que a detém, tendo direito à recuperação do bem reivindicado a parte que provar ter o domínio e que a posse exercida por outrem é injusta. III – Se à época em que celebrado o comodato ainda corria o inventário do antigo proprietário do imóvel, a inventariante, ainda que co-proprietária, não podia dar em comodato parte do bem sem consentimento da herdeira (por se tratar de bem indiviso), e sem autorização especial, por força do art.580 do Código Civil, o que torna nulo o contrato de comodato e injusta a posse exercida pelos comodatários (*TJMG* – Ap. 1.0701.13.022406-9/001, 27-8-2019, Rel. João Cancio).

🔑 Agravo interno na apelação cível – Decisão que negou seguimento ao recurso ante a sua manifesta improcedência – Contrato de comodato – Bem integrante do patrimônio comum do casal – Ausência de autorização especial do cônjuge – Necessidade – Inteligência do artigo 580 do CC/02 e art. 1.249 do CC/16 – Nulidade do contrato – Decisão mantida – Recurso improvido. 1. É nulo o contrato de comodato feito pelo marido, na qualidade de mero administrador do patrimônio comum (art. 1.663, CC), quando a esposa não houver manifestado anuência à realização desse negócio jurídico. Inteligência do artigo 580 do Código Civil. 2. A motivação ensejadora da decisão que negou seguimento ao recurso de apelação permanece a mesma, bem como nenhuma razão emana dos autos que possa modificar o entendimento quanto a sua fundamentação. Decisão mantida. 3. Recurso improvido (*TJES* – Acórdão Agravo Interno na Apelação Cível 024.030.150.122, 31-1-2011, Rel. Des. Telemaco Antunes de Abreu Filho).

Art. 581. Se o comodato não tiver prazo convencional, presumir-se-lhe-á o necessário para o uso concedido; não podendo o comodante, salvo necessidade imprevista e urgente, reconhecida pelo juiz, suspender o uso e gozo da coisa emprestada, antes de findo o prazo convencional, ou o que se determine pelo uso outorgado.

Como se trata de contrato temporário, presume-se que a coisa deva ser utilizada pelo comodatário durante certo prazo, ou até que se conclua determinada finalidade. Sob esse aspecto, deduz este artigo, primeira parte, que, se o contrato não estipular prazo, presumir-se-lhe-á o necessário para o uso concedido. O prazo presumido nunca pode ser entendido de molde a excluir a temporariedade do contrato. A utilização da coisa alheia há de ser sempre temporária.

O comodato de implementos agrícolas pode ter sido efetivado para determinada safra. Finda esta, emerge a obrigação de restituir. O imóvel de praia teve a finalidade de propiciar moradia durante as férias escolares, ou feriado prolongado em relação à família do comodatário. Na ausência de prazo avençado, cabe no caso concreto analisar o fim colimado.

Importante o aspecto temporal, porque o comodante deve abster-se de pedir a devolução da coisa emprestada, antes de findo o prazo convencional ou presumido pelo uso (segunda parte). Segundo esse dispositivo, porém, abre-se exceção em favor do comodante que, provando *necessidade imprevista e urgente*, reconhecida judicialmente, pode pedir a restituição antecipadamente. Trata-se de corolário do conteúdo benéfico do contrato. A necessidade imprevista e urgente mencionada pela lei pode ser de várias naturezas: o comodante foi despejado do imóvel em que residia, necessitando daquele bem comodado para sua moradia; foi furtado seu veículo de molde a necessitar do que emprestou; perdeu as ferramentas que utilizava no ofício, necessitando retomar as comodadas etc. Como a lei estabelece a obrigatoriedade da definição de necessidade, tendo em vista a exigência de intervenção judicial, esta pode vir dentro das medidas cautelares, ou na antecipação de tutela no processo de conhecimento. A necessidade imprevista é a que não podia ser aferida ou não existia quando da conclusão do contrato. Na realidade, presume-se no comodato uma cláusula tácita que permite ao comodante recuperar a coisa nessa contingência.

Tendo em vista essa regra, não é admitido o chamado comodato precário, que permitiria a retomada da coisa pelo comodante *ad nutum*, a qualquer momento. Isso porque a retomada abrupta da coisa pode ocasionar prejuízos ao comodatário. Não se confunde o comodato por prazo indeterminado com o comodato precário. No primeiro, se não houver prazo para sua extinção, o comodante deve notificar o comodatário, concedendo-lhe prazo razoável para a restituição.

Art. 582. O comodatário é obrigado a conservar, como se sua própria fora, a coisa emprestada, não podendo usá-la senão de acordo com o contrato ou a natureza dela, sob pena de responder por perdas e danos. O comodatário constituído em mora, além de por ela responder, pagará, até restituí-la, o aluguel da coisa que for arbitrado pelo comodante.

Enunciado nº 180, III Jornada de Direito Civil – CJF/STJ: A regra do parágrafo único do art. 575 do novo Código Civil, que autoriza a limitação pelo juiz do aluguel-pena arbitrado pelo locador, aplica-se também ao aluguel arbitrado pelo comodante, autorizado pelo art. 582, 2ª parte, do novo Código Civil.

Compra e venda de combustíveis e contratos afins – Ação declaratória de cumprimento de contrato c.c. Pedido de extinção – Sentença de procedência, que reconhecendo denúncia do contrato, concluiu pela impossibilidade de exigência de continuidade da relação, ante aceitação por longo tempo de aquisições abaixo da meta estipulada, gerando expectativa de inexigibilidade de cláusula contratual – Teses articuladas pela apelante não são aptas a afastar resolução do contrato ultimada pelo autor, outra a consequência contratual a ser exigida para a hipótese, diversa da prorrogação da avença - Violação da cláusula de exclusividade que não encontra mínimo amparo nos elementos carreados aos autos, ônus que competia à apelante, a teor do disposto no artigo 373, do CPC – Reiterado descumprimento da cláusula contratual que previa aquisição mínima de combustível, durante todo o tempo de relacionamento das partes, gerando a expectativa de que disposição contratual não seria exigida, devendo ser preservada a boa-fé – Precedentes do C. STJ e desta Corte - responsabilidade pela devolução dos equipamentos dados em comodato que deve ser atribuída à parte autora, consoante se infere do previsto no art. 582 do CC, remanescendo hígida retenção dos tanques de combustível, como estabelecido pela r. sentença, ante imprestabilidade dos equipamentos após sua retirada e danos de grande monta que seriam causados à requerente – Recurso parcialmente provido (*TJSP* – Ap. 1005324-44.2016.8.26.0114, 16-6-2020, Rel. Francisco Casconi).

Apelação cível – Ação Declaratória cumulada com Indenização fundada em Dano Material. Sentença que acolheu apenas o primeiro pedido, para declarar o autor titular dos bens. Recurso deste, visando receber alugueres pelo tempo do desapossamento de seus equipamentos. Empréstimo não oneroso, a indicar o comodato entre as partes. Dever de pagar alugueres, com base no art. 582 do CCB, mas apenas a partir da data da constituição em mora, e até a efetiva devolução dos bens encontrados. Ressarcimento dos não encontrados, que equivale à sua devolução para este fim. Imposição da pena de aluguel, até seu efetivo pagamento, limitada ao valor principal dos bens não encontrados, evitando manifesta excessividade. Sentença parcialmente reformada. Recurso parcialmente provido (*TJSP* – Ap. 0006847-30.2012.8.26.0541, 6-3-2017, Relª Maria de Lourdes Lopez Gil).

Reintegração de posse. **Comodato verbal** confirmado pelo réu. Benfeitorias. Permanência do comodatário no imóvel por trinta anos, catorze dos quais após a citação. Compensação do valor gasto na construção com os aluguéis que deveriam ter sido pagos no período. Inteligência dos artigos 582 e 1.219 do Código Civil. Manutenção da sentença, recurso ao qual se nega seguimento, com fulcro no artigo 557, *caput*, do CPC (*TJRJ* – Apelação Cível 0000423-36.1997.8.19.0203, 29-4-2011, Rel. Des. Vera Maria Van Hombeeck).

Art. 583. Se, correndo risco o objeto do comodato juntamente com outros do comodatário, antepuser este a salvação dos seus abandonando o do comodante, responderá pelo dano ocorrido, ainda que se possa atribuir a caso fortuito, ou força maior.

Art. 584. O comodatário não poderá jamais recobrar do comodante as despesas feitas com o uso e gozo da coisa emprestada.

Art. 585. Se duas ou mais pessoas forem simultaneamente comodatárias de uma coisa, ficarão solidariamente responsáveis para com o comodante.

1. Direitos e obrigações do comodatário

O cerne do contrato situa-se justamente no uso e gozo da coisa emprestada. Esse, portanto, o âmbito maior dos direitos do comodatário. A problemática maior no caso concreto é colocar os verdadeiros limites a esse direito de utilização da coisa, distinguir o uso do abuso. Nesse prisma, deve ser entendida a dicção do art. 582.

O comodatário deve ajustar-se aos termos e limites do contrato e, na falta de previsão deste, usar a coisa conforme sua natureza e destinação. É, pois, direito de o comodatário usar gratuitamente do bem emprestado durante o prazo convencionado ou presumido do contrato. Como é contrato essencialmente temporário, não podemos admitir que o comodante possa pedir a restituição pronta e imediata, seguida à tradição.

Na falta de autorização, o comodatário não pode assenhorear-se dos frutos da coisa. Essa permissão poderá até mesmo ser tácita e decorrer dos usos e costumes, mas não pode estar ausente. Aqui, como em todos os contratos, deve-se ter em mente a boa-fé objetiva, em paralelo com a subjetiva.

Os gastos com a manutenção da coisa são de sua responsabilidade; o art. 584 é peremptório ao determinar que *jamais* poderá o comodatário cobrar as despesas feitas com o uso e o gozo da coisa emprestada, pelos gastos ordinários. Não pode, no entanto, responder pelas despesas extraordinárias, o que nem sempre será de fácil aferição no caso concreto.

Pode-se concluir que o comodatário responde, ainda que por força maior, se utilizou a coisa fora de sua destinação e finalidade e se já estava em mora na obrigação de restituir. Poderá eximir-se da responsabilidade se provar que o dano adviria, ainda que a coisa estivesse em poder do comodante.

O art. 583 exacerba o dever de guarda do comodatário estabelecido no art. 582, dispondo que, correndo riscos coisas suas e do comodante, responderá por danos ocorridos, se antepuser as suas na salvação, em detrimento das coisas do emprestante, respondendo até mesmo por caso fortuito ou força maior.

O art. 585 estabelece a solidariedade na hipótese de pluralidade de comodatários sobre a mesma coisa. Essa solidariedade pode, contudo, ser afastada pela vontade contratual.

2. Direitos e obrigações do comodante

Em princípio, pela natureza do contrato, não poderíamos falar em obrigações do comodante. No entanto, qualquer contrato, ainda que unilateral, gera efeitos inafastáveis para ambas as partes.

Como contrato de natureza real, a obrigação de entregar a coisa participa da estrutura do negócio e não pode ser considerada verdadeiramente obrigação do comodante. A omissão nessa tradição transforma o pacto em mera promessa de comodato, com a perspectiva apontada. Supondo, portanto, a coisa já entregue, o comodante tem a obrigação de não tolher o uso e o gozo dela durante o prazo convencionado. Trata-se, como vemos, de obrigação omissiva, obrigação de não fazer. Correlatamente a essa obrigação, deve o comodante respeitar o prazo do negócio, não turbando a utilização nem pleiteando a devolução da coisa nesse ínterim.

Se a coisa apresentar vícios ocultos que impossibilitem ou diminuam seu uso, o comodante deve responder se os conhecia e deixou de avisar o comodatário. Como é contrato gratuito, o comodante somente deve responder por dolo ou culpa grave e na hipótese de a coisa ter ocasionado prejuízos. De outro modo, não se amolda esse contrato benéfico à teoria dos vícios redibitórios, assim como não é aplicável às doações puras (art. 441). Sob esse aspecto, o Código argentino é expresso na existência de responsabilidade apenas se o comodante tinha conhecimento dos defeitos e não deu ciência ao comodatário (art. 2.286). Segundo esse estatuto, não há necessidade de provar prejuízo. A nosso ver, essa solução não é possível em nosso ordenamento, na falta de texto expresso. Aplica-se entre nós a regra geral de responsabilidade por dano causado pela coisa. Veja-se, por exemplo, a hipótese de alguém que empresta veículo, sabedor que os freios estão em más condições, e o comodatário vem a acidentar-se. Responde o comodante porque dele era o dever de vigilância sobre a coisa.

Será também do comodante a responsabilidade pelo pagamento de despesas extraordinárias e urgentes, aquelas excedentes à conservação normal, aos gastos ordinários, estes necessários ao uso e gozo, consoante, a contrário senso, o art. 584. Essa atribuição não se insere no rol de responsabilidades de guarda do comodatário. Ademais, os gastos decorrentes de simples melhoria da coisa, como as despesas voluptuárias, não podem ser carreados ao comodante, aplicando-se o princípio geral das benfeitorias.

Findo o prazo do comodato, não é apenas direito, mas também obrigação do comodante, receber a coisa em restituição. Recusando-se ou opondo-se a isso, deve ser constituído em mora, cabendo a ação de consignação a ser movida pelo comodatário. Importante para este a inversão do ônus da mora, tendo em vista a responsabilidade pela perda ou deterioração da coisa. A partir da imputação de mora ao comodante, o comodatário somente será responsável pelos danos decorrentes de dolo ou culpa. Com esse procedimento, afrouxa-se o dever de vigilância que o comodatário deve dedicar à coisa, mormente o enunciado no art. 583:

"*Ao comodante cabe, assim, não criar problemas inúteis e infundados na hora de restituir o bem. Do contrário, arcará com as consequências da mora, em que irá incidir em semelhantes situações*" (MARMITT, 1991, p. 194).

São direitos principais do comodante: exigir do comodatário o desvelo na guarda e conservação da coisa, apenas de acordo com sua destinação e finalidade; exigir que o comodatário efetue os gastos ordinários de conservação da coisa e restituição do bem findo o prazo avençado ou presumido; receber equivalente de aluguel pelo prazo referente ao atraso na restituição. O comodatário não se sujeita à evicção, porque se trata de contrato gratuito (art. 447).

Decretada a quebra do comodatário, o comodante tem direito à restituição, pois, salvo acordo com a massa, extingue-se o contrato. Havemos de dar por extinto o contrato sempre que houver infringência do pacto por infração legal ou contratual. Restituída a coisa com deterioração anormal, decorrente de sua culpa, incumbe ao comodatário indenizar. Se a coisa se deteriorou a ponto de perder sua finalidade, a indenização deve ser total, hipótese em que ela pode ficar com o comodatário, ou ser deduzido o valor da sucata ou salvados.

3. Restituição. Interpelação. Pagamento de aluguel. Benfeitorias

Conforme analisado, a posse precária transmitida ao comodatário traz em si, como toda posse precária, a obrigação de restituir. Se pactuado o contrato de comodato por prazo certo, findo este, tem o comodante o direito de receber a coisa em retorno. Havendo recusa, incumbe que ingresse com a ação de reintegração de posse, pois a posse do comodatário passou a ser indevida. A ação já não é proposta propriamente pelo contratante, mas pelo ex-comodante, porque se parte do pressuposto de que o comodato já se extinguiu. Se as ações versarem sobre a existência, validade e eficácia do comodato serão derivadas do contrato e não possessórias. Nada obsta que o comodante opte pela reivindicatória, na qual o domínio será discutido, sem o procedimento possessório, com caminho mais demorado e tortuoso. Se terceiros detêm a coisa, sem relação contratual, o caminho será também o possessório. Em qualquer dessas situações, não se justifica a propositura de ação de despejo, porque não existe relação locatícia.

Terminado o prazo e silente o comodante, entende-se que o contrato passou a vigorar por prazo indeterminado. Nessa hipótese e nas hipóteses em que não se fixou prazo, deve o comodatário ser interpelado para devolver a coisa em prazo razoável, a fim de que não seja tomado de surpresa.

Questão importante é saber, no caso de término de prazo pactuado, quanto tempo após pode ser proposta diretamente a ação de reintegração, sem notificação prévia. Pode ser empregada a sistemática da lei do inquilinato, que solidificou posição jurisprudencial, como analogia, admitindo-se a propositura direta da ação até 30 dias após o esgotamento do prazo. Após este, faz-se necessária a interpelação (art. 46, §§ 1º e 2º, da Lei nº 8.245/1991). Defensável também que seja considerada a citação como interpelação, concedendo-se prazo razoável para a desocupação ou devolução na hipótese de concessão de liminar.

Constituído o comodatário em mora, conforme o art. 582, segunda parte, responderá ele pelos efeitos naturais dela, bem como pagará aluguel da coisa durante o tempo do atraso em restituí-la. Pode o comodante arbitrar o valor desse aluguel na petição inicial. Nada impede que o valor seja fixado no curso da ação, por intermédio dos meios de prova, inclusive perícia, se necessário, se o valor for impugnado pelo réu. Esse aluguel é imposto tanto para os móveis como para os imóveis, sem distinção. Sua natureza é indenizatória pelo uso indevido da coisa, sua supressão em detrimento do comodante. Equivale a aluguel, por analogia à locação, mas a hipótese não transforma o negócio em locação.

Não havendo prazo especial, o prazo prescritivo para o comodante reaver a coisa era, no sistema de 1916, o de 10 anos entre presentes e de 15 entre ausentes, conforme o art. 177, por se tratar de ação real (CHAVES, 1984, v. 3, p. 862). No atual Código, o prazo geral de extinção de direitos é de dez anos (art. 205). Inicia-se o prazo quando a ação pode ser proposta, isto é, no momento em que a restituição passou a ser exigível. Aplica-se o princípio da *actio nata*.

Quanto à retenção por benfeitorias, o art. 584 estabelece, a contrário senso, que o comodante deve reembolsar o comodatário das despesas extraordinárias. As ordinárias ficam a cargo do comodatário. Sobre os gastos extraordinários, se o comodatário possuidor for de boa-fé, é de se aplicar o princípio geral que rege as benfeitorias, permitindo-lhe o direito de retenção no tocante àquelas efetivadas antes do término da relação contratual ou da notificação de restituição. Da mesma forma, o regime das construções e plantações é aplicável (arts. 1.255 e 1.256).

4. Extinção

Decorrido o prazo do contrato, restituída a coisa, extingue-se o contrato. Vimos que, quando há prazo indeterminado, a notificação denuncia o contrato. Decorrido seu prazo, a permanência do comodatário com a coisa é indevida. Na hipótese de premente necessidade, como estudado, comprovada judicialmente, também pode extinguir-se o negócio.

Como em todos os negócios, o perecimento do objeto do contrato também o extingue. Responsável será o comodatário por perdas e danos se essa perda ocorreu por culpa sua. Também será sua a responsabilidade, como vimos, ainda nas hipóteses de caso fortuito ou força maior, sob as premissas do art. 583.

Por vontade unilateral do comodatário, restituída a coisa, também se extingue o comodato. Se não houver cláusula contrária no pacto, pode o comodatário sujeitar-se a multa se foi convencionada.

A morte do comodatário não extingue automaticamente o comodato, como regra geral, apesar de ser *intuitu personae*. A relação jurídica transmite-se aos herdeiros. Incumbe ao comodante denunciar o contrato, se desejar a resilição.

Seção II
Do Mútuo

Art. 586. O mútuo é o empréstimo de coisas fungíveis. O mutuário é obrigado a restituir ao mutuante o que dele recebeu em coisa do mesmo gênero, qualidade e quantidade.

Examinado o comodato, quanto ao mútuo, podemos afirmar que sua estrutura não se altera como contrato de empréstimo. Uma vez que seu objeto é constituído de coisas fungíveis, seu regime jurídico exige variações. Sob tal prisma, diz-se que o mútuo é empréstimo de consumo, em paralelo ao comodato, empréstimo para uso.

Esse artigo define o mútuo, reportando-se ao empréstimo de coisas fungíveis. Necessário, portanto, ter em mente, na visão e emprego desse instituto, a noção de coisas fungíveis do art. 85, com a explanação feita em nossa obra. Note, como acentuamos nos comentários respectivos, que nem sempre a noção de bens consumíveis se identifica com a de bens fungíveis. De regra, a coisa fungível é sempre consumível, mas pode ocorrer de a infungível ser consumível. O mútuo refere-se especificamente aos bens fungíveis.

Em razão do objeto desse empréstimo, o mutuante transfere o domínio da coisa emprestada ao mutuário (art. 587). Destarte, tornando-se o tomador proprietário da coisa mutuada, pode dar-lhe o destino que lhe aprouver. Findo o empréstimo, devolverá em coisas do mesmo gênero, qualidade e quantidade. Assim, ao contrário do que sucede no comodato, o mutuário há de ser necessariamente dono da coisa entregue, doutro modo não poderia transferir o domínio.

É da estrutura do contrato a obrigação de restituir as coisas fungíveis. Mediante esse negócio, emprestam-se, por exemplo, cereais, produtos químicos, gêneros alimentícios em geral e, principalmente, dinheiro. Lembre-se de que bens fungíveis em certas situações poderão ser infungíveis em outras; devemos atentar para o caso concreto. Moedas de ouro e prata, aliás, referidas no art. 1.258 do Código de 1916, poderão assumir o caráter de infungibilidade, se não estiverem em circulação e servirem para coleção. Empréstimos em dinheiro somente podem ser feitos em moeda nacional (estrangeira quando autorizado por lei), não se admitindo destarte a vigência do citado art. 1.258, revogado pelo Decreto nº 23.501/1933 (também revogado pelo Decreto-Lei nº 238/1967, e este revogado pelo Decreto-Lei nº 857/1969), bem como pela farta legislação a respeito que se seguiu.

A exemplo do que foi dito sobre o comodato, o mútuo é contrato *real*, embora alguns autores tentem sustentar o contrário. A tradição da coisa emprestada integra sua estrutura. Desse modo, enquanto não ocorrer a entrega, não há mútuo. Poderá haver outro negócio, inclusive contrato preliminar, promessa unilateral de efetuar ou receber mútuo. Nessa categoria, colocam-se o contrato de abertura de crédito e o de subscrição de ações, embora a questão seja controvertida na doutrina. No contrato de abertura de crédito, assegura-se ao agente a possibilidade de utilizar por certo prazo um crédito, convencionando-se os respectivos juros e outras taxas. O contrato de abertura de crédito visa atender a quem não tenha premência de obter o empréstimo imediatamente. Destina-se a operações econômicas mais complexas que não podem ser supridas pelo mútuo singelo, permitindo que o tomador se utilize paulatinamente do limite de crédito concedido. O velho Código Comercial também fez referência ao contrato de conta corrente que a doutrina considera mútuo de natureza especial (WALD, 1992, p. 381), o qual também pode ser combinado com o de abertura de crédito. Nesse negócio, as partes asseguram-se reciprocamente créditos mediante remessas, efetuando compensação, sua maior utilidade no comércio. Não se confunde, porém, com o contrato de depósito bancário, no qual apenas existe demonstrativo contábil de débitos e créditos (PEREIRA, 1994, p. 246).

Trata-se de contrato *unilateral* porque, em princípio, apenas o mutuário contrai obrigações. O mutuante esgota sua atividade com a entrega da coisa emprestada, cuja tradição não pode ser vista como obrigação por ser integrante da estrutura do negócio. No entanto, o mútuo oneroso é contrato bilateral, como defendem alguns. Pontes de Miranda (1971, v. 42, p. 18), por exemplo, afirma que o mútuo com juros se assemelha à locação de uso; o mútuo sem juros, ao comodato. A questão da *gratuidade* é versada nos comentários ao art. 591.

O mútuo é contrato *temporário*, como o comodato, porque traz em seu bojo a possibilidade de consumir em certo tempo e a obrigação de restituir. Sem esta, o negócio transforma-se em doação. Sem o prazo, o negócio torna-se inviável. Trata-se, pois, de *contrato de relação duradoura*. O fim do mútuo, como vemos, não é transferir a propriedade. Essa transferência ocorre a fim de que se possibilite ao mutuário o consumo da coisa. O termo final não é cláusula essencial, porque o contrato pode ser concluído por prazo indeterminado.

O mútuo pode ter finalidade específica. A obrigação pode ser contraída no bojo de negócio complexo, comprometendo-se o mutuário a aplicar o dinheiro ou coisa recebida para certo escopo. Obtém-se empréstimo, por exemplo, a fim de financiar construção ou aquisição de imóvel, ou para financiar indústria e lavoura. Se foi estipulado o escopo, outra destinação do mútuo constituirá infração contratual por desvio de finalidade. Como pondera Pontes de Miranda (1972, v. 42, p. 10), a infração é do *dever de aplicar*, salvo se a disposição é mera recomendação.

Como se nota, tanto há mútuo decorrente de amizade, sem interesse econômico, como decorrente de atividade usual do mutuante, profissional ou não, com intuito lucrativo. É contrato baseado na fidúcia. É, pois, contrato de crédito.

Destinado a coisas fungíveis, o art. 247 do Código Comercial enunciava que o mútuo seria mercantil, se a coisa fungível emprestada pudesse ser considerada comercial ou destinada ao uso mercantil, sendo pelo menos o mutuário comerciante. Não havia diferença na estrutura, como se percebe. O corrente Código derrogou a primeira parte do Código Comercial, que passa a ser, mais do que dantes, mera referência histórica. Esse contrato não pode ter como objeto bens imóveis, embora possam ser considerados fungíveis, por exemplo, os lotes de um loteamento para o loteador e as unidades condominiais para o incorporador imobiliário. Objeto do mútuo, portanto, serão bens fungíveis ou fungibilizados. A fungibilidade deve depender precipuamente da natureza e finalidade das coisas. Quem empresta livro a amigo efetua comodato; quem empresta livro a livreiro para comercializá-lo, efetua mútuo.

No empréstimo em dinheiro, leva-se em conta o nominalismo, o valor da moeda. A correção monetária, fenômeno tantas vezes mencionado, não é retribuição ou acréscimo ao mútuo, mas mera reavaliação numérica do valor da moeda. Será devida sempre que houver variação, sob pena de ocorrer injusto enriquecimento. A correção monetária não violentava, portanto, o art. 1.256 do velho Código Civil, que mandava fossem restituídas ao mutuante as coisas emprestadas do mesmo gênero, qualidade ou quantidade.

O mútuo não requer forma especial, exceto se fosse oneroso, quando deveria ser convencionado expressamente, dentro do sistema de 1916 (art. 1.262). O mútuo mercantil, e agora no presente sistema, o mútuo em geral, não exige forma escrita, mas, para efeito de prova e de registro contábil, deve formalizar-se por escrito. Para a prova testemunhal do mútuo, aplicava-se a regra geral do art. 401 do CPC/1.973, pela qual somente era admitida se o valor do empréstimo não exceder dez salários mínimos. Essa regra não foi repetida no CPC/2015. O mútuo pode provar-se por título de crédito, embora este por si só, principalmente o cheque, não seja sua prova cabal e definitiva. O mútuo é contrato e, como tal, negócio bilateral. Os títulos de créditos decorrem de atos unilaterais.

Inobstante a inexigibilidade de forma especial, há que se recordar a regra do art. 109 deste Código, pela qual as partes podem convencionar a exigência do instrumento público para a substância do ato.

⚖ Recurso inominado. Cobrança. Sentença de procedência do pedido inicial e condenação do reclamado ao pagamento de R$ 7.000,00. Insurgência recursal da parte ré. Teses de falta de comprovação da origem do débito e "causa debendi" que o valor cobrado foi utilizado para aquisição de peças/maquinário agrícola para o autor. Teses não acolhidas. Cobrança de mútuo. Empréstimo de quantia certa através de transferência bancária. Aplicação do disposto no artigo 586 do CC: o mútuo é o empréstimo de coisas fungíveis. O mutuário é obrigado a restituir ao mutuante o que dele recebeu em coisa do mesmo gênero, desnecessidade da discriminação. Parte autora que qualidade e quantidade. Logrou êxito em comprovar fato constitutivo de seu direito, nos termos do artigo 373, I do CPC. Parte ré que não logrou êxito em comprovar a aquisição das peças agrícolas, tampouco comprovou o pagamento da dívida. Documentos anexados ao processo que não são suficientes para comprovar fatos impeditivos, modificativos ou extintivos do direito do autor, não tendo a parte ré se desincumbindo de seu ônus probatório, nos termos do artigo 373, II do CPC. Requisitos da responsabilidade civil que se encontram presentes. Artigos 186 e 927 do Código Civil. Sentença mantida por seus próprios fundamentos. Recurso conhecido e desprovido (*TJPR* – Rec. Inominado 0000690-39.2015.8.16.0048, 5-5-2017, Rel. Leo Henrique Furtado Araújo).

⚖ Agravo de instrumento – Mútuo – Ação de cobrança de empréstimo de quantia certa, em espécie, celebrado entre particulares. Sentença de procedência. Fase de cumprimento de sentença. Elaboração de cálculo pela Contadoria Judicial. Impugnação. Alegação de erro material. Inocorrência. Decisão mantida. Recurso improvido (*TJSP* – AI 2048318-24.2016.8.26.0000, 22-3-2017, Rel. Bonilha Filho).

Art. 587. Este empréstimo transfere o domínio da coisa emprestada ao mutuário, por cuja conta correm todos os riscos dela desde a tradição.

Recebendo a coisa em propriedade, o tomador do empréstimo assume seus riscos. Na restituição, aplicam-se os princípios da obrigação fungível, de dar coisa incerta. Perdida ou deteriorada a coisa mutuada, suportará o mutuário o prejuízo. No entanto, como facilmente percebemos, o fito do contrato não é transferir o domínio, mas proporcionar a utilização da coisa pelo mutuário, na verdade seu consumo, para que este a devolva findo certo prazo. A transferência do domínio apenas se faz necessária para possibilitar o consumo por parte do mutuário.

⚖ Ação declaratória e ação cautelar – Conexão com embargos à execução – Pretensão de anulação de cédula de crédito bancário – Impossibilidade – Contrato realizado de forma livre – Ausência de dolo ou coação – Valor mutuado que foi efetivamente transferido à autora – Compra de debêntures de empresa pertencente ao mesmo grupo de fato – Risco da autora – Inteligência do art. 587 do Código Civil – Precedentes do E. TJSP – Garantia do resgate das debêntures por terceira empresa também pertencente ao grupo de fato do banco emissor da CCB – Débitos diversos – Inexistência de assunção de dívida relativamente à CCB – Banco credor da CCB em estado de liquidação – Impossibilidade de compensação em prejuízo de terceiros (credores da Massa Falida) – Empresas que, ainda que pertençam ao mesmo grupo econômico de fato, possuem personalidades jurídicas diversas – Impossibilidade de extinção das obrigações em razão da confusão – Sentença reformada – Recursos providos. Assistência judiciária gratuita – Pedido realizado por massa falida – Inexistência de presunção de hipossuficiência – Necessidade de comprovação – Precedentes do STJ – Indeferimento – Possibilidade de pagamento diferido – Estando a empresa em estado de falência o pagamento dos encargos processuais não pode ocorrer de maneira antecipada, devendo se submeter, conforme art. 84, IV, da Lei 11.101/05, ao recolhimento oportuno no juízo falimentar – Precedente do E.TJSP – Diferimento concedido (*TJSP* – Ap. 0076975-84.2005.8.26.0100, 22-3-2018, Rel. Renato Rangel Desinano).

⚖ Apelação – Ação declaratória cumulada com cobrança baseada em **contrato de mútuo** – Ampla prova documental do alegado, aliada à comprovação de depósitos em nome da ré e notas de débito subscritos por seus representantes. Sentença de procedência. Preliminar. Ausência de documentos contábeis que justificassem o empréstimo alegado. Preliminar que se confunde com o mérito do recurso e com ele será analisado. Mérito. Provas documentais e orais que comprovam as alegações da autora. Incontroverso que os valores depositados na conta corrente da ré pela autora resultaram de operação de mútuo. Ré que teve suas atividades encerradas e não se apresentou em juízo. Preliminar rejeitada. Recurso não provido (*TJSP* – Ap. 0003583-66.2009.8.26.0296, 10-4-2017, Rel. Edson Luiz de Queiroz).

Art. 588. O mútuo feito a pessoa menor, sem prévia autorização daquele sob cuja guarda estiver, não pode ser reavido nem do mutuário, nem de seus fiadores.

**Art. 589. Cessa a disposição do artigo antecedente:
I – se a pessoa, de cuja autorização necessitava o mutuário para contrair o empréstimo, o ratificar posteriormente;
II – se o menor, estando ausente essa pessoa, se viu obrigado a contrair o empréstimo para os seus alimentos habituais;
III – se o menor tiver bens ganhos com o seu trabalho. Mas, em tal caso, a execução do credor não lhes poderá ultrapassar as forças;
IV – se o empréstimo reverteu em benefício do menor;
V – se o menor obteve o empréstimo maliciosamente.**

Os arts. 588 e 589 referem-se ao mútuo feito a pessoa menor. O primeiro dos dispositivos estatui que feito a menor, sem prévia autorização do responsável pela guarda, não pode ser reavido nem do mutuário, nem dos fiadores ou abonadores. Este Código exclui da dicção o termo *abonadores*, sem que se restrinja o sentido da disposição. O art. 589 dispõe sobre exceções a essa regra geral.

O antigo Código referia-se, no inciso III, ao art. 391, II, que dizia respeito a bens adquiridos pelo menor no serviço militar, no magistério ou em outra função pública. Despicienda a disposição, porque nessas hipóteses o menor torna-se capaz. Este Código, nesse tópico, de forma mais compreensível, refere-se a bens ganhos pelo menor com seu trabalho, o que não o transforma automaticamente em maior. Nesses casos, a satisfação do credor não poderá superar seu respectivo valor. Acrescente-se ainda a hipótese do art. 155 do Código de 1916: o menor entre 16 e 21 anos não podia invocar sua idade, para eximir-se de obrigação, se dolosamente a ocultou, inquirido pela outra parte, ou se, no ato de se obrigar, espontaneamente se declarou maior (no atual Código, menor entre 16 e 18 anos, art. 180). Nessa situação, o mutuante não pode ser prejudicado. Não se pode beneficiar aquele cuja malícia revelou grau de desenvolvimento capaz de levar a engodo a outra parte. O atual Código se reporta ao menor que *maliciosamente* obteve o empréstimo.

Também, o mútuo deve ter plena eficácia, quando o empréstimo contraído pelo menor beneficiar diretamente a pessoa que deveria autorizá-lo. É evidente que nesse caso não se pode admitir o injusto locupletamento. A ação deve ser movida contra quem do menor se valeu para se locupletar (PEREIRA, 1994, p. 242).

O mútuo para o menor que se viu obrigado a endividar-se em razão de sua necessidade de alimentos (inciso II do art. 589), na ausência de quem os forneça, também se inclui nessa exceção.

A regra geral da capacidade tem plena aplicação, contudo. O empréstimo feito a menor possui exceções que visam obstar o injusto enriquecimento. O regime de mútuo feito a menor submete-se a regras especiais. Embora o valor lhe acresça em princípio o patrimônio, não se limitou a lei a considerá-lo ineficaz, mas impôs ao mutuante o risco de nem mesmo recuperá-lo por meio da ação de enriquecimento, salvo as exceções do art. 589. O art. 1.259 do Código antigo referia-se aos abonadores do fiador, que são garantes da fiança. A origem dessa proteção ao menor tem origem no Direito Romano, em estágio social no qual se pretendeu evitar a exploração de menores. A matéria ingressou no Código Civil proveniente das Ordenações, que traziam idêntica orientação.

Vimos, ademais, que para o mutuante é necessário, além da capacidade em geral, ter a disponibilidade da coisa mutuada.

Os detentores do pátrio poder, o poder familiar no vigente estatuto civil, tutores e curadores somente podem contrair empréstimos onerando os pupilos, como representantes ou assistentes, mediante prévia autorização judicial e provada a evidente utilidade, independentemente de o mútuo ser gratuito ou oneroso, conforme princípios do art. 1.691 (MIRANDA, 1972, v. 42, p. 40). As pessoas jurídicas podem contrair mútuo conforme estabelecido em seus respectivos estatutos ou contratos sociais.

O atual Código menciona ainda, no rol do art. 589, dando como hígido o mútuo, e possível de reaver, se o empréstimo reverteu em benefício do menor e se o menor obteve o empréstimo maliciosamente. Em ambas as situações, que se afinam com a doutrina e o sistema tradicional, não há como se punir o mutuante, em prol da boa-fé objetiva e da reprimenda à malícia ou má-fé do menor.

Art. 590. O mutuante pode exigir garantia da restituição, se antes do vencimento o mutuário sofrer notória mudança em sua situação econômica.

A tradição da coisa ao mutuário integra a própria natureza do contrato, como no comodato, não podendo ser considerada propriamente uma obrigação do mutuante, tendo em vista a natureza real admitida para o contrato. A isso se agrega a responsabilidade pelos vícios da coisa e a obrigação negativa de não tolher o consumo por parte do mutuário.

A responsabilidade por vícios na coisa entregue, dentro da teoria dos vícios redibitórios, somente opera na totalidade quando se tratar de mútuo oneroso. Como o contrato é gratuito, exige-se dolo por parte do mutuante, para lastrear pedido de perdas e danos.

Durante o prazo do empréstimo, o mutuante deve abster-se de praticar atos que impeçam ou dificultem a utilização dos bens mutuados, exigindo a restituição apenas quando findo o prazo ou torne-se exigível.

O principal direito do mutuante é exigir a restituição da coisa no momento oportuno: findo o prazo determinado, escoado o prazo da notificação quando indeterminado ou finda a utilização da coisa para o fim emprestado (prazo presumido).

Pode, no entanto, o mutuante exigir garantia de restituição, se antes do vencimento o mutuário sofrer notória mudança de fortuna que faça periclitar sua solvência, como está nesse artigo. Não sendo prestada essa garantia de forma eficiente, o mutuante pode considerar vencido o empréstimo. Essa modificação na fortuna do tomador do empréstimo deve ser posterior à celebração do contrato. A falência do mutuário ou abertura de concurso de credores também acarretam o vencimento antecipado da dívida de mútuo. Se, por qualquer razão, extingue-se a garantia do mútuo, real ou fidejussória, também se torna exigível o objeto do mútuo, se o mutuário não substituí-la oportunamente.

Em contrapartida ao direito do mutuante, o mutuário tem a obrigação de restituir a coisa no tempo e forma devidos. Pagará juros, se convencionados. O mutuante não pode ser obrigado a receber parcialmente a coisa, se assim não foi convencionado ou não autorizar a lei.

Art. 591. Destinando-se o mútuo a fins econômicos, presumem-se devidos juros, os quais, sob pena de redução, não poderão exceder a taxa a que se refere o art. 406, permitida a capitalização anual.

O enfoque que o considera contrato *gratuito* é tradicional, mas não se harmoniza com a realidade, quando se trata de empréstimo de dinheiro. Raramente esse mútuo se apresenta sem o caráter especulativo. Em sua origem romana, sempre foi pacto gratuito. Nos negócios atuais, o empréstimo de dinheiro vem em primeiro plano; assim não era no passado. Incomum, porém, se apresentará empréstimo de dinheiro sem exigência de juros. No entanto, no sistema de 1916, a onerosidade deveria ser expressa, quer se tratasse de juros, quer se tratasse de outros bens fungíveis em contraprestação, por força do art. 1.262, o qual permitia a fixação de juros ao empréstimo de dinheiro ou de outras coisas fungíveis. O art. 248 do Código Comercial dispunha que juros podiam ser exigidos, como regra geral, quando estipulados. Afora isso, a exigência aplicava-se na hipótese de mora no pagamento das dívidas líquidas e nas ilíquidas após a liquidação. O mesmo dispositivo ressalva também a ocorrência de juros nos casos expressos no Código.

Este Código, porém, atento à perspectiva atual e na trilha da jurisprudência, modifica o entendimento ao estatuir esse texto no artigo em testilha. O art. 406 dispõe que, nesse dispositivo do mútuo, os juros deverão obedecer, em síntese, como limite, a taxa que estiver em vigor para a mora do pagamento dos impostos devidos à Fazenda Nacional. A matéria longe está de ser pacífica.

Desse modo, a regra geral, no atual sistema, é que o mútuo é contrato oneroso, remunerado. A regra geral é serem os juros presumidos nesse empréstimo. A lei menciona a presunção para os mútuos destinados a fins econômicos. O caso concreto definirá quando o mútuo não terá essa finalidade econômica, especulativa, o que será marcante exceção. Poderá ser assim gratuito o mútuo com o caráter de pura liberalidade sem que sua destinação econômica seja ressaltada ou acentuada. As partes, por outro lado, poderão também dispor, expressamente, que não serão devidos os juros.

O mútuo que estabelece pagamento de juros é denominado *feneratício*, porque em Roma se rotulava de *foenus* a esse negócio. No sistema deste Código, como vimos, os juros presumiam-se devidos se o mútuo tivesse destinação para finalidade econômica. Os juros podiam referir-se a empréstimo de dinheiro ou de outras coisas fungíveis. Como apontamos, o limite legal dos juros no atual sistema é o estabelecido no art. 406 do vigente Código. O atual estatuto assume, portanto, uma nova perspectiva econômica nessa matéria, de acordo com as mais recentes leis econômicas. Será difícil, porém, como temos afirmado, que as autoridades monetárias e financeiras do país permitam vida longa a esse atual dispositivo.

O art. 1.263 do antigo diploma dispunha acerca da irrepetibilidade de pagamento dos juros não estipulados. Isso porque, nesse sistema, os juros deviam ser expressamente convencionados. Assim, quem pagasse juros não convencionados não os poderia reaver, nem imputar no capital, salvo no tocante ao excesso acima do permitido em lei. Cuidava-se de situação que se equiparava a obrigação natural, colocando-se na mesma posição os juros prescritos. A regra cai por terra no atual sistema quando somente por exceção os juros não serão devidos.

Juros representam o proveito auferido pelo capital emprestado; são a renda do dinheiro. Serão *compensatórios*, quando representarem fruto do capital, ou *moratórios*, quando representarem indenização pelo atraso no cumprimento da obrigação. Geralmente, os juros compensatórios são pactuados no contrato, mas nada impede que os moratórios também o sejam.

O fenômeno inflacionário exigiu que a reavaliação monetária fosse feita, a fim de evitar o injusto enriquecimento, colocando na berlinda o princípio do nominalismo adotado pelo Código de 1916, em época de moeda estável. O presente Código admite expressamente a reavaliação do valor nominal da moeda e a intervenção judicial para essa finalidade.

Em matéria de juros, deve ser trazido à baila o sempre lembrado e pouco aplicado Decreto nº 22.626/1933, Lei de Usura, que em seu art. 1º proibiu juros superiores ao dobro da taxa legal. Por essa norma, portanto, permite-se a convenção de juros até 12% ao ano. O art. 4º do citado decreto proibiu a contagem de juros sobre juros, ou seja, a capitalização. Sobre essa última vedação posicionou-se o STF na Súmula 121: "*É vedada a capitalização de juros, ainda que expressamente convencionada.*" O intérprete desavisado, que possivelmente tivesse vindo para o país de outra esfera astral, admiraria essa legislação como perfeita harmonia econômica, a proibir juros extorsivos e coibir o anatocismo. No entanto, sabido é que de exceção em exceção na própria legislação esse aferrolhamento de abuso financeiro é apenas aparente. A inflação que se seguiu a essa lei, bem como as normas que ordenaram o mercado de capitais, fizeram cair por terra toda pretensão de restrição. O próprio Estado, por meio de normas econômicas, sob o escudo discutido e decantado direito econômico, encarregou-se de estabelecer política monetária, fixando juros muito acima dos limites originalmente legais. Continuam, porém, os mais desavisados a defender a aplicabilidade dos limites privados fora do chamado mercado financeiro. A tentativa constitucional de limitar o teto dos juros em 12% ao ano também caiu no vazio (art. 192, § 3º), por falta de regulamentação, com revogação expressa, como era de esperar e não poderia ser de outra forma, pois não há como refrear leis econômicas com leis jurídicas. Levianos os que pensaram o contrário e ousaram colocar a disposição no texto constitucional tal como está, em nada abonando a cultura jurídica nacional. É oportuno lembrar também, em substrato ao que aqui expusemos, da Súmula 596 do STF, a qual estatui que a Lei de Usura não se aplica às taxas de juros e encargos que envolvem instituições financeiras públicas e privadas do País.

A capitalização de juros é permitida por várias leis. Lembre-se, apenas como exemplo, dos financiamentos rurais (Decreto-lei nº 167/1967) e industriais (Decreto-lei nº 413/1969) que autorizam a expedição das respectivas cédulas, com capitalização semestral, das cadernetas de poupança e dos empréstimos hipotecários celebrados por agentes financeiros do sistema de habitação. Desse modo, concluímos, com a jurisprudência, que é proibida a convenção que permita a capitalização de juros. Esta apenas pode decorrer da lei. Lembre-se de que o presente Código admite expressamente a capitalização anual de juros no artigo em epígrafe.

As instituições financeiras, sob o escudo da legislação do Mercado de Capitais, colocam-se fora do sistema de juros do Código Civil e da Lei de Usura. Desvinculam-se, pois, os bancos e congêneres de qualquer limite ali estabelecido, subordinando-se à política financeira oficial. Nesse sentido, a Súmula 596 do STF:

"*As disposições do Decreto nº 22.626/33 não se aplicam às taxas de juros e aos outros encargos cobrados nas operações realizadas por instituições públicas ou privadas que integram o sistema financeiro nacional.*"

A Lei nº 4.595/1964 autorizou o Conselho Monetário Nacional a estabelecer política de moeda e crédito no país, permitindo que, por meio do Banco Central, fixe os juros e taxas de mercado. Os contratos ligados ao Sistema Financeiro de Habitação são regulados por legislação própria, que também estabelece índices peculiares de reajuste.

Como decorrência da inflação, as instituições financeiras estabeleceram ainda, com beneplácito de órgãos oficiais, outras taxas incidentes sobre financiamentos e débitos, mascaradas sob a denominação de *comissão de permanência, juros remuneratórios* e outras. Essas parcelas embutem índices totais ou parciais de inflação. São estratagemas utilizados pelas instituições, a fim de aumentar as taxas de juros já elevadas e a remuneração do capital. Nesse sentido, a jurisprudência coibiu a cumulação dessas taxas com a correção monetária, porque, evidentemente, constitui um *bis in idem*. Nesse sentido, a Súmula 30 do Superior Tribunal de Justiça: "*A comissão de permanência e a correção monetária são inacumuláveis.*" Sob o prisma interpretativo, há que se entender que, fora do sistema financeiro, os juros e seus respectivos limites continuam regulados pelo Decreto-lei nº 22.626/1933. Tudo é no sentido de que essa lei deva ser considerada revogada pelo atual Código, aliás, embora muitos já a considerassem ineficaz há muito tempo. Ainda, o simples fato de uma entidade inserir-se no sistema financeiro não lhe outorga o direito de fixar unilateralmente o montante dos juros e outras taxas, acima do permitido pelos órgãos oficiais e do limite legal, "*malgrado entendimentos distorcidos e nocivos à economia nacional, criados numa época em que jazia sepultada a democracia no país*" (RIZZARDO, 1988, p. 1022). Aplica-se ainda, em favor do consumidor dos serviços bancários, os princípios do CDC, em que pesem denodados esforços corporativistas em provar e estabelecer o contrário.

Enunciado nº 34, I Jornada de Direito Civil – CJF/STJ: No novo Código Civil, quaisquer contratos de mútuo destinados a fins econômicos presumem-se onerosos (art. 591), ficando a taxa de juros compensatórios limitada ao disposto no art. 406, com capitalização anual.

Apelação cível. Direito privado não especificado. Ação de revisão de contrato. Preliminares recursal e contrarrecursal. Rejeição. Mérito. Contratos de empréstimo. Funcorsan. Entidade privada de previdência complementar. Juros remuneratórios e capitalização. Preliminar recursal. Ausência de interesse processual no que tange a capitalização de juros. A presente ação revisional é via necessária e útil para a parte-autora resolver sua pretensão, razão pela qual preenchido o requisito do interesse processual. Preliminar rejeitada. Preliminar contrarrecursal. Ausência de interesse recursal quanto a capitalização de juros. O interesse recursal é um dos requisitos intrínsecos de admissibilidade dos recursos. Preliminares rejeitadas. Do mérito. Juros remuneratórios. A apelada é uma Entidade Fechada de Previdência Complementar e, após o advento da Lei Complementar nº 109/2001, não pode se valer das disposições legais que regem os contratos firmados com instituições financeiras, devendo observar os limites estabelecidos na Lei de Usura (Decreto nº 22.626/33). Desse modo, os juros incidentes devem obedecer ao percentual máximo de 1% ao mês, equivalente a 12% ao ano. Sentença reformada no ponto. Capitalização. É incabível a capitalização mensal dos juros remuneratórios, em face do que dispõem o artigo 4º do Decreto nº 22.626/33 e Súmula nº 121 do STF. Ademais, por se tratar de contratos de mútuo, tem aplicação o disposto no artigo 591 do CCB. Hipótese dos autos em que sequer a capitalização em periodicidade anual prevista no art. 591 do CC pode ser cobrada, pois ausente previsão expressa nos contratos revisandos, conforme o entendimento do Superior Tribunal de Justiça – REsp nº 1.388.972/SC. Todavia, no cálculo da parcela mensal há incidência da capitalização mensal, devendo ser mantida a sentença também, neste tocante. Rejeitaram as preliminares e, no mérito, negaram provimento ao recurso de apelação. Unânime (*TJRS* – Ap. 70083040717, 20-2-2020, Rel. Giovanni Conti).

Ação de cobrança – Mútuo de dinheiro – Ausência de estipulação expressa quanto ao pagamento de juros não afasta da parte inadimplente o dever de arcar com os encargos moratórios. A relação familiar entre as partes originalmente contratantes, a princípio incompatível com a finalidade econômica do empréstimo, afasta tão somente a presunção de incidência dos juros compensatórios, mas não moratórios. Ausência de comprovação da renúncia à correção monetária, que não é sanção, mas apenas recomposição do valor da moeda. Pretensão que representa enriquecimento sem causa da parte. Parcial reforma da sentença para fixar os honorários advocatícios sucumbenciais em 10% sobre o valor da condenação. Recurso das corrés parcialmente provido. Recurso adesivo do autor provido (*TJSP* – Ap. 1003434-30.2014.8.26.0344, 3-2-2017, Relª Berenice Marcondes Cesar).

Art. 592. Não se tendo convencionado expressamente, o prazo do mútuo será:
I – até a próxima colheita, se o mútuo for de produtos agrícolas, assim para o consumo, como para semeadura;
II – de trinta dias, pelo menos, se for de dinheiro;
III – do espaço de tempo que declarar o mutuante, se for de qualquer outra coisa fungível.

Não havendo previsão contratual, este art. 592 especifica situações de extinção do mútuo, nesses três incisos, que traçam situações específicas. O modo normal de extinção de todo contrato é seu cumprimento. O próprio contrato de mútuo pode estipular outras formas de extinção. Como regra geral, o contrato de mútuo estabelece prazo para seu cumprimento e extinção. Uma vez estabelecido e não ocorrendo exceções, somente pode ser exigida a restituição, uma vez findo o prazo. As partes podem de comum acordo resilir o pacto, operando distrato.

Silenciando o contrato, aplica-se a regra do art. 133 da Parte Geral, segundo a qual os prazos se presumem estabelecidos em proveito do devedor. Desse modo, pode o devedor restituir a coisa antes do término do prazo. Para que tal direito possa ser afastado, há necessidade de regra expressa no contrato instituindo o prazo em favor do credor, exigindo, por exemplo, o pagamento de juros de todo o período contratual (LOPES, 1993, v. 4, p. 370).

O descumprimento de cláusula contratual também pode dar azo à extinção, como, por exemplo, o não pagamento de juros ou apresentação oportuna de garantias.

O mútuo, ao contrário do comodato, não possui regra que permite ao mutuário pedir a restituição antes do prazo na hipótese de necessidade imprevista e urgente (art. 581), tendo em vista a natureza fungível das coisas emprestadas.

Se não foi fixado prazo para o mútuo, incumbe ao mutuante que efetive *denúncia vazia ou imotivada* do contrato, a fim de que exija a restituição. Havendo prazo e não exigindo o mutuante a devolução a seu final, o contrato passa a ter vigência por prazo indeterminado. Não se confunde essa vigência com a recondução ou renovação do contrato, que pode decorrer dos próprios termos do negócio.

As exceções especificadas nesse artigo operam no silêncio do contrato e são por si só explicativas.

CAPÍTULO VII
Da Prestação de Serviço

Art. 593. A prestação de serviço, que não estiver sujeita às leis trabalhistas ou a lei especial, reger-se-á pelas disposições deste Capítulo.

1. Conceito. Denominação

Como explanado nos artigos referentes à locação de coisas e à empreitada, a origem romana da locação partiu de três modalidades contratuais do negócio-base *locatio conductio*. A *locatio conductio rei*, atual locação de coisas, consiste no fato de um contratante ceder a outro o gozo temporário de uma coisa, mediante retribuição. A *locatio conductio operis*, atual empreitada, consiste em prometer a outro, também mediante pagamento, toda atividade necessária para obter determinado resultado de trabalho, como, por exemplo, a construção de uma casa.

Pela *locatio conductio operarum*, um sujeito coloca à disposição de outrem, durante certo tempo, seus próprios serviços, em troca de retribuição. Este último negócio foi incluído no Código de 1916, por amor à tradição, em conjunto com os dois outros, no capítulo dedicado à locação, sob a epígrafe *locação de serviços* (arts. 1.216 a 1.236). Sob o título *prestação de serviço*, o atual Código disciplina a matéria nestes arts. 593 a 609.

Quem desavisadamente se debruçasse sobre o tema, no Código de 1916 e sua doutrina mais antiga, haveria de se surpreender que *locador*, no negócio relativo a coisas, fosse quem cedesse o uso de móvel ou imóvel e recebesse pagamento, enquanto na locação de serviços, *locador de serviços* era quem exercia a atividade em favor de outrem, cedendo seus serviços, sendo *conductor* ou locatário o patrão ou contratante dos serviços. A razão residia no fato de que o locador de serviços em Roma era conduzido pelo patrão, o dono do serviço ou *conductor*, à semelhança dos escravos e dos filhos sob pátrio poder (MIRANDA, 1972, v. 40, p. 15). O atual Código, buscando a compreensão moderna e melhor operosidade da lei, refere-se ao *prestador de serviço*.

Esse apego à tradição no Código de 1916, com base na própria denominação e classificação do negócio como modalidade de locação, além de dificultar seu estudo e compreensão, já não se justificava no Direito contemporâneo. Ainda mais porque a maior parte da prestação hodierna de serviços já não se submete a princípios de direito privado, mas pertence ao campo do direito trabalhista e da legislação especial, com supremacia de fundamentos de ordem pública. Trata-se de terminologia e topologia anacrônicas, baseadas em circunstâncias históricas ultrapassadas. Sua sobrevivência no direito moderno é surpreendente, inclusive no Direito estrangeiro (BORDA, 1989, p. 478).

No Direito Romano, era natural que se denominasse locação tanto o contrato pelo qual era cedido o uso de uma coisa, como aquele em que era prometido um serviço, pois este dependia na maior parte das vezes do trabalho escravo. O escravo era propriedade de um senhor, que o alugava a outrem como quem hoje aluga uma coisa. Contudo, a denominação *locação de serviços* ao homem livre não tem sentido, não somente porque desapareceram as razões históricas, mas também porque o instituto não guarda maior relação com a locação de coisas. Se a denominação é hoje difícil de aceitar, muito mais problemático para as atuais gerações que se dedicam ao estudo do Direito é denominar *locatário ao empregador* e *locador ao trabalhador*. Destarte, neste nosso estudo, desde as primeiras edições, não são empregados esses vocábulos. Desse modo, ainda que presente a terminologia no Código de 1916, devem ser buscados títulos mais adequados ao negócio, segundo sua compreensão e extensão. Daí por que se prefere denominar esse contrato de *prestação de serviços*, como fez o Projeto de 1975, que deu origem ao atual Código, assim como se denomina empreitada ao que a doutrina antiga referia-se a locação de obra.

O art. 594 define a locação de serviços como "*toda a espécie de serviço ou trabalho lícito, material ou imaterial, pode ser contratada mediante retribuição*". A época de elaboração do Código anterior e o estágio da sociedade brasileira de então não permitiam imaginar as modificações sociais e tecnológicas que se seguiriam no país e no mundo. Daí ter sido frugal e parcamente regulado o contrato de trabalho, fundamental para a economia e proteção de direitos e garantias individuais. Essa noção vazia de contrato de prestação de serviços é completada por poucos artigos. Apenas 21 regulavam a matéria. Nada foi disciplinado acerca de associações profissionais ou sindicatos, salário mínimo, segurança e higiene do trabalho, apenas para mencionar alguns temas. Pelo estatuto civil, regulou-se o trabalho dentro dos estritos termos da lei da oferta e da procura, como se a sociedade apresentasse trabalhadores e donos do capital em pé de igualdade. Essa pobreza de legislação, decorrente do restrito vulto das conquistas sociais da época, evidentemente não poderia suportar as pressões advindas não muito tempo após a promulgação do Código de 1916. Surge o direito do trabalho, hoje considerado um direito do ramo social, pois fica a meio caminho entre o direito público e o direito privado, culminando com a Consolidação das Leis do Trabalho (CLT, Decreto nº 5.452/1943). Desse modo, a expressão *contrato de trabalho* deve ficar reservada àqueles regidos pela extensa legislação trabalhista, afastada também do regime estatutário do funcionalismo público. A relação tradicional que une o funcionário à Administração escapa ao esquema de direito civil e da legislação do trabalho, embora haja tendência de unificação. O objeto deste estudo no campo civil é reservado exclusivamente aos negócios residuais, prestações de serviços não atingidas pela legislação própria de índole trabalhista ou estatutária, que ainda permanecem regulados pelo ordenamento civil. O contrato de trabalho constitui hoje um dos pilares em que se apoia a economia, a produção, a paz social e a organização do Estado. Sua regulamentação deve obedecer aos princípios básicos de proteção do ser humano e de sua dignidade. Os direitos do trabalhador constituem capítulo dos direitos e garantias individuais. Por isso, sua disciplina transcende a distinção entre direito privado e direito público. Ademais, atualmente o contrato individual de trabalho cede passo aos acordos coletivos.

Dentro desse contexto, este Código estatui neste artigo em exame que: "*A prestação de serviço, que não estiver sujeita às leis trabalhistas ou a lei especial, reger-se-á pelas disposições deste Capítulo.*" No corrente diploma continuam a ser parcos os dispositivos sobre o tema, mas há que se compreender que essa disciplina é residual, destinada a um espectro mais restrito de negócios jurídicos. O grande universo da prestação de serviço é regulado pela legislação trabalhista.

2. Natureza. Distinção de outros contratos

A prestação de serviços pode ser conceituada como o contrato sinalagmático pelo qual uma das partes, denominada prestador, obriga-se a prestar serviços a outra, denominada dono do serviço, mediante remuneração.

Interessante notar que o atual Código refere-se ao "prestador de serviço" (arts. 600, 601, 602 etc.), não adotando a terminologia "dono do negócio", talvez por entendê-la dúbia em determinadas situações; preferindo referir-se à "outra parte" (arts. 603, 604, 605), perdendo a expressão para a compreensão técnica. Nada impediria que a nova lei se referisse ao "dono do negócio", expressão consagrada pela doutrina, ou utilizasse termo mais compreensivo, como encomendante ou contratante do serviço, por exemplo.

Trata-se de contrato *bilateral*, pois gera direitos e obrigações para ambas as partes e como decorrência é *oneroso*; *consensual*, por se aperfeiçoar com simples acordo de vontades, e *comutativo*, porque impõe vantagens e obrigações recíprocas que se presumem equivalentes, conhecidas pelas partes. Quanto ao objeto, conforme o art. 594, absorve toda a espécie de serviço ou trabalho lícito, material ou imaterial. O art. 1.217 de 1916 anotava que, quando qualquer das partes não soubesse ler, nem escrever, o instrumento poderia ser escrito e assinado a rogo, com subscrição de quatro testemunhas. O art. 595 deste Código mantém a redação, reduzindo o número de testemunhas para duas. Tal não o transforma, porém, em contrato formal. Não se exige a forma escrita para consubstanciá-lo. Mormente na legislação trabalhista, os direitos do trabalhador estão detalhadamente protegidos, independentemente de qualquer formalidade que não a prestação pura e simples do serviço.

O caráter pessoal desse contrato, embora não seja como regra geral *intuitu personae*, é acentuado, tanto que o art. 605 estabelece que *"nem aquele a quem os serviços são prestados, poderá transferir a outrem o direito aos serviços ajustados, nem o prestador de serviços, sem aprazimento da outra parte, dar substituto que os preste."*

A maior dificuldade doutrinária é distinguir a prestação de serviços da *empreitada*. Em ambos os casos, ocorre uma atividade pessoal em favor de outrem. Por isso, também, encontra-se na doutrina a classificação dos dois negócios como modalidades da *locação de atividade*. A prestação de serviços seria locação de serviços em sentido estrito. Nem sempre os critérios apriorísticos, todos sem exceção, fixados pela doutrina mostram-se suficientes. A nosso ver, há que se levar em conta a conjunto de princípios e não somente um dos critérios. De qualquer modo, é importante fixar a natureza jurídica de ambos os negócios, porque o regime legal de cada um é próprio, peculiar com consequências jurídicas diversas. Basta dizer que a legislação trabalhista aplica-se unicamente, como regra geral, à prestação de serviços.

Na empreitada ou contrato de obra, busca-se a obra perfeita e acabada dentro do que foi contratado. Trata-se de critério finalístico. A prestação de serviços não destaca o fim da obra, mas a atividade do obreiro, que pode ser de meio, em favor do dono do serviço, durante certo lapso de tempo. Desse modo, divisa-se na empreitada uma obrigação de resultado, enquanto na prestação de serviços há obrigação de meio, nada obstando que se atinja um resultado. O critério afigura-se acertado como princípio geral e decorre da natureza dos dois contratos ora comparados. No entanto, em muitas situações práticas, mostrar-se-á insuficiente, pois sempre haverá uma zona intermediária de interpenetração dos dois conceitos, pois amiúde na prestação de serviços ambas as partes têm em mira o resultado final. A diferença deve ser buscada na atividade contratada. Na empreitada, o empreiteiro compromete-se a uma atividade e à entrega de um resultado concluído, de um bem ou serviço futuro. O prestador de serviços somente promete sua atividade em direção a um resultado com a entrega subsequente, mas a compreensão de cada ato da atividade já perfaz cumprimento de uma obrigação de meio (ZAVALÍA, 1993, v. 4, p. 96). Nem sempre a conclusão da obra será essencial na prestação de serviços. O que se entende na prestação de serviços é que cada parcela ou fração da atividade do agente constitui cumprimento da obrigação. Na empreitada, a obrigação somente ter-se-á por cumprida quando apresentado o resultado contratado. Nesse diapasão, apresenta-se a atividade precípua dos profissionais liberais, como médicos e advogados. Caracteriza-se como prestação de serviços, porque a cura do paciente buscada pelo médico e o ganho de causa buscado pelo advogado não são resultados que se possam garantir. Esses profissionais cumprem a obrigação à medida que desempenham sua atividade. Esses contratos colocam-se na esfera residual da prestação civil de serviços, embora também regulados por leis específicas de cada mister. Não se submetem à legislação trabalhista. Por outro lado, pessoas jurídicas em geral podem tanto realizar prestação de serviços como empreitada. Cumpre analisar o caso concreto.

Outro critério leva em conta a forma de retribuição. Se a remuneração é feita em relação ao tempo de duração do trabalho, há prestação de serviços. Se o pagamento tem relação com a obra em si, seus vários estágios ou o resultado final, haverá empreitada. Não se trata de conclusão peremptória, contudo, porque a prestação de serviços pode levar em conta a produção do trabalhador e a empreitada levar em conta o tempo de execução, ao menos como critério subsidiário.

Também deve ser ponderada a relação de dependência do prestador em relação ao patrão, encomendante ou dono do serviço. Em princípio, existirá prestação de serviços quando o obreiro executar trabalho sob dependência e fiscalização do outro contratante. Na atividade dos profissionais liberais e em outras situações, não fica caracterizada a relação de dependência.

Haverá empreitada se o que executa o serviço o faz de forma independente, por sua conta e responsabilidade, sem ingerência do dono da obra. É justamente a subordinação hierárquica do trabalhador que caracteriza a relação trabalhista, atingida pela legislação social.

Por vezes, a prestação de serviços apresenta aparente similitude com o *mandato*. A existência de atividade continuada do agente pode dar margem à confusão. A existência da representação por si só será suficiente para caracterizar o mandato. No entanto, há mandatos sem representação. O critério de distinção nesse caso, em princípio, deve ser o da subordinação do prestador de serviços. O vendedor subordinado ao dono do negócio é prestador de serviço. Aquele que age em nome próprio, com liberdade de ação, mas no interesse do comitente, é mandatário.

Como já afirmado, ontologicamente não há diferença entre a prestação de serviços de índole civil e o contrato de trabalho. Portanto, o contrato de prestação de serviços e o *contrato de trabalho* possuem diferenças apenas relativas a enfoques legislativos. Cuida-se apenas de saber qual a legislação aplicável, sendo cada vez menor a atividade não atingida pelas leis do direito social. Quando isso ocorre, busca-se residualmente a solução no contrato civil do Código e de leis complementares, sem abrangência trabalhista em regra geral, como o Estatuto da Ordem dos Advogados, por exemplo. Especialmente nas profissões liberais, quando a atividade é exercida com independência intelectual, não ocorre subordinação hierárquica do profissional perante o contratante do serviço. Há posição de independência profissional do médico, dentista, advogado, administrador. Essa liberdade é proeminente quanto à execução do serviço contratado.

Com a Constituição Federal vigente, há maior abrangência das atividades de prestação de serviço pela legislação trabalhista, passando para esse campo também o trabalho doméstico e o avulso, até então em zona intermediária. Situa-se residualmente na prestação de serviços de índole civil o trabalho dos profissionais autônomos, o estritamente eventual e aquele levado a cabo por pessoas jurídicas prestadoras de serviço, como de limpeza, administração, conservação etc. (DINIZ, 1993, v. 2, p. 148).

Ação monitória – **Prestação de serviços** de serralheria (estruturas metálicas para cobertura, telhado, blindagens, dentre outros) em agências bancárias do réu – Banco corréu que afirma ser parte ilegítima na ação, ao argumento de que os contratos de prestação de serviços foram firmados entre a autora e a corré RBA Construtora, cabendo a esta o pagamento pela realização dos serviços contratados – Alegação que se mostra descabida, diante do acervo probatório – Confissão de dívida acostada com a exordial que estabelece a responsabilidade solidária dos réus, concluindo que os serviços foram devidamente executados pela autora – Ausência de prova de pagamento, único meio de afastar a cobrança, imperioso o acolhimento do pedido inicial – Sentença de procedência parcial da ação monitória mantida – Recurso desprovido (*TJSP* – Ap. 0039190-47.2012.8.26.0002, 17-3-2017, Rel. Sérgio Shimura).

Art. 594. Toda a espécie de serviço ou trabalho lícito, material ou imaterial, pode ser contratada mediante retribuição.

O objeto desse contrato é uma obrigação de fazer, uma conduta, tanto material, como intelectual. A lei não faz distinção quanto à natureza do serviço. Se o prestador não foi contratado para certo e determinado trabalho, entende-se que sua obrigação diz respeito a todo e qualquer serviço compatível com suas forças e condições, daí então os chamados serviços gerais nos usos trabalhistas (art. 601). Não pode o dono do serviço exigir do prestador que faça o que seu físico ou seu intelecto não suporta. Por outro lado, não pode também o prestador de serviços recusar-se a desempenhar atividade para a qual foi contratado e que era de sua ciência. Importa que fiquem bem claros os serviços contratados. Contudo, há atividades que usualmente são conhecidas por sua própria natureza: assim, por exemplo, não pode alguém que tenha sido contratado como motorista recusar-se a dirigir veículo; não pode quem tenha se comprometido a fazer limpeza em determinado local recusar-se a executá-la.

A locação de serviços originalmente disciplinada pelo Código Civil de 1916 abrange larga escala da atividade humana. Se sua tipificação refoge ao alcance do contrato de trabalho, submete-se à disciplina civil. Ocorre modernamente ser muito rara a contratação exclusiva da prestação de serviços. Geralmente, esse negócio vem acompanhado de outro contrato, como mandato, fornecimento, assistência técnica etc. Lembre-se que o CDC também alcança essa prestação de serviços.

Aspecto de relevância na prestação de serviços do Código, desvinculada do vínculo trabalhista, é sua natureza eventual e esporádica, embora esse não seja um critério absoluto de distinção. A prestação de serviços e o contrato de trabalho apresentam aspectos comuns, porque sua natureza é idêntica. Na dúvida, há de se entender existir relação de trabalho, no desiderato de proteção ao hipossuficiente. Essa diferenciação avulta de importância, pois se definida a natureza trabalhista da relação, competente será a Justiça do Trabalho para dirimir qualquer conflito dela emanando.

Enunciado nº 541, VI Jornada de Direito Civil – CJF/STJ: O contrato de prestação de serviço pode ser gratuito.

Apelação cível. Ação de cobrança. Prestação de serviços. Sentença de improcedência. Contratos de prestação de serviços de mão de obra de colocação de grama. Reclamação da autora de que não foi paga pelo serviço do Contrato de n. 791 e 809. Primeira avença desprovida de assinatura das partes, como provas concretas de que foi efetivamente cumprido. Confirmação da ré com relação a apenas o segundo contrato. Ausência de prova do pagamento do preço ajustado. Reforma da sentença. Parcial procedência dos pedidos iniciais. Redistribuição do ônus sucumbencial. Recurso parcialmente provido. Por força do disposto no art. 594 do Código Civil, todo aquele que prestar serviços lícitos ao contratante, deve ser remunerado pelo trabalho prestado. Assim, a parte autora tem o direito de ser remunerada pelo serviço contratado incontroversamente e prestado, incumbindo à Ré contratante realizar o pagamento do valor ajustado. Acolhido parte do pedido inicial de cobrança de prestação de serviços, tem-se que as partes foram vencedoras e vencidas, sendo correta a distribuição proporcional do ônus sucumbencial (TJSC – Ap. 0307733-22.2015.8.24.0018, 23-7-2020, Rel. João Batista Góes Ulysséa).

⚖ Civil – Prestação de serviços advocatícios – Contrato Verbal – Relação jurídica incontroversa – Necessidade de arbitramento da contraprestação pecuniária correspondente – 1- Sendo incontroverso o serviço prestado pela causídica demandante, faz jus à contraprestação pecuniária correspondente, não se admitindo a presunção de suficiência dos honorários sucumbenciais tão somente em virtude da informalidade como celebrado o contrato, posto se tratar de hipótese arbitramento (art. 22, e parágrafos, L. 8.906/94). 2- Partindo, pois, do fato de a advogada constituída ter logrado resultado favorável à pretensão de sua mandante e levando em consideração a quantidade e o local dos atos processuais praticados, bem assim o grau de complexidade da lide, resta que a taxa de 30% sobre o proveito econômico efetivo guarda relação de razoabilidade e proporcionalidade principalmente se considerada a natureza *ad exitum* da obrigação e, ainda, o fato de que referido percentual foi aceito pelos demais legitimados. 3- Recurso provido (TJSP – Ap. 1100925-22.2016.8.26.0100, 6-4-2017, Rel. Artur Marques).

Art. 595. No contrato de prestação de serviço, quando qualquer das partes não souber ler, nem escrever, o instrumento poderá ser assinado a rogo e subscrito por duas testemunhas.

Esse contrato não exige forma especial, bastando o acordo de vontade das partes. A realidade social admite o contrato firmado por menores, atentando-se para o fato de o menor de 16 anos não poder firmar contrato de trabalho, salvo na condição de aprendiz, a partir dos 14 anos (CF, art. 7º, XXXII, e Lei nº 8.069/1990, art. 60). Na letra estrita do direito privado, há necessidade de o menor ser assistido pelo representante legal, o que, se sabe, não ocorre na prática, mas é tolerado socialmente.

Nesse artigo, permite-se que o analfabeto contrate, exigindo-se, porém, a forma escrita particular, com assinatura a rogo e participação de duas testemunhas. A inexistência de testemunhas no pacto não torna o contrato nulo por si só, pois o contrato pode ser provado por outras formas.

⚖ Agravo de instrumento – Concessão do benefício da justiça gratuita – Arrolamento de bens – Não verificada a impossibilidade de os agravantes adiantarem as custas devidas pelo acervo hereditário – Decisão agravada que acolheu o diferimento do encargo, nos termos do art. 4º, § 7º da Lei Estadual n. 11.608/03 – Procuração a rogo – Pessoa analfabeta – Cabimento – Inteligência do art. 595 do CC, aplicável por analogia – Instrumento público dispensável – Necessidade de conferência de oportunidade para que o vício seja sanado em primeiro grau – Renúncia à herança – Possibilidade de manifestação de vontade por termo judicial – Art. 1.806 do CC – Recurso parcialmente provido (TJSP – Ag 2037637-53.2020.8.26.0000, 9-4-2020, Rel. Miguel Brandi).

⚖ **Prestação de serviços** de decoração – Ação de cobrança – Improcedência – Nulidade da sentença – Inocorrência – Não identificada a necessidade ou mesmo a utilidade da produção de outras provas, não há que se falar em cerceamento de defesa. Projeto de decoração desenvolvido pelo designer, sócio da autora. Contraprestação do serviço a ser realizada por meio de publicidade a ser veiculada nas principais revistas de decoração do país, de encargo exclusivo da ré. Prova documental, juntamente com o conjunto das demais circunstâncias do caso, conferem credibilidade à versão desta. Recurso não provido (TJSP – Ap. 0146304-13.2010.8.26.0100, 23-3-2017, Rel. Cesar Lacerda).

Art. 596. Não se tendo estipulado, nem chegado a acordo as partes, fixar-se-á por arbitramento a retribuição, segundo o costume do lugar, o tempo de serviço e sua qualidade.

A atividade do prestador não se presume gratuita. Acerca da não presunção da gratuidade nos contratos de prestação de serviços, o Primeiro Tribunal de Alçada Cível de São Paulo decidiu que esta é inadmissível, considerando a remuneração como elemento essencial ao contrato (1º TACSP, AC 769.995-2, 16.4.1998). A retribuição pecuniária é consequência natural do trabalho, não importando seja denominada salário, honorários, pagamento, proventos, estipêndio etc.

O art. 460 da CLT tem alcance semelhante ao presente dispositivo ao estabelecer que

> "na falta de estipulação do salário ou não havendo prova sobre a importância ajustada, o empregado terá direito a perceber salário igual ao daquele que, na mesma empresa, fizer serviço equivalente, ou do que for habitualmente pago para serviço semelhante".

O Projeto nº 6.960/2002 tentou modificar a redação do art. 596, esclarecendo que a retribuição pelo serviço seria arbitrada judicialmente, na hipótese de divergência, enfatizando que o preço é essencial a esse contrato. Não se esqueça de que a arbitragem, antecedida de prévia fase de negociação e conciliação, também pode ser solução rápida e eficaz nesse campo.

Esse artigo apresenta dois requisitos negativos para que o arbitramento se estabeleça, a ausência de estipulação e de acordo sobre o valor da retribuição. Esse arbitramento, que pode fazer parte de uma arbitragem, geralmente é estabelecido no curso do processo de cobrança.

No sistema trabalhista, leva-se em conta o paradigma de outro trabalhador nas mesmas condições para a fixação da remuneração, critério perfeitamente amoldável ao que estabeleceu o Código Civil. O caráter remuneratório do negócio lhe é essencial. O serviço ou trabalho desinteressado, *pro bono*, refoge à tipicidade desse contrato civil e do contrato de trabalho.

Art. 597. A retribuição pagar-se-á depois de prestado o serviço, se, por convenção, ou costume, não houver de ser adiantada, ou paga em prestações.

Esse artigo estabelece que a retribuição será paga depois da prestação do serviço, se não houver de ser adiantada ou paga em prestações, em virtude de convenção ou costume. A regra geral é que o pagamento ocorra posteriormente à realização do trabalho. Há situações nas quais impera o costume quando o pagamento poderá ser adiantado, ou ao menos parte dele. O contrato poderá estabelecer outra modalidade temporal de pagamento.

Ao dono do serviço é vedado cobrar juros sobre pagamento que tenha adiantado ao obreiro, nem sobre dívida alguma, pelo tempo do contrato, que ele esteja pagando com serviços. Inescondível aí o ranço da origem histórica do instituto, que submetia o prestador de serviços aos desígnios e ao alvedrio do patrão. A cobrança de juros nesses casos poderia facilmente subjugar o serviente à condição de escravo.

Art. 598. A prestação de serviço não se poderá convencionar por mais de quatro anos, embora o contrato tenha por causa o pagamento de dívida de quem o presta, ou se destine à execução de certa e determinada obra. Neste caso, decorridos quatro anos, dar-se-á por findo o contrato, ainda que não concluída a obra.

Nesse aspecto do lapso temporal também reside outra diferença com relação à empreitada. A intenção da lei, orientada pela origem histórica do instituto ligado à escravidão, é evitar ligação indefinida do trabalhador com o dono do serviço. Admite-se como suficiente o prazo de quatro anos para a conclusão de qualquer serviço. Nada impede, no entanto, que findo o quatriênio novo contrato seja firmado. O objetivo da lei foi permitir que a relação seja revista nesse período. O excesso de prazo no contrato não implica em sua nulidade, mas ineficácia do prazo exorbitante.

Art. 599. Não havendo prazo estipulado, nem se podendo inferir da natureza do contrato, ou do costume do lugar, qualquer das partes, a seu arbítrio, mediante prévio aviso, pode resolver o contrato.
Parágrafo único. Dar-se-á o aviso:
I – com antecedência de oito dias, se o salário se houver fixado por tempo de um mês, ou mais;
II – com antecipação de quatro dias, se o salário se tiver ajustado por semana, ou quinzena;
III – de véspera, quando se tenha contratado por menos de sete dias.

Contratado o serviço por prazo indeterminado, a denúncia do contrato depende de prévio aviso, instituto também absorvido de forma mais protetiva pela legislação trabalhista. De acordo com este artigo, quando não for possível divisar o final do contrato por sua natureza ou costume do lugar, a parte que pretender desfazer o vínculo deverá dar aviso com antecedência de oito dias, se o salário se houver fixado por tempo de um mês ou mais; com quatro dias se ajustado por semana ou por quinzena e de véspera, quando se tenha contratado por menos de sete dias. O Projeto nº 6.960 sugeriu a substituição do termo *salário* por *retribuição*, o que se mostra mais correto para esse contrato de natureza civil e não trabalhista. Pela mesma razão, referiu-se à *denúncia* do contrato, e não *aviso*, que tem conotação do direito do trabalho.

O art. 1.222 do Código anterior dispunha que, quando se tratasse de locação de serviços agrícolas, sem prazo estipulado, presumia-se de um ano agrário, que terminaria com a colheita ou safra da principal cultura explorada pelo contratante do serviço. Este Código suprime a disposição, certamente absorvida pela legislação agrária e trabalhista.

A ausência de aviso prévio ou denúncia do contrato dará margem à indenização. A ocorrência de justa causa de rescisão suprime a necessidade do aviso, necessário apenas na denúncia vazia ou imotivada do contrato.

Art. 600. Não se conta no prazo do contrato o tempo em que o prestador de serviço, por culpa sua, deixou de servir.

Considera-se suspenso o contrato – sem direito a pagamento –, portanto, durante o tempo em que o prestador, por culpa sua, deixou de servir. Nesse sentido se coloca o presente art. 600. Cumpre, no entanto, ao dono do serviço que remunere pelo tempo que o obreiro não trabalhou por culpa do primeiro. A matéria é de exame das circunstâncias fáticas. A culpa deve ser provada.

Art. 601. Não sendo o prestador de serviço contratado para certo e determinado trabalho, entender-se-á que se obrigou a todo e qualquer serviço compatível com as suas forças e condições.

A questão se refere a obreiro contratado para serviços gerais, não muito claros ou não muito bem definidos na contratação. Examinar-se-á no caso concreto se o trabalhador poderá ter força física, saúde e propensão para os serviços. Ao idoso e ao jovem deverão ser dadas atividades compatíveis. Se houver dolo ou culpa grave dos contratantes, haverá possibilidade de indenização.

Art. 602. O prestador de serviço contratado por tempo certo, ou por obra determinada, não se pode ausentar, ou despedir, sem justa causa, antes de preenchido o tempo, ou concluída a obra.
Parágrafo único. Se se despedir sem justa causa, terá direito à retribuição vencida, mas responderá por perdas e danos. O mesmo dar-se-á, se despedido por justa causa.

Esse artigo aproxima a locação de serviços da empreitada, ao proibir que o agente contratado por tempo certo, ou por determinada obra, não pode se ausentar, ou despedir, sem justa causa, antes de preenchido o tempo ou concluída a obra. O Projeto de Lei sempre aqui citado, no mesmo intuito de afastar qualquer conotação trabalhista nessa avença, substitui a referência "despedida sem justa causa" por "denúncia imotivada". Como todo contrato, o de locação de serviços não pode ser desfeito unilateralmente pelo arbítrio da parte, antes de vencido o prazo. A cessação da prestação de serviços, no caso, ocasiona prejuízo ao dono. Apontamos que o fato de alguém ter sido contratado até o término de determinada obra não o converte em empreiteiro, porque não se compromete com a entrega da obra, mas unicamente com sua atividade laborativa. Do lado do trabalhador, se este for despedido sem justa causa (ou houver denúncia imotivada, como se refere o projeto), além da retribuição vencida, fará jus a perdas e danos (parágrafo único).

Art. 603. Se o prestador de serviço for despedido sem justa causa, a outra parte será obrigada a pagar-lhe por inteiro a retribuição vencida, e por metade a que lhe tocaria de então ao termo legal do contrato.

Esse artigo dispõe que se o prestador de serviço for despedido sem justa causa, isto é, se denunciado imotivadamente o contrato, o dono do serviço deverá pagar-lhe por inteiro a retribuição vencida, e por metade a que lhe tocaria de então ao termo legal do contrato. Esse artigo repete a mesma disposição do art. 1.228 antigo. Essa metade a que se refere a lei constitui indenização pelo desfazimento injustificado do contrato.

Art. 604. Findo o contrato, o prestador de serviço tem direito a exigir da outra parte a declaração de que o contrato está findo. Igual direito lhe cabe, se for despedido sem justa causa, ou se tiver havido motivo justo para deixar o serviço.

O espírito dessa disposição é de inspiração na lei trabalhista. Há necessidade de que fique bem clara a extinção do contrato, o seu desfazimento. Trata-se de modalidade de quitação no âmbito da prestação de serviço. Se houver recusa do dono do serviço em fornecer a declaração, a matéria pode ser versada em ação judicial para obtenção de tal fim.

Art. 605. Nem aquele a quem os serviços são prestados, poderá transferir a outrem o direito aos serviços ajustados, nem o prestador de serviços, sem aprazimento da outra parte, dar substituto que os preste.

A cessão de posição contratual na prestação de serviços segue a regra geral: só podem ser substituídas as partes com sua aquiescência. Amiúde a prestação de serviços é *intuitu personae*, mas a regra se aplica ainda que assim não seja. Nada impede que o contrato já estipule *a priori* a possibilidade de cessão.

Art. 606. Se o serviço for prestado por quem não possua título de habilitação, ou não satisfaça requisitos outros estabelecidos em lei, não poderá quem os prestou cobrar a retribuição normalmente correspondente ao trabalho executado. Mas se deste resultar benefício para a outra parte, o juiz atribuirá a quem o prestou uma compensação razoável, desde que tenha agido com boa-fé.
Parágrafo único. Não se aplica a segunda parte deste artigo, quando a proibição da prestação de serviço resultar de lei de ordem pública.

Essa disposição visa evitar o enriquecimento injusto. Trata-se de situações correntias de prestação de serviço irregular, por quem não tenha habilitação legal ou regularização para a atividade. Assim, por exemplo, pode ocorrer com corretores não credenciados; agentes não autorizados; técnicos não diplomados; artesãos informais como encanadores, eletricistas, pedreiros, mecânicos etc. em situações cuja atividade exige habilitação ou credenciamento legal. A lei não quer que esses serviços sejam remunerados tal qual o seriam se o agente fosse devidamente habilitado ou credenciado; mas, ao mesmo tempo, se da atividade do prestador de serviços houve resultado útil para o dono do serviço, deverá haver remuneração "razoável", segundo especifica a lei, se tiver agido o agente com boa-fé. Note que essa remuneração razoável pode ser até mesmo o justo preço pelo serviço, dependendo da finalidade social do negócio e dos costumes. Numa sociedade de crescente e vultosa economia informal como a nossa, essa disposição é muito importante.

Por outro lado, como enfatiza o parágrafo único, quando a proibição resulta de lei de ordem pública, a remuneração "razoável" é obstada. Não se aplica a segunda parte desse artigo. Assim, em princípio, não pode ser remunerado quem exerce indevidamente, por exemplo, a medicina ou a advocacia. A lei diz que a segunda parte do artigo não é aplicada, ou seja, nesses casos não há que se atribuir remuneração razoável. No entanto, pela dicção legal, a primeira parte do artigo tem aplicação, ainda que haja proibição legal de ordem pública para a atividade. Nessa primeira parte, diz-se que não pode ser atribuída a retribuição normalmente correspondente ao trabalho executado. Contudo, não se nega integralmente a retribuição; doutro modo ficaria sem alcance a dicção do parágrafo único. Não existindo má-fé do contratante e perante os princípios da boa-fé objetiva e da finalidade social dos contratos, se houve resultado útil para o encomendante do serviço não pode ser negada a remuneração, ainda que fora dos parâmetros do razoável. A nosso ver, nessa hipótese devem ser aplicados os princípios do enriquecimento sem causa.

Art. 607. O contrato de prestação de serviço acaba com a morte de qualquer das partes. Termina, ainda, pelo escoamento do prazo, pela conclusão da obra, pela rescisão do contrato mediante aviso prévio, por inadimplemento de qualquer das partes ou pela impossibilidade da continuação do contrato, motivada por força maior.

Se, por um lado, morrendo o dono do serviço, pode o trabalhador dar por findo o contrato, pois não está obrigado a trabalhar para o sucessor, a morte do obreiro ocasiona a extinção do contrato, dada a natureza pessoal do negócio. A extinção da pessoa jurídica equivale à morte da pessoa natural.

Para a extinção do contrato sob estudo, aplicam-se também as causas gerais de extinção dos negócios jurídicos, inadimplemento, escoamento do prazo determinado ou da obra etc. Todo contrato, em princípio, pode ser estancado por caso fortuito ou força maior. Contudo, esse artigo prefere enfatizar, trazendo um rol de causas de extinção do contrato. É oportuno lembrar que nesse dispositivo também o Projeto nº 6.969/2002 almejou substituir *aviso prévio*, por *denúncia imotivada*.

Art. 608. Aquele que aliciar pessoas obrigadas em contrato escrito a prestar serviço a outrem pagará a este a importância que ao prestador de serviço, pelo ajuste desfeito, houvesse de caber durante dois anos.

Em ambos os Códigos encontra-se dispositivo que estabelece modalidade de responsabilidade para aquele que aliciar pessoas que prestam serviços a outrem. Essa responsabilidade, aliás, é de índole civil e deveria estar colocada no capítulo da responsabilidade aquiliana, pois foi substancialmente alargada por este Código.

O diploma anterior preocupava-se com o aliciamento da mão de obra alheia na esfera agrícola, numa sociedade essencialmente rural e que acabara de dispensar a força da mão escrava. Essa modalidade de aliciamento prejudicava a produção rural e o dispositivo vinha como um alerta ao punir pecuniariamente o infrator. Hodiernamente, esse aliciamento é tanto mais grave no setor de prestação de serviços técnicos cada vez mais especializados e, ainda que não houvesse norma expressa, com base nos princípios gerais da responsabilidade civil, o aliciamento indevido de prestadores de serviços contratados por outrem pode gerar dever de indenizar.

Como se infere do texto desse artigo, esse aliciamento é punível qualquer que seja a natureza da prestação de serviço; contudo, a atual lei exige que exista contrato escrito com o terceiro, ao contrário da lei revogada, tornando mais objetiva a possibilidade de indenização. Porém, a nosso ver, haverá situações evidentes nas quais a existência de contrato escrito será dispensável no caso concreto. A matéria é para a argumentação prática e orientará os julgados.

Presentes essas premissas, o dono do negócio que perdeu seu prestador de serviço em favor de outro poderá ser indenizado, com o valor de dois anos da remuneração do prestador. Há, no entanto, aspectos que devem ser considerados no caso concreto: a especialidade ou não da prestação; o grau de especialização do sujeito; a exclusividade nessa prestação de serviço etc. Se não há cláusula de exclusividade e o prestador continua a atender eficazmente a ambos os contratantes, por exemplo, não haverá, em tese, possibilidade de indenização. Há prestadores de serviço cuja atividade é precipuamente atender a vários clientes. No entanto, imagine-se a situação de técnico, de alta especialização, que se vincula com exclusividade para a manutenção de um equipamento perante um dono do serviço. O aliciamento por terceiro, concorrente no mesmo mercado, nesse caso, gerará dever de indenizar.

Art. 609. A alienação do prédio agrícola, onde a prestação dos serviços se opera, não importa a rescisão do contrato, salvo ao prestador opção entre continuá-lo com o adquirente da propriedade ou com o primitivo contratante.

A alienação de prédio agrícola onde o serviço é prestado não rompe o contrato, com opção de o trabalhador continuá-lo com o novo adquirente ou com o locatário dos serviços anterior. A ideia é permitir que o obreiro continue no local. Pode preferir abandonar o prédio se desejar.

CAPÍTULO VIII
Da Empreitada

Art. 610. O empreiteiro de uma obra pode contribuir para ela só com seu trabalho ou com ele e os materiais.
§ 1º A obrigação de fornecer os materiais não se presume; resulta da lei ou da vontade das partes.
§ 2º O contrato para elaboração de um projeto não implica a obrigação de executá-lo, ou de fiscalizar-lhe a execução.

1. Conceito de empreitada. Importância

O contrato de empreitada, ou contrato de obra, como prefere denominar o direito comparado, possui ampla importância no mundo jurídico, pois são muitos os fins por ele alcançados, principalmente, mas não exclusivamente, no campo da edificação, tanto no âmbito privado como no público. Encontra-se primordialmente ligado à construção civil, daí sua marcante relevância econômica. Pelo contrato de empreitada, uma das partes, denominada *empreiteiro, empresário* ou *locador*, obriga-se a executar uma obra, mediante pagamento de um preço que outra parte, denominada *dono da obra, comitente* ou *locatário*, compromete-se a pagar. Como dissemos ao tratar da prestação de serviço, também quanto à empreitada caíram em desuso os termos *locatário* e *locador*. Nosso Código não o define, como fazem outras legislações.

No conceito, identificam-se claramente três elementos do contrato: os sujeitos, o preço e a realização da obra para entrega futura. Instituto, também largamente utilizado para execução de obras públicas, apresenta particularidades de contrato de direito administrativo quando realizado por órgão estatal direto ou indireto. Também é denominado em outras legislações contrato de *locação de obra*, completando a trilogia clássica romana formada em conjunto com a locação de coisas e de serviços. Embora colocado pelo legislador de 1916 no capítulo referente à locação, não participa de seus conceitos, exceto no que diz respeito à obrigação principal a cargo do locatário, que em todos os casos consiste no pagamento de um preço estipulado em dinheiro (GHERSI, 1994, v. 1, p. 531). Neste Código, como apontamos nos artigos anteriores, é em novo local disciplinada a matéria (arts. 610 a 626), após a prestação de serviço.

Pelo que se observa na locação de coisas e na de serviços, a prestação correspondente do locador é diversa; aqui é representada pela obrigação de entregar a obra. Cuida-se, portanto, de contrato *oneroso, sinalagmático, comutativo* e *consensual*. É oneroso porque exige dispêndio de ambas as partes; é sinalagmático porque dele emergem obrigações recíprocas e interdependentes (a obrigação de pagar o preço e a de executar a obra); é comutativo porque as obrigações são de plano conhecidas dos contratantes no momento da conclusão da avença (nada impede, porém, que as partes o estabeleçam sob a modalidade aleatória); é consensual porque a lei não estabelece forma determinada e não depende da entrega de coisa, aspecto esse que é de sua fase executória.

O contrato de empreitada pode ser ajustado com prestação instantânea: pagar o preço quando terminada e entregue a obra. Os contratantes podem ajustar forma de cumprimento permanente, como, por exemplo, a manutenção e conservação de imóvel ou de maquinário, se for o caso. No entanto, a modalidade usual é que se alongue no tempo, com pagamento em prestações periódicas, à medida que se executa a obra, sob estágios definidos em cronograma, porque, em regra, da empreitada emergem prestações de execução prolongada. Em razão disso, é mais costumeiro que nesse contrato as partes fixem termo inicial e final para a obra. Fixado por tempo indeterminado, o devedor deve ser constituído em mora, quando necessário.

Embora primordialmente dirigido à construção de edifícios, à construção civil em geral, é vasto o campo da empreitada. Alguns pretendem circunscrever seu objeto apenas à execução de obras corpóreas. No entanto, em princípio não há óbice que objetive perfazimento de atividade incorpórea por parte do empreiteiro, como, por exemplo, a obrigação de escrever um livro, organizar um evento festivo ou espetáculo, elaborar programa de informática (*software*) etc. (MARTINEZ, 1994, p. 16).

A empreitada funda-se em uma obrigação de fazer. Contudo, o termo *fazer* possui conteúdo por demais vasto no Direito. Na empreitada, esse fazer é qualificado, pois a atividade do empreiteiro deve satisfazer certos critérios. De fato, o empreiteiro deve concluir certo trabalho, mas um trabalho particular que requer determinadas qualidades. Nesse contrato, existe um fazer, mas também um *saber fazer* (DUTILLEUEL; DELEBECQUE, 1991, p. 480). O resultado materializado na obra objeto da empreitada decorre de habilidade, técnica, arte ou competência. Depende-se da habilidade do técnico, artífice ou artesão, da criatividade do arquiteto, da técnica do engenheiro, da ciência jurídica do advogado etc. Por essa razão, com muita frequência, o contrato é realizado *intuitu personae*: o empreiteiro, pessoa natural ou jurídica, geralmente é conhecido e indicado ao dono da obra por suas qualidades, seu renome, mas isso não é, entretanto, elemento essencial do negócio, pois dependerá das circunstâncias e do caráter da obra. Por essas circunstâncias, o empreiteiro é devedor de precisa e determinada obrigação de fazer, qual seja, a ultimação da obra. Principalmente dirigida aos imóveis, há também empreitada que tem por objeto coisas móveis, quando então poderá preponderar a pessoa do artesão ou trabalhador intelectual.

2. Modalidades

São duas as modalidades de empreitada, segundo o art. 610: "*O empreiteiro de uma obra pode contribuir para* ela só com seu trabalho ou com ele e os materiais." A empreitada de *lavor* ou de *mão de obra* exige exclusivamente a atividade do empreiteiro. Cabe ao proprietário fornecer materiais. O empreiteiro recebe remuneração acertada, que pode incidir sobre porcentagem da obra. Cabem ao empreiteiro unicamente a administração e condução dos trabalhos. Nessa circunstância, todos os riscos, em que não tiver culpa o empreiteiro, correrão por conta do dono (art. 612).

A empreitada *mista* é aquela na qual o empreiteiro fornece os materiais e executa o trabalho. Nesta, existe obrigação de fazer e de dar. A responsabilidade do empreiteiro nessa modalidade é mais ampla, pois fica a seu cargo não somente a mão de obra, como também a aquisição e o emprego dos materiais. A esse respeito é expresso o atual Código ao estabelecer que "*a obrigação de fornecer os materiais não se presume; resulta da lei ou da vontade das partes*" (art. 610, § 1º). Empreitada *a preço de custo* é aquela na qual o empreiteiro realiza o trabalho, com fornecimento de materiais e mão de obra, com reembolso do que foi gasto, acrescido de lucro estipulado. De acordo com o art. 611, correm por conta do empreiteiro todos os riscos até a entrega da obra a contento. Apenas se inverterá a responsabilidade pelos riscos, se houver mora do dono em receber.

É de ser lembrado também, como faz o atual Código, que não se confunde o contrato de empreitada com o contrato de elaboração do projeto ou contrato de fiscalização da obra. Nem sempre quem faz o projeto será o executor da obra ou seu fiscal. Assim se expressa o § 2º desse artigo. Desse modo, há de ficar bem claro se o autor do projeto irá executar ou ao menos fiscalizar a execução. O contrato de fiscalização de obra também não se confunde com o de empreitada, o qual implica a execução material. O fiscalizador apenas examina, verifica e sugere com relação à execução do projeto e se reporta diretamente ao dono da obra, salvo se o contrário foi avençado.

3. Forma

Não existe forma prescrita em lei para o contrato de empreitada, sendo, portanto, negócio não solene. As contratações mais singelas geralmente se aperfeiçoam sem maiores formalidades, inclusive verbalmente, como, por exemplo, a confecção de uma roupa por um alfaiate. Apenas se exige escrito na lei nas hipóteses de aumento ou de alteração da obra encomendada (art. 619). Se o negócio se reveste de maior complexidade, mais ampla será a fase pré-contratual e será certamente exigido o documento escrito, como, por exemplo, notas fiscais, notas de transporte. No entanto, quanto mais complexa a obra, mais se torna necessário o instrumento escrito, sob pena de acarretar transtornos intransponíveis na execução. Além do simples contrato, costuma-se e se aconselha elaborar organograma de obras e memorial descritivo dos materiais a serem empregados, instrumentos que integram o contrato. Não se afasta também o contrato por adesão na empreitada.

4. Figuras afins: prestação de serviço, contrato de trabalho, mandato, compra e venda, fornecimento. Construção por administração

Como assinalamos no exame da locação, o Direito Antigo conheceu a *locatio conductio* sob três modalidades. A *locatio conductio rei* corresponde à atual locação. A *locatio conductio operarum* refere-se à locação de serviços e dá origem ao contrato de trabalho. A *locatio conductio operis faciendo* originou o atual contrato de empreitada. Algumas legislações o denominam contrato de obra.

A empreitada é, sem dúvida, modalidade de *prestação de serviços* ou *locação de serviços*. A distinção, nem sempre muito clara, reside no fato de que o fulcro da prestação de serviço é a atividade prometida do prestador, enquanto na empreitada seu objetivo é a conclusão da obra proposta. Na empreitada, existe obrigação de entregar obra; na prestação de serviços, existe obrigação de executar trabalho. Daí concluir-se que na empreitada há obrigação *de resultado*. Se existe atividade, mas não há resultado, ocorre inadimplemento, não podendo o empreiteiro exigir o preço. Na prestação de serviços, como regra, a obrigação será de meio. De outro lado, geralmente, o pagamento da prestação de serviços é periódico, em razão do tempo de serviço prestado. O pagamento da empreitada tem em mira o valor contratado da obra, ou de parte dela. Todavia, nenhum desses critérios é absoluto, podendo figurar ou não em conjunto na empreitada. O advogado, por exemplo, que se compromete a ultimar escritura de venda e compra para seu cliente, compromete-se a prestar serviço, cuja obrigação é de resultado e não de meio. Na empreitada, o empresário executa trabalho para o dono da obra sem estar a seu serviço, nem sob sua dependência hierárquica, não se submetendo, portanto, a horário e subordinação. A execução desse trabalho é livre, estando apenas subordinada ao resultado final, sem prejuízo da faculdade de fiscalização atribuída ao comitente, como veremos.

Por sua parte, o *contrato de trabalho*, derivado da prestação de serviços, regulado por legislação específica, mais se afasta da empreitada, dada sua marcante característica de subordinação hierárquica do empregado em relação ao empregador.

Como notamos, nem sempre é clara a linha divisória entre prestação de serviços e empreitada. Clóvis Beviláqua afirma que o objeto da empreitada e da prestação de serviços seria o mesmo, qual seja, o trabalho humano. A distinção deve residir, sem dúvida, no conceito de *obra*, objeto da empreitada, como fixado no art. 610. Para De Plácido e Silva, *obra* representa o resultado do trabalho, sendo o efeito de tudo o que se tenha gerado com interferência da ação humana. Ademais, a característica de autonomia na execução é acentuada na empreitada, que não é afetada pelo fato de poder o dono da obra fiscalizá-la e alterá-la. Ainda, é o empreiteiro que suporta o risco decorrente da construção, do resultado final, não sendo isso o que ocorre na prestação de serviços de natureza civil, no contrato de trabalho e no mandato.

No *mandato*, o mandatário compromete-se a praticar atos em nome do mandante, por conta deste, enquanto na empreitada, o empreiteiro pratica atos materiais sem subordinação à vontade do dono da obra. O mandatário tem que respeitar as instruções do mandante. O objeto principal do mandato é a prática de atos jurídicos; o objeto principal da empreitada é a prática de atos materiais, embora possam ambos os negócios admitir atos de uma ou de outra espécie, sem desvio de sua natureza.

A principal distinção anotada quanto à *compra e venda* refere-se que nela existe obrigação de dar, enquanto na empreitada existe obrigação de fazer. No entanto, podem confundir-se as obrigações da empreitada, porque ao fazer sucede-se um *entregar a obra* a seu dono, mormente no caso de o empreiteiro se obrigar a construir com obrigação de fornecer os materiais. Contudo, esse *dar* é sucessivo ao *fazer*, que é primordial na empreitada. Critério palpável, embora não definitivo, é entender que haverá compra e venda sempre que a coisa já estiver pronta quando da conclusão do contrato; empreitada, quando ainda estiver por fazer.

Por vezes, o contrato de empreitada toma a feição de um *contrato de fornecimento*, tendo também como objeto a prestação de serviços. A distinção reside na qualidade dos serviços, que na empreitada é proeminente e no fornecimento é secundária. No fornecimento, a entrega periódica de bens pelo fornecedor constitui o fundamento do contrato; na empreitada, esse fundamento consiste na entrega da obra (GOMES, 1983a, p. 333).

Nem toda construção é regida pelo contrato de empreitada, assim como nem toda empreitada tem por objeto a construção edilícia. *Contrato de construção* é conceito genérico. É todo ajuste para execução de edificação, sob direção e responsabilidade do construtor, pessoa física ou jurídica, legalmente habilitada a construir (MEIRELLES, 1979, p. 196). Essa construção pode decorrer de contrato de empreitada, ou da denominada *construção por administração*. Lei específica, nº 4.591/1964, a ela se reporta nos arts. 48 e seguintes. Embora apenas mencionada nesse estatuto, sem grandes contornos dogmáticos, é contrato usualmente concluído pelas partes envolvidas na construção civil, independentemente da incorporação de que trata citado diploma. Aplicam-se-lhe subsidiariamente os princípios dessa lei e os dispositivos da empreitada, porque o contrato não está regulado legislativamente de forma particular. Não se confunde com a empreitada, embora alguns autores as identifiquem. De qualquer modo, se coincidência existe, será com a empreitada de lavor, pois no sistema de administração o material e a mão de obra são fornecidos, em regra, pelo dono do empreendimento. Urge, no entanto, que a matéria seja disciplinada.

Na construção por administração, o construtor encarrega-se da execução de obra, mediante pagamento de remuneração fixa ou em percentual sobre os custos periódicos da obra, ficando a cargo do comitente todos os encargos econômicos. O construtor, nessa modalidade, assume todos os riscos técnicos do empreendimento. Incumbe ao dono da obra ou comitente, porém, o custeio e especificações da construção. Como aponta Arnoldo Wald (1992, p. 359),

> "*a diferença básica entre os dois contratos – Administração e Empreitada – é uma diferença de riscos pelas eventuais variações de preço de materiais e mão de obra e de prazo para concluir a construção*".

Na administração, em regra, o dono da obra assume os riscos e o prazo; na empreitada, no sistema do Código Civil, o empreiteiro assume os riscos, de acordo com o art. 619, bem como se compromete a concluir em certo prazo, salvo as hipóteses de aplicação da teoria da imprevisão.

Não se confunde a construção por administração com o contrato de fiscalização de obra ou de *administração contratada*. Neste, o fiscal apenas acompanha a execução dos trabalhos, fornecendo assessoria técnica, acompanhando o projeto, sem assumir riscos técnicos, salvo se expressamente contratado. Tanto a construção por administração, como a fiscalização de obra, são contratos que se desgarram, por sua natureza, do contrato de empreitada, porque apresentam características próprias, como a própria Lei de Condomínio e Incorporações reconhece, com diversas consequências jurídicas. Ainda que a construção seja por administração, a responsabilidade pelos salários dos empregados da obra, bem como pelas contribuições previdenciárias, é do construtor-administrador, por força da Lei nº 2.959/1956 (MEIRELLES, 1979, p. 217).

O contrato de construção, sob qualquer matiz, somente pode ser pactuado por pessoas legalmente habilitadas para serviços de engenharia ou arquitetura, sendo nulo de pleno direito, se ajustado com pessoa física ou jurídica não inscrita no CREA.

Tratando-se de construção, qualquer que seja a modalidade contratada, a responsabilidade pela segurança da obra será sempre do construtor ou arquiteto, nos termos do art. 618. Cuida-se de responsabilidade profissional que, como regra geral, transcende em qualquer caso a natureza do contrato, situando em conteúdo mais amplo de índole extracontratual.

Apelação. Prestação de serviço. Subempreitada. Ação de cobrança em razão de contrato verbal para execução de obras de reforma e construção civil. Reconhecida a revelia da Empreiteira que, citada pessoalmente, não contestou a ação, bem como não ingressou posteriormente nos autos. Sentença de procedência que reconheceu a solidariedade entre a empreiteira e a construtora nas verbas pleiteadas pelo subempreiteiro (autor) para as duas obras reclamadas com relação a mão de obra e materiais fornecidos. Apelação da construtora para afastamento da solidariedade com a empreiteira e reconhecimento de ausência de sua relação com uma das obras indicadas na inicial. Autor que comprovou apenas sua relação com a Empreiteira. Relação da Construtora com a Empreiteira comprovada apenas em relação a uma das obras reclamadas pelo autor. A solidariedade não se presume, decorre da lei ou da vontade das partes, conforme art. 254 do Código Civil. O contrato de empreitada é regido pelos art. 610 a 626, do CC e não prevê responsabilidade solidária da construtora ou dono da obra com as despesas de material e mão de obra que o empreiteiro contratado fizer com um subempreiteiro por ele contratado. É reconhecida a responsabilidade subsidiária da Construtora em relação à Empreiteira apenas no âmbito trabalhista em relação a mão de obra contratada como subempreitada (art. 455 da CLT), o que aqui não se discute e nem se pode decidir. Sentença reformada para reconhecer a responsabilidade apenas da empreiteira, afastada a solidariedade com a construtora apelante. Recurso provido (*TJSP* – Ap. 1000809-44.2013.8.26.0704, 11-4-2018, Rel. L. G. Costa Wagner).

Prestação de serviços em obra de construção civil – Ilegitimidade *ad causam* passiva do dono da obra reconhecida – Negociação realizada diretamente com a empreiteira – Responsabilidade da contratante pelo pagamento em virtude de ajuste de empreitada global – Prestação dos serviços demonstrada – Ônus da prova de fato impeditivo, modificativo ou extintivo do direito da autora que incumbia à ré – Inteligência do art. 333, inciso II, do CPC/73 – Sentença mantida – Preliminar rejeitada, recursos improvidos – Diante da hipótese de empreitada global, o dono da obra não tem legitimidade para responder pelo pagamento dos serviços contratados pela empreiteira. A teor do disposto no artigo 333, inciso II, do CPC/73, incumbe ao réu a prova de fato impeditivo, modificativo ou extintivo do direito do autor (*TJSP* – Ap. 1097876-75.2013.8.26.0100, 11-4-2017, Rel. Renato Sartorelli).

Art. 611. Quando o empreiteiro fornece os materiais, correm por sua conta os riscos até o momento da entrega da obra, a contento de quem a encomendou, se este não estiver em mora de receber. Mas se estiver, por sua conta correrão os riscos.

Art. 612. Se o empreiteiro só forneceu mão de obra, todos os riscos em que não tiver culpa correrão por conta do dono.

Art. 613. Sendo a empreitada unicamente de lavor (art. 610), se a coisa perecer antes de entregue, sem mora do dono nem culpa do empreiteiro, este perderá a retribuição, se não provar que a perda resultou de defeito dos materiais e que em tempo reclamara contra a sua quantidade ou qualidade.

Como acentuamos, no contrato de empreitada o comitente ou dono atribui a construção ou conclusão de obra ao empreiteiro. A obrigação é de resultado, possibilitando ao dono exigir a entrega da coisa. Como contrato sinalagmático, o negócio gera direitos e obrigações para ambos os contratantes. Na empreitada de obras públicas, cujos princípios fundamentais são de direito privado, com aplicação das normas de direito público, o dono da obra é o Estado por si ou por seus entes indiretos. Nas empreitadas em geral, o comitente ou dono da obra pode ser qualquer pessoa capaz, natural ou jurídica.

As principais obrigações do dono da obra são de pagar o preço e receber a obra. O comitente não tem apenas o direito de receber a coisa, mas obrigação de fazê-lo. Sua recusa injusta em receber possibilita o depósito judicial pelo empreiteiro, pois tal reflete responsabilidades decorrentes da mora (arts. 611 e 613). Somente será possível ao comitente rejeitar a obra se o empreiteiro se afastou das instruções recebidas, não a executando conforme o contratado ou na hipótese de defeitos (art. 615). Nessas hipóteses, faculta-se ao comitente receber a coisa com abatimento do preço, em vez de enjeitá-la (art. 616).

Há direito do comitente na verificação da obra, antes de seu recebimento, matéria examinada no tópico referente à extinção do contrato.

Na empreitada e nos contratos de construção em geral, a prestação pecuniária do comitente, salvo os casos de reajuste, não apresenta maiores dificuldades. A ele cumpre pagar o valor avençado, de uma só vez, ou periodicamente, conforme prazos ou etapas do andamento da obra. Geralmente, o preço costuma ser fixado de forma global, ainda que com solução periódica, no que difere do contrato por administração, quando a retribuição pecuniária geralmente é em percentual sobre os dispêndios ou preço, não guardando relação direta com o custo ou curso do empreendimento. Se ordenar modificações ou acréscimos, deve o comitente com eles arcar. Se essas modificações decorrerem de exigências técnicas ou imposições administrativas, o caso concreto deve dar a solução. Por vezes, a modificação na execução decorre de errônea elaboração do projeto. Em outras oportunidades, esbarrar-se-á em objeções administrativas. Como regra geral, cabe ao construtor, que é um técnico, estar ciente tanto das dificuldades que o projeto apresenta, como das posturas edilícias. Ademais, em favor do comitente, salvo especiais situações, aplicam-se os princípios do direito do consumidor, cabendo ao fornecedor de serviços ou de produtos o ônus da prova.

Na ausência de autorização contratual, o preço não pode ser majorado sob fundamento de acréscimo de salários ou aumento de preço de materiais (art. 619).

Quando a empreitada é estabelecida com fornecimento de materiais, incumbe ao dono que os forneça de acordo com as especificações. Não está o empreiteiro obrigado a prosseguir na obra, se o material for inferior ao contratado ou ao exigido para a natureza do empreendimento. Não colocando os materiais eficazmente à disposição do empreiteiro, incorre o comitente em mora. Esse inadimplemento autoriza que o empreiteiro notifique o comitente, para o fim de rescindir o contrato.

Na empreitada de lavor, como os materiais pertencem ao dono da obra, suportará ele os riscos por sua perda ou deterioração, sem culpa do empreiteiro.

Quando cabe ao empreiteiro fornecer os materiais (art. 611), tal exige a escolha e preparação de materiais, salvo texto contratual em contrário. Como regra geral, na situação desse artigo, correm por conta do empreiteiro os riscos de perda ou deterioração. Aplica-se o princípio *res perit domino*. Quando a obra estiver pronta, havendo mora do proprietário em recebê-la, inverte-se esse ônus, isentando-se o empreiteiro dos riscos. Essa regra é nova neste Código, pois o diploma anterior mandava repartir os prejuízos nesse caso (art.1.238). A questão da mora no recebimento da obra tem a ver com a finalização da obra a contento, matéria afeta à prova. De acordo com o art. 615, uma vez concluída a obra, o dono é obrigado a recebê-la, salvo a situação ali expressa. Caracterizada a mora por parte do dono da obra, deverá ele responder pelos riscos com a guarda e conservação da coisa, devendo ressarcir o empreiteiro.

O art. 612 cuida da empreitada apenas com fornecimento de mão de obra. Nesse caso, todos os riscos, não imputáveis ao empreiteiro, caberão ao dono da obra. Os erros de execução são, evidentemente, de responsabilidade do empreiteiro, abrangendo também o mau uso do material fornecido. Da mesma forma, como é curial, quando se fala de responsabilidade do empreiteiro, também se está abrangendo a conduta de seus prepostos. A indenização segue a regra geral, gravitando em torno da comprovação de culpa do empreiteiro.

O art. 613 é complemento acerca dos riscos da empreitada de lavor. Pode ocorrer que a perda da coisa decorra de vício de material, não imputável a qualquer das partes. Ambos suportarão os prejuízos. O empreiteiro somente não perderá sua remuneração se provar que a perda ou deterioração ocorreu por defeito de material e que reclamara oportunamente ao dono da obra sobre esse aspecto, no tocante à qualidade ou quantidade. Não pode, por exemplo, o empreiteiro fazer a instalação elétrica se a fiação e equipamentos não suportam a carga exigida para o prédio. Deve oportunamente alertar o dono da obra e pedir a substituição de materiais, sob pena de responder pelos danos.

Apelação – Ação declaratória de inexigibilidade de título – **Contrato de empreitada** – Aplicação ao caso concreto dos artigos 611, 615 e 616 do CC – Responsabilidade do empreiteiro pela entrega da obra conforme as regras técnicas em trabalhos de tal natureza – Possibilidade de abatimento no preço do serviço contratado em razão do defeito na prestação do serviço – Prova dos autos robustas no sentido de demonstrar a falha no serviço – Sentença mantida – Recurso improvido (*TJSP* – Ap. 1010037-34.2015.8.26.0361, 24-3-2017, Rel. Silveira Paulilo).

Art. 614. Se a obra constar de partes distintas, ou for de natureza das que se determinam por medida, o empreiteiro terá direito a que também se verifique por medida, ou segundo as partes em que se dividir, podendo exigir o pagamento na proporção da obra executada.
§ 1º Tudo o que se pagou presume-se verificado.
§ 2º O que se mediu presume-se verificado se, em trinta dias, a contar da medição, não forem denunciados os vícios ou defeitos pelo dono da obra ou por quem estiver incumbido da sua fiscalização.

Quando o pagamento é fixado por etapas ou pelo que ordinariamente se denomina *medição*, a quitação de cada parcela presume a verificação de cada estágio da obra pelo comitente. O contrato ou os usos podem, no entanto, dispor em contrário. Nesse sentido, dispunha o art. 1.241 antigo, cujo parágrafo único acrescentava: "*Tudo o que se pagou, presume-se verificado.*" Melhor dispõe agora o Código neste artigo.

Geralmente, nessa modalidade de empreitada, as partes se documentam com cronogramas, planilhas e documentos de medição da obra. As presunções apontadas na lei são relativas e admitem prova em contrário. A matéria é de exame no caso concreto. Nem sempre a obra foi paga porque foi verificada. Por outro lado, há obras mais ou menos sofisticadas com maior ou menor documentação. Tudo isso deve ser analisado nessas presunções.

Se o contrato dispuser obrigação de receber a obra apenas quando concluída, essa obrigação é indivisível, não podendo o empreiteiro exigir que seja recebida paulatina ou parcialmente.

Apelação cível. Responsabilidade civil. Ação de indenização por dano moral e material. Empreitada. Paralisação da obra. Vícios construtivos. Improcedência da ação. I) Tratando-se de contrato de empreitada por obra executada em partes distintas, prevista no art. 614 do CC, a paralisação da construção nas duas últimas etapas, por desacerto entre as partes, não enseja a reparação por perdas e danos prevista no art. 624 do CC. II) Ausência de prova idônea e suficiente a respeito da alegada má execução da obra e inadimplemento de serviços contratados, ônus probatório que competia ao autor (art. 373, I, do CPC). Ausência de prova pericial, que se mostra de suma importância em feitos da natureza do presente, sequer postulada pelo autor. Improcedência da ação mantida. Apelação desprovida (*TJRS* – Ap. 70077634087, 13-12-2018, Rel. Catarina Rita Krieger Martins).

Apelação – Ação rescisória c.c. cobrança – Reconvenção – **Contrato de empreitada de lavor**

– 1- Contrato parcialmente cumprido e existência de inadequação em parte dos serviços realizados. Contrato que envolve empreitada de lavor, eis que a obrigação de fornecimento de materiais foi assumida pelos donos da obra (art. 610 do Código Civil), razão pela qual a obrigação do apelado estava restrita à execução dos trabalhos. Tendo em vista os termos estabelecidos para a execução dos serviços e cronograma de pagamentos, o apelado faz jus ao pagamento proporcional pelo que executou, tal como prescreve o artigo 614 do Código Civil. 2- Mantida a procedência parcial da ação principal, pois devidamente observados os percentuais apontados no laudo pericial atinentes aos serviços realizados pelo empreiteiro. Ainda que conste do laudo que parte do serviço tenha sido realizado de forma inadequada, as consequências e repercussões foram consideradas na sentença em sede de ação reconvencional, já que apurado na mesma perícia o custo de refazimento da parte inadequada do serviço executado. Ademais, cabe ao empreiteiro arcar somente com os gastos atinentes ao refazimento da parte inadequada e não com os desembolsos para conclusão de todo o contrato. 3- Dano moral. Inocorrência. Reconvintes que sofreram com transtornos ocorridos em decorrência de problemas surgidos no curso de uma reforma de casa de praia. Realização de serviços inadequados, que implicaram a paralização da empreitada, sendo necessário que os donos do imóvel recorressem à contração dos serviços de terceiros para reparo da execução ruim e também para finalização da obra. Ocorrência de inadimplemento contratual. Situação que gerou aborrecimento aos contratantes, pois houve postergação da data que poderiam usufruir de seu imóvel de veraneio. 4- Ação principal e reconvenção julgadas parcialmente procedentes. Compensados os valores das condenações, dando por quitados os valores fixados pela realização dos serviços do apelado e subsistindo valor atinente à condenação fixada na reconvenção por ser maior. Verba sucumbencial mantida tal como fixada na sentença. Precedente do TJSP. Recurso parcialmente provido (*TJSP* – Ap. 0004366-53.2012.8.26.0587, 1º-3-2017, Relª Kenarik Boujikian).

Art. 615. Concluída a obra de acordo com o ajuste, ou o costume do lugar, o dono é obrigado a recebê-la. Poderá, porém, rejeitá-la, se o empreiteiro se afastou das instruções recebidas e dos planos dados, ou das regras técnicas em trabalhos de tal natureza.

Esse artigo estabelece que o proprietário pode rejeitar a obra, se o construtor afastou-se das instruções recebidas, dos planos acertados ou das regras técnicas exigidas na obra. No entanto, se recebe a obra, presume-se que a examinou e a achou conforme, salvo os defeitos ocultos e mesmo aqueles aparentes para os quais se exigem conhecimentos técnicos. Para os vícios ocultos, aplicar-se-ia a dicção do art. 445, ou seja, prazo de um ano contado da efetiva entrega da coisa.

Desse modo, a ação para haver abatimento do preço do imóvel possui prazo decadencial de seis meses no Código anterior e um ano no atual diploma. Trata-se de prazo de garantia (VIANA, 1981, p. 68). Esses conceitos devem ser examinados em conjunto com os prazos estabelecidos no CDC, arts. 26 e 27. Leve-se em conta que esse ordenamento estabelece que, em se tratando de vício oculto, o prazo decadencial inicia-se no momento em que ficar evidenciado o defeito (art. 26, § 3º). Da mesma forma, o art. 27 estatui que prescreve em cinco anos a pretensão de reparação de danos pelo fato do produto ou do serviço, iniciando-se a contagem do prazo "*a partir do conhecimento do dano e de sua autoria*". Fixada a empreitada como relação de consumo, a nosso ver são esses os princípios que devem ser aplicados à espécie, sempre que albergarem com maior eficiência a posição jurídica do consumidor. Os princípios decadenciais e prescricionais do Código Civil, exclusivamente, devem ser aplicados às relações não atingidas pelos princípios do CDC, embora seja raro que tal ocorra nos contratos ora tratados.

A questão da observância dos plenos, plantas, instruções, regras técnicas na obra é matéria sempre dotada de complexidade que importará na maioria das oportunidades em prova pericial.

Art. 616. No caso da segunda parte do artigo antecedente, pode quem encomendou a obra, em vez de enjeitá-la, recebê-la com abatimento no preço.

Esse dispositivo é aplicação do princípio *utile per inutile non vitiatur*. Cria-se uma alternativa para o encomendante. O dono da obra pode aceitar a obra com defeitos ou desajustes, com abatimento do preço. Trata-se também de norma que evita o enriquecimento injusto. O dono da obra deve optar por essa alternativa, em princípio, antes da entrega da obra, bem como antes de pagar o preço. Após o recebimento da obra e pagamento do preço, a matéria desloca-se para os princípios do descumprimento do contrato.

O abatimento do preço deverá ser proporcional ao valor da utilidade da obra, apurável no caso concreto. Há que se levar em conta se o encomendante terá que refazê-la ou reformá-la, para deixá-la conforme o plano acertado, bem como se isso é necessário. Nem sempre o deslocamento do empreiteiro dos planos originais acarretará diminuição do valor da coisa, mas poderá não representar a utilidade necessária para o encomendante.

Apelação cível – Contrato de empreitada – Ausência de afronta ao princípio do *pacta sunt servanda* – Vícios construtivos comprovados – Reparação devida – Dano moral não verificado – Despesas oriundas do contrato – Não comprovação – Contrato exaurido. A liberdade de contratar ou a aplicação do princípio do pacta sunt servanda, não impede o contratante de ser reparado pelos danos decorrentes dos vícios verificados na obrigação de fazer promovida pelo contratado. Não havendo demonstração de violação da honradez ou do estado psíquico do contratante, cumpre chancelar a sentença que julgou improcedente o pedido de danos morais. Não comprovado dano relativo à pretensa obrigação de contratação de profissional técnico (contador), improcedente se mostra o pedido respectivo. Exaurido o contrato de empreitada, por força de cumprimento das obrigações e cumprimento dos termos aditivos sequenciais estabelecidos com base no cumprimento da obrigação anterior e atento ainda, ao disposto no artigo 615 do Código Civil, incabível se mostra a rescisão do contrato (*TJMG* – Ap. 1.0024.11.042076-7/001, 9-8-2018, Rel. Luiz Carlos Gomes da Mata).

Cambial – Cheque – Ação declaratória de nulidade de título, precedida de medida cautelar de sustação de protesto extrajudicial – **Contrato de empreitada de decoração de imóvel comercial** – Serviços de marcenaria, iluminação e instalação de papel de parede – Sentença de procedência que reconheceu a existência de vícios na prestação dos serviços e operou abatimento no preço, declarando inexigível o cheque com valor de face de R$ 28.000,00 – Início de prova com a exibição pela autora de fotografias do local após a entrega – Laudo pericial que concluiu pela imperícia na execução dos serviços de marcenaria e instalação de papel de parece – Fotografias exibidas pela ré sem a iluminação necessária, impedindo a constatação da qualidade dos serviços – Ônus da prova a cargo da ré sobre a execução do contratado com a qualidade necessária (art. 333, inciso II, do CPC de 1973) – Vício na prestação dos serviços – **Inexigibilidade do cheque, a título de abatimento no preço** – Exegese do art. 616 do Código Civil – Manutenção da procedência da pretensão – Recurso desprovido (*TJSP* – Ap. 0000867-82.2013.8.26.0116, 3-3-2017, Rel. Cerqueira Leite).

Art. 617. O empreiteiro é obrigado a pagar os materiais que recebeu, se por imperícia ou negligência os inutilizar.

O texto se refere logicamente às empreitadas de lavor, àquelas nas quais o empreiteiro recebe os materiais do dono. Matéria também essencialmente de prova para inculpar o empreiteiro, mormente no que se refere a materiais sofisticados e de conhecimento técnico mais profundo. A imperícia ou negligência do empreiteiro o faz ser responsável também por atos de seus empregados ou prepostos. A partir do momento em que a obra recebe os materiais, a responsabilidade por sua conservação e boa utilização será do empreiteiro. O caso fortuito ou força maior, como regra, afastam essa responsabilidade.

Prestação de serviço. Ação de cobrança. Sentença de parcial procedência. Sentença devidamente fundamentada. Empresa autora fornecedora de materiais metálicos para construção residencial. Perito que realizou vistoria no imóvel. Laudo pericial imparcial, assentado em critérios técnicos e equidistantes dos interesses das partes, com resposta aos quesitos das partes, que foi conclusivo em apontar que somente 25,75% da obra estava executada. Incontroverso que a autora pagou 65% do valor do contrato. Suspensão da obra meses depois da entrega dos materiais pela fornecedora, que já deveriam estar pagos desde abril. Construtora que era responsável pelo pagamento de todas subcontratadas e fornecedores. Instalação de sete peças não efetuada por culpa da Construtora, por problemas na infraestrutura de sua responsabilidade. Peças deterioradas por negligência da construtora que não contratou pintura e não as guardou da forma devida. Obrigação da construtora em arcar com o pagamento. Inteligência do art. 617. Recurso desprovido (*TJSP* – Ap. 1003549-90.2018.8.26.0318, 29-1-2021, Rel. L. G. Costa Wagner).

Art. 618. Nos contratos de empreitada de edifícios ou outras construções consideráveis, o empreiteiro de materiais e execução responderá, durante o prazo irredutível de cinco anos, pela solidez e segurança do trabalho, assim em razão dos materiais, como do solo.
Parágrafo único. Decairá do direito assegurado neste artigo o dono da obra que não propuser a ação contra o empreiteiro, nos cento e oitenta dias seguintes ao aparecimento do vício ou defeito.

O construtor ou empreiteiro responde, durante cinco anos, pela solidez e segurança de edifícios e outras obras consideráveis nos termos desse artigo. Trata-se de cláusula legal aplicável a qualquer modalidade de construção, empreitada ou administração. Note que o dispositivo legal enfatiza a aplicação desse prazo a obras consideráveis, isto é, de grande vulto, como sói acontecer na construção de edifícios. Na empreitada, aplica-se a disposição tanto na de mão de obra, como na mista, embora existam autores que sustentem diferentemente, restringindo-a apenas à empreitada mista.

"*Em qualquer forma de construção é sempre o construtor quem dá a última palavra no que se refere ao material, assim como em toda parte técnica. É ele quem tem condições, por força de sua formação profissional, de dizer se o material é bom ou não. Sustentar o contrário é mera retórica, argumentação sem fundamento*" (VIANA, 1981, p. 59).

Ademais, essa responsabilidade deve ser vista em consonância com a responsabilidade profissional dos engenheiros, arquitetos e construtores.

Sendo prazo extintivo de garantia, é decadencial, segundo a doutrina e jurisprudência amplamente dominantes. Destarte, esse prazo, por sua índole, não admite transação, mas, se não é dado às partes restringi-lo, podem distendê-lo, porque instituído em benefício do dono da obra (MEIRELLES, 1979, p. 255). Parte da doutrina, no entanto, entende que não se trata de norma cogente, nada impedindo a disposição do prazo por vontade das partes. Desse modo, se durante os cinco anos não ocorrer nenhum vício, estará exonerado o construtor. Essa afirmação deve modernamente ser recebida com reservas, mormente quando se trata de aplicabilidade do CDC.

A lei estabeleceu presunção de culpa do construtor, profissional técnico e prestador do serviço, reconhecendo a vulnerabilidade do dono da obra nesse aspecto contratual. Acrescente-se a aplicabilidade da lei do consumidor a apontar para a responsabilidade objetiva do fornecedor de serviço. Parte o legislador do pressuposto de que o dono da obra não tem como avaliar de plano, ou em menor prazo, a excelência e perfeição da obra.

A parte final do art. 1.245 do Código de 1916 referia-se à isenção de responsabilidade do construtor na hipótese de ele, não achando o solo firme, ter prevenido o dono da obra a tempo. Desde a promulgação do Código revogado, a disposição não foi bem recebida, porque é inconcebível que o construtor prosseguisse em obra periclitante, sabedor de deficiência do solo. Cabe-lhe, sem qualquer dúvida, recusar-se a executá-la, no âmbito de sua responsabilidade profissional, sugerindo, se for o caso, os meios técnicos para superar a dificuldade. Nessa linha, a disposição sofreu o repúdio da doutrina e da jurisprudência. "*Cabe ao profissional liberal e não ao cliente dizer se os meios ou recursos postos à sua disposição pelo agente são idôneos para a execução do trabalho encomendado*" (VIANA, 1981, p. 67, referindo-se à opinião de Aguiar Dias). Nesse diapasão, havia de considerar-se não escrita a parte final do art. 1.245. No mesmo caudal, acrescenta Hely Lopes Meirelles (1979, p. 255) que o dispositivo sob vértice estava superado pelas normas reguladoras do exercício da engenharia e da arquitetura, as quais impõem deveres éticos a seus profissionais. Destarte, não há que se afastar, também sob tal perspectiva, a responsabilidade de engenheiros, arquitetos e construtores em geral. Por erros de concepção e de projeto respondem sempre os construtores responsáveis.

Este Código suprimiu essa dicção final, como se percebe no texto transcrito do art. 618. O Código de 2002 acrescentou também o parágrafo único, que permite maior estabilidade às relações negociais da empreitada. O exercício do direito descrito no artigo somente poderá ser exercido nos 180 dias seguintes ao aparecimento do vício e do defeito. Destarte, esse prazo poderá ultrapassar os cinco anos, pois o defeito poderá ter eclodido no final desse lapso. A óptica da questão se transfere, por outro lado, para evidenciação do momento exato do aparecimento do vício. Devem os interessados documentá-lo da melhor forma possível para que não corram dúvidas sobre esse prazo decadencial.

No que se refere a *danos ocasionados a terceiros*, cumpre saber se a responsabilidade cabe ao construtor, ou ao dono da obra. A questão tem a ver, sem dúvida, com os direitos de vizinhança. Com frequência, os prédios vizinhos são abalados pela construção. Nada é regulado no capítulo da empreitada a esse respeito. As opiniões da doutrina ora propendem por responsabilizar o dono da obra, ora o construtor, ora ambos conjuntamente, todas com justificáveis argumentos.

A tendência majoritária é responsabilizar o construtor quando o ato danoso decorre de sua conduta ou atividade. Cuida-se, em princípio, de individualizar a culpa nos termos do art. 186. Não podemos concluir, como regra, por responsabilidade do comitente, pois cabe ao construtor, técnico em seu mister, impedir que a construção prejudique terceiros. Na empreitada e na construção em geral, o construtor não se limita a exercer mandato. Seu âmbito de atuação profissional exige que atue dentro de normas técnicas atinentes a sua profissão, recusando-se a cumprir exigências do comitente que a transgridam. Uma das finalidades precípuas do contrato de empreitada é justamente a transferência de riscos ao construtor. Em princípio, somente pode haver responsabilidade do dono da obra quando este contrata pessoas inabilitadas ou economicamente incapazes para a tarefa (VIANA, 1981, p. 73). Cuida-se de aplicação do princípio da culpa *in eligendo*. Desse modo, situações na prática surgem conduzindo a uma responsabilização conjunta do dono e do construtor, com aplicação do art. 937. Dentro do princípio da individualização da culpa, responsável também poderá ser unicamente o proprietário. Não havemos aplicar ao dono da obra a culpa *in vigilando*, que não se amolda à relação contratual em estudo.

Enunciado nº 181, III Jornada de Direito Civil – do CJF/STJ: O prazo referido no art. 618, parágrafo único, do Código Civil refere-se unicamente à garantia prevista no *caput*, sem prejuízo de poder o dono da obra, com base no mau cumprimento do contrato de empreitada, demandar perdas e danos.

Agravo de instrumento – Compromisso de compra e venda – Vício construtivo – Decisão que afasta a decadência – Inconformismo da ré fundado no prazo de garantia do art. 618 do CC – Rejeição – O direito do condomínio em reclamar pelos defeitos construtivos imputáveis à construtora, por sua culpa, não se sujeitam ao prazo de garantia previsto no art. 618 do CC, que se aplica à hipótese de responsabilidade objetiva do empreiteiro pela solidez da obra – Caso em que aplicável prazo prescricional, que deve ser contado da data em que se teve ciência do vício – Decisão mantida – Negaram provimento ao recurso (*TJSP* – Ag 2025152-21.2020.8.26.0000, 20-7-2020, Rel. Alexandre Coelho).

Apelação – Obrigação de fazer – **Contrato de empreitada** – Infiltrações e rachaduras no imóvel na residência da autora – Responsabilidade da construtora – Ilegitimidade do sócio da empresa – Prescrição e decadência refutadas – Falha na prestação do serviço – Dano moral caracterizado – Aplicação do art. 618 do CC e art. 27 CDC: ação proposta dentro de 5 anos contados da entrega da obra. C. Superior Tribunal de Justiça que reconheceu ser decenal o prazo para ajuizamento da ação respectiva, não ocorrendo no caso concreto – Sócio da empresa não deve ser direta e automaticamente responsável pelos danos causados pela pessoa jurídica, sendo mantida a sua exclusão do polo passivo – Dano moral caracterizado, fixado em R$ 15.000,00. Recurso parcialmente provido (*TJSP* – Ap. 1005407-45.2015.8.26.0292, 22-3-2017, Relª Maria Lúcia Pizzotti).

Art. 619. Salvo estipulação em contrário, o empreiteiro que se incumbir de executar uma obra, segundo plano aceito por quem a encomendou, não terá direito a exigir acréscimo no preço, ainda que sejam introduzidas modificações no projeto, a não ser que estas resultem de instruções escritas do dono da obra. Parágrafo único. Ainda que não tenha havido autorização escrita, o dono da obra é obrigado a pagar ao empreiteiro os aumentos e acréscimos, segundo o que for arbitrado, se, sempre presente à obra, por continuadas visitas, não podia ignorar o que se estava passando, e nunca protestou.

Não sendo admitida variação de preço, não caberá nenhum acréscimo. A regra geral de proibição de reajuste de preços com relação a salários ou material é expressa nesse artigo. O preço fixo é garantia originária do dono da obra. Sendo o arquiteto ou construtor, ou equiparados, referidos no dispositivo, especialistas em sua atividade, presume-se que estipulem preço inalterável pelas vicissitudes do mercado, pois deles são conhecedores. No passado, a inflação descontrolada por largos períodos no país colocou em choque, no entanto, essa disposição, que sofreu a devida mitigação dos tribunais. As partes podem entabular que o valor sofrerá aumento conforme a oscilação dos preços de material e mão de obra, fixando-se assim a escala móvel no contrato. A teoria da imprevisão, tão só sob fundamento da inflação por si só, fator absolutamente previsível no país, não terá o condão de variar o preço.

Esse dispositivo permite o aumento de preço unicamente se decorrente de aumento, ou alteração na obra mediante *instruções escritas* do outro contratante. Trata-se de garantia que a lei concede ao dono da obra de não sofrer reajuste, salvo sua autorização expressa. A jurisprudência abrandou o alcance da norma, para evitar o injusto enriquecimento, dependendo de circunstâncias no caso concreto. Dispensa-se a autorização escrita, quando o dono da obra não contesta a execução da alteração ou aumento, aceitando-a tacitamente. Quando o dono da obra está presente, ou se faz continuamente se representar por prepostos seus, usualmente técnicos, os acréscimos são devidos. É o que geralmente ocorre em obras de vulto.

Especificamente quanto à variação de preço na empreitada, há que se examinar a redação do art. 1.246 do velho Código. Esse dispositivo, de certa prolixidade, indicava que o arquiteto ou construtor, o empreiteiro enfim, devia conhecer o seu trabalho e, portanto, avaliar corretamente o preço. A referência ao arquiteto ou construtor dá ideia de que o dispositivo só se aplicaria à construção civil, o que não é verdadeiro. A norma atinge, ainda que por analogia, qualquer modalidade de empreitada.

O corrente Código, neste art. 619, persiste com a mesma ideia, em artigo mais sintético, mas com compreensão mais extensa. São muitas as dificuldades enfrentadas numa construção civil. Há construções de alta complexidade, como a de usinas e plataformas de petróleo. Com muita frequência, há necessidade de se afastar do projeto original e do memorial descritivo por motivos os mais variados: escassez de material adequado para utilização; exigência do Poder Público para concessão do "habite-se"; razões de segurança imprevisíveis de início; majoração inesperada de preço de materiais etc. A regra geral, para toda alteração no preço, é a exigência de documento escrito autorizador pelo dono da obra, inclusive dentro do sistema do Código antigo. No entanto, sabiamente o atual diploma admite a cobrança pelo empreiteiro de acréscimo no preço quando a alteração da obra ocorreu com o conhecimento tácito ou implícito do encomendante: se sempre esteve presente à obra, por si ou por preposto, em continuadas visitas e não podia ignorar o que se passava e nunca protestou. É evidente que essa assertiva legal deve ser vista *cum granum salis*: avaliará o juiz, no caso concreto, se as visitas do dono da obra foram suficientes para que entendesse as modificações realizadas e, ainda, se tinha o devido discernimento técnico para conhecê-las. Há determinadas particularidades técnicas numa obra que não são facilmente percebidas pelo leigo.

Apelação cível. Direito civil. Subempreitada. Ações indenizatórias. Recurso (1). Incorporadora contratante. Autos 0022877-56: a) inexecução parcial da subempreiteira contratada. Contratação de terceiros para concluir a obra. Prova. Ausência. Ressarcimento indevido. B) dano moral. Não configuração. Recurso (1) conhecido e não provido. Recurso (2). Subempreiteira contratada. Autos 0065122-19: a) serviços adicionais. Contratação. Prova. Ausência. Acréscimo no preço. Inexigibilidade. Art. 619 do CC. B) desvio de funcionários. Não demonstração. Dano moral. Não caracterização. Autos 0022877-5. Construtora. Pagamento de funcionários da subempreiteira. Ressarcimento devido. Art. 455 da CLT. Autos 0019825-52. A) duplicata sem aceite. *Causa debendi*. Ausência. Protesto indevido. Sacado. Dano moral configurado. B) endosso translativo. Endossante e endossatária.

Responsabilidade solidária. Recurso (2) conhecido e não provido. 1. Em se tratando de contrato de subempreitada, incumbe à incorporadora contratante demonstrar, por prova cabal, que contratou terceiros para concluir os serviços inexecutados pela subempreiteira contratada, sem o que não se indenizam os danos materiais. 2. Ausente prova de que o parcial descumprimento contratual da subempreiteira contratada gerou atraso na execução dos serviços e abalo à imagem da incorporadora contratante, não se caracteriza o dano moral. 3. Não restando demonstrada a contratação de serviços adicionais, por escrito, com a incorporadora contratante, não tem a subempreiteira contratada o direito de exigir o acréscimo no preço, seja por força do disposto em cláusula contratual livremente ajustada entre as partes, seja em face do estatuído no art. 619 do CC. 4. Não tendo a subempreiteira contratada logrado êxito em comprovar o desvirtuamento do contrato de subempreitada, por suposta intermediação de mão de obra, não se configura ilícito contratual capaz de gerar dano moral. 5. Comprovado nos autos que a construtora pagou os encargos trabalhistas aos funcionários da subempreiteira contratada, impõe-se o respectivo ressarcimento, nos termos do art. 455 da CLT. 6. Ausente *causa debendi* para a emissão de duplicata sem aceite, é solidária a responsabilidade da subempreiteira endossante e da *factoring* endossatária, pelos danos extrapatrimoniais causados à incorporadora sacada, decorrentes do protesto indevido da cártula. 7. Recurso (1) conhecido e não provido.8. Recurso (2) conhecido e não provido (*TJPR* – Ap. 0065122-19.2012.8.16.0001, 15-8-2019, Rel. Fábio Haick Dalla Vecchia).

Ação de cobrança – **Contrato de empreitada global** – Prescrição – Não ocorrência – Empresa autora que busca a cobrança de dívida de valor não previsto em contrato escrito de empreitada global. Aplicação da regra geral prevista no artigo 205 do Código Civil. É fato incontroverso que surgiram, no decorrer da execução da avença, diversos imprevistos encontrados no subsolo, tais como a existência de tubulações e fios elétricos, que acarretaram a realização de obras não previstas no contrato de empreitada. Todos os problemas que surgiram no decorrer da obra foram repassados ao engenheiro, funcionário da empresa ré, que acompanhava a execução da obra e autorizava a continuação dos trabalhos. Autorização tácita da apelante para a realização dos trabalhos extraordinários, de modo que a impugnação, após a conclusão do contrato, caracteriza comportamento contraditório (*venire contra factum proprium*), o que é vedado pelo ordenamento jurídico brasileiro. Artigo 619, parágrafo único, do CC. Se a apelante, ciente da necessidade das obras extraordinárias, tacitamente consente seja quanto aos valores cobrados, seja quanto às obras em si, sem impugná-las, de modo algum pode furtar-se a pagá-las quando a isto instada. Sentença mantida. Recurso não provido (*TJSP* – Ap. 0007117-12.2010.8.26.0319, 15-2-2017, Relª Carmen Lucia da Silva).

Art. 620. Se ocorrer diminuição no preço do material ou da mão de obra superior a um décimo do preço global convencionado, poderá este ser revisto, a pedido do dono da obra, para que se lhe assegure a diferença apurada.

Neste Código é introduzido dispositivo em favor do dono da obra. No passado, vivendo em tempos de inflação endêmica, sempre raciocinamos em razão do aumento do preço. O atual diploma, com essa disposição introduzida mais recentemente no Projeto originário de 1975, imagina que também pode ocorrer redução do preço inicialmente pactuado, tanto do material quanto da mão de obra. Se superior a um décimo do valor total, é permitida a revisão do preço em favor do encomendante. Não nos parece que essa norma seja cogente: poderão as partes avençar, ao menos fora do alcance da lei de defesa do consumidor, que essa alteração não será admitida.

Duas são as modalidades de preço na empreitada. *Preço fixo*, quando se estabelece pagamento pela obra na totalidade (*marché à forfait*), sem consideração de suas etapas. *Preço escalonado* ou *por tarefa*, conforme o andamento da obra, de acordo com organograma previamente fixado, que leva em conta o fracionamento da empreita (*marché sur dévis*). Em ambas as hipóteses, o preço poderá ser inalterável ou sob escala móvel. A distinção entre preço fixo ou escalonado é importante para fixar a responsabilidade de cada parte e a *exceptio non adimpleti contractus*.

Inserindo-se no contexto do CDC, se o dono da obra assim for qualificado, e na maioria das vezes o será, terá a proteção dessa lei. Leve em conta, também, que já pelas disposições do próprio Código Civil o legislador presumiu a vulnerabilidade do dono da obra, impondo maiores responsabilidades ao empreiteiro.

Art. 621. Sem anuência de seu autor, não pode o proprietário da obra introduzir modificações no projeto por ele aprovado, ainda que a execução seja confiada a terceiros, a não ser que, por motivos supervenientes ou razões de ordem técnica, fique comprovada a inconveniência ou a excessiva onerosidade de execução do projeto em sua forma originária.
Parágrafo único. A proibição deste artigo não abrange alterações de pouca monta, ressalvada sempre a unidade estética da obra projetada.

Ainda, no que se refere ao projeto, há de ser preservada sua originalidade e autenticidade, como fruto da criação intelectual. A esse respeito dispõe o art. 621. Aqui se trata de uma das formas de proteção ao direito de autor, assegurado pela Constituição (art. 5º, XXVII) e conforme a Lei nº 9.610/1998.

Da redação desse dispositivo afloram imediatamente as noções de estética e segurança. Garante-se a obra intelectual como um todo. O projeto reflete um direito imaterial do projetista. Este poderá obstar o dono da obra de executar o projeto ou prosseguir na obra se se afastar da estética criada e se colocar em risco a segurança do empreendimento com alterações de estrutura ou materiais. Ou poderá então o projetista repudiar sua autoria.

As modificações de pouca monta, referidas no parágrafo, bem como os motivos supervenientes ou razões de ordem técnica, a inconveniência ou a excessiva onerosidade do *caput*, ficarão por conta da análise no caso concreto, nem sempre de fácil deslinde. O Poder Público, por exemplo, pode exigir alterações no projeto original. Afora essas premissas, as alterações no projeto somente serão admitidas com a anuência expressa de seu autor, com a afirmação feita anteriormente. Há modificações que decorrem de dificuldades do solo, por exemplo, impossíveis de ser conhecidas antes da atuação do empreiteiro.

Art. 622. Se a execução da obra for confiada a terceiros, a responsabilidade do autor do projeto respectivo, desde que não assuma a direção ou fiscalização daquela, ficará limitada aos danos resultantes de defeitos previstos no art. 618 e seu parágrafo único.

O art. 618 diz respeito ao prazo de cinco anos de garantia pela solidez e segurança do trabalho. Na verdade, o que a lei quer dizer com relação ao projetista é que este somente responde por defeitos intrínsecos em seu projeto e não pela falha na execução, da qual não participa. Ao contratar, as partes devem definir claramente se essa responsabilidade do projetista não executor será de maior amplitude.

Art. 623. Mesmo após iniciada a construção, pode o dono da obra suspendê-la, desde que pague ao empreiteiro as despesas e lucros relativos aos serviços já feitos, mais indenização razoável, calculada em função do que ele teria ganho, se concluída a obra.

O dono da obra não pode injustificadamente rescindir o contrato, após iniciada a execução, sem indenizar o empreiteiro das despesas e do trabalho feito, bem como pelos lucros cessantes calculados com base na conclusão da obra. Esse o sentido expresso desse artigo. O art. 1.247 do antigo Código era inconveniente, porque a matéria referente ao descumprimento do contrato deve seguir as regras da teoria geral, tanto que o Projeto de 1975 o suprimiu. O presente Código, porém, estabelece situações em que as partes podem suspender a execução da obra.

A situação narrada nesse artigo ocorre com frequência na prática. Não se pode tolher a possibilidade de o dono da obra paralisá-la a qualquer momento: deve, no entanto, indenizar devidamente, nos termos da lei,

o empreiteiro. Podem as partes, porém, dispor diferentemente no contrato, aumentando ou reduzindo a possibilidade de indenização nessa premissa.

🔖 Apelação. Prestação de serviço. Empreitada. Ação de rescisão contratual c./c. cobrança e danos morais. Sentença de parcial procedência. Contrato firmado entre as partes. Valor estipulado pelos contratantes que deve ser respeitado. Incontroverso que o serviço seria prestado somente aos fins de semana. Perícia judicial que concluiu que após nove meses e meio estavam concluídos 15% do pavimento inferior e cerca de 10,5% do pavimento superior, não havendo erro ou vício na construção. Não estipulado prazo para conclusão da obra no contrato firmado, não pode ser reputada demora por parte do empreiteiro. Resilição unilateral pelo dono da obra. Aplicação do disposto no art. 623 do CC. Fixação de indenização no importe de 10% do valor restante do contrato. Sentença parcialmente reformada. Sucumbência mantida. Recurso parcialmente provido (*TJSP* – Ap. 1021569-68.2017.8.26.0576, 26-7-2019, Rel. L. G. Costa Wagner).

🔖 **Empreitada** – Cobrança – Nulidade inexistente – Rescisão unilateral do dono da obra alegando que o serviço não foi realizado a contento – Laudo pericial que não constatou inadequação suficiente para justificar a rescisão contratual – Indenização do artigo 623 do Código Civil devida – Diferenciação entre contrato de prestação de serviço e de empreitada – Sentença parcialmente reformada apenas para retificação dos valores devidos, não considerada a alteração do cálculo feita pelo perito em seus esclarecimentos – Sucumbência recíproca mantida. Recursos parcialmente providos (*TJSP* – Ap. 3002304-59.2013.8.26.0035, 16-2-2017, Rel. Sá Moreira de Oliveira).

Art. 624. Suspensa a execução da empreitada sem justa causa, responde o empreiteiro por perdas e danos.

Art. 625. Poderá o empreiteiro suspender a obra:
I – por culpa do dono, ou por motivo de força maior;
II – quando, no decorrer dos serviços, se manifestarem dificuldades imprevisíveis de execução, resultantes de causas geológicas ou hídricas, ou outras semelhantes, de modo que torne a empreitada excessivamente onerosa, e o dono da obra se opuser ao reajuste do preço inerente ao projeto por ele elaborado, observados os preços;
III – se as modificações exigidas pelo dono da obra, por seu vulto e natureza, forem desproporcionais ao projeto aprovado, ainda que o dono se disponha a arcar com o acréscimo de preço.

Se a suspensão da obra ocorrer, sem justa causa, por culpa do empreiteiro, deverá ele responder por perdas e danos (art. 624). Há no corrente Código, no entanto, um rol de causas que permitem ao empreiteiro suspender a obra, no art. 625.

Na realidade, nessas situações, o engenheiro poderá rescindir o contrato motivadamente, redação que foi sugerida pelo decantado Projeto nº 6.960.

Como se sabe, as questões atinentes à paralisação e suspensão de obras são, na maioria das vezes, intrincadas, e dependem de exame pericial. Essas não são as únicas hipóteses que possibilitam ao empreiteiro a suspensão, pois se aplicam as regras gerais dos contratos; mas são casos específicos que a experiência do legislador houve por bem expressar. Há, no inciso II, aplicação da teoria da imprevisão ao contrato de empreitada. Pode, também, o dono da obra exigir modificações ao empreiteiro de tal monta que refogem à sua especialidade e capacidade, como está descrito no inciso III; nesse caso, o empreiteiro pode recusar o prosseguimento da obra, ainda que o dono se disponha a pagar o preço. Nesse caso, para o empreiteiro idôneo será melhor não fazer, do que fazer mal. Toda essa matéria dependerá do farto material probatório apresentado no caso concreto.

Deve ser lembrado que sempre se confere ao dono da obra *direito de fiscalizar* sua execução, embora não possa ele intervir diretamente no âmbito de atuação do empreiteiro. Essa fiscalização poderá ser sua, pessoal, ou de preposto seu, contratado para tal. Com essa fiscalização, poderá embargar a obra ou tomar as medidas necessárias, caso o empreiteiro afaste-se do projeto, do contrato ou das normas técnicas aceitáveis para a hipótese. Nessa fiscalização, poderá averiguar se os materiais empregados estão de acordo, bem como possíveis vícios, os quais, após a conclusão, seriam de difícil percepção. Esse direito é inerente a sua condição de dono, existente ainda que se omita o contrato ou a norma. Não se pode negar esse direito ao dono ou ao seu mandatário, mesmo na hipótese de o contrato proibi-lo (MARTINEZ, 1994, p. 75). Não se pode impedir que o dono fiscalize aquilo que é seu e pelo que está pagando. Evidente que essa fiscalização deve ser exercida *civiliter*, de molde a não dificultar o trabalho do empreiteiro. Nesse sentido, o Código português estatui que a fiscalização não pode perturbar o andamento ordinário da empreitada (art. 1.209, I). Nada impede que preposto do comitente exerça a fiscalização a seu mando. Em toda essa atividade, deve preponderar o princípio da boa-fé objetiva contratual. Apercebendo-se de irregularidades, pode o dono da obra notificar o empreiteiro para acautelar seus direitos ou optar pela rescisão do contrato, quando se tratar de situação irremediável.

Por outro lado, na empreitada é frequentemente necessária, dada a natureza do contrato, a colaboração do dono da obra para a boa consecução do empreendimento. Assim, por exemplo, a ele cabe fornecer terreno, ceder espaço para maquinaria, obter autorizações em repartições públicas etc. Essa colaboração não se traduz em obrigação típica do comitente, mas decorre da condição jurídica de credor que deve facilitar o adimplemento pelo devedor no que for possível. A falta de colaboração poderá, conforme o caso concreto, implicar inadimplemento ou aumento de preço, quando obstar ou dificultar a atividade do empreiteiro.

Apelação – Empreitada – Dano material e moral – 1- O cerceamento do direito de defesa materializa-se apenas na hipótese em que a prova, cuja produção foi indeferida, é indispensável ao desfecho da controvérsia, o que não se verifica no presente caso. 2- O objeto do contrato de empreitada é a realização da obra em si, assumindo o empreiteiro os riscos do empreendimento. Sendo assim, ao firmar contrato comprometendo-se a cumprir determinada obra em certo intervalo de tempo, cabia ao réu demonstrar fato impeditivo, extintivo ou modificativo do direito do autor, descrito no artigo 625, do CC. Todavia, tal não se verifica no presente caso. 3- Requerido admite não ter qualificação técnica para a execução do serviço nos moldes do contrato. Serviço não prestado a contento. Irregularidades na obra. Contratação de terceiros para reparo que deve ser indenizada pelo requerido, tal como lançado na r. sentença. Dano moral. Inocorrência. Autora que sofreu com transtornos ocorridos em decorrência de problemas surgidos na obra. Realização de serviços inadequados, sendo necessário que os donos do imóvel recorressem à contração dos serviços de terceiros para reparo da execução ruim. Ocorrência de inadimplemento contratual. Situação que gerou aborrecimento à contratante, porém não se verifica a ocorrência de dano moral. Recurso de apelação parcialmente provido para afastar o dano moral. Reconhecida a sucumbência recíproca (*TJSP* – Ap. 0009320-46.2014.8.26.0176, 1-3-2017, Relª Kenarik Boujikian).

Art. 626. Não se extingue o contrato de empreitada pela morte de qualquer das partes, salvo se ajustado em consideração às qualidades pessoais do empreiteiro.

A solução aqui não é a mesma da prestação de serviços, em que a morte de qualquer das partes extingue o contrato, como regra geral (art. 607). O empreiteiro pode ser um renomado artista, um técnico altamente especializado ou famoso arquiteto. Se a obra for contratada *intuitu personae*, nessa hipótese pode ser extinto o contrato. Não é, porém, o que ordinariamente ocorre na maioria das empreitadas. Há que se ver no caso concreto se o empreiteiro foi contratado primordialmente por suas qualidades pessoais.

Esse texto vem dirimir dúvida permanente na doutrina e na jurisprudência do passado. Pelo lado do dono da obra, sua morte não extingue o contrato e deverá ser cumprido por herdeiros ou sucessores.

CAPÍTULO IX
Do Depósito

Seção I
Do Depósito Voluntário

Art. 627. Pelo contrato de depósito recebe o depositário um objeto móvel, para guardar, até que o depositante o reclame.

1. Conceito. Natureza. Objeto

Esse artigo define o contrato de depósito, o que não é usual na legislação. O termo *depósito* é utilizado não somente para nomear o contrato, como também para designar a própria coisa que é seu objeto. Pela definição legal, que acompanha a teoria tradicional, o depósito é contrato *real*, visto que somente se ultima pela entrega da coisa ao depositário. Se as partes estabeleceram negócio para entregar a coisa no futuro, não houve depósito, mas mera promessa de contratar cujo inadimplemento segue as regras gerais para essa categoria negocial. Se o depositário já é possuidor anterior da coisa, inverte-se a noção psicológica de sua posse com o depósito, operando-se a tradição *brevi manu*. Também aquele que aliena a propriedade ou posse do bem pode tornar-se depositário, operando-se o constituto possessório.

O depósito é, em princípio, contrato *unilateral*, pois somente o depositário assume obrigações. No entanto, pode assumir feição de contrato bilateral imperfeito quando se atribuem obrigações ao depositante sob determinadas circunstâncias na hipótese de o depositário tornar-se credor do depositante, como na situação do art. 643. Por esse dispositivo, o depositante é obrigado a pagar ao depositário as despesas com a coisa e os prejuízos decorrentes de seu depósito. Desse modo, desde o nascedouro, o contrato apresenta características de negócio sinalagmático imperfeito. O aspecto da sua gratuidade ou não é analisado no artigo seguinte.

Nesse contrato, portanto, o peso ou a carga obrigacional, como regra, posiciona-se onerando o depositário que deve zelar pela coisa até sua devolução. Por sua natureza, o depósito voluntário é contrato fundado essencialmente na confiança conferida à pessoa do depositário.

Advirta-se, porém, que nem sempre o depósito derivará de um contrato. Quando o depósito emana de ato judicial, decorrente de várias medidas processuais de apreensão de bens, como penhora, sequestro, arresto, busca e apreensão etc., apesar de estarem ausentes os elementos de contrato, aplicam-se ao depositário, como regra geral, as obrigações que derivam de sua regulamentação material.

A definição legal reporta-se a depósito de *coisa móvel*. No entanto, mormente levando-se em conta a disseminação do depósito como ato judicial, não aberra a ideia do negócio que tenha por objeto imóvel. Por essa razão, tanto a doutrina como a jurisprudência atual propendem por admitir o depósito de imóvel (RIZZARDO, 1988, p. 758). Apenas as coisas incorpóreas estão impossibilitadas de ser depositadas por lhes faltar a necessária materialidade caracterizadora do depósito. No entanto, títulos de crédito, como manifestação cartular dos créditos, podem ser objeto do contrato. As coisas fungíveis também podem ser depositadas, desde que se especificando gênero, qualidade e quantidade.

O objeto deve ser conhecido do depositário, ainda que venha embalado e lacrado, tendo em vista seu dever de guarda. Por essa razão, não são depósito típico os contratos de cofres bancários individuais, postos à disposição da clientela, hoje já não tão usados entre nós, porque o banco ignora o conteúdo do depósito. Não se trata também de locação pura e simples, pois não se confere ao titular livre ingresso na coisa locada. Trata-se de singelo contrato de guarda, sem características próprias do contrato de depósito (DUTILLEUL; DELEBECQUE, 1991, p. 568). Nessa obrigação de guarda, o banqueiro compromete-se a exercer permanente vigilância sobre o cofre, controlando o acesso ao local.

O depósito é *contrato de duração ou de execução continuada*, porque pressupõe dilação temporal mais ou menos longa. Pode ser avençado por tempo determinado ou indeterminado. Se fixado sem termo final, cumpre que o depositário devolva a coisa quando lhe for solicitado. Com termo final, a restituição deve ocorrer no dia designado. O pedido de restituição não é denúncia do negócio ou revogação, mas simples *denúncia vazia* do contrato. O pedido de restituição do bem independe de qualquer motivação, ocorrendo por mera conveniência do depositante.

O contrato de depósito não perderá sua natureza se forem estabelecidas certas obrigações acessórias para o depositário, relativas a melhoramento, conservação ou utilização da coisa depositada. Nesse aspecto, por exemplo, o depósito de café em que o depositário que deve beneficiá-lo durante sua guarda (MONTEIRO, 1980, v. 5, p. 226).

Anote-se que não mais se admite a prisão de depositário infiel, nos termos da Súmula vinculante 25. Essa pena era uma das hipóteses possíveis de prisão civil em nosso ordenamento constitucional, juntamente com o devedor por alimentos. Quanto a esta última possibilidade de prisão, examinamos nos comentários respectivos.

2. Espécies. Depósito voluntário

Enfatizamos que o depósito ordinário ou tradicional, o depósito voluntário, deriva de contrato. A forma voluntária decorre, portanto, da vontade das partes. A esse negócio aplicamos as regras da seção do Código sob a epígrafe "depósito voluntário" (arts. 627 a 646).

Às outras modalidades de depósito nem sempre todas as regras serão aplicáveis. O depósito dito obrigatório consuma-se em regra independentemente da vontade dos interessados, em decorrência de obrigação imposta por lei. Essa modalidade é disciplinada pelos arts. 647 a 652.

O contrato de depósito de natureza mercantil era tratado pelos arts. 280 a 286 do Código Comercial. O primeiro dispositivo enfatizava que somente teria natureza mercantil aquele decorrente de causa de comércio, em poder de comerciante, ou por conta de comerciante. Seus fundamentos em pouco diferiam do depósito civil. O art. 286 daquele diploma determinava a aplicação das regras do penhor mercantil a esse depósito. O depósito mercantil não se presumia gratuito, pois deriva da atividade profissional do comerciante. A matéria disciplinada no velho Código de Comércio tem hoje mero interesse histórico, mormente porque o vigente Código Civil aponta sua revogação.

Art. 628. O contrato de depósito é gratuito, exceto se houver convenção em contrário, se resultante de atividade negocial ou se o depositário o praticar por profissão.
Parágrafo único. Se o depósito for oneroso e a retribuição do depositário não constar de lei, nem resultar de ajuste, será determinada pelos usos do lugar, e, na falta destes, por arbitramento.

Embora este Código estabeleça o depósito como negócio gratuito em regra geral, *"as partes podem estipular que o depositário seja gratificado"* (parágrafo único do art. 1.265 do Código anterior). Nada impede, pois, que seja oneroso. Há numerosos e corriqueiros depósitos que se apresentam remunerados, como o de vestuários em teatros ou restaurantes, de guarda-móveis; de natureza bancária etc. De qualquer forma, não podemos considerar a remuneração elemento essencial do depósito, mas, se a contraprestação é estabelecida de início como remuneração, o contrato assume natureza *bilateral*. Se essa remuneração objetiva apenas a indenização de despesas feitas com a guarda da coisa ou a título de auxílio em sua custódia, permanece o negócio como bilateral imperfeito. A presunção de gratuidade estabelecida no direito civil desaparece perante sua utilização ordinariamente sob modalidade onerosa. Tendo em mira justamente esses aspectos, este Código especifica que a regra geral do depósito é sua gratuidade, *"exceto se houver convenção em contrário, se resultante de atividade negocial ou se o depositário o praticar por profissão"*. Na maioria das vezes, portanto, na prática, estaremos perante um depósito remunerado. Ademais, como acrescenta ainda o parágrafo único do artigo em epígrafe: *"Se o depósito for oneroso e a retribuição do depositário não constar de lei, nem resultar de ajuste, será determinada pelos usos do lugar, e, na falta destes, por arbitramento."*

Art. 629. O depositário é obrigado a ter na guarda e conservação da coisa depositada o cuidado e diligência que costuma com o que lhe pertence, bem como a restituí-la, com todos os frutos e acrescidos, quando o exija o depositante.

Esse artigo estabelece como obrigações do depositário a *guarda* e a *conservação* da coisa depositada. Esses aspectos não são privativos do depósito, pois outros negócios os possuem, como o contrato de transporte, por exemplo. Esses vocábulos não possuem igual compreensão. Exerce a guarda da coisa quem simplesmente por ela zela. A atitude do guardador é passiva. Conserva-a também o depositário, porque tem obrigação de mantê-la em ordem, fazendo com que não se deteriore. A conservação implica conduta ativa do conservador. Daí porque o citado dispositivo determina ao depositário o mesmo cuidado e diligência que teria com o que lhe pertence. Será desidioso tanto o depositário que esmorece em sua obrigação de guarda, permitindo que a coisa saia de seu âmbito de vigilância, como aquele que deixa de praticar atos necessários à conservação do que lhe foi confiado.

Embora parte da doutrina refute a noção, o depositário exerce a posse direta sobre o bem enquanto em seu poder. Não se trata de mera detenção. Trata-se de posse precária com relação ao depositante porque lhe é inerente a obrigação de restituir. Toda posse precária é caracterizada pela obrigação de restituir em certo prazo ou sob certa condição. O depositante tem pretensão à restituição. Essa obrigação complementa o dever de guarda e conservação. Acrescenta esse artigo que o depositário tem obrigação de restituir a coisa, com todos os frutos e acrescidos, quando lho exija o depositante; pode ser apenas possuidor direto, cuja posse transfere ao depositário. Recorde-se de que o depósito não possui condão de transferir a propriedade, como a doação ou compra e venda.

A noção de custódia, *o dever de custodiar*, é, portanto, elemento integrante e fundamental do contrato de depósito. Nesse âmbito, incluem-se, portanto, os atos conservatórios praticados pelo depositário. Enfatize-se que essa custódia no depósito é conduta exigida do depositário, que deve exercê-la pessoalmente. Ainda que a confira a prepostos, a responsabilidade sobre o bem em depósito será sempre sua. No dizer de Pontes de Miranda (1972, v. 42, p. 350), o depositário é possuidor imediato, que pode ter servidores da posse. Não pode entregar a posse a outrem. Seus fâmulos ou servidores da posse a exercem em nome do depositário. Não é tolerada a transferência de custódia a terceiro, salvo com permissão do depositante.

Para caracterizar o depósito, é necessário que o contratante manifeste o *animus* de receber a coisa depositada, quando o depósito não decorre da lei. Não existe manifestação de vontade de depositário, por exemplo, no guarda-chuva ou no chapéu que se deixa na sala de espera de um consultório ou escritório, nem no paletó ou bolsa que se coloca sobre a cadeira de um restaurante. Haverá depósito, porém, se preposto do restaurante recebe a coisa com a precípua finalidade de custodiá-la durante a permanência do consumidor no local. Também não se caracterizarão como depósito, como regra, atos de simples gentileza ou cortesia, como alguém que se dispõe a guardar objeto por certo período, durante viagem em ônibus, por exemplo, sem assumir obrigação de custódia.

A *custódia*, constante da natureza do contrato, não é propriamente um dever ou obrigação na hipótese, mas apenas um critério de responsabilidade que afeta o depósito. Cuida-se de diligência necessária que integra a compreensão do instituto. Constitui-se, na verdade, de uma série de atos, de uma conduta do depositário, derivada da natureza do objeto depositado. Destarte, a modalidade de custódia, ou seja, os atos necessários de conservação e proteção do bem depositado, derivarão do próprio objeto. Uma máquina ou um semovente necessitarão, portanto, de cuidados diversos de custódia. Em síntese, apenas o caso concreto definirá os limites da responsabilidade de custódia do depositário, que nunca pode ser afastada porque integra a natureza, a base dessa relação contratual. À responsabilidade de custódia acrescemos a de conservar a coisa. Nesse sentido, embora com dúvidas doutrinárias, podemos concluir que o depósito contém uma obrigação de resultado, qual seja a de restituir a coisa ao depositante. No contrato de garagem, que estudamos em nossa obra sobre contratos, há muito de obrigações do depósito onerando o garagista. No entanto, se visto o depósito exclusivamente sob o prisma da guarda e custódia, nesta última existe ineluctavelmente uma obrigação de garantia, isto é, de manter a coisa íntegra, no curso do contrato.

Art. 630. Se o depósito se entregou fechado, colado, selado, ou lacrado, nesse mesmo estado se manterá.

Como contrato ordinariamente unilateral, o depósito cria primordialmente obrigações para o depositário. Como visto, consiste fundamentalmente em guardar e conservar a coisa, bem como restituí-la, quando assim exigido. Nos comentários anteriores enfatizamos a compreensão dos deveres de guarda, custódia, ou conservação da coisa. Desse modo, cabe ao depositário o dever de conservação eficaz da coisa.

A diligência que deve ter o depositário é extremada no citado art. 629: o mesmo cuidado que teria com suas próprias coisas. Entre as obrigações do depositário, este artigo estabelece que "*se o depósito se entregou fechado, colado, selado, ou lacrado, nesse mesmo estado se manterá*". O antigo Código acrescentava: "*e, se for devassado, incorrerá o depositário na presunção de culpa*".

Este artigo 630 suprime a dicção final, não mais fazendo referência à presunção de culpa do depositário, na hipótese de a coisa ter sido devassada. Não havendo presunção de culpa, a responsabilidade e o dever de indenizar regem-se pelas regras gerais. A coisa depositada deve ser restituída com seus frutos, produtos e acessórios, lembrando-se que a devolução pode ser pedida a qualquer tempo, presumindo-se o prazo em favor do depositante.

Há poucas hipóteses nas quais o depositário pode validamente recusar-se a restituir a coisa (arts. 633, 634, 638). Na forma do art. 642, a perda ou deterioração da coisa por caso fortuito ou força maior exonera o depositário que, contudo, tem o ônus de provar essas excludentes de indenização. O art. 642 do atual Código apenas se refere aos casos de força maior, o que não restringe seu alcance, abrangendo também o caso fortuito.

Art. 631. Salvo disposição em contrário, a restituição da coisa deve dar-se no lugar em que tiver de ser guardada. As despesas de restituição correm por conta do depositante.

O bem deve ser devolvido no local combinado ou naquele em que foi recebido o depósito. Há que se examinar de forma estrita o que pode ser conceituado como "*despesas de restituição*". Se o depositário deslocou a coisa, por sua conta e risco, e efetua a restituição em local diverso, deverá responder pelas despesas extraordinárias de transporte até o local original.

Art. 632. Se a coisa houver sido depositada no interesse de terceiro, e o depositário tiver sido cientificado deste fato pelo depositante, não poderá ele exonerar-se restituindo a coisa a este, sem consentimento daquele.

Regra acrescentada por este Código e não apresenta dificuldades. O depósito pode ter sido efetivado no interesse de terceiro. Ciente o depositário do fato, a restituição só se fará com o consentimento do terceiro. Veja, por exemplo, o depósito que faz o locatário para garantir locação imobiliária, em favor do locador. Esse valor não poderá ser levantado sem autorização do locatário ou ordem judicial.

Art. 633. Ainda que o contrato fixe prazo à restituição, o depositário entregará o depósito logo que se lhe exija, salvo se tiver o direito de retenção a que se refere o art. 644, se o objeto for judicialmente embargado, se sobre ele pender execução, notificada ao depositário, ou se houver motivo razoável de suspeitar que a coisa foi dolosamente obtida.

O depositante pode pedir a restituição, ainda que o contrato fixe prazo, devendo, em qualquer circunstância, devolver o depositário tão pronto se lho peça. Importa também verificar no caso concreto se o termo foi estabelecido em benefício do depositante ou do depositário. Normalmente, o prazo é fixado em benefício do depositante. Por esse prisma, se existe pretensão de restituição em favor do depositante, por outro, não pode o depositário obrigar o depositante a receber a coisa em retorno antes do prazo fixado. Destarte, se há termo e não se diz em favor de quem, presume-se que estabelecido em prol do depositante. Se nenhum termo foi estabelecido, qualquer dos contratantes pode denunciar o contrato. Como observa Pontes de Miranda (1972, v. 42, p. 338), a fixação de termo em favor do depositário não transforma o contrato em comodato, penhor ou outro negócio jurídico. Manter-se-á a natureza jurídica do depósito sempre que a guarda e conservação da coisa forem os fins primordiais do negócio e não sua utilização, cuja guarda e conservação intervém como elemento acidental.

O dispositivo, na redação do Código de 1916, apenas isentava o depositário de devolução, se o objeto fosse judicialmente embargado, se sobre ele pendesse ação executiva, notificada ao depositário, ou se ele tivesse motivo razoável para suspeitar que a coisa fora furtada ou roubada. Nesta última hipótese, o depositário deveria requerer que se recolha a coisa a um depositário público (art. 1.269). Este Código, neste art. 633, menciona que a restituição pode ser negada, além das hipóteses descritas no velho Código, as quais são mantidas, se o depositário tiver direito de retenção pelo pagamento da retribuição e das despesas descritas no art. 644, despesas feitas com a coisa e prejuízos decorrentes do depósito. É possível que mais de um negócio de depósito ou de outra natureza incida sobre o mesmo bem.

Art. 634. No caso do artigo antecedente, última parte, o depositário, expondo o fundamento da suspeita, requererá que se recolha o objeto ao Depósito Público.

Se o depositário tiver fundadas suspeitas acerca da origem ilícita da coisa depositada, deverá pedir o depósito judicial. Entende-se que não havendo depositário público, a coisa deve ser depositada em mãos de quem o juiz determinar.

Art. 635. Ao depositário será facultado, outrossim, requerer depósito judicial da coisa, quando, por motivo plausível, não a possa guardar, e o depositante não queira recebê-la.

Vencido o prazo do depósito, ou ainda que assim não seja, se o depositário já não puder manter a coisa, recusando-se o depositante a recebê-la, poderá o depositário consigná-la judicialmente, como faculta esse artigo. O dispositivo estabelece que o depositário deve ter *motivo plausível* para não mais ficar com o depósito. A restituição, nessa hipótese, não pode decorrer de mera conveniência do depositário. O juiz nomeará outro depositário, quando não houver ou for inconveniente o depositário público.

Art. 636. O depositário, que por força maior houver perdido a coisa depositada e recebido outra em seu lugar, é obrigado a entregar a segunda ao depositante, e ceder-lhe as ações que no caso tiver contra o terceiro responsável pela restituição da primeira.

Se perdida a coisa por força maior (ou caso fortuito), tendo o depositário recebido outra em seu lugar, como o seguro, por exemplo, é obrigado a entregar a coisa sub-rogada ao depositante, bem como ceder-lhe as ações que eventualmente tiver contra terceiro responsável pela perda.

Art. 637. O herdeiro do depositário, que de boa-fé vendeu a coisa depositada, é obrigado a assistir o depositante na reivindicação, e a restituir ao comprador o preço recebido.

Se o herdeiro do depositário alienar de boa-fé a coisa em depósito, a lei obriga que assista o depositante na reivindicação, restituindo o preço ao comprador. A regra é evidente, mas a omissão do texto legal em vigor pode restringir a interpretação. Sempre que houver má-fé, em qualquer campo do Direito, a regra é que caberá perdas e danos.

Se a coisa objeto do depósito tiver sido consumida ou tiver desaparecido, o depositante deverá ser indenizado.

O texto se refere a herdeiro, que pelo princípio da *saisine* (art. 1.784) recebe o bem no momento da abertura da sucessão. O herdeiro não recebe a posse imediata e difícil que ocorra a presente hipótese nesse caso, mas a solução terá que ser a mesma.

Art. 638. Salvo os casos previstos nos arts. 633 e 634, não poderá o depositário furtar-se à restituição do depósito, alegando não pertencer a coisa ao depositante, ou opondo compensação, exceto se noutro depósito se fundar.

Como é basilar, a principal obrigação do depositário, além de manter o bem, é devolvê-lo. Esse artigo remete aos arts. 633 e 634, estabelecendo que não poderá o depositário recusar-se na obrigação de restituir, sob alegação de não pertencer a coisa ao depositante, ou opondo compensação, exceto se noutro depósito se fundar. De qualquer forma, havendo fundado receio do depositante em restituir mal a coisa, não se pode negar-lhe a ele o direito de consigná-la.

Às hipóteses dos arts. 633 e 634, há que se lembrar do depósito feito no interesse de terceiro (art. 632).

Art. 639. Sendo dois ou mais depositantes, e divisível a coisa, a cada um só entregará o depositário a respectiva parte, salvo se houver entre eles solidariedade.

Esse artigo trata da pluralidade de depositantes. Como sabemos, a solidariedade poderá derivar da lei ou da vontade das partes. Inocorrendo solidariedade, a obrigação de restituir do depositário, na hipótese, restringe-se à parte de cada depositante. A natureza do bem dado em depósito definirá sua divisibilidade ou indivisibilidade. Se a coisa é indivisível, pela regra geral cada depositante pode exigir a coisa toda. Restituirá, portanto, corretamente o depositário a qualquer depositante que se apresente, procedendo de acordo com o art. 260. Sob esse dispositivo, desobrigar-se-á o depositário se pagar a todos os depositantes conjuntamente, ou, se a um deles, exigindo deste caução de ratificação dos outros credores.

Se o depositário tiver dúvidas acerca da parcela de cada depositante ou acerca da existência da solidariedade, deve acautelar-se com o depósito da coisa em juízo.

Art. 640. Sob pena de responder por perdas e danos, não poderá o depositário, sem licença expressa do depositante, servir-se da coisa depositada, nem a dar em depósito a outrem.
Parágrafo único. Se o depositário, devidamente autorizado, confiar a coisa em depósito a terceiro, será responsável se agiu com culpa na escolha deste.

A finalidade do negócio no depósito sob exame é a entrega do bem para guardar, depositar, enfim. Desse modo, como regra geral, a coisa não pode ser utilizada pelo depositário, salvo com licença expressa do depositante, ou quando essa utilização decorre da própria natureza do negócio, como nos depósitos bancários. Facultada a utilização da coisa pelo depositário, o contrato apreende certas características do mútuo ou da locação. No entanto, analisando mais profundamente esses negócios, notamos que na locação não existe a ínsita obrigação de guarda da coisa, enquanto no mútuo o contrato é estabelecido no interesse de quem recebe a coisa. No depósito, o interesse primário é do depositante (MIRANDA, 1971, v. 42, p. 318). No comodato, o comodatário guarda a coisa, porque dela se utiliza: essa a finalidade do negócio. Na locação, também está presente a faculdade de o locatário usar e gozar da coisa. No entanto, uma vez autorizado o depositário a utilizar-se da coisa, suas obrigações serão também de locatário e depositário, sem prejuízo da obrigação de restituir. A faculdade de utilização não desnatura o contrato de depósito, como sucede em outras legislações.

O texto inova ao admitir que a coisa depositada possa ser confiada a terceiro, dede que com autorização expressa do depositante. O depositário responde pela má escolha do terceiro, ainda que com essa autorização. Se transferir a coisa a terceiro, sem essa autorização, assume maior risco e ficará sujeito a perdas e danos de forma objetiva. Como se nota, será sempre ampla a responsabilidade do depositário.

Art. 641. Se o depositário se tornar incapaz, a pessoa que lhe assumir a administração dos bens diligenciará imediatamente restituir a coisa depositada e, não querendo ou não podendo o depositante recebê-la, recolhê-la-á ao Depósito Público ou promoverá nomeação de outro depositário.

A capacidade para o contrato em exame é a geral. O depósito concluído com contratante incapaz é nulo, portanto. Surge destarte a imediata pretensão de restituição em prol do depositante. Mesmo nulo, o ato pode gerar efeitos materiais. Se o incapaz, por exemplo, teve despesas com a conservação da coisa, deve ser ressarcido, evitando-se o injusto enriquecimento.

A incapacidade pode ocorrer, no entanto, após a conclusão do negócio de depósito. Nesse caso, operará o presente artigo. O contrato de depósito se extingue, podendo, é claro, ser firmado novo depósito como administrador dos bens do incapaz ou com terceiro. Mormente porque não é mais comum a existência de depositário público.

Se não houver depositário público, incumbe ao administrador requerer a nomeação de depositário ao juiz. A falência do depositário faz surgir a pretensão de restituição. Se, no entanto, ocorrer sucessão na pessoa jurídica depositária, sobre a sucessora recaem os termos contratuais.

Art. 642. O depositário não responde pelos casos de força maior; mas, para que lhe valha a escusa, terá de prová-los.

Para que não pairassem dúvidas a respeito da responsabilidade do depositante, tendo em vista preceitos do direito comparado, o legislador pátrio foi expresso no isentar o depositário de responsabilidade na perda ou deterioração da coisa decorrente de caso fortuito ou força maior, mas impôs-lhe o ônus de prová-los. Inevitável que o princípio aplica-se também na hipótese de caso fortuito.

Art. 643. O depositante é obrigado a pagar ao depositário as despesas feitas com a coisa, e os prejuízos que do depósito provierem.

O depositante deve pagar ao depositário as despesas feitas com a coisa, e os prejuízos que advierem do depósito. Não há necessidade de que essas despesas sejam indispensáveis; basta que sejam razoáveis (MIRANDA, 1979, v. 42, p. 341). Se o depósito for remunerado, cabe também ao depositante pagar o preço, que pode ser periódico, ou exigido de uma única vez. Como vimos, o depositante pode a qualquer tempo pedir a restituição da coisa (art. 633), salvo menção expressa no contrato e quando o prazo for instituído em favor do depositário. Em contraposição, o depositário terá o citado direito de retenção enquanto não ressarcido das despesas e do pagamento do depósito, como regra geral. Existem outras hipóteses excepcionais descritas nesses artigos pelas quais o depositário pode validamente recusar-se a restituir.

Os prejuízos que a coisa depositada tenha causado ao depositário devem ser avaliados no caso concreto.

Ocorrendo retenção indevida da coisa, responde o depositário pelos efeitos dessa mora, arcando com perdas e danos.

**Art. 644. O depositário poderá reter o depósito até que se lhe pague a retribuição devida, o líquido valor das despesas, ou dos prejuízos a que se refere o artigo anterior, provando imediatamente esses prejuízos ou essas despesas.
Parágrafo único. Se essas dívidas, despesas ou prejuízos não forem provados suficientemente, ou forem ilíquidos, o depositário poderá exigir caução idônea do depositante ou, na falta desta, a remoção da coisa para o Depósito Público, até que se liquidem.**

O artigo autoriza o depositário a reter o objeto do contrato até que seja pago o valor das despesas, ou de eventuais prejuízos decorrentes do depósito, desde que os prove de plano. Cuida-se de aplicação específica do direito geral de retenção coibidor do injusto enriquecimento, possível em várias situações no ordenamento. Caso não tenha o depositário prova suficiente do valor dessas despesas, ou se ilíquido, o depositário poderá exigir caução idônea do depositante e, na falta desta, poderá pedir a remoção da coisa para depósito oficial até a respectiva liquidação. Tendo em vista o caráter unilateral, ou bilateral imperfeito do depósito, o legislador procura minimizar as possibilidades de o depositário sofrer prejuízos com o negócio. Lembre-se de que, quando a lei fala em depositário público, deve ser entendido que se trata de depósito determinado por ordem judicial, pois nem sempre a estrutura judiciária contará com local e estrutura para tal. De outro lado, é de acentuar que, tratando-se de depósito remunerado, o depositário também pode validamente utilizar-se do direito de retenção na hipótese de inadimplemento do depositante com relação a essa obrigação contratual.

Quando se tratar de depósito irregular, principalmente em dinheiro, admite-se o pagamento pelo depositário de juros e correção monetária.

Art. 645. O depósito de coisas fungíveis, em que o depositário se obrigue a restituir objetos do mesmo gênero, qualidade e quantidade, regular-se-á pelo disposto acerca do mútuo.

No *depósito irregular*, referido como modalidade de depósito voluntário, aquele que tem por objeto coisas fungíveis ou substituíveis, o depositário pode alienar o que recebeu, desde que restitua, quando solicitado, igual quantidade e qualidade. Assim, não podemos afirmar que tenha as obrigações de guarda e conservação nessa hipótese. O legislador admitiu o depósito de coisas fungíveis nesse artigo, determinando que a ele se apliquem as disposições acerca do mútuo (arts. 586 a 592). Embora destinado a coisas fungíveis, o âmbito da manifestação de vontade é idêntico. A única diferença reside na natureza do objeto. Não existe perfeita identificação entre o depósito irregular e o mútuo, porque o fim econômico é diverso. O depósito é ultimado no interesse do depositante, enquanto no mútuo o interesse é do mutuário. No depósito bancário, por exemplo, desvirtua-se a natureza do instituto, razão pela qual deve ser regulado pelas regras do mútuo (GOMES, 1983[a], p. 380). Pelo que notamos, como o depósito irregular refoge ao fundamento do instituto, muitos são inclinados a conceituar esse contrato como outra modalidade contratual autônoma. Essa a razão pela qual não podemos admitir a prisão civil do depositário infiel (a ser examinada adiante) se o depósito versa sobre bens fungíveis, mormente quando as coisas fungíveis depositadas devam servir para a atividade rotineira do depositário. É o que ocorre, por exemplo, quando o construtor, a fim de garantir financiamento, dá em depósito materiais de construção. Nesse sentido, afirma Arnaldo Rizzardo (1988, p. 767):

> "Se, pelo menos, é discutível a natureza de depósito do contrato (de bens fungíveis), com maior razão não se admite a aplicação da prisão civil se negar-se o depositário a restituir o bem, por não mais possuí-lo, ou porque é indispensável na subsistência de sua atividade."

Art. 646. O depósito voluntário provar-se-á por escrito.

Esse artigo estabelece que "*o depósito voluntário provar-se-á por escrito*". Por esse dispositivo, concluímos que o escrito é apenas exigido para provar o contrato, não lhe sendo essencial para fixar sua existência (*ad probationem tantum*). Admite-se até mesmo simples início de prova por escrito. Ademais, sendo contrato real, a prova testemunhal será com frequência suficiente para provar a ocorrência ao menos desse ato material. Desse modo, o tíquete de entrega da coisa, cupom ou equivalente serão documentos suficientes para atestar o negócio.

Para o depósito necessário, dispensam-se ainda maiores requisitos, "*podendo estes certificarem-se por qualquer meio de prova*" (art. 648, parágrafo único). O depósito judicial evidencia-se pelo termo ou documento em que é lavrado, com a descrição do bem e o compromisso do depositário.

Seção II
Do Depósito Necessário

Art. 647. É depósito necessário:
I – o que se faz em desempenho de obrigação legal;
II – o que se efetua por ocasião de alguma calamidade, como o incêndio, a inundação, o naufrágio ou o saque.

O chamado depósito obrigatório, na realidade, biparte-se em *legal* e *necessário* (ou miserável). *Legal* é o depósito obrigatório realizado em decorrência de desempenho de obrigação legal, como o de bagagens em hotéis em relação aos hoteleiros. Depósito necessário ou miserável é o que se faz obrigatoriamente em época de calamidades, como a hipótese de móveis e utensílios que se retiram de imóvel que se incendeia. Essas modalidades são regidas por princípios legais particulares, sendo chamados os dispositivos gerais do instituto apenas supletivamente. Sob tais prismas eclode o art. 647 sob a epígrafe.

Há situações de depósito legal descritas pelo ordenamento privado, como aquele do administrador dos bens do depositário, que se tornou incapaz (art. 641). Por vezes, o direito público estampa possibilidade de apreensão de bens como corolário de medidas cautelares, medidas executivas, ou medidas de requisição administrativa. Sempre que se apreendem bens, temos de designar alguém para exercer sobre os bens os mesmos direitos de guarda, custódia e vigilância, durante certo período, sob a regência do juiz ou de autoridade administrativa. Sempre que houver determinação do juiz no curso do processo, o depósito é judicial, cujos princípios se equiparam ao depósito legal. Desse modo, temos de entender que o depósito oriundo de atribuição judicial ou administrativa é legal, e é modalidade de depósito necessário. Assim, ocorre, por exemplo, no depósito sucessivo à penhora e naquele decorrente da apreensão de coisa furtada pela autoridade policial. O depositário judicial, quando a estrutura administrativa o contempla, exerce funções de direito público, mas os princípios negociais são de direito privado.

O depósito miserável pode ser provado por qualquer meio e decorre das circunstâncias da calamidade.

O art. 650 do vigente Código, equivalente ao 1.285 do antigo, mantém a mesma ideia, mas se apresenta mais sintético e genérico:

> "*Cessa, nos casos do artigo antecedente, a responsabilidade dos hospedeiros, se provarem que os fatos prejudiciais aos viajantes ou hóspedes não podiam ter sido evitados.*"

Suprime-se a referência à força maior e as hipóteses exemplificativas contidas no Código antigo, escalada, invasão da casa, roubo à mão armada, ou violências semelhantes. Portanto, nessas hipóteses, pelo atual Código, é mantida a responsabilidade dos hotéis pelas bagagens, que somente se eximirão do dever de indenizar se provarem que os fatos prejudiciais aos hóspedes não poderiam ter sido evitados; isto é, que adviriam de qualquer forma, não importando quanta precaução se tomasse. Tendo em vista o nível de criminalidade dos últimos anos, os hoteleiros têm a obrigação de proteger a incolumidade de seus hóspedes e das respectivas bagagens. Essa responsabilidade também é objetiva nos termos do CDC.

Essas situações de depósito descritas nos arts. 647 e 648 não fazem presumir gratuidade (art. 651). Portanto, o depósito necessário, assim definido em lei, em princípio é oneroso, devendo o preço ser fixado judicialmente, na falta de concordância dos interessados, na forma do art. 651. Para o depósito hoteleiro, todavia, o mesmo dispositivo entende que o preço está incluído no valor da hospedagem.

Art. 648. O depósito a que se refere o inciso I do artigo antecedente, reger-se-á pela disposição da respectiva lei, e, no silêncio ou deficiência dela, pelas concernentes ao depósito voluntário.
Parágrafo único. As disposições deste artigo aplicam-se aos depósitos previstos no inciso II do artigo antecedente, podendo estes certificarem-se por qualquer meio de prova.

Esse depósito decorrerá da lei ou de ordem de autoridade. Se não houver preceitos específicos para o caso concreto, aplicam-se as regras do depósito voluntário, no que couber.

Art. 649. Aos depósitos previstos no artigo antecedente é equiparado o das bagagens dos viajantes ou hóspedes nas hospedarias onde estiverem.
Parágrafo único. Os hospedeiros responderão como depositários, assim como pelos furtos e roubos que perpetrarem as pessoas empregadas ou admitidas nos seus estabelecimentos.

Esse artigo equipara a depósito necessário o das bagagens dos viajantes, hóspedes ou fregueses, nas hospedarias, estalagens ou casas de pensão, onde eles estiveram. Cuida-se do chamado *depósito hoteleiro*. Esse depósito não é legal, mas a lei a ele o equipara. Os hospedeiros são equiparados a depositários. Lembre-se de que equiparação não coincide com identidade. Respondem eles por si e por seus prepostos. Todos os que permanecem, ainda que por curto lapso, em hotel ou congênere, necessitam manter consigo pertences que os acompanham. Defere-se o dever de vigilância sobre esses itens aos hoteleiros e estalajadeiros, por imposição legal. Quanto a essas coisas, acrescenta o parágrafo único do citado artigo que "*os hospedeiros responderão como depositários, assim como pelos furtos que perpetrarem as pessoas empregadas ou admitidas nos seus estabelecimentos*". A disposição é mantida pelo vigente Código, com atualização de redação. Essa responsabilidade decorre do contrato de hospedagem. A responsabilidade do hoteleiro resume-se aos limites de seu estabelecimento, respondendo por tudo o que o hóspede insere no hotel ou similar, desde a bagagem que coloca no quarto, até o veículo que permanece no estacionamento, ou local a ele reservado do estabelecimento.

A razão de o dispositivo ser tratado no âmbito do depósito é que a responsabilidade do hoteleiro passa a ser responsabilidade de depositário no momento em que o hóspede retarda injustificadamente a retirada de seus bens do estabelecimento. Em síntese, surge a responsabilidade de depositário quando cessa o contrato de hospedagem. A essa noção de hotelaria estendem-se estabelecimentos similares, como hospitais e casas de repouso, ônibus com leito, navios, aeronaves e trens (MIRANDA, 1972, v. 42, p. 388). Importa indagar em cada caso se incumbia ao hóspede exercer pessoalmente a guarda dos bens, ou se essa vigilância, por sua natureza e localização dos bens, era do hoteleiro ou assemelhado. Todos os artigos dos hóspedes, se entregues à guarda do estabelecimento, a seus prepostos, presumem-se de responsabilidade de guarda do hoteleiro. Contudo, o dispositivo em exame não é invocável por aqueles que não se utilizam do estabelecimento e apenas transeuntemente ali se encontram, como, por exemplo, o amigo que visita hóspede.

O art. 1.285 do Código de 1916 apresentava hipóteses de exclusão de responsabilidade dos hoteleiros, impondo-lhes, no entanto, o ônus da prova. Assim, cessaria sua responsabilidade se provassem que os fatos prejudiciais não podiam ser evitados, ou nos casos de força maior, como escalada, invasão da casa, roubo à mão armada, ou violências semelhantes. Nessas situações, entendia a lei que os fatos transbordam os deveres de guarda e vigilância. No entanto, as hipóteses poderiam requerer o exame da responsabilidade civil em geral e a do fornecedor de serviços na forma da lei de defesa do consumidor.

A cláusula de não indenizar somente será válida se ultimada com expressa aceitação do hóspede. Temos de entender como válida a cláusula que impõe ao hóspede a deposição de objetos de valor em cofres especialmente designados pelo hoteleiro, sob pena de sua irresponsabilidade. Trata-se de cláusula limitativa de responsabilidade e não exatamente de não indenizar. Exclui-se a responsabilidade do hoteleiro quando a culpa é exclusiva do hóspede, em aplicação da regra geral. Abrangida a hospedagem como uma relação de consumo, a lei protetiva do consumidor aplica-se no que for possível.

Art. 650. Cessa, nos casos do artigo antecedente, a responsabilidade dos hospedeiros, se provarem que os fatos prejudiciais aos viajantes ou hóspedes não podiam ter sido evitados.

A matéria é eminentemente de prova e casuística. Leve-se em conta também a responsabilidade objetiva presente do CDC. Assim, poderá eximir de responsabilidade a culpa exclusiva do consumidor. Não poderá ser admitida, por outro lado, a cláusula de não indenizar.

Art. 651. O depósito necessário não se presume gratuito. Na hipótese do art. 649, a remuneração pelo depósito está incluída no preço da hospedagem.

Na hipótese deste artigo, a remuneração pelo depósito está incluída no preço da hospedagem.

Não existe presunção de gratuidade nos depósitos necessários, ao contrário do que ocorre no depósito voluntário. Na hospedagem, esse depósito é ínsito na remuneração paga, não podendo o hoteleiro alegar que nada recebia pela guarda e custódia de bagagens.

Art. 652. Seja o depósito voluntário ou necessário, o depositário que não o restituir quando exigido será compelido a fazê-lo mediante prisão não excedente a um ano, e ressarcir os prejuízos.

Como já apontamos, não há mais possibilidade de prisão do depositário infiel, nos termos da Súmula vinculante 25, que obedece ao Pacto de São José da Costa Rica (Decreto nº 678/92).

Essa possibilidade de prisão por dívida era reminiscência que nos foi legada pelo Direito lusitano, que manteve a tradição romana. Não mais se justifica na atualidade, em prol da proteção da dignidade humana.

Toda a matéria versando sobre a prisão do depositário infiel deveria primitivamente ser vista sob o prisma da Súmula 304 do STJ:

"É ilegal a decretação da prisão civil daquele que não assume expressamente o encargo de depositário judicial."

A questão está atualmente superada.

CAPÍTULO X
Do Mandato

Seção I
Disposições Gerais

Art. 653. Opera-se o mandato quando alguém recebe de outrem poderes para, em seu nome, praticar atos ou administrar interesses. A procuração é o instrumento do mandato.

Pelo contrato de mandato, alguém, denominado mandatário, recebe poderes de outrem, denominado mandante, para em nome deste praticar atos ou administrar interesses. Acrescentam esses dispositivos que a procuração é o instrumento do mandato. O mandato contém a ideia principal de um sujeito confiar a outro a realização de um ato. A etimologia da palavra dá ideia do conteúdo do negócio: *mandare*, no sentido de mandar ou ordenar, ou *manum dare*, dar as mãos, como até hoje se sacramentam certos negócios e acordos sem cunho jurídico. O mandato confere um poder que se reveste de dever para o mandatário.

Em Roma, no período mais antigo, a concepção da obrigação era personalista, não sendo admitidas em princípio nem a cessão de direitos nem a representação. Estava presente a noção de que a representação figuraria um desdobramento da personalidade, incompatível com as ideias da época. Como consequência, qualquer ato praticado pela pessoa refletia sobre seu próprio patrimônio. Não se admitia, em outras palavras, a representação, porque tal estamparia uma ficção não muito bem compreendida. A utilização de uma pessoa para realizar atos para outrem exigia negócios jurídicos de mecanismos complexos. Demorou muito no curso da história para que a representação atingisse o patamar tal como conhecemos hoje.

Procuração e *mandato*, porém, não se confundem. Mandato é contrato e como tal requer manifestação bilateral de vontade. Procuração é manifestação unilateral de vontade daquele que pretende ser mandante. Enquanto não há aceitação, a procuração é mera oferta de contratar. Sob tais premissas, portanto, nada impede que se formalize procuração outorgando poderes a qualquer pessoa. Na procuração, há outorga de poderes. Somente haverá mandato se o outorgado aceitar os poderes conferidos. Característica peculiar do instituto, por consequência, é o fato de, ordinariamente, mas não de forma exclusiva, emanar de ato unilateral, que é a procuração.

Da noção de mandato defluem três conceitos que vulgarmente são tomados como sinônimos, embora não se identifiquem plenamente e nem sempre estejam presentes de forma concomitante. O mandato, propriamente dito, é o contrato que se aperfeiçoa com o encontro de vontades. A procuração outorgada é o instrumento que materializa o contrato. A representação é a investidura concedida pelo mandante ao mandatário, em virtude da existência do contrato e, na maioria das vezes, do instrumento do mandato.

Distinguem-se também o mandato ou a representação da *preposição*. Nesta, o preposto age em decorrência de um vínculo empregatício ou de uma locação de serviços em prol do preponente. Pelo mandato e pela representação o mandatário e o representante praticam atos em nome e no interesse do mandante. Na preposição, existem preponderantemente atos materiais, enquanto no mandato e na representação há, primordialmente, atos ou negócios jurídicos.

Ordinariamente, no mandato haverá representação, que é a modalidade geral de nosso ordenamento, quando o mandatário atua em nome do mandante, conforme a dicção do art. 653. A este a doutrina denomina "mandato propriamente dito" ou "mandato direto". Trata-se do instituto ora tratado como mandato neste estudo.

O atual Código disciplina a comissão e suprime esse dispositivo do capítulo do mandato, que se mostrava deslocado e contrariava a noção básica do mandato. Quando não existe representação, como sucede na comissão mercantil, o comissário atua em nome próprio, assume responsabilidade própria, ainda que no interesse do comitente, mandante ou outorgante. Quando ocorre esse fenômeno, a doutrina, por vezes, a ele refere-se como "mandato oculto", principalmente porque pode abrigar negócios simulados, lícitos ou ilícitos, embora esta não seja característica geral do negócio. Com frequência, não há interesse dos envolvidos em ocultar a relação subjacente de outorga de poderes. Uma coisa é ocultar o nome do comitente, como geralmente ocorre; outra é ocultar o negócio. Conforme conclusão do tratadista argentino Fernando J. Lópes de Zavalía (1993, v. 4, p. 506), por meio desse negócio, sob a aparência de uma contratação em nome próprio, oculta-se uma contratação em nome alheio. Acrescenta ainda o autor que nada impede que se acumule na pessoa do outorgado a figura de mandatário e de comissionista, podendo figurar nos negócios com terceiros ora como um, ora como outro personagem. Ao terceiro incumbe certificar-se com quem está contratando, pois disso decorrerá eventual ação contra o mandante ou contra o comissionista. Quem atua em nome próprio não vincula o comitente. O Código argentino traça regra interpretativa a respeito, no art. 1.940, dispondo que, em caso de dúvida, se o ato foi praticado em nome do mandante ou em nome do mandatário, atender-se-ão à natureza e conteúdo do negócio e ao disposto na lei mercantil sobre a comissão.

Oportuno recordar que, conforme o CDC (Lei nº 8.078/1990), se a relação jurídica for por ela alcançada, para fins de proteção consumerista, nos termos do art. 3º, é irrelevante o negócio subjacente entre outorgante e outorgado, podendo o prejudicado voltar-se contra qualquer um deles, na cadeia de produção e distribuição de bens e serviços.

No mandato, o mandatário atua por conta e ordem do representado. A relação, que obriga o agente não somente a praticar o ato, mas também a projetar seus efeitos sobre o verdadeiro titular interessado, tem origem no mandato. Contudo, não devemos esquecer que essa relação de representação também decorre da lei, nos casos por ela expressos, bem como por ordem judicial. O fato de não ter nosso legislador de 1916 ordenado a matéria da representação permitia certas dúvidas. Conclui a doutrina, no entanto, que não contrariava a lei, em face da dicção do art. 1.307, a constituição de mandatário, sem poderes de representação. Conclui Pontes de Miranda (1972, v. 43, p. 8) que "*há quase sempre, **poder de representação** no mandato, porém o mandato e o poder de representação não se confundem*". Essa também a conclusão de Arnoldo Wald (1992, p. 396): "*o mandato*

Art. 653

pode ser com ou sem representação; se o mandatário atua em nome do mandante, há representação; se só atua por conta do mandante, não o representa. Comparem-se os arts. 1.288 e 1.307 do CC de 1916".

Contudo, afora poucas vozes, e em que pese a manifestação legal, a doutrina nacional repetidamente repele a possibilidade de mandato sem representação. Nesse diapasão, o atual Código suprimiu o dispositivo, evitando, doravante, a celeuma.

No Direito Romano mais recente, assim como no Código alemão, o mandato não implica necessariamente poderes de representação. A propósito, assevera Caio Mário da Silva Pereira (1994, p. 275) que nosso estatuto civil, a exemplo das leis portuguesa e francesa, tem a representação como essencial no mandato. Ausente a representação, segundo essa opinião que se afigura preponderante, haverá locação de serviços ou comissão. Advirta-se que, neste capítulo, o estudo versa sobre o contrato de mandato em sentido estrito, restringindo-se, pois, ao mandato com representação.

A noção fundamental da representação é aquela pela qual o representante atua em nome do representado. Este figura como parte no negócio jurídico. O representante substitui sua vontade. A evolução do fenômeno jurídico da representação originou-se do desenvolvimento econômico dos povos, da necessidade de mecanismos mais rápidos para a circulação de riquezas. Essa representação decorre da lei, como no caso dos incapazes, de situações de nomeação judicial, como o inventariante, ou da vontade das partes, sendo o contrato de mandato o principal veículo para esse objetivo. O mandante escolhe seu mandatário com base nos requisitos pessoais deste. Há proeminente embasamento fiduciário no instituto. Trata-se de negócio jurídico de cooperação que supõe relação de confiança. Destarte, o mandato é contrato *intuitu personae*. Só pode ser admitido para os atos que independem da atuação pessoal do interessado, de natureza personalíssima. Desse modo, certos atos do ordenamento não admitem representação ou mandato, como o testamento, por exemplo. A lei, porém, admite o mandato para casamento (art. 1.542). Dessa compreensão, por ser baseado na confiança, decorre que o mandato, salvo exceções a confirmar a regra, é ato *revogável*, sendo possível, em princípio, para ambas as partes, resilir unilateralmente o contrato, sem necessidade de anuência da outra parte.

O mandato é em primeiro plano um contrato *unilateral*, porque, salvo disposição expressa em contrário, somente atribui obrigações ao mandatário. O mandante assume a posição de credor na relação obrigacional. A vontade das partes ou a natureza profissional do outorgado podem convertê-lo, contudo, em bilateral imperfeito. Presume-se *gratuito* o mandato civil (art. 658) e *oneroso* o mercantil, nos termos de nossa tradição, admitindo-se prova em contrário em ambas as hipóteses. A gratuidade do mandato civil não lhe é essencial, ainda porque, na prática, esse mandato é geralmente oneroso. A onerosidade do mandato provém, na maioria das vezes, da própria atividade profissional e usual do mandatário. Esse o sentido do parágrafo único do art. 658. Importa no caso concreto averiguar a intenção das partes a respeito da gratuidade. Estabelecida a onerosidade, que fixa desse modo a natureza bilateral do contrato, não tendo as partes firmado um preço, torna-se necessário o arbitramento judicial, que levará em conta o vulto da atividade prestada e o proveito para o mandante.

Trata-se de contrato *consensual*, não solene, pois, como regra geral, independe de forma prescrita em lei, podendo concluir-se pela modalidade tácita, verbal ou escrita (art. 656), por instrumento particular ou público (art. 657). O atual Código, pondo fim a uma dúvida, é expresso no sentido de que o mandato obedecerá a mesma forma exigida por lei para o ato a ser praticado. Desse modo, se o ato exige escritura pública, a procuração será pública.

Como acentuado, o mandato não se confunde com a comissão mercantil, porque nesta o comissário atua em nome próprio, embora no interesse do comitente. Também difere da locação de serviços, a qual, a par de ser sempre remunerada, contém preponderantemente atos materiais, enquanto o conteúdo principal do mandato é a prática de atos jurídicos. No entanto, com frequência, o mandato é conferido paralelamente a uma locação de serviços, confundindo-se seu respectivo conteúdo. Em muitas oportunidades, o mandato será ato preparatório para a locação de serviços, como ocorre no mandato judicial.

Em linhas gerais, o mandato tem por objeto a prática de *atos ou negócios jurídicos* em favor do mandante. Tal não impede que atos materiais possam integrar o círculo de atuação conferido ao mandatário. Recorde-se de que, na definição do art. 653, não existe referência à natureza dos atos decorrentes do mandato. Há duas relações bem nítidas nesse negócio jurídico. Uma *relação interna*, que vincula o mandante e o mandatário, disciplinando seus limites. A esses limites se reporta o poder de representação. Uma *relação externa*, que se refere ao ato ou atos que o mandatário pratica com terceiros, em nome do mandante, quando há poder de representação, que é a regra geral.

Na representação, como percebemos, uma parcela da personalidade do representado projeta-se na pessoa do representante. A atividade do representante, por sua vez, projeta-se em relação a terceiros. Ao serem examinadas as obrigações do mandante e do mandatário, devemos atentar para os reflexos que podem advir das relações interna e externa do mandato. Daí concluir-se que o mandato é *contrato preparatório*, servindo sempre para a prática de outro negócio jurídico unilateral ou bilateral.

A relação contratual do mandato inserir-se-á no âmbito do CDC sempre que presentes os conceitos orientadores desse diploma, mormente a compreensão do mandante como consumidor, nos termos do art. 2º, como destinatário final de fornecimento de serviços do mandatário, no conceito do art. 3º.

🔑 Locação. Ação de cobrança de aluguéis e de indenização por danos ao imóvel. Sentença que extinguiu o processo, sem resolução de mérito, por ilegitimidade ativa de parte. Apelação da empresa autora. Preliminar de ilegitimidade ativa que será analisada como mérito. Teoria da Asserção. Autora que ajuizou ação de cobrança de aluguéis em nome próprio, sob o argumento de que possui procuração outorgada pela empresa locadora para representar seus interesses. Demandante que firmou contrato de mandato com a locadora do imóvel, o qual abrange poderes de representação, nos termos do art. 653 do CC. Autora que, portanto, não pode ajuizar ação em nome próprio, pois age em nome do mandante, e não em nome próprio. Pedidos que devem ser julgados improcedentes. Horários de advogados arbitrados por equidade. Majoração cabível, levando-se em consideração o grau de zelo do profissional, o tempo exigido para a defesa dos interesses do cliente, além da natureza e da complexidade da causa. Sentença reformada. Recurso da empresa autora não provido. Recurso dos patronos dos réus provido (*TJSP* – Ap. 1013174-50.2015.8.26.0320, 16-5-2019, Rel. Carmen Lucia da Silva).

🔑 Embargos de declaração – Alegação de contradição decorrente da alegação de não exaurimento da via administrativa para o pedido de exibição de documentos bancários porque a notificação foi assinada pelo advogado sem poderes *et extra*, quando na verdade a procuração outorgada constava essa outorga – Vícios – Inexistência – Nova disciplina processual que restringe as hipóteses de cabimento de embargos declaratórios, reservando o esclarecimento de obscuridades e contradições aos pronunciamentos judiciais dúbios ou com incoerências nas premissas adotadas – Circunstância, no caso em testilha, que a notificação juntada nos autos foi assinada pela advogada da autora, munida apenas de procuração *ad judicia* (artigo 105 do NCPC), a qual difere da *et extra* prevista no artigo 5º, *caput*, da Lei 8.906/94, e do **mandato geral** previsto nos artigos 653 e seguintes do Código Civil – Sigilo bancário decorrente da LC 105/2001 que implica em procuração extrajudicial e específica para a obtenção de documentos bancários, bem como com firma reconhecida, na forma do artigo 654, § 2º, do Código Civil – Via administrativa não exaurida – Embargos rejeitados (*TJSP* – Edcl 1006003-38.2014.8.26.0462, 8-3-2017, Rel. Jacob Valente).

Art. 654. Todas as pessoas capazes são aptas para dar procuração mediante instrumento particular, que valerá desde que tenha a assinatura do outorgante.

§ 1º O instrumento particular deve conter a indicação do lugar onde foi passado, a qualificação do outorgante e do outorgado, a data e o objetivo da outorga com a designação e a extensão dos poderes conferidos.
§ 2º O terceiro com quem o mandatário tratar poderá exigir que a procuração traga a firma reconhecida.

A *capacidade ativa para constituir mandatário* é ampla, embora nem sempre coincidente com a capacidade civil em geral, nos termos do art. 1.289 do Código antigo, *caput*, segundo o qual "*todas as pessoas maiores ou emancipadas, no gozo dos direitos civis, são aptas para dar procuração mediante instrumento particular, que valerá desde que tenha a assinatura do outorgante*". O presente Código se reporta acertadamente a "todas as pessoas capazes" como aptas para dar procuração nesse caso.

O menor de 21 anos e maior de 18, por exemplo, no sistema de 1916, podia nomear procurador para agir na justiça trabalhista, conforme o art. 792 da CLT, que era vigente então. A regra geral para o mandato, porém, é a da capacidade estabelecida na Parte Geral do Código.

A representação dos incapazes devia ser examinada em consonância com o art. 84 do Código de 1916, no mesmo sentido do corrente Código, pelo qual as pessoas absolutamente incapazes são representadas pelos pais, tutores ou curadores em todos os atos jurídicos. Trata-se de representação legal, independente da voluntária, ora em exame. Como decorrência do sistema, os agentes relacionados no art. 5º devem estar representados para outorgar mandato, lavrando-se por instrumento público, por força do art. 654. Os menores relativamente incapazes, maiores de 16 anos, são assistidos pelos pais ou tutores, nos atos em que forem partes. Os pródigos serão assistidos na forma determinada pelo ato de interdição, ficando os silvícolas sujeitos a regime próprio. A ausência de assistência, como regra geral, sujeita o ato a anulação, conforme o art. 171, I. Como as pessoas relativamente incapazes não possuem a livre disponibilidade de seus bens, é de ser aplicada a regra do art. 221, exigindo, a contrário senso, a procuração por instrumento público. Esse artigo permite o instrumento particular para as pessoas que estejam na livre disposição de seus bens. O instrumento particular por si só, porém, não invalidará o ato, quando dele resultar benefício para o incapaz, admitindo ainda a ratificação.

A posição da mulher casada na legislação atual, após a promulgação de seu Estatuto, Lei nº 4.121/1962, não lhe restringe qualquer possibilidade de outorgar mandato. No entanto, para certos atos, havia necessidade de outorga conjunta de ambos os cônjuges, de acordo com os arts. 235 e 242 do Código de 1916, fosse qual fosse o regime de bens, quando se tratasse de alienação ou oneração de imóveis, atuação em ações imobiliárias, prestação de fiança e doação ou cessão de bens comuns. Este Código mantém a mesma filosofia no art. 1.647, isentando apenas os casados em regime de separação absoluta. A mulher casada, como vimos, em face da igualdade de direitos dos cônjuges, inclusive de índole constitucional, não tem impedimento de aceitar mandato, o que tornava ineficaz a norma do art. 1.299 do Código antigo que a proibia ser mandatária sem autorização do marido. O pródigo não está proibido de aceitar mandato, pois sua incapacidade diz respeito à inibição de disposição de seus próprios bens. Na mesma situação, em síntese, coloca-se o falido. Lei especial pode estabelecer restrição no exercício do mandato para determinadas situações, tornando ilegítima a posição de mandatário, como ocorre com os estrangeiros, por exemplo, que não podem representar nas reuniões de assembleia geral os acionistas brasileiros (art. 199 do Decreto-lei nº 2.063/1940).

A jurisprudência majoritária entende, todavia, que a procuração judicial não se amolda ao princípio deste, permitindo-se o instrumento particular no mandato *ad judicia* mesmo por quem não seja maior ou emancipado, nem esteja no gozo dos direitos civis, por intermédio dos pais ou representantes. Na hipótese, aplica-se o art. 105 do CPC, que cuida do mandato judicial e não faz referência ou exigência à modalidade pública. Restringe-se, portanto, a obrigatoriedade decorrente do art. 1.289 às procurações *ad negotia* (RIZZARDO, 1988, p. 702).

O analfabeto, como não pode assinar o instrumento particular, somente poderá outorgar procuração por escritura pública.

Já assinalamos o conceito de procuração como instrumento do mandato. A procuração comprova o mandato escrito, mas a outorga de poderes pode ocorrer em outros atos, sem a feição específica de procuração. Com frequência, o mandatário é nomeado no bojo de ato negocial complexo. Entende-se ser a procuração parte desse complexo, inserida no contexto.

Os requisitos da procuração estão estabelecidos no § 1º do art. 654: designação do Estado, da cidade ou circunscrição civil em que for passada, a data, o nome do outorgante, a individuação de quem seja o outorgado; o objetivo da outorga, a natureza, designação e extensão dos poderes conferidos. Este Código refere-se apenas à menção da indicação do local onde foi feita a outorga, o que se mostra suficiente. O instrumento público também deve conter a mesma descrição, no âmbito do que também se exige para os atos notariais.

O reconhecimento de firma é formalidade que pode ser exigida por terceiros para confirmar a eficácia da outorga. Sua finalidade é conferir autenticidade ao declarante. Nesse sentido, o art. 654, § 2º, deste Código. A lei civil antiga dispunha que o reconhecimento de firma no instrumento particular era condição essencial à sua validade, em relação a terceiros. O termo *validade* escolhido pela lei, no Código de 1916, referia-se mais propriamente à eficácia do negócio. A procuração tem validade, ainda que ausente o reconhecimento de firma, se não houver impugnação dos interessados. Por essa razão, este Código apresenta nova redação, pois a tendência, de há muito, é dispensar o reconhecimento de firma nos mandatos: *"O terceiro com quem o mandatário tratar poderá exigir que a procuração traga a firma reconhecida."* Desse modo, é direito do terceiro exigir o reconhecimento de firma; se não o fizer, o instrumento é válido e eficaz se não impugnada a assinatura. Na procuração judicial dispensa-se, em princípio, o reconhecimento de firma. Lembre-se que com os cartórios informatizados é possível reconhecimento de firma à distância, com a autorização do Provimento nº 100/2020 do Conselho Nacional de Justiça.

Veja o que se comenta no art. 666.

Art. 655. Ainda quando se outorgue mandato por instrumento público, pode substabelecer-se mediante instrumento particular.

Substabelecimento é o ato unilateral pelo qual o mandatário, como substabelecente, transfere os poderes recebidos a outrem, o substabelecido. Trata-se de subcontrato ou contrato derivado, conforme estudado na parte inicial deste trabalho. Aplicam-se, portanto, os princípios gerais desse negócio ali expostos. Como a sublocação é uma nova locação que reconhece como contrato-base o anterior, o submandato é um novo mandato. O mandatário do contrato-base será o submandante. Aplicam-se os mesmos princípios de objeto e legitimação do contrato, com a mitigação necessária. Note, nesse tópico, por exemplo, que pessoa não regularmente inscrita na OAB pode receber procuração *ad judicia*, substabelecendo para quem o esteja.

Essa nova outorga pode ser de todos ou de alguns poderes recebidos. Pode ocorrer com reserva de poderes, hipótese na qual o substabelecente mantém os poderes recebidos para atuar juntamente com o substabelecido, ou sem reserva, quando então desvincular-se-á do contrato como mandatário, assumindo-o o substabelecido. Quando ocorre reserva de poderes, é dado ao substabelecente reassumir a conduta de mandatário a qualquer momento. A transferência sem reserva é definitiva, equivalente a renúncia ao poder de representação (GOMES, 1983, p. 398).

Ainda que se trate de procuração por instrumento público, o substabelecimento pode ser feito por instrumento particular, não estando sujeito à forma especial, como está no artigo em epígrafe. Por outro lado, o Projeto nº 6.960/2002 tentou acrescentar parágrafo único a esse artigo estabelecendo ser da essência do ato a forma pública, quando a procuração visar a constituição, transferência, modificação ou renúncia de direitos reais sobre imóveis. Se aprovado esse texto, nessas situações o substabelecimento também deverá obedecer a forma pública. Trata-se de garantia mais ampla que se procura conceder a esses atos, sempre sujeitos a inúmeras vicissitudes de nulidades.

O mandato pode autorizar ou omitir-se quanto ao substabelecimento, quando então será admitido. Veja as hipóteses dos parágrafos do art. 667.

Enunciado nº 182, III Jornada de Direito Civil – CJF/STJ: O mandato outorgado por instrumento público previsto no art. 655 do Código Civil somente admite substabelecimento por instrumento particular quando a forma pública for facultativa e não integrar a substância do ato.

Art. 656. O mandato pode ser expresso ou tácito, verbal ou escrito.

O mandato é contrato consensual, não se lhe exigindo forma especial para sua validade ou prova. Esse artigo estipula que o mandato pode ser expresso ou tácito, verbal ou escrito. Ressalvam-se, porém, hipóteses nas quais se exige instrumento público ou particular e, ademais, quando há necessidade de conferir poderes especiais e expressos. Nestas últimas situações, nem sempre será idôneo o mandato verbal.

Mandato verbal não se confunde com mandato tácito. No verbal, inexiste escrito, mas há manifestação expressa de vontade do declarante constituindo mandatário. No conteúdo dessa manifestação verbal, examinar-se-á a extensão dos poderes, inclusive se foram concedidos poderes gerais ou especiais. O mandato tácito decorre da atividade dos sujeitos, agindo o outorgado como mandatário e admitindo o outorgante a existência do mandato. No mandato tácito, ocorre aceitação implícita dos atos do mandatário.

Modernamente, não devemos obstar a procuração transmitida por meios informatizados ou fax, da mesma forma que se admite a procuração por carta, cuja aceitação resulta da execução do contrato proposto.

Oportuno fazer referência à procuração *apud acta*, pela qual os poderes são conferidos no momento da realização de um negócio jurídico, como em uma audiência ou inspeção judicial, por exemplo, quando se lavra o termo nos autos do processo, perante o escrivão ou quem lhe faz as vezes. Trata-se, portanto, de procuração passada no curso de processo. Próxima a essa modalidade situa-se a procuração *de rato*, que vem prevista no art. 104 do CPC. O mandatário que comparece a ato processual sem procuração pode comprometer-se a apresentá-la em certo prazo. Nesse sentido, dispõe o citado dispositivo processual:

> "Art. 104. O advogado não será admitido a postular em juízo sem procuração, salvo para evitar preclusão, decadência ou prescrição, ou para praticar ato considerado urgente.
> § 1º Nas hipóteses previstas no caput, o advogado deverá, independentemente de caução, exibir a procuração no prazo de 15 (quinze) dias, prorrogável por igual período por despacho do juiz.

> § 2º O ato não ratificado será considerado ineficaz relativamente àquele em cujo nome foi praticado, respondendo o advogado pelas despesas e por perdas e danos."

Não se trata propriamente de modalidade de procuração, mas de promessa de apresentá-la.

Art. 657. A outorga do mandato está sujeita à forma exigida por lei para o ato a ser praticado. Não se admite mandato verbal quando o ato deva ser celebrado por escrito.

O mandato verbal pode ser provado por todos os meios admitidos, inclusive testemunhas. Não se admitirá, contudo, mandato verbal para os atos que exigirem instrumento público ou particular. Esse é o sentido do presente artigo.

Se o negócio a que se destina a representação exige instrumento público, ou particular, há necessidade de procuração escrita; escritura pública, se assim exigido, na nova dicção legal. Advirta-se sempre que procuração não se confunde com mandato. Procuração, como acentuamos, é ato unilateral de oferta. O mandato somente se perfaz com a aceitação dessa oferta.

Em razão de o ato objetivado com o mandato requerer instrumento público (art. 134 do Código de 1916), nem por isso se exigia procuração pública no velho Código. Há na espécie dois negócios distintos. A procuração e o mandato que dela decorre são atos preparatórios que não se confundem com o ato colimado. A lei mais antiga não exigiu instrumento público nessa hipótese, apenas o escrito. O instrumento público somente deveria ser exigido nos casos expressos em lei. A procuração pública era essencial apenas consoante a dicção do art. 1.289, o qual permitia que todas as pessoas maiores ou emancipadas, no gozo dos direitos civis, outorgassem-na mediante instrumento particular. A contrário senso, por conseguinte, os incapazes deveriam outorgar procuração por instrumento público. Daí concluir-se com Pontes de Miranda (1972, v. 43, p. 28), sob o pálio do Código de 1916: ato jurídico para o qual se exige a forma escrita, a procuração somente pode ser por escrito público ou particular; ato jurídico para o qual se exige instrumento público, a procuração pode ser por instrumento particular ou público:

> "Não há, no direito brasileiro, a regra jurídica segundo a qual, para os atos jurídicos que exigem a forma de instrumento público, a procuração somente possa ser por instrumento público" (MIRANDA, 1972, v. 43, p. 28).

No entanto, a matéria continuava a gerar polêmica, pois respeitável parcela da doutrina e da jurisprudência entendia diferentemente, ou seja, exigindo escritura pública sempre que para o ato buscado ela for exigida. Se o negócio, porém, não exigisse instrumento público ou particular, não havia, em princípio, necessidade de forma escrita. Em boa hora, o texto da atual lei, oriundo do Projeto de 1975, tomou partido pela exigibilidade de escritura pública para os mandatos destinados a atos ou negócios que também a exigem. Daí porque este art. 657 dispõe que a outorga do mandato está sujeita à forma exigida por lei para o ato a ser praticado. Tratando-se de uma solidificação do pensamento jurídico nacional. Ainda quando não vigente o presente Código, haveria que se seguir o princípio aí estampado, o qual, na realidade, concede maior segurança aos negócios jurídicos.

⚖ Apelação. Inventário. Renúncia à herança. Ação declaratória de nulidade de ato jurídico cumulada com pedido de tutela. Pretensão ao reconhecimento da nulidade da renúncia eis que, embora ostentasse poderes expressos, a procuração outorgada ao advogado não era pública, ausente observação da forma preconizada no artigo 1.086 do Código Civil. Sentença de extinção, nos termos do artigo 487, II, do CPC, reconhecida a decadência. Recurso dos autores. Preliminar de cerceamento de defesa afastada. Embora o procurador constituído tivesse poderes específicos para a renúncia, o instrumento de mandato a ele outorgado não observou a forma pública, de acordo com o artigo 657 do CC. Caráter nulo do ato jurídico evidenciado. Declaração de nulidade que não se sujeita ao prazo decadencial nem tampouco ao prescricional. Reconhecimento da nulidade do ato que pressupõe a nulidade da sentença que o homologou, bem como a partilha. Sentença reformada. Sucumbência revista. Recurso provido (*TJSP* – Ap. 1008784-72.2016.8.26.0297, 14-5-2020, Rel. Cristina Medina Mogioni).

⚖ Rescisão contratual – Restituição de quantias pagas – Contrato assinado por procuração – Prova do mandato – Necessidade – Insurgência contra sentença de improcedência – Sentença mantida – Mandato sujeito à mesma formalidade exigida para o ato a ser praticado (art. 657, CC). Necessidade de procuração pública (arts. 108, 1.225, VII, CC). Recurso desprovido (*TJSP* – Ap. 1008095-93.2014.8.26.0007, 14-2-2017, Rel. Carlos Alberto de Salles).

Art. 658. O mandato presume-se gratuito quando não houver sido estipulada retribuição, exceto se o seu objeto corresponder ao daqueles que o mandatário trata por ofício ou profissão lucrativa.
Parágrafo único. Se o mandato for oneroso, caberá ao mandatário a retribuição prevista em lei ou no contrato. Sendo estes omissos, será ela determinada pelos usos do lugar, ou, na falta destes, por arbitramento.

O mandato pode ser *gratuito* ou *remunerado*. Conforme esse artigo, estabelece-se presunção de gratuidade, quando não se fixou remuneração, "*exceto se o objeto do mandato for daqueles que o mandatário trata por ofício ou profissão lucrativa*". Desse modo, não se presume gratuito o mandato conferido a advogado ou despachante, por exemplo. Recorde-se ainda que o pagamento da remuneração ajustada é uma das obrigações do mandante (art. 676). Decorre daí que a remuneração é exigível, quando ajustada e quando o mandatário faz da atividade seu ofício ou profissão. A execução do mandato remunerado não o transforma em prestação de serviços, embora em certas atividades essa prestação lhe seja inerente, como o mandato conferido a advogado. Quando as partes forem omissas quanto à remuneração, cumpre aplicar o parágrafo único deste artigo.

Art. 659. A aceitação do mandato pode ser tácita, e resulta do começo de execução.

Conforme explanado, a procuração não se confunde com o mandato. Trata-se de ato unilateral de outorga de poderes. Nesse sentido, deve ser entendida a expressão *instrumento do mandato*, assim mencionada no art. 653. O mandato tácito ou verbal independe de procuração. O contrato formar-se-á por manifestação de vontade concomitante, posterior ou sucessiva do outorgado, com a aceitação dos poderes. Ninguém está obrigado a aceitar mandato, seguindo-se a regra geral do direito privado segundo a qual ninguém está obrigado a contratar.

Característica peculiar do mandato consta da dicção deste art. 659. Na prática, na grande maioria das vezes, é exatamente isso que sucede, pois mais raramente haverá aceitação expressa e escrita. Mais raramente ainda a aceitação constará do próprio instrumento constitutivo. Ultimada a outorga de poderes a alguém, este inicia o desempenho do mister, independentemente de sua aquiescência precípua. Iniciando o outorgado a agir na esfera de poderes conferidos, tem-se por aceito o mandato. Na dúvida sobre a aceitação nessa contingência, o exame do caso concreto, as circunstâncias que envolvem a conduta do agente devem dar a solução. A questão é importante, porque fixará limites entre a responsabilidade contratual e extracontratual. De qualquer modo, é necessário que haja manifestação de vontade do outorgado, sem a qual não existe negócio bilateral, inexistindo conteúdo contratual. Antes da aceitação, tão só com a procuração, se for o caso, ainda não existe contrato, apenas cláusulas predispostas pelo outorgante.

"*Tem-se de atender a que a outorga de poder de representação, que vai no instrumento, é por declaração unilateral, receptícia, de outorga, e não se confunde com o negócio jurídico bilateral do mandato*" (MIRANDA, 1972, v. 43, p. 13).

O silêncio por si só não induz aceitação, nem qualquer outra manifestação de vontade. No entanto, salvo circunstâncias excepcionais, o recebimento do instrumento procuratório, sem recusa, induz aceitação. Nesse diapasão, o art. 1.293 de 1916, que nos serve de balizamento:

"*O mandato presume-se aceito entre ausentes, quando o negócio para que foi dado é da profissão do mandatário, diz respeito à sua qualidade oficial, ou foi oferecido mediante publicidade, e o mandatário não fez constar imediatamente a sua recusa.*"

Nessa hipótese, o silêncio é qualificado pela atividade do mandatário, implicando aceitação. Note-se que a lei trata de presunção de aceitação e não de aceitação tácita. Essa presunção admite prova em contrário. Nesse sentido, presume-se aceito o mandato conferido a despachante aduaneiro para liberar mercadorias vindas do exterior, por exemplo. O vigente Código não se refere a essa hipótese expressamente e a interpretação, nesse caso, ficará por conta da existência ou não de um contrato tácito. Na mesma linha colocava-se o art. 141 do Código Comercial: "*Completa-se o mandato pela aceitação do mandatário; e a aceitação pode ser expressa ou tácita; o princípio da execução prova a aceitação para todo o mandato.*"

Não se olvide, todavia, que ambos os artigos em exame eram de cunho dispositivo, permitindo que as partes dispusessem diversamente. Ambos tinham aplicação, e atualmente servem de orientação ao intérprete, se nenhuma disposição em contrário for inserida na oferta ou na resposta do oblato. Na ausência do dispositivo no vigente estatuto, deverá haver um exame mais detalhado da intenção das partes.

Art. 660. O mandato pode ser especial a um ou mais negócios determinadamente, ou geral a todos os do mandante.

O mandato pode ser *especial* a um ou mais negócios determinados, ou *geral*, relativo a todos os negócios do mandante. O âmbito do mandato traduz a amplitude de atuação do mandatário e deve ser de conhecimento dos terceiros, aspecto fundamental desse negócio preparatório. Cumpre que o mandante seja específico na atribuição de poderes, para evitar entraves futuros. Veja o artigo seguinte.

📖 Enunciado nº 183, III Jornada de Direito Civil – CJF/STJ: Para os casos em que o parágrafo primeiro do art. 661 exige poderes especiais, a procuração deve conter a identificação do objeto.

Art. 661. O mandato em termos gerais só confere poderes de administração.
§ 1º Para alienar, hipotecar, transigir, ou praticar outros quaisquer atos que exorbitem da administração ordinária, depende a procuração de poderes especiais e expressos.
§ 2º O poder de transigir não importa o de firmar compromisso.

O mandato, em termos gerais, confere poderes de administração. Para atos como os de alienar, hipotecar ou gravar patrimônio sob qualquer modalidade, "*que exorbitem da administração ordinária*", há necessidade de mandato com poderes especiais e expressos (art. 661, § 1º). A lei acentua que o poder de transigir não importa o de firmar compromisso. Embora a transação se aproxime ontologicamente do compromisso, com este não se confunde. Com a nova dimensão dada para a arbitragem em nosso país, tendo em vista sua regulamentação, o dispositivo ganha importância: para firmar compromisso ou instituir juízo arbitral há necessidade de poderes expressos.

Embora o mandato expresso não necessite ser escrito, para tais atos, por sua natureza, geralmente a forma escrita far-se-á necessária. Desse modo, há necessidade de poderes especiais para, por exemplo, aceitar ou renunciar herança, reconhecer filho, conceder fiança, pois representam negócios que exorbitam a administração ordinária. O mandato especial caracteriza-se pela órbita restrita de atuação conferida ao outorgado, relativa a um ou alguns atos jurídicos, cuja atividade, contudo, será ampla para a consecução de seus fins específicos no âmbito outorgado, salvo restrição expressa no ato. No mandato geral, não são especificados atos jurídicos para a órbita de atuação, não há especificidade. O mandatário com poderes gerais pode e deve praticar atos jurídicos necessários e suficientes para a execução colimada, inclusive atos conservatórios e ações assecuratórias em nome do mandante.

Para os atos que exigem poderes especiais e expressos, conforme o § 1º deste art. 661, é necessário que o mandato especifique exatamente o objeto da outorga. Não basta que simplesmente sejam outorgados poderes para efetuar doações ou gravar com hipotecas. Devem ser especificados o objeto e o donatário, por exemplo. A escolha do donatário, em princípio, não pode ficar ao alvedrio do mandatário. Deve ser analisado o alcance e repercussão do mandato em cada negócio jurídico. Recorde-se que o § 2º aqui dispõe que o poder de transigir não importa o de firmar compromisso. Embora a transação e o compromisso tenham âmbito próximo, como acentuamos, o mandato deverá ser expresso para cada uma dessas modalidades de extinção de obrigações. O poder para transigir há de referir-se à lide vertente sobre a qual se operará a transação, não podendo ser admitido poder de transigir em geral (MIRANDA, 1972, v. 43, p. 36). O mesmo pode ser dito a respeito da individualização e âmbito do compromisso ou juízo arbitral.

📖 Enunciado nº 183, III Jornada de Direito Civil – CJF/STJ: Para os casos em que o parágrafo primeiro do art. 661 exige poderes especiais, a procuração deve conter a identificação do objeto.

Art. 662. Os atos praticados por quem não tenha mandato, ou o tenha sem poderes suficientes, são ineficazes em relação àquele em cujo nome foram praticados, salvo se este os ratificar.
Parágrafo único. A ratificação há de ser expressa, ou resultar de ato inequívoco, e retroagirá à data do ato.

Art. 662

O mandante pode ratificar ou impugnar os atos praticados em seu nome sem poderes suficientes. Acrescenta o parágrafo único que essa ratificação há de ser expressa, ou resultar de ato inequívoco, retroagindo à data do ato.

Daí, portanto, a possibilidade de a ratificação ser *expressa* ou *tácita*. A ratificação é da outorga de poderes e não propriamente do negócio jurídico decorrente.

Ratificar significa *validar, confirmar, corroborar* o que foi feito. Pode suceder que o mandatário tenha agido com extrapolação dos poderes que lhe foram conferidos, ou porque de natureza diversa, ou porque já vencido o prazo estipulado no mandato. O ato, em princípio, será anulável quanto ao excesso praticado. O mandatário tem poderes para administrar, mas não para dar quitação, por exemplo. Não será anulado, porém, se ocorrer a citada ratificação. O *ato inequívoco* de que tratava a lei de 1916 deve ser apurado na conduta do mandante, denotando que aceitou a atividade do mandatário, não a impugnando oportunamente. Antes da ratificação, o Código trata dos atos excedentes como de gestão de negócios (art. 665), pois estará ausente o mandato. A ratificação é retroativa, entendendo-se como se o mandato fora outorgado desde a prática do ato. Pelo ato de ratificação ocorre a aprovação dos atos praticados pelo mandatário.

O excesso de poder não se confunde com o abuso por parte do mandatário, que o sujeita à indenização. Enquanto o mandante não se decide, pode o terceiro ou o mandatário notificá-lo para que ratifique o ato. Negada a ratificação, deve o mandatário responder pelos atos extravagantes perante o terceiro.

A ratificação pode ser expressa ou tácita, não se exigindo, portanto, a prova escrita, dependendo da vontade, bem como da oportunidade e conveniência das partes. A confirmação tácita resultará de qualquer ato do mandante ou comportamento que denote aprovação dos atos praticados pelo outorgado. Nesse sentido, pode ser tomado o silêncio do outorgante perante o conhecimento de atos já praticados pelo mandatário; o pagamento ao mandatário pelos serviços prestados etc. A ratificação é uma manifestação receptícia e por isso necessita, na maioria das vezes dependendo do caso concreto, que dela se dê conhecimento a terceiros interessados (LORENZETTI, 1999, t. 2, p. 176). A ratificação, por sua natureza, atinge apenas os atos já praticados e não se refere a atos futuros.

Nessa premissa, quando não houver ratificação, os atos praticados pelo mandatário serão tidos como ineficazes. A lei menciona apropriadamente a ineficácia, pois não se trata, como parece evidente, de nulidade. Em princípio, o ato praticado sem poderes, e sem a respectiva ratificação, não produz consequência jurídica alguma. Se há efeitos materiais danosos atingindo terceiros, apenas o mandatário aparente deverá responder por eles, porque o pretenso mandante será estranho a essa conduta.

🔖 Apelação cível. Posse (bens imóveis). Reintegração de posse. Ausência de preenchimento dos requisitos legais. Para obter a proteção possessória, incumbe ao autor provar a sua posse, a turbação ou esbulho praticado pela parte adversa e a sua data, bem como a continuação da posse na ação de manutenção e a sua perda na ação de reintegração. Inexistindo prova da posse anterior não há como conceder a reintegração de posse. Exceção de usucapião. A usucapião pode ser arguida em sede de defesa, devendo o réu comprovar o preenchimento dos requisitos capazes de ensejar o seu reconhecimento. Princípio da imediatidade. Considerando o princípio da imediatidade, deve-se prestigiar a decisão do juiz de direito quando a solução do litígio ultrapassa necessariamente a prova oral. Mandato. Poderes. Nos termos do § 1º do art. 661 do CC, para alienar, hipotecar, transigir ou praticar quaisquer atos que exorbitem da administração ordinária, depende a procuração de poderes especiais e expressos. Outrossim, a teor do art. 662 do CC, os atos praticados por quem não tenha mandato são eficazes mediante ratificação daquele em cujo nome foram praticados. Caso concreto. No caso concreto, além de a procuração mediante instrumento público com poderes expressos para vender o bem outorgada ao intermediador que representou os autores na alienação do imóvel à requerida, conclui-se por sua ratificação do ato em razão de sua conduta. Ademais, a negociação remonta há 03 (três) décadas, já implementada a prescrição aquisitiva do imóvel em favor da requerida. Majoração dos honorários. Ao julgar o recurso, o Tribunal deve majorar os honorários fixados anteriormente ao advogado do vencedor, devendo considerar o trabalho adicional realizado em grau recursal (art. 85, § 11, do CPC). Apelação desprovida (*TJRS* – Ap. 70078628757, 22-11-2018, Rel. Marco Antonio Angelo).

🔖 Reparação de danos morais e materiais – Aquisição de caminhões – Retirada dos veículos por terceiro sem autorização – Simples "carta de autorização" assinada pelo próprio mandatário – Inexistência de anuência pelo suposto mandante – 1- Nos termos do art. 662 do Código Civil, os **atos praticados por quem não tenha mandato**, ou o tenha sem poderes suficientes, são ineficazes em relação àquele em cujo nome foram praticados, salvo se este os ratificar. Empresa ré que recebeu R$ 160.000,00 pela aquisição de caminhões pelo autor, entregando-os a terceiro sem procuração, que compareceu ao local com carta assinada por ele próprio afirmando ser representante do comprador. Veículos que jamais chegaram na posse do verdadeiro comprador. 2- Dever da empresa, que não tomou as cautelas devidas, de reparar os danos causados, reembolsando o valor pago pela aquisição dos caminhões, com juros e correção, bem como ao pagamento de indenização por danos morais, voltando-se contra o terceiro causador do dano (suposto mandatário), se entender pertinente. Recurso provido (*TJSP* – Ap. 1009170-20.2015.8.26.0562, 10-4-2017, Relª Maria Lúcia Pizzotti).

Art. 663. Sempre que o mandatário estipular negócios expressamente em nome do mandante, será este o único responsável; ficará, porém, o mandatário pessoalmente obrigado, se agir no seu próprio nome, ainda que o negócio seja de conta do mandante.

O mandatário atua em nome do mandante, como se ele fosse, quando no exercício do mandato. Na questão concreta há de se verificar se o procurador atua em nome próprio ou em nome do mandante. A situação pode parecer nebulosa em certas oportunidades e exige exame das circunstâncias. A matéria é fundamental, porque ainda que o mandatário aja em negócios do interesse do mandante, mas em nome próprio, ficará responsável.

Civil. Processo civil. Ação de despejo c/c cobrança de alugueis. Reconvenção. Ilegitimidade do locador. Impossibilidade. Outorga de poderes para a imobiliária. Contrato de mandato. Responsabilidade do mandante pelos atos do mandatário. 1. Opera-se o mandato quando alguém recebe de outrem poderes para, em seu nome, praticar atos ou administrar interesses, sendo a procuração o instrumento do mandato (art. 653 do CC). 2. Em observância ao art. 663 do CC, o mandante será o único responsável sempre que o mandatário estipular negócios expressamente em nome daquele, o que é corroborado pelo art. 679 do mesmo Código, segundo o qual ainda que o mandatário contrarie as instruções do mandante, se não exceder os limites do mandato, ficará o mandante obrigado para com aqueles com quem o seu procurador contratou; mas terá contra este ação pelas perdas e danos resultantes da inobservância das instruções. 2.1. A responsabilidade do mandante apenas poderia ser afastada caso o mandatário abusasse dos poderes que lhe foram outorgados, agindo contra o interesse do mandante, e essa situação fosse ou devesse ser de conhecimento do terceiro com quem se negocia.(...) 4. Recurso desprovido (*TJPR* – Ap. 20160110290868APC, 24-4-2019, Rel. Alfeu Machado).

Agravo de instrumento – Ação de cobrança de corretagem imobiliária – Decisão que acolheu a ilegitimidade passiva do corréu mandatário da empresa proprietária do imóvel – **Mandatário que assumiu obrigação de pagar a comissão de corretagem** – Inteligência do artigo 663 do Código Civil – Legitimidade reconhecida – Extinção e sucumbência afastadas – Inquirição de testemunhas em audiência – Desnecessidade de carta precatória – Recurso provido (*TJSP* – AI 2022565-65.2016.8.26.0000, 7-4-2017, Rel. Cesar Luiz de Almeida).

Art. 664. O mandatário tem o direito de reter, do objeto da operação que lhe foi cometida, quanto baste para pagamento de tudo que lhe for devido em consequência do mandato.

Esse direito denominado de retenção, exposto no artigo, visa evitar o injusto enriquecimento, bem como ação judicial. Trata-se de valorização do trabalho desempenhado. Na verdade, a questão poderá se resumir em prestação de contas. O texto atual ampliou o alcance do art. 1.315 do Código anterior, que se reportava apenas a despesas com o mandato. O texto atual abrange também o pagamento pelo desempenho do mandato.

Enunciado nº 184, III Jornada de Direito Civil – CJF/STJ: Da interpretação conjunta desses dispositivos, extrai-se que o mandatário tem o direito de reter, do objeto da operação que lhe foi cometida, tudo o que lhe for devido em virtude do mandato, incluindo-se a remuneração ajustada e o reembolso de despesas.

Art. 665. O mandatário que exceder os poderes do mandato, ou proceder contra eles, será considerado mero gestor de negócios, enquanto o mandante lhe não ratificar os atos.

Esse artigo deve ser visto juntamente com o art. 662. Ao agir fora dos poderes outorgados, o mandatário o faz como se não tivesse mandato algum. O Código o equipara ao gestor de negócios, na forma dos arts. 861 ss, que devem ser examinados. O mandatário será responsável pelos prejuízos que ocasionar. A ratificação dos atos pelo mandante escoima os vícios.

Art. 666. O maior de dezesseis e menor de dezoito anos não emancipado pode ser mandatário, mas o mandante não tem ação contra ele senão de conformidade com as regras gerais, aplicáveis às obrigações contraídas por menores.

A *capacidade para ser mandatário* abrange todas as pessoas maiores e capazes. Aqui temos uma exceção. Justificava-se a exceção legal na medida em que os bens do incapaz não são colocados em risco. O risco é do mandante, ao admitir mandatário nessa condição, não podendo alegar a incapacidade, para anular o ato. Destarte, nessa hipótese, não responderá o mandatário por perdas e danos em face de má execução do mandato. Ressalva-se apenas, como corolário do sistema geral e não do dispositivo, ação de enriquecimento sem causa para o mandante, presentes seus requisitos.

Seção II
Das Obrigações do Mandatário

Art. 667. O mandatário é obrigado a aplicar toda sua diligência habitual na execução do mandato, e a indenizar qualquer prejuízo causado por culpa sua ou daquele a quem substabelecer, sem autorização, poderes que devia exercer pessoalmente.

Art. 667

> § 1º Se, não obstante proibição do mandante, o mandatário se fizer substituir na execução do mandato, responderá ao seu constituinte pelos prejuízos ocorridos sob a gerência do substituto, embora provenientes de caso fortuito, salvo provando que o caso teria sobrevindo, ainda que não tivesse havido substabelecimento.
> § 2º Havendo poderes de substabelecer, só serão imputáveis ao mandatário os danos causados pelo substabelecido, se tiver agido com culpa na escolha deste ou nas instruções dadas a ele.
> § 3º Se a proibição de substabelecer constar da procuração, os atos praticados pelo substabelecido não obrigam o mandante, salvo ratificação expressa, que retroagirá à data do ato.
> § 4º Sendo omissa a procuração quanto ao substabelecimento, o procurador será responsável se o substabelecido proceder culposamente.

Ordinariamente, dada a natureza do contrato, toda a carga de obrigações pende para o mandatário. No bojo da avença, são elas estabelecidas, atuando as disposições legais supletivamente à vontade das partes.

Atuando no interesse alheio, o mandatário deve empregar toda sua diligência habitual na execução do mandato. Utiliza-se o padrão do *bonus pater familias* ou homem médio. Ou, mais modernamente, analisa-se a boa-fé objetiva na condução do contrato. O mandatário ficará obrigado a indenizar qualquer prejuízo decorrente de sua culpa, ou daquele a quem, sem autorização, substabeleceu poderes que devia exercer pessoalmente. Os parágrafos desse dispositivo em ambos os Códigos tratam especificamente do substabelecimento, examinado a seguir. Como inferimos do § 1º, com redação mantida no presente estatuto, mesmo com a proibição, pode o mandatário substabelecer, assumindo as consequências ali cominadas.

Por outro lado, o mandato pode vedar o substabelecimento. Mesmo assim, não estará o mandatário inibido de fazê-lo. Se nessa contingência o mandatário substabelecer, assume o risco de escolher mal o terceiro, respondendo perante o mandante inclusive por caso fortuito, salvo provando que o caso teria sobrevindo, ainda que não tivesse havido substabelecimento (§ 1º). Quando existirem poderes para substabelecer, o mandatário somente responderá por danos causados pelo substabelecido se este for notoriamente incapaz ou insolvente de acordo com o art. 1.300, § 2º, do antigo Código. No atual Código, neste último tópico, há uma modificação na redação:

> "Havendo poderes de substabelecer, só serão imputáveis ao mandatário os danos causados pelo substabelecido, se tiver agido com culpa na escolha deste ou nas instruções dadas a ele" (§ 2º).

Como se nota, o texto do Código antigo dizia menos do que pretendera. Visava punir o mandatário substabelecente, em síntese, pela culpa *in eligendo* na escolha do substabelecido. Esse desiderato foi atingido com a nova dicção. A matéria é de prova. Deve o mandante prejudicado evidenciar que a atividade do substabelecido lhe trouxe prejuízos pela má escolha do mandatário ou porque houve desvio das instruções dadas a primitivo outorgado.

O atual Código ainda acrescenta: "*Se a proibição de substabelecer constar da procuração, os atos praticados pelo substabelecido não obrigam o mandante, salvo ratificação expressa, que retroagirá à data do ato*" (§ 3º). Cabe ao interessado, que contrata com procurador, acautelar-se, exigindo examinar o instrumento do mandato. Apercebendo-se da proibição quanto ao substabelecimento, deverá exigir a ratificação expressa, sob pena de os atos do substabelecido não obrigarem o mandante.

Aduz ainda o presente estatuto, nesse artigo, § 4º: "*Sendo omissa a procuração quanto ao substabelecimento, o procurador será responsável se o substabelecido proceder culposamente.*" Nada mencionando a procuração sobre o tema, entende-se que será possível o substabelecimento. O substabelecente assume responsabilidade pela escolha que faz. Na verdade, tanto o mandatário original como o substabelecido respondem por perdas e danos perante o mandante, se agirem com culpa. Aplica-se a regra geral. Se, porém, a atividade material dos atos decorrentes do mandato, por conduta exclusiva do substabelecido, ocasionar prejuízo por culpa deste, responde o procurador substabelecente perante o mandante. Cuida-se de aplicação que não desnatura os princípios gerais de responsabilidade civil e se amoldavam mesmo perante o sistema do Código de 1916, que não traz estes dois últimos dispositivos.

O art. 1.328 reportava-se ao substabelecimento de mandato judicial, não mais presente no vigente Código, como afirmado acima. Efetivado sem reserva de poderes, não sendo notificado ao constituinte, o procurador substabelecente continua a responder pelas obrigações do mandato. Trata-se de corolário natural da confiança que rege a outorga do mandato. Devemos entender, contudo, que o poder de substabelecer no mandato judicial é sua consequência natural, implícita no art. 38 do estatuto processual (CAHALI, 1995, p. 513). Não há necessidade de poderes expressos.

Apelação. Locação. Contrato de administração do imóvel com imobiliária local. Resilição da locação por culpa da locatária. Ausência de culpa da imobiliária. Mera mandatária. Indenização inviável. Sentença mantida. A imobiliária figurou como mera administradora da locação, e, após a resilição do contrato pela locatária, dispendeu todos os esforços cabíveis para o adimplemento das obrigações pendentes. Desta forma, está afastada a sua responsabilidade pelos valores inadimplidos, nos termos do art. 667 do CC. Recurso desprovido (*TJRS* – Ap. 70083294868, 30-1-2020, Rel. Jucelana Lurdes Pereira dos Santos).

⚖ Apelação – **Mandato** – Ação de indenização por danos materiais e morais – Sentença de improcedência – Apelo do autor, com preliminar de reiteração das razões do agravo retido interposto contra decisão que indeferiu a produção de prova oral. Legitimidade passiva e impossibilidade de denunciação da lide. Questões preclusas. Relação contratual de mandante e mandatário devidamente demonstrada através de procuração assinada pelo autor/cliente. Ausência de contrato de honorários advocatícios que não prejudica a análise da demanda, até porque as rés prestam serviços advocatícios *pro bono*. Dispensada a prova oral nesse sentido. Agravo retido desprovido. Contratação para a promoção de ação indenizatória por acidente de trabalho. Prazo prescricional de dois anos. Art. 7º, XXIX, da CF – Rés que não demonstraram ter promovido o ajuizamento da ação perante a Justiça Trabalhista no prazo correto. Contratação anterior de outro advogado e existência de denúncia trabalhista acerca de verbas rescisórias que não configura litispendência ou impedimento ético capazes de justificar o não ajuizamento da ação. Alegação de que o prazo trabalhista é exíguo e que seria possível a sua discussão em sede de ação promovida na Justiça Estadual. Verdadeira aventura judicial sem anuência do cliente, o qual esperava o ajuizamento na esfera trabalhista. Prestação gratuita que não exonera a advogada dos deveres da profissão. Perda de prazo. Ação na esfera cível que não tinha mesmo como proceder, devido à competência absoluta da Justiça do Trabalho. Fracasso que decorreu de uma falha do profissional. Indiligência. Obrigação de meio não cumprida. Falha que suprimiu o direito de acesso à Justiça do autor. Dano moral configurado. Art. 667 do CC e art. 32 da Lei nº 8.906/1994. Alegada perda de uma chance. Não verificada. Ausência de prova da existência de grandes chances de procedência da sentença trabalhista. Precedente do C. STJ. Dano material não configurado. *Quantum* indenizatório a título de dano moral. Observância do critério do art. 944 do CPC/73. Proporcionalidade e razoabilidade. Indenização fixada em R$ 8.000,00, corrigida monetariamente da data deste julgamento. Sucumbência recíproca. Agravo retido não provido. Apelação parcialmente provida (*TJSP* – Ap. 0126566-68.2012.8.26.0100, 21-9-2016, Rel. Carlos Dias Motta).

Art. 668. O mandatário é obrigado a dar contas de sua gerência ao mandante, transferindo-lhe as vantagens provenientes do mandato, por qualquer título que seja.

Agindo por conta e ordem de outrem, geralmente administrando interesses e patrimônio deste último, é inerente a essa situação a obrigação de prestar contas. Desde que tenha ocorrido início de execução de mandato, haverá dever de prestar contas. Salvo constituição de mandato em causa própria, esse dever de prestar contas não poderá ser afastado pela vontade das partes. Cláusula que exima o mandatário de fazê-lo constituir-se-á, sem dúvida, em disposição potestativa, vedada pelo ordenamento (art. 122, parte final). Da mesma forma, terminado o mandato, o mandatário deve devolver os bens que recebeu, em razão do contrato, ao mandante ou a outro mandatário nomeado, podendo estes, no caso de recusa de devolução, reivindicá-los. Não somente a prestação de contas formal é devida pelo mandatário, como também a obrigação de informar periodicamente, ou quando solicitado, acerca do que se passa sobre o desempenho do mandato. Não deve, contudo, ficar sujeito a constantes ingerências do mandante, que podem impedir o exercício tranquilo do mandato e justificar sua renúncia. Isso não inquina seu dever de portar-se de acordo com as instruções do constituinte. No mandato, o vínculo é de subordinação, mas não de natureza hierárquica, como ocorre no contrato de trabalho.

⚖ Mandato. Prestação de serviços advocatícios. Alegação de retenção de quantias recebidas em processo. Sentença de procedência. Obrigação de transferir ao mandante as vantagens auferidas. Art. 668 CC. Ato ilícito. Juros desde a data de retenção indevida. Abuso. Art. 670, CC/02. Pedido de indenização moral. Sentença ultra petita. Restrita a análise ao valor pleiteado. Dano moral não caracterizado. Personificação jurídica do Condomínio. Tratamento conferido à pessoa jurídica. Ausência de abalo ao conceito. Exame de parâmetros objetivos. Honorários redistribuídos. Recurso parcialmente provido. Há prova de atuação do escritório de advogados, com levantamento de numerários depositados em processo e cabe ao mandatário efetuar repasse imediato do dinheiro obtido. Quanto aos juros, são incidentes desde a não efetivação do repasse do valor, pois preconiza o art. 670 do CC o termo inicial desde o fato antijurídico. A pretensão de indenização moral é pautada na natureza essencialmente punitiva, quando a proteção da lei se volta à função reparatória ainda que tenha condão pedagógico. Ademais, não se caracteriza a situação posta em abalo ao conceito do Condomínio, cujo exame do dano se dá por critérios objetivos, pois se trata de ente com personificação jurídica cujo tratamento é equiparado ao de pessoa jurídica (*TJSP* – Ap. 1108770-66.2020.8.26.0100, 6-5-2021, Rel. Kioitsi Chicuta).

⚖ Agravo de instrumento – Exigir contas – Primeira fase – Mandato – Existência de relação jurídica entre as partes, na qual o autor outorgou mandato ao réu com poderes de administração e gerencia da empresa – Mandatário obrigado a prestar contas de sua gerência ao mandante (art. 668 do CC) – Contas que devem ser prestadas na forma mercantil (art. 551 do CPC) – Pretensão resistida, inclusive com manejo do presente recurso – Desnecessidade de esgotamento da via administrativa – Inafastabilidade da jurisdição – Ausência de má-fé imputada à agravada – Pedido de multa afastado - Recurso desprovido (*TJSP* – Ag 2278128-55.2019.8.26.0000, 24-6-2020, Rel. Fábio Podestá).

Art. 669

🔍 Agravo de instrumento – Prestação de contas – Primeira fase – **Mandato** – Prescrição afastada – Ação de natureza pessoal – Prazo decenal – Negócios jurídicos realizados no período de vigência da procuração outorgada pela autora. Obrigação da mandatária de prestar contas. Inteligência do artigo 668 do Código Civil. Recurso improvido (*TJSP* – AI 2199569-89.2016.8.26.0000, 3-4-2017, Rel. Pedro de Alcântara da Silva Leme Filho).

Art. 669. O mandatário não pode compensar os prejuízos a que deu causa com os proveitos que, por outro lado, tenha granjeado ao seu constituinte.

Essa regra veda a compensação de prejuízos que o mandatário tenha dado causa com os proveitos que obteve para o mandante. Trata-se, portanto, de mais uma exceção legal à proibição de compensação (art. 373), embora presentes os requisitos gerais para essa modalidade de extinção de obrigações. Atente-se que o mandatário somente será responsável por prejuízos que ocasionar ao mandante se houver culpa.

Art. 670. Pelas somas que devia entregar ao mandante ou recebeu para despesa, mas empregou em proveito seu, pagará o mandatário juros, desde o momento em que abusou.

Se o mandatário empregar o proveito que obteve com o contrato em seu favor, ficará obrigado a pagar juros ao mandante desde o momento que devia entregar-lhe somas e não o fez. Trata-se de complemento ao art. 668.

Art. 671. Se o mandatário, tendo fundos ou crédito do mandante, comprar, em nome próprio, algo que devera comprar para o mandante, por ter sido expressamente designado no mandato, terá este ação para obrigá-lo à entrega da coisa comprada.

Esse artigo é inovação, decorrente do art. 152 do Código Comercial. Trata-se de situação na qual o mandatário transgride a confiança outorgada pelo mandante. Situação de malícia ou dolo. Adquire para si algo que deveria adquirir para o mandante, tendo recebido meios financeiros para tal. Assim ocorrendo, o mandante terá ação para haver para si o bem adquirido com desvio da vontade, uma aquisição infiel, sendo a situação passível de perdas e danos e acerto financeiro, se for o caso, para ser evitado o enriquecimento injustificado. Aqui há uma aplicação específica do que consta em termos genéricos no art. 663.

Art. 672. Sendo dois ou mais os mandatários nomeados no mesmo instrumento, qualquer deles poderá exercer os poderes outorgados, se não forem expressamente declarados conjuntos, nem especificamente designados para atos diferentes, ou subordinados a atos sucessivos. Se os mandatários forem declarados conjuntos, não terá eficácia o ato praticado sem interferência de todos, salvo havendo ratificação, que retroagirá à data do ato.

O mandato pode ser conferido a mais de um mandatário. Nomeados no mesmo instrumento, pelo sistema do Código de 1916, entendia-se serem sucessivos, isto é, um atuaria na falta, recusa ou impossibilidade de outro, salvo se fossem declarados expressamente conjuntos ou solidários, sem divisão de suas atividades (art. 1.304). Desse modo, nesse sistema, nomeados em conjunto, sem especificação, somente poderiam os outorgados atuar concomitantemente. A regra defluía do art. 1.327 do Código antigo, que estava inserida nas disposições acerca do mandato judicial. Cuidava-se do *mandato conjunto*. No *mandato sucessivo*, os mandatários agirão respectivamente um na falta de outro nomeado anteriormente. No *mandato solidário*, forma mais usual e mais eficiente de mandato conjunto, qualquer dos nomeados poderia praticar atos em nome do mandante, independentemente da ordem de nomeação. Quando a vários outorgados são atribuídas atividades distintas, existem na realidade vários mandatos em um único instrumento.

Há uma guinada de posição neste Código, a respeito do mandato conjunto, que atende melhor nossa necessidade negocial mais recente, como se percebe da redação desse artigo. Essa disposição coaduna-se melhor com a dinâmica que o mandato busca, qual seja, uma mais rápida conclusão de atos e negócios. O mandato conjunto deverá ser visto, doravante, como exceção, e derivar da vontade expressa das partes. A matéria ganha importância, mormente no mandato judicial no qual se nomeiam advogados, ordinariamente, para agir em conjunto ou separadamente. Somente se houver razões ponderáveis, tendo em vista a natureza do negócio, o mandante instituirá procuradores conjuntos ou sucessivos.

Nada impede que mais de um mandatário seja nomeado em instrumentos distintos para o mesmo negócio. Cabe ao outorgante acrescer outros mandatários aos já anteriormente nomeados, impondo-lhes atividade conjunta, sucessiva, solidária ou fracionária. Não se reportando a um mandato anterior, a outorga posterior revoga, em princípio, o mandato primitivo. A matéria merece maior digressão, a ser feita no exame da extinção do mandato.

🔍 Embargos de declaração. Alegação de omissão. Matéria e documentos examinados, com fundamentos exarados sobre o mandato solidário e regra do art. 672 do CC. Caráter meramente infringente. Embargos rejeitados. A questão acerca do mandato conferido foi examinada e foram apontados os fundamentos necessários sobre a existência de mandato solidário, nos termos do art. 672 do Código Civil, sem litisconsórcio passivo necessário, bem como aferidos os levantamentos em nome do réu, restando o dever de prestar as contas. Os embargos são meramente infringentes

(*TJSP* – EDcl 1103699-30.2013.8.26.0100, 12-4-2018, Rel. Kioitsi Chicuta).

⚖ Agravo de instrumento – Mandato – Ação de indenização por danos morais e materiais – Chamamento ao processo – Advogado cujo nome consta na procuração – Responsabilidade solidária reconhecida – Decisão mantida – Recurso não provido – Considerando a atuação dos profissionais nomeados no mesmo mandato, vê-se que o advogado que figura no instrumento de procuração responde solidariamente por atos omissivos e comissivos, tendo como consequência o dever de indenizar os danos daí decorrentes, com fulcro inclusive no art. 672 do CC, razão pela qual deve ser mantida a decisão que deferiu o chamamento ao processo do ora agravante. Recurso não provido (*TJSP* – AI 2226734-14.2016.8.26.0000, 13-12-2016, Rel. Paulo Ayrosa).

Art. 673. O terceiro que, depois de conhecer os poderes do mandatário, com ele celebrar negócio jurídico exorbitante do mandato, não tem ação contra o mandatário, salvo se este lhe prometeu ratificação do mandante ou se responsabilizou pessoalmente.

Quem se intitula mandatário perante terceiros deve se identificar-se como tal. Para isso o Código antigo instituía a obrigação de apresentar o instrumento do mandato às pessoas com quem trata em nome do mandante no antigo art. 1.305. Trata-se mais propriamente de um direito dos terceiros, e não preponderantemente uma obrigação do mandatário, que não pode ser suprimido, porque contratando com quem não tenha os devidos poderes, ficarão sujeitos a responder por esses atos. O dispositivo legal refere-se à apresentação de instrumento. Se o mandato for verbal, não existindo, portanto, instrumento, em caso de dúvida pode validamente o terceiro recusar-se à prática do ato ou negócio, exigindo confirmação do mandato. Tendo em vista essa conotação, este Código suprime essa disposição que é perfeitamente absorvida pelo art. 1.306, em redação mantida no fundo e na extensão por este art. 673 do atual Código, o qual complementa que, se o terceiro, mesmo sabedor dos limites do mandato, praticar com o mandatário atos exorbitantes, não terá ação contra o mandatário, *"salvo se este lhe prometeu ratificação do mandante ou se responsabilizou pessoalmente"*.

Cuida-se, como se percebe, de situações casuísticas cujos detalhes devem ser aferidos na conduta das partes. Avulta a importância da prova, geralmente dramática nessas situações.

O que se conclui é que quem contrata com representante e não com a própria parte deve tomar redobrados cuidados, examinando os termos e extensão do mandato, sob pena de sofrer prejuízo. Leve-se em consideração, no entanto, que em sede de mandatos verbais importa muito a aparência, cujos aspectos devem ser devidamente sopesados no caso concreto. Deve ser distinguido se há mera aparência de mandato ou se o mandato efetivamente existe. O mandato aparente não se confunde com o mandato tácito. Neste último, ocorre efetivamente a representação, surgindo de um comportamento das partes, o qual a lei reconhece efeitos (LORENZETTI, 1999, t. 2, p. 170). Esses princípios não refogem às regras gerais de aparência e seus efeitos jurídicos, como estudamos, por exemplo, na hipótese de pagamento aparente.

Art. 674. Embora ciente da morte, interdição ou mudança de estado do mandante, deve o mandatário concluir o negócio já começado, se houver perigo na demora.

A morte do mandante ou a mudança de seu estado civil extingue o contrato (art. 682). No entanto, são válidos os atos do mandatário, enquanto não ciente da morte. Mesmo ciente do passamento, interdição ou mudança de estado do mandante, está o mandatário obrigado a concluir negócio já começado, se houver perigo na demora. A lei procura preservar o negócio e o direito do espólio nessa situação. O mandante responderá pelos danos que ocasionar nessa situação perante o espólio e os herdeiros.

Seção III
Das Obrigações do Mandante

Art. 675. O mandante é obrigado a satisfazer todas as obrigações contraídas pelo mandatário, na conformidade do mandato conferido, e adiantar a importância das despesas necessárias à execução dele, quando o mandatário lho pedir.

A conduta do mandatário vincula em princípio o mandante. Desse modo, deve este satisfazer as obrigações contraídas por aquele na conformidade do contrato, cabendo-lhe adiantar as despesas necessárias para a execução, quando assim for solicitado pelo mandatário. Não estabelecendo o pacto que o próprio mandatário adiantará o valor das despesas, poderá ele validamente se recusar a cumprir o mandato, se não receber previamente do mandante, com fundamento na exceção de contrato não cumprido.

A matéria atinente à repercussão de atos praticados pelo representante, sem poderes suficientes para tal, deve ser interpretada segundo os princípios de boa-fé, mormente a boa-fé objetiva decantada neste Código. Válidos serão os atos, em princípio, não havendo impugnação ou ratificação oportuna pelo mandante, se não se comprovar má-fé dos terceiros.

Art. 676. É obrigado o mandante a pagar ao mandatário a remuneração ajustada e as despesas da execução do mandato, ainda que o negócio não surta o esperado efeito, salvo tendo o mandatário culpa.

Salvo provando culpa do mandatário, o mandante é obrigado a pagar a remuneração ajustada e as despesas de execução, "*ainda que o negócio não surta o esperado efeito*". O dispositivo abre exceção, que se amolda à regra geral de responsabilidade: provada a culpa do mandatário, cairá por terra a remuneração. Verificamos, pois, que o mandato, independentemente do negócio que predispõe, contém obrigação de meio e não de resultado.

O mandatário deve ser reembolsado das perdas que sofrer em razão da conduta contratual, salvo se resultarem de sua culpa ou de excesso de poderes. Na prática, necessitar-se-á de investigação probatória para estabelecer limites entre prejuízos decorrentes exclusivamente do mandato e outros exorbitantes, dentro da atividade do mandatário.

Art. 677. As somas adiantadas pelo mandatário, para a execução do mandato, vencem juros desde a data do desembolso.

Se o mandatário adiantar despesas, fará jus a juros desde a data do desembolso. Logicamente que a quantia também será corrigida monetariamente pelo princípio geral que busca evitar o injusto enriquecimento, bem como levando-se em conta os princípios a respeito neste Código.

Art. 678. É igualmente obrigado o mandante a ressarcir ao mandatário as perdas que este sofrer com a execução do mandato, sempre que não resultem de culpa sua ou de excesso de poderes.

O mandatário, no exercício do seu mister, poderá ter despesas inesperadas, extraordinárias e não adiantadas ou previstas pelo mandante. Não poderá o primeiro sofrer prejuízo pelo que não ocasionou, não derivando de culpa sua ou excesso de poderes. Irrelevante, nesse caso, que o mandato seja gratuito ou remunerado. Mais uma vez a situação concreta dará a solução.

Art. 679. Ainda que o mandatário contrarie as instruções do mandante, se não exceder os limites do mandato, ficará o mandante obrigado para com aqueles com quem o seu procurador contratou; mas terá contra este ação pelas perdas e danos resultantes da inobservância das instruções.

A obrigação do mandante perante terceiros persiste, ainda que o mandatário tenha contrariado as instruções do outorgante, desde que não tenha excedido os limites do mandato. Terá, porém, o mandante, ação contra o mandatário pelas perdas e danos resultantes da contrariedade das instruções. Procura a lei afastar a interferência das relações internas do mandato dos negócios externos praticados com terceiros, em prol de melhor adequação social. De outro modo, o mandato perderia credibilidade e, consequentemente, sua maior utilidade, que é propiciar dinâmica aos negócios. Sempre que for necessário, deve ser protegido o ato praticado com terceiro de boa-fé, ainda que perante mandato aparente, levando-se em conta a teoria geral da aparência e a segurança das relações negociais.

Art. 680. Se o mandato for outorgado por duas ou mais pessoas, e para negócio comum, cada uma ficará solidariamente responsável ao mandatário por todos os compromissos e efeitos do mandato, salvo direito regressivo, pelas quantias que pagar, contra os outros mandantes.

A outorga de mandato conjunto por duas ou mais pessoas para negócio comum estabelece solidariedade perante o mandatário, ressalvado direito regressivo daquele que pagar ao mandatário contra os demais mandantes. Trata-se de exemplo de solidariedade decorrente de texto legal. Esse vínculo de solidariedade afeta a relação interna do mandato, sendo irrelevante para os terceiros.

Art. 681. O mandatário tem sobre a coisa de que tenha a posse em virtude do mandato, direito de retenção, até se reembolsar do que no desempenho do encargo despendeu.

A lei faculta ao mandatário direito de retenção sobre o objeto do mandato até o reembolso das despesas. Entende-se, em face do princípio geral, que esse direito de retenção também se estende à remuneração do mandato oneroso. Esse era o sentido do art. 156 do Código Comercial, que assegurava o direito de retenção, em razão de tudo o que fosse devido em consequência do mandato. Neste texto, há um alargamento do contido no art. 664, dando maior tranquilidade ao intérprete.

Enunciado nº 184, III Jornada de Direito Civil – CJF/STJ: Da interpretação conjunta desses dispositivos, extrai-se que o mandatário tem o direito de reter, do objeto da operação que lhe foi cometida, tudo o que lhe for devido em virtude do mandato, incluindo-se a remuneração ajustada e o reembolso de despesas.

Seção IV
Da Extinção do Mandato

Art. 682. Cessa o mandato:
I – pela revogação ou pela renúncia;
II – pela morte ou interdição de uma das partes;
III – pela mudança de estado que inabilite o mandante a conferir os poderes, ou o mandatário para os exercer;
IV – pelo término do prazo ou pela conclusão do negócio.

Todas as situações de término do mandato são intuitivas, decorrem da natureza do negócio e do que já foi anteriormente explanado.

O mandato é em regra essencialmente revogável expressa ou tacitamente, afora as exceções do art. 1.317 do velho Código e a situação descrita no art. 683 do atual. Fundado na confiança, a qualquer momento pode o mandante revogá-lo, da mesma forma que pode o mandatário a ele renunciar. Pela revogação, o mandante suprime os poderes outorgados. Essa revogação constitui, na verdade, uma *denúncia vazia ou imotivada* do contrato de mandato, pois independe de qualquer justificativa. Ao mandante cabe julgar do interesse de manter ou não o mandatário. Essa revogação é ato unilateral, independe de justificação ou aceitação do mandatário. Pode ocorrer antes ou durante o desempenho do mandato. Ineficaz e despicienda será a revogação após a conclusão da atividade do mandatário.

Nada impede que o mandante suprima apenas parte dos poderes outorgados, formalizando desse modo revogação parcial. Pode ser expressa quando é notificado o mandatário por qualquer meio idôneo, judicial ou extrajudicialmente; pode ser tácita quando decorrer de atos contrastantes com a manutenção do mandato praticados pelo mandante. Pode ocorrer que este assuma pessoalmente a conduta dos atos, por exemplo, ou na hipótese do art. 687, quando comunicada ao mandatário a nomeação de outro, para o mesmo negócio. Após tomar ciência da revogação, não pode o mandatário praticar qualquer ato, assumindo responsabilidade pessoal por perdas e danos se o fizer.

Quando são vários os mandantes, a revogação por um deles apenas o desvincula, sem afetar o negócio com relação aos outros, a menos que o objeto do contrato seja indivisível.

A revogação não atinge os atos pretéritos já praticados, válidos com relação ao mandante, mandatário e terceiros, operando apenas *ex nunc*. Também não está sujeita à mesma forma do mandato, ainda que para este se exija forma especial, a não ser que excepcionalmente se configure o distrato nos termos do art. 1.093, primeira parte.

A extinção do mandato também pode decorrer de resilição bilateral (distrato); ambos os contraentes abrindo mão do contrato.

Atribuída ao mandante a faculdade de revogar *ad nutum* o mandato, da mesma forma e sob a igual fundamentação é permitida a *renúncia* por parte do mandatário, que também é denúncia do contrato. Cumpre que a comunique ao mandante, que, se por ela for prejudicado, pela inoportunidade, ou pela falta de tempo para constituir novo procurador, poderá pedir indenização ao mandatário, conforme estabelecido no art. 688, *"salvo se este provar que não podia continuar no mandato sem prejuízo considerável"*. A novel lei acrescenta ainda que, nessa situação, o mandatário não só deve provar que não podia continuar no desempenho do mandato sem prejuízo considerável, mas que também não lhe era dado substabelecer (art. 688). Se pudesse substabelecer, cairia por terra esse seu estado de necessidade. A renúncia inoportuna, portanto, não se torna ineficaz, mas sujeita o renunciante a perdas e danos. Desse modo, nada obsta a renúncia, seja gratuito, seja oneroso o mandato. Em razão de sua natureza, a renúncia deve ser sempre expressa.

A *morte* do mandante ou do mandatário extingue o mandato, mas podem persistir efeitos reflexos do contrato impondo obrigações aos sucessores. Não se representa o morto, que deixa de ter personalidade. Enquanto, porém, o mandatário ignorar a morte do mandante, ou a extinção do mandato por qualquer outra causa, são válidos os atos praticados pelo outorgado perante terceiros de boa-fé. Veja o art. 689.

A *interdição* de qualquer das partes do mandato também acarreta sua extinção, pois a ocorrência da *capitis deminutio* inibe as partes de prosseguir validamente nos atos jurídicos. Dentro da tradicional doutrina romana, ocorrendo a interdição há mudança de estado, contemplada especificamente no inciso III do art. 682.

Pelas mesmas razões, e levando em conta a natureza *intuitu personae* do mandato, morto o mandatário não poderão seus herdeiros cumprir o contrato. Devem, porém, tomar as providências necessárias para impedir danos aos interesses do mandante, exercendo as medidas assecuratórias necessárias (art. 690). A desídia dos herdeiros pode acarretar-lhes responsabilidade.

Acrescenta o art. 691 que referidos herdeiros devem limitar-se às medidas conservatórias ou à continuação dos negócios pendentes cuja paralisação possa trazer danos ao outorgante. A razão do dispositivo é de cunho evidente, visando à proteção dos negócios do falecido. Socorre-se o *periculum in mora*. Deverão agir nessa contingência dentro dos limites aceitáveis do mandato, sujeitando-se a suas normas. Projeta-se também aqui o contrato para depois da morte do mandatário. Responderão, portanto, os herdeiros, se extrapolarem os limites do mandato ou agirem contra o interesse presumido do mandante. Contudo, não estarão terceiros obrigados a contratar com os herdeiros, nessa situação, salvo hipótese de iminente perda de direitos.

Outra hipótese legal de extinção do mandato referida na lei é a *mudança de estado* do mandante ou do mandatário, já referida na hipótese de interdição. Desse modo, por exemplo, alguém solteiro, que tenha outorgado procuração para venda de imóveis, e venha a consorciar-se, automaticamente ficará ineficaz o mandato, porque essa alienação doravante dependerá, em princípio geral, do consentimento do outro cônjuge. Embora a falência acarrete tecnicamente *capitis deminutio* parcial para o falido, a antiga lei de quebras (Lei nº 7.661/1945) possuía regra própria acerca do mandato no art. 49, dispondo que o mandato conferido pelo falido antes da quebra, relativo aos interesses da massa, continua em vigor até revogação expressa pelo síndico. O mesmo princípio deve ser seguido pelo administrador judicial, que tem poderes amplos, na forma da, Lei de Falências e de Recuperação de Empresas. Sua nomeação para cargo incompatível com o respectivo exercício, por exemplo, a posse no cargo de juiz em relação à procuração *ad judicia*, equivale à mudança de estado e inibe o mandatário de prosseguir no contrato.

Refere-se ainda o inciso IV do art. 682 à *terminação do prazo* ou *conclusão do negócio* para extinguir o mandato. O mandato conferido por prazo indeterminado opera até a respectiva revogação, não ocorrendo outra causa de extinção. Nos mandatos a prazo, seu decurso faz esvaziar o contrato, que perde eficácia. Conferido para certo negócio, ultimado este, cessa o mandato. Podem ocorrer matizes próprias a certos negócios, relativas ao efetivo término do mandato que a riqueza dos casos concretos deve dar a solução. Há efeitos residuais em certos negócios que merecem o acurado exame para ser verificada a persistência do mandato.

Quando se frustra ou se impossibilita a consecução do fim buscado no mandato, também ocorre extinção. Não se confunde, porém, o término do prazo com a conclusão do negócio, que são fatores distintos, pois nesta última hipótese há exaurimento do mandato. O mandato pode ser conferido ao outorgado para representar o mandante em determinado órgão público durante certo prazo, por exemplo, ou até que se conclua determinada obra. Vemos que a extensão desses dois mandatos é diversa.

Apelação cível. Cobrança. Advogado. Multa contratual. Rescisão contratual ou desistência da ação. Mandato. Revogação no curso do processo. Possibilidade. Art. 111, CPC e 682, I, do CC. Novo procurador. Prosseguimento da ação. Multa afastada. Honorários advocatícios proporcionais. Recurso conhecido e não provido. 1. Se o mandato conferido ao advogado foi revogado no curso do processo (arts. 111 do CPC e 682, I, CC), com nomeação de outro para substituí-lo, não tem incidência a multa contratual prevista para a hipótese de rescisão contratual ou desistência da ação pelos contratantes, assegurando-se ao causídico, no entanto, o recebimento de honorários advocatícios proporcionais pelo tempo e serviços prestados, em ação autônoma. 2. "... se é lícito ao advogado, por imperativo da norma, a qualquer momento e sem necessidade de declinar as razões, renunciar ao mandato que lhe foi conferido pela parte, respeitado o prazo de 10 dias seguintes, também é da essência do mandato a potestade do cliente de revogar o patrocínio *ad nutum*". (REsp 1.346.171-PR, rel. Ministro Felipe Salomão, DJe 11/10/2016). 3. Recurso conhecido e não provido (*TJPR* – Ap. 0025706-20.2017.8.16.0017, 28-6-2020, Rel. Fábio Haick Dalla Vecchia).

Apelação – **Prestação de serviços (mandato)** – Embargos à execução – Prova da prestação dos serviços profissionais – A prestação dos serviços profissionais assegura ao contratado o direito à remuneração nos termos do art. 22 do Estatuto da Ordem dos Advogados do Brasil (Lei Federal 8.906/94), inclusive na hipótese de extinção prematura do contrato. Ausência de controvérsia a respeito dos serviços prestados. Remuneração devida. Preliminar de nulidade afastada. Preliminar afastada. Recurso desprovido (*TJSP* – Ap. 0032377-52.2013.8.26.0007, 31-3-2017, Rel. Antonio Nascimento).

Art. 683. Quando o mandato contiver a cláusula de irrevogabilidade e o mandante o revogar, pagará perdas e danos.

Art. 684. Quando a cláusula de irrevogabilidade for condição de um negócio bilateral, ou tiver sido estipulada no exclusivo interesse do mandatário, a revogação do mandato será ineficaz.

O art. 1.317 do Código de 1916 estatuía três exceções de *irrevogabilidade do mandato*:

"I – quando se tiver convencionado que o mandante não possa revogá-lo, ou for em causa própria a procuração dada;
II – nos casos, em geral, em que for condição de um contrato bilateral, ou meio de cumprir uma obrigação contratada, como é, nas letras e ordens, o mandato de pagá-las;
III – quando conferido ao sócio, como administrador ou liquidante da sociedade, por disposição do contrato social, salvo se diversamente se dispuser nos estatutos, ou em texto especial de lei."

Afora essas situações de lei, não se podia ter o mandato como irrevogável. De plano, concluímos que mandato com poderes gerais nunca poderá ser irrevogável. Arnoldo Wald (1992, p. 403) anota com acuidade que esses casos de irrevogabilidade se justificam quando há perda da fidúcia inerente ao mandato ou nas hipóteses em que todo o interesse e o direito já foram transferidos ao mandatário. Desaparecida a base fiduciária, o mandato perde, em princípio, a característica da revogabilidade. Tendo em mente que o mandato é essencialmente revogável, é preciso que existam pressupostos suficientes para autorizar a irrevogabilidade.

Da impossibilidade de revogar mandato em causa própria já examinamos antes, como exceção imprópria da regra geral, em face da natureza do negócio que contém o autocontrato. Se no bojo de uma procuração em causa própria para alienação de imóvel, com plena eficácia de acordo com o que estudamos, foi inserida cláusula de irretratabilidade, não se admite a revogação, não porque se trata de mandato, mas porque se trata de compromisso de venda irretratável.

O inciso I contemplava também a hipótese de o próprio mandante ter vinculado sua vontade, estatuindo a impossibilidade de revogação no ato, incluindo *cláusula de irrevogabilidade*. Essa cláusula depende da oportunidade e conveniência das partes. Presente no negócio, o mandatário exerce a atribuição sem ser molestado. A doutrina distingue, porém, se o mandato foi instituído no interesse do mandatário ou de ambas as partes, ou no interesse exclusivo do mandante. Se ocorrer esta última hipótese, nada impede a revogação, ausente qualquer interesse do mandatário em impedi-la.

Embora presente a impossibilidade de revogar, parte da doutrina a admite, ficando o mandante sujeito a pagar a remuneração total ao procurador, bem como prejuízos resultantes do ato, como qualquer contratante inadimplente (PEREIRA, 1994, p. 290). Na realidade, ao revogar, tendo-se comprometido a não fazê-lo, o agente descumpre obrigação de não fazer. Contudo, há que se buscar sempre o cumprimento das obrigações tal como avençadas, ainda que de forma coativa de conformidade com os preceitos processuais. A indenização é sempre substitutivo do cumprimento e deve emergir na impossibilidade deste. Por outro lado, quando se trata de irrevogabilidade em contratos bilaterais, assiste razão aos que admitem plena eficácia a essa cláusula.

O atual Código, no art. 683, aceita que o mandato possa ter cláusula de irrevogabilidade, dentro do que era defendido pela doutrina: "*Quando o mandato contiver a cláusula de irrevogabilidade e o mandante o revogar, pagará perdas e danos.*" O mandante, nessa situação, sabe, *a priori*, que pagará perdas e danos se revogar o mandato.

Por outro lado, ainda dentro da mesma temática, o art. 684 da mais recente lei acrescenta: "*Quando a cláusula de irrevogabilidade for condição de um negócio bilateral, ou tiver sido estipulada no exclusivo interesse do mandatário, a revogação do mandato será ineficaz.*"

Essa hipótese também era defendida pela doutrina. Caberá, no caso concreto, avaliar se a irrevogabilidade decorre da natureza do contrato bilateral ou se inserida no interesse exclusivo do mandatário.

Acrescentamos que em doutrina não se admitia cláusula de irrevogabilidade nas procurações outorgadas por um cônjuge a outro, no sistema de 1916. Por esse meio, possibilitar-se-ia que um cônjuge dissipasse todos os bens do casal, sem que outro pudesse impedi-lo. Com isso ficaria vulnerada a regra do art. 230, que rezava sobre a imutabilidade do regime de bens no casamento. Essa irrevogabilidade iria contra a necessidade de um cônjuge autorizar outro a realizar alienações imobiliárias e outros atos elencados no art. 242. O art. 244 dispunha que essa autorização era revogável a qualquer tempo. Daí a razão pela qual a outorga de mandato de um cônjuge a outro para alienação de imóvel era sempre revogável, ainda que se inserisse cláusula em contrário na procuração, ressalvados direitos de terceiros (RIZZARDO, 1988, p. 748). Mesmo no presente sistema, que permite a modificação do regime de bens dos cônjuges mediante justificativa e autorização judicial, o princípio continua verdadeiro, como regra.

A lei de 1916 considerava ainda irrevogável o contrato quando acessório de outro contrato bilateral ou como meio de cumprir obrigação contratada. A impossibilidade de revogar justificava-se porque o mandato vinculava-se a outro contrato, não passível de resilição unilateral. Da mesma forma que no tópico anterior, se ainda assim o sujeito revogasse o mandato, sujeitar-se-ia às consequências desse inadimplemento por ele provocado.

O Código antigo ainda acrescentava impossibilidade de revogar mandato conferido a sócio, como administrador ou liquidante de sociedade, por disposição do respectivo contrato social. A matéria diz respeito ao direito societário.

Todas essas hipóteses da lei revogada merecem na atualidade o exame acurado das condições do negócio e das particularidades do caso concreto.

O mandato irrevogável pode ser substabelecido, mantendo-se com as mesmas características. As particularidades para a revogação do substabelecimento obedecem às regras para a revogação do mandato em geral. Entretanto, nesse mandato, se todos os poderes do mandatário são substabelecidos sem reserva, obviamente esse substabelecimento é irrevogável.

Procuração outorgada por instrumento público e atrelada à venda de recebíveis, firmada com cláusula de irrevogabilidade e no interesse das mandatárias. Revogação por vontade da mandante vedada, nos termos do artigo 684 do CC. Abuso das mandatárias, ademais, não demonstrado. Renúncia feita por instrumento particular e ratificada em juízo que não esvazia o interesse de agir da Autora, mas configura reconhecimento do pedido. Inversão da sucumbência em face da injustificada resistência das Rés a pronunciar a renúncia por instrumento público que deu causa à propositura da ação. Recurso provido (*TJSP* – Ap. 1002116-78.2016.8.26.0655, 27-3-2019, Rel. Pedro Baccarat).

Agravo de instrumento – Cessão de direitos – **Procuração em causa própria** – Ausência dos requisitos – 1- "Para configurar uma procuração com cláusula *in rem suam*, faz-se necessário a satisfação de requisitos específicos, que não se esgotam nos poderes da irrevogabilidade, irretratabilidade e sem a devida prestação de contas." Precedente APC 20110610020342. 2- As procurações trazidas não preenchem a totalidade dos requisitos exigidos para sua validade como procuração em causa própria, pois trata-se de meros mandatos representativos. 3- Recurso conhecido e desprovido (*TJDFT* – Proc. 20160020415062AGI – (994341), 17-2-2017, Relª Maria de Lourdes Abreu).

Art. 685. Conferido o mandato com a cláusula "em causa própria", a sua revogação não terá eficácia, nem se extinguirá pela morte de qualquer das partes, ficando o mandatário dispensado de prestar contas, e podendo transferir para si os bens móveis ou imóveis objeto do mandato, obedecidas as formalidades legais.

Em nossa obra *Direito civil: teoria geral das obrigações* (Capítulo 19), reportamo-nos ao contrato consigo mesmo ou autocontrato. A questão está, pois, ligada à denominada procuração em causa própria. Sobre a validade e eficácia desse negócio, examine o que ali foi explanado. Sob tais fundamentos, há que se ter em mente a dicção do art. 1.317, I, do Código de 1916, que mencionava ser irrevogável a procuração em causa própria. O Código, se a admitiu nesse dispositivo, não delimitou seu alcance. Como vimos, essa modalidade de mandato presta-se, na verdade, como contrato preliminar para transmissão de direitos, geralmente imobiliários. Autoriza-se o mandatário a adquirir para si mesmo um bem pertencente ao mandante.

Enfatize-se que o negócio não admite potestatividade em favor do mandatário, como ocorre no âmbito de credor e devedor, quando se autoriza o primeiro a emitir título de crédito em seu favor, ou em favor de pessoa jurídica coligada. A utilidade da procuração em causa própria reside na cessão de direitos ou promessa de transferir bens do mandante para o mandatário. Mesmo nesse âmbito, não há que se admitir o negócio quando se permite que o mandatário, por exemplo, fixe unilateralmente o preço e as condições do negócio. De qualquer modo, a *procuratio in rem suam* destina-se a servir como meio auxiliar de transmissão da propriedade ou de outros direitos. Como vimos, deve conter os requisitos plenos do contrato objetivado e como tal deve ser tratado.

A irrevogabilidade da procuração em causa própria justifica-se pelo fato de ser ato jurídico que implica transferência de direitos. Não devemos divisar na hipótese uma exceção à regra geral que permite revogar o mandato. Tanto é assim que esse mandato mantém eficácia plena mesmo após a morte do mandante. Percebemos, portanto, que apenas aparentemente o negócio surge como mandato. Seus princípios devem ser examinados mais profundamente à luz dos contratos de transferência de direitos em geral e não sob o prisma do mandato. Cumpre apenas que se coíba abuso de vontade que traduza uma distorção, um desvio de finalidade desse controvertido negócio jurídico. Como é irrevogável e passado no interesse do mandatário, para este também não há dever de prestar contas.

Não ocorre mandato em causa própria, por exemplo, quando ao mandatário se atribui a alienação de bens do mandante a terceiros e o primeiro vende-os a si mesmo. Essa hipótese encontrava óbice no art. 1.133, II, do Código de 1916, que proibia fossem comprados, ainda que em hasta pública, "*pelos mandatários,*

os bens, de cuja administração ou alienação estejam encarregados".

Este Código, atento às críticas e à lacuna legal, delimitou e descreveu corretamente os efeitos da procuração em causa própria neste art. 685.

Espera-se que, com essa redação, não mais pairem dúvidas sobre esse útil instituto. Como acentuamos, a procuração em causa própria traduz um contrato definitivo ainda que preliminar, no qual as duas vontades se unem em um único instrumento, possibilitando a consecução definitiva do negócio. Na verdade, no chamado contrato consigo mesmo, há mais de contrato definitivo e menos de mandato, que é sempre um contrato preparatório.

Em sede de mandato em causa própria,

"*se o poder não é preciso e permite discricionariedade na atuação do mandatário, o contrato pode ser anulado, porque a vontade do representado fica em mãos do representante, que não pode agir independentemente já que se trata de seu próprio interesse contra o do representado. Esta ilicitude pode ser excluída se existe autorização anterior ou ratificação do ato*" (LORENZETTI, 1999, t. 2, p. 185).

Não deve ser confundido o contrato consigo mesmo, tal como aqui delineado, com o fato de o mandatário utilizar eventualmente em seu próprio proveito ou adquirir bem ou vantagem mediante informações obtidas em razão do mandato. Nesse caso, a regra é a proibição de realizar esses negócios salvo expressa autorização do representado. Nessa hipótese, não existe mandato em causa própria ou autocontrato.

Apelações cíveis. Ação reivindicatória c/c indenização por danos materiais e morais e ação cautelar de busca e apreensão. Compra e venda de bem móvel. Veículo. Revogação de mandato em causa própria e efeitos contra terceiro de boa-fé. 1. Mandato em causa própria (art. 685 do CC), consiste na transferência de direitos sobre um bem, por meio de procuração, tratando-se de Instrumento de facilitação de negócios de bens móveis principalmente, comumente utilizado no ramo do comércio de automóveis usados. 2. Não é oponível ao terceiro de boa-fé o distrato e a revogação de mandato em causa própria, na forma do art. 686 do Código Civil. 3. Devida indenização pela desvalorização do veículo no período da perda injusta da posse pelo proprietário. Manutenção da tabela FIPE como indexador da indenização, dada a prática comercial usual. Apelações cíveis 70080338403 e 70080338502 desprovidas (*TJRS* – Ap. 70080338403, 28-3-2019, Rel. Mylene Maria Michel).

Art. 686. A revogação do mandato, notificada somente ao mandatário, não se pode opor aos terceiros que, ignorando-a, de boa-fé com ele trataram;

mas ficam salvas ao constituinte as ações que no caso lhe possam caber contra o procurador.
Parágrafo único. É irrevogável o mandato que contenha poderes de cumprimento ou confirmação de negócios encetados, aos quais se ache vinculado.

A problemática maior, quanto à revogação, reside nos efeitos com relação a terceiros, que em suma não poderão ser prejudicados pela relação interna do mandato. Evidente que deverão tomar conhecimento da revogação pelo mandante. No entanto, nem sempre será fácil sua ciência, mormente se o mandato se destina a prática de atos perante número indeterminado de pessoas. Sob tal diapasão, dispõe esse artigo.

Decorre daí que o mandante também deve agir de molde que dê ciência aos terceiros da revogação para impedir que os atos do mandatário repercutam em seu patrimônio. Quando os terceiros são em número indeterminado ou de difícil identificação, devem ser utilizadas as divulgações pela imprensa ou por órgãos que presumivelmente mais atinjam a coletividade ligada ao mandatário. A divulgação da revogação de um mandato conhecido por membros de determinada associação, por exemplo, pode em tese ser idônea mediante fixação do comunicado em quadro de avisos aos associados. Importante que o veículo de comunicação seja eficaz. A questão, porém, poderá trazer barreiras de difícil transposição na prática.

De qualquer modo, presume-se a boa-fé do terceiro que trata com mandatário com outorga cassada, sem dela saber. Cabe ao interessado provar que os terceiros foram notificados ou tinham ciência da revogação. Sabedores da revogação, nada mais podem reclamar do mandante, devendo responder perante eles aquele que se arvorou em mandatário.

Nesse tema, acrescenta o parágrafo único: *"É irrevogável o mandato que contenha poderes de cumprimento ou confirmação de negócios encetados, aos quais se ache vinculado."* A ideia é não permitir que se revoguem mandatos a meio caminho do negócio que está sendo realizado, negócio que já teve o início de sua execução, sob pena de prejudicar terceiros. Não havendo prejuízo, o que se evidenciará no caso concreto, não há como se admitir essa irrevogabilidade.

Art. 687. Tanto que for comunicada ao mandatário a nomeação de outro, para o mesmo negócio, considerar-se-á revogado o mandato anterior.

A nomeação de outro mandatário para a mesma finalidade revoga o mandato anterior. Trata-se de regra fundamental. Questões éticas e prejuízos que possam advir dessa nova nomeação não maculam a presente regra. A comunicação não necessita que seja feita pelo próprio mandante. O que importa é o ato de nova nomeação. Aqui não se cuida da hipótese pela qual o mandante nomeia novo mandatário para agir em conjunto com o primitivo, o que exige manifestação expressa.

⚖ Agravo de instrumento. Cumprimento de sentença. Complementação de aposentadoria. Substituição de patrono. Habilitação de pensionista. Pretensão de que valores posteriores ao óbito do autor originário sejam cobrados nos autos. Inviabilidade. Substituição de advogado que faz com que o novo patrono receba o processo no estado em que se encontra (art. 687 do CC). Impossibilidade de reabertura de prazo para apresentação de planilhas em substituição às apresentadas pelo patrono anterior. Título executivo que deve ser executado fielmente. Preclusão verificada. Decisão mantida. A correção que a qualquer tempo se admite é a da inexatidão material ou do erro contidos em pronunciamento judicial, e não na elaboração do cálculo. Recurso desprovido (*TJSP* – Ag 2045279-77.2020.8.26.0000, 31-3-2020, Rel. Bandeira Lins).

⚖ Agravo de instrumento – Interposição sob a égide do CPC/1973 – Embargos à execução – **Renúncia a mandato** anteriormente outorgado – Substabelecimento feito a outro procurador, sem reserva de poderes – Pedido para inclusão do nome dos antigos procuradores em publicações, não constante do instrumento de substabelecimento – Sentença de homologação de acordo – Alegação de nulidade de sentença e posteriores atos processuais em razão da ausência de publicação em nome dos procuradores substabelecentes – Pretensão de recebimento de verbas sucumbenciais, que devem ser pleiteadas em ação autônoma – Não se admite a execução de honorários de sucumbência pelo patrono cujo mandato fora revogado, nos próprios autos da ação de conhecimento – Descabimento de publicações em nome de patronos sem poderes de representar os executados em juízo – Artigos 687 do CC e 44 do CPC/1973 – Precedentes do STJ – Recurso não provido (*TJSP* – AI 2153260-78.2014.8.26.0000, 1º-3-2017, Rel. Spencer Almeida Ferreira).

Art. 688. A renúncia do mandato será comunicada ao mandante, que, se for prejudicado pela sua inoportunidade, ou pela falta de tempo, a fim de prover à substituição do procurador, será indenizado pelo mandatário, salvo se este provar que não podia continuar no mandato sem prejuízo considerável, e que não lhe era dado substabelecer.

Aqui, por outro lado, cuida-se da hipótese pela qual o mandatário abre mão do negócio, renuncia ao mandato. Essa renúncia deve preservar os direitos do mandante, que não pode ser pego de surpresa. Assim, o renunciante deve dar tempo oportuno para que outro procurador seja nomeado.

Como regra, o mandatário renunciante deve indenizar os prejuízos que esse ato ocasionar. Há situação, porém, quando não ocorrerá a indenização: se provar que a continuação no mandato lhe traria prejuízos consideráveis e que não podia substabelecer. A matéria é de prova. Quando se tratar de mandato conjunto, é oportuno que tanto o mandante como os outros mandatários tomem conhecimento da renúncia.

Para o mandato judicial há regra específica. Há necessidade de ciência da renúncia, que só será concluída após dez dias, durante os quais o procurador continuará na representação, a fim de evitar prejuízo ao mandante (art. 112, § 1º do CPC e 5º, § 3º, do Estatuto da Advocacia, Lei nº 8.906/1994). Assim, o advogado que renuncia deverá tomar as medidas necessárias para que não pereçam direitos de seu constituinte.

Art. 689. São válidos, a respeito dos contratantes de boa-fé, os atos com estes ajustados em nome do mandante pelo mandatário, enquanto este ignorar a morte daquele ou a extinção do mandato, por qualquer outra causa.

Estende-se nessas hipóteses a eficácia do mandato. Conclui-se que na espécie o mandato prossegue operante. Cuida-se efetivamente de mandato *post mortem*, pois a personalidade do morto projeta-se após seu passamento, embora nossa lei tenha evitado enfrentar diretamente a questão. O que não se admite entre nós é que o contrato disponha a continuidade da representação após a morte. Esse efeito somente pode ser obtido, embora de forma indireta, pelo testamento. A representação que persiste após a morte é apenas residual, em homenagem ao princípio da boa-fé. Trata-se de operação de rescaldo, a fim de evitar danos ao patrimônio do morto. Havendo má-fé do mandatário ou de terceiros, responderão eles por perdas e danos. Anote-se que a extinção de pessoa jurídica equivale à morte da pessoa natural. Não se extingue, porém, o mandato pura e simplesmente com a alteração dos órgãos diretivos da empresa.

Art. 690. Se falecer o mandatário, pendente o negócio a ele cometido, os herdeiros, tendo ciência do mandato, avisarão o mandante, e providenciarão a bem dele, como as circunstâncias exigirem.

Art. 691. Os herdeiros, no caso do artigo antecedente, devem limitar-se às medidas conservatórias, ou continuar os negócios pendentes que se não possam demorar sem perigo, regulando-se os seus serviços dentro desse limite, pelas mesmas normas a que os do mandatário estão sujeitos.

Cuida-se de mais um cuidado na preservação de direitos. Trata-se da hipótese de falecimento do mandatário enquanto os negócios atribuídos a ele não estiverem concluídos. Os herdeiros deverão tomar as providências que a circunstância exigir para evitar prejuízos ou perecimento de direitos, como, por exemplo, cientificar o mandante ou agir como gestor de negócios. Tudo dependerá das exigências do caso concreto. É evidente que os herdeiros somente poderão tomar iniciativa se tiverem conhecimento do mandato e suas vicissitudes.

Conforme acentua o art. 691, a atividade dos herdeiros deve ser limitada às medidas emergenciais e de custódia e continuação dos negócios emergentes do mandato. Os herdeiros não se convertem em mandatários, mas nesse caso a ele se equiparam, conforme o texto final desse artigo, respondendo, destarte, por perdas e danos se agirem com culpa. Trata-se, portanto, de um ônus legal imposto aos herdeiros, que poderá ser remunerado, na medida e extensão de sua atividade e conforme o contrato de mandato com o *de cujus*.

Seção V
Do Mandato Judicial

Art. 692. O mandato judicial fica subordinado às normas que lhe dizem respeito, constantes da legislação processual, e, supletivamente, às estabelecidas neste Código.

Cuida-se do mandato destinado à atuação do advogado em juízo. Como o advogado é essencial às atividades jurisdicionais, salvo exceções a confirmar a regra, apenas o advogado regularmente inscrito na Ordem dos Advogados do Brasil pode postular em juízo, bem como exercer atividades do foro extrajudicial privativas do advogado. Esse mandato para o foro ou *ad judicia* deve ser escrito, salvo nos processos criminais e trabalhistas, nos quais bastará a simples indicação do advogado em audiência. Da mesma forma, dispensa-se a procuração, quando se trata de defensor nomeado pelo juiz. Pelo sistema do CC/1916, presumia-se que esse mandato era oneroso, confundindo-se, na verdade, com a prestação de serviços ínsita à atividade do advogado (art. 1.330). O atual Código suprimiu as disposições do Código de 1916 a respeito do mandato judicial (arts. 1.324 a 1.330), dispondo, no art. 692, que o mandato judicial fica subordinado às normas que lhe dizem respeito, constantes da legislação processual, e, supletivamente, às estabelecidas no Código. Há também normas que se referem ao mandato judicial no Estatuto da Advocacia (Lei nº 8.906/1994).

Há, todavia, atos processuais que dispensam a participação de advogado. Por exemplo, o preparo do processo ou do recurso, a transação e a conciliação, bem como purgação de mora no despejo por falta de pagamento (CAHALI, 1995, p. 498). A transação é ato de direito material. A parte apenas não pode transigir quanto aos honorários de advogado, que não é direito seu. A arbitragem também não exige a intervenção de advogado.

Os procuradores da União, dos Estados e dos Municípios também dispensam procuração, porque a lei lhes confere mandato independentemente de outorga de poderes específicos. Na assistência judiciária gratuita, o instrumento de mandato não será exigido quando a parte for representada por advogado integrante de entidade de direito público destinada à prestação de assistência judiciária (art. 16, parágrafo único, da Lei nº 1.060/1950), salvo exceções que esse diploma especifica.

A atividade do advogado atualmente é disciplinada pela Lei nº 8.906/1994. As disposições do mandato judicial do Código, ainda que no Código de 1916, devem ser examinadas em consonância com esse estatuto. O art. 4º da Lei nº 8.906/1994 firma nulidade para qualquer ato privativo de advogado praticado por terceiros estranhos ou advogados inibidos de praticar o ofício. No tocante à sociedade de advogados, o Estatuto determina que as procurações devem ser outorgadas individualmente aos advogados e indicar a sociedade de que façam parte.

A procuração para o foro em geral habilita o advogado à prática dos atos judiciais necessários, em qualquer juízo ou instância, salvo os que exigirem poderes especiais (art. 5º, § 2º, do Estatuto). O art. 1.326 já estabelecera que a procuração para o foro em geral não confere os poderes para os atos que os exijam especiais. Essas disposições devem ser vistas em conjunto com o art. 105 do CPC:

"*A procuração geral para o foro, outorgada por instrumento público, ou particular assinado pela parte, habilita advogado a praticar todos os atos do processo, exceto receber citação inicial, confessar, reconhecer a procedência do pedido, transigir, desistir, renunciar ao direito sobre o qual se funda a ação, receber, dar quitação, firmar compromisso e assinar declaração de hipossuficiência econômica, que devem constar de cláusula específica.*"

Esses atos enumerados são, portanto, os que exigem poderes especiais. Há outros, porém, espalhados na legislação. Há necessidade de poderes especiais para oferecimento de queixa-crime (art. 44 do CPP, esta não mais aplicável por incompatibilidade constitucional); para renúncia ao direito de queixa (art. 50 do CPP); aceitação do perdão (art. 55 do CPP); para o exercício do direito de representação para os crimes que o exigem (art. 39 do CPP); para arguição de suspeição de juiz (art. 98 do CPP) e de incidente de falsidade (art. 146 do CPP). Parte da doutrina e da jurisprudência entendia que também são necessários poderes especiais para requerer falência, embora a lei processual vigente nada disponha. Nessa hipótese, há que se entender como dispensável a menção a poderes especiais, conforme a jurisprudência mais recente (*RT* 511/211).

O advogado que renunciar ao mandato continuará a representar o mandante nos dez dias seguintes à notificação da renúncia, salvo se for substituído antes do término desse prazo, segundo o art. 5º, § 3º, do Estatuto. Nos termos do art. 112 do CPC, no entanto, o advogado pode renunciar ao mandato, comunicando sua renúncia ao constituinte, ficando nos dez dias seguintes ainda representando o mandante, desde que necessário para evitar prejuízo.

Também de acordo com a regra geral, o mandatário judicial não necessita declinar os motivos da renúncia. Incumbe, porém, que notifique o constituinte para possibilitar que constitua novo procurador.

De acordo com o art. 1.324 do velho diploma civil, o mandato judicial podia ser conferido por instrumento público ou particular, devidamente autenticado. Somente quem estiver com inscrição regularizada na OAB pode procurar em juízo.

O art. 1.325 inibia certas pessoas de exercer mandato judicial: menores de 21 anos, não emancipados ou não declarados maiores; juízes em exercício; escrivães ou outros funcionários judiciais, correndo o pleito nos juízos onde servirem, e não procurando eles em causa própria; os inibidos por sentença de procurar em juízo, ou de exercer ofício público; ascendentes, descendentes ou irmão do juiz da causa; ascendentes, ou descendentes da parte adversa, exceto em causa própria. O Estatuto do Advogado, que deve doravante ser levado exclusivamente em consideração, estabelece outras incompatibilidades e impedimentos, restrições que não se confundem, para o exercício da advocacia como as dos arts. 27 ss.

O art. 1.327 do velho Código disciplinava o mandato judicial coletivo. Constituídos dois ou mais procuradores pelo mesmo mandante, para a mesma causa, consideravam-se nomeados para funcionar um na falta de outro, pela ordem de nomeação. Cuidava-se, pois, se não houvesse ressalva, de mandato sucessivo. Vimos que o vigente Código faz presumir a outorga a mais de um procurador para exercer o mandato conjuntamente (art. 672; veja o que foi exposto acima). Se, no sistema antigo, o mandante estabelecesse a solidariedade, poderiam os outorgados praticar atos em conjunto ou separadamente. No âmbito do corrente Código, já não haverá necessidade de se especificar a solidariedade dos outorgados. O mandato pode, contudo, estabelecer que os procuradores devam atuar sempre conjuntamente.

Aceitando o advogado o mandato, não poderá se escusar sem motivo justo, devendo avisar em tempo oportuno seu constituinte, a fim de que nomeie sucessor, sob pena de responder por perdas e danos. No mesmo sentido, pontilha o estatuto da advocacia.

⚖ Execução de título judicial – **Renúncia de mandato** – Alegação de nulidade de todos os atos processuais por ausência de intimação pessoal dos executados para constituir advogado – Agravantes que afirmam não ter mais contato com o patrono da causa, dado o tempo transcorrido entre a homologação do acordo e o ajuizamento da execução – Ausência de prova da renúncia válida do mandato outorgado ao advogado regularmente constituído nos autos – Incumbe ao advogado renunciante a prova da ciência dada ao mandante, para que este nomeie sucessor (art. 45 do CPC/1973 e art. 112 do CPC/2015) – Não demonstrada a efetiva notificação ao cliente, continua o advogado responsável até que a renúncia se aperfeiçoe, por meio de notificação válida e fluência do decêndio. Ratificação da decisão – Hipótese em que a interlocutória avaliou corretamente os elementos fáticos e jurídicos apresentados pelas partes, dando à causa o justo deslinde necessário – Artigo 252, do Regimento Interno do TJSP – Aplicabilidade – Decisão mantida – Recurso não provido (*TJSP* – AI 2016408-42.2017.8.26.0000, 27-3-2017, Rel. Spencer Almeida Ferreira).

CAPÍTULO XI
Da Comissão

Art. 693. O contrato de comissão tem por objeto a aquisição ou a venda de bens pelo comissário, em seu próprio nome, à conta do comitente.

Contrato de comissão é aquele pelo qual uma das partes, pessoa natural ou jurídica, *o comissário*, obriga-se a realizar atos ou negócios em favor de outra, *o comitente*, segundo instruções deste, porém no próprio nome do comissário. Este se obriga, portanto, perante terceiros em seu próprio nome. O comissário figura no contrato com terceiros como parte, podendo quedar-se desconhecido o comitente, se assim for conveniente. Geralmente, o comissário omite o nome do comitente, porque opera em nome próprio, mas pode ocorrer que haja interesse mercadológico na divulgação do comitente, como fator de dinamização das vendas ou negócios em geral. A comissão surgiu da impossibilidade de comerciantes praticarem pessoalmente suas operações em outras praças. A denominação *comissão* provém da comenda marítima. O negócio já era conhecido dos gregos, mas sua utilização dinamizou-se a partir do século XVI com o comércio entre nações distantes. A tarefa da negociação era transferida a terceiros, que se encarregavam de contatar os adquirentes de mercadorias.

Nosso ordenamento cuidava do contrato de comissão mercantil (Código Comercial, arts. 165 a 190), mas nada impedia que esse contrato tivesse conteúdo civil, como reconhece este Código Civil, embora neste esteja restrita sua compreensão apenas à compra e venda, como em outros ordenamentos no direito comparado. Portanto, o negócio pode ter natureza civil ou mercantil, questão que modernamente se torna irrelevante. O atual Código Civil cuida da comissão exclusivamente no campo da compra e venda, como se nota do artigo sob comentário.

Se o negócio é praticado por comissário não comerciante, a comissão é *civil*. Desse modo, não há que se entender que o contrato seja sempre de índole mercantil e sempre tendo o comissário como comerciante. Essa distinção passa a ser dispensável com a posição adotada por este Código, que unifica quase integralmente o direito privado, mormente aquele referente aos contratos. No sistema do Código Comercial, na comissão de índole civil, aplicavam-se supletivamente os princípios desse. Dentro da autonomia da vontade, nada estava a obstar que a comissão seja praticada por quem não seja comerciante, uma vez não existindo lei que o proíba. "*O ato isolado da comissão entra no mundo jurídico mesmo se o comissionário não é comerciante, nem é comissionário por profissão*" (MIRANDA, 1972, v. 43, p. 294). O eminente tratadista entende mais apropriada a denominação *comissionário*, referindo-se ao comissário, por ser aquele que faz jus à comissão, pagamento do preço em dinheiro ou em espécie. Desse modo, tanto o comitente como o comissário podem não ser comerciantes.

O termo *comissão* possui várias acepções na linguagem. Deriva do latim *committere*, que também admitia vários significados: unir, confiar, entregar algo a alguém. No sentido do contrato estudado, significa ato de cometer, encomendar, atribuir uma tarefa a alguém. Tem aqui, portanto, o sentido de encargo ou incumbência. O vocábulo também possui o significado de comitê, grupo de pessoas direcionado a um fim; pode designar o pagamento que se faz em razão da atividade do comissário ao comitente; igualmente, é empregado para denominar cargo temporário de empregado ou funcionário público. Sob o prisma negocial, a palavra é utilizada para designar o próprio negócio de comissão, bem como a remuneração devida ao comissário e o próprio contrato.

O contrato de comissão, como anotamos, desenvolveu-se na Idade Média, apresentando vantagens sobre o mandato. A manutenção de um comissário em outras localidades, propiciando negócios para o comitente, restringia despesas e intensificava o comércio. O comissário age em nome próprio, embora por conta do comitente. Waldirio Bulgarelli (1995, p. 482) aponta as vantagens decorrentes desse mecanismo: dispensa de o comissário exibir documento formal para habilitá-lo perante terceiros; afastamento de risco perante terceiros pelo excesso de poderes de mandatário; possibilidade de manutenção de segredo das operações do comitente; maior facilidade de informações, remessas e guarda de mercadorias em praças distantes.

Esse contrato foi muito utilizado em nosso país, no passado, no mercado de café, na praça de Santos. Os comissários atuavam nas operações de exportação, armazenagem e venda interna de café, acumulando as funções de banqueiros e concluindo contratos de diversas naturezas. Sua atividade foi sendo reduzida com o surgimento das cooperativas agrícolas e o sistema de crédito rural implantado pelo Banco do Brasil, ficando restrita praticamente à atividade de exportação, ligada a empresas multinacionais.

Em contrapartida à atividade do comissário, o comitente está obrigado a pagar a remuneração devida, que no caso se denomina comissão, na forma já mencionada. O pagamento da comissão e despesas será a vista, salvo convenção em contrário. O comitente deve municiar o comissário com os fundos necessários para a tarefa, bem como indenizá-lo dos adiantamentos. Correm por conta do comitente os riscos para a devolução de fundos em poder do comissário, salvo se este desviar-se das instruções recebidas ou na ausência destas.

Quanto aos direitos, competem ao comitente todas as exceções que o comissário pode opor, mas jamais poderá alegar incapacidade deste para anular as obrigações assumidas, conquanto essa incapacidade possa ser comprovada, para anular os efeitos das obrigações assumidas pelo comissário (art. 167 do Código Comercial). Doravante, esses princípios devem decorrer das regras gerais. O comitente tem direito de exigir que o comissário responda pelos prejuízos sofridos por omissão na comunicação de avarias, diminuição ou estado diverso do constante da documentação quanto às mercadorias (art. 172 do Código Comercial). O comitente não responde, no entanto, perante terceiros, pelas obrigações assumidas pelo comissário, pois, como reiterado, age este em seu próprio nome. Como corolário, os terceiros não têm ação contra o comitente no tocante aos negócios da comissão (art. 694; art. 166 do Código Comercial). O comissário pode, contudo, ceder seus direitos a qualquer das partes. Apesar de revogados, os artigos do Código Comercial ainda devem nos servir de orientação.

⚖ Agravo de instrumento – Contrato de representação comercial – Decisão liminar que suspendeu cláusula contratual, vislumbrando o d. juízo *a quo* **eventual prática da modalidade *del credere*** – Relatos da autora de que as comissões ofertadas pela requerida eram passíveis de estorno, em caso de não concretização das vendas – Dinâmica dos negócios contratados pelas partes que se mostra, por ora, incerta – Contrato que prevê estorno de comissões, no caso de suspensão da venda ou redução do plano de serviços – Conduta, em tese, vedada pela Lei nº 4.886/65, art. 43, merecendo melhor aferição no curso do processo – Suspensividade pertinente – Medida que não se mostra irreversível, porque resvala na esfera patrimonial – Decisão mantida – Recurso improvido (*TJSP* – AI 2247046-11.2016.8.26.0000, 12-4-2017, Relª Cláudia Grieco Tabosa Pessoa).

⚖ Ação de cobrança. Tese inicial de que a autora era representante comercial da ré. **Pedido de comissões, indenização por rompimento abrupto e aviso prévio**. Improcedência. Sentença. Convicção judicial considerando tratar-se de contrato comissão mercantil com cláusula *del credere* e não de representação comercial. Apelação. Ação de cobrança. Art. 112, CC. Necessidade de se averiguar a intenção das partes. *Modus operandi*. Contrato que, apesar do nome, tem o objeto de representação comercial. Direito das partes que deve o contrato ser regido por seu objeto e não por sua denominação. Art. 693, CC: contrato de comissão. Doutrina de Fran Martins. Art. 698, CC; cláusula *del credere*. Doutrina de Maria Helena Diniz. Ao comissário é permitido em seu próprio nome adquirir ou vender bens em proveito do comitente. Art. 710, CC. Ensinamentos de Maria Helena Diniz e de Jones Figueiredo Alves. Análise do contrato celebrado entre as partes. À empresa-ré cabia a emissão de títulos. A autora era só representante da ré junto a terceiros. Anotações dos juristas Nery & Nery. Reconhecimento da própria ré de que era ela mesma quem emitia os títulos. Tese essa confirmada pelo laudo técnico. Autora que agia em nome da ré. Prova testemunhal que confirma o alegado pela autora. Precedente deste TJSP. Ré que concede o aviso prévio à autora: ato falho ou reconhecimento de que o contrato é de representação? Cláusula *del credere* inserida no contrato é nula: art. 43 da Lei nº 4.886/65. Precedentes do TJRS. Verbas devidas à autora e discriminadas no laudo técnico. Prejudicado o pedido alternativo de nulidade do *decisum* de primeiro grau. Requerente que agia em nome e por conta da requerida. Representação comercial reconhecida. Comissões devidas. Indenização pela rescisão imotivada e aviso prévio devidos. Precedentes. Dano moral não caracterizado. Relação contratual que permitiu às partes a convivência por longo tempo. Perda de clientes pela autora que resolve em perdas e danos. Falta de comprovação de que tenha sido vilipendiado o seu nome no mercado. Pedido indenizatório afastado. Ação julgada procedente em parte. Ré condenada no pagamento das verbas pleiteadas e pelas despesas do processo e honorários do perito judicial. Honorários advocatícios devidos na base de 20% sobre o valor total e atualizado da condenação. Sentença reformada. Recurso parcialmente provido (*TJSP* – Acórdão Apelação Cível 9165336 – 98.2003.8.26.0000, 16-11-2011, Rel. Des. Virgilio de Oliveira Junior).

Art. 694. O comissário fica diretamente obrigado para com as pessoas com quem contratar, sem que estas tenham ação contra o comitente, nem este contra elas, salvo se o comissário ceder seus direitos a qualquer das partes.

O comissário, contratando em nome próprio, é parte no pacto com terceiros, no qual o comitente não figura. Esse era o sentido do art. 166 do Código Comercial. A dicção é repetida por esse artigo do Código Civil.

Essa regra é geral para o contrato de comissão. Distingue-se do disposto no art. 1.307, do Código Civil de 1916, hipótese na qual o mandatário agia em seu próprio nome, configurando mandato sem representação (ver o que expusemos nos artigos do mandato). Essa situação do mandato é excepcional, aproximando-se da comissão, mas com esta não se confundindo, pois, como regra geral, o mandatário age em nome do mandante, o que não ocorre na comissão.

Se o comissário declarar o nome do comitente, apesar de não estar obrigado a fazê-lo, tão só isso não desnatura o contrato de comissão, se o comitente não figurar no negócio. Se o comitente integrá-lo, o ato passa a ter conteúdo de representação, aplicando-se as regras daí decorrentes, não mais se tratando de comissão típica. Verifica-se, pois, que os contratos de mandato e de comissão possuem conteúdos diversos, sendo por demais simplista definir a comissão como forma de mandato sem representação, como faz parte da doutrina tradicional. Na comissão, há outorga de poderes sem representação, sem haver mandato. Nada impede que ao comissário seja outorgado mandato para outros negócios diferentes da comissão, mas com esta relacionados: "*Se a comissão fosse mandato sem representação, confundir-se-ia com o mandato que o mandatário exerceu no próprio nome (Código Civil, art. 1.307), com ou sem permissão*" (MIRANDA, 1972, v. 43, p. 297).

No direito empresarial moderno, é comum que o pacto de comissão surja em conjunto com outros negócios, tais como franquia, licença, distribuição, descaracterizando a tipicidade desse contrato. Contudo, as regras de comissão devem ser utilizadas na exegese dessas novas estruturas contratuais.

Como visto, embora aproximado do mandato, o contrato de comissão possui características próprias. É contrato *bilateral*, que cria obrigações tanto para o comitente, como para o comissário; *consensual*, porque se conclui pelo simples consentimento; *oneroso*, porque requer contraprestação pelos serviços prestados pelo comissário (a comissão), conforme o art. 186 do estatuto mercantil e art. 701 do corrente Código. Não há forma prescrita em lei, e admite-se a modalidade oral; no sistema do CPC/1973, admitia-se a prova exclusivamente testemunhal, desde que não ultrapassado o valor legal (art. 401), no CPC/2015 essa regra não persiste. A verificação dos livros do comissário poderá ser muito útil para provar o contrato de comissão (MARTINS, 1984, p. 338). É também contrato *intuitu personae*, pois leva-se em conta as qualidades da pessoa do comissário (CASES, 2003, p. 24). A importante característica que distingue esse negócio do mandato é o fato de o comissário agir em seu próprio nome, obrigando-se direta e pessoalmente com terceiros. O mandatário age sempre em nome do mandante, enquanto isso não ocorre na comissão. O comissário assume os riscos do negócio, sendo essa a importante característica histórica. O nome do comitente pode ou não ser declarado aos terceiros: trata-se de questão de oportunidade e conveniência do mundo dos negócios. Por força do mandato, por outro lado, o mandante deve ser sempre conhecido.

Esses aspectos também distinguem a comissão da *representação comercial*, porque nesta última o representante é sempre um mandatário.

Também não se confunde a comissão com o contrato de *corretagem*, pois o corretor é um simples intermediário no negócio, enquanto o comissário é partícipe. O corretor não celebra contrato. Sua relação com as partes do negócio é externa. O comissário é parte e, portanto, tem participação interna no contrato. Apesar de a remuneração em ambos os negócios possuir a mesma denominação, *comissão*, os contratos de comissão e de corretagem afastam-se bastante. Ocorre certa confusão na prática vulgar, pois muitos que atuam tecnicamente como comissários denominam-se corretores, como, por exemplo, os agentes de câmbio.

Da mesma forma, não se confunde a comissão com o contrato estimatório (arts. 534 a 537). No contrato estimatório, uma parte incumbe a outrem de alienar a coisa conforme um preço estimado. Se o outorgado vender por preço maior, dele será a diferença. Veja o que comentamos a respeito desse negócio nos arts. 534 e seguintes.

As atribuições conferidas ao comissário podem ser mais ou menos amplas. O negócio pode ser estrito, não dando qualquer margem de manobra no preço e condições ao comissário no contratar com terceiros, como pode ser flexível, podendo o comissário negociar livremente o preço e as condições dentro de limites mais ou menos amplos.

José Maria Trepat Cases (2003, p. 28) lembra que este Código Civil não mencionou o que o antigo estatuto mercantil tratava a respeito da *comissão por consignação*. Cuida-se do âmbito de venda de mercadorias quando o comitente deve colocá-las à disposição do comissário. As mercadorias ficam com ele em consignação. O comissário figura nesse negócio como depositário das mercadorias. Deve zelar por elas e cuidar para que não deteriorem. O art. 173 do Código Comercial previa que em caso de alteração no estado das coisas consignadas que torne urgente sua venda, para salvar parte de seu valor, cumpre ao comissário que tome as providências. O negócio continua a ser realizado com frequência, devendo o estatuto mercantil ser chamado à colação como adminículo de sua interpretação. Lembre-se sempre de que no trato negocial há de ser levada em conta a boa-fé objetiva, bem como os usos do local.

Só haverá responsabilidade direta do comitente com relação aos terceiros se o comissário ceder seus direitos ao primeiro. Nesse caso, já não existirá mais comissão.

Art. 695. O comissário é obrigado a agir de conformidade com as ordens e instruções do comitente, devendo, na falta destas, não podendo pedi-las a tempo, proceder segundo os usos em casos semelhantes.
Parágrafo único. Ter-se-ão por justificados os atos do comissário, se deles houver resultado vantagem para o comitente, e ainda no caso em que, não admitindo demora a realização do negócio, o comissário agiu de acordo com os usos.

Agindo por ordem do comitente, o comissário assume obrigações perante o primeiro. O art. 168 do Código Comercial determinava que devesse cumprir fielmente o contrato, segundo as ordens e instruções do comitente. Nesse diapasão, dispõe este Código neste artigo.

Embora não agindo em nome do comitente, o comissário age, contudo, em seu interesse. O comissário que se afastar das instruções recebidas responderá por perdas e danos (art. 169 do Código Comercial). Como dissemos, os princípios do Código Comercial, nesse assunto, ainda nos servem de baliza. O princípio se mantém neste Código com base na índole do contrato, conforme acima descrito. Sempre que possível, o comissário deverá portar-se de acordo com as instruções recebidas do comitente. Se tiver que se afastar das ordens deverá pedir autorização e se isso não for possível, ater-se-á aos usos e costumes que o negócio aceita.

O parágrafo único deste artigo traz importante disposição. Verifica-se quão importantes são os usos mercantis nesse negócio. Caberá ao julgador, por outro lado, no caso concreto, não somente averiguar se houve resultado útil para o comitente na conduta do comissário como também, se a conclusão for negativa, se ele se manteve dentro dos usos naquelas premissas.

Processo civil – Apelação – Ação de ressarcimento c/c lucros cessantes – **Contrato de comissão** – Não pagamento dos valores pactuados conforme contrato perpetrado entre as partes. Necessidade de ressarcimento do *quantum* apurado em auditoria contábil e dos lucros cessantes. 1 – Se existia um contrato de comissão entre as partes, deveriam estas respeitá-lo. 2 – Estando devidamente comprovado, por meio de documentos idôneos, o descumprimento do contrato, não restam dúvidas de que a parte violadora do pactuado (*in casu*, o comissário) deverá ressarcir o comitente do *quantum* apurado como devido. 3 – Ademais, ressalta-se que inexistem provas que afastem as alegações do comitente, autor da ação originária. 4 – Sentença mantida em todos os seus termos. 5 – Recurso improvido (*TJMA* – AC 13303/2013 – (158438/2015), 28-1-2015, Rel. Des. Lourival de Jesus Serejo Sousa).

Ação de depósito – Contrato de comissão mercantil – Responsabilidade da depositária – Danos materiais configurados. I – De acordo com o contrato de comissão mercantil, a comissária deve ser responsabilizada, pela boa guarda e conservação da coisa a ela entregue. II – Tendo o veículo sido entregue para pessoa diversa, é dever da empresa depositária a indenização por danos materiais ao verdadeiro contratante (*TJMG* – Acórdão Apelação Cível 1.0024.07.506929-4/001, 29-3-2011, Rel. Des. Generoso Filho).

Art. 696. No desempenho das suas incumbências o comissário é obrigado a agir com cuidado e diligência, não só para evitar qualquer prejuízo ao comitente, mas ainda para lhe proporcionar o lucro que razoavelmente se podia esperar do negócio.

Parágrafo único. Responderá o comissário, salvo motivo de força maior, por qualquer prejuízo que, por ação ou omissão, ocasionar ao comitente.

O principal direito do comissário é a percepção da comissão por seu trabalho, conforme exposto. Se não houver convenção, o montante será regulado pelos usos da praça em que ocorrer a execução do contrato. No sistema do Código Comercial, ainda que se afastasse das instruções recebidas, poderia, se fosse o caso, arcar com perdas e danos; caso contrário, poderia fazer jus à comissão nas hipóteses elencadas na segunda parte do art. 169:

"I – quando resultar vantagem ao comitente;
II – não admitindo demora a operação cometida, ou podendo resultar dano de sua expedição, uma vez que o comissário tenha obrado segundo o costume geralmente praticado no comércio;
III – podendo presumir-se, em boa-fé, que o comissário não teve intenção de exceder os limites da comissão;
IV – nos casos do art. 163."

No sistema deste Código, todos esses aspectos são cobertos de forma geral.

Este último dispositivo está colocado na regulamentação do mandato; refere-se à possibilidade de ratificação dos atos pelo mandante, servindo também para possibilitar ratificação dos atos praticados pelo comissário. Lembre-se de que são aplicáveis à comissão, no que couber, as regras sobre mandato (art. 709 deste Código), pois ambos os negócios, apesar de diversos, possuem pontos de contato.

O comissário pode pedir os fundos necessários ao comitente para realizar os negócios cometidos. Deve reembolsar-se das despesas que efetuou, bem como terá direito a juros, desde a data do desembolso (art. 155 do Código Comercial). Veja o que dissemos acerca do art. 706 deste Código. Fará jus também ao reembolso de prejuízos que vier a sofrer no desempenho da comissão.

O comissário tem direito de retenção das mercadorias pertencentes ao comitente para garantia das despesas e de sua comissão (art. 708). Será credor privilegiado na falência ou insolvência do comitente, pelas comissões e reembolsos (art. 707).

Em cada caso, deve ser analisado se o comissário se manteve dentro das instruções e se não agiu com desídia.

O comissário pode concluir contrato consigo mesmo no desempenho da comissão, adquirindo para si os bens destinados a princípio a terceiros. Tal decorre do fato de atuar em seu próprio nome. Não será possível o autocontrato, no entanto, se o comitente ou a natureza do contrato o vedar. Não havendo prejuízo para o comitente, que receberá o devido, quer o comissário aliene a terceiros, quer a ele mesmo, a operação é lícita. Veja o que discorremos a respeito do contrato consigo mesmo.

⚖ Civil e processual civil – Apelação – Ação cominatória de obrigação de fazer c/c indenização por danos morais e materiais – Revelia do corréu – Contestação apresentada pelo litisconsorte – Art. 320, I do CPC – Aplicação – Contrato de **Comissão Mercantil** – Responsabilidade do comissário, 1º réu, pela transferência, multas posteriores e perda da habilitação do comitente – Inexistência – Responsabilidade parcial e concorrente do 2º réu, adquirente – Indenização por multa e indenização moral – Cabimento – Juros de mora e correção monetária – Termo inicial – Recurso provido em parte – Não se aplicam os efeitos da revelia quando o litisconsorte apresenta contestação, o que por si só afasta tal presunção, nos termos do art. 320, I do CPC – Em se tratando de contrato de comissão mercantil, a comitente não é responsável por multas e despesas relativas ao veículo, sejam as constituídas antes da celebração do contrato, sejam aquelas constituídas após sua conclusão – É obrigação do vendedor e do comprador a comunicação no DETRAN da transferência do veículo, nos termos do art. 134 e art. 123, I, § 1º do CTB – Tendo o autor vendedor comunicado a venda do veículo ao DETRAN, ainda que tardiamente, é cabível a cominação de obrigação de fazer ao réu adquirente, consistente na transferência do veículo. É obrigação do adquirente do veículo arcar com o pagamento de multas decorrentes de infrações de trânsito cometidas após a aquisição do veículo – O lançamento de multas de trânsito decorrentes de infração de trânsito posteriores à alienação de veículo, inclusão de pontos no prontuário do antigo proprietário e a perda de habilitação provisória dele ensejam danos morais, sendo cabível a condenação do adquirente ao pagamento de indenização – A indenização moral deve ser fixada de acordo com as circunstâncias da lide e conforme princípios da razoabilidade – A demonstração da existência de culpa concorrente implica a equivalência de culpas, pelo que a indenização deverá ser fixada de maneira proporcional à culpabilidade das partes e ao dano causado. O termo inicial da correção monetária nas indenizações por dano moral é a data do arbitramento, pois presumem-se atualizadas até tal data, nos termos da Súmula 362 do STJ – Em casos de responsabilidade contratual, os juros de mora devem incidir a partir da data da citação. Recurso provido em parte (*TJMG* – AC 1.0024.11.173080-0/003, 6-10-2016, Relª Márcia de Paoli Balbino).

Art. 697. O comissário não responde pela insolvência das pessoas com quem tratar, exceto em caso de culpa e no do artigo seguinte.

Essa regra geral pode ser modificada pela cláusula *del credere*, mencionada no artigo seguinte. Não havendo essa cláusula, não responde pela insolvência dos terceiros com quem contratar. Contudo, responderá por culpa ou dolo se admitiu contratar com pessoas reconhecidamente insolventes.

Art. 698. Se do contrato de comissão constar a cláusula del credere, responderá o comissário solidariamente com as pessoas com que houver tratado em nome do comitente, caso em que, salvo estipulação em contrário, o comissário tem direito a remuneração mais elevada, para compensar o ônus assumido.

A regra geral, no contrato de comissão, na ausência de disposição em contrário, é que o comissário não responde pela insolvência das pessoas com quem tratar, exceto em caso de culpa (art. 697).

O comissário, no entanto, pode responsabilizar-se como garante da solvência dos terceiros com quem contrata. Trata-se de reforço que pode ser aposto ao contrato de comissão que visa incentivar o comissário a ser cuidadoso na escolha de terceiros com quem contrata, pois assume o risco dos negócios juntamente com o comitente, na modalidade solidária. Geralmente, em razão desse aspecto, fixa-se remuneração mais elevada para a comissão. Essa majoração da comissão é expressamente admitida pelo presente Código, que menciona que tal serve *para compensar o ônus assumido* (art. 698). A respeito dessa cláusula dispunha o art. 179 do Código Comercial:

> "*A comissão* del credere *constitui o comissário garante solidário ao comitente da solvabilidade e pontualidade daqueles com quem tratar por conta deste, sem que possa ser ouvido com reclamação alguma. Se o* del credere *não houver sido ajustado por escrito, e todavia o comitente o tiver aceitado ou consentido, mas impugnar o quantitativo, será este regulado pelo estilo da praça onde residir o comissário, e na falta de estilo por arbitradores.*"

A expressão *del credere*, proveniente da língua italiana, significa confiar ou dar confiança, uma vez que o comitente deposita ampla confiança no comissário, este aceitando todos os riscos do negócio.

Admite-se, pois, a cláusula *del credere* ainda que verbal. Devemos entender que modernamente os arbitradores são substituídos pela perícia judicial, salvo a possibilidade de juízo arbitral.

A comissão *del credere* converte o comissário em garante solidário do comitente nos negócios que concluir com terceiros, embora parte da doutrina defina que a obrigação do comissário é principal. Não se trata de aval ou fiança, mas de garantia decorrente de acordo de vontades, autorizada por lei. Aproxima-se, no entanto, da fiança de índole solidária, embora alguns autores vejam nesse negócio uma modalidade de seguro. O ajuste da garantia *del credere* pode ser concomitante ou posterior ao contrato de comissão. Esse negócio é estranho com relação aos terceiros que tratam com o comissário.

A modalidade *del credere* é muito utilizada no comércio, tendo-se espalhado para outros negócios diferentes da comissão, principalmente operações bancárias, dadas as vantagens que apresenta para o comitente.

Leve-se em conta, no entanto, que mesmo perante a cláusula *del credere*, a comissão deverá ser aquela livremente contratada pelas partes. Prevalecerá a autonomia da vontade. Desse modo, a referência à remuneração mais elevada diz respeito, em princípio, àquelas hipóteses nas quais a remuneração deva ser arbitrada.

Art. 699. Presume-se o comissário autorizado a conceder dilação do prazo para pagamento, na conformidade dos usos do lugar onde se realizar o negócio, se não houver instruções diversas do comitente.

Art. 700. Se houver instruções do comitente proibindo prorrogação de prazos para pagamento, ou se esta não for conforme os usos locais, poderá o comitente exigir que o comissário pague incontinenti ou responda pelas consequências da dilação concedida, procedendo-se de igual modo se o comissário não der ciência ao comitente dos prazos concedidos e de quem é seu beneficiário.

Em tudo o que for omisso o contrato, o comissário, agindo em nome próprio, pode decidir o que for mais conveniente, levando em conta o interesse presumido do comitente. Desse modo, deve realizar as operações necessárias para o mister, se não recebeu ordens específicas contrárias, ou se estas tardaram a chegar. Se a ordem é omissa, por exemplo, na concessão de prazos aos terceiros, presume-se que esteja autorizado a concedê-los segundo os costumes do local (art. 699; art. 176 do Código Comercial). Nessa situação, porém, deve comunicar o fato imediatamente ao comitente, sob pena de serem considerarias vendas à vista dentro do negócio entre comitente e comissário. A esse respeito, manifesta-se o atual Código no art. 700.

Demonstra a prática que a concessão de prazo é crucial para o sucesso das vendas. Desse modo, deve o comissário ter certa discricionariedade a esse respeito no tocante às vendas para terceiros. Estará sendo tolhido em seu mister se, por exemplo, o comitente proíbe a concessão de prazo e o costume da praça é o pagamento sempre em 30 dias fora o mês. Por essa razão, o caso concreto requer exame mais aprofundado. Deve sempre ser levado em conta o aspecto do resultado útil para o comitente, o qual deve ser sempre buscado pelo comissário. Nesse sentido, o art. 696 enfatiza que o comissário deve agir com cuidado e diligência, não só para evitar qualquer prejuízo ao comitente, mas ainda para lhe proporcionar o lucro que razoavelmente se podia esperar do negócio. Não pode, por exemplo, vender a mercadoria por preço inferior ao solicitado pelo comitente. O comissário responderá por perdas e danos se se afastar dessa conduta, salvo motivo de força maior (art. 696, parágrafo único).

Vencidos os prazos concedidos, é dever do comissário cobrar os débitos em aberto, respondendo por perdas e danos, se agir com omissão ou negligência (art. 178 do Código Comercial). O Código Comercial ainda nos serve de orientação. No novel sistema, omissa a regra de forma expressa, decorre ela dos usos e costumes e dos dizeres do contrato. Podem as partes estipular que a cobrança fique por conta do comitente.

Art. 701. Não estipulada a remuneração devida ao comissário, será ela arbitrada segundo os usos correntes no lugar.

A comissão, remuneração do comissário, geralmente, é convencionada pelas partes em porcentagem sobre os valores de venda ou de outros negócios. Se as partes foram omissas a esse respeito, não tendo sido convencionada expressamente a comissão, esta será regulada pelo uso comercial do lugar onde se tiver executado o contrato. Conforme o art. 187 do Código Comercial, a comissão, como regra geral, é devida por inteiro, tendo-se concluído a operação. Não dispondo o contrato em contrário, o comissário também terá direito a receber as despesas com a operação e valores que adiantar. A regra do revogado Código Comercial deve ser trazida à colação.

Art. 702. No caso de morte do comissário, ou, quando, por motivo de força maior, não puder concluir o negócio, será devida pelo comitente uma remuneração proporcional aos trabalhos realizados.

As causas de extinção do contrato de comissão são as comuns. Note que as partes não podem simplesmente revogar ou resilir unilateralmente o contrato, como poderiam fazer no mandato revogável. O art. 188 do Código Comercial mencionava que o comitente poderia *retirar o mandato*. Contudo, essa retirada não era revogação, mas denúncia motivada do contrato, decorrente de culpa do comissário. A denúncia sem culpa, imotivada, implica indenização, observando-se o que falamos acima e a regra geral de direito contratual. Desse modo, temos de entender com restrição o que se denomina revogação da comissão. Se o comitente desejar subtrair os poderes atribuídos ao comissário, sem que se comprove culpa, deve indenizar os prejuízos causados pelo ato. Vigendo o contrato por prazo indeterminado, as partes devem conceder prazo razoável à outra se desejarem seu desfazimento imotivado, a fim de não se sujeitarem à indenização (veja o citado art. 473).

A morte do comitente ou do comissário, pessoas naturais, extingue a comissão. No caso de morte, pelo corrente Código, será devida pelo comitente uma remuneração proporcional aos trabalhos realizados. Não há extinção se o contrato é firmado com pessoas jurídicas, salvo a hipótese de dissolução ou paralisação de atividades, por qualquer motivo. A falência do comitente não extingue o contrato. O síndico pode denunciá-lo, contudo. A jurisprudência dominante considera o crédito do comissário equiparado ao crédito trabalhista, dado o seu sentido alimentar, gozando, portanto, de privilégio. Segundo a revogada Lei de Falências (Decreto-lei nº 7.661/1945, art. 49, parágrafo único), o comissário poderia interpelar o síndico para que declarasse se cumpriria ou não o contrato. No sistema da Lei nº 11.101/2005, com as alterações inseridas pela Lei nº 14.112/2020, nada impede que excepcionalmente a situação seja a mesma, tudo dependendo das circunstâncias e do que for melhor para a massa, segundo atuação do administrador judicial, figura que substitui o síndico da lei anterior. No sistema de recuperação judicial, em princípio, terá continuidade a relação negocial com o comissário, podendo os interessados, contudo, entender sua inviabilidade. Quanto ao comissário que vem a falir, a massa deverá receber os eventuais créditos em aberto.

Art. 703. Ainda que tenha dado motivo à dispensa, terá o comissário direito a ser remunerado pelos serviços úteis prestados ao comitente, ressalvado a este o direito de exigir daquele os prejuízos sofridos.

Levar-se-á em conta sempre o resultado útil em favor do comitente, mesmo na hipótese de o comissário ter dado motivo à dispensa.

No sistema do Código Comercial (art. 187), no caso de morte ou despedida do comissário, seria devida unicamente a parcela correspondente aos atos praticados. A rescisão do contrato por parte do comitente deve decorrer de causa justificada. No Código Mercantil, quando era retirada do comissário sua prerrogativa contratual sem justa causa, antes de concluída a tarefa, assegurava-se ao comissário pelo menos metade da comissão, ainda que não fosse a que exatamente correspondesse aos trabalhos praticados (art. 188). Ainda, nessa hipótese, sujeitava-se o comitente a perdas e danos, se houvesse possibilidade de prová-los. Como se percebe, este Código Civil simplificou a solução neste art. 703, suprimindo o casuísmo. Sempre terá o comissário direito ao trabalho que efetivou, pagando perdas e danos ao comitente se tiver ocasionado prejuízo. Nesse caso, operar-se-á a compensação.

Art. 704. Salvo disposição em contrário, pode o comitente, a qualquer tempo, alterar as instruções dadas ao comissário, entendendo-se por elas regidos também os negócios pendentes.

Como regra geral, o comitente pode, a qualquer tempo, alterar as instruções dadas ao comissário, entendendo-se por elas regidos também os negócios pendentes. Como o risco do negócio, em princípio, pertence ao comitente, a ele cabe discriminar os produtos, modelos, preços, prazos etc. Nos negócios mais complexos, são expedidas tabelas e planilhas periódicas ao comissário.

Salvo se for expresso o contrato, esses aspectos podem ser alterados a qualquer tempo, pois isso faz parte da natureza do negócio. As situações de abuso desse direito, que impeçam ou dificultem injustificadamente a atividade do comissário, deverão ser examinadas no caso concreto. As instruções podem ser escritas ou verbais, de acordo com a natureza dos negócios.

Art. 705. Se o comissário for despedido sem justa causa, terá direito a ser remunerado pelos trabalhos prestados, bem como a ser ressarcido pelas perdas e danos resultantes de sua dispensa.

Se o comissário for despedido sem justa causa, segundo esse artigo, terá direito a ser remunerado pelos trabalhos prestados, bem como a ser ressarcido pelas perdas e danos resultantes de sua dispensa. Na verdade, melhor seria que o Código se referisse à resilição unilateral do contrato, pois o termo *despedida* tem conotação trabalhista. É sempre importante definir se a relação com o comissário é de direito privado ou apresenta vínculo de subordinação ou hierarquia que torna a relação subordinada às leis trabalhistas.

A propósito, lembre-se de que o contrato de comissão pode ser pactuado por prazo determinado ou indeterminado. Persistindo as partes na avença após o escoamento do termo, o contrato se transforma a prazo indeterminado. Em sede de resilição unilateral, nesses casos, sempre é conveniente lembrar da dicção inovadora do art. 473, com plena aplicação no contrato de comissão, para ambas as partes.

Art. 706. O comitente e o comissário são obrigados a pagar juros um ao outro; o primeiro pelo que o comissário houver adiantado para cumprimento de suas ordens; e o segundo pela mora na entrega dos fundos que pertencerem ao comitente.

O comissário responde pela perda ou extravio de bens de terceiros em seu poder, ainda que o dano provenha de caso fortuito ou de força maior, salvo se provar que usou da diligência usual do bom comerciante (art. 181 do Código Comercial). O comissário que malversar os fundos devidos ao comitente responderá por juros desde o dia do recebimento desses fundos, bem como pelo prejuízo resultante do não cumprimento das ordens, sem prejuízo de processo criminal (art. 180 do Código Comercial). Essa regra não é repetida integralmente no mais recente estatuto civil, o qual, no entanto, dispõe neste art. 706, de forma equilibrada, sobre juros recíprocos na forma do aqui descrito. Como tenho exposto, as regras do Código Comercial revogado devem ser tidas como regras de interpretação nesse contrato. A verdade é que não deveriam ter sido todas revogadas.

Os fundos do comitente em poder do comissário a serem remetidos ao primeiro acarretam o risco de perda ou deterioração em detrimento do comitente, salvo se o comissário desviar-se das ordens e instruções recebidas ou dos meios usados (art. 182 do Código Comercial).

O comissário assume o risco de ser responsabilizado pelo comitente se fizer negociação mais onerosa do que as correntes, salvo se provar que, em suas próprias negociações, efetuou o mesmo. Isso pode ocorrer, por exemplo, se reduz preço ou prazo de entrega; dilata o prazo de pagamento; reduz taxa de juros ou de correção etc.

Se o comissário recebe ordem de fazer seguro e não o faz, tendo em suas mãos fundos suficientes do comitente para satisfazer ao prêmio, será responsável pelos prejuízos daí advindos (art. 184 do Código Comercial).

O comissário tem a obrigação de guarda e conservação dos bens do comitente. Se ocorrerem danos, tem a obrigação de, na primeira oportunidade, levar o fato ao conhecimento do comitente, verificando na forma legal a origem do dano (art. 171 do Código Comercial). O mesmo deve ocorrer se receber mercadorias com avarias, diminuição ou outro comprometimento. Se for omisso, o comitente poderá exigir indenização, somente podendo o comissário defender-se, alegando ter praticado as devidas diligências (art. 172).

Se houver necessidade urgente de venda das mercadorias para evitar perda de valor, o comissário procederá à alienação dos bens danificados em hasta pública, em benefício de seu proprietário (art. 173 do Código Comercial).

Como todo aquele que faz a gestão de patrimônio de outrem, o comissário tem a obrigação de prestar contas perante o comitente do encargo recebido (art. 185, segunda parte).

Perante terceiros com quem contrata, o comissário vincula-se pessoalmente, como já exposto (art. 693; art. 166 do Código Comercial). Como regra, não responde pela insolvência daqueles com quem contrata, se ao tempo do contrato eram reputadas idôneas, salvo na hipótese de cláusula *del credere*, como a seguir examinamos, ou se agir com culpa ou dolo.

Como se apontou, muitas das disposições casuísticas do velho Código Comercial, cuja parte contratual foi revogada, não são repetidas neste Código Civil, pois são albergadas pelos princípios gerais. Essas situações, que ainda poderão servir de orientação para os julgados, são resolvidas pelos dizeres do contrato, suas regras gerais e os usos que normalmente regem esses negócios jurídicos.

Art. 707. O crédito do comissário, relativo a comissões e despesas feitas, goza de privilégio geral, no caso de falência ou insolvência do comitente.

A lei compreende o crédito do comissário na falência ou insolvência do comitente como tendo natureza alimentar. Daí estabelecer o privilégio geral. O comissário receberá suas comissões e despesas antes dos credores quirografários. No sistema do Código Comercial, o comissário tinha hipoteca legal, que desaparece neste Código.

Art. 708. Para reembolso das despesas feitas, bem como para recebimento das comissões devidas, tem o comissário direito de retenção sobre os bens e valores em seu poder em virtude da comissão.

Como ocorre no mandato, o comissário faz jus à retenção dos bens adquiridos para o comitente, a fim de pagar-se não somente dos desembolsos feitos para realizar o negócio cometido, mas também para sua remuneração, juros e demais despesas eventualmente realizadas. Trata-se de um princípio de economia procedimental.

Art. 709. São aplicáveis à comissão, no que couber, as regras sobre mandato.

As regras do contrato de mandato podem ser aplicadas à comissão, no que couber, em face da analogia e proximidade dos dois negócios, embora sejam conceitualmente diversos. Não se esqueça que ambos os contratos são baseados na confiança.

CAPÍTULO XII
Da Agência e Distribuição

Art. 710. Pelo contrato de agência, uma pessoa assume, em caráter não eventual e sem vínculos de dependência, a obrigação de promover, à conta de outra, mediante retribuição, a realização de certos negócios, em zona determinada, caracterizando-se a distribuição quando o agente tiver à sua disposição a coisa a ser negociada.
Parágrafo único. O proponente pode conferir poderes ao agente para que este o represente na conclusão dos contratos.

1. **Tratamento conjunto de ambos os contratos. Os contratos de agência e distribuição e o representante comercial**

Este Código introduz no mesmo capítulo os dispositivos sobre os contratos de agência e distribuição. Essa posição legal mais serve para baralhar a questão, pois o contrato de representação comercial costuma ser identificado pela doutrina e pela jurisprudência com o de agência e distribuição. O legislador do Código de 2002 deveria ter sido mais claro, embora se reporte, no art. 721, à aplicação de legislação especial, que, no caso, a principal delas protege e regula o representante comercial (Lei nº 4.886/1965). A harmonização dessa lei com os novos dispositivos será complexa.

Portanto, conforme esse artigo, a disponibilidade da coisa em mãos do sujeito caracteriza a diferença entre a agência e a distribuição. Pela lei, se a pessoa tem a coisa que comercializa consigo será distribuidor; caso contrário, será agente. No mais, procura a lei unificar os direitos de ambos e, consequentemente, aplicam-se ao representante comercial, no que couber.

A primeira conclusão inafastável é no sentido da aplicação da lei do representante comercial sempre que este for devidamente registrado, nos termos do art. 5º da Lei nº 4.886/1965, e realiza negócios em razão dessa profissão habitual. Pouco importa que pratique ele negócios de agência ou de representação segundo este Código. Tratando-se de profissão regulamentada, estando o sujeito inscrito nos Conselhos Regionais dos Representantes Comerciais, subordinados estes ao Conselho Federal, aplica-se essa lei, que lhe é protetiva e cria, na verdade, um microssistema jurídico. Subsidiariamente, poderá ser aplicado o Código. Há que se levar em conta, contudo, que essa lei atribui os direitos básicos do representante, que doravante devem ser harmonizados com os dispositivos deste Código Civil. Assim, naquilo que o contrato e a lei protetiva forem omissos, preponderarão as disposições do Código. Leve-se em conta que os dispositivos contratuais do Código são de direito dispositivo. Quanto ao representante comercial, não há de se ter preocupação se sua atividade é de agência ou representação de acordo com este Código, porque, conforme os princípios da lei específica, para o representante é irrelevante ter ou não a posse dos bens comercializados.

Questão maior vai-se colocar quando o agente e o distribuidor, em sentido amplo, sem a compreensão de representante, pretenderem os mesmos direitos expostos na Lei nº 4.886/1965. Não há que se entender que somente os representantes comerciais devidamente inscritos em sua corporação de ofício tenham direito à aplicação da lei específica. Eventual transgressão administrativa é irrelevante para a definição dos direitos e a respectiva natureza jurídica dos contratos. Desempenhando a função de representante, o sujeito fará jus aos benefícios da lei respectiva, segundo remansosa jurisprudência, que se lastreia em princípios constitucionais sobre a liberdade do trabalho. Caberá à jurisprudência definir, pois, se adotada a caracterização de representante para a relação jurídica, fará jus o sujeito aos direitos respectivos conforme os arts. 31 e seguintes da lei específica. Essa tendência, que já vinha sendo adotada, deverá persistir. Nada impede, contudo, que as próprias partes indiquem no contrato como aplicável essa lei. O que será ineficaz, sob o prisma de direito cogente, é afastar-se contratualmente sua aplicação.

Nessa introdução é importante estabelecer que os contratos de agência e distribuição podem, em princípio, ser firmados com qualquer pessoa e a essa situação se dirigem os dispositivos do Código, os quais se aplicam, também, aos representantes comerciais oficiais, no que não conflitar com seu estatuto específico, o qual garante direitos básicos a esses profissionais. A situação não fica clara, mormente quando as partes não definem claramente suas obrigações, como já não estava clara no sistema anterior e qualquer das soluções apresenta dificuldades. De qualquer modo, em princípio, se o sujeito adquire os bens do produtor ou fornecedor e os revende, atendendo a cláusulas de exclusividade e de área geográfica, sua situação será de distribuidor, excluindo-se a possibilidade de ser considerado representante. As gradações entre um extremo e outro deverão ser definidas no caso concreto.

Colocada essa questão prévia fundamental, como importante alerta ao leitor, passemos ao exame dos institutos.

2. Comercialização por terceiros

Quando se examina a comercialização de produtos ou serviços por terceiros, existirão sempre duas partes, pois o fornecedor de produtos e serviços sempre atribuirá a outrem essa função. Nesse sentido, alude-se à distribuição como referência genérica a vários fenômenos. Como regra geral, a empresa concentra sua atividade principalmente na produção, atribuindo a intermediários a atividade de promover e vender. Nesse sentido, a própria legislação comercial, consagrada pelo nosso velho Código Comercial, disciplinava os auxiliares de comércio, os corretores, os comissionistas e os agentes de comércio. O novo universo da empresa cria novas formas de comercialização, com a intervenção de terceiros, como a franquia, a concessão, a representação. Sob essa égide, a palavra *distribuição* é equívoca, absorvendo vários significados, técnicos ou não. No conceito há um sentido amplo, de caráter geral, que inclui todas as formas de que uma empresa se utiliza para colocar bens e serviços no mercado, diretamente, ou por meio de terceiros, mandatários, agentes, representantes etc. Por outro lado, há um conceito restrito, que é aquele doravante presente no Código Civil, que diz respeito à relação jurídica que vincula o produtor e o sujeito que coloca seus produtos no mercado, referindo-se aí expressamente ao contrato de distribuição. Como já de início apontamos, há confusão terminológica entre os contratos de representação mercantil, agência e distribuição, a qual não foi aclarada pelo legislador.

Por essa razão, melhor se referir aos canais de comercialização por terceiros, quando o fenômeno é tratado de forma geral, abrangendo negócios, tais como a representação, a distribuição e a franquia. Desse modo, surge assim uma nova família de contratos, para desenvolvimento de uma antiga função econômica, qual seja, a de colocar no mercado os bens ou serviços de uma empresa produtora, quando ela não o faz por si mesma (FARINA, 1994, p. 379). Esses contratos possuem características comuns, o que contribui, por vezes, para a confusão terminológica. Assim, pressupõem a existência de empresas e sujeitos independentes que desempenham atividade em favor dela; há possibilidade de que a empresa celebre muitos contratos da mesma natureza, com várias pessoas, naturais ou jurídicas. Nesses contratos, há um forte aspecto de colaboração entre as partes e a possibilidade de exclusividade dentro de determinada área geográfica. São contratos, por natureza, de duração, com prazo mais ou menos longo. O distribuidor, agente ou representante deve-se submeter a uma série de diretrizes impostas pelo produtor em prol do bom andamento do negócio. A regra de exclusividade é importante nesses contratos, embora possa não se fazer presente. Caberá às partes mantê-la ou não.

Por seu lado, o distribuidor ou qualquer nome ou natureza jurídica que se lhe dê, não importando qual a modalidade de contrato que lhe permite comercializar bens de terceiros (distribuição, representação, agência, franquia), obtém uma posição vantajosa no mercado, pois, em princípio, terá exclusividade sobre determinada região ou goza de benefícios e vantagens para adquirir bens da empresa produtora. Geralmente, o nome do produtor já outorga aos intermediários um patamar de ganhos superior. Sob esse prisma, a moderna empresa cria uma rede de distribuição, nem sempre juridicamente homogênea, cuja finalidade é cobrir uma cidade, uma região, um Estado ou Província, um país ou o exterior. Essa distribuição mais ou menos ampla seria muito custosa e difícil para que o produtor a encetasse com recursos próprios, além de esbarrar em leis de proteção econômica, que proíbem a cartelização ou o truste.

3. Agência

Este Código distingue a agência da distribuição pelo fato de o agente, no primeiro caso, não ter a disposição da coisa a ser negociada. Assim, este art. 710 entende que o agente é a pessoa que assume, em caráter não eventual e sem vínculos de dependência, a obrigação de promover, à conta de outra, mediante retribuição, a realização de certos negócios, em zona determinada. O parágrafo único do dispositivo acrescenta que o proponente pode conferir poderes de representação ao agente para a conclusão de contratos no nome do primeiro. Há o *agente* e *agenciado*, que também pode ser referido como proponente ou dono do negócio. O agente não tem vínculo de subordinação hierárquica com o agenciado, não se caracterizando, em princípio, relação de direito do trabalho.

Leva-se em conta que há um contrato, cujo objetivo é a realização de certos negócios, entre o proponente ou dono do negócio e o agente. Os terceiros, que tratam com o agente, são estranhos, em princípio, a esse contrato. Deve o agente buscar resultados e nisso o contrato se assemelha com o de mediação.

Embora não seja uma regra e a lei não desejou que assim fosse, o agente, a princípio, não compra ou vende objetos materiais, mas realiza, promove negócios, em favor do proponente. Pode até promover a venda, mas geralmente quem o faz é o próprio produtor, por indicação e por trabalho do agente. O distribuidor, que terá consigo produtos para comercialização, realiza primordialmente vendas, embora também realize a promoção de negócios. Essa é uma distinção prática, contudo não inflexível dos dois terceiros, agente e distribuidor, que se colocam na ponta dos negócios do produtor. Nesse diapasão, houve por bem o legislador aproximar as duas figuras contratuais e atribuir-lhes, em síntese, os mesmos direitos. No entanto, na pureza de sua conceituação, agenciar não é fazer negócio, não é concluir contratos ou outros negócios jurídicos, mas simplesmente promovê-los a bom termo, em favor do dono do negócio (PONTES DE MIRANDA, v. 44, 1984, p. 33). Daí porque, originalmente, à margem da posição legal, não há como confundi-lo com o contrato de representação, cuja finalidade é sempre a conclusão de negócios, e nisso se aproxima ou se confunde com o contrato de distribuição.

A figura do agente deve ter autonomia econômica e funcional. Não se vincula ao proponente, pois tem seu próprio estabelecimento. Por essa razão, deve o agente suportar os riscos ordinários do negócio, salvo se estabelecida a cláusula *del credere*, como apontamos a seguir, quando então será responsável solidário pela solvência dos terceiros que promove. No campo do contrato de agência, porém, deve ficar bem clara essa responsabilidade, uma vez que prepondera o princípio da mediação e o agente, em princípio, não conclui contratos, mas propicia contratos e contatos ao agenciado.

Esse sentido de agência e agente já foi por nós destacado no exame da representação comercial, com lastro na opinião de Pontes de Miranda (v. 44, 1984, p. 23).

> *"O agente considera-se quem faz contrato de agência ou contratos de agência, pelo qual ou pelos quais se vincula, perante alguma empresa, ou algumas empresas, a promover em determinada região, ou praça, os negócios com aquela, ou com aquelas, e de transmitir à empresa, ou às empresas, as ofertas ou invitações à oferta que obtiveram."*

Por essa dicção do insuperável Pontes (v. 44, 1984, p. 24), verifica-se que a função primordial do agente é promover negócios. "*O agente promove, o contrato é para que promova.*" Nem sempre serão negócios de compra e venda. Nada impede que o agente represente vários proponentes de ramos diversos, ou mesmo do mesmo ramo, se não houver cláusula de exclusividade. Pode também ocorrer, se assim for convencionado, que o proponente nomeie mais de um agente na mesma zona, para o mesmo ramo. O ajuste nesse sentido deverá ser expresso. Esse o sentido do art. 711.

A demarcação territorial é forma de evitar que os agentes ou distribuidores de um mesmo negócio entrem em conflito empresarial e se prejudiquem mutuamente. A regra geral, no presente Código, será a exclusividade de área e de ramo ou incumbência (*salvo ajuste...*); a exceção será a pluralidade. Interessante notar que, no sistema da Lei nº 4.886/1965, por outro lado, a exclusividade de representação não se presume na ausência de ajustes expressos (art. 31, parágrafo único). Desse modo, a fim de que se evite o conflito de interpretação, as partes devem ser claras e expressas sobre a exclusividade. Como regra, o agente não representa, mas poderes de representação podem lhe ser conferidos (art. 710, parágrafo único).

O agente pode se dedicar a infinidade de negócios. Modernamente, destacam-se agentes que promovem negócios de turismo, teatro, atores e cantores, orquestras e apresentações artísticas em geral, atletas profissionais, espetáculos esportivos, publicidade e propaganda, política, transportes, mercado financeiro etc. O agenciado contrata o agente tendo em vista suas qualidades pessoais, pois o agente deve ter a vivacidade e o conhecimento que lhe propicie fácil trânsito no meio em que atua, conhecendo e sendo bem recebido pelas pessoas certas, o que proporcionará bons negócios em favor do proponente. Como em todo contrato, sempre se exigirá agente capaz e objeto lícito. Assim, o agente poderá ser pessoa natural ou jurídica. Como qualquer contrato, a ilicitude inquinará o negócio.

3.1. Agência e contrato de lobby

Aproxima-se o contrato de agência do contrato de *lobby*. *Lobby* significa originalmente antecâmara, à frente da Câmara dos Comuns na Inglaterra e do Capitólio, nos Estados Unidos. Por extensão, passou-se a entender lobista como aquele que transita pelos corredores e pelas antessalas do Poder ou de quem ocupa posição estratégica buscando influir em redações legais e proposições. Essa atividade torna-se cada vez mais importante, como elo de ligação social e política, para pessoas jurídicas, corporações e entidades de classe, grupos mais ou menos organizados no sentido de sensibilizar para legislar, definir ou decidir. A questão fica em aberto porque a atividade, plenamente disseminada entre nós, ainda não é definida em lei, embora já existam tentativas nesse sentido.

O lobista é alguém que promove certas atividades ou busca interferências sociais em direção à aprovação ou rejeição de uma lei; da aceitação de uma empresa em um empreendimento; da nomeação de alguém para um cargo público ou privado etc. Por isso, transita em meios que propiciam essa atividade. Enquanto o agente desempenha um contrato nominado, atualmente típico, perfeitamente conhecido, o lobista ainda tem um papel enevoado em nossa sociedade, tangenciando, pela opinião comum, princípios da Moral e esbarrando por vezes na ilegalidade, ao contrário de outras legislações que não só aceitam como também regulamentam sua atividade, ainda que sob vestes diversas. Embora não seja sistematicamente uma situação real, a figura do lobista vem sempre associada à realização de negociações obscuras. Não resta dúvida, porém, de que a atividade de lobista pode e deve ser exercida dentro dos princípios éticos, com respeito à lei e aos poderes constituídos. Exercido dentro dos padrões éticos, o contrato de *lobby* pode ser instrumento eficaz de adequação social, em prol de bandeiras válidas dentro e fora do âmbito estatal, tendo em vista o desenvolvimento sustentável e a proteção dos menos favorecidos. Para isso, é necessário que esse instituto seja regulamentado. Há projeto nesse sentido. A função do lobista é, em última análise, representar a sociedade civil, seus anseios e suas necessidades junto aos detentores de poder em qualquer nível, sem recorrer a meios escusos e à corrupção.

É muito próxima, em sua essência, a função do agente e do lobista. Sua principiologia é quase idêntica, embora o *lobby* possa ser mais comumente um negócio meramente eventual. A diferença ocorre mais precipuamente no âmbito, no campo de atuação e na graduação da finalidade, pois o papel de ambos e a forma de remuneração são muito semelhantes. Enquanto o agente deve buscar promover a figura do agenciado em vários níveis (artístico, comercial, esportivo), o lobista promove uma atividade mais ampla e difusa em prol de um grupo ou de uma entidade, embora possa atuar também em favor de uma pessoa natural, para a indicação e nomeação em cargo público ou privado, por exemplo. Ambos exercem função de intermediários de vontades.

4. Características. Remuneração do agente

Os contratos de agência e distribuição possuem, portanto, um tratamento único neste Código, embora apresentem diferenças pontuais que os distanciam, como vimos. Trata-se, pois, de contrato bilateral, oneroso, consensual, informal, comutativo, de duração e *intuitu personae*. Não exige a lei a forma escrita, embora seja de toda conveniência que assim seja. Prova-se por todos os meios, principalmente pelos atos que traduzem a conduta das partes, como correspondência, notas fiscais, formulários de pedidos, meios de divulgação e publicidade etc. Também se trata de pacto que se deve protrair no tempo, pois não se perfaz com um único ato, mas com uma conduta prolongada de ambas as partes. Daí porque a lei diz que não se trata de relação eventual. A confiança pessoal de ambas as partes, para a escolha da empresa produtora, pelo agente, e vice-versa, é aspecto ponderável nessa contratação.

A independência do agente caracteriza igualmente esse contrato, como destacado na definição do art. 710. Se existe vínculo de hierarquia, subordinação e dependência, à relação jurídica se aplica a lei trabalhista. O agente é autônomo e mantém seu próprio negócio. Sua remuneração poderá ser fixa ou em porcentagem sobre os negócios bem-sucedidos. Nesse campo, é importante verificar os usos e costumes do ramo de atividade e os usos correntes no lugar. A esse respeito se reporta o art. 701, referente à comissão e aplicável à agência e distribuição: "*Não estipulada a remuneração devida ao comissário, será ela arbitrada segundo os usos correntes no lugar.*" Note-se que nos negócios de alienação, mormente no que se aplica ao distribuidor, a remuneração é ordinariamente fixada em porcentagem sobre o volume dos negócios.

5. Distribuição

Pelo presente Código Civil, os dispositivos acerca da distribuição são os mesmos aplicáveis à agência e, com maior razão, devem ser trazidos à colação os princípios da Lei nº 4.886/1965. Aplicam-se, salvo disposição contratual em contrário, os mesmos princípios atinentes a prazo, remuneração, exclusividade etc.

Em um sentido amplo, podemos conceituar distribuição como o contrato pelo qual uma das partes, denominada distribuidor, se obriga a adquirir da outra parte, denominada distribuído, mercadorias geralmente de consumo, para sua posterior colocação no mercado, por conta e risco próprio, estipulando-se como contraprestação um valor ou margem de revenda (GHERSI, t. 2, 1999, p. 104). Vimos que pela dicção legal do art. 710, a diferença que a lei admite no tocante ao contrato de agência é que no contrato de distribuição o distribuidor tem a coisa a ser negociada à sua disposição. O fato de ter a coisa à disposição não significa que sempre tenha a posse. Os bens a serem comercializados podem permanecer na posse do distribuído ou dono do negócio. Como regra geral, o distribuidor adquire os bens e está organizado como empresa para a tarefa de distribuí-los (FARINA, 1994, p. 387).

O contrato recebe influências do contrato de compra e venda, mandato, comissão e fornecimento. Como é pacto de duração, não se pode perfazer com uma única venda, mas pressupõe continuidade de fornecimento de bens ao distribuidor por período mais ou menos longo. Sua natureza, de intermediação de vendas, se amolda melhor ao contrato de representação mercantil do que o contrato de agência, como acentuamos. Tanto assim é que o art. 721 da atual lei civil determina que se apliquem subsidiariamente ao contrato de disposição os princípios do mandato e da comissão. As noções de intermediação e de resultado útil ficam aqui também perfeitamente claras. No mais, todos os dispositivos comentados acerca da agência aplicam-se à distribuição (arts. 710 a 721). À colação devem ser trazidos os princípios de remuneração, exclusividade, boa-fé, prazo determinado ou indeterminado etc.

Assim como o agente, o distribuidor deve gozar de independência e autonomia, pois conduz negócio próprio e assume os respectivos riscos (art. 713 do Código Civil). Pode o legislador estabelecer normas específicas para a distribuição de determinados produtos, como combustíveis, por exemplo, que exigem requisitos de segurança que devem ser obedecidos.

O distribuído deve fornecer os bens e todos os meios pelos quais o distribuidor possa efetuar as vendas, enquanto este se obriga a efetuar as vendas do produto e, fundamentalmente, pagar o preço ao dono do negócio ou distribuído. Tanto assim é que o agente ou distribuidor terá direito à indenização se o proponente, sem justa causa, cessar o atendimento das propostas ou reduzi-lo tanto que se torna antieconômica a continuação do contrato (art. 715 do Código Civil). Essa situação, que representa um esvaziamento do contrato, é justa causa para a rescisão por parte do distribuidor ou agente, que também poderá pleitear perdas e danos.

Lembre-se de que no contrato de distribuição, com mais propriedade do que no contrato de agência, quando o distribuidor se coloca como mero intermediário e não adquire as coisas para revenda, não pode ser estipulada a cláusula *del credere*, pela qual o distribuidor fica responsável pela solvência dos débitos convencionados com terceiros. Essa proibição decorre, em princípio, do art. 43 da lei dos representantes comerciais, com a redação dada pela Lei nº 8.420/1992. É de perguntar se, fora do âmbito dessa lei, ou mesmo em contraposição a ela, pode ser aplicada a cláusula *del credere*, pois o mais recente Código silenciou especificamente a esse respeito. A nosso ver, a resposta é afirmativa, embora a palavra final esteja com os tribunais. Como apontado de início, não será fácil a harmonização dos novos dispositivos com a Lei nº 4.886/1965. Recorde-se, como reforço de argumentação, de que o contrato de comissão permite a cláusula *del credere* no art. 698 do vigente Código, e o art. 721 manda aplicar as regras da comissão e do mandato, no que couber, aos contratos de agência e distribuição.

Assim como o contrato de agência, trata-se de contrato consensual, bilateral, oneroso, comutativo, nominado e típico de acordo com o atual Código, informal, de duração e *intuitu personae*. Não é de sua essência que seja de adesão, mas, se o for, deve ser regido pelas regras de hermenêutica que se aplicam a essa modalidade. A propósito, apesar de o contrato de agência ou de distribuição não ser negócio de consumo, se estiverem presentes os fatores de vulnerabilidade e hipossuficiência, tudo é no sentido de que a jurisprudência aplique os princípios do CDC. A doutrina costuma entender que a exclusividade é um elemento natural do contrato de distribuição (FARINA, 1994, p. 389), que somente pode ser suprimida ou reduzida mediante a vontade expressa das partes.

Por fim, saliente-se de que não há que se confundir o contrato de distribuição com o contrato de concessão, embora ambos tenham aspectos comuns. Na concessão existe uma subordinação técnica e econômica ampla por parte do concessionário ao concedente. No contrato de distribuição, o distribuidor conserva sua autonomia. A distribuição é somente uma das etapas integrantes do contrato de concessão, que apresenta inúmeras outras obrigações para o concessionário. A Lei nº 6.729/1979, denominada *Lei Ferrari* (com as alterações trazidas pela Lei nº 8.132, de 26 de dezembro de 1990), regula a concessão comercial entre produtores e distribuidores de veículos automotores entre nós. Essa lei tem sido aplicada por analogia em alguns julgados a outras modalidades de concessão, o que para nós é incorreto, tendo em vista o vulto da indústria automobilística, incomparável a qualquer outra. De qualquer forma, porém, a concessão não se confunde com o mero contrato de distribuição. Carlos Alberto Ghersi (t. 2, 1999, p. 115) aponta ainda dois fatores distintivos: (a) o contrato de concessão se dirige a bens de alto custo e envergadura tecnológica, ao contrário do contrato de distribuição; (b) na distribuição, divulga-se tanto o nome do produtor como o nome do distribuidor em pé de igualdade, enquanto na concessão a publicidade se dirige quase exclusivamente para a marca do produto e para este em si mesmo.

Da mesma forma como expressamente determina a Lei nº 4.886/1965, no art. 39, com a redação dada pela Lei nº 8.420/1992, a Justiça Comum será competente para dirimir os conflitos de agência e distribuição.

🔖 Ação de cobrança c.c. Indenização material e moral – Sentença de improcedência - Apelação da autora – Nulidade da sentença – Cerceamento de defesa – Inocorrência – Decisão saneadora que permitiu ampla dilação probatória, inclusive a prova oral – Situação em que as provas documental e pericial eram suficientes ao deslinde das controvérsias – Redistribuição do ônus probatório e exibição de documentos – Alegação de ofensa ao princípio do contraditório, da ampla defesa e ao devido processo legal – Inocorrência – Existência de coisa julgada – Preclusão – Afirmação de violação ao art. 489, § 1º, do CPC afastada – Sentença que contém fundamentos suficientes – Preliminares rejeitadas – Natureza jurídica do contrato – Pretensão de reconhecimento de contrato de agência ou de representação – Impossibilidade – Contrato típico de prestação de serviços, com cláusulas expressas nesse sentido – Inteligência do art. 710 do CC e art. 1º da Lei nº 4.886/1965 – Sentença mantida. Cobrança e indenizações – Pretensão não acolhida – Prova pericial que concluiu pela inexistência de débito por parte da ré em favor da autora – Sentença mantida. Recurso não provido, com majoração da verba honorária (*TJSP* – Ap. 1037110-88.2015.8.26.0002, 1-11-2018, Rel. Marino Neto).

🔖 Apelação – Prestação de serviços de agenciamento artístico – Ação de rescisão contratual – Sentença de parcial procedência – Apelo do autor – Contrato de agenciamento de carreira artística, em que o autor figura como contratante da ré. É o caso de extinção, pois é o que ambas as partes desejam. Alegada prestação insatisfatória dos serviços. Prestação dos serviços de agenciamento de carreira comprovada. Alegada falha na prestação. Não verificado descumprimento do contrato pela ré. Obrigação de meio. Suficiência das provas nos autos. Dispensada a produção da prova oral sem prejuízo a defesa. Art. 130 do CPC/73 – Inocorrência de cerceamento de defesa – Arguição de sentença *extra petita* – Ocorrência em parte – Inexistência de reconvenção – Inoportuno o reconhecimento de eventual culpa do autor pela extinção do contrato. Ademais, as partes concordam com a extinção do contrato, o que demonstra a perda recíproca da confiança, essencial ao contrato de agenciamento artístico. Reforma parcial da sentença neste aspecto, sem a necessidade de devolução dos autos ao r. juízo *a quo*. Erro sanado. Nome artístico e domínio eletrônico que pertencem ao autor, por serem seus instrumentos de trabalho e por carregarem o seu próprio nome. Direito da personalidade. Intransmissível. Juízo *a quo* deverá providenciar a transferência de titularidade do domínio e da marca perante os órgãos competentes. Sucumbência permanece recíproca, cabendo ajuste apenas na proporção. Despesas processuais serão igualmente divididas entre as partes, compensados os honorários advocatícios. Apelo parcialmente provido (*TJSP* – Ap.1043336-77.2013.8.26.0100, 3-8-2016, Rel. Carlos Dias Motta).

🔖 Prestação de serviços exclusivos de **agenciamento artístico** – Obrigação de meio conjunto probatório que demonstra que o agente envidou esforços em promover a carreira da agenciada ação improcedente – Recurso desprovido. O contrato de agenciamento artístico envolve obrigação de meio – promover a figura do agenciado – e não de resultado, não podendo o contratado ser responsabilizado pelo eventual insucesso do artista, salvo se comprovada negligência ou imperícia. Exegese dos arts. 710 e 712 do Código Civil em vigor. Restando demonstrado que o agente envidou esforços em promover a carreira do contratante, mediante colocação de *outdoors*, envio de *releases*, encartes, gravações de CDs, promoção de *shows* e eventos, e inclusive pagamento de cirurgias plásticas, tem-se por afastada a alegação de desídia, mormente quando comprovado que o artista é que deixou de comparecer aos eventos (*shows*) e reuniões previamente agendados (*TJSP* – Acórdão Apelação Cível 0224644 – 10.2006.8.26.0100, 4-7-2011, Rel. Des. Clóvis Castelo).

🔖 Conflito de competência. **Contrato de distribuição de *software*.** Demanda cautelar inominada. Agravo de instrumento contra decisão que indefere pedido liminar, negócio jurídico que envolve a distribuição de bens móveis incorpóreos. Competência da subsecção de direito privado. I – Conflito procedente, declarada a competência da câmara suscitante (*TJSP* – Acórdão Conflito de Competência 0558872-05.2010.8.26.0000, 13-4-2011, Rel. Des. Campos Mello).

🔖 Responsabilidade civil. **Relação negocial de distribuição**. Contrato tácito. Ausência de exclusividade. Pretensão de indenização ou restabelecimento da relação negocial. Art. 710 do Código Civil. Rescisão unilateral desmotivada e interrupção de fornecimento de produtos não comprovados pelo autor. Aplicação do art. 333, I, CPC. Improcedência do pedido. Recurso conhecido e desprovido (*TJSC* – Acórdão Apelação Cível 2007.057593-1, 19-1-2012, Relª Desª Soraya Nunes Lins).

Art. 711. Salvo ajuste, o proponente não pode constituir, ao mesmo tempo, mais de um agente, na mesma zona, com idêntica incumbência; nem pode o agente assumir o encargo de nela tratar de negócios do mesmo gênero, à conta de outros proponentes.

A cláusula de exclusividade é usual nesses contratos, mas não constitui regra geral. A lei presume a exclusividade no silêncio do contrato. Se houver possibilidade de nomeação de outro agente na mesma área ou de o agente representar outros proponentes, tal deve constar do contrato. O agente ou distribuidor recebe a incumbência em área geográfica determinada, a qual pode ser mais ou menos ampla e até mesmo abranger todo o país. Pode ocorrer que essa exclusividade se dê em relação a determinada classe de pessoas ou categoria profissional. Há que se examinar o caso concreto.

Art. 712. O agente, no desempenho que lhe foi cometido, deve agir com toda diligência, atendo-se às instruções recebidas do proponente.

A confiança recíproca é elemento importante no pacto. Nesse sentido, este art. 712 reforça que o agente deve agir com toda diligência, obedecendo às instruções recebidas do proponente. A boa-fé objetiva, como cláusula aberta, decantada no art. 422 do corrente Código, e a boa-fé subjetiva, decorrente do exame da conduta específica das partes, desempenham importante papel quando se examina a transgressão do contrato.

É importante definir sempre quais os limites de atuação atribuídos ao agente ou representante, pois este não pode se afastar das instruções. Nos casos omissos, deverá pedir novas instruções ao agenciante ou representado, sob pena de responder por perdas e danos. Lembre-se, todavia, que esse aspecto deve ser examinado tendo em vista o fato de que não se cuida de relação de subordinação, como ocorre no contrato de trabalho.

Art. 713. Salvo estipulação diversa, todas as despesas com a agência ou distribuição correm a cargo do agente ou distribuidor.

Nesse contrato, como o agente, e também o distribuidor, possuem negócio próprio e autônomo, a regra geral é que deverão arcar com as despesas do negócio. O contrato deve discriminar quais eventuais despesas correrão por conta do dono do negócio. Nesse sentido, devem ser ajustadas expressamente as despesas com publicidade, treinamento, viagens de terceiros, remessa de amostras etc. Esse é o direcionamento deste artigo. Não podem, todavia, ser carreadas aos agentes ou distribuidores despesas extraordinárias, que extravasam as finalidades do negócio. Os usos locais têm função importante nessa análise, no caso concreto.

Art. 714. Salvo ajuste, o agente ou distribuidor terá direito à remuneração correspondente aos negócios concluídos dentro de sua zona, ainda que sem a sua interferência.

É regra geral tradicional, também, que o agente ou distribuidor terá direito à remuneração correspondente aos negócios concluídos dentro de sua zona de exclusividade, ainda que sem sua interferência, salvo ajuste em contrário. Essa é a garantia e um dos atrativos do negócio para o agente. Essa remuneração poderá ser fixa ou variável, ou mista, combinando ambas as modalidades. Na ausência de fixação contratual a respeito, aplicam-se os valores e os percentuais usuais para os negócios respectivos, como se faz com a representação comercial. A remuneração se torna devida quando concluído o negócio, ou, sob perspectiva mais ampla, quando ocorre a aproximação útil.

"*Sempre que o agenciado pratique, direta ou indiretamente, o que cabia ao agente, deve a remuneração. Se indiretamente o fez, deve a remuneração e a indenização*" (MIRANDA, 1984, v. 44, p. 47).

Sob esse aspecto, deve ser examinado se houve negócios com invasão de área. Podem as partes, no entanto, dispor diferentemente, estabelecendo mais de um agente ou distribuidor para a mesma área. Essa mesma ideia está presente no art. 31 da Lei nº 4.886/1965, que regula as atividades dos representantes comerciais autônomos. Se há mais de um distribuidor para a mesma área, deve ficar claro a quem pertence a remuneração. Se o contrato silenciar e o negócio for concluído sem a interferência de qualquer dos agentes, a remuneração deverá ser partilhada igualmente entre eles.

Art. 715. O agente ou distribuidor tem direito à indenização se o proponente, sem justa causa, cessar o atendimento das propostas ou reduzi-lo tanto que se torna antieconômica a continuação do contrato.

Há uma expectativa de continuidade nos contratos de agência e distribuição. Assim, frustra-se essa expectativa se o distribuidor ou agente realiza o negócio e o proponente cessa o atendimento das propostas ou reduz a atividade de molde a tornar o negócio gravoso. Nesse caso, o proponente deverá indenizar, rescindindo-se o contrato. Há que se verificar, porém, se o agente ou distribuidor não se afastou das instruções recebidas de molde a provocar a reação do proponente.

Art. 716. A remuneração será devida ao agente também quando o negócio deixar de ser realizado por fato imputável ao proponente.

No desempenho do contrato de agência, a exemplo do que ocorre no contrato de corretagem, com os quais têm pontos de contato, vale examinar a chamada "aproximação útil". Se o agente promove eficazmente o negócio que não se conclui por culpa do proponente, será devida a remuneração. No caso concreto é importante verificar a culpa e as situações de caso fortuito ou força maior. Promovida, por exemplo, a apresentação de uma ópera, que não ocorre em razão de uma greve ou de moléstia do tenor principal, não pode ser responsabilizado o proponente.

Art. 717. Ainda que dispensado por justa causa, terá o agente direito a ser remunerado pelos serviços úteis prestados ao proponente, sem embargo de haver este perdas e danos pelos prejuízos sofridos.

De qualquer forma, a lei civil é rigorosa quanto à aproximação útil. Nesse caso, é possível compensar a remuneração devida, com os prejuízos, desde que ambos os valores sejam líquidos. Até mesmo se o agente não puder continuar o trabalho por motivo de força maior, terá ele direito à remuneração pelos serviços já executados, cabendo esse direito aos herdeiros, no caso de morte (art. 719). O que se busca evitar aqui é o enriquecimento injustificado.

Art. 718. Se a dispensa se der sem culpa do agente, terá ele direito à remuneração até então devida, inclusive sobre os negócios pendentes, além das indenizações previstas em lei especial.

Em qualquer situação de dispensa, deverão ser levados em conta os princípios da lei que regula a representação mercantil, que deverá ser utilizada em tudo que beneficiar o representante comercial, seja ele agente ou distribuidor. Essa lei, e outras que estiverem no mesmo diapasão, visam proteger a inferioridade econômica e a vulnerabilidade do agente e distribuidor perante o dono do negócio, o que, quase sempre, é regra geral. Nesse sentido, coloca-se este artigo.

A justa causa é terminologia tomada do direito do trabalho. Não existe uma justa causa definida adredemente neste Código, mas o caso concreto e a análise de suas provas darão a solução. A Lei nº 4.886/1965, que trata do representante comercial enumera rol de motivos que dão margem à dispensa por justa causa: a) desídia do agente; b) prática de atos que levem a descrédito o proponente; c) não cumprimento das obrigações contratuais; d) condenação por crime infamante. Esse elenco pode ser levado em conta, mas não é exaustivo e comporta interpretação.

Art. 719. Se o agente não puder continuar o trabalho por motivo de força maior, terá direito à remuneração correspondente aos serviços realizados, cabendo esse direito aos herdeiros no caso de morte.

A lei evita de todas as formas que o proponente obtenha enriquecimento injustificado. Assim, não podendo continuar o trabalho por motivo de força maior, a remuneração será devida ao agente ou distribuidor, conforme os serviços realizados, direito que se transfere aos herdeiros. A morte do agente e a força maior têm aqui o mesmo efeito.

**Art. 720. Se o contrato for por tempo indeterminado, qualquer das partes poderá resolvê-lo, mediante aviso prévio de noventa dias, desde que transcorrido prazo compatível com a natureza e o vulto do investimento exigido do agente.
Parágrafo único. No caso de divergência entre as partes, o juiz decidirá da razoabilidade do prazo e do valor devido.**

O contrato de agência e distribuição pode viger por prazo determinado ou indeterminado. São contratos de duração por natureza. O contrato pode ser também estabelecido para determinada campanha, empreendimento ou tarefa. A lei não menciona este último aspecto. Escoado o prazo determinado ou exaurida a finalidade e mantendo-se as partes na conduta contratual, o contrato passa a vigorar por prazo indeterminado. O art. 720 do atual Código houve por bem erigir norma específica quanto ao prazo para a denúncia vazia.

A redação é confusa. Ademais, refere-se a "tempo determinado", quando quer significar prazo. Levando em conta a interpretação sistemática, conclui-se que o *prazo mínimo* para a denúncia vazia ou imotivada, nessa hipótese, será sempre de 90 dias. As partes poderão dilatá-lo, mas não reduzi-lo. Poderão ocorrer circunstâncias que autorizem o juiz a estender ainda mais esse prazo. Aliás, bastaria que se fizesse referência ao art. 473, parágrafo único, que contempla expressamente a hipótese. Normalmente, os contratos exigem investimentos vultosos por parte dos agentes e distribuidores. Cumpre examinar o caso concreto. Como se verifica, portanto, o parágrafo único desse art. 720 também está deslocado. Refere-se também a "valor devido" como se houvesse direito a alguma indenização no artigo, que o *caput* não especifica.

A lei que regula o representante comercial possui normas próprias sobre a resilição unilateral. No art. 34, essa lei estipula que a denúncia, por qualquer das partes, sem justa causa, no contrato por prazo indeterminado e que haja vigorado por mais de seis meses, obriga o denunciante à concessão de pré-aviso com antecedência mínima de 30 dias, ou de importância igual a um terço das comissões auferidas pelo representante, nos três meses anteriores. O prazo mínimo foi estendido para 90 dias pelo atual Código, mas, por outro lado, esse novel diploma não se refere à indenização nem ao prazo mínimo de vigência de seis meses. É de perguntar se estará derrogado o art. 34 em sua totalidade ou só quanto ao prazo de notificação. Questão difícil que somente poderá ser acomodada pela futura jurisprudência, mormente levando-se em conta o artigo seguinte.

Ademais, como a lei dos representantes comerciais autônomos é detalhada a respeito do recebimento de comissões, recusa de pedidos, justa causa para rescisão etc., poderá ser utilizada supletivamente ao Código e ao que for expresso pelas partes no contrato. A matéria como um todo, como apontamos desde o início, não é de fácil deslinde no caso concreto.

⚖ Agravo de instrumento. Direito privado não especificado. Obrigação de fazer. Contrato de distribuição.

Tutela de urgência para manter a distribuição de produtos exclusivamente através da autora/agravada em Passo Fundo e região. Considerando que as partes mantêm um contrato de distribuição de produtos por prazo indeterminado, deve ser observado o disposto no art. 720 do CC, não havendo razão para alterar a decisão que manteve o contrato por mais 90 dias, pois presentes a verossimilhança e o perigo de dano. Por outro lado, demonstrada a comercialização direta dos produtos pela fabricante com empresas de Passo Fundo, viável a manutenção destes contratos. Agravo de instrumento parcialmente provido (*TJRS* – Ag 70080781636, 16-5-2019, Rel. Heleno Tregnago Saraiva).

Apelação cível. Interposição contra sentença que julgou parcialmente procedente ação de reparação por danos materiais e morais. Inexistência de violação ao princípio da identidade física do Magistrado. **Contrato verbal de distribuição**. Contrato por prazo indeterminado. Notificação escrita de rescisão contratual. Possibilidade. Desnecessidade de motivação. Exegese do artigo 720 do Código Civil. Lucros cessantes correspondentes aos 90 dias de aviso prévio do referido artigo. Dano moral não configurado. Solidariedade entre as partes pela garantia do produto. Inteligência do artigo 18 do Código de Defesa do Consumidor. Sentença parcialmente reformada (*TJSP* – Acórdão Apelação Cível 0005236-78.2005.8.26.0091, 13-2-2012, Rel. Des. Mario A. Silveira).

Art. 721. Aplicam-se ao contrato de agência e distribuição, no que couber, as regras concernentes ao mandato e à comissão e as constantes de lei especial.

O ponto saliente desses artigos ora examinados é saber quando e como poderão ser aplicadas as regras referentes ao mandato, à comissão e particularmente as de lei especial, especificamente o diploma que governa os representantes comerciais (Lei nº 4.886/1965). O legislador do Código Civil, aqui como alhures, foi descuidado, para dizer o mínimo, relegando à jurisprudência uma árdua tarefa que não seria dela se os redatores da lei tivessem tido um mínimo de cuidado.

CAPÍTULO XIII
Da Corretagem

Art. 722. Pelo contrato de corretagem, uma pessoa, não ligada a outra em virtude de mandato, de prestação de serviços ou por qualquer relação de dependência, obriga-se a obter para a segunda um ou mais negócios, conforme as instruções recebidas.

1. Conceito. Natureza jurídica

Pelo contrato de corretagem, uma pessoa, independentemente de mandato, de prestação de serviços ou outra relação de dependência, obriga-se a obter para outra um ou mais negócios, conforme instruções recebidas. É o conceito que se encontra nesse artigo, pois o instituto não foi considerado pelo Código anterior. Modernamente, a mediação apresenta, a nosso ver, conteúdo maior do que a corretagem, tanto que pode ser considerado instituto mais amplo, pois pode ocorrer mediação em outros institutos jurídicos sem que exista corretagem. Daí porque não se pode afirmar que exista perfeita sinonímia nos termos *mediação* e *corretagem*.

A corretagem pode ter como parte corretor profissional devidamente habilitado, nos mais variados campos de atuação, ou qualquer outra pessoa. A ilicitude do exercício profissional não atinge o contrato como negócio jurídico, salvo se a lei expressamente proibir determinadas pessoas de nele figurar.

Denomina-se comitente ou dono do negócio o que contrata intermediação com o corretor. Note que o instituto cuida de intervenção em negócio alheio. Não se esgota, contudo, exclusivamente na corretagem essa possibilidade de intervenção, que também pode ocorrer no mandato, na comissão, na representação comercial, entre outros. No entanto, esses outros negócios não se confundem entre si nem com a corretagem ou mediação, na qual ocorre a intermediação por excelência. Há entendimento, como o de Pontes de Miranda, que afasta a coincidência de compreensão de conceitos entre corretagem e mediação. Para ele, mediação situa-se em plano inferior à corretagem, para a qual sempre se exigira matrícula e inscrição profissional. Não é posição que prevalece, pois os conceitos evidentemente coexistem, independentemente da qualificação profissional de quem intermedeia, seja profissional regular para a função ou não.

Na corretagem, um agente comete a outrem a obtenção de um *resultado útil* de certo negócio. A conduta esperada é no sentido de que o corretor faça aproximação entre um terceiro e o comitente. A mediação é exaurida com a conclusão do negócio entre estes, graças à atividade do corretor. Quando discutimos a retribuição a que o corretor faz jus, importante é exatamente fixar que a conclusão do negócio tenha decorrido exclusiva ou proeminentemente dessa aproximação. Nesse sentido, Carvalho Neto (1991, p. 15) define: *"Mediação, pois, é a interferência feliz de um terceiro, feita sob promessa de recompensa, entre duas ou mais pessoas, levando-as a concluir determinado negócio."* A mediação é vantajosa para o comitente, porque lhe poupa tempo e o desgaste de procurar interessados no negócio.

Cuida-se, portanto, de contrato bilateral, acessório, consensual, oneroso e aleatório. *Bilateral*, porque dele emergem obrigações para ambas as partes, embora possa também onerar apenas uma delas. *Acessório*, porque serve de instrumento para conclusão de outro negócio. Trata-se de contrato preparatório. Pressupõe universo negocial amplo. O desenvolvimento do comércio criou a necessidade de intermediários. *Consensual*, porque depende unicamente do consentimento, sem outro procedimento. A regra geral é não depender de forma, podendo ser verbal ou escrito. Pode concretizar-se por cartas, telefonemas, mensagens informáticas etc. Observa Antônio Carlos Mathias Coltro (2001, p. 131) que

> *"a informalidade permite a concretização do contrato de mediação por meios diversos, como, por exemplo, entendimento verbal direto entre comitente e corretor, telefone, correspondência escrita, computador, fax e outras formas de comunicação".*

Trata-se de contrato oneroso, porque pressupõe eventual remuneração do corretor.

Aleatório, porque depende de acontecimento falível para que essa remuneração seja exigível, qual seja a concretização do negócio principal. Fica, portanto, subordinado ao implemento de condição suspensiva. O corretor suporta o risco do não implemento dessa condição. Há incerteza de que o corretor venha a realizar a aproximação útil, porque depende da vontade de terceiros. O contrato, embora nominado, era atípico no ordenamento de 1916, ainda porque o Código Comercial disciplinava a profissão dos corretores, mas não propriamente o contrato. Não há diferença de natureza jurídica na corretagem civil e na corretagem comercial. Com a disciplina da empresa presente no Código Civil, a distinção perde atualidade. Em ambas, o corretor, como intermediário, põe os interessados em contato, a fim de concluir certo negócio. A corretagem mercantil caracteriza-se apenas pelo conteúdo do negócio em jogo.

Toda atividade lícita admite a mediação. O objeto ilícito ou imoral evidentemente a inibe, como em qualquer outro negócio jurídico. Desse modo, não serão admitidos efeitos jurídicos a corretagem que tenha por objeto contrabando, por exemplo. Discute-se, por outro lado, se é moral e por isso juridicamente aceita a corretagem matrimonial. A tendência moderna nela é não ver ilicitude nessa atividade crescente, desde que conduzida dentro de princípios éticos e morais. Desvios que tangenciam a ilicitude ou frontalmente transgridem o ordenamento podem ocorrer em qualquer atividade.

O Código Comercial admitia amplitude na corretagem ao estatuir que o corretor pode intervir em todas as convenções, transações e operações mercantis (art. 45). Assim, em princípio, todas as modalidades contratuais admitem a corretagem. Lembre-se de que este Código revoga a parte contratual do velho Código Comercial.

A corretagem distingue-se da simples prestação de serviços cujo objeto é conhecido e não aleatório. Não se confunde com a empreitada, porque nesta o objetivo é a entrega da obra. Não se confunde com o mandato, porque o corretor não representa o comitente. Apesar de também assimilar aspectos da comissão mercantil, com ela não se confunde, porque o comissário contrata em seu próprio nome, enquanto o corretor limita-se a aproximar as partes.

Como acenado, a corretagem pode ser tanto *profissional*, como *ocasional*. Conceitualmente, não existe diferença. Não é simplesmente porque o agente não faz da corretagem sua profissão habitual que perderá direito à remuneração. A maior dificuldade em fixar a natureza jurídica desse contrato deve-se ao fato de que raramente o corretor limita-se à simples intermediação. Por isso, para a corretagem acorrem princípios do mandato, da locação de serviços, da comissão e da empreitada, entre outros. Quando um desses negócios desponta como atuante na corretagem, devem seus respectivos princípios de hermenêutica ser trazidos à baila. Para que seja considerada corretagem, a intermediação deve ser a atividade preponderante no contrato e na respectiva conduta contratual das partes.

2. Corretor

Fala-se da corretagem livre e da oficial. Conforme a categoria profissional, variam os requisitos exigidos. Qualquer pessoa civilmente capaz pode praticar a corretagem livre, ficando eventualmente sujeita a punições administrativas, salvo se a lei cominar com nulidade o ato, suprimindo a legitimidade para mediar a quem não seja corretor profissional regular. Tal fato, porém, não atinge a idoneidade das obrigações contraídas pelo comitente, ainda que responsável nos termos do injusto enriquecimento. Como ponteia Carvalho Neto (1991, p. 94), "a grande *norma é a confiança do comitente no corretor*". Corretores livres são aqueles que intermedeiam negócios cuja atividade não é privativa dos corretores oficiais.

Quando se tratava de ofícios regulados pelo Código Comercial, para que alguém pudesse exercer a função de corretor, deviam ser obedecidos os requisitos dos arts. 37 a 39.

Afasta-se, porém, a obsoleta referência que fazia a lei mercantil, excluindo as mulheres do exercício do ofício de corretor oficial.

Corretores oficiais são, portanto, aqueles investidos de ofício público, disciplinado por lei. Assim se colocam os corretores de mercadorias, de navios, de operação de câmbio, de seguros, de valores em Bolsa etc., todos com regulamentação particular.

Corretores livres são os que exercem a intermediação sem designação oficial. Nesse caso, podem atuar todos os que estejam na plenitude de sua capacidade civil. Nesse campo atuam, por exemplo, os corretores de espetáculos públicos, de atletas profissionais, de automóveis, de obras de arte, de móveis etc.

A profissão de corretor de imóveis, por exemplo, é disciplinada pela Lei nº 6.530/1978, regulamentada pelo Decreto nº 81.871/1978. De acordo com o art. 1º do regulamento, o exercício da profissão de corretor de imóveis, no território nacional, somente é deferido ao possuidor de título técnico em transações imobiliárias, inscrito no Conselho Regional de Corretores de Imóveis (Creci) da jurisdição. O exercício também é autorizado às pessoas jurídicas, e o atendimento aos interessados sempre será feito por corretor regularmente inscrito.

3. Extinção do contrato de corretagem

Afora a extinção da corretagem pelos modos ordinários de desfazimento dos contratos, como o distrato, o caso fortuito e a força maior, destacamos a extinção pelo cumprimento da obrigação, com a aproximação útil e o pagamento da comissão. Quando o negócio é estabelecido por prazo determinado, a expiração do prazo também o extingue, embora possa persistir responsabilidade pós-contratual se o negócio é concluído após o prazo, em razão da aproximação feita pelo corretor no curso do contrato. A incapacidade ou falta de legitimação superveniente do corretor também podem extinguir o contrato, colocando-se nesse campo a falência, se for comerciante. Quando o contrato for por prazo indeterminado, pode o negócio ser resilido unilateralmente. A revogação deve atender ao requisito da boa-fé.

O corretor, contudo, não se responsabiliza pela conclusão do negócio. Sua participação termina com o resultado útil, ou seja, a aproximação eficaz do terceiro que conclui o negócio com o comitente.

Apelação cível – Comissão de corretagem – Compra e venda de imóvel – Valor da comissão – Ausência de contrato – Ajuste entre as partes – Divergência – Ônus da prova. O contrato de corretagem é típico (art. 722 do CC), por meio do qual o intermediador (corretor) se compromete à aproximação de pessoas – vendedor e comprador – com o intuito de realizar um ou mais negócios conforme instruções recebidas. A remuneração será devida ao intermediador no instante em que conseguir o resultado previsto no pacto de mediação, de modo que o valor, se não estiver fixado em lei, nem ajustado entre as partes, será arbitrado segundo a natureza do negócio e os usos locais (art. 724 do CC). No caso em que há ajuste entre as partes, mas divergência quanto ao valor ajustado, a comissão não pode ser arbitrada segundo os costumes locais, cabendo ao intermediador provar que acordou com o proprietário-vendedor o preço exato da comissão. Ausente prova nesse sentido, deve ser considerada como justa a comissão paga pelo proprietário. Recurso desprovido (*TJMG* – Ap. 1.0043.16.001595-4/001, 24-4-2018, Rel. Manoel dos Reis Morais).

Embargos à execução – **Contrato de corretagem** – Cláusula em branco – Litigância de má-fé não caracterizada – 1- Não exige a lei (CPC/73, art. 585, II; CPC/15, art. 784, III) que a assinatura das testemunhas no contrato, para que se considere título executivo extrajudicial, seja contemporâneo ao do devedor. 2- Pelo contrato de corretagem, uma pessoa, não ligada a outra em virtude de mandato, de prestação de serviços ou qualquer relação de dependência, obriga-se a obter para a segunda um ou mais negócios, conforme instruções recebidas (CC, art. 722). 3- E a remuneração é devida ao corretor, uma vez que tenha conseguido o resultado previsto no contrato de mediação, ou ainda que este não se efetive em virtude de arrependimento das partes (CC, art. 725). 4- Contrato de comissão de corretagem assinada em branco não é nulo se não provado abuso no preenchimento. 5- A litigância de má-fé, que não se presume, pressupõe má conduta processual, com o propósito evidente de prejudicar. A conduta do litigante de má-fé, ao lado do elemento subjetivo – dolo ou culpa grave –, pressupõe ainda o elemento objetivo, consistente no prejuízo causado à outra parte. 6- Apelação não provida (*TJDFT* – Proc. 20150110570744APC – (987858), 24-1-2017, Rel. Jair Soares).

Art. 723. O corretor é obrigado a executar a mediação com diligência e prudência, e a prestar ao cliente, espontaneamente, todas as informações sobre o andamento do negócio.
Parágrafo único. Sob pena de responder por perdas e danos, o corretor prestará ao cliente todos os esclarecimentos acerca da segurança ou do risco do negócio, das alterações de valores e de outros fatores que possam influir nos resultados da incumbência.

A percepção da remuneração é o principal direito do corretor. Outros direitos e deveres decorrem do contrato que, como dissemos, pode trazer aspectos de prestação de serviços, mandato, empreitada e comissão. Cada ramo de corretagem apresenta rol específico de direitos e deveres. Entre as obrigações gerais, destacam-se o dever de prestar as informações necessárias ao comitente; executar a mediação com diligência e prudência, como está no artigo; assistir à entrega das coisas vendidas por seu intermédio, se alguma das partes o exigir; guardar sigilo absoluto sobre as negociações, podendo ser responsabilizado por quebra de sigilo profissional (art. 56 do Código Comercial, que ainda nos deve servir de orientação). O corretor assume uma obrigação de fazer. Não pode o corretor negociar, direta ou indiretamente, sob seu nome ou no de outrem (art. 59 do Código Comercial); adquirir para si ou parente, diretamente ou por interposta pessoa, coisa cuja venda lhe foi incumbida. O art. 60 do estatuto mercantil excetua dessa restrição a aquisição de apólices da dívida pública e de ações de sociedade anônima, das quais não poderá, no entanto, ser diretor, administrador ou gerente. O presente artigo é descritivo a respeito da conduta que deve o corretor seguir.

Devemos utilizar as regras do Código Comercial revogado como orientativas, mormente na redação de contratos. Na verdade, o texto legal sintetiza que existe um dever de lealdade do corretor para com o dono do negócio ou comitente que o contrata. Note que o texto acentua que o corretor deve dar todas as informações do negócio "espontaneamente". Trata-se de obrigação ínsita e qualificada desse profissional: o dever de informar, presente também no rol de obrigações do prestador de serviço no Código de Defesa do Consumidor. Afastando-se dessa lealdade, a responsabilidade do corretor decola do dever de indenizar até a transgressão de normas criminais. A nova redação é mais incisiva a esse respeito. A posição do corretor, em virtude do sensível papel social que desempenha no mundo negocial, exige permanente clareza e transparência de conduta. Esse sentido ético deve estar presente em qualquer ramo a que se dedique a corretagem. Cada atividade de corretagem, regulada ou não, se submete à regra, além de outras que podem ser erigidas pelas respectivas corporações. Aliás, o art. 729 dispõe que os preceitos sobre corretagem constantes do Código não excluem a aplicação de outras normas da legislação especial.

Ação de rescisão contratual e indenização. Compromisso de venda e compra de imóvel. Pretensão do compromissário comprador em razão da ausência de apresentação dos documentos necessários para o aperfeiçoamento do negócio jurídico. Sentença de procedência para declarar a rescisão e condenar os réus a devolver ao autor os valores recebidos. Apela a imobiliária e o corretor sustentando terem realizado a intermediação e por isso fazem jus ao recebimento das comissões. Descabimento. Serviço de corretagem. Irregularidades na documentação de conhecimento dos apelantes. Impossibilidade de obtenção do crédito para pagamento de parte do preço. Circunstância não informada devidamente ao autor quando da subscrição do compromisso. Ausência de adequado assessoramento. Falta de diligência. Corretor responde por perdas e danos, que no caso significa o retorno das partes ao "status quo ante", com devolução dos valores retidos. Inteligência dos art. 722 e 723 do CC. Recurso improvido (*TJSP* – Ap. 1005021-64.2015.8.26.0405, 19-3-2020, Rel. James Siano).

Apelação – Indenizatória – **Contrato de compra e venda de imóvel** – Desistência do promitente vendedor. Pedido de devolução das arras, despesas com taxas e comissão de corretagem. Sentença que condenou a segunda apelada, integralmente, na restituição dos valores. Os documentos trazidos aos autos demonstram que o negócio não se realizou em razão do conflito de interesses entre o promitente vendedor e a imobiliária. O primeiro réu restituiu todas as quantias depositadas em sua conta corrente, tão logo manifestou sua desistência do negócio, para a conta da segunda ré, agindo de boa-fé. Inexistência de solidariedade entre o Promitente vendedor e a Corretora. Responsabilidade pelos danos sofridos pelo autor exclusivamente da 2ª ré. Ausência de responsabilidade do primeiro réu pela imprudência e falta de diligência da corretora no exercício de sua atividade. Incidência do art. 723, *caput*, e parágrafo único, do CC. Precedentes. Sentença mantida. Recurso a que se nega provimento (*TJRJ* – Ap.0031927-04.2013.8.19.0202, 9-3-2017, Rel. Cláudio Luiz Braga Dell'orto).

Art. 724. A remuneração do corretor, se não estiver fixada em lei, nem ajustada entre as partes, será arbitrada segundo a natureza do negócio e os usos locais.

Estatui esse artigo que a remuneração do corretor, se não estiver fixada em lei, nem ajustada entre as partes, será arbitrada segundo natureza do negócio e os usos locais. Tratando-se de negócio que teve origem na prática mercantil, sempre a utilização dos usos e costumes será importante para o deslinde das questões. Essa comissão poderá ser uma percentagem sobre o negócio, um valor fixo, ou pode ter natureza mista, isto é, combinar as duas modalidades, um valor fixo mais um percentual.

É importante recordar que a remuneração será devida sempre que o negócio for concluído em decorrência da aproximação realizada pelo corretor, ainda que esgotado o período de exclusividade concedido ou dispensado o corretor. Essa posição, que traduz a consolidação do pensamento jurisprudencial, foi coroada pelo art. 727.

Discute-se sobre a possibilidade de ser estabelecida a comissão *over price*, isto é, aquela em porcentagem acima de um valor determinado, obtido para o negócio pelo corretor. É perfeitamente possível, desde que a forma seja ajustada claramente pelas partes.

Apelação cível. Corretagem. Ação de cobrança. Comissão devida. Preliminar de nulidade do processo rejeitada. Prova. Prova documental juntada aos autos pelos autores torna evidente a atuação no que tange à aproximação das partes para a conclusão da compra e venda. Presença de autorização escrita dos réus para realização de venda pelos autores, cujo prazo para venda foi cumprido. Na forma do previsto no art. 727 do CC, é devida a comissão de corretagem ainda que o corretor não tenha participado da negociação final, se foi ela fruto de seu trabalho, justamente o caso dos autos. Precedentes desta Corte. Percentual a ser arbitrado a título de comissão de corretagem. Incidência do artigo 724, do CC. A remuneração do corretor deve ocorrer com base nos requisitos dos termos do artigo 724, do Código Civil. Remuneração deve incidir sobre o valor da venda do imóvel, descabendo a redução pleiteada baseada no cumprimento parcial da prestação do serviço. Sucumbência recíproca. Dano moral. Decaimento. Evidenciado o decaimento recíproco das partes, em face da improcedência do pedido indenizatório, deve ser modificada a sucumbência. Preliminar rejeitada. Apelação parcialmente provida (*TJRS* – Ap. 70080858509, 10-7-2019, Rel. Ana Beatriz Iser).

⚖ Ação de cobrança – **Comissão de corretagem** – Compra e venda de imóvel – Cerceamento de defesa – Inocorrência – Contrato verbal – Intermediação iniciada – Negócio concluído por outros corretores – Aproximação útil e eficaz das partes interessadas no negócio – Lapso temporal entre o início e a concretização do contrato – Irrelevância – Comissão de corretagem devida aos primeiros – Percentual fixado em 6% (seis por cento) sobre o valor do contrato (art. 724, CC/2002) – Observância dos critérios da proporcionalidade e razoabilidade – Litigância de má-fé – Afronta ao art. 17, do CPC – Dolo processual evidenciado – Condenação ao pagamento de multa. I – Inocorre cerceamento de defesa a recusa na oitiva de testemunhas quando constantes nos autos elementos suficientes à formação do convencimento do magistrado. II – Constata-se a existência de contrato verbal para a prestação de serviços de corretagem, quando as propostas e contrapropostas demonstram que a corretora promoveu, através de seus corretores, a aproximação das partes interessadas na compra e venda do imóvel, embora concretizada tempos depois das primeiras tratativas, por profissionais que não participaram das negociações iniciais. Ademais, é irrelevante que a comissão tenha sido paga a outros corretores que efetivamente concluíram a venda, porque aos primeiros que promoveram a aproximação útil e eficaz das partes interessadas pelo mesmo imóvel negociado, é devida a comissão respectiva, impondo-se o seu pagamento, sob pena de enriquecimento ilícito das partes envolvidas, às custas dos esforços despendidos pelos corretores. Nesse contexto, a comissão deve ser fixada de forma proporcional à colaboração prestada pelo corretor. III – Esboçada nos autos a intenção da parte de utilizar o Judiciário indevidamente, na tentativa de auferir vantagem, alterando a verdade dos fatos, justifica-se a imposição, *ex officio*, das sanções correspondentes à litigância de má-fé (*TJSC* – Acórdão Apelação Cível 2003.012371-7, 23-1-2011, Rel.ª Des.ª Salete Silva Sommariva).

Art. 725. A remuneração é devida ao corretor uma vez que tenha conseguido o resultado previsto no contrato de mediação, ou ainda que este não se efetive em virtude de arrependimento das partes.

O objeto da mediação não é uma conduta propriamente dita, mas o resultado de um serviço. Na corretagem, existe uma obrigação de resultado. Sem este não há direito à remuneração. Nesse sentido o artigo sob exame.

O que se tem em vista nesse contrato é a aproximação ou resultado útil, tanto que a remuneração será devida na hipótese de arrependimento injustificado das partes e quando estas realizam o negócio diretamente, após a atividade útil do corretor. Nesse diapasão, entende-se que a remuneração do corretor, em uma compra e venda imobiliária, não pode ficar subordinada à escritura definitiva (CASES, 2003, p. 116).

Assim, o corretor somente fará jus à remuneração, denominada geralmente comissão, se houver resultado útil, ou seja, a aproximação entre o comitente e o terceiro resultar no negócio. Destarte, se não for concretizada a operação, a comissão será indevida, por se tratar a intermediação de contrato de resultado. Persiste o direito à remuneração, em princípio, se o negócio não se realiza por desistência ou arrependimento do comitente. O corretor compromete-se a obter um resultado útil. Se não ocorrer esse deslinde em sua conduta, a remuneração não é devida. É matéria a ser examinada no caso concreto, nem sempre de fácil deslinde.

⚖ Rescisão contratual. Compromisso de compra e venda de bem imóvel. Rescisão contratual. Inadimplemento das promitentes-vendedoras não comprovado (art. 373, I, do CPC). Resolução da avença que decorrera da impossibilidade financeira da promitente-compradora. Validade da transferência à consumidora da obrigação de pagar tal verba, desde que conferido destaque para o respectivo valor. Orientação do C. STJ firmada no REsp n. 1.599.511/SP, julgado sob o rito do art. 1.036 do CPC/2015. Verba de corretagem que é devida ainda que o negócio intermediado não se efetive por arrependimento da pretensa adquirente (art. 725 do CC). Sentença mantida. Recurso desprovido (*TJSP* – Ap. 1002705-12.2018.8.26.0005, 3-7-2020, Rel. Rômolo Russo).

⚖ Apelação cível – Ação de cobrança – Comissão de corretagem – Inteligência do artigo 725 do Código Civil – Contrato verbal – Divergência quanto ao valor de comissão – Parte que cobra o valor de 5% sobre o montante da venda e em depoimento pessoal confessa que o percentual contratado foi de apenas 3% sobre o montante da venda – Aplicação deste último percentual – Recurso conhecido e parcialmente provido – 1- A remuneração da comissão de corretagem é exigível quando negócio alcance o resultado previsto no contrato de mediação, qual seja, a compra e venda do imóvel, em razão de comprovada interferência do intermediário. Tal remuneração é devida, quando obtido o resultado previsto no contrato de mediação, ou quando a tal resultado não se efetive por posterior arrependimento das partes. 2- Considerando-se a existência de confissão feita em juízo pela própria parte autora, no sentido de que a comissão foi contratada em 3% sobre o valor da transação, esse é o valor que deve ser pago pelos réus-apelados. Vale frisar que o percentual de 3% (três por cento) sobre o negócio entabulado se afigura como razoável e compatível com a natureza do negócio e os usos locais, atendendo a norma legal que rege a matéria (*TJMS* – Ap.0001956-39.2008.8.12.0009, 16-2-2017, Rel. Des. Marco André Nogueira Hanson).

⚖ Civil. **Corretagem. Comissão**. Compra e venda de imóvel. Negócio não concluído. **Resultado útil**. Inexistência. Desistência do comprador. Comissão indevida. Hipótese diversa do arrependimento. 1. No regime anterior ao do CC/02, a jurisprudência do STJ se consolidou em reputar de resultado a obrigação assumida pelos corretores, de modo que a não concretização do negócio jurídico iniciado com sua participação não lhe dá direito a remuneração. 2. Após o CC/02, a disposição contida em seu art. 725, segunda parte, dá novos contornos à discussão, visto que, nas hipóteses de arrependimento das partes, a comissão por corretagem permanece devida. Há, inclusive, precedente do STJ determinando o pagamento de comissão em hipótese de arrependimento. 3. Pelo novo regime, deve-se refletir sobre o que pode ser considerado resultado útil, a partir do trabalho de mediação do corretor. A mera aproximação das partes, para que se inicie o processo de negociação no sentido da compra de determinado bem, não justifica o pagamento de comissão. A desistência, portanto, antes de concretizado o negócio, permanece possível. 4. Num contrato de compra e venda de imóveis é natural que, após o pagamento de pequeno sinal, as partes requisitem certidões umas das outras a fim de verificar a conveniência de efetivamente levarem a efeito o negócio jurídico, tendo em vista os riscos de inadimplemento, de inadequação do imóvel ou mesmo de evicção. Essas providências se encontram no campo das tratativas, e a não realização do negócio por força do conteúdo de uma dessas certidões implica mera desistência, não arrependimento, sendo, assim, inexigível a comissão por corretagem. 5. Recurso especial não provido (*STJ* – Acórdão Recurso Especial 1.183.324 – SP, 18-10-2011, Relª Minª Nancy Andrighi).

Art. 726. Iniciado e concluído o negócio diretamente entre as partes, nenhuma remuneração será devida ao corretor; mas se, por escrito, for ajustada a corretagem com exclusividade, terá o corretor direito à remuneração integral, ainda que realizado o negócio sem a sua mediação, salvo se comprovada sua inércia ou ociosidade.

Não haverá direito à remuneração se as partes concluírem o negócio sem iniciativa, apresentação ou qualquer intervenção do corretor. Nesse caso, é importante que fique claro que o corretor não teve participação alguma na aproximação dos interessados pelo negócio. Se o contrato estabelece exclusividade, o negócio que se efetive no curso do prazo contratual gera o direito à remuneração do corretor, assim como aquele que se inicia no lapso contratual, com apresentação do interessado pelo corretor, e se conclua fora dele. Importa, porém, examinar o caso concreto, que nem sempre será de simples solução. Assim, por exemplo, deve pagar ao corretor o comitente que lhe deu exclusividade e realiza o negócio com corretor diverso. A exclusividade prova-se pela denominada *opção*. A opção, embora não se confunda com o contrato de corretagem, prova a sua existência. Esse aspecto é enfocado pela segunda parte do art. 726:

"*mas se, por escrito, for ajustada a corretagem com exclusividade, terá o corretor direito à remuneração integral, ainda que realizado o negócio sem a sua mediação, salvo se comprovada sua inércia ou ociosidade*".

Importantes conclusões decorrem dessa dicção legal. A primeira delas é que a exclusividade somente se admite por escrito: não há que se falar em exclusividade sem um documento claro que a aponte. A segunda conclusão é que não pode ser beneficiado pela exclusividade o corretor que se mantém inerte ou ocioso, isto é, não busca aproximação útil que a cláusula de exclusividade lhe impôs. Nessa premissa, não pode ele ser premiado com o pagamento de comissão, se o dono do negócio resolveu, ele mesmo, por conta própria ou de terceiros, tomar a iniciativa e concluir o negócio. A matéria quanto à inércia ou ociosidade do corretor, nessa situação, desloca-se para a prova. Nesse aspecto, será importante examinar a conduta das partes e a correspondência trocada entre elas. Se, por exemplo, o dono do negócio notifica o corretor para que informe sobre as providências tomadas para a conclusão do negócio e este se mantém inerte, ou o faz ineficazmente, estará comprovada sua inércia.

Note que por *opção* se entende o documento que traça as linhas básicas do negócio, seus limites e contornos, descrevendo a ação do corretor. Trata-se, em síntese, de instrumento e prova da mediação. A ausência de prazo suprime essa característica, uma vez que não se pode compreender exclusividade que não venha acompanhada de prazo (COLTRO, 2001, p. 72).

No caso de corretagem de imóveis, o fato de o mediador não ser corretor habilitado não o inibe de receber a remuneração, ainda que sob a forma do injusto enriquecimento. O comitente locupletar-se-á indevidamente, se não pagar a comissão. Eventual falta administrativa é estranha a essa obrigação do comitente. Essa orientação não é unânime, porém. Os que defendem posição oposta argumentam que a atual legislação exige habilitação técnica do corretor imobiliário, inibindo direito à remuneração de corretor não habilitado (RIZZARDO, 1988, p. 1133). Não é posição que se amolda à equidade e aos princípios do injusto enriquecimento, porém. Nesse sentido se coloca julgado do Tribunal de Justiça do Rio Grande do Sul citado em texto por Antônio Carlos Coltro (2001, p. 36):

"*A infração da lei específica que disciplina a atividade do corretor pode importar em penalização administrativa, mas não defere ao beneficiário pelo serviço exitoso a desoneração da respectiva remuneração*" (Ap. Cív. 597073717, Rel. Décio Antônio Erpen).

Outra hipótese que pode gerar direito à remuneração é a situação de intermediário que tenha atuado sem que qualquer das partes tenha autorizado de forma expressa, mas que tivesse sua atuação tolerada e admitida tacitamente pelos interessados. Provadas essas premissas, terá o mediador direito à comissão, cabendo apenas indagar quem será o responsável pela comissão em tal caso (COLTRO, 2001, p. 121), podendo ser ambos os contratantes.

🔨 Apelação cível. Direito civil. Contrato de corretagem. Art. 725 do CC. Obrigação de resultado. Compra e venda de imóvel. Autorização de venda com exclusividade. Art. 726 do CC. Comissão. Devida. Recurso conhecido e desprovido. 1. O contrato de corretagem encerra nítida obrigação de resultado, sendo devido o pagamento da comissão somente quando concretizada a operação, ressalvadas as hipóteses de desistência ou arrependimento, conforme art. 725 do Código Civil. 2. A existência de cláusula escrita de exclusividade determina o pagamento da comissão ao corretor contratado e independentemente da sua intermediação pelo corretor. 3. Assim, uma vez convencionada a exclusividade, somente se comprovada a inércia ou ociosidade do corretor, se poderia suprimir o direito à comissão oriunda da venda do imóvel diretamente pelo proprietário ou por meio de outro corretor. 4. Não tendo os apelantes se desincumbido do encargo de demonstrar a incúria ou o desinteresse da apelada que, em tese, poderiam empecer o direito à comissão, ressai induvidoso o seu direito à percepção da remuneração ajustada com o timbre da exclusividade. 5. Recurso conhecido e desprovido (*TJDFT* – Ap. 07399328620178070001, 18-9-2019, Rel. Luís Gustavo B. de Oliveira).

🔨 Apelação cível – Civil – Ação de cobrança – Comissão de corretagem – Contrato de intermediação apócrifo – Comprovação da aproximação por outros meios – Inocorrência – Negócio realizado sem a participação do corretor – Comissão indevida – Sentença mantida – 1- Apelação interposta da r. sentença, proferida na ação de cobrança, que julgou improcedente o pedido de condenação dos réus ao pagamento de R$ 27.000,00, a título de comissão de corretagem. 2- Nos termos do art. 726 do CC, "Iniciado e concluído o negócio diretamente entre as partes, nenhuma remuneração será devida ao corretor; mas se, por escrito, for ajustada a corretagem com exclusividade, terá o corretor direito à remuneração integral, ainda que realizado o negócio sem a sua mediação, salvo se comprovada sua inércia ou ociosidade". 3- No caso, a parte autora olvidou-se comprovar o efetivo ajuste escrito entre as partes com cláusula de exclusividade, bem como o percentual de comissão devido. Embora o contrato de permuta de bem imóvel acostado aos autos, o documento encontra-se apócrifo, e sequer trata da corretagem, não havendo outras provas do ajuste efetivo. 4- A concretização do negócio entre as partes sem a participação do corretor lhe subtrai o direito à comissão. 5- Apelação do autor conhecida e desprovida (*TJDFT* – Proc. 20150710019264APC – (998174), 2-3-2017, Rel. Cesar Loyola).

Art. 727. Se, por não haver prazo determinado, o dono do negócio dispensar o corretor, e o negócio se realizar posteriormente, como fruto da sua mediação, a corretagem lhe será devida; igual solução se adotará se o negócio se realizar após a decorrência do prazo contratual, mas por efeito dos trabalhos do corretor.

Esse artigo traduz vital disposição a respeito da corretagem. A mesma solução ocorrerá se, por exemplo, o dono do negócio concluir a transação com interposta pessoa ou testa-de-ferro, para fugir ao dever de pagar a comissão.

Essa remuneração, também denominada corretagem ou comissão, é geralmente estabelecida em dinheiro e em porcentagem sobre o valor obtido no negócio, conforme percentuais com base em usos e costumes ou tabelas oficiais ou corporativas, além, é claro, da dicção contratual. Nada impede, porém, que seja um valor certo, no todo ou em parte variável. Quem usualmente paga a comissão é o comitente, na corretagem de índole civil. Cláusula contratual que disponha diferentemente deve ser livremente aceita pelo terceiro, sob pena de ser considerada ineficaz, o que ocorre, por exemplo, nos contratos de adesão, notadamente por aquisição de imóvel, em que o vendedor, na generalidade dos casos, tenta transferir tal ônus ao adquirente. A comissão, como regra geral, constitui obrigação a cargo de quem contratou a corretagem (RIZZARDO, 1988, p. 1130). Para as corretagens mercantis reguladas pelo Código Comercial, havia, contudo, disposição expressa: o art. 64 estabelecia que, não havendo estipulação em contrário, a comissão seria paga por ambas as partes. Há que se observar o pacto e os usos e costumes, nessa seara. Veja o art. 724.

🔨 Apelação Cível – Ação de cobrança – Comissão de corretagem – Atuação do corretor comprovada – Concretização do negócio após encerrado o prazo do contrato de prestação de serviços – Irrelevância – Direito à remuneração. Nos termos do artigo 725 do Código Civil, o corretor faz jus à remuneração "uma vez que tenha conseguido o resultado previsto no contrato de mediação". É devida a comissão de corretagem ainda que a compra e venda imobiliária tenha se concretizado após o término do prazo estipulado no contrato de corretagem, provado que o negócio ocorreu por força da atuação do corretor, consoante disposição do art. 727 do CC (*TJMG* – Ap. 1.0000.19.055050-9/001, 10-12-2019, Rel. Fernando Lins).

🔨 Apelação – Ação de cobrança – **Corretagem – Obrigação de resultado** – Para que o corretor faça jus à comissão há necessidade de se demonstrar nos autos a aproximação das partes por esforço seu, bem como que estas chegaram a um acordo de vontades em decorrência disso, ou seja, merece retribuição o contrato de mediação quando houver o denominado resultado útil – Intermediação não configurada – Inteligência do artigo

727 do Código Civil – O autor não comprovou sua influência na aproximação das partes que efetivamente celebraram o contrato de compra e venda, tampouco a existência de um negócio jurídico de corretagem com cláusula de exclusividade – Retribuição pecuniária indevida – Ônus da prova – Art. 373, I, do CPC – Não se desincumbindo do ônus de demonstrar os fatos constitutivos de seu direito, não há falar em condenação dos réus ao pagamento de valor alegadamente devido pelos promitentes compradores – Sucumbência – Princípio da causalidade – Honorários advocatícios recursais – Art. 85, §§ 1º, 2º e 11 do CPC em vigor – Negado provimento (*TJSP* – Ap. 1002821-86.2015.8.26.0566, 15-2-2017, Rel. Hugo Crepaldi).

🔨 Mediação. **Corretagem**. Imóvel deixado sob os cuidados de imobiliária para oferecimento, a quem possa interessar, na aquisição. Aproximação entre comprador e vendedor Concretização do negócio após a retirada do imóvel da imobiliária. Irrelevância. Prova de que a concretização do negócio somente se efetivou por conta da intermediação do corretor, preposto da imobiliária. Recusa ao pagamento de comissão. Inadmissibilidade. Exegese do artigo 727 do Código Civil de 2002. Sentença mantida. – A função do corretor é a de aproximar as partes e intermediar para a concretização do negócio. Alcançado esse objetivo e havendo prova de que o sucesso da negociação se deu em razão da exclusiva atuação do mediador/corretor, a respectiva comissão é devida, ainda que tenha o vendedor retirado o imóvel da administração da imobiliária. Exegese do artigo 727 do Código Civil de 2002. Recurso improvido (*TJSP* – Acórdão Apelação Cível 9226028-24.2007.8.26.0000, 3-2-2011, Rel. Des. Rocha de Souza).

> **Art. 728. Se o negócio se concluir com a intermediação de mais de um corretor, a remuneração será paga a todos em partes iguais, salvo ajuste em contrário.**

Se forem vários os corretores a participar da intermediação, a remuneração será paga a todos em partes iguais, salvo ajuste em contrário. É comum que negócios de grande e médio porte tenham participação de vários corretores. Divergindo eles sobre a partilha da comissão, cabe ao comitente consigná-la em juízo. No caso concreto, pode ser necessário averiguar a participação efetiva de cada corretor em cada intermediação e se não foi estabelecido percentual diverso para cada um.

🔨 Comissão de corretagem. Ação consignatória. Comissão de corretagem devida a uma ré e não devida à ré apelante. Sentença que está devidamente fundamentada, nos termos do art. 371 do CPC/2015. Compra e venda de bem imóvel concluída pela intermediação de outra corretora. Ausência de exclusividade. Do trabalho da ré apelante não houve, de fato, ajuste dos diferentes interesses entre compradores e vendedor, mas mera tentativa de aproximação. Descontentamento dos compradores, ante a conduta da ré ao longo da fase de negociação, o que os levou a procurar outra corretora. Comissão de corretagem que não é devida. Pretensão sucessiva de divisão do valor da comissão com a outra ré. Inviabilidade. Somente se admite a divisão do valor da comissão de corretagem, nos termos do art. 728 do CC/2002, quando a atuação dos corretores envolvidos for efetivamente idêntica e de forma isonômica para a obtenção do resultado pretendido, ou seja, com soma de atuações para o desfecho do contrato, e não atuações individuais sucessivas. Honorários recursais. Majoração. Recurso não provido (*TJSP* – Ap. 1009983-73.2018.8.26.0002, 18-9-2019, Rel. Alfredo Attié).

🔨 Apelação – Cobrança – **Corretagem** – Intermediação do negócio – Não comprovação – Solidariedade entre imobiliária e construtora – Possibilidade – Pelo contrato de corretagem obriga-se o corretor pela produção de um resultado útil, consistente na obtenção de um ou mais negócios jurídicos para o cliente. Não comprovada a intermediação objeto do contrato de corretagem, deve ser devolvido o valor dado como sinal sob pena de se caracterizar enriquecimento ilícito, o que é vedado em nosso ordenamento. É solidária a responsabilidade entre construtora e corretora nos contratos de intermediação de compra e venda de imóveis (*TJMG* – AC 1.0105.13.027741-8/001, 24-2-2017, Rel. Antônio Bispo).

> **Art. 729. Os preceitos sobre corretagem constantes deste Código não excluem a aplicação de outras normas da legislação especial.**

Há várias profissões e atividades profissionais com regulamentação própria, em vários níveis, como ocorre com corretor de imóveis (Lei nº 6.530/1978); corretor de seguros (Lei nº 4.594/1964), entre outros. Os princípios aqui expressos sobre a corretagem não excluem a aplicação dessas normas, que podem ter disposições especiais, que devem ser harmonizadas pelo intérprete.

CAPÍTULO XIV
Do Transporte

Seção I
Disposições Gerais

> **Art. 730. Pelo contrato de transporte alguém se obriga, mediante retribuição, a transportar, de um lugar para outro, pessoas ou coisas.**

1. Conceito. Origens

Contrato de transporte é o negócio pelo qual um sujeito se obriga, mediante remuneração, a entregar coisa em outro local ou a percorrer um itinerário para uma pessoa. "*Por contrato de transporte entende-se aquele que uma pessoa ou empresa se obriga a transportar pessoa ou coisa, de um local para outro, mediante pagamento de um preço*" (MARTINS, 1984, p. 231). "*É o contrato pelo qual alguém se vincula mediante retribuição, a transferir de um lugar para outra pessoa ou bens*" (MIRANDA, 1972, v. 45, p. 8). Este Código, que passa a disciplinar esse contrato, o define nesse artigo, o que não é usual no ordenamento.

Deve se distinguir o contrato de transporte propriamente dito, que é o ato negocial cujo objetivo principal é o traslado de uma coisa ou pessoa, da relação de transporte acessória de outro contrato. O contrato de transporte traduz-se pelo deslocamento da coisa ou pessoa como fundamento do negócio jurídico. No entanto, a relação de transporte pode estar presente em outros negócios, como acessório, tal como na venda na qual o vendedor obriga-se a entregar a coisa no domicílio do comprador. Nessa hipótese, o vendedor não se qualifica como transportador, não se submetendo a seus riscos específicos; sua responsabilidade restringe-se às normas que se aplicam à compra e venda.

Esse contrato surge no curso da história quando a civilização atinge determinado estágio que faz brotar a necessidade de intercâmbio de pessoas e coisas. Os transportes têm grande importância para as antigas cidades gregas, principalmente o transporte marítimo. No Direito Romano, ganha importância a *Lex Rhodia de iactu*, de origem grega, que regulou os casos de avaria marítima e lançamento ao mar dos bens transportados na hipótese de perigo de naufrágio. Paulatinamente, o contrato de transporte afasta-se dos princípios da empreitada e da locação de serviços originalmente aplicáveis. O surgimento de melhores meios de comunicação exigiu o estabelecimento de regras para diferençar o transporte de coisas e de pessoas em suas várias modalidades.

Trata-se de contrato peculiar que contém obrigação de resultado que somente se conclui quando a mercadoria ou pessoa chega ao destino. A distância maior ou menor não lhe é essencial: o transporte pode ser de um pavimento para outro ou de um cômodo de edifício para outro. A evolução da técnica modifica os instrumentos de transporte, por terra, mar e ar, daí dividirem-se em transportes terrestres, marítimos (fluviais, lacustres) e aéreos.

O Código Comercial revogado não disciplinou especialmente esse contrato, apenas mencionando os *condutores de gêneros e comissários de transporte*, nos arts. 99 a 118. À época, não estavam ainda desenvolvidos os transportes, especialmente no Brasil. O Código Civil de 1916 também silenciou a esse respeito. Este Código introduziu capítulo, traçando normas sobre o transporte em geral (arts. 730 a 733), de pessoas (arts. 734 a 742) e de coisas (arts. 743 a 756). Há uma enorme legislação esparsa que trata das várias modalidades de transporte.

2. Natureza jurídica

De início, muito se discutiu acerca de sua natureza jurídica: locação de serviços, empreitada, depósito, misto de locação e depósito. Cuida-se evidentemente de contrato com princípios próprios, embora alguns comuns a outros negócios contratuais. Sua afinidade com o depósito é palpável, tanto que o art. 751 do atual Código Civil estabelece que a coisa depositada ou guardada nos armazéns do transportador, em virtude de contrato de transporte, reger-se-á, no que couber, pelas disposições relativas ao depósito.

Na empreitada, o dono da obra quer o resultado final contratado, qual seja, a obra. No transporte, o contratante quer o deslocamento da coisa ou pessoa.

Não se confunde também o transporte com o fretamento. Neste, o navio, aeronave, ônibus têm seu respectivo uso cedido. O outorgado no contrato de fretamento, o afretador, dará a destinação que desejar ao veículo. No contrato de transporte, quem navega ou dirige é o transportador. O afretador não se responsabiliza pelo transporte, porque em última análise não é transportador. No contrato de *charter* ou fretamento, o veículo é colocado à disposição do afretador para transportar pessoas ou coisas. Em síntese, a celebração do contrato de fretamento de um veículo não influi em nada para atenuar ou declinar a responsabilidade do transportador, que fica incólume (ALEU, 1980, p. 206).

O transporte é negócio bilateral, consensual, oneroso, típico conforme o atual Código, de duração, comutativo, não formal. Trata-se de contrato *bilateral*, pois gera obrigações para ambas as partes. É negócio *consensual*, porque se aperfeiçoa com o simples acordo de vontades. A entrega da coisa ou o embarque do passageiro configuram execução do contrato e não sua conclusão. Há doutrina em contrário, sustentando ser contrato real, o qual necessitaria dessa entrega ou embarque para a ultimação. Contudo, no direito contratual, especialmente o de raiz mercantil, a consensualidade é regra geral, não sendo da essência desse negócio transferência de coisa ou embarque de passageiro.

Como observa Pontes de Miranda (1972, v. 45, p. 11), o contrato estará perfeito "*se a companhia de navegação responde, por telefone ou por telegrama, que a passagem está* **tomada**, *isto é, considerada, definitivamente, do freguês*". Entenda-se hoje também por meio da informática. Se o transportador recebe o preço, o contrato de transporte está concluído, independentemente da entrega material da passagem, bilhete ou outro documento. Da mesma forma, quem acena para táxi na via pública, ingressando no veículo e com este em movimento, está celebrando contrato de transporte.

Uma vez concluído o contrato, a fase subsequente é a entrega da mercadoria ao transportador (ou o ingresso do passageiro no meio utilizado) e sucessivamente o pagamento do preço, o ato material de deslocação da coisa e seu recebimento pelo destinatário. A entrega da coisa ao transportador comprova-se ordinariamente pelo conhecimento de transporte, não sendo, porém, documento essencial para que o contrato se perfaça.

Trata-se de contrato geralmente *oneroso*, porque as partes buscam vantagens recíprocas; o destino para a coisa ou para o passageiro e o preço para o transportador. Excepcionalmente, o transporte pode ser gratuito, pois a onerosidade não lhe é essencial. Quem transporta em seu veículo um amigo, ou um pacote a pedido dele, ordinariamente não espera o pagamento do preço.

Se não estava presente ordenadamente na legislação vigente à época do antigo Código, não era contrato típico, embora *nominado*, pois perfeitamente conhecido por seu título, pela extensão e compreensão do vocábulo. Ganha tipificação por sua inclusão no vigente Código, embora anteriormente uma vasta legislação esparsa o disciplinasse, em suas várias modalidades.

É contrato *de duração*, pois sua execução não se compraz em um só ato ou instantaneamente, necessitando sempre de um lapso temporal para ser cumprido. É *comutativo*, porque as partes conhecem as obrigações respectivas de início, não dependendo de evento futuro e incerto. É *não solene*, uma vez que não depende de forma prescrita para ser concluído. Eventuais documentos que são emitidos servem para legitimar ou provar a existência da avença.

2.1. Espécies

O transporte é de pessoas ou de coisas. O conceito é unitário. A diferença resulta da natureza do objeto do contrato, pois sempre haverá a finalidade de deslocação de um local para outro. O transportador tem a obrigação de preservar a integridade física do passageiro, reservando-lhe o espaço prometido, camarote, poltrona etc., assim como deve preservar a integridade da coisa conferida a sua guarda para deslocamento. A alimentação do passageiro ou de semoventes transportados pode integrar o contrato de transporte ou caracterizar-se como um contrato autônomo. A bagagem que acompanha o passageiro é bem acessório do contrato, não o convertendo em transporte de coisa, embora os princípios não sejam diversos.

3. Sujeitos

Temos que atentar primeiramente para o transporte de coisas. Há partícipes do ato material de transporte que não se qualificam como partes no contrato. São partes o remetente e o transportador ou o remetente e o comissário de transporte. O destinatário possui certos direitos e obrigações perante o transportador, mas não é parte no contrato, salvo se for o próprio expedidor.

Remetente, expedidor ou *carregador* é quem entrega a coisa ao transportador para ser deslocada. *Transportador* ou *condutor* é aquele que se obriga a entregar a coisa. Também o será no transporte de passageiros.

O *comissário de transportes* é o que se obriga, mediante remuneração, a transportar a mercadoria, embora não faça o transporte pessoalmente, mas por intermédio do transportador. Se se tratar de mercadorias, denomina-se empresa de expedição. Será agência de viagens no transporte de pessoas. São comissários de transportes as empresas que, não possuindo veículos próprios, celebram acordos com seus proprietários, que se colocam a seu serviço, e do preço do frete deduzem uma parte para a empresa comissária. Esta assume diretamente a responsabilidade do transporte perante o remetente, não podendo carreá-la a seu contratado. Sua posição não será, pois, de mero intermediário (ALEU, 1980, p. 9).

Destinatário ou *consignatário* é a pessoa designada para receber a coisa. Nem sempre será seu dono, não tendo nessa situação poder de disposição. É de ser mencionado também o *domiciliatário*, que não é parte no contrato, pessoa indicada no conhecimento de transporte com a incumbência de indicar ao transportador o destinatário, uma vez que o conhecimento é endossável e nem sempre este último é facilmente identificável.

Quem adquire bilhete de transporte, também chamado passagem, ou quem contrata o transporte de coisa, pode fazê-lo em favor de outrem, não se postando destarte nem como passageiro, nem como remetente. Nessa hipótese, há estipulação, contrato em favor de terceiro.

4. Objeto

O objeto do transporte de coisa é a mercadoria a ser deslocada. No transporte de passageiro, é o deslocamento deste para o ponto indicado.

Qualquer que seja a modalidade de transporte de coisas, por trem, veículo automotor, aeronave, embarcação etc., existem requisitos que lhe são próprios acerca de peso, dimensão, embalagem. Há necessidade de ser obedecida capacidade de carga de cada veículo, bem como normas de segurança impostas pela Administração.

A carga deve ser apresentada ao transportador embalada convenientemente, de conformidade com sua natureza. Os materiais inflamáveis, explosivos, corrosivos ou perigosos devem ser devidamente denunciados ao transportador. O art. 746 do presente Código dispõe que o transportador poderá "*recusar a coisa cuja embalagem seja inadequada, bem como a que possa pôr em risco a saúde das pessoas, ou danificar o veículo e outros bens*".

Nesse mesmo diploma, o transportador terá a obrigação de recusar a coisa cujo transporte ou comercialização não sejam permitidos, ou que venha desacompanhada dos documentos exigidos por lei ou regulamento (art. 747). Nessas hipóteses, o objeto do contrato não será idôneo.

A carga pode ser apresentada em diversos volumes fracionados, em paletas (*pallets*), quando em plataformas ou estrados de madeira, em contêineres etc. Há regulamentos, costumes e a vontade das partes a serem obedecidos em cada caso.

5. Frete

O porte ou frete é o preço do transporte de coisas pago ao transportador. Constitui elemento essencial no contrato, porque o transporte gratuito deve ser considerado uma categoria à margem da regra geral. A *exceptio non adimpleti contractus* autoriza o transportador a não realizar o transporte, se não pago o frete, salvo se estabelecido que seria pago no destino. *Passagem* é o termo que geralmente se utiliza para o bilhete do passageiro.

6. Obrigações das partes. Vistoria e protesto. Responsabilidade do transportador

São obrigações do *remetente*: entregar a mercadoria; pagar o frete, salvo quando a cargo do destinatário; acondicionar a mercadoria, sob pena de recusa, e declarar seu valor e natureza.

São obrigações do *transportador*: receber, transportar e entregar a coisa com diligência; emitir conhecimento de transporte conforme a natureza do contrato; seguir o itinerário ajustado, salvo impedimento por caso fortuito ou força maior, quando oferecer perigo ou estiver impedido; aceitar variação de destino pelo destinatário, conforme condições ajustadas; permitir o desembarque em trânsito da mercadoria a quem se apresente com o conhecimento.

Cabe ao transportador permitir o desembarque da mercadoria, mediante a apresentação do conhecimento. Cuida-se do direito de *stoppage in transitu*, ou variação do destino da carga. Se houver variação de destino, o transportador poderá pedir reajuste do frete. Se não houver acordo, cumprirá o transporte entregando a coisa no destino primitivo. Pelo sistema, permite-se que o expedidor ou vendedor utilize-se da *stoppage in transitu*, recolhendo a carga, apresentando o conhecimento de frete ao transportador, antes da chegada ao destino. Trata-se de direito do remetente.

O transportador pode recusar mercadoria inconvenientemente embalada; retê-la até receber o frete; reajustar o preço na hipótese de variação de consignação que o obrigue a itinerário mais dispendioso; recorrer a outros transportadores, quando, então, haverá transporte cumulativo, todos respondendo solidariamente perante o remetente, cabendo entre eles o regresso para apuração da responsabilidade de cada um (Código Civil, art. 756). O conhecimento do transporte cumulativo pode ser um só. Ainda que vários transportadores tenham participado do traslado, o objetivo do contrato será sempre o resultado de levar a coisa ou pessoa ao destino final, objeto, portanto, indivisível.

O transportador responde por perdas e avarias na coisa, desde que não se atribua o risco ao remetente. A responsabilidade do transportador é objetiva. O Decreto Legislativo nº 2.681, de 7 de dezembro de 1912, estabeleceu a responsabilidade objetiva das estradas de ferro, cuja orientação foi estendida por analogia aos transportes em geral. O dever de incolumidade do transportador é com relação a coisas e a pessoas. Não há necessidade de a vítima provar culpa do transportador, que somente se exonera de indenizar na hipótese de caso fortuito ou força maior, ou culpa exclusiva da vítima. A culpa concorrente desta apenas mitiga o montante da indenização, mas não isenta o agente de indenizar. Também não cabe excluir contratualmente o dever de indenizar: *Em contrato de transporte, é inoperante a cláusula de não indenizar* (Súmula 161 do STF). Entretanto, admite-se a limitação da indenização por parte do transportador, com proporcional redução da tarifa (*RT* 543/89, 555/141, 564/146). Com relação ao transporte aéreo, as legislações nacional (Lei nº 7.565/1986, Código Brasileiro de Aeronáutica) e internacional mantêm a responsabilidade objetiva, tarifando e limitando, porém, o valor da indenização. A matéria deve ser desenvolvida quando ocorrer o estudo da responsabilidade civil.

No tocante à coisa transportada, temos que distinguir entre avaria e perda. Avaria é deterioração da mercadoria, dano parcial ou total. Perda é seu desaparecimento por furto, roubo, extravio ou qualquer outra causa com resultado idêntico.

É direito do *consignatário* fazer protesto necessário contra o transportador. Na hipótese de avaria, deve o destinatário documentar-se antes de retirar a mercadoria, sob pena de perder o direito de reclamar do transportador. Deve realizar de forma idônea seu protesto, reclamação, no próprio conhecimento de transporte ou em documento à parte. Mantendo-se silente nessa oportunidade, presume-se que recebeu a coisa intacta. Em tal situação, para pedir indenização, o ônus probatório da avaria será seu. Compete também ao consignatário endossar o conhecimento de transporte, se a cártula não o vedar.

O protesto pode ser feito com anotação no conhecimento de transporte ou em outro instrumento que o substitua; em separado, com ciência do transportador ou de quem o represente; pelo Cartório de Títulos e Documentos e pelo protesto judicial (art. 726 ss do CPC). Na chegada de mercadorias em portos e aeroportos, a jurisprudência tem admitido como válida a vistoria feita por autoridades alfandegárias e administrativas. Não obstante isso, sempre que a vistoria for realizada extrajudicialmente, deve o transportador ser notificado para que compareça, sob pena de nulidade. Quando o protesto for necessário, sua ausência implicará decadência do direito contra o transportador.

Tomadas as providências de preservação de direitos do destinatário (protesto, vistoria ou equivalente) quando necessário, pode ajuizar ação ressarcitória no prazo de um ano, a contar da data da entrega, no caso de avaria, e no caso de perda, a contar do trigésimo dia após a data em que a entrega deveria ter ocorrido. Assim também no caso de atraso.

Entre os *deveres do consignatário*, anotem-se o de entregar o conhecimento ao transportador, a fim de que possa retirar a mercadoria; pagar o frete, se assim convencionado, bem como taxa de armazenagem, se o depósito se prolongar por sua inércia.

7. Particularidades do transporte aéreo

A evolução do transporte aéreo trouxe normas particulares que o distinguem das demais modalidades de transporte, posto presentes sempre os princípios gerais do contrato sob enfoque. Seu exame exige estudo monográfico, refugindo ao âmbito do presente texto.

O transporte aéreo nacional é regulado atualmente pelo citado Código Brasileiro de Aeronáutica (Lei nº 7.565/1986). Vários diplomas cuidam do transporte internacional, com destaque para a Convenção de Varsóvia, ratificada pelo Brasil, em 2-5-1931, e promulgada pelo Decreto nº 20.704/1931. Vários outros diplomas internacionais subscritos por nosso país se seguiram.

A responsabilidade do transportador aéreo é objetiva, a exemplo do que ocorre com o ferroviário. Somente não haverá indenização no caso de lesão que resultar exclusivamente do estado de saúde do passageiro, de sua culpa exclusiva ou força maior. A indenização, no entanto, é tarifada, tanto para o transporte nacional, como para o internacional. A lei fixa limites para indenizar morte ou lesão de passageiro ou tripulante, atraso no transporte, perda ou extravio de bagagem despachada ou conservada em mãos do passageiro, bem como atraso, perda, destruição ou avaria da carga. As partes podem convencionar majoração da responsabilidade, mas não podem excluir ou limitar os montantes fixados em lei. É nula qualquer cláusula tendente a exonerar de responsabilidade o transportador ou estabelecer limite de indenização inferior ao previsto.

Há de se levar em conta também os princípios do CDC, lei posterior ao Código Aeronáutico, que deve ser aplicada com a harmonização já apontada no início desta obra. Como o Código Aeronáutico, Lei nº 7.565/1986, é posterior à Convenção de Varsóvia, aplica-se a lei mais recente no que conflitar com a antiga norma internacional. Há, contudo, jurisprudência em contrário. Não há substrato constitucional para que essa convenção dirija-se unicamente aos transportes internacionais, porque não é possível haver duas normas sobre os mesmos fatos. Idêntica questão já fora levantada quanto à convenção sobre títulos de crédito. Essa é a opinião de Arnaldo Rizzardo (1988, p. 879), majoritariamente aceita, o qual ainda aponta que os efeitos práticos dessa exegese fazem com que se levem em conta os valores fixados na lei brasileira para indenização na aplicação do direito pátrio.

Como aplicação da lei brasileira, recorde-se que não há necessidade do protesto estabelecido pelo art. 26 da Convenção de Varsóvia, quando do recebimento de mercadoria avariada. Pelo Código Aeronáutico, a falta de protesto gera apenas presunção de que foi recebida em bom estado, admitida prova em contrário (art. 244). Veja o que falamos a esse respeito, quanto ao art. 754 do presente Código Civil.

No tocante à perda, extravio ou avaria na carga ou bagagem de passageiro, o Código Aeronáutico regula apenas a indenização na hipótese de acidente. A indenização será integral, obedecendo aos princípios ordinários de responsabilidade, quando a perda, destruição ou extravio não decorrem de acidente com a aeronave. Deixa de existir razão para a indenização tarifada do transportador aéreo se o prejuízo decorre do mau serviço prestado e não de acidente que é razão de ser desse tarifamento (RT 587/139, 560/209), embora exista corrente em contrário. A matéria deve sofrer maior exame em obra dedicada à responsabilidade civil, juntamente com o aspecto relativo a danos a terceiros, resultantes do transporte aéreo.

Contudo, adiantemos que, como em toda responsabilidade objetiva e tarifada, se houver culpa grave ou dolo do transportador, responderá este pelo direito comum, culpa aquiliana, nos termos do art. 186 do Código Civil, devendo a reparação ser ampla e cabal, não se restringindo aos limites tarifados na lei (art. 248 do Código Aeronáutico). Também não se exclui a indenização por dano moral no transporte aéreo pela perda ou extravio de bagagem, retardamento injustificável ou cancelamento da viagem etc. Nessas situações, também não estará o julgador preso a indenização tarifada, aplicando-se o CDC. Após vacilação inicial da jurisprudência, essa tem sido a orientação do Superior Tribunal de Justiça, cuja posição é ampliativa em matéria de transporte e na aplicação do Código de Defesa do Consumidor mormente nas questões de perda ou extravio de bagagem.

Transporte aéreo. Ação de indenização por danos materiais e morais. Sentença de procedência parcial. Irresignação da parte ré. Cabimento em parte. Cancelamento de voo em razão do fechamento de aeroportos, decorrente da pandemia do COVID-19. Realocação dos passageiros para data posterior em quase dois meses. Parte autora que adquiriu passagens aéreas a Brasília, onde alugou o automóvel e seguiu até S. J. Rio Preto. Indenização por danos materiais bem aplicada. Gastos comprovados. Descumprimento do art. 730 do CC. Mero descumprimento do contrato que não resulta, necessariamente, na ocorrência de dano moral, inexistente no presente caso. Precedente do C. STJ. Circunstâncias de fechamento de aeroportos e redução de voos decorrentes da notória situação de calamidade decorrente da pandemia do COVID-19. Indenização afastada. Honorários advocatícios fixados em R$1.000,00. Recurso parcialmente provido (*TJSP* – Ap. 1002966-66.2020.8.26.0664, 15-3-2021, Rel. Walter Barone).

Art. 731. O transporte exercido em virtude de autorização, permissão ou concessão, rege-se pelas normas regulamentares e pelo que for estabelecido naqueles atos, sem prejuízo do disposto neste Código.

Esse diploma legal objetivou traçar as regras básicas sobre o contrato de transporte, rico em particularidades em suas diversas modalidades, sobrepujando mesmo as inúmeras normas específicas dos transportes marítimos, terrestres e aéreos. Assim é que esse artigo observa que o transporte exercido em virtude de autorização, permissão ou concessão, como grande parte o é, reger-se-á pelas normas regulamentares e pelo que for estabelecido naqueles atos, sem prejuízo do disposto no Código. O transporte, sob esse prisma, deve atender os princípios de prestação de serviço público, estabelecidos em linha básica na Constituição Federal (art. 37 e § 6º, art. 175). Há, ademais, inúmeras leis regulando os transportes nas suas várias modalidades. Os serviços sujeitos à concessão e permissão são regidos por normas de direito público. Há que se analisar, em cada caso concreto, a expressão final do artigo *"sem prejuízo do disposto neste Código"*. A matéria é de harmonização interpretativa. Em princípio, devem prevalecer as normas de direito público, sem prejuízo, igualmente, da proteção consumerista.

Art. 732. Aos contratos de transporte, em geral, são aplicáveis, quando couber, desde que não contrariem as disposições deste Código, os preceitos constantes da legislação especial e de tratados e convenções internacionais.

Foi intenção do legislador deste Código estabelecer as regras gerais do contrato de transporte, que deverão ser aplicadas em derrogação aos princípios que contrariarem a vasta legislação pretérita sobre transportes. Assim, qualquer que seja a modalidade do transporte, a cartilha legal básica a ser procurada para aplicação é a constante desse capítulo do Código. Somente norma posterior à vigência do Código poderá modificar esse entendimento. Essa posição, certamente, trará, na prática, algumas dificuldades de hermenêutica, mormente no tocante ao transporte aéreo, o que exigirá, quiçá, intervenção do legislador.

Enunciado nº 369, IV Jornada de Direito Civil – CJF/STJ: Diante do preceito constante no art. 732 do Código Civil, teleologicamente e em uma visão constitucional de unidade do sistema, quando o contrato de transporte constituir uma relação de consumo, aplicam-se as normas do Código de Defesa do Consumidor que forem mais benéficas a este.

Enunciado nº 559, VI Jornada de Direito Civil – CJF/STJ: Observado o Enunciado 369 do CJF, no transporte aéreo, nacional e internacional, a responsabilidade do transportador em relação aos passageiros gratuitos, que viajarem por cortesia, é objetiva, devendo atender à integral reparação de danos patrimoniais e extrapatrimoniais.

Transporte aéreo nacional – A relação contratual de transporte aéreo nacional de passageiros configura relação de consumo, regulada de forma subsidiária pelo CDC, conforme preceitua o art. 732 do CC/02, e a companhia aérea que presta o serviço de transporte aéreo de passageiros responde objetivamente pelos danos causados e, a partir do advento da CF/88, não mais se aplicando os limites de indenização previstos no Código Brasileiro de Aeronáutica. Responsabilidade civil – Configurado o ato ilícito e defeito de serviço da parte ré transportadora, consistente no adimplemento insatisfatório do contrato de transporte, por descumprimento do horário previsto, com atraso de mais de 4 horas, para a chegada ao destino final do autor, e não caracterizada nenhuma excludente de responsabilidade, de rigor o reconhecimento da responsabilidade e a condenação da ré transportadora na obrigação de indenizar os autores passageiros pelos danos decorrentes do ilícito em questão. Dano moral – O atraso de voo doméstico, por período superior a quatro horas constitui, por si só, fato gerador de dano moral, porquanto com gravidade suficiente para causar desequilíbrio do bem-estar e sofrimento psicológico relevante – Indenização por dano moral fixada no valor de R$5.225,00, com incidência de correção monetária a partir da data deste julgamento. Recurso provido, em parte (*TJSP* – Ap. 1023915-91.2019.8.26.0003, 28-8-2019, Rel. Rebello Pinho).

Responsabilidade civil. Transporte ferroviário. Passageiros retirado do trem em decorrência de excesso. Inteligência do art. 738 do Código Civil. Dano moral. Inexistência. Estrito cumprimento de dever legal da concessionária. Culpa exclusiva da vítima. 1. Com a codificação do contrato de transporte de pessoas e de coisas não mais há espaço para a aplicação das normas do Código de Defesa do Consumidor, vez que a lei nova passou a tratar especificamente da matéria, afastando as regras da lei extravagante, que só se aplicará subsidiariamente, na forma do artigo 732 do Código Civil. 2. É objetiva a responsabilidade civil do transportador que, em face da cláusula de incolumidade, tem uma obrigação de resultado, vez que se obriga a levar o passageiro são e salvo ao seu destino. 3. Inexiste conduta irregular por parte da concessionária na retirada de passageiro que se encontre posicionado em local proibido da composição férrea. 4. Tal providência atende ao dever de incolumidade que recai sobre a concessionária de serviço público. 5. Aplicação do art. 738 do Código Civil. 6. Desprovimento do recurso, por ato do Relator (*TJRJ* – Apelação Cível 0017106-89.2008.8.19.0001, 12-5-2011, Relª Desª Leticia Sardas).

Art. 733. Nos contratos de transporte cumulativo, cada transportador se obriga a cumprir o contrato relativamente ao respectivo percurso, respondendo pelos danos nele causados a pessoas e coisas.
§ 1º O dano, resultante do atraso ou da interrupção da viagem, será determinado em razão da totalidade do percurso.
§ 2º Se houver substituição de algum dos transportadores no decorrer do percurso, a responsabilidade solidária estender-se-á ao substituto.

Dentro dos princípios gerais desse contrato, esse artigo preocupa-se com o transporte cumulativo. O transporte cumulativo ou combinado é o realizado por vários transportadores mediante um único bilhete e se considera único e executado como se fosse por uma única empresa. Tendo em vista a obrigação de resultado que encarta o contrato de transporte, essa modalidade exige que todas as empresas que participam do percurso contratado respondam solidariamente. Daí porque o art. 733, § 1º, determina que *"o dano, resultante do atraso ou da interrupção da viagem, será determinado em razão da totalidade do percurso"*. Acrescenta ainda o § 2º que, se houver substituição de algum dos transportadores no decorrer do percurso, a responsabilidade solidária estender-se-á ao substituto. A possibilidade inafastável de ação regressiva de um transportador contra o transportador culpado é irrelevante para o transportado. Essa norma, tradicional no direito dos transportes, aplica-se tanto para a deslocação de pessoas como na de coisas. A regra é enfatizada no art. 756, que reafirma a responsabilidade solidária de todos os transportadores no transporte cumulativo perante o remetente da coisa. Entre os vários transportadores, posteriormente, fixar-se-á a responsabilidade de cada um pelo dano, de acordo com o respectivo percurso. Na linha da legislação do consumidor, qualquer transportador do percurso pode responder integralmente por prejuízos causados. Essa é uma regra tradicional do contrato de transporte, que na sua ausência se tornaria inviável.

Apelação – Perda de voo – Omissão quanto à alteração do horário – Valor da passagem – Restituição devida – Configuração de dano moral – Dever de indenizar. Consoante o disposto no art. 733 do CC/02. Nos contratos de transporte o prestador de serviço responde pelos danos causados a **pessoas e coisas**, incluído aquele resultante do atraso ou interrupção da viagem, razão pela qual deve ser restituído o valor da passagem que não foi utilizada em função da inexecução do serviço contratado por ato exclusivo daquele. É direito básico do consumidor informação clara e adequada sobre a alteração do horário do voo contratado, cuja omissão pelo fornecedor de serviços caracteriza a quebra de seu dever imposto pelo art. 14, *caput*, c/c o inc. III do art. 6º, ambos do Código de Defesa do Consumidor, configurando ilícito contratual indenizável (*TJMG* – Acórdão Apelação Cível 1.0024.05.873865-9/001, 14-3-2010, Rel. Des. Afrânio Vilela).

Seção II
Do Transporte de Pessoas

Art. 734. O transportador responde pelos danos causados às pessoas transportadas e suas bagagens, salvo motivo de força maior, sendo nula qualquer cláusula excludente da responsabilidade.

Parágrafo único. É lícito ao transportador exigir a declaração do valor da bagagem a fim de fixar o limite da indenização.

O contrato de transporte de pessoa obriga o transportador a levar o passageiro até o destino contratado. Desde o provecto Decreto-legislativo nº 2.681, de 1912, que regula a responsabilidade civil das estradas de ferro, que se assentou definitivamente a responsabilidade objetiva do transportador. A regra é sintetizada neste art. 734, no tocante ao transporte de pessoas: o transportador responde pelos danos causados às pessoas transportadas e suas bagagens, salvo motivo de força maior, sendo nula qualquer cláusula excludente da responsabilidade. É claro que também a culpa exclusiva da vítima, dentro dos princípios gerais da responsabilidade civil, elidirá o dever de indenizar.

Se, por um lado, é nula, em contrato de transporte, a cláusula de não indenizar, admite-se a limitação dessa responsabilidade. O seguro desempenha importante papel nesse contrato, a resguardar a indenização por danos ocasionados a pessoas e coisas transportadas. Nesse diapasão, o parágrafo único desse artigo dispõe ser lícito ao transportador exigir a declaração do valor da bagagem a fim de fixar o limite da indenização. Cabe ao passageiro, se lhe for conveniente, contratar seguro pelo valor não coberto pelo transportador. Atente-se que o transportador, apesar de poder limitar a indenização por perda ou avaria de bagagem, não pode reduzi-la a tal ponto de torná-la inócua. Redução a tal ponto pode caracterizar cláusula abusiva, reprimida pelo CDC. Pode, por outro lado, a norma específica ou administrativa especificar os valores máximos pelos quais responderá o transportador.

Este Código não estabelece prazo especial de prescrição para situações de danos a pessoas transportadas e suas bagagens, ao contrário do que ocorre com o transporte de coisas (art. 754). Assim, para o transporte de pessoas o prazo é o de três anos (art. 206, § 3º, V), salvo se aplicáveis os prazos do CDC.

Responsabilidade civil – Ação indenizatória – Contrato de transporte de passageiros terrestre interestadual – Falha mecânica no ônibus que acarretou atraso e espera por mais de dez horas para o embarque – Inexistência de prova a eximir a responsabilidade da transportadora-ré – Inteligência do art. 734 do CC e do art. 14 do CDC – Falhas mecânicas que não se inserem na hipótese de caso fortuito, mas estão abrangidas no risco da atividade do transportador, que deve preveni-los por meio de regular manutenção dos veículos e providenciar, nestas hipóteses, a substituição do veículo com presteza, o que não ocorreu no caso dos autos – Responsabilidade objetiva configurada – Dano moral – Ocorrência – Desnecessidade de prova – Dano "in re ipsa" – Indenização fixada em R$ 8.000,00 – Valor mantido – Sentença integralmente mantida, também por seus fundamentos, conforme art. 252 do RITJSP

– Honorários recursais – Cabimento – Honorários advocatícios majorados de 12% para 15% sobre o valor total da condenação, em observância ao disposto no art. 85, § 11, do CPC/2015 – Recurso desprovido, com observação (*TJSP* – Ap. 1008648-43.2018.8.26.0576, 4-5-2020, Rel. Álvaro Torres Júnior).

🔖 Ação indenizatória. Transporte aéreo. Sentença de improcedência. Insurgência do autor. Responsabilidade objetiva da companhia aérea. Contrato de transporte que é obrigação de resultado, competindo ao transportador o dever de conduzir o passageiro ao local de destino, no modo, termo e condições contratados. Documentos juntados que deixam indenes de dúvida que a interrupção das operações de pouso no aeroporto de destino se deu diante das condições climáticas. Comprovada a ocorrência de força maior, esta derivada das condições meteorológicas desfavoráveis na ocasião dos fatos, de rigor a exclusão da responsabilidade da apelada pela reparação dos danos sofridos pelo recorrido, nos termos do artigo 734 do Código Civil. Sentença mantida (*TJSP* – Ap. 1015886-18.2020.8.26.0100, 12-5-2021, Rel. Marcos Gozzo).

🔖 Agravo retido – A parte não requereu o conhecimento do mencionado agravo pelo Tribunal, como lhe competia – Aplicação do parágrafo 1º, do artigo 523 do Código de Processo Civil – Recurso não conhecido. Responsabilidade civil – **Acidente de transporte coletivo** – Demonstração da ocorrência do evento danoso – Existência do nexo de causalidade entre a conduta da ré e a lesão corporal sofrida pelo autor – Responsabilidade objetiva da transportadora – Aplicação do artigo 734 do Código Civil Brasileiro – Caracterização dos danos morais – Alteração no bem-estar psíquico do recorrente – Necessidade da fixação do *quantum* indenizatório em observância aos princípios da razoabilidade e ponderação – Ação julgada improcedente – Sentença reformada – Denunciação da lide procedente – Recurso parcialmente provido (*TJSP* – Ap. 0046563-51.2007.8.26.0602, 4-4-2017, Rel. Carlos Alberto Lopes).

🔖 Acidente de transporte – Artigo 734 e seguintes do Código Civil – **Responsabilidade objetiva** – Artigo 927 do Código Civil – Nulidade de cláusula de não indenizar (STF, Súmula 161) e limitação da excludente por fato de terceiro (STF, Súmula 314) – Omissão ou negligência do transportador que explicita culpa derivada do descumprimento do dever legal atribuído de impedir a consumação do dano – Lesão – Indenização – Dano material – Pensão mensal com inclusão do beneficiário em folha de pagamento ao invés de constituição de capital – Artigo 602 do CPC/73 – Adequação de valor e limitação de tempo – Dano moral e estético – Cumulação – Possibilidade – Valor razoável – Observância do princípio da congruência – Art. 128 do CPC/73 – Limite de reparação – Art. 940 do Código Civil – Honorários advocatícios – Sucumbência – Adequação – Regra de incidência – Artigo 85, § 2º, do CPC. Recurso do autor não provido e provido em parte o recurso da ré (*TJSP* – Ap. 0223741-67.2009.8.26.0100, 7-4-2017, Rel. Henrique Rodriguero Clavisio).

🔖 Reclamação. Resolução STJ nº 12/2009. Divergência entre acórdão de turma recursal estadual e a jurisprudência do STJ. **Responsabilidade civil. Assalto no interior de ônibus coletivo**. Caso fortuito externo. Exclusão da responsabilidade da empresa transportadora. Matéria pacificada na segunda seção. 1. A egrégia Segunda Seção desta Corte, no julgamento das Reclamações nº 6.721/MT e nº 3.812/ES, no dia 9 de novembro de 2011, em deliberação quanto à admissibilidade da reclamação disciplinada pela Resolução nº 12, firmou posicionamento no sentido de que a expressão "jurisprudência consolidada" deve compreender: (i) precedentes exarados no julgamento de recursos especiais em controvérsias repetitivas (art. 543-C do CPC) ou (ii) enunciados de Súmula da jurisprudência desta Corte. 2. No caso dos autos, contudo, não obstante a matéria não estar disciplinada em enunciado de Súmula deste Tribunal, tampouco submetida ao regime dos recursos repetitivos, evidencia-se hipótese de teratologia a justificar a relativização desses critérios. 3. A jurisprudência consolidada neste Tribunal Superior, há tempos, é no sentido de que o assalto à mão armada dentro de coletivo constitui fortuito a afastar a responsabilidade da empresa transportadora pelo evento danoso daí decorrente para o passageiro. 4. Reclamação procedente (*STJ* – Acórdão 4.518 – RJ, 29-2-2012, Rel. Min. Ricardo Villas Bôas Cueva).

Art. 735. A responsabilidade contratual do transportador por acidente com o passageiro não é elidida por culpa de terceiro, contra o qual tem ação regressiva.

Essa responsabilidade do transportador por acidente com passageiro não é nem mesmo elidida por culpa de terceiro, contra o qual terá ele ação regressiva. Trata-se de mais uma incorporação legal da jurisprudência (Súmula 187 do STF).

Questão maior no caso concreto é destacar a culpa de terceiro da força maior. Ademais, há de ser caracterizado como terceiro alguém totalmente desnudado e isento na relação jurídica. O dolo de terceiro, porém, deve ser visto sob outras vestes, como no caso, por exemplo, de arremesso de pedras que atingem passageiros em trens ou outros veículos. Os tribunais vêm entendendo, majoritariamente, que nessa hipótese não há relação com o risco ordinário assumido pelo transportador. Caracteriza-se aí o denominado fortuito externo, estranho aos riscos de transporte. No entanto, a matéria continua polêmica e não está assentada em uma única corrente jurisprudencial. De qualquer modo, não nos agrada a solução que não permite que o passageiro receba indenização em situações tão graves. Essa matéria exige longa digressão, além dos limites propostos por estes comentários.

Enunciado nº 369, IV Jornada de Direito Civil – CJF/STJ: Diante do preceito constante no art. 732 do Código Civil, teleologicamente e em uma visão constitucional de unidade do sistema, quando o contrato de transporte constituir uma relação de consumo, aplicam-se as normas do Código de Defesa do Consumidor que forem mais benéficas a este.

Apelação cível. Responsabilidade civil em acidente de trânsito. Ação de reparação de dano material e moral. Acidente envolvendo veículo em que a autora estava sendo transportada e terceiros. Responsabilidade objetiva. Fato de terceiro. Art. 735 do Código Civil. Lesões em ambas as pernas. Tratamento prolongado. Culpa. É objetiva a responsabilidade civil da requerida, nos termos do art. 734 do Código Civil e art. 37, § 6º, da Constituição Federal. O fato de terceiro não elide a responsabilidade do transportador. Inteligência do art. 735 do CC. Danos morais. Tendo a autora sofrido violação à sua integridade física, resta configurado o dano moral *in re ipsa*, pois presumíveis toda dor e angústia sofridas pela vítima lesionada em acidente de trânsito. Lesões nas pernas e em especial no joelho que demandaram o uso de tala gessada e logo tratamento fisioterápico. Majoração da indenização para R$ 10.000,00. Apelo das rés desprovido. Apelação da autora provida em parte. Unânime (*TJRS* – Ap. 70082865163, 12-12-2019, Rel. Pedro Luiz Pozza).

Apelação – Ação de indenização por danos morais – **Transporte rodoviário interurbano de passageiros** – Acidente ocasionado pelo preposto da empresa ré, após freada brusca. Queda de passageiro no interior do veículo. Sentença de improcedência. MÉRITO. Responsabilidade objetiva. Nexo causal e danos comprovados, despicienda a prova de culpa. Aplicação do teor da Súmula 187, STF: A responsabilidade contratual do transportador, pelo acidente com o passageiro, não é elidida por culpa de terceiro, contra o qual tem ação regressiva. Queda no interior do veículo. Danos físicos provados e incontroversos. Dano moral configurado. Dever de indenizar que se impõe. Montante da indenização fixado em R$ 5.000,00, em observância aos princípios da razoabilidade e proporcionalidade. Inversão das verbas da sucumbência. Honorários advocatícios fixados em 15% do valor da condenação (artigo 85, § 2º, do CPC/2015). Recurso provido (*TJSP* – Ap. 1000573-75.2014.8.26.0666, 3-4-2017, Rel. Edson Luiz de Queiroz).

Apelações cíveis. Responsabilidade civil. Acidente de trânsito. Tombamento de ônibus. **A responsabilidade por danos decorrentes de contrato de transporte é objetiva.** Fato de terceiro, quando conexo ao serviço prestado pela ré, não tem o condão de excluir a responsabilidade do transportador. Precedentes do Superior Tribunal de Justiça. Súmula nº 187 do Supremo Tribunal Federal e art. 735 do Código Civil. Caso em que a autora estava sendo transportada por coletivo que tombou na pista, após o motorista perder o controle do veículo. Responsabilidade da empresa de transporte configurada. É possível a cumulação dos danos morais com os danos estéticos, consoante precedentes desta Câmara e do Superior Tribunal de Justiça. Devida indenização pelos danos morais sofridos pela autora, decorrentes da violação da sua integridade física. *Quantum* indenizatório mantido. Devida indenização pelos danos estéticos advindos da perda de tecidos nos membros superiores, ocasionando cicatrizes semelhantes a queimaduras na autora. *Quantum* indenizatório fixado em consonância com as peculiaridades do caso. Distribuição do ônus da sucumbência mantido. Honorários advocatícios reduzidos. Apelações parcialmente providas (*TJRS* – Acórdão Apelação Cível 70038779690, 26-1-2011, Rel. Des. Luiz Roberto Imperatore de Assis Brasil).

Art. 736. Não se subordina às normas do contrato de transporte o feito gratuitamente, por amizade ou cortesia.
Parágrafo único. Não se considera gratuito o transporte quando, embora feito sem remuneração, o transportador auferir vantagens indiretas.

Somente deve ser considerado transporte gratuito aquele totalmente desinteressado, sem direito algum à retribuição pecuniária. É o transporte benévolo ou amistoso, que se funda na amizade ou cortesia e não decorre de dever ou obrigação. Não é gratuito, pois se apresenta agregado a outro contrato oneroso ou como acessório de uma prestação de serviços. Nesse sentido, assim se expressa o presente artigo. Assim, não se amolda ao artigo o transporte oferecido por estabelecimentos comerciais.

Sobre a natureza do transporte gratuito muito se discutiu. Inserido no contexto da responsabilidade aquiliana, o transportador responderia pelo art. 186 do Código, por culpa em sentido amplo. Assim, mesmo a culpa leve o obrigaria a indenizar. A solução não seria satisfatória, porque seria injusta e atécnica.

Solução mais recentemente aceita concebe o transporte como contrato gratuito, porque, em síntese, o preço não é figura essencial desse negócio. Assim configurado, o transporte desinteressado seria regulado pelo art. 392: "*Nos contratos benéficos, responde por simples culpa o contratante, a quem o contrato aproveite, e por dolo aquele a quem não favoreça.*" Trata-se de referência aos contratos benéficos. Desse modo, afastar-se-ia a peremptoriedade da responsabilidade objetiva destinada apenas ao transporte oneroso e o rigor da responsabilidade aquiliana do art. 186, extracontratual.

Ao dolo mencionado na dicção legal transcrita equipara-se a culpa grave. Destarte, o transportador gratuito que venha a causar dano à pessoa ou coisa transportada deve indenizar, se a vítima provar que agiu com dolo ou culpa grave.

"No caso de culpa leve ou levíssima, e aplicando-se a regra do art. 1.057 do Código Civil, o transportador que conduz gratuitamente seu passageiro não está sujeito a reparar" (RODRIGUES, 1985, p. 115).

Atualmente, a questão é tema da Súmula 145 do STJ, que dispõe:

"No transporte desinteressado, de simples cortesia, o transportador só será civilmente responsável por danos causados ao transportado quando incorrer em dolo ou culpa grave."

Chama-se a atenção, no entanto, para uma nova perspectiva e guinada doutrinária acerca do transporte gratuito que é defendida pela doutrina mais recente. Em síntese, essa doutrina entende que a regra geral da responsabilidade civil deve ser aplicada ao transporte gratuito. Desse modo, deve ser provada a culpa do transportador gratuito, como regra geral, sem que haja remissão aos contratos gratuitos. Essa posição se harmoniza inteiramente com a disposição do art. 736 do Código Civil. No entanto, há ainda muito trabalho jurisprudencial pela frente até que se alcance uma nova harmonia em torno do tema e com aplicação exclusiva da regra geral de indenização.

📖 Enunciado nº 559, VI Jornada de Direito Civil – CJF/STJ: Observado o Enunciado 369 do CJF, no transporte aéreo, nacional e internacional, a responsabilidade do transportador em relação aos passageiros gratuitos, que viajarem por cortesia, é objetiva, devendo atender à integral reparação de danos patrimoniais e extrapatrimoniais.

Apelação cível. Ação de indenização por danos morais, materiais e estéticos. Acidente de trânsito. Transporte de cortesia. Aplicabilidade da Súmula 145 do Superior Tribunal de Justiça. Ausência de comprovação de que o condutor do veículo agiu com dolo ou culpa grave. Pedido improcedente. Manutenção da sentença. Honorários Recursais. Artigo 85, § 11 do Código de Processo Civil. Recurso desprovido. 1. Nos termos da Súmula 145 do STJ, "No transporte desinteressado, de simples cortesia, o transportador só será civilmente responsável por danos causados ao transportado quando incorrer em dolo ou culpa grave". 2. Inexiste nos autos qualquer prova acerca de conduta dolosa ou com culpa grave por parte do condutor do caminhão a justificar o reconhecimento do dever de indenizar os danos sofridos pela autora. 3. Com o desprovimento do recurso de apelação é de se majorar a verba honorária fixada em primeiro grau, nos termos do artigo 85, § 11 do Código de Processo Civil (*TJPR* – Ap. 0013087-60.2010.8.16.0031, 10-2-2020, Rel. Hélio Henrique Lopes Fernandes Lima).

Apelação cível – Indenização por danos materiais, morais e estéticos causados em acidente de trânsito – Sentença de improcedência – Recurso da autora – Alegada imperícia e negligência do réu que perdeu o controle da direção da motocicleta em uma curva – **Transporte gratuito** – Autora que seguia como caroneira na motocicleta do réu – Ausência de prova da culpa grave ou do dolo – Requisitos necessários à configuração do dever de indenizar – Súmula 145 do STJ – Ônus que incumbia à parte autora – Sentença mantida – Recurso conhecido e desprovido – Súmula 145. No transporte desinteressado, de simples cortesia, o transportador só será civilmente responsável por danos causados ao transportado, quando incorrer em dolo ou culpa grave (*TJSC* – AC 0000779-49.2010.8.24.0037, 23-2-2017, Rel. Des. Saul Steil).

🔨 Apelação cível – Ação de indenização por danos materiais e morais – Acidente de trânsito – **Transporte gratuito desinteressado ou de mera cortesia** – Carona de amizade – Dever de indenizar restrito – Súmula 145 do STJ – Imperiosa a comprovação da conduta dolosa ou de culpa grave por parte do agente – Ônus da prova do autor (CPC, art. 333, I) – Recurso desprovido. "No transporte desinteressado, de simples cortesia, o transportador só será civilmente responsável por danos causados ao transportado quando incorrer em dolo ou culpa grave" (Súmula 145 do STJ). A mera inabilidade na realização de uma manobra não é circunstância suficiente a caracterizar a culpa grave de motorista que transportava a vítima a título de cortesia (*TJSC* – Acórdão Apelação Cível 2004.030441-2, 22-3-2011, Rel. Des. Mazoni Ferreira).

Art. 737. O transportador está sujeito aos horários e itinerários previstos, sob pena de responder por perdas e danos, salvo motivo de força maior.

O atraso ou a alteração de horário ou itinerário contratado faz emergir a responsabilidade do transportador, salvo motivo de força maior. Essa questão é crucial, mormente em transporte aéreo, no qual são múltiplos os problemas que podem motivar atraso, com ou sem culpa do transportador. Nesse sentido, a legislação específica deve prever as hipóteses mais comuns, os lapsos de atraso possíveis, por exemplo, sempre respeitando os direitos do consumidor. Em síntese, o transportador somente se exime de indenizar nessa situação perante força maior. Não se esqueça, igualmente, que também o passageiro deve atender ao requisito da pontualidade. Há toda uma legislação e regulamentação flutuante sobre os atrasos e outros problemas no transporte aéreo.

🔨 Voo doméstico. Atraso de voo. Ação de indenização por danos morais. Cancelamento do voo em razão das condições meteorológicas. Motivo de força maior que afasta a responsabilidade do transportador. Exegese dos artigos 734 e 737, do Código Civil. Atraso, ademais, de aproximadamente quatro horas, sem maiores desdobramentos no caso em concreto. Punição que deve ser reservada para o atraso qualificado, ou seja, aquele que se revela excessivo, a gerar pesado desconforto e aflição ao passageiro, extrapolando a situação de mera vicissitude, plenamente suportável. Ação improcedente. Recurso não provido com majoração da verba honorária (*TJSP* – Ap. 1011903-11.2020.8.26.0003, 23-3-2021, Rel. Gilberto dos Santos).

Cruzeiro marítimo – Indenizatória de dano moral e material – Avaria em bagagem – Alteração de rota – Impedimento de embarque e desembarque – 1- O transportador está sujeito aos horários e itinerários previstos, sob pena de responder por perdas e danos, salvo motivo de força maior. 2- Constitui ônus do prestador de serviço a comprovação da existência de fortuito externo, excludente da responsabilidade objetiva. Alegação de condições climáticas adversas não comprovadas nos autos. 3- Restituição parcial devida em razão do não cumprimento integral do contrato. 4- O dano moral decorrente da alteração unilateral do itinerário contratado extrapolou o mero aborrecimento. Indenização fixada em R$ 5.000,00. Recurso provido (*TJSP* – Ap. 1087395-19.2014.8.26.0100, 13-12-2016, Relª Silvia Maria Facchina Espósito Martinez).

Art. 738. A pessoa transportada deve sujeitar-se às normas estabelecidas pelo transportador, constantes no bilhete ou afixadas à vista dos usuários, abstendo-se de quaisquer atos que causem incômodo ou prejuízo aos passageiros, danifiquem o veículo, ou dificultem ou impeçam a execução normal do serviço.

Parágrafo único. Se o prejuízo sofrido pela pessoa transportada for atribuível à transgressão de normas e instruções regulamentares, o juiz reduzirá equitativamente a indenização, na medida em que a vítima houver concorrido para a ocorrência do dano.

O transportador, por seus prepostos, quais sejam, o motorista de coletivo, o comandante da aeronave, o capitão de embarcação, a tripulação etc., poderá impedir que passageiro inconveniente ou que traga risco ao transporte seja transportado ou prossiga na viagem. Os atentados terroristas e os sequestros de aeronaves, com graves consequências, são exemplo patente de que a regra deve ser seguida à risca, além das inúmeras disposições que disciplinam a segurança de voo e do transporte em geral. Por esse prisma, esse artigo dispõe que a pessoa transportada deve sujeitar-se às normas estabelecidas pelo transportador, abstendo-se de quaisquer atos que causem incômodo ou prejuízo aos passageiros, danifiquem o veículo, ou dificultem ou impeçam a execução normal do serviço. Acrescenta o parágrafo único desse artigo matéria dispensável, que já encontra solução nos princípios gerais de responsabilidade civil. Cuida-se de participação da vítima para a ocorrência do dano, por transgressão a normas regulamentares, e a possibilidade de ser reduzida a indenização equitativamente nesse caso. Trata-se, por exemplo, de dano ocasionado a passageiro que coloca parte de seu corpo para fora, em um transporte coletivo em ônibus ou outro veículo.

1. Bilhete de passagem

O bilhete de passagem, ou simplesmente passagem, emitido pelo transportador ou seu mandatário, é prova do contrato de transporte de pessoas. Também não é documento essencial. O Código Brasileiro de Aeronáutica exige sua emissão e entrega ao passageiro, estipulando seus requisitos essenciais: lugar e data da emissão, pontos de partida e destino e nome dos transportadores (art. 227). No entanto, como o documento possui apenas finalidade probatória, sua falta, ausência ou perda não induz invalidade ou inexistência do contrato, porque se admite prova por outros meios, nesse sentido, o art. 226. Cada ramo de transporte regula sua emissão.

Bagagem são os objetos de uso pessoal do passageiro que o acompanham. Cada modalidade de transporte faz sua disciplina, delimitando unidades, peso e dimensão dos volumes, inclusive com cobrança de quantia extraordinária, quando acima do que for permitido, como no transporte aéreo. Os bens que acompanham o passageiro no compartimento em que viaja ficam sujeitos a regulamento. Enquanto a bagagem estiver sob a guarda do transportador, deste será a responsabilidade.

Apelação. Ação indenizatória. Transporte aéreo. Perda de voo. Autora que chegou após o horário limite e não realizou *check-in*, sendo impedida de embarcar. Não aplicação do *caput* do art. 740, do Código Civil. Dispositivo concernente a casos de resilição unilateral com prévio aviso e não a casos de atraso. Ressarcimento pelo gasto com passagem de ônibus. Não cabimento. Apelada que cumpriu com seu dever de informação a respeito das regras de embarque. Inteligência do art. 738, do Código Civil. Sujeição da pessoa transportada às normas estabelecidas pelo transportador. Autora que deveria ter observado as regras de embarque estabelecidas. Inteligência do art. 14, § 3º, II do CDC. Danos morais. Inocorrência. Impedimento do embarque que se deu por culpa da própria apelante. Perda de voo que consiste em aborrecimento habitual à sociedade contemporânea, incapaz de causar males subjetivos de maiores extensões. Incidência de honorários recursais. Recurso improvido (*TJSP* – Ap. 1041925-57.2017.8.26.0100, 26-2-2019, Rel. Mauro Conti Machado).

Transporte aéreo – Extravio de bagagem – Cobertura securitária – Sub-rogação – 1- A companhia seguradora, que paga ao passageiro o prejuízo sofrido por consequência de extravio de bagagem em transporte aéreo, sub-roga-se no respectivo direito, podendo postular reembolso perante o transportador. 2- Segundo o art. 734, parágrafo único, do Código Civil, é lícito ao transportador exigir a declaração do valor da bagagem a fim de fixar o limite da indenização. E conforme o art. 738, a **pessoa transportada deve sujeitar-se às normas estabelecidas pelo transportador, constantes no bilhete ou afixadas à vista dos usuários**. Além disso, orientação contida na cartilha da ANAC e no site da companhia transportadora é de que não sejam transportados bens de valor na mala comum. Optando o passageiro por fazê-lo, deve declará-los. Ausente a cautela, não merece a respectiva indenização em caso de extravio da bagagem. Ação parcialmente procedente. Recurso parcialmente provido (*TJSP* – Ap. 1014943-74.2015.8.26.0100, 23-1-2017, Rel. Itamar Gaino).

Art. 739. O transportador não pode recusar passageiros, salvo os casos previstos nos regulamentos, ou se as condições de higiene ou de saúde do interessado o justificarem.

A regra geral é no sentido de que o transporte de pessoas é um serviço público, um direito constitucional do indivíduo em se locomover (art. 5º, XV). Nesse sentido, o transportador não poderá recusar passageiro, salvo, é evidente, a hipótese descrita há pouco, os casos previstos nos regulamentos, ou se as condições de higiene ou de saúde do interessado o justificarem. Importante será o exame do caso concreto.

Dano moral – Transporte rodoviário – **Recusa de embarque de passageiro** menor acompanhada de genitora em ônibus interestadual por falta de documento oficial de identidade nos termos da resolução da ANTT. Exercício regular de direito da transportadora. "Suposto constrangimento" não demonstrado nos autos. Sentença mantida. Recurso não provido (*TJSP* – Ap. 1001833-28.2016.8.26.0664, 26-10-2016, Rel. Coelho Mendes).

Art. 740. O passageiro tem direito a rescindir o contrato de transporte antes de iniciada a viagem, sendo-lhe devida a restituição do valor da passagem, desde que feita a comunicação ao transportador em tempo de ser renegociada.
§ 1º Ao passageiro é facultado desistir do transporte, mesmo depois de iniciada a viagem, sendo-lhe devida a restituição do valor correspondente ao trecho não utilizado, desde que provado que outra pessoa haja sido transportada em seu lugar.
§ 2º Não terá direito ao reembolso do valor da passagem o usuário que deixar de embarcar, salvo se provado que outra pessoa foi transportada em seu lugar, caso em que lhe será restituído o valor do bilhete não utilizado.
§ 3º Nas hipóteses previstas neste artigo, o transportador terá direito de reter até cinco por cento da importância a ser restituída ao passageiro, a título de multa compensatória.

O Código resolveu estabelecer um princípio geral para transporte de passageiro no tocante à desistência da viagem. Esse artigo concede o direito ao passageiro de rescindir o contrato de transporte, antes de iniciada a viagem, sendo-lhe devida a restituição do valor da passagem, desde que feita a comunicação ao transportador em tempo de ser renegociada. As leis e regulamentos devem especificar os prazos para o exercício desse direito: 24 ou 48 horas antes da data aprazada, por exemplo. Como regra, de nada adiantará ao transportador ser notificado da desistência pelo passageiro momentos antes do embarque. A questão tem a ver com os passageiros de aeronaves que, apesar de terem bilhete e reserva, deixam de se apresentar para o voo, os chamados "*no shows*", e que ocasionam enorme prejuízo às companhias aéreas, que poderão voar com assentos vazios, nesse caso. Há o outro lado da moeda: tendo em vista essa problemática, os transportadores aéreos costumam reservar número maior de passageiros do que comporta a aeronave, propiciando o denominado "*overseating*" ou "*overbooking*". Nesse caso, os passageiros que não logram viajar devem ser transportados da melhor forma possível em outro voo e devem ser indenizados, se for o caso. Para tal, as leis e regulamentos devem ser observados, sempre levando-se em conta os direitos do consumidor, como nunca cansamos de recordar. Há toda uma legislação acerca da matéria no transporte aéreo, normas que flutuam em vários aspectos e nem sempre são seguidas.

Este artigo 740, contudo, estabelece regras importantes, como aquela descrita no *caput*. Assim é que o § 2º especifica que o passageiro não terá direito a reembolso do valor da passagem se deixar de embarcar, "*salvo se provado que outra pessoa foi transportada em seu lugar*". Desse modo, o "*no show*" somente poderá ser reembolsado, como regra geral, com a prova cabal de que seu assento, camarote, cabina etc. foi ocupado por outro passageiro. Desloca-se a matéria para o campo da prova no caso concreto, seguindo-se os princípios do CDC. Assim, é dever do passageiro comunicar, com a antecedência necessária, a desistência da viagem, sob pena de não poder fazer jus ao reembolso. O caso fortuito e a força maior poderão elidir a afirmação: o passageiro pode não ter conseguido chegar ao local do embarque no horário determinado em razão de uma calamidade pública, como, por exemplo, as enchentes que impedem o acesso ao aeroporto internacional de São Paulo. A matéria requer o cuidadoso exame do caso concreto.

O § 1º ainda reforça essa ideia. Nessas hipóteses do art. 740, isto é, sempre que houver o reembolso, o transportador terá direito de reter até 5% da importância restituída ao passageiro, a título de multa compensatória (§ 3º). É claro que essa multa somente será devida na ausência de culpa do transportador.

Juizado especial. Civil. Consumidor. Preliminar de ilegitimidade passiva rejeitada. Transporte aéreo internacional de passageiros. Ausência de passaporte. Culpa exclusiva do consumidor. Agência de viagens. Responsabilidade afastada. Recurso conhecido e provido. 1. Trata-se de recurso interposto contra sentença que julgou procedente em parte o pedido inicial para condenar a recorrente ao pagamento de indenização por dano material no valor de R$ 2.132,75. 2. Teoria da asserção. As condições da ação são aferidas em abstrato, considerando-se as assertivas da parte autora na petição inicial e o cabimento, em tese, do provimento jurisdicional almejado. Assim, analisadas as alegações de ambas as partes e as provas juntadas aos autos, a análise deve se dar quanto à responsabilidade da recorrente/ré, com julgamento de mérito, portanto. Preliminar de ilegitimidade passiva rejeitada. 3. Na análise dos autos, verifica-se que restou incontroverso que a autora adquiriu, por intermédio da recorrente, passagens aéreas para a Colômbia, com conexão no Panamá, tendo descoberto um dia antes da viagem acerca da necessidade de ter um passaporte para a conexão no Panamá. Por não querer pagar a taxa de remarcação dos bilhetes e a diferença tarifária, procedeu à compra de novos bilhetes, com conexão em São Paulo, tendo requerido indenização por dano material, o que lhe foi deferido de forma parcial. 4. A sentença recorrida entendeu que, embora não haja culpa da ré pela perda do voo, o direito veda o enriquecimento sem causa (art. 885, CC). Assim, considerando que a parte autora não usufruiu das passagens aéreas adquiridas junto à empresa ré, assiste-lhe direito à restituição do valor, nos termos do art. 740, *caput*, do CC. No entanto, será devida a retenção de 5%, a título de multa compensatória, conforme art. 740, § 3º, CC. A recorrente, em sentido contrário, argumenta que apenas intermediou a aquisição das passagens aéreas, não tendo recebido os valores pagos, e que não pode ser responsabilizada pelo evento danoso, visto que a recorrida não pôde viajar por não ter providenciado documento essencial para viagem internacional, a saber, o passaporte. Já a recorrida afirma que a recorrente não se desincumbiu de sua obrigação de informar acerca da necessidade de passaporte para a conexão internacional. Como se vê, a controvérsia diz respeito à eventual responsabilidade da recorrente DECOLAR.COM sobre o evento danoso narrado, visto que, conforme ela, somente teria efetuado a intermediação da compra dos bilhetes aéreos e não teria responsabilidade sobre a falta de documento pela recorrida, o que teria impedido o embarque. (...) 8. Preliminar rejeitada. recurso conhecido e provido. Sentença reformada para julgar improcedente o pedido. Sem custas e sem honorários advocatícios, a teor do art. 55 da Lei 9.099/95. 9. A ementa servirá de acórdão, conforme art. 46 da Lei n. 9.099/95 (*TJDFT* – Rec. Inominado 07146891520198070020, 24-4-2020, Rel. Edilson Enedino das Chagas).

Art. 741. Interrompendo-se a viagem por qualquer motivo alheio à vontade do transportador, ainda que em consequência de evento imprevisível, fica ele obrigado a concluir o transporte contratado em outro veículo da mesma categoria, ou, com a anuência do passageiro, por modalidade diferente, à sua custa, correndo também por sua conta as despesas de estada e alimentação do usuário, durante a espera de novo transporte.

Como aqui reiterado, o contrato de transporte encerra obrigação de resultado, de cunho objetivo, cabendo ao transportador levar o passageiro ao seu destino. Esse artigo cuida da interrupção da viagem. Diga-se, aliás, que a alimentação pode integrar ou não o contrato de transporte. Na hipótese desse artigo, as despesas de estada e alimentação por conta do transportador decorrem da lei e não podem ser suprimidas.

Recurso inominado. Transporte terrestre. Ônibus. Falha na prestação do serviço. Falha mecânica do veículo. Fortuito interno que não afasta a responsabilidade da empresa. Autora que teve que aguardar por cerca de duas horas no acostamento, e apenas conseguiu chegar ao destino final por carona de terceiro. Descumprimento da norma do art. 741 do CC. Danos morais configurados. Ausência de impugnação recursal ao *quantum*. Insurgência exclusiva quanto a ocorrência de danos morais. Sentença mantida. Recurso conhecido e não provido (*TJPR* – Rec. Inominado 0001560-39.2019.8.16.0147, 24-7-2020, Rel. Irineu Stein Júnior).

Apelação e recurso adesivo – **Transporte aéreo internacional** – Ação indenizatória – Sentença de acolhimento dos pedidos – Irresignações improcedentes – Responsabilidade da transportadora ré não se subordinando às disposições da Convenção de Montreal – Aplicação, sim, das normas do Código de Proteção ao Consumidor – Entendimento praticamente pacificado no âmbito do Superior Tribunal de Justiça – Cancelamento do voo e consequente atraso na viagem de cerca de vinte e quatro horas – Aplicação das regras estabelecidas nos arts. 4º, 6º e 14 da Resolução nº 141 de 9-3-10 da ANAC, arts. 230 e 231 do Código Brasileiro de Aeronáutica, e art. 741 do CC – Descumprimento pela transportadora ré, que não ofereceu a necessária assistência aos passageiros autores, não lhes oferecendo hospedagem nem alimentação – Assertiva tida como verdadeira por não ter sido impugnada especificamente pela ré – Dever de assistência não elidido pelo fato de o episódio, num primeiro momento, ter sido provocado por fortuito, vale dizer, problemas com a aeronave – Transportadora que, além disso, deixou de acomodar os autores em voo disponível de outra companhia aérea com destino ao Brasil em horário próximo ao voo cancelado – Ilícito caracterizado – Bem reconhecida a responsabilidade civil da ré – Inequívoco o dano moral disso proveniente – Indenização a esse título arbitrada, no valor de R$ 10.000,00 para cada autor, não comportando redução nem majoração.

Dispositivo: negaram provimento a ambos os recursos (*TJSP* – Ap. 1004420-82.2016.8.26.0224, 20-3-2017, Rel. Ricardo Pessoa de Mello Belli).

Art. 742. O transportador, uma vez executado o transporte, tem direito de retenção sobre a bagagem de passageiro e outros objetos pessoais deste, para garantir-se do pagamento do valor da passagem que não tiver sido feito no início ou durante o percurso.

Nessa hipótese, não há penhor legal, mas direito procedimental de retenção sobre a bagagem do passageiro, podendo ser alegado também como matéria de defesa, enquanto não pago o valor da passagem. Da mesma forma, uma vez realizado o transporte, o transportador poderá validamente reter a bagagem do passageiro, e seus objetos pessoais transportados, até o efetivo pagamento. A hipótese é de pagamento diferido para o final da viagem. Não se aplica, por exemplo, se foi contratado o pagamento da passagem a prazo. Esse direito de retenção aplica-se apenas ao valor da passagem e não pode ser feito para garantir eventuais danos ocasionados por passageiro.

Seção III
Do Transporte de Coisas

Art. 743. A coisa, entregue ao transportador, deve estar caracterizada pela sua natureza, valor, peso e quantidade, e o mais que for necessário para que não se confunda com outras, devendo o destinatário ser indicado ao menos pelo nome e endereço.

A coisa entregue para o transporte deve estar caracterizada por sua natureza, valor, peso, quantidade e tudo o mais que for necessário para que não se confunda com outras, devendo o destinatário ser indicado ao menos pelo nome e endereço. O transportador deve saber o que está transportando, pois, se for o caso, deverá tomar cuidados especiais e, também, poderá recusar o transporte, se não tiver meios ou for proibido de fazê-lo.

Art. 744. Ao receber a coisa, o transportador emitirá conhecimento com a menção dos dados que a identifiquem, obedecido o disposto em lei especial. Parágrafo único. O transportador poderá exigir que o remetente lhe entregue, devidamente assinada, a relação discriminada das coisas a serem transportadas, em duas vias, uma das quais, por ele devidamente autenticada, ficará fazendo parte integrante do conhecimento.

Conhecimento de transporte, conhecimento de frete ou conhecimento de carga é o documento que o transportador emite no recebimento da mercadoria. Deverá ser entregue ao remetente, que o enviará ao destinatário, no lugar de destino. Não é documento essencial para todo contrato de transporte. Vários diplomas legais a ele se referem, dependendo de cada modalidade de transporte, estando fragmentada sua legislação. Este Código também se refere ao documento em várias oportunidades. De fato, sua existência faz presumir, até prova em contrário, a conclusão do contrato, o recebimento da carga e as condições do transporte. O Código Comercial regulamentou-o quando da disciplina do transporte marítimo. Há disciplina acerca do conhecimento ferroviário e do conhecimento aéreo, este regulado pelo Código Brasileiro de Aeronáutica (Lei nº 7.565/1986). Conforme disciplina este último diploma, coroando princípio geral, sua "falta, irregularidade ou perda não prejudica a existência e eficácia do respectivo contrato" (art. 226).

Em todas as suas modalidades, o conhecimento de transporte goza dos princípios cambiários de literalidade, autonomia e cartularidade. É considerado título de crédito representativo de mercadoria. Pode ser transferido por simples declaração do destinatário no verso. Se emitido ao portador, a tradição legitima quem o porta. Aplicam-se, portanto, os princípios cartulares. É considerado título de crédito impróprio, porque, ao contrário dos chamados títulos próprios atinentes especificamente ao crédito (letra de câmbio, nota promissória, cheque), os títulos de crédito impróprios conferem direito real (como os conhecimentos de depósito) ou referem-se a prestação de serviços (bilhetes de teatro, cinema) ou conferem condição de sócio (ações de sociedade anônima ou por ações). O conhecimento de transporte possui como suporte o direito de exigir a prestação de um serviço, qual seja, o transporte. Sua emissão pode ser nominativa à ordem, com possibilidade de endosso; não à ordem, sem possibilidade de circulação; ou ao portador. Seu estudo pertine ao direito cambiário, no qual são estudados seus requisitos e modalidades de circulação.

É direito facultativo do transportador exigir que o remetente lhe entregue relação discriminada das coisas a serem transportadas, em duas vias, um das quais fará parte integrante do conhecimento de transporte, que é emitido na oportunidade (parágrafo único).

Apelação. Obrigação de fazer. Responsabilidade civil subjetiva. Transportador. Dever de verificar os itens transportados. Danos morais e materiais. Solidariedade. Possibilidade. A responsabilidade civil aquiliana/teoria subjetiva tem por escopo a obrigação de reparar um dano advindo daquele que cometeu ato ilícito, consoante preveem os artigos 186 e 927 do CC. Ao transportador recai o dever de conhecimento dos itens relacionados na nota fiscal (artigo 744, do CC). Há negligência do transportador no transporte de mercadoria (madeira) que não se encontra relacionada na nota fiscal, devendo responder solidariamente com o vendedor pelos prejuízos causados a terceiros. Inteligência do artigo 756, do CC. (*TJMG* – Ap. 1.0384.16.005949-7/001, 11-7-2019, Rel. Antônio Bispo).

⚖ Apelação – Ação de cobrança de indenização por danos materiais, cumulada com danos morais – Inépcia da petição inicial – Decreto de extinção do processo sem resolução de mérito afastado – Aplicação do art. 515, § 3º, CPC. Princípio da instrumentalidade e efeito translativo do apelo – Conhecimento das matérias alegadas na exordial – Julgamento da lide. Prestação de serviços – contrato de transporte. O contrato de transporte é aquele pelo qual alguém se obriga, mediante retribuição, a transportar, de um lugar para outro, pessoas ou coisas – A parte autora não se desincumbiu do ônus de demonstrar **relação discriminada das coisas a transportar**, que faria parte integrante do conhecimento – Inteligência do artigo 744, parágrafo único, do Código Civil. Sem demonstração do ajuste firmado, inexiste responsabilidade indenizatória por danos materiais e morais. Apelo parcialmente provido para afastar o decreto de extinção do processo sem resolução do mérito e, na forma preconizada no artigo 515, § 3º do CPC, julgar improcedente o pedido formulado, nos termos do artigo 269, I, do mesmo diploma legal (*TJSP* – Acórdão Apelação Cível 9265958-15.2008.8.26.0000, 3-2-2011, Rel. Des. Luis Fernando Nishi).

Art. 745. Em caso de informação inexata ou falsa descrição no documento a que se refere o artigo antecedente, será o transportador indenizado pelo prejuízo que sofrer, devendo a ação respectiva ser ajuizada no prazo de cento e vinte dias, a contar daquele ato, sob pena de decadência.

O transportador deverá ser indenizado pelo prejuízo que sofrer em razão de informações inexatas, tendo prazo de 120 dias para ajuizar o pedido, a contar da data da emissão do documento. Esse prazo conflita com o prazo geral para as ações de responsabilidade civil. Aplica-se tão somente em danos ocasionados por informação inexata ou falsa descrição no documento de transporte. A interpretação deve ser restritiva.

⚖ Civil – Transporte rodoviário interestadual – Mudança – Mercadoria valiosa extraviada não inclusa no conhecimento de transporte – Danos materiais e morais – Ausência de comprovação. 1. Considerando que no inventário da mudança não foram discriminados os objetos de valor tidos como extraviados, tais como pedras preciosas, candelabros e outros, não há que se falar em indenização, tendo em vista que as próprias testemunhas não comprovaram que referidos objetos haviam sido embalados pelos prepostos da empresa transportadora. 2. Recurso conhecido e desprovido. Unânime (*TJDF* – Acórdão Apelação Cível 2005.01.1.044363-3, 9-5-2010, Rel. Des. Romeu Gonzaga Neiva).

Art. 746. Poderá o transportador recusar a coisa cuja embalagem seja inadequada, bem como a que possa pôr em risco a saúde das pessoas, ou danificar o veículo e outros bens.

Salvo disposição em contrário, é obrigação do remetente apresentar a coisa devidamente embalada. A embalagem deve ser adequada à modalidade de transporte e à natureza da coisa. O transportador pode recusar a coisa cuja embalagem seja inadequada ou possa colocar em risco a saúde das pessoas, ou danificar o veículo e outros bens. O transporte de animais vivos, por exemplo, requer cuidados especialíssimos, podendo o transportador exigir que um tratador, preposto do remetente, acompanhe a carga, sob pena de responder pelos danos que venha causar aos semoventes.

⚖ Ação regressiva – Indenização por danos materiais – Prestação de serviços de transporte de mercadorias – Cerceamento de defesa – Inocorrência – Prova produzida autorizava o julgamento antecipado da lide – Preliminar rejeitada. Ação regressiva – Indenização por danos materiais – Prestação de serviços de transportes de mercadorias – Autora subcontratou a ré para o transporte de equipamentos de informática – Responsabilidade objetiva da transportadora – Dever de entregar a coisa incólume ao seu destinatário – Inteligência dos arts. 749 e 750 do CC – Avarias apresentadas na carga transportada em razão da desídia dos prepostos da ré no manuseio da carga – Inexistência de qualquer ressalva da requerida quanto à inadequação da embalagem em que acondicionada a carga, tampouco quanto à forma de transporte escolhida pela autora – Ônus seu, nos termos dos arts. 746 e 753, do Código Civil – A ré responde objetivamente pelos danos causados em virtude da má atuação de seus prepostos – Incidência do art. 933 do Código Civil – Responsabilidade civil da ré bem delimitada – Prova do pagamento produzida pela autora – Dever de indenizar caracterizado – Sentença mantida – Adoção dos fundamentos da sentença pelo Tribunal – Incidência do art. 252 do Regimento Interno do Tribunal de Justiça do Estado de São Paulo – Recurso negado (*TJSP* – Ap. 1002887-72.2016.8.26.0100, 7-3-2017, Rel. Francisco Giaquinto).

Art. 747. O transportador deverá obrigatoriamente recusar a coisa cujo transporte ou comercialização não sejam permitidos, ou que venha desacompanhada dos documentos exigidos por lei ou regulamento.

É dever do transportador recusar a coisa cujo transporte ou comercialização não seja permitida ou venha desacompanhada dos documentos exigidos por lei ou regulamento. Esse aspecto possui, inclusive, implicações criminais, que podem tornar o transportador coautor de delito se, por exemplo, transporta entorpecentes ou armas, ou qualquer outra mercadoria proibida, sem chancela e documentação oficial, ciente do fato. O remetente se responsabiliza pelas declarações inexatas que fizer.

Art. 748. Até a entrega da coisa, pode o remetente desistir do transporte e pedi-la de volta, ou ordenar seja entregue a outro destinatário, pagando, em ambos os casos, os acréscimos de despesa decorrentes da contraordem, mais as perdas e danos que houver.

É direito do remetente expedir contraordem, obstando o transporte, até a tradição da coisa. Poderá desistir do transporte ou ordenar seja entregue a carga a outro destinatário, pagando as despesas e perdas e danos que essa ordem acarretar. O termo final do direito de *stoppage in transitu*, tradicional no contrato de transporte, é a tradição da coisa.

Art. 749. O transportador conduzirá a coisa ao seu destino, tomando todas as cautelas necessárias para mantê-la em bom estado e entregá-la no prazo ajustado ou previsto.

O Código traça linhas gerais do transporte de coisas, que não conflitam com os princípios criados pelos usos e costumes mercantis. No transporte de coisas, a exemplo do que ocorre com o transporte de pessoas, "*o transportador conduzirá a coisa ao seu destino, tomando todas as cautelas necessárias para mantê-la em bom estado e entregá-la no prazo ajustado ou previsto*". Trata-se da obrigação de incolumidade presente em todo contrato de transporte. O prazo para a entrega poderá ser um dia ajustado do calendário, ou um prazo previsto em horas, dias ou meses. Não se esqueça de que o contrato de transporte abrange tanto a remessa de documentos por meio de motoqueiros em grandes cidades, como o deslocamento de uma usina completa por via marítima. Cada modalidade possui características próprias, conforme sua natureza. O atraso na entrega da coisa acarreta, como regra, a responsabilidade do transportador.

✍ Apelação cível. Contrato de transporte terrestre. Mudança. Avarias. Danos material e moral. 1. Do conjunto de provas, extrai-se a veracidade da alegação autoral de que o serviço de transporte contratado foi prestado inadequadamente. Diante da responsabilidade objetiva do transportador, cabia à empresa ré demonstrar a inexistência do defeito. Art. 14, § 3º, do CDC. 2. Caso em que sequer o conhecimento de transporte foi emitido pela transportadora, em flagrante inobservância ao disposto no art. 744, "caput" e parágrafo único, do CC. Assim, infringido o dever previsto no art. 749 do CC e ausente qualquer prova a se contrapor às alegações da autora, deve ser confirmada a indenização arbitrada na origem para recompor os danos causados nos bens transportados. 3. Dano moral configurado. Valor da indenização reduzido de R$ 5.000,00 para R$ 3.000,00. Apelação provida em parte (*TJRS* – Ap. 70077740025, 28-6-2018, Rel. Cláudia Maria Hardt).

✍ Apelação – **Responsabilidade civil** – Ação de indenização por dano material – Cerceamento de defesa – Indeferimento da oitiva de testemunha – Inocorrência – O julgador tem o poder de averiguar a conveniência e a necessidade da prova para o deslinde do feito. Preliminar afastada. Dano no equipamento transportado e atraso da devolução à locadora. Responsabilidade objetiva da transportadora, nos termos dos artigos 749 e 759 do CC. Alegação da apelante que o conserto levou prazo inferior ao aduzido na inicial. Ausência de prova. Ônus que lhe incumbia (artigo 333, II, do CPC/1973). Valores apontados pela autora devidos. "Horas manutenção" não verificadas, uma vez que houve acidente com a máquina, sendo devida a cobrança. Pedido contraposto não conhecido. Procedimento ordinário. Modalidade possível no procedimento sumário e nas ações possessórias. Sentença mantida. Apelo desprovido (*TJSP* – Ap. 1023013-72.2014.8.26.0114, 13-3-2017, Rel. Ramon Mateo Júnior).

Art. 750. A responsabilidade do transportador, limitada ao valor constante do conhecimento, começa no momento em que ele, ou seus prepostos, recebem a coisa; termina quando é entregue ao destinatário, ou depositada em juízo, se aquele não for encontrado.

A responsabilidade do transportador será limitada ao valor constante do conhecimento. Inicia-se no momento em que ele, ou seus prepostos, segundo expusemos acima, recebe a coisa e termina quando a coisa é entregue ao destinatário, ou depositada em juízo, se aquele não for encontrado. Trata-se do texto desse artigo. O contrato de transporte é campo possível para a limitação da responsabilidade.

✍ Recursos de apelação – Ação indenizatória – Subcontratação para transporte de cargas – Legitimidade ativa e interesse de agir constatados – Caminhão e carga furtados – Responsabilidade objetiva do transportador – Inteligência dos arts. 750 do CC e 9º da Lei 11.442/2007 – Caso fortuito e força maior – Excludentes de responsabilidade – Art. 12 da Lei 11.442/2007 – Furto qualificado – Réus que não tomaram as cautelas necessárias para evitar o dano – Caminhão e carga que foram deixados em um posto sem qualquer segurança ou vigilância – Indenização devida – Danos materiais comprovados – Erro material com relação ao valor – Alteração de ofício – Danos morais não configurados – Ônus de sucumbência mantido – Aplicabilidade do art. 85, § 11, CPC/15. Recursos de apelação 01 e 02 não providos e erro material sanado de ofício (*TJPR* – Ap. 0033825-32.2015.8.16.0019, 6-4-2020, Rel. Alexandre Barbosa Fabiani).

✍ Apelação cível. Transporte rodoviário. **Mercadoria rejeitada pela destinatária**. Demanda indenizatória. Reconvenção. Cobrança. Boletim de ocorrência. Danos morais. 1 – Responsabilidade do transportador: a responsabilidade do transportador é objetiva, à luz do art. 750 do Código Civil, a ele competindo o transporte incólume da mercadoria até o local de destino.

Entretanto, há hipótese de exclusão de responsabilidade, quando, por parte do transportador, restar afastada sua ingerência no vício ocorrido na relação negocial, nos termos do artigo 333, inciso II, do CPC. 2 – Reconvenção: constatada a regularidade no serviço prestado pela transportadora, imperioso o reconhecimento da validade da cobrança realizada, inclusive quanto aos valores atinentes às diárias cobradas e aos danos morais. 2.1 – Danos materiais: o pedido reconvencional foi de ressarcimento de R$ 5.700,00 (cinco mil e setecentos reais), devendo a condenação atender a tal parâmetro. 2.2 – Danos morais: a conduta maliciosa da autora, ao registrar Boletim de Ocorrência Policial, dando conta do extravio da carga, é hipótese de ressarcimento por danos morais à empresa ré/reconvinte, porque gerou inegável abalo à imagem da empresa. Apelo provido, em parte (*TJRS* – Acórdão Apelação Cível 70034044859, 14-7-2011, Rel. Des. Umberto Guaspari Sudbrack).

Art. 751. A coisa, depositada ou guardada nos armazéns do transportador, em virtude de contrato de transporte, rege-se, no que couber, pelas disposições relativas a depósito.

Enquanto a coisa estiver depositada ou guardada nos armazéns do transportador, aguardando o transporte, a matéria se rege, no que couber, pelas disposições relativas ao depósito. Há muitos pontos de contato entre o depósito e o contrato de transporte. Como o deslocamento da coisa ainda não se iniciou, enquanto armazenada, e como já existe responsabilidade do transportador, que a recebeu, deverá ter ele os cuidados do depositário. O mesmo ocorrerá, embora a lei não o diga expressamente, se a coisa for transitoriamente armazenada durante o trajeto, aguardando continuação do transporte.

Art. 752. Desembarcadas as mercadorias, o transportador não é obrigado a dar aviso ao destinatário, se assim não foi convencionado, dependendo também de ajuste a entrega a domicílio, e devem constar do conhecimento de embarque as cláusulas de aviso ou de entrega a domicílio.

Deverá ser convencionado pelas partes se haverá entrega em domicílio ou em local diverso do armazém do transportador. Da mesma forma, deve constar do conhecimento de embarque a "cláusula de aviso", isto é, a obrigação de o transportador informar a chegada das mercadorias. Nesse campo, os *incoterms* têm vasta aplicação. Veja o que falamos a respeito das cláusulas FAS, FOB, CIF e outras comumente utilizadas no transporte em nossa obra *Direito civil*, v. III, Capítulo 2.

Art. 753. Se o transporte não puder ser feito ou sofrer longa interrupção, o transportador solicitará, *incontinenti,* **instruções ao remetente, e zelará pela coisa, por cujo perecimento ou deterioração responderá, salvo força maior.**

§ 1º Perdurando o impedimento, sem motivo imputável ao transportador e sem manifestação do remetente, poderá aquele depositar a coisa em juízo, ou vendê-la, obedecidos os preceitos legais e regulamentares, ou os usos locais, depositando o valor.

§ 2º Se o impedimento for responsabilidade do transportador, este poderá depositar a coisa, por sua conta e risco, mas só poderá vendê-la se perecível.

§ 3º Em ambos os casos, o transportador deve informar o remetente da efetivação do depósito ou da venda.

§ 4º Se o transportador mantiver a coisa depositada em seus próprios armazéns, continuará a responder pela sua guarda e conservação, sendo-lhe devida, porém, uma remuneração pela custódia, a qual poderá ser contratualmente ajustada ou se conformará aos usos adotados em cada sistema de transporte.

Como acentuamos, a responsabilidade do transportador se aproxima muito daquela do depositário. Desse modo, se, por qualquer razão, o transporte não puder ser feito ou sofrer interrupção, deve o transportador zelar pela coisa e solicitar *incontinenti* instruções ao remetente. Salvo motivo de força maior, o transportador responde pela perda ou deterioração da coisa. Assim deverá agir se, por exemplo, as estradas estiverem interrompidas, o porto estiver sitiado por guerra ou revolução ou o aeroporto estiver fechado por intempérie. Se o impedimento perdurar sem motivo imputável ao transportador e sem instruções do remetente, poderá aquele depositar a coisa em juízo ou vendê-la, obedecidos os preceitos legais e regulamentares, ou os usos locais, depositando o valor (art. 753, § 1º). Não poderá, contudo, tomar essa conduta intempestivamente; deverá fazê-lo unicamente quando as circunstâncias claramente o exigirem. Se o impedimento for de responsabilidade do transportador, este somente poderá depositar a coisa por sua conta e risco e unicamente poderá vendê-la se perecível (art. 753, § 2º). Responderá por perdas e danos que sua conduta der causa. Em qualquer dessas duas últimas situações, é obrigação do transportador informar o remetente do depósito ou da venda (§ 3º). Se a coisa for mantida em armazéns próprios do transportador, continuará a responder pela guarda e conservação, sendo-lhe, no entanto, devida uma remuneração pela custódia (§ 4º). É evidente, porém, que se a interrupção do transporte se deu por fato imputável ao transportador, não terá ele, nesse caso, direito à remuneração.

Apelação – Ação com pedido de declaração de inexistência de débitos e de inexigibilidade de título – Alegação de que o pagamento do frete cabia à destinatária e de que a autora não deu causa à frustração da entrega das mercadorias, tendo a ré igualmente descumprido a obrigação imposta pelo artigo 753 do CC – Cabimento – Hipótese em que, seja porque o pagamento do frete originalmente contratado coubesse à destinatária, seja porque não se pode imputar à autora a frustração da entrega e a realização dos demais trechos para devolução das mercadorias, deve ser reconhecida a inexistência da dívida, bem como a inexigibilidade de títulos que tenham sido emitidos contra a autora – Recurso provido (*TJSP* – Ap. 1024681-24.2017.8.26.0001, 26-7-2019, Rel. Ana de Lourdes Coutinho Silva da Fonseca).

⚖ Apelação cível. Ação ordinária. Rescisão de **contrato de transporte**. Declaração de inexistência de débito relativo à mercadoria não entregue. Responsabilidade da transportadora. Artigos 750 e seguintes do Código Civil de 2002. Condenação ao pagamento do valor correspondente. Litigância de má-fé não configurada. Verba honorária mantida. Recurso improvido (*TJSC* – Acórdão Apelação Cível 2010.083819-4, 17-8-2011, Rel. Des. Lédio Rosa de Andrade).

Art. 754. As mercadorias devem ser entregues ao destinatário, ou a quem apresentar o conhecimento endossado, devendo aquele que as receber conferi-las e apresentar as reclamações que tiver, sob pena de decadência dos direitos.
Parágrafo único. No caso de perda parcial ou de avaria não perceptível à primeira vista, o destinatário conserva a sua ação contra o transportador, desde que denuncie o dano em dez dias a contar da entrega.

Esse dispositivo reporta-se ao recebimento das mercadorias que devem ser entregues ao destinatário ou a quem apresentar o conhecimento endossado. Aquele que receber a coisa deve conferir e apresentar reclamação, sob pena de decadência dos direitos. Veja o que falamos sobre a vistoria e o protesto. Se a perda ou avaria não for perceptível à primeira vista, o destinatário conserva a sua ação contra o transportador, desde que denuncie o dano em dez dias a contar da entrega (parágrafo único). Para tal, deve documentar-se devidamente, com a descrição dos danos e avarias. A matéria passa para o campo da prova. Note que o dano deve ser denunciado no prazo de dez dias; não se trata de prazo para propositura da ação, mas para denúncia da falta. Esse dispositivo é específico para o contrato de transporte e ao meio a que se destina e afasta, em princípio, a aplicação do CDC, em matéria de prazos decadenciais. Contudo, dependerá do caso concreto e da figura do destinatário do contrato de transporte sua inserção no campo dos direitos do consumidor.

⚖ Objeção preliminar arguida por todas as apelantes – Ilegitimidade passiva – Não ocorrência – Apelantes DHL que eram as agentes de carga responsáveis pelo transporte das mercadorias realizado pela apelante American Airlines – hipótese de solidariedade entre os integrantes da cadeia de transporte – Precedentes – Objeção rejeitada. Decadência – Ocorrência – Ação regressiva ajuizada por seguradora sub-rogada visando ressarcimento de indenização paga em razão de sinistro – Transporte de mercadorias – Extravio parcial – Protesto não realizado no prazo decadencial de dez dias previsto no parágrafo único do art. 754 do CC – Incidência do dispositivo legal em referência que não fica restrita à relação havida entre as partes do contrato de transporte – Apelada que ajuizou a ação na qualidade de sub-rogada nos direitos e ações que competiriam ao segurado (art. 786 do CC) – Direito da segurada que foi alcançado pela decadência – Apelada que sub-rogou-se em um direito já fulminado – Precedentes – Circunstância de o segurador passar a ocupar a posição de credor do causador do prejuízo que não é suficiente para afastar a necessidade do protesto dentro do prazo de dez dias – Ato necessário para que remanescesse o direito de reparação em regresso por parte da apelada – Decadência pronunciada, pelo que se dá a extinção do processo, com resolução do mérito, forte no art. 487, inciso III do CPC – Recursos providos (*TJSP* – Ap. 1019187-15.2016.8.26.0002, 1-7-2020, Rel. Castro Figliolia).

⚖ Tutela relativa a uma obrigação de fazer – **Transporte marítimo** – Entrega de mercadorias condicionada à apresentação da via original dos conhecimentos de embarque – Exigência não justificada no caso dos autos diante dos títulos não negociáveis – Infere-se dos elementos trazidos que a autora, consignatária, contratou os serviços da ré para transporte marítimo de mercadorias – A despeito do pagamento das taxas e fretes, o que não foi impugnado, houve bloqueio no Sistema Siscomex Carga por não ser apresentada a via original dos conhecimentos de embarque – Exigência que se justificaria, em princípio, se os conhecimentos em questão fossem negociáveis, nos termos dos artigos 754 do Código Civil e 519 e 587 do Código Comercial – Exame da questão a ser feita caso a caso e, na hipótese, pelos elementos trazidos aos autos, os *Bills of lading* não foram emitidos com cláusula à ordem, o que impediria a sua circulação, devendo ser afastada, no caso sob exame, a exigência do original, observando-se o que consta dos próprios conhecimentos de transporte – Tutela que deve ser deferida para que a ré tome as medidas pertinentes para que sejam feitos o desbloqueio e a liberação das mercadorias a que se referem os conhecimentos marítimos objeto desta ação, sob pena de pagamento de multa diária – Recurso provido (*TJSP* – Ap. 1004299-44.2015.8.26.0562, 30-3-2017, Rel. Luiz Arcuri).

Art. 755. Havendo dúvida acerca de quem seja o destinatário, o transportador deve depositar a mercadoria em juízo, se não lhe for possível obter instruções do remetente; se a demora puder ocasionar a deterioração da coisa, o transportador deverá vendê-la, depositando o saldo em juízo.

Se o transportador tiver dúvidas a respeito de quem seja o destinatário, deverá consignar a coisa em juízo, se não puder obter informações do remetente. Se a demora colocar a coisa em risco de deterioração, o transportador deverá vendê-la, depositando o saldo em juízo. A lei refere-se ao saldo, pois cabe ao transportador deduzir o valor das despesas de armazenagem e frete, se ainda não pago.

Art. 756. No caso de transporte cumulativo, todos os transportadores respondem solidariamente pelo dano causado perante o remetente, ressalvada a apuração final da responsabilidade entre eles, de modo que o ressarcimento recaia, por inteiro, ou proporcionalmente, naquele ou naqueles em cujo percurso houver ocorrido o dano.

O transporte cumulativo foi examinado no art. 733. Quando são vários os transportadores, todos respondem solidariamente por dano causado ao remetente da mercadoria, ainda que a responsabilidade seja nitidamente identificada. A final, podem os vários transportadores apurar o grau de culpa de cada um e a respectiva proporcionalidade da responsabilidade patrimonial sem que isso prejudique o remetente ou consumidor. Essa regra também deve ser aplicada ao transporte de pessoas, não existindo razão para que não o seja.

CAPÍTULO XV
Do Seguro

Seção I
Disposições Gerais

**Art. 757. Pelo contrato de seguro, o segurador se obriga, mediante o pagamento do prêmio, a garantir interesse legítimo do segurado, relativo a pessoa ou a coisa, contra riscos predeterminados.
Parágrafo único. Somente pode ser parte, no contrato de seguro, como segurador, entidade para tal fim legalmente autorizada.**

A indenização securitária é devida quando ausente a comunicação prévia do segurado acerca do atraso no pagamento do prêmio, por constituir requisito essencial para a suspensão ou resolução do contrato de seguro (Súmula 616 do STJ)

1. Origens. Conceito

As características do contrato de seguro e o campo securitário em geral integram unidade jurídica que extravasa o campo exclusivamente contratual do direito privado, requerendo conhecimentos próprios de verdadeira especialidade. Cuida-se de instituto que pertence ao denominado direito social, com acentuada intervenção estatal e dirigismo contratual, categoria que suplanta a tradicional dicotomia romana dos direitos público e privado. O Código Civil de 1916 regulamentava o contrato em 45 artigos (1.432 a 1.476), complementados por inúmeros diplomas destinados às várias modalidades de seguro. O presente Código disciplina a matéria em 46 artigos (757 a 802), dando nova perspectiva ao contrato de seguro.

O revogado art. 1.432 forneceu definição do contrato de seguro: "*aquele pelo qual uma das partes se obriga para com a outra, mediante a paga de um prêmio, a indenizá-la do prejuízo resultante de riscos futuros, previstos no contrato*". O legislador optou, nesse caso, por definir o que é excepcional no ordenamento. Criticava-se essa dicção, porque o dispositivo não incluiu a possibilidade de seguro em favor de terceiros, como no seguro de vida.

O presente dispositivo realça que as empresas seguradoras somente poderão atuar no ramo mediante autorização administrativa, reforçando o disposto no art. 74 do Decreto-lei nº 73/1966. Desse modo, há necessidade de qualificação especial para figurar como segurador em um contrato de seguro no sistema pátrio. Aliás, não é diferente no direito comparado. Ressalta também que o seguro visa garantir interesse legítimo do segurado, o que abrange também o seguro em favor de terceiros, como examinaremos. É muito ampla essa noção de *interesse legítimo*, podendo abranger praticamente todas as atividades, o que dá uma dimensão vasta ao campo de atuação do contrato de seguro.

O seguro surge inicialmente no direito marítimo na Idade Média. Embora possuísse institutos próximos, a Antiguidade não conheceu esse contrato. Em princípio, quando ainda era pequena a atividade comercial, surgiram as sociedades de contribuição mútua entre os navegantes, semelhantes às de beneficência. Quando algum proprietário de navio sofria prejuízo ou perda, outros integrantes do grupo o socorriam com contribuições para a aquisição de outros bens (ALVIM, 1983, p. 7).

Em sua fase inicial, o seguro cobria os navios e as respectivas cargas. A insegurança das viagens aguçou o espírito dos negociantes a especular sobre o risco. O contrato de seguro com os contornos atuais foi surgindo paulatinamente, em decorrência das necessidades sociais, como sói acontecer com os institutos de origem mercantil. Sua ampla difusão partiu da Inglaterra no século XVII, tendo sua adoção se generalizado a partir do século XIX, então também acolhido por nosso Código Comercial. Foi igualmente nesse quadro que se desenvolveu o seguro social dirigido à atividade laboral dos trabalhadores e aos acidentes do trabalho. A experiência do seguro marítimo, sem dúvida, deu origem às outras modalidades de proteção ao risco.

"*A história do seguro tem sido motivo de constantes pronunciamentos da doutrina. As investigações continuam sendo desenvolvidas. Há preocupação de defini-lo do modo mais amplo possível, com a finalidade de ser identificada a trajetória desse negócio jurídico no âmbito da cultura dos povos antigos e contemporâneos*" (DELGADO, 2004, p. 16).

Sua origem no espírito humano decorre da defesa contra o risco de perda do patrimônio, da saúde e da vida. A experiência e a complexidade da sociedade no decorrer dos séculos fizeram surgir o seguro com a compreensão atual. Trata-se de importante mecanismo para financiar o risco e pulverizar a perda patrimonial.

O seguro moderno deslocou o campo originário do contrato privado para o poder estatal, que logo percebeu a importância e a necessidade socioeconômica da proteção contra o risco. A fragmentação da legislação securitária, fenômeno que não é só nosso, dificulta o estudo e a compreensão globais do instituto, cujo exame, nesta obra, prende-se unicamente aos princípios gerais.

Ainda porque a legislação complementar navega e flutua ao sabor das necessidades temporais, não se constituindo, como regra, corpo estável de normas. É analisado basicamente o negócio regulado pelo Decreto-lei nº 73/1966 e pelo Código Civil antigo e atual, que disciplinou os seguros terrestres de coisas e de pessoas, cujos dispositivos permanecem em vigor, vistos hoje em harmonia com a legislação complementar e os princípios contratuais do Código de Defesa do Consumidor. Aliás, o presente Código Civil é expresso no sentido de que efetivamente as regras de seguro nele estampadas são de cunho geral, aplicando-se, no que couber, aos seguros regidos por leis próprias (art. 777).

O seguro, em sua essência, constitui transferência do risco de uma pessoa a outra. Tecnicamente, só se torna possível quando o custeio é dividido entre muitas pessoas, por número amplo de segurados. Embora o contrato de seguro seja negócio jurídico isolado e autônomo entre segurador e segurado, somente se torna viável se existe base mutuária para custeá-lo e um amplo número de segurados. Cabem à ciência atuária o exame estatístico e o cálculo de seguros de determinado segmento social. São feitos cálculos aproximados dos sinistros que ordinariamente ocorrem em determinada área ou setor, efetuando-se complexos estudos de probabilidade. O mutualismo constitui a base do seguro. Há, portanto, técnica sofisticada e especializada na constituição das várias modalidades de seguro, que, se não for eficiente, pode fazer soçobrar a empresa seguradora, jogando por terra o importante sentido social do instituto, razão pela qual há a intensa fiscalização da Superintendência de Seguros Privados (Susep) em toda a movimentação financeira do segurador. Todavia, esse mecanismo técnico é externo ao contrato examinado do ponto de vista jurídico, como ato negocial isolado e autônomo. Para o jurista e para o consumidor, portanto, importa sempre considerar o contrato de seguro de *per si*. Cabe à seguradora estruturar-se para atender à finalidade social a que se propôs. Quanto maior o desenvolvimento econômico e tecnológico da sociedade, maior será o campo de atuação do segurador. Maior será o número de interesses legítimos protegidos. Há até os que sustentam que, em futuro próximo, toda atividade humana será segurada, em prol de uma garantia de ressarcimento geral de prejuízos. Não estamos muito distantes disso.

Sinistro é termo técnico cujo sentido vulgar, de algo fúnebre, funesto, de mau agouro, prende-se aos primórdios do seguro marítimo, que cobria sempre um efeito negativo para a navegação. Na técnica securitária, significa a realização do evento incerto previsto no contrato.

No seguro, não existe propriamente uma indenização, mormente no campo dos seguros de vida. O conceito indenizatório está ligado à noção de inadimplemento e culpa ou *contraprestação* contratual. Ou seja, o segurador não indeniza quando ocorre um fato ou ato danoso, apenas cumpre o que lhe toca pela avença contratual. Ainda, não é da essência do contrato de seguro que todo prejuízo seja ressarcido, porque, em princípio, o segurador compromete-se a pagar apenas o valor segurado. Por essa razão, dentre outras regras, a interpretação de um contrato de seguro é sempre restritiva.

No Brasil, era escassa a legislação securitária antes da vigência do Código Comercial de 1850. Interessante abordar que esse Código continha proibição de seguro de vida de pessoas livres, embora fosse possível o seguro de vida de escravos, pois estes eram considerados objetos de propriedade (DELGADO, 2004, p. 31). Foi apenas no início do século XX que os chamados seguros terrestres passam a ser regulados em nosso país, pois o seguro marítimo já constava do Código Mercantil. O Código Civil de 1916, posteriormente, dedica capítulo aos seguros.

Atualmente, nossa legislação securitária é altamente variada e complexa, formada por um emaranhado de normas de todas a hierarquias, sendo o Código Civil apenas o preceptor de regras gerais. Importante lembrar, contudo, que o Decreto nº 605/1992 foi um divisor de águas nessa legislação, atualmente revogado pelo Decreto nº 3.633/2000. Até então os seguros eram disseminados mediante cláusulas previamente apontadas pela Superintendência de Seguros Privados (Susep). Os contratos eram assim padronizados, sem possibilidade de iniciativa maior por parte das empresas seguradoras. Com esse decreto, o setor foi desregulamentado, ficando dispensada a redação prévia de cláusulas contratuais. Cada segurador passou a ter autonomia para elaborar seus contratos, remetendo apenas cópia à Susep, o que veio a dinamizar sobremaneira o setor, conforme se esperava com ansiedade, como uma das formas de inserir nosso país no contexto econômico globalizado. Nesse diapasão, persistem algumas modalidades de seguros que mantêm cláusulas obrigatórias, principalmente nos chamados seguros obrigatórios; existem normas gerais que orientam algumas modalidades de seguros e devem necessariamente ser seguidas pelas empresas seguradoras e existem formas livres, quando na especialidade não houver qualquer regulamentação.

2. Características. Natureza jurídica

O contrato de seguro é bilateral, oneroso, aleatório, consensual e de adesão, subordinado à boa-fé qualificada, de execução continuada. É *bilateral* ou *sinalagmático*, porque depende da manifestação de vontade de ambos os contratantes, que se obrigam reciprocamente. O segurado assume a obrigação de pagar o prêmio e não agravar os riscos, entre outras. O segurador obriga-se a pagar o valor contratado no caso de sinistro. A esse negócio se aplica o princípio da exceção de contrato não cumprido (art. 476).

É *oneroso*, porque cada uma das partes procura uma vantagem patrimonial no negócio. O segurado procura obter proteção contra o risco; o segurador recebe o pagamento do prêmio e paga o valor previsto na apólice na ocorrência de sinistro.

Trata-se de contrato tipicamente *aleatório*, porque sua origem gira em torno do risco. A prestação de pagar a chamada indenização subordina-se a evento futuro e incerto, mas perfeitamente descrito no contrato. Em razão da álea que lhe é inerente, não há equivalência nas prestações. No contrato de seguro, o fundamento da álea é a previdência do risco, a qual o distingue do jogo ou da aposta, nos quais o fundamento da álea é o intuito especulativo (LOPES, 1993, v. 4, p. 401).

Embora o legislador expresse que o contrato não obriga, enquanto não reduzido a escrito, a doutrina é homogênea em considerá-lo *consensual*, porque essa formalidade não é da substância do ato, tendo apenas caráter probatório. O seguro surge do acordo de vontades. O contrato conclui-se com o consentimento das partes. O Código Civil de 1916 estabelecera no art. 1.433 que o contrato de seguro "*não obriga antes de reduzido a escrito, e considera-se perfeito desde que o segurador remete a apólice ao segurado, ou faz nos livros o lançamento usual da operação*". Disposição semelhante continha o velho Código Comercial ao estabelecer, quanto ao seguro marítimo, no art. 666, que só podia provar-se por escrito, pelo instrumento da apólice, mas obriga reciprocamente as partes, quando ambas assinam minuta com todas as declarações, cláusulas e condições da apólice. No entanto, o Decreto-lei nº 73/1966 possibilitou que a apólice seja substituída por *bilhete de seguro*, mediante aceitação verbal do interessado, sendo utilizado para alguns seguros, como o obrigatório de veículos e individual de acidentes pessoais. O bilhete de seguro, cada vez mais utilizado, é mencionado pelo presente Código.

Pela letra da lei percebe-se que, em princípio, exige-se a forma escrita para o contrato de seguro. No entanto, a prática tem demonstrado que as partes com frequência dispensam essa formalidade, para considerarem o contrato existente independentemente do instrumento, sendo sua formalização hoje concluída até por telefone, fac-símile, correio eletrônico e outros meios informatizados, seguindo-se posteriormente a remessa do documento, a demonstrar que o Direito possui atualmente meios mais rápidos e eficazes de formalização. Não obstante isso, a prova de existência do contrato deverá ser escrita, não sendo admitida a prova exclusivamente oral, conforme se observa em decisão do extinto 2º Tribunal de Alçada Civil de São Paulo, afirmando que o "*contrato de seguro só se prova existente e eficaz, por escrito, razão porque não se admite, substituindo esse meio a prova oral*" (2º TACSP, AC 480.153, 21-5-97, Rel. Juiz Gamaliel Costa). A esse respeito, passa a admitir o atual Código, no art. 758.

O contrato de seguro contém *obrigação de garantia* que é assumida pelo segurador, conforme especifica a própria definição do corrente Código, no art. 757. Trata-se de contrato de *adesão*, como regra, pois se apresenta com cláusulas predispostas ao segurado. Este não participa de sua elaboração nem das condições gerais, na maioria das vezes impostas pela Administração. O fato de serem adicionadas cláusulas manuscritas ou datilografadas não lhe retira essa característica: "*A inserção de cláusula no formulário não desfigura a natureza de adesão do contrato*" (art. 54, § 1º, do CDC). Ocorre praticamente sem exceção a padronização das cláusulas do contrato de seguro, ao menos aquelas mais utilizadas. A interpretação, na dúvida, obscuridade ou contradição deve favorecer o aderente-segurado. Ainda que assim não fosse, o art. 47 do CDC determina que as cláusulas contratuais serão interpretadas de maneira mais favorável ao consumidor.

A *boa-fé* é princípio basilar dos contratos em geral, expressa na letra do CDC. O atual Código, aliás, ressalta a boa-fé objetiva na teoria geral dos contratos como cláusula aberta (art. 422). Contudo, a boa-fé na contratação do seguro, tendo em vista a asseguração do risco, era acentuada e qualificada pelo art. 1.444 do Código de 1916, que obrigava o segurado a fazer declarações verdadeiras e completas, sob pena de perder o direito ao seguro. Veja o art. 766 do Código Civil atual.

Sendo contrato destinado sempre ao consumidor final da prestação de serviços, costumeiramente de adesão e presente o requisito da vulnerabilidade, está alcançado, como regra, pelos ditames do CDC.

No contrato de seguros, há normas cogentes e normas dispositivas. Primordialmente, devem ser examinados os conteúdos das apólices, ou mesmo das propostas prévias, para estabelecer o alcance de cada modalidade de seguro.

O seguro, por sua natureza, é negócio de *execução continuada*, porque deve subsistir por algum tempo, ainda que exíguo. O risco depende sempre de maior ou menor lapso temporal. O seguro que se faz para garantir a incolumidade física de atleta profissional para uma única competição esportiva terá lapso temporal reduzido, por exemplo. O seguro para um voo interespacial com sua respectiva preparação poderá ter lapso temporal de muitos anos.

Quanto ao prazo do contrato, porém, o art. 774 deste Código permite a recondução tácita do contrato pelo mesmo prazo, mediante cláusula contratual, por uma única vez. Terminado o prazo desse contrato reconduzido, devem as partes elaborar novo pacto, sendo ineficaz recondução tática por mais de um período.

É importante acentuar que o Código Civil de 2002 estabeleceu um novo perfil para o capítulo do contrato de seguro, trazendo para isso vários artigos sem correspondência no Código revogado. Não se esqueça de que o art. 421 do atual diploma ressalta, como orientação geral, obrigatória, a função social do contrato, aspecto que deve sempre estar presente no espírito do intérprete.

3. Objeto

A doutrina diverge acerca do objeto do contrato de seguro. Segundo o que observamos modernamente, o seguro dirige-se a proteger a coisa, o risco ou um *interesse segurável*, como mais propriamente hoje se coloca.

Melhor concluir que esse contrato não possui como objeto exatamente um risco ou proteção da coisa, porém mais apropriadamente o que a doutrina denomina a garantia de *interesse segurável*. Esse interesse representa uma relação econômica ameaçada ou posta em risco, sendo essencial para a contratação. Nesse diapasão, qualquer conteúdo do patrimônio ou atividade humana pode ser objeto de seguro. Sobre a mesma coisa podem incidir vários interesses econômicos: sobre um veículo, por exemplo, pode ser pactuado seguro contra perda ou deterioração da coisa, bem como contra danos ocasionados a terceiros. Falta interesse, por outro lado, de contratar seguro sobre bem alheio, ou interesse de terceiro, porque equivaleria a uma aposta. O interesse deve ser próprio do contratante, o que avulta de importância no seguro de vida com relação à morte de terceiros. "*É suscetível de cobertura todo risco criado em qualquer gênero de atividade*" (PEREIRA, 1994, p. 335).

Este Código, ao definir contrato de seguro neste art. 757, menciona que seu objeto é garantir interesse legítimo do segurado relativo a pessoa ou a coisa, contra riscos predeterminados. Ao se referir a *interesse legítimo*, adota esse legislador a posição moderna da doutrina.

No seguro de vida, o interesse segurável é presumido no caso de beneficiários ascendentes, descendentes, cônjuge e irmãos. Veja o art. 790. O interesse a ser declarado é de natureza econômica ou jurídica. Deve representar razões sociais ponderáveis. O interesse em preservar a vida de determinada pessoa não pode ser negativo. Há de representar conduta no sentido de preservar a vida segurada (DELGADO, 2004, p. 724). No seguro de bens, o interesse apreciável tem em mira o prejuízo que pode advir ao patrimônio do proprietário, comodatário, depositário, possuidor etc.

4. Espécies

Ainda que o conceito do contrato de seguro seja unitário, desdobra-se em várias modalidades, sempre com as características fundamentais de reparação ou compensação de dano, patrimonial ou moral. Como visto, todo interesse apreciável pode ser segurado. Dentro das categorias básicas, podem ser encontradas centenas de modalidades de seguro, desde o seguro de vida até o sofisticado seguro de comunicações via satélite.

A primeira classificação é dos *seguros pessoais*, a garantir danos ocorríveis com a pessoa, e dos *seguros materiais*, para danos com a coisa. Conforme a natureza do risco, os seguros podem ser de *ramos elementares* e *seguros de vida*. Este Código se refere a "seguro de dano" (arts. 778 a 788) e a "seguro de pessoa" (arts. 789 a 802).

São inúmeras as subdivisões, cada uma com características e requisitos próprios, convertendo-se atualmente em verdadeira especialidade no campo do direito privado, com profundas investidas do direito público. Seu alcance permite que se identifique com o que a moderna doutrina denomina *direito social*. De fato, o seguro e seu alcance social, bem como a vasta dimensão de sua legislação, não mais permite que seja tratado simplesmente como um contrato ou como um instituto do direito privado. O campo securitário exige especialização dedicada não só dos técnicos que atuam na área, como especialmente dos operadores do Direito.

Os seguros de bens destinam-se a proteger riscos provenientes de incêndios, intempéries, transportes, roubos, acidentes etc. Os seguros de vida objetivam garantir a pessoa humana no que se refere a sua existência e higidez física. Os seguros sociais integram-se a estes, geralmente conduzidos pelo Estado, por órgãos diretos ou autárquicos, referindo-se ao sistema previdenciário e acidentário.

Enunciado nº 185, III Jornada de Direito Civil – CJF/STJ: A disciplina dos seguros do Código Civil e as normas da previdência privada que impõem a contratação exclusivamente por meio de entidades legalmente autorizadas não impedem a formação de grupos restritos de ajuda mútua, caracterizados pela autogestão.

Enunciado nº 370, IV Jornada de Direito Civil – CJF/STJ: Nos contratos de seguro por adesão, os riscos predeterminados indicados no art. 757, parte final, devem ser interpretados de acordo com os arts. 421, 422, 424, 759 e 799 do Código Civil e 1º, inc. III, da Constituição Federal.

Apelação. Civil. Contrato de seguro. Acidente de trabalho. Fato anterior à vigência da apólice. Indenização securitária indevida. Recurso conhecido e desprovido. 1. Nos termos do art. 757 do CC, é pelo contrato de seguro que o segurador se obriga, mediante o pagamento do prêmio, a garantir interesse legítimo do segurado, relativo a pessoa ou a coisa, contra riscos predeterminados. 2. A par de tal quadro, se inexistente a relação jurídica contratual entre o apelante e a seguradora à época do acidente que ocasionou a sua incapacidade laborativa, não há falar em percepção de indenização securitária, porque sequer fixados os termos obrigacionais entre as partes, com subsequente descrição e assunção dos riscos, razão pela qual não há falar em reforma da r. sentença, que julgou improcedentes os pedidos deduzidos na petição inicial. 3. Recurso conhecido e desprovido. Honorários majorados (*TJDFT* – Ap. 07112893220198070007, 3-6-2020, Rel. Sandra Reves).

⚖️ Contrato de consórcio – **Seguro prestamista** – Exame dos contratos – Pedido parcialmente procedente – Infere-se do exame dos autos que o pedido está fundado na incidência da cláusula de seguro prestamista à vista do falecimento de um dos sócios da empresa autora e, diante do que foi ali ajustado, foi demonstrado o direito com relação a apenas uma das cotas consorciais – O contrato traz cláusulas redigidas de forma clara, de fácil compreensão, não se inferindo vício de consentimento, má-fé ou infringência às normas do CDC – Sem prejuízo, na omissão no termo de adesão do nome do sócio na indicação para o seguro prestamista, esse fato deve ser atribuído à administradora do consórcio e não ao consumidor, interpretando-se favoravelmente a este a cláusula contratual em discussão – Pedido parcialmente procedente – Sentença mantida – Recursos não providos (*TJSP* – Ap. 1008506-57.2014.8.26.0292, 30-3-2017, Rel. Luiz Arcuri).

⚖️ Apelação contra sentença que julgou improcedente o pedido autoral, não reconhecendo o direito do ora apelante de receber indenização em virtude de acidente automobilístico. Contrato de seguro de automóvel. **Ocorrência do sinistro antes do pagamento da 1ª parcela do prêmio**. Indenização. Impossibilidade. Ausência de meios comprobatórios do direito pleiteado. Desobediência ao prazo supostamente estipulado entre as partes para o pagamento da 1ª parcela do prêmio. Ineficácia do contrato. Recurso conhecido e improvido. 1. Conforme o art. 757 do Código Civil, o segurado só poderá receber indenização decorrente de sinistro caso o pagamento do prêmio, estabelecido previamente, for efetuado. 2. O sinistro ocorreu em 23/02/2006, ao passo em que o pagamento do prêmio somente foi realizado em 02/03/2006, ou seja, após o transcurso do prazo de 5 (cinco) dias supostamente facultado ao Apelante para tanto. 3. Portanto, ainda que constasse dos autos prova de que a Seguradora concedeu ao Apelante o prazo de 5 (cinco) dias para a realização do pagamento do prêmio, nem assim o Apelante faria jus à pleiteada indenização, eis que, repito, somente em 02/03/2006 o referido pagamento foi efetuado – quando o termo *ad quem* do hipotético prazo teria ocorrido em 01/03/2006. 4. Assim, ocorrido o sinistro antes do pagamento do prêmio, certamente, até por questões óbvias, a indenização não é devida, isto porque, como disse, o contrato, sem a quitação da quantia referente, mantém-se sem eficácia, sem produzir efeitos indenizatórios. 5. A apólice carreada aos autos, que comprova a existência do contrato de seguro, conforme dispõe o art. 758 do Código Civil, tem vigência posterior à ocorrência do sinistro e, por isso, não corrobora com a tese autoral. 6. Recurso conhecido e improvido (*TJCE* – Acórdão Apelação Cível 4566988201080600000, 1º-8-2011, Rel. Des. Emanuel Leite Albuquerque).

⚖️ Recurso especial. **Indenização decorrente de seguro de vida**. Acidente automobilístico. Embriaguez. Cláusula limitativa de cobertura da qual não foi dado o perfeito conhecimento ao segurado. Abusividade. Infringência ao artigo 54, § 4º do Código de Defesa do Consumidor. Recurso especial provido. 1. Por se tratar de relação de consumo, a eventual limitação de direito do segurado deve constar, de forma clara e com destaque, nos moldes do art. 54, § 4º do CODECON e, obviamente, ser entregue ao consumidor no ato da contratação, não sendo admitida a entrega posterior. 2. No caso concreto, surge incontroverso que o documento que integra o contrato de seguro de vida não foi apresentado por ocasião da contratação, além do que a cláusula restritiva constou tão somente do "manual do segurado", enviado após a assinatura da proposta. Portanto, configurada a violação ao artigo 54, § 4º do CDC. 3. Nos termos do artigo 46 do Código de Defesa do Consumidor: "Os contratos que regulam as relações de consumo não obrigarão os consumidores, se não lhes for dada a oportunidade de tomar conhecimento prévio de seu conteúdo, ou se os respectivos instrumentos forem redigidos de modo a dificultar a compreensão de seu sentido e alcance". 4. Deve ser afastada a multa aplicada com apoio no artigo 538, parágrafo único do CPC, pois não são protelatórios os embargos de declaração opostos com fins de prequestionamento. 5. Recurso especial provido (*STJ* – Acórdão Recurso Especial 1.219.406 – MG, 15-2-2011, Rel. Min. Luis Felipe Salomão).

Art. 758. O contrato de seguro prova-se com a exibição da apólice ou do bilhete do seguro, e, na falta deles, por documento comprobatório do pagamento do respectivo prêmio.

No seguro, embora estabelecido seu caráter consensual, a oferta do contrato geralmente é formal. No entanto, há seguros que podem ser concluídos de plano por meio de bilhetes, como ocorre com o obrigatório de veículos automotores, conforme autorização ao art. 10, § 2º do Decreto-lei nº 73/1966, o qual ressalva expressamente para a hipótese a não aplicação do art. 1.433 do Código Civil de 1916 (atual art. 758 deste Código), ficando destarte dispensada a remessa de apólice ao segurado. Esse é o sentido do presente artigo.

Como regra geral, a proposta deve conter os elementos do contrato para a caracterização do risco. As declarações do segurado nessa fase avultam a importância, em razão do princípio da boa-fé. No seguro, a proposta possui realce maior do que nos contratos em geral, dadas as peculiaridades do negócio e sua consensualidade já destacada. Por outro lado, toda seleção e taxação dos riscos é feita nessa fase, com substrato nas declarações do proponente. No mais, aplicam-se as regras da oferta e da proposta do Código Civil e do CDC por nós assinaladas.

Podem as partes estipular uma cobertura provisória, enquanto se ultima o seguro definitivo, quando o segurado tem urgência para a cobertura do risco. Embora a legislação securitária não a regule, essa provisoriedade não encontra óbice legal; deve ser expressa, decorrer da forma usual de conduta dos contratantes e possuir conteúdo de um contrato preliminar e, portanto, vinculativo. A esse respeito, observa Pedro Alvim (1983, p. 143):

> "*Adotam algumas seguradoras, na prática, em caráter excepcional, o expediente de comunicar ao proponente a cobertura do risco pela apólice cujo número fica reservado para aquele seguro, sendo registrada no livro próprio, embora ainda não tenha sido emitida por falta de algum elemento.*"

Nessa fase preliminar, o corretor desempenha papel primordial. Conforme o art. 123 do Decreto-lei nº 73/1966, o exercício da profissão de corretor de seguros depende de prévia habilitação e registro na Susep. É o intermediário legalmente habilitado para angariar e promover a contratação de seguros. Não é um preposto da seguradora; pode assinar a proposta em nome do segurado e para tal não necessita de mandato escrito, bastando o oral. Sob esse prisma, o art. 775 do atual Código observa que "*os agentes autorizados do segurador presumem-se seus representantes para todos os atos relativos aos contratos que agenciarem*". O sentido de agente, no dispositivo, é mais amplo do que o de corretor, e a situação concreta deve ser examinada. De qualquer forma, há que se ter o agente, aqui, como um preposto do segurador.

※ Apelação cível. Alienação fiduciária. Ação de obrigação de fazer. Inexistindo prova da contratação do seguro prestamista (art. 758 do CC), não há falar em cobertura securitária, motivo da manutenção da sentença de improcedência. Recurso improvido (*TJRS* – Ap. 70079904488, 28-3-2019, Rel. Judith dos Santos Mottecy).

※ Ação de cobrança – Revelia – Presunção de veracidade das alegações relativa – **Contratação de seguro** – Ausência de comprovação – Não é possível a aplicação indiscriminada da presunção da veracidade das alegações autorais, sem a devida análise das provas trazidas aos autos – Conforme artigo 758 do Código Civil, o contrato de seguro prova-se com a exibição da apólice ou do bilhete do seguro ou por documento comprobatório do pagamento do respectivo prêmio. Ausente a comprovação nos autos não há como aferir a relação obrigacional ou legitimidade da dívida – Se a exordial obedece aos requisitos descritos no Código de Processo Civil, contém pedido e causa de pedir, da narração dos fatos decorre logicamente a conclusão e os pedidos são juridicamente possíveis, não há que se falar em inépcia da inicial – Recurso não provido (*TJMG* – AC 1.0024.14.299383-1/001, 27-1-2017, Rel. Veiga de Oliveira).

Art. 759. A emissão da apólice deverá ser precedida de proposta escrita com a declaração dos elementos essenciais do interesse a ser garantido e do risco.

A relação negocial securitária pode conter dois instrumentos: a proposta e a apólice ou bilhete de seguro.

A proposta, como em qualquer contrato, é vinculativa e obrigatória, nos termos do art. 427. O prazo da proposta é de 15 dias, fixado anteriormente pela Susep pela Circular nº 47/80 (atual nº 251/2004). Recorde-se de que o CDC amplia o alcance da proposta, vinculando a oferta sob qualquer modalidade de informação ou publicidade, de forma a integrar o contrato que se lhe segue (art. 30). O vigente Código Civil dispõe acerca da obrigatoriedade da proposta escrita, precedente à emissão da apólice. Determina esse diploma que a proposta deverá conter os elementos essenciais do interesse a ser garantido e do risco. A situação era perfeitamente aplicável ao direito vigente no sistema de 1916, pois o costume solidificou esse papel para o instrumento de proposta, aliás, expressamente exigida pelo art. 9º do Decreto-lei nº 73/1966.

O texto deste art. 759 poderia levar à interpretação literal no sentido de que a proposta escrita é condição essencial para o contrato de seguro. No entanto, há que se levar em conta a finalidade da norma, pois nos autoriza a concluir que mesmo perante a inexistência de proposta, haverá seguro desde que a apólice seja aceita ou o bilhete de seguro, com pagamento do prêmio. O bilhete de seguro é documento que pode substituir a apólice.

A propósito, recorde-se de que o CDC, em disposição que atende precipuamente ao que ocorria nas apólices de seguros no passado, determina que os instrumentos não obrigarão os consumidores, se forem redigidos de forma a dificultar a compreensão de seu sentido e alcance (art. 46). No tocante aos contratos de adesão, conforme o art. 54, § 4º, "*as cláusulas que implicarem limitação de direito do consumidor deverão ser redigidas com destaque, permitindo sua imediata e fácil compreensão*". Os contratos de seguro, sendo em regra por adesão, deverão ser "*redigidos em termos claros e com caracteres ostensivos e legíveis, [...] de modo a facilitar sua compreensão pelo consumidor*" (art. 54, § 3º). Não se admitem mais as apólices do passado, redigidas em caracteres minúsculos e incompreensíveis, sob pena de nulidade ou interpretação favorável ao segurado.

※ Compra e venda. Imóvel na planta. Empreendimento paralisado. Rescisão contratual e restituição das quantias pagas. Legitimidade passiva da instituição financeira. Existência de pacto adjeto de alienação fiduciária em garantia. Hipótese, contudo, em que não se demonstrou a responsabilidade do credor fiduciário pelo atraso na entrega do imóvel. Responsabilidade limitada à devolução dos valores relativos ao financiamento concedido ao comprador. Precedente. Recurso provido em parte. Compra e venda. Imóvel na planta. Empreendimento paralisado. Rescisão contratual e restituição das quantias pagas. Dano moral não configurado. Indenização indevida. Ilegitimidade passiva de seguradora. Ausência de seguro de responsabilidade civil por dano a terceiro. Autores que não são segurados ou beneficiários na apólice. Art. 757 e 759 do CC. Recurso adesivo improvido (*TJSP* – Ap. 1002324-86.2017.8.26.0474, 28-7-2020, Rel. Augusto Rezende).

⚖ Apelação cível – Ação de cobrança – Seguro de vida – Negativa de pagamento da indenização sob a alegativa de que o instrumento não previa cobertura para morte natural. Contrato firmado via telefone. Ausência de comprovação de que o segurado tinha prévia ciência das cláusulas contratuais. Ônus da seguradora. Limitação inválida. Indenização devida. Danos morais inocorrentes. Recurso provido em parte. Sentença parcialmente reformada. 1- É direito básico do consumidor receber "a informação adequada e clara sobre os diferentes produtos e serviços, com especificação correta de quantidade, características, composição, qualidade e preço" (CDC, art. 6º, III). 2- Consoante a regra expressa no artigo 759 do Código Civil, "a **emissão da apólice deverá ser precedida de proposta escrita** com a declaração dos elementos essenciais do interesse a ser garantido e do risco", com o fim de proporcionar ao segurado o exato conhecimento do teor do contrato, possibilitando-lhe que a apólice emitida não divirja do que foi efetivamente contratado. 3- Neste compasso, a exclusão de cobertura para o caso de morte natural somente tem validade quando consta nas condições gerais e na apólice entregue ao segurado, e quando é redigida de maneira clara e legível, a fim de facilitar a compreensão do consumidor. Sendo o contrato firmado por telefone e não tendo o contratante acesso às suas condições gerais, não deve prevalecer tal limitação. 4- A negativa de pagamento do valor do seguro não é conduta passível de indenização por danos morais, configurando mero inadimplemento contratual. 5- Recurso provido em parte. Sentença parcialmente reformada (*TJCE* – Ap. 0161102-35.2013.8.06.0001, 8-9-2016, Relª Maria de Fátima de Melo Loureiro).

Art. 760. A apólice ou o bilhete de seguro serão nominativos, à ordem ou ao portador, e mencionarão os riscos assumidos, o início e o fim de sua validade, o limite da garantia e o prêmio devido, e, quando for o caso, o nome do segurado e o do beneficiário.
Parágrafo único. No seguro de pessoas, a apólice ou o bilhete não podem ser ao portador.

O interesse apreciável objetiva o risco, essencial no contrato de seguro. Nesse aspecto, risco é o acontecimento futuro e incerto previsto no contrato, suscetível de causar dano. Quando esse evento ocorre, a técnica securitária o denomina sinistro, como mencionamos. Os riscos devem ser expressamente mencionados na apólice, bem como os termos inicial e final de vigência. Esse artigo é mais abrangente e declara sinteticamente o que de essencial deve conter o contrato de seguro.

O contrato de seguro tem compreensão e interpretação restritas, não se admitindo alargamento dos riscos, nem extensão dos termos. Daí porque é essencial que os riscos sejam minudentemente descritos e expressamente assumidos pelo segurador. Um seguro que proteja de furto simples não pode cobrir o roubo ou furto qualificado; um seguro que proteja de incêndio não pode ser estendido à inundação, por exemplo.

O instrumento escrito do contrato de seguro, no entanto, é a apólice ou o bilhete, que é seu documento principal de prova, o que não exclui outros, levada em consideração a referida consensualidade. Há possibilidade de emissão do bilhete em determinados seguros, o qual suprime a emissão de apólice. No entanto, o bilhete somente pode ser utilizado quando houver autorização legal. O Decreto nº 60.459/1967 determina que a emissão da apólice ocorra em até 15 dias da aceitação da proposta. Normalmente, a apólice tem condições gerais e condições específicas voltadas à modalidade de seguro em questão. Ainda que existam adendos, averbações ou cláusulas redigidas acrescentadas, o contrato será de adesão, como acentuamos. As características dos seguros são ordenadas pelo Conselho Nacional de Seguros Privados, cabendo à Susep predispor cláusulas a serem utilizadas compulsoriamente nas apólices. Cuida-se de mais um exemplo de dirigismo estatal nos contratos.

As apólices ou os bilhetes de seguro podem ser nominativas, à ordem e ao portador (art. 760). Exige-se em nossa legislação que sejam assinadas apenas pelo segurador. No seguro de pessoas, como assumem ambos os Códigos, a apólice ou o bilhete não podem ser ao portador, isso porque a pessoa indigitada deve ser identificada. As chamadas apólices flutuantes permitem a substituição com relação ao objeto do seguro ou às pessoas seguradas.

O Código Comercial não contemplava a apólice ao portador, mas o Código Civil, como apontamos, somente a veda no seguro de vida. Transfere-se a apólice nominativa pelos meios ordinários de cessão de direitos, aplicando-se os princípios das exceções pessoais e gerais. Pode o emitente, no entanto, proibir a cessão, cujas particularidades devem ser resolvidas no caso concreto. As apólices ao portador e à ordem transferem-se mediante endosso. Mudando a titularidade dos bens segurados, cumpre ao segurado comunicar tal mudança à seguradora. Tendo em vista os entraves das apólices transferíveis, costumeiramente, são nominativas. Para elas, no entanto, as seguradoras permitem o endosso, como forma de cessão. Normalmente, o segurado solicita expressamente a transferência de direitos da apólice. A concordância do segurador é manifestada pelo endosso que é remetido para ser anexado à apólice. Esse procedimento de endosso é utilizado para substituição do bem segurado, quando, por exemplo, um veículo é substituído por outro. Desse modo, esse procedimento também é utilizado para alterar a apólice em virtude de qualquer modificação ulterior a sua emissão. A nova emissão da parte do segurador é intitulada aditivo ou suplemento.

Podem as apólices ser simples, quando fixam com precisão o objeto do seguro, ou flutuantes, quando se estipulam condições gerais, admitindo a possibilidade de efetuar substituições com relação ao objeto do seguro e às pessoas seguradas. Nestas últimas modalidades são emitidas as chamadas *apólices de averbação*, quando são incluídos novos elementos.

O bilhete de seguro é resultado do esforço legislativo em simplificar e ampliar a contratação. É limitado aos seguros de massa, porque obedece a padrão que nivela todos os segurados. Por isso mesmo, depende de autorização e regulamentação. Atende à tendência de socialização do seguro, como ocorre no seguro obrigatório de veículos. O alcance desse seguro, especificamente, foi substancialmente ampliado pela Lei nº 8.441/1992, que alterou a redação do art. 7º da Lei nº 6.194/1974, regulamentadora desse seguro obrigatório. Por esse dispositivo, a indenização por pessoa vitimada por veículo não identificado, com seguradora não identificada, seguro não realizado ou vencido, será paga por qualquer das seguradoras que operam no ramo, que integram obrigatoriamente um consórcio para tal constituído. Ao segurador que efetua o pagamento caberá ação regressiva contra o proprietário do veículo. Trata-se, como vemos, de aplicação da tendência universal de disseminação social do risco.

Apelações cíveis. Ação de responsabilidade obrigacional securitária. Sentença de improcedência. Cobertura securitária. Inaplicabilidade do princípio do risco integral. Interpretação restritiva dos riscos previstos na cláusula 3ª das condições particulares (DFI) em observância as regras que disciplinam o contrato de seguro (arts. 757 e 760 do CC). Cláusula contratual que prevê a cobertura para danos físicos nos imóveis. Previsão de cobertura para ameaça iminente de desmoronamento. Vícios construtivos cobertos apenas quando sejam causa de quaisquer dos riscos cobertos. Laudo pericial que atesta a presença de vícios construtivos, mas que não conclui pela existência de riscos cobertos. Ausência de manutenção dos imóveis verificada pelo perito. Dever de reparar inexistente ante a ausência de risco coberto. Majoração dos honorários advocatícios, conforme art. 85, § 11 do CPC (*TJPR* – Ap. 0002864-37.2019.8.16.0159, 21-6-2020, Rel. Carlos Henrique Licheski Klein).

Apelação cível – Cobrança de indenização securitária – Apólice que cobria casos de invalidez total, permanente e funcional, na forma do artigo 17 da Circular Susep nº 302/05 – Perícia dos autos que demonstra ter o autor sofrido invalidez total, permanente e laborativa – Diferença entre as espécies de invalidez – Precedentes deste eg. TJRJ – Interpretação restritiva dos contratos de seguro – Improcedência dos pedidos que se impõe – 1- "Pelo contrato de seguro, o segurador se obriga, mediante o pagamento do prêmio, a garantir interesse legítimo do segurado, relativo a pessoa ou a coisa, contra riscos predeterminados. Parágrafo único. Somente pode ser parte, no contrato de seguro, como segurador, entidade para tal fim legalmente autorizada." (artigo 757 do Código Civil); 2- "**A apólice ou o bilhete de seguro serão nominativos, à ordem ou ao portador**, e mencionarão os riscos assumidos, o início e o fim de sua validade, o limite da garantia e o prêmio devido, e, quando for o caso, o nome do segurado e o do beneficiário. Parágrafo único. No seguro de pessoas, a apólice ou o bilhete não podem ser ao portador." (artigo 760 do Código Civil); 3- "Garante o pagamento de indenização em caso de invalidez funcional permanente total, consequente de doença, que cause a perda da existência independent do segurado. § 1º Para todos os efeitos desta norma é considerada perda da existência independente do segurado a ocorrência de quadro clínico incapacitante que inviabilize de forma irreversível o pleno exercício das relações autonômicas do segurado, comprovado na forma definida nas condições gerais e/ou especiais do seguro." (artigo 17, § 1º da Circular SUSEP nº 302/05); 4- *In casu*, o perito assevera que o autor não apresenta invalidez funcional, apenas laborativa. Havendo diferença entre as espécies, é improcedente seu pedido. Precedentes; 5- Recurso provido (*TJRJ* – Ap. 0017629-61.2011.8.19.0045, 24-3-2017, Rel. Sérgio Seabra Varella).

Apelação cível. Ação de cobrança de seguro de vida. Sentença julgando procedente o pedido. **Cláusula estipulando prazo de carência de 12 meses. Validade**. Falecimento do segurado em virtude de insuficiência circulatória aguda, insuficiência renal aguda e sarcoma metastático sete meses depois de celebrado o contrato. Sentença reformada. Ônus sucumbencial invertido. Recurso conhecido e provido. "A apólice é o instrumento de contratação de seguro, no qual deverá conter, nos termos do art. 760 do Código Civil, dentre outras informações, o termo inicial e final de sua validade ou vigência, não se afigurando abusiva, inválida ou ineficaz a cláusula que estabelece prazo de carência" (Apelação Cível 2007.038130-3, Rel. Des. Joel Dias Figueira Júnior, Primeira Câmara de Direito Civil, *DJe* de 14-6-2011) (*TJSC* – Acórdão Apelação Cível 2010.087599-6, 29-9-2011, Rel. Des. Ronei Danielli).

> **Art. 761.** Quando o risco for assumido em cosseguro, a apólice indicará o segurador que administrará o contrato e representará os demais, para todos os seus efeitos.

1. Multiplicidade de seguros. Cosseguro

Uma pluralidade de seguradores pode dar cobertura simultânea ao mesmo risco, que se denomina *multiplicidade de seguros*. A modalidade ocorre geralmente nos seguros vultosos, relativos a indústrias, aeronaves, embarcações, eventos, empreendimentos imobiliários etc.

No entanto, deve sempre ser levado em conta que o seguro não é instrumento de lucro e a multiplicidade de seguros pode dar ensejo à fraude, quando o segurado contrata com vários seguradores, na expectativa de receber o valor total dos danos de cada um deles. Outra questão que se levanta é saber se os vários seguradores respondem solidária ou sucessivamente, conforme a ordem estabelecida.

Considera-se multiplicidade de seguros quando há mais de um segurador. Pluralidade de seguros com o mesmo segurador não se insere nessa modalidade. Do mesmo modo, vários seguradores podem garantir interesses diversos do mesmo objeto do segurado, sem que exista sobreposição do mesmo seguro. O proprietário de automóvel, por exemplo, pode ter seguro de dano com um segurador e de responsabilidade civil com outro. Existe seguro múltiplo quando mais de um segurador garante ao mesmo tempo o mesmo interesse do segurado. Várias soluções podem ser conferidas pelo segurador nessas situações.

O Código Comercial estabelecera que o contrato de seguro é nulo, recaindo sobre objetos já segurados em seu inteiro valor, pelos mesmos riscos. Se, no entanto, o primeiro seguro não abranger o valor integral da coisa, ou houver sido efetuado com exceção de algum risco, o seguro prevalecerá em parte, pelos riscos excetuados (art. 677, inciso VI). O art. 683, por sua vez, dispunha que, se vários seguros sobre o mesmo objeto foram feitos sem fraude, prevalecerá o mais antigo em data de apólice, ficando os demais seguradores obrigados a restituir o prêmio recebido, retendo a título de indenização 0,5% do valor segurado.

Não é muito diverso o sistema admitido pelo Código Civil antigo e atual. As normas expressas no sistema de 1916 continuarão válidas como orientação. No art. 778, é proibido *o seguro por valor maior do que o interesse segurado no momento da conclusão do contrato*. O art. 1.439 estatuía que

"o segundo seguro da coisa já segura pelo mesmo risco e no seu valor integral pode ser anulado por qualquer das partes. O segundo segurador que ignorava o primeiro contrato pode, sem restituir o prêmio recebido, recusar o pagamento do objeto seguro, ou recobrar o que por ele pagou, na parte excedente ao seu valor real, ainda que não tenha reclamado contra o contrato antes do sinistro".

Por essa dicção, o segundo seguro não é nulo, mas anulável por iniciativa das partes. Como existe faculdade na lei, as partes podem dispor diferentemente, se o desejarem.

Por seu lado, o art. 782 do atual Código expressa:

"O segurado que, na vigência do contrato, pretender obter novo seguro sobre o mesmo interesse, e contra o mesmo risco junto a outro segurador, deve previamente comunicar sua intenção por escrito ao primeiro, indicando a soma por que pretende segurar-se, a fim de se comprovar a obediência ao disposto no art. 778".

A restrição à multiplicidade de seguros refere-se aos seguros de dano, visando evitar que o instituto seja fonte de lucro, estimulador da fraude. Veja no presente Código, como apontamos, os princípios estampados nos arts. 778, 781 e 782. A regra geral é no sentido de que a indenização não pode ultrapassar o valor do interesse segurado no momento do sinistro. Não existe a restrição quanto aos seguros pessoais, pois devem todos ser pagos integralmente.

Essa sistemática cronológica admitida por nosso legislador de 1916 podia levantar questões a serem dirimidas em concreto, como, por exemplo, se os contratos possuíssem a mesma data ou se o contrato mais antigo era nulo ou por qualquer razão não tinha eficácia.

Sob outro prisma, o cosseguro é uma modalidade de seguro múltiplo que ocorre quando a cobertura é repartida simultaneamente entre vários seguradores. Concluem o mesmo contrato, embora cada um deles possa emitir sua própria apólice. Cada qual assume uma porcentagem na proteção do risco. A prática é comum, quando se tratar de seguros de grande monta que tornam inconveniente e temerária a responsabilidade de um único segurador. O art. 668 do Código Comercial dispunha a respeito:

"Sendo diversos os seguradores, cada um deve declarar a quantia porque se obriga, e esta declaração será datada e assinada. Na falta de declaração, a assinatura importa responsabilidade solidária por todo o valor segurado."

O Código Civil de 1916 nada mencionava acerca do fenômeno. O art. 32, VIII do Decreto-lei nº 73/1966, com a redação da Lei Complementar nº 126, de 15 de janeiro de 2007 atribui competência ao Conselho Nacional de Seguros Privados para a disciplina das operações do cosseguro. Este Código especifica no artigo sob comentário: *"Quando o risco for assumido em cosseguro, a apólice indicará o segurador que administrará o contrato e representará os demais, para todos os seus efeitos."*

Na prática, embora os diversos cosseguradores possam ser indicados pelo segurado, geralmente é um segurador escolhido pelo interessado que promove o cosseguro. Esse segurador assume a administração do contrato e deve ser considerado o representante dos demais, pois é nele que o segurado depositou sua confiança e boa-fé. A atual lei civil exige que o administrador seja indicado na apólice. No sistema de 1916, não havendo disposição de lei nesse sentido, a solidariedade entre eles somente poderia decorrer da letra expressa do contrato, pois essa responsabilidade não se presume, embora existissem opiniões em contrário. A ação de cobrança, em princípio, deveria ser movida contra todos, com pedido de pagamento de cada quota-parte. No entanto, há fundadas razões para os que defendem a solidariedade nesse caso, admitindo-se que um segurador, mormente o administrador do grupo referido no texto, que pagar todo o devido, tenha ação regressiva pelas respectivas quotas contra os demais cosseguradores.

2. Resseguro

O resseguro busca a mesma finalidade do cosseguro, qual seja distribuir entre mais de um segurador a responsabilidade pela contraprestação. Consiste na transferência de parte ou de toda a responsabilidade do segurador para o ressegurador. Perante o segurado, porém, a responsabilidade é unicamente do segurador. A relação deste com o ressegurador lhe é estranha. Responsável perante o segurado será apenas o segurador. Também sua utilidade reside na maior pulverização dos riscos, mormente nos seguros vultosos. O ressegurador pode, por sua vez, também transferir riscos, restringindo-se ao mínimo a possibilidade de inadimplemento, pois a divisão dos riscos é um dos princípios fundamentais do seguro. Embora o segurado não tenha relação negocial com o ressegurador, para o primeiro o resseguro constitui garantia indireta, porque concede maiores possibilidades de indenização pelo segurador.

Cabe a intervenção estatal para permitir o pleno funcionamento do sistema. Destarte, há resseguros facultativos e obrigatórios. Há também resseguros de natureza automática, consequência do próprio desenvolvimento da atividade. Se determinado segurador estiver onerado com valores segurados em excesso, deve necessariamente repassar a responsabilidade que excede sua capacidade. A técnica do resseguro é a mesma do seguro, apenas se trata de seguro feito entre os próprios seguradores. Trata-se de seguro do seguro. O segurador não transfere um risco próprio, mas o risco do segurado. Conceitua-se, portanto, como *"contrato celebrado pelo qual o segurador transfere parte ou a totalidade da responsabilidade assumida perante o segurado por força do contrato de seguros"* (ALVIM, 1983, p. 374). O resseguro pode ter âmbito igual ou menor do que o seguro.

A *retrocessão*, por sua vez, é a operação pela qual o ressegurador coloca seus excedentes junto a outros seguradores, no mercado interno ou externo. Como critica Pontes de Miranda (1972, v. 46, p. 125), mais apropriada seria a expressão *retrosseguro*, pois se trata de novo resseguro que faz o ressegurador.

O Instituto de Resseguros do Brasil foi criado pelo Decreto-lei nº 1.186/1939 e revogado pelo Decreto-Lei Nº 9.735, de 4 de setembro de 1946, com a finalidade de nacionalizar o mercado securitário nacional. Até então, o setor era dominado por empresas estrangeiras, que com suas matrizes garantiam o resseguro. As companhias nacionais eram dependentes delas. Com a criação do IRB, passou ele a dar cobertura automática de resseguro aos seguradores aqui sediados, propiciando o desenvolvimento do mercado. O IRB integra o Sistema Nacional de Seguros Privados, de acordo com o art. 8º, "c", do Decreto-lei nº 73/1966 com a redação dada pela Lei Complementar nº 126, de 2007), juntamente com o Conselho Nacional de Seguros Privados (CNSP) e a Superintendência de Seguros Privados (Susep). O IRB é sociedade de economia mista, com personalidade de direito privado. Espera-se que seja integralmente privatizada. Seu objetivo é regular o cosseguro, resseguro e retrocessão, possuindo poder normativo. As seguradoras são obrigadas a ressegurar no IRB as responsabilidades excedentes de seu limite técnico, em cada ramo de operações.

O IRB deve ser considerado litisconsorte necessário nas ações de seguro nas quais figura como responsável. Nessa posição, impropriamente denominada de *litisconsorte*, deve ser denunciado à lide, porque não responde diretamente perante o segurado. Sua posição será de denunciado na lide secundária, cujo tratamento o próprio CPC assemelha ao litisconsorte (art. 128, inciso I), matéria que tem merecido justas críticas dos processualistas. Nas hipóteses em que, por qualquer razão, não figurar na lide, a questão deve ser resolvida entre segurador e IRB, não envolvendo o segurado. Aguarda-se, já há tempo, a privatização dos resseguros no país na forma da Lei nº 9.932/1999.

A Lei Complementar nº 126/2007 passou a regular as operações de resseguro, retrocessão e cosseguro, revogando assim a Lei nº 9.932/1999. Finalmente, como se aguardava, as operações de resseguro podem ser efetuadas por seguradores privados, nacionais e estrangeiros, em princípio, estes últimos, desde que tenham representação no país. Em situações excepcionais, descritas no ordenamento, um segurador sediado no exterior, sem representação no Brasil, poderá efetuar essa operação. Desse modo, deixa de existir o monopólio do IRB. Esse instituto, no entanto, continuará a exercer suas atividades de resseguro, como um ressegurador local. Assim, as condições de mercado ditarão o papel maior ou menor do IRB doravante, bem como seu destino.

Agravo regimental – Decisão monocrática que nega seguimento a recurso de apelação. Ação de cobrança. Cosseguro. Responsabilidade da administradora. Denunciação da lide da resseguradora. Ausência de comprovação quanto ao liame contratual. Sinistro. Ocorrência comprovada. Dano previsto na apólice. Indenização devida. Sentença mantida. Ausência de fato novo. Agravo regimental improvido. I- Nos termos do art. 761 do Código Civil, "quando o **risco for assumido em cosseguro, a apólice indicará o segurador que administrará o contrato e representará os demais, para todos os seus efeitos**". Na hipótese em concreto, ao se autointitular "líder", a recorrente demonstra sua função de representante na respectiva apólice, devendo, assim, ser responsabilizada pelo pagamento integral da indenização prevista. II- Não comprovada a obrigação da resseguradora no que tange ao contrato em testilha, mostra-se descabida a sua denunciação da lide pela seguradora demandada, conforme orientação jurisprudencial deste tribunal de justiça. III- À luz do conjunto probatório dos autos, mostra-se correta a sentença na qual o magistrado condenou a recorrente ao pagamento da indenização prevista na apólice, diante da ocorrência do sinistro e ausência de prova de exclusão contratual de risco. IV- Destarte, não há que se falar na reconsideração do *decisum* e nem no provimento deste recurso pelo órgão colegiado, especialmente frente à ausência de qualquer fato novo que justifique tais providências. V- Agravo regimental conhecido e improvido. Decisão monocrática confirmada (*TJGO* – AgRg 200691597367, 26-7-2012, Rel. Des. Kisleu Dias Maciel Filho).

Art. 762. Nulo será o contrato para garantia de risco proveniente de ato doloso do segurado, do beneficiário, ou de representante de um ou de outro.

Ordinariamente, exclui-se do risco o *ato ilícito* praticado pelo próprio segurado, pelo beneficiado ou representantes ou prepostos de um ou de outro, salvo o seguro de responsabilidade civil que tenha precisamente essa finalidade. Esse artigo estatui que o contrato de seguro será nulo nessas situações. O ato ilícito, em sentido amplo, abrange tanto os atos dolosos como os culposos. Não parece que fora intenção do legislador de 1916 excluir o risco por simples atos culposos do segurado. Esse aspecto ganha compreensão muito mais clara no presente Código Civil. Portanto, fica absolutamente claro que não haverá nulidade por atos culposos dos interessados.

⚖ Indenização. Seguro de dano. Segurado que, alcoolizado, em alta velocidade foge da ordem de parada de Policiais Rodoviários, perde o controle do veículo e o capota ao tentar deixar a rodovia. Descabimento de indenização no caso de dano consequente a ato ilícito doloso praticado pelo segurado (artigo 762 do CC), assim como quando há voluntário agravamento do risco (artigo 768), situações em concreto caracterizadas à vista da prova dos autos. Improcedência da ação preservada. Recurso improvido (*TJSP* – Ap. 1028930-89.2016.8.26.0506, 22-6-2018, Rel. Arantes Theodoro).

⚖ Civil e processual civil – Ações de indenização por danos materiais e morais – Conexão – Julgamento simultâneo – Art. 105 do CPC – **Contrato de seguro de automóvel** – Sinistro – Não comprovação – Simulação de acidente – Ausência de boa-fé da segurada – Nulidade do contrato – Art. 762 do Código Civil – 1- Admite-se o julgamento simultâneo de ações conexas, a fim de evitar-se a existência de decisões conflitantes, em consonância com o disposto no art. 105 do CPC. 2- Na linha do que decorre da cláusula geral da boa-fé, o art. 765 do Código Civil disciplina que é obrigação dos contratantes, no contrato de seguro, observarem, além das cláusulas expressas no ajuste, os deveres de proteção, cooperação e lealdade, devendo contribuir para a efetivação das legítimas expectativas geradas no outro contratante. 3- No caso em que a segurada não atua com boa-fé, ao simular, com o seu companheiro e terceiro, a ocorrência de sinistro, o contrato de seguro é nulo, nos termos do art. 762 do Código Civil, que assim dispõe: "Nulo será o contrato para garantia de risco proveniente de ato doloso do segurado, do beneficiário, ou de representante de um ou de outro". 4- Apelações não providas (*TJDFT* – PC 20141210014196 – (926699), 16-3-2016, Rel. Des. Cruz Macedo).

Art. 763. Não terá direito a indenização o segurado que estiver em mora no pagamento do prêmio, se ocorrer o sinistro antes de sua purgação.

O contrato pode prever o pagamento do prêmio dentro de 30 dias da assinatura da proposta ou emissão da apólice. Nessa situação, ocorrido o sinistro, é devida a indenização. No entanto, o pagamento do prêmio sempre será devido pelo segurado.

Situações mais complexas podem ocorrer, quando se imputa mora ao segurado no pagamento do prêmio. Em princípio, estando o segurado inadimplente, não é devida a indenização. Nesse sentido, o presente artigo.

O art. 6º do Decreto nº 60.459/1967, regulamentador do Decreto-lei nº 73/1966, dispõe que a obrigação do pagamento do prêmio pelo segurado vigerá a partir do dia previsto na apólice ou bilhete de seguro, ficando suspensa a cobertura do risco até o pagamento do prêmio e demais encargos. Na hipótese de falta de pagamento, fica autorizado o cancelamento da apólice. No entanto, cada situação concreta merecerá cuidado especial, mormente quando o pagamento é feito pela rede bancária e não couber culpa ao segurado. Nessa hipótese, será de suma injustiça a suspensão do pagamento em prol do segurado. A jurisprudência tem dado respaldo a esse entendimento.

Ademais, para ser compelido a pagar, na falta de outra disposição, o segurado deve receber a apólice, como determinava o art. 1.433. Ou, como estampa o art. 758 do presente Código, a apólice ou o bilhete de seguro são documentos que provam a existência do contrato de seguro. Como o art. 1.450 do velho Código mencionava a obrigação de o segurado pagar juros sobre prêmio em atraso, independentemente de interpelação, devemos entender que a falta de pagamento não autoriza o automático cancelamento do seguro. Na hipótese, fica apenas suspensa a exigibilidade da indenização, enquanto não purgada a mora. Para a liberação do segurador, há necessidade de interpelação formal, para possibilitar a purgação de mora. A melhor conclusão é de que o regulamento extrapolou o contido no Decreto-lei nº 73 e os dispositivos do Código Civil, não sendo possível à seguradora considerar unilateralmente rescindido o contrato. Enquanto não notificado, pode o segurado utilizar-se da ação de consignação em pagamento, para livrar-se dos efeitos da mora, quando houver injusta recusa do segurador em receber.

Leve-se em consideração também o disposto no art. 767. Quando se tratar de seguro à conta de outrem, como o seguro de pessoas, o segurador pode opor ao segurado, na verdade o terceiro beneficiário, quaisquer defesas que tenha contra o estipulante, por descumprimento das normas de conclusão do contrato, ou de pagamento do prêmio. Assim, o beneficiário não pode exigir o pagamento do capital, se, por exemplo, o prêmio não foi pago ao segurador pelo estipulante.

Enunciado nº 371, IV Jornada de Direito Civil – CJF/STJ: A mora do segurado, sendo de escassa importância, não autoriza a resolução do contrato, por atentar ao princípio da boa-fé objetiva.

Enunciado nº 376, IV Jornada de Direito Civil – CJF/STJ: Para efeito de aplicação do art. 763 do Código Civil, a resolução do contrato depende de prévia interpelação.

Cobrança. Seguro de veículo. Prêmio. Inadimplemento substancial. Sinistro. Dano moral. Lucros cessantes. I - O sinistro ocorreu quando o autor havia quitado apenas a taxa de adesão e estava em débito com o pagamento da primeira parcela do seguro, a qual somente foi quitada sete dias depois. Incidência da cláusula contratual excludente de cobertura e do art. 763 do CC. II - A recusa na cobertura do sinistro, nas circunstâncias acima, não configurou ato ilícito ou prática abusiva. Improcedência dos pedidos de pagamento da indenização securitária, por danos morais e por lucros cessantes. III - Apelação desprovida (*TJDFT* – Ap. 20150710163709, 1-6-2017, Rel. Vera Andrighi).

Apelação cível – Contrato de seguro de vida – Falecimento do segurado – **Prêmio em atraso quando do sinistro** – Informação de suspensão da cobertura da apólice em caso de inadimplência constante nos boletos – Suspensão da cobertura nos termos do artigo 763, do Código Civil – Desnecessidade de notificação específica uma vez que não se tratava de cancelamento – Sentença reformada – Recurso provido – Restando incontroverso nos autos que o segurado estava em mora com as parcelas devidas do prêmio quando da ocorrência do sinistro, que nos boletos constava a informação que em caso de inadimplência a cobertura restava suspensa, e tendo o sinistro ocorrido após o vencimento das parcelas e antes do pagamento realizado, nos termos preceituados pelo art. 763, do Código Civil, não há direito à indenização (*TJMS* – Ap. 0835879-71.2013.8.12.0001, 20-4-2017, Rel. Des. Marcelo Câmara Rasslan).

Art. 764. Salvo disposição especial, o fato de se não ter verificado o risco, em previsão do qual se faz o seguro, não exime o segurado de pagar o prêmio.

Prêmio é o pagamento de valor feito pelo segurado, devido independentemente da contraprestação do segurador. Nesse aspecto, como vimos, reside a álea do contrato. Não há contrato de seguro sem que exista risco definido. Cuida-se aqui da remuneração do segurador. Ademais, com essa atuação negocial, o segurador forma o fundo, mercê dos valores que recebe, o que possibilita sua atuação no mercado securitário. Como esse fundo pertence, em última análise, ao corpo de segurados, o segurador não pode com ele praticar liberalidades, dispensando o interessado de seu pagamento ou concedendo comissões ou bonificações que importem em dispensa ou redução do prêmio, salvo expressa autorização legal (art. 30 do Decreto-lei nº 73/1966).

O prêmio é sempre devido por inteiro, ainda que o risco não se tenha implementado (art. 764). O contrato, normalmente, é elaborado com o segurado, a quem compete pagar o prêmio. Pode ser pago antes da vigência de seguro, ou solvido a prazo, durante o período de vigência. No entanto, o seguro só vigerá a partir do pagamento do prêmio, embora o termo inicial apontado na apólice possa ser anterior. Trata-se de norma expressa (art. 12 do Decreto-lei nº 73/1966), que visa garantir ao segurador o recebimento do prêmio.

Como o seguro é contrato bilateral, a falta de pagamento do prêmio, a mora do segurado autoriza o segurador a não pagar ou reter a indenização, com fundamento no princípio da *exceptio non adimpleti contractus*. O prêmio é calculado em função do risco. Será maior ou menor conforme sua gravidade e probabilidade, dependendo de avaliação técnica de matemática atuarial, hoje ciência muito apurada. Esse cálculo é feito separadamente para cada seguro em especial, depois do cálculo estatístico. Não bastassem os cálculos gerais, a taxa do prêmio ainda pode ser calculada em função de particularidades. Por exemplo, no seguro de incêndio de imóveis, são levados em conta o material da construção, a existência de hidrantes, brigada treinada, corpo de bombeiros no local etc. O Instituto de Resseguros do Brasil mantém quadro permanente de assessoria às seguradoras nesse aspecto.

O prêmio estipulado é, em princípio, sempre devido por inteiro, ainda que resolvido o contrato pelo implemento do risco antes do término do prazo. Os cálculos estatísticos são feitos para o período integral do contrato, geralmente um ano. Não existe norma imperativa a esse respeito na legislação. As partes podem acordar diferentemente. Se o segurado resolve cancelar o contrato aceito pelo segurador, este deve devolver o prêmio de valor proporcional ao tempo ainda não decorrido. Note que quando o sinistro é parcial, o contrato não se resolve, enquanto não decorrido o prazo de vigência, como sucede, por exemplo, nos danos em veículos sem perda total.

O art. 1.465 do velho Código referia-se à falência do segurador, permitindo que o segurado, nessa contingência, suspendesse o pagamento dos prêmios em atraso, caso não tivesse ainda ocorrido o risco, ficando autorizado a efetuar outro seguro. No entanto, devemos recordar que, atualmente, as seguradoras não estão sujeitas à falência, mas à liquidação extrajudicial, o que, em princípio, não é garantia cabal de que haverá cumprimento do contrato. Desse modo, dependendo das circunstâncias, continua válido o dispositivo em prol do segurado, ainda que não repetido neste, quando houver risco de inadimplemento, em razão de estado de insolvência do segurador.

🔖 Cobrança de serviços médicos. Plano de saúde coletivo. Insurgência da autora em face da sentença de procedência parcial. Nulidade da sentença. Não ocorrência. Sentença que não carece de fundamentação. Liquidação de sentença que seria necessária, pautando-se na premissa adotada pelo juízo de origem. Mérito. Matéria devolvida ao tribunal que se restringe ao correto valor do débito cobrado pela autora em razão da inadimplência da ré. Magistrado sentenciante que afastou a cobrança entre 19/09/2014 e 15/10/2014, uma vez a ré postulou a rescisão do contrato em 18/09/2014. Contrato, todavia, que previa um aviso prévio de, no mínimo, trinta dias. Operadora que deveria prestar o serviço por mais um mês e contratante que deveria arcar com os custos do seguro durante esse período. Ausência de abusividade em tal disposição contratual, já que existe em benefício dos usuários do plano. Pagamento do prêmio que persiste mesmo sem a ocorrência do sinistro (art. 764 do CC). Ação de cobrança, portanto, procedente quanto ao valor apontado pela credora. Recurso provido (*TJSP* – Ap. 1000904-91.2015.8.26.0223, 27-2-2018, Rel. Carlos Alberto de Salles).

🔖 Processual civil – Embargos de declaração – Consignatória – **Contrato de seguro** – Impossibilidade de pagamento – Efeitos infringentes – Omissão – Prequestionamento expresso – Desnecessidade – Ausência dos requisitos do art. 535 do CPC – Rejeitados – 1- Embargos opostos diante de acórdão que confirmou sentença de procedência em ação de consignação em pagamento, ajuizada contra seguradora. 1.1. Alegada omissão, com pedido de prequestionamento do art. 764 do Código Civil, segundo o qual "salvo disposição especial, o fato de se não ter verificado o risco, em previsão do qual se faz o seguro, não exime o segurado de pagar o prêmio". 2- O requerimento de prequestionamento, para fins de provimento dos embargos de declaração, precisa adequar-se às hipóteses do art. 535, do CPC. 2.1. Não demonstrada omissão, contradição nem obscuridade, não há possibilidade de reapreciação da matéria na via dos declaratórios. 3- Falta de correlação do dispositivo indicado por omisso, com o julgamento da causa. 3.1. O art. 764, do Código Civil, que trata da relação entre risco e adimplemento, não tem qualquer incidência sobre o julgamento da lide. 3.2. Causa de pedir restrita à impossibilidade de pagamento das parcelas mensais, por falta de agência da seguradora na cidade de contratação. 3.3. Requerimento pela continuidade dos pagamentos, sem quaisquer abonos ou devoluções. 4- O julgador não está obrigado a se pronunciar quanto a todos os dispositivos invocados pelas partes quando for dispensável à solução da lide, sendo suficiente a menção à tese jurídica avençada e motivação suficiente a embasar a decisão (STJ, EDcl. no REsp. 1.190.847- RJ 2010/0075412-3, Rel. Min. Luis Felipe Salomão, Quarta Turma, DJ 06/11/2012). 5- Embargos de declaração rejeitados (*TJDFT* – PC 20100111843038 – (841973), 27-1-2015, Rel. Des. João Egmont).

> **Art. 765.** O segurado e o segurador são obrigados a guardar na conclusão e na execução do contrato, a mais estrita boa-fé e veracidade, tanto a respeito do objeto como das circunstâncias e declarações a ele concernentes.

A boa-fé é dever de todo contratante, na linha do art. 422. A menção da estrita boa-fé neste artigo coroa uma das características mais importantes da contratação do seguro e pode ser definida como uma boa-fé qualificada. As partes devem declinar claramente e sem subterfúgios as circunstâncias do seguro. Geralmente, há um questionário a ser respondido pelo futuro segurado, quanto às condições de uso e guarda da coisa segurada e, no caso de seguro de vida, quanto às suas condições de saúde e sua atividade ordinária. Assim, por exemplo, o segurador deve saber se um veículo segurado trafegará em vias públicas de cidade com maior ou menor número de furtos e, no seguro de vida, se o agente possui alguma moléstia grave preexistente. Tudo isso influirá no montante do prêmio a ser pago. Em síntese, no contrato de seguro, os riscos devem ser previamente conhecidos expressa ou implicitamente. Essa boa-fé é, evidentemente, bilateral.

📚 Enunciado nº 542, VI Jornada de Direito Civil – CJF/STJ: A recusa de renovação das apólices de seguro de vida pelas seguradoras em razão da idade do segurado é discriminatória e atenta contra a função social do contrato.

📚 Enunciado nº 543, VI Jornada de Direito Civil – CJF/STJ: Constitui abuso do direito a modificação acentuada das condições do seguro de vida e de saúde pela seguradora quando da renovação do contrato.

📚 Enunciado nº 585, VII Jornada de Direito Civil – CJF/STJ: Impõe-se o pagamento de indenização do seguro mesmo diante de condutas, omissões ou declarações ambíguas do segurado que não guardem relação com o sinistro.

🔖 Apelação cível. Ação de cobrança. Seguro de vida. Doença preexistente. Comprovação. Indenização indevida. Caso concreto. 1. O artigo 765 do CC, ao regular o pacto de seguro, exige que a conduta dos contratantes, tanto na celebração quanto na execução do contrato, seja pautada pela boa-fé. No caso, ao firmar o contrato de seguro, o *de cujus*, questionado acerca das suas condições de saúde, respondeu que estava em perfeitas condições. Todavia, as provas constantes dos autos demonstram que o segurado, meses antes da contratação, recebera o diagnóstico de alcoolismo severo e dependência, doença que o levou a óbito em razão da evolução para hepatite alcoólica. 2. Ao omitir a informação quanto à doença preexistente, o segurado, inobservando a boa-fé contratual, agravou intencionalmente o risco do contrato, restando afastado, pois, o dever de indenizar da seguradora, nos termos dos artigos 766 e 768 do CC. Precedentes. 3. Sucumbência recursal. Majoração dos honorários advocatícios, de acordo com o art. 85, § 11, do CPC. Apelação desprovida (*TJRS* – Ap. 70083571687, 15-4-2020, Rel. Isabel Dias Almeida).

⚖ Direito civil. Apelação cível. Ação de indenização de seguro. Contrato de seguro. **Recusa da seguradora em pagar verba indenizatória sob alegação de prestação de informação inverídica pelo recorrente.** Veículo locado. Contrato de locação firmado entre o recorrente e Câmara de vereadores de Apodi juntado aos autos. Relação locatícia válida e existente quando da contratação do seguro. Informação omitida na perfectibilização da avença. Inobservância dos arts. 765 e 766 do Código Civil. Má-fé do recorrente configurada. Recusa legítima da seguradora. Sentença mantida. Conhecimento e desprovimento do apelo (*TJRN* – Acórdão Apelação Cível 2011.001409-6, 3-5-2011, Rel. Des. Expedito Ferreira).

Art. 766. Se o segurado, por si ou por seu representante, fizer declarações inexatas ou omitir circunstâncias que possam influir na aceitação da proposta ou na taxa do prêmio, perderá o direito à garantia, além de ficar obrigado ao prêmio vencido.
Parágrafo único. Se a inexatidão ou omissão nas declarações não resultar de má-fé do segurado, o segurador terá direito a resolver o contrato, ou a cobrar, mesmo após o sinistro, a diferença do prêmio.

Essa disposição complementa o artigo anterior que enfatiza a boa-fé. O segurado que faltar com a verdade nas suas declarações, além de perder a garantia, continuará responsável pelo pagamento do prêmio. Assim, por exemplo, quando o segurado omite que pratica esportes radicais, ou, ao segurar um auto, deixa de informar que várias pessoas o conduzirão. A questão é sempre saber em cada caso se o preço do seguro se alterou ou não se exacerbou com as omissões ou declarações inverídicas.

Sustenta-se que a pena descrita nesse artigo somente será possível enquanto não ocorrer o sinistro. Após este, só restaria ao segurador cobrar a diferença de prêmio, não podendo dar o contrato como rescindido. Portanto, o rigor dessa norma deve ser visto com temperamento.

📚 Enunciado nº 372, IV Jornada de Direito Civil – CJF/STJ: Em caso de negativa de cobertura securitária por doença preexistente, cabe à seguradora comprovar que o segurado tinha conhecimento inequívoco daquela.

📚 Enunciado nº 585, VII Jornada de Direito Civil – CJF/STJ: Impõe-se o pagamento de indenização do seguro mesmo diante de condutas, omissões ou declarações ambíguas do segurado que não guardem relação com o sinistro.

⚖ Civil e processual civil. Apelação cível. Contrato de seguro. Preliminar de nulidade da sentença. Rejeitada. Pagamento da indenização securitária. Violação à boa-fé objetiva. Fornecimento de informações inverídicas. Perda do direito à indenização. Pedido improcedente. Apelo desprovido. Sentença mantida. 1. Não há nulidade na sentença que julgou a causa dentro do espectro fático e embasada em tese alinhada às provas dos autos. 2. O contrato de seguro está essencialmente baseado na boa-fé, conforme se denota da dicção dos arts. 765 e 766 ambos do Código Civil – CC. 2.1. Nos termos do art. 766 do CC, caso o segurado faça declarações inexatas ou omita circunstâncias que possam influir na aceitação da proposta ou no valor nominal do prêmio, perderá o direito à indenização. 3. Recurso desprovido (*TJDFT* – Ap. 07323292520188070001, 27-5-2020, Rel. Alfeu Machado).

⚖ Direito civil e processual civil. Cerceamento de defesa. Não ocorrência. Contrato de seguro. **Questionário de risco.** Declarações inexatas ou omissas feitas pelo segurado. Negativa de cobertura securitária. Descabimento. Inexistência, no caso concreto, de agravamento do risco e de má-fé do segurado. Incidência da Súmula 7. Existência de cláusula limitativa com duplo sentido. Aplicação da Súmula 5. 1. Vigora, no direito processual pátrio, o sistema de persuasão racional, adotado pelo Código de Processo Civil nos arts. 130 e 131, não cabendo compelir o magistrado a acolher com primazia determinada prova, em detrimento de outras pretendidas pelas partes, se pela análise das provas em comunhão estiver convencido da verdade dos fatos. 2. As declarações inexatas ou omissões no questionário de risco em contrato de seguro de veículo automotor não autorizam, automaticamente, a perda da indenização securitária. É preciso que tais inexatidões ou omissões tenham acarretado concretamente o agravamento do risco contratado e decorram de ato intencional do segurado. Interpretação sistemática dos arts. 766, 768 e 769 do CC02. 3. "No contrato de seguro, o juiz deve proceder com equilíbrio, atentando às circunstâncias reais, e não a probabilidades infundadas, quanto à agravação dos riscos" (Enunciado n. 374 da IV Jornada de Direito Civil do STJ). 4. No caso concreto, a circunstância de a segurada não possuir carteira de habilitação ou de ter idade avançada – ao contrário do seu neto, o verdadeiro condutor – não poderia mesmo, por si, justificar a negativa da seguradora. É sabido, por exemplo, que o valor do prêmio de seguro de veículo automotor é mais elevado na primeira faixa etária (18 a 24 anos), mas volta a crescer para contratantes de idade avançada. Por outro lado, o roubo do veículo segurado – que, no caso, ocorreu com o neto da segurada no interior do automóvel – não guarda relação lógica com o fato de o condutor ter ou não carteira de habilitação. Ou seja, não ter carteira de habilitação ordinariamente não agrava o risco de roubo de veículo. Ademais, no caso de roubo, a experiência demonstra que, ao invés de reduzi-lo, a idade avançada do condutor pode até agravar o risco de sinistro – o que ocorreria se a condutora fosse a segurada, de mais de 70 anos de idade –, porque haveria, em tese, uma vítima mais frágil a investidas criminosas. 5. Não tendo o acórdão recorrido reconhecido agravamento do risco com o preenchimento inexato do formulário, tampouco que tenha sido em razão de má-fé da contratante, incide a Súmula 7. 6. Soma-se a isso o fato de ter o acórdão recorrido entendido que eventual equívoco no preenchimento do questionário de risco ter decorrido também de dubiedade da cláusula limitativa. Assim, aplica-se a milenar regra de direito romano *interpretatio contra stipulatorem*, acolhida expressamente no art. 423 do Código Civil de 2002: "Quando houver no contrato de adesão cláusulas ambíguas ou contraditórias, dever-se-á adotar a interpretação mais favorável ao aderente". 7. Recurso especial não provido (*STJ* – Acórdão: Recurso Especial n. 1.210.205 – RS, 1º-9-2011, Rel. Min. Luis Felipe Salomão).

Seguro de veículo – Ação de cobrança – Perda total do veículo segurado em razão de acidente automobilístico – Embriaguez do condutor – Provas robustas de que o condutor do veículo agravou intencionalmente o risco objeto do contrato securitário – **Exclusão da cobertura contratual** – Indenização indevida – Dever de observância ao princípio da boa-fé que rege as relações contratuais – Inteligência dos artigos 765 c.c. 766, ambos do Código Civil – Recurso provido (*TJSP* – Acórdão Apelação Cível 9147201 – 28.2009.8.26.0000, 29-9-2011, Rel. Des. Luis Fernando Nishi).

Art. 767. No seguro à conta de outrem, o segurador pode opor ao segurado quaisquer defesas que tenha contra o estipulante, por descumprimento das normas de conclusão do contrato, ou de pagamento do prêmio.

Quando se trata de um terceiro que figura como segurado no contrato, o segurador terá contra este todas as defesas, alegações que tem contra o estipulante. Cuida-se das exceções pessoais. Trata-se de situação bastante peculiar a ser analisada caso a caso. Os cuidados expressos nos dois artigos anteriores devem reger da mesma forma a contratação. Conforme a doutrina majoritária, o estipulante de seguro em favor de outrem figura como um mandatário ou gestor de negócios do segurado.

Art. 768. O segurado perderá o direito à garantia se agravar intencionalmente o risco objeto do contrato.

Se, por um lado, o segurador isenta-se de pagar, quando o sinistro ocorre, em razão de agravamento de riscos por parte do segurado, tal não sucede se esse agravamento ocorre independente da conduta deste último. Sob esse mesmo princípio, este Código é expresso no sentido de que o segurado só perderá o direito à garantia se agravar intencionalmente o risco do contrato.

Já se enfatizou a responsabilidade fundamental do segurado em prestar as informações ao segurador com lealdade e boa-fé. Quando da interpretação, todavia, cabe ao juiz analisar o caso concreto, porque não é qualquer inexatidão na manifestação do segurado que irá inquinar o pacto.

É obrigação do segurado não agravar os riscos, salvo se o contrato o autorizou expressamente. Não pode, por exemplo, o segurado de vida fazer jus à contraprestação, se não fez declaração inicial nesse sentido, se se acidentou ao saltar de paraquedas, voar de asa-delta ou praticar outro esporte denominado "radical", porque agravou seu risco. Entretanto, o art. 1.456 do antigo Código trazia hipótese autorizadora de o juiz decidir por equidade, ao aplicar a pena do art. 1.454, "*atentando nas circunstâncias reais, e não em probabilidades infundadas, quanto à agravação dos riscos*".

Observa José Augusto Delgado (2004, p. 243) que

> "*a jurisprudência tem firmado posição no sentido de que o fenômeno da agravação do risco merece exame de forma restritiva, isto é, só se pode considerá-lo como existente quando, na realidade, houver prova concreta que o segurado agiu intencionalmente para a sua consumação*".

O risco deve ser compreendido sempre como um evento incerto que não depende da vontade dos interessados. O magistrado deve ter, portanto, o máximo cuidado em concluir pela agravação do risco, levando em conta que o segurado, ao contratar o seguro, está pagando justamente por sua tranquilidade. Agrava evidentemente o risco quem deixa, por exemplo, veículo segurado aberto e com a chave no contato em via pública. Tal não ocorre quando coloca o bem em um estacionamento fechado.

Excluem, contudo, o dever de pagar: o dolo de parte do segurado em seu dever de informação, e no agravamento do risco ou provocação de sua ocorrência; a existência de seguro anterior, sobre o mesmo bem e por seu valor integral; e o descumprimento das obrigações contratuais pelo segurado, primordialmente o não pagamento do prêmio. Assim, têm-se orientado as decisões dos tribunais: atos reconhecidamente perigosos, ilícitos ou contrários à lei excluem a cobertura, competindo ao segurado, diante de dicção do art. 768 do Código Civil, abster-se, enquanto vigorar o contrato, de tudo quanto possa aumentar os riscos e contrariar os termos do contrato, sob pena de perder o direito ao seguro. O art. 769 do presente Código impõe a obrigação ao segurado de comunicar ao segurador, logo que saiba, todo incidente suscetível de agravar consideravelmente o risco coberto, sob pena de perder o direito à garantia, se provar que silenciou de má-fé.

Ação indenizatória – Alegação de recusa da seguradora – Sentença de improcedência, sob o fundamento de que o **segurado agravou o risco ao se envolver** em ato ilícito quando do seu falecimento – Registro de ocorrência que indica que o segurado participou de delito criminoso, falecendo após confronto armado com policiais na tentativa de empreender fuga – Apelação dos autores – 1- No contrato de seguro de vida, por decorrência lógica do princípio da boa-fé objetiva, o segurado assume a obrigação de se abster quanto à prática de qualquer comportamento capaz de ensejar um aumento no risco. 2- Em caso de agravamento intencional da possibilidade de consumação do sinistro, tem-se a perda do direito ao seguro, consoante dispõe o artigo 768 do Código Civil, *verbis*: "O segurado perderá o direito à garantia se agravar intencionalmente o risco objeto do contrato." 3- Analisando os autos, observa-se que o segurado faleceu em 02/03/2011, tendo como causa da morte ferimento transfixante do tórax, com lesão do coração e pulmão esquerdo, em razão de ação perfurocontundente. 4- De acordo com os documentos apresentados, notadamente o Registro de Ocorrência, o segurado faleceu em decorrência de troca de tiros com a Polícia Militar, tendo sido o único civilmente identificado por estar portando seus documentos pessoais. 5- Ausência de comprovação de qualquer falha na prestação do serviço da ré, uma vez que o segurado, deliberadamente, aumentou o risco do sinistro. Precedentes: 0010364-86.2012.8.19.0040. Rel. Myriam Medeiros da Fonseca Costa. Data: 26/06/2014. 26ª Câmara Cível Consumidor; 0102154-21.2005.8.19.0001. Rel. Des. Teresa Castro Neves, julgamento: 30/06/2010 – 20ª Câmara Cível; 0008443-27.2003.8.19.0002. Rel. Des. Ademir Pimentel, julgamento: 22/02/2007, 13ª Câmara Cível. 6- Recurso desprovido e majoração dos honorários advocatícios para R$ 1.700,00, nos termos do artigo 85, § 11 do CPC/15, observada a gratuidade de justiça (*TJRJ* – Ap. 0005256-75.2012.8.19.0202, 7-4-2017, Relª Marianna Fux).

Art. 769. O segurado é obrigado a comunicar ao segurador, logo que saiba, todo incidente suscetível de agravar consideravelmente o risco coberto, sob pena de perder o direito à garantia, se provar que silenciou de má-fé.
§ 1º O segurador, desde que o faça nos quinze dias seguintes ao recebimento do aviso da agravação do risco sem culpa do segurado, poderá dar-lhe ciência, por escrito, de sua decisão de resolver o contrato.
§ 2º A resolução só será eficaz trinta dias após a notificação, devendo ser restituída pelo segurador a diferença do prêmio.

Cabe ao segurado manter o segurador informado se ocorrer agravamento de risco ou autorizar a resolução do contrato por parte do segurador. O silêncio de má-fé é punido. Há que se analisar quando existe essa má-fé. Essa comunicação tem por finalidade permitir ao segurador que revise as condições do prêmio, majorando-o, se for o caso. Veja, por exemplo, a hipótese de veículo segurado e que originalmente é guardado em garagem fechada e no curso do contrato deixa de sê-lo. Os prazos expressos nos parágrafos são decadenciais. Essa comunicação tem por finalidade permitir que o segurador tome providências, aumentando o prêmio ou desfazendo o contrato. Pode ocorrer que com o agravamento do risco, não convenha ao segurador manter o contrato. O prazo de 30 dias do § 2º tem por finalidade permitir que o segurado obtenha novo contrato de seguro. Se o segurador resolver o contrato, deverá devolver o prêmio recebido, proporcionalmente ao prazo não decorrido.

⚖ Apelação. Seguro. Automóvel. Negativa de cobertura securitária por alegada violação à cláusula de perfil prevista no contrato com relação ao condutor do veículo e à permanência do mesmo em via pública no local de trabalho. Legitimidade passiva do filho da segurada, porquanto proprietário resolúvel do automóvel. Comprovação de que a segurada, septuagenária, não mais dirigia o veículo à época da contratação, em razão de tratamento médico, mas, ainda assim, declarou-se como principal condutora. Filho da segurada que usava o automóvel para se deslocar ao local de trabalho. Local de trabalho temporário, que não possuía garagem fechada e exclusiva. Dever de informação do agravamento do risco. Inteligência do art. 769, do CC. Inexatidão na declaração que influiu na taxa do prêmio. Perda da garantia securitária. Prestígio à boa-fé. Art. 766, do CC. Improcedência decretada. Apelo parcialmente provido, em maior extensão (*TJSP* – Ap. 1100435-29.2018.8.26.0100, 2-12-2019, Rel. Fábio Podestá).

⚖ Apelação cível – Ação de cobrança – **Contrato de seguro** – Autor que pleiteia pagamento de indenização securitária, em sinistro de veículo. Transporte alternativo de passageiros. Roubo. Ausência de comunicação da alteração nas características do veículo ou inclusão da valoração na apólice de seguro. Autor que modificou as características do veículo de passeio/particular para transporte alternativo de passageiros sem comunicar a seguradora. O valor do seguro está diretamente ligado ao valor do prêmio. Assim, certo é que, se comunicada pelo autor a inclusão da alteração das características do automóvel passeio para serviço de transporte de passageiros, o valor a ser pago pelo mesmo, como prêmio do seguro, seria majorado. Ausência de boa-fé objetiva por parte do segurado. Assim, somente com a comunicação da alteração das características do veículo à seguradora, após nova vistoria, e pagamento de eventual diferença da quantia contratada, é que se poderia atribuir ao apelado a incumbência de cobrir tal prejuízo, nos termos do novo seguro contratado. Inteligência do art. 768 do CC/02, *in verbis*, "o segurado perderá o direito à garantia se agravar intencionalmente o risco objeto do contrato", e art. 769, "**o segurado é obrigado a comunicar ao segurador, logo que saiba, todo incidente suscetível de**

agravar consideravelmente o risco coberto, sob pena de perder o direito à garantia, se provar que silenciou de má-fé". Precedentes deste egrégio tribunal de justiça. Conhecimento e desprovimento do recurso (*TJRJ* – Ap. 0239056-73.2008.8.19.0001, 18-7-2016, Rel. Antônio Carlos dos Santos Bitencourt).

Art. 770. Salvo disposição em contrário, a diminuição do risco no curso do contrato não acarreta a redução do prêmio estipulado; mas, se a redução do risco for considerável, o segurado poderá exigir a revisão do prêmio, ou a resolução do contrato.

Esse artigo traz inovação ao direito positivo, decorrente do senso comum. Imagine-se, por exemplo, o seguro de vida feito a alpinista, que abandona definitivamente o esporte, ou em um seguro de incêndio, a instalação de unidade do corpo de bombeiros na proximidade do bem segurado contra incêndio. O risco diminui consideravelmente, o que abre ao segurado a possibilidade de exigir a redução do prêmio ou a resolução do contrato. O texto fala em redução *considerável* do risco, algo que somente poderá ser aferido no caso concreto. A regra geral é no sentido de que a diminuição pura e simples do risco, não autoriza a redução do prêmio.

Art. 771. Sob pena de perder o direito à indenização, o segurado participará o sinistro ao segurador, logo que o saiba, e tomará as providências imediatas para minorar-lhe as consequências.
Parágrafo único. Correm à conta do segurador, até o limite fixado no contrato, as despesas de salvamento consequente ao sinistro.

Não podendo, como visto, agravar os riscos, a obrigação do segurado em comunicar do sinistro ao segurador, "*logo que o saiba*", tem por finalidade possibilitar que este tome providências no sentido de minimizar as consequências do sinistro. É importante a presteza na comunicação, porque somente dessa forma o segurador poderá auxiliar o segurado e as autoridades públicas nas medidas de salvamento e proteção dos bens atingidos. Trata-se do princípio de mitigação dos riscos. As cláusulas gerais das apólices contêm disposições acerca do aviso, conforme o ramo de seguro. Tratando-se de seguro de vida, a comunicação deverá ser encaminhada por escrito à seguradora. O parágrafo único do art. 1.457 complementava a finalidade da pronta comunicação do sinistro ao segurador:

> "*A omissão injustificada exonera o segurador, se este provar que, oportunamente avisado, lhe teria sido possível evitar, ou atenuar, as consequências do sinistro.*"

O parágrafo único deste artigo, por seu lado, diz: "*Correm à conta do segurador, até o limite fixado no contrato, as despesas de salvamento consequente ao sinistro.*"

Desse modo, caberá ao segurador providenciar a remoção da coisa segurada, por exemplo. Será importante analisar as condições de ocorrência do sinistro, no caso concreto. A lei não estabelece sanção específica para a ausência de aviso do sinistro pelo segurado ao segurador ou a quem o represente. No entanto, se agiu com culpa e ocasionou prejuízos ao segurador, deve por estes responder.

Antes mesmo do aviso, o segurado tem a obrigação de proteger os salvados, assim entendidos os despojos da coisa segurada, tomando as medidas urgentes necessárias. Como regra geral, os salvados pertencem ao segurador. Ao ser calculada a taxa de prêmio, é levada em conta a parcela dos salvados. Responderá pelos danos a que der causa. No entanto, as providências são tomadas em benefício do segurador, que deverá, conforme a hipótese, indenizar o segurado por despesas na manutenção e preservação dos salvados. A questão situa-se, na maioria das vezes, fora da responsabilidade contratual. Atendendo a esse prisma, este art. 771 dispõe não só acerca da obrigação de o segurado comunicar o sinistro ao segurador, logo que o saiba, mas também acerca de sua obrigação de tomar "*as providências imediatas para minorar-lhe as consequências*". Apesar de o Código de 2002 não repetir esse texto do art. 1.457 do estatuto anterior, o bom-senso manda aplicá-lo, ainda que esse dispositivo não conste da apólice. Nesse sentido, o segurado deverá velar para que o local incendiado não seja invadido e saqueado; não deverá deixar o veículo acidentado em via pública sem cuidados de guarda etc. Apenas se exonerará dessa obrigação se comprovar a impossibilidade absoluta de fazê-lo.

É obrigação básica do segurado, ademais, comprovar o sinistro perante o segurador. Há sinistros que se comprovam materialmente, mediante documentos expedidos pela autoridade pública ou por terceiros. Por vezes, haverá, por exemplo, necessidade de certidão de boletins meteorológicos para comprovação de intempéries, por exemplo. Mesmo fatos notórios, no âmbito do seguro, devem, em princípio, ser comprovados. As causas de exclusão indenizatória na apólice devem ser examinadas caso por caso. Na dúvida, como vimos, interpreta-se em favor do segurado, mormente levando-se em conta os princípios do CDC.

Responsabilidade civil. Ré que se obrigou a repassar à autora valores financeiros por aquela recebidos em nome deste, em prazo determinado. Demandada que foi vítima de roubo e não repassou a quantia devida à demandante. Denunciação da lide à seguradora. Sentença de procedência do pedido da ação principal e de improcedência da lide secundária. Responsabilidade da empresa ré configurada. Seguradora que é responsável pela indenização do seguro. Art. 771 do CC que somente é aplicável aos casos em que é possível a tomada de providências para minorar as consequências do ilícito. Situação não verificada na situação em análise. Sentença reformada para condenar a denunciada ao pagamento da dívida, nos limites da apólice. Recurso parcialmente provido (*TJSP* – Ap. 0014224-18.2012.8.26.0229, 12-3-2020, Rel. Carmen Lucia da Silva).

🔖 Apelação cível – Ação de cobrança – Prescrição declarada na sentença – Afastada – Teoria da causa madura – Julgamento pelo tribunal – Seguro – Agravamento do risco – Exclusão da responsabilidade – Impossibilidade – Ausência de prova do intuito de fraudar o seguro – Ônus da seguradora – Demora na comunicação do sinistro a seguradora – Violação do art. 771 do CC – Não ocorrência – Recurso provido. Não se aplica a prescrição ânua prevista no art. 206, § 1º, II, do Código Civil, nas ações ajuizadas pelos beneficiários da apólice, porquanto se trata de prazo estabelecido para as demandas entre o segurado e a seguradora. Quando o caso devolvido ao Tribunal amoldar-se perfeitamente à teoria da causa madura, instituída no § 3º do artigo 515 do CPC, impõe-se a apreciação do mérito da demanda em homenagem aos princípios da celeridade, da economia processual e da efetividade do processo. A tese do agravamento do risco pelo segurado ou beneficiário, apta excluir a responsabilidade da seguradora, não permite que sejam consideradas probabilidades infundadas ou condutas que impossibilitam o reconhecimento da vontade do segurado em fraudar a seguradora com o intuito de receber o prêmio. A demora na comunicação do sinistro a seguradora somente gera a perda do direito de recebimento do seguro, se restar comprovado que em decorrência dessa omissão o dano poderia ser evitado ou atenuado (*TJMS* – Acórdão Apelação Cível 2011.021062-9/0000-00, 18-10-2011, Rel. Des. Paschoal Carmello Leandro).

Art. 772. A mora do segurador em pagar o sinistro obriga à atualização monetária da indenização devida segundo índices oficiais regularmente estabelecidos, sem prejuízo dos juros moratórios.

A atualização monetária dos débitos vencidos é regra geral no ordenamento. O ponto saliente deste texto é fixar o momento em que o segurador está em mora.

🔖 Apelação cível – Não conhecimento do recurso – Dialeticidade presente – Previdência privada – Renda mensal – Indenização por invalidez total e permanente – Pagamento da renda mensal a partir da certeza inequívoca da invalidez – Caso concreto – Correção monetária – Juros de mora – Data do vencimento da parcela já que ciência da invalidez se deu no curso do processo. A reprodução nas razões recursais dos fundamentos de fato e de direito apresentados em petição apresentada na instância inferior, por si só, não consubstancia violação ao princípio da dialeticidade recursal. Concluindo a prova pericial pela incapacidade total e permanente do autor é devida a renda mensal, nos termos em que prevista no contrato, desde a data da perícia, já que esta significou a ciência inequívoca da invalidez. Nos termos do art. 389 do CC, a atualização monetária é devida a partir do momento em que a obrigação não é cumprida. Segundo o art. 772 do CC, "A mora do segurador em pagar o sinistro obriga à atualização monetária da indenização devida segundo índices oficiais regularmente estabelecidos, sem prejuízo dos juros moratórios" (*TJMG* – Ap. 1.0024.13.376032-2/002, 12-3-2019, Rel. Pedro Bernardes).

🔖 Apelação Cível. Ação Indenizatória. Seguro de Responsabilidade Civil de Condomínio. Desabamento acidental. Pretensão ao recebimento do valor segurado. Sentença de procedência. Recusa ao pagamento do seguro, sob o fundamento de ausência de cobertura, por risco excluído. Rejeição da preliminar de impossibilidade jurídica do pedido. **Possibilidade de atualização monetária da indenização**, consoante previsão do art. 772, do Código Civil. Carência de interesse recursal no que tange ao inconformismo dirigido à incidência dos juros moratórios desde a data do evento, eis que o termo *a quo* fixado na sentença vergasta é a data da citação, na forma do art. 405, do Código Civil. Desabamento acidental não constante do rol das excludentes de cobertura. Recusa ao pagamento do prêmio indevida e injustificada. Apelação parcialmente provida, para determinar a redução do valor da franquia no percentual de 10% do valor da indenização (*TJRJ* – Acórdão Apelação Cível 0148223-38.2010.8.19.0001, 11-10-2011, Rel. Des. Carlos Eduardo Moreira da Silva).

Art. 773. O segurador que, ao tempo do contrato, sabe estar passado o risco de que o segurado se pretende cobrir, e, não obstante, expede a apólice, pagará em dobro o prêmio estipulado.

Como a boa-fé contratual é bilateral, o segurador deve pagar em dobro o prêmio, se já sabia da inexistência do risco, quando da contratação, pois nessa hipótese estará agindo com dolo. Trata-se de pena para coibir a má-fé do segurador. Se a má-fé, por outro lado, for do segurado, que já sabia da perda ou deterioração da coisa quando do contrato de seguro, deverá pagar o prêmio sem direito ao valor segurado, na forma do art. 766.

🔖 Apelação cível. Preliminar de incompetência absoluta da 3ª Câmara Cível arguida *ex officio* em sessão de julgamento. Rejeitada por maioria de votos. **Cobertura securitária**. Recusa da seguradora. Relação consumerista. Aceitação da proposta e exigência de pagamento. Pagamento do boleto dentro do prazo estabelecido pela seguradora. Inaplicabilidade do art. 773 do Código Civil. Não configuração do dano moral. 1 – Embora a contratação de seguro tenha normatização própria, não deixa de ser de natureza consumerista, com a incidência de suas regras, preceitos e princípios. 2 – A Companhia de Seguro/Apelante comportou-se no sentido de que o negócio já era obrigatório desde a data da proposta, haja vista que junto a ela foi emitido o boleto de pagamento da primeira parcela do prêmio, assim, não há como admitir a exigência por parte da Seguradora de pagamento, pelo segurado, da primeira parcela do prêmio, sem o oferecimento de alguma contraprestação ou garantia, pela Seguradora. 3 – Apesar de, na data do sinistro ainda não ter sido efetivado o pagamento, o Autor/Apelado estava dentro do vencimento estabelecido no boleto pela Seguradora/Apelante, ou seja, não estava inadimplente com a primeira parcela. 4 – Quanto à vedação do art. 773 do Código Civil, não seria aplicável ao caso em concreto, pois embora não tenha sido emitido a apólice antes da ocorrência do sinistro, a verdade é que a Apelante já havia sido obrigada a cobrir risco futuro. 5 – A indenização moral perseguida depende da prova de que, do inadimplemento, tenha resultado efetiva ofensa a algum direito da personalidade, especificamente à honra ou sofrimento extraordinário. Recurso conhecido e parcialmente provido. Decisão unânime (*TJAL* – Acórdão Apelação Cível 2007.002745-4, 3-3-2011, Relª Desª Nelma Torres Padilha).

Art. 774. A recondução tácita do contrato pelo mesmo prazo, mediante expressa cláusula contratual, não poderá operar mais de uma vez.

Cláusula contratual pode admitir que o contrato se renove automaticamente, findo o prazo original, por igual período. Essa recondução, porém, só se permite uma vez. Cuida-se de texto novo neste Código, que visa coibir desmandos, mas exige atuação efetiva dos corretores de seguro, pois nem sempre o segurado se recorda da necessidade de renovação. Uma nova renovação só poderá ser efetivada com outro contrato.

⚖ Ação declaratória c.c. Reparação de danos morais e materiais. Seguro empresarial. Renovação automática. Alegação da autora de ausência de renovação expressa do contrato. Sentença de improcedência. Pretensão de reforma. Cabimento em parte: Contratação com prazo determinado. Possibilidade de apenas uma renovação automática – Art. 774 do CC. Relação de consumo – Aplicação do CDC e inversão do ônus da prova. Falha na prestação do serviço caracterizada, diante do débito indevido de mensalidades de seguro sem a comprovação da sua contratação pela quinta vez – Art. 14 do CDC. Réu que não se desincumbiu do ônus de provar que houve renovação expressa do contrato de seguro. Sentença reformada. Dano moral. Pretensão da autora de condenação do réu ao pagamento de indenização. Descabimento: O débito indevido de valores, por si só, não caracteriza o alegado dano moral, ainda mais porque a autora sequer percebeu o desconto da mensalidade do seguro na sua conta corrente. Repetição de indébito em dobro – Devolução em dobro da importância cobrada. Descabimento: Os valores cobrados indevidamente deverão ser restituídos na forma simples e não em dobro, porque não houve demonstração inequívoca de má-fé da ré. Recurso provido em parte (*TJSP* – Ap. 1001437-91.2016.8.26.0101, 20-3-2018, Rel. Israel Góes dos Anjos).

⚖ Apelação cível – Ação de obrigação de fazer c/c consignação em pagamento – Autora que pretendeu a renovação do contrato de seguro de vida em grupo, bem como o reconhecimento da nulidade do reajuste praticado. Sentença de procedência. Recurso interposto pela seguradora ré. Preliminar de cerceamento de defesa. Recorrente que condicionou o seu interesse à realização de prova pericial apenas se a autora também o fizesse. Condição que não se implementou. Manifesto desinteresse da demandada na produção de novos elementos probantes. Lide ademais, que pôde ser equacionada com os documentos juntados aos autos pelos litigantes. Inteligência do art. 333, I, do Código de Processo Civil de 1973, então vigente. Julgamento antecipado da lide cabível na hipótese. Nulidade não configurada. Preliminar rechaçada. Mérito. Reajuste do contrato de seguro que, no caso concreto, revela-se exacerbado. Evidente desequilíbrio entre as partes contratantes. Flagrante violação à boa-fé e ao equilíbrio contratual. Nulidade da cláusula evidenciada, na forma do art. 51, IV, do Código de Defesa do Consumidor. Aumento que não deve ser imposto aos beneficiários. Renovação tácita do contrato. Apelante que sustenta a impossibilidade, *ex vi* do art. 774 do Código Civil. Seguradora que, contudo, promoveu, por mais de uma vez, a recondução tácita do pacto. Cessação do contrato que causaria prejuízos aos beneficiários, diante da quebra de legítima expectativa ao seguimento da avença. Aplicação do art. 4º, III, do Código de Defesa do Consumidor. Direito à renovação, nos termos anteriormente avençados, assegurado. Índices de reajuste dos valores pactuados que deverão ser mantidos, tal como estipulados no contrato. Honorários advocatícios. Inteligência do art. 20 do Código de Processo Civil de 1973. Verba compatível com as particularidades da demanda. Sentença que não comporta reparo. Recurso conhecido e desprovido (*TJSC* – AC 2012.003023-7, 3-5-2016, Rel. Des. Stanley Braga).

Art. 775. Os agentes autorizados do segurador presumem-se seus representantes para todos os atos relativos aos contratos que agenciarem.

Aqui se nota, portanto, como é ampla a atividade dos chamados corretores de seguros, que participam das relações com o consumidor final. Não existe, em última análise, contato direto do segurador com o segurado. Todos os contatos são efetuados, em princípio, pelos agentes, nessa ampla atividade que é a corretagem de seguros. O corretor de seguros, pessoa natural ou jurídica, é o agente legalmente autorizado a contratar seguro. Sua profissão depende de prévio registro e habilitação na SUSEP – Superintendência de Seguros Privados (art. 123 do Decreto-lei nº 73/1966). O corretor, quando independente, não tem vinculação com o segurador, de modo que possui responsabilidade própria por atos e omissões. Nada impede, porém, que o corretor tenha uma vinculação, hierárquica ou não, com o segurador. Ainda que não seja um preposto do segurador, não é necessário que tenha mandato escrito. A atividade do corretor é abrangida pelo CDC.

🔨 Apelação civil. Responsabilidade civil. Seguro de veículo. Sinistro. Oficina credenciada. Falha na prestação do serviço. Responsabilidade solidária da seguradora. Aplicação do CDC. Trata-se de ação de cobrança de indenização securitária, na qual alega a parte autora que seu veículo sinistrado foi encaminhado à oficina mecânica credenciada da seguradora onde não teve o devido reparo, permanecendo o veículo com problemas mesmo após os reparos, julgada procedente na origem. A seguradora, na condição de fornecedora, responde solidariamente perante o consumidor pelos danos materiais decorrentes de defeitos na prestação dos serviços por parte da oficina que credenciou ou indicou, pois, ao fazer tal indicação ao segurado, estende sua responsabilidade também aos consertos realizados pela credenciada, nos termos dos arts. 7º, parágrafo único, 14, 25, § 1º, e 34 do Código de Defesa do Consumidor. (...) Nessa linha, nasce a responsabilidade objetiva da Seguradora perante o consumidor Segurado, em relação aos serviços prestados por aquela que efetivamente os executa, existindo, é verdade, na relação interna, seguradora-oficina, direito de regresso contra a causadora dos danos, agente direta do serviço defeituoso. Dispõe o art. 775 do CC que os agentes autorizados do segurador presumem-se seus representantes para todos os atos relativos aos contratos que agenciarem. Responsabilidade solidária caracterizada, dever de indenizar comprovado. Sentença mantida. Apelação desprovida (*TJRS* – Ap. 70082410325, 24-10-2019, Rel. Niwton Carpes da Silva).

🔨 Indenização – Corretor de seguros – Recebimento de prêmio – Ausência de repasse à empresa de previdência – Ato ilícito – Responsabilidade objetiva e solidária da seguradora (fornecedor) – Culpa *in eligendo* – Preposição CC, art. 775 e CDC, art. 34 – Ação procedente – Recurso improvido. Nos termos dos arts. 34 do Código de Defesa do Consumidor, e 775 do Código Civil, a responsabilidade da seguradora é solidária em relação a atos de seus prepostos ou representantes autônomos, que em seu nome, angariam e promovem contratos de seguro (*TJSP* – Acórdão Apelação Cível 0023388 – 75.2007.8.26.0554, 23-1-2012, Rel. Des. Clóvis Castelo).

Art. 776. O segurador é obrigado a pagar em dinheiro o prejuízo resultante do risco assumido, salvo se convencionada a reposição da coisa.

A obrigação mais importante do segurador é pagar a contraprestação referente ao "*prejuízo resultante do risco assumido e, conforme as circunstâncias, o valor total da coisa segura*" (art. 1.458 do CC de 1916). Já o presente art. 776 determina que o segurador é obrigado a pagar em dinheiro o prejuízo resultante do risco assumido, salvo se convencionada a reposição da coisa.

O pagamento deve ter em mira o valor real do bem. Caberá a indenização integral, se a estimativa corresponder a esse valor (art. 1.462 do Código anterior). Sobre o valor da apólice prepondera, na verdade, o valor real do bem, levando-se em conta a possibilidade de rateio, como aqui analisado. Essa matéria possui farta regulamentação, dependendo da natureza do seguro. O art. 772 deste Código determina que o segurador em mora pagará atualização monetária segundo os índices oficiais, sem prejuízo dos juros moratórios.

Diferente é a hipótese nos seguros pessoais, quando é paga a indenização de acordo com o valor estabelecido na apólice. O seguro de vida, como vimos, admite pluralidade de apólices e não tem limite de valor.

Art. 777. O disposto no presente Capítulo aplica-se, no que couber, aos seguros regidos por leis próprias.

O campo securitário abrange um universo amplo. Cuida-se de especialização jurídica com foros de autonomia. Há inúmeros seguros regulados por leis próprias, que terão aplicação desses princípios do Código Civil, naquilo que for aplicável. Assim se aplicam os seguros de saúde, marítimos, agrários etc.

Seção II
Do Seguro de Dano

Art. 778. Nos seguros de dano, a garantia prometida não pode ultrapassar o valor do interesse segurado no momento da conclusão do contrato, sob pena do disposto no art. 766, e sem prejuízo da ação penal que no caso couber.

Este Código apresenta descrição mais cuidadosa do seguro de vida. Como se menciona, nesse seguro o capital segurado é livremente estipulado pelo proponente, que pode contratar mais de um seguro sobre o mesmo interesse, com o mesmo ou diversos seguradores. Portanto, não há limite de valor quando o seguro é de vida. A posição é diversa quanto ao seguro de dano, cujo limite do valor segurado é o do interesse no momento da conclusão do contrato.

Se o seguro não cobrir o valor total do bem, há de se considerar, no que sobrepujar, como sendo o segurado o segurador de si mesmo, pois assume esse risco. No campo do seguro de automóveis, é comum a cláusula de valor de mercado, quando então haverá uma indenização variável.

Art. 779. O risco do seguro compreenderá todos os prejuízos resultantes ou consequentes, como sejam os estragos ocasionados para evitar o sinistro, minorar o dano, ou salvar a coisa.

Embora o risco não possa ser alargado, incluem-se na cobertura todos os prejuízos dele resultantes ou consequentes, como estragos ocasionados para evitar o sinistro, minorar o dano ou salvar a coisa, salvo expressa restrição na apólice. Este Código não menciona a possibilidade de a apólice excluir essas indenizações, mas continua evidente que os contratantes podem fazê-lo, suprimindo expressamente determinada categoria de prejuízos. Em um seguro de veículo, por exemplo, o contrato pode excluir indenização por danos aos vidros.

Seguro – Condomínio edilício – Vendaval – Danos elétricos em elevador – Cobertura recusada – Ação de indenização proposta contra a seguradora – Sentença de improcedência – Apelação do autor – Dano decorrente de entrada de água de chuva em casa de máquinas – **Expressa previsão contratual de exclusão de cobertura** – Recusa legítima – Indenização indevida – Apelação desprovida (*TJSP* – Ap. 1077505-90.2013.8.26.0100, 16-3-2016, Rel. Carlos Henrique Miguel Trevisan).

Ação de cobrança. Seguro empresarial. **Ocorrência de vendaval que ocasionou prejuízos no forro do estabelecimento autor**. Sentença de procedência. Inconformismo da ré. Descabimento. Apólice que prevê a cobertura de sinistro em casos de vendaval. Necessidade de reparo total da cobertura que ficou comprovada através de laudo técnico, e depoimento do representante legal de empresa especializada. Remoção de parte do forro de PVC feita pelo autor com o objetivo de prevenir mal maior. Possibilidade. Inteligência dos artigos 771 e 779, ambos do Código Civil. Sentença mantida. Recurso improvido (*TJSP* – Acórdão Apelação Cível 9115356 – 80.2006.8.26.0000, 27-9-2011, Rel. Des. José Joaquim dos Santos).

Art. 780. A vigência da garantia, no seguro de coisas transportadas, começa no momento em que são pelo transportador recebidas, e cessa com a sua entrega ao destinatário.

1. Extinção do contrato de seguro

O contrato de seguro pode extinguir-se: (a) pelo decurso de prazo do contrato; (b) por mútuo consentimento; (c) pela ocorrência do evento, na maioria das vezes; (d) pela cessação do risco; (e) pela inexecução das obrigações contratuais; (f) por causas de nulidade ou anulabilidade. A apólice deve declarar o começo e o fim dos riscos, ano, mês e dia. O art. 1.448 do Código Civil de 1916 apresentava descrição circunstanciada.

Há contratos cuja vigência é diversa, como no de transporte, em que o risco principia desde que a mercadoria seja recebida no ponto de partida, terminando quando entregue ao destinatário. É exatamente o que consta desse artigo sob exame. É frequente a emissão de apólice de seguro de transporte para vigorar por vários anos. Nas situações ordinárias, o prazo é geralmente de um ano, mas nada impede que seja contratado prazo diverso ou para a duração de determinada atividade, como, por exemplo, a de uma competição esportiva. Deve o segurado ser diligente, a fim de renovar o seguro no vencimento. Essa atividade é tarefa importante do corretor em prol de sua clientela.

Decorrido o prazo da apólice, esvai-se a obrigação do segurador.

O mútuo consentimento, o distrato, como em qualquer outro contrato, também põe fim à avença.

Por vezes, desaparecido o risco, desaparece a causa do seguro. Quando é feito o seguro da voz de um cantor que vem a falecer, por exemplo. Desaparecido o objeto do contrato, cumpre que o segurador reembolse proporcionalmente o que recebeu a título de prêmio pelo prazo remanescente.

O inadimplemento contratual de qualquer das partes também pode pôr fim ao contrato. Rescindido o pacto, o culpado arcará com os prejuízos que tenha causado. A matéria é da teoria geral dos negócios jurídicos.

As causas gerais de nulidade e anulabilidade aplicam-se para fazer extinguir a relação contratual, assim como aquelas constantes da disciplina específica dos seguros, algumas pontilhadas nestes comentários.

2. Prescrição

As legislações geralmente estabelecem prazos curtos para a cobrança do seguro. O art. 178, § 6º, inciso II, do Código Civil de 1916 estabelecera em um ano a prescrição da ação do segurado contra o segurador e vice-versa, contado o prazo do dia em que o interessado tiver conhecimento do fato. O STJ sumularizou a questão da prescrição no tocante à ação de indenização do segurado em grupo, na Súmula 101: "*A ação de indenização do segurado em grupo contra a seguradora prescreve em um ano.*" Era de dois anos, se o fato se verificasse fora do Brasil (art. 178, § 7º, inciso V). Esses prazos são aplicáveis aos seguros terrestres. Para os seguros marítimos, o prazo é de um ano a partir da data que se torna exequível a obrigação e de três anos para as obrigações contraídas no estrangeiro (art. 447 do Código Comercial, que ainda nos serve de base). O ainda parcialmente em vigor diploma mercantil possui alcance mais amplo, porque abrange qualquer ação originária do seguro marítimo, enquanto o dispositivo civil se aplica às ações do segurado contra o segurador e vice-versa. Nos termos do Código Civil, esse prazo prescricional não atinge, portanto, o beneficiário do seguro, exceto quando for ele também segurado. Nos seguros de acidentes pessoais, os beneficiários, terceiros atingidos pelo contrato, teriam então o prazo prescricional de 20 anos no sistema de 1916.

A ação do segurador, como sub-rogado, contra o causador do dano, submete-se aos prazos da ação aquiliana, não sendo ação que se amolde ao prazo ânuo referido, embora existam decisões em contrário.

No que se refere ao seguro de transporte marítimo, a Súmula 151 do STF estabeleceu: "*Prescreve em um ano a ação do segurador sub-rogado para haver indenização por extravio ou perda de carga transportada por navio."* Esclareça-se, no entanto, que essa prescrição ânua é a do art. 449, inciso II, do contrato de transportes, e não a do contrato de seguro do Código Civil.

O prazo prescricional para cobrança do seguro não se inicia necessariamente do sinistro, mas do momento em que o segurado podia exercer ação contra a seguradora, dentro do princípio da *actio nata*. Desse modo, surge a possibilidade de propositura da ação com a negativa expressa da seguradora em pagar a indenização, pois a partir daí é exercitável a ação. Outros entendem que surge a *actio nata* quando o segurado toma conhecimento do sinistro. Como vemos, o momento do sinistro em si não se coloca como termo inicial do lapso prescricional.

Para a ação regressiva da seguradora contra o causador do dano, pelo mesmo princípio da exercibilidade da ação, o termo inicial da prescrição é a data do desembolso (Súmula 16 do extinto Primeiro Tribunal de Alçada Civil de São Paulo).

O vigente Código, no art. 206, § 1º, II, dispõe que prescreve no mesmo prazo de um ano

> *"a pretensão do segurado contra o segurador, ou a deste contra aquele, contado o prazo: a) para o segurado, no caso de seguro de responsabilidade civil, da data em que é citado para responder à ação de indenização proposta por terceiro prejudicado, ou da data que a este indeniza, com a anuência do segurador; b) quanto aos demais seguros, da ciência do fato gerador da pretensão".*

Na primeira hipótese, o início de contagem do prazo prescritivo é tanto quanto possível objetivo. Na segunda hipótese, adota-se o princípio da *actio nata*, como dissemos, e deve ser verificado, no caso concreto, em que momento se torna possível acionar o segurador ou o segurado, como, aliás, tem-se posicionado a jurisprudência. Lembre-se, ademais, de que no Código de 2002 o prazo máximo extintivo passa a ser de dez anos.

Art. 781. A indenização não pode ultrapassar o valor do interesse segurado no momento do sinistro, e, em hipótese alguma, o limite máximo da garantia fixado na apólice, salvo em caso de mora do segurador.

A indenização, ou mais propriamente o pagamento pelo sinistro, decorre de danos materiais. Denomina-se *prestação*, quando se tratar de seguro de vida. Em ambas as hipóteses, melhor será que se intitule contraprestação, como vimos.

No seguro de pessoas, a contraprestação corresponderá ao exato montante convencionado (art. 789). No seguro de coisas, é vedado o seguro por valor maior do que o da coisa (art. 778). O seguro não deve ser instrumento de lucro. Os arts. 1.438 e 1.439 do antigo Código estabeleciam sanções: redução ao valor real ou anulação do contrato, se houver má-fé do segurado.

O pagamento dessa indenização é, geralmente, em dinheiro, salvo se convencionada a reposição da coisa (art. 776). Nos seguros de automóvel e outros assemelhados, contudo, pode ser permitida tríplice alternativa: pagamento em dinheiro, reparação de danos ou substituição da coisa.

Esse direito à indenização poderia ser transmitido a terceiro como acessório da propriedade, ou de direito real sobre a coisa segura, segundo o art. 1.463 do antigo diploma legal. Acrescentava o parágrafo único que essa transmissão decorre compulsoriamente, por força da lei, quanto à coisa hipotecada ou penhorada. A regra geral é a possibilidade de cessão de posição contratual. Quanto às demais situações de transferência da propriedade, a transmissão do seguro é possível, quando não o proibir expressamente a apólice. Efetuada a cessão, o segurador mantém contra o cessionário, novo beneficiário da indenização, as mesmas exceções pessoais que poderia opor contra o primitivo segurado (art. 1.464). O mesmo princípio se faz presente no art. 785 deste Código. Se o contrato é nominativo, a transferência de posição contratual somente produz efeitos em relação ao segurador mediante aviso escrito e assinado pelo cedente e pelo cessionário (art. 785, § 1º). A apólice ou o bilhete só se transferem por endosso em preto, datado e assinado pelo endossante e pelo endossatário (art. 785, § 2º).

Nem sempre bem compreendida é a chamada *cláusula de rateio*. Vimos que no seguro de danos, o teto segurável é sempre o valor da coisa. Esse o sentido deste art. 781. Essa disposição deve ser vista em concorrência com a do art. 783. Isto é, o valor segurado não pode suplantar o valor da coisa ou do interesse segurado. Esse é o teto permitido para o seguro, pois esse contrato não pode ensejar o enriquecimento injusto.

Contudo, problemas poderão advir, quando a cobertura contratada for insuficiente, inferior ao valor da coisa e dos danos. Essa diferença será suportada pelo segurado que, na hipótese, assumiu o risco do valor que sobejou, ou seja, é segurador de si mesmo. Aplica-se o rateio tanto para os sinistros totais, quanto para os sinistros parciais. O pagamento da contraprestação deverá ser rateado, isto é, proporcional ao prêmio, tanto na perda total, quanto na parcial. Assim, coisa no valor de 100, segurada por 50, somente terá indenização pela metade, qualquer que seja o valor do dano. Assim, se o dano for de 80, pelo rateio o segurador somente pagará 40.

No direito positivo brasileiro no sistema de 1916, não existia disposição acerca da cláusula de rateio, o que motivou decisões divergentes na jurisprudência, ainda porque o art. 710 do Código Comercial estabelecia que ficam a cargo do segurador todas as perdas e danos decorrentes do risco segurado. Se por um lado a leitura isolada desse dispositivo permitia essa conclusão, por outro lado o art. 669 do mesmo estatuto dispunha que o seguro podia recair sobre a totalidade do objeto ou parte dele. Autorizado o seguro parcial, nessa hipótese, a contraprestação também o seria. O fato é, no entanto, que somente excepcionalmente será aplicada a cláusula de rateio nos transportes marítimos (ALVIM, 1983, p. 319).

O Código Civil de 1916 da mesma forma ignorava a cláusula de rateio. Determinava no art. 1.434 (atual, art. 760) que o segurador devia pagar em dinheiro o prejuízo decorrente do risco e, *conforme as circunstâncias*, o valor total da coisa segura (art. 1.458; atual art. 776). A interpretação desses dois dispositivos no Código anterior poderia levar à conclusão da proibição no rateio. No entanto, tais disposições não têm caráter imperativo. Nem sempre as partes têm condições de *a priori* estabelecer o valor exato da coisa. O valor segurado pode ser inferior aos danos. Desse modo, deve ser aceita a cláusula de rateio inserida nos contratos de seguro, como forma de justo equilíbrio no contrato. Na omissão do instrumento, a dúvida interpretativa deve favorecer o segurado. Não deve, contudo, o segurador pagar mais do que contratou. A regra geral deve ser a admissão do rateio, quando se verifica insuficiência de cobertura. Como observa Pedro Alvim (1983, p. 329):

> "*os seguradores, sabendo que essa norma não é bem recebida pelos segurados por ocasião do sinistro, têm procurado oferecer outras modalidades de cobertura, ainda que de maneira restrita, que excluem ou diminuem os efeitos do rateio*".

Pondere, ao defender o rateio, que o segurador não contrata a indenização de um dano, mas se responsabiliza pela repartição do risco que assume. Essa orientação é tradicional no contrato de seguro. Não depende de norma expressa, ao contrário do que decide parte da jurisprudência.

Art. 782. O segurado que, na vigência do contrato, pretender obter novo seguro sobre o mesmo interesse, e contra o mesmo risco junto a outro segurador, deve previamente comunicar sua intenção por escrito ao primeiro, indicando a soma por que pretende segurar-se, a fim de se comprovar a obediência ao disposto no art. 778.

Na verdade, no seguro de dano, podem ser contratados mais de um seguro, desde que se obedeça ao valor do interesse garantido (art. 781). Contudo, se o segurado quiser contratar novo seguro sobre o mesmo interesse na vigência de contrato, e contra o mesmo risco, junto a outro segurador, deve previamente comunicar sua intenção por escrito ao primeiro segurador (art. 782). O seguro não pode ser instrumento de lucro para o segurado. Contudo, para o seguro de vida, não há esse limite, como já afirmamos.

Art. 783. Salvo disposição em contrário, o seguro de um interesse por menos do que valha acarreta a redução proporcional da indenização, no caso de sinistro parcial.

Veja os comentários ao art. 781. Nada impede que as partes pactuem de modo que não incida a cláusula de rateio, mal recebida pelos segurados e não compreendida pelos leigos. O segurador pode oferecer cobertura para evitá-la. Essa modalidade, introduzida restritamente entre nós nos seguros de incêndio, denomina-se *seguro a primeiro risco* absoluto ou relativo, que consiste em derrogação da cláusula de rateio. Na modalidade integral, o segurador fica obrigado ao pagamento total, até o limite da importância segurada, independentemente do valor do sinistro. Na modalidade relativa, o segurador paga de acordo com a perda, até o limite da apólice.

No tocante especificamente ao rateio, o presente Código procura dar solução à situação, admitindo o rateio, ao determinar, neste artigo, que, "*salvo disposição em contrário, o seguro de um interesse por menos do que valha acarreta a redução proporcional da indenização, no caso de sinistro parcial*".

Para evitar danos ao consumidor-segurado essa cláusula de rateio deve ficar bem clara e deve ser precisamente informada quando da elaboração da proposta e do contrato, em atendimento aos princípios consumeristas. Melhor teria andado o Código se afirmasse que essa cláusula somente operaria por disposição expressa, no sentido contrário do atual art. 783. O desconhecimento dessa cláusula tem sido motivo para inúmeros dissabores quando da liquidação de sinistros. A norma, porém, é tradicional originária de nosso direito marítimo. Como citado, nada impede que haja cláusula expressa, como está no artigo.

**Art. 784. Não se inclui na garantia o sinistro provocado por vício intrínseco da coisa segurada, não declarado pelo segurado.
Parágrafo único. Entende-se por vício intrínseco o defeito próprio da coisa, que se não encontra normalmente em outras da mesma espécie.**

O contrato de seguro interpreta-se restritivamente: "*Quando a apólice limitar ou particularizar os riscos do seguro, não responderá por outros o segurador*" (art. 1.460 do Código de 1916). A regra da interpretação restrita do contrato de seguro continua a prevalecer. Não existe responsabilidade do segurador, se o dano decorre de vício já existente na coisa segurada. Neste último caso, não existe álea futura a garantir. O risco garantido deve provir de uma causa interna. A matéria, como se nota, é de prova.

**Art. 785. Salvo disposição em contrário, admite-se a transferência do contrato a terceiro com a alienação ou cessão do interesse segurado.
§ 1º Se o instrumento contratual é nominativo, a transferência só produz efeitos em relação ao segurador mediante aviso escrito assinado pelo cedente e pelo cessionário.**

> § 2º A apólice ou o bilhete à ordem só se transfere por endosso em preto, datado e assinado pelo endossante e pelo endossatário.

A cessão do direito segurado é sempre possível, salvo restrição expressa no contrato, quando é transferido o interesse segurado. Assim, um móvel ou imóvel que muda de proprietário pode receber o mesmo seguro que protegia o segurado anterior. O segurador deve fazer o endosso da apólice. Se o instrumento é nominativo, essa cessão somente operará mediante aviso escrito (§ 1º). Apólice ou bilhete à ordem transferem-se por endosso em preto, portanto nominativo, conforme o § 2º. Geralmente, cabe ao corretor de seguros tomar essas providências.

> **Art. 786.** Paga a indenização, o segurador sub-roga-se, nos limites do valor respectivo, nos direitos e ações que competirem ao segurado contra o autor do dano.
> § 1º Salvo dolo, a sub-rogação não tem lugar se o dano foi causado pelo cônjuge do segurado, seus descendentes ou ascendentes, consanguíneos ou afins.
> § 2º É ineficaz qualquer ato do segurado que diminua ou extinga, em prejuízo do segurador, os direitos a que se refere este artigo.

Originalmente, nos seguros marítimos, os seguradores incluíam cláusula segundo a qual o segurado, recebendo pagamento, cedia àqueles todos os seus direitos e ações contra o terceiro responsável pelo dano, até o limite da indenização. Posteriormente, essa cessão ou sub-rogação convencional passou a ser legal nos vários ordenamentos. Estava presente no art. 728 do Código Comercial. Essa sub-rogação legal, inicialmente restrita apenas aos seguros marítimos, foi estendida aos terrestres. O Código Civil de 1916 não a disciplinou, nem existe entre nós norma geral sobre a matéria, mas os seguradores ordinariamente incluem cláusula de sub-rogação nos respectivos contratos. O art. 8º da Lei nº 6.194/1974, que regula o seguro obrigatório de veículos, a contempla expressamente. Há oposições técnicas para essa sub-rogação sob o fundamento de que, em síntese, o segurador receberia duas vezes: o prêmio do segurado e a indenização do causador do dano. Do ponto de vista do terceiro, contudo, não se pode negar que tem ele responsabilidade pela reparação do dano. Esse reembolso do terceiro, por outro lado, é falível e pode não ocorrer. É possível argumentar, ainda, que o segurador, ao assumir o risco, o fez também com relação a eventual reembolso por parte de terceiro. O segurador, nas hipóteses de ato ilícito praticado por terceiro, paga em razão de um ato de terceiro, e não em decorrência de uma eventualidade. No entanto, doutrinariamente, nem sempre é tranquila a defesa dessa sub-rogação em favor do segurador. Nossa jurisprudência, após vacilação que refletia a incerteza doutrinária, solidificou-se em torno da Súmula 188 do Supremo Tribunal Federal: *"O segurador tem ação regressiva contra o causador do dano, pelo que efetivamente pagou, até o limite previsto no contrato de seguro."*

O vigente Código Civil contempla a sub-rogação neste art. 786, no que se refere ao seguro de danos. O texto legal veda expressamente a sub-rogação nos direitos e ações do segurado ou beneficiário nos seguros pessoais, contra o causador do sinistro (art. 800), no que atende à natureza diversa dessa modalidade de seguro, pois o ofendido continua legitimado a pedir indenização contra o causador do dano, e o recebimento de pagamento securitário, nesse caso, é irrelevante para o terceiro causador do dano.

📚 Enunciado nº 552, VI Jornada de Direito Civil – CJF/STJ: Constituem danos reflexos reparáveis as despesas suportadas pela operadora de plano de saúde decorrentes de complicações de procedimentos por ela não cobertos.

⚖ Consumidor, civil e processual civil. Agravo de instrumento. Ação regressiva da seguradora contra empresa fornecedora de energia elétrica. Responsabilidade civil. Sub-rogação (CC, art. 786). Relação de consumo. Aplicação das normas protetivas do consumidor. Inversão do ônus da prova. Cabimento (CDC, art. 6º). Análise casuística e fundamentada (CPC, art. 371). Recurso desprovido. 1. Na linha do que dispõe o art. 786 do CC, "Paga a indenização, o segurador sub-roga-se, nos limites do valor respectivo, nos direitos e ações que competirem ao segurado contra o autor do dano." 2. No particular, a seguradora agravada ressarciu o segurado-consumidor por danos por ele suportados e supostamente provocados pela agravante. Em razão disso, sub-rogou-se nos direitos do segurado-consumidor e ingressou com ação regressiva em face da agravante, colimando ser ressarcido pela agravante, apontada como causadora dos danos indenizados. Neste cenário, a aplicação das normas consumeristas também na ação regressiva é plenamente cabível em virtude da aludida sub-rogação. (...) 4. O Juízo de origem, alinhado com o disciplinado no art. 371 do CPC, entendeu que a agravada é hipossuficiente, sob o ponto de vista técnico. Ancorado sobretudo nisso, de maneira suficientemente fundamentada, inverteu o ônus da prova no caso vertente (CDC, art. 6º), mediante análise casuística da causa posta à colação. 5. Recurso desprovido (*TJDFT* – Ap. 07236630420198070000, 29-1-2020, Rel. Alfeu Machado).

⚖ Acidente de veículo – Reparação de danos – **Ação regressiva ajuizada por seguradora** – Fatos constitutivos do direito da autora comprovados – Boletim de ocorrência que, apesar de produzido unilateralmente, ostenta presunção relativa de veracidade – Prova testemunhal que corrobora os fatos narrados no documento policial – Condenação mantida – Pedido, em contrarrazões, de condenação por litigância de má-fé

– Ausência dos elementos ensejadores – Majoração dos honorários sucumbenciais – Impossibilidade diante do atingimento do limite legal – Recurso improvido (*TJSP* – Ap. 1099842-68.2016.8.26.0100, 11-4-2017, Rel. Francisco Casconi).

⚖ Apelação cível. Responsabilidade civil e processual civil. Acidente de trânsito. Ação regressiva ajuizada por seguradora. – Boletim de ocorrência. Presunção *juris tantum* de veracidade. Vícios na elaboração. Não ocorrência. Invasão de contramão. Colisão frontal. Culpa do réu. – Prova testemunhal. Contradição. Força probante mitigada. – Direito de regresso da seguradora reconhecido. Inteligência do art. 786 do Código Civil, c/c Súmula n. 188 do Supremo Tribunal Federal. – Sentença mantida. Recurso desprovido. – Considerando o teor das informações do boletim de ocorrência, o croqui com a posição dos veículos sobre a pista após o acidente e a declaração do autor de que ao perder o controle do seu veículo, invadiu a pista contrária e colidiu com o veículo do réu, conclui-se que o autor não adotou as cautelas necessárias na condução do seu automóvel naquele momento, culminando por ser o agente causador do infortúnio. – "O Boletim de Ocorrência goza de presunção *juris tantum* de veracidade, prevalecendo até que se prove o contrário. Dispõe o art. 364, do CPC, que o documento público faz prova não só de sua formação, mas, também, dos fatos que o escrivão, o tabelião ou o funcionário declarar que ocorreram em sua presença. Esse fato, todavia, não implica uma aceitação absoluta. Pode o réu, com meios hábeis, desfazê-la se ou quando contiver elementos inverídicos." (STJ – 3ª T – REsp – Rel. Waldemar Zveiter – j. 9.10.90 – RSTJ 25/355). – Age em harmonia com a legislação a empresa de seguros que, após pagar a indenização, volta-se contra o terceiro causador do infortúnio, objetivando ser ressarcido daquilo que despendeu indenizando seu segurado (*TJSC* – Acórdão Apelação Cível 2011.066134-5, 1º-12-2011, Rel. Des. Henry Petry Junior).

Art. 787. No seguro de responsabilidade civil, o segurador garante o pagamento de perdas e danos devidos pelo segurado a terceiro.
§ 1º Tão logo saiba o segurado das consequências de ato seu, suscetível de lhe acarretar a responsabilidade incluída na garantia, comunicará o fato ao segurador.
§ 2º É defeso ao segurado reconhecer sua responsabilidade ou confessar a ação, bem como transigir com o terceiro prejudicado, ou indenizá-lo diretamente, sem anuência expressa do segurador.
§ 3º Intentada a ação contra o segurado, dará este ciência da lide ao segurador.
§ 4º Subsistirá a responsabilidade do segurado perante o terceiro, se o segurador for insolvente.

Esse artigo estampa importantes obrigações do segurado no tocante ao seguro de responsabilidade civil.

A regra geral desse seguro está descrita no *caput* do dispositivo: "*No seguro de responsabilidade civil, o segurador garante o pagamento de perdas e danos devidos pelo segurado a terceiro.*" Nesse caso, o segurado, tendo praticado conduta suscetível de acarretar responsabilidade incluída na garantia, deve comunicar o fato ao segurador (§ 1º). Assim, se se trata de garantia relativa a danos de veículos de terceiros, o fato de o segurado ter-se envolvido em sinistro deve ser comunicado. A atual lei, procurando resolver dificuldades comumente ocorrentes, proíbe que o segurado reconheça sua responsabilidade, confesse a ação ou transija com o terceiro ou ainda o indenize diretamente, sem anuência expressa do segurador (§ 2º). Assim está descrito na lei porque, em última análise, cabe ao segurador definir pelo pagamento ou reconhecimento de culpa, pois a responsabilidade é sua. O § 3º determina que, intentada a ação contra o segurado, este deverá dar ciência da lide ao segurador. A mera ciência não se traduz em denunciação da lide, a qual, quando possível, atende os requisitos da nova lei. Finalmente, o § (4º) determina que subsistirá a responsabilidade do segurado perante o terceiro, se o segurador for insolvente. A falência ou insolvência do segurador mantém o segurado como responsável pela reparação dos danos.

📚 Enunciado nº 373, IV Jornada de Direito Civil – CJF/STJ: Embora sejam defesos pelo § 2º do art. 787 do Código Civil, o reconhecimento da responsabilidade, a confissão da ação ou a transação não retiram do segurado o direito à garantia, sendo apenas ineficazes perante a seguradora.

📚 Enunciado nº 544, VI Jornada de Direito Civil – CJF/STJ: O seguro de responsabilidade civil facultativo garante dois interesses, o do segurado contra os efeitos patrimoniais da imputação de responsabilidade e o da vítima à indenização, ambos destinatários da garantia, com pretensão própria e independente contra a seguradora.

📚 Enunciado nº 546, VI Jornada de Direito Civil – CJF/STJ: O § 2º do art. 787 do Código Civil deve ser interpretado em consonância com o art. 422 do mesmo diploma legal, não obstando o direito à indenização e ao reembolso.

⚖ Seguro de veículo. Ação de indenização por danos materiais. Ocorrência de sinistro. Acordo judicial celebrado entre o segurado e o terceiro. Ausência de anuência da seguradora. Recusa de ressarcimento pela seguradora sem qualquer justificativa. Indenização devida. Parágrafo 2º do art. 787 do CC que visa apenas evitar que o segurado reconheça a culpa pelo acidente e se comprometa a pagar valor excessivo. Seguradora que nem sequer esclarece a existência de motivo concreto para se opor à transação celebrada entre o segurado e o terceiro. Ausência de anuência de sua parte que consiste em mera formalidade, uma vez que nem sequer alega que sua atuação na negociação fosse alterar o resultado obtido pelo segurado. Recurso desprovido (*TJSP* – Ap. 1026514-27.2018.8.26.0071, 24-1-2020, Rel. Gilberto Leme).

Art. 788

> **Art. 788.** Nos seguros de responsabilidade legalmente obrigatórios, a indenização por sinistro será paga pelo segurador diretamente ao terceiro prejudicado.
> **Parágrafo único.** Demandado em ação direta pela vítima do dano, o segurador não poderá opor a exceção de contrato não cumprido pelo segurado, sem promover a citação deste para integrar o contraditório.

⚖ Civil e processual civil – Agravo por instrumento – Acidente de trânsito – Veículo segurado – **Ação de reparação de danos movida por terceiro** – Denunciação da lide à seguradora – Artigo 125, II, do CPC – Existência de contrato de seguro – Artigo 787, do CC – Admissibilidade – Recurso provido – 1- Agravo por instrumento interposto contra decisão que indeferiu pedido de denunciação da lide à seguradora, em razão de ação movida por terceiro, visando a reparação de danos relativos a acidente de trânsito envolvendo veículo segurado. 2- Segundo o preceptivo inserto no artigo 125, II, do CPC, é admissível a denunciação da lide àquele que estiver obrigado, por lei ou pelo contrato, a indenizar, em ação regressiva, o prejuízo de quem for vencido no processo. 2.1. O Código Civil prevê: "Art. 787. No seguro de responsabilidade civil, o segurador garante o pagamento de perdas e danos devidos pelo segurado a terceiro [...] § 3º Intentada a ação contra o segurado, dará este ciência da lide ao segurador". 3. Existindo, portanto, contrato de seguro onde a seguradora se obriga a indenizar, nos termos das condições do ajuste, os eventos cobertos, dentre os quais, as indenizações por danos materiais e morais a que vier a ser condenado o segurado, o seu pedido de denunciação da lide à seguradora deve ser admitido. 4- Precedente da Corte: "[...] 1- A seguradora, por imperativo legal, é parte legítima para figurar no polo passivo de ação de cobrança ajuizada por terceiro (CC/2002: art. 788) [...]" (3ª Turma Cível, APC nº 2006.01.1.102858-9, rel. Des. João Mariosi, DJe de 15/04/2011, p. 118). 5- Recurso conhecido e provido (*TJDFT* – Proc. 20160020379143AGI – (980265), 17-11-2016, Rel. João Egmont).

⚖ Civil e processo civil. Recurso especial. Indenização securitária. **Ação proposta diretamente em face da seguradora sem que o segurado fosse incluído no polo passivo**. Legitimidade. 1. A interpretação de cláusula contratual em recurso especial é inadmissível. Incidência da Súmula 5/STJ. 2. Inexiste ofensa ao art. 535 do CPC, quando o tribunal de origem pronuncia-se de forma clara e precisa sobre a questão posta nos autos. 3. A interpretação do contrato de seguro dentro de uma perspectiva social autoriza e recomenda que a indenização prevista para reparar os danos causados pelo segurado a terceiro seja por este diretamente reclamada da seguradora. 4. Não obstante o contrato de seguro ter sido celebrado apenas entre o segurado e a seguradora, dele não fazendo parte o recorrido, ele contém uma estipulação em favor de terceiro. E é em favor desse terceiro – na hipótese, o recorrido – que a importância segurada será paga. Daí a possibilidade de ele requerer diretamente da seguradora o referido pagamento. 5. O fato de o segurado não integrar o polo passivo da ação não retira da seguradora a possibilidade de demonstrar a inexistência do dever de indenizar. 6. Recurso especial conhecido em parte e, nessa parte, não provido (*STJ* – Acórdão Recurso Especial 1.245.618 – RS, 22-11-2011, Relª Minª Nancy Andrighi).

Esse dispositivo dispõe que, nos seguros tidos como obrigatórios, a indenização por sinistro será paga pelo segurador diretamente ao terceiro prejudicado. É o que ocorre no denominado seguro obrigatório de veículos, o mais conhecido dentre as várias modalidades existentes. Outros existem, como o de embarcações marítimas; danos a passageiros de aeronaves; responsabilidade civil de construtores, entre outros. O parágrafo único desse dispositivo observa que, quando o segurador é demandado diretamente pela vítima do dano, não poderá opor exceção de contrato não cumprido pelo segurado (ausência de pagamento de prêmio, por exemplo), sem promover a citação do segurado para integrar o contraditório. Trata-se de princípio que atende à pulverização do risco e da garantia trazida pelos seguros obrigatórios. Na prática, na maioria das vezes, nessa classe de seguros se torna difícil a citação do segurado. Não pode, por outro lado, esse procedimento de citação retardar a prestação jurisdicional em detrimento do terceiro, autor da ação. Para isso deverão estar atentos os magistrados.

⚖ Apelação cível – Acidente de veículo com morte – Envolvimento de veículo paraguaio – Legitimidade da seguradora para integrar a lide, em ação direta movida em face dela – Seguro internacional obrigatório "carta verde" – Inteligência do artigo 788 do CC – Sentença cassada, com retorno dos autos à origem para a sua devida instrução. Recurso de apelação provido (*TJPR* – Ap. 0003216-73.2012.8.16.0083, 1-3-2018, Rel. Gilberto Ferreira).

⚖ Direito civil – Processo civil – Ação de reparação danos – Acidente de trânsito – Agravo retido – Não conhecido – Litisdenunciação da seguradora – Responsabilidade por danos causados a terceiro por segurado – Art. 788, CC – **Ressarcimento à segurada** – Limite do seguro – Recurso da ré sem preparo – Não conhecimento – Recurso da seguradora desprovido – 1- Agravo, retido não reiterado na fase recursal, não merece conhecimento. 2- A seguradora está obrigada a ressarcir os danos sofridos por terceiros causados por segurado seu, nos termos do art. 788, do Código Civil, "nos seguros de responsabilidade legalmente obrigatórios, a indenização por sinistro será paga pelo segurador diretamente ao terceiro prejudicado". 2.1- É entendimento pacífico nesta corte, no sentido de que a seguradora pode ser acionada diretamente pelo terceiro que sofreu os danos causados pelo segurado. Confira-se:

"1- A seguradora de veículos pode ser demandada diretamente pelo terceiro que visa à indenização dos danos provocados pelo condutor do veículo segurado. 2- Comprovada a culpa do condutor do veículo segurado, deve a seguradora indenizar o terceiro pelos danos materiais, causados pelo acidente. 3- Negou-se provimento ao apelo da autora." (Acórdão nº 484600, 20080110463814APC, Relator Sérgio Rocha, 2ª Turma Cível, julgado em 23/02/2011, DJ 02/03/2011, p. 45). 4- A seguradora, litisdenunciada na ação de reparação de danos, está obrigada a ressarcir o segurado naquilo que desembolsou no pagamento a terceira pessoa, vítima de acidente, até o limite da apólice contratada. 5- Não se conhece do recurso quando lhe falta comprovação do recolhimento das custas, quando a parte não está isenta do pagamento. 6- Recurso da ré não conhecido. Recurso da seguradora negado provimento (*TJDFT* – Proc. 20090110282774 – (705013), 23-8-2013, Rel. Des. João Egmont).

Seção III
Do Seguro de Pessoa

Art. 789. Nos seguros de pessoas, o capital segurado é livremente estipulado pelo proponente, que pode contratar mais de um seguro sobre o mesmo interesse, com o mesmo ou diversos seguradores.

Ao contrário do que ocorre nos seguros de danos materiais, no seguro de pessoas não há limites para o valor da contratação, que pode ser feita por vários seguradores. Leva-se em conta que a vida é economicamente inestimável. São várias as modalidades de seguro de vida: por toda a vida do segurado; por um tempo determinado; seguro de sobrevida, quando o segurador se obriga a pagar uma soma a beneficiário, se este sobreviver ao segurado, entre outros. Esses seguros podem oferecer garantia por morte natural ou acidental, acidentes pessoais, garantias de acidentes pessoais etc. Podem ser individuais ou em grupo, neste caso abrangendo vários segurados e beneficiários.

Agravo de instrumento – Cumprimento de sentença homologatória de acordo – Agravante que pretende ver reconhecida fraude a execução em razão da alienação de bens pelo agravado no curso da ação de execução em que homologado o título judicial exequendo – Impossibilidade – Acordo realizado após cientificação do agravante quando a venda de bens – Constituição de nova obrigação – Substituição do título originário – Art. 789 do CC – Requisitos da fraude, ademais, que não constam dos autos – Súmula 375 STJ – Precedentes – Decisão mantida – Recurso não provido (*TJSP* – Ag 2157538-15.2020.8.26.0000, 18-7-2020, Rel. Achile Alesina).

Apelação cível – Embargos à execução – **Seguro de vida** – Sentença que rejeitou os embargos – Morte do segurado – Negativa de pagamento da indenização – Alegada existência de doença preexistente à contratação – Diabetes, hipertensão e alcoolismo – Ausência de comprovação de má-fé do segurado – Inexistência de prévio exame médico – Risco assumido pela seguradora – Dever de indenizar – Precedentes da corte superior e dos tribunais pátrios – Alegação de fraude na contratação pelo beneficiário do seguro – Existência de outras seis apólices que têm o apelado como beneficiário – Artigo 789 do Código Civil – Manutenção da sentença – Recurso conhecido e provido – 1- Não tendo a seguradora tomado as devidas cautelas na verificação do estado de saúde do segurado no momento da celebração do contrato, e por via transversal, aceitado a adesão, bem como os pagamentos dos prêmios, não há que se falar em recusa do pagamento da indenização. 2- "Art. 789. Nos seguros de pessoas, o capital segurado é livremente estipulado pelo proponente, que pode contratar mais de um seguro sobre o mesmo interesse, com o mesmo ou diversos seguradores" (*TJPR* – AC 1110172-7, 6-5-2014, Rel. Des. D'Artagnan Serpa Sá).

Art. 790. No seguro sobre a vida de outros, o proponente é obrigado a declarar, sob pena de falsidade, o seu interesse pela preservação da vida do segurado.
Parágrafo único. Até prova em contrário, presume-se o interesse, quando o segurado é cônjuge, ascendente ou descendente do proponente.

Como visto no artigo anterior, várias são as modalidades admitidas no seguro de vida. Pode ter por objeto o seguro da vida inteira, mediante pagamento de prêmio anual, beneficiando terceiros indicados com a morte do segurado. Pode ser fixado o pagamento para certo e determinado período, após o qual o segurado se libera de pagamento, beneficiando também terceiros, no caso de morte. Pode também consistir na formação de capital para ser usufruído pelo segurado após certo tempo ou quando atingir determinada idade. Outras modalidades são continuamente introduzidas no meio securitário, como os seguros de saúde, com compreensão ainda não muito clara.

Esse artigo autoriza a estipulação de seguro sobre a vida de outrem, cabendo nessa hipótese ao interessado justificar seu interesse pela preservação da vida que pretende assegurar, "*sob pena de não valer o seguro, em se provando ser falso o motivo alegado*" (conforme o Código de 1916). Na realidade, ocorre simples declaração com relação à vida segurada, que faz presumir o interesse. Desse modo, pode alguém segurar a vida de outrem de quem dependa economicamente. O parágrafo único do art. 1.472 dispensava a justificação se o terceiro, cuja vida se quisesse segurar, fosse descendente, ascendente, irmão ou cônjuge do proponente. De forma a garantir a melhor operosidade, o parágrafo único do art. 790 deste Código estabelece uma presunção relativa, até prova em contrário, de que há interesse do proponente em seguros dirigidos à vida de seu cônjuge, ascendente ou descendente. O proponente deve mencionar também se o beneficiário é seu companheiro estável, cujo nível equipara-se ao cônjuge, embora a lei aqui não o diga.

Sob tais aspectos, lembre-se que a Súmula 61 do STJ, pacificando discussão anterior, especifica que "*o seguro de vida cobre o suicídio não premeditado*", no mesmo diapasão da Súmula 105 do STF.

Enunciado nº 186, III Jornada de Direito Civil – CJF/STJ: O companheiro deve ser considerado implicitamente incluído no rol das pessoas tratadas no art. 790, parágrafo único, por possuir interesse legítimo no seguro da pessoa do outro companheiro.

Art. 791. Se o segurado não renunciar à faculdade, ou se o seguro não tiver como causa declarada a garantia de alguma obrigação, é lícita a substituição do beneficiário, por ato entre vivos ou de última vontade.
Parágrafo único. O segurador, que não for cientificado oportunamente da substituição, desobrigar-se-á pagando o capital segurado ao antigo beneficiário.

Se o seguro não tiver por causa declarada a garantia de alguma obrigação, sendo a cláusula emitida à ordem no seguro de vida, é lícito ao estipulante a substituição do beneficiário, que pode ser feita até por ato de última vontade. Na falta de indicação dos beneficiários, o seguro seria pago aos herdeiros do segurado, no sistema do antigo Código. Este Código modifica essa diretriz e determina que o capital seja pago ao antigo beneficiário, quando o segurador não for cientificado oportunamente da substituição (parágrafo único). Esse direito de substituição é pleno e amplo.

Apelação Cível – Ipsemg – Indenização de seguro coletivo – Alteração de beneficiários por ato de última Vontade – Possibilidade – Art. 791 do CC – Sentença mantida. Nos termos do art. 791 do Código Civil se o segurado não renunciar à faculdade, ou se o seguro não tiver como causa declarada a garantia de alguma obrigação, é lícita a substituição do beneficiário, por ato entre vivos ou de última vontade. Recurso não provido (*TJMG* – Ap. 1.0701.15.017484-8/001, 4-10-2018, Rel. Elias Camilo).

Civil. Processual civil. Cobrança de seguro de vida. Cerceamento de defesa ante a não apresentação dos documentos originais. Preliminar afastada. Mérito. Contratante do seguro que, em vida, substituiu o rol de beneficiários do seguro previsto na apólice. Possibilidade. Capital segurado que deve ser entregue a quem o contratante indicou por ato de livre e espontânea vontade. Inteligência dos arts. 791 e 792 do Código Civil. Recurso desprovido. A apresentação do documento original não pode servir unicamente para satisfazer desejo ou capricho pessoal da parte, mormente se é possível, de outras formas, reconhecer a autenticidade e veracidade do escrito, pois "o processo não é um jogo de espertezas, mas instrumento ético da jurisdição para a efetivação dos direitos da cidadania" (STJ, Ministro Sálvio de Figueiredo Teixeira). "Não deve o intérprete se distanciar da concepção de que o seguro de vida encerra, necessariamente, uma estipulação em favor de terceiro. Não há, na lei, qualquer proibição de que a designação do beneficiário seja feita no momento da celebração do contrato ou em momento posterior. Essa é a razão de a lei permitir que o segurado substitua o beneficiário a qualquer tempo, sem expor qualquer motivação para o exercício dessa vontade manifestada. Ela, portanto, pode ser revogada *ad nutum* e por mais de uma vez" (José Augusto Delgado) (*TJSC* – Acórdão Apelação Cível 2011.021170-0, 7-7-2011, Rel. Des. Luiz Carlos Freyesleben).

Art. 792. Na falta de indicação da pessoa ou beneficiário, ou se por qualquer motivo não prevalecer a que for feita, o capital segurado será pago por metade ao cônjuge não separado judicialmente, e o restante aos herdeiros do segurado, obedecida a ordem da vocação hereditária.
Parágrafo único. Na falta das pessoas indicadas neste artigo, serão beneficiários os que provarem que a morte do segurado os privou dos meios necessários à subsistência.

Aqui inova-se definitivamente sobre o tema. Essa disposição, sem dúvida, trará discussões de ordem prática no caso concreto, mas é de lídima justiça social.

No seguro de vida, o interesse do segurado não é somente egoístico, qual seja, o de permanecer vivo, como também altruístico, no intuito de proteger a família e os entes que lhe estão próximos. No seguro de vida em favor de terceiro, o interesse do contraente é de que ele viva durante a existência do terceiro. Para a determinação do risco a ser coberto pelo segurador na garantia de vida, é necessário que este conheça o estado de saúde do segurado ou do terceiro. Para tal avulta de importância a boa-fé do declarante ao contrair o seguro. Nem sempre a empresa seguradora exigirá exame de saúde, mormente nos seguros de grupo, cuja contratação em massa o torna impraticável. Nesse caso, assume risco mais amplo.

Assim, a lei presume a vontade do segurado: na falta de indicação do beneficiário ou se por qualquer hipótese este não puder receber, o capital irá metade ao cônjuge e metade aos herdeiros do contratante. Mais uma vez a lei omite o convivente estável, que, por justiça e por direito constitucional, deve ser incluído na dicção. Ainda mais pelo texto do artigo seguinte.

Enunciado nº 374, IV Jornada de Direito Civil – CJF/STJ: No contrato de seguro, o juiz deve proceder com equidade, atentando às circunstâncias reais, e não a probabilidades infundadas, quanto à agravação dos riscos.

⚖ Cobrança – Seguro de vida – Pretensão da autora/apelante de indenização securitária por morte de seu cônjuge – Laudo pericial do IMESC concluiu pela embriaguez do condutor no momento do acidente – Embriaguez que não exime a seguradora de indenizar o beneficiário do seguro de vida – Súmula 620 do STJ – Precedentes desta Egrégia 34ª Câmara de Direito Privado – Ausência, contudo, da indicação de beneficiários na apólice e no certificado individual de seguro – Aplicação do art. 792 do CC, fazendo a autora, cônjuge do falecido, direito a 50% do valor, eis que existentes outros herdeiros, filhos do casal – Ação parcialmente procedente – Recurso parcialmente provido (*TJSP* – Ap. 1000965-47.2018.8.26.0416, 20-7-2020, Rel. Lígia Araújo Bisogni).

⚖ Direito civil, processual civil e consumidor – Ação de cobrança – **Seguro de vida – Legitimidade ativa** – Cerceamento de defesa – Não ocorrência – Cláusula de exclusão de cobertura – Ausência de clareza na informação – Abusividade – Morte por choque anafilático depois de tingimento de cabelos com a tintura marca Wella Linha Soft Collor – Causa acidental – Cobertura devida – Honorários advocatícios de sucumbência – Razoabilidade e proporcionalidade – Embargos declaratórios – Multa – Art. 1.026, § 2º, CPC – Decote – Apelo parcialmente provido apenas para exclusão da multa – 1- Apelação interposta contra sentença que julgou parcialmente procedente o pedido de cobrança de indenização securitária, além de condenar a ré ao pagamento de honorários de sucumbência na proporção de 10% sobre o valor da condenação e de multa, em virtude da oposição de embargos declaratórios protelatórios, no valor de 2% sobre o valor da causa. 2- Rejeitada a preliminar de ilegitimidade ativa porque não demonstrada a existência de união estável da segurada com suposto companheiro. 2.1. **Conclui-se pela legitimidade ativa da autora para postular o benefício pretendido, porquanto demonstrado ser a única herdeira da segurada, na forma do art. 792 do Código Civil.** 3- Afastada a preliminar de cerceamento de defesa porque juiz, como destinatário da prova, tem o dever de zelar pela rápida tramitação do litígio, devendo indeferir as provas inúteis e desnecessárias e proceder ao julgamento antecipado da lide quando não houver necessidade de produção de outras provas (art. 355, I, CPC). 3.1. A discussão acerca do contrato de seguro e sua respectiva cobertura não exige dilação probatória por se tratar de matéria eminentemente documental. 4- O consumidor deve ser claramente informado acerca das exclusões de cobertura securitária, de acordo com os arts. 6º, inc. III e 31, ambos do Código de Defesa do Consumidor. 4.1. Ante a ausência de efetiva informação acerca das situações de exclusão de cobertura sobre acidentes pessoais, considera-se devida a pretensão à indenização securitária quanto à morte decorrente de evento súbito. 5- O choque anafilático, causa da morte da segurada, oriundo da utilização de tinta de cabelo marca Wella, linha Soft Collor, pode ser caracterizado como morte acidental, por ser evento externo, súbito e involuntário, posto que da utilização da substância não se espera a ocorrência do evento fatal. 5.1. No caso, a morte da segurada não pode ser atribuída a doença preexistente, por falta de prova quanto à relação entre a reação alérgica com a doença declarada (asma). Logo, não há como se afastar a obrigação de pagamento da indenização securitária contratada. 6- Aplica-se o disposto no art. 757 do Código Civil segundo o qual, pelo contrato de seguro, o segurador se obriga, mediante o pagamento do prêmio, a garantir interesse legítimo do segurado, relativo a pessoa ou a coisa, contra riscos predeterminados. 7- Os honorários advocatícios sucumbenciais arbitrados em 10% sobre o valor da condenação atendem ao comando legal, visto que estipulados com razoabilidade e proporcionalidade, ante a natureza complexa da demanda securitária, que envolve produção de ampla prova documental. 8- Decota-se do julgado a multa prevista no art. 1.026, § 2º, CPC, porque não manifestamente protelatórios. 9- Recurso parcialmente provido (*TJDFT* – Proc. 20150110679374APC – (991802), 8-2-2017, Rel. João Egmont).

Art. 793. É válida a instituição do companheiro como beneficiário, se ao tempo do contrato o segurado era separado judicialmente, ou já se encontrava separado de fato.

O art. 1.474 do Código Civil de 1916 proibia figurar como beneficiário pessoa legalmente inibida de receber doação do segurado. A questão se referia primordialmente com o art. 550, analisado no capítulo da doação. Por esse último dispositivo, "*a doação do cônjuge adúltero ao seu cúmplice pode ser anulada pelo outro cônjuge, ou por seus herdeiros necessários, até dois anos depois de dissolvida a sociedade conjugal*".

Pela letra da lei, a companheira não podia ser instituída beneficiária do seguro. No entanto, os tribunais, de há muito, vinham amenizando a proibição, admitindo o benefício, quando se tratasse de relação concubinária duradoura, hoje denominada união estável, ainda que persistisse o casamento do estipulante com mera separação de fato.

"*É legítima a instituição da concubina como beneficiária do segurado quando o de cujus, estando separado de fato da esposa, vivia em concubinato sério e durável, e não em mera aventura leviana e passageira*" (*RT* 586/176, no mesmo sentido, 419/205, 467/135, 486/98, 551/113).

Nessas hipóteses, havendo situação solidificada, desaparecia o interesse protetivo original ao cônjuge primitivo buscado pelo legislador. Percebemos que a interpretação é elástica, embora essa elasticidade seja atualmente decorrente do reconhecimento progressivo dos direitos dos companheiros.

Este Código socorre a situação e consolida o pensamento jurisprudencial no presente artigo. O texto originário do Projeto ainda exigia cinco anos de separação de fato, exigência que foi retirada na redação definitiva desse dispositivo.

A legislação ora vigente consolidou a proteção aos concubinos, expressão que o presente Código substitui por companheiros. A lei rejeita apenas a situação adulterina.

📚 Apelação cível – Inventário – **Seguro de vida** – Pretensão da companheira ao recebimento da integralidade da indenização – Ausência de beneficiário expresso na apólice – Inteligência dos arts. 792 e 1.790, III, do Código Civil – Companheira que faz jus ao recebimento de 1/3 dos 50% restantes da indenização securitária – Recurso provido em parte (*TJSP* – Ap. 0000234-30.2009.8.26.0466, 21-3-2017, Rel. Alcides Leopoldo e Silva Júnior).

Art. 794. No seguro de vida ou de acidentes pessoais para o caso de morte, o capital estipulado não está sujeito às dívidas do segurado, nem se considera herança para todos os efeitos de direito.

Segue-se aqui o mesmo princípio do Código de 1916 ao se estipular que, no seguro de vida ou de acidentes pessoais para o caso de morte, o capital estipulado não está sujeito às dívidas do segurado, acrescentando mais ainda, ao dizer que essa modalidade de seguro não se considera herança para todos os efeitos de direito. No caso de morte, busca-se a vontade do proponente na apólice ou o que determina a lei, conforme comentamos acima. O capital segurado não é herança. O montante do pagamento do seguro de vida é, portanto, impenhorável. O benefício responderá unicamente por débitos referentes ao próprio prêmio. Há evidente conteúdo alimentar no seguro de vida. A impenhorabilidade é reafirmada pelo art. 833, IX, do CPC.

Importante também o campo do *seguro de acidentes*, sendo que os acidentes de trabalho encontram-se absorvidos pelos órgãos oficiais, *de transportes*, *agrário*, *de mútuo*, *de responsabilidade civil* etc. A Lei do Inquilinato (nº 8.245/91) incluiu, entre as modalidades de garantias locatícias, o seguro de fiança locatícia (art. 37, III). Como percebemos, cada modalidade possui amplitude monográfica.

Campo de fértil e contínua utilização, de amplo espectro social, o *seguro de responsabilidade civil* tem por objeto transferir para o segurador as consequências dos danos causados a terceiros e por terceiros, voluntários ou involuntários. Procura-se cobrir os riscos decorrentes do ato ilícito em sentido amplo. Nesse pormenor, é de ser recordado o *seguro-fidelidade*, que tem o objetivo de segurar o interesse de desvios de valores praticados por empregados ou prepostos, o *seguro de crédito industrial*, *comercial e agrícola* etc.

📚 Direito civil e processual civil – Arrolamento de bens – Jurisdição voluntária – Sentença homologatória – Apelação – Duplo efeito – Registro do formal de partilha – Condicionamento – Pagamento de impostos e tributos incidentes sobre os bens do espólio – Recurso Repetitivo – Seguro de vida – Benefício – Exclusão – Herança (art. 794 do CC/2002) – Sentença parcialmente reformada – 1- A regra estabelecida no *caput* do artigo 1.012 do CPC estabelece que o apelo deverá ser recebido nos efeitos devolutivo e suspensivo, ressalvadas as exceções a esta regra, contidas no seu § 1º. 2- O STJ decidiu, em sede de recurso repetitivo que o formal de partilha somente será entregue à parte após a comprovação do pagamento de todos os tributos incidentes sobre os bens do espólio. 3- "**No seguro de vida ou de acidentes pessoais para o caso de morte, o capital estipulado não está sujeito às dívidas do segurado, nem se considera herança para todos os efeitos de direito.**" (art. 794 do CC/2002). 4- Recurso conhecido e provido (*TJDFT* – Proc. 20150310277054APC – (1001011), 21-3-2017, Rel. Sebastião Coelho).

📚 Processo civil. Conflito negativo de competência. Ação de cobrança. Seguro DPVAT. Juízo de sucessões e juízo cível. Artigo 794 do Código Civil. Direito obrigacional. Competência vara cível. 1 – A cobrança gravita sobre o valor correspondente ao seguro obrigatório de danos pessoais causados por veículos automotores de vias terrestres (DPVAT). 2 – O artigo 794 do Código Civil Brasileiro, estabelece o seguinte: "**No seguro de vida ou de acidentes pessoais para o caso de morte, o capital estipulado não está sujeito às dívidas do segurado**, nem se considera herança para todos os efeitos de direito" (art. 794, CCB). 3 – Daí que, não é possível confundir relação de direito obrigacional, como é o caso dos autos, com direito sucessório, apenas porque tal pretensão corporifica-se em razão do decesso do segurado. 4 – Sendo, a matéria estranha ao direito sucessório, compete ao juízo das varas cíveis processar e julgar o feito 5. Conheço do presente Conflito Negativo de Competência para declarar a competência do Juízo da 12ª Vara Cível desta Comarca (*TJCE* – Acórdão Conflito de Competência 5365472010806000000, 7-2-2011, Rel. Des. Emanuel Leite Albuquerque).

Art. 795. É nula, no seguro de pessoa, qualquer transação para pagamento reduzido do capital segurado.

Afora o fato de qualquer interpretação no seguro ser restritiva, no seguro de pessoa há nítido caráter alimentar. Parte-se do pressuposto que não se permite transigir sobre a vida da pessoa. A importância segurada sempre será devida integralmente. Qualquer possibilidade de redução eventualmente contratada será ineficaz.

📖 Enunciado nº 374, IV Jornada de Direito Civil – CJF/STJ: No contrato de seguro, o juiz deve proceder com equidade, atentando às circunstâncias reais, e não a probabilidades infundadas, quanto à agravação dos riscos.

Art. 796. O prêmio, no seguro de vida, será conveniado por prazo limitado, ou por toda a vida do segurado.
Parágrafo único. Em qualquer hipótese, no seguro individual, o segurador não terá ação para cobrar o prêmio vencido, cuja falta de pagamento, nos prazos previstos, acarretará, conforme se estipular, a resolução do contrato, com a restituição da reserva já formada, ou a redução do capital garantido proporcionalmente ao prêmio pago.

O seguro de vida ou de pessoa objetiva garantir o pagamento de quantia em dinheiro para uma ou mais pessoas, tanto no caso de morte, como na hipótese de sobrevida além de certa idade ou prazo. O art. 1.440 do Código anterior estabelecia que:

> "A vida e as faculdades humanas também se podem estimar como objeto segurável, e segurar, no valor ajustado, contra os riscos possíveis, como o de morte involuntária, inabilitação para trabalhar, ou outros semelhantes."

O art. 1.471 reportava-se à anualidade do prêmio no seguro de vida, lapso utilizado na prática, embora nada impedisse que se fixe outro, bem como recondução do pacto. Esse artigo deste Código, por seu lado, estipula que o seguro de vida será conveniado por prazo limitado ou por toda a vida do segurado. O parágrafo único disciplina que, no caso de inadimplemento do prêmio por parte do segurado, haverá resolução do contrato, com a devolução da reserva já formada, ou a redução do capital garantido proporcionalmente ao prêmio pago.

Enunciado nº 542, VI Jornada de Direito Civil – CJF/STJ: A recusa de renovação das apólices de seguro de vida pelas seguradoras em razão da idade do segurado é discriminatória e atenta contra a função social do contrato.

Seguro de vida em grupo – Não-renovação – Possibilidade – Contrato de seguro estabelecido por prazo determinado – Artigos 760 e 796, ambos do **Código Civil** – Previsão feita em benefício de ambas as partes – Ausência de abusividade – Suficiência da notificação encaminhada pela seguradora à estipulante. Apelação não provida (*TJSP* – Ap. 3004045-13.2013.8.26.0431, 10-2-2017, Rel. Sá Moreira de Oliveira).

Seguro de vida em grupo – Não-renovação – Possibilidade – **Contrato de seguro estabelecido por prazo determinado** – Artigos 760 e 796, ambos do Código Civil – Ordenamento que não prestigia relações vitalícias – Alteração de entendimento – Não renovação como direito potestativo – Previsão feita em benefício de ambas as partes – Ausência de abusividade – Motivação fundada em regulamentação da Superintendência de Seguros Privados – SUSEP – Interesse da mutualidade que se sobrepõe ao do consumidor individual – Idoneidade do fundo a ser preservada.

Recurso provido (*TJSP* – Acórdão Apelação Cível 0143942 – 38.2010.8.26.0100, 10-10-2011, Rel. Des. Sá Moreira de Oliveira).

Art. 797. No seguro de vida para o caso de morte, é lícito estipular-se um prazo de carência, durante o qual o segurador não responde pela ocorrência do sinistro.
Parágrafo único. No caso deste artigo o segurador é obrigado a devolver ao beneficiário o montante da reserva técnica já formada.

Esse dispositivo estatui que no seguro de vida para o caso de morte, é lícito estipular-se um prazo de carência, durante o qual o segurador não responde pela ocorrência do sinistro, hipótese em que terá de devolver o montante da reserva técnica já formada (parágrafo único). Essa e outras disposições do Código, albergadas pela prática securitária e recepcionadas pela jurisprudência, decorrem do fato de que no seguro de vida não existe propriamente dano a indenizar, porque o valor da vida humana é preponderantemente axiológico. O que se garante é a expectativa e a excelência da vida. Por isso se permite o seguro de vida em favor de outras pessoas, bem como a estipulação de qualquer valor, sempre devido integralmente, ocorrendo o evento futuro. Também é possível realizar mais de um seguro sobre o mesmo bem de vida nessa modalidade, ainda que com diversos seguradores.

Art. 798. O beneficiário não tem direito ao capital estipulado quando o segurado se suicida nos primeiros dois anos de vigência inicial do contrato, ou da sua recondução depois de suspenso, observado o disposto no parágrafo único do artigo antecedente.
Parágrafo único. Ressalvada a hipótese prevista neste artigo, é nula a cláusula contratual que exclui o pagamento do capital por suicídio do segurado.

O seguro de vida tem como objeto a morte involuntária. O parágrafo único do art. 1.440 do velho Código considerava morte voluntária a recebida em duelo, "*bem como o suicídio premeditado*". Entende-se como premeditada a autossupressão da vida com predeterminação. Contudo, havendo fatores externos, alterações de saúde e psiquismo daí decorrentes, provocadores do suicídio, não se isenta a seguradora de pagar. É indenizável, por exemplo, a vida autodestruída por quem perde emprego ou situação estável, sendo levado à penúria, física, psíquica e econômica.

> "*Considera-se involuntário o evento desde que a alienação mental, ou a lesão psíquica, ou a causa interna, retire totalmente a capacidade de autocontrole e faça a vítima perder a noção do efeito de seu ato*" (RIZZARDO, 1988, p. 825).

Nesse sentido, a Súmula 105 do STF:

> "Salvo se tiver havido premeditação, o suicídio do segurado, no período contratual da carência, não exime o segurador do pagamento do seguro." Cite-se ainda a Súmula 61 do Superior Tribunal de Justiça: "O seguro de vida cobre o suicídio não premeditado."

Cabe ao beneficiário provar essa ausência de premeditação, questão que pode ganhar complexidade na prática, razão pela qual muitos defendem caber à seguradora provar em contrário, por ser o suicídio um ato de inconsciência. De qualquer modo, será ineficaz, tida como abusiva, a cláusula que excluir o suicídio da indenização. O vigente Código procurou solucionar de forma mais prática e objetiva a questão, estatuindo que o suicídio não gerará indenização, se ocorrido nos primeiros dois anos de vigência inicial do contrato, ou de sua recondução depois de suspenso, permitida esta pelo ordenamento. Sob tal prisma, afastar-se-á a discussão acerca da premeditação. Com esse período de dois anos, afasta-se a possibilidade de eventual fraude de quem faz seguro de vida com a intenção precípua de suicidar-se. Esse mesmo art. 798 é expresso no parágrafo único, estatuindo que *"ressalvada a hipótese prevista neste artigo, é nula a cláusula contratual que exclui o pagamento do capital por suicídio do segurado"*.

📚 Enunciado nº 187, III Jornada de Direito Civil – CJF/STJ: No contrato de seguro de vida, presume-se, de forma relativa, ser premeditado o suicídio cometido nos dois primeiros anos de vigência da cobertura, ressalvado ao beneficiário o ônus de demonstrar a ocorrência do chamado "suicídio involuntário".

⚖️ Apelações cíveis. Seguros. Ação de cobrança. Seguro prestamista. Suicídio. Prazo de carência implementado. Indenização devida. Legitimidade passiva. 1. A instituição financeira demandada é parte legítima para figurar no polo passivo da presente demanda, considerando que participou ativamente da celebração do negócio e desconto dos valores relativos às mensalidades. Teoria da Aparência. 2. Cobertura devida. Hipótese em que o suicídio do segurado ocorreu após o decurso do prazo de carência de 02 anos previsto nos arts. 797 e 798 do CC. 3. Adoção da data da vigência da apólice constante no certificado de seguro, pois está em consonância com o vencimento das parcelas da operação financeira à qual foi vinculado o pacto securitário. Peculiaridades do caso concreto. Apelos desprovidos (*TJRS* – Ap. 70080911894, 24-4-2019, Rel. Isabel Dias Almeida).

⚖️ Agravo interno no recurso especial – **Seguro de vida** – Renovação sucessiva do contrato – Matéria que não se insere na causa de pedir da ação – Flagrante inovação recursal – Suicídio do segurado dentro do prazo de dois anos do início da vigência do seguro – Inexistência de cobertura do risco – Desnecessidade de comprovação da premeditação do suicídio – 1- Não é possível a análise de tese alegada apenas nas razões do regimental por se tratar de evidente inovação recursal. 2- O Superior Tribunal de Justiça firmou entendimento de que o art. 798, do CC, adotou critério objetivo temporal para determinar a cobertura relativa ao suicídio do segurado, afastando o critério subjetivo da premeditação. 3- Agravo interno parcialmente conhecido e, nesta parte, desprovido (*STJ* – AGInt-REsp 1.587.990 – (2016/0072467-7), 1º-3-2017, Rel. Min. Paulo de Tarso Sanseverino).

⚖️ Agravo regimental no agravo de instrumento – Seguro – Cobertura securitária – Suicídio – Art. 798 do CC/2002 – Premeditação – Ausência de prova – **Ônus da seguradora** – Presunção de boa-fé – Atração dos enunciados sumulares nºs 7 e 83/STJ – Precedente específico da segunda seção desta corte. Razões vertidas no recurso que não fazem alterada as conclusões expendidas na decisão agravada. Agravo regimental desprovido (*STJ* – AgRg-AI 1.335.140 – (2010/0133946-0), 7-3-2012, Rel. Min. Paulo de Tarso Sanseverino).

Art. 799. O segurador não pode eximir-se ao pagamento do seguro, ainda que da apólice conste a restrição, se a morte ou a incapacidade do segurado provier da utilização de meio de transporte mais arriscado, da prestação de serviço militar, da prática de esporte, ou de atos de humanidade em auxílio de outrem.

Esse artigo trouxe inovação importante com relação ao âmbito do risco. Não cabe ao segurador, em princípio, indagar da causa da morte ou incapacidade. Não pode o contrato de seguro restringir a liberdade do segurado. É claro que tudo se examina com base nos princípios da boa-fé. Veja que o texto se refere a pagamento do seguro e não à indenização, termo que é reservado para seguros diversos do seguro de vida. Leve-se em conta, porém, que na contratação de seguros de vida, o segurador apresenta questionário completo sobre as atividades normais do futuro segurado, sendo o prêmio estabelecido com base nelas e segundo o recíproco dever de boa-fé.

Art. 800. Nos seguros de pessoas, o segurador não pode sub-rogar-se nos direitos e ações do segurado, ou do beneficiário, contra o causador do sinistro.

Este Código contempla a sub-rogação neste art. 786, no que se refere ao seguro de danos. Esse dispositivo proíbe expressamente a sub-rogação nos direitos e ações do segurado ou beneficiário nos seguros pessoais, contra o causador do sinistro, atendendo à diversa natureza dessa modalidade de seguro, pois o ofendido continua legitimado a pedir indenização contra o causador do dano, e o recebimento de pagamento securitário, nesse caso, é irrelevante para o terceiro causador.

Art. 801. O seguro de pessoas pode ser estipulado por pessoa natural ou jurídica em proveito de grupo que a ela, de qualquer modo, se vincule.

§ 1º O estipulante não representa o segurador perante o grupo segurado, e é o único responsável, para com o segurador, pelo cumprimento de todas as obrigações contratuais.

§ 2º A modificação da apólice em vigor dependerá da anuência expressa de segurados que representem três quartos do grupo.

Anote-se a distinção de seguros individuais e coletivos ou em grupo. No seguro em grupo, frequente no seguro de vida, há um conjunto de indivíduos segurados, nominados ou somente referidos, como, por exemplo, os empregados de uma fábrica ou associados de entidade, os membros de uma associação, empregados de uma empresa, funcionários de uma autarquia etc. com faculdade de substituição de beneficiários. O art. 801 deste Código, em um único dispositivo, fornece a base dessa importante contratação securitária.

Esse dispositivo visa esclarecer dúvidas que grassaram na jurisprudência. Nesse seguro em grupo, o único responsável perante o segurador, pelo pagamento do prêmio e demais encargos, é o *estipulante*. É ele, também, responsável por indicar os beneficiários que integrarão a apólice, os novos segurados e aqueles que são excluídos. Ele não representa o segurador, o qual é o único responsável pelo pagamento do capital, nas hipóteses que ocorrerem. Desse modo, caberá ao corpo de segurados exercer vigilância sobre a conduta do estipulante quanto ao cumprimento das obrigações referentes ao seguro. Se o estipulante for inadimplente ou agir com culpa, de molde a prejudicar o segurado, caberá a este acioná-lo por perdas e danos. Outra importante disposição nesse artigo diz respeito à modificação da apólice em vigor, que somente poderá ser feita com a anuência expressa de três quartos dos segurados. Trata-se, sem dúvida, de uma base legislativa sólida para esse seguro em grupo, a qual deverá, contudo, ser complementada por regulamentos, tanto de ordem geral como de ordem particular, elaborados pelo próprio universo de interessados. Nem sempre será fácil a alteração da apólice, pois mostrar-se-á difícil, na prática, a aquiescência de três quartos do universo de segurados. Essa necessidade de alteração apresenta-se mais comum nos casos concretos do que à primeira vista pode parecer. Caberá a cada grupo de segurados definir a melhor forma de atuação e fiscalização desse seguro. Cada segurado terá legitimidade para discutir as condições do seguro e não somente o estipulante, como decorrência da estipulação em favor de terceiro.

> "O estipulante funcionará na equação contrária, como elo de ligação entre o segurador e o grupo, tendo a responsabilidade, perante o primeiro, de fiscalizar o cumprimento de todas obrigações pelo grupo contraídas, uma vez que foi ele quem procurou a companhia para a consecução do negócio" (FIÚZA, 2002, p. 726).

O seguro de vida é ramo dos mais importantes, dado seu profundo alcance social e cunho alimentar. Tanto assim é que o Código de 2002, no art. 795, de forma rigorosa e peremptória, declara que é nula, no seguro de pessoa, qualquer transação para pagamento reduzido do capital segurado. Trata-se, na verdade, de ineficácia, mais propriamente do que nulidade.

Enunciado nº 375, IV Jornada de Direito Civil – CJF/STJ: No seguro em grupo de pessoas, exige-se o quórum qualificado de 3/4 do grupo, previsto no § 2º do art. 801 do Código Civil, apenas quando as modificações impuserem novos ônus aos participantes ou restringirem seus direitos na apólice em vigor.

Ação de Cobrança. Legitimidade Passiva. Seguro Prestamista. Pessoa Jurídica que constou como estipulante no Certificado de Seguro. Estipulante que não representa o segurador. Art. 801 do CC. Ilegitimidade passiva configurada. O seguro prestamista contratado assegura, em caso de morte ou incapacidade do contratante, a cobertura de eventual saldo devedor de cartão de crédito. Situação diversa do seguro de vida. Sentença mantida. Recurso não provido (TJSP – Ap. 1013985-54.2015.8.26.0564, 14-12-2017, Rel. Walter Barone).

Seguro de vida e acidentes pessoais – Ação de cobrança – Corré – Ação movida em face de estipulante ilegitimidade passiva para a causa – Configurada – Mandatário do segurado. O estipulante da apólice coletiva a que se refere o seguro fica investido dos poderes de representação dos segurados perante a seguradora – **É parte ilegítima para figurar no polo passivo da ação a entidade responsável pela arrecadação do prêmio para a seguradora, isto porque é mero estipulante do contrato de seguro.** Inteligência do art. 801 do Código Civil e do artigo 21, § 2º do Decreto-lei nº 73, de 21 de novembro de 1966 – Recurso do estipulante provido para o fim de extinguir o processo na forma do artigo 267, inciso VI, do Código de Processo Civil. Ação de cobrança – Morte do segurado – Pretensão do beneficiário contra o segurador atraso no pagamento de parcela do seguro – Cancelamento automático – Impossibilidade – O atraso no pagamento de parcelas do contrato securitário não possui o condão de rescindi-lo sem prévia interpelação do segurado – Disposição contratual que determina a perda de direitos, independentemente de qualquer interpelação judicial ou extrajudicial, em casos de o segurado encontrar-se com o pagamento do prêmio e/ou suas parcelas atrasadas – Nulidade de cláusula – Indenização securitária devida – Princípio da boa-fé objetiva que deve ser interpretada em favor da parte segurada – Incidência do artigo 51, inciso IV do Código de Defesa do Consumidor c.c. o artigo 765 do Código Civil – Recurso da seguradora improvido (TJSP – Acórdão Apelação Cível 9264631 – 35.2008.8.26.0000, 8-9-2011, Rel. Des. Luis Fernando Nishi).

Art. 802. Não se compreende nas disposições desta Seção a garantia do reembolso de despesas hospitalares ou de tratamento médico, nem o custeio das despesas de luto e de funeral do segurado.

Atente-se para esse comando legal: os dispositivos sobre seguro de pessoa não regulam a garantia do reembolso de despesas hospitalares ou de tratamento médico, nem o custeio de despesas de luto e de funeral do seguro. A denominada medicina pré-paga, ou seja, as instituições de assistência à saúde e seguro-saúde que garantem o reembolso, ou isentam de pagamento consultas, exames de laboratório e atendimento hospitalar, é regulada por legislação própria, principalmente pela Lei nº 9.656/98, que a história recente, mercê inúmeras medidas provisórias, tem demonstrado ser confusa e ineficiente.

CAPÍTULO XVI
Da Constituição de Renda

Art. 803. Pode uma pessoa, pelo contrato de constituição de renda, obrigar-se para com outra a uma prestação periódica, a título gratuito.

Art. 804. O contrato pode ser também a título oneroso, entregando-se bens móveis ou imóveis à pessoa que se obriga a satisfazer as prestações a favor do credor ou de terceiros.

A constituição de renda, no vetusto sistema anterior, tinha compreensão de direito real e de negócio jurídico contratual.

Este Código apresenta o conceito desse instituto nesse artigo complementado pelo artigo 804. No sistema vigente não existe mais constituição de renda como direito real.

A constituição de renda, embora presente em raízes do Direito Romano, somente se desenvolveu em época mais recente, em locais de influência da Igreja, a fim de prevenir a usura. Busca-se no *censo consignativo* a origem da constituição de renda sobre imóvel. Por meio desse negócio, o alienante de um imóvel reservava para si os frutos, sob a forma de prestação anual perpétua. Pelo *censo reservativo*, alguém se obrigava à prestação anual a ser paga pelo adquirente e sucessores, mediante o recebimento de certo capital. Quando essa obrigação gravava um prédio, era de natureza perpétua, não podendo ser remida ou resgatada. Distinguia-se do mútuo, porque no censo não havia obrigação de restituir a coisa. Na verdade, tratava-se de um empréstimo com garantia real. O proprietário do bem entregue pagava juros perpétuos sobre capital que não podia restituir (GOMES, 1983a, p. 458). O direito moderno não admite rendas perpétuas. O instituto ora sob enfoque tem limite temporal na morte do beneficiário ou em prazo determinado.

Os autores nacionais decantam em uníssono o desuso e a inutilidade da constituição de renda na atualidade, tendo em vista principalmente a instabilidade econômica do mundo contemporâneo, que joga por terra a possibilidade de pensão periódica estável por largos períodos de tempo. No entanto, os mecanismos de correção monetária, embora nem sempre confiáveis e imunes a críticas, podem minimizar essa dificuldade. Ademais, como temos enfatizado em nossos estudos, com frequência são revividos, sob vestes contemporâneas, em virtude de novas necessidades sociais, institutos jurídicos que se acreditavam definitivamente sepultados em páginas amareladas dos códigos e nos alfarrábios de doutrina.

O perfil da previdência privada em nosso país, tendo em vista a insuficiência dos planos oficiais, abre novas possibilidades à constituição de renda vitalícia, colocando à disposição de um segmento específico da população esse contrato mediante a entrega prévia de um capital. Em vez de o interessado contribuir periodicamente durante certo tempo para usufruir ao final uma pensão, pode optar pela consignação de um capital, usufruindo imediatamente o benefício vitalício. Sua utilidade é destinada àqueles que, em razão de idade mais avançada, não teriam condições de ingressar nos planos ordinários de pensão e já possuem certo capital para fazer frente à futura pensão. Tudo está a induzir, entretanto, que esses contratos também possam admitir a aquisição de bens móveis ou imóveis para propiciar a concessão de renda. Nada está a impedir que no futuro outras utilidades sejam encontradas para esse negócio. Percebe-se sua proximidade com o contrato de seguro.

Desse modo, mostra-se hoje injustificada a monótona reiteração da doutrina nacional em qualificar como obsoleto e inútil o presente instituto, aliás mantido este Código Civil.

O beneficiário que ingressa nesse negócio está à busca de segurança; de uma pensão periódica que garanta sua subsistência vitalícia, na maioria das vezes. Tanto assim é que o art. 806 deste Código é expresso no sentido de que o contrato de constituição de renda seja feito a prazo certo, ou por vida, *"podendo ultrapassar a vida do devedor mas não a do credor, seja ele o contratante, seja terceiro"*.

A função econômica da constituição onerosa de renda vitalícia não é obter lucro com um capital mantido intacto, mas consumir esse capital em forma de pensão, assegurando-se recursos. Em explicação simplificada, podemos afirmar que se trata da venda de um capital. Quando se trata de capital diverso de dinheiro, a proximidade com o contrato de compra e venda é ponderável.

O credor é denominado *rentista* ou *censuísta*; o devedor, titular do bem vinculado, denomina-se *rendeiro* ou *censuário*.

A criação da renda vitalícia pode decorrer de ato gratuito ou oneroso. A maior utilidade, no entanto, reside no contrato oneroso, tanto que muitas legislações não se ocupam da modalidade gratuita. A constituição de renda onerosa aproxima-se do contrato de mútuo feneratício com amortização periódica. Dele, porém, se diferencia, porque não existe obrigação de restituição da coisa emprestada e porque existe um caráter aleatório na constituição de renda vitalícia, pois não se sabe quanto tempo persistirá o pagamento periódico. Daí por que não parece temerário afirmar que o contrato oneroso de renda vitalícia seja um mútuo de amortização aleatória (ZAVALÍA, 1995, v. 5, p. 273).

Qualquer contrato oneroso pode ser convertido em aleatório por vontade das partes. Instituída a título gratuito, trata-se de negócio unilateral assimilável à doação, cujas regras devem ser obedecidas. Como contrato oneroso, é negócio bilateral, assimilável à compra e venda e ao mútuo, do qual se extraem aspectos interpretativos e integrativos.

A constituição de renda somente se convertia em direito real, na forma do antigo diploma legal, se registrada no cartório imobiliário; caso contrário, continuaria regida pelos princípios obrigacionais. Como direito obrigacional, o objeto do capital pode ser constituído tanto por móveis como por imóveis. O rendeiro obriga-se a prestações em favor do credor, de forma periódica. As prestações devem ser em dinheiro, embora não exista proibição de que sejam constituídas de outros bens.

Discute-se se esse contrato possui caráter real, isto é, necessita da entrega do objeto, dinheiro ou coisa, para se aperfeiçoar. Como percebemos da dicção transcrita do art. 1.424 do CC/1916 e pelos dispositivos deste Código, o contrato conclui-se pelo acordo de vontades. Devemos entender que a entrega de certo capital é consequência do contrato, o qual já se concretizou com o simples pacto de vontades. Mormente na constituição real de renda, não haveria como entregar-se a coisa para a ultimação do contrato. No dizer de Serpa Lopes (1993, v. 4, p. 375),

> "ligar a tradição à formalização do contrato, importaria na impossibilidade de transcrever, pois, antes da tradição, não existiria contrato. Consequentemente, entendemos infundada a qualificação da constituição de renda como um contrato real".

No entanto, essa opinião é minoritária na doutrina que acolhe a constituição de renda como contrato real. Não se confunde, como se sabe, o contrato real, que é categoria tradicional de origem romana do sistema contratual, com o contrato com efeitos reais. No presente Código, não mais teremos possibilidade de efeito real nesse negócio.

Trata-se, portanto, de contrato oneroso e como tal bilateral, na maioria das vezes, embora se admita o título gratuito em favor de terceiro. As prestações não são da mesma natureza, porque existe a prestação instantânea consistente na entrega do capital e a posterior obrigação de pagamento periódico. Para o rendeiro, que se obriga a pagar, será sempre oneroso. A garantia do beneficiário reside no próprio capital entregue, o que nem sempre será suficiente. Nada impede que se agregue garantia específica para o cumprimento da obrigação. Este Código, oriundo do Projeto de 1975, permite expressamente que, no contrato oneroso, o credor exija que o rendeiro preste caução real ou fidejussória (art. 805). Isso porque, tornando-se insolvente o devedor, na ausência de garantias do negócio, frustrar-se-á a renda almejada.

O contrato será comutativo na eventualidade de ser fixado um número determinado de prestações, limitando-se a instituição a certo prazo. Será aleatório quando limitado à duração da vida do beneficiário, cujo termo é incerto.

Não se exige forma especial, salvo quando se tratar de imóvel, sujeitando-se à escritura pública se acima do valor legal. Dada sua natureza peculiar e em razão do direito pensional que envolve, na prática afigura-se indiretamente necessário que se revista de escrito, dadas as dificuldades e limitações da prova testemunhal. Instituída por doação ou testamento, submete-se aos requisitos desses institutos. O Código Civil de 2002 é expresso em exigir a escritura pública para esse negócio (art. 807).

Art. 805. Sendo o contrato a título oneroso, pode o credor, ao contratar, exigir que o rendeiro lhe preste garantia real, ou fidejussória.

Não apenas o contrato gratuito ou oneroso pode instituir renda periódica. O testamento pode fazê-lo. Também na lei encontram-se exemplos. O art. 602 do CPC dispusera em sua redação original revogada: *"Toda vez que a indenização por ato ilícito incluir prestação de alimentos, o juiz, quanto a esta parte, condenará o devedor a constituir um capital, cuja renda assegure o seu cabal cumprimento."*

Os parágrafos desse artigo permitiam que o capital fosse constituído por imóveis e títulos da dívida pública, sendo inalienável e impenhorável.

Neste art. 805, o que se tem em mira é a garantia de um contrato privado, quando a garantia real ou fidejussória, que pode ser exigida pelo credor, servirá para sustentar o pagamento periódico, na hipótese de vicissitudes. A garantia pode ser prestada pelo censuário ou terceiro.

Art. 806. O contrato de constituição de renda será feito a prazo certo, ou por vida, podendo ultrapassar a vida do devedor mas não a do credor, seja ele o contratante, seja terceiro.

Esse contrato deve sempre ter um termo, não podendo ser perpétuo, o que o aproximaria do direito real. Não pode ultrapassar a vida do credor.

Além das causas que extinguem os contratos em geral, apontam-se algumas particulares ao contrato de renda. Extingue-se a renda com o decurso de prazo fixado no contrato ou pela morte do beneficiário na renda vitalícia. A morte do rendeiro (devedor) apenas extingue o contrato se assim foi contratado; caso contrário, a obrigação transmite-se aos herdeiros, nos limites da força da herança.

O art. 810 estipula causa específica de rescisão, a qual, aliás, não refoge ao sistema geral. Quando se trata de pensão constituída por meio de doação, a morte do doador extingue-a, salvo disposição em contrário (art. 545). Na disposição equivalente do presente Código (art. 545), há menção expressa no sentido de que essa modalidade de doação não pode ultrapassar a vida do donatário.

A doutrina ainda costuma lembrar a *inoficiosidade* da constituição gratuita de renda por aplicação do princípio das doações (arts. 549 e 1.846), bem como os casos de ingratidão do donatário (arts. 555 e 557).

Art. 807. O contrato de constituição de renda requer escritura pública.

A exigência de escritura pública para o contrato de constituição de renda é inovação deste Código. O legislador procura dar maiores garantias às partes, exigindo instrumento público para sua validade e eficácia, tendo em vista a natureza do negócio jurídico, seu nítido caráter alimentar, embora não constitua um direito real.

Ao se interpretar restritivamente esse dispositivo, estaria descartada a possibilidade de instituição da constituição de renda por testamento, neste novo sistema. Observe-se, contudo, que o testamento é ato essencialmente solene, cujo rigor formal supera a própria escritura. Assim, parece-me sustentável a instituição por testamento, mormente sob a forma pública.

🔎 Ação de cobrança – Gratuidade – Pessoa Jurídica – Necessária a demonstração da impossibilidade de arcar com as custas (Súmula 481 do STJ) – Hipótese não configurada – Recurso tempestivo – Inocorrência de cerceamento de defesa – Preliminares rejeitadas – Direito contratual – Renda vitalícia em favor de antigo pastor – Concessão de benefício condicionada à deliberação em assembleia geral da entidade religiosa. Ato não realizado. Negócio jurídico ineficaz, mas, ainda assim, executado durante sete anos. Circunstâncias que permitiam ao autor crer na regularidade do seu direito material. Solução conforme a cláusula geral de boa-fé (art. 422 do Código Civil). Proteção da confiança. Hipótese de *surrectio* (*Erwirkung*). Qualificação do negócio jurídico. **Constituição de renda. Exigência de escritura pública** (art. 807 do Código Civil). Proteção da confiança. Conjuntura que não convalida o negócio nulo. Crédito que se funda na própria *surrectio*. Recurso desprovido (*TJSP* – Ap. 0001134-93.2013.8.26.0103, 24-4-2015, Rel. Rômolo Russo).

🔎 Agravo de instrumento – Ação declaratória de nulidade de instrumento particular de constituição de renda com pedido de antecipação de tutela – Decisão em que se concedeu parcial tutela antecipada para suspensão de pagamento de obrigação constante em contrato de constituição de renda – **Alegação de necessidade de escritura pública** – Ato celebrado a título gratuito (não oneroso) – Verossimilhança das alegações do devedor inexistentes – Não preenchimento dos requisitos exigidos pelo art. 273 do CPC – Decisão reformada – Recurso provido – O art. 273 do Código de Processo Civil, por prever medida excepcional de urgência, exige a presença cumulativa de dois requisitos para a concessão da antecipação dos efeitos da tutela de mérito, de modo que, constatando-se a ausência da prova inequívoca da verossimilhança das alegações do requerente, a medida não deve ser concedida. O contrato de constituição de renda, quando celebrado a título gratuito, sem o caráter oneroso e sem transferência do domínio de qualquer imóvel do capital do beneficiário ao rendeiro, não exige que a obrigação seja constituída por escritura pública, a qual não é da substância do ato, situação reservada, exclusivamente, para as situações descritas no artigo 807 do Código Civil, não presentes na hipótese. Recurso conhecido e provido (*TJMS* – AG 2011.018878-6/0000-00, 14-10-2011, Rel. Des. Dorival Renato Pavan).

Art. 808. É nula a constituição de renda em favor de pessoa já falecida, ou que, nos trinta dias seguintes, vier a falecer de moléstia que já sofria, quando foi celebrado o contrato.

Esse artigo entrosa-se com o art. 806, que estabelece que o contrato não pode suplantar a vida do credor.

O beneficiário pode ser o próprio instituidor, ou seja, quem confere o capital, ou um terceiro. Quando o benefício é feito em favor de estranho, aplicam-se os princípios da estipulação em favor de terceiro (arts. 436 a 438). Para esse terceiro, haverá um contrato gratuito. Quando instituída em benefício próprio, o instituidor destaca parte de seu patrimônio para produzir renda em seu próprio benefício.

Além das causas gerais de nulidade que afetam todos os negócios jurídicos, este art. 808 dispõe sobre nulidade da constituição de renda para pessoa falecida ou que venha a falecer nos 30 dias seguintes, decorrente de moléstia que já sofria.

Como se percebe, cuida-se de nulidade textual. A nulidade é absoluta, sendo visível a intenção do legislador, que mais aproxima o negócio do contrato de seguro. Se já falecido o beneficiário, esvazia-se o contrato por falta de sujeito, não havendo beneficiário. A solução é a mesma se este vem a falecer nos 30 dias seguintes à celebração, de moléstia já existente. *Mutatis mutandis*, como no seguro, o credor deve apresentar perfeita higidez física, pois seria imoral e constituiria injusto enriquecimento em favor do censuário o recebimento do capital nessa hipótese. A nulidade decorre da índole aleatória do contrato. O aspecto da moléstia referido no dispositivo será matéria de prova.

Art. 809. Os bens dados em compensação da renda caem, desde a tradição, no domínio da pessoa que por aquela se obrigou.

Cuida-se da constituição de renda onerosa, quando são dados bens para produzir a renda. O devedor da pensão fundada em direito real tinha o direito de resgate do imóvel. Nesse diapasão, o art. 751 do Código antigo dispunha que o imóvel sujeito à renda poderia ser resgatado, mediante o pagamento pelo devedor de um capital em espécie, cujo rendimento, calculado pela taxa legal dos juros, assegurasse ao credor a renda equivalente. Nos termos deste art. 809, os bens dados para garantir a renda caem, desde a tradição, no domínio da pessoa que por aquela se obrigou, no concernente aos móveis. Para os imóveis, o ato divisório de domínio é o registro. Esse texto reforça a opinião daqueles que entendem que a constituição de renda é um contrato real. Destarte, com a instituição, o rendeiro adquire a propriedade dos bens garantidores. No sistema do atual Código, somente com negócio de alienação, ainda que resolúvel, esse domínio será possível. Esse domínio é livre para o rendeiro, salvo disposição em contrário. Essa aquisição pelo rendeiro é característica do negócio. Desde o momento da tradição, o adquirente suporta os riscos dessa nova condição, conforme os princípios gerais. Desse modo, ainda que pereça o capital, continuará a responsabilidade pelo pagamento da renda. As regras de evicção também são aplicáveis. Perdida a coisa por esse efeito, o instituidor suportará as consequências.

Art. 810. Se o rendeiro, ou censuário, deixar de cumprir a obrigação estipulada, poderá o credor da renda acioná-lo, tanto para que lhe pague as prestações atrasadas como para que lhe dê garantias das futuras, sob pena de rescisão do contrato.

Questão fundamental para o perfeito funcionamento do contrato é a forma de sanção pelo inadimplemento. No descumprimento da obrigação por parte do rendeiro ou censuário, esse artigo permite que o credor acione-o para pagar as prestações atrasadas e para dar garantias das futuras, sob pena de rescisão. Desse modo, abre-se possibilidade de ação tanto no caso de mora, como no de periclitância no cumprimento da obrigação por parte do devedor. Tornando-se duvidoso o pagamento das parcelas futuras, o credor pode exigir garantias que, se não prestadas satisfatoriamente, autorizam o desfazimento do contrato. A possibilidade de rescisão do contrato nessas situações é mais ampla do que em outras legislações, em que apenas se permite a cobrança das prestações vencidas. Avulta por isso a importância de a obrigação periódica ter garantias reais ou fidejussórias (art. 805).

Art. 811. O credor adquire o direito à renda dia a dia, se a prestação não houver de ser paga adiantada, no começo de cada um dos períodos prefixos.

O direito à renda é adquirido a cada dia, salvo quando paga antecipadamente, embora possa ter sido contratado o pagamento para períodos diversos, mensais, trimestrais etc. É o que deflui desse artigo. Desse modo, se a renda é vitalícia, a pensão é devida até a data da morte.

Art. 812. Quando a renda for constituída em benefício de duas ou mais pessoas, sem determinação da parte de cada uma, entende-se que os seus direitos são iguais; e, salvo estipulação diversa, não adquirirão os sobrevivos direito à parte dos que morrerem.

Se a renda foi instituída em favor de vários beneficiários, aplica-se esse artigo. Assim, quando a instituição beneficiar mais de uma pessoa, entende-se que o direito de cada uma delas é igual. Desse modo, prevalece a instituição apenas em favor do sobrevivente na quota que lhe foi atribuída, pois se presume o benefício em partes iguais.

O instituidor pode, porém, determinar o direito de acrescer, quando então todo o valor do benefício mantém-se integral, conferido aos sobrevivos. Tratando-se de beneficiários marido e mulher, no falecimento de um deles, o sobrevivo receberá a parte do morto, por aplicação da regra do art. 551, parágrafo único, no tocante às doações, salvo disposição em contrário no contrato. Por referido artigo, a doação em comum a marido e mulher subsistirá na totalidade em favor do supérstite, contrariando, assim, a regra dispositiva do art. 812. Fica em aberto a questão referente aos conviventes, sendo sustentável aplicar a mesma solução a eles.

Art. 813. A renda constituída por título gratuito pode, por ato do instituidor, ficar isenta de todas as execuções pendentes e futuras.
Parágrafo único. A isenção prevista neste artigo prevalece de pleno direito em favor dos montepios e pensões alimentícias.

Esse dispositivo permite que nas rendas constituídas por título gratuito o instituidor imponha as cláusulas de impenhorabilidade, inclusive no tocante a execuções pendentes. A autorização para a inalienabilidade é conferida por lei, portanto. Desse modo, a nosso entender, essa inalienabilidade não se confunde com as que versam sobre direito sucessório típico, e que exigem justificação de motivo para sua imposição, no sistema deste Código (art. 1.848). Essa isenção é automática quando se tratar de montepios e pensões alimentícias, segundo a letra expressa desse dispositivo. Nada impede, ademais, que sejam instituídas as cláusulas de inalienabilidade, permitidas nos atos gratuitos, aqui com aplicação específica, fora dos direitos sucessórios. Não são permitidos esses gravames, no entanto, nos contratos onerosos, segundo o sistema geral, porque a ninguém é dado, por vontade própria, subtrair seus bens dos credores, permitindo-se somente a instituição em atos gratuitos.

CAPÍTULO XVII
Do Jogo e da Aposta

Art. 814. As dívidas de jogo ou de aposta não obrigam a pagamento; mas não se pode recobrar a quantia, que voluntariamente se pagou, salvo se foi ganha por dolo, ou se o perdente é menor ou interdito.
§ 1º Estende-se esta disposição a qualquer contrato que encubra ou envolva reconhecimento, novação ou fiança de dívida de jogo; mas a nulidade resultante não pode ser oposta ao terceiro de boa-fé.
§ 2º O preceito contido neste artigo tem aplicação, ainda que se trate de jogo não proibido, só se excetuando os jogos e apostas legalmente permitidos.
§ 3º Excetuam-se, igualmente, os prêmios oferecidos ou prometidos para o vencedor em competição de natureza esportiva, intelectual ou artística, desde que os interessados se submetam às prescrições legais e regulamentares.

1. Conceito. Natureza jurídica

Jogo e aposta identificam-se quanto à disciplina jurídica, mas possuem conteúdos distintos. Ambos são contratos e, portanto, negócios jurídicos bilaterais, ainda que vulgarmente não se dê conta disso. Jogo é o contrato por meio do qual duas ou mais pessoas se obrigam a pagar determinada quantia ou coisa diferente de dinheiro àquele que resultar vencedor na prática de atividade intelectual ou física. No jogo, a soma prometida parte dos próprios participantes da atividade lúdica. Aposta é o contrato pelo qual duas ou mais pessoas prometem soma ou equivalente em razão de opinião sobre determinado assunto, fato natural ou ato de terceiros. Credor da aposta será aquele cuja opinião coincidir com o que for considerado real ou verdadeiro. Como se percebe, no jogo, as partes desempenham papel em seu desate. Na aposta, o acontecimento opinativo depende de fatores externos à atividade e à vontade dos partícipes do negócio. Em ambos, a álea ou o azar, a incerteza do resultado, é característica marcante. Os jogos que dependem de destreza física ou intelectual são considerados lícitos.

A tendência de jogar e apostar acompanha a natureza humana. A Antiguidade aponta a repressão aos jogos por dinheiro, embora fossem incentivados os de índole desportiva. Anota-se que os povos germanos eram jogadores por excelência (Monteiro, 1980, p. 351).

A era atual demonstra maior ou menor tolerância com jogos e apostas, conforme localização no tempo e no espaço. Para o Direito, a relevância desses negócios ocorre quando há contrato oneroso. A Moral, a Sociologia e a Psicologia estudam-nos sob outros enfoques, não menos relevantes. O jogo e a aposta gratuitos, em princípio, são juridicamente irrelevantes, devendo ser objeto de outras ciências. O interesse jurídico reside no fato de esses negócios gerarem relações jurídicas. Jogo e aposta que tenham por objeto prestação sem conteúdo econômico, ficando no puro campo da distração ou divertimento, não possuem efeito jurídico.

A matéria é tratada nestes arts. 814 a 817. Característica básica das dívidas de jogo e aposta é sua natureza de obrigação natural. Assim, este art. 814 é expresso no sentido de que as dívidas decorrentes do jogo ou da aposta não obrigam o pagamento. No entanto, uma vez solvida a obrigação, não há direito à repetição. Lembre-se de que os jogos autorizados ou regulamentados constituem obrigações civis, pois recebem a chancela jurídica. A supressão ao direito de repetição é, na realidade, o único efeito jurídico desse negócio com conteúdo de obrigação natural; doutro modo, não haveria razão para o legislador tratar da matéria, erigindo o jogo ou aposta em contrato, mas suprimindo-lhe em parte os efeitos jurídicos ordinários. Sob esse aspecto, critica Sílvio Rodrigues (1983, p. 387), que chega a negar que sejam atos jurídicos e, portanto, nega-lhes também o caráter contratual. Todavia, embora ponderável o peso da opinião do renomado mestre, secundando Clóvis, que não os colocara no projeto original, se reconhecidos efeitos jurídicos parciais ao negócio, não há que se suprimir seu caráter negocial e contratual. Jogo e aposta são contratos de efeitos incompletos, mas só por isso não deixam de sê-lo.

São, portanto, negócios bilaterais, onerosos, aleatórios e com conteúdo de obrigação natural.

Os jogos e as apostas são proibidos em geral, mas não aqueles constantes do vasto rol de jogos e loterias regulamentadas pelo Estado, que são créditos sem pretensão. Os jogos e as apostas proibidas, por outro lado, não vinculam. No dizer de Pontes de Miranda (1972, v. 45, p. 226):

"***Ninguém deve*** *por perder em jogo proibido, ou em aposta proibida. Quem perdeu em jogo não proibido, ou em aposta não proibida,* ***deve****, porém contra essa pessoa não há pretensão nem ação."*

A dívida natural refere-se aos jogos lícitos ou ilícitos, sem distinção. As obrigações geradas pelos jogos ou apostas legalizadas ou regulamentadas são obrigações civis, com débito e responsabilidade, e, portanto, exigíveis. Não se confunde a álea de um jogo que dá margem ao pagamento do vencedor contratante, ainda que com destreza intelectual, com o pagamento ou prêmio que faz patrocinador, empregador ou terceiro pela participação do esportista ou jogador na contenda.

2. Espécies de jogo. Natureza da obrigação. Características

Como referido, os jogos e a aposta podem ser legais ou regulamentados, lícitos ou tolerados e ilícitos ou proibidos. Nos tolerados ou proibidos, aplica-se o art. 814. Não há direito à repetição, como regra geral. Característica de obrigação natural, a dívida não possui ação para cobrança. Não há, como visto, direito a recobrar pelo que se pagou em razão de aposta ou jogo. Reputa-se válido e bem feito o pagamento da obrigação natural. Não há, porém, ação para que o adimplemento seja coativo, como nas obrigações civis.

As exceções à regra geral desses negócios dispostas pelo legislador possuem acentuado conteúdo moral. Não é admissível que alguém se locuplete à custa da fraqueza alheia, ainda que, em razão desses negócios, se agiu com a malícia do dolo; nem se permite que se abuse da ausência ou diminuição de entendimento do menor ou do interdito. Aplica-se a disposição a todos os menores e àqueles que tiveram interdição decretada. Antes desta, não se aplica a exceção, salvo se o jogador ou apostador usou de vício de vontade para macular a daquele que não possui pleno discernimento, hipótese em que o negócio é anulável, dentro da regra geral.

O jogo que depende de destreza física, como tênis e golfe, ou intelectual, como xadrez ou damas, é considerado lícito. É considerado ilícito o jogo no qual o ganhar ou perder depende exclusivamente da sorte (coibido pela Lei das Contravenções Penais, art. 50), como roleta e crepe.

A lei contravencional (Decreto-lei nº 9.215/1966) proíbe também apostas sobre corridas de cavalos fora dos hipódromos ou de local autorizado, bem como sobre demais competições esportivas. O Decreto nº 50.776/1961 permitiu que clubes, associações e entidades recreativas ou similares possam manter em suas sedes seções para jogos de carteados lícitos, devidamente autorizados pelas autoridades competentes, desde que preenchidos determinados requisitos legais. Uma delas é a exigência de sede própria para a entidade. No entanto, a Súmula 362 do STF declara: *"A condição de ter o clube sede própria para a prática de jogo lícito, não o obriga a ser proprietário do imóvel em que tem sede."* Vários diplomas cuidam de regulamentar outros jogos. A Lei nº 8.672/1993 (revogada pela Lei nº 9.615, de 24 de março de 1998), originalmente denominada "Lei Zico", autorizou entidades esportivas, que se dediquem comprovadamente a três modalidades esportivas olímpicas, a explorar os sorteios da modalidade denominada *bingo* ou similar (art. 57). A prática demonstrou o desvirtuamento da finalidade da lei. De regulamentação em regulamentação, explorando ou autorizando o Estado a prática de número crescente de jogos de azar, desmoralizam-se seus órgãos repressivos no tocante aos jogos proibidos, dos quais o tradicional e mal lembrado *jogo do bicho* é exemplo mais lastimável de condescendência policial, por tudo que lhe vem por detrás, sendo de tal forma arraigado no país que dispensa maiores comentários.

No tocante à disposição geral do art. 814, alarga-se o alcance da norma relativa a jogo e aposta ao ser aplicada a qualquer contrato que encubra ou envolva reconhecimento, novação ou fiança de dívidas de jogo. Trata-se de efeito indireto proibido pelo legislador. Desse modo, paga a dívida com título de crédito, ainda que se entenda que ocorra novação, aplica-se a restrição legal. O mesmo se aplica quando o pagamento do jogo ou da aposta é feito por cheque. A nulidade, porém, não pode ser oposta a terceiro de boa-fé (art. 814, § 1º). Nas hipóteses de títulos de crédito, trata-se de exceção pessoal, que não pode ser oposta, por exemplo, ao endossatário de boa-fé. A questão da boa-fé é de exame no caso concreto.

O Código, no § 2º desse artigo, houve por bem ser expresso quanto à dicotomia de tratamento referente aos jogos proibidos e permitidos. Assim dispõe: *"O preceito contido neste artigo tem aplicação, ainda que se trate de jogo não proibido, só se excetuando os jogos e apostas legalmente permitidos."* Desse modo, como enfatizamos, os jogos tolerados e os jogos proibidos se inserem na categoria das obrigações naturais; não se pode recobrar a quantia que voluntariamente se pagou em relação a eles. Nessa situação se colocam os jogos de carteado e outros do mesmo nível e o decantado "jogo do bicho", proibido por lei. De forma expressa, como já se admitia sem restrições, serão consideradas obrigações civis e, portanto, plenas as decorrentes dos jogos e apostas legais e regulamentadas, como as várias loterias federal e estaduais, apostas de turfe, loteria esportiva, e tantas outras loterias de números regulamentadas pelo Estado.

Este Código, também, no art. 814, § 3º, dispõe:

"Excetuam-se, igualmente, os prêmios oferecidos ou prometidos para o vencedor em competição de natureza esportiva, intelectual ou artística, desde que os interessados se submetam às prescrições legais e regulamentares."

Nessas hipóteses, o que se tem em mira é a destreza ou a aptidão intelectual ou artística. O conceito não é de jogo ou aposta, mas de concurso.

Recurso inominado. Ação de cobrança. Cheque. Dívida de jogo não demonstrada. Crédito do réu reconhecido. Sentença reformada. O cheque é prova cabal da existência da dívida, recaindo sobre a parte requerida, nos termos do art. 373, II, do NCPC, a produção de prova de fato extintivo, impeditivo ou modificativo do direito da parte apelada. No caso, cabia a parte requerida a prova de que o crédito cobrado decorre de prática de atividade ilícita, no caso "jogo do bicho" que levaria a inexigibilidade do crédito, de acordo com o art. 814 do CC, ônus do qual não se desincumbiu. A prova oral demonstrou apenas que o autor oferecia jogos de azar, mas não teve o condão de demonstrar que a dívida ora discutida era decorrente de tal prática. Sentença reformada. Recurso provido (*TJRS* – Recurso Cível 71007465941, 28-3-2018, Rel. Ana Cláudia Cachapuz Silva Raabe).

⚖ Direito civil e empresarial – Quitação – **Dívida de jogo** – Não provada – Cheque – Abstração – A comprovação do pagamento se dá pela quitação, nos termos do artigo 319 e artigo 901, parágrafo único, do Código Civil. O cheque representa título de crédito cuja obrigação nele constante independe da relação jurídica travada entre as partes. Em decorrência deste princípio, ainda que inexigível a obrigação, nos moldes do artigo 814 do Código Civil, o título executivo não tem a mesma sorte. Apelação conhecida e não provida (*TJDFT* – Proc. 20080111397344APC – (935845), 26-4-2016, Relª Desª Ana Maria Amarante).

⚖ Apelação cível – Ação monitória – Embargos – **Inexistência da prática de jogo de azar** – Julgamento antecipado da lide – Possibilidade – Cerceamento de defesa – Inocorrência – Ônus da prova – Art. 333, II, do CPC – Correção monetária e juros de mora – Acréscimos legais – Questão de ordem pública – Inversão dos ônus sucumbenciais – 1) O julgamento antecipado da lide, por si só, não inquina de nulidade a sentença, já que, ao julgador, na condição de destinatário final da prova, incumbe a exclusiva tarefa de avaliar a pertinência ou não da dilação probatória em cada caso concreto (art. 130, do CPC), mormente diante da extrema incúria da parte embargante quanto às provas testemunhais que pretendia produzir, deixando de recolher o preparo destinado ao cumprimento das diligências de seu próprio interesse. 2) Não tendo a parte embargante logrado comprovar que os cheques prescritos decorrem de dívidas de jogo de azar, inarredável se faz a procedência da ação monitória e a rejeição dos respectivos embargos, nos termos do art. 333, inciso II, do CPC. 3) Os acréscimos legais incidentes sobre a condenação, por ser questão de ordem pública e configurar pedido implícito, não enseja julgamento *extra petita*, possibilitando sua aplicação *ex officio*. Deste modo, sobre o valor da condenação deverão ser acrescidos correção monetária calculada pelo INPC/IBGE a partir da data da propositura da ação e juros de mora de 1% ao mês a partir da citação. 4) Diante da inversão dos ônus sucumbenciais, deve a parte embargante/apelada arcar com as custas processuais e honorários advocatícios. 5) Apelo conhecido e provido. Sentença reformada para julgar procedente a ação monitória e rejeitar os respectivos embargos (*TJGO* – AC 200992656982, 31-5-2011, Rel. Gerson Santana Cintra).

Art. 815. Não se pode exigir reembolso do que se emprestou para jogo ou aposta, no ato de apostar ou jogar.

O empréstimo precípuo para jogo ou aposta, quando efetuado no ato de apostar ou jogar, não permite o reembolso do que se emprestou. A finalidade do empréstimo equipara-se à do jogo e da aposta, e por isso sofre essa restrição de inexigibilidade, tal qual obrigação natural. O legislador visou impedir que o resultado colimado pela norma geral pudesse ser contornado por via indireta. A nulidade alcança o ato apenas se o empréstimo é feito no próprio momento de apostar ou de jogar. Analisam-se as particularidades de fato. A lei entende que esse empréstimo, de afogadilho, na euforia da disputa lúdica, acirra a cupidez e incrementa o vício. Desse modo, incide nesse dispositivo o administrador ou preposto da banca ou cassino que efetua empréstimo no caixa ou na mesa de jogo, pois nessas circunstâncias não há como duvidar do destino do mútuo. Se, no entanto, o empréstimo não for contemporâneo ao jogo ou aposta, não suporta a eiva. Sob esses aspectos, não se distinguem os jogos lícitos dos ilícitos. A lei conceitua o empréstimo feito para jogar ou apostar, mas a disposição não alcança o empréstimo feito para saldar dívidas dessa natureza. Coíbe-se o empréstimo para jogar, não para saldar dívidas de jogo.

Da mesma forma, empréstimo tomado em momento anterior ao ato de jogar, fora do recinto do jogo, em tese não se insere na dicção da lei:

"*As dívidas contraídas para obter, antecipadamente, meios de jogar, ou apostar, ou para pagar o que se ficou a dever em razão de jogo e da aposta, não se consideram de jogo, e são exigíveis*" (Clóvis Beviláqua, 1939, v. 5, p. 243).

Referidos princípios legais não são aplicáveis aos jogos regulados e admitidos legislativamente pelo Estado, tais como apostas feitas em hipódromos, loterias estaduais e federais em suas várias submodalidades criadas pelo cassino oficial do país, tais como loteria esportiva, sena, loto, raspadinha, timemania, bingos autorizados etc., bem como concursos e sorteios legalmente autorizados.

Art. 816. As disposições dos arts. 814 e 815 não se aplicam aos contratos sobre títulos de bolsa, mercadorias ou valores, em que se estipulem a liquidação exclusivamente pela diferença entre o preço ajustado e a cotação que eles tiverem no vencimento do ajuste.

A lei de 1916 equiparava ao jogo o contrato de mercado a termo, pelo qual cada parte, mediante estipulação, tem direito de exigir da outra a diferença de cotação e o valor contratado (art. 1.479).

Contratava-se, por exemplo, sobre o valor de certas ações em bolsa, ajustando-se preço unitário de $ 1.000 em determinada data. Se o agente encarregado da aquisição obtivesse preço maior, lucraria a diferença; por preço menor, sofreria prejuízo. O objeto da álea era a diferença, daí a denominação de contratos diferenciais. Trata-se de negócio especulativo. O contrato diferencial deveria ter por objeto a aquisição de ações ou equivalente com cotação em Bolsa. Esse negócio possui, em princípio, conteúdo sério e lícito. Segundo Caio Mário da Silva Pereira (1994, p. 352), o contrato seria nulo se não tivesse por objeto a entrega de bens ou valores, mas a liquidação tão só pelo pagamento da diferença, porque nessa modalidade estará levando em conta a álea exclusivamente, no que se refere à cotação. Na verdade, levando em conta essa sorte, a lei anterior equiparava esse pacto ao jogo ou aposta, sujeitando-se ao princípio de obrigação natural. Entretanto, a aquisição efetiva de ações sob a modalidade diferencial é instrumento importante no mercado de capitais.

Pontes de Miranda (1972, v. 45, p. 248) remarca que o Código Civil de 1916 somente cogitou dos negócios diferenciais tolerados; se o negócio fosse proibido, ocorria a nulidade apontada. Acrescenta o tratadista que o negócio jurídico de diferença será ilícito se a lei só o admitir por meio de corretor oficial ou Bolsa. Temos de examinar o caso concreto. De qualquer modo, havendo negócio diferencial típico, não há compra e venda. Para que se configure o negócio diferencial, há necessidade de que as partes convencionem expressamente a álea constante da diferença.

Tendo em vista inúmeras dificuldades, inclusive relativas a exigências legais e administrativas para esses contratos, este Código assume posição oposta a tal respeito. Assim, este art. 816 diz que não se aplicam os dispositivos relativos ao jogo e à aposta aos contratos sobre títulos de bolsa, mercadorias ou valores, em que se estipulem a liquidação exclusivamente pela diferença entre o preço ajustado e a cotação que eles tiverem no vencimento do ajuste. Embora sejam pactos de natureza aleatória, não mais se submeterão aos princípios do jogo e da aposta, tendo então, essas obrigações, plena natureza de dívida civil. Possuem legislação própria.

Art. 817. O sorteio para dirimir questões ou dividir coisas comuns considera-se sistema de partilha ou processo de transação, conforme o caso.

Por falta de melhor topologia, e por também estar presente a sorte, o capítulo do Código contém disposição acerca do sorteio neste artigo. Não há jogo ou aposta no sorteio, porque a finalidade das partes não é ganho ou diversão, mas dirimir impasse. É a única maneira possível para atribuir-se direito a determinada pessoa entre várias em idêntica situação jurídica.

A própria legislação determina por vezes o sorteio como o de jurados para formação do conselho de sentença no júri; na promessa de recompensa, quando várias pessoas estão na posição de serem contempladas e a recompensa não é divisível (art. 858). Na partilha hereditária, podem surgir situações que obriguem o sorteio de quinhões. Quando as partes optam voluntariamente pelo sorteio, tal equivale a transação (art. 840 ss), como dispõe a lei. Na divisão de terras entre condôminos, também o sorteio poderá ser útil ou necessário. A forma de sorteio, quando não decorre da lei, é escolhida pelos interessados ou pelo juiz.

CAPÍTULO XVIII
Da Fiança

Seção I
Disposições Gerais

Art. 818. Pelo contrato de fiança, uma pessoa garante satisfazer ao credor uma obrigação assumida pelo devedor, caso este não a cumpra.

Toda obrigação deve ser cumprida; essa sua finalidade incumbe não somente ao devedor, mas também ao credor diligente tomar precauções para que isso ocorra. O primeiro cuidado é averiguar se o devedor é solvente, se tem patrimônio suficiente para responder pela obrigação. Nem sempre, porém, apenas esse aspecto mostra-se suficiente. Ainda que solvente a princípio, não é de ser descartada a possibilidade de o devedor sofrer diminuição patrimonial no curso do tempo e cair em insolvência, ficando impossibilitado de liquidar a obrigação. Para fazer frente a essas eventualidades, o ordenamento coloca outras soluções para o credor; meios para facilitar e garantir o cumprimento de obrigações. A fiança é, pois, instrumento de garantia em favor do cumprimento das obrigações. Trata-se de garantia baseada em confiança pessoal, uma garantia fidejussória.

Pelo contrato de fiança se estabelece obrigação acessória de garantia ao cumprimento de outra obrigação. Essa acessoriedade toca diretamente a estrutura da obrigação. Na fiança, existe a responsabilidade, mas não existe o débito, dentro da díade *Schuld und Haftung*. Na dívida natural, exemplo contrário, há débito, mas não responsabilidade, pois não é juridicamente exigível. O fiador garante o débito de outrem, colocando seu patrimônio para lastrear a obrigação; o titular do débito garantido é um terceiro.

A fiança é espécie pertencente ao gênero denominado *caução*. Caução é toda modalidade de garantia. Nem sempre esse termo é utilizado com precisão. As formas usuais de caução são a real e a fidejussória ou pessoal. A caução real se constitui de bens móveis ou imóveis destacados para garantir uma obrigação. Assim se colocam o penhor, a hipoteca e a anticrese, bem como as cauções prestadas no curso de processo, a fim de garantir eventual direito ou prejuízo da outra parte. A fiança, garantia fidejussória, é típica garantia pessoal, baseada na confiança, fidúcia depositada na pessoa do garante, o fiador. Evidente que essa fidúcia terá em mira primordialmente o patrimônio do fiador, o qual em última análise responderá pela obrigação.

As cauções em geral desempenham papel importante na dinamização do crédito e consequente circulação de riquezas. A garantia pessoal da fiança é largamente utilizada no universo negocial, mormente nos contratos de locação imobiliária e bancários, sendo essa sua função mais importante, em que pese a lei inquilinária admitir outras formas de garantia (caução real e seguro de fiança, art. 37 da Lei nº 8.245/1991). Podendo ser formalizada de maneira mais simples do que as garantias reais, a fiança recebe a preferência das partes.

O *aval* também é garantia pessoal, regulado, no entanto, pelos princípios cambiários, e com fiança não se confunde. Aval é declaração unilateral cuja finalidade é garantir pagamento de título de crédito. No aval, não há contrato. Trata-se de obrigação autônoma e literal, como toda obrigação cambial. A outorga conjugal é requisito essencial para a fiança, o que não ocorria no aval, até este Código, que passou a exigi-la, revirando os princípios cambiários tradicionais. No novo sistema, tanto o aval quanto a fiança exigem a vênia conjugal (art. 1.647, III). Ademais, a solidariedade é princípio fundamental do direito cambiário, atingindo consequentemente o aval.

Na fiança, a responsabilidade do fiador é subsidiária; a solidariedade entre fiador e afiançado somente pode ser concebida por expressa disposição contratual na esfera civil, sem, contudo, a mesma amplitude do instituto na esfera cambial. Também não se confunde a fiança com a assunção de dívida, pela qual o assuntor assume a dívida de outrem, com modificação subjetiva na relação jurídica.

Portanto, pelo contrato de fiança, um sujeito, o fiador, obriga-se a pagar a outro, o credor, o que a este deve um terceiro, o devedor. Esse o texto deste art. 818.

Trata-se, como se verifica, de contrato destinado a assegurar o cumprimento de obrigação de outrem. Necessário distinguir a fiança da obrigação garantida. São dois negócios distintos, embora ligados por acessoriedade e eventualmente presentes no mesmo instrumento. O atual Código realça que se trata de obrigação de garantia, conforme já estudamos na teoria geral das obrigações. Etimologicamente, provém de *fidere*, com conotação de confiar, garantir. Por vezes, na prática, por transposição semântica, o termo significa o próprio valor a ser pago em razão do contrato: ocorrendo inadimplemento, exige-se, por exemplo, a fiança do obrigado.

O instituto pode admitir outra figura, o *abonador* da fiança. Trata-se de uma subfiança, em que o abonador garante a solvência do fiador. A figura não está obstada pelo fato de não vir tratada pelo Código de 2002. Abono é garantia que terceiro concede ao fiador, comprometendo-se a pagar a dívida, caso o fiador não o faça. As mesmas regras se lhe aplicam. Reforça-se assim com maior garantia a possibilidade de adimplemento. Não podemos confundir, porém, o abono da fiança, que constitui subcontrato, com a *cofiança*, quando vários fiadores garantem a mesma dívida. Como subcontrato ou contrato derivado, aplicam-se os princípios particulares desse instituto Este Código já não se refere ao abonador, de pouca utilização, aplicando-se ao caso, se utilizada essa figura, os princípios gerais dos subcontratos.

Trata-se de contrato *unilateral*, pois dá origem a obrigações apenas para o fiador. Parte da doutrina o vê como contrato bilateral imperfeito, porque, uma vez paga a dívida pelo fiador, este se subroga nos direitos do credor, permitindo-se-lhe ação regressiva.

É tradicionalmente contrato *gratuito* no âmbito civil, pois a fiança geralmente é prestada de forma desinteressada. Nada impede, porém, que o fiador seja remunerado perante o risco assumido, como ocorre, por exemplo, nas fianças bancárias e nas fianças mercantis em geral. No entanto, especificamente na fiança civil, encara-se a fiança remunerada, com intuito de lucro, como negócio suspeito, sem finalidade lícita (*RT* 438/160). Entende-se nessa hipótese que o lucro é indevido, embora essa posição seja discutível.

Em razão dessas particularidades há quem sustente que a fiança, sob tal aspecto, é contrato *incolor* ou *neutro*, porque não pode ser qualificado como gratuito ou oneroso, dependendo das circunstâncias e da natureza do negócio (WAYAR, 1993, p. 13). No entanto, como a lei não proíbe que seja oneroso, resta saber se quando estabelecida remuneração continuará regido pelas normas do contrato típico do estatuto civil, ou se surge contrato atípico. O mesmo doutrinador argentino ora citado distingue duas hipóteses, quais sejam, quando há pagamento pelo devedor e quando esse pagamento é feito pelo credor (loc. cit.).

Se a retribuição é paga pelo devedor, o contrato não deixa de ser gratuito, pois para o credor essa retribuição é irrelevante. Ao menos para o credor esse contrato é gratuito e como contrato típico deve ser regulado. Se, porém, é o credor quem paga na fiança, será sem dúvida oneroso. Dúvida é saber se continuará o negócio a ser tratado como fiança, pois desfigura-se como contrato típico. Para alguns autores, essa avença se aproxima do contrato de seguro; para outros, trata-se de fiança bilateral e onerosa, porque se parte da ideia de que a gratuidade não lhe é essencial. Podemos concluir que a tradição de nosso direito encara a fiança civil como contrato gratuito, tanto que nossa tendência jurisprudencial é reprimir a onerosidade, negando-lhe validade. Desse modo, a onerosidade na fiança civil torna-a contrato atípico, em princípio, podendo ser tratada e interpretada como fiança mercantil, que no geral é onerosa. Inelutável que há consequências jurídicas altamente relevantes na conceituação de gratuidade ou onerosidade da fiança, bastando lembrar da regra de interpretação do art. 114, especificamente repetida na fiança no art. 819, ao proibir interpretação extensiva no instituto, bem como as regras acerca da fraude contra credores, com tratamento diferenciado para as duas categorias de negócios (arts. 158 e 159).

A *interpretação restritiva* é regra tradicional da fiança. Em que pese essa regra legal e tradicional de hermenêutica do art. 822, se a fiança não for limitada, compreenderá os acessórios da obrigação almejada, inclusive despesas judiciais, desde a citação do fiador, conforme a disposição legal, matéria que merecerá maior digressão.

Baseado intuitivamente na confiança entre os contratantes, é contrato *intuitu personae*. Como já referido, constitui contrato *acessório*, garantidor de uma obrigação principal. Segue sempre a sorte desta, nos termos do art. 92. Essa acessoriedade, porém, deve ser vista com mitigação quando se trata de fiança remunerada, pois mesmo ausente ou desaparecida a obrigação principal, nem sempre será indevida a retribuição. Ao lado dessa acessoriedade, cumpre mencionar tratar-se, na dicção legal do Código Civil, de *obrigação subsidiária*. A obrigação do fiador somente emergirá após ter sido tentado obter o adimplemento com o patrimônio do afiançado. Nesse intuito, coloca-se o chamado *benefício de ordem* do art. 827, que estudaremos a seguir. A fiança mercantil, ao contrário, não possuía esse caráter, estabelecendo solidariedade entre fiador e afiançado (arts. 258 e 261 do Código Comercial).

A *fiança civil* era disciplinada pelos arts. 1.481 a 1.504 do Código Civil de 1916. A *fiança mercantil*, pelos arts. 256 a 264 do Código Comercial. O presente Código revoga toda a parte primeira do Código Comercial, incluindo-se os dispositivos sobre fiança, cujos princípios não mais distinguem a modalidade civil da mercantil.

Pode ser convencional, legal, judicial e bancária. *Convencional* é a resultante de contrato escrito. Ainda que inserida em outro contrato, embora acessória, a fiança é contrato com regras autônomas, como, por exemplo, no contrato de locação, quando o fiador nele apõe sua assinatura, juntamente com locador e locatário, assumindo a garantia.

A fiança *legal* é a decorrente da lei, que pode exigi-la previamente para determinados atos ou atividades. *Judicial*, a determinada pelo juiz, de ofício ou a requerimento das partes. A fiança *bancária* é modalidade de fiança convencional formalizada por instituição financeira. Imposta por lei ou facultada por decisão judicial, a fiança constitui-se de ato unilateral, sem conteúdo contratual. Não obstante, para dirimir suas questões, serão chamados à baila os dispositivos que regem o contrato típico, se não houver norma particular para a espécie.

A *fiança criminal*, prevista no estatuto processual penal (arts. 321 ss), é admitida basicamente para possibilitar liberdade provisória em certas infrações penais. Essa modalidade, embora vazada nos mesmos princípios, possui postulados diversos da fiança civil, pois não é pessoal, mas pecuniária, amoldando-se ao conceito de caução real.

No estudo dos contratos em espécie, sempre vem à baila a possibilidade de conclusão de *pré-contrato*. Nada impede, na criatividade negocial, que os interessados prometam prestar fiança. Não se constituindo contrato definitivo, a recusa na formalização do contrato de fiança resumir-se-á em perdas e danos, não se obtendo destarte coativamente a garantia. Não se nos afigura possível a execução em espécie, cuja sentença substituiria a declaração de vontade. A compreensão do instituto da fiança, sua interpretação restritiva e a condicionante a que se submete o patrimônio do fiador justificam essa assertiva, embora não compartilhada unanimemente na doutrina. Não se confunde, entretanto, a promessa de conceder fiança com a promessa do devedor em obter fiador. Esta última hipótese é promessa de fato de terceiro e como tal deve ser dirimida.

Direito civil e processual civil. Agravo de instrumento. Ação de cobrança. Contrato de locação. Morte da fiadora. Extinção da fiança. Dívida posterior. Ilegitimidade passiva da fiadora. Decisão mantida. 1. A morte do fiador extingue a fiança, dado o seu caráter personalíssimo, como estabelece o Art. 818 do CC. 2. A responsabilidade da fiança se limita ao tempo decorrido até a morte do fiador, nos termos do Art. 836 do Código Civil. 3. Uma vez cobrada dívida surgida no mundo jurídico após a morte da fiadora, não há que se falar em responsabilidade até os limites da herança. 4. Agravo de instrumento desprovido (*TJDFT* – Ag 07172755620178070000, 13-3-2018, Rel. Roberto Freitas).

Apelação cível embargos à execução – **Contrato de compra e venda de sementes** – Sentença que reconheceu a nulidade da fiança prestada no contrato – Impossibilidade – Ausência de interpretação extensiva – Instrumento que possui a assinatura válida do fiador e de sua esposa anuente – Reconhecimento da validade da fiança – Sentença reformada – Embargos julgados improcedentes. Recurso conhecido e provido (*TJPR* – AC 1467653-6, 23-1-2017, Relª Desª Maria Mercis Gomes Aniceto).

Art. 819. A fiança dar-se-á por escrito, e não admite interpretação extensiva.

A fiança conclui-se pela simples vontade das partes, independentemente da entrega de coisa, sendo, portanto, *consensual*. É, porém, *formal* em nosso direito, diferentemente de certos sistemas alienígenas, porque necessita do escrito: exige-se que a manifestação de vontade do fiador seja expressa e inequívoca. A fiança resulta, portanto, de um contrato escrito; não se presume. Desse modo, inadmissível a fiança verbal, ainda que o contrato ou obrigação garantida possam sê-lo.

A interpretação restritiva é regra tradicional da fiança. Não se admite alargamento interpretativo não presente no negócio jurídico. Trata-se de corolário do art. 114 segundo o qual os contratos gratuitos devem ser interpretados restritivamente, embora possa a fiança ser onerosa. Assim, não pode o fiador ser obrigado a garantir obrigações adicionadas a contrato originário, se não tiver sua anuência. O fato de a interpretação ser restritiva não obsta a aplicação de outras regras de hermenêutica. Não se esqueça que, como regra geral, a fiança abrange também os acessórios ordinários das obrigações.

1. Requisitos subjetivos. Legitimidade. Outorga conjugal

Aplica-se a regra geral da capacidade na fiança. Em regra, toda pessoa capaz pode prestar fiança. Devemos, no entanto, atentar para a legitimação. Sob determinadas circunstâncias, certas pessoas estão limitadas em sua capacidade de prestar fiança. Os arts. 61 e 68 do Código Comercial proibiam os leiloeiros e corretores de assumirem fiança nos negócios em que atuassem. A pessoa jurídica pode prestar fiança nos termos de seus estatutos e instrumentos reguladores. Os mandatários necessitam de poderes expressos.

O analfabeto e o deficiente visual não estão impedidos de prestar fiança, mas necessitam de escritura pública ou procuração por instrumento público para afiançarem por força das regras dos arts. 819 e 166, II e IV. O mesmo se aplica ao surdo-mudo que possua discernimento. O pródigo não perde totalmente sua capacidade. Como, porém, está inibido de, sem curador, praticar atos, entre outros, que não sejam de mera administração, não pode prestar fiança, porque coloca em risco seu patrimônio. Esse mesmo princípio geral e lógico se mantém neste Código. Os tutores e curadores também não podem assumir fiança em nome dos pupilos, pois nesse ato não se vislumbra vantagem para os representados. Os mandatários apenas podem assumir fiança se a procuração contiver poderes expressos, não bastando cláusulas genéricas de administração.

A principal restrição nessa matéria diz respeito à falta de legitimidade de um cônjuge prestar fiança sem anuência do outro. A fiança prestada pelo marido, sem o consentimento da mulher, é nula e vice-versa. O fiador, sendo casado, necessita do consentimento conjugal, qualquer que seja o regime de bens, no sistema de 1916. Essa situação de falta de legitimidade decorria dos arts. 235, inciso III, e 242, inciso I, do Código de 1916. A mesma restrição é mantida no Código Civil vigente pelo art. 1.647, III, ressalvada a hipótese de o casamento ser regido pelo regime de separação absoluta de bens. Se o casamento se rege por esse regime, no sistema deste Código os cônjuges terão ampla administração e disponibilidade de seus bens respectivos. O objetivo da lei, como regra geral, é evitar que um dos cônjuges coloque em risco unilateralmente o patrimônio do casal. Desse modo, não importando o regime de bens, com a ressalva aqui feita quanto ao mais recente sistema, a anuência faz-se necessária. O consentimento do cônjuge pode ser suprido judicialmente nas hipóteses de recusa injusta e ausência, mas o ato, nessa hipótese, não atingirá os bens próprios desse consorte.

Questão maior nesse tópico é saber se a fiança prestada sem a outorga conjugal é nula ou anulável. Não há que se referir apenas a "outorga uxória", porque esta se refere apenas à autorização da esposa (*uxor*). A conclusão majoritária é tratar-se de nulidade relativa. De fato, o ato admite suprimento judicial e ratificação, só podendo a eiva ser alegada pelo cônjuge preterido ou por seus herdeiros (art. 239 do CC de 1916). O próprio fiador não pode sustentar essa nulidade. Essa a opinião que se harmoniza com o sistema do ordenamento e assentada atualmente na jurisprudência. O atual diploma, no art. 1.649, dispõe que a falta de autorização, não suprida pelo juiz, tornará o ato anulável, podendo o outro cônjuge pleitear-lhe a anulação, até dois anos depois de terminada a sociedade conjugal. Institui-se, portanto, esse prazo decadencial. O parágrafo único desse dispositivo complementa afirmando que a aprovação do ato praticado pelo consorte o torna válido, "*desde que feita por instrumento público, ou particular, autenticado*". Verifica-se que o vigente Código foi extremamente cuidadoso ao disciplinar a matéria que, no passado, envolveu acirradas controvérsias. Adota-se, em síntese, o pensamento da jurisprudência vencedora das últimas décadas, acrescentando-se que o prazo para a ação é decadencial, a partir do desfazimento do vínculo conjugal, e enfatizando-se que a aprovação somente será válida por instrumento escrito, público, ou particular autenticado. Desse modo, o sentido é desaparecerem eventuais dúvidas que ainda persistiam sobre o tema.

De outro lado, uma vez anulada da fiança, a pecha inquina todo o contrato acessório. Não há nulidade parcial, como se ficasse, por exemplo, preservada a fiança no tocante à meação do cônjuge fiador. Muitas foram as decisões no passado que sufragaram esse entendimento. Tal não impede, porém, que o cônjuge defenda sua meação por meio de embargos de terceiro, o que não discute, em princípio, a higidez da fiança. Conclui-se que se o consorte pode optar pelo mais, que é demandar a nulidade da fiança, pode pleitear o menos, qual seja, pedir exclusão de sua meação, com base no art. 263, inciso X, do Código de 1916 (atual art. 1.668). No atual sistema, ausente a referência expressa à fiança unilateral entre os fatores que não se comunicam no regime da comunhão universal, parece-nos, por coerência, que os embargos de terceiro para defesa da meação deixam de ser instrumento útil ou eficaz para a sua defesa. O caminho será mesmo o da anulação do ato, se assim convier ao cônjuge.

O prazo prescricional, no sistema de 1916, para a propositura da ação de nulidade promovida pelo cônjuge por ausência de outorga era de quatro anos, a contar da dissolução da sociedade conjugal (art. 178, § 9º, inciso I, *b*), levando-se em conta que não corre prescrição entre cônjuges na constância do casamento (art. 168, inciso I). Na verdade, a natureza desse prazo mais se amolda à decadência, como assume o vigente Código, conforme apontamos.

Quanto ao consentimento, este não se confunde com fiança conjunta. O cônjuge pode autorizar a fiança. Preenche-se desse modo a exigência legal, mas não há fiança de ambos: um cônjuge afiança e o outro simplesmente autoriza, não se convertendo em fiador. Os cônjuges podem, por outro lado, afiançar conjuntamente. Assim fazendo, ambos se colocam como fiadores. Quando apenas um dos cônjuges é fiador, unicamente seus bens dentro do regime respectivo podem ser constrangidos. Desse modo, sendo apenas fiador o marido, com mero assentimento da mulher, os bens reservados desta, por exemplo, bem como os incomunicáveis, não podem ser atingidos pela fiança. Note que após a Constituição de 1988 é duvidosa a persistência dos bens reservados da mulher no ordenamento. Veja o que falamos a esse respeito nos artigos de Família.

No que tange à fiança prestada pelo cônjuge comerciante, há que se distinguir entre a outorgada pela sociedade mercantil e pelo comerciante individual. Na concessão pela sociedade, é dispensável a outorga. O que se examina é a legitimidade de o diretor ou gerente, ou quem lhe faz as vezes, prestar a fiança. Se a fiança é prestada por comerciante individual, a situação é idêntica à de qualquer pessoa natural, pois seu patrimônio integral será onerado. Nesse caso, exige-se evidentemente a outorga conjugal.

Locação. Fiança prestada por analfabeto mediante aposição da impressão digital. Invalidade. Irrelevância de se cuidar de civilmente capaz. **Garantia que reclama forma escrita** (artigo 819 do Código Civil), devendo o documento ser então assinado para que desse modo atenda à previsão do artigo 219 do referido diploma, mostrando-se insuficiente aposição de impressão digital (TJSP – Ap. 1010509-11.2016.8.26.0196, 4-3-2021, Rel. Arantes Theodoro).

Art. 819-A. (VETADO)[1]

Art. 820. Pode-se estipular a fiança, ainda que sem consentimento do devedor ou contra a sua vontade.

O contrato de fiança se estabelece entre o credor da obrigação a garantir e o fiador. Não há necessidade de participação do devedor da obrigação, podendo ser estabelecida a garantia até mesmo sem seu consentimento. Este Código vai mais além no tocante à autonomia desse contrato: a fiança pode ser estipulada ainda que sem o consentimento do devedor *ou contra sua vontade*. Enfatiza-se, desse modo, que esse contrato de garantia, independe da vontade do devedor e o credor, pode buscar esse reforço de cumprimento da obrigação até mesmo contra a vontade do devedor. Sendo reforço para o cumprimento da obrigação, em nada o prejudicando, a manifestação de vontade do devedor é dispensável. Trata-se de um contrato autônomo em si mesmo, apesar de acessório.

O limite da fiança é o da obrigação principal. O fiador não pode ser obrigado a mais do que foi nela estipulado. Pode, no entanto, ser parcial, restringir-se a um limite inferior ao da obrigação principal, bem como ser contraída em condições menos onerosas.

Art. 821. As dívidas futuras podem ser objeto de fiança; mas o fiador, neste caso, não será demandado senão depois que se fizer certa e líquida a obrigação do principal devedor.

---

[1] Mensagem nº 461, de 2 de agosto de 2004. *DOU* de 3-8-2004.
Art. 819-A da Lei nº 10.406, de 2002 – Código Civil, incluído pelo art. 58 do projeto de lei:
"Art. 819-A. A fiança na locação de imóvel urbano submete-se à disciplina e extensão temporal da lei específica, somente se aplicando as disposições deste Código naquilo que não for incompatível com a legislação especial." (NR)
Razões do veto
"Não está clara a consequência prática do dispositivo. Aventou-se a possibilidade de o dispositivo ser uma tentativa de afastar a aplicação do art. 835 do novo Código Civil, o qual dispõe:
'Art. 835. O fiador poderá exonerar-se da fiança que tiver assinado sem limitação de tempo, sempre que lhe convier, ficando obrigado por todos os efeitos da fiança, durante sessenta dias após a notificação do credor.'
Contudo, não se pode afirmar que o dispositivo inserto seria causa de afastamento da aplicação do art. 835 do Código Civil. Primeiro, porquanto não há afirmação expressa de que o art. 835 seja incompatível com a lei de locações. Segundo, porque, se o dispositivo fosse incompatível com a lei de locações, o afastamento se daria independentemente de previsão legal expressa, mas apenas com base nas regras normais de hermenêutica.
Ademais, tornando mais obscura a consequência material do dispositivo, tem-se o disposto no art. 2.036 do Código Civil:
'Art. 2.036. A locação de prédio urbano, que esteja sujeita à lei especial, por esta continua a ser regida'.
Por fim, a jurisprudência do Superior Tribunal de Justiça, examinando disposição do Código Civil antigo, análoga ao atual art. 835, admitiu a renúncia do direito de exoneração da fiança, como se observa do seguinte precedente:
'CIVIL. LOCAÇÃO. EXONERAÇÃO DA FIANÇA. RENÚNCIA EXPRESSA. CÓDIGO DE DEFESA DO CONSUMIDOR. INAPLICABILIDADE. ARTIGO 1.500 DO CÓDIGO CIVIL. PRORROGAÇÃO DO CONTRATO. POSSIBILIDADE. [...]
– A Jurisprudência assentada nesta Corte construiu o pensamento de que é válida a renúncia expressa ao direito de exoneração da fiança, mesmo que o contrato de locação tenha sido prorrogado por tempo indefinido, vez que a faculdade prevista no artigo 1.500 do Código Civil trata de direito puramente privado.
– Recurso especial não conhecido.'
(RESP 280577/SP; *DJ* de 24 de abril de 2001. Min. Rel. Vicente Leal. Data de decisão 26 de março de 2001, 6ª Turma)
Portanto, querendo, o locador pode exigir que o fiador renuncie à possibilidade de exoneração da fiança. Neste ponto, por conseguinte, não há elemento de insegurança jurídica.
Assim, não é possível compreender os efeitos materiais exatos da norma proposta, o que gerará insegurança jurídica no ambiente dos negócios de locação imobiliária e torna conveniente o veto por contrariedade ao interesse público."

Uma obrigação ainda a ser contraída pode ser garantida por fiança. Contudo, essa garantia somente terá eficácia após a existência da obrigação e, mais do que isso, quando seu valor estiver líquido e certo. Conforme art. 1.533 do Código anterior, considera-se líquida a obrigação certa quanto à sua existência e determinada quanto ao seu objeto. Esse texto não é repetido neste Código.

A fiança pode garantir qualquer dívida ainda não extinta. Pode ser celebrada antes, concomitantemente e após o surgimento da obrigação. Contratos em vigor e obrigações pendentes em geral permitem, portanto, a fiança. Fiança de obrigação já extinta é ineficaz, porque nada mais existe a garantir. Esse artigo admite a fiança de dívidas futuras, mas o fiador somente poderá ser demandado após líquida e certa a obrigação do devedor principal. Antes disso, a fiança existe como direito eventual, apresentando afinidade com a obrigação condicional. No entanto, firmada a fiança para débito futuro, cuida-se de ato perfeito e acabado que não admite retratação, embora suspensa sua exigibilidade.

🔖 Apelação – Falta de fundamentação – Não ocorrência – Sentença suficientemente fundamentada, sem ofensa ao art. 93, IX da CF ou ao art. 489, § 1º do CPC – Objeção afastada. Embargos à execução julgados improcedentes – Embargantes, ora apelantes, que figuram no polo passivo da execução na qualidade de fiadores – Fiança prestada, por prazo indeterminado, para a garantia de satisfação de débitos presentes e futuros da afiançada – Legalidade – Art. 821 do Código Civil – Exoneração de fiança prestada por prazo indeterminado que exige expressa notificação do credor, nos termos do art. 835 do Código Civil, o que não ocorreu no caso em tela – Fato de constar outros devedores solidários dos contratos de confissão de dívidas e das notas promissórias a eles vinculadas que não afeta a obrigação acessória de garantia assumida pelos apelantes – Contratos de confissão de dívida exequendos abrangidos pela fiança, independentemente de terem ou não implicado novação – Sentença mantida – Recurso desprovido (*TJSP* – Ap. 1016501-59.2017.8.26.0602, 15-12-2020, Rel. Castro Figliolia).

Art. 822. Não sendo limitada, a fiança compreenderá todos os acessórios da dívida principal, inclusive as despesas judiciais, desde a citação do fiador.

Art. 823. A fiança pode ser de valor inferior ao da obrigação principal e contraída em condições menos onerosas, e, quando exceder o valor da dívida, ou for mais onerosa que ela, não valerá senão até ao limite da obrigação afiançada.

A *interpretação restritiva* é regra tradicional da fiança. Em que pese essa regra legal de hermenêutica, se a fiança não for limitada, compreenderá os acessórios da obrigação almejada, inclusive despesas judiciais, desde a citação do fiador.

O limite da fiança é o da obrigação principal. O fiador não pode ser obrigado a mais do que foi nela estipulado. Pode, no entanto, ser parcial, restringir-se a um limite inferior ao da obrigação principal, bem como ser contraída em condições menos onerosas. Se estabelecida em valor superior ou em condições mais onerosas, valerá até o limite da obrigação afiançada (art. 823). Estabelecida sem qualquer restrição, a fiança compreenderá todos os acessórios da dívida principal, inclusive despesas judiciais, desde a citação do fiador (art. 822). Assim, na locação, a fiança abrange despesas acessórias ao aluguel, como condominiais e tributárias, bem como danos ocasionados ao imóvel a que venha ser responsabilizado o locatário até a entrega das chaves. Para as despesas judiciais, necessário que o fiador seja citado para a ação. Tal procedimento possibilita que ele liquide a obrigação com maior celeridade, minimizando assim os efeitos da mora.

Quanto à compreensão, a fiança pode ser limitada ou ilimitada. A fiança limitada circunscreve-se qualitativa e quantitativamente, podendo não abranger todos os acessórios da obrigação. Fiança ilimitada é a que não apresenta restrição, quando, por exemplo, o fiador de contrato de locação se responsabiliza por todos os encargos presentes e futuros.

A fiança pode garantir qualquer dívida ainda não extinta. Pode ser celebrada antes, concomitantemente e após o surgimento da obrigação. Contratos em vigor e obrigações pendentes em geral permitem, portanto, a fiança. Fiança de obrigação já extinta é ineficaz, porque nada mais existe a garantir. O art. 821 admite a fiança de dívidas futuras, mas o fiador somente poderá ser demandado após líquida e certa a obrigação do devedor principal. Antes disso, a fiança existe como direito eventual, apresentando afinidade com a obrigação condicional. No entanto, firmada a fiança para débito futuro, cuida-se de ato perfeito e acabado que não admite retratação, embora suspensa sua exigibilidade.

Nada obsta que a fiança garanta também obrigações de dar coisa diversa de dinheiro, bem como de fazer ou não fazer. Cuida-se, entretanto, de garantia pecuniária com referência à inexecução. Seu adimplemento será em perdas e danos. É atípico o contrato que estabelece que, não cumprindo o devedor principal a obrigação dessa natureza, fá-lo-á um terceiro. Não pode o fiador ser pessoalmente constrangido a praticar ato prometido por terceiro.

🔖 Recurso especial – Ação de cobrança de aluguéis – Locação de imóvel – Cumprimento de sentença – Fiança limitada – Arts. 819, 822 e 823 do CC – Extensão da garantia aos honorários sucumbenciais – Impossibilidade – Necessidade de interpretação restrita – Recurso provido – 1- Consoante dispõe o art. 822 do Código Civil, "não sendo limitada, a fiança compreenderá todos os acessórios da dívida principal, inclusive as despesas judiciais, desde a citação do fiador". Assim, ao assumir a condição de garante da obrigação, o fiador tem a opção de ficar vinculado a limites previamente definidos (CC, art. 823), os quais podem ser parciais, ou até a integralidade da dívida, podendo ainda estabelecer prazo e condições para sua validade e eficácia. 2- Por se tratar de contrato benéfico, as disposições relativas à fiança devem ser interpretadas de forma restritiva (CC, art. 819), ou seja, da maneira mais favorável ao fiador, razão pela qual, no caso, em que a dívida é oriunda de contrato de locação, tendo o recorrente outorgado fiança limitada até R$ 30.000,00 (trinta mil reais), forçoso reconhecer que a sua responsabilidade não pode ultrapassar esse valor. 3- Tratando-se, portanto, de fiança limitada, a interpretação mais consentânea com o sentido teleológico da norma é a que exime o fiador do pagamento das despesas judiciais e, também, dos honorários advocatícios, uma vez que a responsabilidade do garante, que, em regra, é acessória e subsidiária, não pode estender-se senão à concorrência dos precisos limites nela indicados. 4- Embora o art. 20 do CPC/1973 disponha que "a sentença condenará o vencido a pagar ao vencedor as despesas que antecipou e os honorários advocatícios", dando margem ao entendimento de que a verba honorária não estaria inserida no conceito de despesas judiciais, na espécie, a controvérsia deve ser solucionada sob o enfoque do art. 822 do CC, que trata, especificamente, dos efeitos da fiança limitada, o qual deve prevalecer, como regra de interpretação, sob aquele dispositivo processual que regula, apenas de maneira geral, a fixação dos honorários, ante a observância, inclusive, do princípio da especialidade. 5- Recurso especial provido (*STJ* – REsp 1.482.565 – (2014/0240397-1), 15-12-2016, 3ª T. – Rel. Min. Marco Aurélio Bellizze).

Art. 824. As obrigações nulas não são suscetíveis de fiança, exceto se a nulidade resultar apenas de incapacidade pessoal do devedor.
Parágrafo único. A exceção estabelecida neste artigo não abrange o caso de mútuo feito a menor.

O que é nulo não pode, em princípio, gerar efeitos. Assim, obrigação nula não pode ser garantida por fiança porque, em síntese, nada há a garantir. Rescindida a obrigação, seja por nulidade, seja por anulabilidade, não floresce a fiança. Há uma exceção no ordenamento, porém. Esse dispositivo admite a validade da fiança quando a nulidade resultar da incapacidade pessoal do devedor. Nessa hipótese, reconhece-se efeito a obrigação nula, por exceção. O dispositivo ressalva que essa exceção não abrange o caso de mútuo feito a menor, disposição mantida pelo atual Código. Nesse caso, a fiança será inexigível. Aliás, o art. 1.259 do Código de 1916 já ressalvava a impossibilidade de serem demandados os fiadores ou abonadores. Nula a fiança, entretanto, acessório que é, restará intocada a obrigação garantida. Sendo acessória a uma obrigação principal,

segue-lhe o destino. O fato de ser obrigação acessória não lhe suprime a autonomia, como vimos. Se for nula a obrigação principal, não há que se admitir fiança, pois não haverá obrigação a garantir. Rescindida a obrigação, seja por nulidade, seja por anulabilidade, não floresce a fiança.

As obrigações anuláveis, como possuem eficácia até que se declare a anulação, admitem a fiança. As obrigações prescritas, porque não exigíveis, não admitem, em princípio, a fiança.

Art. 825. Quando alguém houver de oferecer fiador, o credor não pode ser obrigado a aceitá-lo se não for pessoa idônea, domiciliada no município onde tenha de prestar a fiança, e não possua bens suficientes para cumprir a obrigação.

Pode o devedor ter-se comprometido a apresentar fiador. Esse dispositivo dispõe que o credor não pode ser obrigado a aceitá-lo, se não for pessoa idônea, domiciliada no município onde tenha de prestar a fiança e não possua bens suficientes para cumprir a obrigação. Embora a fiança possa ser prestada independentemente do consentimento do devedor, quando este contratualmente tem interesse na garantia, não está, evidentemente, obrigado a aceitar qualquer fiador.

A possibilidade de exigência de domicílio no município visa facilitar a atividade processual. Como é o patrimônio do fiador que responde pela obrigação, evidente que o credor pode recusar aquele que não o possui suficiente para solver a dívida. A questão pode ser dirimida judicialmente, quando há recusa injustificada do credor, cabendo ao juiz decidir acerca da eficácia da garantia oferecida.

Art. 826. Se o fiador se tornar insolvente ou incapaz, poderá o credor exigir que seja substituído.

O fiador que se torna insolvente ou incapaz deixa de garantir, de fato, a dívida. O conteúdo da fiança se esvai. A questão transfere-se para a prova da insolvência ou da incapacidade do fiador, a cargo do interessado, o credor. Como a garantia é integrante do contrato, seu desaparecimento ou enfraquecimento, sem substituição ou reforço, autoriza o credor a pedir a rescisão do contrato. No mesmo sentido postava-se o art. 263 do Código Comercial, pelo qual, morrendo ou falindo o fiador, o devedor era obrigado a dar nova fiança ou pagar imediatamente a dívida. Sendo fiadora a pessoa jurídica, sua extinção ou liquidação equivale à morte da pessoa natural.

Apelação cível – Embargos de devedor – **Fiador** – Alegação de possibilidade de exoneração do devedor em razão da ausência de bens para pagamento da dívida. O art. 826 do Código Civil confere ao credor a faculdade de exigir a substituição do devedor que se tornar insolvente não consubstanciando, de outra parte, um direito de o próprio fiador apresentar tal argumento como defesa sua. Pagamento da dívida. Inviável a extinção do processo apenas pelo argumento das dificuldades financeiras que vem sendo enfrentadas pela embargante que, ao tempo da assinatura do contrato, inclusive abdicou do benefício de ordem. Alegação de excesso de execução. Não conhecimento do tópico dos embargos dado o não cumprimento da disposição inserida no art. 739-A, § 5º, do CPC. Inovação recursal. Em não se tratando de matérias que possam ser conhecidas de ofício bem como em qualquer grau de jurisdição, os argumentos não anteriormente discutidos nos autos constituem inovação recursal inadmissível e, assim, os pontos não merecem ser conhecidos. Conheceram em parte do apelo e, naquela parte, negaram provimento ao mesmo. Unânime (*TJRS* – AC 70068264050, 8-6-2016, Rel. Des. Otávio Augusto de Freitas Barcellos).

⚖ Apelação cível – Ação Renovatória – Preenchimento dos requisitos legais – Fiança é uma parte acessória e não substancial do contrato de locação, razão pela qual, se a fiadora tornar-se insolvente no cumprimento do contrato renovando, os locadores poderão exigir a sua substituição (CC/2002, art. 826) – Estimativa do valor locativo utilizando o método comparativo, que é admitido pela jurisprudência. Recurso dos corréus conhecido e não provido (*TJSP* – Ap. 0002645-52.2013.8.26.0451, 20-5-2016, Relª Berenice Marcondes Cesar).

Seção II
Dos Efeitos da Fiança

Art. 827. O fiador demandado pelo pagamento da dívida tem direito a exigir, até a contestação da lide, que sejam primeiro executados os bens do devedor. Parágrafo único. O fiador que alegar o benefício de ordem, a que se refere este artigo, deve nomear bens do devedor, sitos no mesmo município, livres e desembargados, quantos bastem para solver o débito.

O *benefício de ordem* ou *benefício de excussão* está expresso nesse artigo. Feita a nomeação oportuna pelo fiador, cumpre ao credor que seja diligente no processamento da execução. O art. 794 do CPC atual reforça o princípio ao estatuir:

"*O fiador, quando executado, tem o direito de exigir que primeiro sejam executados os bens do devedor situados na mesma comarca, livres e desembaraçados, indicando-os pormenorizadamente à penhora.*"

Embora não reiterando integralmente os itens do art. 827, persistem presentes seus requisitos, de forma mais ampla.

Esse benefício em prol do fiador apenas será viável se as partes não dispuserem em contrário no contrato, mediante renúncia expressa do fiador ao benefício de ordem ou estabelecimento de solidariedade. Como visto, na fiança mercantil, não existia o benefício, salvo ressalva das partes, porque a fiança presumia-se solidária. O benefício estatuído na lei civil anterior decorria do caráter subsidiário e acessório da fiança. Na prática, porém, as partes sempre buscavam sistematicamente equiparar o fiador a devedor solidário, como reforço da garantia.

Por meio do benefício, o fiador estará obrigado pela dívida, total ou parcialmente, quando insuficientes os bens do devedor. Para invocá-lo, contudo, é necessário que o fiador o alegue até a contestação. Não basta, porém, a simples invocação. Cumpre que o fiador indique bens idôneos do devedor para suportar a dívida.

A modalidade de intervenção de terceiros no processo, denominada *chamamento ao processo*, está intimamente relacionada com a fiança. O art. 130 do CPC dispõe ser admissível o chamamento:

"*I – do afiançado, na ação em que o fiador for réu;
II – dos demais fiadores, na ação proposta contra um ou alguns deles;
III – dos demais devedores solidários, quando o credor exigir de um ou de alguns deles, o pagamento de dívida comum.*"

A matéria relaciona-se tanto com o exercício do benefício de ordem, quanto com o benefício de divisão entre cofiadores, além do exercício da ação de regresso. Essa intervenção é faculdade do fiador demandado, que deverá requerê-la no prazo de contestação (art. 131 do CPC). A sentença que julgar procedente a ação contra os devedores valerá como título executivo em favor do que satisfizer à dívida, para exigi-la por inteiro do fiador ou de cada um dos codevedores na respectiva proporção (art. 132).

⚖ Locação de imóvel. Ação de despejo por falta de pagamento c.c. Cobrança. Sentença de procedência. Insurgência dos réus, fiadores e locatária. Sentença mantida. Recurso dos fiadores. Alegação mendaz de notificação do locador a respeito da exoneração da fiança, à luz da prova documental. Pena de litigância de má-fé aplicada. Invocação ineficaz do benefício de ordem. Inobservância do ônus de indicação de bens dos locatários, livres e desembaraçados, suficientes a responder pelo débito. Inteligência do parágrafo único do art. 827 do CC. Recurso da locatária. Cerceamento de defesa não reconhecido. Efetiva entrega das chaves a exigir comprovação documental, não suprível pela prova oral postulada. Precedentes. Petição da locatária informando a desocupação do imóvel em 23.10.2017, devendo esta ser a data considerada como desocupação do imóvel. Recursos desprovidos, com observação (*TJSP* – Ap. 1015862-82.2017.8.26.0071, 15-7-2020, Rel. Airton Pinheiro de Castro).

⚖ Embargos à penhora. Fiador. **Benefício de ordem. Renúncia.** Bem de família. Penhorabilidade. O artigo

827 do Código Civil garante ao fiador demandado pelo pagamento da dívida, observados os pressupostos legais, o direito de exigir que primeiro sejam executados os bens do devedor. Tal direito pode ser objeto de renúncia por parte do executado, nos termos do artigo 828, I da referida legislação. No caso em análise, não obstante o recorrente não tenha juntado aos autos dos embargos à execução cópia do contrato de locação, o próprio embargado admite na petição inicial a existência de cláusula de renúncia ao benefício de ordem, fato este que é expressamente mencionado pelo Juízo na fundamentação da sentença. Assim, sendo viável a renúncia ao denominado benefício de ordem e não apontando o recorrente qualquer vício capaz de ensejar a nulidade da cláusula que a estipulou, descabida a pretensão de aplicação do benefício. No que tange à execução, o inciso VII do artigo 3º, da Lei nº 8.009/90 afasta a impenhorabilidade do bem de família na hipótese de execução de obrigação decorrente de fiança concedida em contrato de locação. Assim, o imóvel apontado pela exequente, ainda que seja o único, pode ser objeto da execução. Constitucionalidade do dispositivo reconhecida pelo Supremo Tribunal Federal. Verbete sumular 63 TJERJ. Recurso ao qual se nega seguimento (*TJRJ* – Apelação Cível 0021107-41.2009.8.19.0209, 14-9-2011, Rel. Des. Mário Assis Gonçalves).

Art. 828. Não aproveita este benefício ao fiador:
I – se ele o renunciou expressamente;
II – se se obrigou como principal pagador, ou devedor solidário;
III – se o devedor for insolvente, ou falido.

O benefício de ordem não poderá ser aplicado nas situações desse artigo: se o fiador a ele renunciou expressamente; se se obrigou como principal pagador ou devedor solidário; e se o devedor for insolvente ou falido. Salvo esta última hipótese, que depende de prova ou do fato objetivo consistente na decretação de insolvência ou falência, as duas primeiras devem constar do contrato. É muito comum que nos contratos ocorra a renúncia ao benefício de ordem e que o devedor seja solidário. Essa renúncia e solidariedade ampliam e facilitam sobremaneira a garantia do credor.

Se o devedor for insolvente ou falido, cai por terra o benefício de ordem porque o devedor principal não pode mais fazer frente ao adimplemento.

⚖ Cláusula de renúncia ao benefício de ordem. Possibilidade. De acordo com o artigo 828 do CC não é nula a cláusula de renúncia pactuada no contrato, pois há concordância expressa dos fiadores renunciando a benesse. Juros remuneratórios. Os juros remuneratórios contratados em patamar superior a 12% ao ano, por si só, não indicam abusividade. No caso dos autos, houve a substituição dos encargos da normalidade pela incidência da comissão de permanência contratada a taxa média do mercado financeiro para operações da espécie. Comissão de permanência. A importância à título de comissão de permanência é devida, no período da inadimplência, quando pactuada, e não poderá ultrapassar a soma dos juros remuneratórios contratados, mais juros moratórios de 12% ao ano e multa de 2% do valor da prestação, nos termos do artigo 52, § 1º, do CDC (REsp 1.058.114-RS). Descabida sua cobrança apenas quando reconhecida a abusividade dos encargos da normalidade (juros remuneratórios e capitalização), o que não se vislumbra no caso dos autos. Multa. Não há cobrança de multa moratória em percentual superior a 2%, não havendo o que se revisar no presente caso. Honorários sucumbenciais. Minoração. Impossibilidade. Art. 85 do NCPC. Os honorários devem ser arbitrados consoante apreciação equitativa pelo juiz e levando-se em consideração a natureza, o valor da ação e o trabalho despendido pelo profissional, razão pela qual imperiosa a manutenção da verba honorária. Sentença mantida. Rejeitaram a preliminar contrarrecursal e negaram provimento aos apelos. Unânime (*TJRS* – Ap. 70079791570, 21-2-2019, Rel. Giovanni Conti).

⚖ Apelação cível – Ação de despejo c/c cobrança de aluguéis – Benefício de ordem – Renúncia expressa no contrato – "É válida a cláusula contratual em que o fiador renuncia ao benefício de ordem. Inteligência do art. 1.492, I, do Código Civil de 1916 [art. 828, I, do Código Civil de 2002]" (*TJMG* – AC 1.0702.13.060233-8/001, 13-2-2017, Rel. José Flávio de Almeida).

⚖ Agravo de instrumento. Direito privado não especificado. Contrato de compra e venda de gado bovino. **Fiador. Cláusula de solidariedade**. Execução. Responsabilidade pela dívida. O agravado, ao ter conhecimento da morte do devedor Clodomiro, e de que este havia deixado bens, postulou a habilitação de crédito nos autos do inventário aberto pelo espólio. O fato de o agravado, posteriormente, ter desistido da habilitação não atinge direito dos agravantes. Nos termos da Cláusula 6 do contrato, os agravantes assumiram a condição de coobrigados solidários do comprador, inclusive para fins do art. 818 e seguintes do Código Civil. Obrigando-se solidariamente ao devedor, é defeso alegar o benefício de ordem, atualmente previsto no artigo 828, inc. II, do Cód. Civil. Entendimento doutrinário e da jurisprudência do TJRS. Sequer é possível cogitar que primeiro sejam executados os bens do devedor principal. É que o artigo 827 do Cód. Civ. determina que tal exigência deve ser feita até a contestação da lide, no caso, até a oposição dos embargos. Inexistindo comprovação nos autos de que essa exigência tenha sido feita pelos agravantes, não há como acolher tal tese. Por outro lado, considerando que os embargos à execução opostos pelos agravantes não foram recebidos no efeito suspensivo, nada obsta a constrição sobre o imóvel matriculado sob o nº 98.897 do CRI ou mesmo o prosseguimento da execução. Negado provimento ao recurso (*TJRS* – Acórdão Agravo de Instrumento 70045752698, 29-2-2012, Rel. Des. Leonel Pires Ohlweiler).

**Art. 829. A fiança conjuntamente prestada a um só débito por mais de uma pessoa importa o compromisso de solidariedade entre elas, se declaradamente não se reservarem o benefício de divisão.
Parágrafo único. Estipulado este benefício, cada fiador responde unicamente pela parte que, em proporção, lhe couber no pagamento.**

A fiança coletiva, prestada por mais de um fiador relativa ao mesmo débito, importa em solidariedade entre os fiadores, por força desse artigo, se não se reservarem o chamado *benefício de divisão*. A situação não se confunde com o benefício de ordem, nem com a solidariedade que pode ser estabelecida por vontade das partes entre fiador e afiançado. Cuida-se de solidariedade entre os diversos fiadores. Se eles estabelecerem o benefício de divisão, cada um responderá unicamente pela parte que, em proporção, lhe couber no pagamento (parágrafo único). Nesse caso, estabelece-se uma fiança parcial no que toca a cada fiador.

O benefício de divisão apenas ocorre entre os vários fiadores, não se assemelhando ao benefício de ordem que estabelece uma relação entre garantidor e devedor.

🔸 A concessão de outorga, por si só, não configura hipótese apta a ensejar a conclusão de que a Agravada, por este motivo, deve figurar como devedora solidária e, portanto, responder pela dívida inadimplida pela qual seu cônjuge prestou fiança a terceiro. Isso porque a outorga uxória/marital é mera exigência legal de assentimento nos casos em que um cônjuge celebra contrato de fiança, não implicando, de pronto, a solidariedade a que faz referência o artigo 829 do CC/2002 (artigo 1.493 do CC/1916), o qual deve ser interpretado restritivamente, nos termos da jurisprudência do STJ. 2 - É inadequada a arguição, pelo Agravante, de nulidade de partilha realizada em relação ao patrimônio de fiador falecido nos autos de Execução de Título Extrajudicial. De tal sorte, caso queira a parte Agravante, tal pretensão deverá ser submetida à demanda própria. 3 - A princípio, não deve estar sujeito a penhora o imóvel partilhado que, por força de decisão judicial anterior, foi considerado como sendo bem de família do fiador falecido e de sua esposa. Isso porque a proteção da impenhorabilidade não se encerra automaticamente com a morte do devedor e abrange todo bem, nos termos da jurisprudência do STJ. 4 - No que se refere à penhora dos veículos, acertado o Juiz *a quo*, na decisão agravada, ao destacar que já houve, nestes autos, o deferimento de tal pretensão, incumbindo à parte, assim, deflagrar os atos expropriatórios destinados à satisfação dos seus próprios interesses. Agravo de Instrumento desprovido (*TJDFT* – Ag 07013031220188070000, 2-5-2018, Rel. Angelo Passareli).

🔸 Contrato de locação – Embargos à execução julgados improcedentes – Contrato de fiança – Fiadores conjuntos – Solidariedade – **Benefício de divisão não estabelecido** – Ressarcimento ao devedor que pagou (art. 283 do CC) – Interpretação da cláusula contratual – Juros da data da citação – Sentença reformada – Recurso provido (*TJSP* – Ap. 1009792-61.2014.8.26.0004, 27-4-2017, Rel. Nestor Duarte).

Art. 830. Cada fiador pode fixar no contrato a parte da dívida que toma sob sua responsabilidade, caso em que não será por mais obrigado.

Ainda, o art. 1.494 antigo especificava que cada cofiador pode taxar (*fixar*, na linguagem mais correta do art. 830 do atual Código) no contrato a parte da dívida que garante, não se obrigando a mais. Nesse caso, não se trata propriamente de divisão da garantia, mas de garantia parcial até determinado valor. Trata-se de uma garantia de parte da dívida, não se confundindo com o benefício de divisão, onde cada cofiador será responsável na mesma proporção dos demais.

**Art. 831. O fiador que pagar integralmente a dívida fica sub-rogado nos direitos do credor; mas só poderá demandar a cada um dos outros fiadores pela respectiva quota.
Parágrafo único. A parte do fiador insolvente distribuir-se-á pelos outros.**

🔸 Ação de regresso. Locação. Fiança. Acordo judicial feito pelo fiador para pagamento parcelado de dívida do afiançado. Alegação de que, ainda não quitado integralmente o acordo, não é possível a cobrança. Inadmissibilidade. Autores que se sub-rogam nos direitos do credor, em relação às parcelas do acordo que já quitaram. Inteligência do art. 831 do CC. Em se tratando de obrigação de trato sucessivo, incluem-se na condenação as parcelas que se vencerem no curso do processo (CPC, art. 323). Precedentes. Recurso parcialmente provido (*TJSP* – Ap. 1015637-38.2018.8.26.0003, 23-1-2020, Rel. Milton Carvalho).

🔸 Apelação cível – **Ação de cobrança** – Locação – Fiador que adimpliu a totalidade da dívida – Ação de regresso – Sub-rogação – Apelo desprovido – Como determina o art. 829 do Código Civil, a fiança conjuntamente prestada a um só débito por mais de uma pessoa importa o compromisso de solidariedade entre elas, se declaradamente não se reservarem o benefício de divisão – No caso dos autos, não houve estipulação de benefício de divisão. Incide, portanto, a regra do art. 831 do Código Civil, que dispõe: **o fiador que pagar integralmente a dívida fica sub-rogado nos direitos do credor**; mas só poderá demandar a cada um dos outros fiadores pela respectiva quota – Nesse ponto, é importante ressaltar que restou incontroverso o fato de que houve inadimplemento dos alugueres pela parte locatária, e que a cofiadora, ora Autora, saldou o débito total – Desta forma, estão preenchidos os requisitos legais de sub-rogação dos direitos e prerrogativas do locador, além daquele de demandar contra os cofiadores, visando ao ressarcimento dos valores que desembolsou, observado o limite da sua responsabilidade (*TJRJ* – Ap. 0007214-48.2014.8.19.0066, 2-2-2017, Rel.ª Valéria Dacheux Nascimento).

Art. 832. O devedor responde também perante o fiador por todas as perdas e danos que este pagar, e pelos que sofrer em razão da fiança.

Art. 833. O fiador tem direito aos juros do desembolso pela taxa estipulada na obrigação principal, e, não havendo taxa convencionada, aos juros legais da mora.

Efeito importante da fiança é a *sub-rogação legal do fiador* que paga integralmente a dívida nos direitos do credor. A sub-rogação é instituto considerado como modalidade de pagamento, regulada pelos arts. 346 a 351. Sub-rogação significa substituição de uma coisa por outra, ou de uma pessoa por outra, cuja hipótese aplica-se à fiança. O fiador poderá mover ação regressiva para haver o que pagou em razão da fiança; não apenas o principal e acessórios da dívida, mas também perdas e danos que pagou em decorrência dela, assim como os prejuízos que a garantia lhe causou (art. 832). Trata-se, portanto, de direito de regresso amplo, regulado especificamente para a fiança, nem sempre aplicável a outras modalidades de sub-rogação. Ainda, a lei confere ao fiador direito a juros desde o desembolso de acordo com a taxa estipulada na obrigação principal ou, na ausência de convenção a respeito, os juros legais de mora (art. 833). Inafastável será o acréscimo da correção monetária, sob pena de ocorrer enriquecimento injusto.

Se a fiança for conjunta, o garante que pagar também terá direito à sub-rogação. Se, porém, acionar os demais fiadores, somente poderá fazê-lo para obter de cada um a respectiva quota (art. 831). Na falta de estipulação, presume-se que detenham quotas iguais. Pode ocorrer que, insolvente o devedor garantido, não reste ao fiador *solvens* outra alternativa que não a de acionar os demais cofiadores, repartindo o prejuízo. Sob esse prisma aplicar-se-á a referida dicção legal. De acordo com o parágrafo único do art. 831, se um dos fiadores cair em insolvência, sua parte na garantia será absorvida pelos demais; isto é, todos os fiadores solventes compartilham do prejuízo pela citada insolvência. Sempre será possível, porém, o regresso contra o afiançado, mesmo na hipótese de os vários fiadores terem reciprocamente efetuado pagamentos.

A sub-rogação opera em favor do fiador que solve a dívida, ainda que esse pagamento decorra de dação em pagamento, compensação ou novação. Importa, porém, que o pagamento tenha sido *integral*, consoante o dizer expresso do art. 831. O pagamento parcial da dívida, no entanto, não pode, a nosso entender, vedar o *solvens* de acionar o afiançado sob pena de ocorrer injusto enriquecimento. Desse modo, em que pese à dicção dos Códigos, há que se permitir a cobrança decorrente de pagamento parcial, ainda que sem o lastro e amplitude do direito de regresso, mas com fundamento na ação de enriquecimento sem causa, caso não se admita a sub-rogação. Aplica-se o art. 351, consoante o qual o credor somente em parte reembolsado terá preferência ao sub-rogado na cobrança da dívida restante, se os bens do devedor não forem suficientes para satisfazer a ele e ao fiador que pagou parcialmente.

Não há sub-rogação se o pagamento feito pelo fiador foi com ânimo de doação, que depende de exame do caso concreto.

Art. 834. Quando o credor, sem justa causa, demorar a execução iniciada contra o devedor, poderá o fiador promover-lhe o andamento.

Também é direito conferido ao fiador promover a execução iniciada pelo credor e injustificadamente retardada. Cuida-se de hipótese de substituição processual. Essa intervenção objetiva minorar a situação do fiador. No caso concreto, há que se verificar a ocorrência de retardamento injustificado. É interesse do fiador que extinga o mais rapidamente possível a dívida. Veja art. 778 do CPC.

Art. 835. O fiador poderá exonerar-se da fiança que tiver assinado sem limitação de tempo, sempre que lhe convier, ficando obrigado por todos os efeitos da fiança, durante sessenta dias após a notificação do credor.

Exoneração é o despojamento do fiador da condição de garante, embora o legislador utilize também o termo *extinção*. A fiança por prazo indeterminado permitia que o fiador dela se exonerasse conforme sua conveniência, ficando, porém, obrigado por todos os efeitos anteriores ao *ato amigável ou à sentença que o exonerar*. Esse artigo apresenta modificação sensível e importante, com relação ao sistema anterior.

No atual sistema, o período de 60 dias posteriores à notificação tem a finalidade de manter hígida a garantia por esse período e, entrementes, permitir que o credor obtenha novo fiador, com ou sem o concurso do devedor, dependendo do que dispuser o contrato garantido.

Consoante o dispositivo legal de 1916, havia duas modalidades de exoneração, quais sejam, pelo distrato, com a aquiescência do afiançado e do credor, se fosse o caso, e por sentença judicial. A lei fazia referência expressa à *sentença*. Por essa dicção, não havia como deslocar a exoneração do fiador para momento anterior, como a citação. Havia, portanto, necessidade de ação judicial para obtenção desse desiderato pelo fiador, não sendo suficiente mera notificação ou outro ato unilateral. Embora a menção à sentença desapareça no mais recente estatuto civil, é evidente que, pelo princípio geral, a sentença pode rescindir ou tornar ineficaz qualquer negócio jurídico. Quanto aos efeitos, surgirá a dúvida se os efeitos da exoneração da fiança retroagirão à citação ou gerarão efeitos a partir da sentença. Qualquer dessas soluções traz dificuldades na prática, embora o problema fique minimizado em razão da possibilidade de notificação, ou seja, resilição unilateral por parte do fiador. Era aconselhável que o legislador mantivesse o texto e expressamente determinasse a sentença como termo inicial dos efeitos, na hipótese de ser necessário o procedimento judicial. Por outro lado, há de se convir que, se o fiador aguardar a sentença ou o trânsito em julgado de um processo de exoneração da fiança, terá esperar talvez anos para obter o desiderato, o que exclui de todo efeito a possibilidade facultada pelo legislador. A matéria é complexa e o atual texto não dirime aparentemente todas as dúvidas.

Lembre-se de que existe toda uma problemática no direito do inquilinato nesse tema de exoneração de fiador. O art. 39 da Lei nº 8.245/1991 dispõe: *"Salvo disposição contratual em contrário, qualquer das garantias da locação se estende até a efetiva devolução do imóvel, ainda que prorrogada a locação por prazo indeterminado, por força desta Lei."* Portanto, pelo microssistema do inquilinato, em interpretação literal, não há possibilidade de exoneração do fiador antes da entrega do imóvel locado. No entanto, nota-se que o Superior Tribunal de Justiça tem acolhido pretensões nesse sentido, aplicando a regra geral da fiança e não a lei especial, o que motiva uma reviravolta no sentido da lei locatícia e, em princípio, coloca em risco esse segmento negocial. Esses julgados levam em conta expressamente o interesse social do contrato, antes mesmo que vigorasse o novo princípio estampado no atual Código, no art. 421.

Não há que se admitir a renúncia prévia ao direito de exonerar-se o fiador da garantia, pois ninguém pode renunciar previamente a um direito potestativo. Na fiança comercial por prazo indeterminado, o fiador poderia exonerar-se quando lhe conviesse, conforme o art. 262 do Código Comercial, em dispositivo análogo do estatuto civil. Fixada a sentença como termo final da responsabilidade do fiador, não há como estendê-lo para o trânsito em julgado, porque a lei é expressa (*RT* 462/164). A decisão judicial pode reconhecer fato jurígeno de exoneração da fiança em momento diverso, até mesmo antes da citação, matéria objeto da força declaratória da sentença.

Se a fiança foi pactuada por prazo determinado, o fiador responde pela garantia durante o lapso, não podendo exonerar-se previamente, salvo se ocorrer outra causa de extinção.

📖 Enunciado nº 547, VI Jornada de Direito Civil – CJF/STJ: Na hipótese de alteração da obrigação principal sem o consentimento do fiador, a exoneração deste é automática, não se aplicando o disposto no art. 835 do Código Civil quanto à necessidade de permanecer obrigado pelo prazo de 60 (sessenta) dias após a notificação ao credor, ou de 120 (cento e vinte) dias no caso de fiança locatícia.

✎ Apelação cível. Ação monitória. Cartão de crédito BNDES. Preliminar de ilegitimidade passiva. Sócios fiadores. Prescrição. Não ocorrência. Retirada da pessoa jurídica. Responsabilidade pelo débito. I - Os fiadores em contrato de cartão de crédito possuem legitimidade para figurar no polo passivo de ação monitória proposta para cobrança de débito oriundo do cartão. II - Inaplicável o Código de Defesa do Consumidor ao contrato celebrado entre microempresa e banco com o objetivo de incremento da atividade empresarial. III - É lícita a cláusula contratual na qual os fiadores renunciam ao benefício de ordem e se obrigam como principais devedores, solidários ao devedor principal (art. 828 do CC). IV - O fiador pode exonerar-se da fiança concedida sem limitação de tempo, ficando ainda obrigado por todos os efeitos durante 60 dias após a notificação do credor (art. 835 do CC). V - Apelação parcialmente provida (*TJDFT* – Ap. 00193834920158070007, 4-12-2019, Rel. Vera Andrighi).

✎ Agravo de instrumento – Nulidade – Intimação pessoal – Excesso de execução – Preclusão – **Exoneração da fiança** – Tratando-se de cumprimento de obrigação por quantia certa, não há necessidade de intimação pessoal do devedor, bastando sua intimação através do advogado constituído nos autos, por publicação no Diário Oficial, para efetuar o pagamento do valor devido, sob pena de multa, conforme disposto no art. 475-J, CPC, com redação dada pela Lei 11.232/05. Preclusão temporal consiste na perda do direito de praticar determinado ato após o decurso do prazo. De conformidade com o disposto no art. 835, Código Civil de 2002, o fiador poderá exonerar-se da fiança que tiver assinado sem limitação de tempo, sempre que lhe convier, ficando obrigado por todos os efeitos da fiança, durante sessenta dias após a notificação ao credor (*TJMG* – AI-Cv 1.0183.10.007574-0/001, 24-3-2017, Relª Evangelina Castilho Duarte).

✎ Civil. Fiança. Contrato de fornecimento de combustíveis. Transferência da totalidade das cotas sociais para terceiros. Fiador que figurava como sócio. Comunicação formal. **Substituição da garantia com a anuência da distribuidora**. Sucessivas alterações posteriores da mesma natureza. Dívida surgida após a prorrogação automática do contrato. Exoneração dos fiadores. 1– A jurisprudência desta Corte orienta que a retirada dos sócios da empresa afiançada pode ensejar a exoneração do fiador, mediante o distrato – que no caso se consubstancia em comunicação ao credor – ou ação de exoneração, nos termos do artigo 1.500 do Código Civil de 1916. 2– No caso em exame, restou caracterizada a exoneração, pois os fiadores procederam de boa-fé e com transparência, no fiel cumprimento da avença, isto é, após a cessão integral das cotas sociais que detinham, conforme previsto em cláusula contratual, notificaram a Recorrente do ocorrido solicitando a substituição da garantia, que, por sua vez, anuiu com a alteração social e a substituição da garantia oferecida pelos novos sócios, seguindo regularmente o relacionamento comercial. 3– Recurso Especial improvido (*TJSP* – Acórdão Recurso Especial 1.112.852 – SP, 5-4-2011, Rel. Min. Sidnei Beneti).

Art. 836. A obrigação do fiador passa aos herdeiros; mas a responsabilidade da fiança se limita ao tempo decorrido até a morte do fiador, e não pode ultrapassar as forças da herança.

A obrigação do fiador transmite-se aos herdeiros, mas essa responsabilidade limita-se até sua morte, extinguindo-se a partir daí, e não pode ultrapassar as forças da herança. Recorde-se que a fiança é modalidade de garantia pessoal. Cuida-se de corolário do princípio legal do recebimento da herança sob benefício de inventário (art. 1.792).

Agravo de instrumento. Locação. Execução de título extrajudicial. R. decisão agravada que rejeitou impugnação à penhora. Concessão do benefício da gratuidade de Justiça. Regularização da representação processual. Preliminar superada. Genitor da agravante que foi incluído na execução por figurar como fiador no contrato de locação. Anterior agravo de instrumento interposto pelo genitor que foi desprovido, para manter a penhora do bem de família. Falecimento do fiador executado que não altera a situação jurídica do caso. Herdeiros que respondem pelas dívidas do fiador falecido até as forças da herança (art. 836 do CC). Precedentes. Exceção à impenhorabilidade que é, nesse caso, compatível com o direito de moradia. Precedente do C. STF. Menoridade da agravante que não afasta a penhorabilidade por obrigação decorrente de fiança concedida em contrato de locação. Decisão mantida. Agravo de instrumento desprovido (*TJSP* – Ag 2046085-83.2018.8.26.0000, 24-9-2018, Rel. Carlos Dias Motta).

Processual civil – Ação monitória – Julgamento extra petita – *Error in procedendo* – *Error in judicando* – Inocorrência – Falecimento do fiador – 1- Foram opostos embargos monitórios por Aguinaldo Renê Ceretti, ocasião em que se fez prova do falecimento da senhora Benedicta, a fl. 87, e se requereu a sua exclusão da lide (fls. 79/82). 2- A autora requereu a concessão de prazo suplementar para obtenção da certidão de óbito da ré falecida, para substituição do polo passivo, porém deixou o prazo transcorrer *in albis*. 3- A sentença impugnada excluiu do feito a ré Benedicta Baptista Ceretti, sob o fundamento de que a responsabilidade da fiança se limita ao tempo decorrido até a morte do fiador e não pode ultrapassar as forças da herança (art. 836 do CC). 4- O fato de um só dos requeridos opor embargos monitórios não retira do Juiz o dever de decidir sobre a totalidade da pretensão posta pelo autor, *in casu*, a própria CEF.

5- Ao constituir o título executivo, não obstante um só dos requeridos tenha apresentado defesa, o Juiz deverá decidir da posição de cada um dos integrantes do polo passivo da lide, o que, acertadamente, foi feito. 6- A CEF, como se vê das razões recursais, não apresenta nenhuma outra razão para a reforma da sentença. 7- Apelação não provida (*TRF-3ª R.* – AC 0002189-48.2008.4.03.6111/SP, 7-7-2016, Rel. Des. Fed. Wilson Zauhy).

Seção III
Da Extinção da Fiança

Art. 837. O fiador pode opor ao credor as exceções que lhe forem pessoais, e as extintivas da obrigação que competem ao devedor principal, se não provierem simplesmente de incapacidade pessoal, salvo o caso do mútuo feito a pessoa menor.

Em várias referências vimos que exceções são modalidades de defesa que podem ser opostas perante uma pretensão. Esse artigo volta a mencionar a expressão.

Recorde-se o que foi dito no exame das obrigações solidárias acerca das exceções pessoais e exceções gerais (art. 281). Cuida-se aqui de meio de defesa obstativo à cobrança da fiança no todo ou em parte.

No tópico ora em exame, a óptica é, porém, um tanto diversa, embora sob o mesmo fundamento. O fiador pode defender-se com as exceções substanciais que tiver para com o credor da obrigação, embora não seja devedor dela, mas apenas seu garante. O dispositivo visa evitar o injusto enriquecimento do credor, possibilitando ao fiador defender-se com direito seu e não do afiançado. Assim, demandado para pagar a dívida, sendo também credor do demandante, contra ele pode opor vício na manifestação de sua vontade ou sua incapacidade, pagamento, compensação, prescrição etc.

Além desses meios de defesa que lhe são próprios, pode o fiador se valer também das exceções do próprio devedor. Em outros termos, o fiador pode invocar na defesa também os argumentos que o próprio afiançado poderia lançar. Se, por exemplo, a obrigação principal é nula ou foi obtida mediante vício de vontade do devedor, dolo ou coação, pode a matéria ser alegada pelo fiador, embora esses vícios não lhe sejam próprios, isto é, o fiador pode alegar exceção que não lhe é pessoal. Não poderá fazê-lo, no entanto, se cientemente assumiu a fiança sabedor da existência de anulabilidade (LOPES, 1993, v. 4, p. 484).

Sob a premissa geral apenas estará tolhido de excepcionar no tocante à nulidade proveniente de incapacidade pessoal do fiador, ou da situação de menoridade do art. 588. Não opera a exceção proveniente simplesmente de incapacidade pessoal, salvo o caso de mútuo feito a pessoa menor. A regra complementa a do art. 824.

Ação declaratória de nulidade. Ilegitimidade ativa. Interesse processual. Contratos de empréstimo bancário. Instituto. Irregularidade na representação. Fraude. Extinção da fiança. Honorários advocatícios sucumbenciais. I – Ainda que os contratos tenham sido celebrados pelos réus, aos autores-fiadores é permitido postular o reconhecimento de nulidade na obrigação principal, art. 837 do CC. Rejeitada a preliminar de ilegitimidade ativa. (...) V – Apelação e recurso adesivo desprovidos (*TJDFT* – Ap. 20140111424164, 14-3-2018, Rel. Vera Andrighi).

Civil e processual civil. Embargos à execução. Contrato de transferência de quotas de sociedade. **Cláusula de substituição de fiador em financiamento bancário. Execução. Impossibilidade**. Ausência de liquidez e exigibilidade. Apelo conhecido. Sentença mantida. 1– O fiador somente será exonerado da fiança mediante sentença judicial ou avença com o credor nos termos dos artigos 835, 837 e 838 do Código Civil. 2– A cláusula contratual que obriga o adquirente de quotas da sociedade a substituir fiador de empréstimo bancário não pode ser exigida, pois a responsabilidade do fiador perdurará até o momento da extinção do contrato ou avença em que o credor modifique os garantidores do financiamento. 3– O título executivo, como condição da ação de execução, deve preencher os requisitos da certeza, liquidez e exigibilidade. Ausente quaisquer deles, não há que se falar em título extrajudicial. 4– Apelação conhecida mas improvida (*TJCE* – Acórdão Apelação Cível 75015-86.2007.8.06.0001/1, 6-3-2012, Relª Desª Sérgia Maria Mendonça Miranda).

Art. 838. O fiador, ainda que solidário, ficará desobrigado:
I – se, sem consentimento seu, o credor conceder moratória ao devedor;
II – se, por fato do credor, for impossível a sub-rogação nos seus direitos e preferências;
III – se o credor, em pagamento da dívida, aceitar amigavelmente do devedor objeto diverso do que este era obrigado a lhe dar, ainda que depois venha a perdê-lo por evicção.

A fiança pode ser extinta por motivos decorrentes dela própria, em face de sua acessoriedade, ou das causas que normalmente extinguem os contratos e obrigações. O ordenamento emprega os termos *exoneração* e *extinção* da fiança como equivalentes, embora o primeiro deva ser reservado para as causas particulares da fiança e o segundo para as situações de extinção, como em qualquer negócio jurídico.

Decorrente de razões intrínsecas à própria fiança, pode extinguir-se pela expiração de prazo estabelecido no contrato, ou segundo a conveniência do fiador e sua exoneração na forma do art. 835, bem como nos termos do art. 839. A exoneração pode ocorrer em virtude de exceções pessoais anteriormente examinadas (art. 837), bem como conforme a enumeração desse artigo.

Extingue-se a fiança na normalidade contratual com a extinção e pagamento da dívida garantida. Se a fiança for acessória, extingue-se sempre que desaparecer a obrigação principal pelo pagamento ou seu equivalente.

No inciso I desse artigo, o garante se exonera se o credor conceder moratória ao devedor, sem o consentimento do primeiro. Entende-se por moratória a dilação de prazo. O fiador não pode ter sua situação agravada; a obrigação originária foi alterada sem seu consentimento.

O inciso II cuida de impossibilidade de sub-rogação, por fato do credor. Isso porque quando se obriga como fiador o garante tem ciência que poderá sub-rogar-se nos direitos do credor. Se este pratica atos ou tem conduta que, de qualquer forma, impossibilite essa sub-rogação, extingue-se a garantia. É o que sucede, por exemplo, quando o credor renuncia à hipoteca ou ao penhor. O credor tem a obrigação de manter hígidas as garantias.

A dação em pagamento é mencionada no inciso III, como outra modalidade de desaparecimento da garantia. Assim, exonera-se o fiador se o credor aceitar amigavelmente do devedor objeto diverso daquele constante na obrigação, ainda que venha a perdê-lo posteriormente com a evicção. O texto é meticuloso, como se nota. A ideia é que o credor deu por extinta a dívida, não podendo ser repristinada. Essa regra só pode ser afastada se o fiador se manifestar expressamente pela continuidade da fiança.

Apelação cível. Contratos de cartão de crédito. Cartão BNDES. Fiança. Exoneração. Possibilidade. Garantidores que, embora tenham firmado o contrato inicial e o termo aditivo, não participaram da repactuação do débito e novo compromisso de pagamento assumido pelo devedor principal. Documento equivalente à concessão de moratória do credor ao devedor. Art. 838, I, CC. Precedentes do STJ. Exoneração da fiança deferida na sentença que resta mantida. Efeito temporal. Conforme as disposições do art. 819, CC, a exoneração da fiança exige ato formal. De conseguinte, somente é possível reconhecer a exoneração a partir da data do novo contrato em que os fiadores não participaram. Dano moral. Cadastramento em órgãos de proteção ao crédito. Deferido o pedido de exoneração da fiança, o cadastramento do nome dos autores em órgãos de proteção ao crédito caracteriza dano moral passível de reparação financeira. Valor da indenização. Redução, impossibilidade. Para o arbitramento do valor da reparação por danos morais o julgador deve atentar para a capacidade econômica, social e cultural das partes, extensão do dano, caráter compensatório ao ofendido e sancionador e educativo ao ofensor. Valor que não comporta redução, pois arbitrado em valor inclusive aquém dos parâmetros adotados por esta Câmara em casos similares. Voto vencedor. Apelo parcialmente provido (*TJRS* – Ap. 70078964525, 24-4-2019, Rel. Jorge Alberto Vescia Corssac).

⚖ Locação – Fiança – Exoneração – Faculdade não exercida – Responsabilidade da fiadora até a efetiva entrega das chaves – Recurso improvido – Se o fiador concorda em estender a fiança até a entrega das chaves do imóvel na hipótese de prorrogação do contrato por tempo indeterminado, deve responder pelos débitos daí advindos, caso não venha a se exonerar da garantia (*TJSP* – Ap. 0037708-53.2011.8.26.0114, 31-3-2017, Rel. Renato Sartorelli).

Art. 839. Se for invocado o benefício da excussão e o devedor, retardando-se a execução, cair em insolvência, ficará exonerado o fiador que o invocou, se provar que os bens por ele indicados eram, ao tempo da penhora, suficientes para a solução da dívida afiançada.

Esse dispositivo disciplina outra hipótese de exoneração de fiança. Cuida-se da nomeação feita seguindo o benefício de ordem do art. 827, parágrafo único. Se for retardada a execução e o devedor cair em insolvência, exonera-se o fiador, desde que prove que os bens indicados oportunamente eram suficientes para a solução da dívida. O Código trata da hipótese dentro da extinção da fiança, mas se refere a outra modalidade de exoneração, carreando o ônus da prova ao fiador, como se nota da redação do dispositivo. Como se verificou, cumpre ao fiador nomear bens do devedor situados no mesmo município, livres e desembaraçados. Feito isso, cessará sua responsabilidade de garante se o credor não for suficientemente diligente no processamento da execução.

⚖ Apelação cível – Embargos de terceiro – Esposa que ataca penhora efetuada em bem do casal – Sentença de improcedência – Alegações de ônus da prova cabível ao credor, possibilidade de escolha de outro bem para excussão e irresponsabilidade em relação à dívida afastada – Observância da jurisprudência do STJ – Ponderação de particularidades fáticas atestando a validade da constrição – Recurso ao qual se nega provimento – Segundo a orientação pacífica do STJ, nos casos de dívidas provenientes de títulos judiciais ou extrajudiciais alheios à ilicitude subjacente, o ônus da prova de falta de benefício comum em relação ao crédito exequendo recai sobre o cônjuge proponente da demanda de embargos de terceiro, incumbindo-lhe apresentar elementos concretos que evidenciem o fato constitutivo de seu direito, sob pena de improcedência da pretensão de exclusão (Recurso Especial nº 1.208.853 – RS (2010/0154062-0). Relator: Ministro Sidnei Beneti. DJ 31 de maio de 2011). Indemonstrada qualquer exceção ou defesa capaz de infirmar a confusão patrimonial, merece preservação a penhora legitimamente envidada pelo credor, sob bem do casal, unido em regime de comunhão universal. Apelo ao qual se nega provimento, mantido o teor da sentença de improcedência dos embargos de terceiro (*TJMS* – AC 2011.025316-2/0000-00, 13-9-2011, Rel. Des. Ruy Celso Barbosa Florence).

CAPÍTULO XIX
Da Transação

Art. 840. É lícito aos interessados prevenirem ou terminarem o litígio mediante concessões mútuas.

1. Conceito. Peculiaridades

Este Código Civil insere os dispositivos acerca da transação entre os contratos em espécie. Embora não se negue o caráter essencialmente contratual desse instituto, por maior facilidade didática e pelo fato de o tema ser muito mais amplo do que seu cunho contratual, seu estudo deve ficar entre as modalidades de pagamento e extinção de obrigações.

Nos meios jurídicos, sempre se diz, vulgarmente, ser melhor um péssimo acordo do que uma excelente demanda. A transação tem justamente a finalidade de impedir que as partes recorram ao Judiciário, ou ponham fim, por decisão conjunta, a uma demanda em curso, já instalada em processo ou não.

O termo *transação* é utilizado com absoluta dubiedade e equivocidade pelos leigos. Mesmo entre juristas costuma-se usar o vocábulo para outros negócios, que nada têm a ver com o sentido técnico da transação. A transação, como forma de extinção de obrigações, ora vista, está compreendida no sentido do artigo sob exame.

Como afirmamos, o Código assume decididamente a posição contratualista da transação, ao cuidar do instituto entre as diversas modalidades de contrato.

Destarte, quando se fala em *transação imobiliária*, a expressão nada tem a ver com o sentido técnico. No sentido vulgar, trazido pelo dicionário, entende-se por transação: *combinação, convênio, ajuste ou operação comercial* (FERREIRA, 1975, p. 1407). Não há como fugir à força popular do vernáculo. No entanto, empregado no sentido estritamente originário e técnico, compreende a composição que fazem as partes, nos termos expostos pela lei, mediante concessões recíprocas. É transator aquele que participa da transação. Não obstante, na linguagem diária é com frequência que ouvimos dizer que alguém se mostra *intransigente*; é no sentido técnico que a palavra é usada. Pessoa intransigente é aquela que não faz concessões; que não abre mão de suas ideias e de seus direitos, em prol da acomodação de uma situação.

Na transação, cada parte abre mão de parcela de seus direitos para impedir ou pôr fim a uma demanda. Transigir é condescender, fazer concessões de parte a parte. Não existe transação se uma das partes abre mão de todos os seus direitos; o negócio jurídico será outro, podendo ser confissão ou reconhecimento do pedido ou até mesmo remissão. É essencial que as partes cheguem a um acordo com mútuas concessões.

A transação pressupõe a existência de uma demanda em curso ou a possibilidade de essa demanda vir a existir. Ou, na linguagem de Carnelutti (1958, p. 53 ss), a transação pressupõe a lide ou o mero conflito de interesses. Na lide, já há processo. No conflito de interesses, a possibilidade de que, com sua dedução em juízo, ocorra a lide. Não há necessidade de um conceito objetivo de dúvida ou conflito entre as partes; basta que elas entendam que existe a possibilidade de um conflito, é admissível a transação. É evidente que se trata de instituto que deve ser estimulado. Tanto que o estatuto processual e trabalhista obriga que o juiz faça a proposta de conciliação antes de dar início à audiência.

A transação é útil para as partes que preferem o certo ao duvidoso. *A* cobra 1.000; *B* oferece 500; *A* aceita receber só parte da dívida para não se submeter às vicissitudes de demorada e dúbia demanda judicial, desgastantes para todos e com resultado imprevisível.

Qualquer obrigação que possa trazer dúvida aos obrigados pode ser objeto de transação. Deve ser elástico o conceito de dubiedade. Somente não podem ser objeto de transação, em tese, as obrigações cuja existência, liquidez e valor não são discutidos pelo devedor.

Portanto, temos que para seus *requisitos* há necessidade de (a) um *acordo de vontades*; que as partes façam (b) *concessões mútuas*, ou seja, que cedam parte de suas pretensões em troca de receber o restante em caráter seguro e definitivo e que haja com isso (c) *extinção de obrigações litigiosas ou duvidosas*.

Desde o Direito Romano, a transação sempre apresentou as características de concessões recíprocas (cf. MALUF, 1985, p. 4).

2. Natureza contratual da transação. Características

Muitos defenderam a corrente de que a transação não é um contrato, mas um ato jurídico extintivo (negócio jurídico, melhor dizendo), das obrigações. O mestre Clóvis Beviláqua assim entendeu, tanto que preferiu disciplinar a matéria no Código de 1916 entre os modos de extinção das obrigações.

Todavia, a grande maioria das legislações disciplina o instituto como um contrato, assim como a doutrina atual. Não há como fugir ao caráter contratual da transação, sendo essa a posição adotada por este Código, como apontamos. Este diploma dispõe que é possível a pena convencional na transação, o que reforça a ideia contratual (art. 847). Contudo, nem por isso se pode dizer que sua posição estava deslocada em nosso Código de 1916, pois, se é contrato, o é com a finalidade precípua de extinguir obrigações, embora possa, por vezes, extravasar esses limites. O Código argentino, em seu art. 833, reforçando a ideia de contrato, aponta que são aplicáveis às transações todas as disposições dos contratos em geral.

Se a essência da transação é a reciprocidade de concessões, existindo ao menos duas vontades no negócio, tal negócio jurídico é bilateral e de natureza contratual. Não perde tal natureza o fato de poder ser realizada no curso da lide, perante o juiz.

Além de *bilateral*, a transação é *indivisível*, de modo que, se uma de suas cláusulas for nula, nulo será todo o negócio (art. 848). É de *interpretação restritiva* (art. 843); na dúvida, não se amplia o que em seu bojo está exposto. É também um contrato *consensual* porque se completa pela simples vontade das partes, não dependendo da tradição de coisas. É *oneroso* pelo simples fato de ambas as partes abrirem mão de suas pretensões.

Nosso ordenamento adotou a teoria do efeito meramente declaratório da transação. O art. 843 do Código acrescenta que pela transação se declaram ou se *reconhecem* direitos. É a posição clássica, adotada por Clóvis. No entanto, é difícil entender a transação com o caráter tão só e exclusivamente declaratório. Sendo de sua essência a reciprocidade de concessões, *"possui ela caráter constitutivo ou translativo, por inevitável a modificação a que tais concessões conduzem"* (MALUF, 1985, p. 82). Ademais, entendendo-se o instituto como um contrato, difícil defender seu aspecto simplesmente declaratório.

Ressalta o efeito translativo na transação quando esta adquire um caráter complexo, quando outros direitos, que não os exclusivamente litigiosos ou duvidosos, são colocados em seu bojo. Não resta dúvida, contudo, que, se a transação é simples, limitativa aos termos da lei, seu efeito será somente declaratório.

O fato de o legislador dizer que a transação é declaratória decorre de política legislativa. Certamente, teve receio o legislador que o alargamento do alcance do fenômeno o desvirtuasse. Todavia, a prática demonstra que isso não ocorre e que mesmo as transações com largos horizontes não apresentam grandes dificuldades. A conclusão de Serpa Lopes (1966, v. 2, p. 302) é fundamental:

> *"o que se tem de convir é que a transação não pode ser tida, de modo absoluto, como declaratória. Assim o caso em que a contraprestação consiste na atribuição de um direito, isto é, sem um recíproco reconhecimento de um direito litigioso, mas atribuição de um direito novo, não objeto do litígio; assim também o de simulação, quando as partes visam evitar os efeitos fiscais".*

Apelação. Mandato. Contrato de administração de investimentos. Ação de cobrança, julgada extinta quanto a alguns réus, improcedente quanto ao remanescente e improcedente a reconvenção. Recurso da autora. Legitimidade passiva dos réus excluídos, interesse processual, reconhecimento de grupo econômico e desconsideração inversa de personalidade jurídica. Não cabimento. Corréus, excluídos da lide, que não firmaram o contrato de prestação de serviços com a autora, considerando-se, quanto às sociedades, a autonomia da personalidade jurídica societária. Ausente comprovação dos requisitos que autorizam a desconsideração da personalidade jurídica. Manutenção no polo passivo, apenas, do corréu que contratou com a autora. Mérito. Inovação recursal. Não conhecimento do pedido de anulação do termo de transação extrajudicial firmado entre as partes, formulado somente no recurso, pena de supressão de um grau de jurisdição. Inteligência do art. 1.010, IV, do CPC. Transação judicial válida acerca da questão litigiosa, nos termos do art. 840 do CC, preenchidos os requisitos do art. 104 do CC, inadmitida a retratação unilateral ou o arrependimento, não demonstrados vícios insanáveis a macular o negócio jurídico. Instrumento que contém os elementos necessários à cobrança do montante nele estabelecido. Improcedência bem decretada. Sentença mantida. Recurso desprovido, sem a majoração de honorários advocatícios, com base no art. 85, § 11, do CPC, eis que não fixados na origem (*TJSP* – Ap. 1012389-24.2015.8.26.0309, 12-5-2020, Rel. Sergio Alfieri).

⚖ Direito civil. **Acordo extrajudicial. Quitação plena. Validade**. Ação objetivando ampliar indenização. Descabimento. 1. Na hipótese específica dos autos, a partir do panorama fático traçado pelo TJRJ, constata-se que, no momento da assinatura de acordo para indenização da recorrente em virtude de atropelamento por ônibus de propriedade da recorrida, formalizado por instrumento público, aquela: (i) estava internada num hospital, mas dispunha de pleno discernimento sobre os atos da sua vida civil; (ii) estava representada por um advogado, tendo negociado previamente os valores envolvidos no negócio, levando em conta o risco de improcedência de eventual ação contra a recorrida, ante a possível caracterização de culpa exclusiva da vítima; (iii) ouviu a leitura dos termos do acordo, realizada por funcionário do cartório. 2. A quitação plena e geral, para nada mais reclamar a qualquer título, constante do acordo extrajudicial, é válida e eficaz, desautorizando investida judicial para ampliar a verba indenizatória aceita e recebida. Precedentes. 3. A internação em hospital para recuperação de acidente se enquadra na denominada incapacidade transitória, sem previsão expressa no CC/16, mas que encontrava amplo respaldo na doutrina e na jurisprudência e que contempla todas as situações em que houver privação temporária da capacidade de discernimento. O exame dessa incapacidade deve ser averiguado de forma casuística, levando-se sempre em conta que a regra é a capacidade; sendo a incapacidade exceção. 4. Não se pode falar na existência de erro apto a gerar a nulidade relativa do negócio jurídico se a declaração de vontade exarada pela parte não foi motivada por uma percepção equivocada da realidade e se não houve engano quanto a nenhum elemento essencial do negócio – natureza, objeto, substância ou pessoa. 5. Em sua origem, a ilicitude do negócio usurário era medida apenas com base em proporções matemáticas (requisito objetivo), mas a evolução do instituto fez com que se passasse a levar em consideração, além do desequilíbrio financeiro das prestações, também o abuso do estado de necessidade (requisito subjetivo). Ainda que esse abuso, consubstanciado no dolo de aproveitamento – vantagem que uma parte tira do estado psicológico de inferioridade da outra –, seja presumido diante da diferença exagerada entre as prestações, essa presunção é relativa e cai por terra ante a evidência de que se agiu de boa-fé e sem abuso ou exploração da fragilidade alheia. 6. Ainda que, nos termos do art. 1.027 do CC/16, a transação deva ser interpretada restritivamente, não há como negar eficácia a um acordo que contenha outorga expressa de quitação ampla e irrestrita, se o negócio foi celebrado sem qualquer vício capaz de macular a manifestação volitiva das partes. Sustentar o contrário implicaria ofensa ao princípio da segurança jurídica, que possui, entre seus elementos de efetividade, o respeito ao ato jurídico perfeito, indispensável à estabilidade das relações negociais. 7. Recurso especial a que se nega provimento (*STJ* – Acórdão Recurso Especial 809.565 – RJ, 22-3-2011, Rel. Min. Sidnei Beneti).

Art. 841. Só quanto a direitos patrimoniais de caráter privado se permite a transação.

1. Objeto

Perante essa afirmação peremptória, os direitos indisponíveis, os relativos ao estado e à capacidade das pessoas, os direitos puros de família, os direitos personalíssimos não podem ser objeto de transação, assim como, em princípio, os direitos relativos ao Estado. De modo geral, pode haver transação sobre direitos que estão *no comércio jurídico*. Direitos que não admitem transação permitem confissão e reconhecimento. Resta fixar a ideia de o que são direitos patrimoniais e o que são direitos não patrimoniais para a finalidade da lei.

Fixe-se, de plano, que o direito indisponível fica subordinado ao controle, maior ou menor, do Estado. Certos direitos de família, por sua natureza, são indisponíveis, porque a lei veda-lhes a disponibilidade ou então lhes impõe certos limites. Assim, nos termos do art. 841, não podem ser objeto de transação os direitos não patrimoniais e os de natureza pública. O poder público só pode transigir quando expressamente autorizado por lei ou regulamento. Os direitos indisponíveis, direta ou indiretamente, afetam a ordem pública.

A questão de alimentos, no direito de família, é de grande interesse; não admitem renúncia. Pode haver transação a respeito do valor dos alimentos. Os alimentos decidem-se pelas chamadas sentenças integrativas: o *quantum* dos alimentos não transita em julgado. O dever de pagar alimentos faz coisa julgada. Os alimentos devidos reciprocamente entre os cônjuges podem, em princípio, ser renunciados e têm maior amplitude na transação, matéria que será estudada nos artigos respectivos.

Todavia, os direitos de família puros não admitem transação: assim se faz no tocante à validade do casamento, aos estados de filiação, à paternidade etc. Já no tocante à antiga separação judicial e ao divórcio, pela própria natureza, a possibilidade de transação é essencial, mormente no que se refere à partilha de bens entre os cônjuges, e não quanto à conciliação em si, que não se confunde com a transação. A conciliação é ato material do bojo do processo em que pode ocorrer a transação, mas não é imperioso que todo acordo feito em juízo se constitua numa transação. Quem reconhece o pedido do autor ou confessa um direito não está transigindo.

Como em nossa sistemática a jurisdição penal é independente, a transação sobre o mesmo fato delituoso, no cível, não obsta e em nada altera a ação penal pública (art. 846). Quando muito, poderá ser entendida como reparação do dano para servir de atenuante na aplicação da pena.

2. Capacidade para transigir. Poder de transigir

Implicando a transação numa concessão, é de se levar sempre em conta a máxima *transigir é alienar*. Portanto, em se tratando de alienação feita pelo próprio interessado, requer plena capacidade. Não podem transigir os incapazes; para fazê-lo, necessitam da complementação de vontade do representante e autorização judicial. No processo, é imprescindível a presença do Ministério Público, como curador de incapazes.

A *legitimação* é aplicação especial do conceito de capacidade. Sempre que não houver legitimação para determinado ato, também não há legitimação para transigir (ver sempre o exemplo patente do art. 496).

Assim, a própria lei tolhe a legitimação de transigir de certas pessoas (poder de transigir) dada a sua posição jurídica em relação a outros. Não pode transigir o tutor, em relação aos negócios do tutelado (art. 1.748), assim como o curador em relação ao pupilo curatelado (art. 1.774), embora o possam fazê-lo provando a necessidade e mediante autorização judicial. A situação é a mesma do síndico na falência. Também o Ministério Público, em razão de seu *munus*, não pode transigir. Em todas essas situações, a proibição é intuitiva: procura-se proteger interesses de pessoas jurídicas públicas, ou de incapazes, ou de patrimônios suscetíveis à dilapidação, como é o caso da massa falida, contra representantes ou administradores negligentes, mal-intencionados ou incompetentes. Como vimos, a proibição não é peremptória, já que, provada a necessidade em juízo, os atos de disposição, por essas pessoas, podem ser autorizados pelo juiz.

Por outro lado, o representante convencional, o mandatário, deve ter poderes específicos de transigir, sob pena de extravasamento do mandato. Poderes gerais de administração não conferem o poder de transigir. A procuração do advogado, judicial, deve conter a menção do poder de transigir (art. 105 do CPC).

⚖️ Execução de alimentos. Valor original da dívida reduzido por acordo celebrado entre as partes. Ministério público de ambos os graus de jurisdição que opinou pela não homologação da transação. Sentença homologatória que decretou a extinção do processo com resolução do mérito. Código Civil, arts. 841 e 1.707. Acordo prejudicial aos interesses do menor. Descabimento da transação quanto ao débito alimentar pretérito em decorrência da inadimplência. Recurso desprovido (*TJSC* – Acórdão Apelação Cível 2010.067246-2, 28-7-2011, Rel. Des. Nelson Schaefer Martins).

Art. 842. A transação far-se-á por escritura pública, nas obrigações em que a lei o exige, ou por instrumento particular, nas em que ela o admite; se recair sobre direitos contestados em juízo, será feita por escritura pública, ou por termo nos autos, assinado pelos transigentes e homologado pelo juiz.

A transação pode ocorrer dentro ou fora do processo judicial. Com o processo em curso ou antes da propositura da ação. Destarte, a transação pode ser judicial ou extrajudicial.

As partes podem compor-se perante o juiz, na audiência, por exemplo, que é o momento mais oportuno. A transação constará do termo. Pode a transação vir por petição com assinatura conjunta das partes, por seus patronos com poderes especiais. Se houver necessidade de escritura pública, assim se fará. Não é necessário que o escrito particular ou público venha aos autos, já que a lei só fala em homologação do termo dos autos. Essa é a aplicação literal da lei. Não é o que ocorre na prática. Chegando as partes a uma transação, apresentam-na a juízo e requerem a homologação com a extinção do processo. Embora dissesse a lei de 1916 que a transação tinha efeito de coisa julgada (art. 1.030), ficará muito mais sujeita às intempéries de uma anulação, caso não seja homologada em juízo, quando então não produzirá simplesmente *efeito de coisa julgada,* **mas será coisa julgada**. Ainda porque, com isso, facilitar-se-á a execução forçada, se necessária.

Na transação extrajudicial, utilizar-se-á o instrumento particular ou a escritura pública, que no caso couber. Não há necessidade de palavras formais para a transação. O que importa é o conteúdo. Não é contrato solene, não exigindo forma sacramental. A transação é resultado sempre de uma conciliação, formal ou informal. Destarte, é fundamental que seja incentivada a formação de juizados de conciliação, que farão com que diminuam os feitos judiciais e melhor ajustarão as dissensões sociais. É evidente que a transação é o principal efeito que pode ser gerado pela conciliação, sem prejuízo de outros, como a confissão e reconhecimento de direitos, mormente aqueles que não permitem transação.

A ausência de homologação não inibe os efeitos da transação entre as partes. Isso quando, evidentemente, for extrajudicial e feita fora dos autos. Trata-se de um contrato. A homologação apenas empresta valor processual à transação. Não homologada, mas absolutamente válida e eficaz, o caminho processual será mais longo. A homologação apenas dota a transação ultimada fora dos autos de caráter executório. A homologação é mera confirmação do ato. Pode ocorrer posteriormente a qualquer momento (*RT* 413/193, 580/187, 550/110, 497/122).

Também não há necessidade de se tomar por termo nos autos a transação apresentada pelas partes, em escrito particular (*RT* 541/181). O juiz pode homologar no próprio despacho da petição que contém a transação ou em despacho posterior à conclusão dos autos. No entanto, de qualquer modo, seus efeitos no processo só se produzem após a juntada aos autos (*RT* 528/152).

Como se trata de contrato, não pode haver desistência unilateral da transação, ainda que não homologada (*RT* 413/193).

⚖ Agravo de instrumento. Direito processual civil. Ação monitória. Devedor revel. Transação. Assinatura não autenticada. Representação por advogado. Ausente. Homologação. Impossível. Recurso conhecido e desprovido. A transação é causa extintiva do litígio e pode recair sobre direitos contestados em juízo conforme artigo 842 do CC. Não é possível a homologação de transação cujo instrumento não detenha assinatura autenticada do devedor, revel durante o processo, e não representado por advogado no ato do acordo. Recurso conhecido e desprovido (*TJDFT* – Ag 07094234420188070000, 9-10-2019, Rel. Luís Gustavo B. de Oliveira).

⚖ Agravo de instrumento. Ação de despejo. Transação extrajudicial – Pedido de homologação rejeitado sob o argumento de que as partes não estavam representadas – Artigo 842 do Código Civil – Escritura pública. Simples petição do autor que requer a homologação e a extinção devidamente subscrita por seus patronos. Termo de transação – Assinatura do patrono do autor e dos requeridos – Possibilidade – Precedente do Superior Tribunal de Justiça. 1. "Petição de acordo assinada pelo advogado do autor e pelo réu diretamente, sem a intervenção do advogado do último. Transação válida, em tese, que só pode ser anulada em ação própria, provando-se a existência de vício que a torne nula ou anulável" (STJ – 5ª T., REsp 50.699, Min. Assis Toledo, j. 8-3-1995). 2. Recurso conhecido e provido (*TJPR* – Acórdão Agravo de Instrumento 724.512-1, 25-5-2011, Rel. Des. Ruy Muggiati).

Art. 843. A transação interpreta-se restritivamente, e por ela não se transmitem, apenas se declaram ou reconhecem direitos.

A transação importa sempre renúncia de algum direito, em face das concessões recíprocas, e qualquer renúncia nunca pode ter interpretação ampliativa. A regra é, evidentemente, dirigida em última análise ao julgador, que, na dúvida, não pode ampliar o que foi manifestado ou pretendido pelas partes em um negócio de transação. Pela transação não se adquirem direitos, o que não impede que ela venha no bojo de instrumento que o faça, havendo então um negócio jurídico complexo.

⚖ Apelação – Acidente de trânsito – Ação de indenização por danos materiais – Transação extrajudicial celebrada entre o autor e a seguradora da ré – Evidente situação de desequilíbrio entre as partes, impondo excessiva desvantagem à parte hipossuficiente – Interpretação restritiva da cláusula que confere ampla e geral quitação, com renúncia a quaisquer outros direitos decorrentes do acidente (art. 843 do CC) – Eficácia da quitação restrita ao valor efetivamente recebido pelo consumidor – Prova documental que demonstrou que o valor de mercado do veículo sinistrado era superior ao valor da indenização – Complementação devida – Precedentes do C. STJ e deste E. TJSP – Recurso improvido (*TJSP* – Ap. 1011445-48.2017.8.26.0019, 29-6-2020, Rel. Luis Fernando Nishi).

⚖ Direito civil e processual civil – Apelação – Execução de acordo homologado – Contrato de compra e venda de bem imóvel – Acolhimento de impugnação – Parcialidade do perito – Necessidade de discussão em incidente próprio – Descumprimento do acordo – Previsão de pagamento de aluguéis no período de ocupação – Aluguéis devidos no período anterior ao acordo – Obrigação que se infere por interpretação lógica e razoável da composição feita – Recurso parcialmente provido – 1- A lei processual prevê incidente próprio para discussão da parcialidade do perito, que no caso não foi intentado pela parte interessada. Nestes termos, sujeitou-se às conclusões do experto, não se afirmando crível a desconstituição da sentença a pretexto de suposta parcialidade não declarada do perito subscritor do laudo que lhe serviu de substrato decisório. 2- As obrigações e contratos em geral hão de ser temperados à luz da boa-fé e principalmente da real intenção das partes, conforme preceituam os artigos 112 e 422 do Código Civil. 3- Hipótese em que se controverte o alcance e a extensão das obrigações assumidas pelas partes em acordo para cumprimento de contrato particular de compra e venda de imóvel, com a relação ao período em que seria devido valor a título de aluguel pela ocupação do bem caso não confirmada a aquisição – Se incidente ou não em data anterior à entabulação do acordo. 4- Aplicando-se o artigo 843 do Código Civil que verbaliza que: "A transação interpreta-se restritivamente, e por ela não se transmitem, apenas se declaram ou reconhecem direitos.", sob pena de premiarmos a inadimplência em detrimento da segurança que deve imperar quando se trata das obrigações, torna-se impositivo o prosseguimento da execução pelo valor dos aluguéis devidos em todo o interregno de ocupação do bem centralizador do litígio, e não apenas os posteriores ao acordo (*TJMG* – AC 1.0024.08.200012-6/005, 26-1-2017, Rel. Otávio Portes).

Art. 844. A transação não aproveita, nem prejudica senão aos que nela intervierem, ainda que diga respeito a coisa indivisível.
§ 1º Se for concluída entre o credor e o devedor, desobrigará o fiador.
§ 2º Se entre um dos credores solidários e o devedor, extingue a obrigação deste para com os outros credores.
§ 3º Se entre um dos devedores solidários e seu credor, extingue a dívida em relação aos codevedores.

A regra geral da relatividade das convenções no contrato está nesse artigo. Não só se refere aos contratos, mas o dispositivo também pertine aos efeitos da coisa julgada citados no art. 1.030 do antigo Código. Há possibilidade de estipulação em favor de terceiro. Nada impede que tal negócio seja inserido na transação. A questão, porém, refoge ao fulcro da transação.

O fato de a transação ter *efeitos* de coisa julgada, expressão muito bem evitada pelo Código, não significa que seja idêntica à coisa julgada. Tudo o que tem necessidade de equiparação não é idêntico, senão nada haveria que se equiparar. O instituto deve ser visto como um contrato.

A transação decorre da vontade das partes, enquanto a coisa julgada emana de um ato do Estado, que é a sentença. Já aí existe uma diferença de raiz. Ademais, a transação pode ser anulada pelos vícios de vontade e pelos vícios sociais em geral, o que não ocorre na sentença. A sentença pode sofrer alteração em parte na via recursal; tal não ocorre na transação por sua indivisibilidade.

Daí se conclui que a equiparação da transação à coisa julgada foi uma superfetação do legislador que disse mais do que pretendia. Bastaria a conclusão legal de sua natureza contratual e estaria dito que o contrato faz lei entre as partes.

Doutra parte, ainda que a transação transborde os limites de uma lide, o conteúdo todo dessa demanda deve ser colocado na transação. Com isso, não se diz que a lide não possa ser parcialmente transigida. As partes podem transigir sobre um dos múltiplos pedidos propostos, ou sobre parte de um único pedido, deixando o restante para ser decidido com a sentença. Com isso, não se estará cindindo a transação. A cisão é do decisório e não da transação, que será una, dentro dos termos propostos. Todavia, para extinguir-se o processo pela transação, tudo que está na inicial deve ser objeto da transação. Daí por que na transação, mormente a judicial, deve haver identidade de objeto e de pessoas. Nada impede, porém, que mesmo em ação judicial a transação seja parcial, devendo as partes cuidar para descrever exatamente o objeto e alcance pretendido.

O § 1º lembra da desoneração do fiador se a transação for operada entre credor e devedor. Havendo modificação na obrigação, o fiador somente continuará responsável se aderir ao negócio. Os dois outros parágrafos seguem a mesma ideia no tocante à solidariedade.

Enunciado nº 442, V Jornada de Direito Civil – CJF/STJ: A transação, sem a participação do advogado credor dos honorários, é ineficaz quanto aos honorários de sucumbência definidos no julgado.

Transação – Homologação – Efeitos – Extinção da dívida em relação à codevedora (endossatária), uma vez que o acordo ocorreu entre a autora e o banco corréu (endossante e devedor solidário) – Artigo 844, § 3º, do Código Civil de 2002 (artigo 1.031, § 3º, do Código Civil de 1916). Cambial – Duplicata – Protesto – Despesas cartorárias com o cancelamento definitivo do referido ato notarial – Pagamento carreado à autora – Descabimento – Recolhimento que deverá ser feito pela corré, sacadora do título – Lei nº 11.331/02 (artigo 4º) e nota explicativa nº 6 da Tabela IV, que integra esse diploma legal. Extinção do processo, de ofício, no tocante à corré (endossatária), com exame de mérito, com fulcro no artigo 269, III, do Código de Processo Civil – Apelação provida em parte (TJSP – Acórdão Apelação Cível 992.08.022320-5, 10-11-2011, Rel. Des. José Reynaldo).

Art. 845. Dada a evicção da coisa renunciada por um dos transigentes, ou por ele transferida à outra parte, não revive a obrigação extinta pela transação; mas ao evicto cabe o direito de reclamar perdas e danos.
Parágrafo único. Se um dos transigentes adquirir, depois da transação, novo direito sobre a coisa renunciada ou transferida, a transação feita não o inibirá de exercê-lo.

A perda da coisa objeto da transação pela evicção não faz renascer a dívida; não a repristina. O direito de perdas e danos citado na lei existiria ainda em sua ausência, por ser aplicação lata do conceito de enriquecimento injustificado. O desaparecimento da obrigação, ainda que haja evicção, está em consonância com a posição legislativa de atribuir efeito tão só declaratório ao instituto (cf. LOPES, 1966, v. 2, p. 314). Leva-se em conta, sempre, que o efeito básico é de *extinção de obrigações*. Veja os artigos referentes à evicção (447 a 457). O parágrafo único trata de negócio posterior sobre a coisa renunciada ou transferida: trata-se de um novo negócio, de um novo direito. A transação anterior não o macula.

Art. 846. A transação concernente a obrigações resultantes de delito não extingue a ação penal pública.

No nosso sistema existe relativa independência entre os juízos criminal e civil. Há tendência moderna generalizada no Direito ocidental de aproximar as duas modalidades. No entanto, nesse campo, em havendo transação na área civil, tal não inibe a atuação da persecução criminal nos crimes de ação pública. Nos crimes de ação privada, conforme o art. 104, parágrafo único, do Código Penal, mesmo havendo recebimento pelo ofendido da indenização por danos decorrentes do ato ilícito, tal não implica em renúncia tácita ao direito de queixa. Contudo, sob o sistema implantado pela Lei nº 9.099/1995, nas infrações penais de menor poder ofensivo, contravenções e crimes apenados de forma não superior a dois anos, a composição sobre os danos civis implicará em renúncia à persecução criminal, desde que reduzida a escrito e homologada (arts. 61 e 74).

Art. 847. É admissível, na transação, a pena convencional.

Como contrato, a transação deve ser vista sob os efeitos do direito contratual. Confirma o caráter contratual do instituto a possibilidade de ser inserida a pena convencional, a *cláusula penal*, nesse artigo inovador em nosso sistema, mas que corrobora a longa prática. Portanto, a cobrança da multa pode ser um dos efeitos da transação. Lembre-se do que dissemos a respeito. Trata-se de uma cláusula de reforço, que em nada altera o pacto principal da transação. Veja o que falamos a respeito da cláusula penal (arts. 408 a 416).

Art. 848. Sendo nula qualquer das cláusulas da transação, nula será esta.
Parágrafo único. Quando a transação versar sobre diversos direitos contestados, independentes entre si, o fato de não prevalecer em relação a um não prejudicará os demais.

O dispositivo contraria a norma geral segundo a qual a invalidade parcial de um negócio não o vicia por inteiro (art. 184). O legislador considera nula toda a transação se alguma de suas cláusulas for nula. Entende-se que a transação é indivisível. O texto deve ser recebido com o devido cuidado, pois a transação pode se referir a vários negócios autônomos e aí seria sumamente irreal considerar todos nulos porque um dos negócios assim foi considerado. O parágrafo já aponta para isso, ao mencionar direitos independentes entre si. A questão da autonomia deve ser vista no caso concreto.

Art. 849. A transação só se anula por dolo, coação, ou erro essencial quanto à pessoa ou coisa controversa.
Parágrafo único. A transação não se anula por erro de direito a respeito das questões que foram objeto de controvérsia entre as partes.

Esse artigo dispõe acerca da possibilidade de rescisão da transação por dolo, violência ou erro essencial quanto à pessoa ou coisa controversa. Como negócio jurídico que é, inelutável que se apliquem os regimes das anulabilidades na transação. É aplicável tudo o que dissemos a respeito dos vícios de vontade, da *parte geral*, para onde remetemos o leitor. Nem haveria necessidade de a lei mencionar esses três vícios.

E, ainda, é anulável a transação pelos vícios sociais: a fraude contra credores e a simulação. Simulação colocada agora como negócio nulo neste Código. Não é porque a transação possa ser efetuada em juízo que fica imune a esses vícios. O mesmo ocorre para a lesão nos contratos. Os princípios são todos da parte geral.

O parágrafo único do artigo do vigente estatuto, porém, adverte que "*a transação não se anula por erro de direito a respeito das questões que foram objeto de controvérsia entre as partes*". Na hipótese de transação, portanto, ao contrário da regra geral estampada neste Código, não se admitirá ignorância ou erro de direito a respeito da matéria objeto do fundo de transação. A questão poderá não ser de fácil deslinde, contudo, no caso concreto, quando o erro de direito mostra-se irrefutavelmente ligado a uma situação de fato.

Art. 850. É nula a transação a respeito do litígio decidido por sentença passada em julgado, se dela não tinha ciência algum dos transatores, ou quando, por título ulteriormente descoberto, se verificar que nenhum deles tinha direito sobre o objeto da transação.

É nula a transação se um dos transatores não tinha ciência da existência do trânsito em julgado da ação. A lei parte do pressuposto que o agente não teria transigido se tivesse conhecimento da sentença judicial. Só o que ignorava a decisão pode alegar o vício. No entanto, embora a lei material não o diga, se a sentença lhe foi desfavorável e a transação só trouxe benefícios a esse que ignorava a sentença, processualmente não terá ele interesse de agir. Falta, no entanto, um dos requisitos de nulidade se a parte, sabendo da sentença, mesmo assim transige.

A segunda parte do art. 850 diz que é nula a transação "*quando, por título ulteriormente descoberto, se verificar que nenhum deles* (as partes) *tinha direito sobre o objeto da transação*". Acordam, por exemplo, as partes em transigir acerca da posse ou da propriedade de um imóvel. Depois se verifica que a posse ou a propriedade é de um terceiro; falece de objeto a transação efetuada.

Como vimos, a regra geral é não existir nulidade parcial na transação. Como lembra Serpa Lopes (1966, v. 2, p. 244), o princípio da indivisibilidade da transação excepciona a regra geral do art. 184, em que a nulidade parcial de um ato não inquina a parte válida. O legislador prefere essa solução em prol da proteção às recíprocas concessões.

CAPÍTULO XX
Do Compromisso

Art. 851. É admitido compromisso, judicial ou extrajudicial, para resolver litígios entre pessoas que podem contratar.

Art. 852. É vedado compromisso para solução de questões de estado, de direito pessoal de família e de outras que não tenham caráter estritamente patrimonial.

Art. 853. Admite-se nos contratos a cláusula compromissória, para resolver divergências mediante juízo arbitral, na forma estabelecida em lei especial.

1. Conceito e utilidade

A Lei nº 9.307/1996 (alterada e complementada pela Lei nº 13.129/2015) inseriu definitivamente no meio negocial brasileiro o juízo arbitral. A matéria sempre se fez presente na legislação, mas nunca se amoldara ao gosto e às necessidades pátrias. O Decreto nº 737, de 25.11.1850, que regulou o processo dos litígios entre comerciantes, previa o juízo arbitral no art. 411 ss. O Código Comercial referia-se ao juízo arbitral em vários dispositivos (arts. 245, 294, 348, 739, entre outros).

O Código Civil de 1916 disciplinava o instituto no Título II, dentre os *"efeitos das obrigações"* (arts. 1.037 a 1.048), logo após tratar da transação. O CPC anterior dedicara ao instituto os arts. 1.072 a 1.102 entre os procedimentos especiais de jurisdição contenciosa. A Lei nº 9.307/1996 derrogou expressamente esses dispositivos no art. 44, encampando o tema sob o prisma material e processual. Esses três artigos do Código sob epígrafe devem ser vistos sob a ótica da lei específica.

Pelo compromisso, *"as pessoas capazes de contratar poderão valer-se da arbitragem para dirimir litígios relativos a direitos patrimoniais disponíveis"* (art. 1º da Lei nº 9.307/1996). O conceito explicita e ratifica a dicção do art. 1.037 do Código Civil anterior. Pelo instituto, pessoas plenamente capazes podem atribuir a decisão de suas pendências e controvérsias à decisão de árbitros por elas escolhidos, furtando-se assim de recorrer diretamente ao Poder Judiciário.

Os pontos de contato do juízo arbitral com a transação são evidentes. Enquanto na transação as partes previnem ou põem fim a um litígio, no compromisso, *ex radice*, antes mesmo da instalação de qualquer litígio, ainda que potencialmente, as partes já contratam preliminarmente que eventual pendência será dirimida pelo juízo arbitral. Esse também o sentido do derrogado art. 1.072 do CPC, que se referia a direitos patrimoniais que admitissem transação. A arbitragem privada destina-se aos litígios sobre direitos disponíveis. Os direitos indisponíveis são afetos exclusivamente ao Poder Judiciário.

O presente Código trata do compromisso entre as modalidades de contratos típicos logo após a transação. Limita-se a admitir o compromisso para resolver litígios entre pessoas que podem contratar; veda o compromisso para solução de questões de estado, de direito pessoal de família e de outras que não tenham caráter estritamente patrimonial; e, ao admitir a cláusula compromissória nos contratos, reporta-se à aplicação da lei especial, que é a lei enfocada em nosso estudo. Preferimos estudar a arbitragem antes dos contratos em espécie, ao final da teoria geral, em razão de melhor apresentação didática.

O juízo arbitral é o conteúdo do compromisso, que a lei denomina de convenção de arbitragem. O art. 9º da Lei nº 9.307/1996 dispõe que *"compromisso arbitral é a convenção através da qual as partes submetem um litígio à arbitragem de uma ou mais pessoas, podendo ser judicial ou extrajudicial"*.

A lei arbitral buscou conceder ampla autonomia ao juízo e à sentença arbitral. No sistema revogado, a par da inexecutoriedade da cláusula compromissória, a ligação umbilical da arbitragem com o Poder Judiciário era robusta, mercê da necessidade de sua homologação (arts. 1.045 do Código Civil de 1916 e 1.098 ss do CPC revogado). A lei atual considera a sentença arbitral, juntamente com a sentença homologatória de transação ou de conciliação, títulos executivos judiciais. A decisão arbitral, portanto, prescinde doravante de homologação pelo Judiciário, não se sujeitando a recurso: *"O árbitro é juiz de fato e de direito, e a sentença que proferir não fica sujeita a recurso ou à homologação pelo Poder Judiciário"* (art. 18 da Lei nº 9.307/1996). No entanto, como não poderia deixar de ser, havendo necessidade de atos executórios emanados da decisão arbitral, são eles privativos do Estado, pois somente este detém o poder de coerção. A execução da sentença arbitral far-se-á, pois, com a intervenção do Poder Judiciário, ultrapassada eventual fase de embargos. O mesmo deve ocorrer se no curso da arbitragem houver necessidade de medidas cautelares que impliquem atos coercitivos, matéria que deve ser examinada caso a caso.

O *conteúdo contratual* do compromisso arbitral é acentuado. O juízo arbitral que se instala pelo compromisso é exceção à regra geral tradicional, segundo a qual nenhuma causa pode ser suprimida do Poder Judiciário. Não se confunde, porém, com um tribunal de exceção, cujo conceito refoge às garantias do pleno direito. Ninguém é obrigado a pactuar o juízo arbitral, tanto que somente as pessoas capazes de contratar podem fazê-lo sobre direitos disponíveis.

O sentido da lei é incentivar a adoção da arbitragem, até hoje parcamente utilizada no direito interno, embora de largo espectro e aceitação no direito comparado e no campo internacional. A lei arbitral busca inserir o país nesse contexto. Dois eram os principais impedimentos para a não utilização da arbitragem entre nós: a falta de previsibilidade legal para a inexecução da cláusula compromissória e a necessidade de homologação obrigatória do laudo arbitral pelo Poder Judiciário. Isso eliminava as principais vantagens do instituto: o sigilo e a celeridade.

Inegável é sua vantagem sob determinadas condições. Com frequência, as partes, mormente pessoas jurídicas de porte, levam aos tribunais assuntos excessivamente técnicos com amplas dificuldades ao juiz, que somente pode decidi-los louvando-se em custosas e problemáticas perícias. Valendo-se de árbitros de sua confiança, especialistas na matéria discutida, podem as partes lograr decisões mais rápidas e quiçá mais justas e técnicas. De outro lado, o sentido é aliviar o Poder Judiciário da pletora que assola invariavelmente os tribunais.

Ainda, com o juízo privado, as partes poderão manter em sigilo suas pendências, não as submetendo aos alardes do processo que nem o segredo de justiça, quando concedido, consegue evitar. Em se tratando de empresas e de segredos industriais, a questão assume vital importância. Com a arbitragem, poderão os interessados, em regra, obter decisões mais simples, rápidas e econômicas. É necessário, contudo, que a sociedade interessada se estruture. Nem sempre os árbitros, não afeitos à arte de julgar, saberão colocar suas decisões em termos jurídicos e exequíveis. Há necessidade de orientação técnica para tal. Sem dúvida, surgirão entidades, acrescendo àquelas já existentes, que se constituirão como Câmaras Arbitrais, para atuarem nas mais diversas especialidades tecnológicas, integradas por membros com conhecimento jurídico.

2. Natureza jurídica

O instituto possui duas facetas: uma de índole material e outra de índole processual. Com a nova lei, ambos os aspectos são tratados no mesmo diploma. Os dois aspectos da matéria são bem nítidos. Se analisarmos os dispositivos revogados, o compromisso tratado no Código Civil se referia a regras de direito material. Ali se encontravam regras de fundamento e previsão para um futuro juízo arbitral, este sim, então, o procedimento. Desse modo, o Código Civil traçava os fundamentos do instituto e o estatuto processual, a forma de sua atuação.

Parte da doutrina nega o caráter meramente contratual do compromisso, vendo em sua estrutura apenas uma forma de dirimir questões e não um meio de criar, modificar ou extinguir direitos. No entanto, parece-nos evidente o caráter contratual do compromisso como defendido por parte substancial da doutrina. Ademais, o próprio legislador coloca o compromisso arbitral ao lado da transação, cuja natureza contratual não se nega, dados os inúmeros pontos de contato entre ambos os negócios jurídicos. Ainda que se repila essa posição, ao menos não podemos negar que o compromisso se avizinha mais do contrato do que de qualquer outro negócio jurídico. O compromisso é ato de vontade privada capaz de criar novas relações jurídicas, com obrigações para todos os seus participantes. No Código Civil de 1916, o compromisso foi situado como uma das formas de extinção de obrigações, essa sua função precípua.

2.1. Mediação, conciliação e negociação

Não se pode examinar o compromisso sem que antes dele ou com ele se faça referência à mediação. Conflito de interesses algum, seja versado em tribunal arbitral ou perante o Poder Judiciário, pode prescindir de uma fase de tentativa efetiva de conciliação. Hoje, mais do que nunca, é de toda a conveniência que as partes cheguem a bom termo, antes de instaurar oficialmente um litígio. Essa, portanto, é a importante fase de mediação. Por essa razão, os tribunais de arbitragem devem ser também institutos de mediação.

Geralmente, nos contratos, quando se estipula a cláusula compromissória, ao se disciplinar a resolução de contendas, as próprias partes estabelecem uma fase prévia de mediação, antes do início da arbitragem.

A figura do mediador deve ter um perfil próprio, pois sua missão não é julgar, mas compor as partes, aparando arestas e propondo soluções. Ainda, se por um lado a arbitragem se dirige aos direitos patrimoniais disponíveis, a mediação está aberta a direitos de qualquer natureza, públicos ou privados. No direito de família, por exemplo, avulta a importância da mediação e a criação de entidades especializadas, para impedir que as partes se lancem em processos judiciais de perspectivas trágicas. A matéria está a merecer o cuidado legislativo, pois ao lado da mediação há que se lembrar da conciliação, seu aspecto dinâmico. A conciliação obrigatória prévia é mais um aspecto dentre as várias tentativas de facilitar a solução de pendências, em todos os níveis e em todos os campos sociais.

3. Origem histórica

Na Grécia, mesmo com o aperfeiçoamento da estrutura estatal, o procedimento arbitral coexistiu com o processo judicial, até o século II a. C. Era incutida a ideia de que o árbitro visava à equidade, enquanto o juiz se prendia exclusivamente à lei, noção que persiste na arbitragem moderna. O compromisso em Roma possuía idênticas feições atuais. A arbitragem entre particulares era considerada um pacto contratual. Sem ficar preso a fórmulas, o árbitro decide conforme lhe pareça mais conveniente nas circunstâncias. Para fazer respeitar o compromisso ou a cláusula compromissória, o pretor concedia a ação *arbiter in causis bonae fidei*. Como o negócio não possuía originariamente força obrigatória, as partes estabeleciam multa para sancionar seu descumprimento (CUQ, 1928, p. 515). Havia ação pertencente aos princípios do enriquecimento injustificado para sua cobrança (*conditio ob rem data re non secuta*). Originalmente, apesar de a sentença arbitral ser irrecorrível para os tribunais, não havia meios legais para exigir seu cumprimento. O procedimento era baseado na boa-fé.

Na época de Justiniano, a pena tornou-se desnecessária, passando a decisão do árbitro a ser obrigatória. Também em Roma, o compromisso podia atingir qualquer direito disponível, não podendo as questões atinentes à ordem pública e ao estado das pessoas ser decididas pela arbitragem.

A arbitragem ganha relevo na Idade Média. Sua reiterada prática pela Igreja justifica seu sucesso. Da mesma forma, os senhores feudais, em corolário à hierarquia então imperante, recorriam à arbitragem numa época em que o sistema judiciário mostrava-se confuso.

O absolutismo dos governos que se seguiu ao feudalismo não favoreceu o instituto, ao menos até por volta de meados do século XVIII. O revigoramento da arbitragem ocorre com a Revolução Francesa, quando passa a ser considerada instrumento ideal de reação contra a justiça real, composta por magistrados ainda ligados ao velho regime.

4. Cláusula compromissória. Rumos impostos pela lei. Execução específica: ação para instituição da arbitragem

Em qualquer contrato de direito privado, portanto no âmbito de direito disponível das partes, podem estas estipular que quaisquer pendências emanadas do negócio jurídico sejam dirimidas por juízo arbitral. Por essa cláusula ou pacto compromissório (termo que deriva de *compromissum*, do Direito Romano, conhecido na língua inglesa como *submission agreement*), as partes comprometem-se a submeter-se a um futuro julgamento arbitral. Não se trata ainda de estabelecer compromisso; cuida-se de contratação preliminar, promessa de contratar. A relação contratual que se sujeita à arbitragem pode ser denominada de *contrato-base*. Nesse sentido, o art. 4º da Lei nº 9.307/1996 define:

> "A cláusula compromissória é a convenção através da qual as partes em um contrato comprometem-se a submeter à arbitragem os litígios que possam vir a surgir, relativamente a tal contrato."

Acrescenta o § 1º que citada cláusula pode estar inserta no bojo do próprio contrato ou em documento à parte. Assim, a promessa de contratar arbitragem pode também ser anterior, concomitante ou posterior ao contrato-base.

A menção à *convenção arbitral* deve ser evitada, embora a lei a ela se refira. A expressão "convenção arbitral" é ambígua, pois engloba as noções de cláusula compromissória e compromisso.

No regime anterior, o descumprimento da cláusula, ou seja, a resistência ou negativa da parte em se submeter à arbitragem, furtando-se assim ao que prometera contratar, ensejava tão somente as consequências de um inadimplemento contratual. Em síntese, a parte que se sentisse prejudicada pela recusa poderia pedir perdas e danos. Não ficava afastada também a possibilidade de ser exigida a manifestação de vontade do recusante, se considerada a cláusula compromissória título executivo extrajudicial, porém a especificidade do tema dificultava deveras essa solução. Desconhece-se que tenha sido aplicada na prática.

A Lei nº 9.307/1996 procurou solucionar a problemática, atribuindo execução específica à cláusula, e nesse aspecto introduz inovação importante para a arbitragem, certamente seu aspecto doravante fundamental.

Como percebemos, no Direito brasileiro, a simples inserção da cláusula compromissória no contrato não trazia garantia alguma de que seria instituído o juízo arbitral. A orientação doutrinária pátria sempre foi de que a cláusula compromissória não tinha o condão de instituir por si só a arbitragem. Quando do descumprimento do contrato-base ou de dificuldades em sua condução, não estando a cláusula compromissória devidamente regulamentada, o dispositivo tornava-se letra morta na avença, lançando-se as partes inevitavelmente à ação judicial. A dificuldade de obrigar o recalcitrante a admitir a arbitragem desestimulava qualquer iniciativa, preferindo os interessados aguardar a decisão judicial. Se nem mesmo a cláusula compromissória, firmada juntamente com o contrato, incentivava as partes a recorrer à arbitragem, enganoso seria imaginar que o fizessem após instaurado o conflito de interesses, quando já sobressaltados os ânimos. Esse óbice, que estimulava o desuso e a repulsa à arbitragem entre nós, somente poderia ser contornado por meio de intervenção legislativa, conferindo ao pacto compromissório caráter irrevogável e, portanto, coativo, no intuito de incrementar a arbitragem em nosso meio. Nesse sentido, a Lei nº 9.307/1996 dispõe no art. 7º:

> "Existindo cláusula compromissória e havendo resistência quanto à instituição da arbitragem, poderá a parte interessada requerer a citação da outra parte para comparecer em juízo a fim de lavrar-se o compromisso, designando o juiz audiência especial para tal fim."

A finalidade desse procedimento é a instituição do juízo arbitral, cuja sentença que julgar procedente a pretensão o determinará. Desse modo, uma vez existente, válida e eficaz a cláusula compromissória entre os pactuantes, qualquer deles pode exigir judicialmente a instituição da arbitragem. Entendemos que, salvo ressalva expressa em contrário, essa pactuação é unilateralmente irretratável.

Ao estipular essa cláusula, o compromitente transige sobre direitos em discussão e renuncia à jurisdição estatal. Acentuado o caráter contratual do instituto, nele é proeminente a autonomia da vontade. A arbitragem tem origem e fundamento na manifestação de vontade das partes. Qualquer lanço interpretativo sobre o compromisso deve partir dessa premissa.

Esse dispositivo esteve sob discussão acerca de eventual inconstitucionalidade no STF, matéria felizmente superada, após alguns anos de injustificado suspense, inserindo-se hoje o Brasil definitivamente no contexto internacional da arbitragem, como exige o mundo negocial globalizado.

4.1. Aspectos da cláusula compromissória

A cláusula compromissória pode ser considerada como um contrato dentro de outro. Nada impede que já nessa cláusula as partes instituam de plano orientação para a futura arbitragem, fixando número de árbitros, forma de coleta de prova, possibilidade de utilização de princípios gerais de direito, equidade, usos internacionais etc., mas isso não é obrigatório ou essencial.

Como é usual nos exemplos de Direito internacional, o conteúdo do juízo arbitral somente é fixado no momento oportuno, ainda porque nada está a indicar que *a priori* ele se fará necessário. Se os contratantes, contudo, estabelecem todo o conteúdo da arbitragem no momento de elaboração do próprio contrato-base, já existirá juízo instituído e não simples promessa de contratar. Nesta última hipótese, tanto o contrato-base como o compromisso arbitral devem ser considerados negócios jurídicos perfeitos e acabados. Nada impede, no entanto, que no momento de operacionalizar a arbitragem as partes modifiquem suas cláusulas e introduzam outras. Por outro lado, havendo conflito de interesses a respeito da arbitragem já regulada, o judiciário pode compor a instituição definitiva, complementando com o que for necessário, com fundamento no sentido da nova lei.

Acentue-se que ordinariamente a cláusula compromissória é genérica. As partes preveem que de futuro poderão adotar o juízo ou compromisso arbitral. Desse modo, anotamos que a cláusula compromissória é preparatória e precursora do compromisso. O compromisso que se pode seguir é mais específico, delineando os limites do litígio e o procedimento de julgamento.

A própria Lei nº 9.307/1996 admite a possibilidade de orientação prévia da arbitragem ao se referir no art. 5º que na cláusula compromissória,

"*reportando-se as partes, na cláusula compromissória, às regras de algum órgão arbitral institucional ou entidade especializada, a arbitragem será instituída e processada de acordo com tais regras, podendo, igualmente, as partes estabelecer na própria cláusula, ou em outro documento, a forma convencionada para a instituição da arbitragem*".

Eventual nulidade na futura arbitragem, em princípio, não inquinará a obrigatoriedade da cláusula. Assim, por exemplo, ao se comprometer para arbitragem, as partes podem indicar árbitros impedidos ou suspeitos, bem como entidade inexistente. Tal não obsta que se obtenha judicialmente a arbitragem, cabendo ao juiz, na sentença proferida conforme os §§ 3º e 7º do art. 7º, suprir deficiências ou falhas perpetradas pelas partes. Em resumo: não se contamina de nulidade a cláusula compromissória somente porque aspectos delineados pelos contratantes esbarram em proibições legais, nos bons costumes ou na ordem pública. A Lei nº 9.307/1996, corroborando o que afirmamos, é expressa ao definir a *autonomia* da cláusula compromissória no art. 8º:

"*A cláusula compromissória é autônoma em relação ao contrato em que estiver inserta, de tal sorte que a nulidade deste não implica, necessariamente, a nulidade da cláusula compromissória.*
Parágrafo único. Caberá ao árbitro decidir de ofício, ou por provocação das partes, as questões acerca da existência, validade e eficácia da convenção de arbitragem e do contrato que contenha a cláusula compromissória."

Se o juízo arbitral entender que a cláusula compromissória inexiste, é inválida ou ineficaz, ficará inibido de decidir o mérito por falta de condição de procedibilidade. Nessa hipótese, devem as partes recorrer ao processo comum. No entanto, a existência, validade e eficácia da cláusula podem ser decididas por sentença no processo judicial de instituição do juízo na forma do art. 7º.

Vimos que a Lei nº 9.307/1996 exige *forma escrita* para a cláusula compromissória (art. 4º, § 1º). Não admite, portanto, pactuação oral. Por outro lado, a regra geral é de que ninguém é obrigado a contratar, muito menos submeter-se a juízo arbitral. Destarte, a manifestação de vontade nesse sentido deve ser absolutamente livre. Nesse diapasão, o § 2º do art. 4º menciona:

"*Nos contratos de adesão, a cláusula compromissória só terá eficácia se o aderente tomar a iniciativa de instituir a arbitragem ou concordar, expressamente, com a sua instituição, desde que por escrito em documento anexo ou em negrito, com a assinatura ou visto especialmente para essa cláusula.*"

O legislador procurou contornar uma das principais críticas que usualmente se faziam à contratação da arbitragem, qual seja, o abuso do poder econômico. A livre possibilidade de inserção da cláusula compromissória nos contratos com cláusulas predispostas poderia obstar o direito inarredável do aderente à composição do litígio pelo Poder Judiciário. Desse modo, há de ser considerada cláusula abusiva, portanto írrita, o pacto compromissório colocado em contrato de adesão sem que o aderente se manifeste por escrito em documento anexo, ou sem que a cláusula conste em destaque (**em negrito**, como reza a lei), de molde a dar pleno conhecimento, bem como possibilidade de ressalva ou recusa pelo aderente. Sem dúvida, esse aspecto dependerá de exame do caso concreto. Analisa-se, no sentido da lei, que a vontade do aderente deva ser livre e expressa quando admitir a arbitragem. Será válida, pois, a ressalva que fizer no contrato de adesão, não aceitando o compromisso.

Se o contrato se inserir no âmbito do CDC (Lei nº 8.078/1990), além dos aspectos definidos pelo citado § 2º, deve ser levado em conta o conceito de abusividade da cláusula contratual e de sua respectiva nulidade dentro do rol do art. 51 do CDC. Aliás, o inciso VII desse dispositivo determina a nulidade de cláusulas contratuais relativas ao fornecimento de produtos e serviços *que determinem a utilização compulsória de arbitragem*. Esse mesmo diploma legal impõe que os contratos consumeristas de adesão sejam redigidos em termos claros e com caracteres ostensivos e legíveis, de modo a facilitar sua compreensão pelo consumidor (art. 54, § 3º) e que as cláusulas que implicarem limitação de direito do consumidor deverão ser redigidas com destaque, permitindo sua imediata e fácil compreensão (art. 54, § 4º). No mesmo diapasão, no tocante à interpretação, *"as cláusulas contratuais serão interpretadas de maneira mais favorável ao consumidor"* (art. 47 do CDC). Desse modo, na dúvida, não é válida a cláusula compromissória nas relações consumeristas. Para tal, será necessária a manifestação expressa e inequívoca do consumidor.

Esse espírito também deverá nortear a interpretação do § 2º do art. 4º da Lei nº 9.307/1996. É certo que não será nas relações de consumo que vicejará a arbitragem. No entanto, ainda que o contrato não seja regido pelo estatuto do consumidor, em se tratando de contrato de adesão, as regras dessa lei podem ser utilizadas subsidiariamente na proteção do aderente porque se tratam, na verdade, de regras aplicáveis aos contratos com cláusulas predispostas em geral.

4.2. Procedimentos para execução específica da cláusula compromissória

De acordo com o art. 6º da Lei nº 9.307/1996,

> *"não havendo acordo prévio sobre a forma de restituir a arbitragem, a parte interessada manifestará à outra parte sua intenção de dar início à arbitragem, por via postal ou por outro meio qualquer de comunicação, mediante comprovação de recebimento, convocados para, em dia, hora e local certos, firmar o compromisso arbitral".*

Evidentemente, a questão da arbitragem aflorará quando do descumprimento do contrato-base. Essa matéria poderá ser, e na maioria das vezes o será, objeto da decisão arbitral.

A parte indigitada recusando-se, de qualquer modo, à instituição da arbitragem abrirá ensejo à parte notificante que ajuíze o processo de instituição do juízo arbitral (parágrafo único do art. 6º). Competente para tal processo, segundo esse dispositivo, será *"o órgão do Poder Judiciário a que, originalmente, tocaria o julgamento da causa"*. Devemos seguir, pois, as regras ordinárias de competência do processo civil.

De acordo com o art. 7º, o processo de instituição de arbitragem iniciar-se-á com a citação da parte recalcitrante para comparecer em juízo a fim de lavrar-se o compromisso, designando o juiz audiência especial para tal fim. Nessa audiência, antes de ser obtida a composição das partes para a arbitragem, deve ser tentada a conciliação sobre o próprio fulcro do litígio, o qual, uma vez ocorrendo, extinguirá o processo, colocando fim à pretensão de direito material. O acordo ou transação objetivando o direito material em questão será então homologado, produzindo os devidos efeitos legais. Não obtida a conciliação sobre esse aspecto, o passo seguinte será obtê-la no tocante ao compromisso. Essa sequência lógica é definida pelo § 2º do art. 7º.

Na composição sobre o juízo arbitral devem as partes definir, com a intervenção e auxílio do juiz, os requisitos obrigatórios do art. 10, podendo ser incluídos os facultativos do art. 11. Melhor que os itens deste último dispositivo constem do compromisso a fim de serem evitadas dificuldades posteriores, mormente no tocante à responsabilidade das partes pelas despesas e honorários dos árbitros, bem como a respectiva fixação destes últimos. Não dispondo a cláusula compromissória a respeito da nomeação dos árbitros, caberá ao juiz, ouvidas as partes, estatuir, a respeito, podendo nomear árbitro único para a solução do litígio (art. 7º, § 4º).

O procedimento disciplinado pelo art. 7º é omisso quanto à resposta do réu. Este pode opor-se ao juízo arbitral porque, por exemplo, a cláusula compromissória é inexistente, inválida ou ineficaz. Essa matéria, atinente à higidez do negócio jurídico que possibilita a arbitragem, deve ser examinada nesse processo. Leve em conta que a inexistência ou nulidade de qualquer negócio jurídico deve ser decretada de ofício. O § 3º refere-se à oitiva do réu sobre o conteúdo do compromisso e não exatamente sobre defesa indireta que inquine o próprio ato. Não devemos afastar a possibilidade de ajuizamento das exceções, como também da contestação. Nesse sentido, a citação do requerido abrirá ensejo para a resposta nos termos do art. 335 do CPC. Se quando da audiência ainda não houver decorrido o interregno de 15 dias da citação, o réu poderá requerer que se aguarde o escoamento do prazo para contestar, ficando prejudicada a designação.

Destarte, a sentença que reconhece a inexistência, invalidade ou ineficácia da cláusula julgará o autor carecedor da ação. Para que não pairem dúvidas acerca da coisa julgada material quanto aos alegados defeitos da cláusula, será oportuno que o réu ingresse com pedido de declaração incidental, no qual pedirá a declaração de nulidade ou ineficácia da cláusula, obstando que a matéria seja novamente discutida. A parte também poderá, evidentemente, ter ingressado com ação autônoma nesse sentido, a fim de obstar o processo de instituição ora tratado. Por outro lado, se procedente o pedido, a sentença valerá como compromisso arbitral. Verificamos, pois, que, nessa hipótese, a sentença é substitutiva da vontade.

Lembre-se de que se o juízo arbitral institui-se por mútuo acordo, independentemente do processo específico, ou se neste não for ventilada a questão, a matéria atinente à existência, validade e eficácia da convenção de arbitragem e do contrato poderá ser examinada pelo árbitro de ofício ou por provocação das partes (art. 8º, parágrafo único).

De acordo com o § 5º do art. 7º da Lei nº 9.307/1996, a ausência do autor à audiência, sem motivo justificado, importará extinção do processo sem julgamento do mérito. Não comparecendo o réu, o juiz, após ouvir o autor, estatuirá a respeito do conteúdo do compromisso, nomeando árbitro único (art. 7º, § 6º). Em que pese a revelia do réu, é de ser lembrado que o juiz não fica impedido de apreciar as questões que deva conhecer de ofício.

Note que a existência de convenção de arbitragem é matéria de exceção que deve ser alegada antes do mérito se proposta ação judicial sobre a matéria (art. 337, X, do CPC), e uma vez reconhecida, obsta seu exame. Havendo pacto de arbitragem, extingue-se o processo sem julgamento do mérito (art. 485, VII, do CPC).

O procedimento estabelecido no art. 7º também será adotado para a nomeação de árbitro em número ímpar, quando as partes tiverem indicado número par (art. 13, § 2º), bem como para a nomeação de árbitro substituto (art. 16, § 2º).

5. Modalidades

Assim como a transação, o compromisso pode instaurar-se com o processo judicial em andamento. Assim já era segundo o art. 1.038 do Código Civil de 1916. Essa é também a orientação da Lei nº 9.307/1996 (art. 9º). O compromisso arbitral judicial celebrar-se-á por termo nos autos, perante o juízo ou tribunal, em que tem curso a demanda. As partes podem firmar a convenção arbitral, por escrito público ou particular, e submetê-la ao juízo da demanda que, tomando por termo, a homologará. Tal manterá seu aspecto judicial.

O compromisso extrajudicial, utilizável quando não há demanda em curso, pode ser celebrado por instrumento particular, com duas testemunhas, ou por instrumento público (art. 9º, § 2º).

Firmado o compromisso arbitral no curso do processo, a capacidade decisória do juiz cessa, passando aos árbitros. A Lei nº 13.129 introduziu modificações no procedimento arbitral no tocante às medicas cautelar e de urgência (art. 22-A) Antes de instituída a arbitragem as partes podem recorrer ao Poder Judiciário para a concessão dessas medidas. Cessão seus efeitos se a parte não promover a instituição da arbitragem em trinta dias da decisão. Uma vez instituída a arbitragem, caberá aos árbitros manter, modificar ou revogar a medida cautelar ou de urgência concedida pelo Judiciário (art. 22-B). Se já instituída a arbitragem, caberá aos árbitros decidir sobre a concessão dessas medidas (par. único do art. 22-B).

Essas medidas, por sua natureza, eram privativas da atuação do poder estatal. Essa lei mais recente procurou dinamizar o andamento da arbitragem, ampliando a atuação dos árbitros. A execução da sentença arbitral é atribuição do Poder Judiciário.

6. Requisitos do compromisso. Autorização para decidir por equidade

O art. 10 da Lei nº 9.307/1996 enuncia os requisitos obrigatórios do compromisso:

"*I – o nome, profissão, estado civil e domicílio das partes;*

II – o nome, profissão e domicílio do árbitro, ou dos árbitros, ou, se for o caso, a identificação da entidade à qual as partes delegaram a indicação de árbitros;

III – a matéria que será objeto da arbitragem; e

IV – o lugar em que será proferida a sentença arbitral."

O art. 11 enumera os requisitos acidentais do compromisso arbitral:

"*I – local, ou locais, onde se desenvolverá a arbitragem;*

II – a autorização para que o árbitro ou os árbitros julguem por equidade, se assim for convencionado pelas partes;

III – o prazo para apresentação da sentença arbitral;

IV – a indicação da lei nacional ou das regras corporativas aplicáveis à arbitragem, quando assim convencionarem as partes;

V – a declaração da responsabilidade pelo pagamento dos honorários e das despesas com a arbitragem; e

VI – a fixação dos honorários do árbitro, ou dos árbitros."

O parágrafo único do art. 11 da mencionada lei especifica que quando as partes fixarem os honorários dos árbitros no compromisso arbitral, este constituirá título executivo extrajudicial. Se não ocorrer essa fixação, os árbitros devem requerer ao órgão do Poder Judiciário, que seria competente para julgar originalmente a causa, que os fixe por sentença. Nessa ação, cuidar-se-á, portanto, do arbitramento dos honorários. Por conseguinte, será de toda conveniência que as partes já estabeleçam de plano o valor dos respectivos honorários.

Embora os requisitos essenciais possam ser complementados a qualquer momento pelas partes, sua falta tornará ineficaz o compromisso. A matéria requer o devido cuidado, pois, por exemplo, nem sempre a omissão da correta profissão de um dos comprometentes terá o condão de jogar por terra a avença.

O aspecto que exige maior cuidado diz respeito ao objeto do litígio, pois desse modo fixam-se os contornos e limites de atuação dos árbitros, evitando-se julgamento *extra petita*, portanto anulável. Desse modo, cumpre que os comprometentes descrevam perfeitamente o objeto do litígio, circunscrevendo a atividade do juízo arbitral.

Estabelecido prazo para a apresentação da sentença arbitral, as partes devem fixar pena para a prolação a destempo. Essa multa, na qual incorrerão os árbitros, será pecuniária. Poderá ocorrer a ineficácia da sentença arbitral se prolatada a destempo, com a extinção do compromisso, nos termos do art. 12, III. A matéria é de manifestação de vontade das partes e sua consequente interpretação. Proferida serodiamente, sem justa causa, podem os árbitros ficar sujeitos à indenização por perdas e danos.

Em contratos internacionais, principalmente, é importante que se estabeleça qual o ordenamento jurídico nacional que se utilizará. A lei também se refere à aplicação de regras corporativas. Podem ser expressamente indicados para aplicação, por exemplo, o estatuto social de uma empresa, o regulamento de uma entidade ou um acordo de cavalheiros. Nada obsta ainda que as partes indiquem determinada lei de um país e, supletivamente, que se aplique o direito de outro. Em qualquer caso, porém, o cuidado das partes deve ser no sentido de não dificultar a tarefa dos árbitros a ponto de impedir a decisão. O local da arbitragem nem sempre coincidirá com o do ordenamento aplicável.

Omisso o compromisso sobre a lei nacional aplicável, temos que ter em mira que deve preponderar a vontade presumida das partes. Se as partes têm domicílio no mesmo país, presumimos que esse respectivo ordenamento seja a lei escolhida. Se domiciliadas em países diversos ou de nacionalidades diversas, temos de averiguar o que mais se amolda à vontade das partes, em síntese, à vontade contratual, pois assim deve ser considerado o compromisso.

A autorização para os árbitros decidirem por *equidade* segue a tradição histórica no campo da arbitragem. Como vimos, nem sempre a decisão com estrita observância da técnica jurídica será conveniente para o caso concreto, geralmente ilustrado por questões tecnológicas de alta complexidade. Por isso, podem as partes autorizar a decisão por equidade. A função da equidade é atenuar a rudeza da regra jurídica. Na realidade, o conceito de equidade não se afasta do conteúdo do próprio Direito, pois, enquanto este regula a sociedade com normas gerais, a equidade procura adaptar essas normas a um caso concreto.

A equidade busca aparar arestas na aplicação da lei, a fim de que não se cometa injustiça. A equidade é não só o abrandamento de uma norma em um caso concreto, como também sentimento que brota do âmago do julgador. Como seu conceito é filosófico, dá margem a várias concepções. O Código Civil, em princípio, não se refere diretamente à equidade, a qual não se classifica exatamente como uma fonte de direito, mas um recurso, para que não ocorra o *summum ius summa iniura*, isto é, para que a aplicação cega da lei não leve a uma iniquidade. O art. 1.040, IV, do Código Civil de 1916 já a ela se referia, autorizando os árbitros no compromisso a decidirem por equidade. O art. 1.456 também lhe fazia menção ao tratar da interpretação de aspecto do contrato de seguro.

Como a equidade é antes de tudo uma posição filosófica, cada aplicador do direito lhe dará uma valoração própria, mas com idêntica finalidade, qual seja, o abrandamento da norma. Em sua aplicação, existe muito de subjetivismo, portanto. Decide-se pelo que é justo, nem sempre pelo que é legal. É oportuno lembrar que as compreensões dos fins sociais do contrato e da boa-fé objetiva, decantados por este Código, relacionam-se diretamente com a equidade. Geralmente as partes não autorizam a decisão por equidade.

Se não há autorização expressa das partes para o julgamento por equidade, a decisão arbitral que o faça fica sujeita à anulação por meio de ação própria pelo procedimento comum ou por meio de embargos à execução, se houver execução judicial (art. 33, § 1º).

7. Dos árbitros

É da essência do compromisso que as partes se louvem em um ou mais árbitros. Conforme o art. 13, *"pode ser árbitro qualquer pessoa capaz e que tenha a confiança das partes"*. Segundo esse dispositivo, poderão nomear um ou mais árbitros, *sempre em número ímpar*, podendo nomear os respectivos suplentes. Lembre-se de que se o árbitro se recusar à tarefa, inexistindo substituto indicado, o compromisso extinguir-se-á (art. 12, I).

Se as partes nomearem árbitros em número par, a lei autoriza que desde logo os próprios julgadores indiquem mais um árbitro. Se não houver acordo a esse respeito, as partes requererão ao órgão do Poder Judiciário a que tocaria, originalmente, o julgamento da causa, a nomeação do árbitro, aplicando-se, no que couber, o mesmo procedimento de execução da cláusula compromissória (art. 13, § 2º).

Leve em consideração que, em sede de compromisso arbitral, a proeminência é da vontade dos interessados. Podem as partes estabelecer o processo de escolha dos árbitros, inclusive atribuindo a uma entidade especializada a possibilidade de fazê-lo. Refere a Lei nº 9.307/1996 que podem *"adotar as regras de um órgão arbitral institucional ou entidade especializada"* (art. 13, § 3º). Desse modo, podem os compromitentes admitir o julgamento de uma entidade especialmente estruturada para atuar como câmara ou juízo arbitral. Podem, pois, as partes submeter a escolha dos árbitros a essa entidade à qual confiaram o julgamento.

Quando forem nomeados vários árbitros, estes, por maioria, elegerão o presidente do tribunal arbitral. Se não houver consenso, a atribuição será do mais idoso (art. 13, § 4º). O árbitro ou o presidente poderá designar um secretário, cuja escolha pode recair sobre um dos próprios julgadores (§ 5º).

Os árbitros desempenham no compromisso a mesma função do juiz togado, ficando sujeitos a idênticas responsabilidades. Esse o sentido do art. 18: *"O árbitro é juiz de fato e de direito, e a sentença que proferir não fica sujeita a recurso ou a homologação pelo Poder Judiciário."* Assim como o magistrado inserido no órgão estatal, *"no desempenho de sua função, o árbitro deverá proceder com imparcialidade, independência, competência, diligência e discrição"* (art. 13, § 6º).

Desse modo, não pode o árbitro divulgar sua opinião sobre o processo antes de proferida a decisão nem comentá-la com terceiros sob pena de comprometer sua atuação, tornando-a suspeita.

O custeio do juízo arbitral cabe às partes. Por isso, o árbitro ou o tribunal arbitral podem determinar que se adiantem despesas e valores necessários para diligências (art. 13, § 7º).

Como juízes da questão que lhe foi afeita, na forma do art. 14 da Lei nº 9.307/1996, os árbitros submetem-se a idênticas restrições de impedimento e suspeição estabelecidos no CPC para os magistrados togados, com os respectivos deveres e responsabilidades (arts. 144 e 145). Dentro desses princípios, quem for indicado para funcionar como árbitro tem o dever de revelar, antes de aceitar a função, qualquer fato que denote dúvida justificada quanto a sua imparcialidade e independência (art. 14, § 1º). Nada impede, porém, que ambas as partes, cientes de eventual impedimento ou suspeição, admitam o árbitro. Para tal, é necessário que os compromitentes sejam expressos a respeito da causa de impedimento e suspeição. É possível, por exemplo, que as partes escolham para árbitro amigo comum, que tenha conhecimento prévio da pendência. Acordando a esse respeito, desaparece o impedimento ou suspeição.

O § 2º do art. 14 complementa que o árbitro somente poderá ser recusado por motivo ocorrido após sua nomeação, podendo sê-lo por motivo anterior quando não for nomeado diretamente pela parte ou o motivo para sua recusa for conhecido posteriormente a sua nomeação. Desse modo, tão logo tenha conhecimento da suspeição ou impedimento, a parte deve opor a recusa, fazendo-o sob a forma de exceção, nos termos do art. 20.

A escusa, falecimento ou impossibilidade de o árbitro indicado aceitar o encargo fará com que assuma o substituto indicado no compromisso, se houver (art. 16). Se não houver substituto indicado para integrar o corpo de julgadores, poderão ser obedecidas as regras do órgão arbitral institucional ou entidade especializada, se assim for previsto na convenção. Indicada uma entidade para o julgamento, essa pessoa jurídica se encarregará de providenciar a formação do conselho de arbitragem, se o contrário não resultar da pactuação. Se nada dispuser a convenção e se as partes não lograrem acordo a respeito da substituição de árbitro, proceder-se-á conforme o procedimento do art. 7º (procedimento de instituição de arbitragem), a menos que as partes tenham declarado expressamente não aceitar substituto (art. 16, § 2º). Nesta última hipótese, extingue-se o compromisso arbitral (art. 12, I).

A Lei nº 9.307/1996 equipara os árbitros, *"no exercício de suas funções ou em razão delas"*, a funcionários públicos, para efeitos da legislação penal (art. 17). Desse modo, além de sujeitarem-se à indenização por perdas e danos se agirem com culpa nos termos do art. 159 do Código Civil, são passíveis de responsabilização penal por delitos próprios de funcionário.

8. Do procedimento arbitral

Da cláusula compromissória as partes decolam para a redação do compromisso. Esse compromisso converte-se verdadeiramente em arbitragem quando aceita a nomeação pelo árbitro (art. 19): *"Considera-se instituída a arbitragem quando aceita a nomeação pelo árbitro, se for único, ou por todos, se forem vários."*

O § 2º do art.19, acrescentado pela Lei nº 13.129/205, em boa hora estatuiu que a instituição da arbitragem interrompe a prescrição, retroagindo à data do requerimento, ainda que extinta a arbitragem por ausência de jurisdição.

Os árbitros, ao examinarem a questão, podem entender que há aspectos que devem ser aclarados. Pode, por exemplo, não estar muito clara a extensão da arbitragem ou a descrição do litígio. Nessa hipótese, prevê a lei que por iniciativa do tribunal arbitral seja elaborado um adendo à convenção (art. 19, § 1º):

> *"Instituída a arbitragem e entendendo o árbitro ou o tribunal arbitral que há necessidade de explicitar questão disposta na convenção de arbitragem, será elaborado, juntamente com as partes, adendo, firmado por todos, que passará a fazer parte integrante da convenção de arbitragem."*

A suspeição ou o impedimento dos árbitros, bem como a nulidade, a invalidade ou a ineficácia da convenção, deverão ser alegados pela parte na primeira oportunidade que tiver para se manifestar após a instituição da arbitragem (art. 20). Acolhida a suspeição ou o impedimento, será o árbitro substituído na forma do art. 16 examinado supra. Se for reconhecida a incompetência do árbitro ou tribunal arbitral, bem como a nulidade, invalidade ou ineficácia da convenção de arbitragem, serão as partes remetidas ao órgão do Poder Judiciário competente para julgar a causa (art. 20, § 1º). No juízo competente, o magistrado decidirá sobre os aspectos formais respectivos do juízo arbitral. O rito será o do procedimento comum, por extensão do que consta no art. 33 da Lei nº 9.307/1996. Julgada insubsistente a decisão do árbitro ou juízo arbitral, voltarão os autos aos árbitros, que procederão à arbitragem. Decretada por sentença a incompetência ou invalidade, extingue-se o juízo arbitral. Pode ocorrer que a nulidade inquine apenas parcialmente a atividade arbitral, hipótese na qual esta prosseguirá nos limites definidos pela sentença judicial.

Se os árbitros não acolherem a arguição sobre incompetência, nulidade, invalidade ou ineficácia, terá prosseguimento a arbitragem, sem prejuízo de a questão ser examinada pelo Poder Judiciário (art. 20, § 2º). O procedimento será o comum, conforme o art. 33 da Lei nº 9.307/1996.

Quanto ao procedimento da arbitragem, cabe às partes disciplina-lo (art. 21). Segundo o dispositivo, os compromitentes podem adotar as regras estabelecidas por órgão arbitral ou entidade especializada, facultando-se, ainda, ao próprio árbitro, ou ao tribunal arbitral, regular o procedimento. A tendência será escolherem as partes uma entidade arbitral especializada, a qual já terá estruturadas as regras básicas procedimentais. Qualquer que seja a situação, ainda que o procedimento seja estabelecido pelo próprio árbitro ou tribunal arbitral (art. 21, § 1º) (a exemplo do que estabeleciam os pretores romanos), *"serão sempre respeitados no procedimento arbitral os princípios do contraditório, da igualdade das partes, da imparcialidade do árbitro e de seu livre convencimento"* (art. 21, § 2º). A condução atrabiliária do procedimento e o cerceamento de defesa transgredindo esses princípios darão margem à anulação pelo judiciário da sentença arbitral (art. 32, VIII).

É facultativa a participação de advogado na arbitragem, cabendo às partes sempre a possibilidade de designar representante (art. 21, § 3º). Se, por um lado, pode a parte fazer-se representar por advogado ou leigo, não pode o compromisso proibir a representação por meio de advogado, pois é direito fundamental a possibilidade de constituição de advogado qualquer que seja a esfera de direito em discussão.

A exemplo do processo comum, competirá ao árbitro ou ao tribunal, no início do procedimento, tentar a conciliação das partes. Embora a lei não o diga, conveniente que se designe audiência para tal ou que essa tentativa ocorra na primeira audiência. A ausência de tentativa de conciliação por si só não inquina a decisão final.

Os árbitros, como julgadores de fato e de direito, conduzirão a instrução a exemplo dos magistrados togados. Mediante requerimento das partes ou de ofício podem tomar o depoimento das partes, ouvir testemunhas e determinar a realização de perícias ou outras provas que julgarem necessárias (art. 22).

> *"O depoimento das partes e das testemunhas será tomado em local, dia e hora previamente comunicados, por escrito, e reduzido a termo, assinado pelo depoente, ou a seu rogo, e pelos árbitros"* (art. 22, § 1º).

Nada impede que, acordando a respeito os compromitentes, possam os depoimentos ser admitidos por escrito, mediante questionário previamente remetido às partes e testemunhas. Ideal, porém, que, como no processo judicial, exista concentração da prova e oralidade. Os depoimentos podem ser tomados por estenotipia, com a devida transcrição, bem como com utilização da informática. Nada obsta que com meios eletrônicos a audiência e a coleta de provas sejam realizadas a distância, com enorme economia de tempo e despesas para os interessados, geralmente domiciliados em países diferentes, com utilização de imagens televisivas simultâneas, com uso de redes informatizadas *on-line* e tudo aquilo que o futuro próximo nos reserva nesse campo. A arbitragem com esses novos meios tecnológicos pode servir de laboratório e desbravar novo campo e dar impulso para sua utilização pela Justiça comum. Toda inovação tecnológica será possível desde que concordem as partes e respeitados os princípios fundamentais do processo.

A ausência da parte para prestar depoimento pessoal, sem justa causa, será levada na devida consideração pelo árbitro. Não podemos falar em pena de confissão na arbitragem, mas a simples recusa em depor poderá ser forte elemento de convicção para o julgador contra os interesses do faltoso. A ausência injustificada da testemunha abrirá ensejo ao árbitro ou tribunal arbitral para que requeira à autoridade judiciária a condução coercitiva da testemunha renitente (art. 22, § 2º).

O § 3º do artigo é expresso ao estatuir que a *"revelia da parte não impedirá que seja proferida a sentença arbitral"*. A revelia caracteriza-se pela ausência de contestação. Consubstancia-se quando o demandado deixa transcorrer em branco o respectivo prazo; quando contesta intempestivamente e quando não impugna especificamente os fatos narrados pelo autor na petição inicial. Neste último aspecto, a revelia pode ser parcial. Na arbitragem, a revelia não só não impede a sentença, como não se presumem verdadeiros os fatos não contestados (art. 344 do CPC). Trata-se de mais um aspecto que deverá ser levado em conta pelos árbitros, em desfavor do contumaz, que não ficará impedido de participar do procedimento, sendo intimado de todos os atos, inclusive produzindo provas.

Em caso de substituição de árbitro, ficará a critério do substituto repetir as provas já produzidas (art. 22, § 5º).

9. Da sentença arbitral

A sentença arbitral encerra a atividade dos árbitros e põe termo ao compromisso (art. 29). A fase executória judicial ou extrajudicial não mais pertence à arbitragem propriamente dita.

É obrigação dos árbitros proferir a sentença no prazo estipulado pelas partes. Se não houver prazo, este será de seis meses a partir da instituição da arbitragem ou da substituição do árbitro. As partes e os árbitros poderão de comum acordo prorrogar o prazo fixado (art. 23). Caso fortuito ou força maior devidamente comprovados podem justificar eventual retardamento dos árbitros na apresentação da sentença. Conforme visto, tendo expirado o prazo e notificado o árbitro pela parte para apresentar a sentença em dez dias, extingue-se o compromisso (art. 12, III).

A sentença será necessariamente escrita (art. 24). Podem as partes estipular que seja redigida em língua estrangeira, mas a executoriedade em nosso país exigirá tradução juramentada. Havendo vários árbitros, a decisão será tomada por maioria. Se não for obtida maioria, prevalecerá o voto do presidente do tribunal arbitral (art. 24, § 1º). O voto divergente pode ser declarado em separado (§ 2º).

Se no curso da arbitragem o julgamento se deparar com questão que diga respeito a direito indisponível, como matéria prejudicial para a controvérsia, o juízo arbitral remeterá as partes à autoridade competente do Poder Judiciário, suspendendo o procedimento arbitral. Pode ocorrer que a questão dependa, por exemplo, do reconhecimento de paternidade de uma das partes envolvidas.

O art. 26 da Lei nº 9.307/1996 enumera os requisitos obrigatórios da sentença arbitral:

> "I – o relatório, que conterá os nomes das partes e um resumo do litígio;
> II – os fundamentos da decisão, onde serão analisadas as questões de fato e de direito, mencionando-se, expressamente, se os árbitros julgaram por equidade;
> III – o dispositivo, em que os árbitros resolverão as questões que lhe foram submetidas e estabelecerão o prazo para o cumprimento da decisão, se for o caso; e
> IV – a data e o lugar em que foi proferida.
> Parágrafo único. A sentença arbitral será assinada pelo árbitro ou por todos os árbitros. Caberá ao presidente do tribunal arbitral, na hipótese de um ou alguns dos árbitros não poder ou não querer assinar a sentença, certificar tal fato."

Os requisitos da sentença arbitral coincidem, em suma, com os da sentença judicial (art. 489 do CPC). Acresce-se que a decisão arbitral deve mencionar expressamente se foi utilizada a equidade para o julgamento, matéria que exige autorização das partes. A decisão pode ser concisa, mas deve necessariamente ser motivada, pois aí reside a garantia das partes. A decisão dos árbitros deverá obedecer aos mesmos requisitos tanto se julgar o mérito como o descabimento do juízo arbitral. A sentença acolherá ou rejeitará os pedidos das partes, na forma do art. 490 do CPC.

O nome das partes é essencial para identificar os agentes atingidos pela decisão. A data e o lugar são essenciais, pois o requisito temporal poderá influir em eventual nulidade, com reflexos igualmente decorrentes do local onde foi proferida.

Proferida a sentença e consequentemente finda a arbitragem, o árbitro ou o presidente do tribunal arbitral remeterá cópia da decisão às partes, por via postal ou por outro meio qualquer de comunicação, mediante comprovação de recebimento, ou ainda, entregando-a diretamente às partes, mediante recibo (art. 29). Não importa o meio pelo qual se faça chegar a decisão ao interessado; basta que seja comprovadamente efetuado. A comprovação desse recebimento é importante porque estabelece o termo inicial para o pedido de correção ou esclarecimento (equivalente aos embargos de declaração) (art. 30) e para a propositura da ação de nulidade (art. 33, § 1º).

A finalidade do aditamento, assim como dos embargos de declaração, é restrita às hipóteses definidas em lei. Lembre-se de que na esfera judicial houve um desmedido alargamento no âmbito desse recurso. De qualquer modo, em princípio não podemos admitir o aditamento se o pedido tiver mero caráter infringente, objetivando nova decisão sobre a matéria já decidida. Não pode o aditamento objetivar insurgência sobre a justiça ou injustiça da decisão consubstanciando verdadeiro recurso, mas unicamente os limites de correção e esclarecimento descritos na lei. No entanto, se, por exemplo, o erro apontado na sentença referir-se a premissa fundamental que altere o rumo da decisão, é inevitável que o pedido e o aditamento poderão ter caráter infringente ou modificativo. Da mesma forma, estabeleceu-se ultimamente o mau vezo de ajuizar embargos declaratórios sob a forma de questionário ou consulta formulada ao juiz. Evidente que esse procedimento não serve para esse propósito, pois, além de deselegante, refoge totalmente à finalidade da medida.

O art. 31 introduz a inovação fundamental da Lei nº 9.307/1996:

> "A sentença arbitral produz, entre as partes e seus sucessores, os mesmos efeitos da sentença proferida pelos órgãos do Poder Judiciário e, sendo condenatória, constitui título executivo."

Como anotado, a sentença arbitral constitui título executivo judicial, prescindindo de homologação. Desse modo, a sentença arbitral faz coisa julgada entre as partes.

Essa decisão arbitral, afora o pedido de aditamento, não permite outro recurso. Nada impede, no entanto, que as partes estabeleçam a possibilidade de recorrer para outro órgão arbitral, mormente na contingência de se submeterem ao ordenamento de entidade, câmara arbitral ou organismo internacional, que preveja recurso para outro órgão arbitral. Em matéria de compromisso, prepondera a vontade contratual. A tramitação do recurso será determinada pela regra estabelecida. Contudo, se não houver faculdade expressa a esse respeito, a sentença arbitral, tal como descrita, será definitiva.

9.1. Nulidade da sentença arbitral

Duas são as formas para pleitear judicialmente a nulidade, invalidade ou ineficácia da sentença arbitral: por meio da ação própria de nulidade e dos embargos à execução. É evidente que os embargos somente podem ser opostos se houver execução, e dentro do âmbito da matéria que pode ser versada nesses embargos, conforme o estatuto processual. Caso contrário, deve a parte interessada propor a ação para decretação de nulidade da sentença arbitral, no prazo estabelecido de 90 dias, a qual seguirá o procedimento comum do CPC (art. 33 da Lei nº 9.307/1996).

Leve em conta que, sendo a sentença arbitral um negócio jurídico, em princípio todos os vícios que o afetam podem inquiná-la. No entanto, tendo em vista a natureza e finalidade do juízo arbitral e seu cunho eminentemente procedimental substitutivo da sentença judicial, a lei fixa prazo decadencial de 90 dias para sua propositura (art. 33, § 1º).

Destarte, não temos de chamar à baila os prazos prescricionais estabelecidos no Código Civil, nem se levar em conta o prazo para a ação rescisória. Pela redação legal, contudo, verificamos que o pedido de aditamento suspende a contagem do prazo.

O art. 32 da Lei nº 9.307/1996 elenca as hipóteses de nulidade da sentença arbitral:

"I – for nula a convenção de arbitragem;
II – emanou de quem não podia ser árbitro;
III – não contiver os requisitos do art. 26 desta Lei;
IV – for proferida fora dos limites da convenção de arbitragem;
V – revogado;
VI – comprovado que foi proferida por prevaricação, concussão ou corrupção passiva;
VII – proferida fora do prazo, respeitado o disposto no art. 12, inciso III, desta Lei; e
VIII – forem desrespeitados os princípios de que trata o art. 21, § 2º, desta Lei."

A nulidade deverá ser pleiteada em ação judicial conforme exposto (art. 33). Essa nulidade também pode ser arguida por meio de embargos à execução, se proposta a execução. Nesse caso, a alegação de nulidade não fica sujeita ao prazo de 90 dias para a ação de rito ordinário, mas à iniciativa da parte vencedora em promover a execução, cujo prazo é o mais extenso estabelecido para as ações pessoais (20 anos, art. 177 do Código Civil de 1916; reduzido para dez anos no atual Código, art. 205).

Nos casos dos incisos I, II, VI, VII e VIII do art. 32, acolhida a pretensão, a sentença decretará a nulidade da decisão arbitral, nas demais hipóteses, em princípio, ao julgar procedente o pedido, a sentença determinará que o árbitro ou juízo arbitral profira novo laudo. Em qualquer situação, o juiz apenas examinará a validade do laudo, não podendo ingressar no mérito da decisão arbitral. Como percebemos, quando existem apenas vícios sanáveis no laudo arbitral, a sentença cassará a decisão e determinará que outra seja proferida. Assim, se a decisão não açambarcou todo o litígio proposto na arbitragem ou extrapolou seus limites, a hipótese será de nova decisão arbitral. Nada impede que o juiz entenda que a sentença arbitral é apenas parcialmente nula; o pedido será, pois, parcialmente procedente, subsistindo naquilo que for aproveitável. A cautela do juiz deve ser no sentido de não decidir sobre o que não foi objeto de contratação pelas partes.

Conforme o citado dispositivo, reconhecida pela sentença a nulidade da convenção de arbitragem(I), a incapacidade ou impossibilidade de atuação do árbitro (II), sua prevaricação, concussão ou corrupção passiva (VI), a decisão fora de prazo (VII) e o desrespeito aos princípios do contraditório, igualdade das partes, imparcialidade do árbitro e seu livre convencimento (VIII), a decisão arbitral estará irremediavelmente perdida com o decreto de nulidade. Nas demais hipóteses, quais sejam, se a decisão não contiver os requisitos obrigatórios do art. 26 (III); se foi proferida fora dos limites da convenção de arbitragem (IV) e se não decidiu todo o litígio a ela submetido (V), a sentença determinará que novo laudo arbitral seja proferido.

Há evidente paralelismo entre a ação de nulidade da decisão arbitral e a ação rescisória. Contudo, é muito mais amplo o âmbito de nulidade da decisão arbitral, pois seu conteúdo, em síntese, resulta de convenção entre as partes, que lhe serve de base. A decisão arbitral é analisada, como enfatizado, sob o prisma do negócio jurídico.

Sob esse diapasão, ao estabelecer a Lei nº 9.307/1996, no art. 32, I, a hipótese de for nula a convenção de arbitragem, devem ser reportados os princípios de nulidade em geral dos atos jurídicos fundamentados no art. 104 do Código Civil (*agente capaz, objeto lícito e forma prescrita ou não defesa em lei*). A nulidade da convenção de arbitragem não se confunde com a nulidade ou anulabilidade do compromisso ou cláusula compromissória, sujeitos aos defeitos que afetam os negócios em geral. Estes últimos seguem as regras ordinárias aplicáveis aos contratos ou negócios jurídicos bilaterais. Desse modo, em princípio, será nula a convenção de arbitragem e nesse caso não há prescrição. À nulidade ou anulabilidade do compromisso ou cláusula compromissória os prazos prescricionais ou decadenciais são os gerais e não o especificado na lei em questão utilizável para anular exclusivamente o laudo arbitral. Assim, declarada a nulidade do compromisso, evidentemente cairá por terra a arbitragem que se lhe seguiu. Suponhamos, por exemplo, a hipótese de o compromisso ter vertido matéria que constitua objeto ilícito. Ainda que proferida a decisão arbitral, o vício intrínseco do negócio de conteúdo material que deu margem à arbitragem não desaparece e não se altera. Declarada a nulidade da convenção esta torna-se sem efeito, como se nunca houvesse existido (veja os comentários ao art. 166).

Não esqueça, ademais, que os próprios árbitros devem examinar a validade do compromisso e a matéria de nulidade pode e deve ser versada pelas partes. No entanto, como os atos nulos não se ratificam, não devemos entender vedada a pretensão anulatória contra o compromisso porque existente a sentença arbitral.

10. Sentenças arbitrais estrangeiras

Como acentuado, o mais vasto campo de atuação da arbitragem ora tratado é o dos contratos privados internacionais. Desse modo, o juízo arbitral pode ter sido convencionado para atuar dentro ou fora do território nacional. Sob tal prisma, especifica o art. 34:

"*A sentença arbitral estrangeira será reconhecida ou executada no Brasil de conformidade com os tratados internacionais com eficácia no ordenamento interno e, na sua ausência, estritamente de acordo com os termos desta Lei. Parágrafo único. Considera-se sentença arbitral estrangeira a que tenha sido proferida fora do território nacional.*"

Para tal, a sentença arbitral sujeitava-se unicamente à homologação do STF (art. 35), aplicando-se, no que couber, o disposto nos arts. 960 e 961 do CPC (art. 36 da Lei nº 9.307/1996). A reforma constitucional do Judiciário atribuiu ao STJ esse procedimento. A sentença estrangeira obtém eficácia no Brasil mediante a homologação segundo o art. 961 do CPC.

Desse modo, podem ser opostos embargos à execução nos termos de nossa lei.

São vários os tratados e convenções firmados por nosso país atinentes à matéria. Lembre-se do Decreto Legislativo nº 90/95, que aprovou o texto da Convenção Interamericana sobre Arbitragem Comercial Internacional, de 30.1.1975, da cidade do Panamá; do Decreto Legislativo nº 93/95, que aprovou o texto da Convenção Interamericana sobre Eficácia Extraterritorial das Sentenças e Laudos Arbitrais Estrangeiros, concluído em Montevidéu, em 8.5.1979, e do Decreto nº 1.476/95, que promulgou o Tratado Relativo à Cooperação Judiciária e ao reconhecimento e execução de Sentenças em Matéria Civil, entre a Itália e o Brasil, de 17.10.1989. Certamente, outros tratados, acordos e convenções internacionais se seguirão decorrentes da intenção do legislador em fomentar a arbitragem e em decorrência da globalização dos problemas jurídicos e econômicos, como a adesão de nosso país à chamada Convenção de New York, mais recentemente.

O interessado requererá a homologação, em escrito, que obedeça aos requisitos para a petição inicial. Esse artigo da Lei de Arbitragem enumera quais os documentos que devem instruir necessariamente essa petição (art. 37).

Outros documentos úteis para a homologação, a critério da parte, podem ser anexados. O procedimento da homologação era o previsto no Regimento Interno do STF (arts. 218-224). A homologação de sentença estrangeira era atividade privativa do STF, como expressão da soberania do Estado brasileiro nas relações de direito internacional, segundo a Constituição Federal (art. 102, I, *h*, revogado pela EC nº 45). A reforma constitucional do Judiciário, como se disse, atribuiu a homologação de sentenças estrangeiras ao STJ, devendo ser obedecido seu próprio regulamento.

O art. 38 da Lei nº 9.307/1996 descreve as hipóteses nas quais a homologação poderá ser negada. É expresso o dispositivo:

"*Somente poderá ser negada a homologação para o reconhecimento ou execução de sentença arbitral estrangeira, quando o réu demonstrar que:*
I – as partes na convenção de arbitragem eram incapazes;
II – a convenção de arbitragem não era válida segundo a lei à qual as partes a submeteram, ou, na falta de indicação, em virtude da lei do país onde a sentença arbitral foi proferida;
III – não foi notificado da designação do árbitro ou do procedimento de arbitragem, ou tenha sido violado o princípio do contraditório, impossibilitando a ampla defesa;
IV – a sentença arbitral foi proferida fora dos limites da convenção de arbitragem, e não foi possível separar a parte excedente daquela submetida à arbitragem;
V – a instituição da arbitragem não está de acordo com o compromisso arbitral ou cláusula compromissória;
VI – a sentença arbitral não se tenha, ainda, tornado obrigatória para as partes, tenha sido anulada, ou, ainda, tenha sido suspensa por órgão judicial do país onde a sentença arbitral for prolatada."

Ainda que homologada, não tendo sido a matéria especificamente controvertida e decidida pelo STJ, em sede de embargos o interessado pode discutir a nulidade do laudo arbitral estrangeiro no que for aplicável segundo o elenco do art. 32. A matéria, contudo, não deve ter sido objeto de decisão judicial pelo Estado estrangeiro, cuja decisão também deve ser homologada em nosso país.

Também será denegada a homologação do laudo se o Superior Tribunal de Justiça (conforme alteração da Lei nº 13.129, de 2015) constatar que, segundo a lei brasileira, o objeto do litígio não é suscetível de ser resolvido por arbitragem e se a decisão ofender a ordem pública nacional (art. 39). O art. 216 do regimento do STF determinava indeferir a homologação, além do conflito quanto à ordem pública, também quanto à soberania nacional e os bons costumes, o que também continuará a ser aplicável à arbitragem, embora será difícil que ocorram essas questões no campo arbitral. O parágrafo único do art. 39 teve o cuidado de ressalvar a possibilidade de citação de parte residente ou domiciliada em nosso país, aos moldes da convenção de arbitragem ou da lei processual do país de realização da arbitragem, admitindo-se inclusive a citação postal com prova inequívoca de recebimento, desde que assegure à parte tempo hábil para o exercício do direito de defesa. Não fosse a ressalva, certamente muitas seriam as alegações de nulidade de citação. Tal como posto na lei, a citação internacional na arbitragem pode ser realizada sem maiores formalidades, desde que se comprove o efetivo recebimento e prazo razoável ou hábil para a defesa.

O indeferimento da homologação por vícios formais não obsta à parte que renove o pedido, uma vez sanados os defeitos apontados (art. 40). Note que o processo homologatório não pode adentrar o mérito, discutir a justiça ou injustiça, o acerto ou desacerto da decisão.

11. Extinção do compromisso

Extingue-se a convenção arbitral ordinariamente quando o juízo profere a sentença.

O compromisso pode ser extinto por vontade das partes, pelo distrato, pois foi essa mesma vontade que o criou. Tratando-se de negócio bilateral, não pode ocorrer resilição unilateral. A qualquer momento, podem as partes desfazer o compromisso, mesmo que já proferida a sentença arbitral. Havendo vontade manifesta das partes, não há como obrigá-las a aceitar a decisão arbitral. O mesmo podemos dizer a respeito da sentença judicial: nada obsta que as partes transijam, ainda que já trânsita em julgado a sentença.

O art. 12 da Lei nº 9.307/1996 disciplina três situações de extinção do compromisso arbitral:

"I – escusando-se qualquer dos árbitros, antes de aceitar a nomeação, desde que as partes tenham declarado, expressamente, não aceitar substituto; II – falecendo ou ficando impossibilitado de dar seu voto algum dos árbitros, desde que as partes declarem, expressamente, não aceitar substituto; e III – tendo expirado o prazo a que se refere o art. 11, inciso III, desde que a parte interessada tenha notificado o árbitro, ou o presidente do tribunal arbitral, concedendo-lhe o prazo de dez dias para a prolação e apresentação da sentença arbitral."

Como vemos, a renitência das partes em aceitar substitutos dos árbitros pode pôr a perder o sentido da arbitragem.

⚖ Monitória – Prestação de serviços e Fornecimento de materiais – Emissão de notas fiscais – Eventual inadimplemento – Cláusula compromissória – Convenção pelas partes de cláusula arbitral pela qual se comprometeram a submeter à arbitragem eventual litígio derivado do contrato – Cumprimento ou interpretação das relações jurídicas estabelecidas no pacto que também no caso diz respeito à execução do negócio – Imposição da cláusula compromisso, reconhecida sua autonomia – Artigo 8º da Lei nº 9.307/96 e artigo 853 do Código Civil – (...) Extinção do processo sem resolução do mérito – Sentença mantida – RITJ/SP, artigo 252 – Assento Regimental nº 562/2017, art. 23. Recursos não providos (*TJSP* – Ap. 1104334-98.2019.8.26.0100, 19-4-2021, Rel. Henrique Rodriguero Clavisio).

⚖ Cooperativa – Ação de cobrança – Constituição do sistema cooperativo que prevê cláusula de convenção de arbitragem – Extinção do processo sem julgamento do mérito – Arts. 485, VII e 337, X, CPC, c.c. Lei nº 9.307/96 – Partes que aderiram à constituição do sistema cooperativo, com cláusula compromissória para solução de conflitos – Situação que afasta possibilidade de apreciação do litígio pelo Poder Judiciário – Atendimento dos requisitos da Lei nº 9.307/96 – Extinção do processo, sem julgamento do mérito, que fica mantida – Recurso desprovido (*TJSP* – Ap. 1126915-49.2015.8.26.0100, 10-3-2020, Rel. Sérgio Shimura).

⚖ Apelação e recurso adesivo. Contrato de prestação de serviço. Demanda cominatória. Pleitos de indenização. Reconvenção. A convenção de arbitragem é negócio jurídico pelo qual se convenciona a adoção da arbitragem como forma de solução dos conflitos oriundos de uma determinada relação de direito material. Caso o juiz acolha a alegação de convenção de arbitragem, deverá extinguir o feito, sem resolução do mérito (art. 485, VII). A inexistência de alegação em momento oportuno e na forma prevista em lei implicará aceitação da jurisdição estatal e renúncia ao juízo arbitral (art. 337, parágrafo 6º, do CPC). Caso em que o feito foi extinto de ofício, sem a oitiva das partes e contra a expressa vontade de ambos os litigantes manifestada em grau recursal. Apelo e recurso adesivo providos (*TJRS* – Ap. 70080786023, 23-6-2020, Rel. Bayard Ney de Freitas Barcellos).

⚖ Processo civil – Preliminar – Questão já apreciada no julgamento de agravo regimental – Preclusão – Possibilidade de **execução de título que contém cláusula compromissória** – Precedente STJ. – A hipótese revela agravo de instrumento aviado em face de decisão que determinara a suspensão de ação de execução até o julgamento definitivo da causa pelos árbitros indicados em contrato. – Explica-se que as partes celebraram Instrumento Particular de Contrato de Compra e Venda de Ações, não havendo controvérsia sobre a existência de cláusula compromissória, que indica a Câmara de Mediação e Arbitragem de São Paulo para julgar possíveis reivindicações ou divergências relacionadas à interpretação e cumprimento das obrigações então assumidas. – O recurso articula-se pelo equívoco da decisão vergastada, uma vez que o processo executivo deveria ter sido extinto, nos termos do art. 267, VII, CPC. – Cinge-se a controvérsia, portanto, a examinar a exequibilidade do título que contenha cláusula compromissória. – Delineado o quadro postulatório, ao rogo preliminar, no que importa à ausência de documento considerado necessário por sua essencialidade, impossível trazer a matéria ao reexame, uma vez que a questão restou decidida quando da interposição de agravo na forma regimental, a cujo respeito se operou a preclusão. – Segundo a Ministra Nancy Andrighi: "Deve-se admitir que a cláusula compromissória possa conviver com a natureza executiva do título. Não se exige que todas as controvérsias oriundas de um contrato sejam submetidas à solução arbitral. Ademais, não é razoável exigir que o credor seja obrigado a iniciar uma arbitragem para obter juízo de certeza sobre uma confissão de dívida que, no seu entender, já consta do título executivo. Além disso, é certo que o árbitro não tem poder coercitivo direto, não podendo impor, contra a vontade do devedor, restrições a seu patrimônio, como a penhora, e nem excussão forçada de seus bens." (REsp 944.917/SP, 3ª Turma, julgado em 18/09/2008, DJe 03/10/2008) – Enfoque-se que os liames objetivos da causa vertem-se a indigitado inadimplemento, não se quadrando, portanto, às retinências interpretativas volvidas às obrigações ajustadas por ocasião da avença. – O entendimento da balizada doutrina de Cândido Rangel Dinamarco é de que: "A convenção de arbitragem, que impede a tutela jurisdicional cognitiva por via judicial (art. 267, inc. VII...), não é impeditiva da execução forçada, porque os árbitros jamais podem ser investidos do poder de executar; existindo um título executivo extrajudicial, é lícito instaurar o processo executivo perante a Justiça estadual apesar da existência da convenção de arbitragem, porque do contrário a eficácia do título seria reduzida a nada." (*Instituições de direito processual civil*. vol. IV. São Paulo: Malheiros, 2004, p. 83). – Carlos Alberto Carmona delimita bem as arestas dos institutos: "Não há, porém, incongruência alguma entre a existência de um título executivo e a possibilidade de arbitragem, mas a correlação entre os temas deve ser bem compreendida: se houver alguma dúvida sobre o título (ou sobre as obrigações ali consignadas), tal crise de certeza deve ser dirimida pela via arbitral; mas se houver inadimplemento, o credor socorrer-se-á desde logo da via judicial, propondo demanda de execução, sem que haja espaço para a arbitragem." (Considerações sobre a cláusula compromissória e a cláusula de eleição de foro. In: *Arbitragem*: estudos em homenagem ao Prof. Guido Fernando da Silva Soares, *in memoriam*. Coord. Carlos Alberto Carmona, Selma Ferreira Lemes e Pedro Batista Martins. São Paulo: Atlas, 2007, p. 33/46) – Esse o contexto, nega-se provimento ao agravo no que se linda à supressão da via executiva. Recurso conhecido e improvido (*TJCE* – AI 28471-09.2008.8.06.0000/0, 24-1-2012, Relª Desª Vera Lúcia Correia Lima).

TÍTULO VII
DOS ATOS UNILATERAIS

CAPÍTULO I
Da Promessa de Recompensa

Art. 854. Aquele que, por anúncios públicos, se comprometer a recompensar, ou gratificar, a quem preencha certa condição, ou desempenhe certo serviço, contrai obrigação de cumprir o prometido.

Na teoria geral dos negócios jurídicos, despontam os negócios unilaterais, vinculativos dos declarantes, ao lado dos bilaterais, dos quais o contrato é exemplo mais marcante. Nesse diapasão, o Código dispõe acerca da promessa de recompensa. De natureza jurídica controvertida, a partir de inseguro conhecimento das origens históricas, o legislador de ambos os Códigos houve por bem considerar o instituto como negócio unilateral. A promessa ao público ou a pessoa incerta é característica da unilateralidade da manifestação de vontade, tanto nos títulos de crédito como na promessa de recompensa.

Nesse sentido, coloca-se a descrição deste artigo.

Cuida-se, portanto, da fixação de recompensa pela realização de ato, ação ou conduta, com obtenção de certo resultado, de acordo com anúncio feito com divulgação. O negócio jurídico unilateral caracteriza-se pela tão só manifestação do promitente, independentemente do consentimento de outra parte, de oblato ou de eventual credor. Tipifica-se alguém como credor da recompensa quando realizar o ato anunciado, amoldando-se ao fato social descrito na promessa. O fato de terceiro adimplir a promessa não transforma o negócio em contrato. Esse é o aspecto peculiar e mais nebuloso do instituto.

O anúncio feito pelo promitente denominava-se, no passado, entre nós, *alvíssaras*, que o léxico registra como boas novas ou prêmio pelo achado de algo que se perdera.

Muito analisou a doutrina acerca da possível natureza contratual do instituto, qualificando-a como oferta contratual à pessoa indeterminada. Também se defende sua origem na *pollicitatio* romana de cunho obrigatório. Ao lado dessa promessa feita à cidade também existia aquela feita a um deus, o *votum*. Essas promessas vinculavam o promitente, tanto jurídica como religiosamente. Embora a matéria não seja clara nos textos romanos, a conclusão majoritária do romanista é no sentido de que a promessa à pessoa indeterminada não era protegida por ação.

O conceito de obrigação e ato ou negócio jurídico unilateral apenas toma corpo no século XIX, aplicável aos títulos ao portador e, posteriormente, à promessa de recompensa (LOPES, 1962, p. 169). Seguindo essa tendência, o Código Civil alemão, bem como o suíço e o austríaco, admitiram a promessa de recompensa como promessa unilateral de dívida. O Código francês, mais antigo, nada dispõe a esse respeito, embora a doutrina nunca negasse vinculação jurídica a essa promessa.

O legislador brasileiro admite a teoria unilateral, não somente porque coloca o instituto no título específico, como também porque atribui o direito à recompensa a quem quer que satisfaça a conduta, ainda que não por interesse na promessa (art. 855). A teoria unilateral, entretanto, atende melhor aos anseios da sociedade, evitando que sejam criadas expectativas infundadas, promessas desvinculadas de sanção. Tal ocorreria se para a hipótese fossem necessários os requisitos de um contrato. Ademais, não se pode admitir levianamente em promessas feitas a número indeterminado de pessoas sob pena de insegurança social. Trata-se, portanto, de promessa sem contrato. A promessa amolda-se à oferta, que é capítulo preliminar do contrato. Há evidente conteúdo de oferta na promessa de recompensa, cujos princípios devem ser tomados por analogia. Em forçada síntese, podemos dizer que nesse instituto sob exame existe oferta vinculante sem contrato. Destarte, às promessas de recompensa aplicam-se igualmente os princípios vinculativos da oferta no CDC.

Outra particularidade a ser lembrada é que a promessa de recompensa não necessita obrigatoriamente ser dirigida ao público ou a número indeterminado de pessoas, como aparentemente se referem os arts. 854 e 855, mas se pode restringir a determinada ou determinadas pessoas (MIRANDA, 1971, v. 31, p. 281). Desse modo, a promessa pode ser dirigida ao público em geral, aos alunos de uma escola, aos empregados de uma empresa, por exemplo. Não importa o número de pessoas que tenham ouvido ou visto a promessa de recompensa. O efeito desse negócio unilateral opera se uma só pessoa tomou conhecimento da proposta. Não é relevante, da mesma forma, o meio pelo qual a proposta é veiculada: por alta voz, pelo rádio, televisão, jornais, correio eletrônico etc. Relevante será o fato de pessoas terem dela tido a possibilidade de tomar conhecimento. Como aponta Pontes de Miranda (2001, p. 174), *"a promessa é dirigida aos interessados, mas não se lhes exige a recepção"*. O fato de o anúncio não ter sido lido ou ouvido não suprime a publicidade inerente ao ato.

Para que se configure a promessa de recompensa, há de estar ausente a concordância de outrem. Se alguém promete pagar $ 1.000 a outrem se encontrar seu cão perdido e este aceita e se compromete a procurá-lo, existe contrato, negócio bilateral, e não promessa unilateral. Dado seu cunho unilateral, é necessário que a declaração de vontade seja divulgada em espaço jurídico no qual pessoas a recebam, dela tomando conhecimento. A publicidade, *anúncios públicos*, como diz a lei, pode ser veiculada de várias formas: jornais, revistas, rádio, televisão, *outdoors*, cartazes, panfletos, circulares, correio eletrônico, rede de informática etc. Usuais tornaram-se as faixas que se colocam em vias públicas, prometendo recompensa a quem encontrar animais de estimação perdidos. Esse anúncio ainda pode se manifestar por carta enviada à agremiação para ser divulgada a promessa, por declaração oral feita em rádio ou televisão, em rede informática de comunicação, em comícios, assembleias ou reuniões. Basta que a divulgação seja idônea para dar publicidade, atingindo-se assim a finalidade buscada pela lei. O promitente, como é óbvio, deve ter capacidade de se obrigar.

O conceito de anúncio público, referido na lei, não significa que deva ser de âmbito nacional ou que deva atingir toda uma cidade: basta que seja suficiente para dar conhecimento a um segmento social mais ou menos amplo, como o comunicado aos condôminos de um edifício ou aos sócios de um clube. A promessa pode ser dirigida a grupos determinados ou indeterminados do corpo social. No dizer de Pontes de Miranda (1971, v. 31, p. 283), "*o número mínimo para que a promessa seja ao público é o de dois; o máximo, a humanidade*". Importante observar os costumes locais. Há informações que se divulgam, nas pequenas comunidades rurais, por meios eletrônicos em praça pública, ou em serviços religiosos, por exemplo. O número de pessoas que tenham visto ou ouvido a proposta é, portanto, irrelevante. Da mesma forma, o fato de não ter pessoa alguma tomado conhecimento da promessa não lhe altera a exigibilidade, desde que tenha havido anúncio. Desse modo, não importa o interesse do executor no momento de perfazer a conduta ou até mesmo seu desconhecimento da promessa de recompensa. Terá sempre direito a esta, nessas condições.

O objeto da promessa deve ser determinado. Se não há como identificar o objetivo, a oferta não é séria. Inumeráveis podem ser as finalidades da recompensa: achar coisas perdidas ou furtadas; descobrir autor de crime; apresentar invento; criar método de cura ou terapia; realizar determinada empreitada, como escalar um pico etc. A promessa também pode ser de ação negativa ou omissiva, como faltar a assembleia a que se está convocado.

Como em todo ato jurídico, há de se observar se concorrem agente capaz e objeto lícito (art. 104), sendo a forma livre. Tal como a incapacidade do policitante, a ilicitude do objeto da promessa a torna írrita. Válida a promessa, feito o que se prometeu, em regra geral tem o agente direito à recompensa. Na morte do policitante, a obrigação transmite-se aos herdeiros.

⚖ Ocorreu julgamento com turma ampliada, na forma do art. 942, do CPC. Promessa de recompensa. O autor ganhou certame de fotografia e recebeu dois dos três prêmios oferecidos, sendo que o último do pacote (viagem com acompanhamento all inclusive) foi lhe concedido, com entrega de bilhetes aéreos e vouchers das diárias. O evento, todavia, não se aperfeiçoou por doença cardíaca do vencedor ocorrida na antevéspera do embarque, o que não obriga a ré a custear, pela segunda vez, as despesas da premiação não recebida. Embora na resposta não tenha sido referida a cláusula 10.3 (isenção de responsabilidade por caso fortuito e de força maior) o juiz não pode ignorar o peso dessa regra diante de ato unilateral de vontade (art. 854, do CC) e obrigar a ré a pagar duas vezes a premiação. Provimento para julgar a ação improcedente (*TJSP* – Ap. 1004788-37.2016.8.26.0048, 28-2-2019, Rel. Enio Zuliani).

⚖ **Indenização** – Dano material e moral – Preliminar de intempestividade da peça defensiva afastada – Legitimidade da rede familiar para figurar no polo passivo da demanda – Responsabilidade solidária da emissora – Precedentes – Súmula 221 do colendo Superior Tribunal de Justiça – Participação do autor em programa de televisão, cujo objetivo era promover entrega de prêmios aos participantes mediante resposta a "desafio" ao vivo – Não entrega do prêmio – Promessa de recompensa que vincula o promitente – Autor que faz jus ao recebimento do prêmio – Danos morais não configurados – Preliminar afastada e recurso parcialmente provido (*TJSP* – Ap. 1006579-69.2014.8.26.0320, 7-4-2016, Rel. A. C. Mathias Coltro).

⚖ Processo civil – Recurso especial – Ação de conhecimento – Rito ordinário – **Promessa de recompensa** – Premiação de tampa de vasilhame de refrigerante – Código ilegível – Julgamento antecipado da lide – Cerceamento de defesa – Preclusão – Inexistência – Produção de prova pericial – Necessidade – Publicidade enganosa – Prequestionamento – Ausência – A determinação judicial de conclusão dos autos para melhor exame não possui conteúdo decisório, nem implica em incompatibilidade com o pedido de produção de prova pericial, deduzido pelo réu em contestação, não ocorrendo, assim, preclusão quanto a esta questão. – Pugnando o réu, em contestação, pela produção de prova pericial, capaz de afastar a existência do fato constitutivo do direito do autor, não poderia o MM. Juízo proceder ao julgamento antecipado da lide, sob pena de cerceamento do direito de defesa do réu. – Recurso especial a que se dá provimento (*STJ* – REsp 289346, 25-6-2011, Relª Minª Nancy Andrighi).

Art. 855. Quem quer que, nos termos do artigo antecedente, fizer o serviço, ou satisfizer a condição, ainda que não pelo interesse da promessa, poderá exigir a recompensa estipulada.

O prêmio ou recompensa que se oferece pode ser em dinheiro ou em outros valores. Também se admite que possa ser em honrarias, como títulos ou comendas, os quais, na espécie, também possuem conteúdo jurídico.

Se, por um lado, é necessária a capacidade do promitente, por outro, se faz necessária a capacidade, melhor dizendo, *legitimação para o ato*, do executante para fazer jus ao prometido. Esse o sentido do presente art. 855. O incapaz faz jus à recompensa. O que não possui discernimento, incapaz ou menor que encontram a coisa perdida intitulam-se a recebê-la. Apenas que, não podendo dar quitação válida, o farão por intermédio de quem os represente. Esse aspecto mais enfatiza o caráter unilateral do instituto. Não havendo restrição a grupos específicos, a promessa de recompensa é dirigida a todo corpo social. Pode ocorrer, no entanto, que a promessa seja restrita, como por exemplo, aos alunos de uma escola ou empregados de uma empresa.

Art. 856. Antes de prestado o serviço ou preenchida a condição, pode o promitente revogar a promessa, contanto que o faça com a mesma publicidade; se houver assinado prazo à execução da tarefa, entender-se-á que renuncia o arbítrio de retirar, durante ele, a oferta. Parágrafo único. O candidato de boa-fé, que houver feito despesas, terá direito a reembolso.

De acordo com esse artigo é possível, portanto, a supressão da oferta, se feita com a mesma publicidade do anúncio. Se já operada a tarefa, houve implemento da promessa, sendo ineficaz a revogação. Enquanto não praticada a ação, é possível a desistência, desde que chegue ao conhecimento dos interessados.

A questão da publicidade idêntica é matéria de prova. Temos que entender necessária a publicidade idêntica ou mais ampla. Se há prazo determinado para a execução, não é possível a revogação no curso do prazo. Quando o promitente estipula prazo, como declara a lei, presume-se, salvo prova em contrário, que renunciou ao direito potestativo de retirar a oferta.

O Código acrescenta importante dispositivo no parágrafo único: *"O candidato de boa-fé, que houver feito despesas, terá direito a reembolso."* Assim, se o candidato não teve ciência da revogação da promessa e agiu de boa-fé, deve ser indenizado por eventuais despesas que tenha feito para ir em busca da recompensa. A matéria é de exame no caso concreto.

Art. 857. Se o ato contemplado na promessa for praticado por mais de um indivíduo, terá direito à recompensa o que primeiro o executou.

Art. 858. Sendo simultânea a execução, a cada um tocará quinhão igual na recompensa; se esta não for divisível, conferir-se-á por sorteio, e o que obtiver a coisa dará ao outro o valor de seu quinhão.

O art. 857 descreve as hipóteses de mais de um executante perfazer a tarefa. Legitimado para o prêmio será o primeiro executante. Adota-se o critério da prioridade. Se a perfizeram simultaneamente, dividir-se-á por todos em quinhões iguais (art. 858). Se a recompensa não for divisível, conferir-se-á por sorteio (art. 858) (ver o que foi citado a respeito do sorteio nos artigos sobre jogo e aposta, art. 817). A lei não contempla a hipótese de pluralidade de agentes terem contribuído para a tarefa. Nessa situação de coautoria, justo que se divida equitativamente a recompensa. Nem sempre a repartição em partes iguais será a melhor solução. Caberá ao juiz analisar a participação e porcentagem de cada um.

O executante da tarefa possui ação de cobrança contra o promitente. Se a promessa é de dar coisa diversa de dinheiro, a pretensão contra ele é de dar. Nada impede, porém, que o conteúdo da recompensa seja uma atividade positiva ou negativa do recompensante, quando então a ação é de obrigação de fazer, ou não fazer, resumindo-se, em qualquer caso, em indenização, que sempre é substitutivo da obrigação. Se forem vários os executantes e não souber o recompensador a quem pagar, deve consignar em pagamento.

Não se examina a utilidade para o promitente do ato ou conduta praticada pelo executante. Importa saber se a atividade constituiu-se exatamente no que foi prometido recompensar. Da mesma forma, não importa averiguar do interesse do executor ou de seu conhecimento da promessa. A obrigação é exigível, ainda que a desconhecesse. Desse modo, é devida a obrigação tanto nas hipóteses nas quais o executante cientemente perfaz a conduta, como nas hipóteses em que esta ocorre ao acaso. O art. 855 é expresso ao mencionar o aspecto da ausência de interesse. Assim, tanto fará jus o que sai à procura da coisa perdida tão logo saiba da promessa, como o que por fortuna depara com ela e a entrega ao policitante, ainda que não soubesse da declaração unilateral. Se não deseja receber, opera renúncia, mas à prestação tem direito.

O lugar da entrega da recompensa é o especificado no bojo da promessa. No silêncio, entende-se que a obrigação deva ser cumprida no domicílio do devedor, como dívida *querable* (art. 327), se o contrário não resultar dos costumes.

Art. 859. Nos concursos que se abrirem com promessa pública de recompensa, é condição essencial, para valerem, a fixação de um prazo, observadas também as disposições dos parágrafos seguintes.
§ 1º A decisão da pessoa nomeada, nos anúncios, como juiz, obriga os interessados.
§ 2º Em falta de pessoa designada para julgar o mérito dos trabalhos que se apresentarem, entender-se-á que o promitente se reservou essa função.
§ 3º Se os trabalhos tiverem mérito igual, proceder-se-á de acordo com os arts. 857 e 858.

O concurso não tem a mesma natureza da promessa de recompensa, embora o Código a considere uma variedade desta. Naquele, vários sujeitos se propõem a realizar conduta ou demonstrar qualidades, tendo em mira um prêmio que se promete ao melhor. Nesse sentido, o concurso pode ser de melhor canto, execução musical, arte plástica, conto, romance, fantasia carnavalesca, animal etc. Diferentemente da promessa de recompensa, o concurso pressupõe grupo de pessoas interessadas em participar da seleção e não um número indeterminado e incerto de pessoas. Na promessa de recompensa, só quando duas ou mais pessoas cumprem a tarefa haverá pluralidade. No concurso, a pluralidade de concorrentes é de sua natureza. Realiza-se ordinariamente por meio de provas, competições, exibições e mostras. O promitente assume, em princípio, obrigação irrevogável durante o prazo estabelecido.

Esse artigo estabelece como condição essencial do concurso a fixação de um prazo. Os concorrentes devem necessariamente submeter-se à decisão do juiz ou júri conforme o anúncio (§ 1º). Na falta de indicação de julgador, entende-se que o promitente se reservou o direito de exercer essa função (§ 2º). Se os trabalhos tiverem igual mérito, o § 3º determina que se obedeça aos arts. 857 e 858, que tratam da pluralidade de executores da promessa de recompensa. O Código trata dessa situação de forma idêntica nos citados artigos. Isso se o regulamento do concurso não dispuser diferentemente, pois o campo é dispositivo, prevalecendo a autonomia da vontade. Não será solução atribuir o prêmio a quem primeiro executou, salvo se assim o definir o promitente. A divisão do prêmio será o deslinde adequado, salvo se indivisível, quando recorrer-se-á ao sorteio referido no Código.

Art. 860. As obras premiadas, nos concursos de que trata o artigo antecedente, só ficarão pertencendo ao promitente, se assim for estipulado na publicação da promessa.

Como as obras envolvidas em concurso geralmente atribuem direitos de autor, esse artigo conclui que só ficarão pertencendo ao promitente se assim estiver expresso *na publicação da promessa*, quer dizer, no regulamento ou ato que definir os limites do concurso. Não se presume a alienação ou cessão, parcial ou total, de obras intelectuais.

Nada obsta que o juiz, júri ou promitente deixem de premiar, se nenhum dos participantes for merecedor. A matéria é de interpretação da vontade do promitente, quando não resultar de estipulação expressa.

Como em todo ato jurídico, nulos serão os concursos que não contiverem objeto lícito, não podendo, como é evidente, contrariar a moral e os bons costumes. Não se exige forma prescrita, mas o concurso, por sua natureza, geralmente se prova por escrito.

Há três fases bem delineadas no concurso, que se apresenta, na realidade, como um procedimento: o anúncio, publicidade ou divulgação, com o respectivo regulamento; a apresentação ou inscrição dos concursantes e o julgamento. Em cada uma dessas fases, podem ocorrer nulidades a serem examinadas caso por caso. Para o anúncio ou publicidade, aplicam-se os princípios da promessa de recompensa, no que couber. O regulamento estabelece os princípios normativos que regerão o concurso. Nele deve constar prazo de apresentação, natureza, modalidade de julgamento etc. Durante o prazo do concurso, o promitente assume obrigação irrevogável. Contudo, como na recompensa, pode o promitente reservar-se expressamente o direito de revogar ou suspender o concurso, estabelecendo, portanto, negócio jurídico precário, que assim fica conhecido dos interessados, que não poderão alegar prejuízo.

A fase do recebimento das inscrições é fundamental, pois nela haverá julgamento prévio de admissibilidade dos concorrentes. O julgamento e escolha do vencedor, com entrega do prêmio, constituem o ponto culminante. Entende-se que, decidido o concurso na forma estabelecida pelo julgador ou júri indicado, o mérito da decisão resta intocável. Não se afasta, porém, em qualquer das fases, possibilidade de impugnação por vícios de vontade e de forma. A decisão judicial não pode, contudo, interferir no mérito, sob pena de converter-se o magistrado em jurado, imiscuindo-se na vontade negocial. A *justiça* da decisão do concurso não pode ser revista.

Os vencedores do concurso têm ação contra os promitentes para receber os respectivos prêmios. Poderá ser pretensão de cobrança, se obrigação em dinheiro, ou de dar, fazer ou não fazer. O retardamento ou a não realização do concurso, quando não facultados, por culpa do organizador, acarreta-lhe culpa cuja indenização deve ser avaliada no caso concreto. Os concursos públicos regem-se pelas normas administrativas, de natureza diversa do direito privado, embora o fundamento do instituto seja análogo.

CAPÍTULO II
Da Gestão de Negócios

Art. 861. Aquele que, sem autorização do interessado, intervém na gestão de negócio alheio, dirigi-lo-á segundo o interesse e a vontade presumível de seu dono, ficando responsável a este e às pessoas com que tratar.

Advirta-se que em sede de gestão de negócios, tratamos de atos unilaterais que geram obrigações, a exemplo de outros que este Código enumera, nos quais não existe a índole contratual, isto é, não ocorre um acordo prévio de vontades. Destarte, a gestão de negócios é matéria corretamente colocada entre os atos unilaterais. Lembre-se também de que, no tocante à gestão de negócios, são mantidos integralmente os princípios do Código antigo, embora tenha ocorrido a citada modificação na topologia da matéria.

O título desse instituto diz menos do que encerra. Cuida-se, evidentemente, de "gestão de negócios alheios". Esse ato, atividade ou conduta é unilateral em sua origem. Modernamente, sua utilidade é restrita: o vizinho passa a zelar e manter a casa de quem se ausentou, sem deixar notícia; paga-lhe as contas; conserva o jardim; alimenta o animal de estimação; exerce vigilância. O empregado, sem que tenha poderes para tal, assume a direção da empresa do patrão que desapareceu repentinamente sem deixar notícia; exerce a administração; compra e vende, paga os empregados e encargos sociais etc. Os exemplos são esclarecedores e não meramente acadêmicos.

O caráter dessa conduta é, em princípio, altruístico. Trata-se, portanto, de intervenção em negócio alheio, sem autorização do titular, no interesse e de acordo com a vontade presumida deste. Como percebemos, cuida-se de fonte unilateral de obrigações, mas sua proximidade com o mandato é evidente. Nesse sentido, a definição do art. 861.

"Negócio alheio" consta do dispositivo no sentido de qualquer atividade em prol da vontade presumida do dono do negócio que dê origem a obrigações, sejam atos meramente materiais, sejam atos ou negócios jurídicos. O objetivo não se limita a atividades profissionais ou lucrativas. Inclui qualquer conduta em benefício e na preservação do patrimônio de outrem.

Justifica-se a conduta do estranho que se insere na atividade do dono do negócio, a fim de evitar-lhe prejuízo. O critério é o da *necessidade*, e não o da utilidade, questão que se afere posteriormente. Trata-se, pois, de atividade excepcional. A ideia provém do Direito Romano, no qual a gestão destinava-se à administração dos bens de pessoas ausentes. O instituto surge intimamente ligado ao mandato, mas também imbuído dos princípios que objetivam evitar o enriquecimento sem causa, permitindo o ressarcimento ao gestor.

No sistema francês, a gestão é conceituada como quase-contrato: não há todos os elementos de um contrato, como tal não se conceitua, mas aplicam-se os princípios do mandato.

Modernamente, como acentuado, a gestão de negócios surge como fonte de obrigações, decorrente de manifestação unilateral de vontade. De início, não existe acordo de vontades. Não há negócio jurídico, mas ato jurídico. Apenas atende-se à vontade presumida do dono. Quando este toma conhecimento da conduta e a aprova, aparece o vínculo pactício.

Embora ligado por semelhança e afinidade ao mandato, razão primordial de o Código de 1916 colocar seus dispositivos logo em seguida, com ele não se confunde. O art. 873 efetivamente ao mandato se refere, dispondo que a ratificação do negócio pelo dono retroage ao dia do começo da gestão, produzindo todos os efeitos do mandato. No entanto, cumpre que se delineiem as principais diferenças: o mandatário tem direito ao reembolso de todas as despesas efetuadas e ao ressarcimento das perdas sofridas, salvo se resultarem de sua culpa ou de excesso de poderes (art. 678); o gestor apenas será reembolsado de todas as despesas desde que o negócio tenha sido administrado com utilidade para o dono (art. 869). Na gestão de negócios, sob o aspecto de validade, não se leva em conta a capacidade do gestor, pois o que importa é evitar o injusto enriquecimento do dono do negócio; no mandato, a incapacidade do mandatário inquina o contrato. Acrescentamos, ainda, que o mandato tem o fito precípuo da prática de atos jurídicos; na gestão ocorre indistintamente a prática de atos materiais e atos jurídicos. Desse modo, não há que se reduzir a gestão de negócios a uma modalidade de mandato. Embora a noção intrínseca da gestão seja impedir o enriquecimento sem causa, esse não é seu único fundamento, principalmente porque neste a ação de enriquecimento é subsidiária, enquanto na gestão existe ação própria causal de ressarcimento.

A característica mais marcante dessa gestão é a vinculação do dono do negócio sem concorrência de sua vontade. Por esse prisma, afasta-se-lhe o conceito de contrato. Conclui a esse respeito Miguel Maria de Serpa Lopes (1962, p. 27):

> "*resulta incontestável a inadaptação da gestão de negócios à categoria dos contratos. Falta-lhe um elemento básico para ser como tal considerado: o originário acordo de vontades entre as partes interessadas*".

Desse modo, a topologia da matéria no Código de 1916 mereceu justas críticas. A semelhança com o mandato levou o legislador do início do século passado a discipliná-la logo após esse contrato. Melhor está posicionada entre as obrigações por declarações unilaterais de vontade. Na gestão de negócios, existe uma conduta unilateral do agente que apresenta reflexos patrimoniais em relação ao dono do negócio.

Civil. Processo civil. Apelação. Ação de despejo c/c cobrança de encargos decorrentes da locação. Ausência de repasse do valor dos aluguéis e falta de pagamento de taxa condominial, IPTU e TLP pela administradora de imóveis. Negócio jurídico não demonstrado. Contrato de administração não juntado. Prova oral insuficiente. Ônus da prova. Art. 373, inciso I, do CPC. Constatação de gestão de negócios pelos sócios da imobiliária. Art. 861 do CC. Locação do imóvel para terceiro com assunção da responsabilidade pelo pagamento dos encargos locatícios. Pagamentos não verificados. Cabimento de indenização. Art. 874 do CC. Vedação ao enriquecimento sem causa. 1. Conquanto afirmada a existência de contrato de prestação de serviços de administração de imóvel, referido negócio jurídico não restou demonstrado pelos autores, à luz do art. 373, inciso I, do CPC. 2. No entanto, das provas produzidas nos autos depreende-se que os sócios da imobiliária exerceram gestão de negócios, ou seja, administraram de forma espontânea e oficiosa bem alheio, agindo à revelia dos autores, sem instrumento de mandato, nos termos do art. 861 do CC ao alugar o imóvel destes para terceiro. 2.1. A avença firmada entre os sócios da imobiliária e o terceiro ocorreu em 2010, tendo este se mudado para o imóvel dos autores em 2012, onde residiu até 3/12/2018. Referida gestão de negócios não foi comunicada aos autores. 2.2. O inadimplemento dos alugueis e demais encargos decorrentes da locação foi observado a partir de 2014, quando a gestão de negócios praticada mostrou-se contrária aos interesses dos autores, acarretando o dever de o gestor responder pelos prejuízos decorrentes dessa gestão, com fulcro no art. 874 do CC). 3. Visando a evitar o enriquecimento sem causa dos sócios da imobiliária, devida a sua condenação solidária ao pagamentos dos alugueis, taxas condominiais, IPTU e TLP. 4. Apelação provida (*TJDFT* – Ap. 00068257720178070006, 30-10-2019, Rel. Alfeu Machado).

Gestão de Negócio. Caracterizada, nas peculiaridades do caso, a gestão de negócio em favor e sem autorização da ré, mas com administração útil, o que gera à gestora, a autora, direito ao reembolso das despesas necessárias e úteis, acolhe-se em parte demanda da ex-segurada contra a seguradora, apurando-se o montante por arbitramento pericial – Mantém-se a rejeição da pretendida e desproposital indenização moral e se rateiam as verbas de sucumbência (*TJSP* – Ap. 0192879-11.2012.8.26.0100, 18-12-2014, Rel. Celso Pimentel).

Art. 862. Se a gestão foi iniciada contra a vontade manifesta ou presumível do interessado, responderá o gestor até pelos casos fortuitos, não provando que teriam sobrevindo, ainda quando se houvesse abatido.

Denomina-se *gestor de negócios* aquele que intervém, e *dono do negócio*, o respectivo titular. O gestor atua como representante, embora sem a investidura de poderes. Gestão de negócios é a administração oficiosa de interesses alheios. Característica do instituto é a espontaneidade de que se reveste a conduta do gestor. Se esta for contra a vontade manifesta ou presumível do dono, o gestor responderá até mesmo pelas perdas decorrentes de caso fortuito, salvo se provar que teriam sobrevindo independentemente de sua atividade. Cabe ao dono do negócio provar a inconveniência, não podendo insurgir-se por mero capricho ou emulação. Importante, na hipótese, é verificar quando o dono teve ciência da atividade do gestor.

Art. 863. No caso do artigo antecedente, se os prejuízos da gestão excederem o seu proveito, poderá o dono do negócio exigir que o gestor restitua as coisas ao estado anterior, ou o indenize da diferença.

Na ocorrência de intervenção contra a vontade manifesta do dono, a tipificação na realidade é de ato ilícito. Sob tal premissa, esse artigo estipula que se os prejuízos sobrepujarem às vantagens, o dono do negócio poderá exigir que o estranho reponha as coisas no estado anterior (em princípio, ação para obrigação de fazer ou não fazer), ou o indenize da diferença. O caso concreto e o discernimento que a situação exige darão a melhor solução. Nem sempre o alvedrio do dono do negócio indicará o melhor caminho. A indenização deverá ocorrer na impossibilidade de reposição ao estado anterior ou quando essa reposição se mostra inconveniente ou excessivamente gravosa.

Explica-se esse enfoque, pois vige a regra geral segundo a qual a ninguém é dado intervir na coisa alheia sem autorização, sob pena de responder civil e criminalmente. No entanto, a gestão ora tratada possui outra compreensão. Funda-se na solidariedade humana, no espírito de auxílio ao próximo, nem sempre natural na sociedade. Se por um lado pode faltar interesse jurídico primitivo na intervenção, nem sempre o móvel da intervenção é totalmente desprovido de interesse outro de ordem moral, como amor, compaixão, amizade etc., sem, contudo, conteúdo jurídico. Leve-se em conta ainda que a conduta do agente pode não ter reflexos patrimoniais, deixando, nessa hipótese, de ocorrerem consequências jurídicas.

Art. 864. Tanto que se possa, comunicará o gestor ao dono do negócio a gestão que assumiu, aguardando-lhe a resposta, se da espera não resultar perigo.

A intervenção do gestor no negócio alheio é circunstancial e emergencial. Passada a emergência ou circunstância, incumbe-lhe comunicar-se prontamente com o dono do negócio ou com quem o represente. Após a comunicação, deverá continuar com a gestão apenas para evitar perecimento de direitos ou deterioração do patrimônio. Nessa hipótese, a atuação deverá limitar-se ao mínimo necessário. Por outro lado, o silêncio do dono do negócio após receber a comunicação poderá ser interpretado como consentimento tácito. Há que se analisar as circunstâncias desse silêncio.

Ao receber a comunicação, o dono do negócio poderá, destarte, aprovar a gestão total ou parcialmente, de forma tácita ou expressa; assumirá pessoalmente ou não a gestão. Cada uma de suas atitudes gerará série diversa de efeitos.

Art. 865. Enquanto o dono não providenciar, velará o gestor pelo negócio, até o levar a cabo, esperando, se aquele falecer durante a gestão, as instruções dos herdeiros, sem se descuidar, entretanto, das medidas que o caso reclame.

Na omissão ou silêncio do dono do negócio, incumbe ao gestor cuidar deste até levá-lo a cabo. Se ocorrer a morte do dono, ou melhor, conhecida sua morte deste, o gestor deverá ter contato com os herdeiros para receber instruções, sem deixar de tomar as providências necessárias que a situação exige, para evitar prejuízos ou perda de direitos.

Art. 866. O gestor envidará toda sua diligência habitual na administração do negócio, ressarcindo ao dono o prejuízo resultante de qualquer culpa na gestão.

Todo aquele que administra ou vela por negócios alheios deve usar da diligência habitual. Quem se arvora a gerir negócio alheio coloca-se na mesma situação. Estará obrigado a prestar contas também.

**Art. 867. Se o gestor se fizer substituir por outrem, responderá pelas faltas do substituto, ainda que seja pessoa idônea, sem prejuízo da ação que a ele, ou ao dono do negócio, contra ela possa caber.
Parágrafo único. Havendo mais de um gestor, solidária será a sua responsabilidade.**

O presente artigo cuida da substituição do gestor no *caput* e da pluralidade de gestores no parágrafo. Substituto do gestor não é gestor, como afirma a lei. A situação equipara-se a um substabelecimento. Assim, o gestor que indica preposto ou substituto responderá pelos atos destes. Se o gestor se fizer substituir por terceiro, responderá pelas faltas do substituto.

Assevera esse artigo que essa responsabilidade emerge, ainda que o terceiro seja pessoa idônea, sem prejuízo de ação indenizatória direta contra este. A lei procura restringir a atividade do gestor, que por si só se afigura como interferência extraordinária em patrimônio alheio, cuja delegação apresenta risco maior de malversação.

Não se confunde a delegação da atividade outorgada pelo gestor com a gestão conjunta de dois ou mais gestores sobre o mesmo negócio, quando então a lei estabelece a responsabilidade solidária (parágrafo único). Quando existem dois ou mais gestores, a lei determina que se apliquem os princípios da solidariedade.

**Art. 868. O gestor responde pelo caso fortuito quando fizer operações arriscadas, ainda que o dono costumasse fazê-las, ou quando preterir interesse deste em proveito de interesses seus.
Parágrafo único. Querendo o dono aproveitar-se da gestão, será obrigado a indenizar o gestor das despesas necessárias, que tiver feito, e dos prejuízos, que por motivo da gestão, houver sofrido.**

O dispositivo impõe responsabilidade ao gestor por operações arriscadas, ainda que por caso fortuito e mesmo que o dono do negócio costumasse fazê-las. Como não se trata de mandatário, não pode o gestor arvorar-se em completo administrador do patrimônio alheio. Sua atividade é restrita principalmente para evitar prejuízo, e não exatamente para proporcionar lucro. De acordo com o presente artigo, portanto, não pode arriscar o patrimônio do dono em bolsa, por exemplo, respondendo pelos danos, independentemente de exame de culpa. Inobstante, pode o dono aceitar essas operações, devendo nesse caso indenizar o gestor das despesas e dos prejuízos que teve nessa hipótese (art. 868, parágrafo único).

**Art. 869. Se o negócio for utilmente administrado, cumprirá ao dono as obrigações contraídas em seu nome, reembolsando ao gestor as despesas necessárias ou úteis que houver feito, com os juros legais, desde o desembolso, respondendo ainda pelos prejuízos que este houver sofrido por causa da gestão.
§ 1º A utilidade, ou necessidade, da despesa, apreciar-se-á não pelo resultado obtido, mas segundo as circunstâncias da ocasião em que se fizerem.
§ 2º Vigora o disposto neste artigo, ainda quando o gestor, em erro quanto ao dono do negócio, der a outra pessoa as contas da gestão.**

Paralelamente, o dono vincula-se ao gestor, sempre que o negócio haja sido conduzido utilmente. Não se trata da hipótese de operações arriscadas como está no art. 868. Conforme esse dispositivo, a gestão útil vincula o dono nas obrigações decorrentes, obrigando-o a reembolsar o gestor das despesas necessárias e úteis que houver feito, com juros legais desde o desembolso. Excluem-se as despesas voluptuárias, a exemplo das benfeitorias. Se consistirem em efeitos materiais que possam ser removidos, por analogia ao sistema das benfeitorias, poderá o gestor levantá-los.

A utilidade ou necessidade da gestão possui conotação específica no instituto sob exame. Afere-se não o resultado obtido, mas as circunstâncias da ocasião em que se fizeram (§ 1º). O que a lei pretendeu exprimir é que a utilidade deve ser examinada conforme o caso concreto, levando-se em conta os aspectos de fato que jungiram o gestor a agir. Não se trata de relação contratual; não se trata de mandato. Sob situação de urgência, a conclusão de resultado útil não será a mesma de uma situação comezinha. O momento da apuração da utilidade é o do ato, pouco importando que a utilidade tenha desaparecido depois. A aferição de utilidade, no entanto, como dissemos, há de ser objetiva, não podendo o gestor por simples comodismo, vaidade ou leviandade repudiar a administração.

O § 2º aplica as mesmas consequências do resultado útil quando o gestor, por erro, prestar contas a terceiro que não seja o dono do negócio. Protege-se a boa-fé. Não havendo culpa do gestor, cabe ao dono que se volte contra esse terceiro.

Art. 870. Aplica-se a disposição do artigo antecedente, quando a gestão se proponha a acudir a prejuízos iminentes, ou redunde em proveito do dono do negócio ou da coisa; mas a indenização ao gestor não excederá, em importância, as vantagens obtidas com a gestão.

Aqui a lei se reporta à urgência. Tem-se por gestão útil aquela dirigida a acudir prejuízos iminentes, ou que redunde em proveito do dono do negócio, ou da coisa. Enfatiza, porém, o dispositivo que *"nunca a indenização ao gestor excederá, em importância, às vantagens obtidas com a gestão"*. Enfatiza-se aí que a lei procura afastar qualquer caráter especulativo na gestão, ao lado do espírito da coibição de injusto enriquecimento, cuja noção integra ineluctavelmente a gestão. Essa limitação opera, contudo, somente quando o agente age para evitar prejuízos eminentes ou quando haja proveito ao dono.

Admitindo a gestão e fixado o valor a pagar ao gestor, o dono do negócio deve assumi-lo, liberando o gestor.

Acentuamos que o dono apenas poderá recusar-se a ratificar ou a reembolsar se demonstrar que a gestão foi contrária a seus interesses, nos termos do art. 874. Nada impede que a aprovação seja parcial. O reembolso será avaliado até o limite da utilidade, do justo proveito.

Art. 871. Quando alguém, na ausência do indivíduo obrigado a alimentos, por ele os prestar a quem se devem, poder-lhes-á reaver do devedor a importância, ainda que este não ratifique o ato.

Equipara-se à gestão de negócios a prestação de alimentos feita por outrem, na ausência do alimentante. Essa hipótese, juntamente com a do artigo seguinte, referente a despesas de enterro, caracteriza duas situações assemelhadas à gestão de negócios, sem que ocorra perfeita identidade. Este art. 871 dispõe que o *solvens* poderá reaver do devedor a importância, ainda que inexista ratificação. Dúvidas não ocorrerão se os alimentos decorrem de decisão judicial. O pagamento pode ocorrer em razão da obrigação legal de alimentar. Poderá, porém, o obrigado recusar-se ao reembolso, se provar que não estava obrigado a pagar alimentos. Firmada essa hipótese, deverá o equiparado ao gestor voltar-se contra o verdadeiro alimentante ou contra o próprio beneficiado. O texto não se aplica se o *solvens* pretendeu apenas fazer caridade.

O valor dos alimentos deve reportar-se aos princípios desse instituto, levando em conta as necessidades do alimentando e as possibilidades do alimentante, substituído no caso pelo gestor.

**Art. 872. Nas despesas do enterro, proporcionadas aos usos locais e à condição do falecido, feitas por terceiro, podem ser cobradas da pessoa que teria a obrigação de alimentar a que veio a falecer, ainda mesmo que esta não tenha deixado bens.
Parágrafo único. Cessa o disposto neste artigo e no antecedente, em se provando que o gestor fez essas despesas com o simples intento de bem-fazer.**

As despesas de enterro, proporcionais aos usos locais e à condição do morto, pagas por terceiro, também são equiparadas à gestão. Imagina-se situação na qual nem sempre parente próximo esteja à disposição para providenciar as exéquias. Essa despesa pode ser cobrada da pessoa que teria a obrigação alimentar para com o falecido, ainda mesmo que não tenha deixado bens. Seguem-se os princípios e a ordem de obrigação alimentar estabelecida no direito de família (art. 1.694 ss).

O *solvens* deve, no entanto, ter apenas adiantado as despesas, e não efetuado o pagamento com intuito de benemerência ou caridade, *"com o simples intento de bem-fazer"* (parágrafo único). Essa prova, pelo dispositivo, incumbe a quem alega. Presume-se que o pagamento tenha sido efetuado a título de gestão e, salvo prova em contrário, deve ser reembolsado. Esses gastos funerários devem levar em consideração a fortuna do morto, sua posição social e os usos locais, como afirma a lei. Deverá ser singelo, pomposo, ou humilde, conforme o caso.

Outras situações podem ocorrer figurando como fatos jurígenos de reembolso, como o emprego de dinheiro que faça aumentar o valor da coisa alheia, ou de que resulte proveito para seu dono. Cuida-se, na verdade, de modalidade de enriquecimento sem causa, cujos princípios integram o denominado *emprego útil*. Nesse sentido, dispõe expressamente o Código argentino (art. 2.306) que, quando alguém, sem ser gestor de negócios nem mandatário, realiza gastos com utilidade para outra pessoa, pode demandá-los daqueles que dessa utilidade usufruem. A matéria fica a meio-termo entre a gestão de negócios e o enriquecimento sem causa. Cuida-se, na verdade, de uma gestão em menor âmbito, a qual, em nosso Direito, deve ser tratada pelos mesmos princípios da *negotiarum gestio*.

Apelação cível – Ação de cobrança – Sentença – Nulidade – Inocorrência – Questões suscitadas em embargos que podem ser deduzidas em recurso de apelação – Preliminar afastada – Mérito – Cobrança pelo depósito – Impossibilidade – Requeridas que não contrataram com recorrente para prestar depósito – **Gestão de negócio sem outorga** – Despesas de funeral – Obrigação que vincula apenas o gestor de negócios aos obrigados a prestar alimentos requerente que não atuou como gestora de negócios, mas como prestadora de serviços devidamente contratada – Inexistência de relação a vincular as partes – Ausência de legitimidade passiva – Sentença que deve ser mantida – Recurso conhecido e desprovido (*TJPR* – AC 1027203-6, 14-8-2015, Relª Juíza Substª Angela Maria Machado Costa).

Art. 873. A ratificação pura e simples do dono do negócio retroage ao dia do começo da gestão, e produz todos os efeitos do mandato.

A ratificação expressa ou tácita opera a aprovação da gestão, retroagindo à época do começo da atividade, produzindo os efeitos do mandato.

Questão paralela é saber se existe representação na gestão. A problemática se coloca porque os atos do gestor podem acarretar a vinculação da vontade do dono, se o negócio for admitido como útil (art. 869). Quando o dono ratifica os atos do gestor, não há dúvidas de que ocorre representação, na forma desse artigo. Quando ocorre a ratificação, os autores costumam denominá-la *gestão irregular*, em contraposição à gestão comum. Nem sempre, porém, fica clara a existência de representação nessa gestão comum sem ratificação, não sendo essencial ao instituto.

Há um divisor de águas na gestão de negócios, o qual se trata da aprovação dos atos pelo dono. Existem diferentes consequências anteriores e posteriores a essa aprovação. Doutrinariamente, não se afinam os autores na conceituação da natureza jurídica dessa primeira fase. Multiplicam-se as explicações, como proposta de contratar; representação sem mandato, ato anulável sujeito a confirmação, ato condicional, estipulação em favor de terceiro etc. A discussão é inútil, como aponta Caio Mário da Silva Pereira (1994, p. 296). Cuida-se evidentemente de ato volitivo unilateral gerador de obrigações, assim disciplinado pela lei.

⚖️ Mandato. **Gestão de negócios** – Prestação de contas – Discussão sobre a propriedade do imóvel cujos direitos de posse foram transferidos a terceiro por força do mandato operado entre as partes. Irrelevância. Ilegitimidade ativa. Inocorrência. Contestação apresentada intempestivamente. Art. 319 do CPC. Exegese. Revelia. Ocorrência. Presunção de veracidade dos fatos alegados pelos autores na petição inicial. Necessidade. Sentença mantida. Preliminares rejeitadas. Recurso improvido (*TJSP* – Ap. 992.08.058022-9, 11-1-2012, Rel. Rocha de Souza).

Art. 874. Se o dono do negócio, ou da coisa, desaprovar a gestão, considerando-a contrária aos seus interesses, vigorará o disposto nos arts. 862 e 863, salvo o estabelecido nos arts. 869 e 870.

O dono apenas poderá recusar-se a ratificar ou a reembolsar se demonstrar que a gestão foi contrária a seus interesses. Não pode recusar por mero capricho. Nada impede que a aprovação seja parcial. O reembolso será avaliado até o limite da utilidade, do justo proveito. A matéria será de prova. Veja os comentários dos artigos referidos neste dispositivo.

A ratificação pura e simples por parte do dono do negócio retroage ao dia do começo da gestão, e produz todos os efeitos do mandato. Portanto, com a aprovação da lei, presume, em princípio, equiparação ao mandato. Fora daí, desaprovada a gestão por contrária aos interesses do gestor, o Código manda que se apliquem os arts. 862 e 863, com a observação do estabelecido nos arts. 869 e 870. Em outros termos, havendo ratificação, aplicam-se os princípios do mandato. Sem ela, os princípios são aqueles especificados nas disposições do Código acerca da gestão de negócios. Por essa razão, referimo-nos ao divisor de águas que é a aprovação ou rejeição da gestão pelo dono.

A ratificação tem o condão de transferir ao dono os atos praticados pelo gestor. Constitui por si mesma um negócio jurídico unilateral irrevogável. Pode ser expressa ou tácita, decorrendo nessa hipótese de atos inequívocos do *dominus*.

Somente o dono do negócio, ou seu representante legal, ou com poderes especiais, pode ratificar a gestão. Se o dono é pessoa jurídica, a ratificação deve ser formalizada pelo órgão que a represente.

De outro modo, desaprovada a gestão, há que se avaliar o montante a ser pago ao gestor ou a indenização ao dono do negócio, se é que devidos. Chamam-se destarte à colação os princípios estudados acerca da utilidade e do proveito da gestão, bem como hipótese de indenização mesmo no caso fortuito erigida no art. 862 e a indenização colimada no art. 863.

⚖️ Mandato. Prestação de contas. Primeira fase. Interesse. Reconhecimento. Sentença de procedência. Recurso não provido – Reconhecendo a ré a sua condição de mandatária e que exerceu os poderes que lhe foram conferidos, de rigor o reconhecimento da procedência da ação, em sua primeira fase, condenando-a à prestação das contas, na forma contábil, de sua gestão dos negócios da mandante (*TJSP* – Ap. 990.10.168117-0, 23-4-2012, Rel. Paulo Ayrosa).

Art. 875. Se os negócios alheios forem conexos ao do gestor, de tal arte que se não possam gerir separadamente, haver-se-á o gestor por sócio daquele cujos interesses agenciar de envolta com os seus. Parágrafo único. No caso deste artigo, aquele em cujo benefício interveio o gestor só é obrigado na razão das vantagens que lograr.

Não existirá gestão de negócios alheios se o agente intervém em negócio próprio. Os negócios do gestor, todavia, podem estar relacionados com os do dono. Nesse aspecto, estará então o gestor agindo na proteção de interesse próprio, embora envolvendo também o de terceiro. Desse modo, se os negócios forem conexos, de forma a não poderem ser separados os interesses, a lei entende que deva considerar-se o gestor *"sócio daquele cujos interesses agenciar de envolta com os seus"*. A situação é regulada pelos princípios da sociedade.

O texto do parágrafo é mais um dispositivo a evitar o enriquecimento injustificado.

CAPÍTULO III
Do Pagamento Indevido

Art. 876. Todo aquele que recebeu o que lhe não era devido fica obrigado a restituir; obrigação que incumbe àquele que recebe dívida condicional antes de cumprida a condição.

1. Enriquecimento sem causa e pagamento indevido

Contrapõe-se a dualidade de matérias deste tópico por serem, o enriquecimento sem causa e o pagamento indevido, troncos da mesma cepa, ou melhor, o pagamento indevido pertence ao grande manancial de obrigações que surge sob a égide do enriquecimento ilícito. O pagamento indevido constitui modalidade de enriquecimento sem causa.

A maior dificuldade no trato conjunto dos temas é que, entre nós, ao contrário de outras legislações, não existia norma genérica para albergar a teoria do enriquecimento indevido, ilícito ou injustificado, no sistema de 1916. O pagamento indevido, inelutavelmente uma das formas de enriquecimento sem causa, vinha entre nós disciplinado nos arts. 964 a 971 do Código Civil de 1916, tratado no título *Dos Efeitos das Obrigações*, juntamente com as várias espécies e formas de pagamento, que acabamos de examinar.

Este ordenamento disciplina o pagamento indevido (arts. 876 a 883) e o enriquecimento sem causa (arts. 884 a 886) entre os atos obrigacionais unilaterais, após disciplinar a promessa de recompensa e gestão de negócios. A atual legislação reconhece, portanto, ambos os fenômenos como fontes unilaterais de obrigações.

A melhor doutrina, porém, encara os dois institutos como fonte autônoma de obrigações e, dado seu relacionamento, é oportuno seu estudo conjunto.

Pelo fato de o assunto não vir sistematizado no Direito Romano e em razão de se divisar a causa nas obrigações de maneira diversa, as codificações mais antigas foram levadas a tratar os institutos de forma diferente. Daí porque encontramos legislações, no caudal do BGB, Código alemão, regulando especificamente o enriquecimento ilícito, se bem que na forma genérica que permite o instituto; enquanto outras legislações, como a nossa, preocupam-se tão só com o pagamento indevido.

Fixemos, de plano, que mesmo nas legislações como a nossa, nunca foram negados os princípios do enriquecimento injustificado, quer pelo que se denota em artigos e disposições esparsas, quer pelo trabalho jurisprudencial.

2. Pagamento indevido

No pagamento indevido, assim como no enriquecimento sem causa em geral, a ideia é de reequilíbrio patrimonial.

Ao lado do silêncio de nosso Código de 1916, no que tange ao princípio geral do enriquecimento, o pagamento indevido era disciplinado nos arts. 964 a 971 dentro do capítulo *pagamento geral*, no título *Efeitos das Obrigações*. Como apontamos, o Código Civil rege a matéria entre os atos unilaterais.

Em que pesem serem aplicáveis ao instituto muitos dos princípios do enriquecimento, há disposições específicas e de caráter próprio.

3. Pagamento em geral. Conteúdo

De plano deve ser dito que, enquanto no pagamento indevido pressupõe-se sempre um *pagamento*, isto é, por *fas* ou *nefas*, a extinção de uma obrigação que poderia não existir, no enriquecimento ilícito, que pode englobar a maioria das situações de pagamento indevido, a situação é geral e não há que se ter em mente a extinção pura e simples de uma obrigação.

O *pagamento* é o fim natural e normal de uma obrigação; o fim *mais normal*, diríamos. Nada mais do que a execução voluntária da prestação. Já vimos que o termo não se prende exclusivamente à expressão mais corriqueira de se ligar o pagamento à execução de uma obrigação, em dinheiro. Pagamento é, na realidade, o adimplemento voluntário de qualquer obrigação, por meio do cumprimento do objeto da prestação, seja a obrigação de dar, seja a de fazer e não fazer, com todas as nuanças.

Para a existência de um pagamento, pressupõe-se a existência de uma obrigação, a intenção de pagar, a possibilidade do cumprimento dessa obrigação, a existência de quem paga (o *solvens*) e a existência de quem recebe (o *accipiens*).

O art. 876 estabelece a obrigação de restituir a "*todo aquele que recebeu o que lhe não era devido*" e "*àquele que recebe dívida condicional antes de cumprida a condição*". A origem do dispositivo está nas *condictiones* do Direito Romano, remédios processuais específicos.

O direito de repetir o que se pagou emerge do fato de *não existir débito a ser pago*, ou, havendo débito a ser pago, deveria o pagamento ser dirigido a outra pessoa, o que, em síntese, vem a dar na primeira hipótese. No pagamento indevido é ínsita a noção de intenção de cumprir uma obrigação que não existe, em consequência de erro. Desse modo, se o *solvens* paga, sabendo que não deve, mas, conscientemente, porque quer fazê-lo, não tem direito à repetição:

> "*improcede o pedido de repetição de pagamento efetuado voluntariamente, embora convencida, a parte, de sua inexigibilidade ao tempo em que, por peculiar motivo de conveniência, consentiu em pagar*" (Rec. Extraordinário nº 100.733, *RTJ* 112/373).

Assim define Lopes (1966, v. 2, p. 102): "*é o pagamento efetuado com a intenção de cumprir* (*animo solvendi*) *uma obrigação inexistente* (*indebitum*), *em consequência de erro*". Surge, portanto, uma obrigação imposta ao *accipiens* por lei e que se extingue com a restituição do indevido. Daí sua peculiaridade, pois a causa geradora de tal obrigação é um pagamento, justamente um fenômeno que deve ocorrer para extinguir uma dívida e não para criar outra.

4. Posição da matéria na lei. Fonte autônoma de obrigações

Como vimos, o Código de 1916 preferiu apenas disciplinar sistematicamente o pagamento indevido, tendo aplicado a teoria geral do enriquecimento em regras esparsas. Sendo o pagamento indevido uma espécie de enriquecimento sem causa, é forçoso concluir que também esse instituto é fonte autônoma de obrigações, a despeito de sua localização no direito positivo do Código de 1916. A localização feita pelo presente Código é a mais técnica.

Orlando Gomes (1978, p. 45) classifica o pagamento indevido como uma das *situações de fato* a que a lei atribui o efeito de suscitarem obrigações, ao lado da gestão de negócios, uma vez que é de se repelir a classificação dos quase-contratos. E acrescenta que, por sua crescente importância no Direito moderno, a teoria do enriquecimento sem causa merece uma exposição à parte.

A maioria da doutrina contemporânea considera o pagamento indevido como modalidade do enriquecimento sem causa, apesar de sua individualidade própria. A atual lei atende aos reclamos mais atuais ao considerar o pagamento indevido e o enriquecimento sem causa como fontes de obrigações derivadas de atos unilaterais.

5. Pressupostos do pagamento indevido

Entendendo-se o pagamento indevido como modalidade do enriquecimento sem causa, desnecessária a repetição dos pressupostos gerais já expostos. O art. 876 dá os contornos gerais do instituto: todo aquele que recebeu o que não era devido fica obrigado a restituir.

O pagamento indevido pode ser encarado sob dois aspectos: objetivo e subjetivo.

Pelo critério objetivo, haverá pagamento indevido pelo simples fato de um pagamento sem causa. Pelo critério subjetivo, exige-se como requisito o *erro do solvens* (art. 877 deste Código). No Direito Romano, prevalecia o critério subjetivo.

O vigente Código italiano menciona ambas as formas nos arts. 2.033 e 2.036, relativos ao indébito objetivo e subjetivo, respectivamente. Adotou, pois, o estatuto peninsular uma atitude eclética: para certas situações, toma por base o caráter meramente objetivo, enquanto, para outras, exige o elemento subjetivo.

Comumente se denomina o indébito subjetivo de *ex persona* e o indébito objetivo de *ex re*.

No critério subjetivo, o erro do *solvens* é essencial para a repetição. Essa é a solução de nosso direito positivo, no art. 877, como veremos.

Destarte, para que ocorra o pagamento indevido é necessário, primeiramente, o pagamento, o *animus solvendi*; em segundo lugar, a inexistência do débito ou o pagamento dirigido a pessoa que não o credor.

Há inexistência de débito tanto quando há uma dívida real, mas carente de requisitos indispensáveis para justificar o pagamento, como quando uma pessoa paga dívida que existia efetivamente, mas da qual deixou de ser devedora, ou apenas devedora em parte; como também quando o devedor dá em pagamento coisa diversa daquela que constituía o objeto da obrigação.

Nesses três casos, estamos diante de indébito *ex re*. Haverá também pagamento indevido quando uma pessoa recebe o que era devido a outra (indébito *ex persona*) (cf. LOPES, 1966, v. 2, p. 108).

Quando a obrigação é condicional (art. 876), antes do implemento da condição, o vínculo não se estabelece, não havendo que se falar de obrigação completa. Como a condição pode não se realizar, o pagamento seria indevido.

Já no pagamento feito antes do termo, trata-se apenas de adimplemento antecipado. A obrigação existe, daí por que o pagamento não pode ser repetido.

⚖ Apelação cível. Promessa de compra e venda. Ação revisão contratual cumulado com repetição do indébito. Todo aquele que recebeu o que lhe não era devido fica obrigado a restituir (art. 876 do CC). No caso concreto, não há prova da regular quitação do valor dado de entrada e correspondente a duas notas promissórias capaz de alcançar à autora-apelante o direito de repetição do indébito, sobretudo considerando o saldo devedor revelado pela perícia. Majoração dos honorários. Ao julgar o recurso, o Tribunal deve majorar os honorários fixados anteriormente ao advogado do vencedor, devendo considerar o trabalho adicional realizado em grau recursal (art. 85, § 11, do CPC/2015). Apelação desprovida (*TJRS* – Ap. 70081338428, 14-11-2019, Rel. Marco Antonio Angelo).

⚖ Apelação – Compromisso de compra e venda de bem imóvel na planta – Ação declaratória de nulidade de cláusula contratual c.c. Repetição de indébito. Sentença de procedência parcial. Inconformismo da ré. Cobrança de "taxa de anuência" para cessão contratual – Cobrança abusiva, por se tratar de despesa inerente à própria atividade empreendedora. Precedentes. Sentença mantida. Sucumbência recíproca. Negado provimento ao recurso" (*TJSP* – Ap. 1034069-29.2015.8.26.0224, 5-5-2017, Relª Viviani Nicolau).

Art. 877. Àquele que voluntariamente pagou o indevido incumbe a prova de tê-lo feito por erro.

Aduz Clóvis (1977) que o Código, aqui, manteve-se fiel à doutrina romana, subjetiva, mas adverte que a ausência desse fator não significa que não possa haver enriquecimento injusto. O que o Código adota é a teoria subjetiva apenas no tocante ao pagamento indevido e não quanto ao enriquecimento sem causa, em geral. Esse ressalte é importante, pois, do contrário, estender-se-ia a teoria do erro a toda a teoria do enriquecimento sem causa, o que traria soluções iníquas.

No dizer de Lopes (1966, v. 2, p. 111),

"a função do erro, nesse setor, é considerada, modernamente, como esporádica e subsidiária, de modo a espancar o particularismo da repetição do indevido em face do enriquecimento sem causa".

De qualquer modo, o erro é elemento do pagamento voluntário. Quem pagou à força, coativamente, não deve provar erro, é evidente. Não só quando houver coação, no sentido estrito, mas também quando o *solvens* for colocado em uma situação na qual não tinha outra saída, como o caso de pagamento de tributos não devidos. Nesse caso, o não pagamento acarretaria uma série de consequências nefastas para o contribuinte e não seria justo, do mesmo modo, recusar a repetição do indébito ao *solvens*.

Entende-se, outrossim, que, por vezes, a prova do erro do *solvens* lhe será extremamente gravosa. O princípio deve ser entendido com a mitigação necessária. O erro não é uma condição *sine qua non* para a ação de repetição, ao contrário do que pensa parte da doutrina. O que o autor deve provar na ação de repetição é o pagamento não devido. A prova do erro, aí, excluiria qualquer outro elemento probatório.

Da redação do art. 877 defluem os dois requisitos para que haja a repetição: a não existência da dívida e o erro de quem voluntariamente pagou. Ou, em outras palavras, a involuntariedade do adimplemento. O direito brasileiro não presume o erro e cabe ao *solvens* o ônus da prova. Se não provar, em tese, não pode repetir.

Por outro lado, o conceito de *voluntariedade* do Código é restrito. Cinge-se a todo adimplemento que poderia, sem prejuízo para o devedor, deixar de ser feito. Daí porque, sempre que o devedor, em não pagando, sujeita-se a penalidades ou à constrição de seu patrimônio, não será o caso de se afirmar tenha sido *voluntário* o pagamento, para a vontade da lei.

Como bem observa Pontes de Miranda (1971, v. 26, p. 172), não se aplica o artigo em tela quando o pagamento ocorreu por constrição na pessoa ou no patrimônio do *solvens*, por exemplo, quem paga prestação alimentícia que não deve, para não ser preso, ou quem paga dívida inexistente para não ver sua falência decretada, em determinados casos em que não pôde defender-se. No caso, o erro é irrelevante, bastando que o Estado tenha fixado uma imposição de pagamento, por um tributo, por uma multa, por exemplo, além das situações mencionadas. Quando tais imposições resultam ilegais, deve ser admitida a *condictio*, sem se exigir o erro, nem mesmo a dúvida em pagar, pois há um pagamento constrangido. Não se trata, em resumo, de pagamento *voluntário*, pois voluntário não é o pagamento determinado pelo Poder Judiciário.

Já, em sede de direito privado, o elemento *erro* é indispensável, pois, se há pagamento consciente da inexistência de causa jurídica, é de se divisar um *animus donandi* e não um *animus solvendi* específico e direto.

Não se distingue também entre erro grosseiro e erro leve, ainda que haja divergência a respeito. Também não se trata de se estreitar a dicotomia entre erro escusável e não escusável, conforme expusemos em outros artigos. A matéria é eminentemente fática. Existindo, porém, simples dúvida, não adere a conduta do *solvens* ao princípio do antigo art. 965: quem duvida se deve, ou a quem deve, tem que se utilizar da ação de consignação em pagamento, sob pena de, pagando, assumir o risco de pagar mal.

O atual Código Civil português, no art. 476, terceira alínea, assim como no art. 477, primeira alínea, fala em *erro desculpável*, como condição para a repetição do indevido, da mesma forma que o art. 2.036 do Código italiano. Nossa lei civil de 2002 repete a dicção no art. 877. Dessa forma, é possível concluir que a legislação pátria não distingue a natureza do erro para possibilitar a repetição. Os legisladores tinham outros exemplos se desejassem segui-los.

A noção de *erro* sob enfoque, portanto, afasta-se do conteúdo desse vício de vontade na teoria geral dos negócios jurídicos. Nos negócios, em geral, e nos contratos, em particular, o erro necessita de requisitos mais estritos. Sua liquidação, uma vez apurada, será em perdas e danos. No pagamento indevido, o erro situa-se no plano da execução de uma prestação, em que, ao lado do erro do *solvens*, deve ser examinada a posição do *accipiens*, que, beneficiado pelo erro do primeiro, torna-se responsável por uma repetição com perdas e danos, se for o caso.

Ainda, como o contrato, entre nós, é fundamentalmente causal, o erro nele dá margem à ação de anulação. O Código é expresso em limitar o exercício da ação de enriquecimento sem causa a três anos (art. 206, § 3º, IV). Não tendo a nova lei se referido expressamente ao pagamento indevido, entende-se que o prazo extintivo para a ação dele derivada seja o geral, de 10 anos (art. 205).

É de se admitir, também, que o erro de que fala o dispositivo em tela pode ser tanto de fato, como de direito. Isso é, em parte, verdadeiro para a teoria do erro em geral. Aqui, contudo, nunca devemos esquecer que o pagamento pertence à teoria mais ampla e geral do enriquecimento sem causa, na qual tal diferença é irrelevante.

O erro pode ser atinente à existência da própria obrigação, isto é, àquele que paga dívida inexistente, no chamado indébito absoluto (cf. PEREIRA, 1972, v. 2, p. 249). É a situação do indébito objetivo. É também indébito objetivo aquele que se engana no tocante à prestação, solvendo-a erroneamente, dando uma coisa por outra. O direito à repetição também aqui surgirá, só que, com a devolução do objeto da prestação, não se extingue o vínculo, cuja obrigação não foi solvida. A restituição mantém, neste último caso, íntegro o vínculo da obrigação.

Logicamente, também é cabível a restituição quando se paga mais do que se deve. A restituição restringe-se ao excesso, com os requisitos da situação ora estudada. Trata-se de erro quantitativo.

Apelação. Direito civil e processual civil. Ilegitimidade ativa ad causam da apelada. Rejeitada. Inversão do ônus da prova. Desnecessidade. Anulatória. Acordo judicial. Negócio jurídico. Erro sobre a pessoa.

Inexistência. Vício de consentimento. Ausência de prova. Herdeiro. Parte interditada. Nulidade do acordo. Não verificada. Inventariante. Representante legal do espólio. Art. 619 do CPC. Repetição de indébito. Indevida. Dano moral. Não configurado. Pré-questionamento implícito. Manifestação específica. Desnecessidade. 1. A legitimidade ad causam é a condição da ação que se refere à pertinência subjetiva do titular da relação jurídica de direito material em relação ao plano processual formal, devendo estar presente para efeito de ser viabilizada uma resposta jurisdicional de mérito. No caso, ao fazer a análise do vínculo existente entre o de cujus e a ré, não restam dúvidas de que há uma relação jurídica derivada de negócio jurídico realizado, permanecendo, portanto, a legitimidade ad causam para cobrar os respectivos valores explanados no termo de acordo. (...) 9. Àquele que voluntariamente pagou o indevido incumbe a prova de tê-lo feito por erro (art. 877 do CC), fato não comprovado nos autos. 10. Não evidenciado qualquer elemento apto a ensejar a nulidade do acordo firmado, bem como qualquer pressuposto da responsabilidade civil, inexiste dano moral a ser compensado. 11. Para fins de pré-questionamento, desnecessário que o julgador indique, expressamente, os dispositivos legais que serviram de baliza para o deslinde da contenda. 12. Recurso conhecido. Ilegitimidade ativa ad causam e inversão do ônus da prova rejeitadas. Apelo desprovido (*TJDFT* – Ap. 07142936620178070001, 19-6-2019, Rel. Carlos Rodrigues).

Apelação cível – Ação Ordinária – Pedido de restituição de valor pago indevidamente – Pagamento marcado por irregularidades administrativas – Sentença procedente sem condenação da parte vencida em honorários – Parte vencedora deu causa à movimentação da máquina judiciária – Princípio da causalidade – Não são devidos honorários advocatícios em prol do apelante – Recurso conhecido e improvido – 1- Dispõe o art. 877 do Código Civil que "àquele que voluntariamente pagou o indevido incumbe a prova de tê-lo feito por erro". No caso dos autos, o juiz de singela instância reconheceu que o pagamento feito pela Fazenda Pública Estadual em favor da apelada fora realizado indevidamente, porquanto não implementada a condição estabelecida no contrato de risco, qual seja, a compensação junto ao INSS do SAT apurado pela contratada. Nesse passo, a demandada foi condenada à restituição do valor a título de remuneração por prestação de serviços. 2- Relativamente aos honorários advocatícios, destaca-se que malgrado o apelante tenha sido vencedor no processo, foi ele quem deu causa à presente demanda, já que realizou pagamento indevido em prol da apelada, tendo inclusive, na ocasião da exordial, reconhecido que o aludido pagamento apresenta irregularidades administrativas, as quais são objeto de apuração empreendida pela Procuradoria-Geral do Estado e pelo Ministério Público Estadual. 3- Nesse passo, aplica-se ao caso dos autos o denominado Princípio da Causalidade. Dispõe tal princípio que aquele que der causa à instauração da demanda ou a incidente processual deve arcar com despesas deles decorrentes. Logo, reconhecida a falha administrativa do ente público ao efetuar pagamento indevido, não há que se falar em condenação da apelada (parte vencida) em honorários advocatícios, uma vez que o Estado do Espírito Santo deu causa à movimentação da máquina judiciária. Precedentes deste egrégio Tribunal de Justiça. 4- Mantida a r. sentença que deixou de condenar a apelada em honorários advocatícios. 5- Recurso conhecido e improvido (*TJES* – Ap. 0004045-74.2003.8.08.0024, 19-10-2016, Rel. Des. Subst. Delio Jose Rocha Sobrinho).

Art. 878. Aos frutos, acessões, benfeitorias e deteriorações sobrevindas à coisa dada em pagamento indevido, aplica-se o disposto neste Código sobre o possuidor de boa-fé ou de má-fé, conforme o caso.

Quando, no negócio, ambas as partes procederam sem má-fé, o *accipiens* é tratado como possuidor de boa-fé, com direito aos frutos percebidos e indenização por benfeitorias úteis e necessárias, podendo levantar as voluptuárias, assegurado o direito de retenção (arts. 1.214, parágrafo único, 1.217 e 1.219). Quando houver má-fé, aplicam-se os arts. 1.216, 1.218 e 1.220.

Processual civil. Recurso especial. Suposta ofensa aos arts. 653 e 878 do CC/2002. Tributário. Imposto de importação. Pagamento em duplicidade. Pedido de restituição formulado na via administrativa. Mandado de segurança impetrado contra o indeferimento. 1. Não sendo o despachante aduaneiro contribuinte ou responsável pelo Imposto de Importação, não se afigura ilegal o ato do Fisco que negou a restituição do tributo pago indevidamente na via administrativa, sob o fundamento de que tal pedido deveria ser feito em nome do importador, e não no do próprio despachante, tendo em vista que este não possui relação jurídica tributária com o Fisco. Ressalte-se que não foi negada a existência do direito creditório, tampouco a legitimidade do despachante para formular o pedido na via administrativa, porquanto expressamente autorizado pelo importador, razão pela qual não há falar em ofensa aos arts. 653 e 878 do CC/2002. 2. Recurso especial desprovido (*STJ* – Acórdão Recurso Especial 652.263-PR (2004/0053982-5), 26-6-2010, Relª Minª Denise Arruda).

Art. 879. Se aquele que indevidamente recebeu um imóvel o tiver alienado em boa-fé, por título oneroso, responde somente pela quantia recebida; mas, se agiu de má-fé, além do valor do imóvel, responde por perdas e danos.
Parágrafo único. Se o imóvel foi alienado por título gratuito, ou se, alienado por título oneroso, o terceiro adquirente agiu de má-fé, cabe ao que pagou por erro o direito de reivindicação.

São quatro as hipóteses a serem consideradas quando da alienação do imóvel indevidamente recebido em pagamento.

1. Accipiens aliena de boa-fé por título oneroso

Nesse caso, verificando-se que o pagamento foi indevido, fica o *accipiens* obrigado a entregar ao proprietário, isto é, o *solvens*, o preço que recebeu do adquirente.

Na verdade, o *accipiens* alienou coisa que não era sua, *a non domino*. Por consequência, ao obedecer-se regra geral do direito de sequela, o *solvens* teria direito de reivindicar o bem do terceiro adquirente. Agindo também o terceiro com boa-fé, resguarda a lei, mais uma vez, a *aparência* no direito, considerando válida a alienação, já que o terceiro em nada colaborou para o erro do *solvens*, não tendo ocorrido, igualmente, má-fé do *accipiens*. Trata-se de mais um dispositivo em que o legislador visa proteger e dar estabilidade às relações jurídicas, dando valor à aparência.

2. Accipiens aliena de boa-fé por título gratuito

A hipótese é diversa, bem como o tratamento. Sendo a alienação gratuita, o *solvens* procura evitar um prejuízo, enquanto ao terceiro só resta a perspectiva de um lucro. Nessa circunstância, como em vários outros casos semelhantes do Código, em se tratando de liberalidade, de mero negócio unilateral, a lei protege o que teve empobrecimento indevido de seu patrimônio, permitindo-lhe reivindicar o bem imóvel, ainda que o adquirente a título gratuito esteja de boa-fé.

3. Accipiens aliena a terceiro de má-fé

Nessa conjectura, também a reivindicação é autorizada. Se o terceiro adquirente é sabedor do pagamento indevido, tem ciência de que adquire *a non domino*. É indiferente, aí, se a alienação foi gratuita ou onerosa, conforme o parágrafo único do art. 879. Não tem validade aqui o princípio da boa-fé, tendo plena aplicabilidade os princípios do domínio.

4. Má-fé do *accipiens*

Nessa situação, a solução dependerá do ânimo do terceiro. Se o terceiro estiver de má-fé, a solução é a do tópico anterior, uma vez que não há razão para proteger-se a má-fé. Porém, se o *accipiens* estava de má-fé e o terceiro de boa-fé, em respeito, ainda, à aparência, mantém-se o negócio e, incontestavelmente, terá o *accipiens* que reembolsar o *solvens*, com indenização por perdas e danos, em razão de sua malícia.

5. Síntese

Clóvis Beviláqua (1934, v. 4, p. 130) resume esse dispositivo de maneira lapidar:

"*o solvente só tem direito de reivindicar o imóvel, se ainda se acha em poder do* accipiens; *se este o alienou gratuitamente; ou se, o tendo alienado a título oneroso, o terceiro adquirente estava de má-fé*".

Finalmente, Washington de Barros Monteiro lembra que a doutrina diverge se o art. 879 aplica-se exclusivamente ao pagamento indevido, ou se deve ser estendido a todas as aquisições *a non domino*, concluindo pela primeira hipótese. Concluímos que, apesar de a matéria refugir ao tema, sempre que houver aparência de direito, os terceiros de boa-fé devem ser respeitados, não ficando o problema exclusivamente restrito à situação desse dispositivo legal.

Merece ser recordado, ademais, o art. 967 do Código de 1916, que determinava que aquele que recebeu o imóvel indevidamente e o alienou deve assistir o proprietário na retificação do registro. O artigo estava mal colocado, antes do art. 968, pois o completava. A hipótese da retificação mencionada na lei restringe-se aos casos em que é possível a reivindicação pelo *solvens*, uma vez que só assim o domínio da coisa indevidamente alienada poderá voltar a suas mãos.

Art. 880. Fica isento de restituir pagamento indevido aquele que, recebendo-o como parte de dívida verdadeira, inutilizou o título, deixou prescrever a pretensão ou abriu mão das garantias que asseguravam seu direito; mas aquele que pagou dispõe de ação regressiva contra o verdadeiro devedor e seu fiador.

Como a situação estatuída nesse dispositivo não se amolda teleologicamente às mesmas razões de impedimento de repetição dos casos vistos, merece um tratamento à parte.

Quem recebe de boa-fé, referentemente a uma dívida verdadeira, não tem razão alguma para manter em seu poder o título ou as garantias de seu crédito. Para o *accipiens*, aí, trata-se de dívida extinta. Plenamente justo, portanto, que a lei o proteja, por sua atitude natural e compreensível após o pagamento.

Assim, quem recebe pagamento por conta de dívida verdadeira, ou inutiliza o título, ou deixa prescrever a ação cabível, ou abre mão das garantias do crédito, para ele resolvido, não é obrigado a restituir.

No entanto, o *solvens* não perde de todo sua possibilidade de ressarcimento, ficando-lhe resguardada a via regressiva contra o verdadeiro devedor e seu fiador, na forma do art. 880, *in fine*.

A impossibilidade de repetição em questão, alcançando as três hipóteses, é mais ampla do que no direito comparado. O Código francês só se refere à "*supressão do título em consequência do pagamento*" (art. 1.377, segunda parte).

No preceito, há que se atentar aos requisitos para sua aplicação: a inutilização do título ou a perda das garantias ou a prescrição da ação e a boa-fé do credor *accipiens*.

Se o credor não inutilizar o título, persiste o direito à ação de *in rem verso*, pois a representação do crédito mantém-se íntegra, do mesmo modo se persistirem as garantias ou a possibilidade da ação, sem tê-la alcançado a prescrição. Na verdade, as três situações que entre nós estão equiparadas no mesmo dispositivo o estão bem apropriadas, pois se equivalem.

A finalidade do artigo não refoge ao princípio geral de garantia e segurança das relações sociais, pois o credor que recebe dívida, crendo-a verdadeira, não tem nenhuma razão para manter o título e suas garantias. Nem se poderia exigir tal conduta do mais diligente dos homens.

Art. 881. Se o pagamento indevido tiver consistido no desempenho de obrigação de fazer ou para eximir-se da obrigação de não fazer, aquele que recebeu a prestação fica na obrigação de indenizar o que a cumpriu, na medida do lucro obtido.

Quando houver pagamento centrado em obrigação de fazer ou não fazer, a solução apontará para indenização por perdas e danos. Lembre que o pagamento não se resume somente a uma quantia em dinheiro. Cuida-se, como sempre neste tópico, de mais uma hipótese para evitar o enriquecimento injustificado. Cuidando-se de hipótese com particularidades específicas, o montante da indenização não se mede pela obra ou conduta praticada, mas pelo lucro obtido pelo agente, o qual deve ser apurado no caso concreto. Poderá não existir vantagem ou lucro e, nesse caso, o prejuízo não será ressarcido.

Art. 882. Não se pode repetir o que se pagou para solver dívida prescrita, ou cumprir obrigação judicialmente inexigível.

Aqui o Código traz mais um caso em que a repetição do pagamento não será possível.

A dívida prescrita pertence à mesma classe das obrigações naturais. Apenas o Código teve de mencioná-las expressamente, podendo, em certos casos, ser reconhecida de ofício pelo juiz. O pagamento de dívida prescrita é verdadeira renúncia do favor da prescrição. Não há direito de repetição. Ademais, quem recebe dívida prescrita não se locupleta indevidamente, pois, conforme a distinção tradicional na doutrina, a prescrição extingue a ação, mas não o direito. Mesmo prescrita, a obrigação existe.

Mesmo prescrita a dívida, de qualquer modo, persiste a obrigação moral do devedor.

Do mesmo modo que as dívidas prescritas, as denominadas obrigações naturais, judicialmente inexigíveis, da mesma natureza, não conferem ação, direito de exigir seu cumprimento. A obrigação natural entre nós é tomada na concepção mais ampla, abrangendo tanto aquelas obrigações de causa tolerada (como, por exemplo, a que resulta de ato nulo por inobservância de formalidades externas), como as de causa reprovada, cujo mais saliente exemplo é o da dívida de jogo (arts. 814 a 817). Nas primeiras, há possibilidade de ratificação e retificação do ato, convertendo-se a obrigação em civil, por novação, reconhecimento de dívida pelo devedor etc. Quanto às segundas, seu único efeito é impedir a repetição do que foi pago, nada mais. Nestas, o vínculo é quase que exclusivamente moral e, juridicamente, só se reconhece o débito, e não a responsabilidade.

Art. 883. Não terá direito à repetição aquele que deu alguma coisa para obter fim ilícito, imoral, ou proibido por lei.
Parágrafo único. No caso deste artigo, o que se deu reverterá em favor de estabelecimento local de beneficência, a critério do juiz.

Nesse texto legal, o direito de repetição é impedido pela aplicação do adágio *in pari turpitudinis causa cessat repetitio*, juntamente com outro, *nemo auditur propriam turpitudinem allegans*. Em síntese, não há direito à repetição quando as duas partes se associam em causa torpe e a ninguém é dado alegar a própria torpeza.

É de se notar que tolhido estará o direito de repetir se a torpeza, segundo se depreende do dispositivo legal, foi do *solvens*. Assim, será irrelevante a torpeza do enriquecido. Como encara Lopes (1966, v. 2, p. 94):

"*o que se nos afigura indubitável é a necessidade de se não cercear a ação de* in rem verso *por uma aplicação desmedida da máxima* nemo auditur propriam turpitudinem allegans, *cuja interferência deve ser limitada ao caso em que o autor haja participado cientemente da conclusão de um contrato imoral e tenha pretendido enriquecer-se por tal meio. Ao contrário, o afastamento da regra se impõe todas as vezes em que da parte do interessado não houver existido essa intenção de se enriquecer à custa de um contrato daquela espécie*".

Portanto, havendo torpeza do *solvens*, não haverá direito à repetição, sendo despiciendo indagar da torpeza do *accipiens*. Assim, não era na aplicação das *condictiones ob turpem vel injustan causam* do Direito Romano, quando, havendo a imoralidade de parte a parte, surgia a possibilidade de repetição. Essa também é a posição do Código alemão. Já o nosso estatuto não socorre o empobrecido, não lhe sendo concedido o direito de repetir, mesmo havendo torpeza bilateral. Prefere, portanto, punir o *solvens*, embora, à primeira vista, possa haver vantagem para o *accipiens*. É discutível tal solução, sendo de perguntar, na hipótese, se seria de se considerar uma compensação de culpas. O Código manda que se reverta em favor de estabelecimento de beneficência (art. 883, parágrafo único), em dispositivo de difícil aplicação, pois há necessidade de que se atribua ao Ministério Público a legitimidade para a ação. O Código, como vimos, substitui a referência à obrigação natural por "*obrigação judicialmente inexigível*".

CAPÍTULO IV
Do Enriquecimento Sem Causa

Art. 884. Aquele que, sem justa causa, se enriquecer à custa de outrem, será obrigado a restituir o indevidamente auferido, feita a atualização dos valores monetários.
Parágrafo único. Se o enriquecimento tiver por objeto coisa determinada, quem a recebeu é obrigado a restituí-la, e, se a coisa não mais subsistir, a restituição se fará pelo valor do bem na época em que foi exigido.

1. Enriquecimento sem causa. Conteúdo

É frequente que uma parte se enriqueça, isto é, sofra um aumento patrimonial, em detrimento de outra. Aliás, no campo dos contratos unilaterais, é isso que precisamente ocorre. Contudo, na maioria das vezes, esse aumento patrimonial, esse enriquecimento, provém de uma justa causa, de um ato ou negócio jurídico válido, tal como uma doação, um legado.

Todavia, pode ocorrer que esse enriquecimento, ora decantado, opere-se sem fundamento, sem causa jurídica, desprovido de conteúdo jurígeno, ou, para se aplicar a terminologia do direito tributário, sem fato gerador. Alguém efetua um pagamento de dívida inexistente, ou paga dívida a quem não é seu credor, ou constrói sobre o terreno de outrem. Tais situações (e como vemos, abrangendo o pagamento indevido) configuram um enriquecimento sem causa, injusto, imoral e, invariavelmente, contrário ao direito, ainda que somente sob aspecto da equidade ou dos princípios gerais de direito.

Nas situações sob enfoque, é curial que ocorra um desequilíbrio patrimonial. Um patrimônio aumentou em detrimento de outro, sem base jurídica. A função primordial do Direito é justamente manter o equilíbrio social, como fenômeno de adequação social.

2. Enriquecimento sem causa e pagamento indevido como fonte de obrigações

Para a existência da obrigação, há um mínimo necessário: um devedor, um credor, um vínculo adstringindo o primeiro ao segundo, por meio de um liame psicológico e jurídico. O objeto da obrigação é a prestação, que se transmuta em variadas formas.

Para o nascimento desse liame, de cunho específico da matéria tratada (pois obrigações existirão em outros campos do Direito Civil), entre duas partes, há necessidade da existência de um fato, ato ou negócio jurídico. É nesse sentido, pois, que devemos entender as fontes das obrigações.

A classificação das fontes já foi por nós estudada. Vamos encontrar a classificação clássica de Justiniano, adotada pelo Código Civil francês: as obrigações nascem dos contratos, quase-contratos, delitos e quase-delitos, tendo Pothier acrescentado a lei como outra fonte de obrigações.

Por outro lado Gaio, vendo a dificuldade de uma classificação abrangedora, dizia que as obrigações provinham dos contratos, dos delitos e *ex variis causarum figuris* (*Digesto* 44, 7, 1). Para nosso Código de 1916, havia três fontes das obrigações: o contrato, a declaração unilateral de vontade e o ato ilícito.

Não nos incumbe aqui aprofundar a matéria, nem tentar uma classificação definitiva, tantos foram os mestres que o fizeram, sem chegar a conclusão comum. Apliquemos, no entanto, a crítica de que a lei, em qualquer hipótese, será sempre fonte imediata das obrigações, pois não haverá obrigação que não seja albergada pela lei.

O que se pretende enfatizar é que há obrigações que nascem de fatos ou atos que não se amoldam às fontes clássicas dos vários sistemas jurídicos. Entre tais obrigações incluem-se o pagamento indevido e o enriquecimento sem causa, o primeiro como parte integrante do segundo.

O Código Civil alemão inclui o enriquecimento sem causa e o pagamento indevido como fonte das obrigações, assim como o Código suíço das obrigações, o projeto do Código ítalo-francês e o Código mexicano. Essa também é a conclusão a que podemos chegar em nossa lei, porque, apesar de o pagamento ser forma de extinção de obrigações, o pagamento indevido produz exatamente o inverso, isto é, titulariza o *solvens* para a ação de repetição, *criando* uma nova obrigação. Da mesma forma, como vemos pelo direito comparado, e pelas noções introdutórias expostas, o enriquecimento indevido é fórmula mais genérica.

O nosso Código Civil coloca o pagamento indevido e as disposições gerais do enriquecimento sem causa entre os atos unilaterais geradores de obrigações.

3. Tratamento da matéria no Direito Romano

Em Roma, como consequência lógica de seu sistema obrigacional, e do rigor dos princípios de aplicação no tocante aos atos patrimoniais, sentiu-se logo necessidade de se encontrarem soluções de equidade, para corrigir desequilíbrios patrimoniais imprevistos e injustos. Contudo, não lograram os romanos erigir uma teoria para o enriquecimento sem causa. Sentiram efetivamente o problema. Tanto que seu sistema de ações concedia o remédio necessário. Eram as denominadas *condictiones*, dirigidas a cada caso particular, que proviam as necessidades práticas, sem criar uma posição dogmática do instituto.

A finalidade, porém, nas *condictiones*, era combater situações injustas, não amparadas por lei, entre elas o enriquecimento indevido. Dessas várias ações, infere-se, sem dúvida, o pensamento dominante no direito da época.

De regra, o contrato romano era abstrato. Para exigir seu cumprimento, o credor estava apenas jungido a provar que o contrato obedecera às inúmeras formalidades. Para a transferência da propriedade, bastava verificar se a intenção das partes fora realmente aquela.

Para diminuir os rigores desse abstratismo geral dos contratos, por necessidades práticas, das quais os romanos nunca se descuraram, aparecem formas técnicas para evitar o enriquecimento sem causa. Vinha o direito pretoriano em socorro à parte menos favorecida: quando o caso particular merecia proteção, o pretor concedia a *condictio*, a forma adequada. Daí deduzir-se nos textos do *Digesto* várias passagens com a aplicação das denominadas *condictiones*, que tinham em mira evitar o enriquecimento ilícito (*Digesto* 30, 13, 5, 6).

René Foignet (1934, p. 116) destaca que a obrigação de restituir o indevido, para se evitar o enriquecimento ilícito, é, no Direito Romano, a mais antiga aplicação de uma teoria geral definitivamente estabelecida na época clássica, ou seja, a teoria do enriquecimento injusto.

As Institutas de Justiniano (III, 27, 6) enquadravam entre os quase-contratos a *indebiti solutio*, o pagamento indevido, uma das formas de enriquecimento sob estudo. Outras situações, no entanto, de enriquecimento sem causa foram reconhecidas em Roma, basicamente, na obrigação de restituir o que foi recebido sem justa causa, ou sem causa jurídica. Tais situações eram amparadas, sem sistema, sob a forma das *condictiones*, ações abstratas e de direito estrito.

Moreira Alves (1972, v. 2, p. 226), ao analisar a evolução do enriquecimento sem causa no Direito Romano, destaca duas correntes de opinião. A primeira, defendida por Pernice e Girard, segundo a qual os contratos reais sempre foram garantidos por uma dessas ações. Pela segunda corrente, defendida por Perozzi, Monier e Iglesias, houve longa evolução no instituto, que a princípio inexistia, não sendo atacado por qualquer ação no período pré-clássico; em somente algumas hipóteses na época clássica e somente no tempo de Justiniano é que teriam surgido diversas *condictiones*, podendo-se então falar em um princípio genérico.

4. Direito moderno, sistema alemão e sistema francês

O problema do enriquecimento sem causa, se bem que tenha sempre sensibilizado os aplicadores da lei, encontrou tratamento dicotômico nas legislações que nos são próximas. Tal diferença de enfoque, colocando a regra geral do injusto enriquecimento na lei ou não, deve-se primordialmente à forma como é encarada a natureza dos contratos.

Nas legislações do tipo causalista, cujo paradigma é o Direito francês, não há princípio expresso de enriquecimento, afora as situações de pagamento indevido, ao contrário do que ocorre nas legislações nas quais o contrato é abstrato, cujo paradigma é o Direito germânico.

A técnica das *condictiones* que viemos expor teve maior influência na Alemanha, mais do que na França e na própria Itália.

Se, por um lado, a chamada teoria do enriquecimento sem causa esteve bem viva antes da codificação, na França, a evolução histórica foi diversa, justamente pela integração do elemento *causa* nos contratos, sendo a causa elemento essencial ao negócio jurídico (cf. LOPES, 1966, v. 2, p. 73). Essa a razão pela qual a noção de enriquecimento sem causa, no Direito francês, teve sempre um caráter geral, nunca negado pelos tribunais, com embasamento na equidade e nos princípios gerais.

Destarte, o BGB lidera as legislações que dão contorno legislativo ao enriquecimento sem causa. O Direito alemão criou, na matéria, uma teoria de conjunto, substituindo a enumeração das várias *condictiones* romanas. Objetivou-se um princípio geral, o que não impede que o outro sistema (o nosso) alcance os mesmos resultados, a saber:

"*Todo aquele que, por uma prestação feita a outra pessoa, ou de qualquer outro modo, fizer, à custa alheia, uma aquisição, conseguir um aumento patrimonial, sem causa jurídica, ficará obrigado à restituição.*"

É a noção dada pelo art. 812 do Código Civil alemão. Tal disposição é, de fato, corolário do sistema abstrato obrigacional alemão, cujos atos produzem efeito automaticamente, independentemente da perquirição da causa.

Assim, sendo o contrato alemão desalentador do princípio da causa, deveria o direito positivo engendrar uma forma pela qual os resultados de aquisições, embora permitidos pelo direito, não propiciassem o desequilíbrio nas relações jurídicas proporcionado pelo enriquecimento sem causa.

"*Na impossibilidade de anular o ato por defeito de causa, procura o sistema alemão suprimir-lhe os resultados*", conforme ensina Valle Ferreira (s.d., p. 74).

Tal princípio foi sempre imanente no pensamento jurídico germânico, nunca negado no período anterior à codificação moderna, tanto que o primeiro projeto do Código Civil alemão procurou reproduzir integralmente as *condictiones* romanas, sofrendo críticas pelo evidente casuísmo. Como o contrato alemão, além de gerar obrigações, tem o condão de alienar a propriedade, o princípio que combate o enriquecimento sem causa sofre um alargamento maior que, à primeira vista e desavisadamente, possa parecer ao jurista brasileiro.

O contrato, no Direito alemão, é, por essência, um ato abstrato. Daí porque a ação de enriquecimento ilícito não tem, no sistema germânico puro, o caráter de subsidiariedade, que vamos encontrar nas outras legislações (neste Código Civil, art. 886; no Código italiano, art. 2.042; no Código Civil português, art. 474). Isso significa que, entre nós, *só sobreviverá a ação de enriquecimento ilícito não havendo outro remédio no ordenamento* processual, como, por exemplo, a ação de nulidade do negócio jurídico.

O BGB anuncia, portanto, no art. 812, o princípio geral do enriquecimento sem causa, e nos artigos subsequentes (arts. 813 a 822), trata de alguns casos particulares, inclusive o pagamento indevido. Contudo, não estão ali todas as hipóteses de enriquecimento sem causa, outras havendo espalhadas pelo estatuto. No entanto, as regras gerais serão sempre, ou quase sempre, aplicáveis.

Do princípio geral do art. 812 citado defluem três elementos: um *enriquecimento* feito por alguém, à causa de outrem, e, portanto, um *empobrecimento* deste último, fenômeno esse produzido *sem causa jurídica*. A ausência de causa jurídica, ou, mais modernamente, de fato jurígeno ou gerador, é o elemento mais importante a ser analisado.

Na esteira do Código alemão está o Código suíço das obrigações. O Código suíço circunscreve o campo de ação do injusto enriquecimento àquele que, sem causa legítima, se enriquece à custa de outrem e, pois, deve restituir. A restituição é devida, particularmente, tanto do que recebeu sem causa jurídica como daquele que recebeu em razão de uma causa que não se realizou ou de uma causa que deixou de existir (art. 62). Por exemplo, um pai paga pensão alimentícia a um filho, que já faleceu, mas quem recebeu foi a mãe, então representante legal e administradora dos bens do filho. Essa regra está consagrada em nosso vigente estatuto civil:

"*A restituição é devida, não só quando não tenha havido causa que justifique o enriquecimento, mas também se esta deixou de existir*" (art. 885).

São aplicações das *condictiones*. O tratamento recebido pelo enriquecimento sem causa no Direito suíço é autônomo, como fonte de obrigações. A noção de causa, todavia, nesse sistema obrigacional, é importante para a compreensão da posição legislativa.

Na França, sempre se admitiu o princípio do injusto enriquecimento, como fonte não contratual de obrigações. Apesar de não possuir o direito positivo uma regra geral, Colin e Capitant (1934, v. 2, p. 228) consideram em vigor a ação *in rem verso*, em razão de a jurisprudência sempre a ter admitido. E, como no Código brasileiro, se não há texto expresso, há importantes aplicações do princípio, a par do específico pagamento indevido (arts. 1.376 a 1.381 do Código de Napoleão). Sempre houve, portanto, na França, a noção de que se deve restituir o que se recebeu indevidamente, seja em razão de nulidade do ato, seja em razão de benfeitorias executadas de boa-fé ou de despesas necessárias feitas em coisa alheia.

A doutrina francesa tentou explicar o princípio do enriquecimento sem causa nos fundamentos da gestão de negócios imperfeita ou na teoria da responsabilidade civil fundada no risco. São teorias do século passado.

Colin e Capitant (1934, v. 2, p. 229) concluem por enquadrar a regra do enriquecimento ilícito como forma de aplicação da equidade de origem costumeira. E, ao mencionar os costumes, dizem referir-se à jurisprudência.

Alex Weill e François Terré (1975, p. 882), após rebaterem as vetustas teorias referentes à gestão de negócios e da responsabilidade civil, dizem que o princípio do enriquecimento sem causa deve possuir uma teoria própria, uma construção jurídica autônoma, e concluem: "*trata-se de uma criação jurisprudencial elaborada graças à generalização de soluções legais particulares, e repousando sobre o poder do juiz de preencher as lacunas do direito*".

A simples noção de equidade para a aplicação do princípio já se mostra insuficiente para a doutrina e jurisprudência francesas. A formulação de uma teoria própria, portanto, agiganta-se.

O atual Código Civil italiano coloca o pagamento indevido e o enriquecimento sem causa como fontes de obrigações. O Código anterior, de 1865, seguia o modelo do vigente Código francês. No Direito italiano, hodiernamente, o enriquecimento sem causa é tido como forma subsidiária de fonte de obrigações (arts. 2.041 e 2.042), enquanto o pagamento indevido (arts. 2.033 a 2.040) tem quase os mesmos princípios de nosso Direito. No dizer de Pietro Rescigno (1957, p. 1, p. 224), a aplicação dos princípios do pagamento indevido pela jurisprudência, no Código revogado, abriu caminho para seu regulamento legislativo neste Código. O mesmo se pode dizer de nosso legislador do corrente Código, que definiu o instituto: "*Aquele que, sem justa causa, se enriquecer à custa de outrem, será obrigado a restituir o indevidamente auferido, feita a atualização dos valores monetários*" (art. 884).

O Código português de 1867 não continha regulamentação geral e sistemática do enriquecimento sem causa, a exemplo de nosso atual. Tratava-se do pagamento indevido e, esparsamente, havia aplicações do princípio geral, como focaliza Cunha Gonçalves (1951, v. 2, p. 560). A jurisprudência, porém, lá, como aqui, manifestou-se no sentido de ser reconhecida uma ação geral para coibir o enriquecimento sem causa, seguindo as legislações mais modernas.

O atual Código português, de 1966, consagra, no art. 473, o princípio geral do enriquecimento sem causa, como fonte autônoma de obrigações. Rodrigues Bastos (1972, v. 2, p. 13) aplaude a inovação, mas, ao mesmo tempo, faz um alerta para que "*os tribunais tenham presentes os verdadeiros fins do instituto e os limites em que ele se contém, seria bem perigosa a sua aplicação fora dos casos para que foi admitido, o que poderia traduzir-se em lesão efetiva do direito, que todos têm, de procurar vantagens econômicas, à custa de outros, com a celebração de negócios válidos e o normal exercício de atividades lícitas*".

Na verdade, também em Portugal a ação de enriquecimento é subsidiária (art. 474), o que consagra o princípio já exposto de que só operará na ausência de outro remédio jurídico, não havendo porque a jurisprudência dar alargamento demasiado ao princípio geral, como veremos.

5. Aplicação da teoria do enriquecimento sem causa no Direito brasileiro

Clóvis Beviláqua (1977, p. 111), quando da elaboração de seu projeto, tinha diante de si o modelo alemão e o francês. Ao tratar do pagamento indevido, discorre sobre as *condictiones*, concluindo que os romanos não conseguiram uma classificação satisfatória da matéria, embora tivessem noção genérica do instituto. Entendeu que o Código francês adotara a solução romana do pagamento indevido, colocando-o entre os quase-contratos, expressão que hoje quase nada significa. Prossegue afirmando que o Código francês serviu de modelo para muitas legislações, tanto que a matéria em questão foi reproduzida no Código italiano revogado, no Código espanhol, chileno e boliviano, entre outros.

Outras legislações que não aceitaram a classificação dos quase-contratos colocaram o pagamento indevido como forma de solver uma obrigação, um pagamento que se efetuou por erro, citando o mesmo autor, o Código argentino, o português (antigo) e o austríaco.

Analisando o tratamento dado à matéria pelos Códigos da França e da Alemanha, ao elaborar nosso ordenamento, Clóvis (1977, p. 116) se pergunta: qual seria a melhor opção a ser seguida? Aduz que a sistematização do enriquecimento sem causa é difícil, pois uma fórmula geral não conseguiria reunir todos os fenômenos. E conclui, como fazem os franceses, que a equidade sempre ditará o princípio geral melhor deixando à doutrina que elocubre os princípios do instituto.

Como se nota, mesmo o autor do Projeto do Código de 1916 já admitia o princípio geral, que à época já era seguido, se bem que com fundamentação diversa, pela jurisprudência francesa. E o próprio Clóvis (1977, p. 116) argumentava que a ação de enriquecimento deveria ser subsidiária, emergindo apenas na ausência de outra tutela jurisdicional. Assim, foi plenamente intencional a omissão de um princípio geral em nosso Código. Omissão essa, aliás, suprida neste Código.

Concluímos, portanto, que nosso sistema não se afasta do Direito francês, hoje admitido o enriquecimento sem causa como fonte autônoma de obrigação, como ato unilateral.

A causa, por outro lado, em nosso sistema, se não é francamente um elemento essencial dos negócios jurídicos, é substituída pela noção de *objeto*, daí porque não sentirmos falta de sua presença.

A conclusão é que o legislador pátrio desejou eliminar a causa como elemento dos contratos, sem, porém, fazê-lo, porque a causa integra a própria noção de negócio jurídico. O Direito brasileiro é, portanto, causalista, não cabendo aqui entrar na disputa atinente aos que defendem posição diversa.

Nosso ordenamento civil/1916 vinha regulando situações francamente de enriquecimento sem causa, como, por exemplo: a posição dos possuidores de boa ou má-fé com relação às benfeitorias (art. 1.214 ss), a indenização devida ao marido pelas benfeitorias necessárias e úteis, segundo seu valor ao tempo da restituição do dote (art. 307 do Código de 1916), o direito do locatário em compelir o locador a indenizar as benfeitorias (art. 578), a restauração da obrigação extinta, se o credor for evicto da coisa recebida em pagamento, ficando sem efeito a quitação dada (art. 359) (típica *condictio* romana), a situação do herdeiro excluído ou do herdeiro aparente que deve ser indenizado das despesas na conservação da coisa (art. 1.817, parágrafo único).

Cada uma dessas hipóteses, que certamente não são as únicas, vinha imbuída do propósito de impedir o locupletamento sem causa. Donde resulta que, segundo o princípio geral, sempre que houver prejuízo econômico sem causa jurídica, haverá direito à ação de enriquecimento. Observemos, de plano, que o princípio não se confunde com indenização por perdas e danos. Não se está no campo da responsabilidade civil. A noção de culpa é irrelevante para o princípio geral.

6. Requisitos do enriquecimento sem causa

Das noções já expostas, concluímos que existe enriquecimento injusto sempre que houver uma vantagem de cunho econômico, sem justa causa, em detrimento de outrem. Esse é o sentido do art. 884.

O enriquecimento pode ter como objeto coisas corpóreas ou incorpóreas. Esse texto legal se refere ao valor da época em que o negócio foi formalizado e o bem saiu do patrimônio do interessado.

Independe, também, o enriquecimento, de um ato positivo do *accipiens*, ou até do *solvens*. Pode promanar de uma omissão.

A ação de *in rem verso* objetiva tão só reequilibrar dois patrimônios, desequilibrados sem fundamento jurídico. Não diz respeito à noção de perdas e danos, de indenização de ato ilícito e, nem sempre, de contratos.

À noção de enriquecimento antepõe-se a noção de empobrecimento da outra parte. São termos que se usam em sentido eminentemente técnico e não vulgar, é óbvio. A relação de imediatidade, o liame entre o enriquecimento e o empobrecimento fechará o círculo dos requisitos para a ação específica. Da vantagem de um patrimônio deverá resultar a desvantagem de outro.

Deve ser entendido como *sem causa* o ato jurídico desprovido de razão albergada pela ordem jurídica. A causa poderá existir, mas, sendo injusta, estará configurado o locupletamento indevido.

O enriquecimento pode emanar tanto de ato jurídico, como de negócio jurídico, e também como de ato de terceiro.

Como exemplo esclarecedor do enriquecimento injusto, lembramos mais uma vez a situação do herdeiro aparente: conduzindo-se como herdeiro, com boa-fé, seus atos deverão ser tidos como válidos até o momento em que se torne conhecido o verdadeiro herdeiro. Este não pode deixar de indenizar o herdeiro aparente das benfeitorias feitas no patrimônio.

7. Objeto da restituição

A restituição deve ficar entre dois parâmetros. De um lado, não pode ultrapassar o enriquecimento efetivo recebido pelo agente em detrimento do devedor. De outro, não pode ultrapassar o empobrecimento do outro agente, isto é, o montante em que o patrimônio sofreu diminuição.

Outro aspecto importante a recordar é que o montante será calculado na data em que a restituição é efetivada. Se a coisa obtida mediante enriquecimento valia 10.000, mas por qualquer circunstância enriqueceu o patrimônio do beneficiado em apenas 5.000, será neste valor o montante objeto da restituição.

Como ressaltamos, o efeito do enriquecimento sem causa difere do efeito de nulidade ou de resolução do negócio jurídico. A nulidade implica o desfazimento *ex tunc* das relações jurídicas derivadas. As partes devem devolver reciprocamente tudo que receberam, em espécie ou em valor. É o princípio do art. 182 de nosso Código. Já a situação do enriquecimento sem causa diverge. A ação de enriquecimento sem causa não é uma ação de indenização. Sua finalidade é restabelecer um equilíbrio de patrimônios por uma justa compensação.

Não se trata, pois, de se fixar indenização, mas de uma reparação na medida do enriquecimento alcançado contra alguém. Importante lembrar que, uma vez constituído em mora, o devedor do ilícito passa a responder pelas consequências dela e a ser tratado como devedor moroso. A obrigação de restituir estende-se aos benefícios alcançados, inclusive os frutos.

Enunciado nº 35, I Jornada de Direito Civil – CJF/STJ: A expressão "se enriquecer à custa de outrem" do art. 884 do novo Código Civil não significa, necessariamente, que deverá haver empobrecimento.

Enunciado nº 188, III Jornada de Direito Civil – CJF/STJ: A existência de negócio jurídico válido e eficaz é, em regra, uma justa causa para o enriquecimento.

Enunciado nº 551, VI Jornada de Direito Civil – CJF/STJ: Nas violações aos direitos relativos a marcas, patentes e desenhos industriais, será assegurada a reparação civil ao seu titular, incluídos tanto os danos patrimoniais como os danos extrapatrimoniais.

Enunciado nº 620, VIII Jornada de Direito Civil – CJF/STJ: A obrigação de restituir o lucro da intervenção, entendido como a vantagem patrimonial auferida a partir da exploração não autorizada de bem ou direito alheio, fundamenta-se na vedação do enriquecimento sem causa.

Monitória. Gratuidade Judiciária. Declaração de ausência de condições de arcar com as custas processuais. Presunção relativa de veracidade. Inexistência de elementos nos autos que elidam a presunção de veracidade. Benesse que somente pode ser negada se há concretos elementos probantes reveladores da respectiva possibilidade financeira, ausentes na espécie. Contraprova e dano processual ausentes. Hipossuficiência econômica evidenciada. Preliminar. Ilegitimidade passiva *ad causam*. Pagamentos utilizando os recursos empresariais, realizados em benefícios da apelante. Depósitos perpetrados em sua conta corrente. Ação fundada em enriquecimento ilícito. Preliminar rejeitada. Prescrição. Tese não ventilada em embargos monitórios. Inovação recursal incabível (art. 1.013, § 1º do CPC/2015). Vedação do *novorum judicim* no recurso de apelação. Matéria de ordem pública. Apreciação. Prazo prescricional quinquenal (art. 206 § 5º, I, do CC). Pagamentos efetuados antes de 27/08/2007 encontram-se prescritos. Sentença parcialmente reformada. Mérito. Ação fundada em pagamentos realizados pelo ex-administrador de sociedade limitada em benefício de sua mulher (art. 884 do CC). Enriquecimento sem justa causa da esposa. Procedência mantida. Recurso parcialmente provido (*TJSP* – Ap. 0002152-44.2012.8.26.0020, 10-7-2020, Rel. Rômolo Russo).

Consumidor e processual civil. Recurso especial. Atendimento médico emergencial. Relação de consumo. Necessidade de harmonização dos interesses resguardando o equilíbrio e a boa-fé. Inversão do ônus da prova. **Incompatibilidade com o enriquecimento sem causa**. Princípios contratuais que se extraem do CDC. Instrumentário hábil a solucionar a lide. 1. O Código de Defesa do Consumidor contempla a reciprocidade, equidade e moderação, devendo sempre ser buscada a harmonização dos interesses em conflito, mantendo a higidez das relações de consumo. 2. A inversão do ônus da prova é instrumento para a obtenção do equilíbrio processual entre as partes, não tendo por fim causar indevida vantagem, a ponto de conduzir o consumidor ao enriquecimento sem causa, vedado pelo artigo 884 do Código Civil. 3. Não há dúvida de que houve a prestação de serviço médico-hospitalar e que o caso guarda peculiaridades importantes, suficientes ao afastamento, para o próprio interesse do consumidor, da necessidade de prévia elaboração de instrumento contratual e apresentação de orçamento pelo fornecedor de serviço, prevista no artigo 40 do CDC, dado ser incompatível com a situação médica emergencial experimentada pela filha do réu. 4. Os princípios da função social do contrato, boa-fé objetiva, equivalência material e moderação impõem, por um lado, seja reconhecido o direito à retribuição pecuniária pelos serviços prestados e, por outro lado, constituem instrumentário que proporcionará ao julgador o adequado arbitramento do valor a que faz jus o recorrente. 5. Recurso especial parcialmente provido (*STJ* – Acórdão Recurso Especial 1.256.703 – SP, 6-9-2011, Rel. Min. Luis Felipe Salomão).

Art. 885. A restituição é devida, não só quando não tenha havido causa que justifique o enriquecimento, mas também se esta deixou de existir.

A restituição é devida, particularmente, tanto do que recebeu sem causa jurídica como daquele que recebeu em razão de uma causa que não se realizou ou de uma causa que deixou de existir (art. 62). Por exemplo, um pai paga pensão alimentícia a um filho, que já faleceu, mas quem recebeu foi a mãe, então representante legal e administradora dos bens do filho. Essa regra está aqui consagrada em nosso vigente estatuto civil. Aqui temos mais uma aplicação específica de um remédio já utilizado pelo Direito Romano entre suas *conditiones*.

Art. 886. Não caberá a restituição por enriquecimento, se a lei conferir ao lesado outros meios para se ressarcir do prejuízo sofrido.

1. Ação de *in rem verso*

A jurisprudência francesa sintetizou as seguintes condições para a ação de *in rem verso*:

1.1. Enriquecimento

É o elemento fundamental, pela própria definição. O enriquecimento pode resultar da aquisição ou do implemento de um direito. A vantagem poderá também ser imaterial, ou seja, intelectual e moral. Aquele que pagou para custear os estudos de outrem; se tal fato não ocorreu, poderá haver enriquecimento por parte do *accipiens*.

É necessário, também, que o enriquecimento exista quando a ação é exercitada. Se, nesse momento, o enriquecimento já se esvaiu, o autor dela será carecedor. A questão, contudo, é matéria de arguto exame pelo julgador em cada caso concreto, já que nos posicionamos no campo da equidade ao encarar tal problema.

Como observa Agostinho Alvim (*RT* 259/19),

> "*o enriquecimento tem o mais amplo sentido, compreendendo qualquer aumento do patrimônio, ou diminuição evitada, até vantagens não patrimoniais, desde que estimáveis em dinheiro*".

Poderá consistir, como ocorre geralmente, na deslocação de um valor de um patrimônio para outro, numa remissão de dívida não desejada ou não procurada, na transmissão errônea da posse, enfim, na incorporação ao patrimônio de um elemento material ou imaterial.

1.2. Empobrecimento correlativo

É necessário que exista uma pessoa que sofra o empobrecimento, o autor da demanda. A natureza do empobrecimento não importa, apenas se exige que a perda seja apreciável economicamente.

Há, evidentemente, necessidade de um nexo de causalidade entre o enriquecimento e o empobrecimento, isto é, uma correlação na passagem de um valor de uma pessoa a outra. Também não é necessário que o enriquecimento tenha sido direto, isto é, proveniente de uma relação jurídica direta entre enriquecido e empobrecido. A transmissão de valores de um agente a outro pode ser feita por intermédio de um terceiro. Basta que o nexo causal, o liame (não confundir com a causa que pertence ao título do instituto), entre o enriquecimento e o empobrecimento, exista. Nexo causal é o fato originário do direito de reembolso: fato jurígeno ou fato gerador.

Há empobrecimento para quem pagou indevidamente (caso de pagamento indevido, que é espécie de enriquecimento sem causa), assim como por serviços prestados e não pagos (aqui, não existe propriamente uma diminuição patrimonial). Podemos ver que o *empobrecimento*, estritamente, pode até vir a faltar, porque o termo foge ao conceito exclusivamente patrimonial. Nem sempre a questão do empobrecimento será nítida. A noção que sobreleva é a do enriquecimento.

1.3. Ausência de causa jurídica

Também é da essência e da própria denominação a ausência de causa. Quanto à noção de causa nos negócios jurídicos, já a ela nos reportamos. Esse requisito dá margem a infindáveis discussões.

Há que se entender que a palavra *causa*, aqui, é tomada em seu sentido tradicional, ou seja, como o ato jurídico que explica, que justifica a aquisição de um direito.

Tal noção é de fácil apreensão quando o enriquecimento ocorre diretamente entre enriquecido e empobrecido. Um caso típico é o do pagamento indevido, no qual o *accipiens* deve devolver, porque o pagamento que recebe não pode subsistir pela inexistência de *causa*.

Todavia, quando o enriquecimento ocorre por meio de um terceiro, nem sempre será simples identificar a causa injusta. A dúvida repousa em saber em que medida um ato praticado entre o empobrecido e um terceiro pode afetar o enriquecido. A tendência inevitável da jurisprudência é de considerar o ato *res inter alios acta*, isto é, irrelevante para as partes envolvidas. Figure-se o exemplo de um empreiteiro que executa, por conta do locatário, um melhoramento no prédio locado. Posteriormente, sem receber o pagamento, com o serviço efetuado, o locatário abandona o prédio e desaparece. Não sobra dúvida de que houve um enriquecimento por parte do proprietário do imóvel e um empobrecimento por parte do empreiteiro. Pergunta-se: haveria aqui possibilidade da ação *in rem verso*? Não temos dúvida da resposta afirmativa. Não se está em sede de responsabilidade contratual, mas no campo de uma diversa fonte de obrigações. Não podendo se voltar contra o contratante, o empreiteiro se volta contra aquele que obteve o enriquecimento, devendo ser considerado parte legítima para a ação.

1.4. Ausência de interesse pessoal do empobrecido

O empobrecimento não pode derivar de um relacionamento contratual com o enriquecido, ou de alguma regra legal que os unisse. Não pode haver noção de interesse pessoal, ainda que potencial, referente à pessoa do empobrecido.

As obrigações decorrentes do enriquecimento sem causa nascem independentemente da vontade dos agentes. Não se discute também a capacidade do credor e do devedor, pois as regras que dizem respeito à incapacidade têm por finalidade proteger a vontade, que não é elemento necessário para que ocorra o enriquecimento. Contudo, a avaliação do enriquecimento poderá variar, se alguma das partes for incapaz.

2. A subsidiariedade da ação

Em várias passagens desses comentários temos apontado o caráter subsidiário da ação de *in rem verso*. Pouco nos resta acrescentar agora quanto à noção, que acreditamos, já está clara, mormente porque doravante temos princípio legal expresso no artigo sob comentário: "*Não caberá a restituição por enriquecimento, se a lei conferir ao lesado outros meios para se ressarcir do prejuízo sofrido.*"

Essa ação é a última *ratio* de que se pode valer a parte, na inexistência de qualquer outra no sistema jurídico, isto é, na impossibilidade de uma ação derivada de um contrato, ou de um ato ilícito, ou simplesmente da ação de anulação ou nulidade de um negócio jurídico.

Como deflui do que já vimos, os efeitos da ação de enriquecimento serão sempre menores do que os da ação derivada de um contrato ou da responsabilidade aquiliana. Na primeira, apenas o efetivo enriquecimento poderá ser concedido; nas outras, pode-se falar em indenização equivalente a prestações não cumpridas, cláusula penal e perdas e danos.

A preocupação, tanto na doutrina, quanto na jurisprudência, como na legislação, é evitar tornar a ação de enriquecimento uma panaceia para todos os males, ou, no dizer de Ferreira (1950, p. 166), "*uma espécie de **action passe-partout**, atropelando as regras do direito positivo*". E lembra ainda, com propriedade, que o caráter subsidiário da ação resulta de circunstâncias de fato, pois, enquanto não esgota o prejudicado todos os meios normais de ressarcimento, não há que se falar em empobrecimento. Daí concluir-se que a inexistência de qualquer outro remédio para o agente é um fator a mais a concluir pela existência de um injusto enriquecimento, numa verdadeira condição de procedibilidade.

Assim, ao contrário de diminuir-lhe a importância, a subsidiariedade ressalta ainda mais a validade desse remédio, como a última possibilidade, e definitiva, de o prejudicado se ver ressarcido de seu empobrecimento. Contudo, segundo Ferreira (1950, p. 169),

> "*a ação de enriquecimento não deve ser concedida para atender aos casos de impossibilidade de execução de contratos por falta de prova, ou por motivo de prescrição (afora, entre nós, a situação dos títulos de crédito, permitida pela lei), nem para remediar certos enriquecimentos devidos à inércia do empobrecido*".

No Direito alemão, a ação *in rem verso* não é subsidiária, apesar de, na Alemanha, também existir divergência doutrinária; não só porque não existe dispositivo específico na lei a respeito da subsidiariedade, mas também como decorrência abstrata do negócio jurídico. Mesmo assim, observa Gerota (1923, p. 220), os tribunais são inclinados a negar subsidiariedade em duas situações: quando houver possibilidade de ação reivindicatória, a justo título, pois, nesse caso, o autor só perdeu a posse, restando-lhe ainda o domínio, e quando houver possibilidade de uma ação contratual.

Na verdade, os Códigos mais recentes resolveram expressamente a controvérsia: o italiano, no art. 2.042, o português, no art. 474, nosso atual diploma, no art. 886.

Nossa doutrina sempre foi mais favorável ao subsidiarismo, e como conclui Lopes (1966, v. 2, p. 89),

> "*para nós, a ação de enriquecimento sem causa não pode, de um modo geral, ser franqueada a todos os casos concomitantemente com ações próprias ao direito disputado. Deve-se evitar que tão alto remédio se converta em panaceia. Mas seu caráter subsidiário, longe de lhe diminuir o valor, ao contrário, aumenta-o. A despeito do caráter autônomo do conceito moderno de actio, ainda continua princípio verdadeiro o constante no art. 75 do Código Civil (antigo), consoante o qual a todo direito corresponde uma ação que o assegura*".

Enunciado nº 36, I Jornada de Direito Civil – CJF/STJ: O art. 886 do novo Código Civil não exclui o direito à restituição do que foi objeto de enriquecimento sem causa nos casos em que os meios alternativos conferidos ao lesado encontram obstáculos de fato.

Prescrição – Ação de locupletamento sem causa com base em contrato de financiamento bancário, garantido por nota promissória – Insurgência do autor sustentando a não ocorrência de prescrição – Descabida a pretensão do recorrente de somar o prazo prescricional de cinco anos para a ação de execução (art. 206, § 5º, I, do CC) com o prazo trienal previsto no art. 206, § 3º, IV, do CC – Nos termos do artigo 886 do CC "Não caberá a restituição por enriquecimento, se a lei conferir ao lesado outros meios para se ressarcir do prejuízo sofrido"

– Ademais, para a caracterização do locupletamento necessário não só o enriquecimento de alguém, o correspondente empobrecimento de outrem, a relação de causalidade entre esses dois acontecimentos e a ausência de uma causa ou origem jurídica – Havendo instrumento particular entre as partes, aplica-se o prazo prescricional de cinco anos previsto no art. 206, § 5º, I do CC – Ação ajuizada mais de dez meses após o escoamento do prazo prescricional – Sentença mantida – Recurso desprovido (*TJSP* – Ap. 1136109-68.2018.8.26.0100, 20-4-2020, Rel. Mendes Pereira).

🔍 **Ação *in rem verso*** – Financiamento imobiliário – Inexistência de saldo suficiente na conta vinculada ao FGTS do requerido. Impossibilidade de saque para ressarcimento ao banco autor. Imóvel adjudicado ao requerente. Extinção do débito. Sentença mantida. Recurso desprovido (*TJSP* – Ap. 1011840-92.2014.8.26.0068, 16-3-2016, Rel. Luis Carlos de Barros).

🔍 Contrato bancário – **Ação *in rem verso*** – TED efetuada devido a equívoco sistêmico – Razões recursais que não atacam a r. sentença proferida em 1º grau – Ausência de fundamentos de fato e de direito e das razões para reforma da decisão – Descumprimento dos arts. 1.010, incisos II e III, e 1.013, ambos do CPC – Afigura-se desarrazoado considerar argumentações que não atacam efetivamente os fundamentos da r. sentença, na tentativa de demonstração de seu desacerto. Em razão da falta de motivação, o recurso não atende à exigência dos arts. 1.010, incs. II e III, e 1.013, ambos do CPC. Apelação não conhecida (*TJSP* – Ap. 1054084-71.2013.8.26.0100, 6-3-2017, Relª Sandra Galhardo Esteves).

TÍTULO VIII
DOS TÍTULOS DE CRÉDITO

CAPÍTULO I
Disposições Gerais

Art. 887. O título de crédito, documento necessário ao exercício do direito literal e autônomo nele contido, somente produz efeito quando preencha os requisitos da lei.

1. Generalidades. Conceito. Características. O Código de 2002

O Código Civil de 1916 destacara capítulo sob a epígrafe "Dos títulos ao portador" (arts. 1.505 a 1.511) entre as obrigações por *declaração unilateral de vontade*. Este Código Civil, levando em conta que passa a tratar da empresa e seus aspectos societários, trata do assunto de forma muito mais abrangente, dentro do Título VII, dedicado aos *"atos unilaterais"*.

O presente Código procurou traçar toda uma teoria geral dos títulos de crédito nos arts. 887 a 926, a qual deverá ser necessariamente harmonizada com a disciplina dos respectivos títulos, letras de câmbio, notas promissórias, duplicatas, cheques etc. Na verdade, essa matéria, caldeada do direito costumeiro da Idade Média e da Lei Uniforme de 1930, já estava suficientemente disciplinada no ordenamento pátrio, não havendo necessidade de um Código Civil fazê-lo, aumentando os riscos de conflito de interpretação. Melhor seria que toda essa matéria fosse extirpada do presente Código, pois sua presença nesse estatuto é injustificável em todos os sentidos. O novel legislador não usou da mínima cautela, não se apercebendo, ou não querendo se aperceber, que a matéria de títulos de crédito está de há muito solidificada por uma massa perfeitamente compreensível de normas em nosso direito.

Ademais, o art. 903 do Código dispõe: *"Salvo disposição diversa em lei especial, regem-se os títulos de crédito pelo disposto neste Código."* Como aduz Newton de Lucca (2003, p. 228), *"a interpretação deste artigo 903 é absolutamente fundamental para todo o correto entendimento e adequada aplicação de todo o Título VIII".*

Se for entendido que se mantêm vigentes todas as leis especiais que regem os títulos de crédito para letras de câmbio, notas promissórias, cheques, duplicatas etc., o dispositivo é inócuo. Se se entender que se aplicam as leis específicas naquilo que não conflitar com o Código deste século, também de pouco alcance será este diploma, pois a legislação é exaustiva e abrangente, embora trazendo algumas dificuldades interpretativas. Se, por hipótese mais extremada, que não entendemos em princípio possível, entender-se que prevalecerá o Código Civil no conflito com as normas específicas, haveria uma revolução em todo direito cambiário e conflitos com a própria Lei Uniforme adotada em nosso ordenamento, o que não é lógico. Qualquer que seja a conclusão, esta é inevitável: o tratamento dos títulos de crédito no Código Civil é de absoluta inconveniência e impropriedade. O microssistema do direito cambiário não merecia mais esse fator inquietador.

Newton de Lucca aponta a opinião do saudoso Mauro Brandão Lopes, para quem essas disposições se aplicariam aos chamados títulos atípicos (loc. cit.). Nessa hipótese, perfeitamente aceitável, também seria pequeno o alcance desses dispositivos. Pode ser entendido também que as normas do Código Civil disciplinam subsidiariamente as regras sobre títulos de créditos espalhadas em várias leis. Parece-nos acolhível essa opinião, a qual, segundo Newton de Lucca, fora abraçada, quando da elaboração do Projeto, por Mercado Jr. (2003, p. 229). Mas toda essa celeuma faz por concluir, sem dúvida, da inutilidade de serem incluídos dispositivos sobre títulos de crédito no Código Civil. Conclui-se, destarte, na melhor forma, que por força do art. 903 deste Código, as disposições relativas aos títulos de crédito não se aplicam aos títulos já existentes e regulamentados. A discussão, porém, longe está de ter uma resposta definitiva, mas a corrente vencedora deve propender para este último sentido.

Advirta-se, contudo, que mesmo no campo do direito mercantil clássico ou do direito empresarial moderno, o direito cambiário apresenta-se como um universo autônomo, que merece um estudo setorizado e detalhado. Desse modo, é discutível a utilidade ou eficiência do presente Código, assumindo uma legislação que de há muito está solidificada por leis e costumes eminentemente cambiários. Procuremos, porém, para que não se peque por omissão, fazer uma viagem a voo de pássaro pela teoria geral desse importante universo jurídico do direito privado.

Na generalidade das obrigações por declaração unilateral de vontade incluem-se os títulos de crédito cujo conteúdo básico é o nascimento de uma obrigação materializada em instrumento escrito, firmado pelo emitente, independentemente da aceitação de outro sujeito. Afasta-se, portanto, a ideia de contrato. O título de crédito é fruto de manifestação unilateral de vontade. O título de crédito vale pela declaração do que na cártula se contém, daí a expressão *direito cartular*. Com isso, permitida a circulação, o título de crédito possui efeito obrigatório. Cuida-se, portanto, de meio eficaz de circulação de riquezas e respectivos créditos, uma das estruturas mais potentes de dinamização econômica e social. Nessa premissa, o título de crédito basta-se por si mesmo para o exercício do direito literal e autônomo que nele se estampa.

Nesse diapasão, deflui que o título de crédito é, antes de qualquer definição, um documento. Indispensável que para sua existência haja um documento, uma cártula, sem a qual o conceito e a existência de título de crédito são impensáveis. O título depende, pois, da escrita sob uma forma cujos requisitos na maioria das vezes são minudenciados em lei. Nesse sentido coloca-se o art. 887 do Código, sintetizando a doutrina tradicional: "*O título de crédito, documento necessário ao exercício do direito literal e autônomo nele contido, somente produz efeito quando preencha os requisitos da lei.*"

Esse escrito ou *cártula* é indispensável para o exercício dos direitos nele contidos. O devedor, emitente ou outro coobrigado somente deve pagar à vista do título, salvo se este for declarado nulo e disso tiver conhecimento. Desse modo, a declaração deve descrever os direitos que se incorporam ao título. Esses direitos sempre traduzem um crédito em dinheiro ou em espécie. Apresentam a característica de *literalidade* pelo fato de só valerem pelo que está mencionado no documento, e *autonomia*, porque cada obrigação surgida no título independe das demais presentes no mesmo documento. Outra característica importante que deve ser destacada é a solidariedade entre todos os coobrigados que apõem sua assinatura na cártula. A lei cambiária em geral não define o título de crédito em sentido amplo, tendo este Código optado por fazê-lo.

A obrigação de cada sujeito que firma o documento é autônoma, pois o devedor é obrigado a cumpri-la em prol do portador ou beneficiário sem poder opor-lhe meios de defesa que dizem respeito a outros coobrigados. Nesse aspecto, surge a questão da *oponibilidade das exceções*. O devedor cartular somente pode opor as exceções que lhe são próprias, *exceções pessoais*, e as *exceções gerais*, isto é, as que atingem a incolumidade formal e material do título. Nesse molde, por exemplo, qualquer devedor pode alegar ausência de literalidade em razão de o título estar dilacerado, mas somente o agente, vítima de coação quando de sua manifestação de vontade, por exemplo, pode opô-la como meio de defesa, não podendo fazê-lo os demais coobrigados cuja vontade foi perfeita ao contrair a obrigação. O Código Civil de 1916 traduziu o princípio tradicional no direito cambiário no art. 1.507, presente na legislação básica sobre a matéria:

"*Ao portador de boa-fé, o subscritor, ou emissor não poderá opor outra defesa ao possuidor de boa-fé além daquela assente em nulidade interna ou externa do título, ou em direito pessoal ao emissor, ou subscritor, contra o portador.*"

Sob esse aspecto, este Código dispõe no art. 915:

"*O devedor, além das exceções fundadas nas relações pessoais que tiver com o portador, só poderá opor a este as exceções relativas à forma do título e ao seu conteúdo literal, à falsidade da própria assinatura, a defeito de capacidade ou de representação no momento da subscrição, e à falta de requisito necessário ao exercício da ação.*"

Também o art. 906 trata do mesmo tema: "*O devedor só poderá opor ao portador exceção fundada em direito pessoal, ou em nulidade de sua obrigação.*"

Como se observa, o Código, mantendo a mesma ideia, resolveu, porém, descrever as exceções inerentes ao próprio título que podem ser alegadas pelo devedor. Desse modo, o devedor nunca poderá, por exemplo, alegar compensação de crédito que tinha com um precedente portador, contra o portador atual do título. O art. 916 ainda acrescenta:

"*As exceções, fundadas em relação do devedor com os portadores precedentes, somente poderão ser por ele opostas ao portador, se este, ao adquirir o título, tiver agido de má-fé.*"

Como se mostra evidente, a boa ou má-fé será matéria de prova no caso concreto.

Outra característica tradicional dos títulos de crédito é sua *abstração*. Os direitos creditícios decorrentes do título são, em sua maioria, abstratos, isto é, desvinculam-se das causas que os originaram. Bastam-se por si mesmos, salvo algumas exceções no ordenamento. Essa particularidade não se confunde com a autonomia, porque esta diz respeito aos vários obrigados presentes no título, enquanto a abstratividade reflete o desprezo por qualquer investigação da origem do crédito. Posto em circulação, o crédito desvincula-se do ato ou negócio jurídico que lhe deu origem. No entanto, não são todas as modalidades de títulos de crédito que são abstratas. O ordenamento apresenta também títulos causais, como é o caso da duplicata.

Como o título de crédito embasa sua estrutura na literalidade, o elemento preponderante de sua natureza é o formalismo. Somente havemos de invocar as demais características de autonomia e abstração se o documento obedecer às formalidades legais. Cada espécie de título possui suas próprias exigências formais para valer como tal. Se lhes faltar algum dos elementos considerados essenciais pela lei, o escrito não terá eficácia de título de crédito. A forma prescrita em lei transforma a simples declaração unilateral de vontade em título de crédito.

Atendendo aos princípios de operosidade e proteção social colimados pelo Código, o art. 888 consagra regra da teoria geral do Direito, nunca negada: "*A omissão de qualquer requisito legal, que tire ao escrito a sua validade como título de crédito, não implica a invalidade do negócio jurídico que lhe deu origem.*"

A cártula vale por si mesma e enseja a cobrança por via executória. Sua ausência ou defeito formal, porém, não suprime ou faz desaparecer o negócio jurídico que lhe deu origem, isto é, o negócio subjacente originário. Assim, se uma nota promissória foi emitida para representar um mútuo, o simples fato de esse título não apresentar liquidez e certeza por falha formal ou tendo em vista seu desaparecimento não suprime o direito do credor de provar a existência e higidez do negócio e cobrar o que lhe é devido. Ocorre que, perante a ausência material ou defeito formal no título, deixa o credor de ter a sua disposição a execução aparelhada, que lhe permite um meio mais rápido e eficaz de ajuizar seu crédito. Nessa situação, deverá valer-se dos meios ordinários, provando, por todos os meios possíveis, a existência, validade e eficácia do negócio jurídico que fora estampado em um título de crédito.

O título de crédito, portanto, criado pelos usos mercantis do passado, tem uma finalidade essencialmente dinâmica, conferindo primordialmente a possibilidade de circulação e satisfação dos créditos com maior eficiência e rapidez, sem os entraves burocráticos de um contrato. A rapidez na criação e cobrança dos créditos é, destarte, uma característica principal. A criação do título exige apenas uma manifestação de vontade; não há necessidade de um contrato e a cobrança é executiva, sem maiores entraves. Essas são as razões pelas quais os comerciantes têm preferido sua utilização nos últimos séculos.

Atualmente, com a informática, a matéria ganha até mesmo outros contornos, com a possibilidade de existência de títulos "virtuais", duplicatas e faturas que, por exemplo, existem unicamente nos computadores das empresas e que somente serão materializadas em papel, se necessário, para alguma prova tributária ou para a apresentação em juízo, por exemplo. Por esse meio, evita-se que volume desnecessário de papel seja guardado em arquivo. Aliás, já se promove a feitura de legislação para atender a essa evolução dos títulos de crédito. Este Código faz referência ao fenômeno:

> "O título poderá ser emitido a partir dos caracteres criados em computador ou meio técnico equivalente e que constem da escrituração do emitente, observados os requisitos mínimos previstos neste artigo" (art. 889, § 3º).

Mantém-se a velha tradição sob as vestes da informática.

Desse modo, os títulos de crédito são fontes unilaterais de obrigação, como estudamos na teoria geral.

2. Legislação dos títulos de crédito

Os títulos de crédito sempre tiveram natureza mercantil, a partir de sua origem, como vimos.

A literalidade é uma de suas características mais importantes. Para sua existência é decisivo examinar os dizeres do título. Cada título possui suas próprias exigências formais.

O presente Código, como enfatizamos de início, adverte, no art. 903, que, *"salvo disposição diversa em lei especial, regem-se os títulos de crédito pelo disposto neste Código"*. Advirta-se, contudo, que nem sempre essa harmonização será fácil, pois difícil já é com os princípios e reservas da Lei Uniforme. De qualquer forma, com a dicção deste Código, pode-se até mesmo concluir que esse diploma superpõe-se à legislação especial e traça, a partir de sua vigência, a *teoria geral dos títulos de crédito*. O que não é disciplinado pelo Código Civil continuaria a sê-lo pela legislação especial respectiva de cada título de crédito. Mas, há que se entender, em prol da lógica do sistema, que a legislação especial deve prevalecer perante conflitos com o Código. Aumenta-se a barafunda legislativa que grassa no país.

A legislação fundamental sobre títulos de crédito é o Decreto nº 2.044/1908, denominada Lei Saraiva, que disciplina a letra de câmbio e a nota promissória. A esses títulos e aos demais, no que for pertinente, aplica-se a Lei Uniforme de Genebra, decorrente da Convenção de 1930. O Decreto nº 57.663/1966 inseriu a Lei Uniforme em nossa legislação interna. Desse modo, temos com o Código Civil mais uma lei a regular os títulos de crédito, além desses dois diplomas básicos que, por vezes, se interpenetram na aplicação. Sendo o Código de 2002 a lei mais recente, deveria prevalecer no que contraditasse a legislação anterior, inclusive a Lei Uniforme, que não se coloca hierarquicamente em patamar superior. Não se esqueça, porém, que existem múltiplas leis esparsas a regular as duplicatas (Lei nº 5.474/1968); os cheques (Lei nº 7.357/1985); a cédula de produto rural (Lei nº 8.929/1994), a Lei nº 13.775/2028, que dispõe sobre a emissão de duplicata sob a forma escritural, entre tantas outras. Em todos os títulos de crédito, porém, respeitadas suas características, aplicam-se as regras básicas de direito cambiário, que o Código pretendeu regular, mas não o faz exaustivamente, pois vários institutos fundamentais continuarão a ter sua base legal na Lei Uniforme e no Decreto nº 2.044/1908.

A Súmula 258 do Superior Tribunal de Justiça aduz entendimento aplicável aos contratos de abertura de crédito: "A nota promissória vinculada a contrato de abertura de crédito não goza de autonomia em razão da iliquidez do título que a originou" (*RT 794/212* e *RSTJ 155/125*).

Apelação cível. Recurso adesivo. Ação declaratória de nulidade de título de cambial. Endosso-mandato. Legitimidade passiva da instituição financeira. Ônus da prova. No endosso-mandato não há transferência de direitos ao mandatário e, portanto, a instituição financeira apenas responde pelo protesto indevido quando exceder os poderes do mandato, agir de forma temerária ou com desídia, o que, *in casu*, não está demonstrado nos autos. O regramento dos títulos de crédito advém do artigo 887 do CC, atrelando a eles a abstração e autonomia. Indemonstrado qualquer vício de consentimento, ou outra causa de nulidade, o título é apto ao protesto. No caso, cabia à parte autora a produção de prova mínima do direito por ela alegado, conforme trata o art. 373, I, do CPC, o que não observou. Apelo desprovido. Recurso adesivo provido.

Unânime (*TJRS* – Ap. 70081377020, 22-8-2019, Rel. Gelson Rolim Stocker).

⚖ Embargos à execução – **Títulos de crédito** – Princípios que afastam o exame da causa geradora da cártula – Credor de boa-fé – Recurso provido, unânime – 1- Os princípios da abstração, literalidade e autonomia que cingem o cheque obstam discussões subjacentes acerca do título apresentado, isto é, a *causa debendi*, visto que não há indicação no cheque de qualquer defeito quanto aos atributos de ordem intrínseca ou extrínseca, nada impedindo o direito do exequente. 2- Desse modo, considerando os atributos do título de crédito em exame, torna-se desnecessária a demonstração do negócio jurídico que corresponda ao aludido título executado. Assim, questões referentes à existência ou não de relação comercial envolvendo as partes e a vinculação do cheque em exame não devem prosperar. 3- Recurso provido. Unânime (*TJDFT* – Proc. 20150111366092APC – (992547), 10-2-2017, Rel. Romeu Gonzaga Neiva).

Art. 888. A omissão de qualquer requisito legal, que tire ao escrito a sua validade como título de crédito, não implica a invalidade do negócio jurídico que lhe deu origem.

Art. 889. Deve o título de crédito conter a data da emissão, a indicação precisa dos direitos que confere, e a assinatura do emitente.
§ 1º É à vista o título de crédito que não contenha indicação de vencimento.
§ 2º Considera-se lugar de emissão e de pagamento, quando não indicado no título, o domicílio do emitente.
§ 3º O título poderá ser emitido a partir dos caracteres criados em computador ou meio técnico equivalente e que constem da escrituração do emitente, observados os requisitos mínimos previstos neste artigo.

1. Requisitos essenciais

Como o título de crédito basta-se por aquilo que nele se contém, devem constar requisitos essenciais, sem os quais não será considerado eficaz; não terá obedecido aos aspectos de liquidez e certeza. A omissão de qualquer requisito essencial não faz desaparecer o negócio jurídico que lhe deu causa (art. 888). O art. 889 dispõe que o título deve conter "*a data da emissão, a indicação precisa dos direitos que confere, e a assinatura do emitente*". Como a própria lei reconhece no § 3º do artigo, esses requisitos são os mínimos exigidos; as leis que regulam os títulos respectivos poderão exigir outros. Acrescenta o § 1º que o título será a vista se não contiver indicação de vencimento, enquanto o § 2º diz que se considerará lugar da emissão o de pagamento, quando não indicado no título o domicílio do emitente.

A Lei Uniforme, no art. 1º, traça os requisitos básicos da letra de câmbio, que é o título de crédito básico, cujos princípios ilustram todos os demais.[2] O mesmo já fazia o Decreto nº 2.044/1908, também no art. 1º.[3]

Desse modo, os requisitos essenciais de cada modalidade de título devem ser procurados na lei específica, como a nota promissória, cheque, duplicata, cédulas de crédito etc. Em qualquer um deles estarão presentes os requisitos referidos do art. 889. Muitos outros deverão participar necessariamente dos títulos, porém, embora possa haver nuanças de uma modalidade para outra, Wilges Bruscato (2001, p. 20) sintetiza o que, em linhas gerais, o título deve conter: (a) denominação do título inserida no seu texto; (b) substância, qual seja, mandato ou ordem, ou promessa de pagamento; (c) quantia, inclusive por extenso; (d) assinatura do sacador ou emitente; (e) identificação do devedor; (f) identificação da pessoa a quem o título deve ser pago; (g) local de pagamento; (h) vencimento; (i) data e lugar da emissão ou saque; (j) assinatura do devedor, se não for o emitente, ou de seu mandatário especial; (k) número de ordem e (l) domicílio do devedor.

---

[2] "Art. 1º As Altas Partes Contratantes obrigam-se a adotar nos territórios respectivos, quer num dos textos originais, quer nas suas línguas nacionais, a Lei Uniforme que constitui o Anexo I da presente Convenção.
Esta obrigação poderá ficar subordinada a certas reservas, que deverão eventualmente ser formadas por cada uma das Altas Partes Contratantes no momento da sua ratificação ou adesão. Estas reservas deverão ser escolhidas entre as mencionadas no Anexo II da presente Convenção.
Todavia, as reservas a que se referem os arts. 9º, 22, 27 e 30 do citado Anexo II poderão ser feitas posteriormente à ratificação ou adesão, desde que sejam notificadas ao secretário-geral da Sociedade das Nações, o qual imediatamente comunicará o seu texto aos membros da Sociedade das Nações e aos Estados não membros em cujo nome tenha sido ratificada a presente Convenção ou que a ela tenham aderido. Essas reservas só produzirão efeitos 90 (noventa) dias depois de o secretário-geral ter recebido a referida notificação.
Qualquer das Altas Partes Contratantes poderá, em caso de urgência, fazer uso, depois da ratificação ou da adesão, das reservas indicadas nos arts. 17 e 28 do referido Anexo II. Neste caso deverá comunicar essas reservas direta e imediatamente a todas as outras Altas Partes Contratantes e ao secretário-geral da Sociedade das Nações. Esta notificação produzirá os seus efeitos 2 (dois) dias depois de recebida a dita comunicação pelas Altas Partes Contratantes."

[3] "Art. 1º A letra de câmbio é uma ordem de pagamento e deve conter estes requisitos, lançados, por extenso, no contexto:
I – a denominação 'letra de câmbio' ou a denominação equivalente na língua em que for emitida;
II – a soma de dinheiro a pagar e a espécie de moeda;
III – o nome da pessoa que deve pagá-la. Esta indicação pode ser inserida abaixo do contexto;
IV – o nome da pessoa a quem deve ser paga. A letra pode ser ao portador e também pode ser emitida por ordem e conta de terceiro. O sacador pode designar-se como tomador;
V – a assinatura do próprio punho do sacador ou do mandatário especial. A assinatura deve ser firmada abaixo do contexto."

O Código Civil vigente, absorvendo regra tradicional, induz que não havendo indicação de vencimento, o título é a vista (art. 889, § 1º). Se não houver menção expressa de vencimento a vista, contudo, deve haver espaço na cártula para a referência ao vencimento, pois a exigibilidade a vista não é o que ordinariamente ocorre.

O Código aponta liminarmente possibilidade de emissão de títulos de crédito eletrônicos, a qual, de forma alguma, fica obstada no sistema brasileiro (art. 889, § 3º). As duplicatas e títulos eletrônicos são usuais no sistema financeiro nacional e internacional.

Enunciado nº 461, V Jornada de Direito Civil – CJF/STJ: As duplicatas eletrônicas podem ser protestadas por indicação e constituirão título executivo extrajudicial mediante a exibição pelo credor do instrumento de protesto, acompanhado do comprovante de entrega das mercadorias ou de prestação dos serviços.

Enunciado nº 462, V Jornada de Direito Civil – CJF/STJ: Os títulos de crédito podem ser emitidos, aceitos, endossados ou avalizados eletronicamente, mediante assinatura com certificação digital, respeitadas as exceções previstas em lei.

Execução por quantia certa – Duplicatas virtuais – Determinada a emenda da petição inicial para juntada das duplicatas mercantis originais – Descabimento – Execução que está instruída com as notas fiscais eletrônicas, acompanhadas pelos comprovantes de recebimento das mercadorias, e com os instrumentos de protesto por falta de pagamento – Caso em que o § 2º do art. 15 da Lei 5.474/68 já admitia o processamento da execução sem a presença física da duplicata, desde que preenchidos os requisitos previstos no inciso II do referido dispositivo – 8º da Lei 9.492/97, que acabou por conferir legitimidade aos títulos virtuais – Existência de títulos de crédito virtuais que foi confirmada no art. 889, § 3º, do CC – Precedentes do STJ e do TJSP – Afastada a determinação de emenda do exordial – Agravo provido (*TJSP* – AI 2063275-54.2021.8.26.0000, 31-3-2021, Rel. José Marcos Marrone).

Art. 890. Consideram-se não escritas no título a cláusula de juros, a proibitiva de endosso, a excludente de responsabilidade pelo pagamento ou por despesas, a que dispense a observância de termos e formalidade prescritas, e a que, além dos limites fixados em lei, exclua ou restrinja direitos e obrigações.

A redação desse artigo tem merecido críticas. Era da tradição de nosso direito cambiário que determinadas cláusulas apostas no título são consideradas não escritas, apenas para fins cambiais. Veja o art. 44 do Decreto nº 2.044/1908. Assim deve ser entendido esse texto no tocante a cláusulas de juros, proibitiva de endosso, excludente de responsabilidade pelo pagamento ou por despesas, a que dispensa termos e formalidades legais e a que exclua ou restrinja direitos. Assim, se colocada taxa de juros no título, tal não terá efeito para fins cambiais, mas pode ser cobrada pelas vias ordinárias. No entanto, o texto em exame representa um retrocesso, pois a Lei Uniforme, muito mais recente que o Decreto nº 2.044/1908, não repete a disposição.

Art. 891. O título de crédito, incompleto ao tempo da emissão, deve ser preenchido de conformidade com os ajustes realizados.
Parágrafo único. O descumprimento dos ajustes previstos neste artigo pelos que deles participaram, não constitui motivo de oposição ao terceiro portador, salvo se este, ao adquirir o título, tiver agido de má-fé.

Nada impede que o título seja criado ou emitido com espaços em branco ou totalmente em branco. É fundamental para sua exigibilidade, contudo, que a cambial esteja completa no momento da cobrança. Destarte, surge a problemática de há muito tratada pela doutrina sobre os títulos assinados ou emitidos em branco. Na nota promissória, por exemplo, que contém uma promessa de pagamento, bem como em outros títulos, como cheque e letra de câmbio, apenas a assinatura do emitente é essencial ao título quando de sua formação. O emitente aceita e confia a quem entrega o título o preenchimento da nota, tais como valor, vencimento, lugar de pagamento etc. Importa saber a natureza desse fenômeno.

Lembre-se de que de há muito o STF firmou o entendimento na Súmula 387: "*A cambial emitida ou aceita com omissões, ou em branco, pode ser completada pelo credor de boa-fé antes da cobrança ou do protesto.*"

Sintetizando o pensamento doutrinário, há um mandato claro nessa letra em branco, conferido ao portador de boa-fé. Questões surgirão quando ocorrer abuso nesse mandato, isto é, no preenchimento. Quem recebe um título incompleto ou em branco recebe também a autorização para preenchê-lo. Importa que o faça de boa-fé, de acordo com o mandato recebido. Cabe aos interessados acautelarem-se devidamente, resguardando-se com um documento escrito que defina e delimite esse mandato, ou seja, a autorização para o preenchimento da cártula. Lembre-se, porém, de que uma vez em circulação o título, esse negócio inicial é, em princípio, estranho ao portador atual, não podendo o devedor opor-lhe essa exceção. A pendenga resolver-se-á, nesse caso, pelas vias ordinárias entre os participantes do mandato.

A disposição do presente artigo harmoniza-se com o art. 10 da Lei Uniforme. Se o portador sabe do ajuste do mandato e se vale de sua posição para cobrar quantia exorbitante, estará consubstanciada sua má-fé, possibilitando matéria de defesa, como aduz a lei.

Ao terceiro portador de boa-fé não se podem opor falhas no preenchimento da cártula em prol da rapidez, eficiência, equidade e moralidade da teoria cambial.

Art. 892. Aquele que, sem ter poderes, ou excedendo os que tem, lança a sua assinatura em título de crédito, como mandatário ou representante de outrem, fica pessoalmente obrigado, e, pagando o título, tem ele os mesmos direitos que teria o suposto mandante ou representado.

O signatário de um título de crédito pode participar como representante. Se desviar-se do mandato recebido ou firma o título sem mandato, ficará plenamente responsável sob o prisma cambiário. Há que se examinar o teor do mandato. Trata-se de princípio que decorre da sistemática dos títulos de crédito. Não se cuida aqui de endosso mandato, a ser examinado.

Art. 893. A transferência do título de crédito implica a de todos os direitos que lhe são inerentes.

A inspiração desse texto é do Código italiano: "*A transferência do título de crédito compreende também os direitos acessórios que lhe são inerentes*" (art. 1.995). Nossa lei não menciona expressamente os acessórios como devia fazê-lo. Portanto, ao se transferir o título, toda uma gama de direitos subjacentes é consequentemente transferida.

Art. 894. O portador de título representativo de mercadoria tem o direito de transferi-lo, de conformidade com as normas que regulam a sua circulação, ou de receber aquela independentemente de quaisquer formalidades, além da entrega do título devidamente quitado.

A regra aponta que em princípio o portador do título representativo de mercadoria está legitimado a tê-la. Há necessidade, é claro, que seja o portador legítimo. Há títulos, regulados por várias leis, os quais, embora representativos de mercadorias, não legitimam o portador a tê-las, como ocorre com os conhecimentos de transporte, conhecimentos de depósito, *warrants*. Nesses títulos, há necessidade de pagamento de um *plus*, como o frete.

Art. 895. Enquanto o título de crédito estiver em circulação, só ele poderá ser dado em garantia, ou ser objeto de medidas judiciais, e não, separadamente, os direitos ou mercadorias que representa.

O título de crédito, enquanto em circulação, representa um bem, um valor no comércio, e pode ser dado em garantia, como o penhor, bem como pode ser objeto de medidas judiciais de constrição, como a penhora, arresto, sequestro. Destarte, o título de crédito pode ser objeto de caução, pode servir como garantia de um crédito.

Art. 896. O título de crédito não pode ser reivindicado do portador que o adquiriu de boa-fé e na conformidade das normas que disciplinam a sua circulação.

Contempla-se aqui a proteção ao possuidor de boa-fé do título de crédito. Assim, quem legitimamente tomou posse do título não pode, em princípio, ser dele privado. Trata-se de princípio basilar a reger os títulos de crédito. Nas situações complexas, há de se examinar como o portador adquiriu a posse.

Art. 897. O pagamento de título de crédito, que contenha obrigação de pagar soma determinada, pode ser garantido por aval.
Parágrafo único. É vedado o aval parcial.

Enunciado

Enunciado nº463, V Jornada de Direito Civil – CJF/STJ: A prescrição da pretensão executória não atinge o próprio direito material ou crédito que podem ser exercidos ou cobrados por outra via processual admitida pelo ordenamento jurídico.

Art. 898. O aval deve ser dado no verso ou no anverso do próprio título.
§ 1º Para a validade do aval, dado no anverso do título, é suficiente a simples assinatura do avalista.
§ 2º Considera-se não escrito o aval cancelado.

Apelação – Ação ordinária – Pretensão à sustação de protestos de duplicatas promovidos pela apelante – Sentença de procedência – Pleito de anulação da sentença – Não cabimento – Preliminar – Não conhecimento do recurso, por falta de impugnação específica, alegada pela apelada – Afastamento – Conteúdo das razões de apelação que está associado com os temas decididos na sentença – Mérito – Protesto de duplicatas nas quais a apelada teria figurado como avalista da compra e venda de mercadorias efetuada pela apelante a outra empresa – Aval que exige a assinatura do avalista no verso ou no anverso do próprio título, nos termos do art. 898 do CC – Prova testemunhal que não teria o condão de suprir a assinatura da apelada nos títulos de crédito, ressaltando-se que esta nega ter figurado como avalista no negócio jurídico celebrado pela apelante com terceiro – Sentença mantida – Apelação não provida – Majoração dos honorários advocatícios, em segunda instância, nos termos do art. 85, § 11, do CPC (*TJSP* – Ap. 1010696-42.2018.8.26.0004, 19-8-2019, Rel. Kleber Leyser de Aquino).

Título de crédito – Duplicata mercantil – Aceite em separado – Ato formal – Ausência de eficácia cambial – Falta de executividade – Instrução de ação monitória – Possibilidade – Recurso especial. Comercial. Negativa de prestação jurisdicional. Não ocorrência. Embargos à execução. Títulos de crédito. Duplicata mercantil. Aceite em separado. Inadmissibilidade. Ato formal. Ausência de eficácia cambial. Falta de executividade. Prova da relação negocial. Instrução de ação monitória. 1. Cinge-se a controvérsia a saber se é possível o aceite em separado na duplicata mercantil. 2. O aceite promovido na duplicata mercantil corresponde ao reconhecimento, pelo sacado (comprador), da legitimidade do ato de saque feito pelo sacador (vendedor), a desvincular o título do componente causal de sua emissão (compra e venda mercantil a prazo). Após o aceite, não é permitido ao sacado reclamar de vícios do negócio causal realizado, sobretudo porque os princípios da abstração e da autonomia passam a reger as relações, doravante cambiárias (art. 15, I, da Lei nº 5.474/1968). 3. O aceite é ato formal e deve se aperfeiçoar na própria cártula (assinatura do sacado no próprio título), incidindo o princípio da literalidade (art. 25 da LUG). Não pode, portanto, ser dado verbalmente ou em documento em separado. De fato, os títulos de crédito possuem algumas exigências que são indispensáveis à boa manutenção das relações comerciais. A experiência já provou que não podem ser afastadas certas características, como o formalismo, a cartularidade e a literalidade, representando o aceite em separado perigo real às práticas cambiárias, ainda mais quando os papéis são postos em circulação. 4. O aceite lançado em separado à duplicata não possui nenhuma eficácia cambiária, mas o documento que o contém poderá servir como prova da existência do vínculo contratual subjacente ao título, amparando eventual ação monitória ou ordinária (art. 16 da Lei nº 5.474/1968). 5. A duplicata despida de força executiva, seja por estar ausente o aceite, seja por não haver o devido protesto ou o comprovante de entrega de mercadoria, é documento hábil à instrução do procedimento monitório. 6. Recurso especial provido (*STJ* – REsp 1.334.464 – RS – (2012/0148102-3), 28-3-2016, Rel. Min. Ricardo Villas Bôas Cueva).

Art. 899. O avalista equipara-se àquele cujo nome indicar; na falta de indicação, ao emitente ou devedor final.

§ 1º Pagando o título, tem o avalista ação de regresso contra o seu avalizado e demais coobrigados anteriores.

§ 2º Subsiste a responsabilidade do avalista, ainda que nula a obrigação daquele a quem se equipara, a menos que a nulidade decorra de vício de forma.

Art. 900. O aval posterior ao vencimento produz os mesmos efeitos do anteriormente dado.

O aval representa uma declaração cambial, cuja finalidade é garantir o pagamento de um título de crédito. O pagamento dos títulos de crédito em geral, independentemente de aceite ou de endosso, pode ser garantido por aval. Nesse sentido, o art. 897 dispõe, genericamente, que o pagamento de título de crédito, que contenha obrigação de pagar soma determinada, pode ser garantido por aval. O aval é, portanto, uma garantia pessoal, na qual um terceiro se responsabiliza pelo cumprimento da obrigação estampada no título, nas mesmas condições do devedor ou de qualquer obrigado. Trata-se de instituto essencialmente cambiário, regido por regras próprias.

Reina muita divergência quanto à origem da palavra. Rosa Jr. (2000, p. 269) refere-se a quatro correntes explicativas. Alguns juristas franceses apoiaram-se na expressão latina *valere*, ou sua equivalente em francês, *faire valoir* ou *à valoir*, tendo o significado do ato que atribui valor a um título de crédito. Segundo outros, aval teria origem na palavra árabe *havala*, que tem sentido de obrigação de garantia. Uma terceira corrente vê a origem no termo italiano *avallo* e francês *à val*, significando *firmare a vallo*, ou seja, assinar abaixo de outra firma. A quarta corrente busca a origem da palavra nos termos latinos *vallatus*, *vallare*, que evoluíram finalmente para *avallo*, com o sentido de reforço de obrigações.

O aval constitui uma obrigação autônoma e independente. Todos os signatários de um título, como regra, sacador, endossantes, aceitante e avalistas garantem solidariamente o pagamento. Enquanto nas obrigações civis em geral a garantia é um acessório, na obrigação cambial o avalista equipara-se ao avalizado. O aval é, destarte, modalidade de garantia tipicamente cambial. O avalista obriga-se no mesmo nível de seu avalizado.

O aval surge como uma assinatura aposta ao título, tanto de forma singela, como precedida de uma declaração como "por aval de fulano", "em garantia de". A Lei Uniforme dispõe que o aval deve indicar a pessoa que se avaliza; na falta de indicação, entender-se-á que o aval é do sacador (art. 31). Esse mesmo dispositivo menciona que o aval deve ser colocado na face anterior do título, o que nunca foi muito seguido na prática. Tanto assim é que o Código Civil permite que o aval seja colocado no verso ou anverso (art. 898). Esse mesmo artigo, no § 1º, da mais recente lei, dispõe que se o aval for dado no anverso do título, é suficiente a simples assinatura. Acrescenta ainda o § 2º que se considera não escrito o aval cancelado. Cancela-se o aval riscando-se a assinatura ou carimbando-se "cancelado" sobre ela. O art. 899, modificando a orientação da Lei Uniforme, diz que o avalista equipara-se àquele cujo nome indicar ("por aval de Fulano"). Na falta de indicação, o aval se referirá ao emitente ou devedor final. O aval, portanto, é uma garantia *in rem*, ao valor do título, e não *in personam*. O aval é, na verdade, um reforço das garantias cambiais, isto é, as já existentes, por sua natureza, no título cambial. Sendo instituto exclusivo dos títulos de crédito, só terá eficácia quando lançado no bojo de um deles.

Os maiores pontos de contato e também de celeuma do aval dirigem-se à fiança. Os institutos afastam-se, porém. Muitas são as diferenças. Apontam-se, exemplificativamente, algumas. A fiança é garantia pessoal, disciplinada doravante exclusivamente pelo Código Civil, não havendo mais que se distinguir a fiança civil da fiança mercantil, diferença ainda persistente no sistema do Código de 1916. Veja o que expusemos neste volume sobre a fiança. O aval é uma declaração cambiária. A fiança é contrato, estando sujeita à autorização conjugal se o fiador é casado, o que não ocorre no aval. No aval, a garantia é de uma obrigação líquida, pois essa é a natureza da obrigação cambiária. A fiança, por outro lado, pode garantir qualquer obrigação, líquida ou ilíquida. A fiança é contrato *intuitu personae*, enquanto o aval é garantia a pessoa indeterminada, ainda que seja em preto. No aval não se permite o benefício de ordem admitido na fiança, porque a obrigação do avalista é solidária. O fiador que paga sub-roga em todos os direitos do credor, mas somente poderá demandar de cada um dos outros fiadores a respectiva quota (art. 831); o avalista que paga assume direito autônomo, originário, em relação à pessoa avalizada e aos demais devedores.

Inovando em termos de relações patrimoniais no casamento quanto ao Código revogado, este Código colocou no mesmo patamar o aval e a fiança no tocante aos atos para os quais um dos cônjuges necessita da autorização do outro para praticar. Assim, o art. 1.647, III, dispõe que nenhum dos cônjuges pode prestar, sem autorização do outro, aval ou fiança, exceto no regime da separação absoluta. Assim, caberá aos cônjuges avalizar em conjunto ou obter a autorização para o aval, na própria cártula ou em documento autônomo, que deve ser mencionado no título, o que será mais problemático. A matéria das relações patrimoniais entre os cônjuges é, em princípio, totalmente estranha à Lei Uniforme e legislação especial, o que leva a concluir que essa norma se aplica a todos os títulos de crédito, pois não entrará em operação a regra do art. 903. A cautela legal, doravante, exige que todo aval venha em conjunto pelo casal ou acompanhado da respectiva vênia conjugal.

O aval, que é garantia, também não se confunde com o endosso, que é forma de transferência do título. Ambos, contudo, são figuras exclusivas do direito cambiário. Enquanto o endosso somente pode ser formalizado por pessoa determinada entre as que figuram no título, beneficiário ou portador, o aval pode ser firmado por qualquer pessoa, estranho ou não à relação cambiária.

O aval deve constar do título ou em folha anexa, segundo o art. 31 da Lei Uniforme. A folha anexa é o chamado alongamento do título, que se faz necessário por falta de espaço.

Também no aval há referência ao aval em branco e ao aval em preto. Neste último, o avalista indica o nome do avalizado ("por aval de..." ou expressão equivalente). O aval em branco, sem indicação do avalizado, já referido no art. 898 do Código, deve ser dado no anverso, para não se confundir com o endosso (Lei Uniforme, art. 31). Não há nulidade, no entanto, se lançado no verso e puder ser claramente identificado (ROSA JR., 2000, p. 279).

O Código veda expressamente o aval parcial (art. 897, parágrafo único). O tema foi objeto de discussão no passado, pois a autorização de aval parcial não constava do Decreto nº 2.044/1908. A Lei Uniforme admitiu-o expressamente no art. 30. Essa permissão sempre foi entendida inconveniente pelas dificuldades práticas que acarreta, razão pela qual o Código em vigor optou pela proibição peremptória. Mais uma vez, coloca-se a pergunta: sobre quais títulos incidirá a norma do Código Civil? Veja o que afirmamos no início do exame dos títulos de crédito. Há parte da doutrina que defende a utilidade do aval parcial.

Outra questão de interesse que o instituto do aval levanta é quanto à possibilidade de aval antecipado, isto é, concedido antes do aceite e do endosso. O art. 14 do Decreto nº 2.044/1908 o admitia expressamente. A Lei Uniforme silencia. A doutrina diverge com acalorados debates sobre sua admissão e sua natureza jurídica. Parece-nos que esse aval não contraria os princípios de autonomia ínsita às obrigações cambiais. Se ao aval antecipado não se seguir a formalização cambial do avalizado; se, por exemplo, aval de futuro endosso que não se completa, esse aval, que era condicional, não terá eficácia. Contudo, a matéria longe está de uma posição majoritária.

O texto legal também não contempla a possibilidade de um dos integrantes, signatários do título, ser também avalista, posição defendida por alguns na doutrina. Decorre que no Código Civil, se não há autorização, também não há proibição.

A questão dos avais superpostos é outro tema polêmico. Não há dificuldades do ponto de vista do credor, pois, tendo em vista a autonomia das obrigações e solidariedade de todos os coobrigados, de qualquer um deles pode ser exigido o pagamento. O problema situa-se no âmbito dos próprios avalistas, porque é regra cambial a possibilidade de ação regressiva por parte daquele que pagou. Se os avais são simultâneos, não haverá, em síntese, direito de regresso, que supõe uma sucessividade de avais e de coobrigados. Também aqui a doutrina divide-se; uns defendendo que na presença de vários avais devem ser considerados simultâneos; outros entendendo que devem ser considerados sucessivos. O STF, de há muito, editou a Súmula 189, adotando a primeira corrente, entendendo que avais em branco e superpostos consideram-se simultâneos e não sucessivos. Nesse caso, não haverá obrigação cambiária entre eles, respondendo todos pela integralidade do crédito, sem possibilidade de divisão pro rata. No entanto, Perrone de Oliveira (1999, p. 113) lembra de rumoroso julgado do próprio STF que decidiu de forma inversa, admitindo que o avalista que pagou pode cobrar do outro avalista a quota-parte devida por esse coobrigado (RE nº 70.715, *RTJ* 55/77). Se não é a decisão mais técnica, é, sem dúvida, a mais justa. Para que sejam evitados entraves, quando há vários avais, os interessados devem indicar claramente a quem é dado o aval, porque é possível ser dado aval a aval já dado. O Código Civil contemporâneo não toma posição expressa a respeito como fez, por exemplo, a Lei do Cheque, que estabeleceu no art. 51, § 3º, que as regras das obrigações solidárias regem as relações entre coobrigados do mesmo grau.

A regra geral, todavia, fora essas situações, é no sentido de o avalista ter ação de regresso contra o avalizado e demais coobrigados anteriores (art. 899, § 1º). Esse mesmo dispositivo, no § 2º, atendendo à autonomia das obrigações cambiais, assevera que subsiste a responsabilidade do avalista, ainda que nula a obrigação de quem a ele se equipara, a menos que a nulidade decorra de vício de forma. Tanto assim é que persiste o aval se dado em referência a um menor, por exemplo.

O aval também pode ser dado posteriormente ao vencimento do título, cujos efeitos são idênticos ao aval anterior. Trata-se do denominado *aval póstumo* (art. 900). O texto aclara matéria silente na Lei Uniforme.

**Art. 901. Fica validamente desonerado o devedor que paga título de crédito ao legítimo portador, no vencimento, sem oposição, salvo se agiu de má-fé.
Parágrafo único. Pagando, pode o devedor exigir do credor, além da entrega do título, quitação regular.**

Como regra geral, o pagamento válido extingue a obrigação. Cabe ao devedor de um título de crédito a quem se apresente com a cártula, ao portador. Se pressentir ou tiver notícia que se trata de portador ilegítimo, não deve pagar. Daí então não poder pagar validamente se receber oposição nesse sentido, que poderá ser judicial ou extrajudicial. Nesse ponto residirá a análise da má-fé, a qual nunca se presume e deve ser provada. Como regra, o apresentante do título terá a aparência de legítimo portador e o sistema, até prova em contrário, dá realce à aparência.

Normalmente, a posse do título pelo devedor pressupõe o pagamento. Nada impede que este peça também a quitação regular, isto é, declaração de pagamento, além da posse da cártula.

**Art. 902. Não é o credor obrigado a receber o pagamento antes do vencimento do título, e aquele que o paga, antes do vencimento, fica responsável pela validade do pagamento.
§ 1º No vencimento, não pode o credor recusar pagamento, ainda que parcial.
§ 2º No caso de pagamento parcial, em que se não opera a tradição do título, além da quitação em separado, outra deverá ser firmada no próprio título.**

As obrigações, em geral, devem ser pagas no vencimento. Não está, em princípio, qualquer credor obrigado a receber antes do vencimento. No sistema cambial, não só pode receber antecipadamente como terá que receber no vencimento, ainda que o pagamento seja parcial. Essa é uma característica cambiária consolidada. Será válido e eficaz o pagamento parcial.

Na hipótese de pagamento parcial, o título permanece com o credor, que deverá anotar o que foi pago no título, além de fornecer recibo (quitação). Como é curial, o *accipiens* não está obrigado a entregar o título porque ainda lhe resta receber a diferença.

Art. 903. Salvo disposição diversa em lei especial, regem-se os títulos de crédito pelo disposto neste Código.

Nesse texto reside o busílis de todos os artigos anteriores. A grande questão é saber quando a matéria aqui tratada é disciplinada por lei especial. Assim, há que se examinar no caso concreto não só a legislação geral acerca dos títulos de crédito (letra de câmbio, nota promissória), como também a legislação que envolve duplicatas, cheques, conhecimentos de depósito etc. Importa concluir com Newton de Lucca: "*sempre que a lei especial for omissa – e não houver contradição com seus princípios – poderão ser aplicadas as normas constantes no Título VIII, conforme a dicção do artigo em tela*" (2003, p. 232). Todavia, essa questão ainda está em aberto e plena de polêmicas.

Enunciado nº 52, I Jornada de Direito Civil – CJF/STJ: Por força da regra do art. 903 do Código Civil, as disposições relativas aos títulos de crédito não se aplicam aos já existentes.

Enunciado nº 464, V Jornada de Direito Civil – CJF/STJ: Revisão do Enunciado n. 52 – As disposições relativas aos títulos de crédito do Código Civil aplicam-se àqueles regulados por leis especiais no caso de omissão ou lacuna.

CAPÍTULO II
Do Título ao Portador

Art. 904. A transferência de título ao portador se faz por simples tradição.

Os títulos de crédito podem ser nominativos, à ordem e não à ordem; e ao portador. *Nominativo* é o título que indica o beneficiário, identificando-o. Tal não significa, contudo, que o título não possa ser transferido. Título *à ordem* é aquele no qual o devedor é nomeado, porém com a possibilidade de transferência mediante endosso, ou seja, simples assinatura no documento. A cláusula *à ordem* pode vir expressa no texto da cártula, ou decorrer de norma legal, como geralmente ocorre, que a entende presente ainda que não conste expressamente. Título *ao portador* é aquele dirigido ao credor que se apresentar para cobrá-lo. Esse o sentido fixado no art. 1.505 do Código Civil antigo ao estipular que *"o detentor de um título ao portador, quando dele autorizado a dispor, pode reclamar do respectivo subscritor ou emissor a prestação devida. O subscritor, ou emissor, porém, exonera-se, pagando a qualquer detentor, esteja ou não autorizado a dispor do título".*

O título ao portador é um documento pelo qual seu emitente obriga-se a uma prestação ao portador que com ele se apresentar. Qualquer que seja a modalidade do título, como enfatizado, há sempre dois elementos constantes, quais sejam, um corpo material traduzido em um documento e a substância da obrigação que nele se contém. O legislador deste Código preferiu não definir.

A legislação brasileira permite inúmeros títulos ao portador, como títulos da dívida pública, bilhetes de loteria, vales postais. Quando a lei não especifica uma forma, o título ao portador possui forma livre, aspecto que interessa diretamente ao capítulo do Código Civil vertente. Os títulos ao portador não diferem dos contratos; sua diferença consiste na manifestação unilateral de vontade. Para os títulos ao portador basta a simples tradição manual para transferi-lo.

Anota o art. 907 do Código que é nulo o título ao portador emitido sem autorização de lei. A proibição já constava do Código anterior, no tocante às obrigações em dinheiro (art. 1.511). A lei pode proibir que determinados títulos de crédito sejam ao portador. Lembre-se de que o título pode ser emitido incompleto ou em branco, devendo estar preenchido quando de sua apresentação.

Apontemos, como faz Serpa Lopes (1962, p. 148), que os títulos ao portador que não seguem os estritos termos da lei cambiária podem apresentar em seu bojo a causa do débito.

"A causa debendi só não figura na Letra de Câmbio ao portador, dado ser a cambial um contrato literal, isto é, um contrato que haure vida da sua própria forma literal, e cuja causa debendi parte do próprio título creditório. Mas nada obsta que, fora dos títulos assim criados pela lei, o título ao portador traga em seu contexto a menção da causa debendi."

Veja, por exemplo, os ingressos de teatro e diversões em geral, os bilhetes de loteria, que conferem um crédito a seus portadores. Geralmente, a forma livre aplica-se aos títulos de bens e serviços. Para a emissão de títulos para pagamento em dinheiro, há necessidade de autorização legal, sob pena de nulidade (art. 1.511 do Código de 1916).

O art. 1.510 do Código de 1916 permitia que o título com o nome do credor trouxesse cláusula autorizando o pagamento ao portador, mas facultava que o devedor exigisse justificação de legitimidade do detentor ou que este prestasse caução. Trata-se do que a doutrina denomina títulos de legitimação. Caracteristicamente, esses títulos não são ao portador, mais se assemelhando aos títulos à ordem. A segunda parte do artigo refletia nuança de direito real sobre o instituto dos títulos de crédito, ao estabelecer que *"aquele cujo nome se acha inscrito no título, presume-se dono, e pode reivindicá-lo de quem quer que injustamente o detenha".*

Dentro dos princípios firmados no Código Civil de 1916, que não se identificavam com as normas cambiárias estabelecidas na legislação própria, a regra geral era no sentido da permissibilidade de emissão de títulos ao portador. As exceções deviam ser buscadas no ordenamento.

O título passa a gerar efeitos jurídicos no momento de sua entrega ao portador. Entenda, porém, que essa entrega deve ser límpida, isenta de vícios de vontade, pois tal aspecto inquina o ato, como em qualquer negócio jurídico. Não se confundem os vícios que podem macular a vontade criadora do título com a falta de autorização do emitente para sua circulação. Nesse sentido, estampava o art. 1.506 que a obrigação subsistia, ainda que o título tivesse entrado em circulação contra a vontade do emitente. Essa proibição de circulação poderia ocorrer antes ou depois de seu pagamento, total ou parcial. A entrega do título ao devedor presume sua quitação. Também o título pode receber a quitação por escrito. Se esses cuidados não forem tomados, ou se o título for furtado, pode a cártula circular contra a vontade do emissor. Nisso não se podem prejudicar os terceiros de boa-fé, daí a razão do art. 905, parágrafo único. Cumpre ao prejudicado que, efetuado o pagamento ao detentor legítimo, volte-se contra quem lhe tenha causado o prejuízo. Somente não estará obrigado a pagar ao terceiro que se apresenta com o título se lograr provar que a detenção deste é ilegítima, de má-fé, o que deve sempre ser provado por quem alega. Má-fé não se presume.

O art. 905 estampa, como regra geral, que o possuidor de título ao portador tem direito à prestação nele indicada, mediante sua simples apresentação ao devedor.

Ainda, dispõe o art. 904 que a transferência do título ao portador faz-se por simples tradição, em consonância com o já referido art. 893.

Como o título ao portador se basta para comprovar uma obrigação, sua perda ou extravio requer procedimento tendente a sua substituição. Como a dívida está representada pela cártula, não está o devedor obrigado a pagar se o documento não lhe é apresentado, salvo se for declarado nulo.

⚖ Monitória – Cheques – **Embargos a mandado monitório** – Sentença de improcedência – Decisão mantida, à luz dos elementos dos autos – Alegação de que os cheques foram transferidos ao credor por terceiro ao qual o emitente solicitou a devolução das cártulas em decorrência de desacordo comercial. Cheques emitidos ao portador. Transferência que se opera pela tradição manual, conferindo a quem se apresenta com o título os direitos que dele emergem.

Inoponibilidade de exceções pessoais ao terceiro beneficiário das cártulas, já que sequer alegada sua qualidade de portador de má-fé. Recurso desprovido (*TJSP* – Ap. 0000818-50.2012.8.26.0577, 14-3-2017, Rel. Campos Mello).

Art. 905. O possuidor de título ao portador tem direito à prestação nele indicada, mediante a sua simples apresentação ao devedor.
Parágrafo único. A prestação é devida ainda que o título tenha entrado em circulação contra a vontade do emitente.

A titularidade do título ao portador permite a prestação que nele se contém. Conforme o parágrafo, ainda que o título tenha entrado em circulação contra a vontade do emitente, a prestação é devida ao portador que esteja de boa-fé. Lembre-se, a propósito, dos ingressos de espetáculos vendidos por atravessadores ou cambistas. O texto do parágrafo, no entanto, aplica-se a todos os títulos de crédito e não somente aos títulos ao portador.

Art. 906. O devedor só poderá opor ao portador exceção fundada em direito pessoal, ou em nulidade de sua obrigação.

Esse artigo cuida das exceções oponíveis. Na hipótese de títulos ao portador, sua margem é bem estreita, limitando-se a duas possibilidades, direito pessoal com relação ao portador ou nulidade da obrigação.

Não será muito usual que o devedor tenha exceção pessoal para com o portador. Compensação e prescrição, por exemplo, são situações que podem ser lembradas. Imagine-se, em outro exemplo, a hipótese de um ingresso teatral que só permita o acesso a menores 18 anos; o maior não poderá se utilizar desse ingresso. Essa falta de legitimidade pode ser considerada uma exceção a ser oposta.

Quanto às nulidades, se esta se referir a princípios formais do título, não haverá dificuldade na prática. Se decorrer de vício de vontade, somente essa exceção poderá ser oposta ao portador se este tiver previamente ciência.

Apelação cível. Ação de declaração de nulidade de títulos e cancelamento de protesto. Compra e venda de materiais de construção. Pagamento por meio de cheques ao portador. Manutenção da sentença de improcedência. Litigância de má-fé não configurada. Descabe a autora invocar eventual inadimplemento do contrato de empreitada pelo construtor em face da casa de materiais, que recebeu os cheques de boa-fé. Ao portador de boa-fé, não se mostra cabível a oposição de exceções fundadas em relações entretidas com terceiro. Inteligência dos artigos 896, 905 e 906 do CC. No caso, houve a venda de material da ré ao construtor, cujo pagamento se deu mediante o repasse de cheques em branco emitidos pela contratante da obra. Eventual desacerto entre a contratante da obra e o construtor não pode ser oposto à casa de materiais, que, pelo que se tem nos autos, não tinha conhecimento prévio à venda de tais circunstâncias, sendo, assim, possuidora de boa-fé dos cheques. O fato de a autora ter alienado o objeto da caução prestada *initio litis* não constitui elemento suficiente a embasar a aplicação da pena por litigância de má-fé, nos moldes do art. 80 do CPC/2015. À unanimidade afastaram a preliminar contrarrecursal relativa à má-fé. Por maioria, vencida a relatora, negaram provimento ao apelo (*TJRS* – Ap. 70071548358, 9-11-2018, Rel. Cláudia Maria Hardt).

Processo civil – Ação monitória – Cheque prescrito – **Título nominal à ordem** – Princípios da cartularidade, da literalidade e da autonomia – Emissão de cheque – Presunção de legitimidade – Inoponibilidade de exceções – Obrigação de pagamento do título – Condenação – 1- O Direito Cambial é regido pelos princípios da cartularidade, da literalidade e da autonomia, princípios estes que garantem a circulação dos títulos de crédito, uma das principais finalidades para o qual foram criados. Em razão de tais requisitos, o devedor de um cheque obriga-se não só para com quem emitiu a cártula, mas, sobretudo, para com quem a estiver portando. 2- O devedor, em face do princípio da autonomia dos títulos de crédito, não poderá opor qualquer exceção ao portador, alegando relações pessoais com o beneficiário ou outros obrigados anteriores do título. 3- O emitente do cheque é o responsável pelo pagamento do crédito perante o portador da cártula, independentemente do negócio jurídico originalmente realizado, não sendo necessária qualquer outra prova em relação à origem do crédito. 4- Consoante a Súmula 531 do STJ, em ação monitória fundada em cheque prescrito ajuizada contra o emitente, é dispensável a menção ao negócio jurídico subjacente à emissão da cártula. 5- Negou-se provimento ao agravo retido e ao recurso (*TJDFT* – Proc. 20150710115308APC – (948683), Rel. Flavio Renato Jaquet Rostirola).

Art. 907. É nulo o título ao portador emitido sem autorização de lei especial.

Os títulos ao portador devem ter tipicidade legal, isto é, devem ser reconhecidos pelo ordenamento. Não se cria título ao portador sem que lei autorize e o descreva.

Art. 908. O possuidor de título dilacerado, porém identificável, tem direito a obter do emitente a substituição do anterior, mediante a restituição do primeiro e o pagamento das despesas.

Art. 909. O proprietário, que perder ou extraviar título, ou for injustamente desapossado dele, poderá obter novo título em juízo, bem como impedir sejam pagos a outrem capital e rendimentos.
Parágrafo único. O pagamento, feito antes de ter ciência da ação referida neste artigo, exonera o devedor, salvo se se provar que ele tinha conhecimento do fato.

Aquele que for injustamente desapossado do título somente mediante intervenção judicial poderá impedir que o ilegítimo detentor receba o que o título estampa (art. 909).

No caso de extravio, perda, furto, roubo, apropriação indébita do título ao portador, devidamente justificados, seu proprietário deverá pedir intervenção judicial, assim estabelecida pelo art. 909, a fim de ser obtida a caducidade do instrumento desaparecido. O procedimento era estabelecido pelos arts. 907 a 913 do CPC/1973, sob a epígrafe "Da ação de anulação e substituição de títulos ao portador". Esse mesmo processo era utilizado para a ação de reivindicação do título. O foro competente é o do juízo do domicílio do emitente. Há que se provar o injusto desaparecimento do documento. Se não for conhecido o detentor do título, basta que se proceda à citação por edital dos terceiros interessados. Somente se admitirá a contestação ao pedido se o detentor apontado juntar o título reclamado (art. 910 do CPC/1973). Com a procedência do pedido, a sentença declarará o título caduco, ordenando ao devedor que lavre nova em substituição, dentro de prazo ali fixado (art. 911 do CPC). Estes artigos do CPC/1973 não têm correspondência no CPC/2015. Há que se buscar os meios processuais presentes nesse atual estatuto processual, com os meios cautelares e o procedimento ordinário.

Igual procedimento aplicar-se-ia a título parcialmente destruído ou dilacerado, almejando sua substituição (art. 912). A jurisprudência tem repelido a pretensão de reivindicação de títulos frutos de apropriação indébita na aquisição em bolsa, devendo os prejudicados recorrer às vias ordinárias. O processo estabelecido pelo CPC não se aplica às letras de câmbio e notas promissórias, para as quais continua em vigor o art. 36 do Decreto-lei nº 2.044/1908, que disciplina o processo para anulação de título cambiário extraviado, embora a questão não seja isenta de dúvidas.

O Código apresenta outras disposições acerca da deterioração ou perda do título. O art. 908 dispõe que o possuidor de título dilacerado, porém identificável, tem direito a obter do emitente a substituição do anterior, mediante a restituição do primeiro e o pagamento das despesas. Note que essa substituição exige que o título seja identificável, o que se apura no caso concreto. Se o título não tiver condições de ser identificado, deverá ser considerado título perdido ou extraviado, na forma do artigo seguinte.

O art. 909 refere-se à perda, extravio ou injusto desapossamento do título. O proprietário poderá obter novo título em juízo, como visto, bem como impedir que sejam pagos a outrem o capital e rendimentos. O parágrafo único desse dispositivo protege, porém, o devedor que paga antes de ter ciência da ação judicial. Esse pagamento exonera o devedor, salvo se se provar que tinha ele conhecimento do fato, o que lhe suprime a boa-fé.

CAPÍTULO III
Do Título à Ordem

Art. 910. O endosso deve ser lançado pelo endossante no verso ou anverso do próprio título.
§ 1º Pode o endossante designar o endossatário, e para validade do endosso, dado no verso do título, é suficiente a simples assinatura do endossante.
§ 2º A transferência por endosso completa-se com a tradição do título.
§ 3º Considera-se não escrito o endosso cancelado, total ou parcialmente.

Saque, aceite, endosso, aval e outros institutos típicos do direito cambial

É importante, para a unidade do texto, que os principais institutos de direito cambial sejam revistos.

1. Saque

O emitente de um título deve ter plena capacidade, como em todos os atos da vida civil. Ao emitir o título, seja ele letra de câmbio, nota promissória, cheque ou qualquer outro, também o emitente vincula-se solidariamente ao título, com relação ao portador de boa-fé, na hipótese de circulação.

No entanto, quando um título de crédito é criado pelo credor, ele terá a posição de sacador. É evidente que um negócio subjacente deve legitimar o saque, ou seja, uma obrigação anterior. O saque, admitido em alguns títulos, como a letra de câmbio e a nota promissória, envolve sempre, no nascedouro, um negócio jurídico que dá origem ao crédito.

2. Aceite

Quando é o credor que efetua o saque, sendo o sacador, há necessidade de que o devedor concorde com ele, isto é, reconheça a obrigação de pagar estampada no título. Ao firmar o título nessas condições, dá-se o aceite, isto é, o sacado aceita a posição de devedor naquele título. Por meio do aceite, o sacado assume a posição de devedor principal do título, embora todos os futuros apositores de assinaturas na cártula também se vinculem solidariamente. O aceite é ato voluntário que deve ser conferido pelo próprio sacado. O sacador pode emitir a ordem para pagar a um terceiro beneficiário ou a ele próprio.

Nos títulos mais amplos, nos quais figuram o sacador, sacado e o beneficiário, como a letra de câmbio, pode ocorrer que o sacado não concorde em aceitar ou não seja encontrado para tal. Nessa vertente, ocorre a recusa ou falta de aceite. Essa recusa ou falta de aceite somente pode ser comprovada pelo protesto, ato formal que estudaremos adiante. O protesto evidenciará essa situação, sendo essencial para preservar o direito de regresso contra os demais coobrigados do título, se houver. Apresentado o título para aceite, o protesto deve ocorrer no primeiro dia útil imediato.

O aceite pode ser parcial, isto é, o sacado somente aceita parte do débito, ou modificativo, quando o sacado altera a data do vencimento ou o lugar de pagamento. O aceite também pode ser condicional, quando o sacado submete o pagamento a uma condição suspensiva ou resolutiva. Note que "*o sacador não pode lançar uma ordem condicional no título de crédito, mas o sacado pode lançar um aceite condicional*" (BRUSCATO, 2001, p. 33). O sacado vincula-se com o aceite, segundo as condições que declarou.

Note também que o aceite não é essencial para a existência, validade e eficácia da letra, que pode ter vida independentemente dele. Basta a assinatura do sacador ou emitente que, na falta de aceite, será o devedor principal. A firma do sacador na cártula representa promessa ao tomador de que haverá aceite e, na hipótese de este não ocorrer, responsabiliza-se o sacador. Tomador é o que recebe o título e se coloca como beneficiário ou possuidor. O sacado, cujo nome consta da letra, é quem deve aceitá-la, por si ou por meio de mandatário especial. Contudo, enquanto não houver aceite, não há responsabilidade do sacado. O aceite deve ser dado no próprio título. Aceite em separado não cria obrigação cambial, apesar de debate na doutrina a esse respeito. No caso de duplicata, a lei permite expressamente que seja dado em separado (art. 7º da Lei nº 5.474/1968). A responsabilidade cambial do sacado surge com seu aceite. No caso das duplicatas, título causal representativo de uma venda, a recusa do aceite somente pode ocorrer com base nas situações elencadas na lei (art. 8º da Lei nº 5.474/1968).

Um terceiro pode aceitar a letra, assumindo a posição de *interveniente*. Cuida-se do aceite por intervenção. Waldirio Bulgarelli (1987, p. 146) observa que, de acordo com a Lei Uniforme, o aceite por intervenção somente pode ocorrer após o protesto.

O aceite, uma vez dado, é irretratável. A Lei Uniforme permite, contudo, que o aceitante cancele o ato antes da restituição da letra, o que equivale à recusa. O sacado, ao receber a letra, deve devolvê-la imediatamente.

3. Endosso

Após a criação do título, importa lembrar acerca de sua circulação, outra de suas características importantes. O *endosso* é o modo peculiar de transferência cambiária. É um dos modos de circulação, pois esta também pode ocorrer por *simples tradição* do título. Entende-se que, a princípio, o possuidor do título goza de boa-fé e pode exercer todos os direitos inerentes ao título. Sob esse prisma, o art. 893 do Código dispõe que "*a transferência do título de crédito implica a de todos os direitos que lhe são inerentes*". Desse modo, tradição e endosso são as duas modalidades de transferência do título. Se o portador adquiriu a posse do título de forma injusta ou indevida, o que caracteriza a má-fé, tal é matéria a ser provada pelo devedor e interessados. Mais uma vez enfatiza o Código, no art. 901, que ficará desonerado o devedor que paga o título ao legítimo portador, no vencimento, sem oposição, salvo se agiu de má-fé.

Ao endossar o título, assinando-o, o endossante transfere a cártula ao endossatário, com o direito nele incorporado. O endossatário torna-se o legítimo portador. O termo significava a assinatura "no dorso", isto, no verso do título. A Lei Uniforme não fez essa exigência, de modo que o endosso pode-se dar em qualquer local da cártula, no verso ou anverso. Esse também é o sentido do art. 910 do Código, que dispõe que o endosso pode ser dado no verso ou no anverso do próprio título. Somente para o endosso em branco a lei exige que seja no verso ou em folha anexa, denominada alongamento do título, quando há falta de espaço (art. 13 da Lei Uniforme). Endosso em branco caracteriza-se por simples assinatura que autoriza a transferência do título, sem indicação do beneficiário. Após o endosso em branco, o título circula por simples tradição. No endosso em preto, o endossante indica expressamente: "pague-se a Fulano de Tal". No endosso em preto inaugura-se a denominada *cadeia de endossos*: cada endossatário pode, por sua vez, também endossar. Note que, pelo princípio da autonomia das obrigações cambiárias, a falsidade de uma das assinaturas de endosso não vicia a cadeia de endossos, uma vez que o portador não é obrigado a verificar a autenticidade de cada assinatura (OLIVEIRA, 1999, p. 89). Sob esse prisma, o art. 911, parágrafo único, do Código estatui que aquele que paga título está obrigado a verificar a regularidade da série de endossos, mas não a autenticidade das assinaturas.

Como regra geral, o portador de título com uma série regular e ininterrupta de endossos é considerado o legítimo possuidor do título, ainda que o último endosso seja em branco (art. 911).

Quem recebe o título por endosso em branco pode mudá-lo para endosso em preto, colocando seu nome ou nome de terceiro; pode também endossar novamente o título, em branco ou em preto, ou pode transferi-lo sem novo endosso, mediante simples tradição. Essas regras, consagradas por força de usos e costumes, constam expressamente do art. 913 do Código em vigor.

O endosso não admite condição. Deve ser puro e simples, não se admitindo, da mesma forma, endosso parcial. Nesse sentido se coloca expressamente o art. 912

do Código, ao considerar não escrita qualquer condição aposta no endosso e dando como nulo o endosso parcial. O possuidor de um título endossado em branco é considerado seu legítimo portador, salvo prova em contrário.

A Lei Uniforme admitiu que a letra contivesse a cláusula "não à ordem", a qual era vedada pelo Decreto nº 2.044/1908. Essa cláusula, uma vez presente no título, proíbe a circulação por meio do endosso. A transmissão do título, nesse caso, por tradição, tem o efeito de mera cessão civil. Geralmente, a problemática do título de crédito não à ordem surge quando a nota promissória, por exemplo, se mostra vinculada a um contrato. É comum essa rotina nos contratos de mútuos bancários. Sem a ressalva expressa da vinculação e a advertência a terceiros, a regra geral é a ampla circulação do título. Como observa Jorge Perrone de Oliveira (1999, p. 91), nada impede, pois, que a vinculação a determinado contrato seja descrita na própria cártula e que, ademais, para maior segurança do devedor, seja colocada a proibição de circulação. O Código Civil cria aqui uma questão a ser analisada, pois o art. 890 considera não escrita cláusula proibitiva de endosso. A princípio, por força do art. 903, essa disposição terá o condão de derrogar a Lei Uniforme. Com a palavra, a jurisprudência.

O endosso, como já dito, instituto de natureza eminentemente cambiária, possui várias distinções da cessão de crédito. O endosso é ato unilateral, enquanto a cessão é negócio bilateral. O endosso confere os direitos cambiários autônomos, estampados no título, enquanto a cessão é restrita aos direitos que descreve. O endosso somente ocorre por meio de ato cambial, no próprio título, enquanto a cessão possui a forma de contrato. O art. 919 observa que a aquisição do título à ordem, por meio diverso do endosso, tem efeito de cessão civil. Há, nesse caso, que se pesquisar a vontade dos interessados, pois o art. 913 permite que o endossatário transfira o título sem novo endosso, sem que com isso se excluam, como regra, os direitos cambiários.

Por outro lado, o denominado *endosso póstumo*, ou seja, o endosso posterior ao vencimento do título, produzirá os mesmos efeitos do anterior (art. 920). A disposição já constava da Lei Uniforme (art. 20), diferentemente do Decreto nº 2.044, que concedia a esse endosso apenas o efeito de cessão civil. No entanto, há um complemento no art. 20 da Lei Uniforme, que não consta no art. 920:

> "Todavia, o endosso posterior ao protesto por falta de pagamento, ou feito depois de expirado o prazo fixado para se fazer o protesto, produz apenas os efeitos de uma cessão ordinária de créditos. Salvo prova em contrário, presume-se que um endosso sem data foi feito antes de expirado o prazo fixado para se fazer o protesto."

Não tendo disposto diferentemente o Código Civil de 2002, há que se entender como aplicável, em regra geral, o complemento da Lei Uniforme. Os efeitos de cessão civil ocorrerão nessas previstas e restritas hipóteses. Com esse efeito de cessão civil, o título não perde sua executoriedade, mas perde a abstração, podendo ser invocadas em face do endossatário, considerado cessionário, todas as exceções que o devedor tinha contra o endossante (cedente) (OLIVEIRA, 1999, p. 96).

Quem recebe um título mediante endosso recebe um título literal e autônomo. O endossatário, por seu lado, ao lançar sua assinatura na cártula, também se torna solidariamente responsável pelo valor nele contido. Pode-se afirmar que o título de crédito tem um visco: quem quer que nele aponha sua assinatura ficará obrigado. Esse sentido sempre fora tradicional em direito cartular, tanto que a Lei Uniforme, no art. 15, estipula que, salvo cláusula em contrário, o endossante é garante tanto da aceitação como do pagamento da letra. O Código Civil modifica para o sentido oposto essa óptica: *"Ressalvada cláusula expressa em contrário, constante do endosso, não responde o endossante pelo cumprimento da prestação constante do título"* (art. 914). Desse modo, na regra geral do Código Civil, desprezando norma da Lei Uniforme, o endossante não mais se responsabiliza pelo título, salvo menção expressa. Acrescenta o § 1º do art. 914 que *"assumindo responsabilidade pelo pagamento, o endossante se torna devedor solidário"*. Pergunta-se: aplicar-se-á a regra doravante a todos os títulos de crédito? Pelo art. 15 da Lei Uniforme, o endossante, salvo disposição em contrário, é garante tanto da aceitação como do pagamento da letra. Deve ser estabelecida doravante, nos títulos em que a norma for aplicada, nova praxe nas cártulas, para que o endossante permaneça devedor solidário, apondo-se expressão *endossante solidário* ou equivalente. Certamente, o mercado de títulos de crédito não receberá bem essa norma. Caberá à nova jurisprudência definir o âmbito de sua aplicação. Leve-se em conta, também, que o art. 903 alerta que, *"salvo disposição diversa em lei especial, regem-se os títulos de crédito pelo disposto neste Código"*. Na singeleza dessa norma, cuja aplicação relega para plano absolutamente secundário as normas sobre os títulos de crédito no Código Civil, o endosso e todos os demais institutos tradicionais de direito cambiário continuarão a ser regulados pela Lei Uniforme e demais leis específicas reguladoras dos vários e conhecidos títulos de crédito.

Com a inovação, coloca-se em relevo a função precípua do endosso, que não é reforçar a garantia, mas transferir a cártula. Desse modo, nesse atual sistema do Código Civil, o endosso não implicará solidariedade, *salvo cláusula expressa em contrário*. A questão crucial desloca-se em definir quais os títulos de crédito que se amoldarão a essa norma.

Lembre-se de que o endossante, ou qualquer coobrigado, pagando o valor do título, tem ação regressiva contra os coobrigados anteriores.

Há que se mencionar, além do endosso propriamente dito, o *endosso-mandato* ou *endosso-procuração*, que traz outra série de questões. A Lei Uniforme o menciona no art. 18. Trata-se de endosso que não transfere a propriedade da cártula, mas somente outorga poderes de cobrança ao portador. O endossatário poderá cobrar o título, mas somente em nome do endossante. Desse modo, os coobrigados somente podem opor contra esse endossatário as exceções que oporiam ao endossante. Cuida-se de uma modalidade de mandato própria do direito cambial. A lei não exige forma específica, basta que fique evidenciado que efetivamente a transferência do título ocorreu sob o mandato. São válidas as expressões: "para cobrança"; "por procuração", "valor em cobrança" etc. A prática é comum quando o título é entregue para cobrança para uma instituição financeira. Esse mandato tem peculiaridades próprias; não se extingue, por exemplo, com a morte do mandante ou superveniência de sua incapacidade, como ocorre com o mandato ordinário. A esse respeito dispõe o art. 917 do Código Civil:

"*A cláusula constitutiva de mandato, lançada no endosso, confere ao endossatário o exercício dos direitos inerentes ao título, salvo restrição expressamente estatuída. § 1º O endossatário de endosso-mandato só pode endossar novamente o título na qualidade de procurador, com os mesmos poderes que recebeu. § 2º Com a morte ou a superveniente incapacidade do endossante, não perde eficácia o endosso-mandato.*"

Os poderes conferidos ao mandatário, no caso, podem ser inferiores aos contidos no título; eis a razão da menção expressa na lei sobre restrição. O mandante pode, por exemplo, proibir o mandatário de levar o título a protesto.

Mencione-se, ainda, o endosso-caução ou endosso-penhor. A Lei Uniforme veio a admitir a espécie, não contemplada na legislação anterior. A modalidade foi consagrada pelos usos. O art. 19 da Lei Uniforme especifica que quando o endosso contém a menção "valor em garantia", "valor em penhor" ou qualquer outra com o mesmo sentido, que implique caução, o portador pode exercer todos os direitos emergentes da letra, mas um endosso feito por ele só vale como endosso a título de procuração. O art. 918 dispõe no mesmo sentido. Acrescenta ainda no § 2º desse artigo, distendendo o que já constava da Lei Uniforme, que "*não pode o devedor opor ao endossatário de endosso-penhor as exceções que tinha contra o endossante, salvo se aquele tiver agido de má-fé*".

Nessa modalidade, o endossante também não transfere a propriedade do título, mas apenas o entrega como garantia de outro negócio. O endossatário pode cobrá-lo nessa condição, tanto que se este fizer novo endosso, este só vale como endosso-mandato. Recebido o valor, é feito o encontro de contas entre os partícipes do contrato de garantia.

Sob esse prisma, há o art. 895 do Código, que se refere à possibilidade de títulos representativos de mercadorias serem dados em garantia ou então serem objetos de medidas judiciais, penhora, por exemplo. Observa esse dispositivo:

"*Enquanto o título de crédito estiver em circulação, só ele poderá ser dado em garantia, ou ser objeto de medidas judiciais, e não, separadamente, os direitos ou mercadorias que representa.*"

Desse modo, para efeito de caução, os títulos e as mercadorias respectivas não podem ser onerados separadamente. Esse artigo complementa o dispositivo anterior, art. 894:

"*O portador de título representativo de mercadoria tem o direito de transferi-lo, de conformidade com as normas que regulam a sua circulação, ou de receber aquela independentemente de quaisquer formalidades, além da entrega do título devidamente quitado.*"

Nessa categoria de títulos ingressam, por exemplo, o conhecimento de transporte e o *warrant*, que são títulos à ordem, emitidos sobre gêneros ou mercadorias em depósito, bem como a cédula rural pignoratícia, cuja regulamentação em leis próprias não se amolda perfeitamente ao preconizado pelo Código em vigor e merece estudo detalhado.

4. Aval

Veja comentários aos arts. 897 a 900.

Apelação cível – Direito processual civil – **Direito Empresarial** – Embargos à execução – Cheque – Endosso – Preliminar – Cerceamento de defesa – Não configurado – Ilegitimidade ativa – Não configurada – Endosso em branco – Custas e honorários advocatícios – Recursos conhecidos e não providos – Sentença mantida – 1- O sistema processual vigente acolhe o princípio da persuasão racional ou livre convencimento motivado, pelo qual o magistrado possui liberdade para apreciar as provas e decidir da forma que reputar justa, fundamentando suas razões de decidir com as questões de fato e de direito, podendo formar a sua convicção com outros elementos ou fatos provados nos autos. 2- No caso específico dos autos, trata-se de matéria exclusivamente de direito, não havendo que se falar em necessidade de produção de prova testemunhal e/ou pericial como alega o embargante. Cerceamento de defesa afastado. 3- Segundo a Lei nº 7.357/85, art. 19, § 1º: "O endosso pode não designar o endossatário. Consistindo apenas na assinatura do endossante (endosso em branco), só é válido quando lançado no verso do cheque ou na folha de alongamento." 4- No anverso do cheque é possível verificar que o beneficiário do título o endossou em branco. Portanto, o embargado, como portador da cártula e detentor dos direitos resultantes do endosso, tem legitimidade para figurar no polo ativo da ação de execução, podendo exigir, portanto, o seu pagamento. 5- Tendo em vista a sucumbência recíproca e proporcional, entendo pela mantença da fixação arbitrada na r. sentença. 6- Recursos conhecidos e não providos. Sentença mantida (TJDFT – AC 20140110504148APC – (933594), 28-4-2016, Rel. Des. Romulo de Araujo Mendes).

Art. 911. Considera-se legítimo possuidor o portador do título à ordem com série regular e ininterrupta de endossos, ainda que o último seja em branco. Parágrafo único. Aquele que paga o título está obrigado a verificar a regularidade da série de endossos, mas não a autenticidade das assinaturas.

Já mencionamos o *caput* desse artigo no comentário anterior. A questão prática que se coloca é a averiguação, nem sempre fácil de fazer, da série ou encadeamento regular e ininterrupto de endossos. O parágrafo dispensa o exame da autenticidade das respectivas assinaturas, mas o *solvens* está obrigado a verificar a série de endossos. Quando o último endosso é em branco, o título será tratado como se fosse ao portador.

Art. 912. Considera-se não escrita no endosso qualquer condição a que o subordine o endossante. Parágrafo único. É nulo o endosso parcial.

Somente se admite endosso puro e simples. Não se permite termo ou condição nem endosso parcial, o que tiraria a autonomia, liquidez, certeza e eficácia do direito cambiário. Qualquer cláusula aposta ao endosso é tida como não escrita.

Art. 913. O endossatário de endosso em branco pode mudá-lo para endosso em preto, completando-o com o seu nome ou de terceiro; pode endossar novamente o título, em branco ou em preto; ou pode transferi-lo sem novo endosso.

O endosso transfere ao portador todos os direitos inerentes ao título. O endosso em branco pode receber o nome do beneficiário; o título pode ser endossado novamente. Pode ser transferido por mera tradição, sem novo endosso. As possibilidades de transferência do título são, portanto, amplas.

**Art. 914. Ressalvada cláusula expressa em contrário, constante do endosso, não responde o endossante pelo cumprimento da prestação constante do título.
§ 1º Assumindo responsabilidade pelo pagamento, o endossante se torna devedor solidário.
§ 2º Pagando o título, tem o endossante ação de regresso contra os coobrigados anteriores.**

O texto surpreende, pois a Lei Uniforme, no art. 15, dispõe em sentido inverso:

"*O endossante, salvo cláusula em contrário, é garante tanto da aceitação como do pagamento da letra. O endossante pode proibir um novo endosso, e, neste caso, não garante o pagamento às pessoas a quem a letra for posteriormente endossada.*"

A posição do endossante como garante do título é tradicional e conforme o direito cambial. A solução do Código subverte sem maiores explicações a tradição. Assim, para os títulos regidos pelo Código Civil, o endossante só responde pela prestação, se houver cláusula expressa nesse sentido.

O § 2º cuida do direito de regresso ao *solvens*, o que não apresenta dificuldade de entendimento. Todos os coobrigados são devedores solidários.

Art. 915. O devedor, além das exceções fundadas nas relações pessoais que tiver com o portador, só poderá opor a este as exceções relativas à forma do título e ao seu conteúdo literal, à falsidade da própria assinatura, a defeito de capacidade ou de representação no momento da subscrição, e à falta de requisito necessário ao exercício da ação.

Veja também o art. 906, que trata igualmente das exceções pessoais. Esse artigo é mais específico que o anterior, contemplando hipóteses não previstas. O artigo seguinte o completa. No direito cambial, a possibilidade de oposição de exceções não será livre e ilimitada como no direito comum. Além das exceções pessoais, as demais se referem exclusivamente ao descrito pelo artigo.

Art. 916. As exceções, fundadas em relação do devedor com os portadores precedentes, somente poderão ser por ele opostas ao portador, se este, ao adquirir o título, tiver agido de má-fé.

Há, como se vê, um tratamento diferente nos títulos ao portador e à ordem quanto às exceções pessoais, conforme os arts. 906 e 916. A lei silencia quanto aos títulos nominativos, o que não significa que esses meios de defesa, aqui denominados exceções, não possam ser utilizados. A questão, nesse artigo, é saber definir a má-fé do portador.

Prestação de serviços de perfuração de poço – Ação cautelar de sustação de protesto – Ação de obrigação de fazer c/c indenização por danos morais – Endosso de duplicatas sacadas contra o autor – Devedor que, contra endossatário de boa-fé, não pode opor exceções de caráter pessoal – Inteligência dos artigos 915 e 916, do CC – Danos morais não configurados – Ação principal parcialmente procedente – Ação cautelar improcedente – Recurso desprovido, com observação (*TJSP* – Ap. 1003586-93.2015.8.26.0554, 14-5-2018, Rel. Melo Bueno).

🔖 **Declaratória de inexistência de débito e indenização por danos morais.** Procedência deste pleito e improcedência daquele pedido. Insatisfação da parte demandante. Desfazimento de negócio de compra e venda de bem móvel. Cheques entregues como forma de pagamento parcelado repassados de forma indevida pelo alienante para terceiros de boa-fé. Inoponibilidade das exceções pessoais. Exegese do art. 916 do Código Civil c/c art. 25 da Lei nº 7.357/85. Pretensão de declaração de inexistência do débito que, de fato, improcede. Sentença mantida. Não podem ser opostas aos terceiros de boa-fé, portadores de títulos regularmente emitidos, as exceções pessoais relacionadas ao negócio subjacente. Recurso a que se nega provimento (*TJSC* – Acórdão Apelação Cível 2011.000400-2, 29-3-2012, Rel. Des. Gilberto Gomes de Oliveira).

Art. 917. A cláusula constitutiva de mandato, lançada no endosso, confere ao endossatário o exercício dos direitos inerentes ao título, salvo restrição expressamente estatuída.
§ 1º O endossatário de endosso-mandato só pode endossar novamente o título na qualidade de procurador, com os mesmos poderes que recebeu.
§ 2º Com a morte ou a superveniente incapacidade do endossante, não perde eficácia o endosso-mandato.
§ 3º Pode o devedor opor ao endossatário de endosso-mandato somente as exceções que tiver contra o endossante.

O chamado endosso-mandato também é conhecido como endosso limitado ou endosso impróprio por ser utilizado não para transferir a propriedade do título, mas para exercer direitos cartulares em nome do endossante ou do próprio endossatário (DE LUCCA, 2003, p. 286). Pode ser considerado um falso endosso. Quando utilizado em favor do próprio endossatário, geralmente representa uma garantia para este. Há que se distinguirem duas categorias, portanto, nesse endosso. Há aquele endosso no qual o endossatário atual em nome do endossante e no seu interesse, enquanto no endosso-garantia o endossatário atua no próprio interesse e em seu nome, como ocorre com as instituições financeiras. Geralmente a expressão "valor em cobrança" indica a existência dessa forma de endosso. Note que o § 3º limita a oponibilidade das exceções no endosso-mandato, pois o devedor somente pode opor as exceções que tiver contra o mandante.

Esse endosso não possui as mesmas características do mandato em geral, pois deve servir à circulação dos títulos, não se extinguindo com a morte do endossante (§ 2º).

Acentue-se que, no caso, numa ação de execução, quem está legitimado a propô-la é o endossador e não o endossatário.

🔖 Apelação. Negócios jurídicos bancários. Embargos à execução. Preliminar não conhecida. Não conhecido do pedido de acolhimento de "preliminar de litisconsórcio passivo para com os executados", por ausência de exposição dos fatos e do direito, bem como das razões deste pedido que o justifique, nos termos do art. 1.010, incisos II e III, do CPC. Cédula de crédito bancário. Título executivo extrajudicial. Impugnação aos borderôs de desconto. 1) A Cédula de Crédito Bancário possui natureza de título executivo, nos termos dos artigos 28 e 29 da Lei nº 10.931/2004. Entendimento firmado em recursos repetitivos (REsp nº 1291575/PR). 2) Estando as cédulas de crédito bancário sujeitas a regramento próprio, não há falar em existência de assinatura em borderôs, bastando a juntada das planilhas, as quais foram apresentadas e demonstram a existência da dívida. 3) Cabia ao devedor apresentar a memória de cálculo com indicação do valor que entende correto, nos termos do art. 917, do CC, estando isolada nos autos a alegação de que os cálculos trazidos pelo credor são incompreensíveis. Preliminar não conhecida. Apelação provida (*TJRS* – Ap. 70077980506, 26-07-2018, Rel. Jucelana Lurdes Pereira dos Santos).

Art. 918. A cláusula constitutiva de penhor, lançada no endosso, confere ao endossatário o exercício dos direitos inerentes ao título.
§ 1º O endossatário de endosso-penhor só pode endossar novamente o título na qualidade de procurador.
§ 2º Não pode o devedor opor ao endossatário de endosso-penhor as exceções que tinha contra o endossante, salvo se aquele tiver agido de má-fé.

O título de crédito pode ser objeto de penhor. O endosso penhor facilita a operação e confere ao endossatário (credor pignoratício) o exercício dos direitos representados pela cártula. O endossatário titular do penhor somente poderá endossar o título como procurador, pois não será um endossante ordinário, como está no § 1º. Trata-se de uma modalidade de endosso-mandato, para garantia, que a doutrina do passado vacilava em aceitar. O art. 19 da Lei Uniforme aponta que esse endosso deve conter a expressão "*valor em garantia*", "*valor em penhor*" ou qualquer outra que denote caução.

Ao endossatário, titular do direito de garantia, que se apresente como credor, somente podem ser opostas pelo devedor as exceções que ao primeiro são próprias e não as exceções contra o endossante (§ 2º), salvo a má-fé do endossatário. As exceções pessoais devem ser opostas contra o endossador (devedor pignoratício) e não contra o endossatário (credor pignoratício). A má-fé deve ser analisada no caso concreto.

🔖 Apelação cível – Ação de indenização por danos morais e materiais – Reconvenção – Duplicata – **Endosso caução** – **Transmissão apenas da** garantia – Ausência de titularidade – Cobrança inexigível – Sentença reformada – 1- É cediço que, no endosso caução o título é transferido ao endossatário com o intuito único de garantir uma obrigação. Nessas hipóteses, não há transferência da titularidade do crédito. 2- O endossatário do endosso caução recebe o título na qualidade de mandatário e não de titular do direito de crédito do título, uma vez que nenhuma relação foi firmada entre este e o sacado do título. 3- Ausente a notificação do sacado, quanto ao endosso realizado, considera-se válido o pagamento feito ao credor originário. 4- Pedido da reconvenção julgado improcedente. 5- Sentença reformada. – Duplicata – Endosso caução – Legitimidade da emissão e circulação do título – Limitações – Propriedade – Exigência e recebimento do crédito pelo portador de boa-fé – Possibilidade – Conforme disposto pela Lei Uniforme de Genebra (Decreto nº 57.663/66), em seu art. 19: "Quando o endosso contém a menção 'valor em garantia', 'valor em penhor' ou qualquer outra menção que implique uma caução, o portador pode exercer todos os direitos emergentes da letra, mas um endosso feito por ele só vale como endosso a título de procuração", assim inexiste óbice para que o endossatário, que recebeu a garantia, possa exigir e receber a obrigação inserida na duplicata transmitida. – Diante do caráter autônomo dos direitos emergentes do endosso caução, considerando que o título foi emitido e circulou legitimamente, não podem ser opostas ao portador de boa-fé questões afetas ao negócio subjacente (*TJMG* – AC 1.0295.11.002648-7/001, 5-4-2016, Relª Mariza Porto).

Art. 919. A aquisição de título à ordem, por meio diverso do endosso, tem efeito de cessão civil.

Nesse caso, em princípio, desaparece a natureza cartular. Os direitos transferidos ao portador deixam de ter a característica de autonomia, própria do direito cambial. A aposição da cláusula "*não à ordem*" transforma o título em nominativo impróprio e somente pode ser transferido dessa forma. A cessão civil é tratada pelo art. 286 e seguintes. Geralmente, exige um instrumento público ou particular para a transferência.

Art. 920. O endosso posterior ao vencimento produz os mesmos efeitos do anterior.

O chamado endosso póstumo, posterior ao vencimento, equipara-se ao endosso feito anteriormente. A Lei Uniforme denomina de póstumo ou tardio aquele efetivado após o protesto por falta de pagamento ou após o prazo para tirar o protesto necessário, ou seja, após o vencimento. Os efeitos serão de uma cessão ordinária pela Lei Uniforme. O Código Civil apartou-se dessa linha tradicional, colocando o endosso póstumo com os mesmos efeitos do endosso antes do vencimento do título.

CAPÍTULO IV
Do Título Nominativo

Art. 921. É título nominativo o emitido em favor de pessoa cujo nome conste no registro do emitente.

O Código pretendeu regular os títulos nominativos nos arts. 921 a 925. Normalmente, esses títulos, que podem ter as mais variadas finalidades, possuem regras próprias e integram microssistemas jurídicos, como, por exemplo, as ações de sociedades anônimas. Muitos entendem que a forma de transmissão dos títulos nominativos os afasta do direito cambial. Nada impede, porém, que sejam considerados títulos de crédito, pois sua autonomia e literalidade não ficam comprometidas. Como regra, a transmissão desses títulos exige anotação em livro próprio e lavratura de termo. A definição legal nesse dispositivo é imperfeita. O que está escrito no título limita os direitos concedidos.

O art. 921 define que o título nominativo é aquele emitido em nome e em favor de pessoa que conste do registro do emitente. Sua transferência não depende de simples tradição, mas de termo, em registro do emitente, assinado pelo proprietário e pelo adquirente (art. 922).

O art. 923 permite que essa modalidade de título seja transferida por endosso em preto, isto é, que contenha o nome do endossatário. Mormente no mercado de capitais, há títulos nominativos que exigem outros requisitos. De qualquer modo, a transferência somente se concluirá com a competente averbação no registro do emitente, que poderá exigir comprovação de autenticidade de assinatura (art. 923, § 1º). O endossatário tem direito a esse registro, se a cadeia de endossos estiver regular e ininterrupta (§ 2º). Nessa condição, o endossatário terá direito a adquirir uma nova cártula em seu nome, devendo a emissão constar no registro do emitente (§ 3º).

Quando a legislação específica o permitir, pode o título nominativo ser transformado em à ordem e ao portador, a pedido do proprietário e a sua custa (art. 924). Há que se examinar o caso concreto.

Finalmente, o art. 925 ressalva que o emitente de boa-fé, que fizer a transferência com as cautelas descritas, fica desonerado de responsabilidade. Não pode ser responsabilizado, por exemplo, se o emitente não averbou devidamente a transferência do título, apesar de procedimento correto seguido pelo interessado.

Art. 922. Transfere-se o título nominativo mediante termo, em registro do emitente, assinado pelo proprietário e pelo adquirente.

Trata-se de característica dos títulos nominativos, como as ações em sociedades anônimas. A transmissão do título nominativo depende de ato formal, o qual, enquanto não ultimado, não opera a transferência.

Art. 923. O título nominativo também pode ser transferido por endosso que contenha o nome do endossatário.

§ 1º A transferência mediante endosso só tem eficácia perante o emitente, uma vez feita a competente averbação em seu registro, podendo o emitente exigir do endossatário que comprove a autenticidade da assinatura do endossante.

§ 2º O endossatário, legitimado por série regular e ininterrupta de endossos, tem o direito de obter a averbação no registro do emitente, comprovada a autenticidade das assinaturas de todos os endossantes.

§ 3º Caso o título original contenha o nome do primitivo proprietário, tem direito o adquirente a obter do emitente novo título, em seu nome, devendo a emissão do novo título constar no registro do emitente.

O dispositivo permite o endosso em preto para os títulos nominativos. Para o devedor-emitente do título, porém, esse endosso só terá eficácia com a averbação no registro. O emitente pode exigir comprovação de autenticidade da assinatura (§ 1º). O adquirente pode pedir a substituição do título com a aposição do seu nome (§ 3º). De certa forma a possibilidade de endosso contraria o estatuído no artigo anterior, que menciona a transmissibilidade mediante termo. Há sempre que se examinarem as leis específicas que regulam os vários títulos nominativos, a começar pelas ações das sociedades. O § 2º é consequência lógica dos endossos.

Art. 924. Ressalvada proibição legal, pode o título nominativo ser transformado em à ordem ou ao portador, a pedido do proprietário e à sua custa.

O título nominativo pode ser transformado em à ordem ou ao portador pelo proprietário se não houver proibição legal. Havendo possibilidade legal, o emitente não poderá negar a transformação. O alcance do dispositivo será restrito, pois as leis específicas regulam a matéria.

Art. 925. Fica desonerado de responsabilidade o emitente que de boa-fé fizer a transferência pelos modos indicados nos artigos antecedentes.

Quando a transferência dos títulos seguir os ditames formais dos arts. 922 e 923, responsabilidade alguma caberá ao emitente se estiver de boa-fé. Ou, em outros termos, se a sociedade anônima, por exemplo, seguiu os termos formais, não pode ser responsabilizada por vícios de outra natureza na transferência operada por terceiros.

Art. 926. Qualquer negócio ou medida judicial, que tenha por objeto o título, só produz efeito perante o emitente ou terceiros, uma vez feita a competente averbação no registro do emitente.

Antes da averbação no registro do emitente, qualquer negócio ou medida judicial apenas gerará efeito entre as partes, não obrigando terceiros e o emitente. Esse o sentido do dispositivo. Newton de Lucca (2003, p. 316) critica com razão esse texto, por achá-lo estranho. Qualquer ordem emanada do Poder Judiciário deve ser cumprida e o emitente ou terceiros que venham a ser citados ou intimados não podem ignorá-la. Destarte, o sentido da norma se dirige tão só aos negócios jurídicos, que devem ser averbados para obter efeitos com relação a terceiros.

TÍTULO IX
DA RESPONSABILIDADE CIVIL

CAPÍTULO I
Da Obrigação de Indenizar

Art. 927. Aquele que, por ato ilícito (arts. 186 e 187), causar dano a outrem, fica obrigado a repará-lo.
Parágrafo único. Haverá obrigação de reparar o dano, independentemente de culpa, nos casos especificados em lei, ou quando a atividade normalmente desenvolvida pelo autor do dano implicar, por sua natureza, risco para os direitos de outrem.

1. Introdução. Responsabilidade civil: princípios orientadores. Responsabilidades subjetiva e objetiva

Em princípio, toda atividade que acarreta um prejuízo gera responsabilidade ou dever de indenizar. Haverá, por vezes, excludentes que impedem a indenização, como veremos. O termo *responsabilidade* é utilizado em qualquer situação na qual alguma pessoa, natural ou jurídica, deva arcar com as consequências de um ato, fato ou negócio danoso. Sob essa noção, toda atividade humana, portanto, pode acarretar o dever de indenizar. Desse modo, o estudo da responsabilidade civil abrange todo o conjunto de princípios e normas que regem a obrigação de indenizar.

Os princípios da responsabilidade civil buscam restaurar equilíbrio patrimonial e moral violado. Um prejuízo ou dano não reparado é um fator de inquietação social. Os ordenamentos contemporâneos buscam alargar cada vez mais o dever de indenizar, alcançando novos horizontes, a fim de que cada vez menos restem danos irressarcidos. É claro que esse é um desiderato ideal que a complexidade da vida contemporânea coloca sempre em xeque. Os danos que devem ser reparados são aqueles de índole jurídica, embora possam ter conteúdo também de cunho moral, religioso, social, ético etc., somente merecendo a reparação do dano as transgressões dentro dos princípios obrigacionais.

A responsabilidade civil extracontratual ou extranegocial é fonte de obrigações. Reside no *ato ilícito* seu centro gravitador. Este Código manteve a culpa em sua conceituação feita no art. 186.

Melhor que se denomine, de outro lado, mais apropriadamente de responsabilidade negocial, aquela que tradicionalmente decorre do contrato, pois não apenas do contrato emerge essa responsabilidade como também dos atos unilaterais de vontade em geral, como a gestão de negócios, a promessa de recompensa, o enriquecimento sem causa, entre outros.

A responsabilidade civil é parte integrante do direito obrigacional, sendo a reparação dos danos algo sucessivo à transgressão de uma obrigação, dever jurídico ou direito. Sob esse prisma, pode-se divisar um dever jurídico primário ou originário, *"cuja violação acarreta um dever jurídico sucessivo ou secundário, que o de indenizar o prejuízo"* (GONÇALVES, 2003, p. 6).

O legislador do Código Civil de 1916 não tratou da matéria de forma ordenada, pois nos arts. 159 e 160 traçou os fundamentos da responsabilidade contratual e, posteriormente, na Parte Especial, em vários dispositivos, disciplinou novamente o assunto. Explica-se o fato porque, no final do século XIX e início do século XX, quando elaborado o diploma, a matéria ainda não havia atingido ainda um estágio de maturidade teórica e jurisprudencial. Acrescente-se que o estudo da responsabilidade civil é especialmente dinâmico, estando a surgir a cada momento novas teorias e linhas de pensamento, na doutrina e na jurisprudência, fruto não só do pensamento jurídico como também das novas necessidades sociais e tecnológicas. Acrescente-se que o instituto da responsabilidade civil é algo contemporâneo, pois surge pela primeira vez no final do século XVIII, no âmbito do direito revolucionário francês. Sua primeira formulação expressa está no Código Civil francês, espalhando-se daí para todas as codificações posteriores.

O atual Código Civil, embora mantendo a mesma estrutura do diploma anterior, trata da responsabilidade civil com mais profundidade, embora sem a amplitude que seria desejável, no art. 927 ss. A definição de ato ilícito é fornecida pelo art. 186:

> *"Aquele que, por ação ou omissão voluntária, negligência ou imprudência, violar direito e causar dano a outrem, ainda que exclusivamente moral, comete ato ilícito."*

Vê-se, portanto, que foi acrescentada a possibilidade de indenização pelo dano exclusivamente moral, como fora apontado pela Constituição de 1988, algo de há muito reclamado pela sociedade e pela doutrina e sistematicamente repelido até então pelos tribunais.

Há também uma alteração de redação quanto ao dispositivo do Código anterior (art. 159). O texto revogado usava da alternativa "ou": "[...] *violar direito OU causar prejuízo a outrem* [...]". O texto do art. 186 usava da partícula aditiva "e": "[...] *violar direito E causar dano a outrem* [...]". Apesar da celeuma que essa modificação causou a princípio, não me parece que exista uma diferente compreensão no texto mais recente. Isso porque, em nosso uso vernacular, "e" por vezes possui o sentido de "ou" e vice-versa. E ainda porque, salvo exceções expressas no ordenamento quanto à simples violação de direito, sem a existência de efetivo prejuízo, ainda que de cunho exclusivamente moral, não haverá indenização. Mas, é evidente, o legislador deve ser claro e nesse texto revogado não o foi.

De qualquer modo, durante as décadas de vigência do Código de 1916, essa partícula OU nunca foi obstáculo para a correta compreensão do ato ilícito entre nós.

O art. 187 do estatuto civil define expressamente o *abuso de direito*, norma ausente de forma expressa no sistema anterior, equiparando-o à responsabilidade civil, para fins práticos.

O termo *responsabilidade*, embora com sentidos próximos e semelhantes, é utilizado para designar várias situações no campo jurídico. A responsabilidade, em sentido amplo, encerra a noção em virtude da qual se atribui a um sujeito o dever de assumir as consequências de um evento ou de uma ação. Assim, diz-se, por exemplo, que alguém é responsável por outrem, como o capitão do navio pela tripulação e pelo barco, o pai pelos filhos menores etc. Em nosso estudo, interessa a responsabilidade de alguém como fato ou ato punível ou moralmente reprovável, como violação de direito na dicção deste Código, o que acarreta reflexos jurídicos.

Na realidade, o que se avalia geralmente em matéria de responsabilidade é uma conduta do agente, qual seja, um encadeamento ou série de atos ou fatos, o que não impede que um único ato gere por si o dever de indenizar.

No vasto campo da responsabilidade civil, o que interessa saber é identificar aquela conduta que reflete na obrigação de indenizar. Nesse âmbito, uma pessoa é responsável quando suscetível de ser sancionada, independentemente de ter cometido pessoalmente um ato antijurídico. Nesse sentido, a responsabilidade pode ser direta, se diz respeito ao próprio causador do dano, ou indireta, quando se refere a terceiro, o qual, de uma forma ou de outra, no ordenamento, está ligado ao ofensor. Se não puder ser identificado o agente que responde pelo dano, este ficará irressarcido; a vítima suportará o prejuízo. O ideal, porém, que se busca no ordenamento, é no sentido de que todos os danos tanto quanto possível sejam reparados.

O Direito Penal apenas considera a responsabilidade direta, isto é, do causador do dano ou da ofensa, do transgressor da norma. O Direito Penal pune somente perante a culpa ou o dolo. No Direito Penal, a noção de punição de terceiro não participante da conduta é, em princípio, completamente afastada no direito moderno, embora doutrinas modernas já acenem com revisão desse conceito, principalmente em crimes ecológicos: a pena não pode transpor a pessoa do agente, no entanto surgem novos princípios na penalística moderna. Há condutas que transgridem a norma penal e a norma civil concomitantemente, de molde que o agente sofrerá um dúplice processo, pois em nosso sistema as jurisdições são diversas.

No Direito Civil, terceiros somente podem ser chamados a indenizar quando a lei expressamente o permitir e assim apontar.

O art. 159, substituído pelo art. 186, fundamental em sede de indenização por ato ilícito, estabeleceu a base da responsabilidade extracontratual ou extranegocial no direito brasileiro. Note que este Código, atendendo a mandamento constitucional, foi expresso a respeito do dano moral, já fartamente sufragado pela jurisprudência do país nos últimos anos. A responsabilidade tradicionalmente denominada de contratual, modernamente mais aceita como negocial, cuida do inadimplemento de contratos e outros negócios jurídicos, pertencendo a outro compartimento de estudo. Decantados esses dispositivos e essa matéria, verifica-se que nele estão presentes os requisitos para a configuração do dever de indenizar: *ação ou omissão voluntária, relação de causalidade ou nexo causal, dano* e, finalmente, *culpa*.

Ao analisarmos especificamente a culpa, lembramos a tendência jurisprudencial cada vez mais marcante de alargar seu conceito, ou de dispensá-lo como requisito para o dever de indenizar. Surge, destarte, a noção de culpa presumida, sob o prisma do dever genérico de não prejudicar. Esse fundamento fez surgir a teoria da responsabilidade objetiva, presente na lei em várias oportunidades, que desconsidera a culpabilidade, ainda que não se confunda a culpa presumida com a responsabilidade objetiva. A insuficiência da fundamentação da teoria da culpabilidade levou à criação da *teoria do risco*, com vários matizes, que sustenta ser o sujeito responsável por riscos ou perigos que sua atuação promove, ainda que coloque toda diligência para evitar o dano. Trata-se da denominada teoria do *risco criado* e do *risco benefício*. O sujeito obtém vantagens ou benefícios e, em razão dessa atividade, deve indenizar os danos que ocasiona. Levando-se em conta o rumo que tomou a responsabilidade objetiva, a teoria da responsabilidade civil deixa de ser apoiada unicamente no ato ilícito, mas leva em conta com mais proeminência o ato causador do dano. Busca-se destarte evitar um dano injusto, sem que necessariamente tenha como mote principal o ato ilícito.

Em síntese, cuida-se da responsabilidade sem culpa em inúmeras situações nas quais sua comprovação inviabilizaria a indenização para a parte presumivelmente mais vulnerável. A legislação dos acidentes do trabalho imediatamente aflora como exemplo.

Nesse aspecto, há importante inovação neste Código, presente no parágrafo único do art. 927. Por esse dispositivo, a responsabilidade objetiva aplica-se, além dos casos descritos em lei, também *"quando a atividade normalmente desenvolvida pelo autor do dano implicar, por sua natureza, risco para os direitos de outrem"*. A esse mais recente aspecto voltaremos em breve em nosso estudo. Contudo, advirta-se de plano, por esse dispositivo o magistrado poderá definir como objetiva, ou seja, independente de culpa, a responsabilidade do causador do dano no caso concreto.

1.1. Responsabilidade objetiva. Risco

Ao se analisar a teoria do risco, mais exatamente do chamado *risco criado*, nessa fase de responsabilidade civil de pós-modernidade, o que se leva em conta é a potencialidade de ocasionar danos; a atividade ou conduta do agente que resulta por si só na *exposição a um perigo*, noção introduzida pelo Código Civil italiano de 1942 (art. 2.050). Leva-se em conta o perigo da atividade do causador do dano por sua natureza e pela natureza dos meios adotados. Nesse diapasão, poderíamos exemplificar com uma empresa que se dedica a produzir e apresentar espetáculos com fogos de artifício. Ninguém duvida de que o trabalho com pólvora e com explosivos já representa um perigo em si mesmo, ainda que todas as medidas para evitar danos venham a ser adotadas. Outro exemplo que parece bem claro diz respeito a espetáculos populares, artísticos, esportivos etc. com grande afluxo de espectadores: é curial que qualquer acidente que venha a ocorrer em multidão terá natureza grave, por mais que se adotem modernas medidas de segurança. O organizador dessa atividade, independentemente de qualquer outro critério, expõe as pessoas presentes inelutavelmente a um perigo. A legislação do consumidor é exemplo mais recente de responsabilidade objetiva no ordenamento, dentro do que estamos expondo. Podemos afirmar, como faz Sérgio Cavalieri Filho (2000, p. 28), que o CDC (Lei nº 8.078/1990) introduz uma nova área de responsabilidade no direito brasileiro, a responsabilidade nas relações de consumo,

> "tão vasta que não haveria nenhum exagero em dizer estar hoje a responsabilidade civil dividida em duas partes: a responsabilidade tradicional e a responsabilidade nas relações de consumo".

Pode-se mesmo dizer que o próprio direito contratual encontra um divisor de águas no CDC: após a edição dessa lei, a interpretação dos contratos, não importando se dentro ou fora do âmbito consumerista, sofre verdadeira revolução no direito brasileiro. A noção de parte vulnerável ou vulnerabilidade no contrato assume uma posição de destaque nos exames dos contratos em geral. Muitos dos novos princípios contratuais e de responsabilidade inseridos no Código de 2002 já figuravam como princípios expressos ou implícitos no CDC.

A teoria da responsabilidade objetiva bem demonstra o avanço da responsabilidade civil nos séculos XIX e XX. Foram repensados e reestruturados muitos dogmas, a partir da noção de que só havia responsabilidade com culpa.

O âmbito da responsabilidade sem culpa aumenta significativamente em vários segmentos dos fatos sociais. Tanto assim é que culmina com a amplitude permitida pelo acima transcrito art. 927, parágrafo único, do Código. Assim, acentuam-se, no Direito ocidental, os aspectos de causalidade e reparação do dano, em detrimento da imputabilidade e culpabilidade de seu causador. Daí por que, por exemplo, este Código estampa a responsabilidade do incapaz, a possibilidade de seu patrimônio responder por danos por ele causados, ainda que de forma mitigada (art. 928). A questão tem a ver com os princípios de dignidade humana do ofendido e da sociedade como um todo. Muito cedo se percebeu no curso da história que os princípios da responsabilidade com culpa eram insuficientes para muitas das situações de prejuízo, a começar pela dificuldade da prova da própria culpa.

Na responsabilidade objetiva, há, em princípio, pulverização do dever de indenizar por um número amplo de pessoas. A tendência prevista é de que no contrato de seguro se encontrará a solução para a amplitude de indenização que se almeja em prol da paz social. Quanto maior o número de atividades protegidas pelo seguro, menor será a possibilidade de situações de prejuízo restarem irressarcidas. Ocorre, porém, que o seguro será sempre limitado ou tarifado; optando-se por essa senda, indeniza-se sempre, na maioria das situações, mas certamente se indenizará menos. É o que ocorre, por exemplo, na indenização por acidentes do trabalho, nos acidentes aéreos e em várias outras situações.

Ainda, quanto à responsabilidade objetiva, é importante mencionar que os tribunais passaram a admitir o que a doutrina atualmente denomina *responsabilidade objetiva agravada*. Diz respeito a riscos específicos que merecem uma indenização mais ampla, de evidente cunho punitivo. Como regra, não existem princípios com específica referência a ela nos textos legais, sendo uma criação jurisprudencial, mormente no âmbito da responsabilidade da Administração. Fernando Noronha (2002, p. 488) dá como exemplo dessa modalidade na lei a hipótese da responsabilidade do transportador por acidente com passageiro por culpa de terceiro, ainda que o transportador tenha ação regressiva (art. 735, que reproduziu Súmula do STF). Essa responsabilidade agravada representa mais um marco na evolução da história da responsabilidade civil, essencialmente dinâmica, como apontamos de início.

Desse modo, a tradicional responsabilidade extracontratual, extranegocial, também denominada tradicionalmente aquiliana, apresenta hodiernamente outros matizes, pois não coincide unicamente com o aspecto da reparação dos atos ilícitos. Há indenizações em sede de direitos difusos ou coletivos que extrapolam esse simples entendimento.

Reitera-se, contudo, que o princípio gravitador da responsabilidade extracontratual no Código Civil ainda é o da responsabilidade subjetiva, ou seja, responsabilidade com culpa, pois esta também é a regra geral traduzida neste Código, no *caput* do art. 927. Não nos parece, como apregoam alguns, que este estatuto fará desaparecer a responsabilidade com culpa em nosso sistema. A responsabilidade objetiva, ou responsabilidade sem culpa, somente pode ser aplicada quando existe lei expressa que a autorize ou no julgamento do caso concreto, na forma facultada pelo parágrafo único do art. 927. Portanto, na ausência de lei expressa, a responsabilidade pelo ato ilícito será subjetiva, pois esta é ainda a regra geral no direito brasileiro. Em casos excepcionais, levando em conta os aspectos da nova lei, o juiz poderá concluir pela responsabilidade objetiva no caso que examina. No entanto, advirta-se, o dispositivo questionado explicita que somente pode ser definida como objetiva a responsabilidade do causador do dano quando este decorrer de "*atividade normalmente desenvolvida*" por ele. O juiz deve avaliar, no caso concreto, a atividade costumeira do ofensor e não uma atividade esporádica ou eventual, qual seja, aquela que, por um momento ou por uma circunstância, possa ser um ato de risco. Não sendo levado em conta esse aspecto, poder-se-á transformar em regra o que o legislador colocou como exceção.

A teoria da responsabilidade objetiva não pode, portanto, ser admitida como regra geral, mas somente nos casos contemplados em lei ou sob o novo aspecto enfocado por este Código. Levemos em conta, no entanto, que a responsabilidade civil é matéria viva e dinâmica na jurisprudência. A cada momento estão sendo criadas novas teses jurídicas como decorrência das necessidades sociais. Os novos trabalhos doutrinários da nova geração de juristas europeus são prova cabal dessa afirmação. A admissão expressa da indenização por dano moral na Constituição de 1988 é tema que alargou os decisórios, o que sobreleva a importância da constante consulta à jurisprudência nesse tema, sobretudo do STJ, encarregado de uniformizar a aplicação das leis.

A noção clássica de culpa foi sofrendo, no curso da História, constantes temperamentos em sua aplicação. Nesse sentido, as primeiras atenuações em relação ao sentido clássico de culpa traduziram-se nas "*presunções de culpa*" e em mitigações no rigor da apreciação da culpa em si. Os tribunais foram percebendo que a noção estrita de culpa, se aplicada rigorosamente, deixaria inúmeras situações de prejuízo sem ressarcimento. No decorrer de nossa exposição, são examinadas muitas dessas situações de culpa presumida, criações da jurisprudência. Não se confunde a presunção de culpa, onde culpa deve existir, apenas se invertendo os ônus da prova, com a responsabilidade sem culpa ou objetiva, na qual se dispensa a culpa para o dever de indenizar. De qualquer forma, as presunções de culpa foram importante degrau para se chegar à responsabilidade objetiva.

A jurisprudência, atendendo a necessidades prementes da vida social, ampliou o conceito de culpa. Daí ganhar espaço o conceito de responsabilidade sem culpa. As noções de risco e garantia ganham força para substituir a culpa. No final do século XIX, surgem as primeiras manifestações ordenadas da teoria objetiva ou teoria do risco. Sob esse prisma, quem, com sua atividade ou meios utilizados, cria um risco deve suportar o prejuízo que sua conduta acarreta, ainda porque essa atividade de risco lhe proporciona um benefício. Nesse aspecto, cuida-se do denominado *risco-proveito*. A dificuldade está em evidenciar o proveito decorrente da atividade, que nem sempre fica muito claro. Pode-se pensar nessa denominação para justificar a responsabilidade sem culpa, desde que não se onere a vítima a provar nada mais além do fato danoso e do nexo causal.

A teoria do risco aparece na história do Direito, portanto, com base no exercício de uma atividade, dentro da ideia de que quem exerce determinada atividade e tira proveito direto ou indireto dela responde pelos danos que ela causar, independentemente de culpa sua ou de prepostos. O princípio da responsabilidade sem culpa ancora-se em um princípio de equidade: quem aufere os cômodos de uma situação deve também suportar os incômodos. O exercício de uma atividade que possa representar um risco obriga por si só a indenizar os danos causados por ela.

No direito mais recente, a teoria da responsabilidade objetiva é justificada tanto sob o prisma do *risco* como sob o do *dano*. Não se indenizará unicamente porque há um risco, mas porque há um dano e, neste último aspecto, em muitas ocasiões dispensa-se o exame do risco.

A explicação dessa teoria objetiva justifica-se também sob o título *risco profissional*. O dever de indenizar decorre de uma atividade laborativa. É o rótulo que explica a responsabilidade objetiva nos acidentes do trabalho. Outros lembram do *risco excepcional*: o dever de indenizar surge de atividade que acarreta excepcional risco, como é o caso da transmissão de energia elétrica, exploração de energia nuclear, transporte de explosivos etc. Sob a denominação *risco criado*, o agente deve indenizar quando, em razão de sua atividade ou profissão, cria um perigo. Esse, aliás, deve ser o denominador para o juiz definir a atividade de risco no caso concreto, segundo o art. 927, parágrafo único, qual seja, a criação de um perigo para terceiros em geral.

Todas as teorias e adjetivações na responsabilidade objetiva decorrem da mesma ideia, como expusemos anteriormente ao presente tópico. Qualquer que seja a qualificação do risco, o que importa é sua essência: em todas as situações socialmente relevantes, quando a prova da culpa é um fardo pesado ou intransponível para a vítima, a lei opta por dispensá-la. O princípio do risco repousa na necessidade de segurança jurídica. Sob esse prisma, deve existir uma imputação ao agente, quer responda ele por culpa, na responsabilidade subjetiva, quer responda pelo risco de sua atividade, na responsabilidade objetiva. Sem imputação da responsabilidade não haverá indenização.

A doutrina refere-se também à teoria do *risco integral*, modalidade extremada que justifica o dever de indenizar até mesmo quando não existe nexo causal. O dever de indenizar estará presente tão só perante o dano, ainda que com culpa exclusiva da vítima, fato de terceiro, caso fortuito ou força maior. Trata-se de modalidade que não resiste a maiores investigações, embora seja defendida excepcionalmente para determinadas situações.

Na responsabilidade objetiva, como regra geral, leva-se em conta o dano, em detrimento do dolo ou da culpa. Desse modo, para o dever de indenizar, bastam o dano e o nexo causal, prescindindo-se da prova da culpa. Em que pese a permanência da responsabilidade subjetiva como regra geral entre nós, por força do art. 186 do Código, é crescente, como examinamos, o número de fenômenos que são regulados sob a responsabilidade objetiva. O próprio Código Civil de 1916 adotara a responsabilidade objetiva em algumas situações, como a do art. 1.529 (responsabilidade do habitante de casa por queda ou lançamento de coisas em lugar indevido). Tendo em vista a realidade da adoção crescente da responsabilidade objetiva pela legislação, torna-se desnecessária a discussão de sua conveniência no âmbito de nosso estudo e no atual estágio da ciência jurídica.

1.2. Responsabilidade civil e penal

A noção de responsabilidade, como gênero, implica sempre exame de conduta voluntária violadora de um dever jurídico. Sob tal premissa, a responsabilidade pode ser de várias naturezas, embora ontologicamente o conceito seja o mesmo.

De início há um divisor de águas entre a *responsabilidade penal* e a *civil*. A ilicitude pode ser civil ou penal. Como a descrição da conduta penal é sempre uma tipificação restrita, em princípio a responsabilidade penal ocasiona o dever de indenizar. Por essa razão, a sentença penal condenatória faz coisa julgada no cível quanto ao dever de indenizar o dano decorrente da conduta criminal, na forma dos arts. 91, I, do Código Penal, 63, do CPP. As jurisdições penal e civil em nosso país são independentes, mas há reflexos no juízo cível, não só sob o mencionado aspecto da sentença penal condenatória, como também porque não podemos discutir no cível a existência do fato e da autoria do ato ilícito, se essas questões foram decididas no juízo criminal e encontram-se sob o manto da coisa julgada (art. 64 do CPP, art. 935 do Código Civil). De outro modo, a sentença penal absolutória, por falta de provas quanto ao fato, quanto à autoria, ou a que reconhece uma dirimente ou justificativa, sem estabelecer a culpa, por exemplo, não tem influência na ação indenizatória que pode revolver autonomamente toda a matéria em seu bojo.

O círculo dos atos ilícitos como fatos e atos humanos é muito mais amplo: o ilícito civil nem sempre configurará uma conduta punível, descrita pela lei penal. No entanto, a ideia de transgressão de um dever jurídico está presente em ambas as responsabilidades. Cabe ao legislador definir quando é oportuno e conveniente tornar a conduta criminalmente punível. Os ilícitos de maior gravidade social são reconhecidos pelo Direito Penal. O ilícito civil é considerado de menor gravidade e o interesse de reparação do dano é privado, embora com interesse social, não afetando, a princípio, a segurança pública. O conceito de ato ilícito, portanto, é um conceito aberto no campo civil, exposto ao exame do caso concreto e às noções referidas de dano, imputabilidade, culpa e nexo causal, as quais, também, e com maior razão, fazem parte do delito ou ilícito penal. Em qualquer dos campos, porém, existe infração à lei e a um dever de conduta. Quando esse dever de conduta parece à primeira vista diluído e não identificável na norma, sempre estará presente o princípio geral do *neminem laedere*; ou seja, a ninguém é dado prejudicar outrem. Quando a conduta é de relevância tal que exige punição pessoal do transgressor, o ordenamento descreve-a como conduta criminalmente punível.

Assim, o mesmo ato ou a mesma conduta pode caracterizar concomitantemente um crime e um ilícito civil. Os pedidos de indenização, contudo, em nosso sistema, dependem sempre da ação civil a qual não se confunde com o processo penal, o que nem sempre é seguido por ordenamentos estrangeiros.

As normas de direito penal são de direito público, interessam mais diretamente à sociedade do que exclusivamente ao indivíduo lesado, ao ofendido. No direito privado, o que se tem em mira é a reparação de dano em prol da vítima; no direito penal, como regra, busca-se a punição e a melhor adequação social em prol da sociedade. Quando coincidem as duas ações, haverá duas persecuções, uma em favor da sociedade e outra em favor dos direitos da vítima.

Para o crime ou delito, o ordenamento estrutura as modalidades de punição exclusivamente pessoais do delinquente; a mais grave dela em nosso ordenamento é a pena privativa de liberdade. Para o ilícito civil, embora se possam equacionar modalidades de reparação em espécie, o denominador comum será sempre, a final, a indenização em dinheiro, como o lenitivo mais aproximado que existe no Direito para reparar ou minorar um mal causado, seja ele de índole patrimonial ou exclusivamente moral, como atualmente permite expressamente a Constituição. A responsabilidade civil leva em conta, primordialmente, o dano, o prejuízo, o desequilíbrio patrimonial, embora, em sede de dano exclusivamente moral, o que se tem em mira é a dor psíquica ou o desconforto comportamental da vítima. No entanto, é básico que, se não houver dano ou prejuízo a ser ressarcido, não temos por que falar em responsabilidade civil: simplesmente não há por que responder. A responsabilidade civil pressupõe um equilíbrio entre dois patrimônios que deve ser restabelecido.

1.3. Responsabilidade contratual e extracontratual (responsabilidade negocial e extranegocial)

A grande questão nessa matéria é saber se o ato danoso ocorreu em razão de uma obrigação preexistente, contrato ou negócio jurídico unilateral. Enfatizamos anteriormente que nem sempre resta muito clara a existência de um contrato ou de um negócio, porque tanto a responsabilidade contratual como a extracontratual com frequência se interpenetram e ontologicamente não são distintas: quem transgride um dever de conduta, com ou sem negócio jurídico, pode ser obrigado a ressarcir o dano. O dever violado será o ponto de partida, não importando se dentro ou fora de uma relação contratual. Advertimos, contudo, que, quando em doutrina é feita referência singela à responsabilidade civil, devemos entender que se trata da responsabilidade extracontratual. No Código Civil, muitos dos temas tratados quanto à forma de indenização referem-se à responsabilidade contratual ou negocial, como veremos.

A doutrina contemporânea, sob certos aspectos, aproxima as duas modalidades, pois a culpa vista de forma unitária é fundamento genérico da responsabilidade. Uma e outra fundam-se na culpa. Na culpa contratual, porém, examinamos o inadimplemento como seu fundamento e os termos e limites da obrigação. Na culpa aquiliana ou extranegocial, levamos em conta a conduta do agente e a culpa em sentido lato, conceito que veremos a seguir. Luiz Roldão de Freitas Gomes (2000, p. 33) anota que a jurisprudência introduziu matizes na distinção, alargando a compreensão da culpa contratual:

> "1º) quando um contratante comete uma falta dolosa na execução do contrato, pode-se considerar que ela faz desaparecer o contrato: aplicam-se as regras delituais;
>
> 2º) verifica-se, nos últimos anos, uma extensão da responsabilidade contratual. Admite-se, com efeito, que os terceiros interessados no contrato possam agir e deviam agir sobre uma base contratual."

Há tendência de ser estendida a responsabilidade contratual a terceiros atingidos por um negócio jurídico originário. Essa extensão possui evidentes reflexos no montante e nos limites da indenização, geralmente balizados pelo contrato.

Por vezes, a existência de um contrato ou de um negócio unilateral não aflora de forma clara. Há situações dúbias nas quais a existência de uma obrigação negocial é questionada, como, por exemplo, no transporte gratuito ou no atendimento de urgência que um médico faz a um pedestre acidentado em via pública. Essa dúvida, porém, não é óbice para o dever de indenizar. O mesmo podemos dizer da responsabilização que surge de um contrato nulo.

Ressalte-se, no entanto, que não existe na realidade uma diferença ontológica, senão meramente didática, entre responsabilidade contratual e aquiliana. Essa dualidade é mais aparente do que real. O fato de existirem princípios próprios dos contratos e da responsabilidade fora deles não altera essa afirmação. Assim, é possível afirmar que existe um paradigma abstrato para o dever de indenizar. O que permite concluir por uma visão unitária acerca da responsabilidade civil (VISINTINI, 1999, p. 197). Todas essas assertivas, porém, não impedem que se identifiquem claramente, na maioria dos casos concretos, a responsabilidade derivada de um contrato, de um inadimplemento ou mora, e aquela derivada de um dever de conduta, de uma transgressão de comportamento. Há, sem dúvida, como na maioria dos fenômenos jurídicos, uma zona limítrofe ou cinzenta na qual a existência de um contrato não fica muito clara, como afirmamos, por exemplo, no transporte gratuito e em algumas situações de responsabilidade médica. O fundamental é ficar assente que o instituto da responsabilidade em geral compreende todas as regras com base nas quais o autor de um dano fica obrigado a indenizar. Veja, a respeito, também o que se estuda acerca da responsabilidade pré-contratual e da responsabilidade pós-contratual, questões que se ligam diretamente ao tema.

1.4. Ato ilícito

Os atos ilícitos são os que emanam direta ou indiretamente da vontade e ocasionam efeitos jurídicos, mas contrários ao ordenamento. O ato voluntário é, portanto, o primeiro pressuposto da responsabilidade civil. Esse conceito prende-se ao de imputabilidade, porque a voluntariedade desaparece ou torna-se ineficaz quando o agente é juridicamente irresponsável. Na atualidade, a imputabilidade cede importância ao ressarcimento, pois o Código contemporâneo já permite uma responsabilidade mitigada dos incapazes (art. 928).

O ato de vontade, contudo, no campo da responsabilidade deve revestir-se de ilicitude. Melhor diremos que na ilicitude há, geralmente, uma cadeia ou sucessão de atos ilícitos, uma conduta culposa. Raramente, a ilicitude ocorrerá com um único ato. O ato ilícito traduz-se em um comportamento voluntário que transgride um dever. Ontologicamente, o ilícito civil não difere do ilícito penal; a principal diferença reside na tipificação estrita deste último.

Na responsabilidade subjetiva, o centro de exame é o ato ilícito. O dever de indenizar vai repousar justamente no exame de transgressão ao dever de conduta que constitui o ato ilícito. Como vimos, sua conceituação vem exposta no art. 186. Na responsabilidade objetiva, o ato ilícito mostra-se incompleto, pois é suprimido o substrato da culpa. No sistema da responsabilidade subjetiva, o elemento subjetivo do ato ilícito, que gera o dever de indenizar, está na imputabilidade da conduta do agente (PEREIRA, 1999, p. 33).

1.5. Culpa

A doutrina concorda que não é fácil estabelecer o conceito de culpa, embora não haja dificuldade de compreendê-la nas relações sociais e no caso concreto. Em sentido amplo, culpa é a inobservância de um dever que o agente devia conhecer e observar. Não podemos afastar a noção de culpa do conceito de dever. O mestre da tradicional responsabilidade civil entre nós, José de Aguiar Dias (1979; v. 1, p. 136), após comentar a dificuldade de conceituá-la, não consegue fugir de definição prolixa:

"A culpa é falta de diligência na observância da norma de conduta, isto é, o desprezo, por parte do agente, do esforço necessário para observá-la, com resultado não objetivado, mas previsível, desde que o agente se detivesse na consideração das consequências eventuais de sua atitude."

Conclui Rui Stoco (1999, p. 66) que

"a culpa, genericamente entendida, é, pois, fundo animador do ato ilícito, da injúria, ofensa ou má conduta imputável. Nessa figura encontram-se dois elementos: o objetivo, expressado na iliceidade, e o subjetivo, do mau procedimento imputável".

Quando é mencionada culpabilidade no campo civil, a noção abrange o dolo e a culpa. Giovanna Visintini (1999, p. 39) aponta que esses dois aspectos, estruturalmente, não têm nada em comum. De fato, há uma longa distância no ato pelo qual o agente procura intencionalmente o resultado (dolo) e naquele que se dá por negligência, imprudência ou imperícia (culpa). Em sede de indenização, porém, as consequências são idênticas.

Sérgio Cavalieri Filho (2000, p. 39), após discorrer sobre o dolo, sintetiza a noção de culpa em sentido estrito *"como conduta voluntária, contrária ao dever de cuidado imposto pelo Direito, com a produção de um evento danoso involuntário, porém previsto ou previsível".*

O art. 159 do Código de 1916 e o art. 186 do Código em vigor elegeram a culpa como o centro da responsabilidade subjetiva que norteia a responsabilidade civil no Direito brasileiro, com a nova perspectiva já enfatizada, descrita no art. 927, parágrafo único.

A responsabilidade objetiva não era desconhecida pelo legislador de 1916, contudo, pois o Decreto Legislativo nº 2.681, de 1912, portanto anterior ao Código, já consagrava essa modalidade de responsabilidade no transporte ferroviário. O art. 186 do diploma consagra a responsabilidade dependente de culpa, *mas não estatuem que a indenização somente dependerá da culpa*. A noção de responsabilidade sem culpa não era, portanto, desconhecida do legislador do início do século XX, tanto que o próprio Código anterior, como observamos, em várias passagens, faz concessões à responsabilidade objetiva.

A culpa civil em sentido amplo abrange não somente o ato ou conduta intencional, o dolo (*delito*, na origem semântica e histórica romana), mas também os atos ou condutas eivados de negligência, imprudência ou imperícia, qual seja, a culpa em sentido estrito (*quase-delito*). Essa distinção entre dolo e culpa ficou conhecida no Direito Romano, e assim foi mantida no Código francês e em muitos outros diplomas, como delitos e quase-delitos. Essa distinção, modernamente, já não possui maior importância no campo da responsabilidade. Para fins de indenização, importa verificar se o agente agiu com culpa civil, em sentido lato, pois, como regra, a intensidade do dolo ou da culpa não deve graduar o montante da indenização, embora o presente Código apresente dispositivo nesse sentido (art. 944, parágrafo único). A indenização deve ser balizada pelo efetivo prejuízo.

No entanto, forma-se mais recentemente entendimento jurisprudencial, mormente em sede do dano moral, no sentido de que a indenização pecuniária não tem apenas cunho de reparação do prejuízo, mas tem também possui caráter punitivo ou sancionatório, pedagógico, preventivo e repressor: a indenização não apenas repara o dano, repondo o patrimônio abalado, mas também atua como forma educativa ou pedagógica para o ofensor e a sociedade e intimidativa para evitar perdas e danos futuros. Sem dúvida, essa posição, no direito de origem romano-germânica, é fortemente influenciada pelo direito anglo-saxão, no qual essa função é muito clara (*punitive damages*). Nesse caso, inelutavelmente, o juiz deixa-se levar pela intensidade da culpa para fixar a retribuição pecuniária. O aspecto aproxima-se da pena privada. A indenização passa a ter essa conotação. Geneviève Viney e Patrice Jourdain (1998, p. 5) acentuam que a ideia de pena privada tem seduzido enormemente a jurisprudência francesa em sede de reparação de danos nas últimas décadas. A responsabilidade civil no direito norte-americano (*tort law*) possui essas três funções que se mostram presentes nos precedentes: a compensação de perda ou dano derivado de uma conduta; a imputabilidade desse prejuízo a quem, por direito, o causou; e a prevenção contra futuras perdas ou danos (KIONKA, 1999, p. 5). Gagliano e Pamplona Filho (2003, p. 23) denominam *desmotivação social da conduta lesiva* a essa função pedagógica. Interessante é notar que toda indenização por dano moral gravita em torno dos direitos da personalidade exclusivamente, como sustenta boa parte da doutrina.

Em reforço ao aqui exposto, o falecido Projeto de Lei nº 6.960/2002, que pretendeu alterar inúmeros dispositivos deste Código, tentou acrescentar outro parágrafo ao art. 944 para incluir: *"a reparação do dano moral deve constituir-se em compensação ao lesado e adequado desestímulo ao lesante"*. Realçam-se nessa dicção os aspectos indenizatório e preventivo. Contudo, como lembra Fernando Noronha (2003, p. 440),

"não se deve exagerar na ideia de punição através da responsabilidade civil: a função dissuasória desta tem sempre um papel acessório; em princípio, a responsabilidade civil visa apenas reparar danos. Um sancionamento do ofensor só terá justificação quando haja dolo ou culpa; unicamente nestes casos

a reparação civil do dano pode passar a ser uma pena privada. Mas mesmo nestas situações, parece que o agravamento da indenização só se justifica na medida em que a ideia de punição do responsável (através da imposição de pagar uma quantia) constitua ainda uma forma de satisfação proporcionada aos lesados, para de certo modo lhes 'aplacar' a ira".

Para que o sentido de punição privada na responsabilidade civil possa ir além desse limite, haverá necessidade de reformulação legislativa. Não parece haver dúvida, contudo, de que esse será o caminho a ser apontado pelo legislador no futuro para determinadas categorias de danos. Nessa trilha já caminham as indenizações por danos ao meio ambiente, quando tem sido acentuada a necessidade de condenações em valores exemplares, dentro do que falamos acerca do aspecto preventivo ou dissuasório da indenização. A lei que instituiu a ação civil pública (Lei nº 7.347/1985) veio abrir campo para essa modalidade de indenização quando permite que os valores da condenação sejam revertidos para fundos de defesa de direitos difusos.

Como descrevemos, há uma nova perspectiva em matéria de fixação da indenização. Como apontamos, o Código de 2002 inova nessa matéria. De fato, estabelece esse diploma, como regra geral, *"a indenização mede-se pela extensão do dano".* No entanto, acrescentou o legislador no parágrafo único desse art. 944: *"Se houver excessiva desproporção entre a gravidade da culpa e o dano, poderá o juiz reduzir, equitativamente, a indenização."* Portanto, nesse aspecto, a medida do prejuízo pode deixar de ser o valor da indenização. Nada vai impedir, por outro lado, que corrente jurisprudencial entenda por agravar a indenização quando a culpa for excessiva ou desmesurada, atendendo às novas correntes que justificam o dever de indenizar, mormente em sede de dano moral, como aponta a redação do projeto mencionado.

A doutrina tradicional triparte a culpa em três graus: *grave, leve* e *levíssima.* A culpa grave é a que se manifesta de forma grosseira e, como tal, se aproxima do dolo. Nesta se inclui também a chamada *culpa consciente,* quando o agente assume o risco de que o evento danoso e previsível não ocorrerá. A culpa leve é a que se caracteriza pela infração a um dever de conduta relativa ao homem médio, o bom pai de família. São situações nas quais, em tese, o homem comum não transgrediria o dever de conduta. A culpa levíssima é constatada pela falta de atenção extraordinária, que somente uma pessoa muito atenta ou muito perita, dotada de conhecimento especial para o caso concreto, poderia ter. Entende-se que, mesmo levíssima, a culpa obriga a indenizar. Como vimos, em regra, não é a intensidade da culpa que gradua o dano, mas o efetivo valor do prejuízo. Em determinadas situações, o ordenamento exige a culpa grave, equiparando-a ao dolo, para possibilitar a reparação. Já houve Projeto de Lei que teve como objetivo mensurar e limitar a indenização por dano moral,

estabelecendo três faixas indenizatórias em valores respectivos, e nessas faixas o juiz deverá estabelecer o grau de culpa, dentro da divisão tripartida, a fim de fixar a indenização. Nesses termos, volta-se no curso da História, para reviver conceitos de graduação de culpa para fins de indenização que eram tidos como superados. A reviviscência de institutos jurídicos é fenômeno corrente no Direito. Em muitas situações, a doutrina e o legislador vão buscar nos escaninhos da História antigos institutos para resolver problemas atuais.

Tanto o Código Civil revogado como o atual não previram expressamente essa tripartição da culpa, cujas fortes raízes históricas exigem que seja conceituada. No entanto, o Código de 2002 acena com essa divisão, ao estipular no parágrafo único do art. 944: *"Se houver excessiva desproporção entre a gravidade da culpa e o dano, poderá o juiz reduzir, equitativamente, a indenização."*

Nessa dicção fica claro que o julgador deve necessariamente debruçar-se sobre a problemática da gradação da culpa. Não é, porém, o único caso do ordenamento.

A culpa, sob os princípios consagrados da negligência, imprudência e imperícia, contém uma conduta voluntária, mas com resultado involuntário, a previsão ou a previsibilidade e a falta de cuidado devido, cautela ou atenção. Na negligência, o agente não age com a atenção devida em determinada conduta; *"há um desajuste psíquico traduzido no procedimento antijurídico, ou uma omissão de certa atividade que teria evitado o resultado danoso"* (STOCO, 2004, p. 136). Na imprudência, o agente é intrépido, açodado, precipitado e age sem prever consequências nefastas ou prejudiciais. Na culpa sempre existe o aspecto do defeito da previsibilidade, assim como na imperícia, não trazida ao bojo do art. 186, mas certamente também integrante do conceito de culpa. É imperito aquele que demonstra inabilidade para seu ofício, profissão ou atividade. É imperito o advogado que redige petição inepta e o médico que administra a droga errada e danosa ao paciente, por exemplo.

Não é possível estabelecer-se aprioristicamente um padrão de conduta. A culpa deve ser avaliada no caso concreto, geralmente levando-se em conta o homem médio ou *bonus pater familias.* A *obligatio diligentiam* é aferida pelo padrão médio de comportamento, um grau de diligência considerado normal, de acordo com a sensibilidade ético-social e com a situação em concreto examinada (GONÇALVES, 2003, p. 19). Um especialista, por exemplo, ao examinar o funcionamento de um equipamento sofisticado não será o mesmo de um homem comum, na mesma situação.

Quando as consequências da conduta são imprevistas ou imprevisíveis, não há como configurar a culpa. A previsibilidade integra sempre a definição de culpa. Esse é o centro da atenção do julgador, no caso concreto, nem sempre fácil de definir. O ato situa-se na esfera do caso fortuito ou força maior, quando refoge à previsibilidade do agente. A falta de cautela, cuidado e atenção exteriorizam-se, de forma geral, pela imprudência, negligência ou imperícia. Esses três decantados aspectos da culpa são formas de exteriorização da conduta culposa. É imprudente, por exemplo, o motorista que atravessa cruzamento preferencial sem efetuar parada prévia em seu veículo ou ali imprime velocidade excessiva. É negligente o motorista que não mantém os freios do veículo em perfeito funcionamento. É imperito aquele que se arvora em dirigir veículo ou operar uma máquina sem os conhecimentos e a habilitação técnica para fazê-lo. Em muitas oportunidades, esses três aspectos interpenetram-se, pois a culpa deve ser vista unitariamente. Irrelevante a modalidade de culpa para a configuração do dever de indenizar.

Em qualquer situação, ao lado do aspecto da previsibilidade, leva-se sempre em conta a ideia de um dever violado. Por isso, também não diverge o conceito de culpa contratual do de culpa extracontratual. Ambos também se fundam na culpa. Sucede que, na responsabilidade contratual, a culpa surge de forma definida, mais clara, porque existe uma descrição de obrigação preexistente no negócio jurídico, que foi descumprida.

Quando se menciona a culpa, não se deve esquecer que o ato ilícito, na maioria das vezes, como já anotamos, corporifica-se por uma conduta culposa e não unicamente por um ato isolado. Desse modo, é sempre mais apropriada a referência à *conduta culposa*. Outras modalidades de culpa também devem ser lembradas.

Culpa *in eligendo* é a oriunda da má escolha do representante ou do preposto, como, por exemplo, contratar empregado inabilitado ou imperito.

Culpa *in vigilando* é a que se traduz na ausência de fiscalização do patrão ou comitente com relação a empregados ou terceiros sob seu comando.

Culpa *in commitendo* ocorre quando o agente pratica ato positivo, geralmente caracterizado por imprudência, e culpa *in omittendo* decorre de uma abstenção indevida, caracterizando negligência. Deixar, por exemplo, o patrão que empregado sem condições técnicas opere máquina de alta periculosidade. Nesse diapasão, surge a distinção de culpa por fato próprio, fato de terceiro ou fato da coisa. A responsabilidade por conduta culposa própria é da própria essência do instituto, e é a única modalidade aceita em Direito Penal. O ordenamento, porém, alarga o sentido de responsabilidade, determinando que o agente responda por ato de terceiro, a quem está legado por um dever de guarda ou vigilância. Nesses termos, segundo o art. 932, os pais são responsáveis pelos atos dos filhos menores que estiverem sob seu poder e em sua companhia.

O agente pode ainda ser responsável por fato de animais ou coisas sob sua guarda, conforme previsto nos arts. 936 e 937, matéria a ser examinada. Nessa responsabilidade pela coisa e pelo animal, a responsabilidade é própria do agente.

A culpa *in comittendo*, como afirmamos, caracteriza-se por ato positivo do agente, enquanto a culpa *in omittendo* estampa-se no ato omissivo. O comportamento voluntário do agente caracteriza-se por uma ação ou omissão, que produz consequências jurídicas. A ação é a modalidade mais comum de exteriorização de conduta. Normalmente, na esfera extracontratual, há um dever geral de abstenção. O ato positivo é que deflagrará eventual ilicitude. A inatividade, quando do agente se exige uma ação, caracteriza a conduta omissiva. Normalmente, a omissão por si só é irrelevante para a esfera jurídica. Somente pode ser responsabilizado por omissão o agente que estiver em situação jurídica que o obrigue a agir, a impedir um resultado. Nesse sentido, o pai é responsável civil e criminalmente pela omissão de alimentar os filhos.

A doutrina também refere-se à culpa *in concreto*, aquela examinada na conduta específica sob exame, e a culpa *in abstrato*, aquela conduta de transgressão avaliada pelo padrão do homem médio.

Em muitas hipóteses, a jurisprudência considera a chamada *culpa presumida*. Em inúmeras situações concretas, de evidência patente, provar a culpa é totalmente despiciendo. Nesse sentido, por exemplo, em acidentes de veículos, presume-se a culpa de quem abalroa pela traseira. No mesmo sentido:

"*Se o motorista sobe com o veículo na calçada e atropela transeunte, a culpa decorre do próprio fato; está* in re ipsa, *cabendo ao agente afastá-la provando caso fortuito ou força maior*" (CAVALIERI FILHO, 2000, p. 43).

Nas hipóteses de culpa presumida, carreadas pela jurisprudência, há inversão do ônus da prova: cabe ao réu provar que não agiu com culpa. A culpa presumida, contudo, não se confunde com a responsabilidade objetiva, que independe da culpa.

Por vezes os tribunais referem-se à *culpa contra a legalidade*. Essa modalidade refere-se à transgressão de um dever imposto por lei ou regulamento. As advertências "não pise a grama", "não fume", "utilize equipamentos de segurança", "entrada exclusiva para funcionários", "não pare na pista" são exemplos característicos. Assim, portanto, se colocam as condutas dos motoristas que violam as leis e regulamentos do trânsito. Nessas hipóteses, provadas a conduta violadora, o nexo causal e o evento danoso, a culpa decorre como consequência. Também não se trata de responsabilidade objetiva, embora dela se aproxime bastante.

Nos acidentes de trânsito, por exemplo, as regras do ordenamento se baseiam no que normalmente ocorre. Assim, se o motorista se envolve em acidente porque não respeitava regra, tão só por isso deveria ser responsabilizado. A regra não tem seduzido nossos tribunais, que continuam a preferir examinar a culpa em concreto. No caso do trânsito, pode ter sido irrelevante para a apuração da culpa do outro motorista, por exemplo, estar o agente trafegando com luzes apagadas. Essas situações permitem concluir que na chamada culpa contra a legalidade existe uma presunção de culpa que, como tal, pode ser elidida. Inobstante, em sede de delitos de trânsito, algumas situações têm sido admitidas corriqueiramente como sendo de culpa presumida, como, por exemplo, daquele que abalroa pela traseira; do que transita na contramão; do que não atende à placa de "pare" etc. Todavia, como se trata de presunção, sempre há que se admitir a prova em contrário. Não há que se concluir, ademais, que somente porque o motorista seguiu as regras de trânsito não é culpado por um acidente.

1.6. Dano e indenização. Perda da chance. Dano em ricochete

Dano consiste no prejuízo sofrido pelo agente. Pode ser individual ou coletivo, moral ou material, ou melhor, econômico e não econômico. A noção de dano sempre foi objeto de muita controvérsia. Na noção de dano está sempre presente a noção de prejuízo. Nem sempre a transgressão de uma norma ocasiona dano. Somente haverá possibilidade de indenização, como regra, se o ato ilícito ocasionar dano. Cuida-se, portanto, do dano injusto, aplicação do princípio pelo qual a ninguém é dado prejudicar outrem (*neminem laedere*) (BAPTISTA, 2003, p. 47). Em concepção mais moderna, pode-se entender que a expressão *dano injusto* traduz a mesma noção de *lesão a um interesse*, expressão que se torna mais própria modernamente, tendo em vista o vulto que tomou a responsabilidade civil. Falamos anteriormente que, no dano moral, leva-se em conta a dor psíquica ou, mais propriamente, o desconforto comportamental. Trata-se, em última análise, de interesses que são atingidos injustamente. O dano ou interesse deve ser atual e certo; não sendo indenizáveis, a princípio, danos hipotéticos. Sem dano ou sem interesse violado, patrimonial ou moral, não se corporifica a indenização. A materialização do dano ocorre com a definição do efetivo prejuízo suportado pela vítima.

O prejudicado deve provar que sofreu um dano, sem necessariamente indicar o valor, pois este poderá depender de aspectos a serem provados em liquidação. A avaliação do dano moral modificou substancialmente a doutrina tradicional de avaliação dos danos, como examinaremos. De qualquer forma, como reiterado, o dano é essencial para que ocorra a indenização.

Sob esse aspecto, surge a problemática da *perda da chance*. Temos sempre que examinar, como regra, a certeza do dano. Alguém deixa de prestar exame vestibular, porque o sistema de transportes não funcionou a contento, e o sujeito chegou atrasado, não podendo submeter-se à prova: pode ser responsabilizado o transportador pela impossibilidade de o agente cursar a universidade? O advogado deixa de recorrer ou de ingressar com determinada medida judicial: pode ser responsabilizado pela perda de um direito eventual de seu cliente? Essa, em tese, a problemática da perda da chance, cujo maior obstáculo repousa justamente na possibilidade de incerteza do dano. Há forte corrente doutrinária que coloca a perda da chance como um terceiro gênero de indenização, ao lado dos lucros cessantes e dos danos emergentes, pois o fenômeno não se amolda nem a um nem a outro segmento (GHERSI, 2000, p. 63). Por isso, a probabilidade de perda de uma oportunidade não pode ser considerada em abstrato.

Veja, como exemplo elucidativo de perda de chance, o fato ocorrido nas Olimpíadas de 2004, quando atleta brasileiro que liderava a prova da maratona foi obstado por um tresloucado espectador, que o empurrou, o retirou do curso e suprimiu-lhe a concentração. Discutiu-se se nosso compatriota deveria receber a medalha de ouro, pois conseguiu a de bronze, tendo chegado em terceiro lugar na importante competição. Embora tivesse ele elevada probabilidade de ser o primeiro, nada poderia assegurar que, sem o incidente, seria ele o vencedor. Caso típico de perda de chance, chance de obter o primeiro lugar, mas sem garantia de obtê-lo. Um prêmio ou uma indenização, nesse caso, nunca poderia ser o equivalente ao primeiro lugar na prova, mas sim em razão da perda dessa chance. Tanto assim é que os organizadores da competição acenaram-lhe com um prêmio alternativo, destinado a esportistas que se destacaram por feitos extraordinários, mas, até o momento em que se escreve, não lhe outorgaram a medalha de ouro.

Caio Mário da Silva Pereira (1999, p. 45) observa:

> "É claro, então, que, se a ação se fundar em mero dano hipotético, não cabe reparação. Mas esta será devida se se considerar, dentro na ideia de perda de uma oportunidade (perte d'une chance) e puder situar-se na certeza do dano."

Quando vem à baila o conceito de chance, estamos em face de situações nas quais há um processo que propicia uma oportunidade de ganhos a uma pessoa no futuro. Na perda da chance, ocorre a frustração na percepção desses ganhos. A indenização deverá fazer uma projeção dessas perdas, desde o momento do ato ou fato jurídico que lhe deu causa até um determinado tempo final, que pode ser uma certa idade para a vítima, um certo fato ou a data da morte. Nessas hipóteses, a perda da oportunidade constitui efetiva perda patrimonial e não mera expectativa. O grau de probabilidade é que fará concluir pelo montante da indenização (NORONHA, 2003, p. 666). Assim, por exemplo, como em caso concreto que julgamos, há efetiva perda de chance para engenheiro jovem que, vitimado por atropelamento, torna-se tetraplégico: evidente que no seu mercado de trabalho nunca obteria o mesmo salário de um engenheiro sadio. A matéria, oriunda de estudos na França, discutida largamente na Europa, ainda é nova no nosso país, mas os tribunais já estão a sufragá-la.

"A perda de uma chance séria e real é hoje considerada uma lesão a uma legítima expectativa suscetível de ser indenizada da mesma forma que a lesão a outras espécies de bens ou qualquer outro direito subjetivo tutelado pelo ordenamento" (SAVI, 2006, p. 101).

O *dano patrimonial*, portanto, é aquele suscetível de avaliação pecuniária, podendo ser reparado por reposição em dinheiro, denominador comum da indenização.

O *dano emergente*, aquele que mais se realça à primeira vista, o chamado dano positivo, traduz uma diminuição de patrimônio, uma perda por parte da vítima: *aquilo que efetivamente perdeu*. Geralmente, na prática, é o dano mais facilmente avaliável, porque depende exclusivamente de dados concretos. Em um abalroamento de veículo, por exemplo, o valor do dano emergente é o custo para repor a coisa no estado anterior. Será o valor do veículo, se a perda for total.

O *lucro cessante* traduz-se na dicção legal, o que a vítima *razoavelmente* deixou de lucrar. Trata-se de uma projeção contábil nem sempre muito fácil de ser avaliada. Nessa hipótese, deve ser considerado o que a vítima teria recebido se não tivesse ocorrido o dano. O termo *razoavelmente* posto na lei lembra, mais uma vez, que a indenização não pode converter-se em um instrumento de lucro. Assim, no exemplo do veículo sinistrado, temos que calcular quanto seu proprietário deixou de receber com os dias em que não pôde utilizá-lo. Se o automóvel pertencia a um taxista, evidente que o lucro cessante será calculado de forma diversa do que para o proprietário de um veículo utilizado exclusivamente para lazer. Em ambas as hipóteses, porém, haverá prejuízo nesse nível a ser indenizado. O detentor de automóvel particular, por exemplo, pode ter sido obrigado a alugar um veículo no período para manter suas atividades habituais. Nem sempre, portanto, o termo *lucro* dará a noção correta dessa modalidade de reparação. Por vezes, o lucro esperável traduz-se também como prejuízo, mas, se for projetável para o futuro, será abrangido pela expressão da lei. Nesse sentido, a indenização por causa de morte é indenizada na jurisprudência com base nos ganhos do falecido e com a parcela que ordinariamente concorreria para o sustento do lar. Nesses aspectos, tem aplicação o que expusemos acerca da perda de chance.

Quando o julgador decide matéria de responsabilidade civil, a tarefa mais árdua não é convencer-se da culpa, mas conferir à vítima a indenização mais adequada. Em indenizações complexas, a liquidação dos danos é, portanto, a questão mais sensível. A avaliação não pode partir de premissas abstratas.

Trata-se, em síntese, de aplicar a teoria da causalidade adequada, que é muito criticada na doutrina. O critério do lucro cessante deve lastrear-se em uma probabilidade objetiva. Nesse sentido, o art. 403 é expresso ao estabelecer que as perdas e danos só incluem os prejuízos efetivos e os lucros cessantes *por efeito direto e imediato*.

A doutrina mais recente menciona também a questão do *dano reflexo* ou *dano em ricochete*. Trata-se da situação de dano reflexo que sofre uma pessoa por um dano causado a outra. A questão é saber se o último prejudicado pode acionar diretamente o causador do dano. O problema surge, por exemplo, na perda da capacidade de trabalho ou morte de uma pessoa que reflete em prejuízo para seus dependentes diretos e indiretos. Os tribunais franceses, nessa situação, exigem um liame de direito direto entre a vítima inicial e a vítima por ricochete (VINEY; JOURDAIN, 1998, p. 139). A dificuldade é saber até que ponto é possível reclamar pelo reflexo de um dano. Até que grau de parentesco pode ser admitida essa responsabilidade? Ao que parece, a jurisprudência brasileira ainda não deu resposta clara a essa questão. Importa sempre, no caso concreto, verificar o nexo de causalidade. O ofensor deve reparar todo dano que causou segundo o nexo de causalidade. Em princípio, os danos causados reflexamente não devem ser indenizados. A única exceção aberta pela lei é a indenização decorrente de morte, admitindo-se que seja pleiteada por aqueles que viviam sob sua dependência econômica (art. 948, II). Caio Mário da Silva Pereira (1999, p. 44) conclui:

"*Em linhas gerais, pode-se concluir que é reparável o dano reflexo ou em ricochete, dês que seja certa a repercussão do dano principal, por atingir a pessoa que lhe sofra a repercussão, e esta seja devidamente comprovada.*"

O avanço tecnológico, a chamada era tecnológica, não bastasse a teoria do risco, traz continuamente série enorme de novas questões para a responsabilidade civil e apuração de danos, muitas vezes em ricochete. Os chamados interesses difusos e os danos coletivos são campo importante que fica a meio caminho entre o direito público e o direito privado. O campo da informática, vasto e dinâmico, está a cada momento a aguçar o interesse dos juristas, trazendo novos problemas à responsabilidade, criando outra especialização no estudo jurídico. No campo do dano coletivo, a poluição ambiental, os danos ecológicos, a biotecnologia, os danos provocados pela energia atômica ocupam hoje compartimentos autônomos na responsabilidade civil, assim como o vasto campo dos danos contra o consumidor, todos regulados por legislação própria.

O desenvolvimento da energia atômica trouxe no século XX muitos e graves problemas que se refletiram em danos reais ou latentes. A dimensão dos acidentes nucleares atinge nível gravíssimo. O dano genético proveniente da herança tóxica pesa sobre muitos seres humanos que morreram e morrerão de câncer no futuro. As questões decorrentes dessa responsabilidade e dessa categoria de danos entrelaçam-se diretamente com a proteção ambiental. A Lei nº 6.453/1977 dispõe sobre a responsabilidade civil por danos nucleares e a responsabilidade criminal correlata.

Ecologia é o estudo das relações entre os seres vivos e seu ambiente. A responsabilidade pelo meio ambiente, expressão pleonástica, mas consagrada, é de toda a sociedade. O objetivo na responsabilidade civil ecológica, o combate à poluição, a preservação das riquezas naturais, fauna e flora, não é obter indenização de uma pessoa em relação ao patrimônio de outra, mas a preservação da natureza para o presente e para as futuras gerações. A postura da legislação e, consequentemente, do juiz nesse campo é voltada sempre para o interesse coletivo e nunca para o interesse individual. Para esse desiderato, há necessidade de uma política legislativa do meio ambiente que vem desenhando-se em nível internacional e nacional nas últimas décadas. A questão é muito ampla, transcende fronteiras políticas, e, como vemos, afeta a própria sobrevivência da Humanidade. A Lei nº 7.347/1985 disciplina a ação civil pública de responsabilidade por danos causados ao meio ambiente, ao consumidor, a bens e direitos de valor artístico, estético, histórico, turístico e paisagístico.

As redes internacionais e a dependência tecnológica absoluta da informática levam ao grande campo da ciência informática e, como tal, há necessidade de uma política sistematizadora e repressora de atos ilícitos por via do computador. Como percebemos, os grandes temas de responsabilidade coletiva transcendem as fronteiras e já não podem ficar dependentes unicamente da legislação autóctone.

Esses novos setores legislativos fazem surgir, na verdade, microssistemas jurídicos, com princípios próprios. Qualquer política legislativa e jurídica adotada, contudo, "*somente será válida, e valiosa, na medida em que tenha o Homem por núcleo e pivô; em que o sirva e seja útil para sua realização*" (GUTIÉRREZ, 1989, p. 253).

1.6.1 Dano moral ou extrapatrimonial

A reparação de danos morais, embora admitida pela doutrina majoritária anteriormente à Constituição de 1988 (art. 5º, X), ganhou enorme dimensão entre nós somente após o preceito constitucional. Com a Lei Maior expressa, superou-se a renitência empedernida de grande massa da jurisprudência, que rejeitava a reparação de danos exclusivamente morais. O fato é que em nosso ordenamento de 1916, o art. 159, astro-rei de nossa responsabilidade civil, nunca restringiu a indenização aos danos exclusivamente materiais. A conotação de dano moral possui na verdade uma extensão mais ampla, pois trata de qualquer dano extrapatrimonial.

Dano moral, ou melhor dizendo, não patrimonial, é o prejuízo que afeta o ânimo psíquico, moral e intelectual da vítima. Sua atuação é dentro dos direitos da personalidade. Nesse campo, o prejuízo transita pelo imponderável, daí por que aumentam as dificuldades de se estabelecer a justa recompensa pelo dano. Em muitas situações, cuida-se de indenizar o inefável. Não é também qualquer dissabor comezinho da vida que pode acarretar a indenização. Aqui, também é importante o critério objetivo do homem médio, o *bonus pater familias*: não se levará em conta o psiquismo do homem excessivamente sensível, que se aborrece com fatos diuturnos da vida, nem o homem de pouca ou nenhuma sensibilidade, capaz de resistir sempre às rudezas do destino. Nesse campo, não há fórmulas seguras para auxiliar o juiz. Cabe ao magistrado sentir em cada caso o pulsar da sociedade que o cerca. O sofrimento como contraposição reflexa da alegria é uma constante do comportamento humano universal.

O protesto indevido de um cheque ou outro título de crédito, por exemplo, causará sensível dor moral a quem nunca sofreu essa experiência, mas será particularmente indiferente ao devedor contumaz. A dor psíquica, o vitupério da alma, o achincalhe social, tudo em torno dos direitos da personalidade, terão pesos e valores diversos, dependendo do tempo e do local onde os danos foram produzidos. Wilson Melo da Silva (1969, p. 249) lembra que o dano moral é a dor, "*tomado o vocábulo em sua lata expressão. E a Fisiologia e a Psicologia não estabelecem diferenciações para ela, salvo no tocante às suas causas*". O dano moral abrange também e principalmente os direitos da personalidade em geral, direito à imagem, ao nome, à privacidade, ao próprio corpo etc. Por essas premissas, não há que se identificar o dano moral exclusivamente com a dor física ou psíquica. Será moral o dano que ocasiona um distúrbio anormal na vida do indivíduo; uma inconveniência de comportamento ou, como definimos, um desconforto comportamental a ser examinado em cada caso. Ao se analisar o dano moral, o juiz se volta para a sintomatologia do sofrimento, a qual, se não pode ser valorada por terceiro, deve, no caso, ser quantificada economicamente.

Por tais razões, dada a amplitude do espectro casuístico e o relativo noviciado da matéria nos tribunais, os exemplos da jurisprudência variam da mesquinhez à prodigalidade. Nem sempre o valor fixado na sentença revelará a justa recompensa ou o justo lenitivo para a dor ou para a perda psíquica. Por vezes, danos ínfimos são recompensados exageradamente ou vice-versa. A jurisprudência é rica de exemplos, nos quais ora o valor do dano moral guarda uma relatividade com o interesse em jogo, ora não guarda qualquer relação. Na verdade, a reparação do dano moral deve guiar-se especialmente pela índole dos sofrimentos ou mal-estar de quem os padece, não estando sujeita a padrões predeterminados ou matemáticos. Não é qualquer dissabor da vida quotidiana que pode ser considerado dano moral.

Do ponto de vista estrito, o dano imaterial, isto é, não patrimonial, é irreparável, insusceptível de avaliação pecuniária porque é incomensurável. A condenação em dinheiro é mero lenitivo para a dor, *sendo mais uma satisfação do que uma reparação* (CAVALIERI FILHO,

2000, p. 75). Existe também cunho punitivo marcante nessa modalidade de indenização, mas que não constitui ainda, entre nós, o aspecto mais importante da indenização, embora seja altamente relevante. Como afirmamos, se o julgador estiver aferrolhado a um limite indenizatório, a reparação poderá não cumprir essa finalidade reconhecida pelo próprio legislador.

Leve-se em conta, por outro lado, além da situação particular de nosso país de pobreza endêmica e má e injusta distribuição de renda, que a indenização não pode ser de tal monta que acarrete a penúria ou pobreza do causador do dano, pois, certamente, outro problema social seria criado. Os julgados devem buscar o justo equilíbrio no caso concreto. O dano moral, mormente o que traz reflexos psicológicos, pode ser maior do que a vítima supõe ou menor do que ela acredita. Se nem mesmo a própria vítima, frequentemente, tem condições de avaliar seu dano, o que se dirá de terceiros que a julgarão.

Acrescentemos que o dano psíquico é modalidade inserida na categoria de danos morais, para efeitos de indenização. O dano psicológico pressupõe modificação de personalidade, com sintomas palpáveis, inibições, depressões, bloqueios etc. Evidente que esses danos podem decorrer de conduta praticada por terceiro, por dolo ou culpa. O dano moral, em sentido lato, abrange não somente os danos psicológicos; não se traduz unicamente por uma variação psíquica, mas também pela dor ou padecimento moral, que não aflora perceptivelmente em outro sintoma. A dor moral insere-se no amplo campo da teoria dos valores. Desse modo, o dano moral é indenizável, ainda que não resulte em alterações psíquicas. Como enfatizamos, o desconforto anormal decorrente de conduta do ofensor é indenizável.

A prova do dano moral, por se tratar de aspecto imaterial, deve lastrear-se em pressupostos diversos do dano material. Não há, como avaliar por testemunhas ou mensurar em perícia a dor pela morte, pela agressão moral, pelo desconforto anormal ou pelo desprestígio social. Valer-se-á o juiz, sem dúvida, de máximas da experiência. Por vezes, todavia, situações particulares exigirão exame probatório das circunstâncias em torno da conduta do ofensor e da personalidade da vítima. A razão da indenização do dano moral reside no próprio ato ilícito. Deverá ser levada em conta também, para estabelecer o montante da indenização, a *condição social e econômica* dos envolvidos. O sentido indenizatório será mais amplamente alcançado à medida que economicamente fizer algum sentido tanto para o causador do dano como para a vítima. O montante da indenização não pode nem ser caracterizado como esmola ou donativo, nem como premiação. Ressalte-se que uma das objeções que se fazia no passado contra a reparação dos danos morais era justamente a dificuldade de sua mensuração. O fato de ser complexo o arbitramento do dano, porém, em qualquer campo, não é razão para repeli-lo.

Levando em consideração que o dano não patrimonial atinge o patrimônio moral, o complexo anímico ou o psiquismo da pessoa, é objeto de discussão também o fato de a *pessoa jurídica* poder ser vítima dessa modalidade de dano. Em princípio, toda ofensa ao nome ou renome de uma pessoa jurídica representa-lhe um abalo econômico. Não há como admitir dor psíquica da pessoa jurídica, senão abalo financeiro da entidade e moral dos membros que a compõem. Aqui, sobreleva o aspecto de distúrbio comportamental. Nem por isso, porém, deixará de ser reparado um dano de natureza moral contra a pessoa jurídica: apenas que, a nosso ver, esse dano moral sempre terá reflexo patrimonial. Será sempre economicamente apreciável, por exemplo, o abalo mercadológico que sofre uma empresa acusada injustamente, por exemplo, de vender produtos roubados ou falsificados. No campo da pessoa jurídica, o que levamos em conta no aspecto do dano moral é o ataque à honra objetiva, em síntese, a reputação e o renome. Evidente que não são aplicáveis à pessoa jurídica os princípios dos direitos personalíssimos. A jurisprudência já se tem mostrado simpática e abrangente à teoria da indenizabilidade do dano moral da pessoa jurídica.

O Código Civil de 1916 não era completamente estranho a indenização por dano moral. O art. 1.538 referia-se ao dano estético. Além das despesas decorrentes com o tratamento e lucros cessantes decorrentes de ferimento ou outra ofensa à saúde, a lei antiga determinava que os valores fossem pagos em dobro quando do ferimento resultasse aleijão ou deformidade. Tratava-se de evidente compensação que superava a simples dor física, mas que buscava dar lenitivo ao dano moral do aleijão permanente. Esse mesmo dispositivo do Código de 1916 acrescentava que, se o aleijado ou deformado fosse mulher solteira ou viúva, ainda capaz de casar, a indenização consistiria em um dote, segundo as posses do ofensor, as circunstâncias do ofendido e a gravidade do defeito. Essa indenização sob o nome de dote consistia, evidentemente, em uma reparação de cunho moral pelo fato de o dano dificultar-lhe o matrimônio.

O dano estético, portanto, que afeta diretamente a personalidade, é modalidade de dano moral. Pode ser cumulado com danos patrimoniais, como, por exemplo, diminuição da capacidade de trabalho. No entanto, por ser modalidade de dano moral, não se cumula com este sob pena de ocorrer *bis in idem*.

Digamos, a propósito, que são perfeitamente cumuláveis o dano material e o dano moral, provenientes do mesmo ato ilícito, inclusive como menciona expressamente o presente Código. A perda de um filho menor, por exemplo, além de poder ocasionar a supressão de uma força de trabalho no lar, representa inexorável perda moral de valor relevantíssimo, que atinge frontalmente a personalidade da vítima. Cumulam-se, assim, as indenizações.

1.7. Nexo causal

O conceito de nexo causal, nexo etiológico ou relação de causalidade deriva das leis naturais. É o liame que une a conduta do agente ao dano. É por meio do exame da relação causal que concluímos quem foi o causador do dano. Trata-se de elemento indispensável. A responsabilidade objetiva dispensa a culpa, mas nunca dispensará o nexo causal. Se a vítima, que experimentou um dano, não identificar o nexo causal que leva o ato danoso ao responsável, não há como ser ressarcida. Nem sempre é fácil, no caso concreto, estabelecer a relação de causa e efeito.

O caso fortuito e a força maior são excludentes do nexo causal, porque o cerceiam, ou o interrompem. Na verdade, no caso fortuito e na força maior inexiste relação de causa e efeito entre a conduta do agente e o resultado danoso.

Se o dano ocorrer por culpa exclusiva da vítima, também não aflora o dever de indenizar, porque se rompe o nexo causal. A determinação do nexo causal é uma situação de fato a ser avaliada no caso concreto, não sendo proveitoso enunciar uma regra absoluta.

Na identificação do nexo causal, há duas questões a serem analisadas. Primeiramente, existe a dificuldade em sua prova; a seguir, apresenta-se a problemática da identificação do fato que constitui a verdadeira causa do dano, principalmente quando este decorre de causas múltiplas. Nem sempre há condições de estabelecer a causa direta do fato, sua causa eficiente.

Aponta-se a denominada teoria da *equivalência das condições* ao se cuidar do nexo causal. É aquela admitida pelo nosso Código Penal ainda em vigor, pela qual não se distingue causa, condição ou ocasião, de molde que tudo que concorrer para o evento deve ser apontado como nexo causal (STOCO, 2004, p. 146). Essa teoria vem descrita no art. 13 do Código Penal:

> "O resultado, de que depende a existência do crime, somente é imputável a quem lhe deu causa. Considera-se causa a ação ou omissão sem a qual o resultado não teria ocorrido."

Sob esse prisma, para precisar se determinada "causa" concorreu para o evento, suprime-se esse fato mentalmente e imagina-se se teria ocorrido da mesma forma. Se assim for, não será causa. O inconveniente que se aponta para essa teoria é a possibilidade de inserir estranhos no curso do nexo causal, permitindo uma linha regressiva quase infinita.

De outro lado, menciona-se a teoria da causalidade adequada, ou seja, a causa predominante que deflagrou o dano. Causa, nesse caso, será só o antecedente necessário que ocasionou o dano. Assim, nem todos os antecedentes podem ser levados à conta do nexo causal, o que nem sempre satisfaz no caso concreto. Cabe ao juiz fazer um juízo de probabilidades, o que nem sempre dará um resultado satisfatório. Muitos entenderam que o Código de 1916 adotara essa postura no art. 1.060, reproduzido, com pequeno acréscimo, no art. 403 neste Código.

> "*Ainda que a inexecução resulte de dolo do devedor, as perdas e danos só incluem os prejuízos efetivos e os lucros cessantes por efeito dela direto e imediato, sem prejuízo do disposto na lei processual.*"

A expressão *"efeito dela direto e imediato"* permite sem dúvida essa conclusão, embora o dispositivo não diga respeito expressamente ao nexo causal. A questão continua em aberto, mas não prejudica as decisões nos casos concretos.

Aponta Caio Mário da Silva Pereira (1999, p. 82), após informar sobre as várias doutrinas sobre o tema, que o que importa

> "*é estabelecer, em face do direito positivo, que houve uma violação de direito alheio e um dano, e que existe um nexo causal, ainda que presumido, entre uma e outro. Ao juiz cumpre decidir com base nas provas que ao demandante incumbe produzir*".

1.8. Excludentes da responsabilidade. Rompimento do nexo causal. Culpa da vítima

São excludentes de responsabilidade, que impedem que se concretize o nexo causal, a culpa exclusiva da vítima, o fato de terceiro, o caso fortuito e a força maior e, no campo contratual, a cláusula de não indenizar. São situações que a doutrina costuma denominar rompimento do nexo causal.

Apontamos que a culpa *exclusiva* da vítima elide o dever de indenizar, porque impede o nexo causal. A hipótese não constava expressamente do Código Civil de 1916, mas a doutrina e a jurisprudência, em consonância com a legislação extravagante, consolidaram essa excludente de responsabilidade. Este Código menciona a culpa concorrente da vítima no art. 945. Com a culpa exclusiva da vítima, desaparece a relação de causa e efeito entre o dano e seu causador.

Quando há culpa concorrente da vítima e do agente causador do dano, a responsabilidade e, consequentemente, a indenização são repartidas, como já apontado, podendo as frações de responsabilidade ser desiguais, de acordo com a intensidade da culpa.

A lei, por seu lado, pode mencionar expressamente que somente a culpa exclusiva da vítima inibe o dever de indenizar e não a culpa concorrente. É o que ocorre no Decreto nº 2.681/1912, que regula a responsabilidade das estradas de ferro e, por analogia, aplica-se a todos os meios de transporte para os quais não haja lei específica. O art. 15 dessa lei dispõe que é sempre presumida a culpa das ferrovias por acidentes ocorridos em suas linhas, dos quais resulte morte, ferimento ou lesão aos viajantes, assumindo que as ferrovias somente se exonerarão da responsabilidade se provarem caso fortuito ou força maior ou culpa exclusiva da vítima: "*culpa exclusiva do viajante, não concorrendo culpa da estrada*" (art. 17, II). Assim, se o passageiro se acidenta porque resolve viajar com o corpo fora da composição ferroviária ou dependurado no estribo, não haverá, em tese, culpa da ferrovia. Existe jurisprudência benévola que, forçando a culpa concorrente, entende que nesses casos a ferrovia falta com o dever de vigilância, impedindo que o viajante se coloque perigosamente na composição férrea, determinando, assim, a indenização. Essas decisões levam em conta a grande população dos centros urbanos, desprovida de recursos, que se utiliza diariamente de trens suburbanos, em situação precária e em péssimo estado de conservação.

O art. 6º da Lei nº 6.453/1977, a qual cuida da responsabilidade por danos nucleares, também exclui a responsabilidade do denominado operador nuclear, "*uma vez provado haver o dano resultado exclusivamente de culpa da vítima, o operador será exonerado, apenas em relação a ela, da obrigação de indenizar*". A energia nuclear e suas consequências são desconhecidas do homem médio. Recorde-se do acidente ocorrido em Goiânia, em passado recente, quando pessoas de pouca instrução foram contaminadas por césio, desatenciosamente posto em lugar de fácil acesso.

Portanto, a culpa concorrente somente poderá compensar os danos, quando a lei não faz essa ressalva. Quando esta se faz presente, a responsabilidade do dano permanece integral, desde que haja mínima parcela de culpa do agente.

1.9. Caso fortuito e força maior

Trata-se aqui de mais um grande tema em sede de responsabilidade contratual e extracontratual. José Aguiar Dias (1979, v. 2, p. 361) reforça a ideia de que as expressões são sinônimas, e é inútil distingui-las. Na verdade, não são, mas atuam como tal no campo da responsabilidade civil. A doutrina, na realidade, não é concorde sobre sua definição e compreensão desses fenômenos, havendo certa divergência. O caso fortuito (*act of God*, ato de Deus, no direito anglo-saxão) decorreria de forças da natureza, tais como o terremoto, a inundação, o incêndio não provocado, enquanto a força maior decorreria de atos humanos ineutáveis, tais como guerras, revoluções, greves e determinação de autoridades (fato do príncipe). A doutrina costuma apresentar as mais equívocas compreensões dos dois fenômenos. Ambas as figuras equivalem-se, na prática, para afastar o nexo causal. Para alguns autores, caso fortuito se ligaria aos critérios de imprevisibilidade e irresistibilidade. Assim, o caso fortuito seria aquela situação normalmente imprevisível, fato da natureza ou fato humano. A força maior seria caracterizada por algo também natural ou humano a que não se poderia resistir, ainda que possível prever sua ocorrência.

Qualquer critério que se adote, a distinção nunca terá consequências práticas: os autores são unânimes em frisar que juridicamente os efeitos são sempre os mesmos.

Essa equivalência foi admitida pelo Código Civil de 1916, que, no art. 1.058 (atual art. 393), parágrafo único, adotou a noção objetiva desses fenômenos: "*O caso fortuito, ou de força maior, verifica-se no fato necessário, cujos efeitos não era possível evitar, ou impedir.*" Este Código, como se nota, manteve intacta a dicção, equiparando os efeitos de ambos os fenômenos. Fica afastada, entre nós, a teoria subjetiva, que procura identificar os fenômenos nas condições do agente e na ausência de culpa.

O conceito de ordem objetiva gira sempre em torno da imprevisibilidade ou inevitabilidade, aliado à ausência de culpa. A imprevisibilidade não é elemento especial a destacar: por vezes, o evento é previsível, mas são inevitáveis os danos, porque impossível resistir aos acontecimentos. Um tufão ou ciclone, por exemplo, pode ser previsto com dias de antecedência, mas seus efeitos são, em princípio, inevitáveis; da mesma forma que uma longa estiagem em determinada região; o avançar de um incêndio na mata etc. Nessas situações, nem sempre, apesar de toda tecnologia, os danos podem ser evitados.

De qualquer forma, o caso fortuito e a força maior devem partir de fatos estranhos à vontade do devedor ou do interessado. Se há culpa de alguém pelo evento, não ocorre o seccionamento ou rompimento do nexo causal. Desse modo, desaparecido o nexo causal, não há responsabilidade. A ideia é válida tanto na responsabilidade contratual como na aquiliana. Centra-se no fato de que o prejuízo não é causado pelo fato do agente, mas em razão de acontecimentos que escapam a seu poder.

Os exemplos da jurisprudência sobre caso fortuito e força maior são infinitos e sempre esclarecedores. É de recordar, a propósito, caso que julgamos, no qual o acidente de veículo foi causado porque a motorista teve seu veículo invadido por um enxame de abelhas. A consulta à jurisprudência, muito rica na matéria, sempre auxiliará o deslinde no caso concreto.

Em linhas gerais, a jurisprudência tem entendido que defeitos mecânicos em veículos são perfeitamente evitáveis, com a manutenção correta, e não excluem a responsabilidade. É grande a discricionariedade do julgador no acolhimento do caso fortuito e da força maior. Há sempre rigor excessivo dos tribunais para acolher essas excludentes. De qualquer modo, não se pode estabelecer *a priori* um critério para a caracterização do caso fortuito e da força maior. A propósito, vale sempre lembrar o que Sílvio Rodrigues (2000, p. 177) expõe com clareza:

"*A excessiva severidade dos tribunais, na admissão do caso fortuito como exonerador da responsabilidade, principalmente em um país como nosso em que o seguro de responsabilidade é pouco difundido, pode aumentar enormemente o número de casos em que o agente, embora agindo sem culpa, causa dano a outrem e é obrigado a indenizar. Tal solução, como já foi apontado, em muitos casos apenas transferirá a desgraça da pessoa da vítima para a pessoa do agente, este também inocente e desmerecedor de tão pesada punição."*

1.10. Estado de necessidade. Legítima defesa. Exercício regular de direito

Este Código fundamenta a responsabilidade civil, como vimos, no art. 186. O art. 188, porém, relaciona hipóteses em que, inobstante a ação voluntária do agente e a ocorrência de dano, não haverá necessariamente o dever de indenizar:

"Não constituem atos ilícitos:
I – os praticados em legítima defesa ou no exercício regular de um direito reconhecido;
II – a deterioração ou destruição da coisa alheia, ou a lesão a pessoa, a fim de remover perigo iminente.
Parágrafo único. No caso do inciso II, o ato será legítimo somente quando as circunstâncias o tornarem absolutamente necessário, não excedendo os limites do indispensável para a remoção do perigo."

O Código, nessa redação, manteve-a idêntica ao diploma anterior, acrescentando a referência à lesão à pessoa.

A legítima defesa constitui justificativa para a conduta. O conceito é o mesmo do Direito Penal. A sociedade organizada não admite a justiça de mão própria, mas reconhece situações nas quais o indivíduo pode usar dos meios necessários para repelir agressão injusta, atual ou iminente, contra si ou contra as pessoas caras ou contra seus bens. A doutrina sempre enfatizou que os meios da repulsa devem ser moderados. Nessa premissa, quem age em legítima defesa não pratica ato ilícito, não havendo dever de indenizar, na forma do art. 188, I.

Nesse conceito de legítima defesa, não estão abrangidos unicamente os bens materiais, mas também valores da personalidade como a honra e boa fama.

Se o ato danoso foi praticado contra o próprio agressor, não há dever de indenizar. Se, porém, no ato de legítima defesa, o agente atinge terceiro ou os bens deste (*aberratio ictus*), deve reparar o dano, dispondo de ação regressiva contra o ofensor, para reembolso da indenização paga (art. 930).

Quando, porém, se trata de exercício legal de um direito que atinge bem de terceiro, o agente estará obrigado a reparar o dano.

A legítima defesa putativa não inibe o dever de indenizar, porque exclui a culpabilidade, mas não a antijuridicidade (GONÇALVES, 1994, p. 484).

Responde também o agente pelo excesso na legítima defesa, isto é, quando sua conduta ultrapassa os limites da ponderação. Deverá responsabilizar-se, proporcionalmente, pelo excesso cometido, pois subsiste a ilicitude em parte da conduta.

Assim como a legítima defesa, também não são passíveis de indenização os danos praticados no *exercício regular de um direito*. Na mesma dicção, deve estar subentendida outra excludente de índole criminal, *o estrito cumprimento do dever legal*, porque atua no exercício regular de um direito reconhecido quem pratica ato no estrito cumprimento do dever legal. A compreensão dessas excludentes pertence ao Direito Penal, que as estuda em profundidade. A regularidade do exercício do direito deve ser avaliada pelo juiz no caso concreto.

No exercício de um direito, o sujeito deve manter-se nos limites do razoável, sob pena de praticar ato ilícito. Este Código é expresso em descrever o abuso de direito no art. 187, mencionando que o comete quem excede manifestamente os limites impostos para o fim econômico ou social, pela boa-fé ou pelos bons costumes relacionados ao direito em questão.

O estado de necessidade no campo da responsabilidade civil está delineado nos arts. 188, II, 929 e 930.

1.11. Cláusula de não indenizar. Cláusula limitativa de responsabilidade

Essa questão diz respeito precipuamente à esfera contratual. Trata-se da cláusula pela qual uma das partes contratantes declara que não será responsável por danos emergentes do contrato, seu inadimplemento total ou parcial. Essa cláusula tem por função alterar o sistema de riscos no contrato. Trata-se da exoneração convencional do dever de reparar o dano. Nessa situação, os riscos são contratualmente transferidos para a vítima.

Alguns autores distinguem a *cláusula de não indenizar* da *cláusula de irresponsabilidade*. A segunda exclui a responsabilidade, e a primeira afasta apenas a indenização. Em princípio, somente a lei pode excluir a responsabilidade em determinadas situações. No campo negocial, melhor que se denomine o fenômeno de cláusula de não indenizar. Essa cláusula não suprime a responsabilidade, mas suprime a indenização.

Muito se discute a respeito da validade dessa cláusula. Muitos entendem que se trata de cláusula nula, porque imoral e contrária ao interesse social. No campo dos direitos do consumidor, essa cláusula é nula (art. 51, I). O CDC admite nesse mesmo artigo a limitação da responsabilidade indenizatória *"em situações justificáveis"*, quando o consumidor for pessoa jurídica. Em se tratando de consumidor, pessoa natural, não se admite qualquer cláusula que o restrinja ou exonere do dever de indenizar.

A verdade é que, por tradição, hoje um pouco enfraquecida em razão de influência de doutrinas estrangeiras, principalmente no Direito norte-americano, onde é largamente utilizada, essa cláusula é vista com certa antipatia pelo Direito brasileiro. O Decreto nº

2.681/1912, que regula a responsabilidade das estradas de ferro, considera nula qualquer cláusula que tenha por objetivo diminuir a responsabilidade das ferrovias. Em matéria de transportes, é conhecida a Súmula 161 do STF: *"Em contrato de transporte, é inoperante a cláusula de não indenizar."*

Com sua proibição nos contratos por adesão, protege-se a parte mais vulnerável na relação negocial. Também não se admite a cláusula quando se trata de crime ou ato lesivo doloso, pois, além de constituir condição meramente potestativa (art. 122), nesse caso haveria um salvo-conduto para o agente praticar ato contra o Direito ou contra o dever estabelecido. Também não pode ser admitida a cláusula de não indenizar em conflito com a ordem pública, matéria que não pode ser objeto de transação pela vontade individual. Em tese, pode essa cláusula ser admitida quando a tutela do interesse for meramente individual, desde que não esbarre em direitos do consumidor, como vimos.

Entende a doutrina que a cláusula deve ser admitida, com restrições, como decorrência da autonomia da vontade negocial. Este Código não cuidou da matéria, perdendo excelente oportunidade de aclarar a questão.

No entanto, ainda que admitida, deve essa cláusula decorrer de contrato livremente negociado, sem a imposição do contrato por adesão. Desse modo, porque não negociada, não é válida a cláusula normalmente aposta nos estacionamentos: *"Não nos responsabilizamos por furto e danos do veículo."* Essa cláusula, imposta ao consumidor, hoje por expressa disposição de lei, é írrita. No mesmo sentido, é nula a cláusula unilateral do hoteleiro de não se responsabilizar por furtos das bagagens dos hóspedes de seu hotel. Essa imposição não conta com o assentimento do hóspede e contraria o art. 649 do CC/2002 (RODRIGUES, 2000, p. 181).

Em monografia sobre o tema, o mestre lusitano Antônio Pinto Monteiro (2003, p. 69) pontua:

"As cláusulas limitativas e de exclusão exigem, numa palavra, que se encontre um ponto de equilíbrio entre a liberdade individual e as necessidades sociais de proteção do lesado, entre a autonomia privada e a ordem pública, pendendo o prato da balança (isto é, um regime de favor, ou, ao invés, de desconfiança), para um ou outro lado, consoante o momento histórico que se considere."

Ao destacar a posição dessas cláusulas em contrato de adesão, conclui o autor:

"As cláusulas de irresponsabilidade integram, com efeito, o conteúdo mais típico e relevante destes contratos, celebrados mediante 'adesão' do particular às 'condições gerais' predeterminadas pela empresa, constituindo essas cláusulas, pode dizer-se, o conteúdo standard dos contratos standard" (MONTEIRO, 2003, p. 69).

Sintetizando o exposto, podemos concluir que a cláusula de não indenizar possui dois requisitos básicos: a bilateralidade do consentimento e a não colisão com preceito cogente de lei, ordem pública e bons costumes (GONÇALVES, 1994, p. 513). Acrescente-se, ainda, não poder ser admitida, em princípio, em contratos por adesão e no sistema do consumidor como anteriormente apontado.

José de Aguiar Dias (1979, p. 247), em sua clássica monografia sobre a matéria, conclui:

"Deve a cláusula de irresponsabilidade ser declarada válida, como contrapeso ao vulto excessivo que a vida moderna trouxe aos encargos da reparação do dano. É um fator de equilíbrio, corretor da descompensação produzida pela agravação dos riscos."

Sua admissão, em qualquer caso, dependerá da não infringência das exceções aqui enumeradas. Há outra observação a ser feita: essa cláusula não pode pretender nulificar a obrigação essencial do contrato, mas apenas elementos de cumprimento das obrigações em geral, que podem ser entendidas como acessórias. Por exemplo: em um contrato de locação, não pode o locador ficar dispensado de entregar a posse da coisa locada, nem pode o locatário ficar isento de devolvê-la ao final do contrato. Nesse sentido, Sérgio Cavalieri Filho (2000, p. 394) lembra de entendimento do Tribunal de Justiça do Rio de Janeiro que tem declarado a invalidade da cláusula de não indenizar constante de contrato de aluguel de cofre bancário, porque excludente da obrigação essencial do contrato.

Trata-se, portanto, de uma cláusula perplexa que não deve ser admitida como excludente, pois seu objetivo é excluir obrigação essencial do contrato, o que implicaria *"suprimir-se o próprio objeto do contrato"* (MONTEIRO, 2003, p. 127).

Note, porém, que a cláusula excludente de responsabilidade não exime o devedor de cumprir o contrato. O credor mantém o direito de exigir seu cumprimento. A cláusula de irresponsabilidade deixa intactas as obrigações descritas no contrato.

Pode-se concluir que a tendência contemporânea

"é no sentido de restringir consideravelmente neste campo, a liberdade contratual, submetendo as cláusulas de irresponsabilidade a um apertado controle: proíbem-se, não só em caso de dolo mas também de culpa grave; subordinam-se à mesma disciplina, que se trate de atos próprios do devedor ou de atos dos seus auxiliares, atribuindo-se-lhes relevo especial ao fixar-se a disciplina legislativa de controle dos atos de adesão; por último, não se admitem pura e simplesmente, em certas áreas, por razões de ordem pública" (MONTEIRO, 2003, p. 76).

Interessante observar que, de certa forma, a problemática em torno da cláusula de não indenizar e das cláusulas limitativas da responsabilidade faz revolver os conceitos de culpa grave, por vezes tido como anacrônico no direito contemporâneo. É fato que essas cláusulas exonerativas, ainda que válidas em um contrato, serão ineficazes perante o dolo ou a culpa grave do agente. Nesses termos, mesmo com a existência da cláusula, provado o dolo ou culpa grave em sua conduta, o causador do dano deve indenizar. Leve-se em conta, também, que princípios de ordem pública podem levar à impossibilidade de imposição da cláusula.

Se, por um lado, admissão da cláusula de não indenizar apresenta alguns desses entraves, menciona-se também a questão referente à cláusula limitativa da responsabilidade, com utilização análoga à cláusula de não indenizar. Aqui, as partes não excluem, mas limitam a responsabilidade decorrente de um ato ilícito ou inadimplemento até determinado valor. Nessa cláusula, limita-se, antecipadamente, a soma que o devedor pagará a título de perdas e danos. Distingue-se da cláusula penal, porque na limitação estará ausente a noção de pena. Seu conteúdo é exclusivamente indenizatório. Trata-se, sem dúvida, de elemento dinamizador dos negócios. Pode, porém, servir de burla aos direitos do credor. Também somente poderá ser admitida se livremente pactuada e falece também perante a ocorrência de dolo ou culpa grave. Essas cláusulas não podem nunca servir de salvo-conduto para o mau contratante.

A modalidade mais usual das cláusulas limitativas é aquela que restringe a extensão da responsabilidade, mediante avença contratual, responsabilizando o devedor até determinado limite ou restringindo sua responsabilidade apenas a certos danos. São cláusulas cada vez mais frequentes no universo negocial. No entanto, é possível encontrar-se também cláusulas limitativas mais sofisticadas, como aquelas que restringem prazos de prescrição ou caducidade ou limitam a garantia patrimonial, restringindo a possibilidade de excussão a apenas parte dos bens do devedor. Essas cláusulas devem ter sua validade e eficácia analisadas em concreto. Não se pode afirmar que, em princípio, sejam sistematicamente inválidas.

Em princípio, os mesmos óbices, com maior mitigação, apresentam-se na limitação: a cláusula de não indenizar não é válida contra a ordem pública, em caso de dolo, nas relações de consumo etc. Como regra geral, em contrato negociado, deve ser admitida. No entanto, há mais um aspecto aqui a ser examinado: se a limitação da responsabilidade for de tal monta que torne a indenização irrisória, equivale a uma cláusula de não indenizar. Se a cláusula de não indenizar é vedada, como no caso dos transportes, a limitação da indenização não passaria de mero subterfúgio para contornar a proibição. Se admitida como fraude ao direito do credor, nesse sentido, não pode ser considerada válida.

Observa, no entanto, José de Aguiar Dias (1980, p. 130):

"A fixação arbitrária, entretanto, quando guarde justas proporções, é até louvável, porque assegura a solvabilidade do responsável perante os prejudicados, afastando a sobrecarga das indenizações amplas."

1.12. Imputabilidade

A responsabilidade subjetiva, além de exigir uma conduta do agente e um ato lesivo, exige também a imputabilidade ou nexo de imputação. Imputar é atribuir a alguém a responsabilidade por algum fato ou ato. Desse modo, a imputabilidade é pressuposto não só da culpa, mas da própria responsabilidade. Como já vimos, pode ocorrer imputação pelo risco, sem que se avalie a culpa. Se o agente, quando da prática do ato ou da omissão, não tinha condições de entender o caráter ilícito da conduta, não pode, em princípio, ser responsabilizado. Nessa premissa, importa verificar o estado mental e a maturidade do agente. Para que o agente seja imputável, exige-se-lhe capacidade e discernimento. A imputabilidade retrata a culpabilidade. Não se atinge o patamar da culpa se o agente causador do dano for inimputável.

Como critério objetivo, o Código de 1916 instituiu que os menores de 16 anos eram inimputáveis, respondendo por eles os pais, se estivessem sob sua guarda. O menor entre 16 e 21 anos era equiparado ao maior no tocante às obrigações por ato ilícito em que fosse culpado (art. 156). Como sabemos, o presente Código reduziu a maioridade plena para os 18 anos, mantida a capacidade relativa aos 16.

Os que não possuem o devido discernimento, também são inimputáveis. Por eles respondem os curadores, semelhantemente aos pais. Há, no entanto, moderna tendência de fazer incidir sobre o patrimônio do amental a reparação do dano por ele causado, quando tenha ele bens suficientes e não tenha responsável, sob o prisma da proteção social ampla no tocante ao restabelecimento do prejuízo. Aponta com propriedade Sérgio Cavalieri Filho (2000, p. 35) que essa solução somente seria possível no ordenamento brasileiro na presença de lei expressa, que criasse nova modalidade de responsabilidade objetiva. Não podendo os amentais responder por culpa, a eles não pode ser imputada a reparação. A nosso ver, no entanto, a matéria requer maior meditação. Pontilha Sílvio Rodrigues (2000, p. 25) ao comentar essa problemática que

*"muitos doutrinadores entendem que, em casos excepcionais e de **lege ferenda**, deve o juiz, por equidade, determinar que o patrimônio do amental responda pelo dano por ele causado a terceiro, quando, se isso não ocorresse, a vítima ficaria irressarcida".*

O Código contemporâneo, no artigo seguinte, adota esse entendimento, procurando um justo equilíbrio entre o dano e a indenização.

Somente uma jurisprudência inovadora, contudo, poderia ter adotado esse entendimento sob o ordenamento de 1916, embora os relativamente incapazes se equiparassem aos maiores para fins de ato ilícito.

Quanto à emancipação dos menores, se esta é voluntária por parte dos pais, não se liberam eles da responsabilidade por atos praticados pelos filhos. O mesmo não ocorre se a emancipação decorre de casamento ou de outras causas previstas no art. 5º, parágrafo único, do Código Civil.

1.13. O parágrafo único do art. 927. Atividade de risco

O dispositivo teve como inspiração textos dos Códigos português e italiano, sem identidade de redação, porém.

A insuficiência da fundamentação da teoria da culpabilidade levou à criação da teoria do risco, a qual sustenta que o sujeito é responsável por riscos ou perigos que sua atuação promove, ainda que coloque toda diligência para evitar o dano. Trata-se da denominada teoria do risco criado ou do risco benefício. O sujeito obtém vantagens ou benefícios, e em razão dessa atividade deve indenizar os danos que ocasiona. Cuida-se da responsabilidade sem culpa em inúmeras situações nas quais sua comprovação inviabilizaria a indenização para parte presumivelmente mais vulnerável. A legislação dos acidentes do trabalho é exemplo emblemático desse aspecto.

A inovação presente no texto do parágrafo sob exame requer extrema cautela na sua aplicação. Por esse dispositivo, a responsabilidade objetiva aplica-se, além dos casos descritos em lei, também *"quando a atividade normalmente desenvolvida pelo autor do dano implicar, por sua natureza, risco para os direitos de outrem"*. Por esse dispositivo o julgador poderá definir como objetiva a responsabilidade do causador do dano no caso concreto. Esse alargamento da noção de responsabilidade constitui realmente a maior inovação deste Código em matéria de responsabilidade e requererá, sem dúvida, um cuidado extremo dos tribunais. É discutível a conveniência de uma norma genérica nesse sentido. Melhor seria que se mantivesse nas rédeas do legislador a definição da teoria do risco. As dificuldades começam pela compreensão da atividade de *risco*. Em princípio, toda atividade gera um risco. É fato, por outro lado, que o risco por si só não gera o dever de indenizar se não houver dano.

O dispositivo explica que somente pode ser definida como objetiva a responsabilidade do causador do dano quando este decorrer da *"atividade normalmente desenvolvida por ele"*. O juiz deve avaliar, no caso concreto, a atividade costumeira e não uma atividade esporádica ou eventual do agente, ou seja, aquela conduta que por um momento ou por uma circunstância possa ser considerada um ato de risco. Não sendo levado em conta esse aspecto, poder-se-á transformar em regra o que o legislador colocou como exceção. De qualquer modo, alargar o campo da responsabilidade objetiva com uma norma aberta, sem um critério concreto, causa extrema instabilidade e pode ser colocada a serviços de espíritos insinceros, aventureiros ou toscos. Com isso, há fundado receio que os tribunais realcem o elemento dano, preterindo a constatação de culpa de forma geral, deixando uma das partes simplesmente sem defesa. Ao aplicar esse desditoso parágrafo,

*"o juiz, pensamos, não deve contentar-se em usar de sua experiência pessoal como bom pai de família para aferir se está ou não diante de atividade que por sua natureza implique em risco para os direitos de outrem, mas sim recorrer às publicações especializadas, decisões contidas no direito comparado, convenções internacionais, sites jurídicos e peritos, em razão da velocidade com que as atividades passam a incluir-se ou excluir-se dessa condição de **risco acentuado** (ou simplesmente **perigo**, se adotarmos o conceito antes referido, por força do estado da técnica"* (Rui Berford Dias. Atualizador da obra de Aguiar Dias, 2006, p. 659).

Sérgio Cavalieri Filho (2008, p. 167) pontua que o *fato do serviço* é o *ponto nodal* do texto sob comentário: *"Quem desenvolve atividade perigosa só terá obrigação de indenizar objetivamente quando violar o dever de segurança, e isso ocorre quando o serviço é prestado com defeito."*

📚 Enunciado nº 38, I Jornada de Direito Civil – CJF/STJ: A responsabilidade fundada no risco da atividade, como prevista na segunda parte do parágrafo único do art. 927 do novo Código Civil, configura-se quando a atividade normalmente desenvolvida pelo autor do dano causar a pessoa determinada um ônus maior do que aos demais membros da coletividade.

📚 Enunciado nº 189, III Jornada de Direito Civil – CJF/STJ: Na responsabilidade civil por dano moral causado à pessoa jurídica, o fato lesivo, como dano eventual, deve ser devidamente demonstrado.

📚 Enunciado nº 377, IV Jornada de Direito Civil – CJF/STJ: O art. 7º, inc. XXVIII, da Constituição Federal não é impedimento para a aplicação do disposto no art. 927, parágrafo único, do Código Civil quando se tratar de atividade de risco.

📚 Enunciado nº 443, V Jornada de Direito Civil – CJF/STJ: O caso fortuito e a força maior somente serão considerados como excludentes da responsabilidade civil quando o fato gerador do dano não for conexo à atividade desenvolvida.

📚 Enunciado nº 444, V Jornada de Direito Civil – CJF/STJ: A responsabilidade civil pela perda de chance não se limita à categoria de danos extrapatrimoniais, pois, conforme as circunstâncias do caso concreto, a chance perdida pode apresentar também a natureza jurídica de dano patrimonial. A chance deve ser séria e real, não ficando adstrita a percentuais aprioristicos.

📚 Enunciado nº 445, V Jornada de Direito Civil – CJF/STJ: O dano moral indenizável não pressupõe necessariamente a verificação de sentimentos humanos desagradáveis como dor ou sofrimento.

📖 Enunciado nº 446, V Jornada de Direito Civil – CJF/STJ: A responsabilidade civil prevista na segunda parte do parágrafo único do art. 927 do Código Civil deve levar em consideração não apenas a proteção da vítima e a atividade do ofensor, mas também a prevenção e o interesse da sociedade.

📖 Enunciado nº 447, V Jornada de Direito Civil – CJF/STJ: As agremiações esportivas são objetivamente responsáveis por danos causados a terceiros pelas torcidas organizadas, agindo nessa qualidade, quando, de qualquer modo, as financiem ou custeiem, direta ou indiretamente, total ou parcialmente.

📖 Enunciado nº 448, V Jornada de Direito Civil – CJF/STJ: A regra do art. 927, parágrafo único, segunda parte, do CC aplica-se sempre que a atividade normalmente desenvolvida, mesmo sem defeito e não essencialmente perigosa, induza, por sua natureza, risco especial e diferenciado aos direitos de outrem. São critérios de avaliação desse risco, entre outros, a estatística, a prova técnica e as máximas de experiência.

📖 Enunciado nº 551, VI Jornada de Direito Civil – CJF/STJ: Nas violações aos direitos relativos a marcas, patentes e desenhos industriais, será assegurada a reparação civil ao seu titular, incluídos tanto os danos patrimoniais como os danos extrapatrimoniais.

📖 Enunciado nº 553, VI Jornada de Direito Civil – CJF/STJ: Nas ações de responsabilidade civil por cadastramento indevido nos registros de devedores inadimplentes realizados por instituições financeiras, a responsabilidade civil é objetiva.

📖 Enunciado nº 554, VI Jornada de Direito Civil – CJF/STJ: Independe de indicação do local específico da informação a ordem judicial para que o provedor de hospedagem bloqueie determinado conteúdo ofensivo na internet.

📖 Enunciado nº 555, VI Jornada de Direito Civil – CJF/STJ: "Os direitos de outrem" mencionados no parágrafo único do art. 927 do Código Civil devem abranger não apenas a vida e a integridade física, mas também outros direitos, de caráter patrimonial ou extrapatrimonial.

📖 Enunciado nº 587, VII Jornada de Direito Civil – CJF/STJ: O dano à imagem restará configurado quando presente a utilização indevida desse bem jurídico, independentemente da concomitante lesão a outro direito da personalidade, sendo dispensável a prova do prejuízo do lesado ou do lucro do ofensor para a caracterização do referido dano, por se tratar de modalidade de dano *in re ipsa*.

📖 Enunciado nº 588, VII Jornada de Direito Civil – CJF/STJ: O patrimônio do ofendido não pode funcionar como parâmetro preponderante para o arbitramento de compensação por dano extrapatrimonial.

📖 Enunciado nº 589, VII Jornada de Direito Civil – CJF/STJ: A compensação pecuniária não é o único modo de reparar o dano extrapatrimonial, sendo admitida a reparação *in natura*, na forma de retratação pública ou outro meio.

⚖️ Apelação cível. Direito privado não especificado. Ação declaratória de inexistência de débito cumulada com reparação por danos material e moral. Inscrição indevida. *Quantum* indenizatório. Majoração. 1. Caso em que o autor demonstrou que houve o regular pagamento da fatura de consumo de energia elétrica, antes do vencimento, tornando a inscrição em órgãos restritivos de crédito indevida. Falha na prestação do serviço, consubstanciada no apontamento de dívida paga. Dever de reparação dos danos causados ao consumidor. Art. 14 do CDC e arts. 186, 187 e 927 do CC. 2. Danos materiais. O autor não se desincumbiu do ônus da prova do fato constitutivo de seu direito no que tange aos danos materiais, consubstanciados em alegados lucros cessantes. 3. O valor da indenização por dano moral deve ser arbitrado à luz dos princípios da razoabilidade e proporcionalidade, considerando a gravidade do ato ilícito e o prejuízo experimento pela vítima, não devendo, entretanto, a verba servir como enriquecimento ilícito. *Quantum* fixado na sentença que merece majoração para R$ 9.000,00, valor adequado à reparação do dano sofrido e que compensa adequadamente o prejuízo moral suportado pelo demandante, estando em consonância com os parâmetros desta Câmara. 4. Honorários advocatícios fixados de forma adequada ao trabalho realizado e ao tempo despendido, razão pela qual vão mantidos. Apelação provida em parte (*TJRS* – Ap. 70083590190, 10-6-2020, Rel. Cláudia Maria Hardt).

⚖️ Responsabilidade civil – Acidente de trânsito – Atropelamento – Veículo desgovernado – Vítima que faleceu em decorrência dos ferimentos – Responsabilidade do proprietário do estacionamento – Aplicação da **teoria do risco da atividade** – Dever de guarda dos veículos e de proteção dos usuários – Danos morais configurados – *Quantum* bem fixado – Sentença mantida – Recurso improvido – Incide a teoria do risco quando o empreendedor exercer atividade que, por sua natureza, implica risco para os direitos de outrem, consoante o disposto no art. 927, parágrafo único, do Código Civil (*TJSP* – Ap. 0003458-13.2011.8.26.0625, 31-3-2017, Rel. Renato Sartorelli).

⚖️ Apelação (banco) – Ação de inexigibilidade de débito com pedido de tutela antecipada e reparação de danos morais – Sentença de parcial procedência – Recurso – Cerceamento de defesa inocorrente – Movimentações no cartão de crédito – Não reconhecimento – Cartão adicional – Relação de consumo – **Responsabilidade objetiva da casa bancária** – Artigo 14 do CDC – Súmula 479 do STJ – Risco da atividade – Dever da instituição de comprovar a contratação – Ônus da prova – Artigo 373, inciso II, do CPC – Recurso desprovido. 2- Apelação (autora) – Ação de inexigibilidade de débito com pedido de tutela antecipada e reparação de danos morais – Sentença de parcial procedência – Recurso – Decreto de inexigibilidade da obrigação que não enseja indenização por danos morais – Existência de restrição pretérita – Súmula 385 do STJ e repetitivo (REsp 1386424/MG) – Sentença mantida – Recurso desprovido. 3- Recursos conhecidos e desprovidos (*TJSP* – Ap. 1081123-38.2016.8.26.0100, 29-3-2017, Rel. Carlos Abrão).

⚖ Processo civil. Recurso especial. **Ação de reparação por danos materiais** e compensação por danos morais proposta por família de vítima de acidente fatal. Concessionária de energia elétrica. Responsabilidade civil objetiva. 1. Inexiste ofensa ao art. 535 do CPC quando o Tribunal de origem pronuncia-se de forma clara e precisa sobre a questão posta nos autos. 2. Inviável a análise da negativa de vigência a dispositivo legal que não estava em vigor à época dos fatos. 3. Mesmo antes da entrada em vigor do Código Civil de 2002, já se reconhecia a responsabilidade objetiva da empresa concessionária de energia elétrica, em virtude do risco da atividade, com fundamento no art. 37, § 6º, da CF/88. 4. O risco da atividade de fornecimento de energia elétrica é altíssimo sendo necessária a manutenção e fiscalização rotineira das instalações. Reconhecida, portanto, a responsabilidade objetiva e o dever de indenizar. 5. Conforme a jurisprudência sedimentada no Superior Tribunal de Justiça, sendo incontroverso o óbito, as despesas com o funeral, são presumidas, de modo que é adequada sua fixação limitada ao mínimo previsto na legislação previdenciária. 6. É inolvidável a dependência econômica do descendente em relação ao ascendente e do dever deste de prover a subsistência daquele, sendo, consequentemente, devida reparação por danos materiais ao filho menor. 7. Reconhece-se também que a viúva sofreu prejuízos materiais em decorrência da morte do marido, cuja renda era de fundamental importância para o sustento da família. 8. Diante das peculiaridades do caso, razoável a fixação da compensação por danos morais no valor de 300 salários mínimos a cada um dos recorrentes. 9. Recurso especial conhecido em parte e, nessa parte, provido (*STJ* – Acórdão: Recurso Especial 1.095.575 – SP, 20-10-2011, Relª Minª Nancy Andrighi).

⚖ Processual civil. Recurso especial. **Responsabilidade civil.** Cofre locado. Roubo. Legitimidade ativa. Joias de propriedade de terceiro. 1. Ainda que os bens comprovadamente depositados no cofre roubado sejam de propriedade de terceiros, alheios à relação contratual, permanece hígido o dever de indenizar do banco, haja vista sua responsabilidade objetiva frente a todas as vítimas do fato do serviço, sejam elas consideradas consumidores *stricto sensu* ou consumidores por equiparação. 2. Recurso especial parcialmente conhecido e, nessa parte, provido (*STJ* – Acórdão Recurso Especial 1.045.897 – DF, 24-5-2011, Relª Minª Nancy Andrighi).

Art. 928. O incapaz responde pelos prejuízos que causar, se as pessoas por ele responsáveis não tiverem obrigação de fazê-lo ou não dispuserem de meios suficientes.
Parágrafo único. A indenização prevista neste artigo, que deverá ser equitativa, não terá lugar se privar do necessário o incapaz ou as pessoas que dele dependem.

Aponta Sérgio Cavalieri Filho que o Código adotou um critério mitigado e subsidiário para a responsabilização civil do incapaz. Como apontamos no comentário anterior, embora esse dispositivo represente uma inovação no sistema, pois torna relativa a imputabilidade na responsabilidade civil, sua aplicação é restritiva. Sua leitura faz concluir que dificilmente será aplicado, salvo se diferentemente de sua interpretação literal, quando se buscar o interesse social da norma. É difícil, por exemplo, imaginar situação prática na qual as pessoas responsáveis pelo incapaz não tenham obrigação de reparar os danos por ele praticados. Difícil também ocorrer que o incapaz tenha patrimônio e os seus responsáveis, não. Também é complexa a fixação da indenização por equidade, como determina o parágrafo. Como se conclui, o legislador ousou, mas não o suficiente. O que se busca sempre, nas ideias contemporâneas acerca da reparação do dano, é indenizar sempre que é possível. Neste artigo, há dois valores em conflito, de um lado o prejuízo causado pelo incapaz e de outro a sua sobrevivência digna. Chama-se a atenção do julgador para esse aspecto.

Note que esse artigo 928 se refere ao incapaz em geral, abrangendo todos os incapazes e não apenas o amental. Não se deve esquecer da nova compreensão de incapacidades dada pelo Estatuto da Pessoa com Deficiência, Este Código não equipara os relativamente incapazes aos capazes para fins de indenização. Lembre-se, ademais, de que o estado de incapacidade buscado ou procurado pelo agente que causa dano, o indivíduo que se droga ou se embriaga propositalmente, não elide seu dever pessoal de indenizar. Cumpre o exame aprofundado do caso concreto.

📖 Enunciado nº 39, I Jornada de Direito Civil – CJF/STJ: A impossibilidade de privação do necessário à pessoa, prevista no art. 928, traduz um dever de indenização equitativa, informado pelo princípio constitucional da proteção à dignidade da pessoa humana. Como consequência, também os pais, tutores e curadores serão beneficiados pelo limite humanitário do dever de indenizar, de modo que a passagem ao patrimônio do incapaz se dará não quando esgotados todos os recursos do responsável, mas se reduzidos estes ao montante necessário à manutenção de sua dignidade.

📖 Enunciado nº 40, I Jornada de Direito Civil – CJF/STJ: O incapaz responde pelos prejuízos que causar de maneira subsidiária ou excepcionalmente como devedor principal, na hipótese do ressarcimento devido pelos adolescentes que praticarem atos infracionais nos termos do art. 116 do Estatuto da Criança e do Adolescente, no âmbito das medidas socioeducativas ali previstas.

📖 Enunciado nº 41, I Jornada de Direito Civil – CJF/STJ: A única hipótese em que poderá haver responsabilidade solidária do menor de 18 anos com seus pais é ter sido emancipado nos termos do art. 5º, parágrafo único, inc. I, do novo Código Civil.

📖 Enunciado nº 449, V Jornada de Direito Civil – CJF/STJ: A indenização equitativa a que se refere o art. 928, parágrafo

Art. 929

único, do Código Civil não é necessariamente reduzida sem prejuízo do Enunciado nº 39 da I Jornada de Direito Civil.

⚖️ Apelação cível – Ação de regresso movida por seguradora – Sub-rogação nos direitos do segurado – Acidente de trânsito – Abalroamento da traseira de carro estacionado – Presunção de culpa do condutor do veículo em movimento – Ausência de provas concludentes em sentido contrário – Procedência do pedido de ressarcimento – Incapacidade do ofensor – Necessidade de prova – Com o pagamento da indenização securitária, a seguradora sub-roga-se, nos limites do valor respectivo, nos direitos do segurado contra o causador do dano, consoante previsto no artigo 786 do Código Civil. A colisão de um veículo na traseira de outro suscita presunção relativa de culpa do condutor do primeiro, ante a elevada probabilidade de violação do dever de cautela imposto pelo artigo 29, II, do CTB, que prescreve a observância da chamada "distância de segurança". Se o réu, que abalroou por trás o veículo segurado, não logra produzir provas capazes de infirmar a presunção de sua culpa, há que julgar procedente o pedido formulado pela seguradora em demanda regressiva voltada ao ressarcimento do valor despendido com a cobertura securitária. Afirmada a incapacidade do condutor, que não foi interditado, é necessária a prova dessa condição no momento do acidente, a fim de se averiguar a responsabilidade do curador ou sua, subsidiária e mitigada (art. 928 do CC) (*TJMG* – Ap. 1.0446.18.002075-7/001, 26-5-2020, Rel. Fernando Lins).

⚖️ Direito civil – Responsabilidade civil por fato de outrem – **Pais pelos atos praticados pelos filhos menores** – Ato ilícito cometido por menor – Responsabilidade civil mitigada e subsidiária do incapaz pelos seus atos (CC, art. 928) – Litisconsórcio necessário – Inocorrência – 1- A responsabilidade civil do incapaz pela reparação dos danos é subsidiária e mitigada (CC, art. 928). 2- É subsidiária porque apenas ocorrerá quando os seus genitores não tiverem meios para ressarcir a vítima; é condicional e mitigada porque não poderá ultrapassar o limite humanitário do patrimônio mínimo do infante (CC, art. 928, par. único e En. 39/CJF); e deve ser equitativa, tendo em vista que a indenização deverá ser equânime, sem a privação do mínimo necessário para a sobrevivência digna do incapaz (CC, art. 928, par. único e En. 449/CJF). 3- Não há litisconsórcio passivo necessário, pois não há obrigação – nem legal, nem por força da relação jurídica (unitária) – da vítima lesada em litigar contra o responsável e o incapaz. É possível, no entanto, que o autor, por sua opção e liberalidade, tendo em conta que os direitos ou obrigações derivem do mesmo fundamento de fato ou de direito (CPC/73, art. 46, II) intente ação contra ambos – pai e filho –, formando-se um litisconsórcio facultativo e simples. 4- O art. 932, I do CC ao se referir a autoridade e companhia dos pais em relação aos filhos, quis explicitar o poder familiar (a autoridade parental não se esgota na guarda), compreendendo um plexo de deveres como proteção, cuidado, educação, informação, afeto, dentre outros, independentemente da vigilância investigativa e diária, sendo irrelevante a proximidade física no momento em que os menores venham a causar danos. 5- Recurso especial não provido (*STJ* – REsp 1.436.401 – (2013/0351714-7), 16-3-2017, Rel. Min. Luis Felipe Salomão).

Art. 929. Se a pessoa lesada, ou o dono da coisa, no caso do inciso II do art. 188, não forem culpados do perigo, assistir-lhes-á direito à indenização do prejuízo que sofreram.

O estado de necessidade no campo da responsabilidade civil está delineado nos arts. 188, II, 929 e 930. O primeiro desses dispositivos exclui a ilicitude na *deterioração ou destruição de coisa alheia, ou a lesão a pessoa, a fim de remover perigo eminente*. O parágrafo acrescenta que *o ato será legítimo somente quando as circunstâncias o tornarem absolutamente necessário, não excedendo os limites do indispensável para a remoção do perigo*. O conceito de estado de necessidade é tomado de empréstimo do Direito Penal.

O agente, por exemplo, para desviar-se de um precipício, na direção de veículo, lança-se sobre uma pessoa; para desviar-se de uma árvore que tomba a sua frente inopinadamente, invade e danifica a propriedade alheia. Encontra-se justificativa para o mal causado à vítima na remoção de mal iminente. O indivíduo, na iminência de ver atingido direito seu, ofende direito alheio. O ato, em sua essência, seria ilícito, mas a lei reconhece que há uma excludente. No entanto, a escusabilidade do estado de necessidade sofre os temperamentos dos arts. 929 e 930. A situação do estado de necessidade não opera como na legítima defesa.

A orientação sobre o estado de necessidade em sede de responsabilidade civil é evidente condescendência do Código Civil com a teoria do risco ou da responsabilidade objetiva.

Desse modo, o dano causado em estado de necessidade não isenta seu causador, mesmo que tenha sido absolvido na esfera criminal (STOCO, 1999, p. 91), embora parte da doutrina sustente que a legislação processual penal tenha alterado a norma civil. Não é o que sustenta a jurisprudência. Assim, mesmo agindo em estado de necessidade o agente deve indenizar, ressalvando-se-lhe o recurso à ação regressiva contra quem causou a situação. Se a conduta lesou o próprio causador do estado de necessidade, não haverá indenização.

Art. 930. No caso do inciso II do art. 188, se o perigo ocorrer por culpa de terceiro, contra este terá o autor do dano ação regressiva para haver a importância que tiver ressarcido ao lesado.
Parágrafo único. A mesma ação competirá contra aquele em defesa de quem se causou o dano (art. 188, inciso I).

Esse artigo cuida da já apontada ação regressiva contra o terceiro causador do dano e contra aquele em defesa de quem se causou o dano. O parágrafo causa certa dificuldade de interpretação. Defesa aí é mencionada em sentido vulgar. Pode-se interpretar como a possibilidade de ação contra quem foi defendido com a conduta, não tendo o agente logrado receber indenização do causador do estado de necessidade. Essas situações são lastreadas na equidade.

1. O fato de terceiro

A questão é saber se o fato de terceiro pode exonerar o causador do dano do dever de indenizar. Temos que entender por terceiro, nessa premissa, alguém mais além da vítima e do causador do dano. Na relação negocial, é mais fácil a conceituação de terceiro, pois se trata de quem não participou do negócio jurídico. A lei, por vezes, refere-se a ele, como na hipótese de coação praticada por terceiro (art. 154) e na fraude contra credores. Na responsabilidade contratual, terceiro é, em síntese, alguém que ocasiona o dano com sua conduta, isentando a responsabilidade do agente indigitado pela vítima.

Nessa situação aqui tratada, não se cuida de pessoas que tenham ligação com o agente causador, tais como filhos, empregados e prepostos. Nessa hipótese, os atos desses terceiros inculpam os pais, patrões e preponentes.

A questão é tormentosa na jurisprudência, e o juiz, por vezes, vê-se perante uma questão de difícil solução. Não temos um texto expresso de lei que nos conduza a um entendimento pacífico. Na maioria das vezes, os magistrados decidem por equidade, embora não o digam. Na premissa ora examinada, pode, por exemplo, o motorista que sobe na calçada e atropela o pedestre alegar que foi obrigado a fazê-lo por uma manobra brusca de outro veículo, cujo condutor se evadiu? A propensão dos julgados é não admitir a responsabilidade de terceiro como excludente. O assunto vem regulado de forma indireta pelos arts. 929 e 930, estabelecendo este último dispositivo a ação regressiva contra o terceiro que criou a situação de perigo, para haver a importância despendida no ressarcimento ao dono do bem. Esses artigos não se referem expressamente à culpa exclusiva de terceiro, mas, indiretamente, admitem a possibilidade de reconhecimento de culpa e responsabilidade do terceiro. Aponte-se que nada impede que a vítima ingresse com a ação diretamente contra o terceiro causador do dano. A dificuldade prática é que nem sempre esse terceiro pode ser identificado pela vítima.

No caso concreto, importa verificar se o terceiro foi o causador exclusivo do prejuízo ou se o agente indigitado também concorreu para o dano. Quando a culpa é exclusiva de terceiro, em princípio não haverá nexo causal. O fato de terceiro somente exclui a indenização quando realmente se constituir em causa estranha à conduta, que elimina o nexo causal. Cabe ao agente defender-se, provando que o fato era inevitável e imprevisível. Na questão do motorista a que nos referimos, o agente apenas se livrará da indenização de provar que dirigia com todas as cautelas possíveis e que a manobra do terceiro era totalmente imprevisível. O fato de terceiro deve equivaler à força maior. A tendência da jurisprudência é admitir apenas excepcionalmente o fato de terceiro como excludente de culpa. A esse propósito, lembre-se da Súmula 187 do STF: "*A responsabilidade contratual do transportador, pelo acidente com o passageiro, não é ilidida por culpa de terceiro, contra o qual tenha ação regressiva.*" Essa posição jurisprudencial denota a tendência marcante de alargar a possibilidade de indenização sempre que possível.

Na situação específica, na maioria das vezes, em se tratando de fato de terceiro, para o qual há ação regressiva, raramente esta ocorre, porque geralmente esse terceiro não é identificado. De qualquer modo, é muito rara a admissão do fato de terceiro como excludente na jurisprudência nacional.

Destarte, se o agente não lograr provar cabalmente que o terceiro foi a causa exclusiva do evento, tendo também o indigitado réu concorrido com culpa, não elide o dever de indenizar. Recorde-se de que o art. 942 estabelece a responsabilidade solidária para todos os causadores do dano.

Quanto ao contrato de transporte, a jurisprudência é rigorosa em não admitir a responsabilidade de terceiro, coroando a responsabilidade objetiva do transportador (Decreto nº 2.681/1912), na forma da Súmula 187 do STF supratranscrita. Desse modo, qualquer acidente ocorrido com passageiro deve ser indenizado. Há situações, contudo, nas quais os acidentes ocorrem por ato externo, não relacionado diretamente com o transporte, como, por exemplo, o disparo de arma de fogo contra o veículo ou o arremesso de pedras. Nesse caso, há equiparação ao caso fortuito, podendo o transportador eximir-se de responsabilidade. No entanto, tem sido entendido que o arremesso de objetos em trens, em áreas urbanas, por exemplo, é fato previsível e não elide a responsabilidade do transportador (GONÇALVES, 1994, p. 492).

O direito de regresso contra o terceiro pode ser efetivado no mesmo processo por meio da denunciação da lide (art. 125 do CPC), quando não houver restrição em outra norma, embora nem sempre a jurisprudência a admita, mormente quando o ingresso do terceiro amplia o âmbito da causa de pedir, dificulta e retarda o julgamento da ação principal. Ainda que não denunciada a lide ao terceiro responsável, sempre será possível a ação autônoma de regresso.

Recurso inominado. Responsabilidade civil. Acidente de trânsito. Ação de indenização por danos materiais. Veículo que causou danos na porta da boate do autor em razão de colisão entre veículos automotores. Responsabilidade solidária entre os réus perante o autor. Eventual culpa acerca do evento danoso deve ser apurada em ação própria que não elide o dever de indenizar o valor do orçamento. Caso demonstrada a culpa de terceiro poderá o réu buscar o ressarcimento do valor correspondente. Inteligência do art. 930 do CC. Recurso desprovido (*TJRS* – Recurso Cível 71007844392, 28-8-2018, Rel. Roberto Carvalho Fraga).

⚖ Acidente de trânsito – Animal em rodovia (cavalo) – A **responsabilidade da concessionária ré é objetiva, em razão do risco do negócio, decorrente do fato de serviço na relação de consumo** (artigo 14 do CDC) – A teor dos incisos I e II, § 3º, do art. 14 do CDC, só será afastada a responsabilidade da concessionária quando esta provar que, tendo prestado o serviço, o defeito inexiste ou que se cuide de culpa exclusiva do consumidor ou de terceiro, o que não ocorreu – Considerando que o ocupante do veículo sofreu acidente de trânsito, em rodovia administrada pela ré, que não providenciou a retirada do animal da pista (cavalo), causando o acidente, que gerou danos materiais à autora, de rigor a reparação dos danos sofridos, que foram satisfatoriamente demonstrados pelo boletim de ocorrência e pelas notas fiscais que comprovam os gastos tidos com o conserto do veículo – Sentença mantida – Recurso desprovido (*TJSP* – Ap. 1065953-94.2014.8.26.0100, 27-4-2017, Rel. Carlos Von Adamek).

⚖ **Ação de indenização por danos materiais e morais**. Colisão de caminhão com os fios de energia, que ocasionou a queda de poste de luz e, com isso, a avaria na parede e vidros na residência do autor. Cabos de energia que não estavam instalados na altura mínima permitida, fato que configura responsabilidade da companhia distribuidora de energia elétrica. Todavia, dever do causador direto dos danos em ressarcir os prejuízos causados ressalvados o direito de regresso. Inteligência dos arts. 929 e 930 do CC. Infortúnio não passível de caracterizar dano moral. Recurso parcialmente provido. "Em matéria de responsabilidade civil, no entanto, predomina o princípio da obrigatoriedade do causador direto em reparar o dano. A culpa de terceiro não exonera o autor direto do dano do dever jurídico de indenizar." (Carlos Roberto Gonçalves, in *Comentários ao Código Civil*: direito das obrigações. vol. 11 (arts. 927 a 965). São Paulo: Saraiva, 2003. p. 405) (*TJSC* – Acórdão Apelação Cível 2011.003402-9, 31-5-2011, Relª Desª Maria do Rocio Luz Santa Ritta).

Art. 931. Ressalvados outros casos previstos em lei especial, os empresários individuais e as empresas respondem independentemente de culpa pelos danos causados pelos produtos postos em circulação.

A lei especial referenciada é o CDC, que trata, entre outras modalidades, da responsabilidade pelos serviços e produtos postos em circulação. Mas há outras hipóteses de responsabilidade do empresário e de empresas no próprio Código, como nos arts. 932, III, e 933. Tendo em vista o largo espectro de aplicação do CDC não resta muito espaço para aplicação desse artigo. Trata-se de mais uma hipótese de responsabilidade objetiva, neste caso pelo produto, pelo fato da coisa. Assim, aplica-se esse dispositivo quando não se configura relação de consumo, quando, em princípio, não se trate de produto para consumidor final.

A redação do artigo não é das melhores, sendo de difícil compreensão. O Código de Defesa do Consumidor já cobre a hipótese.

Os casos concretos exigem exame acurado. A responsabilidade sem exame da culpa tem como base o dano causado pelo produto e não seu uso precário ou indevido. Os danos previstos nesse artigo decorrem de defeito no produto e não porque o produto é impróprio ou ineficiente. Como afirma Arnaldo Rizzardo (2007, p. 175), o empresário ou empresa, "*além de arcar com as decorrências da ineficiência do próprio bem, assume os prejuízos que eventualmente provocaram*".

No CDC, exige-se que esse dano causado pelo produto decorra de um defeito de segurança do produto ou do serviço, art. 12, § 1º, fato do produto, e art. 14, § 1º, fato do serviço. Aparentemente, a responsabilidade nesse artigo parece integral, mais ampla. Sem dúvida, sem o recurso a esses artigos do CDC, fica incompleta a compreensão do presente artigo.

📖 Enunciado nº 42, I Jornada de Direito Civil – CJF/STJ: O art. 931 amplia o conceito de fato do produto existente no art. 12 do Código de Defesa do Consumidor, imputando responsabilidade civil à empresa e aos empresários individuais vinculados à circulação dos produtos.

📖 Enunciado nº 43, I Jornada de Direito Civil – CJF/STJ: A responsabilidade civil pelo fato do produto, prevista no art. 931 do novo Código Civil, também inclui os riscos do desenvolvimento.

📖 Enunciado nº 190, III Jornada de Direito Civil – CJF/STJ: A regra do art. 931 do novo Código Civil não afasta as normas acerca da responsabilidade pelo fato do produto, previstas no art. 12 do Código de Defesa do Consumidor, que continuam mais favoráveis ao consumidor lesado.

📖 Enunciado nº 378, IV Jornada de Direito Civil – CJF/STJ: Aplica-se o art. 931 do Código Civil, haja ou não relação de consumo.

📖 Enunciado nº 562, VI Jornada de Direito Civil – CJF/STJ: Aos casos do art. 931 do Código Civil aplicam-se as excludentes da responsabilidade objetiva.

⚖ Bem móvel – Aparelho de telefonia celular – Ação de indenização por danos materiais e morais – Demanda de adquirente, pessoa natural, em face de empresa vendedora e de empresa fabricante – Sentença de procedência para condená-las à devolução da quantia paga e a indenizarem o comprador pelos prejuízos morais experimentados – Recursos do autor e da corré fabricante – Parcial reforma do julgado para elevar o montante indenizatório – Cabimento – Telefone adquirido que, apenas um mês depois, passou a apresentar defeito consistente em listras na tela, a inviabilizar a utilização da função "touchscreen" – Várias idas e vindas à empresa credenciada para conserto, sem sucesso – Promessa de restituição do dinheiro não cumprida pelas empresas – Corré fabricante que, inclusive, deixou de comparecer à audiência de conciliação designada pelo PROCON – Danos materiais e morais bem evidenciados – Inteligência do art. 18, do CDC, e do art. 931, do CC – Majoração da indenização relativa aos prejuízos morais – Viabilidade. Apelo da ré desprovido. Apelo da autora provido (*TJSP* – Ap. 1013294-25.2017.8.26.0223, 15-5-2019, Rel. Marcos Ramos).

⚖ Apelações cíveis – Ação de reparação por danos morais e materiais defeito/fato do produto – Consumidor – Responsabilidade solidária – Legitimidade passiva da concessionária – Condenação dano moral – Princípio da proporcionalidade e da razoabilidade. 1- Com efeito, o artigo 17 do Código de Processo Civil estabelece que para postular em juízo é necessário ter interesse e legitimidade. 2- No que toca a alegação de ilegitimidade passiva da empresa recorrente é pacífico na jurisprudência pátria o reconhecimento da responsabilidade solidária entre a montadora de veículos e a concessionária quando restar comprovado vício no produto, como é o caso dos presentes autos. 3- O caso posto a exame se encaixa na definição de vício do produto, na medida em que o fato em si, a meu ver, não atinge somente a incolumidade econômica do consumidor. Compulsando os autos, observa-se que restou demonstrado a gravidade do defeito apresentado capaz de ensejar, inclusive danos à saúde física do recorrido ou de terceiros, dada a possibilidade de ocorrência de acidente em decorrência de problemas apresentados na caixa de marcha e direção, além de outros. 4- É sabido que o fato do produto ou defeito do produto resta configurado quando o defeito, além de atingir a incolumidade econômica do consumidor, atinge sua incolumidade física ou psíquica. O fato exorbita a esfera do bem de consumo, passando a atingir o consumidor que poderá ser o adquirente do bem ou mesmo o equiparado. 5- Com efeito, o § 1º do artigo 12 do Código de Defesa do Consumidor dispõe que: [art. 12 (...) § 1º] o produto é defeituoso quando não oferece a segurança que dele legitimamente se espera, levando-se em consideração as circunstâncias relevantes, entre as quais: I – Sua apresentação; II – O uso e os riscos que razoavelmente dele se esperam; III – A época em que foi colocado em circulação. 6- Esclareça-se que o veículo foi adquirido na condição de novo, acabado de sair da fábrica, não sendo aceitável que não esteja em perfeitas condições de uso e funcionamento. 7- Caracterizado o defeito do produto, cabe à empresa recorrente a responsabilidade pelos danos causados ao recorrido, nos termos do artigo 18 do Código de Defesa do Consumidor: [art. 18.] Os fornecedores de produtos de consumo duráveis ou não duráveis respondem solidariamente pelos vícios de qualidade ou quantidade que os tornem impróprios ou inadequados ao consumo a que se destinam ou lhes diminuam o valor, assim como por aqueles decorrentes da disparidade, com as indicações constantes do recipiente, da embalagem, rotulagem ou mensagem publicitária, respeitadas as variações decorrentes de sua natureza, podendo o consumidor exigir a substituição das partes viciadas. 8- Dito isto, reconhece-se a legitimidade da empresa recorrente para figurar no polo passivo da presente demanda. 9- No mais, em se tratando de responsabilidade objetiva, ante a relação de consumo estabelecida, esta independe da existência de culpa, nos termos do art. 13 do CDC, anteriormente transcrito. É de se observar que, como registrado pelo julgador monocrático, as diversas idas à concessionária para reparos no veículo zero quilômetro demonstram a ocorrência de transtorno, causando-lhe sérios transtornos, acarretou prejuízo ao mesmo. 10- Dessa maneira, o dano e o nexo de causalidade restaram devidamente comprovados nos autos, sendo suficientes para o seu ressarcimento. 11- Ademais, o dano moral configura-se em desrespeito e negligência que ocasionam à vítima relevante sensação de dor, humilhação, insatisfação ou gravame e, somente pode ser verificado quando presentes o ato ilícito, o dano causado, o nexo de causalidade e a culpa. 12- No caso posto a exame, restou comprovada a ocorrência de gravame a justificar a fixação de indenização por dano moral, como já dito acima. 13- Cabe a esta relatoria, ainda, avaliar, com sopesamento e acuidade, o valor condenatório a ser deferido. A dificuldade em determinar o *quantum* a ser estipulado, em face do dano moral causado, já foi, inclusive, discutido anteriormente pelo colendo Superior Tribunal de Justiça, considerando-se árduo mister do julgador fixar valor em pecúnia para sanar, ou pelo menos tentar minorar, o malefício causado pelo vetor do dano. 14- Conforme citado com sabedoria e clareza o voto do Exmo. Ministro Sidnei Beneti, acima destacado, devem ser consideradas as circunstâncias do fato, as condições do ofensor e do ofendido, a forma e o tipo de ofensa, bem como os reflexos no mundo interior e exterior da vítima. 15- O montante indenizatório arbitrado pelo magistrado *a quo* foi no valor de R$ 4.000,00 (quatro mil reais). A fixação do arbitramento do dano sofrido deve estar regrada dentro de parâmetros de moderação e comedimento, sob pena de deferir enriquecimento indevido a uma das partes. O regramento em questão se coadunou perfeitamente com as regras da proporcionalidade e da razoabilidade, pois restou adequado em face do gravame sofrido. 16- Isto posto, conheço dos presentes recursos, mas para negar-lhes provimento, mantendo inalterados todos os termos da sentença atacada (*TJCE* – Ap. 0000215-88.2009.8.06.0075, 31-1-2017, Rel. Carlos Alberto Mendes Forte).

> **Art. 932. São também responsáveis pela reparação civil:**
> **I** – os pais, pelos filhos menores que estiverem sob sua autoridade e em sua companhia;
> **II** – o tutor e o curador, pelos pupilos e curatelados, que se acharem nas mesmas condições;
> **III** – o empregador ou comitente, por seus empregados, serviçais e prepostos, no exercício do trabalho que lhes competir, ou em razão dele;
> **IV** – os donos de hotéis, hospedarias, casas ou estabelecimentos onde se albergue por dinheiro, mesmo para fins de educação, pelos seus hóspedes, moradores e educandos;
> **V** – os que gratuitamente houverem participado nos produtos do crime, até a concorrente quantia.

1. Responsabilidade direta e indireta

Em todos os sistemas jurídicos, mesmo naqueles marcados pelo individualismo, há casos de uma pessoa, natural ou jurídica, ser considerada civilmente responsável por danos praticados por terceiro. No entanto, a sistemática de responsabilização varia muito em cada sistema no direito comparado.

Cada vez mais, o direito positivo procura ampliar as possibilidades de reparação de prejuízos causados ao patrimônio de alguém. Na introdução dessa matéria, apontamos que a primeira ideia de responsabilidade que aflora, dentro do conceito de equidade e justiça, é fazer com que o próprio causador do dano responda pela reparação do prejuízo. Essa noção é a mais restrita no exame da responsabilidade e coincide com a punição do Direito Penal, cuja pena tem sentido social e repreensivo. Trata-se da responsabilidade direta do causador do dano ou responsabilidade por fato próprio.

No entanto, se unicamente os causadores dos danos fossem responsáveis pela indenização, muitas situações de prejuízo ficariam irressarcidas. Por isso, de há muito, os ordenamentos admitem que, em situações descritas na lei, terceiros sejam responsabilizados pelo pagamento do prejuízo, embora não tenham concorrido diretamente pelo evento.

Essa situação não só é plenamente admitida pelas legislações, como também a admissão da teoria do risco ou da responsabilidade objetiva, responsabilidade sem culpa, vem ao encontro dessa ideia de possibilitar a indenização à vítima da forma mais ampla possível. O título "*responsabilidade por fato de outrem*" não expressa com exatidão o estudo do tema, pois se cuida de culpa presumida por fato de terceiro, como comenta Orlando Gomes (1984, p. 349), mas é expressão consagrada e conhecida. Para que outra pessoa possa ser responsabilizada, é necessário que algumas regras e alguns vínculos sejam estabelecidos, como é evidente.

Admite-se, em síntese, uma culpa *in vigilando* daquele que responde pelos danos. Uma pessoa, sem ter praticado o ato, responde pelos prejuízos causados por outrem que efetivamente o praticou; essa é a ideia básica.

A vítima deve provar, como veremos, a culpa do agente causador do prejuízo. Consubstanciada esta, aflora automaticamente a culpa do responsável indicado na lei. Não se trata, pois, de responsabilidade sem culpa, embora a noção não fique muito distante. Trata-se, originalmente, de presunção relativa de culpa derivada da lei. Conclui Sérgio Cavalieri Filho (2004, p. 187):

> "*Em apertada síntese, a responsabilidade pelo fato de outrem constitui-se pela infração do dever de vigilância. Não se trata, em outras palavras, de responsabilidade por fato alheio, mas por fato próprio decorrente do dever de vigilância. Por isso, alguns autores preferem falar em **responsabilidade por infração dos deveres de vigilância**, em lugar de **responsabilidade pelo fato de outrem**.*"

Este Código estabelece que os pais, o tutor e curador, o empregador e comitente responderão pelos atos dos filhos, pupilos e empregados ou prepostos, "*ainda que não haja culpa de sua parte*" (art. 933). Cria-se, portanto, uma responsabilidade objetiva, nesse liame de implicação e polaridade, afastada da ideia de culpa, situação do sistema revogado que se apresenta unicamente com relação aos empregadores, por força da Súmula 341 do STF.

De qualquer modo, a arquitetura das teorias jurídicas que procuram explicar a responsabilidade pelo fato de outrem é altamente complexa, cada autor engendrando uma teoria particular. O âmbito desses comentários torna despiciendo discorrer sobre as inúmeras teorias sobre a responsabilidade pelo fato de terceiro, levando em consideração que a jurisprudência brasileira quase secular permite hoje uma noção clara de sua compreensão, desvinculada da própria orientação e interpretação gramatical originária formulada pelo Código Civil de 1916. No estudo da responsabilidade por fato de outrem, é necessário partir de diferentes pressupostos, que não coincidem com os da responsabilidade por fato próprio. De qualquer modo, somente exsurge a responsabilidade de terceiro, de forma moralmente justificável, nas situações descritas em lei, embora exista quem sustente diferentemente. Observa Alvino Lima (2000, p. 26), em clássica obra sobre a matéria:

> "*A responsabilidade extracontratual pelo fato de outrem, em sentido estrito, é regulada de modo específico, em dispositivos que abrem exceções, à cláusula geral de responsabilidade, por culpa, deixando de ser subordinada a fatores morais, para acomodar-se às exigências de uma evolução caracterizada pelos progressos maravilhosos da técnica industrial; surge, em regra, automaticamente, baseada no fato alheio e só indiretamente se pode dizer que repousa na culpa do civilmente responsável, ocorre a culpa do terceiro, como veremos, autor do ato lesivo, ou do interesse legítimo da vítima.*"

Nessa síntese, o autor aponta com concisão o pressuposto principal da culpa pelo fato de terceiro: a culpa de um agente, objetiva ou subjetiva, faz nascer a responsabilidade de terceiro indigitado pela lei. A natureza jurídica desse liame entre o causador direto do dano e o terceiro responsável pela reparação é justamente o aspecto que faz emergirem as dificuldades doutrinárias, embora não se duvide que busca o ideal de justiça e proteção à dignidade humana, como realçamos no capítulo inicial. A questão restringe-se à responsabilidade aquiliana, porque na responsabilidade contratual ou negocial o que se discute é a inexecução da obrigação acordada entre as partes contratantes ou participantes do negócio jurídico.

Não se esqueça que na responsabilidade por fato de outrem existem duas responsabilidades: a do causador direto do dano e a da pessoa também encarregada de indenizar. É necessário que o agente direto tenha agido com culpa ou, no caso de incapazes, que tenha ocorrido uma conduta contrária ao Direito, porque não se fala estritamente em culpa destes. Se o inimputável, menor ou outro incapaz, agiu de acordo com o Direito, em conduta que se fosse capaz não seria culposa, não há o que indenizar.

O Código de 1916 não trouxe uma norma geral sobre esse fenômeno. O art. 1.521, todavia, estabelecia as bases para a responsabilidade por fato de terceiro.

A mesma disposição é mantida pelo art. 932 deste Código, com modificação gramatical no inciso I. Substitui-se "poder" por "autoridade". E no inciso III, que substitui a palavra "ocasião" por "razão". Desse modo, o patrão, amo ou comitente é responsável pelos atos de seus empregados, no exercício do trabalho ou em *razão* dele, o que dá maior amplitude de interpretação. Quanto aos pais, faremos observações a seguir. Note-se, porém, que o art. 933 desse diploma inova ao dizer que as pessoas indicadas nos incisos I a V responderão pelos atos dos terceiros indicados "*ainda que não haja culpa de sua parte*". Essa lei salta do campo da responsabilidade presumida, como passara a entender a jurisprudência a respeito do antigo Código, para o campo da responsabilidade objetiva, o que, na prática, já era fartamente admitido pela jurisprudência. Essa amplitude do dever de indenizar toca diretamente ao fulcro da responsabilidade civil pós-moderna. Procura-se indenizar o maior número possível de danos ou, pela outra face da problemática, aquela que procura sublimar a dignidade humana, impedindo, tanto quanto possível e dentro dos limites do equitativo, que prejuízos restem irressarcidos.

O art. 1.522 do Código de 1916 estendera a responsabilidade com relação ao ato praticado pelo empregado para as pessoas jurídicas, fazendo referência anacrônica àquelas "*que exercerem exploração industrial*". Os tribunais encarregaram-se prontamente de esclarecer que toda pessoa jurídica é responsável pelos atos danosos e ilícitos de seus empregados. Nunca se esqueça que o papel da jurisprudência é fundamental em sede de responsabilidade civil, mais do que no direito obrigacional tradicional, tendo em vista o dinamismo de resposta que os casos concretos exigem e que a sociedade espera.

Aplicada modernamente a teoria do órgão, a pessoa jurídica é responsável pelos danos praticados por seus empregados ou prepostos, independentemente de lei que defina sua responsabilidade.

A responsabilidade emerge com o ato danoso das pessoas enumeradas. No entanto, os terceiros somente podem, em princípio, ser responsabilizados se o ato foi praticado por culpa do autor material do dano ou autor direto, ao menos nas hipóteses que ora estamos tratando. Não se cuida, pois, de responsabilidade sem culpa. Havia uma presunção *juris tantum* da responsabilidade do terceiro estabelecida no sistema de 1916 e há uma modalidade de responsabilidade objetiva no presente Código.

A situação justifica-se, pois imputa o dever de indenizar a quem exerce o poder diretivo sobre outra pessoa (Gomes, 1984, p. 353). O terceiro responde, portanto, por essa modalidade de culpa, que muito se aproxima da teoria do risco, aliás explicação que parte da doutrina dá para a natureza jurídica dessa modalidade de responsabilidade, o que foi contemplado por este Código. Nessa sistemática, se levado em consideração o princípio do Código antigo, há o concurso de duas modalidades distintas de culpa, a do agente diretamente causador do dano e a do responsável pela indenização.

Não está, porém, a vítima obrigada a acionar o responsável pela vigilância. A lei estabelece uma faculdade a seu favor. Nada impede que se volte diretamente contra o agente causador material do dano, se isso lhe for oportuno e conveniente: o motorista do veículo, o filho menor, o empregado etc. Ocorre que, na prática, na maioria das vezes, esses agentes não possuem patrimônio suficiente para responder pelo prejuízo.

2. Responsabilidade dos pais pelos filhos menores

Segundo os dispositivos mencionados, os pais são responsáveis pela reparação civil decorrente de atos ilícitos praticados pelos filhos menores que estiverem sob seu poder e em sua companhia. Este Código menciona os filhos que estiverem sob a "*autoridade*" dos pais, o que não muda o sentido da dicção legal anterior, dando-lhe melhor compreensão. Não se trata de aquilatar se os filhos estavam sob a guarda ou poder material e direto dos pais, mas sob sua autoridade, o que nem sempre implica proximidade física. Essa responsabilidade tem como base o exercício do poder familiar que impõe aos pais um feixe enorme de deveres.

Trata-se de aspecto complementar do dever de educar os filhos e sobre eles manter vigilância. Essa responsabilidade, como vimos, sustenta-se em uma presunção relativa, ou, como acentuamos, numa modalidade de responsabilidade objetiva, no Código deste século, o que vem a dar quase no mesmo. Há dois fatores que se conjugam nessa modalidade de responsabilidade: a menoridade e o fato de os filhos estarem sob o poder ou autoridade e companhia dos pais.

O antigo Código de Menores de 1927, no art. 68, § 4º, complementava esse dispositivo, responsabilizando os pais ou a pessoa a quem incumbia legalmente a vigilância, salvo se provassem que, de sua parte, não tivesse havido culpa ou negligência. O Código de Menores de 1979 (Lei nº 6.697/1979) revogou esse diploma anterior, não contendo dispositivo idêntico ao do art. 68. O Estatuto da Criança e do Adolescente, ora vigente, não trouxe disposição nesse aspecto. O antigo Código de Menores apenas explicitara o dispositivo do Código Civil. A farta jurisprudência sobre o tema, sob a égide do antigo Código Civil, espancou qualquer dúvida quanto à responsabilidade paterna presumida. Desse modo, será negligente o pai que permitir que o filho menor dirija veículo sem a devida habilitação. Assim também o pai que não exerça sobre ele a vigilância, permitindo que venha a furtar ou roubar. Somente estará isento do dever de indenizar se provar rigorosamente que não agiu com culpa, ou melhor, a nosso ver, provando que não há nexo algum de causalidade. A jurisprudência é rigorosa na inculpação dos pais. Segundo ficou totalmente assente pelos tribunais, há inversão de prova: incumbia ao pai, ao ser demandado, provar que não agiu com culpa no sistema de 1916. O sistema persistirá. No entanto, a liberalização dos costumes e o fato social de os filhos cada vez mais se distanciarem dos olhos e da guarda dos pais nas últimas décadas devem permitir um abrandamento da jurisprudência.

Carlos Roberto Gonçalves (1994, p. 98) aduz que é muito comum que as crianças vivam hoje grande parte de seu tempo em escolas, clubes e associações, sob a vigilância de outras pessoas que não os pais. Desse modo, temos de verificar, no caso concreto, no momento do dano, de quem era efetivamente o dever de vigilância. Por outro lado, há que se levar em conta a posição da vítima, o prejuízo a ser reparado, e que raramente os menores terão patrimônio próprio para responder. Assim, a regra geral será a responsabilização dos pais pelos atos danosos dos filhos menores de qualquer idade; sua isenção deve ser vista como exceção. Nesse diapasão, deixa de ser relevante o exame da vontade do incapaz: se um menor de 3 anos ou de 17 anos de idade danifica o patrimônio alheio, o pai será o responsável, salvo, em síntese, se provar caso fortuito ou força maior. A responsabilidade dos pais não pode ser afastada porque o menor ainda não tem capacidade de discernimento. Mais rigorosa deve ser a vigilância dos pais, quando os filhos não possuem ainda o mínimo discernimento.

Desse modo, menor que se utiliza de arma de fogo e fere ou mata responsabilizará os pais pela indenização. Tratando-se de dever de vigilância, a culpa do genitor será, ao mesmo tempo, *in vigilando* e *in omittendo*. O juiz observará a conduta sob a forma objetiva, e não sob o aspecto da culpa dos menores, e decidirá se, no caso, pode ser excluída a responsabilidade dos pais, reconhecendo, então, o caso fortuito ou força maior. No sistema do Código, mercê do disposto no art. 933, pelo qual o pai responde ainda que não haja culpa, deve ele provar que o filho não praticou ato danoso injusto, o que suprimiria a culpa em tese do agente, ou, que não há nexo de causalidade. Nesta última hipótese, por exemplo, não pode ser inculpado o pai por ato do filho que reside só, em local diverso do pai, sem conhecimento deste e longe de sua companhia por motivos alheios a sua vontade. No caso de separação de direito e de fato dos cônjuges, há que se verificar a situação fática, muito mais do que a jurídica. Embora a guarda possa ter sido atribuída à mãe, pode ocorrer que o filho menor ainda se submeta à autoridade do pai. O caso concreto definirá a responsabilidade que, na dúvida, dentro do espírito da lei, responsabilizará ambos os progenitores.

Atualmente, portanto, nessa relação de responsabilidade envolvendo pais e filhos, prepondera a teoria do risco, que atende melhor aos interesses de justiça e de proteção à dignidade da pessoa. Não se esqueça também que o parágrafo único do art. 942 estabelece a solidariedade entre as pessoas descritas no art. 932.

Como os menores entre 16 e 21 anos, no sistema revogado, eram considerados capazes para fins de responsabilidade civil (art. 156 do Código de 1916), os pais eram solidariamente responsáveis com eles, nessa idade. Veja agora o art. 928, que estabelece a responsabilidade do próprio incapaz. No sistema anterior, aplicava-se o art. 1.518, parágrafo único, que estatuía a solidariedade para as pessoas relacionadas no art. 1.521. Veja igualmente os arts. 932 e 933. Quando os menores faltosos têm menos de 16 anos, somente os pais ou os demais responsáveis apontados seriam responsabilizados, no sistema de 1916. O art. 928 do Código aponta um novo rumo a esse respeito.

O STF já se manifestou no sentido de que a emancipação do menor não elide a responsabilidade dos pais (*RTJ* 62/108). A emancipação é ato voluntário em benefício do menor; não tem o condão de obliterar a responsabilidade dos pais. Nesse sentido:

"*Responsabilidade civil – Colisão de veículos – Motorista menor emancipado – Irrelevância – Pai corresponsável – Ação procedente. O fato de o motorista culpado ser menor emancipado não afasta a responsabilidade do pai, a quem pertence o veículo causador do dano*" (*RT* 494/92).

Na doutrina, existem, porém, manifestações frontalmente contrárias a esse entendimento. A nosso ver, como aponta Carlos Roberto Gonçalves (1994, p. 103), desaparece a responsabilidade dos pais quando a emancipação decorre de outras causas relacionadas no art. 5º, parágrafo único, que não da iniciativa do pai ou tutor, como casamento, por exemplo. Anota Caio Mário da Silva Pereira (1999, p. 92), reforçando esse entendimento, que a emancipação voluntária não exonera os pais, "*porque um ato de vontade não elimina a responsabilidade que provém da lei*". Nesse caso estabelece-se, sem dúvida, uma responsabilidade solidária entre o menor e seus pais.

A lei de 1916 mencionava, também, que a responsabilidade era dos pais com relação aos filhos que estivessem em seu poder e em sua companhia. Os termos não podiam e não podem ser entendidos em sentido absoluto, sob pena de restringir demasiadamente o dever de indenizar. Ainda que materialmente afastados, os filhos que vivem em outra localidade, mas sob as expensas dos pais, estão sob seu poder.

Desse modo, o simples afastamento da casa paterna não elide a responsabilidade dos genitores:

> "*Se o menor deixa a casa paterna, sem qualquer motivo, descura o pai de seu dever de guarda e vigilância, sendo responsável pelo ilícito civil praticado por aquele*" (RT 590/154).

Por essa razão, como apontamos, o Código em vigor menciona, no art. 932, que os menores devem estar sob a *autoridade* dos pais.

Entretanto, se sob a guarda exclusiva de um dos cônjuges se encontra o menor por força da antiga separação, divórcio ou regulamentação de guarda, responderá apenas o pai ou a mãe que tem o filho em sua companhia. A regra, porém, não é inexorável e admite, como vimos, o detido exame do caso concreto: o menor pode ter cometido o ato ilícito, por exemplo, quando na companhia do genitor, em dia regulamentado de visita. A responsabilidade dos pais deriva, em princípio, da guarda do menor e não exatamente do poder familiar. Quando, porém, o menor é empregado de outrem, e pratica o ato ilícito em razão do emprego, a responsabilidade é do empregador. Da mesma forma, se o filho está internado em estabelecimento de ensino, este será o responsável, por força do art. 932, IV.

Como vimos quando examinamos a adoção no direito de família, os pais adotivos são detentores do poder familiar e como tal deles será a responsabilidade pelos atos dos filhos adotivos. A simples guarda, deferida nos termos do Código da Infância e da Juventude, também transfere o dever de vigilância ao guardião.

Para que se suprima a responsabilidade, os pais devem demonstrar, portanto, que o menor não se encontrava sob seu poder e autoridade ou em sua companhia.

Os pais e demais ascendentes, por exceção, como apontamos, não têm ação regressiva pelo que pagarem contra os filhos (art. 934), estabelecida essa regra em decorrência de princípios morais e de organização da família. Nem sempre, enfatizamos, será a solução mais justa.

Nesse campo da responsabilidade do menor, é importante que se acentue a guinada de posição tomada por este Código no art. 928. Desse modo, na lei nova não mais se aplica o princípio do art. 156 do Código antigo. Os pais respondem primeiramente com seu patrimônio; se não tiverem patrimônio suficiente, poderá ser atingido o patrimônio do menor. Entretanto, a nova lei menciona que nesse caso a indenização será equitativa e não terá lugar se privar do necessário o incapaz ou as pessoas que dele dependem (art. 928, parágrafo único). No entanto, a redação deveria ser mais clara a esse respeito. Este Código relega para o juiz o exame da conveniência da condenação e o montante desta. O princípio pode jogar por terra toda a construção jurisprudencial anterior e, a nosso ver, deve ser repensado, pois o risco de situações sem ressarcimento será grande.

Ao mesmo tempo em que permite a redução ou exclusão da indenização nessa situação, este diploma introduz a responsabilidade objetiva dos pais, tutores e curadores e empregadores, fazendo cessar, portanto, as tergiversações doutrinárias sobre a natureza da culpa dos terceiros sob a lei atual. A tendência segue a linha pela qual a teoria do risco é a que mais se aproxima da realidade nessa modalidade de responsabilidade:

> "*Se o pai põe os filhos no mundo, se o patrão se utiliza do empregado, ambos correm risco de que da atividade daqueles surja dano para terceiro. É razoável que, se tal dano advier, por ele respondam, solidariamente com os seus causadores diretos, aqueles sob cuja dependência estes se achavam*" (RODRIGUES, 2000, p. 61).

Neste Código, a solidariedade de todos os autores do dano está descrita no art. 942.

3. Responsabilidade de tutores e curadores

Tutor é o representante legal do menor cujos pais faleceram, foram declarados ausentes ou perderam o poder familiar (art. 1.728). O curador será também representante do incapaz maior, quando este não possui o devido discernimento ou é considerado pródigo, o que também é uma falha mental.

A responsabilidade dos tutores e curadores pelos atos do pupilo assenta-se sobre os mesmos princípios da responsabilidade dos pais. Não é muito justo que assim seja. Como estudamos nos artigos respectivos sobre o direito de família, a tutela e a curatela são, *de per si*, pesado encargo ou múnus público. A responsabilidade pelos atos do tutelado e curatelado agrava ainda mais esse fardo. Por isso, a doutrina manifesta-se no sentido de que essa responsabilidade deve ser abrandada com relação a eles, mas sobre isso nada dispõe a lei (GOMES, 1984, p. 357). Única válvula permitida é a ação regressiva do tutor ou curador em relação ao pupilo, pelo que pagou em decorrência da prática desse ato ilícito. Anota Sílvio Rodrigues (2000, p. 69)

> "*ser altamente recomendável que o juiz, ao analisar a hipótese de dano causado por menor sob tutela, deve ser muito mais benigno ao examinar a posição do tutor do que seria em relação ao pai, cumprindo-lhe exonerar aquele cada vez que não haja manifesta negligência de sua parte*".

O mesmo se diga a respeito do curador.

Já nos manifestamos a respeito da responsabilização e imputabilidade dos amentais, quanto à responsabilização de seu próprio patrimônio, para o qual remetemos o leitor. Anteriormente, falamos do mesmo dispositivo, que é genérico com relação a todos os incapazes (art. 928). Acrescentemos, contudo, que, assim como aos menores impúberes, aos que falta o devido discernimento não cabe questionar aspectos de culpa, porque são inimputáveis. No entanto, cabe ao juiz verificar a falta e os fatos de forma objetiva, isto é, a injustiça do ato danoso, levando em consideração a conduta do homem médio. Se, razoavelmente, no fato concreto, o evento danoso seria injusto e culpável, aflora a responsabilidade do tutor ou curador.

Imaginemos, por exemplo, hipótese de menor ou amental que se lança à frente de veículo em movimento, inopinadamente, em via de trânsito rápido, procurando o suicídio: a situação deve ser equiparada ao caso fortuito ou à força maior, sob pena de o sistema albergar iniquidade.

A situação não se aplica a todas as situações de curatela, pois o pródigo, por exemplo, responde subjetivamente por seus atos. Como vimos, este Código estabelece a responsabilidade do incapaz pelos prejuízos, de forma equitativa, se o responsável não dispuser de meios para com eles arcar. Trata-se de um avanço em prol do ressarcimento, mas a redação merece ser aprimorada.

4. Responsabilidade do empregador e assemelhado

A responsabilidade do patrão, amo ou comitente decorre do poder hierárquico ou diretivo dessas pessoas com relação aos empregados, serviçais e comitidos ou prepostos. A lei açambarca qualquer situação de direção, com subordinação hierárquica ou não. Desse modo, irrelevante que na relação jurídica entre o autor material e o responsável exista um vínculo trabalhista ou de hierarquia. Aquele que desempenha uma função eventual para outrem também responsabiliza o terceiro. Importa verificar, na situação concreta, se o agente praticou a conduta no exercício do trabalho ou por ocasião dele, como reforça a mais recente lei, o que nem sempre é fácil no campo probatório. Este Código é mais claro, pois absorve os fatos praticados pelo terceiro em razão do exercício do trabalho (art. 932, inciso III, CC/2002). Na dúvida, os julgados propendem pela responsabilização do terceiro. Reporta a esse respeito Alvino Lima (2000, p. 66):

> "Há, geralmente, uma dependência ou sujeição do preposto ao comitente, decorrente da autoridade deste, ou seja, o direito de dar ordens e instruções sobre o modo de cumprir as funções que são atribuídas ao preposto, assim como o direito de fiscalizar e até intervir no trabalho."

Temos de estabelecer, no caso concreto, o laço de submissão ou dependência ou o nexo de relação eventual quando do ato culposo. No desempenho da atividade e das funções atribuídas ao preposto, deve ser analisada a conduta culposa. O fato danoso deve ter ocorrido como decorrência da relação entre o terceiro e o causador do dano ou em razão dessa relação. Ademais, há princípios de aparência que devem ser levados em conta, bem como a amplitude que concedeu mais modernamente o CDC na conceituação de fornecedor de produtos ou serviços. Assim, por exemplo, mesmo em feriado, se um veículo com o logotipo e as cores de uma empresa ocasiona danos, tudo é no sentido de que a atividade do causador do dano está relacionada com o emprego ou situação assemelhada, devendo assumir a responsabilidade a pessoa jurídica decantada e divulgada no veículo causador do dano. Ainda que somente o registro do veículo esteja em nome de terceiro, a situação em princípio se aplica, permitindo, porém, maior âmbito de prova em contrário. Essa situação é muito comum na prática: de nada adianta a pessoa jurídica defender-se para alegar que o motorista estava de folga e se dirigia a um jogo de futebol, por exemplo. O fato de o empregado ou preposto dirigir veículo de terceiro inculpa a este último, em sistema que utiliza, em síntese, a teoria do risco. Daí então o mais recente Código enfatizar que o empregador ou comitente responde pelos atos danosos de seus empregados ou prepostos não só no exercício do trabalho que lhes competir, mas também *em razão dele*. Essa aliás vinha sendo a posição dos tribunais, mesmo no ordenamento revogado. Em última razão, a aplicação é da teoria da causa adequada: se o motorista não estivesse autorizado a dirigir o veículo em razão do emprego ou prestação de serviços, o acidente em tese não teria ocorrido.

Nesse campo, presente o pressuposto do poder de direção, o STF posicionou-se no sentido da presunção absoluta nessa culpa: "*É presumida a culpa do patrão ou comitente pelo ato culposo do empregado ou preposto*" (Súmula 341). Essa conclusão sumular, já antiga, decorre da margem de dúvida que colocava o antigo Código com relação à natureza dessa responsabilidade, que proclamava a culpa *in eligendo*. Hoje, é mais apropriado referirmo-nos à responsabilidade da empresa da qual o empregado é um de seus elementos ou órgãos. A responsabilidade do patrão é melhor justificada em sede da teoria do risco, daí por que se consolidou a jurisprudência no sentido dessa presunção de culpa estabelecida na súmula, uma vez que a culpa presumida fica a um passo da responsabilidade objetiva. Nos mais modernos julgados, geralmente nem mais se discutia a natureza desse vínculo entre o causador e o patrão ou comitente. A sociedade aceita esse vínculo sem rebuços, tanto que hoje se encara essa responsabilidade como objetiva, o que foi consagrado pelo art. 933 do presente Código. Restará ao empregador provar que o causador do dano não é seu empregado ou preposto ou que o dano não foi causado no exercício do trabalho ou em razão dele.

Provados o nexo causal e a autoria, surgirá o dever de indenizar desses terceiros. É claro que também poderá ser provado que a conduta do empregado não configurou um ato ilícito, isto é, que não houve culpa por parte do ofensor material. Não se discute também se o empregado abusou ou não de sua função.

Como anota Sérgio Cavalieri Filho (2004, p. 196), a teoria mais eficaz que explicava essa modalidade de responsabilidade era a *da substituição*. O patrão, ao se valer de um preposto ou de um empregado, está, na verdade, prolongando sua própria atividade. Ainda, o patrão ou preponente assume a posição de garante da indenização perante o terceiro ofendido porque, na maioria das vezes, o empregado ou preposto não terá meios de reparar o dano. Eram tantas as dificuldades para justificar essa posição que as legislações modernas partiram para a responsabilidade objetiva nessa situação, como faz nosso Código contemporâneo. A responsabilidade indireta do patrão foi perdendo força à medida que ganhavam espaço as teorias do risco para o empregador.

Advirta-se, porém, a respeito, que o Código de Defesa do Consumidor instituiu a responsabilidade objetiva do fornecedor de produtos ou serviços. Dessa forma, no largo espectro atingido pelas relações de consumo, qualquer discussão de culpa é despicienda. Derrogou-se, nesse âmbito, o dispositivo do Código Civil. O fornecedor e o fabricante respondem pelos danos de seus empregados e prepostos causados ao consumidor, independentemente de culpa. Fora do campo do consumidor, ainda se exige a culpa do preposto.

Se, por um lado, a noção de empregado é perfeitamente definida, não o é a de preposição. Nesse termo, inserem-se todas as figuras intermediárias nas quais surge nebulosa a ideia de poder diretivo. Nessas hipóteses, o vínculo de subordinação é mais tênue. Não é necessário que essa relação tenha caráter oneroso: aquele que dirige veículo a pedido de outrem, ainda que de favor, tipifica a noção de preposto. A responsabilidade surge, como mera explicação, porque se escolheu mal o preposto, culpa *in eligendo*, ou não foram dadas a ele as instruções devidas, culpa *in instruendo*, ou porque não houve a devida vigilância sobre a conduta do agente, culpa *in vigilando* (CAVALIERI FILHO, 2000, p. 118). Essa culpa, *lato sensu*, era presumida e hoje é objetiva (art. 933): não incumbe à vítima prová-la. Deve provar o evento danoso e a culpa do preposto, que é indispensável. O preponente somente se exonerará da indenização se provar caso fortuito ou força maior ou que o evento se deu sem nexo de causalidade com relação a ele, ou seja, que a conduta foi praticada fora dos limites da preposição e nem mesmo em razão dela.

Desse modo, empregado que, trajando o uniforme respectivo de sua prestação de serviço, causar dano a outrem ao chegar em sua moradia, em razão de altercações com seu vizinho, não pode responsabilizar o comitente. São muitos, contudo, os casos que se apresentam em zona cinzenta, que a prova do processo deve dirimir.

No campo dos danos relativos ao automóvel, já se decidiu que o dono do veículo não é responsável pelo dano praticado pelo titular de oficina mecânica a quem a coisa foi entregue para reparos. Na mesma situação se encontra quem confia veículo a manobrista de estabelecimento comercial ou de posto de serviços para lavagem e lubrificação.

Nesse aspecto, foi surpreendente a Súmula 492 do STF, que estabeleceu a responsabilidade solidária da empresa locadora de veículos com o locatário pelos danos por este causados a terceiros. Fundamenta-se a decisão na culpa direta do locador, pelo fato de não ter destinado verba para suportar esses danos, ainda porque desempenha atividade de lucro. O que, na verdade, a súmula faz é transformar a empresa locadora de veículos em segurador do locatário, obrigando-a a responder pelo evento danoso unicamente por ser dono da coisa. Essa Súmula é exemplo patente dos inconvenientes da Súmula vinculante, que se tenta introduzir no ordenamento, mormente porque, principalmente em sede de responsabilidade civil, mais do que em outros ramos, as modificações sociais são constantes e avassaladoras.

"A Súmula é insustentável mesmo após a vigência do Código de Defesa do Consumidor, que estabeleceu a responsabilidade objetiva para o fornecedor de produtos e serviços, porque não há relação de consumo entre o locador e a eventual vítima do acidente" (CAVALIERI FILHO, 2000, p. 121).

Sílvio Rodrigues (2000, p. 76) também asseverava que essa Súmula não se sustentava nos arestos que a fundamentam. A solução para a questão está no campo do seguro. No entanto, o mesmo mestre Sérgio Cavalieri Filho, que em edição anterior sustentou a crítica acima, em edição mais recente de sua magnífica obra modifica transcendentemente sua opinião:

"O entendimento da Súmula tornou-se mais sustentável após a vigência do Código do Consumidor, tendo em vista que seu art. 14 estabeleceu para o fornecedor responsabilidade objetiva pelo fato do serviço e seu art. 17 equiparou ao consumidor todas as vítimas de acidente de consumo. O atropelamento de alguém causado por um veículo alugado pode ser considerado um acidente de consumo; e a vítima, em tal caso, é consumidor por equiparação – o que faz a empresa locadora do veículo responder pelo fato do serviço independentemente de culpa."

E ainda prossegue o autor:

"Pelo novo Código Civil a responsabilidade das locadoras de veículos enquadra-se com justeza no parágrafo único do seu art. 927. Inquestionavelmente, desenvolvem atividade de risco, prestam serviço

perigoso – serviço, este, que não pode ter defeito. Se violarem o correspondente dever de segurança, estarão obrigadas a reparar o dano, independentemente de culpa" (2004, p. 202).

Acrescente-se que o STJ firmou-se na orientação da citada Súmula do STF, quando deste era a competência pela matéria.

Como se nota, no Direito não podem ser sustentadas afirmações peremptórias. Só não muda quem não evolui. No campo da responsabilidade civil, as transformações têm sido radicais nas últimas décadas. Mais uma vez a jurisprudência ratifica a afirmação de que a voz dos tribunais é a voz do Direito.

No arrendamento mercantil (*leasing*), também não se divisa a responsabilidade da empresa de *leasing* ou arrendante, porque a posse direta do veículo define a culpa do arrendatário. O liame entre as partes é muito mais do que a simples locação de veículo. Responde unicamente o arrendatário (*JTACSP* 127/158, *RT* 535/188, 574/216; *STF-RTJ* 125/894; *RSTJ* 17/482).

A responsabilidade ora tratada também permite que o responsável pelo pagamento ingresse com ação regressiva contra o causador do dano. Como expusemos, trata-se de responsabilidade solidária, de modo que pode a vítima, se desejar, acionar diretamente o causador do dano.

5. Responsabilidade dos donos de hotéis e similares

O art. 932, IV, do Código erige a responsabilidade de hotéis, hospedarias, casas ou estabelecimentos de albergue e de educação com relação a atos praticados por hóspedes, moradores e educandos.

A origem histórica da responsabilidade hoteleira é romana, da época em que se impunha a obrigação ao capitão do navio, dono de hospedaria ou estábulo a indenizar pelos danos e furtos praticados por seus prepostos e animais em detrimento de seus clientes (ALVES, 1980, v. 2, p. 284).

A relação é contratual ou envolve relações contratuais entre o hóspede e o hospedeiro. Não opera a culpa presumida quando a hospedagem é gratuita. Não são válidos, nesse aspecto, os avisos colocados nos hotéis pelos quais o estabelecimento não se responsabiliza por danos ou furtos ocorridos em pertences dos hóspedes. Essa cláusula de não indenizar somente será válida se livremente negociada, como vimos no Capítulo 1. Em sede de direitos do consumidor, é ineficaz. Como pontua Sílvio Rodrigues (2000, p. 78), a empresa hoteleira assume obrigação de garantia com relação aos hóspedes, seus pertences e bagagens. Essa obrigação cessa para os hospedeiros na hipótese descrita no art. 650, que se situa no capítulo legal acerca do depósito necessário: se os hospedeiros provarem que os fatos prejudiciais aos viajantes ou hóspedes não podiam ser evitados. O roubo à mão armada, por exemplo, deve ser examinado no caso concreto. Em princípio, o hospedeiro tem o dever de evitá-lo em tempos atuais. O art. 650 do diploma civil vigente suprime essa hipótese excludente de responsabilidade que era expressa no antigo art. 1.285, II. Não provadas essas excludentes que reafirmam o cunho contratual da relação, o hospedeiro deverá indenizar.

O CDC abrange toda essa responsabilidade de hoteleiros com relação aos hóspedes, que são consumidores. Lembre-se, ainda, de que o parágrafo único do art. 927 estabeleceu a possibilidade de responsabilidade objetiva direta para todos os que desempenham atividade de risco. O que se examina é a atividade da empresa como um todo, com relação ao serviço que presta, sendo irrelevante a atividade do preposto com relação à vítima.

Quanto à responsabilidade pelos atos praticados pelos hóspedes com relação a terceiros, deve ser provada a culpa do agente causador do dano.

Outra questão pertinente diz respeito aos cofres de segurança presentes nos hotéis. A situação assemelha-se à dos cofres de bancos. Em princípio, o hoteleiro não responde pelo conteúdo, mas pode ser obrigado a indenizar, se provada sua culpa no dever de vigilância e guarda do estabelecimento (PEREIRA, 1999, p. 98).

6. Responsabilidade dos estabelecimentos de ensino

A responsabilidade dos estabelecimentos de educação está estabelecida de forma não muito clara no mesmo dispositivo que cuida dos donos de hotéis. O art. 932, IV, estatui que a hospedagem para fins de educação faz com que o hospedeiro responda pelos atos do educando.

Em princípio, deve ser alargado o dispositivo. Não se deve restringir o alcance apenas aos estabelecimentos que albergam os alunos sob a forma de internato ou semi-internato, hoje quase inexistente no país. Enquanto o aluno se encontra no estabelecimento de ensino e sob sua responsabilidade, este é responsável não somente pela incolumidade física do educando, como também pelos atos ilícitos praticados por este a terceiros ou a outro educando. Há um dever basilar de vigilância e incolumidade inerente ao estabelecimento de educação que, modernamente, decorre da responsabilidade objetiva do CDC.

O aluno é consumidor do fornecedor de serviços, que é a instituição educacional. Se o agente sofre prejuízo físico ou moral decorrente da atividade no interior do estabelecimento ou em razão dele, este é responsável. Responde, portanto, a escola, se o aluno vem a ser agredido por colega em seu interior ou vem a acidentar-se em seu interior. Pode até mesmo ser firmada a responsabilidade, ainda que o educando se encontre fora das dependências do estabelecimento: imaginemos a hipótese de danos praticados por aluno em excursão ou visita organizada, orientada ou patrocinada pela escola. Nesse caso, o dever de vigilância dos professores e educadores é ambulatório, isto é, acompanha os alunos. Esse dever de vigilância é, desse modo, tanto no tocante a atos praticados contra terceiros como contra os próprios alunos e empregados do estabelecimento. É pressuposto, contudo, da indenização que o educando esteja sob vigilância do estabelecimento quando do ato danoso.

Essa responsabilidade também terá o mesmo alcance no tocante a clubes esportivos, com relação aos participantes de eventos dentro e fora do estabelecimento a que estão ligados. Giovanna Visintini (1999, p. 55) menciona *leading case* da jurisprudência italiana, cujos princípios legais também são restritivos, no qual a Corte de Cassação estabeleceu que a responsabilidade do estabelecimento se estende desde o momento do ingresso dos alunos na instituição até o momento da saída e, portanto, compreende o período destinado à recreação, ao intervalo entre uma aula e outra, e se exige a efetiva presença de professores ou educadores onde se desenvolve a atividade esportiva. Incumbe à escola eximir-se da responsabilidade apenas se provar cabalmente que o fato ocorreria inevitavelmente, isto é, caso fortuito ou força maior. A jurisprudência italiana abranda esse rigor apenas no tocante aos cursos superiores, em razão do maior desenvolvimento e maturidade dos alunos. Nossa jurisprudência tem admitido a culpa presumida do estabelecimento de ensino por acidente sofrido por aluno (*RT* 597/173; *JTJSP* 160/42).

7. Responsabilidade dos que participaram gratuitamente nos produtos do crime

O texto continua mal colocado nesse artigo, da mesma forma que no diploma anterior. A hipótese não trata de responsabilidade indireta, mas de um reembolso que objetiva evitar o enriquecimento injusto. Se alguém participa não gratuitamente do ilícito, é coautor, a responsabilidade é integral (art. 942). Segundo o texto do inciso V, quem participa gratuitamente de produto de crime deve responder até a correspondente quantia, isto é, até o limite do proveito que teve. O texto se aplica àqueles que embora não fazendo parte da conduta criminosa, locupletaram-se dela. Cavalieri Filho (2007, p. 190) faz interessante indagação: os filhos e a mulher do ladrão que se sustentaram com o proveito do crime poderiam ser obrigados a restituir na medida do benefício que receberam? Responde pela negativa, fazendo a distinção entre produto e proveito do crime. Produto é a própria *res furtiva*. Proveito é o resultado indireto ou mediato do crime, o valor em dinheiro em que se transformou o produto do furto. Assevera o autor que a lei não foi tão longe. A nosso ver, porém, a questão fica em aberto e muito dependerá do caso concreto. O ordenamento não pode coonestar com condutas ilícitas, ainda que de forma indireta. Há que se sopesar, no caso, a equidade, o enriquecimento sem causa e a ilicitude.

Enunciado nº 191, III Jornada de Direito Civil – CJF/STJ: A instituição hospitalar privada responde, na forma do art. 932, III, do Código Civil, pelos atos culposos praticados por médicos integrantes de seu corpo clínico.

Enunciado nº 450, V Jornada de Direito Civil – CJF/STJ: Considerando que a responsabilidade dos pais pelos atos danosos praticados pelos filhos menores é objetiva, e não por culpa presumida, ambos os genitores, no exercício do poder familiar, são, em regra, solidariamente responsáveis por tais atos, ainda que estejam separados, ressalvado o direito de regresso em caso de culpa exclusiva de um dos genitores.

Enunciado nº 451, V Jornada de Direito Civil – CJF/STJ: A responsabilidade civil por ato de terceiro funda-se na responsabilidade objetiva ou independente de culpa, estando superado o modelo de culpa presumida.

Enunciado nº 590, VII Jornada de Direito Civil – CJF/STJ: A responsabilidade civil dos pais pelos atos dos filhos menores, prevista no art. 932, inc. I, do Código Civil, não obstante objetiva, pressupõe a demonstração de que a conduta imputada ao menor, caso o fosse a um agente imputável, seria hábil para a sua responsabilização.

Ação de regresso. Acidente de trânsito. Sentença de procedência do pedido, que condenou a ré ao pagamento do valor despendido pela autora a título de indenização securitária. Apelação da demandada. Preliminar. Violação ao princípio da dialeticidade. Não ocorrência. Recurso que impugna capítulos da r. sentença. Ilegitimidade passiva ad causam. Não verificação. Locadora de veículos que é a proprietária do automóvel envolvido na colisão, razão pela qual é legítima a figurar no polo passivo da presente causa. Responsabilização da locadora pelo acidente. Cabimento. Teoria do fato da coisa. Interpretação extensiva do art. 932 do CC. Responsabilidade solidária entre a proprietária do automóvel e seu condutor no momento do acidente. Dicção da Súmula 492 do ERecurso não provido (*TJSP* – Ap. 1125026-21.2019.8.26.0100, 31-3-2021, Rel. Carmen Lucia da Silva).

Apelação cível – Ação de indenização por danos morais e materiais – Legitimidade de empresa por ato de empregado – Art. 932 do CC/2202 – Lesões corporais advindas de artefato explosivo – Conduta de terceiro não comprovada – Ausência de provas que lastreiem os fatos como narrados pelo autor – Art. 337, inciso I do CPC – recurso não provido. O ônus da prova incumbe ao autor, quanto ao fato constitutivo de seu direito. Ausente provas substanciosas e concretas da suposta conduta negligente do réu, não há como vislumbrar a existência dos fatos como meramente narrados pelo autor, sem de fato existir testemunha ocular do ocorrido ou outra prova concreta, que não meros relatos. Para a configuração do dever de indenizar os danos morais e materiais, necessária a prova dos requisitos norteadores da responsabilidade civil. Ausentes os requisitos, não está configurado o dever de reparar os danos (*TJMG* – Ap. 1.0363.13.003588-6/001, 11-6-2020, Rel. Juliana Campos Horta).

Responsabilidade civil – Instituição de ensino – Acidente ocorrido com o autor, menor impúbere, no interior de estabelecimento de ensino e durante intervalo de aula, provocado intencionalmente por colegas de classe e que resultou na perda de parte do dedo médio da mão esquerda, com sequelas permanentes. Responsabilidade objetiva e solidária da escola e concorrente dos pais dos menores causadores do evento danoso (art. 14 do CDC e arts. 932, inc. I e 933, do CC). Danos morais devidos. Montante estimado em R$ 63.040,00. Excesso. Redução para R$ 20.000,00 com observância dos princípios da razoabilidade e da proporcionalidade. Recursos providos em parte. É inegável que os menores Marcelo e Mateus deram causa ao ferimento experimentado pelo autor Nilton, imobilizando a mão esquerda para, em seguida, prensá-la com violência numa porta em movimento como se fosse fechá-la, causando lesão no terceiro dedo, inclusive com amputação parcial. Cada agressor concorreu para o resultado danoso, demonstrado pelo laudo pericial, que aponta a existência de sequelas estéticas definitivas e alteração de sensibilidade também de caráter definitivo, anotando, ainda, limitação laborativa futura, sem possibilidade de reversão do quadro por meio de tratamentos médicos ou terapia (fls. 370/371 e 402). Não existe qualquer excludente de responsabilidade em favor dos causadores diretos do dano. Bem por isso, torna-se inarredável a imposição da obrigação de indenizar aos seus genitores, decorrente do poder familiar e também do dever de educar, independentemente de sua culpa pelo evento, haja vista que respondem de forma objetiva pelos atos praticados pelos seus filhos (arts. 932, inc. I e 933 do CC). No tocante aos danos morais, bem se vê que a estimativa fixada se mostra exacerbada para ressarcir os danos extrapatrimoniais. Merece, em consequência, reduzida para R$ 20.000,00 (vinte mil reais). O sofrimento não pode se converter em móvel de "lucro capiendo", nem a indenização pode se transformar em símbolo, sem caráter punitivo, dadas as condições pessoais dos responsáveis pelos atos dos ofensores (*TJSP* – Ap. 0010208-05.2012.8.26.0590, 8-3-2017, Rel. Kioitsi Chicuta).

Art. 933. As pessoas indicadas nos incisos I a V do artigo antecedente, ainda que não haja culpa de sua parte, responderão pelos atos praticados pelos terceiros ali referidos.

Esse artigo pacifica controvérsia que grassava sob o Código anterior, na aplicação do art. 1.523. A responsabilidade desses indicados nos incisos I a V do artigo 932 deste Código é objetiva, independendo de culpa. O dispositivo anterior exigia a prova de culpa desses responsáveis, o que, na prática, reduzia sensivelmente a possibilidade de indenização. A jurisprudência encarregou-se de aplicar o citado artigo sob o prisma da culpa presumida. Com a presente redação não há que se forçar o entendimento: a responsabilidade é objetiva. Há que se examinar, porém, a responsabilidade do causador direto do dano: neste deverá haver culpa. Assim, o empregado que age com culpa faz com que o patrão indenize. Não há de indenizar se não houver culpa do empregado. Na responsabilidade pelo fato de outrem há, na realidade, exame de duas responsabilidades. A do agente direto da conduta é subjetiva, a do preposto, empregador etc., é objetiva. Quando o causador direto do dano é incapaz, analisa-se a conduta como se houvesse culpa, como se ele fosse imputável.

Enunciado nº 451, V Jornada de Direito Civil – CJF/STJ: A responsabilidade civil por ato de terceiro funda-se na responsabilidade objetiva ou independente de culpa, estando superado o modelo de culpa presumida.

Apelações – Responsabilidade civil – Erro médico – Indenização por danos materiais e morais – Ação ajuizada em face de hospital e médicos por viúva e filhas de paciente que faleceu em razão de trauma raquimedular logo após receber alta médica. Alegação de negligência e imprudência dos profissionais que prestaram atendimento ao falecido, internado no hospital após sofrer um acidente automobilístico. Procedência em face do hospital corréu, condenando-o ao pagamento das custas, despesas processuais e honorários advocatícios de 10% sobre o valor da condenação para os patronos das autoras que, sucumbentes em relação aos demais corréus, foram condenadas ao pagamento de custas, despesas e honorários advocatícios arbitrados em R$ 1.000,00 para o patrono de cada um dos demais acionados. Apelo principal interposto pelo hospital e adesivo interposto pelas coautoras. Preliminar de não conhecimento do apelo adesivo suscitada em contrarrazões por médicos corréus. Acolhimento. Recurso adesivo interposto em face de codemandados que não recorreram e que não foram sucumbentes, de forma recíproca. Recurso adesivo conhecido, em parte. Falha na atuação. Médicos que consideraram normal a avaliação clínica e a avaliação neurológica, ignorando o fato de que a radiografia da coluna cervical não permitiu a visualização de todos os corpos vertebrais, o que, segundo a perícia, demandava um exame complementar. Hospital que, na data dos fatos, dispunha de tomografia. Paciente que faleceu após alta médica, ainda no trajeto para casa, por trauma raquimedular. Falha e nexo configurados. Dever de indenizar. Dano moral *in re ipsa*. Arbitramento em R$ 50.000,00, para todas as coautoras, em dissonância com os princípios da proporcionalidade e razoabilidade. Majoração devida. Danos morais fixados em R$ 80.000,00, para cada uma das coautoras. Falecido que, à época dos fatos, exercia atividade laborativa. Dependência econômica das coautoras não questionada. Pensionamento devido. Pugna do hospital pelo pagamento da pensão à viúva somente até a data em que completar 65 anos. Descabimento. Pensão devida à viúva que deverá ser paga até a data em que o falecido completaria 71 anos de idade. Manutenção do pensionamento para as filhas do falecido até a data em que completarem 25 anos. Recurso da ré parcialmente provido. Recurso das autoras parcialmente provido, na parte conhecida (*TJSP* – Ap. 0013689-20.2006.8.26.0320, 13-2-2017, Relª Viviani Nicolau).

📖 Direito civil. **Responsabilidade do hospital por erro médico e por defeito no serviço.** Súmula 7 do STJ. Violação dos arts. 334 e 335 do CPC. Não ocorrência. Dissídio jurisprudencial não demonstrado. Redimensionamento do valor fixado para pensão. Súmula 7 do STJ. Indenização por danos morais. Termo inicial de incidência da correção monetária. Data da decisão que fixou o valor da indenização. 1. A responsabilidade das sociedades empresárias hospitalares por dano causado ao paciente-consumidor pode ser assim sintetizada: (i) as obrigações assumidas diretamente pelo complexo hospitalar limitam-se ao fornecimento de recursos materiais e humanos auxiliares adequados à prestação dos serviços médicos e à supervisão do paciente, hipótese em que a responsabilidade objetiva da instituição (por ato próprio) exsurge somente em decorrência de defeito no serviço prestado (art. 14, *caput*, do CDC); (ii) os atos técnicos praticados pelos médicos sem vínculo de emprego ou subordinação com o hospital são imputados ao profissional pessoalmente, eximindo-se a entidade hospitalar de qualquer responsabilidade (art. 14, § 4º, do CDC), se não concorreu para a ocorrência do dano; (iii) quanto aos atos técnicos praticados de forma defeituosa pelos profissionais da saúde vinculados de alguma forma ao hospital, respondem solidariamente a instituição hospitalar e o profissional responsável, apurada a sua culpa profissional. Nesse caso, o hospital é responsabilizado indiretamente por ato de terceiro, cuja culpa deve ser comprovada pela vítima de modo a fazer emergir o dever de indenizar da instituição, de natureza absoluta (arts. 932 e 933 do CC), sendo cabível ao juiz, demonstrada a hipossuficiência do paciente, determinar a inversão do ônus da prova (art. 6º, VIII, do CDC). 2. No caso em apreço, as instâncias ordinárias entenderam pela imputação de responsabilidade à instituição hospitalar com base em dupla causa: (a) a ausência de médico especializado na sala de parto apto a evitar ou estancar o quadro clínico da neonata – subitem (iii); e (b) a falha na prestação dos serviços relativos ao atendimento hospitalar, haja vista a ausência de vaga no CTI e a espera de mais de uma hora, agravando consideravelmente o estado da recém-nascida, evento encartado no subitem (i). 3. De fato, infirmar a decisão recorrida demanda o revolvimento de matéria fático-probatória, o que é defeso a este Tribunal, ante o óbice contido na Súmula 7 do STJ. 4. Inexiste violação ao art. 335 do CPC, uma vez que a solicitação de aplicação das regras de experiência, no caso vertente, veicula pedido juridicamente impossível, uma vez consubstanciar manifesta infringência à norma expressa do Ministério da Saúde – Portaria 96/94. 5. O dissídio jurisprudencial não foi comprovado nos moldes exigidos pelo RISTJ, à míngua de similaridade fática entre os julgados confrontados. 6. Ausência de violação do art. 334 do CPC, porquanto a confissão não vincula o Juízo, que, em razão do princípio do livre convencimento motivado (art. 131 do CPC), dar-lhe-á o peso que entender adequado. 7. A instância ordinária considerou adequado o valor de um salário mínimo "a partir da data em que esta completar 14 anos até superveniente e total convalescença", de modo que proceder à nova análise probatória para redimensionar a pensão, com vistas a formar novo juízo entre a capacidade de trabalho perdida e a repercussão econômica na vida da recorrida, ultrapassa os limites constitucionais do recurso especial, esbarrando no óbice da Súmula 7/STJ. 8. O termo inicial da correção monetária incidente sobre a indenização por danos morais é a data da prolação da decisão em que arbitrado o seu valor, merecendo reforma o acórdão recorrido neste ponto. 9. Recurso especial parcialmente conhecido e, nesta parte, parcialmente provido, apenas para determinar a incidência da correção monetária a partir da fixação do valor da indenização. Sucumbência mínima da recorrida, razão pela qual se preserva a condenação aos ônus sucumbenciais fixada pelo Tribunal (STJ – Acórdão Recurso Especial 1.145.728 – MG, 30-7-2011, Rel. Min. João Otávio de Noronha).

Art. 934. Aquele que ressarcir o dano causado por outrem pode reaver o que houver pago daquele por quem pagou, salvo se o causador do dano for descendente seu, absoluta ou relativamente incapaz.

Mantém-se aqui a mesma orientação do Código anterior. Possibilita-se a ação de regresso do *solvens* contra o causador direto do dano. Abre-se unicamente uma exceção: se o causador for descendente do pagador, relativa ou absolutamente incapaz. Ainda, nos termos do art. 928, o incapaz somente responde com seu patrimônio se os seus responsáveis não tiverem condição ou obrigação de fazê-lo. Essa exceção tem fundamento moral e ético, em torno da preservação dos valores familiares. No tocante aos tutores e curadores, o texto a eles não se refere, devendo ser aplicado o referido art. 928.

Assim o empregador tem, por exemplo, direito de regresso contra o empregado causador do dano.

Enunciado nº 44, I Jornada de Direito Civil – CJF/STJ: Na hipótese do art. 934, o empregador e o comitente somente poderão agir regressivamente contra o empregado ou preposto se estes tiverem causado dano com dolo ou culpa.

Art. 935. A responsabilidade civil é independente da criminal, não se podendo questionar mais sobre a existência do fato, ou sobre quem seja o seu autor, quando estas questões se acharem decididas no juízo criminal.

1. Responsabilidade civil e penal

O mesmo ato ou a mesma conduta pode constituir crime e ato ilícito passível de indenização. Desse modo, para o mesmo fato ou ato, ou série de atos, podem ocorrer concomitantemente a persecução criminal e a ação de ressarcimento. Homicídio, lesões corporais, delitos de automóvel, crimes de colarinho branco com frequência trazem repercussões simultâneas, tanto para o direito de punir do Estado, como para o interesse de ressarcimento da vítima. A questão poderia ser figurada como dois círculos concêntricos, sendo a esfera do processo criminal um círculo menor, de menor raio, porque a culpa criminal é aferida de forma mais restrita e rigorosa, tendo em vista a natureza da punição, e ainda porque, para o crime, a pena não pode ir além do autor da conduta.

A esfera da ação civil de indenização é mais ampla porque a aferição de culpa é mais aberta, admitindo-se a culpa grave, leve e levíssima, todas acarretando como regra o dever de indenizar e ainda porque, como já examinamos, há terceiros que podem responder patrimonialmente pela conduta de outrem. Há, como percebemos, fatos que não são considerados crimes, mas acarretam o dever de indenizar, pois ingressam na categoria de atos ilícitos *lato sensu*, cujo âmbito é estritamente a responsabilidade civil.

A questão importante é analisar a repercussão das decisões do juízo criminal no juízo cível. Em princípio, o decidido no âmbito civil não deve repercutir na esfera criminal, embora possam ocorrer algumas situações pontuais, como, por exemplo, quando se decide no cível a respeito da bigamia. A decisão criminal pode ficar na dependência da anulação do primeiro ou do segundo casamento. São as chamadas questões prejudiciais que no processo penal devem ou podem aguardar a solução na esfera cível para tipificar certos delitos, ou influir nas qualificadoras ou causas de aumento ou diminuição de pena, como a existência de casamento já mencionada, a paternidade, a posse, a propriedade, a condição de funcionário público etc. Nesses casos, é prudente que o juiz criminal aguarde a decisão civil.

A harmonização das decisões criminais e civis sobre o mesmo fato não é tarefa fácil. Há sistemas que optam pela total independência de ambas as jurisdições, sem influência nenhuma da sentença criminal sobre o juízo cível; há os que estatuem que a sentença criminal faz coisa julgada no cível e há ainda sistemas que procuram harmonizar as decisões, para evitar contradições (DIAS, 1979, v. 2, p. 522). Nosso ordenamento adota a independência de jurisdições, com a ação civil e a ação penal autônomas, com certa mitigação, porque subsiste relacionamento entre ambas as esferas, em determinadas situações. A jurisdição, como função decorrente da soberania, é uma só. A divisão em justiça civil e penal dá-se mais por facilidade de organização, para tornar mais simples o seu exercício. Sob o prisma da soberania, a jurisdição é una e indivisível. Desse modo, como a ação civil e a ação penal julgam, em síntese, o mesmo fato, o ordenamento deve buscar decisões homogêneas, não contraditórias. Nesse diapasão, fica na berlinda a própria credibilidade do Estado. Por isso mesmo, a interpenetração da jurisdição civil e da jurisdição penal causa, por vezes, situações complexas.

A administração da justiça e a jurisdição do Estado entre nós são unas, decorrentes da soberania e exercício do poder. Como regra, a administração da justiça deve zelar para que não coexistam decisões contraditórias ou antagônicas. Nada impediria, em tese, que, no mesmo processo, o juiz aferisse a culpa do réu, condenando-o às penas privativas de liberdade e outras admitidas pelo sistema penal, e, ao mesmo tempo, estabelecesse o valor da reparação de danos. Esse sistema não é desconhecido no direito comparado. Um processo único, para ambas as finalidades, esbarraria em obstáculos difíceis de serem transpostos, mormente no tocante à prova e aos prazos de prescrição em Direito Penal, exíguos se comparados aos prazos das ações civis. No entanto, é solução que se afigura possível para os delitos de pequeno valor ofensivo que causam danos materiais ou morais, mormente levando-se em conta os juizados especiais criminais, que admitem certa informalidade. Aliás, o art. 74, parágrafo único, da Lei nº 9.099/1995 dispõe expressamente que a reparação dos danos civis importa na renúncia ao direito de queixa e de representação, nas ações penais privadas e públicas condicionais à representação. Existe, porém, possibilidade restrita de ocorrer reparação de dano na esfera penal, uma vez que o CPP prevê a possibilidade de o ofendido ter a restituição das coisas apreendidas no juízo criminal, bem como na fase investigatória (arts. 118 a 120).

Em sentido amplo, porém, a jurisdição civil independe da jurisdição penal, mas, evidentemente, há reflexos desta última em relação à primeira, que não podem ser ignorados, a fim de tornar homogêneo o sistema. Interessam diretamente à matéria o art. 935 do Código Civil, art. 91, I, do Código Penal, os arts. 63 a 68 do CPP. Lembre-se, também, de que pode ocorrer composição de danos civis na esfera dos juizados especiais criminais (Lei nº 9.099/1995, art. 74). Passemos às respectivas redações, para facilitar nossa compreensão.

O art. 935 mantém a mesma redação do art. 1.525 anterior, substituindo, contudo, a palavra final "crime" pela expressão "juízo criminal", de compreensão mais técnica.

O art. 91, I, do Código Penal, considera como um dos efeitos da condenação criminal o de "*tornar certa a obrigação de indenizar o dano causado pelo crime*". No dizer de Julio Fabbrini Mirabete (2000, p. 481), "*a sentença penal condenatória transitada em julgado é um título executório incompleto por depender de liquidação para apuração do quantum devido*". Desse modo, havendo condenação criminal, no juízo civil apenas se apurará o *quantum debeatur*, como enfocaremos a seguir, porque o dever de indenizar já está estabelecido.

A concepção desse artigo decorre da unidade da jurisdição. Em princípio, não pode o juízo civil discutir o que ficou assente no juízo criminal, no tocante à existência do fato ou quem seja seu autor. Assim, se a sentença criminal definiu que o fato não existiu ou que fulano não é autor da conduta, essas questões não podem ser resolvidas no juízo indenizatório. Desse modo, se a indenização dependia dessas premissas, não há como ser concedida.

Por sua vez, o CPP sob o Título IV, *Da Ação Civil*, dispõe:

"Art. 63. Transitada em julgado a sentença condenatória, poderão promover-lhe a execução, no juízo cível, para o efeito da reparação do dano, o ofendido, seu representante legal ou seus herdeiros. Parágrafo único. Transitada em julgado a sentença condenatória, a execução poderá ser efetuada pelo valor fixado nos termos do inciso IV do caput do art. 387 deste Código sem prejuízo da liquidação para a apuração do dano efetivamente sofrido.
Art. 64. Sem prejuízo do disposto no artigo anterior, a ação para ressarcimento do dano poderá ser proposta no juízo cível, contra o autor do crime e, se for o caso, contra o responsável civil.
Parágrafo único. Intentada a ação penal, o juiz da ação civil poderá suspender o curso desta, até o julgamento definitivo daquela.
Art. 65. Faz coisa julgada no cível a sentença penal que reconhecer ter sido o ato praticado em estado de necessidade, em legítima defesa, em estrito cumprimento de dever legal ou no exercício regular de direito.
Art. 66. Não obstante a sentença absolutória no juízo criminal, a ação civil poderá ser proposta quando não tiver sido, categoricamente, reconhecida a inexistência material do fato.
Art. 67. Não impedirão igualmente a propositura da ação civil:
I – o despacho de arquivamento do inquérito ou das peças de informação;
II – a decisão que julgar extinta a punibilidade;
III – a sentença absolutória que decidir que o fato imputado não constitui crime.
Art. 68. Quando o titular do direito à reparação do dano for pobre (art. 32, §§ 1º e 2º), a execução da sentença condenatória (art. 63) ou a ação civil (art. 64) será promovida, a seu requerimento, pelo Ministério Público."

Pela dicção do art. 66 do CPP ficava claro que somente não se discutiria no cível a sentença criminal que tivesse, categoricamente, reconhecido a inexistência material do fato. Essa dicção preponderaria sobre o texto do art. 1.525 do revogado Código Civil, derrogando-o ao menos em parte, porque o CPP era lei posterior. Como este Código reproduziu na íntegra o antigo art. 1.525 no art. 935, o entendimento deve ser no sentido de que não se pode mais questionar sobre a existência do fato, ou sobre quem seja o autor, quando essas situações se acharem decididas no juízo criminal (STOCO, 2004, p. 262). Prepondera a dicção do Código de 2002, lei agora mais recente. Voltou-se, portanto, ao sistema originário de 1916, no qual existem amarras mais fortes entre as duas jurisdições, o que não deixa de ser um retrocesso.

Conforme mencionamos, o art. 74 da lei que regula os juizados especiais relaciona-se com a matéria, ao dispor:

"A composição dos danos civis, reduzida a escrito e homologada pelo Juiz mediante sentença irrecorrível, terá eficácia de título a ser executado no juízo civil competente."

O Juizado Especial Criminal tem competência para a conciliação, o julgamento e a execução das infrações penais de menor poder ofensivo (art. 60 da Lei nº 9.099/1995). Embora as regras gerais sejam de fácil entendimento, há problemas complexos que podem advir da aplicação dessas normas. O intuito das disposições é evitar julgamentos discrepantes.

2. Execução da sentença penal condenatória

A condenação criminal com o trânsito em julgado estabelece o dever de indenizar a vítima. O CPC de 1939 nada dispunha sobre a matéria, mas a sentença penal condenatória podia ser executada por força do art. 63 do CPP. O art. 584, II, do estatuto processual civil de 1.973 reforçou esse entendimento, declarando expressamente que a sentença penal condenatória era título executivo judicial. O CPC/2015 não trata da matéria. Como se trata de título ilíquido, o *quantum debeatur* deveria ser apurado no juízo de execução, por arbitramento ou por artigos. Há que se promover a liquidação por artigos quando há necessidade de provar fato novo (art. 509 do CPC). É o que ordinariamente ocorre na liquidação de danos decorrente de ato ilícito: na indenização por morte de um arrimo de família, por exemplo, devem-se estabelecer, entre outros elementos, a relação de dependência dos beneficiários e o montante com o qual ele concorria para o sustento do lar. O prejuízo deve ser demonstrado, pois não há indenização sem dano.

Uma questão que o legislador não contemplou diz respeito à execução de sentença penal contra o patrão ou comitente e outras hipóteses de responsabilidade por fato de terceiro já estudadas. A sentença penal condenatória atinge unicamente o réu, autor da conduta, e não poderia ser de outra forma. Desse modo, perguntamos, motorista de empresa de transportes ou mesmo motorista particular que venha a ser condenado por delito de automóvel, a execução pode ser promovida contra o patrão? Ora, do prisma dos efeitos da coisa julgada, a resposta é negativa, embora existam opiniões em contrário com vários matizes.

Como regra, excluindo-se apenas, a princípio, os casos de legitimação extraordinária, substituição processual, a sentença apenas gera efeitos em face de quem foi produzida, a parte, que no processo penal é o réu. O patrão ou comitente não participa do feito criminal, não acompanha a prova; o processo criminal é-lhe totalmente estranho, assim como a sentença. Desse modo, não bastassem os argumentos decorrentes da ciência processual atinentes aos efeitos da sentença e da coisa julgada, devemos lembrar que ninguém pode ser condenado sem o devido processo legal, no qual se propicia ampla defesa. Assim, o título executivo constituído pela sentença penal condenatória somente terá eficácia contra o réu condenado.

Para que terceiros sejam chamados a reparar o dano, deve ser promovida ação de conhecimento, a denominada *actio civilis ex delicto*, sendo-lhes estranha a matéria decidida no juízo criminal, abrindo-se, assim, ampla discussão sobre o fato e o dano no juízo cível. Destarte, nesse aspecto, o ordenamento não consegue evitar decisões que podem não ser harmoniosas. Única forma de fazer com que o responsável pelo terceiro se submetesse à coisa julgada condenatória criminal seria fazê-lo participar do juízo penal, o que é inviável em nosso sistema. Essa opinião, contudo, não é unânime: há os que entendem que, uma vez condenado o empregado, emerge *juris et de jure* a responsabilidade do patrão. Não é entendimento que tem prevalecido e contraria fundamentalmente o direito constitucional de ampla defesa, não fossem suficientes os argumentos de índole processual. Nesse sentido:

> "*Execução – Ajuizamento com base em sentença penal condenatória contra empregador do preposto condenado – Inadmissibilidade, posto responder apenas o patrimônio do condenado – Recurso provido, para decretar inépcia da inicial*" (JTACSP, 91/118).

> "*Coisa julgada – Condenação criminal – reflexos na esfera cível – Inocorrência – Empregador que não foi parte no processo-crime e, portanto, não é atingido pela coisa julgada penal – Plena possibilidade de apreciação de culpa concorrente*" (RT 647:129).

Se, por um lado, a corrente majoritária adota esse entendimento, sob a óptica da rediscussão da ilicitude da conduta e da autoria, a matéria é mais controvertida. Do nosso prisma, e com fundamento nos efeitos da sentença, em homenagem ao amplo direito de defesa, não temos dúvida de que no processo indenizatório movido contra o patrão todos os fatos relativos ao ato ilícito podem ser revolvidos. É claro que o juiz dará o devido valor à prova emprestada do crime, mas não se converterá em prova peremptória, mesmo porque não submetida ao princípio do contraditório com relação ao patrão. Os que entendem o contrário sustentam que o legislador adotou exceção à regra geral, estendendo os efeitos de sentença a terceiros. Essa tese esbarra no direito fundamental de ampla defesa e no direito ao contraditório, respaldados constitucionalmente. Carlos Roberto Gonçalves (1994, p. 342), com respaldo no ensinamento de Ada Pellegrini Grinover, que cita, aduz que o civilmente responsável não pode ser atingido pela sentença condenatória penal: a coisa julgada só pode atingir o réu do processo penal; não o responsável civil, alcançado apenas pela eficácia natural da sentença:

> "*Donde a conclusão inarredável de que, proposta a ação civil de reparação do dano contra o civilmente responsável (jamais a execução, como se disse), poderá ele discutir não apenas a sua responsabilidade civil, como também voltar, se quiser, a suscitar as questões atinentes ao fato e à autoria, questões essas que se revestem da autoridade da coisa julgada, por força do disposto no art. 74, I, do Código Penal (de 1940; art. 91, I, do atual), mas só com relação a quem foi parte no processo penal. Entendimento diverso contraria, também, o disposto no art. 472 do Código de Processo Civil, que textualmente prescreve que a sentença faz coisa julgada às partes entre as quais é dada, não beneficiando, nem prejudicando terceiros.*"

Ademais, o art. 935 deste Código não impõe a indiscutibilidade do fato ou da autoria reconhecida na esfera criminal, contra terceiros. No mesmo diapasão, deve ser entendido o art. 66 do CPP. Segundo esse dispositivo, *a contrario sensu*, se tiver sido categoricamente reconhecida a inexistência do fato no juízo criminal, tal apenas se aplica ao réu no processo criminal, não podendo alcançar terceiro, estranho a esse processo. Por outro lado, quando se trata de ressarcimento dirigido contra o próprio réu condenado no crime, o título executório definido por lei tem plena eficácia.

Não é necessário, no entanto, que a vítima aguarde o desfecho do processo criminal para ingressar com ação civil, ainda porque poderá nem mesmo haver processo criminal. O art. 64, parágrafo único, do CPP estabelece, contudo, a faculdade ao juiz de suspender o processo se o conhecimento da lide depender necessariamente da verificação da existência de fato delituoso. Do mesmo prisma, o art. 313, V, *a*, do estatuto processual dispõe que se suspende o processo, quando a sentença de mérito "*depender do julgamento de outra causa, ou da declaração da existência ou inexistência da relação jurídica, que constitua o objeto principal de outro processo pendente*".

Essa suspensão, porém, é facultativa, subordinada ao prudente critério do juiz, quando este divisa a possibilidade de ocorrerem decisões contraditórias (*RSTJ* 71/343; *RSTJ* 78/268). Daí concluímos que a suspensão do processo civil, nessa situação, é vista como exceção e não como regra geral.

Quando existe sentença penal condenatória e a execução é promovida contra o réu condenado, nada mais se discute acerca de sua culpa, daí por que a lei dispõe que essa sentença faz coisa julgada no cível. Para que surta esse efeito, a sentença condenatória deve ter transitado em julgado. As sentenças de pronúncia ou impronúncia não têm qualquer efeito no cível, porque são decisões interlocutórias. Por outro lado, não há necessidade de que o juiz criminal tenha feito qualquer menção à reparação civil, pois isso comumente não ocorre. O efeito no juízo civil decorre tão somente do comando condenatório da sentença. Entende-se, também, que a sentença absolutória do júri sobre a questão do fato e da autoria, porque não é fundamentada, não tem influência no juízo cível (CAVALIERI, 2004, p. 528).

Se a pretensão civil for julgada improcedente, com trânsito em julgado, essa decisão é inatacável se o juízo criminal concluir posteriormente pela condenação. Se não mais for possível a propositura da ação rescisória, trata-se de coisa soberanamente julgada. Por outro lado, a absolvição obtida por força de revisão criminal não altera a situação da ação civil.

> *"Incabível ação rescisória, visto não ter sido contemplada no rol dos motivos para a rescisão dos julgados (CPC, art. 966) a hipótese de, pronunciada e transitada em julgado uma primeira sentença, esta servir de base a uma segunda sentença, mas que logicamente depende da decisão contida na primeira, e, passada em julgado a segunda sentença, surgirem depois elementos para impugnar a primeira sentença"* (GONÇALVES, 1994, p. 361).

Para promover a execução da sentença penal condenatória, basta juntar certidão da decisão com prova do trânsito em julgado. Enquanto não houver trânsito em julgado e durante o curso de processo de conhecimento para indenização, o juiz, de ofício, ou por iniciativa das partes, poderá juntar peças do processo criminal, cujo valor será sopesado no conjunto probatório. Se, no curso do processo de conhecimento, advier o trânsito em julgado da condenação, extingue-se esse processo, sem julgamento do mérito, devendo ser proposta a ação de execução, que exige a liquidação preliminar.

A prescrição da pretensão executória da condenação penal, que somente ocorre após o trânsito em julgado da sentença, não lhe retira a força executiva no âmbito cível. A condenação penal persiste com seus efeitos civis. Da mesma forma, para o juízo civil é irrelevante o cumprimento ou não da pena. Também a decretação da prescrição retroativa não suprime os efeitos executórios (GONÇALVES, 1994, p. 350). Assim não era perante o revogado Código Penal. No estatuto penal atual, porém, subsistem os efeitos secundários da condenação penal irrecorrível, ainda que ocorra decreto de prescrição retroativa.

Lembre-se de que o arquivamento de inquérito policial ou sindicância não obsta a ação penal, porque não se reveste de situação definitiva, pois a investigação pode sempre ser reaberta. Se até mesmo a sentença absolutória, dependendo de seu fundamento, não impede a ação reparatória, com muito maior razão a situação se aplica ao arquivamento de inquérito.

Como mencionamos, a Lei nº 9.099/1995, que dispõe sobre Juizados Especiais Cíveis e Criminais, trouxe importante inovação ao sistema penal em dispositivo que interessa diretamente ao presente tema. Esse juizado, como mencionado, tem por competência o julgamento e a execução de infrações penais de menor poder ofensivo. A lei considera de menor poder ofensivo as contravenções penais e os crimes a que se comine pena máxima não superior a dois anos. De acordo com o art. 72, na audiência preliminar designada, presentes o autor do ilícito e a vítima, o juiz esclarecerá sobre a possibilidade de composição que, aceita, reduzida a termo (art. 73) e homologada, constituirá título executivo civil. O dispositivo esclarece que essa decisão sobre os danos civis é irrecorrível. Tratando-se de ação penal de iniciativa privada, ou de ação pública condicionada à representação do ofendido, o acordo homologado acarreta renúncia ao direito de queixa ou representação (art. 74, parágrafo único, da Lei nº 9.099/1995). Desse modo, a transação concluída no juízo criminal dessa forma extinguirá a ação penal e estabelecerá a responsabilidade civil, a ser exigida no juízo cível.

No entanto, esse mesmo diploma permite que o réu, na ação penal pública incondicionada, aceite a pena restritiva de direito ou multa, proposta pelo Ministério Público, extinguindo-se a ação penal. Trata-se de verdadeira transação penal, assimilada do direito comparado. Uma vez homologada pelo juiz, essa modalidade de sanção, de acordo com o art. 76, § 6º, da Lei nº 9.099/1995, *"não terá efeitos civis, cabendo aos interessados propor ação cabível no juízo cível"*. A multa a que se refere a lei é de índole estritamente penal e não tem relação com a reparação de danos. Nesse caso, há, de fato, um retrocesso em matéria de responsabilidade civil, porque o ofensor, de qualquer forma, reconhece a culpa no juízo criminal. Portanto, essa disposição apresenta exceção ao efeito disciplinado pelos arts. 63 do CPP. Essa transação terá esse efeito seja qual for a natureza da ação penal, pública ou privada, levando a vítima a ajuizar a ação indenizatória civil.

Não foi a melhor solução. O legislador perdeu preciosa oportunidade de definir nesse procedimento ambas as pretensões, civil e criminal, evitando, de um lado, que toda a discussão sobre o fato seja reaberta no juízo cível, diminuindo a pletora de feitos e, por outro lado, incutindo na vítima um sentimento de perplexidade, pois aquele que se definiu culpado no juízo criminal poderá não ser responsabilizado no cível. A nosso ver, essa atitude do réu deverá ser rigorosamente sopesada pelo juiz no conjunto probatório da ação indenizatória, a fim de concluir pela culpa do ofensor. Podemos, inclusive, vaticinar que, na prática, na jurisprudência, a transação penal poderá acarretar presunção de culpa do réu no juízo civil, com inversão do ônus da prova.

A história e a tradição da responsabilidade civil aquiliana brasileira permitem essa conclusão.

De tudo que se falou, exceções à parte, se a infração penal acarretou dano, a sentença condenatória terá o efeito de tornar certa a obrigação de indenizar, devendo ser trazidos à colação os dispositivos legais antes mencionados, esparsos pelo Código Civil, Código Penal e CPP. É claro que se a infração penal não gerou danos não há o que indenizar. Nos termos do art. 935, não podem mais ser discutidas a existência do fato e sua autoria. O art. 63 do CPP complementa que

> "Transitada em julgado a sentença condenatória, a execução poderá ser efetuada pelo valor fixado nos termos do inciso IV do caput do art. 387 deste Código sem prejuízo da liquidação para a apuração do dano efetivamente sofrido."

O art. 584, II, do CPC/1973 capitulava a sentença penal condenatória transitada em julgado como título executivo judicial. Não há necessidade de que a sentença penal mencione a existência de dano uma vez que o ressarcimento cível é consequência direta da indenização. O direito de o prejudicado cobrar a indenização no cível independe de ter o juízo criminal reconhecido ou não a existência de prejuízo. Essa é característica de nosso sistema pelo qual a responsabilidade civil não depende da criminal, havendo entre elas apenas pontos de contato.

Como no juízo criminal não se estabelece o valor do dano, este será apurado no processo civil, isto é, na esfera civil será feita a liquidação dos danos com base em princípios de direito material e processual. No âmbito processual, a liquidação poderá ser feita por arbitramento ou por artigos, neste último caso quando houver fatos a serem provados.

3. Sentença penal absolutória

Em sede de reflexos da sentença penal no juízo civil, temos que ter em mente que, em síntese, o fato que não foi categoricamente afirmado ou negado no juízo criminal não foi julgado e pode, portanto, ser reexaminado na esfera indenizatória. Desse modo, ao contrário do que ocorre com a sentença penal condenatória, a sentença absolutória nem sempre fará coisa julgada para o juízo cível. A questão é técnica e gera um cuidado especial do intérprete, mormente para evitar proferir decisões contraditórias.

Quando absolver o réu, o juiz criminal deverá necessariamente mencionar a causa na parte dispositiva da sentença, como determina o art. 386 do CPP, desde que reconheça:

> "I – estar provada a inexistência do fato;
> II – não haver prova da existência do fato;
> III – não constituir o fato infração penal;
> IV – estar provado que o réu não concorreu para a infração penal;
> V – não existir prova de ter o réu concorrido para a infração penal;
> VI – existirem circunstâncias que excluam o crime ou isentem o réu de pena (arts. 20, 21, 22, 23, 26 e § 1º do art. 28, todos do Código Penal), ou mesmo se houver fundada dúvida sobre sua existência;
> VII – não existir prova suficiente para a condenação."

A estatística demonstra que a maior porcentagem das absolvições criminais dá-se com base no item VII, isto é, porque não se lograram provas suficientes no processo para lastrear a condenação. Em se tratando de processo penal, pairando a menor dúvida no magistrado sobre a culpabilidade e aspectos do fato e da conduta, deve decretar a absolvição. A absolvição sob esse fundamento não obsta que os fatos sejam rediscutidos no juízo cível, em situação totalmente independente da esfera criminal.

A prova pode não ser suficiente para consubstanciar a culpa penal, mas pode eficazmente configurar culpa civil:

> "A deficiência de provas, para a condenação criminal, não impede o reexame da culpa e sua demonstração para fins de responsabilidade civil, conforme tranquila jurisprudência" (STF, RE nº 82.925, Rel. Cordeiro Guerra).

A mesma situação ocorre quando é decretada a absolvição por não haver prova da existência do fato (inciso II), pois o fato pode ser provado na ação civil, bem como quando a sentença penal entende que o fato não constitui infração penal: o ato ilícito que acarreta dano pode ser irrelevante para o Direito Penal, mas implica o dever de indenizar. No mesmo sentido, coloca-se a conclusão penal de que não existe prova de ter o réu concorrido para a infração penal (inciso IV). Se não for conclusão peremptória, a autoria pode ser reexaminada pelo juiz do cível.

Quando a absolvição ocorre porque o fato não constitui infração penal (inciso III), a matéria pode ser reaberta no juízo cível, pois o ato ilícito civil tem maior amplitude: "A absolvição, por não constituir crime o fato imputado ao réu, não exclui a responsabilidade civil, pois o fato poderá ser civilmente ilícito" (STF, RT 464/265).

Em crimes de maior sofisticação na conduta, como, por exemplo, no estelionato e na apropriação indébita, com frequência o juízo criminal entende que o fato refoge à tipologia penal, e é restrito à discussão na esfera civil.

De qualquer modo, a absolvição do réu cria uma presunção de inocência em seu favor, que deverá ser elidida pelo autor da ação civil com novas provas.

> "Em suma, a absolvição criminal, quer por falta de prova, quer por ausência de culpa, não impede a ação de indenização, mas obriga o seu autor a produzir novas provas (do fato, da autoria ou da culpa), sob pena de prevalecer a sentença penal" (CAVALIERI FILHO, 2000, p. 407).

O inciso I, porém, contém afirmação categórica: a sentença criminal reconhece que o fato não existiu. Nessa hipótese, o juízo civil já não pode rediscutir a existência do fato, obstando-se a ação indenizatória. O fato narrado na denúncia, todavia, deve ser interpretado de forma restrita: pode ocorrer que a conduta no ilícito civil seja mais ampla do que aquela examinada no juízo criminal. Nesse caso, o que não foi objeto de decisão categórica no crime pode ser revisto na ação civil.

O inciso VI cuida da absolvição com base em justificativas e dirimentes. Recorde-se de que o art. 65 do CPP menciona que faz coisa julgada no cível a sentença que reconhecer ter sido o ato praticado em legítima defesa, estado de necessidade, estrito cumprimento do dever legal, ou no exercício regular de direito. A razão básica do dispositivo reside no fato de que essas excludentes possuem a mesma natureza tanto no campo civil como no campo penal.

O fato, porém, de fazer coisa julgada no civil nada significa quanto ao dever de indenizar no tocante ao estado de necessidade. Lembre-se do que falamos a esse respeito: o estado de necessidade não elide o dever de indenizar do causador do dano, que fica com direito regressivo contra o terceiro que motivou o perigo (art. 930 deste Código).

Reportemos também ao que dissemos sobre a legítima defesa, o estrito cumprimento do dever legal e o exercício regular de um direito, nos comentários iniciais sobre responsabilidade civil. O art. 188 proclama que não constituem atos ilícitos os praticados em legítima defesa, estado de necessidade, ou no exercício regular de um direito. Vimos que o cumprimento do dever legal está implicitamente contido nesse dispositivo. Decidida a absolvição sob esses fundamentos, transfere-se o aspecto da indenização para os princípios civis, não se admitindo mais que o juízo civil discuta esses fenômenos. Em princípio, como afirmado, apenas o reconhecimento do estado de necessidade não obstará a indenização. A legítima defesa, com exceção daquela com *aberratio ictus*, e o estado de necessidade agressivo, em que terceiro sofre danos, e as demais excludentes elidem a responsabilidade civil:

"*A absolvição baseada no requisito da legítima defesa vincula o juízo cível, pois o ato praticado em legítima defesa é também considerado lícito na esfera civil (art. 160, inc. I, do CC). Reconhecida a legítima defesa própria pela decisão que transitou em julgado, não é possível reabrir a discussão sobre essa excludente de criminalidade, na jurisdição civil*" (STF, RTJ 83/649).

Há julgado esclarecedor que admitiu a oposição da sentença criminal que reconheceu a legítima defesa em embargos à execução:

"*A absolvição criminal, com base em legítima defesa, exclui a* actio civilis ex delito, *fazendo coisa julgada no cível. A absolvição no juízo criminal, pelo motivo acima apontado, posterior à sentença da ação civil reparatória por ato ilícito, importa em causa superveniente extintiva da obrigação, por isso que pode ser versada nos embargos à execução, fundada em título judicial, na previsão do art. 741, VI, do CPC*" (STJ, RE nº 118.449/0, 4ª T., Rel. Asfor Rocha).

Por outro lado, a menoridade do agente ou as demais hipóteses de inimputabilidade penal em geral não serão óbice à responsabilidade civil, pois os pais, tutores e curadores podem responder pelos respectivos danos.

Acrescente-se, ademais, que o CPP, no art. 67, estabelece que

"*não impedirão igualmente a propositura da ação civil: I – o despacho de arquivamento do inquérito ou das peças de informação; II – a decisão que julgar extinta a punibilidade; III – a sentença absolutória que decidir que o fato imputado não constitui crime*".

O simples fato de as peças investigatórias, inquérito ou equivalente, terem sido arquivadas não inibe em absoluto a ação indenizatória, pois juízo de valor algum foi feito pelo Judiciário nessa hipótese. As causas de extinção da punibilidade penal, em princípio, da mesma forma, não interferem na ação de ressarcimento: nada tem a ver, por exemplo, o reconhecimento da prescrição do crime para a ação civil. E, por fim, como acentuamos, o fato pode não ser crime, mas pode gerar o dever de indenizar, pois o conceito de ilícito civil é muito mais amplo.

Enunciado nº 45, I Jornada de Direito Civil – CJF/STJ: No caso do art. 935, não mais se poderá questionar a existência do fato ou quem seja o seu autor se essas questões se acharem categoricamente decididas no juízo criminal.

Responsabilidade civil. Ação indenizatória por danos morais e estéticos. Disparos proferidos pela brigada militar que causaram lesões graves ao demandante. Recurso inominado. Aplicação do princípio da fungibilidade. Preliminar de não conhecimento rejeitada. Mérito. Responsabilidade objetiva do Estado, tendo em vista a participação de agentes públicos nos fatos postos em liça, nos termos do art. 37, § 6º, da Constituição Federal. Responsabilidade civil independente da criminal, o que desimporta ser absolvido na esfera criminal. Aplicação do art. 935 do CC. Instrução probatória que revela que o autor portava arma de fogo e que os disparos foram perpetrados para a repressão de crime de roubo, em estrito cumprimento do dever legal. Rejeitaram a preliminar contrarrecursal e negaram provimento ao recurso. Unânime (*TJRS* – Ap. 70084072289, 28-5-2020, Rel. Luís Augusto Coelho Braga).

Apelação e agravo retido. **Reparação de danos materiais**. Prática de estelionato. Apelado processado criminalmente e condenado por sentença transitada em julgado. Inadmissibilidade da discussão da autoria e materialidade no juízo cível. Exegese do art. 935 do Código Civil. Apelante ludibriada pelo Apelado para adquirir cotas de consórcio inexistente. Apelado que se apropriava dos valores recebidos em pagamento, emitindo recibos falsos. Responsabilidade civil configurada. Sentença reformada. Recurso provido. Agravo retido prejudicado (*TJSP* – Acórdão Apelação Cível 9105915-41.2007.8.26.0000, 30-11-2011, Rel. Des. Tasso Duarte de Melo).

Art. 936. O dono, ou detentor, do animal ressarcirá o dano por este causado, se não provar culpa da vítima ou força maior.

Os danos causados por animais têm cunho relevante. Com frequência, a imprensa noticia casos de cães ferozes, de raças agressivas, que ocasionam danos graves e até a morte das vítimas. É com a mesma frequência que cabeças de gado invadem as rodovias de nosso país, ocasionando acidentes com veículos, danos de alta monta, inclusive a perda de vidas. Ora e vez se sabe de um enxame de abelhas que ataca pessoas.

Os danos causados pelo fato de animais receberam tratamento de presunção de culpa no Código de 1916. O dono ou detentor do animal somente exonerar-se-ia da responsabilidade se provasse um dos fatos descritos na lei. O dispositivo induzia inversão ou reversão do ônus da prova, que não caberia à vítima, nesse caso, mas ao réu. Na pretensão, bastava que a vítima provasse o dano e o nexo causal.

Interessante observar que, como a experiência demonstra, a maior dificuldade para a vítima, mormente em colisão com animais em rodovias, é apontar o nexo causal, ou seja, o dono do animal. Quando o animal está vivo e sadio, sempre haverá alguém a reclamá-lo; ninguém, como regra, surge para arrogar-se dono de animal abatido por um choque com veículo. Por várias vezes enfrentamos esse problema em casos concretos. A jurisprudência admite, igualmente, que o administrador ou concessionário da rodovia também responda por danos causados por animais na estrada, pois é seu o dever de vigilância do leito carroçável (*RT* 523/1996), assegurando-lhe ação regressiva contra o dono do animal (*JTACSP* 76/153).

Quando ocorre o dano pelo fato de animais, segundo o Código de 1916, seu dono ou detentor deveria provar (art. 1.527):

I – que o guardava e vigiava com cuidado preciso. Em se tratando de cão feroz, por exemplo, deveria o guarda zelar para que ficasse preso ou restrito a espaço que não colocasse em risco terceiros. Se o cão salta com facilidade muro ou cerca e ataca transeunte, não pode seu guarda safar-se da indenização. Note-se que os danos promovidos por animais podem ser de cunho exclusivamente material: gado que, por má conservação de cerca, invade lavoura de vizinho e a destrói obriga o dono ou detentor a reparar o dano.

O cuidado e a diligência deveriam ser apurados no caso concreto. De qualquer modo, há que se levar em conta que cada animal requer um tipo de cuidado, ou o cuidado preciso de que fala a lei. Por exemplo: a diligência com guarda de animais no meio rural não é do mesmo grau da exigida nos centros urbanos; um cão de pequeno porte requer menores cuidados do que um de grande porte e assim por diante. Se há dano causado pelo animal porque o dono não tomou os cuidados que o animal exigia, não se livra da indenização. Nesse sentido:

"*O cão 'Doberman', usado na guarda de residências, é reconhecidamente perigoso. Se alguém assume o risco de possuir animal com essa característica, assume todos. Levando-o a passear em lugar inadequado, seu proprietário só pode ser considerado imprudente, respondendo pelos danos provocados*" (*RT* 589/109).

II – que o animal foi provocado por outro. Nesse ponto, o entendimento não deixava de apresentar certa complexidade. Se o animal do guarda foi provocado por animal da vítima, presente estaria a excludente. No entanto, se a provocação fora de outro animal do guarda, evidente que se manteria a responsabilidade, pois falhara ele no dever de vigilância de seus semoventes. Se, por outro lado, o animal fora provocado por outro pertencente a terceiro, configurava-se culpa de terceiro que, em tese, não elide o dever de indenizar, como estudamos nos capítulos anteriores. Cabia ao guarda do animal, de qualquer modo, provar, em síntese, que o acidente era inevitável e imprevisível.

III – que houve imprudência do ofendido. Essa situação era de culpa da vítima, a qual devia ser provada pelo guarda do animal. Note que a lei se referia à imprudência do ofendido e não a sua culpa: portanto, não se exoneraria o ofensor se tivesse havido negligência do ofendido, devendo ser provada sua imprudência. Se a vítima ingressasse em recinto no qual se guardava animal feroz, apesar de avisos de advertência e obstáculos a serem ultrapassados, configurava-se, em princípio, sua imprudência. Se se tratasse de analfabeto, menor de idade ou pessoa sem o devido discernimento, por exemplo, pessoas que não poderiam verificar o perigo, cumpria que se examinasse detidamente o caso concreto, para eximir-se a culpa.

IV – que o caso resultou de caso fortuito ou força maior. As situações de caso fortuito e força maior não podem ser estabelecidas *a priori*. Em qualquer situação de responsabilidade civil, essas excludentes afastam o dever de indenizar.

O Código revogado apontava como responsável, no artigo sob exame, o proprietário ou detentor do animal e não dispensava a culpa, ainda que presumida. Cuida-se daquele que tem o poder de direção. Alguns pretendem ver nessa responsabilidade uma aplicação da teoria do risco. No entanto, tratava-se, à evidência, de presunção de culpa (*RT* 535/111). O mero detentor situa-se em plano inferior ao do possuidor. A lei é rigorosa nesse sentido, não exigindo que se qualifique a posse do animal. Basta a mera relação de fato com o animal, a simples detenção. Nessa posição, coloca-se aquele que loca o animal de montaria para cavalgar ou para serviço rural, assim como aquele que é contratado apenas para passear com cães ferozes.

Secciona-se o nexo causal, se o animal foi furtado, o mesmo que se disse a respeito do automóvel, provando-se que o dono ou detentor tomou todos os cuidados possíveis para que furto ou roubo não ocorresse. Também não há responsabilidade se os animais são selvagens ou sem dono. O dispositivo refere-se a animais domésticos ou mantidos em cativeiro. Pontes de Miranda aponta que o texto se refere a todos os animais suscetíveis de direito de propriedade, isto é,

> "*os animais domésticos, os semisselvagens, os ferozes capturados para domesticação ou luxo, ou curiosidade, ou outro motivo. Incluem-se: os touros e outros animais criados em liberdade para serem aproveitados nos grandes latifúndios brasileiros; os cavalos soltos, nas granjas sem divisão por meio de cercas, ou quaisquer outros tapumes; as abelhas, nos sítios em que se cultivem, pois, para os proprietários que não colhem o mel, as abelhas não são úteis*".

Os animais selvagens e que vivem nesse estado na natureza não possuem um "guarda", isto é, um responsável por eles, e não geram, em princípio, dever de indenizar. Assim, será diferente o tratamento de danos ocasionados por um enxame de abelhas originadas de um apicultor de um ataque de abelhas selvagens, que formaram sua colmeia de modo natural, sem intervenção humana. Se há culpa do apicultor, que não impediu devidamente o ataque de suas abelhas, haverá dever de indenizar. O texto do grande Pontes de Miranda é absolutamente elucidativo. Sempre o caso concreto definirá se existe um responsável pelo animal causador do dano. Um cão abandonado sem dono ou guarda, que cause dano, não permite, por exemplo, estabelecer autoria e nexo de causalidade.

Assim, fica por conta do fortuito o acidente causado por uma ave em estado natural que se choca com um veículo em movimento e ocasiona acidente. A situação é particular no tocante a aeronaves, o que já ocasionou acidentes graves próximos a aeroportos.

Se, por exemplo, o motorista tem que desviar abruptamente de um animal selvagem que aparece à sua frente e com isso atinge outro veículo, a situação é de estado de necessidade que na esfera civil não inibe o dever de indenizar.

A essa altura também é importante ressaltar que, se o fato do animal decorrer de relação de consumo, aplicam-se os princípios da responsabilidade objetiva do fornecedor de produtos ou serviços. A imprensa noticiou recentemente trágica ocorrência em circo: criança foi atacada por leão no curso do espetáculo e veio a falecer. Configura-se ineslutavelmente a responsabilidade da empresa circense, que somente se escusaria de indenizar se provasse caso fortuito ou força maior ou culpa exclusiva da vítima. Não bastassem os princípios do CDC, os responsáveis por espetáculos públicos assumem também obrigação inerente de incolumidade com relação a seus espectadores.

Este Código, assumindo nova postura, cuida da matéria em dispositivo mais sintético, adotando a teoria objetiva ou de presunção de culpa, segundo alguns, presumindo da mesma forma a culpa do guarda, neste artigo.

Parece que estamos diante de outra cláusula aberta no presente ordenamento, ainda que sob o império da responsabilidade objetiva. Abandonado o casuísmo do Código de 1916, como afirma Rui Stoco (2004, p. 951), o legislador de 2002 tomou posição firme, sem tergiversar. Há, no entanto, os que entendem que o presente artigo estatui não propriamente uma responsabilidade objetiva, mas uma presunção de culpa. Sob essa nova dicção, que não guarda nem mesmo relação conceitual com a lei antiga, os aspectos do antigo Código podem ser referendados no caso concreto como substrato histórico e adminículo probatório para lastrear a culpa exclusiva da vítima ou a força maior, e podem, de fato, sustentar decisões, não mais, porém, de forma inflexível. Ao analisar a culpa exclusiva da vítima ou a força maior na hipótese de dano ocasionado por animal, certamente o magistrado analisará se o dono ou detentor o guardava e vigiava com o preciso cuidado; se o animal foi provocado por outro da própria vítima, o que lhe imputa a responsabilidade; se houve culpa, em sentido amplo, por parte da vítima e não só imprudência, como mencionava o art. 1.527 do Código de 1916. Contudo, toda essa análise pertencerá ao raciocínio normal do magistrado para chegar à conclusão sobre a procedência ou não do pedido. Lembre-se de que, de qualquer modo, assim como no Código anterior, todo o ônus probatório para evidenciar culpa da vítima ou caso fortuito é do ofensor, que se não se desincumbir a contento nesse encargo indenizará a vítima. Se o dono do animal o entrega a pessoa que não toma os devidos cuidados, estará consubstanciado o nexo causal a determinar que ambos respondam solidariamente pelo fato pelo nexo da coautoria. Assim, a jurisprudência lastreada no Código anterior deve ser vista com cuidado e para efeito ilustrativo.

Sobre esse aspecto da responsabilidade, anota Caio Mário (1999, p. 111):

> "*Quando, porém, o animal se encontra na detenção de outrem que não o seu dono, mas fora de uma relação de preposição, cabe então determinar se e até onde vai a responsabilidade do dono, ou quando se exime este, e ela se desloca para aquele que o detém.*"

Como se percebe, o vínculo psicológico que desaba no nexo causal dependerá do exame do caso concreto.

De acordo com o art. 936, o dono ou o detentor do animal somente se exonerará da indenização se provar culpa da vítima ou força maior. Somente o caso concreto poderá definir a culpa da vítima. É claro que será a vítima culpada se advertida expressamente de que no local há cão bravio e mesmo assim adentra no recinto. Sérgio Cavalieri Filho (2008, p. 217) é peremptório ao afirmar que:

> "o art. 936 não mais admite ao dono ou detentor do animal afastar sua responsabilidade provando que o guardava e vigiava com cuidado preciso, ou seja, provando que não teve culpa. Agora a responsabilidade só poderá ser afastada se o dono ou detentor do animal provar fato exclusivo da vítima ou força maior. Temos, destarte, uma responsabilidade objetiva tão forte que ultrapassa os limites da teoria do risco criado ou do risco-proveito. Tanto é assim que nem todas as causas de exclusão do nexo causal, como o caso fortuito e o fato de terceiro, afastarão a responsabilidade do dono ou detentor do animal. A vítima só terá que provar o dano, e que este foi causado por determinado animal. A defesa do réu estará restrita às causas especificadas na lei, e o ônus da prova será seu".

Assim, na maioria das vezes, a defesa do réu se restringirá a provar que o animal não é seu ou que não detinha sua guarda. A jurisprudência, é verdade, mesmo sob o antigo Código, assim já se posicionava com relação a animais atingidos em rodovias. Não será outra também a postura dos julgamentos para os ataques de cães que, com frequência, são noticiados pela imprensa.

Enunciado nº 452, V Jornada de Direito Civil – CJF/STJ: A responsabilidade civil do dono ou detentor de animal é objetiva, admitindo-se a excludente do fato exclusivo de terceiro.

Apelação. Direito civil. Ação de indenização por danos morais, estéticos e materiais. Ataque de cães ferozes. Responsabilidade do dono do animal pelos danos por ele causados. Art. 936, do CC. Culpa exclusiva da vítima comprovada. Causa excludente de responsabilidade. Dever de indenizar ausente. 1. Nos termos do art. 936, do CC, "o dono, ou detentor, do animal ressarcirá o dano por este causado, se não provar culpa da vítima ou força maior". Trata-se de responsabilidade objetiva, em que o dever de indenizar surge a partir da verificação da ocorrência do dano e da presença do nexo causal. Tal responsabilidade só é elidível por prova – a cargo do dono do animal – de que o dano adveio por culpa exclusiva da vítima ou do caso fortuito. 2. Tendo sido demonstrada a culpa exclusiva da vítima pelo ataque dos cães, caracterizando, dessa forma, excludente de responsabilidade da parte ré, não há que se falar em dever de indenizar. 3. Apelo não provido (*TJDFT* – Ap. 07217147320188070001, 18-12-2019, Rel. Arnoldo Camanho).

Responsabilidade civil – Acidente de trânsito – **Presença de animal na pista** – Responsabilidade objetiva da concessionária de zelar pela segurança das estradas – Falha no dever de fiscalização – Danos materiais configurados – Recurso provido – A concessionária responsável pela conservação de estradas responde objetivamente pelos danos causados aos usuários, a teor do artigo 37, § 6º, da Constituição Federal (*TJSP* – Ap. 1012933-04.2015.8.26.005, 14-2-2017, Rel. Renato Sartorelli).

Apelação cível. **Ação de indenização por danos morais, estéticos e materiais decorrentes de ataque canino.** Responsabilidade do proprietário. Dever de indenizar configurado. Inteligência do art. 936, do Código Civil de 2002. Sentença de parcial procedência. Ressarcimento das despesas médicas afastado em razão da existência de plano de saúde mantido pela autora. Insurgência do requerido, pleito pela reforma da sentença sob o argumento de que o ataque de seu animal não gerou danos morais e estéticos à autora. Insubsistência. Ofensa à integridade física e psíquica da autora. Danos morais e estéticos configurados. Pleito pela minoração do *quantum* indenizatório. Impossibilidade. Obediência aos princípios da proporcionalidade e da razoabilidade, bem como observados os fins pedagógicos e inibitórios da medida. Sentença mantida. Recurso desprovido (*TJSC* – Acórdão Apelação Cível 2007.054187-5, 27-9-2011, Rel. Des. Denise Volpato).

Apelação cível. **Responsabilidade civil objetiva**. Excludentes não comprovadas. 1. Nos termos do artigo 936 do Código Civil, o dono ou o detentor do animal ressarcirá o dano por esse causado, se não provar culpa da vítima ou força maior. Doutrina. 2. *In casu*, foram comprovados que os danos sofridos pela vítima decorreram da mordida do cachorro de propriedade da ré, restando, assim, configurada a responsabilidade civil. 3. O fato da demandada estar custodiada no dia do sinistro não exclui sua responsabilidade, uma vez que a mordida de um cachorro é perfeitamente evitável, pois o evento poderia ser evitado, bastando que os empregados da casa ou até mesmo sua filha, responsável pela residência no momento do ataque, tomassem todos os cuidados e medidas necessárias para evitar qualquer dano a terceiros, como por exemplo, prender o cão no interior da residência de forma eficiente, impedindo-o de fugir para rua. 4. De outro lado, não se há de falar em força maior, a uma, porque inexiste qualquer fato da natureza, e a duas, porque não houve o preenchimento do elemento imprescindível para a configuração dessa excludente, qual seja, um acontecimento inevitável. 5. Manutenção dos danos morais (*TJRJ* – Acórdão Apelação Cível 0009434-30.2004.8.19.0014, 3-2-2011, Rel. Des. José Carlos Paes).

Art. 937. O dono de edifício ou construção responde pelos danos que resultarem de sua ruína, se esta provier de falta de reparos, cuja necessidade fosse manifesta.
§§ 1º e 2º (Vetados pela Lei 13.425/2017)

1. O fato da coisa

Os objetos, máquinas e aparelhos, as coisas em geral, quase sempre estão ligadas a uma pessoa que é seu titular ou possuidor. Esses objetos podem servir de instrumento causador de danos a terceiros: o veículo mal estacionado em uma esquina propicia um abalroamento; o compressor com defeito explode e atinge transeunte em via pública; uma carga mal colocada em um caminhão desprende-se, cai sobre a pista de rolamento e provoca acidente em rodovia. A mesma situação se aplica ao dono ou possuidor de cão feroz, que fere ou mata quem dele se aproxima. Nesses exemplos, há um dever inerente do guarda da coisa ou do animal em impedir que esses eventos ocorram. A jurisprudência moderna não tem dúvidas em responsabilizá-lo; a questão, hoje de maior valor teórico do que prático, é saber qual a natureza dessa responsabilidade. Temos de examinar a relação de causa e efeito entre esses atos e a imputabilidade.

A evolução sobre o tema foi longa no curso da história. O Direito Romano não disciplinou ordenadamente a matéria, embora contemplasse algumas situações de responsabilidade pelo fato da coisa. Segundo a Lei das XII Tábuas, os animais e as coisas inanimadas deviam responder pelos danos. O Direito antigo não possuía a noção das presunções gerais de culpa.

Aponta-se o art. 1.384 do Código francês como paradigma no tema:

> *"é responsável pelo dano não somente quem lhe deu causa por fato próprio, mas ainda aquele que o causou pelo fato de pessoas por quem deve responder ou pelas coisas que tem sob sua guarda".*

A referência à guarda das coisas era na época inovação de grande alcance. Procurou-se inculpar o patrão pelos danos causados por suas máquinas, os acidentes de trabalho. Passou-se a entender que o guardião das máquinas era o patrão e não os empregados. Colocava-se essa responsabilidade, em última análise, no campo da teoria do risco.

De fato, a teoria da responsabilidade pela guarda da coisa representa um avanço em torno do princípio da responsabilidade objetiva. Presume-se a responsabilidade do dono da coisa pelos danos por ela ocasionados a terceiros. Somente se elide essa responsabilidade provando-se culpa exclusiva da vítima ou caso fortuito. Essa posição, no curso da história da responsabilidade civil, representa, sem dúvida, palpável avanço em relação à responsabilidade com culpa. O fato é que a responsabilidade pelo fato da coisa, quer vista sob o prisma da culpa presumida do guardião, quer vista sob o prisma da teoria do risco, representa considerável avanço em relação às teorias anteriores, vigentes no século XIX.

Importa sempre definir, no caso concreto, quem é o guarda ou guardião pela coisa, o responsável pela reparação do dano causado pela coisa ou pelo animal. Mais do que a mera detenção, na maioria das vezes exige-se que esse agente tenha poder de comando sobre a coisa (CAVALIERI FILHO, 2004, p. 209).

Guardar a coisa, em sede de convivência social, é impedir que ela ocasione danos a outrem. Nem sempre será exclusivamente o proprietário o guarda, podendo ser o possuidor mercê de um contrato de locação, comodato ou depósito, por exemplo. Se o titular não pode exercer o poder de guarda, porque a coisa lhe foi surrupiada, sem culpa sua, não pode ser considerado responsável.

Nosso Código de 1916, assim como o de 2002, não possui uma dicção genérica sobre a responsabilidade pelas coisas, embora Teixeira de Freitas, em seu Esboço de 1865, já fizesse referência à responsabilidade do dono pelas coisas inanimadas. Estava muito avançado para sua época. Essa concepção, portanto, não foi aproveitada pelo Código Civil, que apenas cuidou e cuida de alguns casos específicos. O Código italiano vigente trata dessa responsabilidade sob a modalidade objetiva: "*A pessoa é responsável pelo dano ocasionado pelas coisas que tem sob custódia, salvo se provar caso fortuito*" (art. 2.051).

A jurisprudência pátria, todavia, encarregou-se de definir, ainda que gradual e lentamente, de forma clara a responsabilidade do guarda ou guardião pelo fato da coisa, de modo que, na prática, a falta de disposição expressa no ordenamento não é obstáculo para o ressarcimento do prejuízo. Carlos Roberto Gonçalves (2002, p. 233) lembra casos jurisprudenciais em torno da problemática: rompimento de fio elétrico de alta tensão, estouro de caldeira, queda de placa de propaganda, rompimento de rede de alta tensão, entre outros.

Reclame-se, de plano, que não há que confundir a responsabilidade por fato próprio com a do fato da coisa. O motorista que, na direção de veículo, atropela outrem ou causa dano ao patrimônio alheio responde por fato próprio, pois o veículo é mero instrumento de sua conduta, está à sua mão, como o está a arma para o homicida. Diversa é a situação do veículo abandonado na via pública, em local perigoso, sem a devida sinalização, que é abalroado por outro. Nessa hipótese, a coisa ocasiona o evento danoso de *per si*, embora haja nítido liame causal com o seu guarda, que ali a deixou inadvertidamente, sem tomar os cuidados necessários. A responsabilidade pela guarda da coisa somente emerge quando não há participação direta do guarda ou guardião no evento. Entretanto, como ilustrado no evento, por trás do fato da coisa inanimada deverá haver sempre um fato do homem. Por essa razão a doutrina objeta quanto à denominação dada ao presente título, porque a coisa não é capaz de fato (Dias, 1979, v. 2, p. 30). Com frequência, porém, os julgados tratam dos danos ocasionados por veículos como fato da coisa.

Nesse diapasão, entende-se, não sem um vacilo inicial, que o proprietário não é responsável por dano ocasionado por veículo que lhe foi furtado ou roubado. A jurisprudência apenas admite sua responsabilidade quando se houve com negligência, não tomando os cuidados necessários exigíveis para que a coisa não saísse de seu poder. Assim, persiste a responsabilidade do dono, possuidor ou detentor de veículo, que o deixa em via pública, com portas destravadas e chave de ignição no contato, por exemplo. Da mesma forma, embora a doutrina entenda que o simples fato de emprestar veículo a terceiro não torna o dono do veículo responsável pelos danos; porém, se empresta a pessoa conhecidamente inabilitada ou imprudente, persiste sua responsabilidade; a jurisprudência se divide nessa modalidade, contudo, com tendência ampliativa, como se nota nos julgados colacionados.

A propósito, deve ser lembrada a Súmula 489 do STF: "*A compra e venda de automóvel não prevalece contra terceiros de boa-fé, se o contrato não foi transcrito no Registro de Títulos e Documentos.*" Sob a estrita interpretação de seus termos, essa orientação é absurda, desvinculada do que comumente acontece e não pode prevalecer. Na alienação de veículos, a responsabilidade pela regularização do documento é do comprador, que deverá providenciar novo registro no Detran. Se o ex-proprietário provar a tradição do veículo, não pode ser responsabilizado. A compra e venda de coisas móveis comprova-se pela tradição. Em milhares de alienações de veículos feitas diariamente no Brasil, somente por absoluta exceção alguém a registrará em Cartório de Títulos e Documentos. Por essa razão, nos julgados dessa natureza, sempre defendemos essa posição, com respaldo dos tribunais superiores. Bem observa Sílvio Rodrigues (2000, p. 118) que a súmula não tem a extensão que sua leitura propõe. A simples menção a terceiro de boa-fé denota que se refere à responsabilidade contratual e não aquiliana. Os julgados que a embasam não permitem a solução peremptória que o texto expressa. Desse modo, provadas por todos os meios admitidos a venda e a transferência da posse, não pode o ex-proprietário do veículo ser responsabilizado pelo evento danoso em decorrência de conduta do adquirente. Nesse sentido, colocou-se o STJ: "*A ausência de registro da transferência não implica a responsabilidade do antigo proprietário por dano resultante de acidente que envolva o veículo alienado*" (Súmula 132).

Quando o dano causado pela coisa deriva das forças da natureza, não há dever de indenizar, porque se adentra o âmbito do caso fortuito, como já estudamos. Lembre-se de que a culpa exclusiva da vítima inibe o dever de indenizar. Se houver culpa concorrente desta, haverá uma responsabilização proporcional, como já vimos nos capítulos anteriores.

A ideia é de que o possuidor ou detentor de uma coisa assume tanto os cômodos como os incômodos que ela proporciona. Desse modo, se o bem vier a ocasionar prejuízo, cumpre ao guardião indenizá-lo. A problemática traz a ideia de custódia da coisa. Levemos em conta, também, que há coisas mais perigosas que outras. O dever de vigilância deve ser tanto mais rigoroso, quanto maior perigo deflagrar a coisa. O princípio é o mesmo da teoria do risco, que muitos admitem como justificação para a natureza jurídica dessa responsabilidade. Desse modo, quem manipula e detém material explosivo, por exemplo, deve ter maior cuidado. A diligência a ser investigada no caso concreto é a requerida para o material envolvido. A obrigação de guardar a coisa, no sentido técnico, é impedir que ela escape do controle e acarrete danos a terceiros. Importa, a cada caso, fixar o liame de causalidade que une a coisa ao guarda. Inexistirá nexo causal quando se trata de *res nullius*, sem ninguém que detenha reconhecidamente sua posse ou detenção. Já afirmamos que guarda é aquele que tem *poder de direção* sobre a coisa, embora essa noção nem sempre se apresente de forma cristalina.

Nossos Códigos, ao tratarem da ruína de edifícios e de danos causados por animais, demonstram não desconhecer o problema. Nesse diapasão, como aponta José de Aguiar Dias (1979, v. 2, p. 32), a jurisprudência tem-se comportado de *forma razoável* ao decidir a matéria. Segundo o mesmo doutrinador, há uma presunção de causalidade nessa responsabilidade. Em face dessa presunção, ao dono da coisa incumbe, "*ocorrido o dano, suportar os encargos dele decorrentes, restituindo o ofendido ao* status quo *ideal, por meio da reparação*" (DIAS, 1979, p. 35). Desse modo, no âmbito de nosso estudo e no estágio de nossa jurisprudência, torna-se despiciendo analisar as inúmeras teorias que procuram justificar a natureza dessa presunção de culpa. Essa presunção não é absoluta, mas cabe ao guarda da coisa provar que ela não opera, no caso concreto. Para muitos, sem dúvida, a explicação está na teoria da responsabilidade objetiva. Para outros, na ausência de dispositivo expresso entre nós, há culpa presumida. Como vimos, muitos são os pontos de contato entre a culpa presumida e a responsabilidade objetiva.

A dinâmica da jurisprudência é por si só esclarecedora: *presume-se a culpa do guarda pelos danos causados por explosão de caldeira* (RT 703/70).

Lembre-se de que se o dano provier de uma atividade de consumo, aplica-se o CDC. Desse modo, se o consumidor se acidenta em um elevador ou escada rolante de estabelecimento comercial, por exemplo, a culpa submete-se aos princípios da responsabilidade objetiva daquele ordenamento.

2. Responsabilidade pela ruína de edifício

Nos termos deste artigo, presume-se a culpa do dono do edifício ou da construção se esta ou parte desta desabar em prédios próximos ou sobre pessoas que por ali transitam.

A situação ampara-se, é verdade, segundo alguns, na responsabilidade objetiva, aproximada neste tópico, pelo Código Civil. A vítima terá apenas que provar o dano e a relação de causalidade. Em sua defesa, o dono da coisa deve provar que mantinha a coisa com a devida manutenção. A lei fala em necessidade *manifesta* de reparos, o que deve ser apurado caso por caso. Essa palavra, *manifesta*, afasta, segundo alguns, a aplicação pura da responsabilidade objetiva nessa hipótese. Carlos Roberto Gonçalves critica a manutenção da mesma redação no Código de 2002, mantendo esse termo, pois continua a se permitir ao proprietário que se exima da responsabilidade provando que a necessidade de reparos no edifício não era manifesta. E conclui:

> "Tal orientação destoa da tendência hodierna do direito de proporcionar às vítimas dos sinistros maiores facilidades para obtenção de indenização pelos danos sofridos" (GONÇALVES, 2003, p. 240).

O que é manifesto para um técnico pode não ser manifesto para um leigo. A aplicação estrita do texto legal não deve ser de molde que prejudique a vítima. A doutrina entende, a propósito, que a simples ruína da construção já demonstra a falta de manutenção e obriga a indenização sob fundamento de que será muito rara a ruína de um edifício que não necessite de reparos (DIAS, 1979, v. 2, p. 176; GONÇALVES, 1994, p. 175). De qualquer modo, elidem o dever de indenizar o caso fortuito ou força maior e a culpa exclusiva da vítima. Assim, por exemplo, age com culpa a vítima que transitar por local em que podem cair materiais de construção, se há suficientes avisos e proteções materiais para que não adentre no local. Contudo, há que se examinarem as circunstâncias do caso concreto.

Ressalte-se que, no caso de ruína, arcando o dono do edifício ou construção com a indenização, este terá ação regressiva contra o construtor.

Sob outro aspecto, no entanto, em face da dicção legal, não se pode afastar a possibilidade de o proprietário da obra provar que efetuou todos os reparos e manutenção necessária, e que o evento se deu por caso fortuito, embora essa prova não seja muito fácil. Não é aceitável simplesmente ignorar o termo *manifesta* presente no artigo de lei. A solução do legislador, ao permitir essa válvula de defesa ao réu, não é, de fato, digna de elogios, porque restringe o direito da vítima, em atividade positivamente de risco (RODRIGUES, 2000, p. 128).

De qualquer modo, o dispositivo cria uma presunção de culpa em favor da vítima, caso contrário, nessa hipótese, seu ônus probatório dificultaria a possibilidade de ressarcimento do prejuízo. O réu deverá provar que tomou todas as medidas que o caso requeria. A perícia técnica de engenharia será, portanto, de vital importância nessa matéria. Por outro lado, será colocado no polo passivo dessa ação o dono da obra ou da construção. Assim, a vítima não terá que identificar, em cada caso, o empreiteiro ou profissional responsável pelo dano.

Procedente o pedido, o dono da coisa poderá ingressar com ação regressiva contra o culpado. Admite-se a denunciação da lide contra o responsável, com o ingresso do terceiro no processo, desde que não dificulte ou retarde a prestação jurisdicional para a vítima, e assim permitam as leis de processo. Lembre-se de que sempre terá o réu possibilidade de recorrer à ação autônoma de regresso. Essa matéria é largamente estudada pelos doutos da ciência processual. Sempre defendemos e decidimos que, quando o ingresso de terceiro no processo, pelo instituto da denunciação, dificultar ou retardar a obtenção do direito colimado pelo autor, deve ser repelido. Como aponta Sílvio Rodrigues (2000, p. 125),

> "*o proprietário é sempre responsável pela reparação do dano causado a terceiro pela ruína do edifício ou construção de seu domínio, sendo indiferente saber se a culpa pelo ocorrido é do seu antecessor na propriedade, do construtor do prédio ou do inquilino que o habitava. Ele é réu na ação de ressarcimento*".

Ressalte-se que, como faz Sérgio Cavalieri Filho (2000, p. 138), os julgados têm atribuído a devida elasticidade ao termo *ruína*, entendendo como tal o desprendimento de telhas, revestimentos e qualquer parte do edifício que se solta e vem a ocasionar dano.

O Código contemporâneo, como já nos referimos, estabelece um dispositivo geral de responsabilidade objetiva, portanto independente de culpa, nos casos especificados em lei ou "*quando a atividade normalmente desenvolvida pelo autor do dano implicar, por sua natureza, riscos para os direitos de outrem*" (art. 927). Caberá à jurisprudência fixar os casos de atividade perigosa ou de risco. Certamente, a área da construção civil, por sua própria natureza, será abrangida por esse entendimento. Nesse campo, a obrigação de reparar o dano emerge tão só da atividade desempenhada pelo agente. Trata-se de evolução contemporânea e universal sentida na responsabilidade civil aquiliana.

Enunciado nº 556, VI Jornada de Direito Civil – CJF/STF: A responsabilidade civil do dono do prédio ou construção por sua ruína, tratada pelo art. 937 do CC, é objetiva.

Recurso inominado. Responsabilidade civil. Ação de indenização por danos morais e materiais. Ataque por enxame de abelhas. Lesões da parte autora, sua genitora e morte de seus cães. Pretensão de condenação do município, do estado do Paraná e dos particulares (vizinhos). Responsabilidade do município e dos particulares. Evidenciada. Notificação do município para retirada de abelhas. Inércia do ente público. Omissão caracterizada. Existência de colmeia em casa vizinha. Dever de manter a propriedade em condições adequadas. Aplicação do art. 937 do CC. Particulares (vizinhos) que respondem pelos danos dos animais sob sua guarda. Negligência no atendimento pelos bombeiros do estado do Paraná. Não verificada. Atendimento prestado conforme protocolo do ente estatal. Salvamento das vítimas de modo adequado. Utilização de jatos de água para afastar as abelhas. Conduta lícita. Inexistência de desídia pelos policiais militares. Emprego das técnicas disponíveis no momento. Ausência de responsabilidade do estado. Condenação solidária do município e dos particulares. Danos materiais verificados. Danos morais evidenciados. Sentença parcialmente reformada. Recurso conhecido e parcialmente provido (*TJPR* – Recurso Cível 0011827-69.2017.8.16.0170, 11-10-2019, Rel. Bruna Greggio).

⚖ Apelações cíveis – **Responsabilidade civil – Direito de vizinhança** – Construção de empreendimento – Rachaduras em prédio vizinho – Risco de desmoronamento – Dano moral – Cabimento – Sentença mantida – Da norma processual aplicável ao feito. 1- No caso em exame a decisão recorrida foi publicada em período compreendido até 17/03/2016. Assim, segundo os Enunciados do Superior Tribunal de Justiça sobre a aplicação do novel Código de Processo Civil, há a incidência da legislação anterior, de acordo com o posicionamento jurídico uniforme daquela Corte, que tem a competência para regular a forma de aplicação da lei federal. 2- A interpretação precitada coaduna com os princípios conformadores da atual legislação processual civil, que dizem respeito a não ocasionar prejuízo à parte ou gerar surpresa a esta com a modificação do procedimento em relação aos atos já efetivados, consoante estabelece o art. 9º, *caput*, e art. 10, ambos do novel Código de Processo Civil. Da inocorrência de sentença *extra petita*. 3- No caso presente feito não restou caracterizado julgamento *extra* ou *ultra petita*, pois a lide foi decidida dentro dos limites em que foi proposta pela parte autora, levando em conta o pedido de indenização por danos morais formulado na exordial, em razão do alegado ato ilícito cometido pelas partes demandadas. 4- Registre-se que a decisão atacada não foi *extra petita* ao aplicar o entendimento consagrado no artigo 1.299 do Código Civil, na medida em que se trata de mera incidência do direito a espécie, em aplicação do princípio *iura novit curia*, que se traduz no dever do juiz de conhecer a norma jurídica e aplicá-la. Mérito do recurso em exame. 5- Assiste razão a demandante ao imputar aos demandados a responsabilidade pelos danos ocasionados, tendo em vista os prejuízos e os transtornos ocasionados durante a construção realizada pelos réus em terreno vizinho ao da parte postulante. 6- O construtor, causador direto do dano, responde pelo defeito evidenciado, pois deve garantir a solidez e segurança da obra, bem como a incolumidade coletiva. 7- A parte autora logrou comprovar os fatos articulados na exordial, ônus que lhe incumbia e do qual se desincumbiu, a teor do que estabelece o artigo 333, inciso I, do Código de Processo Civil, com correspondência no art. 373 da novel legislação processual, no sentido de que houve falha na execução do serviço de construção pela parte ré, causando danos aos moradores do prédio vizinho. 8- Salienta-se que tais falhas causaram rachaduras expressivas no prédio no qual a parte autora reside, com risco de desmoronamento e aconselhamento por órgãos competentes à evacuação do local diante da ausência de segurança plena aos moradores, o que causou imensa angústia e medo pela própria integridade física na parte autora, sabendo do risco a que todos estavam correndo com a possibilidade de ruína do edifício. 9- É perfeitamente passível de ressarcimento o dano moral causado no caso em exame, tal medida abusiva resulta na violação ao dever de respeitar esta gama de direitos inerentes a personalidade de cada ser humano, pois restou atingida a segurança, a incolumidade física, e a privacidade de todos os envolvidos, prejuízo imaterial que deve ser reparado à parte autora. Inteligência do art. 186 e 927 do CC. 10- Com relação ao valor a ser arbitrado a título de indenização por dano moral há que se levar em conta o princípio da proporcionalidade, bem como, as condições do ofendido e a capacidade econômica dos ofensores. *Quantum* mantido. 11- O termo inicial dos juros moratórios deve ser fixado a contar do evento danoso, independentemente de provocação da parte ou pedido em sentido diverso. Rejeitada a preliminar suscitada, *negado provimento aos apelos e, de ofício, alterado o termo inicial dos juros de mora* (TJRS – AC 70066449927, 29-3-2017, Rel. Des. Jorge Luiz Lopes do Canto).

Art. 938. Aquele que habitar prédio, ou parte dele, responde pelo dano proveniente das coisas que dele caírem ou forem lançadas em lugar indevido.

Trata-se da responsabilidade tradicionalmente reconhecida no Direito Romano pela *actio de effusis et dejectis*, que já se destinava a definir a responsabilidade pelo dano causado por coisa arremessada do interior de habitação para o exterior. Também no Direito antigo não se indagava sobre a culpa. O legislador de 1916, seguido por este Código, adotou nesse caso a responsabilidade puramente objetiva, levando em conta o perigo que representam coisas sólidas (*dejectum*) ou líquidas (*effusum*) que caem de edifícios. Como recorda Carlos Roberto Gonçalves (2002, p. 242), o art. 938 representa o exemplo mais flagrante da *presunção de responsabilidade* no Direito brasileiro. Defende-se, na realidade, que nessa hipótese há responsabilidade objetiva. A lei toma em consideração o fato danoso que ocasiona o dano em si. Não se indaga quem deixou cair ou arremessou o líquido ao solo, nem se o fato foi intencional. Responde pelo dano o habitante.

Evidente que o termo *casa*, constante da redação do antigo Código, devia ser entendido com a devida elasticidade, pois abrange qualquer edifício, utilizado para fins residenciais ou não. Nesse sentido, o presente Código mantém a redação no art. 938, substituindo a palavra *casa* por *prédio*. Certamente, no início do século XX não havia ainda a problemática dos edifícios em planos horizontais, mas o dispositivo a eles aplica-se hoje com maior frequência. Os exemplos da jurisprudência inculpam o condomínio quando o objeto provém de edifício condominial e não se pode identificar o responsável.

"O edifício de apartamentos em condomínio é responsável pelos danos ocasionados por queda ou arremesso de objetos dele provenientes, quando não se pode identificar o autor" (RT 530/212; 714/153; JTACSP 87/138; RJTJESP 89/173).

Toda a comunidade condominial responde pelo dano, podendo o condomínio ingressar com ação regressiva contra o causador direto. Lembre o que falamos a respeito da personalidade anômala do condomínio, nessa situação. O condomínio de apartamentos ou assemelhado possui personalidade processual. Ao habitar uma unidade do condomínio, o morador assume o risco de conviver nessa comunhão. Trata-se de mais um encargo da vida contemporânea. Ademais, essa solução encontrada pela jurisprudência atende à tendência moderna de pulverizar a responsabilidade no seio da sociedade para número amplo de pessoas, a fim de permitir sempre que possível a reparação do prejuízo. Giovanna Visintini (1999, p. 692) aponta que essa solução também é dada pela jurisprudência italiana. Essa mesma responsabilidade aplica-se à Administração, quando proprietária, possuidora ou detentora de prédio, harmonizando-se com a responsabilidade civil do Estado. Recorde que, em qualquer situação em que o ocupante do imóvel se vê obrigado a reparar o dano, pode ingressar com ação regressiva contra o causador material. A esse propósito, recordamos de notícia da imprensa, de algum tempo atrás, que relatava o fato de um transeunte, por rua do centro de São Paulo, ter sido atingido fatalmente por pedra de gelo proveniente de um edifício, durante os festejos de último dia do ano, quando normalmente há chuva de papéis picados. Não se identificando o causador do dano ou a unidade de onde proveio o projétil, o condomínio deverá, em princípio, nesse caso, responder pela indenização, ao menos os condôminos que tiverem janela ou sacada para aquela via pública. A jurisprudência, no entanto, ainda é titubeante, propugnando alguns, sem razão, a nosso ver, que a indenização deve atingir apenas os titulares ou seus substitutos da unidade condominial de onde proveio o dano. A ideia, nessas hipóteses, leva em conta que quem reside ou utiliza edifício de apartamentos ou assemelhados assume uma série de riscos de convivência. Aponta Rui Stoco (2001, p. 731) a esse respeito que, embora de forma mitigada e contida, o dever de indenizar vem-se aproximando cada vez mais da teoria da repartição ou socialização dos encargos, afastando-se da teoria pura da culpa. Assim, quando o dano é praticado por um membro não identificado de um grupo, todos os seus integrantes devem ser chamados para a reparação. Trata-se da tendência pós-moderna de pulverização dos danos na sociedade.

De outro lado, todo ocupante responde pelo dano, podendo ser o proprietário, locatário ou possuidor a qualquer título. Pelo lado da vítima, basta que prove o nexo causal e o dano. O termo adequado do dispositivo permite que o réu prove que a coisa foi lançada em local próprio, como para lixo, por exemplo, e que a vítima lá não deveria estar.

Em síntese, para que ocorra a responsabilidade deste art. 938, são requisitos: (a) que o prédio seja habitado ou utilizado, no todo ou em parte; (b) que alguma coisa caia ou seja lançada dele; (c) que se produza dano; e (d) que o lugar em que caia a coisa seja indevido (MIRANDA, 1972, v. 53, p. 412).

📖 Enunciado nº 557, VI Jornada de Direito Civil – CJF/STJ: Nos termos do art. 938 do CC, se a coisa cair ou for lançada de condomínio edilício, não sendo possível identificar de qual unidade, responderá o condomínio, assegurado o direito de regresso.

⚖️ Ação de indenização por danos materiais. Direito de vizinhança. Árvore de imóvel particular que cai em terreno vizinho. Sentença de parcial procedência do pedido, que condena as rés ao pagamento de indenização pelos danos materiais suportados pela autora. Apelação das demandadas. Preliminar. Ilegitimidade passiva ad causam da ré Viviane. Não verificação. Demandada que é coproprietária do imóvel em que se localizava a árvore. Prescrição. Não ocorrência. Termo inicial que deve remontar à data de consolidação do prejuízo, ou seja, após o término das obras e da retirada dos entulhos decorrentes do evento danoso. Prazo do art. 205, § 3º, V, do CC que não foi inteiramente transcorrido. Mérito. Legislação municipal de proteção do meio ambiente que não obsta a devida manutenção dos espécimes arbóreos, a todos imposta pelo art. 1.277 do CC. Responsabilidade objetiva dos proprietários e possuidores de imóvel, com fundamento no art. 938 do CC. Força maior. Não ocorrência. Conquanto inevitável, a ocorrência de fortes chuvas não é imprevisível e, portanto, não pode ser invocada para isentar os proprietários de imóvel de efetuar a devida manutenção das árvores que nele se encontram. Danos materiais. Comprovação. Recibos e notas fiscais apresentadas com a inicial que demonstram cabalmente os prejuízos suportados pela autora. Sentença mantida. Recursos não providos (*TJSP* – Ap. 1000520-95.2018.8.26.0006, 14-1-2019, Rel. Carmen Lucia da Silva).

⚖️ Civil e processo civil – Responsabilidade civil objetiva – Reparação integral do dano – Cacos de vidros e pedaços de ferro – Queda de unidade habitacional – Lesões corporais em terceiros – Legitimidade passiva do condomínio – Morador de veraneio – Ocupação esporádica – Dever de zelar do condomínio – 1- O artigo 938 do Código Civil assim determina que aquele que habitar prédio, ou parte dele, responde pelo dano proveniente das coisas que dele caírem ou forem lançadas em lugar indevido. Trata-se de preceito de responsabilidade objetiva, lastreada na Teoria do Risco, e assentada no dever de segurança, que deve respaldar a guarda do que guarnece a habitação. 2. Em homenagem à reparação integral do dano, viável mitigar a regra da não responsabilização do condomínio diante da identificação da unidade autônoma de onde partiram os objetos que lesionaram as vítimas. 3. Pode o condomínio ocupar o polo passivo da demanda, rechaçando-se preliminar de ilegitimidade passiva, mesmo com a indicação da unidade condominial de onde partiram os cacos de vidro e os pedaços de ferro que atingiram as vítimas, seja porque há a possibilidade de o condomínio responder diretamente perante a vítima, e os demais condôminos, posteriormente, excluírem suas responsabilidades perante o próprio condomínio; seja porque caberia ao condomínio zelar pela segurança da fachada da unidade de onde partiram os objetos que atingiram os autores, diante da ocupação esporádica do morador que nela habita em época de veraneio. 4. Deu-se provimento aos embargos infringentes (*TJDFT* – Proc. 20110610027513EIC – (948687) – 1ª C. Cív. – Rel. Flavio Renato Jaquet Rostirola – J. 21-6-2016).

Art. 939. O credor que demandar o devedor antes de vencida a dívida, fora dos casos em que a lei o permita, ficará obrigado a esperar o tempo que faltava para o vencimento, a descontar os juros correspondentes, embora estipulados, e a pagar as custas em dobro.

Art. 940. Aquele que demandar por dívida já paga, no todo ou em parte, sem ressalvar as quantias recebidas ou pedir mais do que for devido, ficará obrigado a pagar ao devedor, no primeiro caso, o dobro do que houver cobrado e, no segundo, o equivalente do que dele exigir, salvo se houver prescrição.

Apelação cível – Direito civil – Ação de busca e apreensão – Reconvenção – Inexistência de mora – Responsabilidade civil pela **cobrança judicial de dívida já solvida** – Art. 940 do CC – Cabimento – Súmula 159 do STF – Demonstração inequívoca da má-fé do credor – Ocorrência no caso concreto – 1- Para que se configure a responsabilidade civil pela cobrança judicial de dívida já paga, estabelecida no art. 940 do Código Civil, exige-se, além do ajuizamento de demanda judicial, a comprovação de que o credor agiu de má-fé, nos termos da Súmula 159/STF. 2- Resta configurada a má-fé do credor que, alegando existir mora no pagamento de parcela do financiamento de veículo, ajuíza ação de busca e apreensão em face da consumidora, cobrando o vencimento antecipado da dívida, e permanece afirmando tal situação, mesmo após ser confrontado com provas irrefutáveis sobre a inexistência do débito, entre elas uma sentença declaratória da quitação da parcela, oriunda de demanda anterior da qual foi parte. 3- A aplicação da penalidade de pagamento em dobro de dívida já quitada prevista no art. 940 do CC tem fato gerador diverso da prevista no art. 42, parágrafo único, do CDC, não exigindo, a primeira, a necessidade de efetivo desembolso do valor cobrado injustamente. 4- A harmonização das fontes do direito civil permite a aplicação subsidiária das disposições do Código Civil às relações de consumo, naquilo em que não divirjam. 5- Apelação conhecida e não provida (*TJDFT* – AC 20150210009279 – (924956), 14-3-2017, Relª Desª Simone Lucindo).

Execução por título extrajudicial – **Aplicação de sanção de devolução em dobro**, como previsto no art. 940, do CC/02, visto que: (a) os credores demandaram por dívida já paga e (b) restou demonstrada a má-fé dos credores –Credores deram prosseguimento à execução por dívida já paga e insistiram na cobrança mesmo após exibida prova documental da satisfação do débito – Condenação dos exequentes ao pagamento em dobro do valor da dívida já paga, objeto da presente execução, nos termos do art. 940, do CC/02. Sucumbência – Exceção de pré-executividade acolhida – Fixação dos honorários advocatícios em 5% (cinco por cento) do valor da execução, com incidência de correção monetária a partir do respectivo ajuizamento (Súmula 14/STJ) –Princípios da causalidade e da sucumbência. Recurso provido, em parte (*TJSP* – Acórdão Apelação Cível 990.09.338631-3, 30-6-2011, Rel. Des. Rebello Pinho).

Art. 941. As penas previstas nos arts. 939 e 940 não se aplicarão quando o autor desistir da ação antes de contestada a lide, salvo ao réu o direito de haver indenização por algum prejuízo que prove ter sofrido.

1. Responsabilidade por demanda antecipada de dívida ou de dívida já paga

Como se sabe, a possibilidade de ser cobrada uma dívida antes do vencimento é exceção no ordenamento, como no caso de falência do devedor, por exemplo. O dispositivo do art. 939 estampa pena civil imposta ao credor, que ajuíza demanda antes de exercitável seu direito, isto é, antes da *actio nata*. No caso concreto, há que se verificar o aspecto do vencimento ou exigibilidade da obrigação, que pode ser discutível. A dívida em prestações periódicas pode ser considerada toda vencida, se as partes convencionaram que o inadimplemento de uma das parcelas induz a exigibilidade de toda a dívida. Se a dívida se vence no curso dos procedimentos prévios de ajuizamento da ação, geralmente demorados, de molde que já esteja vencida quando da citação do devedor, não se mostra cabível ou justa a imposição da pena. Se há necessidade de constituição prévia em mora do devedor, a matéria é de exame prévio no processo e não tipifica a cobrança antecipada, cujo dispositivo não admite extensão interpretativa por ser de natureza punitiva. O texto não abrange a cobrança extrajudicial, que pode acarretar responsabilidade em geral, por danos morais ou patrimoniais.

Dentro do mesmo princípio, estampa o art. 940 a respeito de ajuizamento de demanda por dívida já paga.

Nesse caso, a pena é imposta ao credor que cobra o que já recebeu, no todo ou em parte, ou que pede mais do que tem direito. Esta última hipótese é mais sensível. Não é em qualquer situação em que se cobra a mais que a pena pode ser imposta, caso contrário, em toda ação de cobrança parcialmente procedente o dispositivo teria aplicação. Não se subsumem ao texto legal, por exemplo, acréscimos discutíveis em juízo, como taxas de juros e correção monetária, discussão acerca de inadimplemento de cláusula contratual etc. O que a lei pretende é que essa pena aplique-se ao que, conscientemente, pede mais do que lhe é devido, deixando, inclusive, de ressalvar valores que recebeu por conta. Exige-se, a princípio, portanto, culpa do agente, não só nesta última situação, como nas demais de ambos os artigos. A vítima deve cobrar o apenamento por ação própria autônoma ou por reconvenção. A prescrição, como está expresso no texto, obsta a pretensão.

Parte da doutrina e da jurisprudência entendeu que no caso era necessária a configuração de culpa grave ou dolo para a imposição da pena. De qualquer forma, se vista a situação sob o prisma do CDC, aplica-se a responsabilidade objetiva, sendo irrelevante, a nosso ver, o grau de culpa. Neste último caso, somente será exonerado da indenização o fornecedor de produtos ou serviços se provar caso fortuito ou força maior. No campo do direito em geral, também há julgados que entendem que a simples culpa é suficiente, em qualquer hipótese.

Lembre-se, contudo, da Súmula 159 do STF a respeito da matéria:

> *"Cobrança excessiva, mas de boa-fé, não dá lugar às sanções do art. 1.531 do Código Civil."*

Em sede de relações de consumo, podemos concluir que essa boa-fé referida na súmula equivalerá ao caso fortuito ou força maior.

Já a lei estatui que essas penas somente podem ser impostas se houver demanda, isto é, ação judicial para cobrança, pedindo o pagamento indevido. A simples notificação judicial ou extrajudicial não se qualifica como demanda ensejadora das penas ora tratadas.

Tratando as hipóteses de pena civil, segundo sustenta inclusive Clovis (*Comentários*, 1939, v. 5, p. 312), independe de prova de prejuízo por parte do ofendido. A esse propósito, o art. 941 dispõe que não se aplicarão as penas dos dois artigos quando o autor desistir da ação antes de contestada a lide. Desse modo, com essa desistência, desapareceria qualquer base para a indenização. Acentua Clóvis, em seu comentário ao artigo, que

> *"desistindo da ação, antes da contestação da lide mostrará o autor ou que agiu de boa-fé, e em tempo reconheceu o seu erro, ou que se arrependeu do ato injusto, que pretendia levar a efeito".*

O art. 941 deste Código, contudo, acertadamente, acrescentou o seguinte texto ao dispositivo: *"salvo ao réu o direito de haver indenização por algum prejuízo que prove ter sofrido"*. Nessa dicção, fica bem claro que as imposições dos artigos precedentes têm o caráter de pena e independem da prova de prejuízo. Se, no entanto, o credor desistir da ação antes de contestada a lide, ainda assim poderão remanescer prejuízos ao réu, decorrentes, por exemplo, da simples distribuição da ação. Nesse caso, abre-se a oportunidade geral de indenização com base no art. 186. A jurisprudência sempre resistirá a esse entendimento, que é, aliás, absolutamente lógico e conforme os princípios gerais. Aliás, esta última situação poderá ocorrer ainda que a ação seja plenamente ajuizada e o réu entender que as penas descritas nos dois artigos citados sejam insuficientes para compor seu prejuízo. Assim ocorrendo, deve provar o efetivo prejuízo, dentro da regra geral. Em qualquer situação, porém, o prejudicado deve ingressar com ação própria autônoma, podendo ser por reconvenção, se o permitir o procedimento.

> **Art. 942.** Os bens do responsável pela ofensa ou violação do direito de outrem ficam sujeitos à reparação do dano causado; e, se a ofensa tiver mais de um autor, todos responderão solidariamente pela reparação.
> **Parágrafo único.** São solidariamente responsáveis com os autores os coautores e as pessoas designadas no art. 932.

O patrimônio do devedor, como regra geral, responde por suas dívidas. O importante deste artigo é fixar a tradicional regra de solidariedade entre todos os causadores do dano. No nosso sistema, a solidariedade decorre da lei ou da vontade das partes. Na responsabilidade civil, temos texto expresso. A solidariedade aplica-se tanto nos casos de responsabilidade direta como indireta, tal como no art. 932. A responsabilidade indireta não exclui a indireta. Nas relações internas entre os coobrigados, porém, na forma da solidariedade, o devedor que satisfaz a dívida por inteiro só tem o direito de exigir de cada um dos outros responsáveis a sua quota no rateio, salvo se houver acordo ou estipulação legal em contrário. Há que se examinar o caso concreto, pois poderá não existir dever de indenizar de algum ou alguns dos envolvidos. Lembre-se da regra do art. 934, que obsta o regresso com relação a descendente causador do dano, absoluta ou relativamente incapaz.

Enunciado nº 453, V Jornada de Direito Civil – CJF/STJ: Na via regressiva, a indenização atribuída a cada agente será fixada proporcionalmente à sua contribuição para o evento danoso.

Enunciado nº 558, VI Jornada de Direito Civil – CJF/STJ: São solidariamente responsáveis pela reparação civil, juntamente com os agentes públicos que praticaram atos de improbidade administrativa, as pessoas, inclusive as jurídicas, que para eles concorreram ou deles se beneficiaram direta ou indiretamente.

Art. 943. O direito de exigir reparação e a obrigação de prestá-la transmitem-se com a herança.

O artigo consagra princípio geral de direito hereditário. Os sucessores *causa mortis* do ofendido estão legitimados a receber a indenização, que pode igualmente ser pleiteada dos sucessores do ofensor. A ação se transmite por via hereditária como qualquer outro direito. A situação opera ainda que não proposta a ação reparatória quando da morte. Segue-se a ordem de vocação hereditária. Os sucessores legitimados ativamente devem provar prejuízo. Assim, em princípio, só estarão legitimados os filhos menores e incapazes, assim também como outros sucessores, conforme o caso em análise. Devem receber indenização aqueles que dependiam economicamente da vítima. Nem sempre a situação será de fácil deslinde no caso concreto.

Quanto à responsabilidade do espólio, pela indenização, há que se ter em mente o art. 1.997: "*A herança responde pelo pagamento das dívidas do falecido; mas, feita a partilha, só respondem os herdeiros, cada qual em proporção da parte que na herança lhe coube*". Nunca se esqueça, também, que a indenização devida pelo espólio nunca poderá ir além das forças da herança, sempre recebida sob benefício de inventário (art. 1.792).

Enunciado nº 454, V Jornada de Direito Civil – CJF/STJ: O direito de exigir reparação a que se refere o art. 943 do Código Civil abrange inclusive os danos morais, ainda que a ação não tenha sido iniciada pela vítima.

Civil e processo civil. Apelação cível. Ação cominatória. Fornecimento de medicamento. Antecipação de tutela deferida. Pedidos de indenização por danos materiais e morais. Falecimento da parte autora. Desistência da ação. Consectários da sucumbência. 1. Considerando que o custeio do medicamento para tratamento médico é um direito personalíssimo e, portanto, intransmissível aos sucessores, diante do falecimento da autora, tem-se por escorreita a sentença que, quanto a essa questão, extinguiu o feito, sem resolução de mérito, ante a perda superveniente do objeto. 2. Em ação de reparação de danos materiais e morais, ajuizada pela própria ofendida, a qual, no curso do processo, vem a óbito, o direito de exigir a reparação transmite-se aos herdeiros, nos termos dos arts. 12 e 943 do CC. Precedentes desta Corte de Justiça. 3. O art. 90 do CPC é objetivo ao consignar que, nos casos de desistência, as despesas processuais e os honorários serão pagos pela parte que desistiu, *in casu*, a autora. 4. Deu-se provimento ao recurso (TJDFT – Ap. 07084756520198070001, 22-1-2020, Rel. Leila Arlanch).

Apelação – **Ação de indenização** – Legitimidade do espólio – Princípio da *saisine* – Dano moral – Ausência de prova – Desprovimento do recurso. Segundo entendimento consolidado no STJ e art. 12, V do Código de Processo Civil c/c 943 do Código Civil de 2002, o espólio tem direito de intentar ação por danos sofridos pelo falecido, posto que, conquanto a dor não se transfira o direito de ação é transmissível. Princípio da *saisine* (art. 1.784 do Código Civil de 2002). Para que seja reconhecida a responsabilidade civil imprescindível a concorrência de ato ilícito, dano e nexo de causalidade. A obrigação de indenizar surge de uma conduta capaz e suficiente de produzir o evento danoso. Se o gravame lançado indevidamente sobre veículo pertencente ao autor da herança não causou qualquer repercussão na esfera moral deste, não há que se falar em indenização por danos morais (TJMG – Acórdão Apelação Cível 1.0686.08.220591-1/001, 22-6-2011, Rel. Des. Marcelo Rodrigues).

CAPÍTULO II
Da Indenização

Art. 944. A indenização mede-se pela extensão do dano.
Parágrafo único. Se houver excessiva desproporção entre a gravidade da culpa e o dano, poderá o juiz reduzir, equitativamente, a indenização.

Para fins de indenização, importa verificar se o agente agiu com culpa civil, em sentido lato, pois, como regra, a intensidade do dolo ou da culpa não deve graduar o montante da indenização, embora este Código apresente dispositivo nesse sentido (art. 944, parágrafo único). A indenização deve ser balizada pelo efetivo prejuízo. Código deste século inova nessa matéria. De fato, estabelece esse diploma, como regra geral, "*a indenização mede-se pela extensão do dano*". No entanto, acrescentou o legislador no parágrafo único: "*Se houver excessiva desproporção entre a gravidade da culpa e o dano, poderá o juiz reduzir, equitativamente, a indenização.*" Portanto, nesse aspecto, a medida do prejuízo pode deixar de ser o valor da indenização. Rompe-se, assim, uma regra tradicional do sistema anterior, essencialmente patrimonialista. Nessa dicção, fica claro que o julgador deve necessariamente debruçar-se sobre a problemática da gradação da culpa. Não é, porém, o único caso do ordenamento. Veja o que comentamos no art. 927 quando expusemos a problemática da gradação da culpa.

Outra conclusão que decorre do parágrafo é que somente deverá ser reduzida equitativamente a indenização quando houver desproporcionalidade da culpa e o dano. O texto do parágrafo não pode ser convertido em regra geral, sendo de interpretação restritiva. Trata-se de mais uma norma aberta no Código, como se percebe, e não se deve entender o verbo "pode" tendo o juiz como sujeito como "deve". Isso significa que mesmo perante essa desproporcionalidade, o juiz tem a faculdade de reduzir a indenização, não estando a isso obrigado. Imagine-se, por exemplo, a hipótese de um trabalhador rural que inadvertidamente joga cigarro acesso à margem de uma rodovia e ocasiona um vultoso incêndio em vasta plantação: inútil condená-lo a ressarcir a totalidade do dano se o agente tem mínimas posses. Daí por que cabe sempre ao juiz analisar o caso concreto para que sua decisão, nesse exame de proporcionalidade, não fique afastada da realidade. O *quantum* da redução também é aspecto para o caso concreto. A situação econômica do ofensor deve, destarte, ser necessariamente levada em consideração nessas premissas.

Assim, embora não pareça justo que alguém que ocasione dano a patrimônio alheio não indenize, situações comezinhas da vida explicam o alcance dessa norma. Mais uma razão para que se sustente que cada vez mais o seguro tomará conta de todas as atividades humanas.

Como parece curial, o texto do parágrafo não se amolda às indenizações por dano moral, cujas premissas axiológicas e valorativas são diversas. Também não se aplica aos casos de responsabilidade objetiva, quando não se avalia grau de culpa.

📖 Enunciado nº 46, I Jornada de Direito Civil – CJF/STJ: A possibilidade de redução do montante da indenização em face do grau de culpa do agente, estabelecida no parágrafo único do art. 944 do novo Código Civil, deve ser interpretada restritivamente, por representar uma exceção ao princípio da reparação integral do dano[,] não se aplicando às hipóteses de responsabilidade objetiva. (Alterado pelo Enunciado nº 380 – IV Jornada.)

📖 Enunciado nº 379, IV Jornada de Direito Civil – CJF/STJ: O art. 944, *caput*, do Código Civil não afasta a possibilidade de se reconhecer a função punitiva ou pedagógica da responsabilidade civil.

📖 Enunciado nº 380, IV Jornada de Direito Civil – CJF/STJ: Atribui-se nova redação ao Enunciado nº 46 da I Jornada de Direito Civil, pela supressão da parte final: não se aplicando às hipóteses de responsabilidade objetiva.

📖 Enunciado nº 455, V Jornada de Direito Civil – CJF/STJ: Embora o reconhecimento dos danos morais se dê, em numerosos casos, independentemente de prova (*in re ipsa*), para a sua adequada quantificação, deve o juiz investigar, sempre que entender necessário, as circunstâncias do caso concreto, inclusive por intermédio da produção de depoimento pessoal e da prova testemunhal em audiência.

📖 Enunciado nº 456, V Jornada de Direito Civil – CJF/STJ: A expressão "dano" no art. 944 abrange não só os danos individuais, materiais ou imateriais, mas também os danos sociais, difusos, coletivos e individuais homogêneos a serem reclamados pelos legitimados para propor ações coletivas.

📖 Enunciado nº 457, V Jornada de Direito Civil – CJF/STJ: A redução equitativa da indenização tem caráter excepcional e somente será realizada quando a amplitude do dano extrapolar os efeitos razoavelmente imputáveis à conduta do agente.

📖 Enunciado nº 458, V Jornada de Direito Civil – CJF/STJ: O grau de culpa do ofensor, ou a sua eventual conduta intencional, deve ser levado em conta pelo juiz para a quantificação do dano moral.

📖 Enunciado nº 550, VI Jornada de Direito Civil – CJF/STJ: A quantificação da reparação por danos extrapatrimoniais não deve estar sujeita a tabelamento ou a valores fixos.

📖 Enunciado nº 551, VI Jornada de Direito Civil – CJF/STJ: Nas violações aos direitos relativos a marcas, patentes e desenhos industriais, será assegurada a reparação civil ao seu titular, incluídos tanto os danos patrimoniais como os danos extrapatrimoniais.

📖 Enunciado nº 629, VIII Jornada de Direito Civil – CJF/STJ: A indenização não inclui os prejuízos agravados, nem os que poderiam ser evitados ou reduzidos mediante esforço razoável da vítima. Os custos da mitigação devem ser considerados no cálculo da indenização.

⚖️ Apelação cível – Ação indenizatória por danos morais c/c declaração de inexigibilidade de débito – Inscrição no SPC – Relação jurídica e origem da dívida – Ausência de comprovação – Cobrança ilegítima – Exclusão de nome dos cadastros de inadimplentes – Dano moral configurado – "quantum" – Redução. I - Para legitimar a cobrança e a inscrição de dados nos cadastros do SPC, imperiosa a apresentação do contrato originário do débito discriminado no documento de cobrança e de negativação, mediante a apresentação da documentação que demonstre a existência da relação jurídica. II - As telas extraídas de sistema de computador não se prestam a comprovar a contratação do serviço. III - A inclusão indevida em cadastros negativos dá ensejo à indenização pelos danos morais sofridos pelo ofendido, em valor suficiente e adequado para compensação dos prejuízos por ele experimentados e para desestimular-se a prática reiterada da conduta lesiva pelo ofensor, ressalvada a hipótese prevista na Súmula 385 do STJ, inaplicável ao caso presente caso. IV - Ausentes parâmetros legais para fixação do dano moral, mas consignado no art. 944 do CC que a indenização mede-se pela extensão do dano, o valor fixado a este título deve assegurar reparação suficiente e adequada para compensação da ofensa suportada pela vítima e para desestimular-se a prática reiterada da conduta lesiva pelo ofensor (*TJMG* – Ap. 1.0000.20.081425-9/001, 14-7-2020, Rel. João Cancio).

⚖️ Recurso especial. **Responsabilidade civil**. Dano moral. Pessoa jurídica. Condenação apenas à retratação pública. Insuficiência. Indenização pecuniária. Reparação integral do dano moral. 1. Limitação da reparação por danos morais pelo tribunal de origem à retratação junto à imprensa. 2. A reparação natural do dano moral, mesmo se tratando de pessoa jurídica, não se mostra suficiente para a compensação dos prejuízos sofridos pelo lesado. 3. Concreção do princípio da reparação integral, determinando a imposição de indenização pecuniária como compensação pelos danos morais sofridos pela empresa lesada. 4. Sentença restabelecida, mantendo-se o valor da indenização por ela arbitrado com razoabilidade. 5. Recurso especial parcialmente provido (*STJ* – Acórdão Recurso Especial 959.565 – SP, 4-5-2011, Rel. Min. Paulo de Tarso Sanseverino).

Apelação cível – Indenização – Contrato celebrado por falsário – Relação jurídica não comprovada – Reparação do dano devida – Valor da indenização – Extensão do dano – Proporcionalidade e razoabilidade. O fornecedor tem o dever de conferir adequadamente os documentos de identificação do contratante no ato da celebração do negócio, e, se se sujeita aos riscos de uma contratação mais célere, a fim de aumentar seu lucro, deve arcar com as consequências deste risco, respondendo pelos danos que porventura causar a terceiros. A indenização deve ser suficiente exclusivamente para reparar o dano, pois se mede pela extensão deste, nos termos do art. 944, *caput*, do Código Civil, não podendo ensejar enriquecimento indevido do ofendido. Recurso não provido (*TJMG* – Acórdão Apelação Cível 1.0027.10.002630-4/001, 21-6-2011, Rel. Des. Gutemberg da Mota e Silva).

Art. 945. Se a vítima tiver concorrido culposamente para o evento danoso, a sua indenização será fixada tendo-se em conta a gravidade de sua culpa em confronto com a do autor do dano.

Aspecto que interessa na fixação da indenização é a *culpa concorrente* ou *culpa recíproca*. No Direito Penal, não existe compensação de culpas. Cada agente responde pessoalmente por sua conduta e por sua participação na conduta delituosa. A posição na responsabilidade civil, contratual ou aquiliana, é diversa: constatado que ambos os partícipes agiram com culpa, ocorre a compensação. Cuida-se, portanto, de imputação de culpa à vítima, que também concorre para o evento. Assim, se o grau de culpa é idêntico, a responsabilidade se compensa. Por isso, prefere-se denominar concorrência de responsabilidade ou de causas. Pode ocorrer que a intensidade de culpa de um supere a do outro: nesse caso, a indenização deve ser proporcional. Assim, nada impede que um agente responda por 2/3 e outro por 1/3 da indenização em discussão. O Código em vigor é dispositivo expresso a respeito, consagrando a jurisprudência de muitas décadas.

O Código de 1916 não previa a concorrência de culpas como forma de alterar o valor da indenização. Foi o longo trabalho jurisprudencial de muitas décadas que resultou no texto do artigo em epígrafe. Assim, por exemplo, se dois motoristas ingressam, ao mesmo tempo, em velocidade incompatível em um cruzamento, acarretando um embate dos veículos, conclui-se pela culpa de ambos, cada um indenizando a metade dos danos ocasionados ao outro.

Na aplicação desse artigo, decorrente da equidade, o grau de culpa é certamente apreciado no caso concreto.

Enunciado nº 47, I Jornada de Direito Civil – CJF/STJ: O art. 945 do novo Código Civil, que não encontra correspondente no Código Civil de 1916, não exclui a aplicação da teoria da causalidade adequada.

Enunciado nº 459, V Jornada de Direito Civil – CJF/STJ: A conduta da vítima pode ser fator atenuante do nexo de causalidade na responsabilidade civil objetiva.

Enunciado nº 630, VIII Jornada de Direito Civil – CJF/STJ: Culpas não se compensam. Para os efeitos do art. 945 do Código Civil, cabe observar os seguintes critérios: (i) há diminuição do quantum da reparação do dano causado quando, ao lado da conduta do lesante, verifica-se ação ou omissão do próprio lesado da qual resulta o dano, ou o seu agravamento, desde que (ii) reportadas ambas as condutas a um mesmo fato, ou ao mesmo fundamento de imputação, conquanto possam ser simultâneas ou sucessivas, devendo-se considerar o percentual causal do agir de cada um.

Apelação. Direito do consumidor, civil e processual civil. Indenização por danos materiais. Culpa concorrente. Redução proporcional do valor indenizatório. 1. A culpa concorrente é reconhecida também nos casos de responsabilidade objetiva, quando não há necessidade de demonstração de culpa para a configuração do dever de indenizar. 2. A culpa concorrente não é causa excludente de responsabilidade, mas apenas circunstância que reduz o montante da indenização. O nexo causal persiste entre a ação ou omissão do agente econômico (fornecedor) e o dano sofrido pelo consumidor, porém considera-se a concorrência culposa da vítima para o evento danoso, razão pela qual há autorização para reduzir proporcionalmente o valor indenizatório levando-se em conta a gravidade da culpa da vítima em confronto com a conduta (culpa) do agente causador do dano. 3. Deve-se levar em consideração a participação culposa do consumidor-vítima e aplicar a causa mitigadora da responsabilidade civil da culpa concorrente (art. 945 do CC), em diálogo coerente de fontes. 5. No caso, ambas as partes foram negligentes. A autora por ter deixado de providenciar a restituição do veículo, que, com a ineficácia da liminar, continuou sendo de sua propriedade. O réu por ter permanecido indevidamente na posse direta do veículo, sem que também tenha tomado qualquer providência para restituí-lo. A responsabilidade pelo pagamento dos encargos do veículo deve ser suportada igualmente pelas partes. 4. Apelação parcialmente provida (*TJDFT* – Ap. 07008680520188070011, 13-5-2020, Rel. Hector Valverde).

Acidente de trânsito – Indenização por danos materiais e morais – Responsabilidade Civil Extracontratual de Concessionária de Serviço Público pautada pela Teoria do Risco Administrativo. Inadmissibilidade da responsabilização pelo risco integral – Atropelamento ocorrido na via férrea – Prova coligida aos autos indica de forma séria e concludente, que a concessionária não cumpriu eficazmente com seu dever de prevenção e fiscalização – De fato, elementos constantes do feito, evidenciam que a via férrea que transpassa o interior de bairro popular, de perfil residencial, no qual há relativo fluxo de pessoas, famílias e crianças não estava resguardada por qualquer cerca, muro ou alambrado ao longo de sua extensão e, em especial, no lugar em que ocorrido o acidente. Ademais, é possível verificar nos autos, a proximidade dos trilhos com as residências e as ruas pavimentadas. Caracterizada, pois, a negligência (modalidade de culpa), da ré, exsurge o seu dever de indenizar – Precedentes – Recurso especial repetitivo – REsp 1210064/SP, Rel. Ministro Luis Felipe Salomão, j. 08/08/2012 – Realmente, comprovado o dano, o nexo de causalidade e a falha na prestação do serviço, a condenação da concessionária ré ao pagamento de indenização pelos danos suportados pela autora é medida que se impõe – Todavia, também restou demonstrada a concorrência de causas (culpa concorrente), na medida em que a conduta da autora, que ingressou na via férrea, mesmo tendo avistado a aproximação da locomotiva, foi à semelhança da negligência da ré, preponderante para a ocorrência do acidente – Indenização devida à razão de 50% do total da aferida – Inteligência do art. 945, do Código Civil – Danos materiais (danos emergente e lucros cessantes) que se afiguram indevidos, posto que sua alegação não foi demonstrada sequer por indícios de prova – Danos extrapatrimoniais – Cicatrizes decorrentes do acidente – Amputação dos membros inferiores abaixo do joelho – Dano estético configurado, pelo que de rigor o pagamento de indenização a tal título – Dano moral puro, cuja comprovação é dispensável em razão da própria situação. Destarte, o pagamento de indenização pelos danos morais sofridos é medida que se impõe – Lide secundária – Valor total da condenação imposta à segurada que é inferior ao valor da franquia do seguro contratado – Denunciação da lide julgada improcedente – Sentença reformada – Recurso da autora provido – Recurso da ré improvido (*TJSP* – Ap. 0000704-15.2003.8.26.0323, 8-2-2017, Rel. Neto Barbosa Ferreira).

Art. 946. Se a obrigação for indeterminada, e não houver na lei ou no contrato disposição fixando a indenização devida pelo inadimplente, apurar-se-á o valor das perdas e danos na forma que a lei processual determinar.

Esse artigo substitui parte do art. 1.533 anterior. O ideal é que a sentença sempre estabeleça obrigação certa e determinada, em valor conhecido. Nesse diapasão, o art. 491 do CPC em vigor determina que o juiz deva fixar desde logo a extensão da obrigação na sentença, ainda que o pedido do autor tenha sido genérico. Deve-se sempre evitar que não exista valor certo e determinado na sentença, o que nem sempre será possível. O art. 324, §1º do CPC descreve as situações nas quais se permite fazer pedido genérico. Note que, por exemplo, em sede de danos morais ou não patrimoniais, o pedido indenizatório pode ser indeterminado, mas caberá ao juiz, salvo situações excepcionais, fixar um valor certo na sentença.

Enunciado nº 631, VIII Jornada de Direito Civil – CJF/STJ: Como instrumento de gestão de riscos na prática negocial paritária, é lícita a estipulação de cláusula que exclui a reparação por perdas e danos decorrentes do inadimplemento (cláusula excludente do dever de indenizar) e de cláusula que fixa valor máximo de indenização (cláusula limitativa do dever de indenizar).

Art. 947. Se o devedor não puder cumprir a prestação na espécie ajustada, substituir-se-á pelo seu valor, em moeda corrente.

Aqui se trata de obrigação em espécie a ser cumprida. O pintor é condenado a concluir a obra a qual se recusara, por exemplo; o empreiteiro, a concluir a construção, e assim por diante. Esse artigo se afeiçoa ao art. 947: "*Se o devedor não puder cumprir a prestação na espécie ajustada, substituir-se-á pelo seu valor, em moeda corrente*", para onde remetemos o leitor.

O pagamento em dinheiro sempre será o denominador comum quando a obrigação não puder ser cumprida em espécie, por qualquer razão; por culpa ou sem culpa do devedor. A impossibilidade do cumprimento em espécie deve ser analisada no caso concreto, sempre se levando em conta que ninguém, mormente nas obrigações infungíveis, pode ser constrangido a praticar conduta contra sua vontade. De qualquer forma, sempre que impossível ou insuficiente a reparação em espécie, recorre-se à indenização em pecúnia. O texto se aplica a todas as modalidades de obrigação em espécie, inclusive as obrigações negativas.

Art. 948. No caso de homicídio, a indenização consiste, sem excluir outras reparações:
I – no pagamento das despesas com o tratamento da vítima, seu funeral e o luto da família;
II – na prestação de alimentos às pessoas a quem o morto os devia, levando-se em conta a duração provável da vida da vítima.

Durante muito tempo, o artigo do Código anterior fundamentou corrente jurisprudencial que sustentava incabível a concessão de indenização por dano moral, entendendo-se que o elenco no artigo era restritivo. No entanto, de há muito, mormente após a Constituição de 1988, evoluiu-se no sentido de que o pagamento dessas verbas não impede a cumulação de outra soma pela dor da perda. Ainda, definiu-se também que a enumeração dessas verbas não é exaustiva, como assinala a redação do diploma em vigor, e que a interpretação em matéria de liquidação de danos por ato ilícito não pode ser restritiva.

As despesas de tratamento incluem tudo o que for comprovado no processo em matéria de gasto hospitalar, medicamentos, transportes para consulta e hospitais, inclusive tratamento psicológico etc. Nas despesas de funeral, estão incluídas as de sepultura (danos emergentes). Não se logrando provar as despesas de funeral, a jurisprudência tem propendido a fixá-la em cinco salários-mínimos, por se tratar de gasto inevitável e que afeta a todos indiscriminadamente.

O termo *luto* permite perfeitamente o entendimento de que não se restringe apenas ao pagamento pelas vestes fúnebres, atualmente em desuso em nossa sociedade, ou pelos serviços religiosos, aquisição de espaço em cemitério etc., mas também à indenização pelo sentimento de tristeza pela perda de pessoa querida. Desse modo, nessa expressão se abre margem à indenização por dano moral.

Matéria importante nessa modalidade de indenização é o montante e a duração da pensão devida (lucro cessante). A jurisprudência encarregou-se de estabelecer certos parâmetros. A pensão deve ser estabelecida com base nos proventos da vítima e sua provável expectativa de vida. A pensão deve ser reajustada sempre que houver alteração do salário-mínimo (Súmula 490 do STF), ou de salários da categoria profissional da vítima. O 13º salário, ou gratificação natalina, também deve integrar a indenização, dentro do princípio de que a indenização deve ser ampla, sendo ordinariamente concedida pela jurisprudência.

Assim, por exemplo, entende-se que o valor da pensão deve ser fixado em 2/3 dos ganhos da vítima, porque, presumivelmente, 1/3 era destinado à própria manutenção do falecido. Se vários são os beneficiários, vários irmãos, por exemplo, os julgados têm admitido o direito de acrescer entre eles, de molde que a pensão se mantenha íntegra quando se extingue em relação a uns que atingem a maioridade, acrescendo o montante dos remanescentes.

Quando a vítima não era assalariada, nem sempre será fácil a comprovação de seus ganhos. Como regra, deve ser levada em conta a média de seus proventos no último ano.

Quanto à duração da pensão, leva-se em consideração a vida presumível do morto. A jurisprudência tem entendido que esse limite é a idade presumida de 65/70 anos. Há tendência de que essa expectativa de vida em nosso país seja mais elevada, o que deverá majorar essa probabilidade. A pensão é devida aos filhos menores até que estes atinjam a maioridade, ou até os 24/25 anos, quando presumivelmente se casam ou concluem curso universitário e estabelecem-se fora do lar.

Quando se trata de morte de filho menor ou viúva que não exercem atividade lucrativa, a pensão, em regra, não seria devida, pois essas pessoas não contribuíam para a manutenção do lar. Não se exclui, entretanto, a indenização por dano moral. No tocante ao filho menor, a jurisprudência evoluiu no sentido de que iria ele, no futuro, contribuir para a mantença comum, sendo devida a pensão até os 24/25 anos, quando presumivelmente se casaria e deixaria o lar paterno. No mesmo sentido, tem sido concedida pensão pela morte da mulher do lar, pelo período de sua vida presumida, levando-se em conta que ela contribui com serviços domésticos. Havia, portanto, nítida orientação jurisprudencial para alargar o alcance do art. 1.537. Com isso, concluía-se que as verbas descritas nesse dispositivo são apenas enunciativas:

> "Assim, se o cônjuge e os parentes em linha reta da vítima lograrem provar que do homicídio lhes resultaram outros prejuízos, além dos enumerados no inciso em exame, tais prejuízos deverão ser reparados, porque a ideia inspiradora de toda teoria da responsabilidade civil é a que a indenização deve ser a mais completa possível" (RODRIGUES, 2000, p. 218).

Este artigo é exemplo legal de possibilidade de indenização por ricochete, por atingir pagamento a terceiros.

A problemática atinente à indenização por morte é, como podemos perceber, toda ela casuística; os julgados apontam contornos gerais que não podem ser inflexíveis. Com muita frequência, o julgador defronta-se com caso que não possui precedentes. Não se esqueça, igualmente, de que a morte do companheiro ou companheira também representa perda indenizável, mormente após o conceito de união estável presente na Constituição de 1988.

Nessa proficuidade de casos, podemos citar, para ilustração, o fato de o filho menor estar desempregado quando da morte não impede a indenização, pois não se exclui sua potencial capacidade de trabalho até os presumíveis 25 anos (*RT* 664/172); morte de filho menor sem capacidade laborativa – pensão concedida, no entanto, desde a data do evento por aplicação da Súmula 491 do STF.

Como se percebe, o sintetismo do art. 1.537 do Código Civil antigo nunca impediu que as indenizações por homicídio nos tribunais fossem as mais amplas possíveis. Por essa razão, este art. 948 nada mais faz do que trazer para lei o que a jurisprudência já admitira solidamente de forma muito ampla, deixando em aberto as modalidades de indenização pertinentes.

Enunciado nº 560, VI Jornada de Direito Civil – CJF/STJ: No plano patrimonial, a manifestação do dano reflexo ou por ricochete não se restringe às hipóteses previstas no art. 948 do Código Civil.

Ação indenizatória – Dano moral – Demanda extinta sem resolução de mérito por ilegitimidade de parte – Possibilidade do bem perseguido em inicial – Irmã que pretende ser indenizada em razão de acidente de trânsito que causou grave sequela física à sua parenta, causando-lhe dano pela via reflexa – Possível aplicação de **dano moral por ricochete** – Sentença anulada – Possível o resultado perseguido com o ajuizamento da ação, imprescindível é a busca de elementos seguros para firmar o convencimento sobre quem tem razão na demanda, afastando-se a ilegitimidade de parte outrora reconhecida, com a consequente anulação da r. sentença singular (*TJSP* – Ap. 0003867-75.2011.8.26.0176, 23-3-2017, Rel. Ronnie Herbert Barros Soares).

Art. 949. No caso de lesão ou outra ofensa à saúde, o ofensor indenizará o ofendido das despesas do tratamento e dos lucros cessantes até ao fim da convalescença, além de algum outro prejuízo que o ofendido prove haver sofrido.

Enunciado nº 192, III Jornada de Direito Civil – CJF/STJ: Os danos oriundos das situações previstas nos arts. 949 e 950 do Código Civil de 2002 devem ser analisados em conjunto, para o efeito de atribuir indenização por perdas e danos materiais, cumulada com dano moral e estético.

Art. 950. Se da ofensa resultar defeito pelo qual o ofendido não possa exercer o seu ofício ou profissão, ou se lhe diminua a capacidade de trabalho, a indenização, além das despesas do tratamento e lucros cessantes até ao fim da convalescença, incluirá pensão correspondente à importância do trabalho para que se inabilitou, ou da depreciação que ele sofreu.
Parágrafo único. O prejudicado, se preferir, poderá exigir que a indenização seja arbitrada e paga de uma só vez.

Esses dois dispositivos permitem uma série de reflexões de interesse prático.

Todos os danos emergentes deverão ser ressarcidos até a convalescença: despesas com hospitalização, tratamento, medicamentos, próteses, transporte para consultas, contratação de enfermeiros ou fisioterapeutas etc.

Quando a vítima sofre ofensa em sua incolumidade física, em sede de indenização pelo ato ilícito, deve ser avaliado o grau de incapacidade que essa agressão ocasionou. Nesse diapasão, a perícia deverá avaliar o grau de incapacidade, devendo o juiz levar em conta a diminuição de ganho que esse percentual representa para as atividades ou ocupação habitual da vítima. Aqui, leva-se em conta a mencionada perda de chance. Nesse sentido, a pensão deverá ser estabelecida de molde a compensar a perda de proventos que a vítima sofreu. Deve ser entendido que o dano psicológico, que não deixa marcas evidentes, mas diminui a capacidade, também deve ser compreendido nessa modalidade de indenização.

Quando a lesão é passageira e há recuperação da vítima, o termo final da indenização coincidirá com sua recuperação e final da convalescença. Nesse sentido, deverá ser feito exame complementar, se a vítima não tomar a iniciativa de comunicar a cura, prosseguindo-se o processo de execução, se for o caso. Assim, cessará ou não a obrigação de pagamento de pensão periódica. Por outro lado, como apontamos, pode ocorrer agravamento das condições físicas da vítima: incapacidade parcial pode converter-se em incapacidade total para as atividades habituais.

Quanto à pensão, aplicam-se os mesmos princípios gerais que a norteiam no caso de homicídio. No tocante à pena de multa criminal, citada pelo dispositivo anterior, tratava-se de disposição que a doutrina tradicional entendia vazia, porque o Código Penal do passado e do presente não estabelecem multa para o crime de lesão corporal. A índole dessa indenização é de inescondível reparação de dano moral. Todavia, o art. 49 do Código Penal disciplina a multa penal em geral fixada em dias-multa, para todos os crimes em que é cominada essa modalidade de pena, no mínimo de 10 e no máximo de 360 dias-multa. Esse dispositivo poderia ser levado em consideração para a indenização civil, sempre que o Código Civil se referir a essa modalidade de reprimenda penal. Dessa forma, havia lastro para que o juiz cível, no caso em exame, estabelecesse o valor da indenização com base nos limites de dias-multa do estatuto penal, o qual apresenta confortável mobilidade de valor para se adequar à indenização civil.

Entretanto, nada obsta que, além do pagamento pelos danos emergentes e pelos lucros cessantes, conforme estabelecido, o tribunal também concedesse quantia a título de reparação de danos morais pela lesão corporal, substituindo a parcela referida da multa penal.

Nesse diapasão, a ofensa física da qual resulte aleijão ou deformidade, conforme menção no dispositivo, trata do chamado dano estético. A multa criminal, se entendermos que por impropriedade técnica não podia ser aplicada, poderia ser substituída por indenização de evidente índole moral. Havia claro intuito na lei de agravar a condenação quando ocorresse a deformidade ou aleijão. Como a indenização nesse aspecto possui evidente cunho moral, não há que se acrescer outra parcela a esse título, evitando, assim, a duplicidade de condenações sob o mesmo fundamento. É evidente que quem tem seu rosto deformado sofre profunda dor moral, ou, segundo preferimos denominar, um desconforto extraordinário. Essa decorrência pode até não ter afetado sua capacidade laboral. Se o aleijão ou deformidade implicar diminuição da capacidade de trabalho, como no caso de ator ou atriz, por exemplo, tal deverá ser levado em conta como dano material. Quanto à deformidade ou aleijão em si, indeniza-se o *pretium doloris*. Essa modalidade de indenização é aplicável a qualquer vítima, independentemente de idade ou sexo. Quanto ao valor da indenização, a óptica transfere-se para o que expusemos acerca do dano moral. O valor pago deve servir de lenitivo o mais adequado possível para diminuir o sofrimento da vítima. Na presente conjuntura de nosso Direito e em face da possibilidade ampla de indenização por danos morais, parece-nos despiciendo discutir, como muito fez a doutrina, o que o Código teve em mira ao determinar para o aleijão ou deformidade, o que entende por duplicação da multa penal, a qual, aliás, como vimos, pode ser perfeitamente aplicada.

O presente Código pretendeu terminar com essa celeuma ao estabelecer no art. 951.

Pode o leitor notar pela exposição que fizemos neste tópico e no anterior que a jurisprudência, de há muito, se encarregara de definir, nos casos concretos, e com homogeneidade, quais os prejuízos que podem ser indenizados na lesão ou ofensa à saúde. Na mais recente dicção, portanto, não há inovação, mas, como em tantas outras disposições do Código de 2002, uma recepção legal da jurisprudência. No mesmo sentido posiciona-se o art. 950.

Esse estatuto deixa claro, portanto, o que já admitíamos nos julgados, que a indenização possa ser paga de uma única vez. Essa indenização una apresenta-se como a mais conveniente em inúmeras oportunidades, mormente nos casos em que o ofensor não tem como constituir o capital e nas situações de transação.

Também são variadas as soluções apresentadas pela jurisprudência quanto ao ressarcimento por lesões corporais, ora entendendo que os danos morais cumulam-se com os danos materiais, ora entendendo que na indenização concedida já está incluída a parcela referente ao dano moral. A nosso ver, o dano estético, justificador da dor psíquica e íntima ou desconforto extraordinário, independentemente de qualquer digressão, deve ser indenizado com parcela autônoma, livre das despesas e da pensão periódica por diminuição da capacidade de trabalho.

Enunciado nº 48, I Jornada de Direito Civil – CJF/STJ: O parágrafo único do art. 950 do novo Código Civil institui direito potestativo do lesado para exigir pagamento da indenização de uma só vez, mediante arbitramento do valor pelo juiz, atendidos os arts. 944 e 945 e a possibilidade econômica do ofensor.

Enunciado nº 381, IV Jornada de Direito Civil – CJF/STJ: O lesado pode exigir que a indenização sob a forma de pensionamento seja arbitrada e paga de uma só vez, salvo impossibilidade econômica do devedor, caso em que o juiz poderá fixar outra forma de pagamento, atendendo à condição financeira do ofensor e aos benefícios resultantes do pagamento antecipado.

Art. 951. O disposto nos arts. 948, 949 e 950 aplica-se ainda no caso de indenização devida por aquele que, no exercício de atividade profissional, por negligência, imprudência ou imperícia, causar a morte do paciente, agravar-lhe o mal, causar-lhe lesão, ou inabilitá-lo para o trabalho.

Esse artigo refere-se aos profissionais de saúde mencionados no art. 1.545 do Código anterior, tendo o estatuto atual preferido tratá-los de forma genérica neste art. 951. Aqui há que se reportar à doutrina que examina a responsabilidade médica, odontológica e assemelhadas. As modalidades de indenização são as mesmas dos artigos anteriores referidos, para homicídio e ofensas físicas. Para o exame da responsabilidade médica ver nosso Capítulo 4 de nossa obra *Responsabilidade Civil* (v. IV). Recorde-se que o CDC manteve a responsabilidade dos profissionais liberais na esfera subjetiva, para sua atividade individual; a responsabilidade será objetiva para as pessoas jurídicas em geral.

Enunciado nº 460, V Jornada de Direito Civil – CJF/STJ: A responsabilidade subjetiva do profissional da área da saúde, nos termos do art. 951 do Código Civil e do art. 14, § 4º, do Código de Defesa do Consumidor, não afasta a sua responsabilidade objetiva pelo fato da coisa da qual tem a guarda, em caso de uso de aparelhos ou instrumentos que, por eventual disfunção, venham a causar danos a pacientes, sem prejuízo do direito regressivo do profissional em relação ao fornecedor do aparelho e sem prejuízo da ação direta do paciente, na condição de consumidor, contra tal fornecedor.

Art. 952. Havendo usurpação ou esbulho do alheio, além da restituição da coisa, a indenização consistirá em pagar o valor das suas deteriorações e o devido a título de lucros cessantes; faltando a coisa, dever-se-á reembolsar o seu equivalente ao prejudicado.
Parágrafo único. Para se restituir o equivalente, quando não exista a própria coisa, estimar-se-á ela pelo seu preço ordinário e pelo de afeição, contanto que este não se avantaje àquele.

Esbulho possessório ocorre quando alguém, por meios violentos ou clandestinos, se vê desapossado de coisa móvel ou imóvel. Os termos *usurpação* e *esbulho* equivalem-se. Como remédio processual, tem a sua disposição os interditos possessórios para recuperar a posse ou impedir que o esbulho seja consumado. O art. 1.541 do Código de 1916 estabelecia que, no caso de usurpação ou esbulho, a indenização consistiria em restituir a coisa, pagando pelas deteriorações ou o valor equivalente, se o bem não puder ser restituído. A mesma noção é mantida neste artigo.

As ações possessórias (ver nosso *Direito Civil: direitos reais*, Capítulo 7) permitem que o pedido de reintegração ou manutenção de posse venham cumulados com o de indenização por perdas e danos. Também os lucros cessantes pelo desapossamento da coisa podem ser estimados.

O art. 1.542 especificava que, se o bem estivesse em poder de terceiro, este seria obrigado a entregar a coisa, correndo a indenização por conta dos bens do delinquente. Esse dispositivo, deslocado no antigo Código, não é repetido pelo estatuto civil sob exame. As coisas indevidamente em poder de terceiros possuem regime específico nas ações possessórias e reivindicatórias.

O parágrafo único do art. 952 deste Código Civil de 2002 acrescenta que, quando a coisa não existir para ser devolvida, o equivalente estimar-se-á por seu preço ordinário e de afeição, "*contanto que este não se avantaje àquele*". A dicção não é clara e repete o art. 1.543 do passado. Conclui-se que o valor é um só, porém, se a coisa perdida tiver valor de afeição para a vítima, estimar-se-á este como um *plus* ao valor real. De outro modo, a disposição não faria sentido. Este Código poderia ter esclarecido a dúvida e não o fez.

De lege ferenda, melhor que o dispositivo apegue-se preferencialmente ao valor de afeição quando esta existir e, caso contrário, subsidiariamente, pelo valor material da coisa desaparecida. Nesse mesmo sentido, se o ofensor se apossa de cão de estimação que não mais possa ser devolvido em razão de sua morte ou fuga, o valor afetivo deverá ser devidamente estimado e, certamente, será superior ao valor de cão como espécimen, ainda que de raça e com *pedigree*. O *plus* que se acrescenta ao valor da coisa a título de afeição é indenização por dano moral, aliás, uma das poucas hipóteses em que o Código Civil de 1916 o contemplava expressamente.

O *caput* do Código menciona e esclarece que, além das deteriorações no caso de usurpação ou esbulho, o ofensor pagará também o devido a título de lucros cessantes. No sistema anterior, embora não mencionados, decorriam da regra geral.

Enunciado nº 561, VI Jornada de Direito Civil – CJF/STJ: No caso do art. 952 do Código Civil, se a coisa faltar, dever-se-á, além de reembolsar o seu equivalente ao prejudicado, indenizar também os lucros cessantes.

Art. 953. A indenização por injúria, difamação ou calúnia consistirá na reparação do dano que delas resulte ao ofendido.
Parágrafo único. Se o ofendido não puder provar prejuízo material, caberá ao juiz fixar, equitativamente, o valor da indenização, na conformidade das circunstâncias do caso.

Embora a honra insira-se atualmente entre os direitos da personalidade, o Código anterior já traçava preceitos que se referiam a sua proteção. A honra e sua proteção na esfera civil têm, contudo, o mais amplo espectro, não se limitando a um "*numerus clausus*", nem no Código de 1916, nem neste, o qual, apesar de ter um capítulo relativo aos direitos da personalidade (arts. 11 a 21), não é, nem tem como ser, exauriente.

Enfatize-se que, entre as características dos direitos da personalidade, realça-se sua extrapatrimonialidade. "*O interesse na preservação da honra é de conteúdo moral, por isso ninguém pode dispor de sua honra, como de sua vida, de sua liberdade [...]*" (AMARANTE, 2001, p. 183). Realça-se, portanto, que na grande maioria dos casos concretos, o que caracteriza o prejuízo nas ofensas à honra é muito mais amplamente o dano moral ou não patrimonial, e não o dano material, que pode ocorrer, mas não é essencial, no caso concreto.

Quanto à injúria e calúnia, o art. 953 dispõe que o ressarcimento consistirá na reparação do dano e, se o ofendido não puder provar prejuízo material, caberá ao juiz fixar, equitativamente, o valor da indenização, na conformidade das circunstâncias do caso. No Código de 1916, nesta última hipótese, o ofensor pagaria o dobro da multa no grau máximo da pena criminal respectiva. Tratava-se de outra evidente admissão pelo Código anterior de modalidade de indenização por dano moral. Quanto ao fato de a pena de multa criminal servir de base para a indenização, veja a questão da possibilidade de aplicação do art. 49 do Código Penal como fundamento. No caso de injúria (art. 140 do Código Penal) e calúnia (art. 138 do Código Penal), os crimes respectivos são apenados com pena de multa, além de detenção, não havendo óbice, portanto, para a indenização do dano moral sob esse prisma, no antigo diploma.

Modernamente, não pode ser admitida a ideia primeira do Código antigo, pela qual somente seria admitida a indenização por dano moral se não lograsse o ofendido provar os prejuízos materiais. Essa ideia, injustificadamente repetida pelo presente Código, contraria os princípios gerais da responsabilidade civil, o preceito do art. 186 do Código de 2002 e a dicção constitucional que expressamente admite os danos de natureza exclusivamente moral.

O Código de 1916 dedicava dois artigos à indenização por ofensa à liberdade pessoal. No art. 1.550, estipulava que essa indenização consistiria no pagamento das perdas e danos e no de uma soma calculada na forma preconizada para a injúria ou calúnia. Tratava-se, portanto, também, de dupla indenização, por dano material e por dano moral ou não patrimonial.

O art. 1.551, por sua vez, considerava como ofensivos da liberdade pessoal: I – o cárcere privado; II – a prisão por queixa ou denúncia falsa ou má-fé; III – a prisão ilegal. O art. 1.552 esclarecia que somente a autoridade que ordenara a prisão, no caso do inciso III, era obrigada a ressarcir o dano.

Esses dispositivos foram de pouco alcance e não são muitos os julgados. Em qualquer dessas situações, a vítima deveria provar o dano. Por vezes, como já enfatizamos, o dano moral emerge *de per si*.

A responsabilidade do funcionário público que ordenou a prisão ilegal não era direta, pois a responsabilidade é do Estado, nos termos do art. 37, § 6º, da Constituição Federal. Uma vez condenada, a Administração deve voltar-se regressivamente contra o servidor. Essa enumeração do art. 1.551 era meramente exemplificativa: sempre que algum ato atentasse contra o direito pessoal de outrem, surgiria o dever de indenizar com base nos princípios gerais, igualmente no plano do dano moral, como apontamos anteriormente. Atentemos que o chamado "erro judiciário" no campo penal encontra solução no CPP (art. 630), no capítulo da revisão criminal, que determina a justa indenização pelo Estado.

Neste Código, esses preceitos vêm disciplinados nos arts. 953 e 954, cuja compreensão e finalidades são análogas.

Este art. 953 acrescenta a difamação, que sempre se entendeu como possibilitadora de indenização, completando a trilogia referente aos clássicos crimes contra a honra. Sob o aspecto criminal, que define essas três condutas puníveis, caluniar alguém é imputar-lhe falsamente fato definido como crime (art. 138 do CP). A difamação é a imputação de fato ofensivo à reputação da vítima (art. 139 do CP). Esse fato desonroso pode ser verdadeiro ou não, bastando a intenção de difamar. Ao contrário da calúnia, não se exige que o ofensor tenha consciência de eventual falsidade da imputação. A injúria, de acordo com o art. 140 do Código Penal, é a ofensa à dignidade ou decoro. Nesta última, o agente ofende a honra subjetiva do ofendido, atingindo seus atributos morais, sua dignidade, ou físicos, intelectuais ou sociais, seu decoro. Na injúria, ao contrário das demais condutas mencionadas, não existe a menção de fatos precisos ou determinados. Para que ocorra a injúria, é suficiente, por exemplo, que alguém seja tachado de "vagabundo". No campo da responsabilidade civil, existe maior elasticidade do que na esfera criminal na apuração da conduta punível. É claro que se o agente já foi condenado definitivamente no juízo criminal, a questão desloca-se exclusivamente para o valor a ser indenizado. Não há necessidade, porém, da sentença criminal para que se pleiteie a indenização por essas ofensas.

Quanto à possibilidade de a pessoa jurídica ser passível de ofensa a sua honra objetiva, a questão de sua possibilidade já ganha força na doutrina e nos tribunais.

O legislador deste Código afasta-se do princípio estabelecido no antigo que se referia à multa criminal, quando não pudesse ser provado o prejuízo material. A lei mais nova poderia, no entanto, ter-se afastado simplesmente desse esquema vetusto, pois qualquer ofensa à honra do indivíduo pode ocasionar tanto prejuízos materiais como morais, podendo ambos ser cumulados pela regra geral, como fartamente exposto anteriormente. Desse modo, bastaria que se suprimisse o parágrafo único, pois o dispositivo dá, a nosso entender, ideia a princípio falsa, de que, se houver prejuízos materiais comprovados, apenas estes podem ser indenizados. Da mesma forma, se suprimido todo o artigo, não haveria qualquer omissão do legislador, pois haveria de se recorrer às regras gerais. Não se justifica, portanto, nesse caso, o apego à redação anterior. Não nos parece duvidoso, destarte, que podem ser requeridas a indenização cumulativa por dano moral e dano material derivada dessas ofensas à honra. Se houver unicamente dano moral, nos termos da lei, o valor indenizatório será fixado equitativamente. Aqui, como alhures em sede de responsabilidade civil, o poder discricionário do juiz é amplo, ao avaliar as "circunstâncias do caso". Por outro lado, não haveria o menor sentido em restringir o alcance da indenização para essas condutas contra a honra e permitir ampla indenização para as outras ofensas, como contra a privacidade, a imagem, o nome, a honra dos mortos etc., pois são todos direitos da personalidade de idêntica natureza.

**Art. 954. A indenização por ofensa à liberdade pessoal consistirá no pagamento das perdas e danos que sobrevierem ao ofendido, e se este não puder provar prejuízo, tem aplicação o disposto no parágrafo único do artigo antecedente.
Parágrafo único. Consideram-se ofensivos da liberdade pessoal:
I – o cárcere privado;
II – a prisão por queixa ou denúncia falsa e de má-fé;
III – a prisão ilegal.**

O direito à liberdade está assegurado na Constituição, art. 5º, sendo reiterado em vários dispositivos. Os três incisos deste artigo não são exaustivos, não constituem número fechado. Há que se analisar no caso concreto quando há ofensa à liberdade individual.

O mesmo se diga a respeito desse artigo no tocante à possibilidade de cumulação de danos morais (não patrimoniais) com danos materiais na ofensa à liberdade pessoal. Imagine-se, por exemplo, alguém que, em face de prisão ilegal ou prisão derivada de denúncia falsa, perde o emprego e entra em depressão psicológica. É evidente que haverá danos morais e materiais a indenizar. Da mesma forma, a respeito do artigo anterior, se essa situação resulta de difamação, injúria ou calúnia. Se as condutas forem praticadas por agentes públicos, a responsabilidade será da Administração, de natureza objetiva, nos termos do preceito constitucional no dispositivo anterior.

TÍTULO X
DAS PREFERÊNCIAS E PRIVILÉGIOS CREDITÓRIOS

Art. 955. Procede-se à declaração de insolvência toda vez que as dívidas excedam à importância dos bens do devedor.

O patrimônio do devedor garante suas obrigações. Em princípio, quando as dívidas suplantam o valor desse patrimônio, o passivo supera o ativo, ocorre a insolvência. É o que dispõe esse artigo. O Código anterior referia-se ao tema como concurso de credores. O devedor civil não se sujeita aos princípios legais falimentares, área reservada ao empresário ou à empresa em geral. Não se pense, contudo, que o simples fato de o valor patrimonial atual ser inferior ao valor das dívidas seja apto a caracterizar o estado de insolvência. Há que se analisar o patrimônio como um todo, levando-se em conta o ativo presente e futuro e a capacidade de o devedor produzir bens e valores para fazer frente às dívidas. Trata-se de um exame contábil que deve ser aferido caso a caso. O que a lei aqui disciplina é a incapacidade de o sujeito fazer frente a todas as suas dívidas. O estado de insolvência civil pressupõe o concurso de todos os credores; se um ou alguns deles optaram por ações de execução autônomas, não há que se falar em concurso. Assim, pode suceder que o devedor esteja insolvente e não haja concurso de credores, o que ocorrerá, por exemplo, se o sujeito tem um só credor ou quando a ninguém interessa promover o processo de insolvência. Quem alega a insolvência, deve prová-la. Em toda execução forçada, há interesse público. No juízo recursal, esse interesse é ainda mais acentuado. A insolvência é fator de inquietação social.

Por outro lado, não se confunde inadimplemento com insolvência: o devedor pode deixar de honrar suas obrigações, sem ser insolvente.

A insolvência civil não se confunde com o procedimento regulado atualmente pela Lei nº 11.101/2005, com as alterações da Lei nº 14.112/2020, lei de recuperação e falências, destinada aos empresários e sociedades empresárias. Veja arts. 908 e 909 do CPC atual.

Os dispositivos presentes neste Título X do Código Civil cuidam unicamente dos critérios materiais de preferências, privilégios e gradação dos vários créditos, a fim de proporcionar o rateio mais justo em cada classe de credores a serem atendidos.

O procedimento de insolvência civil não é muito comum em nosso foro, mormente porque suas particularidades são complexas e não atendem o interesse dos credores. Sem dúvida, deve ser alterado, em prol da economia processual e efetividade de sua finalidade. O maior cuidado do legislador sempre foi com relação às pessoas jurídicas, que dominam o mercado.

Art. 956. A discussão entre os credores pode versar quer sobre a preferência entre eles disputada, quer sobre a nulidade, simulação, fraude, ou falsidade das dívidas e contratos.

Os credores devem habilitar seus créditos, acompanhados dos respectivos títulos. No trâmite do processo concursal, é possível a cada credor discutir a preferência entre eles, bem como a nulidade, simulação, fraude ou falsidade de dívidas ou contratos. Essas ações são processadas no juízo concursal, conforme sua natureza e finalidade. A natureza da obrigação de cada um definirá as preferências aqui disciplinadas.

Art. 957. Não havendo título legal à preferência, terão os credores igual direito sobre os bens do devedor comum.

Se não houver preferência, sendo os credores da mesma categoria, todos serão tratados por igual, sujeitando-se ao mesmo rateio. Trata-se da *par conditio creditorum* (igualdade entre os credores). A vala comum dos credores sem preferência traduz-se na classe dos credores quirografários. O princípio igualitário somente vige quando os credores não são desiguais.

Art. 958. Os títulos legais de preferência são os privilégios e os direitos reais.

A preferência faz com que um credor esteja autorizado a receber seu crédito antes de quem não a tem. Essa preferência pode ser decorrente de privilégio ou de direito real. Privilégio é um direito pessoal do credor que lhe confere prioridade no pagamento. O art. 964 enumera privilégios especiais e o art. 965, privilégios gerais. Os direitos reais aqui referidos são os de garantia, como penhor, hipoteca e anticrese. Na verdade, não existe propriamente privilégio no direito real, mas incidência sobre um bem. Os direitos reais limitados, que não sejam de garantia, estão fora do concurso de credores.

Os privilégios apenas decorrem da lei, não podendo ser estabelecidos pela vontade exclusiva dos interessados.

Art. 959. Conservam seus respectivos direitos os credores, hipotecários ou privilegiados:
I – sobre o preço do seguro da coisa gravada com hipoteca ou privilégio, ou sobre a indenização devida, havendo responsável pela perda ou danificação da coisa;
II – sobre o valor da indenização, se a coisa obrigada a hipoteca ou privilégio for desapropriada.

A sub-rogação aqui tratada é decorrência do direito real ou do privilégio sobre a coisa. Se o bem desapareceu, esses credores receberão o preço do seguro ou de indenização na hipótese de hipoteca. Eles têm direito à substituição em razão de seus privilégios sobre a coisa. Não existindo seguro, o credor nessas condições terá direito à ação para receber a respectiva indenização, assim como na desapropriação.

Art. 960. Nos casos a que se refere o artigo antecedente, o devedor do seguro, ou da indenização, exonera-se pagando sem oposição dos credores hipotecários ou privilegiados.

Este texto é dirigido ao segurador ou devedor do seguro. Este se exonera da obrigação pagando sem oposição de qualquer dos credores ou privilegiados. Se houver oposição, o pagamento somente será hígido, se assim for decidido judicialmente. O responsável pelo pagamento do valor do seguro deverá consignar no processo de concurso de credores se houver dúvida ou oposição; pagará mal se pagar a um só dos credores ou ao credor originário.

Art. 961. O crédito real prefere ao pessoal de qualquer espécie; o crédito pessoal privilegiado, ao simples; e o privilégio especial, ao geral.

Aqui se estabelece a ordem de preferência. O crédito real, ou seja, todos os credores com direito real serão pagos primeiramente, observando-se a vinculação dos bens que garantem esses respectivos direitos (penhor, hipoteca, anticrese). O bem responderá pela dívida. Se ainda remanescer patrimônio ou valores realizáveis do devedor, serão atendidos aqueles com crédito pessoal privilegiado; os com privilégio especial e por fim os créditos quirografários. No caso de hipoteca ou penhor, obedecer-se-á a ordem do registro imobiliário, com exceção dos créditos decorrentes de acidentes do trabalho, direitos trabalhistas e fazendários, cuja preferência é absoluta, acima dos direitos reais.

Art. 962. Quando concorrerem aos mesmos bens, e por título igual, dois ou mais credores da mesma classe especialmente privilegiados, haverá entre eles rateio proporcional ao valor dos respectivos créditos, se o produto não bastar para o pagamento integral de todos.

Sempre que em determinada classe de credores não existir possibilidade de todos serem atendidos, haverá rateio proporcional aos valores das dívidas. Há que se atentar que para os direitos reais, há bens que diretamente garantem as dívidas. Assim, a última classe a ser atendida terá, certamente, o rateio aqui citado. Aplica-se aos credores com privilégio especial e geral e aos quirografários.

Art. 963. O privilégio especial só compreende os bens sujeitos, por expressa disposição de lei, ao pagamento do crédito que ele favorece; e o geral, todos os bens não sujeitos a crédito real nem a privilégio especial.

A compreensão ou extensão do privilégio especial não admite interpretação extensiva. Apenas os créditos elencados no art. 964 possuem privilégio especial, ou eventualmente outros que a lei venha a assim conceituar. Excluídos os direitos reais, atendidos os privilégios especiais, os demais créditos poderão ter privilégio geral ou serão simplesmente quirografários.

Art. 964. Têm privilégio especial:
I – sobre a coisa arrecadada e liquidada, o credor de custas e despesas judiciais feitas com a arrecadação e liquidação;
II – sobre a coisa salvada, o credor por despesas de salvamento;
III – sobre a coisa beneficiada, o credor por benfeitorias necessárias ou úteis;
IV – sobre os prédios rústicos ou urbanos, fábricas, oficinas, ou quaisquer outras construções, o credor de materiais, dinheiro, ou serviços para a sua edificação, reconstrução, ou melhoramento;
V – sobre os frutos agrícolas, o credor por sementes, instrumentos e serviços à cultura, ou à colheita;
VI – sobre as alfaias e utensílios de uso doméstico, nos prédios rústicos ou urbanos, o credor de aluguéis, quanto às prestações do ano corrente e do anterior;
VII – sobre os exemplares da obra existente na massa do editor, o autor dela, ou seus legítimos representantes, pelo crédito fundado contra aquele no contrato da edição;
VIII – sobre o produto da colheita, para a qual houver concorrido com o seu trabalho, e precipuamente a quaisquer outros créditos, ainda que reais, o trabalhador agrícola, quanto à dívida dos seus salários.
IX – sobre os produtos do abate, o credor por animais.

Esse elenco que, como mencionamos no artigo anterior, não pode ter interpretação extensiva, decorre maiormente da equidade. Assim, as custas e despesas judiciais feitas para a arrecadação (inciso I). Todas as hipóteses buscam, tanto quanto possível dentro do concurso de credores, evitar o injusto enriquecimento. Não existe ordem hierárquica entre os vários incisos. Todos os créditos aqui elencados ficam na mesma categoria e obedecem ao mesmo rateio, caso necessário.

Agravo de instrumento. Habilitação de crédito. Crédito decorrente da venda de produtos agrícolas. Art. 964 do CC. Aplicação do artigo 83, IV, "a", da Lei 11.101/05. Honorários sucumbenciais. Caráter alimentar. Equiparação a crédito trabalhista. REsp

1.152.218/RS, submetido ao rito dos julgamentos repetitivos. À unanimidade, deram provimento ao agravo de instrumento (*TJRS* – Ag 70083837047, 28-5-2020, Rel. Luís Augusto Coelho Braga).

🔑 Apelação – Embargos de terceiro – Arresto de soja – Cédula de produto rural – Penhor agrícola – Contrato de compra e venda – Discussão sobre direito de preferência – Recurso improvido – A cédula de produto rural é crédito com garantia real, tendo preferência sobre crédito de natureza privilegiada especial, independentemente da data da constituição deles. O descumprimento de cláusula contratual, onde foi assumida por uma das partes obrigação de pagamento privilegiado especial, se não cumprida, resulta apenas em perdas e danos, mas nunca em direito de preferência sobre crédito com garantia real (*TJMT* – Ap. 71247/2011, 17-10-2012, Relª Desª Maria Helena Gargaglione Póvoas).

Art. 965. Goza de privilégio geral, na ordem seguinte, sobre os bens do devedor:

I – o crédito por despesa de seu funeral, feito segundo a condição do morto e o costume do lugar;

II – o crédito por custas judiciais, ou por despesas com a arrecadação e liquidação da massa;

III – o crédito por despesas com o luto do cônjuge sobrevivo e dos filhos do devedor falecido, se foram moderadas;

IV – o crédito por despesas com a doença de que faleceu o devedor, no semestre anterior à sua morte;

V – o crédito pelos gastos necessários à mantença do devedor falecido e sua família, no trimestre anterior ao falecimento;

VI – o crédito pelos impostos devidos à Fazenda Pública, no ano corrente e no anterior;

VII – o crédito pelos salários dos empregados do serviço doméstico do devedor, nos seus derradeiros seis meses de vida;

VIII – os demais créditos de privilégio geral.

Uma vez excluídos ou satisfeitos os credores com direito real e os com privilégio especial, a classe seguinte é dos credores com privilégio geral. Contudo, diferentemente do que ocorre no elenco do artigo anterior, neste existe uma ordem a ser seguida.

Desse modo, o crédito decorrente de despesas com o funeral será o primeiro a ser atendido. A lei menciona que essas despesas deverão ser feitas de acordo com a condição do morto e os costumes do lugar. Assim, poderá haver discussão sobre montante das despesas quando se questionar a excessiva pompa do funeral para suas posses, por exemplo, bem como nas outras hipóteses que permitem essa interpretação.

Apesar de o presente Código ter repetido o texto do estatuto anterior, a Lei de Recuperação e Falências (Lei nº 11.101/2005, com as alterações da Lei nº 14.112/2020) estabeleceu outra preferência, definindo como absoluta os créditos decorrentes de salários e indenizações trabalhistas (art. 83, I), o que deve ser aplicado ao concurso de credores. Há ponderável entendimento doutrinário e jurisprudencial no sentido de que as preferências trabalhistas e fiscais devem ser aplicadas à insolvência civil. Assim, a ordem dos créditos na insolvência civil será: (1) os derivados da legislação trabalhista, limitados a 150 (cento e cinquenta) salários-mínimos por credor, e aqueles decorrentes de acidentes de trabalho; (2) os gravados com direito real de garantia até o limite do valor do bem gravado; (3) os créditos tributários, independentemente da sua natureza e do tempo de constituição, exceto os créditos extraconcursais e as multas tributárias; (4) os créditos quirografários; (5) as multas contratuais e as penas pecuniárias por infração das leis penais ou administrativas, incluídas as multas tributárias; (6) os créditos subordinados; e (7) os juros vencidos após a decretação da falência, conforme previsto no art. 124 da Lei nº 11.101/2005.

Sustentando esse entendimento, quanto aos créditos trabalhistas, lembre-se do art. 449, § 1º, da CLT: "*Na falência, constituirão créditos privilegiados a totalidade dos salários devidos ao empregado e a totalidade das indenizações a que tiver direito.*" Por outro lado, o art. 186 do Código Tributário Nacional dispõe: "*O crédito tributário prefere a qualquer outro, seja qual for sua natureza ou o tempo de sua constituição, ressalvados os créditos decorrentes da legislação do trabalho ou do acidente de trabalho.*" E o art. 187 do mesmo diploma: "*A cobrança judicial do crédito tributário não é sujeita a concurso de credores ou habilitação em falência, recuperação judicial, concordata, inventário ou arrolamento.*" Como se percebe, o Código de 2002 perdeu a oportunidade de harmonizar esses artigos com a legislação trabalhista e tributária. O Fisco não participa do concurso de credores e persegue seu crédito com execução que não se interrompe.

LIVRO II
DO DIREITO DE EMPRESA[4]

TÍTULO I
DO EMPRESÁRIO

CAPÍTULO I
Da Caracterização e da Inscrição

Art. 966. Considera-se empresário quem exerce profissionalmente atividade econômica organizada para a produção ou a circulação de bens ou de serviços

A atividade econômica se realiza por meio da produção e circulação de bens necessários para a satisfação da sociedade. Aqueles que produzem e oferecem esses bens mediante a perspectiva de obter lucros são chamados de empresários, num sentido econômico amplo. Juridicamente, porém, o conceito de empresário exige observância de alguns requisitos para que quem explora atividade econômica esteja sob a tutela do direito empresarial.

Na Antiguidade, os bens de consumo e sustento eram produzidos nos próprios núcleos familiares. Os comerciantes surgiram para intermediar a troca dos excedentes produzidos, mediante a obtenção de um lucro. Na Idade Média, formaram-se as corporações, que eram compostas de comerciantes, e eram estes que ditavam as regras do comércio, regras consuetudinárias.

No início do século XIX, em França, Napoleão cria a primeira Codificação com o Código Civil, em 1804, seguindo-se o Código Comercial, em 1808. Nessa época, era considerada comercial toda relação jurídica que tivesse por objeto um ato do comércio. Esses atos eram listados no Código e o rol era taxativo. Com a evolução da atividade econômica, surgem outras atividades relevantes para a circulação de riquezas as quais não se encontravam listadas, como, por exemplo, a prestação de serviços e a atividade imobiliária.

Seguindo o modelo italiano de 1942 e diante das necessidades de ampliação da tutela para determinadas atividades econômicas que foram surgindo com o passar dos anos como fonte de circulação de riquezas, o legislador brasileiro adotou o conceito de empresário inserto no *caput*. Assim, empresário é aquele que mediante a reunião dos quatro fatores de produção, quais sejam, capital, mão de obra, tecnologia e insumos, produz e coloca em circulação bens ou serviços.

Sem essa organização, a atividade econômica não é considerada explorada profissionalmente e, portanto, não abrangida pela tutela do direito empresarial. Além dessa hipótese descrita neste artigo, ainda é considerada empresária a atividade rural desde que o sujeito que a explora faça-a de forma organizada e requeira sua inscrição na Junta Comercial, nos termos do que dispõe o art. 971. Assim será considerado empresário agrícola quem explorar atividade agrícola profissionalmente criando riquezas, no sentido já explicitado. Também, independentemente do seu objeto, é considerada empresária a atividade econômica quando explorada por sociedade por ações (art. 982, parágrafo único). Trata-se de opção legislativa a qual não se pode modificar a natureza.

Também o pequeno empresário foi objeto de preocupação do legislador incentivando-o a exercer profissionalmente a empresa, por meio da criação de regras que minimizam o risco da atividade empresarial que, em verdade, sempre foi um obstáculo ao exercício dessa atividade pelo pequeno empreendedor.

A limitação da responsabilidade patrimonial, decorrente das sociedades de responsabilidade limitada e da EIRELI, pessoa jurídica de uma só pessoa, também é forma de incentivo, pois o patrimônio particular do sócio, como regra geral, não sofre extensão da responsabilidade, senão quando ocorre fraude. Mas esse incentivo não é de per si suficiente. Diante desse quadro, o legislador criou outros incentivos direcionados a classes que, embora fossem capazes de produzir de forma organizada, não o faziam diante de inúmeras exigências legais.

Assim, os pequenos empresários com potencial, no setor rural e urbano, mas que não se arriscavam na atividade empresarial, foram beneficiados pela lei como incentivo para ingressarem na empresa formal, nos termos do disposto no art. 970. Essa norma tem caráter programático, estando em sintonia com preceitos constitucionais.

O art. 170, IX, da Constituição Federal traz como um dos princípios básicos da ordem econômica o tratamento diferenciado, favorecendo empresas de pequeno porte, desde que obedecida a legislação ordinária. O art. 185, parágrafo único, da Constituição Federal menciona genericamente o mesmo princípio para a empresa rural.

---

[4] Os artigos 966 até 1.195 foram redigidos em coautoria com Cláudia Rodrigues.

Art. 966

Uma das formas encontradas, no tocante ao empresário rural e aos micro e pequenos empresários em geral, foi a simplificação de algumas obrigações, como a dispensa da apresentação de certos documentos para a inscrição e a dispensa da escrituração na forma mercantil, exigindo-se apenas escrituração simplificada e resumida, bem como a manutenção de livro caixa.

Outras prerrogativas são encontradas em legislação própria, como a que prevê a redução da carga tributária, por meio de enquadramento do empresário no SIMPLES – Sistema Integrado de Pagamento de Impostos e Contribuições das Microempresas e das Empresas de Pequeno Porte.

A legislação civil empresarial do País tem se modernizado bastante, e vem oferecendo cada vez mais ótimas possibilidades para a formalização de negócios e incentivos para os empreendedores. Nesse sentido, algumas alternativas foram criadas para que pequenos empreendedores possam trabalhar legalizados. São elas:

- MEI – Esta é a sigla para o Microempreendedor Individual. Trata-se de atividade individual, criado pela Lei Complementar nº 123/2006. O tipo foi criado pela Lei Complementar nº 123/2006 e alterado pela LC 155/2016, devendo ter faturamento anual de até R$ 81 mil, podendo se ajustar ao Simples Nacional. O MEI não pode ter participação em outra empresa como sócio ou titular. Em contrapartida, pode ter um empregado que receba salário-mínimo ou o piso da categoria. Será enquadrado no Simples Nacional e fica isento dos tributos federais (Imposto de Renda, PIS, Cofins, IPI e CSLL). Paga apenas o valor fixo mensal pequeno dependendo da categoria que será destinado à Previdência Social e ao ICMS ou ao ISS. Essas quantias são atualizadas anualmente, de acordo com o salário mínimo.
- Empresário Individual – Muitos acham que é o mesmo que MEI, mas não. O empresário individual se diferencia principalmente com relação à restrição de atividades, ao faturamento anual e ao número de obrigações acessórias. O Empresário Individual também é um profissional que atua por conta própria, mas seu faturamento anual máximo pode chegar a até R$ 360 mil, sendo considerado ME (Microempresa), ou até 4,8 milhões, sendo EPP (Empresa de Pequeno Porte).
- EIRELI – Esta é a sigla para Empresa Individual de Responsabilidade Limitada, instituída pela Lei nº 12.441/2011. Trata-se de uma empresa constituída por apenas uma pessoa, detentora de 100% do capital, que não pode ser inferior a cem vezes o valor do salário mínimo do ano. A EIRELI estabelece que apenas o patrimônio social da empresa esteja comprometido em casos de dívidas do negócio, protegendo assim os bens pessoais. A criação da EIRELI, sem dúvida, foi a forma encontrada para brecar o modelo de sociedades de responsabilidade limitada, constituídas apenas para fins de limitação patrimonial, em que um dos sócios era detentor de geralmente 99% do capital social e outro com apenas 1%. Certamente a EIRELI é instrumento de fomento da exploração da atividade econômica, eminentemente de risco. Entretanto, essa prerrogativa é limitada à exploração de apenas uma EIRELI por empresário.

Interessante observar que, na hipótese de falecimento de um dos sócios de sociedade empresária de responsabilidade limitada, com a instituição da EIRELI, o sócio remanescente, ao contrário do que acontecia nos termos do disposto no art. 1.033 do CC, que previa ser necessária a substituição do falecido em 180 dias sob pena de extinção, autoriza ao sócio remanescente requerer na Junta Comercial a transformação da sociedade em EIRELI, preservados os direitos de terceiros.

Parágrafo único. Não se considera empresário quem exerce profissão intelectual, de natureza científica, literária ou artística, ainda com o concurso de auxiliares ou colaboradores, salvo se o exercício da profissão constituir elemento de empresa.

Explorar uma atividade econômica de forma organizada, no sentido de produzir riquezas, é um requisito necessário para adquirir a condição de empresário. Entretanto, não é condição suficiente, posto que existem atividades que consistem na produção de bens ou serviços, exercidas profissionalmente, e que não dão lugar a uma empresa. Essas atividades são as descritas nesse parágrafo único, ou seja, atividades profissionais intelectuais e artísticas. Essa regra comporta a exceção prevista na parte final do parágrafo; os profissionais dessa classe adquirem a condição de empresários só quando desenvolvem uma atividade ulterior, distinta da intelectual ou artística, considerada em si mesmo empresária. É o caso, por exemplo, do professor que possui instituição de ensino privada ou do médico que administra e é titular de um hospital, pois, nesse caso, ambos tornam-se empresários pois exploram uma atividade – administração da instituição de ensino e da clínica – definidas em si mesmas como empresa.

A Lei Complementar nº 128/2008 criou a figura do empreendedor individual para facilitar a criação de informais que trabalham por conta própria, tais como manicures, pipoqueiros, costureiros etc. Para tanto, foram criados vários benefícios como atrativo para legalização do trabalho informal.

Para ser considerado empreendedor individual, basta ter pequeno negócio, com faturamento de até R$

36.000,00 por ano, no máximo um empregado e registrar-se na Junta Comercial como empresa.

📚 Enunciado nº 53, I Jornada de Direito Civil – CJF/STJ: Deve-se levar em consideração o princípio da função social na interpretação das normas relativas à empresa, a despeito da falta de referência expressa.

📚 Enunciado nº 54, I Jornada de Direito Civil – CJF/STJ: É caracterizador do elemento empresa a declaração da atividade fim, assim como a prática de atos empresariais.

📚 Enunciado nº 193, III Jornada de Direito Civil – CJF/STJ: O exercício das atividades de natureza exclusivamente intelectual está excluído do conceito de empresa.

📚 Enunciado nº 194, III Jornada de Direito Civil – CJF/STJ: Os profissionais liberais não são considerados empresários, salvo se a organização dos fatores de produção for mais importante que a atividade pessoal desenvolvida.

📚 Enunciado nº 195, III Jornada de Direito Civil – CJF/STJ: A expressão "elemento de empresa" demanda interpretação econômica, devendo ser analisada sob a égide da absorção da atividade intelectual, de natureza científica, literária ou artística, como um dos fatores da organização empresarial.

📚 Enunciado nº 196, III Jornada de Direito Civil – CJF/STJ: A sociedade de natureza simples não tem seu objeto restrito às atividades intelectuais.

📚 Enunciado nº 197, III Jornada de Direito Civil – CJF/STJ: A pessoa natural, maior de 16 e menor de 18 anos, é reputada empresário regular se satisfizer os requisitos dos arts. 966 e 967; todavia, não tem direito a concordata preventiva, por não exercer regularmente a atividade por mais de dois anos.

⚖ Sociedade de advogados – Ação de dissolução total de sociedade e liquidação – Critérios a serem utilizados na liquidação da sociedade – Sentença apelada que decretou a dissolução total da sociedade de advogados – A sociedade de advogados, como qualquer sociedade, visa ao lucro. Porém, classifica-se como "sociedade simples", e não empresária (art. 966, parágrafo único, CC; art. 16, EOAB). Dessa forma, na apuração de haveres da sociedade de advogados, conquanto não se possa considerar a existência de "fundo de comércio" ou "clientela", é preciso levar em conta os honorários advocatícios decorrentes das ações ajuizadas e contratadas no período entre a constituição da sociedade (26/09/2012) até a data da sentença que decretou a dissolução total da sociedade (08/08/2019). Recurso dos autores provido. Reconvenção – pedido do réu reconvinte de dissolução parcial e de exclusão da autora Maristela da sociedade – Descabimento – Comprovação da existência da sociedade – Impossibilidade de manutenção da sociedade com apenas um dos sócios diante dos fatos discutidos no presente feito – Ambiente de profunda animosidade entre as partes – Quebra da "affectio societatis" – Impossibilidade de se atribuir falta grave exclusivamente à autora reconvinda – recurso do réu desprovido (*TJSP* – Ap. 1033926-80.2017.8.26.0576, 23-2-2021, Rel. Sérgio Shimura).

⚖ Processo civil. Restituição em dobro cumulada com danos morais. Contrato de prestação de serviço. Relação entre empresário individual e empresa. Código de Defesa do Consumidor. Inaplicabilidade. Distrato. Cobrança indevida. Inexistência de contraprestação. Abuso de direito e ato ilícito. Dano moral caracterizado. Valoração. Princípios da razoabilidade e proporcionalidade. 1. Trata-se de apelação contra sentença que condenou as apelantes solidariamente a restituir, de forma simples, a importância de R$ 23.417,82 (vinte e três mil, quatrocentos e dezessete reais e oitenta e dois centavos) e ao pagamento de R$ 10.000,00 (dez mil reais) a título de danos morais. 2. O Código de Defesa do Consumidor não se aplica à relação havida entre empresário individual e empresa quando o negócio jurídico celebrado tem como objetivo o incremento de atividades empresariais. 3. As cobranças realizadas por serviços não prestados mostram-se indevidas e abusivas, qualificando-se como ato ilícito e abuso de direito 4. Não é sócio, mas sim titular, o comerciante que se utiliza de firma individual, ou pessoa física empresária (artigo 966 do CC). Existência de uma única personalidade, que se confunde com a da pessoa natural, resultando na unicidade de patrimônio. 5. A cobrança indevida de numerários expressivos e as ameaças de inclusão do nome em órgãos de proteção ao crédito configuram condutas atentatórias aos princípios da dignidade da pessoa humana. Impõe-se, portanto, às apelantes a condenação a título de danos morais. 6. A indenização fixada a título de danos morais deve atender aos princípios da razoabilidade e da proporcionalidade, considerando a extensão e a gravidade do dano, a capacidade econômica do ofensor, além do caráter punitivo-pedagógico da medida, sem, contudo, caracterizar fonte de enriquecimento ilícito. 7. Recurso conhecido e desprovido (*TJDFT* – Ap. 07014113320178070014, 30-1-2019, Rel. Sandoval Oliveira).

⚖ Direito empresarial – Nome empresarial – Marca – Semelhança – Elemento essencial – Princípio da novidade e da exclusividade – 1– O nome empresarial é elemento identificador do empresário ou da sociedade empresária, por meio do qual a pessoa jurídica contrai direitos e assume obrigações. 2– O princípio da novidade visa a preservar o nome empresarial do uso indevido por parte de outras pessoas jurídicas que atuam no mercado, impedindo a reprodução total ou parcial do nome, ainda mais quando este nome também constitui marca registrada no INPI. 3– É essencial que distinção entre os nomes empresariais esteja no verdadeiro elemento identificador que, no caso, são as expressões *lumini* e *lumina*. 4– Configurada a colidência entre o nome empresarial e a marca, utilizando ainda o critério da antiguidade, subsistirá a marca em detrimento do nome empresarial. 5– Recurso não provido (*TJDFT* – Proc. 20080111275692 – (642618), 8-1-2013, Rel. Des. Cruz Macedo).

Art. 967. É obrigatória a inscrição do empresário no Registro Público de Empresas Mercantis da respectiva sede, antes do início de sua atividade.

Para que a exploração da atividade econômica seja considerada empresária, é imprescindível, sendo primeira obrigação do empresário, realizar sua inscrição na Junta Comercial. O Registro Público de Empresas Mercantis e Atividades Afins está disciplinado na Lei nº 8.934, de 18.11.1994, regulamentada pelo Decreto nº 1.800, de 30.1.1996. A inscrição no velho Registro de Comércio, na Junta Comercial, é requisito para a aquisição da condição de empresário e, portanto, de exploração da atividade econômica de forma regular. Explorar essa atividade sem a competente inscrição sujeita o empresário a sanções impostas pela lei, especialmente em nível de responsabilidade patrimonial. Segundo a regra do art. 985, do Código Civil, que complementa a disposição em comento, sem a inscrição a sociedade não adquire personalidade jurídica e, assim, submeter-se-á às regras da sociedade em comum, uma das espécies de sociedade despersonificada.

A necessidade de personificar a sociedade decorre primeiramente da limitação da responsabilidade patrimonial dos sócios em contrapartida ao investimento de risco para a exploração da atividade econômica e, também para conferir certeza jurídica aos terceiros que contratam com a pessoa jurídica.

A principal consequência da falta de inscrição é a extensão e amplitude da responsabilidade patrimonial aos sócios da entidade societária, visto que com a personificação ocorre a limitação da responsabilidade patrimonial como forma de compensar aquele que assume riscos próprios pela exploração da atividade econômica. Assim, sem a inscrição na Junta Comercial, a sociedade é considerada irregular e se submete às regras da sociedade em comum, respondendo todos os sócios solidária e ilimitadamente pelas obrigações sociais (art. 990, Código Civil). Mas as sanções impostas pela falta de inscrição não se limitam a responsabilidade patrimonial, incorrendo também o empresário irregular em sanções de natureza fiscal e administrativa, como a impossibilidade de inscrição da pessoa jurídica no Cadastro Nacional de Pessoas Jurídicas, bem como sua matrícula junto ao INSS, além das multas por não cumprimento das obrigações.

Enunciado nº 198, III Jornada de Direito Civil – CJF/STJ: A inscrição do empresário na Junta Comercial não é requisito para a sua caracterização, admitindo-se o exercício da empresa sem tal providência. O empresário irregular reúne os requisitos do art. 966, sujeitando-se às normas do Código Civil e da legislação comercial, salvo naquilo em que forem incompatíveis com a sua condição ou diante de expressa disposição em contrário.

Enunciado nº 199, III Jornada de Direito Civil – CJF/STJ: A inscrição do empresário ou sociedade empresária é requisito delineador de sua regularidade, e não de sua caracterização.

Art. 968. A inscrição do empresário far-se-á mediante requerimento que contenha:

I – o seu nome, nacionalidade, domicílio, estado civil e, se casado, o regime de bens;
II – a firma, com a respectiva assinatura autógrafa que poderá ser substituída pela assinatura autenticada com certificação digital ou meio equivalente que comprove a sua autenticidade, ressalvado o disposto no inciso I do § 1º do art. 4º da Lei Complementar nº 123, de 14 de dezembro de 2006;
III – o capital;
IV – o objeto e a sede da empresa.

A primeira obrigação do empresário é se inscrever na Junta Comercial para conferir eficácia a sua condição de empresário regular e consequentemente estar amparado pela tutela do direito empresarial, como exposto nos comentários anteriores. Essa inscrição é feita por requerimento que deverá conter os requisitos exigidos pelo artigo em epígrafe, o qual tem a finalidade de colher dados acerca do empresário e atribuir as consequentes responsabilidades pela exploração da atividade econômica empresarial.

O primeiro requisito é a qualificação do empresário individual ou dos sócios da sociedade empresária. Essa qualificação é importante visto as limitações impostas pela lei a determinadas pessoas de explorar a atividade econômica em sua plenitude, ou seja, àqueles que são casados sob o regime de comunhão de bens a lei limita a exploração da atividade empresarial coletiva apenas entre si, como forma de conferir proteção patrimonial ao casal ou, ainda, aos estrangeiros, delimita as atividades em que podem participar ou na forma como podem participar. Esses são exemplos que demonstram a importância da qualificação exigida pelo inciso I.

O segundo requisito está relacionado com o nome empresarial: cuida-se da firma com a respectiva assinatura do seu responsável. A firma é a identidade do empresário e também a sua assinatura, razão pela qual a firma atribui responsabilidade a quem a assina, seja empresário individual ou administrador da sociedade empresária.

A declinação do capital social vem prevista como terceiro requisito da inscrição. O capital social constitui um valor referencial formado pela contribuição dos sócios, isto é, pela soma dos recursos que cada um trará para a sociedade para a formação posterior do patrimônio social.

Por fim, o requerimento de inscrição deverá conter o objeto e a sede da empresa, ou seja, declinar qual a atividade empresarial que será explorada, bem como a localidade onde será exercida. O objeto da entidade é de vital importância, mormente para terceiros que com ela tratem, assim como para consequências tributárias importantes.

Enunciado nº 55, I Jornada de Direito Civil – CJF/STJ: O domicílio da pessoa jurídica empresarial regular é o estatutário ou o contratual em que indicada a sede da empresa, na forma dos arts. 968, IV, e 969, combinado com o art. 1.150, todos do Código Civil.

📚 Enunciado nº 465, V Jornada de Direito Civil – CJF/STJ: A "transformação de registro" prevista no art. 968, § 3º, e no art. 1.033, parágrafo único, do Código Civil não se confunde com a figura da transformação de pessoa jurídica.

📚 Enunciado nº 466, V Jornada de Direito Civil – CJF/STJ: Para fins do Direito Falimentar, o local do principal estabelecimento é aquele de onde partem as decisões empresariais, e não necessariamente a sede indicada no registro público.

Art. 968.
§ 1º Com as indicações estabelecidas neste artigo, a inscrição será tomada por termo no livro próprio do Registro Público de Empresas Mercantis, e obedecerá a número de ordem contínuo para todos os empresários inscritos.

Apresentados o contrato social e os documentos que instruem o pedido de inscrição na Junta Comercial, esta organizará prontuário com os respectivos documentos e atribuirá um número de identificação do registro de empresas (NIRE), realizando, após a análise da regularidade formal, a inscrição do empresário no Registro Público de Empresas Mercantis em livro próprio. Após a inscrição, o número atribuído inicialmente será adotado a todo ato do empresário no exercício da atividade, bem como por todos os cadastros federais. Trata-se de forma para identificar o empresário para fins de individualização e atribuição de responsabilidades, não só pelo órgão notarial, mas também pelos demais órgãos interessados nessa identificação, principalmente as Receitas, Federal e Estadual, para fins de fiscalização tributária.

Art. 968.
§ 2º À margem da inscrição, e com as mesmas formalidades, serão averbadas quaisquer modificações nela ocorrentes.

O Registro Público da atividade empresarial, assim como todo registro público, tem como principal característica a publicidade. Essa, por sua vez, tem como função provar a situação jurídica atestada nos atos do registro, bem como torná-la conhecida por terceiros. Todos os registros têm por finalidade atribuir autenticidade e legalidade aos atos praticados pelo empresário, bem como conferir segurança a determinados atos ou negócios jurídicos através das informações contidas no registro, visto que o registro cria uma presunção relativa de verdade. Essa é a letra do art. 1º da Lei nº 8.934/1994. Todavia, o principal efeito do registro da atividade empresarial é constitutivo; a partir do registro da atividade empresarial os efeitos jurídicos são produzidos. Por essa razão, todas as modificações decorrentes do exercício da atividade empresarial só produzirão seus efeitos, mormente com relação a terceiros, a partir de arquivadas na Junta Comercial. Sem o competente arquivamento dos atos modificativos, o ato jurídico não produz efeitos, razão pela qual é exigido que todas as modificações sejam consignadas, averbadas, à margem da inscrição do empresário.

Art. 968.
§ 3º Caso venha a admitir sócios, o empresário individual poderá solicitar ao Registro Público de Empresas Mercantis a transformação de seu registro de empresário para registro de sociedade empresária, observado, no que couber, o disposto nos arts. 1.113 a 1.115 deste Código.

A transformação do regime de exploração da atividade empresarial está contida na disposição do parágrafo anterior. Portanto, a inserção desse parágrafo por meio da Lei Complementar 128/2008 é dispensável, não obstante nossa cultura legislativa hipertrófica. O texto, desse modo, além de óbvio, é totalmente desnecessário.

Optando o empresário individual em associar-se e explorar a empresa de forma coletiva, deverá proceder às anotações pertinentes acerca da transformação perante a Junta Comercial, observando as disposições referentes ao regime de reorganização da empresa na modalidade de transformação. A ausência desse texto legislativo não implicava em qualquer dúvida a esse respeito.

Art. 968.
§ 4º O processo de abertura, registro, alteração e baixa do microempreendedor individual de que trata o art. 18-A da Lei Complementar nº 123, de 14 de dezembro de 2006, bem como qualquer exigência para o início de seu funcionamento deverão ter trâmite especial e simplificado, preferentemente eletrônico, opcional para o empreendedor, na forma a ser disciplinada pelo Comitê para Gestão da Rede Nacional para a Simplificação do Registro e da Legalização de Empresas e Negócios – CGSIM, de que trata o inciso III do art. 2º da mesma Lei.

A principal vantagem para a exploração da atividade empresarial pelo microempreendedor individual é a diminuição drástica na burocracia. Inclusive, esse é outro benefício que ganha destaque pelo contraste com as demais modalidades, que exigem mais tempo, paciência e recursos dos empreendedores. Cada um dos passos necessários até a formalização são simplificados e realizados, em boa parte, digitalmente.

Art. 968.
§ 5º Para fins do disposto no § 4º, poderão ser dispensados o uso da firma, com a respectiva assinatura autógrafa, o capital, requerimentos, demais assinaturas, informações relativas à nacionalidade, estado civil e regime de bens, bem como remessa de documentos, na forma estabelecida pelo CGSIM.

As dispensas apontadas no parágrafo retratam a fiel intenção do legislador ao incentivar a atividade empresária formal, por meio da criação de MEI. A burocracia no Brasil é notória e desestimula o empresário a se formalizar. Nessa perspectiva é que o processo de facilitação da abertura de MEIs tem ajudado a impulsionar a economia nacional, já que tira da informalidade uma quantidade significativa de empreendedores.

Art. 969. O empresário que instituir sucursal, filial ou agência, em lugar sujeito à jurisdição de outro Registro Público de Empresas Mercantis, neste deverá também inscrevê-la, com a prova da inscrição originária. Parágrafo único. Em qualquer caso, a constituição do estabelecimento secundário deverá ser averbada no Registro Público de Empresas Mercantis da respectiva sede.

As Juntas Comerciais são órgãos regionais do Sistema Nacional de Registro de Empresas Mercantis (SINREM). Elas têm as funções de executar e administrar os serviços de registro público de empresas mercantis e atividades afins. Sendo órgão estadual, só podem atuar no seu território. Daí a necessidade de toda sucursal, filial ou agência dever ser inscrita no domicílio em que se encontra instalada se outro Estado for o da matriz. Não há um controle unificado em nível nacional passível de acesso de toda Junta Comercial. Assim, para que terceiros possam ter acesso a todas as informações necessárias acerca do empresário, a inscrição dos demais atos registrais das sucursais, filiais ou agências, ficam subordinados à Junta Comercial da jurisdição correspondente.

Não existe unicidade na compreensão de filial, sucursal ou agência, apesar de todos esses termos referirem-se a estabelecimentos ligados a outro tido como principal, ou matriz. Todos possuem maior ou menor autonomia em relação à matriz. Filial traz a compreensão de um estabelecimento comercial; sucursal está mais ligada a órgãos de comunicação, como jornais e revistas, empresas de publicidade e agências a instituições financeiras, mas isso não é regra, apenas é usual. Cabe, na verdade, ao empresário denominar seu estabelecimento secundário como for mais conveniente.

Enunciado nº 55, I Jornada de Direito Civil – CJF/STJ: O domicílio da pessoa jurídica empresarial regular é o estatutário ou o contratual em que indicada a sede da empresa, na forma dos arts. 968, IV, e 969, combinado com o art. 1.150, todos do Código Civil.

Art. 970. A lei assegurará tratamento favorecido, diferenciado e simplificado ao empresário rural e ao pequeno empresário, quanto à inscrição e aos efeitos daí decorrentes.

A atividade econômica empresarial é o meio de maior circulação de riquezas. Sua importância é indiscutível, pois cria bens e serviços para toda a coletividade, isto é, produzindo riquezas aporta resultado útil para a sociedade. Entretanto, a atividade empresarial é eminentemente de risco, razão pela qual faz-se necessário conferir certa proteção ou criar prerrogativas para incentivar sua exploração. Uma das formas de incentivo à exploração é a limitação da responsabilidade patrimonial pessoal dos sócios com a criação das chamadas sociedades limitadas, pois o patrimônio particular do sócio não sofre extensão da responsabilidade patrimonial da pessoa jurídica senão quando atua com fraude. Mas esse instrumento legal constitui apenas uma base, não sendo suficiente. Destarte, diante desse quadro, o legislador criou outros incentivos direcionados a classes que embora fossem capazes de produzir de forma organizada e consequentemente fazer circular riquezas, não o faziam diante das inúmeras exigências para o exercício da atividade empresarial. Assim, aqueles pequenos empresários que tinham potencial para a exploração da atividade econômica, seja na seara rural, seja na urbana, mas que não encontravam incentivo para correr o risco próprio da atividade empresarial. Assim, foram alvo da benesse do legislador como instrumento facilitador para ingressar no universo empresarial formal. Uma das maneiras encontradas para esse desiderato em relação ao empresário rural e pequeno empresário foi a simplificação de algumas obrigações gerais como a dispensa da apresentação de alguns documentos para a inscrição e a dispensa da escrituração na forma mercantil, exigindo-se apenas uma escrituração simplificada e resumida, assim como a manutenção de livro-caixa. Outras prerrogativas são encontradas em legislação própria, como a que prevê a redução da carga tributária, por meio de enquadramento do empresário no SIMPLES – Sistema Integrado de Pagamento de Impostos e Contribuições das Microempresas e das Empresas de Pequeno Porte.

Enunciado nº 200, III Jornada de Direito Civil – CJF/STJ: É possível a qualquer empresário individual, em situação regular, solicitar seu enquadramento como microempresário ou empresário de pequeno porte, observadas as exigências e restrições legais.

Art. 971. O empresário, cuja atividade rural constitua sua principal profissão, pode, observadas as formalidades de que tratam o art. 968 e seus parágrafos, requerer inscrição no Registro Público de Empresas Mercantis da respectiva sede, caso em que, depois de inscrito, ficará equiparado, para todos os efeitos, ao empresário sujeito a registro. Parágrafo único. Aplica-se o disposto no caput deste artigo à associação que desenvolva atividade futebolística em caráter habitual e profissional, caso em que, com a inscrição, será considerada empresária, para todos os efeitos.

A atividade rural em nosso meio à época de vigência do Código Comercial não era considerada atividade de empresa, pois não era incluída como ato do comércio. A exploração dos recursos da terra, em qualquer de suas modalidades (agricultura, pecuária etc.) era concebida como simples exercício do direito de propriedade ou outro direito real ou obrigacional que tivesse por objeto a exploração da terra. Isso porque a atividade rural era explorada por núcleos familiares que trabalhavam a terra sem a finalidade de produzir riquezas, não obstante tirassem seu sustento da exploração dessa atividade. Essa realidade, entretanto, sofreu modificações com o passar do século XX e a atividade rural modificando de perfil para atender necessidades crescentes do mercado de consumo, principalmente com o emprego de novas tecnologias. Assim, aos pequenos grupos familiares foram agregados especialistas e tecnologia para a produção de bens para consumo coletivo. Pode-se afirmar que hodiernamente há duas espécies de atividades rurais: o agronegócio e a agricultura familiar, esta cada vez mais restrita. Aquele que explora o agronegócio, certamente o faz de forma empresarial e, para tanto, o legislador, atento a essa necessidade, possibilitou o exercício da atividade rural de forma empresarial, desde que seja requerida a inscrição na Junta Comercial e mediante o exercício da atividade de forma organizada.

A profissionalização da atividade rural rompeu verdadeiro dogma do nosso passado rural e levou o Brasil a ocupar um lugar de destaque no agronegócio em nível mundial.

O parágrafo único, acrescentado certamente em local impróprio, dá um passo em prol da atividade empresária dos clubes de futebol, algo muito importante em nosso país. Contudo, apenas damos os primeiros passos nesse sentido. Há, sem dúvida, necessidade de legislação própria que coordene e ordene os chamados "clubes-empresa", não só no futebol, mas em várias modalidades esportivas.

Enunciado nº 201, III Jornada de Direito Civil – CJF/STJ: O empresário rural e a sociedade empresária rural, inscritos no registro público de empresas mercantis, estão sujeitos à falência e podem requerer concordata.

Enunciado nº 202, III Jornada de Direito Civil – CJF/STJ: O registro do empresário ou sociedade rural na Junta Comercial é facultativo e de natureza constitutiva, sujeitando-o ao regime jurídico empresarial. É inaplicável esse regime ao empresário ou sociedade rural que não exercer tal opção.

Recuperação judicial – Produtor rural – Empresários individuais rurais – Insurgência do credor ora agravante, que alega o não preenchimento dos pressupostos legais, notadamente o registro na Junta Comercial em período inferior a dois anos anteriores ao pedido de recuperação judicial – Não acolhimento – Registro dos produtores rurais pleiteado em período inferior a dois anos – Possibilidade – Necessidade, apenas, de demonstração de exercício da atividade econômica empresarial por mais de dois anos – Registro na Junta Comercial, que tem natureza meramente declaratória, e não constitutiva, importando apenas que tenha sido feito antes do pedido de recuperação judicial – Leitura dos arts. 970 e 971 do Código Civil – Infere-se de tais dispositivos que o produtor rural deve receber tratamento favorecido, diferenciado e simplificado. E para caracterizar a atividade rural, é preciso efetivo exercício há mais de dois anos. Porém, o registro na Junta Comercial, sendo mera opção do produtor rural, é requisito para ser considerado empresário, e não necessariamente para ajuizar o pedido de recuperação judicial. Tempo de atividade é, portanto, distinto do tempo de registro, para fins de autorizar o processamento da recuperação judicial – Decisão mantida – (...) Recurso provido em parte neste tópico (*TJSP* – AI 2255605-49.2019.8.26.0000, 30-7-2020, Rel. Sérgio Shimura).

CAPÍTULO II
Da Capacidade

Art. 972. Podem exercer a atividade de empresário os que estiverem em pleno gozo da capacidade civil e não forem legalmente impedidos.

A lei civil prevê que todo sujeito com 18 anos completos pode exercer pessoalmente os atos da vida civil, exceto quando incidente alguma das causas legais de supressão dessa capacidade. Entretanto, embora capaz, para a exploração da atividade econômica o legislador impôs algumas limitações a esse exercício; o legislador criou impedimentos à exploração da empresa a alguns sujeitos com capacidade de fato e de direito. Essa vedação ordinária encontra seu fundamento e validade na Constituição Federal, que em seu art. 5º, XIII, estabelece estar o exercício da profissão sujeito ao atendimento dos requisitos previstos em lei ordinária. Essas limitações à exploração da atividade empresarial decorrem geralmente do cargo ou função. Nesse sentido, duas são as razões desse impedimento. Primeiramente, no tocante à responsabilização que pode decorrer da exploração da atividade empresarial, em nível patrimonial ou criminal, como, por exemplo, ocorre com os juízes, promotores de justiça, militares e funcionários públicos em geral. Esses sujeitos estão impedidos pela lei de explorarem a atividade empresarial como sócios administradores de sociedades, visto que, ocupando esse polo na sociedade, podem sofrer as sanções patrimoniais e criminais que a condição de administrador impõe àqueles que exploram a empresa de forma irregular ou mesmo fraudulenta. Em segundo lugar, a limitação decorre da possibilidade de criar concorrência desleal no mercado gerada pela vantagem na obtenção de informações e dados, como poderia ocorrer, por exemplo, com os leiloeiros e agentes de seguro. As limitações dessa ordem são totais, isto é, impedem a exploração da atividade econômica por meio de sociedade até mesmo na condição de sócio capitalista. Ainda, a limitação pode decorrer do risco que determinadas pessoas possam impor a seus credores, posto que já demonstraram sua inaptidão para a condução dos negócios de forma reta, como ocorre com os falidos, que só poderão voltar a explorar a atividade empresária após a reabilitação, e também àqueles sujeitos condenados por crime cuja pena impeça o acesso à atividade empresarial.

As limitações trazidas pelo legislador impedem parcial ou totalmente o exercício da empresa e são definidas em leis especiais, geralmente nos estatutos que regulamentam a atividade laboral do sujeito.

Art. 973. A pessoa legalmente impedida de exercer atividade própria de empresário, se a exercer, responderá pelas obrigações contraídas.

Ao impor limitações ao exercício da empresa a determinadas pessoas, o legislador levou em conta a necessidade de tutelar o interesse público bem como das pessoas que se relacionam com o empresário. Esse fundamento fica claro quando o ordenamento impõe ao falido não reabilitado a vedação à exploração da atividade empresarial, por exemplo, pois diante dessa proibição objetiva-se resguardar os interesses dos terceiros que possam a vir negociar com aquele. Não obstante a restrição expressa, aqueles que agirem em desacordo com a vedação sofrerão sanções de ordem administrativa e criminal, como ocorre, por exemplo, com o servidor público que poderá perder a função quando participar da gerência ou administração de sociedade empresária, consoante prevê o seu Estatuto nos arts. 117 e 132. Na seara criminal, é tipificada como Contravenção Penal, art. 47 da Lei de Contravenções Penais, o exercício da profissão ou atividade econômica sem o preenchimento das condições a que por lei está subordinado o seu exercício. Para fins da tutela empresarial, entretanto, a sanção imposta àquele que explora a empresa impedido legalmente encontra-se na impossibilidade de se escusar ao cumprimento da obrigação perante terceiro. Não pode, embora impedido, alegar a nulidade ou anulabilidade da obrigação para se escusar de cumpri-la.

Art. 974. Poderá o incapaz, por meio de representante ou devidamente assistido, continuar a empresa antes exercida por ele enquanto capaz, por seus pais ou pelo autor de herança.

A incapacidade trazida pelo legislador nessa sede é a superveniente ao início da exploração da empresa, isto é, da incapacidade adquirida posteriormente ao sujeito capaz já estar explorando a atividade econômica empresarial. Nessas condições, tornando-se empresário incapaz, há possibilidade de continuar a exploração da empresa, desde que representado ou assistido, pelos pais, representantes legais ou pelo autor da herança. O termo *autor da herança* aí é excêntrico, pois ordinariamente refere-se a pessoa falecida. Várias são as causas de incapacidade superveniente, sendo que qualquer delas implica em representação ou assistência. De se observar que o contrato social pode prever a impossibilidade da continuidade da exploração da empresa no caso de incapacidade superveniente, hipótese em que a vontade dos sócios prevalecerá sobre o texto legal e os haveres do sócio incapaz devem ser apurados e pagos a quem de direito.

Enunciado nº 203, III Jornada de Direito Civil – CJF/STJ: O exercício da empresa por empresário incapaz, representado ou assistido, somente é possível nos casos de incapacidade superveniente ou incapacidade do sucessor na sucessão por morte.

Enunciado nº 467, V Jornada de Direito Civil – CJF/STJ: A exigência de integralização do capital social prevista no art. 974, § 3º, não se aplica à participação de incapazes em sociedades anônimas e em sociedades com sócios de responsabilidade ilimitada nas quais a integralização do capital social não influa na proteção do incapaz.

Art. 974.
§ 1º Nos casos deste artigo, precederá autorização judicial, após exame das circunstâncias e dos riscos da empresa, bem como da conveniência em continuá-la, podendo a autorização ser revogada pelo juiz, ouvidos os pais, tutores ou representantes legais do menor ou do interdito, sem prejuízo dos direitos adquiridos por terceiros.

A representação ou assistência no caso de incapacidade superveniente do empresário não se opera de pleno direito, sendo necessário deduzir pedido judicial requerendo autorização para a continuidade da empresa. Nesse pedido, deverão ser trazidos elementos para a análise do juiz acerca da viabilidade da continuação da empresa dessa forma. O juiz poderá valer-se de técnicos e profissionais, laudos que o assistam na sua conclusão. A atividade empresarial exige certos requisitos que devem ser levados em conta. Deverá também o juiz colher elementos fáticos e contábeis, valendo-se de todos os meios de prova. Em qualquer caso, isto é, tanto no caso de continuidade como no de não prosseguimento da empresa, os direitos adquiridos de terceiros deverão ser preservados.

Art. 974.
§ 2º Não ficam sujeitos ao resultado da empresa os bens que o incapaz já possuía, ao tempo da sucessão ou da interdição, desde que estranhos ao acervo daquela, devendo tais fatos constar do alvará que conceder a autorização.

A questão aqui tratada é repetitiva em termos de responsabilidade patrimonial de exploração da empresa por ente coletivo, isto é, por incapaz que seja sócio de sociedade empresária, uma vez que o patrimônio pessoal do sócio não se comunica com o da pessoa jurídica, observado que em gritante maioria o regime societário escolhido é o de responsabilidade limitada. Tratando-se, entretanto, de empresário individual, onde não há separação patrimonial entre os bens pessoais do sujeito e os referentes à exploração da atividade econômica, quis o legislador proteger os bens adquiridos até a época do surgimento da incapacidade. O que o legislador não deixou claro foi no tocante aos direitos adquiridos de sujeitos que contraíram obrigações com o empresário individual quando este ainda era capaz. A interpretar-se essa disposição consoante exposta no parágrafo, a conclusão é de que o ato jurídico perfeito e o direito adquirido do credor não seriam respeitados, fato que no ordenamento jurídico é inadmissível. De qualquer forma, a matéria é essencialmente de prova e o seu deslinde não será simples no caso concreto.

Art. 974.
§ 3º O Registro Público de Empresas Mercantis a cargo das Juntas Comerciais deverá registrar contratos ou alterações contratuais de sociedade que envolva sócio incapaz, desde que atendidos, de forma conjunta, os seguintes pressupostos:
I – o sócio incapaz não pode exercer a administração da sociedade;
II – o capital social deve ser totalmente integralizado;
III – o sócio relativamente incapaz deve ser assistido e o absolutamente incapaz deve ser representado por seus representantes legais.

A Lei nº 12.399, de 1º de abril de 2011, acresceu o § 3º, para dispor sobre o registro de contratos e alterações contratuais de sociedade que seja integrada por sócio incapaz. Em verdade, a Instrução Normativa nº 98, de 23 de dezembro de 2003, do Departamento Nacional de Registro do Comércio – DNRC, já regulamentava a necessidade de representação ou assistência do sócio incapaz, bem como vedava ao incapaz o exercício da administração da sociedade, isto é, elencava a incapacidade como impedimento para ser administrador. Houve alterações posteriores.

Diante disso, as inovações são basicamente duas: a regulamentação por lei federal para que as Juntas Comerciais procedam ao registro e alterações de contratos sociais de empresas que possuam sócios incapazes, desde que atendidos os pressupostos legais de seus incisos e a necessidade de integralização do capital social já no ato do registro, exigência utilizada como forma de proteger o patrimônio do incapaz.

Art. 975. Se o representante ou assistente do incapaz for pessoa que, por disposição de lei, não puder exercer atividade de empresário, nomeará, com a aprovação do juiz, um ou mais gerentes.
§ 1º Do mesmo modo será nomeado gerente em todos os casos em que o juiz entender conveniente.
§ 2º A aprovação do juiz não exime o representante ou assistente do menor ou do interdito da responsabilidade pelos atos dos gerentes nomeados.

Consoante a norma do art. 973 deste Código, nem todas as pessoas capazes podem explorar a empresa, visto encontrarem limitações legais à exploração da atividade econômica, conforme já referido. No caso de impedimento do representante ou do assistente ao exercício da empresa, será nomeado pelo juiz um gerente para a continuidade da atividade econômica então explorada pelo incapaz. Poderá ser nomeado um gerente ainda que o representante ou assistente não estejam legalmente impedidos, desde que demonstrada a necessidade dessa providência. No caso de nomeação de gerente por ato do representante ou assistente, ainda que com aprovação do Juiz, tal não exime os nomeantes da responsabilidade pelos atos que o gerente praticar, pois aqueles respondem por culpa *in eligendo*, visto terem o dever de fiscalizar os atos gerenciais.

Art. 976. A prova da emancipação e da autorização do incapaz, nos casos do art. 974, e a de eventual revogação desta, serão inscritas ou averbadas no Registro Público de Empresas Mercantis.
Parágrafo único. O uso da nova firma caberá, conforme o caso, ao gerente; ou ao representante do incapaz; ou a este, quando puder ser autorizado.

O Registro Público de Empresas Mercantis, como qualquer outro registro público, tem a função precípua de dar publicidade aos atos praticados pelo empresário e ente personalizado na exploração da atividade econômica. Por essa publicidade confere-se a terceiros segurança na realização dos negócios com os empresários. Assim, o empresário está obrigado a informar na Junta Comercial a que estão subordinados todos os atos formais realizados durante a exploração da empresa. Havendo mudança de representante ou presentante, como no caso do aparecimento da incapacidade superveniente ou mesmo de sua cessação ou cassação de autorização, essa modificação deve ser necessariamente documentada, informada no Registro e arquivada, para que terceiros possam verificar, se necessário, a eficácia da presentação. Caberá ao presentante, seja representante legal, assistente, gerente ou menor emancipado, o uso da firma para que os negócios sejam válidos.

Art. 977. Faculta-se aos cônjuges contratar sociedade, entre si ou com terceiros, desde que não tenham casado no regime da comunhão universal de bens, ou no da separação obrigatória.

Esta regra decorre de erro comumente perpetrado pelos legisladores brasileiros: tomar a exceção como premissa para a criação de uma norma. Ou raciocinar sobre fraudes. Neste dispositivo o legislador partiu da premissa que a sociedade formada exclusivamente entre marido e mulher é de intuito fraudatório, para prejudicar credores.

No direito não se pode raciocinar sob égide de fraudes, porque não se chega a local algum. A limitação imposta pelo legislador no tocante à sociedade formada exclusivamente entre marido e mulher casados no regime de comunhão universal de bens representa um retrocesso ao incentivo à exploração da atividade econômica como fonte de renda familiar. Uma parte representativa das sociedades constituídas antes do advento do Código de 2002 é formada entre marido e mulher, não exclusivamente entre aqueles que são casados sob o regime de comunhão universal de bens, mas também entre aqueles casados no regime de comunhão parcial. A razão desse modelo de constituição decorre da necessidade do sujeito que deseja explorar a atividade econômica proteger-se do risco que corre por conta da exploração da atividade, que é eminentemente um de risco e, assim, proteger, igualmente, seu patrimônio familiar. A limitação imposta à constituição de sociedade exclusivamente entre marido e mulher casados sob o regime de comunhão universal de bens é uma prova de que o legislador entende que esse tipo de constituição societária enseja confusão patrimonial e, portanto, uma forma de fraudar os credores. Esse entendimento é deslocado e equivocado, uma vez que a confusão patrimonial não pode ser presumida. Diante dessa disposição divide-se a doutrina. Uma corrente defende que as sociedades formadas exclusivamente entre cônjuges casados sob o regime de comunhão de bens devem ser preservadas na sua forma de constituição, visto estarem amparadas pelo direito adquirido e ato jurídico perfeito. Outra vertente entende deva haver a adaptação da sociedade à norma sob exame em razão do disposto no art. 2.031, do Código Civil, e desse entendimento decorrem duas possibilidades: há o ingresso de um terceiro na sociedade e, assim, deixa de ser constituída exclusivamente entre marido e mulher, ou os cônjuges sócios realizam a mudança de regime matrimonial, a teor do permissivo inserto no § 2º do art. 1.639 do Código Civil. A questão ainda é controvertida e só a análise factual no cotidiano judiciário poderá dar um norte seguro. A limitação à constituição de sociedade entre marido e mulher casados sob o regime de separação obrigatória de bens encontra o fundamento na possibilidade de burlar-se o regime imposto pelo legislador por meio da contratação de sociedade entre os cônjuges e, portanto, parte também do raciocínio de fraude para erigir a lei de direito positivo. Essa questão é menos controvertida, visto poder-se, no máximo, arguir a inconstitucionalidade da vedação em razão do princípio garantidor da livre iniciativa inserto na Constituição Federal.

Enunciado nº 204, III Jornada de Direito Civil – CJF/STJ: A proibição de sociedade entre pessoas casadas sob o regime da comunhão universal ou da separação obrigatória só atinge as sociedades constituídas após a vigência do Código Civil de 2002.

Enunciado nº 205, III Jornada de Direito Civil – CJF/STJ: Adotar as seguintes interpretações ao art. 977: (1) a vedação à participação de cônjuges casados nas condições previstas no artigo refere-se unicamente a uma mesma sociedade; (2) o artigo abrange tanto a participação originária (na constituição da sociedade) quanto a derivada, isto é, fica vedado o ingresso de sócio casado em sociedade de que já participa o outro cônjuge.

Art. 978. O empresário casado pode, sem necessidade de outorga conjugal, qualquer que seja o regime de bens, alienar os imóveis que integrem o patrimônio da empresa ou gravá-los de ônus real.

A presente regra viabiliza a atividade do empresário casado. A pessoa jurídica e a natural têm existência distinta e, por essa razão, o legislador deixou clara a possibilidade de o empresário poder alienar os imóveis que integrem o patrimônio da empresa ou gravá-los com ônus real. O que o legislador proíbe é a alienação do patrimônio da pessoa natural casada sem a outorga de seu cônjuge, com o fim de preservar o patrimônio familiar. Mesmo sem essa regra, as disposições de direito de família proibindo a alienação dos bens imóveis sem a outorga conjugal nunca trouxeram limitação à alienação livre do patrimônio social, ficando clara a independência patrimonial da pessoa natural e da pessoa social.

Art. 979. Além de no Registro Civil, serão arquivados e averbados, no Registro Público de Empresas Mercantis, os pactos e declarações antenupciais do empresário, o título de doação, herança, ou legado, de bens clausulados de incomunicabilidade ou inalienabilidade.

A necessidade de arquivamento dos pactos antenupciais, doações, herança, legados e consequentes clausuramentos de incomunicabilidade e inalienabilidade de bens pertencentes ao empresário ou sócios de sociedade empresária, decorre da necessidade de conferir-se proteção patrimonial aos credores. A obrigação patrimonial sempre é do empresário. Sendo ele individual, é seu patrimônio pessoal que responde pelas obrigações do empresário, uma vez que nessa condição não há separação patrimonial da pessoa física e do empresário. Não há limitação da responsabilidade patrimonial em relação ao empresário individual. Já em se tratando de sociedade empresarial, há a limitação da responsabilidade patrimonial, não sendo os sócios responsáveis patrimonialmente senão no caso de utilização da pessoa jurídica para fins de fraudar os credores, nos termos do disposto no art. 50. O patrimônio pessoal dos sócios não responde pelas obrigações sociais, como regra. Desse modo o legislador exige seja informada toda alteração patrimonial também no Registro Público de Empresas Mercantis; exige o arquivamento dos atos de limitação patrimonial na Junta Comercial.

Art. 980. A sentença que decretar ou homologar a separação judicial do empresário e o ato de reconciliação não podem ser opostos a terceiros, antes de arquivados e averbados no Registro Público de Empresas Mercantis.

Aqui a finalidade é a mesma do dispositivo anterior. Trata-se de proteção a terceiros em relação à responsabilidade patrimonial do empresário. Qualquer desses atos jurídicos, a já extinta separação judicial ou sua revogação, como também o divórcio, embora o legislador não tenha a ele se referido, podem importar em modificação da situação patrimonial do empresário. Infelizmente, não é incomum o uso do expediente de separação judicial com a alienação de todo o patrimônio ao cônjuge que não é empresário individual ou sócio de sociedade empresária para fins de esvaziar o patrimônio social e fraudar o pagamento dos credores. Por essas razões é exigido o arquivamento desses atos jurídicos, para acautelar os credores. Note que o regime da separação judicial foi extinto a partir da Emenda Constitucional nº 66/2010, substituindo apenas o divórcio.

TÍTULO I-A
DA EMPRESA INDIVIDUAL DE RESPONSABILIDADE LIMITADA

* Título revogado pela MP 1.085/2021, os comentários foram mantidos aguardando o término da vigência da MP e/ou sua possível conversão em lei.

Art. 980-A. A empresa individual de responsabilidade limitada será constituída por uma única pessoa titular da totalidade do capital social, devidamente integralizado, que não será inferior a 100 (cem) vezes o maior salário-mínimo vigente no País.

§ 1º O nome empresarial deverá ser formado pela inclusão da expressão "EIRELI" após a firma ou a denominação social da empresa individual de responsabilidade limitada.

§ 2º A pessoa natural que constituir empresa individual de responsabilidade limitada somente poderá figurar em uma única empresa dessa modalidade.

§ 3º A empresa individual de responsabilidade limitada também poderá resultar da concentração das quotas de outra modalidade societária num único sócio, independentemente das razões que motivaram tal concentração.

§ 4º (VETADO).

§ 5º Poderá ser atribuída à empresa individual de responsabilidade limitada constituída para a prestação de serviços de qualquer natureza a remuneração decorrente da cessão de direitos patrimoniais de autor ou de imagem, nome, marca ou voz de que seja detentor o titular da pessoa jurídica, vinculados à atividade profissional.

§ 6º Aplicam-se à empresa individual de responsabilidade limitada, no que couber, as regras previstas para as sociedades limitadas.

§ 7º Somente o patrimônio social da empresa responderá pelas dívidas da empresa individual de responsabilidade limitada, hipótese em que não se confundirá, em qualquer situação, com o patrimônio do titular que a constitui, ressalvados os casos de fraude. (acrescido pela Lei n. 13.874/2019)

Inovação esperada há anos foi introduzida no Código Civil por meio da Lei nº 12.441, de 11 de julho de 2011, que permite a constituição de empresa individual de responsabilidade limitada. Trata-se de instituto de grande importância para fins de limitação da responsabilidade para o sujeito que deseja explorar a atividade econômica sem associar-se e sem comprometer todo o seu patrimônio.

Essa figura jurídica já era adotada nos ordenamentos europeus. Seu ponto de discórdia reside apenas quanto à sua natureza jurídica. Não obstante essa celeuma, para fins de responsabilidade patrimonial era imprescindível sua possibilidade jurídica, especialmente para pôr paradeiro nas chamadas sociedades limitadas aparentes, que pululam no nosso país, com a associação de sócio ficto, mero presta-nome, em franca distorção do instituto.

É realidade em nosso ordenamento as sociedades limitadas serem constituídas somente como contrapartida do risco inerente à atividade econômica. Por tal razão, o legislador, numa última fase do processo evolutivo da limitação dos riscos, inseriu-a no rol das pessoas jurídicas de direito privado, como modelo de limitação de responsabilidade.

Vozes contrárias à criação do instituto são correntes, sob o argumento de assim ser possível franquearem-se abusos de toda sorte, com relação ao não pagamento de dívidas. Esse entendimento, todavia, é equivocado, especialmente porque a fraude sempre é possível em qualquer tipo societário e, ademais, não se pode impor como regra a má-fé do ser humano, pois, ao assim entender, estar-se-ia violando frontalmente o princípio da entidade do Código Civil. Ademais, não se vai a lugar algum se raciocinarmos unicamente sob o prisma da fraude. Se o legislador encontrou um instrumento que permita ao empresário ao mesmo tempo organizar-se administrativamente e ter acesso ao crédito, sem comprometer todo o seu patrimônio, esse instituto, sem dúvida, é de fundamental importância.

Para a constituição da empresa individual de responsabilidade limitada foram impostas algumas condições que apontam para o objetivo dessa forma empresarial unipessoal. Pretendeu-se o incentivo econômico para pequenos e médios empresários na exploração da atividade econômica e a circulação de riquezas.

A primeira condição refere-se ao capital social que não poderá ser inferior a 100 (cem) vezes o maior salário mínimo vigente no País, devidamente integralizado. O capital social, como sabido, é a garantia mínima dos credores no tocante às dívidas do empresário. Nosso ordenamento continua omisso em termos de regulamentação do capital social: falta exatamente uma forma de controle da existência material desse capital, diverso do que ocorre em relação às sociedades anônimas onde existe a exigência de depósito de parte do capital social. Faticamente, a limitação da responsabilidade cinge-se ao capital social declarado, mas na prática nem sempre esse capital declarado existe realmente.

A identificação do empresário individual de responsabilidade limitada faz-se por seu nome empresarial, acrescendo-se, posteriormente à firma ou denominação, a expressão "EIRELI" (empresa individual de responsabilidade limitada). Trata-se de manifestação da função objetiva do nome empresarial que caracteriza, individualiza e distingue a atividade e o regime de exploração.

A imposição de submissão do empresário individual a uma única oportunidade de restrição da responsabilidade é suficiente para beneficiá-lo com a limitação dos riscos a que se expõe na prática empresarial, pois a norma é dirigida, como já referido, a incentivar a exploração da atividade por pequenos e médios empresários.

A novel Lei da Liberdade Econômica (Lei nº 13.874/2019), com o intuito de espancar qualquer dúvida ou interpretação canhestra, inseriu o § 7º ao artigo sob exame por meio do qual esclarece a extensão da responsabilidade patrimonial. São dois patrimônios distintos: o do titular e o da empresa, não podendo se confundir, exceto em caso de utilização da empresa para fins fraudatórios.

É possível, ainda, que o titular de um negócio próprio em sociedade se transforme em empresa individual de responsabilidade limitada, por meio da permissão legal de concentração das quotas de outra modalidade de sociedade empresarial em uma única pessoa, independentemente da justificativa.

Ainda, foi possibilitado ao empresário a constituição de EIRELI para a prestação de serviços que envolvam a exploração de direitos autorais, próprios ou cedidos por terceiros. Em verdade, essa regra já existe nos termos genéricos do parágrafo único do art. 966, ao qual remetemos o leitor.

A aplicação subsidiária à empresa individual de responsabilidade limitada das regras das sociedades limitadas possibilita ao empresário dessa modalidade se enquadrar como microempresa (ME) ou empresa de pequeno porte (EPP), desde que preencha os respectivos pressupostos exigidos pelo art. 3º da Lei Complementar nº 123/2006. Importante observar, ainda, que independentemente da sua receita bruta, a EIRELI, por se tratar de pessoa jurídica, não pode se beneficiar das regras específicas do microempreendedor individual (MEI) a que se refere o art. 68 da Lei Complementar nº 123/2006, porque esse último dispositivo tem aplicabilidade restrita a pessoas naturais.

Enunciado nº 468, V Jornada de Direito Civil – CJF/STJ: A empresa individual de responsabilidade limitada só poderá ser constituída por pessoa natural.

Enunciado nº 469, V Jornada de Direito Civil – CJF/STJ: A empresa individual de responsabilidade limitada (EIRELI) não é sociedade, mas novo ente jurídico personificado.

Enunciado nº 470, V Jornada de Direito Civil – CJF/STJ: O patrimônio da empresa individual de responsabilidade limitada responderá pelas dívidas da pessoa jurídica, não se confundindo com o patrimônio da pessoa natural que a constitui, sem prejuízo da aplicação do instituto da desconsideração da personalidade jurídica.

Enunciado nº 471, V Jornada de Direito Civil – CJF/STJ: Os atos constitutivos da EIRELI devem ser arquivados no registro competente, para fins de aquisição de personalidade jurídica. A falta de arquivamento ou de registro de alterações dos atos constitutivos configura irregularidade superveniente.

Enunciado nº 472, V Jornada de Direito Civil – CJF/STJ: É inadequada a utilização da expressão "social" para as empresas individuais de responsabilidade limitada.

Enunciado nº 473, V Jornada de Direito Civil – CJF/STJ: A imagem, o nome ou a voz não podem ser utilizados para integralização do capital da EIRELI.

Embargos do devedor à execução. Penhora do faturamento de empresa individual de responsabilidade limitada (EIRELI) da qual o executado é titular. Empresa que não integra a demanda. Patrimônio do titular não se confunde com o da empresa individual de responsabilidade limitada. Decisão reformada. Recurso provido, com observação. O título executivo judicial deve alcançar somente as partes da relação processual, respeitando os limites subjetivos da coisa julgada material, ou seja, aquele que não participou da fase de conhecimento do processo não pode, em princípio, ser atingido por atos constritivos na fase de cumprimento de sentença, sob pena de violação à coisa julgada material e aos princípios constitucionais do contraditório, ampla defesa e devido processo legal. Além disso, não obstante seja o agravante a única pessoa titular da totalidade do capital social, trata-se de empresa individual de responsabilidade limitada (EIRELI), razão pela qual o patrimônio do titular não se confunde com o da empresa, ressalvados os casos excepcionais de fraude. Tal assertiva é corroborada pelo § 7 º, do art. 980-A do Código Civil (CC), incluído pela Medida Provisória nº 881/2019, posteriormente convertida na Lei nº 13.874/2019. Observe-se que se o exequente pretender a desconsideração inversa da personalidade jurídica à luz do disposto no art. 50 do CC, deverá formular, na instância de origem, pedido expresso, na forma prevista no art. 133 e seguintes do Código de Processo Civil (CPC) (*TJSP* – AI 2071119-55.2021.8.26.0000, 11-5-2021, Rel. Adilson de Araujo).

Execução – Decisão que indeferiu o pedido de inclusão de terceiros no polo passivo da ação de execução – Admissível a desconsideração da personalidade jurídica de empresa que integra grupo econômico, quando verificada a existência de confusão patrimonial – A pretensão da parte credora de inclusão de sócio da pessoa jurídica devedora, empresária individual de responsabilidade limitada – EIRELI – por aplicação do disposto nos arts. 980-A e 1.023, CC não prescinde de instauração de incidente de desconsideração da personalidade jurídica da sociedade empresária executada, porque: (a) o patrimônio do sócio não se confunde com o da EIRELI por ele constituída, ressalvados os casos de fraude (CC/02, art. 980-A, §7º) e (b) o incidente de desconsideração da personalidade jurídica é o meio adequado para a apuração dos requisitos do art. 50, CC, quais sejam, o abuso da personalidade jurídica, caracterizado pelo desvio de finalidade ou pela confusão patrimonial, pela prática de atos de fraude

– Quanto à responsabilidade dos bens dos sócios por dívidas da sociedade, o art. 1.023, CC, aplicável às sociedades simples – que possuem responsabilidade ilimitada –, não pode ser aplicado às sociedades por responsabilidade limitada (CC, arts. 1.052 e 1.053) e às EIRELIs (CC, art. 980-A, §6º), tendo em vista a existência de norma específica a regular o tema com relação a estes tipos societários – Agiu com acerto o MM Juízo da causa em indeferir o pedido de inclusão no polo passivo da ação de execução de origem de Sidney de Souza Dias e Marina Neves Coltro, por débito inadimplido por Neves Coltro Açougue Eireli EPP, pois: (a) dos documentos acostados aos autos, não restou comprovado que Sidney de Souza Dias pertença ao mesmo grupo societário que a pessoa jurídica devedora, ainda que exerça o mesmo ramo de atividade, no mesmo endereço, em verdadeira sucessão empresarial e confusão patrimonial, ainda mais quando há alegação de que houve o aproveitamento da infraestrutura do imóvel que serve de sede para o exercício da atividade empresária, como a sua desocupação pela executada e (b) a questão relativa à responsabilidade de Marina Neves Coltro, nos termos do **art. 980-A, §7º, CC**, aplicável à hipótese, não foi objeto de incidente de desconsideração da personalidade jurídica, meio processual hábil para a inclusão de sócios de sociedade por responsabilidade limitada, quando há abuso da personalidade jurídica do devedor (CPC, art. 133 e seguintes). Recurso desprovido (*TJSP* – AI 2060119-58.2021.8.26.0000, 30-4-2021, Rel. Rebello Pinho).

Civil e processual. Ação de execução por quantia certa ajuizada em face de empresa individual de responsabilidade limitada (EIRELI). Insurgência contra decisão que indeferiu pedido de constrição de ativos financeiros da empresária individual. O patrimônio social da empresa individual de responsabilidade limitada (EIRELI) não se confunde com o patrimônio do respectivo titular (empresário individual), ressalvados os casos de fraude (**artigo 980-A, § 7º, do Código Civil**), passível de verificação, em tese, em indispensável incidente de desconsideração da personalidade jurídica. Recurso desprovido (*TJSP* – AI 2056157-27.2021.8.26.0000, 26-4-2021, Rel. Mourão Neto).

TÍTULO II
DA SOCIEDADE

CAPÍTULO ÚNICO
Disposições Gerais

**Art. 981. Celebram contrato de sociedade as pessoas que reciprocamente se obrigam a contribuir, com bens ou serviços, para o exercício de atividade econômica e a partilha, entre si, dos resultados.
Parágrafo único. A atividade pode restringir-se à realização de um ou mais negócios determinados.**

Há interesses e tarefas que não podem ser realizados apenas por indivíduos isolados. Esforços são unidos por duas ou mais pessoas em torno de um objetivo comum. Em redor deste, passam a gravitar um conjunto de pessoas ou um patrimônio distinto de seus membros. Desse modo, assim como o ordenamento atribui capacidade à pessoa humana, reconhece também capacidade a esses organismos criados pela vontade de duas ou mais pessoas, buscando a consecução de um fim, com a criação da pessoa jurídica. Ela nasce da celebração de negócio jurídico denominado contrato de sociedade. O contrato de sociedade é negócio plurilateral, posto que duas ou mais pessoas reúnem-se com vontade convergente para a consecução de um mesmo fim. Um contrato com duas ou mais partes, cujas prestações de cada uma estão dirigidas para a obtenção de um objetivo comum. Diversamente do que ocorre nos contratos de câmbio, em que a prestação de cada uma das partes realiza diretamente o interesse da outra parte, nos contratos de sociedade o interesse de cada parte só se realiza como consequência da atividade comum à qual estão destinadas as prestações de cada uma das partes. A contribuição para a formação do contrato de sociedade, segundo se depreende da norma em questão, pode ser em bens ou serviços. A norma possibilita a existência de sócios capitalistas e sócios outrora chamados de indústria, os primeiros contribuindo com capital e os segundos com serviços, obrigações de dar e fazer, respectivamente. Independentemente da natureza da prestação, bens ou serviços, os aportes formam um fundo comum, pois transferem a propriedade dos bens dos sócios para a pessoa jurídica, sociedade. Esse patrimônio formado com a contribuição dos sócios fica vinculado à destinação específica que é o desenvolvimento em comum pelos consortes da atividade econômica, e durante toda a existência da sociedade esses bens constituem seu patrimônio. Esse patrimônio responde pelas obrigações sociais decorrentes da exploração coletiva da atividade econômica.

O desenvolvimento em comum da atividade econômica no contrato de sociedade tem por finalidade a obtenção de resultado econômico, de proveito para os sócios que, uma vez obtido, deve ser distribuído entre eles ou buscar a finalidade por eles definida. É necessário, assim, que a sociedade seja explorada com o objetivo lucro ou proveito, não obstante às vezes esse resultado seja negativo, o que não lhe altera a finalidade.

O pacto social, elemento mais importante da sociedade, faz com que cada sócio a ele se submeta como forma de aderir à vontade coletiva. Além da participação de todos os sócios nos lucros e perdas é importante destacar no instituto a *affectio societatis*, ou seja, a intenção de associação e cooperação recíprocas. Ausente esse vínculo, o liame negocial entre os participantes não será de sociedade.

A atividade explorada pela sociedade, consoante esclarece o parágrafo único, pode se restringir à realização de um ou mais negócios determinados. Exemplos típicos são o consórcio para certa obra ou empreitada e as *joint ventures*. Também são comuns atualmente os acordos associativos.

Esse artigo oferece uma definição introdutória do contrato de sociedade.

Enunciado nº 206, III Jornada de Direito Civil – CJF/STJ: A contribuição do sócio exclusivamente em prestação de serviços é permitida nas sociedades cooperativas (art. 1.094, I) e nas sociedades simples propriamente ditas (art. 983, 2ª parte).

Enunciado nº 474, V Jornada de Direito Civil – CJF/STJ: Os profissionais liberais podem organizar-se sob a forma de sociedade simples, convencionando a responsabilidade limitada dos sócios por dívidas da sociedade, a despeito da responsabilidade ilimitada por atos praticados no exercício da profissão.

Enunciado nº 475, V Jornada de Direito Civil – CJF/STJ: Considerando ser da essência do contrato de sociedade a partilha do risco entre os sócios, não desfigura a sociedade simples o fato de o respectivo contrato social prever distribuição de lucros, rateio de despesas e concurso de auxiliares.

Conflito de competência – Ação de cobrança – Demanda em que se busca além do adimplemento contratual, a dissolução da sociedade empresarial, por violação à pluralidade societária prevista no art. 981 do CC – Ajuizamento da demanda originariamente perante a Vara Cível comum – Determinação de remessa do feito à especializada empresarial, porque a matéria se insere no rol previsto no art. 2º da Res. nº 763/16 TJSP – Impossibilidade – Ação proposta antes da instalação da Vara especializada – Inteligência do art. 3º da mencionada resolução – Conflito acolhido – Competência do suscitado (4ª Vara Cível do Foro Regional da Lapa) (*TJSP* – CC 0039570-66.2018.8.26.0000, 26-11-2018, Rel. Renato Genzani Filho).

⚖ Civil. Recurso especial. União homoafetiva. **Sociedade de fato**. Partilha. Patrimônio amealhado por esforço comum. Prova. 1. Esta Corte Superior, sob a ótica do direito das obrigações (art. 1.363 do CC/1916) e da evolução jurisprudencial consolidada na Súmula nº 380/STF, firmou entendimento, por ocasião do julgamento do REsp nº 148.897/MG, no sentido da possibilidade de ser reconhecida sociedade de fato entre pessoas do mesmo sexo, exigindo, para tanto, a demonstração do esforço comum para aquisição do patrimônio a ser partilhado. 2. A repartição dos bens, sob tal premissa, deve acontecer na proporção da contribuição pessoal, direta e efetiva de cada um dos integrantes da dita sociedade. 3. "A aplicação dos efeitos patrimoniais advindos do reconhecimento de união estável a situação jurídica dessemelhante, viola texto expresso de lei, máxime quando os pedidos formulados limitaram-se ao reconhecimento e dissolução de sociedade de fato" (REsp nº 773.136/RJ, Rel. Min. Nancy Andrighi, DJU de 13/11/2006). 4. Recurso especial provido (*STJ* – Acórdão Recurso Especial 704.803 – RS, 16-12-2011, Rel. Min. Vasco Della Giustina).

Art. 982. Salvo as exceções expressas, considera-se empresária a sociedade que tem por objeto o exercício de atividade própria de empresário sujeito a registro (art. 967); e, simples, as demais.
Parágrafo único. Independentemente de seu objeto, considera-se empresária a sociedade por ações; e, simples, a cooperativa.

Embora a linha divisória do Direito Civil e do velho Direito Comercial mostre-se cada vez mais tênue, mormente com este Código Civil, nosso sistema acolhe a distinção de *sociedades mercantis* ou *empresárias* e *sociedades civis ou simples*, conforme a finalidade a que se propõem. Nas sociedades comerciais, necessariamente, haverá um patrimônio e finalidade lucrativa. Em nosso ordenamento, apenas as sociedades empresárias sujeitam-se à recuperação judicial ou extrajudicial e à falência. As sociedades civis subordinam-se aos princípios da insolvência do CPC. As sociedades empresariais podem tomar, em princípio, a estrutura de: nome coletivo, comandita simples, comandita por ações, capital e indústria, conta de participação, quotas de responsabilidade limitada e por ações ou sociedades anônimas. Segundo este Código, a sociedade que tenha por objeto o exercício da atividade própria de empresário sujeito a registro será considerada sociedade empresária, enquanto as demais serão consideradas simples. Nem sempre essa distinção é estanque, o que ocasiona dúvidas em situações práticas.

O parágrafo único ainda acrescenta que será considerada empresária a sociedade por ações e as cooperativas serão consideradas sociedades simples. Aqui trata-se de distinção tradicional feita por força de lei, que não admite vontade em contrário dos interessados.

Trata-se de norma impositiva e cogente. Por outro lado, o art. 966 define o que a lei considera "empresário": quem exerce profissionalmente atividade econômica organizada para a produção ou a circulação de bens ou de serviços.

📚 Enunciado nº 207, III Jornada de Direito Civil – CJF/STJ: A natureza de sociedade simples da cooperativa, por força legal, não a impede de ser sócia de qualquer tipo societário, tampouco de praticar ato de empresa.

📚 Enunciado nº 476, V Jornada de Direito Civil – CJF/STJ: Eventuais classificações conferidas pela lei tributária às sociedades não influem para sua caracterização como empresárias ou simples, especialmente no que se refere ao registro dos atos constitutivos e à submissão ou não aos dispositivos da Lei nº 11.101/2005.

**Art. 983. A sociedade empresária deve constituir-se segundo um dos tipos regulados nos arts. 1.039 a 1.092; a sociedade simples pode constituir-se de conformidade com um desses tipos, e, não o fazendo, subordina-se às normas que lhe são próprias.
Parágrafo único. Ressalvam-se as disposições concernentes à sociedade em conta de participação e à cooperativa, bem como as constantes de leis especiais que, para o exercício de certas atividades, imponham a constituição da sociedade segundo determinado tipo.**

As sociedades empresárias e as sociedades simples se distinguem pelo objeto social, isto é, pela atividade exercida. Essa distinção é relevante porque a sociedade que explora uma atividade empresarial deve obrigatoriamente constituir-se segundo um dos tipos de sociedade regulados no Código Civil. Assim, pode o empresário explorar a empresa sob um dos regimes societários previstos no Código: nome coletivo (art. 1.039); comandita simples (art. 1.045), limitada (art. 1.052), empresa individual de responsabilidade limitada, sociedade unipessoal de responsabilidade limitada, anônima (art. 1.088) e comandita por ações (art. 1.090). A subordinação das sociedades empresárias a um desses tipos é obrigatória.

Tratando-se, entretanto, de sociedade que explore atividade não empresarial, denominada sociedade simples, não é exigida nenhuma forma particular, vigendo, assim, o princípio geral da liberdade de forma, que decorre do fato de esse tipo social poder ser utilizado exclusivamente para atividade econômica não empresarial, como ocorre com a atividade intelectual. Entretanto, na hipótese de constituir-se segundo um dos tipos previstos para a disciplina das sociedades empresárias, a regulamentação a ser aplicada é aquela própria da modalidade de sociedade escolhida.

No tocante às cooperativas e às sociedades anônimas, a disciplina societária subordina-se a lei especial inserta em diplomas autônomos.

As sociedades em conta de participação não têm personalidade jurídica, essa a razão de ser também excepcionada no parágrafo.

📖 Enunciado nº 57, I Jornada de Direito Civil – CJF/STJ: A opção pelo tipo empresarial não afasta a natureza simples da sociedade.

📖 Enunciado nº 206, III Jornada de Direito Civil – CJF/STJ: A contribuição do sócio exclusivamente em prestação de serviços é permitida nas sociedades cooperativas (art. 1.094, I) e nas sociedades simples propriamente ditas (art. 983, 2ª parte).

📖 Enunciado nº 208, III Jornada de Direito Civil – CJF/STJ: As normas do Código Civil para as sociedades em comum e em conta de participação são aplicáveis independentemente de a atividade dos sócios, ou do sócio ostensivo, ser ou não própria de empresário sujeito a registro (distinção feita pelo art. 982 do Código Civil entre sociedade simples e empresária).

📖 Enunciado nº 382, IV Jornada de Direito Civil – CJF/STJ: Nas sociedades, o registro observa a natureza da atividade (empresarial ou não – art. 966); as demais questões seguem as normas pertinentes ao tipo societário adotado (art. 983). São exceções as sociedades por ações e as cooperativas (art. 982, parágrafo único).

📖 Enunciado nº 474, V Jornada de Direito Civil – CJF/STJ: Os profissionais liberais podem organizar-se sob a forma de sociedade simples, convencionando a responsabilidade limitada dos sócios por dívidas da sociedade, a despeito da responsabilidade ilimitada por atos praticados no exercício da profissão.

📖 Enunciado nº 475, V Jornada de Direito Civil – CJF/STJ: Considerando ser da essência do contrato de sociedade a partilha do risco entre os sócios, não desfigura a sociedade simples o fato de o respectivo contrato social prever distribuição de lucros, rateio de despesas e concurso de auxiliares.

📖 Enunciado nº 477, V Jornada de Direito Civil – CJF/STJ: O art. 983 do Código Civil permite que a sociedade simples opte por um dos tipos empresariais dos arts. 1.039 a 1.092 do Código Civil. Adotada a forma de sociedade anônima ou de comandita por ações, porém ela será considerada empresária.

Art. 984. A sociedade que tenha por objeto o exercício de atividade própria de empresário rural e seja constituída, ou transformada, de acordo com um dos tipos de sociedade empresária, pode, com as formalidades do art. 968, requerer inscrição no Registro Público de Empresas Mercantis da sua sede, caso em que, depois de inscrita, ficará equiparada, para todos os efeitos, à sociedade empresária.
Parágrafo único. Embora já constituída a sociedade segundo um daqueles tipos, o pedido de inscrição se subordinará, no que for aplicável, às normas que regem a transformação.

A atividade rural na época do Código anterior não era considerada atividade empresarial, uma vez que era vista apenas como o exercício do direito de propriedade ou outro direito que tivesse por objeto a utilização e exploração da terra. Atualmente a atividade rural é considerada empresarial, desde que atendidos os requisitos legais: a organização e a inscrição na Junta Comercial. Adquiriu importância por ser uma conduta que desenvolve profissionalmente atividade produtiva. Assim como ocorre com a atividade industrial. Destarte, sendo a atividade rural atividade de transformação e de alienação de produtos agrícolas, ocorrendo esse processo de forma organizada, o titular dessa atividade – individual ou coletivo – pode explorá-la de forma mercantil, caso em que deve proceder sua inscrição no registro Público de Empresas mercantis.

Por essa regra, o legislador permite ao empreendedor rural organizar-se da forma que melhor satisfaça a transformação e venda de seus produtos. Inclusive, é dado ao titular da atividade rural, nesse caso, a escolha do regime societário, devendo apenas ser observadas as regras próprias dos regimes, principalmente no que pertine ao processo de transformação. Veja o art. 971, que se refere ao empresário rural.

📖 Enunciado nº 201, III Jornada de Direito Civil – CJF/STJ: O empresário rural e a sociedade empresária rural, inscritos no registro público de empresas mercantis, estão sujeitos à falência e podem requerer concordata.

📖 Enunciado nº 202, III Jornada de Direito Civil – CJF/STJ: O registro do empresário ou sociedade rural na Junta Comercial é facultativo e de natureza constitutiva, sujeitando-o ao regime jurídico empresarial. É inaplicável esse regime ao empresário ou sociedade rural que não exercer tal opção.

Art. 985. A sociedade adquire personalidade jurídica com a inscrição, no registro próprio e na forma da lei, dos seus atos constitutivos (arts. 45 e 1.150).

O negócio admite o pré-contrato, a promessa de contratar sociedade no futuro. O contrato preliminar, no entanto, ainda não gera a sociedade porque esta é efeito do contrato de sociedade e não da promessa de contratar. O contrato de sociedade não é negócio para constituição de sociedade futura, mas ato constitutivo dela. O registro ou procedimento legal posterior exigido pela lei não se confunde com a constituição da sociedade, que é negócio anterior. Nessa senda o dispositivo em epígrafe observa que *"a sociedade adquire personalidade jurídica com a inscrição, no registro próprio e na forma da lei, dos seus atos constitutivos"*. Enquanto não inscritos os atos constitutivos, a sociedade atua como irregular ou de fato, ou como sociedade em comum, como denomina o Código (art. 986 ss).

O contrato ou estatuto social instituidor da pessoa jurídica, além de vincular as partes como qualquer outro, também tem como particularidade o condão de ordenar internamente a instituição que erigiu, constituindo sua lei interna. O contrato ordena, portanto, a relação entre os sócios, associados ou membros, e regula a atuação da sociedade perante terceiros, só produzindo seus efeitos criadores, modificadores ou extintivos de obrigações a partir de sua inscrição na Junta Comercial, tratando-se de sociedade empresária, ou no Registro de Pessoas Jurídicas, ou ainda, tratando-se de sociedade de advogados, na Ordem dos Advogados do Brasil.

SUBTÍTULO I
DA SOCIEDADE NÃO PERSONIFICADA

CAPÍTULO I
Da Sociedade em Comum

Art. 986. Enquanto não inscritos os atos constitutivos, reger-se-á a sociedade, exceto por ações em organização, pelo disposto neste Capítulo, observadas, subsidiariamente e no que com ele forem compatíveis, as normas da sociedade simples.

Se inexistir ou for inválido o contrato de sociedade e os partícipes agirem como se sociedade houvesse, diz-se que há sociedade de fato ou irregular. Pode ocorrer que o grupo tenha travado contato negocial com terceiros que acreditavam tratar com sociedade. No que se refere à sociedade, os princípios gerais relativos à nulidade são aplicados com mitigação. Ainda que inexistente, irregular, nulo ou anulável o contrato que constituiu a sociedade, pode ocorrer que a entidade tenha atuado no mundo negocial, não se podendo ignorar ou prescindir de certos efeitos.

Costuma-se distinguir a sociedade irregular da sociedade de fato porque, na primeira, os requisitos do contrato não se encontram completos, não possibilitando perfeita higidez jurídica; na segunda, o contrato encontra-se inquinado de nulidade ou nem mesmo existe.

Em ambas não existe a personalidade jurídica outorgada pelo ordenamento. No entanto, como enfatizamos em nossa obra introdutória (*Direito Civil: parte geral*, Capítulo 14), o Direito reconhece a personalidade incompleta a essas entidades, que inserimos entre os *grupos com personificação anômala*. Nesse sentido, o CPC, no art. 75, VII, dispõe que as sociedades sem personalidade jurídica serão representadas no processo pela pessoa a quem couber a administração de seus bens. O texto refere-se, sem dúvida, às sociedades de fato ou irregulares. Se há sociedade no mundo fático, independentemente de ato constitutivo ou de registro, o Direito não pode abstrair todos os efeitos jurídicos do corpo associativo. O patrimônio da entidade responde perante terceiros pelas obrigações e, subsidiariamente, responderão os bens dos sócios na proporção de sua entrada de capital.

Enunciado nº 209, III Jornada de Direito Civil – CJF/STJ: O art. 986 deve ser interpretado em sintonia com os arts. 985 e 1.150, de modo a ser considerada em comum a sociedade que não tiver seu ato constitutivo inscrito no registro próprio ou em desacordo com as normas legais previstas para esse registro (art. 1.150), ressalvadas as hipóteses de registros efetuados de boa-fé.

Com a ausência de personalidade a sociedade está impedida de acionar terceiros, bem como seus próprios sócios. A irregularidade de sua constituição acarreta comunhão patrimonial e jurídica entre os sócios. O estatuto processual protege ainda terceiros ao proibir que as sociedades sem personalidade, quando demandadas, possam opor sua irregularidade como matéria de defesa. No período que medeia entre a criação da sociedade e seu registro, os atos praticados por ela são considerados de sociedade irregular, podendo ser, no entanto, ratificados. O ato de registro, todavia, não é retroativo. Em situação semelhante, posicionam-se as sociedades que necessitam de autorização governamental, atuando com a anomalia até a devida autorização, que possibilitará o registro.

O Código trata da sociedade irregular ou de fato entre as sociedades não personificadas, denominando-as "sociedade em comum".

Sua organização intestina, enquanto não regularizada, rege-se pelos princípios das sociedades simples estampados no Código, como manda este dispositivo.

Os artigos constantes deste capítulo constituem regras especiais, aplicáveis a essas sociedades. Subsidiariamente, são trazidos à colação os princípios das sociedades simples.

Enunciado nº 58, I Jornada de Direito Civil – CJF/STJ: A sociedade em comum compreende as figuras doutrinárias da sociedade de fato e do irregular.

Enunciado nº 209, III Jornada de Direito Civil – CJF/STJ: O art. 986 deve ser interpretado em sintonia com os arts. 985 e 1.150, de modo a ser considerada em comum a sociedade que não tiver seu ato constitutivo inscrito no registro próprio ou em desacordo com as normas legais previstas para esse registro (art. 1.150), ressalvadas as hipóteses de registros efetuados de boa-fé.

Aquisição de participação societária – Ação de rescisão contratual e indenizatória julgada improcedente em primeira instância – Ausência de formal constituição de uma pessoa jurídica – Enquadramento no artigo 986 do CC/2002, devido à ausência de elaboração de documentação própria e do arquivamento dos atos perante Junta Comercial – Análise da documentação ofertada e do comportamento assumido pelas partes – Descumprimento efetivo de deveres obrigacionais – Ausência de pagamento de débitos fiscais anteriores ao negócio, somada à falta de regularização da participação adquirida – Rescisão do contrato – Devolução do valor pago deferida – Danos morais não configurados – Indenização correspondente indeferida – Ação procedente em parte – Sucumbência recíproca – Recurso provido em parte (*TJSP* – Ap. 1011894-54.2017.8.26.0003, 9-8-2019, Rel. Fortes Barbosa).

⚖ Tutela antecipada. Exclusão do nome da empresa agravante junto aos órgãos de restrição ao crédito. **Dissolução da sociedade não demonstrada**. Dúvida quanto à regularidade de representação. Decisão mantida. 1. Recurso interposto contra decisão que indeferiu tutela antecipada para exclusão do nome da empresa autora, junto aos órgãos de restrição ao crédito. 2. Alegação de que a sociedade já fora extinta e que o cheque foi emitido pelo antigo sócio, cerca de 3 anos depois. Ausência de cópia de documento que demonstre a extinção da sociedade perante a Junta Comercial. 3. Caso em que, ainda que comprovada a regular extinção da sociedade empresarial, a legitimidade de representação da autora é elemento que não se observa em sede de análise inicial. Discussão acerca da utilização da chamada "sociedade comum", art. 986, do Código Civil. 4. Manutenção da decisão que indeferiu a tutela de urgência pretendida. 5. Recurso não provido (*TJSP* – Agravo de Instrumento 0070126-95.2011.8.26.0000, 11-5-2011, Rel. Des. Alexandre Lazzarini).

Art. 987. Os sócios, nas relações entre si ou com terceiros, somente por escrito podem provar a existência da sociedade, mas os terceiros podem prová-la de qualquer modo.

Como vimos, se, por um lado, os terceiros podem provar a existência da sociedade em comum de qualquer modo, os sócios, nas relações entre eles e com terceiros, somente podem provar por escrito a existência da sociedade, conforme preceitua o dispositivo. Ou seja, o legislador considerou necessariamente a existência de um contrato social carente de inscrição apenas para fins de aquisição da personalidade jurídica da sociedade.

O legislador não levou em consideração, neste texto, o momento de formação da sociedade que antecedia a existência do contrato social. O legislador, aqui, parece pender apenas para um dos tipos de sociedade despersonificada, a irregular. Já foi dito no comentário ao artigo anterior que a despersonificação pode decorrer tanto da ausência de contrato social, como na hipótese da existência deste sem registro, o que caracterizaria, no primeiro caso, sociedade de fato e, no segundo, sociedade irregular.

Assim, a sociedade de fato, aquela na qual duas ou mais pessoas exercitam em comum uma atividade econômica, comportando-se como sócios de fato, sem acordo expresso, escrito ou oral, ficaria carente de prova perante terceiros e mesmo entre os sócios.

Embora não seja previsto no nosso ordenamento, é possível a elaboração de um contrato preliminar de sociedade, contrato esse que deve conter a indicação dos elementos essenciais do futuro contrato definitivo, ou uma suficiente determinação dos elementos indispensáveis para a individualização da sociedade. Esse contrato serviria para os sócios provarem entre si ou em relação a terceiros a existência da sociedade. Na Itália, esse tipo de contrato é expressamente previsto no Codice Civile (arts. 1.351 e 1.352) exigindo forma especial para sua celebração, ou seja, deve ser celebrado por instrumento público e conter imprescindivelmente o regime societário a ser adotado pela sociedade.

Art. 988. Os bens e dívidas sociais constituem patrimônio especial, do qual os sócios são titulares em comum.

Os bens e dívidas sociais constituem patrimônio especial, tendo como titulares os sócios. Caberá provar, no caso concreto, os limites desse patrimônio comum especial, para distingui-lo do patrimônio particular dos sócios. Nem sempre a prova será fácil e o patrimônio especial poderá ser desconsiderado, se presentes os pressupostos de desconsideração da pessoa jurídica.

Essa regra decorre da responsabilidade solidária e ilimitada existente entre os sócios da sociedade em comum. A ausência da limitação da responsabilidade dos sócios foi uma forma encontrada pelo legislador para proteger credores que contraem obrigações com sociedade desse naipe, sem personalidade jurídica.

📖 Enunciado nº 210, III Jornada de Direito Civil – CJF/STJ: O patrimônio especial a que se refere o art. 988 é aquele afetado ao exercício da atividade, garantidor de terceiro, e de titularidade dos sócios em comum, em face da ausência de personalidade jurídica.

Art. 989. Os bens sociais respondem pelos atos de gestão praticados por qualquer dos sócios, salvo pacto expresso limitativo de poderes, que somente terá eficácia contra o terceiro que o conheça ou deva conhecer.

Os bens sociais respondem pelos atos de gestão praticados pelos sócios, como regra geral. Se houve pacto expresso em contrário limitativo de poderes, este somente será eficaz contra terceiros se estes tiverem dele conhecimento direto ou presumido.

Nenhum ato limitativo da responsabilidade patrimonial pode ser oposto contra terceiro que ignora a regra interna criada pelos sócios da sociedade em comum. Somente com a publicidade da limitação patrimonial os efeitos do pacto operam contra o terceiro que celebrou a obrigação.

📖 Enunciado nº 211, III Jornada de Direito Civil – CJF/STJ: Presume-se disjuntiva a administração dos sócios a que se refere o art. 989.

Art. 990. Todos os sócios respondem solidária e ilimitadamente pelas obrigações sociais, excluído do benefício de ordem, previsto no art. 1.024, aquele que contratou pela sociedade.

Todos os sócios, na sociedade em comum, respondem solidária e ilimitadamente pelas obrigações sociais. Esse dispositivo é expresso em excluir o benefício de ordem previsto no art. 1.024, isto é, não devem ser excutidos primeiramente os bens da sociedade; todos os bens dos sócios respondem pelos débitos. Essa é a principal razão pela qual os interessados refutam aderir a essa modalidade de sociedade.

Assim, o terceiro credor pode demandar a sociedade para o cumprimento da obrigação ou a seus sócios ou, ainda, conjuntamente, dependendo apenas de sua opção.

Em caso de o credor acionar todos os sócios, a condenação deve ser solidária. Entretanto, a opção do credor em acionar apenas um dos sócios não faz presumir que renunciou à exigência em relação aos demais componentes da sociedade, dado que a solidariedade é consequência das obrigações dos sócios (NISSEN, 2001, p. 98). Veja os arts. 264 a 285.

📖 Enunciado nº 59, I Jornada de Direito Civil – CJF/STJ: Os sócios gestores e os administradores das empresas são responsáveis subsidiária e ilimitadamente pelos atos ilícitos praticados, de má gestão ou contrários ao previsto no contrato social ou estatuto, consoante estabelecem os arts. 990, 1.009, 1.016, 1.017 e 1.091, todos do Código Civil.

📖 Enunciado nº 212, III Jornada de Direito Civil – CJF/STJ: Embora a sociedade em comum não tenha personalidade jurídica, o sócio que tem seus bens constritos por dívida contraída em favor da sociedade, e não participou do ato por meio do qual foi contraída a obrigação, tem o direito de indicar bens afetados às atividades empresariais para substituir a constrição.

CAPÍTULO II
Da Sociedade em Conta de Participação

Art. 991. Na sociedade em conta de participação, a atividade constitutiva do objeto social é exercida unicamente pelo sócio ostensivo, em seu nome individual e sob sua própria e exclusiva responsabilidade, participando os demais dos resultados correspondentes.

Parágrafo único. Obriga-se perante terceiro tão somente o sócio ostensivo; e, exclusivamente perante este, o sócio participante, nos termos do contrato social.

O contrato participativo ou contrato de participação é celebrado para a exploração da atividade econômica pelo regime societário da sociedade em conta de participação. O contrato participativo é aquele celebrado entre pessoas – naturais ou jurídicas – que desejam explorar determinada atividade econômica, mas em que nem todas as pessoas – os sócios – desejam figurar nessa condição e, mais importante, não querem assumir responsabilidade patrimonial pelas obrigações do empresário. O escopo que os sócios participantes miram é evitar que a sociedade responda perante terceiros, fazendo com que a responsabilidade patrimonial recaia sobre o patrimônio do sócio ostensivo. Nos termos do que dispõe este artigo, a atividade constitutiva do objeto social é exercida unicamente pelo sócio ou sócios ostensivos, em seu nome individual e sob sua própria responsabilidade, participando os demais dos resultados correspondentes. O sócio que figurar no contrato social e que tem toda a responsabilidade patrimonial e pessoal é chamado de *sócio ostensivo*, sendo os ocultos denominados *sócios participantes*. Tanto os sócios ostensivos como os ocultos podem ser uma ou várias pessoas. Portanto, há duas relações jurídicas que nascem dessa espécie de contrato: uma entre o sócio ostensivo e os terceiros que com ele celebram contratos empresariais e outra entre o sócio ostensivo e os sócios participantes. Assim, no caso de inadimplemento de uma obrigação perante fornecedor, por exemplo, é do sócio ostensivo exclusivamente a responsabilidade patrimonial, observado, é claro, o regime societário pelo qual a atividade empresarial é por ele explorada. Poderá, entretanto, o sócio ostensivo voltar-se contra os sócios participantes se houver previsão do regresso pactuado no contrato participativo.

Embora utilizado em pequena escala, o contrato participativo é um instrumento de proteção patrimonial e pessoal, pois toda espécie de responsabilidade decorrente da exploração da atividade empresária é atribuída apenas ao sócio ostensivo.

⚖️ Direito privado não especificado. Ação de conhecimento condenatória. O autor, integrante da sociedade em conta de participação (art. 991 do CC), além de receber os lucros por ela obtidos também deve arcar com os prejuízos suportados por ela, considerando, ainda, que ele não provou que tal sociedade obteve ganho, ônus que lhe incumbia (art. 373, I, do NCPC). Majorado o valor da verba honorária fixada ao procurador da ré, conforme o disposto no § 11 do art. 85 do NCPC, levando ainda em conta às disposições constantes do § 2º, incisos I a VI, desse artigo. Apelação desprovida (*TJRS* – Ap. 70070431267, 16-2-2017, Rel. Voltaire de Lima Moraes).

Agravo de instrumento. Ação declaratória de rescisão contratual. Sociedade em conta de participação. Reconvenção. Tutela antecipada. Destituição do sócio ostensivo. Inviabilidade. Administração exclusiva. Prejuízo da relação com terceiros. Ausência da verossimilhança das alegações. Recurso conhecido e desprovido. A atividade constitutiva do objeto social, na sociedade em conta de participação, é exercida unicamente pelo sócio ostensivo, em seu nome individual e sob sua própria e exclusiva responsabilidade, participando os demais dos resultados correspondentes. Ao sócio ostensivo incumbe gerir com cuidado e diligência os negócios da sociedade em conta de participação, podendo o sócio participante fiscalizar a gestão. O disposto para a sociedade simples é aplicável à sociedade em conta de participação, subsidiariamente e no que com ela for compatível, e a sua liquidação rege-se pelas normas relativas à prestação de contas, na forma da lei processual. Em caso de inobservância pelo sócio ostensivo dos deveres de zelo e probidade na gestão do negócio, incumbe ao sócio participante a dissolução da sociedade, observado o disposto no art. 991 do Código Civil (*TJSC* – Acórdão Agravo de Instrumento 2011.016785-4, 19-10-2011, Rel. Des. João Batista Góes Ulysséa).

Art. 992. A constituição da sociedade em conta de participação independe de qualquer formalidade e pode provar-se por todos os meios de direito.

O contrato de participação não exige qualquer formalidade para a sua constituição, podendo ser verbal ou escrito. Para fins de prova, entretanto, a forma escrita facilita sua oposição contra terceiros e opera como excludente de responsabilidade dos sócios participantes perante estes. Embora não seja registrada na Junta Comercial, a sociedade em conta de participação é sociedade regular e por isso tem proteção legal. A ausência de exteriorização do vínculo social é irrelevante, visto que o sócio ostensivo adquire obrigações perante terceiros e por elas é responsável pessoalmente, seja na condição de empresário individual, seja na condição de sociedade empresária.

Art. 993. O contrato social produz efeito somente entre os sócios, e a eventual inscrição de seu instrumento em qualquer registro não confere personalidade jurídica à sociedade.

Dois são os planos em que o contrato participativo produz seus efeitos: externo e interno. No plano externo, o contrato participativo opera seus efeitos em relação ao sócio ostensivo e terceiros, formando uma relação jurídica em que as obrigações vinculam ambos. No plano interno, entretanto, a relação jurídica produz seus efeitos entre o sócio ostensivo e os participantes, obrigando os fundos sociais. Ainda, no plano interno, as partes mantêm todos os direitos e obrigações próprias dos sócios, como a distribuição dos lucros ou perdas, por exemplo. Essa vinculação interna decorre do contrato social celebrado por ocasião da formação da sociedade em conta de participação. Qualquer registro realizado junto aos órgãos registrais, seja Junta Comercial, seja Cartório de Registro de Pessoas Jurídicas, não confere personalidade a sociedade em conta de participação, uma vez que sua natureza despersonificada decorre de norma impositiva, imutável por vontade das partes.

Art. 993.
Parágrafo único. Sem prejuízo do direito de fiscalizar a gestão dos negócios sociais, o sócio participante não pode tomar parte nas relações do sócio ostensivo com terceiros, sob pena de responder solidariamente com este pelas obrigações em que intervier.

É da natureza da sociedade em conta de participação que os sócios participantes tão somente aportem capital para a sociedade; os sócios participantes apenas prestam seu capital para o sócio ostensivo explorar a atividade empresarial em seu nome. O descumprimento dessa determinação cria para o sócio participante responsabilidade patrimonial pessoal perante terceiros juntamente com o sócio ostensivo, relativamente aos negócios em que o primeiro intervier. O sócio participante ou oculto não pode, assim, em princípio, participar da atividade negocial objeto da sociedade, mas tem o direito de fiscalizar a administração do sócio ostensivo, bem como exigir-lhe a prestação de contas e exibição dos livros, guardando sigilo a respeito das informações que obtiver.

Art. 994. A contribuição do sócio participante constitui, com a do sócio ostensivo, patrimônio especial, objeto da conta de participação relativa aos negócios sociais.
§ 1º A especialização patrimonial somente produz efeitos em relação aos sócios.
§ 2º A falência do sócio ostensivo acarreta a dissolução da sociedade e a liquidação da respectiva conta, cujo saldo constituirá crédito quirografário.
§ 3º Falindo o sócio participante, o contrato social fica sujeito às normas que regulam os efeitos da falência nos contratos bilaterais do falido.

Por não ter personalidade jurídica, a sociedade em conta de participação não existe como sujeito de direitos e obrigações, embora seja regularmente constituída. Por isso, não é titular de um patrimônio. Entretanto, para que a atividade econômica seja explorada é necessário que os sócios, ostensivo e participantes, reservem um capital específico em forma de conta de participação, distinto do capital do sócio ostensivo, que, como já foi dito, pode ser coletivo. Os bens sempre são de propriedade dos sócios, mas essa propriedade está afetada por um vínculo de destinação.

Essa afetação patrimonial somente produz efeitos em relação aos sócios, mas cada um deles mantém seu patrimônio pessoal, que responde por suas próprias obrigações diante dos seus credores.

Falindo o sócio ostensivo, dissolve-se de pleno direito a sociedade em conta de participação, cabendo ao síndico da falência liquidar a respectiva conta. Havendo resultado favorável ao sócio participante, este habilitará seu crédito como quirografário, sujeitando-se aos efeitos do concurso de credores.

No caso de falência do sócio participante, cabe ao administrador da massa decidir se a sociedade em conta de participação subsiste ou se será dissolvida, aplicando-se, assim, as mesmas regras dos contratos unilaterais e bilaterais do falido.

Art. 995. Salvo estipulação em contrário, o sócio ostensivo não pode admitir novo sócio sem o consentimento expresso dos demais.

A sociedade em conta de participação é sociedade eminentemente de pessoas. Isso fica claramente caracterizado levando-se em consideração a vedação do artigo ao ingresso e à transmissibilidade da qualidade de sócio sem o consentimento dos sócios participantes. Nessa espécie societária o *affectio societatis é enfatizado*, ultrapassando seus limites, sendo a confiança recíproca sua sustentação. Pode ocorrer, entretanto, que o contrato participativo dispense essa exigência, prevendo, ao contrário, o livre ingresso de outros sócios ostensivos.

Art. 996. Aplica-se à sociedade em conta de participação, subsidiariamente e no que com ela for compatível, o disposto para a sociedade simples, e a sua liquidação rege-se pelas normas relativas à prestação de contas, na forma da lei processual.
Parágrafo único. Havendo mais de um sócio ostensivo, as respectivas contas serão prestadas e julgadas no mesmo processo.

O regime jurídico da sociedade é o correspondente àquele adotado pelo sócio ostensivo, seja ele empresário individual ou coletivo. Na falta de norma legal do tipo societário, como regra geral do direito de empresa adotado, subsidiariamente aplicam-se as regras da sociedade simples também a esse tipo societário. A liquidação da sociedade em conta de participação não segue a regra geral dos arts. 1.102 ss, que impõem ao liquidante várias obrigações (art. 1.103), simplificando o procedimento a uma prestação de contas. Não há em verdade uma liquidação, mas sim um acerto de contas entre os sócios. Essa simplificação não compromete as obrigações celebradas com terceiros, visto que perante estes é o sócio ostensivo que tem responsabilidade, seguindo o modelo de limitação do regime por ele escolhido para a exploração da atividade social.

SUBTÍTULO II
DA SOCIEDADE PERSONIFICADA

CAPÍTULO I
Da Sociedade Simples

Seção I
Do Contrato Social

Art. 997. A sociedade constitui-se mediante contrato escrito, particular ou público, que, além de cláusulas estipuladas pelas partes, mencionará:

A sociedade simples vem regulamentada no Código para reger a atividade econômica não empresarial. Entretanto, a importância de sua regulamentação reside no fato de ter sido eleita pelo legislador como legislação supletiva das sociedades limitadas (art. 1.053) e de outros tipos menores (arts. 1.040 e 1.046) de sociedades empresárias. Havendo lacunas da regulamentação dessas sociedades, aplicam-se, subsidiária e obrigatoriamente, as normas correspondentes às sociedades simples, no que couber, observada a exceção no tocante àquelas cujo contrato social preveja a opção pela regência supletiva da Lei das Sociedades Anônimas.

De se observar que a escolha da regência supletiva das limitadas pela simples e não pela sociedade anônima encontra sua razão de ser na natureza personalista das primeiras, em contraponto às sociedades de capitais. Nas sociedades simples e limitada a qualidade dos sócios prevalece, ao passo que na sociedade de capitais, como a anônima, o fator preponderante é a organização, daí a compatibilidade apontada. Essa sociedade é um protótipo ou arcabouço de toda categoria de sociedade de pessoas.

A sociedade simples é concebida como um tipo genérico de sociedade, identificável com base em critérios meramente negativos, prestando-se, em abstrato, a uma série ilimitada de utilizações que se estendem por todo o âmbito das atividades que não sejam empresariais.

A constituição da sociedade simples não demanda qualquer forma em particular, sendo necessário apenas a celebração de um contrato social que pode ser feito ou por instrumento particular ou instrumento público, para a consequente inscrição no Registro Civil das Pessoas Jurídicas do local de sua sede.

O contrato de sociedade simples deve conter, além das cláusulas estipuladas pelos sócios, as obrigatórias contidas nos incisos desse artigo.

Art. 997.
I – nome, nacionalidade, estado civil, profissão e residência dos sócios, se pessoas naturais, e a firma ou a denominação, nacionalidade e sede dos sócios, se jurídicas;

Esse requisito refere-se à qualificação das partes, pessoas naturais ou jurídicas. Tratando-se de pessoa natural, os sócios devem declinar seu nome e a nacionalidade, esta para fins de verificação de alguma limitação à exploração da atividade. Também é importante o conhecimento do estado civil dos sócios para a análise da vedação imposta à constituição de sociedade exclusivamente entre marido e mulher. A profissão também pode interferir na capacidade para o exercício da atividade, daí a necessidade da declinação. O endereço para fins de fixação da residência e do domicílio também faz parte da qualificação do sócio.

Tratando-se de sócio pessoa jurídica, além da nacionalidade para o mesmo fim acima elencado, ainda é necessária a declinação da firma ou denominação, que é a forma pela qual a pessoa jurídica é individualizada, a declinação de seu nome, por uma das formas previstas em lei. Da mesma forma, a necessidade da declinação da sede atua como fixador do domicílio do sócio coletivo.

Art. 997.
II – denominação, objeto, sede e prazo da sociedade;

A sociedade simples adotará o nome sob a forma de denominação, segundo a regra do parágrafo único do art. 1.155.

O objeto social define o conteúdo da atividade empresarial, razão pela qual sua especificação é de extrema importância, até mesmo para fins de tributação, quando se leva em consideração a natureza da atividade para que determinada regra de incidência se concretize. Também é pelo objeto que se afere se a sociedade adota a forma empresarial ou não.

A sede é o domicílio da empresa (art. 75, IV), o lugar onde o centro de decisões se localiza. Pode ocorrer de a sociedade ter outros pontos de funcionamento, filiais, sucursais ou agências, devendo nesse caso também constar do registro consoante já mencionado na regra do art. 969.

O prazo de duração da sociedade pode ser determinado ou não. Feita a escolha pelos sócios, estes devem observar, no caso de a sociedade ser constituída por prazo determinado, seu prazo de expiração, uma vez que se quiserem proceder à prorrogação devem manifestar a vontade expressamente, sob pena de a sociedade expirar de pleno direito pelo decurso do prazo (art. 1.033, I). Não havendo expressa menção ao prazo de duração, presume-se constituída por tempo indeterminado.

Art. 997.
III – capital da sociedade, expresso em moeda corrente, podendo compreender qualquer espécie de bens, suscetíveis de avaliação pecuniária;

O contrato social é um programa de ação econômica e mais precisamente de ação econômica lucrativa. Com a constituição da sociedade surge para os sócios a obrigação de constituir o fundo social mediante suas contribuições. O capital social deve ser expresso em moeda corrente, podendo compreender qualquer espécie de bens, desde que suscetíveis de avaliação econômica, porque é utilizado para alcançar o objeto social. Tratando-se de subscrição do capital social com bens móveis, a sociedade torna-se proprietária do bem, diversamente do que ocorre se a subscrição for feita sobre direitos de uso, como ocorre com o usufruto, onde os riscos permanecem por conta do proprietário do bem, não se transferindo a sociedade. Também podem integrar o capital social direitos de crédito que o sócio seja titular, respondendo o sócio subscritor pela eventual insolvência do devedor.

Art. 997.
IV – a quota de cada sócio no capital social, e o modo de realizá-la;

Esse inciso complementa o anterior, sendo também de fundamental importância. O contrato social deve prever o capital social constituído para a exploração da atividade econômica e sua forma de constituição, não só em valores e bens, mas também no percentual de participação de cada sócio e o modo de realização.

A participação de cada sócio deve vir individualizada em percentuais. O momento da subscrição e o da integralização podem ou não coincidir, decorrendo disso a participação do sócio a vista ou a prazo na constituição do fundo social. Ocorrendo a subscrição, que é a promessa feita pelo sócio dos termos da sua participação, e a integralização, que é a efetiva entrega do dinheiro ou bens no mesmo momento, fala-se em integralização a vista. É comum que o fundo social seja constituído por partes, isto é, que os sócios realizem suas contribuições mediante prazos diversos. Tem-se aí a integralização a prazo, sendo certo que é imprescindível que o contrato social preveja cada um desses prazos e valores respectivos a serem integralizados. A integralização a prazo atinge diretamente a responsabilidade dos sócios no caso de sociedade com responsabilidade limitada (art. 1.052).

Art. 997.
V – as prestações a que se obriga o sócio, cuja contribuição consista em serviços;

No tocante à participação do sócio na sociedade com serviços, este se obriga a desenvolver uma atividade produtiva e corre o risco de ser excluído da sociedade se a atividade produtiva à qual se obrigou não for desenvolvida a contento, nos termos da obrigação assumida. O sócio que contribui com trabalho não é empregado da sociedade e não tem direito a salário; sua contraprestação, igualmente à dos demais sócios, vem na forma da remuneração obtida com a divisão dos lucros ou mesmo através da retirada de pró-labore.

Art. 997.
VI – as pessoas naturais incumbidas da administração da sociedade, e seus poderes e atribuições;

Administrar a sociedade significa estar investido de poderes de gestão e poder realizar todas as operações e negócios da sociedade para a obtenção do objeto social. Ser seu representante, todavia, é deter poderes de realizar operações em nome e no interesse da sociedade e de obrigá-la perante terceiros. Essas duas figuras podem fundir-se numa mesma pessoa ou não.

A administração da sociedade pode ser individual ou conjunta. Assim, pode caber a apenas um dos sócios ou pode, por deliberação deles, ser exercida por alguns ou por todos os sócios. A administração conjunta obriga os sócios administradores a tomar as decisões em consenso, salvo se estabelecerem em contrário no contrato social, como, por exemplo, pactuarem pelo voto da maioria.

É muito importante que o contrato social estabeleça o limite dos poderes e atribuições do administrador, visto ter este responsabilidade pessoal perante terceiros, quando extrapola os poderes e atribuições que lhe foram conferidos.

Art. 997.
VII – a participação de cada sócio nos lucros e nas perdas;

Todos os sócios têm direito de participar na distribuição dos lucros, bem como são responsáveis pelas perdas sociais. Tanto os lucros como as perdas equivalem ao percentual de participação do sócio no contrato social, exceto se houver disposição em contrário (art. 1.007). Entretanto, não pode haver previsão de exclusão de algum sócio na repartição dos lucros. Qualquer cláusula abusiva nesse sentido é nula (art. 1.008). Participar nas perdas significa contribuir suplementarmente em uma situação de necessidade da capitalização da sociedade, sendo, nesse caso, necessário estabelecer-se a extensão do direito de contribuir (art. 1.004, *caput*).

Art. 997.
VIII – se os sócios respondem, ou não, subsidiariamente, pelas obrigações sociais.

Esse inciso prevê opção aos sócios da sociedade simples que eles não possuem. Explica-se. A responsabilidade nessa espécie societária é subsidiária e ilimitada, como deixa clara a disposição do art. 1.023. Isso significa que os sócios, uma vez exaurido o patrimônio social, respondem pessoalmente e sem limitação de valor, obedecida a proporção de sua participação ajustada. Ou seja, se a sociedade não tem mais patrimônio e deve 1.000, o sócio que tem 10% da participação nas perdas pagará 100 e o que tem 90% pagará 900 dessa dívida (GONÇALVES NETO, 2008, p. 110) No entanto, é possível tornar solidária essa responsabilidade, bastando inserir no contrato social cláusula nesse sentido (art. 1.023, parte final).

Essa regra é totalmente controvertida e a doutrina se divide em interpretá-la. Se vingasse, seria possível aos sócios da sociedade simples estabelecer a exclusão da responsabilidade pessoal pelas dívidas da sociedade, contrariando a regra do art. 1.023 (GONÇALVES NETO, 2008, p. 110). De outro lado, entende-se que a exclusão da responsabilidade subsidiária é possível mediante pacto expresso nesse sentido e do conhecimento dos credores, sob pena de, não ter eficácia (PAOLUCCI, 2008, p. 132; GRAZIANI; MINERVINI; BELVISO, 2007, p. 194).

Art. 997.
Parágrafo único. É ineficaz em relação a terceiros qualquer pacto separado, contrário ao disposto no instrumento do contrato.

A publicidade é inerente ao pacto social. Todos os atos da sociedade necessitam estar arquivados no registro competente, sob pena de não valerem contra terceiros. Trata-se do princípio da transparência dos registros públicos, que tem por finalidade prática coibir atos atentatórios contra o direito de terceiros, ou seja, tem finalidade protetiva dos credores. Qualquer pacto em separado só valerá entre os sócios, não produzindo efeitos em relação aos terceiros.

Anote-se que as indicações contidas neste artigo não são exaustivas, aplicando-se outras espalhadas pela legislação.

Enunciado nº 206, III Jornada de Direito Civil – CJF/STJ: A contribuição do sócio exclusivamente em prestação de serviços é permitida nas sociedades cooperativas (art. 1.094, I) e nas sociedades simples propriamente ditas (art. 983, 2ª parte).

Enunciado nº 213, III Jornada de Direito Civil – CJF/STJ: O art. 997, inc. II, não exclui a possibilidade de sociedade simples utilizar firma ou razão social.

Enunciado nº 214, III Jornada de Direito Civil – CJF/STJ: As indicações contidas no art. 997 não são exaustivas, aplicando-se outras exigências contidas na legislação pertinente, para fins de registro.

Enunciado nº 383, IV Jornada de Direito Civil – CJF/STJ: A falta de registro do contrato social (irregularidade originária – art. 998) ou de alteração contratual versando sobre matéria referida no art. 997 (irregularidade superveniente – art. 999, parágrafo único) conduz à aplicação das regras da sociedade em comum (art. 986).

Enunciado nº 466, V Jornada de Direito Civil – CJF/STJ: Para fins do Direito Falimentar, o local do principal estabelecimento é aquele de onde partem as decisões empresariais, e não necessariamente a sede indicada no registro público.

Enunciado nº 478, V Jornada de Direito Civil – CJF/STJ: A integralização do capital social em bens imóveis pode ser feita por instrumento particular de contrato social ou de alteração contratual, ainda que se trate de sociedade sujeita ao registro exclusivamente no registro civil de pessoas jurídicas.

Enunciado nº 479, V Jornada de Direito Civil – CJF/STJ: Na sociedade simples pura (art. 983, parte final, do CC/2002), a responsabilidade dos sócios depende de previsão contratual. Em caso de omissão, será ilimitada e subsidiária, conforme o disposto nos arts. 1.023 e 1.024 do CC/2002.

> **Art. 998.** Nos trinta dias subsequentes à sua constituição, a sociedade deverá requerer a inscrição do contrato social no Registro Civil das Pessoas Jurídicas do local de sua sede.
> **§ 1º** O pedido de inscrição será acompanhado do instrumento autenticado do contrato, e, se algum sócio nele houver sido representado por procurador, o da respectiva procuração, bem como, se for o caso, da prova de autorização da autoridade competente.
> **§ 2º** Com todas as indicações enumeradas no artigo antecedente, será a inscrição tomada por termo no livro de registro próprio, e obedecerá a número de ordem contínua para todas as sociedades inscritas.

Consoante previsto no art. 967, a inscrição da sociedade no registro competente é requisito de sua constituição. Essa regra aplica-se também às sociedades simples, posto serem sociedades personificadas. Assim, o lapso temporal fixado no *caput* é regra inócua em termos de aquisição da personalidade jurídica, visando essa regra apenas salientar a necessidade de dar publicidade a terceiros das principais cláusulas contratuais e atos constitutivos da sociedade simples.

O § 1º traz requisito de constituição formal da sociedade, prevendo a necessidade de o contrato social vir autenticado para o seu registro, bem como acompanhado de procuração ou autorização, no caso de representação do sócio por terceiro.

Uma vez apresentado o contrato social de acordo com o disposto nos parágrafos anteriores, será inscrito no livro de registro próprio, obedecendo o número de ordem contínua para as sociedades inscritas.

Enunciado nº 215, III Jornada de Direito Civil – CJF/STJ: A sede a que se refere o *caput* do art. 998 poderá ser a da administração ou a do estabelecimento onde se realizam as atividades sociais.

> **Art. 999.** As modificações do contrato social, que tenham por objeto matéria indicada no art. 997, dependem do consentimento de todos os sócios; as demais podem ser decididas por maioria absoluta de votos, se o contrato não determinar a necessidade de deliberação unânime.
> **Parágrafo único.** Qualquer modificação do contrato social será averbada, cumprindo-se as formalidades previstas no artigo antecedente.

A maneira de modificar o contrato social é a mesma adotada em sua constituição, ou seja, o consenso de todos os sócios. A sociedade simples adota forma singela de constituição, sendo essa regra da unanimidade uma maneira de engessá-la.

A sociedade simples constitui uma sociedade de pessoas a qual depende da harmonia e compreensão dos sócios para sobreviver. Em verdade, nada obsta que os sócios deliberem pela exclusão da unanimidade e optem pela maioria de votos para modificar as cláusulas que contêm as matérias elencadas no art. 997, mesmo sendo essas regras referentes a substância da sociedade. Já a opção dada pelo legislador no *caput* de os sócios deliberarem inclusive por unanimidade com relação às demais matérias é um retrocesso. A dinâmica da atividade econômica não se submete ao rigor imposto pela lei, especialmente por não produzir um resultado prático se não dificultar as mudanças ocorridas durante essa exploração.

A maioria absoluta dos votos a que se refere o artigo é aquela obtida por votos que perfaçam mais da metade do capital social, o que já seria suficiente para modificar, inclusive, as questões referentes às matérias inseridas no art. 997, no nosso ponto de vista.

A necessidade de arquivamento das mudanças ocorridas no contrato social decorre da mesma regra já vastamente tratada da publicidade, bem como condiciona a modificação à produção de seus efeitos somente após a competente averbação no Cartório.

Art. 1.000

📖 Enunciado nº 216, III Jornada de Direito Civil – CJF/STJ: O quórum de deliberação previsto no art. 1.004, parágrafo único, e no art. 1.030 é de maioria absoluta do capital representado pelas quotas dos demais sócios, consoante a regra geral fixada no art. 999 para as deliberações na sociedade simples. Esse entendimento aplica-se ao art. 1.058 em caso de exclusão de sócio remisso ou redução do valor de sua quota ao montante já integralizado.

📖 Enunciado nº 384, IV Jornada de Direito Civil – CJF/STJ: Nas sociedades personificadas previstas no Código Civil, exceto a cooperativa, é admissível o acordo de sócios, por aplicação analógica das normas relativas às sociedades por ações pertinentes ao acordo de acionistas.

📖 Enunciado nº 385, IV Jornada de Direito Civil – CJF/STJ: A unanimidade exigida para a modificação do contrato social somente alcança as matérias referidas no art. 997, prevalecendo, nos demais casos de deliberação dos sócios, a maioria absoluta, se outra mais qualificada não for prevista no contrato.

**Art. 1.000. A sociedade simples que instituir sucursal, filial ou agência na circunscrição de outro Registro Civil das Pessoas Jurídicas, neste deverá também inscrevê-la, com a prova da inscrição originária.
Parágrafo único. Em qualquer caso, a constituição da sucursal, filial ou agência deverá ser averbada no Registro Civil da respectiva sede.**

Esta regra tem a função de dar publicidade de todos os atos constitutivos da sociedade, obrigando-a a dois registros: um na circunscrição de sua sede e outro na circunscrição municipal onde vá atuar.

A ausência de inscrição secundária, a nosso ver, caracteriza apenas infração administrativa e não implica na aplicação da regra da responsabilidade ilimitada dos sócios, como ocorre com a sociedade em comum.

A necessidade da inscrição da sucursal, filial ou agência tem a finalidade apenas de preencher o requisito da publicidade.

Seção II
Dos Direitos e Obrigações dos Sócios

Art. 1.001. As obrigações dos sócios começam imediatamente com o contrato, se este não fixar outra data, e terminam quando, liquidada a sociedade, se extinguirem as responsabilidades sociais.

Com a constituição da sociedade têm início as obrigações dos sócios. A primeira obrigação, na verdade, ocorre antes mesmo da constituição formal, uma vez que é elemento de sua constituição, a contribuição para a formação do capital social. A celebração do contrato social pode ser posterior à união dos sócios com o intuito comum de explorar a atividade econômica.

Assim, pode ocorrer que tenham eles preparado, antes mesmo da assinatura do pacto social, a estrutura necessária para a exploração da atividade escolhida.

Portanto, os direitos e obrigações dos sócios não nascem necessariamente com o contrato social. De se observar, apenas, que enquanto não houver pacto social, os sócios submetem-se às regras e efeitos da sociedade em comum, posto que a personalização só ocorre com a formalização da sociedade.

A opção deixada pelo legislador aos sócios de assinalar prazo para o início das obrigações posteriormente à celebração do contrato social parece inócua, posto que se sustenta que pacto nesse sentido seria ineficaz para fins de exclusão de qualquer tipo de responsabilidade.

O término das obrigações sociais, por sua vez, ocorre quando a sociedade é liquidada, permanecendo os efeitos dos direitos e obrigações de trato sucessivo.

Art. 1.002. O sócio não pode ser substituído no exercício das suas funções, sem o consentimento dos demais sócios, expresso em modificação do contrato social.

Trata-se de mais uma regra que denota a natureza personalista da sociedade simples. A exigência de consentimento unânime dos sócios, manifestado por alteração do contrato social, para a substituição de sócio, é uma manifestação da necessidade de ajuste do relacionamento pessoal que existe entre os sócios.

Os sócios podem se retirar a qualquer tempo da sociedade, com a opção de liquidar sua quota, cedê-la para outro sócio e até para terceiro, sendo certo que esta última opção depende da aplicação da regra em exame.

Para que ocorra a substituição do sócio, é indispensável a manifesta concordância dos demais, sendo só a partir daí que o ato começa a produzir seus efeitos. Na verdade, somente após o arquivamento dessa modificação do contrato social no Cartório a substituição opera seus efeitos, mormente com relação a terceiros.

**Art. 1.003. A cessão total ou parcial de quota, sem a correspondente modificação do contrato social com o consentimento dos demais sócios, não terá eficácia quanto a estes e à sociedade.
Parágrafo único. Até dois anos depois de averbada a modificação do contrato, responde o cedente solidariamente com o cessionário, perante a sociedade e terceiros, pelas obrigações que tinha como sócio.**

Esse artigo complementa o anterior, com tom repetitivo. Conforme a regra do art. 1.002, para que o sócio seja substituído na sociedade simples, é necessária a aprovação dos demais, mediante expressa modificação do contrato social. Sem a modificação no contrato social, a cessão das quotas que enseja a substituição não produz efeitos em relação aos demais sócios e à sociedade. Também não terá eficácia com relação a terceiros, lembrando sempre que a publicidade dos atos é regra aplicável a qualquer espécie de sociedade. A cessão da posição de sócio é transmitida como um todo unitário, salvo disposição negocial em contrário.

O parágrafo único criou regra protetiva em prol dos credores, bem como dos sócios que permanecem na sociedade. O lapso temporal de dois anos assinalado pelo legislador para fins de atribuir responsabilidade solidária entre cedente e cessionário é forma de garantir o cumprimento das obrigações assumidas pelo sócio cedente perante os demais sócios, a própria sociedade ou terceiros.

Importante analisar essa norma à luz do art. 1.146, porque no caso de alienação do estabelecimento empresarial também há norma semelhante em termos de responsabilidade solidária entre alienante e adquirente, condicionada, entretanto, à escrituração das dívidas contraídas pela sociedade diante do quadro societário substituendo. Entende-se que a responsabilidade solidária em questão se aplica ao sócio cessionário desde que este tenha conhecimento do fato, sendo esse conhecimento decorrente da publicidade dos atos de gestão da sociedade.

⚖ Embargos de declaração – Julgado da instância especial que anula parcialmente o acórdão de embargos de declaração, para apreciação de um dos argumentos deduzidos pela embargante. Acórdão que ora se complementa para se assentar que a embargada não responde por obrigações da pessoa jurídica, durante o período de dois anos após deixar de integrar os quadros da sociedade, da mesma forma que não responderia, em regra, pelas obrigações contraídas pela empresa enquanto dela foi sócia, por se cuidar de sociedade por cotas de responsabilidade limitada (CC, art. 1.052). De onde se conclui que a regra do art. 1.003 do CC, a que se apega a embargante, não guarda pertinência com a pretendida aplicação do mecanismo da desconsideração da personalidade jurídica. Interessa que, como remarcado no acórdão embargado, não é caso de incidência daquele excepcional mecanismo, por nada evidenciar que a embargada, jamais tendo exercido atos de administração e, aparentemente, representando mera figura decorativa nos quadros sociais, se beneficiou, direta ou indiretamente, dos supostos atos de desvio de bens. Acolheram parcialmente os embargos de declaração, com efeito meramente integrativo, mantida a rejeição do pedido aclaratório quanto ao mais (*TJSP* – EDcl 2078857-36.2017.8.26.0000, 12-3-2020, Rel. Ricardo Pessoa de Mello Belli).

⚖ Ação – Condições – Legitimidade *ad causam*. Ex-sócio que passa a compor o polo passivo em razão do pedido de desconsideração da personalidade jurídica da empresa devedora da qual se desligou – Legitimidade para oposição de embargos de terceiro para defesa de seus bens atingidos pela penhora – Precedente jurisprudencial – Preliminar afastada – Execução – Embargos de terceiro – Penhora de contas – Ex-sócio da devedora principal – Aperfeiçoamento da dissidência perante a JUCESP em prazo inferior a dois anos em relação à data da distribuição da ação de cobrança contra a devedora principal – Incidência do artigo 1.003 do Código Civil – Responsabilidade do embargante pelos atos e dívidas da sociedade da qual se desligou no biênio que sucedeu à averbação da alteração contratual na Junta Comercial – Validade da penhora reconhecida – Embargos julgados improcedentes em segundo grau – Apelo provido para tal fim (*TJSP* – Acórdão Apelação Cível 26-10-2011, Rel. Des. Maia da Rocha).

Art. 1.004. Os sócios são obrigados, na forma e prazo previstos, às contribuições estabelecidas no contrato social, e aquele que deixar de fazê-lo, nos trinta dias seguintes ao da notificação pela sociedade, responderá perante esta pelo dano emergente da mora.
Parágrafo único. Verificada a mora, poderá a maioria dos demais sócios preferir, à indenização, a exclusão do sócio remisso, ou reduzir-lhe a quota ao montante já realizado, aplicando-se, em ambos os casos, o disposto no § 1º do art. 1.031.

Contribuir para a formação do capital social é obrigação basilar dos sócios. Assim, ao constituírem a pessoa jurídica societária, os membros devem declinar a forma pela qual trarão os aportes para constituir o capital social. Como observado nos incisos III e IV do art. 997, o sócio pode contribuir com pecúnia, bens ou serviços, sendo exigência legal que essa contribuição venha discriminada no contrato social não só em relação ao valor, mas também no tocante à forma que será ele integralizado.

As contribuições a que o sócio se obriga podem ocorrer à vista ou a prazo. Integralizado o capital social subscrito pelo sócio, sua obrigação de contribuir para a formação do capital social estará cumprida, restando-lhe, eventualmente, obrigação suplementar de contribuir em caso de prejuízo ou necessidade.

A integralização a prazo, entretanto, traz consequências graves ao sócio se não se realizar no tempo estabelecido. Verificado o atraso na integralização do capital social por algum dos sócios, abrem-se à sociedade três opções, exercitáveis após a formalização da mora. Assim, encontrando-se algum sócio em mora na integralização, deve ser notificado para a purgação, tendo o prazo de 30 dias. Essa notificação poderá ser judicial ou extrajudicial. Durante esse lapso temporal, o sócio moroso fica responsável pelas consequências que podem advir dessa mora.

Esgotado esse prazo e não purgada a mora, a maioria dos demais sócios pode pleitear indenização do remisso, moroso ou decidir por sua exclusão, pois a não integralização do capital social constitui violação de dever social, caracterizando, assim, justa causa para a privação da condição de sócio.

Uma terceira opção pode ser exercitada pelos demais sócios consistindo na redução da quota do sócio remisso o montante correspondente ao valor já integralizado, ocorrendo integralização parcial. Sob essa alternativa, todavia, o capital social sofrerá redução. Os demais sócios poderão, então, suprir o valor correspondente à diminuição da quota integralizada parcialmente, a fim de que o capital social não sofra decréscimo, conforme o disposto no § 1º do art. 1.031.

Enunciado nº 216, III Jornada de Direito Civil – CJF/STJ: O quórum de deliberação previsto no art. 1.004, parágrafo único, e no art. 1.030 é de maioria absoluta do capital representado pelas quotas dos demais sócios, consoante a regra geral fixada no art. 999 para as deliberações na sociedade simples. Esse entendimento aplica-se ao art. 1.058 em caso de exclusão de sócio remisso ou redução do valor de sua quota ao montante já integralizado.

Art. 1.005. O sócio que, a título de quota social, transmitir domínio, posse ou uso, responde pela evicção; e pela solvência do devedor, aquele que transferir crédito.

A obrigação social de aportar bens para a formação do capital social possibilita que esse valor seja prestado em pecúnia, bens móveis ou imóveis e seus frutos, créditos ou, ainda, por trabalho. Quando a integralização for feita por bens, estes precisam ser passíveis de alienação, devendo sofrer avaliação pecuniária. No caso de transferência do domínio, posse ou uso do bem, o sócio indigitado é responsável pela evicção (arts. 447 ss) porque se coloca na posição de alienante. Essa disposição tem fundo protetivo em relação aos demais sócios, que não podem ser prejudicados, pois verteram bens de seu patrimônio na empreitada empresarial. O sócio que aporta bens diversos de pecúnia é sempre responsável pela sua respectiva higidez física e jurídica.

Da mesma forma ocorre com relação à solvência do crédito transferido para composição do capital social. Não honrado o crédito no prazo indicado, o sócio que assim contribuiu será responsável pela solvência.

Estamos na presença de um conjunto de garantias posto pelo legislador à formação do capital social e consequente promessa de êxito da atividade colimada pela sociedade em razão da suficiência patrimonial para tanto.

Art. 1.006. O sócio, cuja contribuição consista em serviços, não pode, salvo convenção em contrário, empregar-se em atividade estranha à sociedade, sob pena de ser privado de seus lucros e dela excluído.

A regra da exclusividade aqui estampada deve ser interpretada com a devida reserva, pois o texto pode levar o hermeneuta à equivocada conclusão de que o sócio cuja contribuição consista em serviços estaria impedido de desenvolver outra atividade econômica. Obviamente, ao assim entender estaria restabelecida uma restrição odiosa à liberdade individual e à livre iniciativa.

O sócio *de indústria* ou *operário*, como é conhecido no Direito italiano, para realizar sua contribuição consistente em serviços deve desenvolver uma jornada suficiente para obter o desiderato proposto quando da constituição da sociedade; deve prestar seu serviço na medida da necessidade para a consecução do objetivo social. Sob essa ótica, nada obsta que o sócio de indústria desenvolva outra atividade econômica, desde que não concorrente à da sociedade da qual faz parte. Ainda que essa outra atividade seja análoga ou concorrente, a convenção dos interessados pode autorizá-la. Cumpre, porém, que o contrato seja suficientemente claro.

Se o sócio de indústria transgredir a proibição sofrerá, em princípio, os efeitos dessa conduta, podendo perder seus lucros total ou parcialmente ou até mesmo ser expulso do quadro societário. A perda do lucro deve ser calculada proporcionalmente ao prejuízo causado pelo desvio de conduta ou mal desempenho do serviço prometido.

Enunciado nº 206, III Jornada de Direito Civil – CJF/STJ: A contribuição do sócio exclusivamente em prestação de serviços é permitida nas sociedades cooperativas (art. 1.094, I) e nas sociedades simples propriamente ditas (art. 983, 2ª parte).

Ação de reconhecimento e dissolução de sociedade empresária. Improcedência na origem. Autor que se diz sócio de fato e que contribuía com a sua indústria. Prova documental de que sempre esteve registrado como empregado, tanto na sociedade *sub judice*, quanto em outras. Reconhecimento, ademais, de que só não figurou como sócio de direito porque tinha restrições em órgãos de proteção ao crédito. Dolo confessado e incidência do disposto nos artigos 150 e 1.006, ambos do Código Civil. Sentença mantida. Apelação não provida (*TJSP* – Acórdão Apelação Cível 0013666-51.2009.8.26.0132, 27-9-2011, Rel. Des. Romeu Ricupero).

Art. 1.007. Salvo estipulação em contrário, o sócio participa dos lucros e das perdas, na proporção das respectivas quotas, mas aquele, cuja contribuição consiste em serviços, somente participa dos lucros na proporção da média do valor das quotas.

Outro direito fundamental do sócio é participar dos lucros, bem como das perdas. Como regra geral, não havendo disposição em contrário, a participação nos lucros e nas perdas é proporcional às quotas do sócio. Nas sociedades de pessoas, como a simples, prevalece o interesse dos sócios na repartição dos lucros; os lucros são destinados a ser repartidos entre os sócios. Já nas sociedades de capital, normalmente o lucro é utilizado no próprio desenvolvimento da pessoa jurídica; é reinvestido para implemento da atividade empresarial. A razão de o lucro ser destinado aos sócios na sociedade de pessoas funda-se na maior responsabilidade (ilimitada) e no maior risco patrimonial que cada sócio corre, sendo a divisão dos lucros uma forma de remuneração em compensação a esse risco (PAOLUCCI, 2008, p. 131).

Em relação às perdas, a regra é idêntica, participando cada sócio na proporção de sua contribuição para a formação do capital social.

A regra é diversa quanto ao sócio de indústria ou operário porque este participa apenas dos lucros e nunca das perdas. A fórmula apresentada para o cálculo da divisão do seu lucro não é eficiente, posto que, calculada pela média do valor das quotas, pode resultar em lucro maior para o sócio operário do que para os sócios comuns ou inoperável quando a sociedade for constituída apenas por dois sócios, um operário e outro comum.

📖 Enunciado nº 206, III Jornada de Direito Civil – CJF/STJ: A contribuição do sócio exclusivamente em prestação de serviços é permitida nas sociedades cooperativas (art. 1.094, I) e nas sociedades simples propriamente ditas (art. 983, 2ª parte).

Art. 1.008. É nula a estipulação contratual que exclua qualquer sócio de participar dos lucros e das perdas.

A participação dos sócios nos lucros e nas perdas é essencial, porque a causa do contrato social é a divisão dos lucros e das perdas (PAOLUCCI, 2008, p. 131).

Qualquer pacto que exclua o sócio da repartição dos lucros ou o isente das perdas, observada esta em relação ao sócio que contribui exclusivamente com serviços, é considerado leonino e eivado de nulidade.

Nada impede, entretanto, embora não seja comum, que um mesmo sócio participe em proporção diferente nos lucros e nas perdas. O que o ordenamento veda é a exclusão total de algum sócio na participação dos lucros e das perdas. Participação ínfima ou insignificante nos lucros ou nas perdas pode ser vista como cláusula leonina, fraude à lei. Importa examinar o caso concreto.

Art. 1.009. A distribuição de lucros ilícitos ou fictícios acarreta responsabilidade solidária dos administradores que a realizarem e dos sócios que os receberem, conhecendo ou devendo conhecer-lhes a ilegitimidade.

A distribuição de lucros ilícitos ou fictícios, decorrentes de documentos sem lastro ou balanços e balancetes-fantasma, acarreta graves consequências aos administradores e aos sócios envolvidos, sabedores do vício. Ilícito é o lucro obtido pela prática de crimes, como ocorre, por exemplo, em relação à sonegação fiscal. Fictícios, por sua vez, são os lucros criados por meio de fraude na escrituração, para fins de obtenção de vantagens. A chamada maquiagem do balanço é prática um tanto comum utilizada para vários fins, como por exemplo melhorar cadastros bancários e obter empréstimo, valorizar o preço de ações, entre outros fins, pois a fraude está sempre um passo à frente da lei.

A criação de lucros fictícios é expediente perigoso, pois realizada reiteradamente pode levar a sociedade à quebra, esvaziando progressivamente o patrimônio social.

A pena atribuída ao administrador que assim age é responsabilizá-lo solidariamente pelos resultados da prática ilegal. Sua má-fé é irrelevante para essa finalidade. Aos sócios beneficiados por essa prática será imposta a penalidade, desde que cientes da origem ilícita.

Os sócios que não participam da administração da sociedade dispõem apenas dos balanços patrimonial e de resultado para aferir e auferir os lucros. Trata-se de situação desfavorável posto que inviabiliza a análise da veracidade da escrituração contábil mormente quando ocorre adulteração não grosseira, forma hábil de lesar o patrimônio alheio e praticar crime.

Ocorrendo indícios de ciência dos sócios da origem ilegal dos lucros, a eles também se aplica a extensão da responsabilidade, tornando-os solidários pela prática e seus resultados.

📖 Enunciado nº 59, I Jornada de Direito Civil – CJF/STJ: Os sociogestores e os administradores das empresas são responsáveis subsidiária e ilimitadamente pelos atos ilícitos praticados, de má gestão ou contrários ao previsto no contrato social ou estatuto, consoante estabelecem os arts. 990, 1.009, 1.016, 1.017 e 1.091, todos do Código Civil.

📖 Enunciado nº 487, V Jornada de Direito Civil – CJF/STJ: Na apuração de haveres de sócio retirante (art. 1.031 do CC), devem ser afastados os efeitos da diluição injustificada e ilícita da participação deste na sociedade.

⚖️ Agravo de instrumento. Arrendamento mercantil. Cumprimento de sentença. Recurso interposto após prolação de decisão que determinou a intimação do agravante para pagamento, pugnando pelo deferimento de compensação de crédito, nos termos art. 1.009 do CC. Tema definido em anterior decisão que não foi combatida por meio de recurso próprio. Pretenso direito que deve ser buscado por vias próprias. Preclusão observada. Incidência dos artigos 505 e 507 do CPC. Decisão agravada mantida. Agravo de instrumento improvido, com determinação (*TJSP* – Ag 2266714-94.2018.8.26.0000, 10-4-2019, Rel. Cristina Zucchi).

⚖️ Apelação cível e recurso adesivo – **Apuração de dividendos** – Demanda anterior – Antecipação de tutela – Pagamento do pró-labore – Lei 6.404/1976 – Compensação indevida – Transação – Resolução de mérito – CPC art. 269, inc. III – Apelo recebido e provido – Recurso adesivo prejudicado – 1 – Apesar da perícia ter apurado os dividendos, equivocadamente os compensou com os valores mensais recebidos em antecipação de tutela. Ocorre que nesta decisão, não obstante tenha se feito menção acerca de dividendos, pela fundamentação exarada fica claro e expresso que o juiz se referia à continuidade do pagamento do pró-labore, o que, inclusive, foi confirmado no decorrer da execução. 2 – A política de dividendos envolve o lucro líquido apurado num determinado período a ser proporcionalmente distribuído aos acionistas (Lei 6.404/1976, artigo 202), logo a determinação judicial não poderia ser sobre tal verba, pois não é dado ao Poder Judiciário prever se uma sociedade obterá ou não lucro, muito menos de quanto será esse lucro. 3 – Na Sociedade Limitada, não bastasse o sócio participar dos lucros e das perdas na proporção das respectivas quotas, a distribuição de lucros fictícios pode acarretar responsabilidade solidária dos administradores que a realizarem e dos sócios que os receberem (artigos 1.007 e 1.009 do Código Civil).4 – A transação acarreta resolução de mérito (CPC art.269, inc. III), portanto não se pode discutir sobre os valores anteriores que foram recebidos por conta da antecipação da tutela, pois no decorrer da ação, sem que fosse feito qualquer ressalva, as partes celebraram acordo estabelecendo, não só o quanto seria pago pelas ações, mas também que o recorrente teria direito aos dividendos distribuídos. 5 – Não haveria motivo para acrescentar no instrumento de acordo o item sobre o recebimento de dividendo, sobretudo fazendo constar que o pagamento respectivo seria feito na mesma data estabelecida para o pagamento do preço estipulado pelas ações, do contrário seria mais ético que fosse consignado que tais valores seriam compensados com aqueles até então recebido pela determinação judicial. 6 – Com o deslinde da apelação o recurso adesivo visando a majoração da verba honoraria fica prejudicado, pois a sucumbência resta invertida, acresça-se que não é o caso de fixação em porcentual, porque considerando o acordo mencionado, o feito originário esteve mais para procedimento que toca à liquidação do que ação de natureza condenatória. (*TJPR* – AC 1241142-4, 21-1-2016, Rel. Juiz Subst. Victor Martim Batschke).

Seção III
Da Administração

Art. 1.010. Quando, por lei ou pelo contrato social, competir aos sócios decidir sobre os negócios da sociedade, as deliberações serão tomadas por maioria de votos, contados segundo o valor das quotas de cada um.
§ 1º Para a formação da maioria absoluta são necessários votos correspondentes a mais da metade do capital social.
§ 2º Prevalece a decisão sufragada por maior número de sócios no caso de empate, e, se este persistir, decidirá o juiz.
§ 3º Responde por perdas e danos o sócio que, tendo em alguma operação interesse contrário ao da sociedade, participar da deliberação que a aprove graças a seu voto.

Os negócios da sociedade podem ser decididos pelos sócios e não só pelo administrador. O contrato social pode estipular que determinados negócios deverão ser aprovados por voto dos sócios e não por ato de gestão do administrador.

O consentimento dos sócios, nesse caso, será obtido pela maioria absoluta dos votos, contados segundo o valor das quotas que corresponda a mais da metade do capital social. O legislador não fala, entretanto, na forma como serão obtidos esses votos, isto é, o método a ser utilizado.

Nas sociedades de capital, as decisões são tomadas em assembleias, o que demanda procedimento complexo. Parte-se da convocação dos sócios para em determinado dia e local discutirem a matéria em pauta e, por fim, votarem a respeito.

Essa forma de votação parece incompatível com a sociedade simples, que é uma sociedade singela, na qual não se exigem formalidades senão as mínimas necessárias à produção de efeitos dos atos.

Na sociedade limitada, que também é uma sociedade de pessoas, o legislador trouxe a opção de se substituírem as assembleias por reuniões entre os sócios ou até mesmo mediante manifestação escrita dos sócios (art. 1.072), prescindindo-se desse ato.

Parece que a forma com a qual serão obtidos os votos nesse caso não enseja nenhum ato de agrupamento dos sócios, podendo manifestar-se de qualquer modo em atendimento ao requisito da mutabilidade e rapidez das decisões, inerentes a essa espécie societária.

Por outro lado, importante considerar como será obtida a votação por maioria, ou seja, se é necessário para constituir essa maioria a consulta de todos os sócios ou se basta a consulta àqueles dos quais se necessitam os votos para essa maioria requerida.

Nesse sentido, a doutrina e jurisprudência italianas se dividem, sendo forte a discussão. Partindo da adoção do sistema de administração separada, não seria necessário consultar todos os sócios para se obter a maioria, mas somente aqueles cujos votos sejam necessários para computar a maioria absoluta, sendo despicienda a exigência de realização de assembleia ou reunião (FERRI, 1995, p. 150).

De outro lado encontra-se a preservação do método colegiado como corretivo indispensável do princípio majoritário. O método de decisões colegiadas permite garantir a cada um dos sócios a participação na formação das decisões, possibilitando decisão mais acertada (BOLAFFI, 1947, p. 304; FERRARA JR., 1971, p. 243; COCO, 1967, p. 199 ss).

O legislador brasileiro não deixa clara a sua opção, estabelecendo apenas a necessidade dos votos da maioria absoluta. Se esses votos decorrem da consulta a todos os sócios ou só daqueles que detêm quotas suficientes para o resultado prescrito, é questão em aberto para reflexão.

Melhor opção prática, sem dúvida, parece ser inserir no contrato social uma cláusula expressa adotando um dos métodos apontados.

O § 2º do artigo prescreve o método para a obtenção do resultado da votação, induzindo, inclusive, a adoção do sistema colegiado para votação. Havendo empate, cabe à sociedade e não aos sócios deduzir pedido judicial para a solução da controvérsia, devendo o julgador decidir levando em consideração o interesse da sociedade, observado o fim para a qual foi constituída.

Por fim, utilizando o sócio de seu voto para a obtenção de resultado ilícito em seu favor, será responsabilizado por perdas e danos. Trata-se, sem dúvida, de favorecer interesse pessoal e não de sócio contraposto ao da sociedade.

As regras desse artigo são teóricas e de pouco alcance prático, dada a natureza singela da sociedade simples, servindo, basicamente, como legislação suplementar.

Enunciado nº 217, III Jornada de Direito Civil – CJF/STJ: com a regência supletiva da sociedade limitada, pela lei das sociedades por ações, ao sócio que participar de deliberação na qual tenha interesse contrário ao da sociedade aplicar-se-á o disposto no art. 115, § 3º, da Lei nº 6.404/76. Nos demais casos, incide o art. 1.010, § 3º, se o voto proferido foi decisivo para a aprovação da deliberação, ou o art. 187 (abuso do direito), se o voto não tiver prevalecido.

Art. 1.011. O administrador da sociedade deverá ter, no exercício de suas funções, o cuidado e a diligência que todo homem ativo e probo costuma empregar na administração de seus próprios negócios.
§ 1º Não podem ser administradores, além das pessoas impedidas por lei especial, os condenados a pena que vede, ainda que temporariamente, o acesso a cargos públicos; ou por crime falimentar, de prevaricação, peita ou suborno, concussão, peculato; ou contra a economia popular, contra o sistema financeiro nacional, contra as normas de defesa da concorrência, contra as relações de consumo, a fé pública ou a propriedade, enquanto perdurarem os efeitos da condenação.
§ 2º Aplicam-se à atividade dos administradores, no que couber, as disposições concernentes ao mandato.

A administração consiste na atividade de execução do contrato social, destinada a realização do interesse para o qual a sociedade foi constituída.

A sociedade simples pode ser administrada tanto por sócios como por não sócios. Independentemente da sua condição de sócio ou não, o administrador deve se comportar dentro do tradicional padrão do *bonus pater familias* ou *do bom homem de negócios*. Entende-se que o administrador deve ir além desse comportamento e no panorama atual da atividade econômica deve ter capacidade de iniciativa, rapidez de ações e decisões, capacidade de escolha de pessoas e coisas, coragem e conhecimento do mundo dos negócios (COTTINO, 2008, p. 89), embora pareça uma visão ilusória mas não impossível, afinal a dinâmica e concorrência na atividade econômica exigem competência de gestão para o êxito da empresa.

A administração da sociedade, entretanto, não pode ser exercida por pessoas legalmente impedidas, entre as quais aquelas que estejam impedidas de ter acesso a cargos públicos (Lei nº 8.112/1990), condenadas por crime falimentar (Lei nº 11.101/2005, alterada pela Lei nº 14.112/2020), prevaricação (CP, art. 319), peita ou suborno (CP, art. 333, entendidas como corrupção ativa e passiva), crimes contra a economia popular (Lei nº 1.521/1951), contra o sistema financeiro (Lei nº 7.492/1986), contra a livre concorrência (Lei nº 12.529/2011), contra as relações de consumo (CDC), contra a fé pública (CP, arts. 289 a 311) ou contra a propriedade ou, ainda, aquelas com os impedimentos constantes do art. 974.

Nos demais, o administrador, embora não seja exatamente um mandatário, fica sujeito às normas do mandato no que forem compatíveis com sua atividade e função, observados os poderes que lhe foram conferidos pelos sócios e pela sociedade.

Enunciado nº 60, I Jornada de Direito Civil – CJF/STJ: as expressões "de peita" ou "suborno" do § 1º do art. 1.011 do novo Código Civil devem ser entendidas como corrupção, ativa ou passiva.

Enunciado nº 218, III Jornada de Direito Civil – CJF/STJ: não são necessárias certidões de nenhuma espécie para com provar os requisitos do art. 1.011 no ato de registro da sociedade, bastando declaração de desimpedimento.

Art. 1.012. O administrador, nomeado por instrumento em separado, deve averbá-lo à margem da inscrição da sociedade, e, pelos atos que praticar, antes de requerer a averbação, responde pessoal e solidariamente com a sociedade.

A sociedade simples, como já afirmado, pode ser administrada por terceiro estranho ao quadro social. É permitida, assim como ocorre por regra expressa nas sociedades limitadas (art. 1.061), a administração por terceiro.

A necessidade de averbação à margem da inscrição da sociedade do ato de nomeação do terceiro administrador decorre do princípio protetivo da transparência e publicidade dos atos praticados pela sociedade.

Dessa exigência procedem, ainda, consequências graves para o administrador, enquanto perdurar sua mora no cumprimento da obrigação, isto é, enquanto não averbado à margem da inscrição o ato constitutivo dessa modalidade de administrador, este responde pessoal e solidariamente com a sociedade. Trata-se de sanção imposta pelo descumprimento de seu primeiro ato de gestão.

Art. 1.013. A administração da sociedade, nada dispondo o contrato social, compete separadamente a cada um dos sócios.
§ 1º Se a administração competir separadamente a vários administradores, cada um pode impugnar operação pretendida por outro, cabendo a decisão aos sócios, por maioria de votos.
§ 2º Responde por perdas e danos perante a sociedade o administrador que realizar operações, sabendo ou devendo saber que estava agindo em desacordo com a maioria.

Característica das sociedades de pessoas, como é a simples, é a da administração separada, ou seja, ocupar a posição de administrador decorre do atributo inerente à condição de sócio, inclusive do sócio de indústria.

Com a constituição da sociedade o sócio está investido do poder de administrar, podendo iniciar ou terminar qualquer operação de interesse da sociedade, submetendo-se a eventual impugnação dos demais sócios que também ocupam a posição de administradores, ainda antes da concretização do ato. É o chamado poder de veto preventivo (CAGNASSO, 2007, p. 224) e a procedência da impugnação dar-se-á mediante a obtenção da maioria de votos dos sócios.

A vontade dos sócios em modificar essa regra deve vir inserta no contrato social, podendo, assim, a administração da sociedade competir a apenas um sócio; ou instituir administração conjunta com ou sem limitação de campo de atuação (coadministração, administração plural) e, ainda, instituir administração colegiada. Concluindo, o legislador delineia um modelo legal de repartição de competência e consente que os sócios constituam uma pluralidade de variantes.

Os poderes inerentes à condição de administrador encontram seu limite no objetivo social e nas disposições estatutárias, devendo-se observar, ainda, as regras de gestão empresarial.

O sócio que na condição de administrador realizar operações, sabendo ou devendo saber que estava agindo em desacordo com a maioria, responde por perdas e danos perante a sociedade.

Art. 1.014. Nos atos de competência conjunta de vários administradores, torna-se necessário o concurso de todos, salvo nos casos urgentes, em que a omissão ou retardo das providências possa ocasionar dano irreparável ou grave.

Na administração conjunta, é exigida a participação de todos os sócios para o exercício dos atos negociais; é imprescindível o consentimento de todos os sócios para a prática do ato de gestão.

Diversamente do que ocorre na administração separada, em que cada sócio é imbuído de poderes completos de administração, podendo ser exercidos individualmente por meio de cada um dos sócios, na administração conjunta o poder de administrar pertence ao grupo dos sócios e só pode ser exercido por estes em conjunto.

A exceção trazida refere-se a atos de gestão que necessitem ser praticados para salvaguardar direitos da sociedade, incluindo-se dessa forma os casos urgentes em que a omissão ou retardo das providências possa ocasionar dano irreparável e grave. A matéria é casuística e intuitiva.

Art. 1.015. No silêncio do contrato, os administradores podem praticar todos os atos pertinentes à gestão da sociedade; não constituindo objeto social, a oneração ou a venda de bens imóveis depende do que a maioria dos sócios decidir.
Parágrafo único. (Revogado pela Lei 14.195/2021)

Os poderes de gestão do administrador da sociedade simples são os triviais a uma gestão empresarial. É a prática dos atos próprios para a exploração da empresa.

Geralmente, o contrato social enumera alguns desses atos e veda outros expressamente, como faz em relação, por exemplo, à prestação de garantias. Mesmo não havendo previsão contratual acerca da proibição do administrador em onerar com garantias ou alienar bens imóveis da sociedade, aplica-se a regra desse artigo, sendo imprescindível para a oneração ou alienação dos bens imóveis o voto de aprovação da maioria dos sócios.

Aqui, mais uma vez, o legislador não fala que modalidade de maioria se aplica, mas entende-se que sempre quando não houver menção expressa acerca da necessidade da maioria absoluta, aplica-se a maioria simples para a complementação do conceito.

Apesar de a Lei nº 14.195/2021 ter excluído o parágrafo, que descrevia conduta dos administradores, seu texto é elucidativo para efeitos práticos. A responsabilidade pessoal do administrador perante a sociedade e perante terceiros é uma exceção porque a responsabilidade pelos atos de gestão é da sociedade, só ocorre se presente qualquer das hipóteses do parágrafo único do artigo anotado. Aqui se faz referência ao que constava do parágrafo.

A primeira causa de responsabilidade pessoal do administrador ocorre se este agir fora dos poderes que estiverem delimitados no contrato social e devidamente averbados no registro próprio da sociedade.

Também será pessoal a responsabilidade se houver prova de que o terceiro conhecia essa limitação de poderes e sua consequente violação pelo administrador.

Por fim, desde que a operação seja estranha ao objetivo da sociedade, assume o administrador responsabilidade pessoal. A compra de um iate, por exemplo, para uma indústria de confecção, certamente foge ao objetivo social.

📖 Enunciado nº 219, III Jornada de Direito Civil – CJF/STJ: está positivada a teoria *ultra vires* no Direito brasileiro, com as seguintes ressalvas: (a) o ato ultra vires não produz efeito apenas em relação à sociedade; (b) sem embargo, a sociedade poderá, por meio de seu órgão deliberativo, ratificá-lo; (c) o Código Civil amenizou o rigor da teoria ultra vires, admitindo os poderes implícitos dos administradores para realizar negócios acessórios ou conexos ao objeto social, os quais não constituem operações evidentemente estranhas aos negócios da sociedade; (d) não se aplica o art. 1.015 às sociedades por ações, em virtude da existência de regra especial de responsabilidade dos administradores (art. 158, II, Lei nº 6.404/76).

Art. 1.016. Os administradores respondem solidariamente perante a sociedade e os terceiros prejudicados, por culpa no desempenho de suas funções.

A atividade econômica é eminentemente de risco. A realização de bom ou mau negócio nem sempre decorre de culpa de quem o realiza. O limite entre a culpa e o risco na seara empresarial é tênue e necessita de análise casuística para chegar a um resultado capaz de superar esse divisor.

Ao atribuir responsabilidade solidária ao administrador por agir com culpa no desempenho de suas funções, o legislador não trouxe critérios seguros para a caracterização da culpa. Esta, como se sabe, pode apresentar-se sob a forma de negligência, imprudência ou imperícia, sendo mais perceptível no universo empresarial a imprudência presente na má avaliação do risco do negócio.

O fato é que a norma tem importância porque estabelece a responsabilidade ilimitada do administrador, tornando-se solidariamente responsável perante a sociedade e em relação a terceiros prejudicados.

A culpa grave é que deve ser considerada aqui, aquela que muito se aproxima do dolo. Cada ramo de atividade possui suas próprias regras e usos.

📖 Enunciado nº 59, I Jornada de Direito Civil – CJF/STJ: os sociogestores e os administradores das empresas são responsáveis subsidiária e ilimitadamente pelos atos ilícitos praticados, de má gestão ou contrários ao previsto no contrato social ou estatuto, consoante estabelecem os arts. 990, 1.009, 1.016, 1.017 e 1.091, todos do Código Civil.

📖 Enunciado nº 220, III Jornada de Direito Civil – CJF/STJ: é obrigatória a aplicação do art. 1.016 do Código Civil de 2002, que regula a responsabilidade dos administradores, a todas as sociedades limitadas, mesmo àquelas cujo contrato social preveja a aplicação supletiva das normas das sociedades anônimas.

📖 Enunciado nº 487, V Jornada de Direito Civil – CJF/STJ: na apuração de haveres de sócio retirante (art. 1.031 do CC), devem ser afastados os efeitos da diluição injustificada e ilícita da participação deste na sociedade.

Art. 1.017. O administrador que, sem consentimento escrito dos sócios, aplicar créditos ou bens sociais em proveito próprio ou de terceiros, terá de restituí-los à sociedade, ou pagar o equivalente, com todos os lucros resultantes, e, se houver prejuízo, por ele também responderá.
Parágrafo único. Fica sujeito às sanções o administrador que, tendo em qualquer operação interesse contrário ao da sociedade, tome parte na correspondente deliberação.

Aqui se cuida de conduta inadequada do administrador, desvio de finalidade. Essa regra enseja interpretação além do que certamente o legislador pensou ao preceituá-la, ou então, o que não se pode aceitar, foi condescendente com a prática de atos ilícitos.

O administrador que se apropria de créditos ou bens sociais em seu próprio proveito, ou beneficia terceiros com esses bens, sofre a singela sanção de restituir a sociedade ou, na sua impossibilidade, de pagar o equivalente com todos os lucros resultantes, respondendo também por eventuais prejuízos decorrentes dessa conduta ilícita.

Diante dessa redação, parece que o legislador permite que o administrador pratique ato ilícito e este seja interpretado apenas como falta grave. É como afirmar que é permitido desviar, desde que haja a restituição.

A fragilidade da norma e a imoral sanção correspondente assustam e atentam contra o disposto no art. 1.011. Restituir, ainda que com todos os lucros resultantes e recomposição do prejuízo, se houver, não é medida suficientemente eficiente para a punição diante da gravidade de tal conduta.

O simples desvio já configura ato ilícito, porque esvazia o patrimônio da pessoa jurídica em proveito que não o da sociedade. Tal conduta deve ensejar justa causa para a exclusão do administrador e não simples cometimento de falta grave, tornada sem efeito pela recomposição do *status quo ante*.

Enunciado nº 59, I Jornada de Direito Civil – CJF/STJ: os sociogestores e os administradores das empresas são responsáveis subsidiária e ilimitadamente pelos atos ilícitos praticados, de má gestão ou contrários ao previsto no contrato social ou estatuto, consoante estabelecem os arts. 990, 1.009, 1.016, 1.017 e 1.091, todos do Código Civil.

Art. 1.018. Ao administrador é vedado fazer-se substituir no exercício de suas funções, sendo-lhe facultado, nos limites de seus poderes, constituir mandatários da sociedade, especificados no instrumento os atos e operações que poderão praticar.

Nas sociedades simples, a condição de administrador, salvo estipulação contratual em contrário, decorre da própria condição de sócio. Entretanto, pode o administrador ser terceiro que não pertença ao quadro societário, como se decorre da regra do art. 1.012.

Embora uma primeira leitura possa induzir a ocorrência de possível contradição entre o art. 1.018 e o art. 1.012, tal não existe. Não obstante o artigo em exame vede a substituição do administrador no exercício de suas funções e o art. 1.012 autorize o exercício da administração por terceiro, não há contradição desde que os artigos sejam interpretados em conjunto.

O que o legislador pretendeu dizer é que a responsabilidade do administrador permanece, ainda que os sócios contratem terceiro para administrar, o chamado "administrador-delegado", não podendo, assim, os administradores fazerem-se substituir, respondendo pelos atos praticados por terceiro contratado como se praticado por eles mesmos.

O administrador contratado é um mandatário e, por isso, responde nos termos da representação, sendo de sua responsabilidade qualquer contratação de terceiro que fizer para auxiliá-lo na sua gestão. Muito importa examinar os atos constitutivos da sociedade e os limites delineados para o administrador.

Art. 1.019. São irrevogáveis os poderes do sócio investido na administração por cláusula expressa do contrato social, salvo justa causa, reconhecida judicialmente, a pedido de qualquer dos sócios.

Parágrafo único. São revogáveis, a qualquer tempo, os poderes conferidos a sócio por ato separado, ou a quem não seja sócio.

O sócio administrador não pode ser afastado da direção por serem irrevogáveis seus poderes, consoante essa norma cogente. Mesmo que não haja previsão no contrato social da irrevogabilidade desses poderes, aplica-se o disposto no art. 1.002.

A única forma de os poderes do administrador sócio serem revogados é por meio de decisão judicial decorrente de pedido de sócio ou sócios e desde que caracterizada justa causa no exercício da gestão. Nem a unanimidade dos sócios para revogar os poderes de administração é suficiente para tornar sem efeitos esses poderes.

Cabe à Justiça analisar a ocorrência de justa causa e analisar no caso concreto o ato gravíssimo que dê o suporte fático a esse conceito indeterminado. A legitimidade para deduzir tal pedido cabe a cada sócio individualmente, não havendo necessidade de quórum para tanto.

Com relação ao terceiro que é nomeado administrador por ato em separado ou destacado, a regra é outra, uma vez que seus poderes são revogáveis. O parágrafo único não traz o motivo que ensejaria essa revogação, mas deve-se fazer sua leitura em consonância com o *caput* e, portanto, também perante a ocorrência de justa causa.

O fundamento da diferenciação trazida nessa regra certamente decorre da pessoalidade que é inerente à sociedade simples.

Art. 1.020. Os administradores são obrigados a prestar aos sócios contas justificadas de sua administração, e apresentar-lhes o inventário anualmente, bem como o balanço patrimonial e o de resultado econômico.

Os administradores, como todos os que cuidam de patrimônio alheio, têm o dever de informar os sócios acerca dos atos de sua administração. As contas consideram-se justificadas quando embasadas em documentos que lhes conferem higidez.

Como obrigação complementar, o administrador está obrigado a anualmente apresentar aos sócios o balanço patrimonial e o de resultado econômico, para que se possa conhecer a origem dos lucros ou perdas e, assim, legitimar a administração.

Art. 1.021. Salvo estipulação que determine época própria, o sócio pode, a qualquer tempo, examinar os livros e documentos, e o estado da caixa e da carteira da sociedade.

Os sócios têm o direito de tomar conhecimento dos elementos levados em consideração para a consecução dos atos de gestão. Têm, assim, o direito de informação. Essa regra é a contrapartida da obrigação atribuída ao administrador pelo artigo anterior.

Tendo o sócio direito a examinar os documentos e os livros empresariais, o conhecimento dos demais atos escriturais (arts. 1.188 e 1.189) também é inerente a esse seu direito, o que por sua vez obriga o administrador a tê-los em boa guarda, bem como a exibi-los quando solicitado.

A negativa dessas informações confere ao sócio o direito de deduzir pedido judicial para esse fim (arts. 1.190 a 1.193).

Seção IV
Das Relações com Terceiros

Art. 1.022. A sociedade adquire direitos, assume obrigações e procede judicialmente, por meio de administradores com poderes especiais, ou, não os havendo, por intermédio de qualquer administrador.

Administração e representação da sociedade são institutos que não se confundem, embora uma mesma pessoa possa deter concomitantemente a administração e a representação da sociedade.

Administrar a sociedade significa adquirir poderes de gestão da empresa. Representar, por sua vez, traduz-se no poder de realizar operações sociais em nome e no interesse da sociedade e de obrigá-la perante terceiros. É nossa preferência fundar em PONTES DE MIRANDA e utilizar o vocábulo correto *presentação* e não representação, porque a representação pressupõe incapacidade fato, o qual não ocorre com a sociedade. A sociedade é capaz como sujeito de direito, mas diante da sua existência imaterial, necessita de alguém para *se fazer presente*, para *presentá-la*; torná-la presente.

A presentação da sociedade não exige ser conferida necessariamente ao administrador.

Art. 1.023. Se os bens da sociedade não lhe cobrirem as dívidas, respondem os sócios pelo saldo, na proporção em que participem das perdas sociais, salvo cláusula de responsabilidade solidária.

Tem-se aqui mais uma vez a controvertida questão da responsabilidade subsidiária. O art. 997, VIII, como já sustentado, prevê uma opção que o sócio da sociedade simples não tem. Em comentários àquele artigo, fez-se referência exatamente à letra deste art. 1.023, que é claro, ao instituir a responsabilidade subsidiária e ilimitada aos sócios da sociedade simples.

É isso que o artigo preceitua: uma vez exaurido o patrimônio social, responde o sócio pessoalmente e sem limitação de valor, obedecida a proporção de sua participação ajustada, pelas dívidas sociais.

A questão da responsabilidade solidária encontra-se em nível diverso da subsidiária, porque o efeito da solidariedade é responsabilizar cada sócio pelo cumprimento integral da obrigação. Com cláusula de solidariedade a participação na proporção das perdas tem seu sentido alterado, uma vez que poder-se-á, então, exigir o cumprimento integral da obrigação de qualquer sócio, não valendo, assim, a limitação da proporção de participação nas perdas. A solidariedade é tratada pelos arts. 264 a 285.

📖 Enunciado nº 61, I Jornada de Direito Civil – CJF/STJ: o termo "subsidiariamente" constante do inc. VIII do art. 997 do Código Civil deverá ser substituído por "solidariamente" a fim de compatibilizar esse dispositivo com o art. 1.023 do mesmo Código.

⚖️ Agravo de instrumento. Recurso oposto em face do indeferimento do incidente de desconsideração de personalidade jurídica. Inaplicabilidade do art. 1.023 do CC/02 às associações civis sem fins lucrativos. Utilização indevida da associação pelo seu presidente que, ademais, está em discussão em outra demanda. Decisão mantida. Agravo desprovido (*TJSP* – Ag 2071054-65.2018.8.26.0000, 3-8-2018, Rel. Pedro de Alcântara da Silva Leme Filho).

⚖️ Recursos especiais. **Civil e empresarial**. Extinta rio 2004 S/C. Contratação de serviços de marketing. Ação de cobrança e de ressarcimento ajuizada em face das suas antigas sócias. I – Contratação de serviços de marketing pela extinta RIO 2004 S/C, sociedade cujo objetivo social consistia na organização e promoção da candidatura da Cidade do Rio de Janeiro como sede dos Jogos Olímpicos de 2004. II – Condenação das suas antigas sócias ao pagamento dos valores devidos em razão da confecção, pela prestadora dos serviços, da parte relativa ao marketing do texto entregue ao Comitê Olímpico e, ainda, ao ressarcimento de quantias adiantadas. III – Inexistência de violação aos arts. 128, 165, 458 e 535 do CPC. IV – Nas sociedades em que a responsabilidade dos sócios perante as obrigações sociais é ilimitada, como ocorre nas sociedades simples (art. 1.023 do CC/02), não se faz necessária, para que os bens pessoais de seus sócios respondam pelas suas obrigações, a desconsideração da sua personalidade. Doutrina. V – Consequente legitimidade passiva 'ad causam' das antigas sócias da RIO 2004 S/C para responderem pelas obrigações contratuais assumidas pela sociedade. VI – Admissível a utilização de prova exclusivamente testemunhal para a comprovação de serviços prestados. Precedentes específicos, inclusive da Segunda Seção. VII – Reconhecido o cumprimento da prestação a cargo da contratada, incabível a arguição, pelas sócias da contratante, da exceção de contrato não cumprido, recaindo sobre elas o ônus da comprovação dos fatos impeditivos, modificativos ou extintivos. Inteligência dos arts. 1.092 do CC/16 e 333, I e II, do CPC. VIII – recursos especiais desprovidos (*STJ* – Acórdão Recurso Especial 895.792 – RJ. 7-4-2011, Rel. Min. Paulo de Tarso Sanseverino).

Art. 1.024. Os bens particulares dos sócios não podem ser executados por dívidas da sociedade, senão depois de executados os bens sociais.

Mesmo sendo ilimitada a responsabilidade dos sócios, os credores devem obedecer o *benefício de ordem* trazido pela norma para a satisfação de seus créditos. É imprescindível que primeiramente sejam excutidos os bens da sociedade devedora, e, no caso de insuficiência patrimonial, estender-se-á a responsabilidade patrimonial aos sócios sob sua responsabilidade ilimitada.

Não teria sentido se o codificador tivesse eleito uma estrutura diferente, pois a sociedade é sujeito de direito e tem seu patrimônio próprio, formado exclusivamente para a consecução do objetivo social para o qual foi constituída. Do contrário, não haveria necessidade de constituir-se sociedade para a exploração da atividade empresarial.

A responsabilidade ilimitada dos sócios da simples, portanto, tem natureza subsidiária, suplementar, indireta.

Art. 1.025. O sócio, admitido em sociedade já constituída, não se exime das dívidas sociais anteriores à admissão.

Esse dispositivo deve ser visto em consonância com o art. 1.032, que prevê a responsabilidade do sócio retirante pelo prazo de dois anos após a averbação da resolução da sociedade.

O sistema de responsabilidade dos sócios criado pelo legislador, tratando-se de cessão ou retirada das sociedades, foi uma forma de coibir o uso indiscriminado das sociedades como meio de fraudar credores. As substituições de sócios por "laranjas" ou "bonecos de palha" é expediente infelizmente comum no universo negocial.

Com a extensão da responsabilidade dos sócios durante um período após a cessão das quotas ou retirada ou, ainda, resolução das sociedades, os sócios ingressantes continuam responsáveis pelas obrigações e dívidas já assumidas pela sociedade. Essa responsabilidade é a mesma que o sócio cedente ou retirante tinha na sociedade.

Agravo de Instrumento. Desconsideração da personalidade jurídica de empresas a fim de atingir o patrimônio de seus sócios. Patente preenchimento dos requisitos do art. 50 do CC no caso concreto. Responsabilização dos agravantes que decorre logicamente do decidido nos Agravos de Instrumento nº 2255163-25.2015.8.26.0000 e 2066751-42.2017.8.26.0000 e do não pagamento do crédito exequendo. Edição do § 1º do art. 50 do CC que robustece ainda mais o deferimento da desconsideração. Ilícito gerador do crédito exequendo não praticado diretamente por empresas já incluídas no polo passivo e/ou pelos agravantes. Irrelevância. Grupo econômico configurado. Responsabilidade solidária (cf. arts. 7º, p. único e 25, § 1º, do CDC e art. 942 do CC). Inexistência de patrimônio dos executados que por si só autoriza a responsabilização dos agravantes, consoante o art. 28, § 5º do CDC. Insolvência dos executados não refutada pela prova documental apresentada. Sócia que não integrava o quadro societário à época dos fatos e do ajuizamento da ação que também deve ser incluída no polo passivo, nos termos dos arts. 1.003, par. único e 1.025 do CC. Recurso não protelatório. Decisão mantida (art. 252 do RITJSP – Ag 2288456-44.2019.8.26.0000, 4-3-2020, Rel. Alexandre Marcondes).

Civil – Cumprimento de sentença – **Desconsideração da personalidade jurídica da empresa executada** – Penhora de bens de sócio – Possibilidade – Embargos de terceiro para liberação de ativos financeiros – Rejeitada nulidade de citação na ação originária – Cessão de cotas sociais – Responsabilidade solidária do cessionário por débitos da sociedade – Pedido inicial julgado improcedente – Sentença mantida – 1 – Rejeita-se a questionada nulidade de citação ocorrida após extinção irregular de sociedade empresária. Não promovida a liquidação, não há dissolução regular e, por isso, a pessoa jurídica subsiste para todos os fins de direito, podendo ser demandada judicialmente por seus credores. Inteligência dos artigos 51 e 1.036 do Código Civil. 2 – Nas obrigações oriundas da relação de consumo, diante da dificuldade de reparação dos prejuízos em razão da insolvência da sociedade empresária, é possível a desconsideração da personalidade jurídica do executado (art. 28, § 5º, do CDC). Para tanto, não há espaço para perquirir culpa e o causador do dano, pois descabido distinguir entre os sócios da sociedade limitada. Sejam gerentes, administradores ou quotistas minoritários, todos os sócios são alcançados pela desconsideração da personalidade jurídica. Precedente no STJ. 3- Nos termos do art. 1.025 do Código Civil, **o sócio, admitido em sociedade constituída, não se exime das dívidas sociais anteriores à admissão**. Além disso, conforme o parágrafo único do art. 1.003 do Código Civil, cedente e cessionário de cotas sociais respondem solidariamente perante a sociedade e terceiros pelas obrigações havidas como sócio, pelo prazo de até dois anos, contado da averbação da modificação do contrato. 4- Apelação conhecida e não provida. (*TJDFT* – Proc. 20150510048494APC – (985001), 5-12-2016, Rel. Fábio Eduardo Marques).

Art. 1.026. O credor particular de sócio pode, na insuficiência de outros bens do devedor, fazer recair a execução sobre o que a este couber nos lucros da sociedade, ou na parte que lhe tocar em liquidação.
Parágrafo único. Se a sociedade não estiver dissolvida, pode o credor requerer a liquidação da quota do devedor, cujo valor, apurado na forma do art. 1.031, será depositado em dinheiro, no juízo da execução, até noventa dias após aquela liquidação.

Esse tormentoso tema continua gerando infindáveis controvérsias, embora o legislador tenha tentado estabelecer uma regra razoável para a satisfação dos credores. O sócio pode ter dívidas particulares cujo patrimônio pessoal não seja capaz de garantir o cumprimento.

Nesse caso, o codificador abriu ao credor a possibilidade de penhorar os lucros da sociedade pertencente ao sócio devedor ou na parte que lhe tocar em liquidação. Ou seja, o credor pode deduzir pedido de constrição judicial sobre o lucro a que o sócio tem direito, já concretizado ou na expectativa de lucro em exercício futuro.

Não havendo lucros a serem distribuídos ao sócio devedor ou sendo insuficientes, foi criado um sistema híbrido que corresponde à liquidação da quota (COST, 1984, p. 159). Em princípio deve necessariamente ser esgotada a alternativa da constrição sobre os lucros, para só então o credor deduzir pedido de penhora sobre o valor das quotas. Isso porque esse expediente é uma interferência indevida na economia interna da sociedade, pois corresponde a liquidação parcial da pessoa jurídica que deverá arcar com os recursos correspondentes ao valor das quotas.

Pedindo o credor a liquidação da quota para garantia da execução, deve fazê-lo nos termos do disposto no art. 1.031, consoante determina o parágrafo único.

Enunciado nº 386, IV Jornada de Direito Civil – CJF/STJ: na apuração dos haveres do sócio devedor, por consequência da liquidação de suas quotas na sociedade para pagamento ao seu credor (art. 1.026, parágrafo único), não devem ser consideradas eventuais disposições contratuais restritivas à determinação de seu valor.

Enunciado nº 387, IV Jornada de Direito Civil – CJF/STJ: a opção entre fazer a execução recair sobre o que ao sócio couber no lucro da sociedade ou sobre a parte que lhe tocar em dissolução orienta-se pelos princípios da menor onerosidade e da função social da empresa.

Enunciado nº 388, IV Jornada de Direito Civil – CJF/STJ: o disposto no art. 1.026 do Código Civil não exclui a possibilidade de o credor fazer recair a execução sobre os direitos patrimoniais da quota de participação que o devedor possui no capital da sociedade.

Enunciado nº 389, IV Jornada de Direito Civil – CJF/STJ: quando se tratar de sócio de serviço, não poderá haver penhora das verbas descritas no art. 1026, se de caráter alimentar.

Penhora de quotas sociais – Execução de título extrajudicial – Decisão que indeferiu o pedido de penhora de quotas sociais de EIRELI – Possibilidade – Quotas sociais de EIRELI integram o patrimônio de seu único sócio instituidor – Eventual dívida contraída pelo sócio pode ser satisfeita mediante a penhora, com base no artigo 835, IX, do CPC – Penhora de quotas sociais da sociedade de responsabilidade limitada possui previsão legal no art. 1.026 do CC, e, por aplicação subsidiária, a norma também incide em relação à empresa individual de responsabilidade limitada, conforme artigo 980-A, § 6º, do mesmo diploma – Decisão reformada – Recurso provido (*TJSP* – Ag 2245206-58.2019.8.26.0000, 19-12-2019, Rel. Spencer Almeida Ferreira).

Embargos de terceiro – **Penhora de cotas sociais e de faturamento da empresa embargante** – Redução das cotas sociais – Procedência parcial do pedido – Julgamento extra petita inocorrente – Credor particular de sócio – Constrição incidente sobre 30% do lucro distribuído ao sócio-devedor – Admissibilidade – Art. 1.026 do Código Civil – Sentença mantida – Litigância de má-fé não evidenciada – Recurso improvido (*TJSP* – Acórdão Apelação Cível 9210620-22.2009.8.26.0000, 31-8-2011, Rel. Des. Ligia Araújo Bisogni).

Art. 1.027. Os herdeiros do cônjuge de sócio, ou o cônjuge do que se separou judicialmente, não podem exigir desde logo a parte que lhes couber na quota social, mas concorrer à divisão periódica dos lucros, até que se liquide a sociedade.

As pretensões patrimoniais dos herdeiros do cônjuge do sócio ou do cônjuge do sócio que se separou judicialmente mereceu tratamento diverso do despendido ao credor no artigo anterior, optando pela preservação da empresa.

Os herdeiros do cônjuge de sócio ou o cônjuge separado judicialmente não podem, como os credores do artigo anterior, pedir a liquidação da quota e receber o valor correspondente em 90 dias, só podendo concorrer à divisão periódica dos lucros até que se liquide a sociedade. Ou melhor, concorrer até a satisfação do valor devido do crédito. Dado o caráter pessoal da simples, o ingresso dos herdeiros na sociedade só é possível mediante previsão no contrato social.

Seção V
Da Resolução da Sociedade em Relação a um Sócio

Art. 1.028. No caso de morte de sócio, liquidar-se-á sua quota, salvo:
I – se o contrato dispuser diferentemente;
II – se os sócios remanescentes optarem pela dissolução da sociedade;
III – se, por acordo com os herdeiros, regular-se a substituição do sócio falecido.

O direito atual não admite mais a concepção da legislação passada segundo a qual a morte de um dos sócios ocasionaria a dissolução da sociedade. O presente dispositivo traz regra geral diversa, determinando, na ausência de outros caminhos apontados nos incisos, apenas a liquidação da quota do falecido sócio.

A pessoalidade, a criação *intuitu personae*, é inerente à sociedade simples, tendo o *affectio societatis* especial relevo nessa espécie societária. Por isso essa regra geral inserta no *caput* prevendo a extinção do seu vínculo social no caso de morte de um dos sócios. Trata-se da conhecida *dissolução parcial* da sociedade, agora mais adequadamente tratada como resolução da sociedade em relação a um sócio, porque com a morte do sócio não ocorre a dissolução parcial da sociedade, apenas extingue-se o vínculo social do falecido com os demais sócios. A liquidação do sócio falecido deve ser feita observando-se o procedimento do art. 1.031. A sociedade em princípio sobrevive, ainda que desfalcada de seu acervo patrimonial originário.

Não obstante esse caráter pessoal, os sócios podem, quando da constituição da sociedade, inserir cláusula contratual possibilitando o ingresso de herdeiro do sócio falecido na sociedade (I).

Outra opção para o caso de morte de um dos sócios é que os demais sócios optem pela dissolução da sociedade, ato que revela o peso da pessoalidade nessa modalidade societária (II).

Pode ocorrer que não haja cláusula no contrato social prevendo a substituição do sócio falecido pelos herdeiros, prevalecendo então a regra do *caput*. Ainda assim, os sócios remanescentes e os herdeiros podem decidir pela substituição, autorizando os herdeiros a ingressar no quadro social.

A melhor técnica é sempre inserir no contrato social cláusula expressa autorizando ou vedando a substituição dos herdeiros do sócio falecido, pois a questão é tormentosa e de difícil resolução na prática forense, dando margem a inúmeras fricções.

Enunciado nº 221, III Jornada de Direito Civil – CJF/STJ: diante da possibilidade de o contrato social permitir o ingresso na sociedade do sucessor de sócio falecido, ou de os sócios acordarem com os herdeiros a substituição de sócio falecido, sem liquidação da quota em ambos os casos, é lícita a participação de menor em sociedade limitada, estando o capital integralizado, em virtude da inexistência de vedação no Código Civil.

Enunciado nº 480, V Jornada de Direito Civil – CJF/STJ: revoga o Enunciado nº 390 da III Jornada ["Em regra, é livre a retirada de sócio nas sociedades limitadas e anônimas fechadas, por prazo indeterminado, desde que tenham integralizado a respectiva parcela do capital, operando-se a denúncia (arts. 473 e 1.029)"].

Art. 1.029. Além dos casos previstos na lei ou no contrato, qualquer sócio pode retirar-se da sociedade; se de prazo indeterminado, mediante notificação aos demais sócios, com antecedência mínima de sessenta dias; se de prazo determinado, provando judicialmente justa causa.
Parágrafo único. Nos trinta dias subsequentes à notificação, podem os demais sócios optar pela dissolução da sociedade.

O artigo trata da retirada espontânea do sócio da sociedade, o chamado direito de recesso, motivado pelo seu dissenso unilateral. Ninguém pode ser compelido a associar-se ou a permanecer associado, dispõe o inciso XX do art. 5º da Constituição Federal. A autonomia de vontade prevalece na seara contratual. Em simples palavras: ninguém está obrigado a manter vínculo contratual, observadas, é claro, as consequências do rompimento anormal desse vínculo.

Na retirada espontânea de sócio da sociedade simples, a matéria não demanda complexidade, devendo o sócio retirante apenas observar o trâmite legal para esse desiderato.

Tratando-se de sociedade contratada por prazo indeterminado, é necessário que o sócio retirante notifique os demais sócios com antecedência mínima de 60 dias, sob pena de, não observado esse prazo, o ato de conhecimento não produzir seus regulares efeitos, isto é, não ocorrer extinção regular do vínculo social. Os demais sócios não podem objetar a retirada, senão exigir o cumprimento das obrigações até então contraídas, observado o prazo do art. 1.032.

No caso da retirada espontânea por prazo indeterminado, uma vez notificados os demais sócios, estes podem optar pela dissolução da sociedade ao invés de prosseguirem com a exploração da atividade econômica, se entenderem ser essencial a figura do sócio retirante para a consecução do objetivo social.

Questão que demanda um pouco mais de raciocínio refere-se à retirada do sócio de sociedade constituída por prazo determinado, pois nesse modelo a retirada abrupta pode comprometer a realização do objetivo social. Por essa razão a lei exige a caracterização da *justa causa*, de motivação da retirada. Essa justa causa é um conceito em aberto que deve ser definido no caso concreto. Entende-se que se os demais sócios, após serem notificados da retirada do sócio da sociedade por prazo determinado, concordarem, não será necessário ao sócio retirante deduzir pedido judicial para esse fim.

Somente no caso de dissídio resultante do pedido de retirada o sócio retirante deverá comprovar judicialmente sua causa legítima para extinguir o vínculo social antecipadamente, nos termos previstos no artigo. A justa causa deve ser entendida como aquela fundada na quebra do equilíbrio no relacionamento pessoal entre os sócios.

Recurso especial. Direito empresarial. Direito societário. Sociedade limitada. Aplicação supletiva das normas relativas a sociedades anônimas. Art. 1.053 do CC. Possibilidade de retirada voluntária imotivada. Aplicação do art. 1.029 do CC. Liberdade de não permanecer associado garantida constitucionalmente. Art. 5º, XX, da CF. Omissão relativa à retirada imotivada na Lei n. 6.404/76. Omissão incompatível com a natureza das sociedades limitadas. Aplicação do art. 1.089 do CC. 1. Entendimento firmado por este Superior Tribunal no sentido de ser a regra do **art. 1.029 do CC aplicável às sociedades limitadas**, possibilitando a retirada imotivada do sócio e mostrando-se despiciendo, para tanto, o ajuizamento de ação de dissolução parcial. 2. Direito de retirada imotivada que, por decorrer da liberdade constitucional de não permanecer associado, garantida pelo inciso XX do art. 5º da CF, deve ser observado ainda que a sociedade limitada tenha regência supletiva da Lei n. 6.404/76 (Lei das Sociedades Anônimas). 3. A ausência de previsão na Lei n. 6.404/76 acerca da retirada imotivada não implica sua proibição nas sociedades limitadas regidas supletivamente pelas normas relativas às sociedades anônimas, especialmente quando o art. 1.089 do CC determina a aplicação supletiva do próprio Código Civil nas hipóteses de omissão daquele diploma. 4. Caso concreto em que, ainda que o contrato social tenha optado pela regência supletiva da Lei n. 6.404/76, há direito potestativo de retirada imotivada do sócio na sociedade limitada em questão. 5. Tendo sido devidamente exercido tal direito, conforme reconhecido na origem, não mais se mostra possível a convocação de reunião com a finalidade de deliberar sobre exclusão do sócio que já se retirou. 6. Recurso especial provido (*STJ – REsp 1839078/SP*, 9-3-2021, Rel. Ministro Paulo de Tarso Sanseverino).

Art. 1.030. Ressalvado o disposto no art. 1.004 e seu parágrafo único, pode o sócio ser excluído judicialmente, mediante iniciativa da maioria dos demais sócios, por falta grave no cumprimento de suas obrigações, ou, ainda, por incapacidade superveniente.

Parágrafo único. Será de pleno direito excluído da sociedade o sócio declarado falido, ou aquele cuja quota tenha sido liquidada nos termos do parágrafo único do art. 1.026.

A prática de falta grave pelo sócio possibilita à maioria dos demais sócios pleitearem sua exclusão judicial. Embora o legislador tenha trazido pela norma o fundamento para o ato de exclusão, trouxe-o por meio de um conceito aberto, uma vez que não definiu o que configurará a falta grave. Note-se que o conceito de falta grave é mais contundente do que o conceito de justa causa trazido pelo art. 1.004, como fundamento para a exclusão do sócio que não contribui no tempo certo com o capital subscrito quando da constituição da sociedade.

Por justa causa, na prática, consoante anota Costa (2003, p. 167), podem-se enumerar atos como malversação ou desvio de fundos, má gestão, erros de gerência, abuso da personalidade, uso da firma para além do objeto social, abuso da personalidade jurídica (art. 50), recebimento de comissões a benefício pessoal e omissões, como a quebra do dever de colaboração, lealdade e confidencialidade, a persistente recusa de cumprimento dos deveres administrativos, entre outros.

Mesmo havendo unanimidade dos sócios, parece-nos que o legislador exige que o pedido de exclusão seja submetido a Juízo para a apreciação e eventual homologação. O ato de exclusão de sócio é ato de extrema gravidade e, por isso, o crivo judicial é necessário, possibilitando-se a ampla defesa, sob pena de a maioria dos sócios utilizar o expediente da exclusão para fins de vinditas pessoais.

Uma questão que causa controvérsia acerca da exclusão do sócio por falta grave refere-se à possibilidade de exclusão pela minoria. À primeira vista parece não ser possível, mas se analisado com atenção, o dispositivo autoriza o pedido de exclusão pela minoria, considerando-se que exclui-se do cômputo dos votos o equivalente do majoritário do qual se requer a exclusão. Ainda na lição de Costa (2003, p. 169), se um sócio tiver 60% do capital e outros quatro sócios tiverem 10% cada um, a maioria no caso se estabelecerá com 30%, isto é, a decisão de três dos quatro sócios remanescentes. Aqui é uma questão de cálculo. Diversamente, não poderia ser deduzido o pedido pela minoria se dos quatro apenas dois votassem pela exclusão, pois ter-se-iam apenas 20%, percentual insuficiente para caracterizar a maioria.

No tocante à exclusão judicial por incapacidade superveniente, aplicam-se as causas prevista nos art. 3º, quando tratar-se de incapacidade civil, posto que a incapacidade pode também ser contratual, como ocorre, por exemplo, no caso de impedimento para o exercício da atividade. Se o advogado tem cassada sua inscrição na OAB, ele perde sua aptidão para ser sócio de uma sociedade de advogados, já que é exigida a condição de advogado para contratar sociedade de advogados.

Opera-se a exclusão de pleno direito quando o sócio da sociedade for declarado falido, segundo o disposto no parágrafo único. O legislador não andou bem ao assim preceituar, visto que o sujeito da falência é o empresário, pessoa jurídica constituída através da contratação de sociedade. Não são os sócios. Ademais, os efeitos da falência incidem sobre a prática da empresa, isto é, somente há proibição do falido continuar exercendo a atividade empresarial. Como na sociedade civil a atividade não é empresarial, pensamos que essa causa de exclusão de pleno direito é temerária e injusta, uma vez que impõe a proibição do exercício da iniciativa privada a pessoa capaz de exercê-la.

Quanto à exclusão do sócio pela liquidação de sua quota, em verdade, o que se verifica é apenas o efeito natural da liquidação, ou seja, ao fim do processo, o sócio deixa automaticamente de ser sócio.

Enunciado nº 67, I Jornada de Direito Civil – CJF/STJ: a quebra do *affectio societatis* não é causa para a exclusão do sócio minoritário, mas apenas para dissolução (parcial) da sociedade.

Enunciado nº 216, III Jornada de Direito Civil – CJF/STJ: o quórum de deliberação previsto no art. 1.004, parágrafo único, e no art. 1.030 é de maioria absoluta do capital representado pelas quotas dos demais sócios, consoante a regra geral fixada no art. 999 para as deliberações na sociedade simples. Esse entendimento aplica-se ao art. 1.058 em caso de exclusão de sócio remisso ou redução do valor de sua quota ao montante já integralizado.

Enunciado nº 481, V Jornada de Direito Civil – CJF/STJ: o insolvente civil fica de pleno direito excluído das sociedades contratuais das quais seja sócio.

Apelação cível. Dissolução de sociedade. Escritório de contabilidade. Exclusão por sócio minoritário. Possibilidade. Preservação da empresa. Situação excepcional. Apuração de haveres. Desde a data da troca da fechadura. Dano moral e material. Recurso conhecido e parcialmente provido. 1. Tem-se que a manutenção do Sr. Mauro de Oliveira como sócio não se justifica pela ausência de apenas 1 quota social (dentre 3.332) para compor o quórum legal suficiente para sua exclusão, notadamente quando se observa o reconhecimento das faltas graves por si cometidas, a situação fática gerada pela concessão liminar que manteve o Sr. Edson na administração social por quase 8 anos e, ainda, a própria disponibilidade da sócia Mary para sair da sociedade. 2. Caso em tela, de fato, é excepcionalíssimo, sendo necessária a da regra contida no art. 1.030 do CC a fim de "defeasibility or defeat rule permitir não apenas a convergência de interesses jurídicos das partes como e, sobretudo, a preservação da empresa, notadamente quando o quórum alcançado se mostra particularmente próximo do necessário. 3. Não há nos autos qualquer prova de que o Sr. Mauro de Oliveira desabonasse publicamente a conduta do autor ou que lhe implicasse qualquer qualidade negativa, havendo tão somente provas de que teriam sido emitidos cheques sem fundos em nome da pessoa jurídica, que não se confunde com o sócio. 4. A despeito das alegações do autor de que os cheques juntados na inicial teriam sido emitidos "sem fundos" pelo sócio excluído, beneficiário das aquisições pagas com estes cheques, tem-se que o acervo probatório é insuficiente para sustentar a tese de que haveria um prejuízo de R$ 34.471,89 (*TJPR – Ap. 0011409-69.2010.8.16.0173, 31-10-2018, Rel. Marcelo Gobbo Dalla Dea*).

Agravo de instrumento – **Ação de dissolução parcial de sociedade e apuração de haveres**. Decisão que defere a tutela de urgência. Inexistência de litispendência entre a medida cautelar anteriormente ajuizada e o processo originário, haja vista conterem pedidos diversos, sendo certo que nesse a tutela de urgência requerida é mais abrangente. Inaplicabilidade do artigo 309, parágrafo único, do NCPC, não se tratando de medida cautelar com base nos seus incisos I, II e III- artigo 1.030 do CC que trata da iniciativa para a exclusão de sócio por maioria dos demais, com fundamento em falta grave no cumprimento de suas obrigações ou incapacidade superveniente. Assim, não há que se confundir a iniciativa para a tomada de decisões com o instituto da legitimidade ativa *ad causam*, esse de natureza processual. Legitimidade ativa dos sócios tão somente para os que desejam exercer o direito de retirada ou recesso, cabendo à sociedade empresária a legitimidade para a exclusão judicial do cotista, conforme o inciso V do artigo 600 do NCPC. Preenchimento dos requisitos previstos no art. 300, *caput*, do NCPC, com a probabilidade do direito e perigo de dano devidamente comprovados nos autos originários, ressaltando-se a inexistência de *periculum in mora*, eis que, após maior dilação probatória, durante o curso do processo ou caso seja improcedente o pedido, com a revogação da tutela de urgência, poderá o recorrente retornar à situação vigente antes da decisão impugnada. Inteligência dos verbetes nºs 58 e 59 do TJRJ precedentes deste tribunal. Recurso a que se nega provimento (*TJRJ – AI 0005537-79.2017.8.19.0000, 27-4-2017, Relª Odete Knaack de Souza*).

Art. 1.031. Nos casos em que a sociedade se resolver em relação a um sócio, o valor da sua quota, considerada pelo montante efetivamente realizado, liquidar-se-á, salvo disposição contratual em contrário, com base na situação patrimonial da sociedade, à data da resolução, verificada em balanço especialmente levantado.

> § 1º O capital social sofrerá a correspondente redução, salvo se os demais sócios suprirem o valor da quota.
> § 2º A quota liquidada será paga em dinheiro, no prazo de noventa dias, a partir da liquidação, salvo acordo, ou estipulação contratual em contrário.

A saída voluntária ou involuntária do sócio confere-lhe o direito de obter a liquidação da sua quota para pagamento. A forma liquidação da quota vem expressamente prevista e deve ser realizada com base na situação patrimonial da sociedade.

Entretanto, abre-se exceção quando o contrato social dispuser outra forma para se proceder à liquidação da quota. Essa é uma exceção que pode importar em prejuízo para o sócio que se desliga da sociedade. Se, por exemplo, no contrato social houver disposição pela liquidação da quota com base no levantamento contábil, o resultado será obtido sem levar-se em consideração a apuração de haveres de todo o patrimônio real e intangível da empresa, como o fundo de comércio, a clientela, marcas (COSTA, 2003, p. 170-171). A aparência contábil e a verdade patrimonial são duas coisas que não correspondem ao mesmo valor, com certeza.

Com a liquidação e pagamento da quota do sócio que se desliga da sociedade, voluntária ou involuntariamente, há o correspondente decréscimo no capital social, porque se retira o valor correspondente à quota que foi integralizada pelo sócio retirante para a formação do capital social. Essa redução pode ser suprida se os demais sócios concordarem em supri-la mediante o aumento do capital social por nova subscrição e integralização.

Liquidada a quota, o pagamento ao sócio deve ser feito em dinheiro e no prazo de 90 dias, após o encerramento da liquidação, salvo disposição em contrário inserta no contrato social. Eventual disposição contratual em sentido contrário acerca desse pagamento é válida, desde que não esteja em desacordo com as regras cogentes relativas aos direitos dos sócios. Não é válida, por exemplo, disposição contratual que exclua o direito do sócio de receber a liquidação de sua quota no caso de desligamento (art. 1.008).

Enunciado nº 62, I Jornada de Direito Civil – CJF/STJ: com a exclusão do sócio remisso, a forma de reembolso das suas quotas, em regra, deve-se dar com base em balanço especial, realizado na data da exclusão.

Enunciado nº 391, IV Jornada de Direito Civil – CJF/STJ: a sociedade limitada pode adquirir suas próprias quotas, observadas as condições estabelecidas na Lei das Sociedades por Ações.

Enunciado nº 482, V Jornada de Direito Civil – CJF/STJ: na apuração de haveres de sócio retirante de sociedade *holding* ou controladora, deve ser apurado o valor global do patrimônio, salvo previsão contratual diversa. Para tanto, deve-se considerar o valor real da participação da *holding* ou controladora nas sociedades que o referido sócio integra.

Apelação cível. Direito processual civil. Direito civil. Mandado de segurança. Sociedade empresarial. Transformação em EIRELI. Pluralidade de sócios. Desnecessária. Art. 1.033, parágrafo único do Código Civil. Perda superveniente do objeto. Não ocorrência. Recurso conhecido e provido. Sentença reformada. 1. Não obstante a previsão do decurso de prazo para a regularização da sociedade, o parágrafo único do art. 1.033 do CC afasta a dissolução da sociedade caso o sócio remanescente requeira a transformação do registro da sociedade para EIRELI. 1.1. No mesmo sentido é o entendimento do art. 7º, § 2º da Instrução Normativa nº 35 do Departamento de Registro Empresarial e Integração vinculado ao Ministério da Indústria, Comércio Exterior e Serviços. 2. Patente a ilegalidade na recusa do pedido de alteração societária sob o argumento de que teria sido ultrapassado o prazo de 180 (cento e oitenta) dias previsto no inciso IV do art. 1.033 do Código Civil. 3. Não há perda superveniente do objeto, pois o apelado não trouxe aos autos nenhum documento que comprove o atendimento ao requerimento dos apelantes. 4. Recurso conhecido e provido. Sentença reformada (*TJDFT* – Ap. 20180110173172, 31-10-2018, Rel. Romulo de Araujo Mendes).

> **Art. 1.032.** A retirada, exclusão ou morte do sócio, não o exime, ou a seus herdeiros, da responsabilidade pelas obrigações sociais anteriores, até dois anos após averbada a resolução da sociedade; nem nos dois primeiros casos, pelas posteriores e em igual prazo, enquanto não se requerer a averbação.

Retirada, exclusão ou morte do sócio são formas de desligamento da sociedade. O legislador, ao instituir a regra da extensão da responsabilidade patrimonial ao sócio que se desliga voluntariamente ou não da sociedade, teve por objetivo evitar a utilização da sociedade como instrumento de fraudes, mormente contra os credores.

Principalmente em sede de retirada, era muito comum a utilização desse expediente como forma de esvaziar as garantias patrimoniais da sociedade para fraudar o pagamento dos credores.

Assim, o legislador atribuiu responsabilidade pelo cumprimento das obrigações sociais, tanto àquele que se desliga, como para aquele que ingressa na sociedade, a par do disposto no art. 1.025.

Para garantir a eficácia da extensão da responsabilidade assinalou-se o prazo de dois anos contados da averbação da resolução. No caso de retirada ou exclusão, o sócio que assim se desliga enquanto não averbado o seu desligamento responde, inclusive, pelas dívidas posteriores. Na verdade, essa é uma consequência normal da produção de efeitos obtida somente mediante o arquivamento do ato modificativo. A exclusão ou retirada de fato não produz efeitos por si só, senão após sua jurisdicionalização, obtida com o arquivamento do ato modificativo. No caso de morte, a responsabilidade será do espólio. Após a partilha, responderá cada herdeiro dentro do seu respectivo quinhão.

Seção VI
Da Dissolução

Art. 1.033. Dissolve-se a sociedade quando ocorrer:

Dissolver a sociedade significa extinguir o vínculo ou os vínculos sociais. Princípio constitucional inderrogável é o da liberdade de iniciativa econômica e utilidade da empresa, utilidade não só econômica, mas reflexiva dos valores segurança, liberdade e dignidade humana (OPPO, 2001, p. 39). Por isso, o interesse na preservação da sociedade não se restringe unicamente ao interesse interno dos sócios, mas alarga-se a sua utilidade social de produção.

O legislador tem criado mecanismos para a preservação da sociedade em dificuldades financeiras, tais como a recuperação extrajudicial e a judicial, expedientes estes que possibilitam a continuidade da empresa, mantendo a produção de riquezas e sua utilidade social (criação e manutenção de empregos).

Entretanto, nem sempre a manutenção dos laços sociais é possível, podendo operar-se a extinção total ou parcial do vínculo entre os sócios. Quando o rompimento do vínculo social opera-se entre todos os sócios, a dissolução é total; do contrário, fala-se em dissolução parcial.

Com relação ao instrumento de operação da dissolução, pode ser judicial ou extrajudicial (COELHO, 1989, p. 171). Dissolução extrajudicial ocorre por deliberação dos sócios registrada em ata, distrato ou alteração do contrato social. A dissolução judicial, por sua vez, dá-se por sentença judicial em ação específica, nos termos do disposto no art. 1.218, VII, do CPC/1.973, sem correspondência no CPC/2.015, disciplinado pelo procedimento comum nos termos do art. 1.046, § 3º.

Paralelamente a casos específicos de certas sociedades, os arts. 1.033 e 1.034 enunciam causas de dissolução comum a todas.

Art. 1.033.
I – o vencimento do prazo de duração, salvo se, vencido este e sem oposição de sócio, não entrar a sociedade em liquidação, caso em que se prorrogará por tempo indeterminado;

Tratando-se de sociedade constituída por tempo determinado, exaurido o prazo assinalado para sua vigência, opera-se sua extinção, mediante a instauração de procedimento de liquidação. Vencido o prazo pactuado sem o início do procedimento de liquidação e sem oposição de qualquer sócio, entende-se a sociedade prorrogada por prazo indeterminado. No caso de prorrogação expressa, o prazo deve vir assinalado, seja por período certo e determinado, seja por prazo indeterminado.

Art. 1.033.
II – o consenso unânime dos sócios;

Na prática, quando a sociedade encontra-se em dificuldade, os sócios decidem por sua dissolução antecipada amigável, antes que o grau de dificuldade chegue a tal ponto de ser necessária a intervenção dos credores para cobrar a solvência das obrigações judicialmente.

Outras causas supervenientes podem ocorrer motivando os sócios a decidir pela desistência do projeto inicial. Nesse caso de dissolução antecipada, é imprescindível que haja o consenso unânime dos sócios, não sendo suficiente a maioria dos votos.

Decidida a extinção, os sócios fazem o distrato, o qual produzirá seus efeitos a partir do seu arquivamento no órgão competente.

Art. 1.033.
III – a deliberação dos sócios, por maioria absoluta, na sociedade de prazo indeterminado;

Ao possibilitar que a maioria absoluta dos sócios decida pela extinção no caso de sociedade contratada por tempo indeterminado, o legislador olvidou da vontade da categoria de sócios minoritários. Mesmo detendo participação minoritária, estes podem desejar mantê-la e poderiam fazê-la se tivessem recursos para adquirir as quotas dos desistentes ou conseguissem trazer outros sócios em substituição aos retirantes.

Levando-se em consideração o princípio da preservação da empresa, esse é caso que deve ser analisado casuisticamente, possibilitando a manutenção se os minoritários apresentarem condições de viabilidade do negócio.

Enunciado nº 67, I Jornada de Direito Civil – CJF/STJ: a quebra do *affectio societatis* não é causa para a exclusão do sócio minoritário, mas apenas para dissolução (parcial) da sociedade.

Art. 1.033.
IV – (Revogado pela Lei 14.195/2021)

Art. 1.033.
V – a extinção, na forma da lei, de autorização para funcionar.

Certas atividades necessitam de autorização governamental para seu funcionamento. São atividades nas quais há interesse público, como ocorre com os consórcios, por exemplo. Havendo perda da confiança do Poder Público em determinada sociedade para continuar a exploração da atividade econômica, pode revogar ou extinguir sua autorização de funcionamento, o que resulta necessariamente na dissolução da sociedade.

Art. 1.033.
Parágrafo único. (Revogado pela Lei 14.195/2021)

Art. 1.034. A sociedade pode ser dissolvida judicialmente, a requerimento de qualquer dos sócios, quando:

Vale lembrar que o artigo na berlinda trata do instrumento de dissolução da sociedade e não de sua causa, se total ou parcial. As causas aqui enumeradas são de dissolução total, visto colocarem fim ao vínculo existente entre todos os sócios. O legislador apenas agrupou as causas levando em consideração o meio pelo qual a dissolução deve ser operada.

Não são apenas as causas enunciadas que ensejam a dissolução judicial. Pode ocorrer que não nasça em todos os sócios a vontade de dissolver nas hipóteses, por exemplo, de necessidade de consenso ou maioria absoluta para dissolução, como enumerado no artigo anterior.

Embora não conste no rol de causas de extinção judicial das sociedades, a falência também é forma de extinção total do vínculo social. Trata-se de causa de dissolução necessariamente judicial regulamentada em legislação própria. Como se vê, o presente rol não é exaustivo.

Art. 1.034.
I – anulada a sua constituição;

A sociedade pode ter sua constituição invalidada pela ocorrência de alguma causa de nulidade ou anulabilidade do ato jurídico de sua constituição. Pode ter sido constituída com algum vício intrínseco que contamine a sua constituição, o que justifica sua extinção.

Art. 1.034.
II – exaurido o fim social, ou verificada a sua inexequibilidade.

A sociedade pode ter sido instituída para a consecução de uma única finalidade, ou seja, podem pessoas formar uma sociedade com objeto e duração determinada. Como exemplo podemos citar os consórcios de empresas que se unem para grandes empreitas. Assim, por exemplo, a formação de sociedade para a realização de uma operação pontual, como o financiamento de um filme ou realização de um espetáculo; a realização de uma única obra etc. Exaurido o fim para o qual foi constituída, dissolve-se pelo exaurimento do seu objeto social.

Pode ocorrer, ainda, que o objetivo torne-se inexequível, por inúmeras razões, como por exemplo a perda de uma concessão de exploração para a qual a sociedade foi constituída.

Art. 1.035. O contrato pode prever outras causas de dissolução, a serem verificadas judicialmente quando contestadas.

Nada obsta que os sócios deliberem e decidam por outras causas de dissolução que não se restrinjam às hipóteses previstas nos arts. 1.033 e 1.034. Essas causas devem obrigatoriamente vir insertas no contrato social.

Essas causas especiais que os sócios podem pactuar geralmente têm a ver com a particularidade do negócio explorado, tais como a previsão de extinção no caso de não se obter um financiamento ou determinado patamar de lucros. No CPC/2.015 o procedimento comum deve ser utilizado conforme disposição do art. 1.046, § 3º.

Art. 1.036. Ocorrida a dissolução, cumpre aos administradores providenciar imediatamente a investidura do liquidante, e restringir a gestão própria aos negócios inadiáveis, vedadas novas operações, pelas quais responderão solidária e ilimitadamente.
Parágrafo único. Dissolvida de pleno direito a sociedade, pode o sócio requerer, desde logo, a liquidação judicial.

Ocorrendo uma das causas de dissolução, o primeiro passo é a instauração do processo de liquidação pelo administrador. Pelo procedimento de liquidação apura-se o ativo e o passivo da sociedade e o patrimônio líquido é partilhado entre os sócios. Iniciado o procedimento de liquidação, novos negócios não podem ser celebrados, sob pena de assim o fazendo os responsáveis por sua celebração, ou o administrador, ou o liquidante, responderem solidária e ilimitadamente pelo seu cumprimento.

Cabe ao administrador, se no contrato social não houver disposição expressa acerca da pessoa do liquidante, fazê-lo, sob pena de responder pela mora no cumprimento decorrente dessa obrigação. Pode, também, o próprio sócio requerer a liquidação judicial no caso de inércia do administrador.

O processo de liquidação, embora a letra da lei remeta a procedimento posterior à dissolução, é anterior a esta, sendo que a extinção só se opera depois de exauridas as obrigações sociais, tais como pagamento dos tributos, dos credores, partilha entre os sócios.

É muito comum, infelizmente, a dissolução de fato das sociedades, quando os sócios e administrador não procedem à liquidação, restringindo-se em encerrar as atividades sem atender as formalidades legais. No caso de dissolução irregular, os sócios ficam responsáveis pessoalmente pelo cumprimento das obrigações, uma vez reconhecida a extensão da responsabilidade patrimonial e desconsiderada a personalidade jurídica da sociedade. Observe-se que a extensão da responsabilidade patrimonial não é automática, como imaginam alguns, mas é necessário pedido do credor ao juiz para que proceda à desconsideração da personalidade jurídica no caso concreto para só a partir daí estender-se aos sócios a responsabilidade patrimonial decorrente do ato irregular de dissolução.

Enunciado nº 487, V Jornada de Direito Civil – CJF/STJ: na apuração de haveres de sócio retirante (art. 1.031 do CC), devem ser afastados os efeitos da diluição injustificada e ilícita da participação deste na sociedade.

Art. 1.037. Ocorrendo a hipótese prevista no inciso V do art. 1.033, o Ministério Público, tão logo lhe comunique a autoridade competente, promoverá a liquidação judicial da sociedade, se os administradores não o tiverem feito nos trinta dias seguintes à perda da autorização, ou se o sócio não houver exercido a faculdade assegurada no parágrafo único do artigo antecedente.
Parágrafo único. Caso o Ministério Público não promova a liquidação judicial da sociedade nos quinze dias subsequentes ao recebimento da comunicação, a autoridade competente para conceder a autorização nomeará interventor com poderes para requerer a medida e administrar a sociedade até que seja nomeado o liquidante.

Na hipótese de dissolução da sociedade por extinção de autorização para funcionamento, o legislador previu expressamente a atuação subsidiária do Ministério Público, com legitimidade extraordinária para participar subsidiariamente na liquidação da sociedade, caso os administradores não iniciem a liquidação em 30 dias após a perda da autorização ou os sócios não exerçam a prerrogativa do parágrafo único do artigo antecedente.

O procedimento de liquidação, nessa hipótese, será necessariamente judicial, cabendo a titularidade da ação ao Ministério Público. Havendo inércia do órgão ministerial no prazo assinalado, a autoridade competente pela revogação da autorização nomeará interventor para que proceda à abertura da liquidação da sociedade, sendo responsável pela respectiva administração até a nomeação judicial do liquidante.

Art. 1.038. Se não estiver designado no contrato social, o liquidante será eleito por deliberação dos sócios, podendo a escolha recair em pessoa estranha à sociedade.

A nomeação antecipada de liquidante não é regra comum nas sociedades. Normalmente, no caso de dissolução, a figura do liquidante recai sobre a pessoa do administrador, exceto se foi este quem deu causa ou participou, ao menos, do insucesso da sociedade.

No caso de dissolução parcial do vínculo societário, quando haverá a partilha em relação ao sócio que deixa de participar do vínculo societário, o procedimento é mais simples: posto que apurados o ativo e passivo, procede-se ao pagamento do sócio nos termos do previsto para a liquidação da quota do sócio conforme o art. 1.031.

Maior complexidade, entretanto, recai sobre o procedimento de liquidação decorrente de dissolução total da sociedade, levando-se em consideração os efeitos sociais dela decorrentes, como a demissão dos funcionários e pagamentos de verbas rescisórias.

Art. 1.038.
§ 1º O liquidante pode ser destituído, a todo tempo:
I – se eleito pela forma prevista neste artigo, mediante deliberação dos sócios;
II – em qualquer caso, por via judicial, a requerimento de um ou mais sócios, ocorrendo justa causa;
§ 2º A liquidação da sociedade se processa de conformidade com o disposto no Capítulo IX, deste Subtítulo.

Uma vez escolhido pelos sócios, podem estes da mesma forma destituir o liquidante, mediante motivo justificável para tanto. O quórum para a destituição deve ser o mesmo utilizado para a nomeação, maioria simples, como sustentamos.

A ocorrência de justa causa a justificar a destituição não se opera somente em sede judicial, mas também em nível extrajudicial. Não parece ser a melhor interpretação aquela dada à destituição imotivada do liquidante, uma vez que este assume obrigações e também cria direitos perante a sociedade.

A diferença ocorre somente em relação ao quórum exigido para tal pedido. Na destituição extrajudicial, como se sustenta, é necessário o voto da maioria simples, ao passo que para deduzir pedido de destituição judicial, basta a iniciativa de um sócio, como prescreve o artigo.

O procedimento de liquidação da sociedade vem regulamentado especificamente pelos arts. 1.102 a 1.112.

CAPÍTULO II
Da Sociedade em Nome Coletivo

Art. 1.039. Somente pessoas físicas podem tomar parte na sociedade em nome coletivo, respondendo todos os sócios, solidária e ilimitadamente, pelas obrigações sociais.
Parágrafo único. Sem prejuízo da responsabilidade perante terceiros, podem os sócios, no ato constitutivo, ou por unânime convenção posterior, limitar entre si a responsabilidade de cada um.

A sociedade em nome coletivo é sociedade de pessoas de cunho exclusivamente personalista, a ponto de se exigir, em França, o consentimento de todos os sócios para a cessão das quotas entre os próprios membros.

Em franco desuso na atualidade, essa modalidade está fadada ao desparecimento.

Essa espécie societária, que remonta ao período inicial da formação das sociedades, é mantida pelo legislador por motivos quiçá exclusivamente históricos que não mais se coadunam com o universo negocial contemporâneo, uma vez que a responsabilidade dos sócios é ilimitada e solidária. Outrora justificava-se sua previsão, mercê a simplicidade de sua constituição e de seu funcionamento. Entretanto, após a criação da sociedade limitada, sua manutenção legislativa não mais se justifica.

A vedação à participação de pessoa jurídica na condição de sócio é resquício da sua pessoalidade marcante. A sociedade em nome coletivo tem um espírito de confiança recíproca baseada nos vínculos de parentesco ou de amizade.

Podem contratar, portanto, sociedade em nome coletivo pessoas naturais que estejam dispostas a suportar todo o peso da responsabilidade patrimonial decorrente do risco da exploração da atividade econômica. Seu desuso é patente e evidente.

A opção de pacto limitativo da responsabilidade patrimonial não opera efeitos em relação a terceiros, valendo, tão somente, em relação aos sócios.

Art. 1.040. A sociedade em nome coletivo se rege pelas normas deste Capítulo e, no que seja omisso, pelas do Capítulo antecedente.

À falta de disposição expressa acerca da regulamentação da sociedade em nome coletivo aplicam-se subsidiariamente as regras pertinentes à sociedade simples, uma vez que a estrutura desses dois tipos sociais é semelhante. Daí a opção legislativa pela regulamentação subsidiária pelas normas da sociedade simples.

Assim como na simples, na sociedade em nome coletivo a responsabilidade dos sócios é ilimitada e solidária, observados em ambos os casos o benefício de ordem na excussão patrimonial. Assim, o credor da sociedade deve primeiramente agredir o patrimônio social, sem que os bens particulares dos sócios sejam responsáveis havendo suficiência patrimonial da sociedade.

Art. 1.041. O contrato deve mencionar, além das indicações referidas no art. 997, a firma social.

O contrato social da sociedade coletiva deve conter todos os requisitos essenciais exigidos para qualquer tipo de sociedade. Assim, deve trazer todos os requisitos do art. 997, aplicáveis a sociedade simples.

Firma social é o nome passível de adoção pelas sociedades em nome coletivo e, antigamente, era conhecido por *razão social*. Adotada a forma de denominação social, a firma é formada pelos nomes e sobrenomes dos sócios, ou alguns deles para a configuração do tipo. Conforme o art. 1.157, a firma constitui modalidade de nome empresarial composta do nome dos sócios ou de um deles acrescido do termo "*e companhia*", pouco importando o exercício ou não da gerência.

Não pode a firma conter nome de terceiro estranho ao quadro social, mas pode manter o nome de sócio que já se retirou da sociedade ou faleceu, desde que com a anuência do primeiro e dos herdeiros do falecido (PAOLUCCI, 2008, p. 143).

Art. 1.042. A administração da sociedade compete exclusivamente a sócios, sendo o uso da firma, nos limites do contrato, privativo dos que tenham os necessários poderes.

Na sociedade coletiva é expressamente proibida a nomeação de terceiro estranho ao quadro social na função de administrador. Essa regra ressalta mais uma vez o caráter personalista da sociedade em nome coletivo.

O uso da firma social é privativo dos administradores designados no contrato social, sendo que no caso de omissão nesse instrumento, qualquer sócio pode ser administrador da sociedade isoladamente, aplicando-se subsidiariamente a regra do art. 1.013.

Os administradores, possuem a mesma responsabilidade assinalada na sociedade simples, aplicando-se as regras gerais de administração pertinentes a administração na simples.

Art. 1.043. O credor particular de sócio não pode, antes de dissolver-se a sociedade, pretender a liquidação da quota do devedor.
Parágrafo único. Poderá fazê-lo quando:
I – a sociedade houver sido prorrogada tacitamente;
II – tendo ocorrido prorrogação contratual, for acolhida judicialmente oposição do credor, levantada no prazo de noventa dias, contado da publicação do ato dilatório.

Cuida-se aqui do credor do sócio e não da sociedade. Na sociedade de pessoas, como é a em nome coletivo, não se admite o ingresso de terceiro através da liquidação da quota do devedor. Como a responsabilidade dos sócios nesse tipo social é ilimitada e solidária, admitir-se a cobrança de um sócio pela liquidação de sua quota significaria reduzir a garantia da sociedade.

Assim, somente na hipótese de haver prorrogação tácita da sociedade ou prorrogação contratual com acolhimento judicial de oposição do credor é que a regra é excepcionada.

Enunciado nº 63, I Jornada de Direito Civil – CJF/STJ: suprimir o art. 1.043 ou interpretá-lo no sentido de que só será aplicado às sociedades ajustadas por prazo determinado.

Enunciado nº 489, V Jornada de Direito Civil – CJF/STJ: no caso da microempresa, da empresa de pequeno porte e do microempreendedor individual, dispensados de publicação dos seus atos (art. 71 da Lei Complementar n. 123/2006), os prazos estabelecidos no Código Civil contam-se da data do arquivamento do documento (termo inicial) no registro próprio.

Art. 1.044. A sociedade se dissolve de pleno direito por qualquer das causas enumeradas no art. 1.033 e, se empresária, também pela declaração da falência.

Pode a sociedade em nome coletivo dissolver-se em todos os casos relevantes de direito comum das sociedades; em todas as hipóteses previstas no art. 1.033. O legislador não inseriu nesse rol as causas previstas no art. 1.034, que é perfeitamente aplicável também às sociedades em nome coletivo. Consoante já exposto, as causas do art. 1.034 estão separadas das do art. 1.033 apenas porque exigem procedimento diverso para sua concretização; as causas estão separadas pelo instrumento operacional: judicial ou extrajudicial.

A falência também é causa de dissolução da sociedade em nome coletivo, desde que seja explorada na forma empresarial, aplicando-se as regras específicas da Lei de Falências.

CAPÍTULO III
Da Sociedade em Comandita Simples

**Art. 1.045. Na sociedade em comandita simples tomam parte sócios de duas categorias: os comanditados, pessoas físicas, responsáveis solidária e ilimitadamente pelas obrigações sociais; e os comanditários, obrigados somente pelo valor de sua quota.
Parágrafo único. O contrato deve discriminar os comanditados e os comanditários.**

A sociedade em comandita simples é de pessoas com a particularidade de ser formada por duas categorias de sócios: os comanditados e os comanditários. Seu quase absoluto desuso vem de longa data, não mais justificando sua permanência na lei positiva.

Sócio comanditado é o membro empreendedor, aquele que participa com capital e tem atividade direta na exploração econômica. Comanditário é o capitalista. Essas duas categorias de sócios definem a espécie de responsabilidade que cada um tem na sociedade. Os sócios comanditados são responsáveis solidária e ilimitadamente pelas obrigações sociais e os comanditários obrigam-se somente pelo valor de sua quota.

A exigência de discriminação no contrato social da categoria de sócios está relacionada à atribuição da responsabilidade patrimonial, bem como da vedação do sócio comanditário de praticar atos de gestão.

Após o advento da sociedade limitada, a sociedade em comandita simples, utilizada inicialmente para os negócios do comércio marítimo e posteriormente para o comércio terrestre, acompanhando as atividades decorrentes do desenvolvimento econômico, perdeu sua utilidade.

**Art. 1.046. Aplicam-se à sociedade em comandita simples as normas da sociedade em nome coletivo, no que forem compatíveis com as deste Capítulo.
Parágrafo único. Aos comanditados cabem os mesmos direitos e obrigações dos sócios da sociedade em nome coletivo.**

A sociedade em comandita simples se distingue da sociedade simples porque pode ser utilizada para o exercício da atividade empresarial e se distingue, também, da sociedade em nome coletivo devido a sua categoria de sócio com responsabilidade limitada a sua obrigação social.

A regência supletiva pelas normas da sociedade em nome coletivo é opção legislativa dada em razão da semelhança dos tipos societários. De se observar, entretanto, que a regência supletiva da sociedade em comum é feita pelas normas inerentes à sociedade simples.

A regra do parágrafo único é desnecessária, mas reforça a semelhança dos direitos e obrigações entre os sócios da sociedade em nome coletivo e os sócios comanditados da sociedade em comandita simples.

Mesmo com as semelhanças apresentadas entre os três tipos societários referidos, é fato que tanto a sociedade em nome coletivo como a sociedade em comandita simples são tipos societários menores (COELHO, 2008, p. 147) e praticamente caíram em desuso absoluto.

Art. 1.047. Sem prejuízo da faculdade de participar das deliberações da sociedade e de lhe fiscalizar as operações, não pode o comanditário praticar qualquer ato de gestão, nem ter o nome na firma social, sob pena de ficar sujeito às responsabilidades de sócio comanditado.

Parágrafo único. Pode o comanditário ser constituído procurador da sociedade, para negócio determinado e com poderes especiais.

As duas categorias de sócios dessa sociedade foram instituídas exatamente para criar graus de responsabilidade diferentes. Os direitos e obrigações dos sócios, portanto, são proporcionais à responsabilidade de cada um.

Os sócios comanditários não têm poder de gestão e administração exatamente porque a responsabilidade dessa categoria é limitada. Causa de revogação dessa limitação é a participação do comanditário nos atos de gestão e na firma social.

Mesmo sendo vedado aos comanditários praticar atos de gestão, podem, ocasionalmente e para um ato específico, serem outorgados poderes para que o comanditário realize determinado negócio em nome da sociedade e sob a responsabilidade desta.

Art. 1.048. Somente após averbada a modificação do contrato, produz efeito, quanto a terceiros, a diminuição da quota do comanditário, em consequência de ter sido reduzido o capital social, sempre sem prejuízo dos credores preexistentes.

Sobrevindo situação que acarrete diminuição do capital da sociedade e consequentemente da quota do sócio comanditário, somente após a averbação da modificação do contrato social o ato produzirá eficácia, regra comum à produção de efeitos de qualquer ato de criação, modificação e extinção de direitos na seara empresarial.

Em razão da responsabilidade limitada dos sócios comanditários e solidária pelo cumprimento das obrigações sociais, o legislador, mais uma vez, condicionou a segurança de terceiros credores à eficácia do registro da redução patrimonial.

Art. 1.049. O sócio comanditário não é obrigado à reposição de lucros recebidos de boa-fé e de acordo com o balanço.
Parágrafo único. Diminuído o capital social por perdas supervenientes, não pode o comanditário receber quaisquer lucros, antes de reintegrado aquele.

O sócio comanditário participa da sociedade apenas com capital, não tem acesso aos atos de gestão. A gestão cabe ao sócio comanditado, que tem a obrigação de apresentar o balanço mensal com dados reais. Se houver distribuição de lucros aos comanditários decorrente de valor apurado em balanço fictício e estes os receberem de boa-fé, desconhecendo a origem ilícita, a reposição lhes é apenas facultada, não estão obrigados a fazê-la. Não houvesse essa regra, os sócios de qualquer natureza deveriam repor os benefícios originados com fraude. Essencial, porém, que não haja mancomunação, que o sócio comanditário esteja de boa-fé, o que será apurado no caso concreto.

Conforme o parágrafo, se houver diminuição do capital social por perdas supervenientes, primeiramente cumpre reintegrar os valores ao capital social da sociedade e, após, havendo sobras, distribuí-las ao comanditário. Antes de formalizada essa reintegração, não pode o comanditário receber lucros. Trata-se de proteção principalmente a terceiros.

Art. 1.050. No caso de morte de sócio comanditário, a sociedade, salvo disposição do contrato, continuará com os seus sucessores, que designarão quem os represente.

A morte do sócio comanditário não impede a continuidade da sociedade em comandita simples. A regra geral é no sentido de os herdeiros do falecido comanditário ocuparem seu lugar, regra essa compatível com a natureza dessa categoria social, uma vez que os comanditários participam apenas com o capital e, portanto, a *affectio societatis* não é elemento inerente a essa categoria.

Com a sucessão dos herdeiros do falecido comanditário, deverá ser nomeado um representante para ocupar o lugar do *de cujus* e representar os demais herdeiros.

Pode, entretanto, o contrato social dispor em sentido diverso, vedando o ingresso dos herdeiros mesmo que do sócio comanditário, hipótese na qual a quota do falecido tem que ser liquidada e pago o valor aos herdeiros.

Art. 1.051. Dissolve-se de pleno direito a sociedade:
I – por qualquer das causas previstas no art. 1.044;
II – quando por mais de cento e oitenta dias perdurar a falta de uma das categorias de sócio.
Parágrafo único. Na falta de sócio comanditado, os comanditários nomearão administrador provisório para praticar, durante o período referido no inciso II e sem assumir a condição de sócio, os atos de administração.

As hipóteses de dissolução da sociedade em comandita simples, seguindo a regência supletiva assinalada, são as mesmas das aplicáveis à sociedade em nome coletivo e da sociedade simples, todas já comentadas.

A unipessoalidade superveniente decorrente da falta de uma das categorias de sócio é coerente com a existência de duas categorias de sócio, que é da essência dessa espécie societária. Ultrapassado o prazo de 180 dias sem o ingresso de um sócio comanditado ou comanditário, extingue-se a sociedade.

Na ausência de sócio comanditado, os comanditários, diante da sua condição de capitalistas e sem poder de gestão, nomearão um administrador provisório para praticar os atos de gestão até que novo comanditado ingresse na sociedade e desempenhe a função de administrador, observado o prazo de 180 dias, sob pena de extinção da sociedade.

Enunciado nº 489, V Jornada de Direito Civil – CJF/STJ: no caso da microempresa, da empresa de pequeno porte e do microempreendedor individual, dispensados de publicação dos seus atos (art. 71 da Lei Complementar n. 123/2006), os prazos estabelecidos no Código Civil contam-se da data do arquivamento do documento (termo inicial) no registro próprio.

CAPÍTULO IV
Da Sociedade Limitada

Seção I
Disposições Preliminares

Art. 1.052. Na sociedade limitada, a responsabilidade de cada sócio é restrita ao valor de suas quotas, mas todos respondem solidariamente pela integralização do capital social.

A criação de um tipo societário com regime de responsabilidade limitada é imperativo econômico para a diminuição do risco da atividade empresarial. Na sociedade limitada, existe uma separação entre o patrimônio social e o do sócio, cuja responsabilidade é limitada ao valor de sua quota integralizada. A regra é que a sociedade responde com seu patrimônio pelo cumprimento das obrigações sociais. Essa sociedade foi introduzida em nossa legislação pelo provecto e revogado Decreto nº 3.708/1919, que a denominou *sociedade por quotas de responsabilidade limitada*. Esse texto legal era propositalmente resumido e prestou excelentes serviços ao nosso meio negocial. Este Código optou por disciplina pormenorizada, o que nem sempre é eficaz, dificultando a flexibilidade ínsita ao direito empresarial.

Entretanto, enquanto o capital social subscrito não for totalmente integralizado, pelo montante a integralizar respondem todos os sócios solidariamente; mesmo os sócios que já integralizaram suas quotas são responsáveis pelo valor que falta integralizar por parte de outro sócio. Respondendo solidariamente pela integralização da quota do sócio remisso, os que pagaram tal valor têm direito de regresso contra aquele. Portanto, a limitação da responsabilidade plena ocorre somente após a integralização total do capital social.

A sociedade limitada é a modalidade societária mais difundida e utilizada, principal, mas não exclusivamente por micro e pequenos empresários.

Não obstante toda a sua flexibilidade e simplicidade na constituição e execução, na prática, a sociedade limitada tem sido utilizada de forma desvirtuada. É o que ocorre com as sociedades limitadas fictícias, aparentes, de favor, ou simuladas, quando a pessoa jurídica é explorada apenas por um único sócio, figurando o outro no contrato social, apenas para fins de presta-nome e para restrição dos riscos ao patrimônio pessoal do empreendedor, o qual na condição de empresário individual teria seu patrimônio comprometido pelas obrigações sociais.

A difusão da sociedade limitada aparente é tão acentuada que o próprio legislador a reconhece tacitamente, quando no art. 50 menciona hipóteses de "confusão patrimonial". Casos assim só se verificam em escala nas sociedades aparentes, visto que nas sociedades genuínas há sempre vigilância dos demais sócios.

Esse uso desvirtuado da limitada levou o legislador a reconhecer a figura do empresário individual de responsabilidade limitada, visto que nem sempre aquele que deseja explorar a empresa deseja fazê-lo com a interferência de outrem, com conjugação de outros esforços e capital. Só o faz para restringir periclitação ao seu patrimônio pessoal.

A criação do empresário individual de responsabilidade limitada não colocou em risco a segurança jurídica dos credores, pois o empresário nessa modalidade tem, por um lado, patrimônio especial afetado à exploração da empresa e, por outro, evita grandemente a simulação com sociedades de fachada.

Maior avanço, entretanto, foi trazido pela recente Lei da Liberdade Econômica (Lei no. 13.874/2019), que introduziu a sociedade unipessoal ao nosso ordenamento onde não há a exigência de constituição de capital mínimo para a exploração da atividade econômica, entrave esse existente nas EIRELIS.

1.052.
§ 1º A sociedade limitada pode ser constituída por 1 (uma) ou mais pessoas. (Incluído pela Lei nº 13.874, de 2019)

Novidade que chegou tarde ao ordenamento jurídico brasileiro é a criação da sociedade unipessoal de responsabilidade limitada. Nos termos do § 1º do art. 1.052, com redação dada pela Lei nº 13.874/2019, a sociedade limitada pode ser constituída por uma ou mais pessoas.

Na Europa e mesmo na América Latina, tal instituto já era reconhecido há tempos, tendo demonstrado a experiência Italiana, por exemplo, que a criação da sociedade unipessoal de responsabilidade limitada em 3 anos de vigência da sua criação (2002 a 2005), quase dobrou o número de empresários que aderiram a essa forma societária.

Isso porque, certamente, essa forma societária facilita e protege aquele que deseja explorar a atividade empresarial sem sócios, com capital social baixo e com o risco inerente ao exercício da empresa moderado.

É certo que a EIRELI já foi um *start* para esse fim, isto é, para a exploração individual da empresa, mas, e contrapartida, a instituição de um capital social mínimo integralizado em 100 salários mínimos afasta os micros e pequenos empresários dessa opção. Ainda, a restrição para as pessoas naturais serem titulares de apenas uma EIRELI, o que não ocorre em relação à sociedade limitada unipessoal, é outro ponto positivo em favor desta.

Assim, a sociedade unipessoal limitada vem para facilitar a abertura de uma empresa sem sócios, com patrimônio particular protegido e sem a necessidade de investir um valor alto logo de início. Disso decorre outro efeito provável que é o aumento de regularização de atividades regulamentadas como médicos, dentistas, advogados, contadores, entre outros, que até então só poderiam abrir empresa sozinhos por meio de uma EIRELI, pois o Regulamento do Imposto de Renda impede que tais atividades sejam exercidas como Empresário Individual (EI). Nesse cenário, a Sociedade Limitada Unipessoal passa a ser uma alternativa para esses profissionais oficializarem seus trabalhos no formato mais adequado à sua atividade laboral.

Também os micro e pequenos empresários podem expandir suas perspectivas, já que, ao investirem na atividade empresarial, terão seus parcos investimentos protegidos pela limitação da responsabilidade quando o exercício da atividade é desenvolvido de forma proba, como deve ser a regra.

Por fim, ainda nos termos da mesma citada Lei da Liberdade Econômica, na hipótese de sociedade unipessoal limitada aplica-se à sua constituição, no que couber, as disposições legais acerca do contrato social já instituídas para as sociedades limitadas.

Muito ainda há que se construir nesse novo cenário empresarial que se apresenta no País, mas certo é que vivemos um processo evolutivo de expansão da forma de se explorar a atividade empresarial, caminhando a passos curtos para a formalização da mesma e consequente geração de maior renda e investimentos no País.

1.052.
§ 2º Se for unipessoal, aplicar-se-ão ao documento de constituição do sócio único, no que couber, as disposições sobre o contrato social. (Incluído pela Lei nº 13.874, de 2019)

Essa disposição é corolário lógico do que foi já exposto, em face do único integrante da pessoa jurídica.

Enunciado nº 65, I Jornada de Direito Civil – CJF/STJ: a expressão "sociedade limitada" tratada no art. 1.052 e seguintes do novo Código Civil deve ser interpretada stricto sensu, como "sociedade por quotas de responsabilidade limitada".

Agravo de Instrumento – Ação monitória – Cumprimento de sentença - Dívida contraída por pessoa física – Indeferimento do pedido de pesquisa de bens em nome da empresa de propriedade do sócio, constituída como sociedade limitada, que não integra a lide – Descabimento – Patrimônio da empresa que não se confunde com o de seu sócio – Sociedade limitada que pode ser constituída por um único sócio – Artigo 1.052, § 1º do Código Civil, com redação dada pela Lei nº 13.874/2019 – Necessidade da instauração de incidente de desconsideração inversa de personalidade jurídica – Decisão mantida – Recurso improvido (*TJSP* – AI 2045811-17.2021.8.26.0000, 29-4-2021, Rel. Thiago de Siqueira).

Cumprimento de sentença. Sociedade empresarial limitada com quadro societário aquém do mínimo exigido à espécie por mais de cento e oitenta dias. Inclusão da sócia remanescente no polo passivo, à míngua de incidente próprio. Impossibilidade. A MP nº 881, de 30.4.2019 (convertida na Lei nº 13.874, de 20.9.2019), trouxe nova ordem de ideias ao acrescentar o § 1º ao art. 1.052 do Código Civil, dispondo que "a sociedade limitada pode ser constituída por 1 (uma) ou mais pessoas". A alteração legislativa ensejou a edição da Instrução Normativa DREI nº 63, de 11 de junho de 2019, cujo art. 3º reza que "não se aplica às sociedades limitadas, que estiverem em condição de unipessoalidade, o disposto no inciso IV do art. 1.033 do Código Civil". Personalidade jurídica restaurada. Necessária observância ao art. 795, § 4º, do Código de Processo Civil. Provimento (*TJSP* – AI 2284854-11.2020.8.26.0000, 22-4-2021, Rel. Carlos Goldman).

Art. 1.053. A sociedade limitada rege-se, nas omissões deste Capítulo, pelas normas da sociedade simples.
Parágrafo único. O contrato social poderá prever a regência supletiva da sociedade limitada pelas normas da sociedade anônima.

Mais uma vez, o legislador trata da legislação suplementar no direito de empresa. A opção pela aplicação suplementar das regras da sociedade simples às limitadas decorre dos pontos em comum. Apesar de detalhada, não é exaustiva a regulamentação da sociedade limitada. A pessoalidade presente nas duas sociedades e a menor complexidade nas respectivas constituições, bem como a flexibilidade para os ajustes necessários durante a exploração da atividade econômica, são, com certeza, a razão da opção da regência suplementar.

A sociedade limitada, como sustenta parcela da doutrina, é sociedade de pessoas, embora possa ser defendida sua natureza híbrida ou somente de capital. A pessoalidade, na limitada, é acentuada na maioria das oportunidades, sendo o *intuito personae* seu elemento indispensável. A maioria das sociedades limitadas são constituídas por pessoas com liames de parentesco ou amizade, apresentando quadro social enxuto. Esse liame pessoal também está evidenciado pela impossibilidade de cessão das quotas senão com o consentimento do quórum de mais de um quarto dos sócios (art. 1.057). Isso não significa, porém, como tem ocorrido mais recentemente, que muitas empresas de vulto, que no passado transitavam sob o pálio da sociedade por ações, atualmente optem pela limitada, visando melhor controle do capital societário e a diminuição de trâmites, adotando as normas das Sociedades Anônimas como supletivas. Daí por que não se pode afastar a natureza híbrida dessas sociedades.

No entanto, a pessoa do sócio é quase sempre realçe na sociedade limitada, sendo preponderante com mais frequência o fator humano sobre o capital. O sócio na limitada empreende seus esforços na exploração da empresa, assim como faz o sócio da sociedade simples. Daí ter sido feita a escolha legislativa pela regência suplementar pelas normas da sociedade simples.

Não obstante essa regra, podem os sócios da limitada deliberar e optar pela regência suplementar pelas normas das sociedades anônimas. Essa utilização ocorre sendo muito útil nas sociedades limitadas de vulto. Essa regência, entretanto, só será possível se houver disposição expressa nesse sentido no contrato social.

Enunciado nº 222, III Jornada de Direito Civil – CJF/STJ: não se aplica o art. 997, V, à sociedade limitada na hipótese de regência supletiva pelas regras das sociedades simples.

Enunciado nº 223, III Jornada de Direito Civil – CJF/STJ: o parágrafo único do art. 1.053 não significa a aplicação em bloco da Lei n. 6.404/76 ou das disposições sobre a sociedade simples. O contrato social pode adotar, nas omissões do Código sobre as sociedades limitadas, tanto as regras das sociedades simples quanto as das sociedades anônimas.

Art. 1.054. O contrato mencionará, no que couber, as indicações do art. 997, e, se for o caso, a firma social.

Os requisitos do contrato social assinalados como imprescindíveis na constituição das sociedades simples são aplicáveis às sociedades limitadas. Consoante comentado, esses requisitos traçam o arcabouço da sociedade e orientam seu sistema funcional. Afora aqueles requisitos, outros podem ser acrescidos a critério dos sócios, desde que não afrontem as características das sociedades limitadas. O conteúdo dos requisitos do art. 997 aplicáveis à sociedade limitada serão estudados nos títulos próprios adiante enfrentados.

O uso de firma social é incomum nas limitadas. A firma social é a assinatura do próprio nome para fins de identificação empresarial. O uso da firma era uma forma de o comerciante conferir credibilidade ao seu negócio, pois empenhava o próprio nome, o que inspirava confiança. A sociedade limitada pode adotar firma ou denominação, consoante prevê o art. 1.158. Hodiernamente, é muito mais comum a adoção da denominação, porque permite a designação do objeto social na formação de seu nome, característica mais atraente na exploração da empresa do que o antiquado uso de firma.

Enunciado nº 214, III Jornada de Direito Civil – CJF/STJ: As indicações contidas no art. 997 não são exaustivas, aplicando-se outras exigências contidas na legislação pertinente, para fins de registro.

Apelação cível. Ação de cobrança de cheques. Magistrado de origem que julga procedentes os pedidos vertidos na exordial. Irresignação do réu. Alegado pagamento dos cheques através de depósitos bancários realizados pela empresa apontada como avalista em favor do representante legal da autora. Inviabilidade de albergue. Carimbos da empresa lançados no verso de três dos quatro cheques objeto da cobrança que não são hábeis à comprovação do aval, porquanto não assinados pelo representante legal da empresa. Formalidade imprescindível à validade da constituição da garantia. **Constituição de aval pela pessoa jurídica que depende de expressa previsão no contrato social.** Exegese dos arts. 997, 1.053 e 1.054, todos do Código Civil. Situação impossível de ser aferida pelas provas carreadas no processo. Ônus que competia ao devedor, nos termos do art. 333, inciso II, do CPC. Ausência de provas de que os depósitos bancários colacionados pelo requerido estão atrelados à dívida expressa nos cheques, mormente pelo fato de terem sido realizados entre pessoas estranhas à relação negocial. Débito que, por suplantar o décuplo do maior salário-mínimo vigente nas datas de emissão dos cheques, não admite a comprovação da quitação através da prova exclusivamente testemunhal. Inteligência do art. 401 do CPC. Condenação do suplicado ao pagamento dos títulos. Sentença mantida neste viés. Dívida existente. Situação que torna inviável o acolhimento do pedido vazado em sede de reconvenção e a alteração dos ônus sucumbenciais. Rebeldia desprovida (TJSC – Acórdão Apelação Cível 2012.030179-6, 29-5-2012, Rel. Des. José Carlos Carstens Köhler).

Seção II
Das Quotas

Art. 1.055. O capital social divide-se em quotas, iguais ou desiguais, cabendo uma ou diversas a cada sócio.
§ 1º Pela exata estimação de bens conferidos ao capital social respondem solidariamente todos os sócios, até o prazo de cinco anos da data do registro da sociedade.
§ 2º É vedada contribuição que consista em prestação de serviços.

O capital social representa o valor do patrimônio que ingressou na sociedade em virtude da contribuição dos sócios. Assim, o capital social é uma porção do patrimônio individual de cada sócio, que o traz para a sociedade por meio da aquisição de quotas. A constituição do capital social é o primeiro passo para a formação do patrimônio da sociedade, podendo, inclusive, representá-lo em sua totalidade. O capital social da sociedade possibilita o início da exploração da empresa e, geralmente, garante por si só a atuação da sociedade. Sua formação ocorre com a aquisição das quotas pelos sócios que podem ser distribuídas entre eles de maneira igual ou desigual, como por exemplo dois sócios, um participando com 60% das quotas e outro com 40%. O valor nominal das quotas é sempre o mesmo, ou seja, se a opção for para atribuir o valor de R$ 100,00 por quota, todas as quotas terão o valor nominal de R$ 100,00.

A contribuição de cada sócio pode ser feita em dinheiro ou bens com a devida avaliação. "Capital social" é terminologia fundamental para o direito societário. Trata-se de centro gravitador das sociedades em geral. Esse capital tem na verdade dois efeitos, um interno e outro externo. Entre os sócios, *interna corporis*, o capital social regula a convivência patrimonial entre os sócios, sua participação nos riscos e nos lucros. Para efeito externo, o capital representa uma apresentação a terceiros que vão negociar com a sociedade. Trata-se, atualmente, de mera apresentação, pois o capital social nominal muito raramente representa uma efetiva garantia a terceiros. Essa função de garantia a credores é relativa. Tecnicamente, o montante desse capital representa a responsabilidade de todos os sócios. A lei deveria ao menos estabelecer um valor mínimo para o capital, mas não o fez.

A quota na sociedade limitada representa a contribuição do sócio para a formação do capital social da sociedade, mas não é só. Com a aquisição das quotas, o sócio adquire também um feixe de direitos e obrigações, tais como o direito de não concordar com a cessão de quotas e a obrigação de integralizar o valor das quotas subscritas (PAOLUCCI, 2008, p. 335).

A contribuição dos sócios na formação do capital social da limitada pode ocorrer por meio da aquisição das quotas em dinheiro ou bens.

Havendo integralização das quotas por transferência de bens do patrimônio particular do sócio para o da sociedade, o legislador cuidou de conferir que haja a exata estimativa do valor dos bens, sob pena de responderem, todos os sócios, solidariamente, pela inexatidão do valor atribuído. Essa foi a forma encontrada para proteger os credores da sociedade contra fraudes no cumprimento das obrigações sociais, diante da falsa estimativa dos bens e consequentemente da atribuição de valor simbólico do capital social, que é a garantia dos credores perante a sociedade.

Na sociedade por ações, no caso de o capital social ser integralizado com bens, exige a lei que seja realizada *"avaliação dos bens, por três peritos ou por empresa especializada"*, com apresentação de *"laudo fundamentado, com a indicação dos critérios de avaliação e dos elementos de comparação adotados"*. Na limitada, não há essa exigência, mas nada impede que o sócio cauteloso proceda à avaliação desse quilate para precaver-se de eventual sanção pela suposta inexatidão do valor atribuído ao bem trazido para a formação do capital social.

Uma questão que enseja dúvidas refere-se à extensão da responsabilidade solidária, ou seja, sobre qual valor seria calculada a responsabilidade solidária. Um critério, talvez, seria raciocinar que a responsabilidade solidária seria limitada à diferença entre a estimação inexata e a exata do bem. Cabe à jurisprudência firmar entendimento acerca da interpretação dessa norma para fins de conferir eficiência à responsabilidade patrimonial e garantir aos credores a realização de negócios fundados na garantia do patrimônio social real e não aparente.

Conforme a vedação do § 2º, esta é uma sociedade que não admite sócio de indústria nem que qualquer dos sócios ingresse diretamente com prestação de serviços. Há uma única categoria de sócios. De todos os contratantes exige-se contribuição material avaliável em pecúnia. Ao menos formalmente, a nenhum sócio é dado ingressar com prestação de serviços.

Ainda, o capital social consiste, como regra, em critério válido para a formação de *quorum* nas deliberações dos sócios, além de elemento de aferição de lucros e perdas sociais.

Enunciado nº 224, III Jornada de Direito Civil – CJF/STJ: a solidariedade entre os sócios da sociedade limitada pela exata estimação dos bens conferidos ao capital social abrange os casos de constituição e aumento do capital e cessa após cinco anos da data do respectivo registro.

Art. 1.056. A quota é indivisível em relação à sociedade, salvo para efeito de transferência, caso em que se observará o disposto no artigo seguinte.
§ 1º No caso de condomínio de quota, os direitos a ela inerentes somente podem ser exercidos pelo condômino representante, ou pelo inventariante do espólio de sócio falecido.
§ 2º Sem prejuízo do disposto no art. 1.052, os condôminos de quota indivisa respondem solidariamente pelas prestações necessárias à sua integralização.

Nossa lei não estipulou um valor mínimo para o capital social dessa modalidade de pessoa jurídica. Em princípio, o capital deve ser compatível com as atividades e necessidades da empresa, o que nem sempre é verdadeiro.

O Código adotou o sistema da pluralidade das quotas, possibilitando aos sócios o estabelecimento de quotas iguais ou desiguais. Essa possibilidade de quotas com valores diferentes é inovação. Acompanhando essa perspectiva, adotou, também, o princípio da indivisibilidade da quota em relação à sociedade, abrindo uma exceção fundamental: *"salvo para efeito de transferência"*. Ou seja, apenas confirmou a divisão como efeito da transmissão parcial ou parcelada ou de um ato de partilha entre coproprietários. A divisibilidade da quota, portanto, é efeito de sua transferência. No caso de transmissão *causa mortis*, podem os herdeiros, ao invés de manter condomínio das quotas herdadas, dividi-las entre si, de acordo com sua deliberação na partilha.

No caso de condomínio de quota, somente um dos condôminos ou o representante do espólio poderá representá-la perante a sociedade e exercitar os direitos inerentes ao sócio.

Tratando-se de quota indivisa, a regra da responsabilidade solidária pela integralização é aplicada em relação à integralização da quota entre os condôminos.

Art. 1.057. Na omissão do contrato, o sócio pode ceder sua quota, total ou parcialmente, a quem seja sócio, independentemente de audiência dos outros, ou a estranho, se não houver oposição de titulares de mais de um quarto do capital social.
Parágrafo único. A cessão terá eficácia quanto à sociedade e terceiros, inclusive para os fins do parágrafo único do art. 1.003, a partir da averbação do respectivo instrumento, subscrito pelos sócios anuentes.

A liberdade de cessão das quotas na limitada é a regra geral. A cessão das quotas pode ser total ou parcial e, se a cessão for realizada entre os sócios, prescinde da anuência dos demais. A liberdade de cessão entre os sócios não está condicionada à aprovação dos demais. No caso de cessão para terceiros, entretanto, embora autorizada, fica condicionada à anuência dos titulares de mais de um quarto do capital social, numa manifestação, sem dúvida, da necessidade de *affectio societatis* na limitada.

Mesmo prestigiando o liame subjetivo de confiança entre os sócios, o legislador agiu bem ao não engessar a circulação das quotas sociais, uma vez que no mundo dos negócios a sobrevivência da empresa depende muitas vezes da injeção de capital, da experiência de um empreendedor que nem sempre se encontra no quadro social primitivo. A atividade econômica é dinâmica e seus instrumentos devem sê-lo também, sob pena de serem ineficientes para o fim a que se destina.

A eficácia da cessão só se opera a partir da averbação do instrumento de modificação social, isto é, da alteração do contrato social, na Junta. Esse também é o marco para o início do cômputo do prazo de dois anos de solidariedade entre cedente e cessionário pelas obrigações sociais, consoante disposto e já comentado no parágrafo único do art. 1.003.

Enunciado nº 225, III Jornada de Direito Civil – CJF/STJ: sociedade limitada. Instrumento de cessão de quotas. Na omissão do contrato social, a cessão de quotas sociais de uma sociedade limitada pode ser feita por instrumento próprio, averbado no registro da sociedade, independentemente de alteração contratual, nos termos do art. 1.057 e parágrafo único do Código Civil.

Enunciado nº 391, IV Jornada de Direito Civil – CJF/STJ: a sociedade limitada pode adquirir suas próprias quotas, observadas as condições estabelecidas na Lei das Sociedades por Ações.

Agravo de instrumento. Ação de dissolução parcial de sociedade. Pedido de autorização judicial para alienação das cotas sociais, com fundamento no art. 1.057 do CC. Contrato social que tem previsão específica quanto ao direito de preferência dos demais sócios. Pendência de citação de um dos herdeiros do sócio falecida. Crise financeira da empresa que não justifica o suprimento judicial de vontade. Necessidade de aguardar o curso normal do processo. Decisão mantida. Recurso improvido (*TJSP* – Ag 2180391-23.2017.8.26.0000, 18-10-2017, Rel. Hamid Bdine).

Anulação de negócio jurídico – Improcedência -Alienação de quotas sociais de forma a preterir o direito de preferência do sócio – Imposição de condições consideradas inexequíveis, de forma a inviabilizar o direito de preferência e burlar previsão contratual – Inocorrência – **Quotas oferecidas ao sócio com preferência aos demais** – A não aceitação da forma de pagamento implica em desistência ao direito de preferência e afasta a necessidade de se aferir sobre a legalidade das demais exigências – Venda realizada mediante as condições de preço e forma de pagamento anteriormente proposta ao sócio – Negócio realizado de forma a atender os interesses da empresa -Inexistência de afronta ao contrato ou ao regramento civil, a autorizar a pretendida anulação – Recurso desprovido (*TJSP* – Acórdão Apelação Cível 002868-64.2007.8.26.0370, 25-8-2011, Rel. Des. Percival Nogueira).

Art. 1.058. Não integralizada a quota de sócio remisso, os outros sócios podem, sem prejuízo do disposto no art. 1.004 e seu parágrafo único, tomá-la para si ou transferi-la a terceiros, excluindo o primitivo titular e devolvendo-lhe o que houver pago, deduzidos os juros da mora, as prestações estabelecidas no contrato mais as despesas.

A intangibilidade do capital social a todo momento é ressaltada nas regras da sociedade limitada. Isso porque, em muitos casos, o patrimônio da limitada é constituído exclusivamente pelo capital social, ou seja, a empresa é explorada com suporte no capital social, pois a maioria das limitadas são exploradas por micro e pequenos empresários. Além de o capital social garantir a exploração da empresa, tem a função precípua – quando é o único bem do patrimônio social – de suportar as obrigações sociais perante os credores. Daí a tão decantada intangibilidade ou impossibilidade de "se tocar" no capital social.

No caso de sócio remisso na limitada, podem os sócios exercitar, além das prerrogativas do art. 1.004 e seu parágrafo único, o direito de, caso disponham de dinheiro, reformular e completar a integralização do capital social. Podem, ainda, transferir a quota do remisso a terceiros, ou seja, podem aceitar a participação de um terceiro no quadro societário.

O sócio remisso pode não ter integralizado nenhum dos valores a que se comprometeu, bem como pode tê-los integralizado parcialmente. No primeiro caso, o sócio, na verdade, era detentor apenas de uma expectativa de direito de tornar-se sócio da sociedade, uma vez que um dos deveres do sócio é integralizar o capital social.

De outro lado, se o sócio remisso já tinha integralizado parcialmente suas quotas, tem ele o direito de ser reembolsado por esse valor, deduzidos os juros de mora, as prestações estabelecidas no contrato e as despesas.

> Enunciado nº 391, IV Jornada de Direito Civil – CJF/STJ: A sociedade limitada pode adquirir suas próprias quotas, observadas as condições estabelecidas na Lei das Sociedades por Ações.

Art. 1.059. Os sócios serão obrigados à reposição dos lucros e das quantias retiradas, a qualquer título, ainda que autorizados pelo contrato, quando tais lucros ou quantia se distribuírem com prejuízo do capital.

Os sócios têm o direito de participar dos lucros sociais na proporção ajustada no contrato social, aplicando-se subsidiariamente a regra do art. 1.007. Havendo lucro, portanto, os sócios têm assegurada sua participação, sob a forma de dividendos, bonificação de quotas ou sua aplicação na atividade social.

Mais uma vez, o legislador ressaltou a intangibilidade do capital social, quando veda aos sócios a distribuição disfarçada de lucros ou de retiradas que descapitalizem a sociedade, em prejuízo dos credores.

Assim, qualquer quantia retirada ou distribuída entre os sócios que importe no comprometimento e consequente esvaziamento do capital deve ser reembolsada, ainda que autorizada pelo contrato social e recebida de boa-fé pelos sócios.

Seção III
Da Administração

Art. 1.060. A sociedade limitada é administrada por uma ou mais pessoas designadas no contrato social ou em ato separado.
Parágrafo único. A administração atribuída no contrato a todos os sócios não se estende de pleno direito aos que posteriormente adquiram essa qualidade.

Na sociedade limitada, o poder de administrar é desvinculado da qualidade de sócio e pode ser exercitável pelo sócio indiretamente, no sentido que ele poderá contribuir, pelo exercício do direito de voto, para a escolha do administrador (BUONOCORE, 2000, p. 212), ou, diretamente, quando for nomeado administrador da sociedade.

Na sociedade simples, o poder de administrar nasce juntamente com a condição de sócio (art. 1.013); todos os sócios, exceto se houver disposição em contrário, são administradores. Na limitada, diversamente, esse poder de administrar não decorre da condição de sócio, sendo outorgado por deliberação dos sócios a um ou vários sócios ou a terceiro estranho ao quadro social.

Na antiga regulamentação das sociedades limitadas, a figura do administrador era a correspondente à do sócio-gerente. O Código, entretanto, andou bem em modificar a nomenclatura daquele que detém o poder de gestão para administrador e reservar a expressão gerente para identificar o preposto permanente no exercício de funções qualificadas dentro da empresa (art. 1.172).

A forma de administração da sociedade limitada, por sócio ou terceiro, deve vir expressa no contrato social, bem como deverá ser especificado se a administração será exercitada conjunta ou separadamente (art. 1.014). Nada impede, porém, que a designação do administrador seja feita em ato separado, desde que regularmente registrado. Na prática, a designação do administrador vem prevista no contrato social originário e suas modificações, em ato separado ou por meio de alteração do contrato social.

A administração conjunta enseja a formação de um órgão colegiado, constituído por vários administradores, cada um com poderes para administrar determinado setor da atividade, como por exemplo administrador de vendas, administrador financeiro, entre outros. Essa é a espécie de administração recomendada hodiernamente, porque revela organização, o principal elemento da empresa. A figura do sócio administrador "faz tudo" é ultrapassada, ineficiente e lembra os estabelecimentos folclóricos do passado. Deve-se observar, entretanto, que nessa espécie de administração os poderes inerentes a cada administrador necessitam vir claramente definidos e descritos, pois cada um terá responsabilidade sobre os atos que praticar na sua área e não sobre a totalidade dos atos de administração. O contrato social define o limite dos poderes e a atuação do administrador.

A administração é pessoal e não se transfere, ainda que as quotas do administrador sejam cedidas e um terceiro ingresse na sociedade ocupando o seu lugar. A nomeação de administrador é pessoal e não decorre da condição de sócio, como já dito, e por essa razão é intransferível.

De se observar, ainda, que a pessoa jurídica também pode, além de participar como sócio da limitada, participar da administração do agrupamento, mediante um presentante legal. A gestão por pessoa jurídica não é incomum nas sociedades limitadas, principalmente as estrangeiras, em razão de o patrimônio da administradora garantir os atos de gestão do seu presentante para o exercício da função.

Na legislação anterior, era necessária a prestação de caução quando da investidura do administrador, então sócio-gerente. A legislação atual não repetiu essa regra, mas nada obsta que no contrato social conste a exigência, principalmente porque o Código autoriza o exercício da administração por terceiro estranho ao quadro social. De outra parte, essa questão da garantia deve ser analisada em consonância com a regra da responsabilidade pessoal do administrador pelos atos de gestão que pratica com excesso ou abuso de poder (art. 1.015, parágrafo único). Geralmente, os administradores que gerem diretamente valores contábeis e patrimoniais são, por contrato, obrigados a apresentar carta de fiança bancária ou outra garantia.

Agravo de instrumento. **Sociedade limitada. Administração**. Nomeação da inventariante do espolio nos autos do inventario. Inconformismo. 1. Com efeito, na forma do Artigo 991, II do CPC, ao inventariante incumbe a administração do espólio, cabendo-lhe velar pelos bens como se seus fossem. 2. Todavia, tal preceito não deve ser entendido de forma absoluta a ensejar a nomeação da inventariante como administradora da sociedade, cabendo sua interpretação em consonância com os termos do contrato social da sociedade em questão, bem como com os ditames do Código Civil. 3. Assim, conquanto se venha a admitir que a inventariante, enquanto representante do espolio, tenha adquirido a condição de sócio em razão da titularidade das cotas, tal não implica na assunção por ela ao cargo de administrador, pois esse é conferido à pessoa designada no contrato social, e não às suas quotas, razão pela qual não se transmite com elas, o que se depreende do art. 1.060 e parágrafo único do Código Civil. 4. Destarte, cessado o exercício do cargo de administrador com o falecimento do sócio-gerente, a administração que lhe era atribuída no contrato social não pode ser estendida à inventariante do espólio do sócio falecido, mormente quando o atual administrador designado no contrato social já exerce a função de sócio-gerente em conjunto com o sócio falecido. 5. Provimento do recurso que se impõe (*TJRJ* – Acórdão Agravo de Instrumento 0011209-78.2011.8.19.0000, 29-6-2011, Rel. Des. Benedicto Abicair).

Art. 1.061. A designação de administradores não sócios dependerá de aprovação da unanimidade dos sócios, enquanto o capital não estiver integralizado, e de 2/3 (dois terços), no mínimo, após a integralização.

O art. 14 da Lei nº 10.406, de 10 de janeiro de 2002, com redação dada pela Lei nº 12.375/2010, alterou a disposição anterior que exigia a previsão de autorização no contrato social para que pudesse a administração da sociedade ser exercida por terceiro estranho ao quadro social. Tal modificação é de ordem procedimental e facilita a contratação de pessoa capacitada para exercer tal função, sem a então necessária alteração do contrato social se no mesmo não houvesse previsão legal para tal fim. Continua, entretanto, a necessidade de *quorum* de aprovação que, no caso de o capital social ainda não estar totalmente integralizado, exige a anuência da totalidade de sócios e, tratando-se de sociedade com capital social já totalmente integralizado, dois terços, no mínimo do voto dos sócios.

Não é comum na sociedade limitada explorada por micro ou pequenos empresários a nomeação de administrador não sócio. Entretanto, a administração profissionalizada tem suas vantagens, porque deve ser exercitada por pessoa capacitada e com conhecimentos específicos de gestão. Por outro lado, atribui poderes a pessoa estranha ao quadro social e pela qual a sociedade ficará obrigada perante terceiros. Melhor técnica parece, ao invés de contratar administrador não sócio, contratar pessoa com qualificação para gerir a sociedade e conferir-lhe o cargo de gerente, sem poderes de administração.

Administração de sociedade limitada – Prestação de contas – **Ação proposta por sócio contra o administrador nomeado por delegação dos sócios** – Legitimidade passiva ad causam – Reconhecimento – Possibilidade prevista no artigo 1.061 do Código Civil – Delegação da função do sócio administrador a pessoa que não compõe o quadro social por disposição contratual e aprovação unânime da sociedade – Extinção afastada – Aplicação do artigo 515, § 3º, do CPC – Ação procedente. Recurso provido (*TJSP* – Acórdão Apelação Cível 9201761-17.2009.8.26.0000, 22-3-2011, Rel. Des. Neves Amorim).

Art. 1.062. O administrador designado em ato separado investir-se-á no cargo mediante termo de posse no livro de atas da administração.
§ 1º Se o termo não for assinado nos trinta dias seguintes à designação, esta se tornará sem efeito.
§ 2º Nos dez dias seguintes ao da investidura, deve o administrador requerer seja averbada sua nomeação no registro competente, mencionando o seu nome, nacionalidade, estado civil, residência, com exibição de documento de identidade, o ato e a data da nomeação e o prazo de gestão.

A regra aqui é procedimental. Designado o administrador em ato separado, é necessária a observância do procedimento previsto nesse artigo para que a nomeação seja válida e eficaz.

Além de a designação constar em ato separado, a investidura do administrador dar-se-á por meio da aposição da sua assinatura no livro de atas da administração, no período não superior a 30 dias contados da nomeação, sob pena de tornar-se ineficaz.

A exigência de averbação da nomeação no registro competente, no caso das limitadas, a Junta Comercial, no prazo de dez dias seguintes ao da investidura, é suplementar da obrigação inserta no § 2º do art. 1.075, ou seja, se a ata da nomeação não for levada a registro nos 20 dias seguintes a sua realização, por cópia autenticada, para arquivamento na Junta Comercial com a qualificação do administrador e prazo de sua gestão, cabe ao administrador nomeado fazê-lo no prazo suplementar de dez dias.

A publicidade acerca da nomeação do administrador, com sua qualificação e prazo de sua gestão, é imprescindível para que terceiros tenham conhecimento da extensão dos poderes com quem negociam.

📚 Enunciado nº 66, I Jornada de Direito Civil – CJF/STJ: a teor do § 2º do art. 1.062 do Código Civil, o administrador só pode ser pessoa natural.

Art. 1.063. O exercício do cargo de administrador cessa pela destituição, em qualquer tempo, do titular, ou pelo término do prazo se, fixado no contrato ou em ato separado, não houver recondução.
§ 1º Tratando-se de sócio nomeado administrador no contrato, sua destituição somente se opera pela aprovação de titulares de quotas correspondentes a mais da metade do capital social, salvo disposição contratual diversa. (Redação dada pela Lei nº 13.792, de 2019)
§ 2º A cessação do exercício do cargo de administrador deve ser averbada no registro competente, mediante requerimento apresentado nos dez dias seguintes ao da ocorrência.
§ 3º A renúncia de administrador torna-se eficaz, em relação à sociedade, desde o momento em que esta toma conhecimento da comunicação escrita do renunciante; e, em relação a terceiros, após a averbação e publicação.

O tratamento para a constituição e destituição de administrador sócio e não sócio é diverso. Tratando-se de nomeação feita no contrato social ou em ato separado de administrador sócio da sociedade ou de terceiro, é necessário que na cláusula de nomeação conste, além da qualificação completa do administrador, a data do início e do término de sua gestão, que pode ser por prazo certo ou indeterminado.

O término do mandato é uma das causas de cessação do cargo, nada obstando que o administrador seja reconduzido na função. Cessada a administração pelo decurso de prazo, deve a ocorrência ser averbada no órgão competente, mediante requerimento apresentado nos dez dias seguintes à ocorrência.

Outra causa de cessação da administração é a destituição do administrador. O cargo de administrador é conferido àquele que inspira confiança, capacitação e lealdade para gerir a sociedade. Havendo insatisfação dos sócios em relação ao desempenho do administrador, podem, destituí-lo.

Para destituir sócio administrador nomeado no contrato, é preciso mais de metade de votos correspondente ao capital social (art. 1.071, inciso III, e 1.076, II), podendo o contrato social modificar esse quórum. O texto original desse dispositivo exigia quórum de dois terços.

Pode, também, o administrador pedir sua destituição, podendo renunciar ao cargo. Sendo a renúncia ato unilateral não receptício, basta a comunicação aos sócios para que opere seus efeitos em relação à sociedade. Já com relação a terceiros, a renúncia só produz efeitos após a sua averbação e publicação.

A ausência de averbação e publicação cria a responsabilidade solidária entre administrador e sociedade em relação a eventuais atos que forem praticados pelo administrador, após a sua renúncia de fato.

📚 Enunciado nº 489, V Jornada de Direito Civil – CJF/STJ: no caso da microempresa, da empresa de pequeno porte e do microempreendedor individual, dispensados de publicação dos seus atos (art. 71 da Lei Complementar n. 123/2006), os prazos estabelecidos no Código Civil contam-se da data do arquivamento do documento (termo inicial) no registro próprio.

⚖️ Ação de exclusão de sócios de sociedade limitada. Decisão que deferiu tutela de urgência de suspensão dos efeitos de assembleia que deliberou por exclusão de sócio administrador. Agravo de instrumento dos réus. Inobservância de cláusula do contrato social, que estabelece quórum mínimo para deliberações em assembleia. Inteligência do § 1º do art. 1.063 do Código Civil. Precedentes das Câmaras Reservadas de Direito Empresarial deste Tribunal. Manutenção da decisão agravada, nos termos do art. 252 do Regimento Interno deste Tribunal de Justiça. Agravo de instrumento a que se nega provimento (*TJSP* – AI 2267290-19.2020.8.26.0000, 13-1-2021, Rel. Cesar Ciampolini).

Art. 1.064. O uso da firma ou denominação social é privativo dos administradores que tenham os necessários poderes.

O Código Civil nada dispôs expressamente acerca dos poderes do administrador da sociedade limitada, entendendo-se, então, aplicáveis as normas pertinentes à sociedade simples, legislação suplementar da limitada, em princípio.

Assim, nos termos do art. 1.015, primeira parte, *"no silêncio do contrato, os administradores podem praticar todos os atos pertinentes à gestão da sociedade"*.

Consoante já comentamos, no entanto, é recomendável que os poderes do administrador venham designados no contrato social, tanto para o fim de conhecimento de terceiros, como para servir de base a eventual impugnação de sócio ou mesmo servir de escudo à atribuição de responsabilidade do administrador, uma vez que o administrador responde pessoalmente pelos atos de gestão que praticar com excesso ou abuso (art. 1.015, parágrafo único).

Entre os poderes inerentes à administração, geralmente, é ao administrador que cabe o uso da firma ou da denominação social, sendo indispensável, todavia, a outorga de poderes para sua utilização.

O Código não proibiu o administrador de outorgar procuração *ad negotia*, mas o mandato deve versar sobre determinados atos, não podendo ser utilizada como substitutivo para que o procurador o substitua na gestão da sociedade.

Art. 1.065. Ao término de cada exercício social, proceder-se-á à elaboração do inventário, do balanço patrimonial e do balanço de resultado econômico.

O administrador ou administradores das sociedades têm o dever, independentemente do regime societário adotado, de imprimir zelo no exercício da administração e observar todas as obrigações decorrentes do cargo.

Os deveres de cuidado e diligência que todo homem ativo e probo deve empregar na administração de seus negócios deve ser utilizado também pelo administrador da sociedade nos negócios sociais, consoante já comentado (art. 1.011).

Entre os deveres do administrador está o de prestar contas periodicamente. Pela prestação de contas, o administrador revela aos sócios a situação econômico-financeira e os resultados de sua atuação.

A prestação de contas deve ocorrer pelo menos uma vez por ano, e no máximo nos quatro meses subsequentes ao término do exercício social, e ser feita em assembleia ou reunião realizada para o fim de "tomar as contas dos administradores e deliberar sobre o balanço patrimonial e o resultado econômico" (art. 1.078, § 2º). Para que o desiderato seja alcançado, o administrador deve apresentar nessa oportunidade o inventário, o balanço patrimonial e de resultado, ficando suas contas sujeitas à aprovação dos sócios (art. 1.078, § 3º).

Seção IV
Do Conselho Fiscal

Art. 1.066. Sem prejuízo dos poderes da assembleia dos sócios, pode o contrato instituir conselho fiscal composto de três ou mais membros e respectivos suplentes, sócios ou não, residentes no País, eleitos na assembleia anual prevista no art. 1.078.

§ 1º Não podem fazer parte do conselho fiscal, além dos inelegíveis enumerados no § 1º do art. 1.011, os membros dos demais órgãos da sociedade ou de outra por ela controlada, os empregados de quaisquer delas ou dos respectivos administradores, o cônjuge ou parente destes até o terceiro grau.

§ 2º É assegurado aos sócios minoritários, que representarem pelo menos um quinto do capital social, o direito de eleger, separadamente, um dos membros do conselho fiscal e o respectivo suplente.

A todo sócio é dado fiscalizar a sociedade. Dependendo do âmbito das atividades da empresa, nem sempre será tarefa fácil. A opção de existência de conselho fiscal nas sociedades limitadas é inovação e busca maior dinâmica e facilidade na fiscalização da vida societária. Na legislação anterior, não havia essa previsão, fato que não vedava sua constituição se os sócios assim o desejassem, embora não fosse corrente a criação desse órgão nessa sociedade.

O conselho fiscal é instituto inspirado nas sociedades anônimas, cuja existência decorre da natureza capitalista da companhia. Explica-se. A existência de conselho fiscal decorrente do distanciamento dos sócios da administração da sociedade. À medida que os administradores se afastam dos sócios e adquirem maior liberdade negocial, justifica-se a criação de um órgão de controle de seus atos, não bastando aos sócios apenas tomar conhecimento das contas anualmente.

Foi sob essa perspectiva que o legislador trouxe para as limitadas a possibilidade de um conselho fiscal. A adoção, na prática, de conselhos fiscais nas limitadas fica adstrita a limitadas de grande porte, uma vez que aquelas que adotam o regime de micro e pequenas empresas, geralmente, têm quadro social reduzido, o qual possibilita o contato direto entre o administrador e os sócios, sendo dispensável um órgão fiscalizador.

De se observar que não basta a simples existência de um conselho fiscal. É imprescindível que seja eficiente. Não pode ser um órgão títere ou simulacro em prol dos próceres da entidade. Deve ser integrado por pessoas com probidade, conhecimento e capacidade técnica para o exame das contas e avaliação da administração.

Nas instituições financeiras (Lei nº 4.595/1964, arts. 32 e 33) e nas sociedades anônimas (art. 161 da Lei das Sociedades por Ações) a existência do conselho fiscal é obrigatória, não obstante seu funcionamento permanente dependa de opção nesse sentido pelo estatuto social.

O conselho fiscal na limitada deve ser constituído de no mínimo três membros e respectivos suplentes, sócios ou não sócios, residentes no país e eleitos na assembleia anual prevista no art. 1.078.

O parágrafo primeiro enumera as pessoas que não podem participar do conselho fiscal. Esse impedimento leva em consideração o grau de comprometimento que poderiam ter a ponto de prejudicar a imparcialidade na fiscalização.

O legislador assegura aos sócios minoritários que representem pelo menos um quinto do capital social o direito de eleger um dos membros do conselho e seu respectivo suplente. É forma de evitar que os controladores da sociedade formem o conselho fiscal com pessoas só de sua confiança e tirem proveito dessa situação.

Art. 1.067. O membro ou suplente eleito, assinando termo de posse lavrado no livro de atas e pareceres do conselho fiscal, em que se mencione o seu nome, nacionalidade, estado civil, residência e a data da escolha, ficará investido nas suas funções, que exercerá, salvo cessação anterior, até a subsequente assembleia anual.
Parágrafo único. Se o termo não for assinado nos trinta dias seguintes ao da eleição, esta se tornará sem efeito.

Trata-se de regra procedimental acerca da investidura do conselheiro. Seja no caso de membro originário ou de suplente eleito, o procedimento de investidura é o mesmo, tornando-se o membro conselheiro após a assinatura do termo de posse que é lavrado no livro de atas e pareceres do conselho fiscal que deve ser mantido pela sociedade se feita a opção pela existência desse órgão.

No termo de posse constará a qualificação do conselheiro, bem como o prazo do mandato, que geralmente é de um ano, consoante assinalado no artigo. Nada obsta, entretanto, que o mandato seja por prazo inferior ou superior. A prorrogação, embora não seja objeto de regulamentação, parece possível, desde que conte com a aprovação de votos da maioria simples dos sócios.

É de decadência o prazo de 30 dias para a assinatura do termo, conforme descrito no parágrafo único, sendo condição de eficácia da investidura a sua observância.

Art. 1.068. A remuneração dos membros do conselho fiscal será fixada, anualmente, pela assembleia dos sócios que os eleger.

Pelo desempenho de suas funções, os conselheiros têm direito a uma remuneração, que deverá ser fixada pelos sócios na assembleia anual que os eleger.

Não há nenhum valor mínimo ou máximo estabelecido em lei, derivando esse montante da exclusiva vontade dos sócios, que devem, entretanto, levar em consideração a complexidade e o volume do trabalho.

Pode-se, outrossim, aplicar supletivamente por remissão ou por analogia o disposto na Lei das Sociedades por Ações (Lei nº 6.404/1976, art. 162, § 3º) quanto ao direito dos conselheiros de reembolso das despesas de locomoção, estadia e todas as realizadas para o desempenho da função.

A forma como será paga a remuneração aos conselheiros também fica a critério da deliberação dos sócios, não havendo qualquer exigência de pagamento mensal ou periódico, por exemplo.

Art. 1.069. Além de outras atribuições determinadas na lei ou no contrato social, aos membros do conselho fiscal incumbem, individual ou conjuntamente, os deveres seguintes:
I – examinar, pelo menos trimestralmente, os livros e papéis da sociedade e o estado da caixa e da carteira, devendo os administradores ou liquidantes prestar-lhes as informações solicitadas;
II – lavrar no livro de atas e pareceres do conselho fiscal o resultado dos exames referidos no inciso I deste artigo;
III – exarar no mesmo livro e apresentar à assembleia anual dos sócios parecer sobre os negócios e as operações sociais do exercício em que servirem, tomando por base o balanço patrimonial e o de resultado econômico;
IV – denunciar os erros, fraudes ou crimes que descobrirem, sugerindo providências úteis à sociedade;
V – convocar a assembleia dos sócios se a diretoria retardar por mais de trinta dias a sua convocação anual, ou sempre que ocorram motivos graves e urgentes;
VI – praticar, durante o período da liquidação da sociedade, os atos a que se refere este artigo, tendo em vista as disposições especiais reguladoras da liquidação.

Questão de extrema importância reside na natureza jurídica dos atos dos conselheiros fiscais, porque conforme sua natureza os efeitos são diversos.

A doutrina divide-se acerca da natureza opinativa ou vinculativa dos atos dos conselheiros. Considerando os atos como de natureza opinativa, seu efeito é não vinculante, ou seja, os sócios não estão obrigados a acatá-los e podem decidir em contrário, desde que obtido o quórum necessário. Por exemplo, podem os conselheiros não concordarem com as contas prestadas pelo administrador e, considerando ser de natureza opinativa esse ato, os sócios podem acatar as contas como boas, contrariando a decisão do conselho. Diversamente, se considerarmos os atos de natureza vinculativa, e nisso o contrato social pode ser expresso, porque aí os sócios não poderiam deliberar em sentido contrário e a decisão seria executável nos termos propostos. Sustenta-se com clareza que a vontade dos sócios na sociedade é superior à dos conselheiros fiscais, daí não se justificar conferir natureza vinculativa aos atos do conselho fiscal. Contudo, havendo dissensão e afluindo a questão ao Judiciário, o parecer do Conselho Fiscal contrário ao dos diretores e seus atos e dos sócios influirá decisivamente na decisão do magistrado, mormente se os conselheiros forem pessoas probas e especializadas.

Além de eventuais atribuições e competências previstas no contrato social, o legislador traçou um rol mínimo de atos exigidos no desempenho da função de conselheiros fiscais.

O exame dos livros e papéis da sociedade, bem como do caixa e da carteira de títulos da sociedade, deve ser feito pelos conselheiros trimestralmente. Para tanto, o administrador está obrigado a fornecer aos conselheiros todos os documentos necessários. O mesmo aplica-se quanto aos liquidantes, encontrando-se a sociedade em estado de liquidação. A recusa ou mora no fornecimento dos elementos necessários para que os conselheiros possam cumprir essa exigência atribui responsabilidade ao administrador ou liquidante, nos termos da recusa ou mora.

Procedida a análise referente aos documentos e atos assinalados no inciso anterior, o resultado da análise deve constar do livro de atas e pareceres do conselho fiscal, por ata lavrada para esse fim.

Anualmente, os conselheiros devem elaborar parecer acerca dos negócios e operações sociais do exercício que serviram tomando por base o balanço patrimonial e de resultado econômico. Esse parecer deve constar do livro de atas e pareceres do conselho fiscal e ser apresentado à assembleia geral anual dos sócios, para que estes deliberem a respeito.

Durante o exercício do mandato de conselheiro fiscal, quaisquer irregularidades, erros ou fraude constatados devem ser denunciados à sociedade, inclusive com sugestões de providências para correção ou coibição do ato ilegal.

Subsidiariamente, os conselheiros estão obrigados a convocar a assembleia de sócios, no caso de mora superior a 30 dias de sua convocação anual. Ainda, verificando o conselho fiscal situação em que se faça necessária a realização de assembleia por motivo grave ou urgente, deve convocá-la, observado o procedimento legal.

Encontrando-se a sociedade em processo de liquidação, não há dissolução do conselho durante esse período, estando os conselheiros obrigados a praticar os atos do artigo, observadas as disposições especiais reguladoras da liquidação.

Art. 1.070. As atribuições e poderes conferidos pela lei ao conselho fiscal não podem ser outorgados a outro órgão da sociedade, e a responsabilidade de seus membros obedece à regra que define a dos administradores (art. 1.016).
Parágrafo único. O conselho fiscal poderá escolher para assisti-lo no exame dos livros, dos balanços e das contas, contabilista legalmente habilitado, mediante remuneração aprovada pela assembleia dos sócios.

O conselho fiscal é órgão auxiliar da sociedade e tem suas atribuições e funções mínimas definidas em lei,

podendo os sócios ampliá-las de acordo com as necessidades sociais, desde que previstas no contrato social.

As funções e atribuições do conselho fiscal são indelegáveis; os conselheiros respondem perante a sociedade pelos atos que praticarem no desempenho dessa função. A responsabilidade dos conselheiros, que podem ter atribuições específicas conferidas individualmente, obedece à regra da responsabilidade dos administradores inserta no art. 1.016.

A lei não exige a unanimidade nas decisões do conselho, sendo que no caso de discordância, cada um dos conselheiros emite seu parecer e pelos atos que pratica responde individualmente, se restarem danosos à sociedade.

O conselho fiscal, para bem desenvolver suas funções e se prevenir de eventual responsabilidade por ato prejudicial, pode contratar contabilista legalmente habilitado para auxiliar nos atos, tais como examinar livros e contas, desde que haja concordância dos sócios em assembleia, ocasião em que aprovam, também, a respectiva remuneração.

Seção V
Das Deliberações dos Sócios

Art. 1.071. Dependem da deliberação dos sócios, além de outras matérias indicadas na lei ou no contrato:
I – a aprovação das contas da administração;
II – a designação dos administradores, quando feita em ato separado;
III – a destituição dos administradores;
IV – o modo de sua remuneração, quando não estabelecido no contrato;
V – a modificação do contrato social;
VI – a incorporação, a fusão e a dissolução da sociedade, ou a cessação do estado de liquidação;
VII – a nomeação e destituição dos liquidantes e o julgamento das suas contas;
VIII – o pedido de concordata.

As questões relativas à constituição, modificação e extinção de atos jurídicos da sociedade são tomadas em colegiado. Dada a importância das matérias na vida societária, o legislador exigiu que fossem tomadas as decisões pelos sócios reunidos em assembleia ou reunião, fixando quóruns para a obtenção dos resultados. As deliberações dos sócios no que diz respeito aos assuntos da sociedade são tomadas por maioria. Na limitada, o sócio interfere na proporção do capital que concorreu, que contribuiu para o negócio. O princípio é essencialmente capitalista. Assim, sócio que aportou mais da metade do capital terá maioria, não importando o número dos demais sócios. Os direitos dos minoritários devem ficar bem definidos no contrato social.

Além das matérias elencadas nesse artigo, os sócios podem no contrato social instituir outras matérias que necessitem de votação colegiada. Nada, porém, que engesse o dinamismo da sociedade limitada, é o que se aconselha. Na seara da lei, por exemplo, a exclusão de sócio é matéria que depende de assembleia (art. 1.085).

O rol de matérias do artigo fica sujeito a decisões que os sócios devem tomar em assembleia ou reunião, consoante tratado nos artigos seguintes, sujeitando-se àqueles procedimentos para que produzam efeitos.

A aprovação das contas da administração é feita em assembleia ou reunião anual realizada para esse fim, sendo obrigação do administrador apresentá-las aos sócios para aprovação (art. 1.065).

A designação de administrador em ato separado também necessita ser aprovada em assembleia ou reunião e deve seguir os procedimentos legais após a aprovação para que surta seus regulares efeitos (art. 1.062).

Da mesma forma, a destituição dos administradores é questão que necessita da decisão colegiada para produzir efeitos (art. 1.063). A destituição do administrador é medida de exceção consoante já tratado no capítulo próprio da administração das limitadas e, por isso, submete-se a segurança jurídica das decisões colegiadas.

Uma vez nomeado o administrador, sua remuneração, se não constante do contrato social, é decidida pelos sócios e reduzida a termo na ata da assembleia ou reuniões, não sendo necessário constar do contrato social. A ata, nesse caso, é documento suficiente a retratar o direito de crédito do administrador decorrente do seu trabalho de gestão na sociedade.

Qualquer modificação no contrato social fica submetida à decisão colegiada dos sócios para que seja válida, bem como ao quórum estabelecido em lei para que produza seus efeitos. Da mesma forma as questões relativas à incorporação, fusão, à dissolução da sociedade ou à cessação do estado de liquidação e, ainda, à nomeação, destituição e julgamento das contas dos liquidantes.

O inciso VIII aponta o pedido de concordata como matéria dependente da deliberação colegiada. Essa matéria sofreu modificação, sendo o instituto da concordata substituído, em princípio, pela recuperação judicial. Assim, o inciso deve ser entendido como pedido de recuperação. Cabe, entretanto, perquirir se as duas espécies de recuperação, extrajudicial e judicial, estão agasalhadas pelo inciso. A opção extrajudicial de moratória era desconhecida ao tempo da concordata, que era procedimento judicial de moratória colocado à disposição do então comerciante em dificuldades financeiras. Não obstante tratar-se de instituto extrajudicial, parece que, em razão da questão de fundo ser de relevante importância – sanidade financeira –, a aprovação dos sócios para que o administrador deduza o pedido de recuperação extrajudicial é imprescindível, dadas suas consequências.

Portanto, para ambos os pedidos de recuperação, a deliberação dos sócios em colegiado é indispensável.

Art. 1.072. As deliberações dos sócios, obedecido o disposto no art. 1.010, serão tomadas em reunião ou em assembleia, conforme previsto no contrato social, devendo ser convocadas pelos administradores nos casos previstos em lei ou no contrato.

§ 1º A deliberação em assembleia será obrigatória se o número dos sócios for superior a dez.

§ 2º Dispensam-se as formalidades de convocação previstas no § 3º do art. 1.152, quando todos os sócios comparecerem ou se declararem, por escrito, cientes do local, data, hora e ordem do dia.

§ 3º A reunião ou a assembleia tornam-se dispensáveis quando todos os sócios decidirem, por escrito, sobre a matéria que seria objeto delas.

§ 4º No caso do inciso VIII do artigo antecedente, os administradores, se houver urgência e com autorização de titulares de mais da metade do capital social, podem requerer concordata preventiva.

§ 5º As deliberações tomadas de conformidade com a lei e o contrato vinculam todos os sócios, ainda que ausentes ou dissidentes.

§ 6º Aplica-se às reuniões dos sócios, nos casos omissos no contrato, o disposto na presente Seção sobre a assembleia.

A realização de assembleia ou reunião para deliberação social é inovação do legislador que deve ser bem recebida. As assembleias e reuniões constituem órgãos máximos dessas sociedades. O formalismo atribuído por alguns ao encontro colegiado dos sócios para deliberar não prospera, visto que só é imprescindível a assembleia se a sociedade contar com mais de dez sócios. Note que se o sócio detiver mais da metade do capital, delibera sozinho.

A necessidade do ato colegiado justifica-se para a manutenção do contato entre os sócios gerado através da discussão das matérias colocadas em pauta. Do contrário, estando os sócios cientes das matérias inseridas na pauta, podem individualmente manifestar sua aprovação, prática que dispensa o encontro colegiado, se obtida a unanimidade.

A convocação formal também é dispensável mediante a declaração de todos os sócios acerca do dia, horário e local de realização do encontro colegiado, sob qualquer de suas duas modalidades.

Dispensa-se a realização de assembleia ou reunião para a deliberação acerca do pedido de recuperação, encontrando-se a sociedade em estado de urgência quanto à moratória. Nesse caso, é necessário que o administrador tenha autorização de mais da metade dos votos representativos do capital social para deduzir o pedido de moratória.

O resultado das deliberações nos encontros colegiados, desde que tomados em conformidade com a lei, vinculam todos os sócios da sociedade, inclusive os ausentes ou dissidentes. Trata-se de ato normativo que produz efeitos vinculativos.

Havendo omissão legal acerca das reuniões, aplica-se o disposto às assembleias nesse capítulo, dada a natureza similar de ato colegiado.

As deliberações tomadas em assembleia ou reunião podem ser objeto de ação de nulidade ou anulação, caso sejam descumpridas as normas legais de convocação, instalação e deliberação. O autor da ação de invalidação do ato colegiado tem por finalidade desconstituir o ato colegiado e, portanto, com essa desconstituição, a sociedade volta ao estado anterior à votação. Se for o caso, a sociedade convocará outra assembleia ou reunião para validamente deliberar as matérias votadas no ato desconstituído.

Tem legitimidade para propor a ação de invalidade o sócio dissidente ou terceiro que comprovar que a deliberação lhe causará prejuízo, como por exemplo, a hipótese em que alguma medida adotada pela sociedade puder caracterizar fraude contra credores. O prazo para o exercício dessa ação é decadencial, aplicando-se o disposto no art. 45, parágrafo único.

> **Art. 1.073. A reunião ou a assembleia podem também ser convocadas:**
> **I – por sócio, quando os administradores retardarem a convocação, por mais de sessenta dias, nos casos previstos em lei ou no contrato, ou por titulares de mais de um quinto do capital, quando não atendido, no prazo de oito dias, pedido de convocação fundamentado, com indicação das matérias a serem tratadas;**
> **II – pelo conselho fiscal, se houver, nos casos a que se refere o inciso V do art. 1.069.**

A convocação de reunião ou assembleia é ato de competência do administrador, que tem o dever legal de convocá-las, estando caracterizada hipótese legal para esse fim.

A não convocação nas hipóteses e prazos legais caracteriza infração ao deveres do administrador e submete-o aos efeitos de sua inércia.

Por essa razão o legislador conferiu legitimidade extraordinária aos sócios e conselheiros fiscais, para, constatada a inércia, poderem convocar o ato colegiado.

Aos sócios é conferida legitimidade para convocar assembleia ou reunião quando o administrador retardar em mais de 60 dias a convocação para os casos previstos em lei ou no contrato, como por exemplo, não convocar a assembleia anual obrigatória por lei para a prestação de contas.

Quando for deduzido pedido de convocação ao administrador, fundamentado e com indicação das matérias a serem deliberadas, e não atendido no prazo de oito dias, os sócios detentores de mais de um quinto do capital podem convocar o ato colegiado, observadas as normas procedimentais para esse fim.

Ao conselho fiscal cabe convocar assembleia ou reunião no caso de mora do administrador na convocação a que se refere o inciso V do art. 1.069.

> **Art. 1.074. A assembleia dos sócios instala-se com a presença, em primeira convocação, de titulares de no mínimo três quartos do capital social e, em segunda, com qualquer número.**
> **§ 1º O sócio pode ser representado na assembleia por outro sócio, ou por advogado, mediante outorga de mandato com especificação dos atos autorizados, devendo o instrumento ser levado a registro, juntamente com a ata.**
> **§ 2º Nenhum sócio, por si ou na condição de mandatário, pode votar matéria que lhe diga respeito diretamente.**

Essa norma procedimental tem como pano de fundo a validade dos atos realizados na assembleia ou reunião. Primeiro, no tocante ao quórum para a realização do ato colegiado. Havendo a presença de titulares de no mínimo três quartos do capital social, a ato colegiado tem início já em primeira convocação. Não obtido esse quórum, o ato instala-se com o número de presentes, sendo assim válido quanto a sua concretização.

O sócio pode ser representado na assembleia ou reunião, observados no mandato os poderes específicos para a participação do ato, bem como a limitação dos poderes para deliberar. Mandato geral, sem poderes específicos, coloca em dúvida a validade da outorga, porque a lei exige a especificação dos atos autorizados. O instrumento de mandato do sócio representado deve ser levado a registro juntamente com a ata, para conferir eficácia ao ato deliberativo por representação.

O § 2º trata do impedimento ou abstenção de voto do sócio, quando a matéria a ser votada disser respeito diretamente ao sócio, como ocorre, por exemplo, no caso de assembleia convocada para a destituição de determinado sócio por justa causa. Nessa hipótese, o sócio cuja exclusão se propõe fica obviamente impedido de votar, em razão de a matéria atingi-lo diretamente.

Enunciado nº 226, III Jornada de Direito Civil – CJF/STJ: a exigência da presença de três quartos do capital social, como quórum mínimo de instalação em primeira convocação, pode ser alterada pelo contrato de sociedade limitada com até dez sócios, quando as deliberações sociais obedecerem à forma de reunião, sem prejuízo da observância das regras do art. 1.076 referentes ao quórum de deliberação.

Enunciado nº 484, V Jornada de Direito Civil – CJF/STJ: quando as deliberações sociais obedecerem à forma de reunião, na sociedade limitada com até 10 (dez) sócios, é possível que a representação do sócio seja feita por outras pessoas além das mencionadas no § 1º do art. 1.074 do Código Civil (outro sócio ou advogado), desde que prevista no contrato social.

Art. 1.075. A assembleia será presidida e secretariada por sócios escolhidos entre os presentes.
§ 1º Dos trabalhos e deliberações será lavrada, no livro de atas da assembleia, ata assinada pelos membros da mesa e por sócios participantes da reunião, quantos bastem à validade das deliberações, mas sem prejuízo dos que queiram assiná-la.
§ 2º Cópia da ata autenticada pelos administradores, ou pela mesa, será, nos vinte dias subsequentes à reunião, apresentada ao Registro Público de Empresas Mercantis para arquivamento e averbação.
§ 3º Ao sócio, que a solicitar, será entregue cópia autenticada da ata.

Regra eminentemente procedimental, as disposições desse artigo delineiam o trâmite para a realização da assembleia ou reunião quanto aos seus atos documentais.

O ato colegiado deve ser presidido por sócio escolhido, se bem que na prática, geralmente o é pelo administrador. O secretário também será escolhido entre os sócios presentes e terá a função de reduzir a termo as decisões em ata lavrada para o ato colegial.

Todas as decisões são reduzidas a termo na ata lavrada e constantes do livro de atas e assinadas pelos membros da mesa e pelos sócios participantes do ato colegiado, observado o quórum exigido para a validade das deliberações, sem prejuízo, entretanto, dos que queiram assiná-las. Eventuais impugnações também devem constar do instrumento para o fim de documentar o dissenso e possibilitar eventual sustentação de invalidade ou ineficácia do ato.

É imprescindível, para conferir eficácia às decisões tomadas no ato colegiado, que cópia da ata seja averbada e arquivada na Junta Comercial, no prazo de até 20 dias após a realização da assembleia ou reunião. A não observância desse prazo não acarreta a invalidade, mas retarda a eficácia das decisões lá tomadas.

É direito do sócio solicitar cópia da ata, devendo ser fornecida cópia autenticada ao solicitante, após sua averbação no Registro Público de Empresas Mercantis.

Art. 1.076. Ressalvado o disposto no art. 1.061, as deliberações dos sócios serão tomadas: (Redação dada pela Lei nº 13.792, de 2019)
I – pelos votos correspondentes, no mínimo, a três quartos do capital social, nos casos previstos nos incisos V e VI do art. 1.071;
II – pelos votos correspondentes a mais de metade do capital social, nos casos previstos nos incisos II, III, IV e VIII do art. 1.071;
III – pela maioria de votos dos presentes, nos demais casos previstos na lei ou no contrato, se este não exigir maioria mais elevada.

Esse artigo especifica o quórum necessário para a aprovação das matérias em assembleia ou reunião.

Nos casos de designação de administrador não sócio, a lei exige consenso da unanimidade de sócios enquanto não integralizado o capital social da limitada ou de dois terços, no mínimo, encontrando-se já integralizado.

Para a destituição do administrador-sócio, o ato só se opera mediante a aprovação de titulares correspondentes a mais de metade do capital social, salvo disposição em contrário, como já comentado no respectivo artigo citado no *caput*.

Rol exemplificativo de quóruns de votação exigidos pela lei vem elencado nos incisos I, II e III desse artigo, afora outros tantos distribuídos no livro do direito de empresa.

Para a modificação do contrato social, bem como para incorporação, fusão e a dissolução da sociedade ou, ainda, para a cessação do estado de liquidação, é exigida a aprovação mediante o quórum de no mínimo três quartos do capital social.

Decisões referentes aos administradores, como nomeação, destituição e remuneração, serão procedentes mediante a obtenção de votos representativos de mais da metade do capital social, ou seja, maioria absoluta. Igual quórum é exigido para a aprovação do pedido de recuperação extra e judicial.

Nos demais casos em que não haja disposição expressa, para a aprovação dos sócios, é necessária a maioria de votos dos presentes, não havendo disposição em contrário.

📖 Enunciado nº 227, III Jornada de Direito Civil – CJF/STJ: o quórum mínimo para a deliberação da cisão da sociedade limitada é de três quartos do capital social.

📖 Enunciado nº 485, V Jornada de Direito Civil – CJF/STJ: o sócio que participa da administração societária não pode votar nas deliberações acerca de suas próprias contas, na forma dos arts. 1.071, I, e 1.074, § 2º, do Código Civil.

Art. 1.077. Quando houver modificação do contrato, fusão da sociedade, incorporação de outra, ou dela por outra, terá o sócio que dissentiu o direito de retirar-se da sociedade, nos trinta dias subsequentes à reunião, aplicando-se, no silêncio do contrato social antes vigente, o disposto no art. 1.031.

A lei confere ao sócio dissidente o direito de retirar-se da sociedade, nos 30 dias subsequentes à realização da reunião ou assembleia. Esse direito também é denominado *recesso*. Trata-se de mecanismo para tutelar o sócio minoritário. Constitui ato de dissociação e não se confunde com a dissolução parcial da sociedade, embora haja corrente doutrinária e jurisprudencial nesse sentido. No entanto, o procedimento de dissolução parcial da sociedade, que implica também em retirada do sócio, é mais singelo e não necessita de qualquer justificação, ao contrário do recesso, daí por que perde importância esse direito do sócio dissidente, no qual a causa deve ser exposta, motivada e comprovada.

Assim, não concordando o sócio com qualquer modificação do contrato social votada no ato colegiado, bem como com qualquer das formas de reorganização societária, seja pela fusão, incorporação, cisão ou transformação (arts. 1.113 ss), pode deduzir seu pedido de retirada. Não havendo no contrato social modificado a previsão do procedimento de liquidação das quotas do sócio retirante, aplica-se o disposto no art. 1.031.

Ao sócio dissidente, ademais, é garantido o direito de pleitear a invalidade da votação, provada a existência de qualquer das causas previstas nos arts. 166, 167 e 171 do Código Civil, conforme já comentado no art. 1.072.

O sócio retirante terá direito ao reembolso de sua participação societária, calculado sobre o patrimônio líquido da sociedade. Nem sempre essa avaliação é tranquila e com frequência deságua no Judiciário.

Enunciado nº 392, IV Jornada de Direito Civil – CJF/STJ: Nas hipóteses do art. 1.077 do Código Civil, cabe aos sócios delimitar seus contornos para compatibilizá-los com os princípios da preservação e da função social da empresa, aplicando-se, supletiva (art. 1.053, parágrafo único) ou analogicamente (art. 4º da LICC), o art. 137, § 3º, da Lei das Sociedades por Ações, para permitir a reconsideração da deliberação que autorizou a retirada do sócio dissidente.

Art. 1.078. A assembleia dos sócios deve realizar-se ao menos uma vez por ano, nos quatro meses seguintes ao término do exercício social, com o objetivo de:
I – tomar as contas dos administradores e deliberar sobre o balanço patrimonial e o de resultado econômico;
II – designar administradores, quando for o caso;
III – tratar de qualquer outro assunto constante da ordem do dia.
§ 1º Até trinta dias antes da data marcada para a assembleia, os documentos referidos no inciso I deste artigo devem ser postos, por escrito, e com a prova do respectivo recebimento, à disposição dos sócios que não exerçam a administração.
§ 2º Instalada a assembleia, proceder-se-á à leitura dos documentos referidos no parágrafo antecedente, os quais serão submetidos, pelo presidente, a discussão e votação, nesta não podendo tomar parte os membros da administração e, se houver, os do conselho fiscal.
§ 3º A aprovação, sem reserva, do balanço patrimonial e do de resultado econômico, salvo erro, dolo ou simulação, exonera de responsabilidade os membros da administração e, se houver, os do conselho fiscal.
§ 4º Extingue-se em dois anos o direito de anular a aprovação a que se refere o parágrafo antecedente.

O extenso artigo regulamenta o funcionamento da assembleia geral ordinária, aplicando-se, entretanto, também para qualquer outra reunião ou assembleia.

A regra do *caput* de realização anual da assembleia para tratar das matérias aqui elencadas sofre divergência quanto à possibilidade e sua dispensa, na hipótese do § 3º do art. 1.072. Alguns entendem que a realização de assembleia anual é indispensável, posto que transcende o interesse dos sócios, sendo relevantes suas decisões para terceiros credores. Os que sustentam a dispensa no caso justificam a legitimidade do procedimento informal pela redução de custos e tempo para a realização do ato. A questão deve ser analisada na prática e detectada a viabilidade ou não da dispensa levando-se em consideração o perfil da empresa e seu modo de atuação. A realização da assembleia pode efetivamente onerar injustificadamente sociedade de pequeno porte, por exemplo, como pode ser imprescindível reunir um quadro societário mais expressivo em sociedade de vulto com sócios capitalistas e empreendedores, dado o distanciamento destes com o cotidiano da empresa.

Não obstante a forma pela qual o ato vai se realizar, é fato que anualmente devem ser prestadas contas aos sócios pelos administradores, pela apresentação dos documentos e livros aos sócios para conferência, mediante aviso do administrador, nos termos do disposto no § 1º. Demonstradas as contas pela apresentação do balanço patrimonial e do resultado econômico, os sócios deliberam e manifestam sua aprovação ou não.

No caso de realização de assembleia, instalada esta, procede-se à leitura dos documentos de comprovação das contas e submetem-nos a votação, não podendo tomar parte nessa votação quem produziu os documentos, ou seja, administradores e conselheiros, se houver conselho fiscal, pelo qual as contas passaram antes de apresentadas aos sócios.

As contas aprovadas sem qualquer ressalva pelos sócios exoneram de responsabilidade os membros da administração, bem como do conselho fiscal, salvo se os sócios aprovarem fundados em erro, dolo ou simulação, caso em que a responsabilidade recai sobre os administradores e eventualmente sobre os membros do conselho fiscal se conheciam o vício.

A ação de invalidação das contas com fundamento no artigo antecedente pode ser requerida no prazo de até dois anos após a votação, sendo que, ultrapassado esse prazo, extingue-se o direito de demandar a invalidade.

Também na assembleia anual são designados administradores quando for o caso e são votadas outras matérias que entendam os sócios ou administrador estarem na ordem do dia para votação.

Lembre-se que cada vez mais se tornam oportunas e necessárias as assembleias virtuais.

Enunciado nº 228, III Jornada de Direito Civil – CJF/STJ: as sociedades limitadas estão dispensadas da publicação das demonstrações financeiras a que se refere § 3º do art. 1.078. Naquelas de até dez sócios, a deliberação de que trata o art. 1.078 pode dar-se na forma dos §§ 2º e 3º do art. 1.072, e a qualquer tempo, desde que haja previsão contratual nesse sentido.

🔎 Legitimidade passiva – **Ação de nulidade de deliberação de assembleia societária** – Pretendida legitimidade dos sócios para figurarem no pólo passivo da ação – Impossibilidade – Litisconsórcio necessário – Não ocorrência – Sucumbência recíproca mantida – recurso dos autores não provido. Julgamento antecipado da lide – Cerceamento de defesa – Questão a envolver análise da efetiva disponibilidade aos autores dos documentos fiscais e contábeis da sociedade – Matéria de direito – Dispensável maior produção probatória – Condição de julgamento que se apresenta como dever ao magistrado – Ausente nulidade por cerceamento – preliminar afastada. Sociedade – Anulação de assembleia geral – Cabimento – Descumprimento do disposto no art. 1.078, § 1º do Código Civil – Exclusão dos sócios, de outra parte, sem observância do direito de ampla defesa e contraditório, bem como ausência de previsão no contrato social – Sentença confirmada – Aplicação do disposto no art. 252 do Regimento Interno deste Tribunal – Recurso não provido (*TJSP* – Acórdão Apelação Cível 0012991-38.2008.8.26.0451, 24-8-2011, Rel. Des. Elcio Trujillo).

Art. 1.079. Aplica-se às reuniões dos sócios, nos casos omissos no contrato, o estabelecido nesta Seção sobre a assembleia, obedecido o disposto no § 1º do art. 1.072.

O legislador desce a inúmeros detalhes na regulamentação das assembleias e reserva ao contrato social a regulamentação das reuniões.

Sendo o contrato social omisso sobre qualquer regra de constituição e realização das reuniões, aplicam-se as disposições do capítulo acerca da assembleia.

A reunião, sem dúvida, é um ato menos formal do que a assembleia, principalmente no tocante a sua forma de convocação. Mas o espírito da reunião é o mesmo da assembleia: o encontro dos sócios para discutir as matérias postas em votação. Essa discussão aproxima os sócios, os quais nem sempre mantêm contato interpessoal no cotidiano da empresa e instiga decisões mais meditadas, eis que a discussão propicia reflexão acerca de pontos quiçá não observados pelo interessado na decisão individual.

Quando a sociedade limitada é constituída por dois ou três sócios, geralmente as reuniões são dispensadas, pois normalmente o contato mantido entre eles é direto e propicia decisões tomadas no dia a dia da empresa.

Ao traçar as normas acerca das reuniões, os sócios devem ter em mente eliminar tanto quanto possível formalismos, sob pena de engessarem o dinamismo necessário à atuação das limitadas.

Art. 1.080. As deliberações infringentes do contrato ou da lei tornam ilimitada a responsabilidade dos que expressamente as aprovaram.

A responsabilidade enunciada no artigo recai apenas sobre aqueles sócios que participaram da decisão infringente, ou seja, contrária ao contrato social ou à lei, tendo votado positivamente para a consecução do ato. Sobre os sócios ausentes e os dissidentes não há extensão da responsabilidade, seja patrimonial, criminal ou administrativa. Somente aqueles sócios que efetivamente deram vida ao ato transgressor tomam para si solidariamente o dever de responder pessoalmente no âmbito no qual se operaram os efeitos do ato.

Mais especificamente na esfera patrimonial, os sócios que votaram pela aprovação de algum ato infringente ao contrato social ou à lei respondem com seu patrimônio pessoal pelos prejuízos causados. De se observar, entretanto, que a decisão tomada por esses sócios vincula a sociedade a qual se obriga perante aqueles que tiveram prejuízo com o ato aprovado. Assim, os prejudicados podem demandar contra a sociedade. O ato atacado representa a vontade coletiva e, esta, por sua vez, volta-se contra os sócios que participaram da deliberação para haver o ressarcimento do prejuízo que foi causado. Podem, também, demandar contra os sócios que atuaram individualmente na formação dessa vontade, sendo a responsabilidade solidária por força da regra legal.

As deliberações a que se refere o artigo podem produzir efeitos tanto *interna corporis* como externos. No primeiro caso, atingem as relações jurídicas societárias, como, por exemplo, na hipótese de o sócio que tem negado seu direito de receber dividendos já pagos aos demais sócios. Por outro lado, os efeitos externos atingem terceiros, como, por exemplo, prestadores de serviço e fornecedores de produtos da sociedade.

A questão da extensão da responsabilidade patrimonial em sociedade de responsabilidade limitada deve ser tratada com cuidado e a declaração de extensão da responsabilidade aos sócios somente pode ser feita com base em elementos seguros que justifiquem a quebra da autonomia patrimonial conferida pela limitada.

📖 Enunciado nº 229, III Jornada de Direito Civil – CJF/STJ: a responsabilidade ilimitada dos sócios pelas deliberações infringentes da lei ou do contrato torna desnecessária a desconsideração da personalidade jurídica, por não constituir a autonomia patrimonial da pessoa jurídica escudo para a responsabilização pessoal e direta.

📖 Enunciado nº 487, V Jornada de Direito Civil – CJF/STJ: na apuração de haveres de sócio retirante (art. 1.031 do CC), devem ser afastados os efeitos da diluição injustificada e ilícita da participação deste na sociedade.

🔎 Execução de Título Extrajudicial – Desconsideração da personalidade jurídica – Embora não preenchidos os requisitos do artigo 50, do Código Civil, restou configurado o encerramento irregular da empresa devedora – Empresa executada que, apesar de constar em situação ativa no Cadastro Nacional da Pessoa Jurídica, declarou-se inativa perante a Receita Federal

– Possibilidade de inclusão dos sócios no polo passivo, em razão da **responsabilidade solidária e ilimitada**, com previsão no artigo 1.080 do Código Civil – Recurso desprovido (*TJSP* – Acórdão Agravo de Instrumento 0302370-93.2011.8.26.0000, 8-8-2012, Rel. Des. Sérgio Shimura).

Art. 1.080-A. O sócio poderá participar e votar a distância em reunião ou em assembleia, nos termos do regulamento do órgão competente do Poder Executivo federal. (Incluído pela Lei nº 14.030, de 2020) Parágrafo único. A reunião ou a assembleia poderá ser realizada de forma digital, respeitados os direitos legalmente previstos de participação e de manifestação dos sócios e os demais requisitos regulamentares.

Torna-se cada vez mais usual o contato digital, inclusive para assembleias definidas em várias leis. O órgão da pessoa jurídica deve autorizar e fiscalizar essa utilidade.

Seção VI
Do Aumento e da Redução do Capital

Art. 1.081. Ressalvado o disposto em lei especial, integralizadas as quotas, pode ser o capital aumentado, com a correspondente modificação do contrato.
§ 1º Até trinta dias após a deliberação, terão os sócios preferência para participar do aumento, na proporção das quotas de que sejam titulares.
§ 2º À cessão do direito de preferência, aplica-se o disposto no caput do art. 1.057.
§ 3º Decorrido o prazo da preferência, e assumida pelos sócios, ou por terceiros, a totalidade do aumento, haverá reunião ou assembleia dos sócios, para que seja aprovada a modificação do contrato.

O capital social é o elemento que dá suporte patrimonial à sociedade. O capítulo regulamenta por norma geral o aumento e a redução do capital social nas suas várias tipologias. A disciplina da modificação do contrato social pela variação do capital social tutela diretamente interesses que transcendem os dos sócios e tem em mira especificamente o credor social (CAGNASSO, 2007, p. 325).

A faculdade de aumentar o capital social só pode ser exercida após sua integralização, podendo ser conferida ao administrador no contrato social. Podem os sócios atribuir poderes ao administrador para que, verificando a necessidade de injeção de capital na empresa, proceda à chamada de capital. Essa chamada opera-se mediante a emissão de novas quotas ou aumento do valor das quotas existentes.

Tal prerrogativa conferida ao administrador pelos sócios tem seu suporte na maior capacidade que, em tese, tem o administrador em avaliar essa necessidade, uma vez que é ele quem pratica os atos de gestão. Porém, essa prerrogativa é opção dos sócios: se não estiver prevista no contrato social, cabe aos sócios deliberarem pela necessidade de chamada de capital.

Duas, portanto, são as modalidades de aumento do capital social: pela majoração do valor das quotas dos sócios; nesse caso, eles devem integralizar a diferença entre o novo valor e o originário, podendo ser aumentado o capital através da emissão de novas quotas sociais. Optando-se pela emissão de novas quotas, segundo o disposto no § 1º, os sócios têm o direito de preferência para participar do aumento. Levando-se em consideração o perfil personalista da sociedade limitada, o legislador foi coerente ao estabelecer o direito de preferência, o qual deve ser exercitado pelos sócios no prazo de até 30 dias após a deliberação pelo aumento e no limite da proporção das quotas de que sejam titulares.

Questão merecedora de reflexão repousa na possibilidade de cessão do direito de preferência, uma vez que deve ela ser analisada em consonância com as demais disposições do contrato social. O contrato pode expressamente prever a vedação da cessão de quotas, caso em que, havendo aumento de capital pela emissão de novas quotas, terceiros estão impedidos de adquiri--las. Pode, entretanto, haver modificação do contrato social que primitivamente estabelecia tal vedação em razão da efetiva necessidade de chamada de capital. Nesse caso, é preciso observar o quórum necessário para a modificação, sob pena de ser inválida.

Decorrido o prazo de preferência, na hipótese de aumento de capital pela emissão de novas quotas, haverá reunião ou assembleia para a aprovação da modificação do contrato social, devendo constar na alteração a subscrição e forma de integralização e titularidade das quotas. Tratando-se de aumento mediante alteração do valor delas, da mesma forma é necessária a modificação do contrato social, mediante aprovação dos sócios.

Agravo interno. Ação de dissolução de sociedade. Tutela de urgência. Aumento de capital social. Ausência de demonstração da necessidade. Nomeação de administrador judicial provisório. Descabimento. Ausência dos requisitos. Caso concreto. Pagamento dos dividendos ao sócio. Discussão atinente à lide anterior. I. De acordo com a redação do art. 300, caput, do CPC, para a concessão da tutela de urgência mostra-se necessária a presença dos seguintes pressupostos: a probabilidade do direito e o perigo de dano ou o risco ao resultado útil do processo. II. No caso concreto, há notória controvérsia entre o grupo familiar na sociedade, sendo que uma parte, composta pelos sócios majoritários, pretende o incremento do capital social e o controle acionário da empresa, enquanto o segundo grupo, constituído pelos sócios que detêm menor capital, objetiva a retirada da sociedade com a apuração de haveres. Entretanto, os sócios majoritários não expuseram concretamente os eventuais motivos capazes de justificar um novo aumento do capital social em março de 2018, conforme proposta para as deliberações da Assembleia Geral Extraordinária. Assim sendo, por ora, deve ser mantida a decisão agravada, possibilitando aos sócios a modificação do capital social, na forma do art. 1.081, do Código Civil, desde que haja fundada justificativa para a medida, além de ser demonstrada a necessidade perante o juízo de origem. III. Por sua vez, desnecessária a nomeação de administrador judicial provisório, considerando que a mera divergência entre os sócios não preenche o requisito necessário para a medida excepcional, prevista no art. 49, do Código Civil. Precedentes desta Corte. IV. Ademais, consoante se afere das decisões que ensejaram o presente recurso, o juízo a quo nada decidiu acerca da forma de pagamento dos dividendos do Sócio Enio Marodin, ora agravado, devendo ser ressaltado que os respectivos valores devidos já estão sendo (ou deveriam estar sendo) depositados judicialmente, conforme decisão proferida no processo nº 001/1.09.0288095-4. II. Por fim, descabido o pedido de condenação da agravante ao pagamento de multa por litigância de má-fé, uma vez que não restou verificada a incidência das hipóteses elencadas no art. 80, do CPC. Agravo parcialmente provido (*TJRS* – Ag 70079350856, 27-3-2019, Rel. Jorge André Pereira Gailhard).

Anulatória de ato jurídico. Sociedade empresária. Herdeiros que receberam idênticos quinhões, através de quotas sociais. Inventariante que, sem autorização judicial e sem consentimento dos demais herdeiros, alterou o contrato social, fazendo incremento de capital para se tornar sócio majoritário. Ofensa aos artigos 166, incisos IV e V, 1.071, inciso V, 1.072 e 1081, todos do Código Civil. Sentença mantida. Recurso improvido (*TJSP* – Acórdão Apelação Cível 9218630-60.2006.8.26.0000, 16-8-2011, Rel. Des. José Joaquim dos Santos).

Art. 1.082. Pode a sociedade reduzir o capital, mediante a correspondente modificação do contrato:
I – depois de integralizado, se houver perdas irreparáveis;
II – se excessivo em relação ao objeto da sociedade.

Aqui se trata da hipótese inversa do artigo anterior. Com maiores reservas atuou o legislador ao tratar da redução do capital social das limitadas, restringindo-a às duas hipóteses constantes dos incisos.

A diminuição do capital social esbarra em dois corolários do direito societário: de um lado o da preservação da empresa em razão principalmente de sua função social e, de outro, a proteção dos credores contra fraudes no recebimento de seus créditos, levando-se em consideração a limitação da responsabilidade ínsita às sociedades limitadas.

O capital social tem por finalidade garantir a produtividade e o cumprimento das obrigações sociais, daí sua intangibilidade como regra. Não há norma acerca do capital social mínimo necessário para a exploração da empresa pela sociedade limitada. Entretanto, esse capital há que ser compatível com o seu objeto social. Com frequência, diante da ausência de controle da existência real do capital social, sociedades limitadas atuam no mercado sem disporem efetivamente de capital suficiente para a exploração: atuam com capital social fictício, causando, assim, prejuízos aos credores.

A primeira hipótese trazida pelo artigo para a redução do capital social esbarra na infracapitalização da sociedade. Esta pode apresentar-se sob duas roupagens, a formal e a material. A primeira caracteriza-se pela utilização de expedientes inadequados na equação capital-dívidas, levando os credores a falsa aparência acerca da situação financeira e patrimonial. A material, por sua vez, caracteriza-se pela insuficiência de recursos para dar continuidade e cumprimento ao objeto social previamente estabelecido.

Ao autorizar a redução do capital social quando apuradas perdas irreversíveis, o legislador criou, na verdade, a possibilidade da sociedade, diante de uma das hipóteses de infracapitalização, transferir o risco a quem não tem que suportá-lo, os credores.

Na prática, essa faculdade de redução do capital social dá margens a que a sociedade se furte ao cumprimento de suas obrigações, não obstante os sócios sejam responsáveis se agirem com dolo ou culpa na aprovação da redução.

A hipótese de redução do capital social, por se apresentar excessivo ao objetivo da sociedade, na prática, é de ocorrência irrisória. Não obstante isso, as regras acerca da publicidade são as mesmas, para garantir eventual oposição de prejudicados. Os valores tidos como excessivos serão devolvidos aos sócios na medida da sua integralização ou, se ainda não integralizados, dispensada a integralização do valor faltante respectivo.

Art. 1.083. No caso do inciso I do artigo antecedente, a redução do capital será realizada com a diminuição proporcional do valor nominal das quotas, tornando-se efetiva a partir da averbação, no Registro Público de Empresas Mercantis, da ata da assembleia que a tenha aprovado.

A redução do capital social por *"perdas irreparáveis"* opera-se mediante a diminuição proporcional do valor nominal das quotas, operando seus efeitos somente a partir da averbação da ata da assembleia que a aprovou na Junta Comercial.

Na verdade, a alteração que necessita ser averbada e arquivada no Registro Público de Empresas Mercantis competente é a modificação do próprio contrato social, porque é ela que materializa a modificação do capital social e pode ocorrer, inclusive, independentemente de reunião ou assembleia, como já tratado.

Art. 1.084. No caso do inciso II do art. 1.082, a redução do capital será feita restituindo-se parte do valor das quotas aos sócios, ou dispensando-se as prestações ainda devidas, com diminuição proporcional, em ambos os casos, do valor nominal das quotas.
§ 1º No prazo de noventa dias, contado da data da publicação da ata da assembleia que aprovar a redução, o credor quirografário, por título líquido anterior a essa data, poderá opor-se ao deliberado.
§ 2º A redução somente se tornará eficaz se, no prazo estabelecido no parágrafo antecedente, não for impugnada, ou se provado o pagamento da dívida ou o depósito judicial do respectivo valor.
§ 3º Satisfeitas as condições estabelecidas no parágrafo antecedente, proceder-se-á à averbação, no Registro Público de Empresas Mercantis, da ata que tenha aprovado a redução.

No caso de redução do capital social, por excessivo em relação ao objeto da sociedade, a prerrogativa de diminuição opera-se mediante restituição de parte do valor das quotas aos seus sócios, se já integralizado o capital social, ou mediante a dispensa da integralização a vencer.

Em ambas as hipóteses, o valor nominal das quotas será proporcionalmente reduzido, podendo ser apresentada impugnação por credor quirografário por título anterior a essa data, no prazo de até 90 dias após a publicação da modificação constante da ata ou do contrato social.

Aqui a eficácia do ato não decorre da simples publicidade da ata ou do contrato social com a modificação que importou na redução do capital social. Está condicionada ao esgotamento do prazo decadencial para impugnação sem a iniciativa de nenhum credor ou, havendo impugnação, da prova do pagamento da dívida ou o depósito judicial do respectivo valor.

Satisfeitas as condições elencadas no § 2º, procede-se à averbação da modificação constante da ata ou do contrato social no Registro Público de Empresas Mercantis competente, passando a partir daí a produzir seus efeitos legais.

Enunciado nº 489, V Jornada de Direito Civil – CJF/STJ: no caso da microempresa, da empresa de pequeno porte e do microempreendedor individual, dispensados de publicação dos seus atos (art. 71 da Lei Complementar nº 123/2006), os prazos estabelecidos no Código Civil contam-se da data do arquivamento do documento (termo inicial) no registro próprio.

Seção VII
Da Resolução da Sociedade em Relação a Sócios Minoritários

Art. 1.085. Ressalvado o disposto no art. 1.030, quando a maioria dos sócios, representativa de mais da metade do capital social, entender que um ou mais sócios estão pondo em risco a continuidade da empresa, em virtude de atos de inegável gravidade, poderá excluí-los da sociedade, mediante alteração do contrato social, desde que prevista neste a exclusão por justa causa.
Parágrafo único. Ressalvado o caso em que haja apenas dois sócios na sociedade, a exclusão de um sócio somente poderá ser determinada em reunião ou assembleia especialmente convocada para esse fim, ciente o acusado em tempo hábil para permitir seu comparecimento e o exercício do direito de defesa. (Redação dada pela Lei nº 13.792, de 2019)

Esse dispositivo trata de mais uma causa de dissolução parcial dos vínculos societários, à medida que preceitua hipótese de rompimento do vínculo entre um sócio em relação aos demais. Afora as duas outras causas trazidas pelo art. 1.030, exclusão por incapacidade superveniente e por inadimplemento, o legislador conferiu à sociedade o direito de excluir sócio que esteja colocando em risco a continuidade da empresa, em virtude de atos de inegável gravidade.

Assim, desde que haja previsão contratual de exclusão por justa causa e referido sócio, no entendimento da maioria do capital social, esteja pondo em risco a continuidade da empresa, em virtude de atos de inegável gravidade, pode ocorrer a exclusão do sócio. É conveniente que sempre conste a possibilidade de justa causa no contrato. Ainda que não presente, nada está a impedir que os sócios tomem medida judicial contra o sócio estroina ou desqualificado, para não mais participar dos atos sociais. A sociedade não pode suportar quem age internamente contra ela.

Por isso, a primeira exigência de que haja previsão no contrato social de exclusão por justa causa deve ser vista *cum granum salis*, não se esquecendo do art. 1.030. A questão certamente afluirá para o Judiciário, que analisará a justa causa. Embora seja uma medida de exceção, em razão de suprimir os direitos do sócio, e seja necessário o máximo cuidado na sua aplicação, essa regra engessa desnecessariamente o procedimento, uma vez que bastava a deliberação fundada no motivo justo declinado. Ademais, os sócios podem modificar o contrato social que não contemple a previsão da exclusão por justa causa, mediante o voto de três quartos do capital social, a teor do disposto no art. 1.076, II.

A dificuldade reside em conceituar o que sejam atos de inegável gravidade a fundamentar a justa causa para a exclusão. O caso concreto dará a solução. O Código Comercial previa entre as causas de dissolução judicial da sociedade o abuso, a prevaricação, a violação ou a falta de cumprimento das obrigações sociais ou fuga de algum dos sócios. Esses atos de inegável gravidade podem ser utilizados como suporte para fundamentar a justa causa. Pode também o próprio contrato social discriminar os atos de inegável gravidade que coloquem em risco a empresa e, portanto, caracterizam a justa causa. Não é qualquer ato que abale a *affectio societatis* que justifica o procedimento de exclusão. Uma condenação criminal, por exemplo, por crime contra a ordem tributária, pode, em tese, caracterizar o ato apto a fundamentar a justa causa.

Decidido pela maioria dos sócios, representativa de mais da metade do capital social, que um ou mais sócios estão pondo em risco a continuidade da empresa, devem convocar reunião ou assembleia especialmente para o fim de ser votada a exclusão. Sendo obrigatória a ciência do sócio indigitado em tempo hábil para permitir seu comparecimento e o exercício do amplo direito de defesa, sob pena de nulidade.

Decidida a defenestração, o sócio excluído poderá sempre recorrer ao Judiciário para reverter a decisão extrajudicial.

Enunciado nº 67, I Jornada de Direito Civil – CJF/STJ: a quebra do *affectio societatis* não é causa para a exclusão do sócio minoritário, mas apenas para dissolução (parcial) da sociedade.

Enunciado nº 280, IV Jornada de Direito Civil – CJF/STJ: por força do art. 44, § 2º, consideram-se aplicáveis às sociedades reguladas pelo Livro II da Parte Especial, exceto às limitadas, os arts. 57 e 60, nos seguintes termos: a) em havendo previsão contratual, é possível aos sócios deliberar a exclusão de sócio por justa causa, pela via extrajudicial, cabendo ao contrato disciplinar o procedimento de exclusão, assegurado o direito de defesa, por aplicação analógica do art. 1.085; b) as deliberações sociais poderão ser convocadas por iniciativa de sócios que representem 1/5 (um quinto) do capital social, na omissão do contrato. A mesma regra aplica-se na hipótese de criação, pelo contrato, de outros órgãos de deliberação colegiada.

Art. 1.086. Efetuado o registro da alteração contratual, aplicar-se-á o disposto nos arts. 1.031 e 1.032.

A decisão de exclusão do sócio torna-se eficaz perante terceiros somente após o registro da alteração contratual. Com relação à sociedade, parece suficiente que a partir do momento da decisão a exclusão opere seus efeitos, assim como ocorre quando o sócio exerce seu direito de retirada.

Quanto às quotas do sócio excluído, aplica-se a mesma disposição para a hipótese de exclusão do sócio remisso: procede-se à liquidação da sua quota nos termos do art. 1.031. Não é possível derrogar essa regra como forma de penalizar o sócio excluído. A liquidação e pagamento da quota, entretanto, não retira da sociedade o direito de eventualmente pedir indenização em razão da prática dos atos de inegável gravidade pelo sócio, desde que provado prejuízo para a sociedade.

Agravo de instrumento. **Direito de empresa. Sociedade limitada**. Decisão agravada que indeferiu o pedido de tutela cautelar para obstar a realização de assembleia para exclusão de sócios minoritários. Acerto do ato interlocutório. Possibilidade de exclusão extrajudicial de sócio minoritário no caso de prática de atos de inegável gravidade que ponham em risco a continuidade da empresa. Necessidade de previsão de exclusão por justa causa no contrato social e de assembleia convocada especialmente para esse fim, da qual deverá estar ciente o acusado para exercer seu direito de defesa. Inteligência do art. 1.085 do código civil. Requisitos legais atendidos no caso em apreço. Impossibilidade de impedir a realização da assembleia. Cabimento de discussão judicial acerca dos motivos da exclusão somente após sua concretização. Recurso desprovido. O art. 1.085 do Código Civil admite a exclusão extrajudicial de sócio minoritário de sociedade limitada quando os sócios detentores de mais da metade do capital social entenderem que aquele está pondo em risco a continuidade da empresa, pela prática de atos de inegável gravidade. Para que isso possa ocorrer, são somente dois os requisitos legais: a existência de previsão no contrato social de exclusão por justa causa e a realização de assembleia ou reunião convocada especialmente para esse fim, da qual deve estar ciente o acusado para que possa exercer seu direito de defesa. Diante da autorização legal e contratual, não há fundamento para impedir a realização da assembleia marcada para deliberar sobre a exclusão dos sócios minoritários, para a qual foram devidamente convocados, não cabendo ao Poder Judiciário impedir o exercício desse direito, pelo controle prévio da matéria que ainda será objeto de deliberação pelos sócios. Se, concretizada a exclusão, os sócios expulsos entenderem que a medida não atendeu aos requisitos legais, aí sim poderão questioná-la judicialmente, demonstrando a inocorrência de justos motivos para sua exclusão, a fim de serem reintegrados à sociedade (*TJSC* – Acórdão Agravo de Instrumento 2011.022589-5, 30-6-2011, Rel. Des. Soraya Nunes Lins).

Seção VIII
Da Dissolução

Art. 1.087. A sociedade dissolve-se, de pleno direito, por qualquer das causas previstas no art. 1.044.

O Código arrola as causas de dissolução da sociedade simples, estendendo-as às sociedades limitadas. Portanto, dissolvem-se as limitadas quando ocorrer: (a) vencimento do prazo de duração, salvo se, vencido este e sem oposição de sócio, não entrar a sociedade em liquidação, caso em que se prorrogará por tempo indeterminado; (b) consenso unânime dos sócios; (c) deliberação dos sócios por maioria, na sociedade por prazo indeterminado; (d) ausência de pluralidade de sócios por prazo superior a 180 dias; (e) extinção por falta de autorização para funcionamento; (f) anulação da sua constituição; (g) exaurimento do fim social ou inexequibilidade do mesmo; (h) declaração de falência; e (i) outra causa de dissolução prevista no contrato social.

O procedimento de dissolução nas limitadas, assim, como nas simples, pode ser judicial ou extrajudicial, conforme o consenso ou dissenso dos sócios.

⚖ **Apelação cível** – Ação de dissolução parcial de sociedade limitada – Expulsão unilateral – Inviabilidade – Necessidade de consenso ou de comprovação de culpa do sócio – Previsão de retirada no estatuto social – Ausência – Via judicial – Imprescindibilidade – Falta grave no cumprimento das obrigações – Comprovação – Necessidade. Na sociedade limitada é inviável a exclusão de sócio por ato de liberalidade dos demais, reservando-se tal possibilidade somente aos casos em que se constatar prejuízo à própria pessoa jurídica (art. 1.085 do CC). A quebra da vontade de vinculação (affectio societatis), puramente considerada, possibilita apenas o pedido de desvinculação do dissidente (art. 1.077 do CC), ou, sendo recíproca, a dissolução da própria sociedade (art. 1.087 do CC). Inexistindo previsão estatutária permissiva da adoção da via extrajudicial para a exclusão de sócio culpado, faz-se imprescindível a postulação judicial do reconhecimento da circunstância atentatória. Não comprovada falta grave do sócio no cumprimento de suas obrigações, não há que se falar em dissolução parcial da sociedade (*TJMG* – Ap. 1.0000.18.013927-1/001, 4-12-2018, Rel. Fernando Lins).

⚖ **Direito societário. Dissolução parcial de sociedade.** Apuração de haveres. Inclusão do fundo de comércio. 1. De acordo com a jurisprudência consolidada do Superior Tribunal de Justiça, o fundo de comércio (hoje denominado pelo Código Civil de estabelecimento empresarial – art. 1.142) deve ser levado em conta na aferição dos valores eventualmente devidos a sócio excluído da sociedade. 2. O fato de a sociedade ter apresentado resultados negativos nos anos anteriores à exclusão do sócio não significa que ela não tenha fundo de comércio. 3. Recurso especial conhecido e provido (*STJ* – Acórdão Recurso Especial 907.014 – MS, 11-10-2011, Rel. Antonio Carlos Ferreira).

CAPÍTULO V
Da Sociedade Anônima

Seção Única
Da Caracterização

Art. 1.088. Na sociedade anônima ou companhia, o capital divide-se em ações, obrigando-se cada sócio ou acionista somente pelo preço de emissão das ações que subscrever ou adquirir.

Considera-se anônima a sociedade empresária que tem seu capital social dividido em ações e cujos sócios têm responsabilidade limitada ao preço de emissão das ações que subscrever ou adquirir, ou seja, a responsabilidade dos sócios é limitada ao preço de emissão da ação. Assim, os acionistas só assumem o risco de perderem o que investiram, ficando a salvo o seu patrimônio pessoal.

Sociedade eminentemente de capital, suas ações são livremente circuláveis, não havendo, em regra, exceto se o estatuto dispuser (art. 36 da Lei nº 6.404/1976), nenhuma restrição a negociação de suas ações. Por ser uma sociedade de capital, o falecimento de qualquer sócio não traz consequências para a sociedade, pois a transmissão da condição de sócio opera-se de pleno direito aos seus herdeiros.

O capital social da companhia é dividido em frações iguais representadas por títulos negociáveis denominados de ações. A sociedade limitada pode ser aberta ou fechada e, no primeiro caso, as ações são negociáveis no mercado de capitais, por meio das bolsas de valores ou no mercado de balcão. Nas companhias fechadas, não há negociação das ações no mercado de capitais, sendo negociáveis somente no seio da companhia.

📖 Enunciado nº 68, I Jornada de Direito Civil – CJF/STJ: Suprimir os arts. 1.088 e 1.089 do novo Código Civil em razão de estar a matéria regulamentada em lei especial.

Art. 1.089. A sociedade anônima rege-se por lei especial, aplicando-se-lhe, nos casos omissos, as disposições deste Código.

As sociedades anônimas são regidas pela Lei das Sociedades por Ações (LSA), de nº 6.404/1976. Essa lei disciplina de forma rígida as companhias sendo dotada de procedimentos formais para a realização de quase todos os atos. O legislador certamente teve essa lei como inspiração ao enrijecer as disposições acerca das sociedades limitadas, não levando a esta o formalismo exacerbado das companhias em razão da diferença de objetivos, bem como o mercado de exploração atingido respectivamente por elas.

Pouco ou quiçá nada restou ao Código Civil para ser aplicado supletivamente nos casos de omissão na Lei das Sociedades por Ações. Essa norma é extensa e detalhada, podendo inclusive reger supletivamente a própria sociedade limitada.

📖 Enunciado nº 68, I Jornada de Direito Civil – CJF/STJ: suprimir os arts. 1.088 e 1.089 do novo Código Civil em razão de estar a matéria regulamentada em lei especial.

📖 Enunciado nº 230, III Jornada de Direito Civil – CJF/STJ: a fusão e a incorporação de sociedade anônima continuam reguladas pelas normas previstas na Lei nº 6.404/76, não revogadas pelo Código Civil (art. 1.089), quanto a esse tipo societário.

⚖ **Direito societário e empresarial. Sociedade anônima de capital fechado em que prepondera a *affectio societatis*.** Dissolução parcial. Exclusão de acionistas. Configuração de justa causa. Possibilidade.

Aplicação do direito à espécie. Art. 257 do RISTJ e Súmula 456 do STF. 1. O instituto da dissolução parcial erigiu-se baseado nas sociedades contratuais e personalistas, como alternativa à dissolução total e, portanto, como medida mais consentânea ao princípio da preservação da sociedade e sua função social, contudo a complexa realidade das relações negociais hodiernas potencializa a extensão do referido instituto às sociedades "circunstancialmente" anônimas, ou seja, àquelas que, em virtude de cláusulas estatutárias restritivas à livre circulação das ações, ostentam caráter familiar ou fechado, onde as qualidades pessoais dos sócios adquirem relevância para o desenvolvimento das atividades sociais ("affectio societatis"). (Precedente: EREsp 111.294/PR, Segunda Seção, Rel. Ministro Castro Filho, DJ 10/09/2007) 2. É bem de ver que a dissolução parcial e a exclusão de sócio são fenômenos diversos, cabendo destacar, no caso vertente, o seguinte aspecto: na primeira, pretende o sócio dissidente a sua retirada da sociedade, bastando-lhe a comprovação da quebra da "affectio societatis"; na segunda, a pretensão é de excluir outros sócios, em decorrência de grave inadimplemento dos deveres essenciais, colocando em risco a continuidade da própria atividade social. 3. Em outras palavras, a exclusão é medida extrema que visa à eficiência da atividade empresarial, para o que se torna necessário expurgar o sócio que gera prejuízo ou a possibilidade de prejuízo grave ao exercício da empresa, sendo imprescindível a comprovação do justo motivo. 4. No caso em julgamento, a sentença, com ampla cognição fático-probatória, consignando a quebra da "bona fides societatis", salientou uma série de fatos tendentes a ensejar a exclusão dos ora recorridos da companhia, porquanto configuradores da justa causa, tais como: (i) o recorrente Leon, conquanto reeleito pela Assembleia Geral para o cargo de diretor, não pôde até agora nem exercê-lo nem conferir os livros e documentos sociais, em virtude de óbice imposto pelos recorridos; (ii) os recorridos, exercendo a diretoria de forma ilegítima, são os únicos a perceber rendimentos mensais, não distribuindo dividendos aos recorrentes. 5. Caracterizada a sociedade anônima como fechada e personalista, o que tem o condão de propiciar a sua dissolução parcial – fenômeno até recentemente vinculado às sociedades de pessoas –, é de se entender também pela possibilidade de aplicação das regras atinentes à exclusão de sócios das sociedades regidas pelo Código Civil, máxime diante da previsão contida no art. 1.089 do CC: "A sociedade anônima rege-se por lei especial, aplicando-se-lhe, nos casos omissos, as disposições deste Código." 6. Superado o juízo de admissibilidade, o recurso especial comporta efeito devolutivo amplo, porquanto cumpre ao Tribunal julgar a causa, aplicando o direito à espécie (art. 257 do RISTJ; Súmula 456 do STF). Precedentes. 7. Recurso especial provido, restaurando-se integralmente a sentença, inclusive quanto aos ônus sucumbenciais (*STJ* – Acórdão Recurso Especial 917.531 – RS, 17-11-2011, Rel. Min. Luis Felipe Salomão).

CAPÍTULO VI
Da Sociedade em Comandita por Ações

Art. 1.090. A sociedade em comandita por ações tem o capital dividido em ações, regendo-se pelas normas relativas à sociedade anônima, sem prejuízo das modificações constantes deste Capítulo, e opera sob firma ou denominação.

Essa espécie societária deveria ter sido extinta juntamente com a sociedade em nome coletivo, porque totalmente obsoleta, em total desuso, dada sua inviabilidade em termos de responsabilidade patrimonial.

A sociedade em comandita por ações é sociedade empresária e de capital, na qual os acionistas administradores, chamados comanditados, respondem solidária e ilimitadamente pelas obrigações sociais e os demais acionistas, os comanditários, são obrigados nos limites das quotas do capital subscrito.

A sociedade em comanditas por ações, não obstante o Código tenha disciplinado e realizado algumas modificações, é regulada pelas normas relativas à sociedade anônima.

As diferenças básicas entre as sociedades anônimas e as comanditas por ações repousam principalmente na posição dos acionistas comanditários e são: (a) a previsão que na denominação da sociedade em comandita por ações deve ser indicado o nome de ao menos um dos acionistas comanditados e (b) o ato constitutivo deve indicar nominalmente os acionistas comanditados (PAOLUCCI, 2008, p. 358).

O nome empresarial das comanditas por ações pode ser utilizado sob a espécie de firma ou de denominação (art. 1.161). Na utilização da firma, farão parte apenas os nomes dos acionistas diretores ou gerentes, e na denominação, os diretores ou gerentes serão designados no contrato social. Em qualquer das espécies, o nome deve vir seguido das palavras "Comandita por Ações", por extenso ou abreviadamente, para mostrar a terceiros o regime societário adotado. Não há, até o que se sabe, sociedades dessa modalidade operando no país.

Art. 1.091. Somente o acionista tem qualidade para administrar a sociedade e, como diretor, responde subsidiária e ilimitadamente pelas obrigações da sociedade.
§ 1º Se houver mais de um diretor, serão solidariamente responsáveis, depois de esgotados os bens sociais.
§ 2º Os diretores serão nomeados no ato constitutivo da sociedade, sem limitação de tempo, e somente poderão ser destituídos por deliberação de acionistas que representem no mínimo dois terços do capital social.

Art. 1.092

> § 3º O diretor destituído ou exonerado continua, durante dois anos, responsável pelas obrigações sociais contraídas sob sua administração.

Nas sociedades comanditas por ações, existem duas categorias de acionistas: os comanditários e os comanditados. Somente os comanditados podem administrar a sociedade e, como consequência, têm responsabilidade subsidiária e ilimitada pelas obrigações sociais. Os comanditários são acionistas sem poder de gestão, participando apenas com capital.

Havendo pluralidade de acionistas comanditados, todos são considerados administradores e, portanto, são solidária e subsidiariamente responsáveis pelas obrigações da sociedade. Sendo a responsabilidade subsidiária, contam os administradores com o benefício de ordem para a excussão dos bens.

É imprescindível que conste no contrato social a designação dos acionistas comanditados para que terceiros possam conhecer os responsáveis por eventuais obrigações sociais se a sociedade não dispuser de patrimônio suficiente para cobrir as obrigações sociais.

Os administradores ou diretores serão nomeados no ato constitutivo da sociedade, sem limitação de tempo, mas podem ser destituídos mediante deliberação de acionistas, que representem no mínimo dois terços do capital social. Com a destituição do administrador, se a sociedade contava com apenas esse, a assembleia deve providenciar a nomeação de novo prócer, mediante a aprovação unânime dos acionistas.

Com a destituição do administrador e nomeação de outro, o contrato social necessita ser modificado e arquivado para que produza seus efeitos.

Enunciado nº 59, I Jornada de Direito Civil – CJF/STJ: os sociogestores e os administradores das empresas são responsáveis subsidiária e ilimitadamente pelos atos ilícitos praticados, de má gestão ou contrários ao previsto no contrato social ou estatuto, consoante estabelecem os arts. 990, 1.009, 1.016, 1.017 e 1.091, todos do Código Civil.

> Art. 1.092. A assembleia geral não pode, sem o consentimento dos diretores, mudar o objeto essencial da sociedade, prorrogar-lhe o prazo de duração, aumentar ou diminuir o capital social, criar debêntures, ou partes beneficiárias.

Por reunir a assembleia geral acionistas comanditários e comanditados, não podem as decisões tomadas no ato colegiado mudarem o objeto essencial da sociedade, prorrogar-lhe o prazo de duração, aumentar ou diminuir o capital social, bem como criar debêntures ou partes beneficiárias.

O consentimento dos diretores ou administradores é essencial para a validade dos atos modificativos porque a condição de acionista comanditado lhes confere o poder para tanto. Consoante já dito, os acionistas comanditários não detêm poder de decisão, somente podendo contar com seus votos em caráter decisivo, se autorizado pelos administradores, que são sócios comanditados.

CAPÍTULO VII
Da Sociedade Cooperativa

> Art. 1.093. A sociedade cooperativa reger-se-á pelo disposto no presente Capítulo, ressalvada a legislação especial.

As sociedades cooperativas vêm ocupando um lugar cada vez mais destacado no universo negocial, em todas as áreas da economia. A expansão do movimento cooperativo continua sendo um fenômeno de organização de classes, hoje não mais restrito às classes populares, mas procurado pela classe média e intelectuais como uma forma de fugir do grande capitalista para obter determinados bens ou serviços. É, sem dúvida, uma forma de o indivíduo obter melhoria econômica e social por meio da exploração de empresa fundada no mutualismo, na ajuda recíproca. Um por todos e todos por um.

O cooperativismo constitui sistema reformista da sociedade na busca do justo preço, abolindo o intermediário e o assalariado, com solidariedade e ajuda mútua.

Sociedades cooperativas, segundo sua definição legal trazida pela Lei nº 5.764, de 1971, são entidades formadas pela reunião de pessoas que reciprocamente se obrigam a contribuir com bens ou serviços para o exercício de uma atividade econômica, de proveito comum, sem objetivo de lucro (art. 3º). A definição legal deixa claro o fim mutualista e não lucrativo. No entanto, a cooperativa, em princípio, garante a sobrevivência do cooperado. Melhor assinalar o caráter mutualista e sem fins de especulação privada, porque lucro sempre deve haver para o cooperado na medida em que explora uma atividade econômica por esse sistema cooperativo. A cooperativa em si não tem finalidade lucrativa, assim deve ser entendido. O móvel para a filiação do cooperado é a melhoria de sua situação econômica obtida mediante o esforço mútuo e a abolição do intermediário ou atravessador.

O sócio, participante ou associado da cooperativa, o cooperado, enfim, possui dupla qualidade, porque integra a sociedade como sócio, com todos os direitos inerentes desse regime societário sendo também usuário dos bens e serviços da entidade, pois utiliza sua estrutura, técnicas e serviços. É o que no direito cooperativo denomina-se princípio de dupla qualidade, que na prática resulta na abolição do lucro que, se não existisse a cooperativa, seria auferido pelo intermediário.

Diversamente das sociedades, as cooperativas não têm objeto econômico próprio, pois não passam de instrumento destinado à viabilização das atividades de seus cooperados. Trata-se de sociedade *sui generis* que reúne parte das sociedades empresárias e parte das simples, embora o Código Civil a classifique como sociedade simples.

📖 Enunciado nº 69, I Jornada de Direito Civil – CJF/STJ: as sociedades cooperativas são sociedades simples sujeitas à inscrição nas juntas comerciais.

Art. 1.094. São características da sociedade cooperativa:
I – variabilidade, ou dispensa do capital social;

O capital social é o aporte com o qual o sócio participa para a constituição de uma sociedade e representa a garantia dos credores no cumprimento das obrigações sociais. Daí a regra da intangibilidade do capital inerente às sociedades.

Nas sociedades cooperativas, a questão do capital social é um pouco diversa. Embora o capital social também seja garantia dos credores, a eventual responsabilidade dos sócios decorre da sua participação nas operações eventualmente prejudiciais a terceiros, pertencendo o associado à categoria de sócio de responsabilidade limitada (art. 1.095, § 1º), ou de forma ilimitada se sócio de responsabilidade ilimitada (art. 1.095, § 2º). Ou seja, não é o capital social aportado que garante o cumprimento das obrigações sociais. Daí ser em princípio dispensável até mesmo o capital social, embora na prática essa dispensa não se opere porque a cooperativa necessita de bens básicos para a exploração da atividade de seus associados.

A variabilidade do capital social confere praticidade às cooperativas na medida em que permite a entrada e saída dos sócios sem a alteração do contrato social. Trata-se de manifestação do "princípio da porta aberta", pois as cooperativas estão abertas ao ingresso e saída de cooperados, não necessitando os aspirantes a sócios esperar pela saída de outro para adquirir suas ações, ficando a admissão de novo membro sujeita à aprovação, segundo os critérios que devem estar previstos no contrato social.

Art. 1.094.
II – concurso de sócios em número mínimo necessário a compor a administração da sociedade, sem limitação de número máximo;

As sociedades cooperativas, segundo sua estrutura, podem ser singulares, centrais ou federações cooperativas ou confederações cooperativas, consoante previsto no art. 6º da Lei nº 5.764/1971.

As cooperativas singulares devem ser constituídas no mínimo por 20 pessoas naturais, sendo admitidas pessoas jurídicas que tenham por objeto idênticas ou correlatas atividades econômicas das pessoas naturais ou, ainda, aquelas sem fins lucrativos (I). As cooperativas centrais ou federações cooperativas são constituídas no mínimo por três singulares, podendo, excepcionalmente, admitir associados individuais (II). Por fim, as confederações de cooperativas devem ser constituídas pelo menos por três federações de cooperativas ou cooperativas centrais, da mesma ou de diferentes modalidades (III).

Nas cooperativas, o número de sócios não pode ser inferior ao necessário para compor a estrutura organizacional formada por uma Assembleia Geral, uma Diretoria ou Conselho de Administração e Conselho Fiscal. Por isso a exigência de número mínimo para sua constituição.

Art. 1.094.
III – limitação do valor da soma de quotas do capital social que cada sócio poderá tomar;

Os associados das cooperativas não podem subscrever mais de um terço do total das quotas-partes emitidas pelas cooperativas (art. 24 da Lei das Cooperativas). A limitação do valor de subscrição é coerente com seu escopo, não se permitindo, assim, que haja um sócio controlador majoritário que detenha a maioria do capital social, porém associados que cooperam mutuamente para a consecução do fim comum a todos os membros.

Art. 1.094.
IV – intransferibilidade das quotas do capital a terceiros estranhos à sociedade, ainda que por herança;

Nas cooperativas, a pessoalidade das relações sociais é evidente, porque os associados reúnem-se para prestar colaboração recíproca. Por essa razão o legislador proibiu a transferência das quotas do capital social. Na Lei nº 5.764/1971, essa proibição não é tão abrangente como a trazida pelo Código, uma vez que, nos termos do art. 4º, IV, da referida lei, a intransmissibilidade opera-se somente com relação a terceiros estranhos à sociedade. Não veda a lei expressamente a transferência das quotas a título de herança, o que guarda certa coerência com o ideal mutualístico das cooperativas, porque é normal, por exemplo, nas cooperativas agrícolas que os filhos do associado assumam seu lugar, posto que geralmente exploram a mesma atividade rural do falecido.

Trazendo o Código a vedação expressa à transmissibilidade das quotas aos herdeiros, fica a dúvida acerca da ocorrência da revogação da lei especial pela lei mais nova. Ademais, há que se entender que a regra da intransferibilidade não é cogente, podendo o contrato social abrir a possibilidade da transferência, ao menos para os herdeiros.

Art. 1.094.
V – *quorum*, para a assembleia geral funcionar e deliberar, fundado no número de sócios presentes à reunião, e não no capital social representado;

A regra do inciso refere-se à representatividade nas cooperativas. Nas sociedades cooperativas, o critério de votação é diverso do das demais sociedades. Nas cooperativas a representação é feita por cabeça e, segundo o art. 40 da Lei nº 5.764/1971, o *quorum* para a instalação das assembleias gerais era de 2/3 do número de associados em primeira e metade mais um em segunda convocação.

Art. 1.094.
VI – direito de cada sócio a um só voto nas deliberações, tenha ou não capital a sociedade, e qualquer que seja o valor de sua participação;

Consoante já referido nas cooperativas, cada sócio, independentemente do capital social que representa, tem direito a apenas um voto nas deliberações. Esse critério é utilizado para manter clara a cooperação, fundamental nas deliberações sociais. A força de uma cooperativa está em seus sócios e não em seu poder econômico e, assim, todos os sócios são tratados igualmente. As cooperativas são criadas para oferecer aos associados oportunidades negociais mais vantajosas nos mais diversos campos mercadológicos e o desfrute dessas vantagens pelos sócios independe do valor dos aportes trazidos e decorre apenas da condição de associado.

Portanto, fica claro que nas cooperativas a pessoa do associado é a base fundamental para a construção do seu sistema organizacional e interpessoal.

Art. 1.094.
VII – distribuição dos resultados, proporcionalmente ao valor das operações efetuadas pelo sócio com a sociedade, podendo ser atribuído juro fixo ao capital realizado;

A obtenção de resultados econômicos para o associado é proporcional às operações que realiza com a cooperativa, a sua participação nos lucros e também nas despesas é feita por rateio na proporção direta da fruição de serviços do associado na cooperativa.

Dispondo a cooperativa de capital social, pode remunerar seu associado com os juros legais advindos da contribuição do associado para a formação do capital social.

A participação do associado nos lucros e nas perdas não pode ser pactuada em sentido diverso.

Art. 1.094.
VIII – indivisibilidade do fundo de reserva entre os sócios, ainda que em caso de dissolução da sociedade.

O patrimônio líquido da sociedade cooperativa é composto por dois fundos de reserva constituídos por sobras: o de Reserva de Capital ou Legal e o de Assistência Técnica, Educacional e Social (art. 28, da Lei nº 5.764/1971). Ambos têm destinação específica e não ficam à livre disposição dos associados.

No caso de dissolução ou liquidação da sociedade cooperativa, o acervo a ser dividido entre os associados não abrange as reservas desses fundos. Realizado o ativo social para saldar o passivo e reembolsar os associados de suas quotas partes, o remanescente, inclusive o dos fundos indivisíveis, antes era destinado ao Banco Nacional de Crédito Cooperativo S. A., que com sua extinção passou a ser recolhido ao Tesouro Nacional (art. 68, da Lei nº 5.764/1971).

Art. 1.095. Na sociedade cooperativa, a responsabilidade dos sócios pode ser limitada ou ilimitada.
§ 1º É limitada a responsabilidade na cooperativa em que o sócio responde somente pelo valor de suas quotas e pelo prejuízo verificado nas operações sociais, guardada a proporção de sua participação nas mesmas operações.
§ 2º É ilimitada a responsabilidade na cooperativa em que o sócio responde solidária e ilimitadamente pelas obrigações sociais.

Quanto à responsabilidade dos sócios as cooperativas podem classificar-se em cooperativas de responsabilidade limitada e de responsabilidade ilimitada. O artigo repete a regra da Lei das Cooperativas, que em seus arts. 11 e 12 apresenta essa classificação.

Tem responsabilidade limitada o associado que responde somente pelo valor de suas quotas e pelo prejuízo verificado nas operações sociais na proporção de sua participação. Necessário observar que, não obstante a responsabilidade trazida seja nominada de limitada, na verdade, não é uma limitação pura, como ocorre nas demais espécies societárias de responsabilidade limitada, porque os sócios, no caso de prejuízo, respondem pela recomposição destes ilimitadamente na proporção de sua participação na operação. Nas demais sociedades de responsabilidade limitada isso não acontece. Portanto, a responsabilidade limitada dos sócios ou associados nas cooperativas observa duas ordens de responsabilidade distintas: quanto ao pagamento das quotas e quanto aos prejuízos.

Tratando-se de sociedade cooperativa com sócios de responsabilidade ilimitada, o que na prática é quase inexistente, os sócios respondem, além das obrigações que assumiram quanto ao pagamento de suas quotas, por todos os demais débitos da cooperativa, em caráter subsidiário. Não há solidariedade entre os associados nesse caso porque cada um responde individualmente pelos prejuízos decorrentes de suas operações, exceto se a obrigação for contraída pela própria cooperativa em negócios que não se identifiquem especificamente com as operações que têm por fim realizar as atividades próprias da cooperativa em proveito de seus associados em conjunto.

Não há regra que exija que no nome da sociedade cooperativa esteja inserida o termo *limitada*, quando se tratar dessa modalidade. É recomendável, entretanto, a utilização, para fins de conhecimento por terceiros que queiram ou realizem negócios com a entidade.

Art. 1.096. No que a lei for omissa, aplicam-se as disposições referentes à sociedade simples, resguardadas as características estabelecidas no art. 1.094.

A sociedade cooperativa é regulamentada pela Lei nº 5.764/1971, que não foi revogada expressamente, e pelo Código Civil nos arts. 1.090 a 1.096. A regência suplementar é apontada pela das sociedades simples, seguindo a regra geral de regência suplementar das sociedades no Código Civil. Na verdade, há que se entender como aplicável a lei de 1971, no que não conflitar com o Código. Andou mais uma vez mal o legislador, deixando essa problemática a cargo do intérprete.

A Lei das Cooperativas é exaustiva e praticamente não deixa nenhuma questão fora de sua regulamentação. Embora o legislador tenha catalogado como simples a sociedade cooperativa, consoante disposto no parágrafo único do art. 982, essa opção não é salutar, pois o modelo de ambas as sociedades é diferente, assemelhando-se as cooperativas mais às sociedades por ações na sua forma de constituição do que às simples, por exemplo. Ainda, mesmo sendo classificadas como simples, as sociedades cooperativas precisam ter seu registro, em princípio, na Junta Comercial, mas essa é uma questão ainda não claramente resolvida na prática.

As sociedades cooperativas são, de fato, uma espécie de sociedade *sui generis*, com características particulares que as afastam das sociedades empresárias e simples em geral.

As questões não regulamentadas neste capítulo no tocante à constituição das cooperativas, seus órgãos sociais, causas de dissolução e liquidação das sociedades cooperativas vêm amplamente contempladas na lei especial, que inexoravelmente continua aplicável.

CAPÍTULO VIII
Das Sociedades Coligadas

Art. 1.097. Consideram-se coligadas as sociedades que, em suas relações de capital, são controladas, filiadas, ou de simples participação, na forma dos artigos seguintes.

A sociedade é criada para que com a união de esforços de mais de uma pessoa natural torne-se possível a realização de tarefas que transcendem a capacidade individual. Porém, à medida que a tecnologia e a explosão populacional foram demandando mais e mais soluções de impacto, obras gigantescas, tarefas as quais ultrapassam até mesmo a imaginação dos futurólogos mais ousados, as grandes empresas têm de se alçar a empreendimentos que refogem a sua própria capacidade. Assim, com base na necessidade, surgem empresas coligadas, união de sociedades, das mais diversas especialidades, que unem suas capacidades, transitoriamente ou não, para a consecução de uma obra, de uma empreitada. A coligação também é uma forma de, secundariamente, diluir e ao mesmo tempo reforçar em favor de terceiros a responsabilidade perante as participantes. Assim, a aglutinação empresarial é uma forma de superar os desafios da contemporaneidade. Trata-se de um meio de racionalizar a atividade empresarial, dinamizando a produção e baixando custos. Destarte, nem sempre a atividade isolada de uma empresa será eficaz e lucrativa. A Lei nº 6.404/1976 regula os "grupos de sociedades" e os "consórcios" sob essa perspectiva. Este Código Civil limita-se a definir, apenas, os grupos de fato, no âmbito das sociedades em geral. A Lei nº 8.884/1984 submete ao CADE – Conselho Administrativo de Defesa Econômica – a fiscalização desses conglomerados sob o prisma de abuso ou totalização de mercado, lesivos à livre concorrência. São atos potencialmente lesivos aqueles que concluem por excessiva concentração econômica.

O legislador definiu coligação como a reunião de sociedades por relações de capital. Assim, são consideradas coligadas as sociedades ligadas umas às outras pela participação no capital. Essa participação no capital, dependendo do vínculo de dependência entre as empresas, define sua natureza, se controlada, filiada ou de simples participação. O conceito de cada uma dessas espécies de sociedades coligadas vem tratado nos artigos seguintes.

A primeira leitura do artigo induz ao critério do percentual da participação de uma sociedade na outra para definir a modalidade de coligação, mas há de se observar que é possível a caracterização do controle com percentual reduzido, embora não seja o que normalmente ocorra. Essa vertente, portanto, não torna seguro esse critério. Um critério seguro para se definir a natureza da sociedade coligada pode ser o da existência de vínculos de dependência ou não; se há subordinação ou apenas coordenação ou colaboração. Isso apenas o exame do caso concreto pode concluir.

É comum atualmente no mercado globalizado o fenômeno da colaboração empresária, porque nesse mercado competitivo as empresas necessitam cobrir um amplo leque de possibilidades; empreendimentos de porte ciclópico, não podendo ou não desejando fazê-lo sozinhas. Trata-se de uma união de capital, esforços e *know-how*, como também de uma forma de dividir a responsabilidade. Para tanto, reúnem-se empresas que, sob diretivas comuns, realizam prestações, mútuas, recíprocas e complementares. A chamada conexidade importa, portanto, na presença no mercado de mais de uma sociedade, as quais acordam na colaboração nos mais diversos ramos de atividade, mormente na construção civil, para atingirem objetivo comum por meio da celebração de multiplicidade de contratos conexos (ITURRASPE, 1998, p. 21). Assim se constroem hodiernamente pontes, estradas, aeroportos, portos, usinas, centros comerciais, metrôs, linhas férreas etc. A colaboração empresária pode ser em nível horizontal ou vertical, dependendo da existência de coordenação ou subordinação, entre as coligadas.

A colaboração empresária permite que as sociedades atuem no mercado de forma ampla, sem terem que, necessariamente, unirem-se estruturalmente, senão por contratos conexos ou mesclados.

Art. 1.098. É controlada:
I – a sociedade de cujo capital outra sociedade possua a maioria dos votos nas deliberações dos quotistas ou da assembleia geral e o poder de eleger a maioria dos administradores;
II – a sociedade cujo controle, referido no inciso antecedente, esteja em poder de outra, mediante ações ou quotas possuídas por sociedades ou sociedades por esta já controladas.

A questão do controle entre as sociedades está ligada à noção de exercício do poder de direção e administração. Será controladora a sociedade que detiver o poder de decisão sobre os assuntos sociais de sua controlada e de eleger a maioria de seus administradores.

As sociedades controladoras são conhecidas como *holdings* e podem ser constituídas com o fim exclusivo de exercer o controle de uma ou mais sociedades, ou podem, também, além de exercer a função controladora, possuir outra atividade.

As controladas, por sua vez, são sociedades que se submetem ao domínio da controladora sob dois aspectos: porque outra sociedade possui a maioria dos votos nas deliberações dos quotistas ou assembleia geral e ainda detém o poder de eleger a maioria dos administradores (I) ou porque a sociedade controladora, nos termos referidos, está em poder de outra, mediante ações ou quotas.

Outras espécies de controle não foram contempladas pelo legislador, como por exemplo o controle decorrente de relação de capital *interna corporis*, como o que resulta de acordos de acionistas ou de quotistas. Ou, ainda, como já analisado no artigo anterior, o controle decorrente não de vínculo societário, mas de relações contratuais entre as pessoas jurídicas.

Art. 1.099. Diz-se coligada ou filiada a sociedade de cujo capital outra sociedade participa com dez por cento ou mais, do capital da outra, sem controlá-la.

O conceito de sociedade coligada ou filiada deste dispositivo foi importado do art. 243 da Lei das Sociedades por Ações, com alteração efetuada pela Lei nº 11.941/2009. É considerada coligada, portanto, a sociedade de cujo capital outra sociedade participe com 20% ou mais, sem, entretanto, controlá-la. A participação aqui é de relevância, ou significativa, como diz a lei, e não de controle e decorre, exclusivamente, da detenção do capital social e não de relação de poder, como ocorre com as controladas.

Essa participação, por exemplo, pode até ser de 50%, mas não caracterizar relação de poder e controle porque essa participação compõe-se de ações sem voto, inábeis para assegurar ao seu titular a preponderância nas deliberações sociais.

Portanto, sociedades controladas e coligadas têm em comum a participação de outra sociedade em seu capital social, diferindo essencialmente no poder que uma tem sobre a outra de decidir sobre os assuntos sociais e de eleger a maioria de seus administradores.

⚖ Execução. Empresa executada sem patrimônio penhorável, mas que detém 99,9% de outra empresa. **Sociedades coligadas.** Art. 1.099 CC. Possibilidade de adoção de medida destinada a direcionar recebimentos da empresa coligada, para o credor da executada, com o fim de satisfazer o crédito há muito perseguido. Recurso desprovido (*TJSP* – Acórdão Agravo de Instrumento 0082954-26.2011.8.26.0000, 7-7-2011, Rel. Des. Teixeira Leite).

Art. 1.100. É de simples participação a sociedade de cujo capital outra sociedade possua menos de 10% (dez por cento) do capital com direito de voto.

Considera-se de simples participação a associação de uma sociedade a outra mediante a titularidade de menos de 10% do capital social com direito de voto.

De se observar que o artigo fala em 10% do capital social com direito a voto. Tal implica considerar que a participação no capital social pode ser superior a 10%, porém, as ações ou quotas com direito a voto não podem ultrapassar essa porcentagem instituída como limite pelo legislador. Assim, havendo participação votante e não votante, se ultrapassados esses 10%, há coligação e não simples participação. A participação reduzida tem como critério definidor o percentual com o qual participa na outra sociedade com direito a voto e, não, simplesmente, o limite de participação no capital social.

Art. 1.101. Salvo disposição especial de lei, a sociedade não pode participar de outra, que seja sua sócia, por montante superior, segundo o balanço, ao das próprias reservas, excluída a reserva legal.
Parágrafo único. Aprovado o balanço em que se verifique ter sido excedido esse limite, a sociedade não poderá exercer o direito de voto correspondente às ações ou quotas em excesso, as quais devem ser alienadas nos cento e oitenta dias seguintes àquela aprovação.

A norma trata da participação recíproca de capital entre sociedades. A questão mereceu regulamentação preliminarmente pela Lei nº 6.404/1976, que vedou a participação recíproca entre sociedades coligadas, salvo quando configuradas situações análogas àquelas em que a lei autoriza a aquisição das próprias ações (art. 244).

O Código alterou as regras concernentes e passou a permitir a participação recíproca até um limite, o do montante de suas reservas. Entretanto, se ultrapassado esse limite, proíbe o legislador qualquer tipo de participação recíproca, sem fazer qualquer distinção de situações de controle ou de simples coligação.

A ressalva quanto à existência de disposição legal em sentido contrário aplica-se somente às sociedades anônimas cuja regulamentação da participação recíproca vem prevista em seu art. 244 e parágrafos.

A comprovação do limite de participação recíproca é feita por ocasião da aprovação de contas de cada exercício social. Uma vez constatado pelo balanço que foi superior à das reservas, deve ser providenciada a alienação do excesso de quotas ou ações que a sociedade possuir de sua sócia coligada, no prazo máximo de até 180 dias, contados da verificação.

CAPÍTULO IX
Da Liquidação da Sociedade

**Art. 1.102. Dissolvida a sociedade e nomeado o liquidante na forma do disposto neste Livro, procede-se à sua liquidação, de conformidade com os preceitos deste Capítulo, ressalvado o disposto no ato constitutivo ou no instrumento da dissolução.
Parágrafo único. O liquidante, que não seja administrador da sociedade, investir-se-á nas funções, averbada a sua nomeação no registro próprio.**

A liquidação é o processo pelo qual, depois de dissolvida ou extinta a sociedade, procede-se à apuração de haveres para pagamento dos credores se houver e eventualmente dos sócios, sobrando remanescente do patrimônio.

Com a dissolução ou extinção da sociedade, esta não atua mais na busca de seu objeto social, passando, então, a voltar-se para a extinção da pessoa jurídica.

Pressuposto da liquidação, portanto, é a dissolução ou extinção da sociedade. O procedimento de liquidação geralmente vem regrado pelo contrato social, mas na ausência de regulação específica, aplicam-se supletivamente as regras deste Capítulo.

O primeiro passo para a instauração da liquidação é a nomeação de liquidante, que tanto pode ser o administrador da sociedade, como um terceiro, pessoa natural ou jurídica.

O contrato social pode já trazer nominada a pessoa do liquidante para essa eventualidade de dissolução ou extinção, assim como podem, também, os sócios, na ausência dessa previsão, eleger e nomear o liquidante, se não houver disposição contratual nomeando alguém nessa função.

Podem ser nomeados um ou mais liquidantes, assim como pode ser nomeada pessoa jurídica para a função, prática esta geralmente utilizada por sociedades cuja liquidação exige complexidade e especialidade do agente, como negociação de ativos, por exemplo. Não hipótese de o liquidante ser pessoa jurídica é designada pelo próprio ente, pessoas para presentá-la à frente da liquidação, observando-se que a responsabilidade nesses casos é da entidade nomeada, a qual responde pelos atos de seus presentantes, prepostos, ou mandatários.

A liquidação não dissolve a sociedade, que continua existindo até a finalização do procedimento. Durante o período de liquidação, a sociedade mantém sua personalidade jurídica e age pelo seu liquidante, na realização do ativo, pagamento de passivo e por fim com o rateio do que eventualmente remanescer, entre seus sócios.

A investidura do liquidante é o ato que desencadeia o procedimento da liquidação. Trata-se de ato formal que se submete às regras do registro para operar efeitos *erga omnes*. No caso de a figura do administrador coincidir com a do liquidante, embora a lei não exija seu ato formal de nomeação, é recomendado que se adote a prática apontada no parágrafo único. Assim é possível separar os atos de administração dos atos de liquidação, limite para fins de atribuição de responsabilidades.

O ato de designação ou eleição do liquidante deve ser averbado junto ao Registro competente, observando-se que as regras de liquidação deste capítulo aplicam-se tanto às sociedades empresárias como às simples. Assim, no primeiro caso, a averbação ocorre na Junta Comercial e, no segundo, no Registro de Pessoas Jurídicas ou, no caso de sociedade de advogados, na Ordem dos Advogados do Brasil. A nomeação torna-se eficaz, portanto, com a averbação.

O liquidante pode ser destituído a qualquer tempo, por decisão dos sócios, na forma do disposto no art. 1.038, § 1º e incisos.

A forma de remuneração do liquidante não vem descrita na lei. O art. 667 do CPC de 1939 previa o percentual de 1% e 5% sobre o ativo líquido, atendendo à importância do acervo social e ao trabalho da liquidação. A antiga Lei de Falências, embora tratasse de síndico ou comissário, não trazia também um critério específico para a fixação dessa remuneração.

A atual Lei de Falências e Recuperação de Empresas traz critério para atribuição da remuneração do administrador, o qual, diante da similitude das atribuições e funções daquele e do liquidante, pode ser adotado seguramente.

O art. 24 da lei falencial, determina que o juiz, ao estabelecer a remuneração do administrador judicial, leve em consideração a capacidade de pagamento do devedor, o grau de complexidade do trabalho e os valores praticados no mercado para o desempenho de atividades semelhantes. Limita a 5% do valor devido aos credores na recuperação judicial ou do valor da venda do patrimônio do devedor, em se tratando de falência. Será de até 2% a remuneração quando se tratar de empresa de pequeno porte.

Importante advertir que nem sempre há liquidação na dissolução da sociedade, pois pode ocorrer que no momento da dissolução não exista patrimônio a partilhar e as dívidas já estejam pagas, bastando o distrato levado a registro no Registro competente, para que a sociedade seja extinta. Também nas hipóteses de incorporação ou fusão da sociedade ocorre a extinção da sociedade sem dissolução ou liquidação.

⚖ Limitada – Dissolução total da sociedade determinada na r. sentença – Fato que não pode ser discutido na liquidação – Retirada de um dos dois sócios – Hipótese em que não houve por parte da outra sócia, autora, qualquer manifestação de interesse em continuar na atividade empresarial – Providências requeridas pelo agravante que dizem respeito tão somente à dissolução parcial – Inadmissibilidade – Aplicação dos 1.102 e seguintes do Código Civil – Recurso improvido (*TJSP* – AI 2257316-55.2020.8.26.0000, 28-4-2021, Rel. J. B. Franco de Godoi).

Art. 1.103. Constituem deveres do liquidante:
I – averbar e publicar a ata, sentença ou instrumento de dissolução da sociedade;
II – arrecadar os bens, livros e documentos da sociedade, onde quer que estejam;
III – proceder, nos quinze dias seguintes ao da sua investidura e com a assistência, sempre que possível, dos administradores, à elaboração do inventário e do balanço geral do ativo e do passivo;
IV – ultimar os negócios da sociedade, realizar o ativo, pagar o passivo e partilhar o remanescente entre os sócios ou acionistas;
V – exigir dos quotistas, quando insuficiente o ativo à solução do passivo, a integralização de suas quotas e, se for o caso, as quantias necessárias, nos limites da responsabilidade de cada um e proporcionalmente à respectiva participação nas perdas, repartindo-se, entre os sócios solventes e na mesma proporção, o devido pelo insolvente;
VI – convocar assembleia dos quotistas, cada seis meses, para apresentar relatório e balanço do estado da liquidação, prestando conta dos atos praticados durante o semestre, ou sempre que necessário;
VII – confessar a falência da sociedade e pedir concordata, de acordo com as formalidades prescritas para o tipo de sociedade liquidanda;
VIII – finda a liquidação, apresentar aos sócios o relatório da liquidação e as suas contas finais;
IX – averbar a ata da reunião ou da assembleia, ou o instrumento firmado pelos sócios, que considerar encerrada a liquidação.
Parágrafo único. Em todos os atos, documentos ou publicações, o liquidante empregará a firma ou denominação social sempre seguida da cláusula "em liquidação" e de sua assinatura individual, com a declaração de sua qualidade.

Ao liquidante cabe, fundamentalmente, praticar os atos para a realização do ativo e a satisfação do passivo. Para tanto, entre suas obrigações, encontram-se deveres formais e materiais, os primeiros de natureza essencialmente documental e os últimos de ordem prática.

É verdade que as dissoluções de sociedades nem sempre se operam da forma desejada pelo legislador, isto é, com a observância dos procedimentos legais, e a liquidação, na maioria das vezes, nem ocorre, pois a sociedade dissolve-se de forma irregular. Os sócios e administradores, diante da situação de insolvência que geralmente é a hipótese de maior incidência, simplesmente "fecham as portas" e desistem da empresa, sem as providências oficiais junto aos órgãos públicos. Outras vezes, como já se aventou anteriormente, não existindo patrimônio nem dívidas, os sócios realizam o distrato da sociedade registrando-o para que se torne eficaz.

O primeiro dever do liquidante, antes mesmo de assumir sua função, é averbar no registro competente e publicar na imprensa o ato documentado que materializou a dissolução da sociedade: pode ser uma ata de assembleia ou reunião ou um distrato. Nem sempre, entretanto, haverá um instrumento retratando a dissolução, como pode ocorrer, por exemplo, no caso de dissolução por decurso de tempo determinado da sociedade ou, ainda, quando a unipessoalidade não é reconstituída no prazo de 180 dias.

Averbado o instrumento de dissolução, cumpre ao liquidante iniciar propriamente o procedimento de liquidação com a arrecadação dos livros e documentos da sociedade, bem como de seus bens, se houver. O administrador tem o dever de fornecer todos os documentos de gestão para o liquidante e o liquidante deve elaborar o inventário e o balanço geral do ativo e do passivo.

Havendo negócios pendentes, o liquidante tem o dever de ultimá-los, praticando todos os atos necessários para a consecução da liquidação, inclusive os de alienação patrimonial, se for o caso. O liquidante não pode praticar atos estranhos ao procedimento de liquidação, como, por exemplo, contrair empréstimos e gravar bens com ônus reais.

Apurado ativo insuficiente para fazer frente ao passivo, o administrador poderá exigir dos sócios a integralização de suas quotas. Se for o caso, pedirá as quantias necessárias, nos limites da responsabilidade de cada um e proporcionalmente à respectiva participação nas perdas, repartindo-se, entre os sócios solventes e na mesma proporção, o devido pelo insolvente.

Não sendo hipótese de integralização e sim de apuração de saldo positivo, o liquidante procederá ao rateio do saldo entre os sócios. Devolverá primeiramente o valor das contribuições por eles prestadas na integralização das suas quotas, devidamente atualizadas, e só posteriormente, então, deverá distribuir o saldo na proporção da participação de cada um no capital social. Tratando-se de sociedade de responsabilidade ilimitada, os sócios podem ser chamados para responder patrimonialmente pelas obrigações sociais insatisfeitas diante da insuficiência de ativos.

Cabe ao administrador, ainda, convocar assembleia geral ou reunião, semestralmente, para apresentar relatório e balanço do estado de liquidação, prestando conta dos atos praticados durante o semestre, ou sempre que necessário.

Apurado pelo liquidante que a sociedade encontra-se em estado de insolvência, submeterá a situação aos sócios, que poderão deliberar pelo pedido de autofalência ou ainda de recuperação extrajudicial ou judicial, porque a sociedade em liquidação ainda existe e tudo pode ser feito para evitar sua quebra.

Finda a liquidação, cabe ao liquidante apresentar suas contas finais e o relatório aos sócios para que aprovem. Uma vez aprovados, a ata dessa assembleia ou reunião deve ser averbada a fim de que a liquidação se dê por encerrada.

Com o início do procedimento de liquidação, a sociedade deve adotar junto ao seu nome empresarial a expressão *em liquidação*. A adoção da expressão aponta para o fim da persecução do objetivo social e início da sua extinção e leva essa notícia aos terceiros interessados nos negócios da empresa.

⚖ Execução – Pretendida pelo banco agravante a inclusão da sócia da empresa executada no polo passivo da ação – Cabimento – Empresa executada que foi dissolvida, sem ter resguardado patrimônio ou valor suficiente para o pagamento do débito em questão – Mero pedido ou registro do distrato na JUCESP que não basta para o reconhecimento da dissolução usual da empresa – Necessidade de arrecadação de bens da sociedade, elaboração de balanço social, realização do ativo e pagamento do passivo, o que não foi feito – 1.103, I a IX, do CC – Desnecessidade de se cogitar da instauração do incidente de desconsideração da personalidade jurídica, fundada em alguma das hipóteses previstas no art. 50 do CC. Execução – Admissibilidade da afetação do patrimônio dos sócios nos casos de dissolução irregular da empresa e quando não encontrados bens suficientes em nome da sociedade – Responsabilidade subsidiária – 1.023, 1.024 e 1.080 do CC – Sócia que deve responder, de forma ilimitada, pelo débito em questão – Agravo provido (*TJSP* – AI 2072766-85.2021.8.26.0000, 29-4-2021, Rel. José Marcos Marrone).

Art. 1.104. As obrigações e a responsabilidade do liquidante regem-se pelos preceitos peculiares às dos administradores da sociedade liquidanda.

Assim como o administrador, o liquidante não age em nome próprio, mas sim em nome da sociedade e, portanto, os atos que pratica são atribuíveis a ela. Embora ocorra variação nos deveres do administrador e do liquidante, a responsabilidade pela prática dos atos é idêntica; aplicam-se as normas dos arts. 1.011, 1.015, 1.016 e 1.017. Respondem eles por abuso e culpa no desempenho das suas funções. Quaisquer atos extravagantes à função que o liquidante pratique vinculam-no pessoalmente com a consequente responsabilidade.

Art. 1.105. Compete ao liquidante representar a sociedade e praticar todos os atos necessários à sua liquidação, inclusive alienar bens móveis ou imóveis, transigir, receber e dar quitação.
Parágrafo único. Sem estar expressamente autorizado pelo contrato social, ou pelo voto da maioria dos sócios, não pode o liquidante gravar de ônus reais os móveis e imóveis, contrair empréstimos, salvo quando indispensáveis ao pagamento de obrigações inadiáveis, nem prosseguir, embora para facilitar a liquidação, na atividade social.

O procedimento de liquidação da sociedade é constituído de três fases, basicamente: apuração de haveres, pagamento do passivo e restituição do remanescente aos respectivos titulares.

Para a concretização dessas três fases, o liquidante pode praticar todos os atos necessários para converter o patrimônio social em dinheiro. Daí a permissão para alienar bens móveis e imóveis, transigir e dar quitação. O legislador confere poderes ao liquidante para praticar todos os atos úteis em prol da liquidação da sociedade.

Os atos estranhos à liquidação são expressamente vedados pelo parágrafo único. Proíbe ao liquidante contrair empréstimos e gravar com ônus reais os móveis e imóveis, exceto no caso de esses atos serem indispensáveis ao pagamento de obrigações inadiáveis, mediante regra modificativa inserta no contrato social ou consentida a operação pelo voto da maioria dos sócios.

A liquidação é procedimento para encerramento da sociedade e, por isso, não pode o liquidante praticar atos que apontem para a continuidade da exploração do objeto social, como, por exemplo, contrair novas obrigações.

A prática dos atos vedados sujeita o liquidante à responsabilidade pessoal, assim como ocorre com o administrador.

Art. 1.106. Respeitados os direitos dos credores preferenciais, pagará o liquidante as dívidas sociais proporcionalmente, sem distinção entre vencidas e vincendas, mas, em relação a estas, com desconto. Parágrafo único. Se o ativo for superior ao passivo, pode o liquidante, sob sua responsabilidade pessoal, pagar integralmente as dívidas vencidas.

O liquidante, no desempenho de suas atribuições, deve proceder com profissionalismo e diligência, ficando atento aos negócios da sociedade.

Assim, vencendo-se as dívidas, devem ser prontamente pagas para que não ocorra mora injustificada e, quiçá, o inadimplemento das obrigações que afluam ao Judiciário.

O Código autoriza o liquidante, no caso de não haver dinheiro em caixa suficiente para atender a todos os pagamentos, a pagar proporcionalmente as dívidas sociais vencidas e vincendas, sem distinção, desde que as vincendas sejam pagas mediante a concessão de desconto. Essa regra deve ser vista com reservas e cabe ao liquidante avaliar a viabilidade de realizar pagamentos de obrigações não vencidas em detrimento das que estão vencendo. A conversão do patrimônio em dinheiro deve ser feita com cautela e sem precipitação, de acordo com as oportunidades que surjam e melhor favoreçam a sociedade.

Dispondo a sociedade de ativo superior ao passivo, o liquidante pode, sob sua responsabilidade, pagar integralmente as dívidas vencidas. Assim, o legislador conferiu ao liquidante a prerrogativa de avaliar a viabilidade de pagamento total das dívidas vencidas.

O fato é que a ordem de preferência no pagamento dos credores deve ser obedecida e aplica-se aqui a regra geral de preferência no concurso de credores, razão pela qual os credores com garantia devem ser pagos preferencialmente aos quirografários.

Art. 1.107. Os sócios podem resolver, por maioria de votos, antes de ultimada a liquidação, mas depois de pagos os credores, que o liquidante faça rateios por antecipação da partilha, à medida em que se apurem os haveres sociais.

O artigo prevê a possibilidade de recebimento antecipado do acervo social. Em verdade não se trata de antecipação de pagamento aos sócios, mas de simplificação do procedimento de liquidação, pois o legislador condiciona essa antecipação ao pagamento anterior dos credores. Consoante já exposto, a liquidação abrange três fases constantes de apuração do ativo, pagamento do passivo e devolução do remanescente, se houver. Portanto, fica claro que não se trata de antecipação propriamente dita, mas sim de abreviação do procedimento.

De se observar, entretanto, que essa hipótese só é possível se houver dinheiro em caixa, uma vez que se houver bens *in natura*, é imprescindível a concordância dos sócios em recebê-los, porque não estão obrigados a receber seus haveres de modo diverso daquele previsto em lei.

Realizado o rateio antecipado e surgindo novas dívidas antes de finda a liquidação, como por exemplo decorrente de sentença condenatória de natureza indenizatória, o liquidante deve exigir dos sócios a devolução do que lhes foi pago em detrimento dos referidos credores.

A maioria de votos prescrita no dispositivo é calculada segundo o valor das quotas de cada sócio.

Art. 1.108. Pago o passivo e partilhado o remanescente, convocará o liquidante assembleia dos sócios para a prestação final de contas.

O pagamento do passivo põe fim à segunda fase da liquidação, mas exige atenção do liquidante. Para a solvência do passivo o liquidante deve identificar todos os credores e os respectivos créditos realizando os pagamentos, observada a ordem de preferência, bem como a disponibilidade de capital.

O liquidante não tem obrigação de localizar todos os credores, senão por meio da busca razoável, porque a publicação do ato de dissolução da sociedade no Diário Oficial e em jornal de grande circulação (arts. 1.103 e 1.152, § 1º) dá ciência ficta ao credor do procedimento de liquidação e desvincula o liquidante desse dever.

O liquidante deve tomar todas as cautelas em relação a eventuais créditos em litígio e, mediante caução, garantir o respectivo pagamento, sob pena de responder por culpa pelo inadimplemento.

Essa fase da liquidação é de extrema importância e exige maior dedicação e cautela do liquidante porque pagamentos feitos com inobservância de preferências, bem como rateios indevidos, atribuem-lhe responsabilidade pessoal.

Realizado o pagamento do passivo, a última fase é o rateio do remanescente entre os sócios, se for o caso. A distribuição do acervo remanescente entre os sócios constitui a partilha, igualmente como se dá com a partilha dos herdeiros em razão de morte.

Sendo o acervo representado por dinheiro, o procedimento é simples, bastando a divisão do valor entre os sócios na medida da participação social. Diversamente, sendo o acervo constituído de bens, a questão torna-se mais complexa e pode demandar insatisfações que importem até mesmo em litígio acerca do procedimento. Isso porque os sócios não estão obrigados a aceitar seus haveres de forma diversa da legal, que é em numerário. Alienar os bens é a solução mais efetiva, mas o prazo necessário para a obtenção do resultado pecuniário pode ser longo e estender o procedimento. Uma alternativa é a distribuição dos bens *in natura* entre os sócios, o que exige a anuência de todos em relação à divisão operada, mas que pode encontrar óbice intransponível no caso de oposição de algum sócio.

A tarefa do liquidante na fase de partilha do remanescente nem sempre é fácil e pode exigir do liquidante uma especial arte de negociação e persuasão para conseguir a satisfação formal dos sócios.

Ultimado o pagamento dos credores e realizada a partilha entre os sócios, o liquidante convocará assembleia para a prestação final de suas contas.

Na assembleia convocada para tal fim de aprovação das contas, os sócios deliberam sobre as contas apresentadas. A aprovação sem reserva exonera o liquidante de qualquer responsabilidade (art. 1.078, § 3º).

Na eventualidade de as contas não serem aprovadas, os sócios devem deliberar acerca da providência a ser tomada, como por exemplo o liquidante proceder à reposição de valores. O quórum para a aprovação das contas é de maioria de votos dos presentes à assembleia.

Art. 1.109. Aprovadas as contas, encerra-se a liquidação, e a sociedade se extingue, ao ser averbada no registro próprio a ata da assembleia.
Parágrafo único. O dissidente tem o prazo de trinta dias, a contar da publicação da ata, devidamente averbada, para promover a ação que couber.

Com a aprovação das contas a liquidação se encerra e, consequentemente, a sociedade se extingue, estando a eficácia desse ato subordinada à averbação da ata da assembleia no registro próprio.

Se porventura houver sócio dissidente, ele terá o prazo decadencial de 30 dias, contados da publicação da ata, devidamente averbada, para impugnar em juízo a aprovação das contas. Esse prazo de 30 dias é exíguo e o ideal seria prazo maior para a proteção de sócios e de credores.

Art. 1.110. Encerrada a liquidação, o credor não satisfeito só terá direito a exigir dos sócios, individualmente, o pagamento do seu crédito, até o limite da soma por eles recebida em partilha, e a propor contra o liquidante ação de perdas e danos.

O credor que, depois de encerrada a liquidação, não receber o que lhe era devido, poderá exigir dos sócios, individualmente, o pagamento de seu crédito somente até o limite do *quantum* que receberam na partilha. Assim, encerrada a liquidação, os sócios passam a responder limitadamente pelos respectivos créditos não satisfeitos, independentemente do regime societário adotado, segundo essa regra.

O legislador andou mal ao generalizar a responsabilidade dos sócios após a partilha, visto que em relação aos sócios de sociedade de responsabilidade subsidiária e ilimitada, não há como impor essa regra, porque a liquidação não é forma de extinguir obrigações e sim apenas forma de saldá-las.

Por conseguinte, a regra desse artigo parece ser inaplicável aos sócios de sociedade de responsabilidade ilimitada, por contrariar a natureza dessa responsabilidade por opção adotada pelo sócio, contemplando apenas os sócios de sociedade de responsabilidade limitada.

De outra sorte, se os sócios nada receberam a título de rateio após o pagamento dos credores, nada se pode reclamar deles a que título for.

O credor insatisfeito tem o direito de propor contra o liquidante ação de perdas e danos, no caso de ser feita a partilha do saldo ativo antes de serem pagos integralmente os débitos da sociedade ou em qualquer outra hipótese que configure apropriação indevida de valor devido ao credor. O liquidante responde passivamente pelas perdas e danos, porque é responsável por atos praticados com culpa ou dolo. Provando o liquidante que agiu com toda diligência para lograr encontrar o credor e realizar o pagamento, há a possibilidade de ser exonerado da responsabilidade do seu pagamento.

O prazo prescricional para exercitar essa ação é de um ano, consoante expressamente previsto no art. 206, § 1º, V, do Código Civil. De se observar que esse prazo se aplica tão somente aos credores de dívidas vencidas, pois as vincendas são inexigíveis e, portanto, o prazo prescricional só pode ser contado a partir do seu vencimento.

Art. 1.111. No caso de liquidação judicial, será observado o disposto na lei processual.

A regra geral aponta para o procedimento de liquidação extrajudicial, exceto se suceder alguma das hipóteses de dissolução judicial da sociedade, a teor do disposto no art. 1.034 ou, ainda, se ocorrer resistência da sociedade ou dos demais sócios em liquidar-se a sociedade.

Sendo judicial a liquidação, deveria ser seguido o procedimento previsto nos arts. 655 a 674 do CPC de 1939, de acordo com o art. 1.218, VII, do CPC de 1973. No CPC/2015 observa-se o procedimento comum conforme determinação do art. 1.046, § 3º. Tratando-se de sociedade em estado de falência, aplicam-se as regras da Lei nº 11.101/2005 e suas alterações.

Tem legitimidade para a abertura da liquidação o sócio, segundo o disposto no art. 1.036, parágrafo único, sendo admissível também que a sociedade pleiteie, pois é a pessoa jurídica que representa o conjunto dos sócios.

Art. 1.112. No curso de liquidação judicial, o juiz convocará, se necessário, reunião ou assembleia para deliberar sobre os interesses da liquidação, e as presidirá, resolvendo sumariamente as questões suscitadas.
Parágrafo único. As atas das assembleias serão, em cópia autêntica, apensadas ao processo judicial.

Na liquidação judicial, os principais órgãos serão o juiz, que preside o procedimento, e o liquidante, que exerce função administrativa.

O liquidante é nomeado pelo juiz em reunião por ele convocada e presidida, na qual os sócios manifestam sua concordância ou não com a nomeação, que pode recair sobre um terceiro, o administrador ou um dos sócios da sociedade.

Os demais atos do procedimento são praticados pelo liquidante, assim como ocorre na liquidação extrajudicial, podendo o procedimento contar com manifestações dos sócios que não são soberanas, mas servem de norte para as decisões judiciais. A liquidação judicial produz os mesmos efeitos da extrajudicial.

Todas as assembleias ou reuniões convocadas e realizadas terão suas atas apensadas ao processo principal, mediante cópia autêntica.

CAPÍTULO X
Da Transformação, da Incorporação, da Fusão e da Cisão das Sociedades

Art. 1.113. O ato de transformação independe de dissolução ou liquidação da sociedade, e obedecerá aos preceitos reguladores da constituição e inscrição próprios do tipo em que vai converter-se.

Durante sua atividade o empresário pode necessitar da prática de atos negociais para concorrer no mercado cada vez mais competitivo. Isso pode importar na alteração da estrutura da sociedade. Existem então formas de reorganização societária que permitem ao empresário melhor se adequar às exigências da empresa que exercita. Este capítulo trata dessas formas de reorganização societária. A primeira delas, a transformação, é o meio pelo qual a sociedade modifica sua modalidade societária, sem sofrer dissolução e, consequentemente, sem a necessidade de constituição de outra empresa.

Na transformação, a sociedade altera seu regime jurídico, abandonando a modalidade originária para adotar nova estrutura legal. A transformação modifica a estrutura e as regras a que se subordina a sociedade transformada sem afetar sua existência.

Consequência da transformação, portanto, é a obrigatoriedade de alteração de seu contrato social ou estatuto e adequação de sua estrutura às regras de constituição do tipo societário em que irá se transformar.

A transformação altera profundamente as bases do negócio societário, com a substituição do regime jurídico adotado quando de sua constituição por outro. Esse procedimento pode trazer reflexos significativos nos direitos dos sócios, podendo até suprimir alguns, daí a exigência de *quorum* unânime para sua aprovação.

Com a transformação, a sociedade continua a existir e nem sempre necessita modificar seu nome e número de registro social, dependendo do novel regime jurídico adotado.

As restrições que se impõem à transformação repousam na impossibilidade de o empresário individual e as sociedades em conta de participação transformarem-se em sociedade.

O empresário individual não pode transformar-se em sociedade porque o ato recai apenas sobre a modificação de tipo societário, sem dissolução e liquidação, com a preservação da personalidade jurídica. O empresário individual não é, em princípio, pessoa jurídica com todas as suas características, sendo apenas detentor de um patrimônio especial para a exploração da empresa. Se o empresário individual decidir pelo exercício coletivo da empresa, deverá constituir pessoa jurídica contratando sociedade, até então inexistente.

A sociedade em conta de participação também não é pessoa jurídica, não passando de um contrato associativo em que pessoas naturais reúnem-se para explorar a empresa fundada na responsabilidade patrimonial exclusiva de uma delas. Assim, para adquirir a condição de empresário coletivo cumpre constituir pessoa jurídica, pois esta até então não existe para ser transformada.

As demais modalidades societárias estão sujeitas ao regime da transformação, inclusive, em relação à transformação de simples em empresárias. Nessa hipótese, a sociedade simples cancelará sua inscrição junto ao Registro Civil de Pessoas Jurídicas e fará nova inscrição perante a Junta Comercial onde estiver localizada, ocorrendo processo inverso de transformação de sociedade empresária em simples. Nos demais casos, nos quais a natureza originária é preservada, não há cancelamento da inscrição, apenas averbação no respectivo registro.

A transformação exige, em todos os casos, a adequação do contrato social ou estatuto com seu arquivamento no registro próprio para seus regulares efeitos.

Art. 1.114. A transformação depende do consentimento de todos os sócios, salvo se prevista no ato constitutivo, caso em que o dissidente poderá retirar-se da sociedade, aplicando-se, no silêncio do estatuto ou do contrato social, o disposto no art. 1.031.

Em razão de o *status* jurídico dos sócios se alterar com a transformação, é exigido o consentimento unânime de todos. Essa condição somente será afastada se no contrato social existir autorização prévia nesse sentido. O contrato social pode prever a possibilidade de transformação futura da sociedade em outra modalidade e estabelecer *quorum* específico para a deliberação e aprovação.

Com a previsão no contrato social ou estatuto de cláusula autorizativa da transformação, bem como do *quorum* necessário, maioria simples ou qualificada, a mudança do regime jurídico fica previamente pactuada. Não podem os sócios no futuro impedir a concretização da operação, uma vez que já aderiram ao pacto associativo quando da constituição originária.

De se observar, entretanto, que não basta existir cláusula autorizativa de transformação para que esta se opere. É necessário que a cláusula defina, também, o critério para a aprovação da operação. Se a cláusula contiver apenas a permissão da transformação, mas não estipular a possibilidade de sua aprovação por deliberação majoritária, continuará sendo exigida a maioria, dada a profundidade do procedimento (COMPARATO, 1977, p. 118-119).

O consentimento do sócio, em qualquer das hipóteses tratadas, deve ser expresso, não se presumindo o seu silêncio como anuência. O silêncio do sócio é ineficaz.

Ao sócio dissidente, aquele que não concorda com a transformação, cabe o direito de retirada. Esse direito é exercitado quando o sócio não só não vota a favor da transformação, mas também com relação ao ausente e ao que se abstém de votar. Na ausência de disposição no contrato social acerca da liquidação das quotas do sócio dissidente, aplica-se o procedimento previsto no art. 1.031.

Art. 1.115. A transformação não modificará nem prejudicará, em qualquer caso, os direitos dos credores.
Parágrafo único. A falência da sociedade transformada somente produzirá efeitos em relação aos sócios que, no tipo anterior, a eles estariam sujeitos, se o pedirem os titulares de créditos anteriores à transformação, e somente a estes beneficiará.

A transformação não afeta o direito dos credores, podendo apenas causar efeitos colaterais em relação às garantias de pagamento daqueles que venham a contratar com a sociedade transformada. Como exemplo podemos citar a hipótese da transformação de sociedade simples, na qual a responsabilidade subsidiária dos sócios é ilimitada, para sociedade de responsabilidade limitada. Podem isso apenas em relação aos novos negócios, pois os anteriores à transformação são cumpridos nos termos primitivamente contratados. Assim, o credor, que tinha no patrimônio da sociedade a única garantia de recebimento de seu crédito, continuará da mesma forma. Todas as obrigações contraídas sob a égide da sociedade primitiva então transformada são mantidas nos termos e com as garantias da contratação, até a completa satisfação dos créditos.

Os efeitos da transformação em relação aos credores são produzidos a partir da averbação da operação de transformação à margem da inscrição da sociedade no órgão competente.

O parágrafo único cuida dos efeitos da falência da sociedade transformada, quando na originária havia a responsabilidade pessoal dos sócios pelas dívidas sociais. Nessa hipótese, os sócios da sociedade transformada, que estavam sujeitos à responsabilidade pessoal, continuarão responsáveis nos termos da responsabilidade originária perante os credores quanto aos créditos gerados anteriormente à transformação e somente quanto aos credores que requererem nesse sentido.

Art. 1.116. Na incorporação, uma ou várias sociedades são absorvidas por outra, que lhes sucede em todos os direitos e obrigações, devendo todas aprová-la, na forma estabelecida para os respectivos tipos.

A incorporação é modalidade de concentração empresarial e se realiza pela absorção completa de uma sociedade por outra, com a unificação de patrimônios e sujeitos de direito respectivos. O processo de incorporação tem início, em geral, com a *due dilligence*, que é procedimento de verificação dos pontos básicos da situação econômica da incorporada, como investigação acerca do faturamento, regularidade tributária, ativo e passivo contábil, processos judiciais em curso etc. Apresentado esse resultado, prossegue-se, conforme disposto no artigo seguinte.

Com a incorporação, a incorporadora, a sociedade que absorve, recebe os sócios não dissentes da incorporada, a absorvida, e a totalidade dos bens, direitos e obrigações. Assim, com a incorporação a sociedade absorvida deixa de existir no universo negocial, ocorrendo sua extinção sem dissolução e liquidação patrimonial. A transferência de todas as obrigações da incorporada para a incorporadora independe de anuência dos credores, realizando-se automaticamente. Entretanto, os credores prejudicados podem pedir sua anulação, nos termos do art. 1.122.

Ressalte-se que quando há aquisição de todas as ações de uma sociedade por outra, não ocorre incorporação, porque as duas pessoas jurídicas continuam existindo, assumindo a adquirente a condição de subsidiária integral, nos termos do determinado no art. 252 e parágrafos da Lei nº 6.404/1976.

A incorporação pode ser realizada entre sociedades da mesma espécie societária ou entre sociedades de modalidades diferentes, desde que observadas as diferentes regras para a sua aprovação. No caso de incorporação de sociedades com tipos diferentes, a incorporadora mantém seu regime societário, ficando os sócios da incorporada sujeitos ao regime jurídico desta.

Enunciado nº 70, I Jornada de Direito Civil – CJF/STJ: as disposições sobre incorporação, fusão e cisão previstas no Código Civil não se aplicam às sociedades anônimas. As disposições da Lei n. 6.404/76 sobre essa matéria aplicam-se, por analogia, às demais sociedades naquilo em que o Código Civil for omisso.

Enunciado nº 231, III Jornada de Direito Civil – CJF/STJ: a cisão de sociedades continua disciplinada na Lei n.

6.404/76, aplicável a todos os tipos societários, inclusive no que se refere aos direitos dos credores. Interpretação dos arts. 1.116 a 1.122 do Código Civil.

Enunciado nº 232, III Jornada de Direito Civil – CJF/STJ: nas fusões e incorporações entre sociedades reguladas pelo Código Civil, é facultativa a elaboração de protocolo firmado pelos sócios ou administradores das sociedades; havendo sociedade anônima ou comandita por ações envolvida na operação, a obrigatoriedade do protocolo e da justificação somente a ela se aplica.

Agravo de instrumento. Ação renovatória de aluguel intentada pela locatária agravante Lojas Marisa S.A. contra a locadora agravada Cly Part. Emp. Ltda. Incorporação da locadora agravante pela também agravante Levian Part. E E,p. Ltda. Falta de comunicação válida da alteração societária à locatária agravada. Citação na ação renovatória que se deu na pessoa da empresa originalmente contratante como locadora. Revelia. Sentença de procedência. Impugnação com alegação de ilegitimidade de parte e nulidade de citação. Rejeição da impugnação fundada no fato de que a citação se deu no endereço comum das empresas incorporada e incorporadora, bem como determinação para que Levian Participações Ltda. figure no polo passivo como executada, pois, como incorporadora, assume os direitos e obrigações da incorporada, nos termos do art. 1.116 do CC. Por cautela, deferida a antecipação dos efeitos da tutela recursal. No mérito, decisão que deve ser mantida. Arranjo societário que não pode ser invocado para justificar a desídia de não contestar a ação, já que incorporadora e incorporada dividiam o mesmo endereço onde se operou a citação, devendo, a incorporadora, assumir as responsabilidades e direitos da incorporada. Recurso desprovido (*TJSP* – Ag 2139595-19.2019.8.26.0000, 3-2-2020, Rel. L. G. Costa Wagner).

Ação de execução de título extrajudicial – **Notícia de que a agravada foi incorporada por outra cooperativa** – Decisão que entendeu necessária a citação da incorporadora para compor a lide – Reforma – Necessidade – Cooperativa incorporadora absorve o patrimônio, recebe os associados e sucede a incorporada em todos os seus direitos e obrigações – Inteligência dos artigos 1.116 e 1.118 do Código Civil – Possibilidade de penhora on line dos ativos financeiros da incorporadora. Recurso provido (*TJSP* – Acórdão Agravo de Instrumento 0084085-36.2011.8.26.0000, 31-8-2011, Rel. Des. Marcos Ramos).

Art. 1.117. A deliberação dos sócios da sociedade incorporadora deverá aprovar as bases da operação e o projeto de reforma do ato constitutivo.
§ 1º A sociedade que houver de ser incorporada tomará conhecimento desse ato, e, se o aprovar, autorizará os administradores a praticar o necessário à incorporação, inclusive a subscrição em bens pelo valor da diferença que se verificar entre o ativo e o passivo.
§ 2º A deliberação dos sócios da sociedade incorporadora compreenderá a nomeação dos peritos para a avaliação do patrimônio líquido da sociedade, que tenha de ser incorporada.

O procedimento da incorporação tem início com a investigação da situação da sociedade incorporada (*due dilligence*) para a verificação da viabilidade da operação. O resultado desse procedimento preliminar dará as bases da operação de incorporação e de reforma do ato constitutivo. A Lei nº 6.404/1976, estabelece a necessidade de apresentação da justificação que vem a ser uma espécie de relatório técnico elaborado pelos administradores para ser apresentado aos sócios, com o detalhamento da operação e dos motivos para sua realização. Apresentada a justificação, com os vários *consideranda*, procede-se ao protocolo que pode ser definido como um contrato preliminar pelo qual incorporada e incorporadora manifestam a vontade de realizarem a operação, ficando assim vinculadas.

Embora o Código Civil não traga essa regra, tratando-se de incorporação que envolva sociedade por ações, essas peças são indispensáveis para as tratativas preliminares da operação. Nada impede, igualmente, que mesmo nas incorporações que envolvam outro tipo societário apliquem-se as regras das sociedades por ações, diante da omissão do Código. Trata-se de forma mais segura e mais transparente de realizar o processo reorganizatório.

O artigo refere-se à aprovação das bases da operação e do projeto de reforma pelos sócios da sociedade incorporada, reiterando no § 1º a necessidade de deliberação no procedimento preliminar. Gonçalves Neto observa que na regra do *caput* o legislador equivocou-se ao referir-se a sociedade incorporada, devendo a leitura ser feita como se incorporadora fosse. O autor argumenta que essa conclusão decorre do fato de a sociedade incorporada desaparecer com a operação e, portanto, não tem que aprovar nenhum projeto de reforma do seu ato constitutivo.

Independentemente da incorreção ou não do *caput*, é certo que tanto incorporadora como incorporada devem concordar com os termos da negociação. A primeira porque está absorvendo uma empresa com patrimônio e obrigações sociais; a segunda porque terá modificado seu regime jurídico, fato que pode importar, inclusive, na supressão de direitos dos sócios.

O procedimento da incorporação é complexo e compõe-se de vários atos e contratos. Aprovada a reorganização societária por ambas as sociedades, incorporada e incorporadora, por deliberação dos seus sócios, os administradores serão autorizados a praticar todos os atos necessários para a incorporação efetivar-se. Entre esses atos estão os de avaliação dos bens e do capital, cujo levantamento deve ser feito por peritos. Pela apuração do patrimônio líquido chegarão à conclusão da necessidade ou não de nova subscrição do capital social.

📚 Enunciado nº 231, III Jornada de Direito Civil – CJF/STJ: a cisão de sociedades continua disciplinada na Lei nº 6.404/76, aplicável a todos os tipos societários, inclusive no que se refere aos direitos dos credores. Interpretação dos arts. 1.116 a 1.122 do Código Civil.

📚 Enunciado nº 232, III Jornada de Direito Civil – CJF/STJ: nas fusões e incorporações entre sociedades reguladas pelo Código Civil, é facultativa a elaboração de protocolo firmado pelos sócios ou administradores das sociedades; havendo sociedade anônima ou comandita por ações envolvida na operação, a obrigatoriedade do protocolo e da justificação somente a ela se aplica.

Art. 1.118. Aprovados os atos da incorporação, a incorporadora declarará extinta a incorporada, e promoverá a respectiva averbação no registro próprio.

A extinção da sociedade incorporada ocorre quando é feita a averbação da incorporação no registro próprio. Não é a sociedade incorporadora que extingue a incorporada como mal redigido na norma. A extinção da incorporada opera-se de pleno direito no momento em que é averbada a incorporação.

Após a aprovação dos atos de incorporação, o próximo ato do procedimento de reorganização societária é a averbação dessa operação. A averbação dos atos de incorporação tem como consequência o cancelamento da inscrição da incorporada e acarreta seu desaparecimento do mundo jurídico, com a extinção de sua personalidade. O ato de cancelamento deve indicar ser ele decorrente da incorporação para que os credores possam, eventualmente, reclamar direitos.

Na hipótese de a incorporação operar-se entre sociedades de tipos diferentes, a averbação deve ser feita tanto no Registro Civil de Pessoas Jurídicas como na Junta Comercial, também para efeitos de publicidade.

Posteriormente à averbação, é necessário que haja a publicação da operação, consoante adiante será comentado no art. 1.122, que prevê essa exigência.

📚 Enunciado nº 231, III Jornada de Direito Civil – CJF/STJ: a cisão de sociedades continua disciplinada na Lei nº 6.404/76, aplicável a todos os tipos societários, inclusive no que se refere aos direitos dos credores. Interpretação dos arts. 1.116 a 1.122 do Código Civil.

Art. 1.119. A fusão determina a extinção das sociedades que se unem, para formar sociedade nova, que a elas sucederá nos direitos e obrigações.

A fusão ocorre pela somatória de patrimônios líquidos de duas ou mais sociedades da qual resultará a extinção delas e o surgimento de uma nova sociedade. Difere da incorporação porque nesta apenas a sociedade ou sociedades incorporadas desaparecem mediante a absorção pela incorporadora, a qual continua existindo e operando como o mesmo sujeito de direito.

A nova sociedade que surge com a fusão recebe a totalidade de bens, direitos e obrigações das sociedades extintas com a operação, bem como os sócios e acionistas. A liquidação patrimonial das sociedades fundidas na verdade não ocorre, porque o patrimônio de todas as envolvidas é preservado na integralidade e para sobrevir o novo patrimônio da sociedade nascente com a fusão.

Com a fusão ocorre a assunção dos contratos celebrados com terceiros como um todo, sem necessidade de anuência das partes, porque assim como sucede na incorporação, são mantidos os vínculos com quem da operação participa.

As fusões geralmente são realizadas para ganho de mercado, como ocorreu recentemente com as cervejarias, embora algumas vezes os processos de fusão esbarrem no CADE, porque pode ser utilizado como forma de dominar o segmento, eliminando a salutar concorrência.

📚 Enunciado nº 231, III Jornada de Direito Civil – CJF/STJ: a cisão de sociedades continua disciplinada na Lei nº 6.404/76, aplicável a todos os tipos societários, inclusive no que se refere aos direitos dos credores. Interpretação dos arts. 1.116 a 1.122 do Código Civil.

📚 Enunciado nº 489, V Jornada de Direito Civil – CJF/STJ: no caso da microempresa, da empresa de pequeno porte e do microempreendedor individual, dispensados de publicação dos seus atos (art. 71 da Lei Complementar n. 123/2006), os prazos estabelecidos no Código Civil contam-se da data do arquivamento do documento (termo inicial) no registro próprio.

Art. 1.120. A fusão será decidida, na forma estabelecida para os respectivos tipos, pelas sociedades que pretendam unir-se.
§ 1º Em reunião ou assembleia dos sócios de cada sociedade, deliberada a fusão e aprovado o projeto do ato constitutivo da nova sociedade, bem como o plano de distribuição do capital social, serão nomeados os peritos para a avaliação do patrimônio da sociedade.
§ 2º Apresentados os laudos, os administradores convocarão reunião ou assembleia dos sócios para tomar conhecimento deles, decidindo sobre a constituição definitiva da nova sociedade.
§ 3º É vedado aos sócios votar o laudo de avaliação do patrimônio da sociedade de que façam parte.

As deliberações acerca da fusão devem ser tomadas observando-se as regras aplicáveis a cada tipo societário envolvido na operação. Se a fusão ocorrer entre uma sociedade simples e uma limitada, deve ser observado o *quorum* exigido para cada uma delas para aprovação, ou, ainda, se participam da fusão uma sociedade por ações e uma limitada, as exigências da companhia quanto à justificação e o protocolo, por exemplo.

Não há um procedimento padrão para deliberação dos sócios das sociedades; tudo pode acontecer em um ou vários atos assembleares para a provação da fusão. Esse projeto precisa conter as cláusulas do ato constitutivo, tanto as legais como as decididas pelos sócios; avaliações patrimoniais das sociedades; o capital social de participação de cada sociedade e a participação societária de cada sócio, bem como a indicação e modo de investidura dos administradores.

Aprovado o plano de fusão, serão nomeados peritos para procederem à avaliação do patrimônio. Cada uma das sociedades envolvidas na reorganização participa realizando todos esses atos. Apresentados os laudos, os administradores das respectivas sociedades convocam reunião ou assembleia para levar ao conhecimento dos sócios o resultado das avaliações, ocasião em que decidem sobre a constituição definitiva da nova sociedade.

Ressalta o § 3º uma obviedade: a proibição de os sócios participarem na votação do laudo de avaliação do patrimônio da sociedade da qual façam parte. Ora, se aos sócios fosse dada essa possibilidade, poderiam açular os envolvidos para supervalorização do patrimônio da sociedade. Daí a vedação inserta na regra.

Enunciado nº 231, III Jornada de Direito Civil – CJF/STJ: a cisão de sociedades continua disciplinada na Lei nº 6.404/76, aplicável a todos os tipos societários, inclusive no que se refere aos direitos dos credores. Interpretação dos arts. 1.116 a 1.122 do Código Civil.

Enunciado nº 232, III Jornada de Direito Civil – CJF/STJ: nas fusões e incorporações entre sociedades reguladas pelo Código Civil, é facultativa a elaboração de protocolo firmado pelos sócios ou administradores das sociedades; havendo sociedade anônima ou comandita por ações envolvida na operação, a obrigatoriedade do protocolo e da justificação somente a ela se aplica.

Art. 1.121. Constituída a nova sociedade, aos administradores incumbe fazer inscrever, no registro próprio da sede, os atos relativos à fusão.

O artigo trata de formalidade complementar inerente a todos os tipos de operação de reorganização societária.

Antes dos administradores procederem à inscrição da nova sociedade surgida com a fusão, é imprescindível que seja realizada a averbação da operação no registro de cada uma das entidades envolvidas na operação, para o fim de garantir a aplicação da regra do artigo seguinte. A inscrição no registro próprio de cada sociedade fundida traz como consequência a extinção de cada uma das envolvidas no processo.

Feitas as inscrições nos registros devidos, compete aos administradores proceder à inscrição da nova sociedade no domicílio de sua constituição. Com essa inscrição que surgirá a nova pessoa jurídica substituindo as sociedades anteriormente existentes, sucedendo-as em todos os direitos e obrigações.

Enunciado nº 231, III Jornada de Direito Civil – CJF/STJ: a cisão de sociedades continua disciplinada na Lei nº 6.404/76, aplicável a todos os tipos societários, inclusive no que se refere aos direitos dos credores. Interpretação dos arts. 1.116 a 1.122 do Código Civil.

Art. 1.122. Até noventa dias após publicados os atos relativos à incorporação, fusão ou cisão, o credor anterior, por ela prejudicado, poderá promover judicialmente a anulação deles.
§ 1º A consignação em pagamento prejudicará a anulação pleiteada.
§ 2º Sendo ilíquida a dívida, a sociedade poderá garantir-lhe a execução, suspendendo-se o processo de anulação.
§ 3º Ocorrendo, no prazo deste artigo, a falência da sociedade incorporadora, da sociedade nova ou da cindida, qualquer credor anterior terá direito a pedir a separação dos patrimônios, para o fim de serem os créditos pagos pelos bens das respectivas massas.

Embora o legislador não regulamente a cisão neste capítulo, refere-se a ela na aplicação da regra geral da anulação das operações de concentração societária. A cisão também é forma de reorganização societária, definida no art. 229 da Lei das Sociedades por Ações.

A cisão é operação por meio da qual uma sociedade transfere parcelas do seu patrimônio para outra ou outras sociedades, já constituídas ou a constituir, podendo se extinguir a sociedade cindida se houver transferência de todo o seu patrimônio. Se parcial a transferência, divide-se o capital. Aplicam-se, portanto, quanto à cisão, diante da omissão do legislador no Código, as regras previstas na Lei nº 6.404/1976.

A presente regra tem em mira a proteção dos credores. Como o patrimônio das sociedades é sua garantia, qualquer operação que importe em modificação pode vir a prejudicá-los. Por isso a lei exige a publicidade dos atos de concentração empresarial, consoante disposto nesse artigo.

Aos credores prejudicados com os processos de reorganização societária, seja transformação, incorporação, fusão ou cisão, assiste o direito de pleitearem a anulação do processo de concentração.

O prazo decadencial para o exercício da demanda anulatória é de 90 dias, contados da publicação dos atos relativos à reorganização. A situação deficitária para pagamento de todos os credores é suposta na regra, mas não pressupõe a instauração de falência ou insolvência; nesses casos, a regra aplicável é outra.

Proposta a demanda anulatória, a sociedade demandada pode consignar em pagamento o crédito reclamado na própria ação ou mediante consignação em pagamento. Cuida-se de meio para elidir a alegada insuficiência patrimonial decorrente do processo de concentração. Relevante destacar que somente em relação aos créditos vencidos pode o credor demandar, pois em qualquer das operações de reorganização há assunção das obrigações. Com a procedência da consignação, a anulação pleiteada fica prejudicada.

No caso de dívidas ilíquidas a sociedade poderá elidir a anulação, suspendendo esse processo, prestando caução em juízo.

Se ocorrer a falência de sociedade incorporadora, de sociedade nova ou de sociedade cindida, no interregno de 90 dias da publicação dos atos relativos ao processo, faculta-se ao credor o direito de pedir a separação dos patrimônios. Assim, é possível que o seu crédito seja pago com o produto da alienação dos bens integrantes do patrimônio que teria pertencido à sociedade anteriormente devedora.

O direito de assim pleitear é individual e não se estende a todos os credores, operando seus efeitos somente em relação àquele que promove a ação. Trata-se de exercício individual de direito conferido a todos.

📖 Enunciado nº 231, III Jornada de Direito Civil – CJF/STJ: a cisão de sociedades continua disciplinada na Lei nº 6.404/76, aplicável a todos os tipos societários, inclusive no que se refere aos direitos dos credores. Interpretação dos arts. 1.116 a 1.122 do Código Civil.

📖 Enunciado nº 489, V Jornada de Direito Civil – CJF/STJ: no caso da microempresa, da empresa de pequeno porte e do microempreendedor individual, dispensados de publicação dos seus atos (art. 71 da Lei Complementar nº 123/2006), os prazos estabelecidos no Código Civil contam-se da data do arquivamento do documento (termo inicial) no registro próprio.

CAPÍTULO XI
Da Sociedade Dependente de Autorização

Seção I
Disposições Gerais

Art. 1.123. A sociedade que dependa de autorização do Poder Executivo para funcionar reger-se-á por este título, sem prejuízo do disposto em lei especial. Parágrafo único. A competência para a autorização será sempre do Poder Executivo federal.

A livre iniciativa é um dos pilares da ordem econômica. Algumas atividades, contudo, em razão de trazerem risco para o mercado, exigem condicionar o exercício da livre iniciativa a prévia autorização governamental em certas áreas de relevante interesse público ou que toquem a segurança nacional. Assim ocorre em relação às instituições financeiras, seguradoras e consórcios, a título de exemplo.

As sociedades que necessitam de autorização para funcionar são regulamentadas por leis especiais que dispõem a respeito do ramo de atividade considerada, à forma de exploração do negócio, à região em que deve atuar etc. Não obstante isso, o Código Civil trouxe disposições gerais que devem ser observadas.

A autorização para funcionamento é concedida exclusivamente pelo Poder Executivo Federal, por meio de órgãos dotados de competências específicas. No caso das instituições financeiras, por exemplo, a atividade depende de prévia autorização do BACEN.

Art. 1.124. Na falta de prazo estipulado em lei ou em ato do poder público, será considerada caduca a autorização se a sociedade não entrar em funcionamento nos doze meses seguintes à respectiva publicação.

As autorizações são concedidas após a constituição da entidade, porém previamente ao início da exploração da atividade. Não havendo prazo de validade estipulado na autorização, presume-se em 12 meses, contados da data da publicação do ato administrativo autorizatório.

Esse lapso temporal tem por finalidade permitir ao empresário preencher todas as condições legais para dar início às operações. Nenhuma autorização deve ser concedida por prazo indeterminado, exatamente em razão da natureza da atividade dessas empresas de relevante interesse público.

Se no prazo assinalado na outorga ou em lei especial ou, ainda, no prazo presumido de 12 meses, a sociedade não entrar em operação regular, a autorização caduca. Trata-se de prazo decadencial e, destarte, não pode ser suspenso nem interrompido.

Nada impede, todavia, que ocorra renovação do pedido de autorização perante a caducidade do ato administrativo. O novo pedido será analisado e o órgão competente avalia se presentes as condições para a renovação da autorização de concessão.

A perda de eficácia pela caducidade é da autorização para exploração de determinada atividade. Tal não implica na extinção da sociedade, que poderá modificar seu objeto, por exemplo, no caso de ter logrado obter nova autorização.

Art. 1.125. Ao Poder Executivo é facultado, a qualquer tempo, cassar a autorização concedida a sociedade nacional ou estrangeira que infringir disposição de ordem pública ou praticar atos contrários aos fins declarados no seu estatuto.

Ao conceder autorização, o Poder Público Federal pratica um ato administrativo vinculado e, portanto, uma vez preenchidas as condições para a concessão da autorização, não pode ser negada.

Da mesma forma, diante da ocorrência de qualquer das causas enumeradas nesse artigo – infração a disposição de ordem pública e prática de atos contrários aos fins declarados no estatuto ou contrato social – ou, ainda, prevista em legislação especial, cabe ao Poder Público Federal, mediante ato vinculado, cassar a autorização.

A cassação da autorização é causa de dissolução da sociedade, nos termos do art. 1.033, V. Eventual continuidade da exploração da atividade sem autorização em decorrência da cassação sujeita seus administradores às sanções legais.

O Ministério Público deve ser comunicado da cassação da autorização, porque se a sociedade não entrar em liquidação nos 30 dias seguintes à cassação, cumpre ao representante do *parquet* promovê-la judicialmente (art. 1.037).

Seção II
Da Sociedade Nacional

**Art. 1.126. É nacional a sociedade organizada de conformidade com a lei brasileira e que tenha no País a sede de sua administração.
Parágrafo único. Quando a lei exigir que todos ou alguns sócios sejam brasileiros, as ações da sociedade anônima revestirão, no silêncio da lei, a forma nominativa. Qualquer que seja o tipo da sociedade, na sua sede ficará arquivada cópia autêntica do documento comprobatório da nacionalidade dos sócios.**

A sociedade nacional é definida como aquela organizada em conformidade com a lei brasileira e que tenha no País sua sede administrativa. Dois critérios foram utilizados pelo legislador para que uma sociedade seja considerada nacional: organização da entidade em conformidade com a lei brasileira e ter sede de sua administração no País.

A organização conforme a lei brasileira é feita observando-se as exigências específicas do objeto explorado, como, por exemplo, a necessidade de autorização para os consórcios e instituições financeiras. Em outras situações, a lei pode exigir que todos os sócios sejam brasileiros, como ocorre com as empresas que exploram os meios de comunicação, disposição que está na berlinda para ser alterada (art. 222, *caput*, da CF).

Outro critério é o do funcionamento da sede da administração no País. Por sede administrativa deve-se entender o local onde ocorram efetivamente as decisões dos órgãos diretivos da pessoa. Não se confunde com a sede social. Sede administrativa e sede social podem ou não funcionar no mesmo local. O local onde o poder é exercido vale para efeito de compreensão do conceito de empresa nacional.

Preenchidos os requisitos do artigo e, eventualmente, outros específicos para determinadas atividades, a sociedade é considerada nacional e estará sujeitas às regras gerais do Código.

Especificamente no caso de a lei exigir que todos os sócios sejam brasileiros, na sede da sociedade ficarão arquivadas cópias dos documentos comprobatórios da sua nacionalidade; tratando-se de sociedade por ações exige-se, ainda, que as ações sejam nominativas.

Art. 1.127. Não haverá mudança de nacionalidade de sociedade brasileira sem o consentimento unânime dos sócios ou acionistas.

A lei descreve a possibilidade de a sociedade brasileira mudar de nacionalidade, mediante o consentimento unânime de todos os sócios ou acionistas.

A alteração de nacionalidade pode decorrer da mudança da sede da administração ou resultar de uma de operações de reorganização societária. Em todos os casos, a exigência de aprovação unânime dos sócios é inafastável.

A exigência de unanimidade na aprovação condiciona sua validade ao voto expresso de todos os sócios, não se presumindo o voto do ausente como voto de aprovação.

Os credores da sociedade não podem se opor à mudança de nacionalidade, pois as obrigações e contratos perseguem a sociedade em seu novo território.

Aprovada a mudança de nacionalidade pelos sócios, a sociedade deve se adequar às exigências legais dos regimes societários do outro país.

**Art. 1.128. O requerimento de autorização de sociedade nacional deve ser acompanhado de cópia do contrato, assinada por todos os sócios, ou, tratando-se de sociedade anônima, de cópia, autenticada pelos fundadores, dos documentos exigidos pela lei especial.
Parágrafo único. Se a sociedade tiver sido constituída por escritura pública, bastará juntar-se ao requerimento a respectiva certidão.**

A regra trata das formalidades para a concessão de autorização para funcionamento de sociedade nacional. Refere-se, assim, aos atos procedimentais para a obtenção da autorização de funcionamento.

O pedido de autorização deve vir instruído com cópia do contrato social para as sociedades em geral. Tratando-se de sociedade por ações, o requerimento deve ser com cópia autenticada pelos fundadores, dos documentos exigidos pela lei especial. Se a modalidade de constituição tiver sido a escritura pública, junta-se ao requerimento a respectiva certidão.

Nenhuma outra exigência que as constantes do artigo e previstas na lei especial podem ser feitas pela autoridade administrativa para fins de concessão da autorização, sob pena de assim o fazendo praticar abuso de direito.

Art. 1.129. Ao Poder Executivo é facultado exigir que se procedam a alterações ou aditamento no contrato ou no estatuto, devendo os sócios, ou, tratando-se de sociedade anônima, os fundadores, cumprir as formalidades legais para revisão dos atos constitutivos, e juntar ao processo prova regular.

Constatando a autoridade administrativa que o pedido de autorização não se encontra suficientemente documentado, nos termos exigidos no artigo antecedente, ou que o contrato ou o estatuto contenha disposição contrária à lei ou ao interesse público, determinará que sejam feitos aditamentos ou correções necessárias, cabendo aos sócios, administradores ou fundadores cumprir as formalidades apontadas.

Essa prerrogativa outorgada ao Poder Público limita-se ao âmbito da análise que lhe é atribuída para a outorga da autorização, sendo-lhe vedado impor modificações que não sejam pertinentes ao desempenho da atividade a ser exercida.

Supridas as formalidades, a autoridade administrativa concederá a autorização ou poderá, perante a ocorrência de interesse público relevante, conceder autorização a título precário por prazo determinado, concedendo prazo para a sociedade cumprir as formalidades exigidas. Não atendidas as formalidades no prazo estabelecido, a autorização precariamente concedida caduca e a sociedade se dissolve.

Art. 1.130. Ao Poder Executivo é facultado recusar a autorização, se a sociedade não atender às condições econômicas, financeiras ou jurídicas especificadas em lei.

O artigo ressalta a natureza vinculada do ato administrativo que concede a autorização. A autoridade administrativa tem o poder-dever de recusar a autorização quando a sociedade não preencher as condições legais.

Nenhuma avaliação de conveniência ou oportunidade, por motivo de interesse público que não esteja estabelecido em própria lei, pode ser feita pela autoridade administrativa.

Art. 1.131. Expedido o decreto de autorização, cumprirá à sociedade publicar os atos referidos nos arts. 1.128 e 1.129, em trinta dias, no órgão oficial da União, cujo exemplar representará prova para inscrição, no registro próprio, dos atos constitutivos da sociedade.
Parágrafo único. A sociedade promoverá, também no órgão oficial da União e no prazo de trinta dias, a publicação do termo de inscrição.

O decreto de autorização para funcionamento da sociedade é expedido pelo Presidente da República, salvo previsão específica em lei.

Tal decreto tem sua eficácia condicionada a sua publicidade que deve ser feita no Diário Oficial. A autorização e os atos societários referidos nos arts. 1.128 e 1.129, juntamente com a publicação no *Diário Oficial*, devem ser arquivados no registro público próprio onde a sociedade fará sua inscrição.

Nos 30 dias seguintes à realização da inscrição, a sociedade deverá publicá-la no Diário Oficial da União, dispensando-se assim a publicação com inteiro teor dos seus atos constitutivos.

Realizados todos os atos do procedimento, a sociedade poderá dar início regular à atividade.

Art. 1.132. As sociedades anônimas nacionais, que dependam de autorização do Poder Executivo para funcionar, não se constituirão sem obtê-la, quando seus fundadores pretenderem recorrer a subscrição pública para a formação do capital.
§ 1º Os fundadores deverão juntar ao requerimento cópias autênticas do projeto do estatuto e do prospecto.
§ 2º Obtida a autorização e constituída a sociedade, proceder-se-á à inscrição dos seus atos constitutivos.

As companhias podem atuar com capital fechado ou aberto. Nas companhias com subscrição particular do capital, não há dificuldades para sua desconstituição na hipótese de não obter a autorização para funcionamento.

No tocante às companhias cujo capital é constituído por subscrição pública, entretanto, em razão de esse capital movimentar recursos da poupança popular, a preocupação com a não concessão da autorização é relevante. Se às companhias abertas fosse conferida a prerrogativa de obterem a autorização posteriormente à sua constituição, no caso de não obtenção, não só os fundadores, mas principalmente os investidores, seriam afetados.

Ademais, se a concessão da autorização fosse postergada para depois da constituição da companhia aberta, faltariam investidores para subscrever o capital social, pois correriam o risco de investir em negócio que poderia já de início frustrar-se.

A exigência de instruir o pedido de autorização no caso das companhias abertas, com cópia do projeto do estatuto e do prospecto, é mais uma forma para evitar que aventureiros se lancem no mercado e prejudiquem investidores na subscrição de ações. Esses documentos permitem à autoridade administrativa aferir a viabilidade real no negócio, sem colocar em risco os recursos dos interessados.

Após a concessão da autorização, segue-se a inscrição dos atos constitutivos no Registro Público de Empresas Mercantis, podendo, então, a companhia aberta dar início regular à sua atividade.

Art. 1.133. Dependem de aprovação as modificações do contrato ou do estatuto de sociedade sujeita a autorização do Poder Executivo, salvo se decorrerem de aumento do capital social, em virtude de utilização de reservas ou reavaliação do ativo.

O legislador submeteu as alterações do contrato social das sociedades que dependem de autorização à aprovação do ente público.

Essa regra foi criada como forma de controle da exploração da empresa, tal como foi proposta à Autoridade, quando pedida a autorização para seu funcionamento.

A relevância da atividade econômica dependente de autorização e os riscos que lhe são ínsitos justificam a intervenção estatal, como condiciona a regra.

Somente as modificações contratuais ou estatutárias que visem exclusivamente o aumento do capital social em virtude da utilização de reservas ou de reavaliação do ativo dispensam a aprovação do ente estatal. De se observar, entretanto, que a dispensa é específica para essa hipótese de aumento do capital social e não para os demais casos. Na hipótese, por exemplo, de aumento do capital social com a finalidade de buscar novos valores para o patrimônio social, a dispensa de aprovação administrativa não se aplica, sendo imprescindível a aprovação.

Seção III
Da Sociedade Estrangeira

Art. 1.134. A sociedade estrangeira, qualquer que seja o seu objeto, não pode, sem autorização do Poder Executivo, funcionar no País, ainda que por estabelecimentos subordinados, podendo, todavia, ressalvados os casos expressos em lei, ser acionista de sociedade anônima brasileira.
§ 1º Ao requerimento de autorização devem juntar-se:
I – prova de se achar a sociedade constituída conforme a lei de seu país;
II – inteiro teor do contrato ou do estatuto;
III – relação dos membros de todos os órgãos da administração da sociedade, com nome, nacionalidade, profissão, domicílio e, salvo quanto a ações ao portador, o valor da participação de cada um no capital da sociedade;
IV – cópia do ato que autorizou o funcionamento no Brasil e fixou o capital destinado às operações no território nacional;
V – prova de nomeação do representante no Brasil, com poderes expressos para aceitar as condições exigidas para a autorização;
VI – último balanço.
§ 2º Os documentos serão autenticados, de conformidade com a lei nacional da sociedade requerente, legalizados no consulado brasileiro da respectiva sede e acompanhados de tradução em vernáculo.

As sociedades estrangeiras são aquelas constituídas em outro ordenamento jurídico, cuja sede se localiza no exterior, mas, mediante autorização, estabelecem filial, sucursal ou agência no Brasil.

Ainda que já constituída e independentemente do seu objeto, é imprescindível a obtenção de autorização do Poder Executivo para funcionar no país. É necessária a autorização para funcionamento não só da sede principal, mas igualmente de quaisquer estabelecimentos subordinados.

O conceito do *caput* abrange sociedades de qualquer natureza: empresarial ou simples, não trazendo nenhuma limitação quanto ao objeto. O regime jurídico societário do estabelecimento subordinado, entretanto, será o brasileiro, ainda que na matriz o tipo societário seja diverso daquele previsto na legislação brasileira.

Os documentos para a obtenção da autorização para funcionamento no Brasil são a prova da constituição regular da sociedade segundo a lei do país de origem e o inteiro teor do ato constitutivo com suas atualizações, se houver. O requerimento deve vir acompanhado, ainda, da relação dos membros de todos os órgãos da administração da sociedade, com nome, nacionalidade, profissão, domicílio e, salvo quanto a ações ao portador, o valor da participação de cada um no capital da sociedade.

A cópia do ato que autorizou o funcionamento no Brasil e fixou o capital destinado às operações no território nacional também deve acompanhar o pedido de autorização. Essa comprovação pode ser feita mediante apresentação da alteração do contrato social, da ata da assembleia ou reunião, ou qualquer outro documento que sob as leis do país de origem seja apto a demonstrar a decisão de explorar a empresa no Brasil.

Exige o Código, também, que o pedido seja instruído com o ato de nomeação do representante no Brasil, com poderes expressos para aceitar as condições exigidas para a autorização. Esse representante pode ser o mesmo que a sociedade constituirá para representá-la no território nacional em todos os atos e negócios, inclusive para questões judiciais, como adiante previsto no art. 1.138. Independentemente da coincidência ou não de ser representante para os fins referidos, seus poderes devem vir expressos nos documentos correspondentes, descrevendo seus exatos limites.

Por último, é exigida a cópia do último balanço. Qualquer documento que comprove as demonstrações financeiras da sociedade no último exercício é apto para atingir sua finalidade: comprovar a capacidade econômico-financeira da pessoa jurídica que deseja explorar a atividade econômica no Brasil.

Todos os documentos que instruem o pedido de autorização devem ser autenticados de acordo com as normas do seu país de origem. Serão legalizados no Consulado Brasileiro ali localizado e encaminhados ao Ministério das Relações Exteriores para reconhecimento da assinatura do Cônsul, sendo traduzidos para o vernáculo por tradutor público juramentado.

Enunciado nº 486, V Jornada de Direito Civil – CJF/STJ: a sociedade estrangeira pode, independentemente de autorização do Poder Executivo, ser sócia em sociedades de outros tipos além das anônimas.

Execução por título extrajudicial – Indeferimento de requerimento formulado pelo executado que exigia da exequente, **pessoa jurídica estrangeira**, a comprovação de portar autorização governamental para exercer atividade empresária no país, regular constituição no registro civil competente e de bens suficientes para garantir o pagamento de eventual sucumbência (arts. 1.134 e 1.136 do Código Civil) – Pessoa jurídica estrangeira sem agência, filial ou sucursal instalada no Brasil – Instrumento particular de mandato outorgado à sociedade nacional denominada Nerone do Brasil Companhia Securitizadora de Créditos Financeiros para o fim específico de promover a cobrança de créditos adquiridos pela exequente – Existência de diversas execuções ajuizadas não indicativa de efetivo exercício de atividade econômica no país – Decisão mantida – Recurso improvido (*TJSP* – Acórdão: Agravo de Instrumento n. 0053282-70.2011.8.26.0000, 23-5-2011, Rel. Des. Correia Lima).

Art. 1.135. É facultado ao Poder Executivo, para conceder a autorização, estabelecer condições convenientes à defesa dos interesses nacionais.
Parágrafo único. Aceitas as condições, expedirá o Poder Executivo decreto de autorização, do qual constará o montante de capital destinado às operações no País, cabendo à sociedade promover a publicação dos atos referidos no art. 1.131 e no § 1º do art. 1.134.

Assim, como ocorre com as sociedades nacionais, a Autoridade Administrativa, diante de pedido de autorização para funcionamento, analisará o preenchimento das exigências legais para a concessão da licença. Não se trata de poder discricionário da autoridade brasileira conceder ou não a autorização pura e simplesmente, segundo seu juízo de conveniência, mas sim de, uma vez atendidas as condições legais, concedê-la. Cuida-se aqui de princípio democrático garantido na Constituição sob a égide da livre iniciativa.

A conveniência referida na norma, embora revista-se de um certo grau de subjetividade, está obrigatoriamente vinculada ao atendimento dos princípios da atividade econômica insertos na Constituição Federal.

A Autoridade Administrativa não pode criar condições especiais para determinado pedido, mas deve aplicar as normas limitadoras ou condicionantes para o exercício da atividade econômica objeto de exploração pela sociedade estrangeira desejosa de aqui operar.

Qualquer exigência – ainda que justificada pela conveniente defesa dos interesses nacionais – que não esteja previamente determinada em lei configura ato ilegal da autoridade brasileira, passível de reparação pelo Judiciário.

Preenchidas as condições legais, a autorização deve ser concedida, ali constando a identificação da sociedade estrangeira com sua origem, as atividades que pode explorar no Brasil e o montante do capital destinado às respectivas operações.

Posteriormente à concessão da autorização, a sociedade estrangeira autorizada providenciará a publicação dos atos referidos no art. 1.131 e no § 1º do art. 1.134, todos já comentados.

Art. 1.136. A sociedade autorizada não pode iniciar sua atividade antes de inscrita no registro próprio do lugar em que se deva estabelecer.
§ 1º O requerimento de inscrição será instruído com exemplar da publicação exigida no parágrafo único do artigo antecedente, acompanhado de documento do depósito em dinheiro, em estabelecimento bancário oficial, do capital ali mencionado.
§ 2º Arquivados esses documentos, a inscrição será feita por termo em livro especial para as sociedades estrangeiras, com número de ordem contínuo para todas as sociedades inscritas; no termo constarão:
I – nome, objeto, duração e sede da sociedade no estrangeiro;
II – lugar da sucursal, filial ou agência, no País;
III – data e número do decreto de autorização;
IV – capital destinado às operações no País;
V – individuação do seu representante permanente.
§ 3º Inscrita a sociedade, promover-se-á a publicação determinada no parágrafo único do art. 1.131.

A inscrição no registro competente é condição para aquisição de sua personalidade jurídica no território brasileiro. Não obstante a sociedade estrangeira tenha seu registro no país de origem, é indispensável seu registro no Brasil.

Com a inscrição da sociedade estrangeira na Junta Comercial ou no Registro Civil de Pessoas Jurídicas, dependendo da natureza da atividade a ser explorada, a filial, sucursal ou agência adquire personalidade jurídica segundo as leis nacionais.

A sociedade estrangeira que atua em nosso território submete-se à nossa legislação, bem como sofre a repercussão jurídica dos atos negociais que praticar (art. 1.137), independentemente de sua matriz. Há praticamente constituição de "outra sociedade" no Brasil, com sujeito e patrimônio próprios. Pode, inclusive, sujeitar-se a falência, independentemente de sua matriz e vice-versa.

A inscrição deverá ser feita na sede do registro onde a filial, sucursal ou agência da sociedade estrangeira autorizada for se estabelecer.

Art. 1.137

O requerimento de inscrição deverá ser acompanhado da publicação exigida no parágrafo único do artigo antecedente, acompanhada de comprovante de depósito em dinheiro, em estabelecimento bancário oficial, do capital ali declarado.

Com o arquivamento dos documentos exigidos, será procedida a inscrição da pessoa jurídica estrangeira no livro próprio, com o respectivo número de inscrição. Desse termo constarão os elementos presentes nos incisos, os quais basicamente são os mesmos dos contratos sociais das sociedades brasileiras.

Feita a inscrição, o respectivo termo deverá ser publicado no Diário Oficial da União, nos 30 dias subsequentes.

Art. 1.137. A sociedade estrangeira autorizada a funcionar ficará sujeita às leis e aos tribunais brasileiros, quanto aos atos ou operações praticados no Brasil. Parágrafo único. A sociedade estrangeira funcionará no território nacional com o nome que tiver em seu país de origem, podendo acrescentar as palavras "do Brasil" ou "para o Brasil".

A sociedade estrangeira aqui autorizada a funcionar, consoante já referido no artigo anterior, sujeita-se às regras e leis do ordenamento brasileiro, quanto aos atos ou operações que praticar no nosso País.

Assim, como sujeito de direito que é, independentemente da sua ligação com a matriz estrangeira, contrai obrigações e deve cumpri-las, sob pena de sofrer as consequências pela inexecução, nos termos da lei brasileira. Do mesmo modo, exigirá a satisfação dos seus direitos de acordo com as normas do ordenamento jurídico nacional.

A única exceção a essa regra prende-se ao nome empresarial, uma vez que o legislador, consoante previsto no parágrafo único, autoriza a sociedade estrangeira a funcionar no Brasil com o nome que tiver em seu país de origem, podendo acrescentar as palavras "do Brasil" ou "para o Brasil".

Art. 1.138. A sociedade estrangeira autorizada a funcionar é obrigada a ter, permanentemente, representante no Brasil, com poderes para resolver quaisquer questões e receber citação judicial pela sociedade. Parágrafo único. O representante somente pode agir perante terceiros depois de arquivado e averbado o instrumento de sua nomeação.

O legislador impõe à sociedade estrangeira autorizada a funcionar aqui, a obrigação de ter um representante permanente no Brasil, com poderes para resolver quaisquer questões, inclusive as judiciais, em nome da sociedade.

A nomeação do representante no Brasil pode coincidir, como já comentado no art. 1.134, com a figura do representante nomeado para requerer a autorização de funcionamento da sociedade.

O representante da sociedade será nomeado por qualquer ato apto a investi-lo na função de mandatário da sociedade estrangeira, submetendo a eficácia do ato ao arquivamento e averbação desse no registro competente, Junta Comercial ou Registro de Pessoas Jurídicas, dependendo da natureza da pessoa jurídica.

Sem a competente averbação à margem da inscrição e o arquivamento do ato de nomeação com os poderes previstos, não produzirá efeitos no território nacional e todos os atos, eventualmente praticados sem esse lastro jurídico vincularão pessoalmente o representante.

Os poderes do representante devem ser expressos, exigindo a lei, inclusive, que consistam, no mínimo, em receber citação, evitando, assim, o trâmite demorado de uma carta rogatória.

Art. 1.139. Qualquer modificação no contrato ou no estatuto dependerá da aprovação do Poder Executivo, para produzir efeitos no território nacional.

Da mesma forma que o legislador condicionou a modificação do contrato social das sociedades nacionais à aprovação pelo Poder Executivo brasileiro, o fez em relação às sociedades estrangeiras autorizadas.

As alterações do contrato social de sociedade estrangeira ficam condicionadas à aprovação do Poder Executivo Nacional para que possam produzir efeitos em nosso território.

O pedido de aprovação das alterações estatutárias ou contratuais deve observar as mesmas exigências estabelecidas para a obtenção da autorização, inclusive quanto à publicidade.

A ausência de aprovação das alterações pela autoridade brasileira é causa para a cassação da autorização de funcionamento nos termos do art. 1.125 antes comentado.

**Art. 1.140. A sociedade estrangeira deve, sob pena de lhe ser cassada a autorização, reproduzir no órgão oficial da União, e do Estado, se for o caso, as publicações que, segundo a sua lei nacional, seja obrigada a fazer relativamente ao balanço patrimonial e ao de resultado econômico, bem como aos atos de sua administração.
Parágrafo único. Sob pena, também, de lhe ser cassada a autorização, a sociedade estrangeira deverá publicar o balanço patrimonial e o de resultado econômico das sucursais, filiais ou agências existentes no País.**

A divulgação de informações relevantes é exigida pela lei brasileira em relação à sociedade estrangeira autorizada a funcionar no Brasil. Essas informações relevantes referem-se especificadamente à situação econômico-financeira da sociedade e a sua administração.

Uma vez autorizada a funcionar no Brasil, a sociedade estrangeira deverá divulgar os resultados financeiros de sua atividade global, reproduzindo no *Diário Oficial da União* e do Estado onde estiver sediada todas as publicações, se for o caso.

Igualmente, a sociedade estrangeira deve publicar o balanço patrimonial e de resultado econômico das filiais, sucursais ou agências existentes no País.

A sanção pelo não cumprimento da regra inserta no artigo é a mais rígida, qual seja, a cessação da autorização para funcionamento da sociedade estrangeira no Brasil. De se observar que a perda da licença não opera de pleno direito, exigindo a instauração de processo administrativo que assegure ampla defesa à filial, sucursal ou agência autorizada a funcionar no Brasil.

Art. 1.141. Mediante autorização do Poder Executivo, a sociedade estrangeira admitida a funcionar no País pode nacionalizar-se, transferindo sua sede para o Brasil.
§ 1º Para o fim previsto neste artigo, deverá a sociedade, por seus representantes, oferecer, com o requerimento, os documentos exigidos no art. 1.134, e ainda a prova da realização do capital, pela forma declarada no contrato, ou no estatuto, e do ato em que foi deliberada a nacionalização.
§ 2º O Poder Executivo poderá impor as condições que julgar convenientes à defesa dos interesses nacionais.
§ 3º Aceitas as condições pelo representante, proceder-se-á, após a expedição do decreto de autorização, à inscrição da sociedade e publicação do respectivo termo.

O legislador criou nessa regra a prerrogativa de nacionalização da sociedade estrangeira. Mediante autorização do Poder Executivo, a sociedade estrangeira autorizada aqui em atividade poderá optar por sua nacionalização, transferindo a sua sede para o Brasil.

Havendo interesse em nacionalizar-se, deverá deduzir o pedido de transferência de sua sede, mediante requerimento instruído com os documentos enumerados no art. 1.134. Esses documentos são aqueles exigidos para o pedido de autorização de funcionamento e devem vir acompanhados da prova da realização do capital, pela forma declarada no estatuto ou contrato social. Ainda, deve acompanhar o requerimento de nacionalização, o ato pelo qual foi deliberada a nacionalização.

Preenchidas as condições legais, a autoridade administrativa, por meio de ato discricionário e vinculado – lembrando que não é dado ao Poder Público impor condições especiais a determinada sociedade estrangeira que não estejam já previstos em lei, – defere ou indefere o pedido de nacionalização.

Deferido o pedido e aceito pelo representante da sociedade requerente, será expedido o decreto de autorização e inscrita a pessoa jurídica no registro competente, acompanhada da publicação do respectivo termo.

A sociedade nacionalizada deverá adaptar seu estatuto ou contrato social às exigências da lei brasileira, inclusive no tocante aos aspectos formais de registro.

TÍTULO III
DO ESTABELECIMENTO

CAPÍTULO ÚNICO
Disposições Gerais

Art. 1.142. Considera-se estabelecimento todo complexo de bens organizado, para exercício da empresa, por empresário, ou por sociedade empresária.
§ 1º O estabelecimento não se confunde com o local onde se exerce a atividade empresarial, que poderá ser físico ou virtual.
§ 2º Quando o local onde se exerce a atividade empresarial for virtual, o endereço informado para fins de registro poderá ser, conforme o caso, o do empresário individual ou o de um dos sócios da sociedade empresária.
§ 3º Quando o local onde se exerce a atividade empresarial for físico, a fixação do horário de funcionamento competirá ao Município, observada a regra geral do inciso II do caput do art. 3º da Lei nº 13.874, de 20 de setembro de 2019.

O legislador suprimiu do título a locução *empresarial*, deixando apenas a denominação *estabelecimento*, pois o sujeito que explora atividade econômica não empresarial pode ser titular de um estabelecimento, não obstante não seja corrente. Entretanto, mesmo com a supressão da dicção *empresarial* no título, o conceito refere-se ao complexo de bens organizado, *"para exercício da empresa, por empresário, ou por sociedade empresária"*. A pureza do conceito não inibe o uso comum da locução *estabelecimento comercial* ou *empresarial*, como dantes foi utilizado. Basta compreender que o titular do estabelecimento também pode ser não empresário. Cuida-se de uma universalidade.

Existe uma relação de meio e fim entre empresa e estabelecimento, pois este é o conjunto de bens utilizado como instrumento para a exploração da empresa cuja finalidade é a própria atividade econômica especulada de forma organizada.

O estabelecimento, assim, é um complexo de bens funcionalmente destinados ao exercício de atividade econômica. Trata-se de um organismo econômico utilizado pelo sujeito para explorar atividade econômica ou empresa. Ou, em outras palavras, o estabelecimento é um aparato instrumental que o empresário deve dispor e organizar para adequá-lo ao exercício da empresa (PAOLUCCI, 2008, p. 47).

Os bens que compõem o estabelecimento são todos os necessários para a exploração da atividade, incluindo bens móveis, imóveis e os incorpóreos. Entre os primeiros, podem-se elencar os maquinários, estoques, instalações, matéria prima etc. e, entre os últimos, o ponto empresarial, marcas, desenhos industriais, título do estabelecimento, *softwares*, entre outros. A organização de todos esses bens forma o aparato para a exploração da empresa.

A reunião desses bens de forma organizada cria a capacidade de gerar resultados econômicos para o empresário, proveito esse que não obteria sem tal organização. Essa aptidão de gerar resultados denomina-se aviamento, fundo de comércio ou, no sentido empresarial, *goodwill*. No dizer de Barreto Filho (1988, p. 169), o aviamento consiste no *"resultado de um conjunto de variados fatores pessoais, materiais e imateriais, que conferem a dado estabelecimento in concreto a aptidão de produzir lucros"*.

Entre os bens que compõem o estabelecimento, o ponto empresarial assume relevante valor na exploração. Ponto empresarial é o direito ao local em que se situa o estabelecimento, não se confundindo com o imóvel onde o estabelecimento se situa. A relevância do ponto empresarial está nos efeitos que produz em relação ao empresário. Os dois principais efeitos são de agregar ao estabelecimento um valor de localização e o de proteção locatícia decorrente doe exercício da renovação compulsória da locação, conforme nossa decantada Lei de Luvas, atualmente inserida da Lei do Inquilinato.

A clientela não é considerada bem propriamente dito para efeitos de composição do estabelecimento, embora seja fator relevante e fundamental para o sucesso da empresa. Não se trata de bem incorpóreo, mas de um conjunto de pessoas que ocasional ou permanentemente consome produtos ou serviços da empresa. O valor da clientela é econômico, não podendo ser agregado ao estabelecimento, uma vez que se trata de pessoas e não bens passíveis de transferência.

Com a tecnologia da informática, já se depara com estabelecimentos virtuais sofisticados, utilizados pelo empresário com o emprego exclusivo da transmissão eletrônica de dados. O estabelecimento virtual é fisicamente inacessível, mas conserva a função de ser o aparato organizado utilizado pelo empresário para explorar a atividade. Virtual ou real, único ou múltiplo, rural ou urbano, o estabelecimento, como uma universalidade de fato, é uma necessidade para a atuação da empresa.

Importante marco foi trazido pela recente modificação do art. 1.142 do Código de Processo Civil pela MP 1.085/2021, que estabeleceu que se tratando de atividade empresarial virtual o endereço informado para fins de registro e consequente citações processuais poderá ser, conforme o caso, o do empresário individual ou o de um dos sócios da sociedade empresária

Suplementarmente, como não há legislação específica acerca dessa realidade virtual, aplica-se as regras do

Código Civil acerca da matéria sobre estabelecimento empresarial.

📖 Enunciado nº 233, III Jornada de Direito Civil – CJF/STJ: a sistemática do contrato de trespasse delineada pelo Código Civil nos arts. 1.142 e ss., especialmente seus efeitos obrigacionais, aplica-se somente quando o conjunto de bens transferidos importar a transmissão da funcionalidade do estabelecimento empresarial.

📖 Enunciado nº 488, V Jornada de Direito Civil – CJF/STJ: admite-se a penhora do *website* e de outros intangíveis relacionados com o comércio eletrônico.

🔨 Ação indenizatória por danos materiais e morais. Acidente de trânsito envolvendo transporte coletivo. Cumprimento de sentença. R. despacho que indeferiu o pedido de reconhecimento de trespasse simulado entre as empresas de ônibus (Viação Francorrochense Ltda. e Viação Cidade Caieiras Ltda.). Agravo somente da acionante/exequente. Pretende a interessada que o alegado trespasse simulado da empresa/executada seja reconhecido. Valores extremamente elevados. Nova pessoa jurídica vinculada à acionada. Alienação de estabelecimento comprovado. Art. 1.142, do CC. Encerramento irregular da atividade empresarial, ausência de bens e ativos financeiros da executada que indicam a ocorrência de trespasse simulado. Documentação apta a comprovar o negócio simulado. Decisão reformada. Agravo da demandante provido, tudo nos estreitos limites do recurso (*TJSP* – Ag 2012281-90.2019.8.26.0000, 24-6-2020, Rel. Campos Petroni).

🔨 Pedido extensão da execução para o patrimônio de pessoa jurídica que constituiu filial no imóvel anteriormente ocupado pela executada. Responsabilidade que somente incide na hipótese de caracterização de trespasse. Art. 1.146 do Código Civil. Não configuração de **transferência do estabelecimento**. Art. 1.142 do Código Civil. Pedido de desconsideração inversa da personalidade jurídica. Medida excepcional somente aplicável na hipótese de confusão patrimonial ou abuso de direito. Ausência de demonstração da constituição da sociedade com fins de fraudar a execução. Inexistência de elementos probantes de que a sócia e coexecutada esvaziaram seu patrimônio pessoal e o integralizaram no ente coletivo. Agravo não provido (*TJSP* – Acórdão: Agravo de Instrumento n. 0217253-37.2011.8.26.0000, 19-1-2012, Rel. Des. Rômolo Russo).

Art. 1.143. Pode o estabelecimento ser objeto unitário de direitos e de negócios jurídicos, translativos ou constitutivos, que sejam compatíveis com a sua natureza.

A natureza jurídica do estabelecimento sempre foi objeto de discussão na doutrina e várias correntes se formaram a respeito. O estabelecimento constitui, segundo majoritária corrente, uma universalidade de fato ou de bens (*universitas rerum*), em razão de todo o complexo de bens materiais e imateriais de que é composto. Não se confunde com a empresa, pois esta pode ser vista como uma universalidade de direito (*universitas juris*). O estabelecimento comercial em si não tem personalidade jurídica, a qual pertence à empresa. Assim, pode a empresa alienar, sem prejuízo de sua existência, um ou mais de seus estabelecimentos comerciais, como um todo unitário cada um deles, como a universalidade mencionada. Quando o estabelecimento é colocado como objeto de um negócio, nele se incluem débitos e créditos, aviamento, ponto comercial etc.

O estabelecimento empresarial tem realmente natureza *sui generis*. Trata-se de entidade composta dos mais diversos elementos, corpóreos e incorpóreos, formando um organismo econômico fisicamente aparelhado para o exercício da empresa.

Pela distinção clássica entre universalidade de direito e universalidade de fato, a primeira compreende um conjunto de bens, direitos e obrigações, entre os quais a lei estabelece um ponto de dependência, e a última, um conjunto de vários bens materiais de mesma natureza.

O estabelecimento pode ser objeto unitário ou mais propriamente universal de direito quando considerado como simples conjunto de bens e, portanto, uma universalidade de fato. Pode ser tomado como conjunto de bens aplicado à atividade a que se destina, abrangendo aqui as situações decorrentes do exercício dessa atividade e, assim, caracterizar uma universalidade de direito. Daí a grande dificuldade de uma noção de natureza jurídica estanque.

Dentro dessa perspectiva, pode-se afirmar que o estabelecimento pode ser visto como uma universalidade mista. Independentemente da natureza jurídica que lhe conferem, as relações jurídicas que incidam sobre o estabelecimento devem ser compatíveis com sua natureza. Considerando o estabelecimento como um objeto unitário de direitos, pode ser passível de usufruto, penhora, locação, comodato, alienação etc. Já em relação à hipoteca, a sua incompatibilidade é evidente, porque não se trata de bem imóvel. Se o estabelecimento for constituído de um imóvel, este poderá ser efetivamente objeto de hipoteca. Cada um dos elementos do estabelecimento pode ser tratado individualmente.

📖 Enunciado nº 393, IV Jornada de Direito Civil – CJF/STJ: a validade da alienação do estabelecimento empresarial não depende de forma específica, observado o regime jurídico dos bens que a exijam.

Art. 1.144. O contrato que tenha por objeto a alienação, o usufruto ou arrendamento do estabelecimento, só produzirá efeitos quanto a terceiros depois de averbado à margem da inscrição do empresário, ou da sociedade empresária, no Registro Público de Empresas Mercantis, e de publicado na imprensa oficial.

A publicidade dos atos praticados pelo empresário no exercício da empresa é regra geral do direito de empresa. Não fogem a essa regra os contratos que envolvam o estabelecimento.

O legislador enumerou casuisticamente os contratos de trespasse, usufruto e arrendamento do estabelecimento como relevantes para a aplicação da regra da publicidade e eficácia.

O contrato que tem por objeto a alienação do estabelecimento é denominado de trespasse. Tem por objeto, como vimos, uma universalidade. É a denominação que se dá ao contrato de "compra e venda" do estabelecimento.

O trespasse não se confunde com a cessão de quotas sociais da sociedade limitada, tampouco com a alienação de controle de companhia. Todos são meios de transferência da empresa, mas no trespasse o estabelecimento deixa de integrar o patrimônio do alienante e passa a integrar o do adquirente, ao passo que na cessão de quotas e alienação de controle o estabelecimento não muda de titular.

As regras de validade do trespasse serão analisadas no artigo seguinte. Sua eficácia não fica somente condicionada à simples inscrição no registro competente como timidamente dispõe a regra em análise.

Todos os contratos envolvendo o estabelecimento e não só o de trespasse, arrendamento e usufruto, têm a eficácia em relação a terceiros condicionada à sua inscrição no registro próprio. O Código refere-se à inscrição junto ao Registro Público de Empresas Mercantis, porque trata especificamente de estabelecimento empresarial, sem qualquer referência à hipótese de a titularidade do estabelecimento pertencer a sujeito que explora atividade econômica não empresarial, o que é possível.

Já a publicação na Imprensa Oficial é requisito de eficácia apenas para os contratos enumerados no artigo; é uma forma de ampliar a publicidade acerca da mudança de titularidade, ainda que provisória, como ocorre nas hipóteses do arrendamento e usufruto.

Enunciado nº 489, V Jornada de Direito Civil – CJF/STJ: arts. 1.043, II, 1.051, 1.063, § 3º, 1.084, § 1º, 1.109, parágrafo único, 1.122, 1.144, 1.146, 1.148 e 1.149 do Código Civil; e art. 71 da Lei Complementar nº 123/2006: No caso da microempresa, da empresa de pequeno porte e do microempreendedor individual, dispensados de publicação dos seus atos (art. 71 da Lei Complementar nº 123/2006), os prazos estabelecidos no Código Civil contam-se da data do arquivamento do documento (termo inicial) no registro próprio.

Art. 1.145. Se ao alienante não restarem bens suficientes para solver o seu passivo, a eficácia da alienação do estabelecimento depende do pagamento de todos os credores, ou do consentimento destes, de modo expresso ou tácito, em trinta dias a partir de sua notificação.

O estabelecimento pode compor-se de único patrimônio do empresário ou da empresa e, portanto, suporta a garantia dos credores. A alienação do estabelecimento até a criação da regra em análise era expediente utilizado por empresários que se encontravam em dificuldades, como forma de exonerarem-se das obrigações. Alienavam o estabelecimento, recebiam o preço não ficavam responsáveis pelo passivo.

O legislador agiu bem ao criar a regra desse artigo condicionando a alienação ao pagamento de todos os credores ou sua anuência, quando não restarem outros bens suficientes ao empresário para cumprir suas obrigações. Se o empresário tiver outros bens e outros estabelecimentos, poderá continuar solvente. Importa examinar a situação concreta.

A eficácia da fórmula fica condicionada ao pagamento ou anuência de todos os credores para o ato de transferência patrimonial.

O procedimento para a alienação é composto de duas etapas. A parte formal do procedimento consiste no arquivamento do trespasse e sua publicação na imprensa oficial, a teor do que dispõe o art. 1.144. Ainda, na hipótese de o empresário necessitar do consentimento unânime dos credores, deve comunicá-los por meio direto e hábil para que não se alegue ignorância posteriormente, em razão de o credor não ter acesso à imprensa oficial.

A etapa material seguinte consiste no pagamento de todos os credores, ou o respectivo consentimento unânime, expresso ou tácito. Note que se há de distinguir os credores do empresário dos credores do estabelecimento porque na alienação deste último haverá, como regra, cessão de posição contratual, podendo o estabelecimento suceder como devedor. Os credores afetados analisarão a suficiência patrimonial para o pagamento de seus créditos e podem não concordar com o negócio. De outro lado, podem os credores perceber que com a alienação o patrimônio ficará desfalcado para suportar as obrigações, mas, possuindo o adquirente higidez patrimonial e assumindo as obrigações, aceitarem a alienação.

Art. 1.146. O adquirente do estabelecimento responde pelo pagamento dos débitos anteriores à transferência, desde que regularmente contabilizados, continuando o devedor primitivo solidariamente obrigado pelo prazo de um ano, a partir, quanto aos créditos vencidos, da publicação, e, quanto aos outros, da data do vencimento.

Essa regra complementa à do artigo anterior e reforça a garantia dos credores, bem como a noção de universalidade do estabelecimento. O Código estabeleceu responsabilidade solidária por um ano entre o alienante e o adquirente do estabelecimento.

Desde que regulamente escrituradas as operações, o adquirente tem condições de avaliar a viabilidade da aquisição e, por isso, torna-se responsável pelo cumprimento, pelo prazo de um ano, solidariamente com o alienante, que também não tem como furtar-se ao cumprimento decorrente da alienação. Trata-se de regra de sucessão que anteriormente a este Código não existia, beneficiando desse modo o alienante que não respondia pelo passivo no caso do trespasse.

O passivo oculto não obriga o adquirente nem desobriga o alienante que responde pelo seu cumprimento, exceto com relação às dívidas fiscais (art. 133, CTN) e trabalhistas (arts. 10 e 488, da CLT). Nesse caso, o adquirente terá assegurado o direito de regresso contra o alienante para ressarcir-se do valor pago.

Nada obsta, também, que alienante e adquirente, na ocasião do trespasse, pactuem a exclusão da responsabilidade solidária, sendo que nesse caso, a cláusula só opera efeitos entre as partes, não podendo ser oposta aos credores. Portanto, aquele que é excluído da responsabilidade pelo pacto interno, alienante ou adquirente, continua responsável perante terceiros no prazo estipulado neste artigo. Realizado qualquer pagamento, fica assegurado o direito de regresso em face do responsável.

Esse prazo de um ano é contado quanto aos créditos vencidos, a partir da publicação a que se refere o art. 1.144 e, quanto aos vincendos, da data do seu vencimento.

Decorrido o prazo legal da responsabilidade solidária, desaparece esse reforço de garantia de inadimplemento. O prazo é decadencial, fluindo, portanto, sem interrupções ou suspensões.

Enunciado nº 489, V Jornada de Direito Civil – CJF/STJ: no caso da microempresa, da empresa de pequeno porte e do microempreendedor individual, dispensados de publicação dos seus atos (art. 71 da Lei Complementar nº 123/2006), os prazos estabelecidos no Código Civil contam-se da data do arquivamento do documento (termo inicial) no registro próprio.

Recurso inominado. Obrigacional. Ação de locupletamento ilícito. Título de crédito. Circulação de cheque. Autor que adquiriu estabelecimento de terceiro, o qual lhe endossava cheques sustados de clientes. Empresas com objetos sociais semelhantes. Reconhecimento de sucessão empresarial. Inteligência do art. 1.146 do CC. Transferência do passivo. Autor que figurou em diversos processos cobrando cheques endossados pelo mesmo terceiro em situações e com alegações idênticas. Demonstração de conluio entre endossante e endossatário. Mitigação da abstração e autonomia cambiária. Imposição de multa por litigância de má-fé. Art. 80, III do CPC. Impossibilidade de propor pedido contraposto em sede recursal. Sentença reformada. Recurso parcialmente provido (*TJRS* – Recurso Cível 71009135740, 13-2-2020, Rel. Fabio Vieira Heerdt).

Pedido extensão da execução para o patrimônio de pessoa jurídica que constituiu filial no imóvel anteriormente ocupado pela executada. Responsabilidade que somente incide na hipótese de caracterização de trespasse. Art. 1.146 do Código Civil. Não configuração de transferência do estabelecimento. Art. 1.142 do Código Civil. Pedido de desconsideração inversa da personalidade jurídica. Medida excepcional somente aplicável na hipótese de confusão patrimonial ou abuso de direito. Ausência de demonstração da constituição da sociedade com fins de fraudar a execução. Inexistência de elementos probantes de que a sócia e coexecutada esvaziaram seu patrimônio pessoal e o integralizaram no ente coletivo. Agravo não provido (*TJSP* – Acórdão Agravo de Instrumento 0217253-37.2011.8.26.0000, 19-1-2012, Rel. Des. Rômolo Russo).

Art. 1.147. Não havendo autorização expressa, o alienante do estabelecimento não pode fazer concorrência ao adquirente, nos cinco anos subsequentes à transferência.
Parágrafo único. No caso de arrendamento ou usufruto do estabelecimento, a proibição prevista neste artigo persistirá durante o prazo do contrato.

A livre concorrência é manifestação da liberdade de iniciativa garantida constitucionalmente, constituindo fenômeno indispensável ao desenvolvimento e bem-estar da sociedade. Situação diversa, contudo, é a concorrência desleal, que pelo seu caráter ilícito deve ser reprimida.

Nos trespasses, a observância dos princípios da livre iniciativa e da livre concorrência manifesta-se, entre outras formas, pela limitação imposta ao alienante de continuidade do exercício da atividade econômica de natureza idêntica à desenvolvida pelo adquirente, a fim de evitar que essa prática assuma feições de concorrência desleal. Como regra geral, os contratos desse nível são ciosos, preocupando-se com o tema e impondo não apenas lapso temporal, como o deste artigo, mas também proibição de o alienante estabelecer-se geograficamente em região próxima ao estabelecimento negociado ou em área de tal atuação. A concorrência desleal deve ser vista sob o prisma de ramo idêntico ou análogo ao do estabelecimento alienado. Note que o texto legal também se refere ao arrendamento e ao usufruto. Assim, alienado, arrendado ou concedido em usufruto o estabelecimento constante de uma padaria, o alienante não poderá se estabelecer com outra ou com uma doceria, por exemplo, dentro do prazo legal ou conforme estabelecido no contrato.

A interdição da concorrência é presumida pelo legislador na ausência de previsão expressa no contrato de trespasse. A finalidade do não restabelecimento é impedir que o alienante passe a explorar a mesma ou análoga atividade, com as vantagens de conhecer a clientela e a tecnologia, baixando custos com captação ilegal de clientela.

Prevendo o trespasse cláusula de interdição da concorrência, esta deve conter, para sua validade, um limite de tempo e de território proporcionais aos interesses legítimos a proteger (SIMON, 2009, p. 368). O legislador estabeleceu o prazo equivalente ao exigido para o exercício da ação renovatória, prazo coerente para que adquirente se consolide no mercado.

Essa regra se estende aos casos de arrendamento ou usufruto do estabelecimento pelo lapso temporal que durar o contrato. Nada impede, entretanto, que as partes disponham em outro sentido, pois estamos diante de norma dispositiva, tanto no tocante ao prazo como para exclusão da interdição da concorrência.

Havendo violação da interdição, por infração de cláusula contratual ou da presunção legal, cabe ao titular do direito lesado promover ação visando à interdição do novo comércio e à indenização por perdas e danos diante da perda de clientela. O contrato já pode prever essas perdas e danos estabelecendo multa para a hipótese. Trata-se de obrigação de não fazer e, portanto, deduzido pedido pode ser imposta multa diária de caráter inibitório (*astreinte*) enquanto perdurar a situação de violação.

Enunciado nº 490, V Jornada de Direito Civil – CJF/STJ: a ampliação do prazo de 5 (cinco) anos de proibição de concorrência pelo alienante ao adquirente do estabelecimento, ainda que convencionada no exercício da autonomia da vontade, pode ser revista judicialmente, se abusiva.

Art. 1.148. Salvo disposição em contrário, a transferência importa a sub-rogação do adquirente nos contratos estipulados para exploração do estabelecimento, se não tiverem caráter pessoal, podendo os terceiros rescindir o contrato em noventa dias a contar da publicação da transferência, se ocorrer justa causa, ressalvada, neste caso, a responsabilidade do alienante.

No silêncio das partes, a alienação do estabelecimento compreende todos os bens e todos os negócios jurídicos, ativos e passivos, que dele façam parte. Trata-se de exemplo de negócio entre vivos no qual se transfere uma universalidade. O adquirente, arrendatário ou usufrutuário se sub-rogam em todos os contratos de exploração do estabelecimento, estando excluído dessa regra, por opção legal, os contratos de caráter pessoal. Assim, não existe uma multiplicidade de cessões de posição contratual, mas esse efeito se atinge pelo contrato de cessão de uma universalidade, não sendo necessária a concordância dos contratantes com o estabelecimento ou a empresa.

Tratando-se de trespasse a regra passa a ser a da transmissão de toda posição negocial que não tenha caráter pessoal. Assim, os contratos para a exploração do estabelecimento seguem, forçadamente, o destino do estabelecimento, como ocorre, por exemplo, com o contrato de locação do imóvel onde está situado, contratos de manutenção, fornecimento etc. Mesmo havendo na lei de locação dispositivo que prevê o consentimento do locador para a cessão da locação (art. 13, Lei nº 8.245/1991), essa previsão não se aplica quando tratar-se de alienação do estabelecimento, por força do que estabelece o artigo em comento. Consoante adverte Gonçalves Neto (2008, p. 599),

> "*a norma especial, que prevê a continuidade dos contratos de natureza não pessoal em caso de alienação do estabelecimento, visando à preservação de sua já referida e identificada aptidão funcional, prevalece sobre a fixada para as cessões de locação em geral, onde essa particular funcionalidade do objeto locado não esteja em jogo*".

Os contratos de caráter pessoal podem ser examinados como aqueles em que há algum tipo de qualidade ou habilidade do contratante e que se eleva a causa determinante para a existência da avença, como por exemplo contratos de serviços de advocacia ou de pinturas artísticas.

O Código possibilita aos terceiros contratantes, inclusive para aqueles cujo contrato não tenha caráter pessoal, o rompimento do contrato que mantinham, se houver justa causa. Por justa causa entende-se, nesse caso, o gravame, o desequilíbrio ou alteração da base do contrato, advindos da transmissão do estabelecimento. Exemplo de justa causa a ensejar a rescisão ocorre quando o contrato contava com garantia fidejussória de pagamento pelo alienante, extinta com a alienação do estabelecimento e não renovada pelo adquirente. Nem precisava a lei especificar esse ponto, pois qualquer contrato se desata por justa causa.

O prazo para pleitear a rescisão é de 90 dias contados da publicação da transferência do estabelecimento e não exime o alienante da responsabilidade se agiu com culpa na negociação. Esse prazo refere-se a causa decorrente do trespasse, pois, como é evidente, a qualquer momento em que surgir justa causa posteriormente o contrato pode ser inquinado.

Enunciado nº 234, III Jornada de Direito Civil – CJF/STJ: quando do trespasse do estabelecimento empresarial, o contrato de locação do respectivo ponto não se transmite automaticamente ao adquirente. **Nota:** Fica cancelado o Enunciado nº 64.

Enunciado nº 489, V Jornada de Direito Civil – CJF/STJ: no caso da microempresa, da empresa de pequeno porte e do microempreendedor individual, dispensados de publicação dos seus atos (art. 71 da Lei Complementar nº 123/2006), os prazos estabelecidos no Código Civil contam-se da data do arquivamento do documento (termo inicial) no registro próprio.

Art. 1.149. A cessão dos créditos referentes ao estabelecimento transferido produzirá efeito em relação aos respectivos devedores, desde o momento da publicação da transferência, mas o devedor ficará exonerado se de boa-fé pagar ao cedente.

As relações jurídicas geradoras de créditos, integrando o estabelecimento, transferem-se com ele por ocasião de sua alienação. Trata-se de efeito da cessão da universalidade. Os direitos de crédito, portanto, se não houver disposição em contrário no trespasse, são transferidos juntamente com o estabelecimento.

Com a cessão dos créditos, os terceiros devedores assumem a obrigação de pagar ao novo adquirente, sendo necessário que tomem conhecimento da decantada transferência. Essa ciência ocorre com a publicação do trespasse nos termos do disposto no art. 1.144. Trata-se de modificação da regra tradicional da cessão de crédito na qual o devedor deve ser pessoalmente notificado para que pague ao novo credor (CC, art. 290).

Se o devedor ignorar a transferência e pagar, ao cedente, o pagamento poderá ser considerado válido, diante das circunstâncias do caso concreto, uma vez que o requisito de eficácia da cessão está condicionado à publicação do trespasse.

Enunciado nº 489, V Jornada de Direito Civil – CJF/STJ: no caso da microempresa, da empresa de pequeno porte e do microempreendedor individual, dispensados de publicação dos seus atos (art. 71 da Lei Complementar nº 123/2006), os prazos estabelecidos no Código Civil contam-se da data do arquivamento do documento (termo inicial) no registro próprio.

TÍTULO IV
DOS INSTITUTOS COMPLEMENTARES

CAPÍTULO I
Do Registro

Art. 1.150. O empresário e a sociedade empresária vinculam-se ao Registro Público de Empresas Mercantis a cargo das Juntas Comerciais, e a sociedade simples ao Registro Civil das Pessoas Jurídicas, o qual deverá obedecer às normas fixadas para aquele registro, se a sociedade simples adotar um dos tipos de sociedade empresária.

O Estado criou o sistema de registros públicos para dar segurança e publicidade a certos atos e negócios jurídicos.

No tocante à atividade econômica, o conhecimento dos atos e negócios é dado, tratando-se de atividade econômica empresária, pelo Registro Público de Empresas Mercantis a cargo das Juntas Comerciais, e para a atividade econômica não empresária, pelo Registro Civil das Pessoas Jurídicas.

O Registro de Empresas Mercantis e Atividades Afins é constituído por três órgãos: o Departamento Nacional de Registro do Comércio (DNRC), que tem por funções supervisionar, orientar, coordenar e disciplinar por meio de normas; Juntas Comerciais, que têm as funções de executar e administrar os serviços desse registro público; e Delegacias das Juntas Comerciais, que são órgãos locais do SINREM.

O empresário e a sociedade empresária estão vinculados às Juntas Comerciais, posto que são elas que detêm a função executória dos seus atos. O art. 8º da Lei n. 8.934/1994, elenca os atos de competência das Juntas Comerciais, enumerando entre eles os de inscrição, arquivamento, autenticação de atos e documentos do empresário. As Juntas Comerciais atuam em nível estadual e o empresário está subordinado à junta do local onde explora a empresa.

Tratando-se de atividade econômica não empresária, a sociedade simples pratica seus atos registrais junto ao Registro Civil de Pessoas Jurídicas da sua jurisdição, lembrando que tratando-se de sociedade de advogados, os atos registrais são praticados perante a OAB.

Se a sociedade simples adotar um dos tipos de sociedade empresária, continua simples e sujeita ao respectivo registro, apenas devendo observar as normas do Registro de Empresas Mercantis relativas à modalidade que adotar. Essa interpretação decorre do disposto no art. 983 combinado com os arts. 984 e 1.150, todos do Código Civil.

Enunciado nº 55, I Jornada de Direito Civil – CJF/STJ: o domicílio da pessoa jurídica empresarial regular é o estatutário ou o contratual em que indicada a sede da empresa, na forma dos arts. 968, IV, e 969, combinado com o art. 1.150, todos do Código Civil.

Enunciado nº 209, III Jornada de Direito Civil – CJF/STJ: o art. 986 deve ser interpretado em sintonia com os arts. 985 e 1.150, de modo a ser considerada em comum a sociedade que não tiver seu ato constitutivo inscrito no registro próprio ou em desacordo com as normas legais previstas para esse registro (art. 1.150), ressalvadas as hipóteses de registros efetuados de boa-fé.

Art. 1.151. O registro dos atos sujeitos à formalidade exigida no artigo antecedente será requerido pela pessoa obrigada em lei, e, no caso de omissão ou demora, pelo sócio ou qualquer interessado.
§ 1º Os documentos necessários ao registro deverão ser apresentados no prazo de trinta dias, contado da lavratura dos atos respectivos.
§ 2º Requerido além do prazo previsto neste artigo, o registro somente produzirá efeito a partir da data de sua concessão.

> **§ 3º As pessoas obrigadas a requerer o registro responderão por perdas e danos, em caso de omissão ou demora.**

O artigo trata de todos os atos e fatos abrangidos pelo registro e não só do registro propriamente dito, como anota o *caput*. Registro é o gênero do qual são espécies a inscrição, a matrícula, a averbação, a autenticação, o arquivamento e os assentamentos.

A inscrição é o ato que contém os dados relativos ao empresário, individual ou coletivo, sendo exigida para dar início à exploração regular da atividade econômica (art. 967). Todas as anotações relevantes durante a exploração empresarial são anotadas à sua margem e tornadas públicas.

A matrícula era o ato de inscrição do comerciante junto à sua Corporação e foi perdendo esse sentido, sendo atualmente utilizada como registro próprio e exclusivo dos leiloeiros, tradutores públicos e intérpretes comerciais, trapicheiros e administradores de armazéns gerais.

O arquivamento é um ato de depósito, promovido pela autoridade do registro, para guarda e preservação de documentos de interesse do empresário, tais como atos constitutivos, alterações e extinções de sociedades etc. Ao arquivar um documento a Junta procede ao exame das formalidades legais que nele devem estar presentes.

Averbar significa anotar, em documento já existente, acontecimento relacionado ao seu conteúdo. A averbação, portanto, é o ato pelo qual são feitas anotações relevantes acerca do empresário durante sua atividade, de qualquer documento que materialize ato ou negócio realizado durante a exploração da empresa. O legislador utiliza a expressão genérica de registro.

A autenticação, por sua vez, é ato pelo qual o órgão registrador chancela ou rubrica instrumento privado, conferindo-lhe legitimidade ou, ainda, atesta que uma cópia do documento é reprodução autêntica de seu original. A autenticação dos livros empresariais obrigatórios é imprescindível para que possam receber fé (art. 226).

O assentamento de usos e costumes, poucos, é verdade, por serem fontes do direito, ainda são feitos nas Juntas Comerciais mediante registro em livro próprio.

O empresário está obrigado a praticar os atos registrais, geralmente por seu administrador ou preposto, quando se tratar de sociedade empresária. Havendo mora na promoção do registro, fica o sócio legitimado, ou a qualquer interessado fazê-lo. Ao se referir a "qualquer interessado", logicamente quis o legislador se referir a um terceiro que tenha direito com o registro, como ocorre, por exemplo, com o adquirente do estabelecimento. Terceiro interessado é *toda pessoa que tem direitos ou interesses que possam ser afetados pelo não arquivamento do ato*.

O prazo para apresentação dos documentos para registro é de 30 dias, contados da lavratura do respectivo ato. O registro produz efeitos desde a data em que é protocolado. Ultrapassado esse prazo, só produzirá efeitos perante terceiros a partir da data em que for formalizado o registro. Entre os partícipes do documento, entretanto, os efeitos produzem-se desde logo.

O descumprimento do prazo para os registros obrigatórios impõe responsabilidade às pessoas obrigadas a fazê-lo, avaliando-se os prejuízos no caso concreto.

> **Art. 1.152. Cabe ao órgão incumbido do registro verificar a regularidade das publicações determinadas em lei, de acordo com o disposto nos parágrafos deste artigo.**
> **§ 1º Salvo exceção expressa, as publicações ordenadas neste Livro serão feitas no órgão oficial da União ou do Estado, conforme o local da sede do empresário ou da sociedade, e em jornal de grande circulação.**
> **§ 2º As publicações das sociedades estrangeiras serão feitas nos órgãos oficiais da União e do Estado onde tiverem sucursais, filiais ou agências.**
> **§ 3º O anúncio de convocação da assembleia de sócios será publicado por três vezes, ao menos, devendo mediar, entre a data da primeira inserção e a da realização da assembleia, o prazo mínimo de oito dias, para a primeira convocação, e de cinco dias, para as posteriores.**

A norma acerca da verificação da regularidade das publicações é dirigida às Juntas Comerciais e aos Ofícios de Registro Civil das Pessoas Jurídicas. Essa obrigação vem repisada no artigo seguinte, quando o legislador refere-se à observância das prescrições legais concernentes ao ato ou aos documentos apresentados.

As publicações vinculadas ao regime do empresário e das sociedades empresárias e simples serão feitas no órgão oficial da União, ou do Estado, conforme o local da sede do empresário ou da sociedade, e em jornal de grande circulação. No órgão oficial da União, serão publicados os documentos que tragam fatos vinculados à atuação do Poder Público, como ocorre com a autorização para funcionamento de sociedade. Mas é no órgão estadual que a maioria das publicações vão ocorrer, porque pouco são os atos em que cabe a intervenção do Poder Público.

As sociedades estrangeiras, entretanto, devem publicar seus atos tanto no órgão oficial da União como no do Estado, por exigência expressa nesse artigo, exceto quando se tratar de reprodução das publicações que deva fazer relativas às suas contas, segundo as leis de seu país de origem, como preceitua o art. 1.140.

Além da oficial, a publicação necessita ainda ser feita em jornal de grande circulação, que é aquele com edição regular, do Município ou da região onde se encontra a sede da sociedade a que se refira a publicação.

O anúncio de convocação de assembleia de sócios deverá ser publicado ao menos uma vez na imprensa oficial e outras duas em jornal de grande circulação, com espaço temporal de oito dias entre a primeira publicação e de cinco dias para as posteriores.

Art. 1.153. Cumpre à autoridade competente, antes de efetivar o registro, verificar a autenticidade e a legitimidade do signatário do requerimento, bem como fiscalizar a observância das prescrições legais concernentes ao ato ou aos documentos apresentados.
Parágrafo único. Das irregularidades encontradas deve ser notificado o requerente, que, se for o caso, poderá saná-las, obedecendo às formalidades da lei.

As obrigações previstas no artigo são de ordem formal porque as Juntas Comerciais e os Ofícios de Registros de Pessoas Jurídicas têm suas competências limitadas basicamente à apreciação da forma do ato submetido ao seu exame.

Apresentado o documento, cabe ao servidor examinar o cumprimento das formalidades legais do ato. Entre essas formalidades, exige-se que seja examinada a autenticidade e a legitimidade do signatário do requerimento.

Se for aferida a existência de algum vício insanável, a autoridade pública deve indeferir o requerimento. Por vício insanável entende-se aquele existente no documento que comprometa sua validade, como por exemplo a ausência de uma das cláusulas exigidas no contrato social, a teor do disposto no art. 997.

Na hipótese de vício sanável, o procedimento administrativo deve ser colocado sob exigência, a fim de que a parte interessada tenha oportunidade de saná-lo (§ 1º do art. 40, Lei nº 8.934/1994).

O indeferimento ou a formulação de exigência pelo órgão registral deve ser fundamentado com o respectivo dispositivo legal ou regulamentar (§ 2º do art. 57 do Decreto nº 1.800/1996, que regulamenta a Lei nº 8.934/1994).

O prazo para a regularização é de 30 dias e conta-se da ciência do requerente. Não sendo sanada a irregularidade nesse prazo, somente mediante novo pedido o ato poderá ser ultimado.

🔎 Agravo de instrumento contra decisão que indeferiu o benefício da justiça gratuita. Decisão de primeiro grau que deve ser mantida ante a inexistência de indícios concretos de pobreza jurídica apta ao deferimento da assistência judiciária. Inteligência do art. 99, § 2º, CPC. Registro público de informações em junta comercial. Certidão que goza da presunção de veracidade, nos termos dos arts. 1.150 e 1.153, do CC. Agravo improvido (*TJSP* – Ag 2150094-96.2018.8.26.0000, 8-10-2018, Rel. Alberto Gosson).

🔎 Comercial – Junta comercial – **Arquivamento de alteração contratual** – Inclusão de sócio – Utilização de documentos extraviados – Declaração de nulidade – Indenização por danos morais – Ausência de responsabilidade do órgão de registro – Exame estritamente formal dos documentos – Averiguação da falsificação – Atribuição que não cabe à junta comercial. Infere-se da legislação civil ser de incumbência da Junta Comercial o registro dos atos constitutivos e o arquivamento das alterações posteriores dos empresários individuais e das sociedades mercantis, competindo-lhe, no exercício dessa função registral, o exame da regularidade estritamente formal dos documentos exibidos, em atenção à prescrição legal. Dessa maneira, a despeito da normativa disposta no art. 1.153 do Código Civil, a imposição dirigida às Juntas Comerciais não ultrapassa a análise da autenticidade formal dos documentos apresentados pelo solicitante. Ademais, não se mostra razoável atribuir-lhes a exigência de investigar as minúcias dos documentos que lhes são dirigidos, a fim de identificar causal falsidade, quando sequer são oferecidos os instrumentos necessários para se obter esse conhecimento técnico especializado (*TJSC* – Acórdão Apelação Cível 2011.048421-7, 11-4-2012, Rel. Des. Luiz Cézar Medeiros).

Art. 1.154. O ato sujeito a registro, ressalvadas disposições especiais da lei, não pode, antes do cumprimento das respectivas formalidades, ser oposto a terceiro, salvo prova de que este o conhecia.
Parágrafo único. O terceiro não pode alegar ignorância, desde que cumpridas as referidas formalidades.

Somente após o competente registro o ato produzirá seus efeitos. Em relação a terceiros seus efeitos retroagem à data da prática do ato, desde que o registro tenha sido feito no prazo legal de 30 dias.

Havendo irregularidade a ser sanada e não retornando o pedido dentro de 30 dias, seus efeitos não retroagirão à data do ato, sendo então produzidos somente a partir da concessão definitiva do registro.

Como a função do registro é dar publicidade aos atos praticados pelo empresário, com a publicação presume-se do conhecimento dos interessados, os quais não poderão alegar ignorância, ainda que com prova incontroversa de que o desconhecem.

Ao terceiro que realize negócios com o empresário cabe o ônus de investigar a situação deste, sendo a exigência da publicidade o meio eficiente para desincumbir-se desse ônus.

CAPÍTULO II
Do Nome Empresarial

Art. 1.155. Considera-se nome empresarial a firma ou a denominação adotada, de conformidade com este Capítulo, para o exercício de empresa.

> **Parágrafo único. Equipara-se ao nome empresarial, para os efeitos da proteção da lei, a denominação das sociedades simples, associações e fundações.**

O nome empresarial é a designação do empresário, o meio pelo qual ele é individualizado e conhecido no meio negocial. Assim como o nome da pessoa natural é seu elemento de identificação, na sociedade o nome empresarial é o sinal distintivo do empresário e se destina ao exercício da atividade empresarial.

Duas são as modalidades de nome empresarial: a firma ou razão social e a denominação. Estruturalmente, a composição da firma e da denominação são diferentes, bem como diferem quanto a sua destinação.

A firma é composta do nome de um ou mais sócios, desde que pessoas naturais, do modo indicativo da relação social, e servem para indicar os empresários com características pessoais ou mesmo mistas. A firma será individual quando adotada pelo empresário individual e será formada por seu nome por extenso ou abreviadamente. A firma social é o nome adotado pela sociedade empresária no exercício de sua atividade.

A denominação adota qualquer expressão linguística complementada por seu objeto social e serve para indicar o tipo societário escolhido.

Não se pode confundir nome empresarial com título do estabelecimento, que é aspecto de direito intelectual, amparado contra uso indevido, sem necessidade de qualquer registro.

A formação do nome empresarial não é livre, como ocorre com o nome civil, pois devem ser observados alguns princípios, como o da veracidade, segundo o qual o nome do empresário deve retratar a realidade, como por exemplo, se é formado pelo patronímico de uma pessoa, é preciso que essa pessoa esteja ligada à empresa. Também o princípio da novidade ou originalidade deve ser observado, impondo que o nome seja diferente dos outros nomes empresariais já existentes, de modo a não se confundir. Por fim, o princípio da unicidade, que impede tenha o empresário mais de um nome para se identificar nos negócios que realiza.

No tocante ao nome das sociedades simples, associações e fundações, o legislador deixa livre a escolha, assim como faz em relação ao nome civil, embora, equipare para efeitos de proteção legal ao nome empresarial.

O nome das pessoas jurídicas não empresárias só se forma através de denominação, ainda que com a denominação das sociedades empresárias não mantenha nenhuma similitude, podendo ser formado livremente. Exceção a essa liberdade ocorre em relação a sociedade de advogados, uma vez que seu nome será formado por uma razão social, formada pelo nome completo ou abreviado de um dos advogados responsáveis pela sociedade, não sendo permitido o emprego de nome fantasia nem a adoção de forma ou características mercantis.

Em se tratando de sociedade simples que adote um dos regimes da sociedade empresária, seu nome irá seguir as regras do tipo escolhido. No caso de adotar o regime tributário de microempresa ou empresa de pequeno porte, deve acrescentar à sua denominação a expressão que particulariza o regime jurídico: ME ou EPP.

⚖ Apelação cível. Propriedade industrial. Pedido de registro de marca. Ausência de contrafação. INPI. Ausência de comprovação dos fatos constitutivos. Nome empresarial. Anterioridade. Reprodução. Concorrência desleal. Indenização devida. Caso concreto. 1. O simples pedido de registro de marca junto ao INPI não outorga exclusividade no uso da marca, pois implica mera expectativa de direito. 2. Reprodução indevida de nome marca "Carbono Puro" que não restou comprovada. Hipótese em que a parte autora não se desincumbiu do ônus de comprovar os fatos constitutivos de seu direito, forte o disposto no art. 373, I, do CPC. Ação julgada improcedente, no ponto. 3. O nome comercial goza de proteção jurídica tão somente no âmbito do ente federativo onde se localiza a junta comercial em que arquivados os atos constitutivos, sendo extensível a todo o território nacional apenas nas hipóteses de pedido de arquivamento nas demais juntas comerciais. 4. Reprodução indevida do nome "Carbono Gotthilf" comprovada. Cuidando-se de empresas que atuam no mesmo segmento comercial, é evidente a possibilidade de confusão perante o público consumidor. Prática de concorrência desleal. Art. 195, III, IV e V da Lei n. 9.279/96. 6. Danos materiais devidos, decorrentes da prática ilícita comprovada nos autos. Fixação do valor postergada para a fase de liquidação de sentença, conforme critérios dos arts. 208 e 210 da LPI. 7. A tese de nulidade do registro deve ser arguida em ação própria, com participação do INPI e processamento perante a Justiça Federal. Entendimento conforme Recurso Especial Repetitivo n. 1.527.232/SP. Apelação parcialmente provida (*TJRS* – Ap. 70081409070, 26-06-2019, Rel. Isabel Dias Almeida).

⚖ **Marca e nome empresarial** – Pedido de abstenção de uso de expressão na denominação social da ré, a qual seria semelhante à marca da requerente. Alegação de concorrência desleal. Não ocorrência. Requerida que é loja pequena, sem se demonstrar que comercializa produtos com a marca registrada pela autora, e que foi registrada na JUCESP antes da constituição da requerente. Ausência de possibilidade de desvio de clientela. Inexistência de infração a direito marcário ou relativo à proteção do nome empresarial da requerente. Não provimento. Sentença mantida (*TJSP* – Ap. 0018968-65.2011.8.26.0011, 3-9-2012, Rel. Enio Zuliani).

> **Art. 1.156. O empresário opera sob firma constituída por seu nome, completo ou abreviado, aditando-lhe, se quiser, designação mais precisa da sua pessoa ou do gênero de atividade.**

A firma individual é a denominação utilizada pelo empresário individual. Pode corresponder ao nome civil completo do empresário ou abreviado, como, por exemplo, Gastão Pereira ou G. Pereira.

Lembrando que o nome empresarial deve ser original, podendo ocorrer que já exista empresário com nome idêntico, sendo vedado, então, ser adotado. Nessa situação, o empresário deve utilizar para a formação de sua firma designação mais precisa da sua pessoa ou do gênero de atividade, como por exemplo Gastão Pereira Vidraceiro ou G. Pereira Vidraceiro.

Adotando o empresário individual regime tributário que o submeta às regras da micro ou empresa de pequeno porte, a formação de sua firma deverá se acompanhar de uma das expressões ME ou EPP, respectivamente.

A firma individual é usada no quotidiano como sinônimo de empresário individual. Embora não haja consequências relevantes pelo uso indevido, não se pode dizer que a firma individual constitua uma pessoa jurídica, como defendem alguns.

O empresário individual age sozinho na exploração da empresa e possui assinatura que o indica à frente de seus negócios.

> **Art. 1.157.** A sociedade em que houver sócios de responsabilidade ilimitada operará sob firma, na qual somente os nomes daqueles poderão figurar, bastando para formá-la aditar ao nome de um deles a expressão "e companhia" ou sua abreviatura.
> **Parágrafo único.** Ficam solidária e ilimitadamente responsáveis pelas obrigações contraídas sob a firma social aqueles que, por seus nomes, figurarem na firma da sociedade de que trata este artigo.

A firma social, segundo este artigo, é o nome utilizado pelas sociedades empresárias que tiverem sócios de responsabilidade ilimitada, embora o legislador abra exceção às sociedades limitadas, permitindo-lhes o uso da firma social (art. 1.158).

Na sociedade de responsabilidade ilimitada seu nome será formado pelo patronímico dos sócios, por extenso ou abreviadamente, aditado da expressão *e companhia* ou sua abreviatura *e cia.* Assim, por exemplo, uma sociedade em nome coletivo teria seu nome formado pelo patronímico de todos os seus sócios (Bezerra, Menezes e Rocha), ou quando o número de sócios for significativo, adotar a expressão *companhia* para designar os demais (Bezerra, Menezes e Cia.).

O sócio que dá seu nome para a formação da firma social fica solidária e ilimitadamente responsável pelas obrigações contraídas sob a firma social, ainda que não tivesse esse tipo de responsabilidade em razão da sua condição de sócio, como poderia ocorrer numa sociedade em comandita por ações se ocupasse a posição de sócio comanditário. Essa proibição, inclusive, vem expressa no art. 1.047.

> **Art. 1.158.** Pode a sociedade limitada adotar firma ou denominação, integradas pela palavra final "limitada" ou a sua abreviatura.
> § 1º A firma será composta com o nome de um ou mais sócios, desde que pessoas físicas, de modo indicativo da relação social.
> § 2º A denominação deve designar o objeto da sociedade, sendo permitido nela figurar o nome de um ou mais sócios.
> § 3º A omissão da palavra "limitada" determina a responsabilidade solidária e ilimitada dos administradores que assim empregarem a firma ou a denominação da sociedade.

O Código atribui natureza híbrida às sociedades limitadas quando lhe possibilita a opção por qualquer das espécies de nome. O caráter personalista das limitadas, sem dúvida, é prevalente, mas estas podem, quando compostas por número significativo de sócios, adotar fórmula que a aproxime de uma sociedade de capital. Por isso a opção do legislador por qualquer das modalidades de nomes. Na prática, as limitadas adotam a denominação.

Independentemente da adoção de firma ou denominação, é imprescindível que ao nome seja acrescentada a expressão *limitada*, sob pena de não o fazendo passar a responsabilidade dos administradores a ser solidária e ilimitada, porém subsidiariamente à da pessoa jurídica.

A imprescindibilidade do uso da expressão designativa do tipo de responsabilidade da sociedade é forma de alertar terceiros sobre a modalidade de responsabilidade societária.

A firma social será composta com o nome de um ou mais sócios, desde que pessoas naturais, de modo indicativo da relação social. Pela dicção do parágrafo fica proibido a pessoa jurídica sócia de sociedade limitada figurar na razão social.

A denominação social deve designar o objeto da sociedade, sendo permitido nela figurar o nome de um ou mais sócios. Assim, uma limitada poderia adotar a denominação "Venosa e De Salvo Indústria de Calçados Ltda.", por exemplo.

Enunciado nº 71, I Jornada de Direito Civil – CJF/STJ: Suprimir o art. 1.160 do Código Civil por estar a matéria regulada mais adequadamente no art. 3º da Lei n. 6.404/76 (disciplinadora das S.A.) e dar nova redação ao § 2º do art. 1.158, de modo a retirar a exigência da designação do objeto da sociedade.

> **Art. 1.159.** A sociedade cooperativa funciona sob denominação integrada pelo vocábulo "cooperativa".

A sociedade cooperativa é sociedade simples, por opção legal. Sendo uma sociedade simples, em princípio, a formação de seu nome é livre.

A lei do cooperativismo (Lei nº 5.764/1971) refere-se à denominação social das cooperativas em algumas de suas passagens, sem, entretanto, traçar uma norma para a composição do nome.

O Código contém semelhante regra, impondo a obrigatoriedade do uso da expressão *cooperativa* integrada à denominação das cooperativas.

Na formação da denominação da cooperativa não é necessária a designação de seu objeto, embora comum essa indicação. As cooperativas podem ser de crédito, de consumo, agrícolas, entre outras espécies. Assim, a denominação de uma cooperativa agrícola poderia ser "Cooperativa Agrícola de Produtores de Cana do Vale da Ribeira".

As cooperativas podem estabelecer responsabilidade limitada de seus cooperados, identificando-se, assim, como cooperativas de responsabilidade limitada. Como tem a formação da denominação livre, não é necessário constar na denominação a expressão *limitada*, embora seu uso seria corolário do princípio da veracidade. No exemplo citado acima, sendo de responsabilidade limitada, a denominação poderia ser "Cooperativa Agrícola de Produtores de Cana do Vale da Ribeira Ltda.".

Art. 1.160. A sociedade anônima opera sob denominação, integrada pelas expressões "sociedade anônima" ou "companhia", por extenso ou abreviadamente, facultada a designação do objeto social.
Parágrafo único. Pode constar da denominação o nome do fundador, acionista, ou pessoa que haja concorrido para o bom êxito da formação da empresa.

As sociedades anônimas adotam denominação que geralmente não as vincula à pessoa de nenhum dos seus acionistas. Essa regra decorre da natureza capitalista dessas sociedades e do dinamismo do seu quadro societário.

Com a edição da MP 1.085/2021, tornou-se facultativa a anterior obrigação do objeto social fazer parte da denominação da sociedade.

A denominação da sociedade anônima deve ser composta por uma expressão fantasia qualquer, facultativamente pela indicação de seu objeto e pelas palavras "Companhia" ou sua forma abreviada "Cia." ou "Sociedade Anônima", também podendo adotar sua forma abreviada "S.A.".

As expressões "Sociedade Anônima" ou "S. A." podem estar inclusas em qualquer lugar da denominação. Já em relação às expressões "Companhia" ou "Cia.", estas só podem constar no início da denominação (art. 3º da Lei nº 6.404/1976). Exemplos de denominações de sociedades anônimas têm-se em Cia. de Mineração Vale do Jequitibá ou Mineração Vale do Jequitibá S.A.

Embora não seja de uso corrente, é permitida a utilização do nome do fundador, acionista ou pessoa que tenha concorrido para o bom êxito da formação da empresa na denominação. É forma de homenagear o sujeito que com visão empresarial criou empresa de sucesso. A utilização do nome do fundador, acionista ou terceiro na denominação das companhias foge à regra de sua participação necessária no quadro social, como ocorre em outras espécies societárias.

Enunciado nº 71, I Jornada de Direito Civil – CJF/STJ: Suprimir o art. 1.160 do Código Civil por estar a matéria regulada mais adequadamente no art. 3º da Lei nº 6.404/76 (disciplinadora das S.A.) e dar nova redação ao § 2º do art. 1.158, de modo a retirar a exigência da designação do objeto da sociedade.

Art. 1.161. A sociedade em comandita por ações pode, em lugar de firma, adotar denominação, aditada da expressão "comandita por ações", facultada a designação do objeto social.

As sociedades em comandita por ações, assim como ocorre com as sociedades limitadas, podem adotar qualquer das duas espécies de nome empresarial (art. 1.090).

A firma social é composta pelos patronímicos dos sócios, não podendo, todavia, figurar o nome do sócio comanditário, sob pena de sua responsabilidade passar a ser ilimitada. A firma será formada, portanto, pelo patronímico dos sócios comanditados ou de pelo menos um deles seguido da expressa "e Cia.".

A Lei das Sociedades por Ações e o Código Civil, com a alteração trazida pela MP 1.085/2021, impõem, ainda, a obrigação de constar na formação do nome das sociedades em comandita por ações a expressão "em comandita por ações".

À formação da denominação das sociedades em comandita por ações aplicam-se as mesmas regras da denominação das sociedades anônimas: é facultada a menção ao objeto social e também pode ser formada com o nome de um sócio fundador, sócio comanditado ou de outra pessoa que tenha concorrido para o êxito da empresa.

Art. 1.162. A sociedade em conta de participação não pode ter firma ou denominação.

A sociedade em conta de participação é um organismo sem nome. A par de vir tipificada como sociedade, em verdade, a sociedade em conta de participação tem mais feição de um contrato participativo do que de sociedade. Não possui personalidade jurídica e, portanto, não é sujeito de direito. Se não existe como sujeito de direito, não é necessário que disponha de um nome como seu elemento identificador.

Quem se obriga nas relações negociais é sempre o sócio ostensivo que utiliza seu próprio nome para contrair obrigações, ou seja, sua firma individual, se for empresário individual, ou sua razão social ou denominação, se for ente coletivo (art. 991, parágrafo único).

**Art. 1.163. O nome de empresário deve distinguir-se de qualquer outro já inscrito no mesmo registro.
Parágrafo único. Se o empresário tiver nome idêntico ao de outros já inscritos, deverá acrescentar designação que o distinga.**

O nome empresarial exige para sua formação a observância dos princípios da novidade ou originalidade, já comentados no art. 1.155 e textualmente consagrados no art. 34 da Lei nº 8.934/1994.

O legislador preocupou-se em assegurar ao empresário o direito de uso exclusivo do nome empresarial que escolher. Por isso, havendo identidade de nomes ou mesmo similitude que possa levar à confusão, o empresário tem o direito de distingui-lo pela adoção de qualquer designação capaz de alcançar esse desiderato.

A identidade e a semelhança de nomes empresariais são nocivas a qualquer espécie de empresa. Convertem-se em recurso para ensejar concorrência desleal, desviando a clientela ou causando confusão na aquisição de produto ou serviço.

Havendo identidade ou semelhança, cabe à Junta Comercial recusar o registro do nome empresarial idêntico ou semelhante a outro já registrado (art. 1.166).

📖 Direito civil. Apelação. Direito marcário. Colidência entre nome empresarial e marca. Nome empresarial. Proteção no âmbito do estado em que registrado. Princípio da anterioridade do registro no INPI. Mitigação pelos princípios da territorialidade e da especialidade. 1 - Os conflitos que surgem entre colidência de marca registrada no INPI e nome empresarial registrado anteriormente na junta comercial competente devem ser resolvidos observando os princípios da territorialidade e especificidade, não sendo suficiente apenas a análise do registro. 2 - Em decorrência da disposição territorial das empresas, não há risco de confusão entre os serviços por elas oferecidos, o que afasta a possibilidade de concorrência desleal ou confusão entre a possível clientela. 3. Uma vez não verificada qualquer conduta ilícita praticada pela parte apelada, não há como conferir o direito ao uso exclusivo da marca litigiosa à apelante, motivo pelo qual, de igual forma, o pleito indenizatório é descabido. 4. Apelação conhecida e não provida (*TJDFT* – Ap. 0714156-16.2019.8.07.0001, 21-2-2020, Rel. Gilberto Pereira de Oliveira).

📖 Direito de empresa – **Nome empresarial** – Anterioridade ao uso exclusivo de expressão nele contida – Reconhecimento postulado por grupo econômico estrangeiro, com fundamento no artigo 8º da Convenção da União de Paris (CUP) – Indeferimento – Prevalência do Código Civil, lei ordinária posterior, na regulação especial da matéria – Impossibilidade de compelir a ré a excluir o vocábulo de sua razão social, por este motivo e por ter registrado seu ato constitutivo na Junta Comercial do Estado de São Paulo antes da pessoa jurídica coautora nacional integrante do referido grupo empresarial – Verificação, outrossim, de inexistência de colidência entre os nomes adotados pelas partes – Denominações que atendem à exigência de distintividade expressa no parágrafo único do artigo 1.163 do Código Civil – Atividades econômicas principais também diversas – Risco de concorrência desleal afastado. Honorários de advogado – Sucumbência – Arbitramento – Congruência com os critérios estabelecidos no § 3º do artigo 20 do Código de Processo Civil, destacando-se a natureza e a importância da causa e o zeloso e complexo trabalho desenvolvido pelos patronos das demandantes. Apelação e recurso adesivo desprovidos (*TJSP* – Acórdão: Apelação Cível nº 0211458 – 75.2010.8.26.0100, 11-10-2011, Rel. Des. José Reynaldo).

**Art. 1.164. O nome empresarial não pode ser objeto de alienação.
Parágrafo único. O adquirente de estabelecimento, por ato entre vivos, pode, se o contrato o permitir, usar o nome do alienante, precedido do seu próprio, com a qualificação de sucessor.**

O nome empresarial é inalienável. Trata-se de direito fundamental (art. 5º, XXIX, da CF) e, portanto, pessoal. Não é bem passível de cessão. Essa foi a posição adotada pelo codificador, pondo fim a controversa questão acerca da natureza jurídica do nome empresarial.

Não há razão prática que justifique a inalienabilidade do nome empresarial, uma vez que, sendo fator de identificação do empresário, pode representar, dependendo da empresa, um de seus fatores de maior sucesso, ao identificar o seu nome com o produto ou serviço.

A preocupação do legislador em proibir a alienação do nome empresarial teve certamente como propósito proteger os credores e terceiros.

A regra do parágrafo único não é uma exceção à inalienabilidade, mas possibilita que seja utilizado o nome empresarial pelo adquirente do estabelecimento, desde que acordado no trespasse e por ato entre vivos. O uso do nome do alienante, entretanto, deve ser precedido do seu próprio, com a qualificação de sucessor.

📚 Enunciado nº 72, I Jornada de Direito Civil – CJF/STJ: suprimir o art. 1.164 do novo Código Civil.

Art. 1.165. O nome de sócio que vier a falecer, for excluído ou se retirar, não pode ser conservado na firma social.

Essa norma é corolário do princípio da veracidade, segundo o qual o nome social deve retratar a realidade atual da sociedade. A firma social é formada pelo patronímico dos sócios, segundo a regra do § 1º do art. 1.158. Dela podem participar todos os sócios ou alguns, mas aqueles que participam na formação do nome devem pertencer ao quadro social.

Falecendo sócio cujo patronímico pertencia à firma, a retirada de seu nome é medida impositiva, assim como ocorre em relação ao sócio excluído ou que exerce seu direito de recesso.

Nas sociedades anônimas é permitido o uso do nome do fundador, sócio ou terceiro que tenha contribuído para o êxito da empresa, na sua denominação, mesmo não pertencendo ao quadro social.

Nas sociedades de advogados o nome do sócio falecido pode permanecer se, no ato constitutivo ou na alteração contratual em vigor, essa possibilidade tiver sido prevista.

Enquanto o nome do sócio falecido ou do ex-sócio continuar configurando na firma social, o espólio ou o ex-sócio continuam a responder pelas obrigações sociais nas mesmas condições em que respondiam quando ainda integravam o quadro social.

Art. 1.166. A inscrição do empresário, ou dos atos constitutivos das pessoas jurídicas, ou as respectivas averbações, no registro próprio, asseguram o uso exclusivo do nome nos limites do respectivo Estado.
Parágrafo único. O uso previsto neste artigo estender-se-á a todo o território nacional, se registrado na forma da lei especial.

O nome empresarial é protegido constitucionalmente e figura na categoria dos direitos individuais, de criação intelectual, prevista no art. 5º, XXIX, da Constituição Federal. Também há proteção infraconstitucional conforme trata este capítulo e a Lei da Propriedade Industrial, sendo dispensada tal proteção com o objetivo de coibir atos de concorrência desleal e, assim, preservar a clientela e credibilidade do empresário.

A utilização de nomes idênticos ou assemelhados é forma de confundir e desviar deslealmente a clientela. O crédito do empresário conceituado pode ser abalado com protestos de títulos ou pedidos de falência de homônimo patronímico.

O nome empresarial identifica o empresário com sua empresa, seus serviços e produtos e por todas essas razões o empresário tem direito à exclusividade de uso.

A exclusividade de uso do nome é garantida em nível estadual, limitando-se a extensão da proteção administrativa ao território em que está localizada a Junta Comercial onde foi feito o registro do empresário.

A extensão da proteção em nível nacional só é possível com o registro do nome em todas as Juntas Comerciais do País, visto que a lei especial a que se refere o legislador no parágrafo único, até o momento, ainda não foi editada. Os mais desatentos podem pensar no registro do nome empresarial no INPI, para fins de proteção nacional, mas isso não é possível porque o órgão não possui atribuição de operar tal modalidade de registro.

A exclusividade do nome é atribuída no momento da inscrição do empresário na Junta Comercial ou decorre da anterioridade do registro do nome, já que o nome empresarial é mutável.

As Juntas Comerciais são responsáveis pela fiscalização do nome empresarial e uma vez verificada a identidade ou similitude, devem indeferir o pedido de registro ou determinar sua alteração.

Enunciado nº 491, V Jornada de Direito Civil – CJF/STJ: a proteção ao nome empresarial, limitada ao Estado-Membro para efeito meramente administrativo, estende-se a todo o território nacional por força do art. 5º, XXIX, da Constituição da República e do art. 8º da Convenção Unionista de Paris.

Nome empresarial – Ação cominatória e indenizatória – Decreto de improcedência – Vulneração de nome empresarial com registro anterior – Aplicação dos arts. 1.663 e 1.166 do CC/2002 – Pleito cominatório procedente – Cobranças em nome da requerida endereçadas ao "e-mail" da autora – Dano moral descaracterizado – Parcial procedência – Sucumbência recíproca – Recurso parcialmente provido (*TJSP* – Ap. 1003103-97.2019.8.26.0562, 11-2-2020, Rel. Fortes Barbosa).

Ação de abstenção de uso de marca – Autora paranaense que, tendo obtido registro da marca "PNEUMAR", pleiteia tutela inibitória para que ré, atuante na cidade de Santos – SP, se abstenha de utilizar expressão "PNEUMAR" a qualquer título enquanto sinal identificativo de sua atividade, estabelecimento comercial ou produtos e serviços. Marcas da autora, concernentes à atividade de comercialização de pneumáticos, registradas posteriormente à inscrição dos atos constitutivos da empresa ré na JUCESP. Tutela da marca que se dá em âmbito nacional, implicando no dever de todos em se absterem de praticar atos atentatórios ao direito do titular. Proteção ao nome empresarial, contudo, que ocorre nos limites territoriais do Estado onde registrados os atos constitutivos dos empresários. Inteligência do Artigo 1.166 do Código Civil. Ré que registrou seus atos constitutivos, perante a JUCESP, em 1999. Autora que não apresenta qualquer registro de filial na JUCESP, de modo a gozar de proteção ao seu nome empresarial apenas no Estado em que registrado, qual seja, no Paraná. Tutela do Título de Estabelecimento que se dá pela via da vedação à concorrência desleal, inocorrente no caso concreto, contudo, ausentes o desvio de clientela ou qualquer outra forma de concorrência parasitária, entre partes que atuam em delimitações territoriais distintas. Ação parcialmente procedente. Recurso não provido (*TJSP* – *Ap.*0048462-73.2008.8.26.0562, 24-9-2012, Rel. Francisco Loureiro).

Art. 1.167. Cabe ao prejudicado, a qualquer tempo, ação para anular a inscrição do nome empresarial feita com violação da lei ou do contrato.

A defesa do direito do uso do nome empresarial pode ser feita a qualquer tempo, mediante o uso de ação para anulação da inscrição do nome empresarial. Às Juntas Comerciais cabe controlar os registros de nomes empresariais, não autorizando o registro de nomes idênticos ou similares, como tratado no artigo anterior. Contudo, havendo falha do órgão registrador, o prejudicado pode pleitear ao órgão providências para que o outro empresário altere o nome indevidamente registrado, ou pode, ainda, ingressar com ação para esse fim.

O próprio empresário detentor legítimo do nome pode notificar diretamente o usurpador e adverti-lo do uso indevido do seu nome, providência essa que pode ser eficiente, uma vez que o empresário pode ter adotado o nome idêntico de boa-fé.

Dificuldade maior ocorrerá quando o usurpador tiver de má-fé e seu objetivo for desviar a clientela do concorrente. Nesse caso, o empresário lesado pode, inclusive, além de pleitear a anulação do registro do nome, intentar ação penal quando verificar as condutas típicas previstas nos arts. 194 e 195, V e VI, da Lei nº 9.279/1996.

Além dessas medidas, o empresário prejudicado pode intentar demanda indenizatória contra a Junta Comercial, provando que os prejuízos advindos da quebra da proteção da exclusividade do nome decorreram de conduta negligente do órgão registrador.

Nome comercial e marca. Ação de obrigação de não utilizar o vocábulo "Poliedro" como marca e nome comercial c/c pedido de cancelamento de inscrição do nome empresarial e indenização. Concorrência desleal. Reconvenção – Sentença de parcial procedência para obstar a ré de usar a expressão Poliedrocomo nome comercial, alterar o registro do nome comercial suprimindo o referido termo e extinguir o processo sem resolução do mérito quanto ao pedido de abstenção de uso da marca. Apelam a autora e a ré. Expressão científica contida em nome empresarial de forma isolada não merece proteção segundo artigo 9º, alínea c, da instrução 104 do DNRC. Determina o artigo 124, inciso XVIII, da Lei 9610/98 também não ser registrável como marca termo utilizado na ciência. Recurso da ré parcialmente provido e recurso da autora improvido (*TJSP* – Ap. 994.06.118210-4, 6-2-2012, Rel. José Luiz Gavião de Almeida).

Art. 1.168. A inscrição do nome empresarial será cancelada, a requerimento de qualquer interessado, quando cessar o exercício da atividade para que foi adotado, ou quando ultimar-se a liquidação da sociedade que o inscreveu.

O nome empresarial não é inscrito, como diz o artigo, sendo apenas indicado na inscrição. Com a cessação da exploração da atividade empresarial ou com a extinção da sociedade, ultimada a liquidação, haverá o cancelamento do nome empresarial.

A cessação da atividade empresarial para o qual o nome foi adotado pode ocorrer por vontade dos sócios que decidem dissolver a sociedade ou por qualquer outra causa de extinção, a teor do disposto nos arts. 1.033 e 1.034. Também pode ocorrer a cessação da atividade empresarial pelo decurso de prazo sem exploração da empresa.

Da mesma forma, ultimada a liquidação, a sociedade é extinta e, consequentemente, o nome cancelado. Todas as causas tratadas no artigo podem praticamente resumir-se ao cancelamento do nome decorrente da extinção da sociedade. É possível, entretanto, que o empresário modifique apenas o ramo de atuação, sem, contudo, cancelar sua inscrição, caso em que novo nome deve ser adotado para a adequação da atividade.

Há outras hipóteses em que a alteração do nome é feita por determinação legal: (a) por vontade do empresário; (b) na operação de transformação da sociedade e (c) no caso de desligamento ou morte do sócio cujo patronímico figura na razão social.

CAPÍTULO III
Dos Prepostos

Seção I
Disposições Gerais

Art. 1.169. O preposto não pode, sem autorização escrita, fazer-se substituir no desempenho da preposição, sob pena de responder pessoalmente pelos atos do substituto e pelas obrigações por ele contraídas.

Na exploração da empresa, o empresário se vale da colaboração de diversos sujeitos. São seus auxiliares e podem ser subordinados ou não ao empresário. Os auxiliares subordinados são aqueles que prestam serviço à empresa sob a condição de assalariados, com vínculo trabalhista, subordinados hierarquicamente ao empresário, ao passo que os auxiliares independentes não se subordinam hierarquicamente, colaborando apenas em suas relações externas.

Os prepostos são agentes dependentes considerados tecnicamente como empregados assalariados. O preposto não detém necessariamente a posição de mandatário do empresário, como sustentam alguns. O preposto integra a empresa sob a ótica funcional (GONÇALVES NETO, 2008, p. 661), podendo ou não, eventualmente, ser mandatário do empresário, especialmente para fins de representação na esfera trabalhista.

A relação que se analisa nessa sede, entretanto, não é a de natureza trabalhista, relativa ao vínculo do empregado e do empregador, tampouco a obrigacional referente ao mandato. Ao direito de empresa importa regular a relação e seus efeitos entre o empresário e o seu subordinado que o presenta na exploração da empresa.

Independentemente do disposto no regulamento da empresa, o Código Civil traça algumas regras na organização do trabalho do preposto.

A substituição do preposto somente poderá ser realizada mediante autorização expressa do empresário. O preposto é obrigado a realizar pessoalmente as funções inerentes ao seu cargo. Se não agir pessoalmente, pode assumir responsabilidade pelos atos praticados por quem o substituir.

Essa regra decorre da pessoalidade inerente à função de presentante do empresário. Sendo permitida a substituição, o preposto fica desobrigado pelos atos praticados por seu substituto, desde que dentro dos limites da autorização.

Art. 1.170. O preposto, salvo autorização expressa, não pode negociar por conta própria ou de terceiro, nem participar, embora indiretamente, de operação do mesmo gênero da que lhe foi cometida, sob pena de responder por perdas e danos e de serem retidos pelo preponente os lucros da operação.

Embora com má redação que inicialmente remete a interpretação equivocada, o legislador, ao prescrever as regras de negociação por contra própria ou de terceiro, teve a intenção de afastar a utilização da estrutura empresarial do preponente para a atuação do preposto.

O preposto não necessita de autorização para praticar atos normais e necessários ao cumprimento de suas funções, como por exemplo um vendedor não necessita da autorização do empresário para realizar uma venda. O que o artigo veda é a concorrência do preposto decorrente da quebra do seu dever de fidelidade.

Nesse sentido, a norma proíbe que o preposto realize negócios utilizando-se da estrutura e conhecimentos que adquiriu durante o contrato de trabalho, causando prejuízos ao empresário.

Trata-se de interdição da concorrência durante a execução do contrato de trabalho. O preposto somente pode explorar atividade idêntica à do empresário se houver autorização expressa deste. Um preposto pode, por exemplo, trabalhar quatro horas numa determinada empresa e, após o expediente, prestar serviços a outra empresa ou trabalhar por conta própria, utilizando-se do *know-how* obtido junto ao empresário. Pode, ainda, e infelizmente a prática é corriqueira, fornecer informações acerca da clientela do preponente para terceiro interessado. Tal comportamento somente será tido como lícito se houver autorização expressa do empresário, sob pena de configurar-se ato de concorrência desleal e sujeitar o preposto a perdas e danos.

Realizado o ato que importe em violação da interdição da concorrência, o empresário está autorizado a *"reter os lucros da operação"*. Essa autorização parece inócua, uma vez que se o preposto age por conta própria ou de terceiro, a operação não passa pelas mãos do empresário proponente e, portanto, não tem possibilidade de retenção.

A forma adequada de ressarcimento pela quebra do dever de lealdade é por meio do Poder Judiciário, onde será apurada a prática dos atos desleais e se aferirá um valor pela prática do ilícito.

A interdição da concorrência após o término da relação laboral somente ocorrerá se houver disposição expressa no contrato de trabalho nesse sentido, porque não há regra legal, como ocorre em relação ao estabelecimento empresarial (art. 1.147), que proíbe a concorrência.

Art. 1.171. Considera-se perfeita a entrega de papéis, bens ou valores ao preposto, encarregado pelo preponente, se os recebeu sem protesto, salvo nos casos em que haja prazo para reclamação.

O exercício pessoal das atividades da empresa pelo empresário é tarefa quase sempre impossível. Por isso a exigência da organização que inclui entre os seus fatores a mão de obra. Forma-se um sistema de trabalho onde são atribuídas funções a cada preposto, que devem exercê-las dentro dos seus limites de competência.

Dentro desse contexto de estrutura pessoal organizada deve ser entendido o presente artigo. Recebidos pelo preposto no desempenho de suas funções papéis, bens ou valores, sem qualquer ressalva, consideram-se recebidos pelo empresário. O direito não pode prescindir da aparência para possibilitar a convivência e adequação social.

Assim, se o preposto recebe uma entrega de mercadorias e assina o recebimento, considera-se entregue ao empresário. Tratando-se, entretanto, de auxiliar dependente externo, é necessária autorização da empresa atribuindo-lhe poderes para tanto. Aqui a cautela é extremamente necessária, principalmente no tocante a pagamentos feitos a preposto do empresário. O credor deve ser diligente e só efetuar pagamento a preposto do empresário mediante autorização expressa.

Havendo prazo para a reclamação, a entrega por si só não denota recebimento pelo empresário. É o que ocorre, por exemplo, quando o empresário age na condição de consumidor de um bem. O recebimento do bem pelo preposto do empresário não significa que houve aceitação, uma vez que o CDC assinala o prazo de sete dias para a desistência do contrato.

O preposto presenta o empresário e, portanto, sem oposição de ressalva, consideram-se recebidos pelo empresário quaisquer papéis, documentos ou valores entregues ao seu preposto.

Seção II
Do Gerente

Art. 1.172. Considera-se gerente o preposto permanente no exercício da empresa, na sede desta, ou em sucursal, filial ou agência.

Gerente é o preposto que exerce função de comando na empresa. É o preposto qualificado que tem poderes de gestão outorgados pelo empresário. Não se caracteriza por ser apenas o preposto permanente na empresa, como conceituou o legislador.

O gerente é a pessoa contratada pelo empresário para exercer funções de chefia na empresa, de acordo com sua qualificação técnica. Exerce cargo de confiança e, por isso, é de livre escolha pelo empresário, assim como sua destituição ad nutum.

A gerência da empresa pode ser exercida por mais de um gerente, o que é comum, outorgando o empresário poderes específicos para cada um deles agir em determinado setor. Daí os gerentes comercial, financeiro, industrial, de marketing, entre outros. Sua escolha recai, geralmente, sobre sua qualificação para determinado segmento.

Havendo mais de um gerente para a mesma função, há cogestão (art. 1.173, parágrafo único), com presunção de poderes solidários. Mas normalmente as estruturas organizacionais das empresas contam com um gerente geral perante o qual se subordinam os gerentes setoriais.

Os poderes dos gerentes e sua área de atuação não vêm consignados no contrato social e sim determinados na organização interna da empresa, seja por regulamento, contrato de trabalho ou qualquer outra forma eficiente para tanto.

O gerente torna-se, de fato, o próprio empresário perante terceiros, posto que está presente nos estabelecimentos, tanto na sede principal, como na filial ou sucursal. Não se pode confundir, entretanto, o gerente com o administrador, pois este exerce os poderes de representação da sociedade.

Art. 1.173. Quando a lei não exigir poderes especiais, considera-se o gerente autorizado a praticar todos os atos necessários ao exercício dos poderes que lhe foram outorgados.
Parágrafo único. Na falta de estipulação diversa, consideram-se solidários os poderes conferidos a dois ou mais gerentes.

A gerência assume relevância dentre as funções desempenhadas na empresa. O gerente está autorizado a praticar todos os atos necessários ao desempenho da função. Ao ser nomeado recebe poderes de gestão para os negócios ordinários da sociedade, auxiliando o empresário a administrá-los. Por poderes ordinários entendem-se os poderes de direção, disciplina e controle sobre empregados e bens materiais e imateriais que constituem o estabelecimento empresarial. Esses poderes são, geralmente, os inerentes à função gerencial. Quaisquer outros poderes para a prática de atos de outra natureza devem ser expressamente outorgados pelo empresário ou pelo administrador, como, por exemplo, poderes para alienar, hipotecar, transigir e representar o empresário em juízo.

Havendo distribuição de tarefas entre dois ou mais gerentes, é preciso que se especifiquem as atribuições de cada um, sob pena de conferir gerência conjunta e solidária entre eles. Pela administração conjunta os poderes são conferidos de modo igual a todos os outorgados, ficando, qualquer deles, autorizado a exercê-los individualmente.

A prática tem demonstrado que a gerência conjunta é inconveniente, porque possibilita colisão de ordens ou atuações antagônicas.

Os gerentes agindo em conformidade com os poderes outorgados não respondem pessoalmente pelos atos assim praticados. Somente sua culpa decorrente da ausência de observância da extensão dos poderes e sua omissão no desempenho de suas funções obrigarão pessoalmente o gerente.

Art. 1.174. As limitações contidas na outorga de poderes, para serem opostas a terceiros, dependem do arquivamento e averbação do instrumento no Registro Público de Empresas Mercantis, salvo se provado serem conhecidas da pessoa que tratou com o gerente.
Parágrafo único. Para o mesmo efeito e com idêntica ressalva, deve a modificação ou revogação do mandato ser arquivada e averbada no Registro Público de Empresas Mercantis.

Havendo limitações na concessão de poderes ao gerente, estas só poderão ser opostas a terceiros se o instrumento de outorga estiver arquivado no Registro Público de Empresas Mercantis e devidamente averbado à margem da inscrição do empresário ou sociedade empresária.

A eficácia originada da publicidade é a regra nos atos empresariais. Na prática, entretanto, surge como extremamente difícil, no caso, por exemplo, do consumidor saber que adquire um bem com extensão de garantia dada pelo gerente sem poderes para tal. Nenhum consumidor quando adquire bem ou serviço, reporta-se ao exame dos atos arquivados e inscritos no contrato social da empresa para conhecer os poderes e as limitações dos gerentes. A interpretação deve ser conforme o CDC, sempre em proteção ao consumidor, com responsabilidade objetiva do fornecedor de produtos ou serviços. Nesse caso, a eficácia da limitação condicionada ao arquivamento do ato depende da análise do caso concreto.

Mais coerente a regra do parágrafo único, posto que geralmente, se há revogação dos poderes do gerente, é porque ele foi demitido, desligado da empresa e, portanto, não mais pertence ao quadro de prepostos. Assim, a eficácia da revogação dos poderes de gerência fica condicionada ao arquivamento do ato revocatório no registro competente, observada a ressalva do conhecimento do terceiro acerca da revogação dos poderes.

Art. 1.175. O preponente responde com o gerente pelos atos que este pratique em seu próprio nome, mas à conta daquele.

A responsabilidade dos gerentes por atuação com exacerbação dos poderes conferidos pelo preponente foi analisada nos artigos anteriores. A regra em análise trata da atuação do gerente em seu próprio nome, mas sob diversas variantes.

O gerente pode agir em nome pessoal e em proveito do empresário, dentro dos poderes que lhe foram outorgados. Se o gerente assim age, o empresário nada pode reclamar, mesmo que tal prática tenha ocorrido contra suas instruções. É o caso, por exemplo, do gerente que vende bens acima do valor permitido pela Administração ou adquire bens furtados.

Diversamente ocorre quando o gerente atua em seu nome e em proveito próprio. Nesse caso, a responsabilidade decorrente é exclusivamente pessoal. A prática, todavia, tem trazido à colação situação que tem-se tornado comum e gerado prejuízos aos empresários. É o caso de o gerente ou preposto apresentar-se perante terceiro como representante do empresário ou ostentando posição que revele, pelas circunstâncias, deter poderes para agir em nome daquele. Nesse caso, o empresário fica vinculado ao negócio realizado (art. 1.171), mesmo sem tirar proveito. Cuida-se aqui da proteção em prol da aparência. O prejudicado pode voltar-se contra o gerente ou preposto para ressarcir-se dos prejuízos, mas perante o terceiro que participou do negócio fica, sem dúvida, responsável.

Art. 1.176. O gerente pode estar em juízo em nome do preponente, pelas obrigações resultantes do exercício da sua função.

O gerente é considerado representante do empresário por presunção legal, inclusive pela Justiça do Trabalho (art. 843, § 1º, e 861, ambos da CLT). O legislador fortaleceu essa presunção com a regra comentada.

Em decorrência dessa presunção, o gerente está autorizado a receber citações em nome do empresário, bem como a representação é estendida para a propositura de ações que digam respeito a obrigações resultantes do exercício de sua função.

Cuida-se de ação proposta em nome ou em face do empresário, pois não há substituição processual dele pelo gerente. Ocorre apenas a representação legal do empresário pelo gerente o qual outorga procuração.

Essa regra veio tornar mais eficientes as citações de empresários, que sob o argumento de não se encontrarem no estabelecimento deixavam de ser citados ou retardavam o ato. O oficial de justiça, no caso de o empresário ser demandado passivamente, deve proceder à citação do gerente, ainda que este alegue falta de poderes para recebê-la. Citação realizada na pessoa do gerente é absolutamente válida. Também, em relação às sociedades estrangeiras, a regra é idêntica (art. 1.138).

Seção III
Do Contabilista e Outros Auxiliares

Art. 1.177. Os assentos lançados nos livros ou fichas do preponente, por qualquer dos prepostos encarregados de sua escrituração, produzem, salvo se houver procedido de má-fé, os mesmos efeitos como se o fossem por aquele.
Parágrafo único. No exercício de suas funções, os prepostos são pessoalmente responsáveis, perante os preponentes, pelos atos culposos; e, perante terceiros, solidariamente com o preponente, pelos atos dolosos.

O preposto encarregado da escrituração do empresário é o contabilista. Nos termos do art. 1.182, a escrituração ficará sob a responsabilidade de contabilista legalmente habilitado, salvo se nenhum houver na localidade, hipótese em que a escrituração ficará a cargo de preposto sem a qualificação exigida.

O contabilista é preposto, interno ou externo, integrante ou não do quadro funcional do empresário, encarregado da escrituração contábil. Trata-se de profissional legalmente habilitado e regularmente inscrito no órgão profissional, contratado pelo empresário.

Os livros empresariais, como se verá no próximo capítulo, gozam de presunção de veracidade e, assim, consideram-se verdadeiras as informações lá contidas.

Por essas informações o empresário é responsável, uma vez que efetuadas por preposto sob sua responsabilidade, como disposto na norma do art. 1.178. Trata-se de responsabilidade objetiva, não podendo o empresário alegar desconhecimento. Se o preponente, contudo, comprovar a má-fé do contabilista, exonerar-se-á de qualquer responsabilidade, considerando-se ineficazes os lançamentos realizados em fraude pelo contabilista.

O contabilista que age com má-fé responde perante o empresário, pelos prejuízos que dolosamente causar, não exonerando o empresário, entretanto, perante terceiros, especialmente em relação à autoridade fiscal. Se o contabilista, por exemplo, apropria-se de valores fornecidos pelo empresário, destinados ao pagamento de INSS, e não recolhe o imposto ao Erário, age de má-fé e será sujeito passivo de ação penal juntamente com o empresário. O fato de o empresário ter fornecido numerário para o recolhimento do imposto, por si só, não o exonera da responsabilidade pelo não recolhimento, uma vez que é responsável pelos atos de seus prepostos e deve agir com diligência na apuração da realização dos atos atribuídos aos seus prepostos (culpa *in eligendo*).

O contabilista também tem responsabilidade pessoal perante o preponente quando agir com culpa no cumprimento de suas funções, não desonerando o preponente pelos resultados do ato perante terceiros. No caso de o preponente e preposto agirem solidariamente com dolo, ambos respondem pelos resultados produzidos.

Art. 1.178. Os preponentes são responsáveis pelos atos de quaisquer prepostos, praticados nos seus estabelecimentos e relativos à atividade da empresa, ainda que não autorizados por escrito.
Parágrafo único. Quando tais atos forem praticados fora do estabelecimento, somente obrigarão o preponente nos limites dos poderes conferidos por escrito, cujo instrumento pode ser suprido pela certidão ou cópia autêntica do seu teor.

Mais uma vez o Código trata da responsabilidade do empresário preponente pelos atos dos seus prepostos. O artigo cria regra distinta para a prática de atos pelo preposto dependente interno e dependente externo, ou seja, para os prepostos que atuam no estabelecimento e fora dele.

Ao preposto dependente interno, o legislador cria a presunção de poderes para praticar os atos inerentes a sua função, bem como atribui a consequente responsabilidade por esses atos ao empresário. Assim, o empresário é responsável pelos atos de seus prepostos internos, desde que estes realizem atos inerentes a sua função, mesmo não tendo poderes expressamente outorgados por escrito pelo preponente.

Diversamente ocorre com os prepostos dependentes externos, dos quais são exigidos poderes específicos por escrito para a prática dos negócios. A responsabilidade do preponente, nesse caso, é restrita à prática de atos pelos quais o preposto está autorizado (art. 1.175). O empresário, assim, tem a sua responsabilidade determinada aos atos praticados pelo seu preposto nos limites dos poderes a ele conferidos. Pelo excesso, responde o preposto.

Para a prática regular dos atos fora do estabelecimento, o preposto dependente externo necessita de documento escrito com o teor dos poderes, podendo suprir a apresentação desse documento, mediante certidão ou cópia autenticada de seu teor. Aos terceiros que mantenham negócios com a empresa é sempre conveniente que exijam a apresentação desse documento.

CAPÍTULO IV
Da Escrituração

Art. 1.179. O empresário e a sociedade empresária são obrigados a seguir um sistema de contabilidade, mecanizado ou não, com base na escrituração uniforme de seus livros, em correspondência com a documentação respectiva, e a levantar anualmente o balanço patrimonial e o de resultado econômico.
§ 1º Salvo o disposto no art. 1.180, o número e a espécie de livros ficam a critério dos interessados.
§ 2º É dispensado das exigências deste artigo o pequeno empresário a que se refere o art. 970.

Todos os empresários, individuais ou coletivos, devem escriturar suas obrigações, observada a dispensa do § 2º. A escrituração contábil constitui a história econômica e financeira da empresa, permitindo a seu titular a avaliação, a qualquer tempo, do vigor de sua empresa, das alterações ocorridas no patrimônio, possibilitando tomar decisões para redução ou ampliação de sua atividade (MENDONÇA, 2001, p. 213).

Os empresários estão obrigados a seguir um sistema de contabilidade, mecanizado ou não, com base na escrituração uniforme de seus livros, em correspondência com a documentação respectiva. Assim, lançam nos livros ou instrumentos de escrituração apropriados, com base em documentos, as operações realizadas durante a exploração da empresa.

Ao impor a obrigação de manter a escrituração, o legislador quis tutelar o interesse dos sócios e de terceiros (fisco e credores), dispondo de um meio de controle da gestão da empresa.

A escrituração é ainda instrumento de defesa do empresário, porque comprova a regularidade da entidade, permitindo ao empresário fazer prova em juízo quando necessário.

A lei descreve os livros obrigatórios, facultando ainda à empresa valer-se de outros que se fizerem necessários para assistir na contabilidade, conforme exposto no artigo seguinte.

O legislador dispensa o microempresário e aquele de pequeno porte – da manutenção da escrituração na forma do capítulo, porque nesse caso se presume que a dimensão da atividade não necessita de publicidade desse nível. Não se trata de dispensa de escrituração pura e simples, mas dispensa de escrituração de forma mercantil com utilização dos livros obrigatórios. Ao pequeno empresário é imposta a obrigação de manter a escrituração de forma simples, mantendo livro-caixa e livro de Registro de Inventário. No primeiro o pequeno empresário registra o movimento de entrada e saída de numerário; no segundo, descreve a avaliação dos bens.

Outra obrigação legal do empresário em geral é levantar anualmente o balanço patrimonial e o de resultado econômico. O balanço demonstra a conclusão da gestão e do resultado da atividade, por isso deve retratar fielmente os ganhos e perdas. O balanço possui a dupla função de verificar a renda e declinar a situação patrimonial da empresa, sendo instrumento nodal indispensável de política empresarial.

O Código exige também a apresentação anual do balanço patrimonial e do resultado econômico. O primeiro exprime o patrimônio da empresa, devendo retratar com fidelidade o valor de todos os bens e demais ativos e passivos. O segundo constitui demonstração dos lucros e prejuízos verificados no exercício (arts. 1.188 e 1.189).

A irregularidade da escrituração sujeita o empresário a consequências de ordem obrigacional, penal e profissional que vão da impossibilidade de utilização dos livros para fazer prova em seu favor à tipificação de crime falimentar.

Enunciado nº 235, III Jornada de Direito Civil – CJF/STJ: o pequeno empresário, dispensado da escrituração, é aquele previsto na Lei nº 9.841/99. **Nota**: Fica cancelado o Enunciado nº 56.

Art. 1.180. Além dos demais livros exigidos por lei, é indispensável o Diário, que pode ser substituído por fichas no caso de escrituração mecanizada ou eletrônica.
Parágrafo único. A adoção de fichas não dispensa o uso de livro apropriado para o lançamento do balanço patrimonial e do de resultado econômico.

Os livros empresariais podem ser classificados em obrigatórios e facultativos. Obrigatórios são os exigidos por lei, podendo ser: (a) *comuns* a todos os empresários, como o Diário, no qual são registradas todas as operações, centralizando toda a contabilidade; e (b) *especiais*, exigidos por lei para certos empresários em atenção ao ramo de atividade, à sua condição especial, ao registro de seus atos de administração, à documentação de determinadas operações. Como exemplo destes, para a sociedade anônima, o Livro de Transferência de Ações Nominativas e o Livro de Atas de Assembleia (art. 100 da Lei nº 6.404/1976) e para o empresário que emite duplicata mercantil, o Livro de Registro de Duplicatas (art. 19 da Lei nº 5.474/1974).

O empresário ainda tem a obrigação de manter outros livros não empresariais, nos quais consignará obrigações fiscais, trabalhistas e previdenciárias.

Facultativos são os livros não obrigatórios utilizados voluntariamente, tais como o Livro-caixa e o Livro de Conta Corrente. Os livros facultativos, além de auxiliarem o empresário, podem servir de prova subsidiária, por integrarem sua contabilidade. Na maioria das vezes, tudo em torno da escrituração está informatizado.

O Diário, que é o livro obrigatório, é o instrumento onde são lançados todos os débitos e créditos dos negócios cotidianos. É nele, portanto, que constam todas as informações financeiras do empresário, além de conter o balanço patrimonial e o de resultado econômico.

O Diário pode ser substituído por fichas no caso de o empresário optar pela adoção do sistema mecanizado ou eletrônico. Se a escrituração for mecanizada (datilografada) ou eletrônica (informatizada) e com a adoção de fichas (instrumentos impressos, tais como formulários contínuos, folhas soltas ou cartões), essas deverão ser encadernadas e formatadas como livro, com autenticação, requisito extrínseco exigido dos livros empresariais para conferir segurança e regularidade à escrituração.

A adoção do sistema mecanizado ou eletrônico não exime o empresário da obrigação de manter livro apropriado para o lançamento do balanço patrimonial e de resultado econômico, que deverá observar as regras acerca de escrituração contábil para que seja considerado regular.

Art. 1.181. Salvo disposição especial de lei, os livros obrigatórios e, se for o caso, as fichas, antes de postos em uso, devem ser autenticados no Registro Público de Empresas Mercantis.
Parágrafo único. A autenticação não se fará sem que esteja inscrito o empresário, ou a sociedade empresária, que poderá fazer autenticar livros não obrigatórios.

A autenticação dos instrumentos de escrituração é exigência legal, considerada requisito extrínseco da escrituração. Tem por finalidade atribuir segurança aos livros empresariais.

O Código, ao instituir a obrigação de autenticação dos livros obrigatórios antes de serem postos em uso, não avaliou o resultado prático da norma. O sistema eletrônico pode ser utilizado.

Possibilitou-se, assim, a autenticação anterior ou posterior da escrituração quando se tratar de livros, conjunto de folhas ou folhas contínuas, bem como a autenticação posterior quando se tratar de microfichas geradas por microfilmagem de saída direta do computador e de livros digitais.

A autenticação posterior dos documentos de escrituração atende às exigências daquelas feitas eletronicamente pois não há como autenticar, antes do uso, as folhas emitidas preenchidas pelo computador.

Assim, a exigência inserta na regra em comentário vai contra o avanço tecnológico e cria dificuldades injustificadas, quiçá intransponíveis ao empresário e à própria Junta Comercial, que certamente continuarão adotando o sistema autorizado nas citadas Instruções Normativas.

Art. 1.182. Sem prejuízo do disposto no art. 1.174, a escrituração ficará sob a responsabilidade de contabilista legalmente habilitado, salvo se nenhum houver na localidade.

Consoante já comentado no art. 1.177, o contabilista é o profissional com habilitação técnica ou nível superior para a realização da contabilidade, tendo suas atribuições definidas pelo art. 25 do Decreto-lei nº 9.295/1996, atualizada pela Lei nº 14.039/2020, que podem resumir-se a: (a) organizar e executar os serviços de contabilidade em geral; (b) escriturar os livros de contabilidade obrigatórios e os demais para fins de organização contábil; e (c) realizar perícias judiciais ou extrajudiciais e revisões de balanços, bem como atuar tecnicamente na assistência dos empresários.

A norma em comentário atribui ao contabilista regularmente inscrito no Conselho Regional de Contabilidade a confecção e a guarda da escrituração do empresário. No regime anterior ao Código de 2002, essa obrigatoriedade já existia, mas a lei referia-se apenas a "profissional habilitado", não sendo explicitamente atribuídas essas funções ao contabilista (art. 3º do Decreto lei nº 486/1969).

A exceção trazida pela regra atinge pequenos centros onde não se encontre contabilista habilitado. Dificilmente, essa hipótese será verificada nos dias atuais, mas nosso país tem ainda rincões surpreendentes. Nesse caso, o próprio empresário ou preposto de sua confiança poderão confeccionar a escrituração e manter os livros e demais documentos sob sua guarda. Os documentos contábeis são uma exceção à regra do arquivamento dos atos empresariais.

Art. 1.183. A escrituração será feita em idioma e moeda corrente nacionais e em forma contábil, por ordem cronológica de dia, mês e ano, sem intervalos em branco, nem entrelinhas, borrões, rasuras, emendas ou transportes para as margens.
Parágrafo único. É permitido o uso de código de números ou de abreviaturas, que constem de livro próprio, regularmente autenticado.

A escrituração exige observância de requisitos intrínsecos e extrínsecos para que seja considerada regular. Requisitos intrínsecos são aqueles relacionados à técnica contábil e, segundo o disposto nesse artigo, a escrituração deve ser feita em idioma e moeda corrente nacionais e em forma contábil, seguindo ordem cronológica de dia, mês e ano. Não pode haver intervalos em branco entre as anotações, nem entrelinhas, borrões ou rasuras, emendas ou transportes para as margens (interpolações marginais).

A possibilidade do uso de código de números ou de abreviaturas justifica-se pelo volume de operações realizadas pelas empresas de porte. Feita a opção por esse sistema, torna-se obrigatória a manutenção de livro próprio, regularmente autenticado, o qual conterá a decodificação dos números e esclarecerá o significado das abreviaturas. Sem esse livro auxiliar obrigatório, a adoção do sistema de abreviaturas e códigos desnatura a regularidade da escrituração, sujeitando o empresário aos efeitos da escrituração irregular.

Com a informática, os livros empresariais praticamente foram transportados para o computador, fato que possibilita ao contabilista corrigir erros de conteúdo e forma conservando a regularidade da escrituração.

Requisitos externos são os referentes à segurança da escrituração e expressam-se por meio da abertura e encerramento regular com a autenticação dos livros pela Junta Comercial (art. 1.181).

Os arquivos da contabilidade, se feitos pelo sistema de fichas ou por impressão em formulários contínuos, serão encadernados e autenticados a fim de que sejam considerados livros regulares. É admissível, também, a escrituração em livro digital: é feita, processada e armazenada exclusivamente em meio eletrônico.

Independentemente da forma escolhida pelo empresário para manter sua escrituração, certo é que em todos os casos os requisitos intrínsecos e extrínsecos devem ser observados na confecção dos livros para que sejam considerados regulares e surtam o efeito de veracidade das informações.

Art. 1.184. No Diário serão lançadas, com individuação, clareza e caracterização do documento respectivo, dia a dia, por escrita direta ou reprodução, todas as operações relativas ao exercício da empresa.
§ 1º Admite-se a escrituração resumida do Diário, com totais que não excedam o período de trinta dias, relativamente a contas cujas operações sejam numerosas ou realizadas fora da sede do estabelecimento, desde que utilizados livros auxiliares regularmente autenticados, para registro individualizado, e conservados os documentos que permitam a sua perfeita verificação.
§ 2º Serão lançados no Diário o balanço patrimonial e o de resultado econômico, devendo ambos ser assinados por técnico em Ciências Contábeis legalmente habilitado e pelo empresário ou sociedade empresária.

O artigo trata da técnica de escrituração do livro Diário. Todas as operações realizadas pela empresa devem ser lançadas no Diário com clareza e a identificação do documento que lhe deu origem. Diariamente, as operações realizadas devem ser consignadas, por escrito ou por meio eletrônico.

A escrituração resumida é autorizada e justifica-se sua adoção por empresas que possuam vários estabelecimentos, principalmente se forem localizados em praças diferentes. Adotada a forma resumida, serão anotadas todas as operações realizadas num período que não exceda 30 dias, em um livro-auxiliar, extraindo-se daí os lançamentos para o Livro Diário. Os livros auxiliares devem ser autenticados e conservados, assim como se exige para os livros obrigatórios.

No Diário, serão lançados o balanço patrimonial e o de resultado econômico, que deverão ser assinados pelo contabilista e pela pessoa autorizada pela empresa. A falta de transcrição dos balanços no Livro Diário compromete a regularidade da escrituração e sujeita o empresário às sanções legais.

Art. 1.185. O empresário ou sociedade empresária que adotar o sistema de fichas de lançamentos poderá substituir o livro Diário pelo livro Balancetes Diários e Balanços, observadas as mesmas formalidades extrínsecas exigidas para aquele.

O legislador abre a opção de realizar sua escrituração em documento diverso do livro Diário. A sociedade empresária pode adotar sistema de fichas de lançamentos, em substituição ao livro Diário. Essas fichas devem ser encadernadas, com termo de abertura e encerramento e levadas para autenticação no Registro de Empresas.

Feita a opção por essa forma de escrituração, o empresário substitui o livro Diário por dois outros instrumentos contábeis: as fichas e o livro de Balancetes Diários e Balanços.

Trata-se de sistema mais complexo e que não justifica sua utilização, exceto para aqueles empresários que explorem atividade econômica que necessite de controle diário, como ocorre com a atividade bancária, por exemplo.

Independentemente da forma de escrituração escolhida pelo empresário, os requisitos intrínsecos e extrínsecos devem ser observados, sob pena de a escrituração ser considerada irregular.

Art. 1.186. O livro Balancetes Diários e Balanços será escriturado de modo que registre:
I – a posição diária de cada uma das contas ou títulos contábeis, pelo respectivo saldo, em forma de balancetes diários;
II – o balanço patrimonial e o de resultado econômico, no encerramento do exercício.

O artigo estabelece o conteúdo do livro de balancetes diários e balanços e seu modo de escrituração. Referido livro deverá conter a posição diária de cada uma das contas ou títulos contábeis, pelo respectivo saldo, credor ou devedor, em forma de balancetes diários e transcrever o balanço patrimonial e o de resultado econômico, no encerramento do exercício.

A adoção desse livro impõe ao empresário a obrigação de confeccionar balancetes, elaborando diariamente resumo das operações da empresa. Essa técnica é viável para pouquíssimas atividades empresariais que tenham volume de negócios suficientes para justificar tal controle. Do contrário, a técnica é onerosa e dispensável, sendo mais producente a adoção do livro Diário.

Art. 1.187. Na coleta dos elementos para o inventário serão observados os critérios de avaliação a seguir determinados:
I – os bens destinados à exploração da atividade serão avaliados pelo custo de aquisição, devendo, na avaliação dos que se desgastam ou depreciam com o uso, pela ação do tempo ou outros fatores, atender-se à desvalorização respectiva, criando-se fundos de amortização para assegurar-lhes a substituição ou a conservação do valor;
II – os valores mobiliários, matéria-prima, bens destinados à alienação, ou que constituem produtos ou artigos da indústria ou comércio da empresa, podem ser estimados pelo custo de aquisição ou de fabricação, ou pelo preço corrente, sempre que este for inferior ao preço de custo, e quando o preço corrente ou venal estiver acima do valor do custo de aquisição, ou fabricação, e os bens forem avaliados pelo preço corrente, a diferença entre este e o preço de custo não será levada em conta para a distribuição de lucros, nem para as percentagens referentes a fundos de reserva;
III – o valor das ações e dos títulos de renda fixa pode ser determinado com base na respectiva cotação da Bolsa de Valores; os não cotados e as participações não acionárias serão considerados pelo seu valor de aquisição;
IV – os créditos serão considerados de conformidade com o presumível valor de realização, não se levando em conta os prescritos ou de difícil liquidação, salvo se houver, quanto aos últimos, previsão equivalente.
Parágrafo único. Entre os valores do ativo podem figurar, desde que se preceda, anualmente, à sua amortização:
I – as despesas de instalação da sociedade, até o limite correspondente a dez por cento do capital social;
II – os juros pagos aos acionistas da sociedade anônima, no período antecedente ao início das operações sociais, à taxa não superior a doze por cento ao ano, fixada no estatuto;
III – a quantia efetivamente paga a título de aviamento de estabelecimento adquirido pelo empresário ou sociedade.

O inventário nada mais é que a descrição do rol dos bens do empresário utilizados na empresa. A obrigatoriedade de manutenção de Livro de Inventário é prevista na legislação fiscal e o presente artigo enumera os critérios para a avaliação dos bens constantes do inventário.

Os bens utilizados pela empresa para exploração da sua atividade deverão ser avaliados pelo custo de aquisição, subtraído deste o valor fator obsolescência. A regra é óbvia, porque os bens geralmente se depreciam com o tempo, pelo uso e por fatores externos e naturais. Essa obsolescência deve ser levada na devida conta para integrar o inventário. Faculta a lei que nesse caso seja criado um fundo de amortização para que esses bens sejam substituídos no futuro ou para sua manutenção e reparação.

Os valores de estoque e matéria-prima destinados a alienação podem ser estimados pelo custo de aquisição ou de fabricação; pelo preço corrente, sempre que o valor de mercado for inferior ao preço de custo, ou pelo valor de mercado, quando este estiver acima do preço de custo.

O valor das participações societárias e de outros valores mobiliários poderão ser cotados em Bolsa e aqueles que não têm ali cotação devem ser avaliados pelo seu valor de aquisição. Entende-se aqui que o artigo compreende valores não só decorrentes da cotação em Bolsa, mas em todo o mercado de capitais e entidades de pregões similares.

O valor dos créditos a receber deve ser considerados conforme seu presumível valor de realização, aquele consignado no título, deduzidos eventuais abatimentos. Os créditos prescritos e de difícil liquidação não devem ter valor estimado, exceto quanto aos últimos haja provisão para devedores duvidosos.

Outros valores passíveis de figurar no ativo são enumerados no parágrafo único. O Código permite que se inclua no ativo a amortização das despesas pré-operacionais, aquelas realizadas para a instalação da sociedade até o limite de 10% do capital social para cada exercício. Também permite que os juros pagos aos acionistas da sociedade anônima, no período antecedente ao início das operações sociais, sejam computados no ativo, desde que a taxa não ultrapasse 12% ao ano.

Por fim, o valor pago a título de aviamento (*goodwill*) de estabelecimento adquirido pelo empresário pode constar do ativo, para fins de amortização anual.

Art. 1.188. O balanço patrimonial deverá exprimir, com fidelidade e clareza, a situação real da empresa e, atendidas as peculiaridades desta, bem como as disposições das leis especiais, indicará, distintamente, o ativo e o passivo.
Parágrafo único. Lei especial disporá sobre as informações que acompanharão o balanço patrimonial, em caso de sociedades coligadas.

O balanço deve constituir a síntese ordenada do inventário ao expressar o estado econômico da empresa e os resultados de seus negócios em determinado momento. Especificamente, o balanço patrimonial deve exprimir no final de cada exercício social, com fidelidade e clareza, a situação real do patrimônio empresarial. É elaborado com base nos dados fornecidos pelo inventário indicado no art. 1.187, devendo indicar, distintamente, o ativo e o passivo, observando as disposições constantes de leis especiais.

O balanço patrimonial abrange todos os bens, créditos e débitos da empresa. Indica o ativo permanente (patrimônio imobilizado), o ativo circulante (bens, capital de giro etc.) e o ativo realizável a longo prazo e o passivo (dívidas e encargos).

Anualmente, será realizado o balanço patrimonial e, no caso de ser necessária a apuração do valor do patrimônio líquido da sociedade em momento anterior ao término do exercício, levantar-se-á então um balanço especial. Este não deve passar de mera atualização do balanço anterior, considerados os fatos ocorridos até o período de realização daquele.

No tocante às sociedades coligadas, lei especial disporá sobre as informações que acompanharão o balanço patrimonial, conforme preceitua o parágrafo único. Não havendo no momento outra lei que regulamente o assunto, conclui-se que se aplicam as disposições da Lei das Sociedades por Ações, nesse particular.

Art. 1.189. O balanço de resultado econômico, ou demonstração da conta de lucros e perdas, acompanhará o balanço patrimonial e dele constarão crédito e débito, na forma da lei especial.

O balanço de resultado econômico é aquele que descreve um panorama geral do lucro ou da perda ocorrida no exercício, porque apura os débitos e créditos do exercício. Nele deverão ser lançadas as receitas e despesas, lucros e perdas, a distribuição dos dividendos, se for o caso, as transferências para reservas, entre outros lançamentos.

A constatação de prejuízos em um período pode ser absorvida pelos lucros do exercício anterior. Por essa razão, embora o balanço de resultado econômico seja realizado em determinado exercício e não consigne dados de períodos anteriores, deve ser comparado com o anterior para se conhecer a real situação da empresa.

O balanço de resultado econômico acompanhará o balanço patrimonial e dele constarão crédito e débito, na forma da lei especial, cuja aplicação do art. 176 da Lei nº 6.404/1976, é a recomendada. Esse dispositivo arrola as demonstrações financeiras que deverão acompanhar o balanço patrimonial.

Art. 1.190. Ressalvados os casos previstos em lei, nenhuma autoridade, juiz ou tribunal, sob qualquer pretexto, poderá fazer ou ordenar diligência para verificar se o empresário ou a sociedade empresária observam, ou não, em seus livros e fichas, as formalidades prescritas em lei.

O sigilo dos livros empresariais é a regra. O empresário não está obrigado a exibir os livros empresariais, exceto às autoridades fazendárias, a teor do disposto no art. 1.193. A manutenção da reserva dos livros empresariais justifica-se porque guarda a história profissional e os negócios do empresário, prevenindo, ainda, a concorrência desleal.

Destarte, o artigo determina que, exceto nos casos previstos em lei, nenhuma autoridade administrativa, juiz ou tribunal, sob qualquer pretexto, poderá fazer ou ordenar diligência para verificar se o empresário ou a sociedade empresária observam, ou não, em seus livros e fichas, as formalidades prescritas em lei. No entanto, não há que se entender a norma em termos peremptórios. Provas concretas de crime podem apontar em outra direção.

A inviolabilidade, desse modo, não pode ser absoluta. Consoante dispõem os arts. 1.191 e 1.192, com maior ou menor amplitude, o sigilo da escrituração pode ser desfeito validamente. Também regras acerca da publicidade das demonstrações financeiras das sociedades por ações e outras imposições especiais vêm abrandando a rigidez do princípio do sigilo ou inviolabilidade da escrituração empresarial. Essa publicização explica-se, segundo Requião (2003, p. 186), em virtude de as informações não se resumirem àquelas contidas na escrituração relativa a interesses privados do empresário, mas a assuntos de relevante interesse da coletividade.

Art. 1.191. O juiz só poderá autorizar a exibição integral dos livros e papéis de escrituração quando necessária para resolver questões relativas a sucessão, comunhão ou sociedade, administração ou gestão à conta de outrem, ou em caso de falência.
§ 1º O juiz ou tribunal que conhecer de medida cautelar ou de ação pode, a requerimento ou de ofício, ordenar que os livros de qualquer das partes, ou de ambas, sejam examinados na presença do empresário ou da sociedade empresária a que pertencerem, ou de pessoas por estes nomeadas, para deles se extrair o que interessar à questão.
§ 2º Achando-se os livros em outra jurisdição, nela se fará o exame, perante o respectivo juiz.

A exibição parcial ou total dos livros empresariais é uma atenuante da inviolabilidade dos livros e justifica-se em casos restritos a interesses sócio-comunitários ou públicos. Cuida-se aqui apenas do interesse civil e não criminal, cuja perspectiva é outra.

O pedido de exibição total dos livros terá cabimento quando for fundado em questões relativas à sucessão, comunhão ou sociedade, administração ou gestão à conta de outrem, ou em caso de falência. Tais possibilidades legais de exibição integral justificam-se, por exemplo, no caso de sucessão *inter vivos* para transferência de quotas ou ações ou, ainda, no caso de falência, para que o Administrador possa elaborar o laudo contábil para ser apresentado em juízo. Nessas hipóteses, o empresário deve apresentar em juízo toda a escrituração pertinente para exame e eventual perícia, ficando em disponibilidade no cartório durante a pendência judicial.

A exibição parcial, por sua vez, pode ser determinada de ofício ou a requerimento da parte interessada, obrigando a exibição dos documentos pelo empresário sem desapossamento dos instrumentos de escrituração. A exibição parcial geralmente é feita mediante a extração de certidão com a suma que interessar ao litígio.

O exame dos livros, exceto nas hipóteses de falência e recuperação judicial, em que o empresário tem o dever de entregar os livros no juízo onde se processa a medida, deve ocorrer no domicílio do empresário. A empresa não está obrigada a remover os documentos de escrituração de seu estabelecimento ou do escritório de contabilidade onde mantém a guarda desses livros. Pode o juiz, entretanto, determinar a busca e apreensão para que a exibição ocorra na sede do juízo no caso de ocorrer resistência do empresário em exibi-los ou, em medida cautelar, a fim de preservar seu conteúdo de futuras alterações (GONÇALVES NETO, 2008, p. 717).

Se a demanda estiver em trâmite em local distinto da sede da empresa, é nesta que se fará a exibição, mediante cumprimento de carta precatória.

Art. 1.192. Recusada a apresentação dos livros, nos casos do artigo antecedente, serão apreendidos judicialmente e, no do seu § 1º, ter-se-á como verdadeiro o alegado pela parte contrária para se provar pelos livros.
Parágrafo único. A confissão resultante da recusa pode ser elidida por prova documental em contrário.

O descumprimento da ordem judicial de exibição dos instrumentos de escrituração tem consequências diversas dependendo da modalidade de exibição, se total ou parcial.

Havendo ordem de exibição decorrente de pedido de exibição total dos livros, a recusa ao seu cumprimento importa na apreensão judicial. A razão dessa sanção decorre do desconhecimento do conteúdo da escrituração e a consequente necessidade de se verificarem valores de operações, lucros e outros itens da escrituração. No caso de os livros não serem encontrados para apreensão, aplica-se, ao que se sustenta, a solução para os casos de inexistência ou extravio dos instrumentos da escrituração: procede-se à apreensão de todos os documentos pertinentes que possam ser vistoriados e utilizados para se extrair a prova pretendida

Na hipótese de exibição parcial, a recusa à exibição acarreta a presunção de veracidade dos fatos alegados pela parte contrária. Tal presunção, contudo, não é absoluta e pode ser elidida por outro meio de prova.

Art. 1.193. As restrições estabelecidas neste Capítulo ao exame da escrituração, em parte ou por inteiro, não se aplicam às autoridades fazendárias, no exercício da fiscalização do pagamento de impostos, nos termos estritos das respectivas leis especiais.

A regra do sigilo dos livros fiscais não se aplica às autoridades fazendárias, no exercício de sua fiscalização tributária.

A legislação tributária, anterior ao Código, já previa a exibição administrativa dos livros (art. 195, do CTN, e art. 33, § 1º, da Lei nº 8.212/1991) e encontrou reforço na Súmula nº 439 do STF, segundo a qual estão sujeitos à fiscalização tributária ou previdenciária quaisquer livros comerciais, limitado o exame aos pontos objeto da investigação.

A quebra da inviolabilidade dos livros empresariais pelo ente público funda-se no interesse público de arrecadação de tributos. O Estado sustenta-se da exação e, portanto, para poder controlar a arrecadação ou sonegação, deve ter acesso às operações realizadas pelo empresário.

Mesmo sob essa justificativa e com autorização legal, as autoridades fazendárias responsáveis pela fiscalização não podem proceder a uma devassa na escrituração do empresário, devendo limitar-se ao exame das informações necessárias para o fim que se destina a fiscalização. O empresário fica desobrigado de exibir os livros que contenham informações estranhas ao objeto do procedimento de fiscalização.

As autoridades fazendárias, não obstante autorizadas ao exame dos livros, não podem retê-los ou recolhê-los, porquanto não podem ser removidos do estabelecimento em que se encontram (art. 1.191, § 2º).

É vedada às autoridades fazendárias a divulgação das informações obtidas através do exame dos livros, seja em relação à situação econômica ou financeira dos sujeitos passivos ou de terceiros, seja acerca da natureza e ao estado dos negócios ou atividades do empresário (CTN, art. 198).

Art. 1.194. O empresário e a sociedade empresária são obrigados a conservar em boa guarda toda a escrituração, correspondência e mais papéis concernentes à sua atividade, enquanto não ocorrer prescrição ou decadência no tocante aos atos neles consignados.

O empresário e a sociedade empresária têm o dever de conservar em boa guarda toda a escrituração, correspondência e papéis referentes à exploração de sua empresa. Esse dever estende-se às filiais, sucursais ou agências.

Essa exigência perdura enquanto não vencidos os prazos de prescrição e decadência das obrigações consignadas nos livros. Não há um prazo prescricional ou decadencial comum e a prática de eliminação quinquenal dos instrumentos de escrituração empresariais não é recomendada.

Os livros empresariais têm caráter probatório mormente se regularmente escriturados. A matéria vem também tratada no CPC, nos arts. 417 e 418. Os livros empresariais fazem prova contra o empresário, cabendo a este o ônus de obter prova em contrário. Também podem fazer prova a favor de seu autor nos litígios entre comerciantes e auxiliam a prova documental no caso de litígio contra não comerciante. Portanto, a guarda e conservação idônea dos livros é medida de extrema importância na vida do empresário.

O Código não trata da perda dos instrumentos de escrituração. Permanece em vigor o art. 10 do Decreto-lei nº 486/1969, que estabelece que no caso de extravio, deterioração ou destruição dos instrumentos de escrituração, o empresário deverá publicar em jornal de grande circulação do local do seu estabelecimento aviso concernente ao fato, com a comunicação em 48 horas ao órgão competente do Registro do Comércio.

A justificação judicial é medida aconselhável no caso de perda ou deterioração dos instrumentos de escrituração, segundo Gonçalves Neto (2008, p. 722), para evitar que a alegação dessa perda ou destruição venha de futuro a ser posta em dúvida, não afastando a adoção da medida a necessidade de comunicação à Junta Comercial.

Art. 1.195. As disposições deste Capítulo aplicam-se às sucursais, filiais ou agências, no Brasil, do empresário ou sociedade com sede em país estrangeiro.

As sociedades estrangeiras foram tratadas em local próprio (arts. 1.134 a 1.141) e, consoante disposto no art. 1.137, ficam subordinadas às leis e aos tribunais brasileiros, quanto às operações realizadas no Brasil.

Essa regra reforça e particulariza a necessidade de observância da legislação nacional para a elaboração da escrituração, por sociedades estrangeiras que mantenham sucursais, filiais ou agências no Brasil.

Independentemente da exigência do país onde a matriz tem sua sede, a escrituração da sucursal, filial ou agência da sociedade estrangeira autorizada deve atender às disposições da legislação nacional, inclusive as constantes desse capítulo específico da escrituração.

A sociedade estrangeira autorizada deve cumprir, ainda, as obrigações constantes dos arts. 1.140, parágrafo único, e 1.152, § 2º, da qual as sociedades brasileiras são dispensadas.

LIVRO III
DO DIREITO DAS COISAS

TÍTULO I
DA POSSE

CAPÍTULO I
Da Posse e sua Classificação

Art. 1.196. Considera-se possuidor todo aquele que tem de fato o exercício, pleno ou não, de algum dos poderes inerentes à propriedade.

1. Proteção a um estado de aparência

Sem a credibilidade da sociedade nos estados de aparência, inviável seria a convivência. A cada instante, defrontamos com situações aparentes que tomamos como verdadeiras e corretas.

Se a sociedade não pode prescindir da aparência para sua sobrevivência, o Direito não pode furtar-se de proteger estados de aparência, sob determinadas condições, porque se busca, em síntese, a adequação social. Sempre que o estado de aparência for juridicamente relevante, existirão normas ou princípios gerais de direito a resguardá-lo. Não é, no entanto, a aparência superficial que deve ser protegida, mas aquela exteriorizada com relevância social e consequentemente jurídica.

Embora não seja categoria jurídica autônoma, por vezes a lei dá valor preponderante à aparência, em prol da boa-fé e da justa adequação social. Lembramos que o erro, como causa de anulação do negócio jurídico (art. 138), o pagamento feito ao credor putativo (art. 309), a presunção de autorização para receber pagamento por quem seja portador da quitação (art. 311) são situações típicas de aparência protegidas pela lei. No Direito Penal, a legítima defesa putativa é situação protetiva de aparência. Conquanto inexista disposição expressa, a defesa da boa-fé, mormente a boa-fé objetiva, em cada caso concreto é modalidade de aceitação da aparência no campo jurídico.

Em prol do resguardo da verdadeira acomodação social, cabe ao Direito fornecer meios de proteção àqueles que se mostram como aparentes titulares de direito. Não fosse assim, restabelecer-se-ia a justiça de mão própria, dos primórdios da civilização. Assim, a doutrina tradicional enuncia ser a posse relação de fato entre a pessoa e a coisa. A nós parece mais acertado afirmar que a posse trata de estado de aparência juridicamente relevante, ou seja, estado de fato protegido pelo direito. Se o Direito protege a posse como tal, desaparece a razão prática, que tanto incomoda os doutrinadores, em qualificar a posse como simples fato ou como direito.

Destarte, houvesse o possuidor, desapossado da coisa, que provar sempre, e a cada momento, sua propriedade ou outro direito real na pretensão de reaquisição do bem, a prestação jurisdicional tardaria e instaurar-se-ia inquietação social. Por essa razão, o ordenamento concede remédios possessórios, de efetivação rápida. Protege-se o estado de aparência, situação de fato, que pode não corresponder ao efetivo estado de direito, o qual poderá ser avaliado, com maior amplitude probatória e segurança, posteriormente. Assim, a situação de fato é protegida, não somente porque aparenta um direito, mas também a fim de evitar violência e conflito. O legislador prefere, num primeiro enfoque, proteger o possuidor, ainda que este não tenha relação juridicamente perfeita e técnica com a coisa. O ordenamento permite a autotutela, tanto a legítima defesa como o desforço imediato, de acordo com o art. 1.210, § 1º, e as ações possessórias (reintegração e manutenção de posse e interdito proibitório), bem como outros remédios que serão examinados.

Por outro lado, esse estado de aparência, que inicialmente pode surgir sem substrato jurídico, pode servir para a aquisição da propriedade. Esse é o sentido da usucapião. Também o prazo de posse gera maior proteção no juízo possessório, permitindo a concessão de liminar *initio litis* nas respectivas ações, se a posse questionada for de menos de ano e dia. Esse conhecido prazo de ano e dia, ausente neste Código, é mantido pelo art. 558 do CPC atual, tal como constava no estatuto processual anterior (art. 924). Nesse sentido, o procedimento especial das ações possessórias somente se aplica *quando intentado dentro de ano e dia da turbação ou esbulho. Passado esse prazo, será ordinário, não perdendo, contudo, o caráter possessório*. Essas referências dizem respeito a dois importantes efeitos da posse, quais sejam, a proteção possessória e a possibilidade de gerar usucapião.

Defende-se a posse porque é uma situação de fato que provavelmente envolve um direito. Como examinaremos, essa proteção provisória da posse concedida pelo ordenamento poderá ter palavra final acerca do direito real, propriedade ou outro de menor extensão, no juízo petitório, quando então não mais se discutirá a posse, mas o domínio. De outro lado, sendo um dos fundamentos da usucapião a posse continuada por certo tempo, o estado de aparência surge, nessa hipótese, como base para um direito.

A aparência, não sendo considerada uma categoria jurídica, deve ser vista como um adminículo a mais no conceito de posse. Essa proteção ao estado aparente pressupõe a compreensão e definição legal de propriedade e dos demais direitos reais, bem como sua harmonização com a destinação econômica da coisa. A aparência é conceito com utilidade técnica. Seria um contrassenso proteger-se estado de fato em favor de quem não busca a utilização social do bem, ou age contra a lei e os bons costumes.

2. Posse e propriedade. Juízo possessório e juízo petitório

A posse é, sem dúvida, o instituto mais controvertido de todo o Direito, não apenas do Direito Civil. De fato, tudo quanto a ela se vincula é motivo de divergência doutrinária: conceito, origem, elementos, natureza jurídica etc. Essas dificuldades devem-se em parte aos textos romanos, na maioria das vezes contraditórios e interpolados. O conceito de posse nunca lograra atingir unanimidade na doutrina e nas legislações.

Na concepção mais aceita, o vocábulo *posse* provém de *possidere*; ao verbo *sedere* apõe-se o prefixo enfático *por*. Nesse sentido (semântico), *posse* prende-se ao poder físico de alguém sobre a coisa. Há também os que sustentam que o termo deriva de *potis* (senhor, amo).

Rudolf von Jhering (1976, p. 49), baluarte da teoria da posse, inicia sua obra *A teoria simplificada da posse* afirmando que se distingue o jurista dos demais membros da sociedade pela diferença imediata que ele estabelece entre as noções de posse e propriedade. Isso porque vulgarmente não se estabelecem distinções entre os institutos, sendo vocábulos de uso equivalente. Nesse sentido, é comum ouvir dos leigos referências a *pessoas de grandes posses, grandes posses imobiliárias,* quando a referência é à propriedade e não à posse. No entanto, como expusemos até aqui, mesmo ao leigo a distinção entre posse e propriedade é instintiva e aflui com facilidade até aos espíritos mais toscos. Como descreveu o grande mestre alemão, a propriedade sem a posse seria o mesmo que o tesouro sem a chave que o abrisse, a árvore frutífera sem a escada que colhesse seus frutos...

Assim, a posse é o fato que permite e possibilita o exercício do direito de propriedade. Quem não tem a posse não pode utilizar-se da coisa. Essa a razão fundamental, entre outras, de ser protegido esse estado de aparência, como vimos. Sem proteção à posse, estaria desprotegido o proprietário. Por conseguinte, prefere o ordenamento proteger sempre e com maior celeridade e eficácia o que detém aspecto externo da propriedade, a investigar em cada caso, e demoradamente, o título de proprietário e senhor.

Distinção importante, portanto, com inúmeros efeitos dela derivados, é a que diz respeito ao *ius possidendi* e ao *ius possessionis*.

Ius possidendi é o direito de posse fundado na propriedade (em algum título: não só propriedade, mas também outros direitos reais e obrigações com força real). O possuidor tem a posse e também é proprietário. A posse nessa hipótese é o conteúdo ou objeto de um direito, qual seja, o direito de propriedade ou direito real limitado. O titular pode perder a posse e nem por isso deixará sistematicamente de ser proprietário. Quando não por sua própria vontade, sua inércia, não interrompendo a posse de terceiro, poderá fazer com que perca o domínio.

Ius possessionis é o direito fundado no fato da posse, nesse aspecto externo. O possuidor, nesse caso, pode não ser o proprietário, não obstante essa aparência encontre proteção jurídica, pelos motivos até agora cogitados. Essa é uma das razões pelas quais nosso Código estatui: "*considera-se possuidor todo aquele que tem de fato o exercício, pleno ou não, de algum dos poderes inerentes à propriedade*" (art. 1.196; antigo art. 485). Além de a posse, a princípio, merecer proteção por si mesma, ela é base de um direito.

Interessante anotar a nova redação ao art. 1.196, proposta pelo falecido Projeto nº 6.960/2002, o qual buscava alterar inúmeros dispositivos do novo Código:

> "*Considera-se possuidor todo aquele que tem poder fático de ingerência socioeconômica, absoluto ou relativo, direto ou indireto, sobre determinado bem de vida, que se manifesta através do exercício ou possibilidade de exercício inerente à propriedade ou outro direito real suscetível de posse.*"

Percebe-se claramente nessa redação de profunda técnica a preocupação em açambarcar o conceito de posse, num sentido unitário. Infelizmente o projeto foi esquecido. Não será posse, portanto, não merecerá proteção do ordenamento, aquela relação entre o ser humano e a coisa que não apresenta utilidade e operosidade social. Ainda que a possibilidade de exercício desse poder de fato seja meramente potencial, ele deve existir para que seja reconhecido o *ius possessionis*. Ao mencionar-se que a posse se debruça sobre *bem de vida*, engloba-se aí, como defendemos, qualquer bem econômica e individualmente aproveitável, seja material ou imaterial.

Coloquemos, desde já, a compreensão das palavras *domínio* e *propriedade*. *Domínio* é vocábulo que, em doutrina, refere-se majoritariamente às coisas incorpóreas. Direito que submete a coisa incorpórea ao poder de seu titular. *Propriedade* é termo que abrange tanto as coisas corpóreas, como incorpóreas. Contudo, no Direito Romano, as expressões eram sinônimas. Para nosso Código Civil de 1916, também como sinônimas deviam ser entendidas (arts. 524, 533, 622, 623, entre outros) (FRANÇA, 1964, p. 24). Com muita frequência, os juristas empregam as duas palavras para exprimir a mesma coisa, ou como sinônimos. O Código Civil de 2002 procura ser mais técnico (art. 1.245, por exemplo), sem se preocupar, contudo, com a distinção.

Desse modo, o *ius possidendi* (faculdade jurídica de possuir) refoge à teoria da posse. Somente o *ius possessionis* (fato da posse) é objeto da teoria possessória propriamente dita (ALVES, 1985, p. 28). Assim, a posse pode ser considerada em si mesma, independentemente de título jurídico, ou pode ser examinada como uma das facetas que integram o domínio ou propriedade e os direitos reais limitados. A teoria pura da posse, isto é, faculdade jurídica de direitos, reflete-se, portanto, no *ius possessionis*.

Posse e propriedade, como se percebe, têm elementos comuns, ou seja, a submissão da coisa à vontade da pessoa. Daí aflorar a noção de aparência no conceito de posse, pois a posse é a forma ordinária de ser exercido o direito de propriedade. Por isso, existe presunção de ser o possuidor da coisa seu proprietário. É certo que cessa essa presunção tão logo o possuidor declare, ou de algum modo se saiba, que ele possui outro título, como locatário, comodatário, depositário, representante do proprietário etc. ou como usurpador. Essa noção é importante porque será essencial marco divisor da posse de boa ou de má-fé a ser examinada, pois, no momento em que o possuidor tem ciência de não possuir validamente a coisa, cessa sua boa-fé. Nesse sentido, estatui o art. 1.201. Completa a noção o art. 1.202, que explicita o momento em que cessa a boa-fé do possuidor, questão a ser examinada em cada caso. Prepondera sempre a regra geral de Direito pela qual a má-fé não se presume; a boa-fé, sim.

Como a posse é considerada um poder de fato juridicamente protegido sobre a coisa, distingue-se do caráter da propriedade, que é direito, somente se adquirindo por título justo e de acordo com as formas instituídas no ordenamento.

Pode-se afirmar que a posse constitui aspecto de propriedade do qual foram suprimidas alguma ou algumas de suas características. Da propriedade decorrem todos os demais direitos reais (usufruto, uso, habitação, superfície, servidão, hipoteca, penhor etc.). Ou, em outras palavras, não existe direito real mais amplo do que a propriedade.

Assim, deve restar absolutamente clara a distinção entre os juízos possessório e petitório. Nas ações possessórias (interditos), trata-se exclusivamente da questão da posse. Nas chamadas ações petitórias (*petitorium iudicium*), leva-se em conta exclusivamente o direito de propriedade. Daí porque, na singeleza do conceito, é vedado examinar o domínio nas ações possessórias.

Por outro lado, a decisão que dirime o conflito possessório não inibe nem prejulga o âmbito petitório. Isto é, vencido que seja alguém na litigância da posse, lhe restará ainda a via petitória, para provar seu direito de propriedade, ou outro direito real, para haver a coisa, exercendo assim seu direito de sequela. Desse modo, é possível, sendo risco calculado do ordenamento, que o não proprietário triunfe sobre o proprietário no juízo possessório. Porém, a ação reivindicatória (juízo petitório) permite, na maioria das vezes, que o proprietário recupere a coisa contra o possuidor temporariamente protegido. Essa proteção temporária conferida ao possuidor é risco assumido pelo ordenamento, como vimos, em prol da adequação social. Surge, no dizer de Jhering (1976, p. 81), "*como um resultado não querido, mas inevitável*".

Prepondera a posse como meio de defesa, primeiro anteparo outorgado pelo ordenamento para proteger a propriedade. Daí por que esse remédio mais rápido e eficiente requer tão só a prova pura e simples do fato externo, da posse, enfim. Por tais razões, o juízo possessório tem mero caráter temporário, mas suficiente para manter íntegro um estado de fato, sem o qual se inseriria elemento de insegurança e incerteza social. Como consequência, a coisa julgada em ação possessória não decide acerca do domínio.

Também por essas razões, afigura-se, na prática, em grande parte das vezes, suficiente o juízo possessório para manter o estado de fato, tornando-se desnecessário o recurso ao juízo petitório, se o proprietário, ou titular de outro direito real, já alcançou proteção suficiente com a defesa de sua posse, ou seja, manteve tão só com a proteção possessória a paz social buscada pelo ordenamento.

A posse é protegida pelo Direito para possibilitar a utilização econômica do bem. Ninguém, como regra, apossa-se de coisas inúteis. O sentido de utilidade leva em conta a situação do sujeito. Essa é a noção fundamental do reconhecimento jurídico da posse. O exame da utilidade da coisa para o possuidor, por vezes, torna-se aspecto fundamental no contexto discutido.

Nesse diapasão, visto que a posse serve de base ao direito de propriedade e merece proteção de *per si*, cai por terra qualquer interesse prático em distingui-la como fato ou direito. Sendo o fato da posse protegido pelo ordenamento, é evidente que existe reconhecimento jurídico do instituto. Irrelevante, nesta altura de nosso estudo, investigar o fenômeno sob tal prisma, tal como fizeram tantos juristas. Nessa orientação, a posse é conteúdo de exteriorização do exercício da maioria dos direitos reais (excetuam-se, em princípio, a hipoteca e algumas servidões). É meio de aquisição da propriedade pelo instituto da usucapião. É, por fim, fundamento de um direito: como poder de fato sobre uma coisa, a posse por si mesma dá lugar aos interditos possessórios.

3. Conceito de posse: *corpus* e *animus*

De qualquer ponto que se decole para compreender a posse, devem ser caracterizados os dois elementos integrantes do conceito: o *corpus* e o *animus*.

O *corpus* é a relação material do homem com a coisa, ou a exterioridade da propriedade. Esse estado, explicado anteriormente, é caracterizador da aparência e da proteção possessória. Nessa ligação material, sobreleva-se a função econômica da coisa para servir à pessoa.

Como corolário, afirma-se que não podem ser objeto de posse os bens não passíveis de ser apropriados. Em princípio, a posse somente é possível nos casos em que possa existir propriedade ou manifestação mitigada dela. Posse e propriedade, em compreensão jurídica, caminham juntas. Não nos olvidemos do conceito que engloba tanto os bens corpóreos, como os bens incorpóreos. Desse modo, os bens incorpóreos, passíveis de apropriação, também podem ser objeto de posse.

O *animus* é o elemento subjetivo, a intenção de proceder com a coisa, como faz normalmente o proprietário.

Na compreensão desses dois elementos, gravitam as teorias da posse com as clássicas posições de Savigny e Jhering, que detonaram infindáveis posições intermediárias.

Para o leigo que se debruça desprevenidamente sobre o problema, *possuir* é ter uma coisa em seu poder, podendo dela usar e gozar. É a compreensão daquilo que a mão toca e mantém fisicamente junto ao corpo. Essa é a noção primitiva. No entanto, quando a civilização torna-se mais complexa, surge a compreensão de posse que não requer o permanente contato físico com o objeto. Posso ser possuidor de bens sem estar presente no local. A possibilidade física não exige a detenção.

> "Basta qualquer ato externo que denuncie um poder de fato, um poder de supremacia duradouro sobre a coisa. A natureza deste e casos de realização, estão dependentes da natureza do objeto possuído e da forma como costuma ser exercido" (RODRIGUES, 1981, p. 73).

Savigny desenvolveu sua teoria principalmente em seu *Traité de la possession en droit romain*. Sustenta que a posse supõe a existência de dois elementos essenciais: *corpus* e *animus*. O *corpus* é o elemento físico, sem o qual não existe posse. Em sua forma mais típica, compreende a possibilidade de ter contato direto e físico com a coisa. O que verdadeiramente caracteriza o *corpus* é a possibilidade de fazer o que se queira com ela, impedindo qualquer interferência estranha. No entanto, para que alguém seja verdadeiramente considerado possuidor, é necessário que tenha a intenção de possuir a coisa. Trata-se do elemento subjetivo. Se alguém detém a coisa sabendo-a pertencer a outrem, não há *animus*, não existindo posse. Na teoria de Savigny, é o *animus* que distingue o possuidor do simples detentor. O elemento exterior, o *corpus*, não permite essa distinção, pois aos olhos de terceiros tanto o possuidor, como o detentor, têm relação aparentemente idêntica com a coisa. Sua teoria é denominada *subjetiva*. A maior crítica feita a essa teoria é a dificuldade de explicar as chamadas posses anômalas, como a do credor pignoratício, por exemplo. Savigny procurou superar esse obstáculo qualificando-a como hipóteses de *posse derivada*. Ao credor pignoratício se transmitiria o *ius possessionis* do devedor pignoratício. Porém, a explicação não resistia a críticas, quando se tentava explicar a posse do usufrutuário e do enfiteuta que não gozam dessa posse derivada (GENTILE, 1965, p. 10).

Jhering bateu-se vivamente contra a posição de Savigny em suas obras *Fundamentos da proteção possessória* e *Papel da vontade na posse*. Esse autor principia por negar que o *corpus* seja a possibilidade material de dispor da coisa, porque nem sempre o possuidor tem a possibilidade física dessa disposição. Por outro lado, por vezes será impossível provar o *animus*, porque se trata de elemento subjetivo. Em razão disso, a teoria de Jhering é dita *objetiva*. Para ele, o conceito de *animus* não é nem a apreensão física, nem a possibilidade material de apreensão. O importante é fixar o destino econômico da coisa. O possuidor comporta-se como faria o proprietário. O *animus* está integrado no conceito de *corpus*. É o ordenamento jurídico que discrimina a seu arbítrio, sobre as relações possessórias, criando assim artificialmente a separação da chamada detenção jurídica relevante de outras situações não protegidas. De qualquer modo, após Jhering um ponto ficou definitivamente claro na doutrina da posse, qual seja, de que a distinção entre esta e a detenção não pode depender exclusivamente do arbítrio do sujeito (Gentile, 1965, p. 11).

4. Objeto da posse. Posse de direitos

Vem de muito tempo a discussão acerca da posse dos direitos pessoais, isto é, não materiais. A princípio, o Direito Romano somente conheceu a posse de coisas como exteriorização do direito de propriedade. Somente as coisas corpóreas eram suscetíveis de posse. Posteriormente, os direitos reais limitados, como as servidões, foram merecendo a proteção possessória.

Com a espiritualização do conceito de posse, na Idade Média, houve momento no curso da História, no Direito intermédio, em que se reconheceu a posse não apenas sobre as coisas apropriáveis, mas também sobre situações de estado (por exemplo, posse de estado de filho legítimo), a chamada posse de direitos pessoais, concedendo-se proteção possessória a ocupantes de funções públicas ou cargos eclesiásticos. Na Idade Média, a Igreja passa a sustentar a proteção possessória dos bispos, que com frequência eram expulsos de suas dioceses. A questão, pois, não se colocava na conceituação de *direitos pessoais* como sinônimo dos direitos obrigacionais, mas naqueles ligados à personalidade, honra, liberdade etc. No Direito brasileiro, a discussão ganhou viva voz na candente palavra de Ruy Barbosa, em episódio no qual professores da Escola Politécnica do Rio de Janeiro foram suspensos do exercício de suas funções por ato da presidência da República, no ano de 1896. O fato marcou importante estudo histórico acerca da matéria. O ingresso do mandado de segurança em nosso ordenamento, que serve precipuamente para amparar tais situações, veio colocar paradeiro à controvérsia.

Quando se protege a aparência de um direito real, protege-se ineslutavelmente um direito, pois a propriedade e os demais direitos reais também são direitos. No entanto, quando a doutrina refere-se a essa chamada *posse de direitos*, por tradição relacionada à discussão histórica, refere-se a direitos distintos dos direitos de propriedade e assemelhados.

Modernamente, portanto, em nossa jurisprudência, não sem alguma resistência, predomina a ideia de que é suscetível de proteção possessória tudo aquilo que puder ser apropriado e exteriormente demonstrado (WALD, 1991, p. 43).

A esse respeito, manifesta-se Pontes de Miranda (1971, p. 7), dizendo que não há direitos suscetíveis de posse.

> "Há direitos entre cujos poderes há o de possuir e até o direito a possuir; porém é usar de linguagem incorreta falar-se de posse de direitos, direitos suscetíveis de posse, **possessio iuris**, e quejandas impropriedades. O que se tem de perguntar é quais os poderes, contidos no direito de propriedade, que podem ser possessórios, isto é, estado fático de posse."

Por essa razão, nosso Código apresenta vantagens em relação a outras legislações na conceituação do art. 1.196. Essa disposição não se refere aos direitos reais, mas a poderes inerentes ao domínio ou à propriedade: *considera-se possuidor todo aquele que tem de fato o exercício, pleno, ou não, de **algum dos poderes inerentes à propriedade***. Com isso, o legislador trouxe para o mundo jurídico o fato da posse. Antes de entrar no mundo jurídico, a posse é apenas fato. Por essa razão, também se protege a posse de bens imateriais quando suscetíveis de uso e apropriação, como ocorre com a marca comercial e os símbolos que a acompanham (*RT* 626/45).

Destarte, embora inexata a expressão *posse de direitos*, tem ela perfeita compreensão na doutrina. No entanto, deve ser afastada a ideia de que essas manifestações de domínio aqui exemplificadas ficam fora da proteção possessória, como errônea interpretação do tema poderia sugerir. Desse modo, como corolário da teoria objetiva da posse, há de ser concebido como *possuidor* todo aquele que no âmbito das relações patrimoniais exerça um poder de fato sobre um bem. Mas, em qualquer situação, a posse deve estampar uma exterioridade ou aparência. Sem esta, não há como defendermos a existência da posse, porque impossível torna-se o *animus*, porque não existirá o fato passível de posse. Por essa razão, não chegamos ao extremo de admitir a posse de um direito de crédito, por exemplo, como também não deferimos proteção possessória à manutenção de um cargo ou função pública, para cujo resguardo existem medidas específicas, distantes da noção possessória. Não se nega, portanto, a proteção possessória a direitos incorpóreos, como, por exemplo, patentes de invenção e outros direitos intelectuais.

Enunciado nº 236, III Jornada de Direito Civil – CJF/STJ: Considera-se possuidor, para todos os efeitos legais, também a coletividade desprovida de personalidade jurídica.

Enunciado nº 492, V Jornada de Direito Civil – CJF/STJ: A posse constitui direito autônomo em relação à propriedade e deve expressar o aproveitamento dos bens para o alcance de interesses existenciais, econômicos e sociais merecedores de tutela.

Enunciado nº 563, VI Jornada de Direito Civil – CJF/STJ: O reconhecimento da posse por parte do Poder Público competente anterior à sua legitimação nos termos da Lei nº 11.977/2009 constitui título possessório.

Apelação – Ação de reintegração de posse – Sentença de extinção do processo sem resolução do mérito, fundada no pressuposto de que a autora não dispõe da posse do imóvel – Irresignação procedente. Sem o menor relevo o fato de a autora não ter exercido a detenção física dos terrenos em questão. Interessa ter ela obtido a posse, mercê do cumprimento de mandado de imissão de posse expedido nos autos de ação petitória por ela antes proposta em face de terceiro, e exercer, desde então, atos inerentes à condição de dono, os quais denotam o exercício de posse, segundo a teoria de Ihering, adotada por nosso sistema jurídico, conforme dispõe o art. 1.196 do CC. Cenário impondo a anulação da sentença, para que se retome o processamento da causa, com a oportuna produção de provas, sobretudo prova pericial. Deram provimento à apelação, para anular a sentença (*TJSP* – Ap. 1010119-03.2018.8.26.0477, 3-6-2020, Rel. Ricardo Pessoa de Mello Belli).

Apelação cível – Ação reintegratória – Improcedência do pedido – Manutenção do julgado – De acordo com a doutrina mais abalizada, considera-se possuidor aquele que exterioriza comportamento que, dadas as circunstâncias de tempo e da dinâmica cotidiana, parece ser legítimo proprietário do bem, por exercer, de fato, algum dos poderes inerentes à propriedade " uso, gozo ou fruição – Segundo o artigo 1.196 do Código Civil, "**considera-se possuidor todo aquele que tem de fato o exercício, pleno ou não, de algum dos poderem inerentes à propriedade**. " – No caso de injusto esbulho de tal direito, nosso ordenamento confere ao legítimo possuidor a tutela jurisdicional prevista no artigo 1.210 do Código Civil, cujos requisitos para a propositura da demanda (além daqueles do artigo 282 , II do CPC) encontram-se elencados no artigo 927 do Código de Processo Civil, sendo estes, a prova da posse; Do esbulho praticado e sua respectiva data; E a da perda da posse. Assim, seguindo a regra ordinária da distribuição do ônus probatório, o encargo de provar a posse anterior e sua respectiva perda pertence ao Autor, de forma a auxiliar o julgador a fundamentar sua convicção – E, diante destas constatações, verifico que tais condições não foram preenchidas – Analisando os autos, restou comprovado que, na ação movida pelo Ministério Público para defesa de direito de idoso em situação de risco (sentença acostada), o Réu (ex-esposo da filha da Recorrente) detém o direito real de habitação do imóvel *sub* *judice* – O direito real de habitação, previsto no art. 1.831 do Código Civil, torna inútil a discussão acerca da propriedade do imóvel – Desse modo, o Apelado é quem detém a posse legítima do bem descrito na inicial, tendo o direito de usufruir do imóvel que servia de residência ao casal, independentemente de ser ou não proprietário do mesmo – A Recorrente, por outro lado, em nenhum momento comprovou sua alegação de que exercia a posse mansa e pacífica daquele imóvel, e, consequentemente, o alegado esbulho/turbação, a justificar a reintegração pretendida – Desta forma, tenho que a Apelante não comprovou os fatos constitutivos do seu direito, nos termos do artigo 373, inciso I, do Novo Código de Processo Civil – Manutenção da sentença. Recurso conhecido e desprovido (*TJRJ – Ap.* 0006130-68.2010.8.19.0028, 9-2-2017, Relª Maria Regina Fonseca Nova Alves).

Art. 1.197. A posse direta, de pessoa que tem a coisa em seu poder, temporariamente, em virtude de direito pessoal, ou real, não anula a indireta, de quem aquela foi havida, podendo o possuidor direto defender a sua posse contra o indireto.

1. Posse direta e indireta

Da natureza e espécie de posse decorrem variados e diversos efeitos. O art. 486 do Código anterior já assinalava a possibilidade de bipartição do exercício da posse, de forma exemplificativa.

Nesse dispositivo, a lei reconhecia a possibilidade de coexistência de duas categorias simultâneas de possuidores, qualificando-os como possuidores diretos e possuidores indiretos. As situações de usufrutuário, credor pignoratício e locatário são apenas exemplificativas: diversas outras poderão ocorrer, decorrentes de direito pessoal ou real, nos termos que indica a dicção legal. A lei de 1916 descrevia situações decorrentes de relações contratuais, as quais não constituem a única possibilidade. Este Código nos concede uma compreensão melhor do fenômeno neste artigo.

> "*A posse direta dos bens, mesmo que em caráter temporário e decorrente de direito pessoal ou real, não anula a posse indireta de quem foi havida, podendo qualquer um deles agir em sua defesa, inclusive por ato praticado pelo outro possuidor*" (Projeto nº 6.960/2002).

Como decorre dessas disposições, possuidor indireto é o próprio dono ou assemelhado, que entrega seu bem a outrem. A tradição da coisa faz com que se opere a bipartição da natureza da posse. Possuidor direto ou imediato é o que recebe o bem e tem o contato, a bem dizer, físico com a coisa, em explanação didática simplificada. Nesse diapasão, serão possuidores diretos, também exemplificando, os tutores e curadores que administram bens dos pupilos; o comodatário que recebe e usufrui a coisa emprestada pelo comodante; o depositário que tem a obrigação de guardar e conservar a coisa recebida etc. Todos esses detêm posse de bens alheios. A lei ou o contrato, como regra geral, determinará a forma e lapso temporal dessa posse direta. Não apenas relações de direito obrigacional ou real podem desdobrar a posse, mas também de direito de família e de sucessões.

Desse modo, faz-se necessária a existência de uma relação jurídica negocial ou legal entre possuidor direto (imediato) e indireto (mediato). Ocorre um desdobramento da relação possessória. Foi solução encontrada pela lei para contornar situação em que o simples exame do *animus* e do *corpus* mostrou-se insuficiente. São consideradas duas posses, paralelas e reais: a direta ou *imediata* de quem temporariamente, por força de ato ou negócio jurídico, a exerce e a indireta ou *mediata* do titular da coisa, do *dominus*. Como vemos, a lei reconhece duas modalidades de posse coexistentes.

Como consequência, tanto o possuidor direto como o indireto podem valer-se das ações possessórias para se defenderem de turbação ou esbulho. Do mesmo modo, o possuidor direto pode opor-se pelas vias possessórias contra a turbação ou esbulho praticado pelo possuidor indireto. Destarte, assim se pode defender o locatário contra ato turbativo do locador; o usufrutuário contra ato do nu-proprietário; o comodatário contra ato do comodante etc. Por outro lado, ambos os possuidores, direto e indireto, estão legitimados às ações de defesa da posse contra terceiros que a turbem ou ameacem, ou mesmo um possuidor contra o outro, se turbada a posse em seu respectivo âmbito, como enfatiza a redação do Projeto.

Também, nada impede que haja um sucessivo desdobramento da posse. No usufruto, por exemplo, o nu-proprietário tem a posse indireta, sendo possuidor direto o usufrutuário. Este pode dar a coisa em locação, originando a posse direta do locatário. O primitivo possuidor direto passa a ser também possuidor indireto. Como veremos ao tratar da composse, a exemplo do condomínio, os compossuidores exercem o poder de fato sobre a coisa de forma horizontal, de acordo com o mesmo título e com as mesmas peculiaridades. No desdobramento de posse imediata e posse mediata, existe um plano vertical para a pluralidade de sujeitos; portanto, um plano hierárquico ligado à natureza do fato jurígeno. Na distinção entre possuidores e detentores, por outro lado, tendo em vista o âmbito mais restrito conferido pela lei aos detentores, existe também uma hierarquia entre os diversos sujeitos, levando-se em conta que neste último caso a "*hierarquia manifesta-se de um modo absoluto ou com alta intensidade. Nenhum é o direito do detentor em relação à coisa confiada ao seu poder*" (LOPES, 1964, v. 6, p. 128).

Como se nota, as posses direta e indireta convivem harmoniosamente e não colidem. Como o possuidor indireto não tem a coisa em seu poder, a aparência por nós enfatizada não é tão manifesta. O possuidor indireto pode circunstancialmente estar colocado na posição de simples detentor (o nu-proprietário utiliza-se da coisa por ordem do usufrutuário, por exemplo) ou pode vir a obter do possuidor direto essa mesma característica (o nu-proprietário toma em locação a coisa objeto do usufruto); no entanto, isso configura questões circunstanciais que não afetam a estrutura sob exame. Sempre será indispensável que examinemos a relação jurídica existente entre os dois sujeitos.

Na vigente Lei do Inquilinato (Lei nº 8.245/1991), entre as obrigações do locador elencadas no art. 22 encontra-se a de *garantir, durante o tempo da* locação, o uso pacífico do imóvel locado (inciso II). Esse dever do locador é inerente à locação. Contra terceiros, tanto o locador como o locatário pode utilizar-se das ações possessórias. No entanto, em virtude da natureza da relação negocial, cumpre ao locatário, ainda que não se valha do remédio possessório, levar prontamente ao conhecimento do locador eventuais turbações de terceiros contra a coisa locada, para evitar perecimento de direitos e sujeitar-se a pagar indenização ao locador, sem prejuízo da rescisão do contrato por descumprimento de obrigação legal. Na lei inquilinária, essa obrigação do locatário vem descrita no art. 23, IV.

Interessante notar, como aponta a doutrina, que essas modalidades não se harmonizam nem com a teoria de Savigny, nem com a de Jhering. Para Savigny, a posse dependeria da intenção, do *animus* de ser dono. Não existe esse *animus* para o locatário, usufrutuário, depositário etc. pela própria natureza da relação contratual envolvida.

Pela teoria de Jhering, haveria necessidade de exterioridade do domínio, o que não ocorre com o locador, nu-proprietário, depositante, porque não se apresentam eles ostensivamente perante a sociedade como titulares do direito real. Quem efetivamente se mostra com os poderes aparentes de proprietário são efetivamente o locatário, o usufrutuário, o depositário etc. Aplica-se a regra de aparência à qual nos referimos no capítulo precedente.

Desse modo, conclui-se que o Direito brasileiro adotou solução de ordem técnica, sem recorrer diretamente às fontes históricas tradicionais, embora inspirado no Código alemão, para dirimir questões de difícil deslinde nessas relações negociais, não se preocupando com a filiação numa ou noutra corrente doutrinária acerca da posse. A maior dificuldade é caracterizar outras hipóteses de desdobramento de posse direta e indireta que não as expressas exemplificativamente na Lei de 1916. Para tal, será necessário o exame da natureza da posse e se, no caso concreto, existe realmente um desdobramento, ou *simples detenção*.

É fato que essa criação jurídica é de notória praticidade e sua ausência em ordenamentos alienígenas dá margem a dificuldades. Essas duas modalidades podem efetivamente coexistir sem afetar os fundamentos estruturais da posse. A nosso ver, de certa forma, também não atenta frontalmente contra a teoria de Jhering, porque, sem muito esforço, no seio da sociedade, aflora ao conhecimento do leigo a relação de locação, usufruto e depósito, por exemplo, levando-se em conta que tanto locador como nu-proprietário e depositante não se despojam completamente da relação de fato com a coisa entregue por certo tempo e por determinado fato jurígeno a um possuidor imediato.

Nesse raciocínio, diz-se que a posse direta é a *detenção interessada* (PONTES, 1977, p. 55). Ou seja, nessa relação jurídica da posse direta, não existe a degradação legal que a converteria em detenção. A própria lei reconhece a posse temporária do possuidor imediato. Daí então alguns qualificarem-na de *posse derivada*. Assim como pode o legislador degradar a situação de fato em mera detenção, pode elevar situação de aparente degradação a estado possessório. Em suma, pode o legislador ordenar e coordenar as situações de detenção e de posse direta e indireta sem que as descrições legais (tipificações) sejam exaustivas. Em matéria de posse, sempre se traçarão caminhos gerais a serem examinados nos casos sob exame.

Finalmente, enfatizemos que, se não ocorrerem os fatos jurígenos (fatos típicos, tipificações) que dão origem ao desdobramento ora estudado, não temos que falar em posse direta ou indireta (mediata ou imediata), mas simplesmente em *posse* (posse plena), acolhida em nosso ordenamento na descrição do art. 1.196, pois, na verdade, somente existe a posse imediata. Nesse sentido, salvo expressa menção, falaremos aqui, como alhures, ao ser estudada a matéria, simplesmente em *posse*.

Tendo em vista sua estrutura, a posse direta é, de maneira geral, uma posse derivada, como alguns a denominam, sendo limitada no tempo. Isso porque haverá sempre uma pretensão de entrega, a certo tempo, em favor do possuidor mediato quando, por exemplo, findo o comodato, a locação, o depósito etc. Convivem, contudo, ambas as posses, a direta ou imediata e a indireta ou mediata, não podendo um possuidor turbar a posse do outro, de acordo com sua respectiva natureza. Interessante anotar a redação sugerida no já arquivado Projeto nº 6.960/2002, a qual mencionava expressamente ao final do art. 1.197 que qualquer desses possuidores pode agir em defesa da posse, "*inclusive por ato praticado pelo outro possuidor*".

Enunciado nº 76, I Jornada de Direito Civil – CJF/STJ: O possuidor direto tem direito de defender a sua posse contra o indireto, e este, contra aquele (art. 1.197, *in fine*, do novo Código Civil).

Apelação cível – Ação de reintegração de posse – Alegação de usucapião especial urbana em defesa – Representante legal do espólio que após a morte de seu pai entrega as chaves de casa pertencente ao mesmo em comodato à apelada e à sua mãe para moradia. Dissenso acerca da natureza da investidura da posse das rés, se por comodato ou por doação. Prova dos autos que indica que o *de cujus* nutria afeto pela apelada. Intenção do falecido de amparar a criança concretizada por escritura pública pela qual aquele deixa à mesma benefício previdenciário. Ausência de comprovação de doação do imóvel pelo falecido à apelada. Genitora da apelada que em audiência de conciliação apresenta proposta de compra parcelada do imóvel objeto da demanda. Conduta incompatível com a de quem recebeu o imóvel em doação ou tem animus domini para fins de usucapião. Doação que é contrato real que se perfaz com a transcrição/tradição do objeto doado, situando-se no patamar de mera expectativa de direito uma eventual promessa de doação não implementada. Precedentes do STJ. **Posse direta do comodatário que não exclui a posse indireta do comodante.** Inteligência do art.1197 CC. Extinção do comodato a partir da notificação judicial promovida pela representante do Espólio. Recusa à restituição que transmuta a posse em precária e de má-fé, além de caracterizar esbulho possessório. Precedentes do TJRJ. Usucapião arguida em defesa. Possibilidade. Inteligência da súm. 237 STF. Ausência de animus domini. Não cumprimento dos requisitos necessários ao reconhecimento da usucapião especial urbana. Aplicação dos Arts. 183, CF/88, 9º da Lei 10.257/2001 e 1.240 do Código Civil. Sentença reformada. Recurso a que se dá provimento. (TJRJ – AC 0007732-78.2013.8.19.0064, 27-4-2017, Relª Cristina Tereza Gaulia).

Reintegração de posse – Improcedência – Requerente que não provou os fatos constitutivos de seu direito – Ausência de requisitos do artigo 927 do CPC – Posse legítima da requerida conforme provas produzidas – Recurso improvido. Reintegração de posse – Defesa que contem pedido contraposto – Reconhecimento do exercício da posse legítima não quer significar que o proprietário, definitivamente, perdeu a posse, eis que esta é um estado de fato, sujeito a modificação no tempo – Hipótese em que se aplica o comando artigo 1.197 do Código Civil – Recurso improvido (*TJSP* – Acórdão: Apelação Cível nº 0028307-52.2009.8.26.0000, 30-11-2011, Rel. Des. Ligia Araújo Bisogni).

Art. 1.198. Considera-se detentor aquele que, achando-se em relação de dependência para com outro, conserva a posse em nome deste e em cumprimento de ordens ou instruções suas.
Parágrafo único. Aquele que começou a comportar-se do modo como prescreve este artigo, em relação ao bem e à outra pessoa, presume-se detentor, até que prove o contrário.

1. Detenção. Fâmulos da posse

Há que se examinar em cada caso se o ordenamento protege a relação da pessoa com a coisa. Quando não houver proteção, o que existe é *mera detenção*. Como consequência, a posse deve ser a regra. Sempre que alguém tiver uma coisa sob seu poder, deve ter direito à proteção. Somente por exceção o direito a priva de defesa, quando então se estará perante o fenômeno da *detenção* (AREAN, 1992, p. 105). Ou seja, em cada caso deve ser examinado se a pessoa comporta-se como dono, existindo *corpus* e *animus*. Quando no caso concreto prova-se que existe *degradação nessa posse*, e o ordenamento a exclui, ocorre uma *causa detentionis*, relação jurídica excludente da posse. Nesse sentido, devem ser lembrados dispositivos de nosso Código Civil que tipificam exclusão da posse em determinadas situações. A própria lei estabelece as *causae detentionis*, traçando perfil objetivo do qual não pode fugir o julgador. Nesse sentido, o art. 487 de 1916:

> *"Não é possuidor aquele que, achando-se em relação de dependência para com outro, conserva a posse em nome deste e em cumprimento de ordens ou instruções suas."*

Mantendo o mesmo sentido, mas referindo-se expressamente ao detentor, apresenta o atual Código sua redação sobre o tema.

Os Códigos conceituam aí o que se entende por *fâmulo ou servidor da posse*, o qual possui relação com a coisa em nome do dono ou do verdadeiro possuidor. Como podemos perceber, nesse aspecto o ordenamento retira do sujeito os característicos de posse. Dentro da teoria objetiva esposada maiormente pela lei, ocorre a decantada *degradação do estado de posse*, ou seja, uma *causa detentionis*.

O detentor, ou fâmulo, nesse caso, não usufrui do sentido econômico da posse, que pertence a outrem. Nessa situação, colocam-se os administradores da propriedade imóvel; os empregados em relação às ferramentas e equipamentos de trabalho fornecidos pelo empregador; o bibliotecário em relação aos livros; o almoxarife em relação ao estoque etc. Desse modo, o conceito amplo de posse, descrito no art. 1.196, deve ser examinado não somente em consonância com a descrição do art. 1.198 ss, como também com a ressalva do art. 1.208: *"Não induzem posse os atos de mera permissão ou tolerância [...]."* O exame será do caso concreto, sendo por vezes tênue na prova e na intenção das partes a linha divisória entre atos de mera tolerância e posse efetiva. Nesse aspecto, torna-se inevitável o exame do *animus* dos sujeitos pelo juiz. Aquele que transitoriamente apanha objeto para examiná-lo ou transportá-lo tem contato material com a coisa, pode ter aparência de posse, mas não tem posse. Não existe vontade nessa posse.

Não apenas o detentor que legalmente exerce o aspecto material da posse não possui a proteção possessória, mas a degradação da posse mencionada também ocorre nas hipóteses de causas obstativas de aquisição de justa posse, em situações de apossamento violento, clandestino ou precário. Daí dizermos que a posse não pode ocorrer *nec vim, nec clam, nec precario*. Esse o sentido do art. 1.200. Por tais razões, no exame da posse no processo, grande é a importância dos aspectos de fato circundantes da relação do sujeito com a coisa. Há um aspecto importante na posição do fâmulo, que foi ressaltado pelo parágrafo único do art. 1.198 do atual diploma, aqui transcrito. A ideia básica é no sentido de que quem inicia a detenção como mero fâmulo ou detentor não pode alterar por vontade própria essa situação e tornar-se possuidor. Para que o detentor seja considerado possuidor, há necessidade de um ato ou negócio jurídico que altere a situação de fato. Isso porque o fato da detenção da coisa é diverso do fato da posse. Por essa razão, como sufragado de há muito pela doutrina, mas por vezes obscuro nas decisões judiciais, presume-se que o fâmulo tenha se mantido como tal até que ele prove o contrário. Essa modificação de *animus*, como apontamos, não depende unicamente da vontade unilateral do detentor.

Quando o detentor for demandado em nome próprio, o CPC autoriza que decline o possuidor ou proprietário para responder no processo, por meio do instituto da nomeação à autoria, modalidade de intervenção de terceiro no processo civil (art. 338 do CPC). Cuida-se de verdadeiro ônus do detentor ou fâmulo da posse, pois o estatuto processual dispõe no art. 339. O demandado que alegar sua ilegitimidade deve indicar o sujeito passivo da relação jurídica discutida, se dele souber, sob pena de arcar com despesas processuais e indenização ao autor pelos prejuízos decorrentes da falta de indicação.

O ônus do detentor é indicar o verdadeiro possuidor. Provado, a final, ser o demandado mero fâmulo, a decisão será de extinção do processo sem julgamento do mérito, por ilegitimidade passiva de parte (art. 485, VI, do CPC). O autor da causa assumirá o risco no prosseguimento da ação contra o réu originário, que se diz mero fâmulo.

Atualmente, importa, no estudo da posse, desprender-se de posições extremadas. Essa compreensão leva ao exame com acuidade dos novos fenômenos jurídicos e técnicos surgidos após a enunciação das teorias clássicas. Há novas manifestações do direito de propriedade. Há novo sentido social da propriedade. Tudo isso deve efetivamente ser levado em conta no exame da posse. Por essa razão, o vocábulo *detenção* deve ser evitado sempre que estudamos a teoria pura da posse.

A superioridade da teoria de Jhering repousa exatamente na maior facilidade de distinguir-se a posse da detenção. Em princípio, toda situação material envolvendo o titular à coisa é posse, salvo se o ordenamento a exclui, quando então se considerará a situação como de mera detenção. Por conseguinte, pode ser concluído existir na detenção o *corpus*, mas não o *animus*. Ou seja, o próprio ordenamento concede o balizamento ao julgador para, no caso concreto, concluir que o detentor tem a coisa sem a intenção de exercer poder material sobre ela.

Por vezes, no entanto, torna-se imperioso o exame do *animus* como ocorre na usucapião entre nós, em que do usucapiente examina-se a intenção de possuir como dono. O art. 1.238 dispõe sobre aquele que *"possui como seu um imóvel"*. Indubitavelmente, aqui existe ponto de contato com a teoria subjetiva, que leva sempre em consideração o *animus*. Também o exame da situação do fâmulo da posse, como vimos, enunciada pelo artigo em exame, obriga que se adentre no *animus* do sujeito. Por essa razão, sustenta-se que, embora o ordenamento nacional tenha adotado a teoria objetiva, abre válvulas para o exame subjetivo das características da posse, notadamente na posse *ad usucapionem*, não ocorrendo adesão servil do legislador à teoria objetiva da posse.

Seguindo a tradição romana e dentro da teoria exposta por Jhering, adotada como regra geral em nosso Direito, enfoca-se a posse como um postulado da proteção da propriedade. Trata-se de complemento necessário do direito de propriedade. A proteção possessória, pelas vias processuais adequadas dentro do ordenamento, surge então como complemento indispensável ao direito de propriedade.

Enunciado nº 301, IV Jornada de Direito Civil – CJF/STJ: é possível a conversão da detenção em posse, desde que rompida a subordinação, na hipótese de exercício em nome próprio dos atos possessórios.

Enunciado nº 493, V Jornada de Direito Civil – CJF/STJ: o detentor (art. 1.198 do Código Civil) pode, no interesse do possuidor, exercer a autodefesa do bem sob seu poder.

Reintegração de posse. Imóvel em área pública. Mero detentor. Art. 1.198 do CC. Notificação. Permanência no imóvel. Esbulho. Demonstrado. Justiça gratuita mantida. 1. A ação de reintegração de posse é uma espécie de ação possessória que deve ser manejada pelo proprietário/possuidor quando sofrer esbulho e a sua posse tiver que ser restabelecida. 2. É cabível o manejo das ações possessórias entre particulares, ainda que o imóvel objeto da lide se encontre em área pública. Precedente do STJ. 3. Existe mero vínculo de detenção, quando aquele que exerce poderes sobre o bem age em razão de uma relação de dependência com o real proprietário, no intuito de manter a conservação em nome deste, por mero cumprimento de ordens ou instruções, conforme o art. 1.198 do Código Civil. 4. Se não mais interessa ao apelado que o apelante ocupe o imóvel, legítimo lhe afigura o direito de reintegrar-se na posse da área noticiada nos autos, independentemente de motivos. E, se há a recusa da entrega, evidente o esbulho. 5. Ao julgador somente é legítimo o indeferimento do benefício da assistência judiciária gratuita caso haja nos autos elementos que evidenciem a falta de pressupostos legais para a concessão, conforme o art. 99, § 2º, do CPC. 6. Apelação e recurso adesivo conhecidos e desprovidos (*TJDFT* – Ap. 20161610060353, 1-2-2018, Rel. Diaulas Costa Ribeiro).

Cível – Processual civil – Ação possessória – "Melhor posse" – Exteriorização da posse – A despeito da discussão acerca da titularidade da terra em questão, tenho que se deve levar em conta a "melhor posse" sobre a mesma, sem deixar de frisar que a **mera detenção não induz à posse**. É de ressaltar que a posse é o reflexo da exteriorização de algum(ns) direito(s) inerente(s) à propriedade. Com efeito, a posse deve ser assegurada àquele que comprovou a aparência mais fidedigna de algum atributo dominial (Direito de usar, fruir, reaver ou dispor), considerando-se, obviamente, a cronologia atinente à manifestação dessas qualidades. Apelação conhecida e desprovida. (*TJDFT* – Proc. 20160610132402APC – (1014385), 5-5-2017, Rel. Gilberto Pereira de Oliveira).

Art. 1.199. Se duas ou mais pessoas possuírem coisa indivisa, poderá cada uma exercer sobre ela atos possessórios, contanto que não excluam os dos outros compossuidores.

1. Composse

Duas ou mais pessoas podem possuir a mesma coisa, com vontade comum, ao mesmo tempo. Assim como existe o condomínio, existe a composse, pois esta é a manifestação de aparência da propriedade, conforme vimos. Essa composse pode ocorrer, como deflui do que já foi exposto, tanto na posse imediata como na posse mediata.

Desse modo, podem coexistir dois ou mais locadores, dois ou mais locatários, dois ou mais comodantes, dois ou mais comodatários. Dois sujeitos podem ter a posse da mesma coisa como se condôminos fossem, caso se tratasse de propriedade. Essa composse pode ocorrer ainda que dela não tenham ciência os compossuidores, como ocorre na hipótese de herdeiro que se acredita único, quando de fato não o é. Ainda que ele não saiba da existência de outros herdeiros, todos têm a posse dos bens hereditários desde o momento da morte do autor da herança, por força do princípio da *saisine* mencionado.

Assim, serão compossuidores do mesmo terreno todos que conjuntamente o tomaram. Nesse diapasão, são compossuidores os condôminos da parte indivisa, parte comum, do edifício de apartamentos, embora se possa aí divisar uma posse mediata, pois a posse direta ou imediata será do *condomínio*, como entidade com personificação anômala. Pontes de Miranda distingue esses exemplos como de *posse simples*, separando-os da composse *de mão comum*. Na composse simples, ou composse propriamente dita, cada sujeito tem o poder fático sobre a coisa, independentemente do outro consorte, que também o tem. São exemplos os aqui citados.

Na composse de mão comum, nenhum dos sujeitos tem poder fático independente dos demais. É o caso da posse dos herdeiros, isto é, os herdeiros A, B e C são titulares em conjunto da posse e não cada herdeiro especificamente. Enfatiza o autor (1971, v. 10, p. 112) que em regra a composse mediata é de mão comum.

Quer se trate de posse simples ou de posse de mão comum, com relação a terceiros são irrelevantes as quotas-partes de cada um. Assim, se duas pessoas possuem um cavalo, ainda que uma delas detenha parcela mínima de seu valor, ambas podem defender sua posse contra terceiros. Este Código não se referiu a quotas.

Assim, no caso dos herdeiros, enquanto não partilhada a herança, não pode pretender um deles exercer a posse exclusiva sobre bens hereditários, excluindo arbitrariamente os demais.

Questão que, no entanto, não fica clara é o limite de proteção da posse de um dos compossuidores contra outro. Não nos resta dúvida de que um compossuidor poderá defender-se com remédios possessórios da turbação que outro consorte lhe intentar no âmbito do exercício de seu poder de fato. A situação concreta definirá a relação fática de cada compossuidor com a coisa. De qualquer modo, os compossuidores gozam, uns contra os outros, dos interditos possessórios, caso reciprocamente se lhes ameacem o exercício de seu âmbito possessório. Nesse raciocínio, é defensável a composse da companheira, em relação ao imóvel comum do casal e a seu companheiro, ou vice-versa. O vínculo concubinário ou de união estável, na nomenclatura adotada pela Constituição, confere ao companheiro os mesmos direitos possessórios do cônjuge legítimo, caracterizada a união estável (*RT* 665/129).

Por outro lado, se os compossuidores acordam em delimitar o terreno objeto de sua posse, ou a extensão fática do objeto da posse, passa cada um a exercer a posse exclusiva sobre o torrão escolhido, desaparecendo nesse caso a composse. Composse localizada é mera aparência de posse em comum. É posse exclusiva. Nada obsta que seja ajuizada ação declaratória para delimitar o âmbito da posse ou posse localizada. Nesse caso, distingue-se a posse *pro diviso* da posse *pro indiviso*. Se o possuidor tem posse delimitada sobre a coisa, sua posse é *pro diviso*, exercitada sobre parte certa e determinada. Se a posse em comum em terreno mostra-se indeterminada, sem fixação clara de limites, cuida-se de posse *pro-indiviso*, a verdadeira composse, "*o compossuidor tem direito de nele instalar-se, desde que não exclua os demais. O Código Civil, no art. 623, nº I, assegura-lhe esse direito*" (MONTEIRO, 1989, p. 81). A posse *pro indiviso* é aquela em que os sujeitos possuem a mesma coisa por vontade comum. O verdadeiro estado de posse em comum pressupõe o estado de fato pelo qual diversos sujeitos possuem em comum a mesma coisa indivisa (PONTES, 1977, p. 65).

A composse extingue-se por vontade dos sujeitos que faz desaparecer o estado de indivisão ou quando cessa a causa que a determinou. Com a partilha, por exemplo, cada herdeiro recebe seu quinhão, desaparecendo a posse em comum.

🔨 Possessória – Ação de reintegração de posse de imóvel – Requerida inicialmente autorizada pelos compossuidores a permanecer no imóvel – Autor que externou sua intenção de revogar a autorização e fazer cessar o comodato verbal – Esbulho caracterizado com o recebimento da notificação extrajudicial e não atendimento no prazo assinalado – Atos de mera tolerância que não induzem posse à ré – Ocupante que passou a esbulhadora – Posse anterior e esbulho bem caracterizados – Autorização por um dos compossuidores que não pode limitar o exercício da posse pelos demais compossuidores – Art. 1.199 do CC/02 – Compossuidor a quem é possível a defesa da posse do bem indiviso – Inadmissível conferir posse, uso ou gozo do imóvel a terceiros sem consenso de todos os condôminos – Aplicação analógica do art. 1.314, parágrafo único, do mesmo diploma legal – Demanda procedente – Recurso provido (*TJSP* – Ap. 1026290-08.2018.8.26.0001, 25-10-2019, Rel. Jovino de Sylos).

🔨 Apelação cível – Ação de obrigação de fazer – Pretensão de compelir o réu a desocupar imóvel que alega ser de uso comum – Bem ocupado pelo réu compossuidor – **Imóvel pro indiviso** – Mãe e filho – Autora que saiu voluntariamente do imóvel e ingressou anteriormente com arbitramento de aluguel pelo uso exclusivo da coisa e com sentença de procedência da pretensão – Pretensão de compelir o réu a desocupar o imóvel – Falta de interesse de agir para a ação de obrigação de fazer – Autora que tem à sua disposição a execução da sentença para obter o pagamento do aluguel pelo uso exclusivo da coisa, propor ação para alienação da coisa comum ou, ainda, o uso de uma das ações possessórias – sentença mantida, com correção da causa de extinção do processo – recurso improvido – O artigo 1199 do Código Civil estabelece o conceito de composse e dispõe que se duas ou mais pessoas possuírem coisa indivisa, poderá cada uma exercer sobre ela atos possessórios, contanto que não excluam os dos outros compossuidores. Se a compossuidora saiu do imóvel voluntariamente e o outro compossuidor passou a ser o possuidor exclusivo, e tendo a autora compossuidora proposto ação para compelir o réu a lhe pagar aluguel da parte do bem por ele utilizado exclusivamente, cujo pedido foi julgado procedente, cabe-lhe executar a sentença, mas não pretender compelir o réu a ser desalojado de parte do imóvel, onde reside, impondo-lhe obrigação de fazer, de todo inexistente na espécie, pleitear a alienação da coisa comum com partilha do produto da alienação ou, ainda, uma das vias possessórias, depois de caracterizar o esbulho por parte do compossuidor exclusivo. *Electa una via non datur regressus ad alteram*. Em caso assim, falece à autora interesse de agir, causa de indeferimento da inicial e extinção do processo sem resolução do mérito, em face do exercício de uma das faculdades que o ordenamento jurídico lhe confere para tutela de seus direitos, no caso concreto. Recurso conhecido e improvido, com correção do dispositivo da sentença para que figure como fundamento do indeferimento da inicial a falta de interesse de agir e não a impossibilidade jurídica do pedido, ali constante (*TJMS* – Ap. 0842473-33.2015.8.12.0001, 2-5-2017, Rel. Des. Dorival Renato Pavan).

Art. 1.200. É justa a posse que não for violenta, clandestina ou precária.

1. Posse justa e injusta. Posse violenta, clandestina e precária

O conceito de posse justa encontra-se definido de forma negativa nesse artigo, seguindo a tradição do direito romano (*nec vim, nec clam, nec precario*). A posse exige, em princípio, que sua origem não apresente vícios. Posse viciada é aquela cujo vício originário a torna ilícita. Como alerta Pontes de Miranda (1971, v. 10, p. 120), no mundo fático não existe o justo ou o injusto. Estes são conceitos jurídicos. Procede injustamente aquele que atenta contra o Direito.

A justiça ou injustiça da posse é conceito de exame objetivo. Não se confunde com a posse de boa ou de má-fé, que exigem exame subjetivo, ou seja, exame da vontade do agente. Para sabermos se uma posse é justa, não há necessidade de recorrer à análise da intenção da pessoa. A posse pode ser injusta e o possuidor ignorar o vício.

A violência, clandestinidade ou precariedade não são da posse em si mesma porque somente a vítima pode alegá-la. Terceiros não têm legitimidade para arguir a injustiça da posse. A posse somente será viciada em relação a alguém. Quem invade terreno somente terá contra si o vício em relação ao justo possuidor; quem furta ou rouba só tem posse viciada com relação ao dono da coisa surrupiada. Assim, como consequência, essa posse injusta, sendo relativa, pode ser protegida pelos interditos contra terceiros que a ameacem e pretendam-na para si. Vemos, pois, que não se trata de posse totalmente desamparada como à primeira vista pode parecer. Examina-se a injustiça da posse apenas em relação ao adversário. Cuida-se de mais um aspecto em que é protegida a aparência em prol da paz social (MONTEIRO, 1989, p. 29).

Essa posse justa é relativa aos envolvidos na relação jurídica. A posse pode ser justa com relação a um sujeito e ser injusta com relação a outro. Tudo dependerá da relação existente entre os envolvidos.

Como a posse se transmite com os mesmos caracteres aos sucessores (arts. 1.206 e 1.207), estes sucedem como possuidores justos ou injustos, de acordo com a natureza da posse de seus antecessores. O art. 1.212, no entanto, dispõe: "*O possuidor pode intentar a ação de esbulho, ou a de indenização, contra o terceiro, que recebeu a coisa esbulhada sabendo que o era.*" Nessa hipótese, a natureza viciada da posse adquire caráter subjetivo. Ao contrário, se o possuidor adquire coisa não sabendo do esbulho, poderá valer-se dos remédios possessórios.

Esses vícios são, portanto, relativos. Somente as vítimas podem argui-los. Tão só a posse justa, com a relatividade enfocada, é amparada pelos interditos. A regra geral a ser observada é não merecer a posse injusta proteção. Os efeitos da posse injusta são os da posse de má-fé para os fins de percepção dos frutos e indenização por benfeitorias (art. 1.214 ss) a partir do momento em que o possuidor tem consciência da ilicitude de sua posse.

Posse violenta é aquela obtida pela força ou violência no início de seu exercício. Pelo oposto, a posse obtida com tranquilidade, e assim mantida no curso de seu exercício, se diz *mansa e pacífica*. Não é necessário que a violência seja exercida contra o possuidor para macular a posse: basta que se trate de fato ou ato ofensivo, sem permissão do possuidor ou seu fâmulo. Entende-se como violência tanto a *vis compulsiva* (coação moral) como a *vis absoluta* (coação física), isto é, não perde o caráter de violenta a posse obtida por *vis* que não inibe totalmente a vontade do atingido.

Embora o conceito de posse injusta seja objetivo, a posse violenta, ao menos em sua origem, vem imbuída da mácula da má-fé. Ocorre posse violenta se tomamos a coisa móvel das mãos de outrem contra sua vontade. Há violência na posse do imóvel se nele adentramos, expulsando o possuidor ou quem lá se encontre, ou impedimos o possuidor de ali ingressar ou retornar. Destarte, existe também violência quando alguém invade propriedade na qual não encontrou pessoa alguma, *violência esta que se concretiza a partir do momento em que o possuidor despojado seja impedido de nela reentrar* (LOPES, 1964, v. 6, p. 136). Suponhamos, nesse caso, a situação de alguém que ingressa em imóvel ou se apossa de coisa na ausência do dono ou possuidor, sem resistência. Quando, porém, retorna o *verus dominus*, o ocupante opõe-se pela força a seu reingresso. Conclui-se, portanto, que existe posse violenta quando esta é obtida *ou mantida* por esse meio.

Essa violência pode partir do próprio agente ou de terceiros que atuam por sua ordem e subordinação. Da mesma forma, a violência pode atingir o possuidor ou quem detém a coisa em nome dele. A origem violenta vicia a posse, conquanto tenha efetiva ou aparentemente cessado posteriormente. A violência é dirigida contra o possuidor anterior, contra pessoas. Não é a violência praticada contra a coisa. Não atenta contra posse quem rompe obstáculos para ingressar em imóvel abandonado, não possuído e por ninguém reclamado, ou nas mesmas condições se apossa de coisa móvel de ninguém ou abandonada, porque nessas hipóteses não existe posse anterior. Do mesmo modo, não praticamos ato contrário ao direito se rompemos cadeado de porta de coisa da qual temos posse.

A violência citada na lei para a situação do fato da posse é aquela tipificadora da coação como vício dos negócios jurídicos em geral, cujos princípios são aqui de plena aplicação. Pode caracterizar-se por atos materiais ou morais. A chantagem é também violência moral. Quando alguém firma contrato de venda de um imóvel sob ameaças e em seguida entrega a posse, é elementar presumir que cumpre o pacto cedendo às mesmas ameaças que o obrigaram a firmá-lo (BORDA, 1984, v. 1, p. 74). Por outro lado, pode ocorrer que a avença tenha sido firmada sob violência, mas a entrega de posse não, porque o outorgante se convenceu posteriormente da conveniência do negócio. Nessa hipótese, não haverá vício na posse.

Posse clandestina é aquela obtida à socapa, às escondidas, com subterfúgios, estratagemas, manhas e ardis. Quem tem posse justa não tem necessidade de ocultá-la. É no momento da aquisição da posse que se avalia a clandestinidade. Não é clandestina a posse obtida com publicidade e posteriormente ocultada. A inventividade humana para transgredir o justo é infinita. Examina-se o estado de clandestinidade no caso concreto. Não é necessária a intenção de esconder ou camuflar, porque o conceito é objetivo, como vimos. Para a clandestinidade da posse, é bastante que o possuidor esbulhado não o saiba: "*a posse clandestina se estabelece às caladas, às ocultas daquele que tem interesse em preservá-la*" (PONTES, 1977, p. 69). É o ato de possuir clandestinamente que vicia a posse.

Posse precária é aquela que se situa em gradação inferior à posse propriamente dita. O possuidor precário geralmente se compromete a devolver a coisa após certo tempo. Há obrigação de restituição. A coisa é entregue ao agente com base na confiança. O adquirente de coisa ainda não integralmente paga pode receber sua posse precária em confiança, devendo devolvê-la se não honrar o preço e solver a obrigação. A precariedade resulta de ato volitivo de quem concede posse nesse nível. No entanto, a precariedade não se presume. Se não houver expressa menção ou não decorrer do fenômeno de circunstâncias usuais, a posse não assume o caráter de precariedade. É necessário que o outorgado da posse concorde com a cláusula de poder a concessão ser revogada a qualquer tempo, tornando-se precarista da posse. Ordinariamente, a posse imediata é precária.

Como repousa na confiança, a outorga concedida ao precarista pode ser suprimida a qualquer tempo, surgindo a obrigação de devolver a coisa. O vício dá-se a partir do momento da recusa em devolver. Nesse aspecto, distinguem-se da violência e da clandestinidade vícios que partem da origem da relação da coisa com o possuidor viciado.

É o que sucede quando cessa o comodato, a locação e o depósito, por exemplo. É precária também a posse do empregado com relação a veículos, máquinas, instrumentos, mostruários etc., que recebe em razão do desempenho da relação de trabalho, quando não mera detenção:

Essa posse precária não se confunde com a situação descrita no art. 1.208:"*Não induzem posse os atos de* mera *permissão ou tolerância assim como não autorizam a sua aquisição os atos violentos, ou clandestinos, senão depois de cessar a violência ou clandestinidade."*

Na posse precária, há sempre um ato de outorga por parte de um possuidor a outro. Nos atos de tolerância ou permissão citados no dispositivo, essa relação de ato ou negócio jurídico não ocorre.

Enunciado nº 302, IV Jornada de Direito Civil – CJF/STJ: pode ser considerado justo título para a posse de boa-fé o ato jurídico capaz de transmitir a posse ad usucapionem, observado o disposto no art. 113 do Código Civil.

Apelação. Ação de usucapião constitucional urbano. Requisitos. Não preenchimento. Compra e venda. Inadimplência dos compradores. Posse precária. *Animus domini*. Ausência. São requisitos da usucapião especial urbana, também conhecida como usucapião pro morada: não ser proprietário de imóvel urbano ou rural; posse mansa e pacífica, ininterrupta, sem oposição, exercida com *animus domini* pelo prazo de cinco anos; utilização do imóvel para sua moradia ou de sua família; área não superior a duzentos e cinquenta metros quadrados. Após a inadimplência dos autores, a posse por eles exercida tornou-se injusta, por ser precária, nos termos do art. 1.200, do CC, sem *animus domini*, fato que é incapaz de ensejar a prescrição aquisitiva pleiteada (*TJMG* – Ap. 1.0702.07.367399-9/001, 25-1-2018, Rel. Cláudia Maia).

Reintegração de posse – Reconhecida a invasão do imóvel pelos apelantes – **Posse precária e clandestina** – A posse se reveste de caráter precário, e sem prova da inversão do animus será posse injusta, a impedir a prescrição aquisitiva. Retenção por benfeitorias. Ausência de elementos de prova que autorizem o reconhecimento do direito. Sentença mantida. Apelação improvida (*TJSP* – Ap. 0006548-23.2011.8.26.0045, 15-2-2017, Rel. Jairo Oliveira Junior).

Art. 1.201. É de boa-fé a posse, se o possuidor ignora o vício, ou o obstáculo que impede a aquisição da coisa.
Parágrafo único. O possuidor com justo título tem por si a presunção de boa-fé, salvo prova em contrário, ou quando a lei expressamente não admite esta presunção.

Art. 1.202. A posse de boa-fé só perde este caráter no caso e desde o momento em que as circunstâncias façam presumir que o possuidor não ignora que possui indevidamente.

1. Posse de boa-fé e de má-fé. Justo título

Ambos os artigos tratam das mesmas faces do fenômeno da boa ou má-fé possessória e devem ser examinados conjuntamente.

Enfatizemos, de plano, que o interesse para a conceituação de posse de boa-fé diz respeito a dois fenômenos, quais sejam, a aquisição da coisa por usucapião e a questão dos frutos e benfeitorias da coisa possuída. Quando discutimos esses dois aspectos, a tipificação de posse de boa ou má-fé tem vital importância. Para a defesa da posse não é essencial a boa-fé, basta que seja uma posse nem violenta, nem precária, nem clandestina (LOPES, 1964, v. 6, p. 139).

Embora existam críticos desses dispositivos sob comentário que sustentam que o legislador criou aspecto objetivo à conceituação de boa-fé na posse, as dicções legais fazem o caso concreto depender sempre do exame da vontade do possuidor. Nesses termos, temos que examinar, no caso sob testilha, se o possuidor *ignora* o vício da posse. Em seguida, concluiremos cessada a boa-fé no momento em que as circunstâncias façam presumir que o possuidor *não ignora* que possui indevidamente.

Ora, a ignorância é um estado mental. Para fins de anulação do negócio jurídico, equipara-se ao erro como vício de vontade. Desse modo, não se afasta a necessidade do exame do psiquismo do agente para concluir por sua boa ou má-fé. Essa boa-fé na posse não interfere por si só no aspecto dominial e na ação petitória.

"A justiça ou injustiça da posse determina-se com base em critérios objetivos, diversamente do que ocorre com a posse de boa ou de má-fé que tem em vista elementos subjetivos, pois decorre da convicção do possuidor. O reconhecimento de injustiça da posse, levando à procedência da reivindicatória, não obsta, por si, tenha-se presente a boa-fé" (STJ, RE nº 9.095/SP, Rel. Min. Cláudio dos Santos).

Destarte, ao contrário de, por exemplo, Darcy Bessone (1988, p. 270), que critica o legislador por ter o Código feito depender a tipificação da boa-fé de circunstâncias imprecisas, o critério é essencial para permitir ao julgador analisar a vontade do agente em cada caso concreto. Poderia a lei ter colocado como marco divisor da boa e da má-fé tão somente a citação, como faz a lei italiana. Mas é evidente que nessa hipótese restariam, antes de qualquer procedimento judicial, situações de suma iniquidade, deslocando-se a suposta imprecisão criticada em nosso ordenamento para a insegurança das relações possessórias.

Haverá posse de má-fé quando *"o possuidor está convencido de que sua posse não tem legitimidade jurídica, e nada obstante, nela se mantém"* (PONTES, 1977, p. 70). No caso em exame, o julgador avaliará as circunstâncias referidas na lei, concluindo que na espécie reunia o agente, tomando-se como padrão o homem médio, condições de conhecer a ilegitimidade de sua relação de fato com a coisa. O critério é a subjetividade. Não bastará, contudo, alegar apenas ausência de ciência de ilicitude, atitude passiva do sujeito. A consciência de possuir legitimamente deve vir cercada de todas as cautelas e investigações idôneas para caracterizar o fato da posse. Há necessidade, portanto, de um aspecto dinâmico nessa ciência de boa-fé. Não basta ao possuidor assentar-se sobre um terreno que se encontra desocupado, sem investigar se existe dono ou alguém de melhor posse. Tão somente a atitude passiva do agente não pode caracterizar boa-fé, porque é curial que ao homem médio incumbe verificar ordinariamente se a coisa tem outro titular. O estado de boa-fé requer ausência de culpa, devendo, pois, o possuidor empregar todos os meios necessários, a serem examinados no caso concreto, para certificar-se da legitimidade de sua posse. A situação poderá exigir o exame da gradação de culpa, equivalendo a culpa grave ao dolo.

Aplicam-se ao conceito de ignorância os princípios do erro como vício dos negócios jurídicos. De igual maneira, o aspecto da escusabilidade do erro, no tocante ao erro de Direito. Evidente que o erro de fato produz uma situação de boa-fé.

A problemática levanta-se em razão do princípio pelo qual *a ninguém é lícito desconhecer a lei*. Dispõe o art. 3º da Lei de Introdução às Normas do Direito Brasileiro:

> "Ninguém se escusa de cumprir a lei, alegando que não a conhece."

Assim como defendemos na obra de teoria geral, em matéria de posse não se configurará a posse de boa-fé quando a ignorância derivar de circunstâncias facilmente perceptíveis pelo comum dos homens. Também ali concluímos que, em determinadas circunstâncias, o erro (e também a ignorância) de direito, de lei não cogente, pode caracterizar posse de boa-fé, enquanto não alertado ou não ficar ciente o possuidor. *"Conclui-se, portanto, que quem é levado a falso entendimento, por ignorância de lei não cogente, não a está desobedecendo."* Logo, em nossa sistemática,

> *"nada impede que se alegue erro de direito se seu reconhecimento não ferir norma de ordem pública ou cogente e servir para demonstrar descompasso entre a vontade real do declarante e a vontade manifestada".*

Adapte-se o que foi dito a respeito dos negócios jurídicos à consciência; portanto, à vontade do agente, no fato da posse.

Darcy Bessone (1988, p. 270), ao analisar as duas correntes antagônicas, uma admitindo a ignorância ou erro de direito e outra não, conclui por nosso entendimento:

> "A boa-fé pertence ao terreno ético, e, por isso, não se pode levar a tal rigor o princípio segundo o qual a ignorância da lei não pode ser alegada. Essa corrente considera, pois, que, para efeito de admitir-se a boa-fé, pode-se invocar tanto erro de fato como o erro de direito."

Portanto, nos termos do art. 1.202, não apenas a citação, como fato objetivo, pode fazer cessar a boa-fé, mas também opera o mesmo efeito qualquer circunstância anterior ao processo que faça presumir a consciência da ilicitude por parte do sujeito. As circunstâncias podem ser tão notórias que a definição da má-fé independe de procedimento. A citação, por outro lado, não transforma sistematicamente a posse de boa em má-fé. *"A citação, com o conhecimento que passa a ter da demanda o possuidor, marca momento em que, se não cessou antes a boa-fé **pode** cessar para o vencido"* (MIRANDA, 1971, v. 10, p. 135). Conquanto citado, o sujeito pode manter a convicção de que possui legitimamente.

Desde a citação o possuidor de má-fé responde pela entrega da coisa e pelos frutos em decorrência de princípios processuais e obrigacionais. A sentença retroage à época da citação. *"Assim, mesmo que a má-fé não se caracterize no momento em que é demandado, a posse adquire essa qualidade para o efeito da restituição dos frutos"* (GOMES, 1983, p. 40).

Por outro lado, a contestação, dando ciência ao possuidor, autor da demanda, da invalidade de sua posse, converte-a em posse de má-fé, segundo a doutrina majoritária (MONTEIRO, 1989, p. 30). Com a contestação, o possuidor passa a ter ciência dos vícios que maculam sua posse. Cuida-se de aplicação do texto legal que manda analisar as *circunstâncias* que a cercam (art. 1.202).

Postos esses princípios, não há dificuldade em conceituarmos a posse de má-fé: é aquela na qual o possuidor sabe ter a coisa consigo indevidamente; tem ciência do vício ou do obstáculo impeditivo.

Nosso ordenamento faz presumir a boa-fé decorrente de *justo título* segundo o parágrafo único do art. 1.201. *Justo título* é empregado nesse dispositivo não como documento ou instrumento, pois esse é o sentido mais usual, mas como *fato gerador do qual a posse deriva*. O exame desse fato jurígeno diz respeito à aptidão para gerar efeitos possessórios. Assim, por exemplo, a jurisprudência tem sufragado o correto entendimento de que a companheira tem justo título na posse de bens comuns do casal, quando do falecimento do companheiro (*JTASP* 115/129).

O justo título configura estado de aparência que permite concluir estar o sujeito gozando de boa posse. Lembremos do caso do herdeiro aparente cujo título e ignorância da existência de outros herdeiros faz presumir ser ele justo possuidor. Destarte, um título defeituoso faz presumir a boa-fé até que circunstâncias demonstrem o contrário. *"Justo título é o título hábil para transferir o domínio e que realmente o transferiria, se emanado do verdadeiro proprietário. Mas essa presunção cede ante prova em contrário"* (MONTEIRO, 1989, p. 30). Alguém, por exemplo, adquire coisa de menor, não sabendo dessa incapacidade; o sujeito apresenta-se como representante, com procuração falsa etc.

Justo título é tanto aquele existente, mas defeituoso, como aquele inexistente que o possuidor reputa como tal. O Código argentino refere-se a "título putativo" nessas circunstâncias (art. 2.357). O fato gerador da posse, portanto, definirá em cada caso o justo título.

Orlando Gomes (1983, p. 38) qualifica a posse com justo título de *posse de boa-fé presumida*, diferenciando-a daquela que denomina *posse de boa-fé real*, que independe do exame do chamado justo título, decorrente da simples convicção do possuidor, como aqui expusemos.

Nem sempre se confundem os conceitos de posse justa e posse de boa-fé. Um possuidor de boa-fé pode ter posse injusta, se adquiriu a coisa de quem, por sua vez, a obteve com violência, clandestinidade ou precariedade. Embora o adquirente esteja de boa-fé, essa posse é injusta porque apresenta um dos vícios originários já examinados. Também é perfeitamente possível que alguém possua de má-fé, sem que tenha obtido a posse de forma violenta, clandestina ou precária.

Enunciado nº 303, IV Jornada de Direito Civil – CJF/STJ: considera-se justo título, para a presunção relativa da boa-fé do possuidor, o justo motivo que lhe autoriza a aquisição derivada da posse, esteja ou não materializado em instrumento público ou particular. Compreensão na perspectiva da função social da posse.

Apelação cível. Possessória. Ação de oposição em ação de reintegração de posse. Possibilidade. Arts. 682 do CPC/15. Oposição julgada procedente. Sopesamento da posse mais justa. Art. 373, I, do CPC. 1. Caso em que ambas as partes alegam exercício de posse sobre o imóvel descrito na inicial. O apelante (oposto) com fulcro instrumento particular de arras, contrato não perfectibilizado. Permitida a posse apenas para proceder reformas com a finalidade de obter financiamento imobiliário junto a CEF. Os opoentes, terceiros adquirentes, detinham a posse em decorrência de escritura pública de compra e venda, com pagamento integral do preço, contrato concluído. 2. Nesse contexto, o conflito foi resolvido à luz do critério da "posse mais justa", tendo o Magistrado conjugado o melhor título e a boa-fé dos terceiros-adquirentes, traçados no art. 1.201, parágrafo único e art. 1.202, do CC. Doutrina e jurisprudência a respeito. Sentença mantida. 3. Mantida a quantificação dos honorários sucumbenciais. Apelação desprovida (*TJRS* – Ap. 70082909136, 11-3-2020, Rel. Glênio José Wasserstein Hekman).

Apelação cível. Reintegração de posse. **Esbulho configurado. Posse viciada.** Manutenção da sentença. 1. Consoante dispõe o artigo 927, do Código de Processo Civil, para a reintegração é indispensável a demonstração da posse anterior, do esbulho praticado e da data de sua ocorrência e a posterior perda da posse. 2. Na forma do art. 1.196, do Código Civil, considera-se possuidor todo aquele que tem de fato o exercício, pleno ou não, de alguns dos poderes inerentes à propriedade. 3. *In casu*, a autora é titular do direito à aquisição do imóvel, conforme contrato de promessa de compra e venda devidamente averbado. Posse devidamente comprovada. 4. Esbulho configurado, diante dos depoimentos testemunhais colhidos. 5. Posse de má fé. Art. 1.202, do Código Civil. 6. Ação proposta no mesmo ano da posse. 7. Comprovado o esbulho e a má fé do réu ao ocupar o imóvel em comento, não lhe pode ser assegurado o direito de retenção pleiteado. Art. 1220, do Código Civil (*TJRJ* – Acórdão: Apelação Cível nº 0037683-11.2007.8.19.0038, 1-11-2011, Rel. Des. Mônica Maria Costa).

Art. 1.203. Salvo prova em contrário, entende-se manter a posse o mesmo caráter com que foi adquirida.

1. Princípio de continuidade do caráter da posse

Nos termos dessa dicção, uma posse de origem violenta mantém o vício. Ou seja, a posse originariamente violenta não deixa de sê-lo pelo simples fato de existir um continuador ou um sucessor na posse. Não importa qual seja a natureza dessa sucessão.

Do mesmo modo, é mantida a posse de boa ou de má-fé, direta ou indireta, a título de propriedade ou de outro Direito Real. Daí a máxima de origem romana segundo a qual ninguém, por si só, pode mudar a causa ou o título de sua posse (*nemo si ipsi causam possessionis mutare potest*).

A simples mudança de vontade é incapaz de mudar a natureza da posse. O possuidor precário sempre o será, salvo expressa concordância do possuidor pleno. Por isso, é admitida prova em contrário. O locatário somente poderá possuir como proprietário se adquirir a coisa do senhorio. A isso parte da doutrina denomina de *interversão do título* (BESSONE, 1988, p. 271).

Essa alteração do título da posse pode ocorrer por negócio bilateral. Discute-se se pode ocorrer por ato unilateral. No contrato de compra da coisa locada, o locatário inverte seu título de posse por contrato. Se o depositário se recusa a devolver a coisa, argumentando ter outro título para possuí-la, o título da posse poderia, em tese, ser modificado por ato unilateral. Nesta última hipótese, porém, a simples vontade do possuidor não tem o condão de modificar a natureza da posse. O que modificaria sua natureza seria ato material exteriorizado em outra relação de fato com a coisa.

O art. 1.207 deve ser visto em consonância com o que aqui discutimos. Estampa que "*o sucessor universal continua de direito a posse do seu antecessor; e ao sucessor singular é facultado unir sua posse à do antecessor, para os efeitos legais*".

O sucessor a título universal não pode alterar a natureza de sua posse. Se o autor da herança transmite ao herdeiro posse injusta, esta continuará necessariamente com o vício. O sucessor singular tem a prerrogativa de escolher unir sua posse à do antecessor ou não. Esse aspecto ganha importância na usucapião. Se o sucessor recebe posse injusta, ser-lhe-á conveniente iniciar e defender a existência de novo período possessório para livrar-se da mácula da posse anterior.

2. Posse *ad interdicta* e posse *ad usucapionem*. Posse nova e posse velha

É oportuno que seja este tema aqui desenvolvido. Toda posse passível de ser defendida pelas ações possessórias é denominada *ad interdicta*, isto é, a que possibilita a utilização dos interditos para repelir ameaça, mantê-la ou recuperá-la. Na verdade, toda situação de fato definida como posse merece, em princípio, proteção possessória. Vem à baila tudo o que dissemos a respeito da posse justa e da posse de boa-fé. Mesmo o possuidor injusto ou de má-fé com relação a determinado sujeito poderá defender a posse contra terceiros, em relação aos quais a exerce sem qualquer vício. Mais adiante, nesta obra, dedicaremos estudo a essas modalidades de ações possessórias. Nesse sentido, o art. 507 do antigo Código dispunha também da posse nova e da posse velha: *"Na posse de menos de ano e dia, nenhum possuidor será manutenido, ou reintegrado judicialmente, senão contra os que não tiverem melhor posse."* Vimos que essa disposição persistirá, sob o novo ordenamento material, por força do estatuto processual (art. 558).

Um dos principais efeitos da posse é a possibilidade de, com ela, alcançar-se a propriedade pelo decurso de certo tempo. A posse hábil para isso denomina-se *ad usucapionem*. Quando do capítulo específico da usucapião, estudaremos seus requisitos. Como veremos, até mesmo a posse sem boa-fé pode gerar a propriedade.

Esse prazo de ano e dia é de origem histórica obscura. Sua importância, contudo, é fundamental. A questão diz respeito aos remédios possessórios. Contudo, enfatizemos por ora a proteção conferida pelo ordenamento a quem tem posse de mais de ano e dia. O art. 558 do CPC confere a possibilidade de concessão de liminar *initio litis* ao possuidor despojado ou ameaçado em sua posse quando intentada a ação *dentro de ano e dia da turbação ou esbulho*. Passado esse prazo, o rito procedimental será o ordinário, *não perdendo, contudo, o caráter possessório*. Cuida-se da *posse nova*, de menos de ano e dia, e *posse velha*, de mais de ano e dia. Mostra-se obscura na origem dos tempos a fixação desse marco divisor temporal. Há notícia de que o prazo estaria relacionado com o plantio e as colheitas, que geralmente levam um ano (BESSONE, 1988, p. 263). O Código Civil de 1916 já estampava em seu art. 508: *"Se a posse for de mais de ano e dia, o possuidor será mantido sumariamente, até ser convencido pelos meios ordinários."* O parágrafo único do aqui citado art. 507 do Código antigo fornece os elementos para se concluir por quem tem melhor posse, o que acentua a relatividade do enfoque da posse diante de um ou outro sujeito:

"Entende-se melhor a posse que se fundar em justo título; na falta de título, ou sendo os títulos iguais, a mais antiga; se da mesma data, a posse atual. Mas se todas forem duvidosas, será sequestrada a coisa, enquanto se não apurar a quem toque."

Esses aspectos circunstanciais não são mais enunciados no atual Código Civil. No caso concreto, caberá ao juiz avaliar a melhor posse, e esse enunciado do ordenamento passado pode servir de ponto de partida.

O sequestro, mencionado na antiga lei civil, é modalidade de processo cautelar consistente na ordem de apreensão do bem.

Como examinamos, a proteção possessória por si já é provisória, porque sempre se poderá discutir o domínio da coisa no juízo petitório. A possibilidade de liminar garantidora do estado de fato no estatuto processual é medida provisória dentro do processo possessório. Ela deverá perder eficácia na improcedência do pedido possessório. É mantido, no início da lide, o estado de fato aparentemente mais viável em favor da paz social. Findo o processo possessório, mantém-se o estado de fato emergente das provas do processo, segundo a sentença. Recorrer-se-á posteriormente ao juízo petitório, se necessário, oportuno e conveniente para qualquer das partes da lide possessória, autor ou réu, vencedor ou vencido.

Lembremos do que foi dito a respeito da diferença entre o juízo possessório e o petitório. Na ação possessória, ainda que se torne inviável a liminar pelo transcurso do prazo de ano e dia, o âmbito da ação, por disposição expressa do legislador, será possessório, não sendo inviável até mesmo a concessão de tutela antecipada. Nem sempre será útil à parte recorrer ao rito ordinário se houver posse velha. Poderá ser mais conveniente recorrer à ação reivindicatória.

Enunciado nº 237, III Jornada de Direito Civil – CJF/STJ: é cabível a modificação do título da posse – interversio possessionis – na hipótese em que o até então possuidor direto demonstrar ato exterior e inequívoco de oposição ao antigo possuidor indireto, tendo por efeito a caracterização do *animus domini*.

Apelação. Ação de usucapião. Improcedência. Inconformismo dos autores. Não provimento. Posse em decorrência de contrato de comodato com prazo determinado. Findo o contrato, os autores permaneceram na posse do imóvel, sem oposição do comodante. Ausência de animus domini. Posse mantém o mesmo caráter com que foi adquirida, salvo prova em contrário (art. 1.203 do CC). Apelados não se comportavam como proprietários do imóvel. Ausência de pagamento de tributos e despesas de consumo que recaíram sobre o bem no período em que lá residiam. Posse ad usucapionem não configurada. Manutenção da sentença por seus próprios fundamentos (art. 252 RITJSP). Recurso não provido (TJSP – Ap. 0005596-83.2012.8.26.0344, 5-11-2019, Rel. Piva Rodrigues).

🔖 **Direito Civil. Usucapião.** Sentença de Improcedência. Recurso dos autores pugnando pela análise da prova oral. Recurso conhecido. Ausência de animus domini e de posse mansa e pacífica. Autora que foi morar no imóvel juntamente com seu marido através de contrato de locação. Precariedade da Posse. Espólio do réu que vem aos autos comprovar a propriedade do imóvel adquirida pelo *de cujus* através de escritura pública, anexando contrato de locação, pagamento de alugueres e IPTU. Prova oral questionada que não muda o decidido já que as testemunhas apenas mencionam que a autora residia no imóvel há mais de 50 anos. Determinação de diligência *in loco*, por oficial de justiça, onde se constatou o abandono do imóvel por parte dos representantes do espólio – autor, afastando eventual interversão do caráter da posse (artigo 1203, Código Civil). Sentença mantida. Precedentes do TJRJ. Recurso Improvido (*TJRJ* – Acórdão: Apelação Cível nº 0113155-62.1989.8.19.0001, 23-8-2011, Rel. Des. Marco Aurélio Bezerra de Melo).

CAPÍTULO II
Da Aquisição da Posse

Art. 1.204. Adquire-se a posse desde o momento em que se torna possível o exercício, em nome próprio, de qualquer dos poderes inerentes à propriedade.

1. Aquisição da posse

Para a compreensão do fenômeno da aquisição da posse, é fundamental a compreensão de seu conceito. Já perpassamos a dificuldade e diversidade da doutrina em conceituá-la. Sem recorrermos novamente à dicotômica compreensão das teorias objetiva e subjetiva da posse, e suas nuanças, para fins práticos a aquisição da posse deve partir de um ato de vontade ou, às vezes, da lei. Somente a pessoa, natural ou jurídica, é sujeito de direitos e obrigações. Somente a pessoa, por seu ato de vontade, pode possuir, assim como pode ser proprietária. É o ato de ciência ou consciência do sujeito criador do estado de aparência que, circunstancialmente, surge aos olhos da sociedade como relação de posse. A segurança da posse repousa, como vimos, na proteção que o ordenamento concede a esse estado de fato.

Para Savigny, a aquisição da posse depende de um ato físico (*corpus*), juntamente com um ato de vontade (*animus*). Justifica que nem sempre esse ato físico necessita ser de ordem material; pode ser ficto, isto é, pode existir posse sem o contato material com a coisa, como o recebimento de imóvel, simbólico, com a entrega da chave.

Jhering procurou afastar a ideia de necessidade de contato físico com a coisa, sustentando ser isso relativo. Nem sempre há posse com a presença ou o contato físico do possuidor. Defendeu o autor que a origem da posse não tem a mesma importância da origem da propriedade. Como a posse é estado de fato, incumbe provar sua existência para caracterizá-la. Para a propriedade, sendo direito, é essencial fixar o momento de sua aquisição. Na posse, apenas circunstancialmente e para fixar alguns efeitos ressaltará de importância o momento de sua aquisição. Como a posse é aparência, esta é, na maioria das vezes, facilmente perceptível pelo corpo social. Tendo aparência de propriedade, verifica-se em cada caso se o sujeito comporta-se como se proprietário fosse. Já estudamos a situação da detenção, resolvida por nosso legislador no tocante ao fâmulo. A detenção é relação material com a coisa na qual falta o comportamento do sujeito como proprietário, ou quando a lei entende que a situação de fato não deve caracterizar posse, relação protegível pelos interditos.

O art. 493 do Código anterior detalhou três situações de aquisição da posse. Adotada a teoria de Jhering como regra geral no Código, não se sustenta a necessidade da descrição casuística desse dispositivo, não originário do projeto de Clóvis, mas proveniente de emenda da Câmara.

Como acentua Darcy Bessone, em face da teoria objetiva, esse dispositivo seria desnecessário, pois, segundo Jhering, a aquisição da posse resulta apenas da circunstância de ser fixada uma exteriorização da propriedade (1988, p. 279). A vontade de ter a coisa para si, como descrito, resulta do comportamento do agente. Toda vez que se evidenciar essa situação de fato, existirá posse. O Código de 1916, porém, preferiu particularizar situações de aquisição. No entanto, essa enumeração, além de redundante, não é taxativa, pois aquisição de posse haverá sempre que presentes os estudados pressupostos de fato, independentemente de tipificação legal. Orlando Gomes (1983, p. 48) justifica com clareza a posição legislativa:

> "*A incoerência doutrinária incriminada ao legislador por haver especificado modos de aquisição da posse teria a escusa de não ser o Código obra teórica, que devesse guardar fidelidade absoluta à doutrina que aceitou.*"

Não devemos esquecer que esse dispositivo mandava aplicar à aquisição da posse a teoria dos negócios jurídicos, ao referir-se aos arts. 81 a 85. Como não poderia ser diferente, toda teoria da existência, validade e eficácia dos negócios jurídicos, nulidades e anulabilidades, da teoria geral, aplica-se não somente à aquisição, mas também aos atos de manutenção e perda da posse.

Este Código atendeu os reclamos da doutrina e enunciou o princípio de aquisição da posse de maneira lapidar, no presente artigo, de acordo com a singela noção de posse.

A dicção da nova lei guarda perfeita sintonia com o conceito de posse do art. 485, redação mantida no atual diploma em seu art. 1.196. Havia, no entanto, nova redação sugerida pelo extinto Projeto nº 6.960/2002 a esse art. 1.204: *"Adquire-se a posse de um bem quando sobre ele o adquirente obtém poderes de ingerência, inclusive pelo constituto possessório."* Essa versão tem a ver com o conceito de posse útil, harmonizando-se com o aqui explanado.

2. Apreensão da coisa ou exercício do direito. Aquisição originária e derivada

A apreensão consciente da coisa importa em posse. Pode decorrer de ato ou de negócio jurídico, bem como de disposição de lei, em que, neste último caso, não se revela clara, mas presumida, a ciência do sujeito. Veja-se, por exemplo, a posse dos herdeiros transmitida com a morte do autor da herança.

Tal como o domínio, a posse pode ser adquirida de modo originário ou derivado.

É *originária* a posse que ocorre sem qualquer vinculação com possuidor anterior. Cuida-se da ocupação da coisa, apropriação de seu uso e gozo. O ato do agente é unilateral. A aquisição unilateral realiza-se pelo exercício de um poder de fato sobre a coisa, no interesse daquele que o exerce.

É *derivada* a posse quando decorre de transmissão da posse de um sujeito a outro. Há um ato ou negócio jurídico bilateral (compra e venda, depósito, comodato etc.). No caso de morte, pelo princípio da *saisine*, a aquisição derivada decorre da lei. Também é posse derivada da lei, por exemplo, a dos frutos que caem em meu terreno, provenientes de árvore do vizinho (art. 1.284). Por ato entre vivos decorre da vontade das partes, como a tradição, a entrega da coisa, a deslocação.

É importante a distinção entre posse *originária* e *derivada*. Quando a aquisição é originária, não havendo vínculo com possuidor anterior, a posse apresenta-se despida de vícios para o novo possuidor. Se o possuidor recebeu a posse de outrem, derivada, portanto, as mesmas características lhe são transferidas, ou seja, com os vícios ou virtudes anteriores. Trata-se de aplicação da regra do art. 1.203.

Distingamos, sempre, a situação típica de posse daquelas de simples detenção, desmerecedora de proteção jurídica possessória. O termo *apreensão*, estampado na lei, deve ser entendido dentro do conceito de posse. Assim como pode haver mera apreensão material sem posse: pego um objeto para simplesmente examiná-lo, pode ocorrer posse, sem apreensão: transfiro a posse por contrato e autorizo o adquirente a apanhá-la no local onde se encontra dentro de certo prazo. Para a posse, há necessidade da vontade e da consciência de apropriar-se da coisa. Para que o servidor da posse, fâmulo, torne-se possuidor, não basta sua vontade, há necessidade de ato ou negócio jurídico.

Se a apreensão da coisa é facilmente perceptível nas coisas móveis, o fenômeno não pode ser o mesmo com os imóveis. No caso dos imóveis, a ocupação da coisa será possível na origem da posse *ad usucapionem*, por exemplo. A herança é considerada imóvel por disposição legal (art. 80, II) e sua transmissão independe do conhecimento do herdeiro, o possuidor, embora possa posteriormente renunciá-la. Destarte, no imóvel nem sempre ocorrerá evidente apreensão material. Pode ocorrer que simples direitos possessórios sejam transferidos por contrato. Nessa hipótese, basta o pacto para transmitir a posse, não havendo necessidade de apreensão material. Por outro lado, pode ser transferida a propriedade, sem que a posse o seja, ou porque assim não deseja o alienante, ou porque essa posse pertence a terceiros.

O art. 1.209 estabelece a presunção de que *"a posse do imóvel faz presumir, até prova contrária, a das coisas móveis que nele estiverem".* Estabelece-se presunção relativa de acessoriedade.

Como vimos, pode ser passível de posse não somente a coisa, mas também a exteriorização do exercício de um direito. Como regra geral, tudo o que pode ser utilizado pode ser objeto de posse. É suscetível de proteção possessória tudo aquilo que puder ser apropriado e exteriormente demonstrado. O exercício do direito é o poder de usá-lo e gozá-lo. Na realidade, quem exerce direito sobre a coisa já exerce a posse. O locatário adquire a posse da coisa locada quando recebe a coisa. O usuário de linha telefônica, como enfatizamos, exerce o direito perante terceiros quando lhe é franqueada a utilização pela concessionária do serviço.

3. Modalidades de tradição

A *tradição* é, pois, modo derivado de apossamento da coisa. A tradição efetiva ocorre quando materialmente a coisa é deslocada para a posse de outrem. Tem, portanto, conteúdo *real*. Tradição significa entrega. Há tradição quando uma pessoa voluntariamente entrega uma coisa a outra que voluntariamente a recebe (art. 2.377 do Código Civil argentino). Distinguem-se a tradição *efetiva*, a *simbólica* e a *consensual*.

É *efetiva* também a tradição referida pelas fontes como *traditio longa manu*, segundo a qual o transmitente da posse leva o adquirente a um local do imóvel que está entregando, mostrando-lhe e apontando-lhe a área e seus limites. Aplica-se às situações em que o transmitente está presente e indica a coisa, suas pertenças e extensão. O objeto é mostrado e posto à disposição do adquirente.

Na tradição *simbólica*, ou *ficta traditio*, a entrega da coisa é traduzida por atitudes, gestos, conduta indicativa da intenção de transferir a posse. A entrega das chaves de imóvel é exemplo característico.

Orlando Gomes (1983, p. 48) denomina de *tradição consensual* duas modalidades clássicas de tradição, em que não ocorre a transferência real da posse. Trata-se da *traditio brevi manu* e do *constituto possessório*, formas interessantíssimas e de corrente uso na prática. Nessas modalidades de tradição, haverá uma alteração do *animus* de possuir.

Na tradição *brevi manu*, quem possuía em nome alheio passa a possuir em nome próprio. O locatário adquire a coisa locada. Sua posse de locatário, direta e imediata, transforma-se em posse de proprietário, posse plena (ou simplesmente posse).

No *constituto possessório*, o possuidor em nome próprio altera seu *animus* e passa a possuir em nome de outrem. O Projeto nº 6.969/2002 volta a mencionar o constituto possessório no art. 1.204, como vimos. É o exemplo do proprietário que aliena a coisa e continua em sua posse como locatário. De posse plena de proprietário, passa a ter a posse imediata de locatário. A chamada cláusula *constituti* não se presume. As partes devem ser expressas a esse respeito.

Na tradição *brevi manu* e no constituto possessório, não ocorre exteriorização da tradição. Existe somente inversão no *animus* do sujeito. Há uma modificação subjetiva na compreensão da posse pelos sujeitos envolvidos. Aplicam-se tanto aos móveis, como aos imóveis.

4. Disposição da coisa ou do direito

Devemos ter cautela com a equivocidade do termo *dispor*. O vocábulo na lei não tem o significado vulgar e também jurídico de abrir mão, perder. O termo é usado para determinar o uso da coisa. Nesse sentido, a possibilidade de dispor da coisa ou do direito é mais uma manifestação da aparência de propriedade. Está contido na noção de domínio – *abutendi* – (*ius utendi, fruendi et abutendi*). "*Nenhum outro fato, como a disponibilidade da coisa, é capaz de traduzir melhor a intenção de ser proprietário*" (LOPES, 1964, p. 157). Após o início do poder fático sobre a coisa, continua-se, permanece-se no mesmo estado, utilizando-se da coisa. Quem é apenas proprietário, e não possuidor, e aliena a coisa, não dispõe nem dá destino à posse que não exerce. Quem adquire a posse da coisa já adquire também o poder de exercê-la.

Quem perdeu a coisa e desistiu de procurá-la perde definitivamente a posse sobre ela. Enquanto o perdente busca e utiliza meios de localização da coisa, mantém intacto seu poder de fato sobre ela (MIRANDA, 1971, v. 10, p. 150 ss).

Por seu lado, quem acha coisa perdida deve restituí-la ao dono ou legítimo possuidor. Se isso não for possível, deve entregá-la à autoridade competente (art. 1.233). No entanto, quem acha tem posse enquanto não entrega a coisa, a qual, inclusive, pode ser sem dono (*res nullius*) ou abandonada (*res derelicta*), o que pode legitimar inclusive o domínio. Se o achador está de má-fé, evidente que sua posse será injusta e viciosa. Aquele que se apossa de coisa sem saber que era perdida tem posse.

5. Modos de aquisição da posse em geral

A doutrina entende que bastava essa regra geral do inciso III do art. 493 do Código anterior para especificar as modalidades de aquisição da posse. Esse inciso engloba na verdade os anteriores. Qualquer que seja a natureza da posse, originária ou derivada, examina-se a origem. Entende-se que a posse pode ser obtida por qualquer forma lícita. Pressupõe justa causa, justo título, a abertura da herança na posse dos herdeiros (aquisição *causa mortis*) e o contrato (*inter vivos*) na posse do adquirente.

Na maioria das vezes, teremos um negócio jurídico. Aplicam-se as regras que regem os negócios jurídicos em geral e sua respectiva doutrina (arts. 104 a 114). Devem ser examinados os requisitos de existência, validade e eficácia do negócio jurídico. Sempre há que se avaliar se a situação fática de aquisição é permitida pelo ordenamento. A posse *ad usucapionem*, por exemplo, pode até independer de boa-fé, pois há hipótese autorizada por lei.

Agravo de instrumento. Embargos de terceiros. Justiça gratuita indeferida pelo juízo *a quo*. Existência de elementos que infirmam a alegada hipossuficiência econômica. Agravante que, intimado, não comprovou a dificuldade financeira de suportar as despesas processuais. Tutela provisória. Art. 300 do CPC. Probabilidade do direito e perigo de dano ou risco ao resultado útil do processo. Ausência. Instrumento particular de compra e venda do imóvel constrito não levado a registro. Ausência de transferência da propriedade. Art. 1.204 do CC. Documento que, ademais, não prova a posse do agravante, a qual constitui o exercício de fato de algum dos poderes da propriedade. Art. 1.196 do CC. Existência de gravame instituído posteriormente pelo alienante que põe em dúvida o negócio envolvendo o imóvel constrito. Agravo de instrumento conhecido e não provido (*TJPR* – Ag 0057787-05.2019.8.16.0000, 15-5-2020, Rel. Victor Martim Batschke).

Reintegração de posse – Doação de imóvel público para o fim de construção de moradia popular, com base na Lei Municipal 1367/98 Posse que se adquire no momento em que se torna possível o exercício de qualquer dos **poderes inerentes à propriedade**, o que no caso se deu com a assinatura do contrato – Art. 1204 do Código Civil – Existência de provas de que a autora efetivamente se apossou do bem – Reintegração que se mostra de rigor – Recurso provido (*TJSP* – Acórdão Apelação Cível nº 0001444-12.2010.8.26.0069, 20-3-2012, Rel. Des. Ronaldo Andrade).

Art. 1.205. A posse pode ser adquirida:
I – pela própria pessoa que a pretende ou por seu representante;
II – por terceiro sem mandato, dependendo de ratificação.

1. Quem pode adquirir a posse

Somente a pessoa é sujeito de direitos e obrigações. Desse modo, o estado de posse somente pode ser defendido pelos sujeitos, pela pessoa ligada à coisa.

Este Código sintetiza as mesmas hipóteses no art. 1.205, não mais se referindo ao constituto possessório, que nem por isso deixa de existir e ser bastante utilizado. Nunca se duvidará que a pessoa interessada pode adquirir a posse, por seu representante, seja essa representação legal ou convencional (veja nosso estudo a esse respeito na obra *Direito civil: parte geral*, Capítulo 19). Nos casos de representação legal, o representante age por força de lei; na representação voluntária ou convencional, existe acordo de vontades declinado pelo mandato. O Código, ao citar o procurador ao lado do representante, foi redundante porque o fenômeno da representação é uno. A procuração é instrumento da representação voluntária. O legislador, porém, desejou espancar dúvidas.

O possuidor ou representante podem adquirir tanto a posse imediata, como a posse mediata, não havendo proibição na lei ou na convenção. O locador pode alienar a coisa alugada, transferindo a posse indireta. Da mesma forma, o locatário pode ceder sua posição contratual, transferindo a posse imediata.

Nada obsta, por outro lado, que o menor adquira a posse por ato seu, pois o fato da posse independe da capacidade. O fato da posse preexiste ao direito. Existe no mundo natural. A apreensão da coisa caracteriza-o. Parece que a intenção do legislador foi apenas enfatizar que a posse também pode ser adquirida em nome e por ordem de terceiros, até mesmo sem mandato, havendo posterior ratificação. No caso concreto é que se examinará se este terceiro agiu por conta e ordem de outrem ou em nome próprio. Examinar-se-á se o terceiro recebeu incumbência de outrem ou com este tem vínculo jurídico que possibilite a aquisição da posse. O núncio pode ter essa função: peço a alguém que apanhe ou adquira um objeto para mim. O gestor de negócios também aí se coloca, merecendo seus atos a ratificação posterior. O gestor age em nome de outrem, sem mandato, sem ter recebido qualquer incumbência nesse sentido. É imprescindível a necessidade de ratificação na ausência de mandato, porque não pode ser dispensada a vontade daquele em favor de quem é adquirida a posse. Essa confirmação retroage ao momento da aquisição da posse e tem os mesmos efeitos da representação voluntária.

O constituto possessório, como técnica de aquisição derivada de origem romana, colocado ao lado e ao inverso da *traditio brevi manu*, como modificação do *animus* do possuidor, já foi examinado.

Enunciado nº 77, I Jornada de Direito Civil – CJF/STJ: A posse das coisas móveis e imóveis também pode ser transmitida pelo constituto possessório.

Enunciado nº 236, III Jornada de Direito Civil – CJF/STJ: considera-se possuidor, para todos os efeitos legais, também a coletividade desprovida de personalidade jurídica.

Art. 1.206. A posse transmite-se aos herdeiros ou legatários do possuidor com os mesmos caracteres.

Agravo de instrumento – Inventário – Partilha de direitos possessórios – Ausência de demonstração de prejuízo a menor – Possibilidade. 1. Não se olvida que a posse é transmitida aos herdeiros, no momento da *saisine*, com os mesmos caracteres, a teor do art. 1.206, do CC/2002. 2. Não há óbice em se proceder à partilha de direitos possessórios, com valor econômico determinado, que não caberá à menor constante dos autos (*TJMG* – Ag 1.0499.17.002143-4/001, 29-8-2019, Rel. Jair Varão).

Apelação cível. **Reintegração de posse**. Veículo. Falecimento do proprietário e possuidor. Transmissão da posse aos herdeiros. Sentença de procedência. Posse legítima, transmitida por força do falecimento do marido. Inteligência dos artigos 1.206 e 1.784 do Código Civil, segundo os quais, aberta a sucessão, a herança (posse ou propriedade dos bens) transmite-se aos herdeiros ou legatários do possuidor com os mesmos caracteres. Apelada-autora que, no momento da morte de seu cônjuge, tornou-se a possuidora, ainda que indireta, do bem. Esbulho, comprovado. União estável, que é matéria estranha à presente demanda, não só pela incompetência do Juízo Cível para apreciar a matéria, como porque a da ação de reintegração de posse não se presta a abrigar debates sobre união estável ou partilha de bens. Precedente do TJRJ. Recurso manifestamente improcedente e em confronto com jurisprudência dominante do eg. STJ e desta Corte Estadual. Art. 557, *caput*, do CPC. Negativa de seguimento (*TJRJ* – Apelação Cível n. 0043012-21.2008.8.19.0021, 1-3-2011, Rel. Des. Celia Maria Vidal Meliga Pessoa).

Art. 1.207. O sucessor universal continua de direito a posse do seu antecessor; e ao sucessor singular é facultado unir sua posse à do antecessor, para os efeitos legais.

A transmissão da posse (assim como da propriedade) pode ocorrer a *título universal* ou a *título singular*.

A transmissão a título universal ocorre quando se transfere uma universalidade. É característica da sucessão *mortis causa*. O herdeiro é sucessor universal porque sucede em uma universalidade uma quota-parte da herança, uma fração não individualizada. Veja-se o que dissemos a respeito do conceito de coisas coletivas e universalidades na obra introdutória ao Direito Civil (*Direito civil: parte geral*, seção 16.7). Nada impede que em certas situações ocorra por ato entre vivos uma transmissão universal: quando se transfere, por exemplo, um estabelecimento comercial, que igualmente se constitui universalidade. Destarte, não é correta a afirmação de que na transmissão universal transfere-se todo o patrimônio. Essa afirmação deve ser vista com reservas, assim como afirmar-se que somente ocorre na sucessão hereditária.

A transmissão a título singular ocorre quando se transfere um bem ou bens determinados e individualizados. É o que sucede negocialmente *inter vivos*. Na sucessão *causa mortis*, também existe transmissão singular quando no testamento se institui legatário: este recebe coisa certa e determinada entre os bens da herança. Em geral, mas não exclusivamente, a transmissão entre vivos é a título singular. O presente artigo cuida desse aspecto da transmissão da posse.

Em ambas as dicções legais, parece que a intenção do legislador foi assimilar o conceito de sucessor universal ao herdeiro. O sucessor universal continua a posse do antecessor. Desse modo, se a posse do autor da herança era viciada, continuará viciada com o herdeiro. Tal situação pode levar a iniquidades. Essa postura legislativa, repetida também no presente Código, é bem criticada por Sílvio Rodrigues (1984, p. 42) em nota ao comentário do artigo:

"Não me agrada tal solução. Mas é a da lei. Não vejo inconveniente em se admitir, mesmo para o sucessor universal ou para o legatário, a possibilidade de considerar sua posse como uma situação de fato nova, inteiramente desligada da anterior. A posse, mera relação de fato, gera efeitos em virtude da circunstância de existir, sem que o fato de sua origem deva, de qualquer modo, interferir nesses efeitos."

O art. 1.296 estende os mesmos efeitos aos herdeiros e legatários, embora estes últimos sucedam a título singular. Preferiu o legislador tratar ambos da mesma forma, talvez porque a origem comum seja a transmissão *mortis causa*.

Por outro lado, no tocante ao adquirente singular, este poderá unir sua posse à do antecessor, se lhe for conveniente. Se recebe posse boa de oito anos, basta a posse de mais dois anos para a usucapião ordinária (art. 1.242). Se receber posse viciada, ser-lhe-á adequado iniciar novo lapso temporal possessório, livrando-se assim da mácula original da posse.

⚖️ Possessória de imóvel. Pedido de reintegração de posse formulado por espólio. Sentença de procedência. Irresignação da parte ré. Descabimento. Provas dos autos indicam que o primitivo proprietário do imóvel não tinha herdeiros necessários, tendo deixado o bem em tela, por testamento público, reconhecido em Juízo, à sua então companheira. Companheira que faleceu e, também não tendo herdeiros necessários, deixou todos os bens em testamento, reconhecido em Juízo. Espólio explorava economicamente o imóvel, o qual passou a ser ocupado pela parte ré, sobrinha do primeiro proprietário. Posse do bem transmitida a partir do óbito. Art. 1.207 do CC. Ré que passou a exercer a posse indevidamente no local. Sentença mantida. Aplicação do art. 252 do RITJSP. Condenação em honorários advocatícios majorada para 15% sobre o valor da causa. Ressalvada a exigibilidade. Incidência da norma prevista no artigo 85, § 11, do CPC. Recurso não provido (*TJSP* – Ap. 1002979-64.2018.8.26.0008, 25-6-2020, Rel. Walter Barone).

⚖️ Casa de veraneio. Reintegração de posse. Falecimento da proprietária. **Posse e propriedade que se transmitem ex lege**. Direito de "saisine". Sucessora que detém a posse e tem legitimidade para as ações possessórias. Invasão do imóvel. Posse de má-fé. Indenização pelas benfeitorias necessárias. Art. 1219 do código civil. Cuida-se de ação de reintegração de posse na qual se alega o esbulho por parte dos réus de imóvel pertencente à autora. Compulsando os autos, infere-se que em 1992 deu-se o falecimento da proprietária do imóvel (filha da autora) procedendo-se à abertura do inventário naquele mesmo ano, figurando a autora como sucessora universal dos bens da falecida, dentre eles o imóvel objeto da lide, uma casa de veraneio situada em Maricá. Afirmou a autora que o imóvel continuou sendo usado pela autora e seus familiares aos fins de semana, para seu lazer. Em meados de 2002, percebeu-se um aumento nas contas de água do imóvel, quando então se constatou que o imóvel havia sido invadido pelos réus. O esbulho foi comunicado à autoridade policial naquele mesmo ano, e no ano seguinte, em 2003, intentou-se a presente ação possessória. Analisando-se o contexto fático da lide se percebe que o imóvel não foi abandonado pela autora, que o utilizava como casa de veraneio, cumprindo, portanto, sua função social. Ademais, percebe-se que a aquisição da propriedade do imóvel pela sucessão causa mortis estava sendo devidamente regularizada no processo de inventário. Após, constatado o esbulho, providenciou-se as medidas judiciais cabíveis. Noutro giro, na contestação, os réus não trouxeram qualquer fato que legitimassem a sua presença no imóvel. A r. sentença se pautou na equivocada premissa de que a autora – herdeira da falecida proprietária – não possuía a posse sobre o bem ora reivindicado. Cediço que, com o falecimento do proprietário, a propriedade e também a posse se transmitem imediatamente aos legítimos sucessores, *ex lege*, em razão do direito de "saisine", tal como previsto no art. 1784 do CC, ocorrendo o fenômeno da *sucessio possessionis* previsto no art. 1207 do CC, pelo qual o sucessor continua a posse que era exercida pelo falecido. A natureza da posse exercida pelos réus é de má-fé, porquanto prova dos autos faz concluir pela presença do vício da clandestinidade da ocupação do bem pelos réus. Portanto, cabe-lhes somente o direito de indenização pelas benfeitorias necessárias realizadas, não lhes assistindo o direito de retenção. É o que se depreende do art. 1219 do Código Civil. É procedente o pedido possessório da autora, reintegrando-a na posse do imóvel. Provimento do recurso (*TJRJ* – Acórdão Apelação Cível 0000921-90.2003.8.19.0052, 13-6-2011, Rel. Des. Roberto de Abreu e Silva).

Art. 1.208. Não induzem posse os atos de mera permissão ou tolerância assim como não autorizam a sua aquisição os atos violentos, ou clandestinos, senão depois de cessar a violência ou a clandestinidade.

1. Atos que não induzem posse

Em nosso sistema, a relação fática com a coisa que tem início violento ou clandestino não é de posse, enquanto permanecer a violência ou clandestinidade. A situação torna-se posse depois de cessados os vícios. Suponhamos o exemplo de coisa roubada ou furtada. Enquanto mantida a coisa nesse estado ilegítimo, não há posse. Trata-se do que a doutrina chama de posse degradada ou mera detenção, embora esta última denominação tenha aplicação mais precisa no ordenamento. Se o dono concordar com a posse do furtador ou do roubador que não mais a esconde, cessa a injustiça e inicia-se a posse.

Do mesmo modo, aquele que adentra terreno às escondidas, na ausência do dono ou possuidor, ainda não tem relação possessória. Contudo, tornando-se pública sua relação com a coisa ou dela tendo conhecimento o esbulhado que se queda inerte, o invasor faz-se possuidor. É importante, portanto, fixar o momento em que tem início a relação possessória. Como se trata de uma relação de fato com a coisa, a matéria probatória é importante para definir esse estado no caso concreto.

Enquanto permitida a relação com a coisa, não há esbulho. Suprimida a permissão ou tolerância, abre-se ensancha à defesa da turbação, que então passa a existir. Pontes de Miranda (1971, v. 10, p. 58) denomina tença a esse período em que a relação com a coisa ainda não é posse.

Tanto a cessação da violência e da clandestinidade, como o exame da tolerância ou mera permissão, dependerão exclusivamente da casuística. Quem permite ou tolera a apreensão da coisa não renuncia automaticamente a sua posse. Suponhamos a hipótese do proprietário que permite que terceiro transite por seu terreno; ou o possuidor de um livro que autoriza alguém a lê-lo. Tais atos, por si sós, não devem induzir posse de outrem, porque até mesmo a posse precária deve decorrer da vontade do agente titular.

A mera permissão ou tolerância não podem converter-se em posse. Os atos originariamente violentos ou clandestinos podem tornar-se posse somente depois de cessada a violência ou clandestinidade.

Civil e processual civil – Ação de reintegração de posse – Preliminar – Nulidade de sentença – Negativa de prestação jurisdicional – Rejeição – Pedido principal – Termo de concessão de uso – Revogação – Pedido contraposto – Invasão de lote desocupado – Ocupação injusta e clandestina – Possibilidade de regularização – Lei Distrital 4.996/2012 – Mera expectativa de direito – sentença mantida – 1- Rejeita-se a preliminar de nulidade de sentença, por negativa de prestação jurisdicional, quando se constata que os pedidos foram devidamente apreciados pelo Juízo, mesmo que tenham sido julgados de forma contrária à pretensão das partes. O descontentamento das partes com o resultado do julgamento não implica defeito do decisum. 2- Com a revogação do ato administrativo que justificava a posse da Autora sobre o imóvel em disputa, houve a perda superveniente do direito possessório, ainda que o termo de concessão de uso estivesse vigente na data do ajuizamento da ação. 3- Nos termos do art. 1.208 do Código Civil, "**Não induzem posse os atos de mera permissão ou tolerância assim como não autorizam a sua aquisição os atos violentos, ou clandestinos, senão depois de cessar a violência ou a clandestinidade.**" 4- Sendo incontroverso nos autos que os Réus invadiram o imóvel, não têm eles direito à manutenção de posse, enquanto permanecer o caráter clandestino e injusto da ocupação, ainda mais quando o imóvel já se encontra vinculado a terceiro junto à Administração. 5- A exigência de atendimento à função social da propriedade não serve como argumento para a ocupação de terrenos vazios, sob pena de esvaziamento do direito de propriedade, pois autorizaria a invasão de qualquer imóvel desocupado, além de gerar instabilidade social. 6- A possibilidade de regularização da posse em favor dos Réus, com fundamento na Lei Distrital nº 4.996/2012, não lhes confere, por si só, direito subjetivo à manutenção de posse sobre o imóvel, por tratar-se de mera expectativa de direito. Assim, devem eles provar, junto à Administração Pública, o atendimento dos demais requisitos previstos em lei, não competindo ao Poder Judiciário ingerir-se em atividade de competência exclusiva do Poder Executivo. Preliminar rejeitada. Apelações Cíveis desprovidas. (*TJDFT* – Proc. 20100210021155APC – (981424), 25-1-2017, Rel. Angelo Passareli).

Art. 1.209. A posse do imóvel faz presumir, até prova contrária, a das coisas móveis que nele estiverem.

Aplica-se, na hipótese, o princípio de acessoriedade. A lei presume que os móveis integram o imóvel ou são seus acessórios. Essa presunção é relativa. Desse modo, pela vontade das partes e pelas circunstâncias do caso concreto, pode ocorrer que as coisas móveis ou nem todas as coisas móveis que se encontram no imóvel sejam de posse do possuidor do imóvel. Assim, por exemplo, não se presume que um imóvel tenha sido locado mobiliado, ou com toda a mobília que ali está se não houve vontade expressa das partes nesse sentido. Muito desse aspecto é traduzido pelos usos. É necessário que em cada caso se atente à natureza e aos limites da posse. Não se vai admitir, por exemplo, que a venda ou locação de uma residência inclua também o anel de pedras preciosas que a ex-moradora esqueceu em uma de suas dependências. Há expressões usuais nos negócios que enfatizam essa presunção legal, quando, por exemplo, a venda de uma propriedade rural é feita com "porteira fechada", significando que o negócio inclui tudo o que ali dentro se encontra.

Pelo principal, o que a lei desejou significar é que o possuidor do imóvel também será possuidor dos móveis que ali se encontram.

Esse princípio não exclui nem conflita com a regra geral pela qual o acessório segue o principal, estampado no art. 92. Nesse caso, como traduz a lei, o acessório é aquele bem cuja existência supõe a do principal. No artigo sob exame, a lei estabelece uma presunção que tem a mesma compreensão mais alcance específico. Note que este Código procurou restringir um pouco o alcance do dispositivo, não mais se referindo, a objetos, mas apenas aos móveis que estiverem no imóvel.

CAPÍTULO III
Dos Efeitos da Posse

Art. 1.210. O possuidor tem direito a ser mantido na posse em caso de turbação, restituído no de esbulho, e segurado de violência iminente, se tiver justo receio de ser molestado.
§ 1º O possuidor turbado, ou esbulhado, poderá manter-se ou restituir-se por sua própria força, contanto que o faça logo; os atos de defesa, ou de desforço, não podem ir além do indispensável à manutenção, ou restituição da posse.
§ 2º Não obsta à manutenção ou reintegração na posse a alegação de propriedade, ou de outro direito sobre a coisa.

1. Efeitos da posse. Sua classificação. Proteção possessória

Entende-se por efeitos da posse as consequências jurídicas que dela advêm, sua aquisição, manutenção e perda. Como importante situação de fato, exterioridade da propriedade, a lei confere uma série de efeitos e direitos ao possuidor que tem sua posse mantida ou suprimida.

A doutrina não é unissona a respeito das consequências jurídicas da posse. Ponto de partida importante é a própria lei. Nossos Códigos, no Capítulo da posse, ao cuidar dos *efeitos da posse*, principiam pela descrição dos meios procedimentais de defesa, interditos e autotutela (arts. 1.210 a 1.222). No art. 1.214 ss, o Código dispõe acerca dos frutos da coisa possuída. O estatuto regula, nestes últimos dispositivos, sobre a responsabilidade pela perda ou deterioração da coisa e sobre o destino e indenização por benfeitorias.

De acordo com Clóvis (1938, v. 3, p. 26), são sete os efeitos da posse, classificação sem dúvida a mais completa. O autor do projeto de 1916, em seu comentário ao art. 499, enumera:

1. direito ao uso de interditos (ou defesa da posse em geral, em que se inclui a autodefesa);
2. percepção dos frutos;
3. direito de retenção por benfeitorias;
4. responsabilidade do possuidor por deteriorações;
5. usucapião;
6. inversão do ônus da prova para quem contesta a posse, pois que a posse se estabelece pelo fato;
7. o possuidor goza de uma posição favorável em atenção à propriedade, cuja defesa se completa pela posse, ainda que, no sistema do Código, não induza sempre a presunção de propriedade em favor do possuidor.

Se a posse for examinada exclusivamente como um estado de fato, protegido pelo Direito, reduziremos seus efeitos à sua proteção (interditos) e à possibilidade da usucapião.

No entanto, é evidente, ainda que não fosse outra a razão, que o legislador se refere a efeitos secundários da posse, como as indenizações pelas benfeitorias, frutos e indenizações pela coisa, consequências que devem ser consideradas. De outro lado, esses efeitos enunciados na lei têm importantes consequências práticas em muitos processos em que é discutida a posse, o que, por si só, justifica a preocupação didática e legislativa.

De qualquer forma, o realce da matéria centraliza-se nos meios de defesa da posse, nos interditos. Algumas legislações relegam a matéria para a parte processual. Contudo, as ações possessórias encontram o respaldo no direito material. Cabe ao estatuto processual dar os contornos procedimentais àquilo que tradicionalmente pertence ao direito privado. É indissociável o fenômeno da posse de sua proteção. A solidez da relação possessória reside nas regras de direito material. As regras de processo darão vida e dinâmica à proteção da posse enunciada pelo direito material. Por essa razão, mostra-se indestacável o estudo dos meios de proteção da posse dos princípios processuais, o que faz por merecer exame conjunto. Inelutável que se analisem os processos de defesa da posse. Destarte, o estudo deve englobar o direito material e o direito processual da posse e não poderia ser diferente.

Não há como examinar a defesa da posse sem o exame das regras dos procedimentos possessórios. Aliás, essa necessidade ocorre com muita frequência, pois o processo confere dinâmica às tipificações estáticas fornecidas pelo ordenamento material. De nada adiantaria possuir um direito se o ordenamento não fornecesse instrumento, procedimento para resguardá-lo, mantê-lo, protegê-lo e torná-lo eficaz e operativo; dinâmico, enfim. Esse o sentido do Direito Público subjetivo do direito de ação, *lato sensu*. Inobstante, há institutos de direito material que se ligam de forma mais acentuadamente íntima com o processo. A posse é exemplo típico. Lembremos do que ocorre também, por exemplo, com a consignação em pagamento e com a execução das obrigações de fazer estudadas na parte geral das obrigações, onde também o apelo aos enunciados processuais é inafastável. Como diz o grande Clóvis (1938, p. 26),

"se, no Brasil, se entregasse aos códigos processuais a matéria dos interditos, teríamos, dispersando os elementos da teoria possessória, tornado muito precária sua firmeza".

Este Código manteve a mesma orientação, relegando, porém, toda a matéria tipicamente procedimental para o CPC. Se a inovação é boa, somente o tempo nos dirá. No mesmo sentido, coloca-se Orlando Gomes (1983, p. 58):

> "Sem embargo de ser a matéria de direito adjetivo, a lei civil traça-lhe algumas regras, com o objetivo de disciplinar o direito aos interditos, considerado dos principais efeitos da posse e, até mesmo, parte integrante do seu conteúdo. Entrosadas como se acham, em consequência, as disposições de direito substantivo e processual, é desaconselhável tratá-las separadamente. Seu estudo deve ser reservado, por questão de método, para o capítulo da proteção possessória."

2. Fundamentos e âmbito da proteção possessória. Histórico

A posse, como estado de fato reconhecido pelo ordenamento, merece proteção específica. Já dissertamos acerca do estado de aparência, da paz social e da necessidade de ser mantido esse estado de exteriorização de propriedade. Embora seja vista a posse como um fato preexistente ao ordenamento jurídico, sua proteção transforma-a em fato jurídico, ou seja, fato natural com reflexos no mundo jurídico. Ao titular da posse confere-se um direito subjetivo, um poder relativo à coisa em face da sociedade. A provisoriedade conferida pelas ações possessórias é justamente seu fator de importância. Na manutenção desse estado fático pelo direito reside toda a grandeza do instituto. Ao se examinarem os meios de defesa da posse, nos debruçamos sobre sua garantia jurídica. Para fins práticos, sob tal aspecto, deixa de ter importância o exame da natureza jurídica da posse. Importa saber no caso concreto quais as situações e de que forma pode ser protegido esse estado de fato. Ainda que sustentemos não ser a posse um direito, toda a gama de direitos que a cerca torna irrelevante a essa altura da história a distinção. Tanto que Mota Pinto chega a conceituar a posse como *um direito real provisório,* designação mais rigorosa do que a afirmação de estarmos perante uma simples aparência de direito, perante um fumus boni iuris (apud MOREIRA; FRAGA, 1970-1971, p. 215). Não é simples aparência, não é simples fato, porém estado de aparência e de fato protegido pelo ordenamento.

Os meios de defesa da posse constituem, na verdade, mais do que um efeito, sua própria essência. De nada valeria o estado de fato e a aparência sem eles. Pelos meios de defesa, protege-se a posse contra qualquer ato que signifique ameaça ou violação dessa relação entre a pessoa e a coisa. O ordenamento enseja que cesse a ameaça ou que se restitua a coisa àquele que dela se viu despojado. O processo possessório visa manter o estado de fato até que, se for necessário e conveniente, se declare o estado de direito. Daí a distinção já examinada entre o *juízo possessório* e o *juízo petitório,* bem como *ius possidendi* e *ius possessionis.*

Nas ações possessórias (interditos), como foi dito, trata-se exclusivamente da questão da posse.

Nas chamadas ações petitórias (*petitorium iudicium*), leva-se em conta exclusivamente o direito de propriedade.

A proteção da posse é, portanto, complemento indispensável da proteção à propriedade. Decidir-se-á acerca da propriedade, no entanto, somente nas ações petitórias.

Os efeitos da posse, originalmente circunscritos apenas ao direito de propriedade, foram sendo progressivamente estendidos a todos os direitos reais compatíveis com a aparência, exterioridade e uso.

Como a proteção da posse implica ação, ainda que pré-processual, mediante a autotutela permitida pelo ordenamento, seu estudo está inevitavelmente ligado aos procedimentos de defesa; portanto, ao processo possessório. Essa a razão pela qual se mostram indissociáveis no estudo da proteção possessória as regras de direito material e de direito processual. As minúcias dos procedimentos devem ser regradas pelas leis de processo. As bases, os fundamentos e as modalidades de proteção possessória devem vir descritos pela lei material. Existe também outra razão, esta de ordem histórica, para a matéria ser tratada em nosso Código Civil. A legislação processual, à época do Código anterior, era atribuída aos Estados. Temia-se que, se relegadas as ações possessórias aos estatutos processuais, restariam dispersos os elementos da teoria possessória, ficando *"muito precária sua firmeza"* (CLÓVIS, *Comentários ao art. 499*).

Assim, as normas de proteção da posse encontram-se no Código Civil e no CPC. Os dispositivos de direito material, entre nós, também se aplicam aos bens móveis. O estatuto processual de 1.973 referia-se à posse de coisas móveis no procedimento sumaríssimo, hoje sumário, de competência dos juizados especiais conforme Lei 9.099/95, por disposição do art. 1.063 do CPC/2015.

3. Legítima defesa da posse. Desforço imediato

Ao ordenamento legal repulsa a ideia de justiça feita de mão própria. As ações possessórias estão à disposição do esbulhado ou turbado dentro do organismo do Estado.

No entanto, tamanho é o valor axiológico dado à posse pelo direito que excepcionalmente, sob certas circunstâncias, permite a lei a autotutela, conforme dispõe o art. 1.210, § 1º. A redação, com simples alteração de forma, é mantida por ambos os Códigos.

Considera-se imprescindível a manutenção do estado de fato em prol da paz social. Cuida a lei de incentivar que as posses sejam mantidas como estão.

Duas são as hipóteses de autotutela na lei. Legítima defesa, quando a posse é ameaçada, e desforço imediato, quando a posse é perdida. Os princípios são os mesmos da legítima defesa no âmbito penal. O Código Civil, por seu turno, dispõe no art. 188, I, que *"não constituem atos ilícitos: I – os praticados em legítima defesa ou no exercício regular de um direito reconhecido"*. Há ofensa à posse, conquanto não haja dano, porque *a posse é um bem em si mesmo* (MIRANDA, 1971, v. 10, p. 282), e como tal deve ser defendido.

Ocorre esbulho quando o possuidor é retirado total ou parcialmente de sua posse. Existe turbação quando se agride a posse sem chegar ao esbulho. Imóvel cercado por pessoas armadas induz intuito de invadir. Caracteriza-se a ameaça. Imóvel já invadido caracteriza o esbulho. O mesmo sentido pode ser aplicado aos bens móveis: bem já surrupiado caracteriza esbulho; em vias de ser surrupiado, haverá ameaça.

Note que o conceito de posse do art. 1.196 não faz referência à posse exclusivamente das coisas corpóreas. Podendo a propriedade ter por objeto bens incorpóreos, também pode haver posse. Destarte, nas situações em que é possível a ação possessória, também possível é a autotutela. Engloba, por consequência, tanto os móveis, como os imóveis. Também o compossuidor pode valer-se da autotutela, se turbado ou esbulhado por outro consorte que ameace sua esfera possessória.

Para que o possuidor valha-se da defesa de mão própria, faz-se necessária a turbação ou o esbulho e uma reação imediata: *contanto que o faça logo*. Cuidando-se de furto ou roubo de coisa móvel, por exemplo, o esbulhado pode perseguir o ofensor que foge com o objeto e retomá-lo. Se ocorre invasão de um prédio, cabe ao ofendido nele reingressar tão logo ocorrido o fato, com a força necessária. Passadas a oportunidade e conveniência da autodefesa, cabe ao sujeito recorrer às vias judiciais, sob pena de praticar ilícito penal. Trata-se, portanto, de remédio excepcional dentro do sistema jurídico. Sem o requisito da imediatidade, a conduta do agente pode tipificar o crime do art. 345 do Código Penal (*exercício arbitrário das próprias razões*).

Nossa lei não exigiu que essa atitude do possuidor dependa da impossibilidade de recorrer às vias judiciárias. Exige, sim, imediatidade na repulsa, o que será verificado no caso concreto. Ainda que malsucedido na autodefesa, porque repelido pelo turbador ou esbulhador, sempre poderá recorrer aos interditos. As ações possessórias também concedem resposta rápida à turbação ou esbulho, permitindo a concessão de liminar, em se tratando de agressão à posse de menos de ano e dia.

A legítima defesa da posse e o desforço imediato perdem legalidade, quando se inicia o prazo do art. 523 do Código de 1916, ano e dia, dentro do qual pode ser obtida a medida liminar no processo. Aduz o parágrafo único do citado artigo: *"O prazo de ano e dia não corre enquanto o possuidor defende a posse, restabelecendo a situação de fato anterior à turbação ou ao esbulho."*

Destarte, instalado conflito em imóvel, enquanto não definida a situação de fato e pendente a refrega, legítimos são os atos de defesa e desforço. Perdida a posse pelo defensor, não pode voltar ele a contra-atacar com mão própria, pois praticará ato injurídico. Deverá valer-se dos remédios processuais. Este Código, como vimos, relega o tratamento das ações possessórias ao estatuto processual, que, como vimos, refere-se ao prazo de ano e dia. Já totalmente solidificada a matéria processual a respeito de posse, não mais se justificava a manutenção dos princípios processuais no presente Código. Tendo a ação possessória um procedimento especial e uma aplicação específica da antecipação de tutela na medida liminar tradicional, os princípios gerais da antecipação de tutela não devem, em princípio, ser aplicados. Aliás, os princípios da antecipação de tutela introduzidos no nosso sistema processual foram inspirados na tutela possessória provisória prévia, do direito tradicional da posse.

A autodefesa da posse delimita ação própria do sujeito no conflito de interesses e não a ação pública, regrada pelo ordenamento. Todavia, ambas são ações legais para a mesma finalidade. A retomada da coisa por mão própria obtém o efeito que teria a sentença de reintegração. Essa situação é semelhante no direito comparado, que permite a autotutela da posse sem grandes discrepâncias dogmáticas.

Como na legítima defesa penal, que exige o requisito da moderação na repulsa (*"entende-se em legítima defesa quem, usando moderadamente dos meios necessários, repele injusta agressão, atual ou iminente, a direito seu ou de outrem"*, art. 25 do Código Penal), os atos de defesa, ou de desforço, não podem ir além do indispensável à manutenção ou restituição da posse. É claro que as agruras do possuidor turbado ou esbulhado nem sempre permitirão que se sopese, no calor da disputa, o exato limite da repulsa. Examina-se a proporcionalidade da conduta do defensor e do ofensor, de acordo com o prudente critério do julgador. O mesmo se diga quanto à imediatidade. Repele logo a invasão de seu imóvel o possuidor que ali retorne, encontrando estranhos, conquanto tenha decorrido certo lapso de tempo. A esse respeito dispôs o art. 522 do antigo Código:

> *"Só se considera perdida a posse para o ausente, quando, tendo notícia da ocupação, se abstém de retomar a coisa, ou, tentando recuperá-la, é violentamente repelido."*

Já estudamos esse aspecto do ausente. Para ele, o conhecimento da agressão à posse dará a conceituação de repulsa imediata nos termos do art. 502. O art. 1.224 deste Código moderniza o entendimento a respeito do ausente nessa situação ao mencionar que a posse considera-se perdida para *"quem não presenciou o esbulho, quando, tendo notícia dele, se abstém de retornar a coisa, ou, tentando recuperá-la, é violentamente repelido"*. O exagero, tendo em vista o tempo decorrido e a falta de moderação, é aquele que extravasa o desiderato da lei.

Quem repele agressão injusta e aproveita a oportunidade para também agredir pratica ato ilícito nos limites de sua agressão e dos danos ocasionados.

Esse direito de defesa compete tanto ao possuidor direto, como ao possuidor indireto. Assim, pode o locatário impedir que o locador ou terceiro ingresse no imóvel locado contra sua vontade.

A autotutela também independe de ser a posse justa ou injusta, de boa ou de má-fé. *Em qualquer caso, se permite a reação pessoal do possuidor, consistente na resistência contra a turbação* (MONTEIRO, 1989, p. 56). Concluímos que basta o fato da posse, sem considerar sua natureza ou caráter. Protege-se a situação de alguém manter relação de fato com o bem. Se outra pessoa pretende igual direito sobre a coisa, tal como propriedade ou melhor posse, deve valer-se da via judicial, pois do contrário estar-se-ia autorizando a justiça de mão própria (BORDA, 1984, v. 1, p. 161). Assim como na tutela penal, a tutela privada da posse exige que a agressão seja atual ou iminente. Insuficiente que seja imprecisa e futura.

Para a atividade de defesa ou de desforço, não fica a vítima inibida de se valer do auxílio de terceiros, para defender-se ou reintegrar na coisa. Invadido um imóvel com muitas pessoas, evidente que o possuidor atingido não poderá utilizar-se do desforço sozinho. O que importa é o requisito da imediatidade e da moderação que o caso requer. Quando a lei fala em *força própria*, não se refere à própria força física do ofendido, mas à força que, nos limites legais, possa ele dispor, ou seja, à *força suficiente*. A pessoa jurídica, da mesma forma, age por seus órgãos e prepostos. Também a pessoa natural pode defender-se por preposto ou empregado, como extensão da vontade do próprio possuidor.

Não existe agressão injusta à posse, quando alguém se conduz no cumprimento de medida judicial ou ordem legal. O oficial de justiça com mandado de penhora, com autorização de arrombamento, pratica ato lícito. Não há legitimidade na autotutela nessa hipótese. Também o estado de necessidade pode justificar a invasão da posse. No entanto, a conduta ilegítima de turbação pode partir de agentes do Estado. A lei não faz distinção. O possuidor atingido pode valer-se da autotutela contra particulares ou contra os órgãos da Administração.

"*A lei não faz restrição alguma com relação a autoridade nem era justo que o fizesse; a autoridade pode abusar, atentando injustamente contra a tranquilidade da posse, não se pode negar a legítima defesa contra o ataque ilegal na medida necessária, como não se nega a manutenção judicial*" (FULGÊNCIO, 1978, v. 1, p. 148).

Entende-se que a autotutela somente pode ser exercida contra quem turbou ou esbulhou. Não contra terceiros, quando já ausente a imediatidade: o furtador entrega a coisa ao receptador, por exemplo. Contra este o prejudicado apenas pode recorrer às ações possessórias (LOPES, 1964, v. 6, p. 204).

4. Interditos possessórios. Ações possessórias no CPC

As ações possessórias típicas, ou ações possessórias em sentido estrito, no CPC, são aquelas derivadas historicamente do Direito Romano, manutenção e reintegração de posse e interdito proibitório. A matéria vem tratada em disposições gerais nos arts. 554 ss. do CPC. A manutenção de posse é disciplinada pelos arts. 560 a 566, reservados os arts. 567 e 568 ao interdito proibitório. *O possuidor, que tenha justo receio de ser molestado na posse, poderá impetrar ao juiz que o segure da violência iminente, cominando pena a quem lhe transgredir o preceito.*

No interdito, a cominação de pena é essencial ao instituto. Este Código trata de forma lapidar dos três remédios possessórios em exame. Outras ações podem assumir caráter possessório, como a nunciação de obra nova, os embargos de terceiro, a ação de dano infecto, reguladas separadamente. Cuida-se, portanto, dos chamados remédios possessórios, denominados *meios possessórios* no Direito lusitano.

As três tradicionais modalidades de possessórias correspondem a três diferentes planos de ofensa da posse. A mais grave das ofensas é o esbulho, em que o possuidor é despojado do poder de fato sobre a coisa. Cuida-se da perda da posse com a ação de *reintegração*. Busca-se recolocar o agente na disposição do direito possessório.

A turbação situa-se em menor grau. Os atos turbativos molestam e dificultam a posse, sem suprimi-la do sujeito. Para a turbação, a ação adequada é a de *manutenção de posse*, pela qual se busca fazer cessar os atos perturbadores da posse.

A ameaça contra a posse, a violência iminente citada pela lei, é remediada pelo *interdito proibitório*. É utilizada na situação de agressão iminente ou receio justificável de perturbação da posse. Cuida-se de situação em que a turbação ou esbulho são altamente prováveis e atuais.

Os aspectos processuais dessas ações possessórias são muito ricos em detalhes e devem ser mais densamente estudados em obras mais profundas sobre a posse. Muito se deve meditar, por exemplo, sobre a fungibilidade das ações possessórias, a natureza da medida liminar nesses interditos, a exceção de domínio, a ação de força nova e força velha, dentre tantos outros temas.

Enunciado nº 79, I Jornada de Direito Civil – CJF/STJ: a *exceptio proprietatis*, como defesa oponível às ações possessórias típicas, foi abolida pelo Código Civil de 2002, que estabeleceu a absoluta separação entre os juízos possessório e petitório.

📖 Enunciado nº 80, I Jornada de Direito Civil – CJF/STJ: é inadmissível o direcionamento de demanda possessória ou ressarcitória contra terceiro possuidor de boa-fé, por ser parte passiva ilegítima diante do disposto no art. 1.212 do novo Código Civil. Contra o terceiro de boa-fé, cabe tão somente a propositura de demanda de natureza real.

📖 Enunciado nº 238, III Jornada de Direito Civil – CJF/STJ: ainda que a ação possessória seja intentada além de "ano e dia" da turbação ou esbulho, e, em razão disso, tenha seu trâmite regido pelo procedimento ordinário (CPC, art. 558), nada impede que o juiz conceda a tutela possessória liminarmente, mediante antecipação de tutela, desde que presentes os requisitos autorizadores do art. 300, I ou II, bem como aqueles previstos no art. 461-A e parágrafos, todos do Código de Processo Civil.

📖 Enunciado nº 239, III Jornada de Direito Civil – CJF/STJ: na falta de demonstração inequívoca de posse que atenda à função social, deve-se utilizar a noção de "melhor posse", com base nos critérios previstos no parágrafo único do art. 507 do Código Civil /1916.

📖 Enunciado nº 495, V Jornada de Direito Civil – CJF/STJ: No desforço possessório, a expressão "contanto que o faça logo" deve ser entendida restritivamente, apenas como a reação imediata ao fato do esbulho ou da turbação, cabendo ao possuidor recorrer à via jurisdicional nas demais hipóteses.

⚖ Apelação – Ação Ordinária – Manutenção de Posse – Estrada Municipal – Município de Piquerobi – Pretensão de manutenção de posse de estrada municipal, bem como condenação do requerido a ressarcir os danos causados por sua conduta. Sentença de parcial procedência, para determinar a manutenção da autora na posse da estrada PQB 456, sob pena de multa diária. Mérito – Efeitos da posse que estão previstos no artigo 1.210, do CC – Possuidor que tem direito a ser mantido na posse em caso de turbação – Pedido de manutenção de posse que tem os requisitos previstos no artigo 561, do CC – Parte autora que comprovou a continuação de sua posse, embora turbada – Turbação ou o esbulho praticado que se extraem da própria defesa, na qual o ora apelante afirma exercer a posse da área por sequer ter conhecimento que se tratava de estrada municipal dentro de sua propriedade – Prova testemunhal e documental que amparam o pedido. Ocupação de bem público que é de mera tolerância administrativa – Necessidade de expressa autorização. O que não se verifica no caso em voga - Direito do particular que não pode e não deve se sobrepor ao interesse público. Sentença mantida. Recurso desprovido (*TJSP* – Ap. 1001023-90.2019.8.26.0553, 31-7-2020, Rel. Leonel Costa).

⚖ Apelação cível – **Ação de reintegração de posse** – Requisitos para concessão da tutela possessória não comprovados – 1 – O art. 1.210, do Código Civil, prevê que "O possuidor tem direito a ser mantido na posse em caso de turbação, restituído no de esbulho, e segurado de violência iminente, se tiver justo receio de ser molestado". A tutela da posse, no caso de esbulho, dá-se por meio de ação de reintegração de posse e no caso de turbação por meio de ação de manutenção de posse, devendo ser demonstrados os requisitos previstos no art. 561, do Código de Processo Civil de 2015, que corresponde ao art. 927, do Código de Processo Civil de 1973, que se encontrava em vigor quando ao ajuizamento da ação. 2- A apelante não comprovou sua alegada posse em relação ao imóvel objeto do litígio. As provas documental e testemunhal indicam o réu como o possuidor daquele bem. 3- Recurso desprovido (*TJES* – Ap. 0015039-64.2007.8.08.0011, 12-4-2017, Rel. Des. Dair José Bregunce de Oliveira).

Art. 1.211. Quando mais de uma pessoa se disser possuidora, manter-se-á provisoriamente a que tiver a coisa, se não estiver manifesto que a obteve de alguma das outras por modo vicioso.

O ordenamento dá proeminência, neste dispositivo, ao *corpus*, ao aspecto objetivo da posse. O aspecto objetivo, isto é, a ciência do vício original por parte do detento, somente será levado em conta se for manifesto. Como em tudo que gira em torno da posse, por ser um fato, importante será o exame das circunstâncias no caso concreto. Na hipótese desse artigo surgem várias pessoas que se dizem possuidoras, cada qual excluindo as demais. O juiz, como regra geral, deverá manter a coisa com quem estiver na detenção. Dá-se preferência ao estado de fato que se traduz na aparência exterior. Note que a posse provisória deve sempre levar em conta o prazo de ano e dia estabelecido agora unicamente no estatuto processual.

Agravo de instrumento – Nulidade da locação c/c Reintegração de posse – Competência recursal – Administração de bem comum – Prevenção – Causa de pedir que envolve a administração de bem comum havido por sucessão hereditária – Art. 5º, I. 27 – Câmara preventa – Liminar específica – Indeferimento – Cumulação permitida, mas que atrai o procedimento comum – Inaplicável a liminar específica – Requisitos do art. 300, do CPC, não preenchidos – Consequências meramente patrimoniais que podem ser reparadas após instrução – Ademais, agravados que são possuidores, ainda que o título (contrato de locação) tenha sua validade disputada – art. 1.211, do CC – Ausência de esbulho ou perda da posse – Decisão mantida – Recurso desprovido (*TJSP* – Ag 2032456-08.2019.8.26.0000, 30-8-2019, Rel. Costa Netto).

Agravo de instrumento – **Ação de reintegração** de posse cumulada com perdas e danos – Liminar indeferida – Inobservância dos requisitos do art. 561 do CPC de 2015 – Princípio *quieta non movere* – Recurso não provido – Decisão mantida – Para o deferimento do pedido liminar de reintegração de posse, é ônus do autor a comprovação da posse anterior, do esbulho e da data em que ocorrido, nos termos do artigo 561, do CPC de 2015. Inexistente prova dos requisitos, incabível a concessão da liminar possessória – Quando mais de uma pessoa se disser possuidora, manter-se-á provisoriamente a que tiver a coisa, se não estiver manifesto que a obteve de alguma das outras por modo vicioso (art. 1.211 do Código Civil de 2002). (*TJMG* – AI-Cv 1.0443.16.002739-9/001, 26-1-2017, Rel. José Marcos Vieira).

Art. 1.212. O possuidor pode intentar a ação de esbulho, ou a de indenização, contra o terceiro, que recebeu a coisa esbulhada sabendo que o era.

Nesse passo, o fato da posse se traduz em direito próximo ou semelhante à sequela. Quem detiver a coisa esbulhada, sabedor do vício, será parte legítima passiva para figurar na ação possessória. Cuida-se do cúmplice do esbulho. Assim, a ação poderá ser intentada contra o receptador de coisa furtada ou roubada e todo aquele que recebeu coisa imóvel sabedor do vício na pessoa de quem lhe transmitiu. Nada impede que a ação de esbulho seja cumulada com o pedido de perdas e danos, como vimos. Pode o autor optar pela ação singela de indenização, na qual pede o preço da coisa usurpada (valor do dano), com eventuais lucros cessantes.

A ação possessória pode ser intentada contra os que praticaram o esbulho ou contra as pessoas que os representam ou sucedem. A impossibilidade de identificar os réus, ou todos os réus, não pode ser óbice para a propositura. Se há dezenas, centenas de invasores, torna-se impossível identificá-los todos. Deve o autor nominar, isto é, identificar os que conseguir, ou os chefes da invasão, informando o juiz a existência de uma tribo ou horda no local. Nesse artigo, o Código indica que mesmo o terceiro que recebeu a posse viciada pode figurar no polo passivo. A origem da posse deve ser viciada, devendo o autor evidenciar a má-fé nesse aspecto.

Enunciado nº 236, III Jornada de Direito Civil – CJF/STJ: Considera-se possuidor, para todos os efeitos legais, também a coletividade desprovida de personalidade jurídica.

Ação de reintegração de posse – Alegação de esbulho por parte da ré, que teria invadido o imóvel do qual o autor era possuidor indireto. Sentença de improcedência que deve ser mantida. Autor que, na condição de possuidor indireto do imóvel, foi esbulhado pelos herdeiros do seu falecido padrasto, os quais transferiram onerosamente todos os direitos e poderes sobre o imóvel para a ré. Boa-fé da demandada que deve ser presumida, diante da inexistência de prova em sentido contrário. Incidência do disposto no art. 1.212 do Código Civil. O possuidor apenas pode intentar ação de esbulho contra o terceiro que recebeu a coisa esbulhada sabendo que o era. Estando o terceiro de boa-fé, deve ser mantido na posse da coisa, em atenção à teoria da aparência, restando ao possuidor esbulhado pleitear indenização em face do esbulhador originário. Recurso desprovido. Unanimidade (*TJRJ* – Ap. 0017115-79.2012.8.19.0205, 4-9-2015, Rel. Gabriel de Oliveira Zefiro).

Art. 1.213. O disposto nos artigos antecedentes não se aplica às servidões não aparentes, salvo quando os respectivos títulos provierem do possuidor do prédio serviente, ou daqueles de quem este o houve.

As servidões, como os demais direitos reais limitados passíveis de disposição, podem ser objeto de posse. Servidão é o direito real constituído em favor de um prédio sobre outro, de dono diverso. O prédio beneficiado denomina-se dominante. O prédio onerado denomina-se serviente. Contudo, o Código Civil de 1916, após tratar dos remédios possessórios, no art. 509 dispunha:

> "O disposto nos artigos antecedentes não se aplica às servidões contínuas não aparentes, nem às descontínuas, salvo quando os respectivos títulos provierem do possuidor do prédio serviente, ou daqueles de quem este o houve."

Houve, portanto, modificação nessa redação no atual Código, quanto à modalidade das servidões.

Como examinaremos nos artigos específicos, as servidões podem ser aparentes e não aparentes, sendo estas as que não se revelam por sinais visíveis (por exemplo, a servidão de não construir mais alto). Podem também ser contínuas e descontínuas. Estas exigem a atividade de seus titulares, a qual não é contínua (por exemplo, a servidão de retirada de água).

Desse modo, o art. 509 suprimia proteção possessória às servidões contínuas não aparentes e às descontínuas, quando não houvesse título. Como geralmente não se exteriorizam por fatos externos, embora latentes e não visíveis, preferiu o legislador tolhê-las do remédio possessório. Não se lhes nega, porém, a via petitória. Este Código, contudo, apenas restringiu a aplicação do remédio possessório às servidões não aparentes, no que andou bem e de acordo com a jurisprudência.

Podem, no entanto, ser defendidas por ações possessórias, se houver título, ou seja, situação que excepcionalmente permita sua exteriorização com exame de sua constituição, sem que com isso se torne ação de discussão do domínio.

As servidões aparentes e as contínuas, que se manifestam por sinais externos, não sofrem restrição alguma na proteção de sua posse, pois seguem a regra geral de exteriorização do domínio.

Ainda que a servidão seja descontínua, como a servidão de caminho, se ela deixar marcas ou sinais visíveis, como a abertura de muro, a pavimentação de estrada, as marcas de carro ou animais etc., não se lhe pode negar a proteção possessória, pelos princípios gerais (*RT*

425/178). Como vimos, este Código diminuiu a restrição. À matéria voltaremos nos artigos referentes à servidão. O mesmo se diga com relação às servidões não aparentes, que serão protegidas pelos interditos "*desde que transpareçam em alguma forma instrumental*" (RIZZARDO, 1991, p. 177). Imagine, por exemplo, a servidão de não construir mais alto, ou de não tolher vista, em que se coloca cartaz ou placa de advertência com dizeres sobre a limitação, tornando-a de todos conhecida. O sinal externo permitirá, sem dúvida, o recurso à defesa possessória. Levando em conta essa problemática, a matéria passa a ser casuística como casuístico é o fato da posse. Sob a nova lei, deve ser examinado em cada caso se há fato de posse na servidão a ser protegido, segundo o que aqui expusemos.

Apelação cível. **Ação de reintegração de posse**. Sentença de improcedência. **Servidão administrativa aparente**. Linha de transmissão de energia. Acessão realizada no imóvel de propriedade particular edificada após a implantação da servidão pública. Invasão da faixa de segurança. Possibilidade de proteção possessória. Súmula n. 415 do STF e artigo 1.213 do Código Civil. Instituição de servidão administrativa que não se confunde com desapropriação, porque nesta o particular perde a titularidade e naquela há apenas o ônus de suportar o uso da propriedade, que poderá ser indenizável se do uso decorrer algum prejuízo. Sentença reformada. Recurso provido (*TJSP* – Acórdão: Apelação Cível nº 9249378-07.2008.8.26.0000, 6-4-2011, Rel. Des. Oswaldo Luiz Palu).

Art. 1.214. O possuidor de boa-fé tem direito, enquanto ela durar, aos frutos percebidos.
Parágrafo único. Os frutos pendentes ao tempo em que cessar a boa-fé devem ser restituídos, depois de deduzidas as despesas da produção e custeio; devem ser também restituídos os frutos colhidos com antecipação.

Apelação cível. Reintegração de posse c/c perdas e danos. Contrato verbal de arrendamento rural por prazo indeterminado. Imóvel alienado. Demanda deduzida pelo arrendatário em face dos arrendantes/alienantes e dos adquirentes do imóvel. Sentença de parcial procedência. Insurgência dos requeridos. 1. Indenização da cultura de inverno (aveia). Devida. inteligência do art. 1.214 do CC: "O possuidor de boa-fé tem direito, enquanto ela durar, aos frutos percebidos". 2. Indenização por lucros cessantes. Necessidade de abatimento com o custo do cultivo, sob pena de enriquecimento sem causa. Valor devido em razão da perda da posse até a reintegração caso. 3. Recurso conhecido e parcialmente provido (*TJPR* – Ap. 1725906-8, 15-10-2018, Rel. Luciano Carrasco Falavinha Souza).

Apelação cível – Ação de obrigação de fazer – Parcial procedência do pedido formulado na inicial e improcedência do pedido formulado na reconvenção. Inconformismo por parte do autor e por parte dos réus. Recurso de apelação interposto pelo autor. Não acolhimento. Autor que não se desincumbiu do ônus que lhe cabia, qual seja, comprovar a celebração de compromisso de compra e venda entre as partes. Improcedência do pedido de condenação dos réus a outorgar escritura de compra e venda mantida. Recursos de apelação interpostos pelos réus. Preclusão consumativa – Recurso oposto posteriormente (fls. 616/620) não conhecido. Recurso de fls. 639/644 – Não acolhimento. **Possuidor de boa-fé que tem direito aos frutos percebidos** (artigo 1214 do CC). Réus/reconvintes que não se desincumbiram de comprovar a má-fé do autor. Improcedência do pedido reconvencional mantida. Recurso de apelação dos réus as fls. 616/620 não conhecido. Recursos de apelação do autor as fls. 621/638 e dos réus as fls. 639/644 não providos (*TJSP* – Ap. 0009137-64.2013.8.26.0191, 23-2-2017, Rel. Piva Rodrigues).

Art. 1.215. Os frutos naturais e industriais reputam-se colhidos e percebidos, logo que são separados; os civis reputam-se percebidos dia por dia.

Art. 1.216. O possuidor de má-fé responde por todos os frutos colhidos e percebidos, bem como pelos que, por culpa sua, deixou de perceber, desde o momento em que se constituiu de má-fé; tem direito às despesas da produção e custeio.

1. Percepção dos frutos

Os arts. 1.214 ss pressupõe a existência de discussão sobre os frutos na posse e sua destinação, em espécie ou em valor equivalente. Essa discussão independe do título da posse. É examinada apenas a boa ou má-fé daquele que se despoja da coisa. Se não existissem essas regras na lei, em tese todos os frutos deveriam ser restituídos, ocasionando enriquecimento injustificado. A reivindicação da coisa implicaria sua devolução com todos os acréscimos e proveitos.

O art. 60 do Código anterior expressava que "*entram na classe das coisas acessórias os frutos, produtos e rendimentos*". Os arts. 95 e 96 do Código traduzem a mesma noção.

Os frutos podem ser vistos como utilidades periodicamente produzidas pela coisa, sob o aspecto objetivo. Pela visão subjetiva, frutos são riquezas normalmente produzidas por um bem, podendo ser uma safra, como os rendimentos de um capital. Este Código trata dos frutos sob o aspecto subjetivo. Esses frutos podem ser *naturais, industriais* e *civis*. *Naturais*, os provenientes da força orgânica, como os frutos de uma árvore, as crias dos animais. *Industriais* são os decorrentes da atividade humana, como a produção industrial. *Civis* são as rendas auferidas pela coisa, provenientes do capital, tais como juros, alugueres e dividendos.

Produtos são bens extraídos da coisa, que diminuem sua substância porque não se reproduzem periodicamente como os frutos. Assim se colocam as riquezas minerais como o ouro, o petróleo, as pedras etc. *Rendimentos* são frutos civis. Ao mencioná-los, o Código de 1916 foi redundante. Os frutos podem ser naturais ou civis, portanto. Todos esses bens ingressam na categoria de acessórios.

Reputam-se *pendentes* os frutos quando ainda unidos à coisa que os produziu; *percebidos* ou *colhidos*, depois de separados; estantes, depois de separados e armazenados; *percipiendos*, os que deveriam ter sido colhidos e não o foram, e *consumidos*, os frutos já utilizados, não mais existentes.

Essas modalidades têm vital importância em razão das consequências derivadas da perda da posse. Tanto aqui como no tocante às construções, plantações e benfeitorias, o princípio geral que rege a indenização desses acréscimos da coisa objetiva evitar o enriquecimento injusto.

O art. 1.215 dispõe que os frutos naturais e industriais reputam-se colhidos e percebidos tão logo separados; os civis reputam-se percebidos dia a dia. O art. 1.214, parágrafo único, determina que os frutos pendentes, quando cessar a boa-fé do possuidor, devem por ele ser devolvidos. Nessas disposições, portanto, temos que atentar que o legislador refere-se unicamente aos frutos naturais, ou frutos propriamente ditos. De acordo com a dicção do art. 1.215, os frutos civis, rendimentos, são contados dia por dia, o que significa que o possuidor de má-fé responde por eles desde o dia em que esta se iniciou. Para os frutos civis, cada dia representa uma fração de tempo. Não reclamam, ao contrário dos frutos naturais e industriais, a percepção efetiva. O pagamento dos rendimentos é decorrência automática desejada por nossa lei. O possuidor de boa-fé tem direito aos rendimentos até o dia em que ela cessa. Ou, em outros termos: o possuidor de boa-fé responde como o de má-fé desde o momento em que cessou a boa-fé. O divisor de águas sempre será o momento em que cessa a boa-fé. Já examinamos que a má-fé pode existir antes mesmo da citação ou da ação judicial.

Tanto em matéria de frutos, como no respeitante aos outros acréscimos na coisa possuída, a linha divisória entre a boa e a má-fé do possuidor fará decorrer importantes efeitos. Evidentemente, privilegia-se a boa-fé. Ao possuidor de má-fé apenas se impede que propicie um injusto enriquecimento a terceiros. Da qualificação da boa ou má-fé na posse decorrerão os efeitos relativos aos frutos ora examinados. Lembremos, por outro lado, que nem sempre se confundem os conceitos de posse justa e posse de boa-fé. O momento divisório, a transmutação da posse de boa para a posse de má-fé, já foi objeto de referência.

A regra geral é de que, sendo os frutos acessórios, pertencem ao titular da coisa principal. Quando alguém reivindica ou retoma a coisa de outrem que a usufrui, como regra geral faz jus à restituição dos frutos percebidos. O princípio sofre exceção, no entanto, em favor do possuidor de boa-fé. "*O possuidor de boa-fé tem direito, enquanto ela durar, aos frutos percebidos*" (art. 1.214). Destarte, na sentença deve ser fixado o início da indenização pelos frutos, estabelecendo-se o momento de início da má-fé. É aplicado tudo o que foi dito a esse respeito. O legislador valora duas condutas: a do possuidor que não tinha consciência de sua má posse e a do retomante da coisa, que tinha direito a ela. Protege-se a boa-fé, punindo-se o possuidor de má-fé, que deve indenizar pelos frutos percebidos. Em cada caso, analisa-se se existe a linha divisória entre a boa ou má-fé para aplicação dos efeitos legais. Se a posse é de má-fé desde o início, não há por que aplicar os princípios dedicados ao possuidor de boa-fé.

Os frutos ainda pendentes e os antecipadamente colhidos devem ser abonados ao retomante a partir do momento em que cessar a boa-fé. De acordo com o art. 1.216, também no intuito de impedir o injusto enriquecimento, o possuidor de má-fé que entrega os frutos faz jus às despesas de produção e custeio. Segundo o art. 1.214, parágrafo único, as despesas de produção e custeio também devem ser indenizadas ao possuidor de boa-fé, no tocante aos frutos pendentes, bem como os colhidos antecipadamente.

A colheita de frutos antecipadamente pode sugerir má-fé; todavia, mesmo que assim não ocorra, os frutos não podem pertencer ao possuidor, porque deveriam ser colhidos quando a boa-fé já cessara. Se não tivessem sido colhidos antes do tempo, ainda estariam pendentes e pertenceriam ao novo possuidor. Essa a ideia traduzida pelo ordenamento.

Desse modo, o possuidor de má-fé deve não somente devolver os frutos colhidos e percebidos, como também indenizar pelos frutos que por sua culpa deixou de colher, ou seja, os percipiendos.

Apelação cível. Ação de imissão na posse com pedido liminar de tutela antecipada c/c perdas e danos. Sentença de procedência. Inconformismo do Autor. Não acolhimento. Objetiva a majoração da indenização pela ocupação indevida do Imóvel. O direito à indenização não se funda unicamente no art. 38 do Decreto-Lei nº 70/66. Decorre primordialmente do dever que tem os Réus de indenizar o Autor pelas perdas e danos (art. 186, do CC) que, no caso, se caracteriza pela privação do uso do Bem. Responde o possuidor de má-fé, de acordo com o disposto no art. 1.216, do CC, "por todos os frutos colhidos e percebidos". São os frutos civis decorrentes do uso do Imóvel, calculados pelo valor equivalente aos aluguéis, exatamente como estabeleceu a sentença. Sentença mantida. Decisão bem fundamentada. Ratificação nos termos do artigo 252, do Regimento Interno. Recurso não provido, fixando-se os honorários recursais em 5% (cinco por cento) sobre o valor da condenação, a serem pagos pelo Autor em favor da banca que patrocinou os interesses dos Réus (*TJSP* – Ap. 1000280-17.2019.8.26.0477, 3-8-2020, Rel. Penna Machado).

🔎 Civil e processo civil. Ação de reintegração de posse. Pedido julgado procedente para reintegrar os autores na área esbulhada, condenando o réu ao pagamento de indenização pelo uso indevido do imóvel, sem direito a indenização e retenção por benfeitorias. Apelação nº 1: recurso do réu. Esbulho possessório comprovado. Réu que adquiriu área distinta da ocupada. Ciência inequívoca do réu acerca dos limites de cada imóvel contíguo. Posse de má-fé caracterizada. Benfeitorias. Aplicação do artigo 1.220 do Código Civil. **Inexistência de benfeitorias necessárias**. Ausência de direito de retenção. Plantio de eucaliptos. Aplicação do art. 1.216 do Código Civil. Ressarcimento das despesas de custeio. Fase de liquidação de sentença para apuração do *quantum debeatur*. Indenização pelo uso indevido do imóvel. Prejuízos comprovados pelos autores. Legitimidade para o recebimento da indenização. Pretensão de devolução da arras. Questão que não pode ser tratada no âmbito da ação possessória. Recurso parcialmente provido. Apelação nº 2: pretensão de imediata reintegração na posse do imóvel. Sentença que determina a expedição de mandado de reintegração de posse após o trânsito em julgado. Ausência de justa causa para postergar o cumprimento da sentença. Majoração do valor da indenização. Valor arbitrado de acordo com o prejuízo comprovado nos autos. Recurso parcialmente provido (*TJPR* – Acórdão: Apelação Cível nº 793.846-9, 14-9-2011, Rel. Des. Lauri Caetano da Silva).

Art. 1.217. O possuidor de boa-fé não responde pela perda ou deterioração da coisa, a que não der causa.

Art. 1.218. O possuidor de má-fé responde pela perda, ou deterioração da coisa, ainda que acidentais, salvo se provar que de igual modo se teriam dado, estando ela na posse do reivindicante.

A boa-fé, que é sempre presumida, coloca o possuidor imbuído dela sempre em patamar superior ao possuidor de má-fé. A má-fé, como temos referido, sempre deve ser provada no caso concreto. Com a perda da coisa possuída, o possuidor de boa-fé não responde pela perda ou deterioração da coisa, salvo se tiver dado causa. Assim sendo, se a coisa móvel é roubada ou furtada do possuidor de boa-fé, não terá ele que indenizar o retomante, salvo se este provar que o possuidor deixou de tomar os cuidados elementares para a guarda da coisa.

A situação do possuidor malicioso já é bem diversa e inferiorizada, pois responderá quase sempre pela perda ou deterioração do bem, ainda que essa perda ou diminuição de valor tenha ocorrido acidentalmente. Apenas se safará de indenizar pela coisa se provar que o dano ocorreria ainda que estivesse o bem na posse do reivindicante. Desse modo, não lhe basta, para isso, provar caso fortuito ou força maior, pois mesmo perante esses fatores sua prova é mais profunda. Assim, por exemplo, não pode alegar que a coisa se perdeu numa inundação, se não tomou os cuidados necessários para evitar os efeitos da intempérie. Somente deixaria de ter o dever de indenizar se também o retomante, na hipótese concreta, não tivesse safado a coisa da perda ou deterioração.

As situações narradas em ambos os artigos sob comentário não se confundem com a do art. 503 do Código de 1916, que não foi repetido no atual estatuto:

> "O possuidor manutenido, ou reintegrado, na posse, tem direito à indenização dos prejuízos sofridos, operando-se a reintegração à custa do esbulhador, no mesmo lugar do esbulho."

Nessa situação, a indenização é mais ampla, pois abrange todos os prejuízos. Nos presentes artigos, o legislador cuida de hipóteses nas quais as coisas são restituídas com diminuição de valor decorrente de deterioração, ou quando essa restituição é impossível porque destruída a coisa. O art. 1.212 refere-se a prejuízos discorridos primordialmente na ação possessória. Os arts. 1.217 e 1.218 independem da ação possessória, embora qualquer prejuízo possa ser buscado em ação indenizatória, nos termos do art. 186, regulador da responsabilidade aquiliana. O prejuízo descrito nos artigos ora em exame insere-se nas perdas e danos em geral, porque não receber a coisa devida ou recebê-la deteriorada ressaltam a perda do retomante.

Desse modo, não havendo culpa do possuidor de boa-fé, não responde pelo valor da coisa perdida ou deteriorada. Já o possuidor de má-fé terá o ônus de provar que a diminuição de valor ou perda ocorreria de qualquer modo, ainda que a coisa estivesse na posse do retomante. Não basta simplesmente, como apontamos, alegar caso fortuito ou força maior. Essas disposições não conflitam com a indenização mais ampla, porque esta se refere ao sucumbente da ação possessória. Procedente a alegação de turbação ou esbulho, a linha divisória da má-fé retroage pelo menos à citação. Pode a sentença entendê-la anterior. A partir daí, o sucumbente da ação possessória é tratado como possuidor de má-fé e responde pelo prejuízo, inclusive pela perda ou deterioração da coisa. Se a perda ou deterioração houver ocorrido antes da citação, avaliaremos, pelo que já foi examinado, o termo inicial da má-fé, o qual possibilitará tão somente a ação indenizatória se a coisa não mais existir quando da propositura da ação. Se existir, mas com diminuição de valor pela deterioração, aplica-se o art. 1.218, inserido no contexto do art. 503 e do art. 1.212.

Na ação possessória, o CPC dispõe no art. 555 que "*Art. 555. É lícito ao autor cumular ao pedido possessório o de: I – condenação em perdas e danos*" e II – indenização dos frutos. Destarte, essa dicção deve ser vista em consonância com os arts. 1.212 e 1.218 do estatuto material.

A expressão *perdas e danos* compreende todos os prejuízos, inclusive os que a própria coisa tenha sofrido (*RSTJ* 22/252). A moléstia à posse, enfim, deve ser tratada como ato ilícito, pois na realidade o é.

Art. 1.219. O possuidor de boa-fé tem direito à indenização das benfeitorias necessárias e úteis, bem como, quanto às voluptuárias, se não lhe forem pagas, a levantá-las, quando o puder sem detrimento da coisa, e poderá exercer o direito de retenção pelo valor das benfeitorias necessárias e úteis.

Enunciado nº 81, I Jornada de Direito Civil – CJF/STJ: o direito de retenção previsto no art. 1.219 do Código Civil, decorrente da realização de benfeitorias necessárias e úteis, também se aplica às acessões (construções e plantações) nas mesmas circunstâncias.

Posse (bens imóveis). Apelação cível e recurso adesivo. Ação de indenização por benfeitorias. Pretensão reintegratória deduzida em sede de reconvenção. Comodato verbal. Relação de parentesco. 1. Recurso adesivo não conhecido, pois, a despeito de ter havido sucumbência recíproca, a apelação foi interposta por um dos corréus, e não pelo adversário do recorrente-adesivo (o autor). 2. A teor do disposto no art. 1.219 do CC, o "possuidor de boa-fé tem direito à indenização das benfeitorias necessárias e úteis, bem como, quanto às voluptuárias, se não lhe forem pagas, a levantá-las, quando o puder sem detrimento da coisa, e poderá exercer o direito de retenção pelo valor das benfeitorias necessárias e úteis". 3. Caso *sub judice* em que a prova carreada para os autos demonstra que o ingresso do autor/reconvindo no imóvel é decorrente da relação familiar, já que a área pertencia à ex-sogra. Considerando que o comodatário, de boa-fé, efetuou melhorias no imóvel, consoante apurado pela prova pericial, bem como que a comodante tinha ciência da situação, inafastável o direito à indenização, o qual se estende à construção do pavilhão, vedando, assim, enriquecimento sem causa (art. 884, *caput*, do CC) por parte dos demandados/reconvintes, herdeiros da comodante. Recurso adesivo não conhecido. Apelação desprovida (*TJRS* – Ap. 70081974735, 31-10-2019, Rel. Voltaire de Lima Moraes).

Reintegração de posse. Comodato verbal confirmado pelo réu. **Benfeitorias.** Permanência do comodatário no imóvel por trinta anos, catorze dos quais após a citação. Compensação do valor gasto na construção com os aluguéis que deveriam ter sido pagos no período. Inteligência dos artigos 582 e 1.219 do Código Civil. Manutenção da sentença, recurso ao qual se nega seguimento, com fulcro no artigo 557, *caput*, do CPC (*TJRJ* – Apelação Cível 0000423-36.1997.8.19.0203, 29-4-2011, Rel. Des. Vera Maria Van Hombeeck).

Art. 1.220. Ao possuidor de má-fé serão ressarcidas somente as benfeitorias necessárias; não lhe assiste o direito de retenção pela importância destas, nem o de levantar as voluptuárias.

1. Indenização por benfeitorias e direito de retenção

O mesmo princípio que rege a responsabilidade dos frutos na posse determina o regime das benfeitorias. Trata-se de mais uma situação legal, dentre tantas pontilhadas no ordenamento, a impedir o enriquecimento injusto.

O conceito de benfeitorias pertence à teoria geral. Note que sob o presente diploma a questão mais importante é distinguir, no caso concreto, benfeitorias de pertenças. Veja, na parte geral, a conceituação de pertenças (art. 93).

Benfeitorias são obras ou despesas feitas na coisa, para o fim de conservá-la, melhorá-la ou embelezá-la. Decorrem, portanto, da atividade humana. Não são benfeitorias os acréscimos naturais à coisa. O art. 96 do Código fornece a divisão tripartida das benfeitorias:

são *necessárias* as que têm por finalidade conservar a coisa ou evitar que se deteriore. Nesse sentido, serão benfeitorias necessárias o reparo nas vigas de sustentação de uma ponte; a substituição de peça de motor que impede ou prejudica seu funcionamento; a cobertura de material colocado ao relento, sujeito a intempéries;

são *úteis* as que aumentam ou facilitam o uso da coisa. Serão benfeitorias úteis, por exemplo, a pavimentação do acesso a um edifício; o aumento de sua área de estacionamento e manobras; a pintura para evitar a oxidação de veículo;

são *voluptuárias* as benfeitorias que redundam em acréscimos de mero deleite ou recreio, que não aumentam o uso habitual da coisa, ainda que a tornem mais agradável, ou de elevado valor. Serão benfeitorias voluptuárias, por exemplo, a colocação de piso de mármore importado; a pintura de um painel no imóvel por artista premiado; a substituição dos metais de banheiro por peças de ouro ou prata etc.

As situações concretas permitirão classificar as benfeitorias numa ou noutra categoria, bem como diferenciá-las das pertenças. As consequências dessa classificação surgem quando da restituição da coisa.

Desse modo, de acordo com o art. 1.219, o possuidor de boa-fé não apenas tem direito a receber o valor das benfeitorias necessárias e úteis, como também pode reter a coisa enquanto não for paga. O direito de retenção do possuidor de boa-fé é modalidade de garantia no cumprimento de obrigação. Com a retenção, o possuidor exerce coerção sobre o retomante para efetuar o pagamento. O direito de retenção é oposto como modalidade de defesa do possuidor, que inibe a entrega do bem até que seja satisfeita a obrigação. Cuida-se de faculdade à disposição do possuidor de boa-fé de conservar a coisa alheia até o pagamento das benfeitorias mencionadas.

Discute-se se a alegação de existência de benfeitorias deve estar presente já na fase de conhecimento. O meio processual idôneo para o exercício do direito de retenção são os *embargos de retenção*. Não aduzindo na forma e no momento processual oportuno os embargos de retenção, o credor pode versar o pedido de indenização em ação autônoma (*RT* 627/88, *JTASP* 100/186). Perde, porém, nesse caso, a possibilidade de reter a coisa até o pagamento.

A jurisprudência inclina-se no sentido de que o direito à retenção, nas ações possessórias, deve ficar reconhecido na sentença. Destarte, não alegadas ou não provadas benfeitorias no curso da ação possessória, fica inibida a defesa por meio de embargos de retenção (*RT* 653/187, 681/91, *JTASP* 100/361, *RTJSP* 130/314). No entanto, ainda que não seja possível esse procedimento, o credor poderá sempre recorrer às vias ordinárias; caso contrário, ocorreria enriquecimento injusto (*JTASP* 100/86). Por outro lado, as benfeitorias devem vir descritas e discriminadas. Simples menção genérica, sem conteúdo probatório no curso da ação possessória, é insuficiente para indenização e retenção. Essa descrição também é essencial na inicial de embargos: "*Para pleitear indenização e retenção, deve a parte descrever as benfeitorias que pretende haver realizado, não se admitindo simples menção genérica à sua existência*" (STJ – 3ª T. – RE 4.073-SP – Rel. Min. Eduardo Ribeiro – *Código de Processo Civil*, de Theotônio Negrão, 1994, nota 11 do art. 744).

No tocante ao possuidor de má-fé, evita-se tão só o enriquecimento injusto. Este tem direito à indenização apenas das benfeitorias necessárias, sem direito de retenção e sem poder levantar as voluptuárias (art. 1.220). O rigor justifica-se como forma de punição da má-fé.

Pela orientação da lei, o possuidor de boa-fé vale-se do art. 1.219 enquanto mantiver esse estado de espírito. Cessada a boa-fé, toda e qualquer benfeitoria acrescentada à coisa sujeitar-se-á ao art. 1.220. O momento da cessação da boa-fé e da época em que foram realizadas as benfeitorias passa para o âmbito da prova.

Tecnicamente, *construção* não deve ser considerada benfeitoria, mas outra modalidade de acessório. O presente Código preferiu omitir-se a esse respeito. No entanto, para a maioria dos efeitos com relação ao despojamento da posse, a construção é equiparada à benfeitoria, como se faz na prática forense e como decorre do art. 1.256. Os mesmos princípios aplicam-se às plantações. Como também lembramos em nossa obra sobre a parte geral do Código, benfeitorias não se confundem com acessões. Na acessão, a coisa acrescida pertence a proprietário diverso. Na benfeitoria, o titular da coisa tem convicção de que a coisa lhe pertence. Há corrente doutrinária que entende aplicável o sistema das benfeitorias às acessões. Outra questão surge neste Código, tendo em vista a definição de pertenças, presente no art. 93. Muito se deverá atender a vontade das partes na distinção desses institutos.

Apelação cível. Reintegração de posse. Comprovação pelos autores da posse e titularidade do bem. Ausência de demonstração de título pelos demandados. Ocupação de má-fé. Benfeitorias úteis. Indenização. Inviabilidade. Inteligência do art. 1.220, do CC. Ônus da prova. Ausência de comprovação. Art. 373, incisos I e II, do CPC. 1. A posse exercida pelos réus não pode ser considerada de boa-fé, ante a ausência de qualquer título que pudesse justificar ou legitimar a ocupação ou detenção da área, cuja titularidade pertence a outrem. Assim, no que diz respeito ao direito de indenização pelas benfeitorias realizadas no imóvel – construção de uma casa –, considerada pela doutrina e jurisprudência como sendo de natureza útil, impõe-se concluir que os requeridos não fazem jus à indenização, nos termos do art. 1.220, do CC. Além disso, incabível indenização pelas plantações, se os réus limitaram-se a afirmar que cultivaram mandioca e frutas no local, nada comprovando quanto ao ponto, nos termos do art. 373, incisos I e II, do CPC. 2. Apelo não provido (*TJDFT* – Ap. 20150310274593, 28-2-2018, Rel. Arnoldo Camanho).

Apelação cível – Ação de indenização – **Possuidor de má-fé** – Benfeitorias necessárias – Ausência de comprovação – Ressarcimento – Impossibilidade – Reconvenção – Dano moral – Não configurado – Danos materiais – Não demonstrados – O possuidor de má-fé será ressarcido somente pelas benfeitorias necessárias, não tendo direito a indenização pelas úteis e voluptuárias, nem pelas sementes, plantas e construções existentes no imóvel, nos termos do art. 1.220 e art. 1.255, ambos do Código Civil. Se a parte autora não comprovou que realizou benfeitorias necessárias no imóvel, como lhe incumbia, nos termos do art. 373, I, do CPC/2015, não há que se falar em indenização delas. Se a demora na imissão da reconvinte na posse do imóvel se deu em razão do atraso na prestação jurisdicional, incabível a condenação da parte contrária ao pagamento de indenização por danos morais. Não tendo a parte reconvinte comprovado a ocorrência de danos materiais, é indevida a indenização a este título (*TJMG* – AC 1.0486.11.001038-7/001, 9-5-2017, Rel. Luciano Pinto).

Art. 1.221. As benfeitorias compensam-se com os danos, e só obrigam ao ressarcimento se ao tempo da evicção ainda existirem.

O presente artigo também introduz disposição para evitar o enriquecimento injusto. Trata-se de compensação autorizada por lei, de valores ilíquidos. Necessário se fará, na maioria das vezes, avaliação e perícia para a apuração da compensação. Aquele que recebe a coisa deteriorada poderá ter direito à indenização de acordo com os arts. 1.217 e 1.218. O possuidor que a entrega pode opor compensação com as benfeitorias realizadas. Essa regra não altera as consequências estampadas nos artigos referidos, isto é, o possuidor de má-fé somente poderá compensar as benfeitorias necessárias, sem direito de retenção, enquanto o de boa-fé, na situação em que houver de indenizar (art. 1.217), poderá opor o valor das necessárias e úteis, mantido o direito de retenção. Nos embargos de retenção, como vimos do texto do art. 744, § 2º, do CPC/1.973 (revogado), o credor poderia oferecer artigos de liquidação sobre os danos, para ser efetivada a compensação. Este dispositivo não está presente no CPC/2015.

⚖ Civil – Ação de reintegração de posse julgada procedente em 1º grau – Comodatário de parte de imóvel urbano que, por meio violento, "vis compulsiva", expulsa os comodantes e se apossa da totalidade do imóvel – Esbulho caracterizado – Construções iniciadas pelo comodatário antes do esbulho que não são indenizáveis, por previsão expressa do artigo 584 do Código Civil e compensação de parte dos prejuízos causados com o ilícito – Precedentes – ... – Incontroversa a relação de comodato verbal, tendo a autora manifestado o seu desinteresse na manutenção. Ausência de notificação para desocupação suprida com a citação, sem que houvesse a saída do imóvel. Esbulho caracterizado. Ausência de qualquer indício de prova da construção de benfeitorias no imóvel. **Benfeitorias, ademais, que se compensam com os danos**, em vista do longo tempo de ocupação sem qualquer contraprestação à autora. Art. 1.221 do Código Civil. Sentença mantida. Recurso improvido.". (TJSP, AC 0033402-52.2012.8.26.0002, 24ª CDP, Rel. Erson de Oliveira, j. 23.04.2015, site TJSP) – Recurso conhecido e desprovido. (*TJPR* – AC 1259962-1, 27-10-2015, Rel. Des. Luis Espíndola).

Art. 1.222. O reivindicante, obrigado a indenizar as benfeitorias ao possuidor de má-fé, tem o direito de optar entre o seu valor atual e o seu custo; ao possuidor de boa-fé indenizará pelo valor atual.

O atual Código, como se percebe, modifica a redação anterior, que vinha em detrimento do possuidor de má-fé, reconhecendo maior equidade para o de boa-fé. As situações estampadas na lei cuidam, evidentemente, de valores monetariamente atualizados, tanto se for levado em consideração apenas o valor atual, como se for computado o valor atual e o custo. Optará o retomante pelo valor que lhe for mais favorável se estiver lidando com possuidor de má-fé, na orientação do atual Código. A solução deste Código apresenta-se mais justa. O reivindicante terá opção de pedir o valor atual ou seu custo se seu adversário for possuidor de má-fé. Se este é possuidor de boa-fé, deverá sempre indenizar pelo valor atualizado das benfeitorias, o qual, aliás, pode ser até mesmo inferior ao valor do custo.

⚖ Ação de rescisão contratual com pedido de reintegração de posse. Revelia. Sentença. Procedência. Réu que requer o direito de retenção até o pagamento integral do valor das benfeitorias. Indeferimento. Agravo de instrumento. Posse de boa-fé do réu/agravante verificada, porque lastreada em compromisso de compra e venda. Direito de retenção pelas benfeitorias até o respectivo pagamento que é decorrência lógico-jurídica da rescisão contratual e da reintegração de posse, inclusive para evitar enriquecimento sem causa da autora/agravada. A indenização pelas benfeitorias ao possuidor de boa-fé é feita com base no "valor atual", ou seja, na valorização do imóvel decorrente das melhorias e não com base no custo para realizá-las. Doutrina. Inteligência dos art. 1.219 e 1.222 do CC. Decisão reformada. Recurso provido (*TJSP* – Ag 2174607-94.2019.8.26.0000, 16-9-2019, Rel. Virgilio de Oliveira Junior).

⚖ Embargos de declaração – Apelação Cível – Acessão erigida em regime de mutirão – Unidade acrescida pelo filho sobre o imóvel do pai – Usucapião em defesa – Comodato Verbal – Configuração – Posse simples e não qualificada – Retenção das benfeitorias – Posse de boa-fé – Indenização com fundamento no valor atual das benfeitorias e não o seu valor de custo – Código Civil, 1.222 – Despesas com a mão de obra e pagamento de aluguéis – Irrelevância – Alteração do valor da indenização – provimento do recurso – Estabelece o art. 1.222 do Código Civil , que **"O reivindicante, obrigado a indenizar benfeitorias ao possuidor de má-fé**, tem o direito de optar entre o valor atual e o seu custo; Ao possuidor de boa-fé indenizará pelo valor atual". Estando o possuidor de boa-fé, inexiste a opção de indenizá-lo quanto às benfeitorias pelo valor de custo, mas tão somente quanto ao valor atual das mesmas. Irrelevante o fato dos possuidores não pagarem aluguel para fins de indenização das benfeitorias, uma vez que a posse daqueles tinha como o comodato verbal. Conhecimento e provimento dos embargos de declaração (*TJRJ* – Ap. 0002717-25.2007.8.19.0037, 12-11-2015, Rel. Rogério de Oliveira Souza).

CAPÍTULO IV
Da Perda da Posse

Art. 1.223. Perde-se a posse quando cessa, embora contra a vontade do possuidor, o poder sobre o bem, ao qual se refere o art. 1.196.

1. Perda da posse

Conservação e perda da posse são fenômenos paralelos e indissociáveis. É evidente que a continuidade da posse, como situação de fato, depende de ela não ter sido perdida. Mantém-se na posse, dentro da concepção objetiva, aquele que mantém o comportamento de exteriorização do domínio. Esse comportamento se dará por conduta do próprio agente ou de seus prepostos e representantes. Cessa a posse de um sujeito quando se inicia a posse de outro. Na casuística deve ser encontrado e definido esse momento de importantíssimas consequências. Como regra, um direito, uma vez adquirido, mantém-se, independentemente da atuação de seu titular, "*por sua* força orgânica, por sua virtualidade interna" (RODRIGUES, 1981, p. 257). Entende-se que há continuidade na posse, enquanto não houver manifestação voluntária em contrário. A posse deve ser entendida como subsistente, quando a coisa possuída encontra-se em situação normalmente tida pelo proprietário (BORDA, 1984, v. 1, p. 109).

O legislador de 1916 foi repreendido por ter sido casuístico também nas hipóteses de perda da posse no art. 520, uma vez que poderia ter adotado forma genérica. Em resumo, perdia-se a posse sempre que o agente deixasse de ter possibilidade de exercer, por vontade própria ou não, poderes inerentes ao direito de propriedade sobre a coisa. Desse modo, não havia de se ter como exaustiva a enumeração legal. Perdia-se a posse por iniciativa do próprio possuidor ou de terceiro, ou por fato relacionado à própria coisa. Perdia-se a posse quando não mais se exercesse, ou não se pudesse exercer, poder fático sobre a coisa. O ato de terceiro que se apossa violentamente da coisa é causa para extinção de uma posse e início de outra. A posse mediata também se perdia pelos mesmos fatores. Destarte, perdia-se a posse com o desaparecimento do *animus* ou do *corpus*, bem como pelo desaparecimento conjunto do *corpus* e do *animus*.

Nesse rumo, atendendo a essas críticas, foi mais apropriado este Código, que ressalta no art. 1.223 que *"perde-se a posse quando cessa, embora contra a vontade do possuidor, o poder sobre o bem, ao qual se refere o art. 1.196"*. Isto é, perde-se a posse quando desaparecem os poderes inerentes à propriedade com relação à coisa que eram exercidos pelo possuidor, qualquer que seja sua causa. O art. 1.224 é seu complemento.

De qualquer modo, ao lado da forma mais genérica encontrada pelo novel legislador, analisemos também os casos descritos no velho Código, não exaustivos, que se inserem na norma geral do art. 1.223 deste Código.

2. Perda da posse pelo abandono

Quando o possuidor despoja-se da coisa, deixando de existir a intenção de mantê-la, ocorre o abandono (*derelictio*). Não basta para o abandono que o sujeito deixe de exercer continuamente atos de posse. O fato de alguém não ocupar continuamente um imóvel de veraneio, ou não usar diariamente um automóvel, não caracteriza abandono. No abandono, o agente não mantém o desejo de dispor da coisa. É ato voluntário. É desinteresse do titular. Cumpre que o sujeito seja capaz, pois o abandono equivale a ato de renúncia e que seja espontâneo, sem vício de vontade. Não ocorre abandono da coisa com a entrega mediante erro, dolo ou coação, aplicando-se os princípios desses defeitos da vontade. A derrelição da coisa faz perder a posse e a propriedade. Quem joga fora a coisa a abandona.

Para os imóveis, o abandono caracteriza-se pela ausência do sujeito, que não se utiliza da coisa e manifesta desejo de ali não retornar.

"*A ausência prolongada e o desinteresse revelado pelo possuidor são circunstâncias indicativas do abandono, por falta de diligência de um interessado cuidadoso*" (MONTEIRO, 1989, p. 73).

A mera ausência temporária não significa abandono. Os fatos circundantes da ausência do sujeito devem ser examinados.

O abandono pode ser tanto da posse mediata, como da posse imediata. No abandono, existem ao mesmo tempo perda do *animus* e do *corpus*. Nem sempre será fácil ser apurada a perda do *animus*, se não houver vontade expressa do sujeito: o locatário deixa o imóvel locado, sem rescindir contrato, sem comunicar ao senhorio, e ali deixa alguns pertences. Devem-se analisar as circunstâncias e fixar o ânimo de renunciar à coisa e, no caso, à locação.

Distingue-se da perda da coisa em que a posse não se extingue, em regra, enquanto o sujeito estiver à procura e no encalço da coisa. Definitivamente perdida a coisa, a posse desaparece contra a vontade do titular.

Como o representante pode adquirir a posse, também pode abandoná-la. No caso, deve ser analisada a intenção do representado em de fato não reaver a coisa ou manter a posse. Também não se confunde o abandono da coisa com a perda contra a vontade do possuidor, que pode se ver esbulhado da coisa e perder o poder sobre ela, conforme menciona o art. 1.223 do Código.

3. Perda da posse pela tradição

Tradição é entrega da coisa. É forma pela qual, em nosso Direito, transfere-se ordinariamente a propriedade de coisa móvel. A propriedade imóvel transfere-se pelo registro do título, que tem o efeito translatício da posse (PEREIRA, 1993, p. 42).

Na tradição, o alienante transfere a posse a outrem, em razão de negócio jurídico. Também nessa hipótese, desaparecem o *animus* e o *corpus*. Na tradição, enquanto um sujeito adquire a posse, outro a perde. Os atos que importam na perda da posse pela tradição são os mesmos que importam em sua aquisição. Para operar a transferência, há necessidade da intenção do transmitente em transferir a coisa. Quando há desdobramento da posse a título de usufruto, locação etc., o agente mantém a posse indireta. Simples entrega da coisa sem intenção de transferir não implica perda da posse.

4. Perda ou destruição da coisa. Coisas postas fora do comércio

Desaparecido o objeto da posse, desaparece o *corpus*. Torna-se inviável a posse. Não se confundem as coisas perdidas ou destruídas com as coisas abandonadas. Na perda, enquanto o perdedor vai ao encalço ou procura a coisa, ainda não se despojou da posse. Nesse sentido, o art. 2.450 do Código Civil argentino: "*Enquanto haja esperança provável de encontrar uma coisa perdida, a posse se conserva pela simples vontade.*" A perda dá-se quando o possuidor não mais a encontra definitivamente ou não a recebe do inventor. Perde-se, assim, a coisa móvel. Perde-se a posse de imóvel pelo desuso e desinteresse em sua disposição. Na destruição, a posse desaparece de plano. O que se apossa de coisa sem dono, o *inventor*, tem posse. O inventor ou descobridor de coisa perdida deve entregá-la ao legítimo possuidor. Na destruição, aplica-se a dicção do art. 77 do Código de 1916: "*Perece o direito, perecendo seu objeto.*" O art. 78 explicitava as formas pelas quais perece o objeto do direito. A destruição pode resultar de fato natural ou de ato de vontade.

A lei equipara o fato de a coisa ter sido colocada fora de comércio à perda ou destruição. A situação deve ser vista com ressalva, porém. As terras públicas estão fora de comércio. Não podem ser usucapidas. Não negamos, contudo, que sujeitos possam delas ter a posse, relação de fato com a coisa, defendendo-a contra terceiros que a molestem. É evidente que não podem opor essa relação de fato perante o Estado. "*A inalienabilidade é frequentemente compatível com a cessão de uso ou posse alheia*" (PEREIRA, 1993, p. 43). O próprio Estado pode ceder o uso de seus bens a título precário. A regra geral, no entanto, é a impossibilidade jurídica de posse sobre os bens inalienáveis.

5. Posse de outrem. Perda da posse do ausente

O dispositivo legal do antigo Código sob exame acrescenta que a perda da posse pode ocorrer "*pela posse de outrem, ainda contra a vontade do possuidor, se este não foi manutenido, ou reintegrado em tempo competente*" (art. 520, inciso IV). Essa noção foi magnificamente sintetizada pelo art. 1.223 deste Código.

O preço da posse para o titular é a permanente vigilância sobre o objeto de sua posse, sobre o bem. O *animus possidendi* é um estado permanente. Desaparecendo ou ameaçado o *corpus* por atividade de terceiro, e tomando conhecimento o possuidor de turbação ou esbulho na coisa possuída, deve *incontinenti* lançar mão dos meios postos a sua disposição pelo ordenamento para defender sua posse. Mantendo-se silente ou inerte, sujeitar-se-á à perda da posse, como inclusive aduz o art. 1.224 do vigente ordenamento. Como vimos, o possuidor tem prazo de ano e dia a contar da turbação ou esbulho para obter a concessão de liminar na ação possessória (art. 558 do CPC). Ultrapassado esse prazo, não poderá ser concedida a liminar *initio litis*. A posse inconturbada do violador inicia novo prazo possessório, podendo convalescer, quando cessada a violência, ou clandestinidade.

O art. 522 do antigo Código, no entanto, dispunha: "*Só se considera perdida a posse para o ausente, quando, tendo notícia da ocupação, se abstém de retomar a coisa, ou, tentando recuperá-la, é violentamente repelido.*"

A matéria é de prova, como apontamos anteriormente, ao mencionar o art. 1.224 do atual Código. O dispositivo deveria estar inserido dentro do artigo que trata da perda da posse (520). No sentido geral, considera-se ausente quem deixa seu domicílio sem dar notícias de seu paradeiro (veja nosso *Direito civil: parte geral*, seção 10.8). O art. 522, no entanto, mencionava ausente no sentido vulgar, e não no sentido técnico, que exigia declaração judicial de ausência do art. 463. Ausente no caso é aquele que não está presente e não se conhece o paradeiro para defender sua posse. O ausente deve intentar o desforço imediato ou a ação possessória, tão logo tenha notícia da ocupação. Veja o que falamos sobre a autotutela da posse. Quem impede o retorno do possuidor a sua coisa é esbulhador.

No estudo da defesa da posse, serão examinados outros procedimentos que servem para o mesmo propósito. O permanente estado de vigilância também é assegurado pelo ordenamento que permite a legítima defesa da posse, a autodefesa, *o desforço imediato*, aqui por nós estudado.

Afora a possibilidade de composse já examinada, a posse é exercida com exclusividade, como exteriorização do domínio. Os interditos têm justamente a finalidade de manter o possuidor na posse ameaçada ou reintegrá-lo na hipótese de posse perdida.

6. Perda da posse pelo *constituto possessório*

Por várias vezes referimo-nos ao constituto possessório. Este Código preferiu não mencioná-lo de forma expressa. Cuida-se de inversão do *animus*, que serve para modificar a natureza da posse. O possuidor que transfere o objeto a outrem, utilizando-se do constituto possessório, perde um título de posse e passa a ter outro. O proprietário aliena a coisa e continua a residir no imóvel precariamente, com posse em nome do adquirente. Externamente, nada muda. Assim como o constituto é modalidade de aquisição, também o é de perda.

7. Perda da posse de direitos

O parágrafo único do art. 520 do velho Código mencionava a perda da posse dos direitos pela impossibilidade de exercê-los, ou pelo não exercício no prazo de prescrição. Tivemos oportunidade de analisar nestes comentários a problemática referente ao tema *posse de direitos*. Evidentemente, pelo exposto, a dicção legal aqui não se refere à posse de direitos pessoais, tal como discutida no início de vigência deste Código.

Como enfatizamos, quando se protege a aparência de um direito real, protege-se inevitavelmente o exercício de um direito. Protege-se o estado de fato tipificado como posse, porque ele estampa a possibilidade de exercício de direito. No entanto, a crítica que se fez continuamente ao dispositivo é referir-se a essa terminologia equívoca, *posse de direitos*, que poderia dar azo à compreensão de ter o legislador admitido a posse de direitos pessoais.

Sendo passível de posse tudo o que for passível e possível de utilização, o exercício desse poder de utilização deve ser inserido na compreensão do termo legal. Cuida-se do exercício dos direitos reais, enfim. Aplica-se tanto aos direitos corpóreos, como incorpóreos. Assim, não há como defendermos a posse de uso de energia elétrica, se o concessionário suprimiu esses serviços, ou se o usuário não possui título para tal. Não há como defendermos o exercício de direitos inerentes ao usufruto, se a ele renunciou o usufrutuário. Aduz Tito Lívio Pontes (1977, p. 239):

> "*O melhor era dizer que a expressão* posse de direito *abrange toda situação legal, por força da qual uma coisa fica à disposição de alguém, que a pode usar e fruir, como se fora a própria. Esta definição é mais abrangente e compreensiva, transcendendo a esfera dos direitos reais, sem todavia incluir os chamados direitos obrigacionais, que proteção possessória não têm, pois são simples vínculo ligando pessoas nas obrigações de dar, fazer ou não fazer alguma coisa.*"

Desse modo, como já expressamos, na jurisprudência atual predomina a ideia de que é suscetível de proteção possessória tudo aquilo que puder ser apropriado e exteriormente demonstrado. Em cada caso, cumpre examinar quais os poderes contidos no direito de propriedade, ou outro direito real, que podem ser possessórios, ou seja, o estado fático da posse.

Portanto, a perda da posse de direitos, estabelece a lei, equivale à perda da coisa, pois fica o sujeito impossibilitado dela dispor (*ius abutendi*). Essa impossibilidade pode provir de ato de terceiro ou de fato natural, cujos efeitos são idênticos. A situação vê-se absorvida pela dicção do novo art. 1.223, que se refere à cessação do poder sobre a coisa, de forma geral.

A disposição da antiga lei refere-se não apenas ao que denomina perda da posse de direitos, mas também à falta de exercício que possibilita a usucapião por outrem. São, portanto, duas as hipóteses legais.

A omissão do possuidor por certo lapso de tempo possibilita a perda de sua posse. Os direitos devem ser conservados por atos que revelem o interesse dos agentes. A inércia do titular pode ocasionar a perda da posse. Como dissemos, o preço da posse é sua permanente vigilância. As servidões, por exemplo, perdem-se pelo não uso, se seu possuidor não demonstrar sinais palpáveis de sua utilização, caracterizadores da intenção de mantê-la. O simples não uso, porém, não é suficiente para a perda da posse. É necessário que a essa conduta omissiva do titular junte-se à conduta ativa de outrem, que passa a usufruir da coisa. A situação é idêntica à propriedade, uma vez que a posse é sua exteriorização.

Apelação. Reintegração de posse. Ação promovida por proprietários de imóvel contra adquirente a *non domino* do bem. Autores que haviam autorizado comercialização do imóvel, nomearam procuradora, contudo, posteriormente revogaram a procuração. Procuradora que negociou o imóvel com o réu, transferindo-lhe a posse do bem, a despeito da anterior revogação da procuração. Réu vencido na ação em que procurava reconhecimento do direito sobre o bem. Inadequação da ação possessória. Autores que haviam perdido há muito a posse do bem para o requerido (art. 1.223 do CC). Pretensão dos autores de retomada do bem fundada no *ius possidendi* que deve ser exercido no juízo petitório. Posse do requerido que é decorrente de negócio oneroso, havendo justo título e boa-fé, que a despeito de cessada com o conhecimento do vício do negócio, não retira o caráter de posse justa que a parte ostentava e que basta para garantir-lhe sua manutenção no juízo puramente possessório. Separação do juízo petitório e possessório. No juízo possessório o proprietário não possuidor é vencido pelo possuidor não proprietário. Efeito inerente à proteção avançada da propriedade, que não prejudica o direito do proprietário, o qual deve demandar a retomada da coisa no juízo petitório. Inadequação da invocação do domínio no juízo possessório (art. 1.210, § 2º do Código Civil). Ação possessória improcedente. Recurso provido (*TJSP* – Ap. 1015968-82.2016.8.26.0005, 3-7-2020, Rel. Enéas Costa Garcia).

Apelação cível – **Ação de reintegração de posse com pedido liminar** – Improcedência na origem – Recurso do autor – Conjunto probatório apto a demonstrar a posse indireta do imóvel pelo apelante. Cláusula de constituto possessório no contrato de compromisso de compra e venda realizado entre o apelante e o apelado. Má-fé deste ao dificultar a posse do apelante no imóvel e deixar de lhe outorgar a escritura pública de transferência do bem, descumprindo determinação judicial disposta em ação cominatória. Esbulho e perda da posse devidamente comprovados mediante fotografias e documentos. Requisitos do art. 927 do CPC preenchidos. Pedido do réu, em contestação, de indenização referente a benfeitorias realizadas no bem. Impossibilidade. Caracterizada má-fé. Benfeitorias necessárias não demonstradas. CC, art. 1.220. Ônus sucumbencial redistribuído. Sentença reformada. Recurso conhecido e provido. (*TJSC* – AC 2015.050586-7, 2-12-2015, Rel. Des. Sérgio Izidoro Heil).

Art. 1.224. Só se considera perdida a posse para quem não presenciou o esbulho, quando, tendo notícia dele, se abstém de retornar a coisa, ou, tentando recuperá-la, é violentamente repelido.

O esbulho é a perda dos poderes inerentes à posse, que pode dar-se de forma violenta ou não. O que está presente e deixa que terceiros tomem conta da coisa perde a posse. Incumbe a ele, se desejar manter o poder de fato sobre a coisa, que se valha dos remédios possessórios para defender sua posse, até mesmo do desforço imediato que o ordenamento possibilita.

O mesmo ocorre se o possuidor toma conhecimento do esbulho e nada faz para impedi-lo. A presente lei, porém, afirma, repetindo a noção presente no art. 522 do antigo diploma, que, se na tentativa de recuperação, o possuidor esbulhado for "violentamente" repelido, também perde a posse. Não nos agrada essa expressão na lei, que pode fomentar a violência. O que o legislador pretende dizer, a nosso ver, é a hipótese de o esbulhado ser "prontamente" repelido, com os meios necessários. A lei não pode, em qualquer hipótese, incentivar ou sufragar a violência. O fato é que, enquanto o possuidor esbulhado busca recuperar sua posse, pelos vários meios a seu dispor, não houve perda da posse. Como, pela própria natureza, a posse é estado de fato, o deslinde da perda da posse dependerá sempre do exame do caso concreto, mormente das circunstâncias que o cercam. É muito importante o papel do magistrado nas questões da posse, pois deve ser ele o elo da pacificação no estrépito e tumulto social que essas questões podem gerar.

TÍTULO II
DOS DIREITOS REAIS

CAPÍTULO ÚNICO
Disposições Gerais

Art. 1.225. São direitos reais:
I – a propriedade;
II – a superfície;
III – as servidões;
IV – o usufruto;
V – o uso;
VI – a habitação;
VII – o direito do promitente comprador do imóvel;
VIII – o penhor;
IX – a hipoteca;
X – a anticrese;
XI – a concessão de uso especial para fins de moradia;
XII – a concessão de direito real de uso; e
XIII – a laje.

1. O universo dos direitos reais. Relação das pessoas com as coisas

Ao iniciarmos o exame dos *direitos reais* ou *direito das coisas*, especificamente o direito de propriedade, importa, principalmente, definir o que constitui seu objeto, pois somente pode ser objeto desse direito o que pode ser apropriado. *Coisa* pode ser entendida como unicamente os bens corpóreos, como faz o direito alemão, porém pode englobar tanto os objetos corpóreos como os incorpóreos, conforme adota nossa doutrina. *Bem* é termo que possui compreensão axiológica diversa. Tem sentido mais profundo e com frequência é utilizado na linguagem poética.

Este Código não define os dois termos, daí maior confusão em sua conceituação. O Código português, no art. 202, define: "*Diz-se coisa tudo aquilo que pode ser objeto de relações jurídicas.*" O Código italiano, no art. 810, diz que são bens as coisas que podem ser objeto de direitos, no sentido que ora reafirmamos. Portanto, os bens que podem participar das relações jurídicas e podem integrar patrimônio, juridicamente considerados, são as coisas que neste estudo nos interessam. Por vezes, apenas o caso concreto pode dar a noção. Assim sendo, a água do mar é um bem, em princípio inapropriável pela pessoa; porém, a água do mar passível de ser tratada, dessalinizada, para se tornar potável, torna-se possível de integrar patrimônio e relação jurídica. Como sempre enfatizamos, a ciência do Direito não se compraz com afirmações peremptórias. Assim como não existem direitos absolutos, não há conceituações jurídicas absolutas.

Nossa legislação inclina-se por tratar indiferentemente ambas as noções; às vezes, coisa é gênero e bem é espécie, ou vice-versa. O termo *bens*, que serve de título ao Livro II da Parte Geral do Código Civil, tem significação extensa, incluindo coisas, bens e respectivos direitos em geral.

Na parte especial, o Código, tanto o antigo como o novo, trata do que denomina *Direito das Coisas*, dedicando-se exclusivamente à propriedade, direito real mais amplo, e respectivos direitos derivados, todos eles de extensão menos ampla do que a propriedade.

No direito das obrigações, o objeto das relações jurídicas é um dar, fazer ou não fazer. O objeto dessa relação jurídica é uma *prestação* de parte do devedor, em prol do credor; uma atividade ou conduta (conjunto de atos mais ou menos extensos). Essa obrigação pode servir de veículo, a fim de que o credor venha a fazer com que integre seu patrimônio uma utilidade apropriável. O contrato não é a única modalidade, único instrumento de aquisição da propriedade, constituindo-se, porém, na principal. Ora, uma vez fixado que o objeto de uma obrigação pode ser uma coisa, ou seja, um bem economicamente apreciável e apropriável, importa agora desvincularmo-nos dessa relação pessoal credor-devedor, que faz parte do direito obrigacional, para debruçarmo-nos nessa relação que liga a pessoa às coisas.

Pois bem. Se existe possibilidade de ligação estreita entre a pessoa e a coisa, adentramos, sem dúvida, no campo dos direitos do sujeito; portanto, dos direitos subjetivos. No momento em que o homem primitivo passa a apropriar-se de animais para seu sustento, de caverna para abrigo, de pedras para fabricar armas e utensílios, surge a noção de coisa, de bem apropriável. A partir daí entende o homem que pode e deve defender aquilo de que se apropriou ou fabricou, impedindo que intrusos invadam o espaço onde habita, ou se apropriem dos instrumentos que utiliza. Essa noção psicológica, e, portanto, subjetiva, embasa, desde os primórdios, os denominados direitos reais, ou direito das coisas (terminologia que tecnicamente se equivale).

Os sujeitos de direito, as pessoas, travam contato em sua existência com número mais ou menos amplo de bens e coisas. Há bens que se sabe inapropriáveis, como o ar, o mar, os bens públicos. Há, no entanto, coisas passíveis de apropriação. Há coisas que estão ligadas por um nexo jurídico e psicológico às pessoas que lhe estão próximas, e assim integram seus respectivos patrimônios. Do maltrapilho que guarda míseros bens em sua choupana ao mais abastado, que se cerca de valores sofisticados, existe essa noção psicológica de apropriação, a qual emergirá no mundo jurídico, quando necessário.

A generalidade das coisas existentes será absolutamente indiferente, para a maioria das pessoas. No entanto, pode ocorrer que determinada situação coloque uma pessoa até então estranha em relação direta com a coisa ligada psicologicamente a outro sujeito. É o caso do vizinho que invade e edifica em terreno alheio; do larápio que se apropria da coisa de outrem. Nessas situações, cujos exemplos podem variar à exaustão, aqueles bens ligados a um sujeito determinado passam a ser colocados em choque ou na berlinda por terceiros até então absolutamente estranhos a essa relação senhor-coisa. É dessa relação de *senhoria*, como dizem os italianos, de poder, de *dominus*, que devemos aqui nos ocupar.

Reside nessa singela descrição toda a grandeza dos direitos reais, para onde acorrem os doutos na tentativa de explicar sua natureza jurídica. Como o direito subjetivo, o direito de senhoria é poder outorgado a um titular; requer, portanto, um objeto. O objeto é a base sobre a qual se assenta o direito subjetivo, desenvolvendo o poder de fruição da pessoa com o contato das coisas que nos cercam no mundo exterior. Nesse raciocínio, o objeto do direito pode recair sobre coisas corpóreas ou incorpóreas, como um imóvel, no primeiro caso, e os produtos do intelecto (direitos de autor, de invenção, por exemplo), no segundo.

O direito das coisas estuda precipuamente essa relação de senhoria, de poder, de titularidade, esse direito subjetivo que liga a pessoa às coisas; o direito de propriedade, o mais amplo, o ápice do direito patrimonial, e os demais direitos reais, de menor extensão. Todos esses direitos, em seu maior ou menor âmbito, decorrentes de modalidade de direito subjetivo, dizem-se *erga omnes*, ou seja, devem ser respeitados por todos, *perante todos*, noção à qual retornaremos.

Os direitos reais regulam as relações jurídicas relativas às coisas apropriáveis pelos sujeitos de direito. Essa noção psicológica de senhoria necessita de regulamentação jurídica para adequar a sociedade aos anseios e necessidades individuais. Como as coisas apropriáveis são finitas, cabe ao Estado regular sua apropriação e utilização. Relacionado com o conceito maior de *propriedade*, o direito real é o que mais recebe reflexos históricos e políticos nas diversas épocas e nos diversos Estados, isto é, altera-se no espaço e no tempo.

A amplitude da senhoria sobre os bens será mais ou menos ampla de acordo com a orientação político-estrutural de cada Estado no curso de sua respectiva história. Isso porque, com frequência cada vez maior nas conjunturas atuais, o Estado intervém, com maior ou menor intensidade, para regular e limitar o poder de utilização das coisas pelas pessoas. O Direito recepciona de forma direta e permanente o conflito social em torno da luta pelas coisas. As pressões sociais de uma população mundial crescente deságuam nos tribunais, que não mais podem enfocar a propriedade, os demais direitos reais e a utilização dos bens, neste novo século, como se fez nas décadas passadas. Hoje, a proteção absoluta da propriedade cede lugar a sua proteção social, sem que com isso se coloquem à margem da Lei e do Direito os seculares princípios resguardadores do domínio.

2. Concessão de uso especial para fins de moradia e concessão de direito real de uso

Como vimos, somente a lei pode criar direitos reais. Isto é feito de forma clara mais uma vez com essas duas modalidades de concessão introduzidas no rol do art. 1.225 do Código Civil, pela Lei nº 11.481/2007, cuja regulamentação não pertence ao Código Civil. A origem dessa norma estava na Medida Provisória nº 335/2006, cujo âmbito é a realização da justiça social por meio de concessão de uso especial para fins de moradia em terrenos de marinha ou a regularização a ser promovida de terras públicas ocupadas, com proteção especial à população carente, sob o espírito da Constituição Federal de 1988. Tratava-se mesmo de modalidades de direito real que deviam ocupar lugar no rol específico do Código Civil, embora a concessão seja instituto típico do direito administrativo. As leis que criaram esses institutos específicos não fizeram referência ao Código Civil. A Lei nº 13.465/2017, ademais, criou o inusitado direito real de laje, inserido neste artigo.

Os dispositivos acerca da concessão de uso especial de imóvel público encontravam-se no Estatuto da Cidade, arts. 15 a 20, mas foram vetados pelo Presidente da República. Logo após, porém, foi editada a Medida Provisória nº 2.220/2001, que disciplinou a matéria. A concessão de uso também é um direito real sobre coisa alheia. Nos termos dessa legislação citada, a concessão gratuita de uso especial para fins de moradia é concedida em favor daquele que, independentemente de sexo ou estado civil, possuía até 30 de junho de 2001, durante cinco anos ininterruptos e sem oposição, até 250m2 de imóvel situado em área urbana, utilizando-a para sua morada ou de sua família.

Sob esse prisma, atende-se à função social da propriedade, princípio constitucional dos arts. 5º, XXIII, 170, III e 182, § 2º, da Constituição Federal de 1988.

Essa concessão de uso especial, regulada por lei federal, pode também ser concedida nos níveis estaduais e municipais. Observe-se que a introdução de duas modalidades de concessão de uso no Código Civil abre a possibilidade de futuras regulamentações e ampliações do instituto, de acordo com a oportunidade e conveniência do legislador e da Administração. Não é essencial que esse instituto se prenda exclusivamente à legislação atual.

É fato que a concessão de uso sempre foi entendida como um direito real, embora à margem da legislação de direito privado. Já realçamos que se trata de instituto de direito administrativo, criado pelo Decreto-lei nº 271/1967. O seu art. 7º dispõe que se trata de um contrato de direito administrativo, de direito real, transmissível por ato entre vivos ou por causa da morte. No mais, tudo dependerá das várias modalidades de concessão de uso que a lei possa criar, estendendo ou restringindo sua compreensão. No caso da concessão de uso para fins de moradia, não há contrato administrativo, mas ato administrativo concedente.

A concessão de uso de bem público em geral é instrumento destinado a outorgar ao particular a faculdade de utilizar um bem da Administração, segundo sua destinação específica, conforme a definição de Hely Lopes Meirelles (2007, p. 263). Trata-se de contrato de interesse primordial do administrado, do concessionário. Como regra geral, tratando-se de interesse público, pode a Administração alterar suas condições unilateralmente ou rescindi-lo, conforme razões de oportunidade ou conveniência, nisto distinguindo-se das locações. A lei pode exigir concorrência pública para a concessão ou dispensá-la, subordinando-a a outras exigências ou requisitos, como fez a Medida Provisória citada. A concessão de direito real de uso para fins de moradia, ora vista, distingue-se da concessão administrativa de uso em geral, justamente por sua especificidade. A concessão de direito real atribui esse direito *erga omnes* com características próprias, transferível a terceiros, salvo restrição na lei, por ato *inter vivos* ou *mortis causa*.

A concessão de direito real de uso é a forma mais ampla de outorga de utilização de bem público, distinguindo-se da *autorização de uso*, da *permissão de uso* e da já mencionada *simples concessão de uso*.

A *autorização de uso* é ato unilateral, discricionário e precário da Administração pelo qual esta consente na prática de determinada atividade em bem público. A MP nº 2.220, de 4-9-2001, complementando o Estatuto da Cidade, introduziu em nosso ordenamento autorização de uso especial para o ocupante que até 30 de junho de 2001 possuísse como seu, sem oposição e interrupção, até 250 m2 de imóvel público situado em área urbana, utilizando-o para fins de moradia. Como se nota, não se trata de direito real, mas de ato de menor espectro, autorizando simplesmente a utilização do imóvel. Trata-se de figura paralela à concessão de direito real de uso para fins de moradia. Enquanto esta concessão dá um direito ao possuidor, a autorização é apenas uma faculdade do Poder Público.

A permissão de uso é negócio jurídico unilateral da Administração que também faculta a utilização individual de um bem público. O ato é sempre modificável ou revogável pela Administração. Nota-se, portanto, que também se trata de ato mais restrito que a concessão.

A concessão especial de uso, criada pela MP nº 2.220/2001, teve em mira regularizar a ocupação ilegal de bens públicos para a população de baixa renda. A norma tem elevado alcance social. A MP nº 335 buscou regularizar assentamentos informais, para fins de moradia, inclusive em terrenos de marinha. A Lei nº 11.481/2007 converteu a MP nº 335 e acrescenta várias disposições. Foi estabelecido um direito para o ocupante sob as condições narradas na norma. Essa concessão assemelha-se à usucapião, mas com este não se confunde, a começar pelos bens, que são públicos. Como acentuamos, trata-se de direito real sobre coisa alheia, pois é transferível, mas com caráter resolúvel, porque pode ser extinto se o titular der destinação diversa ao imóvel. Essa concessão é outorgada por termo administrativo ou, havendo resistência, por sentença judicial.

Por outro lado, a *concessão de direito real de uso*, inserida neste art. 1.225 do Código Civil pela Lei nº 11.481/2007, *"é o contrato pelo qual a Administração transfere o uso remunerado ou gratuito de terreno público a particular, como direito real resolúvel, para que dele se utilize em fins específicos de urbanização, industrialização, edificação, cultivo ou qualquer outra exploração de interesse social"* (Meirelles, 2007, p. 532). Esse conceito é extraído do art. 7º do Decreto-lei nº 271/1967, que criou o instituto. Como se nota, essa modalidade de concessão distingue-se da concessão de uso especial para fins de moradia, pois esta tem cunho exclusivamente habitacional. Trata-se também de direito real sobre coisa alheia, transmissível, mas que reverterá à Administração se o titular originário ou seus sucessores não derem a devida destinação ao bem. Assim o Poder Público se garante para o caso de o imóvel permanecer sem uso ou com uso indevido, dando margem a especulações imobiliárias, sem cumprir sua finalidade social. Essa concessão pode ser outorgada por escritura pública ou termo administrativo. A lei estabelecerá suas condições de outorga, inclusive a concorrência pública. Essa modalidade substitui com vantagem as hipóteses de venda ou doação pelo Poder Público.

Toda essa matéria deve ser estudada em seus inúmeros detalhes dentro do direito administrativo.

A Lei nº 11.481/2007, que introduziu as duas modalidades de concessão como direito real no rol do presente artigo, também aditou o art. 1.473 para incluir como direitos que podem ser objeto de hipoteca o direito de uso especial para fins de moradia (inciso VIII) e o direito real de uso (inciso IX), ficando a propriedade superficiária, nesse dispositivo, no inciso X. Essa mesma lei modificadora, homogênea com o direito real resolúvel dessas modalidades de concessão, acrescentou o § 2º: *"Os direitos de garantia instituídos nas hipóteses dos incisos IX e X do caput deste artigo ficam limitados à duração da concessão ou direito de superfície, caso tenham sido transferidos por período determinado."* Desse modo, o direito registral imobiliário deve acolher esses institutos.

2.1. Direito de laje

O legislador surpreende negativamente ao criar em Medida Provisória, convertida na Lei nº 13.465/2017 mais um direito real de discutível essência, ao legislar sobre a regularização fundiária rural e urbana, e, introduz também o que se entende por esse direito real canhestro com o art. 1.510-A, colocado neste Código:

> "Art. 1.510-A. O proprietário de uma construção-base poderá ceder a superfície superior ou inferior de sua construção a fim de que o titular da laje mantenha unidade distinta daquela originalmente construída sobre o solo.
> § 1º O direito real de laje contempla o espaço aéreo ou o subsolo de terrenos públicos ou privados, tomados em projeção vertical, como unidade imobiliária autônoma, não contemplando as demais áreas edificadas ou não pertencentes ao proprietário da construção-base.
> § 2º O titular do direito real de laje responderá pelos encargos e tributos que incidirem sobre a sua unidade.
> § 3º Os titulares da laje, unidade imobiliária autônoma constituída em matrícula própria, poderão dela usar, gozar e dispor.
> § 4º A instituição do direito real de laje não implica a atribuição de fração ideal de terreno ao titular da laje ou a participação proporcional em áreas já edificadas.
> § 5º Os Municípios e o Distrito Federal poderão dispor sobre posturas edilícias e urbanísticas associadas ao direito real de laje.
> § 6º O titular da laje poderá ceder a superfície de sua construção para a instituição de um sucessivo direito real de laje, desde que haja autorização expressa dos titulares da construção-base e das demais lajes, respeitadas as posturas edilícias e urbanísticas vigentes."

Nessa disposição excêntrica nosso legislador terceiro-mundista confessa-se como tal bem como vencido em resolver a problemática habitacional brasileira, para constituir uma modalidade de direito real que mais trará problemas que soluções. Raramente far-se-á registro imobiliário desse direito, mormente porque imóveis desse nível situam-se em comunidades irregulares, que longe estão de uma regularização cartorária. Voltamos ao assunto ao comentar esse novo art. 1.510-A, colocado no final das disposições sobre direitos das coisas.

3. Direitos reais e direitos pessoais

A ideia básica é que o direito pessoal une dois ou mais sujeitos, enquanto os direitos reais traduzem relação jurídica entre uma coisa, ou conjunto de coisas, e um ou mais sujeitos, pessoas naturais ou jurídicas.

O exemplo perfeito de direito pessoal é a obrigação, e o exemplo perfeito e acabado de direito real é a propriedade. Advertimos, porém, que em qualquer ramo do Direito nunca há que se divisar compartimento estanque ou antagonismo: interpenetram-se o direito público e o direito privado, bem como o terceiro gênero denominado mais recentemente de direito social. Com maior razão, não se mostram isolados os campos do direito privado, tanto nos direitos pessoais, como nos direitos reais. O Direito é organismo complexo, vivo e completo, que somente encontra homogeneidade na integração de todos os seus ramos e princípios.

O termo *sequela*, próprio dos direitos reais, destaca o aspecto dinâmico desse ramo do direito, apresentando-se mais como imagem figurativa do que como fato externo. É, contudo, elemento forte de valoração jurídica de cunho didático. O direito de sequela, explicação dinâmica do fenômeno, faz lembrar também o direito de inerência, domínio ou senhoria sobre a coisa, explicação estática do mesmo fenômeno jurídico.

Questão fundamental, muito debatida pela doutrina mais antiga, diz respeito ao número limitado de direitos reais. Os direitos reais não são numerosos, são finitos, porque, em síntese, são finitos os bens disponíveis e apropriáveis pelo homem. A regra enunciada é que os direitos reais inserem-se em *numerus clausus*, isto é, somente podem ser considerados direitos reais, mormente em nosso ordenamento, aqueles assim considerados pela lei, no Código Civil e em leis esparsas. Por essa razão, seu elenco é facilmente enunciável. Por outro lado, os direitos obrigacionais são em número ilimitado, porque as facetas do relacionamento pessoal são infinitas. Os direitos pessoais apresentam-se, destarte, como número indeterminado. As necessidades sociais estão sempre a exigir criação de novas fórmulas jurídicas para atendê-las.

Como foi dito, direitos reais e direitos pessoais interpenetram-se e completam-se para formar o universo harmônico da ciência jurídica. Há institutos, como as obrigações com eficácia real e as obrigações *propter rem*, que se situam em zona transitória entre um e outro compartimento. Há direitos reais que servem precipuamente para garantir direitos obrigacionais, como ocorre com o penhor e a hipoteca.

Esse aspecto de direito subjetivo nos direitos reais foi originalmente ligado à ideia de coisas corpóreas, embora mesmo no Direito antigo não deixasse de existir a noção de titularidade sobre direitos. A compreensão mais intensa emergente no direito real é essa titularidade, senhoria, poder imediato do homem sobre a coisa. Esse entendimento dogmático, todavia, sofreu temperamento histórico. Como consequência da Revolução Industrial e das transformações nas economias liberais, as novas fontes de riqueza tendem a desprender-se do conceito exclusivamente concreto de direito real, com criação de novos direitos subjetivos, como aqueles relativos aos direitos de autor e de inventor, bem como sobre a propriedade industrial (COMPORTI, 1980, p. 8).

4. Situações intermediárias entre direitos reais e direitos pessoais

Existem várias situações na vida negocial que deixam o intérprete e o estudioso perplexo diante de aparente interpenetração conceitual de direito real e direito pessoal. No entanto, esses casos duvidosos, como sustentamos, não têm características suficientes para gerar uma terceira categoria, um terceiro gênero.

Hipótese marcante dessa situação é o denominado *ius ad rem*, direito à coisa. Trata-se de denominação técnica para designar direito pessoal estampado na obrigação de entregar certas coisas para transferir o domínio ou constituir direitos reais sobre elas. Em última análise, há um direito subjetivo de obter a posse, um direito à posse que não se confunde com a posse propriamente dita. Para esse desiderato o ordenamento processual coloca à disposição da parte a pretensão da obrigação de dar, conforme examinamos na parte geral de obrigações. Ali expusemos que a palpitante dúvida na execução das obrigações de dar coisa certa reside na possibilidade da execução *in natura*. Nas obrigações de dar coisa certa, levamos em consideração que antes da tradição dos móveis e do registro dos imóveis ainda não existe transmissão da propriedade. A dúvida é concluir se restará ao credor, na recusa da entrega pelo devedor, tão somente o pedido de indenização por perdas e danos, ou se há possibilidade de obrigar o devedor a entregar a coisa. Em qualquer hipótese, o Direito não pode tolerar a injusta recusa. Se a coisa injustamente retida está na posse e patrimônio do devedor, não há razão para a recalcitrância, e deve o ordenamento munir o credor de armas para havê-la ou reavê-la. Esse é o chamado *ius ad rem* aqui mencionado. Se, por outro lado, a execução *in natura* impossibilita-se porque a coisa não mais pertence ao devedor, porque se perdeu ou está com terceiros de boa-fé, a solução cai na vala comum das perdas e danos. Como afirmamos, somente se pode tolher a execução para a entrega da própria coisa, substituindo-se por perdas e danos, quando ela se tornar impossível, ou juridicamente inconveniente. Esse é o sentido dado pelo art. 806 ss do CPC, quando se cuida da execução para *entrega de coisa certa*, permitindo e obrigando sempre que possível a execução *in natura*. No entanto, como a ação não versa sobre o domínio, que até então inexiste, é pessoal e não real, porque se pede o cumprimento de obrigação.

Destarte, nessa situação de *ius ad rem*, não há que se ver categoria intermediária, a meio caminho entre o direito pessoal e o direito real. Lembre-se sempre do que enfatizamos: não há compartimentos estanques no Direito, e o direito pessoal, com muita frequência, é meio idôneo, instrumento que serve de ponte para a aquisição de direito real.

Pelas mesmas razões são repudiados os chamados direitos reais *in faciendo*. A sistemática do direito real não admite que se vincule pessoa a determinado comportamento positivo. A questão que surge nas servidões, como se verá, coloca-se exclusivamente dentro do direito real, porque o que se onera, no caso, é o imóvel, e não seu titular. O *fazer* imposto a uma pessoa decorre sempre de uma obrigação e não de um direito real.

5. Obrigações *propter rem*

Nas obrigações reais ou reipersecutórias, os pontos de contato entre os dois compartimentos do Direito são mais numerosos. Existem situações nas quais o proprietário é por vezes sujeito de obrigações apenas porque é proprietário (ou possuidor), e qualquer pessoa que o suceda assumirá essa obrigação. Embora ligadas à coisa, essas obrigações não se desvinculam totalmente do direito pessoal e de seus princípios. O elemento obrigacional é fornecido pelo conteúdo dessa obrigação, enquanto o elemento real se realça na vinculação do proprietário como sujeito passivo da obrigação. Cuidamos, pois, de obrigação que ostenta características especiais no tocante à origem, prazo e extinção.

A rotulação bem explica o conteúdo dessa obrigação: *propter rem, ob rem* ou reipersecutória. Trata-se, pois, de obrigação relacionada com a *res*, a coisa. Como essa obrigação apresenta-se sempre ligada a um direito real, como um acessório, sua natureza fica a meio caminho entre o direito obrigacional e o direito real, embora sua execução prenda-se ao primeiro aspecto.

Como exemplos de obrigações reipersecutórias, mencionamos: a obrigação do condômino em concorrer, na proporção de sua parte, para as despesas de conservação ou divisão da coisa (art. 1.315); o mesmo caráter tem as despesas de condomínios em edifícios ou similares; a obrigação de o proprietário confinante proceder com o proprietário limítrofe à demarcação entre dois prédios, a aviventar rumos apagados e a renovar marcos destruídos ou arruinados, repartindo-se proporcionalmente entre os interessados as respectivas despesas (art. 1.297); a obrigação de índole negativa de proibição, na servidão, do dono do prédio serviente de embaraçar o uso legítimo da servidão. Essas obrigações podem decorrer da comunhão ou copropriedade, do direito de vizinhança, do usufruto, da servidão e da posse. No âmbito do direito administrativo, têm esse caráter as multas infligidas a veículos automotores decorrentes de infrações de trânsito.

6. Ônus reais

Ônus real é um gravame que recai sobre uma coisa, restringindo o direito do titular de direito real. Vimos ser bastante controvertida a distinção entre ônus real e obrigação real. No ônus real a responsabilidade é limitada ao bem onerado, ao valor deste, enquanto na obrigação *propter rem* o devedor responde com seu patrimônio em geral, sem limite. O ônus desaparece, esvaindo-se seu objeto. Por outro lado, os efeitos da obrigação reipersecutória podem permanecer, enquanto não satisfeita, ainda que desaparecida a coisa. Apontamos também como diferença que o ônus real se apresenta sempre como obrigação positiva, enquanto a obrigação real pode surgir como obrigação negativa.

A doutrina discute se esses ônus são direitos reais. Nosso direito positivo não se refere expressamente aos ônus reais. Emprega, porém, o termo em várias oportunidades, no título relativo aos *direitos reais sobre coisas alheias*. Mesmo nas legislações que admitem positivamente o instituto, persiste certa dúvida. A palavra *ônus* tem várias acepções no Direito. No entanto, a compreensão de ônus real deve ser reservada ao direito cujo conteúdo é *"poder exigir a entrega, única ou repetida, de coisas ou dinheiro, a quem for titular de determinado direito real de gozo"* (ASCENSÃO, 1987, p. 63). Nesse diapasão, é colocada como ônus real a constituição de renda sobre bem imóvel no Código de 1916 (arts. 1.424 a 1.431). Neste Código, a constituição de renda é exclusivamente um contrato, sem reflexos de direito real (arts. 803 a 813). Não se trata, porém, de categoria autônoma em nosso direito, não podendo ser generalizado o ônus real como direito real. A constituição de renda, entre nós, estava estruturada como direito real no Código de 1916, sem que a lei mencionasse a terminologia em exame. Os arts. 1.424 a 1.429 do estatuto anterior disciplinavam a constituição de renda no capítulo dos contratos, mas o art. 1.431 transformava a avença em direito real, remetendo aos arts. 749 a 754. Cuida-se de exemplo típico de ônus real, pelo qual o proprietário do imóvel se obriga a pagar prestações periódicas de soma determinada. A importância prática era restrita em razão do desuso do instituto da constituição de renda como direito real.

7. Obrigações com eficácia real

É princípio básico que somente a lei pode criar direito real. Nossa legislação traz exemplos de relações contratuais que, por sua importância, podem ser registradas no cartório imobiliário, ganhando eficácia que transcende o direito pessoal. Nos termos do art. 33 da vigente Lei do Inquilinato, o contrato de locação, com o registro imobiliário, permite que o locatário oponha seu direito de preferência na aquisição do imóvel locado *erga omnes*, isto é, perante qualquer adquirente da coisa locada. Outro exemplo é o do compromisso de compra e venda, que uma vez inscrito no registro imobiliário faz com que o compromissário goze de direito real, habilitando-o à adjudicação compulsória (art. 1.417).

Trata-se de opção do legislador. Quando este entende que determinada relação obrigacional merece tratamento de maior proteção, transforma-a em direito real, ou seja, concede eficácia real a uma relação obrigacional. De qualquer forma, tal situação deve ser vista como exceção à regra geral dos efeitos pessoais das relações obrigacionais.

8. Classificação dos direitos reais

Várias são as classificações doutrinárias dos direitos reais que facilitam seu estudo.

A primeira e mais importante distingue os *direitos reais sobre a própria coisa* e *sobre coisa alheia*. Essa divisão obedece à possibilidade de desdobramento da titularidade do direito real, tornando limitado o direito de propriedade. Propriedade, condomínio, propriedade horizontal são direitos reais sobre coisa própria. São direitos sobre coisa alheia usufruto, uso, habitação, enfiteuse, servidões, hipoteca, penhor, anticrese. Nestes últimos, perante o titular ativo e ostensivo do direito se coloca o proprietário da coisa.

Os direitos reais sobre coisa alheia, por sua vez, dividem-se em *direitos de gozo e de garantia*. São de gozo ou fruição os que conferem ao titular faculdades de uso, atividade e participação efetiva sobre a coisa. Nessa categoria, estão o usufruto, o uso, a habitação e as servidões positivas. Nos direitos reais de garantia, o respectivo titular extrai modalidade de segurança para o cumprimento de obrigação. A garantia está relacionada com uma obrigação, que fica colocada como direito principal. A garantia é acessória. No entanto, na pureza originária do instituto, no penhor, por exemplo, cede-se parcela de fruição ao titular da garantia, com a transferência da posse do bem. Os direitos reais de gozo estavam regulados pelo art. 678 ss, enquanto os direitos reais de garantia são disciplinados pelo art. 766 ss no Código anterior. Neste Código, com introdução de novos institutos, há uma nova divisão.

Outra divisão a ser mencionada é a dos *direitos reais principais e acessórios*, cuja noção é a da lógica da teoria geral. São principais os direitos reais autônomos, que não dependem de qualquer outro, destacando-se os direitos reais sobre coisa própria e coisa alheia já citados. A hipoteca, o penhor e a anticrese, bem como as servidões, são acessórios, pressupondo a existência de outro direito real.

De todas as classificações, não podemos esquecer ser a propriedade o direito real mais amplo. Dela decorrerão os outros direitos reais qualitativa e quantitativamente menos amplos. Por essa razão, o Código Civil de 1916 apresentou conceito indireto de propriedade: *"A Lei assegura ao proprietário o direito de usar, gozar e dispor de seus bens, e de reavê-los do poder de quem quer que injustamente os possua"* (art. 524). Neste Código, no art. 1.228, está expresso o mesmo princípio. O condomínio, por exemplo, é modalidade de propriedade em comum, não exclusiva, apenas no tocante à titularidade e não quanto ao exercício dos poderes inerentes ao instituto. O usufruto, o uso e a habitação nada mais são do que decomposição do direito maior, a propriedade. Os direitos reais de garantia arraigam-se unicamente ao valor da coisa onerada. Nesse sentido, o Código de 1916 ressaltava que *"é plena a propriedade, quando todos os seus direitos elementares se acham reunidos no do proprietário; limitada, quando tem ônus real, ou é resolúvel"* (art. 525).

Questão que importa diretamente à matéria tratada é a distinção entre *propriedade e domínio*. Muitos veem ambos os termos como sinônimos. Para outros, o vocábulo *propriedade* possui extensão mais ampla, englobando tanto as coisas corpóreas, como incorpóreas, reservando-se à concepção de domínio apenas os bens incorpóreos. Por esta última posição inclina-se a doutrina majoritária.

Nem todos os direitos reais, por outro lado, são compatíveis com a posse. Assim é a hipoteca. Também no penhor não há posse, nas hipóteses em que a lei permite que o devedor permaneça com a coisa empenhada, como o penhor agrícola, por exemplo.

Apelação. Ação de cancelamento de hipoteca. **Direito real sobre coisa alheia**. Competência para o julgamento. Se a demanda tem por objeto desconstituição de hipoteca, direito real que pende sobre o imóvel de propriedade da parte autora (art. 1.225, IX, do Código Civil), o recurso deve ser redistribuído a uma das Câmaras dos 9º e 10º Grupos Cíveis, cuja especialização se dá em propriedade e direitos reais sobre coisas alheias. Precedente da 1ª Vice-Presidência desta Corte. Competência declinada (*TJRS* – Acórdão: Apelação Cível nº 70042566943, 19-5-2011, Rel. Des. Orlando Heemann Júnior).

Art. 1.226. Os direitos reais sobre coisas móveis, quando constituídos, ou transmitidos por atos entre vivos, só se adquirem com a tradição.

A tradição constitui a forma e o aspecto visual e material de transmissão dos bens móveis. Presume-se que com a tradição o direito real se torna socialmente conhecido. O direito imobiliário constitui-se em princípio pelo registro. A tradição consiste na efetiva entrega da coisa, admitindo-se modalidades simbólicas. Como tantas vezes apontado, a tradição possui várias modalidades historicamente relevantes e empregadas permanentemente, como será visto nos comentários ao art. 1.267.

São peremptórias as palavras de Clóvis Beviláqua, ao comentar o fenômeno:

> "*A necessidade social de tornar pública a transferência dos direitos reais, que prevalecem* **erga omnes**, *criou para os móveis a tradição, e para os imóveis a transcrição*" (*Comentários ao art. 675*).

A tradição pode integrar os chamados contratos reais, como o penhor, depósito e comodato, para a finalidade de completar esses negócios jurídicos, sem o condão de transferir a propriedade, podendo também servir, como define o presente artigo, para a transferência de posse a fim de tornar possível o exercício da propriedade. A tradição, desse modo, evidencia a transferência do domínio. Por meio da tradição, essa deslocação real ou ficta da coisa móvel desgarra-se do direito pessoal para se constituir direito real.

No caso da concessão de uso para fins de moradia não há contrato administrativo, mas ato administrativo concedente.

A concessão de uso de bem público em geral é instrumento destinado a outorgar ao particular a faculdade de utilizar um bem da Administração, segundo sua destinação específica, conforme a definição de Hely Lopes Meirelles (2007, p. 263). Trata-se de contrato de interesse primordial do administrado, do concessionário. Como regra geral, tratando-se de interesse público, pode a Administração alterar suas condições unilateralmente ou rescindi-lo, conforme razões de oportunidade ou conveniência, nisto distinguindo-se das locações. A lei pode exigir concorrência pública para a concessão ou dispensá-la, subordinando-a a outras exigências ou requisitos, como fez a Medida Provisória citada. A concessão de direito real de uso para fins de moradia, ora vista, distingue-se da concessão administrativa de uso em geral, justamente por sua especificidade. A concessão de direito real atribui esse direito *erga omnes* com características próprias, transferível a terceiros, salvo restrição na lei, por ato *inter vivos* ou *mortis causa*.

A concessão de direito real de uso é a forma mais ampla de outorga de utilização de bem público, distinguindo-se da *autorização de uso*, da *permissão de uso* e da já mencionada *simples concessão de uso*.

A *autorização de uso* é ato unilateral, discricionário e precário da Administração pelo qual esta consente na prática de determinada atividade em bem público. A Medida Provisória nº 2.220/2001, complementando o Estatuto da Cidade, introduziu em nosso ordenamento autorização de uso especial para o ocupante que até 30 de junho de 2001 possuísse imóvel como seu, sem oposição e interrupção. Até 250 m2 de imóvel público situado em área urbana, utilizando-o para fins comerciais. Como se nota, não se trata de direito real, mas de ato de menor espectro, autorizando simplesmente a utilização do imóvel. Trata-se de figura paralela à concessão de direito real de uso para fins de moradia. Enquanto essa concessão dá um direito ao possuidor, a autorização é apenas uma faculdade do Poder Público.

A permissão de uso é negócio jurídico unilateral da Administração que também faculta a utilização individual de um bem público. O ato é sempre modificável ou revogável pela Administração. Nota-se, portanto, que também se trata de ato mais restrito que a concessão.

A concessão especial de uso, criada pela MP nº 2.220, teve em mira regularizar a ocupação ilegal de bens públicos para a população de baixa renda. A norma tem elevado alcance social. A Medida Provisória nº 335 buscou regularizar assentamentos informais, para fins de moradia, inclusive em terrenos de marinha. A Lei nº 11.481/2007 converteu a MP nº 335 e acrescenta várias disposições. Foi estabelecido um direito para o ocupante sob as condições narradas na norma. Essa concessão assemelha-se à usucapião, mas com este não se confunde, a começar pelos bens, que são públicos. Como acentuamos, trata-se de direito real sobre coisa alheia, pois é transferível, mas com caráter resolúvel, porque pode ser extinto se o titular der destinação diversa ao imóvel. Essa concessão é outorgada por termo administrativo ou, havendo resistência, por sentença judicial.

Por outro lado, a *concessão de direito real de uso*, inserida no art. 1.225 do Código Civil pela Lei nº 11.481/2007,

> "*é o contrato pelo qual a Administração transfere o uso remunerado ou gratuito de terreno público a particular, como direito real resolúvel, para que dele se utilize em fins específicos de urbanização, industrialização, edificação, cultivo ou qualquer outra exploração de interesse social*" (MEIRELLES, 2007, p. 532).

Esse conceito é extraído do art. 7º do Decreto-lei nº 271/1967, que criou o instituto. Como se nota, essa modalidade de concessão distingue-se da concessão de uso especial para fins de moradia, pois esta tem cunho exclusivamente habitacional. Trata-se também de direito real sobre coisa alheia, transmissível, mas que reverterá à Administração se o titular originário ou seus sucessores não derem a devida destinação ao bem. Assim o Poder Público se garante para o caso de o imóvel permanecer sem uso ou com uso indevido, dando margem a especulações imobiliárias, sem cumprir sua finalidade social. Essa concessão pode ser outorgada por escritura pública ou termo administrativo. A lei estabelecerá suas condições de outorga, inclusive a concorrência pública. Essa modalidade substitui com vantagem as hipóteses de venda ou doação pelo Poder Público.

Toda essa matéria deve ser estudada em seus inúmeros detalhes dentro do direito administrativo.

A Lei nº 11.481/2007, que introduziu as duas modalidades de concessão como direito real no rol do art. 1.225, também aditou o art. 1.473 para incluir como direitos que podem ser objeto de hipoteca o direito de uso especial para fins de moradia (inciso VIII) e o direito real de uso (inciso IX), ficando a propriedade superficiária, nesse dispositivo, no inciso X. Essa mesma lei modificadora, homogênea com o direito real resolúvel dessas modalidades de concessão, acrescentou o § 2º:

> "*Os direitos de garantia instituídos nas hipóteses dos incisos IX e X do caput deste artigo ficam limitados à duração da concessão ou direito de superfície, caso tenham transferidos por período determinado.*"

Desse modo, o direito registral imobiliário deve acolher esses institutos.

Apelação cível. Responsabilidade civil em acidente de trânsito. Abalroamento. Venda e tradição do bem. Ilegitimidade passiva do antigo proprietário. Indenização por danos materiais e morais. Abalroamento em preferencial. Culpa do réu. Queda de motocicleta. Ilegitimidade passiva. A propriedade dos bens móveis transmite-se pela tradição. Inteligência do art. 1.226 do CC. Assim, havendo prova nos autos da venda e tradição do bem, não responde a ré Transportes Brilho da Lua pelo dano resultante do acidente. Culpa. No caso, era do réu o dever de cautela, nos termos do artigo 34 do CTB, vez que pretendia ingressar/atravessar a via preferencial. Excesso de velocidade do autor que não restou comprovado. Culpa exclusiva da ré reconhecida. Danos materiais. As despesas médicas e o valor necessário para conserto da moto foram comprovados e devem ser indenizados. Danos morais. Ofensa à integridade física que configura dano de natureza moral, sendo presumíveis a dor, sofrimento e angústia causados à parte demandante em função da lesão sofrida – fratura na bacia e fêmur, necessitando de procedimento cirúrgico, reconstrutor com inserção de estrutura metálica e parafusos. Apelo da ré transportes brilho da luz ltda provido. Apelo do réu Celito Hendges desprovido. Unânime (*TJRS* – Ap. 70083553818, 10-6-2020, Rel. Pedro Luiz Pozza).

Apelação cível. Embargos de terceiro. Improcedência na origem. Insurgência da parte autora. Penhora de veículos registrados no DETRAN em nome do sogro e cunhado do devedor. Bens penhorados na posse do devedor. **Transmissão da propriedade** de bens móveis que se dá com a tradição. Exegese do artigo 1226 do código civil. Certidão do meirinho confortada pela prova testemunhal. Propriedade dos embargantes derruída. Sentença mantida. Recurso improvido. – A propriedade dos bens móveis transmite-se com a tradição, a teor do que dispõe o artigo 1.226 do Código Civil. Assim, penhorado bem na posse do devedor pelo meirinho e tendo o conjunto probatório demonstrado que este exerce os direitos de posse sobre aquele, resta derruída a propriedade declarada através do certificado de registro e licenciamento do automóvel (*TJSC* – Acórdão: Apelação Cível nº 2010.030665-9, 13-3-2012, Rel. Des. Guilherme Nunes Born).

Art. 1.227. Os direitos reais sobre imóveis constituídos, ou transmitidos por atos entre vivos, só se adquirem com o registro no Cartório de Registro de Imóveis dos referidos títulos (arts. 1.245 a 1.247), salvo os casos expressos neste Código.

Em princípio só há direito real se houver registro imobiliário. Fora do registro, em princípio, não há exceções, apesar da repetição da expressão final do texto do atual Código, já criticada por Clóvis Beviláqua, que não a colocara no seu projeto original. Contudo, há que se lembrar que a aquisição da propriedade pelo direito hereditário e pela usucapião independem, na verdade, de registro, o qual apenas os confirma. Por ato entre vivos, porém, a aquisição da propriedade depende de registro.

Assim como a tradição evidencia ou pode evidenciar socialmente a transferência das coisas móveis, o registro público confere esse conhecimento da propriedade ou sua transferência para os imóveis. Trata-se da publicidade registral. Nesse sentido, qualquer pessoa que tiver necessidade de conhecer o titular de um direito real deve consultar o registro imobiliário. A noção não difere, na base, da publicidade comercial, a qual procura tornar um produto ou serviço conhecido do público. O registro imobiliário é o repositório de todas as transformações objetivas e subjetivas que sofre um imóvel. O registro público imobiliário é oponível *erga omnes*. Apresenta presunção de veracidade, a qual, contudo, admite prova em contrário. O registro imobiliário diz respeito quase exclusivamente aos imóveis, embora possa conter também outros fenômenos negociais, sem se referir a um imóvel determinado, como o pacto antenupcial.

O termo genérico "*registro*" se refere a toda série de assentamentos que podem ser feitos no universo notarial. O registro imobiliário é uma das suas modalidades, ao lado do registro de pessoas jurídicas, do registro civil de pessoas naturais e do registro de títulos e documentos. Esses registros buscam uma tripartida finalidade legal: autenticidade, segurança e eficácia. Desse modo, o registro é exercido por servidores com autoridade legal e certificam seus atos por fé pública. Garantindo um arquivo oficial de documentos relevantes, o registro público é importante elemento para garantir a produtividade e a estabilidade social. Ainda, salvo os casos de registros secretos no âmbito da família, tem o registro público, como apontamos, a importante função de publicidade dos fatos, atos e negócios jurídicos respectivos. Existe, pois, presunção de certeza no registro público.

No tocante ao registro imobiliário, supre ele a evidência da propriedade, manifestada anteriormente apenas pelo fato da posse.

Os registros públicos são fiscalizados e controlados pelos Estados da Federação, por meio de órgão competente do Tribunal de Justiça. Desde a Constituição de 1988 as delegações dos titulares dos cartórios decorrem de concurso de provas e títulos. Especificamente, o registro imobiliário destina-se primordialmente a especificar e descrever os direitos reais.

Enunciado nº 503, V Jornada de Direito Civil – CJF/STJ: É relativa a presunção de propriedade decorrente do registro imobiliário, ressalvado o sistema Torrens.

Apelação – Direito civil – Propriedade de veículo automotor – Demanda voltada à declaração de inexistência de propriedade sobre automóvel Lada Laika, placas BGT-0746, bem como ao pagamento de indenização por danos morais. Preliminares – Impossibilidade jurídica do pedido – Inocorrência – Pedido deduzido pelo autor e devolvido à apreciação deste órgão jurisdicional que não é proscrito pelo ordenamento jurídico – Prescrição da pretensão deduzida afastada – Autor que busca um provimento jurisdicional que ponha fim à crise de certeza a respeito da situação jurídica de direito de propriedade sobre veículo que ele afirma não ser seu, isto é, almeja obter uma sentença declaratório-negativa – Justamente por tenderem tão somente ao reconhecimento da existência, ou não, de determinada situação jurídica, as ações declaratórias são tidas por imprescritíveis. MÉRITO – Dados fornecidos pelo DETRAN-SP que apontam que o veículo de placas BGT 0476 está efetivamente registrado em nome do apelado desde 22.06.1994, constando que nesta data a propriedade do automóvel fora-lhe transferida pela apelante, Prata Rent A Car-Locadora de veículos LTDA., o que ensejou o lançamento de débitos de IPVA em desfavor do primeiro – Registro da propriedade no órgão de trânsito que não faz prova de que o autor é proprietário do veículo automotor – Malgrado a apelante alegue que transferiu o automóvel ao autor em 26.04.1994, informação corroborada pelo órgão estadual de trânsito, é cediço que a transferência da propriedade sobre coisas móveis só se opera com a tradição, a teor da dicção conjunta dos artigos 1.226 e 1.267 do Código Civil – Não se presta a comprovar a transferência do veículo ao autor a nota fiscal juntada pela apelante, desacompanhada de qualquer elemento de convicção que ateste a tradição, seja real, simbólica ou ficta, da coisa móvel (a exemplo do canhoto de recebimento do automóvel assinado pelo apelado, da cópia do Certificado de Registro de Veículo com a correlata autorização de transferência emitida pelo DETRAN etc.) – Nota fiscal que sequer discrimina a placa do veículo, e dela constam endereço e número do Registro Geral do demandante, pretenso destinatário da mercadoria, distintos daqueles declinados na peça inaugural – Sentença mantida, no ponto devolvido à apreciação desta turma julgadora. Honorários advocatícios – sucumbência recíproca – Honorários advocatícios sucumbenciais fixados em 12% (doze por cento) do valor da condenação, nos termos encartados no artigo 85, *caput*, §§ 3º, inciso I, 11 e 14, do CPC/2015, observada a repartição equânime entre os patronos das partes (50% para o advogado do autor e 25% para o procurador de cada um dos corréus). Recurso desprovido, com observação tocante à disciplina dos honorários advocatícios sucumbenciais (*TJSP* – Ap. 4004682-19.2013.8.26.0019, 3-3-2017, Rel. Marcos Pimentel Tamassia).

TÍTULO III
DA PROPRIEDADE

CAPÍTULO I
Da Propriedade em Geral

Seção I
Disposições Preliminares

Art. 1.228. O proprietário tem a faculdade de usar, gozar e dispor da coisa, e o direito de reavê-la do poder de quem quer que injustamente a possua ou detenha.

A propriedade é um fato preexistente ao ordenamento. Um fato do mundo natural, o qual, sob a vontade de um sujeito, recebe proteção jurídica. De tudo o que foi dito emerge que a posse merece proteção por ser exteriorização da propriedade e forte indício de sua existência, perante o substrato de fato, visível, palpável, percebido pelos sentidos. A propriedade, por seu lado, espelha ineluctavelmente um direito. Essa senhoria da pessoa sobre a coisa já foi ressaltada em nossas palavras iniciais. Cada povo e cada momento histórico têm compreensão e extensão próprias do conceito de propriedade.

Já está distante na História o período em que se entendia que a propriedade permitia a utilização da coisa de forma absoluta. A própria expressão de gozo e disposição da propriedade *de forma absoluta* no Código de Napoleão já não encontrou na França correspondência em leis posteriores que ali trataram do instituto. Sempre se entendeu que o direito absoluto é sua própria negação. Cuida-se nesse aspecto do conceito de abuso de direito. Este Código, não bastasse a regra geral acerca do abuso de direito (art. 187), enuncia regra específica quanto ao abuso do direito de propriedade:

"São defesos os atos que não trazem ao proprietário qualquer comodidade, ou utilidade, e sejam animados pela intenção de prejudicar outrem."

Toda propriedade, ainda que respeitado o direito do proprietário, deve cumprir uma função social. O art. 5º da Constituição de 1988, após garantir o direito de propriedade em seu *caput* e no inciso XXII, destaca que "*a propriedade atenderá a sua função social* (XXIII)". O art. 170 da Carta, ao tratar da ordem econômica, dando valor ao trabalho e à livre iniciativa, conforme os ditames da justiça social, garante o princípio da "*função social da propriedade*" (inciso III), após referir-se ao princípio da propriedade privada em si mesma (inciso II). Ao tratar da política urbana, o legislador constitucional destaca que "*a propriedade urbana cumpre sua função social quando atende às exigências fundamentais de ordenação da cidade expressas no plano diretor*" (art. 182, § 2º). Ao cuidar da política agrícola e fundiária, dispõe a Constituição no art. 186:

"*A função social é cumprida quando a propriedade rural atende, simultaneamente, segundo critérios e graus de exigência estabelecidos em lei, aos seguintes requisitos:*
I – aproveitamento racional e adequado;
II – utilização adequada dos recursos naturais disponíveis e preservação do meio ambiente;
III – observância das disposições que regulam as relações de trabalho;
IV – exploração que favoreça o bem-estar dos proprietários e dos trabalhadores."

As vigas mestras para a utilização da propriedade estão na Lei Maior. Cabe ao legislador ordinário equacionar o justo equilíbrio entre o individual e o social. Cabe ao julgador, como vimos, traduzir esse equilíbrio e aparar os excessos no caso concreto sempre que necessário. Equilíbrio não é conflito, mas harmonização.

1. Sobre a natureza jurídica da propriedade

Presente o fenômeno da propriedade na própria natureza do homem e orientada hoje a um sentido predominantemente social, torna-se secundária a análise de teorias que procuraram fixar sua natureza jurídica.

Na realidade, o curso da história encarrega-se de modificar, sem alterar na substância, essa natureza. Da época em que o homem primitivo se apropria de bens e utensílios para a caça e pesca, passando por sua fixação permanente no solo, até a concepção individual e social, cada momento histórico teve sua própria axiologia a respeito da propriedade. A *teoria da ocupação* poderia justificar a propriedade primitiva, antes do ordenamento do Estado. Com o advento do Estado, é este quem determina e organiza a propriedade. Unicamente, o Direito protege os direitos subjetivos. Desse modo, não só a propriedade, como também qualquer outro instituto jurídico, têm como denominador a lei. Todavia, não é apenas *a lei*, como se pretendeu no passado, que cria a propriedade. Esta decorre da própria *natureza humana*. Sua utilidade social, como visto, deve ser sopesada com a proteção do direito garantidor da propriedade privada. Negar a propriedade individual é negar a própria natureza humana. A filosofia marxista tentou fazê-lo e frustrou-se na prática. Assim como em outros fenômenos sociais, como a família, o casamento, a filiação, a sucessão, o contrato etc., o conceito de propriedade altera-se no tempo e no espaço. O presente ainda não é história. O passado ensina que todos esses fenômenos baloiçam ao sabor das necessidades sociais que se sucedem. No século XIX, não se poderia prever, por exemplo, o estágio atual da família no final do século XX, nem o conceito atual de propriedade. Ao jurista cabe analisar os fenômenos presentes, tendo a história como mestre. Avançar juntamente com a história, tendo a sensibilidade de perceber as mudanças sociais de seu tempo, é o grande desafio do jurista. Nada mais injusto do que uma sentença anacrônica, na retaguarda ou na vanguarda do fenômeno social. Natural que em períodos de incertezas e mutações vacilem o legislador e o julgador. Contudo, do complexo conjunto legislativo e jurisprudencial, deve ser extraída a solução mais justa. Qualquer que seja a postura, porém, a defesa da propriedade privada não é de ser hostilizada, mas adequada.

Não esqueçamos também que a economia de massa exigiu a proteção ao consumidor, existindo entre nós lei específica (Lei nº 8.078/1990). A propriedade recebe diretamente a influência dessa massificação e da atuação da empresa e de grandes conglomerados econômicos. O contrato é o veículo mais importante para o acesso à propriedade móvel e imóvel. Destarte, não bastassem todos os postulados clássicos da propriedade e os novos contornos dados pela relatividade do absolutismo de seu conceito, acresce-se o aspecto do consumidor perante o fornecedor de bens e serviços a ser examinado. Isso vem mais uma vez ao encontro da afirmação de que no Direito não existem compartimentos estanques. Não há questão, fato, ato ou negócio jurídico que se prenda exclusivamente a um ramo do Direito. Desse modo, no exame dos vários aspectos dos direitos reais, existe sempre complexidade jurídica e social, mais ou menos ampla, mas nunca um fenômeno isolado.

Sob tal perspectiva devem ser vistos a propriedade e os direitos reais e o respectivo direito positivo analisado em nosso estudo.

2. Objeto do direito de propriedade

Dentro do que foi examinado, o direito de propriedade é o direito mais amplo da pessoa em relação à coisa. Esta fica submetida à senhoria do titular, do *dominus*, do proprietário, empregando-se esses termos sem maior preocupação semântica. Traduz-se na disposição do art. 524 do Código de 1916: "*A lei assegura ao proprietário o direito de usar, gozar e dispor de seus bens, e de reavê-los do poder de quem injustamente os possua.*" Ou, como descreve de forma mais atual nossa vigente lei civil: "*O proprietário tem a faculdade de usar, gozar e dispor da coisa, e o direito de reavê-la do poder de quem quer que injustamente a possua ou detenha*" (art. 1.228).

Trata-se do poder de *senhoria* ao qual já nos referimos. O Código preferiu descrever de forma analítica os poderes do proprietário (*ius utendi, fruendi, abutendi*) a definir a propriedade. A síntese dessas faculdades presentes na *senhoria* sobre a coisa fornece seu sentido global. Se vista isoladamente essa descrição legal, sem dúvida que se concluiria por um direito absoluto. No próprio Código Civil, estão presentes limitações a tais poderes que ali esbarram nos direitos de vizinhança, com amplitude maior ainda no atual Código em outras leis esparsas. Já se falou de limitações de outra natureza presentes em normas de direito público.

A faculdade de *usar* é colocar a coisa a serviço do titular sem lhe alterar a substância. O proprietário usa seu imóvel quando nele habita ou permite que terceiro o faça. Esse uso inclui também a conduta estática de manter a coisa em seu poder, sem utilização dinâmica. Usa de seu terreno o proprietário que o mantém cercado sem qualquer utilização. O titular serve-se, de forma geral, da coisa.

Gozar do bem significa extrair dele benefícios e vantagens. Refere-se à percepção de frutos, tanto naturais como civis.

A faculdade de *dispor* envolve o poder de consumir o bem, alterar sua substância, aliená-lo ou gravá-lo. É o poder mais abrangente, pois quem pode dispor da coisa dela também pode usar e gozar. Tal faculdade caracteriza efetivamente o direito de propriedade, pois o poder de usar e gozar pode ser atribuído a quem não seja proprietário. O poder de dispor somente o proprietário o possui. A expressão *abutendi* do Direito Romano não pode ser simplesmente entendida como *abusar da coisa*, que dá ideia de poder ilimitado, ideia não verdadeira mesmo no direito antigo. *Abutendi* não possui o sentido nem de abusar nem de destruir, mas de consumir. Daí por que o termo utilizado na lei, *disposição*, é mais adequado. Não se distancia, contudo, do sentido de destruição da coisa quando o proprietário a aliena, pois o bem desaparece de seu patrimônio.

Decorre da propriedade o direito de sequela, que legitima o proprietário à ação reivindicatória. A *rei vindicatio* é efeito fundamental do direito de propriedade.

Art. 1.228.
§ 1º O direito de propriedade deve ser exercido em consonância com as suas finalidades econômicas e sociais e de modo que sejam preservados, de conformidade com o estabelecido em lei especial, a flora, a fauna, as belezas naturais, o equilírio ecológico e o patrimônio histórico e artístico, bem como evitada a poluição do ar e das águas.

Já, de há muito no curso da História, afasta-se a ideia de que a propriedade, mormente dos imóveis, possa servir exclusivamente para gáudio e gozo do proprietário. A propriedade deve, é claro, servir a finalidade básica no interesse do dono, mas sua utilização não pode nunca se afastar do útil, conveniente e socialmente admitido para a coletividade. Assim, não bastassem as limitações impostas pelo direito de vizinhança, pelas normas administrativas, há princípios gerais a serem observados, ainda que não constem expressamente como direito positivo, embora o texto do artigo se referia expressamente a "lei especial". Na medida em que o ser humano vai ocupando todo o espaço disponível no plante é primordial que o uso seja feito de molde a preservar a vida digna e possível às gerações futuras. Desse modo, a decantada função social da propriedade requer do ordenamento princípios limitadores da atuação do proprietário. A Constituição Federal traça normas programáticas para a função social da propriedade, sendo de há muito entre nós as riquezas do subsolo independentes do solo e de seu proprietário. Cabe ao legislador ordinário regular sua exploração.

São muitas e cada vez mais numerosas as restrições de ordem administrativa. Protege-se o patrimônio histórico, a fauna, a flora, o equilíbrio ecológico etc. Há vasta legislação especial a cuidar desses aspectos, restrições direcionadas tanto à propriedade urbana como à rural. A propriedade móvel, como por exemplo os veículos automotores, também possui regulamentação extensa. Há restrições de ordem militar que dizem respeito à segurança nacional, disciplinando, por exemplo, a requisição de bens particulares necessários às forças armadas nos casos de urgência e defesa nacional. No Código Eleitoral, também se dispõe sobre o uso da propriedade privada, quando se permite a requisição de bens para a realização de eleições.

Pontuando especialmente os direitos de vizinhança cuja análise pertence ao direito privado e ao direito público, seria exaustivo e desnecessário elencar todas as modalidades de restrição à propriedade.

A limitação à propriedade também pode decorrer de ato voluntário, como a imposição das cláusulas de inalienabilidade, impenhorabilidade e incomunicabilidade em doações ou testamentos.

Art. 1.228.
§ 2º São defesos os atos que não trazem ao proprietário qualquer comodidade, ou utilidade, e sejam animados pela intenção de prejudicar outrem.

O direito de propriedade mal utilizado ou utilizado sem finalidade ou com finalidade meramente emulativa constitui abuso de direito, ainda que o ato ou a conduta não estejam especificamente descritos na lei. Trata-se de *exercício irregular de direito* e, portanto, eivado de ilicitude. Essa conclusão, no sistema de 1916, defluía, a *contrario sensu*, do art. 160, I, que dispunha não serem ilícitos os atos praticados *no exercício regular de um direito reconhecido*. Este Código, além de mencionar expressamente os atos abusivos no capítulo da propriedade, traz dispositivo geral expresso acerca do abuso de direito, no art. 187.

Com idêntica mitigação é visto o princípio estatuído no art. 527 do Código de 1916 e art. 1.231 do estatuto atual: "*A propriedade presume-se plena e exclusiva, até prova em contrário.*"

A noção de abuso de direito se insere no conflito entre o interesse individual e o interesse coletivo. No vocábulo *abuso*, encontramos sempre a noção de excesso; o aproveitamento de uma situação contra pessoa ou coisa, de maneira geral. Ocorre abuso quando se atua aparentemente dentro da esfera jurídica, daí seu conceito ser aplicado em qualquer campo do Direito.

O abuso de direito deve ser tratado como categoria jurídica porque traz efeitos jurídicos. Aquele que transborda os limites aceitáveis de um direito, ocasionando prejuízo, deve não só paralisar os atos como também deve indenizar. As consequências de um direito mal utilizado, com desvio de finalidade, são idênticas às da responsabilidade civil. Mais do que em qualquer outro ramo do direito, a situação se aplica ao direito de propriedade, como informa o texto legal sob exame. Este Código, como apontamos, equipara o abuso de direito ao ato ilícito. O Código, de forma elegante e concisa, no art. 187, prescinde da noção de culpa, no art. 187, para adotar o critério objetivo-finalístico. O critério de culpa é, portanto, acidental e não essencial para a configuração do abuso de direito. Caberá, no caso concreto, apurar se o ato ou conduta do proprietário desvia-se da finalidade do uso da propriedade e se situa no abuso. Assim, por exemplo, é abusivo o ato de proprietário que impede que a água que sobra de uma nascente em sua propriedade corra para o terreno vizinho sem qualquer utilidade para o fato. A ausência de comodidade ou utilidade para o proprietário deve ser aferida no caso concreto.

Enunciado nº 49, I Jornada de Direito Civil – CJF/STJ: interpreta-se restritivamente a regra do art. 1.228, § 2º, do novo Código Civil, em harmonia com o princípio da função social da propriedade e com o disposto no art. 187.

Art. 1.228.
§ 3º O proprietário pode ser privado da coisa, nos casos de desapropriação, por necessidade ou utilidade pública ou interesse social, bem como no de requisição, em caso de perigo público iminente.

Sempre se admitiu que o Estado possa intervir no domínio privado. O crescente intervencionismo no patrimônio privado tornou-se o problema mais patente a ser dirimido. A desapropriação diz respeito à utilização social da propriedade. Esta deve passar, de acordo com a lei, para o domínio do Estado em razão de interesse social que supera o interesse individual. Justifica-se a desapropriação como ato de soberania, assim como o é o poder de polícia e o poder de tributar.

O poder de expropriar está inserido nas Constituições do país desde a carta imperial outorgada. À União compete, pela Constituição de 1988, desapropriar por interesse social, para fins de reforma agrária, imóvel rural que não esteja cumprindo sua função social, mediante prévia e justa indenização em títulos da dívida agrária (art. 184). A desapropriação, sob esse sentido, não pode atingir a pequena e média propriedade rural, assim definida em lei, desde que seu proprietário não possua outra, nem a propriedade produtiva (art. 185). Definir o que se entende por propriedade rural produtiva passa a ser a pedra de toque das invasões organizadas de terras que polulam no país.

No direito ordinário, a matéria é regulada basicamente pelo Decreto-lei nº 3.365/1941, com modificações introduzidas por várias leis posteriores. É importante destacar que a iniciativa de desapropriação pode emanar da União, dos Estados e dos Municípios, como, também, mediante autorização legal, dos concessionários públicos. Cuida-se de limitação do direito de propriedade. Também bens móveis corpóreos e incorpóreos podem ser passíveis de desapropriação. Não se confunde com compra e venda, porque se trata de transferência compulsória, por ato unilateral da Administração. Distingue-se do confisco, em que existe a ocupação da propriedade sem indenização. Do ponto de vista do direito privado, a desapropriação é o oposto da apropriação, ou seja, tal como está no Código, é modalidade de perda da propriedade. Essa é sua natureza jurídica. Do ponto de vista do direito público, caracteriza-se por um procedimento administrativo pelo qual o Estado, ou poder delegado, adquire a propriedade, mediante indenização. Cuida-se, como se vê, de modalidade coativa de aquisição da propriedade; exercício maior do poder de soberania do Estado. Nem por isso, contudo, o procedimento expropriatório pode se afastar do justo e devido processo legal e das garantias constitucionais.

A desapropriação é modalidade originária de aquisição de propriedade, porque não se vincula ao proprietário anterior, ou seja, é irrelevante o título anterior. O título gerado no procedimento expropriatório administrativo ou no processo judicial é registrável por força própria, dispensando a existência de registro imobiliário anterior. Inexistindo matrícula, esta será aberta por ocasião do registro do título expropriatório.

Como decorrência de ser meio originário de aquisição da propriedade, o processo pode ter curso independente de a Administração conhecer quem seja o proprietário do bem expropriado. No processo expropriatório, não questionamos o domínio. Apenas discutimos o preço e eventuais nulidades processuais. Ainda que a indenização tenha sido paga a terceiro, que não o *verus dominus*, não é invalidado o ato. O art. 35 do Decreto-lei nº 3.365/1941 dispõe:

> *"Os bens expropriados, uma vez incorporados à Fazenda Pública, não podem ser objeto de reivindicação, ainda que fundada em nulidade do processo de desapropriação. Qualquer ação, julgada procedente, resolver-se-á em perdas e danos".*

Defluindo do princípio aquisitivo da desapropriação, todos os ônus ou direitos que recaiam sobre a coisa ficam sub-rogados no preço.

Se o poder público desapropria com desvio de finalidade ou abuso de poder, afastando-se dos princípios constitucionais, de utilidade ou necessidade pública, ou do interesse social, cabe ao prejudicado acionar o Estado em ação autônoma, pois a questão não pode ser trazida ao bojo do processo expropriatório. Presentes os pressupostos, viável mostra-se o mandado de segurança. Caso contrário, havendo necessidade de produção de provas, cabe ao expropriado recorrer às vias ordinárias.

Art. 1.228.
§ 4º O proprietário também pode ser privado da coisa se o imóvel reivindicado consistir em extensa área, na posse ininterrupta e de boa-fé, por mais de cinco anos, de considerável número de pessoas, e estas nela houverem realizado, em conjunto ou separadamente, obras e serviços considerados pelo juiz de interesse social e econômico relevante.
§ 5º No caso do parágrafo antecedente, o juiz fixará a justa indenização devida ao proprietário; pago o preço, valerá a sentença como título para o registro do imóvel em nome dos possuidores.

O presente dispositivo é absoluta inovação em nosso sistema e ainda é não parece possível avaliar suas consequências. A intenção do legislador foi das melhores, sem dúvida, na tentativa de regularizar tantas e tantas ocupações urbanas e rurais neste país, que já se apresentam como definitivas e consumadas. No entanto, ao que tudo indica, a utilidade desse dispositivo será restrita, tendo em vista a usucapião coletiva no Estatuto da Cidade. Trata-se, sem dúvida, de dois fenômenos que devem ser examinados conjuntamente.

O citado Estatuto da Cidade, com redação dada pela Lei 13.465/2017, introduziu na legislação mais uma modalidade de usucapião, no art. 10:

> *"Os núcleos urbanos informais existentes sem oposição há mais de cinco anos e cuja área total dividida pelo número de possuidores seja inferior a duzentos e cinquenta metros quadrados por possuidor são suscetíveis de serem usucapidos coletivamente, desde que os possuidores não sejam proprietários de outro imóvel urbano ou rural."*

Essa lei criou, portanto, modalidade de usucapião coletivo, atendendo à pressão social das ocupações urbanas. Possibilita que a coletividade regularize a ocupação, sem os entraves e o preço de uma ação individual de usucapião. Como já apontamos, a ocupação de terrenos sempre foi a modalidade mais utilizada pela população urbana. A lei exige que a área tenha mais de 250 m2, com ocupação coletiva, sem identificação dos terrenos ocupados. Na prática, até que os terrenos podem ser identificados; ocorre que essa identificação mostra-se geralmente confusa ou inconveniente nesse emaranhado habitacional. Note também que a área deve ser particular, pois a Constituição da República é expressa em proibir a usucapião de terras públicas.

Cumpre notar que esse dispositivo se apresenta sob a mesma filosofia e em paralelo ao art. 1.228, § 4º, do atual Código, que admite que o proprietário pode ser privado do imóvel que reivindica, quando este consistir em extensa área, na posse ininterrupta e de boa-fé, por mais de cinco anos, de considerável número de pessoas, e estas nela houverem realizado, em conjunto ou separadamente, obras e serviços considerados pelo juiz de interesse social e econômico. Aqui, ao contrário do que faz o Estatuto da Cidade, não se menciona que o dispositivo dirige-se a pessoas de baixa renda.

Em ambas as situações encontramos a busca pelo sentido social da propriedade, sua utilização coletiva. Em ambas, há necessidade de posse ininterrupta por cinco anos. No primeiro caso de usucapião coletivo, os habitantes da área adiantam-se e pedem a declaração de propriedade. No segundo caso, eles são demandados em ação reivindicatória pelo proprietário e apresentam a posse e demais requisitos como matéria de defesa ou em reconvenção, nesta pedindo o domínio da área. Na situação enfocada do Código Civil, porém, a aquisição aproxima-se da desapropriação, pois, de acordo com o art. 1.228, § 5º, o juiz fixará a justa indenização devida ao proprietário; pago o preço, a sentença valerá como título para o registro do imóvel em nome dos possuidores. Nessa situação, o Código Civil menciona que a ocupação deve ser de boa-fé, por mais de cinco anos. Haverá, sem dúvida, um procedimento custoso na execução, pois cada possuidor deverá pagar o preço referente a sua fração ideal do terreno, ou outro critério de divisão que se estabelecer na sentença. Destarte, se o proprietário não desejar ter contra si uma ação de usucapião, deverá reivindicar área para lograr obter indenização. Observe que enquanto a disposição analisada aplica-se tanto a áreas rurais quanto urbanas, a usucapião coletiva da Lei nº 10.257/2001 aplica-se somente aos imóveis urbanos. No tocante ao direito intertemporal, quando, na hipótese do art. 1.228, § 4º, a posse teve início antes da vigência deste Código Civil, até dois anos após sua entrada em vigor, o prazo de cinco anos será acrescido de dois anos (art. 2.030).

Não resta dúvida que, em que pese à boa intenção do legislador, teremos que lidar com fraudes a esses dispositivos e com os costumeiros atravessadores que se valem da massa coletiva para obter vantagens econômicas, além de dividendos políticos. A luta pela terra sempre foi um problema social antes de ser exclusivamente jurídico. Caberá ao juiz decidir, no caso concreto, sobre a legitimidade das partes, e principalmente, pelas obras e serviços que devem ser considerados relevantes sob o ponto de vista social e econômico. É claro que situações bem definidas não apresentam dificuldades, como nas áreas que se apresentam com vias e melhoramentos públicos, beneficiando uma coletividade.

Na usucapião coletiva instituído pelo Estatuto da Cidade, a lei determina que o juiz atribuirá igual fração ideal do terreno a cada possuidor, independentemente da dimensão do terreno que cada um ocupe, salvo hipótese de acordo escrito entre os condôminos, estabelecendo frações ideais diferenciadas (art. 10, § 3º). Essa modalidade de aquisição da propriedade é dirigida à população de baixa renda, como menciona a lei, embora esta não defina o que se entende por baixa renda. A definição ficará por conta do juiz no caso concreto. O Estatuto menciona também que pode haver soma de posses, para o prazo ser atingido, desde que ambas as posses sejam contínuas (art. 10, § 1º).

Ainda que a ação de usucapião coletivo tenha sido proposta por uma associação de moradores, como menciona a lei, há necessidade de identificá-los, pois de outro modo não há como se constituir o condomínio. Interessante apontar, como anotado, que a sentença que declarar a usucapião coletivo não identificará a área de cada possuidor, porque institui um condomínio indivisível. Quando se tratar de região urbanizada, porém, é conveniente que sejam descritas as vias públicas e logradouros.

Se o condomínio representa por si só uma causa permanente de desentendimentos, podem-se prever maiores problemas em um condomínio que se origina dessa forma. A lei ainda acrescenta que se trata de condomínio especial, sendo indivisível e não sendo passível de extinção, salvo deliberação tomada por dois terços dos condôminos, no caso de urbanização posterior à constituição do condomínio (art. 10, § 4º). Quando a urbanização precede à constituição do condomínio, portanto, ele não poderá ser extinto. Essa afirmação deve ser recebida com reserva, pois o caso concreto poderá demonstrar o contrário. Esse condomínio, é evidente, exigirá a eleição de um síndico, convocação de assembleias, elaboração de regulamentos, tal qual os condomínios de apartamentos ou assemelhados, cujas disposições deverão ser aplicadas no que couber.

Segundo o art. 11 do Estatuto, tanto para a usucapião individual, como para o coletivo, ficarão sobrestadas quaisquer outras ações petitórias ou possessórias, que venham a ser propostas relativamente ao imóvel usucapiendo. A lei reporta-se a ações futuras ("que venham a ser propostas"); estas ficarão sobrestadas. Não se sobrestarão, portanto, as ações já propostas, as quais podem ou devem, é evidente, receber julgamento conjunto. Assim, se já proposta reivindicatória sobre a área, tratando-se de ocupação coletiva, pode ser conferida a solução do art. 1.228, § 4º.

O art. 12 do Estatuto da Cidade dispõe sobre a legitimidade para a propositura da ação de usucapião especial urbana, referindo-se tanto à usucapião individual (art. 9º) como à usucapião coletiva (art. 10). Nessas premissas, atribui-se legitimidade:

"I – ao possuidor, isoladamente ou em litisconsórcio originário ou superveniente;

II – aos possuidores, em estado de composse; e
III – à associação de moradores da comunidade regularmente constituída, como substituto processual, desde que devidamente autorizada pelos associados."

O mesmo artigo dispõe sobre a participação obrigatória do Ministério Público nesses processos e concede assistência judiciária gratuita, inclusive perante o cartório de registro de imóveis.

O dispositivo do art. 13 desse Estatuto é de grande importância: menciona que a usucapião especial de imóvel urbano pode ser alegado como matéria de defesa. Quanto a isso não há novidade, pois qualquer modalidade de prescrição aquisitiva pode ser invocada como matéria de defesa a fim de paralisar ação reivindicatória. O art. 13 acrescenta, porém, que a sentença que reconhecer essa aquisição por usucapião valerá como título para Registro no cartório imobiliário. Desse modo, sob tal premissa, não haverá necessidade de ação própria. Essa solução poderia ser estendida a todas as formas de usucapião, com pequenas alterações em seu procedimento.

O § 5º do artigo em exame refere-se à justa indenização da área ocupada ao proprietário. O sistema inovador, como se nota, aproxima muito do instituto da desapropriação. Trata-se, pois, de uma desapropriação judicial sob novos princípios. A ideia, que deflui do texto, é no sentido de que os ocupantes beneficiados arquem com essa indenização. Aliás, esse pagamento da justa indenização descrita pela lei trará problemas de difícil transposição no caso concreto: imagine-se avaliar dezenas de terrenos ocupados por dezenas de titulares. Portanto, nem sempre será simples fazer com que a sentença seja registrada como título do imóvel em nome dos proprietários. Houve projeto de lei (6.960/2002) que alterava em parte a redação desse parágrafo para enfatizar que o preço deve ser pago *integralmente* e que a sentença valerá como título para o registro do imóvel em nome do respectivo possuidor. Disso decorre que cada ocupante, tendo definido os limites de sua área, uma vez pagando o preço, poderá matricular a sua porção, independentemente do pagamento dos demais interessados. As dificuldades práticas serão inúmeras.

Ainda, há questões processuais de monta que podem surgir nesse processo do § 4º, como, por exemplo, definir se o pedido de desapropriação por parte dos ocupantes pode ser versado somente na contestação ou necessariamente deve vir no bojo de reconvenção. Também é possível que numa ação reivindicatória desse jaez seja alegada usucapião especial coletiva, como tratado pelo art. 10 do Estatuto da Cidade. Lembre-se, ademais, de que o art. 11 dessa lei determina que na pendência de usucapião especial urbana, ficarão sobrestadas quaisquer outras ações, petitórias ou possessórias, que venham a ser propostas relativamente ao imóvel usucapiendo. Em princípio, as ações já propostas relativas aos imóveis respectivos não se paralisam, mas a matéria da aquisição pela usucapião pode ser alegada como defesa, seguindo a regra geral.

Enunciado nº 82, I Jornada de Direito Civil – CJF/STJ: é constitucional a modalidade aquisitiva de propriedade imóvel prevista nos §§ 4º e 5º do art. 1.228 do novo Código Civil.

Enunciado nº 83, I Jornada de Direito Civil – CJF/STJ: nas ações reivindicatórias propostas pelo Poder Público, não são aplicáveis as disposições constantes dos §§ 4º e 5º do art. 1.228 do novo Código Civil. **Nota:** Alterado pelo Enunciado 304 – IV Jornada.

Enunciado nº 84, I Jornada de Direito Civil – CJF/STJ: a defesa fundada no direito de aquisição com base no interesse social (art. 1.228, §§ 4º e 5º, do novo Código Civil) deve ser arguida pelos réus da ação reivindicatória, eles próprios responsáveis pelo pagamento da indenização.

Enunciado nº 240, III Jornada de Direito Civil – CJF/STJ: a justa indenização a que alude o § 5º do art. 1.228 não tem como critério valorativo, necessariamente, a avaliação técnica lastreada no mercado imobiliário, sendo indevidos os juros compensatórios.

Enunciado nº 241, III Jornada de Direito Civil – CJF/STJ: o registro da sentença em ação reivindicatória, que opera a transferência da propriedade para o nome dos possuidores, com fundamento no interesse social (art. 1.228, § 5º), é condicionada ao pagamento da respectiva indenização, cujo prazo será fixado pelo juiz.

Enunciado nº 304, IV Jornada de Direito Civil – CJF/STJ: são aplicáveis as disposições dos §§ 4º e 5º do art. 1.228 do Código Civil às ações reivindicatórias relativas a bens públicos dominicais, mantido, parcialmente, o Enunciado 83 da I Jornada de Direito Civil, no que concerne às demais classificações dos bens públicos.

Enunciado nº 305, IV Jornada de Direito Civil – CJF/STJ: tendo em vista as disposições dos §§ 3º e 4º do art. 1.228 do Código Civil, o Ministério Público tem o poder-dever de atuar nas hipóteses de desapropriação, inclusive a indireta, que encerrem relevante interesse público, determinado pela natureza dos bens jurídicos envolvidos.

Enunciado nº 306, IV Jornada de Direito Civil – CJF/STJ: a situação descrita no § 4º do art. 1.228 do Código Civil enseja a improcedência do pedido reivindicatório.

Enunciado nº 307, IV Jornada de Direito Civil – CJF/STJ: na desapropriação judicial (art. 1.228, § 4º), poderá o juiz determinar a intervenção dos órgãos públicos competentes para o licenciamento ambiental e urbanístico.

Enunciado nº 308, IV Jornada de Direito Civil – CJF/STJ: A justa indenização devida ao proprietário em caso de desapropriação judicial (art. 1.228, § 5º) somente deverá ser suportada pela Administração Pública no contexto das políticas públicas de reforma urbana ou agrária, em se tratando de possuidores de baixa renda e desde que tenha havido intervenção daquela nos termos da lei processual. Não sendo os possuidores de baixa renda, aplica-se a orientação do Enunciado 84 da I Jornada de Direito Civil.

📖 Enunciado nº 309, IV Jornada de Direito Civil – CJF/STJ: O conceito de posse de boa-fé de que trata o art. 1.201 do Código Civil não se aplica ao instituto previsto no § 4º do art. 1.228.

📖 Enunciado nº 310, IV Jornada de Direito Civil – CJF/STJ: Interpreta-se extensivamente a expressão "imóvel reivindicado" (art. 1.228, § 4º), abrangendo pretensões tanto no juízo petitório quanto no possessório.

🔑 Ação de imissão de posse. Consolidação da propriedade imobiliária em benefício da parte autora. Questão indiscutível. Exercício das faculdades outorgadas pelo art. 1.228 do CC, especialmente o de reivindicar o imóvel que se encontra indevidamente na posse de terceiros. Taxa de ocupação. Pagamento necessário. Impositiva determinação da Lei nº 9.514/97. Data de início da respectiva verba. Consolidação da propriedade em nome do credor fiduciante (art. 37-A). Precedentes. Percentual, outrossim, previamente estabelecido pela mesma legislação. Desnecessária apuração em liquidação de sentença. Apelo provido (*TJSP* – Ap. 1001622-88.2016.8.26.0244, 12-5-2021, Rel. Donegá Morandini).

🔑 Apelação cível – Ação reivindicatória – Ilegitimidade ativa – Afastada – Sucessão – Transferência da propriedade do falecido para o herdeiro e meeira – Legitimidade do herdeiro e da meeira para reivindicar a posse em prol do condomínio – Sentença reformada. Mediante a transferência da propriedade que advém da herança, com a sucessão, o herdeiro e a meeira passam a ter legitimidade para, mesmo antes da partilha, reivindicarem os bens de quem injustamente os possua, nos termos do art. 1.228 do CC, com a observação de que, nessa hipótese, não será em benefício próprio e, sim, em prol do condomínio pro indiviso que vigora sobre o acervo do espólio. – Deve ser reconhecida a legitimidade ativa dos apelantes para propor a ação reivindicatória, se comprovada a condição, respectivamente, de herdeiro e meeira do falecido, antigo proprietário do imóvel que se pretende reivindicar (*TJMG* – Ap. 1.0000.19.008568-8/002, 3-8-2020, Rel. Aparecida Grossi).

🔑 **Reintegração de posse** – Imóvel – Recusa da ré em restituir o imóvel de propriedade exclusiva do autor após finda a união estável. Esbulho caracterizado. Impossibilidade de se manter a permanência da ré e filhos no imóvel a pretexto de que não dispõem de meios para se mudarem para outro local. Fato que, no máximo, garante aos réus o direito de exigir do autor eventual complementação dos meios para a subsistência deles, mas que, como meros direitos ou poderes creditícios, não podem suplantar o direito real e absoluto do proprietário usar, gozar e dispor do que é seu. Recurso provido. A Constituição Federal garante o direito fundamental à propriedade (art. 5º, XXII). E o Código Civil assegura que o proprietário tem a **faculdade de usar, gozar e dispor da coisa**, e o direito de reavê-la de quem quer que injustamente a possua ou detenha (art. 1.228). Em assim sendo, não é possível subtrair do proprietário o direito de recuperar seu imóvel com base na simples alegação de que os ocupantes não têm meios para se mudar para outro local. O direito social de moradia obriga precipuamente os poderes públicos e, por outro lado, a discussão sobre eventuais direitos e obrigações emergentes da relação de união estável ou de filiação há de ser feita por outra via, na qual caberá examinar se a pensão que já prestada pelo autor é, ou não, suficiente para a subsistência dos réus, inclusive os gastos de moradia (*TJSP* – Ap. 0002624-25.2013.8.26.056, 3-5-2017, Rel. Gilberto dos Santos).

Art. 1.229. A propriedade do solo abrange a do espaço aéreo e subsolo correspondentes, em altura e profundidade úteis ao seu exercício, não podendo o proprietário opor-se a atividades que sejam realizadas, por terceiros, a uma altura ou profundidade tais, que não tenha ele interesse legítimo em impedi-las.

Cada vez mais, na medida do curso da História, a propriedade deve cumprir sua função social. Não cumpre essa finalidade, como vimos, meros atos emulativos do proprietário, sem interesse ou utilidade alguma para ele. Desse modo, não se admite um absolutismo no direito de propriedade, o qual, na realidade, nunca existiu, sendo meramente retórica a menção de que a propriedade se estende *ad siderae et ad inferos*. O direito de propriedade é absoluto dentro dos princípios regulados pelo ordenamento.

Desse modo, quando o espaço aéreo ou subterrâneo da propriedade é utilizado por terceiros, sem qualquer reflexo para o titular do domínio, tal é irrelevante para o proprietário. Assim, aeronave que sobrevoa o local a 10.000 metros de altura ou escavação sob o terreno a 100 metros de profundidade, em tese, são atos que não refletem qualquer turbação ou prejuízo ao dono do imóvel. As situações limítrofes que sempre ocorrem dependerão do exame do caso concreto.

🔑 Cerceamento de defesa – Pretensão de produção de prova inócua à plena cognição da controvérsia – Parte interessada que não demonstra a necessidade da dilação probatória – Julgamento antecipado – Possibilidade: – Não há cerceamento de defesa no julgamento antecipado da lide quando as provas pleiteadas se mostram inócuas para a plena cognição da controvérsia. Nunciação de obra nova c.c. Demolitória – Construção de barracão em imóvel vizinho – Demonstração de que a obra nova prejudica o prédio vizinho, suas servidões ou fins a que é destinado, ou o ameace de ruína – Inexistência – Inteligência dos arts. 1.280 e 1.229 do CC e 934 e seguintes do CPC/73: – É improcedente a ação de nunciação de obra nova c.c. demolitória quando não há demonstração de que a obra nova prejudica o prédio vizinho, suas servidões ou fins a que é destinado, ou o ameace de ruína, conforme arts. 1.280 e 1.229 do CC e 934 e seguintes do CPC/1973: Recurso não provido (*TJSP* – Ap. 1001167-25.2017.8.26.0136, 9-1-2020, Rel. Nelson Jorge Júnior).

🔖 **Direito de vizinhança** – Edifício com doze pavimentos, vizinho a condomínio horizontal. Nulidade da licença e demolição da construção por ofender legislação urbanística e prejudicar a intimidade e privacidade dos moradores do condomínio horizontal. Conformidade com posturas edilícias municipais. Sem violação a normas legais ou regulamentos administrativos. Cópia do processo administrativo evidencia o cumprimento dos requisitos da Lei Federal nº 10257/2001 (Estatuto das Cidades) e da Lei Municipal nº 4186/2007. Perito judicial explicou com clareza o atendimento das normas legais e das posturas municipais. Possibilidade de visão do edifício para áreas externas do condomínio horizontal. Intimidade e privacidade que não são direitos absolutos, sendo balizados pelos direitos alheios, segundo os limites dedutíveis da ordem jurídica. Respeitados os limites do direito de construir assinalados pelos artigos 1.299 e seguintes do Código Civil. Conflito entre dois interesses juridicamente tutelados que se resolve pela prevalência do interesse mais alto, de cunho econômico, do proprietário do terreno, em aproveitar o máximo da sua capacidade construtiva, segundo as normas urbanísticas locais, sobre o interesse, também relevante, porém de menor relevo, dos moradores de condomínio horizontal, ao resguardo das suas áreas externas. Demanda improcedente. Honorários advocatícios, fixados em dez mil reais, sem motivo de redução porque compatíveis com a natureza, a dimensão econômica da demanda e a norma processual em vigor ao tempo da sentença, do artigo 20, § 4º, do Código de Processo Civil anterior. Recurso não provido (*TJSP* – Ap. 0008419-82.2012.8.26.0650, 24-2-2017, Rel. Edson Ferreira).

🔖 **Civil. Direito de propriedade.** Direito de construir. Subsolo. Limites. 1. O art. 1.229 do CC/02 estabelece que a propriedade do solo abrange a do subsolo correspondente. A segunda parte do dispositivo legal, porém, limita o alcance desse subsolo a uma profundidade útil ao seu aproveitamento, impedindo o proprietário de se opor a atividades que sejam realizadas por terceiros a uma fundura tal que não tenha ele interesse legítimo em impedi-la. 2. O legislador adotou o critério da utilidade como parâmetro definidor da propriedade do subsolo, limitando-a ao proveito normal e atual que pode proporcionar, conforme as possibilidades técnicas então existentes. 3. O direito de construir previsto no art. 1.299 do CC/02 abrange inclusive o subsolo, respeitado o critério de utilidade delineado no art. 1.229 do mesmo Diploma Legal. 4. Recurso especial não provido (*STJ* – Acórdão Recurso Especial nº 1.233.852 – RS, 15-12-2011, Rel. Min. Nancy Andrighi).

Art. 1.230. A propriedade do solo não abrange as jazidas, minas e demais recursos minerais, os potenciais de energia hidráulica, os monumentos arqueológicos e outros bens referidos por leis especiais.

Parágrafo único. O proprietário do solo tem o direito de explorar os recursos minerais de emprego imediato na construção civil, desde que não submetidos a transformação industrial, obedecido o disposto em lei especial.

As riquezas do subsolo, entre nós, são objeto de propriedade distinta para efeito e aproveitamento industrial de acordo com o ordenamento (arts. 176 e 177 da CF). A Constituição, porém, assegura ao proprietário do solo a participação nos resultados da lavra, na forma e no valor previstos em lei. Como recorda Alexandre de Moraes (2003, p. 1861), somente durante o Império a pesquisa e a lavra de recursos minerais eram livres ao proprietário do solo, que não necessitava de qualquer autorização do Poder Público. A Constituição republicana de 1891 já previu limitações para a utilização das riquezas do subsolo.

O art. 177 da Carta Constitucional de 1988, na mesma senda das constituições anteriores, estabelece o monopólio, da União, entre outras situações, para a pesquisa e a lavra das jazidas de petróleo e gás natural e outros hidrocarbonetos fluidos, bem como para a pesquisa, lavra, enriquecimento, reprocessamento, industrialização e comércio de minérios e minerais nucleares e seus derivados.

Assim, também as quedas d'água e outras fontes de energia hidráulica são consideradas bens independentes da propriedade do solo. Os sítios arqueológicos, importantes para a História e outras ciências sociais, se colocam no mesmo patamar.

A União poderá, por autorização ou concessão, conferir a brasileiros ou empresas constituídas sob leis brasileiras, com sede e administração no país, a pesquisa e a lavra de recursos minerais e o aproveitamento dos potenciais de energia hidráulica.

A ressalva do parágrafo único não excepciona o *caput* desse artigo. O proprietário do solo pode explorar os recursos minerais imediatos para a construção civil, desde que não submetidos a transformação inicial. Portanto, a argila em estado natural pode ser utilizada para a construção. Há, porém, que se submeter à legislação específica a produção de tijolos, que se utiliza de material do solo, mas com transformação industrial.

Art. 1.231. A propriedade presume-se plena e exclusiva, até prova em contrário.

A propriedade é o mais amplo dos direitos reais. Abrange os poderes de usar, gozar e dispor da coisa. Todos os demais direitos reais situam-se em plano inferior, os quais restringem a amplitude da propriedade. Os poderes da propriedade ou mais propriamente as faculdades de fruição compreendem o aproveitamento de todas as utilidades proporcionadas pela coisa, salvo as exceções do subsolo e do espaço aéreo já referidas. O titular do direito de propriedade tem a faculdade de uso e fruição dos frutos naturais e civis produzidos pela coisa. A faculdade de dispor exige raciocínio mais amplo, pois não se limita exclusivamente, como à primeira vista pode parecer, ao poder de alienar ou abandonar a coisa. A faculdade de dispor desdobra-se no poder de atuar sobre a substância do bem, modificando-o ou transformando-o ou até mesmo destruindo-o se não se opuser o interesse social. Há, como é lógico, limites para os exercícios dessas faculdades impostos pelo próprio ordenamento e pelo interesse social, que é conceito de compreensão aberta.

Assim, é nesse sentido que deve ser entendido o que procura dizer o artigo. O uso dos poderes ou das faculdades inerentes à propriedade presume-se objetivamente pleno, sob esse prisma. Subjetivamente, o direito de propriedade será pleno se houver apenas um titular, apenas um proprietário. Se a coisa pertencer, concomitantemente, a mais de uma pessoa, existente o condomínio, existe uma restrição subjetiva na propriedade. O condomínio possui regras próprias tradicionais. Quanto às restrições objetivas ao direito de propriedade, já nos referimos neste estudo: são de caráter constitucional, administrativo e de direito privado, como nos direitos de vizinhança. A limitação à propriedade também pode decorrer de ato voluntário, como imposição das cláusulas de inalienabilidade, impenhorabilidade e incomunicabilidade, em doações e testamentos. Desse modo, como enfatizado, o poder absoluto do proprietário é mais figura de retórica do que propriamente um princípio legal. Nem sempre, ou melhor, raramente, todas as faculdades de um direito de propriedade, como vimos, podem ser exercidas sem limites. No dizer de Augusto Penha Gonçalves (1993, p. 328),

> "o direito de propriedade é pleno, antes de mais, porque nele se condensam, virtualmente, os mais amplos poderes de senhorio e aproveitamento da coisa-objeto, razão por que seu conteúdo potencial se apresenta como maximamente compreensivo e vocacionado para se expandir indefinidamente. Nisto se distingue de todos os demais direitos reais integrados por um feixe de determinados poderes mais ou menos restritos, o que justifica a designação que doutrinariamente lhes é dada, de direitos reais limitados".

Desse modo, todo o elenco de direitos reais constante do art. 1.225 traduz direitos reais limitados, cada um conforme sua natureza, seja de fruição ou de garantia: superfície, servidões, usufruto, uso, habitação, promessa de compra de imóvel, penhor, hipoteca e anticrese.

Outra característica sempre ressaltada no tocante ao direito de propriedade é sua permanência, referida geralmente na doutrina como perpetuidade. O direito de propriedade é permanente ou perpétuo no sentido de que não é limitado no tempo e não se extingue simplesmente pelo não uso. A usucapião faz o possuidor adquirir a propriedade com sua própria posse, de forma originária e não simplesmente pelo não uso da coisa pelo proprietário. Em contrapartida, os outros direitos reais diversos da propriedade sofrem geralmente uma limitação temporal.

Art. 1.232. Os frutos e mais produtos da coisa pertencem, ainda quando separados, ao seu proprietário, salvo se, por preceito jurídico especial, couberem a outrem.

Os acessórios da coisa presumem-se pertencer ao seu proprietário. Assim, por exemplo, uma árvore ou um edifício. A presunção não é, porém, absoluta, pois a árvore e a edificação podem pertencer a outro titular por vontade negocial ou por ato eventual.

A produção decorrente da coisa, seus frutos e produtos também presumem-se pertencentes ao proprietário, ainda quando separados. Assim devem ser entendidos os frutos em geral, apesar de a lei se referir expressamente a produtos. Os frutos podem ser naturais, industriais e civis. *Naturais* são os provenientes da força orgânica, como os frutos de uma árvore, as crias dos animais. *Industriais* são os decorrentes da atividade humana, como a produção industrial. *Civis* são as rendas auferidas pela coisa, proveniente do capital, tais como juros, alugueres e dividendos. *Produtos* são bens extraídos da coisa, que diminuem sua substância porque não se reproduzem como os frutos. Assim são as riquezas do subsolo. Todos esses bens se colocam na categoria de acessórios. Os frutos pertencem ao dono à medida que se produzem, independentemente de sua apreensão material. Veja o que falamos a respeito dos frutos nos comentários ao art. 1.214 ss.

A lei se reporta a "*princípio jurídico especial*" que poderá fazer com que esses acessórios pertençam a outrem. Não agrada essa expressão, pois não são unicamente "*princípios jurídicos*" que podem excepcionar a regra geral, mas disposições jurídicas em geral, inclusive a vontade do titular. Da mesma forma era ainda mais atécnica a expressão *motivo jurídico especial* do diploma anterior. Vimos que preceitos constitucionais e o próprio Código exceptua da propriedade as riquezas do subsolo. Cuida-se também, na hipótese, de analisar os preceitos e hipóteses do possuidor de boa-fé que poderá ter direito aos frutos percebidos (art. 1.214). O titular do domínio também pode ceder o *ius fruendi* quando constitui direito real que lhe suprima os frutos, tais como o usufruto, o uso e a anticrese.

⚖ Agravo de instrumento. Subclasse responsabilidade civil. Fase de execução. Imóveis adjudicados, sem averbação da carta de adjudicação no registro imobiliário. Frutos (alugueres) devidos aos proprietários registrais, até a regular transferência da propriedade. 1. No caso, a própria Juíza prolatora da decisão recorrida, em provimento judicial anterior, ao dispor sobre pedido do credor/agravado de expedição das cartas de adjudicação dos imóveis adjudicados conforme seu interesse, assinalou que não havia impedimentos ao atendimento do pretendido, mas que o exequente/recorrido, ao assim proceder, devia estar ciente de que os imóveis adjudicados que não tivessem a carta de adjudicação expedida e averbada no registro imobiliário permaneceriam na propriedade dos anteriores donos, ou seja, os devedores/agravantes. 2. Logo, em relação aos imóveis que ainda não tiveram a carta de adjudicação expedida e averbada junto ao registro imobiliário, resta incontroverso que a propriedade dos mesmos segue sendo dos recorrentes. 3. E em assim sendo, cabe aos agravantes, enquanto proprietários desses bens, que estão alugados, receber os alugueres correspondentes, nos termos do art. 1.232 do CC, o qual prevê que o direito aos frutos é do proprietário. Ou seja, para tê-lo, assim como o próprio direito de uso, não basta o agravado ter adjudicado o bem; é preciso transferi-lo para o seu nome junto ao registro imobiliário, já que é desta forma que, em nosso direito, transfere-se a propriedade imobiliária. Agravo de instrumento provido (*TJRS* – Ag 70078601812, 26-9-2018, Rel. Eugênio Facchini Neto).

Agravo de instrumento – Ação de cobrança de aluguéis – Discussão acerca da propriedade do imóvel – Irrelevância – Prejudicialidade externa de mérito – Inocorrência – Recurso desprovido – Se a arrematação foi declarada nula, o imóvel voltou a integrar o patrimônio da agravada, devendo ela, em tese, receber a contraprestação pela locação do bem. Isso porque, nos termos do art. 1.232, do Código Civil de 2002, "**os frutos e mais produtos da coisa pertencem, ainda quando separados, ao seu proprietário**" – Demais disso, a pretensão de cobrança de aluguéis e demais encargos locatícios não precisa, necessariamente, ser veiculada pelo proprietário do imóvel, vez que o locador, ainda que não detenha o domínio da coisa locada, ostenta legitimidade para tanto – Recurso a que se nega provimento. (*TJMG* – AI 1.0701.07.194152-3/001, 1-4-2014, Rel. Eduardo Mariné da Cunha).

Seção II
Da Descoberta

Art. 1.233. Quem quer que ache coisa alheia perdida há de restituí-la ao dono ou legítimo possuidor.
Parágrafo único. Não o conhecendo, o descobridor fará por encontrá-lo, e, se não o encontrar, entregará a coisa achada à autoridade competente.

1. Invenção ou descoberta
A *invenção*, como disciplinada em nosso Código de 1916, é a *achada de coisas perdidas* (Gomes, 1983, p. 158). Este Código prefere o título "descoberta", que possui o mesmo sentido (arts. 1.233 a 1.237). São coisas perdidas, mas não abandonadas. A perda da coisa não implica perda da propriedade. Nisso a invenção distingue-se da ocupação de coisas sem dono ou abandonadas. Inventor é aquele que encontra coisas perdidas, mas que têm dono. Sua obrigação é devolvê-las ao titular.

Não se cuida, portanto, de modalidade de aquisição da propriedade em nosso sistema, que segue princípio romano. Este Código suprime a disposição como modalidade de aquisição da propriedade, para cuidar do fenômeno no capítulo da propriedade em geral. Não se trata de coisas abandonadas, pois a coisa encontrada ainda pertence ao seu dono. Não se extingue a propriedade pelo efeito simplesmente da perda, senão após o transcurso do prazo para a coisa ser considerada vaga ou de usucapião. O instituto também não se confunde com a ocupação que diz respeito à apropriação de coisas sem dono. A coisa perdida, em princípio, não é *res nullius*, pois ainda tem dono.

Art. 1.234. Aquele que restituir a coisa achada, nos termos do artigo antecedente, terá direito a uma recompensa não inferior a cinco por cento do seu valor, e à indenização pelas despesas que houver feito com a conservação e transporte da coisa, se o dono não preferir abandoná-la.
Parágrafo único. Na determinação do montante da recompensa, considerar-se-á o esforço desenvolvido pelo descobridor para encontrar o dono, ou o legítimo possuidor, as possibilidades que teria este de encontrar a coisa e a situação econômica de ambos.

Art. 1.235. O descobridor responde pelos prejuízos causados ao proprietário ou possuidor legítimo, quando tiver procedido com dolo.

Art. 1.236. A autoridade competente dará conhecimento da descoberta através da imprensa e outros meios de informação, somente expedindo editais se o seu valor os comportar.

Art. 1.237. Decorridos sessenta dias da divulgação da notícia pela imprensa, ou do edital, não se apresentando quem comprove a propriedade sobre a coisa, será esta vendida em hasta pública e, deduzidas do preço as despesas, mais a recompensa do descobridor, pertencerá o remanescente ao Município em cuja circunscrição se deparou o objeto perdido.
Parágrafo único. Sendo de diminuto valor, poderá o Município abandonar a coisa em favor de quem a achou.

Pelo nosso ordenamento, o inventor não poderá adquirir a coisa achada, salvo se ela for dada como abandonada, dentro das hipóteses descritas nos dispositivos. O art. 606 do Código de 1916 dispunha que, após seis meses da notificação à autoridade, sem que se apresentasse o dono, a coisa seria vendida em hasta pública. O inventor teria apenas direito a recompensa e indenização pela guarda e transporte da coisa, se o dono não preferisse abandoná-la (art. 604). A essa recompensa dá-se o nome de *achádego*. Somente nessa hipótese de abandono poderia o inventor ocupar a coisa, que, nesse caso, tornara-se *derelicta*, abandonada. Se vendida em hasta pública, seriam deduzidas do valor alcançado as despesas e a recompensa do inventor, pertencendo o remanescente ao Estado (ou ao Distrito Federal ou Território, conforme o local do achado).

Deflui dos artigos em tela que o inventor sempre terá direito à recompensa, quer apareça o dono, quer este a abandone.

O art. 1.237 do Código Civil muda parcialmente o enfoque anterior: por esse dispositivo, decorridos 60 dias da divulgação da notícia pela imprensa, ou do edital, não se apresentando quem comprove a propriedade sobre a coisa, será está vendida em hasta pública. Deduzidas do preço as despesas, mais a recompensa do descobridor, o achádego, o remanescente pertencerá ao Município em cuja circunscrição se deparou o objeto perdido. Como se vê, não há necessidade sistemática de edital, pois basta que o prazo de 60 dias seja contado da divulgação da notícia pela imprensa. A esse respeito, inova o art. 1.236 ao estabelecer que "*a autoridade competente dará conhecimento da descoberta através da imprensa e outros meios de informação, somente expedindo editais se o seu valor os comportar*". Melhor seria que o Código esclarecesse que caberia à autoridade judicial os procedimentos acerca da descoberta. Tal como está, cabem os trâmites também à autoridade policial (746 ss do CPC), mas como o interesse é do Município pelas coisas encontradas, nada impede que, no futuro, se regulamente diferentemente essa competência. O que se verifica, na prática, é que coisas encontradas em meios de transporte como metrôs, trens, barcos, ônibus, aeronaves e nos correios não seguem sempre essa prática, ocupando-se as empresas respectivas de encontrar os verdadeiros donos e nem sempre se preocupando em entregar as coisas à autoridade policial.

Caberá ao juiz, entretanto, tendo em vista as circunstâncias em torno do achado, o valor e o preço da coisa, fixar o montante do achádego. Acrescenta, porém, o parágrafo único do art. 1.237 que "*sendo de diminuto valor, poderá o Município abandonar a coisa em favor de quem a achou*". Como se nota, cabe ao Município definir a oportunidade e conveniência de deixar a coisa com o descobridor, o qual, é evidente, deverá manifestar interesse nesse sentido. Para tanto poderá ser notificado pelos interessados para que se manifeste em prazo razoável.

No entanto, o art. 1.234, ao contrário do estatuto anterior, preferiu ser objetivo quanto à fixação do valor da recompensa, estabelecendo um montante não inferior a 5% de seu valor, bem como abonando ao inventor as despesas com a conservação e transporte da coisa, "*se o dono não preferir abandoná-la*". Acrescenta ainda o parágrafo único do art. 1.234:

"*Na determinação do montante da recompensa, considerar-se-á o esforço desenvolvido pelo descobridor para encontrar o dono, ou o legítimo possuidor, as possibilidades que teria este de encontrar a coisa e a situação econômica de ambos.*"

O art. 604 do antigo Código nada estabelecia quanto aos critérios para o montante da recompensa, que ficava a critério exclusivo do juiz. No atual sistema, o juiz tem parâmetros para fixar a recompensa que não ultrapassará a 5% do valor da coisa.

O inventor terá direito a reembolso de despesas efetivamente ocorridas e comprovadas com a coisa encontrada e sua conservação.

Há que se enfatizar que os dispositivos referentes à descoberta têm aplicação para a atividade espontânea ou fortuita do descobridor. Este pode ter-se lançado à procura de coisa perdida justamente em busca de aventura ou recompensa ou pode ter deparado com ela fortuitamente. Em qualquer das situações, fará jus à recompensa, com os critérios especificados. Nada, porém, poderá pleitear se o dono preferir abandonar a coisa, salvo o direito de ficar com ela. Se o dono promete recompensa para achar a coisa, será nos princípios desse instituto que será deslindada a questão do pagamento ao descobridor (art. 854 ss).

A situação, porém, será diversa se o dono da coisa encarregou alguém para achá-la. Nesse caso, o fato terá cunho contratual e como tal deve ser interpretado, servindo os artigos do Código acerca da descoberta apenas como disposições supletivas da vontade das partes.

O sistema efetivamente não incentiva o inventor de *per si* a devolver a coisa achada, salvo as de pequeno valor, conforme referido e na hipótese de o dono preferir abandoná-la. Preferirá, talvez, em vez de receber duvidosa recompensa, manter a coisa em sua posse com ânimo de dono, adquirindo a propriedade pela usucapião. No entanto, ninguém está obrigado a recolher a coisa perdida. Se o fizer, deve, como regra, submeter-se às regras do ordenamento. Pelo fato de se tornar inventor, assume deveres e obrigações. Para o inventor somente surgia a obrigação de procurar o dono ou possuidor, ou entregar a coisa à autoridade se a recolhe. Essa a razão pela qual a lei o premia com recompensa, além do direito de receber pelos gastos no transporte e manutenção. Coíbe-se, nesse aspecto, mais uma vez o injusto enriquecimento. A posição do descobridor é semelhante à do depositário, mas melhor se identifica ao gestor de negócios (MIRANDA, 1971, v. 15, p. 200). Desse modo, agindo o inventor com negligência ou dolo, deixando de procurar o titular da coisa achada ou de entregá-la à autoridade, responderá por indenização de acordo com o art. 1.235, quando não bastasse, pelo princípio geral da responsabilidade aquiliana (art. 186), sem prejuízo da penalização criminal. O art. 169, parágrafo único, inciso II, do Código Penal considera crime a apropriação total ou parcial de coisa alheia, em lugar de entregá-la ao dono, ou legítimo possuidor, ou à autoridade competente, dentro do prazo de 15 dias. Nesse crime, com acuidade, Celso Delmanto (1988, p. 336) anota que a conduta deveria ficar restrita apenas à esfera civil, tendo em vista a possibilidade de erro de direito:

> "Há possibilidade de ocorrer erro de proibição (CP, art. 21), pois mesmo em meios cultos, há notório desconhecimento do alcance destes dispositivos, que a lei já devia ter derrogado, deixando-os só na órbita civil."

O mesmo autor aponta julgado em que o tribunal entendeu que não haverá dolo se provado que o agente deixou de entregar a coisa à autoridade, dentro dos 15 dias, por negligência e não por dolo (RT 454/449). A relação do descobridor com a coisa é análoga a uma gestão de negócios alheios, daí por que responde ele por dolo nos danos causados à coisa, o qual se equipara à culpa grave.

Se o inventor tiver dúvidas acerca do titular da coisa, deverá de igual maneira entregá-la à autoridade, cabendo ao juiz decidir.

Poderá o inventor exercer direito de retenção para receber a recompensa e a indenização por despesas garantidas na lei? A resposta parece-nos afirmativa (MIRANDA, 1971, v. 15, p. 200). O direito de retenção é garantia para o ressarcimento. É garantia de execução de obrigação. Como tal, todo possuidor de boa-fé, não importando a que título, pode exercê-lo. O princípio da boa-fé prepondera na espécie a exemplo das benfeitorias. Se o agente tiver agido de má-fé ao apreender a coisa, não terá havido invenção de coisa perdida, mas furto ou apropriação indébita. Se já a tiver entregue à autoridade, por desconhecer o dono, já não terá possibilidade material de exercer a retenção. Se a coisa achada for mercadoria de fácil deterioração, caberá ao juiz determinar sua venda. Age de boa-fé aquele que, em vez de entregar a coisa deteriorável, vende-a, entregando o valor ao dono ou à autoridade competente, impedindo sua perda.

O valor da recompensa poderá ser, ainda, aquele prometido pelo dono ou possuidor ou, não havendo promessa, fixado equitativamente pelo juiz, com os critérios estabelecidos pelo Código Civil de 2002. Se o inventor entender insuficiente ou insignificante a recompensa, pode pedir o arbitramento judicial, conforme a solução do Código argentino, que não contraria o espírito de nossa lei.

Ainda, o Código impõe responsabilidade ao inventor pelos prejuízos causados ao proprietário ou possuidor legítimo, quando tiver procedido com dolo (art. 1.235). Equipara-se ao dolo a culpa grave. A culpa simples não o obriga a indenizar, portanto.

O CPC regula a venda de coisas vagas ou perdidas no art. 746. A entrega da coisa se fará à autoridade judiciária ou policial. Para o processo, instaurado pelo auto de arrecadação ou portaria, competente será o juízo do local onde foi encontrada a coisa. O art. 746, § 3º remete à legislação material para que o inventor requeira a adjudicação da coisa, se o dono preferir abandoná-la, operando-se somente nessa hipótese, como acenado, a aquisição da propriedade pelo inventor (art. 1.234).

CAPÍTULO II
Da Aquisição da Propriedade Imóvel

Seção I
Da Usucapião

Art. 1.238. Aquele que, por quinze anos, sem interrupção, nem oposição, possuir como seu um imóvel, adquire-lhe a propriedade, independentemente de título e boa-fé; podendo requerer ao juiz que assim o declare por sentença, a qual servirá de título para o registro no Cartório de Registro de Imóveis.
Parágrafo único. O prazo estabelecido neste artigo reduzir-se-á a dez anos se o possuidor houver estabelecido no imóvel a sua moradia habitual, ou nele realizado obras ou serviços de caráter produtivo.

1. Aquisição originária e derivada: a título singular e a título universal

Dizemos que a aquisição da propriedade é *originária* quando desvinculada de qualquer relação com titular anterior. Nela não existe relação jurídica de transmissão. Inexiste ou não há relevância jurídica na figura do antecessor. Sustenta-se ser apenas a ocupação verdadeiramente modo originário de aquisição. Todavia, sem dúvida, como a maioria da doutrina, entendem-se como originárias também as aquisições por usucapião e acessão natural. Nessas três modalidades, não existe relação jurídica do adquirente com proprietário precedente.

A diferença de postura doutrinária a respeito da aquisição originária decorre da acepção segundo a qual, nessa modalidade, a coisa nunca pertenceu a outrem. Nessa visão restritiva, é fato, apenas a ocupação, tal como a caça e pesca, inserir-se-ia no conceito. Para a corrente dominante, a qual corretamente leva em conta as consequências jurídicas dessa categoria jurídica, é originária toda aquisição que não guarda qualquer relação com titulares precedentes, ainda que estes possam ter efetivamente existido.

Caso típico de aquisição originária é o (a) *usucapião*. Este Código trata do instituto como substantivo feminino, o que melhor se prende à origem histórica do vocábulo. O bem usucapido pode ter pertencido a outrem, mas o usucapiente dele não recebe a coisa. Seu direito de aquisição não decorre do antigo proprietário. Na aquisição originária, o único elemento que para ela concorre é o próprio fato ou ato jurídico que lhe dá nascimento.

Ocorre aquisição *derivada* quando há relação jurídica com o antecessor. Existe transmissão da propriedade de um sujeito a outro. A regra fundamental nessa modalidade é a de que ninguém pode transferir mais direitos do que tem: *nemo plus iuris ad alium transferre potest, quam ipse haberet*. A validade e eficácia da transferência da propriedade nesse caso são examinadas no fato, ato ou negócio jurídico de transferência. Existe transmissão derivada tanto por ato *inter vivos* como *mortis causa*. Nesta última hipótese, o fato da morte faz com que o patrimônio do falecido transfira-se a seus herdeiros.

Na aquisição originária, não se consideram vícios anteriores da propriedade porque não existe anterior titular a ser levado em conta. Na aquisição derivada, a coisa chega ao adquirente com as características anteriores, tanto atributos ou virtudes como defeitos ou mazelas. Desse modo, a alienação de bem hipotecado ou onerado com servidão, por exemplo, não extingue esses ônus. A aquisição por direito hereditário, a derivada de contrato e a tradição são exemplos de modalidades derivadas de aquisição.

2. Usucapião: introdução. Notícia histórica

A posse prolongada da coisa pode conduzir à aquisição da propriedade, se presentes determinados requisitos estabelecidos em lei. Em termos mais concretos, denomina-se usucapião o modo de aquisição da propriedade mediante a posse suficientemente prolongada sob determinadas condições.

No direito de Justiniano, a usucapião resulta da fusão de dois institutos de mesma índole, mas com campos diversos de atuação, a *usucapio* e a *longi temporis praescriptio*.

Usucapio deriva de *capere* (tomar) e de *usus* (uso). Tomar pelo uso. Seu significado original era de posse. A Lei das XII Tábuas estabeleceu que quem possuísse por dois anos um imóvel ou por um ano um móvel tornar-se-ia proprietário. Era modalidade de aquisição do *ius civile*, portanto apenas destinada aos cidadãos romanos.

A chamada *praescriptio*, assim denominada porque vinha no cabeçalho de uma fórmula, era modalidade de exceção, meio de defesa, surgido posteriormente à *usucapio*, no Direito clássico. Quem possuísse um terreno provincial por certo tempo poderia repelir qualquer ameaça a sua propriedade pela *longi temporis praescriptio*. Essa defesa podia ser utilizada tanto pelos cidadãos romanos como pelos estrangeiros. A prescrição era de 10 anos contra presentes (residentes na mesma cidade) e 20 anos entre ausentes (residentes em cidades diferentes). Nesse período clássico do Direito Romano, conviveram ambos os institutos. No Direito pós-clássico, introduziu-se forma especial de usucapião, a *longissimi temporis praescriptio*, que os juristas modernos assimilaram como usucapião extraordinária. Nessa modalidade, quem possuísse por 40 anos, de boa-fé, mas sem justa causa, poderia defender-se com essa exceção (ALVES, 1983, p. 386).

Desaparecendo a distinção entre terrenos itálicos e provinciais, os dois institutos surgem já unificados na codificação de Justiniano, sob o nome de usucapião. Daí a razão de, com frequência, utilizar-se da expressão *prescrição aquisitiva* como sinônimo de usucapião. De fato, enquanto a prescrição extintiva, ou prescrição propriamente dita, implica perda de direito, a usucapião permite a aquisição do direito de propriedade. Em ambas as situações, leva-se em consideração o decurso de certo tempo. Desse modo, os princípios que regem a prescrição da ação também se aplicam à prescrição aquisitiva, tais como as causas interruptivas e suspensivas. Desse modo, por exemplo, não corre prazo de usucapião contra proprietário incapaz (art. 198, I).

Estabeleceram-se então os seguintes requisitos para a usucapião, mantidos na lei e na doutrina modernas: *res habilis* (coisa hábil), *iusta causa* (justa causa), *bona fides* (boa-fé), *possessio* (posse) e *tempus* (tempo).

Como decorrência dessa origem histórica, há legislações, como a francesa, que preferiram tratar unitariamente de ambas as modalidades, sob as denominações de *prescrição aquisitiva* e *prescrição extintiva*. Entre nós, o Código optou por tratar da prescrição extintiva na parte geral, disciplinando a usucapião no livro dos direitos reais, como forma de aquisição da propriedade, destinada a móveis e imóveis.

3. Fundamentos da usucapião

A possibilidade de a posse continuada gerar a propriedade justifica-se pelo sentido social e axiológico das coisas. Premia-se aquele que se utiliza utilmente do bem, em detrimento daquele que deixa escoar o tempo, sem dele utilizar-se ou não se insurgindo que outro o faça, como se dono fosse. Destarte, não haveria justiça em suprimir-se o uso e gozo de imóvel (ou móvel) de quem dele cuidou, produziu ou residiu por longo espaço de tempo, sem oposição. Observa Serpa Lopes (1964, v. 6, p. 544) a esse respeito que, "*encarado sob este aspecto, o usucapião pode ser admitido na lei sem vulneração aos princípios de justiça e equidade*".

Embora destinado a móveis e imóveis, é evidente a maior importância econômica e social dos imóveis. Tendo sob orientação esses princípios, nossa legislação mais recente permite prazos menores do que os estabelecidos originalmente no Código Civil para certas modalidades de usucapião, como examinaremos. Nesse diapasão, a usucapião tem o condão de transformar a situação do fato da posse, sempre suscetível a vicissitudes, em propriedade, situação jurídica definida. Nesse sentido, também se coloca a prescrição extintiva que procura dar estabilidade à relação jurídica pendente. Desse modo, justifica-se a perda da coisa pelo proprietário em favor do possuidor. *"A posse e o tempo concretizam uma situação fática que se estabelece independentemente do querer ou não querer do real proprietário"* (RIBEIRO, 1992, v. 2, p. 161).

A usucapião deve ser considerada modalidade originária de aquisição, porque o usucapiente constitui direito à parte, independentemente de qualquer relação jurídica com anterior proprietário. Irrelevante ademais houvesse ou não existido anteriormente um proprietário.

O Código de 1916 colocou a usucapião como modo de adquirir a propriedade imóvel ao lado da transcrição ou registro. O registro imobiliário faz-se necessário com relação à sentença que decreta a usucapião apenas para regularizar o direito de propriedade e o *ius disponendi*. Note que não apenas a propriedade, como também outros direitos reais compatíveis, permitem a usucapião, como a enfiteuse e as servidões.

4. Requisitos da usucapião. Usucapião ordinário e extraordinário no Código de 1916

A *posse* é o principal elemento da usucapião. Temos que levar em consideração o que foi explanado nesta obra a respeito da posse.

Tudo o que pode ser objeto de posse, como exposto no estudo do instituto, não estando fora do comércio, é suscetível de prescrição aquisitiva. Cuida-se da *res habilis*. Os bens fora de comércio, não podendo ser objeto de posse, não poderão ser adquiridos por usucapião. Os bens públicos, como regra geral e por força de lei, não podem ser usucapidos. O Decreto nº 19.924/31 espancou dúvida até então reinante a respeito da impossibilidade de usucapião de bens públicos. A Constituição de 1988 declara expressamente que os imóveis públicos não podem ser usucapidos. Não é muito clara a noção de terras devolutas entre nós. Nem todas as terras não pertencentes a pessoas naturais ou jurídicas devem ser entendidas como terras públicas. A Fazenda Pública, ao alegar o domínio, deve prová-lo (RIZZARDO, 1991, v. 3, p. 405). O mais acertado é considerar devoluta a terra desocupada e sem dono, pela origem histórica. Não havemos de entender que terra abandonada se devolve automaticamente à União.

Não apenas o domínio ou a plena propriedade, como vimos, são passíveis de usucapião. Também há outros direitos reais passíveis de aquisição, como o domínio útil da enfiteuse, o usufruto, o uso, a habitação, servidões etc. A usucapião também se aplica a semoventes.

Quando examinamos a posse, deve ser levada em conta sua natureza. Há modalidades de posse que não permitem a aquisição. O locatário e o comodatário, por exemplo, que têm posse imediata, não possuem com ânimo de dono. Somente poderão usucapir se houver modificação no ânimo de sua posse.

Entende-se, destarte, não ser qualquer posse propiciadora da usucapião, ao menos o ordinário. Examina-se se existe posse *ad usucapionem*. A lei exige que a posse seja contínua e incontestada, pelo tempo determinado, com o ânimo de dono. Não pode o fato da posse ser clandestino, violento ou precário. Para o período exigido é necessário não ter a posse sofrido impugnação. Desse modo, a natureza da posse *ad usucapionem* exclui a mera detenção.

Permite-se, no entanto, a sucessão na posse. Não há dúvida de que a posse pode ser transmitida por ato entre vivos e por causa da morte. O sucessor acresce a sua posse o período de seu antecessor. Trata-se de faculdade do possuidor, sucessor *inter vivos*. Como já vimos, pode não ser conveniente essa acessão da posse, se o antecessor lha transmitiu viciada ou insuficiente para a usucapião.

Na sucessão universal *causa mortis*, no entanto, dá-se sempre a acessão temporal.

A união de posses exige que ambas sejam homogêneas, da mesma natureza, a fim de formar período suficiente para usucapir. Quem adquire, por exemplo, posse obtida pelo antecessor de forma precária, clandestina ou violenta não pode somar o período anterior para completar a usucapião, salvo se mantiver esses mesmos vícios em sua própria posse. Deve aguardar seu próprio lapso temporal.

No exame do caráter da posse, no entanto, há necessidade de ser distinguido a *usucapião ordinária* da *usucapião extraordinária*. A *usucapião ordinária* no Código de 1916 era disciplinada no art. 551. Adquiria o domínio do imóvel *"aquele que, por 10 (dez) anos entre presentes, ou 15 (quinze) entre ausentes, o possuir como seu, contínua e incontestavelmente, com justo título e boa-fé"*. Nessa modalidade, devia estar presente juntamente com a posse contínua, o justo título e a boa-fé, os quais serão a seguir enfocados. Verificamos que a posse *ad usucapionem* requer o ânimo de dono. Os atos possessórios do usucapiente devem traduzir exteriorização da propriedade. Não se encontram nessa situação locatário, depositário, usufrutuário etc.

A *usucapião extraordinária* vinha descrita no art. 550 do Código de 1916 acima transcrito. Na usucapião extraordinária, com lapso de tempo muito maior (originalmente, o Código de 1916 o fixara em 30 anos), basta que ocorra o fato da posse, não se investigando o título ou a boa-fé. Basta a posse mansa, pacífica e ininterrupta. Ocorrendo posse nesses termos, não se pode contestar o direito à prescrição aquisitiva. Na realidade, se por um lado o usucapiente adquire o domínio, aquele que eventualmente o perde sofre punição por sua desídia e negligência em não cuidar do que é seu. Esse aspecto fica mais ressaltado na usucapião extraordinária. A referência à presunção de título e boa-fé poderia dar margem à discussão de se tratar de presunção relativa. No entanto, a doutrina e a jurisprudência de há muito entenderam que, na verdade, a lei dispensou o título e a boa-fé na usucapião extraordinária (*JTJSP – LEX* 142/22).

A posse contínua e incontestada é aquela que durante o período não sofreu discussão, contestação, impugnação ou dúvida alguma. Qualquer ato concreto nesse sentido pode interromper a continuidade de posse, isto é, pode interromper a prescrição. Cuida-se mesmo de interrupção de prescrição para a qual se invocam os princípios do instituto examinados na parte geral. Não é contínua, do mesmo modo, a posse exercida intermitentemente, com intervalos. Nessa hipótese, apenas o caso concreto definirá a situação de fato.

A sentença *declara* a usucapião como está dito no art. 1.238. Aplica-se a qualquer modalidade de usucapião. O direito é obtido pelos requisitos de tempo e posse e mais boa-fé e justo título. Independe da sentença. O juiz limita-se a declarar situação jurídica preexistente. Fosse a sentença necessária para completar o direito, teria efeito constitutivo. Não é o que ocorre. Completado o prazo com os demais requisitos, o usucapiente já é proprietário. A sentença é decreto judicial que reconhece direito preestabelecido. A transcrição da sentença no registro imobiliário, com muito maior razão, também é mero requisito regularizador da situação jurídica do imóvel. Com o registro da sentença, terá o titular a situação do imóvel pacificada com relação a terceiros, obtendo o efeito *erga omnes*. Não tem o mesmo sentido da transcrição da transferência do negócio jurídico de alienação, necessário para a aquisição da propriedade.

Quanto ao *tempo*, outro requisito da usucapião, como visto, há prazos diversos para o ordinário e para o extraordinário, modificados pelo vigente Código, como examinaremos a seguir.

O art. 551 aqui referido exigia lapso de 10 anos entre presentes ou 15 anos entre ausentes. Entendia-se por presentes, de acordo com o parágrafo único do dispositivo, as pessoas residentes no mesmo município, como se fazia no Direito Romano. Ausentes, os residentes em municípios diversos. Esses residentes referidos no artigo são os que eventualmente teriam interesse em impugnar a usucapião. A pessoa em cujo nome está registrado o imóvel, um confinante, outro possuidor, por exemplo, pode ter interesse em contestar a usucapião. A ela é destinada a norma.

Os autores levantavam a hipótese de o interessado ter residido parte do tempo no mesmo município e parte do tempo em outro. A solução preconizada era contar em dobro o tempo de residência em outro município. Assim, reside oito anos no mesmo município e muda-se para outro. A usucapião ocorreria em 12 anos; oito anos de presença, mais quatro de ausência, o dobro do tempo de dois anos que ainda restava (MONTEIRO, 1989, v. 3, p. 128).

A usucapião extraordinária no Código antigo possuía o lapso geral de 20 anos, prazo em que a posse deve ter transcorrido sem contraste algum. Geralmente, os testemunhos dos vizinhos e pessoas do lugar, bem como definição clara de limites do imóvel, são importantes elementos de prova da continuidade pacífica da posse em qualquer situação.

5. Justo título e boa-fé na usucapião ordinária no Código de 1916

Justo título é requisito da usucapião ordinária no Código de 1916, porque o extraordinário o dispensa.

O vocábulo da lei não se refere evidentemente ao documento perfeito e hábil para a transcrição. Se houvesse, não haveria necessidade de usucapir. O *titulus* ou justa causa do Direito Romano deve ser entendido não como qualquer instrumento ou documento que denote propriedade, mas como "*a razão pela qual alguém recebeu a coisa do precedente possuidor*" (RIBEIRO, 1992, v. 2, p. 714). Trata-se do fato gerador da posse. Nesse fato gerador ou fato jurígeno, examinar-se-á a justa causa da posse do usucapiente. Esse título, por alguma razão, não logra a obtenção da propriedade. Não é necessário que seja documento. Melhor que a lei dissesse *título hábil*. Título é a causa ou fundamento do Direito. Melhor entendimento é dado pela casuística na compreensão do justo título. Escrituras não registráveis por óbices de fato, assim como formais de partilha, compromissos de compra e venda, cessão de direitos hereditários por instrumento particular, recibo de venda, procuração em causa própria, até simples autorização verbal para assumir a titularidade da coisa podem ser considerados justo título. *Podem*. Se o título apresentado é hábil para a usucapião, é questão a ser decidida no processo. Em regra, é justo título todo ato ou negócio jurídico que em tese possa transferir a propriedade. É levada em conta a possibilidade abstrata de transferir a propriedade. O título putativo em princípio não constitui justo título, porque ninguém pode transferir mais direitos do que tem. No entanto, como temos repetido, por vezes se protege a aparência, e a proteção ao estado de posse o é em prol da paz social. A aparência de propriedade na transmissão pode constituir justo título.

A noção de justo título está intimamente ligada à boa-fé. O justo título exterioriza-se e ganha solidez na boa-fé. Aquele que sabe possuir de forma violenta, clandestina ou precária não tem justo título. Documento que faz crer a todos transferir a propriedade é justo título. Cabe ao impugnante provar a existência de má-fé, porque a boa-fé se presume.

Sobre boa-fé discorremos ao tratar da posse. Lembre-se da dicção do art. 1.202 do Código Civil atual:

> "*A posse de boa-fé só perde este caráter no caso e desde o momento em que as circunstâncias façam presumir que o possuidor não ignora que possui indevidamente.*"

A boa-fé deve persistir durante todo o prazo aquisitivo. A superveniência de má-fé após consumado o lapso aquisitivo não obsta a aquisição do domínio (*RT* 501/114). A matéria é de prova. O parágrafo único do art. 1.201 dispõe que o possuidor com justo título tem presunção de boa-fé. Os dois requisitos da usucapião caminham lado a lado. Para a boa-fé, o usucapiente deve ter ciência da validade do estado de posse exercido.

Na ação em que se reivindica a coisa, o demandado pode alegar usucapião como *matéria de defesa*, devendo então no processo serem analisados os requisitos do instituto:

"*Basta a parte alegar na contestação a aquisição originária do domínio, com a demonstração do preenchimento dos requisitos do usucapião do imóvel reivindicado, para que o julgador aprecie o fato e examine as provas produzidas acerca daquela defesa indireta de mérito*" (*STJ*, RE nº 8.324/SP, Rel. Ministro Cláudio Santos).

No entanto, a usucapião, nesse caso, é bastante para paralisar a reivindicatória, mas não pode ser transcrito. Trata-se de exceção substancial, matéria de defesa que paralisa o exame do mérito. O prescribente deve recorrer à ação própria. Exceção a essa regra foi estabelecida inicialmente pela usucapião especial. O art. 7º da Lei nº 6.969/1981 estabeleceu expressamente:

"*A usucapião especial poderá ser invocada como matéria de defesa, valendo a sentença que a reconhecer como título para transcrição no Registro de Imóveis.*"

Trata-se de expressa exceção que visou facilitar o procedimento nessa modalidade de aquisição da propriedade destinada a premiar quem se utiliza validamente de único e pequeno imóvel urbano ou rural, como analisamos a seguir. A mesma regra consta do art. 13 do Estatuto da Cidade (Lei nº 10.257/2001):

"*A usucapião especial de imóvel urbano poderá ser invocada como matéria de defesa, valendo a sentença que a reconhecer como título para registro no cartório de registro de imóveis.*"

6. Usucapião no atual Código. Modalidades. Uma nova perspectiva

A usucapião deve ser vista doravante sob uma perspectiva mais dinâmica, que necessariamente fará acrescer alguns dos princípios básicos que tomamos como dogma no sistema de 1916. O atual Código assume uma nova perspectiva com relação à propriedade, ou seja, seu sentido social. Como a usucapião é o instrumento originário mais eficaz para atribuir moradia ou dinamizar a utilização da terra, há um novel enfoque no instituto. Alie-se a isso a orientação da Constituição de 1988, que realça o instituto e alberga modalidades mais singelas de usucapião. Desse modo, a ideia básica no mais recente diploma é no sentido de que as modalidades de usucapião situam-se no tempo ou prazo do período aquisitivo, mais ou menos longo. Sob esse novo pálio deve ser atentamente analisado o art. 1.238.

A usucapião extraordinária, de 15 anos, tal como está descrito no *caput*, independe de título e boa-fé. Com isso se identifica com a usucapião extraordinária do antigo Código. No entanto, há modalidade de usucapião para aquisição do imóvel em dez anos disciplinado no parágrafo do dispositivo e que também independe de título e boa-fé. Desse modo, temos no mais recente diploma duas modalidades de usucapião extraordinária, com dois prazos diversos. Tal como se apresenta na dicção legal, o prazo da usucapião, que independe de título e boa-fé, fica reduzido a dez anos, possibilitando a aquisição da propriedade quando o possuidor houver estabelecido no imóvel sua moradia habitual ou quando nele houver realizado obras ou serviços de caráter produtivo. Esta última hipótese, por sua natureza, dirige-se para o imóvel rural, mas não exclui a aplicação também para o imóvel urbano. Toda essa matéria, como é evidente, poderá ser controvertida no processo de usucapião, dependendo de prova. Caberá ao juiz definir pela aplicação do prazo de dez anos nessa hipótese.

Sob esse novo diapasão, nessas situações é desnecessária a investigação subjetiva da boa-fé do possuidor no caso concreto, em qualquer caso. Em ambas as situações, preponderará o aspecto objetivo do fato da posse, o *corpus*, ficando o aspecto subjetivo transladado da boa-fé para exclusivamente a análise da posse *ad usucapionem*. Portanto, *ex radice*, no exame de um lapso prescricional aquisitivo nos termos do descrito no parágrafo do artigo, o juiz deve examinar a utilização do imóvel e a intenção do usucapiente de lá se fazer presente para residir ou realizar obras de caráter produtivo. A modificação possui evidente caráter social ao ampliar a possibilidade de usucapião e dispensar o requisito da boa-fé. A perda da propriedade imóvel pelo antigo proprietário pela usucapião, se houver, reside então, como é evidente, na sua inércia em recuperar a coisa, nesse período de dez anos.

Enunciado nº 564, VI Jornada de Direito Civil – CJF/STJ: As normas relativas à usucapião extraordinária (art. 1.238, caput, CC) e à usucapião ordinária (art. 1.242, caput, CC), por estabelecerem redução de prazo em benefício do possuidor, têm aplicação imediata, não incidindo o disposto no art. 2.028 do Código Civil.

Apelação – Indenização – Desapropriação Indireta – Pretensão de afastar o reconhecimento da ocorrência de prescrição – Inadmissibilidade – Comprovada a ocorrência da prescrição de acordo com o prazo e entendimento firmado pelo C. Superior Tribunal de Justiça no Recurso Especial Representativo de Controvérsia (Tema nº 1.019/STJ, com a seguinte tese: "O prazo prescricional aplicável à desapropriação indireta, na hipótese em que o Poder Público tenha realizado obras no local ou atribuído natureza de utilidade pública ou de interesse social ao imóvel, é de 10 anos, conforme parágrafo único do art. 1.238 do CC") – Documentos juntados aos autos que demonstram que o desdobro do imóvel e as obras realizadas pelo Poder Público (construção de via pública e posterior pavimentação asfáltica) datam de 1998 até 2003 – Ação ajuizada somente em 05/02/2014 – Prescrição decenal configurada – Inteligência do art. 1.238, parágrafo único, do CC – Precedentes deste Egrégio Tribunal de Justiça – Sentença de improcedência mantida – Recurso improvido (*TJSP* – Ap. 1000423-27.2014.8.26.0462, 3-8-2020, Rel. Marcelo L. Theodósio).

⚖ Usucapião extraordinária. Autores pretendem usucapir imóvel cuja posse alegam exercer há mais de 15 anos. Sentença de procedência. Apelo dos réus. Prescrição aquisitiva. Modo originário de aquisição da propriedade. Requisitos legais. Coisa hábil (*res habilis*) ou suscetível de usucapião, posse (*possessio*) e decurso do tempo (*tempus*). Preenchimento dos requisitos do art. 1.238 do Código Civil. Posse ininterrupta, mansa e pacífica dos autores demonstrada a contento nos autos. Ação procedente. Sentença mantida. Recurso desprovido (*TJSP* – Ap. 1005977-14.2017.8.26.0566, 8-4-2021, Rel. (a): Mary Grün).

⚖ Usucapião extraordinário – Modo originário de aquisição da propriedade – Procedência – Comprovação da posse qualificada prevista no artigo 1.238, parágrafo único, do Código Civil – recurso do MP – Lote irregular – Irrelevância – Fato de o imóvel estar localizado em loteamento clandestino e irregular que, por si só, não impede o reconhecimento da usucapião, tampouco o registro do título perante o cartório competente – Precedentes – Inocorrência de degradação ao meio ambiente – Situação já consolidada há décadas – Municipalidade que não se opôs à procedência da demanda, assegurando, inclusive, que o imóvel em questão não se encontra em área de preservação permanente – Sentença mantida – Recurso improvido (*TJSP* – Ap. 1001078-68.2019.8.26.0447, 5-4-2021, Rel. Salles Rossi).

⚖ Agravo retido – Indeferimento da oitiva das testemunhas da apelante, ante o não comparecimento do respectivo patrono à audiência instrutória. Aplicação correta do art. 453 , § 2º do CPC/73. Ausência de motivo justo para o atraso do causídico. Participação em outra audiência cuja possibilidade de alongamento é previsível. Não observância da diligência esperada. Justificativa não acolhida. Agravo não provido – Apelação. **Ação de usucapião extraordinária** – Ausência de comprovação dos requisitos dos requisitos do art. 1.238, parágrafo único do Código Civil, aptos ao reconhecimento da prescrição aquisitiva. Inaplicabilidade do art. 1.240 do mesmo diploma, ante a ausência de alegação de moradia. Não comprovação do lapso temporal mínimo e do *animus domini*. Apelação não provida (*TJSP* – Ap. 0031445-95.2010.8.26.0451, 11-4-2017, Relª Rosangela Telles).

> **Art. 1.239.** Aquele que, não sendo proprietário de imóvel rural ou urbano, possua como sua, por cinco anos ininterruptos, sem oposição, área de terra em zona rural não superior a cinquenta hectares, tornando-a produtiva por seu trabalho ou de sua família, tendo nela sua moradia, adquirir-lhe-á a propriedade.

1. Usucapião especial. Constituição de 1988

A Constituição de 1934 criara nova modalidade de usucapião, baseada na ideia da função social da propriedade. Persistiu o instituto na Constituição de 1946, permitindo a usucapião de terra de até 25 hectares, fixando-se prazo de dez anos. O Estatuto da Terra (Lei nº 4.504/1964) também regulou a modalidade.

A Lei nº 6.969/1981 disciplinara usucapião especial, destinado a imóveis rurais, reduzindo seu prazo:

> "Art. 1º Todo aquele que, não sendo proprietário rural nem urbano, possuir como sua, por 5 (cinco) anos ininterruptos, sem oposição, área rural contínua, não excedente de 25 (vinte e cinco) hectares, e a houver tornado produtiva com seu trabalho e nela tiver sua morada, adquirir-lhe-á o domínio, independentemente de justo título e boa-fé, podendo requerer ao juiz que assim o declare por sentença, a qual servirá de título para transcrição no Registro de Imóveis.
>
> Parágrafo único. Prevalecerá a área do módulo rural aplicável à espécie, na forma da legislação específica, se aquele for superior a 25 (vinte e cinco) hectares."

A lei adotara o rito sumaríssimo, posteriormente sumário, para o processo (art. 5º) e expressamente se referia à possibilidade de ser invocado como matéria de defesa (art. 7º), conforme descrito. O novo CPC não prevê um procedimento especial para a ação de usucapião, inserindo-se esta dentre as ações de procedimento comum.

Essa usucapião levava em conta a produtividade e a moradia na terra, além da posse e do tempo. A sentença declaratória era também instrumento hábil para o registro imobiliário.

A Constituição atual disciplina a usucapião urbana e rural em duas disposições. O art. 183 refere-se expressamente a imóvel urbano na chamada usucapião especial *pro misero* e o art. 191 trata da modalidade rural, denominada usucapião *pro-labore*.

Essa aquisição de imóvel rural era permitida em terras particulares, bem como em terras devolutas (art. 2º), o que abria exceção ao princípio de imprescritibilidade de terras públicas.

Essa usucapião levava em conta a produtividade e a moradia na terra, além da posse e do tempo. A sentença declaratória era também instrumento hábil para o registro imobiliário.

O art. 191 da Constituição dispõe sobre *usucapião especial rural*, o denominada usucapião especial *pro labore*:

> "Aquele que, não sendo proprietário de imóvel rural ou urbano, possua como seu, por cinco anos ininterruptos, sem oposição, área de terra, em zona rural, não superior a cinquenta hectares, tornando-a produtiva por seu trabalho ou de sua família, tendo nela sua moradia, adquirir-lhe-á a propriedade."

Esse dispositivo constitucional foi recepcionado pelo art. 1.239. A atual Carta aumentou a extensão de terra usucapienda fixada na lei anterior, como se nota.

A contagem do tempo deve iniciar-se com a vigência da Constituição. Se fosse admitida a contagem anterior à nova Carta, estaria prejudicado o proprietário que não houvesse interrompido a prescrição sob as normas da usucapião até então vigentes (RIBEIRO, 1992, v. 2, p. 855). Esse argumento parece-nos definitivo. No entanto, a jurisprudência mostra-se vacilante. Há julgados entendendo a norma constitucional de aplicação imediata (*TJSP*, Ap. 165.010-1/4, 1ª Câm., Rel. Desembargador Gomes de Amorim, com voto vencido, *RT* 690/73). O imóvel urbano é definido pela lei municipal no caso concreto.

A lei refere-se à moradia no local. Essencial que exista, portanto, edificação no imóvel que sirva para moradia do usucapiente ou de sua família. Não existe exigência de justo título e boa-fé nessa modalidade, o que se aplica tanto à usucapião especial urbana, assim como à usucapião especial rural. O que leva alguém a apossar-se de imóvel para obter um teto é a ânsia da moradia, fenômeno social marcante nos centros urbanos. Por outro lado, há interesse do Estado de que terras produtivas permaneçam em mãos trabalhadoras e não com proprietário improdutivo. Há também o intuito de fixar a pessoa no campo. Daí a razão de denominar-se essa usucapião rural de *pro labore*.

Enunciado nº 594, VII Jornada de Direito Civil – CJF/STJ: é possível adquirir a propriedade de área menor do que o módulo rural estabelecido para a região, por meio da usucapião especial rural.

Enunciado nº 312, IV Jornada de Direito Civil – CJF/STJ: observado o teto constitucional, a fixação da área máxima para fins de usucapião especial rural levará em consideração o módulo rural e a atividade agrária regionalizada.

Enunciado nº 313, IV Jornada de Direito Civil – CJF/STJ: quando a posse ocorre sobre área superior aos limites legais, não é possível a aquisição pela via da usucapião especial, ainda que o pedido restrinja a dimensão do que se quer usucapir.

Apelações cíveis – Ações de usucapião – Área rural – Sentenças de improcedência. Apelação 01: Posse fática – Comprovação – Certidões imobiliárias negativas não apresentadas – Propriedade de imóvel urbano que impede a aquisição prescritiva – Manutenção na posse – Necessidade de conferir proteção legal correspondente àquela cujos pressupostos estejam provados – Exegese do art. 554 do CPC – Reforma, de ofício, para manter o primeiro apelante na posse do imóvel, pela inércia da proprietária em reaver o bem – Inversão da sucumbência – Recurso prejudicado. Apelação 02: Autorização, pela Copel, para ocupação em 06/10/1998 – Ausência de oposição por mais de 15 anos – Exercício possessório não comprovado pelo autor, que alega comodato, não demonstrado – Sentença mantida – Majoração dos honorários recursais. 1. A aquisição de imóvel rural ou urbano pela usucapião depende do preenchimento cumulativo dos requisitos legais. A propriedade de lote urbano de terras é óbice à obtenção da declaração da prescrição aquisitiva (art. 1.239 do CC). 2. O possuidor fático deve ser mantido na posse, diante da inércia/abandono da proprietária em reaver o bem cedido para ocupação. Necessidade de outorga da proteção legal correspondente aos pressupostos comprovados. Inteligência do artigo 554 do CPC. 3. A despeito de haver autorização a título precário e provisório pela proprietária, o autorizado não demonstrou exercer a posse sobre a área pretendida, tampouco, comprovou a relação de comodato com o outro pretendente. Recurso 1: prejudicado, reforma da sentença, de ofício. Recurso 2: não provido (*TJPR* – Ap. 0002605-77.2016.8.16.0149, 12-12-2019, Rel. Rosana Amara Girardi Fachin).

Recurso especial – Civil – Processual civil – **Usucapião Especial Rural** – Requisitos Configurados – Aquisição da propriedade da área usucapienda – Revaloração – Provas – Via Especial – Possibilidade – Negativa de prestação jurisdicional – Ausência de fundamentação – Súmula nº 284/STF – Dissídio jurisprudencial – Ausência de demonstração – 1- Os arts. 1.239 do CC/2002 e 191 da CF definem os requisitos legais da usucapião especial rural (ou Constitucional Rural ou Pro Labore), quais sejam: (i) posse com *animus domini* pelo prazo de 5 (cinco) anos, sem oposição, (ii) área de terra em zona rural não superior a 50 (cinquenta) hectares, (iii) utilização do imóvel como moradia, tornando-o produtivo pelo trabalho do possuidor ou de sua família, e (iv) não ser o possuidor proprietário de outro imóvel rural ou urbano. 2- Presentes os requisitos legais da usucapião especial rural, impõe-se a declaração da aquisição do domínio da área usucapienda objeto da controvérsia. 3- O Superior Tribunal de Justiça tem entendimento no sentido de que a revaloração das provas e dos fatos expressamente delineados pelas instâncias ordinárias não viola o disposto na Súmula nº 7 /STJ. 4- Não há falar em negativa de prestação jurisdicional quando o recurso especial deixa de especificar as supostas omissões ou teses que deveriam ter sido examinadas. Aplicação da Súmula nº 284 do Supremo Tribunal Federal. 5- A divergência jurisprudencial exige comprovação e demonstração, esta, em qualquer caso, com a transcrição dos julgados que configurem o dissídio, a evidenciar a similitude fática entre os casos apontados e a divergência de interpretações, o que não restou evidenciado na espécie. 6 – Recurso especial parcialmente conhecido e, nessa parte, provido (*STJ* – REsp 1.628.618 – (2016/0254927-7) – 3ª T. – Rel. Min. Ricardo Villas Bôas Cueva – *DJe* 04.04.2017 – p. 1516).

Art. 1.240. Aquele que possuir, como sua, área urbana de até duzentos e cinquenta metros quadrados, por cinco anos ininterruptamente e sem oposição, utilizando-a para sua moradia ou de sua família, adquirir-lhe-á o domínio, desde que não seja proprietário de outro imóvel urbano ou rural.
§ 1º O título de domínio e a concessão de uso serão conferidos ao homem ou à mulher, ou a ambos, independentemente do estado civil.
§ 2º O direito previsto no parágrafo antecedente não será reconhecido ao mesmo possuidor mais de uma vez.

O art. 183 da Constituição refere-se expressamente a imóvel urbano na chamada usucapião especial *pro misero*:

"Aquele que possuir como sua área urbana de até duzentos e cinquenta metros quadrados, por cinco anos, ininterruptamente e sem oposição, utilizando-a para sua moradia ou de sua família, adquirir-lhe-á o domínio, desde que não seja proprietário de outro imóvel urbano ou rural.
§ 1º O título de domínio e a concessão de uso serão conferidos ao homem ou à mulher, ou a ambos, independentemente do estado civil.
§ 2º Esse direito não será reconhecido ao mesmo possuidor mais de uma vez.
§ 3º Os imóveis públicos não serão adquiridos por usucapião."

O sentido social fica ressaltado no dispositivo, mantidos os princípios tradicionais do instituto, que também não se refere à boa-fé. Este Código Civil assume essa mesma redação no art. 1.240. A Lei nº 12.424/2011 introduz o art. 1.240-A mantendo a mesma noção de proteção social.

Interessante notar, também, que nessa malha desconexa de leis criadas pelo legislador tecnicamente despreparado, o autodenominado Estatuto da Cidade (Lei nº 10.257/2001) também repete, com pequeno acréscimo, a mesma disposição acerca da usucapião especial de imóvel urbano (art. 9º). Na redação constitucional, ainda, é feita ressalva expressa, proibindo a aquisição de bens públicos, situação inadmissível na zona urbana. Nessa hipótese, sustentava-se que não se permitia a acessão de posses. A posse deveria, dada sua natureza, ser pessoal, beneficiando somente *aquele* que possuísse a área. Como existe o intuito familiar na proteção, contudo, deveria ser admitida a sucessão *causa mortis* nessa aquisição. Essa posição cai por terra, todavia, perante os termos expressos do presente Código Civil:

"O possuidor pode, para o fim de contar o tempo exigido pelos artigos antecedentes, acrescentar à sua posse a dos seus antecessores (art. 1.207), contanto que todas sejam contínuas, pacíficas e, nos casos do art. 1.242, com justo título e de boa-fé" (art. 1.243).

Assim, todas as modalidades de usucapião presentes no Código admitem a acessão das posses, não havendo mais dúvidas a esse respeito. O Estatuto da Cidade apõe, porém, uma restrição que não existe expressamente na Constituição. Dispõe seu § 3º do art. 9º:

"para os efeitos deste artigo, o herdeiro legítimo continua, de pleno direito, a posse de seu antecessor, desde que já resida no imóvel por ocasião da abertura da sucessão".

A Constituição Federal não fez essa restrição, que conflita também com o princípio da *saisine*. Note-se, porém, que a dicção da Carta objetiva fornece moradia ao usucapiente e a sua família, havendo que se entender aqueles que residem no imóvel. Nesse sentido, a usucapião especial somente pode ser atribuída a quem tiver posse, não se aplicando por força do princípio da *saisine*, pois o simples título de herdeiro e a respectiva ficção possessória se mostrarão insuficientes para esse desiderato (FRANCISCO, 2001, p. 138).

O usucapiente não poderá ser proprietário de outro imóvel urbano ou rural, em qualquer local do território nacional. Essa prova negativa é de difícil realização na prática e dependerá da declaração dos interessados. Quem tiver interesse no processo deverá provar o contrário. A dicção é restritiva e não se aplica a outros direitos reais: nada impede que o usucapiente seja, por exemplo, usufrutuário de outro bem imóvel. Outro requisito legal também é que o interessado não tenha sido beneficiado por usucapião dessa natureza anteriormente.

O Estatuto da Cidade também inovou com acréscimo no dispositivo, pois se refere, no art. 9º, à área ou *"edificação urbana"* de até 250 m2. A disposição constitucional não fala em edificação. Obedecendo ao limite da Constituição, a área do imóvel usucapiendo terá sempre como limite máximo os 250 m2, ainda que a edificação seja menor. A Carta Federal refere-se à terra nua, sem edificação.

Trata-se, como se vê, de imóvel urbano, não tendo nem mesmo o Estatuto da Cidade definido o que se entende como urbano. Há que se levar em conta o critério da localização, segundo a respectiva lei municipal:

"Para que seja possível a usucapião especial, portanto, mister se faz que o imóvel se encontre no perímetro urbano, ou, então, em área de expansão urbana ou de urbanização específica" (FRANCISCO, 2001, p. 132).

Como o Estatuto da Cidade define e busca o desenvolvimento sustentável, pergunta-se se a usucapião especial urbano pode ter como objeto imóvel que não atenda às legislações urbanísticas, sendo, por exemplo, de área inferior ao permitido pela legislação local. Se deferida a propriedade nessa premissa, o usucapiente estará sujeito às reprimendas da legislação e do próprio Estatuto da Cidade, podendo até mesmo sofrer desapropriação. Concluímos, portanto, com Caramuru Afonso Francisco (2001, p. 141):

> "Por estes motivos, pois, entendemos que não haja possibilidade de declaração da usucapião quando o imóvel usucapiendo não preencha os requisitos urbanísticos, sendo dever tanto do juiz, quanto do Ministério Público como do Município (ou Distrito Federal), que integrará necessariamente a lide no polo passivo da demanda, analisar a presença deste requisito urbanístico, ainda que não esteja ele explicitado na legislação, pois sua exigência decorre da própria interpretação lógico-sistemática e teleológica do instituto."

A lei, declinando sua finalidade social, enfatiza, também, que essa usucapião é concedida em benefício da família, ao homem ou à mulher ou a ambos, independentemente do estado civil.

Enunciado nº 85, I Jornada de Direito Civil – CJF/STJ: para efeitos do art. 1.240, caput, do novo Código Civil, entende-se por "área urbana" o imóvel edificado ou não, inclusive unidades autônomas vinculadas a condomínios edilícios.

Enunciado nº 313, IV Jornada de Direito Civil – CJF/STJ: quando a posse ocorre sobre área superior aos limites legais, não é possível a aquisição pela via da usucapião especial, ainda que o pedido restrinja a dimensão do que se quer usucapir.

Enunciado nº 314, IV Jornada de Direito Civil – CJF/STJ: para os efeitos do art. 1.240, não se deve computar, para fins de limite de metragem máxima, a extensão compreendida pela fração ideal correspondente à área comum.

Apelação cível. Direito civil e processual civil. Usucapião. Programa habitacional do Distrito Federal. Imóvel pertencente à antiga SHIS. Extinção do processo por falta de interesse. Imóvel quitado. Cessão de direitos. Legislação de regência. Ausência de vedação. Possibilidade de aquisição do imóvel por meio de usucapião. Sentença cassada. Teoria da causa madura. Preliminares. Valor da causa. Ilegitimidade passiva. Usucapião. Imóvel urbano. Art. 1.240, do CC. Requisitos preenchidos. 1. O imóvel adquirido da antiga SHIS e integralmente quitado deixa de pertencer ao patrimônio público. 2. A impossibilidade de cessão de direitos sobre imóvel objeto de programa habitacional não alcança as antigas situações que tinham outra regência legal, o Decreto Distrital nº 3.594/1977 e a Resolução nº 569/1979, do Conselho de Administração da Sociedade de Habitações de Interesse Social Ltda. – SHIS, os quais não impediam a cessão dos referidos imóveis. 3. Tendo em vista que não havia vedação à cessão de direitos e de que o imóvel usucapiendo não se trata de imóvel público, mostra-se possível a aquisição da propriedade por meio da usucapião, não havendo que se falar em extinção do processo por ausência de interesse processual. 4. Cassada a sentença e sendo desnecessária a produção de qualquer outra prova, já que constam nos autos elementos suficientes ao deslinde da controvérsia, já submetidos ao contraditório, deve-se aplicar a teoria da causa madura e proceder à análise do pedido principal, nos termos do art. 1.013, § 3º, do CPC. 5. Verificado que o valor da causa indicado corresponde ao proveito patrimonial pretendido, não se faz necessária a sua correção. Preliminar rejeitada. 6. Conforme a teoria da asserção, a legitimidade ad causam, enquanto condição da ação, deve ser aferida à luz dos fatos alegados na petição inicial, sob pena de ofensa à concepção abstrata do direito de ação. Preliminar de ilegitimidade passiva rejeitada. 7. Nos termos do art. 1.240, do CC, a usucapião especial urbana, forma de aquisição originária da propriedade, exige a posse ininterrupta direta e exclusiva por cinco anos; imóvel urbano de até 250m²; destinação/utilização para moradia própria ou familiar e não ser proprietário de outro imóvel urbano ou rural. 8. Verificado o preenchimento dos requisitos para a aquisição da propriedade do bem por usucapião especial urbana, o provimento do apelo é medida que se impõe. 9. Apelo provido (*TJDFT* – Ap. 07072567920178070003, 18-12-2019, Rel. Arnoldo Camanho).

Apelação Cível. Direito processual. **Ação de Usucapião**. Sentença indeferindo a exordial tendo em vista o imóvel usucapiendo possuir área de 360 metros quadrados, cujo prazo prescricional é de 15 anos. Impossível a aquisição da propriedade do imóvel em questão com fulcro no art. 1.240 do Código Civil, e também no artigo 183 da CRFB/88 e artigo 9º da Lei 10.257/2011, uma vez que as dimensões do imóvel pretendido ultrapassam o limite máximo de 250 (duzentos e cinquenta) metros quadrados estabelecido pelos supracitados artigos. Não há que se falar em aquisição da propriedade do imóvel em questão pelas modalidades de usucapião extraordinária ou ordinária previstas nos artigos 1.238 e 1.242 do Código Civil, respectivamente, uma vez que consta nos autos que a Apelante está na posse do imóvel somente desde o ano de 2004, não estando satisfeitos os prazos de 15 (quinze) ou 10 (dez) anos de posse exigidos por tais dispositivos legais. Nego seguimento ao Recurso (*TJMG* – Apelação Cível nº 0032015-38.2010.8.19.0205, 7-11-2011, Rel. Des. Carlos Eduardo Moreira da Silva).

Art. 1.240-A. Aquele que exercer, por 2 (dois) anos ininterruptamente e sem oposição, posse direta, com exclusividade, sobre imóvel urbano de até 250 m2 (duzentos e cinquenta metros quadrados) cuja propriedade divida com ex-cônjuge ou ex-compa-

nheiro que abandonou o lar, utilizando-o para sua moradia ou de sua família, adquirir-lhe-á o domínio integral, desde que não seja proprietário de outro imóvel urbano ou rural. (Incluído pela Lei nº 12.424, de 2011)
§ 1º O direito previsto no caput não será reconhecido ao mesmo possuidor mais de uma vez.
§ 2º (VETADO).

O intento deste artigo introduzido aqui é preservar e proteger um teto de moradia para o cônjuge ou convivente que se separa e permanece no imóvel. O texto não apresenta a melhor redação. O prazo é exíguo o que exigirá atenção maior dos magistrados para evitar fraudes. Nunca se esqueça que o instituto, apesar do curto prazo, é usucapião e que, portanto, todos os princípios que o regem devem ser aplicados. Assim, não pode se converter em posse "*animus domini*" a posse decorrente de um negócio jurídico, como locação ou comodato, por exemplo. A dicção fala em "propriedade", que não verdade ainda não existe enquanto não declarada por sentença. No mais, aplica-se o que foi dito nos comentários ao art. 1.240. A questão do abandono do lar pelo cônjuge ou companheiro é matéria de fato a ser estudada no caso concreto, bem como o fato de o interessado não ser proprietário de outro imóvel.

1. Usucapião coletivo instituído pelo Estatuto da Cidade, com redação dada pela Lei 13.465/2017. Aquisição de propriedade de imóvel reivindicando (art. 1.228, § 4º)

O citado Estatuto da Cidade introduz na legislação mais uma modalidade de usucapião, no art. 10:

> "*Os núcleos urbanos informais existentes sem oposição há mais de cinco anos e cuja área total dividida pelo número de possuidores seja inferior a duzentos e cinquenta metros quadrados por possuidor são suscetíveis de serem usucapidos coletivamente, desde que os possuidores não sejam proprietários de outro imóvel urbano ou rural.*"

A lei criou, portanto, modalidade de usucapião coletivo, atendendo à pressão social das ocupações urbanas. Possibilita que a coletividade regularize a ocupação, sem os entraves e o preço de uma ação individual de usucapião. Como já apontamos, a ocupação de terrenos sempre foi a modalidade mais utilizada pela população urbana. A lei exige que a área tenha mais de 250 m2, com ocupação coletiva, sem identificação dos terrenos ocupados. Na prática, até que os terrenos podem ser identificados; ocorre que essa identificação mostra-se geralmente confusa ou inconveniente nesse emaranhado habitacional. Note também que a área deve ser particular, pois a Constituição da República é expressa em proibir a usucapião de terras públicas.

Cumpre notar que esse dispositivo apresenta-se sob a mesma filosofia e em paralelo ao art. 1.228, § 4º, que admite que o proprietário pode ser privado do imóvel que reivindica, quando este consistir em extensa área, na posse ininterrupta e de boa-fé, por mais de cinco anos, de considerável número de pessoas, e estas nela houverem realizado, em conjunto ou separadamente, obras e serviços considerados pelo juiz de interesse social e econômico. Aqui não se menciona que o dispositivo dirige-se a pessoas de baixa renda.

Em ambas as situações encontramos a busca pelo sentido social da propriedade, sua utilização coletiva. Em ambas, há necessidade de posse ininterrupta por cinco anos. No primeiro caso de usucapião coletivo, os habitantes da área adiantam-se e pedem a declaração de propriedade. No segundo caso, eles são demandados em ação reivindicatória pelo proprietário e apresentam a posse e demais requisitos como matéria de defesa ou em reconvenção, nesta pedindo o domínio da área. Na situação enfocada, porém, a aquisição aproxima-se da desapropriação, pois, de acordo com o art. 1.228, § 5º, o juiz fixará a justa indenização devida ao proprietário; pago o preço, a sentença valerá como título para o registro do imóvel em nome dos possuidores. Nessa hipótese, o Código menciona que a ocupação deve ser de boa-fé, por mais de cinco anos. Haverá, sem dúvida, um procedimento custoso na execução, pois cada possuidor deverá pagar o preço referente a sua fração ideal do terreno, ou outro critério de divisão que se estabelecer na sentença. Destarte, se o proprietário não desejar ter contra si uma ação de usucapião, deverá reivindicar área para lograr obter indenização. Observe que enquanto a disposição analisada aplica-se tanto a áreas rurais quanto urbanas, a usucapião coletiva da Lei nº 10.257/2001 aplica-se somente aos imóveis urbanos. No tocante ao direito intertemporal, quando, na hipótese do art. 1.228, § 4º, a posse teve início antes da vigência deste Código Civil, até dois anos após sua entrada em vigor, o prazo de cinco anos será acrescido de dois anos (art. 2.030).

Não resta dúvida que, em que pese à boa intenção do legislador, teremos que lidar com fraudes a esses dispositivos e com os costumeiros atravessadores que se valem da massa coletiva para obter vantagens econômicas, além de dividendos políticos. A luta pela terra sempre foi um problema social antes de ser uma questão exclusivamente jurídica. Caberá ao juiz decidir, no caso concreto, sobre a legitimidade das partes, e principalmente, pelas obras e serviços que devem ser considerados relevantes sob o ponto de vista social e econômico. É claro que situações bem definidas não apresentam dificuldades, como nas áreas que se apresentam com vias e melhoramentos públicos, beneficiando uma coletividade.

Na usucapião coletiva instituída pelo Estatuto da Cidade, a lei determina que o juiz atribuirá igual fração ideal do terreno a cada possuidor, independentemente da dimensão do terreno que cada um ocupe, salvo hipótese de acordo escrito entre os condôminos, estabelecendo frações ideais diferenciadas (art. 10, § 3º). Essa modalidade de aquisição da propriedade é dirigida à população de baixa renda, como menciona a lei, embora esta não defina o que se entende por baixa renda. A definição ficará por conta do juiz, no caso concreto. O Estatuto menciona também que pode haver soma de posses, para o prazo ser atingido, desde que ambas as posses sejam contínuas (art. 10, § 1º).

Mesmo que a ação de usucapião coletiva tenha sido proposta por uma associação de moradores, como menciona a lei, há necessidade de identificá-los, pois de outro modo não há como se constituir o condomínio. Interessante apontar, como anotado, que a sentença que declarar a usucapião coletiva não identificará a área de cada possuidor, porque institui um condomínio indivisível. Quando se tratar de região urbanizada, porém, é conveniente que sejam descritas as vias públicas e logradouros.

Se o condomínio representa por si só uma causa permanente de desentendimentos, podem-se prever maiores problemas em um condomínio que se origina dessa forma. A lei ainda acrescenta que se trata de condomínio especial, sendo indivisível e não sendo passível de extinção, salvo deliberação tomada por dois terços dos condôminos, no caso de urbanização posterior à constituição do condomínio (art. 10, § 4º). Quando a urbanização precede à constituição do condomínio, portanto, ele não poderá ser extinto. Essa afirmação deve ser recebida com reserva, pois o caso concreto poderá demonstrar o contrário. Esse condomínio, é evidente, exigirá a eleição de um síndico, convocação de assembleias, elaboração de regulamentos, tal qual os condomínios de apartamentos ou assemelhados, cujas disposições deverão ser aplicadas no que couber.

Segundo o art. 11 do Estatuto, tanto para a usucapião individual, como para a coletiva, ficarão sobrestadas quaisquer outras ações petitórias ou possessórias, que venham a ser propostas relativamente ao imóvel usucapiendo. A lei reporta-se a ações futuras ("que venham a ser propostas"); estas ficarão sobrestadas. Não se sobrestarão, portanto, as ações já propostas, as quais podem ou devem, é evidente, receber julgamento conjunto. Assim, se já proposta reivindicatória sobre a área, tratando-se de ocupação coletiva, pode ser conferida a solução do art. 1.228, § 4º.

O art. 12 do Estatuto da Cidade dispõe sobre a legitimidade para a propositura da ação de usucapião especial urbana, referindo-se tanto à usucapião individual (art. 9º) como à usucapião coletiva (art. 10). Nessas premissas, atribui-se legitimidade:

I - *o possuidor, isoladamente ou em litisconsórcio originário ou superveniente;*

II - *os possuidores, em estado de composse;*

II - *como substituto processual, a associação de moradores da comunidade, regularmente constituída, com personalidade jurídica, desde que explicitamente autorizada pelos representantes.*

O mesmo artigo dispõe sobre a participação obrigatória do Ministério Público nesses processos e concede assistência judiciária gratuita, inclusive perante o cartório de registro de imóveis.

O dispositivo do art. 13 desse Estatuto é de grande importância: menciona que a usucapião especial de imóvel urbano pode ser alegada como matéria de defesa. Quanto a isso não há novidade, pois qualquer modalidade de prescrição aquisitiva pode ser invocada como matéria de defesa, como exceção substancial, a fim de paralisar ação reivindicatória. O art. 13 acrescenta, porém, que a sentença que reconhecer essa aquisição por usucapião valerá como título para Registro no cartório imobiliário. Desse modo, sob tal premissa, não haverá necessidade de ação própria. Essa solução poderia ser estendida a todas as formas de usucapião, com pequenas alterações em seu procedimento.

▤ Enunciado nº 595, VII Jornada de Direito Civil – CJF/STJ: o requisito "abandono do lar" deve ser interpretado na ótica do instituto da usucapião familiar como abandono voluntário da posse do imóvel somado à ausência da tutela da família, não importando em averiguação da culpa pelo fim do casamento ou união estável. Revogado o Enunciado 499.

▤ Enunciado nº 497, V Jornada de Direito Civil – CJF/STJ: o prazo, na ação de usucapião, pode ser completado no curso do processo, ressalvadas as hipóteses de má-fé processual do autor.

▤ Enunciado nº 498, V Jornada de Direito Civil – CJF/STJ: a fluência do prazo de 2 (dois) anos previsto pelo art. 1.240-A para a nova modalidade de usucapião nele contemplada tem início com a entrada em vigor da Lei n. 12.424/2011.

▤ Enunciado nº 499, V Jornada de Direito Civil – CJF/STJ: a aquisição da propriedade na modalidade de usucapião prevista no art. 1.240-A do Código Civil só pode ocorrer em virtude de implemento de seus pressupostos anteriormente ao divórcio. O requisito "abandono do lar" deve ser interpretado de maneira cautelosa, mediante a verificação de que o afastamento do lar conjugal representa descumprimento simultâneo de outros deveres conjugais, tais como assistência material e sustento do lar, onerando desigualmente aquele que se manteve na residência familiar e que se responsabiliza unilateralmente pelas despesas oriundas da manutenção da família e do próprio imóvel, o que justifica a perda da propriedade e a alteração do regime de bens quanto ao imóvel objeto de usucapião.

▤ Enunciado nº 500, V Jornada de Direito Civil – CJF/STJ: A modalidade de usucapião prevista no art. 1.240-A do Código Civil pressupõe a propriedade comum do casal e compreende todas as formas de família ou entidades familiares, inclusive homoafetivas.

▤ Enunciado nº 501, V Jornada de Direito Civil – CJF/STJ: As expressões "ex-cônjuge" e "ex-companheiro", contidas no art. 1.240-A do Código Civil, correspondem à situação fática da separação, independentemente de divórcio.

▤ Enunciado nº 502, V Jornada de Direito Civil – CJF/STJ: O conceito de posse direta referido no art. 1.240-A do

Código Civil não coincide com a acepção empregada no art. 1.197 do mesmo Código.

⚖ Apelação. Divórcio. Usucapião familiar (art. 1.240-A do Código Civil) arguida em sede de reconvenção, contrapondo-se a requerida ao pedido de partilha do imóvel. Admissibilidade. Processamento ao menos como exceção de usucapião para fins de aferição da partilha. Precedentes deste Tribunal admitindo discussão do tema em reconvenção. Sentença anulada na parte relativa à partilha para processamento da reconvenção. Recurso provido (*TJSP* – Ap. 1048350-35.2019.8.26.0002, 6-5-2021, Rel. Enéas Costa Garcia).

⚖ Dissolução de união estável. Partilha de bem imóvel. Usucapião familiar em defesa. Não caracterização. Sentença de parcial procedência, com reconhecimento da união estável, partilha de bens e dívidas do imóvel, bem como aluguel por uso exclusivo. Irresignação da ré. Não acolhimento. Usucapião familiar. Artigo 1.240-A do Código Civil. Posse precária das partes, por pendência de quitação de contrato de compra e venda do imóvel. Quitação ocorrida em setembro/2017. Prazo para a usucapião de dois anos, em setembro/2019. Não consumação do prazo, em razão da distribuição da ação antes de setembro/2019. Sentença mantida. Recurso desprovido (*TJSP* – Ap. 1004256-18.2019.8.26.0320, 13-4-2021, Rel. Carlos Alberto de Salles).

Art. 1.241. Poderá o possuidor requerer ao juiz seja declarada adquirida, mediante usucapião, a propriedade imóvel.
Parágrafo único. A declaração obtida na forma deste artigo constituirá título hábil para o registro no Cartório de Registro de Imóveis.

Esse dispositivo é inútil e decorre dos princípios gerais já expressos. Qualquer modalidade de usucapião descrita na lei permite a declaração judicial. Como vimos, a propriedade, gerada pela usucapião, preexiste à sentença, que somente a declara. Da mesma forma, obtida a declaração na sentença, haverá título hábil para o registro da propriedade. Assim se fará com a usucapião seja ordinária ou extraordinária, seja *pro misero* ou *pro labore*.

📚 Enunciado nº 315, IV Jornada de Direito Civil – CJF/STJ: O art. 1.241 do Código Civil permite ao possuidor que figurar como réu em ação reivindicatória ou possessória formular pedido contraposto e postular ao juiz seja declarada adquirida, mediante usucapião, a propriedade imóvel, valendo a sentença como instrumento para registro imobiliário, ressalvados eventuais interesses de confinantes e terceiros.

Art. 1.242. Adquire também a propriedade do imóvel aquele que, contínua e incontestadamente, com justo título e boa-fé, o possuir por dez anos.
Parágrafo único. Será de cinco anos o prazo previsto neste artigo se o imóvel houver sido adquirido, onerosamente, com base no registro constante do respectivo cartório, cancelada posteriormente, desde que os possuidores nele tiverem estabelecido a sua moradia, ou realizado investimentos de interesse social e econômico.

Trata-se da usucapião ordinária. Como se nota, encontra-se aqui o mesmo prazo de dez anos da usucapião extraordinária do parágrafo único do art. 1.238. No entanto, como apontamos liminarmente, lá se cuida de usucapião extraordinária que dispensa o justo título e a boa-fé, mas que exige o requisito da moradia ou realização de serviços de caráter produtivo no local. No caso concreto, pode ocorrer que o usucapiente, ao requerer a aquisição da propriedade, o faça com fundamento no art. 1.242, mas, subsidiariamente, por preencher os requisitos do art. 1.238, peça que o juiz reconheça a usucapião extraordinária, se forem duvidosos ou discutíveis sua boa-fé ou seu justo título.

Ainda, contudo, há mais uma possibilidade de usucapião versada no parágrafo único do art. 1.242:

"Será de cinco anos o prazo previsto neste artigo se o imóvel houver sido adquirido, onerosamente, com base no registro constante do respectivo cartório, cancelada posteriormente, desde que os possuidores nele tiverem estabelecido a sua moradia, ou realizado investimentos de interesse social e econômico."

A hipótese contempla mais uma facilidade em prol da aquisição da propriedade que pode ser denominada usucapião documental. Nessa situação, pode ocorrer que o interessado tivesse título anteriormente, o qual, por qualquer razão, fora cancelado: por irregularidade formal, por vício de vontade etc. A presente lei protege quem, nessa situação, mantém no imóvel a moradia ou realizou ali investimentos de interesse social e econômico. Protege-se o possuidor que atribui utilidade para coisa, o que é uma posição filosófica do Código, em detrimento de terceiros. De qualquer forma, porém, a hipótese é de usucapião ordinária e mesmo sob as condições expostas não se dispensará o justo título e a boa-fé. Destarte, essa usucapião não pode beneficiar aquele que obteve o título com vício e o registrou, para poder ocupar o imóvel. Nessa premissa, ao ocupante restará aguardar o prazo da usucapião extraordinária.

Se este Código ousou nesse dispositivo, cujo âmbito de alcance aliás é bem restrito, poderia tê-lo feito ainda mais permitindo, por exemplo, que quem tivesse compromisso de compra e venda, registrado ou não, e comprovando o pagamento integral pudesse obter também a declaração de usucapião, sem necessidade de buscar a chamada "escritura definitiva", a qual, mormente nos compromissos registrados, se mostra uma superfetação inútil. Nessa circunstância, porém, nada impede que se recorra ao prazo de dez anos da usucapião ordinária.

Este Código suprime a distinção hoje inútil do art. 551 do velho Código, quanto à usucapião ordinária, a referência entre presentes e ausentes. Também teremos questões envolvendo direito intertemporal, posse aquisitiva que tenha se iniciado sob a égide do Código anterior e se consumará na vigência deste Código. Nas disposições transitórias deste Código, foi inserida a seguinte disposição:

> "Art. 2.029. Até dois anos após a entrada em vigor deste Código, os prazos estabelecidos no parágrafo único do art. 1.238 e no parágrafo único do art. 1.242 serão acrescidos de dois anos, qualquer que seja o tempo transcorrido na vigência do anterior, Lei nº 3.071, de 1º de janeiro de 1916."

Com esse critério objetivo instituído pelo legislador, evita-se a problemática da contagem proporcional dos respectivos tempos de posse nessas novas hipóteses de usucapião, mantidos na íntegra, em princípio, os demais períodos estabelecidos nos *caputs* dos citados artigos. Diga-se, no entanto, que nesses casos, análogos ao do Código anterior, é perfeitamente possível, na falta de menção expressa do legislador, a contagem proporcional das posses, iniciadas sob uma e finalizada em outra.

📖 Enunciado nº 86, I Jornada de Direito Civil – CJF/STJ: A expressão "justo título" contida nos arts. 1.242 e 1.260 do Código Civil abrange todo e qualquer ato jurídico hábil, em tese, a transferir a propriedade, independentemente de registro.

📖 Enunciado nº 569, VI Jornada de Direito Civil – CJF/STJ: No caso do art. 1.242, parágrafo único, a usucapião, como matéria de defesa, prescinde do ajuizamento da ação de usucapião, visto que, nessa hipótese, o usucapiente já é o titular do imóvel no registro.

⚖ Embargos de declaração. Artigo 1.022 do CPC. Cabimento contra decisão judicial para esclarecer obscuridade, eliminar contradição, suprir omissão ou correção de erro material. Alegado cerceamento de defesa. Inocorrência. Dilação probatória para comprovar os requisitos da usucapião que se mostrou despicienda. Possibilidade de indeferimento de provas quando presente condição suficiente a embasar o deslinde da causa. Prazo quinquenal de prescrição aquisitiva que demanda uso do imóvel para uso próprio ou de sua família. Exegese do art. 1.240, do CC. Aplicação escorreita do prazo decenal previsto no Art. 1.242, do CC. Alegada omissão e contradição quanto à ilicitude do título do autor e ao fato de ambos serem compromissários compradores do mesmo imóvel. Não configuração. Análise da licitude de escritura pública de promessa de venda e compra que não é objeto da lide e demanda ação anulatória própria. Aresto que bem consignou possuir a ré mero direito obrigacional, enquanto o autor, após o registro do instrumento, possuir direito real de aquisição, o qual se sobrepõe àquele. Mero inconformismo. Propósito infringente, com pretensão à modificação do pronunciamento judicial. Multa cabível, nos termos do § 2º, do art. 1.026 do CPC. Embargos de declaração rejeitados, com aplicação de multa (*TJSP* – EDcl 1009310-48.2015.8.26.0564, 7-2-2020, Rel. Rodolfo Pellizari).

⚖ Apelação – Ação de usucapião – Preenchimento dos requisitos necessários tanto para a usucapião ordinária, como para a usucapião especial urbana. Para a caracterização da usucapião ordinária exige-se a posse mansa, pacífica, contínua, incontestada, com **justo título e boa-fé**. Inteligência do artigo 1242 do Código Civil. Já para a caracterização da usucapião especial urbana, exige-se posse mansa e pacífica ad usucapionem sobre o bem imobiliário de até 250 m², por prazo quinquenal. Inteligência do art. 1.240 do Código Civil. Sentença mantida. Recurso não provido (*TJSP* – Ap. 0011923-11.2012.8.26.0161, 24-1-2017, Relª Rosangela Telles).

⚖ Apelação. Ação de reintegração de posse com pedido de liminar. Esbulho configurado. **Aquisição da posse originária**. Inexistência de demonstração. Adquire-se a posse desde o momento em que se torna possível o exercício, em nome próprio, de qualquer dos poderes inerentes à propriedade Réus que não se desincumbiram do ônus de demonstrar fato impeditivo ao direito da autora – Dever de restituição do imóvel ao possuidor e proprietário constante no registro imobiliário – Inteligência do artigo 1.204 c.c o artigo 1.210, caput, ambos do Código Civil Sentença mantida Recurso improvido (*TJSP* – Acórdão Apelação Cível 0011030-75.2007.8.26.0361, 3-2-2011, Rel. Des. Luis Fernando Nishi).

Art. 1.243. O possuidor pode, para o fim de contar o tempo exigido pelos artigos antecedentes, acrescentar à sua posse a dos seus antecessores (art. 1.207), contanto que todas sejam contínuas, pacíficas e, nos casos do art. 1.242, com justo título e de boa-fé.

Fizemos referência a esse dispositivo em várias oportunidades aqui nos comentários referentes à usucapião, bem como nos comentários ao art. 1.207. As posses em princípio somam-se. Caberá ao interessado avaliar se essa soma é oportuna e conveniente. Se o seu antecessor obtivera a posse com violência, melhor será para o possuidor atual que inicie seu próprio período possessório. Este Código teve o cuidado de especificar a diferença nesse acréscimo de posses no tocante ao justo título e boa-fé na usucapião ordinária. Para a usucapião extraordinária basta que as posses sejam contínuas e inconcussas, isto é, pacíficas, sem moléstia de terceiros nos respectivos períodos.

📖 Enunciado nº 317, IV Jornada de Direito Civil – CJF/STJ: a *accessio possessionis* de que trata o art. 1.243, primeira parte, do Código Civil não encontra aplicabilidade relativamente aos arts. 1.239 e 1.240 do mesmo diploma legal, em face da normatividade do usucapião constitucional urbano e rural, arts. 183 e 191, respectivamente.

Enunciado nº 494, V Jornada de Direito Civil – CJF/STJ: a faculdade conferida ao sucessor singular de somar ou não o tempo da posse de seu antecessor não significa que, ao optar por nova contagem, estará livre do vício objetivo que maculava a posse anterior.

Enunciado nº 596, VII Jornada de Direito Civil – CJF/STJ: o condomínio edilício pode adquirir imóvel por usucapião.

Apelação cível. Ação de usucapião extraordinário. Bens imóveis. Requisitos dos arts. 1.238 e 1.243 do CC/2002 preenchidos. Prazo prescricional implementado. *Acessio possessionis*. Comprovada. Sentença modificada. Para que seja reconhecida a usucapião, é necessária a existência da posse, que perdure, ininterruptamente, por determinado período de tempo, de forma mansa e pacífica, com a intenção do possuidor de tê-la como sua, consoante se extrai do art. 1.238 do CCB. Cabe a parte autora, portanto, produzir a prova de sua posse prolongada, ininterrupta, mansa e pacífica, como também do *animus domini*, nos termos do art. 373, I, do NCPC, sob pena de não se lhe declarar o domínio do imóvel o que pretende. Caso. Está comprovado que no decorrer dos anos a posse transcorreu de forma mansa, pacífica e sem nenhuma oposição por quem quer que seja não havendo, desta forma, interrupção de sua continuidade. A transmissão da posse, permissiva da *acessio possessionis*, pode ser demonstrada por qualquer meio de prova, o que restou evidenciado nos autos. Preenchidos os requisitos do artigo 1.243 do CC, cabe o deferimento da prescrição aquisitiva pretendido pelo autor. Deram provimento ao apelo. Unânime (*TJRS* – Ap. 70083292474, 20-2-2020, Rel. Giovanni Conti).

Agravo inominado na apelação cível. Reintegração de posse. Esbulho. 1. Com a abertura da sucessão nos termos do artigo 1.572 do antigo Código Civil, atual 1.206, o recorrido e seus herdeiros sempre foram possuidores do imóvel em litígio, cuja propriedade em nome da finada está devidamente comprovada nos autos. 2. Esbulho configurado. 3. Segundo o artigo 492 do Código Civil/1916, atual 1.203, ainda que houvesse justo título do recorrente, o que não há, diante da declaração de falsidade do instrumento particular de compra e venda, a posse adquirida pelo réu permanece precária, uma vez que a posse anterior do alienante foi obtida por má-fé. 4. Dispõe o artigo 552 do Código Civil vigente à época, atual 1.243, que o possuidor pode, para o fim de contagem da prescrição aquisitiva, **acrescentar à sua posse a dos seus antecessores**, contanto que todas sejam contínuas e pacíficas. 5. A posse do Sr. Marco Aurélio, por não ser pacífica, não pode ser considerada hábil para atingir a usucapião do imóvel. Além disso, entre a posse do demandado (1982) e a propositura da ação (1999) não transcorreu o prazo de 20 (vinte) anos. 6. Presentes os requisitos do artigo 927 do Código de Processo Civil. Precedentes. 7. Não provimento ao recurso (*TJRJ* – Acórdão Agravo Inominado na Apelação Cível nº 0151573-20.1999.8.19.0001, 2-2-2011, Rel. Des. José Carlos Paes).

Art. 1.244. Estende-se ao possuidor o disposto quanto ao devedor acerca das causas que obstam, suspendem ou interrompem a prescrição, as quais também se aplicam à usucapião.

É importante que se examine, nestes comentários, o que foi dito acerca da prescrição (art. 189 ss).

Obsta o curso do prazo prescricional todo obstáculo que impede o seu início. Assim, enquanto o proprietário mantiver a posse da coisa, por ela zelando e residindo ou utilizando o local, não há que se falar de prescrição aquisitiva por outrem. A suspensão e a interrupção do prazo pressupõem que esse lapso já tenha se iniciado. Na interrupção, novo prazo deve ser iniciado. Na suspensão, computa-se o prazo já decorrido. O Código Civil de 2002 elenca as causas que impedem ou suspendem a prescrição nos arts. 197 a 201, cuidando as causas que a interrompem nos arts. 202 a 204.

As hipóteses devem ser adaptadas à prescrição aquisitiva. Assim, entre cônjuges, na constância do casamento e entre os ascendentes e descendentes, durante o poder familiar, bem como entre tutelados e curatelados e seus respectivos tutores durante a tutela ou curatela, não corre prescrição (art. 197). Essas situações objetivas traduzem causas impeditivas do curso da prescrição. Isso quer dizer que, por força de forte princípio moral, o marido não pode usucapir imóvel abandonado pela esposa enquanto persistir o matrimônio. Isso é verdadeiro tanto para o próprio marido como para interposta pessoa que possua em nome dele. A mera separação de fato é irrelevante para esse dispositivo legal, é como se não existisse. A lei preferiu nada mencionar quanto à união estável. Poderia tê-lo feito, dentro da nova sistemática da família. Desse modo, em princípio, um dos conviventes poderá usucapir do bem na hipótese de abandono por parte do outro companheiro. Como se trata de analisar duas situações de fato, quais sejam, a união estável e o fato da posse, será importante o conteúdo probatório. Pelos mesmos princípios de ordem moral, o obstáculo ao prazo prescricional ocorre entre ascendentes e descendentes, durante o poder família, e nas situações de tutela e curatela. Há que se ter em mente o Estatuto da Pessoa com Deficiência para que não ocorram situações iníquas.

Nos arts. 202 a 204 encontram-se as disposições acerca da interrupção da prescrição. O art. 202 inova no sentido de afirmar que a prescrição somente pode ser interrompida uma única vez. Na usucapião, especificamente, trata-se de mais um elemento facilitador, o que exige que os titulares de direito fiquem mais alertas. As hipóteses desse dispositivo e dos artigos seguintes devem ser adaptadas, quando possível, à prescrição aquisitiva. Assim, por exemplo, quando o inciso VI do art. 202 descreve que a prescrição pode ser interrompida *"por qualquer ato inequívoco, ainda que extrajudicial, que importe reconhecimento do direito do devedor"*, pode assim ser definida a afirmação do possuidor perante a sociedade que possui em nome do verdadeiro proprietário.

Seção II
Da Aquisição pelo Registro do Título

Art. 1.245. Transfere-se entre vivos a propriedade mediante o registro do título translativo no Registro de Imóveis.
§ 1º Enquanto não se registrar o título translativo, o alienante continua a ser havido como dono do imóvel.
§ 2º Enquanto não se promover, por meio de ação própria, a decretação de invalidade do registro, e o respectivo cancelamento, o adquirente continua a ser havido como dono do imóvel.

É importante o papel da transcrição imobiliária. O registro público desempenha várias funções, sendo o imobiliário apenas uma delas. O Direito Positivo regula o Registro Civil das Pessoas Naturais e das Pessoas Jurídicas, Registro de Títulos e Documentos, além do Registro de Imóveis.

O Código Civil de 1916 fortaleceu o sistema do registro público ao introduzir a transcrição como forma de aquisição da propriedade imobiliária, estabelecendo sua presunção *iuris tantum*.

Atualmente, a matéria registrária ainda é regulada pela Lei nº 6.015/1973, que necessita ser alterada para melhor se adaptar ao presente Código. Este estatuto apenas traça lineamentos gerais do registro imobiliário. A escrituração e ordenação dos assentos, bem como a atividade dos serventuários, são ordenadas pela lei específica. O art. 856 do Código anterior dispunha que o Registro de Imóveis compreendia:

"I - a transcrição dos títulos de transmissão da propriedade;
II - a transcrição dos títulos enumerados no art. 532;
III - a transcrição dos títulos constitutivos de ônus reais sobre coisas alheias;
IV - a inscrição das hipotecas."

O art. 532 do Código de 1916, por sua vez, referia-se ao registro de sentenças de ações divisórias, de inventários e partilhas e de adjudicação e arrematação em hasta pública. Este Código de 2002 entendeu desnecessário enunciar essas particularidades, que pertencem à lei específica dos registros públicos.

Os princípios fundamentais que regem o Registro Imobiliário são os da *publicidade, conservação e responsabilidade* dos oficiais de registro, além de definir a *atribuição da propriedade imobiliária*. Pelos atos registrários, seus assentos são de acesso a qualquer interessado. A conservação permite o arquivo permanente do histórico imobiliário. Pelo princípio da responsabilidade, os oficiais respondem pelos prejuízos causados por culpa ou dolo, pessoalmente ou por seus prepostos. Acrescentemos ainda a força probante de *fé pública* em todos os registros. Ainda, a *autenticidade* do registro cria a presunção relativa de verdade do que nele se contém. Com esses princípios, busca-se atingir a *segurança jurídica*.

O Código de 1916 referia-se à *transcrição* como primeira hipótese de aquisição da propriedade imóvel. No entanto, esse vocábulo deve ser adaptado à legislação atual. A lei anterior reguladora dos registros públicos (Decreto nº 4.857/1939) utilizava o termo *transcrição* para todos os casos de transferência de propriedade imobiliária. Na verdade, o vocábulo não exprimia a realidade porque não se transcrevia integralmente o título no registro, isto é, não ocorria sua transposição pura e simples, como ainda hoje sucede.

A lei registrária vigente refere-se apenas ao registro e à averbação, que são feitos na *matrícula* do imóvel, onde deve ser inserida toda a vida jurídica do bem. Essa matrícula deve obedecer ao requisito da *continuidade*. A transcrição deve ser contínua, sempre sucessiva à anterior, sem salto ou omissão de encadeamento entre um registro e outro. A missão do registro de imóveis é acompanhar a vida dos bens de raiz. Com a introdução da *matrícula* em nosso sistema imobiliário, passou-se a tomar como base o próprio imóvel no registro, que no diploma anterior levava em conta a pessoa titular de direito. Uma vez aberta a matrícula do imóvel, todas as modificações e vicissitudes sofridas por ele são registradas ou averbadas nela. O destaque à matrícula é feito no art. 167 da lei específica que elenca quais os atos que, além da matrícula, devem ser *registrados* (inciso I) ou *averbados* (inciso II). Essa lista não é exaustiva porque o legislador pode criar, como faz, outras hipóteses.

Nesse sentido, devia ser entendida a nomenclatura do Código Civil de 1916 ao se referir à transcrição. Afasta-se da legislação a compreensão de transcrição, inscrição e averbação da lei registrária anterior. *Registro* é visto pela lei vigente como denominação genérica, denominação que foi adotada por este Código Civil, que engloba *transcrição* e *inscrição* referidas pelas leis civis, na verdade pelo ordenamento em geral (art. 168 da Lei dos Registros Públicos). No entanto, a doutrina, e não sem frequência a própria lei, continua a baralhar os conceitos, vindos da tradição anterior. Mesmo neste Código, o Projeto originário mantinha ainda a referência à "transcrição", substituindo-se pelo termo *registro* apenas na redação da última hora. O rol de registros ou de averbações deve ser buscado no elenco do art. 167.

Assim, ao se examinar determinada matrícula, reconhecida por um número em que deverá estar descrito o imóvel, uma primeira alienação será registrada sob o número R-1, a segunda sob R-2, e assim sucessivamente. Se for caso de averbação, de uma convenção antenupcial, por exemplo, receberá a denominação AV-1, e assim por diante. Dessa maneira, será estampada a certidão atual do imóvel, dela fazendo-se constar a continuidade e cadeia de registros e averbações sobre a matrícula. Dispôs o art. 228 da Lei dos Registros Públicos que

> "a matrícula será efetuada por ocasião do primeiro registro a ser lançado na vigência desta Lei, mediante os elementos constantes do título apresentado e do registro anterior nele mencionado".

A respeito do registro, menciona o art. 236: "*Nenhum registro poderá ser feito sem que o imóvel a que se referir esteja matriculado.*" A matrícula é o núcleo do registro imobiliário e cada imóvel deve ter matrícula própria. A esse respeito, critica Walter Ceneviva (1991, p. 281), escorado em sua experiência profissional:

> "a descrição dos imóveis ainda vem sendo feita de modo assimétrico e desuniforme, variando de lugar, servindo-se, muitas vezes, de referências vagas a 'moitas de caraguatá', 'valos', 'zonas de grota' e 'pés de fruta' etc.".

E conclui: "*o puro registro real é inviável no Brasil ao menos no que hoje é possível prever*".

A transcrição deve ser feita no cartório correspondente ao local onde está o imóvel. As despesas com o registro, salvo convenção em contrário, cabem ao adquirente (art. 862 do Código anterior, sem correspondência atual).

Enunciado nº 87, I Jornada de Direito Civil – CJF/STJ: considera-se também título translativo, para fins do art. 1.245 do novo Código Civil, a promessa de compra e venda devidamente quitada (arts. 1.417 e 1.418 do Código Civil e § 6º do art. 26 da Lei n. 6.766/79).

Agravo de instrumento. Tributário. IPTU. Execução fiscal. Exceção de pré-executividade. Tese de ilegitimidade passiva. Alegação de que o imóvel gerador do tributo foi alienado anteriormente ao vencimento dos débitos. Alienação que não consta na matrícula do imóvel. Propriedade que apenas se transfere pelo registro. Art. 1.245 do CC. É insuficiente a mera comunicação ao fisco quanto à venda. Art. 32, do CTN. Decisão mantida. Recurso desprovido (*TJPR* – Ag 0007425-62.2020.8.16.0000, 13-7-2020, Rel. Fernando César Zeni).

Agravo de instrumento – **Ação de Desapropriação** – Pedido de inclusão da Agravante no polo passivo da ação. – Alega a empresa Agravante ausência de citação, ao tempo em que pede a suspensão dos efeitos da decisão que a considerou parte ilegítima. Pede, também, o reconhecimento do direito à impugnação ao valor da desapropriação e à produção antecipada de prova. – Somente ao proprietário é dado postular indenização de fundo de comércio nos próprios autos da desapropriação, revelando-se ausente esta condição se não há registro do título translativo no Registro de Imóveis (art. 1245 do Código Civil). – Recurso não provido (*TJSP* – Acórdão: Agravo de Instrumento n. 0037590-31.2011.8.26.0000, 13-6-2011, Rel. Des. Luiz Sérgio Fernandes de Souza).

Art. 1.246. O registro é eficaz desde o momento em que se apresentar o título ao oficial do registro, e este o prenotar no protocolo.

O serventuário não age de ofício. Desse modo, há que se considerar como o primeiro ato para o registro a apresentação do título, o qual dependerá do interessado, mas que também pode decorrer de ato judicial ou iniciativa do Ministério Público. As escrituras públicas serão mais geralmente os títulos apresentados, mas há documentos particulares, como compromissos de venda e compra de imóveis a prestações, bem como transferência de imóveis dentro do Sistema Financeiro de Habitação. A tendência é permitir-se cada vez mais o registro de documentos ou instrumentos particulares. Outros documentos também são passíveis de registro imobiliário, como cartas de sentença, formais de partilha, certidões e mandados extraídos de processos. A apresentação de título hábil para registro é, portanto, um pressuposto inicial. Cabe ao oficial público proceder ao exame formal do título, analisando se apresenta os elementos formais extrínsecos. O apresentante deverá efetivar o pagamento antecipado das custas ou emolumentos, fixados nos Regimentos de Custas de cada Estado. Se o título necessitar reparos, o oficial exarará nota com as exigências, de forma clara e objetiva.

O art. 1.246 estabelece regra temporal de prioridade para o registro. Fixa-se a data com a prenotação da apresentação do título ao oficial. Se vários títulos foram apresentados, o registro será do primeiro que foi prenotado. No entanto, o art. 191 da Lei dos Registros Públicos dispõe que, se escrituras forem lavradas na mesma data, com indicação da hora, a regra é registrar a que foi lavrada em primeiro lugar. Daí a conveniência de fazer constar o horário do ato no instrumento. Note que o oficial, excepcionalmente, poderá recusar o ingresso no protocolo e a prenotação, se o título se referir a imóvel de competência de outro cartório, salvo se a parte interessada insistir, hipótese que será levada à apreciação judicial (art. 198 da Lei nº 6.015/1973). O Protocolo será encerrado diariamente (art. 184), por termo assinado e datado pelo oficial habilitado, no final do expediente, para assegurar as prioridades decorrentes da prenotação, porque se assim não for feito, outros títulos poderiam ser acrescentados no dia seguinte.

Como apontamos no comentário anterior, se o imóvel objeto do título apresentado não estiver matriculado, o serventuário promoverá a abertura da matrícula. Se o registro anterior pertencer a outro cartório, em razão de desmembramento territorial, o título deverá ser apresentado juntamente com certidão atualizada desse outro cartório. Protocolizado o título, estando o imóvel em ordem, sem qualquer dúvida, proceder-se-á ao registro imediatamente ou dentro de 30 dias, contados da data em que o título ingressou em Cartório. Todo o procedimento registrário é de inteira responsabilidade do cartório e do respectivo serventuário.

Art. 1.247. Se o teor do registro não exprimir a verdade, poderá o interessado reclamar que se retifique ou anule.
Parágrafo único. Cancelado o registro, poderá o proprietário reivindicar o imóvel, independentemente da boa-fé ou do título do terceiro adquirente.

Como descrito, o registro imobiliário estabelece presunção relativa de titularidade do direito real. O presente artigo estabelece, por sua vez, que "*se o teor do registro não exprimir a verdade, poderá o interessado reclamar que se retifique ou anule*". Todo registro público, imobiliário ou não, deve espelhar a realidade. Essa presunção nunca será absoluta, pois razões de várias naturezas impedem que ela opere. Por essa razão sempre existirá a possibilidade de anulação ou retificação. No mesmo sentido colocava-se o art. 860 do velho Código. O ordenamento deve sempre buscar a maior veracidade possível em seus registros públicos.

O processo de retificação do registro imobiliário é disciplinado nos arts. 212 e 213 da Lei dos Registros Públicos. Processava-se exclusivamente perante o juízo corregedor do cartório imobiliário para qualquer deficiência no título, da mais simples à mais complexa. A Lei nº 10.931/2004, modificou a redação originária do art. 212, dispondo que "*se o registro ou a averbação for omissa, imprecisa ou não exprimir a verdade, a retificação será feita pelo Oficial do Registro de Imóveis competente, a requerimento do interessado, por meio do procedimento administrativo previsto no art. 213, facultado ao interessado requerer a retificação por meio de procedimento judicial*".

Desse modo, será opcional ao interessado recorrer ao juízo. Há retificações que positivamente não justificavam o recurso ao Judiciário. O Oficial do Registro de Imóveis estará sem dúvida apto para processar a retificação, cujas amplas hipóteses são enunciadas na nova redação que essa lei conferiu ao art. 213 da lei registral. Com isso, reduz-se essa atividade judiciária que é administrativa e não necessita aumentar ainda mais a pletora de feitos de nossas cortes. De qualquer modo, sempre estará aberta a porta do Judiciário nessas hipóteses, quando a atividade administrativa for inconveniente ou não for considerada satisfatória. Esse procedimento deve, sem dúvida, ser adotado para todas as modalidades de registro público.

Tendo em vista o princípio de veracidade e presunção relativa, os registros ficam sujeitos à declaração de nulidade ou ação de anulação, se feitos em desacordo com a lei ou se espelharem situação não verdadeira. Nesse sentido, os arts. 214 e 216 da Lei dos Registros Públicos. A mesma Lei nº 10.931 estabeleceu no § 5º do art. 214 que a nulidade não será decretada se atingir terceiro de boa-fé que já tiver preenchido as condições de usucapião do imóvel. É evidente o sentido prático dessa nova disposição. A matéria da posse de terceiro, porém, dependerá da prova no caso concreto.

O art. 860, parágrafo único, do Código Civil de 1916 estatuía a regra fundamental da aquisição da propriedade imóvel entre nós, ao dispor que, "*enquanto se não transcrever o título de transmissão, o alienante continua a ser havido como dono do imóvel, e responde pelos seus encargos*". Este Código manteve a mesma diretriz no art. 1.245, § 1º.

Como visto, antes do registro existe apenas relação pessoal entre alienante e adquirente. Por outro lado, enquanto não cancelado o registro, presume que o titular é quem nele figura. Há algo porém de mais profundo no sistema brasileiro, que torna essa verdade mais formal do que real. A posse sempre desempenhou papel importante em nosso país, papel esse muito mais destacado do que em países do velho continente, do qual absorvemos os princípios jurídicos. A transmissão da posse e principalmente os compromissos de venda e compra, ainda que não registrados, representam um sistema paralelo ao direito registrário. Sabemos que, em nossa vasta população, há na maioria das vezes um valor mais acentuado à posse do que ao próprio título. O próprio legislador se encarrega de valorizar esse aspecto, facilitando ainda mais o sistema de aquisição da propriedade pela usucapião, com suas várias modalidades, bem como outorgando meios processuais eficazes para garantir direitos emergentes de relações meramente obrigacionais. Desse modo, se o Registro Imobiliário representa um sistema legal, não é um sistema geral de plena eficácia; seus princípios devem ser repensados e reestruturados de acordo com nossos costumes e nossas necessidades, que de forma alguma se amoldam ao formalismo originário registral, tal como foi criado no início do século passado. Há necessidade de ser dinamizado o sistema de transferência da posse, mormente dos compromissos de venda e compra, sem prejuízo da veracidade dos registros. Tal como está, o registro da propriedade imobiliária ainda está longe do alcance da grande maioria da população brasileira, que tem vivido, por muitas gerações, em torno das ocupações de terra, da posse, e não do registro imobiliário.

O denominado *registro Torrens*, também facultado pelo ordenamento para imóveis rurais, visa conferir presunção absoluta de propriedade a quem tiver seu certificado. Foi idealizado pelo irlandês Robert Richard Torrens, filho de um dos fundadores da Austrália. Entre nós, sem justificativa plausível, apenas é autorizado para os imóveis rurais. O pedido deve ser endereçado ao oficial do Registro, que, considerando-o em termos, remeterá ao juízo. O procedimento é regulado pelos arts. 277 a 288 da Lei nº 6.015/1973. As exigências são minuciosas. O interessado deve juntar, além da prova de domínio, planta do imóvel, além de outros documentos (art. 278). Publica-se edital. Qualquer interessado poderá contestar o pedido, intervindo no processo necessariamente o Ministério Público. Finalmente, acolhida a pretensão e transitada em julgado a sentença, o oficial inscreverá na matrícula o julgado, arquivando toda a documentação (art. 288). A definição do que se entende por imóvel rural é dada pela Municipalidade. Essa modalidade de registro, pelas dificuldades e custo, não logrou difundir-se no país.

A matéria dos registros públicos é verdadeira especialização dentro do ramo do Direito Civil. Seu ordenamento regula não só os registros propriamente ditos, como o funcionamento das serventias.

Especifica ainda o artigo que uma vez cancelado o registro, o proprietário poderá reivindicar o imóvel, independentemente da boa-fé ou do título do terceiro adquirente. Trata-se de ação de domínio, reivindicatória. Há que se entender que a ação será movida contra aquele cujo nome constava do registro imobiliário. Terceiros de boa-fé não são atingidos pela nulidade do registro, mormente se já gozam de posse *ad usucapionem*, conforme já referido.

Enunciado nº 624, VIII Jornada de Direito Civil – CJF/STJ: A anulação do registro, prevista no art. 1.247 do Código Civil, não autoriza a exclusão dos dados invalidados do teor da matrícula.

Seção III
Da Aquisição por Acessão

Art. 1.248. A acessão pode dar-se:
I – por formação de ilhas;
II – por aluvião;
III – por avulsão;
IV – por abandono de álveo;
V – por plantações ou construções.

O vocábulo *acessão* pode ter várias compreensões. No sentido mais amplo, significa aumento da coisa objeto de propriedade. Cuida-se, como mencionado, de forma originária de aquisição da propriedade. O termo também tem a noção de *acessório*. A questão jurídica igualmente tem em mira uma coisa principal. Pelo princípio, passa a pertencer ao dono da coisa principal o que se adere a ela. Obedece-se à regra geral segundo a qual o acessório segue o principal.

Também, ocorre acessão quando da própria coisa exsurge um acréscimo, como o fruto da árvore. Essa acessão aproveita ao proprietário da coisa e não traz maiores consequências jurídicas. Não é, pois, dessa modalidade de aquisição de propriedade que a lei trata sob a epígrafe.

O problema jurídico surge quando as duas porções pertencem a proprietários distintos. O acréscimo provém de força externa, em proveito de móvel ou imóvel. Há necessidade de que se distingam o bem principal e o acessório. Nem sempre será o maior valor econômico que preponderará: a construção pode ser mais valiosa que o solo, mas este é considerado bem principal.

Pela acessão imobiliária ocorre um acréscimo ao solo de outrem, aumentando o âmbito de sua propriedade e seu valor. Trata-se de *acessão de imóvel a imóvel*. Essa incorporação, aderência de uma coisa a outra, pode decorrer de causa natural ou de atividade humana. A lei entende por bem deixar a propriedade ao titular da coisa principal para evitar o condomínio, permitindo sempre que possível o ressarcimento impeditivo do injusto enriquecimento.

Nosso ordenamento regulou a acessão como modalidade de aquisição da propriedade em cinco espécies: *formação de ilhas, aluvião, avulsão, abandono de álveo* e *construções e plantações em terreno alheio*.

A *acessão de móvel a imóvel* ocorre por meio das construções e plantações em terreno alheio. A acessão de imóvel a imóvel decorre, pelo ordenamento civil brasileiro, unicamente de atividades fluviais.

Subseção I
Das Ilhas

Art. 1.249. As ilhas que se formarem em correntes comuns ou particulares pertencem aos proprietários ribeirinhos fronteiros, observadas as regras seguintes:
I – as que se formarem no meio do rio consideram-se acréscimos sobrevindos aos terrenos ribeirinhos fronteiros de ambas as margens, na proporção de suas testadas, até a linha que dividir o álveo em duas partes iguais;
II – as que se formarem entre a referida linha e uma das margens consideram-se acréscimos aos terrenos ribeirinhos fronteiros desse mesmo lado;
III – as que se formarem pelo desdobramento de um novo braço do rio continuam a pertencer aos proprietários dos terrenos à custa dos quais se constituíram.

A formação de ilha no leito de rios não navegáveis dá origem à propriedade dos titulares das margens ribeirinhas na proporção de suas testadas: *insula in flumine nata*. O fenômeno pode decorrer da sedimentação paulatina que faz nascer a ilha ou pelo rebaixamento de águas que coloca o solo à mostra no leito do rio. As ilhas formadas no meio do rio são consideradas acréscimos aos terrenos ribeirinhos. Divide-se o rio pela linha da metade do álveo, fracionando-se a ilha em duas partes.

O art. 1.249 estabeleceu regras de como os proprietários ribeirinhos tornam-se senhores dessas novas porções de terra. Essas disposições que afetam a acessão são reguladas pelo Código de Águas (Decreto nº 24.643/1934). Essa lei define álveo como *"a superfície que as águas cobrem sem transbordar para o solo natural e ordinariamente enxuto"* (art. 9º). Se se formarem entre uma das margens e a metade do rio, pertencerão ao proprietário da margem mais próxima. Prossegue a mesma lei:

> *"As ilhas ou ilhotas, que se formarem no álveo de uma corrente, pertencem ao domínio público, no caso das águas públicas, e ao domínio particular, no caso das águas comuns ou particulares.*
> *§ 1º Se a corrente servir de divisa entre diversos proprietários e elas estiverem no meio da corrente, pertencem a todos esses proprietários, na proporção de suas testadas até a linha que dividir o álveo em duas partes iguais.*
> *§ 2º As que estiverem situadas entre esta linha e uma das margens pertencem, apenas, ao proprietário ou proprietários desta margem."*

Os rios navegáveis são considerados águas públicas (art. 2º do Código de Águas). As regras que dizem respeito à aquisição de propriedade aplicam-se aos rios não navegáveis.

O art. 24 do Código de Águas estabelece que ilhas ou ilhotas formadas pelo desdobramento de um novo braço de corrente fluvial pertencem aos proprietários dos terrenos à custa dos quais se formaram. O parágrafo único desse artigo introduziu acréscimo importante a essa regra já constante do inciso III do art. 537 do Código de 1916, ao acrescentar: *"Se a corrente, porém, é navegável ou flutuável, elas poderão entrar para o domínio público, mediante prévia indenização."* Como aduz Sílvio Rodrigues (1984, v. 5, p. 97), o dispositivo do Código de Águas deu sentido à disposição do Código Civil que parecia inócua, pois apenas dizia que o titular do terreno continuava proprietário da ilha formada pelo desvio de corrente em seu terreno. Acrescenta o autor que a dicção do Código de Águas regula modalidade de desapropriação, independentemente de utilidade, necessidade pública e interesse social. A expropriação decorre tão só de o fato de o rio ser navegável ou flutuável.

O presente dispositivo mantém os mesmos princípios do Código anterior, com redação diversa no *caput*, fornecendo assim uma melhor compreensão da aquisição por acessão. Os incisos acompanham a mesma redação do antigo art. 537.

Subseção II
Da Aluvião

Art. 1.250. Os acréscimos formados, sucessiva e imperceptivelmente, por depósitos e aterros naturais ao longo das margens das correntes, ou pelo desvio das águas destas, pertencem aos donos dos terrenos marginais, sem indenização.
Parágrafo único. O terreno aluvial, que se formar em frente de prédios de proprietários diferentes, dividir-se-á entre eles, na proporção da testada de cada um sobre a antiga margem.

O art. 538 do Código de 1916 já definira aluvião e estipulara seu destino. O Código de Águas completou a noção para incluir a aluvião também ocorrente no mar (art. 16). Leve-se em conta que, perante o Código de Águas, a destinação do dispositivo legal em tela não se aplica quando formada em águas públicas navegáveis:

> *"Os acréscimos que por aluvião, ou artificialmente, se produzirem nas águas públicas ou dominicais, são públicos dominicais, se não estiverem destinados ao uso comum, ou se por algum título legítimo não forem do domínio particular"* (art. 16, § 1º).

Desse modo, esse artigo do Código Civil aplica-se à aluvião em águas particulares. Esse acréscimo paulatino e imperceptível impede saber a quem pertencem as terras trazidas a outro local. Sob esse prisma, este Código melhorou a definição legal ao se referir aos acréscimos formados *sucessiva e imperceptivelmente*. Nisso se distingue da avulsão, em que ocorre um desgarramento repentino e violento.

O acréscimo decorrente do fenômeno importa aquisição para o proprietário do imóvel, sem indenização. Trata-se de aplicar o princípio segundo o qual o acessório segue o principal. Se, no entanto, a água margeia estrada pública e não terreno privado, o acréscimo passa a ser público dominial (art. 17, parágrafo único, do Código de Águas).

Distingue-se a aluvião própria, decorrente de acréscimo à porção de terra, da aluvião imprópria, decorrente do afastamento das águas.

Se a aluvião se formar diante de prédios pertencentes a proprietários diversos, pertencerá a eles, em proporção à testada que possuíam na antiga margem (art. 18 do Código de Águas).

A aluvião tratada na lei é sempre decorrente de forças naturais. Não é considerada aluvião o acréscimo decorrente de atividade humana. Nem sempre, contudo, a situação se mostrará clara, requerendo exame técnico-pericial para apuração de eventual indenização.

O art. 539 do Código Civil antigo dispunha:

"Os donos de terrenos que confinem com águas dormentes, como as de lagos e tanques, não adquirem o solo descoberto pela retração delas, nem perdem o que elas invadirem."

A razão da regra explicava-se pela frequência com que o fenômeno ocorre, decorrente de enchentes, índices pluviométricos elevados e outros fatores climáticos. Nessa hipótese, não existe aluvião.

Este Código restringiu a um único artigo o fenômeno. O mais recente dispositivo procurou ser claro, em matéria de pouca aplicação, mas de grande importância, ao definir que a aluvião caracteriza-se pela formação sucessiva e imperceptível de terreno ao longo das margens. Suprime-se a referência à navegação neste Código. Suprime-se também a dicção do art. 539, que não dizia respeito efetivamente a uma modalidade de aquisição de terreno.

Subseção III
Da Avulsão

Art. 1.251. Quando, por força natural violenta, uma porção de terra se destacar de um prédio e se juntar a outro, o dono deste adquirirá a propriedade do acréscimo, se indenizar o dono do primeiro ou, sem indenização, se, em um ano, ninguém houver reclamado.
Parágrafo único. Recusando-se ao pagamento de indenização, o dono do prédio a que se juntou a porção de terra deverá aquiescer a que se remova a parte acrescida.

Verifica-se a avulsão *"quando a força súbita da corrente arrancar uma parte considerável e reconhecível de um prédio, arrojando-a sobre outro prédio"* (art. 19 do Código de Águas). Nessa hipótese, a lei das águas (não divergente do Código Civil) determina que

"o dono daquele poderá reclamá-lo ao deste, a quem é permitido optar, ou pelo consentimento na remoção da mesma, ou pela indenização ao reclamante" (art. 20).

O parágrafo único desse dispositivo, a exemplo do art. 542 do Código Civil de 1916, estabelece o prazo decadencial de um ano para a ação de *reivindicação* ou *indenização*. Se não for possível a remoção, restará a ação indenizatória. Lembre-se, no entanto, de que não se trata propriamente de reivindicação, porque a lei concede a opção ao proprietário beneficiado pelo consentimento da remoção ou pelo pagamento da indenização.

O fenômeno ocorre em correntes de grandes e rápidos caudais. Nosso Direito apenas leva em conta a aderência natural, não sendo regidas pelo princípio aquelas derivadas de atividade humana. A situação ocorre não apenas quando há aumento da extensão de área, mas também quando há superposição de terreno, acrescendo seu volume.

Na hipótese de avulsão, a regra geral é diversa da aluvião. A porção de terra desgarrada continua a pertencer a seu proprietário até escoar-se o prazo decadencial. Na avulsão, a porção desprendida é facilmente *reconhecível*, em razão do desprendimento violento, o que não ocorre na aluvião.

Tanto o Código Civil de 1916 (art. 543), como o Código de Águas (art. 21) determinavam que, se a avulsão fosse de coisa suscetível de não aderência natural, seria regulada pelos princípios que regem a *invenção*. Como comentamos, as regras da invenção determinam a obrigação de restituição do dono ou legítimo possuidor, ou a entrega à autoridade competente. Nessa situação, poderão encontrar-se cercas, postes, moirões etc. O art. 22 do Código de Águas determina aplicação dos dispositivos da aluvião no que couber à avulsão.

Caio Mário (1993, p. 99) lembra da possibilidade de a avulsão ocasionar prejuízo, e não vantagem. Entendemos que, em se tratando de causa natural, caso fortuito, não há dever de indenizar.

Este Código, no presente art. 1.251, mantém os mesmos princípios com redação mais compreensível. Recusando-se ao pagamento da indenização, o dono do prédio beneficiado deverá concordar com a remoção da parte acrescida (art. 1.251, parágrafo único). Como se observa, esse prazo decadencial de um ano, presente no Código anterior, é mantido. A exiguidade desse prazo explica-se porque o fenômeno da avulsão é perfeitamente visível para ser notado prontamente pelo prejudicado, que poderá reclamar a indenização.

O presente Código suprime a regra do art. 543 referida. Quando, com a avulsão, vierem para o novo terreno coisas que não se aderem naturalmente ao solo, independentemente de qualquer regra, devem ser devolvidas ao legítimo dono, que pode reivindicá-las. Incluem-se inclusive os semoventes, animais domésticos ou de criação, pertencentes ao proprietário do terreno prejudicado.

Subseção IV
Do Álveo Abandonado

Art. 1.252. O álveo abandonado de corrente pertence aos proprietários ribeirinhos das duas margens, sem que tenham indenização os donos dos terrenos por onde as águas abrirem novo curso, entendendo-se que os prédios marginais se estendem até o meio do álveo.

O regime do álveo definido no art. 10 do Código de Águas segue o princípio geral:

"O álveo será público de uso comum, ou dominical, conforme a propriedade das respectivas águas;

e será particular no caso das águas comuns ou das águas particulares."

A regra é que o álveo abandonado (*alveus derelictus*), particular ou público, pertence aos proprietários ribeirinhos das duas margens, na proporção das testadas até o meio do álveo. Cuida-se de situação em que o curso de água seca ou se desvia.

Ocorrendo desvio da corrente de água, os proprietários das terras por onde as águas naturalmente abrem novo curso não têm direito à indenização, idêntica solução do Direito Romano. Trata-se de fato da natureza, fortuito. Não é essa a solução, contudo, se o desvio decorrer de obra artificial, hipótese em que a perda de terreno deve ser indenizada. Responsável pela indenização será quem provocou a alteração do curso das águas. Pode ocorrer, contudo, que com o desvio das águas não haja prejuízo, mas valorização, o que será apurado no caso concreto.

Se a mudança da corrente ocorrer por utilidade pública, o dono do prédio ocupado deve ser indenizado, passando o álveo abandonado a pertencer ao poder expropriante, como forma de compensação (art. 27 do Código de Águas). Faixa de terra marginal de antigo álveo é insuscetível de apropriação por particular, se esse rio era navegável:

> "Com a canalização, e consequente desativação do primitivo leito, este continuou, em função do citado art. 27 do Código de Águas, a integrar o patrimônio público, só que agora na categoria de bem dominical" (RT 688/98).

Se o rio voltar ao leito antigo, recompõe-se a situação anterior de propriedade dos prédios, salvo se essa retomada se der por utilidade pública (art. 26, parágrafo único), quando então a solução será a do art. 27, a não ser que os proprietários prefiram indenizar o Estado.

Subseção V
Das Construções e Plantações

Art. 1.253. Toda construção ou plantação existente em um terreno presume-se feita pelo proprietário e à sua custa, até que se prove o contrário.

As construções e plantações são acessões decorrentes de conduta humana. Acessão é tudo que se incorpora, natural ou artificialmente, a uma coisa. As construções e plantações são acessões artificiais, que ocorrem por trabalho humano. Nessas hipóteses, a acessão é de *móvel a imóvel*.

Tecnicamente, não se confundem as acessões, especialmente as construções, com as benfeitorias. Benfeitorias são obras ou despesas feitas na coisa, para o fim de conservá-la, melhorá-la ou embelezá-la. Daí a tripartição em benfeitorias necessárias, úteis e voluptuárias.

São obras decorrentes de ação humana. A *construção*, tratada como acessão a imóvel, não é caracterizada como benfeitoria, embora na prática o termo seja usado para essa finalidade, sendo equiparada à benfeitoria para certos efeitos legais. A construção, no entanto, pode ser vista ora como acessão, ora como benfeitoria. O exame deve ser subjetivo, segundo apontamos, na opinião de Serpa Lopes (1964, v. 6, p. 374). Quem constrói em coisa acreditando-a sua, com *animus* de dono ou legítimo possuidor, faz benfeitoria. Na acessão, quem constrói sabe que o terreno não é seu, não une o fruto de seu trabalho à coisa que convictamente entende possuir ou ser dono. Na acessão, a coisa acrescida pode pertencer a proprietário diverso e não existe a convicção de propriedade. Daí ser a acessão uma das formas de aquisição da propriedade.

No entanto, seja o conceito de benfeitoria, seja de acessão voluntária, o que a lei busca é evitar o injusto enriquecimento. O regime da construção e da semeadura em terreno alheio pode ensejar o direito de retenção ao possuidor de boa-fé, da mesma forma que as benfeitorias, pois a índole é a mesma. Tanto que o próprio Código de 1916 referia-se a benfeitorias ao tratar da má-fé bilateral na semeadura, plantação e construção em terreno alheio, no art. 548, o que foi reparado pelo novo diploma que se refere nesse mesmo dispositivo a "acessões".

As construções e plantações são consideradas acessórios do solo. Não se leva em conta o conceito de valor. A presunção é de que a construção e a plantação pertencem ao proprietário do solo. Não é, todavia, presunção absoluta, competindo ao interessado elidi-la, provando o contrário. Na prática, com grande frequência, a construção supera o valor do solo, o que faz repensar nas soluções legais aqui apresentadas.

Art. 1.254. Aquele que semeia, planta ou edifica em terreno próprio com sementes, plantas ou materiais alheios, adquire a propriedade destes; mas fica obrigado a pagar-lhes o valor, além de responder por perdas e danos, se agiu de má-fé.

**Art. 1.255. Aquele que semeia, planta ou edifica em terreno alheio perde, em proveito do proprietário, as sementes, plantas e construções; se procedeu de boa-fé, terá direito a indenização.
Parágrafo único. Se a construção ou a plantação exceder consideravelmente o valor do terreno, aquele que, de boa-fé, plantou ou edificou, adquirirá a propriedade do solo, mediante pagamento da indenização fixada judicialmente, se não houver acordo.**

Apelação. Civil. Edificação. Terreno alheio. Boa-fé. Processo civil. Ônus da prova. Indenização. Danos materiais. 1. O autor iniciou uma construção no terreno do réu com seu consentimento. Entretanto, após desentendimento, o réu expulsou o autor do local, antes da finalização da obra. 2. Aquele que edifica em terreno alheio de boa-fé tem direito a indenização. Art. 1.255 do CC. 3. O ônus da prova incumbe ao autor, quanto ao fato constitutivo de seu direito, e ao réu, quanto à existência de fato impeditivo, modificativo ou extintivo do direito do autor. Art. 373 do CPC. 4. O autor fez prova da aquisição dos materiais para a construção no terreno do réu, devendo ser restituído pelo réu para evitar enriquecimento ilícito. 5. Apelação parcialmente provida (*TJDFT* – Ap. 07020882220198070005, 6-5-2020, Rel. Hector Valverde).

⚖ Reintegração de posse – Direito Civil – Recurso Especial – Possuidora de má-fé – Direito à indenização – Distinção entre benfeitoria necessária e acessões – Alegada acessão artificial – Matéria fático-probatória – Súmula 7/STJ – 1- As benfeitorias são obras ou despesas realizadas no bem, com o propósito de conservação, melhoramento ou embelezamento, tendo intrinsecamente caráter de acessoriedade, incorporando-se ao patrimônio do proprietário. 2- O Código Civil (art. 1.220), baseado no princípio da vedação do enriquecimento sem causa, conferiu ao possuidor de má-fé o direito de se ressarcir das benfeitorias necessárias, não fazendo jus, contudo, ao direito de retenção. 3- Diferentemente, as acessões artificiais são modos de aquisição originária da propriedade imóvel, consistentes em obras com a formação de coisas novas que se aderem à propriedade preexistente (*superficies solo cedit*), aumentando-a qualitativa ou quantitativamente. 4- Conforme estabelece o art. 1.255 do CC, nas acessões, o possuidor que tiver semeado, plantado ou edificado em terreno alheio só terá direito à indenização se tiver agido de boa-fé. 5- Sobreleva notar a distinção das benfeitorias para com as acessões, sendo que "aquelas têm cunho complementar. Estas são coisas novas, como as plantações e as construções" (GOMES, Orlando. Direitos reais. 20. ed. Atualizada por Luiz Edson Fachin. Rio de Janeiro: Forense, 2010, p. 81). 6- Na trilha dos fatos articulados, afastar a natureza de benfeitoria necessária para configurá-la como acessão artificial, isentando a autora do dever de indenizar a possuidora de má-fé, demandaria o reexame do contexto fático-probatório dos autos, o que encontra óbice na Súmula nº 07 do STJ. 7- Recurso especial a que se nega provimento (*STJ* – REsp 1.109.406 – (2008/0283559-7), 17-6-2013, Rel. Min. Luis Felipe Salomão).

⚖ Apelação cível – Ação reintegração de posse – Má-fé – Inexistência de benfeitorias – **Direito de indenização por acessão julgado improcedente ante a má-fé** – Distribuição das custas – Princípio da causalidade – Recurso provido parcialmente – 1- As benfeitorias são obras ou despesas realizadas no bem, com o propósito de conservação, melhoramento ou embelezamento, tendo intrinsecamente caráter de acessoriedade, incorporando-se ao patrimônio do proprietário. 2- O Código Civil (art. 1.220), baseado no princípio da vedação do enriquecimento sem causa, conferiu ao possuidor de má-fé o direito de se ressarcir das benfeitorias necessárias, não fazendo jus, contudo, ao direito de retenção. 3- Diferentemente, as acessões artificiais são modos de aquisição originária da propriedade imóvel, consistentes em obras com a formação de coisas novas que se aderem à propriedade preexistente (*superficies solo cedit*), aumentando-a qualitativa ou quantitativamente. 4- Conforme estabelece o art. 1.255 do CC, nas acessões, o possuidor que tiver semeado, plantado ou edificado em terreno alheio só terá direito à indenização se tiver agido de boa-fé. 5- Sobreleva notar a distinção das benfeitorias para com as acessões, sendo que "aquelas têm cunho complementar. Estas são coisas novas, como as plantações e as construções. 6- Em obediência ao princípio da casualidade aquele que der causa a ação arcará com as custas e honorários advocatícios. 7- Considerando o reconhecimento da sucumbência recíproca a distribuição proporcional dos ônus da sucumbência é medida que se impõe. 8- Recurso provido parcialmente (*TJES* – Ap. 0000569-48.2006.8.08.0048, 9-5-2016 – Rel. Des. Fabio Clem de Oliveira – *DJe* 09.05.2016).

Art. 1.256. Se de ambas as partes houve má-fé, adquirirá o proprietário as sementes, plantas e construções, devendo ressarcir o valor das acessões. Parágrafo único. Presume-se má-fé no proprietário, quando o trabalho de construção, ou lavoura, se fez em sua presença e sem impugnação sua.

⚖ Reintegração de posse de imóvel – Comodato – Réus-reconvintes que residiam no imóvel litigioso juntamente com o autor-reconvindo – Autor-reconvindo que, não tendo mais interesse na permanência dos réus-reconvintes no imóvel, notificou-os para desocupação – Réus-reconvintes que não desocuparam o imóvel no prazo concedido – Esbulho possessório que ficou caracterizado – Réus-reconvintes que, após o deferimento da liminar, desocuparam voluntariamente o imóvel. Indenização – Acessão feita em imóvel alheio – Réus-reconvintes que reformaram e ampliaram imóvel alheio – Reforma e ampliação feita na presença do proprietário do bem, atual usufrutuário – Ausência de insurgência por parte do autor-reconvindo contra as benfeitorias e acessões feitas pelos réus-reconvintes no imóvel – Boa-fé dos réus-reconvintes que ficou configurada – Presumida a má-fé do autor-reconvindo, já que presenciou as acessões feitas pelos réus-reconvintes no imóvel a ele pertencente sem ter ofertado qualquer desaprovação, nos termos do parágrafo único do art. 1.256 do CC – Autor-reconvindo, ademais, que incutiu aos réus-reconvintes a crença de que, no futuro, o imóvel a eles pertenceria, uma vez que realizou testamento beneficiando a corré, o qual foi posteriormente revogado diante da escritura de doação do imóvel beneficiando terceiro – Réus-reconvintes que têm direito à indenização pelas benfeitorias e acessões erigidas no imóvel – Aplicação do art. 1.255, "caput", segunda parte, do CC – Sentença mantida – Apelo do autor-reconvindo desprovido (*TJSP* – Ap. 1000652-23.2015.8.26.0180, 30-4-2020, Rel. José Marcos Marrone).

Art. 1.257. O disposto no artigo antecedente aplica-se ao caso de não pertencerem as sementes, plantas ou materiais a quem de boa-fé os empregou em solo alheio.
Parágrafo único. O proprietário das sementes, plantas ou materiais poderá cobrar do proprietário do solo a indenização devida, quando não puder havê-la do plantador ou construtor.

Como é possível semear, plantar e construir com sementes e materiais não pertencentes ao proprietário do solo, distinguem-se as hipóteses nas quais isso pode ocorrer:

1. a semeadura, plantação ou construção é feita em terreno próprio, com materiais alheios;
2. a semeadura, plantação ou construção é feita em terreno alheio com materiais próprios;
3. a semeadura, plantação ou construção é feita em terreno alheio, com materiais alheios.

Como enfatizamos, aqui, como na solução acerca das benfeitorias, encontramos exemplos legais que visam coibir o injusto enriquecimento.

A primeira hipótese é solucionada pelo art. 1.254. Aquele que semeia, planta ou edifica em terreno próprio com sementes, plantas ou materiais alheios adquire sua propriedade, mas deve pagar o valor das coisas alheias utilizadas. Se estiver de má-fé, além da indenização deverá pagar perdas e danos.

A segunda hipótese vem descrita no art. 1.255. O semeador, plantador ou construtor em terreno alheio perde para o proprietário as coisas, com direito à indenização, se obrou com boa-fé. Se esteve de má-fé, poderá ser constrangido a repor as coisas no estado anterior e a pagar pelos prejuízos. A questão será do exame da oportunidade e conveniência no caso concreto.

O parágrafo único do art. 1.255 introduz modificação importante:

"*Se a construção ou a plantação exceder consideravelmente o valor do terreno, aquele que, de boa-fé, plantou ou edificou, adquirirá a propriedade do solo, mediante pagamento da indenização fixada judicialmente, se não houver acordo.*"

A jurisprudência já se colocava nessa linha. No caso concreto, há dois aspectos que devem ser examinados: a boa-fé do plantador ou construtor e o que se entende por valor considerável. A solução é justa, mas dependerá do exato bom critério do juiz.

No entanto, se ambos estão de má-fé, o art. 1.256 determina que o proprietário do imóvel adquira os acréscimos, devendo ressarcir o valor das acessões.

Na hipótese do semeador, plantador ou edificador em terreno alheio, utilizar materiais próprios com boa-fé, terá ele direito de retenção, se detém o imóvel, pois se aplicam os princípios das benfeitorias. Como examinado no estudo da posse, verifica-se a boa ou má-fé em cada caso concreto. No entanto, o parágrafo único do art. 1.256 faz presumir a má-fé do proprietário do imóvel quando o trabalho de construção ou lavoura se fez em sua presença e sem impugnação sua. Nessa situação, era seu dever impugnar os trabalhos.

Contudo, independentemente de boa ou má-fé, o dono das sementes, plantas e construções nunca adquiriria o imóvel no sistema de 1916. Nesse caso, a boa ou má-fé interferia apenas no direito de indenização e no direito de retenção. Já pelo Código Civil de 2002, ressaltando a preocupação social do novel legislador, abre-se a possibilidade assinalada pelo parágrafo único do art. 1.255.

Na terceira hipótese enunciada, tanto os bens móveis como o imóvel são alheios (art. 1.257). Os materiais passam a pertencer ineluctavelmente ao proprietário do solo. Se o semeador, plantador ou construtor estava de boa-fé, tem direito a receber o valor dos bens móveis. Nada deve receber se estava de má-fé. Acrescenta o parágrafo único do art. 1.257 que o proprietário das sementes, plantas ou materiais poderá cobrar do proprietário do solo a indenização, quando não puder receber do plantador ou construtor.

Nem sempre a solução de desfazer a construção será a mais justa no caso concreto, daí o porquê da nova redação do art. 1.255, parágrafo único. Figure-se a hipótese de quem invade com edificação um ou dois metros o imóvel vizinho. Poderá ser mais conveniente a indenização do que o desfazimento parcial de obra que prejudique seu todo, bem como sua função social. Algumas legislações admitem também essa solução, a qual vinha sendo adotada por nossa jurisprudência. O invasor torna-se proprietário do terreno invadido, nessa espécie de *desapropriação privada* (GOMES, 1983, p. 142). Essa será a melhor solução quando a área invadida for insignificante em relação ao todo. Evidente que não pode subverter a ideia geral expressa na lei civil. Leva-se em conta, no caso, que certas edificações ganham maior valor que o solo. Note que, durante a construção, o proprietário invadido pode lançar mão da ação de nunciação de obra nova. Quando a obra estiver concluída, cabe ao bom-senso do magistrado encontrar a melhor solução, sem violentar os princípios legais, na proteção ao construtor de boa-fé. Destarte, trata-se de mais um exemplo para não entendermos como absoluto o direito do proprietário.

Mesmo se houver má-fé, poderá não coincidir com o interesse social a destruição do prédio facultada ao proprietário no art. 547 do antigo Código (RODRIGUES, 1984, v. 5, p. 104). Imagine, por exemplo, a hipótese de edificação de hospital ou escola em pleno funcionamento. Não decidirá contra a lei o magistrado nessa situação se buscar o sentido social da propriedade, preconizado inclusive constitucionalmente. Comenta Beatriz Arean (1992, p. 275) no Direito argentino, cuja solução legislativa é idêntica à nossa de 1916, que

> "ao invadido resta sempre a possibilidade de evitar que a obra recém-começada avance, para a qual poderá ajuizar um interdito ou ação possessória. Porém, se não o faz, e a obra está terminada, deve interpretar-se que consentiu tacitamente na invasão, pelo que perderá a propriedade da faixa ocupada, com pagamento do respectivo valor e demais danos que tivessem causado. A boa-fé e a necessidade de não destruir valores conduzem a esta solução".

Em todas as situações enfocadas, e como regra geral de Direito, sempre que houver má-fé, a parte inocente terá direito à indenização cabal.

Art. 1.258. Se a construção, feita parcialmente em solo próprio, invade solo alheio em proporção não superior à vigésima parte deste, adquire o construtor de boa-fé a propriedade da parte do solo invadido, se o valor da construção exceder o dessa parte, e responde por indenização que represente, também, o valor da área perdida e a desvalorização da área remanescente.
Parágrafo único. Pagando em décuplo as perdas e danos previstos neste artigo, o construtor de má-fé adquire a propriedade da parte do solo que invadiu, se em proporção à vigésima parte deste e o valor da construção exceder consideravelmente o dessa parte e não se puder demolir a porção invasora sem grave prejuízo para a construção.

A construção em imóvel alheio dá margem a muitas discussões e difíceis soluções nos casos concretos. A redação do art. 1.258, que inova em nossa legislação, vem em socorro a essas situações.

A questão é de enorme importância prática. Esse dispositivo, que com o artigo seguinte procurou estabelecer tanto quanto possível um critério objetivo para a construção em terreno alheio, surge como importante instrumento de solução para os magistrados e para as partes envolvidas, que por vezes se mostravam perplexos perante situações de fato. Em várias oportunidades nos deparamos com casos práticos de construção de boa ou de má-fé, com alguns ou muitos metros de construção invadindo os terrenos vizinhos. A situação é comum, mormente nos loteamentos mais antigos e irregulares, quando os marcos divisórios não estão aviventados ou simplesmente não existem. Mais uma vez, a boa ou má-fé será um grande divisor de águas a ser aferido pelo magistrado. Por outro lado, a perícia informará o juiz sobre a proporção da referida vigésima parte e seu respectivo valor, bem como sobre a conveniência da demolição, que será sempre a última solução, principalmente quando esta afeta o todo construído. Cumpre lembrar que também aqui essa porcentagem não será um critério inflexível: dependendo da situação de fato enfrentada, nada impede que o magistrado decida da forma que for mais conveniente se a porcentagem de invasão for pouco maior ou menor. Importa sempre verificar o interesse social preponderante.

A lei estabelece, por outro lado, uma multa vultosa para o invasor de má-fé, quando for conveniente que este mantenha como sua a parte invadida. Sempre deverá ser levado em conta se o valor da construção excede consideravelmente o valor do terreno, tomando-se por base a vigésima parte deste. Aqui, como alhures, o bom critério do juiz preponderará. De qualquer forma, a punição com décuplo do valor das perdas e danos ao possuidor de má-fé não poderá ser dispensada na decisão judicial. A matéria está mais afeta ao direito de vizinhança, sendo mais um pomo de discórdia na já difícil convivência entre vizinhos. Inobstante, ainda que o magistrado possa dar certa flexibilidade ao dispositivo para atender com justiça à situação, terá agora na lei um critério a apontar sua decisão.

Várias situações de fato e de direito podem surgir numa demanda desse jaez. Poderá a sentença, por exemplo, determinar o pagamento do décuplo das perdas e danos, como apontado na lei, se não houve pedido do réu para adquirir a porção do imóvel? A questão transfere-se para o plano processual. A nosso ver, é necessário que haja pedido expresso nesse sentido, em reconvenção, se o procedimento o permitir, ou em ação autônoma. E se o invasor não tiver condições para suportar essa indenização? Pode o deslinde do pagamento ser deferido para uma problemática execução do julgado? O interessado poderia pedir uma caução para essa garantia. A solução, nessa circunstância, apontaria, inexoravelmente, para a demolição. As soluções não são fáceis. A jurisprudência e os novos estudos sobre o tema devem apontar os rumos dessa inovação legal.

Enunciado nº 318, IV Jornada de Direito Civil – CJF/STJ: O direito à aquisição da propriedade do solo em favor do construtor de má-fé (art. 1.258, parágrafo único) somente é viável quando, além dos requisitos explícitos previstos em lei, houver necessidade de proteger terceiros de boa-fé.

Apelação cível – Direito de vizinhança – Construção vizinha com invasão parcial do imóvel do autor – Nunciação de obra nova com pedido de liminar cumulada com indenização por danos materiais e morais – Sentença de parcial procedência – Recurso de ambas as partes – Recurso dos réus – Pretensão ao afastamento do dever de indenizar – Alegação de que a invasão da construção em parte do imóvel do autor se deu de boa-fé – Impossibilidade – Obrigação de indenizar que decorre de expressa disposição de lei – Aplicabilidade do art. 1.258 do CC – Pretensão à alteração do marco inicial dos juros de mora fixados na sentença – Possibilidade – Termo inicial de juros de mora – Obrigação ilíquida – Data da citação – (Art. 405 do CC) – Recurso do autor – Pretensão à imposição de multa e/ou pena por litigância de má fé aos réus, por descumprimento de ordem judicial – Não cabimento – Decisão liminar de embargo da obra que não fixou multa cominatória – Ademais, constatado por meio de prova pericial, que a obra invasora está concluída e não se verificando ser o caso de demolição, a questão resolve-se pela disposição contido no art. 1.258 do CC, que substitui o embargo por indenização – Pena por litigância de má fé – Não cabimento – Ausência de preenchimento dos requisitos autorizadores previstos no art. 80 do NCPC – Atribuição de sucumbência integral aos réus – Não cabimento – Litigantes que foram em parte, vencedor e vencido – Art. 86, caput, do NCPC bem aplicado no julgado – Pretensão ao recebimento de valor para proceder alteração de projeto construtivo – Afastamento – Ausência de comprovação de existência de projeto original – Pretensão ao recebimento de indenização por desvalorização da propriedade remanescente – Não cabimento – Laudo pericial que apurou que todos os lotes existentes no condomínio possuem o mesmo valor remuneratório do metro quadrado do terreno, praticado atualmente no mercado, independentemente da área total de cada um deles – Dano moral – Inexistente – Sentença parcialmente modificada – Recurso dos réus parcialmente provido e desprovido o recurso do autor. Fixados honorários recursais, ao patrono dos réus (NCPC, Art. 85, § 1º, observados os critérios dos incs. I a IV, do § 2º) (*TJSP* – Ap. 1017297-55.2014.8.26.0602, 7-2-2019, Rel. Sergio Alfieri).

Apelação cível – Reintegração de posse – **Construção que invade solo alheio** – Comprovada a boa-fé do construtor – Art. 1.258, caput, CC – Obrigação convertida em perdas e danos – Indenização pela área perdida e pela desvalorização da área remanescente – Liquidação de sentença por arbitramento – Recurso provido – 1- O artigo 1258 do Código Civil dispõe que "Se a construção, feita parcialmente em solo próprio, invade solo alheio em proporção não superior à vigésima parte deste, adquire o construtor de boa-fé a propriedade da parte do solo invadido, se o valor da construção exceder o dessa parte, e responde por indenização que represente, também, o valor da área perdida e a desvalorização da área remanescente". 2- No caso em comento, trata-se de fato incontroverso a invasão do terreno do autor, ora apelado, pela construtora apelante em 2,1 m², metragem conferida por ambas as partes. Contudo, ao contrário do entendimento encampado pelo Magistrado Singular não há nos autos elementos conclusivos acerca da má-fé da construtora na referida invasão de solo alheio. 3- Isto porque, analisando detidamente as provas carreadas aos autos verifica-se que a construção empreendida pela apelante se deu nos termos da execução e com autorização do Município de Vitória, encarregado de fiscalizar a legalidade da mesma. 4- Outrossim, deve-se considerar inicialmente que a área invadida possui metragem irrisória, mesmo se considerado a área total do imóvel de propriedade do apelante, equivalente a 378 m², bem como perto da área construída do empreendimento da apelante, tendo sido constatada mais de um ano após iniciada a obra (maio de 2004), quando já terminada toda a construção da fundação do edifício, bem como erguido todos os seus andares, sendo, pois, inviável a demolição do muro inicialmente pretendida pelo autor, ora apelado. 5- Destarte, impõe-se a conversão da obrigação em perdas e danos, considerando-se o disposto no caput do artigo 1258 do Código Civil, que assegura ao construtor de boa-fé a propriedade da parte do solo invadido e a indenização ao dono do terreno invadido, pagando-lhe o valor da área perdida e a desvalorização da área remanescente. 6- O valor das perdas e danos deverá ser apurado em sede de liquidação de sentença por arbitramentos (art. 475-D, CPC), pois conforme asseverado pelo Magistrado Singular não há nos autos elementos que apontem o valor do metro quadrado do local. 7- Recurso conhecido e provido (*TJES* – Ap. 0013498-25.2005.8.08.0024, 17-4-2014, Rel. Des. Álvaro Manoel Rosindo Bourguignon).

Art. 1.259. Se o construtor estiver de boa-fé, e a invasão do solo alheio exceder a vigésima parte deste, adquire a propriedade da parte do solo invadido, e responde por perdas e danos que abranjam o valor que a invasão acrescer à construção, mais o da área perdida e o da desvalorização da área remanescente; se de má-fé, é obrigado a demolir o que nele construiu, pagando as perdas e danos apurados, que serão devidos em dobro.

Especificamente quanto ao construtor em terreno alheio, que invade mais do que a vigésima parte do imóvel, o art. 1.259 complementa o dispositivo anterior.

Os critérios objetivos em matéria de indenização nem sempre dão a solução mais justa. É o que sucede nesses dois novos artigos, este e o anterior. Neste último, quando a invasão é de monta, fixando a lei em superior a vigésima parte do solo alheio, o possuidor de boa-fé é aparentemente tratado de forma mais benéfica, adquirindo o terreno invadido, mas pagando indenização na forma descrita. Essas verbas serão evidentemente objeto de perícia complexa, tendo em vista os tópicos descritos na lei: valor da área invadida, valor da área perdida e desvalorização da área remanescente. Em sede de trabalho pericial, o trabalho terá analogia com as desapropriações, pois a situação é muito semelhante.

Quanto ao invasor de má-fé, a lei determina que seja ele obrigado a demolir o que se construiu em terreno alheio, pagando ainda o dobro das perdas e danos. Sob este último aspecto, lembramos tudo o que se explanou nessa oportunidade. Pode ocorrer que a demolição seja mais prejudicial do que a manutenção da construção. Note que este último artigo abrange a construção parcial, superior à vigésima parte, ou total em terreno alheio. O art. 1.258 reporta-se unicamente à construção parcial em terreno alheio, a qual, como regra, ocorre em terreno contíguo. São situações que encontram soluções diferentes no ordenamento.

⚖ Apelação cível. Ação demolitória. Construção em solo alheio. Construtor. Má-fé não caracterizada. Art. 1.259, do CC. Indenização por perdas e danos e aquisição da propriedade pelo construtor do solo invadido. Norma cogente. Caráter dúplice da ação. Sentença que determina apenas a indenização. Reforma. Diante do caráter dúplice da sentença que substitui a demolição da obra — cujo proprietário, de boa-fé, invade vigésima parte do solo alheio —, por indenização, reconhecendo, como corolário, a propriedade da referida parcela invadida, por força do art. 1.259, do Código Civil, deve-se determinar a retificação da matrícula, em liquidação de sentença, desde que comprovado o pagamento da indenização, assim como os requisitos da Lei de Registros Públicos (art. 176) para o título ser registrado. Apelação provida (*TJPR* – Ap. 0001556-63.2016.8.16.0193, 20-4-2020, Rel. Hayton Lee Swain Filho).

⚖ Apelação cível – Ação de reintegração de posse – Invasão de parte de terreno lindeiro – Realização de edificações – **Acessão do solo invadido** – Indenização por perdas e danos – O regime da acessão, em caso de construção realizada parcialmente em solo próprio e parte em solo alheio, determina que, excedendo a invasão à vigésima parte do imóvel de outrem e verificada a boa-fé do construtor, este responde por perdas e danos, devendo reparar os prejuízos apurados (Código Civil- art. 1.259) – A indenização por depreciação da área remanescente pressupõe a existência de prova da ocorrência de limitação imposta ao uso do imóvel e da efetiva desvalorização econômica do bem – São passíveis de reparação os danos efetivos e inequívocos, e não os possíveis ou imaginários – A mera probabilidade da ocorrência de prejuízo adicional ao verificado no processo não autoriza a ampliação do dever de indenizar, pois, na interpretação das previsões dos arts. 186, 402, 403 e 927, do Código Civil, afasta-se o *damnum remotum* (*TJMG* – AC 1.0145.11.029028-8/00116-11-2016, Rel. Roberto Vasconcellos).

CAPÍTULO III
Da Aquisição da Propriedade Móvel

Seção I
Da Usucapião

Art. 1.260. Aquele que possuir coisa móvel como sua, contínua e incontestadamente durante três anos, com justo título e boa-fé, adquirir-lhe-á a propriedade.

⚖ Bem móvel. Ação de usucapião. Rol de testemunha apresentado a destempo. Natureza preclusiva do prazo já assentada em precedentes do STJ e desta Egrégia Câmara. Ausente prova da posse contínua e incontestadamente exigida pelo art. 1.260, do CC, improcede a ação de usucapião. Incumbe ao autor provar os fatos constitutivos de seu direito. Recurso não provido (*TJSP* – Ap. 1002754-83.2018.8.26.0189, 12-7-2019, Rel. Cesar Lacerda).

⚖ **Usucapião de bem móvel** – Veículo automotor – Requisitos – *Animus domini* – Revelia – Efeitos. Para o reconhecimento da usucapião de bem móvel, exige a lei (art. 1.260 do Código Civil) a posse efetiva, independente de boa-fé, por lapso não inferior a cinco anos, além da prova de que o efetivo exercício desta posse ocorreu sempre com *animus domini*. O reconhecimento da revelia não implica procedência do pedido (*TJMG* – Acórdão: Apelação Cível nº 1.0024.08.966413-0/002, 23-2-2010, Rel. Des. José Antônio Braga).

Art. 1.261. Se a posse da coisa móvel se prolongar por cinco anos, produzirá usucapião, independentemente de título ou boa-fé.

⚖ Apelação cível – Usucapião – Bem móvel – Preliminar – Pedido juridicamente impossível – Rejeição – Veículo sem motor – Irrelevância – Prescrição aquisitiva – Satisfação dos requisitos – Artigos 1.260 e 1.261 do CC/02 – Desconstituição da prova – Ônus da parte ré – Enunciado nº 497 da V Jornada de Direito Civil – Incidência – Cabimento. – Há possibilidade jurídica do pedido quando a pretensão da parte autora se refere à providência admissível pelo direito objetivo. – O simples fato de o veículo em discussão encontrar-se desprovido de motor, não impede a propositura desta ação. – Para que exista a aquisição da propriedade por meio da usucapião, impõe-se a comprovação da posse mansa, pacífica e ininterrupta com ânimo de dono e o decurso do prazo legalmente previsto – Segundo o Enunciado nº 497 da V Jornada de Direito Civil, "o prazo, na ação de usucapião, pode ser completado no curso do processo, ressalvadas as hipóteses de má-fé processual do autor." – O ônus da prova, quanto ao fato constitutivo de seu direito, é do autor, e do réu quanto a fato impeditivo, modificativo ou extintivo desse direito, nos termos do art. 373, incisos I e II do CPC/15. – Não havendo nos autos comprovação quanto a existência de fatos impeditivos, modificativos ou extintivos do direito à prescrição aquisitiva em favor da apelada, correta se afigura a r. sentença recorrida (*TJMG* – Ap. 1.0543.10.002036-0/001, 20-9-2018, Rel. Evandro Lopes da Costa Teixeira).

Direito Civil – **Ação de usucapião de coisa móvel** – Requisitos – Não demonstração – Pedido improcedente – Sentença mantida – 1- Dispõe o artigo 1.260 do Código Civil que, "aquele que possuir coisa móvel como sua, contínua e incontestadamente durante três anos, com justo título e boa-fé, adquirir-lhe-á a propriedade." 2- Prevê, ainda, o artigo 1.261 do mesmo código: "Se a posse da coisa móvel se prolongar por cinco anos, produzirá usucapião, independentemente de título e boa-fé." 2- Hipótese em que, todavia, não foi produzida prova testemunhal ou qualquer outra que evidenciasse o lapso temporal exigido pela lei. 3- Além disso, o requerente tinha ciência de que o veículo foi-lhe concedido apenas para uso em suas atividades cotidianas, ciente de que poderia ser reivindicado a qualquer tempo por seu proprietário. (*TJMG* – AC 1.0313.09.284945-1/001, 8-6-2016, Rel. Otávio Portes).

Art. 1.262. Aplica-se à usucapião das coisas móveis o disposto nos arts. 1.243 e 1.244.

1. **Aquisição da propriedade móvel. Introdução**

O conceito e a compreensão de bens móveis e imóveis pertencem ao estudo da Parte Geral. O Código define e elenca-os nos arts. 79 a 84. A maior importância jurídica conferida aos bens imóveis não se deve unicamente à relevância econômica, mas também porque intuitivamente a imobilidade no campo jurídico é a regra:

"*A terra e as águas, as árvores e mais seres ligados à terra, fazem-nos um como tapete fixo em que o que é móvel apenas marca, aqui e ali, os seus passos e os seus caminhos*" (Pontes de Miranda, 1971, v. 15, p. 5).

A industrialização e o consumismo dos tempos atuais dão nova dimensão à importância dos bens móveis. Avulta a proeminência dos chamados bens de consumo, cada vez mais transitórios e descartáveis, mas vitais para a subsistência do homem atual. No entanto, ainda reside no imóvel a vitalidade da economia privada e a soberania dos povos. Disso dificilmente se afastará. Aos bens móveis, contudo, está reservado o importante papel de circulação das riquezas; a dinâmica da sociedade. O imóvel, por sua própria natureza, desempenha papel estático no bojo do patrimônio.

Tendo em vista o estágio histórico de nossa sociedade, perde importância a maioria das modalidades de aquisição da propriedade móvel descritas em nossos Códigos, mercê de sua evidente vetustez. Sobreleva-se, no entanto, a *tradição* como modalidade mais importante de aquisição dos bens móveis. Para regulá-la, em última análise, é dirigida a maior parte da legislação de defesa do consumidor, por meio do microssistema jurídico introduzido por seu Código de Defesa do Consumidor (Lei nº 8.078/1990).

O Código Civil de 1916 disciplinou como modalidades de aquisição dos móveis: *ocupação, especificação, confusão, comistão, adjunção, usucapião e tradição*. Na seção dedicada à ocupação, trata da *caça, pesca, invenção* e *tesouro*. Este Código estabelece a seguinte ordem, a partir do art. 1.260: *usucapião, ocupação, achado do tesouro, tradição, especificação, confusão, comistão* e *adjunção*. Modalidades originárias de aquisição são a ocupação e a usucapião. A invenção como regra geral não permite a aquisição da propriedade. As demais são derivadas.

2. **Usucapião da coisa móvel**

A importância da usucapião para os móveis é evidentemente menos ampla do que para os imóveis. No entanto, os princípios e a finalidade que o inspiram são idênticos. Embora entre nós não preponderes o princípio pelo qual a posse dos móveis *de per si* pressupõe a propriedade, como no Direito francês, a posse inconturbada da coisa móvel em geral é suficiente para o direito e proteção do titular, uma vez que a tradição transfere o domínio. Os móveis e semoventes também podem ser objeto de usucapião.

Por vezes, terá o possuidor de coisa móvel necessidade de comprovar e regularizar a propriedade. Suponhamos a hipótese de veículos. Como toda coisa móvel, sua propriedade transfere-se pela tradição. O registro na repartição administrativa não interfere no princípio de direito material. No entanto, a ausência ou defeito no registro administrativo poderá trazer entraves ao proprietário, bem como sanções administrativas. Trata-se de caso típico no qual, não logrando o titular regularizar a documentação administrativa do veículo, irregular por qualquer motivo, pode obter a declaração de propriedade por meio da usucapião. O mesmo se diga sobre a necessidade de regularização e comprovação de propriedade de semoventes, pois muitos animais de alto valor, como cavalos, cães, gado de alta linhagem, possuem registro administrativo ou privado.

O art. 1.260 estabelece o lapso possessório de três anos para a usucapião ordinária. Para a usucapião ordinária, observam-se as mesmas regras conferidas aos imóveis. Aplica-se o que foi dito a respeito da conceituação de justo título e boa-fé. Estes devem perdurar durante todo o período aquisitivo. O art. 1.261 regula a usucapião extraordinária dos móveis. Também aqui, no prazo maior, dispensam-se os requisitos de justo título e boa-fé. O Código de 1916 mantinha também esse mesmo prazo na hipótese (art. 619).

O art. 1.262 manda aplicar os arts. 1.243 e 1.244 à usucapião das coisas móveis. Desse modo, a lei admite a acessão das posses e as causas que impedem, suspendem ou interrompem a prescrição à usucapião ordinária e extraordinária das coisas móveis. Destarte, o herdeiro soma a sua à posse que recebe do autor da herança, e contra o incapaz não corre prescrição aquisitiva.

De acordo com esses princípios, nada obsta que o proprietário se valha da ação reivindicatória para haver sua coisa móvel. No entanto, a usucapião pode eficazmente ser alegada como matéria de defesa, como sói acontecer com os imóveis. Aliás, muito mais comum que a usucapião nessas hipóteses seja alegada como exceção substancial na contestação do que em ação específica. Por outro lado, consumado o prazo usucapiendo, o antigo titular perde direito à ação reivindicatória.

A usucapião de coisa móvel, como percebemos, apresenta prazos mais exíguos.

Da mesma forma dos imóveis, constituem *res habiles* para a usucapião dos móveis tudo o que puder ser objeto de posse. A usucapião extraordinária ignora a boa-fé e o justo título. Poucos são os exemplos jurisprudenciais de usucapião de coisas móveis.

A maior dificuldade processual na usucapião de coisas móveis reside em saber contra quem promover o pedido, uma vez que a pretensão, em tese, é dirigida contra todos. Nessa hipótese de réu indeterminado, a sentença limita-se a declarar o domínio, homologando a pretensão. Cabe ao juiz, porém, exigir a prova necessária, como, por exemplo, certidão de inexistência de ações possessórias relativas ao bem descrito.

Desconhecido o atual proprietário, emerge dúvida sobre quem colocar no polo passivo. A solução será, sem dúvida, a citação edilícia de réus desconhecidos, incertos e ausentes, hipótese em que determinará a presença do Ministério Público. Doutro lado, dirigida a ação exclusivamente contra anterior proprietário, pois outro interessado na coisa não existe, não há necessidade de intervenção do Ministério Público. Havendo possibilidade de a coisa ter pertencido a entes estatais, devem ser cientificadas as fazendas públicas. Examina-se a hipótese vertente no processo, segundo o prudente critério do juiz. Juiz imprudente é aquele excessivamente apegado à fórmula; é atrabiliário e mau juiz. Não pratica a justiça, mas a burocracia. O processo de usucapião de coisa móvel requer cautela, mas não exagero. O mesmo se diga a respeito de representantes do Ministério Público que, por vezes, extrapolam os limites do aceitável em seu nobre mister, com requerimento de exigências descabidas. Geralmente, a prova testemunhal será suficiente para a prova da usucapião. No entanto, não se dispensa até mesmo a possibilidade de prova pericial, se as circunstâncias da posse da coisa o exigirem.

Se o efeito da sentença for declaratório, reconhecerá a preexistência da propriedade da coisa móvel. Será a decisão título hábil para o registro administrativo, se necessidade houver, como, por exemplo, nas hipóteses de veículos automotores, telefones, navios e aeronaves. Destarte, destaca-se aí o efeito secundário mandamental da sentença declaratória de usucapião. Não havendo outra necessidade de registro, pode ser registrada no Cartório de Títulos e Documentos, para conhecimento de terceiros. Nesse sentido, a Súmula 489 do Supremo Tribunal Federal: *"A compra e venda de automóvel não prevalece contra terceiros de boa-fé, se o contrato não foi transcrito no Registro de Títulos e Documentos."*

Como a aquisição da propriedade se dá pela inércia do anterior titular, este não terá ação de injusto enriquecimento contra o usucapiente (MIRANDA, 1971, v. 15, p. 105).

✎ Arrendamento Mercantil – Usucapião – Aquele que possuir coisa móvel como sua, continua e incontestadamente, durante cinco anos, independentemente de título ou boa-fé, adquirir-lhe-á a propriedade – Prescrição aquisitiva caracterizada – Ausência de circunstância que torne precária a posse, considerando que o débito contratual está prescrito – Honorários advocatícios mantidos, diante do trabalho dos advogados do autor e da complexidade da causa – Recursos não providos (*TJSP* – Ap. 1009169-14.2014.8.26.0451, 15-2-2017, Relª Silvia Rocha).

Seção II
Da Ocupação

Art. 1.263. Quem se assenhorear de coisa sem dono para logo lhe adquire a propriedade, não sendo essa ocupação defesa por lei.

O Código de 1916 definira *ocupação* no art. 592. Essa dicção continua a ser orientadora no atual Código, que não disciplina detalhadamente a matéria.

Nas sociedades primitivas, a princípio, as coisas não tinham dono. Delas apropriava-se o primeiro ocupante. O Direito Romano cristalizou a ideia de que a *res nullius* pertence naturalmente ao primeiro tomador. A coisa é sem dono porque nunca o teve ou porque houve abandono por parte do titular (*res derelicta*). Efetiva-se a propriedade pela apreensão da coisa, com a intenção do agente de tê-la como própria.

O art. 593 do Código de 1916 enumerou a primeira classe abordada pelo ordenamento, ou seja, as coisas sem dono:

"I – os animais bravios, enquanto entregues à natural liberdade;
II – os mansos e domesticados que não forem assinalados, se tiverem perdido o hábito de voltar ao lugar onde costumam recolher-se (salvo se domesticados, fugirem de seus donos, enquanto estes lhe andarem à procura, art. 596);

III – os enxames de abelhas, anteriormente apropriados, se o dono da colmeia, a que pertenciam, os não reclamar imediatamente;

IV – as pedras, conchas e outras substâncias minerais, vegetais ou animais arrojadas às praias pelo mar, se não apresentarem sinal de domínio anterior."

Os animais bravios não são todos os selvagens, porque estes podem já ter sido apropriados por alguém. São considerados *res nullius* os animais não subordinados a qualquer senhoria.

Os animais assinalados, marcados a fogo ou com sinetes ou sinais, como se costuma fazer com o gado, têm presunção de propriedade. Se não assinalados, são apropriáveis aqueles que perderam o hábito de retornar ao lugar do dono. Este, porém, não perde sua propriedade, enquanto estiver à procura deles (art. 596 do Código de 1916). Não há necessidade de procura contínua. O exame do caso demonstrará se o *animus* do proprietário do animal é de permanente e atual estado de busca. Como dissemos, a matéria do Código pretérito continua a ser nossa orientadora.

No mesmo sentido, tornam-se coisas de ninguém os enxames de abelha, se seu apicultor não os reclamar imediatamente. Há necessidade de que a colmeia transfira-se de um local para outro. Os enxames de abelhas são ordinariamente considerados universalidades de fato. São *res nullius* as colmeias selvagens, que nunca foram ocupadas, ou podem ser parte integrante, pertença de imóvel, nos termos do art. 43, III, do Código anterior.

Os objetos lançados ao mar, tal como descritos na lei, serão *res nullius* se não apresentarem sinal de domínio: mercadorias alijadas de navio que trazem o nome da embarcação, ou do responsável pelo transporte, não são apropriáveis pela ocupação. Poderão ser objeto de invenção. Para a ocupação de *res nullius*, há necessidade de que efetivamente as coisas estejam sem dono.

O parágrafo único do art. 592, de elegante redação, o antigo Código, definia o que entende por coisa abandonada. No abandono, existe ato de renúncia; abre-se mão do direito de propriedade. A *res derelicta* pode assim ser apropriada por outrem, em ato originário de aquisição. Verifica-se em cada caso se houve renúncia à propriedade. *Animus* de não mais ser dono. Examina-se o comportamento do agente. Quem joga coisa fora manifesta a intenção de não mais exercer a propriedade. Quem deixa coisa dentro de sua propriedade presume-se manter a posse e a propriedade. A lenha cortada e empilhada na propriedade presume-se com titular. Os gravetos jogados à beira de uma estrada presumem-se sem dono.

O crescimento da população e a valorização dos bens móveis em geral tornam rara na atualidade a aquisição por ocupação. As modalidades de *caça, pesca e invenção* são as poucas possibilidades de ocupação. Com exceção da pesca em escala comercial, as demais situações de ocupação não apresentam maior relevância.

A presente lei civil, no art. 1.263, preferiu sintetizar em uma frase legal a aquisição por ocupação, referindo-se apenas às coisas sem dono, que abrangem todas as modalidades de *res nullius*, abrindo mão da enumeração do velho art. 593. Coisas sem dono são tanto as que foram abandonadas, como as que nunca tiveram titular. Incluem-se, evidentemente, os semoventes. Não há mesmo, atualmente, necessidade de qualquer outra disposição.

Seção III
Do Achado do Tesouro

Art. 1.264. O depósito antigo de coisas preciosas, oculto e de cujo dono não haja memória, será dividido por igual entre o proprietário do prédio e o que achar o tesouro casualmente.

Art. 1.265. O tesouro pertencerá por inteiro ao proprietário do prédio, se for achado por ele, ou em pesquisa que ordenou, ou por terceiro não autorizado.

Art. 1.266. Achando-se em terreno aforado, o tesouro será dividido por igual entre o descobridor e o enfiteuta, ou será deste por inteiro quando ele mesmo seja o descobridor.

O achado de tesouro trata-se de coisa de valor encontrada em bem móvel ou imóvel, onde se encontrava oculta, sem relação jurídica com o titular, que não mais se sabe quem é, *de cujo dono não haja memória*. O dispositivo antigo refere-se a depósito antigo de moeda ou coisas preciosas. O assunto tem muito a ver com a ficção e a realidade, principalmente do Velho Continente, com longa tradição histórica. Em mais novo como o nosso é muito mais raro que o fenômeno ocorra. Não há que se tratar também de objetos de interesse e valor histórico, cujos bens devem pertencer ao patrimônio oficial.

Este Código refere-se apenas às coisas preciosas. Embora o ordenamento refira-se à invenção de coisas em imóvel, nada impede que o tesouro seja encontrado por outrem em bem móvel, encontrando-se ali sem conhecimento do dono. Dentro de um vaso, por exemplo.

Diminuta é a importância atual da matéria, inserida no Código como decorrência de épocas passadas, situação de pessoas que enterravam e escondiam seus pertences ao fugir de guerras ou revoluções. Morto ou desaparecido o proprietário, os tesouros ficavam ocultos até que por casualidade fossem encontrados.

Se o tesouro for encontrado em prédio alheio, o art. 1.264 determina que seja dividido entre o proprietário do prédio e o inventor. Este Código nesse dispositivo faz importante observação que deveria estar expressa no ordenamento anterior. Essa divisão do tesouro entre o proprietário do prédio e o achador deve decorrer de *atividade casual*. Se a pessoa foi contratada para achar coisas, a relação é negocial. Tanto é assim que o art. 1.265 do novo diploma esclarece que o tesouro pertencerá por inteiro ao proprietário do prédio, se for achado por ele, ou em pesquisa que ordenou, ou por terceiro não autorizado. A disposição moderniza o que já estava disposto no art. 608 antigo.

A regra não sofre exceção se o tesouro é achado em bem público. Se a coisa é achada em prédio sob condomínio, a metade do proprietário é dividida entre os condôminos. Se foi o condômino que achou, tem ele direito à metade que lhe cabe como inventor. Se em condomínio em edifícios ou assemelhado, pertence ao condomínio a metade da coisa achada nas áreas comuns e ao condômino se achada em sua unidade autônoma. Se o tesouro é achado por inquilino, comodatário, depositário etc., os quais detêm a posse imediata em razão de contrato, o mecanismo funciona como se estranhos fossem, não se alterando a regra do art. 1.264. Para o usufrutuário, existia regra específica no art. 727 do Código de 1916: "*O usufrutuário não tem direito à parte do tesouro achado por outrem...*" Terá direito à metade, porém, como qualquer outro, se ele casualmente achar o tesouro, cabendo a outra metade ao nu-proprietário. A regra do art. 727 não é repetida no novo ordenamento, mas, por um sentido lógico e histórico, a mesma regra deve ser mantida, pois o art. 1.264 refere-se unicamente ao proprietário do prédio.

É difícil justificar a regra que determina a divisão do achado entre o inventor e o proprietário do prédio. O tesouro é evidentemente coisa distinta do prédio, sem qualquer relação jurídica com seu proprietário, não havendo razão para beneficiá-lo pela atividade alheia. A esse respeito comenta Guillermo Borda (1984, p. 276):

> "*O lógico teria sido que o tesouro pertencesse integralmente ao descobridor, ou melhor que metade correspondesse a ele e a outra metade ao Estado, com o que toda a sociedade e não somente o dono do prédio se beneficiaria dessa riqueza que um fato casual colocou a descoberto.*"

Para a caracterização do tesouro, devem estar presentes, de acordo com a lei, os seguintes requisitos: (1) ser um depósito de coisas móveis de certo valor, decorrente de ato voluntário; (2) a coisa encontrada deve estar enterrada ou oculta; (3) deve ser tão antigo de molde a não existir notícia de sua origem ou propriedade. É necessário que se trate de coisa sem dono.

Tesouro é necessariamente bem móvel de que não se tinha conhecimento. Se alguém descobre que a tela sobre a parede é de pintor célebre e não simples reprodução, não há tesouro, porque a coisa já era conhecida. Não há necessidade de que se trate de pluralidade de coisas. Uma só moeda antiga pode constituir tesouro.

O tesouro constitui-se de coisa antiga, da qual não se tinha memória. A vetustez é requisito essencial, porém relativo; nosso Código não fixa tempo.

Não é suficiente que alguém descubra o tesouro, é necessário que o *ache*. O Código não empregou o verbo *descobrir*, mas *achar*. Alguém pode saber que há moedas enterradas em prédio, sem saber sua exata localização. O tesouro requer a posse por parte do inventor. De acordo com o art. 1.264, quem acha coisas em terreno alheio faz-se possuidor imediato de metade do achado, sendo também possuidor imediato da outra metade o dono do prédio (MIRANDA, 1971, v. 15, p. 95).

Se é o próprio proprietário do prédio quem encontra o tesouro, existe acessão. Adquire a propriedade da coisa achada porque está em seu domínio. Quando o Código manda dividir o tesouro com o terceiro achador, mais apropriadamente, segundo a doutrina, qualifica-se a divisão do tesouro como modalidade de recompensa para o achador. Cuida-se, pois, de situação atípica de aquisição da propriedade, porque se divide o achado com o dono do prédio ou do móvel onde o tesouro se encontrava. Tal como disposto na lei, seguindo a mesma solução no direito comparado, estabelece-se um condomínio forçado entre o descobridor e o proprietário do prédio (WEILL; TERRÉ; SIMLER, 1985, p. 356), tanto que comete ilícito penal o inventor que se apossa do todo.

Para que ocorra o tesouro, o achado há de ser casual. Se o agente pesquisa justamente para encontrar coisas preciosas, não há tesouro. Se o fazia com licença do dono do imóvel, há contrato entre eles. Se contra sua vontade, a coisa pertence inteiramente ao dono do imóvel (veja art. 1.265).

O Código Penal, no art. 169, I, qualifica como crime a apropriação da quota do proprietário do tesouro achado em seu prédio.

A regra geral aplica-se ao terreno enfitêutico que trata o enfiteuta como se dono do prédio fosse:

> "*Art. 609. Deparando-se em terreno aforado, partir-se-á igualmente entre inventor e o enfiteuta, ou será deste por inteiro, quando ele mesmo seja o inventor*" (atual art. 1.266).

Lembre-se de que a enfiteuse desaparecerá gradualmente com o presente Código, que deveria estabelecer solução também para o direito de superfície, que é introduzido pelo novo ordenamento.

Não mais se considera tesouro a coisa encontrada se for identificado o dono. Nesse sentido dispunha o art. 610 do Código de 1916: "*Deixa de considerar-se tesouro o depósito achado, se alguém mostrar que lhe pertence.*" Se o proprietário da coisa encontrada surgir e reclamar, não há tesouro. Este Código entendeu desnecessária essa disposição. O procedimento judicial possibilita o conhecimento do achado por terceiros, pela publicação de edital na rede mundial de computadores, no sítio do tribunal a que estiver vinculado e na plataforma de editais do Conselho Nacional de Justiça ou, não havendo sítio, no órgão oficial e na imprensa da comarca (art. 746 do CPC).

Seção IV
Da Tradição

Art. 1.267. A propriedade das coisas não se transfere pelos negócios jurídicos antes da tradição. Parágrafo único. Subentende-se a tradição quando o transmitente continua a possuir pelo constituto possessório; quando cede ao adquirente o direito à restituição da coisa, que se encontra em poder de terceiro; ou quando o adquirente já está na posse da coisa, por ocasião do negócio jurídico.

Assentamos no decorrer deste texto que a propriedade no direito nacional transfere-se primordialmente pelo registro imobiliário no tocante aos imóveis e pela tradição quanto aos móveis. Não prepondera a regra mobiliária do Direito francês pela qual a posse vale título. Esse o sentido do presente artigo com relação aos bens móveis.

Enunciamos também que, não ocorrendo a tradição do móvel, o adquirente tem apenas ação pessoal, de obrigação de dar ou entregar contra o alienante para haver a coisa, decorrente do contrato. Não a reivindica, porque ainda não é dono. Somente a tradição, ainda que pelo *constituto* possessório ou outra modalidade simbólica, transforma-o em proprietário da coisa móvel. O contrato por si só não transfere a propriedade. Com a entrega, a transferência da coisa torna-se pública. O direito pessoal transforma-se em real.

Tradere significa entregar, ceder, fazer passar a alguém, transmitir, confiar, dar. *Traditio* configura a ação de dar ou entregar. Somente com a entrega da coisa nasce o direito real. No entanto, cumpre advertir que a tradição é ato ambíguo. Não somente serve para transmitir a propriedade, como também para transmitir unicamente a posse ou detenção. Importa analisar o caso concreto e a intenção dos sujeitos. Somente alheia a propriedade como regra geral se o *tradens* tem o domínio da coisa. É necessário também que o *accipiens* tenha intenção de recebê-lo. A transmissão da propriedade pela tradição deve ser fundada em negócio jurídico bilateral (MIRANDA, 1971, v. 15, p. 241). A cláusula de transferir o objeto da alienação é implícita nos contratos de compra e venda de bens móveis. Daí a possibilidade de ajuizamento da ação para obrigação de dar, por nós enfatizada. A tradição, com o contrato, também é ato ou negócio jurídico bilateral, mas com ele não se confunde. Já exaurimos a noção de que pode existir contrato de alienação sem tradição, assim como tradição sem contrato de alienação.

Duas modalidades de tradição costumam ser distinguidas:

- A tradição *real* consiste na efetiva entrega material da coisa feita pelo alienante ao adquirente, ainda que por procuradores ou núncios.
- A tradição *simbólica* é tão somente representativa, não ocorre materialmente. A entrega das chaves de um veículo é exemplo caracterizador.

O *constituto possessório*, referido na lei e já mencionado no tocante aos imóveis, é tradição *ficta*. O alienante continua na posse do móvel, mas altera-se seu *animus*. Possuía como dono e passa a possuir a outro título. Vende a coisa e permanece com ela como locatário, por exemplo. Também é ficta a tradição *breve manu*, quando a coisa já está em mãos de quem deve recebê-la, como descreve este Código, operando-se apenas a mudança do título: o locatário passa a possuir como proprietário pelo ato de alienação. A exemplo dos imóveis, a tradição simbólica *longa manu* ocorre quando a coisa é mostrada e descrita pelo alienante, sendo posta a sua disposição.

Este Código refere-se ainda à modalidade de tradição ficta pela qual o titular cede ao adquirente o direito à restituição da coisa, que se encontra em poder de terceiro. Nesse caso, opera-se a transferência da posse mediata ou indireta. Efetuamos nesta obra estudo sobre a sistemática pátria acerca da posse direta e indireta. O proprietário titular da posse indireta pode transmiti-la, cedendo o direito à restituição da coisa. São as hipóteses, por exemplo, de alienação de coisa dada em locação, em comodato, em depósito etc. A transferência envolve a posse indireta que é acompanhada do direito à restituição, isto é, o direito de reaver a coisa locada na época oportuna.

A tradição remonta ao Direito Romano, que exigia a materialidade de transferência da coisa. Lembre-se, todavia, de que apenas a tradição não transfere a propriedade, se não preexistir um negócio jurídico anterior que consubstancie essa transferência. Os contratos de locação, depósito, comodato, por exemplo, traduzem tradição que não transmite a propriedade. A tradição é idônea para aquisição da propriedade móvel se houver o ânimo de alienar. Na relação jurídica, devem ser destacados os dois momentos distintos: o gerador da vontade de alienar e o ato material da transferência da coisa, ainda que ficta ou simbólica.

Apelação cível – Dissolução – Ação de divórcio – Partes casadas pelo regime de comunhão parcial entre 26/10/2013 e janeiro de 2.015 – Insurgência do autor contra a parte da sentença que decretou a partilha do preço da venda de uma motocicleta adquirida durante o casamento, condenando-o a pagar à ré a metade que lhe cabe, considerando que a alienação ocorreu após a separação – Não acolhimento – Embora a transmissão de bem móvel ocorra com a simples tradição, conforme art. 1.267, do CC, a única prova que corrobora a versão do autor de que a venda ocorreu durante o casamento e que, portanto, o produto se reverteu em prol da família consiste no depoimento do comprador, que é confuso e inverossímil – Inexiste qualquer outra prova que corrobore a versão autoral dos fatos – Por outro lado, há prova documental e testemunhal favorável às alegações da ré – Sentença mantida – Recurso desprovido (*TJSP* – Ap. 1002533-16.2017.8.26.0002, 6-8-2020, Rel. Rodolfo Pellizari).

Embargos de terceiros – Penhora sobre veículo – Contrato Verbal – **Tradição comprovada** – Prova da propriedade mediante o registro da titularidade junto ao Detran – Prescindibilidade – A existência de alienação fiduciária sobre o bem não impede a oposição dos embargos de terceiros para a defesa dos interesses sobre o bem, considerando ser o terceiro possuidor do veículo – "A propriedade das coisas não se transfere pelos negócios jurídicos antes da tradição." (art. 1.267 do CC), assim, a prova da propriedade de veículo automotor não está adstrita à comprovação do registro junto ao DETRAN – Comprovada a aquisição da propriedade do bem mediante a tradição, deve ser desconstituída a penhora judicial realizada sobre o veículo. (TJMG – AC 1.0280.14.002929-7/001, 14-3-2016, Relª Juliana Campos Horta).

Art. 1.268. Feita por quem não seja proprietário, a tradição não aliena a propriedade, exceto se a coisa, oferecida ao público, em leilão ou estabelecimento comercial, for transferida em circunstâncias tais que, ao adquirente de boa-fé, como a qualquer pessoa, o alienante se afigurar dono.
§ 1º Se o adquirente estiver de boa-fé e o alienante adquirir depois a propriedade, considera-se realizada a transferência desde o momento em que ocorreu a tradição.
§ 2º Não transfere a propriedade a tradição, quando tiver por título um negócio jurídico nulo.

O dispositivo cuida da decantada alienação *a non domino*, ou seja, por quem não seja dono.

A regra geral é a de que ninguém pode transferir mais direitos do que tem. Se vier a adquirir esse direito, porém, não há razão para inquirir a alienação feita a outrem de boa-fé, cuja eficácia retroage à data do ato. A boa-fé de que fala a lei é examinada no momento da tradição. A aquisição, na verdade, é que deve ser de boa-fé. Desse modo, torna-se possível a alienação de coisas futuras.

Em prol do sentido social que o Código de 2002 imprimiu às relações sociais, o art. 1.268 apresenta inovações contundentes e que atendem aos reclamos da boa-fé, já presentes, aliás, no estatuto de defesa do consumidor. Assim, mesmo feita por quem não seja dono, se a coisa foi oferecida ao público em leilão, ou estabelecimento comercial, tudo levando a crer que o alienante é proprietário, esse negócio transfere a propriedade. Dá-se proeminência à boa-fé em detrimento do real proprietário que deverá responsabilizar o alienante de má-fé, persistindo, porém, a tradição e a alienação feita ao adquirente de boa-fé. Trata-se de mais uma hipótese na qual o Direito homenageia a aparência protegendo a boa-fé. A regra geral, como vimos, já consagrada no ordenamento anterior, é a de que a alienação feita por quem não seja dono não tem o condão de alienar a propriedade. As exceções, com referência ao leilão, ao estabelecimento comercial e à boa-fé, estampam situações que são cobertas pelo CDC. Coloca-se na situação de consumidor quem adquire bens em leilão ou estabelecimento comercial, dentro do conceito amplo estabelecido de consumidor e fornecedor, segundo os arts. 2º e 3º da Lei nº 8.078/1990. Nessas situações, a responsabilidade é objetiva do fornecedor de produtos e a alienação é eficaz, como regra geral. De qualquer forma, a atual lei civil protege as situações de aparência em geral, quando há boa-fé do adquirente e quando o alienante apresenta-se em tudo e por tudo como dono.

A nulidade referida no § 2º é aplicação da regra geral: o que é nulo não pode produzir efeito. A questão atinente aos móveis é enfatizada, porque a tradição transmite a posse, e essa exteriorização de propriedade na espécie é mais notória do que nos imóveis, em que existe o crivo do registro imobiliário para a aquisição da propriedade. A referência à nulidade no dispositivo demonstra que, entre nós, a transferência da propriedade mobiliária é causal. Se nulo o negócio jurídico originador, o domínio não se transfere.

Há exceções, a confirmarem a regra, de transmissão de propriedade de coisa móvel no ordenamento, independentemente de tradição. No casamento realizado sob o regime de comunhão universal, por exemplo, os bens transmitem-se entre os nubentes por ato decorrente do próprio ato matrimonial (art. 1.667). Na alienação fiduciária em garantia, instrumento utilizado para financiamento de bens, o domínio transfere-se ao adquirente fiduciário (instituição financeira), sem tradição real.

Apelação cível – Ação declaratória de nulidade de negócio jurídico – Venda a *non domino* – Negócio jurídico inexistente – Art. 1.268, do CC/02 – Direitos do terceiro de boa-fé – Ação própria. 1. Nos termos do que preceitua o art. 1.268, do Código Civil de 2002, a tradição não aliena a propriedade, quando realizada por quem não seja proprietário 2. Efetivada a venda a *non domino*, o § 1º do art. 1.268, CC/02, admite exceção em favor do adquirente de boa-fé, se posteriormente o alienante adquirir o domínio do real proprietário. 3. Na hipótese dos autos, não se operou aquisição superveniente do imóvel pelos alienantes, porquanto não há que se falar em resguarda dos direitos de terceiros adquirentes de boa-fé, os quais devem ser pleiteados via ação própria, porquanto impossível convalidar-se o negócio jurídico nulo. (...) (*TJMG* – Ap. 1.0702.13.065966-8/001, 6-11-2018, Rel. Francisco Ricardo Sales Costa).

🔖 Civil – Processual Civil – Ação de reintegração de posse – Agravo Retido – Não conhecido – Prova oral produzida em audiência – desnecessária – preliminar cerceamento de defesa – rejeitada – veículo deixado na agência de automóveis para conserto – Alienado pelo vendedor sem autorização do proprietário – Ausência de cuidados necessários do comprador para aquisição do veículo – Pagamento feito a terceira pessoa e não repassada ao proprietário – Nulidade do negócio – Artigo 308 do código civil – **Tradição de bem móvel por quem não é proprietário não aliena a propriedade** – Artigo 1.268 do Código Civil – Terceiro de boa-fé – Não Demonstrada – Elementos probatórios que não sustentam as alegações do réu-apelante – Não comprovação dos pagamentos do veículo – Pedido contraposto – Inexistência – 1- Nos termos do § 1º do art. 523 do Código de Processo Civil, não se conhecerá do agravo se a parte não requerer expressamente nas razões ou na resposta da apelação, sua apreciação pelo Tribunal. 2. O juiz é o destinatário da prova, portanto, nos termos do art. 130 do Código de Processo Civil, cabe-lhe aferir sobre a necessidade ou não de sua realização. 3- É obrigação do comprador verificar se a agência de automóveis teria poderes para a venda daquele pretenso veículo e recebimento de valores, mesmo firmando um contrato de compra e venda. Caso contrário, o pagamento a que estava obrigado deveria ter sido feito ao proprietário do veículo. 4- O pagamento deve ser feito ao credor ou a quem de direito o represente, sob pena de só valer depois de por ele ratificado, ou tanto quanto reverter em seu proveito.?, nos termos do artigo 308 do Código Civil. 5- Embora a propriedade de bem móvel ocorra com a tradição do bem, na hipótese dos autos, a simples tradição não ensejou a aquisição da propriedade do bem pelo apelante, uma vez que a agência de automóveis ou o vendedor não eram o proprietário do bem e, nos termos no disposto no art. 1.268 do CC, a tradição feita por quem não é proprietário não aliena a propriedade. 6- Não obstante o apelante sustentar ter agido de boa-fé, não há qualquer fato que indique ser justa a sua posse, não podendo ser considerado terceiro de boa-fé, mormente por não ter agido com a cautela que o caso exigia. 7- Não se desincumbindo o réu-apelante do ônus da prova (art. 333, inciso II, CPC) e não havendo prova robusta da comprovação do pagamento do veículo, não há que se falar em pedido contraposto. 8- Não conhecido o Agravo Retido. Rejeitada a preliminar de cerceamento de defesa. Conhecido o recurso e negado provimento. (*TJDFT* – AC 20130110839694APC – (931822), 8-4-2016, Relª Gislene Pinheiro).

Seção V
Da Especificação

Art. 1.269. Aquele que, trabalhando em matéria-prima em parte alheia, obtiver espécie nova, desta será proprietário, se não puder restituir à forma anterior.

Art. 1.270. Se toda a matéria for alheia, e não se puder reduzir à forma precedente, será do especificador de boa-fé a espécie nova.
§ 1º Sendo praticável a redução, ou quando impraticável, se a espécie nova se obteve de má-fé, pertencerá ao dono da matéria-prima.
§ 2º Em qualquer caso, inclusive o da pintura em relação à tela, da escultura, escritura e outro qualquer trabalho gráfico em relação à matéria-prima, a espécie nova será do especificador, se o seu valor exceder consideravelmente o da matéria-prima.

Art. 1.271. Aos prejudicados, nas hipóteses dos arts. 1.269 e 1.270, se ressarcirá o dano que sofrerem, menos ao especificador de má-fé, no caso do § 1º do artigo antecedente, quando irredutível a especificação.

A manipulação de matéria-prima pode dar origem à propriedade. De natureza controvertida no passado, nosso Código classifica a especificação como modalidade de aquisição da propriedade móvel. A questão é muito importante, tendo em vista a arte e a criatividade humana. O artífice transforma o couro em calçados, a pedra em instrumentos ou esculturas, o ferro em utensílios, o barro em obra artística etc. Ocorre o fenômeno da especificação quando existe o lavor e não pode a coisa retornar à espécie anterior. A relevância jurídica surge do fato de a matéria-prima ser alheia, total ou parcialmente. A especificação é necessariamente produto do trabalho humano.

Os princípios legais procuram sempre evitar o injusto enriquecimento. Se a mão de obra for de valor consideravelmente superior ao material, a espécie nova deverá pertencer ao especificador, ainda que tenha ele agido de má-fé. Note a redação do art. 1.270.

Problema não surge quando alguém trabalha com material seu. Quando a matéria-prima é parcialmente sua, deve indenizar pelo valor daquilo que era alheio (art. 1.271). Se toda a matéria-prima não é do especificador, e a coisa nova não puder ser revertida ao estado anterior, dele será a novidade se obrou com boa-fé. Indenizará evidentemente o dono da matéria-prima. Se a novidade puder ser revertida ao estado anterior, a ferradura ao ferro, o anel ao ouro, por exemplo, a coisa pertencerá ao dono da matéria-prima. Mesmo quando não redutível, estando o especificador de má-fé, a novidade ficará com o proprietário da matéria-prima. É evidente que, se a lei dispusesse em contrário, incentivaria o furto ou apropriação indevida.

Art. 1.272

No entanto, nos termos do § 2º, se o valor da mão de obra supera em muito o valor da matéria-prima, a escultura em relação à pedra ou ao barro, por exemplo, ainda que ocorrendo má-fé, a novidade será do especificador. Imagine-se subtrair uma obra de Michelângelo somente porque se utilizou de mármore alheio! O Código anterior reportava-se ao preço da mão-de-obra, ou seja, atividade do artífice, e não preço da coisa nova. No entanto, era evidente que, em se tratando de obra de arte, o preço da mão de obra confunde-se com o da própria obra. Trata-se de valor axiológico. Outra interpretação levaria à solução injusta. Sob esse prisma, este Código, além de mencionar o princípio geral, é também expresso, nesse dispositivo, quanto ao valor da pintura em relação à tela, da escultura, da escritura e outro qualquer trabalho gráfico em relação à matéria-prima (art. 1.270, § 2º). Trata-se de aplicação do princípio de acessoriedade exposto no art. 92 do Código (art. 62, CC/1916, sem exata correspondência atual). Cabe ao juiz em cada caso avaliar a superação axiológica do trabalho sobre a matéria.

Em qualquer caso, indeniza-se pelo valor da matéria-prima perdida (art. 1.271). No caso de má-fé, o especificador responde também por perdas e danos.

O art. 614 do Código anterior dispunha que "*a especificação obtida por alguma das maneiras do art. 62 atribui a propriedade ao especificador, mas não o exime à indenização*". Cuidava-se das hipóteses de acessoriedade, já mencionadas, da pintura em relação à tela, da escultura em relação à matéria-prima e da escritura e outro qualquer trabalho gráfico em relação à matéria-prima que os recebe. Superior o valor do lavor, atribui-se a propriedade da coisa ao especificador, que indenizará pela matéria-prima utilizada, evitando-se o enriquecimento injusto. O ordenamento dá preferência ao especificador ao lhe atribuir a novidade, dando proeminência à criação do gênio humano sobre a matéria. Nessas situações, não se leva em conta a influência da má-fé. Em nenhuma hipótese, porém, deixa o dono do material de ter direito à indenização. A regra mantém-se no diploma de 2002, como apontamos.

Seção VI
Da Confusão, da Comissão e da Adjunção

Art. 1.272. As coisas pertencentes a diversos donos, confundidas, misturadas ou adjuntadas sem o consentimento deles, continuam a pertencer-lhes, sendo possível separá-las sem deterioração.
§ 1º Não sendo possível a separação das coisas, ou exigindo dispêndio excessivo, subsiste indiviso o todo, cabendo a cada um dos donos quinhão proporcional ao valor da coisa com que entrou para a mistura ou agregado.
§ 2º Se uma das coisas puder considerar-se principal, o dono sê-lo-á do todo, indenizando os outros.

Art. 1.273. Se a confusão, comissão ou adjunção se operou de má-fé, à outra parte caberá escolher entre adquirir a propriedade do todo, pagando o que não for seu, abatida a indenização que lhe for devida, ou renunciar ao que lhe pertencer, caso em que será indenizado.

Art. 1.274. Se da união de matérias de natureza diversa se formar espécie nova, à confusão, comissão ou adjunção aplicam-se as normas dos arts. 1.272 e 1.273.

A atual redação melhora a compreensão do antigo Código. Houve uma injustificável cochilada do legislador de 2002, pois menciona nos arts. 1.272, 1.273 e 1.274 e na abertura da respectiva seção do Código a palavra *comissão*, quando evidentemente se refere ao fenômeno da "comistão". Deverá ser feita a oportuna correição.

Nessas hipóteses, também ocorre amálgama, em regra involuntária ou fortuita, de matérias pertencentes a diferentes proprietários. Se o fenômeno foi estabelecido por vontade das partes, incumbe-lhes disciplinar o regime jurídico ou partilha, regulando-se pelos princípios contratuais. A doutrina entende essas três modalidades como formas de acessão de móvel a móvel.

Essa mescla de materiais pode decorrer de líquidos de pessoas diferentes (*confusão*), ou de coisas secas (*comistão ou mistura*).

Aqui, a confusão é de coisas e não confusão de direitos obrigacionais (art. 381), cuja conotação semântica é semelhante. Nessas situações, ordinariamente se estabelece o condomínio. Na *adjunção*, ocorre a justaposição de uma coisa a outra, impossível de serem destacadas. Distinguindo-se a principal da acessória, assume o dono da principal a propriedade da segunda.

As situações de fato podem decorrer, por exemplo, da junção de vinhos de duas espécies (confusão); café de duas qualidades (comistão). Ocorre a adjunção quando se solda uma peça a um motor, por exemplo.

A regra geral é o estabelecimento de condomínio entre os vários titulares (art. 1.271). Se for possível a separação, líquidos de densidades diferentes, como óleo e vinagre, por exemplo, as coisas voltam aos respectivos donos. O condomínio estabelecido extingue-se.

Quando a separação for impossível, ou muito dispendiosa, manter-se-á o condomínio *pro indiviso, condomínio forçado*, mantendo cada titular seu quinhão proporcional sobre o todo (art. 1.272, § 1º). Qual a solução se a parte insiste na separação das coisas ainda que muito dispendiosa? Deve o juiz decidir no caso concreto, impondo à parte insistente as despesas pela separação, pois a lei não autoriza, na hipótese, a proporcionalidade dos custos.

Quando uma das coisas puder ser considerada principal em relação à outra, como a incrustação de pedras preciosas em metal, por exemplo, o bem pertencerá ao dono do principal, que indenizará pelo acessório (art. 1.272, § 2º). A adjunção somente permite a propriedade exclusiva se um dos objetos puder ser considerado principal em relação ao outro; caso contrário, subsiste a regra do condomínio forçado. Mantém-se o todo indiviso.

Também nesse aspecto se evitará a ocorrência do injusto enriquecimento. A parte que agiu de boa-fé, perante outra de má-fé, pode escolher entre guardar o todo, pagando a parte que lhe for estranha, ou então optará em renunciar ao todo, recebendo o valor do que perdeu mais perdas e danos.

Nos termos do art. 1.273, e sempre que ocorrer má-fé no campo jurídico, existe a possibilidade de indenização por perdas e danos. Evidente que, se o agente mescla matéria toda ela alheia, responde pelo valor mais perdas e danos com base no princípio geral da culpa.

Se com a mesclagem resultar espécie nova, aplicar-se-iam os princípios da especificação, no sistema do Código de 1916 (art. 617). Este Código altera essa solução e determina, no art. 1.274, que nesse caso se aplicarão as normas da confusão, comistão ou adjunção, aqui expostas, arts. 1.272 e 1.273. Este Código entende mais justa a solução de manter em condomínio a coisa nova obtida de boa-fé, e, no caso de má-fé, atribuir à parte de boa-fé o direito de escolher entre adquirir a propriedade, pagando o que não for seu, abatida a indenização devida, ou renunciar ao que lhe pertencer, optando pela indenização. No sistema anterior, aplicada a solução da especificação, a consequência seria outra, como vimos, atribuindo o domínio ao autor do fato.

CAPÍTULO IV
Da Perda da Propriedade

Art. 1.275. Além das causas consideradas neste Código, perde-se a propriedade:
I – por alienação;
II – pela renúncia;
III – por abandono;
IV – por perecimento da coisa;
V – por desapropriação.
Parágrafo único. Nos casos dos incisos I e II, os efeitos da perda da propriedade imóvel serão subordinados ao registro do título transmissivo ou do ato renunciativo no Registro de Imóveis.

1. Perda da propriedade

O art. 589 do Código de 1916 disciplinava a perda da propriedade imóvel, dizendo que "*além das causas de extinção consideradas neste Código, também se perde a propriedade imóvel: I – pela alienação; II – pela renúncia; III – pelo abandono; IV – pelo perecimento do imóvel.*" A essas quatro hipóteses o art. 590 acrescentava a *desapropriação* como forma de perda da propriedade imóvel, enquanto o art. 591 mencionava a possibilidade de requisição da propriedade, com indenização posterior ao proprietário.

Este Código mantém as mesmas hipóteses no art. 1.275, que também elenca a desapropriação. Contudo, ao se referir ao perecimento, o faz com relação à coisa e não unicamente ao imóvel, pois, evidentemente, tanto a propriedade da coisa móvel como da imóvel, bem como os direitos, extinguem-se por seu desaparecimento.

Como vemos, o próprio ordenamento admite a existência de outras modalidades de perda da propriedade, como, por exemplo, a usucapião e a acessão, bem como a dissolução do casamento. Por outro lado, não existe razão para tratamento diversificado no tocante à perda da coisa móvel e imóvel, pois na maioria das vezes as situações são comuns. A alienação, renúncia e abandono são atos voluntários de perda da propriedade. O perecimento da coisa e a desapropriação são involuntários no que diz respeito ao proprietário.

Também importa realçar ser muito maior em dimensão e importância o espectro de aquisição da propriedade, ainda que não fosse pelo aspecto positivo da noção de permanência do direito real, porque a aquisição da propriedade por alguém, nas formas derivadas, equivale à perda por parte de outrem. Mesmo nas modalidades originárias, como a usucapião, o fenômeno jurídico enfatiza a aquisição da propriedade, que tem no lado oposto do fenômeno a perda eventual por parte de antigo titular.

Pontes de Miranda (1971, v. 14, p. 317) enumera as seguintes modalidades de perda da propriedade móvel, pinçando-as nos dispositivos legais do antigo Código: (1) destruição ou perecimento da coisa; (2) derrelição; (3) colocação da coisa fora de comércio, fuga ou extravio de animais que retomam a natural liberdade (art. 593, I, do Código de 1916) ou perdem o hábito de voltar (arts. 593, II e III, 596); (4) arrojamento pelo mar ou pelo rio da coisa móvel, sem que tenha sinal de pertencer a alguém; (5) tradição; (6) desapropriação; e (7) o fato de outrem adquirir a propriedade.

Verificamos, portanto, que as modalidades mais importantes de perda da propriedade coincidem tanto para os móveis, como para os imóveis. As formas de perda da propriedade não suscitam maiores discussões jurídicas, pois todas elas ficam restritas ao outro lado do mesmo fenômeno, que são as modalidades de aquisição.

Sob outro aspecto, lembremos o que foi explanado acerca do caráter de permanência do direito de propriedade. A regra geral é deixar de existir sob a vontade do titular ou de seus sucessores unicamente por causa de morte. As hipóteses de extinção de direito real, independentes da vontade do titular, devem ser vistas como exceção no sistema, como nos casos de perda ou desapropriação.

As situações de perda da propriedade decorrem de iniciativa do próprio titular, ora de questão ligada à própria coisa, ora em relação à modificação no direito real. O não uso por si só não gera a perda da propriedade pela própria natureza do direito real. Não é a prescrição extintiva que faz perder a propriedade. Não importa o tempo no qual o proprietário não se utiliza da coisa, isso não lhe subtrai o título dominial. O fato positivo da usucapião, a prescrição aquisitiva, esta, sim, gera a propriedade em favor de outrem.

Washington de Barros Monteiro (1989, v. 3, p. 168) lembra que a sentença transitada em julgado pode gerar a perda da propriedade, dando como exemplo a ação procedente de reivindicação, embora isso seja na verdade um efeito da propriedade e não exatamente hipótese de perda.

2. Alienação

A essa altura destes comentários, dúvidas não devem existir sobre a alienação. O proprietário, por vontade própria, transfere a coisa ou direito a outrem por compra e venda, doação, dação em pagamento, permuta etc. Para este último, é forma de aquisição. Existe negócio bilateral, pois o adquirente deve aceitá-lo. O negócio pode ser gratuito ou oneroso, puro ou condicional. Vigora o princípio segundo o qual ninguém transfere mais direitos do que possui. Pode ocorrer de forma compulsória, como na arrematação.

A transcrição ou o registro imobiliário *lato sensu*, como enfatizado, faz nascer a propriedade imóvel; a tradição, a móvel. Enquanto não ocorrer o registro e a tradição, o negócio jurídico fica no plano dos direitos obrigacionais.

3. Renúncia

Renunciar implica abdicar, abrir mão de direitos. Em sentido estrito, renúncia é o ato jurídico pelo qual alguém abandona um direito, sem transferi-lo a outrem. É ato unilateral. Independe, portanto, de aceitação. Além de unilateral, é irrevogável e não se presume, dado seu caráter, devendo ser expresso. A renúncia em favor de outrem refoge ao sentido do instituto porque traduz alienação.

No campo do direito de propriedade, cumpre distinguir a renúncia do abandono.

A renúncia é sempre possível, embora difícil de ocorrer, desde que não cause prejuízo a terceiros. A renúncia de herança em prejuízo a credores, por exemplo, é ineficaz (art. 1.813), podendo estes aceitá-la. Todavia, em outras hipóteses de renúncia de direitos em geral, os credores podem alegar fraude, pleiteando a anulação do ato ou declaração de ineficácia em relação a eles. É aplicado o princípio geral da fraude contra credores.

Na renúncia, existe abandono do direito de propriedade. No entanto, o Código menciona ambas as modalidades. No caso de renúncia, pelo parágrafo único do art. 1.275, exige-se a transcrição do ato renunciativo no registro imobiliário. A renúncia deve ser sempre expressa.

No abandono, o ordenamento determina sua arrecadação como bem vago e disciplina sua passagem ao Estado, Território e Distrito Federal (art. 1.276). No sistema de 1916, o bem abandonado poderia ser arrecadado como vago e em dez anos passar para a propriedade estatal, se imóvel localizado em zona urbana; e em três anos, se localizado em zona rural. Por este Código, o prazo após a declaração de vacância para ambos será de três anos.

O art. 1.276, § 2º, menciona ainda que *"presumir-se-á de modo absoluto a intenção a que se refere este artigo, quando, cessados os atos de posse, deixar o proprietário de satisfazer os ônus fiscais"*. Essa nova disposição deverá possuir amplo alcance social. O imóvel abandonado, qual seja, aquele no qual não mais existe o fato da posse e cujos tributos e demais consectários fiscais não são pagos, pode ser arrecadado e, como vago, passar três anos depois ao Município ou Distrito Federal, se urbano, e à União Federal, se rural. Como, geralmente, o Estado não se adianta em realizar a arrecadação por deficiência instrumental, com raras exceções, os imóveis, nessas condições, ficam aptos a serem adquiridos por usucapião, mormente porque a posse do antigo proprietário já não existe.

De qualquer modo, não pode haver renúncia à propriedade, sem seu abandono. Para os móveis, a distinção mostra-se irrelevante. O abandono é o elemento material da renúncia, que é subjetiva. Para a propriedade imóvel, porém, o abandono puro e simples é insuficiente, porque equivale ao não uso. Há necessidade de ato formal expresso registrável. O abandono puro e simples de imóvel abre ensejo à declaração de bem vago, bem como à assunção da posse por terceiros.

Discute-se se para a renúncia há necessidade de escritura pública. Não existe essa exigência no art. 134, II, do Código anterior. Este Código, todavia, no art. 108, dispõe que a escritura pública é essencial também para a renúncia de direitos reais sobre imóveis de valor superior a 30 vezes o maior salário mínimo vigente no país. Não será, porém, usual que isso venha a ocorrer, salvo quando o proprietário tiver uma razão especial. Quem não mais pretende manter como seu um imóvel, na prática, o abandona. Não formaliza escritura de renúncia. No entanto, nada impede que o faça. Imagine-se a hipótese de imóvel invadido constantemente, sujeitando seu proprietário a permanentes transtornos. Pode ele renunciar expressamente à propriedade por escritura pública, registrando-a. Nesse sentido, a opinião de Sílvio Rodrigues (1984, v. 5, p. 171), entendendo que a escritura pública de renúncia de imóvel pode ser exigida em casos particulares. Lembremos a hipótese de renúncia de herança (bem imóvel por disposição legal, art. 80, II), que somente pode ser feita por escritura pública ou por termo nos autos de inventário. A disposição do art. 108 referido vem, certamente, em socorro a essas situações.

A renúncia de bens móveis pode exigir declaração expressa do titular para conhecimento de terceiros, se o simples abandono for insuficiente para o caso concreto.

4. Abandono

No abandono ou derrelição, o proprietário desfaz-se do que lhe pertence sem manifestar expressamente sua vontade. Derrelição é ato de disposição. O abandono é percebido pelo comportamento do titular. É preciso, no entanto, avaliar se existe voluntariedade. Já nos reportamos, no item anterior, ao abandono da propriedade. O fato de o proprietário não cuidar do que é seu por período mais ou menos longo não traduz *de per si* abandono. Por mais de uma vez, enfatizamos que o singelo não uso não implica perda da propriedade. Importante investigar a intenção de despojar-se da propriedade. Como também se trata de ato de disposição de direitos, na dúvida o abandono não se presume.

Uma vez abandonada, a coisa remanesce sem dono. Necessariamente, não ocorre de imediato a apropriação por outrem. No entanto, uma vez configurado o abandono, qualquer pessoa pode ocupar a coisa.

Para o ato de abandonar, é necessário o poder de dispor. Quem não possui poder de dispor, quem não é dono ou não possui capacidade de atuar pessoalmente na vida civil não pode abandonar. "*O relógio que o louco joga na rua, ou a caneta que o menor de dezesseis anos deixou ficar no banco do jardim, propositadamente, não é res nullius*" (MIRANDA, 1971, v. 15, p. 321). Nada impede, contudo, que se outorgue a outrem poderes de abandonar. Trata-se igualmente de ato unilateral.

Como a caracterização do abandono requer cuidados, o Código determina que os bens imóveis abandonados sejam arrecadados como bens vagos, como expusemos.

O abandono de coisas móveis foi visto em comentário anterior. "*Art. 1.263: Quem se assenhorear de coisa sem dono para logo lhe adquire a propriedade, não sendo essa ocupação defesa por lei.*" O inventor de coisa perdida, porém, deve entregá-la à autoridade competente.

Também no tocante aos imóveis, provado o abandono, qualquer pessoa pode deles se ocupar. Nesse caso, torna-se inviável a arrecadação pelo Estado. O ocupante toma-lhe a posse e não a propriedade, a qual requererá o lapso de usucapião. No entanto, iniciado o processo de arrecadação, durante o prazo estipulado pela lei ainda pode o proprietário reivindicá-lo. A situação fica enublada no abandono, porque inexiste manifestação expressa de abdicação do titular, como na renúncia. Note que o abandono de coisa imóvel não pode ter eficácia *erga omnes*, porque, ao contrário da renúncia, não figura no registro imobiliário. Proprietário, para terceiros, é quem figura no registro. A posse, tal como configurada e protegida no ordenamento, é importante elemento para impedir que a coisa fique sem titular. O interesse da Administração é evitar que imóveis permaneçam sem titulares. O ordenamento não admite imóvel sem dono. O Estado deve intervir para arrecadar bem abandonado, se ninguém exerce a posse. Embora em curso o processo de arrecadação do Estado, pode ocorrer prescrição aquisitiva pelo particular.

5. Perecimento do objeto

Desaparecendo o objeto da propriedade, por força natural ou atividade humana, não existe mais direito, por lhe faltar objeto. Trata-se de modalidade involuntária de perda da propriedade. O campo tomado definitivamente pelas águas ou o móvel destruído pelo incêndio desaparecem para a realidade e para a vida negocial. Não há direito sem objeto. O Código deveria referir-se à *extinção da propriedade*, pois é esse o fenômeno que ocorre. Mais frequente na prática o perecimento dos móveis.

O objeto da propriedade pode perder parte de suas qualidades, mas a propriedade permanece no despojo. Morto o animal, continua o proprietário como titular de seu corpo. A perda da coisa também pode ser parcial, remanescendo parcialmente a propriedade.

O princípio legal provém dos princípios gerais. Perece o direito, perecendo seu objeto (art. 77 do Código de 1916). O art. 78 disciplinava que perece o objeto do direito:

"*I – quando perde as qualidades essenciais, ou o valor econômico;*
II – quando se confunde com outro, de modo que se não possa distinguir;
III – quando fica em lugar de onde não pode ser retirado."

Esses princípios gerais decorrem da Lógica e não podem ser afastados.

6. Desapropriação

A matéria sobre desapropriação é pertinente tanto ao Direito Civil, como ao Direito Administrativo. Obedece a princípios constitucionais e possui importante disciplina processual. Como verificamos, é assunto que exige estudo em quatro disciplinas jurídicas: Direito Constitucional e Administrativo, Direito Civil e Processual Civil. O Código Civil apenas referiu-se ao instituto como modalidade de perda da propriedade imóvel no art. 1.275. Essa matéria foi absorvida pela legislação específica posterior. O aprofundamento de seu estudo deve ser feito no campo do Direito Público.

Sempre se admitiu que o Estado possa intervir no domínio privado. Seu crescente intervencionismo no patrimônio privado tornou o problema mais patente. A desapropriação diz respeito também à utilização social da propriedade. Esta deve passar ao domínio do Estado em razão de interesse social que supera o interesse individual. Justifica-se a desapropriação como ato de soberania, assim como o é o poder de polícia ou o poder de tributar.

No entanto, ao Estado cumpre indenizar o desapropriado, sob pena de inviabilizar os paradigmas da propriedade privada. Igualmente, cabe ao administrador sopesar no caso concreto a necessidade de fazer sobrepujar o interesse social ao interesse privado.

O poder de expropriar está inserido nas Constituições do país desde a carta imperial outorgada.

A Lei nº 13.867/2019 alterou a lei das desapropriações (DL nº 3.365/1941), para possibilitar a opção pela mediação e a via arbitral para definição de valores indenizatórios. Essa menção legal é importante porque abre, sem dúvida, uma via mais adequada para a matéria, algo que sempre vem sendo atendido com dignidade na via administrativa. A arbitragem é sem dúvida a melhor saída naquilo que chamamos de fuga ao Judiciário.

No direito ordinário, a matéria é regulada basicamente pelo Decreto-lei nº 3.365/1941, com modificações introduzidas por várias leis posteriores.

A iniciativa de desapropriação pode emanar da União, dos Estados e dos Municípios, como, também, mediante autorização legal, dos concessionários de serviços públicos. Cuida-se de limitação ao direito de propriedade, assegurando ao Estado extingui-lo ou restringi-lo. Sua maior importância é dedicada aos imóveis. Possível, contudo, que sejam desapropriados bens móveis corpóreos e incorpóreos.

Não se confunde com compra e venda, porque se trata de transferência compulsória, por ato unilateral da Administração. Distingue-se do confisco, em que existe a ocupação da propriedade sem indenização. Do ponto de vista civilístico, a desapropriação é o oposto de apropriação, ou seja, como está no Código, é modalidade de perda da propriedade. Essa é sua natureza jurídica. Do ponto de vista publicístico, caracteriza-se por um procedimento administrativo pelo qual o Estado, ou poder delegado, adquire a propriedade, mediante indenização. Em síntese, cuida-se de modalidade de aquisição coativa da propriedade pelo Estado.

Como decorrência de ser meio originário de aquisição da propriedade, o processo pode ter curso independentemente de a Administração conhecer quem seja o proprietário do bem expropriado. No processo expropriatório, não questionamos o domínio. Apenas discutimos o preço e eventuais nulidades processuais. Ainda que a indenização tenha sido paga a terceiro, que não o *verus dominus*, não é invalidado o ato. O art. 35 do Decreto-lei nº 3.365/1941 dispõe:

> "*Os bens expropriados, uma vez incorporados à Fazenda Pública, não podem ser objeto de reivindicação, ainda que fundada em nulidade do processo de desapropriação. Qualquer ação, julgada procedente, resolver-se-á em perdas e danos.*"

Conforme o princípio aquisitivo da desapropriação, todos os ônus ou direitos que recaiam sobre a coisa ficam sub-rogados no preço.

Se o poder público desapropria com desvio de finalidade ou abuso de poder, afastando-se dos princípios constitucionais, de utilidade ou necessidade pública, ou do interesse social, cabe ao prejudicado acionar o Estado em ação autônoma, pois a questão não pode ser trazida ao bojo do processo expropriatório. Presentes os pressupostos, viável mostra-se o mandado de segurança. Caso contrário, havendo necessidade de produção de provas, cabe ao expropriado recorrer às vias ordinárias.

A Constituição vigente declara que são pressupostos para a desapropriação "*a necessidade pública, a utilidade pública e o interesse social*" (art. 5º, XXIV, e arts. 182 e 184). Nos dois primeiros casos, resguarda-se a "*justa e prévia indenização em dinheiro*". No último, o pagamento será em títulos da dívida pública.

As três modalidades de expropriação podem ser resumidas no conceito de utilidade pública. No entanto, o legislador preferiu tripartir as modalidades, pois assim pode discriminar as hipóteses e atribuir efeitos específicos a cada uma.

A *necessidade pública* denota urgência em obras ou atividade do Estado que determinam a pronta transferência do bem privado à Administração.

A *utilidade pública* demonstra a conveniência de apropriação do bem, sem que seja urgente ou imprescindível.

O *interesse social* é aquele que efetivamente permite ao Estado buscar o sentido social da propriedade. Decorre de circunstâncias para melhorar a distribuição e fruição da propriedade privada. Os bens desapropriados por interesse social não se destinam propriamente a órgãos da Administração, mas à coletividade.

A matéria atinente à expropriação exige estudo detalhado e específico, mormente no campo do direito público.

Enunciado nº 565, VI Jornada de Direito Civil – CJF/STJ: não ocorre a perda da propriedade por abandono de resíduos sólidos, que são considerados bens socioambientais, nos termos da Lei n. 12.305/2012.

Agravo de instrumento – Ação de reintegração de posse – Liminar – Liquidação de sentença – Engenhos de publicidade – Declaração de abandono – Alienação dos bens – Abatimento no débito – Impossibilidade – 1- O art. 1.275, do CC elucida que **se perde a propriedade, por alienação, renúncia, abandono, perecimento da coisa e por desapropriação**. Sendo abandono uma das causas de perda da propriedade, mesmo que os agravantes vendessem os engenhos de publicidade o valor auferido não poderia ser descontado no débito da agravada, pois com a declaração de abandono os bens não pertencem mais a agravada. (*TJMG* – AI-Cv 1.0000.16.047740-2/000, 26-10-2016, Rel. Alberto Diniz Junior).

Apelações cíveis. Ação anulatória de débito cumulada com baixa de veículo. IPVA. Acidente. **Perda total do automotor.** Exação indevida. Verba sucumbencial devida. Apelo da autora provido e do réu desprovido. I. Se a contribuinte autora comprovou que a perda total do seu automóvel ocorreu em momento anterior ao do lançamento do IPVA – imposto sobre a propriedade de veículos automotores, deve-se-lhe isentar o pagamento do reportado imposto e das taxas adjetas inerentes ao bem perdido, porque ausente o fato gerador, dada a privação da propriedade, por perecimento, à luz do art. 1.275, inc. IV, do Código Civil. II. Havendo indicativo de que a pretendida baixa do veículo só seria obtida na via judicial; de que o Estado-réu contestou a ação, resistindo, assim, à pretensão deduzida; e que restou vencido, deve, à luz dos princípios da sucumbência e da causalidade, responder pelos encargos correspondentes (*TJSC* – Acórdão Apelação Cível nº 2011.099872-3, 8-5-2012, Rel. Des. João Henrique Blasi).

Art. 1.276. O imóvel urbano que o proprietário abandonar, com a intenção de não mais o conservar em seu patrimônio, e que se não encontrar na posse de outrem, poderá ser arrecadado, como bem vago, e passar, três anos depois, à propriedade do Município ou à do Distrito Federal, se se achar nas respectivas circunscrições.
§ 1º O imóvel situado na zona rural, abandonado nas mesmas circunstâncias, poderá ser arrecadado, como bem vago, e passar, três anos depois, à propriedade da União, onde quer que ele se localize.
§ 2º Presumir-se-á de modo absoluto a intenção a que se refere este artigo, quando, cessados os atos de posse, deixar o proprietário de satisfazer os ônus fiscais.

Nos comentários ao artigo anterior, tratamos especificamente do abandono da coisa, bem como de sua distinção com a renúncia. Realçamos, também ali, o amplo alcance social da presente disposição, a qual, no entanto, deve pertencer à ampla legislação urbana e rural sobre aproveitamento da propriedade. A questão enunciada no *caput* desse artigo diz diretamente respeito à política urbana. Imóvel urbano abandonado não atende à finalidade social precípua de moradia ou outra finalidade de interesse urbano. Nesse caso, cumpre à cidade a fiscalização. O sintoma mais forte de abandono é o não pagamento de tributos e demais ônus fiscais sobre o imóvel. A presunção será absoluta quando, aliado a esse não pagamento, cessados estiverem os atos de posse. No entanto, não poderá ser arrecadado pelo Município ou pelo Distrito Federal se o imóvel estiver na posse de alguém. Este último aspecto é fundamental. Como posse é matéria de fato, o caso concreto dará a solução. Para o imóvel rural abandonado, a competência é da União e toca a questão maior que se relaciona com os bens não produtivos. A matéria tem que ser vista voltada para a legislação agrária e de aproveitamento do solo. Com relação ao imóvel urbano, há que se ter em mira o Estatuto da Cidade e a legislação municipal.

A iniciativa para o processo de declaração de imóvel vago caberá sempre ao Município ou ao Distrito Federal, conforme a hipótese.

De qualquer modo, como tendência deste Código, o prazo de três anos, para caracterizar abandono de imóvel urbano, é sensivelmente menor que o do estatuto anterior.

📚 Enunciado nº 597, VII Jornada de Direito Civil – CJF/STJ: a posse impeditiva da arrecadação, prevista no art. 1.276 do Código Civil, é efetiva e qualificada por sua função social.

📚 Enunciado nº 242, III Jornada de Direito Civil – CJF/STJ: a aplicação do art. 1.276 depende do devido processo legal, em que seja assegurado ao interessado demonstrar a não cessação da posse.

📚 Enunciado nº 243, III Jornada de Direito Civil – CJF/STJ: a presunção de que trata o § 2º do art. 1.276 não pode ser interpretada de modo a contrariar a norma-princípio do art. 150, inc. IV, da Constituição da República.

📚 Enunciado nº 316, IV Jornada de Direito Civil – CJF/STJ: eventual ação judicial de abandono de imóvel, caso procedente, impede o sucesso de demanda petitória.

🔎 Apelação – Ação de reintegração de posse – Bem imóvel – Sentença de rejeição do pedido – Irresignação procedente. Réus que, cientes da desinstalação de antena de telefonia pertencente à autora no imóvel objeto do interdito, passaram a ocupá-lo, sem nada pagar, quer tributos, quer contas de consumo por serviços públicos. Mero não uso do imóvel pela autora, no período em causa, não implicando perda da propriedade ou da posse, a não ser na hipótese do art. 1.276 do CC, de cuja caracterização não se cogita. Consideração, ademais, de que é suficiente para o nosso ordenamento jurídico, a partir da teoria de Ihering, a prática de atos de exteriorização do domínio. Cenário diante do qual se impõe concluir que a melhor posse toca à autora, até mesmo porque a circunstância de o imóvel não estar ocupado não justifica, por si só, a apropriação da coisa por terceiro, a pretexto da necessidade de a propriedade cumprir função social. Sem nenhuma consistência a exceção de usucapião, haja vista o vistoso não cumprimento dos requisitos legais a tanto exigidos, notadamente o "animus domini" e a prova do tempo da posse exercida pelos réus. Sentença reformada, com o acolhimento do interdito e a inversão da responsabilidade pelas verbas da sucumbência. Deram provimento à apelação (*TJSP* – Ap. 1108423-04.2018.8.26.0100, 2-7-2020, Rel. Ricardo Pessoa de Mello Belli).

🔎 Civil e processual civil – Reintegração de posse – **Abandono** – Instituto não configurado – Demonstração da intenção de manter o bem – Perda da posse – Não ocorrência – Esbulho comprovado – 1- O abandono é uma das modalidades de perda da posse em razão da ausência de ambos os elementos constitutivos, a saber, *animus* e *corpus*. Se a parte adota medidas conducentes à conservação e guarda do bem, é evidente que não ficou configurada a situação de abandono, a ensejar a perda de sua posse. 2- Não procede a alegação de que foi adquirida a propriedade do bem para justificar a tomada de posse da área se a prova demonstra que o bem ocupado é um e o adquirido é outro, ficando a ação caracterizada como esbulho. 3- Se o acórdão recorrido partiu da premissa de que houve abandono do bem, a ensejar a perda de sua posse, é porque, a *contrario sensu*, reconheceu a existência de posse anterior, seja direta ou indireta, a justificar a reintegração de posse. 4- Recurso especial conhecido e provido. (*STJ* – REsp 1.325.139 – (2012/0107211-8), 18-12-2015, Rel. Min. João Otávio de Noronha).

CAPÍTULO V
Dos Direitos de Vizinhança

Seção I
Do Uso Anormal da Propriedade

Art. 1.277. O proprietário ou o possuidor de um prédio tem o direito de fazer cessar as interferências prejudiciais à segurança, ao sossego e à saúde dos que o habitam, provocadas pela utilização de propriedade vizinha.

Parágrafo único. Proíbem-se as interferências considerando-se a natureza da utilização, a localização do prédio, atendidas as normas que distribuem as edificações em zonas, e os limites ordinários de tolerância dos moradores da vizinhança.

É inevitável que no exercício do direito de propriedade, por mais amplo que seja seu âmbito, há restrições e limitações fundadas em interesses de ordem pública e de ordem privada, mormente levando-se em conta a natureza do bem e da posse. A coexistência de vários prédios próximos, a vizinhança, a coletividade, a disciplina urbana traduzem parte dessas restrições.

Nosso Código Civil, tanto o anterior como o atual, optou por formulação genérica de proteção à propriedade, afora algumas situações específicas, no livro destinado ao Direito das Coisas. Dois eram os artigos dedicados à epígrafe *Do Uso Nocivo da Propriedade* no Código de 1916. Serviam de base para a solução dos conflitos de vizinhança, quando não descritos nos casos particulares:

"*Art. 554. O proprietário ou inquilino de um prédio tem o direito de impedir que o mau uso da propriedade vizinha possa prejudicar a segurança, o sossego e a saúde dos que o habitam.*

Art. 555. O proprietário tem direito a exigir do dono do prédio vizinho a demolição, ou reparação necessária, quando este ameace ruína, bem como que preste caução pelo dano iminente."

É importante perceber, de plano, que os chamados direitos de vizinhança são direitos de convivência decorrentes da proximidade ou interferência entre prédios, não necessariamente da contiguidade. Os edifícios e construções em geral servem de utilidade ao homem. Os danos e desassossegos ocasionados por um prédio a outro decorrem, em última análise, de fatos ou atos jurídicos, na classificação estudada na Parte Geral. As regras de vizinhança têm por objetivo harmonizar a vida em sociedade e o bem-estar, sem deixar à margem as finalidades do direito de propriedade. As regras dos arts. 554 e 555 do Código antigo e as do art. 1.277 ss do atual atingem não somente o proprietário, mas também todos que se postam em relação direta com a coisa imóvel, possuidores, detentores e usuários em geral. O legislador, referindo-se a inquilino no art. 554, disse menos do que pretendeu. "*A posse tem o mesmo conteúdo, de modo que o possuidor tem a ação para exigir medidas preventivas que o proprietário poderia exigir*" (MIRANDA, 1971, v. 13, p. 310). As ações derivadas dos direitos de vizinhança competem, portanto, ao proprietário, locatário, usufrutuário e de maneira geral a todo aquele que possui, detém ou utiliza a coisa. Seu direito surge da qualidade de vizinho e não da de proprietário (BORDA, 1984, v. 1, p. 413). No mesmo sentido coloca-se o molestador como réu, que pode não ser o proprietário de prédio próximo, mas mero possuidor, detentor ou usuário eventual. É nesse sentido que o atual diploma menciona, no art. 1.277, o proprietário ou o possuidor.

Os incômodos, desconfortos e prejuízos decorrentes desses fatos e atos dão origem a duas modalidades de atitudes do proprietário ou possuidor, conforme suas respectivas consequências, que se refletem em duas categorias de ações judiciais. Se já houve efetivo prejuízo decorrente da vizinhança: queda de objeto sobre terreno vizinho, danificando a propriedade, emissão de gases poluentes durante determinado período, afetando a saúde e a coisa do vizinho, descarga de esgotos sobre outro prédio etc., a solução pode ser somente a ação indenizatória, em que se apurarão perdas e danos, mormente se já cessou a turbação ou molésia. Essa ação buscará a reposição de valor equivalente, tanto quanto possível, ao prejuízo sofrido. Não se afasta da indenização, evidentemente, o dano exclusivamente moral. A situação aproxima-se da responsabilidade civil aquiliana e muitas vezes com ela se confunde, porque presentes os requisitos do art. 186 do Código Civil, com culpa *lato sensu*.

No entanto, tratando-se de situação presente e continuativa de prejuízo à segurança, sossego e saúde do vizinho, a ação é tipicamente de vizinhança, nos termos do art. 1.277. O remédio processual será a ação de obrigação de fazer ou não fazer com cominação de multa diária (ação de efeito cominatório), tantas vezes já mencionada nesta obra, resumindo-se em indenização final dos prejuízos, pedido indenizatório esse que pode vir cumulado. Pede-se a cessação dos fatos ou atos perturbadores e a indenização pelos prejuízos já causados. A ação de nunciação de obra nova é admissível, enquanto em curso e não terminada a obra perturbadora.

Nem sempre, porém, o evento ocasionador do desassossego de vizinhança decorrerá, ao menos diretamente, de ato jurídico, isto é, com conteúdo de vontade. Pode decorrer de mero fato da natureza, com reflexos jurídicos, o que o tornará fato jurídico, portanto com reflexos no campo da vizinhança. O muro vizinho pode ter sido construído com toda a técnica possível e mesmo assim vir a desabar por decorrência de intempérie. Nem por isso se exonera o dono da coisa da indenização do vizinho. No mesmo sentido, a intenção do art. 1.280: o construtor pode tomar todas as cautelas, para não ocasionar ruína ao imóvel vizinho, mas esta pode ocorrer.

Portanto, nos direitos de vizinhança, que são princípios objetivos decorrentes da tão só proximidade entre prédios, acrescenta-se um *plus* no dever de indenizar à singela responsabilidade extracontratual. Evidente, e isso é repetidamente citado como regra geral, havendo má-fé do sujeito, qualquer indenização se agrava para além do pagamento do simples prejuízo ou reposição das coisas no estado anterior com apuração de perdas e danos.

Não diverge a doutrina na impossibilidade de enquadrar os direitos de vizinhança exclusivamente no campo do direito obrigacional ou no dos direitos reais. As questões devem ser resolvidas com a integração trazida dos princípios de ambos os compartimentos do direito civil (MATTIA, 1976, p. 91). Nada impede que a compreensão seja a mesma da conceituação das obrigações *propter rem*.

O conteúdo das limitações decorrentes da vizinhança está a meio caminho entre as obrigações e o direito real. A obrigação *propter rem* liga-se umbilicalmente ao direito de propriedade. As relações de vizinhança *têm natureza real, mas não são reais* (SILVA, 1992, p. 221).

No chamado *conflito de vizinhança*, é sempre necessário que um ato praticado pelo possuidor de um prédio ou estado de coisas por ele mantido vá exercer seus efeitos sobre o imóvel vizinho, causando prejuízo ao próprio imóvel ou incômodos a seu morador (DANTAS, 1972, p. 20). Por outro lado, os efeitos do ato ou do fato atingem diretamente o próprio imóvel, desvalorizando-o, colocando-o em risco de ruína ou impedindo sua utilização normal, problemas cujos reflexos incidem, em última análise, sobre seu proprietário, morador ou usuário. Não há direito fora da relação jurídica, fora da sociedade. Os direitos de vizinhança buscam adequar a utilização social dos prédios. Em qualquer decisão judicial sobre a questão, esse aspecto nunca pode ser visto sob prisma objetivo. Não há que se determinar a supressão, restrição, demolição ou modificação de prédio, senão para servir ao ser humano e à coletividade, levado em conta o sentido social da propriedade. Ora, é justamente dentro desses princípios que este Código menciona, no art. 1.277, parágrafo único, que as interferências devem ser coibidas, tendo em vista "*os limites ordinários de tolerância dos moradores da vizinhança*". Mais uma vez, depende-se do caso concreto e do bom critério do magistrado. Assim, por exemplo, um nível de ruído que é tolerado próximo a uma avenida de trânsito intenso não é o mesmo daquele em uma bucólica paisagem de campo.

Por tais premissas a Administração Pública também erige posturas e regulamenta a atividade de vizinhança, no interesse público e social. Há, portanto, dois aspectos não estanques, mas que se interpenetram em sede de vizinhança: regras de direito privado e de direito público. Quaisquer que sejam suas origens, o interesse nunca se afastará do verdadeiro equacionamento da utilização efetiva e eficiente da propriedade individual em um contexto de proteção social ampla, almejado pela Constituição. Tanto é assim que o Código em vigor admite que, em certas situações, o incômodo deve ser tolerado, quando prevalecer o interesse público. De qualquer modo, a manutenção do incômodo somente pode ser autorizada em última hipótese, quando se torna impossível sua paralisação ou mitigação e mediante reposição pecuniária.

Tanto o estatuto atual como o revogado reportam-se ao mau uso ou interferências nocivas que digam respeito à *segurança*, ao *sossego* e à *saúde* do morador. Estabelecido o nexo causal, isto é, definido que o incômodo provém de utilização de prédio vizinho, caberá ao bom senso do julgador definir os limites do tolerável. Veja que o artigo se reporta aos limites ordinários de tolerância dos moradores da vizinhança.

Há situações de vizinhança que têm nítido caráter de proteção coletiva.

Historicamente, afastado o absolutismo do direito de propriedade, muitas são as teorias tendentes a explicar o fenômeno. No Direito Romano, já se afirmava que qualquer um poderia usar de sua propriedade como lhe aprouvesse, desde que não interferisse na propriedade alheia (Digesto, L. 8, T. V, fr. 8, § 5º).

A chamada *pré-ocupação*, tantas vezes trazida à baila nos julgamentos no passado, não confere também direito absoluto. Não é pelo fato de uma indústria ter-se instalado em local ermo, posteriormente urbanizado, que lhe dará o direito de emitir gases poluentes, sem a devida filtragem, por exemplo. A maior dificuldade é estabelecer o limite de suportabilidade ou tolerabilidade, apontadas inclusive neste Código.

Inicialmente, sustentou-se que nas relações entre as propriedades havia um *contrato de vizinhança*. A antiga doutrina francesa defendeu que a relação estabelecida entre vizinhos era um *quase-contrato*, porque estabelecia entre eles obrigações recíprocas.

No final do século XIX, também na França, defendeu-se o direito de vizinhança baseado no conceito de *culpa*: o direito de propriedade está a exigir do proprietário um dever de não molestar o vizinho. Quando isso ocorre, surge o dever de reparar o dano. Vimos, na introdução desse tema, que o conceito de culpa não é sistematicamente afastado em sede de vizinhança, mas também não é seu elemento caracterizador.

O Código francês e os demais que seguiram fielmente seu modelo inspiraram-se no conceito de *servidões legais* para o regramento da vizinhança, que atingem a propriedade privada. Parte-se da ideia de que essas restrições gravam os imóveis independentemente de quem sejam seus titulares. O conceito de servidão legal, porém, se mostra insuficiente, não devendo ser confundido com as servidões propriamente ditas, direitos reais sobre coisas alheias. Conquanto várias legislações denominem essas restrições de servidões legais, seu conteúdo é próprio e perfeitamente conhecido, distinto, embora análogo, às servidões civis, como veremos.

A teoria do *abuso de direito* também é defendida por muitos, com respeitáveis argumentos, como sustentadora das restrições de vizinhança. Em muitas situações práticas, de fato, o desvio de uso da propriedade provocará prejuízo aos vizinhos. Todo aquele que extrapola os limites para o qual o direito foi concebido deve indenizar (ou, no caso de vizinhança, deve cessar a conduta abusiva). O abuso de direito é categoria jurídica cujos efeitos muito se aproximam da responsabilidade civil, assim consubstanciado no art. 187 deste Código. Diferencia-se, no entanto, desta, porque não há necessidade de existência e de prova da culpa do agente. Tal sucede como visto nas relações de uso nocivo da propriedade. Por essa razão, em muitas situações práticas, a teoria do abuso de direito justificará medidas restritivas no direito de vizinhança. Analisa-se o abuso dentro do conceito de utilidade da propriedade.

Acrescente-se, a esse aspecto, a suportabilidade ou tolerabilidade. O titular de prerrogativa jurídica, de direito subjetivo, que atua de modo tal que contrarie a boa-fé, a moral, os bons costumes, os fins econômicos e sociais da propriedade, incorre em *ato abusivo*.

Com frequência os julgados buscam no conceito de *exercício normal do direito* os fundamentos para a solução dos conflitos de vizinhança. Foi esse conceito trazido expressamente para o presente Código. O princípio do uso normal é aplicação da teoria do abuso de direito, sem dúvida. É critério válido. Nem sempre, porém, a nocividade ou anormalidade decorrerá de uso abusivo de direito. Uma fábrica, essencial à coletividade, pode ser nociva à vizinhança, sem que existam os pressupostos do abuso. Pode ocorrer uso anormal, mas socialmente necessário. A interferência é justificada pelo interesse público, como anota o art. 1.278 do Código de 2002. O uso anormal, sem justificação e sem interesse coletivo, deverá ser coibido (WALD, 1991, p. 158). O dano tolerável não deve ser levado em conta, dentro do critério da normalidade. Cabe ao caso concreto aferir o que é intolerável apresentando *interferência injusta* no domínio individual (RODRIGUES, 1984, v. 5, p. 124). Note que o art. 1.277 se refere a interferência *prejudicial*. Por vezes, o interesse coletivo determinará a continuação do incômodo, paralelamente à indenização para remediá-lo ou servir de lenitivo possível, tal como o legislador deste Código entendeu no art. 1.278.

Qualquer que seja a natureza jurídica admitida, ter-se-á em mira a saúde, sossego, conforto, intimidade e segurança dos ocupantes. A casa de morada é o altar-mor para esse desfrute, seguido diretamente do local de trabalho. A forma genérica de nocividade ou anormalidade descritas pelo art. 1.277, com originalidade e eficiência, permite larga margem de discricionariedade no exame do caso concreto. Cabe ao juiz examinar se preponderará o interesse individual ou o coletivo. Não se confunde, por outro lado, o interesse de uma comunidade restrita, que pode coincidir com o interesse individual, com o interesse social. Bom-senso é o que se exige do julgador, quando a lei lhe outorga a confiança da discricionariedade. Nunca se deve esquecer que essa discricionariedade é do Poder Judiciário e não do juiz isoladamente. Como em qualquer fenômeno jurídico, os problemas de vizinhança navegam de um a outro extremo de acordo com a história. Levam-se em conta o tempo e o espaço em cada decisão. O que é abusivo em vizinhança de pacata e bucólica cidade do interior poderá ser tolerável em uma megalópole, e vice-versa. Sempre julgará mal o juiz que se desvincula da realidade em que exerce seu difícil mister. "*O que apenas a um incomoda, a outro causa verdadeiro dano, e a um terceiro talvez não seja sequer desagradável*" (DANTAS, 1972, p. 148). Procura-se conceituar no caso concreto a receptividade normal média.

A nocividade no uso da propriedade que interessa ao direito estudado é apenas a causadora de prejuízos à vizinhança. A nocividade que fica apenas no âmbito de atuação do proprietário, ou quem faz suas vezes, em sua propriedade, e não extravasa para a vizinhança, não apresenta relevância jurídica no campo sob estudo.

O Direito Civil disciplina de duas maneiras as relações de vizinhança: pela convenção entre os interessados, isto é, pelas servidões, e pelas regras gerais de vizinhança. Sob tais noções não se confundem, embora possam ter o mesmo aspecto concreto, as limitações de vizinhança com as *servidões prediais* reguladas como direitos reais sobre coisas alheias (arts. 1.378 a 1.379). A confusão decorre da mesma origem histórica e das legislações que apresentam igual denominação, além de referência indevida ao termo em nossa lei de 1916, nos arts. 562 e 568, no capítulo que tratava da vizinhança. A função primitiva das servidões prediais era reger a vicinitude de prédios. Essa finalidade permanece até hoje. Nas servidões prediais, estabelece-se a utilização de um prédio, dominante, em favor de outro, serviente. Há sujeição de um prédio a outro. As limitações ao direito de vizinhança são recíprocas, podem ser mais amplas e abrangentes, e surgem tão somente da proximidade entre os prédios. São normas de interesse geral e não apenas dirigidas a prédios definidos e determinados. É diversa sua forma de constituição. As limitações de vizinhança independem de reconhecimento convencional, dispensando registro imobiliário. Nada impede, porém, que proprietários transformem o que originalmente é restrição em servidão, provada assim sua patente analogia e origem histórica. A servidão, por fim, é sempre uma exceção ao direito de propriedade, que, como regra geral, deve ser pleno. A restrição traduzida por uma servidão é excepcional no sistema dominial. As limitações ou restrições de vizinhança estão sempre presentes e atuantes.

No entanto, levamos em conta um critério definitivo entre nós. O ordenamento civil restringiu as servidões às modalidades voluntárias, disciplinando as hipóteses denominadas pela legislação francesa de servidões legais ou naturais como direitos de vizinhança (MATTIA, 1976, p. 79, citando opinião de San Tiago Dantas).

A dificuldade maior em matéria de mau uso da propriedade transcende sua própria natureza jurídica, para questionar o que devemos entender por *nocividade ou anormalidade no uso da propriedade*. Sem dúvida, o critério é casuístico, mas há parâmetros estabelecidos claramente no ordenamento a serem seguidos. Não se afasta a noção do homem médio, do *bonus pater familias*. Não devemos levar em conta a extrema sensibilidade ou intolerabilidade de vizinho, para concluir o uso nocivo. Nem, ao contrário, o homem tosco, rude, com mínima sensibilidade. Por isso, o julgamento deve estar bem colocado no tempo e no espaço. Não pode ser anacrônico nem levar em conta o subjetivismo.

Enunciado nº 319, IV Jornada de Direito Civil – CJF/STJ: A condução e a solução das causas envolvendo conflitos de vizinhança devem guardar estreita sintonia com os princípios constitucionais da intimidade, da inviolabilidade da vida privada e da proteção ao meio ambiente.

Apelação – Ação de obrigação de não fazer – Condomínio edilício – Direito de vizinhança – Condômino que promove festas e reuniões – Pandemia – Medida que visa impedir a propagação do vírus – Concessão de liminar – Visitantes em unidade – Restrição do número de pessoas – Multa cominatória bem arbitrada – Reforma parcial. A pandemia (Covid-19), infelizmente, ainda não acabou, mesmo que as regras de isolamento criadas pelos órgãos governamentais tenham sofrido modificações no curso do processo, sendo certo de que o isolamento social de forma alguma foi "dispensado". Porém, a falta de cuidado em relação à pandemia em si não é o alvo principal de reclamações dos moradores, mas sim o excessivo barulho advindo da unidade do réu. – É certo que a casa é um dos únicos locais, se não o único local, onde a pessoa tem a liberdade de "viver" como desejar, desde que não afete a comunidade ao seu redor. Ademais, qualquer pessoa tem o direito de receber familiares, amigos, e fazer reuniões e festas em sua residência, desde que não perturbe seus vizinhos. Observa-se que o próprio condomínio, em sua inicial, pediu que fosse limitado o número de pessoas a 10 (dez) em uma reunião ou evento na unidade em questão. Entende-se que o número é razoável, e que, querendo, pode o próprio condomínio estabelecer maior restrição, tanto de visitantes quanto de veículos, a ser imposta a todos os moradores pela via adequada, atendendo às diretrizes dos órgãos governamentais. A multa cominatória foi fixada de maneira razoável, não se havendo de falar em exagero ou excesso. Apelação provida em parte (*TJSP* – Ap. 1003846-42.2020.8.26.0152, 6-5-2021, Rel. Lino Machado).

Agravo de instrumento. Direito de vizinhança. Obra de demolição e edificação em imóvel vizinho. Ação de obrigação de não fazer com pedido de tutela de urgência para suspender os trabalhos da obra durante as restrições imposta pela pandemia do novo coronavírus. Agravante sustenta que os trabalhos dos operários e a utilização de maquinários de grande porte (bate-estacas e retroescavadeiras) atrapalham seu trabalho em "home-office", estudos dos filhos e seu sossego, violando o direito de vizinhança. Questão acerca do excesso de ruídos causados pela obra. Necessidade de suspensão dos trabalhos no canteiro de obras. Juntada de laudo comprovando que o nível de ruído está acima do permitido pela NBR 10.151e legislação municipal. Presença dos requisitos previstos no art. 300 do CPC. Probabilidade do direito e risco de dano devidamente demonstrados por parecer técnico juntado após a decisão agravada. Medida antecipatória cabida, com fixação de multa diária por descumprimento da ordem. Decisão cassada. Recurso provido (*TJSP* – AI 2164266-72.2020.8.26.0000, 2-10-2020, Rel. Francisco Carlos Inouye Shintate).

Agravo de instrumento. Direito de vizinhança. Ação cominatória cumulada com pedido de indenização. Tutela provisória de urgência. A probabilidade do direito alegado associada ao perigo de dano ou ao risco ao resultado útil do processo são requisitos que devem ser preenchidos para o deferimento da tutela provisória de urgência. O proprietário ou o possuidor de um prédio tem o direito de fazer cessar as interferências prejudiciais à segurança, ao sossego e à saúde dos que o habitam, provocadas pela utilização de propriedade vizinha (art. 1.277 do CC). No caso, ao menos a par dos elementos coligidos aos autos até este momento processual, inviável a concessão da tutela provisória reclamada, porquanto ausentes elementos seguros acerca da urgência na medida e probabilidade do direto alegado. Agravo de instrumento desprovido (*TJRS* – Ag 70081224198, 5-12-2019, Rel. Marco Antonio Angelo).

Apelação cível – Ação de obrigação de fazer cumulada com obrigação de não fazer com pedido de demolição dos muros e portão construídos e pedido de condenação em danos morais por perturbação do sossego do autor com utilização de som alto, colocação de lixo na área fronteiriça do imóvel do requerente e ameaças por parte do requerido – Competência de uma das câmaras dente [sic] as 25ª a 36ª deste E.

Tribunal, nos termos do artigo 5º, III.4 da Resolução nº 623/2013 – Direito de vizinhança e uso nocivo da propriedade – Recurso não conhecido, com determinação de redistribuição (*TJSP* – Ap. 1021148-28.2014.8.26.0562, 23-1-2017, Rel. Helio Faria).

Direito de vizinhança – Obrigação de fazer cumulada com pedido de reparação de danos – Uso nocivo da propriedade – Ruídos excessivos e além do horário permitido no desenvolvimento da atividade do requerido – Elementos coligidos aos autos suficientes para a demonstração da conduta ilícita – Obrigação de cessação do uso nocivo da propriedade imposta para cessar os ruídos excessivos mantida – Danos morais caracterizados – Valor mantido. Recurso não provido (*TJSP* – Ap. 0011944-89.2014.8.26.0266, 24-4-2017, Rel. Sá Moreira de Oliveira).

Art. 1.278. O direito a que se refere o artigo antecedente não prevalece quando as interferências forem justificadas por interesse público, caso em que o proprietário ou o possuidor, causador delas, pagará ao vizinho indenização cabal.

É difícil elencar aprioristicamente quais as situações de prevalência do interesse público. Ainda que assim seja e mesmo levando em conta que a lei possibilite que o possuidor ou proprietário indenize o prejudicado, a moléstia à vizinhança não pode ir além do exclusivamente necessário. Assim, por exemplo, quando for necessário que o vizinho realize obras ruidosas em seu imóvel, há que se admitir que devam ocorrer durante o dia e não durante o repouso noturno, salvo quando estritamente necessário. Importante notar que o dispositivo fala em interesse público, o que não significa que a moléstia à vizinhança deva prover da Administração. Tanto o particular como o Poder Público também podem exercer atos no interesse público, como a construção de um hospital, por exemplo. Como se nota, a matéria é toda ela casuística e os casos concretos e a jurisprudência devem nos dar um balizamento. Como já afirmamos, os limites de tolerabilidade variam no tempo e no espaço. O que é tolerável em uma grande metrópole não o será, por exemplo, em pacata cidade de zona rural. A indenização cabal possui o mesmo teor das reparações de dano em geral: significa um lenitivo para o dano e não exatamente uma reparação. Não se esqueça, também, que nessa reparação haverá, igualmente, um forte conteúdo de reparação por dano moral.

Outro aspecto que pode ser lembrado diz respeito à poluição visual. Situações haverá nas quais uma parafernália de anúncios, em formas e cores das mais variadas, poderão tolher o sossego do vizinho. A perturbação visual também é uma modalidade de incômodo e desassossego.

Em qualquer situação, porém, não pode o interesse público servir de máscara para permitir o prejuízo a um número imenso de pessoas. Não se pode admitir, por exemplo, que atividade com materiais radioativos seja permitida em região habitada. O interesse público, por outro lado, nunca pode ser tal que coloque em risco o meio ambiente e o equilíbrio ecológico.

Art. 1.279. Ainda que por decisão judicial devam ser toleradas as interferências, poderá o vizinho exigir a sua redução, ou eliminação, quando estas se tornarem possíveis.

A tecnologia cada vez mais permite que sejam minimizados os ruídos, as emanações de gases e os incômodos em geral. Esse dispositivo relaciona-se com o anterior, pois decisão judicial pode autorizar, por exemplo, ruído em uma construção vizinha ou emanação de fumaça. No entanto, o causador do dano deve minimizar os efeitos do prejuízo com a técnica disponível. Se não o fizer, ou se o fizer de forma incompleta, os vizinhos prejudicados podem exigir que a minimização ocorra com a técnica possível e existente. Ainda, há que se levar em conta que a invenção de novas técnicas ou os melhoramentos nas existentes podem permitir que o vizinho perturbado exija que o causador do dano os utilize. Assim, por exemplo, se é tolerável o cheiro proveniente de um restaurante, ainda que utilizados filtros nas chaminés, pode o prejudicado exigir que o causador do incômodo diminua ainda mais os efeitos com filtros mais modernos e mais eficazes, colocados no mercado mais recentemente. Assim também com a tecnologia que permite reduzir a percepção de sons.

Apelação – **Direito de vizinhança** – Ruídos emitidos por colégio – Necessidade de produção de perícia – Anulação da sentença – No caso em tela, a produção de prova pericial, com a nomeação de perito que possa atestar a situação relativa aos barulhos emitidos pelo colégio réu, é imprescindível para o deslinde da controvérsia. Com efeito, apenas uma prova técnica é capaz de esclarecer qual os níveis de ruído emitidos pelo colégio, as consequências da submissão cotidiana a tais níveis e a possibilidade de adoção de medidas e instrumentos mitigadores dos ruídos. Ao contrário do que se alega na sentença, o simples fato de o colégio não fazer uso nocivo, anormal ou abusivo de sua propriedade não conduz à improcedência da pretensão autoral, uma vez que a disciplina trazida pelo Código Civil de 2002, em seus art. 1277 a 1279, leva em conta limites ordinários de tolerância (art. 1277, parágrafo único). Além disso, o art. 1279 do CC estabelece que, mesmo em caso de interferências toleráveis, sendo possíveis sua eliminação ou redução, o vizinho poderá exigi-las. Nesse sentido, se faz a realização de perícia técnica a fim de esclarecer (i) se os ruídos emitidos pelo colégio réu estão dentro dos limites de tolerância, (ii) quais as consequências do barulho produzido aos vizinhos e (ii) se eventualmente há formas de redução da emissão de ruídos a serem adotadas. Assim, a sentença deve ser anulada, por cerceamento de defesa, para o prosseguimento do feito com a instrução processual e a realização de perícia. Provimento do recurso (*TJRJ – Ap.* 0056841-85.2015.8.19.0001, 30-5-2016, Relª Renata Machado Cotta).

Art. 1.280. O proprietário ou o possuidor tem direito a exigir do dono do prédio vizinho a demolição, ou a reparação deste, quando ameace ruína, bem como que lhe preste caução pelo dano iminente.

Há que se buscarem os remédios processuais para estancar o incômodo. Ocorrendo dano, não havendo mais atos continuativos de perturbação, a ação é indenizatória. Cabe ao vizinho atingido provar o que efetivamente perdeu e razoavelmente deixou de ganhar, suas perdas e danos. Também levar-se-ão em conta os danos de caráter moral.

Persistindo o ato, a ação é para obrigar o causador da nocividade a fazer ou não fazer, com cominação de multa diária (*astreinte*), tantas vezes aqui referida, com os elementos fundamentais traçados no estatuto processual.

Não há prejuízo para o réu, se à ação foi adotado o rito ordinário, pois nela ter-se-á maior amplitude probatória. Nesse sentido, manifestam-se os tribunais. Com frequência, a presença do *fumus boni iuris* e do *periculum in mora* fará necessária a atuação do poder cautelar do juiz, conferido pelos meios colocados à disposição das partes no estatuto processual, com concessão de medida liminar.

A base de direito material para a ação está no art. 1.277 ss. Mais uma vez enfatizamos que não há execução sem título. A lesividade e o uso nocivo da propriedade são apurados no processo de conhecimento. O pedido na petição inicial é para a execução obedecer aos princípios da obrigação de fazer ou não fazer. Além da pretensão de multa diária, que é fator constritivo para a cessação do distúrbio, pode ser cumulado o pedido indenizatório. Quando não for possível obter coercitivamente a cessação do distúrbio, porque se atentaria com a própria liberdade individual, há que se impor um limite temporal na *astreinte*, resumindo-se também ela em um total final indenizatório. A multa diária tem natureza diversa da indenização. É ato constritivo. Há de ser tal monta que torne insuportável, inconveniente e intolerável ao réu a continuidade dos atos molestadores. Esse o sentido da imposição. Não se obsta, porém, ao juiz que reduza o valor exordialmente pedido. No entanto, não devemos olvidar que a finalidade da multa é constritiva e não indenizatória. Tanto assim que o pedido de multa diária pode ser cumulado com o de indenização.

A *ação de dano infecto* encontrava sua estrutura também nos arts. 554 e 555 do Código anterior. O art. 1.277 é genérico e diz respeito a qualquer nocividade ocasionada ao vizinho. O presente art. 1.280 é exclusivo da relação edilícia. Essas situações têm por pressuposto a futuridade de um dano. Dano iminente. Não o dano já ocorrido, mas a possibilidade e potencialidade de vir a ocorrer. O estaqueamento em prédio vizinho, o uso de maquinaria pesada nas proximidades, a abertura de valas, a explosão de pedreira, por exemplo, podem colocar em risco o prédio do autor da ação. Ocorrido o dano, a ação é de cominação, reparação, demolição ou de reposição ao estado anterior. A demolição deve ser subsidiária, alternativa na ausência de outra solução. A opção deve ser buscada nas medidas reparatórias. A reparação dos danos deve ser completa, de molde a fazer desaparecer o prejuízo causado ao vizinho.

Ainda que desaparecida a responsabilidade objetiva decorrente da simples vizinhança, a maioria dos julgados não se afasta totalmente do conceito de culpa do art. 186, embora se reconheça que essa responsabilidade, na essência, seja objetiva:

Na *caução de dano infecto*, aquele que teme a ruína ou prejuízo em sua propriedade pede garantia de futura reparação. A caução é sempre preventiva. A ação de caução de dano infecto decorre do direito material do art. 1.280. Provém do Direito Romano, que conferia ao vizinho uma garantia, a fim de que eventual dano não restasse irressarcido. Cessada a situação de iminência e não ocorrendo o dano, não haverá ação principal. Levanta-se a caução em favor do caucionante. Por vezes apresentará nítido caráter possessório, embora não seja essa sua natureza. A nunciação de obra nova, dependendo das circunstâncias de fato, poderá ser medida mais favorável no caso concreto. A ação de caução pode ser preventiva ou incidente a um ato de vizinho, preparatória ou incidente a uma ação já proposta.

O valor da caução, em dinheiro ou em espécie, deve ser idôneo para eventuais danos. A apuração na fase caucionária é perfunctória. Somente pode ser aproximada. Se o réu não tem como caucionar, falta-lhe idoneidade econômica, perde a ação o objeto. Deve então ser proposta a ação de cessação da obra ou demolição, ou término de qualquer ato ou conduta turbativa do réu. Não basta, porém, exigir simples caução sobre eventuais prejuízos, pois muito mais importante que isso é evitar que os prejuízos venham efetivamente a ocorrer. Sob esse prisma, o art. 1.311 deste Código, inserido entre as regras do direito de construir, menciona:

> "Não é permitida a execução de qualquer obra ou serviço suscetível de provocar desmoronamento ou deslocação de terra, ou que comprometa a segurança do prédio vizinho, senão após haverem sido feitas as obras acautelatórias.
> Parágrafo único. O proprietário do prédio vizinho tem direito a ressarcimento pelos prejuízos que sofrer, não obstante haverem sido realizadas as obras acautelatórias."

Também não se afasta a regra geral de possibilidade de *ação declaratória* entre vizinhos para o acertamento do limite do exercício discutível de direito de propriedade (MIRANDA, 1971, v. 13, p. 292).

Art. 1.281

👁 Posse – Ação de reintegração – Situação fática antiga – Esbulho – Pedido secundário de remoção de materiais improvisadamente postos sobre o muro divisório. 1. Situação fática antiga, suficiente à usucapião, envolvendo avanço da construção sobre o terreno vizinho, numa faixa de 0,80 cm, não caracteriza esbulho possessório, de sorte a justificar reintegração. 2. É vedado colocar sobre o muro divisório, de modo improvisado, materiais que possam prejudicar a segurança dos moradores do prédio vizinho. (Art. 1.280 do CC). Ação parcialmente procedente. Recurso parcialmente provido (*TJSP* – Ap. 1039124-11.2016.8.26.0002, 13-11-2018, Rel. Itamar Gaino).

👁 **Responsabilidade Civil – Obrigação de fazer –** Art. 1.280 do Código Civil – Segundo o art. 1.280 do Código Civil, o proprietário ou o possuidor tem direito a exigir do dono do prédio vizinho a demolição, ou a reparação deste, quando ameace ruína, bem como que lhe preste caução pelo dano iminente. Caso em que comprovada a culpa do réu, indicando a sua condenação na obrigação de fazer, consistente na reconstrução do muro de contenção existente na divisa entre os terrenos. Verba honorária adequadamente fixada na sentença recorrida (*TRF-4ª R.* – AC 5003267-75.2013.404.7117, 27-1-2015, Rel. Luís Alberto D Azevedo Aurvalle).

Art. 1.281. O proprietário ou o possuidor de um prédio, em que alguém tenha direito de fazer obras, pode, no caso de dano iminente, exigir do autor delas as necessárias garantias contra o prejuízo eventual.

O presente dispositivo é um desdobramento do princípio do dano infecto e vem aclarar dúvida que por vezes se levantou na jurisprudência. Se há necessidade de obras no prédio do possuidor ou proprietário e houver possibilidade de dano iminente, podem ser exigidos do executor das obras as necessárias garantias contra o prejuízo eventual. A ideia é prevenir danos que possam ocorrer no prédio do proprietário ou possuidor por decorrência da atividade de um terceiro que lá irá realizar obras, situação que ocorre com muita frequência. Há necessidade de medida processual célere, devendo o juiz deferir todas as medidas para que a proteção prévia ocorra.

Seção II
Das Árvores Limítrofes

Art. 1.282. A árvore, cujo tronco estiver na linha divisória, presume-se pertencer em comum aos donos dos prédios confinantes.

👁 Direito administrativo e civil – Responsabilidade Civil do Estado – Direito de vizinhança – Árvores limítrofes – Responsabilidade comum – Danos causados em imóvel pela inércia da autora – Artigos 1282 e 1283 do Código Civil – 1- Não há como imputar qualquer responsabilidade à União Federal, pois, na falta de prova de que a árvore fora plantada e cultivada pela RFFSA, nos termos do artigo 333, I, do CPC, de rigor concluir que ela pertence igualmente à autora por estar situada exatamente na linha divisória dos imóveis, conforme previsão normativa. 2- *In casu*, tratando-se de árvore comum, cada confinante detém autorização legal para preservar sua propriedade, não sendo possível imputar à outra parte a responsabilidade por eventuais prejuízos sofridos. 3- Apelação da União Federal provida (*TRF-3ª R.* – AC 0000324-39.2008.4.03.6127/SP, 5-2-2015, Relª Desª Fed. Marli Ferreira).

Art. 1.283. As raízes e os ramos de árvore, que ultrapassarem a estrema do prédio, poderão ser cortados, até o plano vertical divisório, pelo proprietário do terreno invadido.

👁 Apelações cíveis – Ação de indenização por danos morais e materiais – Exclusão do proprietário do imóvel do polo passivo da demanda – Inexistência de recurso impugnando a decisão *a quo* – Preclusão temporal – Galhos de árvores invadindo o terreno da autora – Danos materiais que não comportam indenização – Art. 1.283 do Código Civil – Barulho excessivo provocado por churrascaria – Ofensas verbais sofridas pela promovente – Danos morais configurados – Manutenção do *quantum* – Responsabilidade solidária entre o restaurante e a sua sócia gerente – Sucumbência Recíproca – Honorários advocatícios corretamente arbitrados – Estabelecimento, de ofício, do momento inicial da correção monetária – Fixação, de ofício, dos juros moratórios – Sentença parcialmente reformada – 1- Não tendo a Autora recorrido da decisão que excluiu o proprietário do imóvel do polo passivo da demanda, operou-se, para ela, a preclusão temporal, estando a matéria acobertada pelo manto da coisa julgada material. 2- O art. 1.283 do Código Civil estabelece que "as raízes e os ramos de árvore, que ultrapassarem a estrema do prédio, poderão ser cortados, até o plano vertical divisório, pelo proprietário do terreno invadido", de modo que a Demandante poderia ter efetuado livremente a poda dos galhos que estavam invadindo o seu terreno, não havendo que se falar, portanto, em indenização pelos danos materiais, os quais poderiam ter sido evitados pela própria Promovente. 3- Além de a Autora ter sofrido agressões verbais por parte da sócia gerente do Restaurante, restou comprovado o barulho excessivo produzido pela Churrascaria, afigurando-se evidentes os transtornos causados à Demandante, estando caracterizado, portanto, o dano moral. 4- O montante de R$ 8.000,00 (oito mil reais), fixado pela Juíza de 1º Grau, a título de indenização por danos morais, deve ser mantido, vez que se mostra razoável e condizente com a realidade dos autos. 5- A sócia gerente do Restaurante, que teve participação direta nos danos ocasionados à Autora, deve responder solidariamente com aquele pelo *quantum* indenizatório. 6- Os honorários advocatícios foram arbitrados com base nos critérios previstos no art. 20, §§ 3º e 4º, do CPC, não havendo que ser feito qualquer reparo. Por ter havido sucumbência recíproca, foi corretamente aplicado à espécie o art. 21 do CPC. 7- Fixação, de ofício, do momento inicial da correção monetária do valor da indenização por danos morais, observando-se, para esse fim, a Súmula 362 do STJ, *in verbis*: "A correção monetária do valor da indenização do dano moral incide desde a data do arbitramento". 8- Os juros moratórios, arbitrados de ofício, são devidos a partir do evento danoso, nos termos da Súmula 54 do STJ, à taxa de 1% ao mês, em consonância com o art. 406 do Código Civil e com o art. 161, § 1º, do CTN . 9- Apelação da Demandante conhecida e parcialmente provida. 10- Apelação da Demandada conhecida, mas improvida. (TJCE - AC 0037524-45.2007.8.06.0001, 11-6-2016, Rel. Rômulo Moreira de Deus).

Direito de vizinhança – Invasão do bambuzal do autor no terreno das rés – Construção de barreira física pelo autor, suficiente para cessar a proliferação da planta, ficando as rés responsáveis por acompanhar as brotações persistentes – Artigo 1.283 do código civil – Obrigação das rés em construir obstáculos para impedir que os seus animais invadam o terreno vizinho – Desprovimento do recurso (TJRJ – Ap. 0007044-67.2009.8.19.006113-3-2017, Rel. Adriano Celso Guimarães).

Art. 1.284. Os frutos caídos de árvore do terreno vizinho pertencem ao dono do solo onde caíram, se este for de propriedade particular.

Os nossos Códigos estabeleceram três regras tradicionais acerca de árvores situadas nos limites entre prédios, questão trazida do antigo Direito Romano. A redação anterior não é modificada na atual lei civil.

A regra geral é serem as árvores partes integrantes dos prédios. A situação abrange qualquer tipo de árvore, nascida naturalmente, semeada ou plantada.

O art. 1.282 estabelece presunção de condomínio da árvore *cujo tronco estiver na linha divisória* de prédios confinantes. Presume-se pertencer em comum aos proprietários, bastando que parte do tronco esteja no limite, os quais devem dividir os frutos e a madeira, se vier a ser abatida. É o que se denomina *árvore-meia*, por analogia à expressão parede-meia. A presunção é relativa, de modo que pode um dos confinantes provar sua propriedade exclusiva. No entanto, a árvore pode servir de marco divisório. Nosso direito é omisso, mas o Código português proíbe aos confrontantes arrancá-la sem mútua autorização, situação lógica que deve ser também por nós obedecida (PEREIRA, 1993, p. 147). Aliás, sendo comum a coisa, cada comunheiro deve indenizar o outro por quaisquer prejuízos a que der causa.

Pertencendo a árvore aos confinantes, cabem-lhes as despesas de conservação e colheita, podendo aquele que gastou cobrar do vizinho a metade.

O art. 1.284 determina que "*os frutos caídos de árvore do terreno vizinho pertencem ao dono do solo onde caíram, se este for de propriedade particular*". Com isso se evita, como permitia o antigo Direito Romano, que o dono da árvore adentrasse periodicamente no terreno vizinho para apanhar os frutos, o que levantaria causas de discórdias e dissensões. Trata-se de direito originário de aquisição da propriedade (LOPES, 1964, p. 420). Com essa solução o legislador preferiu contrariar a regra segundo a qual o acessório segue o principal. Devem ser compreendidos na dicção legal também os arbustos rasteiros que vicejam ao rés do solo, como abóboras e melancias: pertencem ao dono do terreno em que naturalmente se posicionarem.

Se o terreno em que darão os frutos for público, continuam estes a pertencer ao dono da árvore, porque nesse caso desaparece o risco de entreveros. A queda dos frutos deve ser natural, para permitir a aquisição pelo dono do terreno confinante. Se provocada, o agente pratica ato ilícito e se apossa do que não lhe pertence. Enquanto ligados à árvore, os frutos pertencem a seu dono, que pode colhê-los. Somente poderá ingressar no terreno vizinho para essa atividade, no entanto, se houver autorização do proprietário ou possuidor do imóvel contíguo.

O art. 1.283 autoriza o proprietário que tenha imóvel invadido em sua estrema por raízes e ramos de árvores a cortá-los, *até o plano divisório*. Trata-se de hipótese excepcional de defesa direta de direitos encontrável na lei. É direito imprescritível potestativo, exercitável enquanto perdurar a situação de fato. Somente se permite esse corte se a invasão de raízes e ramos ocasionar moléstia ao vizinho, embora essa não seja posição jurídica pacífica. Não somente pode cortar ramos e raízes, mas também deles tornar-se proprietário. Cuida-se de outra modalidade originária de aquisição da propriedade. Não pode o ato, em nosso entender, porém, decorrer de mera emulação. E se o corte ocasionar o perecimento da árvore ou prejuízos? Deverá indenizar o confinante seu vizinho? O proprietário invadido não é responsável por nenhum prejuízo segundo a tradição, porque exerce direito assegurado na lei (LOPES, 1964, p. 422). No entanto, não se pode negar o direito à indenização, se agiu com culpa grave ou dolo.

O dispositivo atribui essa faculdade ao proprietário, mas não se nega igual direito ao possuidor que age no âmbito de sua posse.

Se houver árvore, não no limite de propriedades, mas que cause ou possa causar prejuízo ao vizinho, causar queda sobre imóvel, por exemplo, aplicam-se as regras gerais do direito de vizinhança, podendo o prejudicado acionar o dono da árvore, para impedir que o dano ocorra, ou pedir indenização, se já existir prejuízo.

Seção III
Da Passagem Forçada

Art. 1.285. O dono do prédio que não tiver acesso a via pública, nascente ou porto, pode, mediante pagamento de indenização cabal, constranger o vizinho a lhe dar passagem, cujo rumo será judicialmente fixado, se necessário.
§ 1º Sofrerá o constrangimento o vizinho cujo imóvel mais natural e facilmente se prestar à passagem.
§ 2º Se ocorrer alienação parcial do prédio, de modo que uma das partes perca o acesso a via pública, nascente ou porto, o proprietário da outra deve tolerar a passagem.
§ 3º Aplica-se o disposto no parágrafo antecedente ainda quando, antes da alienação, existia passagem através de imóvel vizinho, não estando o proprietário deste constrangido, depois, a dar uma outra.

A propriedade imóvel será inútil, se não possuir saída para via pública, fonte ou porto. Esse o sentido de terreno encravado, rústico ou urbano. O mais importante é a saída para a via pública. A fonte ou porto dependerá da utilização econômica da propriedade. O vizinho deve suportar a passagem.

O dispositivo trata de direito do proprietário do prédio encravado ao qual não se pode opor o vizinho. A passagem deve ser fixada no caminho mais curto, no prédio mais próximo e de forma menos onerosa para ambas as partes. A esse propósito, dispõe este Código que *"sofrerá o constrangimento o vizinho cujo imóvel mais natural e facilmente se prestar à passagem"* (art. 1.285, § 1º). A matéria, como se vê, pode dar margem à discussão no caso concreto. O fato é que, objetivamente, deve ser definido quando a passagem é mais fácil e mais natural, no conflito entre mais de um proprietário. Convencionalmente, podem os interessados dispor como desejarem, pois haverá então um negócio jurídico entre as partes.

Discute-se se o encravamento deve ser absoluto. Ou seja, deve ser considerado encravado o terreno cujo acesso é difícil ou perigoso. A doutrina vacila e no caso concreto pode ser evidenciado ser o acesso ao terreno de tal maneira impróprio que o imóvel deva ser considerado encravado. O assunto, de forma geral, dá margem a infindáveis discussões e nem sempre a solução concreta será fácil. Deve ser considerado encravado o prédio com acesso inseguro, perigoso, insuficiente para utilização econômica e social da propriedade.

A saída cômoda para a via pública busca *"o interesse da comunidade, criar condições que facilitem a produção, a exploração e o aproveitamento da riqueza imobiliária"* (RODRIGUES, 1984, v. 5, p. 140). Essa tem sido a tendência jurisprudencial. Cabe ao juiz, na falta de acordo dos interessados, fixar o rumo da passagem, encontrando a forma mais cômoda e menos onerosa. A sentença tem natureza declaratória e não constitutiva (MIRANDA, 1974, v. 13, p. 335). Posteriormente, pode surgir necessidade de modificação do traçado ou ampliação da passagem. A questão resolve-se analogicamente às servidões. Se é o dono do prédio serviente quem pretende a alteração em benefício de sua propriedade, deve arcar com os custos (NEQUETE, 1978, p. 37).

Legitimado para pedir passagem não é apenas o proprietário, mas também o usufrutuário, usuário, habitador ou possuidor. Podem eles também defender a turbação da via de passagem pelos remédios possessórios.

De igual maneira deve ser considerado encravado o prédio que tenha saída apenas durante certos períodos do ano. O encravamento deve ser, como regra geral, absoluto e natural. Prédio não encravado pode vir a sê-lo como decorrência de fenômenos naturais, inundações, terremotos, quedas de barreiras etc.

Essa limitação de passagem imposta ao vizinho não é gratuita, pois o art. 560 do estatuto anterior assegurava *o direito a indenização cabal*, indenização essa mencionada no bojo do art. 1.285 do Código. Essa indenização levará em conta a diminuição de valor da propriedade pela passagem de terreno alheio e a moléstia por ela ocasionada. Independe de culpa e decorre do direito de vizinhança. Defende-se existir uma desapropriação no interesse privado. O sentido é de fato muito semelhante, relacionando-se com a chamada servidão administrativa. Ao contrário do que entendem alguns, indenização sempre haverá, pois ocorrerá sempre uma restrição ao direito de propriedade, e essa restrição é remunerada, como dispõe a lei.

Esse direito é potestativo ou facultativo, perdurando enquanto existir o encravamento. Cessado este, por qualquer razão, desaparece o direito de passagem. Nada impede, porém, que as partes constituam servidão sobre o que era direito legal de passagem.

Se por conduta culposa do titular do terreno encravado este *"perder o direito de trânsito [...], poderá exigir nova comunicação com a via pública, pagando o dobro do valor da primeira indenização"* (art. 561 do Código de 1916). O titular do direito de passagem deixa destruir ponte, por exemplo, por falta de conservação. A lei revogada estabeleceu na verdade uma pena para a desídia do proprietário que deixou de cuidar do objeto de seu direito. Se não houve indenização na fixação da primeira passagem, a indenização pode ter por base a responsabilidade aquiliana em geral (art. 186). O sentido da norma permitia essa interpretação. O atual Código não repete a regra, devendo ser seguida, na hipótese, a ordem normal de responsabilidade civil.

O art. 562 do Código de 1916, por desatenção do legislador, mencionava o termo *servidão*:

"Não constituem servidão as passagens e atravessadoiros particulares, por propriedades também particulares, que se não dirigem a fontes, pontes, ou lugares públicos, privados de outra serventia."

Ao que tudo indica, a lei antiga foi levada à menção de servidão por influência da terminologia servidões legais nos direitos de vizinhança, utilizada em ordenamentos estrangeiros (BESSONE, 1988, p. 208). Deveria ter dito que esses caminhos não se constituem passagens forçadas. São mera liberalidade ou atos de tolerância do proprietário, mas podem ser erigidas em servidões. A esse respeito a Súmula 415 do STF:

"Servidão de trânsito não titulada, mas tornada permanente, sobretudo pela natureza das obras realizadas, considera-se aparente, conferindo direito à proteção possessória."

O assunto deve ser examinado no estudo das servidões. Aponte-se, de plano, porém, que a servidão é direito real sobre coisa alheia, enquanto a passagem forçada decorre da vizinhança e do encravamento de um prédio. O atual Código não repetiu esse dispositivo.

A servidão de trânsito distingue-se da passagem forçada, porque esta é imposta por lei mediante indenização apenas em favor do titular do prédio onerado. A servidão de trânsito pode ser estabelecida em favor de prédio não encravado, apenas para tornar mais cômoda a utilização do prédio dominante, decorrendo da vontade das partes.

O encravamento pode resultar da alienação de parte do imóvel. O proprietário vende a parte dos fundos e permanece com a frente para a via pública ou porto. O alienante deve conceder a passagem. É alienada a frente para a via pública, o adquirente deve conceder a passagem. Ideal que se fixe o rumo já no título constitutivo, evitando-se a lide. Seria injusto que, como decorrência desse encravamento procurado, se onerasse o prédio pertencente a terceiro. A passagem deve ser resolvida entre os partícipes do negócio jurídico que deram origem ao encravamento. Este Código, a propósito, no art. 1.285, § 2º, dispõe que, *"se ocorrer alienação parcial do prédio, de modo que uma das partes perca o acesso a via pública, nascente ou porto, o proprietário da outra deve tolerar a passagem"*. Se, nesse caso, antes da alienação, já houvesse anteriormente uma passagem no imóvel, o proprietário não é obrigado a dar outra (art. 1.285, § 3º). Note que o dispositivo também menciona a nascente, importante para fornecer água para os prédios, ainda que encravados.

Enunciado nº 88, I Jornada de Direito Civil – CJF/STJ: O direito de passagem forçada, previsto no art. 1.285 do CC, também é garantido nos casos em que o acesso à via pública for insuficiente ou inadequado, consideradas, inclusive, as necessidades de exploração econômica.

Competência Recursal – Incompetência desta Eg. 20ª Câmara de Direito Privado – A competência recursal se firma pelos termos do pedido inicial (art. 103, do Regimento Interno do Egrégio Tribunal de Justiça) – No caso dos autos, dos termos da inicial oferecida, da análise de seu pedido e causa de pedir, verifica-se que, apesar da denominação dada à ação de servidão de passagem e da invocação dos arts. 1.378 e 1.383, do CC, elementos estes irrelevantes para a aferição da natureza jurídica de uma ação, a pretensão é de reconhecimento do direito de vizinhança de passagem forçada, lastreada em causa de pedir consistente no encravamento do imóvel, como bem decidido pelo MM Juízo sentenciante, no r. ato judicial apelado – "Ações relativas a direito de vizinhança e uso nocivo da propriedade, inclusive as que tenham por objeto o cumprimento de leis e posturas municipais quanto a plantio de árvores, construção e conservação de tapumes e paredes divisórias", dentre as quais se inclui a presente ação, que, conforme decidido, expressamente, pela r. sentença apelada, envolve demanda que trata de direito de vizinhança de passagem forçada, tem por causa de pedir encravamento de imóvel e deve ter o art. 1.285, do CC, para servir de fundamento para a resolução do litígio, são de competência das Eg. 25ª a 36ª Câmaras de Direito Privado, nos termos do art. 5º, III.4, da Resolução 623/2013. Recurso não conhecido, com determinação de remessa dos autos (*TJSP* – Ap. 0000675-24.2009.8.26.0300, 25-2-2019, Rel. Rebello Pinho).

Apelação – **Direito de passagem** – Sentença de procedência do pedido principal e da reconvenção – Apelo da parte ré – 1- Direito de passagem – Argumentos da ré, ora apelante, que não convencem – Alegação de cerceamento de defesa – Inocorrência – Conjunto probatório formado suficiente para a correta compreensão dos fatos sob exame – Alegação de imóvel encravado – Provas contundentes e reconhecimento pericial – Necessidade do imóvel encravado obter passagem forçada pelo imóvel superveniente (art. 1.285 do CC) – Fundamento do instituto na preservação da função social da propriedade. 2- Rateio para conservação e manutenção da estrada – Termo inicial – Sentença confirmou a medida antecipatória concedida no início da lide e, não há razão justa ou jurídica para que entre tal momento e o sentenciamento a parte autora pudesse se utilizar da passagem gratuitamente – Apelo, no ponto, provido. Recurso parcialmente provido (*TJSP* – Ap. 1000605-51.2014.8.26.0320, 8-3-2017, Rel. Sergio Gomes).

Seção IV
Da Passagem de Cabos e Tubulações

Art. 1.286. Mediante recebimento de indenização que atenda, também, à desvalorização da área remanescente, o proprietário é obrigado a tolerar a passagem, através de seu imóvel, de cabos, tubulações e outros condutos subterrâneos de serviços de utilidade pública, em proveito de proprietários vizinhos, quando de outro modo for impossível ou excessivamente onerosa.

Parágrafo único. O proprietário prejudicado pode exigir que a instalação seja feita de modo menos gravoso ao prédio onerado, bem como, depois, seja removida, à sua custa, para outro local do imóvel.

⚖ Fornecimento de energia elétrica. Ação que visa ao cumprimento de obrigação fazer. Remoção de poste instalado em área de terreno de propriedade da autora. Sentença de improcedência do pedido. Apelo da demandante. Ré que comprovou que o poste e respectiva fiação encontram-se instalados no local, mediante autorização concedida por antigo proprietário, há muitos anos antes da aquisição do terreno e construção da casa. Incidência do art. 1.286 do CC e do art. 102, da Resolução nº 414/2010, da ANEEL. Instalação que não está a impedir ou diminuir o pleno uso e gozo da moradia. Pedido de remoção sem custos que está relacionado à mera conveniência da consumidora. Dever da apelante de pagar os custos dos serviços à concessionária. Sentença de improcedência mantida. Recurso não provido (*TJSP* – Ap. 1000160-69.2016.8.26.0447, 13-3-2018, Rel. Carmen Lucia da Silva).

⚖ Civil e processual civil – **Passagem forçada de cabos, tubulações e outros condutos subterrâneos de serviços de utilidade pública** – Regulamentação – Art. 1.286 do CCB – Comprovação de impossibilidade ou extrema onerosidade de caminho alternativo ao imóvel da ré – Prova pericial atestando a inexistência dos pressupostos autorizadores – Nos termos da norma do artigo 1.286 do CCB, mediante indenização, o proprietário é obrigado a tolerar a passagem, através de seu imóvel, de cabos, tubulações e outros condutos subterrâneos de serviços de utilidade pública, em proveito de proprietários vizinhos, quando de outro modo for impossível ou excessivamente onerosa. Compete ao autor da ação, que pretende seja determinada a passagem forçada da referida tubulação pelo imóvel vizinho, a comprovação de que é impossível ou extremamente oneroso caminho alternativo ao imóvel do réu. Produzindo-se nos autos prova pericial atestando que não há qualquer impossibilidade ou onerosidade excessiva para se concretizar a ligação das tubulações de fornecimento de água e captação de esgoto diretamente no imóvel da autora, bem como o fato de que a manutenção da atual ligação enseja riscos ao réu, com a possibilidade de exposição de esgoto a céu aberto em sua propriedade, é patente o descabimento de se manter a referida ligação. (*TJMG* – AC 1.0452.08.041923-0/002, 17-5-2017, Rel. Cabral da Silva).

Art. 1.287. Se as instalações oferecerem grave risco, será facultado ao proprietário do prédio onerado exigir a realização de obras de segurança.

Nesses artigos, este Código introduz disciplina referente à passagem de cabos e tubulações subterrâneos. A matéria relaciona-se intimamente com as servidões, tanto que outras legislações tratam do fenômeno como modalidade de servidão legal. Assim, essa passagem também pode defluir de negócio jurídico, constituindo servidão.

Segundo o primeiro desses artigos, o proprietário é obrigado a tolerar a passagem, através de seu imóvel, de cabos, tubulações e outros condutos subterrâneos de utilidade pública, em proveito de proprietários vizinhos, quando de outro modo for impossível ou excessivamente onerosa. Cada vez mais é maior a necessidade de utilização subterrânea para passagem de cabos de fibra ótica, condutores de esgotos, água, eletricidade, gás etc. A moderna tecnologia urbana deve evitar tanto quanto possível a utilização de cabos e dutos aéreos, não só pela estética ruim que causam, mas por questões de segurança e eficácia na transmissão de dados e energia.

Nesse aspecto, como se enfatiza a obrigação de tolerância do vizinho, trata-se de típico direito de vizinhança, que cada vez se torna mais necessário no mundo atual, tendo em vista o sem-número de dutos que conduzem dados eletrônicos e de outra natureza. Cuida-se de situação análoga à servidão administrativa, com pontos de contato com a desapropriação, pois a atividade implica recebimento de indenização que deve atender também à desvalorização da área remanescente, segundo o mesmo dispositivo.

É direito do proprietário atingido que a instalação seja feita do modo menos gravoso, bem como seja depois removida à sua custa, para outro local do imóvel, se assim for conveniente (art. 1.286, parágrafo único). Se o titular dos cabos e dutos for a Administração ou seu concessionário, poderão ser aplicados os princípios de direito administrativo, mormente os que regem a desapropriação.

Segundo o art. 1.287, "*se as instalações oferecerem grave risco, será facultado ao proprietário do prédio onerado exigir a realização de obras de segurança*". Os dutos eletrônicos ou de outra natureza podem causar prejuízos à saúde dos moradores ou interferências indesejáveis em seus equipamentos eletrônicos. Cabe ao titular dos dutos realizar todas as obras necessárias para que prejuízo algum ocorra ao proprietário ou possuidor do imóvel.

Seção V
Das Águas

Art. 1.288. O dono ou o possuidor do prédio inferior é obrigado a receber as águas que correm naturalmente do superior, não podendo realizar obras que embaracem o seu fluxo; porém a condição natural e anterior do prédio inferior não pode ser agravada por obras feitas pelo dono ou possuidor do prédio superior.

A água, bem maior de sobrevivência, tem seu regime regulado pelo Código de Águas, Decreto nº

24.643/1934. De há muito percebemos que a água não é um bem inesgotável e que pode colocar em risco a sobrevivência da humanidade. É fundamental que todo Estado regulamente seu uso para preservar a atual e as futuras gerações. É essencial que sejam evitados desastres ecológicos que prejudiquem os mananciais. Desse modo, não há mais que se tratar o direito das águas como um mero problema de vizinhança, como fazia nosso Código Civil de 1916. O direito de vizinhança é, na verdade, apenas parte de um questionamento global em torno das águas.

Na citada lei, são apresentadas conceituações de águas públicas, comuns e particulares. Já nos referimos, quando do exame da aquisição da propriedade, à compreensão de álveo dos rios, acessão e formação de ilhas. Dizem respeito especificamente ao direito público o regime e aproveitamento das águas públicas, subterrâneas e pluviais, a energia hidráulica, a fiscalização do uso das águas etc. Várias normas estaduais e a Lei Federal nº 9.433/1997, conhecida como Lei dos Recursos Hídricos, incorporaram ao ordenamento novos princípios que dizem mais respeito ao direito público. Até há pouco tempo, em nosso país, apenas o Código de águas regulava o tema. Porém, como afirma Vladimir Passos de Freitas (2002, p. 21),

"o problema transcende a adição de regras legais. É cultural. É preciso que a população saiba a importância do uso correto da água e as consequências do desperdício".

A água deve ser vista como bem de domínio público e recurso natural de valor econômico, segundo o art. 1º da Lei nº 9.433/1997. A captação, tratamento e distribuição devem ser remunerados. A Constituição de 1988 alterou o regime anterior, fazendo com que o domínio das águas passasse a ser público, da União ou dos Estados. Não se esqueça, porém, do importante papel desempenhado pelos municípios na proteção e uso das águas. Há todo um aparato jurídico que deve ser levado em conta no exame do direito das águas, não só privatístico, nosso campo de estudo, como também administrativo e penal de amplo espectro.

No capítulo da vizinhança no Código Civil de 1916 o crucial e vital problema das águas ganhou apenas alguns artigos, reformulados ou derrogados pelo Código de Águas.

Em qualquer situação que se decida acerca das águas no campo privado, deve ser levada em conta a finalidade social da propriedade como princípio constitucional, ligado à utilização correta das águas. Há que se coibir abuso que desvie ou permita a utilização da água para fins egoísticos ou inúteis.

O art. 563 chancelava lei da Física que estabelece que o dono do prédio inferior é obrigado a receber as águas que correm naturalmente do superior. A disposição é repetida pelo art. 69 do Código de Águas. O art. 1.288 deste Código repete a regra geral pela qual o dono ou possuidor do prédio inferior é obrigado a receber as águas que correm naturalmente do superior. Acrescenta, porém, no mesmo sentido da lei anterior, que não pode ele realizar obras que embarcem o fluxo normal das águas. Aduz ainda esse mesmo dispositivo que a condição natural e anterior do prédio inferior não pode ser agravada por obras feitas pelo dono ou possuidor do prédio superior.

As águas que o prédio inferior está obrigado a receber são as de chuva e as que brotam naturalmente do solo. Fluindo naturalmente, ainda que ocorra prejuízo, este não é imputável ao dono do prédio superior, mas a fato da natureza. Se a corrente é agravada por obra do titular do prédio superior, responderá este pelo dano. Como consequência da mesma regra, proprietário que recebe as águas não pode fazer diques ou represas, para impedir seu curso natural para outros prédios. Nem pode o proprietário do prédio inferior fazer obras de molde a impedir esse escoamento natural, represando assim águas no prédio superior.

O art. 70 do Código de Águas acrescenta que

"o fluxo natural, para os prédios inferiores, de água pertencente ao dono do prédio superior, não constitui por si só servidão em favor deles".

Para a constituição da servidão, há necessidade de conteúdo de vontade e outros requisitos a serem estudados.

Apelação cível. Servidão de passagem, ações conexas. Ação de reintegração de posse. Fase de impugnação ao cumprimento de sentença (acordo). Erro material. Retificado. Interdito proibitório. Ausência de acordo para cancelamento da servidão de passagem por escritura pública. Mantida a sentença. Impugnação ao cumprimento de sentença. Corrigido o erro material existente na parte dispositiva da sentença para constar a expressão "impugnantes". Art. 493, II, do CPC/15. Interdito proibitório. Acordo entabulado pelas partes nos autos da ação de reintegração de posse, conexa, que não prevê revogação da servidão de passagem concedida pelo autor, por escritura pública, do imóvel de sua propriedade em favor dos demandados. Desse modo, a servidão de passagem constituída legalmente através de escritura pública, deve ser mantida. Por ora não verificados as hipóteses do art. 1.288 do CC, a autorizar a extinção. Não configurado os pressupostos do interdito proibitório. Precedentes jurisprudenciais a respeito. Sentença mantida. Apelação provida em parte (*TJRS* – Ap. 70082171406, 13-11-2019, Rel. Glênio José Wasserstein Hekman).

Civil – Direito de vizinhança – Ação Cominatória – Condomínio – Condômino – Unidade Autônoma – **Obrigação de tolerar a instalação de cabos e tubulações na área privativa** – Sistema de captação e escoamento – Acúmulo de águas pluviais na área comum do condomínio – Prescindibilidade da obra – Existência de outras alternativas – Obrigação de permissão – Ausência de imperativo legal – 1- O proprietário de prédio inferior é obrigado a tolerar a passagem de tubulações no imóvel da sua titularidade, em proveito dos proprietários vizinhos, destinados ao fornecimento de serviços de utilidade pública, como a captação e escoamento de águas pluviais, somente quando não houver outra alternativa para a realização e materialização das obras e prestação desse serviço ou, havendo, for excessivamente onerosa, e, de outro lado, está obrigado a receber no seu imóvel particular somente as águas que correm naturalmente do prédio superior (CC, arts. 1.286 e 1.288). 2- Conquanto receba o prédio inferior o fluxo natural das águas pluviais, ante o fato de o condomínio estar situado em área de declive, de modo que as águas pluviais captadas são conduzidas por força da gravidade dos locais mais elevados para os mais baixos, não pode ser o proprietário do imóvel inferior condenado a tolerar a realização de obras de instalação de tubulações volvidas à captação e escoamento das águas pluviais acumuladas na área comum do condomínio quando subsiste outras alternativas para o deságue, não afigurando – Se razoável que suporte, por mera comodidade e conveniência do condomínio, a passagem da tubulação em sua propriedade privativa. 3- Apelação conhecida e desprovida. Unânime. (*TJDFT* – Proc. 20130610148923 – (894563), 23-9-2015, Rel. Des. Teófilo Caetano).

Art. 1.289. Quando as águas, artificialmente levadas ao prédio superior, ou aí colhidas, correrem dele para o inferior, poderá o dono deste reclamar que se desviem, ou se lhe indenize o prejuízo que sofrer. Parágrafo único. Da indenização será deduzido o valor do benefício obtido.

A regra do art. 564 do Código anterior era arbitrária, pois conferia direito ao proprietário do solo inferior de reclamar o desvio de águas ou a indenização. Com frequência o dono de prédio tem necessidade de captar água de outro local, para seu uso ou primordialmente para a agricultura. O excessivo individualismo do Código Civil de 1916 poderia impedir essa utilização social da propriedade. O art. 92 do Código de Águas modificou a disposição, estabelecendo que:

"*Mediante indenização, os donos dos prédios inferiores, de acordo com as normas da servidão legal de escoamento, são obrigados a receber as águas das nascentes artificiais.*
Parágrafo único. Nessa indenização, porém, será considerado o valor de qualquer benefício que os mesmos prédios possam auferir de tais águas."

Desse modo, de acordo com o Código de Águas, não pode o proprietário de prédio inferior, a seu alvedrio, simplesmente impedir a irrigação ou captação de água no prédio superior. Não é, porém, obrigado a receber águas servidas ou nocivas, somente as águas naturais. O proprietário deve fazer obras, para evitar que as águas impróprias escoem para o terreno vizinho, devendo indenizar o vizinho por eventuais prejuízos. Há novo dispositivo neste Código. Quando ocorrer de águas serem artificialmente levadas ao prédio superior, ou aí colhidas, o titular do prédio inferior poderá reclamar que se desviem, ou se lhe indenize o prejuízo. Volta-se, portanto, ao que já dispunha o Código de 1916. O dono ou titular do prédio inferior não está mais obrigado a suportar o fluxo de água do prédio superior que ali não tenha ido por força da natureza. Acrescenta, no entanto, o parágrafo único do dispositivo, que dessa indenização será deduzido o valor do benefício que foi obtido pelo recebimento das águas. É necessário, porém, que se prove a ocorrência do benefício. A questão pode ser intrincada na prática.

🔨 Direito de vizinhança – Ação cominatória – Reconstituição e desobstrução de servidão de passagem de condutor de águas pluviais – Reconvenção – Pedido de redução de muro e reconstituição das tubulações de escoamento das águas pluviais – Sentença de improcedência da ação e procedência da reconvenção – Laudos periciais que amparam as conclusões da sentença – Recurso não provido, com observação. I - Nos termos do art. 1.288 e 1.289 do CC, tem o réu o dever de receber as águas que correm naturalmente pelo imóvel locado pela recorrente; II - A prova dos autos indica que foram as obras levadas a efeito pela autora que destruíram e obstruíram a tubulação de escoamento das águas pluviais, de sorte que a si compete a sua reconstrução e desobstrução; III - Comprovado que o juro divisório corre risco de desabamento, pertinente a condenação da reconvinda em promover a sua redução; IV - Sentenciado o feito na vigência do atual Código de Processo Civil, a imputação dos ônus de sucumbência devem obediência às suas regras (*TJSP* – Ap. 0047784-93.2012.8.26.0602, 11-2-2020, Rel. Paulo Ayrosa).

🔨 Direito civil – Direito de vizinhança – Obrigação de fazer – Desobstrução de bueiro – **Escoamento de águas pluviais** – Desvio para o prédio inferior – Agravamento das condições naturais – Obrigação inoponível ao proprietário do prédio inferior – Ressalva legalmente estabelecida (CC, arts. 1.288 e 1.289) – 1- Se o dono ou o possuidor do prédio inferior é obrigado a receber as águas que correm naturalmente do superior, não podendo realizar obras que embaracem seu fluxo, a recíproca impõe que, por outro lado, não está obrigado a suportar as águas que foram artificialmente desviadas, já que a condição natural e anterior do prédio inferior não pode ser agravada por obras realizadas pelo dono ou possuidor do prédio superior (CC, art. 1288). 2- Não é relevante, para a norma de vizinhança, que as obras feitas pelo dono ou possuidor do prédio superior tenham sido autorizadas pelos órgãos competentes da administração pública, notadamente porque a obtenção das licenças para construir, ambientais e urbanísticas, consubstanciando legítima restrição ao direito de propriedade, qualifica pressuposto à realização de qualquer obra, não afastando o licenciamento, contudo, a incidência do artigo 1.288 do Código Civil, cujo alcance, obviamente, não se limita às obras irregulares e ilícitas. 3- Se as obras de escoamento das águas pluviais fossem irregulares as normas do direito de vizinhança sequer precisariam ser evocadas, bastando sua denunciação às autoridades administrativas competentes para que fossem desfeitas, mas, sendo regulares, pois realizadas em conformidade com as normas técnicas ambientais, mas desconformes com os princípios e direitos inerentes à boa vizinhança, o dono ou o possuidor do prédio inferior não estará obrigado a suportá-las. 4- Apelação conhecida e desprovida. Unânime. (*TJDFT* – Proc. 20120810072098 – (888807), 26-8-2015, Rel. Des. Teófilo Caetano).

Processo civil – Civil – Apelação cível – **Ação de indenização** – Erosão decorrente de águas advindas de terreno superior. Perícia que comprova culpa parcial do proprietário do prédio superior dever de indenizar caracterizado culpa exclusiva afastada. Desvalorização imobiliária em virtude dos danos no prédio inferior não demonstrada. Lucros cessantes não comprovados. Recurso parcialmente provido. (*TJPR* – AC 0681696-6, 18-5-2012, Rel. Juiz Conv. Subst. Roberto Portugal Bacellar).

Art. 1.290. O proprietário de nascente, ou do solo onde caem águas pluviais, satisfeitas as necessidades de seu consumo, não pode impedir, ou desviar o curso natural das águas remanescentes pelos prédios inferiores.

O art. 565 fora revogado pelo art. 90 do Código de Águas, o qual dispõe: "*O dono do prédio onde houver alguma nascente, satisfeitas as necessidades de seu consumo, não pode impedir o curso natural das águas pelos prédios inferiores.*" A disposição consta também deste Código no presente artigo, que menciona a água proveniente de nascente e de águas pluviais. O dono do prédio inferior tem o direito de receber as águas supérfluas, o que se apurará no caso concreto. Há que se coibir o abuso, buscando o maior aproveitamento possível da água, por maior número possível de pessoas, em prol da coletividade, do interesse social.

Igual sentido se aplica para curso de água que transita pelo prédio superior, ainda que a nascente ali não se situe. O art. 94 do Código de Águas acrescenta que "*o proprietário de uma nascente não pode desviar-lhe o curso quando da mesma se abasteça uma população*". Evidente o alcance social da norma. Por tais regras se percebe que a utilização da água de nascente pelo proprietário não pode ser absoluta. Entende-se por nascente o curso de água que surge naturalmente ou por indústria humana na propriedade (art. 89 do Código de Águas). "*A nascente de uma água será determinada pelo ponto em que ela começa a correr sobre o solo e não pela veia subterrânea que a alimenta*" (art. 95 do Código de Águas).

O sentido social da utilização da própria água como bem em si deve ser colocado paralelamente ao sentido social da propriedade: "*o não uso da água comum ou de nascente, pelo proprietário do solo onde existem, enfraquece o direito desse proprietário em relação àquelas águas*" (NUNES, 1969, p. 23). O proprietário ou possuidor de prédio em que existe nascente ou curso de água, deixando de utilizá-la, não pode opor-se a sua utilização pelo vizinho. A utilização da água, nesse sentido, pode ser defendida pelos meios possessórios.

"*Em relação às águas, portanto, deve conceder-se a manutenção, desde que o dono do prédio superior as deixou fluir, por não usá-las e desde que o dono do prédio inferior as aproveite, com demonstração de obras feitas para esse fim*" (NUNES, 1969, p. 53).

A utilização de água por prédio vizinho pode igualmente ser estabelecida por servidão. Os princípios gerais, na omissão da lei civil, porém, são os do Código de Águas. A disciplina das águas coloca-se na nomenclatura de *servidão legal* de tradição romana.

As *águas pluviais* também devem ser objeto de regramento na vizinhança. Cuida-se de água proveniente de chuvas (art. 102 do Código de Águas). O art. 103 do Código de Águas substituiu a disposição do art. 566 do Código Civil de 1916. As águas de chuva pertencem ao dono do prédio em que caírem, salvo direito estabelecido pelas partes interessadas em sentido contrário. Também nesse aspecto deve ser observada a noção de necessidade. Não pode o proprietário captar por mera emulação a água pluvial, impedindo seu curso para terrenos vizinhos. O § 1º do art. 103 proíbe ao proprietário "*desperdiçar essas águas em prejuízo dos outros prédios que delas se possam aproveitar, sob pena de indenização aos proprietários dos mesmos*". Pode também ser obrigado a desfazer obras impeditivas de seu curso normal.

Agravo de instrumento – Servidão de aqueduto – Possibilidade de concessão de tutela possessória ainda que não titulada – Caráter permanente e aparente da obra – Ausência de comprovação do esbulho – Não comprovação dos requisitos necessários à concessão da tutela possessória – Recurso provido. A existência de estrutura artificial que leva à condução da água de um prédio a outro é chamada servidão de aqueduto, prevista no art. 1.293 a 1.296 do Código Civil. A servidão de aqueduto e a servidão de águas não se confundem e, por isso, não é aplicável à primeira o disposto no art. 1.290 do CC, incorrendo em *error in judicando* a decisão ao concluir pelo deferimento da tutela provisória com fundamento no referido artigo. Embora o art. 1.378 do CC disponha que, para a constituição de servidão é necessário registro no Cartório de Registro de Imóveis, à servidão não titulada, mas tornada permanente em razão das obras realizadas, é conferido direito à proteção possessória. Interpretação analógica da Súmula 415 do STF às servidões de aqueduto. Não tendo o agravado comprovado a existência de esbulho, não há que se falar em concessão de tutela possessória, nos moldes do art. 561 do CPC, motivo pelo qual a decisão atacada, que deferiu o pedido de tutela formulado pelo agravado, merece reforma. Recurso provido (*TJMG* – Ag 1.0000.19.163835-2/001, 2-4-2020, Rel. Lílian Maciel).

Direito civil e processual civil. Agravo de instrumento. Antecipação de tutela. Obrigação de fazer. Tutela cominatória. **Escoamento natural de águas entre prédios rurais vizinhos.** Artigos 1.290 e 1.292 do código civil. Prédio superior. Construção de represa/barragem. Possibilidade. Cerceamento da fluência da água ao prédio inferior. Não comprovação robusta. Tutela indeferida. Nos termos do artigo 273, *caput*, CPC, temos que o primeiro requisito necessário à antecipação dos efeitos da tutela é a prova inequívoca da verossimilhança das alegações. Conquanto não exista conceito objetivo do que venha a ser prova inequívoca, é lugar comum na doutrina e na jurisprudência que tal corresponde a um elemento probatório que conduza não a uma mera possibilidade, mas sim à quase certeza do êxito do autor na demanda, o que aliado a outros requisitos, torna imperiosa a antecipação, em caráter precário, do próprio direito material discutido na lide. Já o segundo requisito, qual seja, o fundado receio de dano irreparável ou de difícil reparação, assenta-se na possibilidade concreta de que a não fruição imediata do direito subjetivo debatido possa ocasionar àquele que se afirma seu senhor mazela que não poderá ser debelada, pelo risco de desaparecimento do próprio sujeito ou do direito em questão. Nos termos dos artigos 1.290 e 1.292 do Código Civil, o proprietário da nascente tem direito de construir barragens e outras formas de represamento das águas, desde que não obste a fluência desta para os prédios inferiores. No entanto, inexistindo evidência robusta e contundente da realização de obra ou qualquer outra conduta pelo proprietário do prédio onde se encontra(m) a(s) nascente(s) que tivesse sido capaz de minguar a passagem de água de um imóvel para o outro, indefere-se a medida antecipatória, consistente na autorização para captação direta de água pelo proprietário do prédio inferior (*TJMG* – Acórdão: Agravo de Instrumento n° 1.0686.11.002909-3/002, 14-12-2011, Rel. Des. Sebastião Ferreira de Souza).

Art. 1.291. O possuidor do imóvel superior não poderá poluir as águas indispensáveis às primeiras necessidades da vida dos possuidores dos imóveis inferiores; as demais, que poluir, deverá recuperar, ressarcindo os danos que estes sofrerem, se não for possível a recuperação ou o desvio do curso artificial das águas.

O presente artigo é também expresso no sentido de que o possuidor do imóvel superior não poderá poluir as águas indispensáveis às primeiras necessidades da vida dos possuidores dos imóveis inferiores. Quanto às águas que poluir, deverá recuperá-las, ressarcindo os danos que os proprietários dos prédios superiores vierem a sofrer, se não for possível a recuperação ou o desvio do curso artificial das águas. Protege-se, portanto, a água como um bem maior da coletividade, no sentido amplo, não se permitindo que o seu uso seja egoístico ou exclusivo, sem essencial utilidade. Nesse sentido, o proprietário que macula as águas em seu terreno deve realizar as obras técnicas necessárias de filtragem para que o líquido não flua poluído para os imóveis inferiores. Oxalá essa norma seja um dia efetivamente cumprida, mas cabe, na verdade, aos proprietários prejudicados zelar pelo seu cumprimento. Nesse sentido, temos também o art. 54 da Lei dos Crimes Ambientais, que trata da poluição hídrica.

Enunciado nº 244, III Jornada de Direito Civil – CJF/STJ: O art. 1.291 deve ser interpretado conforme a Constituição, não sendo facultada a poluição das águas, quer sejam essenciais ou não às primeiras necessidades da vida.

Art. 1.292. O proprietário tem direito de construir barragens, açudes, ou outras obras para represamento de água em seu prédio; se as águas represadas invadirem prédio alheio, será o seu proprietário indenizado pelo dano sofrido, deduzido o valor do benefício obtido.

O proprietário pode construir barragens, açudes ou outras obras para represamento de água em seu prédio. Se as águas represadas invadirem prédio alheio, será o seu proprietário indenizado pelo dano sofrido, deduzido eventual benefício que tenha obtido (art. 1.292). Não se confunde a invasão das águas no terreno alheio com sua fluência. A água que sobejar pode e deve correr para os prédios vizinhos.

Art. 1.293. É permitido a quem quer que seja, mediante prévia indenização aos proprietários prejudicados, construir canais, através de prédios alheios, para receber as águas a que tenha direito, indispensáveis às primeiras necessidades da vida, e, desde que não cause prejuízo considerável à agricultura e à indústria, bem como para o escoamento de águas supérfluas ou acumuladas, ou a drenagem de terrenos.
§ 1º Ao proprietário prejudicado, em tal caso, também assiste direito a ressarcimento pelos danos que de futuro lhe advenham da infiltração ou irrupção das águas, bem como da deterioração das obras destinadas a canalizá-las.
§ 2º O proprietário prejudicado poderá exigir que seja subterrânea a canalização que atravessa áreas edificadas, pátios, hortas, jardins ou quintais.

§ 3º O aqueduto será construído de maneira que cause o menor prejuízo aos proprietários dos imóveis vizinhos, e a expensas do seu dono, a quem incumbem também as despesas de conservação.

📚 Enunciado nº 598, VII Jornada de Direito Civil – CJF/STJ: na redação do art. 1.293, "agricultura e indústria" não são apenas qualificadores do prejuízo que pode ser causado pelo aqueduto, mas também finalidades que podem justificar sua construção.

📚 Enunciado nº 245, III Jornada de Direito Civil – CJF/STJ: embora omisso acerca da possibilidade de canalização forçada de águas por prédios alheios, para fins industriais ou agrícolas, o art. 1.293 não exclui a possibilidade da canalização forçada pelo vizinho, com prévia indenização aos proprietários prejudicados.

⚖ Agravo de instrumento – Ação de reintegração de posse – Servidão de água – Pedido de tutela de urgência – Presença dos requisitos constantes no art. 561, do CPC, cumulados com os do art. 1.293, do CC – Deferimento da medida. Tendo sido demonstrado que os Autores possuem a servidão sobre a água existente no imóvel objeto da ação, a qual se encontra inclusive registrada perante o Cartório de Registro de Imóveis, bem como o esbulho praticado pelo Réu, há menos de ano e dia, deve ser deferido o pedido de tutela de urgência de reintegração de posse, diante da presença dos requisitos constantes no art. 561, do CPC, cumulados com os do art. 1.293, do CC (*TJMG* – Ag 1.0400.16.002510-4/001, 20-4-2017, Rel. Roberto Vasconcellos).

⚖ Apelação cível – Ação de reintegração de posse – **Servidão de água – Aqueduto** – Presença dos requisitos previstos nos arts. 927 CPC e 1.293, do CC – 1- A ação de reintegração de posse tem como finalidade a retomada da posse, em caso de esbulho. Daí decorre que, para o manejo desta ação, devem estar devidamente comprovados a posse, o esbulho praticado pelo réu e sua data, além da consequente perda da posse. Presentes tais requisitos, impõe-se reconhecer a procedência do pedido possessório. 2- Cabe ao Autor provar que exerce a posse sobre o imóvel, o que, no caso, é fato incontroverso, e que, efetivamente, teria ocorrido o esbulho alegado. 3- Admitido pelo Réu que arbitrariamente retirou os canos que levavam água ao prédio dominante para a captação das águas, a procedência do pedido é medida que se impõe. 4- Nos termos do art. 35, do Código das Águas (Decreto nº 24.643, de 10 de julho de 1934), "se não houver caminho, os proprietários marginais não podem impedir que os seus vizinhos se aproveitem das mesmas para aquele fim, contanto que sejam indenizados do prejuízo que sofrerem com o trânsito pelos seus prédios. [...] Essa servidão só se dará, verificando-se que os ditos vizinhos não podem haver água de outra parte, sem grande incômodo ou dificuldade. [...] O direito do uso das águas, a que este artigo se refere, não prescreve, mas cessa logo que as pessoas a quem ele é concedido possam haver, sem grande dificuldade ou incômodo, a água de que carecem.". (*TJMG* – AC 1.0680.12.000399-0/001, 22-2-2016, Rel. Roberto Vasconcellos)

Art. 1.294. Aplica-se ao direito de aqueduto o disposto nos arts. 1.286 e 1.287.

O art. 567 do Código Civil de 1916 estabelecera o direito de *aqueduto*, isto é, direito do proprietário canalizar em proveito agrícola ou industrial, mediante prévia indenização, as águas a que tem direito. Segundo o art. 1.561 do Código Civil português, a constituição da servidão legal de aqueduto para aproveitamento de águas particulares assenta-se no poder jurídico do proprietário de um prédio de conduzir as águas a que tenha direito, até esse prédio, por meio de regos ou canos, a descoberto ou subterrâneos. Mantém-se, assim, a noção romana da *servitus aquaeductus*, como um direito de conduzir água por terreno alheio (GONÇALVES, 1993, p. 468).

O Código de Águas disciplinou e ampliou a matéria sob a epígrafe *Servidão Legal de Aqueduto*. Estabeleceu a possibilidade de canalização pelo prédio de outrem, mediante prévia indenização, obedecidos aos seguintes requisitos:

a) para as primeiras necessidades da vida;
b) para os serviços da agricultura ou da indústria;
c) para o escoamento das águas superabundantes;
d) para o enxugo ou bonificação de terrenos.

A indenização refere-se não somente à restrição trazida pelo aqueduto em si, como também a quaisquer outros danos causados pelas obras. O aqueduto é uma das mais antigas servidões admitidas pelo Direito Romano. Daí sua definição na lei das águas como *servidão legal*. Essa modalidade de canalização independe do consentimento do vizinho, pois se busca a utilização social da propriedade. É limitação onerosa da propriedade, porque propicia indenização. Neste Código, a matéria é tratada inicialmente pelo art. 1.293. Além da indenização, o § 1º estabelece a possibilidade de ressarcimento de danos que de futuro os canais venham a causar, por infiltração ou irrupção de águas. Também, conforme o § 2º, o proprietário prejudicado poderá exigir que a canalização seja subterrânea quando atravessar áreas edificadas, pátios, hortas, jardins e quintais. Cada vez mais prefere-se a passagem subterrânea. É um direito do proprietário exigi-la. O aqueduto será construído de forma a causar o menor incômodo possível aos vizinhos, e às expensas do seu respectivo dono (§ 3º).

O art. 1.294 manda que se aplique ao aqueduto o disposto acerca da passagem de cabos e tubulações, pois é evidente a analogia.

⚖️ Possessória – **Declaratória de servidão de passagem** – Passagem de tubulação de esgoto por imóvel situado em nível inferior – Obras realizadas no imóvel vizinho que ensejaram a demolição da passagem – Descabimento – Direito de aqueduto estabelecido no art. 1.286, "caput", do Código Civil – Obrigação de tolerar passagem de tubulação destinada a alcançar a rede de coleta de esgoto – Prova pericial conclusiva do ônus exagerado que acudiria à parte autora na adoção de solução diversa – Precedentes deste Egrégio Tribunal de Justiça – Sentença mantida – Recurso não provido, por fundamento diverso (*TJSP – Ap.* 0000545-55.2013.8.26.0474, 17-9-2015, Rel. Mario de Oliveira).

Art. 1.295. O aqueduto não impedirá que os proprietários cerquem os imóveis e construam sobre ele, sem prejuízo para a sua segurança e conservação; os proprietários dos imóveis poderão usar das águas do aqueduto para as primeiras necessidades da vida.

Art. 1.296. Havendo no aqueduto águas supérfluas, outros poderão canalizá-las, para os fins previstos no art. 1.293, mediante pagamento de indenização aos proprietários prejudicados e ao dono do aqueduto, de importância equivalente às despesas que então seriam necessárias para a condução das águas até o ponto de derivação.
Parágrafo único. Têm preferência os proprietários dos imóveis atravessados pelo aqueduto.

O art. 1.295 dispõe que os proprietários atingidos não ficarão impedidos de cercar os imóveis e de construir sobre eles, desde que o façam com preservação de sua segurança e conservação. Atendendo à função social do aqueduto, que provém desde os tempos mais antigos, o artigo ainda enfatiza que os proprietários dos imóveis trespassados pelo aqueduto podem-se utilizar da água para "*as primeiras necessidades da vida*". Desse modo, a par de serem indenizados pela passagem do aqueduto, os vizinhos usufruem de sua presença *civiliter*, isto é, para as necessidades essenciais, como higiene e alimentação. Não poderão, em princípio, é evidente, usar da água para atividades voluptuárias.

No entanto, se houver águas supérfluas, outros poderão canalizá-las para as atividades de primeira necessidade, mediante pagamento aos proprietários prejudicados e ao dono do aqueduto. A preferência para essa utilização será dos proprietários atravessados pelo aqueduto (art. 1.296). Trata-se, como se vê, da possibilidade de serem construídos um ou mais aquedutos derivados ou afluentes. Havendo águas supérfluas, o que será apurado no caso concreto, essa construção será um direito do interessado, que não pode ser negado.

Não apenas as ações típicas de vizinhança, mas também os remédios possessórios podem vir sempre em socorro dos proprietários prejudicados pelo mau uso das águas, em qualquer situação. A utilização da água extrapola o mero interesse individual, como é curial, cabendo aos governos e à humanidade preservá-la como meio de sobrevivência das futuras gerações neste planeta.

Seção VI
Dos Limites entre Prédios e do Direito de Tapagem

Art. 1.297. O proprietário tem direito a cercar, murar, valar ou tapar de qualquer modo o seu prédio, urbano ou rural, e pode constranger o seu confinante a proceder com ele à demarcação entre os dois prédios, a aviventar rumos apagados e a renovar marcos destruídos ou arruinados, repartindo-se proporcionalmente entre os interessados as respectivas despesas.
§ 1º Os intervalos, muros, cercas e os tapumes divisórios, tais como sebes vivas, cercas de arame ou de madeira, valas ou banquetas, presumem-se, até prova em contrário, pertencer a ambos os proprietários confinantes, sendo estes obrigados, de conformidade com os costumes da localidade, a concorrer, em partes iguais, para as despesas de sua construção e conservação.
§ 2º As sebes vivas, as árvores, ou plantas quaisquer, que servem de marco divisório, só podem ser cortadas, ou arrancadas, de comum acordo entre proprietários.
§ 3º A construção de tapumes especiais para impedir a passagem de animais de pequeno porte, ou para outro fim, pode ser exigida de quem provocou a necessidade deles, pelo proprietário, que não está obrigado a concorrer para as despesas.

⚖️ Direito civil e processual civil – Agravo Retido – Falta de reiteração – Não conhecimento – Responsabilidade Civil – **Desabamento de muro** – Perdas e danos ao prédio contíguo – Dever de reparação independente de culpa – Sentença reformada – I- Nos termos do artigo 523, § 1º, do Código de Processo Civil de 1973, não se conhece do agravo retido que deixa de ser reiterado nas razões da apelação. II- Independentemente das cautelas que o dono do imóvel alega ter adotado para a construção do muro que veio a cair, o fato é que o exercício do direito de tapagem previsto no artigo 1.297 do Código Civil torna o titular do domínio responsável por sua solidez e conservação. III- Em caso de desabamento de muro, a responsabilidade civil pelos danos ocasionados ao imóvel vizinho resulta do fato danoso e do nexo de causalidade, dado o caráter objetivo que impera na espécie. IV- O proprietário tem a liberdade de realizar em seu terreno as obras que considerar adequadas aos seus interesses e objetivos, porém responde objetivamente por danos causados aos prédios vizinhos, na esteira do que prescrevem os artigos 1.299, 1.311 e 1312 do Código Civil. V- Recurso conhecido e provido. (TJDFT – Proc. 20140710399527APC – (997092), 2-3-2017, Rel. James Eduardo Oliveira).

Direito de vizinhança. Ação de obrigação de fazer c/c indenização por danos materiais. Desconsideração de parte do laudo pericial. Aplicação do preceito contido no art. 436 do CPC que se mostra inafastável. Elementos contidos nos autos que evidenciam que os réus não observaram as posturas legais quando da realização da reforma em seu imóvel. Edificação sem autorização administrativa, que culminou no embargo da obra com imposição de multas. Construção sobre muro comum. Compreensão do disposto no art. 1.297, § 1º, do Código Civil. Sobreposição da "quina" da construção dos réus sobre o terreno dos autores. Edificação de abertura perpendicular, potencialmente violadora da intimidade dos autores, sem observância do recuo mínimo. Réus que transcenderam os limites de sua propriedade, invadindo propriedade alheia. Demolição da área irregularmente construída que não pode ser afastada. Danos materiais atinentes, tão só, à cobertura de sapé que devem ser suportados pelos réus. Recurso parcialmente provido (*TJSP* – Acórdão: Apelação Cível 0181785-79.2006.8.26.0002, 29-3-2011, Rel. Des. Dimas Rubens Fonseca).

Art. 1.298. Sendo confusos, os limites, em falta de outro meio, se determinarão de conformidade com a posse justa; e, não se achando ela provada, o terreno contestado se dividirá por partes iguais entre os prédios, ou, não sendo possível a divisão cômoda, se adjudicará a um deles, mediante indenização ao outro.

1. Demarcação

A contiguidade de prédios pode sempre levantar questões relativas aos limites entre os imóveis. A questão tem importância evidente para aquilatar o âmbito de utilização da coisa pelo proprietário. Ao Estado, por seu lado, interessa que os limites entre os vários prédios estejam efetivamente definidos, não somente para a paz social, para o exercício de seu poder de polícia, como também para a tributação. "*A demarcação nasceu com a propriedade, a dizer, tem a mesma idade das primeiras sociedades*" (FULGÊNCIO, 1978, v. 2, p. 18).

Desde o Direito Romano tem-se notícia da ação demarcatória, descrita no art. 1.297 do Código Civil.

A legitimidade ativa deve ser alargada para aqueles cuja titularidade está muito próxima à de proprietário, como o enfiteuta, o nu-proprietário e o usuário (LOPES, 1964, v. 6, p. 434). Cada condômino do imóvel confinante, no âmbito de seu direito concomitante de propriedade, também pode intentar a demarcação, sem o concurso dos demais condôminos. Trata-se de ação real. Todavia, possuidores também têm ação demarcatória de sua posse, como têm ação de divisão de composse, em face da exteriorização da propriedade. A declaração da sentença movida por possuidor restringe-se à delimitação do fato da posse.

> "*A disputa de limites não é privilégio dos detentores do domínio. Podem perfeitamente dois possuidores limítrofes se deparar com a necessidade de definir os extremos de suas posses. A demarcação terá cabimento, e não será demarcação de domínio, mas demarcação de posse*" (THEODORO JR., 1985, p. 201).

A ação demarcatória vem disciplinada pelos arts. 569 ss. do CPC. Equivale à tradicional *actio finium regundorum* do Direito Romano. O direito não se restringe, pois, à simples demarcação, mas também a exigir a repartição de despesas com a atividade material.

Trata-se igualmente de direito potestativo ou facultativo do proprietário, imprescritível, exercitável, portanto, enquanto perdurar a confinância. É requisito para sua propositura que os limites entre os prédios de diferentes proprietários se apresentem com sinais exteriores duvidosos: muros, cercas, tapumes e valas desaparecidos ou destruídos, o que caracteriza os *rumos apagados* referidos pela lei. Não havendo ou não tendo havido obstáculo divisório, o proprietário vizinho é obrigado a *aviventar* ou *renovar* os marcos destruídos ou arruinados. Não importa a causa dessa ruína ou desaparecimento, por fato natural ou por ato humano. Se a destruição ou ruína ocorreu por culpa do vizinho, deverá responder pelos prejuízos correspondentes, deduzindo-se de outras despesas proporcionais referidas no dispositivo legal. Se perfeitamente delineada e presente a linha divisória entre os prédios, inviável será a ação.

Por vezes, a confusão de limites não permite definição clara e precisa da propriedade de um e de outro. A dúvida se definirá em favor de quem exerce a posse na porção contestada. Por essa razão, pode ser cumulada a ação demarcatória com a pretensão possessória. Com muita frequência, pois, dever-se-á examinar o fato da posse na demarcação. A esse respeito dispunha o art. 570 do Código Civil de 1916.

Este Código, no art. 1.298, diz que, nessa hipótese, o terreno contestado se dividirá em partes iguais ou, não sendo possível a divisão cômoda, se adjudicará a um deles, mediante indenização ao outro.

Quando se transfere o nível de prova para o campo da posse, o exame do título dominial é adminículo probatório, tal como estudamos nos limites dos remédios possessórios. Se a demarcação for fundada exclusivamente no domínio, não se trará à baila a questão possessória. Como acentua Sílvio Rodrigues (1984, v. 5, p. 150), embora a natureza da ação demarcatória seja declaratória de propriedade preexistente, com frequência trará em seu bojo pedido reivindicatório, quando existe dúvida e discussão a respeito dos confins. No caso concreto, muitas vezes um vizinho invade e utiliza a propriedade confinante. A questão será controvertida em termos de posse ou propriedade dentro da pretensão demarcatória. Não se confunde, porém, a ação de demarcação com as ações possessórias e reivindicatórias propriamente ditas. Basta dizer que na ação reivindicatória se busca o que foi injustamente parar em mãos de outrem. Na divisória, ambos os confinantes têm interesse em fixar os marcos. Washington de Barros Monteiro (1989, v. 3, p. 152) aponta a nosso ver terminologia esclarecedora, a fim de se afastar estéril discussão técnica acerca da possibilidade de cumulação da demarcação com pedido possessório ou reivindicatório:

> *"A demarcatória comporta duas espécies, simples e qualificada. É 'simples', quando colima, tão somente, um daqueles objetivos retromencionados: fixação de rumos novos e aviventação dos existentes; 'qualificada', quando cumula qualquer dessas finalidades com o pedido de restituição de glebas indevidamente ocupadas pelo promovido."*

Transferida a discussão para a posse, pode vir à tona a alegação de usucapião sobre a área em discussão. O que se alega é, portanto, a *prescrição aquisitiva*, porque uma vez persistente a vizinhança, o *direito continuativo impede o curso de prescrição extintiva*. Conquanto reconhecido a usucapião, nessa hipótese a matéria de defesa obstará a demarcação. O que o juiz deve julgar é a impropriedade da ação demarcatória no caso (MIRANDA, 1971, v. 13, p. 371). O usucapiente deverá recorrer à ação própria.

Contudo, a primeira regra a ser seguida no juízo da demarcação é o exame do título dominial. A finalidade primordial da ação é obter acertamento acerca dos limites da propriedade. Tanto é assim que o art. 574 do CPC exige a juntada dos títulos de propriedade com a inicial. Nada impede que ambos os confinantes promovam conjuntamente a demarcação. Poderá inexistir lide, ou esta ser apenas parcial dentro do mesmo processo. Podem ocorrer aspectos da divisão tidos como incontroversos tanto pelo promovente, como pelo promovido, ou por ambos, quando se postam conjuntamente como promoventes. A divisão é campo fértil para o juízo arbitral, como o é para todos os direitos de vizinhança, e deveria esse juízo ser incentivado pelo legislador e pela doutrina. Ninguém melhor que árbitros escolhidos pelos confinantes para resolver suas pendências, por vezes meras facécias facilmente resolvidas pelo meio social, sem necessidade da custosa intervenção do Judiciário.

Insuficientes os títulos para definir os limites, buscar-se-á o *critério da posse*, tanto que o art. 570 se referia à *falta de outro meio* para fixação dos limites.

Não conseguindo o juiz fixar os rumos, nem com os títulos, nem com o exame do fato da posse, a solução preconizada no art. 570 era determinar a divisão *proporcional* dos prédios. Essa divisão diz respeito, à evidência, unicamente à área confinante duvidosa e não à integralidade dos prédios. Por isso, este Código corrige a impropriedade e refere-se, no art. 1.298, à divisão do terreno contestado em partes iguais. Reitere-se que a divisão é somente da área em litígio. No sistema do Código de 1916, divergia a doutrina de como poderia ser feita essa divisão proporcional não esclarecida na lei. Clóvis, em seus *Comentários*, entendia que deveria ser em partes iguais, ideia que preponderou, felizmente, neste Código. Nem sempre será, porém, a solução mais justa. Outros entendiam que deveria ser proporcional à testada do imóvel de cada confinante; outros ainda sustentavam que a proporcionalidade era relativa à área de cada prédio confinante (VIANA, 1983, p. 83). Com o Código de 2002, de qualquer forma, resolve-se a até então infindável discussão.

Em última hipótese, se essa divisão cômoda não for possível, caberá ao juiz adjudicar a área litigiosa a um dos confinantes, mediante indenização ao outro. A quem caberá a área neste último caso apenas a casuística poderá aconselhar: o imóvel já apresenta edificação realizada por um dos confinantes, por exemplo. Justo é que essa porção permaneça com ele. Comenta Caio Mário da Silva Pereira (1993, p. 151) que este será *outro tormento do aplicador*, entre tantos que surgem numa ação demarcatória ou divisória; nada obsta que sejam cumuladas as pretensões de divisão e demarcação dos imóveis (art. 570 do CPC). Têm conhecimento bem disso todos os juízes que já atuaram em processos desse jaez, mormente em zona rural. Por vezes, a única solução possível é o próprio magistrado, em inspeção judicial, juntamente com os peritos, fixar no local o traçado da divisão, determinando o lançamento de pontaletes nos locais dos futuros marcos, para a passagem da linha de divisão, represando concomitantemente o estado de beligerância latente entre as partes. Mais de uma vez fomos jungidos a essa solução, única forma de terminar o processo.

Humberto Theodoro Jr. (1985, p. 37) sintetiza os critérios a serem observados na demarcação:

> *"(1) critério principal: os títulos dominiais; (2) critérios subsidiários: (a) a posse; (b) a divisão da faixa contestada de terreno; (c) a adjudicação da faixa contestada a um dos confinantes."*

Toda essa matéria atinente aos fatos materiais do imóvel receberá vastos subsídios probatórios na ação de demarcação, porque o juiz nomeará um ou mais peritos para levantarem o traçado da linha demarcada (art. 579 do CPC). Esses peritos devem fornecer o critério técnico e jurídico mais seguro a ser seguido pelo julgador. A sentença determinará o traçado (art. 581) levando em conta a planta da região e as conclusões técnicas presentes nos autos.

> *"Assinado o auto pelo juiz e pelos peritos, será proferida a sentença homologatória da demarcação"* (art. 587 do CPC).

Há, portanto, duas fases distintas na ação de demarcação. Na primeira, discute-se a obrigação de demarcar, possíveis questões dominiais e possessórias. Não há especificamente necessidade de cumular a reivindicatória com a divisória, pois ambas conduzem ao mesmo resultado; a reivindicação coloca-se implicitamente dentro do pedido demarcatório (*RT* 625/53, *RTJSP* 78/243). Admitem-se, por outro lado, demarcatórias parciais, movidas somente contra um ou alguns dos confinantes (*RF* 303/219). Procedente o pedido demarcatório, com seu trânsito em julgado passa-se à fase executória, em que são praticados os atos materiais de demarcação, resultando daí a sentença homologatória, em que não mais se pode discutir o que foi debatido na fase inicial, mas apenas se fixa o traçado. Não se trata, porém, de singela homologação sem conteúdo decisório, porque resolve dúvidas e questões técnicas levantadas pelo agrimensor, com comentários das partes.

Quando a dúvida se resume exclusivamente à aviventação e fixação de rumos, sem maiores aprofundamentos que resvalem na ação reivindicatória ou possessória, as partes colocam-se na posição exclusiva de promoventes e promovidos e não de réu e autor. Se a resistência à ação se situar em plano que atinja a sucumbência, o juiz deverá condenar o vencido nos respectivos consectários, por ter resistido à pretensão. Nada impede que a demarcação se realize por transação ou outro negócio jurídico, levado a juízo para simples homologação. O procedimento promovido de comum acordo pelos confinantes assume o caráter de jurisdição voluntária (arts. 719 ss.) (THEODORO JR., 1985, p. 40).

A regra geral é que todas as despesas decorrentes de demarcação ou manutenção de divisas devem ser repartidas pelos confinantes. Caracteriza-se a obrigação *propter rem* ou reipersecutória.

A lei presume também, *iuris tantum*, por meio do Código Civil, que as divisas, qualquer que seja sua natureza, pertencem em comum a ambos (art. 1.297, § 1º).

A tipificação desse artigo relaciona-se com o exposto no direito de tapagem. A situação aplica-se aos imóveis rurais e urbanos. Todo proprietário tem direito de cercar, murar ou tapar seu prédio (art. 1.297).

No âmbito do condomínio tradicional, o art. 1.328 confere direito ao proprietário limítrofe de adquirir a meação da parede, muro, vala, valado, ou cerca do vizinho, mediante o pagamento da metade do valor. A lei incentiva, nesse aspecto, o estabelecimento de comunhão no objeto de divisa. Ainda que o muro ou equivalente pertença exclusivamente a um dos proprietários (e isso será exceção, segundo a lei), tal não impede o outro confinante de usá-lo dentro de suas necessidades, sem ocasionar prejuízo ao vizinho. Tal regra decorre ineclutavelmente do art. 1.297, § 1º, que cuida do direito de uso dos intervalos e muros ou outras divisórias pelos vizinhos e somente secundariamente cuida da presunção de propriedade comum da divisória.

2. Direito de tapagem

Pelo direito de tapagem permite-se ao proprietário "*cercar, murar, valar ou tapar de qualquer modo o seu prédio, urbano ou rural*", de acordo com a lei (art. 1.297, primeira parte). Esse mesmo dispositivo regulamenta a forma pela qual se pode estabelecer materialmente a divisa entre prédios. Cuida-se de mais uma restrição ao direito de propriedade, que em tese é exclusivo. No entanto, com a feitura de limites se garante justamente essa exclusividade, embora se estabeleça, na maioria das vezes, comunhão na divisória, qualquer que seja a matéria empregada no linde.

Presumem-se de ambos os proprietários confinantes os tapumes divisórios e assemelhados, constituindo-se obrigação *propter rem* as despesas de sua construção, manutenção e conservação. Este Código cuida dos limites entre prédios e do direito de tapagem no mesmo art. 1.297, o qual determina a repartição proporcional das despesas, nesse caso. Essa presunção é relativa, permitindo prova em contrário. Essa presunção relativa é enfatizada pelo art. 1.297, § 1º, do presente Código. Segundo esse dispositivo, os confinantes estão obrigados, de conformidade com os costumes da localidade, a concorrer em partes iguais para as despesas de construção e conservação das divisórias. A vedação das divisas é um direito do proprietário e não uma obrigação, a não ser que decorra de imposição administrativa ou contratual entre os confinantes. Se atribuída pelo loteador e presente no registro imobiliário, tem o mesmo papel de imposição administrativa. O proprietário tem possibilidade de cobrar a quota do confinante que não concorreu com as despesas. Não poderá fazê-lo, porém, se apenas por iniciativa sua efetuou a divisória, provado não haver interesse do confinante, bem como se efetuou obras ou despesas desnecessárias ou voluptuárias na separação, o que deve ser apurado no caso concreto. Se utilizou plantas raras na cerca viva ou materiais luxuosos no local, por exemplo, não pode carrear ao vizinho metade das despesas tidas como supérfluas.

O § 2º do art. 588 do Código de 1916 definia o que o ordenamento entende por *tapumes*:

"*As sebes vivas, as cercas de arame ou de madeira, as valas ou banquetas, ou quaisquer outros meios de separação dos terrenos, observadas as dimensões estabelecidas em posturas municipais, de acordo com os costumes de cada localidade, contanto que impeçam a passagem de animais de grande porte, como sejam gado vacum, cavalar e muar.*"

A regra auxilia a compreensão atual. Segundo atual Código, essas sebes vivas, árvores ou plantas quaisquer, que servem de marco divisório, somente podem ser cortadas, ou arrancadas, de comum acordo entre os proprietários (art. 1.297, § 2º).

Os costumes do local definirão a qualidade e espécie de material a ser utilizado: muros simples ou pintados, com tijolos aparentes ou revestidos, cercas com moirões de madeira ou de concreto, gradis simples ou trabalhados, arames farpados ou simples, cercas vivas com arbustos ou árvores etc.

Note que, não ocorrendo presunção de comunhão, sendo tanto a construção do muro ou divisória, como sua manutenção, de responsabilidade e iniciativa de um só dos vizinhos, sem imposição legal ou negociação para tal, pertencem só a ele, que não pode obrigar o confinante a nenhum pagamento, segundo a doutrina tradicional. Poderá o vizinho fazê-lo, se provar que o confinante se utiliza da divisão. Quem nega a titularidade no muro deve provar em contrário, segundo decorre da presunção legal. Quando o confinante nega o pagamento, cabe ao lindeiro que arcou com a construção do muro obter declaração judicial daquele para pagamento pelo tapume em comum sob pena de se concluir que somente a ele pertence a divisória.

"O concurso de ambos para a obra divisória pode ser considerado necessário ou não. A obrigação de concorrer para as despesas de construção e conservação dos tapumes divisórios só se torna exigível, obviamente, quando são comuns" (GOMES, 1983, p. 190).

Se existe lei ou contrato que impõe o tapume, o lindeiro não pode furtar-se à despesa comum. Ainda que não exista obrigação de construção do tapume, a decisão judicial geralmente propenderá a que a divisória seja feita no interesse de ambos, devendo ser repartidas as despesas. Não se trata, porém, como vimos, de regra geral. Difícil será, no entanto, na prática, negar a utilidade comum do tapume para os confinantes. Interessante notar que os doutrinadores tradicionais não chegam a essa conclusão. Entretanto, o fato de um só dos vizinhos ter construído a suas expensas a obra divisória não induz que tenha desistido de cobrar a metade do vizinho. Nesse sentido, julgado citado por Humberto Theodoro Jr. (1985, p. 509):

"Não demonstrando a desnecessidade do muro divisório, deve o vizinho contribuir para as despesas da sua construção, ainda que realizada sem sua prévia notificação."

Lembre-se sempre, porém, da regra do art. 1.328, pela qual o lindeiro tem *direito* de adquirir meação do muro ou similar, pagando metade do valor ao vizinho. Assim como o construtor pode cobrar metade da divisória, o vizinho que não erigiu o tapume tem direito de exigir, mediante pagamento, o direito de meação. A lei procura, de todas as formas, a comunhão nos muros e cercas divisórias. Note, ademais, que pela dicção do art. 1.330, enquanto o vizinho não pagar ou depositar o valor da meação, não poderá fazer uso da parede ou de outra divisória. Seu direito somente nasce com o pagamento, ainda que a iniciativa não tenha sido sua, mas do lindeiro que erigiu a divisória.

Na síntese de Serpa Lopes (1964, v. 6, p. 441), dentro do aqui exposto, a meação de muros, paredes, cercas ou valas decorre de três causas determinantes: (1) foram construídos pelos vizinhos de comum acordo; (2) tornaram-se comuns em decorrência de negócio jurídico; e (3) existem por presunção legal e pela falta de prova de exclusividade de propriedade.

Quem possuir animais que reclame maior proteção, tais como aves e animais domésticos, ou quem necessitar de *tapumes especiais* para outro fim, deve responder pela construção e despesas dos chamados tapumes especiais (art. 1.297, § 3º). Se a utilidade desses tapumes for para ambos os confinantes, justo será que se repartam os custos. No entanto, como regra geral, os tapumes especiais são de propriedade exclusiva do dono do terreno obrigado a construí-los. Quem não tem outra necessidade ou não possui animais que exijam esses tapumes não fica obrigado a ressarcir os custos. No entanto, embora a lei não o diga, é justo que se pague o equivalente à metade de tapumes comuns, que de qualquer modo deveriam ser erigidos para utilidade conjunta.

Se a divisória for de mera ornamentação, de natureza voluptuária, como, por exemplo, muro ou gradil artístico, ou plantas raras na região, desnecessários para o local, não pode seu construtor imputar metade dos custos ao vizinho. A solução correta será o lindeiro pagar metade do valor do que o costume local normalmente faria colocar no limite dos prédios.

A doutrina lembra da colocação de *ofendículas* sobre o muro divisório. Geralmente, cacos de vidro, arames farpados ou pontaletes de ferro, para impedir invasão. Também são decorrentes da convivência de vizinhança e não exorbitam a finalidade dos tapumes, incluindo-se em seu custo. Modernamente, pode-se alargar o conceito para as ofendículas eletrônicas, cercas eletrificadas ou com alarmes etc., por exemplo. Podem também ser incluídas como despesas comuns dos confinantes, se úteis a ambos e se presentes nos costumes e nas necessidades do local.

Recorde que a supressão ou deslocação de tapume, marco ou qualquer sinal indicativo de linha divisória de propriedade pode tipificar o crime do art. 161 do Código Penal (*alteração de limites*). Exige o dolo específico de alterar os limites, para se apropriar da coisa alheia. Também é crime *"introduzir ou deixar animais em propriedade alheia, sem consentimento de quem de direito, desde que o fato resulte prejuízo"* (art. 164 do CP). Avulta, portanto, de importância que o confinante mantenha o tapume devido, especial ou comum, para impedir a passagem de animais, pois o crime pode consumar-se pela modalidade omissiva.

Também nessas situações a lei de 1916 enfatizava a permissão de o vizinho ingressar no terreno confinante para *decotar a cerca viva ou reparar o muro divisório*, mediante prévia comunicação (§ 4º do art. 588 do Código de 1916). Essa situação persiste no art. 1.313.

Se ocasionar dano com sua conduta, deve indenizar. Aplica-se a regra do art. 1.313, § 3º, deste Código. Se houver urgência e resistência do vizinho, pode valer-se do processo cautelar, pleiteando liminar. O Código também, como vimos, assevera que "*as sebes vivas, as árvores, ou plantas quaisquer, que servem de marco divisório, só podem ser cortadas, ou arrancadas, de comum acordo entre os proprietários*" (art. 1.297, § 2º). Como reiteramos, autorizar o vizinho a entrar em propriedade alheia é sempre um ponto de discórdia.

As cercas marginais das vias públicas serão feitas e conservadas pela Administração, ou pelas pessoas ou empresas que as explorarem (§ 5º do art. 588 do Código de 1916). A questão interessa ao direito público.

Essas regras gerais sobre tapumes aplicam-se também aos possuidores e não apenas aos proprietários, desde que os terrenos sejam utilizados a título de posse (RIZZARDO, 1991, v. 3, p. 760). É da essência das obrigações *propter rem*. Não ficam os possuidores proibidos de limitar materialmente o âmbito da coisa sobre a qual exercem o fato da posse.

⚖ Recurso inominado. Ação de obrigação de não fazer. Edificação de muro de divisa. Possibilidade de construção. Art. 1.297 do CC. Depoimento testemunhal que confirma que a construção não se mostra condizente com a fundação necessária. Possibilidade de construção com prévio laudo que avalie a ateste a melhor na edificação do expertise muro. Parcial procedência do pedido inicial. Pedido contraposto julgado extinto. Demarcação de terras particulares. Procedimento específico do CPC. Impossibilidade do rito da Lei 9.099/95. Rol taxativo do artigo 3º da LJE conforme Enunciado 30 do FONAJE. Extinção deste nos termos do art. 51, II, da Lei 9.099/95. Sentença reformada em parte. Recurso conhecido e parcialmente provido (TJPR – Rec. inominado 0032239-23.2016.8.16.0019, 7-6-2018, Relª Melissa de Azevedo Olivas).

⚖ Apelação cível – **Ação demarcatória** – Autor e ré que litigam acerca da linha divisória entre seus imóveis, localizados em área rural – Sentença que julgou procedente a ação, fixando a demarcação nos termos das conclusões do laudo pericial – Recurso de apelação interposto pela ré, insistindo na existência de cerca divisória no local, desconsiderada pela perícia, cuja instalação remonta à época do registro de seu título de propriedade, sem que houvesse oposição por qualquer dos proprietários confrontantes – Julgamento convertido em diligência por esta relatora – Esclarecimentos dos peritos que apontam não haver indícios claros da existência da cerca mencionada pela ré – Traçado da cerca, ademais, que não coincidiria com a linha divisória proposta pela requerida – Demarcação que deve ser feita com base nas conclusões do laudo pericial – Manutenção da R. Sentença. Nega-se provimento ao recurso de apelação (TJSP – Ap. 9112559-29.2009.8.26.0000, 28-3-2017, Relª Christine Santini).

Seção VII
Do Direito de Construir

Art. 1.299. O proprietário pode levantar em seu terreno as construções que lhe aprouver, salvo o direito dos vizinhos e os regulamentos administrativos.

A construção de prédio pelo proprietário é direito seu, inserido no *ius fruendi*. No entanto, em prol da comunidade, da vizinhança e do interesse público, não é direito absoluto, tal como em outros aspectos da propriedade. O próprio Código Civil, nesse artigo, descreve a modalidade genérica de exercício restrito desse direito.

O sentido continua a ser sempre o da busca da finalidade social da propriedade, o equacionamento do direito individual com o direito social. Deve ser entendido, no entanto, que a liberdade de construir é a regra. As limitações, como exceção, devem vir expostas pelo ordenamento. Essa utilização da propriedade deve, da mesma forma, sempre ser examinada em consonância com a regra geral de vizinhança do art. 1.277 deste Código, que reprimem o mau uso ou uso anormal da propriedade, quando ocasiona prejuízo à segurança, sossego e saúde da vizinhança. Aplicamos a esse respeito tudo o que foi exposto sobre o uso nocivo ou mau uso da propriedade.

Além das noções gerais, devem ser tomadas em consideração as duas classes de restrições ao direito de construir, as decorrentes das regras de vizinhança e as decorrentes de regras administrativas. O ordenamento fixa regras recíprocas entre os vizinhos. Geralmente, na área urbana, cabe aos Municípios delimitar e organizar o direito de construir. Pode também o loteador impor restrições edilícias a determinada área, que ganham natureza real com o registro, devendo ser obedecidas, a exemplo das restrições urbanas em geral. O art. 45 da Lei nº 6.766/1979, estabelece:

> "O loteador, ainda que já tenha vendido todos os lotes, ou os vizinhos, são partes legítimas para promover ação destinada a impedir construção em desacordo com restrições legais ou contratuais."

Essa legitimidade do loteador e dos vizinhos para as ações de vizinhança é de vital importância.

Modernamente, são mais numerosas e importantes as restrições de ordem administrativa. As regras civis aplicam-se subsidiariamente.

Essas limitações administrativas urbanísticas e rurais, conquanto de ordem pública, geram direito subjetivo aos vizinhos para exigir o cumprimento. Leva-se em conta o interesse coletivo, que também é direito da vizinhança. O vizinho, no mesmo plano do loteador, como citamos, está legitimado a acionar aquele que não cumpre as imposições administrativas. Para nós, sempre esteve correta a posição clássica firmada por Hely Lopes Meirelles (1979, p. 79):

"Os julgados que negam ação ao vizinho para exigir de seu confinante o atendimento das limitações administrativas à construção, o fazem por excessivo apego à distinção romanista entre normas de interesse privado e normas de interesse público, como se os departamentos do Direito constituíssem domínios estanques."

A infração aos princípios estabelecidos no capítulo a respeito do direito de construir, bem como aos regulamentos urbanísticos administrativos, gera, em princípio, a obrigação de demolir as construções feitas, além de indenização por perdas e danos. Essa regra vem expressa no art. 1.312.

A própria definição do Código Civil ressalta a observância aos regulamentos administrativos. Hoje, a situação mais se acentua com a exacerbação constitucional dada à função social da propriedade privada.

Cabe à Municipalidade estabelecer normas urbanísticas, seu *plano diretor*, complexo de normas técnicas caracterizadoras dos direitos e limitações de construir. Essas regras municipais são sempre dinâmicas, alteráveis por sua natureza no tempo e no espaço, com base na própria conceituação do que se entende por zona urbana, que é atribuição municipal. Ao Município cabe criar a divisão em zoneamentos industriais, residenciais e mistos, com subdivisões, impondo exigências edilícias próprias para cada zona. Ao Estado em geral cabe também preservar o patrimônio histórico e artístico. Pelo *tombamento* proíbe-se que edifícios de valor histórico ou artístico sejam destruídos ou alterados sem autorização. Lembre-se, a propósito, de que a Lei nº 10.257/2001, autodenominada Estatuto da Cidade, é norma que regulamenta os arts. 182 e 183 da Constituição Federal e estabelece diretrizes gerais de política urbana.

As construções devem seguir o gabarito determinado pela Administração, bem como recuo e alinhamento com relação às vias públicas, utilização de área máxima de edificação em cada zona etc. Enfim, há complexo de normas administrativas integrantes do direito de vizinhança. A matéria, que requer aprofundamento monográfico, é relacionada com o direito público e o direito privado, bem como com a engenharia civil, na especialidade de construção, planejamento e administração urbana, um dos maiores desafios do século 20. Nesse diapasão, avulta a importância dos técnicos de engenharia que tenham também profundos conhecimentos jurídicos. Daí por que sempre afirmamos que o curso de Direito complementa qualquer profissão.

Os dispositivos que dão regras às construções no bojo do Código Civil são apenas supletivos das leis administrativas. Neste Código, encontra-se o mínimo de limitações no direito de construir a serem obedecidas no que não contrariarem o direito edilício administrativo.

Deve ser entendido como construção toda realização material sobre o imóvel decorrente de atividade humana. Desse modo, também é construção a edificação ou reforma, a demolição, o levantamento de muros, a escavação, o aterro etc.

A ação demolitória pode ser movida contra o responsável pela edificação ilegal. A demolição, no entanto, deve ser a última solução. Sempre há que se buscar a possibilidade de adaptação da obra ou da edificação aos regulamentos administrativos e às restrições de vizinhança. Nesse sentido, há de ser interpretada a norma. Em qualquer hipótese, provada a responsabilidade e o nexo causal, deve ocorrer indenização pelos prejuízos. Essa responsabilidade independe de culpa, decorrendo da simples vizinhança. Sob esse aspecto, a natureza dessa responsabilidade é objetiva. *"A ideia é a de que os vizinhos estão ligados por uma obrigação legal de não causarem reciprocamente quaisquer prejuízos"* (RODRIGUES, 1984, v. 5, p. 157).

Apelação – Ação de nunciação de obra nova – Cerceamento de defesa – O juiz, destinatário da prova e, em última análise, único legitimado para decidir acerca da suficiência do quadro probatório constante dos autos, entendendo que a matéria controvertida estava suficientemente esclarecida, julgou o mérito – Possibilidade – Fotos presentes nos autos que demonstram substancial mudança de ambos os imóveis durante a instrução processual – Prejudicada eventual perícia – Preliminar rejeitada – Nunciação de obra nova – Fotos que não demonstram infiltrações, acumulo de água, ou rachaduras ou danos aparentes – Processo administrativo desencadeado no qual a municipalidade demonstrou tolerância pela construção, após vistoria de seu corpo técnico – Limitação do direito de construir que deve ser tida como exceção, não bastado a mera alegação genérica de descumprimento de regulamentos administrativos – Fotos que mostram ambos os prédios em mesmo patamar, construídos de maneira que não se sustenta o argumento de despejo de águas diretamente (artigo 1.299 do CC) (...). Recurso improvido (*TJSP* – Ap. 0061899-89.2012.8.26.02240, 19-4-2018, Rel. Luis Fernando Nishi).

"Apelação – **Nunciação de obra nova** c.c – Pedido de demolição – Loteamento denominado Vila de São Fernando – Ação ajuizada no ano de 2002, com fundamento em violação a restrições impostas pelo loteador ao direito de construir. Réus que, segundo a inicial, desrespeitaram a proibição convencional imposta à construção de dois pavimentos, construção de segunda casa ou edícula na frente do terreno e observância de recuos mínimos. Prolação de uma primeira sentença, de extinção do feito sem apreciação do mérito. Sentença anulada por esta Câmara. Prolação de uma segunda sentença, de improcedência da ação, carreando ao autor os ônus da sucumbência. Apelo do demandante. Não acolhimento. Violações constatadas em sede de perícia. Construção, no entanto, que foi aprovada pela Municipalidade e que, segundo a perita, não prejudica o loteamento, que, a teor dos inúmeros imóveis fotografados, forma um conjunto heterogêneo sob vários aspectos. Não obstante o reconhecimento das indevidas alterações, diante das peculiaridades do caso concreto, não há demonstração de agressão substancial à unidade arquitetônica e estética das moradias, ainda mais quando se considera que igual medida foi também adotada por diversos moradores. Decorridos tantos anos da construção, a medida extrema da demolição parece ser excessiva, considerando que o valor que a lei tutela, qual seja, o resguardo da harmonia arquitetônica das construções, não foi agredido. Sentença mantida. Negado provimento ao recurso." (v.24958) (*TJSP – Ap. 0005524-42.2002.8.26.0152, 15-5-2017, Relª Viviani Nicolau*)

Art. 1.300. O proprietário construirá de maneira que o seu prédio não despeje águas, diretamente, sobre o prédio vizinho.

Este Código preferiu não estabelecer intervalo mínimo entre o beiral do telhado e o terreno vizinho, o que é muito mais razoável, pois nem sempre o pequeno espaço de dez centímetros será suficiente para impedir que se despejem águas sobre o prédio vizinho.

O art. 575 do Código de 1916 fora substituído pelo art. 105 do Código de Águas, de redação quase idêntica. Trata-se do *escoamento de águas que caem sobre o telhado alheio*:

> "O proprietário edificará de maneira que o beiral de seu telhado não despeje sobre o prédio vizinho, deixando entre este e o beiral, quando por outro modo não o possa evitar, um intervalo de dez centímetros, quando menos, de modo que as águas se escoem."

Não importa que o prédio receptor das águas seja ou não edificado. Nada impede, contudo, que as partes estabeleçam servidão em sentido contrário, isto é, de tolerância no recebimento das águas vindas de outro prédio. A disposição refere-se unicamente a águas pluviais, não podendo o despejo ser de águas provenientes de uso do prédio.

Direito de vizinhança – Construção de muro divisório pelo proprietário do prédio superior – Desabamento do muro do imóvel situado no nível inferior – Laudo pericial apontando como causa do desmoronamento do muro da autora o represamento das águas pluviais em seu imóvel – Ausência de sistema de drenagem no local – Uso anormal da propriedade – Incidência dos artigos 1.299 e 1.300 do Código Civil – Obrigação do réu de reconstruir o muro da vizinha prejudicada – Pretensão de paralisação da construção do muro do réu – Provimento parcial – Necessidade de construção de rede de drenagem para escoamento das águas pluviais no local. Provimento parcial do recurso da autora e não conhecimento do recurso do réu (*TJRJ– Acórdão Apelação Cível nº 0003344-11.2008.8.19.0064, 5-10-2011, Rel. Des. Maria Henriqueta Lobo*).

Art. 1.301. É defeso abrir janelas, ou fazer eirado, terraço ou varanda, a menos de metro e meio do terreno vizinho.
§ 1º As janelas cuja visão não incida sobre a linha divisória, bem como as perpendiculares, não poderão ser abertas a menos de setenta e cinco centímetros.
§ 2º As disposições deste artigo não abrangem as aberturas para luz ou ventilação, não maiores de dez centímetros de largura sobre vinte de comprimento e construídas a mais de dois metros de altura de cada piso.

O ordenamento permite ao proprietário se opor ou embargar, isto é, impedir o prosseguimento de obra que invada sua área ou lhe deite goteiras, bem como aquela em que se abra janela, ou se faça eirado, terraço ou varanda a menos de metro e meio. Eirado é sinônimo de alpendre ou terraço. A finalidade é preservar a privacidade. Geralmente, os atos administrativos impõem maiores restrições, dependendo da zona urbana. O § 1º acrescenta que "*as janelas cuja visão não incida sobre a linha divisória, bem como as perpendiculares, não poderão ser abertas a menos de setenta e cinco centímetros*". A disposição no Código de 1916 era diversa. O § 2º acrescenta:

> "*As disposições deste artigo não abrangem as aberturas para luz ou ventilação, não maiores de dez centímetros de largura sobre vinte de comprimento e construídas a mais de dois metros de altura de cada piso.*"

Trata-se de limitação negativa, a fim de impedir que o prédio seja devassado pela visão, permitindo, tanto quanto possível, a privacidade. Se entre os dois prédios existir estrada, caminho, ou rua, não se aplicam as restrições desse artigo. É sempre conveniente lembrar que os próprios interessados, como o loteador ou empreendedor de um loteamento dito fechado ou regulamentado, podem opor restrições mais amplas com essa mesma finalidade e que, uma vez presentes no registro imobiliário, devem ser obedecidas.

Os parágrafos do art. 1.301 estabelecem princípios com redação mais acessível e razoável do que a lei anterior. Assim, como visto, as janelas cuja visão não incida sobre a linha divisória, bem como as perpendiculares, não poderão ser abertas a menos de 75 centímetros. As disposições acerca de janelas e assemelhados não abrangem as aberturas para luz ou ventilação não maiores de dez centímetros de largura sobre 20 de comprimento e construídas a mais de dois metros de altura de cada piso.

No tocante às *janelas ou varandas* referidas na segunda parte do art. 573, a distância de metro e meio é do

Código de 1916. Este Código refere-se a 75 centímetros. Essa distância deve ser contada da linha divisória do imóvel e não de outra janela. É distância mínima que a postura municipal ou a vontade privada pode aumentar. As janelas ou similares são proibidas nessa distância tanto se se situarem diretamente em frente do prédio vizinho, como obliquamente. Persiste dúvida, porém, na doutrina. Nossa lei não fez distinção como direitos comparados. Em ambas as situações, de visão direta ou oblíqua, há possibilidade de devassar a privacidade vizinha. Serpa Lopes (1964, v. 6, p. 462) entende que a janela oblíqua deve ser tolerada, quando não propicie domínio visual da propriedade contígua, cabendo ao juiz a boa decisão no caso concreto. Como o dispositivo não se refere a portas, interpreta-se restritivamente, não existindo impedimento para elas, assim como para tomadas de luz feitas com vidros ou materiais opacos (MONTEIRO, 1989, v. 3, p. 160).

O art. 574 do Código de 1916 estabelecera exceção à distância de metro e meio fixada no artigo antecedente, quando os prédios são separados por estradas, caminhos, ruas, ou qualquer outra passagem pública. Como a lei se referia à passagem pública, o preceito não atinge caminhos particulares, em que a distância deve ser observada. Dificilmente, porém, haverá estrada ou caminho que estabeleça espaço inferior a um metro e meio entre os prédios.

⚖ Direito de vizinhança – Ação de nunciação de obra nova, com pleito liminar e de indenização por danos morais – Demanda entre pessoas naturais, proprietárias de imóveis vizinhos – Sentença de parcial procedência – Recursos de ambas as partes – Manutenção do julgado – Cabimento – Alegação do autor acerca da existência de irregularidade na construção erigida pelos réus – Laudo pericial, elaborado sob o crivo da ampla defesa e do contraditório, que atestou que a edificação se encontra em conformidade com a legislação municipal editada no curso da obra – Réus que, entretanto, estavam obrigados a respeitar a medida de um metro e meio estabelecida pelo art. 1.301, do CC, na construção das janelas da edificação. Apelos do autor e dos réus desprovidos (*TJSP* – Ap. 1005777-09.2015.8.26.0006, 30-10-2019, Rel. Marcos Ramos).

⚖ Apelação cível – Nunciação de obra nova – Prolongamento de varanda e abertura de janelas – Construção a menos de metro e meio do terreno vizinho – Vedação – Limitação aberturas para ventilação e iluminação – Colocação de tijolos de vidro translúcido – Possibilidade – A ampliação de uma varanda e a abertura de janelas a uma distância de apenas 10 centímetros do terreno vizinho, constituem obra nova em evidente descompasso com a legislação de postura, que estabelece distanciamento mínimo de um metro e meio do terreno vizinho, nos termos do artigo 1.301 do Código Civil (Art. 1.301: É defeso abrir janelas, ou fazer eirado, terraço ou varanda, a menos de metro e meio do terreno vizinho). De acordo com o artigo 1.301, § 2º, do Código Civil, somente podem ser erigidas a menos de metro e meio do terreno vizinho aberturas para luz ou ventilação, e desde que não sejam maiores de dez centímetros de largura sobre vinte de comprimento. Nesse caso, permite-se, como alternativa, a colocação de parede de vidros translúcidos que impeçam a visão direta e a invasão de privacidade do terreno vizinho, em observância ao disposto no Enunciado nº 120 do Supremo Tribunal Federal (Parede de tijolos de vidro translúcido pode ser levantada a menos de metro e meio do prédio vizinho, não importando servidão sobre ele). Apelo do réu conhecido e não provido. (*TJDFT* – AC 20140110603505 – (876323), 29-6-2015, Relª Desª Ana Cantarino).

Art. 1.302. O proprietário pode, no lapso de ano e dia após a conclusão da obra, exigir que se desfaça janela, sacada, terraço ou goteira sobre o seu prédio; escoado o prazo, não poderá, por sua vez, edificar sem atender ao disposto no artigo antecedente, nem impedir, ou dificultar, o escoamento das águas da goteira, com prejuízo para o prédio vizinho.
Parágrafo único. Em se tratando de vãos, ou aberturas para luz, seja qual for a quantidade, altura e disposição, o vizinho poderá, a todo tempo, levantar a sua edificação, ou contramuro, ainda que lhes vede a claridade.

A dúvida trazida pelo dispositivo de 1916 (art. 576) era saber se, mesmo concordando com a obra, poderia o titular do prédio serviente pedir que se desfizesse no prazo apontado. Evidente que, se ele autorizou de forma expressa, operou-se negócio jurídico que somente permitiria distrato bilateral. Tudo indica que a norma se referia às modalidades tácitas de consentimento, quando o proprietário tem conhecimento da edificação e não toma providência alguma para impedi-la. O prazo de ano e dia, já por nós conhecido, é contado a partir do término da obra. Durante os trabalhos, a ação é de nunciação de obra nova. Terminada, a ação é demolitória. O decurso de prazo de ano e dia no silêncio do vizinho estabelece situação semelhante à servidão, mas que não pode ser assim conceituada (RIZZARDO, 1991, v. 3, p. 734). Passado o prazo de ano e dia, consolida-se o direito do construtor da janela ou similar em mantê-la. Não nasce, porém, para ele servidão de luz, porque não estão presentes os requisitos desse instituto. Desse modo, não fica impedido o proprietário prejudicado pelo transcurso do prazo de ano e dia de construir integralmente em seu terreno, junto a sua divisa, inclusive contramuro. O curto prazo de ano e dia não perfaz usucapião e não permite a conceituação de servidão. Após esse prazo, o vizinho não pode mais reclamar, mas pode edificar em seu imóvel "*que, a todo tempo, levantará, querendo a sua casa, ou contramuro, ainda que lhes vede a claridade*" (art. 573, § 2º) (MONTEIRO, 1989, v. 3, p. 160).

O art. 1.302 deste Código mantém o mesmo sentido, porém com redação diversa, suprimindo o texto duvidoso. A dicção não mais menciona a anuência do vizinho. Desse modo, aplica-se o que foi dito a respeito da disposição legal anterior: se o interessado concordou expressamente com a obra, não terá mais como reclamar. Não concordando com ela, embargará por via da nunciação de obra nova, no curso da construção ou pelo procedimento próprio de cunho ordinário até um ano e dia após a sua conclusão.

▲ Apelações cíveis. Direitos de vizinhança. Ações ordinárias. Ações conexas. Julgamento conjunto. Sentença una. AC nº 70081973398 e AC nº 70081973679. Janelas. Ofensa a prédio vizinho. Desfazimento ou demolição. O proprietário pode construir no seu terreno respeitando o direito dos vizinhos e os regulamentos administrativos (art. 1.229 do CC). É defeso abrir janelas, ou fazer eirado, terraço ou varanda, a menos de metro e meio do terreno vizinho (art. 1.301 do CC); assegura-se ao prejudicado exigir o desfazimento, no lapso de ano e dia após a conclusão da obra, que escoado o prazo não poderá edificar sem atender ao disposto no artigo antecedente, nem impedir, ou dificultar, o escoamento das águas da goteira, com prejuízo para o prédio vizinho, mas poderá edificar no seu prédio em prejuízo dos vãos ou de aberturas para luz (art. 1.302 do CC), por não constituir servidão. Circunstância dos autos em que não se trata de obra nova; as janelas são preexistentes; e se impõe manter a decisão. Dano moral. Prova. O reconhecimento à compensação por dano moral exige a prova de ato ilícito, a demonstração do nexo causal e o dano indenizável que se caracteriza por gravame ao direito personalíssimo, situação vexatória ou abalo psíquico duradouro. Circunstância dos autos em que se impõe manter a reparação por danos morais. Recursos desprovidos (*TJRS* – Ap. 70081973398, 18-7-2019, Rel. João Moreno Pomar).

▲ Ação demolitória – Improcedência – **Direito de vizinhança** – Construção irregular de janela próxima à linha divisória que não impede o proprietário do imóvel vizinho de construir muro divisório dentro dos limites da sua propriedade, ainda que venha a vedar a claridade do outro imóvel. Inteligência dos arts. 1.302 e 1.297 do CC. Recurso desprovido. (*TJSP* – Ap. 0000720-81.2015.8.26.0279, 10-2-2017, Rel. Milton Carvalho – DJe 10.02.2017).

Art. 1.303. Na zona rural, não será permitido levantar edificações a menos de três metros do terreno vizinho.

O atual Código dispõe ainda que, na zona rural, não será permitido levantar edificações a menos de três metros do terreno vizinho (art. 1.303). Três metros é a distância mínima: leis locais poderão dispor a maior. Basta que o imóvel esteja em zona qualificada como rural para essa exigência. Sob o prisma do Código passado, poder-se-ia entender que um imóvel rústico estivesse situado em zona urbana, o que não era o caso. A atual redação é mais técnica.

O art. 577 do Código de 1916 reportava-se a prédios rústicos, nos quais "*não se poderão, sem licença do vizinho, fazer novas construções, ou acréscimos às existentes, a menos de metro e meio do limite comum*". No mesmo diapasão, a restrição do art. 578:

> "*as estrebarias, currais, pocilgas, estrumeiras, e, em geral, as construções que incomodam ou prejudicam a vizinhança, guardarão a distância fixada nas posturas municipais e regulamentos de higiene*".

A matéria é típica do poder de polícia municipal e pertence ao direito administrativo.

Art. 1.304. Nas cidades, vilas e povoados cuja edificação estiver adstrita a alinhamento, o dono de um terreno pode nele edificar, madeirando na parede divisória do prédio contíguo, se ela suportar a nova construção; mas terá de embolsar ao vizinho metade do valor da parede e do chão correspondentes.

Ao se construir em um terreno vago, o construtor pode escorar sua construção, madeirar, na edificação do vizinho, mas será responsabilidade sua verificar se a parede existente suporta esse madeiramento. Como essa divisória se torna comum, terá que pagar ao vizinho metade do valor da parede e do chão utilizado. Se o construtor ocasionar prejuízo com o madeiramento, deverá indenizar o vizinho. Se o muro existente não suportar a nova construção, deverá fazer contramuro ou contraparede, exclusivamente em seus limites, zelando pela incolumidade da construção já existente. Negocialmente, sempre será possível dispor de forma diversa.

▲ Apelação cível. Nunciação de obra nova. **Direito de vizinhança.** Imóveis contíguos. Parede divisória. 1. Sendo lícito ao confinante construir sobre parede divisória, descabe o pedido de demolição. Exegese do artigo 1.304 do Código Civil. 2. Uso nocivo da propriedade ou malferimento a direitos de vizinhança não demonstrados. 3. Apelação não provida (*TJCE* – Acórdão: Apelação Cível nº 403-25.2006.8.06.0063/1, 25-3-2011, Rel. Des. Lincoln Tavares Dantas).

Art. 1.305. O confinante, que primeiro construir, pode assentar a parede divisória até meia espessura no terreno contíguo, sem perder por isso o direito a haver meio valor dela se o vizinho a travejar, caso em que o primeiro fixará a largura e a profundidade do alicerce.
Parágrafo único. Se a parede divisória pertencer a um dos vizinhos, e não tiver capacidade para ser travejada pelo outro, não poderá este fazer-lhe alicerce ao pé sem prestar caução àquele, pelo risco a que expõe a construção anterior.

Esse artigo deve ser visto em consonância com o dispositivo anterior. Estabelece o regime de *parede-meia*. O proprietário pode construir no terreno vizinho até meia espessura da parede. Se ultrapassar o limite, o vizinho prejudicado pode embargar a construção, com a nunciação de obra nova. Se a invasão for pequena, a solução melhor será sempre a indenização e não o desfazimento da obra. Este Código acrescenta regra a essa disposição, no parágrafo único: o construtor deverá prestar caução se a parede de outrem não suportar o travejamento.

Sempre se aplicará a regra no sentido de que pagará perdas e danos quem ocasionar prejuízo a outrem.

O parágrafo único do art. 1.305 permite o travejamento da parede-meia. Se isso não for possível, o confinante não poderá fazer alicerce no pé sem prestar caução pelo risco de desmoronamento. Tudo isso porque se leva em conta a possibilidade de o confinante utilizar a parede divisória até a metade, desde que não exponha a risco a segurança ou a separação dos dois prédios (art. 1.306). Deve avisar o vizinho do que pretende fazer. Sem o consentimento do outro, não poderá *"fazer, na parede-meia, armários, ou obras semelhantes, correspondendo a outras, da mesma natureza, já feitas do lado oposto"*. Não pode assim demolir a parede sem o consentimento do vizinho do lado oposto, nem nela assentar máquina, fornos, aparelhos higiênicos, substâncias corrosivas etc. que provoquem infiltração ou ponham em risco a construção (art. 1.308). O atual Código teve o cuidado de ressalvar que a essa disposição não se aplicam as chaminés ordinárias e os fogões de cozinha (art. 1.308, parágrafo único). O art. 582 do Código de 1916 determinava que o dono de prédio ameaçado por utilização indevida ou perigosa no edifício contíguo, ainda que a parede seja comum, poderia *"embargar a obra e exigir caução contra os prejuízos possíveis"*.

A regra é lógica. Cuida-se de aplicação de possibilidade de ação e caução de dano infecto, como visto anteriormente.

A questão também se relaciona com o art. 1.304. Cuida-se de mais uma hipótese de parede-meia e fato jurígeno de obrigação *propter rem*. É o chamado *direito de travejar ou tigni immittendi*. Para que essa possibilidade ocorra, necessário que se trate de construção erguida em cidades, vilas ou povoados; que a edificação esteja submetida a alinhamento; que a parede-meia suporte a utilização, somente podendo esta ir até o meio de sua espessura e que o vizinho embolse ao confinante o meio valor da parede e do chão correspondente. Deve também indenizar por prejuízo que causar. Não pode pôr em risco a segurança do prédio (art. 1.306).

Art. 1.306. O condômino da parede-meia pode utilizá-la até ao meio da espessura, não pondo em risco a segurança ou a separação dos dois prédios, e avisando previamente o outro condômino das obras que ali tenciona fazer; não pode sem consentimento do outro, fazer, na parede-meia, armários, ou obras semelhantes, correspondendo a outras, da mesma natureza, já feitas do lado oposto.

A parede-meia pertence em comum aos confinantes. Como regra geral, podem ambos utilizar da divisória até o meio da espessura. Assim, por exemplo, poderá o comunheiro inculcar pregos ou suportes para seus quadros e estruturas suspensas. Deve sempre avisar o vizinho do que pretende fazer. É fundamental que não coloque em risco a segurança e separação entre os dois prédios. Sabido é, por exemplo, que determinadas paredes, conforme o material utilizado, não aceitam qualquer espécie de perfuração. A lei proíbe que na divisória armários sejam colocados na mesma posição de outros armários ou assemelhados já existentes do outro lado. Essa colocação paralela poderia facilmente devassar o prédio contíguo. Daí por que importa sempre ao construtor saber o que existe do lado oposto. A responsabilidade será sempre do construtor que deverá, se for o caso, destruir a obra indevida, além de pagar por perdas e danos.

Direitos de vizinhança. Apelação cível. Ação cominatória. Retirada de placa publicitária afixada na parede que faz divisa entre os imóveis das partes. Inexistência de parede-meia. A teor do artigo 1.306 do CC, o condômino da parede-meia pode utilizá-la até ao meio da espessura, não pondo em risco a segurança ou a separação dos dois prédios, e avisando previamente o outro condômino das obras que ali tenciona fazer; não pode sem consentimento do outro, fazer, na parede-meia, armários, ou obras semelhantes, correspondendo a outras, da mesma natureza, já feitas do lado oposto. No caso sub judice, contudo, restou demonstrado que a fixação do painel publicitário não representa ofensa ao referido dispositivo legal, na medida em que a prova pericial, além de concluir pela inexistência de "parede-meia", ou seja, parede comum a duas edificações, uma ao lado da outra, deixa claro que a parede onde outrora estava esse painel fixado é de propriedade exclusiva do imóvel onde funciona a clínica-ré. Portanto, por se tratar de placa afixada dentro da propriedade da clínica, inviável o deferimento da pretensão inicial, mormente porque ausente demonstração de qualquer prejuízo ao demandante. Apelação desprovida (*TJRS* – Ap. 70078109071, 21-2-2019, Rel. Voltaire de Lima Moraes).

Direito de vizinhança – Ação reivindicatória de muro e parede de divisa de propriedade imóvel c.c. Indenização de parte de porção ideal do terreno. Construção de muro e laje na parte frontal do imóvel do autor. Pedido de retirada de grade de segurança pela ré sobre o muro lateral direito que alega o autor lhe pertencer. Diante da inexistência de constatação de quem construiu o muro e concorreu para suas despesas e do fato de que ele foi erguido sobre a linha divisória, presume-se sejam as partes condôminas necessárias e, portanto, cada uma delas é proprietária de meia-parede podendo utilizá-la até o meio da espessura, devendo ser o outro condômino comunicado para que remova móveis apoiados ao muro. Autorizado alteamento do muro por qualquer dos condôminos desde que assuma os custos e riscos decorrentes da obra. Inteligência dos arts. 1297, § 1º, 1306, 1307 e 1328, do CC. No caso dos autos, o perito judicial certificou que não há empecilhos técnicos para a realização do projeto do autor e ainda consignou que após tal obra tornar-se-á dispensável a recolocação da grade de proteção da ré. Recurso parcialmente provido (*TJSP – Ap. 1007091-88.2014.8.26.0405, 16-5-2017, Rel. Gilberto Leme*).

Art. 1.307. Qualquer dos confinantes pode altear a parede divisória, se necessário reconstruindo-a, para suportar o alteamento; arcará com todas as despesas, inclusive de conservação, ou com metade, se o vizinho adquirir meação também na parte aumentada.

Essa regra é introduzida por este Código. A questão também tem a ver com as paredes e os muros divisórios. O confinante pode ter necessidade de tornar mais alta a sua divisória (altear). Poderá fazê-lo por sua conta e risco, devendo reconstruir a parede, se necessário. Esta ficará lhe pertencendo, e com isso suportará todas as despesas. Se o outro confinante concordar, poderá adquirir meação da parte aumentada, seguindo-se então a regra geral de condomínio na parede-meia.

Apelação cível – Ação de nunciação de obra nova com pedido de indenização por perdas e danos – Direito de vizinhança – **Alteamento da parede divisória** – Possibilidade (art. 1.307 do CC/02) – Danos ao imóvel vizinho não comprovados – Improcedência da demanda indenizatória – Recurso desprovido – 1- Extrai-se do art. 1.307 do Código Civil que o proprietário pode altear a muro divisório entre imóveis, inclusive para aumentar o número de pavimentos da sua residência, sem necessidade de anuência ou prévia comunicação ao vizinho. 2- Nada obstante, eventual prejuízo, sem justificativa, causado a propriedade vizinha pode gerar o direito à respectiva indenização em favor de quem nele reside, desde que demonstrada a efetiva ocorrência de dano, cabendo a quem o alega o ônus da prova (inc. I do art. 333 do CPC). 3- Não comprovado pelo vizinho qualquer prejuízo concreto suportado em decorrência da obra, o pleito indenizatório deve ser julgado improcedente. 4- Recurso desprovido (*TJES – Ap. 0009803-10.2011.8.08.0006, 20-10-2015, Rel. Des. Subst. Fábio Brasil Nery*).

Art. 1.308. Não é lícito encostar à parede divisória chaminés, fogões, fornos ou quaisquer aparelhos ou depósitos suscetíveis de produzir infiltrações ou interferências prejudiciais ao vizinho.

Parágrafo único. A disposição anterior não abrange as chaminés ordinárias e os fogões de cozinha.

Como já mencionamos, o construtor deve ter a cautela de verificar o que existe do outro lado da parede divisória, antes de construir no seu imóvel, seguindo a regra do art. 1.306. Isso porque deve ser evitada qualquer construção que promova ou possibilite de imediato ou de futuro infiltrações ou interferências prejudiciais ao vizinho.

Em princípio, porém, qualquer que seja a situação da parede do vizinho, a lei proíbe que nela se escorem ou se encostem chaminés, fogões, fornos ou quaisquer aparelhos ou depósitos suscetíveis de produzir infiltrações ou interferências. Excepcionam-se as chaminés ordinárias, aquelas utilizadas para simples ornamentação ou calefação, e os fogões de cozinha. A utilização de um forno a lenha, por exemplo, encostado no muro vizinho, irá mantê-lo sempre em temperatura alta e insuportável. Será importante sempre examinar o caso concreto.

Art. 1.309. São proibidas construções capazes de poluir, ou inutilizar, para uso ordinário, a água do poço, ou nascente alheia, a elas preexistentes.

Os arts. 584 e 585 do Código de 1916 foram substituídos por dispositivos do Código de Águas. Assim como os atuais arts. 1.309 e 1.310 dizem respeito à utilização de águas de poços ou fontes. O proprietário pode defender-se do vizinho que ameace poluir ou inutilizar água de seu poço ou fonte. Não são permitidas escavações que tirem ou diminuam excessivamente do poço ou fonte alheia a água necessária. O vizinho não pode abrir poço sem guardar distância necessária, de molde a evitar prejuízo à captação de água do prédio próximo (art. 97 do Código de Águas).

A regra desse artigo é branda ao estabelecer a proibição sem uma sanção expressa. Sabemos que em nosso país ainda existe vasta população que depende de água de poços e nascentes. Quem constrói em suas proximidades tem o dever e a obrigação de preservar a qualidade da água. As normas administrativas de controle ambiental devem ser rigorosas contra o infrator, o qual, de qualquer forma, pode ser obrigado a repor a situação no estágio anterior, além de indenizar por perdas e danos. A regra do art. 1.310, referido a seguir, é corolário da anterior: ninguém pode fazer escavações ou quaisquer obras que suprimam ao poço ou à nascente de outrem a água indispensável às suas necessidades normais.

Art. 1.310. Não é permitido fazer escavações ou quaisquer obras que tirem ao poço ou à nascente de outrem a água indispensável às suas necessidades normais.

Ao examinarmos o direito das águas enfatizamos que se trata de um bem maior, uma das maiores preocupações da Humanidade neste século. O presente artigo entrosa-se com o antecedente. O cuidado com a água e sua correta utilização depende absolutamente de todos, desde os governos até cada habitante do planeta. No microcosmo da propriedade privada, cabe aos vizinhos zelar pelo uso racional da água. Nesse sentido, não pode o vizinho realizar escavações ou obras que tolham ou prejudiquem o poço ou a nascente de outrem, suprimindo o necessário e básico para sua necessidade. A ideia é que o líquido seja usufruído por todos. Desse modo, construir fossa negra ou séptica que aniquile o poço ou a nascente vizinha é ato reprovável e sujeito à reprimenda jurídica, assim como o é usufruir da água do poço vizinho com esbanjamento, além das próprias necessidades. Caberá ao bom senso do juiz definir o tolerável em cada caso concreto. O poder geral de cautela do juiz, impedindo obras indevidas, é importante instrumento para que não ocorra mal maior com a água do vizinho e da vizinhança.

Art. 1.311. Não é permitida a execução de qualquer obra ou serviço suscetível de provocar desmoronamento ou deslocação de terra, ou que comprometa a segurança do prédio vizinho, senão após haverem sido feitas as obras acautelatórias.
Parágrafo único. O proprietário do prédio vizinho tem direito a ressarcimento pelos prejuízos que sofrer, não obstante haverem sido realizadas as obras acautelatórias.

Este artigo, que se refere a obra que coloca em perigo a segurança de prédio vizinho, tem relação com a ação e caução de dano infecto, como já mencionamos, e com a prevenção de danos que podem ser ocasionados por obras em determinada área. O simples fato de terem sido executadas obras acautelatórias não exime o construtor de indenizar, se prejuízos ocorrerem. A indenização deverá ser cabal. Se com as obras a construção do vizinho se tornar inabitável por algum tempo, por exemplo, o ocasionador do dano deve proporcionar moradia condizente à vítima, durante o período de reparos, com indenização de todos os incômodos. Desse modo, cabe ao construtor ter o maior cuidado com as obras que exigem maior agressividade do ambiente, tais como estaqueamento, fundações, terraplenagem e demolição, e com isso colocam em risco de desmoronamento ou severos danos os imóveis vizinhos. O vizinho cujo prédio se sentir ameaçado pode tomar todas as medidas para impedir que o dano ocorra, além de pedir caução, paralisando a atividade do construtor, se for o caso, até que todas as medidas acautelatórias tenham sido tomadas.

Apelação – Direito de vizinhança – Ação de reparação de danos – Queda do muro divisório erguido exclusivamente pela autora – prova pericial indicativa de que o muro ruiu em função da sobrecarga exercida pelo aterro no terreno do réu, agravada pelas fortes chuvas – Aplicação do artigo 1.311 do CC – Responsabilidade civil objetiva – Dano material, correspondente ao custo de um muro comum, a ser fixado em sede de liquidação – Pedido cominatório substituído no curso da demanda, após a queda do muro, por pedido reparatório, sem oposição do réu – Impossibilidade de acolher a pretensão deduzida em sede recursal, de obrigação de fazer – Demanda delimitada pelo pedido – Sentença reformada – Recurso provido em parte (*TJSP* – Ap. 1004184-79.2016.8.26.0047, 6-9-2018, Rel. Edgard Rosa).

Direito de vizinhança – Ação de obrigação de fazer cumulada com reparação de danos. Sentença de procedência. Interposição de apelação pelo réu. Matéria controvertida da demanda versa sobre o suposto nexo de causalidade entre a construção realizada pelo apelante e os danos constatados no imóvel da apelada. Controvérsia dos autos consiste em questão estritamente técnica, de tal sorte que a realização de prova pericial era imprescindível para a sua elucidação. Perito judicial atestou que a obra executada pelo apelante causou danos ao imóvel da apelada. Antes de iniciar o serviço de aterramento, havia a necessidade de construir um muro de arrimo devidamente impermeabilizado, o que impediria que a umidade do solo se transferisse para o imóvel da apelada e causasse diversos danos. Observância do artigo 1.311, *caput*, do Código Civil. Incerteza sobre a capacidade do muro de divisa construído pelo apelante evitar a ocorrência de novos danos. Condenação do apelante à obrigação de fazer, consistente na construção de muro de arrimo atendendo às exigências técnicas, inclusive serviço de impermeabilização. Condenação do apelante à reparação dos danos que a sua obra causou na propriedade da apelada. Inteligência do artigo 1.311, parágrafo único, do Código Civil. Apelada apresentou orçamento elaborado por engenheiro particular, o qual estimou em R$ 12.576,00 os custos para reparação dos danos causados ao seu imóvel. Apelante não impugnou especificamente o valor indicado pela apelada, tampouco indicou o montante indenizatório que entendia apropriado. Valor indicado pela apelada deve ser tido como adequado e suficiente para ressarcir os danos causados ao seu imóvel. Manutenção da r. sentença. Apelação não provida. (*TJSP – Ap.* 0014244-43.2011.8.26.0132, 22-3-2017, Rel. Carlos Dias Motta).

Art. 1.312. Todo aquele que violar as proibições estabelecidas nesta Seção é obrigado a demolir as construções feitas, respondendo por perdas e danos.

Essa é a regra geral que enfeixa todas as hipóteses legais ora comentadas. Essa demolição diz respeito à matéria tratada nos dispositivos desta seção, principalmente muros, paredes divisórias e pequenas invasões. A regra geral é a demolição. Manter-se-á a construção, por exceção, com pagamento substitutivo de indenização somente quando a demolição se mostrar mais gravosa ou prejudicial sob o prisma social, no caso concreto. As perdas e danos, que sempre devem ser comprovadas, são decorrência da transgressão da norma de vizinhança e do direito de construir.

⚖ Apelação cível. Ação demolitória. Obra edificada sobre via pública. Impossibilidade de regularização. Construir sobre via pública acarreta a irregularidade da obra e leva a sua demolição, à luz do disposto nos arts. 1.299 e 1.312 do CC. Multa arbitrada para a hipótese de omissão da ré em atender o comando judicial, demolindo a edificação erigida sobre via pública, que se mostra excessiva em atenção às peculiaridades do caso, devendo ser afastada nos moldes do art. 537, § 1º, do CPC. Apelo provido em parte. Unânime. (TJRS – Ap. 70078620572, 14-11-2018, Rel. Dilso Domingos Pereira)

⚖ Agravo de instrumento – **Direito de vizinhança** – Ação cominatória e indenizatória – Desmoronamento de terras – Tutela provisória de urgência – A probabilidade do direito alegado associada ao perigo de dano ou ao risco ao resultado útil do processo são requisitos que devem ser preenchidos para o deferimento da tutela provisória de urgência. No caso concreto, deve ser mantida a determinação para que o réu proceda na imediata construção de muro de arrimo entre os terrenos, sobretudo diante das conclusões apresentadas pelo Laudo Pericial. Agravo de instrumento desprovido. (*TJRS* – AI 70072451719, 6-4-2017, Rel. Des. Marco Antonio Angelo).

Art. 1.313. O proprietário ou ocupante do imóvel é obrigado a tolerar que o vizinho entre no prédio, mediante prévio aviso, para:
I – dele temporariamente usar, quando indispensável à reparação, construção, reconstrução ou limpeza de sua casa ou do muro divisório;
II – apoderar-se de coisas suas, inclusive animais que aí se encontrem casualmente.
§ 1º O disposto neste artigo aplica-se aos casos de limpeza ou reparação de esgotos, goteiras, aparelhos higiênicos, poços e nascentes e ao aparo de cerca viva.
§ 2º Na hipótese do inciso II, uma vez entregues as coisas buscadas pelo vizinho, poderá ser impedida a sua entrada no imóvel.
§ 3º Se do exercício do direito assegurado neste artigo provier dano, terá o prejudicado direito a ressarcimento.

A manutenção da parede-meia, como vimos, cabe aos dois confinantes, exemplo típico de obrigação *propter rem*. O proprietário é obrigado a consentir que o vizinho entre em seu prédio, para a reparação ou limpeza indispensável, construção ou reconstrução de sua casa. Mas, se daí lhe provier dano, terá direito a ser indenizado (art. 1.313). O dispositivo prevê a mesma possibilidade de visita aos casos de limpeza ou reparação dos esgotos, goteiras e aparelhos higiênicos, assim como dos poços e fontes já existentes. A recusa do ingresso pelo vizinho deve ser extirpada mediante intervenção judicial, ação cautelar, se houver urgência. Qualquer dano causado pelo vizinho por sua conduta deve ser indenizado. Presentes os requisitos de possibilidade de dano em sua propriedade, o vizinho visitado pode pedir caução.

Esse dispositivo obriga que o proprietário ou ocupante do imóvel tolere o ingresso de vizinho no imóvel, mediante prévio aviso, em duas hipóteses:

I – para usar temporariamente do prédio vizinho, quando indispensável à reparação, construção, reconstrução ou limpeza de sua casa ou muro divisório;
II – para apoderar-se de coisas suas, inclusive animais que se encontrem casualmente no outro prédio.

O § 1º acrescenta que o disposto no artigo aplica-se aos casos de limpeza ou reparação de esgotos, goteiras, aparelhos higiênicos, poços e nascentes e ao aparo de cerca viva. O § 2º dispõe que uma vez entregues as coisas buscadas pelo vizinho, poderá ser impedida sua entrada. Ainda, o § 3º volta a enfatizar a regra geral no sentido de que se o vizinho visitante ocasionar dano, deve indenizar.

O ingresso de estranho em uma propriedade sempre será motivo de inconveniências, senão de dissensões e desentendimentos. O termo *casa*, utilizado no inciso I, deve ser visto de forma ampliativa, pois diz respeito a qualquer prédio ou edificação. Somente de forma excepcional isso pode ser tolerado. No caso de dispositivo, com frequência, por motivos de proximidade dos prédios, o vizinho, pessoalmente ou por preposto, é obrigado a ingressar na outra propriedade para efetuar reparos decorrentes de defeitos em seu prédio, mormente quando as tubulações são comuns ou muito próximas, além das hipóteses de divisórias e parede-meia. Também é possível para apanhar coisas suas que tenham ido parar no vizinho. A situação se aplica tanto a imóveis urbanos como a imóveis rurais, sendo muito frequente nos condomínios edilícios, mormente em situações de infiltrações e vazamentos. O proprietário ou possuidor é obrigado a tolerar essa visita, a qual, no entanto, deve ser regulamentada entre as partes e provir de um aviso prévio, como está na lei. A recusa injustificada dessa permissão de ingresso necessário pode acarretar o recurso ao Judiciário, que deverá assegurar prontamente o direito conforme as necessidades apontadas. Há situações de urgência que nem mesmo permitem o pedido de autorização e se aproximam ou constituem estado de necessidade. Assim, por exemplo, o rompimento de esgoto ou de cano d'água, a iminência de incêndio ou ruína, entre tantas outras situações, podem exigir o ingresso imediato do vizinho ou de alguém por ele indicado para efetuar os reparos.

O § 2º nos parece inútil, pois uma vez entregues as coisas buscadas ao vizinho, não há que se permitir seu reingresso no imóvel, desaparecendo a razão para tal. Evidente, também, que qualquer prejuízo ocasionado pelo visitante deve ser ressarcido. Do mesmo modo, o visitante deve ser alertado pelo proprietário ou possuidor de eventuais riscos que possam correr com a visita, como a presença de um cão ou outro animal bravio no local, por exemplo. Se não o fizer, também o titular do prédio visitado pode se sujeitar a uma indenização. Todas essas regras de vizinhança exigem que sejam cumpridas *civiliter*, isto é, com civilidade e compreensão, não se tolerando abusos.

Ação de obrigação de fazer – **Direito de vizinhança** – Petição inicial que preenche os requisitos previstos nos arts. 282 e 283 do CPC/1973, vigente à época. Adoção do rito sumário que admite o pedido contraposto. Compreensão do § 1º do art. 278 do mesmo Diploma. Apelante que não comprovou a necessidade de realização de obra de isolamento acústico entre os imóveis, ônus que lhe incumbia nos termos do art. 333, I, do CPC/1973 -. Art. 373, I, do CPC/2015 – Rejeição do pedido contraposto que se impõe – Obrigação do proprietário de tolerar que o vizinho entre em seu imóvel, temporariamente, para realizar reparos necessários. Dicção do art. 1.313, I, do Código Civil. Acervo probatório que confirma a necessidade de ingresso no imóvel da apelante para a realização do serviço de contenção de infiltração na parede de divisa das propriedades. Agravo retido não conhecido, por não ter sido reiterado. Apelação desprovida. (*TJSP* – Ap. 0004737-04.2011.8.26.0441, 5-8-2016, Rel. Dimas Rubens Fonseca).

Direito de vizinhança – **Construção** – **Acesso ao imóvel** – **Necessidade** – "Direito de vizinhança. Construção. Acesso ao imóvel. Necessidade. Perfuração de paredes. O art. 1.313, do Código Civil, obriga o proprietário ou possuidor a tolerar que seu vizinho entre em seu prédio, mediante prévio aviso, para dele usar, quando indispensável à realização de construção. É devida a multa prevista em acordo judicial, para os casos de descumprimento deste dever de tolerância, se o vizinho a ele obrigado permite o acesso, mas impede a instalação de andaimes necessários à consecução da obra, ainda que o procedimento implique na perfuração temporária de paredes, quando não existir meio alternativo e os danos forem reparáveis sem causar prejuízos permanentes ao imóvel." (*TJDFT* – Proc. 20110710333199 – (817494), 9-9-2014, Rel. Des. Esdras Neves).

CAPÍTULO VI
Do Condomínio Geral

Seção I
Do Condomínio Voluntário

Subseção I
Dos direitos e deveres dos condôminos

Art. 1.314. Cada condômino pode usar da coisa conforme sua destinação, sobre ela exercer todos os direitos compatíveis com a indivisão, reivindicá-la de terceiro, defender a sua posse e alhear a respectiva parte ideal, ou gravá-la.
Parágrafo único. Nenhum dos condôminos pode alterar a destinação da coisa comum, nem dar posse, uso ou gozo dela a estranhos, sem o consenso dos outros.

1. Comunhão de direitos e condomínio

Há comunhão de direitos quando várias pessoas possuem direitos idênticos sobre a mesma coisa ou conjunto de bens. Nem sempre, existindo mais de uma pessoa com direito sobre o mesmo bem, existe comunhão. Havendo várias hipotecas sobre o mesmo imóvel, por exemplo, os vários credores hipotecários não têm comunhão de interesses entre si, uma vez que seus respectivos direitos são excludentes. A comunhão de interesses pressupõe a existência de direito de idêntica graduação, harmônicos e compatíveis, de modo que sejam exercidos pelos comunheiros individualmente, sem exclusão dos demais.

A comunhão de direitos pode ocorrer, por exemplo, no direito de família, quando se estabelece a comunhão conjugal; no direito obrigacional, nas obrigações indivisíveis e na solidariedade; no direito sucessório, com a transmissão da universalidade de bens aos herdeiros, e no direito das coisas, no *condomínio* ou *copropriedade*. Na comunhão, os sujeitos exercem os direitos de forma simultânea e concorrente.

Desse modo, o condomínio é modalidade de comunhão específica do direito das coisas. Trata-se de espécie de comunhão. Trata-se, portanto, de um direito real de propriedade de coisa móvel ou imóvel que pertence concomitantemente a mais de uma pessoa. Para que exista condomínio, há necessidade de que o objeto do direito seja uma coisa; um bem, caso contrário, a comunhão será de outra natureza. No entanto, é evidente que existem regras aplicáveis a todas as modalidades de comunhão. Outras são específicas de determinada espécie, como ocorre com o condomínio. O condomínio não é exclusivo da propriedade. Pode ocorrer condomínio também entre titulares de enfiteuse, usufruto, uso e habitação. O presente Código não trata mais da enfiteuse.

Sob esse prisma de origem romana, como se verá, há três características que devem ser ressaltadas no condomínio: (a) pluralidade de titulares, pessoas naturais ou jurídicas, cujo número é ilimitado; (b) unidade de objeto, de propriedade, uma vez que o condomínio deve recair sobre coisas certas e determinadas; e (c) o direito de cada condômino é exercido sob o fundamento de uma parte indivisa, ou seja, sujeito algum pode circunscrever seu direito a uma parte determinada do objeto, embora isso possa ocorrer como exceção e como uma situação de fato, como veremos.

2. Antecedentes históricos e natureza do condomínio

O Direito Romano era excessivamente individualista. A origem do condomínio em Roma é obscura. Ele procurava situá-lo na comunidade familiar. Não admitia que mais de uma pessoa pudesse exercer direito sobre a mesma coisa. No entanto, fatores eventuais, como a sucessão hereditária, por exemplo, criavam o fenômeno. Por essa razão, o Direito Romano engendrou a teoria condominial dentro do aspecto paralelo do exercício da propriedade, tal como demonstra a codificação de Justiniano. Ele não compreendia mais de um direito de propriedade. Este é uno. Os cotitulares exercem-no ao mesmo tempo em quotas ideais sobre a propriedade indivisa. A divisão não é material, mas idealizada. Nesse diapasão, cada condômino exerce a propriedade em sua plenitude, respeitando o direito dos demais. No sistema romano, a quota ideal é a medida da propriedade. De acordo com essa fração, repartem-se os benefícios e ônus, direitos e obrigações entre os comunheiros.

O sistema germânico compreendia o condomínio de forma diversa. Entendia-o como comunhão de *mão comum*. Isto é, cada consorte tinha direito conjunto de exercer o domínio sobre a coisa. A origem também é a comunhão familiar. Não havia nessa comunhão a noção de *parte ideal*. A propriedade era exercida por todos, sobre o todo. É concepção do direito feudal. Ao contrário do sistema romano, o condomínio germânico impedia que cada condômino, por exemplo, vendesse ou gravasse sua parte, ou pedisse a divisão da coisa comum. Não existem quotas, porque a coisa toda é objeto de uso e gozo comum. Ainda que não se divise nessa modalidade de propriedade uma pessoa jurídica, na prática o comportamento dos comunheiros é muito semelhante (BORDA, 1984, v. 2, p. 456).

Nosso direito ancorou-se na tradição romana, baseando o condomínio na fração ideal. Há entre nós, contudo, traço da concepção germânica, o que facilita seu entendimento, na comunhão universal de bens que se estabelece em razão do casamento, em que todos os bens pertencem simultaneamente a marido e mulher, sem determinação da quota de um ou outro cônjuge (WALD, 1991, p. 130).

A tradição romântica adotada por nosso ordenamento traduz a natureza do condomínio como modalidade de propriedade em comum com partes ideais. Afasta-se a ideia de pessoa jurídica ou sociedade por lhe faltar ou não ser essencial a devida *affectio*. Existe uma coletividade de proprietários no mesmo bem, regulada pelo direito. A sociedade pode ser criada para administrar o bem comum, mas com o condomínio não se confunde.

Portanto, o ordenamento não pode deixar de reconhecer o exercício simultâneo da propriedade por mais de um sujeito. Importa estabelecer seu regime legal para que a propriedade atinja suas funções sociais, em benefício dos comunheiros e da coletividade.

A aplicação da noção romana facilita também a distribuição equitativa de direitos de forma homogênea, em relação à noção exclusivista do direito de propriedade. Cada condômino é proprietário, pode exercer os poderes inerentes à propriedade sobre a coisa; no entanto, seu *ius utendi, fruendi et abutendi* apresenta limitação imposta pela convivência dos mesmos direitos com outros consortes. Com relação a terceiros, todavia, como regra geral, não se limita o direito de propriedade de cada um.

A dificuldade maior situa-se na conceituação exata do que se define por *parte ideal*. Não é ficção jurídica, porque propriedade existe. Não se trata de pura abstração, porque o condômino é efetivamente proprietário e o direito não regula meras abstrações. Cuida-se, na verdade, de expressão do domínio, que é traduzida em expressão de porcentagem ou fração, a fim de que, no âmbito dos vários comunheiros, seja estabelecida a proporção do direito de cada um no título, com reflexos nos direitos e deveres decorrentes do direito de propriedade. Daí por que a parte ideal possui sempre uma expressão quantitativa fracionária ou percentual em relação ao todo. O condômino possui direito de propriedade pleno, mas compartilhado. A parte ideal

> "*é apenas um critério aferidor, uma chave para exprimir, num valor econômico, o direito de cada consorte perante os demais, possibilitando assim plena disponibilidade durante o estado de indivisão*" (MONTEIRO, 1989, v. 3, p. 207).

> "*Os condôminos não têm direito de usar e abusar da coisa como se os outros não existissem; essa contingência, em vez de ser exceção ao 'ius utendi' e 'abutendi', o confirma, pois, se pudesse cada um usar e abusar sem considerar o outro ou os outros condôminos, teria mais jus do que aquele que está na relação jurídica em que é titular de direito*" (MIRANDA, 1971, v. 12, p. 17).

3. Modalidades e fontes do condomínio

Em síntese, o condomínio pode ter origem em contrato, em ato de última vontade e decorrente de lei.

O fato de a propriedade ser exclusiva, oponível *erga omnes*, não impede que vários titulares possam deter um domínio único (Avvad, 2017:7). Esse mesmo autor pontua com fundamental consideração:

> *"Dá-se, portanto, o condomínio quando uma mesma coisa pertence a mais de uma pessoa, cabendo a cada uma delas igual direito, idealmente sobre o todo e cada uma de suas partes. O poder jurídico é atribuído a cada condômino, não sobre uma parte determinada da coisa, porém sobre ela na sua integridade, assegurando-se a exclusividade jurídica ao conjunto de comproprietários em relação a qualquer outra pessoa estranha e disciplinando-se os respectivos comportamentos, bem como a participação de cada um em função da utilização do objeto".*

O condomínio pode ter *origem voluntária* (ou *convencional*): duas ou mais pessoas adquirem um mesmo bem. No entanto, há fenômenos jurídicos e naturais que estabelecem condomínio sem ou contra a vontade dos sujeitos: o recebimento de coisa indivisa por vários herdeiros, a comistão e confusão, os muros, cercas e valas comuns etc. Desse modo, distinguimos o condomínio voluntário daqueles que têm *origem forçada, necessária ou eventual.*

A indivisibilidade hereditária estabelece uma comunhão eventual, forçada e transitória. Se o bem hereditário é divisível, desaparece a transitoriedade com a partilha. Se indivisível, a partilha estabelece o condomínio. Pelo testamento, o testador pode atribuir legado a mais de uma pessoa. Desse modo, o condomínio estabelece-se *causa mortis* de forma voluntária. A indivisibilidade de bem hereditário, quando ausente o testamento, estabelece o condomínio. No entanto, pelo fato da morte, pela *saisine*, o que existe é comunhão e não condomínio.

A comunhão hereditária, estabelecida pela morte do autor da herança, diferencia-se do condomínio. Seu objeto é uma universalidade, todo o patrimônio do falecido. O condomínio deve recair sobre coisa determinada, seja ela divisível ou indivisível. Ademais, a comunhão hereditária por natureza é transitória. Sua finalidade é terminar com a partilha (LOPES, 1964, v. 6, p. 285). Como afirmado, apenas a indivisibilidade do bem atribuído a mais de um herdeiro sem a partilha pode estabelecer o condomínio. Trata-se de hipótese na qual o estado de comunhão transforma-se em condomínio. Como o condomínio é espécie de comunhão, é fato, como afirmado, que muitas das regras disciplinadoras do condomínio aplicam-se às várias hipóteses de comunhão, na ausência de normas específicas. Temos de ter cautela, no entanto, pois nem toda comunhão pode ser regulada como condomínio, como, por exemplo, o regime de comunhão de bens entre cônjuges.

Podemos concluir que o condomínio tem origem no acordo de vontades, em ato de última vontade, em decorrência de lei, bem como da usucapião, quando ocorre composse continuada. Pode ter por objeto móveis e imóveis. Pelo contrato, a pluralidade de sujeitos adquire o mesmo objeto. Pelo testamento, o testador pode instituir vários legatários sobre a mesma coisa. Decorre de lei o condomínio de muros e valas divisórias, também na comistão ou confusão, por exemplo.

Ao tratar da usucapião, vimos que não se excluem a composse e a possibilidade de vários titulares adquirirem a coisa *pro indiviso* pela prescrição aquisitiva.

Assim como descrito acerca da composse, o condomínio pode ser *pro diviso* e *pro indiviso*.

No condomínio *pro diviso*, existe mera aparência de condomínio, porque os comunheiros localizaram-se em parte certa e determinada da coisa, sobre a qual exercem exclusivamente o direito de propriedade. Nos edifícios de apartamentos e outros condomínios assemelhados, cada unidade autônoma é independente das demais, por força de lei. Os condôminos nessa situação exercem a comunhão *pro indiviso* apenas no tocante às áreas comuns dos prédios. Nessas áreas, não podem exercer domínio *pro diviso*.

Por vezes, vários são os proprietários da mesma área, mas já localizados sobre determinada gleba: cercaram-na, respeitam os respectivos limites. Nessas hipóteses de condomínio *pro diviso*, a comunhão existe de direito, mas não de fato. Incumbe aos comunheiros tão só regularizar a divisão do imóvel junto ao registro imobiliário.

Na comunhão *pro indiviso*, a indivisibilidade é de direito e de fato. A propriedade é exercida em comum, sob a égide das quotas ideais. O fenômeno é mais corrente nos imóveis, mas também possível nos móveis.

4. Direitos e deveres dos condôminos

Tendo em vista a pluralidade de proprietários sobre a mesma coisa, seus direitos e deveres devem ter em mira suas próprias relações internas, isto é, direitos e deveres entre si, bem como as relações externas, aquelas que afetam o condômino e terceiros. A maior dificuldade será sempre o exercício dos direitos do condômino que não podem prejudicar os demais consortes.

O art. 623 do Código de 1916 enumerava os direitos de cada um. Por seu lado, o atual Código sintetiza a mesma disposição no presente artigo:

> *"Cada condômino pode usar da coisa conforme sua destinação, sobre ela exercer todos os direitos compatíveis com a indivisão, reivindicá-la de terceiro, defender a sua posse e alhear a respectiva parte ideal, ou gravá-la."*

A *utilização livre da coisa*, conforme sua destinação (*destino* não é termo jurídico e deveria ter sido evitado na lei, como ocorre com o atual diploma), é corolário do direito de propriedade, que encontra limitação apenas no direito dos demais consortes. Compete à maioria decidir o destino da coisa: desfrutá-la, emprestá-la, alugá-la. O exercício do direito do condômino deve sujeitar-se e harmonizar-se com o interesse da maioria. Nesse sentido, deve ser entendida a expressão *usar livremente*, evitada pelo vigente diploma. Se a maioria decide utilizar a coisa para fins comerciais, não pode o condômino nela pretender residir, por exemplo. Nesse sentido, aduz o parágrafo único do art. 1.314 que *"nenhum dos condôminos pode alterar a destinação da coisa comum, nem dar posse, uso ou gozo dela a estranhos, sem o consenso dos outros"*. Essa maioria é computada de acordo com a fração das quotas ideais. No silêncio do ato constitutivo do condomínio, presume-se que essas quotas sejam iguais.

Entende-se também que as obrigações foram contraídas proporcionalmente às quotas de cada um, se não houve discriminação nos gastos ou não se estipulou solidariedade (art. 1.317). Ao lado dos direitos, colocam-se necessariamente as obrigações. Nesse sentido também o art. 1.318 ao dispor: *"As dívidas contraídas por um dos condôminos em proveito da comunhão, e durante ela, obrigam o contratante; mas terá este ação regressiva contra os demais."*

Acrescentava o parágrafo único do art. 625 que, na hipótese de condômino não concordante, operar-se-ia de acordo com o parágrafo único do art. 624, isto é, proceder-se-ia à divisão da coisa. Este Código de 2002 não apresenta essa disposição. Em contrapartida, no art. 1.316 estabelece que o condômino pode eximir-se do pagamento de despesas e dívidas, renunciando à parte ideal. O Projeto nº 6.960/2002, que apresentou inúmeras propostas de alterações à presente lei civil, tentou acrescentar, nesse dispositivo, que essa renúncia pode ser prévia e reciprocamente outorgada entre os condôminos quando da celebração do acordo que tornar indivisa a coisa comum. Qualquer renúncia prévia de direitos deve ser vista com cuidados, assim como esta que ora se propõe e que não é essencial à vida do condomínio.

Não é justificável, nem equitativo, que a comunhão seja extinta unicamente, porque um dos condôminos nega-se a contribuir com sua obrigação. Se a despesa era autorizada ou necessária, tal é matéria para discussão no caso concreto. Perante terceiros, a dívida é, em princípio, de responsabilidade do contraente. Isso porque não se atribui ao condomínio personalidade jurídica ou processual, como se faz com o condomínio de edifícios, cujas obrigações são contraídas pelo síndico, em nome do condomínio. Entretanto, pode ocorrer que o condômino tenha contraído obrigação com autorização dos demais ou da maioria, caso em que todos devem ser responsabilizados. No caso em exame, deve ser visto se houve expressa assunção de solidariedade.

Como sempre deve ser atendida a vontade da maioria, o condômino não pode alterar a coisa comum sem o consentimento dos demais (art. 1.314, parágrafo único). Essa regra terá importante reflexo no condomínio de edifícios, onde é repetida, quando não se permite alterar as fachadas, as áreas de uso comum e o aspecto externo dos prédios.

Os frutos devem ser repartidos proporcionalmente entre os consortes, assim como eventuais danos: *"Cada condômino responde aos outros pelos frutos que percebeu da coisa e pelo dano que lhe causou"* (art. 1.319).

Todas as despesas com a coisa também, é óbvio, serão divididas proporcionalmente:

"Art. 315. O condômino é obrigado, na proporção de sua parte, a concorrer para as despesas de conservação ou divisão da coisa, e a suportar os ônus a que estiver sujeita."

Enfatizando tratar-se de direito potestativo do condômino, podendo, pois, ser exercido a qualquer tempo da existência da comunhão, o pedido de divisão ou alienação da coisa comum, o parágrafo único do antigo dispositivo dispunha: *"Se com isso não se conformar algum dos condôminos, será dividida a coisa, respondendo o quinhão de cada um pela sua parte nas despesas da divisão."* Este Código não repete textualmente essa regra, mas é curial que sempre poderá o condômino pedir a extinção do condomínio, nos termos do art. 1.320. O dispositivo do parágrafo único dava ideia que a extinção da coisa em comum será compulsória, quando, na verdade, depende de pedido expresso do condômino. Se a coisa não suportar divisão cômoda, ou for indivisível, a solução será a alienação, com preferência dos demais comunheiros na aquisição da quota ideal do condômino dissidente, conforme a ordem estabelecida no art. 1.322.

O *ius utendi e fruendi* do comunheiro deve ser pessoal. O art. 1.314, parágrafo único, determina que *"nenhum dos condôminos pode alterar a destinação da coisa comum, nem dar posse, uso ou gozo dela a estranhos, sem o consenso dos outros"*.

Terceiros não podem interferir na vida condominial, sem o conhecimento e aprovação da maioria.

Como possuidor, qualquer condômino pode valer-se dos remédios possessórios contra terceiros para proteger a coisa, independentemente da autorização dos demais. Trata-se de regra básica da composse. É também decorrência da proteção conferida expressamente à composse, já estudada:

"Art. 1.199. Se duas ou mais pessoas possuírem coisa indivisa, poderá cada uma exercer sobre ela atos possessórios, contanto que não excluam os dos outros compossuidores."

Se o condômino tiver posse determinada na coisa comum, posse *pro diviso*, portanto, pode também opor meios possessórios contra outro consorte que a turbe ou ameace (LOPES, 1964, v. 6, p. 297). Nessa hipótese, pode ocorrer usucapião da área determinada. Noutras hipóteses, não é de se admitir usucapião entre comunheiros.

Além dos remédios possessórios, o condômino também possui o *direito de reivindicar a coisa de terceiro*. Se pode defender a posse, o condômino, com maior razão, também pode reivindicar a coisa. A ação petitória autorizada no dispositivo é consequência de seu direito de propriedade. O condômino como *dominus* pode reivindicar. Evidente que seu direito é de reivindicar toda a coisa, porque não se determina a parte de cada um. Titular da ação petitória de reivindicação, não se lhes negam também as demais ações de tutela da propriedade, tal como estudadas no capítulo anterior. Se é legitimado para a reivindicação, que é mais ampla, também pode ingressar com ação negatória de servidão, por exemplo. A sentença favorável ao condômino reivindicante, por ter como objeto o todo, aproveita ao condominial.

A *possibilidade de alienar ou estabelecer gravame de sua parte indivisa* na coisa comum vem especificada no inciso 1.314.

Se há condomínio *pro diviso*, o consorte é livre para alienar sua quota, como na hipótese de unidade autônoma no condomínio de apartamentos ou similares. Há necessidade, porém, que essa situação fique bem clara. Há ainda o problema registrário que somente poderá ser dirimido com a divisão do imóvel.

Se a coisa for indivisível, a alienação da parte do condômino deve obedecer à *regra fundamental do art. 504*, estabelecida no capítulo da compra e venda, a qual prevê uma das hipóteses de preempção ou preferência legal:

> "Não pode um condômino em coisa indivisível vender a sua parte a estranhos, se outro consorte a quiser, tanto por tanto. O condômino, a quem não se der conhecimento da venda, poderá, depositando o preço, haver para si a parte vendida a estranhos, se o requerer no prazo de cento e oitenta dias, sob pena de decadência.
>
> Parágrafo único. Sendo muitos os condôminos, preferirá o que tiver benfeitorias de maior valor e, na falta de benfeitorias, o de quinhão maior. Se as partes forem iguais, haverão a parte vendida os comproprietários, que a quiserem, depositando previamente o preço."

Veja os comentários sobre a compra e venda. À questão também será referida ao cuidarmos da propriedade resolúvel. Enquanto não decorrido o prazo de 180 dias conferido ao condômino preterido na preferência ou preempção legal, pode ele depositar o preço para haver para si a coisa ou parte indivisa alienada. Procura a lei evitar a inserção de estranhos no condomínio sem o consentimento dos demais, facilitando também sua extinção, com a consolidação de todas as quotas em proprietário único. Destarte, a venda de parte comum nesse molde não é nula ou anulável, mas simplesmente revogável. O mesmo princípio foi adotado na Lei do Inquilinato atual, que repete princípio da lei anterior, ao conferir direito real de preferência ao inquilino, na venda do imóvel locado, sob determinados requisitos (art. 33 da Lei nº 8.245/1991). Esse prazo de 180 dias (também presente na lei inquilinária) é decadencial (como todos os prazos da parte especial do Código de 1916 e, em maior profusão, neste Código). Tratando-se de imóvel, iniciamos sua contagem do registro imobiliário quando a alienação é presumidamente conhecida de terceiros. Se for coisa móvel, conta-se a partir da tradição.

Questão importante é saber se o condômino, na situação *pro diviso* de fato, isto é, localizado em gleba certa e determinada, sem que exista título a esse respeito, pode vender essa porção certa e determinada a terceiros, sem consentimento e conhecimento dos demais consortes. Como nessa situação é admitida a usucapião, que não é obstado perante os demais condôminos pela divisibilidade da coisa, se já decorrido seu prazo, a resposta, certamente, a nosso ver, será afirmativa. Se a coisa encontra óbice na divisão legal, como, por exemplo, área inferior ao módulo rural, a resposta não deve ser a mesma. Washington de Barros Monteiro (1989, v. 3, p. 212), com respaldo na doutrina e na jurisprudência, entende que a venda de parte certa por condômino em coisa indivisa somente prevalecerá se na ação de divisão o quinhão do alienante objeto da venda for-lhe precisamente atribuído. Trata-se de situação muito semelhante à cessão de direitos hereditários (lembre-se de que aí também existe comunhão, sem a característica legal de condomínio), objetivando coisa certa e determinada da herança. O herdeiro não pode, de direito, assegurar que aquela coisa descrita na cessão lhe será atribuída na partilha. Nessas hipóteses, existirá alienação condicional.

O mesmo dispositivo do art. 1.314 refere-se a *gravar a parte indivisa*. O gravame pode constituir-se de penhor, hipoteca ou anticrese. Como não é proprietário de toda a coisa, o gravame que atinja a totalidade do bem dependerá da anuência dos demais proprietários (art. 1.420, § 2º). Entretanto, se a coisa for divisível, torna-se desnecessária essa autorização. Este Código permite o gravame da parte respectiva do condômino, ainda que indivisível a coisa.

Reintegração de posse – Imóvel residencial urbano – Casa nos fundos de terreno, a casa da frente ocupada pela ré – Imóvel que é herança dos pais do autor e casa nos fundos construída por ele sem a oposição dos irmãos, notadamente o irmão casado com a ré que morou, até morrer, na casa da frente – Casa dos fundos desocupada pelo autor e tentativa de voltar a ocupá-la – Resistência do irmão, enquanto vivo, e da ré sem amparo nas regras que disciplinam o condomínio formado por força do "droit de saisine" com a morte dos pais - Interpretação do art. 1.314 e parágrafo único do Código Civil – Condomínio que autoriza a posse do autor e coíbe que, no futuro, entregue a posse a terceiros, segundo conjetura a ré, sem o consenso dos outros herdeiros – Recurso da ré desprovido e honorários advocatícios majorados (art. 85, § 11, do novo CPC), ressalvada a gratuidade" (*TJSP* – Ap. 1003233-92.2017.8.26.0001, 30-3-2020, Rel. Cerqueira Leite).

🔨 Agravo de instrumento – Inventário – Decisão recorrida deferiu a expedição de mandado de imissão na posse de imóvel, onde mora a inventariante, pertencente ao espólio, em favor do outro herdeiro, para fins de alienação do bem e, com montante oriundo da venda, ser possível o recolhimento de ITCMD – Inexistente partilha nos autos até atual momento – Imóvel que integra o espólio figura como condomínio entre os herdeiros – Há discordância expressa entre os herdeiros quanto à utilização do referido bem imóvel – Inteligência do art. 1.314 do CC – Suspensa a expedição de mandado de imissão na posse do imóvel, em favor do agravado, até a partilha – Decisão agravada alterada – Recurso provido (*TJSP* – Ag 2268032-78.2019.8.26.0000, 17-4-2020, Rel. Costa Netto).

🔨 Processual civil – Ação de embargos de terceiro – Objeto – **Tutela de posse e titularidade de fração de imóvel detido em condomínio** – Execução – Penhora – Aviamento de ação por condômino vindicando a titularidade de fração ideal do imóvel – Posse – Defesa – Existência de apreensão judicial – Ressalva do alcance da constrição – Inexistência – Interesse de agir – Subsistência – Carência de ação – Infirmação – Instrumento adequado – Afirmação – Sentença cassada – 1- A ação, estando destinada à satisfação do direito material de que a parte se julga titular, revestindo-a de legitimação para vindicá-lo, está condicionada à necessidade de obtenção da tutela jurisdicional invocada para seu reconhecimento e revestimento com eficácia – Interesse de agir – E à viabilidade da pretensão aviada no plano abstrato. 2- O interesse de agir, enquanto condição da ação, deve ser aferido à luz dos fatos alegados na petição inicial, ou seja, *in status assertionis*, sob pena de ofensa à concepção abstrata do direito de ação que é adotada em nosso ordenamento jurídico, pois, segundo se compreende, o direito de ação não está vinculado a qualquer prova do direito postulado em juízo, constituindo direito autônomo e abstrato, ensejando que as condições da ação, dentre elas o interesse de agir, não se subordinam ou confundem com a análise de mérito do direito evocado. 3- Para que se possam identificar as condições da ação, no particular ao interesse de agir, basta aferir se o instrumento eleito pelo autor é necessário, útil e adequado à obtenção da tutela jurisdicional almejada, posto que o legislador processual, na expressão do dogma constitucional da inafastabilidade da jurisdição, encampara a teoria eclética da ação, e, assim, o direito subjetivo público de ação não se amalgama com a previsão material do direito invocado nem seu exercício tem como pressuposto a aferição da subsistência de suporte material apto a aparelhar o pedido, resultando que, afigurando-se o instrumento processual adequado para obtenção da tutela pretendida, as condições da ação e os pressupostos processuais necessários à deflagração da relação processual restam aperfeiçoados. 4- Os embargos de terceiro consubstanciam o instrumento adequado para o terceiro que, alheio ao processo, fora afetado pelo nele decidido em decorrência de ato de apreensão judicial que poderá resultar em desprovimento da posse e propriedade que legitimamente exercita sobre o bem alcançado pela atuação jurisdicional, encerrando o instrumento adequado para preservação da posse e direito vindicados sobre imóvel tornado litigioso quando deferido provimento passível de afetar o estado de fato delineado pelo terceiro e presumível que será deferida prestação nesse sentido (CPC, arts. 674 e 675).5- Consoante é cediço, cada condômino pode usar da coisa conforme sua destinação, sobre ela exercer todos os direitos compatíveis com a indivisão, reivindicá-la de terceiro, defender sua posse e alienar a respectiva parte ideal ou gravá-la, ensejando que, efetivada a penhora de imóveis dos quais são detentores de matrículas diversas divisíveis, mas que são detidos em condomínio, e não havendo ressalva no momento da realização da constrição do alcance da penhora, aos embargantes, na condição de condôminos e detentores de parte ideal dos imóveis constritos, assiste o direito de debater a legalidade e legitimidade da penhora que alcançara os bens cujo domínio também lhes pertence (CC, art. 1.314).6- Apelação conhecida e provida. Sentença cassada. Maioria. Julgamento realizado na forma do artigo 942, § 1º, do CPC. (*TJDFT* – Proc. 20160110566196APC – (1010235), 3-5-2017, Rel. Hector Valverde).

**Art. 1.315. O condômino é obrigado, na proporção de sua parte, a concorrer para as despesas de conservação ou divisão da coisa, e a suportar os ônus a que estiver sujeita.
Parágrafo único. Presumem-se iguais as partes ideais dos condôminos.**

Essa regra é fundamental e dela depende a sobrevivência dos bens sobre os quais repousa o condomínio. Os condôminos devem especificar suas partes ideais, do contrário operará a presunção de igualdade do parágrafo único. Todas as despesas devem ser repartidas equitativamente. A regra ganha importância ainda mais fundamental no condomínio de apartamentos e assemelhados.

Não mais repete este Código o texto do parágrafo único do art. 624. O fato de um dos condôminos não concordar com as despesas não deve ser motivo puro e simples pela divisão da coisa. Ainda, há que se levar em conta que a coisa pode ser indivisível, o que obrigaria a venda da coisa comum. Os demais condôminos podem absorver a parte do discordante, com este renunciando ao seu quinhão na forma do artigo seguinte. A divisão da coisa no impasse criado é apenas uma das soluções, mas não a única.

A obrigação de contribuir para as despesas condominiais é *propter rem* ou reipersecutória. Será devedor todo aquele que se posicionar subjetivamente como condômino da coisa.

🔨 Ação de cobrança – Coisa Comum – Condomínio sobre bem imóvel instituído por ocasião da separação judicial – Pretensão do autor ao ressarcimento das despesas realizadas para a conservação do imóvel – Aplicação do art. 1.315 do Código Civil – Prescrição – Não ocorrência – Aplicação do art. 205 do Código Civil – Na hipótese dos autos, o autor pretende ser ressarcido integralmente pelas despesas que efetuou para a conservação de imóvel em que foi instituído o condomínio entre as partes por ocasião de acordo celebrado nos autos da separação judicial do casal. Enquanto não dividido o imóvel, a propriedade do casal sobre o bem remanesce, sob as regras que regem o instituto do condomínio, nos termos do art. 1.315 do Código Civil: "O condômino é obrigado, na proporção de sua parte, a concorrer para as despesas de conservação ou divisão da coisa, e a suportar os ônus a que estiver sujeita". As despesas realizadas com a conservação do imóvel devem ser dividas, em proporção igual, entre as partes. Prazo prescricional. Não há que se falar em aplicação do prazo prescricional previsto no art. 206, § 3º, do Código Civil, pois não se caracterizou hipótese de ressarcimento por enriquecimento indevido [art. 884 do Código Civil. A presente ação tem por objeto a cobrança de valores decorrentes de despesas para manutenção do imóvel em que foi instituído condomínio em razão da separação do casal, não se trata de hipótese de ressarcimento por enriquecimento indevido. Aplicação do prazo prescricional previsto no art. 205 do Código Civil. Sentença mantida. Recurso não provido (*TJSP* – Ap. 0017102-83.2010.8.26.0002, 13-6-2017, Rel. Carlos Alberto Garbi).

Art. 1.316. Pode o condômino eximir-se do pagamento das despesas e dívidas, renunciando à parte ideal.
§ 1º Se os demais condôminos assumem as despesas e as dívidas, a renúncia lhes aproveita, adquirindo a parte ideal de quem renunciou, na proporção dos pagamentos que fizerem.
§ 2º Se não há condômino que faça os pagamentos, a coisa comum será dividida.

A renúncia, para o sentido do dispositivo, deve ser expressa, pois esse ato abdicativo nunca se presume. O condômino pode assim renunciar à sua parte ideal, a qual aproveita a todos os demais consortes. Far-se-á por escritura pública, em se tratando de imóvel, acima do valor legal, devendo ser o negócio registrado no cartório imobiliário. Se houver apenas dois condôminos, com a renúncia de um, desaparece o condomínio.

Os demais condôminos recebem por igual o acréscimo resultante do quinhão do renunciante se passarem a assumir as despesas, na proporção de seus pagamentos. Se ninguém fizer os pagamentos das despesas, a lei determina que a coisa seja dividida. Mas sempre haverá quem deva adiantar as despesas para o processo de divisão ou venda da coisa, se esta não suportar divisão cômoda.

A lei permite o abandono por parte de um condômino de sua parte indivisa nessa situação de condomínio porque, efetivamente, não se cuida de coisa que permanecerá sem dono, *res nullius*. A disposição também consta no direito comparado. Quando o condômino renuncia à sua parte ideal está, na realidade, renunciando a um direito e não à propriedade, que prosseguirá com os demais condôminos.

Art. 1.317. Quando a dívida houver sido contraída por todos os condôminos, sem se discriminar a parte de cada um na obrigação, nem se estipular solidariedade, entende-se que cada qual se obrigou proporcionalmente ao seu quinhão na coisa comum.

A solidariedade não se presume. É necessário que seja expressa. Quando a dívida é contraída em nome da comunhão sem ser discriminada a parte de cada condômino, presume-se que todos devem contribuir proporcionalmente ao seu quinhão na coisa. Se há pagamentos desiguais, haverá direito de regresso para que se obtenha o pagamento devido e respectivo de cada um.

Quanto aos direitos reais de garantia, hipoteca, penhor e anticrese, pela própria natureza desses direitos, existe unidade de responsabilidade. Cada condômino estará obrigado pela dívida, com direito de regresso respectivo. Isso porque o bem em sua integralidade é dado em garantia.

Art. 1.318. As dívidas contraídas por um dos condôminos em proveito da comunhão, e durante ela, obrigam o contratante; mas terá este ação regressiva contra os demais.

Pode ocorrer que um dos condôminos contraia, por qualquer razão, dívida em nome e em proveito da comunhão. Ficará ele obrigado pessoalmente perante terceiros, mas com direito a ação regressiva contra os demais comunheiros para receber as respectivas quotas-parte. A oportunidade e conveniência da despesa feita poderá ser discutida no caso concreto.

Art. 1.319. Cada condômino responde aos outros pelos frutos que percebeu da coisa e pelo dano que lhe causou.

Os frutos produzidos pela coisa comum, naturais ou civis, pertencem aos condôminos nas respectivas proporções das quotas. O que recebeu o todo ou mais que sua parte devida deverá responder perante os demais.

Os danos praticados pelo condômino contra a coisa devem ser indenizados aos demais comunheiros, deduzindo-se sempre a quota do respectivo causador. Assim, em um prejuízo causado por um condômino no valor de 1.000, sendo dez os condôminos em partes iguais, terá aquele que indenizar 900, pois 100 serão relativos à sua própria parte na comunhão.

Leve-se em conta também que se o imóvel é ocupado por um dos condôminos, deve ele pagar aluguel aos demais comunheiros, no equivalente aos respectivos quinhões.

Art. 1.320. A todo tempo será lícito ao condômino exigir a divisão da coisa comum, respondendo o quinhão de cada um pela sua parte nas despesas da divisão.
§ 1º Podem os condôminos acordar que fique indivisa a coisa comum por prazo não maior de cinco anos, suscetível de prorrogação ulterior.
§ 2º Não poderá exceder de cinco anos a indivisão estabelecida pelo doador ou pelo testador.
§ 3º A requerimento de qualquer interessado e se graves razões o aconselharem, pode o juiz determinar a divisão da coisa comum antes do prazo.

O condomínio sempre é pomo de discórdias. O ser humano, por sua própria natureza, tem dificuldade de compartilhar harmoniosamente direitos e deveres. Por essa razão, a lei tudo faz para facilitar e incentivar a extinção do condomínio.

Sob esse prisma, o direito do condômino em extinguir o condomínio é de natureza potestativa ou facultativa: enquanto estiver presente a comunhão, como regra geral, pode ser pleiteada a extinção do condomínio. A essa extinção não podem se opor os demais consortes. Atente-se, porém, à dicção dos parágrafos do presente artigo.

Quando se trata de condomínio voluntário, estabelecido por doador ou testador, *entende-se que o foi somente por cinco anos*. O atual diploma estabelece: "*Não poderá exceder de cinco anos a indivisão estabelecida pelo doador ou pelo testador*" (art. 1.320, § 2º). Desse modo, nesse caso, será ineficaz o prazo que ultrapassar os cinco anos.

Mais atento à realidade, o presente Código descreve no § 1º que "*podem os condôminos acordar que fique indivisa a coisa comum por prazo não maior de cinco anos, suscetível de prorrogação ulterior*".

Neste Código, decorrido esse prazo avençado, pode-se pleitear a divisão. Aliás, dentro dessa ideia, o direito de pedir a extinção do condomínio por qualquer comunheiro pode ser exercido a qualquer tempo. Cuida-se de direito potestativo, estampado no art. 1.320. A esse respeito comenta Sílvio Rodrigues (1984, v. 5, p. 192) que o instituto se apresenta como "*fonte de demandas e ninho de brigas, situação anômala, cuja existência não se pode negar, mas que fora melhor que não existisse*".

No entanto, a realidade social distancia-se do ideal. Se o condomínio em geral pode ser evitado, a cada dia a pressão social faz surgir novas modalidades de comunhão, em edifícios de unidades autônomas e situações assemelhadas, às quais o direito não pode quedar-se inerte. Cabe ao jurista reconhecer os fenômenos e encetar teorias que dirimam intricadas questões que hoje afetam não somente os condomínios em edifícios, mas também novas manifestações de multipropriedade, como a utilização real de imóvel com tempo repartido, loteamentos fechados, clubes recreativos, instituições hoteleiras, cemitérios etc.

Atento a essas dificuldades, e levando em conta situações insustentáveis de beligerância ou incompatibilidade profunda, que podem surgir entre os condôminos, ainda que tenham eles estabelecido prazo mínimo para a permanência do condomínio, o § 3º do presente artigo permite que o juiz, excepcionalmente, determine a divisão da coisa comum antes do prazo. Os exemplos da vida estão a demonstrar como é útil esse dispositivo.

O processo de divisão é regulado pelo CPC, arts. 588 a 598. A demarcação, isto é, a fixação dos limites da área de cada condômino, é regulada no estatuto processual nos arts. 574 a 587.

As sentenças da ação de divisão estão sujeitas a registro imobiliário, para efetivação da sequência registraria e para o efeito *erga omnes*, embora não tenham efeito constitutivo da propriedade, mas essencialmente declaratório (Lei nº 6.015/1973, art. 167, I, 23). A divisão também pode ocorrer de forma amigável, por escritura pública, no caso de imóveis. Será necessariamente judicial se houver condôminos incapazes.

🔨 Processo civil. Apelação. Direito processual civil e civil. Partilha. Imóvel comum. Uso exclusivo por um dos ex-cônjuges. Regras do condomínio. Direito de indenização. Termo inicial. Citação. Reconvenção. Ausência de conexão com o pedido principal. Art. 343, do CPC. Litigância de má-fé. Impossibilidade. Extinção de condomínio c.c. alienação judicial de coisa comum. Alegação em defesa da usucapião rejeitada, pela propriedade das partes advir de Escrituras Públicas de Inventário e Partilha dos bens dos avós datadas de 18/08/2010 e 01/12/2011, ato incompatível por quem alega a usucapião. A todo tempo será lícito ao condômino exigir a divisão da coisa comum (art. 1.320 do CC). Direito a indenização por acessões e benfeitorias necessárias não provado. Responsabilidade dos ocupantes pelo pagamento de tarifas de serviços públicos e IPTU. Recurso desprovido (*TJSP* – Ap. 1000601-40.2020.8.26.0114, 26-2-2021, Rel. Alcides Leopoldo).

🔨 1. Nos termos do art. 1.320, do CC, a qualquer momento será lícito ao condômino exigir a divisão da coisa comum, respondendo o quinhão de cada um pela sua parte nas despesas da divisão. 2. Estando um dos ex-cônjuges usufruindo do imóvel com exclusividade, a pretensão do arbitramento de aluguéis pela ocupação exclusiva do bem comum por um dos ex-cônjuges encontra amparo legal na previsão do art. 1.326, do CC. 3. Não se reputam conexas a demanda principal que visa a alienação judicial de coisa comum e a reconvenção na qual se requer a fixação de alimentos provisionais, na forma dos arts. 55 e 343, do CPC. 4. Não há que se falar em litigância de má-fé se a parte limitou-se a desenvolver teses jurídicas em seu favor, não fazendo concretizar quaisquer das hipóteses previstas no art. 80, incisos I a VII, do CPC. 5. Recursos não providos (*TJDFT* – Ap. 07011532520188070002, 4-3-2020, Rel. Arnoldo Camanho).

Extinção de condomínio. Alienação judicial de bem imóvel comum. Possibilidade. Ausência de inventário com registro de formal de partilha. Desnecessidade. Hipótese que se enquadra nos artigos 1.320 e 1.322 do Código Civil vigente. Sentença de extinção do processo sem resolução do mérito afastada. Aplicação do artigo 515, § 3º, do CPC. Recurso provido (*TJSP* – Acórdão Apelação Cível nº 0015245-35.2005.8.26.0565, 12-4-2011, Rel. Des. João Pazine Neto).

Art. 1.321. Aplicam-se à divisão do condomínio, no que couber, as regras de partilha de herança (arts. 2.013 a 2.022).

É saudável essa indicação ao intérprete, determinando que se apliquem à divisão de condomínio as regras da partilha. Trata-se de uma aplicação analógica em que nem sempre os dispositivos se amoldam à divisão do condomínio. Em última análise, o que se pretende dividir é um patrimônio.

Assim, o próprio ato constitutivo do condomínio ou o seu instituidor já pode estabelecer regras para quando de sua dissolução (art. 2.014).

A divisão condominial pode ser feita por escritura pública, devendo assim ser feita se se tratar de imóvel acima do valor legal.

Será judicial a divisão se os comunheiros divergirem e se algum deles for incapaz (art. 2.016).

Na divisão, deve ser buscada a maior igualdade de quinhões possível, no tocante ao valor, à natureza e à qualidade (art. 2.017). Assim, por exemplo, na divisão de propriedade rural, um quinhão menor de terra muito fértil pode equivaler ao quinhão extenso mais árido.

A divisão poderá ser parcial, quando existirem bens comuns em locais de difícil acesso, litigiosos ou de liquidação morosa. Estes podem ser reservados para uma divisão posterior (art. 2.021).

Art. 1.322. Quando a coisa for indivisível, e os consortes não quiserem adjudicá-la a um só, indenizando os outros, será vendida e repartido o apurado, preferindo-se, na venda, em condições iguais de oferta, o condômino ao estranho, e entre os condôminos aquele que tiver na coisa benfeitorias mais valiosas, e, não as havendo, o de quinhão maior. Parágrafo único. Se nenhum dos condôminos tem benfeitorias na coisa comum e participam todos do condomínio em partes iguais, realizar-se-á licitação entre estranhos e, antes de adjudicada a coisa àquele que ofereceu maior lanço, proceder-se-á à licitação entre os condôminos, a fim de que a coisa seja adjudicada a quem afinal oferecer melhor lanço, preferindo, em condições iguais, o condômino ao estranho.

Como modalidade de propriedade, o condomínio extingue-se pelas mesmas formas de extinção da propriedade móvel e imóvel já estudadas. No entanto, a matéria referente à extinção de condomínio é importante especificamente quando se trata do desaparecimento do estado de propriedade comum.

A forma procedimental que permite a extinção da comunidade é a *divisão*. O art. 1.320 estatui que "*a todo tempo será lícito ao condômino exigir a divisão da coisa comum, respondendo o quinhão de cada um pela sua parte nas despesas de divisão*".

Como reportamos, o direito à divisão é potestativo para o condômino. Estando as partes concordes, não há necessidade de procedimento judicial para a divisão, que pode ser feita por escritura pública, se se tratar de negócio imobiliário.

A divisão entre os condôminos é simplesmente declaratória e não atributiva da propriedade, segundo discorria o art. 631 do antigo Código.

O art. 1.321 determina que sejam aplicadas à divisão do condomínio, no que couber, as regras da partilha de herança (arts. 2.013 a 2.022). Também sob esse prisma, a divisão é declaratória de propriedade.

Existente o condomínio, a qualquer tempo pode ser proposta a divisão pelo condômino. Não há prescrição ou decadência para essa ação porque o direito é potestativo ou facultativo: perdura enquanto perdurar a situação jurídica. No entanto, pode ocorrer prescrição aquisitiva no caso de lapso de posse *ad usucapionem* superior aos prazos legais por um dos condôminos, porque nessa hipótese desapareceu a permanência do estado de indivisão, mormente na usucapião extraordinária.

Na copropriedade, já existem os pressupostos do *ius utendi, fruendi et abutendi*. Na divisão, apenas declara-se o que preexistia. Permite a lei, inobstante, que na mesma ação decida-se acerca da existência da propriedade controvertida. Como a eficácia da divisão é declaratória, seus efeitos retroagem *ex tunc*.

As sentenças das ações de divisão, bem como as escrituras, estão sujeitas a registro imobiliário, para regularização da sequência registrária e para o efeito *erga omnes*, embora não tenham o efeito constitutivo de propriedade (Lei nº 6.015/1973, art. 167, I, 23). A divisão também se dá por forma amigável, por escritura pública se se tratar de imóveis. Será necessariamente judicial, se houver condôminos incapazes.

A ação de divisão vem disciplinada nos arts. 588 a 598 do CPC. É evidente que somente caberá o pedido de divisão se a coisa assim o permitir; caso contrário, o condômino interessado deve objetivar a venda de seu quinhão ou da coisa comum, dando preferência aos demais consortes. A ação de divisão pode ser cumulada com a ação de demarcação total ou parcial da coisa comum (art. 570), assim como com a reivindicação. Todos os condôminos deverão ser necessariamente citados.

Há imóveis que, por disposição de lei, não podem ser divididos. Nesse sentido, a definição dada pelo Estatuto da Terra (Lei nº 4.504/1964), levando em conta o módulo rural:

> "O imóvel rural não é divisível em áreas de dimensão inferior à constitutiva do módulo de propriedade rural."

O módulo rural é estabelecido para cada região, considerando-se a área mínima produtiva e outros fatores. Procura-se evitar o chamado *minifúndio*, imóvel gravoso e inútil para exploração e produção do agricultor e sua família. Nessa situação, a dissidência dos condôminos apenas autoriza a alienação e a possibilidade de adjudicação a um dos comunheiros. Se isso é verdadeiro para os imóveis indivisíveis por lei, também pode ocorrer para os móveis: inviável dividir um diamante de muitos quilates em várias partes, quando ocorreria substancial diminuição de valor. Conclui Arnoldo Wald (1991, p. 132) que *"para dividir o objeto não basta que ele seja materialmente divisível; ainda é preciso que o seja económica e juridicamente"*.

Por vezes, pode tornar-se impossível que os quinhões da divisão correspondam ao valor de cada quota ideal. Necessárias se tornarão reposições em dinheiro ou compensações no juízo divisório, conforme apurado na perícia.

Quando impossível ou inconveniente a divisão, a solução é a venda da coisa comum, ou do quinhão do condômino.

O art. 1.322 estabelece a possibilidade de a coisa ser adjudicada a um só dos consortes, que indenizará os demais. Não existindo acordo, parte-se para a venda da coisa comum. Nada impede que a venda seja feita amigavelmente, estando de acordo os comunheiros. Nada obsta também que o condômino, afrontando os demais, aliene sua quota-parte a outro consorte, se este preferir a terceiro tanto por tanto.

Não havendo acordo, processar-se-á o pedido de venda de coisa comum na forma do art. 730 do CPC. Basta a vontade de um único condômino, não importando sua fração ideal, para o ajuizamento do pedido. O procedimento é especial de jurisdição voluntária em que serão citados todos os condôminos, com participação obrigatória do Ministério Público, embora exista corrente em contrário (art. 721 do CPC). Nos termos do art. 723, par. único, do estatuto adjetivo, nessa modalidade processual o juiz não está obrigado a observar o critério da legalidade estrita, *"podendo adotar em cada caso a solução que considerar mais conveniente ou oportuna"*. Essa faculdade é importantíssima para a alienação de coisa comum. O procedimento das alienações judiciais determina a avaliação pericial. Essa despesa pode ser dispensada se um dos condôminos fizer proposta, ou apresentá-la de terceiro, aceita pelas partes ou entendida como conveniente pelo juiz. A avaliação será em princípio necessária quando houver interessados incapazes. No entanto, nem sempre será conveniente o leilão, se houver proposta idônea que atenda à finalidade dos interessados.

Não existe mais a dicção do art. 1.118 do CPC de 1973, que estabelecia ordem de preferência para a aquisição de coisa comum. Importa o bom crivo do magistrado no caso concreto.

⚖ Apelação Cível. Ação de extinção do condomínio por alienação judicial. Improcedência do pedido. Inconformismo por parte do autor. Acolhimento. Ausência de óbice à alienação judicial de direitos aquisitivos e possessórios – direitos que, por deterem valor económico, podem ser livremente negociados – Aplicação analógica dos artigos 1.320 e 1.322 do CC. Arrematante que se sub-rogará nos direitos contratuais atribuídos às partes, devendo sujeitar-se à aprovação da Companhia de Desenvolvimento Habitacional e Urbano do Estado de São Paulo – CDHU. Arbitramento de aluguéis como indenização pela utilização exclusiva do imóvel – Pleito não formulado na inicial - Não conhecimento, sob pena de ofensa ao princípio da adstrição, consubstanciado nos artigos 490 e 492 do CPC. Litigância de má-fé afastada – em que pese imprecisas as alegações formuladas pelo autor, não se enquadram em nenhuma das hipóteses autorizadoras da condenação por litigância de má-fé, nem há indícios que tenha violado os deveres de boa-fé processual. Sentença reformada – Procedência do pedido. Recurso de apelação parcialmente provido (*TJSP* – Ap. 1004460-64.2019.8.26.0481, 8-7-2020, Rel. Piva Rodrigues).

⚖ Apelação – Imóvel – Inovação Recursal – Pedido não conhecido – Extinção de condomínio – Discordância entre os condôminos – Alienação Judicial Do Bem – Possibilidade – Art. 1.322, do CC – 1- Não é permitido inovar no Juízo de apelação, sendo defeso às partes modificar a causa de pedir ou o pedido, sob pena de restar configurada a supressão de instância. Por isso, não se conhece da parte do apelo referente a pedido novo, não apreciado nem decidido pelo juízo singular. 2- O condômino pode, a todo tempo, exigir a divisão da coisa comum, bastando a vontade de apenas um deles. Inexistindo consenso entre os coproprietários acerca da extinção do bem comum indivisível, o condomínio será extinto na forma legalmente estabelecida, isto é, mediante a alienação judicial do imóvel, conforme disposto nos arts. 1.320 e 1.322, ambos do CC. 3- Apelo parcialmente conhecido e, no mérito, não provido (*TJ-DFT* – Proc. 20150910058976APC – (988285) – 4ª T. Cív. – Rel. Arnoldo Camanho – J. 23.01.2017).

Subseção II
Da Administração do Condomínio

Art. 1.323. Deliberando a maioria sobre a administração da coisa comum, escolherá o administrador, que poderá ser estranho ao condomínio; resolvendo alugá-la, preferir-se-á, em condições iguais, o condômino ao que não o é.

Apelação cível. Ação anulatória de contrato de locação e ação de consignação em pagamento. Preliminar de nulidade da sentença por ausência de fundamentação. Não acolhimento. Mérito. Condomínio *pro indiviso*. Autora que é titular de 1/3 (um terço) do imóvel. Ausência de demonstração de oposição à destinação do bem para locação comercial a terceiros. Art. 1.314 do CC. Sucessivos contratos semelhantes realizados desde 2001. Negócio objeto dos autos firmado em 2012. Ato de administração. Desnecessidade de anuência da recorrente. Deliberação da maioria, representada pela recorrida, titular de 2/3 (dois terços) do bem. Inteligência do art. 1.323 do CC. Decisão que vincula a condômina dissidente. Art. 1.325, § 1º, do CC. Inexistência de ato concreto a indicar que, a partir de 2006, a administradora do imóvel fosse a recorrente ou terceiro. Art. 1.324 do CC. Escolha do administrador que também cabe à maioria. Direito de preferência. Privilégio ao condômino que tenha real interesse em alugar o imóvel. Inexistência de proposta concreta da coproprietária. Prejuízos pela não participação no negócio em razão de expertise na área. Alegação genérica. Contrato de locação válido. Desacordo na sua realização que não configura justa recusa ao recebimento dos aluguéis proporcionais. Art. 1.326 do CC. Cabimento da consignação em pagamento pelas locatárias. Recurso conhecido e não provido. Fixação de honorários recursais (*TJPR* – Ap. 0046890-22.2013.8.16.0001, 18-5-2020, Rel. Vitor Roberto Silva).

Apelação cível – Comodato verbal – **Ocupação de imóvel pelo coproprietário** – Locação inexistente – Cobrança pela fruição do bem – Possibilidade – Desocupação do imóvel – Descabimento. – Se um dos coproprietários de determinado imóvel o ocupa com o consentimento do outro, sem que tenha havido qualquer pedido de desocupação, não há relação locatícia, e improcede o pedido de despejo. – O pedido de pagamento de determinado valor mensal, por parte do ocupante do imóvel, não caracteriza aluguel, mas mera cobrança pela fruição exclusiva do bem.

RECURSO NÃO PROVIDO. V.V.: – É possível o ajuste de pagamento de aluguéis em relação condominial, quando somente um dos condôminos usufrui o bem de propriedade comum. Art. 1.323, do Código Civil de 2002. Tal ajuste, contudo, não pode se dar de forma unilateral, devendo haver deliberação entre os condôminos para a sua instituição e do respectivo valor dos aluguéis. (Des. Veiga de Oliveira) (*TJMG* – Acórdão: Apelação Cível nº 1.0024.10.083240-1/001, 16-8-2011, Rel. Des. Gutemberg da Mota e Silva).

Art. 1.324. O condômino que administrar sem oposição dos outros presume-se representante comum.

Havendo vários titulares da coisa comum, é necessário que se estabeleça uma gerência, sob pena de o bem perder sua finalidade coletiva e social. Em qualquer corpo social coletivo, há necessidade de alguém assumir a direção, ainda que inexista hierarquia. Como todos não podem comandar ao mesmo tempo, também não podem administrar sem orientação preponderante, sob pena de imperar o caos. É da ordem natural das coisas e da natureza humana que a vontade coletiva tenha ao menos um interlocutor, se não possuir comando, que é o ideal.

Por essa razão, a disposição do art. 1.324: "*O condômino que administrar sem oposição dos outros presume-se representante comum.*" Essa regra é importante no tocante a terceiros que tratem com esse administrador. Há medidas urgentes que exigem pronta providência do condomínio. A obtenção de autorização dos demais condôminos poderia pôr a perder o direito de todos. Se a atuação do mandatário prejudicar os demais, essa é matéria a ser resolvida *interna corporis* entre os que se julgam prejudicados, ressalvada, evidentemente, possível má-fé de terceiros. Esse mandatário somente pode praticar atos de administração. O *mandato tácito* de que fala a lei não lhe dá poderes para gravar ou alienar a coisa comum. Surge essa administração, de forma geral, pela passividade, omissão ou ausência dos demais condôminos. O ideal, porém, é que se nomeia administrador pela vontade comum, prevalecendo o interesse da maioria das quotas sociais.

Sempre que a vontade de todos os condôminos, pelo excessivo número, ou pelo conflito de interesses entre eles, impedir o desiderato da propriedade, estabelecia o art. 635 do Código anterior:

"*Quando, por circunstâncias de fato ou por desacordo, não for possível o uso e gozo em comum, resolverão os condôminos se a coisa deve ser administrada, vendida ou alugada.*

§ 1º Se todos concordarem que se não venda, à maioria (art. 637) competirá deliberar sobre a administração ou locação da coisa comum.

§ 2º Pronunciando-se a maioria pela administração escolherá também o administrador."

A referência ao art. 637 dizia respeito à forma pela qual seria aferida a maioria, *não pelo número, senão pelo valor dos quinhões*. Essa regra do art. 635 não é repetida com idêntica redação por este Código. É evidente, porém, que deve ser atendido o interesse peculiar da maioria para dar destino à coisa. Cabe ao juiz, no caso de desacordo, determinar o que melhor se adaptar ao caso, atendendo à vontade da maioria. Também caberá à maioria estabelecer a duração da administração e a eventual remoção do administrador.

O art. 1.323 estabelece que a maioria deliberará sobre a administração da coisa comum, escolhendo administrador que poderá, inclusive, ser estranho ao condomínio. Resolvendo alugá-la, terá preferência o condômino ao que não é, em igualdade de condições. A ideia é sempre evitar que se coloque um estranho na vida condominial.

Se os condôminos optarem pela locação da coisa, é básico que a preferência na locação deva recair, em igualdade de condições com terceiro, sobre condômino, como aliás alude o art. 1.323, obedecendo-se, no caso de concorrência de mais de um, aos mesmos princípios de venda estabelecidos no art. 1.325. Não se pode admitir que seja preterido condômino na locação, em favor da inserção de mais um estranho na já conturbada convivência condominial.

Na escolha do administrador, é fundamental que todos os consortes sejam convocados e que se documente a deliberação assemblear que elegeu administrador, bem como decidiu o destino da coisa comum. As deliberações serão obrigatórias, sendo tomadas por maioria absoluta. Se não for possível obter essa maioria absoluta, deverá o juiz decidir a matéria (atual, art. 1.325, § 2º). Como vimos, essa maioria será calculada pelo valor dos quinhões (atual art. 1.325), valor esse que será apurado judicialmente, em caso de dúvida.

Apelação cível – Direito público não especificado – Ação Anulatória – Auto de infração – Município de Nova Petrópolis – Condomínio Residencial – Extravasamento de esgoto para a via pública – Legitimidade do síndico de fato – Art. 1.324 do Código Civil – Responsabilidade dos condôminos – Legalidade do procedimento – Responsabilidade do ente público – Rede pluvial de esgoto – Descabimento – Nexo causal não demonstrado – Ônus da prova – Caso no qual o auto de infração é claro ao consignar que a multa aplicada e as providências a serem adotadas incidem para o Condomínio Juriti e não para a parte autora isoladamente, que tão somente foi notificada em nome do condomínio por atuar como síndico de fato. O condômino que administrar sem oposição dos outros presume-se representante comum. Inteligência do art. 1.324 do Código Civil – Ausência de indícios de que a existência de rede pluvial na via pública teria evitado ou solucionado o problema, o qual, segundo laudo técnico, decorreu do subdimensionamento do sistema hidrossanitário e da defasagem de seu projeto, que não dispunha de filtro anaeróbico. Ônus da prova (art. 373, inciso I, CPC/2015) – A emissão da carta de habitação sem prévia vistoria do sistema hidrossanitário em nada interfere no dever dos coproprietários de resolver o problema que deu azo à autuação, sobretudo porque as alterações fáticas no projeto original não foram comunicadas à Administração Pública Municipal – Na situação, considerado que o proveito econômico da causa não é passível de mensuração, correta é a fixação da verba honorária no montante de 10% (dez por cento) sobre o valor atualizado da causa (art. 85, § 4º, inc. III, do CPC). Precedentes. Apelo desprovido (*TJRS* – AC 70073226672, 29-6-2017, Relª Desª Marilene Bonzanini).

Art. 1.325. A maioria será calculada pelo valor dos quinhões.
§ 1º As deliberações serão obrigatórias, sendo tomadas por maioria absoluta.
§ 2º Não sendo possível alcançar maioria absoluta, decidirá o juiz, a requerimento de qualquer condômino, ouvidos os outros.
§ 3º Havendo dúvida quanto ao valor do quinhão, será este avaliado judicialmente.

A administração da coisa comum pode ser estabelecida *a priori*, no ato constitutivo do direito condominial, se emanado de ato negocial, ou *a posteriori*, se a necessidade o exigir. Os condôminos podem dispor diferentemente quanto à administração, desde que não prejudiquem os quinhões de cada um. O § 1º do art. 1.325 estatui que as deliberações não obrigarão, não sendo tomadas por maioria absoluta, isto é, por votos que representem mais de metade do valor total. Não sendo possível alcançar a maioria absoluta, decidirá o juiz, a requerimento de qualquer condômino, ouvidos os interessados (§ 2º). Deve o juiz verificar no caso concreto o que é mais conveniente para a comunidade condominial. Se houver dúvida quanto ao valor do quinhão, este deverá ser avaliado judicialmente (§ 3º). Estas últimas regras não constavam do diploma anterior.

Essa solução, fonte de muitas disputas, adquire nova óptica no atual Código. Dispõe que a maioria, no exame da vontade condominial, será calculada pelo valor dos quinhões. Nisso se harmoniza com o art. 637 do antigo diploma. O presente Código também afirma que se presumem iguais as partes ideais dos condôminos (art. 1.315, parágrafo único). Contudo, havendo dúvida, pelo atual Código o valor do quinhão deverá ser avaliado judicialmente e não mais se presume a igualdade (art. 1.325, § 3º). O novo critério, apesar de ser mais custoso, é mais justo, pois nada deve induzir que o quinhão de cada condômino é igual.

A presunção de igualdade de frações ideais é relativa e cairá por terra mediante prova em contrário.

Ação condenatória ao cumprimento de obrigação de fazer e não fazer – Nomeação de administrador dos bens dos quais as partes são condôminas – Ausência de consenso dos condôminos em relação à administração da coisa comum – Indicação de administrador pelos autores, representantes da maioria da fração ideal da totalidade dos imóveis – Deliberação da maioria, observando-se que a maioria será calculada pelo valor dos quinhões, decide se coisa comum deve ser administrada, vendida ou alugada – Irrelevância da discordância ou oposição da minoria – Inteligência dos artigos 1323 a 1325, *caput* do Código Civil – Eventual confusão patrimonial entre o patrimônio do "de cujus" e o da pessoa jurídica Construplan, da qual era sócio, além de outros temas relacionados à definição correta acerca do acervo hereditário, devem ter sido discutidas no processo sucessório, com sua eventual retomada para realização de sobrepartilha – Sentença mantida – Recursos desprovidos (*TJSP* – Ap. 1036077-31.2013.8.26.0100, 2-3-2017, Rel. Percival Nogueira).

Art. 1.326. Os frutos da coisa comum, não havendo em contrário estipulação ou disposição de última vontade, serão partilhados na proporção dos quinhões.

As excessivas possibilidades de recurso ao Judiciário em matéria de condomínio, como é evidente, trazem maiores dificuldades do que soluções à vida condominial. Os frutos da coisa comum, não havendo estipulação em contrário ou disposição de última vontade, serão também partilhados na proporção dos quinhões (art. 1.326). Nada impede, por exemplo, que os interessados estabeleçam que o administrador do condomínio terá direito aos frutos. Essa disposição, porém, depende de manifestação de vontade expressa e inequívoca.

Processo civil. Apelação. Direito processual civil e civil. Partilha. Imóvel comum. Uso exclusivo por um dos ex-cônjuges. Regras do condomínio. Direito de indenização. Termo inicial. Citação. Reconvenção. Ausência de conexão com o pedido principal. Art. 343, do CPC. Litigância de má-fé. Impossibilidade. 1. Nos termos do art. 1.320, do CC, a qualquer momento será lícito ao condômino exigir a divisão da coisa comum, respondendo o quinhão de cada um pela sua parte nas despesas da divisão. 2. Estando um dos ex-cônjuges usufruindo do imóvel com exclusividade, a pretensão do arbitramento de aluguéis pela ocupação exclusiva do bem comum por um dos ex-cônjuges encontra amparo legal na previsão do art. 1.326, do CC. 3. Não se reputam conexas a demanda principal que visa a alienação judicial de coisa comum e a reconvenção na qual se requer a fixação de alimentos provisionais, na forma dos arts. 55 e 343, do CPC. 4. Não há que se falar em litigância de má-fé se a parte limitou-se a desenvolver teses jurídicas em seu favor, não fazendo concretizar quaisquer das hipóteses previstas no art. 80, incisos I a VII, do CPC. 5. Recursos não providos (*TJDFT* – Ap. 07011532520188070002, 4-3-2020, Rel. Arnoldo Camanho).

Agravo interno – Recurso Especial – Civil e processual civil – Extinção de condomínio – Ocupação do imóvel por pessoa jurídica – Comodato – Pretensão de partilha de alugueis deduzida pelo ex-condômino – Ilegitimidade passiva da pessoa jurídica – Relação interna entre os condôminos – 1- Controvérsia acerca de pretensão de recebimento de indenização a título de alugueis deduzida pelo ex-condômino contra o ocupante do imóvel. 2- "Os frutos da coisa comum, não havendo em contrário estipulação ou disposição de última vontade, serão partilhados na proporção dos quinhões" (art. 638 do CC/1916, atual art. 1.326 do CC/2002). 3- Hipótese em que o imóvel era ocupado a título de comodato, com anuência de todos os condôminos, não havendo falar em percepção ou partilha de frutos, até que o comodato venha a ser denunciado. Julgado desta Corte Superior. 4- Ilegitimidade do terceiro ocupante do imóvel para figurar na demanda em que o condômino pleiteia partilha de frutos, por se tratar de relação interna entre os condôminos. 5- Inaplicabilidade de julgados sobre apuração de haveres, por se tratar de pretensão distinta. 6- Agravo interno desprovido. (*STJ* – AGInt-REsp 1.439.844 – (2014/0046445-4), 30-3-2017, Rel. Min. Paulo de Tarso Sanseverino).

Seção II
Do Condomínio Necessário

Art. 1.327. O condomínio por meação de paredes, cercas, muros e valas regula-se pelo disposto neste Código (arts. 1.297 e 1.298; 1.304 a 1.307).

Direito de vizinhança – Condomínio Autor que atribui os danos causados pela umidade nas paredes do prédio à obra no vizinho. Ausência de nexo causal entre os danos suportados pelo Autor e a conduta do Réu. Presença da umidade que deve ser atribuída à falta de impermeabilização e manutenção da pintura. Prova pericial regularmente realizada. Indenização afastada. Improcedência mantida. Recurso desprovido (*TJSP* – Ap. 990.10.043332-6, 6-7-2012, Rel. Pedro Baccarat).

Art. 1.328. O proprietário que tiver direito a estremar um imóvel com paredes, cercas, muros, valas ou valados, tê-lo-á igualmente a adquirir meação na parede, muro, valado ou cerca do vizinho, embolsando-lhe metade do que atualmente valer a obra e o terreno por ela ocupado (art. 1.297).

Apelação cível – Ação de cobrança – Construção de muro divisório entre propriedades limítrofes – Despesas suportadas pela autora pedido de reembolso de metade do valor, deduzido em face do requerido (proprietário confinante) – Sentença de procedência

– Irresignação do requerido – Insubsistência – Inteligência dos artigos 1.297, § 1º, e 1.328 do Código Civil – Muro construído no limite entre duas propriedades que se presume em condomínio, impondo aos confinantes o concurso no custeio da sua construção e manutenção – requerido que não demonstrou ter a construção se dado inteiramente em terreno da autora fato modificativo do direito autoral – Ônus probatório que se impunha ao requerido (artigo 373, II, do Código de Processo Civil) – Sentença Acertada – Recurso desprovido art. 1.297 – O proprietário tem direito a cercar, murar, valar ou tapar de qualquer modo o seu prédio, urbano ou rural, e pode constranger o seu confinante a proceder com ele à demarcação entre os dois prédios, a aviventar rumos apagados e a renovar marcos destruídos ou arruinados, repartindo-se proporcionalmente entre os interessados as respectivas despesas. § 1º Os intervalos, muros, cercas e os tapumes divisórios, tais como sebes vivas, cercas de arame ou de madeira, valas ou banquetas, presumem-se, até prova em contrário, pertencer a ambos os proprietários confinantes, sendo estes obrigados, de conformidade com os costumes da localidade, a concorrer, em partes iguais, para as despesas de sua construção e conservação. Art. 1.328. O proprietário que tiver direito a estremar um imóvel com paredes, cercas, muros, valas ou valados, tê-lo-á igualmente a adquirir meação na parede, muro, valado ou cerca do vizinho, embolsando-lhe metade do que atualmente valer a obra e o terreno por ela ocupado (art. 1.297) (*TJPR – AC 1632340-9, 7-6-2017, Relª Desª Denise Kruger Pereira*).

Art. 1.329. Não convindo os dois no preço da obra, será este arbitrado por peritos, a expensas de ambos os confinantes.

Art. 1.330. Qualquer que seja o valor da meação, enquanto aquele que pretender a divisão não o pagar ou depositar, nenhum uso poderá fazer na parede, muro, vala, cerca ou qualquer outra obra divisória.

Nessas hipóteses, a lei prevê situações específicas de condomínio decorrentes do direito de vizinhança, cujos dispositivos foram abordados em local próprio. O condomínio é necessário porque decorre inexoravelmente da contiguidade dos prédios e não pode ser afastado pela vontade das partes. A matéria já foi vista nos artigos indicados.

A tapagem e a separação de prédios limítrofes fazem-se por muros, cercas, valas, valados. Essas obras podem gerar condomínio quando feitas nas linhas divisórias dos imóveis. Na ordem normal de raciocínio, os proprietários limítrofes concorrem em igualdade de condições para estabelecer a separação, tornando-se coproprietários das obras. No entanto, se um dos confrontantes pretender extremar o prédio com muro, parede, cerca, valado ou similar, poderá fazê-lo, ainda que sem anuência do vizinho, intimando-o posteriormente para que concorra com as despesas proporcionais. Nasce aí um condomínio forçado, imposto inicialmente pela vontade unilateral, mas decorrente da lei. A obrigação do confinante em concorrer para as despesas com as obras de separação, bem como com sua posterior manutenção, tipifica obrigação reipersecutória, *propter rem*, onerando sempre os titulares dos prédios confinantes.

O presente artigo 1.327 dispõe na mesma ordem de ideias. Ambos os estatutos chamam à aplicação os dispositivos acerca dos "*Limites entre os prédios*", já comentados, bem como as disposições acerca "*Dos Direitos e deveres dos condôminos*", examinados neste capítulo.

É direito do confinante obrigar o vizinho a demarcar os limites e a renovar marcos destruídos ou apagados, com repartição proporcional das despesas (art. 1.297).

O art. 1.328 dispõe sobre o direito de adquirir meação nos muros, valas ou similares limítrofes, já construídos, mediante o pagamento de metade do valor das obras. O preço será fixado por perícia em juízo, às expensas de ambos os confinantes, se não houver acordo (art. 1.329). O pagamento da meação é direito do confinante e não pode ser recusado pelo vizinho. Enquanto o vizinho não pagar ou depositar o preço da meação, "*nenhum uso poderá fazer na parede, muro, vala, cerca ou qualquer outra obra divisória*" (art. 1.330). Admite-se qualquer tipo de divisão, de cimento, concreto, madeira, cerca viva etc.

Para que ocorra a meação, torna-se necessário que o proprietário utilize a divisa dos imóveis. Se o marco, muro ou similar é lançado antes da divisa, não se tipifica a possibilidade de meação.

Como verificamos, o pagamento de metade do valor da divisão pode dar-se antes ou depois da construção.

A divisória, nessas premissas, presume-se pertencer a ambos os proprietários, salvo se um deles provar que lhe pertence exclusivamente (GOMES, 1983, p. 197). Caberá a ambos também, em princípio, a manutenção da divisória.

CAPÍTULO VII
Do Condomínio Edilício

Seção I
Disposições Gerais

Art. 1.331. Pode haver, em edificações, partes que são propriedade exclusiva, e partes que são propriedade comum dos condôminos.
§ 1º As partes suscetíveis de utilização independente, tais como apartamentos, escritórios, salas, lojas e sobrelojas, com as respectivas frações ideais no solo e nas outras partes comuns, sujeitam-se a proprie-

dade exclusiva, podendo ser alienadas e gravadas livremente por seus proprietários, exceto os abrigos para veículos, que não poderão ser alienados ou alugados a pessoas estranhas ao condomínio, salvo autorização expressa na convenção de condomínio. (Redação dada pela Lei nº 12.607, de 2012)

§ 2º O solo, a estrutura do prédio, o telhado, a rede geral de distribuição de água, esgoto, gás e eletricidade, a calefação e refrigeração centrais, e as demais partes comuns, inclusive o acesso ao logradouro público, são utilizados em comum pelos condôminos, não podendo ser alienados separadamente, ou divididos.

§ 3º A cada unidade imobiliária caberá, como parte inseparável, uma fração ideal no solo e nas outras partes comuns, que será identificada em forma decimal ou ordinária no instrumento de instituição do condomínio.

§ 4º Nenhuma unidade imobiliária pode ser privada do acesso ao logradouro público.

§ 5º O terraço de cobertura é parte comum, salvo disposição contrária da escritura de constituição do condomínio.

1. Denominação de natureza jurídica. Duplicidade de natureza no direito de propriedade: unidades autônomas e áreas comuns. Personificação

Nenhuma outra modalidade de propriedade tenha talvez levantado maior riqueza de problemas jurídicos e sociais do que a denominada propriedade horizontal, propriedade em planos horizontais ou propriedade em edifícios. A começar por sua denominação. A doutrina nacional e estrangeira refere-se a essa modalidade como *propriedade horizontal, propriedade em planos horizontais, condomínio sui generis, condomínio por andares, condomínio edilício*. Esta última denominação, embora não seja a mais apropriada, foi adotada pelo novo Código, que disciplina a matéria nos arts. 1.331 a 1.358. De todas as denominações, vinha-se consagrando no país e no estrangeiro a *propriedade horizontal*, embora não isenta também de críticas, pois nem sempre esse condomínio rege apenas propriedades em edifícios, com planos horizontais superpostos (a denominação refere-se a esse fenômeno). Esta última é também a denominação consagrada na Espanha, Portugal e Argentina.

Diga-se de plano, também, que a presença dessa disciplina no Código Civil não agrada, principalmente porque não é completa. O fenômeno não se refere hoje unicamente ao condomínio de edifícios, mas se alarga enormemente em torno de situações assemelhadas que merecem um ordenamento jurídico autônomo, um microssistema. Isso porque, especificamente, continuamos com lacunas enormes na legislação para ordenar os chamados loteamentos fechados, os *shopping centers*, os clubes de campo, as propriedades a tempo repartido (*time sharing*), os embarcadouros condominiais, os cemitérios privados e tantos outros. O futuro nos dirá, sem dúvida, que um ordenamento completo para todas essas situações assemelhadas será o mais conveniente. Não bastasse isso, o legislador de nosso Código Civil, em muitos aspectos, regulou mal a matéria, por vezes de forma perplexa, como se fosse um desconhecedor da vida em condomínio.

A Lei nº 4.591/1964 cuida na verdade de duas matérias diversas, que obrigatoriamente não necessitariam estar no mesmo diploma. A primeira parte é dedicada ao condomínio especial; a segunda diz respeito à figura do incorporador, ao respectivo contrato de incorporação e aos direitos e deveres das partes nessa avença, quais sejam, o incorporador e os adquirentes dos imóveis em construção. Essa lei sofreu alterações importantes em face da Lei nº 10.931/2004, que criou o chamado patrimônio de afetação de incorporações imobiliárias e trouxe várias disposições adicionais, em má técnica legislativa. Como se percebe, o estudo do contrato de incorporação pertence ao campo dos contratos em espécie, ao direito obrigacional, embora com importantes reflexos no direito real estabelecido pelo condomínio especial em edifícios.

Este Código Civil passa a disciplinar integralmente o dito condomínio edilício, revogando, em princípio, essa matéria na Lei nº 4.591/1964, mas mantém em vigência a parte relativa às incorporações. Desse modo, nestes comentários cabe-nos analisar o direito material do condomínio em planos horizontais presentes no Código Civil, bem como as outras modalidades de condomínio criadas pela necessidade urbana que analogicamente podem ser atingidos pelas normas. O estudo do incorporador e da incorporação é feito em nossa obra de contratos. Houve razão histórica para a matéria vir tratada, no passado, no mesmo diploma legislativo que não a simples proximidade técnica dos assuntos: na época, eram muitos os empreendimentos imobiliários não levados a cabo, trazendo enormes prejuízos aos adquirentes de unidades condominiais em construção, na ausência de lei regulamentadora e protetiva do negócio jurídico da incorporação, perante empreendedores inescrupulosos. A necessidade de proteger esse consumidor justificou a edição de lei com matéria conjunta. No entanto, também as disposições referentes à incorporação já estão por demais obsoletas, requerendo urgente atualização.

Na primeira parte, que interessa aos direitos reais, a Lei nº 4.591/1964 trouxe disposições sobre o condomínio de unidades autônomas (arts. 1º a 8º), convenção de condomínio (art. 9º a 11); despesas de condomínio (art. 12); seguro, incêndio, demolição e reconstrução obrigatória do prédio (arts. 13 a 18); utilização da edificação ou do conjunto de edificações (arts. 19 a 21); administração do condomínio (arts. 22 e 23); assembleia geral (arts. 24 a 27). O art. 28 e seguintes cuida das incorporações, também com subtítulos. No novo Código, há disposições gerais sobre o condomínio edilício (art. 1.331), sobre a administração do condomínio (arts. 1.347 a 1.356) e sobre sua extinção (arts. 1.357 e 1.358). Nas disposições gerais, este Código tenta disciplinar, na verdade, toda a estrutura do instituto.

No condomínio regulado por ambas as leis, em sua natureza jurídica, existe nítida e distinta duplicidade de direitos reais. O direito de propriedade da unidade autônoma, em que o *ius utendi, fruendi et abutendi* é o mais amplo possível, como na propriedade em geral, sofre restrições de vizinhança impostas pela convivência material da coisa, em planos horizontais. Não se distingue muito do direito de propriedade ortodoxo, que também sofre restrições de uso e gozo, tendo em vista os direitos de vizinhança em geral, as normas edilícias e os princípios do abuso de direito. O direito de usar da unidade autônoma encontra limites apenas nos princípios de ordem natural de vizinhança, de um lado, e de outro nos ordenamentos particulares do condomínio. À margem desse direito, em quase tudo igual à propriedade exclusiva individual, coloca-se, portanto, a disciplina dirigida às partes comuns do edifício. Nesse aspecto, existe efetivamente condomínio. Os titulares de unidades condominiais são coproprietários de fração ideal de terreno e das partes de uso comum. Por essa razão, no que for omissa a lei condominial específica, devem ser chamadas à colação interpretativa as normas sobre o condomínio em geral do Código Civil. No que não conflitar com a finalidade do condomínio em edifícios, essa modalidade deve ser tratada também como condomínio. No instituto sob estudo, há, portanto, uma combinação dessas duas modalidades de propriedade que se completam e se interpenetram: um novo direito regulado de forma especial. O titular da unidade autônoma é, portanto, proprietário de um direito complexo. Nesse sentido, o presente art. 1.331 abre o capítulo estatuindo que *"pode haver, em edificações, partes que são propriedade exclusiva, e partes que são propriedade comum dos condôminos"*.

Essa comunidade condominial de natureza real dúplice não pode ser considerada liminarmente pessoa jurídica, pois de fato faltam-lhes vários requisitos, e a lei não se manifesta expressamente nesse sentido. Aliás, o presente Código perdeu excelente oportunidade para reconhecer a personalidade jurídica desse condomínio como equiparada à da pessoa jurídica. De fato, com sua personalidade anômala, como definimos em nossa Teoria Geral (v. 1), o condomínio de apartamentos ou assemelhado compra, vende, empresta, presta serviços, é empregador, recolhe tributos etc. Nada impede, por exemplo, que o condomínio seja proprietário de unidades autônomas no prédio, lojas no térreo ou garagens, por exemplo, que loca e aufere renda para a comunidade condominial.

Não existe, porém, é evidente, *affectio societatis* entre os condôminos. No entanto, no mundo negocial o condomínio age tal qual uma pessoa jurídica. Em nossa obra *Direito civil: parte geral* (seção 14.6.2), aduzimos que o direito não pode ignorar realidades. O condomínio de edifícios possui o que denominamos *personificação anômala*. Qualificamo-lo como entidade com personificação anômala. O CPC, no art. 75, estabelece como são representadas ativa e passivamente as pessoas jurídicas. O inciso XI da lei adjetiva atribui ao *síndico* a representação processual do condomínio. Destarte, não se nega sua personificação, fenômeno que supera e extrapola, evidentemente, a simples esfera processual. O condomínio atua na vida negocial como qualquer pessoa jurídica, dentro de seu âmbito de atuação. A realidade não admite outra solução. O condomínio tem, portanto, existência formal (*STJ* – 4ª T., RE 9.584-SO, Rel. Min. Sálvio de Figueiredo, In: Theotônio Negrão, *Código de processo civil e legislação processual em vigor*, nota 23 ao art. 75). Sua personificação mitigada é inafastável. Sua personalidade jurídica é reconhecida expressamente, por exemplo, na legislação francesa, cuja doutrina o qualifica como uma criação original do legislador (LOPES, 1994, p. 31).

Por essa razão, afiguram-se-nos descabidas, estéreis e empedernidas discussões sobre a natureza da personalidade do condomínio regido pela Lei nº 4.591/1964 e agora por este Código, as quais, no entanto, têm consequências práticas por vezes desastrosas para os interessados. Atenta contra a realidade do ordenamento o cartório imobiliário que, por exemplo, se recusa a transcrever unidade autônoma em nome do condomínio. Nada impede que a comunidade condominial decida ser proprietária, por exemplo, de lojas ou estacionamento no edifício, explorando-os comercialmente e com isso reduzindo as despesas condominiais dos titulares das unidades autônomas. Nunca se negou a possibilidade de o condomínio deliberar e decidir locar dependência sua para restaurante ou outra finalidade mercantil. Existe, no dizer de João Batista Lopes (1994, p. 55), *personificação do patrimônio comum*. Se, ao espólio e à massa falida, entidades com personificação transitória, se permitem atividades similares, com maior razão ao condomínio que tem o conteúdo amplo de permanência inerente aos direitos reais. No entanto, enfatize-se, não se conclui simplesmente pela existência de personalidade jurídica no condomínio, afirmação sem maior fundamento legal, mas por essa conceituação de *personificação anômala ou específica* conferida pela própria lei condominial e pelo CPC, bem como decorrente de fato social.

2. Constituição e objeto. Incorporação imobiliária

A Lei nº 4.591/1964, no art. 1º, delimitara o âmbito de atuação dessa modalidade de propriedade:

> *"As edificações ou conjuntos de edificações, de um ou mais pavimentos, construídos sob a forma de unidades isoladas entre si, destinadas a fins residenciais ou não residenciais, poderão ser alienados, no todo ou em parte, objetivamente considerados, e constituirá, cada unidade, propriedade autônoma sujeita às limitações desta Lei."*

O § 1º estabelecera que cada unidade seria assinalada por designação alfabética ou numérica e o § 2º estipulara que a cada unidade caberia uma *"fração ideal do terreno e coisas comuns, expressa sob forma decimal ou ordinária".*

Está claro, embora a realidade prática por vezes permita olvidar, que a lei regulamenta não somente os edifícios de apartamentos, lojas, escritórios ou garagens de vários andares superpostos (daí a designação *propriedade horizontal*), mas também qualquer edificação ou conjunto de edificações com unidades autônomas, que podem ser térreas, como, por exemplo, conjunto de escritórios ou de estabelecimentos comerciais, assim como unidades residenciais, em uma ou várias edificações com áreas comuns, em forma de *vila*, como outrora se costumava construir, ou loteamento fechado. Essencial que se trate de edificação com unidades autônomas, *"com saída para a via pública*, diretamente ou por processo de passagem comum". O art. 1.331, § 4º, deste Código é expresso: *"Nenhuma unidade imobiliária pode ser privada do acesso ao logradouro público."* Cada unidade será tratada como objeto de propriedade exclusiva (art. 2º da Lei nº 4.591/1964). O acesso à via pública será direto como no caso de lojas de frente para ela, ou por intermédio de elevadores, escadas, rampas, ruas etc. Tratando-se de edificações em vias particulares, não se afastam do alcance da lei, sistematicamente, os denominados loteamentos fechados e os *shopping centers*, ao menos nos princípios fundamentais de direito condominial, como veremos. Sob tal aspecto, o § 1º do art. 1.331 elenca, sem esgotar, várias modalidades de partes suscetíveis de utilização independente no condomínio: apartamentos, escritórios, salas, lojas, sobrelojas ou abrigos para veículos, com as respectivas frações ideais no solo e nas outras partes comuns. Não se sabe por que o legislador preferiu usar a expressão *abrigos para veículos*, de sentido equívoco, evitando a palavra *garagem*, totalmente conhecida em nosso vernáculo. Adiciona ainda esse dispositivo que essas unidades sujeitam-se à propriedade exclusiva, podendo ser alienadas e gravadas livremente por seus proprietários.

"O conjunto de casas de 'vila', com acesso por rua particular, embora existente desde muitos anos anteriormente à Lei nº 4.591/64, pode regularizar sua situação e organizar-se em 'condomínio horizontal', com aplicação do art. 8º da aludida lei. Validade da convenção de condomínio e de seu respectivo registro imobiliário. Recurso especial não conhecido" (STJ – 4ª T. – RE 1.902-RJ, Rel. Min. Athos Carneiro, Bol. da AASP 1.673).

O art. 8º mencionado nessa decisão possibilitava que se construísse mais de uma edificação em terreno, com edificações térreas ou assobradadas, discriminando-se as áreas privativas e áreas comuns referentes a jardins e quintais, vias de acesso etc.

Cada proprietário condominial terá a propriedade de fração ideal do terreno e coisas comuns. Reportamo-nos à noção de *fração ideal* nos comentários anteriores. A compreensão é idêntica. O art. 1.331, § 3º, dispunha originalmente:

"A fração ideal no solo e nas outras partes comuns é proporcional ao valor da unidade imobiliária, que se calcula em relação ao conjunto da edificação."

Essa fração ideal já deve constar do ato constitutivo, quando da convenção de condomínio. Questão que se mostrava complexa e inatingível dizia respeito ao cálculo do valor dessa fração nos termos da dicção complexa do Código, tendo em vista que deveria ser proporcional ao valor da unidade imobiliária em relação ao conjunto da edificação. Em boa hora, a nova redação proporcionada pela Lei nº 10.931/2004 fez voltar o cálculo para a forma decimal ou ordinária, lógica, tradicional e de fácil compreensão.

Qualquer que seja a modalidade de construção, destacam-se claramente duas áreas de exercício da propriedade. Uma exclusiva e tratada como propriedade autônoma, outra de uso comum de todos os condôminos e disciplinada pela vontade coletiva, conforme convenção e regulamento de acordo com os princípios legais. São áreas comuns ou de uso comum entradas, rampas, portarias, áreas de lazer, depósitos de materiais, local destinado à residência do zelador e tudo aquilo que não for necessariamente descrito como objeto de unidade autônoma de uso privativo. Essas áreas são de uso coletivo e não podem ser objeto de utilização exclusiva por qualquer condômino.

O § 5º do presente dispositivo destacou que o terraço de cobertura é parte comum, salvo disposição em contrário no ato de constituição do condomínio. A disposição é importante tendo em vista os problemas que podem advir decorrentes da manutenção do terraço. Se essa dependência pertencer à unidade do último andar, ao seu proprietário caberá zelar pela manutenção, de molde a não prejudicar todo o edifício. Se o local for parte comum, caberá ao condomínio assim utilizá-la e mantê-la.

3. Partes suscetíveis de utilização independente

O § 1º desse artigo menciona as partes suscetíveis de utilização independente, as quais sujeitam-se a propriedade exclusiva, podendo ser alienadas e gravadas livremente por seus proprietários. Exemplificativamente, a lei menciona os apartamentos, escritórios, salas, lojas, sobrelojas e cita a famigerada expressão *abrigos para veículos*. Essa redação não deve gerar a errônea interpretação no sentido de poder a vaga de garagem da unidade autônoma ser alienada livremente. Trata-se de interpretação a nosso ver totalmente inaceitável. A lei se refere a garagens autônomas, isto é, aquelas que não se vinculam a uma unidade residencial ou não residencial, mormente aos edifícios destinados a garagens. A entender-se diferentemente, por absurdo, também a dependência destinada a escritório, em um apartamento, poderia ser alienada separadamente. Veja o que falamos a respeito nos comentários ao art. 1.339. Foi salutar e já veio tarde a modificação do § 1º, vedando a alienação ou locação desses espaços a pessoas estranhas ao condomínio, salvo autorização expressa na convenção. Como vínhamos sustentando, o ingresso de terceiros na posse dos espaços de garagens de um edifício é mais um elemento de insegurança na vida condominial.

Enunciado nº 89 do CJF/STJ, I Jornada de Direito Civil: o disposto nos arts. 1.331 a 1.358 do novo Código Civil aplica-se, no que couber, aos condomínios assemelhados, tais como loteamentos fechados, multipropriedade imobiliária e clubes de campo.

Enunciado nº 90 do CJF/STJ, I Jornada de Direito Civil: deve ser reconhecida personalidade jurídica ao condomínio edilício nas relações jurídicas inerentes às atividades de seu peculiar interesse. (Alterado pelo En. 246 – III Jornada)

Enunciado nº 91 do CJF/STJ, I Jornada de Direito Civil: a convenção de condomínio ou a assembleia-geral podem vedar a locação de área de garagem ou abrigo para veículos a estranhos ao condomínio.

Enunciado nº 246 do CJF/STJ, III Jornada de Direito Civil: fica alterado o Enunciado nº 90, com supressão da parte final: "nas relações jurídicas inerentes às atividades de seu peculiar interesse". Prevalece o texto: "Deve ser reconhecida personalidade jurídica ao condomínio edilício".

Enunciado nº 320 do CJF/STJ, IV Jornada de Direito Civil: o direito de preferência de que trata o art. 1.338 deve ser assegurado não apenas nos casos de locação, mas também na hipótese de venda da garagem.

Condomínio – Despesas condominiais – Ação de consignação em pagamento – Ação julgada procedente – Recusa pelo Condomínio de recebimento administrativo de cotas condominiais em atraso sem a inclusão de honorários advocatícios – Convenção de condomínio que prevê a cobrança de honorários advocatícios apenas na hipótese de intervenção judicial – Pretensão à aplicação do disposto nos artigos 389 e 395, do Código Civil – Inadmissibilidade – Matéria regida pelo disposto nos artigos 1.331 a 1.358 do Código Civil – Norma especializada que se sobrepõe à norma de caráter geral – Sentença mantida – Recurso Improvido (*TJSP* – Acórdão Apelação Cível 9099221 – 85.2009.8.26.0000, 1-9-2011, Rel. Des. Luis Fernando Nishi).

Art. 1.332. Institui-se o condomínio edilício por ato entre vivos ou testamento, registrado no Cartório de Registro de Imóveis, devendo constar daquele ato, além do disposto em lei especial:
I – a discriminação e individualização das unidades de propriedade exclusiva, estremadas uma das outras e das partes comuns;
II – a determinação da fração ideal atribuída a cada unidade, relativamente ao terreno e partes comuns;
III – o fim a que as unidades se destinam.

O condomínio horizontal pode ser instituído de várias maneiras. O condomínio em edifícios pode originar-se de negócio jurídico entre vivos ou *causa mortis*. O ato instituidor deve descrever meticulosamente cada unidade e sua respectiva finalidade, distinguindo uma das outras. Concomitantemente, deve descrever também as áreas de uso comum, descrevendo as frações ideais.

A finalidade das unidades, uso residencial, misto ou comercial, é de vital importância, mormente porque pode caracterizar desvio de uso por parte do proprietário. É tendência atual que condomínios sejam construídos para finalidades específicas, devendo ser expresso o ato constitutivo. Este pode especificar, por exemplo, que se trata de unidades destinadas a clínicas médicas e consultórios, ou para residências de pessoas na terceira idade. Em razão dessas finalidades específicas, haverá uma convenção de condomínio e um regulamento próprio que deve ser obedecido. Nos Estados Unidos, por exemplo, são comuns os *adult homes*, edifícios planejados e destinados a aposentados em provecta idade, com regulamento a eles destinados. Já temos situações semelhantes em nosso país. Outros empreendimentos podem destinar-se a casais jovens, com filhos, o que exige outro perfil de regulamentação.

A descrição interna da unidade diz respeito ao negócio jurídico aquisitivo e prende-se ao direito obrigacional.

Desse modo, a construção acabada, pertencente a um único proprietário, pode converter-se em condomínio por unidades autônomas por destinação do titular, mediante a especificação do condomínio, nos termos da lei. Pode ser estabelecido o condomínio por testamento, como mencionado. Embora a lei não o diga expressamente, é possível transformar-se condomínio tradicional, por vontade de todos os condôminos, em condomínio regulado por essa lei, se a situação de fato o permitir e com obediência aos requisitos legais, com instituição e descrição de unidades autônomas e partes comuns. Tal pode ocorrer, por exemplo, quando herdeiros recebem em comum um edifício de apartamentos. A divisão da coisa comum decorrente de sentença também pode criá-lo.

No entanto, a forma mais encontradiça de origem do condomínio horizontal é a *incorporação*. Essa matéria, como dissemos, vinha tratada na mesma lei, o que não está a significar que todos os condomínios por ela regulados tenham nascimento nessa modalidade negocial.

A incorporação é contrato por nós classificado como plurilateral (ver *Direito civil: teoria geral das obrigações e teoria geral dos contratos*, seção 16.4) e é objeto de estudo em obra específica. A incorporação é avença complexa destinada a disciplinar a construção e alienação de unidades autônomas em construção ou para futura construção. A lei descreve a figura do incorporador (art. 28, da Lei de Condomínios e Incorporações), sujeito centralizador do contrato, que assume o empreendimento de levar avante as providências administrativas preliminares, a obra e a entrega final do edifício e das unidades autônomas. Na segunda parte da lei, são descritas as obrigações e direitos do incorporador e dos adquirentes, bem como reguladas as modalidades de construção por empreitada e por administração. A matéria, embora fazendo parte do direito contratual, merece desde já a crítica preliminar de estar desatualizada com relação, principalmente, às novas modalidades de edificações e ao novo direito de proteção do consumidor. Não bastasse isso, foi bastante falha a proteção conferida aos adquirentes de unidades em construção nesse diploma legal.

Na constituição do condomínio impropriamente denominado em planos horizontais, leva-se em conta, por conseguinte, o elemento subjetivo inicial da vontade e o elemento objetivo, ou seja, a edificação que atenda aos requisitos legais. Ao contrário do condomínio tradicional, não existe condomínio desse teor contra a vontade dos titulares ou decorrente de lei. A esses dois acrescenta-se o terceiro elemento, que é o registro imobiliário, o qual lhe confere existência legal (art. 167, I, 17, da Lei nº 6.015/1973).

Qualquer que seja a modalidade de constituição, ao lado da instituição do condomínio propriamente dita, deve vir a especificação, que é a essencial descrição e identificação das unidades autônomas, áreas comuns e frações ideais do terreno. Tudo isso constará do registro imobiliário. É garantia fundamental do direito dos adquirentes e condôminos.

Art. 1.333. A convenção que constitui o condomínio edilício deve ser subscrita pelos titulares de, no mínimo, dois terços das frações ideais e torna-se, desde logo, obrigatória para os titulares de direito sobre as unidades, ou para quantos sobre elas tenham posse ou detenção.
Parágrafo único. Para ser oponível contra terceiros, a convenção do condomínio deverá ser registrada no Cartório de Registro de Imóveis.

Exceção de pré-executividade. Cotas condominiais. Ação de cobrança em fase de cumprimento de sentença. Alegação de que o condomínio exequente seria irregular, vez que seu ato institutivo e sua convenção não haveriam sido registrados no cartório de registro de imóveis. Irrelevância. Registro imobiliário que é requisito para a oponibilidade "erga omnes". Atos que já são eficazes "inter partes", ainda que pendentes de registro. Inteligência dos arts. 1.332 e 1.333 do CC. Súmula 260 do STJ. Precedentes desta corte. Por fim, se houve fraude na cobrança das cotas condominiais, ou se o débito é, de qualquer outra forma, inexistente, cuida-se de matérias que refogem ao âmbito da exceção de pré-executividade apresentada, cuja admissibilidade se restringe às matérias de que pode o magistrado conhecer de ofício. Exceção rejeitada. Decisão mantida. Recurso improvido (*TJSP* – Ag 2162422-24.2019.8.26.0000, 25-11-2019, Rel. Vito Guglielmi).

Condomínio – Ação de execução – Título Extrajudicial – Exceção de pré-executividade – Alegação de ausência dos requisitos legais para o processamento – Acolhimento – Recurso provido – Nos termos do artigo 784, inciso X, do CPC-2015, constitui título executivo extrajudicial o crédito referente às contribuições ordinárias ou extraordinárias de condomínio edilício, previstas na respectiva convenção ou aprovadas em assembleia geral, desde que documentalmente comprovadas. No caso em exame, não restou demonstrada a aprovação assemblear dos valores cobrados, de onde advém a constatação de que não se encontra configurada a liquidez, desautorizando o reconhecimento da eficácia executiva (*TJSP* – AI 2044794-82.2017.8.26.0000, 4-7-2017, Rel. Antonio Rigolin).

Art. 1.334. Além das cláusulas referidas no art. 1.332 e das que os interessados houverem por bem estipular, a convenção determinará:
I – a quota proporcional e o modo de pagamento das contribuições dos condôminos para atender às despesas ordinárias e extraordinárias do condomínio;
II – sua forma de administração;
III – a competência das assembleias, forma de sua convocação e quorum exigido para as deliberações;
IV – as sanções a que estão sujeitos os condôminos, ou possuidores;
V – o regimento interno.
§ 1º A convenção poderá ser feita por escritura pública ou por instrumento particular.
§ 2º São equiparados aos proprietários, para os fins deste artigo, salvo disposição em contrário, os promitentes compradores e os cessionários de direitos relativos às unidades autônomas.

O objetivo da convenção de condomínio é regular os direitos e deveres dos condôminos e ocupantes, a qualquer título, do edifício ou conjunto de edifícios. Trata-se da lei básica e fundamental do condomínio. É ato normativo imposto a todos os condôminos presentes e futuros. Dispunha o art. 9º da lei condominial antiga:

"Os proprietários, promitentes compradores, cessionários ou promitentes cessionários dos direitos pertinentes à aquisição de unidades autônomas, em edificações a serem construídas, em construção ou já construídas, elaborarão, por escrito, a Convenção de Condomínio, e deverão, também, por contrato ou por deliberação, em assembleia, aprovar

o Regimento Interno da edificação ou conjunto de edificações."

O § 1º determinara o registro imobiliário da convenção e de eventuais modificações. O § 2º considerava aprovada e obrigatória para os condôminos a convenção que reúna assinaturas de no mínimo dois terços das frações ideais. Examine-se agora a dicção do art. 1.333 deste Código.

Como se percebe, esse ato normativo pode decorrer de avença contratual, mas não é essa sua natureza primordial. O § 3º do art. 9º da lei anterior descrevia quais os requisitos essenciais da convenção. Às partes cabe acrescentar o que lhes convier, desde que não contrarie a lei e o direito de cada titular.

Segundo a Lei nº 4.591/1964, devia obrigatoriamente constar da convenção:

"*a) a discriminação das partes de propriedade exclusiva e as de condomínio, com especificações das diferentes áreas;*
b) o destino das diferentes partes;
c) o modo de usar as coisas e serviços comuns;
d) encargos, forma e proporção das contribuições dos condôminos para as despesas de custeio e para as extraordinárias;
e) o modo de escolher o síndico e o Conselho Consultivo;
f) as atribuições do síndico, além das legais;
g) a definição da natureza gratuita ou remunerada de suas funções;
h) o modo e o prazo de convocação das assembleias gerais dos condôminos;
i) o quorum para os diversos tipos de votações;
j) a forma de contribuição para constituição do fundo de reserva;
l) a forma e o quorum para as alterações da convenção;
m) a forma e o quorum para a aprovação do Regimento Interno quando não incluído na própria Convenção."

O Código, por seu lado, no art. 1.334, menciona que além das cláusulas referidas no art. 1.332, ora transcritas, a convenção determinará:

"*I – a quota proporcional e o modo de pagamento das contribuições dos condôminos para atender às despesas ordinárias e extraordinárias do condomínio;*
II – sua forma de administração;
III – a competência das assembleias, forma de sua convocação e quorum exigido para as deliberações;
IV – as sanções a que estão sujeitos os condôminos, ou possuidores;
V – o regimento interno."

Os parágrafos desses dispositivos acrescentam que a convenção poderá ser feita por escritura pública ou instrumento particular e que são equiparados aos proprietários, para fins desse artigo, os promitentes compradores e os cessionários de direitos relativos às unidades autônomas. É ampla, portanto, a compreensão da lei sob esse prisma.

A convenção pode incluir quaisquer outras disposições não conflitantes com a lei e seu espírito. Pode criar, por exemplo, um Conselho Disciplinar, estabelecer regras de uso das partes comuns etc. As disposições do Código, aparentemente mais sintéticas, incluem tudo o que de mais sensível e mais importante deve constar da convenção. Tendo em vista o rumo que as questões condominiais têm tomado, bem como o sistema de penalidades trazido pelo atual Código, é importante que na convenção sejam estabelecidas as sanções a que estarão sujeitos os transgressores das regras condominiais, proprietários, possuidores ou meros transeuntes, bem como o procedimento para sua imposição, este, mais apropriadamente, constante do regulamento. Há um microuniverso em um condomínio, que pode tomar o vulto de uma complexa aglomeração urbana. De fato, há condomínios que apresentam uma população equivalente até a pequenas cidades.

Tudo o que não for essencial à constituição e funcionamento do condomínio, mas de cunho circunstancial e mutável, deve ser relegado para o *Regimento* (ou regulamento) *Interno*. Por isso, é conveniente que esse regimento seja estabelecido à parte, e não juntamente com a convenção. Embora o art. 1.334 refira-se ao regimento interno, nada impede que seja ele estabelecido à parte. O regimento está para a convenção como o regulamento administrativo está para a lei. Deve completar a convenção, regulamentá-la, sem com ela conflitar. Ocorrendo conflito, deve prevalecer a convenção. Trata-se, pois, de instrumento complementar, uma terceira fase do condomínio, sucessivo à instituição e convenção. Ao regulamento é conveniente que se releguem normas disciplinadoras de uso e funcionamento circunstancial do edifício. É inconveniente que dele constem disposições geradoras de preferências ou direitos de condôminos. No entanto, se constarem do regulamento, sua força é igualmente obrigatória, no mesmo molde da convenção que lhe é hierarquicamente superior, devendo ser cumpridas (FRANCO; GONDO, 1988, p. 150). Lembre-se de que o regulamento também é fruto de deliberação coletiva, sendo igualmente ato normativo.

Embora a lei e o Código não sejam expressos, é de toda conveniência que seja o regimento interno também aprovado em assembleia geral, especialmente convocada. Geralmente, uma minuta ou projeto é apresentado juntamente com a convocação, com tempo hábil para exame dos interessados, possibilitando-lhes proposição de emendas ou retificações. A assembleia se tornaria inviável se nela se fizesse a redação de todo o instrumento. O regimento deve atender ao específico interesse de cada condomínio, seja residencial, seja não residencial ou misto, com área comum ou de

Art. 1.334

lazer mais ou menos ampla, com corpo de empregados maior ou menor etc. Cabe também ao regimento interno estabelecer as funções do zelador, bem como a disciplina de portaria, horários, utilização de áreas comuns e regime disciplinar aplicável aos ocupantes do edifício. A lei silencia a respeito do *quorum* para a aprovação do regimento. No silêncio também da convenção, a norma pode ser aprovada por maioria simples dos presentes. Já para a alteração da convenção e do regimento, este Código estabeleceu a necessidade de aprovação por dois terços dos votos dos condôminos. É de toda conveniência, contudo, mesmo sob a vigência da antiga Lei nº 4.591/1964, que se estabeleça *quorum* mínimo para a alteração do regimento, para que o ordenamento do edifício não balouce aos sabores de interesses de poucos e não da vontade da efetiva maioria.

Conforme o art. 1.333 deste Código, a convenção deve ser subscrita pelos titulares de, no mínimo, dois terços das frações ideais, e torna-se desde logo obrigatória para todos os proprietários, possuidores ou detentores das unidades condominiais.

Quanto a essa problemática da convenção, note que, quando o condomínio decorre de incorporação, entre as obrigações do incorporador está a de apresentar "*minuta da futura convenção de condomínio que regerá a edificação ou conjunto de edificações*" (art. 32, j). Isso significa que, na prática, em se tratando de incorporação, a convenção é uma carta outorgada pelo incorporador, o que lhe pode trazer vantagens em detrimento dos futuros adquirentes, mormente enquanto o incorporador mantiver unidades que lhe deem maioria nas votações das assembleias, impedindo assim a alteração da citada convenção. Esse aspecto mais acentua seu caráter *normativo e institucional* (LOPES, 1994, p. 77). A eficácia da convenção (e também do regulamento) atinge os futuros proprietários, bem como qualquer ocupante que venha a relacionar-se com o condomínio, tais como locatários, comodatários, membros familiares ou visitantes que devem obedecer a determinados horários ou normas de segurança, por exemplo. Observe que toda pessoa que ingressar e se relacionar com esse microcosmo que é o condomínio sujeita-se a suas regras internas, tanto que a própria lei diz que a convenção deve ser obedecida não só pelos próprios possuidores, mas até mesmo pelos detentores das unidades.

O parágrafo único do art. 25 da lei condominial anterior determinava que, salvo disposição em contrário, a convenção somente poderia ser modificada pelo voto mínimo de condôminos que representem 2/3 do total das frações ideais, no que se harmoniza com a nova disposição do art. 1.351. A lei estabelece, pois, o *quorum* mínimo. Não é conveniente que a convenção seja facilmente alterada. Resta o problema referido quando a convenção é outorgada pelo incorporador, a merecer, ainda, alteração legislativa. Nada impede que a convenção estabeleça *quorum* maior, até mesmo a unanimidade. Há questões de curial importância, como o uso e destinação das áreas comuns e do próprio imóvel, que aconselham esse *quorum*.

A convenção e o próprio regimento interno podem fixar *quorum* para a alteração deste, no silêncio da lei, no silêncio da lei anterior. O regimento diz respeito à dinâmica do edifício, enquanto convenção, à sua estática.

Da mesma forma, a convenção pode fixar *quorum* qualificado para a aprovação de determinadas matérias. Há questões que exigirão necessariamente, segundo a doutrina homogênea, a unanimidade dos condôminos, como a alteração das frações ideais e das paredes externas do edifício, por exemplo. São matérias que dizem respeito à própria estrutura do condomínio. Por vezes, a lei é expressa. O § 2º do art. 10 da lei condominial anterior dispôs que o condômino somente poderá fazer obra que modifique sua fachada com a concordância da unanimidade dos condôminos. Este Código nem mesmo cogita dessa possibilidade. A destituição do síndico, na lei anterior, dependia do voto de no mínimo 2/3 dos condôminos presentes na Assembleia especialmente convocada, se a convenção não dispusesse diferentemente (art. 22, § 5º). O presente Código, por seu lado, no art. 1.349, estabelece a necessidade de maioria absoluta para essa destituição.

De forma geral, nenhuma alteração se fará com prejuízo ao direito adquirido, salvo concordância do interessado. Obedecidos, porém, os requisitos legais e o *quorum* estabelecido, as decisões assembleares obrigam todos os condôminos.

Como percebemos, não existe plena liberdade dos interessados na elaboração da convenção. Há imposições cogentes. Desse modo, devem ser consideradas nulas as disposições da convenção, e consequentemente também do regulamento interno, que contrariem norma impositiva. A questão é de exame no caso concreto.

Levando-se em conta o caráter normativo da convenção, as regras que orientam sua interpretação são as de hermenêutica das leis. Leva-se em conta a interpretação gramatical, sistemática, teleológica e histórica. Com muita frequência, o juiz é chamado a interpretar disposições de normas condominiais, tantos são os problemas que surgem, e deve fazê-lo com bom-senso e equidade.

Enunciado nº 248 do CJF/STJ, III Jornada de Direito Civil: no condomínio edilício é possível a utilização exclusiva de área "comum" que, pelas próprias características da edificação, não se preste ao "uso comum" dos demais condôminos.

Condomínio – Ação de cobrança – Artigos 1.331, I e 1.334, § 2º, do Código Civil – Ilegitimidade passiva – Pretensão de cobrança para além das cotas condominiais objeto de confissão de dívida, sem demonstração da relação jurídica material existente entre a requerida e o imóvel – Indicação certa do proprietário do imóvel – Pretensão de inclusão do proprietário no polo passivo – Manifestação contrária da requerida que representa comportamento contraditório e atentatório aos princípios da boa-fé, lealdade e cooperação que devem reger as relações processuais, vez que já havia se manifestado requerendo seu chamamento ao processo – Sucumbência fixada de acordo com o artigo 338, Parágrafo único, do Código de Processo Civil – Litigância de má-fé não configurada. Recurso parcialmente provido (*TJSP* – Ap. 1009431-63.2018.8.26.0405, 26-2-2021, Rel. Sá Moreira de Oliveira).

Art. 1.335. São direitos do condômino:
I – usar, fruir e livremente dispor das suas unidades;
II – usar das partes comuns, conforme a sua destinação, e contanto que não exclua a utilização dos demais compossuidores;
III – votar nas deliberações da assembleia e delas participar, estando quite.

Art. 1.336. São deveres do condômino:
I – contribuir para as despesas do condomínio, na proporção das suas frações ideais, salvo disposição em contrário na convenção;
II – não realizar obras que comprometam a segurança da edificação;
III – não alterar a forma e a cor da fachada, das partes e esquadrias externas;
IV – dar às suas partes a mesma destinação que tem a edificação, e não as utilizar de maneira prejudicial ao sossego, salubridade e segurança dos possuidores, ou aos bons costumes.
§ 1º O condômino que não pagar a sua contribuição ficará sujeito aos juros moratórios convencionados ou, não sendo previstos, os de um por cento ao mês e multa de até dois por cento sobre o débito.
§ 2º O condômino, que não cumprir qualquer dos deveres estabelecidos nos incisos II a IV, pagará a multa prevista no ato constitutivo ou na convenção, não podendo ela ser superior a cinco vezes o valor de suas contribuições mensais, independentemente das perdas e danos que se apurarem; não havendo disposição expressa, caberá à assembleia geral, por dois terços no mínimo dos condôminos restantes, deliberar sobre a cobrança da multa.

Convivendo em comunidade restrita, embora desfrutando da autonomia de seu direito de propriedade sobre a unidade autônoma, aos condôminos cabem direitos e deveres.

Seu principal dever, na realidade obrigação *propter rem*, é concorrer com a quota-parte que lhe couber no rateio para as despesas do condomínio (art. 12 da Lei nº 4.591/1964; art. 1.336, I, do Código de 2002). É razão da própria sobrevivência da estrutura condominial. O condômino inadimplente acarreta prejuízo geral, onerando toda a estrutura condominial. A fixação das despesas será determinada de acordo com a fração ideal do terreno ou de sua área na unidade autônoma.

Este Código estabeleceu que o condômino inadimplente com suas obrigações ficará sujeito aos juros moratórios convencionados, ou, não sendo previstos, de 1% ao mês e multa de até 2% sobre o débito (art. 1.336, § 1º). Essa multa é absolutamente irrisória e deveria ser repensada urgentemente *de lege ferenda*. Houve tentativa nesse sentido, que sofreu veto presidencial. Certamente, tem aumentado a inadimplência dos condôminos, sobrecarregando o fardo sobre os bons pagadores. Em montante tão baixo, será um incentivo à inadimplência e, consequentemente, mais um fator para dificultar a vida condominial. Ademais, sua estipulação em percentagem tão baixa não encontra justificativa nem nos fundamentos jurídicos nem nos fundamentos legais da cláusula penal. No entanto, *legem habemus*, enquanto vigente esse percentual deve ser aplicado a todos os débitos condominiais, inclusive no tocante aos condomínios existentes antes do presente Código. Em que pesem opiniões em contrário, toda multa deve ser interpretada em benefício do inadimplente. Não subsistem argumentos no sentido de as multas serem aplicadas de acordo com a lei revogada, ainda que lastreada em convenção.

O art. 1.335 enumera os direitos do condômino. Nos direitos dos condôminos há, portanto, uma adaptação do direito de propriedade à particularidade dessa modalidade de convivência social. Não estando quite com as contribuições condominiais, o condômino não pode votar ou participar das assembleias, segundo o texto da lei, não podendo ser nelas admitido. Havendo dúvidas sobre essa situação, cabe ao condômino provar que pagou todo o devido.

O art. 1.336 descreve os deveres do condômino. A questão da boa convivência social é ponto fulcral da vida em condomínio. O condômino que, por exemplo, desejar reformar sua unidade, não pode fazê-lo a ponto de colocar em risco a estrutura do prédio. Deve, por outro lado, efetuar os reparos necessários para que eventuais defeitos em sua unidade não prejudiquem os demais condôminos. Nem sempre as soluções serão tranquilas, como demonstra a experiência.

O condômino é obrigado a obedecer à convenção e ao regulamento. A transgressão pode sujeitá-lo ao pagamento de multa ou outra penalidade, cuja forma de imposição e fixação deve decorrer da convenção ou mais apropriadamente do regulamento ou regimento interno. Qualquer que seja a modalidade de imposição de multa ou penalidade, requer seja conferido direito de defesa ao condômino. Para evitar nulidades, o regimento deve fixar procedimento administrativo para imposição de penalidades, nos moldes de uma sindicância. As punições podem ser graduadas desde a simples advertência até a imposição de multa, dentro de determinados limites, que agora a lei estabelece, ou proibição temporal de certas atividades no condomínio. Esta última matéria gera discussões. Não se duvida que o condômino, ou qualquer ocupante do prédio, pode ser punido com a suspensão temporária de frequentar a piscina ou salão de festas do edifício, em razão de comportamento inconveniente, por exemplo.

Torna-se discutível, porém, na falta de lei expressa, se o condomínio pode impor a supressão de serviços essenciais, como água, telefonia e energia elétrica, em razão da falta de pagamento. Entretanto, se as próprias concessionárias de serviço público têm essa faculdade, dentro de determinadas condições, o regulamento e a convenção também podem fazê-lo. Não obstante, a questão é por demais controversa e pode gerar abusos. Há necessidade de maior meditação, e uma imposição desse nível deve ser medida extrema.

Este Código, ciente dessa problemática, ao contrário da lei anterior, introduz expressamente no ordenamento a possibilidade da imposição de multas. Assim, tal como está no art. 1.336, § 2º, o condômino que não cumprir quaisquer dos deveres estabelecidos nos incisos II a IV pagará multa prevista no ato constitutivo ou na convenção, não podendo ser ela superior a cinco vezes o valor de suas contribuições mensais, independentemente das perdas e danos que se apurarem. Não havendo disposição expressa, caberá à assembleia geral, por dois terços, no mínimo, dos condôminos restantes, deliberar sobre a cobrança de multa. Essa multa diz respeito ao comportamento do condômino ou assemelhado e não se aplica para a mora, cuja problemática já mencionamos. Para a apuração da multa, deve ser levado em conta o valor da despesa ordinária mensal, sem os acréscimos de verbas extraordinárias.

Não se esqueça de que, em qualquer situação, há que garantir direito de defesa ao infrator. Esse dispositivo se refere àquele infrator esporádico, porque o Código dedica outras disposições a seguir ao denominado condômino antissocial.

Outra questão que ora e vez é trazida à baila é a presença de animais nos edifícios. A questão deve ser objeto de disciplina na convenção ou regulamento. A jurisprudência propende para a permissão de animais de pequeno porte, que não incomodem a vizinhança, nem se utilizem das áreas comuns (PEREIRA, 1993, p. 171). "*Tudo dependerá, pois, da prova de tais circunstâncias, não se podendo*, a priori, *afirmar a prevalência da Convenção sobre as peculiaridades do caso concreto*" (LOPES, 1994, p. 147). Essa também é a opinião de J. Nascimento Franco e Nisske Gondo (1988, p. 222), que recomendam moderação na aplicação de cláusulas proibitivas relativas à questão.

O art. 10 da lei anterior e o art. 1.336, III, proíbem o condômino de alterar a forma externa da fachada. Isso inclui pintura de cor diferente do padrão do edifício, diferentes luminárias, inclusão de cartazes, caixilhos diferentes dos aprovados etc. O condômino poderá, no entanto, alterar a fachada com a "*aquiescência unânime dos condôminos*" (art. 10, § 2º, da lei anterior). A questão atina primordialmente à estética do prédio e também à segurança. Há equipamentos de segurança que podem ser colocados nos apartamentos, sem prejuízo dessa proibição, como, por exemplo, redes de proteção em janelas e alpendres, praticamente invisíveis a distância. O mesmo não se diga de toldos e vidraçaria de tonalidades diversas, que deverão obedecer a padrão aprovado, se devidamente autorizado. Na matéria, importa grandemente a casuística.

Completava o elenco de proibições a qualquer condômino o inciso III do art. 10: "*destinar a unidade a utilização diversa de finalidade do prédio, ou usá-la de forma nociva ou perigosa ao sossego, à salubridade e à segurança dos demais condôminos*". O art. 1.336, IV, dispõe que é dever do condômino "*dar às suas partes a mesma destinação que tem a edificação, e não as utilizar de maneira prejudicial ao sossego, salubridade e segurança dos possuidores, ou aos bons costumes*". Cabe à convenção estabelecer a finalidade do edifício, residencial, não residencial ou misto, estabelecendo restrições. Acrescentava o inciso IV do art. 10: "*embaraçar o uso das partes comuns*". Tais proibições são corolário do que temos aqui exposto. A finalidade genérica, residencial ou não residencial, pode, como vimos, estabelecer restrição a certo nível de moradores ou a certa modalidade de atividade não residencial, considerada nociva, perigosa, ou inconveniente para aquele condomínio em particular. Examina-se em cada caso o critério da nocividade para o condomínio.

O § 1º desse art. 10 fixava os parâmetros processuais para a ação de obrigação de fazer ou não fazer, por nós constantemente referida nestes comentários.

Cabe ao síndico promover as medidas de defesa que se fizerem necessárias, com autorização da assembleia. Como detentor do poder executivo do condomínio, o síndico não necessita de autorização assemblear, contudo, para sua atividade ordinária de administração, proteção e defesa da coisa comum. Aliás, essa é sua obrigação.

Enunciado nº 96 do CJF/STJ, I Jornada de Direito Civil: alteração do § 1º do art. 1.336 do Código Civil, relativo a multas por inadimplemento no pagamento da contribuição condominial, para o qual se sugere a seguinte redação: Art. 1.336. [...]. § 1º O condômino que não pagar sua contribuição ficará sujeito aos juros moratórios convencionados ou, não sendo previstos, de um por cento ao mês e multa de até 10% sobre o eventual risco de emendas sucessivas que venham a desnaturá-lo ou mesmo a inibir a sua entrada em vigor. Não obstante, entendeu a Comissão da importância de aprimoramento do texto legislativo, que poderá, perfeitamente, ser efetuado durante a vigência do próprio Código, o que ocorreu, por exemplo, com o diploma de 1916, por meio da grande reforma verificada em 1919.

Apelação – Condomínio – Assembleia – Invalidade – Reconhecimento – A despeito do alegado "fundado receio" sobre a validade das procurações, é certo que não cabia aos condôminos a referida análise, e tampouco se poderia arguir a invalidade com base em receio. Consequentemente, não se poderia rejeitar somente as procurações apresentadas pelo autor, e aceitar as demais, como foi feito. Soma-se a isso o fato de que a assembleia elegeu morador inadimplente, o que fere a Convenção do Condomínio, além do art. 1.335, inciso III, do Código Civil, sendo certo que ele não teria nem sequer o direito ao voto. Cabia aos encarregados de presidir/secretariar a assembleia a referida verificação antes da abertura da votação. Logo, inválida a assembleia, de forma que acertada a procedência da ação que decretou sua anulação. Apelação desprovida, com observação (*TJSP* – Ap. 1117713-09.2019.8.26.0100, 19-4-2021, Rel. Lino Machado).

⚖ Agravo de instrumento. Ação declaratória de obrigação de fazer c/c perdas e danos e antecipação da tutela. Demarcação de vagas de garagem em condomínio edilício. Indeferimento da tutela de urgência pelo juízo *a quo*. Insurgência do agravante. Matrícula do imóvel (unidade autônoma) de propriedade do agravante que não identifica vaga de garagem. Descrição apenas da metragem correspondente. Vagas de área comum. Inteligência dos incisos I e II, do art. 1.335, do Código Civil. Inexistência de probabilidade do direito alegado e de perigo de dano. Requisitos do300, do CPC, não preenchidos. Recurso conhecido e não provido (*TJPR* – Ap. 0035321-80.2020.8.16.0000, 4-11-2020, Rel. Carlos Henrique Licheski Klein).

⚖ Execução de título judicial – Utilização de vagas de garagem em condomínio – Acórdão anterior transitado em julgado decidindo pela vedação da locação das vagas a terceiros não condôminos e do aluguel do espaço correspondente às vagas pertencentes aos exequentes – Juntada de imagem comprovando a oferta de vagas na parte externa do edifício e de lista com informações dos mensalistas – Contrato de aluguel firmado pelo executado com terceiro que abrange todas as vagas de garagem existentes no edifício – Descabimento diante da violação ao art. 1.335, I, do Código Civil – Necessidade de alteração do instrumento para excluir as 22 vagas de propriedade dos apelantes – Possibilidade de mera utilização diante do sistema de rotatividade adotado – Prosseguimento da execução com intimação do apelado para cumprir as determinações contidas neste acórdão no prazo de quinze dias a partir da sua publicação, sob pena de incidência da penalidade outrora fixada – Recurso provido (*TJSP* – Ap. 0006137-04.2019.8.26.0011, 27-10-2020, Rel. César Peixoto).

⚖ Apelação – condomínio – Instalação de aparelho de ar condicionado e alteração de *hall* de elevador exclusivo em unidade única – Ação de obrigação de fazer, consistente na retirada de tal equipamento, bem como desfazimento das obras no *Hall* social e de serviço – Ação julgada parcialmente procedente – Questão referente às obras dos *halls* que já se encontra superada, pois ausente recurso quanto a isso – Determinação de retirada do equipamento de ar condicionado em prazo certo, pena de multa, com limitação – Como é cediço, um dos direitos basilares dos condôminos é o de usufruir das áreas comuns, desde que o façam de acordo com a destinação do bem e sem excluir o direito dos demais compossuidores (art. 1.335,II, do Código Civil) – Em contrapartida, justamente com o intuito de zelar pela coisa comum e pelas normas sociais de convivência, é que o legislador impôs o dever de os partícipes não procederem à alteração da fachada externa, salvo mediante aprovação unânime (art. 10 da L. 4.591/64) – No caso dos autos, o que foi aprovado em Assembleia Geral Extraordinária, de 30/07/15, regularmente convocada, foi o pagamento ocorrido pela trocas das esquadrias, não o ar condicionado – E a decisão foi por maioria – Alteração da fachada que é perceptível, embora localizada no 15º andar – Sentença mantida – Recurso não provido, com majoração dos honorários devidos ao patrono do condomínio (*TJSP* – Ap. 1132299-85.2018.8.26.0100, 3-7-2020, Carlos Nunes).

⚖ Assembleia. Ação de obrigação de não fazer c/c anulação de assembleia condominial. Locação temporária via "Airbnb". Decisão assemblear que impediu os autores de alojar hóspedes em seus apartamentos por meio de plataformas digitais. Ação julgada improcedente. Apelação dos autores. Locação, por temporada, de apartamento de propriedade dos autores. Pretensão de declaração de nulidade das cláusulas votadas em assembleia geral ordinária. Assembleia que não proibiu a locação de apartamentos pelas plataformas digitais Airbnb e outros. Cláusulas que regulam novas regras para hospedagem temporária via Airbnb ou outros aplicativos semelhantes, entre elas cláusulas que limitaram o tempo mínimo de locação dos apartamentos localizados no edifício, número de locatários por unidades imobiliárias. Ausência de arbitrariedade. Assembleia regularmente realizada. Medidas que, outrossim, visam manter a destinação original do edifício (residencial), o sossego e a segurança dos demais condôminos 1.336, IV, do CC. Mero inconformismo com relação ao que decidido pela maioria. Mantida a improcedência da ação, mas por fundamento diverso (*TJSP* – Ap. 1057128-88.2019.8.26.0100, 4-5-2021, Rel. Francisco Occhiuto Júnior).

⚖ Ação de obrigação de fazer. Obras realizadas em unidade autônoma que importaram alteração da fachada. Violação à convenção de condomínio e ao art. 1.336, III, do CC. Desfazimento de rigor, com restauração ao estado anterior. Precedentes. Recurso desprovido (*TJSP* – Ap. 1037160-15.2018.8.26.0001, 27-4-2021, Rel. Milton Carvalho).

⚖ Condomínio – Ação anulatória de multa disciplinar – Sentença de improcedência – Recurso da autora – Manutenção do julgado – Cabimento – Autora que, de forma incontroversa, deixou calçados no *hall* do condomínio, na porta de sua unidade – Assembleia

Art. 1.337

condominial que vetou tal prática, com previsão de aplicação de multa – Uso da unidade que deve ser realizado de modo a não prejudicar os interesses dos demais condôminos e preservar a harmonia geral – Inteligência do art. 1.336, IV, do CC – Exigibilidade da multa imposta à autora – Correto reconhecimento. Apelo da autora desprovido (*TJSP* – Ap. 1021926-16.2020.8.26.0003, 7-4-2021, Rel. Marcos Ramos).

⚖️ Condomínio. Ação que visa à condenação do réu ao cumprimento de obrigação de fazer c.c. restituição dos valores pagos a maior. Sentença de procedência parcial dos pedidos. Apelação do réu. Condomínio que efetua a cobrança das despesas de condomínio de forma igualitária, sem observar a fração ideal dos imóveis. Art. 1.336, I, do CC. Convenção de condomínio que determinou a cobrança das despesas de forma proporcional. Matéria que não foi submetida de forma específica à Assembleia. Sentença mantida. Recurso não provido (*TJSP* – Ap. 1020810-38.2016.8.26.0577, 14-1-2021, Rel. (a) Carmen Lucia da Silva).

⚖️ Condomínio. Suspensão de obras realizadas em unidade autônoma durante a pandemia de Covid-19. Ação de obrigação de não fazer cumulada com pedido de indenização por danos materiais. Conforme previsão do inciso IV do art. 1.336 do Código Civil, o condomínio pode adotar medidas destinadas à preservação da saúde e do sossego dos condôminos, dentre elas, a suspensão de obras em unidades autônomas durante o período em que a disseminação do contágio pelo coronavírus SARS-CoV-2 aumentava de forma exponencial, independentemente do fato de decretos governamentais considerarem a construção civil como atividade essencial. Natureza emergencial da reforma realizada na unidade autônoma do autor que só foi devidamente demonstrada por documentos que acompanharam a réplica, sobrevindo, após poucos dias da intimação do réu para manifestação, autorização para a retomada das obras em unidades condominiais, ante a flexibilização das medidas restritivas. Situação em que a suspensão da obra constituiu medida legítima, de modo que o condomínio não responde pelo valor adicional suportado pelo condômino com aluguel de outro imóvel em virtude da temporária paralisação de sua reforma. Honorários sucumbenciais. Verba fixada em valor excessivo, considerados os parâmetros de balizamento previstos na legislação processual e o trabalho realizado pelo profissional. Necessidade. Recurso parcialmente provido (*TJSP* – Ap. 1013873-62.2020.8.26.0224, 22-10-2020, Rel. Cesar Lacerda).

Art. 1.337. O condômino, ou possuidor, que não cumpre reiteradamente com os seus deveres perante o condomínio poderá, por deliberação de três quartos dos condôminos restantes, ser constrangido a pagar multa correspondente até ao quíntuplo do valor atribuído à contribuição para as despesas condominiais, conforme a gravidade das faltas e a reiteração, independentemente das perdas e danos que se apurem.

Parágrafo único. O condômino ou possuidor que, por seu reiterado comportamento antissocial, gerar incompatibilidade de convivência com os demais condôminos ou possuidores, poderá ser constrangido a pagar multa correspondente ao décuplo do valor atribuído à contribuição para as despesas condominiais, até ulterior deliberação da assembleia.

Como se nota desse dispositivo, este Código foi ao maior rigor na tentativa de punição do condômino antissocial. Se o legislador pecou por omissão em outros aspectos, fez questão de enfatizar as punições ao condômino desajustado. O sistema implantado, contudo, não é completo, como veremos.

Veja que o § 2º do artigo anterior descreve a multa ordinária a que estará sujeito esse condômino inconveniente. Neste art. 1.337 a lei tem em mira o desajustado contumaz, aquele que se mostra incapaz de viver na sociedade condominial. É despiciendo enunciar exemplos de comportamento antissocial: a experiência de cada um na vida em condomínio se encarrega disso.

Note que essas punições podem atingir não apenas o condômino, em sentido estrito, como qualquer possuidor da unidade, não importando a que título seja essa posse ou até mesmo mero detentor, como inclusive referido no art. 1.333. Porém, em última análise, a responsabilidade será do titular da propriedade da unidade autônoma.

Como se percebe, o legislador chegou muito próximo, mas não ousou admitir expressamente a possibilidade de impedir que o condômino ou assemelhado seja tolhido de utilizar a unidade. Veja que esse parece ser o sentido da expressão "*até ulterior deliberação da assembleia*", quando o dispositivo se refere ao décuplo do valor da contribuição condominial, no parágrafo único. Não temos dúvida, porém, tendo em vista o sentido social do direito de propriedade que ora se decanta, que essa solução pode e deve ser tomada em casos extremos. É de se perguntar se deve o condomínio suportar a presença de um baderneiro ou de um traficante de drogas. Leve-se em conta, ainda, que a simples imposição de multa pecuniária pode não ser punição suficientemente adequada para esse condômino. O décuplo das contribuições mensais pode não significar muito para quem sabe que nada vai pagar.

Há vários julgados que chegaram ao impedimento de utilização da unidade, suprindo o titubeio do legislador.

A questão que a atualidade deve também equacionar é a proibição ou restrição de uso do direito da propriedade condominial a determinadas pessoas, em razão de seu estado pessoal. Pode, por exemplo, a convenção estabelecer que o condômino (ou locatário, comodatário, ocupante a qualquer título, enfim) condenado por certas modalidades de crime fique proibido de residir ou ingressar no edifício? Não ousamos por ora dar uma resposta peremptória, mas francamente nos inclinamos pela afirmativa, devendo, de *lege ferenda*, ser regulamentada a matéria. Este Código, ao estabelecer um sistema punitivo, como vimos, chega muito perto dessa conclusão, a qual, a nosso ver, pode ser tomada em casos extremos. Ninguém pode ser obrigado a habitar ou exercer sua atividade diária ao lado de um facínora, em torno de quem certamente não gravitarão pessoas de escol. Como na hipótese exposta a seguir, o âmbito jurídico é o do abuso de direito na esfera da propriedade. No caso, não se esqueça, trata-se de propriedade de uso coletivo, com unidades autônomas, mas interligadas por inúmeros pontos umbilicais em comunhão.

Outra questão paralela é saber se a convenção ou o regulamento pode impedir que pessoas de grande notoriedade, atores, políticos e outros do mesmo grau também podem ser repelidos da comunidade condominial. A permanência de pessoas desse nível atrai inevitavelmente a atenção popular e órgãos da imprensa para o edifício, não bastasse a cupidez de assaltantes e sequestradores, prejudicando a tranquilidade do cidadão comum que ali reside ou trabalha. Cremos que a situação merece solução com base nos princípios do abuso de direito, que é, inclusive, texto expresso no Código (art. 187). Outra não é a solução em países de primeiro mundo. Aliás, as associações corporativas e esportivas em geral estabelecem um julgamento prévio para a admissão de seus membros. A situação é analógica à do condomínio. Cada condomínio deve ser talhado para determinado perfil de moradores; essa a tendência atual. Essas pessoas exigem constante vigilância, presença permanente de segurança e guarda-costas, o que por si só é inconveniente. É tempo de ser enfrentado o problema entre nós. J. Nascimento Franco e Nisske Gondo (1988, p. 93) lembram da situação em que foi colocado o então ex-presidente Richard Nixon que não conseguiu mudar-se para apartamento que adquirira na Park Avenue, região mais nobre de New York, porque a convenção de condomínio vedava a ocupação por pessoas dessa graduação, o mesmo tendo sucedido com a cantora Barbara Streisand e com um príncipe saudita. Não se argumente, pois, contra essa proibição com a alegação da amplitude do direito de propriedade e com a garantia constitucional, pois a decisão emana do maior exemplo de democracia da atualidade, em que mais se preservam os direitos individuais e sociais. Haverá, sem dúvida, locais adequados para a morada dessas pessoas notórias, locais esses, por sua vez, inadequados para as pessoas da sociedade em geral.

Quando se trata de edifício já terminado, com convenção registrada, em pleno funcionamento, os futuros adquirentes devem submeter-se a norma intestina do edifício, pois a ela aderem. Não pode ocorrer a modificação da convenção com prejuízo de direitos adquiridos, o que não se confunde com o caso específico de mau uso ou de desvio de finalidade da unidade condominial.

Nossa conclusão propende para sentido de que a permanência abusiva ou potencialmente perigosa de qualquer pessoa no condomínio deve possibilitar sua exclusão mediante decisão assemblear, com direito de defesa assegurado, submetendo-se a questão ao Judiciário. Entender-se diferentemente na atualidade é fechar os olhos à realidade e desatender ao sentido social dado à propriedade pela própria Constituição. A decisão de proibição não atinge todo o direito de propriedade do condômino em questão, como se poderia objetar; ela apenas o limita, tolhendo seu direito de habitar e usar da coisa em prol de toda uma coletividade. Quem opta por residir ou trabalhar em um condomínio de edifícios ou comunhão condominial assemelhada deve amoldar-se e estar apto para a vida coletiva. Do contrário, deve estabelecer-se ou residir em local apropriado conforme sua condição, estado e personalidade. A situação, no caso concreto, contudo, exigirá o diligente cuidado do julgador, pois estarão em jogo dois interesses de elevado grau axiológico, quais sejam, o direito individual do proprietário e o direito do corpo coletivo condominial. Sopesando-se devidamente esses valores, atingir-se-á a solução jurídica e justa. J. Nascimento Franco e Nisske Gondo (1988, p. 244), em sua importante monografia acerca de condomínio em edifícios, não fogem a essa crucial problemática, sufragando exatamente a mesma tese ora esposada:

> "*Possivelmente o legislador não quis enfrentar o problema temeroso de ferir o direito de propriedade sobre partes privativas do edifício. Rigoroso em outros pontos, o legislador foi muito tímido ao regular a utilização do apartamento da porta para dentro. Contudo o fato se repete em larga escala, reclamando solução, ainda que drástica, tal como a exclusão definitiva do condômino ou, pelo menos, a imposição de mudar-se para outro local. Estamos às vésperas de profundas reformas da legislação brasileira. Fica assim colocado o problema, que o legislador poderá e deverá solucionar de forma adequada, a fim de que os condôminos sacrificados possam afastar do edifício o comunheiro nocivo.*"

Na omissão da lei antiga, e dentro da filosofia deste Código, é evidente que os princípios gerais dos direitos de vizinhança e do direito condominial permitem a solução. Preponderará sempre o prudente critério do julgador. Com essa solução, também se busca o sentido social e constitucional da propriedade.

Ademais, já é tempo de o legislador, e quiçá os próprios incorporadores, enfrentarem a hipótese de instituição de condomínios seletivos, a exemplo dos que existem na Europa e Estados Unidos, como já mencionamos, destinados, por exemplo, a pessoas idosas, valetudinárias ou casais sem filhos. A utilização seletiva da propriedade também atende a sua finalidade social.

Desse modo, afora essa matéria digressiva, o condômino tem o direito de usar, gozar e dispor de sua unidade de forma exclusiva. Ao assegurar esse direito a cada condômino, estatuiu o art. 19 da lei condominial anterior que

> *"poderá usar as partes e coisas comuns, de maneira a não causar dano ou incômodo aos demais condôminos ou moradores, nem obstáculo ou embaraço ao bom uso das mesmas partes por todos".*

O meio processual para o condomínio fazer cessar o mau uso ou turbação da vida condominial é a ação de obrigação de fazer ou não fazer, com cominação de multa. O processo cautelar por vezes se fará necessário para obtenção de decreto judicial de pronta sustação do incômodo. Tormentosas e de difícil solução as questões de vizinhança, particularmente as condominiais. Anote-se que não somente o condômino se submete aos ditames da convenção, do regimento interno e das regras de vizinhança, mas também *"o ocupante do imóvel a qualquer título"* (art. 20 da lei anterior). Nessa dicção, incluem-se o locatário, comodatário, familiar, morador, visitante eventual ou permanente, empregados, prestadores de serviço, entregadores de mercadorias etc. A imposição de multa deve ser carreada ao responsável ou ao condômino, sendo conveniente que a convenção ou o regulamento estabeleça a solidariedade nessa obrigação. Se não houver previsão, o condômino deve responder pelo ato. Em última análise, o condômino deve ser sempre o responsável pelas obrigações emergentes da vida condominial a que deu origem, com direito regressivo contra o responsável, se for o caso. Doutro modo, as infrações praticadas por terceiro poderiam restar irressarcidas. Importa, no entanto, em cada caso concreto, estabelecer o nexo de causalidade entre o infrator e o titular da unidade condominial, ainda que esse vínculo seja de natureza objetiva: o condômino responde por atos de vandalismo praticado por seu convidado, hóspede ou locatário, por exemplo. O princípio reporta-se à responsabilidade aquiliana. Essa é matéria de prova. Nesse sentido, deve ser entendido o art. 21 da lei anterior, que dispunha acerca da imposição de multa ao infrator, bem como os arts. 1.336, § 2º, e 1.337 deste Código.

Enunciado nº 92 do CJF/STJ, I Jornada de Direito Civil: As sanções do art. 1.337 do novo Código Civil não podem ser aplicadas sem que se garanta direito de defesa ao condômino nocivo.

Condomínio. Exclusão de condômino e obrigação de fazer para compelir à alienação bem. Sentença de improcedência ao fundamento de que a pretensão carece de previsão legal. Reforma de rigor. Sanções pecuniárias do artigo 1.337 do CC não que esgotam as providências que podem ser adotadas para cessar a conduta ilícita do condômino. Comportamento antissocial do réu, de caráter grave e reiterado, que autorizam o acolhimento parcial do pedido. Agressão, intimidação, destruição de patrimônio, perturbação, furto, invasão, ameaça, injúria, entre outros ilícitos. Fatos não controvertidos. Perda do direito de uso da unidade. Medida que, por si só, se revela suficiente para coibir os males provocados pela convivência com o réu. Alienação forçada do imóvel que, nesse contexto, se revela desnecessária. Recurso provido em parte (*TJSP* – Ap. 1001406-13.2020.8.26.0366, 22-4-2021, Rel. Milton Carvalho).

Condomínio. Ação de exclusão de ocupante antissocial. Sentença de improcedência. Ausência de previsão legal expressa no ordenamento jurídico que permita a expulsão de condômino por mau comportamento. Aplicação estrita do disposto no art. 1.337 do Código Civil de 2002. Ainda que o direito de propriedade esteja limitado em sua função social, devendo o condômino observar regras mínimas de bom comportamento e convívio, a medida de expulsão não encontra amparo legal. Hipótese em que o condomínio pode aplicar multas de elevado valor, como forma de compelir o proprietário a sair de sua zona de conforto e tomar providências quanto à sua locatária. Expulsão que se mostra ainda mais temerária quando se observa estarmos diante de situação emergencial em razão da pandemia da COVID-19, além de ser a Ré pessoa de extrema vulnerabilidade por ser pessoa idosa. Sentença mantida. Honorários majorados. Recurso desprovido (*TJSP* – Ap. 1029307-52.2018.8.26.0001, 26-1-2021, Rel. L. G. Costa Wagner).

Condomínio – Condômino antissocial – Multa – Responsabilidade pelo adimplemento da multa que se estende ao proprietário – Artigo 1.337, do Código Civil – Jurisprudência desta Corte neste sentido – Apelo improvido (*TJSP* – Ap. 1010932-60.2019.8.26.0003, 14-9-2020, Rel. Almeida Sampaio).

Art. 1.338. Resolvendo o condômino alugar área no abrigo para veículos, preferir-se-á, em condições iguais, qualquer dos condôminos a estranhos, e, entre todos, os possuidores.

Esse dispositivo procura harmonizar o exercício do direito de propriedade do condômino e os interesses da comunidade condominial. Decorre do próprio sentido do condomínio em geral e não é regra específica do condomínio em apartamentos ou assemelhado.

Não está o condômino inibido de alugar sua vaga na garagem, que a lei teima em denominar abrigo para veículos. Procura-se sempre evitar que estranhos interfiram na vida condominial. Por isso, o condômino deverá locar sua vaga preferentemente para condôminos. Subsidiariamente, terão preferência também os possuidores das unidades, por exemplo, inquilinos e comodatários. Assim, se o condômino pretender alugar a vaga a um terceiro estranho, deverá comunicar aos condôminos, de forma idônea, sua intenção, na assembleia, se possível ou em comunicado em quadro de avisos, para que eles possam exercer sua preferência. Sem que esse direito de preempção dos demais condôminos e possuidores tenha sido validamente exercitado, a administração do condomínio pode impedir que terceiro ingresse no edifício.

O ingresso de estranho, mormente para utilizar a garagem no prédio, é sempre mais um fator de insegurança e de instabilidade condominial. Essa faculdade deve ser evitada tanto quanto possível. Daí por que entendemos que a convenção ou o regimento interno pode eficazmente vetar essa possibilidade de locação. Até mesmo a assembleia geral, sob circunstâncias de fato ponderáveis e justificáveis, também pode fazê-lo segundo nosso entender. Tudo em prol da verdadeira harmonização da vida social em condomínio. Por tais razões, deveria o legislador ter sido mais específico no dispositivo, permitindo expressamente a proibição de locação de garagem a terceiros, desde que atendesse o interesse da maioria condominial.

A questão maior que se antepõe, contudo, é a eventual possibilidade de alienação da vaga de garagem a terceiro estranho ao condomínio, como veremos.

Enunciado nº 320 do CJF/STJ, IV Jornada de Direito Civil: O direito de preferência de que trata o art. 1.338 deve ser assegurado não apenas nos casos de locação, mas também na hipótese de venda da garagem.

Art. 1.339. Os direitos de cada condômino às partes comuns são inseparáveis de sua propriedade exclusiva; são também inseparáveis das frações ideais correspondentes as unidades imobiliárias, com as suas partes acessórias.
§ 1º Nos casos deste artigo é proibido alienar ou gravar os bens em separado.
§ 2º É permitido ao condômino alienar parte acessória de sua unidade imobiliária a outro condômino, só podendo fazê-lo a terceiro se essa faculdade constar do ato constitutivo do condomínio, e se a ela não se opuser a respectiva assembleia geral.

São indissociáveis as partes comuns da unidade condominial específica. Devem ser vistas em um condomínio, tanto sob o prisma fático como sob o prisma jurídico, como uma só coisa. Desse modo, as partes acessórias estão ligadas à unidade e nesse sentido o § 1º estipula a proibição de serem alienadas ou gravadas em separado. Como corolário do direito condominial, o condômino pode alienar a parte acessória desde que o faça a outro condômino, só podendo fazê-lo a terceiro se essa possibilidade constar expressamente da convenção e com ela concordar a assembleia geral. Duas são, portanto, as exigências legais para essa alienação a terceiro estranho: menção expressa no ato constitutivo e autorização assemblear. Sem esses dois requisitos, a alienação será nula, não podendo ser registrada no cartório imobiliário.

Nesse diapasão, não pode o condômino alienar livremente os armários situados na garagem, a dependência destinada a motorista e empregado, a adega localizada no subsolo e, *com maior razão, a vaga de garagem, ou abrigo de veículos*, como menciona a lei. Parece-nos evidente, não desejou o legislador equiparar a vaga de garagem, acessória da unidade condominial, a escritórios, salas, lojas, sobrelojas. Referir-se aí a abrigos para veículos significa os prédios destinados a estacionamento ou garagem, suscetíveis de utilização autônoma. Nunca a vaga de garagem ligada à unidade condominial, cuja disciplina se rege pelo presente artigo e não pelo § 1º do art. 1.331. Ainda, se o legislador inseriu restrições à locação de vaga de garagem a estranhos ao condomínio (art. 1.338), não seria lógico que permitisse a sua alienação livremente.

Ademais, permitir que um estranho ingresse no local será, como já enfatizamos, fator de discórdia e de insegurança na vida condominial. De qualquer modo, a proibição de alienação dessas partes acessórias não é peremptória: poderá ocorrer se a possibilidade constar do ato constitutivo do condomínio e não se opuser a assembleia. Mesmo ocorrendo essas duas possibilidades, a preferência para a aquisição de vagas de garagem, armários, adegas etc. será sempre dos demais condôminos que deverão ser cientificados idoneamente para exercer seu direito de preempção, o qual decorre das regras gerais do condomínio. Assim, será nula a alienação sem os requisitos de validade e, sem a oferta aos demais condôminos, aplica-se o art. 504 do Código: o condômino, a quem não se der conhecimento da venda, poderá, depositando o preço, haver para si a parte vendida a estranhos, se o requerer no prazo de 180 dias, sob pena de decadência. Nada impede, por outro lado, que o próprio condomínio, com a personalidade jurídica anômala que referimos no artigo inicial deste tema, adquira esse acessório ou qualquer outro da unidade autônoma, já que pode fazê-lo inclusive quanto à própria unidade.

De qualquer modo, lamenta-se que o legislador não tenha sido suficientemente claro e expresso em tema de tamanha importância.

Art. 1.340. As despesas relativas a partes comuns de uso exclusivo de um condômino, ou de alguns deles, incumbem a quem delas se serve.

O art. 1.340 possui conteúdo que pode causar dificuldades. Sob esse prisma, no novo ordenamento, deve ocorrer uma modificação de enfoque quanto a algumas decisões jurisprudenciais. Os condôminos das lojas do andar térreo, por exemplo, não devem pagar as despesas com elevadores. Dizíamos em edição anterior de nossa obra:

"com frequência, condôminos localizados no andar térreo ou em lojas com frente direta para a via pública arrogam seu direito de não pagar despesas referentes à manutenção de elevadores, escadarias,

halls, antenas coletivas de que não se utilizam etc. O condomínio é um todo harmônico, cujas partes comuns formam um conjunto arquitetônico homogêneo. Irrelevante que uma loja não se utilize de elevador, se pertence a área de prédio que usufrui e tão só por isso, quiçá, ali se estabeleceu. Assim decidimos no Primeiro Tribunal de Alçada Civil de São Paulo (Ap. nº 565.637/5, 5ª Câmara, Rel. Juiz Sílvio Venosa; Ap. nº 523.735/6, 3ª Câmara Especial, Rel. Toledo César). Condôminos nessas condições devem concorrer para todas as despesas, salvo se a convenção de condomínio dispuser em contrário. Como visto, a convenção tem caráter normativo (no mesmo sentido, João Batista Lopes, 1994:178)".

Pois, doravante, sob o pálio do art. 1.340, a posição é outra e não é digna de encômios. Surgirão questões de difícil deslinde como, por exemplo, a situação de condôminos que não desejam usufruir de televisão a cabo, contratada pelo condomínio e posta à sua disposição. Não cremos que o art. 1.340 tenha atingido a melhor solução. De qualquer forma, a convenção pode dispor diferentemente e determinar que todos os condôminos concorram para todas as despesas. Na realidade, quem ingressa numa vida condominial deve subordinar-se às suas regras e à vontade da maioria.

Art. 1.341. A realização de obras no condomínio depende:
I – se voluptuárias, de voto de dois terços dos condôminos;
II – se úteis, de voto da maioria dos condôminos.
§ 1º As obras ou reparações necessárias podem ser realizadas, independentemente de autorização, pelo síndico, ou, em caso de omissão ou impedimento deste, por qualquer condômino.
§ 2º Se as obras ou reparos necessários forem urgentes e importarem em despesas excessivas, determinada sua realização, o síndico ou o condômino que tomou a iniciativa delas dará ciência à assembleia, que deverá ser convocada imediatamente.
§ 3º Não sendo urgentes, as obras ou reparos necessários, que importarem em despesas excessivas, somente poderão ser efetuadas após autorização da assembleia, especialmente convocada pelo síndico, ou, em caso de omissão ou impedimento deste, por qualquer dos condôminos.
§ 4º O condômino que realizar obras ou reparos necessários será reembolsado das despesas que efetuar, não tendo direito à restituição das que fizer com obras ou reparos de outra natureza, embora de interesse comum.

Esse longo artigo toca em uma questão nevrálgica do condomínio, a autorização e a realização de obras, pois essas atividades implicam, necessariamente, acréscimos de despesas. Ainda que o dispositivo não resolva todas as questões, pois lei alguma o faz, aponta rumos importantes, ausentes na legislação anterior. Todos os que residem em condomínios sabem quão dificultosa é a aprovação e a realização de obras nas assembleias. O síndico, porém, exercendo o poder executivo no condomínio, tem o dever de realizar imediatamente as obras urgentes e necessárias, sob pena de omissão que pode custar seu cargo. Em sua omissão, ou impedimento, qualquer condômino pode fazê-lo. A questão se coloca, posteriormente, sobre o exame da necessidade ou urgência. Assim, por exemplo, será urgente a obra para restabelecer a energia elétrica ou o fornecimento de água para o edifício; serão urgentes os reparos no sistema de segurança que se apresenta inoperante etc. Se essas despesas demandarem despesas excessivas, o síndico ou o condômino que tomou a iniciativa, deverá obter a ratificação da assembleia, que será convocada imediatamente. A onerosidade excessiva deve ser vista em consonância com a dimensão do edifício ou empreendimento. Sempre que a reforma puder esperar, deve ser obtida a autorização da assembleia geral.

O condômino que assume a iniciativa pelas obras ou reparos necessários deve se limitar exclusivamente a esse aspecto. Qualquer outra obra ou reparo, ainda que em benefício comum, que não seja urgente, não lhe dará o direito à restituição, na forma do § 4º. Essa restrição pode abrir margem a uma estéril discussão sobre o que tinha sido necessário para o condomínio.

Para as obras voluptuárias, aquelas consideradas de embelezamento ou deleite, é necessário o voto de dois terços dos condôminos. Para as obras úteis, é necessário o voto da maioria dos condôminos. Se, durante a discussão, surgir dúvida sobre a natureza das obras propostas, também sua natureza, no caso concreto, deve ser votada, e obtida a maioria.

O Projeto nº 6.960/2002 propôs alteração no § 1º do dispositivo, estabelecendo que as obras e reparações necessárias que não ultrapassem o orçamento aprovado em assembleia não dependeriam de autorização, podendo ser realizadas pelo síndico, ou por qualquer condômino, em caso de omissão ou impedimento do primeiro. A inovação era salutar. Se o valor ultrapassasse o orçamento, haveria necessidade de ser votada a despesa extraordinária, e o Código de 2002 não foi claro a esse respeito, mencionando mera ciência pelo síndico à assembleia. Para isso, o Projeto redigiu o § 2º no sentido de que fosse convocada a assembleia *incontinenti* para a aprovação da nova despesa, com rateio extra ou saque de fundo de reserva. Isso é o que normalmente ocorre nos edifícios bem administrados, com conduta transparente do síndico, sendo conveniente sua colocação em lei.

Civil. Processo civil. Apelação. Ação declaratória de nulidade de assembleia condominial c/c pedido de indenização por danos morais. Construção de jardim. Obra voluptuária. Deliberação a posteriori da assembleia geral. Inobservância do quórum exigido pelo art. 1.341 do CC. Aplicação da teoria do fato consumado. Prejuízo para os condôminos. Interesse social. Danos morais não constatados. 1. Não verificada a urgência na realização das benfeitorias no jardim do condomínio, depreende-se a natureza voluptuária da obra que, para a sua realização, exigia prévia autorização da assembleia geral pelo voto de 2/3 (dois terços) dos condôminos (art. 1.341, *caput* e §§ 1º, 2º e 3º, do CC). 1.1. Considerando que a obra de jardinagem foi realizada em data anterior à aprovação pela assembleia e que o referido quórum não foi observado, observa-se a existência de vício formal que poderia ensejar a anulação da assembleia em questão. 2. No entanto, a alteração da situação jurídica posta em juízo poderá causar prejuízos de diversas ordens aos condôminos, mostrando-se mais adequada a irreversibilidade do ato e a manutenção dos seus efeitos por meio da aplicação excepcional da Teoria do Fato Consumado. 2.1. Isso porque a declaração de nulidade da referida assembleia ensejará o retorno dos condôminos e do condomínio ao *status quo ante*, ou seja, a restituição do valor despendido com a reforma do jardim para os cofres do condomínio e a demolição ou desmanche das obras nele realizadas, e sua anulação não terá qualquer efeito prático diante de possível deliberação acerca da construção de novo jardim, observado o interesse social dos condôminos visando à valorização do bem e à existência de um espaço verde que proporcione deleite sensorial, influenciando de forma positiva a saúde psíquica dos moradores. Ao contrário, acarretará tão somente prejuízos aos condôminos e ao condomínio. (...) 5. Apelação desprovida (*TJDFT* – Ap. 00365950420158070001, 13-11-2019, Rel. Alfeu Machado).

Apelação. Ação anulatória e indenizatória. Preliminar de cerceamento de defesa. Afastada. Inexistência de prejuízo. Princípio "pas de nullité sans grief". **Assembleia geral extraordinária**. Inexistência de convocação específica. Realização de obras urgentes. Possibilidade. Art. 1.341, inciso II, § 3º do Código Civil. 1 – Questionam os Apelantes acerca da legitimidade da aprovação pela Assembleia Geral do Condomínio Apelado de obra emergencial na tubulação de água que abastece a área de serviço; 2 – Preliminar de cerceamento de defesa afastada. Inexistência de prejuízo; 3 – Conforme autorização legal, as obras de caráter emergencial independem de convocação específica da Assembleia Geral, devendo ser debatidas na primeira oportunidade, prescindindo de aprovação pelos condôminos, ainda que importarem em despesas excessivas. Nesse sentido, destaco a redação do art. 1.341, inciso II, § 2º do Código Civil; 4 – Flagrante a natureza emergencial da obra realizada nas instalações hidráulicas que abastecem o banheiro de empregada e a área de serviço das unidades condominiais, tendo em vista a existência de diversas infiltrações, comprometendo, inclusive, as instalações elétricas, o que expõe a risco todos os condôminos, e também os Apelantes; 5 Apresentação da proposta orçamentária quando da realização da dita Assembleia Geral Extraordinária, bem como o detalhamento dos serviços contratados. Manifesto o interesse comum alcançado com a realização da obra em questão, que torna evidente que a inconsistência da pretensão dos Apelantes, a qual se mostra em contramão a preservação de uma saudável vida condominial, na qual os interesses de toda uma coletividade visam ser atendida; 6 – Discricionariedade do síndico quanto a realização das obras e reparos reputados urgentes, mediante mera ciência aos condôminos e independente de *quórum* de aprovação específico, não pode salvaguardar verdadeiro arbítrio no exercício de sua competência, que deve ser rechaçado, com a sua responsabilização pessoal, o que decerto não restou configurado no caso concreto, conforme quiseram fazer crer os Apelantes. Precedentes desta Corte. Manutenção da sentença de improcedência. Negado provimento ao recurso (*TJRJ* – Acórdão: Apelação Cível nº 0152432-50.2010.8.19.0001, 27-6-2012, Rel. Des. Teresa de Andrade Castro Alves).

Art. 1.342. A realização de obras, em partes comuns, em acréscimo às já existentes, a fim de lhes facilitar ou aumentar a utilização, depende da aprovação de dois terços dos votos dos condôminos, não sendo permitidas construções, nas partes comuns, suscetíveis de prejudicar a utilização, por qualquer dos condôminos, das partes próprias, ou comuns.

O presente artigo se reporta a obras, em partes comuns, em acréscimo às já existentes, para aumentar ou facilitar a utilização da coisa. Colocar-se-ão nessa modalidade, por exemplo, as obras que facilitam o acesso; que aumentam a capacidade do estacionamento ou garagem; que modernizam o sistema de segurança; que criam quadra de esportes. Essas obras dependem da aprovação de dois terços dos votos dos condôminos, não sendo permitidas construções, nas partes comuns, suscetíveis de prejudicar a utilização, por qualquer dos condôminos, das partes próprias ou comuns. Qualquer condômino terá legitimidade de se insurgir, se sentir-se prejudicado.

Art. 1.343. A construção de outro pavimento, ou, no solo comum, de outro edifício, destinado a conter novas unidades imobiliárias, depende da aprovação da unanimidade dos condôminos.

Esse artigo se refere à construção de outro pavimento, ou, no solo comum, de outro edifício destinado a conter novas unidades imobiliárias. Para tal, há necessidade de aprovação da unanimidade dos condôminos. Sabemos que, na prática, essa unanimidade é muito difícil de ser obtida. A situação, contudo, não se confunde com aqueles empreendimentos imobiliários que já preveem expansão, com a construção de outras unidades, como vilas e outros edifícios, e isso já fica especificado na convenção ou no instrumento de aquisição dos condôminos.

Art. 1.344. Ao proprietário do terraço de cobertura incumbem as despesas da sua conservação, de modo que não haja danos às unidades imobiliárias inferiores.

Essa disposição deveria estar conectada ao § 5º do art. 1.331, pois o terraço de cobertura pode ser parte comum ou pertencer ao proprietário de unidade autônoma. Não só esse proprietário deve zelar pela manutenção do terraço de molde a não prejudicar o edifício como deve se abster de realizar obras cuja estrutura não pode ser suportada. Deve, por exemplo, impedir que infiltração atinja os andares inferiores. Ainda que haja responsabilidade do construtor, deve zelar para que prontamente os reparos sejam realizados, ainda que com direito de regresso posterior. Assim, se desejar construir piscina na cobertura, só poderá fazê-lo com autorização da assembleia e desde que o ato constitutivo do condomínio não o proíba. Caberá sempre aos juízes, em última análise, proferir decisões, prévias ou definitivas, que minimizem tanto quanto possível as agruras da vida em condomínio de todos conhecida.

Apelação cível. Ação de cobrança. Preliminar de carência de ação. Tema que, *in casu*, se confunde com o mérito da insurgência e com este será analisado. **Condomínio Edilício.** Infiltrações oriundas de apartamento (cobertura) de propriedade do insurgente. Área de uso exclusivo. Parecer técnico efetuado, a pedido do autor, que revelou os riscos à segurança e à saúde dos condôminos, bem como a urgência na execução de obra de impermeabilização da piscina. Alegada ausência de notificação do requerido quanto ao início da aludida obra. Atas das Assembleias Gerais Extraordinárias que demonstram as inúmeras reclamações referentes às infiltrações, a previsão de início e término da realização do reparo, a soma total devida e as parcelas de rateio. Prova testemunhal unânime, no sentido de que o demandado tinha ciência dos problemas do imóvel. Ausência de comunicação, ademais, que não exime o proprietário da responsabilidade quanto aos prejuízos causados aos vizinhos e às despesas atinentes à conservação do bem. Artigo 1.344 do Código Civil de 2002. Dever de ressarcimento da importância despendida pelo demandante com a execução da mencionada obra, descontada a quantia já recebida a título de rateio. Pleito de utilização do menor orçamento, em razão da inexistência de documentação técnica elaborada pelo estabelecimento contratado e da suposta má execução dos serviços prestados. Irrelevância, na espécie. Laudo pericial conclusivo. Ausência de comprovação de que o montante apresentado é desproporcional aos reais danos suportados pelo requerente. Valor reparatório mantido nos termos estipulados pelo juízo a quo. Recurso desprovido. Contrarrazões. Alegada litigância de má-fé do recorrente. Situação não verificada. Pedido rejeitado (*TJSC* – Acórdão: Apelação Cível nº 2009.074215-0, 9-2-2012, Rel. Des. Ronaldo Moritz Martins da Silva).

Art. 1.345. O adquirente de unidade responde pelos débitos do alienante, em relação ao condomínio, inclusive multas e juros moratórios.

Exceção de pré-executividade – Condomínio – Obrigação "propter rem" – Ilegitimidade de parte – Imissão na posse – Ciência inequívoca. 1 – Ainda que de natureza "propter rem" (art. 1.345, do CC), induvidosa a ilegitimidade da proprietária se evidenciada a imissão na posse e a ciência inequívoca do condomínio sobre a transferência de direitos sobre o imóvel (precedente repetitivo – art. 543-C, do CPC73/art. 1.036, do NCPC); Recurso provido (*TJSP* – Ag 2018334-53.2020.8.26.0000, 3-4-2020, Rel. Maria Lúcia Pizzotti).

As despesas relativas à unidade condominial são obrigações reipersecutórias ou *propter rem*. Devedor será sempre seu proprietário ou possuidor, razão pela qual quem adquire apartamento, sala, loja, garagem ou assemelhados em um condomínio será responsável pelas dívidas do imóvel com relação ao condomínio. Para evitar outra interpretação, resolveu o legislador ser expresso. O adquirente responde pelos débitos existentes, inclusive multas e juros moratórios. Desse modo, o adquirente deve ter a cautela de obter da administração do condomínio uma relação de débitos relativa à unidade, sendo obrigação do síndico fornecê-la. A lei anterior, em alteração introduzida pela Lei nº 7.182/1984, no art. 4º, parágrafo único, exigia que a alienação ou transferência de direitos de unidade condominial dependesse de prova de quitação das obrigações relativas ao respectivo condomínio. Essa exigência ainda persiste, a nosso ver, e não conflita, antes se harmoniza, com o texto do presente artigo.

Civil – Processual Civil – Embargos à execução – Taxas Condominiais – Condomínio Irregular – Obrigação *propter rem* – Adesão do condômino – Desnecessidade – 1- Aferida que a natureza jurídica da atividade exercida pela parte Ré é de condomínio, o qual se destina à administração das áreas comuns do loteamento e à prestação de serviços direcionados aos detentores das unidades ali localizadas, sujeita-se o detentor de unidade autônoma ao pagamento das cotas condominiais, independentemente de adesão ao quadro de condôminos. 2- Trata-se de obrigação *propter rem*, que vincula o condômino e o torna obrigado, na proporção de sua parte, a concorrer para as despesas de conservação ou divisão da coisa, e a suportar os ônus a que estiver sujeita. Inteligência do artigo 1345 do CC. 3- Já se manifestou o C. STJ no sentido de que é possível a cobrança de cotas condominiais ainda que o condomínio seja irregular, pois, por não se tratar de taxa instituída por associação de moradores, não se analisa a legalidade da cobrança sob a perspectiva da adesão do proprietário, devendo o titular do domínio contribuir para o custeio das despesas do condomínio, sob pena de enriquecimento ilícito (AgRg no Ag 1348460/DF, Rel. Ministro MASSAMI UYEDA, TERCEIRA TURMA, julgado em 05/04/2011, *DJe* 25/04/2011). 4- Recurso conhecido e desprovido. (*TJ-DFT* – Proc. 20160610095110APC – (1000194), 7-3-2017, Rel. Getúlio de Moraes Oliveira).

Agravo de instrumento – Despesas Condominiais – Cobrança – Impugnação ao cumprimento de sentença – Tratando-se de ônus "propter rem" que grava o próprio bem, este pode ser penhorado, e o sucessor que o obtém a qualquer título, por ela responde: "O adquirente de unidade responde pelos débitos do alienante, em relação ao condomínio, inclusive multas e juros moratórios" (C.C. Art. 1.345). Decisão mantida. Recurso desprovido. (*TJSP* – AI 2250746-92.2016.8.26.0000, 11-4-2017, Rel. Felipe Ferreira).

Art. 1.346. É obrigatório o seguro de toda a edificação contra o risco de incêndio ou destruição, total ou parcial.

É responsabilidade do síndico zelar pelo seguro, sua renovação e validade (art. 1.348, IX). É importante esse seguro na proteção do patrimônio comum, principalmente no tocante à reconstrução do prédio, quando necessária. O síndico responderá por dolo ou culpa, em caso de omissão.

Seção II
Da Administração do Condomínio

Art. 1.347. A assembleia escolherá um síndico, que poderá não ser condômino, para administrar o condomínio, por prazo não superior a dois anos, o qual poderá renovar-se.

O síndico, com frequência injustamente mal compreendido na vida condominial, desempenha o papel mais importante no condomínio, não só porque o representa ativa e passivamente em juízo, mas também porque exerce as funções executivas de administração. Entre suas principais funções, além da representação do condomínio, está a administração, devendo prestar contas à assembleia. Cabe-lhe impor multas na forma da convenção e do regulamento, além de cumprir e fazer cumprir tais atos normativos e zelar pelo patrimônio condominial. Consoante o presente artigo, o síndico é escolhido pela assembleia e poderá não ser condômino. Seu mandato será de dois anos, podendo ser renovado, conforme mesma disposição da lei anterior (art. 22). A convenção pode proibir a reeleição por mais de um mandato, o que se mostra salutar. Não é conveniente a perpetuidade no cargo, mas a lei não proíbe constantes reeleições. Essa proibição, no entanto, foi sugerida pelo Projeto nº 6.960/2002, com redação que permitiria mandato do síndico não superior a dois anos, ficando permitida a renovação por um único período consecutivo.

O art. 1.349 estabelece a maioria absoluta para a destituição do síndico. Trata-se de cargo de confiança, permitindo-se a revogação do mandato. Permite-se também a eleição de subsíndicos, com fixação de suas funções.

As contas do síndico devem ser prestadas perante a assembleia anual e necessariamente ao findar seu mandato, sempre perante assembleia. Todo aquele que administra bens alheios deve prestar contas. Sendo administrador, é destituível *ad nutum*. Também, pode renunciar ao cargo, por sua natureza, independentemente da concordância de outro órgão. Nos termos do art. 186, responde por indenização se ocasionar prejuízo ao condomínio por culpa ou dolo.

A atividade do síndico não caracteriza relação de emprego nem locação de serviço. Ele é representante da comunhão. Não faz jus à remuneração se esta não estiver regularmente prevista. Como a lei permite que o síndico seja um estranho, não sendo condômino, nesse caso deve ser estabelecida sua remuneração.

Art. 1.348. Compete ao síndico:
I – convocar a assembleia dos condôminos;
II – representar, ativa e passivamente, o condomínio, praticando, em juízo ou fora dele, os atos necessários à defesa dos interesses comuns;
III – dar imediato conhecimento à assembleia da existência de procedimento judicial ou administrativo, de interesse do condomínio;
IV – cumprir e fazer cumprir a convenção, o regimento interno e as determinações da assembleia;
V – diligenciar a conservação e a guarda das partes comuns e zelar pela prestação dos serviços que interessem aos possuidores;
VI – elaborar o orçamento da receita e da despesa relativa a cada ano;
VII – cobrar dos condôminos as suas contribuições, bem como impor e cobrar as multas devidas;
VIII – prestar contas à assembleia, anualmente e quando exigidas;
IX – realizar o seguro da edificação.
§ 1º Poderá a assembleia investir outra pessoa, em lugar do síndico, em poderes de representação.
§ 2º O síndico pode transferir a outrem, total ou parcialmente, os poderes de representação ou as funções administrativas, mediante aprovação da assembleia, salvo disposição em contrário da convenção.

A competência do síndico, neste Código, é elencada nesse artigo. O síndico pode contratar administrador, pessoa natural ou jurídica, delegando-lhe funções administrativas. Deve submeter a aprovação do administrador à assembleia. A convenção pode estabelecer recurso à assembleia contra atos do síndico. O § 1º estabelece que a assembleia pode investir outras pessoas com poder de representação, que fará as vezes de síndico. Não é muito clara essa dicção.

A lei, tanto a condominial derrogada como o Código, permite, embora nem sempre seja conveniente, que o síndico seja pessoa estranha ao corpo condominial. A nomeação de pessoa estranha é faculdade que o juiz deve utilizar quando se torna inviável a administração por condômino, enquanto durar processo judicial. A assembleia deve estabelecer a remuneração do síndico nessa modalidade. Sendo condômino, cabe também à convenção ou à assembleia disciplinar se o mandato do síndico será gratuito ou remunerado. Sem dúvida, a remuneração permite que haja maior exigência com relação à dedicação do síndico ao condomínio.

O § 5º do art. 22 da lei anterior permitia a destituição do síndico na forma da convenção ou, no silêncio dela, por 2/3 dos condôminos em assembleia especialmente convocada para tal.

Exercendo o poder executivo no condomínio a função do síndico é essencial para seu bom funcionamento. Poderá contratar auxiliares, delegando funções, quando assim autorizado pela assembleia, se não houver proibição na convenção.

Como se nota do rol elencado nesse artigo, há necessidade de constante atividade do síndico, na cobrança de contribuições, na fiscalização material do condomínio, na convocação de assembleias etc., o que lhe dá enorme responsabilidade.

⚖ Apelação cível. Condomínio. Ação declaratória c/c indenização por multa – Deliberação em assembleia condominial que não teria sido objeto de devido registro de resultado – Pleito para imposição de multa à presidente da mesa – Ação promovida pelo condômino – Sentença que reconhece ilegitimidade para a demanda – Pretensão de reforma integral do pronunciamento – Art. 1.348, II do CC que atribui ao síndico legitimidade para defesa de interesses comuns – ilegitimidade que remanesce íntegra – Recurso não provido (*TJSP* – Ap. 1008228-93.2019.8.26.0320, 20-4-2021, Rel. Francisco Casconi).

⚖ Apelação – Ação de exigir contas – Sentença que condenou a ré a prestar as contas – Obrigação legal do síndico de prestar contar ao condomínio, estabelecida no artigo 1.348, VIII do Código Civil - Recurso improvido (*TJSP* – Ap. 1010923-94.2016.8.26.0006, 31-3-2021, Rel. Luis Fernando Nishi).

⚖ Ação de prestação de contas. Primeira fase. A ação de exigir contas, atual nomenclatura da ação de prestação de contas do Código de Processo Civil de 1973, destina-se ao esclarecimento de determinadas situações resultantes da administração de bens ou interesses alheios, por força de relação jurídica proveniente de lei ou contrato. Tratando-se da administração de condomínio edilício, a obrigação de o síndico prestar contas direciona-se à coletividade condominial (art. 22, § 1º, "f" da Lei 4.591/64 e inciso VIII do art. 1.348 do CC). Além disso, falece de interesse de agir ao condômino quando já prestadas as contas perante assembleia de condôminos. Precedente STJ. Manutenção da sentença que julgou improcedente o pedido formulado por condômino em face do condomínio e após a prestação de contas na via extrajudicial. Majoração dos honorários. Ao julgar o recurso, o Tribunal deve majorar os honorários fixados anteriormente ao advogado do vencedor, devendo considerar o trabalho adicional realizado em grau recursal (art. 85, § 11, do CPC). Apelação desprovida (*TJRS* – Ap. 70080874399, 23-05-2019, Rel. Marco Antonio Angelo).

⚖ Prestação de contas – **Ação ajuizada por condôminos contra síndica** – Alegação de que a ré se recusou a exibir documentos e a prestar as contas devidas – Impossibilidade, porém, de cada condômino individualmente exigir contas – Legitimidade concorrente da assembleia e do próprio condomínio para tanto, nos termos do art. 1348, VIII e 1350 do Código Civil – Precedentes dos tribunais – Acertada a sentença ao extinguir o processo sem julgamento do mérito por ilegitimidade *ad causam* ativa – Recurso improvido (*TJSP* – Acórdão: Apelação Cível nº 0350872-34.2009.8.26.0000, 12-4-2012, Rel. Des. Francisco Loureiro).

> **Art. 1.349. A assembleia, especialmente convocada para o fim estabelecido no § 2º do artigo antecedente, poderá, pelo voto da maioria absoluta de seus membros, destituir o síndico que praticar irregularidades, não prestar contas, ou não administrar convenientemente o condomínio.**

O presente artigo estabelece a maioria absoluta para a destituição do síndico. Trata-se de cargo de confiança, permitindo-se a revogação do mandato. Permite-se também a eleição de subsíndicos, com fixação de suas funções.

As contas do síndico devem ser prestadas perante a assembleia anual e necessariamente ao findar seu mandato, sempre perante assembleia. Todo aquele que administra bens alheios deve prestar contas. Sendo administrador, é destituível *ad nutum*. Também, pode renunciar ao cargo, por sua natureza, independentemente da concordância de outro órgão. Nos termos do art. 186, responde por indenização se ocasionar prejuízo ao condomínio por culpa ou dolo.

> **Art. 1.350. Convocará o síndico, anualmente, reunião da assembleia dos condôminos, na forma prevista na convenção, a fim de aprovar o orçamento**

das despesas, as contribuições dos condôminos e a prestação de contas, e eventualmente eleger-lhe o substituto e alterar o regimento interno.
§ 1º Se o síndico não convocar a assembleia, um quarto dos condôminos poderá fazê-lo.
§ 2º Se a assembleia não se reunir, o juiz decidirá, a requerimento de qualquer condômino.

A assembleia dos condôminos representa o poder legislativo do instituto condominial. É órgão deliberativo do condomínio para o qual devem ser convocados todos os condôminos. A falta de convocação geral idônea sujeita a assembleia à nulidade: "*A assembleia não poderá deliberar se todos os condôminos não forem convocados para a reunião*" (art. 1.354). O Projeto nº 6.960/2002 tentou acrescentar nesse artigo que os condôminos poderão fazer-se representar por procuração, sendo vedada a outorga de mais de três mandatos à mesma pessoa. Essa restrição já consta de muitas convenções e regulamentos condominiais, restringindo ainda mais a limitação a um único mandato por comparecente à assembleia. O dispositivo visara justamente evitar que uma única vontade ou poucas vontades preponderem soberanas nas deliberações condominiais. O síndico, por seu lado, exerce o poder executivo no prédio.

Para efeito de comparecimento às assembleias, a lei refere-se também aos compromissários compradores e cessionários promitentes das unidades, que se equiparam aos proprietários (art. 1.334, § 2º).

O art. 24 da lei anterior e o art. 1.350 estabelecem a necessidade de uma assembleia ordinária anual, convocada pelo síndico na forma prevista na convenção. Além de qualquer matéria que possa ser colocada na ordem do dia, essa assembleia tem a missão de aprovar as verbas do condomínio, conservação e manutenção, podendo também tratar de outros assuntos da vida condominial. Se o síndico não convocar a assembleia, um quarto dos condôminos poderá fazê-lo (art. 1.350, § 1º). As deliberações da assembleia, tomadas pelo *quorum* exigido em cada caso, obrigam a todos os condôminos.

Poderão ser realizadas assembleias extraordinárias sempre que houver necessidade, convocadas pelo síndico, ou por condôminos que representem 1/4, no mínimo, do condomínio, observada a representatividade em frações ideais ou outro método adotado na convenção.

O Código menciona a possibilidade de *quorum* especial para assembleias (dois terços dos condôminos), para a alteração da convenção ou do regimento interno, como já expusemos (art. 1.351). O Projeto nº 6.960/2002 apresentara acréscimo importante a esse dispositivo:

"*No caso de um mesmo condômino possuir mais de uma unidade ou fração ideal, seu direito de voto será limitado à soma dos votos dos demais coproprietários, cabendo ao presidente da mesa, em caso de empate, o voto de desempate.*"

A inovação visava impedir que o proprietário de várias unidades no condomínio tivesse sistematicamente a maioria e impusesse ditatorialmente sua vontade. Essa situação ocorre, por exemplo, quando o incorporador ainda não alienou todas as unidades. Não nos agrada, porém, que o voto de Minerva seja do presidente da mesa. Melhor é que se qualifique esse voto de outra forma, com base em frações ideais.

Art. 1.351. Depende da aprovação de 2/3 (dois terços) dos votos dos condôminos a alteração da convenção; a mudança da destinação do edifício, ou da unidade imobiliária, depende da aprovação pela unanimidade dos condôminos.

Art. 1.352. Salvo quando exigido quorum especial, as deliberações da assembleia serão tomadas, em primeira convocação, por maioria de votos dos condôminos presentes que representem pelo menos metade das frações ideais.
Parágrafo único. Os votos serão proporcionais às frações ideais no solo e nas outras partes comuns pertencentes a cada condômino, salvo disposição diversa da convenção de constituição do condomínio.

Art. 1.353. Em segunda convocação, a assembleia poderá deliberar por maioria dos votos dos presentes, salvo quando exigido *quorum* especial.

Há que se entender que os condomínios, constituídos após a vigência deste Código, deverão obedecer a esse *quorum* mínimo, que não poderá ser inferior. Os votos tomarão por base as frações ideais de cada condômino, salvo disposição diversa na constituição do condomínio. Consoante esse artigo, salvo quando exigido *quorum* especial, as deliberações da assembleia serão tomadas, em primeira convocação, por maioria de votos dos condôminos presentes que representem pelo menos metade das frações ideais, salvo disposição diversa na convenção em contrário. Em segunda convocação, a assembleia se realiza com os condôminos presentes, cujos votos são tomados também por maioria, salvo também a necessidade de *quorum* especial em razão da matéria (art. 1.353). Geralmente, por praxe e economia, há um intervalo de uma ou meia hora, para o mesmo dia, entre a primeira e a segunda convocação.

Caso não se realize a assembleia devidamente convocada, ou qualquer óbice seja oposto para sua instalação, a matéria deve ser submetida ao Judiciário (art. 1.350, § 2º).

A lei sobre patrimônio de afetação suprimiu a necessidade de *quorum* especial para a modificação do regimento interno. Os administradores de condomínio reclamavam da exigência do *quorum* especial estabelecido pelo Código. O regimento ou regulamento interno de um edifício ou condomínio assemelhado não pode ter a mesma rigidez da convenção. O regimento diz respeito à dinâmica da vida em comunhão e deve ter maior flexibilidade para sua modificação, o que não ocorre com a convenção.

O art. 1.351 está gramaticalmente mal redigido. O *quorum* especial de 2/3 dos votos dos condôminos é exigido para a alteração da convenção. Após esta última palavra, deveria ser colocado um ponto. A seguir, uma nova frase: "*A mudança na destinação do edifício, ou da unidade imobiliária, depende da aprovação da unanimidade dos condôminos.*" Essas modificações implicam em alterações substanciais e fundamentais do condomínio. Na prática, muito difícil e excepcional que se obtenha essa unanimidade.

⚖ Relação condominial. Ação declaratória c.c. obrigação de não fazer. Cobertura de garagem. Anulação de assembleia. Irregularidade na votação. Quorum de deliberação atingido. Obras úteis. Aprovação por maioria simples. Inteligência do **art. 1.353 do CC/02**. Recurso não provido (*TJSP* – Ap. 1033275-87.2018.8.26.0196, 2-4-2020, Rel. Cesar Lacerda).

⚖ Civil e processual civil. Inovação recursal. Ausência. Condomínio. **Ação de anulação de assembleia**. Realização de obras de segurança. Obras que se subsumem ao conceito de benfeitoria útil. Aprovação pela maioria dos condôminos presentes em segunda convocação. Observância aos arts. 1.341, inc. II, 1.353 e 2.035, parágrafo único do Código Civil de 2002. Disposições legais que se sobrepõem à convenção redigida sob a égide do Código Civil de 1916. Deliberação válida. Honorários advocatícios. Valor. Manutenção. Apelo conhecido e não – provido (*TJPR* – Acórdão Apelação Cível 12-5-2011, Rel. Des. Vitor Roberto Silva).

Art. 1.354. A assembleia não poderá deliberar se todos os condôminos não forem convocados para a reunião.

Como vemos, pelo menos uma vez por ano deverão reunir-se os condôminos em assembleia. Não estipula a lei a forma de convocação. Deve ser idônea, de forma que comprove que os condôminos foram dela devidamente cientificados. Indispensável, portanto, se mostra a forma escrita, ainda porque dela deve constar a *ordem do dia*. Não há limite para a discussão de assuntos administrativos e corriqueiros, ainda que da convocação não constem *assuntos gerais*.

Na contagem de votos nas assembleias, não se computa o escrutínio por cabeça, mas proporcionalmente às frações ideais de cada condômino, áreas privativas ou outro critério estabelecido na convenção. O voto é proporcional, portanto, ao conteúdo e extensão do direito condominial. É permitido o voto por procuração, com poderes especiais. O desvio de finalidade da assembleia, no entanto, pode permitir abusos. O ideal é que se limite o mandato em determinadas hipóteses, não se permitindo, por exemplo, que um único procurador represente mais do que um número limitado de condôminos, não mais que dois ou três. Caso contrário, pode-se estabelecer verdadeira ditadura ou procuração em causa própria, que contraria as finalidades da assembleia. Nosso legislador não se preocupou com a matéria, quando deveria fazê-lo. Tal incumbe à convenção. Se não o fizer, pode a maioria deliberar a questão para futuras assembleias.

À minoria dissidente cabe discutir a legalidade das decisões tomadas na assembleia, mas, enquanto não anulada a deliberação, deve-se submeter a elas. Note que existem matérias pontilhadas na lei que exigem *quorum* mínimo para aprovação. O controle judicial examinará, a par da questão formal da assembleia, eventuais abusos de direito. Trata-se de aplicação de regra geral no uso da propriedade. Sujeitam-se as assembleias aos princípios gerais de nulidade e anulabilidade. A regra geral é da teoria geral dos negócios jurídicos. As medidas cautelares que impeçam a realização ou cumprimento de decisões de assembleias devem ser concedidas com prudência. Nada impede que o juiz designe representante seu para acompanhar ou presidir a assembleia, com funções de auxiliar do juízo, tal como perito, se a situação de beligerância entre os condôminos o exigir.

⚖ Apelação cível. Condomínio. Ação anulatória de assembleia geral. Regularidade na convocação dos condôminos para a solenidade. Inteligência do art. 1.354 do CC. Demonstrado nos autos a regularidade na convocação de Assembleia Geral que deliberou a respeito da modernização dos elevadores do edifício e a chamada extra respectiva. Existência de comprovação acerca do quórum mínimo para disposição sobre os reparos, ônus da prova do qual não se desincumbiu o autor. Art. 373, I, do CPC não atendido. Sentença mantida. Negaram provimento ao apelo. Unânime (*TJRS* – Ap. 70083306076, 12-12-2019, Rel. Giovanni Conti).

Art. 1.355. Assembleias extraordinárias poderão ser convocadas pelo síndico ou por um quarto dos condôminos.

Sempre que houver necessidade para a vida condominial, cumpre, em princípio ao síndico, convocar assembleia extraordinária. Mas também podem fazê-lo 1/4 dos condôminos. Há que se entender como 1/4 das frações ideais. O síndico tem o dever de convocar assembleia, podendo ser responsabilizado por eventual omissão, principalmente se omitir-se na convocação da assembleia ordinária.

Art. 1.356. Poderá haver no condomínio um conselho fiscal, composto de três membros, eleitos pela assembleia, por prazo não superior a dois anos, ao qual compete dar parecer sobre as contas do síndico.

O Conselho Consultivo também é órgão do condomínio, conforme exigência do art. 9º, § 3º, da lei anterior. Aqui se mostra facultativa a sua existência. Na prática, esse conselho exerce as funções de conselho fiscal na maioria dos condomínios. O presente artigo, porém, estabelece a faculdade de o condomínio instituir um conselho fiscal, composto de três membros, eleitos pela assembleia, por prazo não superior a dois anos, ao qual compete dar parecer sobre as contas do síndico. A convenção pode estabelecer outras modalidades de eleição e suas atribuições, que devem ser fiscalizadoras da atividade do síndico.

Outros órgãos facultativos podem também ser criados, como Conselho Disciplinar, Administrador de Garagens etc. Tudo dependerá do vulto e das necessidades do empreendimento.

O Conselho Consultivo, mencionado pela lei condominial anterior, seria eleito na forma prevista na convenção (art. 23), constituído de três condôminos, com mandatos de dois anos, permitida a reeleição. Sua função é assessorar o síndico como órgão auxiliar, exercendo, na maioria das vezes, função contábil fiscalizadora, por disposição da convenção. Esse conselho será sempre composto de condôminos, enquanto o síndico poderá ser pessoa estranha. A mesma orientação pode ser mantida na lei atual.

Seção III
Da Extinção do Condomínio

Art. 1.357. Se a edificação for total ou consideravelmente destruída, ou ameace ruína, os condôminos deliberarão em assembleia sobre a reconstrução, ou venda, por votos que representem metade mais uma das frações ideais.
§ 1º Deliberada a reconstrução, poderá o condômino eximir-se do pagamento das despesas respectivas, alienando os seus direitos a outros condôminos, mediante avaliação judicial.
§ 2º Realizada a venda, em que se preferirá, em condições iguais de oferta, o condômino ao estranho, será repartido o apurado entre os condôminos, proporcionalmente ao valor das suas unidades imobiliárias.

Art. 1.358. Se ocorrer desapropriação, a indenização será repartida na proporção a que se refere o § 2º do artigo antecedente.

Assim como toda realidade fática, o condomínio horizontal pode extinguir-se, embora seja criado sem prazo determinado.

Segundo a lei condominial anterior, apontam-se como causas principais de extinção a desapropriação do edifício, o perecimento do objeto e a alienação de todas as unidades a um só titular.

Na desapropriação, os valores das unidades autônomas caberão a cada titular, repartindo-se por rateio o equivalente às partes comuns. Divide-se a indenização pelas respectivas quotas.

No caso de destruição de menos de 2/3 da edificação, o síndico promoveria o recebimento do seguro e a reconstrução e reparos (art. 16). Dois terços dos condôminos representando fração ideal de 80% do terreno e coisas comuns poderiam decidir sobre a demolição e reconstrução do prédio ou sua alienação, por motivos urbanísticos ou arquitetônicos, ou, ainda, no caso de condenação do edifício pela autoridade pública, em razão de insegurança ou insalubridade (art. 17). Assegurava-se o direito da minoria de ter suas partes adquiridas pela maioria. A alienação total do edifício também era autorizada pelos votos dos 2/3 mencionados, correspondendo a 80% do terreno e frações ideais (§§ 1º e 2º do art. 17).

Neste Código, o presente dispositivo aponta que, se a edificação for total ou consideravelmente destruída, ou ameace ruína, os condôminos deliberarão em assembleia sobre a reconstrução ou venda, por votos que representem metade mais uma das frações ideais. Como se percebe, a solução é mais realista do que a da lei anterior, pois, dependendo dos danos, os reparos podem ser inviáveis nessa situação trágica. A presente lei civil traduz de forma mais eficiente o direito das minorias. Como a reconstrução implica investimento vultoso para cada condômino, poderá ele eximir-se do pagamento, alienando seu direito a outros condôminos, mediante avaliação judicial (art. 1.357, § 1º). A preferência na aquisição será dos outros condôminos e, na falta de interesse deles, poderá adquirir a quota um estranho (art. 1.357, § 2º). O valor apurado será repartido entre os condôminos, proporcionalmente ao valor de suas unidades. Poderá, porém, a assembleia dar outro destino a essa verba. Na hipótese de desapropriação, a indenização será repartida também a cada condômino, na proporção de sua respectiva unidade (art. 1.358).

Seção IV
Do Condomínio de Lotes
(Incluído pela Lei nº 13.465, de 2017)

Art. 1.358-A. Pode haver, em terrenos, partes designadas de lotes que são propriedade exclusiva e partes que são propriedade comum dos condôminos. (Incluído pela Lei nº 13.465, de 2017)
§ 1º A fração ideal de cada condômino poderá ser proporcional à área do solo de cada unidade autônoma, ao respectivo potencial construtivo ou a outros critérios indicados no ato de instituição. (Incluído pela Lei nº 13.465, de 2017)

§ 2º Aplica-se, no que couber, ao condomínio de lotes:
I – o disposto sobre condomínio edilício neste Capítulo, respeitada a legislação urbanística; e
II – o regime jurídico das incorporações imobiliárias de que trata o Capítulo I do Título II da Lei nº 4.591, de 16 de dezembro de 1964, equiparando-se o empreendedor ao incorporador quanto aos aspectos civis e registrários.
§ 3º Para fins de incorporação imobiliária, a implantação de toda a infraestrutura ficará a cargo do empreendedor. (Incluído pela Lei nº 13.465, de 2017)

Esse artigo, incluído pela confusa lei de regularização fundiária rural e urbana, visou regularizar lotes com existência de fato, sem uma realidade jurídica. Caberá aos registros imobiliários e ao incorporador fazê-lo, mas o dispositivo depende de regulamentação. Há inúmeros lotes nessa situação na realidade do País.

Enunciado nº 625, VIII Jornada de Direito Civil – CJF/STJ: A incorporação imobiliária que tenha por objeto o condomínio de lotes poderá ser submetida ao regime do patrimônio de afetação, na forma da lei especial.

Associação – Loteamento – Despesas de manutenção – Cobrança – Viabilidade – Obrigação imposta pelo loteador em contrato – Dever decorrente da aquisição do imóvel – Aplicação de normas regentes do condomínio edilício – Art. 1.358-A do Código Civil – Pagamento que é obrigação do condômino – Art. 1.336, I, do Código Civil – Serviços prestados em benefício dos proprietários – Vedação do enriquecimento ilícito – Taxas devidas – Sentença mantida – Recurso desprovido (TJSP – Ap. 1002409-41.2020.8.26.012, 5-4-2021, Rel. Giffoni Ferreira).

Ação de Cobrança – Contribuição associativa de condomínio em lote – Sentença de parcial procedência – Insurgência quanto a limitação da multa moratória a 02% (dois por cento) – Descabimento – Aplicação do artigo 1.336, § 1º, do CCB – Equiparação das obrigações em condomínio edilício no tocante as obrigações de condomínio em lote estabelecidas pela Lei 13.465/17 – Inteligência do artigo 1.358-A, §2º, do CCB – Sentença mantida – Ratificação, nos termos do artigo 252, do Regimento Interno. Recurso não provido (TJSP – Ap. 1005685-40.2019.8.26.0281, 29-9-2020, Rel. Penna Machado).

Direito civil. Ação de cobrança. Condomínio irregular. Débito condominial. Prescrição. Prazo de cinco anos. Taxas inadimplidas. Dever de pagamento. I. Prescreve em cinco anos a pretensão de cobrança de dívida condominial, nos termos do artigo 206, § 5º, inciso I, do Código Civil. II. Se o condomínio de fato existe e funciona nos moldes do "condomínio de lotes" previsto no artigo 1.358-A do Código Civil, não há como afastar o emprego da analogia expressamente autorizado pelo artigo 4º da Lei de Introdução às Normas do Direito Brasileiro. III. Nos casos em que a associação existe e subsiste por conta de uma realidade condominial sedimentada, ainda que imperfeita do ponto de vista jurídico, é natural, senão imperativo, que a qualidade de associado esteja vinculada à titularidade dos imóveis que formam, independentemente da vontade dos associados, um "condomínio de lotes" de fato IV. Recurso conhecido e parcialmente provido (TJDFT – Ap. 00133551020118070006, 3-9-2020, Rel. James Eduardo Oliveira).

CAPÍTULO VII-A
Do condomínio em multipropriedade

Seção I
Disposições Gerais

Art. 1.358-B. A multipropriedade reger-se-á pelo disposto neste Capítulo e, de forma supletiva e subsidiária, pelas demais disposições deste Código e pelas disposições das Leis nºs 4.591, de 16 de dezembro de 1964, e 8.078, de 11 de setembro de 1990 (Código de Defesa do Consumidor).

1. Novas Manifestações Condominiais: Loteamentos Fechados, *Shopping Centers*, Clubes de Campo, Cemitérios

A atualidade criou realidades em matéria de condomínio e situações assemelhadas que não se amoldam ao condomínio tradicional, bem como refogem à tipicidade regulada pela Lei nº 4.591/64 e também aos dispositivos do condomínio edilício do vigente Código.

São frequentes os chamados *loteamentos ou condomínios fechados*: bairros urbanizados, em periferia de grandes centros, para fins residenciais, ou em regiões mais afastadas para finalidades de lazer. Se as edificações ocorrem em dezenas de lotes, como nos casos concretos, com vias particulares, não temos dúvidas de que existem partes comuns, coletivas e unidades autônomas, empregando-se, no que não conflitar, a lei condominial. É opinião também de J. Nascimento Franco e Nisske Gondo (1988:10). Não há razão para que se entenda aplicável apenas a lei de parcelamento do solo. Entretanto, a questão acende vivas controvérsias. Se, no entanto, a urbanização é feita pelo Município, não há propriedade coletiva, não há partes ideais no condomínio. Se existe acesso controlado, vias particulares entre os imóveis, áreas de lazer e de uso comum, estará estabelecido o condomínio sob o regime de propriedade horizontal. Denomina-se *condomínio fechado* porque as ruas, praças e áreas de lazer pertencem ao domínio privado, autorregulamentado por convenção e assembleias do condomínio. Essas ruas e praças podem também passar ao domínio do Município, estabelecendo-se um regime híbrido, ainda não bem formulado na lei.

Segundo parte da doutrina, à qual aderimos, ainda que sejam prestados serviços públicos no interior do condomínio, tal não transforma sua natureza jurídica.

É claro que há necessidade de adaptação de normas condominiais na convenção, sem prejuízo das regras gerais de vizinhança. A Lei nº 4.591/64 albergou expressamente essa modalidade de condomínio em seu art. 8º (no mesmo sentido a opinião de Arnaldo Rizzardo, 1991, v. 3:645). O presente Código não se refere expressamente a essa modalidade, o que sugere que, de futuro, tenhamos um regramento próprio. Aplicam-se, contudo, no que couber, as regras condominiais.

Da mesma forma devem ser tratados os inúmeros *condomínios de fato*, situações não regularizadas, atualmente já facilitada sua normatização por lei, lembrando-se do art. 1.358-A do Código Civil, como casas e unidades múltiplas que se constroem em um local fechado, com acesso mais ou menos complexo por rua, alameda ou similar, com ou sem vigilância, sem preocupação de regularização, bem como tantas outras situações que a necessidade urbana tem criado.

Os *shopping centers*, normalmente tratados do ponto de vista exclusivamente contratual, envolvendo os lojistas, também têm perfeitos contornos condominiais, quando cada unidade comercial é alienada a um titular.[1] Estabelece-se aí o condomínio, subordinado a regras mercadológicas próprias. No caso, o contrato normativo do *shopping* funcionará como convenção condominial. Na prática, porém, com maior frequência, o administrador ou empreendedor mantém a propriedade de todo o imóvel, dando as lojas em locação ou a outro título; daí a razão de avultar de importância a relação obrigacional locatícia no instituto, e não o direito real. Inafastável também a aplicação analógica da lei condominial à espécie no que tange principalmente às despesas de condomínio e regime das partes comuns, entre outros aspectos.

Nos *clubes de campo*, quando se alienam imóveis residenciais em seu interior, também se estabelece um condomínio, a exemplo dos loteamentos fechados. A ideia, ao se organizar um clube desse teor, é que cada membro seja proprietário de um lote e possua em condomínio áreas comuns, desfrutando de serviços complementares. Há um complexo condominial em que se chamarão à colação princípios de fração ideal de terreno, direitos de vizinhança, regulamentos internos e convenções etc. Inafastável também a aplicação parcial da lei condominial, enquanto não houver legislação específica.

Outro fenômeno moderno é a existência de cemitérios privados. Há que se entender que os contratos concessivos do uso de sepulcros poderão possuir natureza real apenas se assim for considerado pela lei. A relação entre o administrador e titular do terreno do cemitério e o adquirente de espaço para sepultura é de locação ou comodato. Há também nesse fenômeno situações de direito condominial. Não resta dúvida, porém, de que a lei pode atribuir sistema de direito real aos cemitérios privados.

Como verificamos, em matéria de uso e propriedade de coisas em comum, há novos fenômenos sociais a serem examinados pelos juristas, estando a requerer, de pronto, soluções jurisprudenciais compatíveis com as novas realidades e, a curto prazo, a devida atenção do legislador. Conclui-se que a tendência será a ampliação do *numerus clausus* dos direitos reais, para permitir a adequação social dessas novas formas de utilização da coisa imóvel.

2. Multipropriedade (*time-sharing*)

O sistema *time-sharing* da propriedade cria também nova especificidade de condomínio. O adquirente passa a ser titular de um imóvel[2] assegurando-se-lhe determinado período anual para usar e gozar da coisa. Cuida-se de sistema destinado primordialmente a locais de lazer. O sistema surge primeiramente na

---

[1] "**Recurso especial** – Processo civil – Ação de cobrança de taxa de condomínio de *shopping center* – Matéria relativa à forma de cálculo da taxa definida em demanda anterior entre as mesmas partes – Eficácia preclusiva da coisa julgada. 1. Pretensão de condomínio de *shopping center* de cobrar diferenças de taxas condominiais, em face de modificação operada na respectiva convenção. 2. Critério de cálculo da taxa condominial, considerando a fração ideal do imóvel, definido em ação declaratória cumulada com consignatória movida pela condômina. 3. Alteração na forma de cálculo da taxa condominial operada no curso da demanda anterior, para o coeficiente de rateio das despesas (CRD), que não foi comunicada ao juízo. 4. Inaplicabilidade da regra contida no artigo 471, I, do Código de Processo Civil, referente às relações jurídicas continuativas, que somente têm incidência nas alterações posteriores ao trânsito em julgado da ação anterior, em face do disposto no artigo 474 do mesmo diploma legal. 5. Interpretação sistemática e teleológica da legislação processual. 6. Recurso especial desprovido" (*STJ* – REsp 1.188.021 – (2010/0062239-3), 28-9-2012, Rel. Min. Paulo de Tarso Sanseverino).
"**Indenizatória condomínio *shopping center*** – Pedido fundado no alegado dever de alugar loja em condomínio *Shopping Center* para uma franquia, a qual colidiria com *mix* já estabelecido pelo condomínio quando da venda das unidades. Inexistência de disposição assemblear a amparar a pretensão inicial. Improcedência mantida. Recurso desprovido" (*TJSP* – Ap. 994.04.077130-0, 15-9-2011, Rel. Silvério Ribeiro).

[2] Embargos de declaração - Direito privado não especificado - Anulação de contrato - Devolução de valores – *Time-sharing*. A finalidade dos embargos declaratórios é suprir decisão omissa, esclarecê-la quando presente obscuridade ou saná-la quando verificada contradição, assim como para corrigir erro material, conforme determina o artigo 1.022 do Código de Processo Civil. Não se afigura o recurso meio hábil para rediscussão de matéria já decidida. Prequestionamento. Desnecessário o exame de lista de dispositivos legais trazidos pela parte, um a um, se já analisados os argumentos por ela apresentados que poderiam, em tese, infirmar a conclusão adotada. Embargos de declaração desacolhidos. Unânime (*TJRS* – EDcl 70076407675, 14-3-2018, Rel. Des. Antônio Maria Rodrigues de Freitas Iserhard).
"**Apelações cíveis**. Interposições contra sentença que julgou parcialmente procedente ação de rescisão contratual c.c. indenização por danos materiais e morais. *Time-sharing*. Cessão de direito de uso de imóvel em sistema de tempo compartilhado com a possibilidade de intercâmbio. Consumidora que teve frustrada expectativa de férias, sem que lhe fosse proporcionado o direito de uso de qualquer das unidades habitacionais credenciadas. Falta de clareza necessária nas informações prestadas à consumidora. Rescisão contratual justificada.

Europa, e hoje é muito usado por empresários ligados ao turismo. Gustavo Tepedino (1993:1) define-o como:

> *"Multipropriedade de forma genérica é a relação jurídica de aproveitamento econômico de uma coisa móvel ou imóvel, repartida em unidades fixas de tempo, de modo que diversos titulares possam, cada qual a seu turno, utilizar-se da coisa com exclusividade e de maneira perpétua".*

O sistema utilizado para os imóveis é conhecido como *time-sharing* nos países de língua inglesa, multipropriedade na França, na Espanha e na Itália, nesta também como *proprietà spazio-temporale*; como *direito real de habitação periódica*, em Portugal. A doutrina argentina refere-se à *propriedade de tempo compartilhado*. Todas as denominações dão ideia do que se trata. Nosso ordenamento opta pelo termo "multipropriedade".

A Lei nº 13.777/2018 vem regular a multipropriedade, introduzindo os arts. 1.358-B a 1.358-U neste Código.

Muitas legislações não possuem legislação específica para o fenômeno, muito complexo e diversificado na prática, pois não se obedece a um único padrão contratual. A doutrina procura explicá-lo como uma propriedade periódica, propriedade sazonal, propriedade a tempo parcial ou a tempo repartido etc. Tudo leva a crer que se consagrará com o tempo o vocábulo inglês *time-sharing* ou *timeshare* no meio turístico, embora nossa lei tenha escolhido "multipropriedade". Mesmo na comunidade europeia discute-se a existência de um direito obrigacional ou um direito real. Temos agora entre nós o instituto como direito real, introduzido no Código Civil.

O art. 1.358-C define o instituto, inserindo-o como uma modalidade de propriedade.

Trata-se, portanto, de mais um direito real limitado, assim reconhecido por lei.

O fenômeno social nasceu da procura da classe média por um imóvel de férias na praia ou na montanha, ou mesmo em grandes cidades. Os empresários optaram por um sistema que facilitasse o acesso a essa segunda propriedade a grupo social ao qual não convém ou não é possível manter vários imóveis concomitantemente. Busca-se com o *time-sharing* a democratização do imóvel de férias. A possibilidade estende-se tanto a unidades em apartamentos quanto a imóveis como construções térreas, casas em vilas, fazendas ou assemelhados.

Alguns países optaram por conceituá-lo como direito real de habitação por intermédio de um administrador denominado *trustee*, que mantém a propriedade em nome de um clube. Os compradores adquirem o direito de uso e fruição temporal de uma unidade. Em Portugal, criou-se o contrato de arrendamento múltiplo como direito real (*direito de habitação periódica*). No dizer de José de Oliveira Ascensão (1987:475), o direito de habitação periódica é um *direito real menor*. Conclui, porém, o autor português que se estabelece parcialmente um regime semelhante ao da propriedade horizontal. A Grécia foi um dos primeiros países a regulamentar a multipropriedade por uma lei de 1986, tratando-a como modalidade de locação. Havendo problemas transnacionais na comunidade europeia, preocupam-se os legisladores da União Europeia em determinar atualmente diretivas para tornar homogêneos os direitos dos adquirentes de multipropriedade (as diretivas da Comunidade buscam fixar, nos vários campos jurídicos, normas mínimas para as legislações dos países-membros, que devem harmonizar sua respectiva legislação).

O fenômeno surgiu timidamente no Brasil, também sem legislação específica. Cumpre salientar que o sistema não teve ainda boa aceitação disseminada e repercussão na sociedade brasileira, em que pese nossa enorme potencialidade para o turismo, mormente, talvez, pela ausência de legislação específica. Vimos que há legislações que mantêm o negócio no campo obrigacional. A situação material, na realidade, apresenta-se como condomínio especial, no qual os condôminos dividem, isto é, compartilham a mesma unidade habitacional, em frações de tempo diversas.

Nesse sistema, todos os multiproprietários são condôminos, mas esse condomínio somente será exclusivo em unidade autônoma no tempo estabelecido no pacto, que nossa lei, como outras do direito comparado, estabelece como sete dias, prazo mínimo.

Nesse diapasão, a relação dos multiusuários passa a ser de direito real. Todos os adquirentes são coproprietários de fração ideal, não se identificando a unidade. Não existe, desse modo, constituição de unidades autônomas, invocando-se as normas típicas do condomínio edilício ordinário. As normas condominiais são aplicadas subsidiariamente. A relação de tempo repartido deve ficar exposta na convenção e em regulamento. A administração é atribuída a empresa administradora, que normalmente reserva para si frações ideais, correspondentes a duas semanas do ano em todos os

---

Solidariedade passiva das rés. Dano moral configurado. Indenização condizente com os princípios da razoabilidade e proporcionalidade e com o grau de culpa das rés. Sentença mantida" (*TJSP* – Ap. 0039640-24.2011.8.26.0002, 24-1-2013, Rel. Mario A. Silveira).

"**Ação de despejo por falta de pagamento. Sistema de *time-sharing*** – Falta de interesse de agir configurado, por inadequação da via processual eleita. Contrato denominado de *time-sharing* é negócio jurídico que não encerra uma simples relação locatícia, constituindo um tipo especial de condomínio, não ao abrigo da Lei 4.591/64, para uso compartilhado, que não confere ao credor o direito de ajuizamento da ação de despejo em caso de inadimplemento do devedor. Havendo descumprimento do contrato, devem as partes valer-se dos meios ordinários próprios, não havendo interesse processual do instituidor do empreendimento, para ajuizamento de ação de despejo por falta de pagamento, não estando também o contrato de *time-sharing* ao abrigo da Lei 8.245/91. Extinção do feito sem julgamento de mérito, por carência de ação, nos termos do art. 267, VI, do CPC. Recurso provido" (*TJSP* – Ap. 990.10.237337-1, 3-4-2012, Rel. Manoel Justino Bezerra Filho).

apartamentos (Tepedino, 1993:45). Essas semanas reservadas servem precipuamente para a manutenção das unidades.

É evidente que sua proximidade analógica permitirá o emprego de certos conceitos condominiais, como a própria lei agora descreve, por exemplo, o dever do condômino de concorrer na proporção de sua fração ideal no rateio das despesas. O mesmo se diga a respeito dos deveres e direitos emanados da convenção e do regulamento ou regimento interno do empreendimento.

A multipropriedade cria um direito real *sui generis* de usar, gozar e dispor da propriedade, cuja limitação não é apenas condominial, mas também temporal. O novo texto legal regula a possibilidade de registro dessa nova modalidade de propriedade em nome de cada condômino fracionário. Por outro lado, não há incompatibilidade de aplicação dos princípios norteadores da Lei nº 4.591/64 ou deste Código Civil à multipropriedade, como agora especificado no mais recente texto legal. Também aqui se levam em conta a convenção, ou ato normativo, o regulamento ou regimento e os direitos de vizinhança. Caberá à doutrina e aos tribunais estabelecer a harmonização de situações de fato emergentes com a legislação. Não se podia tratar juridicamente o fenômeno como um singelo condomínio *pro indiviso*, pois sob esse regime o condômino poderia a qualquer momento pedir a extinção do estado de indivisão, faculdade imprescritível e potestativa, da natureza do instituto.

O legislador introduziu esses artigos para regular a multipropriedade. Realçamos aqui alguns aspectos marcantes. O presente artigo destaca que supletiva e subsidiariamente o fenômeno será regido também pela Lei 4.591/64 e pelo Código de Defesa do Consumidor, como apontávamos e era de mister. O *time-sharing* atinge universalidade ponderável de consumidores, como é intuitivo, e sua proteção é sem dúvida alcançada pela legislação consumerista.

Art. 1.358-C. Multipropriedade é o regime de condomínio em que cada um dos proprietários de um mesmo imóvel é titular de uma fração de tempo, à qual corresponde a faculdade de uso e gozo, com exclusividade, da totalidade do imóvel, a ser exercida pelos proprietários de forma alternada.
Parágrafo único. A multipropriedade não se extinguirá automaticamente se todas as frações de tempo forem do mesmo multiproprietário.

A fração de tempo de cada multiproprietário deve ser especificada no instrumento contratual, geralmente estabelecida em sete dias, seu prazo mínimo exigido pela lei. O parágrafo assegura que essa propriedade não se extingue ainda que todas as frações de tempo forem atribuídas ao mesmo proprietário. Será de oportunidade e conveniência que essa situação persista. O contrato poderá dispor diferentemente. Não há identificação da unidade a ser usada no período, pois dependerá da disponibilidade do momento da utilização, daí então a proximidade dessa modalidade com a hotelaria.

Art. 1.358-D. O imóvel objeto da multipropriedade:
I – é indivisível, não se sujeitando a ação de divisão ou de extinção de condomínio;
II – inclui as instalações, os equipamentos e o mobiliário destinados a seu uso e gozo.

Esse dispositivo indica a indivisibilidade do condomínio, que não se sujeitará a ação de divisão ou extinção (inciso I), e dispõe que se incluem no seu objeto "*as instalações, equipamentos e o mobiliário destinados a seu uso e gozo*". Essa última inserção é essencial à multipropriedade, pois o imóvel é colocado em estado de ser completamente utilizado pelo titular e sua família e convidados não só com mobiliário, como também com os utensílios ordinários da vida contemporânea, como televisores, refrigeradores, micro-ondas, pratos, talheres, aprestos de cozinha etc. A administração desses empreendimentos é semelhante e quase idêntica a um hotel e geralmente as unidades não utilizadas servem para tal, gerando renda para o administrador e proprietário, segundo a contratação e regulamento. Em linha geral, o usuário deve cuidar dos utensílios e deixados perfeitamente utilizáveis ao deixar o local, findo seu período, sob pena de ter que indenizar por perdas ou deteriorações anormais.

Art. 1.358-E. Cada fração de tempo é indivisível.
§ 1º O período correspondente a cada fração de tempo será de, no mínimo, 7 (sete) dias, seguidos ou intercalados, e poderá ser:
I – fixo e determinado, no mesmo período de cada ano;
II – flutuante, caso em que a determinação do período será realizada de forma periódica, mediante procedimento objetivo que respeite, em relação a todos os multiproprietários, o princípio da isonomia, devendo ser previamente divulgado; ou
III – misto, combinando os sistemas fixo e flutuante.
§ 2º Todos os multiproprietários terão direito a uma mesma quantidade mínima de dias seguidos durante o ano, podendo haver a aquisição de frações maiores que a mínima, com o correspondente direito ao uso por períodos também maiores.

A exemplo do que ocorre no Exterior, o prazo mínimo de utilização anual do imóvel é de sete dias. Nada impede que o multiproprietário adquira períodos maiores sempre com o prazo mínimo de sete dias ou diversos, se a convenção permitir. O contrato poderá dispor diferentemente, inclusive estabelecendo um número máximo de período anual.

Há três possibilidades especificadas no artigo para a utilização do respectivo período: este pode ser fixo e determinado, por exemplo, a terceira semana de janeiro de cada ano; ou flutuante, mediante a oportunidade e conveniência das partes, o que deve ser especificado no contrato. O texto determina que o critério seja objetivo e assegure igualdade de direito de todos os coproprietários. O dispositivo também alude à possibilidade de combinar os dois critérios, denominando de misto; porém, sempre o critério deve obedecer a esses parâmetros. O sistema que menos problemas ocasiona, na prática, é sem dúvida, o flutuante, desde que os direitos respetivos sejam obedecidos.

O § 2º impõe que todos os proprietários terão direito à mesma quantidade mínima de dias durante o ano.

Seção II
Da Instituição da Multipropriedade

Art. 1.358-F. Institui-se a multipropriedade por ato entre vivos ou testamento, registrado no competente cartório de registro de imóveis, devendo constar daquele ato a duração dos períodos correspondentes a cada fração de tempo.

A multipropriedade terá origem em negócio jurídico bilateral (geralmente contrato) e em negócio unilateral, o testamento. O registro do instrumento no cartório imobiliário conferirá o direito real.

Art. 1.358-G. Além das cláusulas que os multiproprietários decidirem estipular, a convenção de condomínio em multipropriedade determinará:
I – os poderes e deveres dos multiproprietários, especialmente em matéria de instalações, equipamentos e mobiliário do imóvel, de manutenção ordinária e extraordinária, de conservação e limpeza e de pagamento da contribuição condominial;
II – o número máximo de pessoas que podem ocupar simultaneamente o imóvel no período correspondente a cada fração de tempo;
III – as regras de acesso do administrador condominial ao imóvel para cumprimento do dever de manutenção, conservação e limpeza;
IV – a criação de fundo de reserva para reposição e manutenção dos equipamentos, instalações e mobiliário;
V – o regime aplicável em caso de perda ou destruição parcial ou total do imóvel, inclusive para efeitos de participação no risco ou no valor do seguro, da indenização ou da parte restante;
VI – as multas aplicáveis ao multiproprietário nas hipóteses de descumprimento de deveres.

Esse artigo aponta quais as cláusulas que devem constar da convenção da multipropriedade, obrigatoriamente, além de outras que aos interessados forem convenientes. Dentre essas destacamos a necessidade de especificar direitos sobre as instalações, equipamentos e mobiliário, bem como forma de pagamento de conservação e limpeza (inciso I).

O inciso II desse artigo é fundamental: a convenção deve estipular "*o número máximo de pessoas que podem ocupar simultaneamente o imóvel no período a cada fração de tempo*". Caberá ao administrador fiscalizar essa ocupação, sob pena de sua desobediência desvirtuar a finalidade do empreendimento e tumultuar a vida condominial. As unidades devem ser predeterminadas para utilização, por exemplo, de duas, quatro ou seis pessoas. A desobediência do titular o sujeitará a multa e outras punições do regulamento e da convenção, aplicando-se, no que couber, as disposições do condomínio edilício.

O sistema de multas deve ser especificado (inciso VI), utilizando-se subsidiariamente o que é regulado para o condomínio edilício.

Lembremos que se tornam em nosso país cada vez mais comuns prédios destinados à chamada terceira idade, que restringem a ocupação por crianças e jovens. A multipropriedade também pode servir a essas faixas. Tudo isso deve constar da convenção e regulamento. Da mesma forma, pode ser prevista e regulamentada a possibilidade de permanência de animais de estimação. Tudo, enfim, deve ser apreciado e regulado em prol da vida condominial que, no caso específico, destina-se essencialmente a período de férias e lazer.

Art. 1.358-H. O instrumento de instituição da multipropriedade ou a convenção de condomínio em multipropriedade poderá estabelecer o limite máximo de frações de tempo no mesmo imóvel que poderão ser detidas pela mesma pessoa natural ou jurídica.
Parágrafo único. Em caso de instituição da multipropriedade para posterior venda das frações de tempo a terceiros, o atendimento a eventual limite de frações de tempo por titular estabelecido no instrumento de instituição será obrigatório somente após a venda das frações.

A finalidade da multipropriedade é propiciar imóvel para períodos de férias ou lazer. Nesse diapasão, o presente texto houve por bem deixar expresso que o instrumento de instituição ou a convenção de condomínio poderá estabelecer o limite máximo de frações de tempo no mesmo imóvel, detidas pela mesma pessoa natural ou jurídica. É inconveniente que uma mesma pessoa detenha períodos somados muito longos no empreendimento, o que pode ocorrer pelo intuito de exploração econômica, desvirtuando a finalidade do instituto, impondo uma ditadura nas votações. O parágrafo único ressalva e excepciona o período de instituição, que será temporário, permitindo a venda de frações ideais. O empreendedor poderá deter períodos maiores apenas durante a alienação das frações. O contrato deve descrever detidamente essa hipótese.

🔨 Compra e venda – Rescisão – Sentença de procedência parcial, para rescindir, por culpa do comprador autor, os compromissos de compra e venda de imóvel em regime de multipropriedade de fls. 19/32, 33/46, 47/59, 114/127 e 128/141; condicionar, entretanto, a devolução dos imóveis objetos de referidas avenças à restituição, pela incorporadora ré, de 90% dos valores adimplidos pelo autor, em parcela única, corrigidos desde o desembolso e acrescidos de juros legais desde a citação; e indeferir o pleito indenizatório por danos morais – Ao contrário do que aduz a sentença, é da ré a culpa pela rescisão – A rigor, dever-se-ia restituir ao autor a integralidade dos valores pagos – A retenção de 10% de tais valores é reconhecida como devida pelo próprio comprador, razão pela qual fica mantida – Dies a quo dos juros incidentes sobre os valores a serem restituídos é, de fato, a data da citação, por ser da vendedora a culpa pelo distrato – Dano moral – Não ocorrência – Decisum mantido, alterada a fundamentação – Apelos não providos, com observação (TJSP – Ap. 1000096-93.2017.8.26.0101, 28-7-2020, Rel. Rui Cascaldi).

🔨 Apelação. Ação de rescisão contratual. Imóvel adquirido em regime de multipropriedade. Cerceamento de defesa. Inocorrência. Desnecessária a produção de outras provas no presente caso. Preliminar rejeitada. Cláusula de tolerância. Contabilização do prazo de tolerância em dias úteis. Descabimento. Matéria pacificada pelo Tema 01 do IRDR 0023203-35.2016.8.26.0000. Prorrogação máxima de 180 dias corridos. Lapso ultrapassado. Atraso na entrega das chaves verificado. Expedição do "habite-se", ademais, que não basta para afastar a mora da vendedora, uma vez que não há prova de disponibilização física do imóvel aos compradores. Inteligência da Súmula 160 do TJSP. Retenção de valores. Inadmissibilidade. Culpa exclusiva da vendedora pelo desfazimento do negócio. Retorno das partes ao status quo ante, com a devolução integral da quantia paga, de uma só vez. Irretroatividade da Lei 13.786/2018, cuja aplicação se restringe aos contratos celebrados após a sua vigência. JUROS DE MORA. Incidência desde a citação, nos termos do art. 405 do CC/02. Sucumbência. Majoração dos honorários advocatícios, segundo as disposições do art. 85, § 11, do CPC/2015. Recurso não provido (TJSP – Ap. 1004369-49.2019.8.26.0650, 23-7-2020, Rel. Rosangela Telles).

🔨 Apelação cível – Ação de rescisão contratual c/c indenização – Contrato de multipropriedade (time sharing) – Compra e venda de unidade autônoma – Suíte em hotel – Código de Defesa do Consumidor – Aplicação – Cláusula arbitral – Art. 51, VII – Obrigatoriedade – Abusividade – Propositura de ação no Poder Judiciário – Presunção de recusa do consumidor ao juízo arbitral – Incidem as regras do CDC aos contratos de adesão de multipropriedade – Time Sharing (compra de unidade imobiliária autônoma em hotel/suíte) juntamente com o Código Civil, visando à proteção do contratante desse sistema, privilegiando a boa-fé objetiva, a função social do contrato e para se evitar quaisquer práticas ou cláusulas abusivas – O art. 51, VII, do CDC veda a adoção prévia e compulsória da arbitragem, no momento da celebração do contrato, ainda que satisfeitos os requisitos do artigo 4º, § 2º, da Lei nº 9.307/96 – A propositura de ação de rescisão de contrato c/c indenização no âmbito do Poder Judiciário faz presumir a discordância do consumidor com a cláusula que institui o juízo arbitral no contrato de adesão (TJMG – Ap. 1.0702.15.026688-1/001, 18-6-2020, Rel. Aparecida Grossi).

Seção III
Dos Direitos e das Obrigações do Multiproprietário

Art. 1.358-I. São direitos do multiproprietário, além daqueles previstos no instrumento de instituição e na convenção de condomínio em multipropriedade:
I – usar e gozar, durante o período correspondente à sua fração de tempo, do imóvel e de suas instalações, equipamentos e mobiliário;
II – ceder a fração de tempo em locação ou comodato;
III – alienar a fração de tempo, por ato entre vivos ou por causa de morte, a título oneroso ou gratuito, ou onerá-la, devendo a alienação e a qualificação do sucessor, ou a oneração, ser informadas ao administrador;
IV – participar e votar, pessoalmente ou por intermédio de representante ou procurador, desde que esteja quite com as obrigações condominiais, em:
a) assembleia geral do condomínio em multipropriedade, e o voto do multiproprietário corresponderá à quota de sua fração de tempo no imóvel;
b) assembleia geral do condomínio edilício, quando for o caso, e o voto do multiproprietário corresponderá à quota de sua fração de tempo em relação à quota de poder político atribuído à unidade autônoma na respectiva convenção de condomínio edilício.

Os direitos do multiproprietário colocam-se em síntese como os de um condômino edilício, descritos nesta obra anteriormente. Com a particularidade da limitação de tempo, poderá exercer os mesmos direitos (item IV). Nas assembleias gerais, seu voto corresponderá à quota de sua fração temporal. Daí por que a inconveniência de um mesmo titular possuir temporaneidade muito longa, o que desequilibra os direitos dos eventuais minoritários.

Art. 1.358-J. São obrigações do multiproprietário, além daquelas previstas no instrumento de instituição e na convenção de condomínio em multipropriedade:
I – pagar a contribuição condominial do condomínio em multipropriedade e, quando for o caso, do condomínio edilício, ainda que renuncie ao uso e gozo, total ou parcial, do imóvel, das áreas comuns ou das respectivas instalações, equipamentos e mobiliário;
II – responder por danos causados ao imóvel, às instalações, aos equipamentos e ao mobiliário por si, por qualquer de seus acompanhantes, convidados ou prepostos ou por pessoas por ele autorizadas;
III – comunicar imediatamente ao administrador os defeitos, avarias e vícios no imóvel dos quais tiver ciência durante a utilização;
IV – não modificar, alterar ou substituir o mobiliário, os equipamentos e as instalações do imóvel;
V – manter o imóvel em estado de conservação e limpeza condizente com os fins a que se destina e com a natureza da respectiva construção;
VI – usar o imóvel, bem como suas instalações, equipamentos e mobiliário, conforme seu destino e natureza;
VII – usar o imóvel exclusivamente durante o período correspondente à sua fração de tempo;
VIII – desocupar o imóvel, impreterivelmente, até o dia e hora fixados no instrumento de instituição ou na convenção de condomínio em multipropriedade, sob pena de multa diária, conforme convencionado no instrumento pertinente;
IX – permitir a realização de obras ou reparos urgentes.
§ 1º Conforme previsão que deverá constar da respectiva convenção de condomínio em multipropriedade, o multiproprietário estará sujeito a:
I – multa, no caso de descumprimento de qualquer de seus deveres;
II – multa progressiva e perda temporária do direito de utilização do imóvel no período correspondente à sua fração de tempo, no caso de descumprimento reiterado de deveres.
§ 2º A responsabilidade pelas despesas referentes a reparos no imóvel, bem como suas instalações, equipamentos e mobiliário, será:
I – de todos os multiproprietários, quando decorrentes do uso normal e do desgaste natural do imóvel;
II – exclusivamente do multiproprietário responsável pelo uso anormal, sem prejuízo de multa, quando decorrentes de uso anormal do imóvel.
§ 3º (VETADO)
§ 4º (VETADO)
§ 5º (VETADO)

Também aqui as obrigações do multiproprietário situam-se no mesmo plano do condomínio de edifícios ou assemelhados, para onde remetemos o leitor. Atente-se que deve o titular desocupar o imóvel findo seu período. Sua renitência em fazê-lo caracteriza transgressão possessória, que deve ser socorrida pelos respectivos interditos. O sistema de multas também é mencionado no art. 1.358-G.

As multas referidas no § 1º devem constar da convenção, sua forma de imposição e de cálculo, sempre permitindo direito de defesa. É de toda conveniência que essas punições sejam muito bem descritas, como deve ser todo direito restritivo. Chama-se a atenção do leitor para o que falamos sobre o sistema de multas no condomínio edilício, cujos princípios são os mesmos, com idênticos matizes.

Os vetos excluíram disposições referentes a pagamentos de tributos proporcionais pelos multiproprietários, o que traria, sem dúvida, problemas práticos complexos.

Art. 1.358-K. Para os efeitos do disposto nesta Seção, são equiparados aos multiproprietários os promitentes compradores e os cessionários de direitos relativos a cada fração de tempo.

A disposição equipara, como não poderia deixar de fazer, os promitentes compradores e cessionários de direitos de fração de tempo aos multiproprietários. Exercerão eles os mesmos direitos e se sujeitarão às mesmas obrigações, pois na verdade sua posição jurídica está muito próxima à do titular pleno.

Seção IV
Da Transferência da Multipropriedade

Art. 1.358-L. A transferência do direito de multipropriedade e a sua produção de efeitos perante terceiros dar-se-ão na forma da lei civil e não dependerão da anuência ou cientificação dos demais multiproprietários.
§ 1º Não haverá direito de preferência na alienação de fração de tempo, salvo se estabelecido no instrumento de instituição ou na convenção do condomínio em multipropriedade em favor dos demais multiproprietários ou do instituidor do condomínio em multipropriedade.
§ 2º O adquirente será solidariamente responsável com o alienante pelas obrigações de que trata o § 5º do art. 1.358-J deste Código caso não obtenha a declaração de inexistência de débitos referente à fração de tempo no momento de sua aquisição.

No tocante à transferência da multipropriedade, seus titulares podem transferi-la independentemente de anuência dos demais titulares, bem como do administrador, que apenas deverá ter ciência, assim como funciona para os condôminos edilícios. A nosso ver, essa norma se apresenta, por seu espírito e semelhança com o condomínio edilício, como cogente, não podendo a convenção ou regulamento dispor diferentemente.

Contudo, o direito de preferência ou preempção pode ser imposto pela instituição ou convenção do condomínio, em favor dos demais titulares ou do instituidor (§ 1º). O texto convencional deve especificar as situações e a forma de operação da preferência.

O adquirente deve ter o cuidado de pedir declaração de inexistência de débitos para com o condomínio, pois, na ausência desta, ficará solidariamente responsável pelos débitos do transmitente (§2º).

Seção V
Da Administração da Multipropriedade

Art. 1.358-M. A administração do imóvel e de suas instalações, equipamentos e mobiliário será de responsabilidade da pessoa indicada no instrumento de instituição ou na convenção de condomínio em multipropriedade, ou, na falta de indicação, de pessoa escolhida em assembleia geral dos condôminos.
§ 1º O administrador exercerá, além daquelas previstas no instrumento de instituição e na convenção de condomínio em multipropriedade, as seguintes atribuições:
I – coordenação da utilização do imóvel pelos multiproprietários durante o período correspondente a suas respectivas frações de tempo;
II – determinação, no caso dos sistemas flutuante ou misto, dos períodos concretos de uso e gozo exclusivos de cada multiproprietário em cada ano;
III – manutenção, conservação e limpeza do imóvel;
IV – troca ou substituição de instalações, equipamentos ou mobiliário, inclusive:
a) determinar a necessidade da troca ou substituição;
b) providenciar os orçamentos necessários para a troca ou substituição;
c) submeter os orçamentos à aprovação pela maioria simples dos condôminos em assembleia;
V – elaboração do orçamento anual, com previsão das receitas e despesas;
VI – cobrança das quotas de custeio de responsabilidade dos multiproprietários;
VII – pagamento, por conta do condomínio edilício ou voluntário, com os fundos comuns arrecadados, de todas as despesas comuns.
§ 2º A convenção de condomínio em multipropriedade poderá regrar de forma diversa a atribuição prevista no inciso IV do § 1º deste artigo.

O sucesso dessa modalidade de empreendimento dependerá fundamentalmente de uma boa administração. Sua escolha deve recair essencialmente em profissional da área, geralmente de hotelaria. É o que bem determina o art. 1.358-R. Como descreve o presente artigo, a função de administrador de uma multipropriedade não é para amadores, mas para bons profissionais do ramo, sob pena de colocar a perder as vantagens da instituição. Essa administração pode ser de uma pessoa jurídica especializada, com a indicação de pessoa responsável para contato com os titulares.

O vasto rol de obrigações desse dispositivo, que não é exaustivo, aponta para a necessidade de boa administração e boa política de relacionamento com os quase hóspedes.

Art. 1.358-N. O instrumento de instituição poderá prever fração de tempo destinada à realização, no imóvel e em suas instalações, em seus equipamentos e em seu mobiliário, de reparos indispensáveis ao exercício normal do direito de multipropriedade.
§ 1º A fração de tempo de que trata o *caput* deste artigo poderá ser atribuída:
I – ao instituidor da multipropriedade; ou
II – aos multiproprietários, proporcionalmente às respectivas frações.
§ 2º Em caso de emergência, os reparos de que trata o *caput* deste artigo poderão ser feitos durante o período correspondente à fração de tempo de um dos multiproprietários.

Esse artigo também deve ser visto com cuidado por sua importância. Normalmente, nos edifícios em multipropriedade, faz-se um rodízio nas unidades para sua manutenção, mudança de mobiliário, pintura etc. Trata-se de situação que se assemelha à hotelaria. Contudo, a lei ressalva a possibilidade de ser reservado período de tempo para reparos e manutenção pelo instituidor. No entanto, não nos parece a melhor solução a possibilidade de onerar proporcionalmente o multiproprietário com essa restrição.

Os reparos de emergência, como é evidente, poderão ser feitos a qualquer momento.

Esse artigo não se apresenta com a melhor redação. Melhor que o instrumento de instituição e o regulamento sejam mais explícitos, para evitar ulteriores problemas. Geralmente são reservadas duas semanas anuais para essa manutenção.

Seção VI
Disposições Específicas Relativas às Unidades Autônomas de Condomínios Edilícios

Art. 1.358-O. O condomínio edilício poderá adotar o regime de multipropriedade em parte ou na totalidade de suas unidades autônomas, mediante:
I – previsão no instrumento de instituição; ou
II – deliberação da maioria absoluta dos condôminos.
Parágrafo único. No caso previsto no inciso I do *caput* deste artigo, a iniciativa e a responsabilidade para a instituição do regime da multipropriedade serão atribuídas às mesmas pessoas e observarão os mesmos requisitos indicados nas alíneas *a*, *b* e *c* e no § 1º do art. 31 da Lei nº 4.591, de 16 de dezembro de 1964.

O condomínio edilício pode possuir em seu instrumento de instituição a adoção do sistema misto de multipropriedade em parte ou na totalidade de suas unidades autônomas. Essa adoção pode ocorrer posteriormente, com a deliberação em assembleia da maioria absoluta dos condôminos. Portanto, exige-se que mais da metade de todos os condôminos concordem com essa alteração.

A referência à Lei 4.591/64 impõe ao incorporador ou proprietário do terreno ou assemelhado a iniciativa para a instituição desse regime.

Art. 1.358-P. Na hipótese do art. 1.358-O, a convenção de condomínio edilício deve prever, além das matérias elencadas nos arts. 1.332, 1.334 e, se for o caso, 1.358-G deste Código:
I – a identificação das unidades sujeitas ao regime da multipropriedade, no caso de empreendimentos mistos;
II – a indicação da duração das frações de tempo de cada unidade autônoma sujeita ao regime da multipropriedade;
III – a forma de rateio, entre os multiproprietários de uma mesma unidade autônoma, das contribuições condominiais relativas à unidade, que, salvo se disciplinada de forma diversa no instrumento de instituição ou na convenção de condomínio em multipropriedade, será proporcional à fração de tempo de cada multiproprietário;
IV – a especificação das despesas ordinárias, cujo custeio será obrigatório, independentemente do uso e gozo do imóvel e das áreas comuns;
V – os órgãos de administração da multipropriedade;
VI – a indicação, se for o caso, de que o empreendimento conta com sistema de administração de intercâmbio, na forma prevista no § 2º do art. 23 da Lei nº 11.771, de 17 de setembro de 2008, seja do período de fruição da fração de tempo, seja do local de fruição, caso em que a responsabilidade e as obrigações da companhia de intercâmbio limitam-se ao contido na documentação de sua contratação;
VII – a competência para a imposição de sanções e o respectivo procedimento, especialmente nos casos de mora no cumprimento das obrigações de custeio e nos casos de descumprimento da obrigação de desocupar o imóvel até o dia e hora previstos;
VIII – o quórum exigido para a deliberação de adjudicação da fração de tempo na hipótese de inadimplemento do respectivo multiproprietário;
IX – o quórum exigido para a deliberação de alienação, pelo condomínio edilício, da fração de tempo adjudicada em virtude do inadimplemento do respectivo multiproprietário.

Esse artigo é específico para as situações do dispositivo anterior. Como se trata de instituição originária ou por parte da maioria absoluta dos condôminos, a convenção deve ser mais detalhada e cuidadosa. A começar pela descrição das unidades sujeitas à multipropriedade nos empreendimentos mistos.

Deve ser feita referência, entre outros aspectos, ao sistema de intercâmbio nacional e internacional, comum nessa instituição.

Esses requisitos são obrigatórios na convenção, que poderá conter outras disposições que não contrariem o sistema.

Art. 1.358-Q. Na hipótese do art. 1.358-O deste Código, o regimento interno do condomínio edilício deve prever:
I – os direitos dos multiproprietários sobre as partes comuns do condomínio edilício;
II – os direitos e obrigações do administrador, inclusive quanto ao acesso ao imóvel para cumprimento do dever de manutenção, conservação e limpeza;
III – as condições e regras para uso das áreas comuns;
IV – os procedimentos a serem observados para uso e gozo dos imóveis e das instalações, equipamentos e mobiliário destinados ao regime da multipropriedade;
V – o número máximo de pessoas que podem ocupar simultaneamente o imóvel no período correspondente a cada fração de tempo;
VI – as regras de convivência entre os multiproprietários e os ocupantes de unidades autônomas não sujeitas ao regime da multipropriedade, quando se tratar de empreendimentos mistos;
VII – a forma de contribuição, destinação e gestão do fundo de reserva específico para cada imóvel, para reposição e manutenção dos equipamentos, instalações e mobiliário, sem prejuízo do fundo de reserva do condomínio edilício;
VIII – a possibilidade de realização de assembleias não presenciais, inclusive por meio eletrônico;
IX – os mecanismos de participação e representação dos titulares;
X – o funcionamento do sistema de reserva, os meios de confirmação e os requisitos a serem cumpridos pelo multiproprietário quando não exercer diretamente sua faculdade de uso;
XI – a descrição dos serviços adicionais, se existentes, e as regras para seu uso e custeio.
Parágrafo único. O regimento interno poderá ser instituído por escritura pública ou por instrumento particular.

Da mesma forma que o regimento interno para os condomínios edilícios em geral, aqui o legislador se preocupa com a multipropriedade. Como regra geral, tudo que não for essencial à convenção deve constar do regimento, que ganha importância ainda maior no sistema sob exame. É de conveniência que seja redigido em documento à parte, pois certamente novas necessidades aflorarão depois da convenção.

O regimento está para a convenção como o regulamento para a lei. No conflito interpretativo deve prevalecer a convenção. Há que se levar em consideração, porém, que o regimento é tão obrigatório como a convenção. A microssociedade estabelecida nesse condomínio sofisticado exige regras claras de convivência.

O regimento pode ser instituído por escritura pública ou por instrumento particular e suas alterações devem ser objeto de assembleia, com quórum especificado.

Há uma multiplicidade de serviços que podem ser oferecidos no empreendimento, que devem ser devidamente descritos e especificados.

Art. 1.358-R. O condomínio edilício em que tenha sido instituído o regime de multipropriedade em parte ou na totalidade de suas unidades autônomas terá necessariamente um administrador profissional.
§ 1º O prazo de duração do contrato de administração será livremente convencionado.
§ 2º O administrador do condomínio referido no *caput* deste artigo será também o administrador de todos os condomínios em multipropriedade de suas unidades autônomas.
§ 3º O administrador será mandatário legal de todos os multiproprietários, exclusivamente para a realização dos atos de gestão ordinária da multipropriedade, incluindo manutenção, conservação e limpeza do imóvel e de suas instalações, equipamentos e mobiliário.
§ 4º O administrador poderá modificar o regimento interno quanto aos aspectos estritamente operacionais da gestão da multipropriedade no condomínio edilício.
§ 5º O administrador pode ser ou não um prestador de serviços de hospedagem.

Já nos referimos sobre a importância de a multipropriedade ter administração profissional, como aqui determina a lei. Os pontos de contato com o sistema de hotelaria sugerem a estrutura e a especificidade de uma administração nesse campo, embora o § 5º não o exija.

Nesse artigo, a lei reporta-se ao prazo convencionado e duração da administração e à amplitude de deveres e obrigações do administrador.

O regimento interno pode ser alterado por iniciativa do administrador, mas não se exime de convocar assembleia para tal. Não é de admitir que a administração possa unilateralmente alterar o regimento, ainda que para aspectos estritamente operacionais. Essa dicção pode dar margem a dúvidas. Esse texto (§ 4º) poderá acarretar problemas interpretativos. A realização de assembleia evita maiores discussões.

Art. 1.358-S. Na hipótese de inadimplemento, por parte do multiproprietário, da obrigação de custeio das despesas ordinárias ou extraordinárias, é cabível, na forma da lei processual civil, a adjudicação ao condomínio edilício da fração de tempo correspondente.
Parágrafo único. Na hipótese de o imóvel objeto da multipropriedade ser parte integrante de empreendimento em que haja sistema de locação das frações de tempo no qual os titulares possam ou sejam obrigados a locar suas frações de tempo exclusivamente por meio de uma administração única, repartindo entre si as receitas das locações independentemente da efetiva ocupação de cada unidade autônoma, poderá a convenção do condomínio edilício regrar que em caso de inadimplência:
I – o inadimplente fique proibido de utilizar o imóvel até a integral quitação da dívida;
II – a fração de tempo do inadimplente passe a integrar o *pool* da administradora;
III – a administradora do sistema de locação fique automaticamente munida de poderes e obrigada a, por conta e ordem do inadimplente, utilizar a integralidade dos valores líquidos a que o inadimplente tiver direito para amortizar suas dívidas condominiais, seja do condomínio edilício, seja do condomínio em multipropriedade, até sua integral quitação, devendo eventual saldo ser imediatamente repassado ao multiproprietário.

Esse texto busca equacionar a situação do multiproprietário inadimplente.

Na situação mais simples especificada no *caput*, o inadimplente será acionado para a perda de seu direito, com a adjudicação deste, correspondente a período ou períodos de uso, ao condomínio.

No parágrafo único enfrenta-se a situação em que os multiproprietários estão no sistema de pool da locação. Facultam-se à convenção as soluções estampadas, sem prejuízo de outras soluções. Assim, na solução mais direta, o inadimplente ficará proibido de utilizar o imóvel até a quitação da dívida (item I). Concomitantemente, a fração de tempo do inadimplente passará a ser explorada pela administradora (II). E finalmente a administradora poderá utilizar os valores líquidos que seriam atribuídos ao inadimplente para amortização de suas dívidas condominiais (III).

É conveniente que a convenção faça referência a esse artigo, apontando se será utilizado integralmente ou se haverá outra solução.

Art. 1.358-T. O multiproprietário somente poderá renunciar de forma translativa a seu direito de multipropriedade em favor do condomínio edilício.
Parágrafo único. A renúncia de que trata o *caput* deste artigo só é admitida se o multiproprietário estiver em dia com as contribuições condominiais, com os tributos imobiliários e, se houver, com o foro ou a taxa de ocupação.

O multiproprietário pode, como qualquer *dominus*, alienar, ceder, onerosa ou gratuitamente, seu direito a terceiros. Se optar por abandonar a propriedade, renunciá-la como estampa o texto, só poderá fazê-lo em favor do condomínio. A noção é elementar, mas o legislador houve por bem textualizá-la para evitar discussões estéreis.

Art. 1.358-U. As convenções dos condomínios edilícios, os memoriais de loteamentos e os instrumentos de venda dos lotes em loteamentos urbanos poderão limitar ou impedir a instituição da multipropriedade nos respectivos imóveis, vedação que somente poderá ser alterada no mínimo pela maioria absoluta dos condôminos.

A questão é matéria de oportunidade e conveniência do instituidor. A proibição ou limitação de instituição de multipropriedade poderá constar dos documentos de instituição de condomínio em edifícios, loteamentos e assemelhados. Assim, quem adquire imóvel para moradia terá assegurado que não ocorrerá a multipropriedade, nem sempre compatível. Somente a maioria absoluta dos condôminos poderá alterar a convenção. Com o decorrer do tempo, o sistema da multipropriedade poderá tornar-se conveniente. A sistemática da multipropriedade gira em torno de um direito real. Nada tem a ver com as locações que se assemelham a hospedagens, nos sistemas Airbnb e semelhantes.

Apelação – Ação de rescisão contratual cumulada com declaração de nulidade de cláusulas contratuais e devolução de valores – Venda e compra – Bem imóvel – Multipropriedade – Empreendimento hoteleiro – Aplicação das normas do Código de Defesa do Consumidor – Desistência dos compradores – Direito de rescisão – Procedência – Restituição de valores devida – Parcela única. São aplicáveis ao caso sob exame as normas do Código de Defesa do Consumidor. – É direito do comprador postular a rescisão contratual, por livre motivação, como no caso sob exame, pela impossibilidade de continuar suportando os encargos assumidos. Nesse sentido, a lei consumerista autoriza a resilição do compromisso de compra e venda por vontade do comprador (artigos 6º, V, 51, II, 53 e 54). No mesmo sentido dispõe a Súmula 1, desta Corte e a Súmula nº 543, do STJ. – Não há razão para manutenção de um contrato sem que haja vontade de ambas as partes em mantê-lo, já que ninguém pode ser obrigado a fazer ou deixar de fazer alguma coisa senão em virtude de lei (art. 5º, II, da CF). – O contrato é de adesão, sem que o consumidor possa discutir suas cláusulas. A retenção de 30% dos valores pagos, além de multa, e "taxa de fruição", é manifestamente exagerada e abusiva. Neste sentido é a norma disposta pelo art. 51, IV, do CDC, que considera nulas de pleno direito as cláusulas que acarretem desvantagem exagerada à parte hipossuficiente. – O pagamento deve se dar em uma única parcela, conforme à previsão da Súmula 2, desta Corte, com incidência de correção monetária desde cada desembolso, e juros de mora de 1% ao mês, desde a citação (art. 405, do CC). Apelação provida (*TJSP* – Ap. 1002354-36.2020.8.26.0533, 12-5-2021, Rel. Lino Machado).

Compra e venda de cota/fração de unidade imobiliária em regime de multipropriedade. Relação de consumo. Reconhecimento. Direito de propriedade dos adquirentes na qualidade de destinatários finais. Caso em que a unidade imobiliária integra empreendimento hoteleiro. Fato que, por si só, não descaracteriza a relação consumerista. Restituição de quantias pagas. Rescisão imotivada pretendida pelos adquirentes. Direito da alienante à retenção de 20% dos valores pagos pelos adquirentes. Percentual estabelecido em cláusula penal e que, ademais, se revela proporcional e razoável na hipótese. Sentença mantida. Despesas condominiais e taxa de fruição. Ausência de comprovação da imissão na posse do bem imóvel pelos adquirentes e, tampouco, da fruição dele. Sentença mantida. Correção monetária. Mecanismo de manutenção do poder aquisitivo da moeda. Termo inicial. Data do desembolso de cada prestação. Precedentes. Sentença mantida. Recurso não provido (*TJSP* – Ap. 1018846-02.2020.8.26.0114, 7-5-2021, Rel. Fernando Sastre Redondo).

Condomínio edilício – Ação anulatória de decisão de assembleia, c/c obrigação de não fazer, com pedido de tutela de urgência – Demanda de condômino em face de condomínio – Arguição de que foram editadas regras internas que inviabilizam a locação por temporada das unidades autônomas – Sentença de improcedência mantida – Locação por curtos períodos, através de Airbnb ou outro sistema, caracterizam serviço de pensão/hotelaria, finalidade comercial – Previsão na convenção condominial e no regulamento interno de uso exclusivamente residencial – Recurso não provido. A assembleia extraordinária decidiu sobre a proibição de locação por temporada, pois a convenção condominial e o regulamento interno já previam que o uso do imóvel é exclusivamente residencial. Essa nova modalidade de locação adotada pela autora, por períodos muito curtos de tempo, não pode ser considerada como locação por temporada comum, pois se assemelha à finalidade hoteleira, ou de pensão, com cunho comercial. Geralmente é feita por meio de aplicativo Airbnb, booking, ou outros, e tem violado os direitos dos outros moradores ante os inconvenientes causados. Improcedência da ação mantida (*TJSP* – Ap. 1004594-06.2019.8.26.0477, 13-8-2020, Rel. Paulo Ayrosa).

Compromisso de compra e venda de imóvel – Ação de rescisão contratual c.c. restituição de valores – Justiça gratuita – Presença dos requisitos autorizadores – Benesse concedida – Compra de unidade imobiliária, pelo regime de "multipropriedade" – Rescisão do contrato por iniciativa do consumidor – Impossibilidade de honrar com o pagamento do valor remanescente do preço do imóvel compromissado – Devolução das parcelas, inclusive entrada/sinal, com retenção de 20% para cobrir despesas de administração – Taxa de fruição devida à base de 0,5% ao mês – Ação improcedente – Recurso parcialmente provido (*TJSP* – Ap. 1003916-28.2019.8.26.0400, 27-4-2021, Rel. Melo Bueno).

🔑 Contrato de concessão real de uso de unidade hoteleira. Ação de rescisão contratual, nulidade de cláusulas e restituição do valor pago. Multipropriedade (*time sharing*). Condomínio Prestige. Desinteresse do autor na continuidade da avença. Rescisão de rigor. Cláusula penal de 20% e taxa administrativa de 10%, ambos sobre o preço avençado. Abusividade. Retenção de 20% dos valores pagos, a título de despesas administrativas. Devolução dos 80% restantes. Comissão de intermediação (corretagem). Entendimento do STJ. Embora seja válida a cláusula contratual que transfere ao consumidor a obrigação de arcar com esse custo, ele deve ser informado acerca do preço total da aquisição com indicação expressa do valor da comissão de corretagem. Direito de informação que não foi observado no caso concreto. Cobrança do valor que não é devida. Precedentes envolvendo o mesmo empreendimento. Recurso desprovido (*TJSP* – Ap. 1001247-41.2020.8.26.0505, 29-3-2021, Rel. Milton Carvalho).

🔑 Direito civil. Compra de venda de imóvel. Multipropriedade. Resolução. Iniciativa do adquirente. Restituição do valor pago. Retenção. Possibilidade. 10%. 1. É lícito ao promitente-vendedor do imóvel a retenção de parte dos valores pagos pelo promitente-comprador que deu causa à resolução contratual (Súmula 543 STJ). A jurisprudência reconhece como devido o abatimento entre 10% e 25% dos valores pagos. 2. Em se tratando de imóvel alienado sob o regime de multipropriedade, onde eventuais prejuízos são reduzidos, deve ser mantido o percentual de 10% de retenção, conforme previsto contratualmente. 3. Negou-se provimento ao apelo (*TJDFT* – Ap. 07179831720198070007, 18-3-2021, Rel. Sérgio Rocha).

🔑 Apelação – Ação de rescisão contratual cumulada com restituição de valores – Aquisição de imóvel em regime de multipropriedade – Sentença de parcial procedência – Irresignação da ré – Desfazimento do negócio e devolução dos valores pagos – Possibilidade de resilição do contrato pelo promitente comprador, em atenção à legislação consumerista, aplicável à hipótese nos termos do art. 1.358-B do Código Civil – Possibilidade de retenção, por parte da fornecedora, de parcela dos valores pagos pelo promitente comprador, a fim de compensar os prejuízos com o desfazimento do negócio (Súmula 1 do TJSP e Súmula 543 do STJ) – Abusividade da retenção de valores prevista no contrato – Hipótese que acarretaria a perda de expressiva parcela do valor pago pelo consumidor, colocando-o em situação de desvantagem exagerada (art. 51, IV, do CDC) – Retenção de 20% sobre os valores pagos que está em consonância com o entendimento do Superior Tribunal de Justiça, mostrando-se compatível com o caso concreto – Restituição que deverá ser efetuada em parcela única, sem qualquer parcelamento, (Súmula 2 do TJSP e Súmula 543 do STJ) – Termo *a quo* dos juros de mora – Incidência desde o trânsito em julgado da sentença, conforme recente entendimento consolidado pelo STJ, no julgamento do REsp 1.740.911/DF, em sede de recursos repetitivos (Tema 1002) – Sentença parcialmente reformada – Recurso parcialmente provido (*TJSP* – Ap. 1009532-51.2020.8.26.0625, 17-2-2021, Rel. Luis Fernando Nishi).

CAPÍTULO VIII
Da Propriedade Resolúvel

Art. 1.359. Resolvida a propriedade pelo implemento da condição ou pelo advento do termo, entendem-se também resolvidos os direitos reais concedidos na sua pendência, e o proprietário, em cujo favor se opera a resolução, pode reivindicar a coisa do poder de quem a possua ou detenha.

1. Propriedade resolúvel. Hipóteses

Nos arts. 1.359 e 1.360, o Código, sob muita crítica, trata do que denomina *propriedade resolúvel*. A hipótese aplica-se a móveis e imóveis. No presente dispositivo, é descrita hipótese de a propriedade conter, no próprio título que a gerou, condição ou termo.

O presente artigo apresenta idêntico conteúdo do estatuto anterior. Nessa situação, contrariando o princípio geral do direito de propriedade, o título aquisitivo já contém o germe da resolução. O titular sabe, ou deve saber, que a propriedade pode findar-se, resolver-se com o implemento de condição ou advento de termo. Também desaparecem direitos reais concedidos em sua pendência, como o penhor e a hipoteca.

O art. 1.360, como veremos, cuida de hipótese um tanto diversa. O atual Código manteve a mesma redação, substituindo a palavra *domínio* por *propriedade*. No artigo seguinte, a premissa é outra. A propriedade de *per si* nada contém que permita a terceiros supor eventual resolução. Esta ocorre, como está dito na lei, por *causa superveniente*. Essa disposição, sujeita a muitas críticas, requer digressão maior.

A condição e o termo são objetos de disciplina da Parte Geral. Critica-se o dispositivo como inócuo, porque a situação jurídica estaria albergada pelos princípios da condição resolutiva e os do termo inicial e termo final, aos quais se aplicam os princípios da condição resolutiva. No entanto, como na Parte Geral, o Código não admitiu peremptoriamente o efeito retroativo das condições, nesse dispositivo expresso do art. 1.359 afasta-se dúvida tocante à propriedade.

A principal crítica é que a matéria diz respeito à teoria geral dos negócios jurídicos. As disposições poderiam ser perfeitamente dispensadas pela aplicação dos princípios reguladores da condição e do termo na Parte Geral, com relação ao primeiro dispositivo, e com fundamento na teoria geral das nulidades quanto ao segundo. Como se vê, o presente Código mantém os mesmos princípios.

De qualquer modo, trata-se de exceção do princípio geral do *semel dominus, semper dominus* (uma vez dono, sempre dono). Abre-se exceção ao sentido de permanência e constância do direito real. Cuida-se, pois, de modalidade especial de domínio. Essa sua natureza jurídica (GOMES, 1983, p. 215).

No direito obrigacional, de cunho pessoal, dúvidas não há de que a condição ou termo podem ser apostos na maioria dos negócios jurídicos. No direito real, a resolução ou revogação é exceção ao sistema, a confirmar a regra.

2. Propriedade sujeita à condição ou termo

A condição e o termo são objetos de disciplina da Parte Geral. Os princípios decorrem dos arts. 127 e 135.

O fenômeno diz respeito à propriedade sob condição resolutiva e sob termo final, porque impensável o instituto sob condição ou termo suspensivos (MIRANDA, 1971, v. 14, p. 114). Se ainda não houve tradição da coisa móvel ou o registro do imóvel, inexiste propriedade, mas mera promessa de alienar ou outro direito pessoal. A questão surge na propriedade sob condição ou termo resolutórios, quando propriedade existe. Nessa situação, há um proprietário atual e um proprietário diferido, com mero direito eventual. Esse é titular de direito eventual e não de mera expectativa de direito, como defendem alguns, porque já pode dispor de meios para proteger seu futuro direito, como, por exemplo, exigir caução contra os riscos de perda ou deterioração da coisa. Outra não pode ser a justa solução, respaldada inclusive por disposição expressa no fideicomisso, como assinalamos a seguir. A mera expectativa de direito não confere qualquer ação, porque não existe ainda direito subjetivo a ser defendido, como sucede na expectativa da morte de alguém para recebimento de herança. Essa a posição de Pontes de Miranda, que, com sua riqueza vocabular, denomina o direito da pessoa nessas condições da propriedade resolúvel de *direito expectativo*; nós o denominamos eventual, para distinguir da mera expectativa de direito (1971, v. 14, p. 120).

No entanto, como na Parte Geral o Código não admitiu expressamente o efeito retroativo das condições (como sucede no ordenamento francês), o sentido expresso do art. 1.359 possui a utilidade de determinar, nesse caso, que a propriedade desaparece, ou pode desaparecer, *se resolve*, como se jamais o fenômeno houvesse existido. A lei, de fato, admite efeito real à cláusula ou ao termo resolutório. O implemento da condição ou advento do termo opera modificação subjetiva do titular do domínio, torna perfeito o direito eventual do proprietário diferido.

É claro que fatos concretos inerentes ao *ius fruendi* decorrentes da atividade do proprietário resolúvel podem deixar resquícios materiais, como, por exemplo, perda ou deterioração da coisa. Essa é uma das questões complexas a serem decididas. Embora a lei possa abstratamente inverter realidades, o direito não pode simplesmente ignorar efeitos materiais, como, por exemplo, o mau uso da propriedade, ou a má-fé do titular da coisa.

O proprietário reivindicante, por força do implemento da condição ou advento do termo, terá direito a ser ressarcido por perdas e danos, inelutavelmente, se decorrentes da desídia, culpa grave ou má-fé do proprietário resolúvel. A má-fé é fato gerador do dever de indenizar em qualquer situação, e o sistema da propriedade resolúvel não pode ser exceção. O princípio decorre do art. 186, na inexistência de responsabilidade contratual. No curso da fruição do proprietário resolúvel, no entanto, não há se se impingir uma atitude passiva, de mero expectator, ao proprietário diferido, se vê a coisa definhar, ou desaparecer por dolo, ou até mesmo mera incúria ou desídia do titular atual. Ainda, aqueles que divergem desse entendimento e não se utilizam do princípio geral da responsabilidade devem ser lembrados dos ditames que norteiam o abuso de direito. É claro que o proprietário diferido não pode portar-se como proprietário atual antes do implemento da condição ou advento do termo, nem turbar o exercício pleno da propriedade pelo titular atual, mas pode exigir caução, ou outra medida acautelatória, nas premissas descritas.

Requisito característico da propriedade resolúvel tipificada neste art. 1.359 é que *a condição ou termo constam do próprio título de domínio*. Destarte, presentes no registro imobiliário, terceiros não podem alegar ignorância nem pretender desrespeitá-los.

Note que o proprietário resolúvel exerce os poderes de pleno proprietário: usar, gozar e até dispor da coisa. A indisponibilidade somente ocorrerá se o ato constitutivo contiver cláusula de inalienabilidade. Sob tal égide, ainda que alienada a coisa, o implemento da condição ou advento do termo, que possuem a semente lançada na origem dessa modalidade de domínio, autoriza a reivindicação pelo novo proprietário, no exercício de seu direito de sequela. Destarte, terceiros que adquirem propriedade sujeita a termo ou condição resolutiva assumem o risco de virem a perdê-la. Como a condição é falível, essa possibilidade de perda não é, como se percebe, inexorável.

Assim ocorre no instituto do fideicomisso. O fiduciário tem a propriedade resolúvel. Como instituto típico da sucessão testamentária, o testador institui o fiduciário proprietário de um bem, por certo tempo, sob determinada condição ou até sua morte (art. 1.951). Esse fiduciário recebe a propriedade resolúvel. A condição, o termo fixado ou a morte do fiduciário determinam a passagem da propriedade ao fideicomissário. A lei é expressa em conferir ao fideicomissário direito de exigir caução (art. 1.953, parágrafo único), como afirmamos. O fideicomisso também pode ser instituído por ato entre vivos, na amplitude da autonomia de vontade contratual, porque nada existe no ordenamento a proibi-lo. Pelo contrário, o próprio art. 1.359 sustenta essa posição. O contrato pode estipular que o adquirente permaneça proprietário por certo tempo ou sob certa condição. Como vimos, o contrato não gera a propriedade; é seu veículo gerador. Registrado o instrumento no cartório imobiliário, nasce a propriedade resolúvel e o consequente efeito *erga omnes*. Observe, contudo, que, enquanto o contrato não for devidamente registrado, a cláusula será ineficaz com relação a terceiros, e seu descumprimento dará margem a direito indenizatório e não à reivindicação.

Complementando a noção ora exposta referente à utilidade da aquisição por terceiro de propriedade sob o risco da resolubilidade, veja que no fideicomisso, por exemplo, quem adquire o bem do fiduciário pode contar com a consolidação da propriedade plena em mãos deste: a pré-morte do fideicomissário, sem que o testador lhe tenha nomeado substituto, ou a renúncia que o fideicomissário pode ultimar no tocante ao bem hereditário, que recebe diretamente do autor da herança e não do fiduciário, pelo mecanismo legal.

Outro exemplo característico, este decorrente de relação *inter vivos*, é o pacto de retrovenda. Se da escritura consta o pacto, presente no registro imobiliário o título, torna-se conhecido obrigatoriamente de terceiros. Se alguém pretender adquirir o imóvel antes do prazo de três anos (art. 505), assume o risco de o alienante exercer seu direito de retrato. Não é meramente teórica a hipótese de alguém adquirir domínio resolúvel, porque poderá agir com sentido altruístico ou filantrópico, ou obter preço mais favorável ao assumir um risco e almejar vantagem.

Na venda de coisa por condômino, também se configura hipótese de resolubilidade. O condômino não pode vender sua fração ideal sem dar preferência aos demais condôminos. O Código dispõe que "*o condômino, a quem não se der conhecimento da venda, poderá, depositando o preço, haver para si a parte vendida a estranhos, se o requerer no prazo de cento e oitenta dias, sob pena de decadência*" (art. 504).

Essa resolubilidade decorre da lei, da existência do condomínio, e não de cláusula decorrente de vontade das partes. O mesmo fenômeno foi adotado pelas mais recentes leis do inquilinato, ao conferir, sob determinados requisitos, direito real de preferência ao inquilino para aquisição do imóvel locado, na hipótese de alienação pelo proprietário locador (ver, em especial, arts. 27 e 33 do diploma inquilinário atual, Lei nº 8.245/1991).

Na alienação fiduciária em garantia, utilizada para financiamentos, regulada pelo Decreto-lei nº 911/1969, a norma é expressa em afirmar que "*se transfere ao credor a propriedade resolúvel e a posse indireta da coisa alienada*" (art. 1º). O devedor, liquidando a dívida, consolida sua posse e torna-se proprietário.

Citam-se outros exemplos de propriedade resolúvel nessa hipótese legal: a venda a contento sob condição resolutiva e a doação com cláusula de reversão, institutos a serem examinados nos contratos em espécie.

Apelação cível. Extinção de condomínio. Inviabilidade. Alienação fiduciária sobre o bem imóvel. Propriedade resolúvel. Não há falar em extinção de condomínio quando o imóvel se encontra gravado com alienação fiduciária, pois, em tais casos, o bem pertence à instituição financeira, tendo as partes apenas a propriedade resolúvel com posse direta. Recurso desprovido à unanimidade (*TJRS* – Ap. 70083406017, 19-12-2019, Rel. Liege Puricelli Pires).

Embargos de terceiro. Nulidade da sentença afastada. **Propriedade resolúvel**. Implemento de condição resolutiva. Reversão do bem ao patrimônio do antigo proprietário. Direito de sequela. Arresto. Esbulho possessório configurado. 1. Mera irregularidade formal, decorrente da inversão da ordem de juntada das folhas da sentença aos autos, não configura defeito a justificar a nulidade desse ato judicial, especialmente se da atenta análise de seu conteúdo resulta inexistente a incoerência de fundamentos alegada pelo apelante. 2. Constando da escritura de compra e venda do imóvel, regularmente registrada no CRI, causa resolutiva da propriedade, o implemento dela acarretará, também, a resolução dos direitos reais concedidos na sua pendência, podendo o proprietário, em cujo favor se opera a resolução, reivindicar a coisa do poder de quem a possua ou detenha (art. 1.359 do Código Civil). 3. O arresto efetivado sobre o bem revertido ao patrimônio do antigo proprietário, em processo do qual não é parte, constitui esbulho possessório que merece ser reparado por meio dos embargos de terceiro, nos termos do art. 1.046 do Código Civil. Apelação desprovida (*TJGO* – Acórdão Apelação Cível 226455-51.2007.8.09.0000 (200702264550), 8-11-2011, Rel. Des. Zacarias Neves Coêlho).

Art. 1.360. Se a propriedade se resolver por outra causa superveniente, o possuidor, que a tiver adquirido por título anterior à sua resolução, será considerado proprietário perfeito, restando à pessoa, em cujo benefício houve a resolução, ação contra aquele cuja propriedade se resolveu para haver a própria coisa ou o seu valor.

O presente artigo trata da propriedade resolúvel por causa superveniente. Aqui, não existe a semente da resolubilidade na origem do domínio. Presume-se que terceiros não saibam da existência dessa possibilidade. O artigo justificadamente dá margem a críticas acerbas. A matéria dispensava a regulamentação. As soluções práticas divergem do artigo anterior, porque se parte de premissa diversa.

Cuida-se de revogação *ex nunc*. Na hipótese anterior, a revogação retroage: tem efeito *ex tunc*. Quando se resolve o domínio por fato alheio ao título, a solução legal é recorrer o favorecido à ação de reivindicação da coisa, se esta ainda estiver em mãos do adquirente, ou à simples indenização, se com terceiros de boa-fé. A hipótese característica a servir de exemplo clássico na espécie é a da revogação de doação por ingratidão do donatário. Essa ingratidão decorre do *numerus clausus* do art. 557. No entanto, na própria disciplina da doação, o art. 563 resguarda o direito adquirido de terceiros. Se a coisa foi alienada a terceiro de boa-fé, a revogação gera apenas o direito à indenização pelo valor da coisa. A revogação da doação com o retorno da coisa doada ao doador somente se faz possível se ainda permanece na titularidade do donatário. Presente a ressalva na disciplina da doação, mais se demonstra a superafetação e desnecessidade do artigo sob exame.

O princípio geral não é diferente quando se declara nulo ou se anula o título aquisitivo. No entanto, nessas hipóteses não se aplicam os princípios da propriedade resolúvel. Não se deve confundir nulidade e anulação de aquisição com resolubilidade da propriedade. A análise transfere-se para os efeitos dos atos e negócios nulos e anuláveis. Não há revogação. Os princípios gerais das nulidades, do resguardo à boa-fé e da aparência são suficientes para dissecar os casos concretos na espécie.

CAPÍTULO IX
Da Propriedade Fiduciária

Art. 1.361. Considera-se fiduciária a propriedade resolúvel de coisa móvel infungível que o devedor, com escopo de garantia, transfere ao credor.
§ 1º Constitui-se a propriedade fiduciária com o registro do contrato, celebrado por instrumento público ou particular, que lhe serve de título, no Registro de Títulos e Documentos do domicílio do devedor, ou, em se tratando de veículos, na repartição competente para o licenciamento, fazendo-se a anotação no certificado de registro.
§ 2º Com a constituição da propriedade fiduciária, dá-se o desdobramento da posse, tornando-se o devedor possuidor direto da coisa.
§ 3º A propriedade superveniente, adquirida pelo devedor, torna eficaz, desde o arquivamento, a transferência da propriedade fiduciária.
(Introduzido pela Lei nº 10.931, de 2 de agosto de 2004)

Ao verificarmos a natureza dos direitos reais, deve ser realçado o *numerus clausus* em nosso sistema. Somente a lei pode criar direitos reais. Desse modo, devem assim ser considerados os institutos descritos no Código Civil, bem como todos aqueles que guardarem a mesma natureza em outros diplomas legais.

Em nosso *Direito Civil: teoria geral das obrigações e teoria geral dos contratos*, tecemos considerações sobre as denominadas obrigações com eficácia real, para as quais o legislador dedicou proteção maior ao possibilitar efeitos *erga omnes* mediante registro imobiliário.

Quanto aos direitos reais de garantia, hipoteca, penhor e anticrese, deve ser observada a necessidade crescente de dinamizar e facilitar o crédito, bem como a circulação de riquezas. Por essa razão tantas são as leis que procuraram outorgar eficiência à hipoteca e o penhor, especialmente este último, atribuindo-lhes características ausentes nos respectivos institutos originais do Código Civil.

Nesse diapasão, a alienação fiduciária em garantia, introduzida originalmente em nossa legislação para dar substrato aos contratos de financiamento precipuamente de bens móveis e duráveis, inseriu em nosso ordenamento mais um direito real de garantia, que se agrega ao rol já existente, com características próprias. De fato, a Lei nº 4.728/1965, estruturadora do mercado de capitais, criou o instituto, que ganhou contornos materiais e processuais definitivos com o Decreto-lei nº 911/1969. A experiência demonstrou ser muito útil no mundo negocial. Este Código procurou dar contornos gerais à matéria sob a epígrafe *propriedade fiduciária*, nos arts. 1.361 a 1.368, assim como nos arts. 1.368-A e 1.368-B, criando dessa forma a maioria das disposições de direito material que passaram a ser reguladas pelo Código de 2002, e não mais pela legislação anterior. Aponte-se, porém, de plano, que o legislador deste Código utiliza-se em linhas gerais dos mesmos princípios da lei anterior, a qual foi, sem dúvida, absorvida pelo novo ordenamento civil, mercê de seus excelentes resultados práticos. Veja a dicção do art. 66 aqui transcrito.

A alienação fiduciária, o ato de alienar em si, é negócio contratual. Trata-se de instrumento, negócio jurídico, que almeja a garantia fiduciária, esta sim, direito real.

Durante essas décadas de vigência dessa lei, o instituto vem servindo para dinamizar o crédito direto ao consumidor de coisas móveis. A orientação legal não admitia o instituto para os imóveis. Procurando estender as mesmas vantagens para os imóveis, a Lei nº 9.514/1997, que dispõe sobre o Sistema de Financiamento Imobiliário, instituiu a alienação fiduciária de imóveis, além de outras disposições, conforme examinaremos neste capítulo. Afirmamos, de plano, que a alienação fiduciária para os imóveis possui a mesma concepção material do instituto original, embora os aspectos procedimentais sejam diversos. Dispõe o art. 22 deste último diploma:

> *"A alienação fiduciária regulada por esta Lei é o negócio jurídico pelo qual o devedor, ou fiduciante, com o escopo de garantia, contrata a transferência ao credor, ou fiduciário, a propriedade resolúvel de coisa imóvel."*

Orlando Gomes (1983, p. 325) define alienação fiduciária em sentido lato como

> "o negócio jurídico pelo qual uma das partes adquire em 'confiança' a propriedade de um bem, obrigando-se a devolvê-la quando se verifique o acontecimento a que se tenha subordinado tal obrigação, ou lhe seja pedida a restituição".

Contudo, o instituto, tal como descrito em nossa lei, agora tanto para móveis como para imóveis, tem por finalidade primordial propiciar maior facilidade ao consumidor na aquisição de bens, e garantia mais rápida e eficaz ao financiador, protegido pela propriedade resolúvel da coisa financiada enquanto não paga a dívida, propiciando-lhe o legislador instrumentos processuais eficientes.

As disposições do presente Código Civil reportam-se exclusivamente à coisa móvel infungível, como decorre do artigo sob análise.

Por suas origens históricas verifica-se que nossa alienação fiduciária em garantia foi inspirada em outros institutos congêneres, sendo, contudo, original, não se amoldando com exatidão a qualquer outro.

No tocante à alienação fiduciária de imóveis, esse aspecto da posse é mais ressaltado quando a lei institui modalidade singela de consolidação da propriedade imóvel em nome do credor na hipótese de inadimplemento da obrigação (art. 26 da Lei nº 9.514/1997). O ponto de contato com o instituto norte-americano deve-se evidentemente à finalidade similar de financiamento de bens duráveis.

Note-se que o contrato de alienação fiduciária, tal como os contratos que instituem penhor ou hipoteca, é instrumento para a constituição da propriedade fiduciária, modalidade de garantia real, criada pelo art. 66 da Lei nº 4.728/1965 e pela Lei nº 9.514/1997, e agora contemplada também no presente Código. Desse modo, existem nesses diplomas legais dois institutos jurídicos: o contrato de alienação fiduciária e a garantia fiduciária propriamente dita, decorrente do primeiro.

Tanto da dicção do revogado art. 66 da Lei nº 4.728/1965, quanto do art. 22 da Lei nº 9.514/1997, bem como agora com maior razão na forma do art. 1.361, conclui-se que o credor adquire a *propriedade resolúvel* da coisa alienada. O devedor fiduciário permanece com a posse direta do bem de molde que o usufrua. O art. 1.361, § 2º, optou por declarar expressamente que "com a constituição da propriedade fiduciária, dá-se o desdobramento da posse, tornando-se o devedor possuidor direto da coisa". Nesse aspecto se situa a particularidade fiduciária do negócio. O bem é transferido para fins de garantia. Sob esse aspecto, não se confunde com os direitos reais de garantia do Código, penhor, hipoteca e anticrese, porque nestes existe direito real limitado, enquanto na alienação fiduciária opera-se a transferência do bem. Quem aliena não grava. O devedor fiduciante aliena o bem ao credor. No penhor e na hipoteca, o credor tem direito real sobre a coisa alheia, enquanto na garantia fiduciária possui direito real sobre a própria coisa.

Absorvendo esses princípios, o art. 1.361 descreve o instituto com as características já conhecidas pela redação da legislação anterior.

Distingue-se do provecto negócio denominado *venda com reserva de domínio*, que produziu bons resultados até então para os bens móveis, mas se mostrara garantia insuficiente para as instituições financeiras, dadas as dificuldades processuais para a recuperação do crédito. Pela venda com reserva de domínio a propriedade permanecia com o vendedor até liquidação integral do preço financiado ou devido.

De qualquer modo, a propriedade fiduciária mantém afinidades com a fidúcia, pois a transmissão da propriedade na alienação fiduciária contém transferência em garantia da propriedade acrescida do acordo de não poder o adquirente dispor do bem, cuja propriedade se extingue com a respectiva extinção da dívida.

Ressalvam-se dois aspectos da fidúcia, embora com roupagem própria de nossa legislação, quais sejam, o acordo sobre a transmissão da propriedade e o negócio jurídico de garantia.

A Lei nº 10.931/2004, dando novamente uma guinada na matéria, permite expressamente a alienação fiduciária sobre bens fungíveis, algo que tecnicamente se refutava para o mecanismo da alienação fiduciária. Essa mesma lei buscou dinamizar o crédito direto e dar maior tranquilidade às instituições financeiras, permitindo o instituto da alienação não somente aos bens fungíveis, mas também no tocante à cessão fiduciária de direitos sobre coisas móveis e títulos de crédito.

Agravo de instrumento. Busca e apreensão. **Contrato com cláusula de alienação fiduciária.** Decisão que determina o registro do contrato. Aviso nº 20/2009 do TJRJ. Sendo o registro que empresta natureza real ao contrato de alienação fiduciária, é ele indispensável para que o credor se utilize de seu direito de sequela, buscando-o e apreendendo-o em mãos daquele que o detém sem justa causa. Segundo dicção do art. 1361, § 1º, primeira parte, do Código Civil/02, este registro, em se tratando de bem móvel, deve ser feito no Cartório de Títulos e Documentos para que adquira eficácia perante terceiros. Negativa de seguimento do recurso (*TJRJ* – Agravo de Instrumento 0009182-25.2011.8.19.0000, 11-3-2011, Rel. Des. Leila Mariano).

Art. 1.362. O contrato, que serve de título à propriedade fiduciária, conterá:
I – o total da dívida, ou sua estimativa;
II – o prazo, ou a época do pagamento;
III – a taxa de juros, se houver;
IV – a descrição da coisa objeto da transferência, com os elementos indispensáveis à sua identificação.

O § 1º do art. 66 da lei sobre a matéria, já revogada, por sua vez, dispusera que a alienação fiduciária somente se provaria por escrito, público ou particular, sendo obrigatoriamente arquivada no Registro de Títulos e Documentos do domicílio do credor, para valer contra terceiros. Esse mesmo parágrafo enumera os requisitos do contrato:

"a) o total da dívida ou sua estimativa;
b) o local e a data do pagamento;
c) a taxa de juros, as comissões cuja cobrança é permitida e, eventualmente, a cláusula penal e a estipulação de correção monetária, com indicação dos índices aplicáveis;
d) a descrição do bem objeto da alienação fiduciária e os elementos indispensáveis à sua identificação."

Este artigo repete praticamente esse dispositivo, e, preenchendo lacuna, refere-se ainda à necessidade de constar do instrumento o prazo ou época de pagamento.

O fiduciante, ou seja, o tomador do crédito que irá usufruir do bem como futuro proprietário ao extinguir a obrigação, há de ser proprietário do bem, a fim de aliená-lo em garantia. No entanto, atento o legislador para a dinâmica da concessão do crédito, permite-se que o contrato de alienação fiduciária tenha por objeto coisa ainda não pertencente ao devedor, coisa futura, aduzindo que *"o domínio fiduciário desta se transferirá ao credor no momento da aquisição da propriedade pelo devedor, independentemente de qualquer formalidade posterior"*. Na prática negocial, com maior frequência ocorrem a aquisição e a alienação concomitante ou posterior do bem alienado fiduciariamente.

A transmissão fiduciária, como acentuamos, não implica compra e venda e com esse contrato não se confunde. Trata-se de negócio que visa garantir obrigação. Na realidade, ocorre uma transmissão abstrata, simbólica da coisa, pois o alienante continua na posse imediata. A hipótese é de *constituto possessorio*. O adquirente torna-se possuidor da coisa, sem ter a disponibilidade física, pois não a recebe do alienante. Este conserva a posse direta ou imediata. Orlando Gomes (1971, p. 75) denomina o fenômeno *titularidade fiduciária*.

Para figurar como alienante fiduciário, a legitimação e capacidade são dos atos civis em geral.

Como o instituto vinha disciplinado na lei de mercados e capitais, a primeira dúvida surgida foi quanto à legitimação para figurar como adquirente fiduciário. A princípio, fixou-se ideia de que apenas as instituições financeiras poderiam concluir o negócio. Os instrumentos materiais e processuais postos à disposição do credor reforçavam esse entendimento. No entanto, a jurisprudência encarregou-se de alargar essa primeira interpretação. A Súmula nº 6 do Primeiro Tribunal de Alçada Civil de São Paulo consolidou o entendimento de que

"os consórcios de financiamento, regularmente constituídos, podem efetuar financiamentos mediante a alienação fiduciária de bens em garantia e, por consequência, requerer a busca e apreensão, nos termos do Decreto-lei nº 911/69".

Por outro lado, o entendimento é de que qualquer instituição financeira, entre as quais se incluem as instituições bancárias, podem valer-se da alienação, e não apenas as sociedades financeiras em sentido estrito. Contudo, negócio fiduciário de outra natureza, sem as características do regulado na lei disciplinadora do mercado de capitais, é perfeitamente admissível (GOMES, 1971, p. 55). No entanto, ao menos no sistema anterior, aos credores particulares não era permitido o instituto, pois a lei, *"ao disciplinar a ação de busca e apreensão, restringiu de tal forma a defesa do réu que tornou evidente a inaplicabilidade do instituto nas relações entre particulares"* (ALVES, 1973, p. 101).

Da forma como temos doravante a propriedade fiduciária de bens móveis disciplinada pelo Código Civil, torna-se evidente que qualquer pessoa poderá valer-se do instituto de direito material, salvo proibição expressa que venha a ocorrer. Por outro lado, tudo é no sentido de que os princípios que regem os procedimentos da lei especial continuarão a ser aplicáveis apenas às instituições financeiras e assemelhadas, até que outra norma disponha diferentemente. As alterações inseridas pela Lei nº 10.931/2004 parecem ter reforçado esse entendimento. Se o proprietário fiduciário não for instituição financeira, deverá valer-se dos meios processuais ordinários, não podendo se utilizar da ação de busca e apreensão, mas, a nosso ver, não se lhe frustra a ação de depósito, pois o art. 1.363 é expresso a esse respeito. Com a palavra o legislador e a jurisprudência.

O *caput* do art. 66 era expresso ao referir-se à alienação fiduciária de bem móvel. Portanto, suas disposições não se aplicam aos imóveis, ora regulados por lei específica. Essa também foi a posição peremptória do art. 1.361 ao abrir o capítulo da propriedade fiduciária neste Código.

A ideia originária do legislador foi sem dúvida propiciar a alienação para bens duráveis, certos e determinados. Tanto que o § 4º do art. 66 estabeleceu:

"Se a coisa alienada em garantia não se identifica por números, marcas e sinais indicados no instrumento de alienação fiduciária, cabe ao proprietário fiduciário o ônus da prova, contra terceiros, da identidade dos bens do seu domínio que se encontram em poder do devedor."

Com fundamento nesse dispositivo, a jurisprudência minoritária entendera que a dicção legal permitiu a alienação fiduciária de bens fungíveis (*RTJSP* 81/306, 93/674, 106/883, 113/407). Assim, se a coisa não estivesse individualizada, seria ônus do credor provar sua existência perante terceiros. Na antiga *fiducia* romana, o negócio não era admitido para bens fungíveis. Na verdade, não é da índole do instituto. O contrato aplicado a bens fungíveis acarreta incontáveis dificuldades práticas e deveria mesmo ser vedado. Jurisprudência mais recente apresentou guinada em sentido oposto, colocando-se ao lado do sentido original do instituto. A 2ª Seção do STJ uniformizou entendimento no sentido do descabimento da alienação fiduciária de bens fungíveis e consumíveis (*RE* 19.915-8-MG, Min. Sávio de Figueiredo). Nesse sentido, há julgados que obstaram a alienação fiduciária de estoques de comércio da devedora ou de bens destinados à sua indústria (ver nota nº 6 de Theotônio Negrão ao art. 1º do Decreto-lei nº 911, 25. ed., 1994). Como vimos acima, a dicção da Lei nº 10.931/2004 modifica novamente o entendimento, permitindo a utilização da alienação fiduciária aos bens fungíveis, ao menos no âmbito do mercado financeiro e de capitais, de acordo com o *caput* do art. 66-B.

**Art. 1.363. Antes de vencida a dívida, o devedor, a suas expensas e risco, pode usar a coisa segundo sua destinação, sendo obrigado, como depositário:
I – a empregar na guarda da coisa a diligência exigida por sua natureza;
II – a entregá-la ao credor, se a dívida não for paga no vencimento.**

Esse dispositivo realça o fato de que o instituto da propriedade fiduciária é instrumento de crédito direto ao consumidor e de garantia. A coisa alienada fica na posse do consumidor final, o alienante fiduciário ou fiduciante, para seu desfrute, que adquirirá sua propriedade uma vez findos os pagamentos. Como apontamos, posiciona-se como depositário enquanto não paga integralmente a dívida, aspecto que o Código preferiu descrever expressamente, no art. 1.363. Note que o Código equipara a posição do devedor à do depositário. Essa conclusão decorre inevitavelmente da dicção presente na lei: o devedor fica obrigado *como depositário*. Quando há equiparação, não existe identidade. Essa situação ganha importância quando se discute sobre a prisão do depositário.

Como depositário, o devedor assume também os riscos pela perda e pela deterioração anormal da coisa. Sua posse direta é de natureza precária, pois se a dívida não for paga, deve ela ser devolvida ao credor. Por essa razão, o seguro do bem fiduciado é exigido, como regra, pelo alienante, nesse negócio.

Art. 1.364. Vencida a dívida, e não paga, fica o credor obrigado a vender, judicial ou extrajudicialmente, a coisa a terceiros, a aplicar o preço no pagamento de seu crédito e das despesas de cobrança, e a entregar o saldo, se houver, ao devedor.

**Art. 1.365. É nula a cláusula que autoriza o proprietário fiduciário a ficar com a coisa alienada em garantia, se a dívida não for paga no vencimento.
Parágrafo único. O devedor pode, com a anuência do credor, dar seu direito eventual à coisa em pagamento da dívida, após o vencimento desta.**

Ao financiador cumpre fornecer os meios prometidos no contrato, o empréstimo ou financiamento. Como possuidor indireto não deve turbar a posse do devedor fiduciário, que pode defender-se com os interditos. Evidente que tal não ocorre no inadimplemento quando da propositura das medidas judiciais cabíveis.

Se a propriedade do bem fiduciado consolidar-se em mãos do financiador, deverá ele efetuar a venda. O dispositivo é expresso ao determinar a venda da coisa, judicial ou extrajudicialmente. O dispositivo anterior do Decreto-lei nº 911 dava a ideia de faculdade do financiador ao estatuir que ele podia vender a coisa a terceiros, mas essa não era a realidade, pois também essa norma apontava que era nula a cláusula que permitia a ele ficar com a coisa, se a dívida não fosse paga no vencimento. Desse modo, tanto pela lei anterior como pelo art. 1.365, é nula a cláusula nesse sentido.

No entanto, o parágrafo único do art. 1.365 inova, pois permite que após o vencimento da dívida, o devedor pode transferir o seu direito a terceiro, com anuência do credor. É situação corriqueira na prática. Contudo, a transferência pura e simples a terceiro tanto da posse direta da coisa quanto das obrigações do contrato ocorre por conta e risco dos partícipes do negócio. Por outro lado, nada impede que as partes transijam antes do vencimento da dívida e concordem com a cessão do contrato a terceiro. O dispositivo legal do art. 1.364 se mostra inócuo se lido isoladamente, sem o acréscimo do art. 1.365. Certamente, o legislador deixou-se levar por abusos que ocorreram no passado, tanto por parte do consumidor, como por parte das instituições financeiras.

Art. 1.366. Quando, vendida a coisa, o produto não bastar para o pagamento da dívida e das despesas de cobrança, continuará o devedor obrigado pelo restante.

Com muita frequência a venda da coisa financiada, mercê do seu desgaste pelo uso e obsolescência, não é suficiente para cobrir o valor devido. Continua o devedor obrigado pelo saldo. Oportuno que se recorde aqui sobre os procedimentos judiciais que estão à disposição do credor nas hipóteses de inadimplência.

Na hipótese de inadimplemento da obrigação, a lei especial, que nesse aspecto ainda continua em vigor, abre ao credor quatro possibilidades: *a alienação da coisa* para haver o preço do débito em aberto, se esta lhe for entregue efetivamente pelo devedor; *ação de busca e apreensão*, que autoriza a apreensão *initio litis* (art. 3º do Decreto-lei nº 911/1969, conforme redação trazida pela Lei nº 13.043, de 2014). *Se o bem alienado fiduciariamente não for encontrado ou não se achar na posse do devedor, fica facultado ao credor requerer, nos mesmos autos, a conversão do pedido de busca e apreensão em ação executiva, na forma prevista no Capítulo II do Livro II da Lei no 5.869, de 11 de janeiro de 1973 – Código de Processo Civil. (Redação dada pela Lei nº 13.043, de 2014)* (art. 4º); ou se o credor preferir recorrer à ação executiva, direta ou a convertida na forma do art. 4º, ou, se for o caso ao executivo fiscal, serão penhorados, a critério do autor da ação, bens do devedor quantos bastem para assegurar a execução (Redação pela Lei nº 13.043, de 2014) (art. 5º), pela qual pode optar o credor. A execução também persiste para a cobrança de saldo em aberto quando o preço de venda não for suficiente para extinguir a dívida.

Em tese, o credor fiduciário, nesse sistema de lei especial, pode optar por uma dessas medidas. No entanto, é a ação de busca e apreensão regulada pelo decreto-lei que fornece o meio mais eficaz de realização do valor da dívida. Houve alteração procedimental inserida pela Lei nº 10.931/2004 (§§ 1º a 8º do art. 3º do Decreto-lei nº 911/1969), tornando mais rápida e violenta a ação de busca e apreensão. Por essa mais recente lei, dentre outras inovações em prol dos agentes financeiros, cinco dias após executada a liminar *initio litis*, consolidar-se-á a propriedade e a posse plena para o credor fiduciário, permitindo-se já a expedição de novo certificado de registro para a coisa móvel, se for o caso. Portanto, antes mesmo de escoado o prazo para a contestação, já irá consolidar-se a propriedade. O tema e a amplitude dessa mais recente lei deverão ser acuradamente examinados sob o prisma constitucional e processual.

Ao contrário da ação decorrente da venda com reserva de domínio, essa busca e apreensão independe de avaliação do bem. O acolhimento da ação de busca e apreensão é o único meio legal de a propriedade consolidar-se em favor do credor. A apelação dessa sentença terá apenas o efeito devolutivo e não impedirá a venda extrajudicial do bem alienado, que é obrigatória. O sistema é mais simplificado para os imóveis, como veremos.

Qualquer outra matéria que o réu pretenda discutir somente poderá fazê-lo em processo autônomo, que não terá o condão, como regra, de impedir o prosseguimento da ação de busca e apreensão.

Se o bem não fosse encontrado ou não se achasse na posse do devedor, o credor poderia requerer a conversão da ação de busca e apreensão em ação de depósito, processando-se nos mesmos autos, na forma dos arts. 901 ss do CPC/1973. Tratando-se de mais de um bem e se somente alguns deles forem encontrados, o credor poderia pedir a conversão da ação em depósito referente aos faltantes, julgando-se a busca e apreensão com relação aos que foram apreendidos. Esta dicção não está mais presente no CPC/2015.

Na garantia fiduciária, o *equivalente em dinheiro* da ação de depósito é o valor do débito em aberto, com juros, multa, correção monetária e acréscimos contratuais cabíveis. Como tem assentado a jurisprudência, nessa expressão deve ser entendido não o valor do bem, mas o *saldo devedor em aberto* (*RT* 611/118, *JT-CSP* 104/102). Nesse sentido, a Súmula nº 20 do Primeiro Tribunal de Alçada Civil de São Paulo:

"*Nas ações de depósito derivadas de alienação fiduciária, o valor da coisa, para efeito da mais adequada estimação do equivalente em dinheiro (artigos 902, I, e 904 do Código de Processo Civil), é o correspondente ao do débito contratual, isto é, ao do saldo devedor em aberto.*"

A redação conferida pela Lei nº 10.931/2004 (art. 3º, § 2º) modifica o enfoque quanto ao saldo em aberto, para se referir ao pagamento da "*integralidade da dívida pendente, segundo os valores apresentados pelo credor fiduciário*", o que se afina com a orientação jurisprudencial e deve ser a compreensão nas ações de depósito.

A Constituição de 1988 manteve a possibilidade de prisão do depositário infiel (art. 5º, LXVII). O devedor fiduciário assume o compromisso de fiel depositário da coisa alienada. Em que pesem argumentos em contrário, não vemos razão naqueles que sustentam a insubsistência da prisão do devedor decorrente dessa ação de depósito. Não se trata de prisão por dívida, mas de prisão por quebra da confiança decorrente do depósito. A prisão não decorre do inadimplemento, mas do fato de o devedor não estar mais na posse do bem. Aqueles que veem na hipótese uma forma de prisão por dívida deslocam a óptica da questão.

"*A lei especial, quando equipara o alienante ao depositário, acrescenta que assume este as responsabilidades e encargos, de acordo com a lei civil e a penal. Os deveres básicos do depositário consistem em conservar e restituir, e a sanção para este último reside na prisão até por um ano*" (Pereira, 1993, p. 305).

No entanto, a orientação do Superior Tribunal de Justiça é no sentido de que o dispositivo da Lei nº 4.728/1965 e o Decreto-lei nº 911/1969 não foi recepcionado pela atual Carta, não mais estando autorizada a prisão do depositário nessa hipótese (HC 5.583/DF). A questão, a nosso ver, continua em aberto, merecendo estudo mais aprofundado. Não há que se permitir flexibilidade da lei de molde que tolha seu sentido teleológico. A matéria ainda depende de posição jurisprudencial definitiva. A atual posição do Superior Tribunal de Justiça é no sentido de que não pode ser decretada a prisão, se o depositário não assumiu expressamente essa condição.

Por outro lado, entende-se que, em se tratando de bens alienados fungíveis, o que era aceitável no passado, a situação é análoga ao mútuo, tornando-se, aí sim, incabível a prisão (*RSTJ* 39/439). Na hipótese de a coisa infungível ter sido furtada, por falta de cuidado do depositário, não se exime ele da prisão, pois sua situação equipara-se à de depositário infiel (*JTACSP* 121/112). Para os que inadmitem essa prisão, entende-se que essa posição está superada. A situação será diversa na hipótese de roubo, quando não há que se imputar culpa ao depositário, descabendo a prisão civil. De acordo com a lei específica, o devedor fiduciário não pode dispor da coisa.

A alienação e cessão de posição contratual do adquirente do bem somente podem ocorrer com a imprescindível aquiescência do credor, como vimos.

Art. 1.367. A propriedade fiduciária em garantia de bens móveis ou imóveis sujeita-se às disposições do Capítulo I do Título X do Livro III da Parte especial deste Código e, no que for específico, à legislação especial pertinente, não se equiparando, para quaisquer efeitos, à propriedade plena de que trata o art. 1.231.

(Artigo com redação determinada pela Lei nº 13.043/2014)

O § 7º do art. 66 determinava que se aplicassem os arts. 758, 762, 763 e 803 do Código Civil, no que coubessem, à garantia fiduciária. Este artigo, na redação originária, mandava que se aplicassem os arts. 1.421, 1.425, 1.426, 1.427 e 1.436. A nova redação faz referência aos artigos referentes às preferências e privilégios creditórios. Não nos parece que a modificação tenha melhor alcance. Ainda, essa redação une móveis com imóveis, quando o capítulo cuida de coisas móveis. E enfatiza o óbvio, ao dizer que a propriedade fiduciária não se equipara à propriedade plena.

Art. 1.368. O terceiro, interessado ou não, que pagar a dívida, se sub-rogará de pleno direito no crédito e na propriedade fiduciária.

Essa disposição visa atender a situações que ocorrem com frequência, na prática, nas quais o credor fiduciário, agente financeiro, perante o inadimplemento do devedor, transfere sua posição contratual a terceiro, geralmente uma pessoa jurídica especializada em cobranças nesse campo. Desse modo, o cessionário pode figurar como autor nas ações decorrentes da alienação fiduciária. De qualquer modo, essa sub-rogação legal aí descrita aplica-se a qualquer hipótese de pagamento da dívida por terceiro, seja considerado interessado ou não. Conclui-se, portanto, que o credor fiduciário pode ceder sua posição contratual, em princípio, sem necessidade de anuência do devedor.

Art. 1.368-A. As demais espécies de propriedade fiduciária ou de titularidade fiduciária submetem-se à disciplina específica das respectivas leis especiais, somente se aplicando as disposições deste Código naquilo que não for incompatível com a legislação especial.

(NOTA RELEVANTE: Para a alienação fiduciária de imóveis deve ser examinada a Lei nº 9.514/1997, com as modificações introduzidas pela Lei nº 10.931/2004, Lei nº 13.465/2017, Lei nº 13.097/2015 e Lei nº 13.465/2017)

Esse artigo foi inserido no Código tendo em vista o alargamento que sofreu a alienação fiduciária com essa legislação. Esses diplomas permitiram expressamente a alienação fiduciária de bens fungíveis, bem como a cessão fiduciária de direitos sobre coisas móveis, títulos de crédito, com regras especiais. Permitiu também a alienação fiduciária no âmbito do mercado financeiro e de capitais, assim como a garantia de créditos fiscais e previdenciários, mudando totalmente o perfil originário do instituto. Assim, outras formas de alienação fiduciária podem ser doravante regulamentadas, servindo os princípios do Código apenas como base.

Art. 1.368-B. A alienação fiduciária em garantia de bem móvel ou imóvel confere direito real de aquisição ao fiduciante, seu cessionário ou sucessor. Artigo com redação determinada pela Lei nº 13.043/2014.
Parágrafo único. O credor fiduciário que se tornar proprietário pleno do bem, por efeito de realização da garantia, mediante consolidação da propriedade, adjudicação, dação ou outra forma pela qual lhe tenha sido transmitida a propriedade plena, passa a responder pelo pagamento dos tributos sobre a propriedade e a posse, taxas, despesas condominiais e quaisquer outros encargos, tributários ou não, incidentes sobre o bem objeto da garantia, a partir da data em que vier a ser imitido na posse direta do bem. Artigo com redação determinada pela Lei nº 13.043/2014.

O texto admite ser o direito do fiduciante ou seu cessionário e sucessor, um direito real. Desse modo, aplica-se o direito de sequela. O tomador do financiamento, o fiduciário, inadimplente ficará sujeito não só às ações possessórias como também às reivindicatórias.

Este artigo inserido por lei mais recente corrobora aquilo que já se entendia, mas com dúvidas. Há um direito real de aquisição na propriedade fiduciária, em favor do credor, que passará a responder pelos efeitos tributários dessa situação jurídica, a partir do seu exercício da posse efetiva e direta, pois antes desse estado sua posse era indireta.

Art. 1.368-C

⚖ Cumprimento de sentença. Não é possível a penhora de imóvel objeto de alienação fiduciária em lide envolvendo cobrança de despesas condominiais ajuizada contra condômina e devedora fiduciante, sob a alegação da natureza *propter rem* da obrigação, uma vez que a devedora fiduciante é mera possuidora direta da unidade condominial, cuidando-se de propriedade resolúvel sobre o bem que pertence ao credor fiduciário (conforme o art. 27, § 8º da Lei 9.514/97 e do art. 1.368/B, parágrafo único, do CC/2002). Inaplicabilidade da Súmula 478 do STJ. Precedentes dessa Colenda Câmara. Recurso não provido (*TJSP* – AI 2124900-26.2020.8.26.0000, 21-4-2021, Rel. Alfredo Attié).

⚖ Ação de cobrança de despesas condominiais. Cumprimento de sentença. Inclusão da credora fiduciária no polo passivo. Descabimento. Artigo 109 do CPC que estende ao adquirente os efeitos da sentença passada em julgado. Hipótese inocorrente na espécie, eis que não se consolidou a propriedade do imóvel a proveito da credora fiduciária Responsabilidade pelo débito condominial que, ademais, surge apenas ao ser a credora fiduciária imitida na posse. Artigo 1.368-B do Código Civil. Recurso improvido (*TJSP* – AI 2051106-35.2021.8.26.0000, 17-3-2021, Rel. Arantes Theodoro).

⚖ Direito processual civil. Execução. Penhora. Direitos aquisitivos. Imóvel alienado fiduciariamente. Alienação judicial do próprio imóvel. Descabimento. I. Na execução intentada contra o devedor fiduciante não pode ser penhorado o imóvel por ele alienado fiduciariamente, consoante a inteligência dos artigos 789 e 824 do Código de Processo Civil, 22, 23 e 25 da Lei 9.514/1997 e 1.368-B do Código Civil. II. De acordo com os artigos 835, inciso XII, do Código de Processo Civil, e 1.368-B do Código Civil, operada a alienação fiduciária, são passíveis de penhora apenas os direitos aquisitivos do devedor fiduciante. III. Penhorados os direitos aquisitivos do devedor fiduciante, não pode ser objeto de expropriação o próprio imóvel objeto de alienação fiduciária, cuja propriedade pertence ao credor fiduciário, nos termos dos artigos 22 e 23 da Lei 9.514/1997 e do artigo 804, § 3º do Código de Processo Civil. IV. Recurso conhecido e provido (*TJ-DFT* – Ap. 07117785620208070000, 21-1-2021, Rel. James Eduardo Oliveira).

CAPÍTULO X
Do Fundo de Investimento

1.368-C. O fundo de investimento é uma comunhão de recursos, constituído sob a forma de condomínio de natureza especial, destinado à aplicação em ativos financeiros, bens e direitos de qualquer natureza. (Incluído pela Lei nº 13.874, de 2019)
§ 1º Não se aplicam ao fundo de investimento as disposições constantes dos arts. 1.314 ao 1.358-A deste Código.
§ 2º Competirá à Comissão de Valores Mobiliários disciplinar o disposto no caput deste artigo.
§ 3º O registro dos regulamentos dos fundos de investimentos na Comissão de Valores Mobiliários é condição suficiente para garantir a sua publicidade e a oponibilidade de efeitos em relação a terceiros.

1.368-D. O regulamento do fundo de investimento poderá, observado o disposto na regulamentação a que se refere o § 2º do art. 1.368-C desta Lei, estabelecer: (Incluído pela Lei nº 13.874, de 2019)
I – a limitação da responsabilidade de cada investidor ao valor de suas cotas;
II – a limitação da responsabilidade, bem como parâmetros de sua aferição, dos prestadores de serviços do fundo de investimento, perante o condomínio e entre si, ao cumprimento dos deveres particulares de cada um, sem solidariedade; e
III – classes de cotas com direitos e obrigações distintos, com possibilidade de constituir patrimônio segregado para cada classe.
§ 1º A adoção da responsabilidade limitada por fundo de investimento constituído sem a limitação de responsabilidade somente abrangerá fatos ocorridos após a respectiva mudança em seu regulamento.
§ 2º A avaliação de responsabilidade dos prestadores de serviço deverá levar sempre em consideração os riscos inerentes às aplicações nos mercados de atuação do fundo de investimento e a natureza de obrigação de meio de seus serviços.
§ 3º O patrimônio segregado referido no inciso III do caput deste artigo só responderá por obrigações vinculadas à classe respectiva, nos termos do regulamento.

1.368-E. Os fundos de investimento respondem diretamente pelas obrigações legais e contratuais por eles assumidas, e os prestadores de serviço não respondem por essas obrigações, mas respondem pelos prejuízos que causarem quando procederem com dolo ou má-fé. (Incluído pela Lei nº 13.874, de 2019)
§ 1º Se o fundo de investimento com limitação de responsabilidade não possuir patrimônio suficiente para responder por suas dívidas, aplicam-se as regras de insolvência previstas nos arts. 955 a 965 deste Código.
§ 2º A insolvência pode ser requerida judicialmente por credores, por deliberação própria dos cotistas do fundo de investimento, nos termos de seu regulamento, ou pela Comissão de Valores Mobiliários.

1.368-F. O fundo de investimento constituído por lei específica e regulamentado pela Comissão de Valores Mobiliários deverá, no que couber, seguir as disposições deste Capítulo. (Incluído pela Lei nº 13.874, de 2019)

Esse texto foi inserido pela denominada Lei da Liberdade Econômica. A ideia foi fomentar e incentivar esse fundos de aplicação financeira, possibilitando investidores com responsabilidade limitada. A nosso ver, essa matéria deveria pertencer à legislação específica das instituições financeiras, não sendo acertada sua posição em um Código Civil. Esses fundos podem ter os mais variados lastros.

O legislador insere neste Código os fundos de investimento como modalidade de domínio. Como o próprio texto indica, cabe à Comissão de Valores Mobiliários regulamentá-los. Essa espécie de condomínio a que o texto se reporta muito pouco tem a ver com a modalidade de condomínio tradicional, porque os investidores muito pouco tem a ver entre si. Há uma comunhão de recursos e não uma comunhão de interesses. Cada titular mantém cotas dos fundos. A CVM certamente terá disposições mais específicas para as várias modalidades de fundos.

O art. 1.368-D descreve, de forma exemplificativa, o que os fundos podem estabelecer. O termo "poderá" significa que a inserção desses aspectos é facultativa. Assim, caberá sempre ao investidor examinar a natureza e o alcance dos fundos, mormente quanto à responsabilidade de cada cotista.

A possibilidade de criação de fundo segregado, para classe de cotistas (art. 1.368-D, III), isto é, fundo de afetação, é garantia maior aos investidores, mormente em caso de insolvência do fundo, que é tratado como modalidade de condomínio.

As regras de insolvência se aplicarão ao fundo em caso de ausência de patrimônio, o que nem sempre vai assegurar a melhor solução.

Como o art. 1.368-F traduz que cada fundo terá sua regulamentação específica, o texto aqui apresentado será apenas uma base orientativa, "no que couber" como reza o texto.

TÍTULO IV
DA SUPERFÍCIE

Art. 1.369. O proprietário pode conceder a outrem o direito de construir ou de plantar em seu terreno, por tempo determinado, mediante escritura pública devidamente registrada no Cartório de registro de Imóveis.
Parágrafo único. O direito de superfície não autoriza obra no subsolo, salvo se for inerente ao objeto da concessão.

1. Direitos reais limitados

A propriedade, como apontado, é o direito real mais amplo. Os demais direitos reais, que só podem ser criados por lei, são sempre menos amplos do que a propriedade. A partir do art. 1361, o estatuto civil vigente passa a disciplinar os direitos reais sobre coisas alheias, a propriedade fiduciária, já vista, superfície, servidões, usufruto, uso, habitação, direito do promitente comprador, penhor, hipoteca e anticrese.

Nesses direitos reais menos amplos que a propriedade, o titular fica privado de alguns dos poderes inerentes ao domínio. Nessas situações, haverá pelo menos dois titulares sobre a mesma coisa, cada um com âmbito próprio de atuação e com extensão de exercício de seu domínio definida pela lei. Alguns desses direitos oferecem grande interesse prático; outros caíram em desuso. A enfiteuse, por exemplo, cumpriu seu papel de adequação social no passado, não justificando mais sua manutenção como direito positivo, tanto que não foi contemplada neste Código.

O presente Código Civil trata de duas categorias de direitos: de gozo ou fruição e de garantia. Ao tratarmos do direito de superfície, decorre que é direito de fruição, como também o usufruto, o uso, a habitação, as servidões prediais, o direito do promitente comprador, e a propriedade fiduciária. São direitos de garantia aqueles que vinculam a coisa a uma relação obrigacional: o penhor, a anticrese e a hipoteca.

2. Superfície

O direito de superfície, conhecido de há muito, presente no Direito Romano, bem como em outras legislações, pode substituir com eficácia a vetusta enfiteuse, que não apresenta mais utilidade. Diferentemente da enfiteuse, não mais regulada neste Código, a superfície é instituto de origem exclusivamente romana: decorreu da necessidade prática de se permitir a construção em solo alheio, principalmente sobre bens públicos. Os magistrados permitiam que comerciantes instalassem tabernas sobre as vias públicas, permanecendo o solo em poder do Estado. Entre os particulares, o instituto era estabelecido por contrato. Tornou-se definitivamente um direito real sobre coisa alheia na época clássica. Permitia-se a plena atribuição do direito de superfície a quem, sob certas condições, construísse em terreno alheio. Desse modo, passou-se a permitir que o construtor tivesse obra separada do solo. No entanto, na época romana, o direito de superfície somente era atribuído a construções, não se aplicando a plantações em terreno alheio. Esse instituto não foi introduzido no Código francês, porque era visto como forma de manutenção da propriedade feudal, consequentemente um privilégio da nobreza. Outras legislações, porém, foram paulatinamente reconhecendo sua utilidade. O instituto foi excluído de nosso ordenamento em 1864, não tendo sido reintegrado no Código Civil de 1916, em contrário à vontade Clovis, que o inserira em seu Projeto. O direito de superfície contemporaneamente volta a ter sua importância, possibilitando mais adequada utilização do solo com construções e plantações de vulto. Destaca-se desse modo que o direito de superfície pode servir eficazmente para implantação de jardins, dutos e canalizações, ferrovias, aeroportos, estradas privatizadas, jazigos, monumentos, camarotes em teatros, cadeiras cativas em estádios etc. Trata-se de direito real resolúvel.

O objetivo é mais amplo do que na enfiteuse. O proprietário do solo mantém a substância da coisa. Pelo Direito lusitano, o proprietário, denominado fundeiro, tem a fruição do solo e do próprio terreno enquanto não iniciada a obra ou plantação. O superficiário tem direito de construir ou plantar. O fundeiro tem a expectativa de receber a coisa com a obra, se o instituto for estabelecido sob a forma temporária, como estabelecido no nosso ordenamento. Tratando-se de *ius in re aliena*, não se admite o direito de superfície senão decorrente de um direito de propriedade.

O superficiário assume a posse direta da coisa, cabendo ao fundeiro a posse indireta. Dessa forma, o proprietário não pode turbar a posse do superficiário e este tem a obrigação de comunicar oportunamente qualquer distúrbio da posse, bem como o ônus de defendê-la, no seu âmbito de exercício.

Aspectos marcantes podem ser destacados no direito de superfície: 1. há um direito de propriedade do solo, o qual pertence necessariamente ao fundeiro; 2. há o direito de plantar ou edificar por parte do superficiário, que se denomina *implante*; e 3. há o direito ao *cânon*, ou pagamento, pela concessão for onerosa. Depois de implantada, há que se destacar a propriedade da obra, que cabe ao superficiário; a expectativa de aquisição pelo fundeiro e o direito e preferência atribuído ao proprietário ou superficiário, na hipótese de alienação dos respectivos direitos. Este Código, ao abolir a enfiteuse, criou a superfície com prazo determinado.

Não se confunde, contudo, o prazo indeterminado com a perpetuidade, que entre nós é vedada no direito de superfície.

O direito de superfície se trata, como menciona a lei, de uma concessão que o fundeiro faz a outrem, para que se utilize da propriedade, tanto para construir como para plantar. Nosso Código Civil refere-se apenas ao direito de construir e plantar, não mencionando o direito correlato, presente no Código português, de manter no local as plantações ou edificações já existentes. Parece ser inafastável também essa possibilidade entre nós, por participar da natureza do instituto, não havendo a mínima razão para restrição. A função social do direito de superfície se traduz não só para quem constrói ou planta, mas também para quem mantém ou conclui construção existente ou plantação em terreno de outrem. Veja-se a utilidade do instituto perante um prédio inacabado, que o superficiário se propõe a terminar. Trata-se do que a doutrina lusitana denomina *direito de sobre-elevação*, que não contraria nossa legislação. Nesse sentido se coloca também o Estatuto da Cidade. Essa lei dispõe que o direito concedido é para o superficiário utilizar o solo, subsolo ou espaço aéreo, de forma geral, de acordo com as necessidades razoáveis. O Projeto nº 6.960/2002, atendendo a esses aspectos, apresentou redação nova nesse dispositivo mencionando igualmente o direito de o concessionário executar benfeitorias em edificação, também se referindo à utilização do solo, subsolo e ao espaço aéreo, na forma estabelecida em contrato e obedecida a legislação urbanística. Melhor teria sido a aprovação desse projeto.

O contrato que lhe dá origem somente produz efeitos pessoais entre as partes. A eficácia de direito real somente é obtida com o registro imobiliário.

Como regra geral, já acentuada, o superficiário não pode utilizar o subsolo no sistema do Código Civil, salvo se essa utilização for inerente ao próprio negócio. É conveniente que os interessados sejam claros no pacto a esse respeito. O superficiário pode ter necessidade do subsolo para ali instar uma adega ou construir um poço.

Como exemplo claro do instituto da superfície, acentuem-se as cadeiras cativas nos estádios, camarotes cativos em teatros, ancoradouros privados (*marinas*) etc., cuja forma de exercício de direito real apresenta seus princípios.

A doutrina e legislação comparada admitem o direito de superfície sobre outro direito de superfície, o que não deve ser vedado se a natureza do imóvel e o contrato permitirem (BENASSE, 2002, p. 152).

3. Direito de superfície no Estatuto da Cidade (Lei nº 10.257/2001)

O Estatuto da Cidade, Lei nº 10.257/2001, tratou de algumas matérias comuns ao Código Civil, em mau vezo legislativo. O direito de superfície é tratado em ambos os diplomas; nessa lei, nos arts. 21 a 24. Essa situação, repetida infelizmente com frequência no ordenamento pátrio, obriga o intérprete a definir a aplicabilidade de ambos os diplomas legais sobre o mesmo fenômeno jurídico. Esse estatuto entrou em vigor antes do Código Civil. Ambos os ordenamentos devem ser harmonizados, não só porque o Estatuto da Cidade é um microssistema, como também por ser uma lei complementar à Constituição. De qualquer modo, o Estatuto da Cidade, por sua própria denominação, dirige-se apenas aos imóveis urbanos. Nesse sentido, não há dúvida que o Código Civil aplicar-se-á aos imóveis rurais. De qualquer modo, o instituto do direito de superfície descrito no Estatuto, conforme o art. 21, tem a mesma compreensão, com algumas nuanças com relação ao novel Código.

Nesse estatuto, o direito de superfície pode ser concedido por prazo determinado ou indeterminado. O Código Civil expressamente só admite o prazo determinado. Tudo leva a crer que teremos em ambas as situações o prazo indeterminado, mormente naquelas situações nas quais, vencido o termo, o contrato se mantém vigente por prazo indeterminado. É sempre conveniente que as partes prevejam prazo razoável para a denúncia imotivada, levando-se em conta os termos do art. 473 do Código Civil. O superficiário terá, em princípio, direito a retenção por benfeitorias e acessões até satisfação de eventual indenização. Por isso, será conveniente que já no contrato as partes acordem sobre a destinação desses acréscimos.

Outra particularidade já referida desse estatuto é a menção de que o direito de superfície abrange o direito de usar o solo, o subsolo e o espaço aéreo. Em qualquer situação, porém, deve ser analisada a utilização do subsolo e do espaço aéreo em relação ao direito de superfície concedido.

📚 Enunciado nº 93 do CJF/STJ, I Jornada de Direito Civil: As normas previstas no Código Civil sobre direito de superfície não revogam as relativas a direito de superfície constantes do Estatuto da Cidade (Lei nº 10.257/2001) por ser instrumento de política de desenvolvimento urbano.

📚 Enunciado nº 249 do CJF/STJ, III Jornada de Direito Civil: a propriedade superficiária pode ser autonomamente objeto de direitos reais de gozo e garantia, cujo prazo não exceda a duração da concessão da superfície, não se lhe aplicando o art. 1.474.

📚 Enunciado nº 250 do CJF/STJ, III Jornada de Direito Civil: Admite-se a constituição do direito de superfície por cisão.

📚 Enunciado nº 321 do CJF/STJ, IV Jornada de Direito Civil: Os direitos e obrigações vinculados ao terreno e, bem assim, aqueles vinculados à construção ou à plantação formam patrimônios distintos e autônomos, respondendo cada um de seus titulares exclusivamente por suas próprias dívidas e obrigações, ressalvadas as fiscais decorrentes do imóvel.

⚖ Direito de superfície – Ação de inventário e partilha – Transmissibilidade – "Processo civil. Agravo de instrumento. Ação de inventário e partilha. Direito de superfície. Transmissibilidade. Código Civil e Estatuto da Cidade (art. 21). Comprovação. Escritura pública. 1. Agravo de instrumento tirado contra interlocutória proferida em sede de inventário e partilha, que determinou a exclusão de bem denominado Chácara Menino Jesus 123, Setor P Norte – Ceilândia/DF, diante da informação, prestada pela Terracap, quanto à impossibilidade da escrituração do imóvel em nome do espólio de Odilon Alves, haja vista não ter sido firmado contrato de concessão de uso junto à extinta Fundação Zoobotânica do Distrito Federal. 2. Destarte, uma das principais marcas do direito de superfície é sua transmissibilidade, por ato inter vivos, oneroso ou gratuito, ou *causa mortis*. 2.1. Todavia, apesar de o direito de superfície, entendido como sendo direito real de ter construção ou plantação em solo alheio, ser passível de transmissão aos herdeiros, por morte do superficiário (art. 1.372 do CCB), a forma legal de instituição do referido instituto é por meio de escritura pública (arts. 21 do Estatuto da Cidade e 1.369 do CC/2002). 2.2. No mesmo sentido, o art. 21 da Lei nº 10.257/2001 (Estatuto da Cidade), prescreve que 'o proprietário urbano poderá conceder a outrem o direito de superfície do seu terreno, por tempo determinado ou indeterminado, mediante escritura pública registrada no cartório de registro de imóveis'. 3. Inviável cogitar-se de transmissibilidade, aos herdeiros, de direito de superfície não instituído regularmente por meio de instrumento público, em razão de o imóvel seja objeto de parcelamento irregular. 4. Agravo improvido." (TJDFT – Proc.Cív. 20130020274956 – (781347), 29-4-2017, Rel. Des. João Egmont).

Art. 1.370. A concessão da superfície será gratuita ou onerosa; se onerosa, estipularão as partes se o pagamento será feito de uma só vez, ou parceladamente.

O contrato que institui a superfície pode ser gratuito ou oneroso. Na dúvida, há que se presumir a onerosidade, pois se trata de cessão de parcela importante da propriedade. O pagamento não necessita ser periódico, podendo ser feito de uma única vez. O dispositivo não indica a periodicidade do pagamento. Quando o pagamento for parcelado, maior a frequência de periodicidade, mais se aproximará do arrendamento e mais se afastará da enfiteuse.

Esse pagamento é denominado "*cânon superficiário*". O Código português é expresso no sentido de o pagamento poder ocorrer em uma única prestação ou de forma anual. A falta de pagamento abre margem à ação de cobrança e de extinção da concessão, por infração contratual.

⚖ Processo Civil – Agravo de instrumento – Ação de inventário e partilha – Direito de superfície – Transmissibilidade – Código Civil e Estatuto da Cidade (Art. 21) – Comprovação – Escritura Pública – 1- Agravo de instrumento tirado contra interlocutória proferida em sede de inventário e partilha, que determinou a exclusão de bem denominado chácara menino jesus 123, setor p norte – Ceilândia/DF, diante da informação, prestada pela TERRACAP, quanto à impossibilidade da escrituração do imóvel em nome do espólio de Odilon Alves, haja vista não ter sido firmado contrato de concessão de uso junto à extinta fundação zoobotânica do Distrito Federal. 2- Destarte, uma das principais marcas do direito de superfície é sua transmissibilidade, por ato inter vivos, oneroso ou gratuito, ou *causa mortis*. 2.1 todavia, apesar de o direito de superfície, entendido como sendo direito real de ter construção ou plantação em solo alheio, ser passível de transmissão aos herdeiros, por morte do superficiário (art. 1.372 do CCB), a forma legal de instituição do referido instituto é por meio de escritura pública (arts. 21 do estatuto da cidade e 1.369 do CC/2002). 2.2 no mesmo sentido, o art. 21, da Lei 10.257/2001(estatuto da cidade), prescreve que "o proprietário urbano poderá conceder a outrem o direito de superfície do seu terreno, por tempo determinado ou indeterminado, mediante escritura pública registrada no cartório de registro de imóveis". 3- Inviável cogitar-se de transmissibilidade, aos herdeiros, de direito de superfície não instituído regularmente por meio de instrumento público, em razão de o imóvel seja objeto de parcelamento irregular. 4- Agravo improvido. (TJDFT – Proc.Cív. 20130020274956 – (781347), 29-4-2014, Rel. Des. João Egmont).

Art. 1.371. O superficiário responderá pelos encargos e tributos que incidirem sobre o imóvel.

É lógico que o superficiário arque com os tributos incidentes sobre o imóvel, pois ele desfruta da coisa, de seus cômodos, ao exercer a posse direta. Se o direito de superfície abranger apenas parte da coisa, a obrigação pelo pagamento deve ser proporcional à área ocupada. O Estatuto da Cidade teve o cuidado de fazer a ressalva, a qual, na verdade, decorre da lógica e da equidade. O pagamento desses tributos deve corresponder aos cômodos que a coisa proporciona. Esse Estatuto diz também o que no Código Civil fica subentendido: pelo acordo de vontades, o ônus tributário pode ser carreado ao proprietário. Para isso é necessário que conste manifestação expressa no contrato. No silêncio da avença, aplica-se a dicção desse artigo. Trata-se de regra supletiva.

O texto se refere a pagamento de encargos e tributos. Por encargo deve-se entender toda e qualquer despesa incidente diretamente sobre o imóvel além dos tributos propriamente ditos, como despesas de condomínio, despesas com parede-meia, taxa de lixo, iluminação etc.

📖 Enunciado nº 94 do CJF/STJ, I Jornada de Direito Civil: as partes têm plena liberdade para deliberar, no contrato respectivo, sobre o rateio dos encargos e tributos que incidirão sobre a área objeto da concessão do direito de superfície.

Art. 1.372. O direito de superfície pode transferir-se a terceiros e, por morte do superficiário, aos seus herdeiros.
Parágrafo único. Não poderá ser estipulado pelo concedente, a nenhum título, qualquer pagamento pela transferência.

O Estatuto da Cidade disciplina da mesma forma esse aspecto no art. 21, §§ 4º e 5º. No entanto, dito Estatuto subordina a transferência entre vivos aos *"termos do contrato"*. A ideia é no sentido de que a transmissão *causa mortis* não pode ser obstada, tendo em vista a natureza e finalidade da concessão. Há, porém, quem entenda em contrário, admitindo-se a vedação da sucessão hereditária no contrato. Não é a mesma a posição para a cessão negocial, para a qual o fundeiro poderá impor condições, comum prazo mínimo ou máximo, ou até mesmo impedi-la. As condições, porém, não podem traduzir-se em pagamento a qualquer título, as denominadas "luvas" ou "joia". Essa proibição não está presente no Estatuto da Cidade e poderá ser interpretado que a vedação não se aplica às superfícies em área urbana. Difícil será, na prática, a fiscalização sobre esse pagamento vedado. A nosso ver, ainda que a solução seja polêmica, essa restrição deve permanecer em qualquer caso, pois deve ser aplicado o Código Civil supletivamente no que for omissa a lei especial. Mas, por outro lado, pode ser levado em consideração que o Estatuto da Cidade é Lei Complementar Constitucional, que se sobrepujaria, em qualquer situação, à lei ordinária, como é o Código Civil. Outros argumentos poderiam ser trazidos à baila, inclusive o cronológico, pois este Código é posterior ao Estatuto. O legislador poderia ter poupado o intérprete se tivesse sido mais cuidadoso.

Tendo ocorrido o pagamento dessas "luvas", a dúvida é saber se pode ser repetido ou deve ser considerado obrigação natural, mormente se o *solvens* agiu de forma espontânea por parte do cessionário do direito de superfície.

O título constitutivo do direito de superfície pode, contudo, proibir a cessão a terceiros, dentro do princípio de autonomia da vontade das partes. Essa proibição poderá funcionar, no caso concreto, como uma manobra de exigência de retribuição pecuniária em favor do proprietário, que pode abrir mão da proibição. O deslinde dessas questões não é fácil e exige um acurado exame das circunstâncias e comportamento dos envolvidos.

Art. 1.373. Em caso de alienação do imóvel ou do direito de superfície, o superficiário ou o proprietário tem direito de preferência, em igualdade de condições.

No direito de superfície há também direito de preempção ou preferência, tanto no caso de alienação do imóvel como no de alienação do direito de superfície. São, portanto, duas as hipóteses aqui descritas, admitindo-se a transmissão da propriedade e do direito de superfície. O direito de preferência já constava do direito de enfiteuse.

Acentua-se aqui a tendência legal de extinguir, sempre que possível, direito real sobre coisa alheia, tornando a propriedade plena. Na primeira hipótese, terá preferência o superficiário e, na segunda, o fundeiro em igualdade de condições com terceiros. A finalidade desse direito de preempção é consolidar a propriedade em um único titular, quando possível.

O Código, assim como o Estatuto da Cidade, deixou de minudenciar a forma pela qual se exerce esse direito de preferência. O proprietário ou superficiário deve tomar conhecimento da proposta respectiva para poder exercer sua preferência tanto por tanto. A preempção é regulada, no presente Código, pelos arts. 513 a 520. O art. 517 se refere ao prazo de 60 dias para os imóveis, para o exercício da prelação, após a notificação. Quando não for concedido esse direito de preferência, responderá aquele que deixou de concedê-la, por perdas e danos, respondendo também, solidariamente, o adquirente, se tiver agido de má-fé (art. 518).

Embora disciplinada essa modalidade de preempção no bojo de um direito real, não existe, a nosso ver, a possibilidade de o preterido depositar o preço e haver para si a coisa, como autoriza, por exemplo, sob certas condições, a Lei do Inquilinato. Perante o silêncio do legislador, nada há que autorize a conclusão que o presente direito de preferência tenha eficácia real. A lei não descreve essa possibilidade nem as condições pelas quais se operaria essa adjunção da coisa; preço, prazo, forma etc. (GAGLIANO, 2004, p. 42). Há quem entenda o contrário, sem penetrar em maiores digressões (VIANA, 2003, p. 554). A matéria, contudo, fica aberta à discussão.

Art. 1.374. Antes do termo final, resolver-se-á a concessão se o superficiário der ao terreno destinação diversa daquela para que foi concedida.

O desvio de finalidade autoriza a rescisão do negócio e a extinção do direito de superfície. Um imóvel destinado ao comércio não pode ser utilizado para moradia, por exemplo. Por vezes, o direito de superfície será concedido para uma atividade específica, que não pode sofrer, em princípio, qualquer desvio. Imóvel rural destinado a uma modalidade de cultura não pode ser utilizado para outra que prejudique o solo, em outro exemplo.

Justamente porque pode ocorrer o desvio de finalidade, não se pode negar ao fundeiro o direito de fiscalização do imóvel, o que parece ínsito à noção dessa concessão.

Além das causas comuns de extinção, como, por exemplo, o desaparecimento ou perecimento da coisa, devem ser analisadas situações específicas que afetam a concessão do direito de superfície. A falta de pagamento do cânon é causa específica de rescisão. O imóvel pode ter sido deixado em estado de abandono, o que também autoriza a rescisão. Outras infrações contratuais podem ocorrer, dependentes do exame do caso concreto. Há infrações graves que põem a perder a finalidade do instituto e outras que nem sempre aconselharão a rescisão. A propósito, o Estatuto da Cidade expressa, no art. 23, que *"extingue-se o direito de superfície: I – pelo advento do termo; II – pelo descumprimento das obrigações contratuais assumidas pelo superficiário".* Apesar de se tratar de um direito real, a concessão da superfície sempre deverá levar em consideração o contrato que lhe deu origem.

Estabelecido o direito por prazo determinado, o advento do termo final extingue o direito. Porém, se as partes mantiverem o *status quo,* entende-se que o contrato passa a viger por prazo indeterminado. A questão apresenta dificuldades, pois essas alterações devem ser averbadas no registro de imóveis, mas, certamente, nem sempre o serão. Não constando a rescisão ou término do contrato no registro, os terceiros não terão, em princípio, que respeitar estado diferente daquele registrado. Esse aspecto é importante, mormente para os terceiros adquirentes do imóvel e para o direito de preempção. Contudo, o deslinde passará, na maioria das vezes, para o âmbito da posse. A questão é saber se, vencido o prazo determinado, a situação do direito de superfície se mantém inalterada.

Protraindo-se a avença por prazo indeterminado, é necessário que se notifique o superficiário, com prazo razoável para a resilição.

Art. 1.375. Extinta a concessão, o proprietário passará a ter a propriedade plena sobre o terreno, construção ou plantação, independentemente de indenização, se as partes não houverem estipulado o contrário.

Uma vez extinta a concessão superficiária, o proprietário readquirirá a propriedade plena sobre o imóvel, o terreno, com a construção ou plantação, independentemente de indenização, como regra geral. O instituto, como foi acentuado, é um direito real resolúvel. A indenização, no entanto, pode ter sido contratada. A presença do superficiário ou de seus prepostos ou familiares no local, depois de extinta a concessão, caracteriza posse injusta, que autoriza a reintegração.

A questão envolvendo a indenização por construções, benfeitorias e acessões instaladas no imóvel deve ficar bem clara no contrato. As partes podem prefixar um valor indenizatório ou relegar para uma avaliação, quando da consolidação da propriedade. Se silenciarem a respeito, a indenização não será devida. Nesse caso, entende-se que o superficiário assumiu esse risco e usufruiu da coisa por certo tempo. Também deve ficar esclarecido no contrato se o superficiário estará autorizado a levantar benfeitorias ou retirar pertenças quando da consolidação da propriedade.

Art. 1.376. No caso de extinção do direito de superfície em consequência de desapropriação, a indenização cabe ao proprietário e ao superficiário, no valor correspondente ao direito real de cada um.

O direito de superfície reconhece que amplo âmbito do direito de propriedade é transferido ao proprietário. Por essa razão, se o imóvel for desapropriado, haverá uma dupla avaliação para propiciar a indenização. Apurar-se-á o valor dos acréscimos, construções, plantações e benfeitorias em geral ali colocadas pelo superficiário e o prazo que ainda gozaria no bem para sua indenização, restando ao proprietário o valor da propriedade nua. Nada impede que o próprio contrato constitutivo do direito de superfície já preveja a hipótese e a porcentagem da indenização que caberá a cada um no caso de desapropriação.

Enunciado nº 322 do CJF/STJ, IV Jornada de Direito Civil: O momento da desapropriação e as condições da concessão superficiária serão considerados para fins da divisão do montante indenizatório (art. 1.376), constituindo-se litisconsórcio passivo necessário simples entre proprietário e superficiário.

Art. 1.377. O direito de superfície, constituído por pessoa jurídica de direito público interno, rege-se por este Código, no que não for diversamente disciplinado em lei especial.

A pessoa jurídica de direito público interno poderá ser autorizada por lei a instituir direito de superfície com características próprias, aplicando-se, no que couber, o Código Civil. O art. 41 deste Código enumera essas pessoas jurídicas: União, Estados, Distrito Federal, Territórios, Municípios, autarquias e demais entidades de caráter público criadas por lei.

A concessão do direito de superfície é instrumento eficaz para a ocupação e utilização social de imóveis abandonados ou subutilizados. O Poder Público pode valer-se eficazmente desse instituto. A Lei nº 8.666/1993, alterada pela Lei nº 8.883/1994, juntamente com a Lei nº 14.333/2021, por exemplo, permite ao Poder Público conceder direito real de uso de bens imóveis, em instituto muito próximo do direito de superfície.

TÍTULO V
DAS SERVIDÕES

CAPÍTULO I
Da Constituição das Servidões

Art. 1.378. A servidão proporciona utilidade para o prédio dominante, e grava o prédio serviente, que pertence a diverso dono, e constitui-se mediante declaração expressa dos proprietários, ou por testamento, e subsequente registro no Cartório de Registro de Imóveis.

1. Servidão. Conceito. Notícia histórica

Como visto no exame dos direitos reais, o poder inerente à propriedade é passível de diversas restrições não podendo ser entendido como absoluto. As restrições podem ser de várias naturezas, emanadas do próprio direito privado ou do direito público. Já passamos pelos comentários aos direitos de vizinhança. Há uma proximidade conceitual muito estreita entre as limitações impostas pelo direito de vizinhança e as servidões. Ambas as restrições incidem sobre o exercício pleno da propriedade imóvel.

As servidões no Direito Romano, em seu período mais recente, como direitos reais sobre coisas alheias, dividiam-se em servidões pessoais e servidões prediais.

Servitus significa escravidão; portanto, na compreensão semântica, está presente o sentido de submissão de alguma coisa ou alguma pessoa a outrem ou a algo. Eram servidões pessoais no velho Direito o usufruto, o uso, a habitação e o trabalho de escravos e animais.

Por tradição à origem histórica, no Código Civil de 1916 encontra-se a epígrafe *Das servidões prediais*, na verdade servidões propriamente ditas, porque usufruto, uso e habitação não mais merecem a denominação de servidões pessoais. Este Código reporta-se unicamente ao título *servidões*. No entanto, no Direito Romano encontravam-se princípios comuns a ambas as categorias. Nosso ordenamento não acolhe, portanto, as denominadas servidões pessoais. Nas outrora denominadas servidões pessoais, há relação entre a coisa e a pessoa sobre o mesmo objeto. A relação do usufruto, uso e habitação é de caráter pessoal. Vincula a pessoa à utilização da coisa.

Nas servidões pessoais, que ora nos interessam, estabelece-se relação de serviência, submissão (daí a etimologia *servitus*) entre dois imóveis, independentemente de quem sejam seus respectivos titulares. Um imóvel serve, proporciona utilidade a outro. Há necessidade, porém, que os prédios pertençam a proprietários ou titulares diversos.

O conceito de submissão ou serviência de um prédio a outro é fundamental. Estabelece-se de forma permanente, como direito real, e não de forma transitória ou eventual, como nos direitos pessoais. Se a serventia não tem utilidade para o prédio (para qualquer que venha a ser seu proprietário, usufrutuário, enfiteuta etc.), não deve ser estabelecida uma servidão.

O art. 695 do Código anterior descreve um dos mais antigos institutos jurídicos. Este Código preferiu fazer mera enunciação dos efeitos da servidão. Essa redação é lacunosa em sua extensão, perdendo em clareza e compreensão para o Código de 1916. O atual Código português define com maior objetividade:

> "*Servidão predial é o encargo imposto num prédio em proveito exclusivo de outro prédio pertencente a dono diferente; diz-se serviente o prédio sujeito à servidão e dominante o que dela se beneficia*" (art. 1.543).

Atento à deficiência do presente artigo, o Projeto nº 6.960/2002 sugerira outra dicção muito melhorada:

> "*A servidão proporciona utilidade para o prédio dominante, e grava o prédio serviente, que pertence a diverso dono, podendo ser constituída: I – por contrato oneroso ou gratuito; II – por testamento; III – por usucapião; IV – por destinação do proprietário, na forma prevista no art. 1.379.*"

Poder-se-ia concluir que os sujeitos ativo e passivo nas servidões seriam os prédios e não os titulares, o que é obviamente inadmissível, pois não existe relação jurídica sem sujeito. As servidões estabelecem-se entre prédios, em prol dos sujeitos presentes e futuros. O que se busca é maior proveito, maior utilidade, o incremento econômico de um imóvel. Não há cisão das propriedades, que permanecem íntegras.

A primeira utilidade histórica das servidões surge com os prédios rústicos, quando Roma era uma sociedade essencialmente agrícola. Sua finalidade era facilitar a produção, escoando água, permitindo que o gado se alimentasse etc. Não é diversa a finalidade entre os prédios urbanos. O objetivo das servidões é corrigir desigualdades naturais entre prédios vizinhos ou próximos. Essas desigualdades podem, no entanto, decorrer das edificações e ligar-se exclusivamente à utilidade por destinação de vontade, como a de não levantar muro divisório ou a imposição de cercas vivas em determinadas modalidades de propriedade, para fins estéticos. As servidões de notícia mais antiga são as de trânsito e de aqueduto. Não há uma enumeração legal das servidões. Há algumas mais conhecidas desde o Direito Romano e outras que foram sendo criadas pela necessidade dos prédios.

2. Características

As servidões são direitos reais. Assim descreve a lei e assim a sua natureza. O direito real de servidão dirige-se em oposição ao dono do prédio serviente de forma permanente, portanto *erga omnes*. A servidão deve necessariamente incidir sobre imóvel alheio, pertencente, portanto, a proprietário diverso. Não existe servidão sobre imóvel próprio, a qual, no que se refere ao aspecto material, deve ser vista como *simples serventia* do imóvel, pois o direito do proprietário sobre coisa sua é, em princípio, ilimitado. Qualquer caminho ou canalização de água que o proprietário tenha em seu imóvel traz utilidade a sua própria coisa. Destarte, quando o dono do prédio dominante adquire o imóvel serviente, extingue-se a servidão.

As servidões ligam-se por vínculo real a imóvel alheio. Desse modo, não podem ser destacadas dos prédios, sob pena de se tornarem institutos diversos. As servidões são direitos reais acessórios que não subsistem sem os prédios. É sua característica, portanto, a *inseparabilidade*. A servidão se apresenta ligada ao prédio dominante. Podem existir servidões que gravem prédios de toda uma área urbana ou rural. Assim, cada prédio atravessado por um aqueduto ou por um caminho é considerado prédio serviente. O fato de se permitir a remoção de uma servidão de um local para outro não a desnatura. Extingue-se uma servidão para ser criada outra. Somente a lei pode, por exemplo, desapropriar servidão de passagem para torná-la pública.

Como as servidões se agregam permanentemente aos imóveis, diz-se que são *ambulatórias*, permanecendo nos bens, não importando quem sejam seus proprietários ou possuidores.

Nem sempre a utilidade colimada pela servidão será traduzida em vantagem econômica perfeitamente apreciável para o prédio dominante. A servidão de vista para o mar ou outra paisagem garantida por ela são exemplos dessa hipótese. O critério é o da utilidade e comodidade, para qualquer proprietário e não somente para o proprietário atual, caso contrário criar-se-ia uma obrigação meramente pessoal. A inutilidade da servidão, por outro lado, permite seu cancelamento ou extinção.

Outra característica das servidões é sua *impresumibilidade*. Nesse sentido, era expresso o Código de 1916: "*a servidão não se presume*" (art. 696), não repetida pelo ordenamento civil atual. Essa antiga dicção traduz ideia sempre atual e fundamental para reger as servidões. Elas somente podem ser estabelecidas segundo as formas admitidas em lei. São exceção à regra pela qual o domínio presume-se pleno. Atos de mera tolerância ou cortesia do proprietário ou possuidor com relação ao vizinho não se traduzem em servidões. Na dúvida, interpreta-se contra a existência de servidão. As servidões são interpretadas restritivamente, justamente porque são restrição ao direito de propriedade.

As servidões possuem caráter de *permanência* porque correspondem a uma necessidade, utilidade ou comodidade duradoura para o prédio dominante. No entanto, nada impede que seja estabelecida uma servidão temporária, a exemplo de uma propriedade resolúvel, embora isso contrarie a regra geral do sistema. O direito contemporâneo admite a servidão sem causa perpétua. No silêncio do título, prevalece a permanência.

Não se admite, contudo, servidão sobre outra servidão. O que recebe águas de outro prédio, por exemplo, não pode instituir servidão de repassá-la a outro vizinho.

3. Servidões e limitações decorrentes de vizinhança. Servidões administrativas

Em determinado momento histórico, a compreensão de servidão predial desgarra-se para o ordenamento de interesse da vizinhança ou para o interesse público, surgindo então no contexto as chamadas servidões legais, hoje conhecidas como restrições de vizinhança. Os direitos de vizinhança têm origem e finalidades diversas das servidões prediais. A servidão decorre, em síntese, sempre de um ato de vontade, enquanto os direitos de vizinhança, de regulamentos ou imposições legais.

Os direitos de vizinhança objetivam evitar danos entre vizinhos, tendo caráter eminentemente preventivo, visando facilitar a convivência. A servidão é estabelecida para facilitar ou tornar mais útil a propriedade do prédio dominante. Exemplo marcante é a passagem forçada: o proprietário de prédio encravado tem direito de exigi-la, de outro modo não teria acesso à via pública. Por outro lado, a servidão de passagem pode ser estabelecida entre os proprietários apenas para facilitar o acesso a um prédio ou torná-lo mais cômodo, independentemente de existir encravamento.

Como, com frequência, não é possível saber *a priori* se estamos diante de um direito de vizinhança ou de uma servidão, importa examinar a origem da restrição em cada caso. A doutrina denomina *servidão coativa* quando a restrição decorre de leis e regulamentos de vizinhança. Nesse sentido, pode haver imposição legal de aqueduto, passagem, dutos subterrâneos etc.

O direito público utilizou-se do princípio básico das servidões clássicas de direito privado para estabelecer ônus real, imposto pela Administração, a fim de realizar e assegurar obras e serviços públicos. Nesse horizonte, não existe prédio dominante ou serviente, mas vários prédios que, geralmente, devem se submeter às imposições administrativas.

4. Classificação

Por falta de artigo de lei mais adequado, é importante que se faça referência, nessa oportunidade, à classificação das servidões.

Na referência histórica, já mencionamos as servidões *rústicas* e *urbanas*. Como servidões urbanas devem ser entendidas as que se referem à utilidade de um prédio edificado e não porque localizadas em zona urbana. O critério da distinção coloca-se na natureza da servidão. Rurais são aquelas que proporcionam maior utilidade ao solo do imóvel.

Outra classificação pode situar as servidões como *positivas* e *negativas*. Positivas são as que se traduzem na permissão da prática de atos sobre o prédio serviente. Assim é a servidão de passagem. Negativas são as servidões que implicam abstenção ao titular do prédio serviente, como a de não construir muro ou não abrir janela, sacada ou porta.

As servidões não podem subsistir se violaram normas ou regulamentos de vizinhança. Não se pode, por exemplo, estabelecer servidão de lançar fumaça ou resíduos se a lei o proíbe. A servidão pode ampliar restrição administrativa ou legal, mas não pode contrariá-la.

É importante a distinção entre servidões *aparentes* e *não aparentes*. Essa distinção refere-se à exteriorização desse direito real. As servidões aparentes manifestam-se materialmente aos sentidos, à visão. Assim é o aqueduto, por exemplo. Servidões não aparentes são as imperceptíveis, não visíveis, que não se manifestam por sinais externos, como a de não construir.

Cumpre examinar, em cada situação, se a servidão deixa rastro aparente, sinais visíveis, para ser considerada como aparente. A distinção é importante porque o Código de 1916 dispunha, no art. 697, que as servidões não aparentes "*só podem ser estabelecidas por meio de transcrição no Registro de Imóveis*". Não repetida a disposição neste Código, essa posição, outrora tradicional, fica aberta à discussão. Há posição mais moderna que admite que se reconheça, em determinadas situações, a servidão não aparente antes do registro imobiliário. Por outro lado, somente as servidões aparentes podem ser adquiridas por usucapião, regra presente no art. 1.379.

A servidão de caminho poderá ser considerada aparente se deixar resquícios materiais, como marcas de rolamento no solo, pavimentação, pegadas, sarjetas etc.

Quanto à situação dos prédios, as servidões podem ser *contínuas* e *descontínuas*. Servidão contínua é a que, depois de estabelecida, persiste independentemente de ato humano, como ocorre com a de passagem de água. Descontínua é aquela que depende de atividade humana atual, como a servidão de trânsito e de retirar água.

Essas classificações combinam-se entre si, sendo importante saber da composição destas duas últimas categorias, tendo em vista as consequências e efeitos jurídicos específicos. Assim, a servidão pode ser contínua e aparente, como a de aqueduto; contínua e não aparente, como a de não abrir janela ou porta; descontínua e aparente, como a de caminho marcado no solo, e descontínua e não aparente, como a de caminho sem qualquer marca visível.

A distinção dessas modalidades reveste-se de curial importância no que se refere à posse. Como já acentuado, as servidões não aparentes se constituem pelo registro imobiliário. Ainda, o art. 1.213 nega proteção possessória às servidões contínuas não aparentes. As servidões descontínuas e não aparentes não podem ser objeto de proteção possessória. O que não é visível e aparentemente demonstrável não pode ser objeto de posse.

5. Origem e constituição das servidões

As servidões não se presumem. Exigem o registro imobiliário para maior segurança. Podem ser constituídas por contrato, ato de última vontade, destinação do proprietário e por usucapião. Não se nega que também, em situações peculiares, a servidão pode não só ser reconhecida como ser criada por decisão judicial, como na sentença homologatória de divisão judicial.

A instituição de servidão por contrato requer escritura pública quando acima do valor legal, exigindo o registro para converter-se em direito real. Somente quem dispõe de imóvel pode constituir servidão, a título gratuito ou oneroso. Nessa situação se colocam o proprietário e o enfiteuta. Não pode fazê-lo o condômino isoladamente, porque, para estabelecer restrição na coisa comum, necessita da autorização dos demais comunheiros, nem o nu-proprietário se não autorizado pelo usufrutuário. O superficiário também necessitará de autorização do proprietário do imóvel.

O testamento, havendo disponibilidade do imóvel quando da abertura da sucessão, também é idôneo para instituí-la.

Nossa lei não foi expressa a respeito da servidão instituída pelo pai de família. Esse fenômeno refere-se ao doador ou testador, que, possuindo prédio com serventia (como um caminho ou uma nascente, por exemplo), o biparte entre dois donatários ou legatários, transformando-a em servidão. A omissão da lei não deve ser óbice para criação de servidão dessa forma, inclusive como admitiu o STF (RE 70615, Rel. Min. Antônio Nader, 11.11.1975). Parte da doutrina entende que somente as servidões aparentes podem ser instituídas por desmembramento. Não é o que prepondera, contudo, pois o registro imobiliário dá vida a qualquer modalidade de servidão. Na mesma situação se coloca a possibilidade de instituição de servidão pelo alienante de imóvel fracionado ou pelo loteador.

A sentença homologatória do processo de divisão de imóveis pode estabelecer servidão. Por vezes, será ela indispensável para assentar-se divisão cômoda. Na divisão somente instituir-se-á servidão quando for inevitável, quando a situação geográfica não permitir outra solução. Nesse sentido, o art. 596, II, do CPC:

"*Instituir-se-ão as servidões, que forem indispensáveis, em favor de uns quinhões sobre os outros, incluindo o respectivo valor no orçamento para que, não se tratando de servidões naturais, seja compensado o condômino aquinhoado com o prédio serviente.*"

A servidão pode ser estabelecida pelas partes *de futuro* sem que com isso se estabeleça uma condição suspensiva. O alienante de imóvel, ou loteador, pode reservar parte dele para vista, melhor estética, local de lazer ou estacionamento, estabelecendo servidões para tal, que devem ser respeitadas pelos futuros adquirentes. Enquanto não concretizada, a futura servidão será mera serventia. O direito real não está suspenso; apenas sua eficácia o será no futuro (MIRANDA, 1971, v. 18, p. 186).

⚖ Servidões. Apelação cível e recurso adesivo. Ação de obrigação de fazer, cumulada com indenização por danos materiais. Caso *sub judice* que envolve servidão de trânsito (art. 1.378 do CC) e não passagem forçada, na medida em que não se está diante de imóvel encravado. A prova pericial realizada nos presentes autos, ao responder o quesito nº 02, formulado pela parte-ré, concluiu que o autor tem acesso aos fundos de sua propriedade sem a necessidade de utilizar o acesso pela propriedade dos réus. Do pedido contraposto. Impõe-se manter a improcedência do pedido contraposto, porquanto inexiste prova segura de que a derrubada das cercas e dos palanques tenha sido feita pelo autor. Apelação e recurso adesivo desprovidos (TJRS – Ap. 70077153450, 10-5-2018, Rel. Voltaire de Lima Moraes).

⚖ Apelação cível. Direito civil. Direito real. **Passagem forçada. Servidão de passagem**. Distinção. Utilidade. A passagem forçada visa garantir ao titular da terra o exercício do seu direito de propriedade, sendo indispensável o encravamento do bem. Já a servidão de passagem, prevista no art. 1378, do Código Civil, dispensa que o imóvel seja encravado, bastando que proporcione utilidade ao prédio dominante. Precedentes do TJ/RJ. Utilidade da servidão devidamente demonstrada nos autos, já que um dos acessos de pedestres da casa do autor da ação é feito pela servidão, sem contar a possibilidade de desmembramento do seu terreno com a construção de nova casa, que somente teria acesso pela servidão. Impossibilidade de extinção da servidão. Manutenção da sentença. Desprovimento do recurso (TJRJ – Acórdão: Apelação Cível nº 0003903-83.2009.8.19.0079, 24-5-2011, Rel. Des. Teresa de Andrade Castro Neves).

Art. 1.379. O exercício incontestado e contínuo de uma servidão aparente, por dez anos, nos termos do art. 1.242, autoriza o interessado a registrá-la em seu nome no Registro de Imóveis, valendo-lhe como título a sentença que julgar consumado a usucapião.
Parágrafo único. Se o possuidor não tiver título, o prazo da usucapião será de vinte anos.

O Código é expresso nesse dispositivo sobre a possibilidade de usucapião de servidões aparentes, para que não pairem dúvidas. São permitidos, portanto, a usucapião ordinária e extraordinária, nos mesmos prazos e sob os mesmos princípios da usucapião em geral. Observe o que falamos nos comentários aos artigos sobre usucapião.

As servidões não aparentes não autorizam usucapião, pois impossibilitam evidenciar o fato da posse. Nesse sentido, a Súmula nº 415 do STF, que autoriza a usucapião da servidão de trânsito quando deixam sinais visíveis.

As servidões não aparentes somente se podem constituir pelo registro imobiliário. As aparentes também devem ser registradas, mas quando decorrem de usucapião e conforme a regra desse instituto, a sentença e o registro são apenas declaratórios e não constitutivos.

📖 Enunciado nº 251 do CJF/STJ, III Jornada de Direito Civil: O prazo máximo para o usucapião extraordinário de servidões deve ser de 15 anos, em conformidade com o sistema geral de usucapião previsto no Código Civil.

⚖ Ação rescisória. Autores que apontam manifesta violação à norma jurídica. Embargos de terceiro opostos em razão de reintegração de posse de servidão de passagem. Pretensão de usucapir a porção de terra. Acolhimento da tese em grau recursal. Reforma da sentença de improcedência. Insurgência quanto à aplicação do artigo 1.379 do CC, bem como em relação à localização da área litigiosa: urbana ou rural. Fatos já discutidos e decididos. Mero inconformismo. Impropriedade da via eleita. Demanda utilizada como sucedâneo recursal. Descabimento. Pedidos inaugurais julgados improcedentes (TJPR – AR 0041905-37.2018.8.16.0000, 15-7-2019, Rel. Sérgio Roberto Nóbrega Rolanski).

⚖ Apelação cível. **Propriedade e direitos reais sobre coisas alheias**. Reivindicatória. Servidão de luz. Abertura de janelas a menos de metro e meio do limite da propriedade lindeira. Ausência de oposição no prazo de ano e dia. Omissão que não inibe o proprietário de edificar nos limites de sua propriedade. Redação do art. 1.302 do código civil atual que não alterou o disposto no § 2º do art. 573 do código civil de 1916. A ausência de oposição, pelo proprietário, no prazo de ano e dia, à abertura de janela com inobservância do limite legal, tem o efeito de obstar o direito ao desfazimento da obra. Todavia, a omissão não o inibe de edificar nos limites de sua propriedade, ainda que eventualmente acarrete vedação de claridade ao vizinho. Precedentes do Superior Tribunal de Justiça e do Supremo Tribunal Federal, assim como deste Órgão Fracionário. Servidão aparente. Exercício contínuo e incontestado, pelo prazo legal, não comprovado. Ausência de justo título. Exegese do parágrafo único do art. 1.379 do Código Civil. Uso contínuo de passagem de luz, pelo prazo de lei, não demonstrado. Pedido de uniformização de jurisprudência. Art. 476 do CPC. Desacolhimento. O pedido de uniformização de jurisprudência constitui faculdade do julgador, não lhe sendo obrigatória a sua arguição, ainda que verificada divergência de entendimento na jurisprudência das diversas Câmaras do Tribunal. Conveniência e oportunidade da medida não constatadas. Precedentes. Recurso de apelação ao qual se nega provimento. Unânime (*TJRS* – Acórdão: Apelação Cível nº 70043172451, 30-6-2011, Rel. Des. Pedro Celso Dal Prá).

CAPÍTULO II
Do Exercício das Servidões

Art. 1.380. O dono de uma servidão pode fazer todas as obras necessárias à sua conservação e uso, e, se a servidão pertencer a mais de um prédio, serão as despesas rateadas entre os respectivos donos.

Cabe ao titular de uma servidão mantê-la e fazer as obras necessárias, se o contrário não dispuser o título constitutivo. Se a servidão beneficiar mais de um prédio, todos os titulares devem arcar com as despesas, proporcionalmente. O rateio dependerá do benefício ou utilidade que recebe cada prédio, se nada tiver sido estabelecido em contrário.

As servidões, assim como o condomínio e os direitos de vizinhança, acarretam pontos de discórdia porque implicam na utilização de coisa comum e na proximidade de prédios. Mais do que em qualquer outra situação em que é avaliada a finalidade social da propriedade, a servidão deve ser utilizada pelo proprietário ou assemelhado do prédio dominante de forma mais adequada possível. Sem abuso. *Civiliter*, isto é, com civilidade.

Art. 1.381. As obras a que se refere o artigo antecedente devem ser feitas pelo dono do prédio dominante, se o contrário não dispuser expressamente o título.

Pela regra geral, cabe ao titular do prédio dominante a manutenção da servidão. Manter, por exemplo, limpos os caminhos ou estradas, com a devida pavimentação; seguros os dutos por onde correm líquidos ou por onde passam cabos de energia etc. Nada impede, porém, que por força de acordo de vontades, essa manutenção tenha sido atribuída ao dono do prédio serviente. Pode ocorrer, também, que a ambos tenha sido atribuída parte da manutenção: o dono do prédio serviente mantém o piso da estrada enquanto o titular do prédio serviente fica encarregado da parte estética, como manutenção e substituição de flores e arbustos, por exemplo. O fato de obrigações acessórias referentes à servidão terem sido atribuídas ao titular do prédio serviente não a descaracteriza. É o que ocorre com a obrigação de o dono do prédio serviente manter a água do aqueduto limpa, por exemplo, ou pavimentada e florida a servidão de passagem.

Art. 1.382. Quando a obrigação incumbir ao dono do prédio serviente, este poderá exonerar-se, abandonando, total ou parcialmente, a propriedade ao dono do dominante.
Parágrafo único. Se o proprietário do prédio dominante se recusar a receber a propriedade do serviente, ou parte dela, caber-lhe-á custear as obras.

Quando a obrigação de manutenção for atribuída ao dono do prédio serviente, o encargo poderá ser de tal monta que não mais compense preservá-lo. Nesse caso, é faculdade sua abandonar a servidão, ainda que parcialmente, em favor do dono do prédio dominante, que nesse caso adquirirá a propriedade plena. Esse abandono ou exoneração deve constar de instrumento hábil para o cancelamento do registro. Pode decorrer de decisão judicial quando as partes não chegam a um acordo. Nem todas as servidões, como é óbvio, permitem essa solução. Em princípio, a solução de caminho o permite. Atribuída ao titular do prédio serviente manter uma custosa estrada em sua propriedade, melhor será abandoná-la em favor do beneficiário.

Se, no entanto, o titular do prédio dominante recusar-se a receber esse direito, terá a obrigação de custear as obras. Note que os artigos deste segmento se referem a obras de conservação e uso. Despesas simples, como de limpeza, não se amoldam à descrição legal. Em todo caso, cumpre sempre analisar no caso concreto a natureza da servidão.

Art. 1.383. O dono do prédio serviente não poderá embaraçar de modo algum o exercício legítimo da servidão.

O direito real de servidão deve ser exercido em sua plenitude, embora não se permita, em princípio, sua ampliação. Não pode o dono do prédio serviente embaraçá-lo, pois se cuida de legítimo direito real. Se o dono do prédio serviente impedir a correta utilização da servidão, é possível valer-se dos meios possessórios, pedindo indenização, no caso de prejuízo. Se a servidão de passagem não fixa horário para utilização, por exemplo, não pode o titular do prédio serviente fazê-lo unilateralmente. Razões de segurança podem aconselhar que assim se faça: não havendo acordo, decide-se judicialmente. Não existirá, no entanto, o entrave noticiado no artigo se a restrição decorrer de imposição legal e não da iniciativa do titular do prédio serviente.

O exercício das servidões deve ser examinado sempre em consonância com as regras de vizinhança. Não é abusivo o ato do dono do prédio serviente que, por exemplo, determina o uso de cadeado ou outro meio de segurança no acesso à passagem na servidão de trânsito, desde que não a vede ou a impeça.

Apelação – Ação de manutenção de posse com pedido contraposto – Sentença de rejeição do pedido de manutenção de posse e de acolhimento do pedido contraposto, de reintegração de posse – Irresignação improcedente. Área ocupada pelo autor excedendo em muito a área do terreno que foi doada à respectiva mãe pelo antecessor do réu no domínio e na posse do imóvel de que destacada a porção doada. Ausência de prova da alegada posse longeva do autor e da respectiva antecessora sobre a área ocupada pelo primeiro, em sua atual configuração. Cenário diante do qual há de se concluir que o réu tem a melhor posse sobre a área do autor, no que esta extrapola o correspondente título aquisitivo. Acertada a sentença, pois, ao ter denegado a tutela possessória pretendida pelo autor, concedendo-a em favor do réu. Autor que, ademais, não se desincumbiu do ônus de demonstrar que a cessação da corrente de águas naturais proveniente de mina situada no imóvel superior, do réu, decorra de embaraço criado por este último, só o que justificaria a concessão da tutela possessória a respeito dessa específica questão, à luz do que dispõem o art. 1.383 do CC e o art. 90 do Código de Águas. Negaram provimento à apelação (*TJSP* – Ap. 1000115-18.2017.8.26.0516, 11-6-2020, Rel. Ricardo Pessoa de Mello Belli).

⚖️ Reintegração de posse – **Pretensão dos autores fundada em servidão de passagem** – Alegação de que os réus estreitaram a passagem – Revelia Presunção de veracidade, que, no entanto, não conduz à procedência da pretensão possessória – Julgamento da demanda no estado Inadmissibilidade – Fatos não esclarecidos Necessidade de instrução, no interesse de dirimir se a passagem foi embaraçada ou apenas restringida às necessidades do prédio dominante – Exegese dos arts. 1.383 e 1.385, ambos do Código Civil – Instrução deficiente – Recurso provido e sentença anulada (*TJSP* – Acórdão: Apelação Cível nº 9119077-35.2009.8.26.0000, 8-2-2012, Rel. Des. Cerqueira Leite).

Art. 1.384. A servidão pode ser removida, de um local para outro, pelo dono do prédio serviente e à sua custa, se em nada diminuir as vantagens do prédio dominante, ou pelo dono deste e à sua custa, se houver considerável incremento da utilidade e não prejudicar o prédio serviente.

O critério da utilidade da remoção deve ser demonstrado e depende do caso concreto: o titular do prédio serviente não deseja mais, por exemplo, que encanamentos fiquem à frente de seu imóvel, por evidente aspecto estético ou de segurança, e propõe removê-los para outro local, às suas expensas. Ou o titular de uma servidão de caminho tem necessidade de alterar o seu trajeto.

Podem as partes acordar sobre a mudança. Nessa impossibilidade, se decorrente de pleito judicial, o direito de remoção não pode ser exercido de forma arbitrária. A questão é analisada no conteúdo probatório. O pretendente deve provar a necessidade e não pode reduzir a utilidade ou comodidade proporcionada pela servidão, nem diminuir suas vantagens, como está na lei.

Por vezes, a diminuição das vantagens do prédio dominante será inevitável, como, por exemplo, maior extensão de percurso na servidão de trânsito. Destarte, o presente dispositivo não pode ser aplicado desvinculado das regras de vizinhança. Por outro lado, não contraria a índole da lei a fixação de indenização pecuniária para um ou outro titular, conforme o caso, se for impossível solução absolutamente equilibrada. De qualquer modo, o ideal é sempre buscar solução que mantenha a servidão com as mesmas finalidades e características para as quais foi criada.

Assim, o titular do prédio serviente pode pedir a remoção da servidão de um local para outro, "*se em nada diminuir as vantagens do prédio dominante*". Por sua vez, o titular do prédio dominante também pode pedir a remoção "*se houver considerável incremento da utilidade e não prejudicar o prédio serviente*". Esta última posição é inovação desse Código, atendendo a julgados da jurisprudência. Dentro desses parâmetros, de um e de outro dono, pode ser autorizada a remoção. Nem sempre será fácil o deslinde da questão no caso concreto, o que deverá levar o juiz a decidir com cautela, levando em conta os princípios de convivência, vizinhança e o sentido social da propriedade. A pretensão de remoção das servidões é direito facultativo dos titulares, o qual, como é evidente, não pode ser exercido arbitrariamente nem como mera emulação, caracterizando abusividade.

⚖️ Apelação cível – Posse (bens imóveis) – **Ação confessória de servidão** – Alteração da localização da passagem – Nova estrada para tráfego de carroça – Prejudicialidade ao prédio dominante – Inocorrência – Autor que não se desincumbiu do seu ônus – Art. 373, I do CPC – Servidão de passagem Alteração. A servidão pode ser removida de um local para outro pelo dono do prédio serviente e à sua custa, se em nada diminuir as vantagens do prédio dominante, ou removida pelo dono deste e à sua custa, se houver considerável incremento da utilidade e não prejudicar o prédio serviente. Art. 1.384. Caso. No caso dos autos, a reclamação do autor é de que a nova servidão (estrada) possui um aclive muito íngreme, de modo a dificultar/impossibilitar o tráfego com a carroça. O autor não logrou êxito em comprovar ter sido prejudicado pela alteração da servidão. Negaram provimento ao apelo. Unânime. (*TJRS* – AC 70072222359, 23-2-2017, Rel. Des. Giovanni Conti).

**Art. 1.385. Restringir-se-á o exercício da servidão às necessidades do prédio dominante, evitando-se, quanto possível, agravar o encargo ao prédio serviente.
§ 1º Constituída para certo fim, a servidão não se pode ampliar a outro.**

§ 2º Nas servidões de trânsito, a de maior inclui a de menor ônus, e a menor exclui a mais onerosa.

§ 3º Se as necessidades da cultura, ou da indústria, do prédio dominante impuserem à servidão maior largueza, o dono do serviente é obrigado a sofrê-la; mas tem direito a ser indenizado pelo excesso.

1. Modalidades de servidão. Origem histórica. Exercício. Ampliação da servidão

Como regra geral, todas as servidões utilizadas no provecto direito histórico continuam com atualidade. As servidões rústicas, dada sua importância para a sociedade romana primitiva, essencialmente agrícola, eram consideradas *res mancipi*, com maior proteção jurídica.

A servidão de passagem tradicionalmente dividia-se, num crescendo, em *iter*, *actus* e *via*. O § 2º desse artigo refere-se expressamente a esse fenômeno. A servidão de *iter* estabelecia o direito de passar a pé ou a cavalo pelo terreno alheio; o *actus* permitia a passagem conduzindo gado e utilizando carros; a *via* estabelecia o direito mais amplo possível de passagem, inclusive transportando e arrastando materiais. A ideia, contudo, aplica-se a toda e qualquer servidão. Não só o dono do prédio dominante não pode agravar a situação ou encargo do prédio serviente, como também uma servidão criada para certo fim não pode ser ampliada para outro, sem a concordância dos interessados. Assim, por exemplo, uma servidão que permita retirar do prédio serviente água para uso doméstico não pode ser utilizada para fins industriais; uma servidão que permita a colocação e trânsito de pequenos animais domésticos não pode ser ampliada para um vasto rebanho de gado, e assim por diante.

As necessidades sociais vão criando as servidões. Da época clássica pode ser lembradas a de *aqueductus*, que estabelecia o direito de conduzir água pelo prédio alheio, como uma das mais importantes. Recorde-se, ainda, como servidões rústicas, da *servitus aquae haustus* (direito de buscar água em nascente do terreno vizinho); da *servitus pecoris pascendi* (direito de apascentar o gado em terreno alheio); do *pecoris ad aquam adpulsus* (direito de abeberar o gado no terreno alheio); da *servitus calcis coquendae* (direito de queimar a cal); da *servitus arenae fodiendae* (direito de retirar areia), entre várias outras (CORREIA; SCIASCIA, 1953, p. 199). As servidões urbanas visam facilitar a utilização dos prédios contíguos ou próximos, como a *servius cloacae* (direito de passar canais de esgoto pelo prédio vizinho); a *servitus stillicidii et fluminis* (direito de deixar escorrer a água do telhado sobre o prédio serviente); a *servitus tigni imittendi* (direito de colocar traves e materiais no muro alheio, definida entre nós também como direito de vizinhança); a *servitus altius tollendi* ou *altius non tollendi* (faculdade ou proibição de construir), entre outras.

No presente, como no passado, pode ser criada qualquer servidão que proporcione utilidade ou melhor utilização para o prédio dominante. Não há, portanto, um número fechado de servidões. Não existe, desse modo, tipicidade em sua descrição. Há servidões mais ou menos conhecidas e até mesmo algumas insólitas, surgidas pela necessidade.

Como acentuado, como regra geral, estabelecida a servidão para certo fim e para certos limites, não pode ser ampliada. Contudo, o § 3º desse artigo permite essa ampliação, desde que o titular do prédio dominante demonstre a necessidade para sua cultura ou indústria. Não chegando as partes a um acordo, a ampliação da servidão será imposta por sentença, que, se acolher o pedido, também fixará indenização em favor do titular do prédio serviente. Essa ampliação de servidão já existente, que restringe o uso e gozo do prédio onerado, não é gratuita, portanto. Será justa a recusa pelo titular do prédio serviente quando a necessidade do prédio dominante ampliar o exercício da servidão sem necessidade. A lei alberga a possibilidade de alargamento de uma servidão se motivado por bases socioeconômicas. Importa sempre ser a finalidade social da propriedade, dentro dos atuais princípios constitucionais. A perícia avaliará o valor tendo em vista as circunstâncias no caso concreto.

Em princípio, como é evidente, a servidão não pode ser alterada pela vontade unilateral do titular do prédio dominante.

Art. 1.386. As servidões prediais são indivisíveis, e subsistem, no caso de divisão dos imóveis, em benefício de cada uma das porções do prédio dominante, e continuam a gravar cada uma das do prédio serviente, salvo se, por natureza, ou destino, só se aplicarem a certa parte de um ou de outro.

A *indivisibilidade* é outra característica das servidões. A dicção presente nesse artigo não mais se refere à partilha, como fazia o antigo Código. O atual diploma reporta-se mais tecnicamente à *divisão dos imóveis*, que pode estar contida em uma partilha. A divisão ou partilha do imóvel, ou o surgimento de condomínio, não importará, portanto, em multiplicação ou cisão da servidão. A servidão de passagem, o aqueduto, o direito de tirar água, de abeberar ou apascentar gado etc. permanece inalterado. Cada condômino passa a ter direito de utilizar a servidão em sua integridade, sofrendo apenas a limitação de não poder agravar a situação do prédio serviente nem aumentar o âmbito para a qual foi criada (art. 1.385).

A mesma postura legal se aplica quando cindido em vários condôminos o prédio serviente: a servidão continua a gravar cada uma das porções.

Na situação de condomínio, por conseguinte, basta que um comunheiro utilize a servidão para caracterizar seu uso, impedindo a perda ou aquisição pelos demais consortes. Cada condômino poderá se valer dos meios para defendê-la.

Pode ocorrer, todavia, que dividido o prédio dominante ou o prédio serviente, a servidão deixe de ter utilidade, ou perca sua finalidade; para uma ou outra porção de cada um deles. Nesse caso, há, sem dúvida, o desaparecimento da servidão para esses prédios. A matéria exige o exame acurado do caso concreto. É a esse aspecto que se refere o final do artigo. Se, por exemplo, existe uma servidão de passagem e o prédio serviente é partilhado entre dois condôminos, ficando uma das porções sem o gravame, isto é, sem o caminho, e sem possibilidade material de tê-lo, essa porção de terreno ficará sem a servidão.

CAPÍTULO III
Da Extinção das Servidões

Art. 1.387. Salvo nas desapropriações, a servidão, uma vez registrada, só se extingue, com respeito a terceiros, quando cancelada.
Parágrafo único. Se o prédio dominante estiver hipotecado, e a servidão se mencionar no título hipotecário, será também preciso, para a cancelar, o consentimento do credor.

Cabe ao interessado, em princípio o titular do prédio serviente, cancelar a servidão, por meio de instrumento próprio, junto ao registro. Somente com o cancelamento terceiros terão como ter ciência do cancelamento.

Quando o prédio dominante estiver onerado com hipoteca e no título hipotecário existir menção de servidão, para o cancelamento há necessidade de consentimento do credor hipotecário. Isso porque, em tese, com a extinção da servidão, diminuirá o valor do imóvel e, consequentemente, da garantia. Sem a concordância expressa do credor hipotecário, não pode ocorrer o cancelamento.

Art. 1.388. O dono do prédio serviente tem direito, pelos meios judiciais, ao cancelamento do registro, embora o dono do prédio dominante lho impugne:
I – quando o titular houver renunciado a sua servidão;
II – quando tiver cessado, para o prédio dominante, a utilidade ou a comodidade, que determinou a constituição da servidão;
III – quando o dono do prédio serviente resgatar a servidão.

A ideia central que deve dominar a extensão e compreensão do conceito de servidão é a utilidade funcional para o prédio serviente. Sempre que essa utilidade desaparecer, deixa de existir base fática e legal para a servidão.

Assim, o titular desse direito real pode renunciar a sua servidão. Renúncia é ato unilateral de despojamento de direitos, requerendo agente capaz. Se o dono ou assim equiparado do prédio serviente a ela renunciar é porque não mais vê utilidade no instituto. Provada a renúncia por ato autêntico, será cancelado o registro. O ato de renúncia deve ser, como regra, expresso. Contudo, admite-se que seja tática inferida do comportamento do agente. O dono do prédio dominante permite, por exemplo, que seja realizada obra incompatível com o exercício da servidão. Note que o art. 1.382 permite o chamado abandono liberatório do prédio ao dono do imóvel dominante. Trata-se, também, de forma de renúncia do direito real.

No inciso II, está presente, por via transversa, os requisitos de existência da servidão: utilidade ou comodidade para o prédio dominante. Cessadas estas, abre-se possibilidade para o cancelamento judicial. A questão da cessação da utilidade ou comodidade será matéria de prova. Se a finalidade da servidão é tirar proveito para o prédio, se este não mais existe, inexiste suporte técnico para a manutenção da servidão. Note que a servidão pode ter sido instituída não somente para o prédio em si, mas para a finalidade desempenhada pelo prédio: industrial, comercial, residencial, esportiva etc. Tivemos oportunidade de decidir a respeito de servidão de trânsito de animais para uma praça de rodeios.

O inciso II do art. 709 do Código anterior referia-se à abertura de estrada para via pública, na hipótese de servidão de passagem. A situação é de extinção de passagem forçada e como tal deveria ser tratada. Sob o prisma de servidão de trânsito, deve ser verificado se de fato ela existe ou se há direito de passagem forçada. Se o prédio não era propriamente encravado, mas a passagem servia para aumentar sua utilidade, a abertura de acesso à via pública, por si só, não permite extinguir a servidão. A disposição revogada servia, contudo, para provar a existência de servidão quando um prédio deixava de ser encravado.

Sobre esse aspecto, o inciso II do presente artigo é mais genérico, pois a situação deve aplicar-se a qualquer servidão. Assim, tem o dono do prédio serviente direito ao cancelamento *"quando tiver cessado, para o prédio dominante, a utilidade ou a comodidade, que determinou a constituição da servidão"*. Desse modo, não somente a servidão de passagem pode ser cancelada quando perde sua razão de ser, mas também, por exemplo, a servidão de colher água, se no prédio dominante surgiu uma nascente.

O inciso III se refere à extinção da servidão pelo resgate: o titular do prédio serviente adquire o direito pleno de propriedade, mediante negócio jurídico bilateral. Nada impede que o oposto também ocorra. O titular do prédio dominante adquire do dono do prédio serviente a propriedade plena, da faixa de estrada, por exemplo, quando se trata de servidão de trânsito.

Desse modo, o acordo entre as partes, devidamente registrado, extingue o direito real sobre coisa alheia. Esse resgate não é compulsório. É faculdade do titular do prédio serviente pedi-lo, mas não está o dono do prédio dominante obrigado a aceitá-lo.

Art. 1.389. Também se extingue a servidão, ficando ao dono do prédio serviente a faculdade de fazê-la cancelar, mediante a prova da extinção:
I – pela reunião dos dois prédios no domínio da mesma pessoa;
II – pela supressão das respectivas obras por efeito de contrato, ou de outro título expresso;
III – pelo não uso, durante dez anos contínuos.

A servidão pode se extinguir pela *confusão*, quando um único proprietário passa a ser dono do prédio dominante e do serviente. A primitiva servidão passa a condição de serventia. Somente se restabelecerá a primitiva servidão se houver expressa menção no título para futura alienação.

A *convenção* das partes também pode extinguir esse direito real. Nisso o Código menciona supressão das obras ou outro título. Pode a supressão decorrer de imposição legal. Desaparece, nessas hipóteses, a servidão, que deve ser extinta junto ao registro imobiliário.

O *não uso* é outra modalidade de extinção. Vimos ser a servidão estabelecida sob o critério de utilidade para o prédio dominante. Cessada a utilidade e não fazendo seu titular mais uso dela, não há por que se manter a restrição ao prédio serviente. Para a consumação do não uso, é irrelevante a causa que o motivou. Só é ponderável o fato da inércia do titular. Sendo vários os titulares de uma servidão, o não uso por alguns não implica não uso legal, se permanecem titulares exercendo o direito. O inciso III desse artigo estipula o prazo de dez anos contínuos de não uso para que possa ser considerada extinta a servidão, mesmo prazo do Código anterior. Antes desse prazo, porém, a inutilidade da servidão pode permitir a decretação de sua extinção. O local e as condições podem ter-se modificado a ponto de tornar impossível ou inútil a servidão.

Anote que nas servidões negativas o não uso caracteriza-se pelo ato positivo contra a servidão; o levantamento de obra ou atividade do dono do prédio serviente à qual estava obstado, por exemplo. O prazo de não uso, nessa hipótese, é contado do início da ação ou atividade contrária à abstenção. Nas servidões positivas, o não uso caracteriza-se pela não utilização: não se utiliza mais a servidão de trânsito; não se vai buscar mais água no terreno serviente, por exemplo. O prazo de não uso flui a partir do último ato praticado.

Tal como na prescrição extintiva, permite-se a interrupção e suspensão do prazo, regendo-se pelos seus princípios.

Se ocorrer qualquer das causas de extinção, o dono do prédio serviente terá o direito de cancelá-la no registro imobiliário. Se decorrer de sentença, o instrumento será o mandado judicial. Cabe sempre ao interessado, titular do prédio serviente, provar sua extinção.

Também devem ser levadas em conta as causas de perecimento da propriedade em geral. Desaparecido o imóvel, por inundação, por exemplo, desaparecerá a servidão por ausência de objeto.

1. Ações decorrentes das servidões

O titular de direito de servidão defende sua existência em juízo por meio da *ação confessória*, denominação do direito justinianeu da antiga *vindicatio servitutis*. Trata-se de procedimento de rito ordinário, que tem por finalidade o reconhecimento desse direito real sobre coisa alheia, se contestado pelo dono do prédio serviente. Nessa ação, discute-se o fundamento da servidão. Sua natureza é petitória.

Embora essa ação tenha âmbito amplo, podendo ser promovida contra qualquer pessoa que se insurja contra a servidão, as ações possessórias se mostram como remédio mais rápido e eficaz, ajuizáveis contra quem quer que ameace ou impeça o exercício da servidão. Passíveis de defesa possessória são apenas as servidões aparentes. As ameaças às servidões não aparentes podem ser socorridas pelos meios cautelares em geral e pela nunciação de obra nova, quando presentes seus pressupostos.

Por outro lado, o proprietário de qualquer prédio tem a *ação negatória*, igualmente de procedimento ordinário e de natureza petitória, contra quem se arvore em evidenciar a existência de servidão que o autor repute inexistente. O objetivo dessa ação é provar que a propriedade está livre de qualquer servidão. A finalidade é impedir que o vizinho exerça atos inerentes a uma servidão que se reputa inexistente. Da mesma forma, as ações possessórias poderão ser mais úteis nessa hipótese, quando há atos materiais evidenciáveis. Leve-se sempre em conta que a servidão não se presume; cabe ao interessado provar sua existência.

Admite-se também a ação negatória quando o dono do prédio serviente pretender declaração de exercício abusiva de servidão. A finalidade da ação, nessa hipótese, é restringir a utilização da servidão à sua efetiva finalidade. A servidão é inadmissível no excesso inútil, ou seja, no seu uso imoderado ou desnecessário.

A ação de usucapião, como visto, tem a finalidade de reconhecer a existência de servidões aparentes.

TÍTULO VI
DO USUFRUTO

CAPÍTULO I
Disposições Gerais

Art. 1.390. O usufruto pode recair em um ou mais bens, móveis ou imóveis, em um patrimônio inteiro, ou parte deste, abrangendo-lhe, no todo ou em parte, os frutos e utilidades.

1. Conceito. Notícia histórica

Usufruto, uso e habitação são direitos reais de gozo ou fruição sobre coisa alheia. Uso e habitação são institutos de alcance mais restrito, porém da mesma natureza, sob os mesmos princípios.

O conceito de usufruto decorre da própria noção fornecida pelo art. 713 do antigo Código: *"Constitui usufruto o direito real de fruir as utilidades e frutos de uma coisa enquanto temporariamente destacado da propriedade."* Este Código preferiu não definir, estando já, de há muito, consolidada sua compreensão.

Usufruto é, pois, um direito real transitório que concede a seu titular o poder de usar e gozar durante certo tempo, sob certa condição ou vitaliciamente de bens pertencentes a outra pessoa, a qual conserva sua substância. Sua utilidade prática na atualidade se restringe quase exclusivamente às hipóteses de doação por ascendentes a descendentes com reserva de usufruto vitalício aos primeiros. Nas separações conjugais e no direito testamentário também é útil para acomodar situações de partilha, embora o juiz não possa concedê-lo de ofício, como em outras legislações. Embora nosso ordenamento desça a minúcias em inúmeros artigos, poucas são as disposições que são efetivamente úteis e aplicadas, daí por que muitos dos artigos aqui presentes são perfeitamente dispensáveis. Embora sua utilidade mais palpável seja para os bens corpóreos, também pode ter como objeto bens incorpóreos, como créditos, direitos intelectuais, estes já não mais classificados como direitos reais propriamente ditos.

Conforme a clássica origem romana, a essência de seu fundamento é o direito de usar e gozar de coisa alheia, sem alterar sua substância. Cuida-se, portanto, do direito *utendi* e *fruendi*. O usufrutuário não recebe o *ius abutendi*, qual seja, o direito de alienar e consumir a substância do bem, a qual permanece com o *nu-proprietário*, como é rotulado tradicionalmente o titular da propriedade da coisa.

O surgimento desse instituto no curso da história relaciona-se com o direito de família. No casamento, a mulher não ingressava na família do marido, não se tornando sua herdeira. Para evitar que na viuvez ficasse em penúria, o varão a designava usufrutuária de certos bens de seu patrimônio, independentemente de testamento. O direito de família contemporâneo manteve esse instituto em algumas situações.

O nu-proprietário conserva a faculdade de dispor da coisa, mas não pode praticar ato algum que reduza ou embarace o uso e gozo do usufrutuário. A finalidade e essência desse instituto prendem-se às coisas duráveis, móveis ou imóveis, não fungíveis. Sua compreensão para bens consumíveis não é de simples compreensão. Mas neste último caso, o Direito Romano já admitia ao usufruto de coisas consumíveis mediante caução especial, com a obrigação de o usufrutuário devolver a final coisa do mesmo gênero, qualidade e quantidade, instituto que o direito justinianeu denominou *quase-usufruto*, e mais modernamente, *usufruto impróprio*. Nessa última hipótese, na realidade, o usufrutuário adquire a propriedade dos bens, tanto que pode consumi-los.

De maneira geral, todos os princípios consagrados na codificação de Justiniano mantiveram-se intactos no direito moderno. O usufrutuário pode obter da coisa toda utilidade que ela proporciona, devendo, porém, respeitar sua própria existência e, de forma geral, respeitando sua destinação econômica. Tratando-se de restrição de vulto ao direito de propriedade, é ela temporária, porque doutro modo o domínio restaria praticamente sem conteúdo.

2. Natureza jurídica. Características

Tratando-se de direito real, exige registro imobiliário, averbando-se junto à matrícula, quando se tratar de imóveis, salvo se resultante de normas de direito de família. Tratando-se de direito sobre coisa alheia, pressupõe a convivência harmônica dos direitos do usufrutuário e do nu-proprietário. Os elementos que distinguem os direitos de ambos são o proveito da coisa em benefício do usufrutuário e a substância que permanece com o nu-proprietário. O caráter alimentar em favor do usufrutuário proveniente das origens históricas é caráter marcante e distintivo desse instituto.

No que tange ao usufruto tradicional, salvo disposição em contrário no título constitutivo, o usufrutuário tem amplo direito de fruir da coisa. Pode transferir seu uso, todavia, não transfere seu direito de usufruto, que é personalíssimo e inalienável.

O objeto do usufruto pode ser coisa certa e determinada ou pode se constituir usufruto universal, total ou parcial de um patrimônio. Assim, nos termos da dicção legal, o usufruto pode recair sobre bens móveis e imóveis, sobre uma universalidade ou parte dela.

O testador pode instituir herdeiro em todo o seu patrimônio ou em fração dele. Os pais, por exemplo, têm o usufruto universal dos bens dos filhos menores. O presente artigo, ao referir-se a patrimônio, objetiva a universalidade de direito. Não obstante, a universalidade de fato, como um rebanho ou biblioteca, pode da mesma forma ficar sujeita a usufruto.

Ao contrário da enfiteuse, o usufruto é sempre temporário. Pode ser constituído vitaliciamente, por certo prazo ou sob condição resolutiva, a exemplo da propriedade resolúvel.

Nossa lei silencia a respeito de usufruto instituído sob condição suspensiva. À primeira vista ressalta ser incompatível a suspensividade com a instituição de usufruto. Nunca o usufruto poderá ser perpétuo. Como o usufruto é conferido tendo em mira a pessoa do usufrutuário, seu sentido é extinguir-se com sua morte, com a restituição da coisa, embora existam opiniões sustentando a possibilidade de sua sucessividade.

O usufruto, a par do testamento e das hipóteses de usufruto legal, pode ser constituído por contrato, entendendo-se assim a doação. Desse modo, negócio gratuito ou oneroso pode dar origem ao usufruto. Pode constituir-se, em princípio, por usucapião quando o usucapiente adquirir a coisa de quem não seja proprietário. Nossa lei não enumera suas modalidades de constituição, que na verdade são esses quatro itens tradicionalmente mencionados pelo direito comparado: (a) contrato gratuito ou oneroso; (b) testamento; (c) usucapião; e (d) disposição de lei.

Por contrato, gratuito ou oneroso, podem ocorrer três possibilidades, embora o Código não as mencione. Aliena-se a nua-propriedade, reservando-se ao alienante o uso e gozo de usufrutuário; constitui-se o usufruto, ficando o alienante como nu-proprietário, ou então cede-se a um sujeito a nua-propriedade e a outro o usufruto. Cuidar-se-á, sem dúvida, de contrato atípico que levará em conta princípios da compra e venda e da permuta, entre outros, quando se tratar de contrato oneroso. Também à doação se agregarão elementos de outros contratos, como se percebe.

Pelo testamento também pode o disponente de última vontade deixar a nua-propriedade a determinado herdeiro ou legatário e o usufruto a outro.

Tratando-se de ato de disposição de direitos, é exigível plena capacidade para a instituição do usufruto por ato de vontade, assim como capacidade de aquisição por parte do beneficiário. Tratando-se, porém, de doação pura, independe da aceitação expressa do beneficiário.

Como ato de alienação, a doação ou contrato oneroso instituidor do usufruto podem ser passíveis de anulação se configurada fraude contra credores, nos termos dos arts. 158 a 165.

Não confundir a instituição de usufruto com a *promessa de constituição de usufruto*. Tal promessa apenas gera direito pessoal, não tendo a lei possibilitado direito real, como fez com a promessa de compra e venda. Para o aperfeiçoamento do usufruto, o beneficiário deve valer-se da ação de preceito cominatório (obrigação e fazer) que se resumirá em indenização por perdas e danos na impossibilidade de ser concretizado o cumprimento da promessa.

O caráter temporário do usufruto, ao mesmo tempo em que traduz um aspecto frágil, lhe dá flexibilidade para atingir objetivos temporários, mormente com finalidades alimentárias em prol do usuário, seguindo sua origem histórica. Essa é a principal razão de ter o limite da vida como termo final. Essa mesma razão inspirou nosso legislador a introduzi-lo como modalidade de sucessão hereditária, protegendo o cônjuge viúvo, na situação então descrita pelo § 1º do art. 1.611 do Código de 1916, em redação dada pela Lei nº 4.121/1962, Estatuto da Mulher Casada.

As motivações que justificam o usufruto nos atos gratuitos também sustentam sua inconveniência para os negócios onerosos, principalmente porque o nu-proprietário sempre estará sujeito à perda de valor ou deterioração da coisa.

Sob todas essas premissas, podemos enunciar as características do usufruto: direito real sobre coisa alheia; confere o uso e o gozo da coisa ao usufrutuário que, no entanto, dela não pode dispor; ressalva a substância do bem ao nu-proprietário. Esta última característica nos vem da definição latina: *salva rerum substantia*. Significa que não cabe ao usufrutuário apenas o direito de dispor da coisa, assim como não pode usar e gozar da coisa de forma indiscriminada e ilimitada. Essa questão desloca-se para o exame do caso concreto, a fim de se concluir quando se altera a *substância* da coisa, como citada nos textos legais.

O usufruto não estabelece completa independência entre o nu-proprietário e o usufrutuário. Entre eles permanece o dever recíproco de respeitar o âmbito do exercício jurídico alheio.

3. Classificação. Usufruto e outros institutos. Fideicomisso

O usufruto pode ser classificado segundo sua constituição, de acordo com seu objeto e pelo período de duração.

Assim, pode decorrer da lei ou de ato voluntário, como já apontamos. O usufruto legal, cujo espectro é mais restrito e, por vezes, com regras próprias, é instituído pelo ordenamento, em favor de determinadas pessoas. É o usufruto dos pais com relação aos bens de filhos menores. Por ato de vontade, o usufruto decorre de negócio jurídico, como o contrato e o testamento.

Quanto ao objeto, já fizemos referência, inclusive com base na descrição legal. Não se esqueça que a doutrina se refere ao usufruto próprio e impróprio, este último destinado a coisas consumíveis, aspecto que também é comentado nestes artigos.

O usufruto é temporário por essência, não pode passar o lapso da vida humana para as pessoas naturais e estando limitado à existência da pessoa jurídica ou ao período de 30 anos (art. 1.410, III).

Vimos que o usufruto se distingue do puro direito de propriedade, embora o usufrutuário comporte-se aparentemente como titular do domínio. Intrinsecamente, porém, repartem-se os poderes da propriedade, porque ao usufrutuário não é dado o direito de alienar a coisa nem o de alterar sua substância.

A perpetuidade é característica da enfiteuse, que não é mais tratada no presente Código e nem mais pode ser utilizada, que se distingue da temporariedade do usufruto. Os princípios e origens históricos diversos de ambos os institutos os afastam de qualquer outra similitude. O direito do enfiteuta é transmissível, o do usufrutuário não o é. No entanto,

"*entre a enfiteuse, o usufruto, o uso e a habitação há gradação da extensão do gozo e todos restringem o domínio, sem lhe tirar a perpetuidade e a exclusividade que os caracterizam*" (MIRANDA, 1971, v. 19, p. 5).

Igualmente não se confunde com o condomínio. Neste, os comunheiros exercem em conjunto todos os poderes da propriedade, a propriedade plena, em idêntico nível, apenas limitados pela existência de sujeitos com direitos iguais. No usufruto, existe gradação ou repartição no exercício dos direitos de proprietário, como fartamente acentuado. Ademais, o direito de usufruto é sempre temporário. O exercício do usufruto assemelha-se ao condomínio quando são vários os usufrutuários, os quais, no entanto, são tratados como usufrutuários entre si na comunhão assim estabelecida.

Quando estabelecido a título oneroso, poderia se assemelhar-se à *locação* ou *arrendamento*. No entanto, as diferenças são nítidas. O usufruto é elevado à condição de direito real sobre coisa alheia; a locação é relação estritamente obrigacional. Quando estabelecida uma obrigação para pagamento periódico pelo uso e gozo da coisa, deve ser entendido que se trata de locação. No entanto, por vezes, na prática, em se tratando de usufruto oneroso, podem surgir dúvidas porque o uso e o gozo da coisa concedido no arrendamento são semelhantes ao usufruto. O usufruto, porém, exige manifestação expressa das partes. Os direitos reais somente são estabelecidos com o devido registro. Importa examinar, no caso concreto, a real intenção das partes. Por idênticas razões, não se confunde com o *comodato*, empréstimo gratuito de coisas não fungíveis, relação obrigacional.

Da anticrese o usufruto se distingue, porque a primeira tem por fundamento a extinção de uma obrigação preexistente, colocando-se um bem como garantia de seu cumprimento. Nos sistemas que não admitem a anticrese, todavia, o usufruto pode lhe fazer as vezes.

Embora tecnicamente não se confundam, usufruto e *fideicomisso* são aproximados. No usufruto, ocorre repartição dos poderes da propriedade entre nu-proprietário e usufrutuário. Ambos são titulares concomitantes de direitos inerentes à propriedade. No fideicomisso, há uma disposição sucessiva da propriedade plena que primeiramente é atribuída ao fiduciário, que a certo tempo, sob certa condição ou em sua morte, a transferirá ao fideicomissário. No fideicomisso, há uma disposição testamentária complexa, embora não se negue que possa ser instituído entre vivos, dentro do sistema negocial. O fiduciário recebe a propriedade plena. Poderá até mesmo aliená-la, se na disposição testamentária não for imposta a cláusula de inalienabilidade. O fiduciário mantém a propriedade resolúvel. Tanto o fiduciário como o fideicomissário recebem seu direito diretamente do fideicomitente. No usufruto, com a morte do nu-proprietário, o seu direito transmite-se a seus herdeiros, que devem respeitar o usufruto.

Como fideicomisso e usufruto podem se aproximar nas redações dos testamentos, é preciso entender a ocorrência de fideicomisso quando o testador disser que os bens *passam* de um beneficiário a outro, após a morte, certo prazo ou condição. Se o testador beneficia alguém, com reserva de substância a outrem, institui usufruto, ainda que não seja expresso. Persistindo dúvida na interpretação, há que se propender pela conclusão da instituição de usufruto, uma vez que ambos os beneficiários poderão usar e gozar do bem. No presente Código, restringe-se enormemente a possibilidade de instituir fideicomisso, pois "*a substituição fideicomissária somente se permite em favor dos não concebidos ao tempo da morte do testador*" (art. 1.952). Veja o que falamos a respeito quando tratamos do fideicomisso.

Ao distinguirmos o usufruto do fideicomisso, vem à baila a proibição do usufruto sucessivo, permitido outrora no direito anterior à codificação. Veja o que falamos a respeito ao tratarmos dos artigos referentes ao fideicomisso.

Art. 1.391. O usufruto de imóveis, quando não resulte de usucapião, constituir-se-á mediante registro no Cartório de Registro de Imóveis.

O registro imobiliário para os imóveis é essencial como ônus real que é o usufruto, para gerar efeitos *erga omnes*. Enquanto não registrado o contrato no cartório imobiliário, não há direito real, salvo se resultar de usucapião. A decisão que reconhece a usucapião é declaratória e não constitutiva. Este Código é mais esclarecedor. O art. 715 do estatuto anterior reportava-se à desnecessidade de registro quando se tratasse de usufruto decorrente de direito de família, aquele que os pais detêm em relação aos bens dos filhos menores.

O usufruto adquirido por usucapião segue, em princípio, os mesmos requisitos da prescrição aquisitiva em geral. Era discutível se poderia ocorrer em nosso direito. Poderia configurar-se, por exemplo, quando o usucapiente recebesse a coisa de quem não fosse proprietário, mas se arrogasse como tal, sendo mero usufrutuário. É difícil que essa possibilidade ocorra na prática. Pontes de Miranda (1971, v. 19, p. 37) negava peremptoriamente a possibilidade de aquisição de usufruto por usucapião no Direito brasileiro, porque o Código de 1916 a ele não se referira. Modifica-se, destarte, essa ótica perante este estatuto. Como a sentença de usucapião é meramente declaratória, o usufruto nessa modalidade não se constituirá pelo registro, mas ganhará publicidade com ele.

O usufruto decorrente de lei, encontrável no direito de família e no direito hereditário, deve ser colocado à margem do instituto tradicional, ao menos quanto à forma de constituição. Há também diferenças pontuais quanto à sua forma de exercício. O usufruto paterno distancia-se flagrantemente do usufruto nascido de ato de vontade. O usufruto do cônjuge sobrevivente, estabelecido mais recentemente entre nós, como direito sucessório, e não recepcionado, em princípio, por este Código, também possui características próprias.

É importante ressaltar que não existem outras modalidades de constituição de usufruto. Não há, por exemplo, possibilidade de instituir-se usufruto por sentença. Ato do juiz pode reconhecer manifestação de vontade das partes pleiteando o usufruto. Haverá, nessa situação, declaração, mas não constituição. Não pode o juiz decretar usufruto contra o interesse e a vontade do dono, salvo a hipótese, especialíssima, de execução processual, com usufruto sobre empresa ou imóvel. Contudo, no processo executório típico não há atos decisórios de conhecimento, mas somente atos materiais que visam à satisfação do credor. O usufruto determinado na execução é fenômeno de direito processual e não de direito material.

Os direitos do usufrutuário e do nu-proprietário possuem gradação diferente e não se confundem, a não ser que se estabeleça relação contratual entre eles: o usufrutuário pode, por exemplo, alugar a coisa ao nu-proprietário. Contudo, como é óbvio, a relação obrigacional não se confunde com o direito real, nessa hipótese. Por consequência, o ato constitutivo do usufruto não pode estabelecer de início a fruição conjunta do bem por ambos, porque isso contraria a natureza do instituto.

Art. 1.392. Salvo disposição em contrário, o usufruto estende-se aos acessórios da coisa e seus acrescidos.
§ 1º Se, entre os acessórios e os acrescidos, houver coisas consumíveis, terá o usufrutuário o dever de restituir, findo o usufruto, as que ainda houver e, das outras, o equivalente em gênero, qualidade e quantidade, ou, não sendo possível, o seu valor, estimado ao tempo da restituição.
§ 2º Se há no prédio em que recai o usufruto florestas ou os recursos minerais a que se refere o art. 1.230, devem o dono e o usufrutuário prefixar-lhe a extensão do gozo e a maneira de exploração.
§ 3º Se o usufruto recai sobre universalidade ou quota-parte de bens, o usufrutuário tem direito à parte do tesouro achado por outrem, e ao preço pago pelo vizinho do prédio usufruído, para obter meação em parede, cerca, muro, vala ou valado.

Essas regras são, em princípio, supletivas, podendo os interessados dispor diferentemente.

Como anotado de início, não há restrição quanto a seu objeto. Pode ser constituído sobre móveis e imóveis. Vimos que a tradição romana criou o quase-usufruto ou usufruto impróprio. Pode incidir sobre títulos, ações, direitos incorpóreos de que resultem frutos. O usufrutuário de ações de sociedade anônima, por exemplo, pode perceber seus dividendos. Correção monetária não é renda, nunca é demais lembrar.

No tocante aos bens consumíveis, ainda que decorrentes de acrescidos ou acessórios da coisa, a presente hipótese legal adota solução idêntica à da origem histórica. É evidente que a instituição de usufruto sobre coisas consumíveis traz inconvenientes, os quais podem ser contornados por outros institutos jurídicos mais dinâmicos e mais eficazes, como, por exemplo, alienação fiduciária e o arrendamento mercantil. Tal como disciplinava o Código anterior, o usufruto nessa situação anômala transfere a propriedade do bem consumível. O parágrafo único do art. 726 determinava que se houvesse avaliação no título constitutivo dos bens fungíveis, salvo disposição expressa em contrário, o usufrutuário deveria pagar o preço da avaliação. A correção monetária sempre era de rigor.

A doutrina repele o usufruto impróprio, pois colide com sua própria natureza. Tanto que sua noção não é propriamente de um direito sobre coisa alheia, mas de uma obrigação de restituir, emergente da transferência da coisa. Em razão das críticas e da inutilidade do instituto, este Código suprimiu essa modalidade como regra geral, mantendo-a no tocante ao usufruto de títulos de crédito (art. 1.395).

Não havendo ressalva estabelecida no título constitutivo, os acessórios da coisa e seus acrescidos estarão incluídos no direito. O usufruto é, em regra, instituído sobre uma unidade materialmente considerada. Estende-se também às acessões verificadas nos bens instituídos, bem como aos acessórios e pertenças, termo este que o Código deveria aqui ter feito menção. O direito estende-se também às servidões ligadas ao prédio usufruído.

O usufruto estabelecido pelo art. 725 do Código de 1916 referia-se a florestas ou minas. Era descrita uma hipótese de usufruto impróprio porque o usufrutuário podia auferir produtos, os quais não se renovam periodicamente. Essa noção está presente no § 2º do presente artigo. Cabe aos interessados fixar a extensão e a maneira de exploração dos recursos. Note que há recursos dessa natureza que não permitem a exploração direta pelo particular, pois os recursos minerais, inclusive o subsolo, são bens da União (art. 20, I-XI, da CF). O que se pode obter é apenas uma autorização para exploração de tais recursos.

O § 3º refere-se a usufruto sobre universalidade ou quota-parte. Nesse caso, em situações raras, o usufrutuário tem direito à parte do tesouro achado por outrem e ao preço pago pelo vizinho do prédio usufruído, para obter meação em parede, cerca, muro, vala ou valado. São duas situações distintas.

O texto não se refere a qual parte caberá no tesouro achado. A lógica e o sistema induzem que seja a metade, observando-se o que dispõe o art. 1.264, isso no tocante a tesouro encontrado por terceiro. Se foi achado pelo próprio proprietário, não há solução legal, pois, como regra, ele não tem a posse. Pode ser aplicada a regra do art. 1.266, por analogia, atribuindo o achado do nu-proprietário.

No tocante à meação de muros e assemelhados, caberá ao usufrutuário pagar a metade do preço pago pelo vizinho, para obter meação.

Note que essas hipóteses do § 3º somente operam quando se tratar de usufruto de universalidade ou quota-parte de bens. Não se aplicam a bens isolados.

Art. 1.393. Não se pode transferir o usufruto por alienação; mas o seu exercício pode ceder-se por título gratuito ou oneroso.

O usufrutuário mantém a posse direta do bem enquanto o nu-proprietário é possuidor indireto. O usufrutuário, podendo fruir da coisa, aufere seus frutos naturais e civis podendo ceder a coisa a terceiros, dá-la em locação e comodato etc. O usufruto pode estabelecer-se de forma exclusiva ou em co-usufruto a vários beneficiários, que o exercem simultaneamente. É vedado o usufruto sucessivo, ou seja, transmissível. O testamento poderá sujeitá-lo a substituições, podendo ser objeto de legado ou herança. A matéria diz respeito ao direito sucessório.

Sendo direito temporário, o limite máximo é a vida do usufrutuário. Não é admitida instituição para além da vida da pessoa natural e além de 30 anos para a pessoa jurídica, no novel Código (100 anos no Código revogado).

O direito do usufrutuário é intransmissível e assim é expresso o art. 1.393. Fosse isso permitido, estabelecer-se-ia usufruto sobre outro usufruto (subusufruto), que contrariaria sua índole. Ademais, não se esqueça que o usufruto é temporário, o que reafirma sua intransmissibilidade. Como geralmente é ato benéfico, a permissão de alienação suprimiria sua finalidade. O exercício do direito de usufruto pode, como afirmado, ser cedido por título gratuito ou oneroso. Em que pese a sua inalienabilidade, nada impede que ocorra sua transferência para o proprietário do bem, o nu-proprietário, porque, nessa hipótese, consolida-se a propriedade plena.

Pela mesma razão, o usufrutuário não pode gravar seu direito, que é inalienável, com hipoteca, penhor ou anticrese, direitos que só cabem ao proprietário com poderes de alienação.

Representando, contudo, um valor econômico, a jurisprudência tem admitido, com discrepâncias, a penhora sobre o exercício do direito de usufruto, quando ao credor não resta outra alternativa. A ideia básica do instituto e as dificuldades práticas dessa penhora a desaconselham. Resiste-se, também, a essa possibilidade quando o usufrutuário está no gozo direto da coisa. Se, no entanto, o usufrutuário estiver auferindo rendimentos com o usufruto, é inafastável que pode o exercício do direito ser penhorado, sob pena de ocorrer injusto enriquecimento ou fraude contra credores. É mais difícil justificar essa penhora quando, por exemplo, o usufrutuário reside no imóvel ou utiliza diretamente a coisa. Importa sempre examinar o caso concreto. O exercício do usufruto legal, no entanto, em razão de sua índole e natureza, não pode ser penhorado.

A possibilidade de penhora do exercício do direito de usufruto distingue-se da colimada pelos arts. 867 ss do CPC. Nesses dispositivos, autoriza-se o juiz da execução a conceder ao credor a penhora de frutos e rendimentos de coisa móvel ou imóvel, quando for menos gravosa ao executado. Trata-se de incidente de execução que diz respeito à satisfação do credor. A hipótese é de modalidade de usufruto com origem na lei, embora o CPC atual não utilize mais essa denominação. Seu caráter é transitório, devendo perdurar até a satisfação da dívida. Esse incidente da execução é detalhado pela lei processual, que determina a nomeação de administrador para esse incidente processual (art. 869 do CPC).

O nu-proprietário, que mantém a substância da coisa, pode transmiti-la por ato *inter vivos* ou *mortis causa* e, por via de consequência, gravar seu direito limitado, que também pode ser penhorado. O mais dependerá da alienação para o adquirente nessas condições, ou da penhora para o credor, no caso concreto.

Agravo de instrumento. Execução de título extrajudicial. Decisão interlocutória que indeferiu pedido de arresto. Insurgência recursal do banco exequente. Decisão superveniente do douto magistrado de origem possibilitando a penhora sobre o imóvel destacado e os frutos provenientes do direito de usufruto do coexecutado. Recurso prejudicado no que tange a esses pedidos. No mais, impossibilidade de penhora do usufruto por força do art. 1.393 do CC, que vedada à alienação do referido direito real sobre bem imóvel. Recurso não conhecido quanto aos pedidos de penhora do imóvel destacado do coexecutado e dos frutos de seu direito de usufruto, e não provido no que se refere à penhora do próprio direito de usufruto (*TJSP* – Ag 2106642-02.2019.8.26.0000, 19-12-2019, Rel. Roberto Maia).

🔨 Direito civil – Processo Civil – Apelação Cível – Ação de extinção de usufruto – Inversão do ônus da prova – Inaplicabilidade – Princípio do livre convencimento motivado do magistrado – Fruição da coisa – Presumida – Sentença Confirmada – 1- A inversão do ônus probatório não impõe à parte adversa o ônus de demonstrar o direito alegado ou a prova negativa de um fato. 2- O livre convencimento motivado, adotado pelo Código de Processo Civil, atribui ao magistrado a liberdade de examinar as provas para formar seu convencimento desde que, baseado nos elementos constantes dos autos, apresente a respectiva fundamentação. 3- Conforme previsto no art. 1.393 do Código Civil, "não se pode transferir o usufruto por alienação; mas o seu exercício pode ceder-se por título gratuito ou oneroso". 4- Na relação de usufruto, admite-se o desmembramento da posse, passando o usufrutuário a ser possuidor indireto e o cessionário possuidor direto. 5- Apelação conhecida, mas não provida. Unânime. (*TJDFT* – Proc. 20130710100153 – (848365), 19-2-2015, Relª Desª Fátima Rafael).

🔨 Execução. **Penhora de usufruto de imóvel**. Impossibilidade. Conforme o disposto no art. 1.393 do Código Civil, o usufruto é direito inalienável e, por isso, impenhorável. Recurso provido, com observação (*TJSP* – Acórdão: Agravo de Instrumento nº 0065479-23.2012.8.26.0000, 31-5-2012, Rel. Des. Arantes Theodoro).

CAPÍTULO II
Dos Direitos do Usufrutuário

Art. 1.394. O usufrutuário tem direito à posse, uso, administração e percepção dos frutos.

O usufrutuário tem, como direitos fundamentais decorrentes do uso e gozo da coisa, posse direta, direito de utilização, administração e percepção de frutos. O benefício pode recair sobre móveis e imóveis, ambos considerados direitos reais. O título constitutivo sobre imóveis deve ser devidamente registrado. Não há registro para o usufruto legal.

Pergunta-se se o ato constitutivo do usufruto pode proibir a cessão da coisa a terceiros. Perante os termos peremptórios do art. 1.393, isso não parece possível, uma vez que o conteúdo dos direitos reais é definido em lei, que lhe traça os contornos, independentemente da vontade das partes. Ademais, se essa é a intenção do proprietário, a lei lhe faculta conceder o direito de uso.

O usufrutuário exerce posse direta ou imediata, podendo, portanto, valer-se dos remédios possessórios, inclusive contra turbações do nu-proprietário, possuidor indireto. O nu-proprietário não pode obstar o uso e gozo da coisa cedidos ao usufrutuário. Possuindo direito de gozo, o único limite do usufrutuário é a manutenção da substância do bem.

O título constitutivo pode, no entanto, limitar ou restringir a fruição, sem desnaturar o usufruto a ponto de nulificá-lo. Sem qualquer restrição, esse direito de uso é amplo, aproximado do exercício do proprietário pleno. Como decorrência, o usufrutuário pode locar ou ceder a coisa, a título gratuito ou oneroso. Exercendo a posse direta, o gozo e fruição do bem, também lhe é deferida a administração, sem interferência alguma do nu-proprietário.

O direito de desfrutar da coisa é decorrência natural do instituto. O proprietário tem poderes mais amplos, apesar de não manter a posse direta, porque pode alienar a coisa.

Entretanto, a maior utilidade do usufruto é o direito de fruir da coisa, isto é, a percepção dos frutos, bem como dos produtos, quando não há restrição. Nesse aspecto reside o caráter alimentar que se destaca no instituto, ao permitir a extração do proveito da coisa. Nessa percepção, o usufrutuário tem direito aos frutos naturais e aos rendimentos (frutos civis), salvo restrição atribuída pelo ato constitutivo.

**Art. 1.395. Quando o usufruto recai em títulos de crédito, o usufrutuário tem direito a perceber os frutos e a cobrar as respectivas dívidas.
Parágrafo único. Cobradas as dívidas, o usufrutuário aplicará, de imediato, a importância em títulos da mesma natureza, ou em títulos da dívida pública federal, com cláusula de atualização monetária segundo índices oficiais regularmente estabelecidos.**

Reportamo-nos, anteriormente, à situação do quase-usufruto ou usufruto impróprio, dirigido a coisas consumíveis. Remanesce neste Código, no presente artigo, modalidade desse usufruto, que pode recair em títulos de crédito. Trata-se, evidentemente, de hipótese de quase-usufruto, na qual o risco é grande para o usufrutuário, dada a faculdade dos novos títulos que podem ser por aquele adquiridos. Este Código Civil procurou minimizar esse risco, já apontando a destinação das importâncias recebidas. O art. 720 do Código anterior reportava-se a usufruto de *apólice da dívida pública ou títulos semelhantes*. Nessa hipótese, a lei determinava que a alienação somente seria efetuada mediante acordo com o nu-proprietário. Na realidade, esse usufruto dirige-se ao objeto da prestação devida pelo devedor ao credor. Desse modo, o usufrutuário tem legitimidade para cobrar a dívida sem o concurso do nu-proprietário. O devedor deve ser notificado desse usufruto, como é evidente.

No sistema vigente, aplicado o valor recebido na forma do artigo sob comentário, em títulos da mesma natureza ou da dívida federal com correção monetária, o dono da coisa não pode recusá-los. A questão, porém, não ficará isenta de discussões, pois poderá abrir-se quezília sobre o que seja título da mesma natureza e qual o índice de correção monetária aplicável.

Esses títulos visam propiciar renda, tais como dividendos de ações, ao usufrutuário.

Art. 1.396. Salvo direito adquirido por outrem, o usufrutuário faz seus os frutos naturais, pendentes ao começar o usufruto, sem encargo de pagar as despesas de produção.
Parágrafo único. Os frutos naturais, pendentes ao tempo em que cessa o usufruto, pertencem ao dono, também sem compensação das despesas.

Aqui também a preocupação legal é delimitar temporalmente o direito à percepção dos frutos.

Frutos são bens acessórios; utilidades que a coisa produz, sem implicar em destruição total ou parcial da substância. Apesar de gerados por um bem principal, tornam-se coisas autônomas, com existência própria, tão logo tomem determinada forma. Por isso que a separabilidade é uma de suas características. O presente artigo cuida dos frutos naturais, isto é, daqueles provenientes de força orgânica da coisa. Contrapõem-se a estes os frutos civis, os juros, por exemplo.

Ao começar o usufruto, os frutos pendentes pertencem ao usufrutuário. Ao terminar, pertencerão ao dono. Com o término do usufruto, cessa o direito do usufrutuário de colher os frutos. Se colhidos os frutos antes do tempo, diverge a doutrina. Alguns entendem que direito algum caberá ao nu-proprietário com relação a eles, pois o usufrutuário tem o direito de separá-los. Outros propugnam que há direito eventual do proprietário até que os frutos amadureçam, de forma que não poderia o usufrutuário colhê-los. Ambas a posições têm fortes argumentos.

Pendentes são os frutos ainda ligados à coisa que os produziu. As partes podem modificar negocialmente essa regra. Há que se observar, também, se não há direitos de terceiros quanto a esses frutos.

Art. 1.397. As crias dos animais pertencem ao usufrutuário, deduzidas quantas bastem para inteirar as cabeças de gado existentes ao começar o usufruto.

Esse artigo refere-se ao usufruto de um rebanho, portanto, uma universalidade de fato, mas aplica-se também quando se refere a algumas cabeças. O usufrutuário, findo o usufruto, deve devolver igual número de cabeças, podendo supri-lo com as crias. O que a lei pretende é que seja assegurado ao proprietário, uma vez terminado o usufruto, a mesma quantidade de cabeças que entregou ao usufrutuário. Como as crias são consideradas frutos, obedecida a devolução como manda a lei, o que ultrapassar pertence ao usufrutuário. A ideia é restituir sempre a mesma quantidade de animais que foi entregue. As partes podem dispor diferentemente, inclusive quanto a animais que vierem a perecer, com ou sem culpa do usufrutuário. No silêncio dos interessados, parte da doutrina entende que a perda de animais, sem culpa do usufrutuário, não poderá onerá-lo. Essa posição não é tranquila, tendo em vista os dizeres diretos da presente disposição legal.

Há que se entender que o mesmo princípio deve ser aplicado ao usufruto de árvores, na falta de dispositivo expresso em nosso direito. Não será utilizado o critério de universalidade se na instituição do usufruto cada membro do rebanho foi individualizado, pois, nesse caso, desaparece a noção de coisa universal.

Quando beneficiário de usufruto de rebanho, o usufrutuário tem direito a seus frutos, leite e derivados e às crias que ultrapassarem o número original atribuído de cabeças. Trata-se, como se vê, de usufruto de coisas fungíveis.

Art. 1.398. Os frutos civis, vencidos na data inicial do usufruto, pertencem ao proprietário, e ao usufrutuário os vencidos na data em que cessa o usufruto.

A preocupação da Lei no aspecto referente aos frutos é delimitar o direito aos frutos da época do início ou término do exercício de usufruto. Acima já se referiu aos frutos naturais. Os frutos civis, juros e assemelhados, vencidos até a data inicial do usufruto, pertencem ao proprietário. Dessa data em diante, já se integram aos direitos do usufrutuário, até a data do encerramento do usufruto. Essa disposição poderá ter contornos importantes na prática. Há sempre que se verificar se não há direito de terceiros com relação a esses frutos. Se os juros foram pagos antecipadamente, antes do exercício do usufruto, a doutrina entende que o usufrutuário não tem direito de os reclamar.

Art. 1.399. O usufrutuário pode usufruir em pessoa, ou mediante arrendamento, o prédio, mas não mudar-lhe a destinação econômica, sem expressa autorização do proprietário.

Deve ser entendido que o usufrutuário não pode praticar qualquer ato que transforme a coisa a ponto de desfigurar, alterar sua finalidade, seus elementos e qualidades constitutivas. O conceito de substância não se refere apenas à individualidade da coisa, mas a seu próprio destino. Quem recebe um automóvel em usufruto, por exemplo, não pode desmontá-lo para transformá-lo em escultura de vanguarda. O destino econômico da coisa não pode ser alterado, como regra, salvo expressa autorização no título constitutivo ou em ato posterior.

CAPÍTULO III
Dos Deveres do Usufrutuário

Art. 1.400. O usufrutuário, antes de assumir o usufruto, inventariará, à sua custa, os bens que receber, determinando o estado em que se acham, e dará caução, fidejussória ou real, se lha exigir o dono, de velar-lhes pela conservação, e entregá-los findo o usufruto.

Parágrafo único. Não é obrigado à caução o doador que se reservar o usufruto da coisa doada.

O rol de obrigações do usufrutuário é de âmbito menor que o do proprietário. Correspondem inversamente aos direitos. Como possuidor, deve defender a coisa de turbações ou reivindicações de terceiros, comunicando sempre ao nu-proprietário. Caso permita a perda ou deterioração da coisa por inércia sua, deve responder perante o dono. Deve zelar pela manutenção da substância da coisa, como bom pai de família ou homem médio, de molde a estar apta a ser devolvida ao dono, uma vez findo o usufruto.

A lei prescreve a obrigação de inventariar, descrever à sua custa, o objeto do usufruto, o estado em que o recebe. É conveniente que a descrição seja a mais detalhada, sendo recomendável, também, a atribuição de valores à coisa, seus acessórios e pertenças, embora não seja isso obrigatório.

O usufrutuário deverá prestar caução real ou fidejussória em virtude de administrar e ter a posse de bem alheio, se assim o exigir o nu-proprietário, a fim de garantir a devolução da coisa. Não é estratagema muito comum na prática, mormente no tocante a bens imóveis. Essa caução deverá ser suficiente para suportar o valor da coisa. A finalidade da caução é garantir a restituição da coisa em estado compatível com sua utilização. Garantirá as perdas e danos, se for o caso. Nada impede que o proprietário abra mão dessa garantia.

Não havendo inventário, presume-se que os bens foram entregues no melhor estado de conservação. As despesas com o inventário correm, em princípio, por conta do usufrutuário, salvo acordo em contrário.

É obrigação do usufrutuário utilizar a coisa *civiliter*, isto é, como homem médio ou *bonus pater famílias*. Deve assim zelar pela coisa, mantendo sua substância e forma. Assim sendo, não pode demolir o prédio e construir outro, sem autorização do proprietário; nem erradicar determinada cultura, salvo motivo de força maior. Tudo isso leva em conta que há a obrigação de restituir a coisa, uma vez findo o usufruto.

Art. 1.401. O usufrutuário que não quiser ou não puder dar caução suficiente perderá o direito de administrar o usufruto; e, neste caso, os bens serão administrados pelo proprietário, que ficará obrigado, mediante caução, a entregar ao usufrutuário o rendimento deles, deduzidas as despesas de administração, entre as quais se incluirá a quantia fixada pelo juiz como remuneração do administrador.

Na falta de caução, que não puder ou não quiser ser prestada pelo usufrutuário quando exigida, perderá ele o direito à administração, que permanecerá com o proprietário. Nessa hipótese, desaparece uma das grandes vantagens do usufruto. Essa caução não é exigível quando o doador se reservar o usufruto da coisa doada, como parece evidente. Na hipótese citada de ausência de caução, ao ser o bem administrado pelo dono, este deverá prestar contas perante o usufrutuário, devendo entregar a este último os proventos do usufruto, deduzidas as despesas de gerência, que podem ser estabelecidas judicialmente. Essa administração pode ser relegada a terceiro. É importante anotar que sempre que houver risco de perda ou deterioração da coisa, por má administração ou qualquer outra premissa, a caução pode ser exigida, ainda que ausente em primeiro momento.

Como apontamos, a caução é dispensada nas hipóteses de doação, quando o doador reserva para si o usufruto e, portanto, permanece em continuidade com a posse direta da coisa, bem como na hipótese do usufruto legal dos bens de filhos menores, em favor dos pais, nos termos do art. 731 do antigo Código, cuja noção deve continuar. Essas hipóteses se mostram incompatíveis com a caução.

Nessa situação, o proprietário intimará o usufrutuário a prestar a caução, sob pena de ficar alijado da administração do bem. Questão que pode surgir na oportunidade é não só a idoneidade da caução, como o montante do seu valor, o que será decidido no caso concreto. Se a administração couber ao proprietário, poderá o usufrutuário, por sua vez, exigir caução deste, solução que não está na lei, mas decorre do sistema, pois pode ser exigida de qualquer pessoa que administre bens alheios.

Art. 1.402. O usufrutuário não é obrigado a pagar as deteriorações resultantes do exercício regular do usufruto.

É evidente que ocorrem deteriorações normais da coisa com sua utilização, como ocorre, por exemplo, na locação. No caso concreto, deve ser apurada a situação em que termina o uso e onde principia o abuso. Já observamos que a fruição da coisa deve ocorrer *civiliter*, isto é, civilizadamente. O usufrutuário responderá pelas deteriorações que decorrerem de sua culpa.

Art. 1.403. Incumbem ao usufrutuário:
I – as despesas ordinárias de conservação dos bens no estado em que os recebeu;
II – as prestações e os tributos devidos pela posse ou rendimento da coisa usufruída.

Beneficiando-se da utilização e recebendo os frutos e produtos da coisa, incumbem ao usufrutuário, e não poderia deixar de assim ser, as despesas ordinárias de conservação e as prestações e os tributos devidos pela posse ou rendimento da coisa. Assim, por exemplo, incumbe ao usufrutuário manter o jardim, a pintura, as instalações hidráulicas e elétricas de um imóvel, pagando os tributos que sobre ele incidem. Diversamente, porém, será com relação às despesas extraordinárias, apontadas no artigo seguinte.

🔨 Apelação cível. Direito de vizinhança. Ação de obrigação de fazer cumulada com indenização por danos materiais e morais. Danos em unidade inferior provocados por infiltração em unidade superior. Responsabilidade da usufrutuária. Dano material demonstrado. Prova documental, pericial e testemunhal. Sentença parcialmente modificada. Legitimidade da usufrutuária. Considerando que a demanda se refere a obrigação de fazer e indenização e que tal não está relacionada ao domínio, mas ao uso e à fruição do imóvel, a responsabilidade poderá ser imputada à usufrutuária, nos termos do artigo 1.403 do CC, uma vez que a demandada concorreu para a degradação do imóvel. Obrigação de fazer. Infiltrações/Vazamentos no imóvel do demandado que causou danos no imóvel do autor. Fato incontroverso nos autos. Prova pericial, fotografias e testemunhal a confortar a tese da parte autora e dos danos materiais ocorrentes no seu imóvel. Presentes os requisitos autorizadores da condenação aos reparos necessários no período ora fixado. Dano moral inocorrente. Não demonstrada a prática de ato ilícito por parte da ré a ensejar violação aos direitos da personalidade, não há que se falar em dano passível de indenização. Deram parcial provimento ao apelo. Unânime (*TJRS* – Ap. 70081782369, 22-8-2019, Rel. Giovanni Conti).

🔨 **Arbitramento de aluguel c.c. cobrança** – Bem comum doado ao filho menor em acordo de separação – Manutenção do usufruto aos ex-cônjuges – Pedido de recebimento da metade dos valores locativos em razão do uso exclusivo do bem pela outra usufrutuária – Improcedência da demanda – Inconformismo – Admissibilidade – Litigantes usufrutuários em partes iguais do imóvel – Direito de exigir o pagamento proporcional de quantia mensal, correspondente ao valor locativo do bem – Aluguel devido para evitar enriquecimento sem causa – Despesas geradas pelo uso exclusivo do imóvel que não devem ser ressarcidas – Valores referentes a tributos e despesas ordinárias de conservação do bem que devem ser divididos entre as partes, porque inerentes à condição de usufrutuário, nos termos do art. 1.403 do Código Civil – Valor que deverá ser apurado em liquidação – Termo inicial para a cobrança dos alugueis contado a partir da citação – Sentença reformada – Recurso parcialmente provido (*TJSP* – Acórdão Apelação Cível 9222420 – 18.2007.8.26.0000, 1-8-2012, Rel. Des. J. L. Mônaco da Silva).

Art. 1.404. Incumbem ao dono as reparações extraordinárias e as que não forem de custo módico; mas o usufrutuário lhe pagará os juros do capital despendido com as que forem necessárias à conservação, ou aumentarem o rendimento da coisa usufruída.

§ 1º Não se consideram módicas as despesas superiores a dois terços do líquido rendimento em um ano.
§ 2º Se o dono não fizer as reparações a que está obrigado, e que são indispensáveis à conservação da coisa, o usufrutuário pode realizá-las, cobrando daquele a importância despendida.

A matéria aqui, como alhures, também é supletiva da vontade das partes.

A maior questão, no caso concreto, será distinguir as despesas ordinárias das extraordinárias, bem como aquelas que não forem de preço módico. É evidente que essa avaliação terá em mira o vulto e o valor do bem dado em usufruto. Há um parâmetro que nos dá a lei no § 1º, ao mencionar que não se consideram módicas as despesas superiores a dois terços do rendimento líquido anual. Esse balizamento poderá mostrar-se ineficaz quando o usufrutuário exerce diretamente a posse, o uso e o gozo da coisa, não evitando uma avaliação judicial. Na dúvida, incumbe dirimir-se judicialmente ou por arbitragem. Como não pode, nem será conveniente ao usufrutuário, que deixe o bem deteriorar ou diminuir de valor, perante a recusa ou renitência do nu-proprietário em fazer os reparos, os fará o usufrutuário, cobrando do outro a quantia despendida.

O usufrutuário ficará obrigado, no caso das despesas arcadas pelo dono, a pagar os juros do capital gasto com as despesas necessárias à conservação e ao aumento do rendimento da coisa usufruída. A lei procura evitar o enriquecimento injusto. A responsabilidade pelas melhorias na coisa fica, pois, atribuída dessa forma ao nu-proprietário. No entanto, na restituição da coisa, são aplicáveis os princípios reguladores das benfeitorias em geral.

Toda essa matéria, como se percebe, pode levantar matéria de complexa discussão entre as partes envolvidas.

Art. 1.405. Se o usufruto recair num patrimônio, ou parte deste, será o usufrutuário obrigado aos juros da dívida que onerar o patrimônio ou a parte dele.

Esse usufruto de todo um patrimônio ou de parte indivisa dele pode resultar de negócio jurídico ou do direito de família ou sucessões. Se constituído negocialmente em prejuízo de credores, há fraude contra credores, que autoriza a ação pauliana. Nesse caso, não se anula o usufruto, apenas se declara ineficaz no volume que prejudicar os credores anteriores à sua constituição.

Quando se cuida de usufruto de patrimônio, o ato é uno; há um só usufruto e não tantos quantos o número plural de bens que o constituem.

O usufrutuário responde por juros de dívida que onera o patrimônio ou coisa, quando esse ônus for expresso no título constitutivo. Se o usufruto for de patrimônio, com universalidade plena ou parcial, o usufrutuário então se obriga pelos juros. Questão que pode ser levantada diz respeito à correção monetária. É problemático, na prática, com muita frequência, destacar a correção monetária dos juros reais. Destarte, em cada caso, incumbe averiguar a intenção das partes no ato constitutivo do usufruto. Ao usufruir do bem, deve o usufrutuário suportar esse encargo, do qual deve ter conhecimento prévio. O usufrutuário pode sempre renunciar ao benefício, quando não pretender suportar os ônus correlatos, sem prejuízo da obrigação de indenizar o proprietário por eventuais danos que tenha causado.

Em se tratando de universalidade, o usufruto pode recair sobre o fundo de pessoa jurídica, sobre estabelecimento comercial ou empresa. Cabe ao usufrutuário usar e fruir da pessoa jurídica, recebendo os proventos, frutos, como se titular fosse. Na realidade, o usufruto é atribuído à universalidade que constitui a empresa, um patrimônio composto por móveis e imóveis, direitos e obrigações, bens corpóreos e incorpóreos. Assumindo a administração da empresa, o usufrutuário dá início ao exercício do direito. São aplicados os princípios gerais do instituto, inclusive no tocante à caução. Sua ausência pode determinar a nomeação de um administrador estranho ao negócio entre o dono e o usufrutuário. Este, por seu lado, não pode mudar o ramo do negócio, sem autorização do dono. Deve conservar a coisa e manter o patrimônio íntegro. O ato constitutivo deve estabelecer o âmbito de atuação do usufrutuário, inclusive disciplinando a responsabilidade pelos débitos de origem anterior ao usufruto. Sua complexidade desautoriza sua instituição na prática, pois os mesmos efeitos podem ser atingidos por via obrigacional. No entanto, poderá ser útil na sucessão hereditária.

Art. 1.406. O usufrutuário é obrigado a dar ciência ao dono de qualquer lesão produzida contra a posse da coisa, ou os direitos deste.

Esse dispositivo consagra regra geral da posse. O possuidor direto tem sempre a obrigação de comunicar, oportunamente, ao possuidor indireto, eventuais turbações da posse, sob pena de responder por perdas e danos. Assim é com o usufrutuário que, além de defender sua posse, deve dar ciência da perturbação ao dono. Não se esqueça, outrossim, que a turbação pode provir do próprio nu-proprietário. Recorde-se o que foi dito acerca da posse e sua defesa.

Os direitos e obrigações do nu-proprietário são os mesmos contrapostos aos do usufrutuário. Exerce seu domínio limitado à substância da coisa, podendo utilizar os remédios jurídicos a ela relativos. Pode valer-se da ação reivindicatória e das ações possessórias contra terceiros, porque mantém a posse indireta. Sua primeira obrigação é entregar a coisa para desfrute. Não pode turbar a posse do usufrutuário.

Não se deve negar ao nu-proprietário o direito de permanentemente fiscalizar sua coisa, sua manutenção e destinação, a fim que possa tomar oportunamente as medidas de proteção para a restituição do bem.

Art. 1.407. Se a coisa estiver segurada, incumbe ao usufrutuário pagar, durante o usufruto, as contribuições do seguro.
§ 1º Se o usufrutuário fizer o seguro, ao proprietário caberá o direito dele resultante contra o segurador.
§ 2º Em qualquer hipótese, o direito do usufrutuário fica sub-rogado no valor da indenização do seguro.

Não está o usufrutuário obrigado a segurar a coisa, salvo se assim ficou expresso.

Estando a coisa segurada, na mesma linha do que foi visto, como é o usufrutuário que exerce a posse direta e aufere os benefícios da coisa, a ele cabe pagar o prêmio durante o usufruto. Pode também o nu-proprietário exigir o contrato de seguro, em adendo ou em substituição à caução. De acordo com o § 1º, se o usufrutuário fizer o seguro, ao proprietário caberá o direito dele resultante. A disposição é corolário do fato de a substância da coisa pertencer ao dono. Pelo § 2º, estabelece-se que em qualquer caso o usufrutuário ficará sub-rogado no valor de eventual indenização securitária.

Art. 1.408. Se um edifício sujeito a usufruto for destruído sem culpa do proprietário, não será este obrigado a reconstruí-lo, nem o usufruto se restabelecerá, se o proprietário reconstruir à sua custa o prédio; mas se a indenização do seguro for aplicada à reconstrução do prédio, restabelecer-se-á o usufruto.

A destruição do prédio sob usufruto sem culpa do proprietário não obriga este a reconstruí-lo. Se reconstruí-lo à sua custa, o usufruto não se restabelecerá. Se, no entanto, a reconstrução decorrer de indenização de seguro, restabelecer-se-á o usufruto. É de se perguntar o que ocorrerá se a reconstrução decorrer parte do seguro e parte de recursos do proprietário. A lei nada menciona, nem será apropriado o usufruto parcial. É conveniente que as partes acordem antes da reconstrução sobre a solução a essa situação.

Art. 1.409. Também fica sub-rogada no ônus do usufruto, em lugar do prédio, a indenização paga, se ele for desapropriado, ou a importância do dano, ressarcido pelo terceiro responsável no caso de danificação ou perda.

São três as situações aqui enfocadas: desapropriação, danificação e perda da coisa. Nessas hipóteses, semelhantes à questão do seguro já vista, não se extingue o usufruto, modificando-se apenas o objeto, que se dirige à indenização recebida pela coisa. A norma assegura a sub-rogação do ônus do usufruto, quanto à indenização paga, ocorrendo desapropriação, bem como na importância recebida, no caso de deterioração ou perda. Nessa situação, como o usufrutuário está obrigado a devolver a coisa, devolverá a soma recebida, com a devida correção monetária. Essa soma não deve incluir os frutos, que pertencem ao usufrutuário.

CAPÍTULO IV
Da Extinção do Usufruto

Art. 1.410. O usufruto extingue-se, cancelando-se o registro no Cartório de Registro de Imóveis:
I – pela renúncia ou morte do usufrutuário;
II – pelo termo de sua duração;
III – pela extinção da pessoa jurídica, em favor de quem o usufruto foi constituído, ou, se ela perdurar, pelo decurso de trinta anos da data em que se começou a exercer;
IV – pela cessação do motivo de que se origina;
V – pela destruição da coisa, guardadas as disposições dos arts. 1.407, 1.408, 2ª parte, e 1.409;
VI – pela consolidação;
VII – por culpa do usufrutuário, quando aliena, deteriora, ou deixa arruinar os bens, não lhes acudindo com os reparos de conservação, ou quando, no usufruto de títulos de crédito, não dá às importâncias recebidas a aplicação prevista no parágrafo único do art. 1.395;
VIII – pelo não uso, ou não fruição, da coisa em que o usufruto recai (arts. 1.390 e 1.399).

Já apontamos que não pode haver perpetuidade no usufruto. Este Código limitou o usufruto à pessoa jurídica ao lapso de 30 anos, na hipótese de manter-se existente a pessoa usufrutuária, prazo maior admitido neste Código para direitos temporários. Esse prazo foi sensivelmente reduzido com relação ao Código anterior, que o estipulava em 100 anos. Extinto o usufruto pelo decurso de prazo, qualquer interessado pode pedir seu cancelamento no respectivo registro. Nada impede, porém, que extinto o prazo, as partes o restabeleçam mediante acordo de vontades. A morte da pessoa natural é o lapso maior desse usufruto.

A regra básica no usufruto é no sentido de que não pode perdurar além da existência da pessoa natural. A morte o extingue, não se transferindo aos herdeiros. A morte do nu-proprietário não altera a relação, pois seus sucessores assumem posição idêntica de donos.

O usufruto também pode ser estabelecido sob termo resolutivo, e o decurso do prazo o extingue. Sob certa causa ou condição, extingue-se o usufruto com seu implemento. Se ocorreu a causa extintiva ou o implemento da condição, a problemática é de fato e envolve os princípios enunciados na Parte Geral do Código. O termo *causa* estava no art. 739, III, do Código anterior, no sentido do fato que dera origem ao usufruto e não como motivo.

O perecimento ou destruição da coisa faz desaparecer o objeto e, consequentemente, o usufruto. O dispositivo ressalva, porém, as hipóteses de existência e seguro (art. 1.407); destruição e reconstrução do prédio (art. 1.408); e indenização ou reparação paga por terceiros (art. 1.409), situações em que pode ocorrer sub-rogação do usufruto sobre o preço. Se a destruição ou perecimento da coisa for parcial, o usufruto permanece sobre o remanescente. A modificação da coisa a ponto de alterar-lhe as características fundamentais equivalerá ao perecimento. Se para isso o usufrutuário concorreu com culpa, deve indenizar.

A prescrição citada no dispositivo do Código de 1916 equivale ao *não uso* durante certo tempo, referido neste Código. O usufruto como direito real em si não prescreve. O legislador anterior não mencionara o prazo dessa inércia por parte do usufrutuário. Houve quem sustentasse que o prazo era o da usucapião extraordinária (20 anos); outros, que era aplicado o prazo do usucapião ordinária, 10 anos entre presentes e 15 entre ausentes, no tocante aos bens imóveis. Em boa hora, o presente Código corrigiu a impropriedade, mencionando o não uso ou a não fruição da coisa. No atual sistema, a melhor orientação será entender que o prazo será o de dez anos, segundo o art. 205, embora seja sustentável o prazo de usucapião extraordinário do art. 1.238. Com a palavra os tribunais.

Afora as modalidades de extinção por força de lei, a culpa do usufrutuário na utilização da coisa pode dar margem à extinção do usufruto (inciso VII), por meio de ação judicial, mormente se não é apresentada caução que garanta a devolução. Essa hipótese somente se torna possível nos casos de maior gravidade, quando o usufrutuário deixa de tomar cuidados mínimos na manutenção e preservação da coisa. A valoração acerca dessa possibilidade de extinção deve ser relegada ao prudente exame do juiz, o qual pode evitar a extinção exigindo a prestação de caução ou colocando a coisa sob administração do nu-proprietário ou de terceiro.

Ademais, lembre-se das causas ordinárias de extinção de direitos, como a renúncia ou desistência, que devem ser expressas. Nesses casos, se se tratar de imóveis, há necessidade de escritura pública. O corrente Código menciona expressamente a possibilidade de renúncia ao usufruto (inciso I).

O processo de extinção de usufruto vem mencionado no art. 725, VI, do CPC, que regula os procedimentos de jurisdição voluntária. Quando resulta de morte do usufrutuário, porém, prescinde-se de decisão judicial, bem como quando resulta de acordo conjunto dos interessados (art. 250, II e III, da Lei dos Registros Públicos), procedendo-se mediante requerimento de averbação junto ao registro imobiliário. Quando se trata de extinção de usufruto legal, desnecessário, em regra, qualquer procedimento.

Enunciado nº 252, III Jornada de Direito Civil – CJF/STJ: A extinção do usufruto pelo não uso, de que trata o art. 1.410, inc. VIII, independe do prazo previsto no art. 1.389, inc. III.

⚖️ **Agravo de Instrumento.** Execução de título extrajudicial. Impugnação à penhora de imóvel dado em garantia locatícia. Alegação de que se trata de bem de família. Impossibilidade. Aplicação do art. 3º, VII, da Lei nº 8.009/90. Usufruto do imóvel constrito que não obsta a penhora que recaiu sobre a nua propriedade pertencente aos agravantes. Em caso de arrematação, incidirá sobre o imóvel o direito real de usufruto pertencente a terceiro até que ocorra uma das causas extintivas do usufruto previstas no art. 1.410 do CC. Decisão mantida. Recurso desprovido (*TJSP* – Agravo de Instrumento 2051711-49.2019.8.26.0000; 18-9-2019, Rel. L. G. Costa Wagner).

⚖️ **Ação de cancelamento de usufruto.** Causa de pedir na alegação de ingratidão por parte da usufrutuária. Dúvida se as causas extintivas do usufruto, previstas no art. 1.410 do CC, admitem a ingratidão. Ainda que se admita a instituição gratuita do usufruto, estendendo-se ao instituto as causas previstas para a revogação da doação, inclusive a ingratidão, não se encontram configuradas as hipóteses do rol do artigo 557 do Código Civil. Suposta apropriação indébita da usufrutuária não demonstrada com a força que exige a tipificação da ingratidão. Ação improcedente. Sentença mantida. Apelo não provido (*TJSP* – Acórdão: Apelação Cível nº 9156790-25.2001.8.26.0000, 12-1-2012, Rel. Des. Francisco Loureiro).

Art. 1.411. Constituído o usufruto em favor de duas ou mais pessoas, extinguir-se-á a parte em relação a cada uma das que falecerem, salvo se, por estipulação expressa, o quinhão desses couber ao sobrevivente.

O usufruto é divisível, podendo ser atribuído simultaneamente a mais de uma pessoa, mais de um usufrutuário, estabelecendo-se o cousufruto, situação que levanta a questão do direito de acrescer entre os beneficiários. Não pode ser atribuído a vários titulares de forma sucessiva. Será facultado o uso e o gozo a mais de um usufrutuário simultaneamente, situação que o distingue do fideicomisso.

Se, por um lado, o ordenamento proíbe o usufruto sucessivo, não impede que o usufruto seja atribuído a vários titulares simultaneamente. Haverá, nessa hipótese, comunheiros no usufruto, cousufrutuários. O dispositivo é aplicado, aparentemente, na comunhão usufrutuária *pro diviso* e *pro indiviso*. Deve ser levado em conta, contudo, que se o usufruto foi estabelecido em partes separadas e destacadas do bem, há tantos usufrutos quantas forem as porções individualizadas. Não existe propriamente cousufruto, se cada beneficiário exerce o direito em parte certa e determinada de bem divisível.

Na comunhão usufrutuária efetiva, o instituidor deve ser expresso sobre o acrescimento. Esse artigo aplica-se, em princípio, apenas aos usufrutos instituídos por ato entre vivos. Se o instituidor não for expresso quanto ao direito de acrescer, o usufruto extinguir-se-á parcialmente em relação ao usufrutuário falecido. Nessa hipótese, surge o insólito estado jurídico de conviver o usufrutuário e comunhão com o nu-proprietário, que exerce direitos de propriedade plena sobre a parte ideal do bem sobre o qual foi extinto o usufruto. Conclui-se, porém, que praticamente as relações entre usufrutuário remanescente e nu-proprietário praticamente não se alteram, continuando a ser regidas pelos mesmos princípios. No dizer de Pontes de Miranda (1971, v. 19, p. 33), "*os direitos de domínio e de usufruto são 'quantitativamente' diferentes, mas homogêneos 'qualitativamente', quanto ao uso e à fruição*".

A comunhão de usufrutuários origina situação muito semelhante ao condomínio, cujas disposições devem ser aplicadas nas regras de convivência, no que forem conciliáveis. Cada usufrutuário é titular de uma quota indivisa do usufruto e pode dela usar e gozar tal qual o condômino. Deve utilizar da coisa de forma compatível com o exercício de igual direito por parte dos consortes, devendo receber os frutos correspondentes a sua quota-parte, concorrendo proporcionalmente para a administração da coisa comum, cuja orientação é submetida à vontade da maioria. Não pode um cousufrutuário, por exemplo, dar posse ou fruição da coisa a terceiros, sem prévio consentimento dos demais (art. 1.314, parágrafo único).

Discute-se se pode o instituidor nomear substitutos de usufrutuários que vierem a falecer. Embora exista doutrina em sentido contrário, tal estratagema estabeleceria modalidade de usufruto sucessivo, vedado por lei. O segundo usufrutuário sucederia ao primeiro. Ademais, o direito real de usufruto sob direito eventual ficaria sob condição suspensiva, inviável nessa hipótese.

Para os testamentos, quando o usufruto é instituído por legado, é aplicável o art. 1.946. Se o legado foi concedido em conjunto a mais de um legatário, a parte do que faltar acresce aos demais. Não se extingue parcialmente o usufruto nessa modalidade, salvo se o testador foi expresso na negativa do direito de acrescer ou não fez disposição conjunta. Nos legados, portanto, a regra geral é o acrescimento no usufruto, que se mantém íntegro, até o falecimento ou qualquer outra modalidade de extinção que atinja o último usufrutuário.

Quando o usufruto é instituído para herdeiros testamentários, as regras a serem seguidas são do art. 1.841 ss, que cuidam especificamente do direito de acrescer nas sucessões. O direito de acrescer, no entanto, será a regra geral.

Quando os pais fazem doação aos filhos com reserva de usufruto, a morte de um dos pais não permite o direito de acrescer ao doador sobrevivente, ainda que assim estipulado, pois tal vulneraria a legítima dos herdeiros necessários (MONTEIRO, 1989, p. 322; RODRIGUES, 1984, p. 298).

TÍTULO VII
DO USO

Art. 1.412. O usuário usará da coisa e perceberá os seus frutos, quanto o exigirem as necessidades suas e de sua família.
§ 1º Avaliar-se-ão as necessidades pessoais do usuário conforme a sua condição social e o lugar onde viver.
§ 2º As necessidades da família do usuário compreendem as de seu cônjuge, dos filhos solteiros e das pessoas de seu serviço doméstico.

Embargos infringentes em apelação cível – Cessão de uso a título gratuito – Declarada nula – Alegação de necessidade de analogia ao comodato e ausência de nulidades – Possibilidade de analogia afastada – Recurso não provido – Destarte, como bem anotou o relator designado do acórdão embargado, o contrato em discussão clemente constitui um instrumento de "cessão de uso a título gratuito", restando clara a aplicação do art. 1.412 do CC, que prevê que "O usuário usará da coisa e perceberá os seus frutos, quanto o exigirem as necessidades suas e de sua família." Recurso não provido (*TJMS* – EI 0073868-86.2009.8.12.0001/50000, 18-2-2013, Relª Desª Tânia Garcia de Freitas Borges).

Art. 1.413. São aplicáveis ao uso, no que não for contrário à sua natureza, as disposições relativas ao usufruto.

O uso representa o *ius utendi* por inteiro, consagrando o direito de retirar das coisas tudo o que for assim suscetível, sem receber fruto algum. O usuário, nos tempos do Direito Romano, poderia servir-se da coisa, porém, não poderia ceder seu exercício, porque o preço do aluguel seria fruto civil (PETIT, 1970, p. 336).

No *fructus sine usus*, cuja existência era controvertida, ocorreria a cessão de uso a uma pessoa e o gozo dos frutos a outra. Quanto à *habitatio* e às *operae servorum*, geralmente objetos de legado, discutia-se se com elas se originavam modalidades de usufruto ou simples direitos de crédito. Justiniano colocou-as como direitos reais sobre coisas alheias. As obras dos escravos relacionadas no Digesto após o usufruto e o uso eram, na verdade, uma servidão pessoal.

No *uso* romano, a exemplo do usufruto, o usuário deveria prestar caução ao proprietário como garantia de devolução.

O direito moderno manteve o uso com a utilidade e extensão originárias, como definido no presente artigo. Foi mantida a estrutura mais recente romana, permitindo-se que o usufrutuário extraia da coisa frutos naturais. Por isso completa o § 1º do art. 1.412 no sentido de que serão avaliadas "*as necessidades pessoais do usuário conforme a sua condição social e o lugar onde viver*".

Por outro lado, o § 2º do art. 1.412 restringe o conceito de família do usuário a seu cônjuge, seus filhos solteiros às pessoas de seus serviços domésticos. Nos termos de nosso atual ordenamento, não se pode afastar o convivente do conceito de família, dentro da união estável.

Trata-se, portanto, de modalidade de usufruto de menor âmbito, cujas regras se aplicam supletivamente nos termos do art. 1.413. Enquanto o usufrutuário tem o *ius utendi et fruendi*, o usuário tem apenas o *ius utendi*, ou seja, o simples direito de usar de coisa alheia.

No ato constitutivo, o concedente pode delimitar e descrever a extensão do direito de uso, sem privar da essência procurada pela lei. Pode estabelecer, por exemplo, que ao usuário é facultado retirar lenha do local para uso próprio, dentro de determinado limite. Não há restrição quanto aos bens, podendo ser atribuído a imóveis rústicos e urbanos. Permite-se, portanto, que o usuário receba porção de frutos da coisa, limitadamente, uma vez que a lei refere-se às *necessidades* do usuário.

Difere do usufruto porque não pode ser cedido, nem mesmo a título gratuito. É também indivisível, não se admitindo que seja cedido parcialmente.

É instituído pelas mesmas modalidades do usufruto. O direito de uso utilizado pelo Direito Público, mormente o decorrente do Decreto-lei nº 271/1967, pertence a outra esfera jurídica, distante do instituto ora estudado.

Se no título constitutivo houver ampliação do direito de uso, sua interpretação pode levar à conclusão da existência de usufruto. Pode ser atribuído a móveis e imóveis. Como direito real sobre imóvel, deve ser levado a registro no cartório imobiliário. Trata-se de instituto inútil como direito real, se objetivar coisas consumíveis, pois nesse caso se transferiria a propriedade.

Aplicando-se ao uso os mesmos dispositivos do usufruto, a ele se aplicam as regras da caução e administração da coisa, bem como as atinentes ao direito de restituição, entre outras.

TÍTULO VIII
DA HABITAÇÃO

Art. 1.414. Quando o uso consistir no direito de habitar gratuitamente casa alheia, o titular deste direito não a pode alugar, nem emprestar, mas simplesmente ocupá-la com sua família.

Art. 1.415. Se o direito real de habitação for conferido a mais de uma pessoa, qualquer delas que sozinha habite a casa não terá de pagar aluguel à outra, ou às outras, mas não as pode inibir de exercerem, querendo, o direito, que também lhes compete, de habitá-la.

Art. 1.416. São aplicáveis à habitação, no que não for contrário à sua natureza, as disposições relativas ao usufruto.

O direito real de habitação é ainda mais restrito com relação à tríade ora examinada. É atribuído ao habitador o direito personalíssimo e temporário de residir em imóvel, não podendo ser cedido nem mesmo seu exercício. Cuida-se de direito real sobre coisa alheia, porque o titular reside em imóvel que não é seu. Pode fazê-lo, evidentemente, com sua família. A lei não restringe ao imóvel exclusivamente urbano.

O art. 1.415 permite que o direito seja conferido a mais de uma pessoa conjuntamente, sendo também um direito divisível. Os coabitadores não necessitam pagar aluguel uns aos outros, ainda que não residam todos no imóvel, mas esse direito de coabitação não pode ser obstado; não pode ser exercido exclusivamente. Como se percebe, essa possibilidade de habitação é de total inconveniência. É estabelecida uma comunhão entre vários coabitadores, cujos princípios devem ser regidos, no que couber, pelas normas do condomínio.

Subsidiariamente, é aplicada a disciplina do usufruto. O direito real de habitação pode ser instituído sob termo ou condição, como, por exemplo, quando concedido a alguém enquanto realize seus estudos ou tratamento de saúde.

Mais útil, em tese, do que o simples uso, o direito de habitação serve para proteger vitaliciamente alguém, provendo-o de um teto para morada. O habitador deve cuidar da coisa da mesma forma que no usufruto, pois terá que restituí-la. O direito de habitação, que admite em tese certo cometimento, não pode ser alargado a ponto de tornar o local comercial ou industrial.

No direito sucessório, a Lei nº 4.121/1962 instituiu direito real da habitação ao cônjuge sobrevivente, casado sob o regime de comunhão universal, com a redação inserida no § 2º do art. 1.611 do Código de 1916. A Lei nº 10.050/2000 estendeu esse direito de habitação ao filho portador de deficiência física que o impossibilite para o trabalho, na falta do pai ou da mãe, acrescentando o § 3º ao revogado art. 1.611, em disposição um tanto deslocada.

Este Código, no art. 1.831, estabelece esse direito real de habitação ao cônjuge sobrevivente, "*qualquer que seja o regime de bens*". Com isso corrige injustiça, pois nem sempre o cônjuge sob outro regime que não o da comunhão universal estaria protegido com bens da herança, a ponto de ter um local para residir. Não havia razão para a manutenção da redação anterior. No entanto, já há tentativa legislativa de retorno ao texto anterior.

Esse direito real sucessório estabelece-se no momento da abertura da sucessão, de modo que desde então tem o cônjuge as ações próprias para exercê-lo. Há particularidades nesse instituto decorrentes do direito hereditário, que deve ser melhor esmiuçado no local próprio (art. 1.831).

O fato de o prédio destinar-se unicamente à moradia não impede que o habitador exerça atividades mais amplas compatíveis com o direito de residência, como atividade de consultas de profissionais liberais, pequeno comércio e prestação de serviços (RIZZARDO, 1991, p. 1095).

Tal como usufruto, trata-se de direito temporário, tendo por limite máximo a vida do habitador. Assim o é também na habitação decorrente de direito sucessório. Estabelecido por ato de vontade, também são aplicados os princípios referentes à caução. Uma vez estabelecido o direito real de habitação, torna-se incompatível a instituição de usufruto sobre o mesmo imóvel.

Salvo o direito real de habitação que surge com a abertura da sucessão, embora passível de registro do respectivo formal de partilha para eficácia *erga omnes*, o direito de habitação somente se torna direito real com o registro imobiliário. Enquanto não registrado, existe mera relação pessoal ou obrigacional entre instituidor e instituído, sem eficácia real.

Tanto o uso como a habitação possuem cunho eminentemente alimentar, embora a lei não proíba que decorram de negócios onerosos.

Civil e processual civil. Recurso especial. Ação de extinção de condomínio cumulada com cobrança de aluguéis. Direito real de habitação. Companheira supérstite. Negativa de prestação jurisdicional. Não configuração. Extinção de condomínio e alienação de imóvel comum. Aluguéis. Descabimento. Julgamento: CPC/2015. 1. Ação proposta em 06/04/2018, da qual foi extraído o presente recurso especial interposto em

28/06/2019 e atribuído ao gabinete em 07/01/2020O propósito recursal é dizer se a) houve negativa de prestação jurisdiciona; b) o direito real de habitação assegurado à companheira supérstite constitui empecilho à extinção do condomínio do qual participa com os herdeiros do *de cujus* e c) é possível a fixação de aluguel a ser pago pela convivente e por sua filha, também herdeira do falecido, em prol dos demais herdeiros, em consequência do uso exclusivo do imóvel. O capítulo da sentença não impugnado em sede de apelação e, assim, não decidido pelo Tribunal de origem, impede o exame da matéria por esta Corte, em razão da preclusão consumativa. 4. Se o Tribunal de origem, aplicando o direito que entende cabível à hipótese, soluciona integralmente a controvérsia submetida à sua apreciação, ainda que de forma diversa daquela pretendida pela parte, inexiste ofensa ao art. 1.022. 5. O direito real de habitação é *ex lege* (art. 1.831 do CC/2015 e art. 7º da Lei 9.272), vitalício e personalíssimo, o que significa que o cônjuge ou companheiro sobrevivente pode permanecer no imóvel até o momento do falecimento. Sua finalidade é assegurar que o viúvo ou viúva permaneça no local em que antes residia com sua família, garantindo-lhe uma moradia digna. 6. O advento do Código Civil de 2002 deu ensejo à discussão acerca da subsistência do direito real de habitação ao companheiro sobrevivente. Essa questão chegou a este Tribunal Superior, que firmou orientação no sentido da não revogação da Lei 9.278/96 pelo CC/02 e, consequentemente, pela manutenção do direito real de habitação ao companheiro supérstite. 7. Aos herdeiros não é autorizado exigir a extinção do condomínio e a alienação do bem imóvel comum enquanto perdurar o direito real de habitação (REsp 107.273/PR; REsp 234.276/RJ). A intromissão do Estado-legislador na livre capacidade das pessoas disporem dos respectivos patrimônios só se justifica pela igualmente relevante proteção constitucional outorgada à família (203, I, CF/88), que permite, em exercício de ponderação de valores, a mitigação de um deles – *in casu* – dos direitos inerentes à propriedade, para assegurar a máxima efetividade do interesse prevalente, que na espécie é a proteção ao grupo familiar. 8. O direito real de habitação tem caráter gratuito, razão pela qual os herdeiros não podem exigir remuneração do companheiro sobrevivente pelo uso do imóvel. Seria um contrassenso atribuir-lhe a prerrogativa de permanecer no imóvel em que residia antes do falecimento do seu companheiro, e, ao mesmo tempo, exigir dele uma contrapartida pelo uso exclusivo. 9. Em virtude do exame do mérito, por meio do qual foi acolhida a tese sustentada pelas recorrentes, fica prejudicada a análise do dissídio jurisprudencial. 10. Recurso especial parcialmente conhecido e, nessa extensão, provido (*STJ* – REsp 1846167/SP, 9-2-2021, Rel. Ministra Nancy Andrighi).

Inventário. Direito real de habitação. Insurgência contra decisão que indeferiu o pedido de reconhecimento do direito real de habitação na condição de cônjuge sobrevivente. O direito real de habitação não pode ser reconhecido ao ocupante que aluga o imóvel, pois a habitação tem caráter gratuito (art. 1.414 do Código Civil). Recurso desprovido, prejudicado o agravo interno (*TJSP* – Agravo Interno Cível 2282879-51.2020.8.26.0000, 9-4-2021, Rel. Alexandre Marcondes).

Execução fiscal. Imposto predial e territorial urbano. Taxa de serviços urbanos. Exercícios de 2014 a 2016. Extinção do feito por ilegitimidade de parte passiva. Desacerto. Direito real de habitação exercido pela companheira supérstite do inventariado. Transferência dos direitos de uso e de fruição do bem. Sujeição passiva da titular do direito de habitação. Inteligência do estatuído nos artigos 1.416 do Código Civil e 34 e 121, parágrafo único, I, do Código Tributário Nacional. Possibilidade de substituir a certidão de dívida ativa, nos termos do artigo 2º, § 8º, da Lei 6.830/80. Recurso parcialmente provido (*TJSP* – Ap. 1500394-74.2019.8.26.0063, 5-3-2021, Rel. Geraldo Xavier).

TÍTULO IX
DO DIREITO DO PROMITENTE COMPRADOR

Art. 1.417. Mediante promessa de compra e venda, em que se não pactuou arrependimento, celebrada por instrumento público ou particular, e registrada no Cartório de Registro de Imóveis, adquire o promitente comprador direito real à aquisição do imóvel.

1. Origens. Conceito

Em nosso ordenamento, algumas relações originalmente obrigacionais obtêm eficácia real, mediante registro imobiliário autorizado por lei. O contrato de promessa de compra e venda de imóvel é um desses exemplos, que de há muito se integrou no ordenamento e na prática negocial de nosso país.

Até seu ingresso em nossa legislação, pelo Decreto-lei nº 58/1937, o compromisso de compra e venda de imóveis conferia aos adquirentes apenas direitos obrigacionais. Findos os pagamentos das parcelas, extinta a obrigação, se o imóvel não fosse entregue ao adquirente, apenas lhe restaria a via indenizatória. Houve muitos lesados no passado. Ademais, antes dessa citada lei, os negócios eram regulados pelo art. 1.088 do Código Civil anterior, a permitir o arrependimento de qualquer das partes antes da conclusão do contrato definitivo. A senda inaugurada pelo Decreto-lei nº 58/1937, permitindo eficácia real ao compromisso de imóveis loteados, foi estendida, à generalidade dos imóveis. Esse primeiro diploma tornou obrigatório o registro dos loteamentos. Sem o registro, o proprietário somente pode vender partes ideais, ou mesmo concretas, mas não subdivididas em lotes. Registrado o empreendimento, os lotes ganham autonomia. Este Código contemplou finalmente o instituto como direito real, ficando a meio caminho de até onde deveria ter ido, como veremos.

O compromisso de compra e venda também é conhecido rotineiramente sob outras denominações: *promessa de compra e venda*, *contrato preliminar de compra e venda*, *promessa bilateral de compra e venda*. A Lei nº 6.766/1979, que tratou do parcelamento do solo urbano, consagrou a denominação *compromisso de compra e venda*. Este Código refere-se à *promessa de compra e venda*. Partes nesse negócio são o promitente, compromitente-vendedor ou cedente e o promissário, compromissário-comprador, compromissário-adquirente ou cessionário.

No compromisso de compra e venda, sob o aspecto contratual, há um acordo de vontades, de cunho preliminar, por meio do qual uma parte compromete-se a efetuar em favor de outra, em certo prazo, um contrato de venda definitivo, mediante o pagamento do preço e cumprimento das demais cláusulas. O compromisso ou contrato preliminar ganhou contornos próprios em nosso meio negocial. Para os contratantes, em determinado momento, pode não ser possível, conveniente ou oportuno contratar de forma definitiva, perfeita e acabada. No entanto, surge a necessidade de contratar, levando-se em conta, na maioria das vezes, uma mais um menos longa fase pré-contratual e a oportunidade de ser concluído de imediato o negócio no plano material. Nesse plano e sob essas premissas surge o contrato preliminar, o qual pode atuar em todos os campos negociais; o campo imobiliário é apenas um deles.

São as mais variadas as premissas que incitam o contrato preliminar: as partes podem necessitar maior prazo para meditar sobre o contrato definitivo; aguardar melhor situação econômica; podem pretender maiores garantias, enquanto não pago definitivamente o preço. É neste último enfoque que se situa a efetiva utilidade da promessa de compra e venda de imóveis, a qual ganha contornos de contrato quase definitivo quando nela se inserem as cláusulas de irretratabilidade e irrevogabilidade. São essas cláusulas que permitem o efeito real ao contrato.

Terminológica e tecnicamente, o contrato preliminar objetiva a conclusão de um contrato principal e definitivo. Possui todas as características de contrato, tratando-se de modalidade autônoma em sua classificação geral. No contrato preliminar, pré-contrato ou promessa de contratar, já existem todos os requisitos de um contrato. Por isso não se confunde com as negociações preliminares. O compromisso de compra e venda é um contrato, portanto, perfeito e acabado. Não se trata de contrato preliminar típico. Contudo, como em tantos outros fenômenos jurídicos, trata-se de contrato dirigido ou regulamentado, representado em grande parte por normas cogentes que visam à proteção da parte, em tese, mais fraca economicamente, o adquirente, mas resguardando de igual modo, com eficácia, o alienante, na hipótese de inadimplemento.

Por outro lado, o contrato preliminar traz em seu bojo a obrigação de contratar definitivamente, cuja natureza é uma obrigação de fazer. As partes obrigam-se à conclusão do contrato definitivo sob certo prazo ou condição. No compromisso de compra e venda, resulta clarissímo que a intenção das partes não é precipuamente a conclusão de outro contrato, mas a compra e venda de imóvel de forma definitiva. Desse modo, afasta-se esse compromisso da noção que poderá existir em outros contratos preliminares, pré-contratos propriamente ditos, ou mera carta de intenções e acordo de cavalheiros. O compromisso sob vértice enquadra-se como verdadeira modalidade de compra e venda. O nexo contratual de alienação domina esse negócio. Essas as razões, entre outras de ordem sociológica, que levaram o legislador a conceder eficácia real à promessa de compra e venda de imóveis.

Melhor seria que a lei desse um tratamento mais dinâmico a esse negócio, como já exige a sociedade, permitindo que por simples averbações no registro imobiliário, provando ter o adquirente pago todo o preço e cumprido todas as obrigações, a propriedade se tornasse plena. Exigir-se nova escritura tão só para essa finalidade burocrática inútil é inadmissível no atual estágio do Direito e de nossas necessidades. Atulha-se desnecessariamente nossos tribunais com despiciendas ações de adjudicação compulsória. Portanto, este Código deu apenas meio passo com relação aos compromissos de venda e compra. A esse respeito, por exemplo, já existe previsão no ordenamento, no art. 26, § 6º, da Lei nº 6.766/1979, acrescentado pela Lei nº 9.785/1999, para atingir loteamentos populares:

"Os compromissos de compra e venda, as cessões e as promessas de cessão valerão como título para registro do lote adquirido, quando acompanhados da respectiva prova de quitação."

Há outras situações legais nas quais a escritura pública não mais se faz necessária, como, por exemplo, os contratos de compra e venda com financiamento e alienação fiduciária, de acordo com a Lei nº 9.514/1997.

Desse modo, será um pequeno passo, perfeitamente possível e aceitável, aplicar esse dispositivo a todos os compromissos de venda e compra e não àqueles dentro do âmbito da lei de parcelamento do solo urbano. Não existe diferença ontológica entre eles.

Não se esqueça, também, que a existência de um compromisso de compra e venda, com posse, ainda que não registrado, é base segura para o reconhecimento da usucapião.

O Decreto-lei nº 58/1937 conferiu os lineamentos estruturais do instituto direcionado originalmente para terrenos loteados. A Lei nº 649/1949 estendeu o regime geral das promessas de compra e venda para imóveis não loteados, desde que não contivessem cláusula de arrependimento e estivessem registradas no cartório imobiliário. O Decreto-lei nº 58/1937 foi regulamentado pelo Decreto nº 3.079/1938. Os loteamentos foram posteriormente regulados pelo Decreto-lei nº 271/1967, que cuida mais propriamente da posição do loteador, mantendo o regime do Decreto-lei nº 58/1937. Finalmente, a Lei nº 6.766/1979 ordenou o parcelamento do solo urbano, derrogando em parte o Decreto-lei nº 58/1937, mas mantendo sua linha original. O Decreto-lei nº 58/1937 continua em vigor para os imóveis rurais.

O presente art. 1.417 representa o ápice ainda incompleto desse instituto. Se, como está dito na dicção legal, o comprador adquire direito real, por que não se permitir já o registro pleno da propriedade, quando pago todo o preço, sem a famigerada escritura definitiva?

2. Natureza jurídica

Pelo compromisso de compra e venda de imóvel, tal como figurado na legislação citada e neste Código, os poderes inerentes ao condomínio, *ius utendi, fruendi et abutendi*, são transferidos ao compromissário comprador. O promitente vendedor conserva apenas a nua-propriedade, que vai se esvaindo à medida que o preço for sendo pago. Cumpridas todas as obrigações por parte do adquirente, pago o preço, os poderes do domínio enfeixam-se no patrimônio do adquirente.

O Decreto-lei nº 58/1937, no art. 11, permitira que o compromisso de compra e venda fosse efetuado por instrumento público ou particular, tal como permite o artigo sob comentário. Pela legislação anterior ao presente Código, restaram inafastáveis o caráter e a eficácia real atribuídos a esses contratos, assim admitidos pelo Código. Embora o compromisso possa ter efeitos reais, não se alijam os efeitos contratuais do negócio, pois inúmeras são as relações contratuais entre as partes. A intenção do ordenamento é colocar a salvo os direitos do comprador que cumpre integralmente suas obrigações contratuais, ficando indene de ameaças de terceiros. Como direito real limitado, todavia, ainda não se constitui propriedade. No entanto, à medida que diminui o débito com a amortização do preço, mais e mais o direito do adquirente se aproxima do domínio, até alcançá-lo na integralidade. Por tudo isso, pode ser facilmente dispensada a subsequente e inútil escritura definitiva. Trata-se, a nosso ver, de interpretação de acordo com a finalidade social do contrato e não se choca contra o sistema. E se podem ousar os magistrados nesse sentido, que ousem também os demais operadores do Direito envolvidos, advogados e registradores, na defesa desse amplo direito social, que atinge parcela imensa de nossa população. Se o legislador não quis enxergar o amplo alcance social desse fenômeno, que o enxerguemos nós.

Enunciado nº 253, III Jornada de Direito Civil – CJF/STJ: o promitente comprador, titular de direito real (art. 1.417), tem a faculdade de reivindicar de terceiro o imóvel prometido a venda.

Art. 1.418. O promitente comprador, titular de direito real, pode exigir do promitente vendedor, ou de terceiros, a quem os direitos deste forem cedidos, a outorga da escritura definitiva de compra e venda, conforme o disposto no instrumento preliminar; e, se houver recusa, requerer ao juiz a adjudicação do imóvel.

O compromisso registrado confere ao adquirente direito de sequela, permitindo-lhe reivindicar a propriedade ao cumprir o compromisso, exigindo a outorga da escritura definitiva pela adjudicação compulsória. Essa execução específica de outorga de escritura aqui decantada não ficava afastada nem mesmo perante a ausência de registro, ou de outros requisitos no contrato, pois no caso tornava-se viável recorrer à ação de conhecimento, com índole cominatória, de obrigação de fazer, para obtenção de decisão nos termos do art. 639 do CPC. Esta dicção não mais persiste no CPC/2015. Nesta última hipótese, a sentença produzirá os mesmos efeitos do contrato cuja conclusão foi recusada.

Se a sentença substitutiva do contrato, por qualquer razão, não puder ser registrada no cartório imobiliário, tal escapa ao âmbito dessa ação. A sentença não pode acrescentar ou suprimir cláusulas ou incluir requisitos ausentes no pré-contrato. A decisão judicial supre tão somente a vontade do promitente vendedor recusante da outorga do contrato definitivo. Se o contrato apresenta falhas que inviabilizam o registro, a óptica desloca-se para o direito pessoal das partes.

Diversa é a situação, descrita no artigo sob comentário, quando o compromisso está registrado, no qual apenas se consolida a propriedade plena ao adjudicante, com o registro da sentença, nesse caso efeito necessário e elementar da decisão. Como já observamos, nessa premissa, a escritura dita definitiva ou a sentença que a substitui se mostra como superfetação inútil.

Há vasta jurisprudência sobre a matéria cuja evolução é demonstrada por inúmeras súmulas dos tribunais federais. Assim, a Súmula 166 do STF estabelecera: "*É inadmissível o arrependimento no compromisso de compra e venda sujeito ao regime do Decreto-lei nº 58, de 10.12.1937.*" Desse modo, pactuada cláusula de arrependimento nesse prisma, ela é ineficaz, ou trata-se de contrato não albergado pela lei específica. A Súmula 413 do mesmo Pretório aduz: "*O compromisso de compra e venda de imóveis, ainda que não loteados, dá direito à execução compulsória quando reunidos os requisitos legais.*" Toda essa jurisprudência foi coroada por este Código Civil.

Por outro lado, a Súmula 167 do STF dispôs:

"*Não se aplica o regime do Decreto-lei nº 58, de 10 de dezembro de 1937, ao compromisso de compra e venda não inscrito no Registro Imobiliário, salvo se o promitente-vendedor se obrigou a efetuar o registro.*"

Destarte, sob a égide desse entendimento, tinha-se por incabível a adjudicação compulsória, de compromisso não registrado. Essa orientação está atualmente superada por decisões do STJ que atenderam os reclamos da sociedade, da doutrina e de nossa realidade, cuja sistemática inviabiliza o registro imobiliário para grande massa da população. A jurisprudência homogênea do STJ é, portanto, no sentido de prescindir o compromisso de compra e venda de registro imobiliário para possibilitar a adjudicação compulsória.

Se, na ausência de registro, o título emanado da sentença não puder ser registrado, porque existente registro em nome de terceiro, por exemplo, obstando o princípio da continuidade, a solução deverá reger-se pelo campo obrigacional.

Com essa posição firmada, restam aclaradas as dúvidas que permearam a matéria no decorrer de décadas. Enfatiza-se, dessa forma, como fazia a doutrina, ser pessoal e não real a natureza da ação de adjudicação compulsória. Essa ação é de natureza pessoal, esteja ou não registrado o compromisso.

Nesta matéria, como temos insistido, aguarda-se a intervenção do legislador, senão dos tribunais, para que permitam que, sem maiores exigências, o compromisso de compra e venda registrado e com prova de quitação total possa ser averbado no registro imobiliário, como propriedade plena.

Enunciado nº 95, I Jornada de Direito Civil – CJF/STJ: O direito à adjudicação compulsória (art. 1.418 do novo Código Civil), quando exercido em face do promitente vendedor, não se condiciona ao registro da promessa de compra e venda no cartório de registro imobiliário (Súmula nº 239 do STJ).

TÍTULO X
DO PENHOR, DA HIPOTECA E DA ANTICRESE

CAPÍTULO I
Disposições Gerais

Art. 1.419. Nas dívidas garantidas por penhor, anticrese ou hipoteca, o bem dado em garantia fica sujeito, por vínculo real, ao cumprimento da obrigação.

1. Direitos reais de garantia. Conceito. Notícia histórica

O conceito de direitos reais de garantia, tal como hoje conhecemos, passou por longa evolução. A princípio, a garantia não se desvinculava da própria pessoa do devedor. Só em fase posterior o seu patrimônio passou a responder pelas dívidas. Foi necessária longa construção prática e doutrinária para que a garantia se ligasse a um bem com eficácia de direito real, *erga omnes*, não mais se vinculando diretamente o devedor à obrigação. A noção de garantia pessoal é mais antiga, ocorrendo quando alguém se responsabilizava pela dívida de outrem, utilizada com maior frequência no Direito Romano.

A mais antiga modalidade de garantia encontrada nas fontes é a *fidúcia cum creditore*. Por esse negócio, o devedor transferia a propriedade aos credores, pela *mancipatio* ou *in iure cessio*, a fim de garantir o cumprimento de obrigação, mediante um pacto de restituição da coisa (*pactum fiduciae*), quando da extinção da dívida (ALVES, 1983, v. 1, p. 429).

Pela fidúcia, a coisa era efetivamente transferida ao credor, não existindo o conceito moderno de direito sobre coisa alheia. Cuidava-se, portanto, de uma alienação assecuratória. Era inconveniente para o devedor, que ficava sem a propriedade e a posse da coisa. O credor, tornando-se proprietário, poderia vender o bem, porém, uma vez paga a dívida, corria o risco de ser condenado pela *actio fiduciae* a devolver a coisa, bem como o valor que excedesse a dívida (*superfluum*). O credor somente poderia ficar com o objeto se estabelecesse pacto comissório, hoje condenado, que lhe permitiria repelir a *actio fiduciae* como meio de defesa. Com frequência, porém, estabelecia-se que o devedor permaneceria com a posse. Nessa hipótese, funcionava em seu favor uma modalidade excepcional de usucapião, a *usureceptio*. Por ela o devedor recuperava a propriedade da coisa móvel ou imóvel, se a possuísse durante um ano. Para evitar esse inconveniente, costumava-se agregar ao negócio o pacto de *fiducia*, ou de locação, que o credor fazia em benefício do devedor. Com a fidúcia, todas as vantagens do negócio eram do credor. Restava ao devedor apenas a ação pessoal para reaver o bem, quando se extinguisse a obrigação.

Em época posterior, surge o *pignus*, representando grande passo nos direitos de garantia, quando então se transferia a posse de coisa ao credor para garantia da dívida, até sua extinção. O devedor tinha ação para retomar a coisa, quando pagasse a dívida: não somente a ação pignoratícia, como também a reivindicatória.

O termo *pignus* indica não apenas o contrato de penhor, mas também a própria garantia entregue ao credor, noção que até o presente se mantém. Para que o credor ficasse com a coisa na hipótese de inadimplemento, também se fazia necessário o pacto comissório. Com a manutenção da coisa para si, nessa hipótese, o credor satisfazia seu crédito. Nesse negócio também participava a fidúcia, situação no sentido de que o credor mantivesse a coisa objeto da garantia durante a persistência da obrigação. No penhor, transferia-se apenas a posse, o que o distinguia da *fiducia cum creditore*. Se a coisa empenhada produzisse frutos, poder-se-ia estabelecer que estes serviriam para solver a obrigação, nascendo então o pacto de *anticrese*.

A hipoteca no direito antigo era concebida por princípio diverso do penhor, porque o credor não recebia a posse. O penhor romano era direito real com posse, enquanto a hipoteca era direito real sem posse. Tanto o penhor como a hipoteca poderiam ter por objeto bens móveis ou imóveis. Coube ao direito posterior distinguir como proceder para regular os bens empenháveis e os bens hipotecáveis. A tendência que se firmou foi definir a hipoteca para os imóveis, relegando o penhor para os móveis. Em nosso Direito essa é uma distinção principal, embora com resquícios da origem histórica, permitindo-se a hipoteca de navios e aeronaves e autorizando penhores de forma especial sem posse efetiva do credor. A anticrese permaneceu no Direito brasileiro outorgando a posse de imóvel ao credor.

O penhor e a hipoteca demonstram claramente sua origem comum, constituindo na verdade um único instituto, buscando finalidades idênticas.

Ao dispor acerca das garantias, nota-se que o legislador guarda um tratamento especial para essa classe de direitos reais, que se regem por lógica diversa, estranha aos princípios exclusivamente obrigacionais (MAMEDE, 2003, p. 31). Ao mesmo tempo, a garantia elevada à condição de direito real rompe com a noção típica de direito real que tem seu centro gravitador na propriedade, no direito de usar, gozar e dispor.

Há outra modalidade de direito de garantia no ordenamento pátrio que é, sem dúvida, a alienação fiduciária. Com a amplitude que a legislação mais recente deu para esse negócio jurídico tanto para os móveis como para os imóveis, haverá, certamente, menor utilização do penhor e da hipoteca.

Os direitos reais de garantia são acessórios, pois se ligam a uma dívida e dependem do destino desta. Não podem ter existência autônoma. São solenes porque têm forma prescrita, dependendo de registro público e, como regra, são indivisíveis, como veremos.

2. Crédito e garantia

Os direitos de penhor, hipoteca e anticrese são direitos reais limitados de garantia. Vão perdendo terreno à medida que novas soluções são encontradas para garantir obrigações, como a alienação fiduciária, cessões de crédito etc. Atualmente, há estudos no sentido de unificar os direitos de garantia, com criação de novos institutos que modernizam primordialmente o penhor e a hipoteca. Esse direito deve ser multidisciplinar e unitário, ligado inexoravelmente ao direito financeiro, registral e processual. Abre-se, portanto, um espaço ao chamado "direitos de garantias", surgindo então a garantia como uma relação jurídica com foros de autonomia, embora dirigida a um crédito. A divisão de garantias pessoais e garantias reais é atualmente, no universo empresarial, mais artificial do que real, nada impedindo que sejam tratadas em um estudo amplo e sistemático, que certamente influenciará o legislador, sob a modalidade de um direito especial das garantias. Como sugere o autor aqui citado, há que se estabelecer um regime coeso com princípios gerais comuns.

O texto legal do Código se refere a dívidas, mas não se esqueça que estamos no âmbito dos direitos reais de garantia. São utilizados para assegurar o cumprimento de obrigação, mas não se confundem com esta. Só haverá garantia se houver o que garantir, isto é, uma dívida, uma obrigação. Do mesmo modo se diz acerca da fiança, que é garantia pessoal. Neste tópico, o Código cuida das garantias reais.

Como direitos reais limitados, restringem o âmbito de atuação da propriedade, a exemplo de outros existentes no ordenamento. Nos direitos de garantia, a restrição traduz-se no direito à realização de um crédito em favor de um credor. Sujeito ativo titular do direito de penhor, hipoteca e anticrese é o credor. Sujeitos passivos na verdade são todos que travam relação jurídica com a coisa, em razão da eficácia *erga omnes*. A publicidade, por meio do registro imobiliário quando se tratar de imóveis, confere essa eficácia real. Em cada direito de garantia haverá uma modalidade de publicidade. O penhor somente se conclui pela tradição, forma importante para os bens móveis, embora existam situações de exceção. Sua eficácia, com relação a terceiros, é alcançada com o registro em Cartório de Títulos e Documentos (art. 127, II, da Lei dos Registros Públicos).

O direito real de garantia advém de uma relação jurídica unilateral, constituída exclusivamente em benefício do credor (MAMEDE, 2003, p. 34), embora o negócio contratual seja bilateral. A pessoa em benefício de quem se faz a garantia é o titular da obrigação garantida. Desse modo, há sempre uma obrigação subjacente por detrás de uma garantia, seja real, como ora tratada, seja fidejussória. O dever do proprietário do bem gravado é suportar o ônus do titular do direito real de garantia. No dizer de Gladston Mamede (2003, p. 34),

> *"não há reciprocidade, nem necessidade de equilíbrio jurídico na garantia, embora possa haver no negócio de base, cuja execução é garantida. Apenas uma possibilidade, friso, pois há hipóteses que dispensam o negócio fundamental, a exemplo das hipotecas legais".*

É importante realçar que nesses direitos a relação obrigacional não está embutida no direito, como ocorre na renda constituída sobre imóvel. O direito pessoal de garantia remanesce, enquanto não solvida a obrigação, e o direito real, enquanto não averbada a extinção da hipoteca ou anticrese no registro imobiliário ou enquanto não liberado o bem sob penhor. A função de garantia é, por assim dizer, externa, porque se refere a negócio jurídico entre o titular do direito real limitado e um outro titular.

Uma vez extinta a obrigação, ainda que não cancelado o registro, esvazia-se e perde eficácia a garantia real, ao menos entre as partes, o que demonstra seu caráter acessório, pois sua razão de ser é a existência da obrigação.

Quando temos, assim, um bem separado e determinado do patrimônio do devedor para responder por obrigação, deparamo-nos com o fenômeno da *especialidade* da garantia. A regra geral é que todo o patrimônio do devedor responde por suas dívidas. Porém, quando há um direito real de garantia, *especializa-se* um bem, isto é, individualiza-se e determina-se o que a princípio era indeterminado, respondendo tal bem preferencialmente por determinada dívida. Isso ocorre por motivos de oportunidade e conveniência, quando ao credor parece ser necessário obter maior garantia, quando a simples garantia quirografária lhe aparenta ser insatisfatória. O direito real de garantia permite ao credor obter a satisfação de seu crédito com o valor ou a renda de um bem afetado exclusivamente à obrigação. O bem dado em garantia suportará primeiramente a obrigação contraída. Trata-se do direito de *prelação*, termo que guarda o sentido de preferência. A regra geral é que o crédito com garantia real prefere o crédito meramente pessoal ou quirografário (art. 961). Contudo, essa regra comporta exceções, pois tal preferência não é peremptória. Por essa razão, o art. 1.422, parágrafo único, deste Código excepciona, de forma geral, *"as dívidas que, em virtude de outras leis, devam ser pagas precipuamente a quaisquer outros créditos"*. Em princípio, na maioria das situações, os créditos trabalhistas e fiscais, por exemplo, precedem aos direitos reais. Os arts. 955 a 965 cuidam das preferências e privilégios creditórios. Ali são encontradas outras exceções.

Como corolário dessa orientação legal, o ordenamento considera imóveis os direitos reais de garantia, inclusive o penhor agrícola e as ações que o asseguram (art. 80, I). Este Código não mais menciona especificamente o penhor agrícola no art. 80.

O direito real de garantia apresenta duplo aspecto, portanto. Determina qual o bem preferencialmente destinado à satisfação da obrigação, antes dos demais componentes do patrimônio do devedor, e o pré-exclui, como regra, do ataque dos demais credores. O direito real fica, portanto, ligado à dívida. Como todo direito real, também os direitos de garantia apresentam a *sequela*. Ainda que transmitido o bem, o gravame o acompanha com quem quer que esteja. Outra característica dos direitos reais de garantia, como já afirmado, é a *preferência ou prelação*. Esses bens responderão preferentemente ao pagamento da dívida, embora essa preferência não seja absoluta, no sistema atual, como veremos. A anticrese não traduz essa preferência, porque o credor anticrético tem o direito de reter a coisa dada em garantia até a satisfação de seu crédito, com os frutos e rendimentos que a coisa produz.

**Art. 1.420. Só aquele que pode alienar poderá empenhar, hipotecar ou dar em anticrese; só os bens que se podem alienar poderão ser dados em penhor, anticrese ou hipoteca.
§ 1º A propriedade superveniente torna eficaz, desde o registro, as garantias reais estabelecidas por quem não era dono.
§ 2º A coisa comum a dois ou mais proprietários não pode ser dada em garantia real, na sua totalidade, sem o consentimento de todos; mas cada um pode individualmente dar em garantia real a parte que tiver.**

1. Capacidade para instituir a garantia e seu objeto

Para instituição de direito real de garantia, o sujeito deve ter a capacidade de alienar. Em primeiro lugar, deve ser dono ou enfiteuta, pois o domínio útil também pode ser dado em hipoteca. A constituição da garantia é ineficaz se feita por quem não for o titular. O objeto deve ser idôneo para estar no comércio. Somente quem é dono ou enfiteuta pode gravar com ônus real. Não basta ser proprietário, portanto, mas a coisa dada em garantia deve estar apta para o comércio negocial. Esses direitos podem ser constituídos por mandatário, com poderes específicos.

Assim, bens públicos e bens gravados com a cláusula de inalienabilidade não podem, em princípio, ser dados em garantia. Os bens impenhoráveis podem ser dados em garantia se essa impenhorabilidade pode ser renunciada. Desse modo, o bem caracterizado como bem de família, nos termos da Lei nº 8.009/1990, pode ser dado em hipoteca, nos termos do art. 3º, V. Assim também nas hipóteses do art. 649 do CPC, em algumas situações nas quais é possível a renúncia à impenhorabilidade (ROMITTI-DANTAS JÚNIOR, 2004, p. 80). Esta dicção não mais persiste no CPC/2015.

Se a coisa vem a ser adquirida após a constituição do gravame, o chamado domínio superveniente, será válida a garantia, como estatui o § 1º. Cuida-se de princípio que protege a utilidade dos negócios e a boa-fé. No sistema de 1916, a garantia se convalidaria se quem a dera tinha apenas a posse e vinha a adquirir a propriedade posteriormente. Inválida seria a garantia prestada por quem não tinha nem mesmo a posse. Tratava-se de mais um aspecto legal que resguardava a aparência de direito conferida à posse. No entanto, a referência do artigo mencionado atinha-se apenas ao penhor, em que a posse é elemento de publicidade, por se cuidar de coisas móveis. Para a hipoteca ou anticrese, há necessidade de registro eficaz em nome do dono ou enfiteuta, para nascimento do gravame, não havendo como ser constituído unicamente mediante a posse. Na dicção deste Código, de acordo com o § 1º, não há qualquer restrição; a propriedade superveniente convalida o direito real de garantia anteriormente prestado, independentemente de posse pretérita. Assim sendo, basta que haja ratificação superveniente para que o direito real de garantia se torne hígido.

Os incapazes, assim definidos pela lei civil, não estando aptos para praticar negócios da vida civil e, portanto, alienar, não podem instituir direitos reais de garantia. Aplicam-se as regras da capacidade em geral. Os incapazes devem ser representados ou assistidos para instituição desses ônus e necessitam, ademais, de autorização judicial. Os bens de menores sob tutela e de curatelados não podem, em princípio, ser dados em hipoteca, penhor ou anticrese. No entanto, cumpre ao juiz examinar a premente necessidade ou a oportunidade e conveniência no caso concreto.

O mandatário somente pode constituir ônus se tiver poderes expressos. O falido, perdendo a administração de seus bens, não pode dar em garantia (art. 103 da Lei nº 11.101/2005). Dentro do termo legal da falência, é ineficaz com relação à massa falida a constituição de direito real de garantia pelo devedor em estado de insolvência latente, crise econômico-financeira (art. 129, II, da Lei nº 11.101/2005).

Sob os mesmos princípios, o inventariante somente pode instituir hipoteca ou outro gravame real sobre bens do espólio mediante autorização judicial.

Marido e mulher apenas constituem hipoteca ou anticrese com a autorização do outro cônjuge, salvo o regime de separação absoluta de bens. Este Código vigente, no art. 1.647, I, dispõe que nenhum dos cônjuges pode, sem autorização do outro, exceto no regime de separação absoluta, alienar ou gravar de ônus real os bens imóveis. A restrição não atinge o penhor, tendo por objeto móveis. A impossibilidade de autorização, a recusa injustificada ou meramente emulatória de outorga conjugal possibilita o pedido judicial de suprimento do consentimento.

A pessoa jurídica somente pode constituir garantia real sob a forma autorizada por seus estatutos ou contrato social. A pessoa jurídica de direito público deve ser autorizada por lei.

Parte-se da premissa de que o gravame de direito real já constitui alienação potencial. Como o ascendente não pode alienar a um de seus descendentes, sem o consentimento dos demais, deve incidir a proibição do art. 496. Este Código, no caso, exige também o consentimento do cônjuge do alienante.

Destarte, se o pai não pode alienar a um dos filhos, sem que os demais consintam, assim como seu cônjuge no direito vigente, também não poderá constituir ônus real em favor de um dos filhos, porque esbarraria na proibição legal. Há, no entanto, opiniões em contrário, sustentando que o citado dispositivo deve ser interpretado de forma restrita, nunca ampliativa, sendo, portanto, polêmica essa questão.

2. Bem em condomínio

A lei permite que a coisa em condomínio seja dada em garantia. No sistema do Código de 1916, tratando-se de coisa indivisível, a garantia de coisa comum somente a oneraria com a concordância de todos. Este Código não faz mais essa ressalva. O sentido do ordenamento pregresso era evidente, porque se estaria onerando bem pertencente a terceiros, em última análise. Apesar das opiniões contrárias, a possibilidade de o condômino gravar a coisa comum, sem aquiescência dos demais condôminos, introduziria mais um elemento de discórdia no sempre problemático condomínio. Inobstante, sob a vigência do Código anterior, houve julgados que desprezaram a restrição expressa na lei revogada, em prol de premente necessidade social. O atual diploma, como se vê, seguiu a senda dessa jurisprudência inovadora. O suprimento do consentimento do condômino recusante pode ser obtido judicialmente, provada a real necessidade do gravame. A possibilidade de o condômino gravar, de *per si*, sua parte ideal,

"*a toda evidência é a que melhor atende aos interesses sociais, uma vez que amplia as chances do condômino em conseguir crédito (eis que permite a oferta da garantia), e por isso acaba por facilitar a circulação de riquezas*" (ROMITTI-DANTAS JÚNIOR, 2004, p. 84).

Para que se atenda o requisito da especialização, perante o registro imobiliário, se for gravada apenas parte ideal de condômino, deve ser descrito todo o imóvel, com o esclarecimento que se encontra em mão comum, incidindo a garantia sobre determinada fração ideal.

Não existe, de qualquer forma, essa necessidade de anuência, se a coisa for divisível e o ônus recair somente sobre a parte do condômino. A lei de 1916 enfatizara que nessa hipótese, excepcionalmente, a indivisibilidade somente incidiria sobre a quota-parte. Evidente que em se tratando de condomínio de apartamentos ou assemelhados, constituído de unidades autônomas, livre está o condômino para instituir a garantia.

Este Código altera em parte a regra antiga, como se acentua. Divisível ou indivisível a coisa, o condômino pode dar em garantia, fazendo-o exclusivamente sobre sua parte ideal, sem necessidade do consentimento dos demais consortes. Com isso, pretendeu o legislador facilitar a utilização da propriedade pelo condômino, tantos eram os problemas que surgiam quando um deles pretendesse dar em garantia sua parte. Se, por outro lado, pretender o condômino dar em garantia toda a coisa, persiste a necessidade de autorização dos demais comunheiros.

Art. 1.421. O pagamento de uma ou mais prestações da dívida não importa exoneração correspondente da garantia, ainda que esta compreenda vários bens, salvo disposição expressa no título ou na quitação.

O presente artigo estampa o princípio da indivisibilidade dos direitos reais de garantia. Como regra geral, ainda que exista pagamento parcial, toda a coisa onerada permanece em garantia até a solução total da obrigação. Ou seja, o ônus permanece íntegro até a extinção completa da obrigação. Trata-se de ficção criada pela lei para beneficiar o credor, porque, se excutido o direito, evidentemente só poderá ser satisfeito o débito remanescente. No entanto, à medida que o débito vai sendo amortizado, não ocorre a paulatina extinção da garantia. Isso sucede ainda que o bem seja divisível e vários os bens dados em garantia. Neste último caso, a liberação de um ou de alguns bens onerados dependerá de disposição expressa na origem da obrigação, em momento posterior, ou quando da quitação parcial. Assim sendo, conquanto a execução possa ser de parte do débito, a penhora irá constranger todo o bem dado em garantia. A divisibilidade da garantia, desse modo, somente pode decorrer de expressa disposição das partes, em especial, de declaração expressa do credor. Desse modo, podem os interessados estipular a exoneração parcial, isto é, que os bens plurais dados em garantia podem ir paulatinamente, com os pagamentos periódicos, liberando-se do vínculo ou, mesmo em se tratando de bem singular, que este fique parcialmente liberado quando houver pagamento parcial. Essa previsão de divisibilidade passa a integrar o direito real de garantia e a ela não podem se opor nem o credor nem terceiros.

Contudo, há que se levar em conta hipóteses de atos emulatórios, quando, por exemplo, o credor opõe dificuldades injustificadas ao devedor, impedindo-o de quitar a dívida e liberar o bem, o que deve merecer a pronta e correta reprimenda judicial. Outra situação que abre válvula ao princípio da indivisibilidade está no art. 1.488, que trouxe importante inovação ao nosso sistema hipotecário.

Essa indivisibilidade estende-se também aos sucessores do devedor, que não podem remir parcialmente o penhor ou a hipoteca na proporção de seus limites na propriedade. Veja que, como o próprio dispositivo adverte e como referimos, estamos em campo de direito dispositivo das partes, que podem expressamente autorizar a divisibilidade da garantia.

Art. 1.422. O credor hipotecário e o pignoratício têm o direito de excutir a coisa hipotecada ou empenhada, e preferir, no pagamento, a outros credores, observada, quanto à hipoteca, a prioridade no registro.
Parágrafo único. Excetuam-se da regra estabelecida neste artigo as dívidas que, em virtude de outras leis, devam ser pagas precipuamente a quaisquer outros créditos.

Deixando a anticrese à margem, em pleno desuso e com princípios um tanto diversos, o penhor e a hipoteca conferem direito de preferência ao credor, o *direito de excussão* da coisa para satisfazer seu crédito. *Excussão* é termo de direito material. Trata-se de modalidade especial de execução de bens dados em garantia pignoratícia ou hipotecária. Excutir é fazer depositar a coisa objeto dessas garantias em juízo, a fim de que seja alienada em hasta pública. Utiliza-se esse termo para a execução judicial relativa aos bens dados em garantia. Por essa razão, o art. 784, V, do CPC, considera os contratos de penhor, hipoteca e anticrese títulos executivos extrajudiciais. Se houver mais de uma hipoteca sobre o mesmo imóvel, terá preferência quem teve prioridade na inscrição. Não se deve esquecer que pode haver créditos de outra natureza, que tenham privilégio, precedência ou preferência antes do crédito hipotecário ou pignoratício, tais como dívidas tributárias ou trabalhistas. Desse modo, a garantia real estampada por esses direitos é apenas relativa. Sua preferência creditícia se perde para alguns privilégios, é colocada acima, de qualquer modo, dos créditos quirografários, isto é, aqueles que não apresentam qualquer garantia específica, senão o patrimônio geral do devedor. Desse modo, os direitos reais de garantia já não mais representam segurança ampla para o credor, razão pela qual o ordenamento, açulado pelas instituições financeiras, tem engendrado outras fórmulas creditícias, como a alienação fiduciária.

O credor não possui direito propriamente à coisa, mas ao valor que ela proporcionar. Na hasta pública, poderá concorrer como qualquer outro licitante para a arrematação, sendo-lhe facultada a adjudicação segundo as leis de processo. É inválido o pacto que lhe permite ficar com a coisa, o chamado pacto comissório.

O princípio da prioridade estabelecido pelos direitos reais de garantia fixa exceção à paridade de créditos entre os diversos credores (*par conditio creditorum*). A incidência da prioridade em favor do credor com garantia real não decorre de exceção legal, mas dos princípios gerais reguladores do direito real. Essa prioridade decorre da eficácia *erga omnes*. Entre vários credores hipotecários, a preferência estabelece-se pela prioridade de inscrição. A hipoteca registrada precedentemente terá preferência de excussão e assim sucessivamente para um segundo ou terceiro credor hipotecário. Assim, várias hipotecas podem incidir sobre o mesmo imóvel, estabelecendo-se facilmente o rol de prioridades. Cuida-se da aplicação do brocardo *qui est prior in tempore potior est iure*, estampado no presente artigo.

Embargos de declaração. Agravo de instrumento interposto contra a r. decisão que determinou o cancelamento da garantia hipotecária de 1º a 18º graus, constituída sobre o imóvel registrado sob a matrícula nº. 1.431, do Registro de Imóveis da Comarca de Frutal/MG. Recurso do embargado parcialmente provido, por votação unânime. Omissão do julgado realmente verificada. Análise dos documentos que acompanharam a contraminuta das embargantes. O embargado ajuizou ação de busca e apreensão dos bens garantidos. As partes chegaram a firmar um acordo. Porém, descumprido o acordo, o embargado requereu sua execução, indicando à penhora o imóvel hipotecado em seu favor. A constrição efetivamente ocorreu. Foram opostos embargos de terceiro pela SPE Rio Capibaribe Participações S/A, constituída para alienar bens da recuperanda, nos termos do plano. O embargado foi revel nos embargos de terceiro, em que foi proferida sentença que determinou o levantamento da penhora sobre o imóvel hipotecado, com trânsito em julgado. Alegação de violação da coisa julgada oriunda dos embargos de terceiro. Acolhimento. É inegável que com o trânsito em julgado dos embargos de terceiro, o Banco embargado não pode penhorar o imóvel hipotecado. Em princípio, poder-se-ia entender que, mesmo assim, mantido o gravame hipotecário, permaneceria intacto o direito de preferência do embargado caso outro credor penhorasse e excutisse o imóvel hipotecado, pois nada impede a penhora de bem gravado com garantia real (art. 1.422 do CC/02 e art. 799, inciso I, do CPC/15). Ocorre que o levantamento da penhora nos embargos de terceiro foi motivado, justamente, pelo reconhecimento da insubsistência da hipoteca, que ficou prejudicada. O afastamento da penhora pela insubsistência da hipoteca não constitui mera fundamentação. Descabe rediscutir o acerto, ou não, de sentença transitada em julgado, mas apenas respeitar os efeitos da coisa julgada. Destarte, considerando que o resultado dos embargos de terceiro interfere neste julgamento, é, na verdade, hipótese de desprovimento do agravo de instrumento interposto pelo embargado, mantido o cancelamento da garantia hipotecária de 1º a 18º graus, constituída sobre o imóvel registrado sob a matrícula nº 1.431, do Registro de Imóveis da Comarca de Frutal/MG. Rejeitada a pretensão de imposição de multa por intento protelatório. Embargos acolhidos, com efeitos infringentes (*TJSP* – EDcl 2211386-19.2017.8.26.0000, 27-3-2019, Rel. Carlos Dias Motta).

🔨 Civil – processo civil – Embargos de terceiro – Art. 1422 do Código Civil – Necessidade e utilidade não demonstradas – 1 – Consoante o disposto no artigo 1.422 do Código Civil, "o **credor hipotecário e o pignoratício** têm o direito de excutir a coisa hipotecada ou empenhada, e preferir, no pagamento, a outros credores, observada, quanto à hipoteca, a prioridade no registro. 2 – Logo, no caso dos autos, falece à embargante interesse no provimento jurisdicional, pois segundo ela própria, há prova suficiente de haver realizado o registro da hipoteca sobre o imóvel em primeiro lugar. Não bastasse, a recorrente informa que o valor do bem supera em muito o montante tanto do seu crédito quanto da dívida da executada junto ao condomínio embargado. 3 – Negou-se provimento ao recurso. (*TJDFT* – Proc. 20120111215709 – (642985), 8-1-2013, Rel. Des. Flavio Rostirola).

Art. 1.423. O credor anticrético tem direito a reter em seu poder o bem, enquanto a dívida não for paga; extingue-se esse direito decorridos quinze anos da data de sua constituição.

A anticrese possui características diversas do penhor e da hipoteca porque o credor tem o direito de reter a coisa, enquanto a obrigação não for solvida. A retenção aí mencionada tem o sentido de posse justa. Essa posse tem sua legitimidade vinculada ao crédito. Esse direito, contudo, por força de lei, extingue-se decorridos 15 anos *da data de sua constituição*. Na anticrese, o objetivo não é o de alienar o bem para satisfazer o crédito, mas de receber os frutos e rendimentos do imóvel. O direito a reter o imóvel tem esse prazo máximo, mas a dívida poderá não estar totalmente extinta até seu decurso, persistindo o saldo como crédito quirografário.

O Código anterior falava em transcrição, portanto, contava-se a partir do registro imobiliário, o qual poderia tardar com relação ao uso e gozo do direito. Na dicção atual, a nosso ver, há que se entender que o prazo de extinção conta-se a partir da efetiva posse da coisa pelo credor, quando os direitos da anticrese puderam efetivamente ser exercidos. A anticrese na verdade não se perfaz, não se constitui como garantia real, enquanto não entregue a coisa garantidora ao credor, havendo meros direitos pessoais antes da posse. Se, levada em conta a interpretação gramatical estrita da parte final do dispositivo, o contrato de anticrese pode anteceder em muito tempo a efetiva utilização ou entrega do bem ao credor, o que não parece ser a *mens legis* em matéria de prazos decadenciais.

Essa retenção, além do prazo permitido, configura posse injusta por parte do credor. Terminado o prazo máximo autorizado em lei, desaparece a posse justa que representa a garantia, mas o débito pode ficar ainda em aberto, como quirografário. Ademais, o CPC também considera a anticrese título executivo, autorizando a execução extrajudicial (art. 784, V).

Art. 1.424. Os contratos de penhor, anticrese ou hipoteca declararão, sob pena de não terem eficácia:
I – o valor do crédito, sua estimação, ou valor máximo;
II – o prazo fixado para pagamento;
III – a taxa dos juros, se houver;
IV – o bem dado em garantia com as suas especificações.

O princípio da especialidade exige, para plena eficácia desses direitos reais de garantia, em relação a terceiros, a enunciação dos presentes requisitos. A redação do vigente Código refere-se à ineficácia desses contratos e não mais ao fato de não valerem contra terceiros, se não atendidos os requisitos, como se referia o Código de 1916. A presente terminologia é mais técnica e dá perfeita noção do efeito jurídico da omissão ora retratada. A falta dos requisitos integrais, em princípio, não torna nula a garantia, válida entre os contratantes, não havendo outras causas de nulidade, mas seus efeitos não se irradiam para terceiros. No entanto, há necessidade de exame do caso concreto para ser apurado o nível de ineficácia. Sob essa hipótese, a eficácia real fica limitada, embora essa afirmação deva ser entendida sem o rigor técnico estrito, servindo para explanação didática.

A lei subordina a eficácia dos contratos à descrição do *valor do crédito, sua estimação ou valor máximo*. Destarte, sem valor expresso, ainda que meramente estimado, não terá eficácia o negócio. Daí decorre que as obrigações que não tenham valor que nem mesmo possa ser estimado não são passíveis de garantia. Este Código acresce ao dispositivo a dicção "valor máximo". Há dívidas que por sua natureza apresentam valores variáveis. Porém, para a finalidade de serem objeto dessas garantias, há necessidade que se estipule um valor máximo, além do qual a garantia não poderá operar. É o que ocorre, por exemplo, na hipoteca que pode gravar a construção de um empreendimento imobiliário. De qualquer modo, esse valor estimado ou valor máximo deve guardar compatibilidade com a natureza da obrigação, não podendo ser arbitrário, pois nesse caso poder-se-ia estabelecer vínculo de garantia real autônomo, o que contraria a natureza do instituto. Ainda, a possibilidade de ser estabelecido um valor máximo dá possibilidade às partes de limitar a garantia a certo valor. Desse modo, o gravame pode ser sempre inferior ao valor da dívida garantida.

Também é essencial que os instrumentos de penhor, hipoteca e anticrese contenham *o prazo fixado para pagamento*. Cuida-se de direito estrito que onera o patrimônio do titular do bem gravado e não se admite prazo indeterminado. Não é necessário que o prazo do gravame coincida com o prazo da dívida garantida. Em princípio, há que se considerar que perante a ausência de prazo há um vencimento a vista. Não é, contudo, da natureza dessas garantias que o vencimento ocorra a vista.

O presente artigo reporta-se à *taxa de juros, se houver*. Não é essencial que o instrumento contemple os acessórios da obrigação, como juros, multa e correção monetária. Raro que ocorra essa omissão, no caso concreto. Se não mencionada a taxa de juros, estes decorrem da natureza da dívida e serão devidos no mínimo legal, na forma de juros moratórios. Neste Código, há toda uma problemática envolvendo os juros, face à posição dúbia tomada pelo legislador. Como regra, os consectários da dívida que não decorrem do singelo inadimplemento, como a multa, devem ser estabelecidos no instrumento negocial.

Finalmente, o inciso IV estatui que os contratos de penhor, anticrese ou hipoteca declararão, sob pena de não terem eficácia, *"o bem dado em garantia com as suas especificações"*. Obedece-se ao requisito essencialíssimo da especificação. Destaca-se um bem do patrimônio do garantidor para garantir a dívida. A ausência de identificação precisa joga por terra os princípios do instituto dos direitos reais de garantia. Essa especificação, justamente por constituir um gravame, deve ter interpretação restrita: somente respondem pela dívida o bem ou bens especificados. Eventuais falhas na especificação impedirão que o gravame tenha eficácia com relação a terceiros. Em princípio, ainda que ocorra identificação falha, o negócio terá validade e eficácia somente entre as partes, mas há que se examinarem as particularidades do caso concreto.

Art. 1.425. A dívida considera-se vencida:
I – se, deteriorando-se, ou depreciando-se o bem dado em segurança, desfalcar a garantia, e o devedor, intimado, não a reforçar ou substituir;
II – se o devedor cair em insolvência ou falir;
III – se as prestações não forem pontualmente pagas, toda vez que deste modo se achar estipulado o pagamento. Neste caso, o recebimento posterior da prestação atrasada importa renúncia do credor ao seu direito de execução imediata;
IV – se perecer o bem dado em garantia, e não for substituído;
V – se se desapropriar o bem dado em garantia, hipótese na qual se depositará a parte do preço que for necessária para o pagamento integral do credor.
§ 1º Nos casos de perecimento da coisa dada em garantia, esta se sub-rogará na indenização do seguro, ou no ressarcimento do dano, em benefício do credor, a quem assistirá sobre ela preferência até seu completo reembolso.
§ 2º Nos casos dos incisos IV e V, só se vencerá a hipoteca antes do prazo estipulado, se o perecimento, ou a desapropriação recair sobre o bem dado em garantia, e esta não abranger outras; subsistindo, no caso contrário, a dívida reduzida, com a respectiva garantia sobre os demais bens, não desapropriados ou destruídos.

1. Quando se considera a dívida vencida

Há situações legais permissivas do vencimento da obrigação garantida por ônus real independentemente de seu vencimento, permitindo, desse modo, a excussão.

No inciso IV, o corrente diploma observa que a dívida considera-se vencida se perecer o bem dado em garantia e *"não for substituído"*, o que não constava no diploma anterior.

Sempre que o objeto dado em garantia desaparecer, diminuir de valor ou se deteriorar a ponto de não mais suportar o débito, ou enfraquecer a garantia, a lei autoriza considerar vencida a dívida. Se houver indenização paga por seguro ou por terceiro, no perecimento ou deterioração do bem, o credor terá preferência sobre esse valor, até reembolso de seu crédito.

Em estreita síntese: sem a higidez inicial do bem dado em penhor, hipoteca ou anticrese, não há garantia ou esta estará enfraquecida. Por essa razão, nessas premissas descritas no artigo, o mínimo que o ordenamento poderia fazer era considerar, como faz, vencida a obrigação. Sempre que se mostrar insuficiente o valor auferido pelo bem especializado, responderá o patrimônio geral do devedor, sob as bases quirografárias. Caberá ao credor provar que o bem se deteriorou, diminuiu de valor ou desapareceu. A preservação física do bem representa, como é curial, a preservação da própria garantia. Para a situação específica dos direitos reais de garantia, é irrelevante a causa que tenha acarretado a diminuição de garantia. É evidente, porém, que, se a coisa diminui de valor ou desaparece por culpa do próprio credor, não há que se admitir o vencimento antecipado.

Se ocorrer diminuição de valor, o devedor deve ser intimado a apresentar reforço idôneo. Deve ser concedido prazo razoável. Não o fazendo, abre-se a possibilidade de excussão. O mesmo deve ocorrer no caso de desaparecimento da coisa em garantia: se o devedor é intimado para substituí-la e não o faz, tem-se a dívida como antecipadamente vencida, em virtude do desaparecimento do seu lastro. O devedor precisa, no entanto, primeiramente ser acionado por meio de preceito cominatório para reforçar a garantia. Se a demora do processo colocar em risco o recebimento da dívida, pode o credor valer-se do processo cautelar e das medidas antecipatórias. Não há que se entender considerada pura e simplesmente diminuída a garantia unilateralmente pelo credor, abrindo-se de plano ensejo à discussão que se trará em eventuais embargos. Em muitas situações, aconselha-se a propositura de precedente ação de obrigação de fazer, dependendo do caso concreto. Irrelevante para o direito real de garantia qual a causa da deterioração ou diminuição de valor. A possibilidade de vencimento antecipado ocorre, ainda que o fato decorra de caso fortuito ou de força maior. No entanto, mesmo que ocorra a depreciação ou diminuição do valor do bem dado em garantia, mas este continua idôneo para suportar o valor da dívida, não há que se falar em vencimento antecipado.

Nos casos de insolvência ou falência, como haverá arrecadação de todo o patrimônio do devedor, o credor hipotecário habilita-se no processo concursal, de acordo com a preferência que a legislação específica e o direito real lhe conferem.

O contrato pode estipular que o pagamento de qualquer das prestações a destempo faz vencer antecipadamente todo o débito. Ainda que assim não o fizesse, não poderia o credor excutir apenas parte da dívida vencida, porque poderia ocorrer o desaparecimento da garantia com a execução parcial. Para evitar essa situação, a lei considera vencida toda a obrigação. No entanto, o Código ressalva que recebendo o credor após o vencimento, renuncia à possibilidade de antecipação. Se a prática de pagamento serôdio é reiterada, importa examinar no caso concreto se de fato houve renúncia ao prazo, ou o recebimento a destempo por parte do credor se deu por mera liberalidade. Embora a lei somente se refira a prestações, há que se entender como obrigação periódica por inteiro, incluindo juros e correção monetária.

Desaparecendo o objeto dado em garantia, esta desaparece. A lei de 1916 não se referia à possibilidade de substituí-lo, o que poderia ocorrer negocialmente. Como vimos, a nova lei incita o devedor seja intimado para substituir a coisa desaparecida. Contudo, em linhas gerais, não existindo mais o bem garantidor, a dívida se considera vencida e a exceção atingirá o patrimônio geral do devedor.

Na desapropriação, parte do preço da indenização deverá ser separada para satisfazer a dívida sob garantia. Há que se supor, como parece evidente, que o preço indenizado seja suficiente. As partes podem estipular, nessa hipótese, a faculdade de o devedor substituir o preço por outra garantia. No entanto, na falta de ressalva, parte do preço será do credor, até o montante do seu crédito, porque a lei preferiu considerar vencida a obrigação nessa hipótese. Melhor seria que se concedesse um prazo ao devedor desapropriado, para que oferecesse outro bem garantidor.

Nas hipóteses de perecimento da coisa ou desapropriação, se houver outros bens dados em garantia, esta se mantém reduzida proporcionalmente aos bens subsistentes.

O presente artigo não esgota todas as possibilidades de vencimento da dívida. Há que ser lembrado o disposto no art. 333, que trata do vencimento antecipado das dívidas em geral. Ali também se menciona o concurso de credores (inciso I) e o desaparecimento ou diminuição das garantias (inciso III). Temos que dar especial atenção ao inciso II desse artigo, que considera vencida antecipadamente a obrigação quando os bens hipotecados, empenhados ou dados em anticrese forem penhorados em execução por outro credor. Nesse caso, a dívida sob garantia é tida por vencida, possibilitando ao credor com garantia real que exercite sua preferência. A presunção, nessa situação, é que se o outro credor não logrou encontrar outros bens livres e desembaraçados para penhorar, a situação do devedor é de solvência periclitante.

Lícito também que as partes estipulem o vencimento antecipado da dívida, na hipótese de constituição de uma segunda hipoteca. Essa avença não contraria norma cogente. Podem as partes ainda convencionar outras situações e que se torne necessária a substituição do bem dado em garantia, ou seu reforço, seja bem do devedor, seja de terceiro.

2. Extinção dos direitos reais de garantia

A dívida pode se extinguir, mas não o gravame, por depender de averbação no registro imobiliário. A extinção do gravame que pesa sobre o bem, na hipoteca, somente terá efeito com relação a terceiros quando constar do registro.

O pagamento do débito e a remição, como visto, são meios de extinção dos direitos reais de garantia. A excussão com penhora e hasta pública também é uma das modalidades de extinção.

A renúncia por parte do credor também é modalidade de extinção, conforme os arts. 1.436, III, 1.499, IV, e também para a anticrese, em que se levam em consideração os princípios gerais. Renúncia é sempre um ato unilateral, independendo da concordância do onerado. Deve ser expressa, como ato de despojamento de direitos que é. Porém, não se confunde a renúncia da garantia com a renúncia ao crédito. Este pode permanecer hígido, com a renúncia apenas ao direito real de garantia.

A confusão também é forma de extinção, quando, na mesma pessoa, identificam-se o credor e o devedor hipotecário, pignoratício ou anticrético, ou o terceiro garantidor. Pode ocorrer confusão transitória de créditos, mantendo-se, porém, a hipoteca. Verificando-se nova transferência creditícia a terceiros, sem cancelamento da hipoteca, esta se mantém íntegra, persistindo como garantia da obrigação.

Art. 1.426. Nas hipóteses do artigo anterior, de vencimento antecipado da dívida, não se compreendem os juros correspondentes ao tempo ainda não decorrido.

Corolário da regra do vencimento antecipado, esse artigo adverte que o vencimento antecipado da dívida não permite a cobrança dos juros correspondentes ao período faltante do prazo convencional da obrigação.

Evidente que os juros não podem remunerar capital não utilizado. Juros remuneratórios ou compensatórios são os devidos ao credor pelo prazo durante o qual o valor que lhe é devido não está a sua disposição. Essa é a ideia aqui estampada, que decorre da lógica. Como aduz Gladston Mamede (2003, p. 105),

> "*o texto do artigo 1.426 do novo Código Civil enuncia, a bem da verdade, um princípio que tem alcance mais amplo do que a leitura rasa de suas palavras. De fato, diante do vencimento antecipado da obrigação, não apenas se abatem os juros em proporção ao tempo não decorrido, mas igualmente todo e qualquer outro custo – acessórios – da obrigação. Se estiverem previstos nas cláusulas não incidirão; se estiverem incorporados ao valor total e, em geral, às prestações parceladas, deverão ser expurgados. Assim, a capitalização de juros (cálculo de juros compostos), a correção monetária, prêmios de seguro, taxas administrativas, entre outros*".

A aplicação da presente regra decorre do pagamento da dívida antecipadamente vencida. Se, nessa situação, o devedor se torna inadimplente, os consectários da dívida serão exigíveis, no que couber.

Art. 1.427. Salvo cláusula expressa, o terceiro que presta garantia real por dívida alheia não fica obrigado a substituí-la, ou reforçá-la, quando, sem culpa sua, se perca, deteriore, ou desvalorize.

Nada obsta, salvo manifestação de vontade em contrário, que terceiro ofereça bem de seu patrimônio para garantir obrigação de outrem. O bem de terceiro vincula-se da mesma forma até a solução da dívida. Trata-se da figura do interveniente hipotecante ou empenhante, utilizada com certa frequência. A compreensão no tocante à garantia prestada por terceiro sofre maior restrição.

Desvaliar, termo presente no Código anterior, significa desvalorizar, vocábulo empregado pelo estatuto vigente. Não se pode agravar, sem menção expressa, assim como sucede na fiança, a situação do terceiro garante. Na hipótese do presente dispositivo, que melhor estaria colocado junto às situações de vencimento antecipado da dívida do art. 1.425, a obrigação de reforçar ou substituir a garantia é do próprio devedor. O terceiro é mero garante, não é devedor da obrigação garantida. Não se coloca, portanto, como codevedor. A relação creditícia lhe é estranha. Assim, somente o bem seu dado em garantia responde pela dívida. Se o respectivo valor não bastar para satisfazer toda a obrigação, no que sobejar responderá o patrimônio do devedor (art. 1.430), e não o do garante, para quem a garantia é limitada ao valor do bem.

Se o bem dado em garantia por terceiro perder-se, deteriorar-se ou desvalorizar-se, não estará esse garante obrigado a substituir ou reforçar a garantia, como ocorre com a garantia prestada pelo próprio devedor, salvo se os fatos ocorrerem por *culpa sua*. Cabe, no caso concreto, avaliar essa culpa. Se o terceiro garantidor porta-se com negligência, deixando o bem desaparecer, deverá substituí-lo e responder por perdas e danos. Se falecer esse devedor, a responsabilidade dos seus herdeiros na substituição do bem ou em eventual indenização não poderá ir além das forças do inventário, dentro do nosso sistema geral de direito hereditário.

Em se tratando de direito dispositivo, nada impede que o terceiro se comprometa negocialmente a reforçar ou substituir a garantia em qualquer hipótese. Note, contudo, que a dívida não é sua; esse terceiro é apenas um garante que fornece o bem em garantia. O devedor continuará responsável pela dívida, independentemente de persistir ou não a garantia dada por terceiro. Se outrem assume também a obrigação de pagar a dívida, coloca-se como codevedor e não como terceiro.

Se, por qualquer razão, presentes as devidas premissas, desaparece ou diminui o valor do bem dado em garantia, aplica-se o princípio do vencimento antecipado do art. 1.425.

O legislador nada menciona expressamente acerca dos motivos que podem levar terceiro a oferecer a garantia. É possível que o ato seja meramente gratuito, motivado por amizade ou outro sentimento nobre, mas também pode ocorrer que essa oferta do bem para o gravame decorra de negócio oneroso. Nada está a indicar, como entendem alguns, que o presente artigo está a estampar ato de liberalidade do terceiro. Deve ser examinado o caso concreto e a interpretação variará conforme a hipótese de ato gratuito ou oneroso. Em se tratando de ato oneroso, por exemplo, com maior razão poderão ser exigidas obrigações do terceiro, como, por exemplo, a substituição ou reforço do bem deteriorado ou perdido, independentemente de sua culpa.

Art. 1.428. É nula a cláusula que autoriza o credor pignoratício, anticrético ou hipotecário a ficar com o objeto da garantia, se a dívida não for paga no vencimento.
Parágrafo único. Após o vencimento, poderá o devedor dar a coisa em pagamento da dívida.

Esse artigo proíbe o decantado pacto comissório, já mencionado. Condena a lei a possibilidade de o credor ficar com a coisa dada em garantia. Entende-se que a nulidade atinge o pacto, se firmado antes do vencimento.

Válida é a entrega da coisa se acertada após o vencimento da dívida. Após o vencimento da dívida ou quando do vencimento, a coisa pode ser dada em pagamento. Essa posição da doutrina no passado, sob o pálio do Código de 1916, veio a ser estampada no presente dispositivo, em seu parágrafo único. Nesses termos, o vencimento da dívida outorga validade à dação em pagamento. A dação em pagamento é forma de extinção de obrigações que decorre da vontade do devedor, que a ela não está obrigado. É faculdade sua. Esse instituto não incide na compreensão do pacto comissório, que com este não se confunde. É importante acentuar que se a contratação da dação em pagamento ocorre junto com o nascimento da dívida ou antes do seu vencimento, estará tipificando o pacto comissório proibido.

Se fosse permitido o pacto comissório, ficaria o devedor inteiramente subordinado à vontade do credor, sujeitando-se a pressões e estratagemas leoninos e usurários. Há, portanto, uma razão de ordem moral, pois o credor poderia facilmente tirar vantagem de situação difícil do devedor. Há também uma razão de ordem técnica: inexistindo fixação de preço de mercado para a coisa, fácil seria ao credor alegar ser o seu valor insuficiente para cobrir o débito. De qualquer forma, nula a cláusula comissória, aproveita-se o contrato nos termos do art. 184. Tão somente a cláusula será nula. A nulidade persiste ainda que mascarada sob simulação de outro negócio jurídico. Nula será a cláusula tanto se presente no próprio ato constitutivo como em instrumento à parte. Atente-se que o pacto comissório pode ocorrer mascarado sob a forma de simulação ou outras fraudes, devendo sempre ser coibido.

📎 Apelações cíveis. Ação de obrigação de fazer e ação de resolução contratual. Parte autora que firmou contratos particulares de compra e venda de três imóveis com os réus, que se recusaram a realizar a entrega e a transferência dos bens. Sentença de improcedência. Recursos interpostos pelas requerentes. Primeiro réu que trabalhava para a empresa demandante. Alegação autoral de que os imóveis foram oferecidos pelos requeridos como pagamento de uma dívida contraída com a empresa. Ausência de comprovação. Demandados que afirmam que os contratos foram realizados somente para garantia em caso de inadimplemento dos clientes compradores dos produtos da empresa autora, vendidos pelo primeiro requerido. Simulação evidenciada. Partes que não almejavam a realização de negócios de compra e venda, mas sim de pacto comissório. Prática vedada (art. 1.428 do CC). Nulidade dos contratos (art. 167 do CC). Sentença mantida. Honorários advocatícios. Redução. Acolhimento. Fixação sobre o valor da causa. Impossibilidade. Demandas ajuizadas sob a égide do CPC/73. Ausência de condenação. Verba honorária que deve ser arbitrada de acordo com apreciação equitativa. Fixação de honorários recursais. Recurso conhecido e parcialmente provido (*TJPR* – Ap. 0023061-51.2015.8.16.0030, 28-2-2019, Rel. Guilherme Freire de Barros Teixeira).

📎 Recurso especial – Embargos à execução de obrigação de fazer consistente na outorga de escritura pública de transferência de propriedade de bens imóveis – Promessa de compra e venda firmada em garantia a contrato de *factoring* sob a égide do código civil de 1916 – **Caracterização de pacto comissório vedado pelo ordenamento jurídico** – Insurgência dos exequentes/embargados – 1 – Violação do artigo 535 do CPC inocorrente – Acórdão local devidamente fundamentado, tendo enfrentado todos os aspectos fático-jurídicos essenciais à resolução da controvérsia. Desnecessidade de a autoridade judiciária enfrentar todas as alegações veiculadas pelas partes, quando invocada motivação suficiente ao bom desate da lide. 2 – Assentado no acórdão recorrido e incontroverso nos autos que a execução de obrigação de fazer lastra-se em contratos de compromisso de compra e venda, dados como garantia para o caso de inadimplência em contrato de *factoring*, pode o Superior Tribunal de Justiça, sem incorrer em superação das Súmulas ns. 5 e 7, estabelecer fundamento jurídico diverso daquele fixado pela Corte local para proclamar a nulidade absoluta dos ajustes *sub judice*. 3 – No caso, resta perfeitamente configurada a figura do pacto comissório, pois, simulando a celebração de contratos de compromisso de compra e venda, foram instituídas verdadeiras garantias reais aos ajustes de factoring, permitindo que, em caso de inadimplência, fossem os bens transmitidos diretamente ao credor. Avença nula de pleno direito, consoante o disposto no art. 765 do CC/1916, atual art. 1.428 do CC/2002. Precedentes da Corte. 4 – Recurso especial desprovido (*STJ* – REsp 954.903 – (2007/0117740-1), 1-2-2013, Rel. Min. Marco Buzzi).

📖 Enunciado nº 626, VIII Jornada de Direito Civil – CJF/STJ: Não afronta o art. 1.428 do Código Civil, em relações paritárias, o pacto marciano, cláusula contratual que autoriza que o credor se torne proprietário da coisa objeto da garantia mediante aferição de seu justo valor e restituição do supérfluo (valor do bem em garantia que excede o da dívida).

Art. 1.429. Os sucessores do devedor não podem remir parcialmente o penhor ou a hipoteca na proporção dos seus quinhões; qualquer deles, porém, pode fazê-lo no todo.
Parágrafo único. O herdeiro ou sucessor que fizer a remição fica sub-rogado nos direitos do credor pelas quotas que houver satisfeito.

A indivisibilidade do direito real de garantia com relação ao bem ofertado, na forma do art. 1.421, estende-se também aos sucessores do devedor, que não podem remir parcialmente o penhor ou a hipoteca na proporção de seus quinhões. A lei autoriza que qualquer deles o faça pelo total do débito. No entanto, o herdeiro ou sucessor que fizer essa remição se sub-roga legalmente nos direitos do credor pelas quotas que houver satisfeito.

Remir nessa dicção tem o sentido de extinguir, apagar, fazer desaparecer o gravame com o pagamento integral do débito. Não há remição parcial do direito real de garantia em razão de sua indivisibilidade. Remição,

Art. 1.430

no direito obrigacional, tem o sentido de perdão da dívida. No direito real, ora tratado, implica liberação da coisa gravada. Esse direito é primordialmente do próprio devedor, embora o presente dispositivo refira-se a herdeiros e sucessores. Terceiros também podem extinguir o débito, remindo a hipoteca. Aplicam-se as regras do pagamento feito por terceiro. Embora não o diga a lei, os mesmos princípios se aplicam à anticrese.

Não se esqueça que a parte final do art. 1.421 permite que o credor possibilite a divisibilidade da garantia real, liberando-a na proporção dos pagamentos efetuados, o que permite sua aplicação na hipótese ora estudada. Assim, nada impede que o credor conceda a divisibilidade a um dos sucessores, especificamente, liberando o bem que grava seu patrimônio, sua cota-parte. Estamos no campo do direito disponível.

Se um dos sucessores, na posição de codevedor ou coproprietário do bem gravado, utiliza dessa faculdade de remir totalmente o bem sob penhor ou hipoteca, solvendo a totalidade da dívida, ficará sub-rogado nos direitos do credor. Veja o que se diz a respeito da sub-rogação (arts. 346 a 351).

Art. 1.430. Quando, excutido o penhor, ou executada a hipoteca, o produto não bastar para pagamento da dívida e despesas judiciais, continuará o devedor obrigado pessoalmente pelo restante.

Se o valor apurado na excussão não satisfizer a obrigação, o patrimônio geral do devedor continuará a garantir o saldo devedor, o qual será, destarte, um crédito quirografário. Veja o que já expusemos a esse respeito nos artigos anteriores. A anticrese apresenta sistema diverso (art. 1.423). O credor poderá ainda executar o saldo em aberto, o débito restante, que se mantém como obrigação insatisfeita. Para isso, não é necessário que intente nova execução, podendo prosseguir naquela já em curso. Dessa forma, não sendo o valor apurado suficiente, o credor pedirá a penhora em outros bens do devedor. Se o bem sob garantia de direito real é de terceiro, uma vez leiloado este, o chamado *reliquum*, saldo em aberto, será de responsabilidade do devedor e não do terceiro mero garantidor, como apontamos. Dependendo da atividade processual desse terceiro, porém, como a apresentação de embargos, poderá ele ter responsabilidades dentro do processo, como honorários de advogado, o que já extrapola o direito material.

O valor do bem é obtido por hasta pública ou leilão, embora o direito processual esteja a procurar formas menos onerosas de realização de ativos, como, por exemplo, *de lege ferenda*, a venda mediante propostas, sob determinadas condições. O valor obtido pelo bem servirá não só para pagar o principal da dívida, como seus consectários de direito material e de direito processual. Assim, esse valor também deve atender às custas e demais despesas, sempre que assim for possível.

CAPÍTULO II
Do Penhor

Seção I
Da Constituição do Penhor

Art. 1.431. Constitui-se o penhor pela transferência efetiva da posse que, em garantia do débito ao credor ou a quem o represente, faz o devedor, ou alguém por ele, de uma coisa móvel, suscetível de alienação.
Parágrafo único. No penhor rural, industrial, mercantil e de veículos, as coisas empenhadas continuam em poder do devedor, que as deve guardar e conservar.

1. Penhor: conceito e noções gerais

Aos direitos reais de garantia aplicam-se os princípios gerais examinados no tópico anterior (arts. 1.419 a 1.430).

Vimos que em sua origem, o *pignus* era meio de garantia tanto de bens móveis quanto de imóveis, com a particularidade de transmissão da posse ao credor. Para que este permanecesse com a coisa na hipótese de inadimplemento, fazia-se necessária a imposição do pacto comissório. O credor, de qualquer modo, ficava com a coisa em confiança, em fidúcia, enquanto persistisse débito em aberto. No curso da história, fixou-se o instituto do penhor exclusivamente para os bens móveis.

Costuma-se denominar penhor tanto para o direito de garantia propriamente dito como para o contrato de penhor, que é o modo ordinário pelo qual se constitui a garantia. Também é comum, até mesmo pelo legislador, a utilização do vocábulo para identificar a própria coisa empenhada, qual seja, o objeto do contrato de penhor e da garantia. Na realidade, o que normalmente se denomina contrato de penhor é um contrato de mútuo, com constituição da garantia real (MAMEDE, 2003, p. 128). A garantia em si não constitui um negócio jurídico, melhor se caracterizando como um ato unilateral, pois não se confunde com a obrigação garantida.

O presente artigo acentua a transferência efetiva da posse do bem dado em garantia, o que ocorre apenas no penhor ordinário e tradicional. Na maioria dos penhores mais utilizados, o devedor continua com a posse da coisa dada em garantia, como forma de não impedir a sua atividade socialmente mais adequada. Daí porque se mostra necessária uma atualização legislativa. Como negócio jurídico, a constituição do penhor é classificada como contrato real porque é de sua essência a transferência da posse, ainda que de forma ficta ou simbólica. A apreensão possessória da coisa empenhada, ou seja, a tradição, corresponde à função genérica de publicidade requerida pelos direitos reais imobiliários no tocante ao registro.

Como possuidor, direto ou indireto, o credor pignoratício tem a seu dispor os meios possessórios para defender turbações sobre a coisa. Em princípio, no singelo e primitivo conceito de penhor, contudo, a posse conferida pelo devedor não atribui ao possuidor os poderes de usar e gozar da coisa. Essa transferência é feita exclusivamente como substrato da garantia. Não transfere o *ius utendi et abutendi*. Sob essas premissas, o presente artigo fornece seus elementos. Este Código preferiu usar a expressão *transferência efetiva* a tradição efetiva, como constava no diploma anterior. No entanto, este Código já adverte, no parágrafo único, que no penhor rural, industrial, mercantil e de veículos, as coisas empenhadas continuam em poder do devedor. Como, na prática, a maioria das hipóteses se refere a essas modalidades, quase sempre a coisa empenhada ficará sob a guarda do devedor.

Assim como a hipoteca e a anticrese, o penhor é direito real sobre coisa alheia, de natureza acessória. Há sempre uma obrigação, dívida que lhe dá origem. Tal como exposto nos princípios gerais que regem esses institutos, o penhor é também indivisível, pois a coisa permanece sob constrição integral a garantir a dívida, ainda que esta for amortizada parcialmente. No mesmo diapasão, a coisa empenhada pode pertencer ao devedor ou ser ofertada a penhor por terceiros (art. 1.427). Assim também é nula a cláusula comissória, não se permitindo que o credor fique com a coisa empenhada, salvo a hipótese de dação em pagamento, após o vencimento da obrigação (art. 1.428). Desse modo, é expressa a obrigação do credor em devolver a coisa empenhada, após o integral pagamento da dívida. Não sendo suficiente a garantia para aplacar o débito, no que sobejar, como na hipoteca, o credor continua com direito quirografário sobre o patrimônio do devedor.

O penhor cumpre importante função econômica para facilitar o crédito, daí por que a lei amplia seu alcance ao permiti-lo para as coisas fungíveis. Inúmeras leis posteriores ao Código Civil de 1916 vieram dinamizar ainda mais o instituto para otimização de financiamentos agrícolas, industriais e comerciais, as quais continuam a ser promulgadas. Com maior ou menor número de requisitos, a legislação complementar sempre é estrita no que concerne à perfeita identificação das coisas dadas em penhor, sejam animais, máquinas ou qualquer outro bem.

Por outro lado, a tradição, ou transferência da coisa, como prefere o presente artigo, é essencial ao penhor, ainda que o devedor passe a usufruir da posse em nome do credor no penhor agrícola ou pecuário pelo constituto possessório, ou outra modalidade de tradição simbólica. Em muitas situações, a alienação fiduciária em garantia o substitui com vantagem.

A tradição está para os bens móveis tal como o registro para os imóveis. No penhor, essa tradição confere a necessária publicidade. A exceção da cláusula *constituti* também se estende aos penhores industriais e outras classes definidas em leis especiais, ficando os devedores como fiéis depositários dos bens empenhados, sujeitos aos rigores desse encargo, inclusive prisão civil.

O *penhor convencional* subordinar-se-á aos princípios do Código Civil ou às leis que regulam o penhor agrícola, industrial e comercial, denominados estes *penhores especiais*. Este Código introduz o penhor de veículos (art. 1.461 a 1.466). Em qualquer situação da qual se origine a obrigação pignoratícia, devem ser levados em conta os princípios norteadores do Código de Defesa do Consumidor (Lei nº 8.078/1990). Aplicam-se em favor do devedor, acentuadamente, os princípios referentes às cláusulas abusivas (art. 51) e à interpretação nos contratos de adesão (art. 54), entre outros.

Ao lado do penhor convencional, o Código disciplina o penhor legal (arts. 1.467 a 1.472), descrevendo fatos jurígenos que dão margem a penhor, independentemente de convenção.

2. Penhor convencional

O penhor convencional, que se antepõe ao penhor legal abaixo comentado, exige que as partes acordem sobre o valor e as condições de pagamento do débito, bem como sobre a coisa a ser empenhada, cuja posse é, em princípio, transferida ao credor. Há inúmeras modalidades de penhor que permitem que a coisa empenhada permaneça com o devedor, em prol de maior eficácia social, produção de riquezas e dinamização do crédito. No entanto, no penhor tradicional, ocorre a *efetiva transferência da posse* ao credor. Essa transferência tem por finalidade conceder visibilidade ao penhor, ou melhor, publicidade e maior efetividade da garantia. Esse penhor é descrito no presente artigo. Na prática atual, quantitativamente, não representa maior importância, justamente porque retira o bem da posse do devedor, que não poderá utilizá-lo em seus vários misteres.

Pode ser estabelecido por instrumento público ou particular; decorrer de ato entre vivos ou *mortis causa*. Na realidade, existe um contrato subjacente que dá origem ao penhor, geralmente um mútuo, mas qualquer obrigação pode ser garantida, em princípio, pelo penhor. Nesses termos, a nosso ver, não há que se confundir o contrato que gera o penhor com este, propriamente dito, o qual, assim como a hipoteca, trata-se de um ato unilateral. Não existe, pois, tecnicamente, como muitos defendem, um contrato de penhor, mas uma instituição unilateral, ato ou negócio jurídico unilateral, do penhor, assim como da hipoteca. Leve-se em conta, também, a capacidade plena e específica das partes, mormente do devedor pignoratício, para a constituição do penhor. Como o penhor pode ser conferido por um terceiro garantidor, nem sempre confundir-se-á o instituidor do penhor com o devedor (art. 1.427). Como vimos na parte introdutória desses direitos, o penhor e a hipoteca constituem princípio de alienação. Esses direitos reais de garantia são sempre acessórios de uma obrigação e sua existência depende dela.

Em regra, todos os bens móveis, no comércio, portanto alienáveis, podem ser objeto de penhor. Excluem-se, como na hipoteca, os bens inalienáveis. Também, como regra, não podem ser apenhados os bens considerados impenhoráveis, porque não permitiram a excussão. No entanto, essa assertiva deve ser vista com reservas. O art. 832 do CPC dispõe que *"não estão sujeitos à execução os bens que a lei considera impenhoráveis ou inalienáveis"*. A seguir, o art. 833 descreve o rol de bens tidos como impenhoráveis, entre eles o anel nupcial, as provisões de alimento e de combustível, utensílios necessários à profissão etc. No entanto, o penhor é negócio bilateral. Se o devedor oferece bens dessa classe em penhor, de forma livre e espontânea, estará renunciando, em princípio, à impenhorabilidade, que é benefício instituído pela lei em seu benefício, diferentemente das hipóteses nas quais a inalienabilidade decorre de normas de ordem pública, sendo inderrogável pela vontade das partes. Lembre-se de que o art. 1.433, IV, permite que a venda da coisa empenhada seja feita de forma *amigável*, de modo que se reforça aí o entendimento de que o devedor pode abrir mão da impenhorabilidade. O caso concreto, no entanto, poderá apresentar variantes.

Lembrando dos princípios gerais já examinados, o penhor de coisa comum por inteiro necessita de consentimento de todos os condôminos (art. 1.420, § 2º).

O credor pignoratício, ao assumir a posse do bem apenhado, assume a condição de depositário, com a obrigação futura de devolver a coisa, portanto. Quando o próprio devedor ou terceiro ficam na posse da coisa, terão estes a condição de depositários, com os consectários cabíveis. Quando o penhor recai sobre coisas fungíveis, por exemplo, o depositário não fica sujeito à prisão civil, como reiteradamente se posicionam os tribunais, inclusive nos casos de alienação fiduciária. Aliás, a prisão de depositário não é mais atualmente admitida.

O artigo sob exame refere que a coisa empenhada pode ser transferida ao credor ou *"a quem o represente"*. Essa representação deve ser aferida em cada caso, não sendo necessário, em princípio, segundo parte da doutrina, que o representante tenha poderes especiais. É evidente que o texto também se refere aos casos de representação legal. O texto não cuida especificamente dessa representação para receber penhor, o que deveria ter recebido cuidados maiores. Nesse sentido, pontifica Gladston Mamede (2003, p. 131):

> *"é preciso reconhecer que o recebimento de bem em penhor é ato que extrapola os meros poderes de administração, na forma como se verifica no art. 661, caput e inciso I, do novo Código Civil".*

A simples custódia da coisa como depositário já seria um exemplo.

O penhor típico, em face da necessidade de transmissão da posse, não admite, em princípio, um segundo penhor sobre a coisa. Contudo, quando a posse permanece com o devedor, não há obstáculo para que isso suceda. A Lei nº 492/1937, reguladora inicial do penhor rural, autoriza que o devedor institua novo penhor sobre os bens ou animais já empenhados, sem consentimento do credor, ressalvada a prioridade de pagamento (art. 4º, § 1º). Com o presente Código, como não houve revogação específica da legislação civil especial, haverá que se harmonizar todo o ordenamento.

Outra situação é a do subpenhor, qual seja, uma vez instituído o penhor em favor de um credor, que recebe a posse, este, por sua vez, institui penhor em favor de terceiro. O ordenamento permite que *"podem ser objeto de penhor direitos, suscetíveis de cessão, sobre coisas móveis"* (art. 1.451). O direito do credor pignoratício assim se insere e, salvo convenção em contrário, pode ser cedido a outrem. O contrato pode, portanto, proibi-lo. A questão da transmissão possessória passa a ser relevante, nesse caso. Biparte-se a posse mediata e imediata em favor dos credores pignoratícios sucessivos. Aplicam-se os princípios gerais do subcontrato ou contrato derivado (veja nossa *Teoria geral das obrigações e teoria geral dos contratos*, seção 19.9).

Art. 1.432. O instrumento do penhor deverá ser levado a registro, por qualquer dos contratantes; o do penhor comum será registrado no Cartório de Títulos e Documentos.

Dispunha o art. 770 do Código de 1916 que

> *"o instrumento do penhor convencional determinará precisamente o valor do débito e o objeto empenhado, em termos que o discriminem dos seus congêneres. Quando o objeto do penhor for coisa fungível, bastará declarar-lhe a qualidade e quantidade".*

Esse texto completava o do art. 761, atual art. 1.424. O presente Código, no intuito de simplificar as disposições da lei anterior, introduz o presente artigo, de forma sintética.

O art. 771 do antigo Código impunha que o instrumento fosse firmado em duplicata pelas partes, podendo qualquer delas levá-lo à transcrição. Essa regra, não repetida por este Código, é prática usual e ordinária da praxe contratual, sendo direito do contratante manter consigo uma das vias do instrumento. Como este artigo acentua que qualquer dos contratantes pode levar o instrumento de penhor a registro, não há que se evitar, antes se aconselha, a existência de ao menos duas vias do instrumento.

A Lei nº 492/1937, que regula o penhor rural e a cédula pignoratícia respectiva, também autoriza a contratação do penhor por escritura pública ou particular, transcritas no registro imobiliário da comarca em que estiverem situados os bens ou animais apenhados (art. 2º). A Lei dos Registros Públicos se refere ao registro do contrato de penhor (art. 167, I, 15). Esse registro tem por finalidade atribuir eficácia com relação a terceiros, pois a relação negocial e sua eficácia real operam entre as partes, independentemente do registro. Não se confunde o negócio que dá origem à dívida, geralmente um contrato de mútuo, com o penhor. A dívida poderá subsistir, sem a presença ou eficácia do penhor, que lhe é acessório.

O instrumento do penhor deve descrever o bem com todas as suas características, como determina o mencionado princípio da especialização, discriminando o valor do débito, na forma usual dos contratos, com os detalhes necessários referentes às cláusulas de juros, índices de correção etc., tanto que a Lei nº 492/1937 dispõe que no instrumento constarão "as demais estipulações usuais no contrato de mútuo" (inciso VII do § 2º do art. 2º). Desempenha o penhor, portanto, importante instrumento de crédito no mundo negocial.

O penhor, como direito real, apresenta como característica a eficácia *erga omnes*. O artigo sob exame aponta que o instrumento do penhor deve ser levado a registro, *por qualquer dos contratantes*. Como contratantes devem ser entendidos todos os interessados, pois como vimos, no comentário anterior, há peculiaridades nesse chamado "*contrato de penhor*". Destarte, nessa dicção legal devem ser compreendidos todos os interessados, inclusive o terceiro mero garantidor. É evidente que o maior interessado em registrar será o credor. Há uma diferença especificada na lei quanto ao destinatário do registro. O penhor comum deve ser registrado no Cartório de Títulos e Documentos. Os penhores especiais dependem da determinação do ordenamento, das leis especiais, devendo ser objeto de registro no Cartório Imobiliário indicado, no próprio cartório de documentos ou até em outros órgãos. Lembre-se do novel penhor de veículos (arts. 1.461 a 1.466), no qual se ordena o registro no Cartório de Títulos e Documentos do domicílio do devedor, bem como anotação no certificado de propriedade (art. 1.462). O penhor rural, tanto o agrícola como o pecuário, deve ser registrado no Cartório do Registro de Imóveis da circunscrição em que estiverem situados os bens empenhados (art. 1.438). Na mesma direção aponta o registro do penhor industrial e mercantil (art. 1.448).

A ausência de registro não torna nulo o penhor, mas significa ineficácia do negócio com relação a terceiros. Não existe outra forma de publicidade aceita pelo ordenamento que possa suprir a ausência de registro.

De qualquer forma, o Código Civil estabelece apenas os requisitos genéricos do registro, pois leis especiais podem completá-lo e até dispor diferentemente. Gladston Mamede (2003, p. 136) recorda, como exemplo, a legislação que regulava os penhores em monopólio da Caixa Econômica Federal, a qual emite cautelas simplificadas de acordo com os contratos realizados (Decreto nº 4.371/2002).

Agravo de instrumento – Falta de regularidade formal – Princípio da dialeticidade – Princípio do duplo grau de jurisdição – Recurso conhecido em parte – Multa por descumprimento de ordem judicial – Prazo para execução – Valor da multa – Recurso parcialmente provido – 1 – Ao recorrente cabe, sob pena de não admissão do agravo de instrumento, atacar todos os fundamentos que lastreiam a decisão devolvida ao tribunal. 2 – No caso, a decisão atacada embasou-se na **falta de registro do penhor** debatido nos autos, fundamento este não devidamente fustigado no recurso. Assim, em virtude da carência de regularidade formal, resta impossibilitada a análise devolvida pelo agravo referente à suspensão dos efeitos da referida garantia. 3 – O recurso é igualmente inadmissível no que tange ao pretenso direito do recorrente em promover as medidas de resguardo do crédito – Relacionados à negativação da recorrida -, pois tal questão não foi objeto expresso da decisão recorrida. 4 – O prazo fixado pelo MM. juiz *a quo* para cumprimento da decisão não se afigura exíguo, pois o comando impugnado devolução/depósito de quantias relacionadas a penhor trata de mera restituição de coisa empenhada, da qual obviamente o credor não poderia se apropriar ou dispor sob pena de conversão da garantia em pacto comissório. O prazo de 15 (quinze) dias, destarte, mostra-se razoável. 5 – A despeito disso, o valor fixado na instância *a quo* para a hipótese de descumprimento da ordem afigura-se, *data venia*, excessivo. Partindo da premissa de que a fixação da multa deve ser norteada pela razoabilidade e proporcionalidade, sob pena de caracterizar enriquecimento ilícito, é imperiosa a sua redução para R$ 5.000,00 (cinco mil) por dia de descumprimento. 6 – Recurso parcialmente conhecido e, nesta fração, parcialmente provido. (*TJES* – AI 0033406-24.2012.8.08.0024, 6-2-2013, Relª Desª Eliana Junqueira Munhos Ferreira).

Seção II
Dos Direitos do Credor Pignoratício

Art. 1.433. O credor pignoratício tem direito:
I – à posse da coisa empenhada;
II – à retenção dela, até que o indenizem das despesas devidamente justificadas, que tiver feito, não sendo ocasionadas por culpa sua;
III – ao ressarcimento do prejuízo que houver sofrido por vício da coisa empenhada;
IV – a promover a execução judicial, ou a venda amigável, se lhe permitir expressamente o contrato, ou lhe autorizar o devedor mediante procuração;
V – a apropriar-se dos frutos da coisa empenhada que se encontra em seu poder;
VI – a promover a venda antecipada, mediante prévia autorização judicial, sempre que haja receio fundado de que a coisa empenhada se perca ou deteriore, devendo o preço ser depositado. O dono da coisa empenhada pode impedir a venda antecipada, substituindo-a, ou oferecendo outra garantia real idônea.

O Código de 1916 não ordenara os principais direitos do credor pignoratício, deixando-os de forma esparsa.

Sobre a posse da coisa empenhada pelo credor (**inciso I**), que deve ser vista *cum granum salis*, já nos reportamos nos comentários anteriores. Quantitativamente é restrita, atualmente, as hipóteses nas quais o credor fica com a posse da coisa. Essa posse induz todos os deveres de guarda da coisa ao credor. Se, por um lado, essa posse autoriza as ações possessórias, não é, como é óbvio, uma posse que permita usucapião. Trata-se de posse precária, que implica em devolução da coisa. O interesse do credor pignoratício em ter a coisa consigo supera a do simples depositário, pois se trata de proteger seu crédito. O dispositivo não esclarece se essa posse somente ocorre nos casos de contato direto, ou também quando o devedor mantém a posse, quando, então, o credor teria a posse indireta, ficando a posse desdobrada. Parece que esse desdobramento efetivamente ocorre nos casos específicos.

O principal direito do credor pignoratício é excutir o bem, realizando o valor da dívida, na hipótese de inadimplemento (art. 1.422). O penhor é direito de realização de valor de uma coisa dada em garantia. O processo é executório (art. 784, V, do CPC). O penhor atribui ao credor o direito de prelação sobre a coisa empenhada, como visto nos princípios gerais dos direitos reais de garantia. Vimos que a posse da coisa empenhada para o credor não é o que mais ocorre na prática e por força dos penhores especiais.

A natureza do direito de retenção, descrito no **inciso II**, decorre da natureza da relação jurídica e da situação de fato da posse e não do negócio subjacente. No cerne do negócio, deve ficar esclarecida a responsabilidade com despesas excepcionais com a coisa, se sua natureza assim o requerer. Como, por exemplo, animais que exijam cuidados especiais. Somente haverá direito de retenção quando a posse efetiva estiver com o credor, como é evidente. São sujeitos passivos desse direito de retenção o devedor ou devedores e o terceiro garantidor, se houver. Para que fique com a coisa até ser indenizado manda a lei que o credor apresente rol de despesas devidamente justificadas e que não tenham sido ocasionadas por culpa sua. Se houver dúvida, a matéria é de prova. Esse direito de retenção entrosa-se, evidentemente, com o inciso III, o qual se reporta a ressarcimento de prejuízo acarretado por vício da coisa. Havendo prejuízo, emerge o direito de retenção como forma de forçar a outra parte a ressarci-lo.

A coisa empenhada, animada ou inanimada, pode, por vício intrínseco, ocasionar prejuízo ao credor. Produtos químicos, materiais ou animais, por exemplo, que apresentam reação não esperada. O **inciso III** desse artigo permite que o credor cobre do devedor. Os vícios serão aqueles não previstos, pois caso contrário participarão das cláusulas do contrato. Como é evidente, não haverá indenização e, consequentemente, nem direito de retenção, se os prejuízos decorrem de culpa do depositário ou credor, nesse caso.

O Código menciona a possibilidade de venda amigável da coisa no **inciso IV**. Essa hipótese já constava do art. 275 do Código Comercial, que se referia à venda de comum acordo. Na realidade, o inciso IV enuncia duas hipóteses: o credor pode promover a execução judicial ou a venda amigável se assim permitir expressamente o contrato ou lhe autorizar o devedor mediante procuração. Não se apresenta possível a procuração em causa própria, pois estaria permitindo o vedado pacto comissório. A venda amigável não pode se confundir com esse pacto proibido, sendo fraudatória aquela alienação que se vale de interposta pessoa. De qualquer forma, essa venda deve se processar de acordo com os ditames de boa-fé e não pode ser lesiva ao devedor. Para isso, anota Gladston Mamede (2003, p. 152) com acuidade que

> "*por força das garantias constitucionais inscritas no art. 5º, XXXV, LV e LVI, é fundamental que o devedor e o proprietário do bem empenhado (se um terceiro) sejam (1) devidamente notificados do procedimento de venda amigável e (2) que se lhe dê acesso a todos os atos do procedimento, permitindo-lhes recorrer ao Judiciário contra qualquer abuso que verifiquem*".

Aconselhável que, na hipótese concreta, o devedor já estabeleça um preço mínimo para a venda, a fim de evitar abusos. De qualquer forma, quando assim não constar, será abusiva a conduta do credor que vende a coisa por preço vil.

A lei permite que o credor se aproprie dos frutos da coisa empenhada (**inciso V**), o que, no sistema do penhor, é algo surpreendente no sistema, muito se aproximando da anticrese. A ideia é reforçar ainda mais a garantia. Evidente que isso somente se torna possível quando o credor obtém a posse direta. Tendo em vista o sistema geral, não parece que esse direito decorra de forma automática, mas deve ser claramente autorizado pelo devedor, de outro modo o credor não poderá se apropriar dos frutos do bem empenhado. Trata-se de direito, mas não de obrigação do credor. Este pode, portanto, entregar os frutos ao devedor, o qual não poderá recusar-se a recebê-los, salvo se diferentemente contratado. Essa possibilidade de recebimento dos frutos pelo credor traduz-se em um reforço da garantia: na realidade, não se converte em uma possibilidade de lucro por parte do credor. Esses frutos recebidos servem para abater a dívida, funcionando como um adiantamento.

No art. 1.435, III, consta a obrigação do credor pignoratício de imputar o valor dos frutos, de que se apropriar, nas despesas de guarda e conservação, nos juros e no capital da obrigação garantida, sucessivamente. Nesse sentido, essa faceta avizinha o penhor da anticrese. Essa apropriação dos frutos não se confunde, contudo, com o direito de retenção, do inciso II, aspecto que decorre tão só da posse.

Em princípio, porém, a possibilidade de apropriação dos frutos não se confunde com a anticrese. Não se trata aqui de transmissão da posse ao credor com a finalidade específica de pagamento da dívida com utilização da coisa, como ocorre com a anticrese. No entanto, não resta dúvida que há similitude e parece nítido que o legislador de 2002 criou uma anticrese para bens móveis. Ainda, há uma antinomia na lei, pois o art. 1.435, IV, diz que o credor pignoratício está obrigado a restituir a coisa empenhada com os respectivos frutos e acessões, uma vez paga a dívida. Na verdade, segue-se a regra geral, quando não for utilizada a faculdade do presente inciso V.

Dentro do rol dos direitos do credor, pode promover a venda antecipada da coisa empenhada (**inciso VI**), mediante prévia autorização judicial, sempre que houver fundado receio de que ela se perca ou deteriore, devendo ser depositado o preço. Nesse diapasão se colocam produtos que perdem a validade ou que representem algum perigo, se armazenados, por exemplo. Deve haver certa elasticidade, portanto, para a dicção legal quando se reporta a receio de perda ou deterioração. Deve ser examinado o aspecto econômico, no caso concreto. O sentido da disposição é assegurar a efetividade da garantia. O mesmo sentido é encontrado no art. 852 do CPC, que se reporta à alienação antecipada de bens penhorados, sempre que houver risco de perda, deterioração ou manifesta vantagem. O dono da coisa empenhada pode impedir a venda antecipada, substituindo-a, ou oferecendo outra garantia real idônea. Para tal, deverá o dono da coisa ter ciência da intenção de alienação, sempre que houver tempo hábil, pois poderá impugnar a pretensão.

Esse artigo não esgota, na verdade, todos os direitos do credor pignoratício, pois, evidentemente, outros há espalhados no ordenamento, como o direito de excutir a coisa quando não há pagamento no vencimento (art. 1.422); considerar a dívida vencida antecipadamente em determinadas circunstâncias (art. 1.425) etc.

Art. 1.434. O credor não pode ser constrangido a devolver a coisa empenhada, ou uma parte dela, antes de ser integralmente pago, podendo o juiz, a requerimento do proprietário, determinar que seja vendida apenas uma das coisas, ou parte da coisa empenhada, suficiente para o pagamento do credor.

Proibida a cláusula comissória, uma vez paga a dívida, não pode o credor recusar a devolução da coisa a quem a empenhou, com os respectivos frutos e acessões. No entanto, pelo princípio da *exceptio non adimpleti contractus*, pode o devedor, por exemplo, reter o pagamento da última parcela do mútuo, se houver recusa de restituição por parte do credor. Da mesma forma, recusando-se o devedor a receber a coisa em devolução, o credor pode consigná-la. Se excutido o bem e sobejar valor além da garantia, o supérfluo deverá ser devolvido ao empenhante. Gladston Mamede (2003, p. 165) faz acerba e justa crítica ao dispositivo que regulamenta a atuação da Caixa Econômica Federal nos penhores, permitindo que o valor excedente, apurado em leilão, quando não reclamado, seja considerado renda da instituição. Essa disposição rompe com os tradicionais princípios do direito do penhor e se traduzem em evidente enriquecimento injustificado.

Se, por um lado, não pode o credor ser constrangido a devolver a coisa ou parte dela, antes de paga a dívida; a requerimento do proprietário pode ser autorizada judicialmente a venda de parte das coisas empenhadas, de forma suficiente para o pagamento do credor. Esse dispositivo facilita a liquidação do débito quando o valor das coisas apenhadas supera o valor da obrigação garantida. Por esse prisma, a óptica se desloca para a correta avaliação dos bens sob penhor, no caso concreto. Essa é efetivamente a inovação no presente ordenamento.

Seção III
Das Obrigações do Credor Pignoratício

**Art. 1.435. O credor pignoratício é obrigado:
I – à custódia da coisa, como depositário, e a ressarcir ao dono a perda ou deterioração de que for culpado, podendo ser compensada na dívida, até a concorrente quantia, a importância da responsabilidade;
II – à defesa da posse da coisa empenhada e a dar ciência, ao dono dela, das circunstâncias que tornarem necessário o exercício de ação possessória;
III – a imputar o valor dos frutos, de que se apropriar (art. 1.433, inciso V) nas despesas de guarda e conservação, nos juros e no capital da obrigação garantida, sucessivamente;
IV – a restituí-la, com os respectivos frutos e acessões, uma vez paga a dívida;
V – a entregar o que sobeje do preço, quando a dívida não for paga, no caso do inciso IV do art. 1.433.**

Como possuidor de coisa alheia, cabe ao credor empregar a diligência exigida pela natureza da coisa, na guarda do penhor, como mencionava o Código anterior, ou como expressa o corrente diploma, o credor pignoratício é obrigado a portar-se como depositário, embora não seja um depositário típico (**inciso I**). Aplicam-se os princípios que couberem do contrato de depósito. A custódia da coisa existe no depósito e em outros contratos quando se exige a guarda da coisa de outrem. Essa regra de cunho geral é aplicada a todo aquele que detém coisa alheia. Deve indenizar o devedor de prejuízos que ocasionar à coisa, os quais, após liquidados, permitem a compensação com o débito. A diligência com a guarda da coisa deve ser aferida no caso concreto, levando-se em conta o padrão do homem médio ou os princípios da boa-fé objetiva.

Perdida ou deteriorada a coisa por culpa sua, deve ressarcir ao dono. A lei de 1916 autorizava a compensação no art. 775. Este Código sintetiza essa obrigação no inciso I desse artigo, como vimos.

O credor pignoratício, salvo autorização expressa do devedor ou do terceiro garante, não pode servir-se da coisa empenhada, não podendo também transferi-la a terceiros.

Como titular da posse direta da coisa, o credor pignoratício é obrigado à defesa dessa posse de ataques de terceiros, dando ciência ao dono das circunstâncias que se tornarem necessárias para o exercício das ações possessórias (**inciso II**). Há um duplo ônus do agente, como se percebe: não basta defender a posse, mas deve dar ciência de eventuais turbações ao dono da coisa. A omissão dessa conduta poderá acarretar-lhe responsabilidade por perdas e danos.

Ainda, como pode usufruir da coisa, quando autorizado, o credor pignoratício deve imputar o valor dos frutos de que se apropriar, nas despesas de guarda e conservação, nos juros e no capital da obrigação garantida, sucessivamente nessa ordem, de acordo com o **inciso III** desse artigo. Essa disposição visa, evidentemente, evitar o enriquecimento injusto. A apropriação dos frutos da coisa empenhada é um direito seu (art. 1.433, V), mas com a restrição apontada. As partes podem dispor diferentemente.

A devolução da coisa deve vir acompanhada dos frutos e acessões (**inciso IV**). Permanecendo o devedor como proprietário da coisa empenhada, permanece com direito aos frutos e acessões. No entanto, o contrato pode convencionar que os frutos servirão para amortizar ou abater a dívida, como vimos. Há necessidade de cláusula expressa, contudo.

Se ocorrer venda amigável, quando permitir o contrato ou mesmo pacto posterior, o credor deverá entregar ao devedor o que sobejar do preço, o supérfluo. Cuida-se de aplicação complementar à proibição do pacto comissório (**inciso V**). O mesmo princípio se aplica quando houver excussão.

Note que há simetria no penhor entre os direitos do credor e do devedor hipotecário.

Por parte do devedor, como é evidente, sua obrigação fundamental é pagar a dívida no vencimento.

Observados os princípios gerais dos direitos reais de garantia, aplicam-se as hipóteses de vencimento antecipado da dívida, presentes no art. 1.425. Se o credor permanecer com a coisa, como fiel depositário, por força de contrato, ou autorizado por lei, imputável será a responsabilidade decorrente do depósito, sujeitando-se à ação específica no caso de inadimplemento (arts. 901 a 906 do CPC/1.973, artigo sem correspondência no CPC 2015). De qualquer forma, essa noção permanece. Se alienar a coisa empenhada sem consentimento do credor, não bastassem os reflexos civis, o devedor perfaz conduta criminal do art. 171, § 2º, III (defraudação de penhor). Estabelecido o depósito do penhor em mãos do credor, como depositário do bem, paga a dívida, sujeitar-se-á ele à ação de depósito, porque desapareceu a razão da garantia real.

Como é elementar ao instituto, uma vez paga a dívida, o credor, que recebeu a posse do bem em garantia, deve restituí-lo. A posse do credor, como já acentuado, por trazer ínsita a obrigação de restituição, é de natureza precária. A devolução será feita onde determinado pelo contrato, onde determinado pelos usos ou no local onde se encontra. Não pode o credor manter o bem em local de difícil acesso, que impeça a fiscalização por parte do devedor e seus prepostos, nem devolvê-lo em local impróprio. O direito de retenção, já perpassado, é situação excepcional, a qual permite que o credor permaneça com o bem até ser indenizado por despesas justificadas na forma descrita.

Seção IV
Da Extinção do Penhor

Art. 1.436. Extingue-se o penhor:
I – extinguindo-se a obrigação;
II – perecendo a coisa;
III – renunciando o credor;
IV – confundindo-se na mesma pessoa as qualidades de credor e de dono da coisa;
V – dando-se a adjudicação judicial, a remissão ou a venda da coisa empenhada, feita pelo credor ou por ele autorizada.
§ 1º Presume-se a renúncia do credor quando consentir na venda particular do penhor sem reserva de preço, quando restituir a sua posse ao devedor, ou quando anuir à sua substituição por outra garantia.
§ 2º Operando-se a confusão tão somente quanto a parte da dívida pignoratícia, subsistirá inteiro o penhor quanto ao resto.

O penhor é garantia de uma obrigação, portanto, um acessório de um outro negócio. Extinta a obrigação, o penhor se extingue (**inciso I**). A extinção do penhor não se confunde com a extinção da dívida que lhe deu causa. O penhor é um reforço, uma garantia que se apõe a uma dívida. No entanto, quando houver registro, nele deve ser dada baixa para conhecimento de terceiros. Evidente que o cancelamento do registro do penhor é de interesse do devedor.

O penhor tem um objeto. Desaparecido este objeto, mormente se coisa material, desaparece o penhor (**inciso II**). Desaparecido esse acessório poderá manter-se hígida a dívida, ou seja, o principal.

O credor pode renunciar a essa garantia (**inciso III**), sem que renuncie à dívida. Poderá, por outro lado, abrir mão da dívida, que é o principal, fazendo desaparecer o acessório, que é o penhor. A renúncia é ato unilateral de despojamento de direitos. Ato não receptício, independe da aquiescência do devedor ou de terceiros. Como ato abdicativo, requer agente com plena capacidade.

O § 1º relata hipóteses de presunção de renúncia. Quando o credor concorda com a venda do bem, sem pedir reserva de preço, presume-se que abriu mão da garantia, assim quando devolve a coisa empenhada ao devedor ou ao terceiro garantidor ou quando aceita a substituição da garantia por outra, da mesma ou de outra natureza. Assim ocorre, por exemplo, quando aceita fiança ou hipoteca em substituição, ou mesmo outra coisa dada em penhor. O art. 387 deste Código já se refere à restituição voluntária do bem empenhado como prova da renúncia do credor à garantia real.

A confusão do credor e do devedor na mesma pessoa é modalidade de extinção das obrigações (arts. 381 a 384). Ninguém pode ser credor ou devedor de si mesmo. Quanto ao penhor, a situação é análoga, extinguindo-se o penhor quando se confunde a pessoa do credor com a de dono da coisa (**inciso IV**). Não se trata de confusão nas qualidades de credor e devedor da dívida. O dono da coisa empenhada, por exemplo, torna-se sucessor hereditário do credor. O § 2º apresenta dubiedade porque se refere à confusão quanto à parte da dívida, enquanto o inciso IV se reporta à confusão nas qualidades de credor e dono da coisa. Não se identificam as situações de confusão na dívida (art. 381) com a confusão na titularidade do bem empenhado, conforme o exemplo dado. Quando há confusão parcial na dívida, permanece íntegro o penhor, pois as garantias reais são indivisíveis. Esse § 2º deveria se apresentar com um artigo autônomo, como ocorria no Código de 1916, pois trata de hipótese diversa do inciso IV do art. 1.436. Ainda, podem existir vários credores ou vários devedores, e a confusão ocorrer apenas entre algum ou alguns deles, o que faz manter íntegro o penhor para os demais partícipes. Também pode ocorrer que sejam vários os bens empenhados e que a confusão se dê apenas em relação a um ou alguns deles. O texto do § 2º, portanto, tem alcance muito maior do que sua interpretação literal.

O **inciso V** trata da adjudicação judicial, da remissão ou da venda da coisa empenhada, feita pelo credor ou por ele autorizada. São, na realidade, três hipóteses distintas que afluem para a extinção do penhor por meio da execução. O Código deveria ter-se reportado aqui à remição, de índole processual, que ocorre na fase executória. Remissão é modalidade de direito material para extinguir dívida pelo seu perdão (arts. 385 a 388). Na remição e na adjudicação, a extinção se dá no curso do processo; a venda mencionada é extrajudicial. Ocorria a adjudicação quando, após a avaliação, tendo sido o bem levado à praça sem que tenha havido licitante, o credor oferecia preço pela coisa que não poderia ser inferior à avaliação (art. 714 do CPC/1.973, artigo sem correspondência no CPC 2015). A remição do art. 751 do CPC/1.973, artigo sem correspondência no CPC 2015 podia ocorrer quando o devedor solvente, antes da arrematação ou adjudicação dos bens, liberava-os da constrição mediante o pagamento da dívida em aberto. Apenas o devedor solvente poderia fazê-lo, pois, se fosse insolvente, estaria prejudicando os demais credores. A matéria é de processo e o estatuto anterior pode servir de paradigma.

A venda da coisa sob penhor, por seu lado, somente será permitida se assim autorizada no contrato ou em momento posterior pelos interessados, devedor ou terceiro garante.

Art. 1.437. Produz efeitos a extinção do penhor depois de averbado o cancelamento do registro, à vista da respectiva prova.

O penhor, a exemplo dos demais efeitos reais, produz efeitos *erga omnes*. Para que esse efeito seja alcançado, o registro é necessário, como já examinado (art. 1.432). Portanto, para que esses efeitos cessem, em princípio, deve ser cancelado o registro. Para isso é necessário que o interessado apresente o documento devido em cartório. Poderá ser a prova de extinção da dívida, igualmente sentença nesse sentido ou mesmo documento do devedor ou do terceiro garante autorizando a baixa. O requerimento deverá ficar arquivado em cartório, acompanhado dos documentos respectivos (Lei dos Registros Públicos, arts. 164 a 166). Geralmente, quando a extinção decorre de sentença, o cancelamento é ultimado por mandado.

No entanto, há que se entender esse dispositivo, inovação no presente Código, com a devida consideração. O fato de não ter sido cancelado o registro do penhor, de dívida já extinta, não significa que necessariamente a obrigação ainda existe, ou mesmo que o bem empenhado ainda esteja hígido. Nessa hipótese, há inconvenientes de ser mantido o registro, que permanece para ciência de terceiros, o que vem em detrimento da vida negocial do devedor ou do terceiro garante, como se pode perceber.

Seção V
Do Penhor Rural

1. Modalidades especiais de penhor

Penhores especiais são regulados maiormente por normas externas ao Código Civil e assim persistem, no que não conflitarem com o atual Código. Sua característica marcante é, como regra, prosseguir a posse com o devedor, o qual continua a utilizar os bens dados em garantia. Procura-se, dessa forma, fomentar a produção agrícola, industrial e comercial, facilitando a concessão de créditos, abrindo-se campo a garantias mais acessíveis e eficazes às instituições bancárias. Além daqueles já presentes na legislação passada, o atual Código Civil introduz a submodalidade do penhor de veículos. Há inúmeras leis que foram sucessiva e casuisticamente sendo editadas. O Código Civil de

1916 cogitara do penhor agrícola. No entanto, a Lei nº 492/1937 refundiu toda a matéria, denominando-a penhor rural e disciplinando o penhor agrícola e o pecuário. Essa legislação complementar continua aplicável, por ser basicamente regulamentadora, naquilo que não conflitar com este Código. Enumeram-se, a seguir, os principais diplomas, não a totalidade, porque são muitos os diplomas legais que tratam direta ou indiretamente de modalidades especiais de penhor:

- o Código Comercial disciplinou o penhor mercantil nos arts. 271 a 279, já revogados;
- o Decreto nº 24.778, de 14.7.1934, dispõe sobre a possibilidade de serem objeto de penhor os créditos já garantidos por penhor ou hipoteca;
- o Decreto-lei nº 2.612, de 20.9.1940, dispõe sobre o registro do penhor rural;
- a Lei nº 2.666, de 6.12.1955, dispõe sobre o penhor dos produtos agrícolas;
- a Lei nº 492, de 30.8.1937, regula o penhor rural e a cédula pignoratícia;
- o Decreto nº 58.380, de 10.5.1966, aprova o regulamento que institucionaliza o crédito rural;
- o Decreto-lei nº 167, de 14.2.1967, regula os títulos de crédito rural e dá outras providências;
- o Decreto nº 62.141, de 18.1.1968, dispõe sobre modalidades de garantia instituídas pelo Decreto-lei nº 167/1967;
- o Decreto-lei nº 413, de 9.1.1969, dispõe sobre títulos de crédito industrial e dá outras providências;

O penhor rural aproxima-se da hipoteca, pois a coisa empenhada não sai da esfera da posse do devedor. Trata-se de instituto que objetiva facilitar a produção rural, no que é seguido pelo penhor industrial. Também nada obsta que a coisa em garantia fique com o devedor no penhor mercantil, quando assim convencionado.

Há que se harmonizarem, destarte, os dispositivos deste Código com as leis especiais.

Subseção I
Disposições Gerais

**Art. 1.438. Constitui-se o penhor rural mediante instrumento público ou particular, registrado no Cartório de Registro de Imóveis da circunscrição em que estiverem situadas as coisas empenhadas.
Parágrafo único. Prometendo pagar em dinheiro a dívida, que garante com penhor rural, o devedor poderá emitir, em favor do credor, cédula rural pignoratícia, na forma determinada em lei especial.**

O penhor rural tem por objetivo empreendimentos agropecuários. O crédito rural é importante mecanismo de fomento à produção. Estatui o art. 1º da Lei nº 492/1937, de forma mais analítica, que

"constitui-se o penhor rural pelo vínculo real, resultante do registro, por via do qual agricultores ou criadores sujeitam suas culturas ou animais ao cumprimento de obrigações, ficando como depositários daqueles ou destes".

O penhor rural abrange, portanto, o penhor agrícola e o pecuário.

A posse imediata dos bens empenhados, nessa modalidade, como acentuado, continua com o proprietário, seja ele devedor ou terceiro garantidor. O Decreto-lei nº 167/1967, seguindo uma regra geral já enunciada, os qualifica como fiéis depositários, o que não tem autorizado sua prisão civil, na senda da orientação do STJ, porque não são depositários típicos. Os bens não poderão ser retirados das respectivas propriedades, sem prévio consentimento escrito do credor. As partes poderão ajustar que os bens sejam confiados a terceiros, contudo.

As cédulas e notas de crédito são títulos que representam operações de financiamento. No âmbito ora tratado, o Decreto-lei nº 167/1967 estipula que o credor seja instituição que integra o Sistema Nacional de Crédito Rural, podendo esses títulos também ser emitidos pelas cooperativas rurais. A cédula rural pignoratícia será emitida em tantas vias quantas forem as partes participantes, assinadas pelo emitente e pelo terceiro garantidor, se houver, ou pelos mandatários respectivos, se for o caso. Seus requisitos são descritos pelo Decreto-lei nº 167/1967, que, nesse diapasão, substituiu a Lei nº 492/1937. O Decreto-lei nº 167/1967 simplificou muito a emissão de cédula rural, porque permitiu sua emissão autônoma, sem a prévia constituição da garantia, a qual vem descrita na própria cédula. A ideia é dinamizar o crédito no meio rural.

As cédulas em geral, tais como as de crédito rural, que circulam mediante endosso, traduzem negócios jurídicos contratuais, e podem conter as mais variadas cláusulas em seu bojo, que serão válidas se não contrariarem a essência legal e normas de ordem pública.

O presente artigo determina que o instrumento público ou particular do penhor rural seja levado ao registro imobiliário. Esse penhor depende sempre do instrumento escrito. Lembre-se de que o penhor civil é levado a registro no Cartório de Títulos e Documentos (art. 1.432). Na forma da Lei nº 13.986/2020, a cédula de crédito, bem como outros títulos de base rural, somente terá eficácia com relação a terceiros a partir da data da inscrição no registro, em livro próprio. O cancelamento da inscrição se fará mediante sentença judicial ou prova de quitação da cédula. O cartório deve arquivar uma das vias do documento comprobatório da quitação ou extinção da obrigação representada pela cédula. O cartório competente para esse registro será sempre o do local onde se encontrarem as coisas empenhadas.

Como se percebe, o penhor rural caracteriza-se pela ausência de tradição real da coisa, pela modalidade especial de registro, pela fixação de prazos, pelos objetos específicos a que se destinam e pela possibilidade de emissão de cédula rural pignoratícia. Tudo foi criado pela legislação no sentido de dar maior flexibilização ao crédito rural. O título de crédito pignoratício é facilmente negociável e permite, portanto, circulação cartular, sem maiores formalidades. A cédula representa o crédito de forma literal, podendo ser endossada nominalmente (endosso em preto). O valor do crédito incorpora-se à cártula. A publicidade é obtida com a averbação da expedição da cédula junto ao registro do penhor.

Art. 1.439. O penhor agrícola e o penhor pecuário não podem ser convencionados por prazos superiores aos das obrigações garantidas. (Redação dada pela Lei nº 12.873, de 2013)
§ 1º Embora vencidos os prazos, permanece a garantia, enquanto subsistirem os bens que a constituem.
§ 2º A prorrogação deve ser averbada à margem do registro respectivo, mediante requerimento do credor e do devedor.

Houve sensível acréscimo nesses prazos, atentando-se para a nova redação presente, com relação ao Código anterior, como se vê da redação dos arts. 782 e 788. No penhor tradicional, não existe limitação temporal para a garantia pignoratícia. Como existe uma finalidade específica para financiamento na área rural, o legislador limita temporalmente essas duas modalidades. O crédito rural, por seu lado, pode criar uma situação de dependência indesejável entre credor e devedor que não pode perdurar indefinidamente.

O prazo do Código de 1916 era mesmo excessivamente exíguo para preencher a finalidade buscada. Já a Lei nº 492/1937 elevara para dois anos o prazo do penhor agrícola e para três anos o do penhor pecuário, permitindo a prorrogação em ambos por igual período. Este Código alargou ainda mais esses prazos, como se nota. Como impõe o Código, a prorrogação para os prazos descritos, respectivos, de três e quatro anos, permite a prorrogação por apenas uma vez, até o limite igual de tempo. Assim sendo, o penhor agrícola pode chegar até seis anos e o pecuário até o total de oito anos. Esses prazos se mostram plenamente suficientes para a finalidade desses penhores.

Todavia, ainda que o prazo estabelecido tenha se vencido, a garantia persistirá, enquanto subsistirem os bens e a dívida, como exposto na lei. Desse modo, estando, nessa situação, presentes os bens com o devedor ou terceiro garante, ainda que vencido o prazo, o credor poderá excuti-los. Essa disposição vem em benefício do credor, que deve estar alerta sobre os prazos e mais especificamente sobre a existência de bens, a fim de preservar o seu direito. Como a lei menciona que a garantia permanece, ainda que vencido o prazo do penhor, mas não paga a dívida, não é lícito que possa o devedor alienar os bens. A hipótese legal refere-se ao perecimento dos bens, sem culpa do devedor, quando então não terá ele a obrigação de oferecer outros (ROMITTI-DANTAS JÚNIOR, 2004, p. 248). Mas o penhor não se extingue, então, pelo simples decurso de prazo. A garantia fica prorrogada até que seja satisfeita "*ou até que se realize qualquer das hipóteses anotadas no art. 1.436 do novo Código Civil, entre as quais o art. 1.439, § 1º, reitera o perecimento dos bens empenhados*" (MAMEDE, 2003, p. 189).

A prorrogação deve provir de manifestação expressa dos interessados, principalmente do devedor, pois o penhor em si, como a hipoteca, é colocado como um ato unilateral seu. No entanto, o § 2º especifica que a prorrogação deve ser averbada à margem do registro respectivo, mediante requerimento conjunto do devedor e do credor. Poderia a lei ter mencionado apenas o devedor, nesse caso. Nada impede, também, que esgotados os prazos máximos, os mesmos bens sejam oferecidos em outro penhor.

Art. 1.440. Se o prédio estiver hipotecado, o penhor rural poderá constituir-se independentemente da anuência do credor hipotecário, mas não lhe prejudica o direito de preferência, nem restringe a extensão da hipoteca, ao ser executada.

O penhor rural pode ser estabelecido ainda que hipotecada a propriedade agrícola, independentemente de consentimento do credor hipotecário. A norma já constava do art. 4º da Lei nº 492/1937, pois o penhor não prejudica nem interfere no aspecto hipotecário. O Código anterior exigia peremptoriamente a anuência do credor hipotecário. Essa mencionada lei derrogara, no entanto, os artigos referentes ao penhor agrícola no Código de 1916. Este Código, nesse artigo, foi expresso acerca do tema. O penhor rural independe da anuência do credor hipotecário, sem prejuízo, no entanto, de seu direito de preferência e da extensão de seu direito. O imóvel continuará, pois, a garantir o crédito hipotecário.

Questão que vem à baila, nessa oportunidade, diz respeito à possibilidade de ser admitido um segundo penhor, sobre bens já empenhados, hipótese prevista na lei para a hipoteca (art. 1.476). Essa possibilidade não existe no penhor tradicional, pois a posse da coisa garantida é transferida ao credor, o que inviabiliza a transferência a dois credores, pois não se bipartem as posses nessa modalidade. No penhor rural, no entanto, não existe essa transferência de posse, a qual permanece com o devedor ou com pessoa indicada, podendo ser o terceiro garante. A Lei nº 492/1937 prevê que o devedor pode, independentemente do consentimento do credor, constituir novo penhor rural sobre os mesmos bens já ofertados (art. 4º, § 1º). Este Código não reflete essa regra, de modo que tudo é no sentido que a lei de 1937 continua operante nesse aspecto.

Art. 1.441. Tem o credor direito a verificar o estado das coisas empenhadas, inspecionando-as onde se acharem, por si ou por pessoa que credenciar.

Esse direito do credor decorre do fato de não ter ele a posse da coisa empenhada. Pode inspecionar pessoalmente ou por pessoa credenciada, seu núncio ou mandatário, pois se trata em princípio de instituição financeira ou assemelhada. O dispositivo foi bem inserido como inovação neste Código e sua ausência no diploma passado dava margem a dúvidas e dificuldades práticas, embora, doutrinariamente, tal direito nunca pudesse ser negado. A razão é palpável: o credor pode suspeitar que haja perda ou deterioração dos bens em garantia e terá que tomar as medidas necessárias. É evidente que esse direito deve ser exercido sem abusividade, de acordo com os usos locais, de forma civilizada. Não será a qualquer momento que o credor, ou alguém por ele, ingressará na propriedade alheia para examinar o objeto do penhor. Perante resistências injustificadas, caberá ao juiz decidir no caso concreto. Lembre-se de que a Lei nº 492/1937 (art. 3º, § 3º) autoriza o credor, no caso de recusa ou resistência injustificadas do devedor ou terceiro garantidor em permitir a verificação dos bens, a considerar a dívida vencida e imediatamente exigível.

Outro aspecto que deve ser desnudado diz respeito à finalidade desse penhor que será sempre um financiamento para produção rural, agrícola ou pecuária. Geralmente, as partes especificam a finalidade dos recursos. Desse modo, cabe ao financiador, ou seja, o credor, verificar também a correta aplicação dos recursos. O desvio de finalidade poderá ensejar a rescisão do contrato, com o vencimento antecipado da obrigação.

Lembre-se do art. 1.425, § 1º, que menciona que nos casos de perecimento da coisa dada em garantia, esta se sub-rogará na indenização do seguro, ou no ressarcimento do dano, em benefício do credor, a quem assistirá preferência de reembolso até o valor da dívida. O art. 76 do Decreto-lei nº 167/1967 determina o seguro dos bens empenhados até o final resgate da cédula. Como, no caso do presente penhor, o credor é uma instituição financeira ou análoga perfeitamente estruturada, na prática sempre zela pela existência desse seguro.

Agravo de instrumento. Seguradora. Corte indevido da cana de açúcar. Plantio objeto do '**contrato de constituição de garantia de penhora agrícola e mercantil**. Decisão agravada que determinou a suspensão do feito em consequência do deferimento do plano de recuperação judicial em favor da empresa agravada. Pedido liminar da autora para que houvesse a indicação do local onde se encontra a cana colhida ou o açúcar produzido. Em grau de recurso, agravante se omite quanto a esse pedido e se apega ao da substituição de garantia. Possível o prosseguimento do feito em que se demanda quantia ilíquida [cf. art. 6º, parágrafo 1º].

Ação de obrigação de fazer e de não fazer. Boa-fé objetiva. Dever da empresa de comunicar à agravante o destino da colheita. Doutrina. Preceitos legais. Agravo de instrumento. A seguradora não devolveu ao d. Juízo "ad quem" a questão relativa à indicação do local onde se encontra a cana cortada ou o açúcar produzido. Quanto à substituição, padece de fundamento o pedido por não estar provado qualquer causa possível de frustrar a garantia. Sem que se saiba onde se encontra o objeto do penhor, impossível falar em substituição do bem empenhado. Agravo de instrumento. Pedido formulado contra a pessoa física da agravada sem motivo. Ausência de prova de infidelidade. Impossível modificar o decidido em Primeiro grau. Nega-se seguimento ao recurso, por decisão monocrática (*TJSP* – AI 7312701600, 9-1-2009, Rel. Virgilio de Oliveira Júnior).

Subseção II
Do Penhor Agrícola

**Art. 1.442. Podem ser objeto de penhor:
I – máquinas e instrumentos de agricultura;
II – colheitas pendentes, ou em via de formação;
III – frutos acondicionados ou armazenados;
IV – lenha cortada e carvão vegetal;
V – animais do serviço ordinário de estabelecimento agrícola.**

Já nos referimos à utilidade dos penhores especiais, mormente o agrícola e o pecuário destinados a fomentar a produção do campo e o agronegócio. Nesse artigo enumeram-se as coisas que podem ser objeto do penhor agrícola, todas referentes à própria produção ou a instrumentos utilizados pelo agricultor. Nem sempre esses bens pertencerão ao proprietário do prédio, podendo pertencer ao usufrutuário, arrendatário, parceiro etc. Portanto, todo aquele que trabalhar a terra e validamente utilizar um imóvel poderá oferecer esses bens em penhor. A propósito, menciona a Lei nº 492/1967 que somente será necessário o consentimento do proprietário do imóvel quando os bens oferecidos em penhor não pertencerem ao devedor, mas ao proprietário do prédio rural. Nessa situação, quer parecer que o proprietário ingressará na relação como terceiro garantidor. Não há, pois, uma exceção ao princípio segundo o qual somente quem pode alienar pode gravar a coisa.

A ideia vigente na doutrina é que esses objetos aqui elencados representam um número fechado, não se admitindo outros bens para o penhor agrícola. Assim, por exemplo, se um trator pode ser objeto de penhor agrícola, não poderá sê-lo um veículo de passeio. Nesse sentido, a expressão que consta do **inciso I**, *máquinas e instrumentos de agricultura*, substitui com vantagem a do Código anterior, que poderia dar margem a ampliação não desejada pelo legislador. Assim, podem ser objeto de penhor os tratores, colhedeiras, arados, instrumental para trabalho na terra etc.

O **inciso II**, ao mencionar colheitas pendentes ou em via de formação, permite que o penhor recaia em coisas futuras, bens que ainda não ganharam sua forma definitiva. Os frutos e produtos, tais como as colheitas, são acessórios do solo (art. 95). O Código anterior estipulava que essa colheita em via de formação deveria ser no ano do contrato, mas se está em via de formação, necessariamente o será.

Os frutos acondicionados ou armazenados são os mencionados no **inciso III**. Os frutos, na teoria geral, são: *pendentes*, enquanto ainda ligados à coisa que os produziu; *percebidos* ou *colhidos*, depois de separados da coisa; *estantes*, os que já foram separados da coisa e estão armazenados; *percipiendos*, os que deveriam ter sido colhidos e não o foram; e *consumidos*, os que não mais existem. O inciso anterior trata dos frutos pendentes (colheitas pendentes). O presente inciso se refere aos frutos estantes, que já foram armazenados ou acondicionados. É irrelevante para permitir o penhor se já foram beneficiados ou não. O contrato poderá especificar a quem caberá o depósito.

Lenha cortada e carvão vegetal também são outros objetos importantes e muito utilizados para o penhor agrícola (**inciso IV**). Embora a lei se refira a lenha, a interpretação deve ser ampliativa, pois madeiras em geral podem ser objeto de penhor.

Os animais de serviço ordinário do estabelecimento (**inciso V**) não podem se confundir com os animais que podem ser objeto do penhor pecuário. Assim, o rebanho de reses ou ovelhas se insere no art. 1.444; o animal de tração de um moinho de farinha, por exemplo, se amolda ao presente dispositivo. Assim, esses animais de serviço ordinário serão os bois e mulas para puxar arado; os cavalos que tracionam charretes no local ou servem de montaria para apartar o gado, os cães pastores treinados para esse mister.

Art. 1.443. O penhor agrícola que recai sobre colheita pendente, ou em via de formação, abrange a imediatamente seguinte, no caso de frustrar-se ou ser insuficiente a que se deu em garantia.
Parágrafo único. Se o credor não financiar a nova safra, poderá o devedor constituir com outrem novo penhor, em quantia máxima equivalente à do primeiro; o segundo penhor terá preferência sobre o primeiro, abrangendo este apenas o excesso apurado na colheita seguinte.

O penhor agrícola transita entre duas paralelas bem definidas: de um lado a garantia do credor, que deve sempre persistir; de outro, a profunda finalidade social e econômica que decorre desses financiamentos que dão origem a essa garantia. Nesse diapasão, é salutar a presente inovação. Por essa razão, a fim de que não fique o agricultor pressionado, prejudicado em sua produção, esse artigo permite que se for frustrada ou insuficiente a colheita sobre a qual originalmente se fez o penhor, este abrangerá automaticamente a colheita seguinte. Ainda, na forma do parágrafo, procura-se dirimir acerca de quem financiará a nova colheita. Se o credor originário não financiar a nova safra, o agricultor poderá fazer com outrem um novo penhor, tendo como valor máximo o valor do primeiro. Ainda, fugindo à regra geral, o segundo penhor terá preferência sobre o primeiro, o qual apenas incide sobre o excesso apurado na segunda colheita. Se for o mesmo credor que financiar a nova safra, não terá aplicação o parágrafo único. Pela dicção do artigo, o credor originário deve, após ter ciência da frustração da colheita, ter sempre preferência para financiar a nova safra. Se não quiser, ou não puder, aplica-se a solução do parágrafo, tudo para evitar a solução de continuidade na produção agrícola.

> *"Duas garantias, portanto, pesarão sobre os mesmos bens, estabelecendo a lei que a dívida assumida com a produção da nova safra prefere a dívida restante da safra anterior: a colheita remunerará o novo financiador (credor pignoratício) e o excesso nela apurado se destinará ao pagamento do financiador da safra anterior, frustrada no todo ou em parte"* (MAMEDE, 2003, p. 213).

Essa solução, como se percebe, longe está do penhor tradicional.

A safra pode frustrar-se por variadas razões. Se houver culpa por parte do tomador do empréstimo nessa frustração, total ou parcial, que impossibilite o completo pagamento da dívida, esta considerar-se-á vencida, na forma do art. 1.425, I, podendo o devedor sujeitar-se a indenização por perdas e danos. Note que a insuficiência da colheita nem sempre representará a insuficiência do pagamento da dívida. Sempre haverá o direito de o credor por si ou por preposto fiscalizar a safra, ou seja, a aplicação dos recursos financeiros.

Agravo de instrumento. Direito privado não especificado. Confissão de dívida. Penhor rural. Procedimento de tutela de urgência cautelar proposto incidentalmente à ação de execução de título extrajudicial. Ausência de preenchimento dos requisitos legais. I. No caso, a pretensão do agravante não se enquadra nas medidas cautelares de arresto e/ou sequestro, pois busca a entrega do bem empenhado, de forma concomitante ao pagamento da quantia certa, em desacordo com o § 1º, da cláusula 4ª, do "Instrumento Particular de Confissão de Dívida Com Garantia de Penhor Rural" entabulado entre as partes. II. Por outro lado, possível a análise do pedido de tutela de urgência cautelar, com base nos requisitos elencados no art. 300 do CPC, tendo em vista que a parte pode eleger uma das medidas insculpidas no art. 301 ou "outra medida idônea para asseguração do direito.". III. Hipótese em que não obstante a probabilidade do direito seja evidente, já que o agravante é credor de título executivo extrajudicial, não se verifica a presença do perigo de dano. Isso porque o recorrente sustenta que o risco ao resultado útil do processo decorreria do fato de o arroz dado em garantia "encontra-se em plena colheita" - a qual, entretanto, havia findado por volta de maio do ano passado. Além disso, a colheita da safra não acarreta a perda da garantia, que se estenderá à subsequente – previsão constante do art. 1.443 do CC e, também, da cláusula 5ª do contrato exequendo. IV. Deste modo, impõe-se a manutenção da decisão que indeferiu o pedido de tutela provisória. Agravo de instrumento desprovido. Unânime (*TJRS* – Ag 70083508077, 11-3-2020, Rel. Dilso Domingos Pereira).

Subseção III
Do Penhor Pecuário

Art. 1.444. Podem ser objeto de penhor os animais que integram a atividade pastoril, agrícola ou de lacticínios.

A finalidade do financiamento de atividade pecuária fica bem clara no texto. Esse penhor procura facilitar a criação de animais para corte ou produção de subprodutos. Os animais que podem integrar esse penhor são os da atividade pastoril, agrícola ou de laticínios. Nesse sentido, estão os bovinos, equinos, suínos, ovinos etc. Esses animais, como já acentuado, não se confundem com os animais de serviço do estabelecimento agrícola, que podem servir de objeto para o penhor agrícola (art. 1.442, V). O devedor pignoratício deve manter o rebanho, inclusive os animais adquiridos por financiamento, de forma hígida, protegendo a saúde dos animais, com os cuidados veterinários necessários. Como em todo penhor, o credor pignoratício tem direito de examinar periodicamente o estado da coisa empenhada.

Veja que o art. 11 da Lei nº 492/1937 acentua que o penhor pecuário independe do penhor agrícola. Ambos podem conviver harmoniosamente, garantindo, inclusive, a mesma dívida.

A descrição precisa dos animais empenhados continua a ser elemento essencial desse penhor, de outra forma não terá o credor como identificá-los e fiscalizá-los. Assim está expresso na Lei nº 492/1937.

Art. 1.445. O devedor não poderá alienar os animais empenhados sem prévio consentimento, por escrito, do credor.
Parágrafo único. Quando o devedor pretende alienar o gado empenhado ou, por negligência, ameace prejudicar o credor, poderá este requerer se depositem os animais sob a guarda de terceiro, ou exigir que se lhe pague a dívida de imediato.

Essa garantia é tratada de forma estrita de modo que os animais sob penhor somente podem ser alienados com consentimento prévio e escrito do credor. Este Código é mais abrangente, pois se refere à proibição de alienação e não somente de venda, como fazia o Código anterior. A razão dessa necessidade de consentimento é facilmente perceptível, pois os animais representam a garantia do credor. Qualquer desfalque diminui a garantia. O consentimento deve ser específico, descrevendo os animais que se pretenda alienar. Nada impede que o consentimento seja posterior à venda, pois estamos em sede de autonomia da vontade.

Com relação a terceiros, a venda poderá ser impugnada pelo credor se eles tivessem conhecimento do penhor, conhecimento esse que é alcançado pela descrição dos animais e pelo registro imobiliário. A matéria passa a ser de prova no caso concreto, mas, de qualquer modo, sempre que a eficácia *erga omnes* estiver operando, há que se dar guarida ao direito de sequela. A questão é, nesse caso, saber se o terceiro agiu com dolo ou culpa ao adquirir os bens empenhados. De qualquer forma, se diminuída ou desaparecida a garantia representada pelos animais empenhados, o credor deve buscar o reforço ou substituição, considerando-se, se for o caso, vencida a dívida de imediato.

Por outro lado, se a alienação a terceiro ocorreu de forma gratuita, a melhor solução será considerar a venda ineficaz para o credor ou mesmo nula, "*pois não faria sentido que se garantisse o lucro do terceiro adquirente às custas do prejuízo desse credor*" (ROMITTI-DANTAS JÚNIOR, 2004, p. 293).

O parágrafo único, com redação péssima, assegura ao credor que na hipótese de pretender o devedor alienar animais dados em penhor ou se se comportar com negligência, pode o primeiro requerer que se depositem os semoventes sob a guarda de terceiro, bem como exigir o imediato pagamento da dívida. Nessas hipóteses, levanta-se sempre a probabilidade de enfraquecimento da garantia.

Quanto à intenção de o devedor alienar os bens, há que se atentar que o parágrafo opera unicamente na hipótese de o credor não ter autorizado. Ademais, como está dito no texto, basta a fundada suspeita de que o devedor vai alienar os animais para que opere a dicção legal. Essa intenção de alienar pode se manifestar de várias formas, o que deve ser apurado no caso concreto. Mais grave e mais razão terá o credor de considerar a dívida vencida, se a venda já se ultimou. Veja o que descremos aqui sobre essa hipótese.

Outra situação mencionada no parágrafo é a negligência do devedor. É claro que a hipótese abrange não somente a negligência, mas todas as situações em que, por culpa, o devedor coloca em periclitação a garantia pignoratícia, por imprudência, negligência ou imperícia. Não há qualquer razão para se restringir a noção de culpa nesse dispositivo de redação ruim, como apontamos.

No parágrafo, há, portanto, uma opção para o credor entre pedir o depósito dos animais junto a terceiro ou o pagamento imediato da dívida. Caberá ao credor provar que está prestes a sofrer prejuízo.

**Art. 1.446. Os animais da mesma espécie, comprados para substituir os mortos, ficam sub-rogados no penhor.
Parágrafo único. Presume-se a substituição prevista neste artigo, mas não terá eficácia contra terceiros, se não constar de menção adicional ao respectivo contrato, a qual deverá ser averbada.**

Há uma presunção de que os animais, comprados para substituir os mortos, substituem, ou seja, sub-rogam-se no penhor existente. Essa presunção, que é relativa, opera com relação ao credor. Mas essa sub-rogação apenas terá eficácia com relação a terceiros se for incluída em aditivo contratual que deverá ser averbado junto ao registro do penhor. Se o registro originário é necessário, essa alteração também o é para a eficácia *erga omnes*. Nesse caso, há uma sub-rogação real, uma coisa é substituída por outra. A sub-rogação pode não operar se essa não for a intenção das partes. Pode ocorrer, por outro lado, que o devedor se recuse a assinar o aditivo do contrato. Como essa substituição dos animais ocorre por força de lei, o aditivo é apenas um complemento. O credor poderá ingressar com ação de obrigação de fazer, substitutiva de declaração de vontade, ou, eventualmente, considerar vencida a obrigação por definhamento da garantia, sem prejuízo de perdas e danos. A exigência imediata da obrigação decorre do art. 1.425, I.

O dispositivo se reporta a "animais da mesma espécie", expressão que deve ser vista com cuidado no caso concreto. Há penhores cuja raça específica dos animais conta muito; outros nem tanto. Desse modo, os animais podem ser da mesma espécie, mas podem ter valores diferentes em razão de raça, sexo, peso etc. O penhor pecuário recai sobre um rebanho, uma universalidade de fato, e não sobre cada animal em particular.

Seção VI
Do Penhor Industrial e Mercantil

**Art. 1.447. Podem ser objeto de penhor máquinas, aparelhos, materiais, instrumentos, instalados e em funcionamento, com os acessórios ou sem eles; animais, utilizados na indústria; sal e bens destinados à exploração das salinas; produtos de suinocultura, animais destinados à industrialização de carnes e derivados; matérias-primas e produtos industrializados.
Parágrafo único. Regula-se pelas disposições relativas aos armazéns gerais o penhor das mercadorias neles depositadas.**

Não existe diferença ontológica entre o penhor agrícola ou pecuário e o industrial ou rural. Todos buscam fomentar as atividades de produção especificadas. Também no penhor industrial ou agrícola a destinação do financiamento é essencial, como já explanado. As fraudes devem, portanto, ser apuradas no caso concreto, cabendo ao financiador, por seus prepostos, a devida fiscalização.

A listagem dos bens empenháveis presente nesse artigo não é exaustiva, permitindo ampla margem de escolha por parte do tomador do empréstimo. O Decreto-lei nº 413/1969 apresenta também outra listagem bastante ampla. Podem ser dados em penhor industrial os bens utilizados nessa atividade. Da mesma forma que o penhor mercantil, e outros vistos neste Código, os bens empenhados permanecem na posse do devedor, que os deve preservar como depositário (art. 1.431, parágrafo único). Como se nota pelo elenco legal, podem ser dados em penhor tanto bens móveis típicos, como aqueles imobilizados por acessão física ou intelectual.

Aduz o parágrafo único que o penhor de mercadorias depositadas em armazéns gerais regula-se pela legislação específica. Assim, aplica-se, em princípio, o Decreto nº 1.102/1903, que cuida dos armazéns gerais, empresas, pessoas jurídicas ou naturais, que objetivam a guarda e conservação de mercadorias. Os depósitos ali efetuados são representados por duas modalidades de títulos de crédito, o *conhecimento de depósito* e o *warrant*. Os armazéns passaram um recibo da guarda das mercadorias ali confiadas. Eventuais retiradas parciais são anotadas no verso. O conhecimento de depósito incorpora o direito de propriedade sobre as mercadorias e o *warrant* se refere ao crédito e valor delas. Esses títulos podem ser endossados em conjunto ou separadamente. Se forem transferidos conjuntamente, o cessionário adquire o direito de livre disposição da mercadoria em depósito. Quem se apresentar perante o armazém com os dois títulos terá direito a receber a mercadoria. Se for endossado apenas o *warrant*, separado do conhecimento de depósito, o que se transfere é o penhor sobre a mercadoria depositada. E se transferido o conhecimento de depósito, apenas, o cessionário terá a faculdade de dispor da mercadoria, resguardando-se os direitos do credor do *warrant*. Desse modo, o penhor das mercadorias depositadas é representado pelo *warrant*, ou mais especificamente por seu endosso. A matéria, com inúmeras particularidades descritas no decreto mencionado, deve ser aprofundada nas obras específicas.

🔨 Agravo – Execução – **Penhor mercantil** – Penhora sobre bens dados em garantia – Exigência legal. O § 2º do art. 655 do CPC exige que no processo de execução a penhora recaia sobre o bem dado em garantia, nada impedindo que este seja fungível e destinado à comercialização (*TJMS* – AI 2006.005617-7/0000-00, 6-6-2006, Rel. Elpídio Helvécio Chaves Martins).

Art. 1.448. Constitui-se o penhor industrial, ou o mercantil, mediante instrumento público ou particular, registrado no Cartório de Registro de Imóveis da circunscrição onde estiverem situadas as coisas empenhadas.

Art. 1.449

Parágrafo único. Prometendo pagar em dinheiro a dívida, que garante com penhor industrial ou mercantil, o devedor poderá emitir, em favor do credor, cédula do respectivo crédito, na forma e para os fins que a lei especial determinar.

Para esses financiamentos com destinação específica, além do registro imobiliário do instrumento público ou particular, podem ser emitidas as respectivas cédulas. Se o registro confere a devida publicidade, a especialização deve ser feita pela descrição detalhada dos bens oferecidos em penhor no instrumento. O presente artigo se situa nos mesmos termos do art. 1.438, *caput*, para cujos comentários remetemos o leitor.

Quando a dívida for estipulada para pagar em dinheiro, pode ser emitida a respectiva cédula, que também ganha eficácia com relação a terceiros desde a data de seu registro imobiliário. Trata-se do mesmo sentido da mencionada cédula rural pignoratícia, referida no art. 1.438. Note que nem sempre o penhor deve ser pago em dinheiro, podendo ter sido o pagamento estipulado em outra espécie. O Decreto-lei nº 413/1969 regula a emissão da cédula de crédito, tendo previsto a emissão de dois títulos, a cédula de crédito industrial e a nota de crédito industrial, sendo que nesta última não há qualquer garantia real (art. 15). A cédula de crédito possui garantia real (art. 9º). Somente instituições financeiras podem atuar nesse segmento, quando devidamente autorizadas. A vantagem real das cédulas, todas elas, é a possibilidade de circulação por endosso, como título de crédito, mantendo-se a garantia real. Os requisitos da cédula estão enunciados no art. 14 do referido Decreto-lei.

Incidente de verificação e de habilitação de crédito. Preliminar de não conhecimento do recurso. Rejeição. Razões recursais impugnam suficientemente a decisão recorrida. Preliminar de nulidade da decisão. Desacolhimento. Motivação sucinta não equivale à ausência de fundamentação. Crédito garantido por penhor mercantil de primeiro grau. Concursalidade. Inclusão na classe dos credores com garantia real. Eventual insuficiência da garantia em momento posterior a sua constituição não implica, para fins de classificação do crédito, redução do montante atribuído ao bem empenhado. Crédito, ademais, suficientemente garantido na data do pedido de recuperação judicial. Decisão mantida. Recurso não provido (*TJSP* – Ag 2214486-11.2019.8.26.0000, 1-7-2020, Rel. Gilson Delgado Miranda).

Agravo de instrumento. Execução de título extrajudicial. **Penhor mercantil** registrado apenas no cartório de títulos e documentos. Contrato firmado pelo executado com a instituição financeira posteriormente à entrada em vigor do novo estatuto civil. Necessidade de registro perante o cartório de registro de imóveis. Ausência dos requisitos legais à luz do que dispõe o novo código civil no artigo 1.448. Ineficácia perante terceiro que penhorou o bem objeto da lide anteriormente à penhora efetivada pelo banco. Reforma da decisão recorrida. Para o contrato de penhor mercantil constituir-se validamente perante terceiros, afigura-se imprescindível o cumprimento das enunciações taxativamente expressas na lei concernentes a necessidade de registro no Cartório de Registro de Imóveis da circunscrição onde estiverem situadas as coisas empenhadas. Inteligência do artigo 1.448 do Código Civil de 2002. Recurso conhecido e provido (*TJPR* – AI 0406229-7, 20-6-2007, Rel. Des. Shiroshi Yendo).

Art. 1.449. O devedor não pode, sem o consentimento por escrito do credor, alterar as coisas empenhadas ou mudar-lhes a situação, nem delas dispor. O devedor que, anuindo o credor, alienar as coisas empenhadas, deverá repor outros bens da mesma natureza, que ficarão sub-rogados no penhor.

Esse artigo está em paralelo com o art. 1.445, cujos comentários se aplicam, embora aqui a redação esteja melhor. A tônica é sempre a necessidade de conservação dos bens empenhados, uma vez que sua posse estará com o devedor. Note que o art. 1.445 fala em consentimento *prévio*, o que não é repetido aqui, e, como comentado, é irrelevante. O que importa é que haja o consentimento do credor, antes ou depois da modificação ou alteração dos bens. O devedor pode, por exemplo, modificar radicalmente a utilização de uma máquina dada em penhor. As partes podem fazer outros tratos que concedam flexibilidade à regra, permitindo, por exemplo, substituição de um ou de alguns bens. O art. 44 do Decreto-lei nº 413/1969 estipula que quando o penhor consistir de matéria-prima, uma quantidade suficiente dela ou dos produtos resultantes devem permanecer em estoque para a garantia. Nesse caso, o penhor se transfere da matéria-prima para os produtos do devedor.

Art. 1.450. Tem o credor direito a verificar o estado das coisas empenhadas, inspecionando-as onde se acharem, por si ou por pessoa que credenciar.

O presente artigo repete o texto do 1.441. O direito de verificar o objeto da garantia é direito inafastável do credor que o fará por si ou por meio de prepostos.

Seção VII
Do Penhor de Direito e Títulos de Crédito

Art. 1.451. Podem ser objeto de penhor direitos, suscetíveis de cessão, sobre coisas móveis.

O penhor também pode incidir sobre bens incorpóreos. O Código Civil de 1916 dedicou os arts. 789 a 795 à denominada *caução dos títulos de crédito*, equiparando-a ao penhor, tanto no tocante aos títulos nominativos da dívida pública, quanto aos títulos de crédito pessoal. Este Código abre a seção neste artigo, apontando a possibilidade de penhor sobre bens incorpóreos. Não apenas os direitos de crédito podem ser objeto de penhor, mas também os bens incorpóreos dominicais, como, por exemplo, os direitos de autor e de propriedade industrial. O princípio geral consiste sempre no poder de alienação: o que é alienável, isto é, o que pode ser objeto de cessão, também é empenhável. O penhor de ações de sociedade anônima classifica-se como caução de direitos incorpóreos em geral e não de títulos de créditos, pois a ação não o é, mas sim uma fração do capital social. É bem ampla, portanto, a possibilidade de caucionar direitos de crédito como o do locador em relação ao inquilino; do vendedor em relação às prestações que recebe do comprador etc. O Decreto nº 24.778/1934 dirimiu dúvidas ao admitir expressamente o penhor de créditos garantidos já por penhor ou hipoteca. A lei permite, portanto, que o credor pignoratício receba em garantia outro crédito já gravado. Pelo art. 2º dessa lei, permite-se que tal credor leve à praça o crédito recebido em garantia ou o execute diretamente. É obedecido o critério de prioridade, não podendo ser prejudicado o primeiro credor hipotecário ou pignoratício.

No tocante aos créditos, é importante observar que o penhor pode recair diretamente sobre o crédito, bem de vida realizável em um valor, como qualquer outro bem corpóreo, ou em um *crédito incorporado em um título*. Na caução de títulos de crédito, existe a materialização do penhor na cártula representativa e literal; no penhor tão só do crédito, o penhor recai precipuamente em direitos. Em qualquer caso, o penhor cria um direito de se satisfazer uma dívida com um valor.

Quando se trata de caução de títulos de crédito, a materialização da posse do título equipara o penhor ao das coisas corpóreas em geral. O objeto, porém, não é o penhor da coisa, mas o penhor do crédito, ainda que representado por uma cártula.

Neste Código, os arts. 1.451 a 1.457 tratam do penhor de direitos em geral, ou seja, os créditos em geral. Os arts. 1.458 a 1.460 disciplinam especificamente o penhor sobre títulos de crédito, naqueles cujo objeto é o próprio título que documenta o direito, dentro do princípio cartular.

Como afirma o Código, o direito aqui referido que pode ser empenhado deve recair sobre coisas móveis. Além dos bens que naturalmente são móveis, para efeitos legais são considerados móveis os direitos pessoais de caráter patrimonial (art. 83, II e III). O direito empenhado não precisa ter como objeto necessariamente dinheiro, podendo consistir em outra coisa. O penhor de créditos tem como particularidade, de um lado, o credor pignoratício, e, de outro, uma obrigação na qual um credor (que assume a posição de devedor pignoratício) e um devedor.

Art. 1.452. Constitui-se o penhor de direito mediante instrumento público ou particular, registrado no Registro de Títulos e Documentos.
Parágrafo único. O titular de direito empenhado deverá entregar ao credor pignoratício os documentos comprobatórios desse direito, salvo se tiver interesse legítimo em conservá-los.

De acordo com o art. 789 do Código de 1916, a caução de títulos oficiais ocorria com a devida transcrição, algo que efetivamente permanece. Para os títulos privados, o art. 790 apontava para a tradição da cártula (art. 790), provando-se a caução por escrito (art. 791). Este Código define que o penhor de direito constitui-se mediante instrumento público ou particular, registrado no Cartório de Títulos e Documentos. Já foi várias vezes mencionada a função do registro, aqui especificamente no Cartório de Títulos e Documentos. A ausência de registro público faz com que o penhor não opere com relação a terceiros, o que nulifica a eficácia da garantia. O instrumento deve garantir a devida especialização, com a descrição do bem dado em garantia. O titular do direito empenhado deve entregar ao credor pignoratício os documentos comprobatórios desse direito, salvo se tiver interesse legítimo em conservá-lo, como reza esse parágrafo único. Esse interesse legítimo deve evidentemente ressaltar provado, devendo ser analisado no caso concreto. Nada impede, por outro lado, que o credor permita expressamente a posse dos documentos pelo devedor.

A lei é expressa ao mencionar a necessidade de tradição dos documentos comprobatórios do direito. Quais são esses documentos dependerá muito da casuística no caso concreto. A regra será a entrega dos documentos ao credor. Será excepcional que o devedor permaneça com eles, provando *"legítimo interesse em conservá-los"*. Esse legítimo interesse deve ser avaliável pelas partes, devendo então o credor concordar com a posse do devedor. Pode ocorrer, por exemplo, que o credor tenha necessidade de manter os documentos por exigência fiscal, por exemplo. Como se nota, não difere essa entrega de documentos com a transferência de posse de coisas corpóreas, pois a finalidade continua a ser a publicidade do ato e maior efetividade da garantia. É evidente que o fato de o documento representativo de um direito não estar em mãos do credor, mas de um terceiro, credor pignoratício, traz notoriedade aos que transitam no universo dos negócios.

Art. 1.453. O penhor de crédito não tem eficácia senão quando notificado ao devedor; por notificado tem-se o devedor que, em instrumento público ou particular, declarar-se ciente da existência do penhor.

O devedor deve saber a quem deve pagar. Para isso deve ser devidamente cientificado que existe outra pessoa legitimada a receber. Não importa a forma pela qual a notificação seja ultimada, desde que seja idônea. Faz-se por via judicial ou cartorária, conforme o art. 160 da Lei dos Registros Públicos (Lei nº 6.015/1973). Nada impede, também, que seja ultimada por outras formas, comprovando a efetiva ciência do interessado. Estando ciente sobre a quem pagar, não poderá mais o devedor da obrigação pagar ao credor originário. Como estamos em sede de direito disponível, as partes podem acertar diferentemente a questão da ciência, bem como o pagamento da dívida. Como regra, o credor pignoratício é o maior interessado em notificar o *solvens*, mas nada impede que o próprio devedor ou terceiro o faça. O que realmente importa é dar conhecimento do penhor ao devedor pignoratício. Se o devedor for incapaz, a ciência deve ser dada ao seu representante legal.

De qualquer forma, em que pese o registro do penhor conceder eficácia *erga omnes*, com relação ao devedor da obrigação, há necessidade dessa ciência específica, e é imprescindível, cuja razão ressalta óbvia. Nada menciona a lei sobre o prazo em que deve ser feita a notificação. Parece elementar que a ciência deve ser dada antes do vencimento, com tempo hábil para que o *solvens* possa direcionar o pagamento. No entanto, nada impede que a ciência ocorra após o vencimento, se o pagamento ainda não foi feito, ainda porque créditos vencidos também podem ser dados em penhor. Se houver mais de um devedor, todos devem ser notificados, ainda que devedores solidários. Não pode pagar mal, por exemplo, o devedor solidário que não foi notificado e efetua o pagamento ao credor originário. Em síntese, aplicam-se as regras do pagamento do Código Civil, inclusive quanto ao pagamento feito de boa-fé e ao credor putativo (art. 309).

Art. 1.454. O credor pignoratício deve praticar os atos necessários à conservação e defesa do direito empenhado e cobrar os juros e mais prestações acessórias compreendidas na garantia.

Ao assumir a posição de credor pignoratício de um direito, o sujeito assume a mesma posição do titular desse direito, devendo zelar por este como se fosse seu. Afora responsabilizar-se pela integralidade da cártula em si, ou outro documento, incumbe-lhe, por exemplo, interromper a prescrição ou efetuar o protesto, se isso for necessário. O princípio é o mesmo que se aplica às coisas corpóreas, com as devidas adaptações. Há, por outro lado, maior amplitude nesse direito quando subjacente ao crédito está um direito corpóreo, como, por exemplo, o penhor do crédito garantido por hipoteca. Nesse caso, incumbe também ao credor pignoratício do crédito não só zelar por seu crédito em si, como também pela existência, preservação e higidez do bem hipotecado. Nesse exemplo, há, portanto, dois credores com interesse na preservação do bem, pois o credor hipotecário também o é.

Por outro lado, tendo em vista a segunda parte do artigo, reassume-se que o penhor de um crédito incide também sobre seus acessórios, tais como juros e mais prestações. O crédito empenhado, como regra geral, só poderá ser cobrado no seu vencimento ou nas situações excepcionais que a lei autoriza. Quando a prestação não for em dinheiro, mas consistir na entrega de uma coisa, esta deve ser entregue também com todos os seus acessórios, salvo ressalva na avença.

**Art. 1.455. Deverá o credor pignoratício cobrar o crédito empenhado, assim que se torne exigível. Se este consistir numa prestação pecuniária, depositará a importância recebida, de acordo com o devedor pignoratício, ou onde o juiz determinar; se consistir na entrega da coisa, nesta se sub-rogará o penhor.
Parágrafo único. Estando vencido o crédito pignoratício, tem o credor direito a reter, da quantia recebida, o que lhe é devido, restituindo o restante ao devedor; ou a excutir a coisa a ele entregue.**

Como consequência da posição subjetiva que assume, conforme estampado no artigo anterior, o credor pignoratício deve cobrar o crédito respectivo, assim que se torne exigível. Se se tratar de dinheiro, depositará a importância de acordo com o pacto estabelecido com o devedor pignoratício. Se o objeto da obrigação for uma coisa, recebida esta, nela se sub-rogará o penhor. Assim, a cobrança aqui referida pode ocorrer de várias formas, além dessas, a começar pelo pagamento voluntário até a ação judicial.

Se o seu crédito já estiver vencido, ao receber numerário, poderá retê-lo para seu próprio pagamento, restituindo eventual supérfluo ao devedor, ou, então, não estando satisfeito, total ou parcialmente, poderá excutir seu crédito. Poderá também reter as despesas necessárias para a cobrança e o mais previsto na lei ou no contrato, mesmo que o crédito não esteja vencido. Como aponta Gladston Mamede (2003, p. 257), a situação cria de fato uma situação esdrúxula na qual há uma dívida em dinheiro garantida por dinheiro.

Se o objeto da prestação for entrega de coisa, o credor pignoratício deverá então aguardar o vencimento do seu crédito para cobrá-lo, mantendo a coisa consigo como depositário, se outra forma não foi estabelecida em contrato. Sobre tal coisa se sub-rogará o penhor, conforme exposto, a qual poderá ser excutida, se for o caso.

Art. 1.456. Se o mesmo crédito for objeto de vários penhores, só ao credor pignoratício, cujo direito prefira aos demais, o devedor deve pagar; responde por perdas e danos aos demais credores o credor preferente que, notificado por qualquer um deles, não promover oportunamente a cobrança.

A hipótese enfoca a possibilidade de vários penhores sobre o mesmo crédito. O devedor deste só pode pagar ao que tiver preferência. Se não tiver condições de saber quem é o preferente, ou se tiver dúvida, a saída será a consignação. É ônus do credor preferente promover a cobrança. Se for omisso, poderá ser notificado pelos demais para fazê-lo, por qualquer um deles, sob pena de responder por sua desídia. Isso porque os credores que não tiverem preferência não possuem legitimidade para acionar o devedor do título, dependendo da iniciativa do preferente.

Note que o art. 1.422 somente se refere à hipoteca quanto à prioridade no registro. No entanto, como o presente artigo refere-se à preferência de um dos credores pignoratícios, sem estabelecer critério, tudo é no sentido que se aplica o referido art. 1.422, qual seja, preferência em razão do registro, salvo se as partes estabeleceram diferentemente.

Art. 1.457. O titular do crédito empenhado só pode receber o pagamento com a anuência, por escrito, do credor pignoratício, caso em que o penhor se extinguirá.

Quando um crédito estiver empenhado, o seu titular respectivo não mais pode recebê-lo, pois essa legitimidade passa a ser do credor pignoratício. Como é óbvio, o devedor deve ser cientificado a quem deve pagar e uma vez conhecendo o penhor, não poderá pagar mais ao beneficiário que consta originalmente do título. Se mesmo assim pagar ao *accipiens* indevido, pagará mal. Por isso, esse artigo é expresso no sentido de que o titular de crédito empenhado só poderá receber o pagamento com anuência, por escrito, do credor pignoratício, caso em que o penhor se extinguirá. Trata-se, portanto, de uma modalidade de extinção do penhor de crédito.

Nada obsta que o credor pignoratício constitua mandatário para receber e dar quitação ao devedor pignoratício ou ao terceiro titular do crédito empenhado. O mandato nesse caso deve ser expresso com poderes específicos.

Art. 1.458. O penhor, que recai sobre título de crédito, constitui-se mediante instrumento público ou particular ou endosso pignoratício, com a tradição do título ao credor, regendo-se pelas Disposições Gerais deste Título e, no que couber, pela presente Seção.

Os princípios de direito cambiário devem sempre ser lembrados no campo do penhor de títulos de crédito. Os títulos de crédito são, em princípio, regidos por leis específicas, atingidos pelo Código Civil, no que não conflitar. Há todo um universo doutrinário a embasar a matéria que deve ser especificamente estudada. Aqui não se trata de um direito incorpóreo em geral, mas de penhor incidente sobre título de crédito, que se materializa em documento escrito. Nesse caso, não é de todo deslocado afirmar-se que o penhor incide sobre o crédito cartularizado, o qual se entende por corpóreo.

Este Código traz princípios fundamentais sobre os títulos de crédito nos arts. 887 ss, que se completam ou são completados por vasta legislação complementar. Daí por que se chama a atenção para o fato de que o penhor de título de crédito pode ser constituído por "*endosso caução*". Sob esse prisma, o presente artigo expõe que o penhor sobre título de crédito se constitui mediante instrumento público ou particular, ou então pelo endosso, com a tradição do título. Nesse mesmo sentido, o Código de 1916 afirmara, no art. 790, que se equipara ao penhor a caução de títulos de crédito; completando o art. 791 que essa caução principia a ter efeito com a tradição do título ao credor. O endossatário-pignoratício é credor do endossante e não do devedor. A dívida estampada na cártula não é crédito seu, mas garantia de seu crédito.

Art. 1.459. Ao credor, em penhor de título de crédito, compete o direito de:
I – conservar a posse do título e recuperá-la de quem quer que o detenha;
II – usar dos meios judiciais convenientes para assegurar os seus direitos, e os do credor do título empenhado;
III – fazer intimar ao devedor do título que não pague ao seu credor, enquanto durar o penhor;
IV – receber a importância consubstanciada no título e os respectivos juros, se exigíveis, restituindo o título ao devedor, quando este solver a obrigação.

A caução ou penhor de títulos de crédito tem particularidades próprias, razão pela qual o legislador enuncia obrigações específicas a esse credor pignoratício. Nesse aspecto, há de ser examinado o presente artigo em conjunto com os arts. 887 ss, que tratam dos títulos de crédito, bem como a legislação extravagante pertinente.

Ao receber os títulos em caução, esses são os direitos do credor pignoratício. Passa a ser legítimo possuidor da cártula. Pode e deve exercer todas as ações que competiria ao devedor beneficiário dos títulos. Sua legitimidade é ampla, portanto, Como possuidor, responde por eventuais prejuízos que causar ao devedor pignoratício, deixando, por exemplo, prescrever a ação de cobrança ou não tomando as medidas necessárias para obstar o devedor do título de praticar fraude contra credores ou se tornar insolvente. Aplica-se a regra geral pela qual o credor deve aplicar na coisa todo cuidado e zelo do homem médio.

Trata-se, portanto, de cuidados materiais e jurídicos. O credor deve zelar pela incolumidade e higidez da cártula. Como se vê, sob esse aspecto cuida-se de um penhor sobre coisa corpórea. É sua a obrigação de intimar o devedor sobre quem deve pagar, embora qualquer outro interessado possa fazê-lo.

Se o credor pignoratício receber valor superior a seu crédito, deve entregar o supérfluo ao devedor, ficando até a entrega como depositário da quantia. Trata-se de mais uma disposição que acentua a proibição do pacto comissório.

Tão logo receba a posse dos bens em caução, o credor pignoratício deve dar ciência ao devedor do título, que não mais poderá pagar ao caucionante, sob pena de pagar mal. O penhor de crédito não terá eficácia senão quando notificado ao devedor. A razão é evidente porque este deverá estar ciente da pessoa a quem deve pagar. Por notificado se tem o devedor que, em instrumento público ou particular, declarar-se ciente da existência do penhor (art. 1.453). A notificação ou intimação do devedor faz-se por qualquer meio idôneo, desde a simples ciência em carta, por correio eletrônico e até mesmo pela via judicial.

O credor pignoratício, nesse caso, que recebeu o título por endosso-caução, pode autorizar terceiro a receber o crédito por meio de endosso-mandato, salvo proibição expressa do seu devedor.

**Art. 1.460. O devedor do título empenhado que receber a intimação prevista no inciso III do artigo antecedente, ou se der por ciente do penhor, não poderá pagar ao seu credor. Se o fizer, responderá solidariamente por este, por perdas e danos, perante o credor pignoratício.
Parágrafo único. Se o credor der quitação ao devedor do título empenhado, deverá saldar imediatamente a dívida, em cuja garantia se constituiu o penhor.**

Há duas situações que afloram do *caput*. A do devedor do título, que embora ciente do penhor paga ao seu credor primitivo, e a do credor do título, que apesar de tê-lo dado em caução, dá quitação ao devedor.

A quitação do título implica em entrega da cártula do *solvens* (art. 901, parágrafo único). Todavia, na maioria das vezes, o título fora entregue ao credor pignoratício. Receberá então tão só um recibo. Em princípio, portanto, não seria possível a quitação válida e o *solvens* estaria pagando mal. A situação descrita no artigo parece somente possível quando o título está, por qualquer razão, com o devedor pignoratício caucionante. Nesse caso, a quitação será válida, mas ambos, *solvens* e *accipiens*, responderão solidariamente por perdas e danos. Presume-se a má-fé bilateral, porque quem paga sabia que não poderia pagar e quem recebe sabia que não poderia receber. Desaparecidos o crédito e a cártula, desaparece assim a garantia. Por essa razão, o parágrafo único mostra-se rigoroso com o caucionante de título que dá quitação ao devedor do título. Com esse ato, o caucionante faz desaparecer a garantia, estatuindo a lei o vencimento antecipado de sua dívida, ficando *obrigado a saldar imediatamente a dívida*. Por outro lado, se o devedor do título, ciente da caução, aceitar a quitação do devedor caucionante, responderá solidariamente com este por perdas e danos perante o credor pignoratício do crédito caucionado. Em ambas as situações ocorrem o desaparecimento da garantia.

Seção VIII
Do Penhor de Veículos

Art. 1.461. Podem ser objeto de penhor os veículos empregados em qualquer espécie de transporte ou condução.

Este Código introduz regulamentação sobre penhor de veículos. O instituto tem por finalidade fornecer mais um instrumento de crédito e fomentar a indústria automobilística. Tendo em vista as particularidades que cercam os veículos, a matéria requer ampla regulamentação legislativa. Veículo é essencialmente um meio de transporte. Seu desuso é patente, tendo em vista formas mais modernas de garantias.

Por esse artigo, podem ser objeto desse penhor os veículos empregados em qualquer espécie de transporte ou condução, de coisas ou pessoas. Desse modo, incluem-se no dispositivo os automóveis, caminhões, ônibus, carretas, reboques, tratores, lanchas, barcos, barcaças, *jet skis* etc. Os navios e aeronaves, meios de transporte de grande porte, sujeitam-se à hipoteca (art. 1.473). Pode-se argumentar que, por exemplo, os tratores e os *jet skis* não são meios de transporte, não podendo se submeter a esse penhor, o que, na verdade, dependerá de regulamentação.

**Art. 1.462. Constitui-se o penhor, a que se refere o artigo antecedente, mediante instrumento público ou particular, registrado no Cartório de Títulos e Documentos do domicílio do devedor, e anotado no certificado de propriedade.
Parágrafo único. Prometendo pagar em dinheiro a dívida garantida com o penhor, poderá o devedor emitir cédula de crédito, na forma e para os fins que a lei especial determinar.**

Da mesma forma que penhores anteriormente vistos, o de veículos também se constitui por instrumento particular ou público. O registro direcionado é o Cartório de Títulos e Documentos do domicílio do devedor. Há uma particularidade a mais aqui: a referência à anotação no certificado de propriedade, como ocorre também com outras modalidades de financiamento. Há veículos que não possuem certificado de propriedade, o que pode, em princípio, dificultar a constituição do penhor, mas não deve ser óbice a impedi-lo. Essa matéria merece regulamentação. Há, portanto, possibilidade de um registro dúplice nesse penhor.

O parágrafo, na mesma senda de outros penhores já vistos, também permite a emissão de cédula de crédito, conforme lei especial, quando a obrigação for para pagar em dinheiro. A lei deve regulamentar a forma de emissão dessa cédula, embora nada obste que os Decretos-leis nºs 413/1969 e 167/1967, referentes às cédulas de crédito industrial e rural, possam ser aplicados por analogia. Como já examinado nos arts. 1.438 e 1.448, a finalidade dessa cédula é a circulação do crédito.

🔎 **Embargos de Terceiro** opostos em ação de busca e apreensão fundada em alienação fiduciária. Terceiro de boa-fé. Gravame que não foi escrito no certificado de propriedade do veículo. Anotação no Sistema Nacional de Gravames que não supre a exigência legal de publicidade através do certificado do veículo. A falta de publicidade torna ineficaz a alienação fiduciária em relação a terceiros. Oponibilidade relativa do direito. Aplicação da Súmula 92 do STJ. Sentença de parcial procedência dos embargos confirmada. Recurso não provido (*TJSP* – Acórdão: Apelação Cível nº 1220722 – 0/5, 4-2-2009, Rel. Des. Carlos Alberto Garbi).

Art. 1.463. (Revogado pela Lei 14.179/2021)

A Lei 14.179/2021 revogou o art. 1.463, porém, em razão de sua relevância, manteremos os comentários ao referido artigo.

Como o veículo empenhado representa a garantia da dívida, e tendo em vista sua inerente mobilidade e vicissitudes que enfrente, esse artigo impõe que o penhor somente se torna possível desde que previamente segurados os veículos contra furto, avaria, perecimento e danos causados por terceiros. Não se trata, portanto, do chamado seguro obrigatório. Como se nota, a difusão desse penhor também mobilizará o campo securitário.

A ideia é que o bem esteja segurado durante todo o período do gravame. O seguro deve ter por objeto o valor do bem, ainda que o valor da dívida seja diverso. O dispositivo não estipula o valor do seguro por danos causados a terceiros. As regras de mercado devem operar, se não houver atos normativos a esse respeito.

Art. 1.464. Tem o credor direito a verificar o estado do veículo empenhado, inspecionando-o onde se achar, por si ou por pessoa que credenciar.

Como em todo seguro no qual a coisa fica com o devedor ou com terceiro, o credor tem o direito de verificar o estado da coisa dada em garantia. A mesma regra está presente no penhor rural (art. 1.441) e para o penhor industrial e mercantil (art. 1.450). Caso haja resistência ou recusa injustificada do devedor, o credor poderá obter meios de verificar a coisa por meios judiciais.

Art. 1.465. A alienação, ou a mudança, do veículo empenhado sem prévia comunicação ao credor importa no vencimento antecipado do crédito pignoratício.

Também aqui se cuida na permanência e proteção das garantias, como em outros penhores. A alienação do veículo não extingue o penhor, mas dificulta sobremaneira ou mesmo impossibilita a excussão. *Mudança* é termo que pode ser entendido como deslocamento da coisa. Não parece ser esse o sentido da norma e não foi feliz a expressão do legislador. Todavia, o contrato pode especificar que o veículo não poderá se deslocar para fora de determinada área, região ou município de forma eventual ou permanente.

A mudança do veículo, que mais se amolda ao instituto, parece ser a que implica em alteração de sua natureza, a qual pode igualmente depauperar a garantia. Nada impede, contudo, que tanto a alienação como a mudança seja consentida pelo credor. Também, de acordo com o texto, a prévia comunicação da alienação ou da mudança é obrigação do devedor, a fim de possibilitar ao credor as tomadas de medidas acautelatórias, se for o caso. A inobservância do preceito ou eventual fraude poderá sujeitar o devedor à responsabilidade civil e penal. Não se esqueça que o possuidor, nesse caso, está equiparado ao depositário e assim é tratado pela legislação.

A lei determina a comunicação dessas mudanças ao credor, mas não esclarece qual a modalidade. Há que se entender que toda comunicação é idônea desde que se comprove o recebimento. Se há necessidade de comunicação, há que se analisar o motivo dessa exigência.

Questiona-se se essa comunicação ao credor implica em necessidade de sua autorização. Tudo é no sentido afirmativo, de outra forma a simples comunicação ficaria vazia de sentido. Cabe ao credor verificar em cada caso se eventual mudança altera, diminui ou faz desaparecer a garantia, podendo então tomar as providências necessárias, mormente considerar a dívida vencida, como está na lei.

Art. 1.466. O penhor de veículos só se pode convencionar pelo prazo máximo de dois anos, prorrogável até o limite de igual tempo, averbada a prorrogação à margem do registro respectivo.

Os veículos sofrem desgaste natural e, cada vez mais, na sociedade industrializada, são instrumentos substituíveis e descartáveis. Por essa razão, não é conveniente que sirvam de garantia por prazo longo. O limite de dois anos permite uma única prorrogação por igual prazo. Trata-se do mesmo penhor prorrogável e que para isso necessita de averbação à margem do registro. Nada obsta, contudo, que se faça novo penhor sobre a mesma coisa, como já apontamos em casos análogos. Nesse sentido também se colocam os prazos definidos no art. 1.439, que com a redação mais recente não mais apresenta prazos máximos para o penhor agrícola e pecuário. Essa limitação temporal tinha em mira justamente a natureza da coisa empenhada, o limite de crédito a bens que se deterioram e se tornam obsoletos muito rapidamente.

Seção IX
Do Penhor Legal

Art. 1.467. São credores pignoratícios, independentemente de convenção:
I – os hospedeiros, ou fornecedores de pousada ou alimento, sobre as bagagens, móveis, joias ou dinheiro que os seus consumidores ou fregueses tiverem consigo nas respectivas casas ou estabelecimentos, pelas despesas ou consumo que aí tiverem feito;
II – o dono do prédio rústico ou urbano, sobre os bens móveis que o rendeiro ou inquilino tiver guarnecendo o mesmo prédio, pelos aluguéis ou rendas.

A lei estabelece em favor de determinadas pessoas o denominado penhor legal, independentemente de qualquer convenção. Nas presentes hipóteses, a lei confere o penhor, requerendo precedentemente relação negocial de hospedagem ou similar ou de locação e seus respectivos inadimplementos. Leva-se em conta a existência anterior de contrato. Sem essa prévia relação contratual não se tipifica o penhor legal. No entanto, não é o contrato que o gera, mas o inadimplemento da obrigação decorrente.

Nessas situações, a lei chega ao extremo de autorizar que o credor apreenda os bens necessários a suportar a dívida (art. 1.469), antes mesmo de recorrer à autoridade judiciária.

No tocante aos hospedeiros e fornecedores de pousada ou alimento em geral, a lei concede o benefício do penhor, levando em conta o risco dessa atividade, em que o prestador de serviços trava contato com desconhecidos, sem condições de preventivamente se certificar de sua idoneidade. Por essa razão, permite a apreensão de bagagens e pertences dos hóspedes e fregueses. É atitude de que pode tomar o responsável por restaurantes, por exemplo, nos casos de "pindura", quando estudantes de Direito consomem em restaurantes e não pagam. Essa tradição, originada nas duas primeiras faculdades brasileiras fundadas em um 11 de agosto, perdeu totalmente sua razão de ser com a multiplicidade e pulverização de escolas de Direito, cujos integrantes, quiçá, nem têm noção da origem da velha tradição.

A relação jurídica assim estabelecida pode tipificar conduta penal (art. 176 do Código Penal), quando o agente toma refeição, aloja-se em hotel ou se utiliza de meio de transporte sem recursos para pagamento.

A Lei nº 6.533/1978, que dispõe sobre a regulamentação das profissões de artista e de técnico em espetáculos de diversões (Regulamento ao Decreto nº 82.385/1978), estabelece também modalidade de penhor legal:

> "Art. 31. Os profissionais de que trata esta lei têm penhor legal sobre o equipamento e todo o material de propriedade do empregador, utilizado na realização de programa, espetáculo ou produção, pelo valor das obrigações não cumpridas pelo empregador."

Esse penhor atinge o material cênico e o equipamento da empresa empregadora.

Ocupação de cômodo em imóvel residencial – Contrato de hospedagem e não locação – Ocupante que abandona o local por determinado período de tempo – Retenção de bens do ocupante a título de penhor legal – Descabimento na espécie, porquanto não cumpridas as formalidades legais – Ausência de homologação do penhor, nos termos do art. 703 e seguintes do CPC – Restituição dos bens – Cabimento – Danos morais não caracterizados recurso do autor provido em parte (TJSP – Ap. 1098407-88.2018.8.26.0100, 10-6-2020, Rel. Andrade Neto).

Agravo de instrumento. Ação de reintegração de posse. Bens móveis. **Penhor legal**. Apreensão decorrente de não pagamento de aluguéis. Indeferimento da medida liminar. Alegação de nulidade. Ausência de intervenção do ministério público. Preliminar afastada. Direito real de garantia. Impossibilidade de recair sobre bens impenhoráveis. Retenção não legítima. Esbulho configurado. Pedido liminar deferido. Recurso parcialmente provido. Nos termos do art. 1.467, inciso II, do CC, é lícito ao credor de aluguéis apreender os bens móveis pertencentes ao devedor, que guarnecem o prédio, não podendo a retenção recair sobre os bens absolutamente impenhoráveis. Caracterizada a irregularidade da apreensão dos bens decorrentes de penhor legal, em face da impenhorabilidade dos mesmos, configurado está o esbulho possessório, impondo-se o deferimento da medida liminar requerida nos autos da ação de reintegração de posse (TJSC – Acórdão: Agravo de Instrumento nº 2008.031830-3, 4-6-2010, Rel. Des. Edson Ubaldo).

Art. 1.468. A conta das dívidas enumeradas no inciso I do artigo antecedente será extraída conforme a tabela impressa, prévia e ostensivamente exposta na casa, dos preços de hospedagem, da pensão ou dos gêneros fornecidos, sob pena de nulidade do penhor.

Para que se torne efetiva a garantia legal, há que se observar o presente ditame legal. Esse dever de informação, aqui descrito, é um dos direitos fundamentais do consumidor, para a própria validade do contrato, conforme o art. 6º, III, do estatuto consumerista:

> "a informação adequada e clara sobre os diferentes produtos e serviços, com especificação correta de quantidade, características, composição, qualidade, tributos incidentes e preço, bem como sobre os riscos que apresentem".

Desse modo, sem a devida informação prévia do preço e características da hospedagem ou do serviço, não subsistirá o penhor legal. O dever de informação é fundamental no estatuto consumerista.

Art. 1.469. Em cada um dos casos do art. 1.467, o credor poderá tomar em garantia um ou mais objetos até o valor da dívida.

Em princípio, o credor pode tomar tantos objetos quantos bastem para a dívida contraída. Essa apreensão de objetos não pode nunca representar violência contra a pessoa do devedor, havendo sempre que se respeitar a dignidade humana.

Como os beneficiários do penhor legal têm o direito de reter as coisas de hóspedes e inquilinos, parte da doutrina procura identificar na hipótese um direito de retenção. Com ele, porém, não se identifica. Entre outras diferenças, pode-se apontar que, para exercer o direito de retenção, o retentor deve estar na posse do bem, o que não ocorre no penhor legal, em que o credor toma a posse da coisa. O direito de retenção é genérico, para proteger todo aquele que despendeu de boa-fé sobre coisa alheia cuja devolução é exigida. O penhor legal decorre exclusivamente das hipóteses legais. O direito de retenção é utilizado sempre como exceção de defesa. O penhor legal implica ação executória, cobrança por parte do credor. Por fim, a retenção aplica-se a móveis e imóveis, enquanto o penhor legal é reservado apenas a bens móveis.

Art. 1.470. Os credores, compreendidos no art. 1.467, podem fazer efetivo o penhor, antes de recorrerem à autoridade judiciária, sempre que haja perigo na demora, dando aos devedores comprovante dos bens de que se apossarem.

O dispositivo representa a base do penhor legal. Se, por um lado, o penhor pode se materializar sem a intervenção prévia do Judiciário, nada impede que a autoridade policial intervenha, dentro dos limites nem sempre bem observados por esta. Há que se observar que nesse caso temos uma das poucas hipóteses de justiça de mão própria que somente pode ser exercida dentro de estritos limites. A questão maior é entender o que significa tornar *"efetivo o penhor"*. A ideia é que o legislador permite com isso a apreensão material dos bens em garantia, um momento intermediário que antecede a homologação judicial.

Apelação cível. 1. Ação de resolução contratual. Busca e apreensão. Locação. Inadimplência. **Penhor legal** levado a efeito pelo locatário. Desobediência às disposições legais aplicáveis à espécie. Apreensão de equipamentos necessários ao exercício da profissão da locatária. Bens absolutamente impenhoráveis e que ultrapassam, em muito, o valor devido. Abuso de direito configurado. Inteligência do art. 187 do Código Civil. Devolução de materiais que não se encontravam na sala locada quando do cumprimento da busca e apreensão. Responsabilidade do locatário ante o descumprimento do contido no art. 1.470 do Código Civil. Recurso desprovido. Apelação cível 2. Pretensão de condenação do locatário ao pagamento de indenização a título de danos materiais. Impossibilidade em razão da não comprovação dos alegados danos. Majoração do *quantum* arbitrado a título de danos morais – inviabilidade na espécie. Recurso desprovido (*TJPR* – Apelação Cível 416.523-3, 10-10-2007, Rel. Des. Luiz Antônio Barry).

Art. 1.471. Tomado o penhor, requererá o credor, ato contínuo, a sua homologação judicial.

Depois de feita a apreensão das coisas do devedor, deverá o credor, ato contínuo, como determina o texto, requerer a homologação judicial. Entende-se que o credor deverá se dirigir ao órgão judiciário competente, tão logo este estiver disponível. O Código anterior mencionava que deveria ser apresentada a conta de despesas, tabelas de preços e relação dos objetos retidos pelo devedor, *"pedindo a citação dele para em 24 horas pagar, ou alegar defesa"*. Essa parte foi suprimida neste Código, pois é de índole processual. O dispositivo fala aqui em *"ato contínuo"*, o que deve ser avaliado conforme as circunstâncias do caso concreto.

A homologação do penhor legal é regulada pelos arts. 703 a 706 do CPC, entre os procedimentos cautelares específicos.

Segundo o art. 704, a defesa somente pode consistir em:

> *"I – nulidade do processo;*
> *II – extinção da obrigação;*
> *III – não estar a dívida compreendida entre as previstas em lei ou não estarem os bens sujeitos a penhor legal.*
> *IV – alegação de haver sido ofertada caução idônea, rejeitada pelo credor".*

Não se confunde a matéria de defesa nessa ação cautelar com a matéria que pode ser alegada nos embargos à execução, que é ampla, quando da excussão do penhor.

Homologado judicialmente o penhor legal, consolidar-se-á a posse do autor sobre o objeto. Não sendo homologado, o objeto apreendido será entregue ao réu, ressalvada ao autor a cobrança pela via ordinária (art. 706 do CPC). Após a homologação, o credor tem o prazo prescritivo de um ano para a cobrança executiva (art. 206, § 1º). O prazo é de três anos neste Código quando se referir a aluguéis (art. 206, § 3º, I).

Art. 1.472. Pode o locatário impedir a constituição do penhor mediante caução idônea.

Quanto às locações, o penhor legal não recai unicamente sobre móveis, como se reporta a lei, mas também sobre instrumentos e maquinaria colocados no imóvel locado. O presente artigo, contudo, permite que nessa modalidade de penhor legal, o locatário pode impedir sua constituição mediante caução idônea. Somente nessa hipótese de locação. Essa possibilidade não é possível, pela própria natureza, nas demais modalidades de penhor legal.

O Decreto-lei nº 4.191/1942, revogado pelo Decreto-lei nº 413/1969, estabelecia que o penhor industrial não tinha preferência sobre o penhor legal do locador do imóvel, reconhecia implicitamente a garantia sobre máquinas e aparelhos utilizados na indústria, instalados no prédio locado. No entanto, é de se notar que esse penhor legal limitava-se ao que estivesse guarnecendo o prédio, não podendo ser estendido a outros bens do devedor. Também não podia atingir bens que não fossem de propriedade do devedor locatário, mas de terceiros. Por outro lado, a situação típica para o penhor legal somente ocorreria quando o locatário abandonasse o imóvel e o locador imitisse na posse. Enquanto o locatário exercesse a posse, não podia o locador praticar justiça de mão própria, apreendendo os bens do imóvel com violência e transgredindo a proteção possessória, ensejando a intervenção prévia do Judiciário.

CAPÍTULO III
Da Hipoteca

Seção I
Disposições Gerais

Art. 1.473. Podem ser objeto de hipoteca:
I – os imóveis e os acessórios dos imóveis conjuntamente com eles;
II – o domínio direto;
III – o domínio útil;
IV – as estradas de ferro;
V – os recursos naturais a que se refere o art. 1.230, independentemente do solo onde se acham;
VI – os navios;
VII – as aeronaves;
VIII – o direito de uso especial para fins de moradia;
IX – o direito real de uso;
X – a propriedade superficiária.
§ 1º A hipoteca dos navios e das aeronaves reger-se-á pelo disposto em lei especial.
§ 2º Os direitos de garantia instituídos nas hipóteses dos incisos IX e X do caput deste artigo ficam limitados à duração da concessão ou direito de superfície, caso tenham sido transferidos por período determinado.

1. Notícia histórica

Ao comentar os artigos gerais sobre direitos reais de garantia, realçamos a origem comum do penhor e da hipoteca. É difícil precisar com exatidão, no curso da História, o surgimento da hipoteca com os contornos atuais. A hipoteca é direito real sobre coisa alheia. No Direito Romano, não houve originalmente lei alguma que a consagrasse. Seu nascimento está ligado à atividade pretoriana, que garantia ação real reconhecendo a existência desse direito perante o devedor ou terceiros adquirentes. Tudo leva a concluir que a hipoteca tenha obtido suas características no meio rural, quando o rurícola deixava os bens de seu trabalho afetados à liquidação de uma dívida. Antes de Justiniano, contudo, essa situação não se mostra muito clara.

A hipoteca, denominada *pignus obligatum*, em contraposição ao *pignus datum*, surge quando o arrendatário de imóvel rural dava em garantia do pagamento de aluguéis seu gado, escravos e utensílios, sem desapossamento. Posteriormente, também por iniciativa pretoriana, concedeu-se ação real ao credor para reivindicar bens dados em garantia ainda que em posse de terceiros. O termo *hypoteca* surge inserido na codificação de Justiniano.

Conquanto utilizada concomitantemente à hipoteca, manteve-se durante largo tempo da história romana a alienação com fidúcia (*fiducia cum creditore*), muito mais antiga. Nesse instituto, o devedor transferia a coisa ao credor que se tornava proprietário fiduciário, com a obrigação de devolvê-la uma vez paga a dívida. As vantagens para o credor e desvantagens para o devedor com esse sistema eram evidentes. Porém, mesmo nesse período primitivo do instituto, já se notam os característicos clássicos da hipoteca: direito indivisível enquanto persistir a obrigação. Podia a hipoteca ser convencional, testamentária ou tácita (legal). O credor não satisfeito de sua dívida no vencimento poderia exercer contra o devedor ação hipotecária para receber a posse da coisa; poderia vender a coisa hipotecada; possuía direito de preferência sobre o preço, em relação aos demais credores sem preferência, devendo restituir ao devedor o que sobejasse do valor recebido (*superfluum*). Estabelecidas que fossem várias hipotecas sucessivamente sobre o mesmo bem, preferiam, em princípio, as mais antigas em relação às mais recentes. A mais antiga prevaleceria sobre todas as outras. O primeiro credor hipotecário tinha grande vantagem no direito antigo porque poderia vender a coisa como lhe aprouvesse, sem se preocupar com os demais credores. Para evitar esse inconveniente, fazia-se necessária a publicidade do gravame. Os terceiros deveriam ser advertidos da existência de uma prévia hipoteca sobre o bem que lhes era oferecido para nova garantia. No entanto, não há notícia de que o Direito Romano houvesse alcançado um procedimento de publicidade, permanecendo oculta a hipoteca. Somente se atenuava o risco para os novos credores em face da obrigação de o devedor declarar a existência de ônus na constituição de novo gravame e mediante o direito dos demais credores hipotecários sub-rogarem-se nos direitos do primeiro, como pagamento da dívida a este (*ius offerendae pecuniae*). Até o princípio de preferência fixado pela prioridade de data da hipoteca sofria exceções: em favor do Fisco ou da mulher que possuía preferência sobre os bens do marido para restituição do dote, independentemente da data do casamento, por exemplo (CUQ, 1928, p. 676).

A hipoteca ingressou no direito das obrigações de forma assistemática, assimilando o Direito Romano com suas deficiências. Em nosso país, a primeira lei que substituiu as Ordenações foi de 1843 (Lei nº 317), a qual ainda não estabelecia os princípios de especialização e publicidade. A Lei nº 1.237/1864 trouxe importantes modificações, criando o registro geral hipotecário, estabelecendo os princípios da inscrição, especialização e prioridade. Sua disciplina em nosso Código Civil de 1916, como direito real, valendo-se da experiência da legislação anterior, deu segurança e utilidade ao instituto, assentando seus fundamentos nos princípios da publicidade e da especialidade.

Atualmente, a hipoteca perdeu muito de sua importância como garantidora de créditos, principalmente em face das dificuldades de execução e da morosidade processual e do Judiciário em tornar verdadeiramente eficaz essa garantia. A alienação fiduciária de imóveis deverá tomar o papel de maior garantia aos credores, assim como outros instrumentos legislativos futuros que devem ser admitidos em nosso ordenamento.

2. Princípios gerais

A hipoteca, como direito real acessório de garantia, mantém os mesmos preceitos da última fase do Direito Romano. Aplicam-se-lhe os princípios gerais estabelecidos no Código. Tal como os outros direitos de igual natureza, a hipoteca é acessória a uma garantia sendo indivisível. Não se admite entre nós a chamada hipoteca abstrata, existente por si mesma, independente de qualquer crédito.

Considera-se direito real a partir do registro imobiliário. Enquanto não registradas, as hipotecas são válidas e eficazes como garantia estabelecida unicamente entre as partes, tendo, portanto, alcance limitado, meramente obrigacional, princípio que se mantém como normal geral.

No estudo da hipoteca, não se deve perder de vista que, ao lado das normas estruturais estabelecidas no Código Civil, a Lei dos Registros Públicos confere-lhe a necessária instrumentalidade, mostrando-se indissociáveis o exame de ambos os diplomas legais e dos princípios processuais estabelecidos pelo CPC.

A índole da hipoteca foi firmada como sendo sempre de compreensão civil, como determinava o art. 809 do antigo Código. Hoje, a distinção entre direito mercantil e direito civil é irrelevante, muito mais ainda com este Código, mas no passado a disposição era importante.

A publicidade é obtida pelo registro imobiliário, assegurando o conhecimento de terceiros. A especialização requer a descrição do bem e os requisitos da dívida (art. 1.424, IV).

Embora destinada primordialmente aos bens imóveis, tal não é seu traço distintivo exclusivo do penhor, pois se admite para certos bens móveis, como navios e aeronaves. Nesse aspecto se nota traço da evolução histórica. Vimos que em sua origem tanto o penhor como a hipoteca podiam ter por objeto bens móveis e imóveis.

Distingue-se do penhor porque a hipoteca mantém a posse da coisa com o devedor, decorrendo daí sua vantagem como elemento de crédito, buscado por via transversa pelos penhores especiais, criados posteriormente ao Código Civil de 1916.

Como direito real, a hipoteca confere ao credor direito de sequela, permanecendo a garantia, ainda que alienado o bem. A hipoteca não retira o bem do comércio, pois o bem gravado pode ser alienado (art. 1.475).

A excussão do bem hipotecado processa-se da mesma forma que o penhor. Se o valor apurado na alienação judicial não for suficiente para extinguir a dívida, permanece o saldo em aberto como crédito quirografário. Por outro lado, o que sobejar do valor apurado (o supérfluo) pertence ao devedor ou ao terceiro garante.

Tratando-se de direito real, é imprescindível o consentimento do cônjuge do devedor ou terceiro garante casado, como regra geral. Neste Código, mantida essa orientação, aplica-se o disposto no art. 1.647, salvo para o regime de separação absoluta de bens. O consentimento pode ser suprido judicialmente, provada a recusa injusta ou a ausência do cônjuge.

Como ato que implica em princípio de alienação, como vimos, requer plena capacidade. Não unicamente o proprietário, mas também o enfiteuta e o proprietário enfitêutico podem dar em hipoteca.

3. Bens que podem ser dados em hipoteca

O presente artigo mantinha o mesmo rol, substituindo as minas e pedreiras do Código antigo pelos termos recursos naturais (**inciso V**), reportando-se ao art. 1.230, o qual, por sua vez, refere-se às jazidas, minas e demais recursos minerais, os potenciais de energia, os monumentos arqueológicos e outros bens referidos em leis especiais. Lei de 2007 mencionada no texto acima incluiu o direito de superfície, algo que o texto originário já deveria ter feito (arts. 1.369 a 1.377), bem como o direito de uso especial para fins de moradia e o direito real de uso, modalidades dinâmicas de utilização de imóveis (veja comentários ao art. 1.225).

Basicamente, mas não exclusivamente, como vimos, são os imóveis que podem ser dados em hipoteca (inciso I). Os acessórios dos imóveis somente podem ser objeto de hipoteca conjuntamente com o imóvel. Esses acessórios, de *per si*, somente poderiam ser objeto de penhor se bens móveis, como os tratores de uma propriedade rural, por exemplo. Essa regra harmoniza-se com o art. 79, que considera imóveis o solo e tudo que a ele se incorporar natural ou artificialmente.

O domínio direto (**inciso II**) e o domínio útil (**inciso III**) referem-se à enfiteuse. Na enfiteuse, a propriedade

Art. 1.474

é desmembrada, ficando o domínio direto com o senhorio e o domínio útil com o foreiro. Esses dois elementos desmembrados podem ser dados em hipoteca. O senhorio pode hipotecar esse domínio eminente, que consiste na substância da coisa. Com maior razão pode fazê-lo o titular do domínio útil, que desfruta diretamente da coisa. A constituição de novas enfiteuses está excluída pelo Código atual, a partir de tal vigência, o qual ressalva as que foram anteriormente constituídas (art. 2.038).

Trata-se, pois, de direito real de garantia que pode incidir maiormente em imóveis, com a característica de a coisa permanecer com o devedor ou garante. A hipoteca, assim como o já visto penhor, constitui uma alienação projetada, pois não honrada a dívida, o bem deverá ser alienado para satisfazê-la. Como a hipoteca é um direito real de garantia, a excussão do bem terá sempre a finalidade de pagar a dívida.

O art. 825 do Código anterior permitia que os navios em construção fossem objeto de hipoteca. Este Código apenas remete a hipoteca de navios e aeronaves para a legislação especial, a qual, como regra, autoriza o gravame sobre a coisa em construção. Trata-se de hipoteca de coisa futura. Da mesma forma, autoriza-se a hipoteca de imóvel com construção já iniciada.

A hipoteca constitui-se por escritura pública (ou por instrumento particular, se o valor o permitir), possibilitando assim seu registro. Como se afirma tradicionalmente, a hipoteca pode ser vista como princípio de alienação. Desse modo, como regra, só quem tem capacidade para alienar poderá dar em hipoteca. Assim, em cada negócio deve ser aferida essa capacidade. Pelo outro lado da mesma problemática, somente bens que possam ser alienados podem ser dados em hipoteca. Ademais, como somente o ordenamento pode criar direitos reais, somente a lei poderia alargar o rol ora sob exame.

A hipoteca pode ser *convencional*, *legal* ou *judicial*, como resultado de sua origem.

Convencional, a modalidade mais comum, é aquela derivada de acordo de vontades, a mais comum. As partes têm a faculdade de garantir obrigações de dar, fazer ou não fazer com hipoteca. Modalidade ainda muito utilizada, embora existam outros instrumentos mais eficazes para garantia de créditos, deve obedecer aos requisitos dos direitos de garantia em geral e aos específicos de sua natureza, delineados nesta parte do Código Civil. Pode, em tese, como na Antiguidade, ser determinada por testamento, mas torna-se problemática a possibilidade de concretização. A garantia de créditos estabelecida por vontade dos interessados preenche a finalidade precípua da hipoteca. Daí ser sua modalidade mais comum e mais importante. Já nos referimos ao instituto quando tratados os requisitos de especialidade, publicidade, capacidade do outorgante, instrumento escrito público ou mesmo particular etc. Lembre-se, ademais, da possibilidade de terceiro assumir a garantia da dívida de outrem, oferecendo bem seu em garantia, sem fazer parte da relação obrigacional.

Os bens inalienáveis, como enfatizado, não podem ser objeto de hipoteca. Os bens públicos, quando sua natureza o permitir, necessitam de autorização legislativa. Os bens de menores e incapazes somente podem ser gravados por autorização judicial provada efetiva necessidade. Os emancipados estão livres para os atos da vida civil, inclusive para estabelecer o gravame. Como regra geral, que comporta exceção neste Código, é necessária a outorga conjugal. A recusa injustificada pode dar margem ao suprimento do consentimento. Conforme apontava o princípio geral do Código de 1916, o condômino de parte indivisa necessita da autorização dos demais consortes. O art. 1.420, § 2º, abrandou essa regra, como vimos.

A *hipoteca legal* decorre de certas situações em que a lei exige garantia de pessoas colocadas sob determinadas condições (art. 1.489). Sua finalidade é preventiva e acautelatória de eventuais prejuízos, como examinaremos.

A *hipoteca judicial* era determinada em sentença, conferindo ao exequente prosseguir na execução contra adquirentes de bens do executado. O Código presente não mais se refere a essa modalidade. No entanto, o art. 495 do CPC menciona que a sentença que condenar o réu no pagamento de uma prestação, em dinheiro ou coisa, valerá como título constitutivo de hipoteca judiciária. Sua utilização é praticamente nula, pois a hipoteca legal ou judiciária não atribui direito de preferência ao credor, no caso de concurso de credores. Seu custo é elevado e sua eficiência é discutível perante outros meios que o ordenamento coloca à disposição do credor.

As hipotecas sobre navios e aeronaves (**incisos VI e VII**), bem como sobre vias férreas (**inciso IV**), cuja referência se faz ao final destes comentários, devem ser classificadas, dadas suas peculiaridades, como hipotecas especiais, embora também sejam convencionais. No mesmo sentido se coloca a hipoteca sobre minas e pedreiras. O regime jurídico, principalmente o registrário, estrutura-se tendo em mira a hipoteca convencional.

Quanto aos recursos naturais citados no **inciso V**, é de ser lembrado que as jazidas minerais são propriedade distinta do solo e pertencem à União (art. 176 da CRFB/88 e art. 1.230 do CC). A exploração desses recursos é objeto de concessão oficial, podendo ser hipotecado o complexo, mediante legislação própria.

A concessão de uso especial para fins de moradia e a concessão de direito real de uso são referidas nas anotações ao art. 1.225.

Art. 1.474. A hipoteca abrange todas as acessões, melhoramentos ou construções do imóvel. Subsistem os ônus reais constituídos e registrados, anteriormente à hipoteca, sobre o mesmo imóvel.

A hipoteca abrange, portanto, o solo e todas as acessões, melhoramentos ou construções feitos nele. Tudo que integra o imóvel porque nele se contém ou porque posteriormente se incorporou integra a hipoteca. Os acréscimos integram o gravame ainda que adicionados após a constituição da garantia. A lei não distingue a data em que foram incorporados os acessórios. O princípio se refere àquele segundo o qual o acessório segue o principal, mas, no caso, se afigura ainda mais amplo. Essa inclusão na hipoteca decorre da lei, de forma independente da vontade. Nada impede, porém, que as partes ressalvem bens acessórios que não integrarão o direito real de garantia. Veja que nesses acessórios se incluem de forma assaz abrangente acessões, melhoramentos e construções, conceitos que na prática podem ser fundidos ou harmonizados com os de benfeitorias.

Note que este Código introduziu a noção de *pertenças* em nosso ordenamento. A questão das pertenças na hipoteca irá trazer dúvidas porque o legislador não foi suficientemente claro ao definir esse instituto. Cumpre que as partes detalhem suficientemente o seu negócio. O art. 94 dispõe que os negócios jurídicos que dizem respeito ao bem principal não abrangem as pertenças, salvo se o contrário não resultar da lei, da vontade das partes ou das circunstâncias do caso. Ora, embora a lei afirme que as pertenças, no caso em exame, não integrem a hipoteca, persiste a dúvida em delinear exatamente em que consistem as pertenças. A maior cautela recomenda que no instrumento de hipoteca os acessórios que integram o gravame devem ser perfeitamente descritos. Assim, no exemplo muito usado de pertenças, os interessados devem esclarecer se os ventiladores e aparelhos de ar-condicionado integram a garantia. Observe, porém, que, se o prédio foi construído com sistema de ar-condicionado integrado, não há como dissociá-lo do imóvel (MAMEDE, 2003, p. 330).

Ao se referir aos acessórios dos imóveis, a lei permitia a hipoteca dos imóveis por determinação legal (art. 43, III, do Código de 1916), categoria que deixa de existir como tal no presente Código. Devem ser entendidas como acessórias todas as suas modalidades, tanto as naturais, como árvores e frutos, como tudo que for posto pelo homem no imóvel, para comodidade, aformoseamento ou exploração industrial.

Se antes da hipoteca houver registro de outros direitos reais, preferirão estes à hipoteca em prol do princípio da prioridade. Assim, se antes da hipoteca já houver sobre o imóvel enfiteuse, servidões, usufruto etc., estes terão preferência sobre o credor hipotecário, que registrou seu direito quando já existente o direito real anterior. É claro que se tratará de direito anterior registrável, única forma pela qual poderá ser conhecida do subsequente credor hipotecário.

Art. 1.475. É nula a cláusula que proíbe ao proprietário alienar imóvel hipotecado.
Parágrafo único. Pode convencionar-se que vencerá o crédito hipotecário, se o imóvel for alienado.

Essa disposição expressa não estava presente no Código de 1916. Trata-se de inovação salutar. O imóvel hipotecado continua no comércio, isto é, pode ser alienado. Essa alienação em nada prejudica o gravame, tendo em vista que a hipoteca, uma vez registrada, opera *erga omnes*. Nesse artigo, a lei proíbe, tendo em vista o interesse social, a alienação de imóvel hipotecado. É inconveniente que sejam retirados bens do comércio. A alienação não traz, em princípio, qualquer prejuízo ao credor hipotecário.

Mas pode ser que o novo adquirente do imóvel não tenha, por exemplo, o mesmo zelo e cuidado com a manutenção do bem. Principalmente por esse aspecto, é possível convencionar-se o vencimento antecipado da obrigação na hipótese de alienação do imóvel, como forma de ocasionar menores transtornos ao credor. Não importa, para o caso, a modalidade da alienação, que não se restringe à compra e venda, podendo ser troca, doação, dação em pagamento etc. Eventuais abusos, como a exigência de um sobrepreço na hipótese de alienação, merecem o exame de eventual abuso de direito ou nulidade, no caso concreto.

⚖ Adjudicação compulsória – Sentença que indeferiu a petição inicial nos termos do art. 330, inciso II e III, do CPC – Insurgência da autora – Alegação de que, quando da celebração do contrato, o ordenamento jurídico permitia o negócio celebrado, pela aplicação da Súmula 308 do STJ – Descabimento – Carência de interesse de agir da pretensão imposta contra os réus – Autora contratou com o proprietário registral ciente da existência de hipoteca averbada, garantia real que não impede o registro de escritura de compra e venda, por constituírem negócios jurídicos distintos – Inteligência do art. 1.475 do CC – Propriedade que pode ser transmitida independentemente da existência de hipoteca – Manifesta ilegitimidade passiva dos credores hipotecários – Ratificação dos fundamentos da sentença – Recurso desprovido (*TJSP* – Ap. 1005311-09.2018.8.26.0362, 19-7-2019, Rel. Miguel Brandi).

⚖ Promessa de compra e venda – Apelação Cível – Ação de obrigação de não fazer, cumulada com anulatória e indenização por danos materiais e morais – alienação de bem imóvel, gravado de hipoteca – possibilidade – 1- das preliminares contrarrecursais. A preliminar de não conhecimento da apelação merece ser rejeitada, pois ausente qualquer ofensa ao disposto no art. 1.010, III, do NCPC. Em relação às demais preliminares suscitadas em contrarrazões não merecem ser conhecidas, pois, mesmo que possam ser alegadas a qualquer momento, podendo o juiz, inclusive, reconhecê-las de ofício, deveriam ter sido formuladas mediante via própria, ou seja, no caso *sub judice* por meio de apelação, mormente considerando que foram expressamente rejeitadas na sentença recorrida. 2- DA ALIENAÇÃO DE BEM GRAVADO DE HIPOTECA A hipoteca é direito real de garantia, por meio do qual o devedor disponibiliza um bem imóvel que será gravado em favor do credor. No entanto, a instituição da referida garantia não retira o direito de alienação do bem pelo proprietário, em razão do direito de sequela. O artigo 1.475 do CC, inclusive, dispõe ser nula "a cláusula que proíba ao proprietário alienar imóvel hipotecado". No caso *sub judice*, não há falar em nulidade do negócio de compra e venda envolvendo o imóvel dado em garantia, tampouco em indenização por danos materiais ou morais, mormente porque a garantia dada aos contratos de promessa e compra e venda, nos quais figuram como adquirentes de unidades imobiliárias, permaneceu hígida, mesmo com a alienação a terceiro. Preliminar de não conhecimento da apelação rejeitada. Demais preliminares contrarrecursais não conhecidas. Apelação desprovida. (*TJRS* – AC 70072100019, 8-6-2017, Rel. Des. Voltaire de Lima Moraes)."

Art. 1.476. O dono do imóvel hipotecado pode constituir outra hipoteca sobre ele, mediante novo título, em favor do mesmo ou de outro credor.

Mais de uma hipoteca pode ser constituída sobre o mesmo imóvel. Não apenas o "*dono do imóvel*" está legitimado, mas quaisquer dos titulares autorizados pelo art. 1.473. A situação é corriqueira, quando o valor do bem supera sobremaneira os débitos contratados. Não há necessidade, contudo, que se prove que o valor do imóvel suporte outras hipotecas. O que ocorre na prática é que o segundo credor somente aceita a outra hipoteca quando o bem tem valor suficiente. O texto dá ideia de uma única hipoteca, o que não é correto. Várias sub-hipotecas podem ser constituídas.

As outras hipotecas podem ser efetivadas com relação ao mesmo credor ou outros credores. O credor primitivo não fica prejudicado porque terá preferência. O credor da segunda hipoteca não poderá excutir o imóvel, antes do vencimento da primeira, com exceção das situações de insolvência ou falência (art. 1.477).

É de discutível validade a vedação de constituição de segunda hipoteca. A doutrina diverge a esse respeito, mas a melhor corrente entende que será nula essa cláusula.

Art. 1.477. Salvo o caso de insolvência do devedor, o credor da segunda hipoteca, embora vencida, não poderá executar o imóvel antes de vencida a primeira.
Parágrafo único. Não se considera insolvente o devedor por faltar ao pagamento das obrigações garantidas por hipotecas posteriores à primeira.

O primeiro credor hipotecário, porém, de acordo com o princípio da prioridade, terá preferência, independentemente do vencimento das dívidas, que não se confundem com as hipotecas. O credor da segunda hipoteca não poderá, em princípio, excutir o imóvel antes do vencimento da primeira. Ressalva-se, porém, o caso de insolvência do devedor, quando então essa excussão pelo segundo credor se torna possível. Essa insolvência, contudo, não se caracteriza tão somente por faltar o pagamento das obrigações garantidas por hipotecas subsequentes à primeira. O primeiro credor é colocado, portanto, em situação mais cômoda. Essa insolvência deve ser aquela compreendida nos princípios gerais.

No entanto, não se nega ao segundo credor hipotecário, em exegese de longa data, o direito de excutir sua dívida vencida, embora pendente de vencimento a dívida do primeiro gravame. Na realização do preço, quando da alienação judicial, dar-se-á preferência ao primeiro credor hipotecário. Essa conclusão defluía do art. 826 do Código anterior e não pode ser diferente a conclusão sob a égide do novo diploma:

> "A execução do imóvel hipotecado far-se-á por ação executiva. Não será válida a venda judicial de imóveis gravados por hipoteca, devidamente inscritas, sem que tenham sido notificados judicialmente os respectivos credores hipotecários que não forem de qualquer modo partes na execução."

Se seguida ao pé da letra a dicção desse art. 1.477, fácil seria a fraude, bastando o conluio do devedor com o primeiro credor hipotecário. Sendo intimado o credor da primeira hipoteca, poderá intervir no processo, a fim de exercer sua preferência.

Observe, de outro lado, que o parágrafo único desse artigo aponta que há necessidade que se vença a dívida da primeira hipoteca, para prevalecer a presunção de insolvência, a qual também pode ser demonstrada por outros meios.

De qualquer modo, sob qualquer situação, o credor sub-hipotecário nunca poderá sobrepujar seu direito ao do credor hipotecário prioritário. Nada sobejando do valor excutido na primeira hipoteca, o segundo credor coloca-se na posição de quirografário. A preferência entre os vários credores hipotecários sobre o mesmo bem é estabelecida de acordo com o princípio básico da prioridade, isto é, ordem de inscrição dos atos constitutivos.

Quanto à presunção de insolvência, de acordo com o art. 750 do CPC/1.973, presumia-se a insolvência do devedor que não possuísse bens livres e desembaraçados para nomear a penhora. Essa situação podia ocorrer com a hipoteca. Este artigo ressalvava que tão só pelo fato de não pagamento de créditos garantidos por hipotecas posteriores à primeira não se considera o devedor insolvente. O bem hipotecado poderia suportar todas as hipotecas ou poderia o devedor ter outros bens que não o tornasse insolvente. Esta dicção não mais persiste no CPC/2.015.

Embargos de declaração em apelação cível. Direito das obrigações. Ação anulatória de distrato de promessa particular de compra e venda de imóvel, por ausência de outorga marital, com pedido de antecipação de tutela. Mera promessa particular de compra e venda que não confere direito de propriedade. O art. 1.477, do novo Código Civil dispõe que o **registro da promessa de compra e venda** confere direito real ao promitente comprador. Negócio jurídico que configura direito pessoal. Sentença de improcedência. Inexistência de omissão. Pretensão de rediscussão da matéria decidida. Impossibilidade, vez que não há vícios no acórdão embargado. Embargos recebidos e rejeitados (*TJRJ* – Acórdão: EDcl em Apelação Cível nº 0008981-93.2008.8.19.0014, 16-11-2011, Rel. Des. Gilda Maria Dias Carrapatoso).

Art. 1.478. Se o devedor da obrigação garantida pela primeira hipoteca não se oferecer, no vencimento, para pagá-la, o credor da segunda pode promover-lhe a extinção, consignando a importância e citando o primeiro credor para recebê-la e o devedor para pagá-la; se este não pagar, o segundo credor, efetuando o pagamento, se sub-rogará nos direitos da hipoteca anterior, sem prejuízo dos que lhe competirem contra o devedor comum.
Parágrafo único. Se o primeiro credor estiver promovendo a execução da hipoteca, o credor da segunda depositará a importância do débito e as despesas judiciais.

Esse artigo detalha um instrumento ao segundo ou sucessivo credor hipotecário, para fortalecer seu direito. O segundo credor hipotecário pode efetuar a remição do bem, sub-rogando-se no direito do primeiro credor. Se o primeiro credor se mantiver inerte, abre-se a possibilidade do artigo para o segundo credor hipotecário. Cuida-se de forma a possibilitar certa vantagem ao segundo credor, que está certamente em posição inferiorizada com relação ao primeiro credor hipotecário. Isso será vantajoso quando também o segundo credor perceber que, ocorrendo execução pelo credor primitivo, ou mesmo não ocorrendo esta, nada ou pouco lhe sobejará para satisfazer seu crédito, seja porque o momento é inoportuno para a excussão, seja porque terá melhores condições de negociar com o devedor, eliminando o primeiro credor da relação jurídica. A hipótese é de sub-rogação legal (art. 346, I). Para isso é necessário que o débito da primeira hipoteca esteja vencido.

O instrumento procedimental indicado é consignação em pagamento que será dirigida em face do primeiro credor, para receber o valor de seu crédito então consignado e em face do devedor para pagá-la. Se não houver pagamento, o segundo credor poderá desse modo remir a hipoteca anterior, ficando sub-rogado nos respectivos direitos. Se o primeiro credor já estiver promovendo a execução da hipoteca, o segundo credor poderá também remi-la, depositando o valor do débito e as despesas judiciais. Com isso elimina o entrave de ter diante de si o direito do primeiro credor hipotecário. Nada impede, como é óbvio, que antes mesmo de vencido o débito da primeira hipoteca, os vários credores hipotecários se acertem mediante acordo, inobstante o art. 1.477 se apresente aparentemente contra essa afirmação. É claro que estamos em sede de direito disponível e fica sempre aberta a transação às partes interessadas.

Há que se levar em conta também os princípios que regem o pagamento em geral. Não é só o credor que pode ter interesse em pagar a dívida em aberto, mas também qualquer interessado ou até mesmo não interessado (arts. 304 ss).

Art. 1.479. O adquirente do imóvel hipotecado, desde que não se tenha obrigado pessoalmente a pagar as dívidas aos credores hipotecários, poderá exonerar-se da hipoteca, abandonando-lhes o imóvel.

Trata-se de inovação em nosso sistema, sem equivalência no Código anterior. Geralmente ocorre na prática que alguém, ao adquirir imóvel hipotecado, pague toda a dívida e exclua a hipoteca antes de ultimar a comprar. Não é a hipótese da lei neste local, pela qual o terceiro adquirente não quita o débito. Se entender gravosa a manutenção do bem, pode abandonar o imóvel em favor dos credores hipotecários. Não se trata de abandono (*derelictio*) puro e simples, mas de abandono translativo de domínio. Trata-se, efetivamente, de uma cessão, uma entrega do bem. Só não poderá efetivar o abandono se, ao adquirir o imóvel, também assumiu obrigação pelo pagamento das dívidas. Essa dicção legal é de pouco alcance prático efetivo, mas poderá ser útil ao sucessor na titularidade do imóvel em algumas situações. Como a dicção se refere ao *adquirente*, qualquer modalidade de aquisição está incluída no dispositivo, podendo ser aquisição a título oneroso ou gratuito. Talvez nesta última resida a maior utilidade do novel instituto.

Tendo em vista que a presente redação do artigo é omissa, perfeitamente interpretável que a aquisição ocorra por ato entre vivos ou por causa de morte, desde que, em princípio, se dê a título singular, isto é, por meio de legado. Não parece que a situação se amolde à sucessão *causa mortis* universal (ROMITTI-DANTAS JÚNIOR, 2004, p. 602). Na sucessão hereditária universal, o herdeiro recebe a universalidade pela *saisine*, não podendo aceitar apenas parte da herança. Essa vertente não ocorre com a transmissão de legado, que poderá rejeitar o bem individualizado. Lembre-se de que mesmo na sucessão entre vivos pode ocorrer sucessão universal, aquisição de uma empresa ou estabelecimento comercial, por exemplo, na qual o mesmo princípio obstativo de aplicação desse artigo é aplicável. Na sucessão universal, o sucessor assume a posição do titular anterior.

Assim sendo, pelo fato de adquirir o imóvel com o ônus hipotecário, não sendo o devedor, a lei abre duas opções: pode remir ou não o bem. Se optar por não remir a hipoteca, sujeitar-se-á a responder pela execução movida pelos credores ou poderá optar em entregar o bem desde logo, não se sujeitando ao desgaste de uma inglória demanda judicial. A possibilidade desse abandono, porém, é excluída se o adquirente também se obrigou pela dívida, como reza o dispositivo *"desde que não se tenha obrigado pessoalmente a pagar as dívidas aos credores hipotecários"*. A norma se dirige àquele que, não obstante proprietário do bem hipotecado, não é devedor da dívida garantida.

O fato de o imóvel ser abandonado para os credores hipotecários não significa que possam tornar-se titulares do domínio, porque não se admite pacto comissório. Prosseguir-se-á com a venda judicial que resulta da execução.

Art. 1.480. O adquirente notificará o vendedor e os credores hipotecários, deferindo-lhes, conjuntamente, a posse do imóvel, ou o depositará em juízo. Parágrafo único. Poderá o adquirente exercer a faculdade de abandonar o imóvel hipotecado, até as vinte e quatro horas subsequentes à citação, com que se inicia o procedimento executivo.

Esse artigo é complemento do anterior. O adquirente notificará o vendedor e os credores hipotecários, deferindo-lhes conjuntamente a posse do imóvel, ou o depositará em juízo. Essa posse não significará domínio, como vimos, pois, sob vedação do pacto comissório, os credores não poderão ficar com o bem. Os credores, em princípio, não podem recusar a entrega do imóvel, pois nesse caso estariam renunciando à garantia. Não parece que deva essa notificação ser exclusivamente judicial, se ocorrer por outro procedimento idôneo. Os credores podem assumir a posse, permitindo-se, na hipótese de entrave para tal, que o imóvel seja depositado em juízo. Trata-se de modalidade de consignação, embora se admita como ação cautelar inominada, incidente ao processo de execução. Essa posse conjunta mencionada no texto é de difícil alcance, pois o interesse dos credores é a venda do bem para satisfazer seu crédito. De qualquer modo, deverão os novos possuidores decidir como exercer essa posse até a efetiva venda do bem, sua administração, o que pode se tornar um ponto de interminável discórdia. Haverá aspectos sobre despesas de manutenção que deverão ser incidentemente dirimidos.

O parágrafo único desse dispositivo, ao estabelecer que o adquirente poderá abandonar o imóvel até as 24 horas subsequentes à citação, com que se inicia o processo executivo, faz observar que, na verdade, existe uma possibilidade de fuga do adquirente ao processo executivo. Este abandona o imóvel quando se vê premido pela execução e observa que o valor do imóvel não compensa prosseguir com sua titularidade. É possível, portanto, que esse chamado abandono se dê antes ou depois de iniciado o processo executivo. A faculdade de o adquirente abandonar o imóvel pode ser exercida a partir do momento em que adquiriu o bem hipotecado até as 24 horas mencionadas neste artigo. Decorrido esse prazo descrito em horas, deverá então o titular suportar o ônus da execução e todos os seus consectários, salvo, é claro, possível acordo com os interessados.

Art. 1.481. Dentro em trinta dias, contados do registro do título aquisitivo, tem o adquirente do imóvel hipotecado o direito de remi-lo, citando os credores hipotecários e propondo importância não inferior ao preço por que o adquiriu.
§ 1º Se o credor impugnar o preço da aquisição ou a importância oferecida, realizar-se-á licitação, efetuando-se a venda judicial a quem oferecer maior preço, assegurada preferência ao adquirente do imóvel.
§ 2º Não impugnado pelo credor, o preço da aquisição ou o preço proposto pelo adquirente, haver-se-á por definitivamente fixado para a remissão do imóvel, que ficará livre de hipoteca, uma vez pago ou depositado o preço.
§ 3º Se o adquirente deixar de remir o imóvel, sujeitando-o a execução, ficará obrigado a ressarcir os credores hipotecários da desvalorização que, por sua culpa, o mesmo vier a sofrer, além das despesas judiciais da execução.
§ 4º Disporá de ação regressiva contra o vendedor o adquirente que ficar privado do imóvel em consequência de licitação ou penhora, o que pagar a hipoteca, o que, por causa de adjudicação ou licitação, desembolsar com o pagamento da hipoteca importância excedente à da compra e o que suportar custas e despesas judiciais.

Já vimos, nas anotações aos artigos sobre os direitos de garantia em geral e sobre o penhor, que remição significa extinguir, fazer desaparecer o gravame. Ainda persiste dúvida sobre a grafia correta. O Código Civil refere-se a *remissão* como ato de direito material, de perdão de dívida, como se nota no presente artigo; *remição*, com cedilha, é termo que o legislador deveria ter reservado aos atos processuais de extinção voluntária da hipoteca, embora os sentidos estejam muito próximos. Adotamos a palavra com cedilha, por ser a mais preferida dos autores, não havendo unanimidade.

O presente artigo descreve, de forma discursiva, esse direito de remissão. O verbo é remir. A esse respeito afirma Pontes de Miranda (1971, v. 20, p. 41):

"Remir é recomprar, readquirir, afastar pagando. Apaga-se com algo que equivalha, a mancha que o direito real limitado deixou sobre o domínio, embora sem atingir na substância, conforme do termo romano. Redimem-se pecados; redimem-se gravames."

Também as hipotecas legais são remíveis, de acordo com os princípios legais que as regem. A remição é assegurada ao adquirente do imóvel, não importando o título da aquisição. Para remir deve existir título registrado, sendo a partir desse registro que se conta o prazo decadencial de 30 dias. Deve propor pagar o preço não inferior ao preço que adquiriu o bem. Esse preço mínimo só terá sentido se inferior ao valor da dívida. Se o valor apresentado superar o valor das dívidas, qualquer recusa não terá sentido. A lei atual exige citação dos credores hipotecários, os quais poderão opor defesa. Nessa defesa poderão impugnar o valor oferecido, embora outros pontos possam ser levantados, como a legitimação e o próprio direito de remir. Ao apresentar pedido de remição, cumpre ao interessado que concomitantemente apresente proposta de preço de remissão. É claro que todo esse procedimento pode ser acertado fora do processo, por via negocial. Como a lei estabelece preço mínimo, a partir desse preço desloca-se a discussão.

Lembre-se de que o adquirente, sempre que presentes as premissas, goza de ação regressiva contra o transmitente ou vendedor, para forrar-se do prejuízo, como está dirigido no § 4º.

Agravo de instrumento. Processual civil. Ação de execução de título extrajudicial. Penhora e avaliação. Nulidade. Inexistência. Revogação pelo juízo. Repetição do ato, quando não há mais a causa do vício processual. **Adquirentes do imóvel hipotecado. Direito protestativo de remição.** Decadência. Remição da execução. Termo final. Adjudicação ou alienação. Art. 651, do código de processo civil. Intimação regular. Inércia. Adjudicação do bem pelo credor. Ato regular e válido. Fazenda pública. Direito de preferência. Não verificação. Intimação. Diligência que não incumbe ao juízo. Direito patrimonial e disponível. I – Não há nulidade processual, por ausência de citação ou intimação dos executados, quando, verificada a inexistência destas, o juízo revoga o ato de avaliação e de penhora já realizado nos autos e determina sua repetição, após a regular cientificação dos integrantes do pólo passivo acerca demanda. II – Conforme se depreende do art. 1.481, do Código Civil, e do entendimento doutrinário sobre a matéria, o direito material e potestativo de remição, conferido ao adquirente do imóvel hipotecado, deve ser exercido no prazo decadencial de 30 (trinta) dias, contado do registro do título aquisitivo da propriedade do bem, através de procedimento judicial específico, sob pena de decadência. III – Em razão do disposto no art. 304, do Código Civil, pode-se conferir interpretação extensiva ao art. 651, do Código de Processo Civil, para conferir ao adquirente do imóvel hipotecado, constrito em ação executiva, o direito processual de remir a execução. IV – Entretanto, a lei processual civil não determina a intimação dos adquirentes do imóvel gravado, acerca do auto de avaliação e penhora do aludido bem, para lhes possibilitar o eventual exercício do direito de remir a execução, bastando a sua simples notificação sobre a execução e a constrição, o que foi observado no caso concreto, inexistindo nulidade no ato de adjudicação sob tal fundamento. V – O termo final para o exercício do direito de remir a execução é a efetivação de adjudicação ou alienação do bem constrito, conforme dicção expressa do art. 651, do Código Civil. VI – O direito de preferência da Fazenda Pública depende da provocação, por esta, do Juízo, mediante a demonstração de ajuizamento de ação executiva fiscal e de existência de penhora sobre o bem objeto constrito em ação de execução ajuizada por particular. V – Ademais, a questão, de caráter estritamente patrimonial, não pode ser conhecida de ofício pelo Juízo, ou mesmo este pode determinar a realização de diligências, voltadas a resguardar direitos disponíveis de terceiros (*TJMG* – Acórdão: Agravo de Instrumento nº 1.0481.09.096086-7/001, 5-7-2012, Rel. Des. André Leite Praça).

Art. 1.482. (Revogado pela Lei 13.105/2015)

Art. 1.483. (Revogado pela Lei 13.105/2015)

Art. 1.484. É lícito aos interessados fazer constar das escrituras o valor entre si ajustado dos imóveis hipotecados, o qual, devidamente atualizado, será a base para as arrematações, adjudicações e remições, dispensada a avaliação.

O presente artigo suprimiu a parte final que se referia à impossibilidade de as remissões (*remições*) ocorrerem antes de realizada a primeira praça ou depois da assinatura do auto de arrematação, matéria que era tratada pelo art. 1.482 e pelos dispositivos de processo.

Em período inflacionário, mostrou-se inconveniente essa prefixação de preço, até mesmo pelas dificuldades apresentadas pela utilização de inúmeros índices de correção monetária e pelos planos econômicos que atravessamos. O presente dispositivo é útil em economia estável e por seu intermédio dispensa-se, com patente vantagem pecuniária, avaliação do imóvel para eventual praça. Permitiu este Código a atualização do valor, sem a qual o dispositivo poderia cair no esquecimento. Sob a égide do Código de 1916, o STJ entendera que o art. 818 fora revogado pelo estatuto processual, que sempre exige avaliação. Com a presença desse dispositivo no presente Código, cai por terra esse entendimento.

Dúvida pode surgir quando as partes fixarem esse valor e quando da execução se mostrar ínfimo ou excessivo, ainda que aplicados índices de correção. A situação poderá tipificar abuso de direito ou excessiva onerosidade. A única solução, conforme as premissas, será a efetivação da avaliação atual do imóvel, tornando-se assim inútil o que foi convencionado pelas partes, as quais não podem ser prejudicadas na materialização do real valor decorrente da hipoteca. A questão tem a ver com o interesse social e do contrato e a boa-fé objetiva. Cabe ao juiz discernir no caso concreto. Por outro lado, nada impede que os interessados concordem com uma avaliação. Ainda, essa prefixação de valor não pode prejudicar terceiros, que não tenham participado da avença.

Art. 1.485. Mediante simples averbação, requerida por ambas as partes, poderá prorrogar-se a hipoteca, até 30 (trinta) anos, da data do contrato. Desde que perfaça esse prazo, só poderá subsistir o contrato de hipoteca, reconstituindo-se por novo título e novo registro; e, nesse caso, lhe será mantida a precedência, que então lhe competir.

Esse artigo, em sua redação original, estabelecia o prazo de 20 anos para a prorrogação da hipoteca, contados da data do contrato. A Lei nº 10.931/2004 reformulou o presente dispositivo para fazer retornar o prazo de 30 anos tal como constava no Código de 1916. Esgotado esse prazo, devem as partes proceder a nova inscrição, na verdade uma nova especialização, com novo título, embora seja mantida a precedência da hipoteca originária. Trata-se de prazo de caducidade, independendo do prazo da obrigação garantida e de sua prescrição. Esse prazo somente se refere às hipotecas convencionais. As hipotecas legais são direitos facultativos que persistem enquanto o fato jurígeno mantiver a situação que as originou.

Quando a lei se refere a requerimento feito por ambas as partes, está a refletir os que contrataram a hipoteca, geralmente credor e devedor da obrigação principal. Poderá ser, também, o terceiro garantidor, que não participa da relação obrigacional.

Art. 1.486. Podem o credor e o devedor, no ato constitutivo da hipoteca, autorizar a emissão da correspondente cédula hipotecária, na forma e para os fins previstos em lei especial.

A exemplo do que ocorreu com o penhor, o legislador procurou dinamizar a hipoteca com a possibilidade de criação de título cambial. A Lei nº 3.253/1957, revogada pelo Decreto-lei nº 167/1967, criou a cédula rural hipotecária, endossável, destinada a financiamentos para finalidades agrícolas.

> "Cédulas de crédito são títulos representativos de operações financeiras, constituídos a partir de empréstimos concedidos por instituições financeiras, ou entidade a essas equiparada, a pessoa natural (física) ou jurídica que se dedique à respectiva atividade" (MAMEDE, 2003, p. 402).

A cédula hipotecária é um título de crédito, representativo do crédito hipotecário. Poderá representar o valor total ou parcial.

O Decreto-lei nº 70/1966 instituiu a cédula hipotecária destinada a financiamentos do Sistema Financeiro de Habitação. Atualmente, colocado em xeque o sistema, aguardam-se novas modificações, de tantas já efetuadas no curso das últimas décadas. Esse decreto, porém, continua em vigor. Essa lei inovou ao permitir a execução extrajudicial da hipoteca, nos casos previstos no próprio texto. A matéria referente a esse título de crédito e outros assemelhados exige um estudo monográfico.

Este Código permitiu, no presente artigo, que o credor e o devedor, no ato constitutivo da hipoteca, autorizem a emissão da correspondente cédula hipotecária, na forma e para os fins previstos em lei especial. Desse modo, somente se permite a emissão da cédula com autorização expressa dos partícipes do negócio. Trata-se de mais um instrumento para dinamização do crédito e que depende de regulamentação. As letras e cédulas hipotecárias são títulos emitidos por instituições financeiras que atuam em financiamentos garantidos por hipotecas.

Art. 1.487. A hipoteca pode ser constituída para garantia de dívida futura ou condicionada, desde que determinado o valor máximo do crédito a ser garantido.
§ 1º Nos casos deste artigo, a execução da hipoteca dependerá de prévia e expressa concordância do devedor quanto à verificação da condição, ou ao montante da dívida.
§ 2º Havendo divergência entre o credor e o devedor, caberá àquele fazer prova de seu crédito. Reconhecido este, o devedor responderá, inclusive, por perdas e danos, em razão da superveniente desvalorização do imóvel.

Para atender a investimentos de vulto, este Código passa a admitir expressamente que a hipoteca pode ser constituída para garantia de dívida futura ou condicionada, desde que determinado o valor máximo do crédito a ser garantido. Melhor seria que o texto se referisse a *obrigação* futura. Há, portanto, uma iliquidez inicial nessa obrigação. Somente poderá haver excussão quando a obrigação se apresentar líquida, o que poderá ser estabelecido por acordo, concordância do devedor ou por sentença.

Pode a constituição da hipoteca, por exemplo, ficar subordinada à obtenção de determinado número de investidores para a construção de um edifício. Pode ser especificado que o empreendimento, subordinado à hipoteca, deverá ser iniciado e concluído dentro de determinado prazo. Esclarece o § 1º desse dispositivo que a execução da hipoteca dependerá de prévia e expressa concordância do devedor quanto à verificação da condição ou ao montante da dívida. A lei registrária deverá adaptar-se para permitir que uma hipoteca desse nível seja registrada junto à matrícula do imóvel a ser construído.

O § 2º estipula que o devedor será responsável por superveniente desvalorização do imóvel: imagina-se, por exemplo, situação de o imóvel não ter obedecido ao plano original ou, por qualquer outra razão, ter sido construído de molde a valer menos que o projetado. A matéria, tal como está, é lacunosa, e há necessidade de que seja devidamente regulamentada por uma nova disciplina das construções de edifícios, mormente uma nova lei de incorporações imobiliárias.

Art. 1.488. Se o imóvel, dado em garantia hipotecária, vier a ser loteado, ou se nele se constituir condomínio edilício, poderá o ônus ser dividido, gravando cada lote ou unidade autônoma, se o requererem ao juiz o credor, o devedor ou os donos, obedecida a proporção entre o valor de cada um deles e o crédito.
§ 1º O credor só poderá se opor ao pedido de desmembramento do ônus, provando que o mesmo importa em diminuição de sua garantia.
§ 2º Salvo convenção em contrário, todas as despesas judiciais ou extrajudiciais necessárias ao desmembramento do ônus correm por conta de quem o requerer.
§ 3º O desmembramento do ônus não exonera o devedor originário da responsabilidade a que se refere o art. 1.430, salvo anuência do credor.

Ocorre com frequência que um imóvel de apartamentos em construção ou um imóvel de um empreendimento como futuro loteamento aberto ou fechado seja dado em hipoteca. Todo o imóvel, como é óbvio, fica hipotecado. Posteriormente, quando instituído o condomínio e passam a ser vários os adquirentes-condôminos, a totalidade do imóvel continuará gravada. Essa situação tem gerado situações complexas, acarretando problemas sociais quando, por exemplo, o empreendedor originário se torna insolvente ou vai à bancarrota. O presente artigo procura resolver essas situações. A Lei nº 10.931/2004, que estabelece regime tributário para patrimônio de afetação, também procura encarar e minimizar os problemas dos adquirentes de unidades. A Súmula 308 do Superior Tribunal de Justiça, embora lacunosa e com redação deficiente, também alude à mesma problemática, ao estatuir:

"*A hipoteca firmada entre a construtora e o agente financeiro, anterior ou posterior à celebração da promessa de compra e venda, não tem eficácia perante os adquirentes do imóvel.*"

De qualquer forma, o presente artigo estatui um direito dos proprietários de cada unidade desmembrada do imóvel originário requerer que a hipoteca grave, proporcionalmente, cada lote ou unidade condominial, tanto que possuem eles legitimidade concorrente com o credor ou devedor para requerer essa divisão proporcional. Como observa Gladston Mamede (2003, p. 413),

"*justamente por se ter a constituição de uma exceção ao princípio geral, previu o legislador que a divisão da garantia seja feita pela via judicial, a partir de requerimento do credor, do devedor ou dos donos*".

É claro que o maior interessado será o promitente comprador.

A dúvida que o dispositivo não esclarece é saber se cada titular, isoladamente, pode requerer essa divisão no tocante a seu próprio quinhão. A melhor solução é, sem dúvida, nesse sentido, exigir que todos o façam coletivamente, ou que a entidade condominial o faça, o que poderá retirar o alcance social que pretende a norma. Isso porque pode ocorrer que não exista condomínio regular instituído, como nos casos de loteamento, e principalmente porque todas as despesas judiciais ou extrajudiciais necessárias ao desmembramento correm por conta do requerente. Ainda que se convencione em contrário, como menciona a lei, as custas e emolumentos de cunho oficial serão sempre pagos pelo interessado que requerer a medida, o qual poderá não ter meios ou não ter sucesso em uma ação de regresso. Se fosse exigido que a integralidade da divisão proporcional fosse feita em ato único, o elevado custo inviabilizaria, sem dúvida, a medida, nessa situação narrada.

Nada impede, pois, que cada proprietário requeira que se atribua a seu imóvel ou sua unidade a proporção do gravame, independentemente de o próprio condomínio ou da totalidade de interessados fazê-lo. Por outro lado, não haverá dificuldade registrária, pois a nova situação ficará averbada junto a cada matrícula. A lei regulamentadora desse dispositivo deverá atentar para esse fato, ainda porque raramente haverá interesse do credor ou devedor em requerer esse desmembramento da hipoteca. De qualquer forma, ainda que lei alguma permita expressamente o ato registrário, o decreto de desmembramento será feito por sentença judicial, como estatui esse dispositivo, constituindo título idôneo para esse ato, não se discutindo seu mandamento.

Por outro lado, no que é mais relevante nesse dispositivo, o credor somente poderá se opor ao pedido de desmembramento se provar que este importa em diminuição de sua garantia, o que, na prática, mais raramente poderá ocorrer.

Ademais, como é de justiça, ainda que ocorra o desmembramento do gravame, o devedor originário continuará responsável por toda a dívida hipotecária, salvo anuência expressa do credor, em decorrência da indivisibilidade.

Como esse direito de divisão proporcional do gravame decorre de uma situação de comunhão, não há prazo para que os proprietários das unidades, o credor ou o devedor requeiram a medida, pois esse direito subjetivo insere-se na categoria dos direitos potestativos. Enquanto perdurar a indivisão do ônus ou comunhão de interesses, pode ser feito o requerimento. Ademais, por essa razão, nada impede seja requerida a divisão ainda que iniciada a excussão de todo o imóvel, ou que se oponha o interessado por meio de embargos de terceiro. Aliás, no sistema do Código de 1916, já defendíamos essa posição.

Agravo de instrumento. Cumprimento de sentença desmembramento de hipoteca. Exegese do art. 1.488, do CC. 1. Consoante o disposto no art. 1421, do CC, a hipoteca é indivisível, de modo que o pagamento parcial da dívida hipotecária não tem o condão de diminuir a garantia. Entretanto, o art. 1488, § 1º, do CC, permite que se excepcione essa regra, se o imóvel dado em garantia vier a ser loteado, ou se nele se constituir condomínio edilício. 2. O desmembramento da hipoteca pode ocorrer por meio de negócio jurídico celebrado entre o dono do imóvel gravado – ou adquirente – e o credor hipotecário, na via extrajudicial, por meio de escritura levada ao registro imobiliário; ou, na falta de acordo, mediante ação judicial ajuizada pelo credor, o devedor e o proprietário do imóvel gravado, ou seu adquirente. Assim, não pode ser deferido o desmembramento da hipoteca em sede de cumprimento de sentença, sobretudo se não foi ouvido o credor hipotecário. 3. Agravo provido (*TJDFT* – Ap. 20160020447206, 10-10-2018, Rel. Arnoldo Camanho).

Carência da ação. Impossibilidade jurídica do pedido. Não caracterização. Possibilidade de **fracionamento da hipoteca** na proporção das unidades autônomas. Aplicação do art. 1.488 do atual Código civil. Preliminar rejeitada – Compromisso de compra e venda. Comprovação do integral pagamento e consequente quitação. Ausência de outorga da escritura e de cancelamento da hipoteca, não obstante cumpridas todas as condições pelos compromissários compradores. Responsabilidade evidente da vendedora e do agente financeiro. Omissão reiterada quanto ao atendimento a ferir, inclusive, disposições fixadas pelo CDC. Obrigação da outorga da escritura e, de parte do agente financeiro, cancelamento da hipoteca a teor da Súmula nº 308, do Superior Tribunal de Justiça. Impossibilidade de desconstituição da penhora por esta via. Sentença, em parte, reformada para esse fim, mantido o ônus da sucumbência, aplicando-se o disposto no artigo 21, parágrafo único, do CPC. Honorários advocatícios. Majoração. Cabimento. Valor fixado que deve levar em conta a valorização do profissional e a qualidade do trabalho apresentado. Recurso dos autores provido e parcialmente provido o do corréu. (*TJSP* – Apelação 990.10.393603-5, 21-5-2012, Rel. Elcio Trujillo – *DJe* 21.05.2012).

Seção II
Da Hipoteca Legal

Art. 1.489. A lei confere hipoteca:
I – às pessoas de direito público interno (art. 41) sobre os imóveis pertencentes aos encarregados da cobrança, guarda ou administração dos respectivos fundos e rendas;
II – aos filhos, sobre os imóveis do pai ou da mãe que passar a outras núpcias, antes de fazer o inventário do casal anterior;
III – ao ofendido, ou aos seus herdeiros, sobre os imóveis do delinquente, para satisfação do dano causado pelo delito e pagamento das despesas judiciais;
IV – ao coerdeiro, para garantia do seu quinhão ou torna da partilha, sobre o imóvel adjudicado ao herdeiro reponente;
V – ao credor sobre o imóvel arrematado, para garantia do pagamento do restante do preço da arrematação.

1. Hipóteses de hipoteca legal

Como já ocorria no Direito Romano com a denominada hipoteca tácita, a lei protege certas pessoas com o favor da hipoteca decorrente de lei. Nessas situações, não há título constitutivo. A hipoteca legal tem seu fato gerador na lei. Existem dois momentos bem definidos. Primeiramente, há um fato jurígeno do vínculo. No entanto, o simples fato típico ou descrição legal não instrumentaliza a hipoteca. Há necessidade de um segundo momento, quando então são individualizados, especializados os bens garantidores, culminando com sua inscrição como objeto da hipoteca e tornando-se efetivamente garantia real.

Cabe ao legislador descrever as hipóteses de hipoteca legal, como atualmente elencadas no presente artigo, com modificações com relação ao Código anterior. Em todos esses cinco incisos, há um sentido ético de maior proteção para o ressarcimento de eventuais prejuízos que podem ser causados por quem administra bens alheios ou é devedor sob condições definidas.

Se ocorrer qualquer dessas situações tipificadoras, por si só a hipoteca legal não se processa e não possui, portanto, efeitos imediatos perante terceiros. Em favor dos beneficiários, é verdade, opera prontamente, como gravame real limitado, tal qual um instrumento convencional ainda não registrado.

Portanto, para ser obtida a eficácia relativa a terceiros são imperativas a inscrição e a especialização, isto é, o procedimento subsequente ao fato gerador. A exigência está expressa no art. 1.497, onde também há referência para a respectiva legitimidade para requerer dita inscrição. Na hipoteca legal, há necessidade de um procedimento judicial, uma vez que não há título convencional ou material a ser registrado. O CPC/1.973

disciplinava-o nos arts. 1.205 a 1.210. No CPC/2.015 esta dicção não mais persiste.

É evidente que os bens indicados para a hipoteca legal devem ser idôneos. Assim sendo, bens inalienáveis não podem ser objeto de hipoteca, nem mesmo de hipoteca legal. Da mesma forma, a hipoteca legal não pode recair sobre bem de família, nos termos da Lei nº 8.009/1990 (ROMITTI-DANTAS JÚNIOR, 2004, p. 717). Ainda, não é necessário, em princípio, que a hipoteca legal recaia sobre todos os imóveis do indigitado, mas naqueles quantos bastem para garantir a finalidade para a qual a hipoteca legal foi constituída.

Pela disciplina do CPC/1.973, o pedido, feito por quem a lei material legitima, devia declarar a estimação da responsabilidade a ser garantida e ser instruído com a prova de domínio dos bens, livres e desembaraçados dados em garantia (art. 1.205). O art. 1.206 especificava os casos de necessidade de avaliação. O art. 1.209 permitia que a hipoteca se especializa-se por escritura pública quando as partes fossem capazes, dispensando-se o processo.

Os responsáveis perante a fazenda pública podem requerer a hipoteca, bem como as respectivas procuradorias. O **inciso I** se refere às pessoas de direito público interno com relação a tesoureiros ou assemelhados (encarregados da cobrança, guarda ou administração dos respectivos fundos e rendas). Tal norma, tão esquecida por nossos administradores, deveria ser estendida e efetivamente aplicada a todo e qualquer servidor que se coloque em posição ou exerça atividade ou função passível de causar prejuízo ao erário público, inclusive membros integrantes dos poderes. Essa matéria deve vir regulada por normas de Direito Público, complementando as disposições já existentes, definidoras dessa responsabilidade. Nesse caso, tudo é no sentido de que todos os bens do interessado sejam gravados, ao contrário das demais situações, tendo em vista a situação específica que diz respeito a eventuais prejuízos à Administração.

O **inciso II** se reporta à hipoteca que incumbe aos filhos, sobre os imóveis do pai ou da mãe que passar a outras núpcias, antes de fazer o inventário do casal anterior. A finalidade é evitar a confusão de patrimônios que poderia prejudicar o filho do primeiro matrimônio. É claro que a norma somente terá sentido se houver bens no casamento anterior.

O ofendido, a vítima, ou seus herdeiros, tem hipoteca sobre bens do réu condenado criminalmente (**inciso III**). Essa hipoteca tem por fim garantir o ressarcimento do dano civil e das custas. Os bens do condenado respondem pela indenização aquiliana. A excussão decorrente da responsabilidade civil recairá, destarte, sobre os bens especializados. Essa garantia é importante e deveria ser incentivada quando o ofensor tiver bens imóveis, tanto que essa disposição já constava do Código anterior. O CPP, no art. 134 ss, cuida da hipoteca legal do réu. O art. 134 permite o requerimento da hipoteca legal sobre os imóveis do indiciado em qualquer fase do processo, e não apenas do condenado, desde que haja certeza da infração e indícios suficientes da autoria. Se o autor da infração que ocasionar prejuízos for menor ou incapaz, em princípio responderão pelos danos os pais, tutores ou curadores (art. 932, I e II), sob o prisma da responsabilidade solidária (art. 942, parágrafo único).

O coerdeiro tem hipoteca legal para garantir seu quinhão ou reposição na partilha (**inciso IV**), sobre imóvel adjudicado a herdeiro reponente. Com frequência, para maior comodidade na partilha, um imóvel é adjudicado a um único herdeiro, que se compromete a repor em dinheiro a parte dos demais. Esses coerdeiros têm direito à hipoteca legal para garantir esse pagamento ou torna na partilha em relação ao herdeiro a quem foi atribuído o imóvel. A presente situação deve ser aplicada, também, por analogia, ao meeiro, ou mesmo ao companheiro, seja ele o adjudicante ou um dos credores do herdeiro reponente. O dispositivo tinha a mesma redação no Código anterior.

O **inciso V** acrescenta ainda que é conferida hipoteca legal ao credor sobre imóvel arrematado para garantia do pagamento do restante do preço da arrematação. Lembre-se, porém, que de acordo com o art. 892 do CPC, a arrematação far-se-á com dinheiro à vista, ou no prazo de três dias mediante caução idônea. Essa caução idônea poderia ser a referida hipoteca, embora o exíguo prazo de três dias a inviabilize, de fato. O art. 700 do CPC/1973, em redação dada pela Lei nº 6.851/1980, permitia que o juiz atribuísse a corretor de imóveis devidamente inscrito na respectiva entidade de classe a intermediação para a alienação do imóvel penhorado. Esse mesmo dispositivo permitia que quem não desejasse pagar imediatamente o preço integral podia, até cinco dias antes da praça, fazer por escrito o seu lanço, não inferior à avaliação, propondo pelo menos 40% a vista e o restante a prazo, garantido "*por hipoteca sobre o próprio imóvel*". A carta de arrematação, expedida após o pagamento inicial, conteria as condições de pagamento nos termos da proposta e serviria como título para o registro imobiliário. Esse dispositivo entrosava-se, portanto, com o presente inciso V. Essa dicção não mais persiste no CPC/2015.

Os responsáveis pela inscrição e especialização responderão em caso de omissão pelos prejuízos a que derem causa (art. 1.497, § 2º).

A sentença, como regra geral, declarava a especialização e determinava a expedição de mandado de inscrição para o registro imobiliário (art. 1.207, parágrafo único, do CPC/1.973). A sentença, ou decisão judicial, como vimos, substitui, na hipoteca legal, o instrumento da hipoteca convencional. A lei permite que a hipoteca legal seja substituída por títulos da dívida pública (art. 1.491).

Os bens especializados em hipoteca legal podem se mostrar insuficientes à garantia. O interessado, ou quem o represente, poderá exigir reforço com outros bens, "*posteriormente adquiridos pelo responsável*". Nada impede, porém, que o reforço recaia sobre bens já existentes anteriormente no patrimônio do garantidor, se demonstrada a insuficiência.

No antigo Código, havia outras hipóteses de hipoteca legal não mais repetidas no atual. A primeira delas referia-se à hipoteca em favor da *mulher casada sobre os bens do marido* para garantia do dote e outros bens particulares. O dote nunca foi um regime adotado pela sociedade brasileira e os bens particulares não mais subsistem como os chamados bens reservados, após a Constituição vigente, que igualou todos os direitos do homem e da mulher. Em outra hipótese no Código anterior, havia hipoteca em favor dos *filhos sob pátrio poder*, hoje poder familiar, sobre os bens dos pais, quando estes administrassem seu patrimônio. Essa administração decorria do antigamente denominado "pátrio poder". Era meio de garantir que os pais não dilapidassem e malversassem bens dos filhos. Não havia distinção entre filiação legítima, distinção atualmente igualmente inócua. A hipoteca não se referia aos frutos dos bens dos filhos porque, até a maioridade, estes pertenciam aos pais. O usufruto dos bens dos filhos menores é inerente ao exercício regular da paternidade. Defende-se que essa hipoteca somente se fazia necessária em face da natureza do usufruto, quando os pais pretendessem levantar valores ou alienar bens dos filhos. Essa disposição se mostrara inútil. Este Código regula o usufruto e a administração dos bens dos filhos menores nos arts. 1.689 a 1.693.

2. Hipoteca judicial

A hipoteca judicial era, sem dúvida, modalidade de hipoteca legal, mas não foi estruturada de forma organizada em nosso direito. Sua finalidade era garantir plena execução de decisões judiciais condenatórias. Tratava-se de efeito que a lei conferia a todo julgado condenatório do devedor. Sua regra fundamental estava no revogado art. 824:

> "*Compete ao exequente o direito de prosseguir na execução da sentença contra os adquirentes dos bens do condenado; mas para ser oposto a terceiros, conforme valer, e sem importar a preferência, depende de inscrição e especialização.*"

Essa disposição perdia sua utilidade perante os princípios de fraude à execução. Ademais, esse art. 824 excluía o direito de preferência nessa hipoteca judicial, subtraindo-lhe a principal vantagem. A sua inutilidade fez com que o presente Código não mais trouxesse a disposição.

Art. 1.490. O credor da hipoteca legal, ou quem o represente, poderá, provando a insuficiência dos imóveis especializados, exigir do devedor que seja reforçado com outros.

Os bens especializados em hipoteca legal podem se mostrar insuficientes à garantia. O interessado, ou quem o represente, poderá exigir reforço com outros bens. Nada impede, porém, que o reforço recaia sobre bens já existentes anteriormente no patrimônio do garantidor, se demonstrada a insuficiência. O credor a que se refere o artigo é qualquer dos indicados no artigo anterior. Em se tratando de menores ou incapazes, cabe ao seu representante exigir o reforço, sob pena de responder por perdas e danos. Esses novos bens hipotecados devem, como regra geral, também ser objeto de registro. O reforço poderá ser admitido, de acordo com as circunstâncias e sob supervisão judiciária, em outra modalidade de garantia, se não há possibilidade de oferecimento de imóveis, como o penhor ou a fiança.

Art. 1.491. A hipoteca legal pode ser substituída por caução de títulos da dívida pública federal ou estadual, recebidos pelo valor de sua cotação mínima no ano corrente; ou por outra garantia, a critério do juiz, a requerimento do devedor.

Essa substituição trata de abrandar o rigor do gravame sobre o patrimônio das pessoas atingidas pela hipoteca legal. A oportunidade e conveniência dessa substituição por títulos da dívida pública federal ou estadual serão apuradas no caso concreto. Este Código, mais consentâneo com a realidade, permite que outra garantia seja aceita, a critério do juiz, mediante requerimento do credor. Essa substituição pode ocorrer antes mesmo da efetivação ou especialização da hipoteca. A oportunidade ou conveniência será avaliada pelo juiz. Outras garantias podem ser idôneas, como aplicações financeiras em instituições bancárias privadas, por exemplo. O que importa é avaliar em concreto se as garantias oferecidas cumprem efetivamente sua finalidade. O presente Código, mais consentâneo com a modernidade, dispõe aqui de forma aberta, o que não permitia o estatuto anterior.

Seção III
Do Registro da Hipoteca

Art. 1.492. As hipotecas serão registradas no cartório do lugar do imóvel, ou no de cada um deles, se o título se referir a mais de um.
Parágrafo único. Compete aos interessados, exibido o título, requerer o registro da hipoteca.

A localização do imóvel define em qual cartório será efetuado o registro. Se o imóvel se estender por área que abranja mais de um cartório, em todos os locais descritos no título deverá ser registrado o imóvel. Em princípio, todos os interessados podem requerer o registro. Sem dúvida, o interesse maior nesse registro será do credor, mas qualquer pessoa com interesse direto ou indireto, apresentando título idôneo, pode pedir o registro.

Se o imóvel hipotecado não estiver matriculado em nome do outorgante, há necessidade de primeiramente ser aberta a matrícula, a fim de ser atendido o princípio da continuidade registrária (art. 195 da LRP).

Registrada a hipoteca, iniciam-se os efeitos *erga omnes*. Vícios que porventura a inquinem, que não meras retificações, somente podem ser removidos por decisão judicial. Assim, eventuais credores quirografários ou outros credores privilegiados somente podem valer-se de ação própria para invalidar a hipoteca e seus respectivos efeitos. O registro também não tem o condão de suprir eventuais falhas no instrumento contratual.

⚖ Tutela de urgência antecedente – Indeferimento – Contrato de cessão e transferência de direitos sobre marca – Alegado inadimplemento do cessionário – Pretensão de imediato bloqueio da Matrícula Imobiliária – Encerramento e unificação em uma nova Matrícula daquelas relativas aos dois imóveis dados em garantia do cumprimento das obrigações pactuadas – Falta de efetiva constituição de hipoteca prevista no contrato, não tendo sido lavrado instrumento público e promovido registro previsto no art. 1.492 do CC/2002 – Bem integrante do patrimônio de terceiro, utilizado para integralizar o capital de Eireli – Falta de demonstração da urgência necessária – Dissipação patrimonial descaracterizada – Ausência dos requisitos previstos nos artigos 300 e 303 do CPC de 2015 – Decisão mantida – Recurso desprovido (*TJSP* – Ag 2185382-71.2019.8.26.0000, 30-4-2020, Rel. Fortes Barbosa).

⚖ Agravo de instrumento – Execução de sentença em fase de concurso de preferência – Credor hipotecário – Hipoteca pré-existente – **Credor com garantia real tem preferência ao credor quirografário** – Possibilidade de pleitear o direito de preferência na própria execução de credor quirografário hipoteca devidamente inscrita no registro imobiliário – Decisão reformada. Recurso conhecido e provido. (*TJPR* – AI 0747148-9, 23-1-2013, Relª Juíza Conv. Substª Astrid Maranhão de Carvalho Ruthes).

Art. 1.493. Os registros e averbações seguirão a ordem em que forem requeridas, verificando-se ela pela da sua numeração sucessiva no protocolo.
Parágrafo único. O número de ordem determina a prioridade, e esta a preferência entre as hipotecas.

A matéria registrária constitui atualmente uma especialidade dentro do direito privado, com facetas de direito público, exigindo cadeiras específicas nos cursos de Direito. O seu estudo exige digressão monográfica. A base do direito registral ainda é a Lei nº 6.015/1973, Lei dos Registros Públicos, que está a exigir uma completa reformulação, mormente após a vigência deste Código.

Conforme o art. 172 da Lei dos Registros Públicos,

"*no registro de imóveis serão feitos, nos termos desta lei, o registro e a averbação dos títulos ou atos constitutivos, declaratórios, translativos e extintos de direitos reais sobre imóveis reconhecidos em lei*, inter vivos *ou* mortis causa, *quer para sua constituição, transferência e extinção, quer para sua validade em relação a terceiros, quer para a sua disponibilidade*".

Com a hipoteca e na maioria das situações registrárias, basta a apresentação do título para o registro. Apresentado o título para registro, tomará um número no protocolo, seguindo ordem rigorosa de apresentação (art. 182 da LRP). O número de ordem é fundamental porque, como reza o artigo, determina a prioridade. O presente dispositivo retrata o que já consta da Lei dos Registros Públicos. Se o registrador entender que há algum obstáculo para o registro deverá indicá-lo por escrito ao apresentante do título. Se este não se conformar com a exigência, não puder fazê-la ou ainda assim insistir no registro, a seu requerimento, a dúvida será remetida a juízo. No entanto, o processamento da dúvida não impedirá a prenotação no livro de protocolo, devendo o registrador anotar a ocorrência à margem da prenotação.

Cada imóvel deverá ter matrícula própria no livro de registro geral. A anotação da hipoteca deve ser feita nesse livro (Livro nº 2). Não se esqueça, porém, que a preferência é dada pelo Livro Protocolo, após a anotação no protocolo, salvo exceções permitidas. O registro no Livro nº 2 deve ser efetuado em 30 dias. A anotação no protocolo determina a prioridade e essa prioridade, a preferência entre as hipotecas, como dispõe o parágrafo do artigo. Se, por omissão do interessado, não for o registro efetivado em 30 dias a partir do lançamento no protocolo, cessarão os efeitos da prenotação. Há, portanto, importância fundamental na prenotação.

Art. 1.494. Não se registrarão no mesmo dia duas hipotecas, ou uma hipoteca e outro direito real, sobre o mesmo imóvel, em favor de pessoas diversas, salvo se as escrituras, do mesmo dia, indicarem a hora em que foram lavradas.
* Artigo revogado pela MP 1.085/2021, os comentários foram mantidos aguardando o término da vigência da MP e/ou sua possível conversão em lei.

Essa disposição é importante para o estabelecimento da prioridade e preferência a contrário senso, que somente podem ser registradas duas hipotecas, ou uma hipoteca e outro direito real, se *ambos* os títulos, em favor de pessoas diversas, contiverem a indicação da hora em que foram lavradas. Assim, se já registrada no dia uma hipoteca ou outro direito real, sem menção de hora, não se fará outro registro sobre o mesmo imóvel ainda que esse segundo título apresente a hora. Este último título somente poderá ser registrado no dia seguinte. O dispositivo pretende, como se observa, tornar límpida a preferência, evitando contradições. A Lei dos Registros Públicos também contém disposição semelhante (art. 190). A menção ao registro no dispositivo se refere a prenotação, como já acentuamos.

Note que o texto também se refere a pessoas diversas: se os títulos favorecerem o mesmo interessado, deixa de existir o óbice para o registro.

Quando ocorre menção à hora em que a escritura foi lavrada, dúvidas ponderáveis poderão ocorrer: se duas escrituras forem lavradas na mesma hora? Qual a hora a se considerar, a do início ou do término da escritura? A questão não é meramente acadêmica e poderá ter fundamental importância prática. A lei é omissa e a matéria resolve-se pelo critério interpretativo, que nem sempre será homogêneo. Se as partes interessadas, no entanto, tiverem conhecimento de que várias hipotecas sobre o mesmo imóvel são lavradas no mesmo dia, é aconselhável que mencionem o fato e façam anotar a hora, e, se for oportuno e conveniente, nada impede que mencionem a ordem pela qual os registros devem ser observados. De qualquer forma, há quem sustente que o dispositivo deveria ser abolido, para evitar esses entraves. Contudo, perante sua ausência, poderia ser estabelecida uma verdadeira maratona ou prova de velocidade entre os interessados para obter o registro em primeiro lugar, tumultuando desde o sistema registral até a excussão final.

Art. 1.495. Quando se apresentar ao oficial do registro título de hipoteca que mencione a constituição de anterior, não registrada, sobrestará ele na inscrição da nova, depois de a prenotar, até trinta dias, aguardando que o interessado inscreva a precedente; esgotado o prazo, sem que se requeira a inscrição desta, a hipoteca ulterior será registrada e obterá preferência.

Se não houver óbice, o registro deve ocorrer dentro do prazo de 30 dias da prenotação (art. 188 da LRP). Todavia, não pode ser a parte prejudicada por desídia ou mau funcionamento da estrutura cartorária. O art. 189 da lei registrária coloca-se no mesmo sentido do presente artigo, alertando que, se do título constar referência à existência de outra hipoteca sobre o mesmo bem, o oficial fará prenotação e aguardará 30 dias a fim de que os interessados na primeira façam sua inscrição. Se isso não ocorrer, registrar-se-á o título apresentado com preferência sobre o mencionado predecessor. Esse dispositivo altera o direito de preferência e prioriza o direito daquele que foi mais diligente no registro de seu título. A disposição já constava, como se vê, com outra redação, do art. 837 do Código Civil anterior. Com isso, concede-se prazo razoável ao outro hipotecante para registrar em primeiro lugar sua hipoteca. Se este se mantiver inerte, será então registrada a hipoteca apresentada.

A menção a outra hipoteca deve vir de forma clara, sem deixar margem a dúvidas. Por outro lado, o devedor ou o credor que saiba da existência de hipoteca anterior e deixa de informar pode ficar sujeito a perdas e danos, sem prejuízo do tipo penal do art. 171, § 2º, II, do Código Penal, que se refere ao agente que dá em garantia coisa própria, já gravada de ônus, silenciando sobre tal circunstância.

Questão que se coloca é a situação na qual a primeira hipoteca não pode ser registrada por motivo de força maior. Somente a decisão judicial, com bom senso em cada caso concreto, poderá dirimir a questão.

Art. 1.496. Se tiver dúvida sobre a legalidade do registro requerido, o oficial fará, ainda assim, a prenotação do pedido. Se a dúvida, dentro em noventa dias, for julgada improcedente, o registro efetuar-se-á com o mesmo número que teria na data da prenotação; no caso contrário, cancelada esta, receberá o registro o número correspondente à data em que se tornar a requerer.

O registro imobiliário da hipoteca outorga o efeito de direito real ao negócio, o efeito *erga omnes*. Na sua ausência, há apenas um vínculo pessoal ou obrigacional entre as partes.

Em qualquer ato do seu ofício registrário, o oficial pode ter dúvida sobre o ato que lhe está sendo solicitado. Suas dúvidas poderão ser com referência à nulidade do título, legitimidade das partes, possibilidade jurídica do registro etc. O chamado procedimento de dúvida é regulado pela Lei dos Registros Públicos. O art. 834 do antigo Código era expresso:

> "Quando o oficial tiver dúvida sobre a legalidade da inscrição requerida, declara-la-á por escrito ao requerente, depois de mencionar, em forma de prenotação, o pedido no respectivo livro."

O procedimento de dúvida é instaurado na forma do art. 198 da Lei dos Registros Públicos. Se o apresentante não se conformar com a exigência do oficial, ou não puder satisfazê-la, poderá requerer a remessa da dúvida ao juízo corregedor. O interessado será notificado para, em 15 dias, apresentar impugnação. Ainda que não apresentada essa impugnação, a dúvida deve ser julgada porque a matéria é correcional e administrativa (art. 199 da LRP). A sentença é sempre apelável pelo interessado, por terceiro prejudicado e pelo Ministério Público, que participa necessariamente desse procedimento cartorial (art. 202 da LRP). O serventuário não tem legitimidade para recorrer. O registrador apresenta a dúvida como agente do Estado, por dever de ofício, sem situação de neutralidade. A decisão no processo de dúvida não repercute em qualquer direito oficial. Por outro lado, o registrador tem o dever funcional de suscitar dúvida se observar irregularidade ou impossibilidade no registro, caso contrário ficará sujeito a procedimento disciplinar.

Julgada procedente a dúvida, com o trânsito em julgado os documentos serão restituídos à parte, dando-se ciência da decisão ao oficial para que cancele a prenotação.

Se julgada improcedente, o interessado deve apresentar novamente os documentos, com o mandado ou certidão da sentença, que ficarão arquivados, procedendo-se imediatamente ao registro, declarando o oficial o fato na coluna de anotações do protocolo (art. 203 da LRP). O registro será do título prenotado, nos termos da decisão. Sempre haverá a possibilidade de os interessados recorrerem à via contenciosa. Não há eficácia de coisa julgada material no procedimento de dúvida. Outros detalhes sobre o procedimento administrativo devem ser examinados na lei registrária. A dúvida é de legitimação ativa exclusiva do oficial. Discute-se se o interessado pode dirigir-se diretamente ao juiz, quando possui título dúbio, suscitando assim a denominada *dúvida inversa*. Após vacilação jurisprudencial, predomina hoje a corrente que não admite esse procedimento (CENEVIVA, 1991, p. 347). O interessado deve apresentar o título em cartório. Caberá ao oficial opor dúvida, se for o caso.

A prenotação é importante porque, se julgada improcedente a dúvida pelo juiz corregedor, valerá a prenotação para fins de prioridade. A prenotação deve ser entendida como assentamento prévio no protocolo. Seus efeitos cessam em 30 dias se o interessado não cumprir as exigências opostas pelo oficial. Se levantada a dúvida, o prazo é suspenso até decisão judicial. Desse modo, não será o interessado prejudicado por eventual processamento moroso da dúvida, ainda que suplantados os 90 dias que a lei teimosamente menciona. Esse prazo destina-se ao juiz. Sobre a matéria dispõe a Lei dos Registros Públicos no art. 186 que *"o número de ordem determinará a prioridade do título, e esta a preferência dos direitos reais, ainda que apresentados pela mesma pessoa mais de um título simultaneamente"*. Decorre daí que, se for o mesmo interessado, pode obter dois registros no mesmo dia. Se forem dois os apresentantes, há necessidade de perfeita identificação de data e horário nos títulos para o registro no mesmo dia, sob pena de ser seguida a ordem de apresentação.

Art. 1.497. As hipotecas legais, de qualquer natureza, deverão ser registradas e especializadas.
§ 1º O registro e a especialização das hipotecas legais incumbem a quem está obrigado a prestar a garantia, mas os interessados podem promover a inscrição delas, ou solicitar ao Ministério Público que o faça.
§ 2º As pessoas, às quais incumbir o registro e a especialização das hipotecas legais, estão sujeitas a perdas e danos pela omissão.

Quando se trata de hipoteca convencional, qualquer interessado pode requerer o registro, apresentando o devido instrumento. Nas demais modalidades de hipoteca, interessado será aquele definido em lei. Ao pai, à mãe, ao tutor ou curador incumbe providenciar a hipoteca legal, antes de assumirem a administração dos bens dos incapazes. O inventariante e o testamenteiro têm legitimidade para regularizar a hipoteca legal dos incapazes, antes de entregar herança ou legado. As pessoas de direito público interno podem agir conforme sua estrutura e seus órgãos. A lei permite que seja acionado o Ministério Público para o registro.

O vigente Código, no presente artigo, optou por fórmula genérica, como denota o § 1º. Acrescenta o § 2º que as pessoas às quais incumbir o registro e especialização das hipotecas estão sujeitas a perdas e danos pela omissão. O prejuízo pela omissão, como regra geral, deve ser apurado em concreto e não se confunde com o valor da dívida. Conclui-se, portanto, que qualquer interessado pode requerer o registro, mas os que estão obrigados a prestar a garantia, nas situações legais, têm por dever fazê-lo.

Art. 1.498. Vale o registro da hipoteca, enquanto a obrigação perdurar; mas a especialização, em completando vinte anos, deve ser renovada.

Não há prazo limitado para a existência da hipoteca, no entanto, após o período tão longo de 20 anos, é quase certo que as condições descritas na especialização tenham se alterado, como, por exemplo, o valor do crédito, a taxa de juros e o prazo para pagamento. Torna-se necessário, portanto, que nova especialização se faça, antes de completado o prazo, sem a qual não estará autorizada a excussão, isto é, a hipoteca perde a eficácia. Se ultrapassado esse prazo de especialização, haverá necessidade de se constituir nova hipoteca. No Código de 1916 o prazo era mais longo, de 30 anos. Neste Código, o art. 830 estava deslocado entre os dispositivos da hipoteca legal, quando se refere invariavelmente à modalidade convencional. Este Código corrigiu a falha. A Lei nº 10.931/2004 alterou o art. 1.485, para fazer retornar o prazo de 30 anos para a prorrogação da hipoteca, mas nada se alterou quanto a esse art. 1.498, que se reporta à nova especialização em 20 anos. Portanto, esses prazos não coincidem. Há um prazo de 20 anos para a nova especialização; há o prazo de 30 anos após o qual há necessidade de se refazer a hipoteca. Na dúvida, para efeito prático inconcusso, é conveniente que se renove em 20 anos, pois essa parece ser a finalidade da alteração da lei.

Seção IV
Da Extinção da Hipoteca

Art. 1.499. A hipoteca extingue-se:
I – pela extinção da obrigação principal;
II – pelo perecimento da coisa;
III – pela resolução da propriedade;
IV – pela renúncia do credor;
V – pela remição;
VI – pela arrematação ou adjudicação.

Como vimos no penhor, a hipoteca não se confunde com o contrato subjacente, o qual garante, geralmente, um mútuo. O desaparecimento ou *extinção da obrigação principal* (**inciso I**) é a causa mais comum de extinção da hipoteca, como direito acessório. Seus efeitos perante terceiros cessam, contudo, unicamente com o cancelamento do registro. No entanto, desaparecida a obrigação principal, o registro é mantido pelo sistema até que se providencie seu cancelamento, mas já estará totalmente vazio de conteúdo. Observe que a obrigação pode desaparecer ou se extinguir por outros meios que não o pagamento, modalidade normal de extinção das obrigações. Sabemos que há outros meios técnicos que fazem desaparecer a obrigação.

Na sub-rogação, por exemplo, o ônus transfere-se ao novo credor. Na novação, se as partes não forem expressas, extinta a dívida anterior, extingue-se a hipoteca. A dação em pagamento também pode extinguir o gravame, ao fazer desaparecer a obrigação.

A destruição ou *perecimento da coisa* (**inciso II**) equivale a seu desaparecimento, assim como a resolução do domínio (**inciso III**), nas hipóteses de propriedade resolúvel. Perecendo parcialmente a coisa, a hipoteca persiste no remanescente. Se houver indenização pelo perecimento, o ônus sub-roga-se sobre o preço. O mesmo ocorre nas hipóteses de desapropriação. Resolvido o domínio, como no fideicomisso, por exemplo, o hipotecante deixa de ser dono, insubsistindo a hipoteca.

A *renúncia pelo credor* (**inciso IV**) já foi por nós examinada no penhor. Deve ser expressa e não implica necessariamente renúncia ao crédito. Pode ocorrer a renúncia apenas quanto à garantia. Renúncia a qualquer direito deve resultar de inequívoca manifestação de vontade. A hipoteca legal é de ordem pública e, portanto, não admite renúncia, permanecendo enquanto persistir a situação jurídica que a originou.

Se a renúncia é feita em favor de outrem, haverá cessão de direitos.

A *remição* hipotecária (**inciso V**) concedida primordialmente ao credor de segunda hipoteca, ao adquirente do imóvel hipotecado e, por força das regras de processo, ao devedor (art. 826 do CPC). Não se trata de remição da dívida no presente dispositivo, mas remição da garantia real.

A *arrematação* e a *adjudicação* (**inciso VI**) como atos finais do processo executório extinguem a hipoteca, pois a propriedade será livre e desembaraçada para o novo titular. Devem ser obedecidos os princípios processuais específicos.

A *sentença*, como mencionava o Código anterior, decretará a extinção da hipoteca conforme sua eficácia: nulidade da obrigação, objeto não idôneo dado em hipoteca, falta de legitimidade, ausência de requisitos legais no ato constitutivo. Era despicienda sua menção em lei, tanto que não foi repetida no presente artigo.

A *prescrição*, também citada no diploma anterior, põe fim à garantia. Cuida-se de aplicação do destino do acessório com relação ao principal. Ainda que a obrigação prescrita passe a ser considerada obrigação natural, não há mais direito de ação na obrigação prescrita, não havendo como subsistir a garantia. No entanto, a referência expressa à prescrição no Código de 1916 dizia respeito àquela referente à ação hipotecária, que é ação real. Ocorre que, na prática, não subsistirá ação hipotecária se não houver mais débito a garantir. Pode, no entanto, existir interesse na propositura de ação, para declarar prescrita a hipoteca, independentemente de discussão acerca da prescrição do débito. Por outro lado, no sistema de 1916, sendo a hipoteca direito real, seu prazo prescritivo era de 10 anos entre presentes e 15 entre ausentes. Não ocorre, todavia, por simples inércia do credor, mas por ato incompatível com o exercício desse direito real. A usucapião do bem hipotecado é ato que faz desaparecer a hipoteca, em face dessa modalidade originária de aquisição da propriedade. O prazo prescricional geral no vigente Código é de 10 anos (art. 205).

A *confusão* ou *consolidação* na mesma pessoa das figuras de devedor e proprietário do bem hipotecado extingue a hipoteca, porque a garantia não pode incidir em bem próprio, mas mesmo assim não se prescinde do cancelamento no registro.

A *perempção* mencionada no art. 1.498 é modalidade de extinção. Se a especialização da hipoteca não for renovada no prazo mencionado, desaparece o gravame.

⚖ Embargos de declaração. Apelação cível. Propriedade industrial. Ação anulatória de hipoteca constituída em garantia a contrato de licenciamento e revenda. Cláusula prevendo a garantia de pagamento em caso de exigibilidade de multa, presente ou futura, por descumprimento contratual. Manutenção da hipoteca. Obrigação principal não completamente adimplida. Hipótese que afasta a incidência do art. 1.499, I, CC. Inexistência de omissão, contradição, obscuridade ou erro material, a teor do expresso no art. 1.022, CPC. À unanimidade, desacolheram os embargos de declaração (*TJRS* – EDcl 70083697896, 30-4-2020, Rel. Luís Augusto Coelho Braga).

⚖ Execução – Arrematação de imóvel em ação de cobrança – Hipoteca anterior em garantia de mútuo habitacional – **Necessidade notificação prévia para extinção da hipoteca** (artigos 1499, inciso VI, e 1501 do Código Civil de 2002). I O Código Civil adotou a orientação da indispensabilidade, para eficácia da extinção da hipoteca, a notificação judicial dos credores hipotecários (artigos 1499, inciso VI, e 1501). II É ônus do agravante a juntada, além das peças obrigatórias, das necessárias à compreensão do seu inconformismo. Recurso não provido (*TJSP* – Acórdão: Agravo de Instrumento nº 0184296-80.2011.8.26.0000, 20-10-2011, Rel. Des. Andrade Marques).

Art. 1.500. Extingue-se ainda a hipoteca com a averbação, no Registro de Imóveis, do cancelamento do registro, à vista da respectiva prova.

Como consequência da extinção, há que se fazer o cancelamento do registro, denominado na praxe de *baixa da hipoteca*, com os cuidados descritos no revogado art. 851. Apresentado documento idôneo de extinção da dívida, procederá o oficial ao cancelamento mediante averbação. Observará, sob sua responsabilidade funcional, as causas de extinção descritas no Código. O pedido verbal, como se nota, é insuficiente. Ao oficial deve ser apresentado documento escrito, emanado do credor e devedor, ou somente do devedor com prova da quitação do débito e extinção da obrigação. O mandado judicial, se decorrente de decisão, deve referir-se expressamente à hipoteca que se busca cancelar. Assim também a carta de arrematação ou de adjudicação. Enquanto não cancelada, embora extinta a dívida, a hipoteca persiste em seus efeitos, embora já vazia no seu conteúdo. Somente com o cancelamento obter-se-á a eficácia com relação a terceiros.

Qualquer interessado apresentante de prova idônea pode pedir o cancelamento. Desse modo, o adquirente ou compromissário comprador de imóvel hipotecado, por exemplo, pode fazê-lo. Não se confunde o direito de pedir o cancelamento com os requisitos intrínsecos necessários para essa averbação. Nesse sentido, dispõe o art. 251 da Lei dos Registros Públicos:

"O cancelamento de hipoteca só pode ser feito:
I – à vista de autorização expressa ou quitação outorgada pelo credor ou seu sucessor, em instrumento público ou particular;
II – em razão de procedimento administrativo ou contencioso, no qual o credor tenha sido intimado (CPC, art. 889, caput);
III – na conformidade da legislação referente às cédulas hipotecárias."

Desse modo, apresentado o documento hábil, é dever do registrador proceder ao cancelamento. Se tiver dúvida, submetê-la-á ao procedimento cabível. Como se verifica do rol de modalidades de extinção enunciadas na lei, há situações que exigirão mandado judicial de cancelamento, demandando, pois, sentença. Aliás, oportuno lembrar que qualquer ato registral pode ser cancelado por sentença. Isso se torna mais patente na hipoteca, que prossegue em seus efeitos, enquanto persistir o registro, tanto que o art. 252 da Lei dos Registros Públicos especifica que *"o registro, enquanto não cancelado, produz todos os efeitos legais ainda que, por outra maneira, se prove que o título está desfeito, anulado, extinto ou rescindido"*. Por essa razão, o terceiro interessado está legitimado a promover processo próprio de cancelamento, provando a extinção da obrigação ou ônus, se por outra forma não obtiver esse desideratum (art. 253 da LRP). O termo *ainda*, constante do artigo, só pode ser entendido como ênfase, referindo-se a um segundo momento (MAMEDE, 2003, p. 458).

Uma vez cancelada a inscrição, não pode ser renovada, só restando aos interessados instituí-la por novo título, que criará gravame sem relação com o anterior. Se ocorreu vício no cancelamento, incumbe aos interessados promover ação de nulidade do ato cartorário ou indenização contra os responsáveis. Terceiros, em qualquer hipótese, não podem ser prejudicados por ato que tornar nulo ou ineficaz o cancelamento, pois existe presunção de verossimilhança nos atos registrais.

Apelação – Embargos à execução – **Fiador – Exoneração da fiança** – Inexistência – Prorrogação automática do contrato de locação – Responsabilidade dos fiadores até a efetiva entrega das chaves – Alegação de ausência de citação na ação de despejo – Improcedência – Comprovação de existência de notificação dos fiadores para tomar conhecimento do processo conforme reconhecido pelos próprios apelantes – Embargos à execução improcedentes – Apelação conhecida e improvida – Sentença mantida – 1 – Segundo entendimento do STJ, a prorrogação automática do contrato de locação não determina, por si só, a exoneração dos fiadores que respondem pelos aluguéis e encargos da locação até a devolução do imóvel com a entrega das chaves. 2 – Conforme averiguado na sentença recorrida, e ante a ausência de exoneração da fiança, os fiadores deverão responder pelas obrigações que se vencerem nesse período após a vigência do prazo inicial e até a entrega das chaves. 3 – É cedido que o crédito decorrente de aluguel, desde que comprovado por contrato escrito, é considerado título executivo extrajudicial, nos termos do disposto no art. 585, V, do Código de Processo Civil. 4 – Segundo entendimento do STJ, ainda que não houvesse a notificação dos fiadores, o que não ocorreu no caso em tela, a falta de citação/notificação do fiador para o processo de despejo por falta de pagamento que o locador moveu contra a locatária, isenta o garante da responsabilidade pelas custas e demais despesas judiciais decorrentes daquela ação, julgada procedente contra a afiançada, sem entretanto, desobrigá-lo dos encargos decorrentes do contrato de fiança. 5 – *In casu*, de fato houve notificação dos fiadores, conforme devidamente reconhecido no próprio apelo, onde os próprios apelantes/fiadores, asseveram veemente que foram devidamente notificados, portanto, tomaram conhecimento da demanda, no entanto quedaram-se inertes. 6 – Apelação conhecida e improvida. Sentença mantida em todos os seus termos (*TJCE* – AC 0623712-28.2000.8.06.0001, 5-2-2013, Rel. Francisco Jose Martins Camara).

Art. 1.501. Não extinguirá a hipoteca, devidamente registrada, a arrematação ou adjudicação, sem que tenham sido notificados judicialmente os respectivos credores hipotecários, que não forem de qualquer modo partes na execução.

Essa regra já foi referida anteriormente. O presente artigo reitera regra tradicional que deve ser obedecida no processo. O credor hipotecário preterido, aquele que não teve ciência da praça e da consequente arrematação ou adjudicação, poderá pleitear a declaração da nulidade do ato. Busca-se acautelar o direito do credor hipotecário que não participa da execução. Por outro lado, uma vez notificado judicialmente, pode se utilizar dos meios processuais necessários para proteger seus direitos.

O CPC, no art. 889, dispõe, por seu lado:

> "Serão cientificados da alienação judicial, com pelo menos 5 (cinco) dias de antecedência:
> V – o credor pignoratício, hipotecário, anticrético, fiduciário ou com penhora anteriormente averbada, quando a penhora recair sobre bens com tais gravames, caso não seja o credor, de qualquer modo, parte na execução."

Agravo de instrumento – Ação de cobrança de cotas condominiais – Cumprimento de sentença – Arrematação do bem do qual se originaram os débitos executados – Prévia intimação da credora hipotecária, que não se opôs à arrematação – Extinção do gravame, nos termos dos artigos 1.499, VI e 1.501 do CC – Recurso provido (*TJSP* – Ag 2202970-28.2018.8.26.0000, 7-2-2020, Rel. Marcus Vinicius Rios Gonçalves).

Adjudicação – Execução Hipoteca – **Necessidade de intimação do credor hipotecário acerca da hasta pública** – Hipótese em que houve a realização da praça e a adjudicação do imóvel sem a intimação do credor hipotecário e da empresa credora – Desatendimento do disposto nos arts. 615, II, 619 e 698 do CPC e art. 1.501 do Código Civil de 2002 – Hipótese, ainda, em que não foi proferida decisão acerca da impenhorabilidade do bem, conforme determinado em v. acórdão e que não foi cumprida a determinação de exclusão da meação da esposa do agravante no auto de adjudicação – Recurso parcialmente provido (*TJSP* – Acórdão Agravo de Instrumento nº 0066589 – 91.2011.8.26.0000, 28-9-2011, Rel. Des. J. B. Franco de Godoi).

Seção V
Da Hipoteca de Vias Férreas

Art. 1.502. As hipotecas sobre as estradas de ferro serão registradas no Município da estação inicial da respectiva linha.

Art. 1.503. Os credores hipotecários não podem embaraçar a exploração da linha, nem contrariar as modificações, que a administração deliberar, no leito da estrada, em suas dependências, ou no seu material.

Art. 1.504. A hipoteca será circunscrita à linha ou às linhas especificadas na escritura e ao respectivo material de exploração, no estado em que ao tempo da execução estiverem; mas os credores hipotecários poderão opor-se à venda da estrada, à de suas linhas, de seus ramais ou de parte considerável do material de exploração; bem como à fusão com outra empresa, sempre que com isso a garantia do débito enfraquecer.

Art. 1.505. Na execução das hipotecas será intimado o representante da União ou do Estado, para, dentro em quinze dias, remir a estrada de ferro hipotecada, pagando o preço da arrematação ou da adjudicação.

1. Hipoteca naval e aérea

Embora navios e aeronaves sejam coisas móveis, são suscetíveis de hipoteca. Vimos que historicamente a hipoteca se aplicava indiferentemente aos móveis e imóveis. Essas são as únicas exceções de nossa legislação. Os demais bens móveis submetem-se ao regime do penhor.

A inscrição da hipoteca sobre navio será feita no porto de matrícula. O instrumento deve ter forma pública, faz-se mediante a prova de propriedade da coisa, devendo ser lavrada nos ofícios privativos dos atos de direito marítimo. Compete ao Tribunal Marítimo manter o registro da hipoteca naval. O art. 825 do Código anterior permitia hipoteca de navios ainda em construção. A hipoteca confere direito real ao credor de excuti-lo onde se encontrar o navio e contra qualquer pessoa que o detenha. Aplicam-se os princípios gerais do instituto. A Lei nº 7.652/1988 regula atualmente a hipoteca naval.

O Código Brasileiro de Aeronáutica (Lei nº 7.565) também autoriza a hipoteca de aeronave em construção (art. 118). Essa hipoteca constitui-se pela inscrição do contrato no Registro Aeronáutico Brasileiro, com averbação no respectivo certificado de matrícula (art. 141). Essa lei também institui hipoteca legal em favor da união em relação a aeronaves, peças e equipamentos adquiridos no exterior, com aval, fiança ou outra garantia do Tesouro Nacional ou seus agentes financeiros (art. 144). Essa hipoteca será registrada de ofício no Registro Aeronáutico.

Note que no sistema brasileiro, as hipotecas sobre navios e aeronaves não se constituem meros penhores sob outra denominação. Conceituam-se e regem-se efetivamente como hipoteca, aplicando-se-lhes os princípios de direito hipotecário. A legislação especial que as regula não deixa dúvidas. Posse alguma tem o credor hipotecário sobre esses bens móveis. Tal como nas demais hipotecas, antes do registro junto à matrícula estabelece-se apenas direito pessoal entre credor e devedor, ou, como é possível afirmar, direito real de compreensão e extensão limitadas aos contraentes.

2. Hipoteca em vias férreas

Nossos Códigos civis também permitiram a hipoteca sobre linhas férreas. Cuida-se de uma universalidade, porque compreende o solo, os trilhos, os terrenos marginais, as estações, os equipamentos etc. De acordo com o art. 1.502, a inscrição dessa hipoteca deve ocorrer no município da estação inicial da respectiva linha.

A posse e a administração das ferrovias não podem ser turbadas pelos credores hipotecários (art. 1.503). Essa hipoteca pode ser limitada a linha ou a trechos de linha especificados no contrato, podendo os credores se opor a qualquer ato de alienação da estrada que lhes embarace o direito (art. 1.504).

Nas execuções dessas hipotecas, terá preferência a fazenda nacional ou Estadual, cujos representantes serão intimados necessariamente, pelo preço da arrematação ou adjudicação (art. 1.505). O art. 699 do CPC/1.973, revogado Lei 11.382/2006 repetia essa disposição, não mais presente no CPC/2.015. A preferência da lei é de que o meio de transporte retorne ou permaneça nas mãos do Estado, preferentemente do que na iniciativa privada. Este Código refere-se especificamente à remição por parte da União ou do Estado.

As estradas de ferro são consideradas universalidades independentes do solo, em razão de sua função econômica.

Os presentes dispositivos são atualmente de mínima utilidade prática tendo em vista o descaso do país com o transporte ferroviário.

CAPÍTULO IV
Da Anticrese

Art. 1.506. Pode o devedor ou outrem por ele, com a entrega do imóvel ao credor, ceder-lhe o direito de perceber, em compensação da dívida, os frutos e rendimentos.
§ 1º É permitido estipular que os frutos e rendimentos do imóvel sejam percebidos pelo credor à conta de juros, mas se o seu valor ultrapassar a taxa máxima permitida em lei para as operações financeiras, o remanescente será imputado ao capital.
§ 2º Quando a anticrese recair sobre bem imóvel, este poderá ser hipotecado pelo devedor ao credor anticrético, ou a terceiros, assim como o imóvel hipotecado poderá ser dado em anticrese.

1. Conceito. Notícia histórica

Sem maior aplicação prática, embora possa ser mecanismo jurídico útil, o Código de 2002 manteve a anticrese. Trata-se de instituição paralela ao penhor e à hipoteca, ficando a meio caminho entre ambos. Enquanto no penhor típico transfere-se a posse da coisa ao credor, que dela não pode se utilizar, e na hipoteca o bem continua na posse do devedor, na anticrese o credor assume necessariamente a posse do bem para usufruir seus frutos, a fim de amortizar a dívida ou receber juros. O credor anticrético recebe a posse de coisa móvel frugífera, ficando os frutos vinculados à extinção da dívida.

A palavra *anticrese* deriva do grego *anti* (contra) e *chresis* (uso). O vocábulo dá a ideia de uso do capital recebido pelo credor perante a entrega da coisa pelo devedor. A expressão não era usual no Direito Romano. Suas raízes situam-se no Direito grego e egípcio.

O Direito Romano não conheceu esse instituto como modalidade autônoma, mas como pacto anexo ou integrante ao penhor ou à hipoteca. Permitia-se ao credor, cujo objeto lhe era entregue, que percebesse os frutos para amortizar a dívida ou para pagar os juros. A obrigação, contudo, continuava garantida pelo penhor ou pela hipoteca. A percepção dos frutos na anticrese, em nosso Direito, integra o conteúdo desse direito real. Nas Ordenações do Reino, a anticrese referia-se tanto a móveis como a imóveis.

A anticrese desempenha dupla função: servir como garantia de pagamento da dívida, uma vez que o credor anticrético tem direito de retenção do imóvel até sua extinção, bem como servir de meio de execução direta da dívida, de vez que ao credor é atribuído o direito de receber os frutos e imputar-lhes no pagamento dos juros e do capital.

2. Conteúdo do artigo

O artigo descreve o instituto da anticrese, como já explicamos. O § 1º do presente dispositivo permite que os frutos e rendimentos do imóvel, em sua totalidade, sejam recebidos exclusivamente por conta de juros. Anote-se que *rendimentos* são nada mais do que uma espécie de frutos, os chamados *frutos civis*. Acrescenta, porém, o presente Código, que se o valor desses frutos e rendimentos for superior à taxa permitida em lei para as operações financeiras, o remanescente, isto é, o que sobrepujar a taxa de juros, será imputado no capital. No sistema atual, talvez o mais complexo seja definir qual a taxa de juros permitida. O credor poderá explorar pessoalmente o imóvel ou por meio de prepostos e até de arrendamento, salvo proibição expressa no título.

Podem as partes, portanto, estipular a amortização da dívida ou somente dos juros pelo recebimento dos frutos. Nesse sentido, a anticrese pode ser *extintiva* ou *satisfativa*, na hipótese de os frutos servirem para amortizar a dívida, agora dentro de um limite, como especificado por este Código, ou *compensativa*, quando os frutos são imputados apenas no pagamento dos juros. A anticrese tem como pressupostos *a existência de um crédito* em favor do credor e *a tradição do imóvel* do devedor ou de um terceiro para o credor, para fruição. Como em todos os direitos reais de garantia, um terceiro pode oferecer e subordinar imóvel seu para suportar o crédito, assumindo a posição de garante, nos termos do art. 1.427. Como se nota, em regra geral são aplicados à anticrese os princípios gerais dos direitos reais de garantia, conforme o art. 1.419 ss. Contudo, recorde-se que o art. 1.423, ao conferir ao credor anticrético "*o direito de reter em seu poder o bem, enquanto a dívida não for paga*", também estabelece que a anticrese "*extingue-se decorridos quinze anos do dia da transcrição*", como estava no antigo Código, ou como expressa o vigente, "*decorridos quinze anos da data de sua constituição*".

A restrição temporal parte do pressuposto de que, se a obrigação não se extinguiu em prazo tão longo, é inconveniente que perdure o direito real. Nessa hipótese, como em outras semelhantes já vistas, a extinção do direito real não implica sistematicamente na extinção da dívida, permanecendo o credor como quirografário, pelo saldo em aberto.

Os inconvenientes da instituição da anticrese são evidentes. Transferindo a coisa ao credor, não somente priva o devedor de sua utilização, como também atribui àquele a obrigação de administrar coisa alheia, com a obrigação correlata de prestar contas, o que também lhe será inconveniente. Esses aspectos prenunciam facilmente os inconvenientes da instituição. Há outros instrumentos no ordenamento que preenchem mais eficazmente essa finalidade, a começar pela própria hipoteca, a qual garante o débito, sem privar da posse da coisa o devedor.

Instituída a anticrese, o devedor fica inibido, na prática, de obter novos créditos garantidos pelo mesmo bem. O Código de 1916 permitia que a hipoteca sobre o imóvel sob anticrese somente poderia ser concedida ao credor anticrético (art. 805, § 2º). Este Código suprimiu esse inconveniente, ao permitir, no dispositivo sob exame, que a hipoteca pode ser concedida a terceiros. Pelo Código de 1916, o bem hipotecado somente podia ser dado em anticrese ao credor hipotecário, o que foi também eliminado pelo Código atual. Desse modo, verifica-se que podem conviver a hipoteca e a anticrese de forma mais ampla no presente estatuto. No entanto, na prática, a coisa dada em anticrese é colocada fora do comércio, uma vez que não haverá interesse de terceiro em adquiri-la. Não obstante, estando a anticrese regulada pelo ordenamento, não se pode afirmar peremptoriamente que não venha a ser utilizada ou se tornar útil, sob novas condições sociais. Por vezes, institutos aparentemente esquecidos e fadados ao desaparecimento renascem para a vida jurídica, conquanto com nova roupagem.

A anticrese decorre de contrato ou de testamento. Nesses instrumentos, serão discriminados os valores da dívida, juros, prazos etc. As partes têm toda amplitude da autonomia da vontade no negócio jurídico. Não se nega que o testador também pode instituir a anticrese. Como contrato, trata-se de negócio real porque implica a entrega da coisa.

Para que se converta em direito real, há que se obedecer aos requisitos de especialização comum a todos os direitos reais (art. 1.424), com a descrição cabal do imóvel.

Enquanto direito exclusivamente pessoal, perante a ausência de registro imobiliário, gera somente efeitos obrigacionais entre as partes. Haverá, destarte, mero pacto anticrético e não direito real. O devedor faculta ao credor que se utilize coisa sua, ou terceiro o faça, a fim de que, usufruindo dela, amortize uma obrigação.

Somente haverá direito real de anticrese, dentro do rol legal de nosso ordenamento, quando ultimada por escritura pública, ou instrumento particular, se o for o caso e o valor o permitir, devidamente registrado o título no cartório imobiliário. Para tal, necessitava de outorga conjugal independente do regime de bens, no sistema de 1916 (arts. 235, I, e 242, I). Neste Código, aplica-se o art. 1.647; será necessária a outorga conjugal, exceto no regime de separação absoluta. Ao imóvel aplicam-se os mesmos princípios da hipoteca: somente quem pode alienar poderá constituir o gravame. Com o registro imobiliário da anticrese, o direito à percepção dos frutos passa a ter eficácia *erga omnes*. Ainda que inexistente a anticrese como direito real em outras legislações, sobrevive como negócio jurídico obrigacional. Como, entre nós, o registro imobiliário confere-lhe eficácia de direito real, os frutos não podem ser penhorados por outros credores.

Não repercutindo sobre a substância da coisa, não apenas o proprietário, mas também o enfiteuta e o usufrutuário, podem estabelecer anticrese.

O fato de o credor reter a coisa e dela usufruir é elemento de constrição sobre o devedor, que terá o maior interesse em extinguir a obrigação. Ao lado do direito real de perceber os frutos, a anticrese possui inelutavelmente esse intuito compulsivo para constranger o devedor a liquidar a obrigação e receber em retorno seu imóvel. Como se percebe, o penhor rural e o industrial, além da própria hipoteca, e mais recentemente a alienação fiduciária, substituíram com vantagem as finalidades do provecto instituto.

O aspecto de se atribuir a administração do imóvel ao credor assemelha-se à procuração em causa própria. O devedor confere, sem dúvida, uma modalidade de mandato ao credor.

A Lei nº 9.514/1997, que instituiu o Sistema de Financiamento Imobiliário, refere-se à possibilidade de anticrese nas operações do SFH que envolvam locação.

Como possuidor direto, o credor anticrético pode valer-se das ações possessórias para defender a coisa. A posse indireta permanece com o titular do domínio. O credor anticrético deve, também, como corolário, comunicar turbações à posse ao proprietário e possuidor indireto. A reivindicação é ação do devedor, ou do terceiro garante, se for o caso, que continua a ser proprietário, não perdendo a disponibilidade.

O fato de o § 2º mencionar "*quando a anticrese recair sobre bem imóvel*" pode dar ideia de que existe anticrese como direito real para móveis também, o que não é verdadeiro. O instituto pode ser contratado para móveis, mas dentro do campo obrigacional.

Art. 1.507. O credor anticrético pode administrar os bens dados em anticrese e fruir seus frutos e utilidades, mas deverá apresentar anualmente balanço, exato e fiel, de sua administração.

§ 1º Se o devedor anticrético não concordar com o que se contém no balanço, por ser inexato, ou ruinosa a administração, poderá impugná-lo, e, se o quiser, requerer a transformação em arrendamento, fixando o juiz o valor mensal do aluguel, o qual poderá ser corrigido anualmente.

§ 2º O credor anticrético pode, salvo pacto em sentido contrário, arrendar os bens dados em anticrese a terceiro, mantendo, até ser pago, direito de retenção do imóvel, embora o aluguel desse arrendamento não seja vinculativo para o devedor.

Ao devedor cabe entregar a coisa ao credor, que com ela deverá permanecer, em princípio, até extinção do débito. O credor administrará o bem recebendo os frutos, devendo prestar contas dos valores recebidos, dando quitação. É dever de todo aquele que administra bem alheio prestar contas. Esse dever não pode ser afastado pela vontade negocial. Reside aí, sem dúvida, a maior inconveniência da anticrese. A prestação de contas, em qualquer situação, é, de *per si*, um tremendo pomo de discórdias. As partes podem acordar que a administração seja atribuída a terceiro, o qual, evidentemente, também terá o dever de prestar contas. Geralmente, a administração outorgada a terceiro será remunerada, devendo as partes acordar a esse respeito.

Dentro do princípio da autonomia da vontade, nada impede que as partes estabeleçam critérios para o credor fruir de frutos e utilidades do imóvel. Pode ser estabelecido um teto periódico para valor de amortização, superado este, os valores pertencerão ao devedor, por exemplo. Pode ficar estabelecido, por outro lado, que somente sobre determinada classe ou categoria de frutos operará a anticrese. Pode ser facultado o arrendamento a terceiro, situação que restringe o alcance original da anticrese.

O § 1º do presente artigo introduz inovação quanto à prestação de contas por parte do credor: se o devedor não concordar com o conteúdo do balanço, poderá impugná-lo e, se o quiser, requerer a transformação em arrendamento, fixando o juiz o valor mensal do aluguel, o qual poderá ser corrigido anualmente. O balanço deve ser anual. Nos termos da dicção legal, a decisão deve julgar o balanço inidôneo a fim de que possa ser transformada a anticrese em arrendamento. O cerne da questão se posicionará, então, no exame da prova contábil. Processo judicial desse jaez corre o fundado risco de se eternizar. Aliás, toda ação de prestação de contas é de complexidade, pois, na maioria das vezes, as próprias partes têm interesse em dificuldade criada. Será, de fato, mais uma pedra irremovível dos escaninhos do Judiciário. Algo que mais incita a não ser utilizado o instituto da anticrese. Esse arrendamento, segundo decorre dos princípios do instituto, também terá como limite o prazo de 15 anos, computando-se, inclusive, o período já decorrido de anticrese.

Nessa hipótese de arrendamento, os valores do aluguel irão abater a dívida e não mais os frutos. Embora a lei nada diga, o arrendamento deverá provocar uma averbação no registro imobiliário, para que terceiros possam conhecer a nova situação. Nada impede, também, que esse arrendamento resulte de acordo entre as partes, evitando-se tormentosa contenda judicial.

A qualquer tempo é dado ao devedor resgatar a anticrese, liquidando a dívida.

É direito do credor manter a posse e reter a coisa até ser integralmente pago. Detendo a posse da coisa, o credor deve ser indenizado pelas benfeitorias necessárias e úteis, podendo levantar as voluptuárias, aplicando-se os princípios gerais sobre a matéria, inclusive quanto ao direito de retenção, independentemente da retenção pelos frutos de pagamento da dívida, algo inerente à própria anticrese. Quanto à retenção por benfeitorias, as partes poderão dispor diferentemente.

O § 2º, além de se referir ao direito de retenção, permite que os bens dados em anticrese sejam arrendados a terceiro, salvo proibição expressa no título. Esse arrendamento não afasta a responsabilidade do credor anticrético perante o dono pela manutenção do bem e cria, na verdade, mais um ponto de instabilidade no instituto.

Art. 1.508. O credor anticrético responde pelas deteriorações que, por culpa sua, o imóvel vier a sofrer, e pelos frutos e rendimentos que, por sua negligência, deixar de perceber.

O credor tem direito à percepção dos frutos, devendo zelar pelo imóvel. Responde pelos prejuízos que ocasionar à coisa e pelos frutos que deixar de colher por culpa sua. Cabem ao devedor os meios judiciais necessários para impedir oportunamente que a coisa se deteriore. A questão prática é verificar em concreto quais as perdas e deteriorações que podem ser imputadas ao credor, possuidor direto.

No tocante às deteriorações do imóvel, as indenizáveis, segundo o texto, são as decorrentes de culpa. Leva-se em conta, portanto, que o desgaste e a obsolescência natural do imóvel, os quais acarretam diminuição de valor, não devem, em princípio, ser imputados ao credor.

Quanto aos frutos, a responsabilidade do credor será por aqueles que deixou de colher ou receber por negligência. Apura-se, no caso concreto, para qualquer espécie de frutos, naturais ou civis. Na anticrese, o prejuízo pela negligência em perceber os frutos atinge diretamente o negócio jurídico, pois assim não ocorre a devida amortização da dívida e prejudica o devedor. O valor desses frutos indevidamente não recebidos deve ser posto em benefício do devedor. Quando há arrendamento e a dívida é amortizada pelo valor do aluguel, passa a ser irrelevante a questão dos frutos.

Art. 1.509. O credor anticrético pode vindicar os seus direitos contra o adquirente dos bens, os credores quirografários e os hipotecários posteriores ao registro da anticrese.
§ 1º Se executar os bens por falta de pagamento da dívida, ou permitir que outro credor o execute, sem opor o seu direito de retenção ao exequente, não terá preferência sobre o preço.
§ 2º O credor anticrético não terá preferência sobre a indenização do seguro, quando o prédio seja destruído, nem, se forem desapropriados os bens, com relação à desapropriação.

O credor tem direito de sequela, de modo que continuará a exercer seus direitos perante qualquer adquirente do imóvel, bem como credores quirografários e hipotecários posteriores ao registro da anticrese. Esses credores não podem penhorar o imóvel anticrético, podendo o credor anticrético utilizar-se dos embargos de terceiro. Perante a existência de vários direitos reais sobre o mesmo imóvel, obedece-se ao critério da prioridade, aplicando-se a regra geral.

Embora tenha o credor direito à percepção dos frutos, o CPC, no art. 784, V, confere à anticrese a condição de título executivo extrajudicial, o que autoriza o credor a cobrar a dívida, se, por exemplo, não ocorrer a devida e esperada produção de frutos no imóvel, ou ocorrer inadimplência. No entanto, o § 1º do presente artigo adverte que se houver execução por parte do credor ou se este permitir que outro credor execute, sem exercer o direito de retenção, *"não terá preferência sobre o preço"*. Esse direito de retenção, que é decorrência da posse, pode e deve, portanto, ser oposto em face de terceiros ou do próprio titular do domínio.

Ao contrário dos direitos similares, no caso de desapropriação ou pagamento securitário, o credor anticrético não terá preferência sobre a indenização.

Art. 1.510. O adquirente dos bens dados em anticrese poderá remi-los, antes do vencimento da dívida, pagando a sua totalidade à data do pedido de remição e imitir-se-á, se for o caso, na sua posse.

1. Extinção da anticrese

O ordenamento não se preocupou especificamente com as formas de extinção da anticrese.

A eliminação integral da dívida extingue a anticrese, podendo o devedor então exigir a devolução da coisa. A posse do credor, salvo o direito de retenção, transforma-se em injusta.

A renúncia também extingue a anticrese. A transmissão da posse da coisa ao devedor implica renúncia tática, pois não há anticrese sem a posse do credor.

O perecimento ou desapropriação do bem são outras modalidades de extinção, sem qualquer sub-rogação no preço pelo credor, como vimos.

Ademais, diferentemente dos outros direitos da mesma natureza, a lei impõe a extinção da anticrese decorridos 15 anos da data de sua constituição; prazo de caducidade (art. 1.423). Note, porém, que na pendência da garantia anticrética, não há curso de prescrição da dívida, porque sempre, nesse lapso, poderá ser exercitada a cobrança, um direito potestativo, nessa hipótese. O prazo prescritivo somente tem início, como regra geral, quando o credor deixa de ter a posse. Se constituída a anticrese pelo enfiteuta ou usufrutuário, a extinção desses direitos de fruição extingue também o instituto.

Enfatize-se mais uma vez que nem sempre a extinção da anticrese induzirá extinção da obrigação, permanecendo o credor como quirografário.

Talvez o melhor seria que a anticrese fosse extinta do ordenamento como direito real. Nada obsta que seja direito negocial, possível inclusive com utilidade em empresas em estado de recuperação. Nada impede, nesse plano, por outro lado, que o negócio tenha também por objeto bens móveis.

2. Remição pelo adquirente

O presente artigo permite que o adquirente dos bens dados em anticrese possa remi-lo antes do vencimento da dívida, pagando a totalidade à data do pedido de remição, imitindo-se na posse, se for o caso. Cuida-se aqui da possibilidade de pagamento antecipado da obrigação facultado pela lei, o que se admite também, em princípio, para os demais direitos reais. A menção feita quanto à imissão de posse decorre da possibilidade de o imóvel estar na posse de terceiro, como o arrendatário. Pode ocorrer que não seja da conveniência do adquirente, nesse caso, ingressar na posse, mantendo o atual estado.

TÍTULO XI
DA LAJE

Art. 1.510-A. O proprietário de uma construção-base poderá ceder a superfície superior ou inferior de sua construção a fim de que o titular da laje mantenha unidade distinta daquela originalmente construída sobre o solo. (Incluído pela Lei nº 13.465, de 2017)

§ 1º O direito real de laje contempla o espaço aéreo ou o subsolo de terrenos públicos ou privados, tomados em projeção vertical, como unidade imobiliária autônoma, não contemplando as demais áreas edificadas ou não pertencentes ao proprietário da construção-base. (Incluído pela Lei nº 13.465, de 2017)

§ 2º O titular do direito real de laje responderá pelos encargos e tributos que incidirem sobre a sua unidade. (Incluído pela Lei nº 13.465, de 2017)

§ 3º Os titulares da laje, unidade imobiliária autônoma constituída em matrícula própria, poderão dela usar, gozar e dispor. (Incluído pela Lei nº 13.465, de 2017)

§ 4º A instituição do direito real de laje não implica a atribuição de fração ideal de terreno ao titular da laje ou a participação proporcional em áreas já edificadas. (Incluído pela Lei nº 13.465, de 2017)

§ 5º Os Municípios e o Distrito Federal poderão dispor sobre posturas edilícias e urbanísticas associadas ao direito real de laje. (Incluído pela Lei nº 13.465, de 2017)

§ 6º O titular da laje poderá ceder a superfície de sua construção para a instituição de um sucessivo direito real de laje, desde que haja autorização expressa dos titulares da construção-base e das demais lajes, respeitadas as posturas edilícias e urbanísticas vigentes. (Incluído pela Lei nº 13.465, de 2017)

Art. 1.510-B. É expressamente vedado ao titular da laje prejudicar com obras novas ou com falta de reparação a segurança, a linha arquitetônica ou o arranjo estético do edifício, observadas as posturas previstas em legislação local. (Incluído pela Lei nº 13.465, de 2017)

Art. 1.510-C. Sem prejuízo, no que couber, das normas aplicáveis aos condomínios edilícios, para fins do direito real de laje, as despesas necessárias à conservação e fruição das partes que sirvam a todo o edifício e ao pagamento de serviços de interesse comum serão partilhadas entre o proprietário da construção-base e o titular da laje, na proporção que venha a ser estipulada em contrato. (Incluído pela Lei nº 13.465, de 2017)

§ 1º São partes que servem a todo o edifício: (Incluído pela Lei nº 13.465, de 2017)
I – os alicerces, colunas, pilares, paredes-mestras e todas as partes restantes que constituam a estrutura do prédio; (Incluído pela Lei nº 13.465, de 2017)
II – o telhado ou os terraços de cobertura, ainda que destinados ao uso exclusivo do titular da laje; (Incluído pela Lei nº 13.465, de 2017)
III – as instalações gerais de água, esgoto, eletricidade, aquecimento, ar condicionado, gás, comunicações e semelhantes que sirvam a todo o edifício; e (Incluído pela Lei nº 13.465, de 2017)
IV – em geral, as coisas que sejam afetadas ao uso de todo o edifício. (Incluído pela Lei nº 13.465, de 2017)

§ 2º É assegurado, em qualquer caso, o direito de qualquer interessado em promover reparações urgentes na construção na forma do parágrafo único do art. 249 deste Código. (Incluído pela Lei nº 13.465, de 2017)

Art. 1.510-D. Em caso de alienação de qualquer das unidades sobrepostas, terão direito de preferência, em igualdade de condições com terceiros, os titulares da construção-base e da laje, nessa ordem, que serão cientificados por escrito para que se manifestem no prazo de trinta dias, salvo se o contrato dispuser de modo diverso. (Incluído pela Lei nº 13.465, de 2017)

§ 1º O titular da construção-base ou da laje a quem não se der conhecimento da alienação poderá, mediante depósito do respectivo preço, haver para si a parte alienada a terceiros, se o requerer no prazo decadencial de cento e oitenta dias, contado da data de alienação. (Incluído pela Lei nº 13.465, de 2017)

§ 2º Se houver mais de uma laje, terá preferência, sucessivamente, o titular das lajes ascendentes e o titular das lajes descendentes, assegurada a prioridade para a laje mais próxima à unidade sobreposta a ser alienada. (Incluído pela Lei nº 13.465, de 2017)

Art. 1.510-E. A ruína da construção-base implica extinção do direito real de laje, salvo: (Incluído pela Lei nº 13.465, de 2017)
I – se este tiver sido instituído sobre o subsolo; (Incluído pela Lei nº 13.465, de 2017)
II – se a construção-base não for reconstruída no prazo de cinco anos. (Incluído pela Lei nº 13.465, de 2017)
Parágrafo único. O disposto neste artigo não afasta o direito a eventual reparação civil contra o culpado pela ruína. (Incluído pela Lei nº 13.465, de 2017)

A introdução em nossa legislação desse denominado direito de laje entre os direitos reais representa a confissão da falência do sistema habitacional brasileiro. O legislador se dá por prostrado e prefere criar esse direito a tentar resolver a problemática habitacional das centenas de comunidades ou favelas que polvilham e pululam no País. Cria-se uma nova modalidade de condomínio, permitindo que outro titular utilize e seja proprietário do pavimento superior ou em subsolo de uma construção, surgindo o direito de laje.

A primeira postura desse artigo aqui introduzido é identificar o imóvel que a lei denomina *construção-base*. A lei procurou ordenar e disciplinar as inúmeras construções que vão sendo sobrepostas (ou infrapostas), geralmente, na prática, sem o menor critério e segurança em agrupamentos urbanos que findam por se tornar as chamadas comunidades, denominação mais lhana das favelas. O texto admite também a utilização do direito de laje para o piso inferior, ou seja, o subsolo.

Nessa disposição excêntrica, nosso legislador terceiro-mundista confessa-se como tal bem como se dá por vencido em resolver a problemática habitacional brasileira, para constituir uma modalidade de direito real que mais trará problemas que soluções. Raramente far-se-á registro imobiliário desse direito, mormente porque imóveis desse jaez situam-se em comunidades irregulares, com vasta pressão populacional e sérios problemas de segurança que longe estão de regularização registral. Na verdade, os sambas e versos que cantam as favelas, hoje denominadas comunidades, e mencionam as lajes, são formosos nas estrofes, mas trágicos na realidade.

A questão trará problemas que aguçarão a criatividade de nossos tribunais. Trata-se de um condomínio de qualquer forma e sob seus princípios gerais deve ser definido e compreendido. Lembrando que o direito real somente se perfaz no nosso sistema pelo registro imobiliário. Há que se anotar de plano que não serão muitas as situações em que se recorrerá ao registro, mormente porque essas moradias geralmente são irregulares e ficam avessas ao sistema registral.

A situação não se confunde com sobrados regulares, sobrepostos, já edificados sob tal sistema, com entrada regular e autônoma, plantas previamente aprovadas pela municipalidade etc. O intuito da lei foi criar, em síntese, um sistema de sobreposição que nasceu da pletora de pressões populacionais nas comunidades e que convivem de há muito e de fato nesse sistema. A norma irá, sem dúvida, incentivar que já se construa prevendo a cessão da laje a terceiros.

O texto ainda permite a regularização de sobrelevações sucessivas (§ 6º). Os poderes municipais deverão atentar para a segurança das construções, porque em países de reduzido avanço social noticia-se que essa prática causa desmoronamentos frequentes. Certamente o legislador espera que nessas situações haja engenheiro responsável e que faça os devidos cálculos estruturais... O legislador certamente vive em outra nação.

O art. 1.510-B, introduzido por essa lei aduz que é vedado ao lagista prejudicar com obras novas ou com falta de reparação a segurança, linha arquitetônica ou arranjo estético do edifício. Essa regra decorre do direito de vizinhança e se encontra presente também no ordenamento dos condomínios em edifícios. O legislador aqui, tendo em vista a situação social e física desses imóveis, resolveu ser textual e reforçar a obrigação do titular da laje com o *"expressamente vedado"* no texto. Muitos problemas advirão dessa simbiose de prédios e nem sempre os litígios desembocarão no Judiciário, sendo decididos em esferas menos seguras. Sem sombra de dúvida, problemas mais sérios residirão em obras que atentem contra a segurança, mais do que efeito estético, dentre os muitos problemas que surgirão com esse direito de laje.

O art. 1.510-C reporta-se à divisão de despesas de cada um nessa comunhão, descrevendo no §1º, exemplificativamente, o que se entende por partes comuns, como alicerces, telhados, instalação de água etc. Para essas despesas deve concorrer o titular da laje, sem prejuízo no disposto das normas que regulam os condomínios de edifícios, sempre utilizadas, no que couber. Menciona ainda que essas despesas devem ser especificadas em contrato. Se não o forem certamente se criarão questões a serem decididas.

O texto determina que se apliquem os princípios gerais dos condomínios em edifício no tocante às despesas. Assim, serão despesas comuns, por exemplo, a manutenção de entrada coletiva para o prédio, manutenção dos corredores comuns de acesso, limpeza, coleta de lixo etc. O caso concreto dará a resposta que nem sempre será singela.

Assim como o síndico e cada condômino nos edifícios de apartamentos, conforme o § 2º, qualquer interessado pode tomar a iniciativa de promover reparos urgentes no edifício, e depois cobrar as despesas proporcionais dos outros coproprietários ou possuidores.

O art. 1.510-D dispõe acerca do direito de preferência em caso de alienação de unidades superpostas. Nesse caso a preempção será, em igualdade de condições com terceiros, os titulares da construção-base e da laje, nessa ordem. Os coproprietários deverão ser cientificados por escrito para se manifestarem em trinta dias, salvo se o contrato dispuser de modo diverso.

O § 1º desse artigo dispõe:

"O titular da construção-base ou da laje a quem não se der conhecimento da alienação poderá, mediante depósito do respectivo preço, haver para si a parte alienada a terceiros, se o requerer no prazo decadencial de cento e oitenta dias, contado da data de alienação".

E completa o § 2º:

"Se houver mais de uma laje, terá preferência, sucessivamente, o titular das lajes ascendentes e o titular

das lajes descendentes, assegurada a prioridade para a laje mais próxima à unidade sobreposta a ser alienada".

Esse direito de preempção ou preferência é nada mais do que aplicação da regra geral do art. 513. Trata-se de cláusula que pode ser aposta no contrato de compra e venda.

Aqui, as partes envolvidas na laje podem dispor que a preferência não operará, ou operará de modo diverso, se for disposto em sentido contrário em contrato. Na verdade, para evitar problemas futuros, parece mais conveniente que os interessados contratem nesse sentido.

A ideia do texto é sempre que possível extinguir o condomínio. Assim, na situação de alienação de unidades sobrepostas, a preferência será dos titulares da construção-base e a seguir do titular da laje, em igualdade de condições com terceiros. Para isso deverão ser notificados da intenção de alienação, para se manifestarem em trinta dias. Somente depois desse prazo, o bem poderá ser alienado a terceiros.

Note que o texto menciona "alienação", o que pode dar ideia que em qualquer situação de transmissão haverá direito de preferência. Não nos parece, porém, à primeira vista. Porque o artigo fala em "condições" do negócio, o que leva a crer que a alienação deve ser onerosa, como também o é a dação em pagamento, por exemplo. Mas, perante a dicção do texto, a questão fica em aberto. Note que a Lei do Inquilinato, ao disciplinar o direito de preempção do locatário, descreve as hipóteses de *"venda, promessa de venda, cessão ou promessa de cessão de direitos ou dação em pagamento"* (art. 27 da Lei nº 8.245/91). É conveniente que se aplique esse texto como a melhor analogia. Neste artigo que disciplina a laje o legislador não fez essa especificação, o que dá margem a dúvidas. No entanto, não se esqueça que o direito de preferência tem origem histórica como uma cláusula adjeta ao contrato de compra e venda e não se aplica a nenhum outro. Era necessário que o texto deste artigo fosse melhor redigido.

O § 2º menciona que o interessado preterido no direito de preferência pode haver para si o bem alienado, depositando o preço em até 180 dias da alienação. O texto também não faz referência à necessidade de o negócio de laje estar registrado devidamente no cartório imobiliário. Como já afirmamos, não será uma situação corriqueira nesses imóveis a regularização registral.

O § 2º enfoca também a hipótese de o direito de preferência ocorrer quando houver mais de uma laje ascendente ou descendente, ficando com a preempção o titular da laje mais próxima. Espera-se, com várias lajes, que esses prédios sejam ao menos sólidos.

O art. 1.510-E dispõe sobre a ruína da construção-base, que certamente levará de roldão a laje. O direito real de laje será extinto, salvo se permanecer íntegra a laje instituída no subsolo. Prevê a lei que se mantém o direito de laje se a construção-base for refeita em cinco anos. Em qualquer situação, os responsáveis pela ruína responderão civilmente no caso de culpa.

Espera-se que a instituição desse insólito direito real de laje atinja bons resultados. E que o legislador se preocupe também em resolver por outras formas mais apropriadas e eficientes o vasto problema habitacional brasileiro.

Enunciado nº 627, VIII Jornada de Direito Civil – CJF/STJ: O direito real de laje em terreno privado é passível de usucapião.

Reintegração de posse. Imóvel. Apelante que residiu e, posteriormente, alugou o imóvel, com expressa permissão do proprietário. Mera permissão, que não induz posse. Detenção. Arts. 1.198 e 1.208 do CC. Apelante, ademais, que não é titular de direito real de laje. Arts. 1.225, inc. XIII, 1.227 e art. 1.510-A, do CC. Justiça gratuita. Beneficiário responsável pelas verbas sucumbenciais, que ficarão sob condição suspensiva de exigibilidade. Art. 98, §§ 2º e 3º do NCPC. Redução das custas e despesas processuais decorrentes da sucumbência. Inadmissibilidade. Ausência de previsão legal. Redução dos honorários advocatícios. Inadmissibilidade. Remuneração fixada no mínimo legal. Art. 85, § 2º do NCPC. Sentença mantida. Recurso não provido (*TJSP* – Ap. 1001316-40.2019.8.26.0010, 15-7-2020, Rel. Tasso Duarte de Melo).

Cerceamento de defesa – Inocorrência – Matéria dos autos que permitiu ao juiz o julgamento antecipado da lide – Suficiência dos elementos dos autos para o julgamento da ação – Devido processo legal observado na íntegra – Juiz que, na qualidade de destinatário final da prova, está incumbindo do poder-dever de velar pela rápida solução do litígio, indeferindo as diligências inúteis (arts. 139, II e 380, pár. ún. do CPC) – Adoção, pelo direito processual, do sistema da livre apreciação da prova ou da persuasão racional. Apelação Cível – Direito real de laje não configurado – Imóvel que não se enquadra na hipótese do art. 1.510-A e parágrafos, do CC – Inocorrência de cessão de direito de superfície de construção – Existência de condomínio em relação ao terreno, em virtude de divórcio ocorrido entre as partes – Construções que, ademais, foram erigidas em partes diversas do terreno, não se vislumbrando laje comum entre as unidades. Alienação judicial – Divisão cômoda – Impossibilidade – Área do imóvel que é inferior ao limite mínimo para desmembramento – Divisão que deve ser indeferida quando a área correspondente for inferior ao limite mínimo previsto em lei para desmembramento – Inviabilidade da divisão cômoda do bem nos termos do art. 87, do CC – Indivisibilidade legal configurada (art. 88, do CC) – Sentença mantida – Recurso improvido. Sucumbência Recursal – Honorários advocatícios – Majoração – Observância do artigo 85, §§ 8º e 11, do CPC – Execução dos valores sujeita ao disposto no art. 98, § 3º, do NCPC (*TJSP* – Ap. 1005569-35.2018.8.26.0292, 11-2-2020, Rel. José Joaquim dos Santos).

LIVRO IV
DO DIREITO DE FAMÍLIA

TÍTULO I
DO DIREITO PESSOAL

SUBTÍTULO I
DO CASAMENTO

CAPÍTULO I
Disposições Gerais

Art. 1.511. O casamento estabelece comunhão plena de vida, com base na igualdade de direitos e deveres dos cônjuges.

1. Lineamentos históricos

As sociedades primitivas tinham como preocupação básica a satisfação das necessidades primárias. Com meios técnicos rudimentares para enfrentar os rigores da natureza, o problema central do homem primitivo era prover sua própria subsistência. O homem e a mulher dividiam as tarefas, por isso o indivíduo solteiro era uma calamidade para a sociedade dessa época (MIZRAHI, 1998, p. 23). Para os povos primitivos, o solteiro é uma raridade. Aponta Engels (1997), em sua obra sobre a origem da família, que nas sociedades primitivas não existe propriamente uma relação conjugal individualizada, mas relações familiares grupais promíscuas. A família é entidade sociológica que independe do tempo e do espaço.

Embora seja importante a estrutura histórica da família nas civilizações mais antigas, como a egípcia, a assíria e a hebraica, nosso estudo jurídico deve partir necessariamente do casamento romano, tendo em vista a origem de nosso Direito Civil. A família romana não era necessariamente unida pelo vínculo de sangue, mas pela identidade de culto. Era um grupo numeroso formado por um ramo principal e ramo secundário, este formado por serviçais e clientes que conservavam sua unidade baseada na religião comum. Essa união religiosa se mantinha ao largo de muitas gerações. Nem a morte separava seus membros, pois cultuavam os mortos em sepulcros próximos aos lares, como parte integrante deles. O *pater* exercia a chefia da família como orientador maior do culto dos deuses-Lares, acumulando as funções de sacerdote, legislador, juiz e proprietário. Dele era o *jus puniendi* com relação aos integrantes da família.

A mulher romana apenas participava do culto do pai ou do marido, porque a descendência e o direito hereditário eram estabelecidos pela linha masculina. Durante a infância e a puberdade, era subordinada ao pai; após o casamento, ao marido. O pai tinha o direito de lhe designar um tutor ou marido para após sua morte. A viúva subordinava-se aos filhos e, na ausência destes, aos parentes próximos do marido falecido.

Nesse cenário, o matrimônio solene era o laço sagrado por excelência. Nessa modalidade de casamento, a *confarreatio* era uma cerimônia religiosa e levava essa denominação porque uma torta de cevada era dividida entre os esposos como símbolo da vida comum que se iniciava. Daí a origem do bolo de noiva.

Além do casamento religioso, também era conhecida a *coemptio*. Essa forma de união do casal era uma modalidade da *mancipatio*, negócio jurídico formal utilizado para vasto número de negócios, a começar pela compra e venda. Consistia em uma venda da mulher por quem exercia o pátrio poder. Essa alienação era real a princípio, passando a ser ficta posteriormente. Por fim, outra possibilidade de união era o *usus*, pelo qual a mulher se submetia ao poder do marido decorrido um ano de convivência. Como os eventuais vícios de uma *mancipatio* em uma compra e venda podiam ser supridos pela usucapião, os eventuais vícios da *coemptio* e até mesmo a falta dela poderiam ser supridos pelo *usus*, ou seja, a vida comum ininterrupta por um ano (ARANGIO-RUIZ, 1973, p. 488). Esses matrimônios denominados *cum manum* faziam com que a mulher perdesse toda relação e parentesco da família do pai, submetendo-se à família do marido, inclusive seu culto.

Posteriormente, para assegurar herança que proviesse da família originária à mulher, buscou-se uma modalidade de convivência que não produzisse o efeito *cum manum*. Para isso, evitava-se a *coemptio* e impedia-se que o *usus* se completasse. A Lei das XII Tábuas dispunha que para isso a mulher poderia ausentar-se do lar conjugal por três noites consecutivas em cada ano (*usurpatio trinoctii*). Em seguida, a lei reconhece o casamento *sine manu*, sem qualquer outra exigência, nem mesmo de convivência. Essa modalidade de casamento, que desonera a mulher dos vínculos estreitos com a família do marido, passa a ocupar lugar predominante nos matrimônios a partir do período da República. Na época clássica, os casamentos *cum manum* passam a ser excepcionais, abolindo-se definitivamente o *usus*. A *confarreatio* ficou limitada a um reduzido número de pessoas, pois os aspirantes a altos cargos sacerdotais deveriam provir por nascimento dessa modalidade de casamento.

Tendo em vista as origens históricas e os largos efeitos do *usus*, o casamento romano tem sido comparado com a posse e seus efeitos, pois ambos os institutos possuem a noção de aquisição por decurso de tempo. No entanto, de há muito foi agregada aos requisitos do casamento a *affectio maritalis*, que o distingue da simples posse. A natureza do vínculo do casamento romano desgarrado do sentido religioso original o aproxima do concubinato. Somente o Cristianismo transforma essa noção, ao considerar o matrimônio um sacramento.

O casamento romano incentivava a prole, impondo perdas patrimoniais aos solteiros e aos casados sem filhos. Desse modo, o Direito não era contrário às segundas núpcias.

2. Casamento no Direito brasileiro. Conceito

Inúmeras são as definições de casamento, instituto que permite divagações históricas, políticas, religiosas e sociológicas. Não há, por consequência, uniformidade nas legislações e na doutrina. O Direito Romano legou-nos duas definições clássicas. Segundo Modestino, jurista do período clássico: "*nuptiae sunt coniunctio maris et feminae, comnsortium omnis vitae, divini et humani iuris communicatio*"[3] (*Digesto*, 23, II, fr. I). Essa definição destaca o caráter religioso e a perenidade da união. Nas Institutas, está presente a definição mais recente, da época de Justiniano, que foi adotada pela Igreja: "*nuptiae autem sive matrimonium est viri et mulieris coniunctio individuam vitae consetudinem continens*" (Livro I, t. IX, § 1º). Nessa época, desaparece a alusão à divindade, bem como à perenidade do vínculo. Essas definições levavam mais em consideração a relação jurídica do que propriamente a celebração.

Guillermo Borda (1993, p. 45) definiu o casamento de forma lapidar: "*é a união do homem e da mulher para o estabelecimento de uma plena comunidade de vida*". Outros preferem definição mais descritiva. Washington de Barros Monteiro (1996, p. 12) conceitua o matrimônio como "*a união permanente entre o homem e a mulher, de acordo com a lei, a fim de se reproduzirem, de se ajudarem mutuamente e de criarem os seus filhos*". Sílvio Rodrigues (1999, p. 18), declarando já sua preferência pela natureza jurídica do fenômeno, com base na lei e na palavra de Modestino, define:

> "*casamento é o contrato de direito de família que tem por fim promover a união do homem e da mulher, de conformidade com a lei, a fim de regularem suas relações sexuais, cuidarem da prole comum e se prestarem mútua assistência*".

Evidentemente, a conceituação de casamento não pode ser imutável. No passado, por exemplo, quando inexistente o divórcio entre nós, cabível nas definições a referência à indissolubilidade do vínculo. Destarte, a noção de casamento não pode ser pétrea, como sói acontecer com a compreensão de todos os fenômenos sociais que se modificam no tempo e no espaço.

O casamento é o centro do direito de família. Dele irradiam suas normas fundamentais. Sua importância, como negócio jurídico formal, vai desde as formalidades que antecedem sua celebração, passando pelo ato material de conclusão, até os efeitos do negócio que deságuam nas relações entre os cônjuges, os deveres recíprocos, a criação e assistência material e espiritual recíproca e da prole etc.

O casamento homoafetivo passou a integrar o sistema nacional, acompanhando outros países. Outras formas de convivência conjugal também têm sido vertidas pela jurisprudência, como a poliafetividade.

3. Natureza jurídica do casamento

A natureza jurídica do casamento é dos temas nos quais transitam tradicionalmente muitas opiniões doutrinárias.

Para o Direito Canônico, o casamento é um sacramento e também um contrato natural, decorrente da natureza humana. Os direitos e deveres que dele derivam estão fixados na natureza e não podem ser alterados nem pelas partes nem pela autoridade, sendo o casamento perpétuo e indissolúvel.

Quando surgiu o casamento de Direito Civil, as opiniões sustentaram o caráter contratualista dessa relação. Continuam vivas as opiniões que ora propendem pelo contrato ora afirmam que o casamento é uma instituição. A teoria da instituição teve desenvolvimento na França a partir do início do século XX.

A união do homem e da mulher preexiste à noção jurídica. O casamento amolda-se à noção de negócio jurídico bilateral, na teoria geral dos atos jurídicos. Possui as características de um acordo de vontades que busca efeitos jurídicos. Desse modo, por extensão, o conceito de negócio jurídico bilateral de direito de família é uma especificação do conceito contrato. Nesse sentido, com propriedade, Sílvio Rodrigues (1999, p. 19) conceitua-o como *contrato de direito de família*. Não resta dúvida de que a celebração, conclusão material do negócio jurídico familiar, tem essa natureza. Se visto o casamento, porém, como um todo extrínseco sob o ponto de vista da vida em comum, direitos e deveres dos cônjuges, assistência recíproca, educação da prole, ressaltamos o aspecto institucional, que é muito mais sociológico do que jurídico. O casamento faz com que os cônjuges adiram a

---

[3] As núpcias são a união do marido e da mulher em consórcio para toda a vida, pelo direito humano e pelo direito divino.

uma estrutura jurídica cogente predisposta. Nesse sentido, apresenta-se a conceituação institucional. Trata-se, pois, de negócio complexo, com características de negócio jurídico e de instituição. Simples conceituação como contrato reduz por demais sua compreensão. Eduardo dos Santos (1999, p. 135), citando Cimbali, anota que o matrimônio é um "*contrato sui generis de caráter pessoal e social: sendo embora um contrato, o casamento é uma instituição ético-social, que realiza a reprodução e a educação da espécie humana*".

O que confere a um ato a natureza contratual não é a determinação de seu conteúdo pelas partes, mas sua formação por manifestação de vontade livre e espontânea. Orlando Gomes (1983, p. 48) conclui que o casamento é, porém, um contrato com feição especial.

> "*a que não se aplicam as disposições legais dos negócios de direito patrimonial que dizem respeito: (a) à capacidade dos contraentes; (b) aos vícios de consentimento; (c) aos efeitos*".

Em uma síntese das doutrinas, pode-se afirmar que o casamento-ato é um negócio jurídico; o casamento-estado é uma instituição.

4. Características do casamento. Finalidades. Pressupostos

O casamento, negócio jurídico que dá margem à família dita legítima, expressão atualmente rejeitada em prol da eticidade e proteção da dignidade, é ato *pessoal* e *solene*. É pessoal, pois cabe unicamente aos nubentes manifestar sua vontade, embora se admita casamento por procuração. Não é admitido, como ainda em muitas sociedades, que os pais escolham os noivos e obriguem o casamento. Ato sob essa óptica, no Direito brasileiro, padece de vício. Tratando-se igualmente de negócio puro e simples, não admite termo ou condição.

Trata-se, também, ao lado do testamento, do ato mais solene do Direito brasileiro e assim é na maioria das legislações. A lei o reveste de uma série de formalidades perante autoridade do Estado que são de sua própria essência para garantir a publicidade, outorgando com isso garantia de validade ao ato. A solenidade inicia-se com os editais, desenvolve-se na própria cerimônia de realização e prossegue em sua inscrição no registro público.

Como examinamos, durante muitos séculos foi considerado ato de natureza religiosa e privativo da Igreja. No mundo ocidental, o papel da Igreja Católica foi fundamental nessa questão. A liberdade de crença e a multiplicidade de cultos prepararam terreno para a secularização do matrimônio. Hoje, embora ainda existam países de religião oficial na qual tem proeminência o conteúdo religioso, entre nós é negócio eminentemente *civil*.

Sob o prisma do Direito, o casamento estabelece um vínculo jurídico entre o homem e a mulher, objetivando uma convivência de auxílio e de integração físico-psíquica, além da criação e amparo da prole. Há um sentido ético e moral no casamento, quando não metafísico, que extrapola posições que veem nele, de forma piegas, mera regularização de relações sexuais. Outra sua característica fundamental é a *diversidade de sexos*. Não há casamento senão na união de duas pessoas de sexo oposto. Cuida-se de elemento natural do matrimônio. A sociedade de duas pessoas do mesmo sexo não forma uma união de direito de família; se direitos gerar, serão do campo obrigacional. Ainda que se outorgue recentemente a proteção à relação afetiva de pessoas do mesmo sexo, a relação homoafetiva, qualquer legislação nesse sentido deve alterar o preceito constitucional, o qual, tanto para o casamento, como para a união estável, estabelece a diversidade de sexos (art. 226, § 3º). De qualquer modo, tudo é no sentido de que haverá um momento histórico próximo no qual essa modalidade de relacionamento receberá um tratamento legislativo mais amplo, com respaldo já na atual jurisprudência.

Durante muito tempo, o vínculo do casamento foi indissolúvel por princípio constitucional em nosso sistema, até que a legislação admitisse o divórcio. A Emenda Constitucional nº 9/1977, aboliu o *princípio da indissolubilidade* do matrimônio ensejando a promulgação da Lei nº 6.515/1977, que regulamentou o divórcio. Na atualidade, no mundo ocidental, poucos países são antidivorcistas.

Quanto às múltiplas finalidades do matrimônio, situam-se mais no plano sociológico do que no jurídico. Conforme estabelecido tradicionalmente pelo Direito Canônico, o casamento tem por finalidade a procriação e educação da prole, bem como a mútua assistência e satisfação sexual, tudo se resumindo na comunhão de vida e de interesses.

Para que exista casamento válido e eficaz, é necessário que se reúnam pressupostos de fundo e de forma. A diversidade de sexos é fundamental para sua existência, sem adentrarmos na celeuma da homoafetividade, bem como o consentimento, ou seja, a manifestação da vontade. A ausência desses pressupostos induz a inexistência do ato, cujas consequências são as de nulidade em nosso sistema. Os vícios de consentimento, por aplicação da regra geral, tornam o negócio anulável. Há outros requisitos impostos pela lei cuja desobediência ocasionam sanções menos graves sem anular o ato, como veremos.

A teoria do casamento inexistente surge na França sob fundamento de que não pode haver nulidade de casamento sem expressa menção legal. Por essa razão, analisamos o plano da inexistência, anterior ao plano da validade do negócio jurídico. Em matéria de casamento, se levadas em conta unicamente as nulidades textuais, aquelas presentes no texto legal, restariam situações absurdas que não se amoldam à noção primeira e fundamental de matrimônio. Por isso, é apresentada a teoria dos atos inexistentes para justificar a ineficácia absoluta dos atos a que faltem requisitos elementares a sua existência. É o que sucede na união de pessoas do mesmo sexo, no casamento no qual falta a manifestação de vontade e perante a ausência de autoridade celebrante. Tais atos são um nada jurídico e, portanto, não devem produzir efeitos. Como, todavia, podem restar efeitos materiais, a teoria das nulidades amolda-se perfeitamente a suas consequências.

Outras aptidões de direito e de fato relativas aos nubentes são declinadas pela lei, a qual também reveste o ato do casamento de um rol de solenidades prévias intrínsecas e extrínsecas para garantia de sua validade e eficácia. De outro lado, o sistema de nulidades no campo matrimonial apresenta particularidades específicas, modificado em relação ao sistema aplicável as nulidades dos negócios jurídicos em geral.

Esse art. 1.511 veio sufragar a igualdade de direitos e deveres do homem e da mulher, conforme o art. 226, § 5º, da Constituição Federal.

Cumpre lembrar, como mencionamos, que não faltam tentativas para regulamentar a união entre pessoas do mesmo sexo. Existe jurisprudência inovadora entre nós a esse respeito, outorgando amplos efeitos às uniões duradouras entre pessoas do mesmo sexo. Não cabe aqui adentrarmos neste tópico em divagações sociológicas, psicológicas ou biológicas sobre o tema. De qualquer modo, encarado como um fato social, qualquer que seja o sentido dessas relações de *lege ferenda*, ou seja, seu valor axiológico, seu nível jurídico nunca poderá ser o de matrimônio, ainda que alguns de seus efeitos secundários sejam conferidos, como, por exemplo, o direito à herança, a benefícios previdenciários, a planos de saúde, devendo a relação ficar acentuadamente mais no plano do direito das obrigações, fora do sublime e histórico conceito de família e casamento. Já se tem admitido a celebração de casamento civil entre pessoas do mesmo sexo, bem como a conversão dessa união estável em casamento.

Art. 1.512. O casamento é civil e gratuita a sua celebração.
Parágrafo único. A habilitação para o casamento, o registro e a primeira certidão serão isentos de selos, emolumentos e custas, para as pessoas cuja pobreza for declarada, sob as penas da lei.

O casamento religioso (arts. 1.515 e 1.516) poderá ter efeitos de casamento civil, desde que obedecidas as formalidades legais. A celebração do casamento civil será gratuita, como já estipula o art. 226, § 1º, da Constituição Federal. Assim, não há custas ou emolumentos para a celebração do casamento. Esse artigo estende a gratuidade para o procedimento de habilitação, descrito a seguir, bem como para o registro e a primeira certidão, para as pessoas pobres, conforme conceito legal. Essa gratuidade atende à situação socioeconômica de grande parte da nação brasileira.

Art. 1.513. É defeso a qualquer pessoa, de direito público ou privado, interferir na comunhão de vida instituída pela família.

Essa é uma norma programática de maior importância. Cabe ao Estado proteger a família, sendo-lhe porém vedado imiscuir-se na comunhão de vida da família. Aqui a família é vista sob o prisma amplo e não unicamente aquela decorrente do casamento. Trata-se de corolário do princípio constitucional de inviolabilidade da intimidade e da vida privada das pessoas, conforme o art. 5º, X, da Constituição. Veja também o art. 1.565, § 2º, que confere autonomia ao casal, quanto ao planejamento familiar.

Art. 1.514. O casamento se realiza no momento em que o homem e a mulher manifestam, perante o juiz, a sua vontade de estabelecer vínculo conjugal, e o juiz os declara casados.

Enfatizamos que o casamento é ato solene. A doutrina usualmente questiona se o casamento ultima-se no momento em que o juiz pronuncia sua declaração, ou no momento em que os noivos manifestam seu consentimento. A dúvida pode ter efeitos práticos, pois qualquer um dos circunstantes pode falecer nesse ínterim. É importante saber se morreram no estado de casados. Caio Mário da Silva Pereira (1996, p. 75) entende que o casamento está perfeito com o consentimento, levando em conta a tradição romana, sustentando que a presença do juiz é fundamental, mas sua declaração não é indispensável à validade do ato. Há opiniões em contrário, que não abalam a afirmação desse autor, porque com o consentimento, após todo o procedimento prévio de habilitação, em prol da segurança, há que se ter o casamento como concluído. Recorda-se ainda, em abono a essa conclusão, que o próprio ordenamento admite o casamento sem a presença do celebrante no casamento nuncupativo e, da mesma forma, atribui efeitos civis ao casamento realizado perante autoridade eclesiástica. Washington de Barros Monteiro (1996, p. 68) posiciona-se em sentido contrário, entendendo que, por nossa lei, a manifestação da autoridade é essencial para a existência do casamento. O artigo sob exame mantém acesa a controvérsia, embora pareça ter adotado a última opinião. No entanto, melhor entender que é a vontade dos nubentes que consuma o casamento e não a declaração do Estado.

Os nubentes devem manifestar verbalmente sua vontade de casar, assegurando-se sua liberdade e autenticidade. Em princípio, o consentimento deve ser verbal e pessoal. Se o nubente não puder falar ou ouvir, aceita-se a resposta por escrito ou gestual. O silêncio não pode ser considerado manifestação de vontade. Importa sempre resguardar a autenticidade e espontaneidade da declaração.

> Enunciado nº 601, VII Jornada de Direito Civil – CJF/STJ: É existente e válido o casamento entre pessoas do mesmo sexo.

Art. 1.515. O casamento religioso, que atender às exigências da lei para a validade do casamento civil, equipara-se a este, desde que registrado no registro próprio, produzindo efeitos a partir da data de sua celebração.

Esse dispositivo é tradicional em nosso ordenamento. Desde que obedecidas as formalidades legais do casamento civil, poderá ter os mesmos efeitos do casamento civil. A questão deve ser avaliada no caso concreto. Contudo, essa possibilidade não é muito utilizada pela sociedade brasileira. Veja o que falamos no artigo seguinte.

Recurso de apelação – Ação declaratória de reconhecimento de efeitos civis a casamento religioso – Indeferimento da inicial e extinção de plano do processo – Impossibilidade – Inobservância ao disposto nos artigos 10 do CPC – Emenda Da Inicial – Oportunização – Inocorrência – Viabilidade. A extinção do processo de plano deve ser precedida da intimação da parte autora, nos termos do art. 10 do CPC assim como antes de indeferida a inicial deve ser concedida oportunidade para a parte emendá-la, sobretudo quando se afigurar viável a correção dos vícios nela contidos (*TJMG* – Ap. 1.0000.19.021613-5/001, 2-5-2019, Rel. Versiani Penna).

Direito civil e família – **Casamento religioso** – Atribuição – Efeitos civis – Impossibilidade – Impedimento – Varão – Casamento anterior – Reconhecimento – União estável – Manutenção – fixação de regime de bens – Inadmissibilidade – Inovação recursal – Sentença mantida – 1 – São dois os requisitos para obter a atribuição dos efeitos civis ao casamento religioso: a necessidade que ambos os cônjuges postulem a atribuição de efeitos civis ao casamento religioso, submetendo-se à prévia habilitação; E inexistência de qualquer impedimento para o casamento civil. 2 – Assim, não demonstrada a vontade dos nubentes na atribuição dos efeitos civis ao casamento religioso, com a habilitação e, comprovado o impedimento do varão à época da celebração do casamento religioso, o pedido de atribuição dos efeitos cíveis ao casamento religioso não pode ser deferido. 3 – É defeso pelo ordenamento jurídico suscitar tese não articulada no momento oportuno (CPC, art. 517), por tratar-se de inovação em sede recursal, sob pena de configuração de supressão de instância e violação ao princípio do duplo grau de jurisdição. 4 – Sentença mantida. (*TJDFT* – Proc. 20090111992026 – (582522), 3-5-2012, Relª Desª Leila Arlanch).

Art. 1.516. O registro do casamento religioso submete-se aos mesmos requisitos exigidos para o casamento civil.

§ 1º O registro civil do casamento religioso deverá ser promovido dentro de noventa dias de sua realização, mediante comunicação do celebrante ao ofício competente, ou por iniciativa de qualquer interessado, desde que haja sido homologada previamente a habilitação regulada neste Código. Após o referido prazo, o registro dependerá de nova habilitação.
§ 2º O casamento religioso, celebrado sem as formalidades exigidas neste Código, terá efeitos civis se, a requerimento do casal, for registrado, a qualquer tempo, no registro civil, mediante prévia habilitação perante a autoridade competente e observado o prazo do art. 1.532.
§ 3º Será nulo o registro civil do casamento religioso se, antes dele, qualquer dos consorciados houver contraído com outrem casamento civil.

Até a promulgação do Decreto nº 181/1890, o casamento em nosso país seguia o ritual da Igreja. A tradição cristã do Brasil, a influência da Igreja Católica e a tradição de nosso povo levaram o legislador a considerar o casamento religioso como um ato com reflexos jurídicos. Visto de *per si*, apenas o casamento religioso não gera qualquer efeito civil, equivalendo ao concubinato. No entanto, o casamento religioso com efeitos civis, engendrado pelo legislador desde a Lei nº 379/1937, não caiu no gosto popular. A prática não tem maior relevância jurídica. Nossa sociedade persiste no costume de realizar duas cerimônias, perante sua Igreja e perante a autoridade civil. Em apertada síntese, podemos afirmar que o casamento no Brasil é regido pelas leis civis, mas admite-se que o casamento religioso tenha efeitos civis. Todavia, o preceito tem sido seguido mais assiduamente entre nós.

O ordenamento não distingue a modalidade de religião; todos os credos moralmente aceitos, que não contrariam a ordem pública, são válidos. A Constituição atual manteve o instituto no art. 226, § 2º. A proteção legal à união estável poderá dar novos rumos ao casamento exclusivamente religioso, dependendo da postura do legislador. A disposição é regulamentada pela Lei nº 1.110/1950, determinando que o registro obedeça a princípios da Lei dos Registros Públicos. Esta última lei (Lei nº 6.015/1973), por sua vez, disciplina a matéria nos arts. 71 a 75. Esse artigo completa essa legislação.

O procedimento de habilitação segue os princípios determinados pela lei. Os nubentes, devidamente habilitados, pedirão a certidão ao oficial, com prazo de validade, para se casarem perante a autoridade religiosa (art. 71). O termo ou assento de casamento religioso, assinado pelos nubentes, pela autoridade religiosa e por duas testemunhas, conterá os mesmos requisitos do assento de matrimônio civil, relacionados no art. 70, com exceção do item 5 (art. 72). No prazo de 30 dias a contar da celebração, o celebrante ou qualquer interessado poderia requerer o registro do casamento ao oficial do

Registro Civil (art. 73). Ocorre que o art. 1.516, § 1º, estendeu esse prazo para 90 dias. Entende a doutrina que esse prazo é decadencial: se os nubentes ou alguém por eles não promover o registro, conclui-se que se desinteressaram dos efeitos civis do casamento. Sob tal opinião, se os interessados desejarem, terão que se submeter a novo procedimento de habilitação e nova celebração.

Há até mesmo quem dispense o registro para dar ao casamento religioso efeitos civis (RIZZARDO, 1994, v. 1, p. 111). Nesses julgados, aplica-se o princípio *in dubio pro matrimonio*. Na verdade, razão não há para se negar validade ao casamento religioso, se o processo legal de habilitação lhe precedeu. De qualquer modo, como podemos verificar, não há dificuldades maiores nessa celebração. O desuso da prática entre nós reside certamente em razões sociológicas.

A lei registrária foi ainda mais além no tocante ao casamento religioso, permitindo que até mesmo a habilitação seja feita *posteriormente* à celebração religiosa, contanto que os nubentes apresentem ao oficial de registro toda a documentação necessária e a prova do casamento religioso (art. 74). De posse dessa documentação, serão publicados os editais. Não havendo imposição de impedimentos, será lavrado o respectivo assento. Esse registro produzirá efeitos retroativos à data da celebração do casamento (art. 75). Como observamos, portanto, segundo a Lei nº 1.110/50 e a Lei dos Registros Públicos, há duas modalidades de habilitação para o casamento religioso com efeitos civis, anterior e posterior à celebração. Este Código consagrou a possibilidade de habilitação posterior no art. 1.516, § 2º. Quanto ao regime de bens, aplicam-se as regras gerais do Código: não havendo pacto antenupcial e silenciando o registro, prevalecerá o regime da comunhão parcial.

O § 3º deste artigo estabelece, dentro da lógica do sistema, que não será válido o registro civil do casamento religioso se qualquer dos nubentes houver contraído outro casamento civil. Ou, em outras palavras, é ineficaz o casamento religioso para o ordenamento civil se qualquer dos consorciados já for casado na modalidade civil.

Nosso Direito anterior, na época do Império, apenas conhecia o casamento católico, por ser essa religião a oficial do Estado. Com a presença crescente da imigração e de pessoas que professavam religiões diversas, instituiu-se, ao lado do casamento eclesiástico, o de natureza civil, permitindo a união de casais de seitas dissidentes, por lei de 1861. A partir de então, passou-se a permitir, além do casamento religioso católico oficial do Estado, o casamento misto, entre católicos e não católicos, realizado também sob disciplina canônica, e o casamento de pessoas de outras religiões, em obediência às respectivas seitas.

Apenas no período republicano é introduzido o casamento civil obrigatório, pelo Decreto nº 181/1890, como consequência da separação da Igreja do Estado, situação consolidada pela promulgação do Código Civil. Houve dificuldade de assimilação do sistema pelo clero e pela população de maioria católica na época. Com isso, generalizou-se no país o costume do duplo casamento, civil e religioso, que persiste até hoje.

O legislador buscou modificar a situação, procurando atribuir efeitos civis ao casamento religioso, conforme a Constituição de 1934. A Constituição de 1988 também trata da questão (art. 226, § 2º). A Lei nº 1.110/1950 disciplina que o casamento religioso equivale ao civil quando os consortes promoverem o devido processo de habilitação perante o oficial de registro, na forma da lei civil. Ultimado o casamento religioso, sua inscrição poderá ser efetivada. O legislador foi mais além, como se viu, ao permitir que a habilitação ocorra posteriormente ao casamento religioso, com a apresentação dos documentos legalmente exigidos, sem a prévia habilitação civil.

"*Válido o matrimônio oficiado por ministro de confissão religiosa reconhecida (católico, protestante, muçulmano, israelita). Não se admite, todavia, o que se realiza em terreiro de macumba, centros de baixo espiritismo, seitas umbandistas, ou outras formas de crendices populares, que não tragam a configuração de seita religiosa reconhecida como tal*" (PEREIRA, 1996, p. 42).

Essas modalidades não caíram na preferência de nosso povo, cujo costume de duplo casamento mostra-se enraizado e persistente.

Washington de Barros Monteiro sintetiza os quatro sistemas na legislação mundial na atualidade: (a) países nos quais apenas o casamento civil é válido, ressalvada a possibilidade de realização do casamento religioso, como ocorre no Brasil e em quase todos os países latino-americanos; (b) países que permitem a escolha entre o casamento civil e o religioso, ambos com o mesmo valor legal, como ocorre nos Estados Unidos; (c) países que mantêm a proeminência do casamento religioso, na religião oficial do Estado, facultando às pessoas de outras religiões o casamento civil (Espanha e países escandinavos); e (d) países nos quais persiste apenas o casamento religioso, como Líbano e Grécia. A tendência universal, contudo, é da secularização do matrimônio, conforme o primeiro sistema.

Mantendo a mesma ideia e seguindo a trilha já apontada, este Código estabelece no art. 1.515 a validade do casamento religioso que atender às exigências da lei para a validade do casamento civil, equiparando-se a este, desde que registrado, produzindo efeitos a partir da data de sua celebração. Nem por isso há que se imaginar que nossa sociedade passe a adotar com mais frequência esse procedimento.

Apelações cíveis – **Ação de divórcio** – relacionamento estável anterior à celebração do matrimônio – alteração do marco inicial estabelecido na sentença – cabimento – reflexos na partilha – direito de meação da ré apenas sobre o valor correspondente à ampliação realizada durante a relação da benfeitoria edificada em terreno de propriedade exclusiva do autor – 1- O conjunto probatório carreado aos autos não autoriza o reconhecimento de que a relação havida entre as partes assumiu os contornos de uma entidade familiar ainda em 1999, devendo ser alterada a delimitação do termo inicial procedida na sentença para 29.06.2000, data da celebração do casamento religioso. Desacolhimento do pedido da ré, de reconhecimento da relação estável a partir de 1995. 2- Por conseguinte, e não tendo a ré comprovado efetiva contribuição financeira, não há falar em partilha igualitária da benfeitoria edificada antes desta data em terreno de propriedade exclusiva do autor (adquirido em 1997), incidindo o direito de meação da ré apenas sobre o valor correspondente à ampliação da residência realizada já na constância do matrimônio (presunção de esforço comum), o que deve ser objeto de apuração na fase de liquidação de sentença, solução que traduz parcial acolhimento da pretensão do autor. Apelo da ré desprovido. Apelo do autor parcialmente provido (TJRS – AC 70074454026 – 8ª C.Cív. – Rel. Des. Ricardo Moreira Lins Pastl – J. 19-10-2017).

CAPÍTULO II
Da Capacidade para o Casamento

Art. 1.517. O homem e a mulher com dezesseis anos podem casar, exigindo-se autorização de ambos os pais, ou de seus representantes legais, enquanto não atingida a maioridade civil.
Parágrafo único. Se houver divergência entre os pais, aplica-se o disposto no parágrafo único do art. 1.631.

Esse artigo estabelece a idade núbil em 16 anos. Dos 16 aos 18 anos, isto é, até a maioridade civil, os interessados devem obter autorização de ambos os pais ou responsáveis. Havendo divergência entre ambos os pais, a matéria será decidida pelo juiz, que poderá suprir, se for o caso, a autorização faltante. O juiz deverá aferir a oportunidade e conveniência da recusa de autorização. O casamento realizado mediante autorização judicial ficará sujeito, necessariamente, ao regime de separação de bens. Por outro lado, o casamento realizado com autorização dos pais ou responsáveis permite que seja realizado pacto nupcial ou, na sua ausência, submete-se ao regime geral de comunhão parcial de bens.

Enunciado nº 512 do CJF/STJ, V Jornada de Direito Civil: O art. 1.517 do Código Civil, que exige autorização dos pais ou responsáveis para casamento, enquanto não atingida a maioridade civil, não se aplica ao emancipado.

Art. 1.518. Até a celebração do casamento podem os pais ou tutores revogar a autorização. (Redação dada pela Lei nº 13.146, de 2015)

A autorização para o casamento pode ser revogada a qualquer momento, antes da celebração. A norma é cogente e não pode ser alterada pela vontade das partes: uma vez revogada, se os interessados persistirem na intenção de casar, devem recorrer ao Judiciário, para obter o suprimento judicial de consentimento. A retratação deve ser feita por escrito perante o oficial do registro civil ou mesmo verbalmente, no início do ato do casamento.

Art. 1.519. A denegação do consentimento, quando injusta, pode ser suprida pelo juiz.

Quando o representante do incapaz negar o consentimento para o casamento, pode ser pleiteado seu suprimento judicial. O art. 1.517, como citamos, determina que se aplique o art. 1.631 do Código. Desse modo, esse suprimento de consentimento também pode ser promovido contra apenas um dos progenitores, quando o outro está de acordo com o matrimônio.

Essa ação, não tendo rito especial, deveria obedecer ao procedimento comum, ordinário, pois a lei não lhe imprimiu outro. Evidente que esse rito não atende às finalidades de presteza desse pedido. No sistema anterior, o estatuto processual de 1.939 disciplinava o procedimento de outorga judicial no art. 625 ss (CPC/1.973, arts. 1.103 e ss.) atual art. 719 e ss. Sílvio Rodrigues (1999, p. 28) opina que deverá ser obedecido o rito do processo cautelar, pois o pedido de suprimento do consentimento é preparatório do processo de habilitação do casamento, solução engenhosa e que tem encontrado respaldo na prática. Caberá aos juízes, de qualquer modo, zelar pela celeridade que o caso exige. Não será possível a antecipação de tutela, pois, realizado o matrimônio, não mais poderá ser revertido, e a natureza do ato não permite condição.

O magistrado deverá analisar a motivação da denegação por ambos os pais ou um deles ou pelos responsáveis. A recusa pode ter sido justa. Os motivos são os mais variados: o nubente tem vida pregressa irregular com condenação criminal; vício em tóxicos; homossexualismo; grave risco à saúde e à eventual prole. Importará o caso concreto e o prudente arbítrio do juiz. Tendo em vista que existe lide, não é dado considerar esse procedimento como de jurisdição voluntária. Apesar da lei dizê-lo.

Legitimado para a ação será o nubente que teve a autorização recusada. Pode também a ação ser promovida em face um dos pais, se somente este recusa a autorização. Já nos reportamos sobre a aplicação do art. 1.631. Deve ser entendido que sua legitimação processual independe de representação ou assistência, embora, tecnicamente, devesse ser nomeado curador especial para o ato, pois irá litigar contra o interesse do pai, da mãe ou do responsável. Entende-se que também o Ministério Público e outros parentes têm legitimidade concorrente para essa ação, no interesse do menor (RIZZARDO, 1994, p. 48).

Uma vez deferido o suprimento do consentimento, o casamento será realizado obrigatoriamente sob o regime de separação de bens (art. 1.641, III). O legislador procura proteger a situação patrimonial dos cônjuges em todos os casamentos realizados com suprimento judicial, procurando isolá-lo da noção de cupidez. A jurisprudência se encarrega de exceções pontuais nesse sistema obrigatório, quando necessário e equitativo.

O art. 1.518 permite, por outro lado, que os pais e tutores retratem seu consentimento até a celebração do casamento.

O CPC/1.939 permitia que o juiz ordenasse, como medida cautelar, o afastamento do menor autorizado a contrair o casamento contra a vontade dos pais, medida que era de duvidosa utilidade e não vigora, a nosso ver, neste Código e nem no CPC/1.973.

Art. 1.520. Não será permitido, em qualquer caso, o casamento de quem não atingiu a idade núbil, observado o disposto no art. 1.517 deste Código. (Redação dada pela Lei 13.811/2019).

A possibilidade de suplementação de idade por via judicial, como decantava o texto originário, para quem não tivesse alcançado a idade núbil desaparece do nosso sistema, com esse texto.

Enunciado nº 329, IV Jornada de Direito Civil – CJF/STJ: a permissão para casamento fora da idade núbil merece interpretação orientada pela dimensão substancial do princípio da igualdade jurídica, ética e moral entre o homem e a mulher, evitando-se, sem prejuízo do respeito à diferença, tratamento discriminatório.

Agravo de instrumento – Ação de medidas de proteção – Decisão recorrida que indeferiu o desacolhimento da menor Jessica de 15 anos e de sua filha Agatha de apenas 1 ano de vida – irresignação da genitora – pleito de entrega das menores ao namorado da adolescente, ao argumento de que eles tem um relacionamento estável e saudável – impossibilidade – Adolescente que não se encontra em idade núbil – Pretensão que viola a regra do artigo 1.520 do CC – Agravante que reconhece que o namorado da menor não reúne condições de cuidar da adolescente e da bebê – estudos técnicos que recomendam a manutenção do acolhimento das menores – decisão mantida. Recurso conhecido e desprovido. O pleito para o desacolhimento de Jessica de 15 anos, juntamente com sua filha Agatha de apenas 1 ano de idade, para que passem a residir com o atual namorado da adolescente, o Sr. Diego, ao contrário do que sustenta a Agravante, não representa a melhor adequada a garantir o melhor interesse das menores. Assim, considerando que os estudos técnicos concluem pela manutenção do acolhimento institucional das infantes, esta é, por ora, a medida adotada, pelo que deve ser mantida a decisão recorrida (TJPR, Agravo de Instrumento 0021972-10.2020.8.16.0000, 22-7-2020, Rel. Roberto Antônio Massaro).

CAPÍTULO III
Dos Impedimentos

Art. 1.521. Não podem casar:
I – os ascendentes com os descendentes, seja o parentesco natural ou civil;
II – os afins em linha reta;
III – o adotante com quem foi cônjuge do adotado e o adotado com quem o foi do adotante;
IV – os irmãos, unilaterais ou bilaterais, e demais colaterais, até o terceiro grau inclusive;
V – o adotado com o filho do adotante;
VI – as pessoas casadas;
VII – o cônjuge sobrevivente com o condenado por homicídio ou tentativa de homicídio contra o seu consorte.

1. Impedimentos

O casamento é um negócio jurídico complexo. Sob sua denominação é designado não somente o negócio jurídico bilateral de direito de família, de índole contratual, como também o estado que lhe sucede. Por outro lado, não se ultima unicamente pelo consentimento dos cônjuges e as formalidades de celebração, mas depende de um procedimento prévio de habilitação perante o oficial do registro civil. Nesse diapasão, os pretendentes ao casamento devem posicionar-se subjetivamente, de molde que tenham legitimidade para o ato. Para tal, a lei fixa um rol de situações que torna o casamento nulo ou anulável ou o sujeita a algum tipo de sanção. Nesse sentido, sinteticamente, podemos afirmar que se denominam impedimentos matrimoniais as proibições que a lei atribui a pessoas que pretendem contrair determinado casamento. Cuida-se de fatos ou situações que afetam um ou ambos os contraentes ao lado dos elementos essenciais ou intrínsecos, quais sejam, a diferença de sexos, o consentimento e a manifestação de vontade. Vistos a *contrario sensu*, os impedimentos estampam requisitos para os nubentes, proibindo que se casem se não estiverem legitimados. Se, a despeito das proibições, os consortes contraírem casamento, o ordenamento reage com gradações, com a nulidade do ato, sua anulabilidade ou a imposição de sanção de outra natureza, como veremos.

Os impedimentos matrimoniais, dessa forma, operam como obstáculo para a realização do casamento, e, se desobedecidos, o ordenamento, neste Código, reage com sanção de nulidade (art. 1.548, II).

O impedimento cuida, na verdade, de *proibição de casar dirigida a uma pessoa em relação a outras predeterminadas* (GOMES, 1983, p. 78). O conceito é de legitimação, modalidade de capacidade em sentido estrito.

A crítica constante da doutrina sobre esse posicionamento é que a lei confunde incapacidade com impedimento matrimonial propriamente dito, que se traduz em *legitimação*.

A incapacidade estampa o conceito amplo de falta de aptidão para os atos da vida civil e inibe qualquer pessoa de casar, como o menor de 18 anos e a menor de 16, no sistema de 1916; e o menor de 16 anos em geral no Código de 2002. Lembremos que a capacidade matrimonial não coincide com a capacidade em geral. A noção de impedimento está ligada à de legitimação, importada da ciência processual. Assim, por exemplo, o ascendente não tem legitimidade para casar com o descendente, mas pode casar-se com outra pessoa, pois tem capacidade para tal. Ocorre, na hipótese, que a relação de parentesco a inibe de casar com o parente. Este Código procurou ordenar a matéria distinguindo situações de *capacidade matrimonial*, os *impedimentos* (art. 1.521), antes referidos como dirimentes absolutos, e as *causas suspensivas* (art. 1.523), os quais no estatuto anterior eram os impedimentos de menor força, os chamados impedientes. Os impedimentos que eram conhecidos como dirimentes relativos no Código anterior são doravante tratados como causas de anulação do casamento.

Destarte, os impedimentos não se confundem com os pressupostos de existência e validade do casamento já mencionados. A pessoa impedida de casar não está incapacitada de fazê-lo, como regra geral: não pode apenas contrair casamento com certas pessoas. O impedimento é meramente circunstancial, enquanto a incapacidade é geral. Daí por que o conceito processual da legitimação explica com clareza essa "incapacidade especial" para contrair matrimônio. Orlando Gomes (1983, p. 79) recorda ainda outra particularidade na distinção entre impedimentos e incapacidade: a ilegitimidade é correspectiva, isto é, atinge o grupo de pessoas, ascendentes e descendentes, sogro e nora etc., jamais é de uma só das partes. A incapacidade, por seu lado, atinge apenas o indivíduo isoladamente, como na menoridade. O impedimento matrimonial deve ser tratado, por conseguinte, como ausência de legitimação para o ato; falha essa que ocasiona sua nulidade.

2. Aspectos gerais dos impedimentos

A teoria dos impedimentos teve origem no Direito Canônico. Partia-se do princípio pelo qual qualquer pessoa tem o direito natural de casar-se. Por isso, o lógico não é fixar as condições ou qualidades necessárias para o casamento, mas o oposto, isto é, estabelecer quais os casos em que o casamento não pode ser realizado. Enunciam-se as proibições e não os requisitos. A lei canônica sempre foi muito minuciosa no campo dos impedimentos, tendo influenciado todas as legislações ocidentais. A lei civil suprimiu os impedimentos de índole religiosa, mantendo os que interessam à essência do instituto em prol da família e da estabilidade social.

O ordenamento civil absorveu o sistema, partindo do pressuposto de que todas as pessoas são aptas para o casamento; somente as exceções devem ser descritas. Por exceção, não podem casar-se os que se encontram nas situações de proibição expressas. Os impedimentos estão, portanto, taxativamente enumerados e não podem ser ampliados por via interpretativa. Sob esse aspecto, os impedimentos podem ser conceituados como a ausência de requisitos para o casamento.

É nítido o caráter preventivo dos impedimentos. O oficial do registro civil deve negar-se a celebrar o matrimônio tendo conhecimento das restrições de nulidade. Por outro lado, os impedimentos abrem margem a sua oposição, cuja finalidade é de impedir a realização do ato, como denota a denominação.

É sempre oportuno advertir que nossa lei não consagrou impedimentos matrimoniais relativos à eugenia e à saúde dos cônjuges e da prole, salvo a hipótese de casamentos de colaterais de terceiro grau (tio e sobrinha, tia e sobrinho) (Decreto-lei nº 3.200/1941). Há dúvida na doutrina, mas o entendimento propende por entender que esse decreto-lei continua em vigor. A discussão está em aberto.

Algumas legislações exigem laudo médico pré-nupcial e impedem o matrimônio ou suspendem a habilitação até final de tratamento de pretendentes com determinadas moléstias, como enfermidades venéreas. Essas restrições, no estágio atual de nossa sociedade e em face dos avanços científicos, não mais se justificam. No entanto, a exigência de exames pré-nupciais como prevenção social, não constituindo impedimento, é altamente aconselhável, desde que o Estado coloque à disposição dos nubentes os meios necessários, como forma de prevenir moléstias às proles, que certamente trazem mais um fardo para a Administração.

No tocante ao casamento de estrangeiros em nosso país, aplicar-se-á a lei brasileira, quanto aos impedimentos dirimentes e às formalidades da celebração (art. 7º, § 1º, da LINDB). Como as causas de anulação, neste Código, equivalem aos impedimentos dirimentes relativos e a Lei de Introdução não faz distinção, também se aplicam a esses casamentos. As causas suspensivas não se aplicam se o ordenamento pátrio desses estrangeiros nada dispuser

3. Impedimentos no Código

Cumpre analisar os impedimentos presentes neste art. 1.521. Esses impedimentos, se transgredidos, tornam nulo o casamento. Desse modo, não podem se casar:

> "I – os ascendentes com os descendentes, seja o parentesco natural ou civil;
> II – os afins em linha reta."

Tendo em vista motivos eugênicos, éticos e morais, o parentesco, nessa amplitude, é um obstáculo para o casamento. A noção intuitiva da restrição dispensa maiores digressões. A extensão dessa restrição para os colaterais varia nas legislações comparadas, mas está sempre presente. No tocante aos ascendentes e descendentes de qualquer grau, porém, é uma constante na cultura ocidental.

O impedimento relativo ao parentesco decorre da consanguinidade, da afinidade e de adoção. Doravante, não podem ser afastados os aspectos da socioafetividade em torno dos impedimentos. O Estatuto das Famílias, em projeto, ao definir parentesco afirma que este decorre da consanguinidade, da socioafetividade e da afinidade (art. 10). Nesse primeiro dispositivo, o parentesco em linha reta consanguínea persiste ao infinito, independentemente do grau. Desse modo, atinge permanentemente pais e filhas, avôs e netas, netos e bisnetas etc. que não podem casar-se entre si.

O vínculo da afinidade conta-se a partir do esposo ou esposa, atingindo os sogros. A pessoa que se casa adquire o parentesco por afinidade com os parentes do outro cônjuge. A afinidade limita-se ao primeiro grau, pois afinidade não gera afinidade. Assim, são afins em linha reta o sogro e a nora, a sogra e o genro, o padrasto e a enteada, a madrasta e o enteado. Falecendo a filha, a sogra não pode casar-se com o genro. Trata-se de impedimento que só ocorre na linha reta, não existindo na linha colateral. A dissolução conjugal extingue a afinidade na linha colateral, de modo que os cunhados não estão impedidos de se casar. Em linha reta, porém, a afinidade nunca se extingue.

O parentesco civil é o decorrente da adoção, terminologia que deve ser afastada no atual direito de família, pois a adoção é tratada como filiação para todos os efeitos. O casamento de pessoas ligadas pela adoção desnaturaria completamente esse vínculo que equivale à família consanguínea. O mesmo deve ser dito a respeito da socioafetividade: quem se insere na família como pai ou como filho por vínculos afetivos estará dentro dos impedimentos para o casamento. O parentesco natural, por outro lado, é o derivado da união sem casamento, titulação que contemporaneamente também será afastada.

Pelo espírito e cunho moral da lei, seria irrelevante a natureza do parentesco. Mesmo na hipótese de uniões estáveis, ligações concubinárias ou esporádicas, o impedimento deveria persistir, pois esse o sentido da lei (PEREIRA, 1996, v. 5, p. 59). No entanto, a maioria dos autores entende que essa não é uma restrição textual e, portanto, a interpretação não pode ser ampliativa. Justifica-se essa posição pelo fato de a união de fato, o concubinato ou o adultério não produzirem afinidade (MONTEIRO, 1996, p. 52). Conclui esse autor que, pela mesma razão, nada impede que um homem desepose a filha de sua amante (loc. cit.). No entanto, tendo em vista o atual estágio de proteção constitucional à união estável, é indiscutível que essa situação deve gerar os efeitos impeditivos, devendo o legislador e a jurisprudência preocuparem-se com a questão, como já faz o citado projeto. De qualquer forma, a união mais ou menos estável entre um homem e uma mulher é uma situação de fato: os impedimentos exigiriam prova, nem sempre plena, o que inviabilizaria, em muitas situações, o casamento.

O parentesco decorrente da filiação anteriormente denominada espúria, proveniente de adultério ou incesto, pode ser evidenciado por todos os meios de prova. O art. 184 do antigo Código se referia à confissão espontânea dos ascendentes da pessoa impedida, assegurando-lhes o segredo de justiça. Não se tratava de reconhecimento de paternidade, mas de declaração destinada unicamente ao impedimento matrimonial. Lembre-se de que para a prova do parentesco podem ser admitidas todas as provas legais.

O parentesco espiritual, decorrente do batismo cristão e de atos equivalentes em outras religiões, que no Direito Canônico obstava o casamento de padrinhos e afilhadas e afilhados e madrinhas, não é levado em conta por nossa lei civil.

No parentesco considerado tecnicamente como ilegítimo, nem sempre é fácil identificar o impedimento. Se o filho é reconhecido pelo pai, não haverá dificuldade. Se não há reconhecimento, somente a prova de filiação poderia constatar o impedimento. Atualmente, em caso de dúvida, os exames científicos permitem a quase certeza de paternidade, o que não ocorria no passado.

A afinidade somente é obstáculo para casamento quando em linha reta, não podendo casar sogra e genro, sogro e nora, padrasto e enteada etc. De acordo com o art. 1.595, § 2º, a afinidade em linha reta não se extingue com a dissolução do casamento e da união estável. O Código foi expresso ao estabelecer nesse ponto também impedimento com relação à união estável. A questão é de ordem moral. Desse modo, por exemplo, o viúvo não poderá casar-se com a mãe ou filha de sua finada esposa, assim como o filho não pode casar com a mulher de seu pai. A afinidade na linha colateral extingue-se com o desfazimento do casamento, desaparecendo o cunhadio. Assim, nada impede que o viúvo se case com a irmã de sua finada mulher. Aliás, civilizações antigas incentivavam essa modalidade de matrimônio.

No tocante ao impedimento agora presente quanto ao vínculo de afinidade, bem andou o atual estatuto ao ampliar o conceito para reconhecer que o impedimento também se estabelece entre cada cônjuge ou companheiro e os parentes do outro. Como apontamos, trata-se de matéria de fato que deve ser evidenciada.

> "E como em linha reta a afinidade não se extingue com a dissolução do casamento ou da união estável (§ 2º do art. 1.595) que a originou, tem-se por arremate que subsiste esse impedimento matrimonial também no caso de parentesco por afinidade decorrente de união estável" (OLIVEIRA, 2003, p. 144).
> "III – o adotante com quem foi cônjuge do adotado e o adotado com quem o foi do adotante."

Esse dispositivo deve ser examinado em conjunto com o de número V, que impede o casamento do *adotado com o filho do adotante*. Na verdade, no sistema geral, a proibição já consta do inciso II do dispositivo porque se trata de afinidade em linha reta. Desse modo, a presente dicção mostra-se desnecessária. No entanto, a lei procurou enfatizar essa situação.

A lei busca preservar o sentido ético e moral da família, independentemente da natureza do vínculo. A adoção procura imitar a natureza. As restrições relativas à adoção devem ser idênticas às da família biológica.

Existente a adoção, existe o impedimento. Não havendo adoção, mas mera convivência de fato da pessoa, como se filho adotivo fosse, não há impedimento para o casamento na lei atual, mas é importante que se refaça o conceito em torno da família socioafetiva. O casamento nessa situação não é ético ou moral. Lembre-se de que a adoção formalizada ainda pelo Código Civil de 1916 admitia dissolução. Essa rescisão do estado familiar, porém, não tinha o condão de fazer desaparecer o impedimento. Todavia, a adoção regulada pelo Estatuto da Criança e do Adolescente (Lei nº 8.069/1990) e pelo Código é irrevogável e em tudo se assemelha à relação natural, não se admitindo tratamento diferenciado.

"IV – os irmãos, unilaterais ou bilaterais, e demais colaterais, até o terceiro grau inclusive."

Esse dispositivo cuida dos impedimentos derivados do parentesco na linha colateral. As razões que os justificam são as mesmas referentes ao parentesco em linha reta. Da mesma forma, o ambiente familiar ficaria desestabilizado com a união de colaterais próximos. Assim, estão proibidos os casamentos entre consanguíneos (irmão e irmã), entre afins (cunhado e cunhada) enquanto perdurar o cunhadio. As restrições aos casamentos na linha colateral foram no passado mais extensas, estando hoje reduzidas ao terceiro grau, hipótese, porém, autorizada mediante parecer médico, como vimos. De fato, o impedimento entre colaterais de terceiro grau, isto é, entre tios e sobrinhos, não é mais insuperável em face da alteração introduzida na legislação (Decreto-lei nº 3.200/1941). Permite-se o casamento desses colaterais se apresentado atestado de sanidade que afirme não existir inconveniente para o matrimônio sob o ponto de vista da saúde dos cônjuges e da prole. Sem esse documento, todavia, o casamento será nulo. Se o laudo médico concluir pela inconveniência do casamento, prevalecerá o impedimento. O Projeto nº 6.960 cogitou acrescentar parágrafo a esse dispositivo para mencionar essa possibilidade de laudo médico, a permitir o casamento de colaterais de terceiro grau.

"V – o adotado com o filho do adotante."

O Código anterior entendia não haver impedimento de o adotado casar com filho anterior à adoção, pois nesse caso não haveria vínculos familiares mais profundos. Levava-se em conta a adoção formalizada na forma do Código Civil. No entanto, há que ser considerada a natureza da adoção decorrente do Estatuto da Criança e do Adolescente e do vigente Código. Por essa modalidade, a adoção atribui a condição de filho ao adotado, com os mesmos direitos e deveres (art. 41). Portanto, pelo presente dispositivo o adotado estará impedido de se casar com as irmãs anteriores ou posteriores à adoção. A restrição imposta a esse filho adotivo é de igual magnitude à família biológica. Sua falta de legitimação é mais ampla, porque também persistem para ele as restrições matrimoniais decorrentes da consanguinidade por expressa menção desse mesmo art. 41 do Estatuto da Criança e do Adolescente.

Destarte, deixa de ter sentido um impedimento expresso em torno da adoção no direito atual, pois em tudo a adoção equipara-se à filiação.

"VI – as pessoas casadas."

Enquanto persistir válido o casamento anterior, persiste o impedimento. Trata-se do princípio do casamento monogâmico que domina a civilização cristã. O Código Penal pune a bigamia no art. 235. Desaparecido o vínculo por morte, anulação ou divórcio, desaparece a proibição. O que a lei impede é o casamento enquanto perdurar o estado de casado do nubente. A separação judicial, já extinta após a Emenda Constitucional nº 66/2010, não libera o impedimento, porque não extingue o vínculo conjugal, mas apenas a sociedade conjugal, como não o fazia o desquite. Sua conversão em divórcio fará desaparecer o vínculo e o impedimento. Essa compreensão do dispositivo tornou-se possível após o permissivo do divórcio em nossa legislação.

O cônjuge ausente, não importando o tempo da ausência, não pode contrair novo matrimônio. A presunção de morte, no sistema de 1916, que possibilitava a sucessão provisória e definitiva, não tinha efeito em matéria matrimonial. A morte presumida não dissolvia o casamento. Nessa situação, somente restaria ao cônjuge a possibilidade de obter o divórcio. Este Código passou a admitir a morte presumida nos casos de abertura de sucessão definitiva (art. 6º) e nas hipóteses do art. 7º, sem decretação de ausência. Essa presunção de morte opera, portanto, para todos os efeitos.

O casamento vigente no Brasil e no exterior pelas leis civis consubstancia também esse impedimento. Casamento religioso, sem reconhecimento de efeitos civis, será irrelevante para a proibição. O desfazimento do vínculo conjugal em país estrangeiro deverá provar-se segundo as leis daquele país.

"VII – o cônjuge sobrevivente com o condenado por homicídio ou tentativa de homicídio contra o seu consorte."

Também nesse dispositivo é exigida a condenação criminal, não bastando a mera irrigação em processo. A proibição atinge, evidentemente, tanto o autor intelectual, como o autor material do delito. O conteúdo moral da norma é claríssimo e dispensa maiores digressões. Presume-se que ao homicida de seu cônjuge o consorte reaja com repugnância e não com afeto. O impedimento vigora na hipótese de homicídio doloso, não se aplicando ao homicídio culposo. Não se exige também a codelinquência do cônjuge supérstite, como dispunha a legislação anterior e algumas legislações do direito comparado. Irrelevante também a prescrição do crime ou reabilitação do condenado: persiste o impedimento em ambas as situações.

Com a união estável sob proteção legal a partir da Constituição de 1988, o impedimento deve ser estendido a ela.

O Código de 1916 ainda dizia que não podiam se casar "*o cônjuge adúltero com o seu co-réu, por tal condenado*" (art. 183, VII). Esse estatuto erigia em impedimento a condenação por adultério e não a simples infidelidade. O alcance prático da disposição era insignificante, mormente em tempos atuais, em que houve a supressão do adultério como crime. Ainda que se pretendesse tipificar na prática o obstáculo, esbarrava-se em dois entraves, a dificuldade de prova e a necessidade de condenação penal por adultério. A jurisprudência era praticamente inexistente. Sustentou-se não ser necessária a condenação penal, bastando que o cônjuge fosse considerado adúltero no processo de divórcio, o que na sistemática do divórcio é também, em princípio, insustentável.

O projeto do Estatuto das Famílias simplifica o rol dos impedimentos, não mais se reportando à adoção, nem mais trazendo os chamados impedimentos relativos, mas fazendo apenas referência à validade do casamento.

Enunciado nº 98, I Jornada de Direito Civil – CJF/STJ: o inc. IV do art. 1.521 do novo Código Civil deve ser interpretado à luz do Decreto-lei nº 3.200/41, no que se refere à possibilidade de casamento entre colaterais de 3º grau.

Ação de reconhecimento de união estável *post mortem* c/c alimentos/lucros cessantes e reserva de bens – Sentença de improcedência – Recurso da autora – Ausência de comprovação da existência de união estável – Não preenchimento dos requisitos do artigo 1.723 do CC – Constatada vedação legal para o reconhecimento da união estável – *de cujus* casado – Inexistência de provas de que estava separado de fato de sua esposa – Exegese do artigo 1.521 do CC – Ônus da autora de comprovar suas alegações – Sentença mantida – Majoração da verba honorária, nos termos do art. 85, § 11, do CPC/2015. Apelação desprovida (*TJPR* – Proc. "0010114-59.2017.8.16.0170, 23-6-2020, Rel. Elizabeth M. F. Rocha).

Alvará Judicial – Autorização para conversão de união estável em casamento entre tio e sobrinha – Sentença de Improcedência – Inconformismo que prospera – Casamento avuncular – Impedimento previsto no art. 1.521, IV, do CCB que deve ser interpretado nos termos do Decreto-lei n. 3.200/41 – Aplicação do Enunciado nº 98, do "CJF" – Casamento entre colaterais de 3º grau que pode ser procedido mediante comprovação médica de inexistência de risco à eventual prole – Instrução probatória produzida a contento – Interessada que se encontra em período de menopausa, que impede a concepção pelas vias ordinárias – Sentença de Primeiro Grau reformada. Recurso parcialmente provido, para se autorizar a conversão da união estável em matrimônio" (TJSP – Ap. 1004177-36.2019.8.26.0224, 01-2-2021, Relator Penna Machado).

Apelação cível. Ação de reconhecimento e dissolução de união estável. Impedimento para contrair matrimônio. Art. 1.521 do Código Civil. União estável não caracterizada. Concubinato impuro configurado. Inteligência do art. 1.727 do Código Civil. Recurso conhecido e provido. Institui o art. 1.727 do Código Civil de 2002 que as relações não eventuais entre o homem e a mulher impedidos de casar constituem concubinato. A seu turno, o art. 1.521, VI, do mesmo Códex, prescreve que as **pessoas casadas não podem contrair novo matrimônio** sem dissolver legalmente o vínculo anterior. Ainda, nos termos do § 1º do art. 1.723 do CC, a união estável não se constituirá se ocorrerem os impedimentos do art. 1.521, não se aplicando a hipótese do inciso VI no caso de a pessoa casada se achar separada de fato ou judicialmente. Portanto, havendo impedimento para o casamento (CC, art. 1.521), qual a existência de matrimônio anterior não dissolvido, nem de direito e nem faticamente, a relação não eventual entre homem e mulher constituirá concubinato, e não união estável (*TJSC* – Acórdão: Apelação Cível nº 2010.082789-2, 12-5-2011, Rel. Des. Stanley da Silva Braga).

Art. 1.522. Os impedimentos podem ser opostos, até o momento da celebração do casamento, por qualquer pessoa capaz.
Parágrafo único. Se o juiz, ou o oficial de registro, tiver conhecimento da existência de algum impedimento, será obrigado a declará-lo.

A função dos impedimentos, como a própria denominação está a denotar, é suspender e impedir a realização do matrimônio. Se este se concretiza com sua infração, cabíveis serão as ações de nulidade ou anulação.

Esse artigo mantém orientação no sentido de que os impedimentos elencados no art. 1.521 podem ser opostos até o momento da celebração do casamento, por qualquer pessoa capaz. Da mesma forma, de acordo com o parágrafo único do art. 1.522, o juiz ou o oficial de registro que tiver conhecimento da existência de algum impedimento será obrigado a declará-lo. Se esses servidores se omitirem a esse respeito, responderão civil, administrativa e criminalmente.

As causas suspensivas (art. 1.523) podem ser arguidas pelos parentes em linha reta de um dos nubentes, sejam consanguíneos ou afins, e pelos colaterais em segundo grau, sejam também consanguíneos ou afins (art. 1.524).

Tanto os impedimentos quanto as causas suspensivas serão opostos em declaração escrita e assinada, instruída com as provas do fato alegado, ou com a indicação do lugar onde possam ser obtidas (art. 1.529). O oficial do registro civil dará aos nubentes, ou a seus representantes, nota oficial da oposição, indicando os fundamentos, as provas, e, se não se tratar de oposição de ofício, deverá declinar o nome do oponente (art. 1.530). Aos nubentes é deferido fazer prova contrária. O efeito da oposição é suspender a celebração, que não poderá ocorrer enquanto não decidido o incidente. Se julgado improcedente, levanta-se a proibição, devendo ser extraído certificado de habilitação. Julgado procedente, o casamento não se realizará, ressalvado às partes recorrer às vias ordinárias.

O procedimento é sumário, regulado pelo art. 67, § 5º, da Lei dos Registros Públicos. Os nubentes, pela lei registrária, devem indicar suas provas em três dias. Esse prazo exíguo, de acordo com este Código, pode ser dilatado, podendo ser concedido prazo razoável aos nubentes (art. 1.530, parágrafo único). Desse procedimento participará necessariamente o Ministério Público. Produzidas as provas em dez dias, ouvidos os interessados em cinco dias, o juiz decidirá em igual prazo. Essa decisão é de índole correcional, com procedimento sumário, não fazendo coisa julgada. Se os nubentes não se conformarem com a decisão contrária, a matéria pode ser versada em processo judicial. Por outro lado, autorizado e consumado o casamento, os fatos dos impedimentos e suas provas respectivas poderão lastrear ação de nulidade ou anulação.

Impedimentos opostos por má-fé dão margem à possibilidade de os responsáveis serem acionados por perdas e danos, que no caso serão fortemente de índole moral, como expressamente permite a atual Constituição. Essa ação indenizatória submete-se aos princípios gerais de responsabilidade aquiliana.

Lembre-se, por fim, de que nosso ordenamento não autoriza a dispensa dos impedimentos como o Direito Canônico e outras legislações.

CAPÍTULO IV
Das Causas Suspensivas

Art. 1.523. Não devem casar:
I – o viúvo ou a viúva que tiver filho do cônjuge falecido, enquanto não fizer inventário dos bens do casal e der partilha aos herdeiros;
II – a viúva, ou a mulher cujo casamento se desfez por ser nulo ou ter sido anulado, até dez meses depois do começo da viuvez, ou da dissolução da sociedade conjugal;
III – o divorciado, enquanto não houver sido homologada ou decidida a partilha dos bens do casal;
IV – o tutor ou o curador e os seus descendentes, ascendentes, irmãos, cunhados ou sobrinhos, com a pessoa tutelada ou curatelada, enquanto não cessar a tutela ou curatela, e não estiverem saldadas as respectivas contas.
Parágrafo único. É permitido aos nubentes solicitar ao juiz que não lhes sejam aplicadas as causas suspensivas previstas nos incisos I, III e IV deste artigo, provando-se a inexistência de prejuízo, respectivamente, para o herdeiro, para o ex-cônjuge e para a pessoa tutelada ou curatelada; no caso do inciso II, a nubente deverá provar nascimento de filho, ou inexistência de gravidez, na fluência do prazo.

Os anteriormente denominados impedimentos impedientes ou proibitivos não dirimem ou inquinam o casamento. Este Código, de forma mais técnica, passa a denominá-los de "*causas suspensivas*". Estas objetivam apenas impedir sua realização. Se realizado o consórcio matrimonial com sua infringência, o casamento é válido, impondo, contudo, a lei, apenas sanções de natureza diversa. O projeto do Estatuto das Famílias preferiu não contemplar essas causas. O atual ordenamento denomina causa suspensiva porque sua arguição, na forma do art. 1.524, suspende a realização do casamento, até que a causa seja eliminada. Ocorrendo o casamento com inobservância das causas suspensivas, o regime de bens será obrigatoriamente o da separação (art. 1.641, I). Ainda, o art. 1.489, II, dispõe que os filhos terão hipoteca legal sobre os imóveis do pai ou da mãe que passar a outras núpcias, antes de fazer o inventário do casal anterior.

Dispõe então esse artigo que não devem casar-se:

> "I – o viúvo ou a viúva que tiver filho do cônjuge falecido, enquanto não fizer inventário dos bens do casal e der partilha aos herdeiros."

A razão desse impedimento ou causa suspensiva é evitar a confusão de patrimônios. Casamento dessas pessoas antes do inventário e da partilha poderia trazer dificuldades para identificação do patrimônio das distintas proles por dificuldade de sua identificação. Por outro lado, a proibição visa também evitar que o novo casamento do agente proporcione proteção patrimonial maior à nova prole. No sistema anterior, a infração a esse dispositivo fazia com que o nubente perdesse o direito ao usufruto dos bens de filho do leito anterior (art. 225), além de submeter-se a união ao regime obrigatório de bens (art. 226).

O parágrafo único do art. 1.523 permite que, nessa hipótese, os nubentes solicitem ao juiz que não seja aplicada a causa suspensiva, provando a inexistência de prejuízo para os herdeiros. Se não houver patrimônio a ser partilhado, por exemplo, não há qualquer prejuízo. A hipótese equivale àquele procedimento que, no passado, equivaleria ao chamado "inventário negativo", isto é, um inventário para provar que nada havia a ser partilhado. A situação aplica-se, porém, a critério do juiz que examinará o pedido, a todas as situações nas quais se comprove que não há prejuízo ao herdeiro.

"II – a viúva, ou a mulher cujo casamento se desfez por ser nulo ou ter sido anulado, até dez meses depois do começo da viuvez, ou da dissolução da sociedade conjugal."

A restrição busca impedir a confusão de sangue (*turbatio sanguinis*). A previsão do legislador segue a mesma linha do dispositivo anterior, acrescentando-se que aqui se procura evitar dificuldade de identificação da paternidade. Nada que hoje a ciência genética não possa superar. Esse impedimento deve ser aplicado também nos casos de divórcio, em princípio, pois as razões são idênticas. Caio Mário da Silva Pereira (1996, p. 68) lembra que se deve abrir exceção para o caso de o casamento anterior ter sido anulado por impotência *coeundi*, desde que absoluta e anterior ao matrimônio, ou quando fica evidente das circunstâncias a impossibilidade física de coabitação dos cônjuges na união anterior.

Assim como no direito anterior, pode ser dispensada a causa impeditiva se a nubente provar nascimento de filho, ou inexistência de gravidez, na fluência desse prazo de dez meses (parágrafo único, segunda parte).

"III – o divorciado, enquanto não houver sido homologada ou decidida a partilha dos bens do casal."

Trata-se de inovação desse ordenamento. Nessa situação, também o que se busca evitar é a confusão de patrimônios de ambos os consórcios. Na forma do parágrafo único já mencionado, aqui também é permitido que os nubentes requeiram dispensa da causa suspensiva, se provarem que não haverá prejuízo para o ex-cônjuge. Não há óbice ao divórcio sem a partilha de bens no atual sistema, mas, nessa hipótese, vigorará, em princípio, a causa suspensiva para o novo casamento.

"IV – o tutor ou o curador e os seus descendentes, ascendentes, irmãos, cunhados ou sobrinhos, com a pessoa tutelada ou curatelada, enquanto não cessar a tutela ou curatela, e não estiverem saldadas as respectivas contas."

A razão desse impedimento justifica-se pela eventual possibilidade de o incapaz ser jungido a contrair matrimônio para isentar o administrador de seus bens da prestação de contas. A restrição é intuitiva. A lei exige que ocorra a prestação de contas devidamente homologada, não bastando a mera quitação pelo interessado. A menção aos descendentes, ascendentes, irmão, cunhados ou sobrinhos do tutor ou curador justifica-se pela possibilidade de captação de vontade e vantagem que pode ser auferida.

Casamento com infringência a essa proibição acarreta o regime obrigatório de separação de bens, como nas demais hipóteses deste artigo (art. 1.641, I). Desaparecerá a presente causa quando cessada a tutela e curatela e quando saldadas suas contas.

No Código de 1916, o impedimento superava-se, no entanto, com a permissão paterna ou materna por escrito autêntico ou testamento, presumindo-se que ninguém melhor que os pais para defenderem os interesses dos filhos. Para evitar conluios e tendo em vista o pequeno alcance da norma, não foi ela repetida no mais recente diploma.

No Código revogado, não podiam casar o juiz ou escrivão e seus descendentes, ascendentes, irmãos, cunhados ou sobrinhos, com órfão ou viúva, da circunscrição territorial, onde um ou outro tivesse exercício, salvo licença especial do presidente do Tribunal de Justiça, sob pena de ser adotado o regime de separação de bens. O objetivo era evitar que houvesse eventual aproveitamento dessas situações narradas por parte dos servidores referidos. Essa causa suspensiva não mais está presente no presente ordenamento.

Art. 1.524. As causas suspensivas da celebração do casamento podem ser arguidas pelos parentes em linha reta de um dos nubentes, sejam consanguíneos ou afins, e pelos colaterais em segundo grau, sejam também consanguíneos ou afins.

A legitimidade para a oposição das causas suspensivas é limitada às pessoas presentes nesse dispositivo. O Ministério Público, portanto, não está legitimado. As cláusulas suspensivas somente podem ser arguidas no curso do procedimento de habilitação, enquanto os impedimentos podem ser apresentados até a celebração do casamento, por qualquer pessoa capaz (art. 1.522). O oponente de cláusula suspensiva poderá sujeitar-se a sanções civis e criminais se estiver de má-fé ou agir com culpa grave.

Enunciado nº 330, IV Jornada de Direito Civil – CJF/STJ: as causas suspensivas da celebração do casamento poderão ser arguidas inclusive pelos parentes em linha reta de um dos nubentes e pelos colaterais em segundo grau, por vínculo decorrente de parentesco civil.

CAPÍTULO V
Do Processo de Habilitação para o Casamento

Art. 1.525. O requerimento de habilitação para o casamento será firmado por ambos os nubentes, de próprio punho, ou, a seu pedido, por procurador, e deve ser instruído com os seguintes documentos:
I – certidão de nascimento ou documento equivalente;
II – autorização por escrito das pessoas sob cuja dependência legal estiverem, ou ato judicial que a supra;
III – declaração de duas testemunhas maiores, parentes ou não, que atestem conhecê-los e afirmem não existir impedimento que os iniba de casar;
IV – declaração do estado civil, do domicílio e da residência atual dos contraentes e de seus pais, se forem conhecidos;

V – certidão de óbito do cônjuge falecido, de sentença declaratória de nulidade ou de anulação de casamento, transitada em julgado, ou do registro da sentença de divórcio.

Art. 1.526. A habilitação será feita pessoalmente perante o oficial do Registro Civil, com a audiência do Ministério Público. (Redação dada pela Lei nº 12.133, de 2009)
Parágrafo único. Caso haja impugnação do oficial, do Ministério Público ou de terceiro, a habilitação será submetida ao juiz. (Incluído pela Lei nº 12.133, de 2009)

1. Lineamentos históricos

Como já apontamos, o casamento é o ato com maior número de solenidades no direito civil, no que é secundado pelo testamento. A lei procura envolvê-lo de pompa, publicidade e solenidade, de molde que garanta sua validade, bem como demonstrar sua importância no seio da sociedade. As exigências formais incluem um procedimento prévio, que antecede à celebração.

Desde a antiguidade, o casamento foi cercado de formas e solenidades, bem como de festividades. Explicam-se esses cuidados, segundo Guillermo Borda (1993, p. 127), por três razões fundamentais: (a) evitam-se os perigos de um consentimento afoito; (b) obrigam os noivos a refletir sobre a transcendência do ato que vai ser realizado, despertando a consciência das obrigações e responsabilidades futuras; e (c) o formalismo contribui poderosamente para a vitalidade e a estabilidade das instituições. Por outro lado, a solenidade sempre foi instituto observado pelas religiões, às quais o casamento sempre esteve ligado.

Como persiste até hoje, em Roma, para que o cidadão se habilitasse ao casamento, deveria reunir certas qualidades e condições e estar isento de impedimentos. Na *confarreatio*, à semelhança do que ocorria na Grécia, o casamento constava de três etapas sucessivas. A *traditio* era formalidade cumprida no lar paterno da mulher pela qual o *pater* a desligava de sua família. A *deductio in domum* era a condução da noiva até a casa do noivo. A noiva ia coberta com véu e grinalda, portando um archote, acompanhada de um cortejo que entoava hinos religiosos. Perante a casa do noivo, o cortejo detinha-se e era apresentado à noiva o fogo, representativo dos deuses do novo lar, e a água utilizada para os atos religiosos. Simulava-se um rapto, por tradição de épocas mais antigas. O noivo carregava-a nos braços e assim ingressava em seu lar. A noiva emitia gritos que eram acompanhados pelas mulheres de seu séquito. Já dentro do lar do noivo, os nubentes ofereciam um sacrifício perante o fogo sagrado dos deuses-lares, faziam uma libação, pronunciavam frases solenes e comiam juntos de um pão (*panis farreus*), ligando-se então definitivamente a mulher ao culto do marido, perante o pontífice máximo e dez testemunhas (BELLUSCIO, 1987, p. 228). Como se nota, as solenidades dessa época histórica tinham as mesmas finalidades modernas, quais sejam, atribuir seriedade e validade ao ato, além de torná-lo público.

A *coemptio*, desenvolvida por intermédio da *mancipatio*, assemelhava-se a uma compra e venda fictícia. A *mancipatio* também era um ato formal.

O Direito Canônico sempre tentou imprimir formalidades preliminares mais ou menos amplas ao matrimônio. Um decreto papal de 1907 determinou que essas formalidades fossem incluídas no rito matrimonial, com participação ativa do sacerdote. Essa disposição ingressou no Código Canônico de 1917 e persiste atualmente no Código de 1983, embora sem obrigatoriedade, porque cabe às conferências episcopais locais o estabelecimento das normas de habilitação. Pela disposição católica, o casamento deve ser precedido de diligências prévias para assegurar que não existe obstáculo para sua realização, validade e eficácia. Dentre essas formalidades está a publicação de proclamas.

Cita-se a Holanda, em 1580, como o país que possibilitou pela primeira vez, como opção, o casamento civil, para permitir o matrimônio dos católicos, pois a igreja holandesa era dissidente de Roma.

Após a Revolução Francesa, surge a ideia de que o casamento deveria ser regulado exclusivamente pela lei civil, como instituição que interessava à sociedade e ao Estado. Com o Código de Napoleão, o casamento civil difunde-se para outros países.

2. Habilitação

Para os atos da vida civil em geral presume-se a aptidão. Alguns atos e a posição subjetiva das partes perante estes podem exigir um *plus* na capacidade que dessa forma se conceitua como legitimação. O casamento é daqueles atos de direito privado para os quais os interessados devem demonstrar uma aptidão específica, legitimação para contrair matrimônio. Nosso Código de 1916, sob a epígrafe "Das formalidades preliminares", disciplinava o procedimento que devia ser seguido pelos cônjuges a fim de se legitimarem à celebração do casamento. Este Código trata da matéria sob a epígrafe "Do processo de habilitação para o casamento" (art. 1.525 ss). A matéria também é regulada pela Lei dos Registros Públicos, Lei nº 6.015/1973, arts. 67 a 69.

Trata-se de um procedimento, pois devem ser apresentados vários documentos que seguem um caminho em busca da habilitação para o ato. Apesar de sua ineficiência material, o sistema de publicação de proclamas persiste praticamente de forma geral no direito ocidental. Esse procedimento preparatório tem três fases distintas: a *habilitação*, que se processa nas circunscrições do registro civil perante o juiz; a *publicidade* nos órgãos locais; e por fim a almejada *celebração*.

O art. 1.526 determina que a habilitação faz-se perante o oficial do Registro Civil e, após audiência do Ministério Público, será homologada pelo juiz. A exigência de homologação pelo juiz não constava do ordenamento anterior e torna o procedimento mais moroso. O Projeto nº 6.960/2002 tentou colocar em termos mais lógicos essa disposição ao estatuir:

"*A habilitação será feita perante o oficial do registro Civil e, se o órgão do Ministério Público impugnar o pedido ou a documentação, os autos serão encaminhados ao juiz, que decidirá sem recurso.*"

A Corregedoria Geral da Justiça do Estado de São Paulo, com o objetivo de dinamizar as milhares de habilitações de casamento, dispensou a homologação dos juízes, salvo naqueles casos de dúvidas ou possibilidade de invalidades patentes (Provimento nº 25/2005).

Como se nota, justifica-se a redação sugerida pelo fato de ser a homologação judicial uma medida burocrática e sem maior utilidade. A atuação do magistrado deverá ocorrer somente quando houver impugnação; esse deve ser o sentido do vigente texto.

O art. 1.525 estipula que o requerimento de habilitação será firmado por ambos os nubentes, de próprio punho, ou a seu pedido, por procurador, devendo ser instruído com os seguintes documentos:

"*I – certidão de nascimento ou documento equivalente.*"

Impõe-se que os pretendentes comprovem a idade núbil. No sistema de 1916 era 16 anos para as mulheres e 18 anos para os homens (art. 183, XII). Neste estatuto, os nubentes podem casar-se a partir dos 16 anos (art. 1.517), exigindo-se a autorização de ambos os pais, ou seus representantes legais, enquanto não atingida a maioridade civil, que passou a ser atingida aos 18 anos (art. 5º).

Esse documento era importante não apenas para esse item, mas também para comprovar o estado e a qualificação dos nubentes, pois devia-se verificar se estavam sujeitos ao poder familiar, tutela ou curatela (art. 1.517 deste Código). Neste Código, essa restrição atinge o nubente em geral, se maior de 70 anos (art. 1.641, II).

A prova é feita mediante a apresentação do termo de nascimento. Como a Lei nº 765/1949 autorizou o registro de nascimento seródio com parcas formalidades, não são mais admitidas justificações para tal, pois esse singelo procedimento as substitui. Desse modo, com essa facilidade de ser obtido o registro, cai por terra a dicção "documento equivalente" presente na lei e mantida no atual Código, pois as justificações de idade não têm mais sentido. A única possibilidade de prova equivalente, rara, é verdade, é para os nascidos antes do advento do registro civil, permitindo-se que se prove o nascimento pela certidão batismal, proveniente dos livros eclesiásticos. O presente ordenamento manteve a dicção que pode ter aplicação eventual, por exemplo, para estrangeiros cuja legislação admita outra prova de nascimento ou para perda do registro civil oficial.

"*II – autorização por escrito das pessoas sob cuja dependência legal estiverem, ou ato judicial que a supra.*"

Os incapazes necessitam de autorização de seus representantes legais para contrair matrimônio.

É necessário consentimento de ambos os pais para os menores de 18 anos no atual Código (art. 1.517). Se analfabetos os genitores, da mesma forma autorizarão com assinatura a rogo. Se um dos progenitores estiver ausente do lar conjugal e em local não sabido, tem sido admitida a autorização de um só dos progenitores. As dúvidas devem ser sopesadas pelo Ministério Público, no caso concreto, que as apresentará ao juiz, se necessário.

Visto que a idade núbil é de 16 anos, os menores de 18 anos necessitarão da autorização. Ambos os pais devem autorizar e, em caso de divergência, aplicar-se-á o disposto no art. 1.631. O poder familiar cabe aos pais; na falta ou impedimento de um deles, o outro o exercerá com exclusividade. Se divergirem os pais a respeito da autorização, pode qualquer um deles recorrer à decisão judicial. Não mais se admite qualquer diferença de tratamento entre os cônjuges a partir da vigência da Constituição de 1988, cabendo iguais direitos ao pai e à mãe, razão pela qual a jurisprudência já vinha sufragando essa solução, não se aplicando mais, destarte, a solução do art. 186 do antigo Código. A mesma solução preponderará se os pais não forem casados. No sistema anterior, se os pais não fossem casados, constando apenas a mãe no registro civil, bastava sua autorização (art. 186, parágrafo único).

O menor não reconhecido pelo pai deverá ser autorizado pela mãe (art. 1.633). Se apenas o pai for conhecido e o reconheceu, dele deverá ser o consentimento. Se o menor estiver sob tutela, será necessário o consentimento do tutor. O mesmo se diga do interdito por prodigalidade, que não está inibido de contrair matrimônio e necessita da autorização do curador. O pródigo mantém plena capacidade nupcial, pois a lei não a restringe.

Recorde que a autorização para contrair matrimônio, expedida pelos pais ou tutores pode ser revogada até a celebração do casamento (art. 1.518).

Quanto aos surdos-mudos, que de *per si* não podem ser considerados de plano incapazes, há necessidade de avaliar se têm condições de manifestar sua vontade. O Ministério Público pode requerer sua audiência. Há que se verificar também o âmbito da curatela, se decretada, examinando-se se o juiz não impôs como necessária a anuência de seu curador para o ato. Como essa deficiência da capacidade apresenta gradações, se o surdo-mudo estiver impossibilitado de discernir, não poderá igualmente contrair casamento, porque não poderá manifestar sua vontade.

Ambos os progenitores devem necessariamente outorgar sua anuência. Havendo recusa, os interessados devem ingressar com pedido de suprimento judicial do consentimento. O juiz deverá examinar se a recusa foi injusta, outorgando então o suprimento do consentimento, nos termos do art. 1.519. Importa notar que aquele que nega o consentimento deve justificar e provar suas razões. O caso concreto definirá a justiça ou injustiça da recusa no consentimento. De acordo com o art. 1.537, o instrumento de autorização para casar deve ser integralmente transcrito na escritura antenupcial.

> "III – declaração de duas testemunhas maiores, parentes ou não, que atestem conhecê-los e afirmem não existir impedimento que os iniba de casar."

Esse documento é mais um adminículo probatório e busca atestar a idoneidade dos consortes e de suas declarações. Essa declaração pode ser assinada por parentes ou estranhos, derrogando a restrição do art. 228, V, que proíbe o testemunho de parentes próximos. A Lei dos Registros Públicos é expressa nesse sentido de que a testemunha para os assentos de registro deve satisfazer as condições exigidas na lei civil, sendo admitido o parente, segundo as necessidades, em qualquer grau do registrando (Lei nº 6.015/1973, art. 42). O valor desse documento, como se percebe, é relativo, pois pode ser facilmente obtido.

> "IV – declaração do estado civil, do domicílio e da residência atual dos contraentes e de seus pais, se forem conhecidos."

Essa declaração, denominada memorial, deve ser apresentada pelos próprios interessados e por eles assinada, em conjunto ou separadamente. Com ela esclarece-se seu estado civil: casados, solteiros, viúvos ou divorciados, situação de eventual desfazimento do casamento anterior, existência de filhos etc. O local do domicílio respectivo também é importante, porque, se os nubentes residirem em diversas circunscrições do registro civil, em uma e em outra publicar-se-ão os editais. Se o Ministério Público entendesse necessário, havendo suspeita de tentativa de fraude para evitar a oposição de impedimento ou expedição de duplos editais, poderia requerer atestado de residência emitido pela autoridade policial (art. 742 do CPC de 1939, em vigor na forma do art. 1.218, IX, do estatuto processual de 1.973). Esta dicção não mais persiste no CPC/2015, embora, a nosso ver, deva servir de orientação. Pode ser exigida justificação ou atestado de duas testemunhas, se o pretendente tiver residido a maior parte do último ano em outro Estado, provando que de lá partiu sem qualquer impedimento matrimonial. O mesmo é exigível, e com maior razão, se o interessado residiu no exterior.

Não deve ser exigido do estrangeiro prova de situação regular no Brasil. Essa exigência não consta da lei, cuja interpretação não pode ser ampliativa, não se podendo restringir também o direito natural ao casamento (MONTEIRO, 1996, p. 38). Ficará ele apenas sujeito às reprimendas administrativas e penais, quando houver.

Se o requerente foi casado, deverá apresentar certidão da sentença de divórcio ou anulação de casamento ou atestado de óbito do cônjuge falecido.

> "V – certidão de óbito do cônjuge falecido, de sentença declaratória de nulidade ou de anulação de casamento, transitada em julgado, ou do registro da sentença de divórcio."

Esses documentos objetivam evitar o casamento de pessoas já casadas. Enquanto não provada a morte do cônjuge, persiste o estado de casado. Na hipótese de morte ocorrida em naufrágio ou outra catástrofe, quando não foi possível localizar o cadáver e estiver provada a presença da pessoa no local, pode ser admitida a justificação para o assento de óbito. Ademais, o Código autoriza a decretação de morte presumida, além da hipótese de ausência, às situações descritas no art. 7º. Veja o que comentamos a esse respeito.

Falecimento ocorrido no exterior prova-se pelo documento idôneo no país estrangeiro.

Na hipótese de cônjuge divorciado ou que teve casamento anterior anulado, como referido, deve ser juntada certidão da sentença, o que somente se admite com trânsito em julgado. Há questões de relevo que podem surgir nas segundas núpcias do divorciado.

Será idônea a certidão de divórcio proferida pela Justiça de país estrangeiro que o admita, ficando, porém, subordinada doravante à respectiva homologação pelo STJ, em consonância com a Emenda Constitucional nº 45/2004 (não mais pelo STF, como anteriormente), pois se trata de sentença desconstitutiva e não meramente declaratória (art. 15 da LINDB). Essa é a posição de nosso tribunal maior. Muitos autores entenderam que essa sentença era de natureza declaratória, não necessitando de homologação pelo Tribunal Superior, pois assim dispunha o art. 15, parágrafo único, da Lei de Introdução às normas do Direito Brasileiro. Não foi o que prevaleceu na jurisprudência, no entanto. Barros Monteiro (1996, p. 40) comenta:

> "Urge não perder de vista, no entanto, que há três espécies de ação de estado: constitutivas, destrutivas e declarativas. As primeiras são aquelas que se baseiam num julgamento, como o divórcio, a separação judicial, a interdição e a destituição do pátrio poder; as segundas, as que desfazem determinada situação, como a de nulidade ou anulação de casamento; as terceiras, finalmente, as que reconhecem certa situação, como a investigação de paternidade e a contestação de filiação."

Nesse diapasão, não são sentenças de mera declaração as que decretam o divórcio, mas constitutivas, porque modificam o estado civil.

O § 6º do art. 7º da Lei de Introdução às Normas do Direito Brasileiro dispõe que o divórcio realizado no estrangeiro, se um ou ambos os cônjuges forem brasileiros, só seria reconhecido no Brasil depois de três anos da data da sentença, salvo se houvesse sido antecedida de separação judicial por igual prazo, caso em que a homologação produziria efeito imediato, obedecidas as condições estabelecidas para eficácia das sentenças estrangeiras no país. Como recorda Arnold Wald (1955, p. 55), a norma deveria ser harmonizada com o disposto no § 6º do art. 226 da Constituição de 1988, que dispunha que o casamento pode ser dissolvido após prévia separação judicial por mais de um ano ou comprovada separação de fato por mais de dois anos. Com a Emenda Constitucional nº 66/2010 desaparece a separação judicial prévia no ordenamento, subsistindo apenas o divórcio, sem qualquer restrição temporal para o casamento.

Nossa lei não exige como documento prévio para o matrimônio, como regra, exame pré-nupcial. A Constituição de 1934 chegou a mencionar essa exigência, que não foi regulamentada. Muitas legislações a exigem, como forma de atenuar deficiências congênitas da prole e evitar moléstias hereditárias. Em nosso direito, apenas se exige esse exame no casamento de colaterais de terceiro grau, ou seja, tio com sobrinha ou tia com sobrinho (Decreto-lei nº 3.200/1941). Essa lei é minuciosa para regrar o procedimento do exame. Os pretendentes devem requerer ao juiz da habilitação que nomeie dois médicos que atestem sua sanidade, afirmando não verificar inconveniente quanto à saúde deles e da prole para contrair núpcias. Sem esse exame, que nessa situação é requisito para as bodas, o casamento é nulo (MONTEIRO, 1996, p. 44). Se o atestado médico declarar a inconveniência do casamento, prevalecerá em toda plenitude o impedimento matrimonial. Nesse ponto, o finado Projeto nº 6.960/2002 sugeriu que se acrescentasse parágrafo ao art. 1.521 com a seguinte redação:

> *"Poderá o juiz, excepcionalmente, autorizar o casamento dos colaterais de terceiro grau, quando apresentado laudo médico que assegure inexistir risco à saúde dos filhos que venham a ser concebidos."*

Enunciado nº 120, Proposta de modificação do novo Código Civil, I Jornada de Direito Civil – CJF/STJ. Proposição sobre o art. 1.526: proposta: deverá ser suprimida a expressão "será homologada pelo juiz" no art. 1.526, o qual passará a dispor: "Art. 1.526. A habilitação de casamento será feita perante o oficial do Registro Civil e ouvido o Ministério Público."

Registro civil. **Habilitação para casamento**. Supressão do patronímico materno. Possibilidade. Em que pese a Lei de Registros Públicos tenha por princípio a imutabilidade do nome como fator de segurança jurídica (arts. 56 e 57 da Lei 6.015/73), tal entendimento deve ser adequado às alterações de nome por ocasião de casamento, pois este constitui uma nova realidade fática, visando à formação de um novo estado e de uma entidade familiar cuja proteção é prevista constitucionalmente. Outrossim, inexiste no ordenamento jurídico pátrio qualquer regra expressa que proíba a supressão de um dos apelidos de família da nubente que irá adotar o patronímico do futuro marido. Assim, na omissão da lei, o juiz decidirá o caso de acordo com a analogia, os costumes e os princípios gerais de direito (art. 4º da LICC). Ordem concedida (*TJRS* – Acórdão 70019898733, 18-7-2007, Rel. Des. Maria Berenice Dias).

Art. 1.527. Estando em ordem a documentação, o oficial extrairá o edital, que se afixará durante quinze dias nas circunscrições do Registro Civil de ambos os nubentes, e, obrigatoriamente, se publicará na imprensa local, se houver.
Parágrafo único. A autoridade competente, havendo urgência, poderá dispensar a publicação.

A habilitação processa-se perante o oficial do Registro Civil e, após audiência do Ministério Público, será homologada pelo juiz (art. 1.526), com o reparo que fizemos acima sobre a desnecessidade dessa homologação, como regra. O representante do Ministério Público atua como fiscal da lei.

Apresentados os documentos ao oficial pelos interessados ou seus procuradores, os pretendentes requererão certidão de que estão habilitados para o casamento (art. 67 da LRP). De acordo com este art. 1.527, o oficial do registro civil deverá lavrar os proclamas, mediante edital, que será afixado em local ostensivo, durante 15 dias, onde são celebrados os casamentos e se publicará pela imprensa onde a houver. O edital será fixado nas circunscrições do Registro Civil de ambos os nubentes se residirem em circunscrições diversas do registro civil. O edital tem por finalidade dar conhecimento aos terceiros para oposição de impedimento.

O Ministério Público pode exigir nesse momento atestado de residência ou outro documento que entender necessário (art. 67, § 1º, da LRP). Se o representante do Ministério Público impugnar o pedido ou a documentação, os autos serão encaminhados ao juiz, que decidirá em recurso (§ 2º). Trata-se de cognição sumária. Se indeferida a habilitação, os interessados deverão recorrer à ação judicial. Imaginemos que, por exemplo, uma certidão foi considerada falsa ou há dúvidas sobre divórcio obtido no exterior. A matéria deve ser vertida no processo próprio. O Ministério Público, como fiscal da lei, também tem legitimidade para essa ação.

Decorrido prazo de 15 dias da fixação do edital, se ninguém opuser impedimento e não se tratar de caso de oposição de ofício, o oficial certificará que os pretendentes estão habilitados para se casar dentro dos três meses imediatos. O art. 1.532 deste Código estipula que a eficácia da habilitação será de 90 dias, a contar da data em que foi extraído o certificado. O mais recente diploma prefere, como regra, disciplinar os prazos em dias e não mais em meses, como fazia o diploma anterior. Esse prazo é de caducidade. Não se realizando o matrimônio nesse período, a habilitação deve ser renovada.

Observe que essa certidão do registro civil habilita os pretendentes para o casamento civil ou religioso com efeitos civis. Lembre-se de que, de acordo com o art. 1.512, parágrafo único, a habilitação para o casamento, o registro e a primeira certidão serão isentos de selos, custas e emolumentos, para as pessoas cuja pobreza for declarada. Sob as penas da lei.

O procedimento de habilitação completa-se com o registro dos editais no cartório que os houver publicado, para garantia e segurança do ato, podendo ser fornecida certidão a quem solicitar. Como tem apontado a jurisprudência, irregularidade no processo de habilitação não leva à nulidade do casamento. O oficial do registro civil que transgredir seu dever de ofício nesse procedimento pode sujeitar-se às reprimendas administrativas e criminais. O Código traz outras disposições acerca desse procedimento que não alteram seu sentido principal.

1. Dispensa de proclamas

Dispõe o parágrafo único que a autoridade competente, havendo urgência, poderá dispensar a publicação dos editais, desde que apresentados os documentos exigidos, como é evidente.

Cabe ao juiz de direito da circunscrição, que é a autoridade competente, decidir acerca do pedido, que é excepcional. A urgência deve ser examinada no caso concreto. O art. 744 do CPC de 1939, mantido em vigor pelo art. 1.218 do CPC de 1973, regulava o processo para essa pretensão. Essa dicção não mais persiste no CPC/2015. A Lei dos Registros Públicos disciplina a matéria no art. 69. O § 1º dispõe que, em se tratando de pedido fundado em crime contra os costumes, a dispensa de proclamas será precedida da audiência dos contraentes separadamente e em segredo de justiça. A medida visa avaliar sua livre manifestação de vontade, tendo em vista que podem estar sofrendo vício de vontade. Acrescenta o § 2º que, produzidas eventuais provas, com ciência do órgão do Ministério Público, que poderá se manifestar em 24 horas, o juiz decidirá em igual prazo, dispensando ou não os proclamas, sem recurso, remetendo os autos para serem anexados ao processo de habilitação.

Esse processo exige celeridade. Frisemos, porém, que o pedido deve apresentar fundados motivos, e não mero capricho para os pretendentes dispensarem os proclamas. Cabe que a solução leve em consideração os aspectos do caso concreto, como, por exemplo, moléstia grave ou iminente risco de vida, parto próximo, viagem em razão de serviço público ou necessidade de apresentar-se no exterior etc.

Enunciado nº 513, V Jornada de Direito Civil – CJF/STJ: o juiz não pode dispensar, mesmo fundamentadamente, a publicação do edital de proclamas do casamento, mas sim o decurso do prazo.

Art. 1.528. É dever do oficial do registro esclarecer os nubentes a respeito dos fatos que podem ocasionar a invalidade do casamento, bem como sobre os diversos regimes de bens.

Essa inovação no Código é deveras salutar. É dever do oficial do registro esclarecer os nubentes a respeito dos fatos que podem invalidar o casamento, bem como sobre os diversos regimes de bens. É essencial que esclareça que na ausência de pacto antenupcial, o casamento será regido pelo regime da comunhão parcial de aquestos. Deve esclarecer os nubentes sobre os principais efeitos desse regime ou de qualquer outro que seja escolhido. Espera-se que os senhores oficiais cumpram bem esse mister. Os oficiais responderão administrativamente se se omitirem esse dever legal, contudo, não se anula o casamento.

Art. 1.529. Tanto os impedimentos quanto as causas suspensivas serão opostos em declaração escrita e assinada, instruída com as provas do fato alegado, ou com a indicação do lugar onde possam ser obtidas.

O procedimento de habilitação, inclusive o da oposição de impedimentos, é regulado pelo art. 67 da Lei dos Registros Públicos, que deverá ser examinado em conjunto com as normas do presente Código. Esse artigo complementa que tanto os impedimentos quanto as causas suspensivas serão opostos em declaração escrita e assinada, instruída com as provas do fato alegado, ou com a indicação do lugar onde possam ser obtidas. O opositor responsabiliza-se civil e criminalmente pelas suas declarações. Este Código dá o nome de causas suspensivas aos antigos impedimentos descritos no art. 1.523.

Art. 1.530. O oficial do registro dará aos nubentes ou a seus representantes nota da oposição, indicando os fundamentos, as provas e o nome de quem a ofereceu.
Parágrafo único. Podem os nubentes requerer prazo razoável para fazer prova contrária aos fatos alegados, e promover as ações civis e criminais contra o oponente de má-fé.

O oficial dará aos nubentes ou a seus representantes a nota de oposição, indicando os fundamentos, as provas e o nome de quem ofereceu. O procedimento tramita perante o oficial de registro civil. Pelo parágrafo único, os nubentes podem requerer prazo razoável para fazer contraprova, bem como promover as ações civis e criminais contra o oponente de má-fé. Assegura-se, portanto, o contraditório. Pela Lei dos Registros Públicos, esse prazo era de somente três dias (art. 67, § 5º). A decisão será do juiz, após a oitiva dos interessados e do Ministério Público.

Art. 1.531. Cumpridas as formalidades dos arts. 1.526 e 1.527 e verificada a inexistência de fato obstativo, o oficial do registro extrairá o certificado de habilitação.

Estando em ordem o processo de habilitação, decorrido o prazo de edital e verificada a inexistência de fato obstativo, o oficial extrairá o certificado de habilitação (art. 1.531), que, como vimos, terá a validade de 90 dias a contar da data em que foi extraído, segundo este Código. A realização do casamento só pode ocorrer com a apresentação do certificado de habilitação. Será grave falha funcional do oficial o não atendimento a esse requisito. Os impedimentos podem ser apresentados, contudo, até a celebração do casamento. Pois está em jogo a nulidade do ato. O mesmo não ocorre com a oposição de causas suspensivas, que não mais poderão ser opostas após essa fase do procedimento.

Art. 1.532. A eficácia da habilitação será de noventa dias, a contar da data em que foi extraído o certificado.

Trata-se de prazo decadencial. Decorrido o prazo de 90 dias sem que se lhe siga o casamento, restará aos interessados recorrer a novo procedimento. Esse prazo é necessário, pois após a habilitação poderão ocorrer fatos que alterem a situação e impedimentos ou causas suspensivas podem ter surgido. Casamento realizado com prazo de habilitação vencido não será nulo, porém, só produzirá efeitos após a realização pelos nubentes de nova habilitação e ratificação dos atos de celebração e registro.

CAPÍTULO VI
Da Celebração do Casamento

Art. 1.533. Celebrar-se-á o casamento, no dia, hora e lugar previamente designados pela autoridade que houver de presidir o ato, mediante petição dos contraentes, que se mostrem habilitados com a certidão do art. 1.531.

1. Ritos matrimoniais

Em nenhum outro ato da vida são necessários tantos formalismos e solenidades como no casamento. Os mistérios do amor, do afeto, da vida em comum, do nascimento e criação da prole sempre desafiaram a imaginação humana, colocando o casamento em um estágio de transcendência entre o humano e o divino, rodeado de toda pompa e circunstância. O casamento solene é uma constante das civilizações e permanece até o presente, no nascimento de um novo século, época marcada pelo açodamento das atividades e desprezo das formas. No momento atual, são poucos os ordenamentos que aceitam um casamento informal, sem maior solenidade, como ocorre nos Estados Unidos da América, com o *common law marriage*. De fato, nessa modalidade de união conjugal, basta que duas pessoas vivam publicamente juntas, com tratamento de marido e mulher, para que exista o matrimônio. Esse reconhecimento legal, contudo, é excepcional nas legislações. Por outro lado, o reconhecimento legal das uniões sem casamento, como ocorre exemplificativamente em nossa Constituição, coloca em xeque a importância e a vitalidade do casamento solene.

As solenidades do casamento, juntamente com o procedimento formal de habilitação que o antecede, encontram sua razão de ser em mais de um aspecto: impedem que decisões apressadas levem os nubentes a um ato superficial do qual possam arrepender-se; obrigam os interessados a meditar sobre o novo estado familiar no qual pretendem ingressar, realçando as responsabilidades; e contribuem para a vitalidade da instituição e da família perante a sociedade que dele toma público conhecimento. Carbonnier (1999, p. 425) sintetiza que os ritos do casamento possuem um duplo objeto: manifestar à sociedade a fundação de um novo lar e, mais utilitariamente, fornecer aos nubentes uma prova do ato. Os ritos do casamento constituem, portanto, ao mesmo tempo, uma forma e uma prova. Se, por um lado, não guardam mais a pompa da antiguidade nem a solenidade dos rituais eclesiásticos, a forma atual é suficiente para demonstrar a relevância social do ato.

O agente do Estado, o juiz de casamentos, como substituto do sacerdote, na esfera civil, participa do ato como elemento essencial na solenidade. Seu papel é peculiar, diverso da participação de outros oficiais públicos. Nos atos registrais ordinários, a participação do oficial público ou notário é passiva, pois se limita a dar notícia e fé pública do ato de que participa. No casamento, o agente intervém ativamente, integrando o ato com sua participação, porque é ele quem finalmente pronuncia que os nubentes estão casados em nome da lei.

A presença da autoridade celebrante, assim como a vontade dos nubentes, são requisitos essenciais, cuja ausência acarreta a inexistência do ato. Como vimos, a autoridade celebrante, o consentimento e a diversidade de sexos são elementos de existência do casamento que antecedem o exame de sua validade. O rito solene dá ênfase à importância dessa vontade matrimonial, exigindo que se manifeste externamente, na presença de testemunhas, no sentido de que ambos pretendem tomar-se como marido e mulher. Interessante observar que, nos primórdios do Direito Romano, não bastava o consentimento expresso no momento da celebração; era necessário que perdurasse durante toda a existência do casamento. Havia necessidade, portanto, de um consentimento contínuo, razão pela qual era conhecido como *affectio* e não somente *consensus*. Na observação de Belluscio (1987, p. 187), o casamento traduzia-se em um elemento material, a coabitação, e um elemento moral, a *affectio maritalis*. O desaparecimento de um ou de outro colocava fim ao casamento, pois o consentimento não era requisito do matrimônio-ato, mas sim do matrimônio-estado. Coube ao Cristianismo dar realce ao consentimento para o ato, em prol da futura manutenção do estado, relegando a coabitação para efeito secundário. Como ato fundamental do direito de família, o consentimento deve ser puro e simples, não admitindo termo ou condição.

2. Cerimônia do casamento

De posse da certidão de habilitação, expedida pelo oficial do registro civil, os interessados requererão ao juiz competente pela legislação estadual que designe dia, hora e local para a cerimônia. No Estado de São Paulo, a autoridade competente para celebrar o casamento ainda é o juiz de casamentos, até quando o legislador organizar a Justiça de Paz, como determina a Constituição estadual. No Estado do Rio de Janeiro, é o juiz do Registro Civil; em alguns Estados, o juiz de direito, embora na maioria dos Estados a função seja atribuída ao juiz de paz. Essa autoridade, designada pela lei, não pode ser substituída por outra, ainda que de maior grau (juiz de direito, desembargador), salvo pelo seu substituto legal, sob pena de nulidade. O juiz de casamentos competente é o do local onde foi processada a habilitação. Juiz de outro distrito será incompetente.

A celebração do casamento é gratuita (art. 1.512). O casamento será celebrado em dia, hora e lugar designados. Para tal deve ser apresentada a certidão de habilitação (art. 1.531). Admite-se que a cerimônia tenha lugar à noite, embora os autores apontem que casamento a desoras levanta suspeitas e é desaconselhável. O ato, como os demais do Registro Civil, pode ser realizado inclusive aos domingos e dias feriados.

Art. 1.534. A solenidade realizar-se-á na sede do cartório, com toda publicidade, a portas abertas, presentes pelo menos duas testemunhas, parentes ou não dos contraentes, ou, querendo as partes e consentindo a autoridade celebrante, noutro edifício público ou particular.
§ 1º Quando o casamento for em edifício particular, ficará este de portas abertas durante o ato.
§ 2º Serão quatro as testemunhas na hipótese do parágrafo anterior e se algum dos contraentes não souber ou não puder escrever.

O local será a casa das audiências, geralmente situada junto ao Cartório de Registro Civil, com toda a publicidade, com portas abertas, na presença de pelo menos duas testemunhas, parentes ou não dos contraentes. Para resguardar a vontade nupcial, bem como para possibilitar que qualquer interessado possa ingressar no recinto para apresentar impedimentos, as portas devem permanecer abertas durante toda a cerimônia. As testemunhas podem ser parentes dos consortes, ao contrário do sistema geral, como já ocorre na habilitação. Ninguém melhor do que os parentes dos noivos para atestar a higidez do ato. Esse mesmo dispositivo autoriza que o casamento realize-se em outro edifício, público ou particular, em caso de força maior, ou assim desejando as partes, e consentindo a autoridade celebrante, o que ocorre com frequência, inclusive nos templos, antes ou depois da cerimônia religiosa. Quando o casamento for celebrado em casa particular, assim se entendendo todo edifício não público, deverá ficar também com as portas abertas durante o ato (§ 1º) e, nesse caso, bem como se algum dos contraentes não souber escrever, serão quatro as testemunhas (§ 2º). O projeto do Estatuto das Famílias busca suprimir essa exigência, já que não tem mesmo maior sentido, pois o mais usual é que os casamentos se realizem fora das dependências cartorárias.

Art. 1.535. Presentes os contraentes, em pessoa ou por procurador especial, juntamente com as testemunhas e o oficial do registro, o presidente do ato, ouvida aos nubentes a afirmação de que pretendem casar por livre e espontânea vontade, declarará efetuado o casamento, nestes termos: "De acordo com a vontade que ambos acabais de afirmar perante mim, de vos receberdes por marido e mulher, eu, em nome da lei, vos declaro casados."

A presença dos nubentes é essencial, ressalvada a possibilidade de casamento por procuração, como já mencionamos. O celebrante perguntará a eles, presentes as testemunhas representando a sociedade, se persistem no livre propósito de casar. Deverão então os noivos, cada um de *per si*, responder o "sim", de forma inequívoca, sem qualquer qualificativo, termo ou condição, declarando em seguida o juiz efetuado o casamento, proferindo as palavras estatuídas nesse artigo.

As palavras sacramentais também deixam de existir no projeto do Estatuto, embora o sentido da atividade do juiz de paz permaneça o mesmo. Trata-se de resquício do ato solene formular do Direito Romano, que emprestava sentido de validade a palavras sacramentais.

A exigência da presença dos nubentes inviabiliza qualquer forma de casamento a distância em nosso direito, por correspondência, telefone ou meio eletrônico mais moderno. A presença dos interessados perante a autoridade é aspecto relevante da solenidade. Se não puderem expressar verbalmente sua vontade, porém, poderão fazê-lo de forma inequívoca, por escrito ou sinais. A omissão na manifestação de vontade ou qualquer titubeio implicará suspensão imediata do ato.

A doutrina questiona se o casamento ultima-se no momento em que o juiz pronuncia sua declaração, ou no momento em que os noivos manifestam seu consentimento. A dúvida pode ter efeitos práticos, pois qualquer um dos circunstantes pode morrer nesse ínterim. É importante saber se morreram no estado de casados. Caio Mário da Silva Pereira (1996, p. 75) entende que o casamento está perfeito com o consentimento, levando em conta a tradição romana, sustentando que a presença do juiz é fundamental, mas sua declaração não é indispensável à validade do ato. Há opiniões em contrário, que não abalam a afirmação desse autor, porque com o consentimento, após todo o procedimento prévio de habilitação, em prol da segurança, há que se ter o casamento como concluído. Recorda-se ainda, em abono a essa conclusão, que o próprio ordenamento admite o casamento sem a presença do celebrante no casamento nuncupativo e, da mesma forma, atribui efeitos civis ao casamento realizado perante autoridade eclesiástica. Washington de Barros Monteiro (1996, p. 68) posiciona-se em sentido contrário, entendendo que, por nossa lei, a manifestação da autoridade é essencial para a existência do casamento. O art. 1.514 do Código mantém acesa a controvérsia, embora pareça ter adotado a última opinião, estabelecendo expressamente que

"o casamento se realiza no momento em que o homem e a mulher manifestam, perante o juiz, a sua vontade de estabelecer vínculo conjugal, e o juiz os declara casados".

Art. 1.536. Do casamento, logo depois de celebrado, lavrar-se-á o assento no livro de registro. No assento, assinado pelo presidente do ato, pelos cônjuges, as testemunhas, e o oficial do registro, serão exarados:
I – os prenomes, sobrenomes, datas de nascimento, profissão, domicílio e residência atual dos cônjuges;
II – os prenomes, sobrenomes, datas de nascimento ou de morte, domicílio e residência atual dos pais;
III – o prenome e sobrenome do cônjuge precedente e a data da dissolução do casamento anterior;
IV – a data da publicação dos proclamas e da celebração do casamento;
V – a relação dos documentos apresentados ao oficial do registro;
VI – o prenome, sobrenome, profissão, domicílio e residência atual das testemunhas;
VII – o regime do casamento, com a declaração da data e do cartório em cujas notas foi lavrada a escritura antenupcial, quando o regime não for o da comunhão parcial, ou o obrigatoriamente estabelecido.

Logo em seguida à celebração, será lavrado o assento no livro de registro. Para efeito prático, geralmente o registro já estará lavrado no livro, aguardando-se apenas o consentimento e a formalização do ato pelo juiz, para que seja assinado por ambos os contraentes e pelas testemunhas. Na prática, também, a autoridade já terá as respectivas certidões prontas, que serão entregues aos nubentes após sua assinatura. Nulidade alguma existe nessa prática, que visa facilitar os trâmites para os noivos. Se, por qualquer motivo, o ato não se concretizar, cancelam-se os assentos.

Nos termos do art. 70 da Lei dos Registros Públicos, contudo, logo após o matrimônio será lavrado o assento, assinado pelo presidente do ato, os cônjuges, as testemunhas e o oficial. Nesse assento, serão exarados: (1) os prenomes, sobrenomes, datas de nascimento, profissão, domicílio e residência atual dos cônjuges; (2) os prenomes, sobrenomes, nacionalidade, datas de nascimento ou de morte, domicílio e residência atual dos pais; (3) o prenome e o sobrenome do cônjuge precedente e a data da dissolução do casamento anterior; (4) a data da publicação dos proclamas e da celebração do casamento; (5) a relação dos documentos apresentados ao oficial do registro; (6) o prenome, o sobrenome, nacionalidade, profissão, domicílio e residência atual das testemunhas; (7) o regime de casamento, com declaração da data e do cartório em cujas notas foi tomada a escritura antenupcial, quando o regime não for o da comunhão parcial, ou o obrigatoriamente estabelecido (art. 1.536). Se o regime de bens decorre da lei, ou seja, o de separação obrigatória, o oficial deverá fazer constar do assento, se assim tiver conhecimento.

O Código anterior citava que o assento também deveria mencionar o nome a ser adotado pela mulher. No sistema atual de igualdade plena entre os cônjuges, se houver alteração de nome de qualquer dos nubentes, assumindo o nome do outro, tal também deve ser mencionado, embora a nova lei não o diga expressamente nesse dispositivo. Nos termos do art. 1.565, § 1º, qualquer dos nubentes, querendo, poderá acrescer ao seu o sobrenome do outro. Não é de nossa cultura que o marido venha a acrescentar o nome da esposa. O assento de casamento fornecerá a prova hábil para alterar os documentos pessoais respectivos. O art. 70 da Lei dos Registros Públicos substituiu a dicção do art. 195 do Código Civil antigo, com exceção do inciso VII, cuja redação foi dada pela Lei do Divórcio (Lei nº 6.515/1977), que se refere à inserção no assento do regime do casamento, com a declaração da data e do cartório em cujas notas foi passada a escritura antenupcial, quando o regime não for o de comunhão parcial ou o legal.

Art. 1.537. O instrumento da autorização para casar transcrever-se-á integralmente na escritura antenupcial.

Esse requisito aumenta a segurança jurídica. Exige-se que a autorização para casamento dos menores seja integralmente transcrita no pacto antenupcial. Mais útil seria ainda se essa transcrição constasse do assento de casamento. A eficácia do pacto nupcial dependerá da aprovação dos representantes legais quando os nubentes forem menores de 18 anos e maiores de 16 (art. 1.654). Perante terceiros, o pacto só tem eficácia após o registro imobiliário. Eles podem, é claro, consorciar-se em pacto nupcial, ficando então o casamento submetido ao regime da comunhão de aquestos. Lembre que quando o casamento é realizado com suprimento judicial ou suplementação de idade, submeter-se-á ao regime de separação obrigatória de bens (art. 1.641, III).

Art. 1.538. A celebração do casamento será imediatamente suspensa se algum dos contraentes:
I – recusar a solene afirmação da sua vontade;
II – declarar que esta não é livre e espontânea;
III – manifestar-se arrependido.
Parágrafo único. O nubente que, por algum dos fatos mencionados neste artigo, der causa à suspensão do ato, não será admitido a retratar-se no mesmo dia.

O ato será imediatamente sobrestado se algum dos contraentes deixar de manifestar sua concordância, titubear ou ficar reticente; declarar que sua manifestação não é espontânea, ou mostrar-se arrependido. A liberdade de vontade matrimonial deve ser absolutamente livre e indene de suspeitas.

Segundo o parágrafo único, o nubente que der margem à suspensão não poderá retratar-se no mesmo dia. Nesse caso, o casamento somente poderá realizar-se a partir do dia seguinte. Entende-se que, a partir do dia seguinte, a vontade estará livre da emoção anterior, permitindo que o nubente retorne após um período de meditação. A suspensão impõe-se ainda que uma negativa ou reticência tenha sido manifestada por chacota. A seriedade do ato não se harmoniza com o escárnio.

Também será suspenso o ato se houver a oposição de qualquer impedimento, ou a autoridade celebrante tiver, por qualquer modo, conhecimento de óbice. A autoridade celebrante não está obrigada a aceitar qualquer impugnação, podendo indeferir aquelas que lhe pareçam inócuas, meramente emulativas ou desprovidas de seriedade. Como aduz Caio Mário da Silva Pereira (1996, p. 75), *"não procederá por mera suspeita; será prudente e cauteloso"*.

Lembre-se de que o ato também pode ser suspenso por revogação do consentimento outorgado pelos pais, tutor ou curador, quando este era necessário, como permite o ordenamento. Caberá aos nubentes recorrer ao processo de suprimento do consentimento.

Art. 1.539. No caso de moléstia grave de um dos nubentes, o presidente do ato irá celebrá-lo onde se encontrar o impedido, sendo urgente, ainda que à noite, perante duas testemunhas que saibam ler e escrever.
§ 1º A falta ou impedimento da autoridade competente para presidir o casamento suprir-se-á por qualquer dos seus substitutos legais, e a do oficial do Registro Civil por outro *ad hoc*, nomeado pelo presidente do ato.
§ 2º O termo avulso, lavrado pelo oficial *ad hoc*, será registrado no respectivo registro dentro em cinco dias, perante duas testemunhas, ficando arquivado.

Em duas situações, o Código permite que as formalidades do casamento sejam simplificadas. Ocorrendo doença grave de um dos nubentes e quando estiver sob iminente risco de vida. Nessas duas hipóteses, com características peculiares respectivas, o legislador procura facilitar o casamento, para harmonizar situações preexistentes, legitimar filhos naturais, mormente casais que mantinham união duradoura e nunca chegaram a formalizá-la pelo vínculo civil.

Esse artigo contempla a hipótese de moléstia grave. Nesse caso, o presidente do ato irá celebrá-lo na casa do nubente impedido, à noite inclusive, se necessário, perante duas testemunhas que saibam ler e escrever. O número de testemunhas no Código anterior era quatro, agora reduzido para duas. O dispositivo refere-se à moléstia de um dos nubentes, mas é evidente que também se aplica na eventualidade de ambos estarem acometidos de moléstia. Nesse mesmo diapasão, o casamento será realizado na casa do nubente ou em outro local onde o noivo se encontre, hospital ou casa de saúde, por exemplo. A lei anterior mencionava que o casamento seria realizado na casa do impedido, por evidente lapso do legislador de 1916. A urgência do ato dispensa os atos preparatórios da habilitação e proclamas.

Complementa o § 1º que, na falta ou impedimento da autoridade competente, poderão realizar o ato seus substitutos legais, e o oficial do registro civil poderá ser substituído por nomeado *ad hoc*, pelo celebrante. Tratando-se de oficial *ad hoc*, este lavrará termo avulso, que será levado a registro em cinco dias, perante duas testemunhas, ficando arquivado (2º). O Código anterior não especificava prazo, apenas mencionando que o registro deveria ser feito no prazo mais breve possível, o que poderia dar uma elasticidade indesejada ao fenômeno. Não registrado o casamento nesse quinquídio, não haverá casamento, o ato será tido como inexistente.

Art. 1.540. Quando algum dos contraentes estiver em iminente risco de vida, não obtendo a presença da autoridade à qual incumba presidir o ato, nem a de seu substituto, poderá o casamento ser celebrado na presença de seis testemunhas, que com os nubentes não tenham parentesco em linha reta, ou, na colateral, até segundo grau.

Outra situação de supressão de formalidades ocorre quando algum dos contraentes estiver em iminente risco de vida. Cuida-se do chamado casamento nuncupativo ou *in extremis*. Aplica-se a essa modalidade de casamento *in extremis* o mesmo comentário acerca do dispositivo anterior: embora a lei refira-se ao risco de vida de um dos nubentes, com maior razão admite-se quando ambos estiverem nessa situação. Para qualquer das hipóteses de moléstia grave ou risco de vida, é evidente que os nubentes devem estar na plenitude do discernimento. Moléstia que os afete mentalmente tornará írrito seu consentimento.

Veja o artigo seguinte.

Civil e processual civil – Apelação cível – **Casamento nuncupativo** – Sentença homologatória de termo de celebração de casamento em iminente risco de vida, bem como de adjudicação dos bens inventariados. Ausência de comprovação de vício quanto a manifestação da vontade inequívoca do moribundo em convolar núpcias. Testemunhos que comprovam o nível de consciência do *de cujus*. Observância de todas as formalidades legais com base nos artigos 1.540 e 1.541 do Código Civil de 2002. Verba honorária aplicada de forma escorreita. Recurso conhecido e desprovido. Manutenção da sentença (*TJRN* – AC 2010.015840-5, 31-3-2011, Rel. Des. Amaury Moura Sobrinho).

Art. 1.541. Realizado o casamento, devem as testemunhas comparecer perante a autoridade judicial mais próxima, dentro em dez dias, pedindo que lhes tome por termo a declaração de:

I – que foram convocadas por parte do enfermo;
II – que este parecia em perigo de vida, mas em seu juízo;
III – que, em sua presença, declararam os contraentes, livre e espontaneamente, receber-se por marido e mulher.

§ 1º Autuado o pedido e tomadas as declarações, o juiz procederá às diligências necessárias para verificar se os contraentes podiam ter-se habilitado, na forma ordinária, ouvidos os interessados que o requererem, dentro em quinze dias.

§ 2º Verificada a idoneidade dos cônjuges para o casamento, assim o decidirá a autoridade competente, com recurso voluntário às partes.

§ 3º Se da decisão não se tiver recorrido, ou se ela passar em julgado, apesar dos recursos interpostos, o juiz mandará registrá-la no livro do Registro dos Casamentos.

§ 4º O assento assim lavrado retrotrairá os efeitos do casamento, quanto ao estado dos cônjuges, à data da celebração.

§ 5º Serão dispensadas as formalidades deste e do artigo antecedente, se o enfermo convalescer e puder ratificar o casamento na presença da autoridade competente e do oficial do registro.

Essa modalidade de casamento permite que até mesmo a presença da autoridade celebrante seja suprimida, quando não for possível obtê-la, nem a de seu substituto, como estampa o artigo anterior. Nesse caso, os próprios contraentes conduzem o ato de matrimônio manifestando seu desejo perante seis testemunhas, que com eles não tenham parentesco em linha reta, ou, na colateral, em segundo grau.

Essas testemunhas devem comparecer dentro em dez dias perante a autoridade judicial mais próxima, pedindo que lhes sejam tomadas declarações por termo. Essas testemunhas não devem ter parentesco, a fim de cercar de maiores garantias o ato, ao contrário da regra geral para o matrimônio. Se não comparecerem, podem ser intimadas a requerimento de qualquer interessado. A autoridade judicial de que fala a lei é o juiz de direito da circunscrição. Nem sempre o juiz da circunscrição será o mais próximo. Não se inquinará o ato se nesse caso o comparecimento for perante juiz de comarca vizinha. Nessas declarações, deverão as testemunhas afirmar: I – que foram convocadas por parte do enfermo; II – que este parecia em perigo de vida, mas em seu juízo; III – que em sua presença declararam os contraentes livre e espontaneamente receber-se por marido e mulher. A seguir, na forma dos parágrafos deste artigo, o juiz, com oitiva do Ministério Público, procederá às diligências necessárias para verificar se os contraentes poderiam ter-se habilitado regularmente, ouvirá os interessados que o requererem dentro em 15 dias, para após acolher ou rejeitar a pretensão. Estatui o § 2º do art. 1.541 que o juiz verificará a idoneidade dos cônjuges para o casamento. A decisão fica sujeita a recurso em ambos os efeitos (art. 76, § 4º, da Lei dos Registros Públicos) e, uma vez transitada em julgado, o juiz mandará transcrevê-la, se for o caso, no livro de registro de casamentos. Esse assento retroagirá, quanto aos efeitos do casamento à data da celebração (§ 4º).

Todavia, se o enfermo convalescer e puder ratificar o ato em presença do magistrado e do oficial do registro, fá-lo-á pessoalmente nesse mesmo prazo de dez dias, não havendo necessidade de comparecimento das testemunhas (§ 5º). Observe que, se nem as testemunhas nem os nubentes comparecerem perante a autoridade nesse prazo, o casamento não se ratifica, tendo-se por inexistente. Por outro lado, não significa que o casamento só vale se o nubente falecer; se continuar impedido de comparecer perante a autoridade e o fizerem as testemunhas, o casamento será idôneo. De qualquer forma, o juiz deve agir com a máxima cautela nessas situações, a fim de evitar que casamentos oportunistas se concretizem, sem o devido consentimento. É própria a crítica de Sílvio Rodrigues (1999, p. 58), que entende ser essa modalidade de casamento uma velharia do Código, que preserva em demasia o interesse individual, abrindo brecha para a fraude e a simulação.

O art. 199 do antigo Código tratava também de matéria que não se referia diretamente ao casamento nuncupativo. Dispunha que o oficial do registro, mediante autorização judicial, à vista dos documentos exigidos para a habilitação, independentemente de proclamas, dará a certidão de habilitação "*Quando ocorrer motivo urgente que justifique a imediata celebração do casamento.*" Essa hipótese abarcava também o risco de vida e a moléstia grave, mas também outras situações, que, a critério do juiz, tipificavam-se como motivo urgente para a imediata celebração. Esses motivos podiam ser de várias naturezas: militar que parte para missão de guerra, viagem para o exterior para assumir posto profissional etc. Desse modo, o Código de 1916 tratou de assuntos diversos, embora análogos, no mesmo art. 199. De qualquer modo, a dispensa de processo de habilitação e de proclamas somente deve ser concedida em casos excepcionais, que de fato se justifiquem, princípio que deve manter-se no atual diploma, tanto que o art. 1.527, parágrafo único, deste Código admite a dispensa de editais. No entanto, tratando-se de situação excepcional, é necessário que a lei registrária discipline essa possibilidade, pois dúvidas ocorrerão. Note-se que esse procedimento de dispensa somente deve ser utilizado no caso de moléstia dos nubentes que exijam casamento imediato e permitam o procedimento de dispensa de habilitação e proclamas. No entanto, se não houver tempo para a apresentação de documentos e para a dispensa de editais, a proximidade do passamento aconselha que se ultime o casamento, com habilitação posterior.

Art. 1.542. O casamento pode celebrar-se mediante procuração, por instrumento público, com poderes especiais.
§ 1º A revogação do mandato não necessita chegar ao conhecimento do mandatário; mas, celebrado o casamento sem que o mandatário ou o outro contraente tivessem ciência da revogação, responderá o mandante por perdas e danos.
§ 2º O nubente que não estiver em iminente risco de vida poderá fazer-se representar no casamento nuncupativo.
§ 3º A eficácia do mandato não ultrapassará noventa dias.
§ 4º Só por instrumento público se poderá revogar o mandato.

Nossa lei permite que o casamento seja realizado por procuração, o que não é prática adotada por muitas legislações. No passado, em que existia maior dificuldade com transportes, locomoção e até em comunicações, o instituto foi útil. Não há atualmente maior utilidade nessa modalidade, que não se coaduna com o espírito personalista da realização do matrimônio e a convivência dos cônjuges que lhe segue e é inerente. Hoje é de se admitir a presença virtual dos nubentes, algo que poderá vir expresso na lei. Esse artigo exige procuração por instrumento público, com poderes específicos.

O Código anterior também autorizava a procuração, não se referindo, porém, ao instrumento público. Embora a lei antiga não fosse expressa, a doutrina propendia, com parca divergência, no sentido de que a procuração deveria ser outorgada por instrumento público, tendo em vista a solenidade do ato a que se propõe. Os poderes devem ser especiais, indicando o nome da pessoa com quem o outorgante vai consorciar-se. Evidentemente, a natureza do ato não permite que a outorga seja para casar com quem desejar. A lei não exige justificação para esse casamento mediante representação voluntária.

A lei antiga também era omissa no tocante ao prazo do mandato, o que era altamente inconveniente. O presente Código foi expresso, limitando a eficácia do mandato a 90 dias (§ 3º), no que andou muito bem. As partes podem, evidentemente, convencionar prazo mais reduzido. Como o mandato é essencialmente revogável, o retrato ou revogação pode ocorrer até o momento da celebração. Também somente por instrumento público se poderá revogar o mandato (§ 4º). O § 1º do artigo menciona que a revogação do mandato não necessita chegar ao conhecimento do mandatário; mas, celebrado o casamento sem que o mandatário ou o outro contraente tivessem ciência da revogação, responderá o mandante por perdas e danos. O casamento realizado pelo mandatário, sem que ele ou o outro contraente soubesse da revogação do mandato, é anulável, segundo opção tomada pelo legislador (art. 1.550, V), não se anulando o negócio, porém, se tiver havido coabitação entre os cônjuges. A disposição é óbvia, pois se o mandante passa a viver sob o mesmo teto com o outro nubente, aceitou tacitamente o casamento.

Também não deve ser admitido que os dois nubentes confiram poderes à mesma pessoa, porque desvirtuaria a natureza do consentimento. A lei não o diz expressamente, mas dela se infere quando menciona no texto "*o outro contraente*" (GOMES, 1983, p. 102), expressão que é mantida no § 1º do artigo do vigente Código. Se os dois nubentes casarem por procuração, deverão ser dois os procuradores. Interessante notar que Pontes de Miranda (1971, p. 306) não vê qualquer óbice no procurador único. Por outro lado, o sexo do procurador é indiferente e, de forma canhestra, pode-se presenciar duas pessoas do mesmo sexo, ao menos *ictu oculi*, contrair matrimônio. Por outro lado, nada impede que o outorgante, a qualquer momento, enquanto não ultimada a cerimônia, insira-se no ato e dela participe pessoalmente.

O âmbito da vontade outorgada ao procurador é restrito ao consentimento, razão pela qual sua posição mais se coaduna com a de núncio, mero transmitente da vontade. Se a procuração mencionar o regime de bens, a outorga é mais ampla e também é conferida para firmar o pacto antenupcial.

Tantos são os inconvenientes e dúvidas gerados pelo casamento mediante representação voluntária que tudo leva a crer que o legislador ainda não a extirpou da legislação porque o seu desuso não ocasiona maiores problemas práticos. Ademais, o argumento de que é útil quando os cônjuges residem em países diversos ou distantes não se justifica mais em um mundo de comunicações rápidas e econômicas. Talvez a utilidade maior seja para o casamento nuncupativo, segundo inclusive admitido por este Código (§ 2º): *"o nubente que não estiver em iminente risco de vida poderá fazer-se representar no casamento nuncupativo"*.

O já esquecido projeto do Estatuto das Famílias, contra nossa expressa sugestão, mantém a possibilidade de casamento por procuração. Enfrenta a questão da revogação da procuração, estabelecendo o art. 167, § 2º, que *"celebrado o casamento, sem que a revogação chegue ao conhecimento do mandatário, o ato é inexistente, devendo ser cancelado"*. Não nos parece ser a melhor solução, podendo-se imaginar a problemática que pode surgir de um ato inexistente desse juiz. Como sempre nos temos posicionado, melhor que o legislador simplesmente extinga a possibilidade de casamento por procuração, autorizando o casamento virtual com a presença dos nubentes, salvo a excepcional hipótese de matrimônio nuncupativo.

CAPÍTULO VII
Das Provas do Casamento

Art. 1.543. O casamento celebrado no Brasil prova-se pela certidão do registro.
Parágrafo único. Justificada a falta ou perda do registro civil, é admissível qualquer outra espécie de prova.

A celebração do casamento é provada pela certidão do registro. Em princípio, ninguém pode alegar estado de casado sem essa prova. No entanto, o registro não é essencial, pois mesmo em sua ausência, o casamento pode ser provado. O registro, por qualquer razão, pode ter sido perdido ou mesmo não ter sido lavrado. Nessas premissas, aceitam-se provas pelos meios admitidos em direito para justificar a perda ou a falta do documento (parágrafo único). Primeiramente, o interessado deve provar que o registro não mais existe ou nunca existiu. Numa segunda fase, deve provar a existência do casamento. A prova do casamento pode decorrer também de sentença judicial em processo movido para esse fim.

Art. 1.544. O casamento de brasileiro, celebrado no estrangeiro, perante as respectivas autoridades ou os cônsules brasileiros, deverá ser registrado em cento e oitenta dias, a contar da volta de um ou de ambos os cônjuges ao Brasil, no cartório do respectivo domicílio, ou, em sua falta, no 1º Ofício da Capital do Estado em que passarem a residir.

O casamento celebrado no exterior prova-se de acordo com a lei do local da celebração. Se realizado perante autoridade consular, a prova é feita pela certidão do assento no registro do consulado.

Esse artigo repete disposição tradicional em nossa legislação. O casamento de brasileiro, celebrado no estrangeiro perante as autoridades ou cônsules brasileiros, deverá ser registrado em 180 dias, a contar da volta de um ou de ambos os cônjuges ao Brasil, no cartório do respectivo domicílio, ou, em sua falta, no 1º Ofício da Capital do Estado em que passarem a residir. Esse retorno de um ou de ambos os cônjuges ao território nacional implica volta definitiva com residência e não em simples passagem pelo país.

A matéria referente ao casamento perante autoridade diplomática não recebe tratamento homogêneo nas várias legislações. O Decreto nº 181/1890 e a antiga Lei de Introdução ao Código Civil permitiam que cônsul estrangeiro celebrasse casamentos de seus súditos. A vigente Lei de Introdução às normas do Direito Brasileiro dispõe, no art. 7º, § 2º: *"O casamento de estrangeiros poderá celebrar-se perante autoridades diplomáticas ou consulares do país de ambos os nubentes."* O casamento pode ser realizado no consulado ou fora dele, segundo as normas e solenidades do país estrangeiro, mas os efeitos do ato obedecem à lei brasileira. O assento desse casamento não é passível de registro no Cartório Civil. Não terá competência, porém, a autoridade consular, se um dos nubentes for brasileiro, ou tiver nacionalidade diversa do país consular, pois a atual redação do dispositivo citado está de acordo com a Lei nº 3.238/1957. A dicção original desse § 2º referia-se à possibilidade de casamento consular, quando um só dos nubentes fosse domiciliado em país estrangeiro, o que permitia interpretação ampla.

Por outro lado, os brasileiros também podem casar-se no exterior, como está no artigo sob comentário, perante as autoridades consulares brasileiras, que praticam os atos de registro civil, desde a habilitação (art. 18 da LINDB). O Decreto nº 24.113/1934, não derrogado pela Lei de Introdução às normas do Direito Brasileiro, disciplina, no entanto, que

"os cônsules de carreira só poderão celebrar casamentos quando ambos os nubentes forem brasileiros e a legislação local reconhecer efeitos civis aos casamentos assim celebrados" (art. 13, parágrafo único).

Esse casamento deve ser registrado no Brasil nos cartórios do 1º Ofício do domicílio do interessado ou no 1º Ofício do Distrito Federal, quando os interessados não tiverem domicílio conhecido, quando tiver que gerar efeitos no país (art. 32, § 1º, da LRP). O dispositivo não conflita com essa disposição do Código.

Os casamentos de brasileiros celebrados no exterior, segundo a lei do país respectivo, serão considerados autênticos, nos termos da lei do local, legalizadas as certidões pelos cônsules (art. 32 da LRP).

Art. 1.545. O casamento de pessoas que, na posse do estado de casadas, não possam manifestar vontade, ou tenham falecido, não se pode contestar em prejuízo da prole comum, salvo mediante certidão do Registro Civil que prove que já era casada alguma delas, quando contraiu o casamento impugnado.

A posse de estado de casado é a melhor prova do casamento, na ausência de registro, embora não seja peremptória, pois deve vir cercada de circunstâncias que induzam a existência do matrimônio. Sua utilização, contudo, é excepcional na lei. O ordenamento protege o estado de casado na hipótese de cônjuges que não possam manifestar sua vontade e de falecimento dos cônjuges nesse estado, em benefício da prole comum. A presunção de casamento somente não ocorrerá mediante certidão do registro civil, provando que algum dos cônjuges falecidos já era casado quando contraiu o matrimônio impugnado. A posse do estado de casado só pode, portanto, ser impugnada com prova cabal. A invocação dessa posse de estado é dirigida principalmente para a situação de morte de ambos os cônjuges ou moléstia que os impeçam de manifestar sua vontade. Assim, os filhos só podem invocá-la após a morte dos pais.

A finalidade do dispositivo é beneficiar a prole comum. Nessa situação, presume-se o casamento, impedindo-se sua contestação, se há filhos do casal falecido. Para que essa presunção opere, há necessidade de quatro requisitos: (1) que os pais tenham falecido ou que não possam manifestar sua vontade; (2) que tenham vivido na posse de estado de casados; (3) a existência de prole comum; e (4) a inexistência de certidão do registro que ateste ter algum dos pais já contraído casamento anteriormente. Desse modo, não há que se admitir a presunção, se não há filhos e se um dos cônjuges ainda sobrevive ou pode validamente manifestar sua vontade. Interessante notar que o art. 203 do CC de 1916 não exigia que os interessados alegassem perda ou falta do registro. A intenção do legislador foi proteger a prole comum, favorecendo a legitimidade da filiação. Somente os filhos podem alegar essa posse de estado, depois da morte dos pais. Tratava-se, no entanto, de exceção à regra geral, somente aplicável na hipótese descrita: pela regra geral, casamento se prova por sua realização e, mais que isso, pela certidão respectiva. Lembramos que a doutrina equiparava analogicamente as situações de alienação mental dos pais e ausência à sua morte, para fins de permitir o uso dessa prova. O atual Código preencheu a lacuna ao mencionar, nessa hipótese, também as pessoas que não possam manifestar sua vontade.

Veja os comentários ao art. 1.547.

Art. 1.546. Quando a prova da celebração legal do casamento resultar de processo judicial, o registro da sentença no livro do Registro Civil produzirá, tanto no que toca aos cônjuges como no que respeita aos filhos, todos os efeitos civis desde a data do casamento.

Nesse caso, a ação declaratória é o meio hábil. A sentença daí decorrente deverá ser inscrita no registro. Esse registro produzirá, tanto no que toca aos cônjuges como no que respeita aos filhos, todos os efeitos desde a data do casamento. O início de prova, nessa premissa, porém, deve partir do reconhecimento do *estado de casado*, como veremos no artigo seguinte, situação pela qual os cônjuges mostram-se como marido e mulher em seu meio social. Outros documentos e provas devem ser acrescidos, para evidenciar a existência do casamento. A sentença declaratória retroagirá para desde a data do casamento.

Art. 1.547. Na dúvida entre as provas favoráveis e contrárias, julgar-se-á pelo casamento, se os cônjuges, cujo casamento se impugna, viverem ou tiverem vivido na posse do estado de casados.

O legislador adota ainda o princípio *in dubio pro matrimonio* nesse artigo. A regra é dirigida ao juiz. Trata-se de mais uma possibilidade de aplicação da posse do estado de casados.

O estado de família significa a posição que uma pessoa ocupa no grupo familiar em relação às demais: pai, filho, irmão, cônjuge etc. Esse é o sentido inicial para o entendimento da posse do estado de casados. Lembra Belluscio (1987, p. 50) que o estado de família pode ser aparente. Há estado de família aparente quando existe posse de estado, mas não há título (estado aparente de fato), ou quando esse estado existe, mas é falso ou está viciado, em razão de falha jurídica (estado aparente de direito). Esses aspectos devem ser devidamente sopesados no caso concreto. A posse do estado de casados pode ser meramente aparente, não merecendo proteção jurídica.

A hipótese deste art. 1.547 também é excepcional, e de alcance diverso daquela do art. 1.545, porque é chamada à aplicação apenas na dúvida sobre a existência do matrimônio.

Para a conceituação de posse do estado de casados, é necessário que se examinem, como tradicionalmente aponta a doutrina, três requisitos: *nominatio*, *tractatus* e *reputatio* (*fama*). A lei não define esse instituto. O casal deve ter um comportamento social, público e notório, de marido e mulher, assim se tratando reciprocamente. Quem assim se comporta, presumivelmente encontra-se no estado de casado. No entanto, a prova cada vez mais deve ser vista com restrições, porque a união estável, com mais ou menos profundidade, também traduz uma posse de estado nesse sentido. Casamento não se presume. Impõe-se, nesse sentido, que se prove que efetivamente ocorreu a celebração do casamento, sob pena de se abrir margem a fraudes.

A doutrina lembra ainda que a posse de estado de casado, afora essas duas situações legais enfocadas em nosso Código, também tem o condão de funcionar como elemento saneador de eventuais defeitos de forma no casamento. Essa ideia está presente em outras legislações, qual seja, a posse do estado de casado sana defeito de forma na celebração do matrimônio. Nosso ordenamento não menciona expressamente essa possibilidade.

CAPÍTULO VIII
Da Invalidade do Casamento

Art. 1.548. É nulo o casamento contraído:
I – (revogado pela Lei nº 13.146/2015)
II – por infringência de impedimento.

1. Casamento inexistente

Antes que se enfrente a nulidade do casamento, é importante tecer considerações sobre o casamento inexistente. É no campo do casamento que a doutrina realçou a categoria dos negócios inexistentes. A lei não consagra essa classificação. Por vezes, porém, é necessário recorrer à inexistência para explicar uma modalidade de falha no negócio. No ato nulo e no ato anulável, existe a formação do negócio, ao menos de forma aparente, o qual, em razão de falta de integração, não produz efeitos regulares.

No ato inexistente, há, quando muito, mera aparência de ato jurídico. A teoria da inexistência foi elaborada por Zaccharias, escritor alemão do século XIX, e encontrou adeptos na doutrina italiana e francesa. É considerado inexistente o casamento no qual o consentimento não existe, na ausência de autoridade celebrante, ou quando há identidade de sexos, neste último caso, algo que hodiernamente cai por terra.

No direito de família, como regra, somente ocorrem nulidades textuais, ou seja, só será nulo ou anulável o ato se a lei o declarar expressamente. O legislador preocupa-se, proeminentemente, com a validade do casamento, incentivando-a de todas as formas, somente admitindo a invalidade ou ineficácia em situações descritas textualmente. No entanto, hipóteses absurdas podem ocorrer, nas quais os pressupostos do casamento estarão ausentes. Se levado ao extremo o princípio da nulidade textual em sede de família, admitiríamos como eficaz o casamento sem consentimento, aquele realizado perante pessoa não investida de autoridade, bem como a união matrimonial de pessoas do mesmo sexo, no passado. Cuida-se, na verdade, de mera aparência de matrimônio que, rigorosamente, não poderia ser declarado nulo. A natureza desse defeito deve ser vista como situação de inexistência do negócio jurídico, pois seria absurdo admitirmos tais hipóteses como atos jurídicos com validade e eficácia.

Assim, a noção de inexistência, surgida em matéria de casamento, espalhou-se para a teoria geral dos negócios jurídicos. Desse modo, poderíamos exemplificar que também deve ser considerado inexistente, por exemplo, o testamento público lavrado perante quem não é oficial investido de poderes.

A maior crítica feita à teoria da inexistência é quanto a sua inutilidade perante a categoria dos atos nulos. É tradicional a posição daqueles para quem não há diferença entre a nulidade absoluta e a inexistência.

A denominação *ato inexistente* é, sem dúvida, ambígua e contraditória, pois o que não existe não pode ser considerado ato. Contudo, o que pretende exprimir com a denominação é que, embora existente porque possui aparência material, o ato não possui conteúdo jurídico. Na verdade, o ato ou negócio não se formou para o Direito. Desse modo, em que pesem acerbadas críticas feitas por parte da doutrina, a categoria da inexistência por vezes vem em socorro do intérprete em situações de extrema perplexidade, quando o sistema de nulidades não se amolda perfeitamente ao caso. Imaginemos, por exemplo, situação que não é meramente acadêmica, de pessoa que se case com outra do mesmo sexo, sem que se saiba do fato. Suponhamos que, após todo o procedimento prévio de habilitação e após a celebração, o nubente ou qualquer terceiro descubra que ocorreu casamento entre pessoas do mesmo sexo. Ora, nessa hipótese, o negócio pecou por ausência de pressuposto de existência, qual seja, a diversidade de sexos. Não há mera nulidade relativa por erro quanto à pessoa, como é intuitivo.

Em princípio, os atos inexistentes são um nada jurídico; não devem gerar qualquer efeito. Nesse exemplo, porém, o negócio inexistente ficou documentado, possui efeitos materiais que necessitam ser extirpados do mundo jurídico. Sem dúvida que os princípios gerais de nulidade socorrem a situação, mas há necessidade de um decreto judicial para ao menos o cancelamento do assento de casamento. Nessa ação, inelutavelmente o pedido é de declaração de inexistência do negócio. Fica também bem claro na natureza preponderantemente declaratória dessa sentença, e ainda que as cargas secundárias de mandamentalidade e desconstitutividade também sejam ponderáveis. Há efeito mandamental porque será expedido mandado de cancelamento ao Registro Civil; há efeito secundário desconstitutivo também porque a "aparência" do estado de casado desaparece.

Conclui-se, portanto, que sempre que o negócio aparente tiver consequências materiais, poderá haver necessidade de um pronunciamento judicial para repará-las, isso em qualquer campo jurídico e não somente em sede de casamento. Embora o sistema de nulidades seja suficiente para esse desiderato, no que concordamos com os críticos à categoria de inexistência, há efeitos em seu reconhecimento judicial que nem sempre se amoldam perfeitamente à categoria dos atos nulos. Digamos, porém, que, de forma geral, a declaração judicial de inexistência do negócio jurídico terá no sistema os efeitos práticos da nulidade. Na situação aqui referida, por exemplo, o cônjuge enganado no casamento com pessoa de igual sexo poderá acioná-la para obter indenização por danos morais. Destarte, afirmar que o ato inexistente não produz qualquer efeito, como toda afirmação peremptória em Direito, deve ser visto com restrições.

De outra parte, levando-se em conta que o ordenamento estabelece um sistema específico de nulidades em matéria matrimonial, ainda que se admita que existam prazos de prescrição ou decadência para situações irregulares de casamento, no negócio inexistente não há que falarmos em prescrição, pela singela razão de que não pode prescrever um ato que nunca se formou.

Por outro lado, se ficarmos exclusivamente no campo das nulidades dos atos jurídicos do ordenamento, essas situações de inexistência certamente configuram nulidades virtuais e como tal não descritas pelo legislador. Se a lei não as mencionou expressamente é porque partem da própria definição e da natureza essencial do casamento (COLIN-CAPITANT, 1934, v. 1, p. 189), ou, em outras palavras, trata-se de um defeito da base do negócio jurídico. Lembra ainda Caio Mário da Silva Pereira (1996, p. 85) a diversidade de efeitos do casamento nulo e do inexistente. A nulidade somente pode ser decretada em ação própria, enquanto a inexistência pode ser declarada a qualquer momento, sem necessidade de ação judicial específica para tal fim.

Desse modo, ainda que o texto legal não proclame, a diversidade de sexos sempre fora essencial para o casamento, em todas as civilizações. A união de pessoas do mesmo sexo, atualmente melhor denominadas homoafetivas, já admitida, refoge ao conceito histórico de casamento. Essas uniões já sofrem regulamentação. No caso concreto, porém, também havemos de atentar para as situações nas quais a definição do sexo é duvidosa e pode dar margem a gradações, nas hipóteses de hermafroditismo, por exemplo. Nessas situações, certamente poderá se configurar erro quanto à pessoa, quando a sede da discussão mudará de óptica para o campo da anulabilidade.

A *ausência de celebração*, incluindo-se nessa hipótese a ausência de autoridade celebrante, é outra situação de inexistência do casamento. Escritura pública de convivência, por exemplo, não pode constituir casamento, nem mesmo o presidido por pessoa não investida de autoridade. No entanto, como sempre enfatizamos que toda afirmação peremptória em Direito é duvidosa, o casamento realizado por quem não é juiz de casamentos poderá configurar casamento putativo, como veremos, com consequências definidas, dependendo das circunstâncias. Imaginemos, por exemplo, a cerimônia realizada perante um impostor que engendra uma simulação para levar terceiros ao engodo, sendo desconhecido o fato de um ou ambos os noivos. Nesse caso, celebração não existe. Por outro lado, se o celebrante é juiz de casamentos incompetente *ratione loci*, por exemplo, por ser de outra circunscrição,

a hipótese, neste Código, é de anulabilidade, segundo o art. 1.550, VI, definindo o legislador como vício sanável. O art. 208 do Código de 1916 expunha que era nulo o casamento contraído perante autoridade incompetente, mas essa nulidade se consideraria sanada, se não alegada dois anos após a celebração. Tratava-se da única hipótese de nulidade para a qual o legislador estabelecera um prazo para considerar superado o vício. Cuidava-se, é fato, de hipótese de nulidade relativa. O dispositivo não teria o menor sentido se referisse à autoridade absolutamente incompetente. Casamento celebrado perante prefeito municipal ou delegado de polícia não é nulo, mas simplesmente inexistente (Miranda, 1971, p. 368). O presente Código, conforme já expusemos, inserindo a incompetência da autoridade celebrante como causa de casamento anulável, expôs essa questão de forma lógica (art. 1.554). Essa sempre fora a orientação da doutrina na questão perante o estatuto de 1916, agora transformada em texto legal.

Finalmente, a *ausência total de consentimento* torna inexistente o matrimônio. Vimos que o consentimento cabal e espontâneo é da essência do ato e integra a solenidade da celebração. Para que tenhamos como inexistente o matrimônio, mister que tratemos de omissão na manifestação de vontade e não simples declaração defeituosa. Vontade viciada situa-se em sede de anulabilidade do ato. Ausência de vontade caracteriza sua inexistência. O mesmo ocorre se a cerimônia se conclui com a negativa do nubente. O *sim* é absolutamente essencial para a conclusão do ato.

2. Nulidade e inexistência do casamento

Vimos que o casamento inexistente, se deixar rastro material, necessitará de ação judicial que assim o declare, aplicando-se, em síntese, a teoria das nulidades. Se nada tiver mudado no mundo jurídico e material na hipótese de um simulacro de casamento, a inexistência não necessita qualquer providência.

Ultrapassado o plano de existência, o negócio jurídico do casamento deve ser examinado sob o prisma da validade. Enquanto o casamento inexistente é um nada jurídico, possui valor neutro ou negativo como negócio, o casamento nulo apresenta-se como existente, embora eivado de vícios. O sistema de nulidades em matéria de casamento é específico do direito de família. A começar pelo fato de que, nesse negócio, as nulidades são apenas as descritas pela lei, nulidades textuais, sem que possam ser alargadas pela regra geral dos negócios jurídicos, nem admitidas nulidades virtuais. Colocando à margem a problemática da inexistência enfocada acima e que supre de certa maneira as nulidades virtuais, não há, na verdade, exceção à regra geral: no casamento, não há nulidade sem texto. Como descrevemos, contra o casamento inexistente não corre qualquer prescrição, e pode o juiz assim declará-lo de ofício e qualquer interessado pode demandar sua declaração. Por outro lado, a nulidade do casamento não pode ser decretada de ofício; somente determinadas pessoas estão legitimadas para requerer a declaração e existem situações em que a nulidade pode ser escoimada pelo decurso do tempo. Desse modo, não havemos de recorrer à teoria geral dos atos jurídicos para o deslinde de nulidades do casamento. O direito matrimonial possui princípios próprios derivados de descrições legais e da natureza do instituto.

No casamento, vigora o princípio do *favor matrimonii* do direito canônico, que traduz a atitude do legislador ao conceder um tratamento especial de proteção ao casamento para conservação de sua essência como instituição. É levado em conta, nesse aspecto, que a nulidade de um matrimônio pode acarretar a dissolução de uma família, ocasionando a irregularidade da união dos cônjuges e a filiação ilegítima. De tal modo, cabe ao intérprete considerar essa filosofia que se traduz na prática no brocardo *in dubio pro matrimonio*.

Sustenta-se que, como o casamento inexistente é um nada jurídico, um valor neutro, não pode gerar putatividade, ainda que os cônjuges estejam imbuídos de boa-fé (MIRANDA, 1971, p. 370). No entanto, a afirmação deve ser vista com mitigação, pois, se levarmos em conta que, em nosso ordenamento, os efeitos da inexistência podem ser os mesmos da nulidade, não podemos negar que a boa-fé deve proteger também o agente na hipótese de inexistência.

Note que o projeto do Estatuto das Famílias refere-se expressamente ao casamento inexistente ao tratar do casamento por procuração, quando a revogação do mandato não chega ao conhecimento do mandatário e o ato matrimonial é realizado (art. 151, § 2º).

3. Nulidades do casamento

Uma palavra introdutória é importante a respeito do alcance prático das nulidades em matéria de casamento. Quando não tínhamos, em nossa legislação, a possibilidade do divórcio, o tema ganhava importância. Situações limítrofes, que no direito comparado eram minimizadas de importância com o simples desfazimento do vínculo conjugal, entre nós eram levadas às ações de nulidade, como tentativa de extinguir o casamento, possibilitando o retorno dos cônjuges ao estado de solteiro. Com a introdução do divórcio na legislação brasileira e a facilidade com que pode ser obtido, reduziram-se em muito as ações de nulidade e anulação de casamento. Podemos dizer, sem receio, que atualmente apenas se recorre à ação de nulidade quando se trata de vício patente e evidente. Ninguém se sujeitará, por exemplo, a enfrentar uma difícil batalha judicial com a prova de coação no ato jurídico se com um pedido de divórcio obterá o mesmo desiderato. Por outro lado, o pensamento social evoluiu no sentido da irrelevância definidora do estado de solteiro ou divorciado. Ainda, no divórcio, como regra frequente, não serão declinadas as razões do término da sociedade conjugal. O processo anulatório, mesmo que sob segredo de justiça, muito relativo em pequenas comunidades, sempre dará margem a especulações sobre as causas que determinaram o processo. Por tais razões, diminuiu sensivelmente a importância das nulidades em matéria de matrimônio em nosso Direito.

No sistema de nulidades do casamento, fica bem nítida a distinção entre vícios insanáveis e vícios sanáveis. Os impedimentos, as causas de anulação e as causas suspensivas visam evitar que essas hipóteses ocorram. No entanto, se o casamento se realizar com infração aos impedimentos do art. 1.521, o casamento será nulo, por expressa redação desse art. 1.548, II. O inciso I desse artigo, revogado pela Estatuto da Pessoa com Deficiência, exige uma nova compreensão. A questão se transfere para o exame da vontade expressada quando do casamento, não importando a qualidade de deficiência do agente. Sendo a vontade do deficiente idônea quando da celebração, válido será o casamento.

As demais hipóteses, vistas quando tratamos dos impedimentos, ocasionam um vício sanável. Merece menção a situação do art. 208 do Código antigo. Cuidava-se da única hipótese no sistema de nulidade sanável: o casamento realizado perante autoridade relativamente incompetente considerar-se-ia hígido se não se alegasse dentro de dois anos a partir da realização do ato. Como mencionamos, este Código suprimiu essa incongruência, elegendo essa hipótese como causa de anulação (art. 1.550, VI).

As anulabilidades são todas sanáveis, dentro do rol do art. 1.550. Assim eram consideradas as causas que inquinavam o casamento realizado com infração aos impedimentos tidos como dirimentes relativos elencados no art. 183 do antigo Código. Nesse sentido, era expresso o art. 209 ao dispor que os casamentos contraídos por infração aos incisos IX a XII do art. 183 eram anuláveis. Este Código estabeleceu, como vimos, que essas hipóteses tornam o casamento anulável, abandonando a relação dos impedimentos ditos relativos. As causas suspensivas, também já referidas, substituem os outrora chamados impedimentos proibitivos ou impedientes, e também não têm o condão de inquinar o casamento, apenas de suspender sua realização. Se realizado o casamento com infração a causa suspensiva, válido será o matrimônio, mas regido pelo regime da separação de bens (art. 1.641, I).

Se analisarmos a natureza dos impedimentos que tornam nulo o casamento, veremos que são doravante de três ordens: incesto (I a V), bigamia (VI) e homicídio (VII).

4. Casos de nulidade

Como referido, são nulos os casamentos realizados com infração aos impedimentos descritos no art. 1.521. Lembre-se, ademais, de que o casamento pode ser anulado, pois se trata de negócio anulável, também pela participação do incapaz de consentir, a qualquer título, quando do ato do casamento.

As primeiras cinco hipóteses declaram írrito o matrimônio incestuoso. O parentesco consanguíneo em linha reta é obstáculo intransponível para o matrimônio, como examinamos. A proibição relativa à afinidade é limitada e quanto aos colaterais é restrita a casamentos de parentes até o terceiro grau. Lembre, porém, que tio e sobrinha e tia e sobrinho podem casar-se, desde que se submetam a exame médico, como já vimos (Decreto-lei nº 3.200/1941). Essa lei não foi revogada por este Código, pois com ele também se harmoniza nos termos do art. 2º, § 2º, da Lei de Introdução às normas do Direito Civil.

A nulidade por bigamia está expressa no inciso VI. Enquanto não desfeito o casamento anterior, não pode o agente contrair novo matrimônio. Utiliza-se, porém, sempre que possível, o princípio em favor do casamento: anulado o primeiro casamento, o casamento seguinte será válido. Da mesma forma, se a existência do primeiro cônjuge é duvidosa, por ausência prolongada, não se ataca o casamento.

Como em todo decreto judicial de nulidade, os efeitos dessa sentença retroagem à data do ato, no caso, o momento da celebração. Se a decisão reconhecer a boa-fé de um ou de ambos os cônjuges, o casamento produzirá efeitos de matrimônio válido, matéria que diz respeito à putatividade que examinaremos a seguir.

Pensão – IPREM – São Paulo – Extinção do benefício – Art. 8º, IV e 16, V da LM nº 10.828/90 – **Art. 1.548, I do CC – LF nº 13.146/15 (estatuto da pessoa com deficiência)** – Pensão por morte – Filha Incapaz – União Estável – Filha em comum com companheiro – 1- sentença citra petita – nulidade – pedido de anulação dos procedimentos administrativos – improcedência que abarca o pedido – Questões tratadas nos procedimentos administrativo analisadas nestes autos, onde a autora pôde exercer plenamente o contraditório e seu direito de defesa, de modo que eventual nulidade estaria de toda forma superada. Preliminar rejeitada – 2- União estável. Convivência marital estabelecida entre beneficiária e o pai de sua filha suficientemente comprovada nos autos. Depoimentos da curadora e do sobrinho da autora que perdem força diante dos demais elementos de prova. Existência de união estável reconhecida – 3- União estável. Incapaz. A incapacidade para a prática dos atos da vida civil não pode ser considerada de forma absoluta. A despeito da interdição, a limitação do incapaz deve ser analisada de forma individualizada; A generalização, por impor barreira desnecessária ao pleno exercício de sua dignidade, resulta na violação de direitos e garantias fundamentais do incapaz. Evolução legislativa. O art. 1548 inciso I do Código Civil não considera nulo qualquer casamento do incapaz, mas apenas do incapaz 'sem discernimento'; E a prova demonstra o discernimento suficiente da autora, que criou a filha e tem vida autônoma faz muitos anos. Estatuto da pessoa com deficiência que, ao revogar o inciso I do art. 1.548 do CC, ratifica tal conclusão – 3- Pensão. Filha incapaz. A união estável extingue o direito do beneficiário à pensão, nos termos do art. 16, V, da LM nº 10.828/90 – Improcedência. Recurso da autora desprovido. (*TJSP* – Ap. 0608384-60.2008.8.26.0053, 26-6-2017, Rel. Torres de Carvalho).

Art. 1.549. A decretação de nulidade de casamento, pelos motivos previstos no artigo antecedente, pode ser promovida mediante ação direta, por qualquer interessado, ou pelo Ministério Público.

Nesse tópico, o legislador descreve a legitimação para a ação de nulidade do casamento em geral. Note que a lei refere-se a "*qualquer interessado*" e não qualquer pessoa. Desse modo, havemos de aquilatar no caso concreto qual o interesse jurídico, econômico ou moral, em anular o matrimônio. Terceiros, sem qualquer relação com o casal, não terão legitimidade para essa ação. A ação de nulidade relativa ou de anulação deve ser pleiteada pelos prejudicados pelo ato, bem como por seus representantes. O art. 1.552 ss do corrente diploma conferem a legitimidade para essa ação, bem como os respectivos prazos decadenciais, mormente no art. 1.560. A ação de nulidade absoluta, como está aqui no texto, pode ser proposta pelo Ministério Público e qualquer interessado. Na lei anterior (art. 208, parágrafo único, II, do Código de 1916), o Ministério Público não teria legitimidade para propor essa ação se já falecido um dos cônjuges. Este Código não mais repete a disposição, que protegia o matrimônio nulo, não havendo restrição para a atuação do Ministério Público nessa hipótese.

Art. 1.550. É anulável o casamento:
I – de quem não completou a idade mínima para casar;
II – do menor em idade núbil, quando não autorizado por seu representante legal;
III – por vício da vontade, nos termos dos arts. 1.556 a 1.558;
IV – do incapaz de consentir ou manifestar, de modo inequívoco, o consentimento;
V – realizado pelo mandatário, sem que ele ou o outro contraente soubesse da revogação do mandato, e não sobrevindo coabitação entre os cônjuges;
VI – por incompetência da autoridade celebrante.
§ 1º Equipara-se à revogação a invalidade do mandato judicialmente decretada.
§ 2º A pessoa com deficiência mental ou intelectual em idade núbia poderá contrair matrimônio, expressando sua vontade diretamente ou por meio de seu responsável ou curador. (Incluído pela Lei nº 13.146, de 2015)

O caso de nulidade do casamento (art. 1.548) traduz um interesse público. O ordenamento reage de forma mais rigorosa em suas hipóteses, pois não pode admitir infração a disposições que afetam a estrutura da família, orientada pelo Estado. Ao lado desse interesse

Art. 1.551

social proeminente nos casos de nulidade, a anulação surge na proteção do interesse individual. Por isso, a lei protege os próprios nubentes, se se casaram, por exemplo, sob coação ou antes de atingir a idade legal.

As causas de anulação estão elencadas nesse artigo e substituem, em linhas gerais, os outrora denominados impedimentos dirimentes relativos. Desse modo, seis são as hipóteses legais de anulação no texto da lei. Não existem outras. Em linhas gerais, a lei preocupa-se com a liberdade de consentimento, com a vontade viciada por erro ou coação, ou então presumindo que esse consentimento não é livre para as pessoas que não atingiram a idade núbil. Conforme já comentamos, a lei também se reporta à incompetência relativa da autoridade celebrante e a questões que envolvem o casamento por procuração.

Art. 1.551. Não se anulará, por motivo de idade, o casamento de que resultou gravidez.

Ainda que existam causas de nulidade, o ordenamento prefere preservar o ordenamento em benefício da família e da prole, embora apenas seja suficiente a gravidez. Aqui a situação é de gravidez posterior o casamento anulável. Constatada, por exemplo, a menoridade ou ausência de idade núbil de um ou dos dois nubentes, sobrevindo a gravidez, não poderá o casamento ser anulado.

Art. 1.552. A anulação do casamento dos menores de dezesseis anos será requerida:
I – pelo próprio cônjuge menor;
II – por seus representantes legais;
III – por seus ascendentes.

A legitimidade para pedir anulação nessa situação é limitada a essas pessoas. O próprio cônjuge menor poderá pedir a anulação, independentemente da anuência de seus representantes legais. Os representantes legais do menor e os ascendentes podem requerer a anulação quando não deram seu consentimento.

Art. 1.553. O menor que não atingiu a idade núbil poderá, depois de completá-la, confirmar seu casamento, com a autorização de seus representantes legais, se necessária, ou com suprimento judicial.

O casamento anulável, seguindo nesse diapasão a regra dos atos anuláveis em geral, permite ratificação, com efeito retroativo quanto aos efeitos à data da celebração. Nesse sentido, o incapaz de consentir, quando cessar essa incapacidade, pode ratificá-lo. Na hipótese de anulação por defeito de idade, quando o pedido não é de iniciativa dos próprios nubentes, estes podem ratificar seu casamento quando atingirem a idade núbil,

perante o juiz e o oficial do registro. Em tal caso, o casamento terá os efeitos retroativos desde o momento da celebração.

Art. 1.554. Subsiste o casamento celebrado por aquele que, sem possuir a competência exigida na lei, exercer publicamente as funções de juiz de casamentos e, nessa qualidade, tiver registrado o ato no Registro Civil.

Em princípio, o casamento realizado por quem não tem a competência outorgada pelo Estado é nulo ou inexistente. É inexistente o casamento realizado por pessoa sem qualquer poder. Contudo, dentro do princípio do *in dubio pro matrimonio*, casamento realizado perante agente estatal incompetente, que se apresenta publicamente como juiz de casamentos, será válido se logrou registro regular no cartório competente. Exemplo corrente é o do ato realizado por juiz de casamentos territorialmente incompetente. Havendo boa-fé, os nubentes serão beneficiados pelo estado de aparência.

Art. 1.555. O casamento do menor em idade núbil, quando não autorizado por seu representante legal, só poderá ser anulado se a ação for proposta em cento e oitenta dias, por iniciativa do incapaz, ao deixar de sê-lo, de seus representantes legais ou de seus herdeiros necessários.
§ 1º O prazo estabelecido neste artigo será contado do dia em que cessou a incapacidade, no primeiro caso; a partir do casamento, no segundo; e, no terceiro, da morte do incapaz.
§ 2º Não se anulará o casamento quando à sua celebração houverem assistido os representantes legais do incapaz, ou tiverem, por qualquer modo, manifestado sua aprovação.

Quanto ao casamento contraído por pessoas sujeitas ao pátrio poder, tutela ou curatela, sem consentimento dos responsáveis, a lei antiga referia-se à legitimação para arguir a anulação às *pessoas que tinham o direito de consentir e não assistiram ao ato* segundo o art. 212 do Código de 1916. Essa legitimidade persiste neste, havendo que se examinar, em regra geral, o legítimo interesse para a propositura da ação. A esse respeito, estatui este art. 1.555 que o casamento do menor em idade núbil, quando não autorizado por seu representante legal, só poderá ser anulado se a ação for proposta em 180 dias, por iniciativa do incapaz, ao deixar de sê-lo, de seus representantes legais ou de seus herdeiros necessários. Esse prazo será contado do dia em que cessou a incapacidade do menor; do casamento, para os responsáveis; e, no tocante aos herdeiros, a partir da morte do incapaz (art. 1.555, § 1º). Como bem observa Paulo Lins e Silva, "*infantil crermos que um menor entre 16 e 18 anos possa de forma simples e fácil providenciar a habilitação de seu casamento frente a autoridade do registro Civil*" (DIAS; PEREIRA, 2001, p. 50). É muito difícil que essa situação venha a ocorrer.

Se os responsáveis pelo incapaz assistiram à celebração do casamento e não se opuseram, não mais poderão anulá-lo. A situação é óbvia. Também não se anulará o casamento se os representantes do incapaz tiverem, por qualquer modo, manifestado sua aprovação (art. 1.555, § 2º). Trata-se de matéria de prova.

Portanto, além do próprio incapaz, somente o pai, a mãe e, se for o caso, o tutor e o curador podem ingressar com pedido de anulação por defeito de idade. Por outro lado, esse casamento pode ser ratificado pelo incapaz quando cessa a incapacidade. Veja o que falamos a respeito dessa hipótese no capítulo sobre os impedimentos. Notamos, portanto, que é restrito o alcance desse vício. Acrescentemos ademais que o casamento não será anulado por motivo de idade se dele resultou gravidez (art. 1.551). A maternidade escoima o vício, tanto se o homem não tiver a idade núbil, quanto se a mulher não a tiver. Se já existe prole, protege-se a entidade familiar, desaparece a razão de anulação do casamento.

Art. 1.556. O casamento pode ser anulado por vício da vontade, se houve por parte de um dos nubentes, ao consentir, erro essencial quanto à pessoa do outro.

Art. 1.557. Considera-se erro essencial sobre a pessoa do outro cônjuge:
I – o que diz respeito à sua identidade, sua honra e boa fama, sendo esse erro tal que o seu conhecimento ulterior torne insuportável a vida em comum ao cônjuge enganado;
II – a ignorância de crime, anterior ao casamento, que, por sua natureza, torne insuportável a vida conjugal;
III – a ignorância, anterior ao casamento, de defeito físico irremediável que não caracterize deficiência ou de moléstia grave e transmissível, por contágio ou por herança, capaz de pôr em risco a saúde do outro cônjuge ou de sua descendência; (redação deste inciso determinada pela Lei nº 13146, de 6-7-2015)
IV – (revogado pela Lei nº 13.146/2015).

1. Erro essencial sobre a pessoa

Entre os vícios de vontade, a coação, já referida, e o erro essencial encontram uma aplicação especial em matéria de casamento. O dolo, dadas suas particularidades, fica fora dessa aplicação em matéria matrimonial.

Em matéria de anulação de casamento, as hipóteses de erro encontram muitos exemplos na jurisprudência.

O art. 1.557 define a compreensão legal e o alcance do erro essencial, que não se afasta muito, em linhas gerais, do Código anterior. O Projeto do Estatuto das Famílias preferiu não definir o que se entende por erro essencial para a nulidade do casamento, já que a matéria está plenamente solidificada na doutrina e na jurisprudência e a teoria geral é plenamente suficiente. As modificações no artigo decorrentes do Estatuto da Pessoa com Deficiência (Lei nº 13.146/2015) procuraram amoldar as situações à nova filosofia dessa lei.

O erro, como vício da vontade no casamento, é aplicação específica da teoria geral. Como expusemos ao tratar desse vício de vontade, o erro é forma de representação psíquica desacertada, incorreta, contrária à verdade. Antes que analisemos o erro sob o prisma do casamento, temos que levar em conta seus princípios gerais. Somente terá o condão de anular o ato jurídico o erro substancial ou essencial, conforme descrito nos arts. 138 e 139, que se refere ao erro quanto à natureza do ato, ao objeto principal da declaração ou alguma das qualidades a ele essenciais. No casamento, cuida-se de erro quanto à pessoa do outro cônjuge. No que diz respeito a esse aspecto, o art. 139, II, da Parte Geral dispõe que o erro é substancial quando *"concerne à identidade ou à qualidade essencial da pessoa a quem se refira a declaração de vontade, desde que tenha influído nesta de modo relevante"*.

O erro em matéria de casamento, tal como entende o legislador, nada mais é do que uma especificação do conceito de erro substancial quanto à pessoa, aplicável ao direito matrimonial. Contudo, no caso concreto, embora devamos examinar o conteúdo específico do capítulo de família, a noção básica e fundamental de erro quanto à pessoa da teoria geral deve sempre ser considerada. Na verdade, as descrições legais de erro no casamento são desdobramentos do erro como regra geral dos negócios jurídicos. Como em matéria de casamento não há nulidade sem texto, somente poderá ser anulado por erro o casamento que se subsumir às situações de erro especificamente descritas.

Atente para o prazo de três anos a contar da data da celebração, para anular o casamento por erro (art. 1.560, III). No Código anterior, o prazo era de dois anos, fixado no art. 178, § 7º, para a propositura de ações fundadas em erro (art. 219, I, II e III), contado o prazo também da data da celebração do casamento.

1.1. Erro quanto à identidade, honra e boa fama

A identidade da pessoa pode referir-se à identidade natural e à identidade civil. A identidade física ou corporal em matéria de erro no casamento é matéria para obra de ficção, a qual, no entanto, por vezes, imita a realidade: Maria casa-se com Pedro, quando acredita casar-se com João.

A questão controverte-se quanto à identidade civil, a forma pela qual a pessoa é conhecida em sociedade. Não há um conceito estanque a respeito, muito divergindo os autores. Cabe ao juiz, no arguto exame da prova e das circunstâncias que envolvem o casamento, definir sobre o erro de identidade, honra e boa fama, de molde que o conhecimento ulterior pelo cônjuge enganado torne a vida em comum insuportável. Nesse exame probatório, será importante averiguar a situação social, cultural e econômica dos cônjuges. Pessoa que se descobre de conduta devassa, vício em jogos de azar, sadismo, ligação com traficantes de tóxicos etc., tudo deve ser analisado sob o prisma do conhecimento posterior ao casamento e a consequente insuportabilidade da vida em comum, conforme descreve a lei.

O ordenamento refere-se à honra e boa fama. A situação deve ser vista principalmente em relação ao cônjuge que se diz enganado: se tinha conhecimento ou as circunstâncias denotavam que devia saber com quem estava-se casando, não se anula o casamento. O exame de situações enfrentadas na jurisprudência traduz o entendimento atual dessa problemática.

Entre os julgados, mencionam-se como situações de erro essencial, possibilitando a anulação:

"*recusa da esposa ao débito conjugal*" (TJSP, Ac. 170.561-1, 29.6.1993, Rel. Renan Lotufo);

"*esposa que não compareceu à cerimônia religiosa do casamento*" (TJSP, Ac. 107.219-1, 10.5.1989, Rel. Jorge Almeida);

"*casamento não consumado tendo o marido deixado o lar conjugal poucos dias após a sua celebração*" (TJSP, Ac. 115.211-1, 16.3.1990, Rel. Luiz de Azevedo);

"*recusa do ato sexual pela esposa, hipótese de coitofobia*" (TJSP, Ac. 135815-1, 29.1.1991, Rel. Jorge Almeida);

"*homossexualidade do réu, fato não percebido antes do casamento*" (TJSP, Ac. 156.443-1, 24.9.1992, Rel. Viana Cotrim);

"*nubente estelionatário, ausência de vontade de contrair núpcias, simples artifício para se apossar dos bens da esposa com posterior desaparecimento*" (TJSP, Ac. 196.295-1, 24.2.1994, Rel. Fonseca Tavares);

"*perversão do instinto sexual*" (STF, Ac. 14.420, 21.8.1950, Rel. Min. Luiz Gallotti);

"*marido de conduta honesta e lhana durante o namoro que perpetra delito de sequestro às vésperas do casamento, no qual constou a noiva como vítima; erro da mulher quanto à honra e identidade do cônjuge*" (TJSP, Ap. Cível nº 272.452-1, 5.12.1995, Rel. Alfredo Migliore);

"*induzimento ao casamento pela afirmação de paternidade, frente à gravidez da mulher; paternidade excluída por prova pericial; erro essencial reconhecido*" (TJSP, Ap. Cível nº 256.818, 29.9.1995, Rel. Luís de Macedo);

"*união inspirada por amigos, frequentadores da mesma igreja evangélica; açodamento das partes, que poucos encontros tiveram antes do casamento, celebrado apenas três meses após o conhecimento*" (TJSP, Ap. Cível nº 236.421-1, Rel. Luís de Macedo);

"*réu que chega atrasado ao ato, titubeia no momento de manifestação de vontade, pergunta ao Juiz de Paz logo em seguida se o matrimônio poderia ser desfeito, e deixa de comparecer à cerimônia religiosa marcada; situação vexaminosa a configurar o erro essencial*" (TJSP, Ap. Cível nº 247.991-1, 28.3.1996, Rel. Luís Carlos de Barros);

"*atividade de meretriz da mulher antes do casamento, desconhecida pelo marido*" (TJPR, Ac. 2.192, 20.8.1984, Rel. Jorge Andriguetto);

"*gravidez da mulher quando do casamento, ignorada pelo marido*" (TJPR, Ac. 6.707, 31.10.1990, Rel. Ronald Accioly);

"*cônjuge que na noite do casamento agride a mulher, passando a dizer publicamente que ela não é virgem, fato este inverídico; erro quanto à dignidade da pessoa, tornando impossível a vida em comum*" (TJPR, Ac. 7.078, 14.5.1991, Rel. Troiano Neto);

"*simulação de gravidez viciando o consentimento; insuportabilidade da vida em comum*" (TJPR, Ac. 8.354, 4.12.1991, Rel. Carlos Raitani).

Em todas as situações, não podemos perder de vista que o conhecimento de fatos com relação à pessoa do outro cônjuge deve tornar insuportável a vida em comum. Por outro lado, a lei tem em mira a pessoa do outro cônjuge: se os fatos desabonadores referem-se exclusivamente à família do consorte, não há causa de anulação. Da mesma forma, deve ficar bem claro que os fatos desabonadores devem ser anteriores ao matrimônio; se eclodirem após a celebração, não se anulará o casamento.

"*Em verdade, o que a lei pretende, permitindo a anulação do casamento, em havendo erro sobre a identidade civil ou social é assegurar o outro cônjuge contra uma situação de constrangimento e sofrimento moral profundo. É por isso que somente diante do caso concreto será possível aferir a presença da hipótese em estudo*" (VIANA, 1998ª, p. 100).

Importa observarmos, nos exemplos concretos enunciados, que muitas das situações que configuram erro essencial e autorizam a anulação de casamento ocasionam estrago social e prejuízo psicológico de monta ao cônjuge inocente, de molde a possibilitar pedido indenizatório por danos morais.

Por outro lado, foi definido como não sendo situações de erro essencial:

> "*varão que estando no exterior, casa por procuração, com mulher que conheceu há pouco menos de 30 dias; alegação de desconhecimento da existência de filhos dela; fato que, se deveras desconhecido, não teria importância na decisão do casamento*" (*TJSP*, Ap. Cível 24.240-4, 19.8.1997, Rel. Cezar Peluso);

> "*varão que se precipitou em casar com mulher que mal conhecia, sem dar ouvidos a informações desabonadoras a respeito da mesma*" (*TJSP*, Ap. Cível 201.052-1, 22.2.1994, Rel. Gonzaga Franceschini);

> "*crença religiosa não constitui qualidade essencial da pessoa quando não atentatória à moral social dominante; não constitui defeito de honra e boa fama*" (*STF*, RE nº 26.624, 5.4.1954, Rel. Min. Ribeiro da Costa).

O prazo de três anos para anular o casamento por motivo de erro essencial de pessoa é decadencial, como todos os prazos relativos ao casamento e ao direito de família, bem como os presentes agora na Parte Geral do Código, e como tal não se interrompe ou se suspende.

1.2. Ignorância de crime

Nessa situação, há pressupostos objetivos a serem aferidos: (a) a prática de crime, segundo a lei penal. Este Código não mais se refere a crime inafiançável; (b) sua ocorrência antes do casamento. A nova lei não fala em julgamento definitivo por sentença condenatória; e (c) que seja fato ignorado pelo outro cônjuge, ao casar-se.

A conduta punível deverá ter ocorrido antes do casamento. Não é mais necessário que a sentença definitiva seja anterior ao casamento. Essa noção era expressa no Código anterior. De qualquer forma, se o trânsito em julgado ocorre após o casamento, o fato poderá lastrear a anulação sob outro fundamento.

Os crimes inafiançáveis, citados no Código anterior, são os de maior poder ofensivo, devendo seu elenco ser buscado na lei penal. Este Código suprime a referência a crime "*inafiançável*". Basta que o crime, de qualquer natureza, praticado anteriormente ao casamento, torne insuportável a vida conjugal, para constituir erro essencial. A lei não se refere às contravenções penais.

A lei presume que, se o cônjuge soubesse da prática desse ato socialmente reprovável, não teria casado. Se a conduta ocorre quando o agente tinha menos de 18 anos, sendo, pois, inimputável criminalmente, não se aperfeiçoa essa hipótese legal: a anulação pode ser sustentada com base no erro quanto à honra e boa fama.

1.3. Defeito físico irremediável ou moléstia grave. Pessoa com deficiência

Nesse aspecto, o legislador disse menos do que pretendeu. O defeito físico capaz de anular o casamento é o que não permite a consumação do matrimônio em toda sua essência, isto é, a incapacidade de o agente perfazer o ato sexual. A impotência capaz de anular o casamento é a *coeundi* ou instrumental, a que inibe o comércio sexual. A esterilidade (impotência *generandi*), conforme pacífico entendimento doutrinário e jurisprudencial, não constitui causa de anulação. Entende-se que, embora a procriação seja uma das finalidades do casamento, não é a única e não justifica o desfazimento do vínculo. A impotência que justifica a anulação é aquela com relação ao cônjuge, não necessitando que seja absoluta; porém, é necessário que seja um estado permanente. Todas as provas são admitidas, desde que não impliquem violência e coação contra a pessoa, sendo principal a prova médica para estabelecer a causa psicogênica da impotência *coeundi* (*TJSP*, Ac. 85.637, 22.2.1994, Rel. Munhoz Soares; *TJSP*, Ap. Cível 204.751-1, Rel. Gonzaga Franceschini, 3.8.1994).

Na Idade Média, os tribunais religiosos impunham provas de potência perante o próprio tribunal, na presença dos juízes, e bastava uma simples denúncia da mulher, sem qualquer formalidade, para que se iniciasse um processo com esse feitio. No direito moderno, a recusa do agente em se submeter a perícia médica será forte elemento de prova a ser sopesado no conjunto probatório. Lembre-se de que o art. 212 do CC de 1916 estatuía que a recusa à perícia médica ordenada pelo juiz poderá suprir a prova que se pretendia obter e o art. 231 estampa que aquele que se nega a submeter-se a exame médico necessário não poderá aproveitar-se de sua recusa. Essas situações, por si sós, não representam ou devem representar prova definitiva para o juiz. O art. 212, entretanto, está em consonância com o que preconiza o art. 400 do CPC, que faz presumir a verossimilhança dos fatos que a parte pretendia provar com a exibição do documento ou coisa, no caso de recusa injustificada da outra parte.

Outra causa presente no dispositivo é a ignorância de moléstia grave e transmissível por contágio ou herança, capaz de pôr em risco a saúde do outro cônjuge e sua descendência. É necessário que a moléstia seja preexistente ao casamento e desconhecida do outro cônjuge. Nossa lei não se refere à incurabilidade, que é aspecto relativo não só pela ciência médica em constante evolução como também pelo fato de que, embora curável, a doença pode ser de tal molde grave e transmissível que torne a vida em comum insuportável (PEREIRA, 1996, v. 5, p. 94).

Nesse sentido, colocam-se moléstias psíquicas e físicas: aids, sífilis, mal de Hansen, tuberculose, esquizofrenia, psicoses etc.

A supressão do último inciso tem a ver com a disciplina do Estatuto da Pessoa com deficiência. A terminologia doença mental grave não é mais aceita. Contudo, pode ocorrer que exista deficiência psicológica grave que caracterize vício capaz de anular o casamento, sob o prisma do inciso III. Somente o caso concreto poderá definir.

2. O dolo não é causa de anulação

Já dissemos anteriormente que nosso ordenamento não se refere ao dolo como vício de vontade para anular o casamento, ao contrário de outros ordenamentos. A solução tradicional do Direito Canônico fora também de não contemplar o dolo como vício do consentimento matrimonial, embora o cânone atual adote posição diversa. O Código de Napoleão também excluiu esse vício no casamento.

Na fase de namoro e noivado, é natural que os nubentes procurem esconder seus defeitos e realçar suas virtudes. O dolo, como causa de anulação, colocaria sob instabilidade desnecessária o casamento, permitindo que defeitos sobrepujáveis na vida doméstica fossem trazidos à baila em um processo. Nesse sentido, Washington de Barros Monteiro (1996, p. 101) recorda a observação de Cunha Gonçalves: *"no casamento já são tão frequentes as recíprocas desilusões, que, admiti-las como causa de anulação, seria tornar ainda mais precária e instável a instituição matrimonial"*.

Por outra face, se os fatos são graves, podem caracterizar a anulação sob fundamento de erro essencial. No entanto, há legislações que admitem o dolo, para anular o casamento, como a alemã, a argentina e a suíça, tendo a doutrina mais recente apoiado essa solução, colocando em dúvida os argumentos mais repetidos contra esse vício como causa de anulação. O que se nota, porém, é que nossa jurisprudência admite na prática todos os casos de dolo dos direitos estrangeiros, definindo-os sob o prisma do erro essencial quanto à pessoa do outro cônjuge, dentro dos princípios estabelecidos no Código Civil.

⚖ Casamento – Anulação – Erro essencial quanto à pessoa do outro cônjuge – Marido que se mostra violento – Medidas protetivas concedidas dias após o casamento – Insuportabilidade da vida em comum – Vício reconhecido – Casamento anulado (TJSP – Ap. 1000947-32.2016.8.26.0275, 05-3-2020, Rel. Ronnie Herbert Barros Soares).

⚖ Apelação cível – **Anulação de casamento por erro sobre a pessoa do outro cônjuge**. Hipóteses taxativas previstas em lei: impossibilidade de interpretação extensiva. Caráter excepcionalíssimo da desconstituição do vínculo matrimonial. Erro: indispensabilidade de que o motivo que o caracterize seja desconhecido ao tempo da celebração do casamento. Erro deve ser essencial, na perspectiva do homem médio. Recurso conhecido e improvido. 1 – As hipóteses de anulação de casamento são previstas taxativamente em lei, não comportando, via de consequência, qualquer interpretação extensiva. 2 – As hipóteses de *error in persona* ensejadoras da invalidação de matrimônio estão definidas no art. 1.557 do CC, nelas não estando incluída uma suposta "ausência de amor", ainda que só posteriormente descoberta. Em uma tal situação, evidentemente se poderá pleitear a dissolução do matrimônio pelas vias ordinárias, o que é bem distinto de sua invalidação por erro. 3 – A anulação de casamento constitui, em nosso sistema jurídico, situação excepcionalíssima, de sorte que, fora das estritas hipóteses legais, há de prevalecer o princípio da indissolubilidade do vínculo matrimonial. Portanto, a se admitir a possibilidade de invalidação do vínculo matrimonial pura e simplesmente em razão de um dos cônjuges descobrir que o outro não o ama, a ação anulatória será convertida será transformada de via excepcional em verdadeira vala comum para os casos de insatisfação conjugal. 4 – O erro essencial sobre a pessoa apenas se caracteriza quando descoberto ulteriormente ao casamento. Outrossim, se o envolvimento do cônjuge varão com outra mulher já era conhecido pela cônjuge virago antes da convolação das núpcias, é inviável a anulação do vínculo matrimonial por tal fundamento. 5 – Para se aferir a existência do erro, é necessário analisar as circunstâncias do caso concreto, mediante um juízo de razoabilidade, a fim de identificar se o equívoco era ou não essencial do ponto de vista jurídico. 6 – Embora o simples fato de haver sido breve o período de namoro entre os cônjuges antes do matrimônio não obste, por si só, a possibilidade de anulação do vínculo matrimonial não se pode ignorar que, *in casu*, a autora agiu de forma um tanto precipitada ao se casar, em pouquíssimo tempo, com um estrangeiro, que acabara de romper um relacionamento amoroso de que resultara uma filha. Por outro lado, à época do casamento civil, a demandante contava 27 (vinte e sete) anos e tinha já uma filha, pressupondo-se, portanto, que se tratava de uma pessoa com alguma experiência de vida. Nesse cenário, considero razoável, na perspectiva do *homo medius*, que a recorrente supusesse que o recorrido pudesse se sentir ainda "dividido" entre ela e sua namorada anterior, mãe de sua filha. 7 – Deixa-se, portanto, de decretar a anulação do casamento, por três fundamentos: (A) o erro alegado não se amolda a nenhum dos incisos do rol taxativo do art. 1.557 do CC; (B) o motivo ensejador do erro já era conhecido ao tempo das núpcias; E (C) o erro alegado, no caso concreto, não se mostra como essencial. 8 – Não há provas nos autos de que a autora tenha sido agredida pelo cônjuge, havendo ainda um depoimento nos autos a negar tal espécie de agressão. Não há, portanto, como se falar em responsabilidade civil. 9 – Recurso conhecido e improvido (*TJES* – AC 0113118-36.2011.8.08.0012, 1-2-2013, Rel. Ronaldo Gonçalves de Sousa).

⚖ Apelação cível – **Anulação de casamento** – Erro essencial quanto à pessoa do outro cônjuge. Requisitos. Configuração. Princípio da confiança no juiz da causa. Sentença mantida. I – De acordo com os arts. 1.556 e 1.557, inciso I, do Código de Processo Civil, são pressupostos para a invalidação do casamento, com base no erro essencial sobre a identidade, honra e boa fama do outro cônjuge, a anterioridade do defeito ao ato nupcial, o seu desconhecimento pelo consorte enganado e a insuportabilidade de vida em comum após a revelação. II – Igualmente, é anulável o enlace matrimonial realizado à margem de sua função social, sem os relevos constitutivos de uma verdadeira entidade familiar. III – No caso, circunstâncias reveladoras de que a requerente, octagenária, de boa-fé, contraiu núpcias com pessoa que lhe enganou, para satisfazer interesses próprios, de fundo precipuamente econômico, em detrimento da comunhão de vida e de afeto que caracterizam a união conjugal. Constatação, após as bodas, de que a personalidade do varão não reúne os atributos que foram determinantes para a manifestação do consentimento da noiva ao casamento. IV – Aplicável à hipótese o princípio da confiança no juiz da causa, uma vez que este, na qualidade de responsável direto pela condução do processo e por estar próximo dos acontecimentos e às pessoas envolvidas, possui melhores condições de avaliar e tem maior sensibilidade para apurar as consequências dos fatos no meio social respectivo, sobretudo em questão afeta ao direito de família. Recurso conhecido e improvido (*TJGO* – AC 200991831721, 19-6-2012, Rel. Roberto Horácio de Rezende).

Art. 1.558. É anulável o casamento em virtude de coação, quando o consentimento de um ou de ambos os cônjuges houver sido captado mediante fundado temor de mal considerável e iminente para a vida, a saúde e a honra, sua ou de seus familiares.

Essa extensão do conceito de coação, que é definido como vício do negócio jurídico em geral no art. 151, trata de vício específico da vontade matrimonial, isto é, daquela manifestada quando da celebração do casamento.

Aplicam-se os fundamentos que orientam esse vício na teoria geral dos negócios jurídicos e também sua aplicação específica, mais elástica, em matéria de casamento. A lei de 1916 referia-se às pessoas que se casam *"por qualquer motivo coactas"*. Lembre-se do que foi exposto a respeito do simples temor reverencial, quando do exame da coação. Caberá ao juiz avaliar a situação de fato para definir a coação no caso concreto do casamento. É claro que nessa avaliação o juiz também levará em conta os princípios gerais desse vício de vontade descritos no art. 151 ss. Assim, levará em conta o sexo, a idade, a condição, a saúde etc. na forma do art. 152.

Art. 1.559. Somente o cônjuge que incidiu em erro, ou sofreu coação, pode demandar a anulação do casamento; mas a coabitação, havendo ciência do vício, valida o ato, ressalvadas as hipóteses dos incisos III e IV do art. 1.557.

De acordo com esse artigo, somente o cônjuge que sofreu a coação pode demandar a anulação de casamento, mas ressalva que a coabitação, *havendo ciência do vício*, valida o ato. Ora, esse dispositivo também se refere à hipótese de erro e essa ciência do vício, aparentemente, somente se refere a esse defeito de vontade e não à coação, pois o coacto sempre terá ciência desse desvio de vontade. Como em todas as ações envolvendo o casamento, participará o Ministério Público, o qual, no entanto, não possui legitimidade para propor ações de anulabilidade. O Código estabelece o prazo muito longo de quatro anos para a hipótese de coação, desde a data da celebração (art. 1.560, IV). Sendo a coação um estado visível, latente e iminente, não havia que se permitir prazo tão longo para o coacto reclamar da higidez de seu casamento. Esse prazo extenso pode dar margem a desvios de finalidade da norma.

Art. 1.560. O prazo para ser intentada a ação de anulação do casamento, a contar da data da celebração, é de:
I – cento e oitenta dias, no caso do inciso IV do art. 1.550;
II – dois anos, se incompetente a autoridade celebrante;
III – três anos, nos casos dos incisos I a IV do art. 1.557;
IV – quatro anos, se houver coação.
§ 1º Extingue-se, em cento e oitenta dias, o direito de anular o casamento dos menores de dezesseis anos, contado o prazo para o menor do dia em que perfez essa idade; e da data do casamento, para seus representantes legais ou ascendentes.
§ 2º Na hipótese do inciso V do art. 1.550, o prazo para anulação do casamento é de cento e oitenta dias, a partir da data em que o mandante tiver conhecimento da celebração.

Os prazos decadenciais para a propositura das ações de anulação de casamento variam conforme a causa e são diversos do constante no ordenamento anterior. O termo inicial para as situações do *caput* é sempre a data da celebração do casamento. Os parágrafos estabelecem outro termo inicial.

De acordo com o inciso I, o prazo é de 180 dias para anular o casamento do incapaz de consentir (veja art. 1.550). Dois anos é o prazo para anular casamento na hipótese de incompetência da autoridade celebrante (inciso II) (veja arts. 1.550, I, e 1554). Três anos para anular casamento nas situações de erro do nubente (inciso III) (veja arts. 1.556, 1557 e 1.559). Será de quatro anos o prazo para anular casamento decorrente de coação (inciso IV) (veja arts. 1.558 e 1.559).

O § 1º estabelece diferente início de prazo, de 180 dias para o casamento de menor de 16 anos, desde a data em que ele complete essa idade; e desde a data do casamento para seus representantes legais ou ascendentes (veja arts. 1.517 e 1.552). O § 2º também estabelece o prazo decadencial de 180 dias para casamento celebrado por procuração cujo mandato tenha sido revogado, a partir do momento em que o mandante tiver conhecimento da celebração (veja art. 1.550, V, e seu parágrafo único). Como se nota, neste último caso haverá necessidade de prova sobre a data em que o mandante tomou conhecimento do ato.

Art. 1.561. Embora anulável ou mesmo nulo, se contraído de boa-fé por ambos os cônjuges, o casamento, em relação a estes como aos filhos, produz todos os efeitos até o dia da sentença anulatória.
§ 1º Se um dos cônjuges estava de boa-fé ao celebrar o casamento, os seus efeitos civis só a ele e aos filhos aproveitarão.
§ 2º Se ambos os cônjuges estavam de má-fé ao celebrar o casamento, os seus efeitos civis só aos filhos aproveitarão.

1. Casamento putativo. Conceito

Já apontamos que o sistema de nulidades em matéria matrimonial apresenta particularidades que o afasta da teoria geral dos negócios jurídicos. A putatividade do casamento é exemplo marcante desse aspecto. Neste único artigo o Código, a exemplo do ordenamento anterior, dispõe sobre o tema. Os demais dispositivos que regulam a matéria em nossa lei civil defluem do sistema. O extinto Projeto nº 6.960/2002 acrescentava o § 3º a esse artigo: *"Os efeitos mencionados no caput deste artigo se estendem ao cônjuge coato."*

Se obedecidos exclusivamente os princípios ordinários em matéria de nulidade, uma vez declarado nulo o casamento, o ato deixaria de produzir efeitos, cessando os que eventualmente tivessem sido produzidos. A sentença teria efeito retroativo, como em todo negócio nulo. Com isso, o casamento seria considerado como se nunca tivesse existido e a união seria considerada mero concubinato ou união de fato; desapareceriam as obrigações e os deveres recíprocos dos cônjuges; cessaria o regime de bens; os filhos perderiam os efeitos decorrentes do casamento etc.

Note, assim, como são profundas as consequências da nulidade, agravadas que seriam no casamento, tendo em vista seus reflexos no seio da família. Em razão disso, por tradição de vários séculos no Direito, como reflexo do Direito Canônico, a lei procura socorrer os que, em princípio, se casaram ilaqueados em sua boa-fé, não só para sua própria proteção, mas principalmente para proteção e estabilidade da prole e da família. Por tudo isso, o ordenamento afasta-se dos princípios gerais de nulidade, atribuindo efeitos ao matrimônio anulado ou mesmo declarado nulo, até mesmo quando a nulidade seja judicialmente pronunciada. Daí, então, o *casamento putativo; aquele que se reputa verdadeiro, mas não o é*. A origem semântica do vocábulo é o verbo *putare* (crer, acreditar). A ideia inicial é outorgar efeitos ao casamento, quando os cônjuges, ou ao menos um deles,

acreditaram estar casando validamente, de molde que sua boa-fé não seja frustrada. Dois irmãos que se casam, pai e filha, sogro e nora etc., sem saber do parentesco, situações tão a gosto da ficção que com frequência a realidade imita; nesses casos, devem operar os efeitos do casamento putativo.

Em definição sintética, Orlando Gomes (1983, p. 113) afirma que *"putativo é o casamento nulo contraído de boa-fé por ambos os cônjuges ou por um deles"*. De forma mais ampla, define Yussef Said Cahali (1979, p. 3): *"É o casamento nulo, ou anulável, que, contraído de boa-fé por ambos ou pelo menos, um dos esposos, tem, em razão dessa boa-fé, efeitos civis reconhecidos por lei."*

Como se percebe, o ordenamento transige e mostra-se indulgente consigo mesmo em matéria de nulidade de casamento, atribuindo efeitos ao ato anulável e nulo. É necessária a boa-fé de pelo menos um dos consortes ao menos quanto aos efeitos referentes aos cônjuges. Boa-fé, nessa hipótese, é a crença errônea na validade do casamento, a ignorância da causa de invalidade. Essa boa-fé deve estar presente no momento do casamento.

Acentue-se, porém, que o principal desiderato do reconhecimento de putatividade é a proteção à pessoa dos filhos e seu estado de legitimidade, na conceituação que se fazia no passado. Advirta-se de plano, no entanto, que a Lei nº 6.515/1977, que regulou o divórcio, trouxe importante inovação no art. 14, parágrafo único: *"Ainda que nenhum dos cônjuges esteja de boa-fé ao contrair o casamento, seus efeitos civis aproveitarão aos filhos comuns."* Com essa disposição, todo casamento declarado nulo ou anulado passou a ser considerado putativo com relação aos filhos. Por outro lado, tal noção foi ratificada pela Constituição de 1988, tendo em vista que esse diploma, no art. 227, § 6º, equiparou todos os filhos, proibindo quaisquer designações discriminatórias. Aliás, o próprio Código de 1916 já trazia disposição que beneficia a prole em caso de anulação. Como não podia ser diferente, o Código de 2002 repete a disposição da lei do Divórcio, no § 2º deste artigo.

Desse modo, se no passado era importante a definição de putatividade tendo em mira os efeitos pessoais do casamento, hoje a questão perdeu sensivelmente interesse prático, incumbindo que se analisem destarte quase exclusivamente os efeitos patrimoniais do fenômeno, como veremos. De outro lado, a proteção legal que ora se concede à união estável em nível legislativo constitucional e ordinário também relegou a plano menos importante o instituto do casamento putativo. O texto do projeto do Estatuto das Famílias também não faz referência à boa-fé no artigo que trata da putatividade (art. 34). Em qualquer situação, a nulidade ou anulação do casamento dos pais não produz efeitos em relação aos filhos.

2. Condições do casamento putativo

No Direito Romano, o casamento anulado não produzia efeito algum, ainda que contraído com boa-fé, embora alguns autores encontrem no velho Direito traços de putatividade. Os canonistas procuraram amenizar essa regra e criaram, por volta do século XII, a teoria do casamento putativo, concedendo efeitos ao ato quando contraído sob boa-fé dos esposos, o que se tornara praticamente imperioso, tendo em vista o aumento das causas de nulidade no direito religioso. A Igreja levava em conta a celebração: tendo ministrado o sacramento do matrimônio, não poderia omitir-se, desprezando a boa-fé dos noivos. Como consequência, os efeitos da putatividade os protegiam. A solução encontrava caminho na equidade, desconhecida nos primórdios do Direito Romano.

O instituto foi assimilado de forma geral pelas codificações civis do mundo ocidental e assim ingressou em nosso sistema. A teoria do casamento putativo é aplicável a toda situação de nulidade e anulação. Por outro lado, há que se ter cuidado, se aplicada essa teoria ao casamento inexistente. No casamento inexistente, se há um nada jurídico, efeito algum pode ser obtido desse simulacro ou aparência de ato. No entanto, havendo registro, isto é, efeitos materiais do casamento, ainda que em tese inexistente, é aceitável que se admita a putatividade, mormente em benefício da prole comum. Jean Carbonnier (1999, p. 620), analisando o problema sob o prisma da doutrina e jurisprudência francesa, aponta com exatidão que, para o reconhecimento do casamento putativo, há que se exigir um mínimo de celebração por uma autoridade qualquer, bem como o elemento que se deve denominar de "*intenção matrimonial*", isto é, o desejo de casar. Sem esses requisitos, de fato, a presença de suposta autoridade e a intenção de casar, o simulacro de casamento cai no vazio jurídico da perfeita inexistência, sem a menor possibilidade de gerar qualquer efeito.

Como mencionamos, a boa-fé, a crença na validade do ato no momento da celebração é essencial para a configuração da putatividade. Digna de nota é a posição do Código argentino, que define má-fé na celebração: "*a má-fé dos cônjuges consiste no conhecimento que tivessem tido, ou devido ter, no dia da celebração do casamento, do impedimento ou circunstância que causar a nulidade*" (art. 224). Essa lei também é expressa para não admitir efeitos de putatividade por ignorância ou erro de direito, matéria de que nos ocuparemos neste capítulo.

O interesse nos efeitos do casamento decorrente da putatividade é não só dos cônjuges e dos filhos, como também de terceiros que podem prevalecer-se do caráter putativo do casamento, para exercer direitos que adquiriram na suposição de um casamento válido. Nessa hipótese aplica-se, na verdade, a teoria da aparência.

2.1. Erro de direito e erro de fato no casamento putativo

Como apontamos, a lei argentina é expressa em não admitir o erro de direito como elemento do casamento putativo. Na ausência de disposição expressa em nossa lei, discute a doutrina se o erro de direito também dá margem a putatividade ou se esta é restrita aos casos de erro de fato. Assim, em exemplo extremo, será erro de fato se o sogro casa com a nora, sem saber dessa relação de afinidade; será erro de direito se casa não sabendo que a lei proíbe o matrimônio nesse nível de afinidade. No entanto, em situações que de fato ocorrem, em matéria de direito internacional, muitas vezes é confusa e conflitante a interpretação sobre divórcio e separação em estatutos de vários ordenamentos, o que pode dar margem a casamento de bígamos, por exemplo. Importa examinar a boa-fé, no caso concreto.

Desse modo, cumpre ver com rebuços a regra geral *ignorantia legis nemo excusat*; a ninguém é dado alegar ignorância da lei. O sentido das parêmias tem espectro mais amplo, sentido de obediência geral da lei e, como tantas vezes na análise da manifestação específica de vontade, não deve ter aplicação nos casos de putatividade, como também não tem plena aplicação nos casos de erro, como vício de vontade nos negócios jurídicos.

Há quem aponte que o casamento religioso entre nós deva gerar efeitos de putatividade (RIZZARDO, 1994, v. 1, p. 164), mas não há base legal para essa conclusão.

3. Efeitos do casamento putativo

Em atenção à boa-fé de ambos ou de um dos cônjuges, o casamento em relação a eles e aos filhos produz todos os efeitos de casamento válido até a data da sentença anulatória. A eficácia dessa decisão, contrariando o sistema geral, será, pois, *ex nunc*, e não *ex tunc*. Não importa a causa de pedir que motivou a anulação; havendo boa-fé, a sociedade conjugal dissolve-se, como se tivesse ocorrido a morte de um dos cônjuges, partilhando-se os bens.

Estando ambos os esposos de boa-fé, da putatividade decorre que serão válidas as convenções antenupciais que gerarão efeito até a data da anulação, atendendo-se na partilha ao que foi estabelecido no pacto. Se a nulidade foi decretada após a morte de um dos cônjuges, o outro herda normalmente, segundo a ordem de vocação hereditária. Morrendo o cônjuge após a anulação, porém, não terá mais a condição de herdeiro. Questão interessante diz respeito ao casamento putativo do bígamo: declarada sua putatividade e morrendo ele, poderá ter dois cônjuges como herdeiro. A maioria da doutrina entende que a herança se dividirá em partes iguais entre o cônjuge legítimo e o putativo, como anota Yussef Said Cahali (1979, p. 139). Adverte porém o autor que esse entendimento, não constituindo princípio legal entre nós, deve ser alterado no caso concreto, sempre que o exigir a equidade.

Entende Sílvio Rodrigues (1999, p. 108), com razão, que as doações antenupciais não devem ser devolvidas, porque o casamento foi subsequente à doação, tendo ocorrido o implemento da condição suspensiva que pesava sobre o negócio, realçando-se ainda os efeitos da putatividade.

4. Declaração de putatividade

Sem decretação de nulidade ou anulação não há como ser reconhecida a putatividade. Esse reconhecimento pode ocorrer na própria ação anulatória ou em processo autônomo, promovido, nessa hipótese, pelos cônjuges, pelos filhos ou por terceiros que demonstrem interesse, se a sentença foi omissa a esse respeito. Na hipótese de omissão da sentença, os embargos de declaração poderão suprir a falha. Esgotada a prestação jurisdicional, porém, só em ação autônoma poderá a matéria ser versada, para que não se suprima grau de jurisdição. Como se trata de questão de fato, não enseja exame em recurso especial. A parcela da sentença que reconhece a putatividade é de índole declaratória, ainda que se trate de ação cuja natureza seja desconstitutiva.

O pedido de putatividade deve ser incluído na pretensão anulatória. Nada impede que as partes o façam no curso da ação, sem que se modifique o pedido ou a causa de pedir, se o permitir ainda o estágio probatório do processo. Trata-se de efeito legal do casamento presente no sistema. Como a má-fé não se presume, quem tiver interesse deverá prová-la. Não há, pois, que se admitir que tal reconhecimento possa simplesmente ser declarado de ofício, em que pesem opiniões em contrário. Acentuemos, ademais, que omissa a sentença a respeito, não ocorre preclusão ou coisa julgada sobre o tema, que poderá ser novamente discutido em outra ação.

Veja os comentários ao art. 1.564.

União estável. Separação de fato preexistente. Companheira. Boa-fé. Prova testemunhal. Reconhecimento da união. Apelação. – Ação declaratória de união estável. Cumprimento dos requisitos positivos e negativo de sua configuração legal. Separação de fato do varão, que se extrai das provas documental e testemunhal, bem como da conduta processual da primeira ré, ex-mulher do falecido companheiro da autora, apurada em incidente de falsidade instaurado em segundo grau, conclusivo quanto à falsidade de documento trazido pela ré. Procedência do incidente, a autorizar a imposição das penas da litigância de má-fé. Tese acolhida pela sentença: **união estável putativa**, por aplicação analógica do art. 1.561 do Código Civil, sem prejuízo dos efeitos decorrentes do casamento; Proteção da companheira de boa-fé, tendo em vista que, apesar da relação ser estável, duradoura e pública, com prole comum e lar conjugal, inexistia separação de fato entre o varão e a primeira ré. Prova sólida para definir-se o contrário: a união estável vivida pela autora foi livre de impedimento (CC, art. 1.723, § 1º), mercê da comprovada separação de fato havida entre o varão e o cônjuge virago; Fraude processual atestada mediante perícia. Provimento que se nega ao recurso principal, provido parcialmente o adesivo (TJRJ – AC 0015343-32.2008.8.19.0202, 31-5-2012, Rel. Des. Jesse Torres).

Art. 1.562. Antes de mover a ação de nulidade do casamento, a de anulação, a de separação judicial, a de divórcio direto ou a de dissolução de união estável, poderá requerer a parte, comprovando sua necessidade, a separação de corpos, que será concedida pelo juiz com a possível brevidade.

A separação de corpos prévia para quem vai mover ação de nulidade do casamento, de anulação, de separação judicial, divórcio ou dissolução de união estável visa afastar os membros do casal que vão litigar judicialmente. Essa separação tem por objeto, em princípio, preservar a incolumidade física e a higidez psicológica dos cônjuges que não mais conseguem conviver sob o mesmo teto. A medida suspende os deveres de coabitação e fidelidade recíproca e pode ser requerida por um ou ambos os cônjuges. Apesar de a lei mencionar que essa medida deve ser ajuizada *antes* das ações de seccionamento do vínculo matrimonial, nada impede que seja movida no curso do processo, uma vez presentes seus pressupostos. Lembre que a separação judicial foi extinta pela Emenda Constitucional nº 66/2010, embora existam vozes dissonantes a esse respeito.

A separação de corpos destina-se à obtenção da autorização judicial para o afastamento temporário da convivência conjugal por parte do requerente, ou a saída compulsória do lar por parte do requerido. Na separação cautelar, o juiz poderá e deverá dispor sobre a guarda e situação dos filhos incapazes. A ação poderá vir cumulada, também, com pedido de alimentos. O procedimento é regulado pelo art. 294, parágrafo único, do CPC.

Esse provimento cautelar tem relevância para a contagem de prazo referido no art. 1.580. Deveria ser considerado prazo inicial para a conversão da antiga separação em divórcio. A separação de fato não impede a propositura dessa ação cautelar principalmente por força desse artigo referido.

Art. 1.563. A sentença que decretar a nulidade do casamento retroagirá à data da sua celebração, sem prejudicar a aquisição de direitos, a título oneroso, por terceiros de boa-fé, nem a resultante de sentença transitada em julgado.

Os efeitos da sentença de nulidade de casamento são *ex tunc*, retroagindo, portanto, à data da celebração. Como regra geral, o que é nulo não deve gerar efeito algum. Com a nulidade desaparecem os efeitos do pacto antenupcial, por exemplo. Veja, porém, a exceção do casamento putativo. O sistema de nulidades em casamento não segue os princípios ordinários, aplicáveis em outros campos jurídicos. Embora o texto aqui somente mencione apenas a nulidade, o artigo se aplica também aos casos de anulabilidade. A proteção a terceiros de boa-fé, aqui estampada, independe da boa-fé dos cônjuges. Essa proteção é concedida em prol da segurança jurídica. Os terceiros não têm como saber ou prever possíveis nulidades do casamento com relação a terceiros com quem contratam.

> **Art. 1.564.** Quando o casamento for anulado por culpa de um dos cônjuges, este incorrerá:
> I – na perda de todas as vantagens havidas do cônjuge inocente;
> II – na obrigação de cumprir as promessas que lhe fez no contrato antenupcial.

Se, no entanto, a boa-fé é de um só dos consortes, há que se examinar o regime de bens. No caso de casamento sob coação, por exemplo, em princípio apenas o coato estará de boa-fé, inclusive como aponta a tentativa de modificação do extinto Projeto nº 6.960 referido. O cônjuge inocente deverá usufruir de eventuais benefícios patrimoniais do casamento, o que não deverá ocorrer com o outro. Esse o sentido desse artigo.

Desse modo, o cônjuge de má-fé perde as vantagens econômicas advindas com o casamento: não pode pretender meação do outro cônjuge, se casaram sob o regime de comunhão de bens. O cônjuge inocente, porém, terá direito à meação do patrimônio trazido pelo culpado. O cônjuge culpado também não poderá ser considerado herdeiro do outro.

No entanto, partilham-se normalmente os bens adquiridos pelo esforço comum, como regra de equidade, independentemente da natureza do desfazimento do casamento, sob pena de enriquecimento ilícito de um cônjuge às custas do outro, o que é vedado por nosso ordenamento jurídico.

As doações feitas por terceiros em contemplação de casamento futuro (art. 546) caducam com relação ao culpado, porque há que se entender não ter havido o implemento da condição imposta, qual seja, a realização do casamento. O cônjuge inocente, porém, deverá beneficiar-se da doação, como consequência da putatividade.

Como visto, não mais importando a boa ou má-fé dos pais, a anulação de casamento não prejudicará as condições dos filhos, não importando sua origem. Terão eles o estado técnico de legítimos, desconsiderando-se outros qualificativos, tais como adulterinos ou incestuosos, os quais, modernamente, nos termos do art. 227, § 6º, da Carta Magna de 1988, não podem mesmo ser utilizados, salvo para explanação didática.

Como regra geral, o cônjuge menor que se emancipou com o casamento não terá repristinada sua incapacidade anterior na hipótese de casamento putativo. No entanto, há que se apurar se o menor casou de má-fé, exclusivamente para obter a plena capacidade. Nessa situação, embora não haja unanimidade na doutrina, terceiros não podem ser prejudicados por essa situação, o que se examina no caso concreto.

Com a putatividade, portanto, escoimam-se situações irregulares que seriam reconhecidas na ausência desse entendimento legal: adultério da segunda mulher do bígamo, por exemplo.

As pensões alimentícias porventura impostas serão devidas até a data da sentença, sem direito à repetição, embora exista corrente que entende persistir o dever alimentar em favor do cônjuge inocente no casamento putativo (CAHALI, 1979, p. 124). As dívidas contraídas pelo cônjuge regulam-se como se o casamento tivesse sido válido até a data da sentença de anulação.

CAPÍTULO IX
Da Eficácia do Casamento

> **Art. 1.565.** Pelo casamento, homem e mulher assumem mutuamente a condição de consortes, companheiros e responsáveis pelos encargos da família.
> § 1º Qualquer dos nubentes, querendo, poderá acrescer ao seu o sobrenome do outro.
> § 2º O planejamento familiar é de livre decisão do casal, competindo ao Estado propiciar recursos educacionais e financeiros para o exercício desse direito, vedado qualquer tipo de coerção por parte de instituições privadas ou públicas.

1. Introdução

Como examinamos, a família é um dado natural, uma realidade social que preexiste ao Direito. Seus fundamentos repousam prioritariamente em princípios de base sociológica que o ordenamento transforma em jurídicos. O casamento, absorvido pela Igreja como sacramento em determinado momento histórico, gera seus efeitos dentro dessa perspectiva.

Antes de ingressarmos no estudo dos direitos e deveres dos cônjuges, cumpre advertirmos sobre a situação estrutural e legal da família no país, tendo em vista a Constituição de 1988 e os mais recentes diplomas legais. A transformação da sociedade no século XX, desde a promulgação do Código Civil no alvorecer desse período em 1916, traduz um quadro que situa esse diploma, no tocante à regulamentação da família, como instrumento legal obsoleto, mas também colocava o intérprete em dificuldade, tendo em vista que o legislador, morxe o constitucional, não revogou expressamente muitos de seus dispositivos.

De fato, a família do século XXI é muito diversa daquela para a qual o Código Civil de 1916 fora elaborado. A sociedade brasileira centralizou-se nas grandes cidades, a industrialização tomou conta dos grandes e médios centros e atinge hoje até mesmo pequenas comunidades. A mulher não mais se dedica exclusivamente ao lar, mas lança-se no mercado de trabalho em todos os setores de atividade. Os filhos saem do lar paterno muito mais cedo, buscando oportunidades profissionais em atividades produtivas. Os meios de comunicação mais rápidos e modernos tendem a nivelar os conhecimentos e os costumes sociais em todo o planeta. A influência da figura do *pater*, a nós legada pelo velho Direito, pelas Ordenações e pela sociedade colonial do século XIX, diminui sensivelmente. Ambos os pais passam a ter idêntica importância na condução do lar conjugal. O casamento já não mais é o exclusivo centro gravitador da família: a sociedade, de há muito, aceita sem pechas a união estável sem casamento que a lei passou a reconhecer e proteger.

Nesse diapasão, dispôs a Constituição de 1988 no art. 226, § 5º: *"Os direitos e deveres referentes à sociedade conjugal são exercidos igualmente pelo homem e pela mulher."* Esse artigo refere-se não somente ao consórcio decorrente do casamento, mas também à união estável, cuja proteção vem descrita no § 3º, bem como no § 4º, o qual se refere à entidade familiar formada por apenas um dos pais.

Nesse quadro, deixou de ter sentido o elenco dicotômico feito pelo Código de 1916 sob os rótulos *"direitos e deveres do marido"* (arts. 233 a 239) e *"direitos e deveres da mulher"* (arts. 240 a 255). Hoje, há de se examinarem os direitos e deveres de ambos os cônjuges sob o prisma igualitário. Tanto é assim que este Código exclui o rol de deveres dos cônjuges e trata da matéria, de forma geral, sob o título *"da eficácia do casamento"*.

Ainda sob o pálio do Código de 1916, afirmava-se, de plano, que nenhum desses direitos e deveres podia ser entendido, perante os termos expressos na Constituição, sem a devida correspectividade. Assim, nada poderia ser atribuído ou restringido a um cônjuge, sem que o mesmo fosse feito com relação ao outro. Destarte, todo posicionamento a respeito dos cônjuges a partir da Constituição de 1988 deve decorrer dessa primeira premissa. No direito pré-codificado, anterior ao Código revogado, havia referência e definição do poder marital e do dever de obediência da esposa. O Código Civil de 1916 omitiu essa terminologia, mas manteve a incapacidade da mulher casada e a preponderância do varão em várias situações. No curso da história de nosso direito de família, já tivéramos um marco importante quando da promulgação da Lei nº 4.121/1962, Estatuto da Mulher Casada. Essa lei, buscando equilibrar a situação da mulher no casamento, outorgou-lhe uma vasta gama de direitos, alguns até de espectro superior aos do marido. A Lei nº 6.515/1977, que regulamentou o divórcio, trouxe outras alterações que também a beneficiaram. Vemos, portanto, que em menos de um século, a mulher casada, que detinha a odiosa restringenda da *capitis deminutio*, atinge em 1988 a igualdade plena de direitos.

Escrevendo antes da reforma constitucional, Orlando Gomes (1983, p. 136) apontava:

"A tendência moderna desenvolve-se no sentido da consagração legal do princípio da paridade conjugal, que, levado às suas últimas consequências, importa completa supressão do poder marital, a ser substituído pela autoridade conjunta e indivisa dos cônjuges."

Essa situação, ora alcançada entre nós, é tendência generalizada nos direitos ocidentais. Não nos servem de parâmetro os direitos orientais, mormente o mundo muçulmano, impregnado de fundamentalismo medieval. Em vários países de preponderância islâmica, a situação da mulher é lamentável, para dizer o menos.

O casamento irradia uma série de efeitos de natureza social, pessoal e patrimonial. A ordem constitucional do Estado reconhece que a família é sua base social. Nossa Constituição de 1988, além de suprimir a distinção entre os filhos de qualquer origem, reconhece e protege a união estável. Entre os efeitos pessoais gerados pelo matrimônio, ressalta-se a mudança de estado civil. O *status* de casado acarreta uma nova série de atribuições legais. As relações pessoais entre os cônjuges e o relacionamento com os filhos são os aspectos que se destacam. Por fim, os casamentos geram direitos patrimoniais. Cria-se um patrimônio comum; há dever de assistência recíproca entre os cônjuges e destes com relação aos filhos; usufruto dos bens dos filhos sob poder familiar; direitos sucessórios etc.

2. Eficácia do casamento

Nosso Código cuida da eficácia do casamento, apontando a igualdade dos direitos dos cônjuges em todos os sentidos, nestes arts. 1.565 a 1.570. Já ao abrir o livro destinado ao direito de família, o art. 1.511 dispõe: *"O casamento estabelece comunhão plena de vida, com base na igualdade de direitos e deveres dos cônjuges."* O antigo art. 229 dispunha que, *"criando a família legítima, o casamento legitima os filhos comuns, antes dele nascidos ou concebidos"*. O casamento, no sistema anterior, tinha o efeito de legitimar a prole comum, não importando quando tivesse surgido, abrindo-se essa possibilidade até mesmo com o casamento nuncupativo, como vimos. Com relação à pessoa dos filhos, porém, o longo caminhar legislativo, que culminou com a disposição constitucional atual, não permite que se distinga a origem da filiação. Atribuem-se todos os direitos aos filhos, sejam eles legítimos ou ilegítimos, adulterinos ou incestuosos. Também não mais se distinguem direitos quanto aos filhos adotivos.

O projeto do Estatuto das Famílias realça que *"a direção da sociedade conjugal é exercida pelos cônjuges, em colaboração, sempre no interesse da família e dos filhos"* (art. 37). De fato, quanto mais jovens os filhos, maior deve ser o interesse protetivo do legislador e do aplicador do direito de família.

O Código Civil de 1916 atribuía todos os direitos à família legítima, ignorando a união ilegítima. Embora a Constituição proteja a família como entidade social, independentemente do casamento, na união estável há efeitos patrimoniais diversos entre os companheiros, uma vez que eles podem, em princípio, também escolher seu regime patrimonial.

3. Sobrenome do cônjuge

Em posição de destaque, um tanto deslocada, o § 1º deste artigo estatui que *"qualquer dos nubentes, querendo, poderá acrescer ao seu o sobrenome do outro"*. Essa disposição demonstra a preocupação do novel legislador em igualar a posição do homem e da mulher no conúbio, em todos os sentidos. Originalmente, no Código de 1916, a mulher assumia, ao casar, o nome do marido. Posteriormente, com a lei que introduziu o divórcio entre nós, permitiu-se que facultativamente assumisse ela o nome do esposo (art. 240, parágrafo único, do antigo Código, com redação determinada pela Lei nº 6.515/1977). Como a Constituição de 1988 não mais permite qualquer distinção de direitos, o legislador apressou-se em colocar esse dispositivo logo na abertura do capítulo sob a epígrafe "da eficácia do casamento". O alcance do dispositivo é absolutamente diminuto, pois não é de nosso costume que o homem assuma o nome da mulher ao contrair matrimônio, nem parece previsível que essa orientação tradicional venha a alterar-se no futuro. Note que a lei permite que o nubente *acrescente* a seu o sobrenome do outro. Não lhe é dado suprimir seu próprio sobrenome, mas apenas acrescentar o do outro cônjuge. O nubente pode, como é evidente, manter intacto seu próprio nome com o casamento, sem alterá-lo.

4. Planejamento familiar

Aspecto fundamental quanto às consequências do casamento com importantes reflexos para o Estado é o *planejamento familiar*, hoje assegurado constitucionalmente ao casal (art. 226, § 7º). Nesse sentido, este Código se refere no § 2º ao planejamento familiar, redação mantida pelo projeto do Estatuto das Famílias.

O planejamento familiar é direito individual e exclusivo do casal, não admitindo interferência coercitiva de quem quer que seja. A Lei nº 9.263/1996 regulamenta o dispositivo constitucional. De acordo com o art. 2º dessa lei,

> "entende-se planejamento familiar como o conjunto de ações de regulação da fecundidade que garanta direitos iguais de constituição, limitação ou aumento da prole pela mulher, pelo homem ou pelo casal".

Os textos sobre planejamento familiar aplicam-se também à união estável.

É grande o ônus do Estado nesse campo fundamental, pois deve estabelecer programas educacionais e assistenciais de largo espectro. Essa lei, entre várias disposições, estabelece em quais situações será permitida a esterilização voluntária do homem e da mulher (art. 10) e tipifica como crime a realização de esterilização cirúrgica fora dos permissivos legais (art. 15), além de outras reprimendas. Na mesma linha, tendo em vista o vasto campo científico que se descortina nesse campo, segundo o art. 8º dessa lei, a realização de experiências com seres humanos no campo da regulação da fecundidade somente será permitida se, previamente autorizada, fiscalizada e controlada pela direção nacional do Sistema Único de Saúde e atendidos os critérios estabelecidos pela Organização Mundial de Saúde. Sabe-se que essa fiscalização não é eficiente, sendo necessário que sejam criados organismos e legislação específica que regulem a fertilização assistida de todas as formas, evitando-se situações de conflito jurídico, ético e moral. A esse tema voltaremos quando tratarmos da filiação.

Enunciado nº 99, I Jornada de Direito Civil – CJF/STJ: o art. 1.565, § 2º, do Código Civil não é norma destinada apenas às pessoas casadas, mas também aos casais que vivem em companheirismo, nos termos do art. 226, *caput*, §§ 3º e 7º, da Constituição Federal de 1988, e não revogou o disposto na Lei nº 9.263/96.

Art. 1.566. São deveres de ambos os cônjuges:
I – fidelidade recíproca;
II – vida em comum, no domicílio conjugal;
III – mútua assistência;
IV – sustento, guarda e educação dos filhos;
V – respeito e consideração mútuos.

Os direitos e deveres dos cônjuges devem ser iguais, não se admitindo mais qualquer prevalência em prol do varão.

A *fidelidade recíproca* é corolário da família monogâmica admitida por nossa sociedade. A norma tem caráter social, estrutural, moral e normativo, como é intuitivo. Contudo, embora atue em todas essas esferas, é também norma jurídica, porque sua transgressão admite punição nas esferas civil e criminal. Há tendência acentuada de ser suprimido o adultério da esfera criminal, como ocorreu em nosso ordenamento. No campo civil, porém, a transgressão do princípio implica sanções, como a separação dos cônjuges com reflexos patrimoniais. A quebra do dever de fidelidade é o adultério que se consuma com a conjunção carnal com outra pessoa. Atos diversos do ato sexual podem caracterizar injúria grave, bastante para lastrear pedido de separação. Com a supressão da separação judicial de nosso sistema, desaparece a culpa no divórcio, mas não desaparecem os deveres dos cônjuges nesses fatos que devem ser levados em conta pontualmente. A questão ainda trará celeumas porque não temos uma lei regulamentadora da referida EC nº 66/2010.

A *vida em comum no domicílio conjugal* é decorrência da união de corpo e de espírito. Somente em situações de plena exceção é admitir-se quebra ao preceito. Nessa expressão legal, a dicção diz menos do que aparenta, emprestada que foi do Direito Canônico. Nesse eufemismo, na convivência sob o mesmo teto está a compreensão do débito conjugal, a satisfação recíproca das necessidades sexuais. Embora não constitua elemento fundamental do casamento, sua ausência, não tolerada ou não aceita pelo outro cônjuge, era motivo de separação. O princípio não é absoluto, e sua falta não implica necessariamente desfazimento da *affectio maritalis*. Afora, porém, as hipóteses de recusa legítima ou justa, o dever de coabitação é indeclinável. Nesse sentido, é absolutamente ineficaz qualquer pacto entre os cônjuges a fim de dispensar o débito conjugal ou a coabitação. Não pode, porém, o cônjuge obrigar o outro a cumprir o dever, sob pena de violação da liberdade individual. A sanção pela violação desse dever somente virá sob forma indireta, ensejando o divórcio e repercutindo na obrigação alimentícia. Em princípio, o cônjuge culpado perderá direito aos alimentos (art. 1.702) e o direito de manter o nome do outro cônjuge (art. 1.578). Esses textos devem ser vistos em consonância com a Emenda Constitucional nº 66/2010 e devem aguardar os rumos da jurisprudência ou uma lei regulamentadora. De qualquer modo, o abandono do lar conjugal e a recusa do débito carnal são omissões do mesmo dever de coabitação.

O abandono do lar sem justificativa pelo cônjuge gera, em tese, consequências mais amplas, pois faz cessar a obrigação de alimentos por parte do outro. O cônjuge faltoso, porém, poderá continuar com a obrigação de pensionar o outro, para que este viva de modo compatível com sua condição social (art. 1.694). Ainda, o cônjuge, ou companheiro, que não esteja convivendo com o consorte quando de sua morte, não pode continuar na administração dos bens da herança até o compromisso de inventariante (art. 1.797), nem poderá assumir o cargo de inventariante (art. 617, I, do CPC).

Na redação do Código de 1916, o estabelecimento do lar conjugal competia ao marido, incumbindo à mulher acompanhá-lo (art. 233, III). Se esse dever já era discutível no passado, com a igualdade constitucional deve ser analisado com restrições. A mulher pode ter profissão que a obrigue fixar-se em determinado domicílio. O marido idem. Hodiernamente, melhor que afirmemos que o estabelecimento do domicílio conjugal cabe a ambos os cônjuges, que deverão acordar, tal como nos múltiplos aspectos que o casamento naturalmente exige. A questão é importante porque o abandono voluntário do lar conjugal pode qualificar-se como causa de ruptura do casamento. Por vezes, a situação que se apresenta ao magistrado é de perplexidade. O bom senso deverá definir a decisão. O fato é que, não havendo mais a *affectio* que deve reger o casamento, tudo será motivo de discórdia no casal. De qualquer modo, não devemos reconhecer doravante supremacia legal do marido ou da mulher na fixação do domicílio comum. Este Código estabeleceu a devida igualdade nessa questão, dispondo que o domicílio será de escolha de ambos os cônjuges, *"mas um e outro podem ausentar-se do domicílio conjugal para atender a encargos públicos, ao exercício de sua profissão, ou a interesses particulares relevantes"* (art. 1.569), o que, em síntese, deságua sempre no bom senso.

A *mútua assistência* também é derivada da união material e espiritual. Esse aspecto é fundamental no matrimônio, consagrado tradicionalmente pela Igreja. Nesses dois aspectos, desdobra-se a assistência recíproca. O casamento não transige em matéria do pão do corpo e do pão da alma. A falta de qualquer um deles implica transgressão do dever conjugal. Consubstancia-se na mútua assistência a comunidade de vidas nas alegrias e nas adversidades. No campo material, esse dever traduz-se na obrigação de um cônjuge prestar alimentos ao outro, não devendo essa obrigação ser vista hoje exclusivamente como um ônus do marido.

O *sustento, guarda e educação dos filhos* é outro aspecto fundamental do casamento. Embora a existência de prole não seja essencial, trata-se de elemento fundamental da existência conjugal. Incumbe a ambos os pais o sustento material e moral dos filhos. A orientação educacional é fundamental não só no lar, como também na escola, sendo ambas, em última análise, obrigações legais dos pais. O Estatuto da Criança e do Adolescente (Lei nº 8.069/1990) impõe igualmente aos pais o dever de sustento, guarda e educação da prole. A omissão desse dever terá implicações de caráter civil, como a imposição de prestar alimentos, e de caráter penal, podendo caracterizar crimes de abandono material e intelectual (arts. 244 e 246 do CP).

Este Código acrescentou mais um item a esse rol de deveres recíprocos, qual seja, o *"respeito e consideração mútuos"*, que já fora elencado pela lei que regulou a união estável, Lei nº 9.278/1996, art. 2º, I, base para toda a vida em comum. Quando desaparecem esses requisitos, é evidente que periclita a união conjugal. Na apreciação desses aspectos, devem ser levados em conta, sem dúvida, as circunstâncias, as condições e o ambiente em que vive o casal. Dentro da isonomia de poderes e deveres da nova sociedade conjugal, não há que se admitir poderes discricionários de qualquer um dos cônjuges que impliquem violação dos direitos da personalidade ou de direitos individuais. Sob esse prisma devem ser lidas as linhas seguintes.

A transgressão dos deveres conjugais pode gerar danos indenizáveis ao cônjuge inocente, abrindo-se atualmente uma série de estudos acerca da responsabilidade civil em direito de família. Nossa posição é no sentido de que essa seara deve decorrer da regra geral do art. 186, o que implica o exame do caso concreto. Não é toda situação de infidelidade ou de abandono do lar conjugal, por exemplo, que ocasiona o dever de indenizar por danos morais. Essa nossa posição, porém, cada vez mais é criticada por vasta porção da doutrina que entende que a simples transgressão dos deveres conjugais faz presumir a existência de dano moral, acarretando indenização. A falta de respeito e de consideração por parte de um dos consortes também pode gerar situações de transtorno ou constrangimento que desembocam nos danos morais. Impõe-se o acurado exame da situação concreta.

O projeto do Estatuto das Famílias abandona esse rol exclusivo e obsoleto dedicado aos cônjuges. Estabelece disposições comuns a todas as entidades familiares com ou sem casamento, hetero ou homoafetivas, realçando os deveres recíprocos de assistência, amparo material e moral e todas as formas possíveis de proteção à dignidade humana, mormente das crianças.

Art. 1.567. A direção da sociedade conjugal será exercida, em colaboração, pelo marido e pela mulher, sempre no interesse do casal e dos filhos.
Parágrafo único. Havendo divergência, qualquer dos cônjuges poderá recorrer ao juiz, que decidirá tendo em consideração aqueles interesses.

A igualdade de direitos entre o homem e a mulher no casamento na ordem constitucional faz com que, *prima facie*, entenda-se como revogados todos os dispositivos que descreviam direitos e deveres diferenciados para cada um dos cônjuges. Como toda a matéria deve ser vista com cuidado, porque não houve revogação expressa dos dispositivos do Código Civil de 1916 pela Constituição, impunha-se que esses títulos legais fossem examinados de *per si*. Em princípio, deviam permanecer vigentes os dispositivos que atribuem direitos e deveres recíprocos aos cônjuges. De qualquer modo, mantemos essas linhas com o intuito histórico, podendo assim as novas gerações examinar a evolução do direito de família no ordenamento pátrio.

O art. 233 do antigo Código estampava que cabia ao marido a *chefia da sociedade conjugal,* função que deveria exercer com a colaboração da mulher, no interesse comum do casal e dos filhos. O atual direito igualitário constitucional da mulher exige que a extensão e compreensão do princípio sejam feitas em consonância com a Lei Maior, como acentuamos anteriormente. Perante a igualdade de direitos entre o homem e a mulher, não há de admitir qualquer chefia, mas identidade de direitos. A norma constitucional do art. 226, § 5º, atribui uma igualdade concreta entre os cônjuges. Os direitos e deveres da sociedade conjugal são exercidos igualmente pelo homem e pela mulher, portanto. Ambos os esposos devem exercer a *autoridade indivisa* do lar conjugal, sem limitação.

Esse foi o sentido atribuído por este Código, ao estabelecer, no art. 1.565, que "*pelo casamento, homem e mulher assumem mutuamente a condição de consortes, companheiros e responsáveis pelos encargos da família*". E ainda, na lei mais nova, desaparece qualquer resquício de hierarquia neste artigo sob exame.

O antigo art. 233 se reportava à representação legal da família pelo marido. Essa representação legal citada nunca teve a compreensão de representação de personalidade jurídica, pois a família não a tem. Cuidava-se de representação social ou representação de fato. Essa referência à representação legal da família nunca foi bem compreendida, e isso se deveu à impropriedade do legislador.

Na nova ordem constitucional, recepcionada por este Código, essa discutida representação cabe a ambos os esposos, dentro da condução conjunta do lar conjugal.

No velho Código, persistia para o marido a obrigação de *administrar os bens comuns e particulares* da mulher, se assim foi determinado no pacto antenupcial. A mesma obrigação podia ser atribuída à mulher. Nada tendo sido avençado, a administração caberia de comum acordo a ambos os cônjuges. Sob o prisma da nova ordem de direito de família, essa é a regra básica a ser seguida. O art. 1.642, II, deste Código observa que caberá sempre ao cônjuge administrar os bens próprios.

Apelação cível – Revisional de alimentos – Responsabilidade solidária dos pais – Adequação ao binômio possibilidade/necessidade – Situação financeira do genitor comprovada – Minoração dos alimentos – Recurso provido (*TJRR* – AC 0010.16.819409-9, 19-10-2017, Rel. Des. Mozarildo Monteiro Cavalcanti).

Art. 1.568. Os cônjuges são obrigados a concorrer, na proporção de seus bens e dos rendimentos do trabalho, para o sustento da família e a educação dos filhos, qualquer que seja o regime patrimonial.

Tanto o homem como a mulher devem contribuir para as despesas do lar. No sistema do Código de 1916, tendo a mulher atividade remunerada considerável, também a ela, na devida proporção, caberia a *manutenção do lar conjugal*, como, aliás, determinava o art. 277. Note que este último artigo referia-se à contribuição da mulher proveniente de *rendimentos de seus bens*. Nada se mencionava acerca dos proventos decorrentes do trabalho da esposa. Explica-se: quando da redação do dispositivo, era improvável que a sociedade brasileira admitisse o trabalho da mulher fora do lar. A aplicação do espírito do art. 277 persistiu no passado, certamente, no tocante à contribuição decorrente dos proventos de qualquer natureza auferidos pela esposa. Nesse estrito diapasão coloca-se o presente Código no artigo sob comentário. Esse sentido decorre, sem dúvida, da norma constitucional.

O art. 234 do velho Código referia-se à obrigação de o marido sustentar a mulher. Conforme o dispositivo, essa obrigação cessava para o marido quando a mulher abandona sem justo motivo a habitação conjugal e a esta recusa voltar. O "*justo motivo*" era matéria de prova no caso concreto.

A obrigação do marido sustentar a mulher é o que mais comumente ocorre. Esse aspecto é correspectivo, pois também pode existir a obrigação alimentar da mulher em relação ao marido. Imaginemos a hipótese, por exemplo, da mulher que exerce atividade laboral enquanto seu marido torna-se valetudinário. A obrigação alimentar da mulher é inafastável. Lembre-se de que o dever de prestar alimentos entre os cônjuges decorre do vínculo do casamento, enquanto o dever de alimentar os filhos decorre do parentesco. No presente diploma, os direitos e deveres são colocados no mesmo patamar, nos termos do art. 1.568.

🔨 Civil. Alimentos. Menor impúbere. **Responsabilidade solidária dos genitores**. Dever legal. Critério de fixação da verba alimentar. Binômino necessidade-possibilidade. Majoração. Ausência de prova. Sucumbência recíproca. 1. A obrigação alimentícia incumbe ao pai e à mãe, e não somente àquele que possui melhores condições financeiras, não se podendo onerar apenas um dos genitores em detrimento do outro. Inteligência do artigo 1.568 do Código Civil. 2. O julgador ao arbitrar o valor da verba alimentar deve atentar para o binômio necessidade-possibilidade, não se justificando a sua alteração, mormente quando o recorrente não comprova a alegada maior capacidade contributiva do alimentante. 3. Havendo sucumbência recíproca o valor das custas processuais e dos honorários advocatícios devem ser rateados. 4. Recurso conhecido e desprovido (*TJDF* – Acórdão Apelação Cível nº 2010.01.1.038260-8, 3-8-2011, Rel. Des. Sandoval Oliveira).

Art. 1.569. O domicílio do casal será escolhido por ambos os cônjuges, mas um e outro podem ausentar-se do domicílio conjugal para atender a encargos públicos, ao exercício de sua profissão, ou a interesses particulares relevantes.

Quanto ao direito de *fixar o domicílio da família*, a nova posição social e jurídica da mulher faz com que essa atribuição do marido, art. 233, III, ao lado das demais, fosse vista com a devida restrição, no sistema do Código de 1916, após a Constituição em vigor. Não se pode esquecer que se torna paulatinamente mais comum o fato de a mulher ter atividade remunerada equiparada e até mesmo superior à do marido. Desse modo, a fixação do domicílio do lar conjugal não pode ser exclusivamente do marido, no caso, por exemplo, de a mulher exercer cargo público, ou mesmo em empresa privada, que exija o exercício em determinado domicílio. O casamento é construído sob uma base de compreensões e transigências. Esse é mais um aspecto, entre tantos, no qual a incompreensão e intransigência poderão pôr a perder a entidade familiar. Também nesse aspecto, caberá a ambos os cônjuges fixarem o domicílio comum.

Se houver necessidade de intervenção judicial para acertar desentendimento a esse respeito, o casamento já estará fadado ao insucesso. A conclusão, portanto, é que os cônjuges fixarão de comum acordo o domicílio comum. Não mais vigia o dispositivo que atribuía esse direito ao marido.

Art. 1.570. Se qualquer dos cônjuges estiver em lugar remoto ou não sabido, encarcerado por mais de cento e oitenta dias, interditado judicialmente ou privado, episodicamente, de consciência, em virtude de enfermidade ou de acidente, o outro exercerá com exclusividade a direção da família, cabendo-lhe a administração dos bens.

Esse dispositivo parece óbvio e lógico, preferindo, porém, o legislador colocá-lo como texto expresso. *Ad impossibilia nemo tenetur*. Nada há que se fazer perante o impossível. Estando um dos cônjuges incapacitado ou desaparecido, caberá ao cônjuge presente e são dirigir a sociedade conjugal. O rol presente neste texto é apenas exemplificativo. Outras hipóteses podem se afeiçoar ao texto, como, por exemplo, viagem prolongada ou moléstia que impossibilite ou dificulte a atuação do sujeito. Situações podem ocorrer que exigirão do cônjuge atuante a comprovação das situações de incapacidade, a não presença do outro consorte. Dependendo da hipótese, deverá recorrer a justificação judicial. Há situações que se comprovam objetivamente, como o encarceramento por mais de 180 dias. O caso concreto poderá exigir intervenção e autorização judicial.

CAPÍTULO X
Da Dissolução da Sociedade e do Vínculo Conjugal

Art. 1.571. A sociedade conjugal termina:
I – pela morte de um dos cônjuges;
II – pela nulidade ou anulação do casamento;
III – pela separação judicial;
IV – pelo divórcio.
§ 1º O casamento válido só se dissolve pela morte de um dos cônjuges ou pelo divórcio, aplicando-se a presunção estabelecida neste Código quanto ao ausente.
§ 2º Dissolvido o casamento pelo divórcio direto ou por conversão, o cônjuge poderá manter o nome de casado; salvo, no segundo caso, dispondo em contrário a sentença de separação judicial.

1. Introdução

Os institutos do casamento e do divórcio estão intimamente ligados. Nas sociedades primitivas e nas civilizações antigas, era comum a situação de inferioridade da mulher. Por essa razão, a forma mais usual de separação do casal era o repúdio da mulher pelo homem, ou seja, o desfazimento da sociedade conjugal pela vontade unilateral do marido, que dava por terminado o enlace, com o abandono ou a expulsão da mulher do lar conjugal. O casamento no mundo antigo tinha um conteúdo primordialmente econômico, porque a união de sexos era necessidade imperiosa para possibilitar a subsistência. Regras morais e religiosas surgidas em estágio posterior criaram as noções de indissolubilidade do vínculo mais ou menos atenuada. Note que não mais persiste no ordenamento a possibilidade de separação judicial (item IV). A EC nº 66/2010 exige regulamentação e adaptação do Código Civil.

Os povos da antiguidade, babilônios, egípcios, hebreus admitiam o divórcio com maior ou menor extensão. No Direito Romano, o casamento dissolvia-se pela morte de um dos cônjuges, pela perda da capacidade e pela perda da *affectio maritalis*. Desse modo, a perda da afeição matrimonial era, mais do que um conceito de separação, uma consequência do casamento romano. Desaparecendo a *affectio*, desaparecia um dos elementos do casamento. Belluscio (1987, v. 1, p. 356) aponta que, embora de início o divórcio fosse raro na prática, na época clássica, no contato com a civilização grega, houve modificação nos costumes primitivos e enfraquecimento da organização e estabilidade familiar. Por outro lado, o desaparecimento do casamento *cum manu* também contribuiu para facilitar o divórcio.

Com o cristianismo, há sensível modificação no direito matrimonial, especialmente no tocante à dissolução do casamento. Desaparece definitivamente a noção de repúdio da mulher, criando-se maiores dificuldades para a separação do casal. A doutrina sobre a indissolubilidade do vínculo toma forma definitiva no século XII, ao mesmo tempo em que se cria a teoria da separação de corpos, que faz cessar a vida em comum sem possibilidade de contrair novas núpcias. Tal como o desquite, que vigorou entre nós até 1977, quando da Emenda Constitucional nº 9/1977, que introduziu o divórcio no ordenamento brasileiro, após vencer fortes barreiras de resistência. Como aduz Cahali (1995, v. 1, p. 21),

"*a indissolubilidade do vínculo é um dogma. Ou se aceita, ou se rejeita. Não cabe discuti-la. A exatidão do princípio transcende à realidade fenomênica, não sendo possível demonstrá-la no plano da razão pura*".

O divórcio é um dos institutos jurídicos que mais tormentosas questões levantaram em todas as legislações em que foi admitido, pois não trata unicamente de uma questão jurídico-social, mas de um problema global que toca profundamente a religião e a política. As várias legislações atuais, como regra geral, o admitem com maior ou menor amplitude.

O Concílio de Trento de 1563 consagrou o dogma do sacramento do matrimônio para os católicos e a indissolubilidade do vínculo. No século XVIII, as legislações implantam o casamento civil e a competência exclusiva do Estado para realizá-lo, conservando-se, porém, a estrutura canônica. O direito civil do casamento tem, portanto, inescondível origem canônica e assim perdura em muitas legislações, em que pese o vasto terreno jurídico de que hoje desfruta a união estável sem casamento. Essa posição sofre ataque do protestantismo, que acusa a teoria de ser falsa, negando o caráter sacramental do casamento, admitindo o adultério como causa de rompimento, a princípio, e, posteriormente, várias outras causas para a dissolução do matrimônio.

Na legislação comparada na atualidade, notamos em maioria a tendência de legislar autonomamente a respeito da separação de corpos e do divórcio. A separação, como apontado anteriormente, era instituição herdada do antigo Direito Canônico como remédio para os matrimônios esgarçados. Nosso sistema a mantinha, substituindo a denominação *desquite*, antes tradicional em nosso direito, pela separação judicial. A ideia fundamental e histórica nessa separação, com efeito mitigado, era atribuir uma solução aos casais em dificuldades no matrimônio, hipótese em que o casamento pode ser retomado a qualquer tempo. Ademais, essa separação ou desquite poderia ser útil para aqueles cujos escrúpulos não admitisse o divórcio de plano. Nessa situação, o liame matrimonial estaria simplesmente atenuado, ficando os cônjuges liberados de alguns deveres conjugais, como a coabitação e fidelidade, mas não se rompia o vínculo. De forma geral, existem legislações que apenas admitem a separação ou o divórcio ante a alegação de determinados fatos ou sob determinadas condições, enquanto outras permitem a decretação da separação ou do divórcio sem a alegação de fatos culpáveis dos esposos.

De qualquer forma, nas legislações em geral distingue-se, portanto, o chamado divórcio vincular, ou simplesmente divórcio em nosso sistema. Este dissolve o vínculo conjugal, alterando o estado de família a partir da sentença que o decreta, restituindo plena capacidade matrimonial aos cônjuges, sem prejuízo da validez do matrimônio desfeito e de seus efeitos até a decisão (como legitimidade dos filhos, subsistência do parentesco por afinidade). Ao lado do divórcio, colocava-se a separação pessoal, que nosso Direito anterior denominou *desquite*, solução capenga que atormentou por tantas décadas nossa sociedade. Nessa modalidade, como apontamos, admite-se a mera separação de corpos, fazendo cessar o dever de coabitação sem dissolução do vínculo matrimonial, regulando-se seus efeitos, tais como dever de alimentos entre os cônjuges, regime de vocação hereditária etc.

Em qualquer situação, a separação ou divórcio deve traduzir essencialmente um remédio ou solução para o casal e a família, e não propriamente uma sanção para o conflito conjugal, buscando evitar maiores danos não só quanto à pessoa dos cônjuges, mas principalmente no interesse dos filhos menores. Transita-se, pois, na história, na doutrina e nas legislações, entre os conceitos de divórcio-remédio e divórcio-sanção, aos quais nossa lei não fugia à regra. *A extinção da separação judicial no sistema coloca por terra, em princípio, a discussão de culpa no divórcio*. A culpa não deve ser trazida à discussão no desfazimento da sociedade conjugal, salvo casos pontuais.

O divórcio como sanção funda-se na ideia de que o cônjuge (ou ambos) tenha praticado um ou mais atos tidos como ilícitos para o instituto do casamento, assim definidos em lei. Não é solução que mais agrada nem ao legislador, que deve restringir essas hipóteses, nem à maioria dos casais em conflito. Essa é, portanto, a razão pela qual a lei incentivou a separação ou divórcio por mútuo consentimento. Essa versão traduz o divórcio-remédio, não exatamente porque conceituemos o casamento como um contrato, porém mais propriamente porque constitui um deslinde ao conflito conjugal que não encontra solução adequada e socialmente segura no divórcio-sanção, no qual os cônjuges devem necessariamente descrever as causas para o desenlace. Nas legislações mais modernas, percebe-se, destarte, a prevalência do divórcio-remédio, isto é, a separação sem que se declinem ou se investiguem as causas do rompimento familiar. O divórcio deve ser visto tendo em mira não o passado, mas o futuro dos cônjuges separados, para os quais subsistem deveres de assistência moral e econômica, mormente em relação aos filhos menores. A exposição das causas da separação em um divórcio-sanção sempre será um aspecto frágil da questão que certamente colocará por terra esse aspecto.

Por outro lado, apesar do processo universal de liberalização do divórcio, em várias legislações subsistem as chamadas *cláusulas de dureza*, também denominadas cláusulas de rigor ou salvaguardas. Essas cláusulas impõem limitação à possibilidade de divórcio-remédio, ou estabelecem uma sanção a um ou a ambos os cônjuges que o requerem. São disposições que, em síntese, buscam dificultar o divórcio.

Como observa Maurício Luis Mizrahi (1998, p. 170), a cláusula de dureza parte de premissa falsa, qual seja, considerar que o divórcio provoca a ruptura da comunhão de vida ou a errada conclusão segundo a qual o divórcio é um mal e não um remédio a um mal, daí razão de imporem-se dificuldades para sua concretização. No entanto, a realidade é diametralmente oposta, porque quando os cônjuges chegam ao limiar do divórcio, a ruptura do casamento já é uma realidade e o casamento subsiste apenas como um pacto formal, restando tão só a chancela judicial para considerá-lo desfeito. Por outro lado, o liberalismo e a nova realidade social deste novo século demonstram que a sociedade não mais admite amarras e lei alguma poderá interferir na convivência conjugal, na vontade e determinação dos interessados, mormente no campo conjugal. Nesse sentido, o legislador em geral curva-se à realidade, para autorizar o divórcio-remédio em maior amplitude, sem imposição de grandes dificuldades.

O mútuo consentimento para o divórcio e a antiga separação dá margem para resolução daquelas situações nas quais os cônjuges têm plena consciência do caminho a seguir e das consequências do ato para eles e para os filhos. Com isso, afasta-se da separação ou divórcio, por si só traumática, como em todo rompimento, a noção de culpa ou ilicitude, apartando-se da ideia de que a separação do casal pressupõe sempre a quebra ou o fracasso irremediável de um matrimônio. De outro lado, facilitando a lei o divórcio-remédio, não se incentiva os cônjuges a procurar causas jurídicas, nem sempre muito claras ou verdadeiras na realidade dos fatos, para justificar o rompimento, tais como o adultério, injúria e abandono do lar. Essas causas, porém, continuam presentes neste Código, devendo em princípio ser desconsideradas no divórcio, sofrendo acerbas críticas da doutrina (art. 1.573). Deve ser afastado, pois, o conceito de castigo ou punição para o cônjuge tido como culpado. A noção de culpa e de um culpado não se harmoniza com o desfazimento de uma sociedade conjugal. Nesse aspecto, este Código representa um grande retrocesso.

É necessário que também tenhamos em mente que, ao analisar um ato culpável, há amplo subjetivismo do órgão julgador, o que pode levar a uma incerteza quanto às causas da separação ou divórcio. Deve ser evitada essa intromissão judicial na vida privada dos cônjuges, numa época em que se procura preservar a intimidade a qualquer custo. Por essa razão avulta a importância de uma conciliação obrigatória e razoável em todas as questões de família. A ação judicial nesse campo sempre será trágica.

Como conclui Zannoni (1998, v. 2, p. 13), propõe-se que o juiz seja chamado, não a investigar uma situação pessoal de forma necessariamente subjetiva, mas a comprovar, de forma objetiva, a ruína, o fracasso; de qualquer forma, o fim da união conjugal. O enfoque da legislação passa a ser os limites objetivos que devem necessariamente ser seguidos e declinados em juízo para a obtenção da separação, como, por exemplo, limite mínimo temporal de existência do casamento ou separação de fato duradoura, a qual demonstra claramente o rompimento da *affectio maritalis*. Nossa legislação, admitindo o *divórcio-remédio*, ainda mantém, no entanto, situações ou resquícios indesejáveis de *divórcio-sanção*, como já apontamos. O divórcio por via cartorária em muito simplifica a situação dos que se separam.

2. Separação e divórcio. Aspectos legais comparativos

A Lei nº 6.515/1977, que regulamentou o divórcio, revogou os arts. 315 a 328 do Código Civil de 1916, que cuidavam da dissolução do casamento, passando a denominar separação judicial ao instituto que o Código rotulava como desquite. Essa lei não apenas disciplinou o divórcio e a separação judicial, mas também estabeleceu outros princípios de Direito de Família e de Sucessões, derrogando outros artigos do Código Civil anterior. Foi muito ruim a técnica legislativa e não abona o legislador nacional, pois dilacerou nosso Código Civil, quando poderia ter simplesmente substituído seus dispositivos, como fizeram outras legislações ao introduzir o divórcio, como, em exemplo muito próximo, fez a lei argentina.

Em princípio, há que se entender que a Lei nº 6.515/1977 foi derrogada pelo presente Código Civil em tudo que disser respeito ao direito material da separação e do divórcio. Persistem seus dispositivos de natureza processual, até que sejam devidamente adaptados ou substituídos por nova lei. Também deve ocorrer adaptação gerada pela Emenda nº 66/2010.

No exame do artigo em epígrafe, fica bem claro que a separação judicial tinha por objeto terminar a sociedade conjugal, mas o vínculo do casamento somente dissolve-se pela morte de um dos cônjuges ou pelo divórcio. É exatamente essa afirmação que consta do § 1º, o qual acrescenta que se aplica a presunção estabelecida no Código para o ausente.

Até a introdução do divórcio em nossa legislação, a separação ou desquite era a única modalidade jurídica de rompimento da sociedade conjugal, ficando obstado aos desquitados contraírem novo matrimônio. Diferia do divórcio porque apenas dispensa os cônjuges de certos deveres do matrimônio, como dissemos, sem ocasionar o rompimento do vínculo conjugal.

No passado, muitas eram as situações de cônjuges que se divorciavam no exterior, em ato sem qualquer repercussão jurídica em nosso país, buscando, na verdade, uma justificativa social para uma nova união, que possuía o cunho de concubinato.

A separação judicial não mais existe segundo a maioria da doutrina, mas parcela dos doutos entende que persiste, ainda que a lei expressamente a tenha desqualificado, com a persistência exclusiva do divórcio (Emenda Constitucional 66/2010, que alterou o § 6º do art. 226).

📖 Enunciado nº 121, Proposta de modificação do novo Código Civil, I Jornada de Direito Civil – CJF/STJ: Proposição sobre o art. 1.571, § 2º: proposta: dissolvido o casamento pelo divórcio direto ou por conversão, no que diz respeito ao sobrenome dos cônjuges, aplica-se o disposto no art. 1.578.

📖 Enunciado nº 602, VII Jornada de Direito Civil – CJF/STJ: transitada em julgado a decisão concessiva do divórcio, a expedição do mandado de averbação independe do julgamento da ação originária em que persista a discussão dos aspectos decorrentes da dissolução do casamento.

📖 Enunciado nº 514, V Jornada de Direito Civil – CJF/STJ: a Emenda Constitucional nº 66/2010 não extinguiu o instituto da separação judicial e extrajudicial.

📖 Enunciado nº 571, VI Jornada de Direito Civil – CJF/STJ: se comprovada a resolução prévia e judicial de todas as questões referentes aos filhos menores ou incapazes, o tabelião de notas poderá lavrar escrituras públicas de dissolução conjugal. Artigos: 1.571 ao 1.582 do Código Civil, combinados com a Lei nº 11.441/2007.

📖 Agravo de instrumento. Divórcio. Manutenção do nome de casada. Acolhimento do pedido. Irresignação do agravante que pretende a supressão do seu patronímico do nome da ex-esposa. O nome é atributo da personalidade e tem como fim precípuo individualizar a pessoa. Faculdade da agravada de manter o nome, se assim desejar. Aplicação do artigo 1.571, § 2º, do Código Civil. Decisão mantida. Recurso não provido (TJSP – Agravo de Instrumento 2104762-38.2020.8.26.0000 – 01-2-2021, Rel. José Eduardo Marcondes Machado).

Art. 1.572. Qualquer dos cônjuges poderá propor a ação de separação judicial, imputando ao outro qualquer ato que importe grave violação dos deveres do casamento e torne insuportável a vida em comum.
§ 1º A separação judicial pode também ser pedida se um dos cônjuges provar ruptura da vida em comum há mais de um ano e a impossibilidade de sua reconstituição.
§ 2º O cônjuge pode ainda pedir a separação judicial quando o outro estiver acometido de doença mental grave, manifestada após o casamento, que torne impossível a continuação da vida em comum, desde que, após uma duração de dois anos, a enfermidade tenha sido reconhecida de cura improvável.
§ 3º No caso do parágrafo 2º, reverterão ao cônjuge enfermo, que não houver pedido a separação judicial, os remanescentes dos bens que levou para o casamento, e se o regime dos bens adotado o permitir, a meação dos adquiridos na constância da sociedade conjugal.

São descritas, neste dispositivo, hipóteses de separação-sanção no *caput*; separação-falência e separação-sanção, nos respectivos parágrafos, que serão analisadas. Há que se entender que após a mudança do texto constitucional que apenas admite o divórcio, todas as menções da lei à separação judicial deixam de ser aplicadas. A intenção da EC nº 66/2010 foi manter apenas o divórcio para o desfazimento voluntário do casamento, suprimindo assim a separação judicial do sistema e todas as referências à culpa.

A separação judicial contenciosa poderia ser pedida a qualquer tempo após a conclusão do casamento por qualquer dos cônjuges e seguirá o procedimento ordinário.

No regime originário do Código Civil de 1916, o desquite litigioso devia caber em uma das causas especificadas no art. 317: "*adultério, tentativa de morte, sevícias ou injúria grave, abandono voluntário do lar conjugal por mais de dois anos contínuos*". A jurisprudência do passado procurou alargar esse aparente *numerus clausus*, entendendo, por exemplo, que o abandono do lar conjugal por menos de dois anos poderia constituir injúria grave, expandindo esse conceito de injúria. Esse rol do antigo art. 317 continuou válido como orientação casuística e doutrinária, embora tivesse mero valor histórico, pois a Lei nº 6.515/1977 optou, conforme a moderna tendência internacional, por fórmula genérica, que engloba e suplanta os velhos conceitos do direito anterior.

De fato, o art. 5º da Lei do Divórcio dispôs que a separação pedida por um só dos cônjuges deve imputar ao outro "*conduta desonrosa ou qualquer ato que importe em grave violação dos deveres do casamento e torne insuportável a vida em comum*". Nunca meus caros colegas magistrados tiveram dificuldade em definir a conduta desonrosa ou a grave violação de deveres do casamento, aspectos de absoluto senso comum.

Pois o presente Código aqui representou injustificável e odioso retrocesso. Parece que o legislador do país não se contenta em dar passos à frente, pois lhe apraz também voltar ao passado. De há muito estavam de acordo os juristas que as causas da separação, sob a forma de sanção, devem ser genéricas e representar o mínimo possível uma tipificação estrita. Era essa a linha definida, como vimos, na Lei nº 6.515. No entanto, o Código de 2002 voltou atrás e reintroduziu o sistema do Código Civil de 1916, com um elenco de causas que podem caracterizar a impossibilidade de comunhão. Desse modo, o art. 1.572, em seu *caput*, manteve a regra geral. Bastava que se mantivesse esse texto, que igualava a orientação da Lei nº 6.515, e que já solidificara o entendimento jurisprudencial. No entanto, surpreendentemente, o art. 1.573 voltou aos idos do início do século passado, voltando a mencionar adultério, tentativa de morte, sevícias etc. como causas de justificativa da impossibilidade da vida em comum.

Na verdade, todo o artigo mostra-se inútil, não só porque a matéria estava solidificada na doutrina e na jurisprudência dos últimos anos, como também porque o parágrafo permite que o juiz considere outros fatos que tornem evidente a impossibilidade da vida em comum. Note, mais uma vez, que a EC nº 66/2010, mantendo apenas o divórcio em nossa legislação, sem qualificativos, extirpou a possibilidade de discussão de culpa no desfazimento da sociedade conjugal. O legislador de 2002 mostrou-se nesse aspecto desvinculado da história e da sociologia. Posição deveras lamentável para quem elabora leis. Histórica e socialmente, não mais se justificava o elenco legal. Ora, o abandono do lar conjugal poderá caracterizar fato justificável para a separação, ainda que decorridos apenas alguns meses. Dependerá do caso concreto. Assim, perdeu o legislador a excelente oportunidade de manter o regime da fórmula sintética da lei anterior. O extinto Projeto nº 6.960/2002 poderia ter tentado corrigir a dicção, mas limitou-se a substituir "adultério" por "infidelidade"; e suprimiu o lapso temporal mínimo para caracterizar o abandono voluntário do lar.

Desse modo, em linhas gerais, qualquer ato que implicasse violação do dever de fidelidade, mútua assistência e convivência poderá lastrear o pedido de separação, devendo o requerente comprovar que tal ato tornara a vida em comum insuportável. Refira-se ao *caput* do artigo.

Destarte, aplicavam-se, em síntese, todas as causas descritas no revogado art. 317, redigido no final do século XIX e revivido pelo art. 1.573. Se levada em conta a culpa, o adultério, porque transgride o dever de fidelidade, viola o casamento. A insuportabilidade da vida em comum devia ser comprovada em cada caso. Nesse diapasão, tinha aplicação o perdão ao adultério e tudo quanto foi examinado a respeito na legislação passada.

Neste Código, com o parágrafo único do art. 1.573, alargaram-se as possibilidades de separação litigiosa. Na ausência de lei regulamentadora da EC nº 66, caberá à jurisprudência afastar sua incidência.

O § 1º do artigo em exame, repetindo norma da Lei do Divórcio, dispõe que o cônjuge também pode pedir a separação se provada a ruptura da vida em comum há mais de um ano consecutivo e a impossibilidade de sua reconstituição.

O § 2º desse mesmo artigo ainda estatui que o cônjuge pode pedir a separação judicial

"*quando o outro estiver acometido de doença mental grave, manifestada após o casamento, que torne impossível a continuação da vida em comum, desde que, após uma duração de dois anos, a enfermidade tenha sido reconhecida de cura improvável*".

A lei anterior a este Código tinha a mesma redação, mas se referia a um período de cinco anos para a duração da moléstia.

1. Separação por ruptura da vida em comum

Ao admitir a possibilidade de separação sem alegação de culpa de qualquer dos cônjuges, como vimos, o legislador aderiu preferencialmente à teoria do divórcio-remédio. A separação era concedida como remédio para uma situação e não como punição. Essa sempre a melhor realidade.

A separação por ruptura da vida em comum há mais de um ano é situação presente em outras legislações, com prazos variados. Trata-se também de separação-remédio que busca solução para situação de fato. Não se declinam as causas. Basta que seja comprovada a ruptura há mais de um ano e a impossibilidade de sua reconstituição. A matéria em eventual contestação fica reduzida e circunscrita. A redação primitiva desse dispositivo na legislação anterior demandava o decurso de prazo mínimo de cinco anos consecutivos. Foi a Lei nº 8.408/1992 que reduziu o lapso para um ano, pois evidentemente o período anterior era excessivamente longo, se comparado às situações que permitem o divórcio.

A lei exigia que o prazo fosse consecutivo, sem interrupções. Lapsos pequenos de abandono do lar, por exemplo, não deviam ser considerados. Examinava-se também a impossibilidade de ser mantido o vínculo. Esse o sentido da "*ruptura*" mencionada na lei. Essa ruptura caracterizar-se-ia pelo distanciamento físico dos cônjuges, cada um fixando residência em local diverso. Pode ocorrer, porém, que permaneçam sob o mesmo teto, mas em situação de ruptura, quer por motivos econômicos, quer para não agravar a situação familiar dos filhos. Por outro lado, a separação de corpos, formalizada por procedimento cautelar, deixava bem nítida a situação.

2. Separação por grave doença mental

Nesse caso, não se trata de hipótese de ruptura da vida em comum, mas da superveniência de moléstia mental de cura improvável. O legislador, porém, entende que essa situação não mereça seu incentivo, tanto que a lei anterior permitia que o juiz indeferisse o pedido. Mantém-se, porém, o ônus descrito no § 3º do artigo em exame.

Por outro lado, a norma teve pequeno alcance, porque com a sistemática da Constituição de 1988, se o casal estiver separado há mais de dois anos, poderá ser requerido o divórcio direto, sem necessidade de ser alegada a causa de moléstia mental do outro cônjuge, superando-se a questão.

O legislador exigiu, nessa hipótese, que concorram os seguintes requisitos: (a) a doença mental grave; (b) sua cura improvável; (c) que tenha sido manifestada após o casamento; (d) que a moléstia perdure por mais de dois anos; (e) que torne impossível a vida em comum. Essencial era o laudo médico para atestar a moléstia mental: psicose, esquizofrenia, oligofrenia e várias outras manifestações. O alcoolismo e a dependência em tóxicos podem caracterizar moléstia mental, dependendo de sua gravidade. De qualquer forma, a manifestação da doença deveria ter ocorrido após o casamento. Moléstia preexistente não pode fundamentar pedido. Nem sempre é fácil para a perícia fixar com exatidão o momento de sua eclosão ou do sério agravamento após o enlace.

Quanto à guarda dos filhos, ficarão eles na companhia do cônjuge que tivesse condições de assumir normalmente a responsabilidade de sua guarda e educação, noção do art. 12 da lei anterior, que se amolda ao art. 1.584 deste Código. Nessa matéria, porém, como sempre realçamos, é amplo o poder discricionário do juiz que deveria atentar para a segurança e bem-estar dos menores, podendo dispor segundo as circunstâncias exigidas pelo caso concreto.

3. Efeitos patrimoniais na forma do § 3º

Esse dispositivo procura desencorajar o cônjuge a requerer a separação com base no § 2º (acometimento de moléstia mental grave):

> "No caso do parágrafo 2º, reverterão ao cônjuge enfermo, que não houver pedido a separação judicial, os remanescentes dos bens que levou para o casamento, e se o regime dos bens adotado o permitir, a meação dos adquiridos na constância da sociedade conjugal."

No sistema da lei anterior a este Código, de forma injustificável, o dispositivo também se aplicava à separação por ruptura da vida em comum.

O intuito do legislador foi duplo nesse dispositivo, aliás, também plenamente dispensável. De um lado procurou-se desencorajar o cônjuge a pedir a separação e, de outro, buscou-se proteger aquele que não tomou a iniciativa. A noção é que, em tese, quem pedisse a separação porque o outro cônjuge está acometido de moléstia mental procura fugir ao dever de assistência moral do casamento. No entanto, a realidade na maioria das vezes é bem outra e dispensa maiores digressões. A lei procurou punir o cônjuge requerente, protegendo o outro com tudo o que remanescer dos bens que trouxe para o casamento, além de sua meação.

Se a solução, em tese, era moralmente admissível na hipótese de moléstia mental, não possuía mesmo razão de existir na situação de ruptura da vida em comum por mais de um ano. Não havia por que apenar o cônjuge que pleiteia a separação quando o casamento está definitivamente falido e a própria lei não exige outra causação. Por isso, esse dispositivo restringiu essa aplicação apenas à hipótese de separação no caso de moléstia mental grave.

A norma foi, na prática, de pequeno alcance, porque aplicada apenas no caso do regime de comunhão universal de bens. Nesse caso, a comunicabilidade não se aplicaria aos bens remanescentes que o cônjuge demandado trouxe para o casamento. Quando o regime for da comunhão parcial, da comunhão final de aquestos ou da separação, cada cônjuge conservava seu patrimônio distinto. Os aquestos comunicavam-se na constância do casamento, o que diminuiu sensivelmente o alcance dessa norma.

📖 Enunciado nº 100, I Jornada de Direito Civil – CJF/STJ: na separação, recomenda-se apreciação objetiva de fatos que tornem evidente a impossibilidade da vida em comum.

📖 Enunciado nº 122, Proposta de modificação do novo Código Civil, I Jornada de Direito Civil – CJF/STJ: proposição sobre o art. 1.572, caput: proposta: dar ao art. 1.572, caput, a seguinte redação: "Qualquer dos cônjuges poderá propor a ação de separação judicial com fundamento na impossibilidade da vida em comum".

Art. 1.573. Podem caracterizar a impossibilidade da comunhão de vida a ocorrência de algum dos seguintes motivos:
I – adultério;
II – tentativa de morte;
III – sevícia ou injúria grave;
IV – abandono voluntário do lar conjugal, durante um ano contínuo;
V – condenação por crime infamante;
VI – conduta desonrosa.
Parágrafo único. O juiz poderá considerar outros fatos que tornem evidente a impossibilidade da vida em comum.

Como temos realçado, a EC nº 66/2010, ao excluir a separação judicial de nosso ordenamento, extirpou toda e qualquer noção de culpa no desfazimento voluntário da união matrimonial. Desse modo, a temática presente neste dispositivo não deve ter aplicação como caracterização de culpa no divórcio, pois culpa não mais se discute. Há que se entender que poderá servir de orientação para questões laterais no divórcio e na separação de fato e da união estável, como alimentos e nome dos separados, por exemplo.

No exame da impossibilidade da vida em comum há que se examinar a conduta desonrosa ou grave violação dos deveres do casamento por parte dos cônjuges. Com a dicção referida, defere-se o poder discricionário do juiz na avaliação da separação por culpa de um dos cônjuges. Cabe ao magistrado, em cada caso concreto, definir se houve "*conduta desonrosa*" ou "*grave violação dos deveres do casamento*". Em qualquer hipótese, deve também estar comprovado que os fatos tornaram "*insuportável*" a vida em comum. Não resta dúvida de que a farta jurisprudência anterior servirá de base para as hipóteses do art. 1.573.

No exame do adultério, infringência a dever elementar no casamento, é examinado se houve perdão eficaz e há insuportabilidade da situação para o cônjuge inocente. A sevícia é por si só grave e raramente não será insuportável para o inocente. A injúria grave dependerá fortemente do caso concreto, do nível social e cultural do casal. A jurisprudência fornece os contornos dessas faltas.

O inciso IV condiciona o abandono do lar conjugal durante um ano contínuo. Como vimos, o juiz poderá não levar em conta o prazo mínimo, mas é a irremediabilidade da situação. Um curto espaço de abandono, por vezes, pode configurar a perda definitiva da *affectio maritalis*. A definição caberá ao juiz no caso concreto.

Com frequência, muitas situações de rompimento da vida conjugal por culpa, adultério, bigamia, ofensas físicas, abandono moral e material, alcoolismo etc. ocasionam dano moral ao cônjuge inocente, abrindo margem à pretensão de indenização nos termos do art. 186, não havendo necessidade de norma específica para tal.

O requisito da insuportabilidade da vida em comum recebe críticas e torna o pedido de separação instável. São oportunas as palavras de Sílvio Rodrigues (1999, p. 221):

> "Essa exigência, a meu ver, é má, não só porque impõe ao autor da demanda o ônus de provar a subsequente insuportabilidade da vida em comum, como também porque abre para o réu a possibilidade de contestar o feito com a alegação de que seu adultério, ou injúria irrogada contra o seu consorte, ou sevícia de que foi vítima, não tornaram a vida em comum insuportável."

Era de toda conveniência que esse texto legal fosse reformulado. A infindável discussão por vezes instalada no processo acerca da insuportabilidade da vida em comum é inócua e inconveniente, para os cônjuges e para a prole. Impõe-se que a EC nº 66 seja regulamentada, pois muitas dúvidas surgirão.

Enunciado nº 123, Proposta de modificação do novo Código Civil, I Jornada de Direito Civil – CJF/STJ: proposição sobre o art. 1.573: proposta: revogar o art. 1.573. (Prejudicado pelo En. 254 da III Jornada).

Enunciado nº 254, III Jornada de Direito Civil – CJF/STJ: formulado o pedido de separação judicial com fundamento na culpa (art. 1.572 e/ou art. 1.573 e incisos), o juiz poderá decretar a separação do casal diante da constatação da insubsistência da comunhão plena de vida (art. 1.511) – que caracteriza hipótese de "outros fatos que tornem evidente a impossibilidade da vida em comum" – sem atribuir culpa a nenhum dos cônjuges.

Ação de separação litigiosa. Fundamento constitucional da dignidade da pessoa humana (art. 1º, III, da CF). Culpa pelo desate. Irrelevância. Art. 1.573, parágrafo único, do CC/2002. Decreto por impossibilidade de convívio comum. Concessão de alimentos à filha do casal. Binômio necessidade *x* possibilidade. Majoração da verba que se impõe na hipótese. Partilha de bem imóvel. Divisão de valores correspondente ao período de pagamento conjunto das prestações. Respeito a quota parte do capital integralizado posteriormente apenas pela cônjuge. Recurso parcialmente provido. Atualmente é irrelevante a avaliação da culpa para justificar o desate do casamento. A Constituição Federal presa a dignidade da pessoa humana (art. 1º, III), e o art. 1.573 do Código Civil autoriza o juiz a levar em conta quaisquer outros elementos que denotem a impossibilidade de convívio comum. Reconhecida maior capacidade econômica por quem tem o dever de prestar alimentos à prole, mesmo num contexto de renda comissionada variável, e já sopesada a existência de filha de outra união, a majoração da verba alimentar conferida em primeiro grau é medida que se impõe. Na divisão de imóvel adquirido por esforço comum, de maneira financiada, deve-se separar o aporte de capital encetado apenas pela cônjuge virago após a resolução de fato da união, repassando-se ao ex-marido a metade do restante outrora integralizado (TJSC – Acórdão: Apelação Cível nº 2010.036002-4, 7-6-2011, Rel. Des. Maria do Rocio Luz Santa Ritta).

Art. 1.574. Dar-se-á a separação judicial por mútuo consentimento dos cônjuges se forem casados por mais de um ano e o manifestarem perante o juiz, sendo por ele devidamente homologada a convenção. Parágrafo único. O juiz pode recusar a homologação e não decretar a separação judicial se apurar que a convenção não preserva suficientemente os interesses dos filhos ou de um dos cônjuges.

Desaparecida a separação judicial, em que pese a posição contrária de alguns, entende-se como simplesmente derrogado este artigo após a Emenda Constitucional nº

66/2010. Mantenho o texto a seguir por ora, dado o seu valor histórico. Há quem ainda defenda, mesmo nos tribunais, a manutenção da separação judicial em nosso ordenamento. Parece-nos sem sustentação legal e inútil.

LEITURA COMPLEMENTAR

De acordo com o presente artigo, é permitida a separação judicial por mútuo consentimento se os cônjuges forem casados há mais de um ano. É regra geral nas legislações um período mínimo de casamento para ser permitida a separação-remédio. Trata-se de um período de prova; o legislador aguarda um prazo inicial do casamento para acomodação e compreensão da vida em comum, não permitindo que um açodamento possa jogar por terra o matrimônio nos primeiros meses ou anos de convivência.

É essencial que na separação os cônjuges preservem suficientemente os direitos recíprocos e dos filhos, cabendo ao juiz apurar o fato no caso concreto, rejeitando a homologação, se isso não for atendido.

De acordo com o § 2º do art. 3º da Lei nº 6.515/1977, a lei impunha ao juiz o dever de

"promover todos os meios para que as partes se reconciliem ou transijam, ouvindo pessoal e separadamente cada uma delas e, a seguir, reunindo-as em sua presença, se assim considerar necessário".

Repete o que já constava da Lei nº 968/1949, relativa às ações de desquite e de alimentos. Os princípios continuam plenamente aplicáveis. A tentativa de conciliação é um dever do juiz. Difícil, porém, que o casal se reconcilie nessa fase, quando já ingressou com pedido judicial. Melhor será que tenhamos um ordenamento para a mediação, a quem devem ser atribuídas as tarefas de tentativas de harmonização ou rompimento definitivo entre os cônjuges dissidentes. A mediação deve converter-se em etapa necessária do processo de conciliação.

Essa audiência em juízo é sigilosa, a qual buscará a reconciliação do casal. Na verdade, a disposição é piegas. O juiz não é conselheiro conjugal e nem sempre está preparado para tal. Bem apropriado é o comentário de Sílvio Rodrigues (1999, p. 211): *"A ideia de impor ao juiz o encargo de exercer uma pressão sobre a vontade das partes, no sentido de reconciliá-las, é totalmente descabida, pois o juiz não é conselheiro sentimental."* Ademais, quando os cônjuges chegam às portas do Judiciário, já pensaram e repensaram no ato que irão praticar. Raríssimas são as situações nas quais os juízes atingem a "reconciliação" do casal. Na maioria das vezes, a função conciliadora do magistrado será importante para aparar as arestas da separação, mormente no tocante à partilha do patrimônio e importantíssima no tocante ao resguardo e proteção da pessoa dos filhos menores. Aqui, sim, fica realçado o papel conciliador do juiz.

Acresce ainda o citado § 3º que, após a oitiva e entrevista dos cônjuges, se estes pedirem, *"os advogados deverão ser chamados a assistir aos entendimentos e deles participar".* Também quanto aos advogados, seu maior papel nessa fase será a harmonização dos direitos dos cônjuges após a separação. Àquela altura, com a ação no tribunal, certamente já foram frustradas as tentativas de conciliação. Nem sempre, porém, os advogados compreendem bem seu papel nesse aspecto. Ao advogado de questões de família, assim como ao juiz, exigem-se características e dons pessoais que transcendem os meros conhecimentos jurídicos. Pouco existe de Direito na fixação de pensão e na regulamentação do direito de visita aos filhos menores, e muito deve existir de psicologia, desprendimento pessoal e respeito ao semelhante. Por tudo isso, como apontamos, é que avulta a importância da mediação prévia em matéria de questões de família, que a lei deve tornar obrigatória. Há projetos nesse sentido.

Compete ao Ministério Público intervir nas causas referentes ao estado das pessoas e ao casamento (art. 178, II, do CPC). Desse modo, é obrigatória sua participação nas ações de separação e divórcio, em todas as modalidades e em todas as instâncias, sob pena de nulidade. No tocante aos réus revéis, citados por edital, não mais atua o Ministério Público porque foi extinta a Curadoria de Ausentes e Incapazes. Nesse caso, a defesa do revel será exercida pela Procuradoria de Assistência Judiciária ou por curador especialmente nomeado pelo juiz. A intervenção do Ministério Público será exclusivamente como fiscal da lei.

A lei citada não menciona a necessidade de tentativa de conciliação nas ações de divórcio, seja direto, seja por conversão, certamente porque na separação anterior já se tenha suplantado essa fase e no divórcio direto porque basta a prova de dois anos de separação de fato. No entanto, nada impede, antes se recomenda, que ocorra audiência de conciliação sempre que houver situações patrimoniais e de guarda dos filhos a resolver, obedecendo-se às regras gerais dos arts. 334 do CPC. Na separação consensual, a audiência prévia de conciliação era prevista no art. 1.122 do CPC/1.973. Esta dicção não mais persiste no CPC/2015. Se o juiz entender inviável a reconciliação, convencendo-se que os cônjuges agem livremente e sem hesitações, mandará tomar por termo as declarações e homologará a separação, após a oitiva do Ministério Público. Caso contrário, designará nova data, com 15 a 30 dias de intervalo, para ratificação do pedido. Nesse ínterim, a petição fica sob a guarda do juízo, ainda sem registro.

1. Processo de divórcio por mútuo consentimento. Possibilidade de realização por escritura pública

O processo é disciplinado pelo art. 34 da Lei nº 6.515/1977 e pelos arts. 731 a 733 do CPC. A Lei nº 11.441/2007 acrescentou o art. 1.224-A (art. 733 do CPC/2015). Esse mais recente dispositivo possibilita a realização da antiga separação consensual e do divórcio consensual, não havendo filhos menores ou incapazes do casal, por escritura pública. Essa alteração era reclamada de há muito, pois não há mesmo necessidade de intervenção judicial se os cônjuges estão de pleno acordo. Se há filhos menores ou incapazes do casal, a intervenção judicial se justifica de *per si*, para a proteção ampla deles. As partes podem valer-se da escritura pública se preencherem os requisitos. Trata-se de uma faculdade, como aponta o texto legal. Esse é o grande trunfo dessa norma, principalmente porque as escrituras públicas de inventário e partilha, separação e divórcio consensuais não dependem de homologação e são títulos hábeis para o registro civil e o registro imobiliário.

A Resolução nº 35/2007, do Conselho Nacional de Justiça, este assumindo papel do Congresso Nacional, regulamentou essa mais recente lei, reformulando-a por resolução de 2020.

Se já proposta ação judicial, os cônjuges podem a qualquer momento optar pela escritura, podendo suspender o processo por 30 dias ou desistir da via judicial.

Nessa escritura deverão constar as disposições relativas à descrição e à partilha dos bens comuns e à pensão alimentícia, e, ainda, o acordo quanto à retomada pelo cônjuge de seu nome de solteiro ou à manutenção do nome adotado quando se deu o casamento. A escritura, como já se afirmou, não depende de homologação judicial e constitui título hábil para o registro civil e o registro de imóveis. Note-se que, com a nova sistemática, que também permite o inventário judicial por escritura pública, avulta a importância dos notários e registradores, que devem estar cientes de sua nova e ampla atividade em prol da sociedade. Os estudos devem se firmar em matéria tão recente, mas, a nosso ver, pode até ser possível que os cônjuges discordem sob algum aspecto da separação e não da separação em si, e assim deixem para resolver na via judicial a questão do nome, por exemplo, ou mesmo a partilha, que pode ser realizada posteriormente. Todavia, o texto expresso da lei não permite essa interpretação elástica, mas de elevado alcance social.

O tabelião, conforme os princípios gerais, somente lavrará a escritura se os interessados estiverem assistidos por advogado comum ou advogados de cada um deles, cuja qualificação e assinatura constarão do ato notarial. A medida nos parece salutar. Interessante notar, nesse diapasão, que se os interessados forem ambos advogados, poderão atuar em causa própria, mas se apenas um deles o for, o outro deverá necessariamente estar representado por outro advogado. A importância e a responsabilidade do advogado ficam sumamente realçadas nessa sua atividade, uma vez que se dispensa a presença do magistrado e do membro do Ministério Público. Compete ao advogado esclarecer todas as dúvidas dos interessados, função que também pode e deve ser exercida pelo cartorário. A Resolução citada aponta ser vedado ao tabelião indicar advogado às partes. Essa falta funcional nem sempre é fácil de ser provada na prática. É importante que haja constante fiscalização sobre os cartórios. Se as partes não dispuserem de condições econômicas para contratar advogado, o tabelião deverá recomendar-lhes a Defensoria Pública, onde houver, ou, na sua falta, a Seccional da Ordem dos Advogados do Brasil).

Embora a lei não o diga, parece claro que tanto o divórcio direto como aquele por conversão, que fica mantido para as separações anteriores à Emenda Constitucional nº 66/2010, podem ser realizados por escritura. O fato de a separação ter-se realizado em juízo não impede que a conversão seja extrajudicial e vice-versa. A ideia do legislador foi simplificar; não há por que o intérprete complicar. A Resolução nº 35 foi expressa nesse sentido.

Para o divórcio direto havia necessidade de dois anos de separação. Tratava-se de uma questão de fato e podia não estar muito clara na documentação apresentada pelos cônjuges. Devia o tabelião observar se o casamento fora realizado há mais de dois anos e a prova documental da separação, podendo colher depoimento de testemunha, que consignaria na própria escritura. Caso o notário se recuse a lavrar a escritura, deverá formalizar a respectiva nota, desde que haja pedido das partes para tal. Trata-se, sem dúvida, de um alargamento das atribuições do notário. Com o divórcio agora singelamente presente em nosso ordenamento, simplificaram-se as formalidades, inclusive dessas escrituras públicas.

Embora muitos entendam que os cônjuges possam se fazer representar por procurador, não parece ser essa a intenção da lei, mormente porque o art. 1.122 do CPC/1.973 exigia a presença deles. Esta dicção não está presente no CPC/2015. Não é, no entanto, o que estabeleceu o Conselho Nacional de Justiça, que foi expresso em permitir a representação por mandatário, constituído por instrumento público com poderes especiais, descrição das cláusulas essenciais e prazo de validade de 30 dias. Abre-se aí, portanto, mais uma facilidade para a separação e o divórcio consensuais, embora uma resolução não possa se sobrepor a uma lei.

Não havendo bens a serem partilhados na escritura, distinguir-se-á o patrimônio de cada cônjuge do que é patrimônio comum do casal, conforme o regime de bens. Isso deve constar da escritura, com a descrição dos bens.

Enunciado nº 515, V Jornada de Direito Civil – CJF/STJ: pela interpretação teleológica da Emenda Constitucional nº 66/2010, não há prazo mínimo de casamento para a separação consensual.

Enunciado nº 516, V Jornada de Direito Civil – CJF/STJ: na separação judicial por mútuo consentimento, o juiz só poderá intervir no limite da preservação do interesse dos incapazes ou de um dos cônjuges, permitida a cindibilidade dos pedidos com a concordância das partes, aplicando-se esse entendimento também ao divórcio.

Apelação cível – **Pedido de separação judicial por mútuo consentimento**, posteriormente convertido em divórcio consensual. Preliminares de intempestividade da irresignação e de falta de interesse rejeitadas. Homologação do acordo por sentença. Pleito de realização de audiência de ratificação não acolhido pela magistrada a quo. Imprescindibilidade. Filho menor. Art. 1.122 do Código de Processo Civil. Nulidade da sentença. Recurso conhecido e provido (*TJSC* – AC 2011.079219-0, 28-3-2012, Rel. Des. Subst. Odson Cardoso Filho).

Art. 1.575. A sentença de separação judicial importa a separação de corpos e a partilha de bens.
Parágrafo único. A partilha de bens poderá ser feita mediante proposta dos cônjuges e homologada pelo juiz ou por este decidida.

Este artigo também está inoperante após a EC nº 66/2010. A separação judicial importava na separação de corpos e na partilha de bens. A partilha poderia ser feita posteriormente, como pode também ser feita posteriormente ao divórcio. A separação judicial, não rompendo completamente o vínculo matrimonial, era um passo antecedente para que isso ocorresse posteriormente, com sua conversão em divórcio, a qual, todavia, não era medida antecedente obrigatória. A posição conservadora do legislador manteve as duas formas, separação e divórcio, como examinamos. Nessa altura de nossa história jurídica, não mais se justificava a coexistência de ambos os institutos. Outro grande passo será dado no futuro com a conciliação e mediação obrigatória nas hipóteses de separação judicial e divórcio. O art. 315 do Código de 1916 fora basicamente repetido pelo parágrafo único do art. 2º da Lei nº 6.515/1977, segundo o qual *"o casamento válido somente se dissolve pela morte de um dos cônjuges ou pelo divórcio"*. O termo *válido* no dispositivo referia-se aos casos de nulidade absoluta ou relativa do casamento. A sentença que decretasse a separação judicial não impedia que se questione a nulidade ou anulação do casamento, pois persiste o interesse jurídico para essa pretensão. Nada impede que se cumule o pedido de anulação ou nulidade com o de separação, como pedidos sucessivos.

Enunciado nº 255, III Jornada de Direito Civil – CJF/STJ
Não é obrigatória a partilha de bens na separação judicial.

Art. 1.576. A separação judicial põe termo aos deveres de coabitação e fidelidade recíproca e ao regime de bens.
Parágrafo único. O procedimento judicial da separação caberá somente aos cônjuges, e, no caso de incapacidade, serão representados pelo curador, pelo ascendente ou pelo irmão.

Há que se entender que esse artigo será compreendido como referente ao divórcio, em face da Emenda Constitucional nº 66/2010. A extinta separação judicial, o antigo desquite, dissolve a sociedade conjugal sem desfazer o vínculo. Os desquitados ou separados judicialmente prosseguem com o vínculo, embora a sociedade conjugal tenha sido dissolvida. Os que ainda estiverem sob esse estado quando da EC devem, da mesma forma, convertê-lo em divórcio, enquanto não tivermos lei regulamentadora que possa alterar a situação. Com a separação judicial desaparecem vários efeitos do casamento e outros terão seu conteúdo modificado. Sem a melhor redação, esse era o sentido do art. 3º da Lei nº 6.615/1977: *"A separação judicial põe termo aos deveres de coabitação, fidelidade recíproca e ao regime matrimonial de bens, como se o casamento fosse dissolvido."*

Passados tantos anos da introdução do divórcio entre nós, já não mais se sustentava essa dicotomia, separação e divórcio. Suprimida definitivamente a separação, permite-se aos cônjuges que recorram sistemática e diretamente ao divórcio.

O projeto do Estatuto das Famílias traz dispositivo expresso acerca da separação de fato, mencionando que esta põe termo aos deveres conjugais e ao regime de bens (art. 56), algo há muito reclamado pela doutrina e sufragado quase unanimemente pela jurisprudência.

Sob esse prisma, dispôs o art. 1.576. Já o extinto Projeto nº 6.960/2002 propôs outra redação a esse dispositivo: *"A separação judicial e o divórcio põem termo aos deveres conjugais recíprocos, salvo as disposições em contrário constantes deste Código."* De fato, não somente a separação, mas principalmente o divórcio, põe fim aos deveres recíprocos entre os consortes, permanecendo alguns, como é o caso dos alimentos.

A legitimidade para a propositura da separação judicial, assim como para o divórcio, é personalíssima dos cônjuges. Ninguém mais do que eles terá capacidade de compreender o ato da separação. Nesse sentido, pontua o parágrafo único. A mesma ideia mantém-se quanto ao pedido de divórcio (art. 1.582).

A lei limita o número de parentes que podem intervir representando o cônjuge incapaz: somente o ascendente e o irmão. Na realidade, o caso não é de representação, mas de substituição processual. Os descendentes e os demais colaterais não terão capacidade para substituí-lo nessa ação.

Art. 1.577. Seja qual for a causa da separação judicial e o modo como esta se faça, é lícito aos cônjuges restabelecer, a todo tempo, a sociedade conjugal, por ato regular em juízo.
Parágrafo único. A reconciliação em nada prejudicará o direito de terceiros, adquirido antes e durante o estado de separado, seja qual for o regime de bens.

O estado de separação judicial, para aqueles que ainda estiverem nesse estado, qualquer que seja sua causa e o modo utilizado, admite o restabelecimento do estado de casados porque não houve rompimento definitivo do vínculo conjugal. O art. 46 da Lei nº 6.515/1977 determina que requerimento nesse sentido seja feito nos autos da ação de separação. A norma é processual e continua, em princípio, em vigor. Quando se tratar de separação efetivada por escritura pública, há de se concluir que o pedido deve ser instruído com a respectiva certidão. O casamento é restabelecido nos mesmos termos em que foi constituído, mantido, portanto, idêntico regime de bens. Para que ocorra a modificação do regime de bens, segundo este Código, há necessidade de que os cônjuges façam pedido nesse sentido, justificando a necessidade (art. 1.639, § 2º). Essa é uma das hipóteses em que pode efetivamente ocorrer necessidade de alteração do regime patrimonial. Competirá ao juiz defini-la no caso concreto.

Note que o divórcio secciona definitivamente o vínculo matrimonial e somente novo casamento poderá restabelecê-lo.

Acrescenta o parágrafo único desse artigo que a reconciliação não prejudicará os direitos de terceiros adquiridos antes e no interregno da separação, não importando qual seja o regime de bens. Portanto, serão válidas as alienações de bens efetuadas nesse período. Por outro lado, os bens adquiridos no interregno não se comunicam a menos que o regime seja o da comunhão universal.

A reconciliação deve ser averbada junto ao assento da separação, averbando-se também está no registro de casamento, caso ainda não o fora. Com a reconciliação, a partilha ficará sem efeito, reassumindo-se o regime de bens, preservado o direito de terceiros.

Art. 1.578. O cônjuge declarado culpado na ação de separação judicial perde o direito de usar o sobrenome do outro, desde que expressamente requerido pelo cônjuge inocente e se a alteração não acarretar:
I – evidente prejuízo para a sua identificação;
II – manifesta distinção entre o seu nome de família e o dos filhos havidos da união dissolvida;
III – dano grave reconhecido na decisão judicial.
§ 1º O cônjuge inocente na ação de separação judicial poderá renunciar, a qualquer momento, ao direito de usar o sobrenome do outro.
§ 2º Nos demais casos caberá a opção pela conservação do nome de casado.

A separação judicial, extinta pela EC nº 66 faz com que perca aplicabilidade o presente dispositivo. As situações devem ser examinadas sob esse prisma, cabendo aos tribunais estabelecer os paradigmas, enquanto não tivermos lei regulamentadora. A noção de culpa no desfazimento do casamento deve ser afastada tanto quanto possível.

Após a lei que regulou do divórcio, no casamento a mulher possuía a faculdade de acrescer a seus o apelido do marido (art. 240, parágrafo único). Tratava-se de faculdade e não mais de uma imposição, como na norma anterior, original do Código Civil. Na Lei do Divórcio, a solução quanto a seu nome variava, dependendo se a separação era amigável ou não. De acordo com o art. 17, vencida a mulher na ação de separação judicial, voltaria a usar o nome de solteira. A mesma solução ocorreria se a mulher tomasse a iniciativa da separação com fundamento nos §§ 1º e 2º do art. 5º (ruptura da vida em comum há mais de um ano e grave doença mental do marido, manifestada após o casamento, que tornasse insuportável a continuação da convivência conjugal, após cinco anos de duração e improbabilidade de cura). De acordo com o art. 18, a mulher poderia renunciar a qualquer momento ao direito de usar o nome do marido, se fosse vencedora na ação de separação com fundamento no art. 5º.

Em qualquer situação, optando por voltar a utilizar o nome precedente, tal decisão seria definitiva, não admitindo retratação. Na separação consensual, a questão do nome dependeria também do acordo formalizado pelo casal. Mantendo o nome de casada, poderia ela a qualquer momento optar pelo retorno a seu nome anterior.

Na conversão da separação em divórcio, estatuía o parágrafo único do art. 25 da Lei do Divórcio, conforme redação trazida pela Lei nº 8.408/1992, que a sentença determinaria que a mulher voltaria a usar o nome anterior ao matrimônio, só conservando o apelido do marido se a alteração lhe acarretasse prejuízos na identificação ou manifesta distinção entre seu nome de família e o dos filhos havidos nessa união, bem como dano grave reconhecido em decisão judicial. As situações eram casuísticas e foram repetidas nesse artigo. Desse modo, a manutenção do nome de casada pela mulher divorciada ou do cônjuge divorciado, em geral, no mais recente Direito é vista como exceção, que dependerá sempre, em última análise, de decisão judicial. Essa restrição ao uso do nome de casada pela mulher que se divorcia é aplicável tanto no divórcio por conversão quanto no divórcio direto, embora a lei anterior parecesse referir-se apenas à primeira hipótese, pois o dispositivo estava colocado em parágrafo referente à conversão. Não há razão alguma para a distinção, pois a natureza do desenlace é absolutamente idêntica. Tratava-se de manifesta deficiência de técnica legislativa.

Este Código, no afã de equilibrar os direitos do homem e da mulher, como vimos, permite que qualquer dos cônjuges acrescente ao seu o sobrenome do outro cônjuge (art. 1.565, § 1º), embora dificilmente ocorra que o homem assuma o nome da esposa, por nosso costume. Atualmente, há que se falar em questões relativas ao nome dos cônjuges casados ou divorciados e não unicamente em nome da mulher casada ou divorciada. No mais, foram mantidos neste Código, em princípio, as mesmas situações do direito anterior com relação ao nome dos separados e divorciados.

Desse modo, a regra geral, qual seja, a perda do direito ao uso do nome do outro cônjuge, pode ocorrer quando o interessado for declarado culpado na ação de separação judicial. Com o desaparecimento da separação judicial, desaparece o exame de culpa, devendo as questões de nome serem decididas de forma pontual. Não bastava, porém, o simples reconhecimento de culpa. A perda do sobrenome só poderá ocorrer, primeiramente, se houve pedido nesse sentido pelo cônjuge inocente. Não bastasse isso, no caso concreto o juiz deveria examinar as hipóteses dos três incisos do artigo, questões que dependem de prova e deverão ser controvertidas na ação de separação. Na verdade, conclui-se que o cônjuge, embora culpado pela separação, somente perderia o direito ao nome quando isso não lhe acarretasse prejuízo. Não é uma solução que se afigura justa, mormente porque o cônjuge, para ser considerado culpado, teve conduta grave com relação ao cônjuge inocente, conforme a descrição do art. 1.573.

Assim, não perderá o sobrenome se houver evidente prejuízo para sua identificação. Imagina-se, nesse caso, por exemplo, a situação de um ator ou escritor que tenha granjeado fama com o sobrenome do outro cônjuge. Essa perda do sobrenome também poderia inserir-se no dano econômico grave, descrito no inciso III. No inciso II, o cônjuge culpado pela separação poderá manter o sobrenome se sua supressão acarretar manifesta distinção entre seu nome e o dos filhos havidos da união dissolvida. Não é fácil imaginar *a priori* quando isso possa ocorrer.

O cônjuge inocente (aspecto que não pode mais ser levado em conta) poderá manter o sobrenome do outro, podendo renunciar a ele, porém, a qualquer momento (art. 1.578, § 1º). Acrescenta o § 2º que nos demais casos o cônjuge poderá optar pela conservação do nome de casado.

Quando do divórcio direto ou da conversão, o cônjuge poderá manter o nome de casado, salvo se diferentemente disposto na sentença de separação judicial (art. 1.571, § 2º). Conclui-se, portanto, que, não dispondo diferentemente a sentença, nem o acordo dos cônjuges na separação ou divórcio, pode o consorte manter o sobrenome do outro.

A solução de a mulher divorciada, e agora o cônjuge em geral, poder manter o sobrenome do outro nunca nos foi muito simpática, em que pese franca corrente doutrinária em contrário. O divórcio representa o rompimento completo do vínculo do casamento e a manutenção do sobrenome somente poderia ser admitida, por exceção, quando sua supressão representasse efetivamente um prejuízo para a pessoa no campo negocial. Basta avaliar a situação do cônjuge divorciado que se recasa, e se sujeitará a ter duas mulheres (ou dois homens) com seu sobrenome, o que socialmente se nos afigura totalmente inconveniente.

De qualquer forma, concluímos que, se a lei admitia lide para resolver a questão do nome da mulher (ou do cônjuge) nessas premissas, nada impede que seja homologada a conversão da separação em divórcio, com as partes concordando com a manutenção do nome de casado do cônjuge, independentemente de ser declinada uma das causas descritas no dispositivo. Há, porém, quem entenda que, mesmo nesse caso, deverá ser justificada a manutenção do nome dentro de uma das três descrições legais. De qualquer modo, declinada a causa sem maiores digressões no pedido, cumpre ao juiz decretar o divórcio. A qualquer momento, porém, a mulher ou o marido poderá optar por suprimir o uso do patronímico do ex-esposo. A experiência demonstra, todavia, que na maioria dos casos a mulher opta por suprimir o nome do marido tanto nas separações como no divórcio. As mesmas disposições acerca do nome da mulher são válidas para o divórcio direto, porque tecnicamente imprópria a colocação do dispositivo em parágrafo concernente à conversão.

Esta é uma das questões que devem ser dirimidas por lei que regulamente a EC nº 66/2010.

Enunciado nº 124, Proposta de modificação do novo Código Civil, I Jornada de Direito Civil – CJF/STJ. Proposição sobre o art. 1.578: proposta: alterar o dispositivo para: "Dissolvida a sociedade conjugal, o cônjuge perde o direito à utilização do sobrenome do outro, salvo se a alteração acarretar:

I – evidente prejuízo para a sua identificação;

II – manifesta distinção entre o seu nome de família e o dos filhos havidos da união dissolvida;

III – dano grave reconhecido na decisão judicial".

E, por via de consequência, estariam revogados os §§ 1º e 2º do mesmo artigo.

Retificação de registro civil. Supressão do sobrenome do marido, com permanência do vínculo conjugal. 1. Preliminar de cerceamento de defesa afastada. Questão de direito, não havendo necessidade de produção de prova oral em audiência. 2. Alteração de nome deve ser excepcional e motivada. Art. 57, *caput*, da Lei 6.015/73. Exceção no tocante à inclusão ou supressão de sobrenome do cônjuge por ocasião da celebração do casamento ou da dissolução do vínculo conjugal. Art. 1.565, § 1º, do CC. Somente se exige motivação no caso de manutenção do sobrenome do cônjuge inocente pelo cônjuge culpado. Art. 1.578 do CC. Possibilidade de exercício da opção pela inclusão do sobrenome do cônjuge a qualquer momento, enquanto perdure o vínculo conjugal. Precedente do STJ. Possibilidade de supressão do sobrenome do cônjuge após a celebração do casamento, mesmo com a subsistência do vínculo conjugal, por analogia. A lei autoriza expressamente a supressão do sobrenome do companheiro, exigindo apenas o requerimento da parte interessada, ouvida a outra. Art. 57, §§ 1º a 5º, da lei 6.015/73. Concordância do marido da autora. Acolhimento do pedido. 3. Recurso provido (*TJSP* – Ap. 1080312-15.2015.8.26.0100, 9-10-2017, Rel. Mary Grün).

📎 Direito de família. Divórcio direto. **Dissolução da sociedade conjugal**. Decretação. Patrimônio comum. Partilha. Regime de bens. Comunhão universal. Alcance. Bens transcritos em nome dos cônjuges e adquiridos antes da formalização da ruptura da vida comum. Nome da virago. Adoção do patronímico do marido. Preservação. Identificação profissional e social. Opção. Preservação. Incidente de insanidade. Formulação. Interseção na lide principal. Insubsistência. Nulidade. Inocorrência. 1. A formulação de cautelar nominada de incidente de sanidade pela cônjuge virago na data em que fora prolatada a sentença que resolvera a ação de divórcio intentada pelo varão é impassível de interceder na marcha procedimental ou impregnar qualquer vício à sentença, à medida que, abstraída a ilegitimidade da cônjuge separada de fato para aviar a pretensão cautelar transubstanciada de pedido de interdição, o que é corroborado pelo intento que manifestara, que é de impregnar dúvida sob a higidez dos negócios empreendidos pelo marido, e não tutelar seus interesses e pessoa, é impassível de irradiar qualquer efeito na resolução da ação de estado, pois a interdição, ainda que decretada, não irradia efeitos *ex tunc*. 2. O novo Código Civil, alterando o paradigma anteriormente firmado, estabelecera que, não se cogitando de culpa como pressuposto para a afirmação da dissolução da vida conjugal através do divórcio, a preservação do nome de casado é opção assegurada ao cônjuge, não consubstanciando efeito anexo lógico da sentença que decreta a separação ou o divórcio nem reclamando opção justificada na forma anteriormente regulada (artigos 1.571, § 2º, e 1.578, § 2º, ambos do CC), resultando que, em tendo a cônjuge virago optado por permanecer usando o patronímico do marido por ter se incorporado à personalidade, identificando-a no meio social e profissional em que convive, a opção deve ser materializada. 3. A celebração do negócio jurídico traduzido no casamento sob o regime da comunhão universal de bens determina que todos os bens antecedentes ao vínculo, os adquiridos na constância do relacionamento e os desembolsos realizados com ou em razão dos bens integrantes do acervo comum sejam, até que venha a ser formalmente dissolvido, agregados ao monte partilhável e divididos igualitariamente entre os cônjuges como corolário da dissolução da vida em comum, devendo ser apreendidos como integrantes do acervo comum os bens que se encontram transcritos em nome dos cônjuges no momento da decretação da dissolução do vínculo. 4. Inviável a resolução no bojo da ação de estado de pretensão atinada com o reconhecimento de sonegação ou dilapidação de patrimônio comum, notadamente quando encerra a inserção no monte de bens transcritos em nome de terceiros, intuito que, à vista da litigiosidade estabelecida sobre o patrimônio partilhável,

deverá ser postulado em procedimento próprio e com observância do devido processo legal, deve o monte partilhável, sob essa moldura, ser modulado de conformidade com os títulos de propriedade exibidos. 5. Apelações conhecidas. Desprovida a do autor. Provida parcialmente a da ré. Unânime (*TJDF* – Acórdão: Apelação Cível nº 2010.01.1.188660-3, 6-6-2012, Rel. Des. Teófilo Caetano).

Art. 1.579. O divórcio não modificará os direitos e deveres dos pais em relação aos filhos.
Parágrafo único. Novo casamento de qualquer dos pais, ou de ambos, não poderá importar restrições aos direitos e deveres previstos neste artigo.

O que estiver decidido e em curso com relação à guarda, manutenção e visita dos filhos menores não deve, em princípio, se alterar com o divórcio. Lembre-se, contudo, de que cabe ao juiz sempre verificar o melhor no interesse dos filhos e ocorrerão situações que vão exigir acomodação. Tudo dependerá do caso concreto e do bom-senso do magistrado, bom-senso que nem sempre estará presente para os ex-cônjuges.

Art. 1.580. Decorrido um ano do trânsito em julgado da sentença que houver decretado a separação judicial, ou da decisão concessiva da medida cautelar de separação de corpos, qualquer das partes poderá requerer sua conversão em divórcio.
§ 1º A conversão em divórcio da separação judicial dos cônjuges será decretada por sentença, da qual não constará referência à causa que a determinou.
§ 2º O divórcio poderá ser requerido, por um ou por ambos os cônjuges, no caso de comprovada separação de fato por mais de dois anos.

Observe que, originalmente, na Emenda nº 9/1977 e na Lei nº 6.515/1977, a separação judicial e o divórcio tinham o caráter de sucessividade. Isto é, pela regra geral, somente seria atingido pelo casal o estágio de divórcio após ter sido obtida a separação judicial. Essa emenda dispunha que o casamento somente poderia ser dissolvido com a prévia separação judicial por mais de três anos. Desse modo, não se admitia, como regra geral, a ação direta de divórcio sem a prévia separação com o lapso temporal exigido. Existia, contudo, no ordenamento que introduziu o divórcio, a possibilidade de ação direta, todavia em caráter excepcional, de acordo com o exposto no art. 2º da Emenda Constitucional, conforme a redação original do art. 40 da Lei nº 6.515/1977 (depois alterada pela Lei nº 7.841/1989):

Ao contrário da maioria das legislações, que relega o tema para a legislação ordinária, o divórcio no Direito brasileiro tem suas linhas mestras tratadas no plano constitucional. A Constituição de 1988 trouxe profunda modificação ao instituto, dispunha no art. 226, § 6º:

"O casamento civil pode ser dissolvido pelo divórcio, após prévia separação judicial por mais de um ano nos casos expressos em lei, ou comprovada separação de fato por mais de dois anos."

A Emenda Constitucional nº 66/2010 substitui essa redação para dispor, de forma singela: *"O casamento civil pode ser dissolvido pelo divórcio."*

Com essa disposição, com poucas letras, desaparece o instituto da separação judicial entre nós, como de há muito reclamado pela sociedade. Lembro sempre que há doutrina e jurisprudência que entendem que persiste a separação entre nós. Não é fácil ser jurista neste País que não cuida ou não sabe cuidar com rigor sua legislação.

Pelo texto, era aferido que se tornava possível o divórcio direto, sem necessidade de separação judicial anterior, tão só com a comprovação da separação de fato por mais de dois anos. Assim sendo, o divórcio direto deixou de ser uma exceção no sistema. Por outro lado, uma vez obtida a separação judicial dentro dos pressupostos legais, após um ano desta, também poderia ser requerido o divórcio.

Verifica-se, portanto, sob a redação desse artigo, que o prazo de um ano para pedir o divórcio contava-se tanto do trânsito em julgado do decreto de separação judicial como da decisão que determinou a separação de corpos. Tudo era no sentido de que o legislador viria a simplificar esse procedimento, mantendo tão só o divórcio em nosso ordenamento.

Se estiverem presentes os pressupostos tanto da separação quanto do divórcio (separação de fato por mais de dois anos), os cônjuges teriam a faculdade de escolher por uma ou outra saída jurídica para o desenlace de seu matrimônio. É claro que, na prática, falido o casamento, propendiam na maioria das vezes para o divórcio direto. De outra face, com a separação de fato por mais de dois anos era possível o pedido de divórcio direto, provando-se simplesmente esse lapso temporal.

Como se nota, com a ordem constitucional, abriam-se as portas para o divórcio, ficando a separação judicial relegada efetivamente para segundo plano. Com a nova orientação constitucional, atropelou-se a exigência do art. 36, parágrafo único, II, da Lei nº 6.515/1977, no passo que não se exigia a prova do cumprimento das obrigações assumidas pelo requerente na separação. De fato, esse dispositivo, ao limitar o âmbito da contestação no pedido de conversão do divórcio em separação judicial, mencionava:

> *"A contestação só pode fundar-se em:*
> *I – falta de decurso de prazo de 1 (um) ano de separação judicial;*
> *II – descumprimento das obrigações assumidas pelo requerente na separação."*

No divórcio direto atual então permitido, segundo norma expressa, bastava comprovar o lapso temporal da separação de fato por mais de dois anos.

Enunciado nº 517, V Jornada de Direito Civil – CJF/STJ: a Emenda Constitucional nº 66/2010 extinguiu os prazos previstos no art. 1.580 do Código Civil, mantido o divórcio por conversão.

Art. 1.581. O divórcio pode ser concedido sem que haja prévia partilha de bens.

1. Partilha. Promessa de doação

Como ressaltamos, não é essencial a partilha para que seja homologada na extinta separação nem no divórcio. Porém, na petição é necessário descrever os bens do casal, móveis e imóveis, como um divisor de águas para o patrimônio futuro individual de cada cônjuge, podendo a partilha ser efetuada posteriormente. Nesse sentido, expressa o art. 1.575 que a separação judicial importa a separação de corpos e a partilha de bens, acrescentando o parágrafo único que a partilha poderá ser feita mediante proposta dos cônjuges e homologada pelo juiz. Da mesma forma, o divórcio, tanto direto como por conversão, pode ser concedido sem que haja prévia partilha de bens. Com isso, agiliza-se o processo de divórcio, mas permanecerá o vínculo patrimonial a atormentar os envolvidos.

Desse modo, nada obsta, antes se aconselha, que na petição os cônjuges já apresentem o plano de partilha, para homologação. Nada impede, também, que essa partilha seja desigual. Sendo os cônjuges maiores e capazes, cabe exclusivamente a eles decidir a respeito. Cumpre ao juiz investigar, quando entrevistá-los, se agem livremente e estão cientes também das consequências da divisão dos bens.

Nessa partilha, deverão ser obedecidos, em síntese, os mesmos princípios da partilha *causa mortis*. Os quinhões de cada cônjuge devem ser perfeitamente descritos e individuados, com atribuição de valores, inclusive para fins tributários, porque se a divisão for desigual, serão devidos impostos de transmissão imobiliária no tocante aos bens imóveis. Na descrição patrimonial devem constar os bens e as dívidas. Para complemento da partilha, é mister que os cônjuges descrevam também a quem ficará o encargo das dívidas.

Em princípio, procura-se que os bens sejam divididos e atribuídos à posse de cada cônjuge. Nem sempre isso é possível. Embora seja inconveniente, podem persistir bens em comum, que permanecerão em condomínio com ambos.

Várias questões e conflitos podem emergir da partilha, tais como comodato, posse precária, locação, usufruto etc., cujo exame refoge ao direito de família. Lembre-se de que pode ocorrer separação judicial e partilha com intuito de fraudar credores dos cônjuges. Nesse caso, é aberto campo para que seja proposta a ação pauliana, visando anular o ato fraudulento de cunho patrimonial e manter os bens em comum para satisfação dos credores. Os terceiros não poderão, contudo, intervir no ato e no processo de separação.

Com frequência, os cônjuges incluem doação ou promessa de doação aos filhos do casal ou a terceiros em sua pretensão de separação, que anteriormente nosso sistema denominava desquite. A doação de bens que integram o patrimônio dos interessados no momento do ato é perfeitamente possível dentro dos princípios que regem esse negócio. Porém, a questão surge quando há uma promessa de doar, feita pelo cônjuge, geralmente presente no negócio como forma de obter o acordo definitivo para o desenlace. Ocorre que a doação, citada no acordo, ainda que homologado, necessita de escritura pública se se referir a imóveis. A simples homologação da separação não conclui a doação. Recorde que se seu objeto for móvel, há necessidade da tradição. Pode ocorrer que os cônjuges já tenham formalizado a doação antes da separação, mas não é o que ordinariamente ocorre. Enquanto não houver escritura pública no caso de imóveis ou tradição para os móveis, não há doação. Desse modo, a manifestação de vontade constante do ato de separação a esse respeito é mera promessa de doação, que pode não se concretizar no futuro.

Nesse caso, embora a doutrina tradicional majoritária acolha o princípio segundo o qual a promessa de doação é inadmissível, pode ser sustentada, a nosso ver, a possibilidade da ação de tutela específica, para impor ao cônjuge renitente o cumprimento da obrigação sob pena de multa diária e perdas e danos. De qualquer forma, a recusa em manifestar a vontade prometida faz nascer a pretensão aos prejudicados. A matéria comporta enorme digressão que nosso estudo não permite. No entanto, há forte posição jurisprudencial que se mostra refratária a esse entendimento, prendendo-se à doutrina tradicional, não admitindo efeito qualquer à promessa de doação. Veja o que estudamos a respeito da doação na obra sobre contratos em espécie.

Levemos em conta, todavia, que nessas doações insertas nos acordos de separação não existe somente um *animus donandi*, para que o negócio seja tratado unicamente sob o estrito prisma obrigacional gratuito. Na grande maioria das vezes, os cônjuges veem na doação aos filhos uma forma de acomodar as fissuras e arestas de sua separação e o negócio possui evidente cunho oneroso ou de contraprestação no bojo da partilha. Daí a razão pela qual a frustração da promessa, nesse caso, ocasiona uma quebra do acordo homologado e traduz ilicitude do recalcitrante que pode ser apenado ao menos com a indenização cabível. Nessa promessa de doar estão presentes os requisitos de um contrato preliminar. Essa posição sempre foi defendida por Washington de Barros Monteiro. Em seu profundo estudo monográfico *Divórcio e separação*, Yussef Said Cahali (1995, v. 1, p. 218) esmiúça o assunto e arremata:

"*Especificamente em matéria de promessa de doação convencionada no desquite amigável, a jurisprudência mais expressiva tem acolhido a lição do antigo Juiz da Vara da Família e ornamento da cultura jurídica nacional, Washington de Barros Monteiro. Assim, 2ª Câmara do TJSP: A cláusula do requerimento de desquite consubstancia uma promessa de doação de bem ainda não integrado no patrimônio do promitente, por ocasião do desquite. Mas configura juridicamente uma obrigação possível e válida em nosso Direito, segundo, aliás, o ensinamento de Washington de Barros Monteiro, que recorda contemplar o nosso Direito casos específicos desta espécie de obrigação.*"

Tudo indica que essa será a posição dominante nos julgados no futuro, já lastreados em substancial jurisprudência:

"*Doação – Promessa feita pelo pai à filha em acordo judicial homologado – Não cumprimento da obrigação – Ação fundada nos arts. 639 e 641 do Código de Processo Civil julgada procedente – Configuração de contrato preliminar, e não simples declaração de intenção – Presença dos requisitos necessários à substituição por sentença da declaração não emitida*" (Ap. Cível 234.983-1, Tambaú, 1ª Câmara Civil de Férias, Rel. Erbeta Filho, v. u.).

No mesmo sentido: *RT* 293/135, 257/208; *TJSP*, Ac. 149.503; *TJPR*, Ac. 5.965. Advertimos, porém, que persiste respeitável jurisprudência em sentido contrário, não admitindo efeitos à promessa de doação (*TJSP*, Ap. Cíveis 206.338-1; 163.788-1; Embargos infringentes 165.298-1).

Em qualquer situação, no tocante à partilha, cabe ao juiz verificar se o acordo é prejudicial a qualquer dos cônjuges ou à prole, inclusive examinando se as doações ali presentes não demonstram o risco de levar o doador à condição de miserabilidade. Lembremos que o art. 548 dispõe que é nula a doação universal, ou seja, de todos os bens, sem reserva de parte, ou renda suficiente para a subsistência do doador.

Art. 1.582. O pedido de divórcio somente competirá aos cônjuges.
Parágrafo único. Se o cônjuge for incapaz para propor a ação ou defender-se, poderá fazê-lo o curador, o ascendente ou o irmão.

A legitimidade para a propositura do divórcio é personalíssima dos cônjuges. Ninguém mais do que eles terá capacidade de compreender o ato da separação. Nesse sentido, pontua o art. 1.576, parágrafo único, que repete a disposição do § 1º do art. 3º da lei referida: "*O procedimento judicial da separação caberá somente aos cônjuges, e, no caso de incapacidade, serão representados pelo curador, pelo ascendente ou pelo irmão.*" A mesma ideia mantém-se aqui quanto ao pedido de divórcio. A lei limita o número de parentes que podem intervir representando o cônjuge incapaz: somente o ascendente e o irmão. Na realidade, o caso não é de representação, mas de substituição processual. Os descendentes e os demais colaterais não terão capacidade para substituí-lo nessa ação. Já se posicionou a jurisprudência que os filhos do casal, embora partes na ação de alimentos, não têm legitimidade para recorrer na ação de separação judicial (CAHALI, 1995, v. 1, p. 88). O caráter personalíssimo dessa ação inviabiliza até mesmo a propositura de ação rescisória, após a morte do cônjuge. Evidente que se o cônjuge não tiver curador, ascendente ou irmão vivos que possam fazer a representação, poderá o juiz, mediante justificação, nomear curador especial para a ação. Se o incapaz já tiver curador nomeado, este poderá intentar, sem dúvida, a ação. Na ausência deste, terão legitimidade o ascendente ou o irmão, nessa ordem.

A matéria é, no entanto, controversa. Concluem, a nosso ver com razão, Sebastião Amorim e Euclides de Oliveira (1999, p. 52):

"Só na falta de curador, ou em caso de colidência de interesses, quando a curatela seja exercida pelo outro cônjuge, é que terá lugar a atuação subsidiária do ascendente ou do irmão do incapaz. Mas, ainda nessa hipótese, necessidade haverá de sua investidura através do juízo da interdição, mediante nomeação substitutiva ou para atuação ad hoc, como curador especial."

Trata-se, porém, de situação excepcional. Imaginemos, por exemplo, ação de divórcio movida por quem ou contra quem não possua discernimento: não poderá essa pessoa ficar obstada de figurar no polo ativo ou passivo da ação. Aliás, uma das hipóteses de separação judicial era precisamente motivada por grave doença mental do outro cônjuge. No entanto, gozando de plena capacidade, somente o cônjuge e mais ninguém é titular da ação. A morte do cônjuge no curso do processo extingue a ação, extinguindo também o casamento.

Observa Sílvio Rodrigues (1978, p. 70) que a citada representação do cônjuge na ação de separação refere-se unicamente ao pedido litigioso, porque no desquite por mútuo consentimento não há que se admitir representação, pois é exigida manifestação inequívoca e pessoal do interessado perante o magistrado. Destarte, para requerer separação por mútuo consentimento, o consorte deve estar em perfeita higidez mental, uma vez que, caso contrário, não poderia entender as consequências do ato.

Essa opinião, contudo, não era unânime, embora majoritária. Amorim e Oliveira (1999, p. 53), por exemplo, sustentam que é perfeitamente possível a representação na separação consensual, porque a lei não faz qualquer restrição, apresentando a situação semelhança com as hipóteses de cônjuges separados de fato que formulam pedido de separação por procurador. Da mesma forma, concluem que se é possível o casamento por procuração, também seu desfazimento o é. Parece-nos, no entanto, que o sentido da lei, na separação por mútuo consentimento, é fazer com que os dois cônjuges estejam presentes e capazes perante o juiz. De outro modo, devem recorrer, sim, ao desenlace litigioso, inclusive para maior segurança dos interesses do incapaz. Ademais, levemos em consideração que o incapaz, tal como exposto na lei, pode ser substituído ativa e passivamente na ação litigiosa. Nada impede que o incapaz ingresse com a ação de desquite motivada por meio de seu mencionado representante.

CAPÍTULO XI
Da Proteção da Pessoa Dos Filhos

Art. 1.583. A guarda será unilateral ou compartilhada.
§ 1º Compreende-se por guarda unilateral a atribuída a um só dos genitores ou a alguém que o substitua (art. 1.584, § 5º) e, por guarda compartilhada a responsabilização conjunta e o exercício de direitos e deveres do pai e da mãe que não vivam sob o mesmo teto, concernentes ao poder familiar dos filhos comuns.
§ 2º Na guarda compartilhada, o tempo de convívio com os filhos deve ser dividido de forma equilibrada com a mãe e com o pai, sempre tendo em vista as condições fáticas e os interesses dos filhos. Incisos I a III – (Revogados pela Lei 13.058/2014)
§ 3º Na guarda compartilhada, a cidade considerada base de moradia dos filhos, será aquela que melhor atender aos interesses dos filhos. (Redação deste parágrafo determinada pela Lei nº 13.058 de 22-12-2014)
§ 4º (VETADO).
§ 5º A guarda unilateral obriga o pai ou a mãe, que não a detenha a supervisionar os interesses dos filhos, e, para possibilitar tal supervisão, qualquer dos genitores sempre será parte legítima para solicitar informações e/ou prestação de contas, objetivas ou subjetivas, em assuntos ou situações que direta ou indiretamente afetam a saúde física e psicológica e a educação de seus filhos. (Parágrafo acrescentado pela Lei nº 13.058 de 22-12-2014)

---

4 Mensagem nº 368, de 13 de junho de 2008. *DOU* de 16-6-2008.
§ 4º do art. 1.583 da Lei no 10.406, de 10 de janeiro de 2002 – Código Civil, alterado pelo art. 1º do Projeto de Lei:
"*Art. 1.583.* ....
§ 4º *A guarda, unilateral ou compartilhada, poderá ser fixada, por consenso ou por determinação judicial, para prevalecer por determinado período, considerada a faixa etária do filho e outras condições de seu interesse.*" (NR)
Razão do veto
"O dispositivo encontra-se maculado por uma imprecisão técnica, já que atesta que a guarda poderá ser fixada por consenso, o que é incompatível com a sistemática processual vigente. Os termos da guarda poderão ser formulados em comum acordo pelas partes, entretanto quem irá fixá-los, após a oitiva do Ministério Público, será o juiz, o qual deverá sempre guiar-se pelo Princípio do Melhor Interesse da Criança."

A antiga Lei do Divórcio disciplinava a guarda dos filhos (arts. 9º a 16), derrogando dispositivos do Código de 1916. Este Código disciplinou a proteção da pessoa dos filhos nos arts. 1.583 a 1.590. No entanto, a Lei nº 11.698/2008 substituiu os arts. 1.583 e 1.584 para introduzir a denominada *guarda compartilhada*. A guarda dos filhos pertence a ambos os genitores, apenas se individualizando quando há separação de fato ou de direito dos pais.

Inicialmente, há que se pontuar que cabe em princípio aos pais dispor e acertar sobre a guarda dos filhos, sua forma de convivência, educação, convívio familiar etc. Nem sempre isso é possível de ser obtido harmoniosamente, mormente quando os casais que se separam usando dos filhos menores como escudo e justificativas para suas dissidências. A intervenção judicial somente deve suprir com suas decisões quando falta bom senso aos pais. Assim, é evidente que os filhos em tenra díade devem ficar preferivelmente com a mãe, por exemplo. Delicada é a situação de pais que se separam a passam a residir em locais distantes ou no Exterior. Nem sempre haverá possibilidade de uma exata harmonização, nem sempre terão os pais possibilidades financeiras de custear constantes viagens dos filhos. O maior tato e discernimento devem ser exigidos do juiz nessas hipóteses.

Não havia necessidade de que o legislador descesse a minúcias nessa matéria, no entanto houve por bem traçar detalhes sob a guarda compartilhada na lei mais recente. O fundamental nessa área é a ampla margem de decisão relegada aos conciliadores e ao juiz e o legislador não deve contemplar parâmetros de forma estrita. O caso concreto deve sempre nortear a solução. Houve por bem o legislador, no entanto, introduzir esses dois artigos, em matéria que, de fato, já vinha de há muito sendo aplicada pelos tribunais. Não havia necessidade de texto expresso para que o juiz harmonizasse a convivência de filhos e pais separados, aplicando essa denominada guarda compartilhada, ainda que não se utilizasse dessa denominação.

O melhor interesse dos menores leva os tribunais a propor e atribuir a guarda compartilhada ou conjunta. O instituto da guarda ainda não atingiu sua plena evolução. Há os que defendem ser plenamente possível essa divisão de atribuição ao pai e à mãe concomitantemente. Essa modalidade de guarda não se torna possível quando os pais se apresentam em estado de beligerância, ou quando residem distantes um do outro. Essa solução dependerá da perspicácia do magistrado e em especial do perfil psicológico, social e cultural dos pais, além do exame do grau de fricção que reina entre eles após a separação ou divórcio.

A ideia é fazer com que pais separados compartilhem da educação, convivência e evolução dos filhos em conjunto. Em essência, essa atribuição reflete o compromisso dos pais de manter dois lares para seus filhos e cooperar de forma conjunta em todas as decisões.

Não havia necessidade de texto expresso de lei para que essa guarda compartilhada fosse atribuída pelo Judiciário. Mas, de qualquer modo, doravante, *legem habemus*. Tudo dependerá da oportunidade e conveniência avaliada pelo juiz e pelos próprios cônjuges, quando estes acordam sobre essa modalidade de guarda. A figura do conciliador torna-se ainda mais fundamental nessa área.

A modalidade de guarda pode ser alterada a qualquer tempo, sempre no interesse do menor. Isso significa que a princípio, quando no fervor do rompimento da convivência conjugal, pode não ser o melhor momento para a guarda compartilhada ou para um compartilhamento mais amplo. Após algum tempo, serenados os ânimos entre os interessados, a guarda compartilhada pode surgir como uma solução natural. Compartilhar deveres e obrigações por parte de pais separados em relação aos filhos significa manter os elos de afeto com maior presença na vida dos menores. Não, há, porém, forma de impor o compartilhamento sem a cooperação dos pais. A guarda compartilhada é possível quando os genitores residem na mesma cidade, possuindo relação de respeito, cordialidade e maturidade. Há que preponderar sempre o interesse do filho.

Não resta dúvida de que a guarda compartilhada representa um meio de manter os laços entre pais e filhos, tão importantes no desenvolvimento e formação de crianças e adolescentes. Essa forma de guarda traduz também outra faceta do direito de visita, que poderá ficar elástico quando acordada a guarda conjunta ou compartilhada.

É certo que a guarda compartilhada nunca poderá ser imposta se não houver boa vontade e compreensão de ambos os pais. E, para isso, não são necessárias leis, mas pais educados e conscientes, bem como conciliadores, e juízes antenados com sua realidade social.

Não se confunde a guarda compartilhada com a *guarda alternada*, a qual, mais no interesse dos pais do que dos filhos, divide-se o tempo de permanência destes com os pais em suas respectivas residências, nada mais que isso. Essa modalidade está fadada ao insucesso e a gerar maiores problemas do que soluções.

O texto legal menciona duas formas de guarda: unilateral ou compartilhada. Não há campos estanques entre elas, mas gradações. A guarda compartilhada pode ser mais ou menos ampla dependendo do caso concreto. Por outro lado, a guarda unilateral, tal como definida no § 1º, pode abrir válvulas ao compartilhamento, como, por exemplo, direito de visitas mais amplo que pode caracterizar forma de convivência.

A guarda unilateral extremada afasta o filho do cuidado de um dos genitores. Se no direito em geral não se pode fazer afirmações peremptórias, tal se torna muito mais verdadeiro na área da família. O fato de alguém estar com a guarda unilateral não libera o outro genitor dos deveres básicos da paternidade, devendo estar sempre atento à proteção dos interesses dos filhos (§

5º). Nem sempre o caso concreto permitirá uma solução homogênea e pacífica.

O § 2º menciona que na guarda compartilhada o tempo de convívio com os filhos deve ser dividido de forma equilibrada com os pais. Sempre deverão os filhos ser ouvidos quando já tiverem idade para tal. Vizinhança com o meio social dos filhos, proximidade da escola ou dos avós etc. devem sempre ser levados em conta. Questões complexas surgem quando os pais residem em cidades ou países diversos. Nesses casos as melhores soluções tornam-se de difícil solução, mormente quando não há boa vontade do casal.

📚 Enunciado nº 101, I Jornada de Direito Civil – CJF/STJ: sem prejuízo dos deveres que compõem a esfera do poder familiar, a expressão "guarda de filhos", à luz do art. 1.583, pode compreender tanto a guarda unilateral quanto a compartilhada, em atendimento ao princípio do melhor interesse da criança.

📚 Enunciado nº 518, V Jornada de Direito Civil – CJF/STJ: a Lei nº 11.698/2008, que deu nova redação aos arts. 1.583 e 1.584 do Código Civil, não se restringe à guarda unilateral e à guarda compartilhada, podendo ser adotada aquela mais adequada à situação do filho, em atendimento ao princípio do melhor interesse da criança e do adolescente. A regra aplica-se a qualquer modelo de família. Atualizados os Enunciados nº 101 e 336 em razão de mudança legislativa, agora abrangidos por este enunciado.

📚 Enunciado nº 603, VII Jornada de Direito Civil – CJF/STJ: a distribuição do tempo de convívio na guarda compartilhada deve atender precipuamente ao melhor interesse dos filhos, não devendo a divisão de forma equilibrada, a que alude o § 2º do art. 1.583 do Código Civil, representar convivência livre ou, ao contrário, repartição de tempo matematicamente igualitária entre os pais.

📚 Enunciado nº 604, VII Jornada de Direito Civil – CJF/STJ: a divisão, de forma equilibrada, do tempo de convívio dos filhos com a mãe e com o pai, imposta na guarda compartilhada pelo § 2º do art. 1.583 do Código Civil, não deve ser confundida com a imposição do tempo previsto pelo instituto da guarda alternada, pois esta não implica apenas a divisão do tempo de permanência dos filhos com os pais, mas também o exercício exclusivo da guarda pelo genitor que se encontra na companhia do filho.

📚 Enunciado nº 605, VII Jornada de Direito Civil – CJF/STJ: a guarda compartilhada não exclui a fixação do regime de convivência.

📚 Enunciado nº 606, VII Jornada de Direito Civil – CJF/STJ: o tempo de convívio com os filhos "de forma equilibrada com a mãe e com o pai" deve ser entendido como divisão proporcional de tempo, da forma que cada genitor possa se ocupar dos cuidados pertinentes ao filho, em razão das peculiaridades da vida privada de cada um. Parte da legislação: art. 1.583, § 2º, do Código Civil.

📚 Enunciado nº 607, VII Jornada de Direito Civil – CJF/STJ: a guarda compartilhada não implica ausência de pagamento de pensão alimentícia.

📚 Enunciado nº 608, VII Jornada de Direito Civil – CJF/STJ: é possível o registro de nascimento dos filhos de pessoas do mesmo sexo originários de reprodução assistida, diretamente no Cartório do Registro Civil, sendo dispensável a propositura de ação judicial, nos termos da regulamentação da Corregedoria local.

⚖️ Família. Guarda e visitas. Ação de modificação de guarda e visitas. Agravo de instrumento. Ação de guarda. Guarda provisória. Acordo entabulado entre as partes. Modalidade compartilhada. Indeferimento pelo juízo de origem. Encaminhamento do feito para estudo social. As partes litigantes propuseram, em audiência, que a guarda da filha comum, de 1 ano e 8 meses, se desse na modalidade compartilhada, com inversão semanal de pernoites. O julgador, porém, deferiu a guarda provisória em favor da genitora, por entender que a proposta de acordo fugia ao comum, encaminhando o feito para estudo social. Diante da transação entabulada entre as partes e tendo presente o disposto no art. 1.583 do CC, que privilegia a guarda compartilhada, não há razão para modificar o que foi consensualmente estabelecido pelos pais da criança, sem prejuízo de eventual reversão, caso seja apontado algo de desabonatório contra qualquer das partes, no estudo social a ser realizado. Decisão agravada reformada, em decisão monocrática. Recurso provido (*TJRS* – Ag 70081577918, 11-7-2019, Rel. Luiz Felipe Brasil Santos).

⚖️ Irresignação do autor. Guarda compartilhada recomendada pela perícia social. Ré que não manifestou oposição ao compartilhamento da custódia da filha comum, nem à ampliação do regime de visitação paterna. Genitores que têm condições de exercer a guarda da filha menor. Medida que melhor atende aos interesses da adolescente. Visitas paternas ampliadas, com inclusão das quartas-feiras, com pernoite. Sentença reformada. Recurso provido (TJSP – Ap. 1001364-75.2015.8.26.0127, 29-01-2021, Rel. Alexandre Marcondes).

⚖️ Civil e processual civil. Recurso especial. Direito civil e processual civil. Família. **Guarda compartilhada**. Consenso. Necessidade. Alternância de residência do menor. Possibilidade. 1. Ausente qualquer um dos vícios assinalados no art. 535 do CPC, inviável a alegada violação de dispositivo de lei. 2. A guarda compartilhada busca a plena proteção do melhor interesse dos filhos, pois reflete, com muito mais acuidade, a realidade da organização social atual que caminha para o fim das rígidas divisões de papéis sociais definidas pelo gênero dos pais. 3. A guarda compartilhada é o ideal a ser buscado no exercício do Poder Familiar entre pais separados, mesmo que demandem deles reestruturações, concessões e adequações diversas, para que seus filhos possam usufruir, durante sua formação, do ideal psicológico de duplo referencial. 4. Apesar de a separação ou do divórcio usualmente coincidirem com o ápice do distanciamento do antigo casal e com a maior evidenciação das diferenças existentes, o melhor interesse do menor, ainda assim, dita a aplicação da guarda compartilhada como regra, mesmo na hipótese de ausência de consenso. 5. A inviabilidade da guarda compartilhada, por ausência de consenso, faria prevalecer o exercício de uma potestade inexistente por um dos pais. E diz-se inexistente, porque contrária ao escopo do Poder Familiar que existe para a proteção da prole. 6. A imposição judicial das atribuições de cada um dos pais, e o período de convivência da criança sob guarda compartilhada, quando não houver consenso, é medida extrema, porém necessária à implementação dessa nova visão, para que não se faça do texto legal, letra morta. 7. A custódia física conjunta é o ideal a ser buscado na fixação da guarda compartilhada, porque sua implementação quebra a monoparentalidade na criação dos filhos, fato corriqueiro na guarda unilateral, que é substituída pela implementação de condições propícias à continuidade da existência de fontes bifrontais de exercício do Poder Familiar. 8. A fixação de um lapso temporal qualquer, em que a custódia física ficará com um dos pais, permite que a mesma rotina do filho seja vivenciada à luz do contato materno e paterno, além de habilitar a criança a ter uma visão tridimensional da realidade, apurada a partir da síntese dessas isoladas experiências interativas. 9. O estabelecimento da custódia física conjunta, sujeita-se, contudo, à possibilidade prática de sua implementação, devendo ser observada as peculiaridades fáticas que envolvem pais e filho, como a localização das residências, capacidade financeira das partes, disponibilidade de tempo e rotinas do menor, além de outras circunstâncias que devem ser observadas. 10. A guarda compartilhada deve ser tida como regra, e a custódia física conjunta – sempre que possível – como sua efetiva expressão. 11. Recurso especial não provido (*STJ* – Acórdão: Recurso Especial nº 1.251.000 – MG, 23-8-2011, Rel. Min. Nancy Andrighi).

Art. 1.584. A guarda, unilateral ou compartilhada, poderá ser:
I – requerida, por consenso, pelo pai e pela mãe, ou por qualquer deles, em ação autônoma de separação, de divórcio, de dissolução de união estável ou em medida cautelar.
II – decretada pelo juiz, em atenção a necessidades específicas do filho, ou em razão da distribuição de tempo necessário ao convívio deste com o pai e com a mãe.
§ 1º Na audiência de conciliação, o juiz informará ao pai e à mãe o significado da guarda compartilhada, a sua importância, a similitude de deveres e direitos atribuídos aos genitores e as sanções pelo descumprimento de suas cláusulas.
§ 2º Quando não houver acordo entre a mãe e o pai quanto à guarda do filho, encontrando-se ambos os genitores aptos a exercer o poder familiar, será aplicada a guarda compartilhada, salvo se um dos genitores declarar ao magistrado que não deseja a guarda do menor. (Redação deste parágrafo determinada pela Lei nº 13.058 de 22-12-2014)
§ 3º Para estabelecer as atribuições do pai e da mãe e os períodos de convivência sob guarda compartilhada, o juiz, de ofício ou a requerimento do Ministério Público, poderá basear-se em orientação técnico-profissional ou equipe interdisciplinar, que deverá visar à divisão equilibrada do tempo com o pai e com a mãe. (redação deste parágrafo determinada pela Lei nº 13.058 de 22-12-2014)
§ 4º A alteração não autorizada ou o descumprimento imotivado de cláusula de guarda unilateral ou compartilhada poderá implicar a redução de prerrogativas atribuídas ao seu detentor. (Redação deste parágrafo determinada pela Lei nº 13.058 de 22-12-2014)
§ 5º Se o juiz verificar que o filho não deve permanecer sob a guarda do pai ou da mãe, deferirá a guarda a pessoa que revele compatibilidade com a natureza da medida, considerados, de preferência, o grau de parentesco e as relações de afinidade e afetividade. (redação deste parágrafo determinada pela Lei nº 13.058 de 22-12-2014)
§ 6º Qualquer estabelecimento público ou privado é obrigado a prestar informações a qualquer dos genitores sobre os filhos destes, sob pena de multa de R$ 200,00 (duzentos reais) a R$ 500,00 (quinhentos reais) por dia pelo não atendimento da solicitação. (Parágrafo acrescentado pela Lei nº 13.058 de 22-12-2014)

A lei introduz aqui matéria essencialmente procedimental, deslocada no Código Civil. Não há dúvida de que os pais podem requerer a forma mais adequada de guarda, em qualquer modalidade de separação, de direito ou de fato, inclusive em medida cautelar. Avulta a importância da conciliação prévia quando então melhor se esclarecerá aos pais sobre o alcance da guarda que pretendem ou que poderá ser concedida. Será então mais conveniente que os interessados cheguem ao juiz na audiência de conciliação, já em fase judicial, com conhecimento prévio e ideia formada. Nem sempre o juiz togado terá condições para o verdadeiro aconselhamento, como está previsto no § 1º.

Como acentuado no comentário anterior, quando as partes não chegam ao consenso, a guarda compartilhada, tal como sugerida no § 2º, somente será possível com a boa vontade e o consenso de ambos os pais. Não pode ser imposta a casal que se diglagia. Para definir sua decisão, sempre será possível o juiz recorrer a aconselhamento técnico de psicólogos, pedagogos, assistentes sociais etc. e não era necessário o ordenamento legal assim dizer, pois de há muito temos nos valido desses auxiliares (§ 3º).

Muitos problemas podem advir do descumprimento do estabelecido judicialmente em matéria de guarda.

Nem sempre a punição, como descrita no § 4º, será a melhor solução. O juiz de família é um harmonizador mais do que um julgador.

O texto do § 5º é o único aqui presente que traduz efetivamente uma disposição de direito material. Nos casos extremos, quando não for possível ou conveniente que o filho permaneça com o pai ou a mãe, qualquer pessoa que revele compatibilidade pode assumir a guarda. Há que se levar em conta o grau de afetividade dessa pessoa com o menor e seu parentesco. Trata-se de situação que somente o caso concreto poderá dar a melhor solução. A paternidade socioafetiva é também fundamental nesse aspecto. Todos os aspectos emocionais devem ser avaliados.

Os estabelecimentos de ensino devem sempre informar o pai ou a mãe sobre a situação escolar da criança, não podendo se recusar. Na dúvida, essas instituições devem recorrer ao Judiciário, para eventual autorização ou proibição pois há situações de periclitação da saúde mental e física do menor que poderão impor outras soluções.

Enunciado nº 102, I Jornada de Direito Civil – CJF/STJ: a expressão "melhores condições" no exercício da guarda, na hipótese do art. 1.584, significa atender ao melhor interesse da criança.

Enunciado nº 332, IV Jornada de Direito Civil – CJF/STJ: a hipótese de nulidade prevista no inc. I do art. 1.548 do Código Civil se restringe ao casamento realizado por enfermo mental absolutamente incapaz, nos termos do inc. II do art. 3º do Código Civil.

Enunciado nº 333, IV Jornada de Direito Civil – CJF/STJ: o direito de visita pode ser estendido aos avós e a pessoas com as quais a criança ou o adolescente mantenha vínculo afetivo, atendendo ao seu melhor interesse.

Enunciado nº 334, IV Jornada de Direito Civil – CJF/STJ: a guarda de fato pode ser reputada como consolidada diante da estabilidade da convivência familiar entre a criança ou o adolescente e o terceiro guardião, desde que seja atendido o princípio do melhor interesse.

Enunciado nº 518, V Jornada de Direito Civil – CJF/STJ: a Lei nº 11.698/2008, que deu nova redação aos arts. 1.583 e 1.584 do Código Civil, não se restringe à guarda unilateral e à guarda compartilhada, podendo ser adotada aquela mais adequada à situação do filho, em atendimento ao princípio do melhor interesse da criança e do adolescente. A regra aplica-se a qualquer modelo de família. Atualizados os Enunciados nº 101 e 336 em razão de mudança legislativa, agora abrangidos por este enunciado.

Art. 1.585. Em sede de medida cautelar de separação de corpos, em sede de medida cautelar de guarda ou em outra sede de fixação liminar de guarda, a decisão sobre guarda de filhos, mesmo que provisória, será proferida preferencialmente após a oitiva de ambas as partes perante o juiz, salvo se a proteção aos interesses dos filhos exigir a concessão de liminar sem a oitiva da outra parte, aplicando-se as disposições do art. 1.584. (redação deste artigo determinada pela Lei nº 13.058 de 22-12-2014)

Quando é decretada a separação de corpos, tanto em sede de desfazimento de casamento como em término de união estável, cabe ao juiz aplicar os mesmos princípios dos artigos anteriores. A redação prolixa inserida mais recentemente neste artigo apenas corrobora a necessidade de o juiz ser cauteloso em se tratando de medida cautelar. A regra é procedimental. Nem sempre será possível ou conveniente a oitiva de ambos os genitores. E quase sempre a medida cautelar não pode tardar.

Art. 1.586. Havendo motivos graves, poderá o juiz, em qualquer caso, a bem dos filhos, regular de maneira diferente da estabelecida nos artigos antecedentes a situação deles para com os pais.

Como enfatizamos, em qualquer situação que o exija, o juiz poderá regular de forma diferente a guarda dos menores. O extinto Projeto nº 6.960/2002 sugerira outra redação para esse dispositivo:

> "Na fixação da guarda, em qualquer caso, seja de filhos oriundos ou não do casamento, o juiz deverá, a bem dos menores, sempre levar em conta a relação de afinidade e afetividade que os liga ao guardião. Parágrafo único. A qualquer tempo, havendo justo motivo, poderá o juiz modificar a guarda, observando o princípio da prevalência dos interesses dos filhos."

A dicção projetada realça o que o direito de família moderno denomina família socioafetiva ou emocional. Melhor será que o juiz defina a guarda para quem dá amor ao menor, independentemente dos vínculos biológicos. O caso concreto dará a solução.

Art. 1.587. No caso de invalidade do casamento, havendo filhos comuns, observar-se-á o disposto nos arts. 1.584 e 1.586.

Esse artigo afirma que os princípios dos arts. 1.584 e 1.586 aplicam-se nos casos de invalidade do casamento, quando houver filhos comuns, como parece lógico. Sempre que for conveniente, também, esses princípios de proteção e guarda aplicam-se aos filhos das uniões estáveis ou concubinárias.

Art. 1.588. O pai ou a mãe que contrair novas núpcias não perde o direito de ter consigo os filhos, que só lhe poderão ser retirados por mandado judicial, provado que não são tratados convenientemente.

Art. 1.589

O art. 329 do Código de 1916 fora o único do capítulo não revogado pela Lei do Divórcio. Dizia respeito à mulher que contraía novas núpcias, a qual mantinha o direito de ter consigo os filhos, que somente lhe poderiam ser retirados por decisão judicial, *"provado que ela, ou o padrasto, não os trata convenientemente"*. A disposição não tinha maior interesse porque o Estatuto da Mulher Casada já dispusera, na alteração do art. 393 do Código, no sentido de que a mulher que se remarida não perde o direito ao pátrio poder dos filhos do leito anterior. A Constituição vigente colocou em igualdade o exercício do poder familiar por ambos os cônjuges. Sob essa senda, dispõe o presente Código neste artigo. Como se nota, a regra nada mais faz do que chancelar a orientação geral de proeminência permanente do interesse dos menores em qualquer situação.

📚 Enunciado nº 337, IV Jornada de Direito Civil – CJF/STJ: o fato de o pai ou a mãe constituírem nova união não repercute no direito de terem os filhos do leito anterior em sua companhia, salvo quando houver comprometimento da sadia formação e do integral desenvolvimento da personalidade destes.

📚 Enunciado nº 338, IV Jornada de Direito Civil – CJF/STJ: a cláusula de não-tratamento conveniente para a perda da guarda dirige-se a todos os que integram, de modo direto ou reflexo, as novas relações familiares.

Art. 1.589. O pai ou a mãe, em cuja guarda não estejam os filhos, poderá visitá-los e tê-los em sua companhia, segundo o que acordar com o outro cônjuge, ou for fixado pelo juiz, bem como fiscalizar sua manutenção e educação.
Parágrafo único. O direito de visita estende-se a qualquer dos avós, a critério do juiz, observados os interesses da criança ou do adolescente. (Incluído pela Lei nº 12.398, de 2011)

Quanto ao direito de visitas, os pais que não estão com a guarda dos filhos menores têm o direito inarredável de exercê-lo, bem como fiscalizar sua manutenção e educação.

A lacuna, no tocante à possibilidade do direito de visita dos avós e outros parentes sofreu a alteração do parágrafo único. Esses laços de afetividade, não só dos avós, mas de outras pessoas, devem ser levados em conta pelo magistrado, que poderá conceder o direito de visitas até mesmo a outros parentes, tios, por exemplo, que se encontrem emocionalmente ligados ao menor. A vida é a escola e o juiz saberá encontrar a melhor solução no caso concreto. As regras estabelecidas para as visitas e a guarda podem ser alteradas a qualquer momento, sempre no interesse do menor. Essa questão do direito de visita entrosa-se com a denominada *"guarda compartilhada"*. Não é porque um dos pais não tem a guarda do filho que deve deixar de exercer a orientação e fiscalização que são próprias do poder familiar. Deve participar de sua educação e das questões que envolvem afeto, apoio e carinho. Nas decisões que dizem respeito a essas visitas, o juiz deve fixar períodos mais ou menos longos que propiciem contato com o outro genitor, sem prejuízo de sua atividade escolar. O caso concreto deve dar a solução, inclusive no tocante aos períodos de férias escolares. Situações excepcionais poderão conferir uma solução, suspendendo, ainda que temporariamente, a visita.

Por vezes, o melhor interesse dos menores leva os tribunais a propor a guarda compartilhada ou conjunta. O instituto da guarda ainda não atingiu sua plena evolução. Há os que defendem ser plenamente possível essa divisão de atribuições ao pai e à mãe na guarda concomitante do menor. A questão da guarda, porém, nesse aspecto, a pessoas que vivam em locais separados não é de fácil deslinde. Dependerá muito do perfil psicológico, social e cultural dos pais, além do grau de fricção que reina entre eles após a separação. Atento a essa problemática, afirma Waldyr Grisard Filho (2000, p. 112):

"A custódia física, ou custódia partilhada, é uma nova forma de família na qual pais divorciados partilham a educação dos filhos em lares separados. A essência do acordo da guarda compartilhada reflete o compromisso dos pais de manter dois lares para seus filhos e de continuar a cooperar com o outro na tomada de decisões."

Em nossa legislação, por tudo que expusemos, nada impede ao juiz que defira a guarda a ambos os cônjuges, mormente se existe acordo entre eles. O difícil, justamente, é chegar-se a um acordo no calor de uma separação. A guarda, porém, pode ser alterada no futuro, quando os espíritos estiverem mais apaziguados. Não resta dúvida de que a solução da guarda compartilhada é um meio de manter os laços entre pais e filhos, tão importantes no desenvolvimento da criança e do adolescente. Não resta dúvida, também, de que essa modalidade de guarda representa uma nova faceta do direito de visita, que poderá ficar dispensado quando se acorda pela guarda conjunta. No futuro, certamente, o legislador também se preocupará com essa modalidade de guarda.

Por outro lado, na posição diametralmente oposta, o direito de visitas poderá ser suspenso perante casos extremos de inconveniência do contato do menor com o pai ou a mãe. Trata-se, porém, de direito e não de obrigação. Sempre se afirma que existe um direito de visita, mas não um direito de ser visitado. Nem sempre os pais exigem esse direito sob o prisma da proteção e afeto dos filhos, mas como forma de espicaçar o outro cônjuge. Nem sempre será fácil a conduta do magistrado. Se for conveniente para os menores e a situação o exigir, a visita se dará em horário estabelecido e local diverso do domicílio das partes, sob a fiscalização de agentes do Judiciário, tais como psicólogos e assistentes sociais. Questões de difícil deslinde surgem quando os pais moram em locais distantes ou no exterior. Aliás, conforme o art. 84 do Estatuto da Criança e do Adolescente, como a viagem ao exterior pode representar uma supressão ainda que temporária do direito de visitas, é necessário que o outro cônjuge autorize a viagem com um só dos pais, ainda que estejam casados.

Art. 1.590. As disposições relativas à guarda e prestação de alimentos aos filhos menores estendem-se aos maiores incapazes.

Como é lógico, tudo o que se aplica à guarda e à prestação de alimentos aos filhos menores aplica-se aos maiores incapazes, enquanto durar sua incapacidade. Há que se examinar os princípios do Estatuto da Pessoa com Deficiência, porque sempre deve ser examinado o grau de deficiência, não havendo mais uma incapacidade genérica.

Enunciado nº 333, IV Jornada de Direito Civil – CJF/STJ: o direito de visita pode ser estendido aos avós e a pessoas com as quais a criança ou o adolescente mantenha vínculo afetivo, atendendo ao seu melhor interesse.

SUBTÍTULO II
DAS RELAÇÕES DE PARENTESCO

CAPÍTULO I
Disposições Gerais

Art. 1.591. São parentes em linha reta as pessoas que estão umas para com as outras na relação de ascendentes e descendentes.

A compreensão do parentesco é base e fundamento para inúmeras relações de Direito de Família, com repercussões intensas em todos os ramos da ciência jurídica. As fontes das relações de família são o casamento, o parentesco, a afinidade e a adoção. Não se pode esquecer atualmente da socioafetividade, como outra fonte do parentesco, como já faz o Projeto nº 2.285/2007 (Estatuto das Famílias), bem como da união estável. *O parentesco é o vínculo que une duas ou mais pessoas, em decorrência de uma delas descender da outra ou de ambas procederem de um genitor comum.* Essa definição não leva em conta ainda o parentesco socioafetivo que exige maior meditação.

Essa noção de consanguinidade não era importante no Direito Romano mais antigo, pois o conceito de família não era fundado no parentesco consanguíneo tal como hoje conhecemos, mas no liame civil e principalmente religioso. Não era considerado da mesma família o membro que não cultuasse os mesmos deuses. O laço de sangue não bastava para estabelecer o parentesco; era indispensável haver o laço de culto. A família romana, em sentido geral, incluía todas as pessoas que estavam sob o pátrio poder da mesma pessoa. A família tinha um sentido político, econômico e religioso. A denominada *agnação* romana da época mais primitiva era reconhecida pelo culto e não pelo nascimento. O vínculo da agnação não era necessariamente derivado da consanguinidade (COULANGES, 1958, v. 1, p. 82). O parentesco derivado da relação de nascimento, a *cognação*, passa a ter importância quando a religião enfraquece, passando a família a desempenhar função mais restrita derivada do casamento e da mútua assistência. Na compilação de Justiniano, já surge a família com o contorno moderno de vínculo consanguíneo.

O Direito Canônico denomina o parentesco moderno de consanguinidade. O parentesco no sistema jurídico parte da concepção da família, "*matrimonializada, hierarquizada e patriarcal*" (FACHIN, 1999, p. 196). Com a amplitude de direitos atribuídos à união livre, o próprio conceito de parentesco, dadas suas implicações, deve ser ampliado e repensado.

O parentesco pode ocorrer em *linha reta*, quando as pessoas estão umas para com as outras na relação de ascendentes e descendentes (art. 1.591), ou em *linha colateral* ou transversal, quando as pessoas provêm de um só tronco, sem descenderem uma da outra (art. 1.592). A linha é a série de pessoas que se relacionam pelo vínculo. Dentro dessas linhas, há graus de parentesco que se definem pela proximidade do ancestral comum. Grau é a distância que vai de uma geração a outra. Geração é a relação que existe entre gerador e gerado. Pode haver parentesco misto ou complexo quando o vínculo decorre de duas ou mais relações simultâneas: dois irmãos que se casam com duas irmãs, por exemplo.

No atual estágio do ordenamento brasileiro, após galgarem-se degraus legislativos paulatinos que outorgaram direitos aos filhos havidos fora do matrimônio e aos adotados, a Constituição de 1988 culminou por eliminar qualquer diferenciação de origem, estatuindo, no art. 227, § 6º: "*Os filhos, havidos ou não da relação do casamento, ou por adoção, terão os mesmos direitos e qualificações, proibidas quaisquer designações discriminatórias relativas à filiação.*" Desse modo, ainda que persista importância na conceituação técnica de filiação legítima e ilegítima, adulterina e incestuosa, tudo o que for examinado a respeito dos filhos e seus respectivos direitos, a partir da vigente Carta, deve ter sempre em mira o princípio igualitário constitucional. Nesse diapasão, a Lei nº 8.560/1992, que regulou a investigação de paternidade dos filhos havidos fora do casamento, revogou expressamente o art. 332, que definia o parentesco legítimo e ilegítimo, natural ou civil. No mesmo diapasão coloca-se o presente Código Civil.

De qualquer modo, a conceituação deve persistir como técnica jurídica. Parentesco legítimo é o que deriva do casamento. O casamento, aliás, tinha o condão de legitimar os filhos nascidos ou concebidos anteriormente a ele no sistema de 1916 (art. 229). Parentesco ilegítimo é o proveniente de união sem casamento; nesse caso, leva-se em consideração a relação entre pais e filhos havidos fora do casamento. Esse conceito é, como falamos, exclusivamente didático, pois não tem mais sentido ético, técnico ou moral perante a união estável. É para o parentesco legítimo que são destinadas as regras sobre o poder familiar, tutela e impedimentos matrimoniais, os quais se aplicam também, em princípio, à união estável. Como apontamos, com a proteção e reconhecimento legal da união livre, o parentesco ilegítimo deve-se submeter aos mesmos princípios e restrições do parentesco legítimo, sob pena de converter-se a união estável em instituição proeminente ao casamento. Desse modo, por exemplo, ainda que sem texto expresso, os impedimentos matrimoniais devem atingir também o parentesco ilegítimo e, na esfera processual, os parentes ilegítimos também devem sofrer restrições para servir como testemunha (art. 447, § 2º, I, do CPC).

Façamos, destarte, um elenco com finalidade didática. Na *filiação ilegítima*, distinguem-se os filhos naturais e os filhos espúrios. *Filiação natural* é a proveniente de pessoas não casadas que não tinham qualquer impedimento para contrair matrimônio. *Filiação espúria* é a proveniente de união de pessoas que estavam absolutamente impedidas de casar, por força de impedimento absolutamente dirimente. A filiação espúria pode ser incestuosa ou adulterina. A *filiação incestuosa* é aquela cujo impedimento para o casamento dos pais decorre de parentesco. *Filiação adulterina* é a que deriva de genitores impedidos de casar por já estarem casados. *Filiação civil* é a proveniente do vínculo da adoção, à qual já nos referimos.

Marido e mulher não são parentes porque se unem pelo vínculo do casamento, que estabelece a relação de afinidade entre os respectivos parentes. O cônjuge não é afim, mas é a causa da afinidade ("*uxor non est affinis, sed causa ad finitatis*").

A Igreja considera ainda o parentesco espiritual, entre padrinho e madrinha e afilhados, que até mesmo constituía impedimento matrimonial. Para o Direito, essa relação é irrelevante.

As relações de parentesco afetam os mais diversos campos do Direito, desde os impedimentos que se traduzem em inelegibilidades da Constituição até os impedimentos para o casamento.

No processo civil, estão impedidos de depor como testemunha, além do cônjuge da parte, seu ascendente ou descendente em qualquer grau, assim como o colateral até o terceiro grau, seja consanguíneo ou afim (art. 447, § 2º, I, do CPC).

No Direito Penal, há crimes cujo parentesco entre o agente causador e a vítima agrava a intensidade da pena. No direito fiscal, o parentesco pode definir isenções, deduções ou o nível de tributação. No direito constitucional e no direito administrativo, há restrições de parentesco para ocupar certos cargos.

No direito de família, os efeitos do parentesco fazem-se sentir com mais intensidade, ao estabelecer impedimentos para o casamento, estabelecer o dever de prestar alimentos, de servir como tutor etc.

No direito sucessório, o parentesco estabelece as classes de herdeiros que podem concorrer à herança, limitando-se, na classe dos colaterais, àqueles até o quarto grau.

Art. 1.592. São parentes em linha colateral ou transversal, até o quarto grau, as pessoas provenientes de um só tronco, sem descenderem uma da outra.

Veja o que falamos no art. 1.594. Na linha colateral, o parentesco se encerra no quarto grau. Assim, não são nossos parentes os filhos de nossos primos. A relação de parentesco distante afasta e torna tênue os vínculos afetivos.

Art. 1.593. O parentesco é natural ou civil, conforme resulte de consanguinidade ou outra origem.

A adoção é o vínculo legal que se cria à semelhança da filiação consanguínea, mas independentemente dos laços de sangue. Trata-se, portanto, de uma filiação artificial, que cria um liame jurídico entre duas pessoas, adotante e adotado. O vínculo da adoção denomina-se *parentesco civil*. No sistema atual, o adotado tem os mesmos direitos do filho consanguíneo.

Esse artigo distingue o parentesco natural do parentesco civil, conforme resulte de consanguinidade ou outra origem. A *outra origem* citada diz respeito ao vínculo da adoção e às uniões estáveis. Não pode deixar de ser considerado, em todos os campos jurídicos, o parentesco derivado das uniões estáveis, embora nem sempre seja simples evidenciá-lo nas situações que surgirem no caso concreto. Melhor será que o legislador traga uma orientação a esse respeito. Tratando-se de uma relação de fato, a união estável sem casamento torna muitas situações de parentesco dúbias e confusas, pois, na maioria das vezes, sua evidência somente decorrerá da própria declaração das partes envolvidas.

Nesse campo, quanto à *outra origem* do parentesco, deve ser levada em conta também a denominada filiação socioafetiva. Embora não tenha sido mencionada expressamente no Código, trata-se de fenômeno importante no campo da família e que vem cada vez mais ganhando espaço na sociedade e nos tribunais. Da mesma forma, é sob esse aspecto que se examina o fenômeno da fertilização assistida, as chamadas inseminações homólogas e heterólogas, que serão examinadas nesta obra, quando do estudo da filiação. Há, portanto, sob esse prisma, uma desbiologização do parentesco (NADER, 2006, p. 322).

Ademais, nessa expressão "*outra origem*" também pode ser identificada a posse de estado de filho, estudada a seguir e que de certa forma complementa a noção de paternidade socioafetiva. Toda essa elasticidade de interpretação é doutrinária e jurisprudencial. Melhor seria que o legislador tivesse acolhido expressamente esses novos aspectos.

Marido e mulher não são parentes. A relação entre os esposos é de vínculo conjugal que nasce com o casamento e dissolve-se pela morte de um dos cônjuges, pelo divórcio ou pela anulação do matrimônio.

📖 Enunciado nº 103, I Jornada de Direito Civil – CJF/STJ: o Código Civil reconhece, no art. 1.593, outras espécies de parentesco civil além daquele decorrente da adoção, acolhendo, assim, a noção de que há também parentesco civil no vínculo parental proveniente quer das técnicas de reprodução assistida heteróloga relativamente ao pai (ou mãe) que não contribuiu com seu material fecundante, quer da paternidade socioafetiva, fundada na posse do estado de filho.

📖 Enunciado nº 256, III Jornada de Direito Civil – CJF/STJ: a posse do estado de filho (parentalidade socioafetiva) constitui modalidade de parentesco civil.

📖 Enunciado nº 519, V Jornada de Direito Civil – CJF/STJ: o reconhecimento judicial do vínculo de parentesco em virtude de socioafetividade deve ocorrer a partir da relação entre pai(s) e filho(s), com base na posse do estado de filho, para que produza efeitos pessoais e patrimoniais.

Art. 1.594. Contam-se, na linha reta, os graus de parentesco pelo número de gerações, e, na colateral, também pelo número delas, subindo de um dos parentes até ao ascendente comum, e descendo até encontrar o outro parente.

O parentesco pode ser visto sob a linha reta ou colateral.

Na linha reta, o vínculo refere-se aos ascendentes e descendentes, pais, filhos, netos, bisnetos; pais, avós, bisavós etc. Nessa linha, a contagem de graus é infinita, cada geração referindo-se a um grau. Desse modo, o pai é parente em primeiro grau do filho, em segundo grau do neto, em terceiro grau do bisneto etc. e vice-versa.

Conforme a lei civil, o parentesco na linha colateral ou oblíqua deve ser contado galgando-se até o ancestral comum, para depois se atingir o parente em questão. O parentesco na linha colateral pode ser igual ou desigual, conforme seja igual ou não a distância das gerações. Os irmãos são colaterais na mesma distância. Tio e sobrinho possuem parentesco desigual porque o tio dista do avô em um grau, enquanto o sobrinho dista dois graus desse mesmo ascendente. Percebe-se, portanto, que não existe parentesco em primeiro grau na linha colateral. O irmão, colateral mais próximo, é parente em segundo grau, porque se computa como primeiro grau o pai, que é o ancestral comum. O tio, irmão do pai ou da mãe, e os sobrinhos, filhos do irmão, são colaterais em terceiro grau e assim por diante.

Nessa forma, nossa lei atual entende que o parentesco colateral existe até o quarto grau (art. 1.592), inclusive para os direitos sucessórios. Originalmente, no Código de 1916, o parentesco na linha colateral atingia o sexto grau (art. 331). A extensão do parentesco é matéria de política legislativa, variando no direito comparado. Entre nós o parentesco colateral já foi reconhecido até o décimo grau; lei extravagante, decreto do período do Estado Novo, de finalidades obscuras, para satisfazer interesse de membros do governo da época, reduziu-o transitoriamente para o terceiro grau.

No Direito Canônico, é diferente a forma de ser contado o parentesco na linha colateral, pois se computa somente o grau diretamente para um dos lados: nesse sistema, portanto, os irmãos são parentes em primeiro grau; os primos-irmãos, parentes em segundo grau etc. Se as linhas colaterais forem desiguais, são contados apenas os graus na linha mais extensa, sem se levar em consideração a linha menos extensa. Assim, pelo Direito Canônico, tio e sobrinho são parentes em segundo grau, porque na linha mais extensa até o antepassado comum, há duas gerações.

Não há limite para o parentesco em linha reta, tanto para a linha ascendente, como para a linha descendente. Na linha reta ascendente, a pessoa possui duas linhas de parentesco, linha paterna e linha materna. Na linha reta descendente, surgem subgrupos denominados estirpes, que abrangem as pessoas provenientes de um mesmo descendente. Assim, dois netos de filhos diferentes são parentes em segundo grau, provenientes de duas estirpes diversas. Essa diferenciação tem importância no direito hereditário porque pode a herança ser atribuída por estirpe ou por cabeça, quando ocorre o direito de representação (art. 1.851 ss), quando houver igualdade de grau e diversidade de linhas quanto aos ascendentes (art. 1.836, § 2º) (ver nossa obra *Direito civil: direito das sucessões*, Capítulo 7).

O parentesco entre irmãos pode ser bilateral ou unilateral conforme provenham dos mesmos pais, ou tenham apenas o mesmo pai ou a mesma mãe.

Art. 1.595. Cada cônjuge ou companheiro é aliado aos parentes do outro pelo vínculo da afinidade.
§ 1º O parentesco por afinidade limita-se aos ascendentes, aos descendentes e aos irmãos do cônjuge ou companheiro.
§ 2º Na linha reta, a afinidade não se extingue com a dissolução do casamento ou da união estável.

A *afinidade* distingue-se do conceito de parentesco em sentido estrito. É o vínculo criado pelo casamento, que une cada um dos cônjuges aos parentes do outro: "*Art. 1.595. Cada cônjuge ou companheiro é aliado aos parentes do outro pelo vínculo da afinidade.*" O atual Código acrescenta à dicção do art. 334 a referência ao companheirismo ou união estável, que também deve criar o vínculo de afinidade. Observa ainda o § 2º do artigo do vigente diploma que *"na linha reta, a afinidade não se extingue com a dissolução do casamento ou da união estável"*.

A afinidade possui simetria com a contagem de graus no parentesco. Essa relação deriva exclusivamente de disposição legal, sem relação de sangue. Na relação de afinidade, o cônjuge está inserido na mesma posição na família de seu consorte e contam-se os graus da mesma forma. Trata-se, pois, de uma contagem derivada. Desse modo, a afinidade ocorre tanto na linha reta, como na linha colateral. Assim, o sogro e a sogra são afins em primeiro grau, os cunhados são afins em segundo grau etc. Daí por que, na língua inglesa, os cunhados são denominados irmãos de acordo com a lei (*brother-in-law, sister-in-law*).

A afinidade pode decorrer do casamento ou da união estável com relação ao agente. Nesse caso, por exemplo, será afim em primeiro grau do filho com cuja mãe se casou. Pode decorrer de casamento contraído por seus filhos, quando se tornará afim em primeiro grau, em linha reta, com as respectivas esposas e em decorrência de casamento contraído por seu progenitor ou progenitora, quando será afim em primeiro grau da pessoa com quem ele ou ela se uniu. Em linha reta, o sujeito assume a posição de sogro ou sogra, ou genro ou nora, conforme sua posição.

Na linha colateral, os afins são, portanto, os cunhados. O cunhadio ou afinidade colateral extingue-se com o término do casamento, porém a afinidade em linha reta é sempre mantida. Desse modo, desaparece, por exemplo, o impedimento de o viúvo ou divorciado casar-se com a cunhada, mas persiste o impedimento de casamento de viúvos ou divorciados com sogro e sogra. Nesse sentido, o texto legal em exame.

Na hipótese de separação judicial, contudo, o vínculo da afinidade não é afetado. Somente desaparecerá na linha transversal com o divórcio ou a morte de um dos cônjuges. Washington de Barros Monteiro (1996, p. 241) lembra que, se houver anulação ou nulidade de casamento, temos que atentar para a existência ou não de putatividade. Se reconhecida a putatividade, será mantida a afinidade legítima; se não for reconhecida, a afinidade se conceituará como ilegítima.

Também na afinidade, para fins de melhor entendimento, distingue-se a legítima da ilegítima, se decorrente ou não de casamento, assim como a afinidade derivada da adoção.

Como a afinidade é de ordem pessoal e não se amplia além dos limites traçados pela lei, decorre que não existe vínculo de afinidade entre os parentes dos cônjuges (vulgarmente denominados contraparentes). Os afins dos cônjuges não são afins entre si porque a afinidade não gera afinidade. Desse modo, os concunhados não são afins entre si. Na hipótese de segundo casamento, os afins do primeiro casamento não se tornam afins do esposo casado em segundo matrimônio. A afinidade não tem repercussões no direito sucessório.

Alvará judicial – Autor que era sobrinho do marido da falecida – Parentesco por afinidade que, nos termos do art. 1.595 do CC, limita-se aos ascendentes, aos descendentes e aos irmãos do cônjuge ou companheiro – Autor que não se enquadra nas hipóteses de herdeiro legítimo do art. 1.829 do CC – Impossibilidade do levantamento pretendido – Sentença reformada – Recurso provido (*TJSP* – Ap. 1117217-48.2017.8.26.0100, 22-10-2019, Rel. Alcides Leopoldo).

Agravo de instrumento. Adoção. **Ascendente por afinidade**. Impossibilidade. O ordenamento jurídico (ECA 42, § 1º) veda a adoção por ascendente, inclusive por afinidade. Logo, incabível a adoção pela companheira do avô biológico da criança (*TJDF* – Acórdão: Agravo de Instrumento nº 2010.00.2.010271-5, 2-3-2011, Rel. Des. Fernando Habibe).

CAPÍTULO II
Da Filiação

Art. 1.596. Os filhos, havidos ou não da relação de casamento, ou por adoção, terão os mesmos direitos e qualificações, proibidas quaisquer designações discriminatórias relativas à filiação.

1. Filiação. Conceito

Todo ser humano possui pai e mãe. Mesmo a inseminação artificial ou as modalidades de fertilização assistida não dispensam o progenitor, o doador, ainda que essa forma de paternidade não seja imediata. Desse modo, o Direito não se pode afastar da verdade científica. A procriação é, portanto, um fato natural. Sob o aspecto do Direito, a filiação é um fato jurídico do qual decorrem inúmeros efeitos. Sob perspectiva ampla, a filiação compreende todas as relações, e respectivamente sua constituição, modificação e extinção, que têm como sujeitos os pais com relação aos filhos. Portanto, sob esse prisma, o direito de filiação abrange também o pátrio poder, atualmente denominado poder familiar, que os pais exercem em relação aos filhos menores, bem como os direitos protetivos e assistenciais em geral.

Tradicionalmente, afirmava-se com insistência, em passado não muito remoto, que a maternidade era sempre certa (*mater semper certa est*); a paternidade era sempre incerta (*pater semper incertus est*). No direito tradicional, vigente até próximo ao fim do século XX, essa foi uma verdade dogmática: enquanto a maternidade era sempre suscetível de ser provada, a paternidade era de difícil comprovação. O avanço da ciência e da tecnologia genética nas últimas décadas coloca na berlinda e desmente a afirmação tradicional. Hoje, pode-se apontar com quase absoluta certeza a paternidade. Em futuro muito próximo, senão já agora, a paternidade poderá ser comprovada independentemente de exame ou de invasão na integridade física do indigitado pai, da presumível mãe ou de terceiros. Ao atingir esse estágio, que a ciência já dirige e possibilita, a técnica mais uma vez suplanta o sistema jurídico e obriga sua reestruturação. Já é possível apontar o pai de um indivíduo sem restar qualquer dúvida ponderável. Torna-se possível programar nascimentos e características dos novos seres humanos. O amedrontador *admirável mundo novo*, imaginado e imortalizado por Aldous Huxley, há tantas décadas, pode tornar-se realidade não muito agradável ou aceitável, se o Direito e o ordenamento não tomarem os rumos corretos.

De qualquer modo, no campo do Direito, por maior que seja a possibilidade da verdade técnica, nem sempre o fato natural da procriação corresponde à filiação como fato jurídico. O legislador procura o possível no sentido de fazer coincidir a verdade jurídica com a verdade biológica, levando em conta as implicações de ordem sociológica e afetiva que envolvem essa problemática.

A filiação é, destarte, um estado, o *status familiae*, tal como concebido pelo antigo direito. Todas as ações que visam a seu reconhecimento, modificação ou negação são, portanto, ações de estado. O termo *filiação* exprime a relação entre o filho e seus pais, aqueles que o geraram ou o adotaram. A adoção, sob novas vestes e para finalidades diversas, volta a ganhar a importância social que teve no Direito Romano.

Visto sob o prisma dos ascendentes, o estado de filiação traduz-se na paternidade ou maternidade. Utiliza-se o termo *paternidade* de forma genérica para expressar a relação do pai e da mãe com relação aos filhos.

O Código Civil de 1916 centrava suas normas e dava proeminência à família legítima, isto é, aquela derivada do casamento, de justas núpcias, em paradoxo com a sociedade brasileira, formada em sua maioria por uniões informais. Elaborado em época histórica de valores essencialmente patriarcais e individualistas, o legislador do início do século passado marginalizou a família não provinda do casamento e simplesmente ignorou direitos dos filhos que proviessem de relações não matrimoniais, fechando os olhos a uma situação social que sempre existiu, especialmente em nosso país de miscigenação natural e incentivada.

A partir de meados do século XX, porém, nossa legislação, embarcando em tendência universal, foi sendo alterada para, timidamente a princípio, serem introduzidos direitos familiares e sucessórios aos filhos provindos de relações extramatrimoniais. A Constituição de 1988 culminou por vedar qualquer qualificação relativa à filiação. Desse modo, a terminologia do Código de 1916, filiação legítima, ilegítima e adotiva, de vital importância para o conhecimento do fenômeno, passa a ter conotação e compreensão didática e textual e não mais essencialmente jurídica.

2. Filiação legítima. Paridade na filiação

A filiação legítima tinha por base o casamento dos pais quando da concepção. A fonte da legitimidade era o casamento válido ou o casamento putativo. Nesse sentido, o art. 337 do antigo Código dispunha que eram legítimos os filhos concebidos na constância do casamento, ainda que anulado, ou mesmo nulo, se contraído de boa-fé. O casamento subsequente tinha o condão também de operar a legitimação dos filhos havidos pelo casal. Essa distinção não mais subsistia perante a Carta de 1988:

"Os filhos, havidos ou não da relação do casamento, ou por adoção, terão os mesmos direitos e qualificações, proibidas quaisquer designações discriminatórias relativas à filiação" (art. 227, § 6º).

Esse dispositivo constitucional é repetido, com igual redação, pelo presente art. 1.596.

O art. 337 do antigo diploma já fora expressamente revogado pela Lei nº 8.560/1992, que regulou a investigação de paternidade dos filhos havidos fora do casamento. A lei, porém, não tem o condão de simplesmente apagar a verdade social patente e evidente: filhos continuam a nascer fora do casamento e, com frequência, a sociedade acolhe-os diferentemente, quando não os marginaliza. Desse modo, se, por um lado, desapareceu o tratamento discriminatório, por outro, os direitos dos filhos provindos de fora do casamento devem ser obtidos por meio dos instrumentos legais ora postos de forma ampla à disposição no ordenamento. Esse é o atual desafio no direito de filiação.

Durante o século XX, a família, o casamento e as relações de filiação sofreram profunda transformação social. A família tradicional, unida pelo casamento, era o mecanismo apropriado para transmitir os bens por via hereditária por gerações. O sistema socioeconômico era baseado na propriedade da terra, na riqueza imobiliária sob a condução do *pater*. O enfraquecimento do poder patriarcal faz-se sentir e o reconhecimento de direitos e deveres decorrentes do poder familiar prepara o terreno para a ampla modificação legislativa do final do século XX. O sistema de produção passa a não mais depender da propriedade imobiliária e concentra-se na empresa e em bens mobiliários. O foco e o centro de produção econômica deixam de ser a família. As expectativas da família concentram-se doravante muito mais em uma perspectiva de consumo do que de produção. O homem e a mulher integram-se nas atividades produtivas e de serviço que se realizam fora do convívio familiar. Os filhos são formados e educados para ingressar nesse ambiente de trabalho altamente competitivo, fora da estrutura autoritária do poder paternal. Não só dentro da família, mas em todos os organismos sociais, a autoridade inconcussa e incontrastável do chefe ou superior hierárquico perde terreno para a responsabilidade individual.

Nesse contexto, ambos os pais, casados ou não, passam a ter papel semelhante na educação dos filhos, desaparecendo a autoridade exclusivamente marital. A família contemporânea deve gravitar em torno de um vínculo de afeto, de recíproca compreensão e mútua cooperação. A denominada família ou paternidade socioafetiva ganha corpo no seio de nossa sociedade, com respaldo doutrinário e jurisprudencial. Lembre-se do art. 1.593 citado quando do nosso exame do parentesco, que se refere precipuamente a *outra origem* na filiação. A família passa a ter um conteúdo marcadamente ético e cooperativo e não mais econômico, resquício este da velha família romana e, nesse contexto, não há espaço para qualquer discriminação. Sob tal prisma, a Constituição brasileira vigente coroou tendência universal. Não se discriminam os filhos em razão de sua origem, aspecto que a sociedade, há muito, não sem alguma resistência, já se encarregara de observar.

A equiparação da filiação interessa fundamentalmente ao idêntico tratamento que faz a Lei no tocante ao conteúdo e aos efeitos das relações jurídicas quanto à origem da procriação. A distinção entre filiação legítima e ilegítima possui modernamente compreensão essencialmente técnica e não mais discriminatória. Inevitável, contudo, que seja mantida a diferença terminológica e conceitual para compreensão dos respectivos efeitos. Bem observa Luiz Edson Fachin (1999, p. 201):

> "*Como a Constituição manteve o casamento como fonte da família, desaparece a designação discriminatória, mas permanece a distinção. Há um resíduo diferenciador sem que implique uma ofensa ao princípio da igualdade, porque distinguir não significa discriminar.*"

A filiação decorrente da natureza pressupõe um nexo biológico ou genético entre o filho e seus pais. A maternidade ou paternidade é certa quando esse nexo é determinado. A determinação da filiação, como categoria jurídica, procura assegurar a identificação pessoal em relação à identidade biológica. Nem sempre, porém, a identidade genética amolda-se à identidade jurídica. Essa questão, entre outras, depende de uma solução legal, e marcadamente judicial, no campo da filiação.

A filiação pode ser definida como o liame jurídico existente entre pai ou mãe e seu filho. Nesse sentido, são utilizados os termos *paternidade* e *maternidade*. No entanto, como aponta Carbonnier (1999, p. 181), a noção merece de plano uma ressalva, pois esse vínculo pode ser legítimo, natural ou adotivo. E, podemos acrescentar, também afetivo.

A filiação legítima pressupõe que o pai e a mãe sejam casados um com o outro, que o filho tenha sido concebido durante esse casamento ou que a legitimação tenha ocorrido com o casamento subsequente. A filiação natural é aquela na qual não existe casamento entre os pais. A filiação natural será singela quando entre o pai e a mãe não havia impedimento para o casamento. Essa filiação será adulterina quando os pais estavam impedidos de casar em razão de estarem casados com terceiros. Será filiação incestuosa, se o impedimento decorre do parentesco. A filiação adotiva cria o vínculo jurídico artificialmente, decorrente de um ato de vontade. A filiação afetiva é aquela na qual o amor e o carinho recíprocos entre os membros suplantam qualquer grau genético, biológico ou social.

O Código Civil de 1916 não permitia, como regra, que se investigasse a paternidade contra homem casado. O critério foi progressivamente sendo atenuado em benefício da verdade biológica. A investigação de paternidade perante o pai casado com outra mulher torna-se possível, como também o reconhecimento de paternidade pelo pai biológico, nessas condições. Sob toda essa problemática é que deve ser vista a dicção do art. 1.603, do atual Código, que expressa a regra geral: "*A filiação prova-se pela certidão do termo de nascimento registrada no Registro Civil.*" Nessa presunção legal há uma verdade, mas pode haver, por detrás, toda uma história de vicissitudes, com amor e desamor, com maior ou menor amplitude.

Enunciado nº 608, VII Jornada de Direito Civil – CJF/STJ: É possível o registro de nascimento dos filhos de pessoas do mesmo sexo originários de reprodução assistida, diretamente no Cartório do Registro Civil, sendo dispensável a propositura de ação judicial, nos termos da regulamentação da Corregedoria local.

Enunciado nº 632, VIII Jornada de Direito Civil – CJF/STJ: Nos casos de reconhecimento de multiparentalidade paterna ou materna, o filho terá direito à participação na herança de todos os ascendentes reconhecidos.

Art. 1.597. Presumem-se concebidos na constância do casamento os filhos:
I – nascidos cento e oitenta dias, pelo menos, depois de estabelecida a convivência conjugal;
II – nascidos nos trezentos dias subsequentes à dissolução da sociedade conjugal, por morte, separação judicial, nulidade e anulação do casamento;
III – havidos por fecundação artificial homóloga, mesmo que falecido o marido;
IV – havidos, a qualquer tempo, quando se tratar de embriões excedentários, decorrentes de concepção artificial homóloga;
V – havidos por inseminação artificial heteróloga, desde que tenha prévia autorização do marido.

O Código de 1916 conceituava como legítimos os filhos concebidos na constância do casamento, ainda que anulado ou mesmo nulo, se fora contraído de boa-fé (art. 337, revogado pela Lei nº 8.560/1992). O art. 217 dispunha que a anulação do casamento não obstava à legitimidade do filho concebido ou havido antes ou na constância dele. Como já mencionamos, os critérios de legitimidade são doravante essencialmente teóricos. Nesse diapasão, também eram legítimos os filhos provindos de casamento nulo, se fosse declarada a putatividade. Da mesma forma, era legítimo o filho nascido de casamento anulável.

A Lei nº 6.515/1977 foi mais além, considerando legítimos os filhos havidos de casamento nulo ou anulável, ainda que ambos os cônjuges não o tivessem contraído de boa-fé (art. 14, parágrafo único). Este Código resguarda também os direitos e os efeitos civis dos filhos nessa situação (art. 1.561, § 2º). Como se nota, de algum tempo já vinha a tendência de se eliminar, na lei, a discriminação da ilegitimidade.

O Código de 1916 adotara o sempre repetido princípio segundo o qual pai é quem assim demonstram as justas núpcias (*pater is est quem nuptiae demonstrant*). Presume o antigo legislador que o filho de mulher casada foi concebido pelo marido. A presunção, fundamentada no que usualmente ocorre, possuía um embasamento cultural e social, em prol da estabilidade da família, uma vez que impedia que se atribuísse prole adulterina à mulher casada. A maternidade comprova-se pelo parto, erigindo o sistema em crime quem alegar parto suposto (arts. 241 e 242 do CP). Daí a regra tradicional mantida por este Código no sentido de que *"não basta a confissão materna para excluir a paternidade"* (art. 1.602).

A Lei nº 8.560/1992 subverte o princípio, porque admitiu a investigação de paternidade contra homem casado ou pelo filho de mulher casada contra seu verdadeiro pai. A Lei nº 14.138/2021, que alterou a Lei aqui citada, permitiu expressamente o exame do DNA (§ 2º do art. 2º), em parentes do indigitado pai. Ainda que faltasse esse texto expresso, era inelutável a possibilidade desse exame.

De qualquer modo, como regra geral, tem aplicação este art. 1.597, que repete, em síntese, nos dois incisos iniciais, os mesmos princípios do Código anterior:

> *"Presumem-se concebidos na constância do casamento os filhos:*
> *I – nascidos cento e oitenta dias, pelo menos, depois de estabelecida a convivência conjugal;*
> *II – nascidos nos trezentos dias subsequentes à dissolução da sociedade conjugal, por morte, separação judicial, nulidade e anulação do casamento."*

A lei presume a filiação legítima com fundamento nos dados científicos. Desse modo, se o filho nasceu até seis meses após o casamento, presumimos ser legítimo. Se o nascimento ocorrer antes dos 180 dias, não opera a presunção. Entendemos que é de seis meses o período mínimo de gestação viável. Fora desses períodos, ainda que possam ocorrer nascimentos, a presunção não opera.

Após a EC nº 66/2010, há que se agregar à noção de separação judicial, sempre a do divórcio.

O extinto Projeto nº 6.960/2002 tentou acrescentar parágrafo único ao art. 1.597: *"Cessa a presunção de paternidade o caso do inciso II, se, à época da concepção, os cônjuges estavam separados de fato."*

O Projeto do Estatuto das Famílias traz presunção mais simples e singela ao estabelecer que presumem-se filhos *"os nascidos durante a convivência dos genitores à época da concepção"* (art. 73, I), suprimindo os prazos em dias descritos no atual art. 1597.

Importa saber a paternidade real e não presumida. A presunção de pai certo, nessas situações, somente podia ser abalada pela ação negatória de paternidade, de cunho restritivo, dentro de certos princípios, que atualmente devem mostrar-se mais flexíveis. O emparedamento da coisa julgada, por exemplo, não pode negar verdades reais. Há que se repensar, inclusive, sobre esse princípio que por tanto tempo foi caudilhesco em nosso sistema.

1. Provas de paternidade. Os filhos provenientes de inseminação artificial. A reprodução assistida

Atendendo a insistentes críticas em face de sua ausência no Projeto original, na fase final de tramitação legislativa foram inseridos de afogadilho três dispositivos neste Código, no art. 1.597, que tratam da presunção de filhos concebidos na constância do casamento. Assim, além dos citados incisos I e II, dispõe esse artigo que se presumem concebidos na constância do casamento os filhos:

> *"III – havidos por fecundação artificial homóloga, mesmo que falecido o marido;*
> *IV – havidos, a qualquer tempo, quando se tratar de embriões excedentários, decorrentes de concepção artificial homóloga;*
> *V – havidos por inseminação artificial heteróloga, desde que tenha prévia autorização do marido."*

Esses dispositivos, únicos no Código, cuidam dos filhos nascidos do que se convencionou denominar fertilização assistida. O Código enfoca, portanto, a possibilidade de nascimento de filho ainda após a morte do pai ou da mãe, no caso de fecundação homóloga e de embriões excedentários. Frise-se que o embrião pode ser albergado no útero de outra mulher, questão que faz surgir a problemática da maternidade sub-rogada, maternidade de substituição ou ventre de aluguel. Advirta-se, de plano, que este Código não autoriza nem regulamenta a reprodução assistida, mas apenas constata lacunosamente a existência da problemática e procura dar solução ao aspecto da paternidade. Toda essa matéria, cada vez mais ampla e complexa, deve ser regulada por lei específica, por um estatuto ou microssistema. Com esses dispositivos na lei passamos a ter, na realidade, mais dúvidas do que soluções, porque a problemática ficou absolutamente capenga, sem a ordenação devida, não só quanto às possibilidades de o casal optar pela fertilização assistida, como pelas consequências dessa filiação no direito hereditário. É urgente que tenhamos toda essa matéria regulada por diploma legal específico. Relegar temas tão importantes aos tribunais acarreta desnecessária instabilidade social.

O fenômeno legal da procriação, no direito do passado, estabelece a presunção de que há uma relação causal entre a cópula e a procriação. Desse modo, em princípio, provada a relação sexual, presume-se a fecundação.

No entanto, atualmente enfrentamos outra problemática, a exigir normas atualizadas. A inseminação artificial permite fecundar uma mulher fora da relação sexual. O sêmen é recolhido e mantido ou não por tempo mais ou menos longo, o qual, sendo introduzido no órgão sexual da mulher, a fecunda. A questão da paternidade nessa hipótese é de sensível importância. O sêmen pode ser do marido ou companheiro da mulher ou de terceiro, conhecido ou desconhecido. Pode não ter havido concordância do marido ou do terceiro. Cuida-se de problemática à espera de soluções, uma vez que os dispositivos deste Código apenas apontam um início legislativo. A fecundação também pode redundar de embrião retirado da mulher.

Denomina-se homóloga a inseminação proveniente do sêmen do marido ou do companheiro; heteróloga, quando proveniente de um estranho. Por outro lado, outra banda de questões surge se a inseminação é feita contra a vontade do marido. São novos e desafiantes temas a aguçar modernamente os estudos jurídicos e a exigir respostas do legislador.

No tocante especificamente à paternidade, a tendência das legislações é de conceder toda a liberdade para permitir o recurso a todos os meios de prova cientificamente aceitos. A demora natural do legislador em dar respostas aos novos problemas, não só em nosso país, mas também no exterior, não deve ser obstáculo para o jurista e principalmente para o magistrado dar solução adequada às novas questões.

No passado próximo, eram proeminentes as provas ordinariamente admitidas. Já nos referimos ao valor da posse de estado de filho. A prova testemunhal e os depoimentos pessoais são apenas subsidiários no campo da investigação de paternidade.

O denominado exame prosopográfico, que consiste na ampliação de fotografias do investigante e do investigado, justapondo-se ambas e fazendo-se as comparações de traços fisionômicos, teve sua utilidade relativa reconhecida como prova.

As modernas provas genéticas permitem excluir com certeza a paternidade de um indivíduo com relação a outro e a afirmar com quase certeza, com elevado grau de probabilidade, essa mesma paternidade. Há necessidade de que o legislador pátrio, como feito por outras legislações, como em Portugal, na França e em vários outros ordenamentos europeus, introduza modificações na legislação tradicional, não somente fazendo referência a esse estágio da ciência genética, modernizando o conceito da ação de investigação de paternidade, como também resolvendo as dúvidas trazidas à paternidade pela problemática da inseminação artificial. Até mesmo o tradicional princípio *mater semper certa est* é colocado em xeque perante a possibilidade de úteros de aluguel ou emprestados, fenômeno também denominado maternidade sub-rogada. Movimentam-se nossos legisladores nesse sentido. Na França, foram editadas duas importantes leis em 29 de julho de 1994, que tratam do acesso à assistência médica para reprodução, tendo em vista a inseminação artificial e a fertilização *in vitro*.

Há pouco tempo, dizia-se que só se podia concluir com certeza quanto aos casos de exclusão de paternidade. Atualmente, considera-se que o resultado positivo de paternidade é tão seguro quanto sua exclusão. A genética avança em velocidade acelerada. Os exames até pouco tempo tidos como modernos e eficazes, ainda praticados em nosso país de permanentes dificuldades econômicas para as classes menos favorecidas, exames de sistemas sanguíneos, ABO, MN, RH e o sistema HLA, perderam muito de seu interesse com a descoberta, na década de 1980, do polimorfismo genético, que se transmite hereditariamente (DNA). O sistema *Human Lymphocyte Antigen* (HLA) estabelece margens de acerto entre 96 e 99,9%. Essa técnica fundamenta-se no estudo de certas proteínas antigênicas codificadas no sexto par de cromossomos. Essas proteínas transmitem-se segundo as leis de Mendel.

A mais recente técnica do DNA, de múltiplas aplicações na medicina legal, tem a grande vantagem de compreender a individualidade biológica diretamente do código genético. Essa é a sigla do ácido desoxirribonucléico, uma molécula biológica complexa existente no núcleo das células, cujas principais funções são determinar a estrutura proteica e codificar a informação genética. A técnica permite o exame com muito pouco material genético, sendo suficiente um pouco de saliva, sangue ou um fio de cabelo. Os cientistas são, porém, cautelosos, afirmando que não é possível a conclusão absoluta da paternidade, embora se atinja a porcentagem de mais de 99% de certeza. O grau maior ou menor de probabilidades de paternidade depende do número de testes e da amplitude do mapa genético utilizado. Assim, analisando-se as sequências do DNA, pode-se estabelecer com exatidão a herança genética, superando-se as margens de dúvida do exame de HLA. Para averiguação de paternidade, os materiais genéticos do suposto pai, da mãe e do filho são analisados. Com isso, são obtidas bandas que compõem a impressão digital do DNA, para cada indivíduo. Desde que obtido material adequado, é possível a identificação de natimortos, fetos, cadáveres. Devido à extrema distinção de sua estrutura, a possibilidade de encontrar, ao acaso, duas pessoas com a mesma impressão genética é de uma em 30 bilhões, o que torna virtualmente impossível a coincidência (DINIZ, 1999, v. 5, p. 337).

No entanto, como adverte filosoficamente o mestre lusitano Eduardo dos Santos (1999, p. 445):

> "A nosso ver, por mais que se valore a prova biológica, não deve dispensar-se o concurso da prova

convencional, a menos que o legislador queira, na filiação, estabelecer o estrito laço de sangue, desinteressando-se de todo e qualquer laço do coração, com todas más consequências familiares e sociais."

Assim como na adoção, a paternidade deve ser vista como um ato de amor e desapego material, e não simplesmente como fenômeno biológico e científico, sob pena de revivermos odiosas concepções de eugenia que assolaram o mundo em passado não muito remoto. Nesse sentido, a doutrina refere-se à paternidade socioafetiva. Várias legislações já nos dão exemplo disso ao admitir as consequências da paternidade à inseminação artificial com sêmen de terceiro, admitida pelo casal. Na inseminação heteróloga, autorizada pelo marido ou companheiro, a paternidade socioafetiva já estaria estabelecida no momento em que o pai concorda expressamente com a fertilização (QUEIROZ, 2001, p. 175).

As disposições deste Código deverão merecer o crivo da jurisprudência, pois não são suficientemente claras. O inciso III do art. 1.597, ao presumir concebidos na constância do casamento os filhos "havidos por fecundação artificial homóloga, mesmo que falecido o marido", traz à baila a necessidade de autorização do marido para essa fecundação, bem como o fato de a genitora estar na condição de viúva. Se casada com terceiro, é evidente que não se atende à intenção da lei e cria-se uma situação inusitada. O mesmo se diga no tocante aos embriões ditos excendentários do inciso IV.

Nas inseminações após a morte o Código não tocou diretamente no direito hereditário dos seres assim gerados, pois para a sucessão continuam sendo herdeiros apenas aqueles vivos ou concebidos quando da morte.

O projeto do Estatuto das Famílias, como era de se esperar, altera parcialmente o enfoque sobre essa matéria. O art. 73, II, faz presumir filhos *"os havidos por fecundação artificial homóloga, desde que a implantação do embrião tenha ocorrido antes do falecimento do genitor"*. E o inciso III do mesmo artigo:

"os havidos por inseminação artificial heteróloga, desde que realizada com prévio consentimento livre do marido ou do convivente, manifestado por escrito, e desde que a implantação tenha ocorrido antes do seu falecimento".

Esse texto é mais cuidadoso, ao falar de presunção apenas quando a fecundação ocorreu em vida do marido ou convivente, ao contrário do texto atual, totalmente aberto e descuidado em ponto tão delicado e sensível.

2. Biogenética e paternidade

A ciência já muito avançou no campo da fertilização assistida, em prol dos casais que padecem de infertilidade. Já nos referimos acerca da inseminação artificial homóloga e heteróloga. Entende-se inseminação como forma de fecundação artificial, pela qual se dá a união do sêmen ao óvulo por meios não naturais. Vários são os métodos científicos para essa finalidade cujo estudo pertence à ciência biomédica. A inseminação artificial também é conhecida como concepção artificial, fertilização artificial, semeadura artificial, fecundação ou fertilização assistida (SCARPARO, 1991, p. 6). No Brasil, são utilizados todos os métodos proporcionados pela ciência biomédica internacional. Toda essa nova problemática levanta questões de ordem ética e moral que devem ser repensadas. Esse, talvez, o desafio mais crucial.

"Há inúmeras questões que decorrem dos avanços científicos no campo das ciências da vida que colocam determinados interesses diretamente em confronto com a dignidade da pessoa humana, diante dos receios de concretização de novas formas de discriminação, de escravidão, de prática de eugenia, enfim, da possibilidade de não se atender ao princípio fundamental da dignidade da pessoa humana" (GAMA, 2003, p. 127).

A inseminação homóloga pressupõe que a mulher seja casada ou mantenha união estável e que o sêmen provenha do marido ou companheiro. É utilizada em situações nas quais, apesar de ambos os cônjuges serem férteis, a fecundação não é possível por meio do ato sexual por várias etiologias (problemas endócrinos, impotência, vaginismo etc.).

A inseminação heteróloga é aquela cujo sêmen é de um doador que não o marido. Aplica-se principalmente nos casos de esterilidade do marido, incompatibilidade do fator Rh, moléstias graves transmissíveis pelo marido etc. Com frequência, recorre-se aos chamados bancos de esperma, nos quais, em tese, os doadores não são e não devem ser conhecidos.

Questão primeira que se desloca para o campo jurídico é que se a inseminação heteróloga deu-se sem o consentimento do marido, este pode impugnar a paternidade. Se a inseminação deu-se com seu consentimento, há que se entender que não poderá impugnar a paternidade e que a assumiu. Nesse sentido se coloca o inciso V do art. 1.597 sob exame. A lei brasileira passa a resolver expressamente essa questão. A lei não esclarece ainda, porém, de que forma deve ser dada essa autorização. Por outro lado, a nova lei civil fala em *"autorização prévia"*, dando a entender que o ato não pode ser aceito ou ratificado posteriormente pelo marido, o que não se afigura verdadeiro.

No entanto, observam Gustavo A. Bossert e Eduardo A. Zannoni (1996, p. 471), ao analisar o sistema argentino, que também é omisso, tal como nossa legislação anterior, que, se por um lado não pode o pai impugnar a paternidade nessa situação de consentimento de inseminação por terceiro, pode fazê-lo o filho, que poderá pretender o reconhecimento jurídico da paternidade biológica:

"Enquanto não existir norma legal específica sobre o ponto, no caso sob análise são aplicáveis as normas

gerais do Código e, de conformidade com este, poderá o filho, conhecendo a origem da gestação, impugnar a paternidade do marido de sua mãe para, simultânea ou posteriormente, reclamar judicialmente o vínculo de filiação com o terceiro que deu o sêmen."

A situação é tormentosa, exigindo posição do legislador, mormente no tocante às implicações do direito hereditário, sob pena de ser dificultada a doação de esperma por terceiros, inviabilizando a tão desejada paternidade por grande número de casais. As singelas disposições enfocadas longe estão de dirimir essa questão que requer legislação detalhada. Importante, também, que se proteja com o anonimato o doador do sêmen, que deverá abrir mão de qualquer reivindicação de paternidade e também não poderá ser demandado a esse respeito. Eduardo A. Zannoni (1998, v. 2, p. 527) recorda que Projeto preliminar da União Europeia dispõe que

"nenhuma relação de filiação poderá se estabelecer entre os doadores de gametas e o filho concebido como resultado da procriação. Nenhum procedimento por iniciativa do filho poderá ser dirigido contra um doador ou por este contra um filho".

Essa norma deve ser urgentemente carreada para nossa legislação, de acordo com Projetos em tramitação que dispõem sobre a reprodução assistida (a começar pelo Projeto de Lei do Senado, nº 90, de 1999, atualmente esquecido, como tantos...). De acordo com o referido Projeto nº 90, que se encontrava em estado mais avançado de tramitação, os estabelecimentos que praticarem a reprodução assistida estarão obrigados a zelar pelo sigilo da doação, impedindo que doadores e usuários venham a conhecer reciprocamente suas identidades, zelando, da mesma forma, pelo sigilo absoluto das informações sobre a criança nascida a partir de material doado. Nesse projeto, abre-se, porém, a possibilidade de a pessoa gerada ter acesso às informações sobre sua geração em casos especificados em lei e quando houver razões médicas que tornem necessário o conhecimento genético. Estas últimas disposições são polêmicas. A nova lei deve examinar as várias técnicas possíveis de reprodução assistida, questão envolvendo a forma de consentimento do casal, dentre tantos outros assuntos. Como se vê, o assunto ainda tateia na doutrina, visto que não há terreno seguro a ser trilhado nesse horizonte novo e vasto da ciência. Há necessidade de que invoquemos princípios éticos, sociológicos, filosóficos e religiosos para uma normatização da reprodução assistida.

Importante também que a lei determine que a procriação assistida somente seja permitida com expresso consentimento dos cônjuges e mediante a comprovação de necessidade, oportunidade e conveniência. Este Código omitiu-se a esse respeito, perdendo oportunidade de legislar sobre questão tão crucial. O rigor da lei é importante nesse sentido para que a sociedade não venha a enfrentar problemas de difícil solução ética e jurídica no futuro. Nesse sentido coloca-se a lei francesa de 29.7.1994. Como observa Jean Carbonnier (1999, p. 213), o método de procriação artificial não pode ser admitido em razão de simples conveniência, mas como último remédio, quando a infertilidade for tecnicamente comprovada. Aguardava-se a iniciativa de nosso legislador do Código Civil, o qual, no entanto, preferiu omitir-se, abrindo valas para lei especial, para a instabilidade jurisprudencial ou para alterações serôdias na nova lei. O denominado "consentimento informado" será essencial e importante passo para a fertilização. Os cônjuges ou companheiros deverão concordar expressamente com o método a ser empregado, bem como com suas consequências.

A lei deverá restringir a reprodução assistida unicamente para situações permitidas nela, casos de infertilidade e quando todos os tratamentos possíveis para a reprodução natural tenham-se frustrado. Outro aspecto importante que o citado Projeto enfrenta é que essa reprodução assistida somente pode atribuir prole a quem ainda esteja em idade reprodutiva. A problemática destina-se basicamente à mulher. Essa modalidade de reprodução deve imitar a ordem natural e não deve conceder prole a quem já não mais está em idade de reproduzir, pois os problemas sociais decorrentes dessa atitude seriam imensos. Desse modo, não poderá ser autorizada a reprodução assistida quando a infertilidade decorrer da ultrapassagem da idade reprodutiva. Há exemplos dramáticos no estrangeiro que não devem repetir-se em nosso país.

Outra questão que a técnica genética cria diz respeito à fecundação extracorporal, que o Código se refere como embriões excedentários, no inciso IV. Quando se busca a fecundação de embrião *in vitro*, a questão coloca-se no número plural de embriões que são obtidos por essa técnica. Apesar de tratar-se de uma técnica muito difundida e aplicada, traz o inconveniente de produzir embriões excedentes. Como existe um limite de embriões que podem ser transferidos para o útero, sempre restarão embriões excedentes que serão mantidos congelados. Não se deve atribuir direitos aos embriões obtidos dessa forma, antes de sua introdução no aparelho reprodutor da mulher receptora, quando então sim teremos um nascituro, com direitos definidos na lei. Essa questão, contudo, é altamente polêmica e implica variantes religiosas, científicas e morais. Essa vertente importante também consta do Projeto nº 90, o qual acrescenta que o tempo máximo de preservação de gametas e embriões deverá ser definido em regulamento. Muitas discussões e modificações ainda serão geradas nesse projeto de lei. De outro lado, é também importante que se legisle sobre as possibilidades e modalidades de descarte dos gametas e embriões.

Essa fecundação é possível por vários métodos, mediante a manipulação dos gametas, espermatozoides e óvulos. A técnica atual permite conservar por tempo considerável sêmen e óvulos para utilização posterior no processo de fertilização. Nessa situação, sêmen e óvulos podem ser doados ou vendidos. Assim, o embrião de um casal pode ser transferido para o útero de outra mulher, para possibilitar a gestação, impossível ou difícil, na mãe biológica. Esse fenômeno traz à baila a questão ética, moral e jurídica das mães de aluguel ou mães sub-rogadas, conforme estas aceitem o encargo sob pagamento ou sob motivos altruístas. Essa matéria traz à tona a discussão sobre a declaração de maternidade ao lado da paternidade que a legislação também não contempla, colocando mais uma vez na berlinda o princípio *mater est*. Importa saber, em cada caso, se houve consentimento da mulher que cedeu seu útero e se reconheceu a maternidade alheia. O Código presume que os filhos concebidos pela modalidade homóloga, nessa forma, são concebidos na constância do casamento (inciso IV).

Também é possível que a mulher seja fecundada com sêmen de seu marido, após sua morte. O Código reporta-se a essa hipótese no inciso III. O congelamento do sêmen abre essa possibilidade. No sistema de 1916, não vigoraria, nesse caso, a presunção de paternidade se o nascimento se desse após os 300 dias da morte do marido (art. 338, II). Sem disposição legal específica, caberia ao filho ingressar com ação de investigação de paternidade. Ademais, esse filho, aplicando-se textualmente a lei, não poderia ser considerado herdeiro do pai, porque não vivia nem fora concebido quando da abertura da sucessão. No sistema do atual Código, o princípio geral sucessório é idêntico: "*Legitimam-se a suceder as pessoas nascidas ou já concebidas no momento da abertura da sucessão*" (art. 1.798). Desse modo, os filhos concebidos, *post mortem*, sob qualquer técnica, não serão herdeiros. O presente Código abre uma válvula restrita para essa hipótese, permitindo que unicamente na sucessão testamentária possam ser chamados a suceder o filho esperado de pessoa indicada, mas não concebido, aguardando-se até dois anos sua concepção e nascimento após a abertura da sucessão, com a reserva de bens da herança (arts. 1.799, I, e 1.800).

Caio Mário da Silva Pereira (1996, p. 117) observa, com propriedade, que, se mulher solteira, separada, divorciada ou viúva praticar livremente a inseminação artificial, não pode pretender identificar o doador anônimo do sêmen. A questão, porém, não é de deslinde tão simples com relação ao filho assim concebido, pois há profundas consequências éticas, morais e psicológicas a serem consideradas. Essa situação de geração independente do filho pela mulher solteira não pode ser incentivada. Como conclui Eduardo A. Zannoni (1998, v. 2, p. 521):

"*O emprego da procriação humana artificial deve garantir a incondicionalidade da procriação do filho para ser atribuído exclusivamente a um pai e a uma mãe. No primeiro aspecto – incondicionalidade da procriação – exige que a técnica se aplique tão só para o fim de procriar, sem condicionar ou subordinar a procriação a outros fins ou interesses. Se isto ocorrer,*

a pessoa humana é considerada como meio e não como um fim em si, e isto menoscaba sua dignidade. No segundo aspecto – atribuição do filho exclusivamente a um pai e a uma mãe – significa que se deve recorrer a essas técnicas quando elas são requeridas por quem, não obstante a esterilidade de que padecem, está em condições de assumir a paternidade e a maternidade em razão de um posicionamento – matrimonial ou não – estável que, além de garantir ao filho um meio familiar adequado, não o exponha a situações de incerteza quanto à sua filiação."

Desse modo, o ordenamento e a ética médica devem repelir a possibilidade de procriação artificial à mulher não casada ou não ligada à união estável. Essa proibição, aliás, já consta de projeto de lei sobre reprodução assistida.

Quanto ao denominado contrato de gestação, as chamadas barrigas de aluguel, o movimento científico e legislativo internacional tem mostrado repulsa a qualquer modalidade de pagamento para essa atividade, quando não ao próprio fato. Há países, todavia, que admitem a prática e até mesmo a incentivam, como em parte dos Estados Unidos. A fecundação em ventre alheio somente deve ser admitida, em última *ratio*, por motivos de solidariedade e de afeto, da mesma forma que a doação de esperma. Nesse sentido, já existem legislações, como a lei espanhola de 1988 (BOSSERT; ZANNONI, 1996, p. 475). Na ausência de norma, entre nós, um contrato oneroso dessa espécie deve ser considerado nulo, porque imoral seu objeto, e a obrigação dele decorrente pode ser considerada, quando muito, obrigação natural. É como conclui, por exemplo, Francisco Vieira Lima Neto (In: Santos, Maria Celeste Cordeiro Leite (Org.). *Biodireito*, 2001, p. 140), para quem o pacto de gestação não fere a moral e os bons costumes quando é feito de forma gratuita e para solucionar problemas de infertilidade da mulher. Acrescenta ainda o autor que o Código de Ética Médica passou a admitir a prática desde que os participantes estejam esclarecidos. Esse autor conclui como nós:

"*embora o pacto não fira a moral e os bons costumes quando firmado em busca de objetivos nobres e altruísticos, é nulo porque ultrapassa os poderes decorrentes da liberdade contratual ao dispor de forma contrária à lei*" (2001, p. 144).

Quanto à maternidade, deve ser considerada mãe aquela que teve o óvulo fecundado, não se admitindo outra solução, uma vez que o estado de família é irrenunciável e não admite transação. Nem sempre será essa, porém, uma solução eticamente justa e moralmente aceita por todos. A discussão permanece em aberto. Muito difícil poderá ser a decisão do juiz ao deparar com um caso concreto. Tantos são os problemas, das mais variadas ordens, inclusive de natureza psicológica na mãe de aluguel, que o mesmo projeto de lei sobre reprodução assistida citado, em tramitação legislativa, proíbe a cessão do útero de uma mulher

Art. 1.598

para gestação de filho alheio, tipificando inclusive essa conduta como crime. Sem dúvida, essa é a melhor solução. No entanto, a proibição não impedirá que a sociedade e os tribunais defrontem com casos consumados, ou seja, nascimentos que ocorreram dessa forma, impondo-se uma solução quanto à titularidade da maternidade. Sob o ponto de vista do filho assim gerado, contudo, é inafastável que nessa situação inconveniente terá ele duas mães, uma biológica e outra geratriz. Não bastassem os conflitos sociológicos e psicológicos, os conflitos jurídicos serão inevitáveis na ausência de norma expressa. Outra questão que nos deve preocupar é a clonagem de seres humanos, a qual deve ser em princípio vedada, autorizada unicamente em situações especialíssimas descritas em lei.

A futura legislação sobre biogenética e paternidade deverá ocupar-se, portanto, de muitos novos aspectos, nem sequer imaginados em passado próximo. Os aspectos preocupantes são, como se percebe, proeminentemente éticos.

Enunciado nº 104, I Jornada de Direito Civil – CJF/STJ: No âmbito das técnicas de reprodução assistida envolvendo o emprego de material fecundante de terceiros, o pressuposto fático da relação sexual é substituído pela vontade (ou eventualmente pelo risco da situação jurídica matrimonial) juridicamente qualificada, gerando presunção absoluta ou relativa de paternidade no que tange ao marido da mãe da criança concebida, dependendo da manifestação expressa (ou implícita) da vontade no curso do casamento.

Enunciado nº 105, I Jornada de Direito Civil – CJF/STJ: As expressões "fecundação artificial", "concepção artificial" e "inseminação artificial" constantes, respectivamente, dos incs. III, IV e V do art. 1.597 deverão ser interpretadas como "técnica de reprodução assistida".

Enunciado nº 106, I Jornada de Direito Civil – CJF/STJ: Para que seja presumida a paternidade do marido falecido, será obrigatório que a mulher, ao se submeter a uma das técnicas de reprodução assistida com o material genético do falecido, esteja na condição de viúva, sendo obrigatória, ainda, a autorização escrita do marido para que se utilize seu material genético após sua morte.

Enunciado nº 107, I Jornada de Direito Civil – CJF/STJ: Finda a sociedade conjugal, na forma do art. 1.571, a regra do inc. IV somente poderá ser aplicada se houver autorização prévia, por escrito, dos ex-cônjuges para a utilização dos embriões excedentários, só podendo ser revogada até o início do procedimento de implantação desses embriões.

Enunciado nº 126, Proposta de modificação do novo Código Civil, I Jornada de Direito Civil – CJF/STJ. Proposição sobre o art. 1.597, incs. III, IV e V: proposta: alterar as expressões "fecundação artificial", "concepção artificial" e "inseminação artificial" constantes, respectivamente, dos incs. III, IV e V do art. 1.597 para "técnica de reprodução assistida".

Enunciado nº 128, Proposta de modificação do novo Código Civil, I Jornada de Direito Civil – CJF/STJ. Proposição sobre o art. 1.597, inc. IV: proposta: revogar o dispositivo.

Enunciado nº 129, Proposta de modificação do novo Código Civil, I Jornada de Direito Civil – CJF/STJ. Proposição para inclusão de um artigo no final do cap. II, subtítulo II, cap. XI, título I, do livro IV, com a seguinte redação: Art. 1.597-A. "A maternidade será presumida pela gestação. Parágrafo único: nos casos de utilização das técnicas de reprodução assistida, a maternidade será estabelecida em favor daquela que forneceu o material genético, ou que, tendo planejado a gestação, valeu-se da técnica de reprodução assistida heteróloga".

Enunciado nº 257, III Jornada de Direito Civil – CJF/STJ: as expressões "fecundação artificial", "concepção artificial" e "inseminação artificial", constantes, respectivamente, dos incs. III, IV e V do art. 1.597 do Código Civil, devem ser interpretadas restritivamente, não abrangendo a utilização de óvulos doados e a gestação de substituição.

Enunciado nº 258, III Jornada de Direito Civil – CJF/STJ: não cabe a ação prevista no art. 1.601 do Código Civil se a filiação tiver origem em procriação assistida heteróloga, autorizada pelo marido nos termos do inc. V do art. 1.597, cuja paternidade configura presunção absoluta.

Enunciado nº 633, VIII Jornada de Direito Civil – CJF/STJ: É possível ao viúvo ou ao companheiro sobrevivente o acesso à técnica de reprodução assistida póstuma – por meio da maternidade de substituição, desde que haja expresso consentimento manifestado em vida pela sua esposa ou companheira.

Art. 1.598. Salvo prova em contrário, se, antes de decorrido o prazo previsto no inciso II do art. 1.523, a mulher contrair novas núpcias e lhe nascer algum filho, este se presume do primeiro marido, se nascido dentro dos trezentos dias a contar da data do falecimento deste e, do segundo, se o nascimento ocorrer após esse período e já decorrido o prazo a que se refere o inciso I do art. 1.597.

Cuida-se aqui de presunção relativa. Não é afastada a possibilidade de um conflito de presunções: a mulher viúva que se casa antes de decorridos 10 meses da viuvez e tem um filho depois de 180 dias do segundo casamento, mas antes de findo o prazo de 300 dias posteriores à dissolução do primeiro matrimônio. A causa suspensiva do art. 1.523, II, objetiva essa possibilidade, evitando a *turbatio sanguinis*, para fins patrimoniais. No entanto, para a definição exata da paternidade, serão necessários exames e a definição judicial. O texto não se aplica, em princípio, no caso comprovado de fecundação artificial.

Art. 1.599. A prova da impotência do cônjuge para gerar, à época da concepção, ilide a presunção da paternidade.

Esse artigo trata também, como se vê, de presunção relativa, e diz respeito não unicamente à impotência *generandi* do homem, mas também da mulher, embora quanto a esta seja mais difícil que ocorram casos concretos de dúvida. O texto se aplica a todas as hipóteses de impossibilidade de coito.

Modernamente, havia mesmo que se modificar a concepção do Código, mormente porque os exames de DNA apontam com quase absoluta certeza a paternidade. As falhas que podem decorrer desses exames situam-se na falibilidade e fraquezas humanas e não na tecnologia. Filiação é um conceito relacional, trata-se de uma relação de parentesco que se estabelece entre duas pessoas. Esse estado pode decorrer de um vínculo biológico ou não, como na adoção e na inseminação heteróloga, autorizada pelo pai.

Art. 1.600. Não basta o adultério da mulher, ainda que confessado, para ilidir a presunção legal da paternidade.

Alguns dispositivos mantidos no Código por força da tradição tornam-se de certa forma inúteis perante os novos exames que definem a paternidade, como, por exemplo, a norma deste artigo, que afirma não bastar o adultério da mulher, ainda que confessado, para ilidir a presunção legal da paternidade. Neste texto, suprimiu-se a referência à convivência sob o mesmo teto. A confissão, por si só, pode ter intenção exclusiva de beneficiar ou prejudicar a prole, daí por que a lei não a admite como prova peremptória. Se a mulher estiver separada de fato, é essa separação que fundamentará a filiação e não seu adultério. Lembre-se, mais uma vez, de que, atualmente, o exame de DNA permite apontar com certeza quase total a paternidade, razão pela qual essas disposições perdem grandemente sua importância.

Quando dissolvido o matrimônio pela morte, separação ou divórcio, anulação ou declaração de nulidade, presume-se a paternidade dos filhos nascidos nos 300 dias seguintes à data em que se dissolveu a sociedade conjugal.

Art. 1.601. Cabe ao marido o direito de contestar a paternidade dos filhos nascidos de sua mulher, sendo tal ação imprescritível.
Parágrafo único. Contestada a filiação, os herdeiros do impugnante têm direito de prosseguir na ação.

Quando o filho nascia logo após o casamento, ou seja, antes dos 180 dias após o casamento, o pai podia contestar sua paternidade, salvo se livremente tinha ciência da gravidez da mulher à época das núpcias ou se assistira à lavratura do registro de nascimento, sem contestar a paternidade (art. 339). Nessas situações, o pai reconhecia implícita ou explicitamente a paternidade.

Assumindo definitivamente a nova orientação, inclusive com julgados reiterados nesse sentido nos tribunais em prol da paternidade real, esse artigo dispõe que cabe ao marido o direito de contestar a paternidade dos filhos nascidos de sua mulher, sendo tal ação imprescritível. Desse modo, caem por terra os vetustos pressupostos do direito anterior, que se arraigavam a princípios sociais e culturais hoje totalmente superados. A qualquer momento pode o marido impugnar a paternidade de filho de sua mulher. A verdade da paternidade genética não pode ser subordinada a prazo. De há muito já se notava nos julgados a repulsa ou certa tergiversação aos exíguos prazos estabelecidos no Código de 1916 para a impugnação da legitimidade de filho nascido de sua mulher. Esse prazo era de dois meses, contados do nascimento, se estava presente o marido, para este propor a ação negatória de paternidade, nas presunções do art. 388 (art. 178, § 3º); e de três meses, se o marido achava-se ausente, ou lhe ocultaram o nascimento, contado o prazo do dia de sua volta à casa conjugal, no primeiro caso, e da data do conhecimento do fato, no segundo (art. 178, § 4º). Essas restrições escudavam-se em justificativas da moral piegas, provinda ainda do século XIX. Evitava-se, tanto quanto possível, o reconhecimento da bastardia no reduto do casal. Muitos foram os dramas que se instalaram em lares brasileiros no passado, com fundamento nas amarras desses artigos, tão bem retratados na seara da ficção no romanceiro nacional.

O Projeto nº 6.960/2002 procurou dar maior amplitude a este art. 1.601, mormente no tocante à legitimidade para contestar a relação de filiação. Assim, admitira que essa legitimidade seria do filho daqueles declarados pai e mãe no registro de nascimento; do pai e da mãe biológicos e de quem demonstrar legítimo interesse. Essas situações foram tomadas de exemplos da jurisprudência e visam permitir a exata definição da filiação. O Projeto acrescentava ainda que a relação de filiação oriunda da adoção não poderia ser contestada. Destaca ainda, repetindo a dicção deste Código, que, uma vez contestada a filiação, os herdeiros do impugnante poderiam prosseguir na ação. Acrescentava, em disposição não isenta de dúvidas, que a recusa injustificada das provas médico-legais acarretaria a presunção da existência da relação de filiação.

Lembremos, porém, que a cada passo, nessa seara, sempre deverá ser levado em conta o aspecto afetivo, qual seja, a paternidade emocional, denominada *socioafetiva* pela doutrina, que em muitas oportunidades, como nos demonstra a experiência de tantos casos vividos ou conhecidos por todos nós, sobrepuja a paternidade biológica ou genética. A matéria é muito mais sociológica e psicológica do que jurídica. Por essas razões, o juiz de família deve sempre estar atento a esses fatores, valendo-se, sempre que possível, dos profissionais auxiliares, especialistas nessas áreas. O campo da mediação deve vir urgentemente em socorro ao Judiciário, que não pode ser repositório permanente dessas questões.

Reitere-se que a posição moderna da tecnologia faz cair por terra o sistema de presunções de paternidade na maioria dos casos. O sistema de presunções de paternidade colocado no Código de 1916, e mantido em parte neste Código, há muito se mostra anacrônico, não só porque a sociedade evoluiu nesse fenômeno, como também porque a ciência permite atualmente apontar o pai (ou a mãe) com o mais elevado grau de certeza. Por essa razão, a jurisprudência vinha admitindo com frequência imputações e impugnações de paternidade contra o que dispõe o sistema. Arnold Wald (1999, p. 171) lembra que, embora a lei considere privativa do pai presumido a ação negatória de paternidade, deve-se admitir que o filho possa, após dissolvida a sociedade conjugal, pedir a retificação da filiação provando que o pai presumido não é o verdadeiro.

Coloca-se, portanto, em xeque a disposição deste art. 1.601 do presente Código, que repete o princípio do antigo art. 344, segundo o qual cabe privativamente ao marido o direito de contestar a legitimidade dos filhos nascidos de sua mulher. Por essa razão, como vimos, o Projeto mencionado amplia essa legitimidade.

A ação de impugnação de paternidade deve colocar no polo passivo o filho indigitado. Se este for menor, a mãe deverá assisti-lo. Vimos que o próprio filho pode ingressar com ação de impugnação de sua filiação. Lembremos que o parágrafo único do dispositivo em exame reitera o caráter personalíssimo dessa ação de impugnação de paternidade legitimada ao marido, afirmando que, uma vez contestada a filiação, os herdeiros do impugnante têm direito de prosseguir na ação. Essa contestação da paternidade mencionada pela lei é, sem dúvida, o ajuizamento da ação negatória de paternidade. Parte da doutrina entende, a nosso ver com razão, que o curador do marido pode intentar a ação para impugnar a prole (VIANA, 1998, p. 214). Evidente que o incapaz não poderá tomar essa iniciativa sem o curador: imaginemos a hipótese de ser ele absolutamente incapaz de qualquer ato, porque tomado de moléstia degenerativa irreversível, porque internado em hospital etc.

Essa orientação já sofrera, contudo, abrandamento. Recordemos que a Lei nº 883/1949 foi revogada, mas com sentido histórico fundamental, permitiu o reconhecimento de filhos adulterinos. A jurisprudência passou a reconhecer também filhos adulterinos *a matre*, independentemente de o marido ter impugnado a filiação.

De qualquer forma, a cautela do legislador, que também deve-se traduzir em cautela do julgador, justifica-se porque o reconhecimento de filho nessas condições é motivo de tumulto e alarde no seio familiar. No entanto, se, por um lado, as provas descritas no art. 1.600 não são suficientes para impugnar a filiação, são fortes adminículos para permitir a prova científica que apontará com quase absoluta certeza a paternidade.

A Lei nº 8.560/1992, que regulou a investigação de paternidade dos filhos havidos fora do casamento, alterou a forma de raciocínio dos tribunais sobre a questão, fazendo com que, sem dúvida, fiquem ainda mais relativas as presunções legais descritas no Código Civil. Essa lei revogou expressamente o artigo que dispunha que a filiação provava-se pela certidão do termo do nascimento, inscrito no Registro Civil. De fato, tal lei alargou a possibilidade de reconhecimento de filhos havidos fora do casamento, como veremos. Ela revogou o art. 347 do Código anterior, que dispunha que a filiação legítima provava-se pela certidão do termo de nascimento, inscrito no registro civil. Historicamente, se justificava o dispositivo, porque o Direito anterior permitia a prova de filiação mediante a comprovação da posse de estado.

Enunciado nº 520, V Jornada de Direito Civil – CJF/STJ: o conhecimento da ausência de vínculo biológico e a posse de estado de filho obstam a contestação da paternidade presumida.

Enunciado nº 130, Proposta de modificação do novo Código Civil, I Jornada de Direito Civil – do CJF/STJ. Proposição sobre o art. 1.60 do Código atual. Cabe ao marido o direito de contestar a paternidade dos filhos nascidos de sua mulher, sendo tal ação imprescritível. Parágrafo único. Contestada a filiação, os herdeiros do impugnante têm direito de prosseguir na ação. Redação proposta "Cabe ao marido o direito de contestar a paternidade dos filhos nascidos de sua mulher, sendo tal ação imprescritível. § 1º. Não se desconstituirá a paternidade caso fique caracterizada a posse do estado de filho. § 2º. Contestada a filiação, os herdeiros do impugnante têm direito de prosseguir na ação".

Processual civil. Civil. Recurso especial. Registro civil. **Anulação pedida por pai biológico**. Legitimidade ativa. Paternidade socioafetiva. Preponderância. 1. A paternidade biológica não tem o condão de vincular, inexoravelmente, a filiação, apesar de deter peso específico ponderável, ante o liame genético para definir questões relativa à filiação. 2. Pressupõe, no entanto, para a sua prevalência, da concorrência de elementos imateriais que efetivamente demonstram a ação volitiva do genitor em tomar posse da condição de pai ou mãe. 3. A filiação socioafetiva, por seu turno, ainda que despida de ascendência genética, constitui uma relação de fato que deve ser reconhecida e amparada juridicamente. Isso porque a parentalidade que nasce de uma decisão espontânea, frise-se, arrimada em boa-fé, deve ter guarida no Direito de Família. 4. Nas relações familiares, o princípio da boa-fé objetiva deve ser observado e visto sob suas funções integrativas e limitadoras, traduzidas pela figura do *venire contra factum proprium* (proibição de comportamento contraditório), que exige coerência comportamental daqueles que buscam a tutela jurisdicional para a solução de conflitos no âmbito do Direito de Família. 5. Na hipótese, a evidente má-fé da genitora e a incúria do recorrido, que conscientemente deixou de agir para tornar pública sua condição de pai biológico e, quiçá, buscar a construção da necessária paternidade socioafetiva, toma-lhes o direito de se insurgirem contra os fatos consolidados. 6. A omissão do recorrido, que contribuiu decisivamente para a perpetuação do engodo urdido pela mãe, atrai o entendimento de que a ninguém é dado alegrar a própria torpeza em seu proveito (*nemo auditur propriam turpitudinem allegans*) e faz fenecer a sua legitimidade para pleitear o direito de buscar a alteração no registro de nascimento de sua filha biológica. 7. Recurso especial provido (*STJ* – Acórdão: Recurso Especial nº 1.087.163 – RJ, 18-8-2011, Rel. Min. Nancy Andrighi).

Art. 1.602. Não basta a confissão materna para excluir a paternidade.

A lei não concede à mulher o direito de impugnar a paternidade em relação a seu marido. A lei considera sua confissão insuficiente para afastar a presunção de paternidade. Em princípio, prevalecerá a paternidade socioafetiva em relação à biológica.

Art. 1.603. A filiação prova-se pela certidão do termo de nascimento registrada no Registro Civil.

Esse artigo deve ser interpretado em conjunto com o art. 1.609, o qual autoriza outros meios de comprovação de paternidade. A presunção desse artigo, porém, só pode ser derrubada com provas cabíveis que demonstrem sua inveracidade, comprovando-se erro ou falsidade.

Enunciado nº 108, I Jornada de Direito Civil – CJF/STJ: no fato jurídico do nascimento, mencionado no art. 1.603, compreende-se, à luz do disposto no art. 1.593, a filiação consanguínea e também a socioafetiva.

Penal. Processual penal. Agravo em execução. Retificação de cálculos. Recurso defensivo. Pretendida retificação de cálculos com base no art. 112, § 3º, da LEP. Inviabilidade. Sentenciada que traz prova idônea da maternidade de dois filhos. Declaração pessoal no auto de qualificação do expediente policial de flagrante. Inexistência de caráter de prova documental. Vínculo parental demonstrado pelo assento notarial respectivo em registro civil. Art. 1.603 do CC c/c art. 50, *caput*, e art. 52, ambos da LRP. Ônus probatório não cumprido pela parte postulante. Indeferimento do pleito de retificação de cálculos. Negado provimento (*TJSP* – Ag Exec. Penal 0001189-19.2019.8.26.0496, 15-8-2019, Rel. Alcides Malossi Junior).

Apelação cível – Ação de alimentos – **Registro de nascimento** – Declaração de paternidade feita por interditado – Incapacidade absoluta para atos da vida civil – Nulidade do assento e de seus reflexos. É nulo o registro civil se o declarante é interditado, haja vista a incapacidade absoluta do agente para praticar qualquer ato da vida civil. Se nulo "pleno iure" o registro civil, nenhum efeito jurídico do mesmo pode extrair-se, muito menos obrigação de alimentar "ex vi" de parentesco com base no ato registral, tudo em homenagem ao princípio do "quod nullum est nullum efectus producit". Exegese do art. 166 do Código Civil (*TJMG* – Acórdão: Apelação Cível nº 1.0105.09.316856-2/001, 26-7-2011, Rel. Des. Belizário de Lacerda).

Art. 1.604. Ninguém pode vindicar estado contrário ao que resulta do registro de nascimento, salvo provando-se erro ou falsidade do registro.

Apesar de tudo o que foi analisado nos artigos anteriores essa disposição pela qual "*ninguém pode vindicar estado contrário ao que resulta do registro de nascimento, salvo provando-se erro ou falsidade do registro*" ainda persiste no ordenamento. A dicção final, "*salvo provando-se erro ou falsidade do registro*", foi acrescentada pelo Decreto-lei nº 5.860/1943. Sem essa ressalva, o dispositivo fazia com que o registro civil implicasse uma presunção absoluta de paternidade, o que era inadmissível e contrariava a própria estrutura do registro público. Com o acréscimo, define-se o registro como uma presunção relativa de filiação, que admite prova em contrário. A prova do erro ou falsidade decorre das regras gerais. Meros erros materiais, evidenciáveis *ictu oculi*, como troca gráfica do nome dos pais, por exemplo, podem ser corrigidos por via correcional. Se o erro e a falsidade demandarem exame mais profundo de prova, somente a ação judicial própria poderá corrigir o registro, de acordo com o art. 113 da Lei dos Registros Públicos (Lei nº 6.015/1973). A matéria tem importância, mormente para o direito sucessório.

Art. 1.605. Na falta, ou defeito, do termo de nascimento, poderá provar-se a filiação por qualquer modo admissível em direito:
I – quando houver começo de prova por escrito, proveniente dos pais, conjunta ou separadamente;
II – quando existirem veementes presunções resultantes de fatos já certos.

Essa dicção é exatamente a mesma do Código de 1916. O Projeto nº 6.960 sugeriu suprimir os dois incisos, pois se mostram mesmo anacrônicos e impróprios na época atual.

O legislador do início do século XX certamente não imaginava que a ciência genética poderia, no futuro, determinar com exatidão a paternidade. Por isso, essa disposição tem que ser entendida modernamente com os avanços da ciência. O exame de DNA torna esse dispositivo mera fonte subsidiária para o intérprete. Inobstante, nem sempre a prova científica será possível.

O inciso I declina hipótese pouco provável de que os pais tenham declarado a paternidade, em conjunto ou separadamente. Quanto ao segundo dispositivo, temos que entender o alcance das veementes presunções. Sem dúvida que a posse de estado de filho é forte elemento para essa conclusão. Aquele que durante muito tempo foi tratado como tal no meio social faz crer que seja filho das pessoas indigitadas. A posse de estado de filho, em paralelo com o que já vimos com respeito à posse do estado de casado, descreve a situação em que a pessoa é tratada como filho pela família, usa o nome familiar etc. Assim como para o casamento, a posse de estado de filho leva em conta os três elementos: *nominatio, tractatus* e *reputatio*. Existindo esses elementos, tudo nos leva a crer que efetivamente a pessoa é filho das pessoas indicadas. Nada que o exame técnico não possa confirmar ou infirmar. Não se esqueça, porém, como temos enfatizado nesta obra, de que, por vezes, para benefício dos próprios envolvidos, deverá preponderar a paternidade afetiva e emocional e não a do vínculo genético.

Nessa matéria conclui-se com Paulo Luiz Netto Lobo (in PEREIRA, 2004, p. 521):

"A verdade biológica nem sempre é a verdade real da filiação. O direito deu um salto à frente do dado da natureza, construindo a filiação jurídica com outros elementos. A verdade real da filiação surge na dimensão cultural, social e afetiva, donde emerge o estado de filiação efetivamente constituído. Como vimos, tanto o estado de filiação ope legis quanto a posse de estado de filiação podem ter origem biológica ou não."

Digna de nota e de encômios a disposição inserida no projeto do Estatuto das Famílias que permite o conhecimento do vínculo genético sem gerar relação de parentesco, para aqueles cuja filiação seja proveniente de adoção, filiação socioafetivas, posse de estado ou de inseminação artificial heteróloga (art. 77). É inafastável o direito de qualquer ser humano saber quem é seu genitor biológico. Essa possibilidade já está presente em legislações estrangeiras.

Enunciado nº 109, I Jornada de Direito Civil – CJF/STJ: a restrição da coisa julgada oriunda de demandas reputadas improcedentes por insuficiência de prova não deve prevalecer para inibir a busca da identidade genética pelo investigando.

Ação de reconhecimento de maternidade socioafetiva. Prova do vínculo socioafetivo. Posse do estado de filho configurada. Recurso conhecido e desprovido. 1. A filiação pode ser biológica ou afetiva. Por sua vez, a sua prova pode ocorrer mediante certidão do Registro Civil ou, na falta dela, por meio de qualquer prova admitida em direito quando houver começo de prova por escrito ou existirem veementes presunções resultantes de fatos já certos (art. 1605 do Código Civil). In casu, a maternidade socioafetiva restou seguramente demonstrada por meio da instrução probatória do feito. Recurso conhecido e desprovido (TJDFT – Ap. 07036361920188070005 (1258885), Rel. Luís Gustavo B. de Oliveira).

Direito civil – Apelação cível – **Pedido de justificação de nascimento** – Mãe em local incerto e não sabido – Inclusão do nome da genitora – Possibilidade – Aplicabilidade do artigo 1.605 do Código Civil combinado com o artigo 109 da lei 6.015/73 – Recurso conhecido e não provido – sentença mantida. 1. Pode o juiz determinar a inclusão do nome da mãe no registro civil de nascimento dos filhos estando esta em local incerto e não sabido, desde que exista "começo de prova por escrito, proveniente dos pais, conjunta ou separadamente ou quando existem veementes presunções resultantes de fatos já certos", conforme estabelecem os incisos I e II do artigo 1.605 do Código Civil. 2. Recurso conhecido e não provido. Sentença mantida (*TJCE* – Acórdão: Apelação Cível nº 112095200580600551, 14-10-2011, Rel. Des. Francisco Barbosa Filho).

> **Art. 1.606. A ação de prova de filiação compete ao filho, enquanto viver, passando aos herdeiros, se ele morrer menor ou incapaz.**
> **Parágrafo único. Se iniciada a ação pelo filho, os herdeiros poderão continuá-la, salvo se julgado extinto o processo.**

Embora não mais sejam feitas distinções acerca da origem da filiação, não fosse pelas repercussões patrimoniais, a condição de filiação legítima possui elevado conteúdo de ordem moral. Daí por que sempre persistirá o interesse de sua conceituação e definição jurídica.

O presente Código coloca essa ação na titularidade do filho, para provar sua filiação, sem mais se reportar à filiação legítima. Qualquer que seja a situação da filiação, o filho terá legitimidade para buscar sua certeza, por via judicial. Este último artigo cuida da ação de prova de filiação, que não se confunde com a ação de investigação de paternidade. Esta só tem lugar nas hipóteses do mencionado art. 1.605, quando há falta ou defeito do termo de nascimento e quando houver começo de prova por escrito, proveniente dos pais, com veementes presunções da filiação indigitada. Nessa hipótese, poderá ficar afirmada a paternidade socioafetiva, independentemente de vínculos biológicos.

Da mesma forma, repete-se a regra de que, se a ação foi iniciada pelo filho, os herdeiros poderão continuá-la, salvo se julgado extinto o processo (art. 1.606, parágrafo único). O Projeto nº 6.960 tentou alargar a legitimidade dessa ação, atribuindo-a também ao pai e mãe biológicos. Na verdade, àqueles que acreditam ser os pais biológicos. O que se busca, modernamente, é estabelecer a correta relação de filiação, por todos os meios possíveis. O direito processual nunca pode ser óbice para tal.

O desiderato dessa ação, tal como colocada no ordenamento, é perseguir o estado de filho, assim negado pelos pais. Embora a orientação constitucional do art. 227, § 6º, tenha imprimido linha que, à primeira vista, parece derrogar o dispositivo, pode persistir interesse de ordem moral para a declaração de legitimidade. A norma deve ser vista com restrições, pois não é de ser permitida essa ação quando a filiação é oriunda de inseminação heteróloga autorizada pelo interessado, salvo para fins estritamente morais. A matéria, no entanto, é tormentosa.

Como se nota, a legitimação para essa ação personalíssima é do filho. Somente surgirá a legitimação de seus herdeiros se o primeiro morrer menor ou incapaz. Isso significa que se o indigitado filho morreu capaz, sem propor a referida ação, ninguém mais poderá fazê-lo. Entende a lei que foi vontade presumida do filho falecido não dar andamento à questão pela via judicial, devendo assim ser respeitada sua vontade. Nesse caso, seus herdeiros não poderão substituí-lo. A ação competirá aos herdeiros do indigitado filho se este morreu menor ou incapaz. Entende a lei, acertadamente, que o incapaz não tinha como aferir da conveniência da propositura da ação.

Se o filho tiver iniciado a ação, falecendo ele em seu curso, poderão os herdeiros continuá-la, se não tiver sido julgado extinto o processo. Cuida-se, em princípio, das hipóteses de extinção do processo sem julgamento do mérito. Não há que se falar em prescrição nessa ação, pois se trata de ação de estado.

É oportuno recordar que a ação para estabelecimento da correta filiação é imprescritível por este Código. Assim, a qualquer tempo a paternidade pode ser contestada em juízo. Esse fenômeno atrai outro que diz respeito à chamada relativização da coisa julgada nesses casos. A sentença que estabelece uma filiação sempre poderá ser revista em prol da verdade real. Dos exíguos prazos do passado, passou-se ao outro extremo. Mas, em qualquer situação, o magistrado deverá sempre ter em conta a relação afetiva, que poderá suplantar a realidade genética.

O Projeto do Estatuto das Famílias abre a possibilidade de o filho não registrado ou não reconhecido ajuizar a qualquer tempo investigação de paternidade ou maternidade, biológica ou socioafetiva (art. 75).

Enunciado nº 521, V Jornada de Direito Civil – CJF/STJ: qualquer descendente possui legitimidade, por direito próprio, para propor o reconhecimento do vínculo de parentesco em face dos avós ou de qualquer ascendente de grau superior, ainda que o pai não tenha iniciado a ação de prova da filiação em vida.

Investigação de maternidade post mortem – Ação movida pela tia com intuito de averiguar a parentalidade biológica de sua sobrinha em relação à sua irmã, ambas já falecidas – Ilegitimidade ativa – Impossibilidade de ajuizamento da ação pela tia se a própria sobrinha, já falecida, assim não procedeu em vida – 1.606 do CC – Sobrinha, ademais, que, segundo seu assento de nascimento, tinha como pai pessoas diversas, que não se sabe se ainda vivas ou, em caso contrário, se não deixaram sucessores – Sentença que indeferiu a petição inicial por se tratar de parte manifestamente ilegítima e por carência de interesse processual (art. 330, II e III, do CPC), mantida. Apelação não provida (TJSP – Ap. 1014004-76.2020.8.26.0114, 17-12-2020, Rel. João Carlos Saletti).

CAPÍTULO III
Do Reconhecimento dos Filhos

Art. 1.607. O filho havido fora do casamento pode ser reconhecido pelos pais, conjunta ou separadamente.

1. Evolução legislativa

A Constituição Federal de 1988 equiparou os filhos, proibindo as discriminações presentes no Código Civil anterior e em leis complementares. Fizemos referência, nos artigos anteriores, à conceituação de filhos naturais, espúrios, incestuosos e adulterinos. No entanto, apesar da igualdade de direitos já estabelecida em lei, os filhos havidos fora do casamento não gozam da presunção de paternidade outorgada aos filhos de pais casados entre si. Por uma questão de lógica e equilíbrio do sistema, não poderia ser de outra forma.

Lembre-se, de outro lado, de que a atribuição de maternidade e paternidade são independentes; pode-se provar a maternidade sem que isso ocorra com a paternidade. Os filhos havidos fora do casamento necessitam de reconhecimento, que pode resultar de ato de vontade dos pais ou de ato coativo, resultante de decisão judicial. Ainda que o sistema tenha atualmente simplificado esse reconhecimento, persiste essa distinção, que decorre da Lógica: não há como se presumir legalmente a paternidade se não há casamento dos pais.

O Direito Romano não nos serve de paradigma nessa matéria. Estando a filiação diretamente relacionada com o culto doméstico, o filho de mulher que não professasse esse culto não podia ser admitido na família. A única forma de o filho natural ser admitido no meio familiar era pela adoção, instrumento utilizado com certa frequência para essa finalidade. Somente com a codificação de Justiniano o filho natural passa a ter direitos de ordem sucessória, ainda que limitados. O Cristianismo sempre foi muito rigoroso com a situação dos filhos bastardos, utilizando-se deles para punir as relações espúrias dos pais. Essa tendência restritiva chega até nossa época, e somente são vencidas as últimas resistências entre nós com a Constituição de 1988.

No sistema derrogado do Código Civil de 1916, os filhos naturais podiam ser reconhecidos em conjunto ou separadamente pelos pais. Dispõe este art. 1.607 que *"o filho havido fora do casamento pode ser reconhecido pelos pais, conjunta ou separadamente"*. Esse reconhecimento deve ser entendido de forma ampla, uma vez que desapareceu por completo a impossibilidade de reconhecimento de filhos incestuosos e adulterinos. A respeito destes, longo foi o caminho legislativo para permitir seu reconhecimento e igualdade de direitos.

A igualdade de direitos dos filhos, independentemente de sua origem, tal como fixada na atual ordem constitucional, representa o último estágio da problemática e traduz tendência universal. Desse modo, derrogam-se todos os dispositivos do sistema que façam distinção da natureza da filiação, ainda que essa revogação não tenha sido expressa. Assim, muitos artigos do Código Civil de 1916, do Estatuto da Criança e do Adolescente e de outros diplomas perderam eficácia durante sua vigência. A possibilidade do reconhecimento do estado de filiação faz-se sem qualquer restrição. Assim, por exemplo, no art. 363, do velho Código, que se referia à possibilidade de os filhos ilegítimos demandarem o reconhecimento de filiação, não se admitia mais a restrição aos incestuosos, que na redação original estavam impossibilitados de ingressar com a ação.

A resistência à equiparação de direitos dos filhos havidos fora do matrimônio foi generalizada no direito comparado. Sua evolução representa a própria evolução da sociedade ocidental. No século XIX, especificamente, foi grande a disparidade de tratamento aos filhos naturais, ora permitindo-se, ora restringindo-se seu reconhecimento e respectivos efeitos. O século XX conheceu a grande evolução dos direitos de filiação com a crescente proteção aos filhos ilegítimos. Nessa senda, nosso ordenamento não se coloca diferentemente dos sistemas estrangeiros; aqui como alhures, os filhos naturais foram galgando paulatinamente os vários degraus jurídicos até obterem a plenitude de direitos.

A evolução da jurisprudência brasileira no decorrer do século XX é bastante esclarecedora e por si só preparou terreno para o legislador constitucional de 1988.

Enunciado nº 570, VI Jornada de Direito Civil – CJF/STJ: o reconhecimento de filho havido em união estável fruto de técnica de reprodução assistida heteróloga "a patre" consentida expressamente pelo companheiro representa a formalização do vínculo jurídico de paternidade-filiação, cuja constituição se deu no momento do início da gravidez da companheira. Artigos: 1.607 e 1.609 do Código Civil.

Art. 1.608. Quando a maternidade constar do termo do nascimento do filho, a mãe só poderá contestá-la, provando a falsidade do termo, ou das declarações nele contidas.

O desiderato do sistema de registros públicos é que espelhe a verdade, em qualquer modalidade. O reconhecimento de filiação produz efeitos imediatos, a partir de sua manifestação e do lançamento no registro civil. É irretratável e incondicional. Poderá, no entanto, emanar de vícios da vontade ou defeitos formais no registro. Na maioria dos casos, alega-se erro ou coação. A modificação do registro somente se admite com ação anulatória.

Veja que sob esse prisma surge a questão da relativização da coisa julgada, mormente em sede de paternidade. O dogma da coisa julgada passa a ter outra compreensão, o que nem sempre significa segurança jurídica. Na verdade, nada pode ser rígido e impermeável em Direito. A questão da paternidade é apenas um dos exemplos, talvez o mais patente. Importa, em cada caso, mesmo perante a coisa julgada, o nível de razoabilidade, que dependerá de cada caso concreto e do bom senso do julgador. A ciência do DNA coloca em xeque a coisa julgada. Não será certamente a única hipótese. Caberá ao ordenamento criar instrumentos de credibilidade, ainda que perante essas premissas.

Unicamente, o comando emergente da sentença com trânsito em julgado poderá modificar o assento do registro civil. No entanto, sempre que for necessário, a ação anulatória do reconhecimento deverá ser proposta, para que a verdade jurídica se amolde à verdade biológica da paternidade. Nesses termos, estatui o art. 113 da Lei dos Registros Públicos: *"As questões de filiação legítima ou ilegítima serão decididas em processo contencioso para anulação ou reforma do assento."* No polo passivo dessa ação, será colocada a pessoa atingida pelos efeitos da sentença: se o autor é o suposto pai, réu será o filho reconhecido, devidamente representado ou assistido. Se o filho reconhecido é o autor da ação, serão réus ambos os pais, ou o progenitor que o reconheceu. Quando a ação é movida pelo Ministério Público, reconhecido e reconhecente serão colocados no polo passivo (RIZZARDO, 1994, v. 2, p. 608). Tratando-se de ação de estado, cuida-se de hipótese de ação imprescritível.

Em prol da verdade jurídica, entendeu a jurisprudência que o filho de pais casados pode pedir investigação de paternidade contra terceiro, seu verdadeiro pai, pleiteando a nulidade e modificação de seu registro civil (referência a julgado da 3ª Turma do STJ, *Boletim Informativo Juruá*, nº 252, p. 2). Como aduz Caio Mário da Silva Pereira (1996, v. 5, p. 197),

> *"os tribunais têm manifestado certa tendência a admitir o reconhecimento do adulterino a matre, quando notoriamente se apura que o filho não pode ser do marido (ausência durante o período da concepção, enfermidade, segregação etc.), e que ele, por displicência, por ignorância, ou outro obstáculo comprovado, não intentou opportuno tempore a ação de 'contestação de legitimidade'".*

Considerada a presunção de paternidade decorrente do casamento, somente com essa abertura propiciada pelos tribunais podia o filho vindicar outra paternidade, que não a do marido de sua mãe. Não resta dúvida, porém, de que os tempos são outros e, dentro da interpretação sistemática do presente Código, em princípio, sempre haverá possibilidade, quando não obstada por modalidades de fertilização assistida. A matéria deve ser examinada em cada caso concreto, enquanto não tivermos normas específicas.

Observe-se, ainda, que este Código manteve redação anterior ao estatuir de forma idêntica neste art. 1.608.

Trata-se de corolário do princípio *mater certa* e a alteração do registro somente pode decorrer de decisão judicial. O dispositivo entrosa-se com o art. 1.604.

O Projeto do Estatuto das Famílias, homogêneo com as novas famílias da contemporaneidade, abre a possibilidade ampla de o marido, o convivente ou a mulher impugnar a paternidade ou maternidade constante do registro civil. Não caberá, porém, essa impugnação: "I – em se tratando de inseminação artificial heteróloga, salvo a alegação de dolo ou fraude; II – caso fique caracterizada a posse do estado de filho" (art. 76). Note, mais uma vez, o realce que esse projeto concede à socioafetividade, fator importante de adequação social dentro da família neste século.

Art. 1.609. O reconhecimento dos filhos havidos fora do casamento é irrevogável e será feito:
I – no registro do nascimento;
II – por escritura pública ou escrito particular, a ser arquivado em cartório;
III – por testamento, ainda que incidentalmente manifestado;
IV – por manifestação direta e expressa perante o juiz, ainda que o reconhecimento não haja sido o objeto único e principal do ato que o contém.
Parágrafo único. O reconhecimento pode preceder o nascimento do filho ou ser posterior ao seu falecimento, se ele deixar descendentes.

1. Reconhecimento de filhos

Cumpre aqui analisar o reconhecimento de filhos havidos fora do casamento ou ilegítimos, expressão de sentido lato e meramente didática que, como vimos, abrange os filhos naturais, adulterinos e incestuosos, não se podendo deixar de lado a filiação socioafetiva. Em que pese a igualdade de direitos de todos os filhos, de acordo com o art. 227, § 6º, da Constituição de 1988, importa verificar como o sistema admite juridicamente a paternidade, porque o que estabelece o parentesco entre pai e mãe não casados e o filho é o ato de reconhecimento. Esse ato pode ser espontâneo ou coativo, gerando, é evidente, todo um complexo de direitos e obrigações. Na verdade, enquanto não houver reconhecimento, a filiação biológica é estranha ao Direito. Toda a gama de direitos entre pais e filhos decorre do ato jurídico do reconhecimento. A cada ponto em que tocamos no tema, nunca é demais mencionar que a chamada paternidade socioafetiva deve passar a preocupar todos os nossos estudos e julgados.

De plano, temos de fixar que existem duas modalidades de reconhecimento: o voluntário ou espontâneo e o judicial ou coativo. O reconhecimento é espontâneo quando alguém, por meio de ato e manifestação solene e válida, declara que determinada pessoa é seu filho. O reconhecimento judicial decorre da sentença na ação de investigação de paternidade, na qual se reconhece que determinada pessoa é progenitor de outra.

Tradicionalmente, no sistema do Código Civil de 1916, a ação de investigação de paternidade, típica ação de estado, era promovida pelo filho, ou seu respectivo representante legal, contra o indigitado pai. A Lei nº 8.560/1992 assimilando tendência do direito comparado, introduziu em nosso ordenamento nova modalidade de investigação de paternidade, com iniciativa atribuída ao juiz, que poderá ocorrer quando do assento de nascimento do infante constar apenas o nome da mãe e for indicado o presumido pai. Qualquer que seja a modalidade de reconhecimento, porém, seus efeitos são idênticos.

É importante adicionar que no mundo contemporâneo a origem genética da paternidade não significa mais direito à filiação. Quando há inseminação heteróloga, quando há adoção ou quando as circunstâncias apontam para o reconhecimento da paternidade socioafetiva, o vínculo sanguíneo fica em absoluto segundo plano, para a ampla maioria dos efeitos jurídicos. Sob outras premissas, volta-se aos primórdios do Direito Romano, quando a consanguinidade não era importante.

2. Reconhecimento voluntário. Lei nº 8.560/1992. Atual Código

O art. 355 do Código de 1916 dispunha que o filho ilegítimo podia ser reconhecido pelos pais, conjunta ou separadamente. O art. 357 acrescentava que o reconhecimento voluntário poderia ser feito no próprio termo do nascimento; por escritura pública e por testamento. O Estatuto da Criança e do Adolescente, art. 26, repetiu as normas desses artigos, acrescentando ainda que o reconhecimento poderia ser feito também por outro documento público.

A Lei nº 8.560/1992 regulou especificamente a investigação de paternidade dos filhos havidos fora do casamento. Essa norma derroga os dispositivos citados do Código Civil de 1916 e do Estatuto da Criança, porque regula inteiramente a matéria. Assim, seu art. 1º dispõe:

"O reconhecimento dos filhos havidos fora do casamento é irrevogável e será feito:
I – no registro do nascimento;
II – por escritura pública ou escrito particular, a ser arquivado em cartório;
III – por testamento, ainda que incidentalmente manifestado;
IV – por manifestação direta e expressa perante o juiz, ainda que o reconhecimento não haja sido o objeto único e principal do ato que o contém."

Essa redação foi inteiramente mantida por este art. 1.609 do Código de 2002, no que foi seguida pelo Projeto do Estatuto das Famílias, com mínima alteração.

Essas modalidades de reconhecimento referem-se ao pai e à mãe, embora sua utilidade mais frequente seja para o pai. A maternidade estabelece-se de forma mais cabal e perceptível, pela evidência e materialidade da gravidez e do parto, mas pode ocorrer ausência de indicação do nome da mãe no registro nos casos de recém-nascidos abandonados ou expostos, por exemplo. Por essa razão, como regra, o nome da mãe constará do registro. Daí dizer-se que a maternidade é um fato; a paternidade, uma presunção. Nada impede, porém, se houver necessidade, que ocorra o reconhecimento de maternidade, nos mesmos moldes do reconhecimento de paternidade.

A legitimidade para o reconhecimento de paternidade é dos pais, ou de um só deles. Trata-se de ato personalíssimo. Nenhuma outra pessoa possui capacidade para tal. Devem ter plena capacidade. O ato pode também ser formalizado por procurador com poderes especiais. Aos interditos ou àqueles a que falta o devido discernimento não é dado efetivar a perfilhação. Os relativamente incapazes, porém, não necessitam de assistência do pai ou tutor, segundo professa a doutrina majoritária. Lembremos que os maiores de 16 anos possuem capacidade para fazer testamento e, como tal e nesse ato, podem reconhecer a paternidade.

O art. 1.613 do Código dispõe que o reconhecimento não pode subordinar-se a condição ou termo: "*São ineficazes a condição e o termo apostos ao ato de reconhecimento do filho.*" Trata-se, portanto, de confissão pura.

A declaração espontânea é ato de vontade com efeitos disciplinados em lei, ato jurídico unilateral, não tendo as características de negócio (PEREIRA, 1997, p. 60). O ato de reconhecimento seja espontâneo, seja judicial, é declaratório, constatando uma situação, ou seja, a filiação preexistente. Trata-se de ato formal, porque submetido à forma prescrita em lei. Cada uma de suas modalidades admitidas tem suas próprias exigências formais que devem ser seguidas para a validade da declaração. A ação de investigação de paternidade é declaratória de *per si*: se cumulada com pretensão a alimentos ou a herança, cumula-se destarte a ação condenatória. Embora o reconhecimento seja visto como ato declaratório, com efeitos retroativos, sua carga de eficácia constitutiva é sensível, podendo ser conceituado, secundariamente, como ato constitutivo de estado (OLIVEIRA, 1999, p. 90).

A perfilhação pode anteceder ao nascimento, se o filho já estiver concebido, e também pode ser feita após sua morte, se o filho deixar descendentes (art. 1.609, parágrafo único; art. 26 da Lei nº 8.069/1990). Quanto ao reconhecimento do já concebido, recordemos que a personalidade começa com o nascimento, mas a lei resguarda os direitos do nascituro (art. 2º). A perfilhação antes do nascimento pode representar uma cautela do pai que tenha receio de sua morte prematura, por exemplo, assegurando a certeza de paternidade ao futuro filho.

O reconhecimento póstumo, isto é, após a morte do filho, também é admitido. Note-se, porém, que esse reconhecimento redundará em exclusivo benefício para os descendentes reconhecidos. Não pode, por exemplo, tal reconhecimento permitir que o pai usufrua de direito hereditário do filho mercê desse ato. Na lei argentina, por exemplo, há norma expressa. Em nosso Direito, outra não pode ser também a conclusão. Conclui, a respeito, Arnaldo Rizzardo (1994, v. 2, p. 607):

"*Assim, entende-se que a perfilhação póstuma, e mesmo nos derradeiros momentos de vida do filho, tem efeitos apenas unidirecionais. Poderá subsistir a filiação e, inclusive mudar-se o registro, sem efeitos sucessórios, no entanto, quanto ao pai, dada a condição expressa inserida na parte final do parágrafo único do art. 357.*"

O reconhecimento de filiação extramatrimonial, em qualquer de suas formas permitidas, constará do registro civil, com a menção dos nomes da mãe e do pai e dos avós, sem qualquer referência a detalhes da origem do reconhecimento, para evitarem-se situações de constrangimento, salvo requerimento do próprio interessado ou em virtude de determinação judicial (Decreto-lei nº 3.200/1931, art. 14). Lembre-se, mais uma vez, na mesma linha, de que a Constituição de 1988 proibiu qualquer discriminação.

O reconhecimento, portanto, somente se admite por uma das formas elencadas na lei. Qualquer outro meio utilizado para o fim de reconhecer filho ilegítimo poderá lastrear prova para ação de investigação de paternidade, mas não poderá ser considerado um reconhecimento voluntário.

Examinemos as modalidades de reconhecimento voluntário:

"*I – no registro do nascimento.*"

O reconhecimento no assento de nascimento pode ser feito por ambos os pais conjuntamente, ou por qualquer um deles. A Lei nº 8.560/1992 introduziu a hipótese de apenas a maternidade ser declarada, com menção do nome do suposto pai. Neste último caso, abre-se um procedimento de averiguação oficiosa para o indigitado pronunciar-se sobre a paternidade em 30 dias. Em seu silêncio, ou na hipótese de oposição, o juiz pode iniciar diligência sumária, remetendo os autos ao Ministério Público, que terá legitimidade para propor ação investigatória, sem prejuízo da ação por quem tenha legítimo interesse.

A inovação da Lei nº 8.560/1992 é importante, porque no sistema anterior, como regra, o reconhecimento de filiação adulterina não podia ser feito no termo de nascimento. Revogado o art. 358, isso se tornou possível. O Projeto nº 6.960/2002, que tentou alterar o presente Código, sugeriu redação ao § 2º do art. 1.609, culminando com esse procedimento inovador trazido por essa lei. Sua redação é prolixa e melhor caberia em um dispositivo autônomo, sem remendar o novel diploma, como sugere:

"*Em registro de nascimento de menor apenas com a maternidade estabelecida, o oficial remeterá ao juiz certidão integral do registro e a qualificação do suposto pai, a fim de ser averiguada a procedência da alegação. Se confirmada a paternidade, será lavrado termo de reconhecimento e remetida certidão ao oficial do registro para a devida averbação. Negada a paternidade, inclusive por falta de comparecimento do suposto pai em Juízo, o juiz remeterá os autos ao representante do Ministério Público ou ao órgão competente para que promova, havendo elementos suficientes, a ação de investigação de paternidade."*

Ainda, o Projeto adiciona o § 3º para enfatizar que a legitimidade do Ministério Público para essa ação de investigação de paternidade não retira a legitimidade concorrente de outras pessoas que a possuam para essa ação.

Como regra geral, no reconhecimento lançado no assento de nascimento, quem faz a declaração manifesta sua vontade e apõe sua assinatura pessoalmente, ou por procurador. Quando for a mãe e esta indica o pai não casado, seu nome não pode ser registrado. A paternidade ilegítima só é lançada no registro quando o pai comparece, por si ou por procurador, declara e assina, na presença de testemunhas (art. 59 da Lei nº 6.015/1973). A menção do nome do indigitado pai pode dar início à averiguação judicial, de acordo com a Lei nº 8.560/1992. Lembre-se de que, em princípio, enquanto a legitimidade do filho não for contestada pelo marido, com êxito, o filho da mulher casada é legítimo, não podendo ser declarado adulterino pela mãe. Há hipóteses manifestas de separação de fato nas quais essa solução é inconveniente e pode ser repelida. A matéria deve ser decidida judicialmente, contudo, ainda que em sede correcional cartorária, quando não por sentença.

"II – por escritura pública ou escrito particular, a ser arquivado em cartório."

O reconhecimento formalizado em escritura pública para esse fim é irretratável. O Projeto do Estatuto substitui corretamente "escritura particular", expressão antiquada, por "documento particular". Não se exige, no entanto, que a escritura tenha o fim precípuo da perfilhação. Esse reconhecimento pode ser incidente em qualquer ato notarial idôneo, como, por exemplo, em uma escritura de doação. O que se requer é que a declaração seja explícita e inequívoca.

O escrito particular pode redundar em expresso reconhecimento. Pode ser formalizado em uma simples declaração ou missiva, por exemplo, mas com a finalidade precípua de reconhecimento. É evidente que o escrito particular, menos formal, fica mais sujeito às vicissitudes da dúvida e da anulabilidade. O escrito particular, ou o início de prova escrita, sempre foi admitido, porém, como adminículo para a ação de investigação de paternidade. A doutrina rejeita, contudo, que reconhecimento possa ser feito incidentemente em escrito particular que não tenha a finalidade de perfilhação. Documento nesse sentido pode servir de início de prova para a ação de investigação de paternidade (conforme art. 363, III, do CC de 1916, que ainda deve servir de orientação).

O reconhecimento por instrumento particular deve também identificar e qualificar as pessoas do declarante e do filho. O documento particular será levado ao registro civil para averbação, onde ficará arquivado (art. 29, § 1º, da LRP).

"III – por testamento, ainda que incidentalmente manifestado."

O reconhecimento pode ser feito por ato de última vontade, sob qualquer das formas admitidas em lei; tanto em testamento formalizado exclusivamente para esse fim, como em ato de última vontade que contenha outras disposições.

Sabido é que o ato de última vontade visa especificamente às disposições patrimoniais. No entanto, esse negócio unilateral pode conter cláusulas que não têm em mira, de forma direta, o patrimônio. É o que ocorre com o reconhecimento de filiação, como expresso na lei, bem como com nomeação de tutor ou curador, concessão de títulos honoríficos etc. Aliás, independentemente da menção da lei, nunca se duvidou que o testamento pudesse conter cláusulas não patrimoniais e especificamente servisse para o reconhecimento de filiação e que, nesse ponto, o reconhecimento não pode ser revogado (art. 1.610). O testamento, por sua natureza, é negócio jurídico essencialmente revogável.

O reconhecimento de filiação no bojo de um testamento, em declaração incidente, como diz o Projeto do Estatuto das Famílias, obedece aos próprios requisitos dessa declaração e não propriamente aos requisitos testamentários. Assim, sendo o testamento negócio revogável por excelência, o ato de reconhecimento contido em seu bojo não admite revogação, embora exista ainda quem resista a essa interpretação. Este Código Civil traz norma expressa, como vimos. No mesmo diapasão, a nulidade do testamento e das cláusulas testamentárias não implica, necessariamente, a nulidade do reconhecimento. Somente a nulidade do testamento em sua totalidade, tal como ocorre com os vícios de vontade, poderá inquinar também a declaração de perfilhação. O reconhecimento voluntário é confissão de caráter declarativo e por sua natureza irrevogável, somente inquinada por vício ou defeito na manifestação específica de vontade. Recorde-se que a Lei nº 6.515/1977, no art. 50, admitira que qualquer dos cônjuges podia, na vigência do casamento, reconhecer filho havido fora do matrimônio, em testamento cerrado, e que mencionara que nessa parte o ato é irrevogável. A questão fica agora totalmente superada.

"IV – por manifestação direta e expressa perante o juiz, ainda que o reconhecimento não haja sido o objeto único e principal do ato que o contém."

O Estatuto da Criança e do Adolescente já trazia dispositivo semelhante, pois se referia, no art. 26, a documento público. A manifestação perante o juiz, tomada por termo, qualquer que seja o procedimento, traduz-se em um documento público, tendo em vista sua natureza. Essa declaração equivale à escritura pública, pois manifestada perante quem tem fé pública. Exigem-se os requisitos necessários de identificação do declarante e do filho. O texto legal exige a manifestação expressa e direta, portanto deve ser feita na presença do juiz. Não será válido, por exemplo, o ato tomado por termo em cartório e assinado posteriormente pelo juiz.

3. Averiguação oficiosa de paternidade

A Lei nº 8.560/1992, já mencionada, seguindo exemplos presentes já há algum tempo na legislação comparada, acrescentou mais uma modalidade de reconhecimento espontâneo. Quando no registro apenas a maternidade é estabelecida, o escrivão remeterá ao juiz uma certidão do ato e das declarações da mãe, informando o nome do suposto pai, endereço e outros dados importantes para identificação. O juiz, que será aquele cuja competência é fixada por norma local da justiça estadual, determinará a oitiva da mãe. Ordinariamente, a matéria deverá estar afeta ao juiz corregedor do registro civil. Embora não conste da lei, a mãe deverá ser advertida pelo magistrado das implicações civis e criminais dessa declaração na hipótese de indigitação dolosa. Aliás, a lei deveria ser rigorosa nesse aspecto, pois a indigitação leviana de paternidade, nessa sistemática, pode causar sérios transtornos à vida do suposto pai. Após, designará data para audiência do indigitado pai, ou estabelecerá prazo para que se manifeste sobre a paternidade que lhe é atribuída. Se ele confirmar a paternidade, lavrar-se-á termo de reconhecimento, remetendo-se certidão ao registro civil, para a devida averbação. É curial que se trata de reconhecimento espontâneo para o qual se exige plena capacidade. Se negada a paternidade ou mantiver-se silente o indigitado, os autos desse procedimento serão remetidos ao Ministério Público, para o fim de ser promovida a ação de investigação de paternidade contra o suposto pai.

Questão que surge é saber se sempre que não constar o nome do pai no registro deve o oficial remeter certidão ao juiz, ainda que não existam indicações sobre a pessoa do progenitor. Recorde-se que a lei usa a expressão *o oficial remeterá*, reportando-se, porém, a seguir, no mesmo dispositivo, às indicações do suposto pai. Vimos que a redação sugerida pelo Projeto nº 6.960 prosseguue na mesma senda. Leoni Lopes de Oliveira (1999ª, p. 104), em estudo monográfico sobre o tema, conclui que nessa situação sempre deverá ser feita a remessa da certidão ao juiz, ainda que não conste o nome do suposto pai. O juiz, nesse caso, deverá proceder à averiguação oficiosa, com os meios que tiver, contando, para tal, com o auxílio do Ministério Público. O bem jurídico sob enfoque, no caso, é indisponível. O juiz, recebendo o expediente do cartório, estará obrigado a iniciar o procedimento de averiguação. O termo utilizado na lei, *averiguação*, refere-se, sem dúvida, a mero procedimento administrativo conduzido pelo juiz, tal como, por exemplo, o inquérito policial presidido pelo delegado de polícia. Afinal, duas são as conclusões possíveis: deverá o juiz mandar lavrar no assento de nascimento o nome do pai ou remeterá o expediente ao Ministério Público. Não cabe ao magistrado, por sua própria iniciativa, determinar o arquivamento.

O procedimento deve ser singelo e sem formalidades, as quais devem ser reservadas para a ação judicial, se necessária. A simples negativa por parte do pai notificado, que não necessita maiores digressões, implica remessa dos autos ao Ministério Público para a propositura da ação investigatória. Nada impede, contudo, que as partes, no procedimento, concordem em produzir provas para confirmar a paternidade, como o exame de DNA, por exemplo.

Determina o art. 2º da Lei nº 8.560/1992 que o juiz, quando entender necessário, determinará diligência em segredo de justiça. Nessa matéria, será sempre conveniente e oportuno o segredo de justiça. A alteração proposta pelo projeto de lei mencionado não cobre todas as hipóteses firmadas por essa lei.

O Projeto de Estatuto das Famílias propôs procedimento que denomina "averiguação da filiação", com a finalidade e o espírito da lei ora vista, atribuindo, porém, majoritariamente ao Ministério Público a condução desse procedimento. Não é mesmo conveniente que o juiz tenha a iniciativa dessa atividade, como está na lei vigente.

Enunciado nº 570, VI Jornada de Direito Civil – CJF/STJ: o reconhecimento de filho havido em união estável fruto de técnica de reprodução assistida heteróloga "a patre" consentida expressamente pelo companheiro representa a formalização do vínculo jurídico de paternidade-filiação, cuja constituição se deu no momento do início da gravidez da companheira. Artigos: 1.607 e 1.609 do Código Civil.

Negatória de paternidade. Ação proposta por pai socioafetivo em face de filha adolescente. Alegação de erro substancial no momento de lavratura do assento de nascimento. Improcedência. Exame de DNA a confirmar a inexistência de vínculo biológico. Prova concludente, contudo, de efetiva paternidade socioafetiva entre as partes, fonte autônoma da relação de parentesco. Art. 1.593 do Código Civil. Paternidade com origem também no reconhecimento voluntário da filiação por ocasião do divórcio, quando o requerente já sabia ser estéril. Reconhecimento irretratável e irrevogável. Art. 1.609 do Código Civil. Sentença mantida. Recurso improvido (TJSP – Ap. 1020938-59.2018.8.26.0554, 30-09-2020, Rel. Francisco Loureiro).

Art. 1.610. O reconhecimento não pode ser revogado, nem mesmo quando feito em testamento.

O reconhecimento voluntário é irrevogável, como decorrência da eficácia retroativa e da constitutividade do ato. Estatui este artigo que "*o reconhecimento não pode ser revogado, nem mesmo quando feito em testamento*". A lei preferiu ser expressa a respeito do testamento, no que andou bem para espancar dúvidas, se é que existiam. Tratando-se de disposição não patrimonial que pode ser inserida no testamento, esse reconhecimento persiste, ainda que o testamento seja revogado ou declarado nulo, se não foi atingida essa parte da declaração de vontade.

Petição de herança. Decisão que julgou improcedente o pedido reconvencional. Recurso desprovido. Petição de herança. Insurgência contra decisão interlocutória que julgou improcedente o pedido reconvencional. Inteligência do art. 1.610 do CC. A contestação da paternidade é direito personalíssimo do pai. Herdeiros não têm legitimidade para interpô-la em nome próprio e em direito próprio, possível apenas dar continuidade à ação ajuizada pelo falecido. Jurisprudência do STJ. Decisão mantida. Recurso desprovido (*TJSP* – Ag 2140092-33.2019.8.26.0000, 20-8-2019, Rel. J. B. Paula Lima).

Apelação cível. Direito de família. **Negatória de paternidade**. Improcedência na origem. Insurgência do genitor. Mérito. – Estado de filiação reconhecido voluntariamente pelo apelante. Exame de DNA que exclui a paternidade biológica. Impossibilidade de modificação do registro civil. Respeito ao princípio constitucional do melhor interesse da criança. Ausência de comprovação de quaisquer dos vícios de consentimento. Art. 1.604 do Código Civil. Ato jurídico irrevogável. Exegese do art. 1º da lei nº 8.560/92 e arts. 1.609 e 1.610 do Código Civil. "O reconhecimento espontâneo da paternidade somente pode ser desfeito quando demonstrado vício de consentimento, isto é, para que haja possibilidade de anulação do registro de nascimento de menor cuja paternidade foi reconhecida, é necessária prova robusta no sentido de que o "pai registral" foi de fato, por exemplo, induzido a erro, ou ainda, que tenha sido coagido a tanto. (RESP 1022763 / RS, Relª Min. Nancy Andrighi)." Recurso desprovido (*TJSC* – Acórdão: Apelação Cível nº 2010.076043-7, 11-11-2011, Rel. Des. Guilherme Nunes Born).

Art. 1.611. O filho havido fora do casamento, reconhecido por um dos cônjuges, não poderá residir no lar conjugal sem o consentimento do outro.

A disposição faz sentido, pois o filho recém-reconhecido será, em síntese, uma pessoa estranha no lar conjugal, podendo tumultuar a convivência. Desse modo, se, por um lado, esse filho tem direitos patrimoniais, por outro lado, sendo filho de um só dos cônjuges, não tem direito de pedir acolhida no lar comum. O fato de não poder residir nesse lar, contudo, não libera o pai de prestar toda assistência ao menor, fornecendo-lhe alimentos correspondentes à condição social, como inclusive determinara o art. 15 do Decreto-lei nº 3.200/1941.

Art. 1.612. O filho reconhecido, enquanto menor, ficará sob a guarda do genitor que o reconheceu, e, se ambos o reconheceram e não houver acordo, sob a de quem melhor atender aos interesses do menor.

Essa disposição se harmoniza com tudo o que o Código preconizou em matéria de proteção aos filhos menores. O filho menor ficará sob a guarda do genitor que o reconheceu. Se ambos o fizeram, verificar-se-á o que atende melhor os interesses do menor, conforme o caso concreto. Sempre o juiz poderá decidir diferentemente, sentindo os interesses do menor. A guarda compartilhada poderá ser a melhor solução.

Art. 1.613. São ineficazes a condição e o termo apostos ao ato de reconhecimento do filho.

O reconhecimento de filiação é ato puro e simples e não admite condição ou termo. A finalidade do texto é intuitiva. Ninguém pode ser filho somente por determinado prazo.

Art. 1.614. O filho maior não pode ser reconhecido sem o seu consentimento, e o menor pode impugnar o reconhecimento, nos quatro anos que se seguirem à maioridade, ou à emancipação.

O reconhecimento é ato unilateral, porque gera efeitos pela simples manifestação de vontade do declarante. Não depende de concordância, salvo com relação ao maior de idade, de vez que esse artigo, assim como o art. 4º da Lei nº 8.560/1992, exige seu consentimento. Há, de fato, um caráter sinalagmático no ato de reconhecimento, não só porque é necessária a concordância do filho, se maior, como também porque pode o menor reconhecido impugnar o reconhecimento quando se tornar capaz. Aponta Sílvio Rodrigues que esse aspecto não retira o caráter unilateral do ato, uma vez que são medidas protetivas que se justificam tendo em vista as consequências morais e jurídicas. Aliás, como já anotamos quanto às nulidades de casamento, em sede de direito de família as categorias da teoria geral do Direito não se amoldam perfeitamente.

O filho maior somente pode ser reconhecido com seu consentimento. Na hipótese de reconhecimento de filho menor, há razões de sobra para permitir que ele impugne a paternidade quando atingir a maioridade. Como aduz Arnaldo Rizzardo (1994, v. 2, p. 604), ninguém melhor do que ele para ter ciência e convicção de sua paternidade. De outro lado, terá ele interesse em impugnar a paternidade inverídica, para pleitear a paternidade verdadeira, não só por interesse moral, mas também para buscar as repercussões hereditárias desse novo estado.

De acordo com o art. 362 do Código de 1916, o menor poderia impugnar a paternidade dentro dos quatro anos que se seguissem à maioridade ou emancipação. Modernamente, não se pode admitir prazo para essa ação, imprescritível como a ação de investigação de paternidade. Ao incapaz, contudo, não se pode negar a ação de impugnação de paternidade enquanto não atingir a maioridade, devidamente assistido pela mãe ou curador especialmente nomeado, não fosse pelo interesse moral que salta à vista, pelo princípio geral da verossimilhança dos registros públicos.

O presente artigo estabelece que o filho maior não pode ser reconhecido sem seu consentimento, e o menor pode impugnar o reconhecimento, nos quatro anos que se seguirem à maioridade, ou à emancipação. Esse prazo decadencial não se amolda ao novo direito de filiação e não pode subsistir. Há de persistir sempre a possibilidade de definição da verdadeira relação de filiação. Por essa razão, acertadamente, o Projeto nº 6.960 retirou a menção a esse prazo. A qualquer momento, como regra geral, o filho pode impugnar seu estado de filiação. Trata-se de direito potestativo.

O art. 74 do Projeto do Estatuto das Famílias dispôs, de forma por si só explicativa: *"o filho registrado ou reconhecido pode impugnar a paternidade, desde que não caracterizada a posse do estado de filho em relação àquele que o registrou ou reconheceu"*. O texto tem diretamente a ver com a paternidade socioafetiva. Quem sempre foi tratado como filho e assim se comportou não pode, em tese, impugnar essa paternidade.

Art. 1.615. Qualquer pessoa, que justo interesse tenha, pode contestar a ação de investigação de paternidade, ou maternidade.

A filiação pode ser declarada de forma voluntária ou judicial. Examina-se, agora, a declaração judicial ou coativa de paternidade. Ação de investigação de paternidade é a que cabe aos filhos contra os pais ou seus herdeiros, para demandar-lhes o reconhecimento da filiação. Ação de estado por definição é inalienável, imprescritível e irrenunciável. O art. 27 do Estatuto da Criança e do Adolescente estatui que o reconhecimento do estado de filiação pode ser exercitado contra os pais e seus herdeiros, sem qualquer restrição. O exercício dessa ação alcança, portanto, todos os filhos, inclusive os concebidos na constância do casamento, não mais vigorando as restrições do art. 363 do Código de 1916. A paternidade pode ser evidenciada sem que necessariamente estejam presentes os requisitos desse dispositivo. A prova de paternidade é ampla e irrestrita. Sob o mesmo diapasão, o art. 1.607 estatui genericamente que *"o filho havido fora do casamento pode ser reconhecido pelos pais, conjunta ou separadamente"*. Por outro lado, o art. 1.616 afirma que *"a sentença que julgar procedente a ação de investigação produzirá os mesmos efeitos do reconhecimento [...]"*.

São legitimados ativamente para essa ação o investigante, geralmente menor, e o Ministério Público. O nascituro também pode demandar a paternidade, como autoriza o art. 1.609, parágrafo único (art. 26 do Estatuto da Criança e do Adolescente, repetindo disposição semelhante do parágrafo único do art. 357 do Código Civil de 1916). Nos termos do art. 227, § 6º, da Constituição de 1988, os filhos têm ação contra os pais ou seus herdeiros, para demandar-lhes o reconhecimento da filiação. Trata-se, como vimos, de direito personalíssimo, indisponível e imprescritível. A investigação de paternidade é imprescritível; prescrevem, porém, as pretensões de cunho material que podem acrescentar-se a ela, como a petição de herança. Desse modo, ainda que prescrita a ação de petição de herança, o filho poderá sempre propor a investigação de paternidade, mas não terá direito à herança. A tendência atual é entender que também a impugnação do estado de paternidade é direito imprescritível, matéria que gera inúmeras consequências.

A legitimação extraordinária atribuída ao Ministério Público decorre da Lei nº 8.560/1992, quando, no procedimento de averiguação inoficiosa, o pai indicado não responde à notificação em 30 dias ou nega a paternidade. Essa lei continua em vigor no que não conflitar, até que sofra adaptação ao mais moderno Código Civil. Se o Ministério Público tiver elementos suficientes, deverá propor a ação. Trata-se de substituto processual, conforme o art. 18 do CPC. O Ministério Público propõe a ação de investigação em nome próprio, para defender interesse alheio, ou seja, o do investigante. Essa legitimação extraordinária não exclui a dos interessados que, uma vez proposta a ação, podem pedir seu ingresso como assistentes litisconsorciais. Nada impede, da mesma forma, que, não proposta a ação pelo Ministério Público, façam-no os interessados. Se falecer o investigante no curso da ação, desaparece o interesse do Ministério Público, e a ação extingue-se (PEREIRA, 1997, p. 72), porque não há mais a figura do substituído processual para a atuação do substituto, e o interesse de seus eventuais herdeiros passa a ser exclusivamente econômico.

Embora o tema não seja isento de dúvidas, quando o Ministério Público atua como substituto processual, defendendo interesse de incapazes, corrente majoritária entende que há necessidade de outro membro da instituição atuar como fiscal da lei.

Deve figurar no polo passivo da ação o indigitado pai ou seus herdeiros. Atente-se: o espólio não tem legitimidade passiva nessa hipótese. A mãe não é, em princípio, parte legítima para figurar no polo passivo, pois sua meação não será atingida com o reconhecimento. Participará ela como representante ou assistente do filho menor. Todavia, se o pai apontado não deixar descendentes ou ascendentes, sua mulher será herdeira: nesse caso, deve figurar no polo passivo da ação, pois a sentença de procedência repercutirá em seu patrimônio. Se não houver qualquer herdeiro, os bens transferem-se ao Estado nos termos do art. 1.844, do presente Código, que dá preferência ao Município.

Nesse caso, os Municípios, ou o Distrito Federal, serão colocados no polo passivo. A União terá legitimidade quando se tratar de território federal. Os legatários serão colocados no polo passivo, caso a herança venha a ser distribuída somente a eles. Se concorrerem com demais herdeiros, os legatários não serão afetados em seus legados, devendo a ação ser proposta unicamente contra os herdeiros, nos casos de investigação após a morte do indigitado pai.

Em resumo, qualquer pessoa que possa ser afetada pela sentença de reconhecimento pode figurar no polo passivo, ali colocada na inicial ou pedindo seu ingresso como assistente litisconsorcial. Nesse sentido, o presente art. 1.615. O Projeto nº 6.960 tentou substituir essa redação no *caput*, sugerindo a seguinte: "*Os filhos têm ação contra os pais ou seus herdeiros, para demandar o reconhecimento da filiação, sendo esse direito imprescritível.*" O Projeto acrescenta ainda nove parágrafos a esse artigo, no intuito de regular a ação de filiação.

Com muita frequência, como surge evidente, a ação de investigação de paternidade vem cumulada com pedido de alimentos, petição de herança e cancelamento de registro civil. A Lei nº 8.560/1992 estatui: "*Art. 7º: Sempre que na sentença de primeiro grau se reconhecer a paternidade, nela se fixarão os alimentos provisionais ou definitivos do reconhecido que deles necessite.*"

Disposição com o mesmo sentido já constava da Lei nº 883/1949. O Projeto mencionado acrescenta essa dicção com o § 9º do art. 1.615. Corrente majoritária entende que, nesse caso, os alimentos são devidos desde a citação. A matéria deverá ser aprofundada quando do exame dos alimentos.

O art. 363 do Código Civil de 1916 admitia a ação de investigação de paternidade dos filhos ilegítimos contra os pais ou seus herdeiros, em três tradicionais incisos.

"*I – se ao tempo da concepção a mãe estava concubinada com o pretendido pai;*
II – se a concepção do filho reclamante coincidiu com o rapto da mãe pelo suposto pai, ou suas relações sexuais com ela;
III – se existir escrito daquele a quem se atribui a paternidade, reconhecendo-a expressamente."

Toda matéria jurídica criada pelo legislador do passado perde terreno hoje perante a Biologia Genética, que permite apontar a paternidade com mínima margem de erro. Desse modo, os princípios tradicionais, concubinato, rapto, relações sexuais, início de prova escrita, devem ser vistos atualmente não mais como *numerus clausus*, mas como elementos subsidiários, e somente devem ser utilizados isolada ou conjuntamente quando se torna impossível, falível ou incerta a perícia genética. Em síntese, a prova técnica coloca em segundo plano a prova das relações sexuais ou qualquer outra em matéria de paternidade. Não se diga, porém, que a perícia genética é sistematicamente prova definitiva. Pode haver necessidade de recurso às demais provas permitidas, inclusive as descritas no artigo sob enfoque.

No entanto, problemas mais complexos quanto à paternidade e maternidade, com conotação ética e moral, preocupam hoje o jurista, o magistrado e o legislador, como a inseminação artificial, mães de aluguel e fertilização fora do útero.

O termo *escrito*, presente nesse dispositivo, deve ter abrangência ampla, podendo inserirem-se em sua compreensão testamentos nulos, anulados e revogados (RODRIGUES, 1999, p. 325). O testamento cerrado, por exemplo, embora rompido e não válido para fins de última vontade, pode ser idôneo para o reconhecimento.

No mesmo diapasão se coloca a matéria de defesa tradicionalmente lembrada para as ações de investigação de paternidade: a *exceptio plurium concumbentium*. Essa exceção material consiste em provar que a mãe, no período da concepção, manteve relações sexuais não somente com o investigado. Como já afirmamos, perante os modernos métodos de investigação biológica, mormente o DNA, a *exceptio* perdeu a importância que teve no passado. A exceção de plúrimas relações cumpriu sua função, enquanto a ciência não atingiu o grau de evolução atual, que permite a perfeita identificação da paternidade. No entanto, não sendo possível o exame genético, o recurso aos princípios da exceção deve ser utilizado. Cabe a quem alega, portanto ao réu, o ônus da prova, nesse caso.

Por outro lado, a recusa do réu em submeter-se a exame hematológico ou de outra natureza leva à presunção, ainda que não absoluta, de paternidade. A questão é delicada e dependerá muito do exame do caso concreto pelo magistrado, que analisará se há razões lógicas de recusa por parte do investigando.

Outro aspecto, ao qual se dava muita importância no passado, era a posse do estado da filiação. Cuida-se do aspecto externo que se traduz em *nomen*, *tractatus* e *fama* com relação ao filho. Nosso Código Civil, de antes e de agora, não o mencionou como hipótese de perfilhação. Há direitos estrangeiros que o fazem. Em nosso sistema, a posse do estado de filho é apenas mais um elemento de convicção para ser sopesado pelo juiz, dentro do conjunto probatório, na ação de investigação. Como prova isolada, porém, nunca poderá fundamentar por si só a paternidade em nosso sistema (PEREIRA, 1997, p. 120).

A sentença na ação de investigação de paternidade (ou maternidade) é de carga de eficácia declaratória e tem efeitos *erga omnes*. Ao reconhecer a paternidade, a sentença declara fato preexistente, qual seja, o nascimento.

Por todas as razões expostas, em sede de reconhecimento de paternidade, não há que se conceder um valor absoluto à coisa julgada. Nesse aspecto, há que se levar em conta as particularidades do direito de família e os avanços científicos. Não há como se impingir à sociedade e a alguém uma paternidade irreal, se lastreada em coisa julgada questionável por meio de nossos instrumentos probatórios disponíveis. A verdade real e axiológica suplanta, nesse campo, os estritos limites tradicionais das regras de processo, que nem mesmo a elasticidade da ação rescisória pode resolver. Nossos julgados já propendem para essa nova fórmula, a qual, todavia, deve ser trazida para o texto expresso da lei.

Lamenta-se que toda essa matéria, de tamanha profundidade doutrinária e fática, seja colocada de cambulhada em um único artigo, em um Código que tramitou tantos anos e recebeu a redação final de forma açodada. No Projeto do Estatuto das Famílias há uma parte processual, ali constando a ação de investigação de paternidade (arts. 211 a 218).

1. Investigação de maternidade

O art. 27 do Estatuto da Criança e do Adolescente é expresso ao afirmar que o reconhecimento do estado de filiação pode ser exercitado sem restrições. O dispositivo aplica-se tanto à paternidade como à maternidade. Não mais subsiste restrição para a ação de investigação de paternidade, deixando de ter aplicação o art. 364, do velho Código, que estatuía: *"A investigação de maternidade só se não permite, quando tenha por fim atribuir prole ilegítima à mulher casada, ou incestuosa à solteira."* O critério do legislador traduzia-se em justificáveis rebuços quanto à mulher casada e em argumentos de ordem moral quanto à prole incestuosa.

O legislador do passado preocupara-se com a investigação de paternidade, mas a investigação de maternidade, embora não frequente, pode ser exercitada nas mesmas hipóteses descritas na Lei nº 8.560/1992. Tal como na investigação de paternidade, a ação de investigação de maternidade será movida contra a indigitada mãe e seus herdeiros. Se o registro apresentar o nome de outra mulher como mãe, contra ela também deverá ser promovida a ação. Se a investiganda for casada, o marido também deverá ser citado, porque haverá repercussões de ordem moral e econômica para ele. O Projeto de Código Civil de 1975 modificara a redação ao art. 364, estatuindo, no art. 1.632 originário: *"Não se permite a investigação de maternidade quando tenha por fim atribuir à mulher casada filho havido fora da sociedade conjugal."* Esse dispositivo foi suprimido na redação final deste Código, vigorando a plena liberdade introduzida pelo art. 27 do Estatuto da Criança e do Adolescente e mantida pelo Projeto do Estatuto das Famílias.

Art. 1.616. A sentença que julgar procedente a ação de investigação produzirá os mesmos efeitos do reconhecimento; mas poderá ordenar que o filho se crie e eduque fora da companhia dos pais ou daquele que lhe contestou essa qualidade.

Como apontado, o reconhecimento de paternidade poderá ser voluntário ou coativo, decorrente de processo judicial. A sentença produz os mesmos efeitos do reconhecimento voluntário, contudo esse artigo toma o cuidado de possibilitar que o filho assim declarado se crie e eduque fora da companhia dos pais ou de quem lhe contestou a paternidade. Embora reconhecido o vínculo genético, é evidente que essa pessoa poderá ser considerada como um intruso na família dos indigitados reconhecentes, tumultuando-lhes a vida familiar e prejudicando o menor. O juiz procurará harmonizar a situação na melhor forma do interesse do menor. Situações complexas exigirão apoio social e psicológico, o qual nem sempre os interessados e o Estado estarão aptos a conceder. Veja também o art. 1.611, cujo espírito entrosa-se com o presente. É evidente que a sustentação alimentar em nada se altera com esse dispositivo.

Art. 1.617. A filiação materna ou paterna pode resultar de casamento declarado nulo, ainda mesmo sem as condições do putativo.

Todo o sentido da legislação em prol do menor poderia ser apontada como tendo seu ápice nesse dispositivo. Ainda que, em situações extraordinárias de casamento nulo, quando há má-fé de ambos os pais, quando não é possível reconhecer a putatividade (art. 1.561), não se prejudica a paternidade ou maternidade do filho, que terá sua perfilhação reconhecida por lei, com todos os consectários cabíveis. Os filhos serão considerados como se gerados no casamento.

CAPÍTULO IV
Da Adoção

**Art. 1.618. A adoção de crianças e adolescentes será deferida na forma prevista pela Lei nº 8.069, de 13 de julho de 1990 – Estatuto da Criança e do Adolescente.
Parágrafo único. (Revogado pela Lei 12.010/2009)**

A matéria envolvendo adoção é palpitante. Há sempre necessidade de modernização social. O Estatuto da Criança e do Adolescente sofreu várias alterações no tocante à adoção pela Lei nº 13.509, de 22 de novembro de 2017.

Art. 1.619. A adoção de maiores de 18 (dezoito) anos dependerá da assistência efetiva do poder público e de sentença constitutiva, aplicando-se, no que couber, as regras gerais da Lei nº 8.069, de 13 de julho de 1990 – Estatuto da Criança e do Adolescente.

Mesmo a adoção de maiores dependerá de sentença segundo este Código. Não há mais possibilidade, como no passado, de o ato se perfazer por escritura pública.

Apelação cível – **Ação de adoção de maiores artigo 1.619 do Código Civil** – Aplicação subsidiário do estatuto da criança e do adolescente – Necessidade de demonstração de vínculo afetivo e convivência harmoniosa entre adotante e adotado – Legítimo motivo art. 45 da lei nº 8.069/90 – Ausente manifestação de vontade da esposa em adotar – Não preenchimento dos requisitos legais – Indeferimento da inicial mantido – Apelo conhecido e desprovido. 1 – Nos termos do artigo 1.619 do Código Civil "a adoção de maiores de dezoito anos dependerá da assistência efetiva do poder público e de sentença constitutiva, aplicando-se, no que couber, as regras da lei nº 8.069, de 13 de julho de 1990 estatuto da criança e do adolescente". 2 – Nesse caso, remetendo o artigo 1.619 do Código Civil, que trata da adoção de maiores de dezoito anos, a aplicação dos dispositivos da lei nº 8.069/90 – Estatuto da criança e do adolescente, impõe-se a observância do rito processual nele encartado, no que couber. 3 – Os requisitos legais para a adoção da pessoa maior e capaz são os mesmos para a adoção do menor, a saber: a) diferença de idade de dezesseis anos entre adotante e adotado (art. 42, § 3º, ECA); b) consentimento do adotando maior de 18 (dezoito) anos (art. 45, § 2º, ECA); c) impedimento matrimoniais quanto à família adotiva como em relação à família natural; d) proibição de ser adotado por avós, irmãos, tutores e curadores (art. 42, § 1º, ECA); e) direito sucessório assegurado (art. 41, § 2º, ECA). 4 – Todavia, o requisito primordial à adoção é a demonstração de forma cabal da existência de vínculo afetivo que une os adotantes e adotados e da convivência harmônica entre os mesmos, eis que nos termos do artigo 43 da lei nº 8.069/90 "a adoção será deferida quando apresentar reais vantagens para o adotando e fundar-se em motivos legítimos". 5 – No caso em comento, além da irregularidade na manifestação de vontade e da falta de representação da pretensa adotante, não houve comprovação acerca da existência de laço afetivo entre os adotantes e o adotado, bem como de uma convivência harmônica entre os mesmos, pois residentes em países distintos, inegavelmente, desde fevereiro de 2008. 6 – Não preenchidos os requisitos necessários ao prosseguimento do feito, impõe-se a manutenção da sentença recorrida. Apelo conhecido e desprovido (*TJES* – AC 0017624-75.2011.8.08.0035, 22-1-2013, Rel. Des. Álvaro Manoel Rosindo Bourguignon).

Art. 1.620. (Revogado pela Lei nº 12.010, de 3 de agosto de 2009.)

Art. 1.621. (Revogado pela Lei nº 12.010, de 3 de agosto de 2009.)

Enunciado nº 110, I Jornada de Direito Civil – CJF/STJ: é inaplicável o § 2º do art. 1.621 do novo Código Civil às adoções realizadas com base no Estatuto da Criança e do Adolescente.

Enunciado nº 259, III Jornada de Direito Civil – CJF/STJ: a revogação do consentimento não impede, por si só, a adoção, observado o melhor interesse do adotando.

Art. 1.622. (Revogado pela Lei nº 12.010, de 3 de agosto de 2009.)

Art. 1.623. (Revogado pela Lei nº 12.010, de 3 de agosto de 2009.)

Art. 1.624. (Revogado pela Lei nº 12.010, de 3 de agosto de 2009.)

Art. 1.625. (Revogado pela Lei nº 12.010, de 3 de agosto de 2009.)

Art. 1.626. (Revogado pela Lei nº 12.010, de 3 de agosto de 2009.)

Enunciado nº 111, I Jornada de Direito Civil – *do CJF/STJ*: a adoção e a reprodução assistida heteróloga atribuem a condição de filho ao adotado e à criança resultante de técnica conceptiva heteróloga; porém, enquanto na adoção haverá o desligamento dos vínculos entre o adotado e seus parentes consanguíneos, na reprodução assistida heteróloga sequer será estabelecido o vínculo de parentesco entre a criança e o doador do material fecundante.

Art. 1.627. (Revogado pela Lei nº 12.010, de 3 de agosto de 2009.)

Art. 1.628. (Revogado pela Lei nº 12.010, de 3 de agosto de 2009.)

Art. 1.629. (Revogado pela Lei nº 12.010, de 3 de agosto de 2009.)

1. Adoção. Conceito

A adoção é modalidade artificial de filiação que busca imitar a filiação natural. Daí ser também conhecida como filiação civil, pois não resulta de uma relação biológica, mas de manifestação de vontade, conforme o sistema do Código Civil de 1916, ou de sentença judicial, no atual sistema. A Lei nº 12.010/2009, Lei da Adoção, introduziu modificações na sistemática da adoção, adaptando o Estatuto da Criança e do Adolescente e derrogando o Código Civil na parte referente ao tema.

A filiação natural ou biológica repousa sobre o vínculo de sangue, genético ou biológico; a adoção é uma filiação exclusivamente jurídica, que se sustenta sobre a pressuposição de uma relação não biológica, mas afetiva. A adoção contemporânea é, portanto, um ato ou negócio jurídico que cria relações de paternidade e filiação entre duas pessoas. O ato da adoção faz com que uma pessoa passe a gozar do estado de filho de outra pessoa, independentemente do vínculo biológico.

A discussão acerca de sua conveniência é de cunho sociológico. Muito se discute com relação a suas vantagens e desvantagens. Sua utilidade, com relação ao menor, carente ou em estado de abandono, é inafastável, sendo do interesse do Estado que se insira em um ambiente familiar homogêneo e afetivo. Sua utilidade, mormente para casais sem filhos, é ressaltada. O enfoque da adoção atual terá em vista, contudo, a pessoa e o bem-estar do adotado, antes do interesse dos adotantes. As inconveniências apontadas para o instituto, no entanto, também são muitas e variadas. Tradicionalmente, apontam-se: a adoção permite que filho natural seja transplantado para a família; possibilita fraude fiscal; permite tráfico de menores etc. A questão relativa à filiação natural fica hoje praticamente superada, tendo em vista o estágio atual de nossa lei e da sociedade. Como em todo instituto jurídico, porém, sempre haverá possibilidade de fraudes e desvios de finalidade. Como em todo campo do Direito, isso não retira as vantagens do instituto, cabendo ao ordenamento coibir e punir severamente seu mau uso. A adoção, vista como um fenômeno de amor, afeto e desprendimento, deve ser incentivada pela lei.

Historicamente, houve em nosso país um longo caminho legislativo em matéria de adoção e direitos dos filhos adotivos, até a Constituição de 1988 e o Estatuto da Criança e do Adolescente, bem como a mais recente Lei da Adoção. O duplo sistema de adoção que vigorou no país, conforme o Código Civil de 1916 e segundo o Estatuto da Criança e do Adolescente, dispõe de princípios tão díspares que se torna difícil sua definição inicial sob o mesmo paradigma. O atual Código trouxe disposições sobre a adoção e não revogou nem expressa nem tacitamente o ECA, o que foi feito pela mais recente lei que rege a adoção.

A Lei da Adoção, em seu art. 1º enfatiza, contudo, que a proteção estatal será concedida prioritariamente ao apoio e promoção social da família natural (§ 1º). Somente na impossibilidade de permanência na família natural, a criança e o adolescente serão colocados sob adoção, tutela ou guarda (§ 2º). Sob esse prisma, a criança ou adolescente inserido em programa de acolhimento familiar terá sua situação reavaliada periodicamente, para que a autoridade judiciária avalie da necessidade e oportunidade de ser colocada em família substituta (art. 19, §§ 1º a 3º, do ECA, com nova redação).

A adoção plena prevista no estatuto é dirigida fundamentalmente para os menores de 18 anos; a adoção que permanecera vigente no Código Civil de 1916 era dirigida aos maiores de 18 anos. O Código de 2002 assumiu a posição esperada, ao estabelecer que a adoção de maiores de 18 anos dependeria também da assistência efetiva do Poder Público e de sentença constitutiva (art. 1.623, parágrafo único, revogado), assinalando o texto do art. 1.619, com a redação dada pela lei da Adoção: *"A adoção de maiores de 18 (dezoito) anos dependerá da assistência efetiva do poder público e de sentença constitutiva, aplicando-se, no que couber, as regras gerais da Lei nº 8.069, de 13 de julho de 1990 – Estatuto da Criança e do Adolescente."* A lei, porém, não esclarece em que consiste essa assistência efetiva do Estado, matéria que deverá ser objeto de regulamentação. Dependendo de sentença essa adoção do maior, não mais haverá a modalidade de adoção por escritura pública do Código de 1916. No entanto, o Projeto nº 6.960/2002 apresentara proposta para retorno à possibilidade de escritura pública, além de sugestões para o procedimento da adoção. A questão, portanto, fica, a nosso ver, em aberto para o legislador.

A adoção plena, tal qual admitida pelo ECA, insere o menor em tudo e por tudo na família do adotante, conferindo-lhe a mesma posição da relação biológica. Nos termos do vigente Código Civil, também há de se concluir que a adoção de maiores terá a mesma amplitude, ainda porque não mais se admite qualquer distinção entre categorias de filiação.

Pode-se afirmar, genericamente, que, em ambas as situações, na estatutária e na do Código Civil, a adoção é um ato jurídico que estabelece laços de filiação legal entre duas pessoas, independentemente dos laços de sangue. Cumpre que se analisem os dois sistemas, advertindo-se, de início, que diminuta foi, nas últimas décadas, a importância da adoção regida pelo Código Civil de 1916, que desapareceu, não se justificando mais sua manutenção.

A adoção, na modernidade, preenche duas finalidades fundamentais: dar filhos àqueles que não os podem ter biologicamente e dar pais aos menores desamparados. A adoção que fugir desses parâmetros estará distorcendo a finalidade do ordenamento e levantará suspeitas.

A ideia central da adoção descrita originalmente no Código Civil de 1916 tinha em mira precipuamente a figura dos pais que não podiam ter prole e as normas foram postas primordialmente em seu benefício. O enfoque da legislação posterior e principalmente do Estatuto da Criança e do Adolescente é francamente inverso, pois o legislador menorista optou por proteger o interesse do menor desamparado, colocando-o em família substituta, condicionando o deferimento da adoção à comprovação de reais vantagens para o adotando. Essa orientação foi trazida inclusive para o texto do mais recente Código ora revogado: *"Somente será admitida a adoção que constituir efetivo benefício para o adotando"* (art. 1.625, revogado). Esse dispositivo programático aplica-se tanto aos adotandos maiores como aos menores. Ao decretar uma adoção, o ponto central de exame do juiz será o adotando e os benefícios que a adoção poderá lhe trazer.

2. Lineamentos históricos

A adoção, como forma constitutiva do vínculo de filiação, teve evolução histórica bastante peculiar. O instituto era utilizado na Antiguidade como forma de perpetuar o culto doméstico. Atualmente, a filiação adotiva é uma filiação puramente jurídica, baseando-se na presunção de uma realidade não biológica, mas afetiva (CARBONNIER, 1999, p. 337). A Bíblia nos dá notícia de adoções pelos hebreus. Também na Grécia o instituto era conhecido, como forma de manutenção do culto familiar pela linha masculina. Foi em Roma, porém, que a adoção difundiu-se e ganhou contornos precisos. "*Adotar é pedir à religião e à lei aquilo que da natureza não pôde obter-se*" (COULANGES, 1957, v. 1, p. 75).

A ideia fundamental já estava presente na civilização grega: se alguém viesse a falecer sem descendente, não haveria pessoa capaz de continuar o culto familiar, o culto aos deuses-*lares*. Nessa contingência, o *pater familias*, sem herdeiro, contemplava a adoção com essa finalidade. O princípio básico do instituto antigo que passou para o direito civil moderno era no sentido de que a adoção deveria imitar a natureza: *adoptio naturam imitatur*. O adotado assumia o nome e a posição do adotante e herdava seus bens como consequência da assunção do culto. O direito sucessório, permitido exclusivamente pela linha masculina, também era corolário da continuidade do culto familiar.

Duas eram as modalidades de adoção no Direito Romano: a *adoptio* e a *adrogatio*. A *adoptio* consistia na adoção de um *sui iuris*, uma pessoa capaz, por vezes um emancipado e até mesmo um *pater familias*, que abandonava publicamente o culto doméstico originário para assumir o culto do adotante, tornando-se seu herdeiro. A *adrogatio*, modalidade mais antiga, pertencente ao Direito Público, exigia formas solenes que se modificaram e se simplificaram no curso da história. Abrangia não só o próprio adotando, mas também sua família, filhos e mulher, não sendo permitida ao estrangeiro. Somente podia ser formalizada após aprovação pelos pontífices e em virtude de decisão perante os comícios (*populi auctoritate*). Havia interesse do Estado na adoção porque a ausência de continuador do culto doméstico poderia redundar na extinção de uma família (PETIT, 1970, p. 173).

Por muito tempo, os impúberes não puderam ser ad-rogados porque estavam excluídos dos comícios e porque se temia que um tutor pudesse desvencilhar-se dos encargos da tutela por meio do instituto. Também os plebeus não podiam ad-rogar porque não participavam dos comícios. Os requisitos da ad-rogação eram estabelecidos pelos pontífices: o ad-rogante deveria ser um *pater familias* sem herdeiro masculino; era indispensável o consentimento do ad-rogando, que não podia ser mulher nem impúbere, uma vez que ambos não tinham acesso aos comícios; a ad-rogação somente podia ocorrer em Roma, pois fora da cidade os comícios não se reuniam. Com a ad-rogação, a família do adotado era absorvida pela nova família. Em época mais recente, também os *alieni iuris* puderam ser ad-rogados sob determinadas condições, sendo permitida também nas províncias, suprimindo-se então algumas exigências.

A *adoptio*, porém, também conhecida como *datio in adoptionem*, era instituto mais recente de direito privado destinado aos *alieni iuris*, quais sejam, os que estivessem sob o pátrio poder. Era ato de menor gravidade, que não exigia a intervenção do povo nem dos pontífices, pois sendo o adotado um incapaz, não faria com que uma família e seu respectivo culto desaparecessem. Para a adoção, ao contrário da ad-rogação, havia necessidade do consentimento dos dois *pater familias*, mas não do adotado. Esse instituto não operava modificação da capacidade, porque o adotado permanecia *alieni iuris*, nem alterava a situação de seus filhos, que permaneciam na família de origem. Havia dupla solenidade: pela *mancipatio* era extinto o pátrio poder do pai natural por três oportunidades; pela *in iure cessio*, ocorria uma cessão de direito em favor do adotante, realizada perante o pretor. Na época de Justiniano, foi suprimida a primeira fase, operando-se a adoção tão somente pela *in iure cessio*. Também por contrato perante uma autoridade e por testamento era possível a adoção. A *adoptio per testamentum*, pouco conhecida nas fontes, é considerada por muitos autores como modalidade de *adrogatio*.

Em ambas as modalidades de adoção, era exigida idade mínima do adotante, 60 anos, bem como que não tivesse filhos naturais, devendo o adotante também ter 18 anos mais que o adotado. A mulher não podia adotar no direito mais antigo. Na fase imperial já podia fazê-lo, com autorização do imperador.

Em época mais recente do Direito Romano, com Justiniano, surgiram duas formas de *adoptio*: *adoptio plena*, realizada entre parentes, e *adoptio minus plena*, realizada entre estranhos. Em ambos os casos, o adotado conservava os direitos sucessórios da família natural. A adoção *minus plena* era modalidade nova, ocorrendo sempre que o filho era dado em adoção a um estranho, isto é, não ascendente. Nessa hipótese, o filho não saía da família originária, na qual conservava os direitos sucessórios, mas era considerado filho adotivo do adotante e adquiria direito a sua herança. Essa modalidade não gerava a *patria potestas*, facultando-se, assim, a adoção pelas mulheres (CHAMOUN, 1977, p. 177).

A adoção plena é modalidade proveniente do Direito Clássico, porém com consideráveis restrições. Ocorria apenas quando o adotante era um ascendente que não tinha o pátrio poder sobre o adotado; como no caso de um avô cujo neto fora concebido após a emancipação do pai. O pai adotivo adquiria a *patria potestas*. Na época de Justiniano, acentua-se o caráter de que a adoção deveria imitar a filiação natural, ideia que atravessou os séculos.

Na Idade Média, sob novas influências religiosas e com a preponderância do Direito Canônico, a adoção cai em desuso. Na Idade Moderna, com a legislação da Revolução Francesa, o instituto da adoção volta à baila, tendo sido posteriormente incluído no Código de Napoleão de 1804. Esse diploma admitiu a adoção de forma tímida, a princípio, nos moldes da adoção romana *minus plena*. Lei francesa de 1923 ampliou a adoção, aproximando-a da *adoptio plena*, mas deixando subsistir os laços de parentesco originários do adotado (BENKAUSS, 1993, p. 6). Lei de 1939, naquele país, fixou a legitimação adotiva, com maior amplitude e aproximando o adotado da filiação legítima. Com maior ou menor amplitude, a adoção é admitida por quase todas as legislações modernas, acentuando-se o sentimento humanitário e o bem-estar do menor como preocupações atuais dominantes. Em nosso país, como veremos, a evolução legislativa do instituto da adoção foi semelhante.

3. Natureza jurídica

A definição da natureza jurídica da adoção sempre foi controvertida. A dificuldade decorre da natureza e origem do ato. Como apontamos em várias passagens deste livro, nem sempre as categorias gerais da teoria geral aplicam-se aos institutos do direito de família, mormente porque se cuida de campo jurídico repleto de normas de ordem pública.

A linha francesa tradicional admite o instituto como contrato, sustentando que há necessidade de duas vontades, participando o adotado por si ou por representante. Em algumas situações, porém, a vontade do adotando inexiste, o que dificulta a compreensão dessa doutrina.

Na verdade, havendo duas modalidades distintas de adoção no Direito brasileiro, de acordo com o Código de 1916, cada uma delas apresentava nitidamente natureza jurídica própria. A adoção do Código Civil de 1916 realçava a natureza negocial do instituto, como contrato de Direito de Família, tendo em vista a singela solenidade da escritura pública que a lei exigia (art. 375).

Por outro lado, na adoção no Estatuto da Criança e do Adolescente não se pode considerar somente a existência de simples bilateralidade na manifestação de vontade, porque o Estado participa necessária e ativamente do ato, exigindo-se uma sentença judicial. Sem esta, não haverá adoção. A adoção moderna, da qual nossa legislação não foge à regra, é direcionada primordialmente para os menores de 18 anos, mais propriamente a crianças em tenra idade, não estando mais circunscrita a mero ajuste de vontades, mas subordinada à inafastável intervenção do Estado. Desse modo, na adoção estatutária há ato jurídico com marcante interesse público que afasta a noção contratual. Ademais, a ação de adoção é ação de estado, de caráter constitutivo, conferindo a posição de filho ao adotado.

4. Adoção no Estatuto da Criança e do Adolescente. Evolução legislativa. A Lei da Adoção

Anote-se, de plano, que o presente Código Civil não alterou, em princípio, a filosofia e a estrutura do Estatuto da Criança e do Adolescente, sua competência jurisdicional e seus instrumentos procedimentais. Desse modo, mantém-se a atribuição dos juizados da infância e da juventude para a concessão de adoção dos menores, havendo que se compatibilizar ambos os diplomas. O mesmo faz a Lei da Adoção, a qual, na verdade, derroga os dispositivos sobre adoção no Código Civil porque pretendeu regular plenamente o instituto.

O Projeto do Estatuto das Famílias mantém a mesma sistemática, traçando princípios gerais sobre a adoção e estabelecendo que a adoção de crianças e adolescentes é regida por lei especial, observadas as regras e princípios deste estatuto (art. 78, parágrafo único).

Como acentuamos, a Lei nº 3.133/1957 representa um divisor de águas na legislação e na filosofia da adoção no Direito pátrio. Esse diploma aboliu o requisito da inexistência de prole para possibilitar a adoção e diminuiu a idade mínima do adotante. A segunda inovação marcante em nosso ordenamento foi, sem dúvida, a introdução da legitimação adotiva, pela Lei nº 4.655/1965. Pela legitimação adotiva estabelecia-se um vínculo profundo entre adotante e adotado, muito próximo da família biológica. O Código de Menores, Lei nº 6.697/1979, substituiu a legitimação adotiva pela adoção plena, com quase idênticas características. Por um período, portanto, tivemos em nosso sistema, tal como no direito romano, duas modalidades, adoção plena e adoção simples. Esta última mantinha em linhas gerais os princípios do Código Civil. A adoção plena, que exigia requisitos mais amplos, por outro lado, inseria o adotado integralmente na nova família, como se fosse filho biológico. O assento de nascimento era alterado, para que não fosse revelada a origem da filiação, substituindo-se os nomes dos avós.

No sistema atual do Estatuto da Criança e do Adolescente, já não há distinção: a adoção dos menores de 18 anos é uma só, gerando todos os efeitos da antiga adoção plena. O estatuto menorista posiciona-se em consonância com a tendência universal de proteção à criança, assim como faz a Constituição de 1988, que em seu art. 6º, ao cuidar dos direitos sociais, prevê a proteção à maternidade e à infância. Nos arts. 227 e 229 são explicitados os princípios assegurados à criança e ao adolescente. O Estatuto da Criança e do Adolescente, especificamente quanto à adoção, descreve que a criança ou adolescente tem direito fundamental de ser criado e educado no seio de uma família, natural ou substituta (art. 19). O estatuto considera a criança e o adolescente sujeitos de direito, ao contrário do revogado Código de Menores, que os tratava como objeto da relação jurídica, deixando mais claro o espectro de direitos subjetivos. O princípio fundamental, porém, é o da manutenção sempre que possível da família natural, junto da qual a criança e o adolescente devem prioritariamente permanecer, ressalvada a absoluta impossibilidade, demonstrada por decisão judicial fundamentada, como reza o art. 1º, § 1º, da Lei da Adoção. Nem precisaria a lei dizê-lo.

O art. 2º do ECA considera criança, para efeitos do estatuto, a pessoa até 12 anos de idade incompletos, e adolescente aquela entre 12 e 18 anos. Suprimiu-se o termo *menor*, que teria recebido conotação depreciativa na referência do Código de Menores. O parágrafo único desse dispositivo dispõe que essa lei se aplica excepcionalmente às pessoas entre 18 e 21 anos de idade. O art. 25 define como família natural a comunidade formada pelos pais ou qualquer deles e seus descendentes. Define-se aí também como família a unidade monoparental, isto é, aquela dirigida somente pelo pai ou pela mãe. O parágrafo único desse artigo, introduzido pela Lei da Adoção, conceitua também a família extensa ou ampliada, *"aquela que se estende para além da unidade pais e filhos ou da unidade do casal, formada por parentes próximos com os quais a criança ou adolescente convive e mantém vínculos de afinidade e afetividade."* Essa família ampliada terá preferência na adoção, conforme o caso concreto.

Ao lado da família natural, coloca-se a entidade denominada família substituta. A alternativa da família substituta para o menor deve surgir somente quando todas as possibilidades de manutenção do infante em sua família natural se esvaem. Desse modo, a colocação do menor em família substituta é medida excepcional de proteção destinada a amparar as crianças e adolescentes cujos direitos fundamentais se encontram suprimidos ou ameaçados. Nessa situação se inserem os menores em estado de abandono. Nesse sentido, dispõe o Estatuto da Criança e do Adolescente que

> *"a colocação em família substituta far-se-á mediante guarda, tutela ou adoção, independentemente da situação jurídica da criança ou adolescente, nos termos desta lei"* (art. 28).

A colocação em família substituta deverá sistematicamente verificar o interesse do menor, que será ouvido sempre que possível, levando-se em conta o grau de parentesco e grau de afinidade ou afetividade, *a fim de evitar ou minorar as consequências decorrentes da medida.* O maior de 12 anos de idade será necessariamente ouvido, como dispõe o § 2º do art. 28 do ECA, introduzido pela Lei da Adoção. Considerando que a colocação em família substituta sempre dependerá de decisão judicial, avulta de importância a atividade do juiz e dos órgãos auxiliares que atuam no campo social e psicológico.

O diploma também é expresso no sentido de afirmar que a colocação em família substituta estrangeira somente pode ocorrer sob a modalidade da adoção, como medida excepcional (art. 31). A adoção estatutária, que se harmonizava, com pequenas imperfeições, com a adoção estabelecida no corrente Código Civil, é concebida na linha dos princípios constitucionais e objetiva a completa integração do adotado na família do adotante, *"desligando-o de qualquer vínculo com os pais e parentes, salvo os impedimentos matrimoniais"* (art. 41). A mesma noção apresentava-se no Código. Trata-se de ato jurídico complexo cujo ponto culminante é a sentença, pela qual é constituído o vínculo da adoção. Sem sentença judicial não haverá adoção, de acordo com o Estatuto da Criança e do Adolescente. Afastava-se, portanto, a adoção plena ou completa desse estatuto, da adoção de maiores, que se constituía por escritura pública, destinada a maiores, regulada pelo Código Civil de 1916.

5. Guarda

A guarda dos filhos menores é atributo do poder familiar. Compete aos pais ter os filhos menores em sua companhia e guarda. O pátrio poder, hoje denominado poder familiar, gera um complexo de direitos e deveres, sendo a guarda um de seus elementos.

A guarda, disciplinada nos arts. 33 a 35 do Estatuto, muitos deles alterados pela lei da Adoção, é instituto destinado à proteção de menores de idade, pois no atual sistema a maioridade é atingida aos 18 anos. A guarda é a modalidade mais simples de colocação em família substituta; não suprime o poder familiar dos pais biológicos, os quais mantêm seu direito de visita e o dever de prestar alimentos, salvo situação de inconveniência ou impossibilidade assim definida pelo magistrado (art. 33, § 4º). A tutela tratada no Estatuto da Criança e do Adolescente é disciplinada basicamente de acordo com os princípios do Código Civil. A tutela pressupõe a suspensão ou destituição do poder familiar (art. 36, parágrafo único), enquanto a adoção é modalidade mais ampla de colocação em família substituta, que procura imitar a natureza, criando a filiação civil. Também implica perda do poder familiar pelos pais biológicos. Por isso mesmo, é importante frisar que a guarda e a tutela são institutos temporários, enquanto a adoção de menores, nos moldes atuais, é permanente, excepcional e irrevogável (art. 39, § 1º do ECA, com nova redação). A guarda poderá ser deferida aos avós, tios ou quaisquer outros parentes da criança ou adolescente, ou até mesmo a outra pessoa, desde que haja ambiente familiar compatível. Nesse sentido, aponta o art. 29 do Estatuto da Criança e do Adolescente:

> *"Não se deferirá colocação em família substituta a pessoa que revele, por qualquer modo, incompatibilidade com a natureza da medida ou não ofereça ambiente familiar adequado."*

Muitas são as situações nas quais menores convivem por longo tempo com famílias não biológicas, pelas mais diversas razões, sem que essa condição tenha uma definição legal. Foi justamente para regularizar e fiscalizar essas situações que a lei disciplinou a guarda dos menores. Assim, o § 1º do art. 33 estatui:

> "A guarda destina-se a regularizar a posse de fato, podendo ser deferida, liminar ou incidentemente, nos procedimentos de tutela e adoção, exceto no de adoção por estrangeiros."

Trata-se, portanto, de estágio de colocação em família substituta, que pode anteceder os institutos mais amplos da adoção e da tutela. Na verdade, a guarda decorrente e inerente ao poder familiar tem a mesma compreensão; na guarda regida pelo estatuto, transferem-se algumas das prerrogativas próprias do poder familiar a outra pessoa. Advirta-se que essa guarda pode ser estabelecida pelo juízo da infância e da juventude e pelo juízo de família. Quando é discutida matéria atinente ao poder familiar e guarda dos filhos, divórcio, separação judicial, regulamentação de visitas etc., competente será o juiz de família para determinar a guarda dos filhos, atendendo ao que mais lhes for conveniente. Quando é discutida matéria que importe em violação dos direitos fundamentais da criança e do adolescente, competente será o juizado especial. A guarda, tratada no Estatuto da Criança e do Adolescente, é deferida à criança ou ao adolescente que, por abandono dos pais ou orfandade, necessitam de colocação em família substituta. No entanto, o comportamento do juiz em ambas as situações deve ser o mesmo, sempre levando em consideração o interesse e o bem-estar do menor. Destarte, não se confunde a guarda deferida em processo judicial em que litigam os pais, com a regulamentação da guarda para colocação em família substituta.

Em princípio, a família substituta é destinada aos menores de 18 anos. Podia ser mantida além dessa idade, até os 21 anos, se já fora deferida antes, pois era nessa idade que cessava a menoridade no sistema anterior. Não havia razão, portanto, para que cessasse a guarda já existente, quando o menor completasse 18 anos (GUIMARÃES, 2000, p. 17). A guarda, como uma das medidas de proteção à criança e ao adolescente, é aplicável nos casos do art. 98 do Estatuto da Criança e do Adolescente:

> "As medidas de proteção à criança e ao adolescente são aplicáveis sempre que os direitos reconhecidos nesta Lei forem ameaçados ou violados:
> I – por ação ou omissão da sociedade ou do Estado;
> II – por falta, omissão ou abuso dos pais ou responsável;
> III – em razão de sua conduta."

As diferenças da guarda, no Estatuto, e da guarda de família e do poder familiar residem no fato de que há exigências processuais e conjunturais para a primeira, como, por exemplo, o compromisso que prestará o guardião de bem e fielmente desempenhar o encargo, mediante termo nos autos (art. 32).

O art. 33 e seus parágrafos definem os requisitos e efeitos da guarda:

> "A guarda obriga à prestação de assistência material, moral e educacional à criança ou adolescente, conferindo a seu detentor o direito de opor-se a terceiros, inclusive aos pais.
> § 1º A guarda destina-se a regularizar a posse de fato, podendo ser deferida, liminar ou incidentalmente, nos procedimentos de tutela e adoção, exceto no de adoção por estrangeiros.
> § 2º Excepcionalmente, deferir-se-á a guarda, fora dos casos de tutela e adoção, para atender a situações peculiares ou suprir a falta eventual dos pais ou responsável, podendo ser deferido o direito de representação para a prática de atos determinados.
> § 3º A guarda confere à criança ou adolescente a condição de dependente, para todos os fins e efeitos de direito, inclusive previdenciários."

Note-se, portanto, de acordo com o § 2º, que a guarda deverá ser deferida pelo juiz sempre que atender aos interesses do menor. Lembre que o § 1º do art. 28 recomenda que a criança ou adolescente deverá ser ouvida previamente e sua opinião deverá ser considerada, sempre que possível. Trata-se de direito à manifestação e expressão que é preservado para o menor, como sujeito de direito nas modalidades de colocação em família substituta. A Lei da Adoção acrescentou o § 4º ao art. 33 estatuindo que durante a guarda não ficará impedido o direito de visita dos pais, nem ficarão estes liberados da obrigação de prestar alimentos, salvo expressa e fundamentada determinação em contrário da autoridade judiciária competente.

Aponta Leoni Lopes de Oliveira (1999, p. 37) que o Estatuto da Criança e do Adolescente disciplina três modalidades de guarda: a provisória, a permanente e a peculiar. A guarda provisória (§ 1º) pode ser concedida liminar ou incidentalmente nos processos de adoção, com exceção nas adoções por estrangeiros, que a lei veda expressamente. A guarda permanente é destinada a atender a situações nas quais, por qualquer razão, não se logrou a adoção ou tutela, objetivando, também, regularizar a guarda de fato. A guarda peculiar (§ 2º) é destinada a atender a situações excepcionais ou eventuais, permitindo ao juiz outorgar representação ao guardião para a prática de determinados atos em benefício do menor. Imaginemos, por exemplo, a hipótese de criança ou adolescente que necessite receber indenização securitária.

A guarda decorrente de dissídio de casal que se separa ou divorcia tem a natureza de guarda permanente. Veja o que estudamos a esse respeito no capítulo sobre separação e divórcio. Em qualquer situação, porém, em benefício do menor, a situação pode sempre ser judicialmente alterada. O art. 35 é expresso nesse sentido, ao estabelecer que a guarda pode ser revogada a qualquer tempo, mediante ato judicial fundamentado, ouvido o Ministério Público.

O art. 33, por sua vez, estabelece o efeito principal da guarda: coloca a criança ou adolescente na condição de dependente do guardião, para todos os fins e efeitos de direito, inclusive previdenciários. Não é moral e contraria o espírito da lei guarda que seja deferida unicamente para que o guardião usufrua benefícios fiscais. Os benefícios previdenciários e fiscais devem ser corolário natural da guarda e não sua causa. O responsável pela guarda deve prestar contas: se o guardião gerir, de qualquer modo, bens e direitos do menor, deverá prestar contas periódicas.

A guarda transfere ao guardião alguns dos atributos do poder familiar, permanecendo os pais com o exercício de outros atributos. Levando em conta que os direitos dos pais devem ser, sempre que possível e conveniente, preservados, eles mantêm o direito de visitas, que deve ser regulamentado. O fato de o menor estar sob guarda, contudo, não exime os pais da obrigação de prestar alimentos.

No campo de direitos da criança e do adolescente, em todos os níveis, o juiz se valerá de órgãos auxiliares, estudos sociais e psicológicos. Havendo motivo relevante, o magistrado poderá suspender ou destituir os pais do poder familiar.

6. Adoção no Estatuto da Criança e do Adolescente. Lei da Adoção. Requisitos

Da tutela, outra modalidade de colocação em família substituta disciplinada no Estatuto da Criança e do Adolescente, devemos nos ocupar em capítulo autônomo, analisando também os dispositivos do Código Civil.

A adoção é tratada pelo Estatuto da Criança e do Adolescente nos arts. 39 a 52, com várias alterações trazidas pela Lei nº 12.010/2009 e Lei nº 13.509/2017. No Código Civil de 2002, a matéria era disciplinada nos arts. 1.618 a 1.629. Advirta-se que o art. 23 do ECA é expresso no sentido de afirmar que *"a falta ou a carência de recursos materiais não constitui motivo suficiente para a perda ou suspensão do pátrio poder"*. O estado de pobreza, portanto, não é elemento definitivo para impossibilitar a adoção. A destituição do poder familiar deve anteceder a adoção, ainda que decretada na mesma sentença. Tratando-se de menor abandonado, todos os esforços devem ser envidados para localização dos pais. Conforme o art. 24 do estatuto,

> *"a perda e a suspensão do poder familiar serão decretadas judicialmente, em processo contraditório, nos casos previstos na legislação civil, bem como na hipótese de descumprimento dos deveres e obrigações a que alude o art. 22".*

Referido art. 22 reporta-se ao dever de sustento, guarda e educação dos filhos. O art. 1.638 do Código Civil enuncia também causas de perda do poder familiar. Portanto, não é admitido que o magistrado conceda a supressão do poder familiar sem maiores cuidados, sob a égide de propiciar melhores condições à criança e ao adolescente. Embora o interesse destes seja curial, não podemos descurar do direito inafastável dos pais biológicos, que podem validamente opor-se à adoção. Em princípio, e sempre que possível, os pais devem consentir com a adoção, manifestando sua vontade. Essa é a regra geral.

Como se acentua, essa modalidade de adoção, conhecida como adoção plena no sistema pretérito, é destinada aos menores de 18 anos. Excepcionalmente, no sistema anterior ao corrente Código, o adotando poderia ter idade superior, se à data do pedido já estivesse sob a guarda ou tutela dos adotantes (art. 40 do ECA). Segundo o estatuto, a adoção é ato que requer a iniciativa e presença dos adotantes, sendo proibida expressamente a adoção por procuração (art. 39, § 2º). Ao proibir a procuração, o estatuto exige a presença do interessado perante o juiz. Essa exigência deve ser mantida para a adoção de maiores, na forma do mais recente Código. Trata-se de ato pessoal e o contato direto dos interessados com o magistrado e seus auxiliares é fundamental. O processo de adoção deve tramitar, sempre que existente na comarca, por vara especializada da infância e da juventude.

Como observa Arnaldo Marmitt (1993, p. 9), *"a Lei nº 8.069/1990 criou uma adoção com roupagens novas, vindo toda ela impregnada de afeto e amor"*. O estatuto menorista, na senda da Constituição de 1988, no art. 41, atribui

> *"a condição de filho ao adotado, com os mesmos direitos e deveres, inclusive sucessórios, desligando-o de qualquer vínculo com pais e parentes, salvo os impedimentos matrimoniais".*

A mesma regra estava presente no revogado art. 1.626 do Código.

O cônjuge ou companheiro pode adotar o filho do consorte, ficando mantidos os vínculos de filiação entre o adotado e o cônjuge ou companheiro do adotante e respectivos parentes (art. 41, § 1º). A regra também estava descrita no revogado art. 1.626, parágrafo único, do vigente Código. Essas situações ocorrem com frequência e, no passado, traziam divergências doutrinárias e jurisprudenciais. A lei busca situação de identidade dessa filiação adotiva com a filiação biológica, harmonizando o estado do adotado para o casal. Como notamos, a lei permite que, com a adoção, o padrasto ou madrasta assuma a condição de pai ou mãe.

A adoção, segundo o estatuto, não somente iguala os direitos sucessórios dos adotivos como também estabelece reciprocidade do direito hereditário entre o adotado, seus descendentes, o adotante, seus ascendentes, descendentes e colaterais, até o 4º grau, observada a ordem de vocação hereditária (art. 41, § 2º). Superam-se, portanto, todos os resquícios de discriminação na adoção, existente até a Constituição de 1988.

No Estatuto, na redação originária, a idade mínima de adoção fora sensivelmente diminuída nessa modalidade: podiam adotar os maiores de 21 anos, independentemente do estado civil (art. 42). O corrente Código Civil, levando em conta a maioridade que assume, permitiu que a pessoa maior de 18 anos pudesse adotar, o que é seguido pelo art. 42 do ECA, com nova redação. A idade de 18 anos é, portanto, requisito objetivo para o adotante. A questão subjetiva, maturidade para a adoção, por exemplo, é aspecto de oportunidade e conveniência a ser analisado pelo juiz no caso concreto. A adoção por ambos os cônjuges ou companheiros pode ser concedida, desde que um dos consortes tenha completado 18 anos, comprovada a estabilidade da família. A jurisprudência tem sido flexível. A redação do § 2º do art. 42 trazida pela Lei da Adoção dispõe que para a adoção conjunta *"é indispensável que os adotantes sejam casados civilmente ou mantenham união estável, comprovada a estabilidade da família"*. O texto silencia sobre a possibilidade de adoção por casais homoafetivos. O legislador não desejou adentrar ainda nessa celeuma. Caberá ao juiz verificar da conveniência de cada adoção, examinando com acuidade a situação do casal adotante. Essa possibilidade cada vez mais vem sendo admitida.

Não é dado aos pais adotarem seus próprios filhos. A legislação não mais distingue entre filhos legítimos e ilegítimos. Não tem o menor sentido adotar quem já é filho. A proibição é expressa, vedando a adoção pelos ascendentes e irmãos do adotando (art. 42, § 1º). No sistema anterior, era admitida a adoção por avós, entendendo a jurisprudência que não havia proibição para tal, embora houvesse divergência. A disposição expressa colocou fim ao dilema. Já foi decidido por converter pedido de avós nesse sentido em tutela (*TJSP* – Ap. Cível nº 26.159-0, Santos, Câmara Especial, Rel. Lair Loureiro). No tocante à proibição de adoção pelos irmãos, observa Artur Marques da Silva Filho (1997, p. 78):

> *"A adoção é entrevista, na forma estatutária, como autêntico direito parental e, por isso, também é vedada a irmãos. As mesmas razões que informam a restrição em relação aos avós servem para embasar o impedimento relacionado aos irmãos, posto que já existe um vínculo natural de parentesco".*

O mesmo sentido deve ser observado tendo em vista a adoção no Código de 2002.

Sem o menor sentido, também, discutirmos sobre a impossibilidade de adoção por pessoa jurídica, como mencionam doutrinadores, tamanha é a ilogicidade da premissa, a qual não merece qualquer comentário: a atividade da pessoa jurídica refoge ao âmbito do Direito de Família, não necessitando a lei especificar proibição expressa.

Não há qualquer restrição quanto ao estado civil do adotante: pode ser solteiro, divorciado, separado judicialmente, viúvo, concubino. A adoção, como percebemos, pode ser singular ou conjunta. A adoção conjunta é admitida por casal em matrimônio ou em união estável, entidade familiar reconhecida constitucionalmente. Os companheiros homoafetivos reconhecidos como entidade familiar podem adotar conjuntamente. Poderá o indivíduo homossexual adotar, contudo, dependendo da avaliação do juiz, pois, nessa hipótese, não se admite qualquer discriminação.

No intuito de aproximar a adoção tanto quanto possível da natureza, exigia a lei que o adotante fosse pelo menos 16 anos mais velho que o adotado (art. 1.619, na redação originária). Assim também era no Código de 1916. O intuito era fazer da adoção um instituto tão próximo quanto possível da família biológica. Contudo, a Lei da Adoção derroga surpreendentemente esse princípio, extirpando-o da legislação. Não havendo lapso mínimo de idade entre adotante e adotado o sistema, a nosso ver, ficará passível de distorções sociológicas de todas as espécies, para dizer o mínimo, e fraudes, que podem causar danos inimagináveis à família e à sociedade. Caberá aos magistrados o máximo de bom senso ao deferir adoções que não imitam a vida. O art. 1.619, que cuida da adoção de maiores de 18 anos, impõe que para tal se dependerá da efetiva assistência estatal e de sentença. A intervenção judicial é importante para evitar transtornos sociais e impedir fraudes.

Os divorciados e os separados judicialmente, bem como ex-companheiros, poderão adotar conjuntamente, contanto que acordem sobre a guarda e o regime de visitas, e desde que o estágio de convivência tenha sido iniciado na constância da sociedade conjugal (art. 42, § 4º, do ECA). Essa situação permitida na lei é excepcional e busca estabilizar o menor que já estivesse convivendo com o casal antes do desenlace. A Lei de Adoção acrescenta nesse art. 42 o § 5º, referindo-se à guarda compartilhada para essas hipóteses de separação do casal.

O § 6º do art. 42 permite que a adoção seja deferida quando o adotante vier a falecer no curso do procedimento, antes de prolatada a sentença. O procedimento já deve ter sido iniciado em vida, cabendo ao juiz analisar sobre a conveniência de adoção *post mortem*. Não é admitida a adoção sem que o interessado tenha iniciado o processo. Não se trata, pois, de modalidade de adoção nuncupativa, que o legislador não contemplou. Aponta Artur Marques da Silva Filho (1997, p. 104) que a doutrina firma posição no sentido de alargar o "procedimento" mencionado na lei, para entender que o fato de o adotante ter já requerido a guarda tipifica a exigência legal, ainda que não tenha iniciado o procedimento de adoção. A adoção, como regra geral, produz efeito a partir do trânsito em julgado da sentença, exceto nessa situação *post mortem*, em que a lei determina o efeito retroativo à data do óbito (art. 47, § 7º).

O art. 44, na mesma esteira do Código Civil (art. 1.620, revogado), estabelece proibição temporária para o adotante tutor ou curador: enquanto ele não prestar contas de sua administração e as tiver aprovadas, não pode adotar o pupilo ou curatelado. A proibição, de origem histórica muito antiga, é intuitiva: visa impedir que, com a adoção, o administrador de bens alheios se locuplete indevidamente. A curatela de maiores é possível no Estatuto, excepcionalmente, tratando-se de interditos, quando o adotando, com mais de 18 anos, já estiver sob a guarda ou tutela dos adotantes. A disposição só faz sentido quando o adotando tiver bens, o que é raro no sistema estatutário e na realidade brasileira.

O Ministério Público, tendo em vista o interesse público relevante no processo de adoção, deve dele participar necessariamente (art. 179, I e II, do CPC).

A adoção, em síntese, traduz ação de estado. Sua participação, sob a mesma óptica do interesse de incapazes, também é necessária nos procedimentos de guarda, tutela e curatela.

O consentimento dos pais ou do representante legal do adotando é necessário, como dispõe o *caput* do art. 45. No mesmo sentido estipulava o art. 1.621 do Código. Segue-se, nesse diapasão, o que já fora estabelecido nos diplomas anteriores. Como regra, ninguém pode adotar menor sem o consentimento de seus pais ou representantes. Suas declarações devem ser tomadas por termo. Essa concordância equivale, no dizer de Sílvio Rodrigues, "*à renúncia voluntária do pátrio poder*" (1999, p. 338). Em situações excepcionais, como vimos, a adoção pode ser deferida ainda que na ausência da manifestação dos pais, quando desconhecidos, e mesmo contra sua vontade, quando destituídos do poder familiar, mas, nesse caso, o critério para permitir a adoção deve ser mais aprofundado e rigoroso. O consentimento dos pais ou dos representantes legais é revogável até a publicação da sentença constitutiva de adoção. Note que o ECA (art. 166, § 5º, com a atual redação), assim como o Código de 2002, fala em publicação da sentença e não em trânsito em julgado.

O menor, com mais de 12 anos de idade, também deverá ser ouvido, e será necessário seu consentimento (art. 28, § 2º). Como acentuamos e foi por nós referido, o menor é considerado sujeito de direito pelo estatuto, ao contrário da legislação anterior. A negativa do menor em ser adotado, por si só, não condiciona peremptoriamente o juiz ao indeferimento do pedido, mas a adoção nessas circunstâncias deve ser cercada de maiores cuidados. Em se tratando de adotando maior de 18 anos não pairam dúvidas de que a adoção somente pode ocorrer com seu consentimento.

O ECA, quanto aos menores, abre exceção, contudo, ao dispor que "*o consentimento será dispensado em relação à criança ou adolescente cujos pais sejam desconhecidos ou tenham sido destituídos do poder familiar*" (art. 45, § 1º). A válvula pode ensejar fraudes, como demonstram acontecimentos narrados por nossa imprensa, e merece cuidado em sua aplicação.

6.1. Estágio de convivência

Antecedente de muita importância na adoção estatutária é o estágio prévio de convivência:

"*Art. 46. A adoção será precedida de estágio de convivência com a criança ou adolescente, pelo prazo máximo de 90 (noventa) dias, observadas a idade da criança ou adolescente e as peculiaridades do caso*" (ECA, com redação dada pela Lei nº 13.509/17).

Esse estágio tem por finalidade adaptar a convivência do adotando ao novo lar. O estágio é um período em que se consolida a vontade de adotar e de ser adotado. Nesse estágio, terão o juiz e seus auxiliares condições de avaliar a conveniência da adoção. O juiz poderá dispensar o estágio se o adotando já estiver na companhia do adotante tempo suficiente para poder ser avaliada a conveniência da constituição do vínculo (art. 46, § 1º, com redação da Lei da Adoção). A criança em tenra idade adapta-se com maior facilidade à nova família. Não há prazo na lei; caberá ao juiz fixá-lo. No texto originário, os menores de um ano poderiam ser dispensados do estágio, quando fosse conveniente. Ao deferir o estágio de convivência, o juiz estará, na verdade, deferindo a guarda do menor ao interessado na adoção.

6.2. Adoção internacional

O envio de crianças brasileiras para o exterior somente é permitido quando houver autorização judicial. Desse modo, na adoção por pessoa residente ou domiciliada fora do país, aspecto que traz a maior esfera de problemas nessa matéria, nunca será dispensado o estágio, que será cumprido no território nacional, com duração mínima de 30 e no máximo de 45 dias (art. 46, § 3º). A adoção internacional, mais suscetível a fraudes e ilicitudes, é dos temas mais delicados, sujeito a tratados e acordos internacionais e a reciprocidade de autoridades estrangeiras. Procura-se minimizar a problemática do tráfico de crianças. O estrangeiro, domiciliado no Brasil, submete-se às regras nacionais de adoção e pode adotar, em princípio, como qualquer brasileiro.

Anteriormente à Constituição de 1988, a adoção por estrangeiros, embora não prevista no Código Civil, era usualmente praticada. O presente Código determinava que a adoção internacional se submetesse à lei especial. Essas adoções eram feitas geralmente sem a participação dos adotantes, que se faziam representar por procuração, hoje vedada expressamente. O Código de Menores permitiu que os estrangeiros não residentes no país adotassem menor brasileiro em situação irregular. No sentido de coibir abusos, a Constituição de 1988 foi expressa ao mencionar que a adoção será assistida pelo Poder Público, com menção expressa às condições de efetivação por parte de estrangeiros (art. 227, § 5º). O Estatuto da Criança e do Adolescente, no entanto, como lei ordinária, não cumpriu plenamente a contento o desiderato constitucional.

Essa orientação deverá sempre nortear o magistrado. Aliás, toda e qualquer adoção, por si só, deve ser encarada como uma exceção, uma saída extrema, em princípio, para menores desamparados ou em estado de abandono. Muitos abusos ocorreram, pois nem sempre as adoções internacionais obedecem a um critério afetivo e protetivo do menor, dando margem à atuação de organismos privados não governamentais de discutível transparência. A modalidade não deve ser discriminada, porém, sob pena de respaldar um nacionalismo preconceituoso.

Considera-se adoção internacional aquela na qual o pretendente possui residência habitual em país-parte da Convenção de Haia (art. 51, com redação fornecida pela Lei 13.509/17). O que define, portanto, como internacional a adoção não é a nacionalidade dos adotantes, mas sua residência ou domicílio fora do país. O juiz pátrio deve definir com o maior cuidado a oportunidade e conveniência dessa adoção, obedecendo ao que determina o art. 51, depois de esgotadas todas as possibilidades de colocação da criança ou adolescente em família adotiva brasileira, com a comprovação, certificada nos autos, da inexistência de adotantes habilitados residentes no Brasil com perfil compatível com a criança ou adolescente (art. 51, § 1º, II). Os brasileiros residentes no exterior terão preferência aos estrangeiros nessa adoção internacional (§ 2º). Os requisitos para essa modalidade estão descritos nos arts. 165 a 170 do Estatuto da Criança e do Adolescente, com as especificações do art. 52, com a redação da Lei da Adoção.

O art. 52 dispôs, entre outros requisitos, que a adoção internacional será condicionada a estudo prévio e análise de uma comissão estadual judiciária de adoção, que fornecerá o respectivo laudo de habilitação para instruir o processo competente. No Estado de São Paulo, foi criada a Comissão Estadual Judiciária de Adoção Internacional (Cejai), em 1992. Há várias entidades estrangeiras ligadas à adoção, credenciadas pelo organismo paulista.

A adoção é objeto de regras internacionais. O Brasil é signatário da Convenção sobre Cooperação Internacional e Proteção de Crianças e Adolescentes em Matéria de Adoção Internacional, concluída em Haia, em 29-5-93. Essa convenção foi ratificada pelo Brasil por meio do Decreto Legislativo nº 3.087/1999. Essa norma internacional tem disposições que devem ainda ser adaptadas à legislação interna, como, por exemplo, a designação de *"autoridade central"* no país, encarregada de dar cumprimento às obrigações impostas pela convenção, algo que ainda não está suficientemente claro. O Decreto nº 10.064/2019 instituiu o Conselho das Autoridades Centrais Brasileiras para Adoção Internacional de Crianças e Adolescentes.

O vigente Código Civil, tal como aprovado, determinava que *"a adoção por estrangeiro obedecerá aos casos e condições que forem estabelecidas em lei"* (art. 1.629 revogado). Melhor seria que o Código balizasse ao menos os princípios gerais dessa adoção, o que foi feito pelo ECA. Comente-se, ainda, que o atual Código não foi expresso quanto à revogação total ou parcial do Estatuto da Criança e do Adolescente, o que trazia dúvidas.

6.3. Sentença e registro

A sentença que concede a adoção tem cunho constitutivo. Quando prolatada a sentença de adoção, opera-se simultaneamente a extinção do poder familiar anterior.

> *"A destituição do pátrio poder constitui, na verdade, sanção aplicada aos pais biológicos (ou adotivos) pelo fato de terem desprezado o dever de criar, assistir e educar seus filhos, conforme determina a lei"* (LIBERATI, 1995, p. 162).

Após o trânsito em julgado, será inscrita no Cartório do Registro Civil, mediante mandado do qual não será fornecida certidão. É cancelado o registro original do adotado, não mais se fazendo menção quanto à modificação. Ressaltemos, porém, que os dados permanecerão disponíveis para eventual requisição por autoridade judiciária. O cartorário do registro que indevidamente revelar os dados ficará sujeito, além das reprimendas administrativas e criminais, a responder por perdas e danos, mormente de ordem moral. A sentença conferirá ao adotado o nome do adotante e, a pedido de qualquer deles, poderá determinar a alteração do prenome (art. 47, § 5º). Cuida-se, aqui, de uma exceção ao princípio da imutabilidade do prenome.

A sentença que deferir a adoção produz efeitos desde logo, sendo a apelação recebida apenas no efeito devolutivo, *"salvo se se tratar de adoção internacional ou se houver perigo de dano irreparável ou de difícil reparação ao adotando"* (art. 199-A do ECA, introduzido pela Lei da Adoção). Cabe ao detido critério do juiz avaliar a possibilidade de dano ao adotando, para receber a apelação em ambos os efeitos. Os recursos nos procedimentos de adoção e de destituição do poder familiar serão processados com *"prioridade absoluta"* (art. 199-C).

Aponta a doutrina que são necessários dois mandados emergentes da sentença de adoção: um para o cancelamento do registro anterior e outro para a inscrição (SILVA FILHO, 1997, p. 165).

6.4. Efeitos da adoção

A adoção nos moldes ora estabelecidos é irrevogável. Uma vez constituída a adoção, a sentença somente pode ser rescindida de acordo com os princípios processuais. A morte dos adotantes ou do adotado não restabelece o vínculo originário com os pais naturais (art. 49). A nova redação do art. 48 do Estatuto da Criança e do Adolescente autoriza o adotado a conhecer sua origem biológica, após completar 18 anos. Esse reconhecimento é de ordem moral e não terá reflexos patrimoniais. Trata-se de disposição justa e esperada.

Não esqueçamos que o menor pode ser adotado novamente, obedecendo-se os requisitos legais. Essa é a solução que se divisa na hipótese de a primeira adoção não ser bem-sucedida, perante a impossibilidade de sua revogação.

A Constituição de 1988 já estabelecera plena igualdade de todas as formas de filiação (art. 227, § 6º). A adoção estatutária pressupõe perfeita integração do adotado em sua nova família, com ruptura de seus vínculos biológicos com os pais e parentes naturais. Como corolário, o poder familiar é assumido pelo adotante, com todos os deveres respectivos, suprimindo-se o poder familiar dos pais biológicos a partir da sentença que defere a adoção. Na adoção derivada do Código Civil de 1916, como vimos, essa integração não era completa. A legitimação adotiva, vigente no passado entre nós, também rompia com os vínculos biológicos, de modo que o sistema estatutário não constitui novidade. Muitos são os exemplos da legislação comparada que adotam o mesmo sistema, alguns mantendo ainda duas modalidades de adoção, plena e restrita.

A inscrição do adotado no registro civil consignará o nome dos adotantes como pais, bem como o nome de seus ascendentes (art. 47, § 1º). O revogado art. 1.627 do Código Civil também estipulava que a decisão que decretasse a adoção conferiria ao adotado o sobrenome do adotante, podendo determinar a modificação de seu prenome, se menor, a pedido do adotante ou do adotado. Se é a mulher casada que adota, é seu sobrenome que é conferido ao adotado e não o do marido e vice-versa. Tudo se faz, portanto, para que a integração do adotado na nova família seja a mais completa possível. É aberta, destarte, exceção ao princípio de imutabilidade do prenome. Diferente, como vimos, era o sistema da adoção civil no Código de 1916, pois os nomes de família originários podiam ser mantidos, com ou sem o acréscimo do nome do adotante. De qualquer modo, após certa idade, o menor já integra sua personalidade ao prenome: melhor seria que a lei permitisse a modificação do prenome apenas para menores em tenra idade.

Embora a lei iguale todos os direitos do adotado e insira-o integralmente na família do adotante, ressalva os impedimentos matrimoniais. O impedimento matrimonial, por força do parentesco biológico, é irremovível na esteira de razões morais, éticas e genéticas. Nesse diapasão, os impedimentos atingem o adotado com relação a ambas as famílias, a adotante e a biológica.

Quanto aos efeitos materiais, considera-se que o adotado passa a ser herdeiro do adotante, sem qualquer discriminação, e o direito a alimentos também se coloca entre ambos de forma recíproca. Nesses aspectos, desvincula-se totalmente o adotado da família biológica.

Questão tormentosa era saber se o filho adotivo poderia ingressar com ação de investigação de paternidade para evidenciar quem são seus pais biológicos. A lei não vedava expressamente, sendo inevitável reconhecer-se inelutável interesse moral do adotado para essa ação, a qual, no entanto, nunca poderia ter o condão de romper a filiação estabelecida pela adoção, não tendo qualquer repercussão patrimonial, mas unicamente moral. A nova redação do art. 48 do Estatuto da Criança e do Adolescente tornou a questão superada. É claro, também, que a adoção, como qualquer outro ato ou negócio jurídico, fica sujeita a nulidades ou anulabilidades, dentro das regras gerais. Nessas ações, geralmente serão interessados o adotante e o adotado, embora possa haver interesses de terceiros para essas ações, parentes, sucessores e legatários. O prazo prescricional para a ação decorrente de anulabilidade é de dez anos (art. 205). O negócio nulo não prescreve (art. 169).

6.5. Cadastro de crianças e adolescentes para adoção

No sistema do Código de Menores, muitos juízes preocuparam-se em cadastrar os adotandos potenciais, sem que a lei o exigisse. Essa atividade serviu de base para que o Estatuto da Criança e do Adolescente passasse a exigir que cada comarca ou foro regional mantivesse um registro de crianças e adolescentes e outro de pessoas interessadas na adoção (art. 50). As justiças estaduais passaram a regulamentar o dispositivo. É importante que o sistema de triagem seja suficientemente criterioso, sério e veraz, pois a colocação de menor em família substituta é ato da mais alta responsabilidade. O fato de um pretendente à adoção não estar cadastrado não é, no entanto, óbice para o pedido, embora existam opiniões em contrário.

É fato, contudo, que a inscrição no cadastro permite melhor critério nas adoções. A Lei da adoção abriu unicamente três exceções para ser deferida adoção em favor de candidato domiciliado no Brasil não cadastrado previamente: "*I – se tratar de pedido de adoção unilateral; II – for formulada por parente com o qual a criança ou adolescente mantenha vínculos de afinidade e afetividade; III – oriundo o pedido de quem detém a tutela ou guarda legal da criança maior de 3 (três) anos ou adolescente, desde que o lapso de tempo de convivência comprove a fixação de laços de afinidade e afetividade, e não seja constatada a ocorrência de má-fé ou qualquer das situações previstas nos arts. 237 ou 238 desta Lei*" (art. 50, § 13, do ECA, com nova redação). Os arts. 237 e 238 tipificam crimes de subtração e desvio de menor. Essas exceções autorizam certa elasticidade, permitindo ao juiz avaliar detidamente a situação dos envolvidos no caso concreto, com auxílio dos órgãos auxiliares.

De qualquer forma, ainda é muito burocrático o sistema de adoções entre nós, e por vezes o Cadastro mais dificulta do que auxilia. Há vários milhares de crianças em nosso país esperando por adoção.

7. Adoção: o Estatuto da Criança e do Adolescente e o atual Código Civil. Lei da Adoção

Em mais de uma oportunidade já nos referimos à inconveniência de mantermos um Código Civil ao lado de um microssistema. O presente Código Civil, no intuito anacrônico de ser uma lei geral, nos moldes dos velhos princípios da codificação, esbarra constantemente em leis desse nível. Assim é com o Estatuto da

Criança e do Adolescente, tal como ocorre com o Código de Defesa do Consumidor. O Estatuto da Criança e do Adolescente é exemplo palpável de que melhor seria termos um Estatuto da Família, que regulasse não só o menor e o adolescente, mas também todos os princípios do direito de família, com suas novíssimas manifestações. Tal como promulgado, o vigente Código esbarraria em problemas de interpretação e teria, necessariamente, que sofrer modificações muito rápidas. É o que ocorreu no regulamento da adoção, cujos princípios fundamentais persistem sendo regulados pelo Estatuto da Criança e do Adolescente, sem grandes inovações no Código.

Desse modo, persistiu a aplicação do Estatuto da Criança e do Adolescente em matéria de adoção, em tudo que não conflitasse com normas inovadoras introduzidas no Código Civil, revogadas em grande parte.

A nova redação conferida pela Lei da Adoção ao art. 1.618 determina que a adoção de crianças e adolescentes será regulada pelo Estatuto da Criança e do Adolescente (Lei nº 8.069/1990). Da mesma forma, a redação nova do art. 1.619 dispõe que a adoção de maiores de 18 anos dependerá de assistência efetiva do poder público e sentença constitutiva, aplicando-se, no que couber, o Estatuto da Criança e do Adolescente. Desaparece, portanto, a dicotomia de legislação, como era nossa previsão.

CAPÍTULO V
Do Poder Familiar

Seção I
Disposições Gerais

Art. 1.630. Os filhos estão sujeitos ao poder familiar, enquanto menores.

1. Introdução. Lineamentos históricos

Em várias oportunidades, no decorrer destes escritos, referimo-nos ao pátrio poder, que este Código, cioso da igualdade constitucional entre o homem e a mulher, preferiu denominar *poder familiar*. O projeto do Estatuto das Famílias prefere denominar "*autoridade parental*", fugindo a ideia de poder que não deve existir no seio da família. Trata-se de instituto que se alterou bastante no curso da história, acompanhando, em síntese, a trajetória da história da própria família. No Direito Romano, a *patria potestas* representava um poder incontrastável do chefe de família. Este Código, a exemplo do que já fazia o velho diploma, no art. 379, sem defini-lo, dispõe: "*Os filhos estão sujeitos ao poder familiar, enquanto menores.*"

Muito mais aceitável neste início de século a dicção do futuro Estatuto das Famílias: "A autoridade parental deve ser exercida no melhor interesse dos filhos" (art. 87).

Jean Carbonnier (1999, p. 167) recorda os termos do art. 371 do Código francês: o menor, de qualquer idade, deve honrar e respeitar seu pai e sua mãe. A mesma ideia está presente em nosso Código (art. 1.634, IX), quando se refere à possibilidade de os pais exigirem obediência e respeito dos filhos. O autor aponta que se trata de dispositivo do qual todos nós não gostamos muito enquanto jovens. Visto sob o prisma do menor, o poder familiar encerra, sem dúvida, um conteúdo de honra e respeito, sem traduzir modernamente simples ou franca subordinação. Do ponto de vista dos pais, o poder familiar contém muito mais do que singela regra moral trazida ao Direito: o poder paternal, termo que também se adapta a ambos os pais, enfeixa um conjunto de deveres com relação aos filhos que muito se acentuam quando a doutrina conceitua o instituto como um pátrio dever. A denominação poder familiar deste Código também não se coaduna perfeitamente com sua extensão e compreensão.

A modificação do entendimento dessa relação entre pais e filhos, porém, não é muito antiga. A redação originária do art. 264 do Código argentino, por exemplo, conceituava o pátrio poder como o conjunto de direitos dos pais com relação às pessoas e aos bens dos filhos menores. Essa noção traduzia a ideia imperante até o século XIX e início do século XX. Até então, o pátrio poder ainda tinha a compreensão da *patria potestas* do Direito Romano. A sociedade rural, em nosso país, incentivava a manutenção do poder patriarcal de forma quase incontrastável. Com a urbanização, industrialização, a nova posição assumida pela mulher no mundo ocidental, o avanço das telecomunicações e a globalização da sociedade, modificou-se irremediavelmente esse comportamento, fazendo realçar no pátrio poder os deveres dos pais com relação aos filhos, bem como os interesses destes, colocando em plano secundário os respectivos direitos dos pais. O exercício desse poder pressupõe o cuidado do pai e da mãe em relação aos filhos, o dever de criá-los, alimentá-los e educá-los conforme a condição e fortuna da família.

Desse modo, comparando-se a noção do pátrio poder em Roma com o instituto moderno, denominado poder familiar, nota-se, destarte, uma profunda e radical modificação, que afeta sua própria estrutura. Em Roma, o pátrio poder tem uma conotação eminentemente religiosa: o *pater familias* é o condutor da religião doméstica, o que explica seu aparente excesso de rigor. O pai romano não apenas conduzia a religião, como todo o grupo familiar, que podia ser numeroso, com muitos agregados e escravos. Sua autoridade era fundamental, portanto, para manter unido e sólido o grupo como célula importante do Estado. De fato, sua autoridade não tinha limites e, com frequência, os textos referem-se ao direito de vida e morte com relação aos membros de seu clã, aí incluídos os filhos. O *pater, sui juris*, tinha o direito de punir, vender e matar os filhos, embora a história não noticie que chegasse a esse extremo. Estes, por sua vez, não tinham capacidade de direito, eram *alieni juris*. O patrimônio era integralmente do pai. Os filhos não tinham bens próprios. Essa primeira concepção romana vai-se abrandando com o tempo. Permite-se, por exemplo, que o filho adquira o pecúlio castrense, propriedade de bens adquirida e decorrente de atividade militar. Outros pecúlios vão sendo paulatinamente permitidos ao *filius familiae*. Com Justiniano, já não mais se admite o *ius vitae et necis* (direito de vida e morte).

Na Idade Média, é confrontada a noção romana de pátrio poder com a compreensão mais branda de autoridade paterna trazida pelos povos estrangeiros.

De qualquer modo, a noção romana, ainda que mitigada, chega até a Idade Moderna. O patriarcalismo vem até nós pelo Direito português e encontra exemplos nos senhores de engenho e barões do café, que deixaram marcas indeléveis em nossa história. Na noção contemporânea, o conceito transfere-se totalmente para os princípios de mútua compreensão, a proteção dos menores e os deveres inerentes, irrenunciáveis e inafastáveis da paternidade e maternidade. O pátrio poder, poder familiar ou pátrio dever, nesse sentido, tem em vista primordialmente a proteção dos filhos menores. A convivência de todos os membros do grupo familiar deve ser lastreada não em supremacia, mas em diálogo, compreensão e entendimento.

Arnaldo Rizzardo (1994, p. 897) observa que, atualmente, preponderam direitos e deveres numa proporção justa e equânime no convívio familiar; os filhos não são mais vistos como esperança de futuro auxílio aos pais. O poder familiar, ou melhor, a autoridade parental, não é o exercício de um poder ou uma supremacia, mas de um encargo imposto pela paternidade e maternidade, decorrente da lei. Nesse sentido, entendemos o poder familiar como o conjunto de direitos e deveres atribuídos aos pais com relação aos filhos menores e não emancipados, com relação à pessoa destes e a seus bens. Nesse diapasão, João Andrades Carvalho (1995, p. 175) define pátrio poder como *"o conjunto de atribuições, aos pais cometidas, tendo em vista a realização dos filhos menores como criaturas humanas e seres sociais"*. Como estampado no art. 1.630, do corrente Código, o poder familiar direciona-se a todos os filhos reconhecidos, independentemente de sua origem. Eduardo dos Santos (1999, p. 511), ao escrever sobre o Direito lusitano, em situação análoga à nossa, observa:

> *"O poder paternal já não é, no nosso direito, um poder e já não é, estrita ou predominantemente, paternal. É uma função, é um conjunto de poderes-deveres, exercidos conjuntamente por ambos os progenitores."*

Todos os filhos, enquanto menores, estão sujeitos ao poder familiar. Já não distingue a ordem constitucional entre legítimos, ilegítimos ou adotivos. Lembre-se de que, atualmente, há ampla liberdade para o reconhecimento de filiação. Como apontamos, ainda que a guarda seja confiada a terceiros, os pais não perdem o poder familiar. A guarda absorve apenas alguns aspectos do poder familiar.

2. Conteúdo do poder familiar ou da autoridade parental

Cabe aos pais dirigir a educação dos filhos, tendo-os sob sua guarda e companhia, sustentando-os e criando-os. O poder familiar é *indisponível*. Decorrente da paternidade natural ou legal, não pode ser transferido por iniciativa dos titulares, para terceiros. Como vimos, os pais que consentem na adoção não transferem o poder familiar, mas renunciam a ele. Também, indiretamente, renunciam ao poder familiar quando praticam atos incompatíveis com o poder paternal. De qualquer modo, contudo, por exclusivo ato de sua vontade, os pais não podem renunciar ao poder familiar. Trata-se, pois, de estado irrenunciável. Cuida-se de condição existencial entre pai e filho. O revogado Código de Menores permitia a delegação do pátrio poder, a qual foi abolida de nosso ordenamento. Por decisão judicial, na hipótese de guarda, alguns dos direitos e deveres do poder familiar podem ser atribuídos ao guardião.

O poder familiar é *indivisível*, porém não seu exercício. Quando se trata de pais separados, cinde-se o exercício do poder familiar, dividindo-se as incumbências. O mesmo ocorre, na prática, quando o pai e a mãe em harmonia orientam a vida dos filhos. Ao guardião são atribuídos alguns dos deveres inerentes ao poder familiar o qual, no entanto, não se transfere nessa modalidade, quando se tratar de família substituta.

O poder familiar também é *imprescritível*. Ainda que, por qualquer circunstância, não possa ser exercido pelos titulares, trata-se de estado imprescritível, não se extinguindo pelo desuso. Somente a extinção, dentro das hipóteses legais, poderá terminá-lo.

3. Particularidades

O art. 1.611 dispõe que o filho havido fora do casamento, reconhecido por um dos cônjuges, não poderá residir no lar conjugal sem o consentimento do outro. Muitos entenderam que esse dispositivo, então presente no art. 359 do antigo Código, estava revogado pela nova ordem constitucional, por ser discriminatório. Não nos parece, no entanto. O dispositivo foi estabelecido em prol da harmonia da família. Um filho estranho a um dos cônjuges pode se converter em elemento perturbador no âmbito da convivência do lar. Não há discriminação nesse artigo, mas apenas regulamentação. Essa disposição é complementada pelo art. 15 do Decreto-lei nº 3.200/1941, que continua com plena aplicação:

> *"Se um dos cônjuges negar consentimento para que resida no lar conjugal o filho natural reconhecido do outro, caberá ao pai ou à mãe, que o reconheceu, prestar-lhe, fora do seu lar, inteira assistência, assim como alimentos correspondentes à condição social em que viva, iguais aos que prestar ao filho legítimo se o tiver."*

Recordamos também que, em matéria de responsabilidade civil, o poder familiar acarreta ônus aos pais. Nesse sentido, o art. 932 estatui que são responsáveis pela reparação civil os pais pelos filhos menores que estiverem sob seu poder e em sua companhia. A ideia é no sentido de que, em se tratando de pais separados, responsáveis pelos atos do menor, será responsável o progenitor que detiver sua guarda. No entanto, a jurisprudência tende a alargar o conceito, dependendo do caso concreto, buscando, quanto possível, responsabilizar ambos os pais.

Enunciado nº 112, I Jornada de Direito Civil – CJF/STJ: em acordos celebrados antes do advento do novo Código, ainda que expressamente convencionado que os alimentos cessarão com a maioridade, o juiz deve ouvir os interessados, apreciar as circunstâncias do caso concreto e obedecer ao princípio *rebus sic stantibus*.

Art. 1.631. Durante o casamento e a união estável, compete o poder familiar aos pais; na falta ou impedimento de um deles, o outro o exercerá com exclusividade.
Parágrafo único. Divergindo os pais quanto ao exercício do poder familiar, é assegurado a qualquer deles recorrer ao juiz para solução do desacordo.

Atendendo aos novos princípios, esse artigo estampou a forma de atuação do poder familiar. Nenhum dos pais perde o exercício do poder familiar com a separação judicial ou divórcio. O pátrio poder ou poder familiar decorre da paternidade e da filiação e não do casamento, tanto que este Código se reporta também à união estável. A guarda normalmente ficará com um deles, assegurado ao outro o direito de visitas. Atualmente, não é afastada a possibilidade de guarda compartilhada, como vimos, na qual, por períodos definidos ou concomitantemente, ambos os cônjuges a exercem. Tal, porém, não suprime ou suspende o pátrio poder do pai ou da mãe. Essa, aliás, a noção do art. 1.632. A guarda e a visita dos filhos eram disciplinadas pelos arts. 9º a 16 da Lei nº 6.515/1977 e a elas já fizemos referência quando do exame da separação e divórcio. É certo que o cônjuge que não detém a guarda tem, na prática, os poderes do poder familiar enfraquecidos. O cônjuge, no entanto, nessa situação, pode recorrer ao Judiciário quando entender que o exercício direto do poder familiar pelo guardião não está sendo conveniente. Aplica-se mesma conclusão à separação de fato e às uniões sem casamento. Também permanece para os pais o poder familiar na anulação de casamento, pouco importando se putativo ou não. Com a morte de um dos pais, o sobrevivente exercerá isoladamente, é evidente, o poder familiar.

Art. 1.632. A separação judicial, o divórcio e a dissolução da união estável não alteram as relações entre pais e filhos senão quanto ao direito, que aos primeiros cabe, de terem em sua companhia os segundos.

Os filhos continuam a merecer os mesmos cuidados perante a separação dos bens, qualquer que seja a razão. Não se altera o poder familiar. A guarda ou companhia, direito a alimentos etc. devem ser estabelecidos de comum acordo ou por via judicial, sempre atendendo o melhor interesse do menor.

Art. 1.633. O filho, não reconhecido pelo pai, fica sob poder familiar exclusivo da mãe; se a mãe não for conhecida ou capaz de exercê-lo, dar-se-á tutor ao menor.

Esse artigo refere-se ao filho não reconhecido pelo pai. Nesse caso, o pátrio poder ou poder familiar será exercido pela mãe. Se desconhecida a mãe, ou incapaz de exercer o pátrio poder, dar-se-á tutor ao menor.

Quando é deferida a guarda a terceiros, estes passam a exercer algumas das prerrogativas do poder familiar, o qual, porém, não se extingue. Na separação ou divórcio, os filhos menores ficarão com quem tiver melhores condições, expressão que deve ser entendida com certos rebuços. Os filhos permanecem sob a guarda de terceira pessoa, notoriamente idônea, da família de qualquer dos cônjuges ou mesmo sem parentesco, quando, na separação judicial ou no divórcio, o juiz verificar da inconveniência de o menor permanecer com os pais, aplicando-se o art. 1.584, deste Código. Da mesma forma, a guarda pode ser deferida segundo o Estatuto da Criança e do Adolescente, como forma de regularizar posse de fato do menor, em período antecedente à adoção ou tutela; ou, excepcionalmente, para atender a situações peculiares ou suprir a falta eventual dos pais ou responsável (art. 33). A guarda é sempre situação transitória, em qualquer caso, e pode ser alterada pelo juiz, na conveniência do menor.

Seção II
Do Exercício do Poder Familiar

Art. 1.634. Compete a ambos os pais, qualquer que seja a sua situação conjugal, o pleno exercício do poder familiar, que consiste em, quanto aos filhos:
I – dirigir-lhes a criação e a educação;
II – exercer a guarda unilateral ou compartilhada nos termos do art. 1.584;
III – conceder-lhes ou negar-lhes consentimento para casarem;
IV – conceder-lhes ou negar-lhes consentimento para viajarem ao exterior;
V – conceder-lhes ou negar-lhes consentimento para mudarem sua residência permanente para outro Município;
VI – nomear-lhes tutor por testamento ou documento autêntico, se o outro dos pais não lhe sobreviver, ou o sobrevivo não puder exercer o poder familiar;

VII – representá-los judicial e extrajudicialmente até os 16 (dezesseis) anos, nos atos da vida civil, e assisti-los, após essa idade, nos atos em que forem partes, suprindo-lhes o consentimento;
VIII – reclamá-los de quem ilegalmente os detenha;
IX – exigir que lhes prestem obediência, respeito e os serviços próprios de sua idade e condição. (redação do artigo determinada pela Lei nº 13.058 de 22-12-2014)

Cabe aos pais, primordialmente, dirigir a criação e educação dos filhos, para proporcionar-lhes a sobrevivência. Compete aos pais tornar seus filhos úteis à sociedade. A atitude dos pais é fundamental para a formação da criança. Faltando com esse dever, o progenitor faltoso submete-se a reprimendas de ordem civil e criminal, respondendo pelos crimes de abandono material, moral e intelectual (arts. 244 a 247 do CP). Entre as responsabilidades de criação, temos que lembrar que cumpre também aos pais fornecer meios para tratamentos médicos que se fizerem necessários. Sob certas condições o abandono afetivo e intelectual pode acarretar responsabilidade civil que deságua numa indenização. A matéria, contudo, ainda é nova.

O inciso II menciona a guarda unilateral ou compartilhada aqui já vista.

O inciso III refere-se ao consentimento para os filhos menores se casarem. Como examinamos nos artigos sobre casamento, há que ser suprido judicialmente esse consentimento quando negado injustificadamente, ou impossível de ser obtido. Esse consentimento deve ser específico, nos moldes requeridos pelo Direito matrimonial, isto é, para casar com determinada pessoa. Curial que essa autorização vise favorecer o menor.

A faculdade de nomear tutor (inciso VI) é de pouca utilização prática, objetivando também o cuidado com a prole, mormente na morte do progenitor.

A representação dos filhos ocorre até que estes completem 16 anos. Dessa idade, até os 18 anos, os menores são assistidos (inciso VII). A regra é repetida pelo art. 1.690, do presente Código. Ato praticado por menor absolutamente incapaz sem representação é nulo; ato praticado por menor relativamente incapaz sem assistência é anulável.

O inciso VIII dispõe que os pais podem reclamar os filhos de quem ilegalmente os detenha. Para tal, valer-se-ão da ação de busca e apreensão do menor. Se se trata, porém, de pais separados, nem sempre a traumática ação de busca e apreensão, com tutela liminar, será necessária, sendo suficiente pedido de modificação de guarda. O caso concreto nos dará a solução, nesse drama nem sempre fácil de ser equacionado.

Quanto ao inciso IX, reportamo-nos a ele logo na abertura deste tema. Os pais devem exigir respeito e obediência dos filhos e somente admitir serviços próprios para a idade e condição deles. Não há, contudo, uma subordinação hierárquica. O respeito deve ser recíproco. A desarmonia e a falta de respeito, em casos extremos, podem desaguar na suspensão ou perda do pátrio poder. Podem também os pais exigir serviços próprios da idade do menor. Havemos de respeitar a legislação específica a respeito do trabalho do menor. A legislação trabalhista proíbe seu trabalho fora do lar até os 16 anos, salvo na condição de aprendiz, a partir dos 14, conforme art. 7º, XXXIII, da Constituição Federal, sendo-lhe proibido o trabalho noturno, perigoso e insalubre até os 18 anos. Todos os abusos em matéria de menor devem ser severamente combatidos. Não é admitido também o castigo imoderado, que pode, inclusive, ocasionar a perda do poder familiar (art. 1.638). Por outro lado, o Código Penal tipifica o crime de maus tratos, previsto no art. 136.

Viagens ao exterior (inciso IV) devem ser autorizadas pelos pais, assim como mudança de Município pelos filhos (inciso V), embora esta não seja uma situação corriqueira.

Seção III
Da Suspensão e Extinção do Poder Familiar

Art. 1.635. Extingue-se o poder familiar:
I – pela morte dos pais ou do filho;
II – pela emancipação, nos termos do art. 5º, parágrafo único;
III – pela maioridade;
IV – pela adoção;
V – por decisão judicial, na forma do artigo 1.638.

Como o poder familiar é um múnus que deve ser exercido fundamentalmente no interesse do filho menor, o Estado pode interferir nessa relação, que, em síntese, afeta a célula familiar. A lei disciplina casos em que o titular deve ser privado de seu exercício, temporária ou definitivamente.

Primeiramente, o Código descreve alguns fatos causadores da extinção do poder familiar, neste art. 1.635.

A morte de um dos pais não faz cessar o poder familiar, que remanesce na pessoa do genitor sobrevivente.

A emancipação do filho importa atribuir-lhe completa capacidade de direito. A maioridade é a forma normal de extinção do poder familiar. Quanto à adoção, qualquer que seja sua modalidade, ela extingue o poder familiar da família original, que passa a ser exercido pelo adotante. Na verdade, a adoção transfere o poder familiar, não o extingue. Quando o indivíduo for adotado pelo casal, aos pais adotivos cabe o exercício do poder familiar. Quando a pessoa for adotada só pelo marido ou companheiro, ou só pela mulher ou companheira, só ao adotante, individualmente, compete o exercício do poder familiar.

Art. 1.636. O pai ou a mãe que contrai novas núpcias, ou estabelece união estável, não perde, quanto

Art. 1.637

aos filhos do relacionamento anterior, os direitos ao poder familiar, exercendo-os sem qualquer interferência do novo cônjuge ou companheiro.
Parágrafo único. Igual preceito ao estabelecido neste artigo aplica-se ao pai ou à mãe solteiros que casarem ou estabelecerem união estável.

Originalmente, na redação do Código Civil de 1916, a mãe perdia o pátrio poder se contraísse novas núpcias, o que foi modificado pela Lei nº 4.121/1962. Nesse sentido, o art. 1.636 é expresso no sentido de que o pai ou a mãe, que contrai novas núpcias ou estabelece união estável, não perde os direitos do poder familiar com relação aos filhos havidos na relação anterior, exercendo-os sem qualquer interferência do novo cônjuge ou companheiro.

Art. 1.637. Se o pai, ou a mãe, abusar de sua autoridade, faltando aos deveres a eles inerentes ou arruinando os bens dos filhos, cabe ao juiz, requerendo algum parente, ou o Ministério Público, adotar a medida que lhe pareça reclamada pela segurança do menor e seus haveres, até suspendendo o poder familiar, quando convenha.
Parágrafo único. Suspende-se igualmente o exercício do poder familiar ao pai ou à mãe condenados por sentença irrecorrível, em virtude de crime cuja pena exceda a dois anos de prisão.

A suspensão do poder familiar é decretada pela autoridade judiciária, após a apuração de conduta grave. Nesse sentido, esse artigo refere que podem os pais ser suspensos do poder familiar quando agirem com abuso, faltarem com os deveres inerentes ou arruinarem os bens dos filhos. O pedido de suspensão pode ser formulado por algum parente ou pelo Ministério Público, ou mesmo de ofício. Caberá ao prudente critério do juiz suspender o poder familiar pelo tempo que achar conveniente, adotando também as medidas necessárias. O parágrafo único dispõe que também será suspenso o poder familiar se o pai ou a mãe forem condenados em crime cuja pena exceda de dois anos de prisão. A condenação por crimes apenados com reprimendas inferiores poderá ocasionar a suspensão, ou até a perda do poder familiar, dependendo da gravidade com relação ao filho. Examina-se o caso concreto.

As causas de suspensão do poder familiar descritas no Código são apresentadas de forma genérica, dando margem ampla de decisão ao magistrado. O Estatuto da Criança e do Adolescente faz referência à perda e suspensão do poder familiar no art. 24, reportando-se ao descumprimento injustificado dos deveres e obrigações descritos no art. 22. Esse dispositivo, por sua vez, reporta-se aos deveres de sustento, guarda e educação dos filhos, bem como à obrigação de cumprir e fazer cumprir as determinações judiciais, no interesse deles. Portanto, o caso concreto dará ao juiz os parâmetros para a grave decisão de suspensão do poder familiar.

Não esqueçamos, por outro lado, que os processos de perda e suspensão do poder familiar devem assegurar o contraditório, com amplo direito de defesa aos envolvidos, devendo ser nomeado advogado dativo para a defesa, se for caso de pobreza e a assistência judiciária oficial não estiver disponível. O art. 155 ss do Estatuto da Criança e do Adolescente disciplina os procedimentos para a perda ou suspensão do poder familiar. A sentença que decretar a perda ou suspensão do poder familiar será averbada à margem do registro de nascimento da criança ou adolescente.

Uma vez suspenso o poder familiar, perde o genitor todos os direitos em relação ao filho, inclusive o usufruto legal. Se houver motivos graves, a autoridade judiciária poderá decretar liminarmente a suspensão do poder familiar, dentro do poder geral de cautela. Trata-se de uma medida que se aproxima a uma antecipação de tutela. Nessa hipótese, defere-se a guarda provisória a terceiro, até final decisão (art. 157 do ECA).

A suspensão é medida menos grave do que a destituição ou perda porque, cessados os motivos, extinta a causa que a gerou, pode ser restabelecido o poder paternal. Por outro lado, como apontamos, a suspensão pode-se referir a apenas parte dos atributos do poder familiar.

Ação de suspensão de poder familiar – Cerceamento de defesa afastado – Abuso sexual – Negligência da genitora – Situação de risco atual – Ausência – Artigo 1.637 do Código Civil – Gravidade da medida – Sentença reformada. 1. De acordo com o artigo 100, parágrafo único, inciso XII do Estatuto da Criança e do Adolescente, a oitiva dos menores pode se dar "em separado ou na companhia dos pais, de responsável ou de pessoa por si indicada", não se constatando o alegado cerceamento de defesa. 2. Consoante o artigo 1.637 do Código Civil de 2002, "Se o pai, ou a mãe, abusar de sua autoridade, faltando aos deveres a eles inerentes ou arruinando os bens dos filhos, cabe ao juiz, requerendo algum parente, ou o Ministério Público, adotar a medida que lhe pareça reclamada pela segurança do menor e seus haveres, até suspendendo o poder familiar, quando convenha". 3. Considerando-se as peculiaridades que envolvem o caso em espeque, o sofrimento vivenciado por todos os envolvidos e a gravidade e excepcionalidade da medida, deve ser reformada a sentença que julgou procedente o pedido de suspensão do poder familiar, com base no artigo 1.637 do CC/2002, o que privilegia o interesses das menores, que não podem ser alijadas do contato com a genitora, ainda que ela tenha tido, em determinado momento, conduta reprovável, não se aferindo, todavia, que submeta as filhas à situação de risco (*TJMG* – Ap. 1.0702.10.074256-9/001, 4-7-2013, Rel. Teresa Cristina da Cunha Peixoto).

Apelação cível. Infância e juventude. **Suspensão do poder familiar**. Procedência na origem. I – Decisão em gabinete. Procedimento. Previsão de leitura da sentença em audiência. Ato não realizado. Prazo recursal.

Fluência a partir da intimação pessoal. Tempestividade. II – Condições precárias de habitabilidade, alcoolismo dos genitores e notícia de violência doméstica entre estes. Negligência nos cuidados da infante. Sinais de melhora significativa ausentes, não obstante a afetividade. Exegese do art. 1.637 do CC. Suspensão pertinente. III – Sentença mantida. Recurso desprovido. I – Tempestivo o recurso que considera como início do prazo recursal a juntada do mandado de intimação pessoal dos réus acerca da sentença que suspende o poder familiar, porquanto não observado o procedimento de leitura da decisão em audiência, previsto no art. 162, § 2º, do Estatuto da Criança e do Adolescente, sendo mister, ao menos, a cientificação pessoal dos demandados sobre o decidido para a contagem. II – Legítima e recomendável a suspensão do poder familiar quando a residência familiar não reúne condições mínimas de habitabilidade, os genitores apresentam problemas com o alcoolismo e há notícia de violência doméstica entre os companheiros, sem que haja sinais de melhora significativa do quadro durante o processado, apesar do apoio do Poder Público, nada obstante a afetividade existente entre a criança e os pais (*TJSC* – Acórdão: Apelação Cível nº 2010.046650-8, 3-3-2011, Rel. Des. Henry Petry Junior).

Art. 1.638. Perderá por ato judicial o poder familiar o pai ou a mãe que:
I – castigar imoderadamente o filho;
II – deixar o filho em abandono;
III – praticar atos contrários à moral e aos bons costumes;
IV – incidir, reiteradamente, nas faltas previstas no artigo antecedente.
V – entregar de forma irregular o filho a terceiros para fins de adoção.
Parágrafo único. Perderá também por ato judicial o poder familiar aquele que:
I – praticar contra outrem igualmente titular do mesmo poder familiar:
a) homicídio, feminicídio ou lesão corporal de natureza grave ou seguida de morte, quando se tratar de crime doloso envolvendo violência doméstica e familiar ou menosprezo ou discriminação à condição de mulher;
b) estupro ou outro crime contra a dignidade sexual sujeito à pena de reclusão;
II – praticar contra filho, filha ou outro descendente:
a) homicídio, feminicídio ou lesão corporal de natureza grave ou seguida de morte, quando se tratar de crime doloso envolvendo violência doméstica e familiar ou menosprezo ou discriminação à condição de mulher;
b) estupro, estupro de vulnerável ou outro crime contra a dignidade sexual sujeito à pena de reclusão.

A decisão judicial lastreada nesse artigo é aquela que conclui por um dos fatos graves descritos, que se mostram incompatíveis com o poder familiar.

Os fatos graves relatados na lei devem ser examinados caso a caso. Sevícias, injúrias graves, entrega do filho à delinquência ou sua facilitação, entrega da filha à prostituição etc. são sérios motivos que devem ser corretamente avaliados pelo juiz. Abandono não é apenas o ato de deixar o filho sem assistência material: abrange também a supressão do apoio intelectual e psicológico. A perda poderá atingir um dos progenitores ou ambos.

Vimos que o Estatuto da Criança e do Adolescente trata da suspensão e perda do poder familiar nos mesmos dispositivos, inclusive processuais. Os fatos graves devem ser sopesados pelo juiz, que decidirá sobre a perda ou suspensão. Em qualquer situação, perante motivos graves, pode decretar a suspensão liminar. A gravidade da conduta dependerá sempre do acurado exame do caso concreto. Ressalte-se, mais uma vez, que o art. 23 do Estatuto da Criança e do Adolescente observa que a falta ou carência de recursos materiais não constitui motivo suficiente para a perda ou suspensão do poder familiar. Nesses casos, cabe ao Estado suprir as condições mínimas de sobrevivência.

Como observa Sílvio Rodrigues (1999, p. 359), a suspensão ou destituição do poder familiar constitui menos um intuito punitivo dos pais e mais um ato em prol dos menores, que ficam afastados da presença nociva. Uma vez decretada a perda do poder familiar a um dos genitores, o outro passa a exercê-lo isoladamente, salvo se não tiver condições, caso em que deverá ser nomeado um tutor ao menor.

Anota Marco Aurélio S. Viana (1998b, p. 272) que aquele que foi destituído do poder familiar pode ser nele reinvestido, provando judicialmente que as razões que determinaram a medida cessaram.

Em sede de suspensão ou perda do poder familiar, cabe sempre ao juiz, avaliando a urgência e a necessidade que a situação requer, sempre em prol do que melhor for para o menor, usar de seu poder geral de cautela, determinando medidas provisórias, deferindo e determinando a busca e apreensão e a guarda provisória desses menores a terceiros ou a estabelecimentos idôneos, enquanto a matéria é discutida no curso do processo. Lembre-se de que a suspensão do poder familiar suprime alguns direitos do genitor, mas não o exonera de prestar alimentos.

Os procedimentos de perda ou suspensão do poder familiar terão início por iniciativa do Ministério Público ou de quem tenha legítimo interesse, conforme o art. 24 e art. 155 do Estatuto da Criança e do Adolescente. Trata-se de processo, pois há que se assegurar ao réu o princípio do contraditório e da ampla defesa. O menor deve ser ouvido sempre que possível e razoável. A competência para essas ações será dos juízos da infância e do adolescente (art. 148, parágrafo único, *b*, da mesma lei). O procedimento é regulado pelo art. 155 ss do Estatuto da Criança e do Adolescente. A sentença que decretar a perda ou suspensão do poder familiar deverá ser averbada no registro de nascimento no menor (art. 164 do ECA e art. 102, § 6º, da LRP). O futuro Estatuto das Famílias dispõe que em qualquer situação: "é possível, no melhor interesse do filho, o restabelecimento da autoridade parental por meio da decisão judicial" (art. 95).

1. Alienação Parental

O fenômeno da alienação parental entrosa-se com o poder familiar ou autoridade parental. Essa questão já vinha sendo tratada pela doutrina, afligindo os tribunais. A Lei nº 12.318, de 26 de agosto de 2010, houve por bem colocar a problemática em termos legislativos, embora não fosse matéria essencial para isso, pois se inclui na proteção do menor, dentro do poder geral do juiz. A síndrome de alienação parental só vem sendo estudada sob padrões científicos mais recentemente no mundo ocidental. Apenas nas últimas décadas tivemos os primeiros trabalhos publicados.

A questão toca diretamente o poder familiar ou a autoridade parental, como muitos preferem. Segundo o art. 2º da citada lei, "Considera-se ato de alienação parental a interferência na formação psicológica da criança ou do adolescente promovida ou induzida por um dos genitores, pelos avós ou pelos que tenham a criança ou adolescente sob a sua autoridade, guarda ou vigilância para que repudie genitor ou que cause prejuízo ao estabelecimento ou à manutenção de vínculos com este".

Não raro os filhos menores são tidos como um joguete na separação dos pais. O ranço da separação pode traduzir-se numa atitude beligerante em relação ao outro genitor, geralmente aquele que não tem a guarda, embora isso não seja uma regra. Mesmo aquele que só recebe os filhos nos finais de semana e em datas específicas pode ter conduta de alienação parental. O guardião em geral, seja ele divorciado ou fruto de união estável desfeita, passa a afligir a criança com ausência de desvelo com relação ao outro genitor, imputando-lhe má conduta e denegrindo sua personalidade sob as mais variadas formas. Nisso o alienador utiliza todo tipo de estratagemas. Trata-se de abuso emocional de consequências graves sobre a pessoa dos filhos. Esse abuso traduz o lado sombrio da separação dos pais. O filho é manipulado para desgostar ou odiar o outro genitor.

O parágrafo único do artigo transcrito apresenta apenas exemplificativamente sete modalidades de condutas reprováveis, as quais não podem mesmo ser exaustivas. Veja, por exemplo, a descrita no inciso VII, exemplo marcante de alienação parental quando o alienador muda de domicílio para local distante injustificadamente visando dificultar a convivência do menor com o outro genitor, seus familiares e pessoas queridas.

Cabe ao juiz, de ofício ou a requerimento, em ação autônoma ou incidentalmente, com participação do Ministério Público, tomar as medidas urgentes necessárias conforme o caso concreto, no sentido de resguardar a higidez psicológica do menor.

A síndrome da alienação parental deve ser vista como uma moléstia. Em muitas situações o alienador não tem consciência plena do mal causado. Sua intenção é mais do que denegrir, destruir o outro genitor perante os filhos. Se necessário, o juiz determinará realização de perícia psicológica ou biopsicossocial (art. 5º da Lei nº 12.318/2010). A escolha do profissional capacitado para essa perícia será essencial, podendo ser realizada por equipe multidisciplinar. Psicólogos, psiquiatras, pedagogos, assistentes sociais poderão participar do exame. Provada a existência de desvio psicológico, essa sociopatia é sumamente prejudicial para os filhos e o genitor inocente.

A lei citada abre amplo espectro de opções instrumentais ao juiz para inibir ou atenuar os efeitos desse desvio de conduta, conforme a gravidade e a situação concreta (art. 6º):

I – declarar a ocorrência de alienação parental e advertir o alienador;
II – ampliar o regime de convivência familiar em favor do genitor alienado;
III – estipular multa ao alienador;
IV – determinar o acompanhamento psicológico e/ou biopsicossocial;
V – determinar a alteração da guarda compartilhada ou sua inversão;
VI – determinar a fixação cautelar do domicílio da criança ou adolescente;
VII – declarar a suspensão da autoridade parental.

Esse rol é apenas exemplificativo e o juiz deverá verificar qual a solução mais plausível no caso concreto. Nada impede que algumas dessas medidas sejam aplicadas cumulativamente. Situações haverá em que a simples advertência atingirá resultados. Outras situações exigirão medidas mais rudes. A lei não esclarece a natureza da multa, mas quer parecer que a melhor solução será das astreintes ou multa diária. O tirocínio do julgador será fundamental na aplicação das medidas, sob pena de jogar por terra a intenção da lei. A suspensão da autoridade parental, examinada no tópico anterior deste capítulo, é expressão que mais modernamente se refere ao poder familiar, pois há autores que querem afastar a ideia de poder nas relações de família.

O parágrafo único do art. 6º se reporta à mudança abusiva de endereço, inviabilizando ou obstruindo a convivência familiar. O juiz poderá inverter a obrigação de retirar o menor da residência do genitor. Tudo isso no sentido formal: nem sempre a situação concreta permitirá solução descrita na lei.

TÍTULO II
DO DIREITO PATRIMONIAL

SUBTÍTULO I
DO REGIME DE BENS ENTRE OS CÔNJUGES

CAPÍTULO I
Disposições Gerais

Art. 1.639. É lícito aos nubentes, antes de celebrado o casamento, estipular, quanto aos seus bens, o que lhes aprouver.
§ 1º O regime de bens entre os cônjuges começa a vigorar desde a data do casamento.
§ 2º É admissível alteração do regime de bens, mediante autorização judicial em pedido motivado de ambos os cônjuges, apurada a procedência das razões invocadas e ressalvados os direitos de terceiros.

1. Introdução

A união pelo casamento almeja mútua cooperação, assim como assistência moral, material e espiritual. O casamento não deve possuir conteúdo econômico direto. No matrimônio, sobrelevam-se os efeitos pessoais entre os cônjuges e destes com relação aos filhos. No entanto, a união de corpo e alma do homem e da mulher traz inexoravelmente reflexos patrimoniais para ambos, mormente após o desfazimento do vínculo conjugal. Ainda, durante a vida matrimonial, há necessidade de o casal fazer frente às necessidades financeiras para o sustento do lar. Cumpre, portanto, que se organizem essas relações patrimoniais entre o casal, as quais se traduzem no regime de bens. Ainda que não se leve em conta um cunho econômico direto no casamento, as relações patrimoniais resultam necessariamente da comunhão de vida.

Desse modo, o regime de bens entre os cônjuges compreende uma das consequências jurídicas do casamento. Nessas relações, devem ser estabelecidas as formas de contribuição do marido e da mulher para o lar, a titularidade e administração dos bens comuns e particulares e em que medida esses bens respondem por obrigações perante terceiros. Portanto, *"regime de bens é o estatuto que regula as relações patrimoniais entre os cônjuges, e entre estes e terceiros"* (Santos, 1999, p. 291).

Tecnicamente, a denominação *regime de bens* não é a melhor, porque mais exato seria referir-se a regimes patrimoniais do casamento. No entanto, a expressão é consagrada, sintética e com significado perfeitamente conhecido. Regime de bens constitui a modalidade de sistema jurídico que rege as relações patrimoniais derivadas do casamento. Esse sistema regula precipuamente a propriedade e a administração dos bens trazidos antes do casamento e os adquiridos posteriormente pelos cônjuges. Há questões secundárias que também versam sobre o direito patrimonial no casamento que podem derivar do regime de bens, como o dever de alimentos à prole e o usufruto de seus bens, da mesma forma que importantes reflexos no direito sucessório.

Desse modo, a existência de um regime de bens é necessária, não podendo o casamento subsistir sem ele. Ainda que os cônjuges não se manifestem, a lei supre sua vontade, disciplinando o regime patrimonial de seu casamento. Augusto César Belluscio (1987, v. 2, p. 4) aponta que, na prática, todos os ordenamentos estabelecem um regime de bens. Enquanto o casamento é regido por normas rígidas e imperativas, o regime de bens pode adotar várias fórmulas flexíveis. Raras são as legislações que adotam um regime único de bens; a maioria oferece várias modalidades, permitindo a livre escolha pelos nubentes. Quando os cônjuges não exercem essa opção, a lei lhes supre a vontade, regulando seus interesses patrimoniais.

No Direito Romano, vigorava o princípio da absorção: o patrimônio da mulher era absorvido pelo marido, que se tornava único proprietário e administrador. Tratava-se de consequência do casamento *cum manu*, ao qual já nos referimos. Como a mulher ficava sujeita ao poder do *pater familias*, assim também ficavam seus bens. O antigo direito saxão igualmente estabelecera uma unidade patrimonial entre os esposos e foi aplicado igualmente nos Estados Unidos até meados do século XIX, sendo substituído pelo regime da separação, como consequência da emancipação da mulher. A legislação comparada toma os mais diversos rumos nessa matéria, não se divisando tendência de uniformidade, como ocorre em inúmeros outros institutos jurídicos. Cada país apresenta matiz próprio, porque o regime de bens conjugais depende dos costumes e das necessidades sociais locais. O estudo de direito comparado nesse campo oferece interesse reduzido, quando se trata de interpretar disposições da lei nacional.

Nosso Código Civil adota, como regra geral, a liberdade de escolha pelos cônjuges do regime patrimonial no casamento neste art. 1.639. Há necessidade, porém, de escritura antenupcial se os nubentes desejarem outro regime que não o da comunhão de aquestos, o que será muito bem corrigido pelo futuro Estatuto das Famílias, que dispensará a escritura, se os interessados escolherem o regime da comunhão universal ou o da separação de bens. Esse projeto exclui o regime de participação final de aquestos, monstro legal inútil trazido pelo Código de 2002.

Como vimos e como claramente expressava a lei, a escolha do regime de bens devia necessariamente anteceder ao casamento, pois o Código de 1916 estabelecia a imutabilidade do regime de bens, ou melhor, sua irrevogabilidade (art. 230). A imutabilidade, como explanado, constava na lei como garantia aos próprios cônjuges e para resguardo ao direito de terceiros. No curso da vida conjugal, um dos cônjuges poderia fazer prevalecer indevidamente sua vontade para alterar o regime, em detrimento do outro ou de credores do casal. Terceiros que contraem obrigações com pessoas casadas devem conhecer seu regime de bens, porque dele decorrem inúmeros reflexos nos negócios jurídicos. Nesse sentido, nosso sistema de 1916 não permitia, pois, que o regime escolhido fosse alterado no curso da vida conjugal, em sentido contrário ao observado em outras legislações.

Tomando o exemplo do direito comparado, este Código passou a admitir a alteração do regime de bens, "*mediante autorização judicial em pedido motivado de ambos os cônjuges, apurada a procedência das razões invocadas e ressalvados os direitos de terceiros*" (§ 2º).

Os julgados sob esse dispositivo nos apontam que andou bem o legislador. Sem dúvida, os rumos tomados pela união estável sem casamento influenciaram o legislador nesse sentido: os companheiros sempre gozaram de maior mobilidade no tocante aos bens comuns. Manter a imutabilidade do regime de bens seria tratar o casamento de forma mais rigorosa que a união sem casamento.

Como se nota, contudo, não será livre a possibilidade de os cônjuges alterarem seu regime de bens, não se erigindo essa possibilidade em um direito meramente potestativo. A modificação do regime somente decorrerá de autorização mediante decisão judicial. A necessidade de motivação, contudo, se nos mostra inútil, tanto que o Projeto do Estatuto das Famílias suprime essa exigência.

Quatro eram os regimes de bens descritos por nossa lei de 1916: comunhão universal (arts. 262 a 268), comunhão parcial (arts. 269 a 275), separação (arts. 276 e 277) e dotal (arts. 278 a 311). Até o advento da Lei do Divórcio (Lei nº 6.515/1977), a redação original do Código anterior dispunha que no silêncio dos nubentes o casamento seria regido pelo regime da comunhão universal. Essa lei modificou tal orientação, dispondo que o regime da comunhão parcial regeria a vida patrimonial dos cônjuges na ausência de pacto antenupcial. Leva-se em conta que a maioria dos matrimônios ocorre com pessoas jovens, ainda de parco ou nenhum patrimônio, o qual será amealhado, sem dúvida, com o esforço comum na futura vida conjugal. É mantida essa mesma diretriz neste Código (art. 1.640). Não havendo convenção antenupcial, ou sendo ela nula ou ineficaz, vigorará quanto aos bens entre os cônjuges o regime da comunhão parcial.

Este Código suprime o regime dotal, de praticamente nenhuma utilização em nosso país, introduzindo-se o regime de participação final de aquestos, que já de plano se mostra supérfluo e sem adequação em nosso meio social. Outra inutilidade como fora o regime dotal.

Na verdade, os regimes patrimoniais para os cônjuges não representam compartimento estanque, pois os interessados podem combiná-los entre si. Leve-se em conta, por exemplo, que o regime dotal não era um regime propriamente dito, mas uma modalidade de administração de bens que se combinava com os demais regimes.

Vigorava, portanto, no sistema de 1916 e no de 2002, salvo as situações de separação obrigatória, plena liberdade para os interessados na elaboração da escritura antenupcial, que somente encontra obstáculos em normas de ordem pública. Desse modo, os nubentes podem não só adotar um dos regimes descritos na lei, assim como mesclá-los entre si. No sistema a ser introduzido pelo Estatuto das Famílias, a escritura somente será necessária se os nubentes optarem por mesclar regimes. Podem, por exemplo, determinar que o regime será o da comunhão universal, mas que determinado bem, como as quotas de uma sociedade ou as ações de uma empresa, permaneçam na propriedade exclusiva de um dos cônjuges; podem estipular que o regime será o da separação completa de bens, mas que determinado bem móvel ou imóvel será comum etc. Mais explícito a respeito é o Código português, que esclarece:

"*Os esposos podem fixar livremente, em convenção antenupcial, o regime de bens, quer escolhendo um dos regimes previstos neste Código, quer estipulando o que a esse respeito lhes aprouver, dentro dos limites da lei*" (art. 1.698).

Quando o casamento desenvolve-se sem maiores sobressaltos, nada interferirá na vida econômica dos cônjuges. O regime de bens repousa em recôndito esquecido da vida em comum. Quando, porém, o casamento balouça em mares bravios e soçobra, nos momentos de fricção ou quando se desfaz a sociedade conjugal, surgem problemas derivados do regime de bens, quer levantados pelos próprios cônjuges, quer por seus herdeiros, no caso de morte.

2. Princípios gerais. Requisitos do pacto antenupcial

O princípio da imutabilidade foi consagrado pelo Código napoleônico, do qual passou para a maioria das legislações ocidentais. Não mais vige, porém, na França, tendo desaparecido com a reforma do Código Civil de 1965. Admite-se, naquele país, a mudança do regime durante o casamento, por acordo dos cônjuges ou sentença judicial requerida a pedido de um deles, após a duração inicial do regime por dois anos.

Vimos que este Código posicionou-se no mesmo sentido, permitindo a alteração do regime de bens, mediante autorização judicial requerida por ambos os cônjuges, apurada a procedência das razões invocadas e ressalvado o direito de terceiros. A atual lei não estabelece um prazo mínimo para possibilitar esse requerimento. Verificamos, portanto, tendência geral de modificação do princípio que entre nós era mantido como dogmático desde antes da promulgação do Código Civil de 1916.

Outro princípio do regime de bens já por nós acenado é a autonomia da vontade dos cônjuges. Os esposos têm a sua disposição supletivamente o regime da comunhão parcial na lei, não sendo obrigados a elaborar escritura antenupcial. No entanto, como vimos, detêm ampla oportunidade de fazê-lo, adotando os demais regimes descritos pelo legislador ou combinando-os entre si. Os únicos obstáculos serão normas de ordem pública.

O projeto do Estatuto das Famílias extingue esse regime de separação obrigatória cujos resultados mostraram-se pífios.

Enunciado nº 113 do CJF/STJ, I Jornada de Direito Civil: É admissível a alteração do regime de bens entre os cônjuges, quando então o pedido, devidamente motivado e assinado por ambos os cônjuges, será objeto de autorização judicial, com ressalva dos direitos de terceiros, inclusive dos entes públicos, após perquirição de inexistência de dívida de qualquer natureza, exigida ampla publicidade.

Enunciado nº 260 do CJF/STJ, III Jornada de Direito Civil: A alteração do regime de bens prevista no § 2o do art. 1.639 do Código Civil também é permitida nos casamentos realizados na vigência da legislação anterior.

Enunciado nº 262 do CJF/STJ, III Jornada de Direito Civil: A obrigatoriedade da separação de bens nas hipóteses previstas nos incs. I e III do art. 1.641 do Código Civil não impede a alteração do regime, desde que superada a causa que o impôs.

Enunciado nº 331 do CJF/STJ, IV Jornada de Direito Civil: O estatuto patrimonial do casal pode ser definido por escolha de regime de bens distinto daqueles tipificados no Código Civil (art. 1.639 e parágrafo único do art. 1.640), e, para efeito de fiel observância do disposto no art. 1.528 do Código Civil, cumpre certificação a respeito, nos autos do processo de habilitação matrimonial.

Alteração de regime de bens – Efeitos "ex tunc" – Inviabilidade – Observação da ressalva de direitos de terceiros – Inteligência dos arts. 734 do CPC e § 2º do art. 1.639 do CC – Sentença confirmada – Apelo desprovido (*TJSP* – Ap. 1013802-30.2019.8.26.0019, 29-7-2020, Rel. Giffoni Ferreira).

Casamento – **Regime de bens** – **Pedido de alteração** – Regra instituída pelo art. 1.639, § 2º, do Código Civil vigente – Hipótese, porém, em que um dos cônjuges é interditado por incapacidade decorrente de acidente automobilístico – Impossibilidade do consenso exigido pela legislação civil – Justificativas apresentadas pela autora, porém, que autorizam a excepcional aplicação da regra ao caso dos autos – Modificação autorizada, a partir da data do acórdão – Ação julgada procedente em parte – Recurso da autora parcialmente provido (*TJSP* – Ap. 1029960-14.2014.8.26.0577, 13-3-2017, Rel. Augusto Rezende).

Casamento – **Regime de bens – Alteração** – Possibilidade – "Apelação cível. Direito de família. Casamento. Regime de bens. Alteração. Possibilidade. Observância do § 2º do art. 1.639 do Novo Código Civil . A alteração do regime, mesmo após a escolha dos nubentes, passou a ser permitida, a qualquer momento, porém, condicionada ao pedido motivado dos interessados, e, ainda, ressalvados os direitos de terceiros. Tendo sido o pedido formulado, motivadamente, por ambos os cônjuges, inexistindo prejuízo aos envolvidos e a terceiros, a alteração do regime de bens se mostra possível. V.V. Nos termos do art. 1.639, § 2º, do Código Civil , a alteração de regime de bens do casamento exige que sejam adequadas e razoáveis as razões invocadas, não bastando, para tanto, a mera vontade, imotivada – ou motivada insuficientemente – do casal interessado, como ocorreu no presente caso." (*TJMG* – AC 1.0024.14.238541-8/001, 2-7-2015, Rel. Moreira Diniz).

Art. 1.640. Não havendo convenção, ou sendo ela nula ou ineficaz, vigorará, quanto aos bens entre os cônjuges, o regime da comunhão parcial.
Parágrafo único. Poderão os nubentes, no processo de habilitação, optar por qualquer dos regimes que este Código regula. Quanto à forma, reduzir-se-á a termo a opção pela comunhão parcial, fazendo-se o pacto antenupcial por escritura pública, nas demais escolhas.

Se os nubentes desejarem assumir o regime de comunhão parcial, não necessitarão de pacto. Se outra modalidade de regime for sua escolha, precisarão estipulá-la por meio de escritura pública. Desse modo, embora seja facultativa a escolha do regime, os cônjuges necessariamente devem recorrer ao pacto se não desejarem a comunhão parcial, ou, por exemplo, se desejarem excluir um bem ou uma categoria de bens da comunhão, o que é perfeitamente possível. Se optarem pela comunhão parcial, essa opção será reduzida a termo quando da habilitação para o casamento.

O regime legal da comunhão parcial atualmente vigente no sistema resulta da vontade tácita dos nubentes. A escolha de regime diverso do legal, porém, deve ser formalizada por escritura pública antecedente ao casamento. Este Código inova a respeito do regime legal, pois dispõe no parágrafo único do art. 1.640 que

"poderão os nubentes, no processo de habilitação, optar por qualquer dos regimes que este Código regula. Quanto à forma, reduzir-se-á a termo a opção pela comunhão parcial, fazendo-se o pacto antenupcial por escritura pública, nas demais escolhas".

Essa tomada de termo no tocante ao regime da comunhão parcial é redação nova. A intenção da lei foi tornar absolutamente claro aos nubentes as consequências do casamento, sem pacto antenupcial, pois, na grande maioria das vezes, os interessados não têm plena noção das consequências do regime de comunhão de aquestos, bem como dos demais. Com o alerta constante do termo no processo de habilitação, deverão ser esclarecidos a respeito pelo oficial do cartório. Essa norma completa a do art. 1.528, que enfatiza o dever do oficial do registro de esclarecer os nubentes a respeito dos diversos regimes de bens.

No sistema a ser introduzido pelo futuro Estatuto das Famílias, bastará a declaração dos nubentes ao oficial do registro civil, podendo eles escolher qualquer dos regimes de bens estabelecidos no estatuto (art. 38, § 1º).

Apelação cível – **Ação de suprimento de pacto antenupcial** – Casamento que ocorreu na vigência Código Civil de 1916 – Oficial do registro civil que não exigiu a apresentação do pacto antenupcial para a adoção do regime de comunhão universal de bens – Prevalência da intenção inequívoca dos cônjuges – À época casamento dos autores (1979) vigia o art. 258, do CC/16 (com a redação conferida pela Lei nº. 6.515/77), que previa que «não havendo convenção, ou sendo nula, vigorará, quanto aos bens entre os cônjuges, o regime de comunhão parcial» – Ocorre que as partes se casaram e manifestaram o interesse de adotar o regime de comunhão universal de bens, sendo que, todavia, não apresentaram o pacto antenupcial. Apesar disso, consta da Certidão de Casamento dos autores que eles se casaram sob o regime de comunhão universal. Todavia, o Oficial do Registro Civil se equivocou ao não exigir, na ocasião da habilitação e do casamento, o pacto antenupcial – Diante da inequívoca manifestação de vontade de adotar o regime de comunhão universal e do reconhecido erro do Oficial do Cartório do Registro Civil quanto à exigência do pacto antenupcial, deve-se oportunizar aos interessados a averbação do pacto antenupcial no assentamento de casamento (TJMG – AC 1.0701.15.029710-2/001, 3-3-2017, Rel. Dárcio Lopardi Mendes).

Art. 1.641. É obrigatório o regime da separação de bens no casamento:
I – das pessoas que o contraírem com inobservância das causas suspensivas da celebração do casamento;
II – da pessoa maior de 70 (setenta) anos; (com a redação da Lei nº 12.344, de 9 de dezembro de 2010)
III – de todos os que dependerem, para casar, de suprimento judicial.

Existem exceções à autonomia de escolha do regime de bens em situações nas quais a lei impõe o regime da separação. Trata-se de regime obrigatório, imposto em determinadas condições, que não se confunde com o regime legal da comunhão parcial, supletivo da vontade dos interessados.

Quanto aos casamentos com infração às cláusulas suspensivas nos ocupamos anteriormente. O casamento de incapazes, sem autorização legal, é anulável. O mesmo ocorre no casamento dos que não atingiram a idade núbil. Persistindo o enlace, porém, o regime será o da separação.

Lembrando o último inciso desse dispositivo, o princípio geral é que, em todo casamento que necessite de autorização judicial, o regime será o da separação. Acende-se a chama da suspeita para o legislador com relação a todos aqueles que necessitam de autorização judicial para se casarem. O legislador entende, por exemplo, que o menor que se casa com suprimento judicial da vontade de seus pais ou para furtar-se à imposição de pena criminal necessita de maior proteção no curso do casamento. No entanto, o legislador, direcionado para uma posição essencialmente patrimonial, esbarra em nossa realidade social. Geralmente, os casamentos de pessoas nessas condições ocorrem nas classes menos favorecidas, cujo patrimônio se constituirá nos anos futuros ao casamento. Ainda porque os membros das classes mais favorecidas terão maiores possibilidades de elaborar pacto antenupcial. O melhor regime, o que mais atende às situações sociais, não somente nessa hipótese de imposição legal, mas também nas demais, é o da comunhão parcial. É de curial justiça que os bens adquiridos pelo esforço comum de ambos os cônjuges pertençam a ambos. Não se justifica que em casamento estável, perdurando por décadas, haja imposição de separação absoluta de bens. Como veremos a seguir, a jurisprudência do Código anterior encarregou-se de aparar essa aresta.

Questão que ora se coloca diz respeito à possibilidade de ser alterado o regime compulsório de separação, com fulcro no art. 1.639, § 2º. Pergunta-se: podem os cônjuges, mediante justificação e razões plausíveis, alterar voluntariamente um regime imposto pela lei? Certamente que a resposta, com base no texto literal e nos princípios gerais, é pela negativa. Dirá o exegeta estrito da lei que qualquer tentativa de alteração do regime legal imposto será fraudatória. Sem dúvida, o texto não permitiria outra interpretação se estivéssemos no campo obrigacional. Como alertamos de início, o direito de família rege-se por princípios diversos; não é um direito patrimonial. Nesse sentido, não será esta a melhor solução, sem dúvida, para inúmeras situações concretas que vêm sendo trazidas aos tribunais. No direito em geral e mais especificamente no direito de família, qualquer afirmação peremptória é de risco.

Quanto ao casamento do maior de 60 e da maior de 50 anos no Código de 1916, o legislador compreendeu que, nessa fase da vida, na qual presumivelmente o patrimônio de um ou de ambos os nubentes já está estabilizado, e quando não mais se consorciam no arroubo da juventude, o conteúdo patrimonial deveria ser peremptoriamente afastado. A ideia era afastar o incentivo patrimonial do casamento de uma pessoa jovem que se consorcia com alguém mais idoso. Este Código, em atendimento à perfeita igualdade constitucional do homem e da mulher, estabelece a idade de 70 anos para ambos os sexos, com a redação mais recente. Sílvio Rodrigues (1999, p. 165) posiciona-se francamente contra a disposição, sustentando, com razão, que se trata de imposição legal atentatória contra a liberdade individual. Dizia, com base no antigo diploma:

> "Aliás, talvez se possa dizer que uma das vantagens da fortuna consiste em aumentar os atrativos matrimoniais de quem a detém. Não há inconveniente social de qualquer espécie em permitir que um sexagenário ou uma quinquagenária ricos se casem pelo regime da comunhão, se assim lhes aprouver."

Como se nota, em que pese a resistência doutrinária, este Código manteve a restrição. Lei mais recente (nº 12.344/2010) elevou essa idade para "*pessoa maior de setenta anos*" (art. 1.641, II). Essa majoração leva em conta, certamente, novos padrões sociais e de saúde da população. Há quem sustente a inconstitucionalidade do princípio com base na proteção à dignidade da pessoa.

Quanto aos órfãos de pai e mãe, a lei antiga impunha o regime legal da separação, ainda que existisse a autorização do tutor, porque pretendeu colocar a salvo o patrimônio do nubente, quando o casamento poderia servir de meio para dissipá-lo. Entendia a lei que o tutor não tinha a mesma confiabilidade dos pais no tocante à proteção do interesse dos filhos. Este Código não repete a disposição.

1. Comunhão de aquestos na separação legal no sistema de 1916. O atual Código

É importante que se mantenha esse estudo porque, por muito tempo, ainda teremos a influência e aplicação de dispositivos do Código Civil antigo.

No passado, o art. 259 do Código de 1916 provocou celeuma na doutrina e na jurisprudência. Restou predominante a corrente jurisprudencial que entendia que o regime legal de separação não obstava a comunhão dos aquestos. Traz-se à berlinda a dicção do art. 259:

> "Embora o regime não seja o da comunhão de bens, prevalecerão, no silêncio do contrato, os princípios dela, quanto à comunicação dos adquiridos na constância do casamento."

O legislador do antigo Código preparou uma armadilha indesejável para os que escolhiam no pacto antenupcial o regime da separação: se não fossem expressos a respeito da incomunicabilidade absoluta, estariam casando-se, na verdade, sob o regime da comunhão de aquestos.

No tocante ao regime de separação imposto por lei, a interpretação gramatical do texto, por si só, não permitia esse entendimento. É fato que o art. 259 teve por objetivo unicamente as convenções voluntárias ("*no silêncio do contrato*"). Por outro lado, como aponta Sílvio Rodrigues (1999, p. 168), se o legislador quisesse determinar que o casamento fosse regido pela comunhão parcial, não se teria referido ao regime da separação, como faz no art. 258, mas expressamente ao regime da comunhão parcial. Ademais, as várias leis subsequentes que interferiram no tema, como o Estatuto da Mulher Casada (Lei nº 4.121/1961) e a Lei do Divórcio (nº 6.515/1977), poderiam ter alterado o dispositivo e não o fizeram. Prova de que o legislador é pertinaz nessa orientação é sua posição na redação do Projeto original de 1975, pois, ao estabelecer esse regime obrigatório, foi expresso que essa separação ocorre "*sem a comunhão de aquestos*" (art. 1.669 do Projeto primitivo). Note que o texto promulgado do presente Código suprimiu essa expressão no atual art. 1.641, o que pode, novamente, dar margem a dúvidas quanto à comunicação de aquestos no regime obrigatório, que, aliás, traria a solução mais justa na maioria dos casos.

Para essa hipótese, a Lei nº 6.515/1977, art. 45, abrira exceção temporária, ao permitir a livre escolha do regime de bens, desde que antes do casamento os nubentes tivessem tido vida em comum há mais de dez anos consecutivos até 28.6.1977, ou que da união anterior a essa data tivesse resultado prole.

A jurisprudência, no entanto, procurou abrandar iniquidades em casos concretos trazidos pelo texto objetivo da lei, como apontamos. A maioria dos casamentos realizados sob o regime da separação legal é de jovens que amealham seu patrimônio no curso do casamento. Seria injusto, em princípio, não se comunicarem os bens adquiridos pelo esforço comum. A intenção do legislador, porém, não foi essa. A ideia, todavia, é de que, mesmo se casando sob o regime da separação, durante o casamento estabelece-se uma sociedade de fato entre os esposos, e os bens são adquiridos pelo esforço comum.

A discussão dessa matéria nos tribunais redundou na Súmula 377 do STF: "*No regime de separação legal de bens, comunicam-se os adquiridos na constância do casamento.*"

Não se entenda, contudo, que a questão se encontra isenta de discussões. A súmula não ressalva que os bens que se comunicam são os comprovadamente decorrentes do esforço comum. Essa matéria é daquelas nas quais há um descompasso entre a doutrina e a jurisprudência.

Nova discussão sobre a matéria está aberta, doravante, com este Código. Acreditamos, embora seja um mero vaticínio, que mesmo perante o corrente Código, será mantida a orientação sumulada, mormente porque, como vimos, o texto final do novel diploma suprimiu a disposição peremptória.

Enunciado nº 261 do CJF/STJ, III Jornada de Direito Civil: A obrigatoriedade do regime da separação de bens não se aplica a pessoa maior de sessenta anos, quando o casamento for precedido de união estável iniciada antes dessa idade.

Art. 1.642

📖 Enunciado nº 262 do CJF/STJ, III Jornada de Direito Civil: A obrigatoriedade da separação de bens nas hipóteses previstas nos incs. I e III do art. 1.641 do Código Civil não impede a alteração do regime, desde que superada a causa que o impôs.

📖 Enunciado nº 634, VIII Jornada de Direito Civil – CJF/STJ: É lícito aos que se enquadrem no rol de pessoas sujeitas ao regime da separação obrigatória de bens (art. 1.641 do Código Civil) estipular, por pacto antenupcial ou contrato de convivência, o regime da separação de bens, a fim de assegurar os efeitos de tal regime e afastar a incidência da Súmula 377 do STF.

⚖ Divórcio – Pretensão de sua decretação e de alteração do regime de bens – Inviabilidade de alteração do regime de comunhão universal de bens que foi livremente escolhido pelas partes e fixado em escritura de pacto em cartório, sem alegação ou notícia de ocorrência de qualquer vício de consentimento – Caso que não se enquadra na hipótese de causa suspensiva de casamento do art. 1.523, I, do Código Civil, a qual fala especificamente em "viúvo ou a viúva que tiver filho do cônjuge falecido", com a finalidade de proteger o patrimônio da prole – Existência de herdeira ascendente da cônjuge falecida, cujo inventário todavia não fora realizado quando do casamento dos aqui litigantes, que não traz causa suspensiva e, consequentemente, não permite a imposição do regime obrigatório de separação de bens do art. 1.641 do CC – Recurso improvido (*TJSP* – Ap. 1015970-86.2018.8.26.0068, 20-3-2020, Rel. Alvaro Passos).

⚖ Recurso especial – **Direito Civil – Família** – Matrimônio contraído por pessoa com mais de 60 anos – Regime de separação obrigatória de bens – Casamento precedido de longa união estável iniciada antes de tal idade – Recurso especial não provido. 1. O art. 258, parágrafo único, II, do Código Civil de 1916, vigente à época dos fatos, previa como sendo obrigatório o regime de separação total de bens entre os cônjuges quando o casamento envolver noivo maior de 60 anos ou noiva com mais de 50 anos. 2. Afasta-se a obrigatoriedade do regime de separação de bens quando o matrimônio é precedido de longo relacionamento em união estável, iniciado quando os cônjuges não tinham restrição legal à escolha do regime de bens, visto que não há que se falar na necessidade de proteção do idoso em relação a relacionamentos fugazes por interesse exclusivamente econômico. 3. Interpretação da legislação ordinária que melhor a compatibiliza com o sentido do art. 226, § 3º, da CF, segundo o qual a lei deve facilitar a conversão da união estável em casamento. 4. Recurso especial a que se nega provimento." (*STJ* – REsp 1.318.281 – (2012/0071382-0), 7-12-2016, Relª Min. Maria Isabel Gallotti).

⚖ Direito civil. Casamento. **Regime de bens. Alteração**. Cônjuge varão idoso. Núpcias contraídas com mais de 70 anos de idade. Obrigatoriedade do regime de separação total de bens. Modificação. Vedação expressa. Art. 1.641, inciso II do Código Civil brasileiro. Súmula 377 do STF. Precedentes jurisprudenciais. Remessa oficial e apelo conhecidos e improvidos. Sentença mantida. Unanimidade (*TJCE* – Acórdão: Remessa Oficial e Apelação Cível nº 2085-40.2009.8.06.0053/1, 12-5-2011, Rel. Des. Sérgia Maria Mendonça Miranda).

Art. 1.642. Qualquer que seja o regime de bens, tanto o marido quanto a mulher podem livremente:
I – praticar todos os atos de disposição e de administração necessários ao desempenho de sua profissão, com as limitações estabelecidas no inciso I do art. 1.647;
II – administrar os bens próprios;
III – desobrigar ou reivindicar os imóveis que tenham sido gravados ou alienados sem o seu consentimento ou sem suprimento judicial;
IV – demandar a rescisão dos contratos de fiança e doação, ou a invalidação do aval, realizados pelo outro cônjuge com infração do disposto nos incisos III e IV do art. 1.647;
V – reivindicar os bens comuns, móveis ou imóveis, doados ou transferidos pelo outro cônjuge ao concubino, desde que provado que os bens não foram adquiridos pelo esforço comum destes, se o casal estiver separado de fato por mais de cinco anos;
VI – praticar todos os atos que não lhes forem vedados expressamente.

Os cônjuges podem isoladamente gerir e administrar os bens para o desempenho de sua profissão, não podendo, porém, alienar ou gravar bens imóveis (inciso I). Podem administrar bens próprios, isto é, aqueles que não entraram na comunhão, conforme o regime de bens estabelecido (inciso II). Essa liberdade cinge-se à administração, não permitindo a alienação sem a outorga do outro cônjuge.

O inciso III concede legitimidade ao cônjuge que não consentiu que o outro gravasse ou alienasse bem comum, reivindicá-lo de terceiro. Sem esse texto expresso, poder-se-ia entender que necessitasse de outorga conjugal. Esse terceiro terá direito de regresso contra o cônjuge indigitado. Lembre-se de que os casados sob o regime de separação de bens não necessitam de autorização para alienação ou oneração de seus bens, sob o pálio deste Código. O inciso IV trata da mesma situação do tópico anterior, referindo-se a atos ou negócios praticados pelo outro cônjuge isoladamente, quanto à fiança, aval e doação.

A situação descrita no inciso V exige maior meditação e o acurado exame, no caso concreto. Evidente que em se tratando de concubinato impuro, simultâneo ao casamento, não haverá em princípio dúvidas quanto à possibilidade de reivindicação dos bens doados ou transferidos ao concubino. No entanto, o próprio texto legal excepciona a impossibilidade de reivindicação, se o casal estiver separado há mais de cinco anos e se provado que os bens não foram adquiridos pelo esforço comum do casal. Isso porque os bens podem ter sido adquiridos pelo esforço comum dos concubinos ou companheiros. Estando o casal separado de fato, não haverá concubinato no caso, mas união estável. As situações de fato intermediárias são patentes na vida social e merecem um exame cuidadoso. Por essa razão nem sempre deverá ser trazido à argumentação o prazo de cinco anos mencionado na lei, texto que deveria ter sido suprimido na redação final deste Código.

O dispositivo consagra expressamente o princípio geral pelo qual não se ampliam restrições legais: na forma do inciso VI, não havendo proibição expressa, o cônjuge possui legitimidade isolada para a prática do ato.

Veja o art. 1.645.

🔑 Apelação cível. Responsabilidade civil. Ação declaratória c/c indenização por danos morais. Art. 1.642 do CC. Outorga uxória. Contrato de abertura de crédito. Fiança prestada pela parte cônjuge de um dos sócios da tomadora de empréstimo. Origem débito comprovada. Inscrição devida. Conforme previsão do artigo 1.642, inciso I, do Código Civil Brasileiro, independentemente de qual seja o regime de bens do casal, ambos podem livremente praticar todos os atos de disposição e administração necessários ao desempenho da sua profissão, observados os limites estabelecidos no art. 1647, inciso I. No caso em comento, restou claramente comprovado que a parte autora assinou os contratos bancários como fiadora, razão pela qual, consoante cláusula contratual estabelecida, possui responsabilidade solidária quanto ao inadimplemento da empresa financiada. Licitude da inscrição do nome da apelante nos órgãos restritivos de crédito, porquanto comprovada a origem do débito pela ré, razão pela qual a manutenção da sentença é medida que se impõe. Recurso desprovido (*TJRS* – Ap. 70080734577, 13-06-2019, Rel. Marlene Marlei de Souza).

🔑 "Recurso Especial – Direito Cambiário – Aval – **Outorga uxória ou marital** – Interpretação do art. 1.647, inciso III, do CCB, à luz do art. 903 do mesmo édito e, ainda, em face da natureza secular do instituto cambiário do aval – revisão do entendimento deste relator – 1. O Código Civil de 2002 estatuiu, em seu art. 1647, inciso III, como requisito de validade da fiança e do aval, institutos bastante diversos, em que pese ontologicamente constituam garantias pessoais, o consentimento por parte do cônjuge do garantidor. 2. Essa norma exige uma interpretação razoável sob pena de descaracterização do aval como típico instituto cambiário. 3. A interpretação mais adequada com o referido instituto cambiário, voltado a fomentar a garantia do pagamento dos títulos de crédito, à segurança do comércio jurídico e, assim, ao fomento da circulação de riquezas, é no sentido de limitar a incidência da regra do art. 1647, inciso III, do CCB aos avais prestados aos títulos inominados regrados pelo Código Civil, excluindo-se os títulos nominados regidos por leis especiais. 4. Precedente específico da Colenda 4ª Turma. 5. Alteração do entendimento deste relator e desta Terceira Turma. 6. Recurso especial desprovido." (*STJ* – REsp 1.526.560 – (2015/0079837-4), 16-5-2017, Rel. Min. Paulo de Tarso Sanseverino).

🔑 Apelação cível – Ação Monitória – Cédula de crédito comercial – Ex-Cônjuge – Avalista – Legitimidade passiva – **Desnecessidade de outorga uxória** – CC 1.642 – I – 1- Tem legitimidade para figurar no polo passivo da ação monitória, o ex-cônjuge que, na constância do casamento, assina Cédula de Crédito Comercial, na qualidade de avalista. 2- A garantia do aval permanece após divorciar-se o ex-cônjuge/avalista do ex-cônjuge sócio da empresa beneficiada com o empréstimo. 3- Qualquer que seja o regime de bens, tanto o marido quanto a mulher podem livremente praticar todos os atos de disposição e de administração necessários ao desempenho de sua profissão, com as limitações estabelecidas no inciso I do art. 1.647 (CPC 1.642 I). 4- Negou-se provimento ao apelo do réu/embargante (*TJDFT* – AC 20080110702178APC – (935953), 4-5-2016, Rel. Des. Sérgio Rocha).

Art. 1.643. Podem os cônjuges, independentemente de autorização um do outro:
I – comprar, ainda a crédito, as coisas necessárias à economia doméstica;
II – obter, por empréstimo, as quantias que a aquisição dessas coisas possa exigir.

Esse texto expressa duas situações de atos que podem ser praticados isoladamente por membro do casal, a fim de possibilitar a direção do lar e a economia doméstica. Desse modo, qualquer dos cônjuges pode comprar livremente, conforme a compatibilidade dos seus rendimentos, víveres, roupas, móveis, utensílios, eletrodomésticos, medicamentos etc. Eventuais exageros devem ser vistos caso a caso.

🔑 Apelação cível – Embargos de terceiro – Execução de cédula de crédito bancário – Devedor solidário – Obrigação de garantia – Ausência – Outorga uxória – Dispensa – Dívida contraída em proveito da família Meação – Vulnerabilidade do patrimônio – Não há que se confundir a obrigação pessoalmente assumida pelo sócio com a figura do garantidor, em fiança ou aval, dispensada, no primeiro caso, a outorga uxória do negociante casado para a assunção da obrigação de pagamento – A dívida contraída pelo devedor em proveito da família afeta os bens em condomínio matrimonial, na forma dos arts. 1.643 e 1.644, ambos do CC/02 (*TJMG* – Ap. 1.0079.11.041360-0/001, 6-11-2018, Rel. Fernando Lins).

🔑 Apelação cível – Embargos de terceiro – Penhora de imóvel – Defesa da meação – **Dívida decorrente de valor revertido em benefício do casal** – Arts. 1.643 e

1.644 do Código Civil c/c inc. IV, art. 592 do Código de Processo Civil – Ausência de intimação para produção de provas – Cerceamento de defesa – Litigância de má-fé – Sentença insubsistente – Recurso provido. À dívida decorrente de empréstimo realizado por um dos cônjuges, mas revertida em benefício do casal, não se opõe a meação visando obstar sua cobrança, conforme letra dos arts. 1.643 e 1.644 do Código Civil c/c inc. IV, art. 592 do Código de Processo Civil, respondendo o imóvel em sua totalidade. Todavia, a circunstância só pode ser verificada se possibilitada à parte a produção de prova neste sentido, razão pela qual torna-se insubsistente a sentença por cerceamento de defesa quando constatada indiferença à questão, de modo a prejudicar parte que suplica. Da exposição de fatos em juízo ante a evidência de sua falsidade pelos próprios elementos contidos nos autos decorre a subsunção da conduta à multa por litigância de má-fé definida no art. 18, *caput*, do Código de Processo Civil (*TJMG* – Acórdão: Apelação Cível nº 2012.005535-6/0000-00, 17-5-2012, Rel. Des. Vladimir Abreu da Silva).

Art. 1.644. As dívidas contraídas para os fins do artigo antecedente obrigam solidariamente ambos os cônjuges.

Essas despesas têm por finalidade possibilitar a higidez do lar conjugal e, embora contraídas por um só dos consortes, obrigam solidariamente a ambos. Este texto deveria vir no bojo do artigo anterior.

⚖ Ação de Divórcio c.c. Partilha e Alimentos – Dívidas contraídas em benefício do casal que devem ser partilhadas – Inteligência do art. 1.644 do CC – Ausência de impugnação quanto à destinação das dívidas contraídas – Presunção de que os bens e dívidas contraídas, ainda que só por um dos conviventes, tenham sido revertidas em favor do casal – Sentença mantida – Recurso improvido (*TJSP* – Ap. 1011614-81.2018.8.26.0348, 9-1-2020, Rel. Luiz Antonio Costa).

⚖ Apelação cível. **Separação judicial**. Partilha. Comunhão universal de bens. Dívidas. Imóvel registrado em nome de terceiro. Impossibilidade de divisão entre o ex-casal. Automóvel adquirido durante o casamento e vendido pela mulher após separação fática. Provimento parcial. Redistribuição dos ônus sucumbenciais. 1. Dívidas. Nas Disposições Gerais do Código Civil acerca do Regime de Bens consta que podem os cônjuges, independentemente de autorização um do outro, comprar, ainda a crédito, as coisas necessárias à economia doméstica ou obter, por empréstimo, as quantias que a aquisição dessas coisas possa exigir – as quais obrigam solidariamente ambos os cônjuges (arts. 1.643 e 1.644 do CCB). 2. Não obstante tais presunções, tendo a mulher negado que o dinheiro dos empréstimos bancários reverteu para pagamento de despesas da economia doméstica, era ônus do recorrente fazer tal comprovação – mas não fez. Do contrário, seria lançar sobre a autora o ônus de fazer prova negativa. 3. IMÓVEL. O imóvel da rua Treviso foi objeto de escritura pública de compra e venda entre os proprietários e terceira pessoa (irmão do demandado) e é este o adquirente nominado na matrícula nº 5.151. Não obstante a alegação de que houve simulação daquele negócio, pois, em verdade, o imóvel foi adquirido pelo casal, há óbice intransponível a que se mande partilhar bem formalmente de titularidade de terceiro. Para que seja proferida decisão no sentido da sentença, imperioso admitir que a titularidade do indigitado imóvel é do casal e isto não se pode concluir neste processo, pois não há como sobrepor a prova testemunhal à verdade registral, salvo prévia desconstituição da propriedade atestada no Registro de Imóveis e em processo que tenha como parte o proprietário, ensejando a este fazer a defesa da titularidade do imóvel 4. VEÍCULO. O automóvel foi arrolado pela autora como bem do casal. Ao longo da instrução ela vendeu o bem, assumindo o adquirente o pagamento das parcelas remanescentes do contrato de financiamento. Deve ser reformada a sentença para reconhecer o direito de o varão ser reembolsado, por metade, da vantagem econômica obtida pela apelada com o negócio. Deram provimento em parte. Unânime (*TJRS* – Acórdão: Apelação Cível nº 70044935344, 27-10-2011, Rel. Des. Luiz Felipe Brasil Santos).

Art. 1.645. As ações fundadas nos incisos III, IV e V do art. 1.642 competem ao cônjuge prejudicado e a seus herdeiros.

As ações fundadas nos incisos III, IV e V desse art. 1.642 competem ao cônjuge prejudicado e a seus herdeiros. Note que o inciso V, doação ou transferência de bens comuns ao concubino, insere situações de fato que devem ser ingentemente provadas no curso do processo. Examina-se a transferência dos bens a qualquer título. Há que se evidenciar que os bens alienados não foram adquiridos pelo esforço comum dos concubinos, se o casal estiver separado de fato por mais de cinco anos. Nesse caso, não há mais que se considerar o concubinato impuro. A redação do dispositivo vigente não agrada e certamente os futuros julgados darão a devida flexibilidade à norma, dentro das inúmeras situações que ocorrem nos casos concretos. Melhor seria que se deixasse em aberto a norma, possibilitando o exame do prejuízo pelo juiz, no caso concreto. A lei refere-se, nessa oportunidade, à união impura, isto é, adulterina, que prefere denominar concubinato. A concubina ou concubino que se beneficiou com a alienação não terá direito à indenização segundo o princípio pelo qual ninguém pode invocar a própria torpeza. Observe o art. 73 do CPC atual, quanto ao consentimento do outro cônjuge para ações específicas.

⚖ União Estável – Ação de reconhecimento – Homem Casado – Ocorrência de concubinato – Separação de fato não provada – "Direito de família e processual civil. Recurso especial. Ação de reconhecimento de união estável. Homem casado. Ocorrência de concubinato. Separação de fato não provada. Necessidade de reexame de prova. Súmula nº 7/STJ. Agravo não provido. 1. A jurisprudência do STJ e do STF é sólida em não reconhecer como união estável a relação concubinária não eventual, simultânea ao casamento, quando não estiver provada a separação de fato ou de direito do parceiro casado. 2. O Tribunal de origem estabeleceu que o relacionamento entre a autora e o *de cujus* configura concubinato, uma vez que, conforme consignado no v. acórdão recorrido, as provas documental e testemunhal presentes nos autos não corroboram a versão de que o falecido estava separado de fato no período do alegado relacionamento. 3. A inversão do entendimento firmado nas instâncias ordinárias, na forma pleiteada pela agravante, demandaria o reexame de provas, o que é defeso em sede de recurso especial, nos termos da Súmula nº 7/STJ . 4. Agravo regimental não provido." (STJ – AgRg-Ag-REsp 748.452 – (2015/0176370-8), 7-3-2016, Rel. Min. Raul Araújo).

Art. 1.646. No caso dos incisos III e IV do art. 1.642, o terceiro, prejudicado com a sentença favorável ao autor, terá direito regressivo contra o cônjuge, que realizou o negócio jurídico, ou seus herdeiros.

Nos casos dos incisos III e IV desse art. 1.642, o terceiro prejudicado com a sentença favorável ao autor terá direito de regresso contra o cônjuge, que realizou o negócio jurídico, ou seus herdeiros. Como se percebe, é essencial que o agente que negocia com pessoa casada se acautele, nos atos descritos, exigindo a outorga conjugal. Se esta está ausente, caberá na ação de regresso examinar se o terceiro agiu de boa-fé. As situações de união estável também exigem cautela de terceiros, embora a lei não o diga expressamente.

**Art. 1.647. Ressalvado o disposto no art. 1.648, nenhum dos cônjuges pode, sem autorização do outro, exceto no regime da separação absoluta:
I – alienar ou gravar de ônus real os bens imóveis;
II – pleitear, como autor ou réu, acerca desses bens ou direitos;
III – prestar fiança ou aval;
IV – fazer doação, não sendo remuneratória, de bens comuns, ou dos que possam integrar futura meação.
Parágrafo único. São válidas as doações nupciais feitas aos filhos quando casarem ou estabelecerem economia separada.**

O Código relaciona aqui os atos que *nenhum dos cônjuges* pode praticar, *sem autorização do outro, exceto no regime da separação absoluta*. Já de plano se nota que este diploma aboliu a restrição quando o regime de bens entre os cônjuges é o da separação absoluta.

Quando não se comunicam de forma alguma os bens de cada consorte, não havia sentido, como fora estabelecido no sistema anterior, que o cônjuge obtivesse a autorização do outro para a prática de determinados atos de responsabilidade patrimonial.

A outorga conjugal é necessária para atribuir legitimação para tais atos. É ineficaz qualquer dispositivo em contrário que seja aposto em pacto antenupcial. A autorização para esses atos deve ser escrita, expressa, cabal, específica e inserida em instrumento idôneo. Se referir a imóveis, acima do valor legal, deve vir em instrumento público (art. 108). A autorização genérica para a prática de determinados atos deve ser vista com restrições e não pode ser admitida pelos interessados, sob pena de vir a ser questionada de futuro.

Entende-se que esses atos de disposição podem, em princípio, colocar em risco o patrimônio necessário para a subsistência e manutenção do lar, ainda que digam respeito a bens de um só dos esposos. Busca-se a segurança econômica da família. Admite-se que os bens imóveis são os que permitem maior estabilidade econômica. A norma é de ordem pública. Entende-se atualmente que para os compromissos de compra e venda de imóveis, também atos de disposição, é igualmente necessária a outorga conjugal. A inclusão do aval nesse rol não tem muito sentido, além de apresentar obstáculos práticos, pois tumultua a compreensão tradicional do direito cambiário. O projeto do Estatuto das Famílias sabiamente o retira desse elenco.

A nulidade é textual. A ação anulatória dos atos praticados sem outorga conjugal, porém, é privativa do outro cônjuge, ou de seus herdeiros, pois os interesses tutelados são privados.

Anote-se que este Código, ao tratar do direito de empresa, visando resolver problema ardiloso no mundo negocial, estabeleceu, no art. 978, que *"o empresário casado pode, sem necessidade de outorga conjugal, qualquer que seja o regime de bens, alienar os imóveis que integrem o patrimônio da empresa ou gravá-los de ônus real"*.

Há que se examinar no caso concreto se o imóvel está relacionado como patrimônio da empresa. O dispositivo abre válvulas a fraudes, com necessidade de permanente supervisão judicial.

Outro dispositivo recebido com total antipatia pela sociedade foi o do art. 977, dentro do direito de empresa:

"Faculta-se aos cônjuges contratar sociedade, entre si ou com terceiros, desde que não tenham casado no regime da comunhão universal de bens, ou no da separação obrigatória."

O objetivo do legislador, como se nota, foi não tornar inócuo o regime de bens ou impedir que se burlasse a separação obrigatória. Até a entrada em vigor deste Código, existiam centenas de sociedades entre cônjuges, mormente os casados em comunhão universal.

A recusa injustificada do cônjuge para os atos relacionados aqui pode ser suprida pelo juiz. A mesma situação de suprimento do consentimento aplica-se quando se mostra impossível, por qualquer motivo, obter essa manifestação de vontade.

A fiança referida pela lei é de qualquer natureza, civil ou mercantil, embora essa distinção se torne despicienda neste Código, que unifica os institutos. Essa restrição não atingia o aval de índole cambial, no Código de 1916. Tantas foram as discussões e problemas que advieram dessa situação no passado que este Código resolveu ser expresso: o aval também necessita de autorização conjugal. Esse consentimento para o aval será, sem dúvida, um entrave para o dinamismo dos princípios cambiários e exigirá maiores cautelas para quem se utiliza dos títulos de crédito. A nosso ver, com essa exigência e outras modificações relativas aos títulos de crédito, presentes neste Código, estarão seriamente ameaçados os tradicionais princípios de autonomia e literalidade dos títulos cambiais. Já houve tentativa mais recente para abolir o aval dessa disposição, texto que foi vetado pela presidência da República. Essa situação merece mesmo melhor meditação.

Muito se discutiu acerca da nulidade ou anulabilidade da fiança sem outorga conjugal no sistema anterior. A possibilidade de o ato ser ratificado e o fato de sua nulidade somente poder ser arguida pela mulher ou outro interessado situava o vício entre as nulidades específicas de direito de família, como já mencionamos, com regras próprias que não se amoldam ao sistema de nulidades dos negócios jurídicos em geral. A discussão que a doutrina teceu a respeito desse tema é estéril, porque o legislador simplesmente criou um sistema de nulidade específico nessa matéria de direito de família. Este Código procurou, de forma direta, resolver a questão, aduzindo expressamente no artigo em epígrafe que o ato é anulável e que o cônjuge pode pleitear sua anulação em dois anos após o término da sociedade conjugal. Só o cônjuge tem legitimidade para tal.

Refere-se ainda esse artigo à *proibição de doações*, sem consentimento conjugal, não sendo remuneratórias, com os bens comuns ou que possam integrar a futura meação. Neste último tópico, o corrente Código refere-se ao regime de comunhão final de aquestos. Não pode, pois, o cônjuge fazer oferendas sem o acordo do consorte. A razão é intuitiva. Excluem-se as doações remuneratórias, pois estas visam à retribuição por um serviço prestado. O *pequeno valor* autorizava a doação pelo cônjuge, sem o consentimento do outro, no Código de 1916. Este Código suprimiu essa possibilidade, extirpando o subjetivismo que a expressão autorizava.

O parágrafo único deste art. 1.647 refere-se à possibilidade de doações nupciais aos filhos quando se casarem ou estabelecerem economia separada. Pretendeu-se ver nessa autorização, no passado, possibilidade de doação de bens imóveis. Não há, porém, como se admitir alienação de bens imóveis sem outorga uxória, perante os termos do art. 1.647, I (MONTEIRO, 1996, p. 133). Segundo esse autor, essa disposição é exceção à regra geral estampada no *caput*. Conclui-se que se as doações foram para os filhos que se casam ou se estabelecem com economia separada, poderão ser de elevado valor, mas serão constituídas exclusivamente de bens móveis. Para a doação de imóveis, qualquer que seja o valor, há necessidade de outorga conjugal.

Enunciado nº 114 do CJF/STJ, I Jornada de Direito Civil: O aval não pode ser anulado por falta de vênia conjugal, de modo que o inc. III do art. 1.647 apenas caracteriza a inoponibilidade do título ao cônjuge que não assentiu.

Recurso especial. Processual civil. Execução. Avalista. Ausência de garantia real. Necessidade de citação. Litisconsórcio necessário. Inexistência. 1. O cônjuge que apenas autorizou seu consorte a prestar aval, nos termos do art. 1.647 do Código Civil (outorga uxória), não é avalista. Dessa forma, não havendo sido prestada garantia real, não é necessária sua citação como litisconsorte, bastando a mera intimação, como de fato postulado pelo exequente (art. 10, § 1º, incisos I e II, do CPC de 1973). Recurso especial a que se nega provimento (*STJ*, REsp 1475257/MG, 10.12.2019, Rel. Ministra Maria Isabel Gallotti).

União estável – Ação declaratória pura – Bens adquiridos em sub-rogação dos bens particulares – ausência de esforço comum – exclusão dos bens – "Recurso especial. Meação. Ação declaratória pura. Bens adquiridos em sub-rogação dos bens particulares antes do início da união estável. Ausência de esforço comum. Exclusão dos bens da meação da companheira. Possibilidade. 1. As tutelas condenatórias sujeitam-se a prazos prescricionais, enquanto aquelas constitutivas (positivas ou negativas) se sujeitam a prazos decadenciais. Noutro passo, as tutelas meramente declaratórias e as constitutivas sem previsão de prazo em lei não se sujeitam a prazo prescricional ou decadencial. 2. Na hipótese, por se tratar de declaratória pura – declaração de que a última companheira do *de cujus* não possui direito a meação de determinados bens –, não há falar em prazo prescricional, principalmente porque, ao contrário do aventado, não se verifica cunho constitutivo no pleito, pois ainda não há a partilha a ser modificada, tampouco se pretende a anulação de registro imobiliário. 3. Analisar se o registro imobiliário se encontrava em nome da recorrente demanda o revolvimento fático-probatório dos autos, o que encontra óbice na Súmula nº 7 do STJ. 4. Releva notar que tanto a sentença como o acórdão recorrido não seguiram a linha registral dos imóveis como pano de fundo para análise da prescrição. Apesar disso, quando o fizeram foi para reconhecer que o nome da recorrente constou de forma equivocada, por exigência do tabelião (até porque o art. 1.647, I, do CC dispõe desta forma), e apenas no momento da transmissão do bem, em razão da outorga uxória decorrente da união estável constatada. 5. No mérito, o Tribunal a quo, de forma detalhada, construiu todo o histórico de datas, compras, vendas, transmissões para chegar à conclusão de que os bens eram anteriores e/ou sub-rogados em seu lugar. Portanto, afastar essa conclusão diversa demanda, o revolvimento de todo o arcabouço probatório, o que é vedado no âmbito do STJ (Súm. 7). 6. É firme a jurisprudência do STJ no sentido de que 'não configura cerceamento de defesa quando, oportunizada a instrução probatória, a prova pericial é indeferida por ausência de requerimento na fase própria e a prova testemunhal não é realizada por não ter a parte juntado o rol de testemunhas. Preclusão configurada' (AgRg-AgRg-REsp 852.059/MG, Rela Min. Maria Isabel Gallotti, 4ª T., Julgado em 18.08.2015, DJe 27.08.2015). 7. Recurso especial a que se nega provimento." (*STJ* – REsp 1.472.866 – (2014/0195022-4), 20-10-2015, Rel. Min. Luis Felipe Salomão)

⚖ Apelação cível – Ação de anulação de ato jurídico – Sentença de improcedência – Apelo da autora – Alegada a nulidade da fiança prestada pelo cônjuge da apelante em contrato de empréstimo e do aval na nota promissória vinculada – Ausência de outorga uxória – Art. 1.647, III, do CC/2002 – Súmula nº 332 do STJ – Peculiaridades do caso concreto – Esposo da apelante que declarou seu estado civil como "solteiro" na avença – Entendimento que, em casos de prestação de informações inverídicas pelo fiador quanto ao seu estado civil, a garantia é válida, independentemente do consentimento conjugal – precedentes do STJ – "1- Nos termos do artigo 1.647 do Código Civil, exceto no regime de bens da separação absoluta, é obrigatória a autorização conjugal para a concessão da fiança por um dos cônjuges. 1.1. Nesse contexto normativo, sobreveio a Súmula 332/STJ no sentido de que "a fiança prestada sem autorização de um dos cônjuges implica a ineficácia total da garantia". 1.2. Nada obstante, em respeito à cláusula geral da boa – Fé objetiva, a jurisprudência desta Corte tem mitigado a incidência da regra de nulidade integral da fiança nos casos em que o fiador omite ou presta informação inverídica sobre seu estado civil. [...]" (AgRg no REsp 1.507.413/SP, Rel. Ministro MARCO BUZZI, QUARTA TURMA, j. 1-9-2015). "1- Controvérsia acerca da validade de fiança prestada pelo marido sem o aval da esposa, na hipótese em que a nulidade é alegada por esta. 2- "A fiança prestada sem autorização de um dos cônjuges implica a ineficácia total da garantia" (Súmula 332/STJ). 3- Mitigação da Súmula 332/STJ na hipótese em que o fiador omite o estado de casado. 4- Aplicação da teoria dos atos próprios, concretizada na fórmula "venire contra factum proprium". 5- Validade da garantia, na espécie, ainda que a nulidade tenha sido alegada pelo cônjuge que não participou do negócio jurídico. Precedentes." (REsp nº 1.384.112/SC, Rel. Ministro Paulo de Tarso Sanseverino, j. 25-5-2016). "2- A regra de nulidade integral da fiança prestada pelo cônjuge sem outorga do outro cônjuge não incide no caso de informação inverídica por este de estado de solteira, assinando, no caso, a fiadora, mulher casada, com omissão do nome do marido. 3- A boa-fé objetiva que preside os negócios jurídicos (CC/2002, art. 113) e a vedação de interpretação que prestigie a malícia nas declarações de vontade na prática de atos jurídicos (CC/2002, art. 180) vem em detrimento de quem preste fiança com inserção de dados inverídicos no documento.". (REsp 1.328.235/RJ, Rel. Ministro Sidnei Beneti, Terceira Turma, j. 4-6-2013). Alegação de que cabia à instituição financeira diligenciar a fim de verificar os dados inseridos no contrato. Tese rejeitada, na medida em que foi o próprio cônjuge da apelante quem prestou informação inverídica, não cabendo à apelante a expectativa de que a instituição financeira praticasse diligência que seu próprio cônjuge não teve. Idade avançada do garante que não lhe exime da responsabilidade pelos atos da vida civil. Ademais, o contrato foi firmado também pela devedora principal, filha do casal, que contava com 32 anos de idade, e poderia assistir ao seu genitor quando da conferência dos dados. Ademais, a ninguém é dado beneficiar-se da própria torpeza. Boa-fé da instituição financeira não derruída. Irresignação contra a determinação de instauração de inquérito policial para apuração de eventual prática de crime de falsidade ideológica. Art. 299 do Código Penal. Ausência de indícios de que o cônjuge da apelante tenha agido com dolo. Ademais, a qualificação inverídica do estado civil já lhe acarretou a sanção de mitigação da aplicação da súmula nº 332 do STJ e reconhecimento da validade da garantia. Recurso provido, no ponto. Recurso conhecido e parcialmente provido. (*TJSC* – Ap. 0600077-98.2014.8.24.0074, 4-10-2016, Rel. Des. Dinart Francisco Machado)

Art. 1.648. Cabe ao juiz, nos casos do artigo antecedente, suprir a outorga, quando um dos cônjuges a denegue sem motivo justo, ou lhe seja impossível concedê-la.

A recusa injustificada do marido ou da mulher para a prática de tais atos pode ser suprida judicialmente (art. 74 do CPC). Nessa ação de suprimento de vontade, deve ser provado que a recusa é injusta ou é impossível de ser obtida. A injustiça da recusa ou a impossibilidade de sua obtenção apuram-se nos casos concretos. O art. 238, do velho Código, completava a ideia afirmando que os atos praticados com outorga judicial não obrigavam os bens próprios da mulher. O mesmo se aplicaria à mulher quando o suprimento de vontade fosse do marido. Atentemos aqui para o que foi exposto acerca dos direitos idênticos dos cônjuges. Por igual raciocínio, não há mais que se falar em bens reservados da mulher. Poderão existir bens próprios da mulher (ou do marido) por força do regime de bens ou de cláusula de incomunicabilidade, mas de qualquer modo os bens próprios não serão atingidos. Assim, no regime da separação, serão próprios do cônjuge todos os bens que lhe pertencerem, e na comunhão parcial, os bens que o cônjuge tiver ao casar, os sub-rogados nestes e os havidos por doação ou sucessão.

> **Art. 1.649.** A falta de autorização, não suprida pelo juiz, quando necessária (art. 1.647), tornará anulável o ato praticado, podendo o outro cônjuge pleitear-lhe a anulação, até dois anos depois de terminada a sociedade conjugal.
> **Parágrafo único.** A aprovação torna válido o ato, desde que feita por instrumento público, ou particular, autenticado.

O parágrafo do artigo dá dinamismo e facilita o entendimento do *caput*.

No Código de 1916, o prazo da ação para a mulher desobrigar ou reivindicar os imóveis do casal, quando o marido os gravou, ou alienou sem outorga conjugal ou suprimento judicial, era de quatro anos contados da dissolução da sociedade conjugal (art. 178, § 9º, I, *a*). Para os herdeiros, esse prazo contava-se do falecimento do cônjuge que não consentiu. O mesmo prazo de quatro anos era aplicável para anular as fianças prestadas e as doações feitas pelo marido (art. 178, § 9º, I, *b*).

Este Código dispõe que esses atos são anuláveis (art. 1.649), podendo o outro cônjuge pleitear-lhe a anulação, até dois anos depois de terminada a sociedade conjugal. Durante a permanência da sociedade conjugal não há decurso de prazo extintivo para os cônjuges. Esse ato, por sua natureza, é ratificável. De acordo com o parágrafo único desse artigo, a aprovação torna o ato inquinado válido, desde que feita por instrumento público ou particular, autenticado.

> **Art. 1.650.** A decretação de invalidade dos atos praticados sem outorga, sem consentimento, ou sem suprimento do juiz, só poderá ser demandada pelo cônjuge a quem cabia concedê-la, ou por seus herdeiros.

A decretação de invalidade dos atos praticados sem outorga, sem consentimento, ou sem suprimento, só poderá ser demandada pelo cônjuge a quem cabia concedê-la, ou por seus herdeiros. Trata-se, portanto, de legitimidade restrita. Iniciada a ação pelo cônjuge, falecendo este, podem os herdeiros continuar com a ação. Há que se entender que o prazo também será de dois anos para os herdeiros ajuizarem a ação, contado a partir do falecimento do cônjuge que não consentiu.

⚖ Exceção de preexecutividade. Recurso de agravo tirado contra decisão que acolheu a exceção, para determinar a exclusão de um dos executados do polo passivo, com levantamento da penhora incidente sobre bens de propriedade do excluído. **Aval. Ausência de outorga uxória**. Validade se o próprio avalista é quem suscita a nulidade. Legitimado para o ato é o cônjuge que não anuiu. Embora o inciso III, do artigo 1.647 do Código Civil preveja a outorga uxória para prestação de aval, o artigo 1.650 do mesmo Código dispõe que "a decretação de invalidade dos atos praticados sem outorga, sem consentimento, ou sem suprimento do juiz, só poderá ser demandada pelo cônjuge a quem cabia concedê-la, ou por seus herdeiros. Título executivo que preenche os requisitos legais. Decisão reformada para manter o excipiente no polo passivo da execução, bem como a penhora incidente sobre seus bens. Exceção de pré-executividade julgada improcedente. Deram provimento ao recurso (*TJSP* – Acórdão: Agravo de Instrumento nº 0502908-27.2010.8.26.0000, 10-8-2011, Rel. Des. Jurandir de Sousa Oliveira).

> **Art. 1.651.** Quando um dos cônjuges não puder exercer a administração dos bens que lhe incumbe, segundo o regime de bens, caberá ao outro:
> I – gerir os bens comuns e os do consorte;
> II – alienar os bens móveis comuns;
> III – alienar os imóveis comuns e os móveis ou imóveis do consorte, mediante autorização judicial.

Não mais se defere ao marido a administração de bens de seu cônjuge: cada um administrará seus próprios bens. De acordo com este artigo, quando um dos cônjuges *não puder exercer a administração* dos bens que lhe incumbe, segundo o regime de bens, ao outro caberá: I – gerir os bens comuns e os do consorte; II – alienar os bens móveis comuns; e III – alienar os imóveis comuns ou os móveis ou imóveis do consorte, mediante autorização judicial. Trata-se de exceção à regra geral ora discutida, que somente pode ser aplicada nos casos em que o cônjuge estiver em situação de incapacidade de administrar seus bens, de forma permanente ou transitória.

O cônjuge administrador poderá sujeitar-se à prestação de contas, se for solicitado pelos interessados, inclusive pelo Ministério Público, se houver menores e incapazes.

⚖ Apelação cível. **Alvará judicial para a venda de dois bens imóveis comuns ao curador e curatelada**. Curador que pretende ceder onerosamente a fração ideal de 1/8 sobre bem imóvel herdado de sua mãe. Comunicação com a curatelada por força do regime da comunhão universal de bens. Necessidade não demonstrada de forma cabal. Manifesta vantagem para a curatelada demonstrada, uma vez que pretende o curador ter uma reserva financeira para a hipótese de alguma emergência de saúde. Bem de pouco valor, que se configura fonte de despesas e confusões, haja vista o condomínio com mais sete co-herdeiros. Permitida a cessão onerosa desse quinhão, desnecessária e desvantajosa, no momento, a venda do outro imóvel. Recurso conhecido e parcialmente provido. Abranda-se o rigor imposto pelo artigo 1.750 do Código Civil, por se tratar de bem comum ao curador e à curatelada, sendo a comunicação resultante única e exclusivamente do regime matrimonial de bens que determina a comunhão dos bens herdados ou recebidos em doação. Não se pode olvidar que o curador é pessoa capaz, possui a livre disposição de seus bens e, ainda, como marido, tem a obrigação de sustento em relação à sua esposa, enferma mental, interditada judicialmente.

Considerando-se, pois, que o bem é comum, de pequeno valor, mas que poderá dar certa segurança financeira em caso de emergência, deve-se conceder alvará para a sua disposição onerosa. Sobrepõe-se ao direito patrimonial, o direito a tratamento de saúde, como um dos desdobramentos do princípio maior da dignidade da pessoa humana (*TJSP* – Acórdão: Apelação Cível nº 2011.049416-0, 18-8-2011, Rel. Des. Ronei Danielli).

Art. 1.652. O cônjuge, que estiver na posse dos bens particulares do outro, será para com este e seus herdeiros responsável:
I – como usufrutuário, se o rendimento for comum;
II – como procurador, se tiver mandato expresso ou tácito para os administrar;
III – como depositário, se não for usufrutuário, nem administrador.

Esse dispositivo complementa o anterior. A regra é rigorosa, impondo a melhor conduta do cônjuge a respeito dos bens do outro que estiver na posse, inclusive equiparando-o ao depositário, quando não for usufrutuário ou administrador. A condição de depositário, descrita no inciso III, acarreta toda a responsabilidade do instituto do depósito.

Por outro lado, não se restringe o desempenho da profissão dos consortes, salvo as proibições expressas analisadas. A matéria deve ser examinada no caso concreto se, por exemplo, o ato de disposição de bens extrapola o simples desempenho da profissão do marido ou da mulher.

CAPÍTULO II
Do Pacto Antenupcial

Art. 1.653. É nulo o pacto antenupcial se não for feito por escritura pública, e ineficaz se não lhe seguir o casamento.

Com o casamento, o pacto escolhido entra em vigor. Vimos que no sistema de 1916, o regime não mais podia ser alterado, o que não mais ocorre com o atual Código. A escritura pública é necessária para a validade do ato, sendo nula a convenção que não obedecer a esse formalismo.

Na escritura pública antenupcial deverão estar presentes os cônjuges para assiná-la, podendo também participar terceiros, parentes ou não, que façam doações aos nubentes em razão do casamento a ser realizado. A legitimação para essa escritura não é idêntica àquela para os atos civis em geral, mas à legitimação matrimonial, identificando-se seus requisitos com os exigidos para contrair matrimônio. Podem realizar pacto antenupcial os que podem casar-se. Desse modo, os menores e interditos podem firmar pacto, necessitando de assistência dos respectivos pais, tutores e curadores. Caio Mário da Silva Pereira (1996, p. 122), ressalvando a posição contrária majoritária, e a redação do presente Código, que é expresso a esse respeito, entendem que essa assistência não é necessária, porque se trata de interferência indevida na vontade do nubente e de certa forma um atentado à liberdade matrimonial.

A escritura antenupcial é realizada sob condição suspensiva. Não se lhe seguindo o casamento, frustra-se a condição. Na verdade, o negócio resta vazio de efeitos, não obtendo eficácia, embora o Código de 1916 a conceituasse como nulidade (art. 256, parágrafo único, II). Corretamente, o vigente diploma refere-se à ineficácia neste artigo. Questão em aberto, não resolvida pela lei, é o prazo para a realização do casamento, após a celebração do pacto. Não havendo termo expresso em seu bojo, qualquer dos contratantes pode pedir a declaração de ineficácia da escritura, embora, na realidade, não havendo casamento, o ato não gere efeito algum. Da mesma forma, caducará o pacto se escoar o prazo nele fixado, se algum dos contratantes vier a falecer ou se casar com pessoa diversa. Por outro lado, enquanto não se realizar o casamento, o pacto pode ser revogado, retificado ou alterado pelos interessados. Sua intangibilidade, agora de caráter relativo, decorre unicamente da celebração do casamento.

Art. 1.654. A eficácia do pacto antenupcial, realizado por menor, fica condicionada à aprovação de seu representante legal, salvo as hipóteses de regime obrigatório de separação de bens.

Essa aprovação pelo representante legal pode ocorrer no próprio instrumento ou em instrumento à parte, admitindo-se, portanto, a confirmação. Admitido entre nós o casamento por procuração, nada impede que o pacto seja firmado por procurador com poderes especificamente descritos.

Civil (família) e processual civil – Embargos de declaração em apelação cível – Ação anulatória de escritura pública de pacto antenupcial – **Nubente Menor – Requisitos essenciais** – Artigo 1.537 e artigo 1.654, ambos do Código Civil – Discordância da parte com o julgado – inexistência de omissão, contradição, obscuridade ou erro manifesto – Reexame da matéria – Improvimento – 1- A autorização para casar (quando for a hipótese) deve ser integralmente transcrita na escritura pública de pacto antenupcial, nos termos do art. 1.537, do Código Civil . 2- A eficácia de pacto antenupcial, realizada por menor, está subordinada à aprovação de seu respectivo representante legal, à exceção das hipóteses de regime obrigatório de separação de bens, nos termos do art. 1.654, do Código Civil . 3- Eventual discordância da parte com o julgado não caracteriza omissão, contradição, obscuridade ou erro manifesto, ensejadoras de embargos de declaração, consoante estabelece o art. 535, do Código de Processo Civil , mas, sim, mera irresignação com a decisão impugnada, o que não é possível nessa via recursal

(*TJES* – EDcl-AC 47050055384, 14-7-2013, Rel. Des. Annibal de Rezende Lima)

Art. 1.655. É nula a convenção ou cláusula dela que contravenha disposição absoluta de lei.

O pacto antenupcial é negócio jurídico de direito de família e sua finalidade é exclusivamente regular o regime patrimonial dos cônjuges no casamento a se realizar. Não se admitem outras disposições estranhas a essa finalidade. Essa escritura não admite, por exemplo, pactos sucessórios entre os cônjuges, que devem ser objeto de testamento individual de cada cônjuge. Admite-se, porém, o reconhecimento de filho, cujo conteúdo da declaração basta como regra geral, de *per si*, independentemente do documento em que se encontre. Cuida-se, em última análise, de prova escrita de filiação. Esse artigo expressa que será nula a convenção ou cláusula dela que contravenha disposição absoluta de lei. A anulação para as nulidades relativas, seguindo a regra geral, dependerá da iniciativa dos interessados.

Escritura anulável pode ser ratificada, como os negócios jurídicos em geral. Se for nula, no entanto, não admitirá ratificação, sujeitando-se o casamento ao regime legal da comunhão parcial. Por outro lado, pode ser válido o pacto e inválida alguma de suas disposições que afetam normas de ordem pública ou prejudicam direitos conjugais ou do poder familiar. Aplica-se o princípio *utile por inutile non vitiatur*. Nesse sentido, estabelecia o art. 257, II, do antigo Código. A ideia mantém-se nesse dispositivo, lembrando que a nulidade em geral alcança qualquer disposição que prejudique os direitos ou deveres conjugais ou paternos. Será nula, por exemplo, a cláusula que determine que caberá a apenas um dos cônjuges a educação dos filhos; que imponha que os nubentes ou um deles abracem determinado credo, religião, partido político ou profissão, por exemplo. Na verdade, não se pode admitir no pacto qualquer disposição que contrarie ou infrinja direitos fundamentais ou da personalidade. O pacto deve ter em mira exclusivamente os direitos patrimoniais e cabe ao cartorário encarregado de documentá-lo orientar os nubentes e recusar-se a inserir disposições nulas, levantando-se dúvida, se for o caso.

Enunciado nº 635, VIII Jornada de Direito Civil – CJF/STJ: O pacto antenupcial e o contrato de convivência podem conter cláusulas existenciais, desde que estas não violem os princípios da dignidade da pessoa humana, da igualdade entre os cônjuges e da solidariedade familiar.

Art. 1.656. No pacto antenupcial, que adotar o regime de participação final nos aquestos, poder-se-á convencionar a livre disposição dos bens imóveis, desde que particulares.

Já apontamos que dificilmente esse regime será adotado em nosso meio social. As partes podem convencionar a livre disposição dos bens imóveis particulares de cada cônjuge. Veja o que falamos a seguir sobre esse regime.

Art. 1.657. As convenções antenupciais não terão efeito perante terceiros senão depois de registradas, em livro especial, pelo oficial do Registro de Imóveis do domicílio dos cônjuges.

O pacto tem plena eficácia entre os cônjuges, independentemente de registro. No entanto, para a eficácia *erga omnes*, o art. 1.657 estabelece sua necessidade. Na sistemática da Lei dos Registros Públicos (Lei nº 6.015/1973), trata-se de registro, segundo o elenco estabelecido no art. 167, I, nº 12, pois o Código de 1916 se referia a "transcrição". Por outro lado, a lei registrária permite a averbação das convenções antenupciais e do regime de bens diversos do legal nos registros referentes a imóveis ou a direitos reais pertencentes a qualquer dos cônjuges, inclusive os adquiridos posteriormente ao casamento. Essa averbação tem por finalidade acautelar terceiros que contratam com o casal.

Não esqueçamos, porém, que do assento de casamento deverá constar obrigatoriamente:

> "O regime de casamento, com declaração da data e do cartório em cujas notas foi tomada a escritura antenupcial, quando o regime não for o da comunhão ou o legal que, sendo conhecido, será declarado expressamente" (Lei nº 6.015/1977, art. 70, § 7º).

Na prática, essa referência constante da certidão de casamento será o mais eficiente alerta para terceiros.

"Medida cautelar inominada – Indeferimento da petição inicial – Recurso do autor – Não acolhimento – Assembleia de condomínio edilício – Eleição para síndico – Pleito destinado ao registro de candidatura do requerente e à rejeição de candidatura de outro condômino. Indeferimento da petição inicial, sob o fundamento de que o requerente não é proprietário de unidade imobiliária condominial. Imóvel registrado, no Cartório de Registro de Imóveis, em nome da esposa do autor. Artigo 1657 do Código Civil. As convenções antenupciais não terão efeito perante terceiros, senão depois de registradas, em livro especial, pelo oficial do Registro de Imóveis do domicílio dos cônjuges. Inconformismo do autor que se destina à suspensão ou anulação da assembleia já realizada. Pleitos recursais que consubstanciam inovações não admitidas na técnica jurídico-processual. Pedido de suspensão de Assembleia já realizada que, de qualquer modo, já perdeu seu objeto. Pleito de anulação da Assembleia que não pode ser objeto de medida cautelar, mas, sim, de ação de conhecimento. Manutenção da carência da ação. Negado provimento ao recurso"(v.14350) (*TJSP* – Ap. 0006055-89.2013.8.26.0590, 27-11-2013, Relª Viviani Nicolau).

CAPÍTULO III
Do Regime de Comunhão Parcial

Art. 1.658. No regime de comunhão parcial, comunicam-se os bens que sobrevierem ao casal, na constância do casamento, com as exceções dos artigos seguintes.

A ideia central no regime da comunhão parcial, comunhão de aquestos ou comunhão de adquiridos, como é conhecido no Direito português, é a de que os bens adquiridos após o casamento, os aquestos, formam a comunhão de bens do casal. Cada esposo guarda para si, em seu próprio patrimônio, os bens trazidos antes do casamento. É o regime legal, o que vigora nos casamentos sem pacto antenupcial ou cujos pactos sejam nulos ou ineficazes, vigente entre nós após a lei introdutória e regulamentadora do divórcio (Lei nº 6.515/1977). Não havendo convenção antenupcial ou sendo esta sem efeitos, vigorará, quanto aos bens entre os cônjuges, o regime da comunhão parcial. Na comunhão parcial, comunhão de aquestos ou separação parcial, como também é denominado esse regime, existem três massas de bens: os bens do marido e os bens da mulher trazidos antes do casamento e os bens comuns, amealhados após o matrimônio. Trata-se de regime da maioria absoluta dos casamentos realizados após 1977, pois os pactos nupciais são raros.

Essa regra geral do presente artigo, como se nota, cria os três patrimônios na relação conjugal. A comunhão parcial, assim como a universal, dissolve-se também por morte, separação, divórcio ou anulação do casamento. Uma vez dissolvida a comunhão, cada cônjuge retirará seus bens particulares, e serão divididos os bens comuns. Algumas noções fundamentais são expressas na lei.

Cessando o regime da comunhão parcial pela morte, separação, divórcio ou anulação do casamento, os bens que não se comunicaram continuam pertencendo a cada consorte.

Refere-se, ainda, este Código à exclusão das obrigações provenientes de atos ilícitos, salvo reversão em proveito do casal (art. 1.659, IV). Impõe-se examinar no caso concreto se o ato ilícito promoveu benefício para o casal, o que nem sempre será simples. No sistema de 1916, as obrigações provenientes de atos ilícitos eram excluídas da comunhão universal (art. 263, VI), disposição não repetida pelo corrente Código.

As pensões, meios-soldos, montepios e outras rendas semelhantes também são mencionados no dispositivo como não comunicantes. Pensão é a quantia paga periodicamente a alguém para sua subsistência, decorrente de lei, decisão judicial, contrato ou testamento. Meio-soldo é o valor pago pelo Estado aos servidores reformados das Forças Armadas. Montepio é a quantia paga pelo Estado aos beneficiários de funcionário falecido. O Código anterior referia-se ainda às tenças.

Tença é a pensão recebida periodicamente do Estado ou de particular para subsistência do beneficiário.

O direito decorrente dessas pensões não se comunica no casamento sob comunhão parcial de bens, pertencendo exclusivamente ao cônjuge beneficiário. São direitos personalíssimos. Em síntese, a pensão e seus assemelhados não se incorporam à comunidade patrimonial.

Note que os bens referidos nos incisos V a VII deste artigo também são excluídos da comunhão no regime da comunhão universal, por força do art. 1.668.

Também não se comunicam os direitos patrimoniais de autor, excetuados os rendimentos de sua exploração, salvo disposição contrária em pacto antenupcial (Lei nº 9.610/1998, art. 39).

Recorde-se que o art. 499, inserido no capítulo da compra e venda, é expresso ao estabelecer que é lícita a compra e venda entre cônjuges, com relação a bens excluídos da comunhão.

✍ Agravo de Instrumento. Acidente de trânsito. Ação de Indenização por danos materiais e morais. Cumprimento de sentença. Interposição contra decisão do d. magistrado "a quo" que indeferiu pedido de imposição de multa às executadas, bem como a pesquisa de bens em nome do cônjuge da coexecutada. Inconformismo do exequente. Possibilidade de imposição de multa após intimação pessoal das executadas, para que informem o paradeiro de bens, sob pena de ato atentatório à dignidade da justiça, nos termos dos artigos 772 e 774, V, do CPC. Agravante que deverá diligenciar e informar endereço no qual as executadas poderão ser encontradas. Pesquisa de bens em nome do marido da coexecutada: acolhimento. Cabimento da realização de pesquisa e eventual constrição, nos termos do art. 790, IV, do CPC, respeitada a meação do cônjuge. Casamento sob regime de comunhão parcial de bens. Art. 1.658 do CC. Bens e valores eventualmente encontrados em nome do marido da executada que compõem o patrimônio conjugal. Precedentes jurisprudenciais. Decisão reformada. Recurso provido, com observação (*TJSP* – Ag 2140064-31.2020.8.26.0000, 5-8-2020, Rel. Francisco Occhiuto Júnior).

✍ Divórcio – Procedência – Coisa julgada material e formal (artigos 505 e 1.013, *caput*, do NCPC) – Partilha de bem imóvel – Inviabilidade – **Casamento sob o regime da comunhão parcial de bens** (art. 1.658 do Cód. Civil) – Hipóteses de incomunicabilidade configuradas (art. 1.659, incisos I, II e VI, do Cód. Civil) – Bem de raiz adquirido e construído anteriormente à união matrimonial. Bem de propriedade exclusiva do autor, cuja alienação pretérita fora conjugada com o saldo sacado de sua conta vinculada do FGTS, de caráter personalíssimo e indenizatório. Ainda que caracterizada eventual convivência estável anterior ao casamento, inexiste qualquer prova da conjugação de esforços para a composição do saldo destinado à edificação da residência que serviu de moradia comum, objeto de financiamento imobiliário (SFH) firmado em nome do apelado. Colaboração da mulher para a aquisição, construção e melhoria do imóvel não evidenciada. Sentença mantida. Recurso desprovido (*TJSP* – Ap. 0003525-91.2013.8.26.0597, 2-6-2017, Rel. Rômolo Russo).

**Art. 1.659. Excluem-se da comunhão:
I – os bens que cada cônjuge possuir ao casar, e os que lhe sobrevierem, na constância do casamento, por doação ou sucessão, e os sub-rogados em seu lugar;
II – os bens adquiridos com valores exclusivamente pertencentes a um dos cônjuges em sub-rogação dos bens particulares;
III – as obrigações anteriores ao casamento;
IV – as obrigações provenientes de atos ilícitos, salvo reversão em proveito do casal;
V – os bens de uso pessoal, os livros e instrumentos de profissão;
VI – os proventos do trabalho pessoal de cada cônjuge;
VII – as pensões, meios-soldos, montepios e outras rendas semelhantes.**

É natural que o âmbito dos bens que não se comunicam na comunhão parcial seja de maior espectro do que na comunhão universal. Podemos dizer que há uma comunhão mais intensa na comunhão universal e menos intensa na comunhão de aquestos.

Esses bens descritos no artigo não se comunicam ao outro esposo, conservando cada consorte exclusivamente para si os que possuía ao casar. A comunhão se formará, como regra, com os bens adquiridos a título oneroso na constância do casamento. Desse modo, são bens particulares dos cônjuges os bens que estes possuíam ao casar. Os débitos anteriores ao casamento não se comunicam, porque os patrimônios de ambos os cônjuges são mantidos separados e as dívidas fazem parte deles.

Quanto às dívidas, veremos que na comunhão universal não se comunicam as obrigações anteriores ao casamento (art. 1.668, III), comunicando-se, porém, aquelas provenientes dos aprestos do casamento ou que tiverem revertido em proveito comum do casal. Na comunhão parcial, não se comunicam as obrigações de cada consorte, ainda que contraídas para os aprestos.

Os bens que substituem os bens particulares, os que a lei se refere como sub-rogados, também se excluem da comunhão. Para que se aplique o dispositivo, é necessário que o cônjuge ressalve essa sub-rogação no título aquisitivo e prove que de fato um bem substituiu outro. A matéria tem pertinência no tocante aos imóveis, pois quanto aos móveis vigora a presunção do art. 1.662, no sentido de que foram adquiridos na constância do casamento. Não se exclui, em princípio, a sub-rogação dos bens móveis na espécie, mas sua prova é mais difícil.

No sistema anterior, as modificações trazidas pela Lei nº 4.121/1962 trouxeram alguma perplexidade, tendo em vista a falta de cuidado do legislador na harmonização das inovações. Essa lei incluiu, no art. 263, XIII, do antigo Código, a disposição no sentido de que não se comunicavam os frutos civis do trabalho ou indústria de cada cônjuge, ou de ambos, no regime da comunhão universal. No entanto, o mesmo Estatuto da Mulher Casada não alterou o art. 271, VI, que determinava a comunicação dos frutos civis do trabalho e da indústria de cada cônjuge ou de ambos no regime da comunhão parcial. Ainda, a situação era de maior paradoxo, porque houve alteração no art. 269, com o acréscimo do inciso IV, que determinava a exclusão, na comunhão parcial, dos demais bens que se consideram também excluídos da comunhão universal. Tendo em vista que se tratava mesmo de um paradoxo, Sílvio Rodrigues (1999, p. 186) concluiu que o intérprete devia buscar a solução que mais se amoldasse ao espírito da lei:

> *"tendo em vista que o regime da comunhão parcial visa dentro do possível assegurar aos cônjuges a comunhão de todos os aquestos (cuja causa de aquisição seja posterior ao casamento), entendo que o produto do trabalho dos cônjuges se comunica".*

O legislador deveria ter revogado o inciso IV do art. 271, mas não o fez. Essa interpretação harmonizava-se com a intenção e a origem da lei. O legislador de 2002 foi expresso, encerrando a celeuma, estatuindo que se excluem da comunhão os proventos do trabalho pessoal de cada cônjuge (art. 1.659, VI). O extinto Projeto nº 6.960, porém, tentou excluir esse tópico do rol, adotando posição contrária, para evitar com isso problemas de ordem prática. Na verdade, é difícil precisar o momento exato em que os valores deixam de ser proventos do trabalho e passam a ser bens comuns, volatizados para atender às necessidades do lar conjugal.

Apelação cível e recurso adesivo. Ação de divórcio. Partilha. Comunhão parcial de bens. 1. Pelo regime da comunhão parcial de bens se comunicam todos os bens adquiridos onerosamente na constância da convivência, independentemente da comprovação da efetiva participação de cada um dos companheiros, presumindo-se o esforço comum. As hipóteses de exceção ao princípio da comunicabilidade, elencadas no art. 1.659 do CC, devem ser comprovadas por quem alega. Conjunto probatório que não é suficiente para comprovar as alegações da apelante em contrariedade ao princípio da comunicabilidade, não havendo correlação direta entre a venda de imóvel seu e a compra de outro. 2. Não são partilháveis os valores referentes a créditos trabalhistas, pois constituem apenas frutos civis do trabalho, *ex vi* do art. 1.659, inc. VI, do Código Civil. 3. Os honorários devem ser fixados de forma a remunerar adequadamente o advogado da parte, não merecendo reparo a sentença quando se vê que a fixação atendeu às diretrizes legais. Recursos desprovidos (*TJRS* – Ap. 70080590953, 27-2-2019, Rel. Liselena Schifino Robles Ribeiro).

🔨 Direito civil – Apelação cível em ação de reconhecimento e dissolução de união estável. Partilha de bens. Valores em conta vinculada do FGTS. Proventos de trabalho pessoal que não entram na partilha. Imóveis adquiridos com valores exclusivamente pertencentes a um dos companheiros. Sub-rogação dos bens particulares. Incomunicabilidade. Inteligência do art. 1.658 do CC/02. Apelante que não contribuiu para a construção do patrimônio que pretende divisão. Precedentes. Apelação conhecida e improvida. Sentença mantida. 1- Constata-se plenamente reconhecida a união estável, bem como a partilha dos bens móveis que guarneciam a residência do casal. Em que pese a partilha dos bens imóveis e do veículo, de acordo com a análise dos autos processuais, observa-se que estes foram adquiridos antes da constituição da união estável entre os litigantes, haja vista que conforme depoimento da própria apelante, confirmou-se que o apelado já possuía uma casa, proveniente de seu matrimonio anterior, sendo esta casa posteriormente vendida para a compra de um terreno com uma única casa encravada e que posteriormente vieram a ser construídas mais duas novas casas. 2- Em depoimento a apelante, não demonstra que houve comum esforço para a aquisição dos três imóveis em litígio, nem tampouco para a compra do veículo, uma vez que o apelado já possuía tais bens antes de conviver com a apelante, pois afirma ainda que apelado utilizou economia pessoais de sua poupança, para aquisição dos imóveis. 3- Quanto aos valores depositados em conta vinculada do FGTS, estes são considerados proventos do trabalho pessoal de cada cônjuge, não integrando o patrimônio comum, sendo, portanto, incomunicáveis, na forma do inciso VI do art. 1.659 do Código Civil. 4- No que tange aos bens sub-rogados do matrimônio anterior, prescreve o inciso I, art. 1.659 do Código Civil: "**excluem-se da comunhão** os bens que cada cônjuge possuir ao casar, e os que lhe sobrevierem, na constância do casamento, por doação ou sucessão, e os sub-rogados em seu lugar". Logo, a recorrente não tem direito à partilha do veículo nem das três casas construídas e apontadas na ação, uma vez que a residência do casal é proveniente da alienação de imóvel que o apelado já possuía com sua anterior esposa, devendo ser mantido o reconhecimento da incomunicabilidade e, assim, de improcedência do pedido de sua inclusão na partilha de bens. 5- Apelação conhecida e improvida. Sentença mantida (*TJCE* – Ap. 0186779-38.2011.8.06.0001, 3-3-2017 – Relª Maria Vilauba Fausto Lopes – DJe 03.03.2017 – p. 135).

🔨 Processo civil – Civil – Embargos de terceiro – Bloqueio de valores – Conta Conjunta – **Valores recebidos por doação por um dos cônjuges – Não comunicabilidade** – Artigos 1.658 e 1.659 do Código Civil – Levantamento de valores – Procedência – Embargos de terceiro objetivando o levantamento de bloqueio de valores mantidos em conta corrente de que é titular juntamente com o seu marido, executado no feito subjacente – Alegou a embargante que o aludido montante é fruto de doação realizada pelo seu pai, sendo, portanto, bem próprio, que não se comunica com os bens do seu marido – Apreciando o feito, o Juízo *a quo* julgou procedente o pedido, à vista da demonstração de que o montante que se pretende desbloquear é de propriedade exclusiva da embargante – Com efeito, verifica-se que os elementos colacionados aos autos, consubstanciados em declaração do doador, confirmando a realização da doação do valor de R$ 50.000,00 e de cheque por ele expedido nominal à embargante no montante da doação, demonstram a veracidade das alegações da embargante (v. fls. 16 e 29/31) – Por outro lado, constata-se que a embargante é casada com o executado no regime da comunhão parcial de bens (fls. 14), sendo certo que a respeito do aludido regime de bens, prevê o artigo 1.658 e ss. Do Código Civil que se excluem da comunhão as doações recebidas por um dos cônjuges – Certo, ainda, que o título executado no feito subjacente diz respeito a acórdão do Tribunal de Contas da União – TCU que condenou o marido da embargante (e co-titular da conta bancária) por ato de improbidade administrativa, de modo que, nos termos do inciso IV do artigo 1.659 do CC, as obrigações derivadas da referida condenação não se comunica ao cônjuge, à mingua de comprovação de que houve benefício do casal – No que diz respeito aos honorários advocatícios arbitrados – 5% sobre o valor da causa (R$ 50.000,00, em fevereiro/2015), os mesmos mostram-se excessivos, considerando tratar-se causa de pouca complexidade. Desta feita, e à vista das disposições do § 4º do artigo 20 do CPC/1973, vigente à época em que prolatada a sentença, arbitro os mesmos em R$ 1.000,00 (um mil reais) – Remessa oficial a que se dá parcial provimento (*TRF-3ª R.* – RNC 0000761-11.2015.4.03.6103/SP, 14-9-2016, Relª Desª Fed. Marli Ferreira).

> **Art. 1.660. Entram na comunhão:**
> **I** – os bens adquiridos na constância do casamento por título oneroso, ainda que só em nome de um dos cônjuges;
> **II** – os bens adquiridos por fato eventual, com ou sem o concurso de trabalho ou despesa anterior;
> **III** – os bens adquiridos por doação, herança ou legado, em favor de ambos os cônjuges;
> **IV** – as benfeitorias em bens particulares de cada cônjuge;
> **V** – os frutos dos bens comuns, ou dos particulares de cada cônjuge, percebidos na constância do casamento, ou pendentes ao tempo de cessar a comunhão.

Esses dispositivos não apresentam maior dificuldade de entendimento quando examinados em tese. Será fato eventual, por exemplo, o prêmio de loteria. Por outro lado, os bens móveis presumem-se adquiridos na constância do casamento, salvo prova em contrário que o foram em data anterior (art. 1.662). A disposição fora introduzida no Código de 1916 pela Lei nº 4.121/1962, buscando dirimir polêmica a respeito. Portanto, há necessidade de descrição minuciosa dos bens móveis no pacto antenupcial, sob pena de serem reputados comuns.

⚖ Apelação cível. Ação de divórcio e partilha. Sentença de parcial procedência. Insurgência da autora em relação à partilha de bem imóvel. 1. Arguição de nulidade da sentença por omissão. Inocorrência. Pedido julgado com base na falta de provas do fato constitutivo do direito (art. 373, I, CPC). 2. Mérito. Matrícula apresentada após a prolação da sentença. Possibilidade de conhecimento do documento. Ausência de má-fé da apelante e inexistência prejuízos ao direito de defesa do apelado que pôde apresentar defesa em contrarrazões. Exegese do art. 435, parágrafo único do CPC. Matrícula demonstra que metade do imóvel foi recebido pelo apelado por herança e, a outra metade, adquirida pelo casal do outro coproprietário na constância do casamento. Quota parte recebida na constância do casamento por sucessão não integra a comunhão de bens (art. 1.659, I, CC). Partilha apenas da parcela do imóvel adquirida pelas partes à título oneroso (art. 1.660, I, CC). Redistribuição do ônus de sucumbência. Recurso conhecido e parcialmente provido (*TJPR* – Ap. 0006652-91.2015.8.16.0129, 7-7-2020, Rel. Luis Espíndola).

Art. 1.661. São incomunicáveis os bens cuja aquisição tiver por título uma causa anterior ao casamento.

São incomunicáveis os bens cuja aquisição tiver por título uma causa anterior ao casamento. Desse modo, se o consorte firmara compromisso de compra e venda de imóvel antes do casamento, esse bem não se comunica, ainda que a escritura definitiva seja firmada após, salvo se houver prova de que houve contribuição financeira do outro cônjuge após o casamento. O caso concreto dará a solução.

A causa anterior deve ser examinada caso por caso. Imaginemos, por exemplo, o prêmio de loteria ou de um concurso ou aposta aquinhoado para um dos cônjuges antes do casamento, mas cujo pagamento somente ocorra após o matrimônio, ou os efeitos econômicos de uma ação judicial proposta pelo cônjuge antes do casamento, cuja liquidação ocorra após.

⚖ Divórcio. Partilha de bens. Insurgência restrita à partilha de dois imóveis. Sentença que reconheceu que a aquisição do apartamento e da vaga de garagem, pela autora, ocorreu anteriormente às núpcias. Incorreção. Provas dos autos a indicar que, embora os compromissos de compra e venda sejam anteriores às núpcias, parte do preço do financiamento de ambos os imóveis foi solvido durante o casamento. Reconhecimento do direito à partilha dos direitos adquiridos na constância do casamento, segundo inteligência do art. 1.661 do CC. Irrelevância do esforço comum no pagamento das parcelas do preço durante o casamento, pois a comunicação dos aquestos decorre diretamente da lei. Eventuais valores pagos pelo requerido anteriormente às núpcias resultam em sociedade de fato, situação que não se confunde com a partilha de bens, oriunda do regime matrimonial. Requerido que faz jus ao ressarcimento dos valores comprovadamente pagos a título de contribuição para o pagamento das parcelas vencidas anteriormente à celebração do matrimônio. Recurso provido em parte (*TJSP* – Ap. 1016256-47.2019.8.26.0224, 24-6-2020, Rel. Francisco Loureiro).

⚖ Agravo de Instrumento – Inventário – Cônjuge Sobrevivente – **Regime Comunhão Parcial** – Meação e Herança – Direito Real de Habitação não Evidenciado – Provimento Parcial. – No regime da comunhão parcial, comunicam-se os bens que sobrevierem ao casal na constância do casamento, excluindo-se aqueles que cada cônjuge possuía antes do enlace matrimonial, os oriundos de doação ou sucessão, bem como os sub-rogados em seu lugar e os que a aquisição tem por título uma causa anterior ao casamento, tal como prevê, expressamente, os artigos 1.658, 1.659 e 1.661 do Código Civil. – Se o cônjuge sobrevivente era casado sob o regime de comunhão parcial e tendo o *de cujus* deixado bens particulares, será ele herdeiro necessário, em concorrência com os descendentes do falecido. – O direito real de habitação está previsto no art. 1.831 do Código Civil e visa proteger o cônjuge sobrevivente, garantindo-lhe o direito de habitação no único imóvel que compõe a herança e sirva de residência para a família. – Não há que ser concedido o direito real de habitação ao cônjuge sobrevivente, pois a pluralidade de imóveis residenciais a ser inventariados vai de encontro ao próprio instituto (*TJMG* – Acórdão: Agravo de Instrumento nº 1.0145.08.499250-5/001, 26-5-2011, Rel. Des. Dárcio Lopardi Mendes).

Art. 1.662. No regime da comunhão parcial, presumem-se adquiridos na constância do casamento os bens móveis, quando não se provar que o foram em data anterior.

Essa presunção admite, como decorre do texto, prova em contrário. As questões e questiúnculas como soem acontecer surgem no desfazimento do casamento. Sabido é que há móveis valiosos, como aparelhos eletrônicos sofisticados. Incumbe ao cônjuge interessado provar a aquisição anterior ao casamento para derrubar a presunção.

⚖ Apelação cível. Família. Casamento. Ação de divórcio. Partilha de bens. Regime da comunhão parcial. Presunção de esforço comum. Ônus da prova.

Art. 373 do CPC. Partilha de benfeitorias realizadas em imóvel de terceiro. Impossibilidade. Bens móveis que guarnecem a residência. Divisão igualitária diante da ausência de prova de propriedade exclusiva. Art. 1.662 do Código Civil. Renúncia ao direito de meação quanto ao veículo automotor evidenciada nos autos. Sentença parcialmente reformada. 1. Conforme entendimento jurisprudencial deste Colegiado, presume-se que as benfeitorias realizadas em imóvel de terceiro a ele pertencem, circunstância que inviabiliza a discussão acerca da possibilidade de partilha, porque envolve eventual direito de terceiro que não integra a lide. 2. No respeitante aos bens móveis e utensílios domésticos, em atenção à disposição contida no art. 1.662 do CC, presume-se a aquisição na constância do casamento/união estável, salientando que a exclusão da partilha somente será deferida se a parte que pretendê-la comprovar a propriedade exclusiva, nos termos do art. 1.659 do mesmo diploma legal, que prevê as exceções à regra da comunicabilidade. No caso dos autos, a existência dos bens móveis é incontroversa, tanto que o varão se limitou a alegar que alguns deles já haviam se deteriorado ou não mais existiam. 3. Por fim, no que tange ao automóvel, diante da expressa renúncia, inviável a partilha. Apelação parcialmente provida (*TJRS* – Ap. 70083714790, 18-5-2020, Rel. Sandra Brisolara Medeiros).

Civil – Direito de família – Processo Civil – Sobrepartilha – Possibilidade – Bens não incluídos na partilha – Regime da comunhão parcial – Aplicação – Bens supostamente pertencentes a terceiros – Fato extintivo, impeditivo ou modificativo do direito à sobrepartilha – Ônus probatório – Art. 333, II, do CPC – Descumprimento – Aquesto adquirido na constância do casamento – Meação – Cabimento – Veículo financiado – Incidência da sobrepartilha apenas sobre os valores efetivamente pagos até a data da separação de fato – procedência – sentença modificada em parte – 1- Estão sujeitos à sobrepartilha os bens que, adquiridos pelo esforço comum durante o casamento, por qualquer omissão ou motivo de retardamento, ficaram de fora da primitiva meação. Precedentes. 2- No regime da comunhão parcial de bens, presumem-se adquiridos pelo esforço comum de ambos os cônjuges todos os bens sobrevindos ao tempo da sociedade conjugal, independentemente de apenas um deles ter destinado recursos para a aquisição do patrimônio, salvo se a parte interessada demonstrar a exclusividade da propriedade do aquesto requisitado. 3- A sobrepartilha somente poderia ser obstada se restasse suficientemente comprovado que os bens colacionados pelo autor pertenceriam a terceiros ou que teriam sobrevindos ao patrimônio estabelecido durante a convivência marital em sub-rogação de determinado bem particular, sendo assim descartados por pertencerem a patrimônio alheio ao casal ou por serem bens reservados do respectivo cônjuge, não tendo a ré porém se desincumbido do seu encargo probatório a respeito.

4- No caso, em consonância com as regras do regime da comunhão parcial de bens, aplicável ao caso em comento, a sobrepartilha deverá recair sobre os veículos indicados pelo autor posto que adquiridos na constância do casamento, salvo em relação ao que se encontrava financiado, na medida em que ele não estava integralmente quitado no momento da separação de fato, devendo ser sobrepartilhado apenas os valores até então pagos por este. 5- Recurso conhecido e parcialmente provido. Sentença modificada em parte (*TJDFT* – Proc. 20130910270652 – (882844), 28-7-2015, Rel. Des. Alfeu Machado).

Art. 1.663. A administração do patrimônio comum compete a qualquer dos cônjuges.
§ 1º As dívidas contraídas no exercício da administração obrigam os bens comuns e particulares do cônjuge que os administra, e os do outro na razão do proveito que houver auferido.
§ 2º A anuência de ambos os cônjuges é necessária para os atos, a título gratuito, que impliquem cessão do uso ou gozo dos bens comuns.
§ 3º Em caso de malversação dos bens, o juiz poderá atribuir a administração a apenas um dos cônjuges.

Esse artigo estabelece que a administração do patrimônio comum compete a qualquer dos cônjuges. O Código de 1916 estabelecia que essa administração competia ao marido, o que não mais podia vigorar após a Constituição Federal de 1988. As dívidas contraídas nessa administração obrigam os bens comuns e os particulares do cônjuge que os administra e os do outro na razão do proveito auferido (§ 1º). A aplicação desse dispositivo, presente também no Código anterior, que apresenta clareza lógica, na prática, quando a convivência do casal se mostra desgastada, abrirá infindáveis discussões sobre o proveito dos gastos feitos por um ou por outro cônjuge.

Acrescenta ainda o § 2º que é necessária a anuência de ambos os cônjuges para os atos a título gratuito que impliquem cessão do uso ou gozo dos bens comuns. Assim, por exemplo, não será válido o comodato de um imóvel do casal a terceiro, se ambos os cônjuges não acordarem a esse respeito. O negócio com a omissão da outorga conjugal será, portanto, anulável. A disposição não constava do Código anterior e se afigura justa, tendo em vista questões que surgiram no passado.

Finaliza o § 3º que "*em caso de malversação dos bens, o juiz poderá atribuir a administração a apenas um dos cônjuges*". Malversar significa fazer má administração, dilapidar bens. Se um dos cônjuges é um estroina que coloca em risco o patrimônio comum, pode ser afastado da administração, tal como em uma sociedade empresária. Como se nota, há necessidade de decisão judicial. Não se esqueça de que se um dos cônjuges ocasionar prejuízo ao outro em sede de administração de bens, ficará obrigado a reparar o dano, nos termos gerais do art. 186, independentemente de aspectos que possam gerar indenização com a ruptura do vínculo do casamento, segundo defende parte da doutrina. Essa situação ora enfocada é daquelas que podem justificar a modificação do regime de bens no curso do casamento (art. 1.639, § 2º).

⚖ Locação de imóvel – Ação de cobrança – Cumprimento de sentença – Inclusão da esposa do fiador, que é também o titular da empresa locatária, sendo eles casados sob o regime da comunhão parcial de bens, em data anterior à locação – Inadmissibilidade – Dívida que não foi contraída na administração de bens comuns e particulares nem restou evidenciado que beneficiou aquela – Inaplicabilidade da regra do § 1º do art. 1.663 do CC – Agravo de instrumento improvido (*TJSP* – Ag 2123779-94.2019.8.26.0000, 7-10-2019, Rel. Vianna Cotrim).

⚖ Agravo interno na apelação cível – Decisão que negou seguimento ao recurso ante a sua manifesta improcedência – Contrato de comodato – Bem integrante do patrimônio comum do casal – Ausência de autorização especial do cônjuge – Necessidade – Inteligência do artigo 580 do CC/02 e art. 1.249 do CC/16 – Nulidade do contrato – Decisão mantida – Recurso improvido. 1. É nulo o contrato de comodato feito pelo marido, na qualidade de mero administrador do patrimônio comum (art. 1.663, CC), quando a esposa não houver manifestado anuência à realização desse negócio jurídico. Inteligência do artigo 580 do Código Civil. 2. A motivação ensejadora da decisão que negou seguimento ao recurso de apelação permanece a mesma, bem como nenhuma razão emana dos autos que possa modificar o entendimento quanto a sua fundamentação. Decisão mantida. 3. Recurso improvido (*TJES* – Acórdão: Agravo Interno na Apelação Cível nº 024.030.150.122, 31-1-2011, Rel. Des. Telemaco Antunes de Abreu Filho).

Art. 1.664. Os bens da comunhão respondem pelas obrigações contraídas pelo marido ou pela mulher para atender aos encargos da família, às despesas de administração e às decorrentes de imposição legal.

Como não poderia ser diferente, consoante esse artigo, os bens comuns responderão pelas obrigações contraídas pelo marido e pela mulher para atender aos encargos do lar.

⚖ Agravo de instrumento – Execução de título extrajudicial – Cobrança de honorários profissionais – Contrato de prestação de serviços contábeis celebrados entre agravante e a empresa devedora original – Desconsideração da personalidade jurídica deferida para incluir os dois sócios no polo passivo da lide – Decisão agravada que indeferiu requerimento de pesquisa de bens em nome da esposa e filha de um dos sócios – Regime de comunhão parcial de bens – Art. 1.664 do CC/02 – Dívida contraída pela pessoa jurídica, não em proveito do núcleo familiar do sócio – Esposa e filha do devedor que são terceiras estranhas à lide – Indeferimento mantido – Agravo improvido (*TJSP* – Ag 2007525-04.2020.8.26.0000, 7-4-2020, Rel. Jovino de Sylos).

⚖ Apelação cível – Embargos de terceiros – Penhora de bem imóvel – Cônjuge – Defesa da meação – Necessidade de comprovar que a dívida contraída não reverteu em proveito da família – Ônus da embargante – Os embargos de terceiros podem ser utilizados pelo cônjuge, com o fim de defender a sua meação no patrimônio comum do casal (artigo 1046, § 3º, do CPC/73) – Cabe ao cônjuge embargante comprovar de que a dívida contraída pelo devedor casado, não se reverteu em proveito da família. Caso contrário, torna-se devida a penhora judicial de bem comum do casal, para fins de pagamento do débito executado – O princípio constitucional de igualdade absoluta dos cônjuges, atribuí a responsabilidade solidária de um pelos compromissos assumidos pelo outro, sendo assim, os bens da comunhão respondem pelas obrigações contraídas por qualquer dos cônjuges para atender aos encargos da família. (*TJMG* – AC 1.0287.12.005041-7/002, 23-11-2016, Relª Shirley Fenzi Bertão).

Art. 1.665. A administração e a disposição dos bens constitutivos do patrimônio particular competem ao cônjuge proprietário, salvo convenção diversa em pacto antenupcial.

A administração dos bens constitutivos do patrimônio particular compete ao cônjuge proprietário, salvo convenção diversa no pacto nupcial. Percebe-se, portanto, que o pacto antenupcial pode dispor que a administração ou a alienação dos bens particulares somente podem ser ultimadas com a autorização de ambos os cônjuges. É importante que os terceiros fiquem alertas a esse respeito.

📖 Enunciado nº 340 do CJF/STJ, IV Jornada de Direito Civil. No regime da comunhão parcial de bens é sempre indispensável a autorização do cônjuge, ou seu suprimento judicial, para atos de disposição sobre bens imóveis.

⚖ Apelação cível – Ação de suprimento judicial de outorga – Alienação de bens imóveis – Autorização do cônjuge – Comunhão parcial de bens – Necessidade – Recusa Injusta – Suprimento Judicial – Possibilidade – Se as partes são casadas sob o regime de comunhão parcial de bens, a autorização do cônjuge é indispensável para a alienação de bens imóveis, conforme art. 1.647, I, do Código Civil, podendo ser suprida por decisão judicial, nos termos do art. 1.648, do Código Civil, caso a recusa seja injusta, como se deu nesta seara (*TJMG* – AC 1.0024.14.096887-6/001, 3-8-2015, Rel. Luciano Pinto).

Art. 1.666. As dívidas, contraídas por qualquer dos cônjuges na administração de seus bens particulares e em benefício destes, não obrigam os bens comuns.

As dívidas contraídas por qualquer dos cônjuges na administração de seus bens particulares e em benefício destes não obrigam os bens comuns, como também é lógico.

As normas deste capítulo, mormente estas três últimas, denotam de maneira clara que, conforme afirmamos, na comunhão parcial existem três massas de bens: a do marido, a da mulher e a de ambos os cônjuges. Para tal, estabelecem-se regras de administração, protegendo tanto quanto possível o patrimônio de cada um, embora, inelutavelmente, pela própria natureza do convívio, por vezes as obrigações se interpenetrem.

CAPÍTULO IV
Do Regime de Comunhão Universal

Art. 1.667. O regime de comunhão universal importa a comunicação de todos os bens presentes e futuros dos cônjuges e suas dívidas passivas, com as exceções do artigo seguinte.

Nosso Código de 1916, atendendo à tradição do Direito lusitano, escolhera originalmente o regime da comunhão universal como regime legal supletivo por motivos de ordem histórica e moral. Entendia-se que a união espiritual do homem e da mulher trazia como corolário também a união de patrimônios. Essa ideia romântica não tem mais reflexos na realidade.

Nesse regime, em princípio, comunicam-se todos os bens do casal, presentes e futuros, salvo algumas exceções legais. Como regra, tudo o que entra para o acervo dos cônjuges ingressa na comunhão; tudo o que cada cônjuge adquire torna-se comum, ficando cada consorte meeiro de todo o patrimônio, ainda que um deles nada tivesse trazido anteriormente ou nada adquirisse na constância do casamento. Há exceções, pois a lei admite bens incomunicáveis, que ficarão pertencendo a apenas um dos cônjuges, os quais constituem um patrimônio especial.

Em boa hora, contra corrente doutrinária conservadora na época, a lei que introduziu o divórcio (Lei nº 6.515/1977) alterou o regime legal para o da comunhão de aquestos, modificando a redação do art. 258 do velho Código, regra agora mantida neste Código. De fato, esse é o regime que mais se coaduna com o sentido do casamento, com o esforço comum. O sistema da comunhão universal como regime legal pode oferecer percalços e surpresas, podendo prejudicar um dos cônjuges, geralmente a mulher, no passado. Tendo o marido, naquela época, a regência da sociedade conjugal, poderia facilmente impor sua vontade, para dissipar os bens comuns e em especial os trazidos pela mulher. Na peculiar linguagem do sempre lembrado Washington de Barros Monteiro (1996, p. 155), "*o regime da comunhão era ainda aquele que melhor favorecia as ambições dos caça-dotes e das pescadeiras de maridos ricos*".

Desse modo, com as exceções legais que confirmam a regra e mencionaremos a seguir, a regra geral, conforme o artigo sob exame, é o condomínio de todos os bens dos consortes, presentes e futuros. Essa ideia era completada pelo art. 266 do antigo diploma: "*Na constância da sociedade conjugal, a propriedade e posse dos bens é comum.*"

No regime da comunhão universal, há um patrimônio comum, constituído por bens presentes e futuros. Os esposos têm a posse e propriedade em comum, indivisa de todos os bens, móveis e imóveis, cabendo a cada um deles a metade ideal. Como consequência, qualquer dos consortes pode defender a posse e a propriedade dos bens. Cuida-se de sociedade ou condomínio conjugal, com caracteres próprios. Quanto à administração dos bens, o art. 1.670 determina que se apliquem os princípios relativos à comunhão parcial, que já examinamos. Assim, no que couber, são aplicáveis os dispositivos do art. 1.663.

Apelação cível. Ação de divórcio cumulada com partilha de bens. Regime da comunhão universal de bens. Partilha de veículo. 1. O regime de casamento das partes – comunhão universal – importa na comunicação de todos os bens presentes e futuros e suas dívidas passivas, com algumas exceções, dentre as quais não se encontra o monte a ser partilhado no caso (art. 1.667 do CC). 2. Correta a partilha igualitária do valor pago pelo veículo na constância do casamento, com a devida correção, em razão do regime de bens eleito pelas partes, devendo o varão indenizar a ex-esposa, mostrando-se irrelevante o fato de ter sido alienado o automóvel após a separação fática dos litigantes. 3. Cabível a partilha do bem imóvel, pois não configurada a usucapião especial familiar. 4. Deve ser a apelante indenizada de metade do valor pago referente aos débitos condominiais, até a sua entrada no imóvel para residir. 5. Ainda que as partes tenham sido casadas pelo regime da comunhão universal de bens, mostra-se descabida a partilha dos valores decorrentes de ação trabalhista ajuizada pelo autor, pois constituem apenas frutos civis do trabalho dele e, como tal, não se comunicam. 6. Só ocorre a comunicabilidade quando expressamente prevista em pacto antenupcial, o que não se verifica no caso. Incidência do art. 1.659, inc. VI, do CCB. Apelação provida em parte (*TJRS* – Ap. 70083598938, 29-7-2020, Rel. Afif Jorge Simões Neto).

Agravo de instrumento – Execução de título judicial – Penhora que recaiu sobre bens de titularidade do cônjuge da executada, que não integra o processo – Possibilidade – Casamento no regime de comunhão universal – Aplicação do art. 1.667, CC – Comunicação das dívidas contraídas após o casamento – Nova remessa dos autos ao contador – Descabimento

– Impossibilidade de rediscussão diante da ocorrência da preclusão: a matéria de excesso de execução não é de ordem pública e deveria ter sido alegada muito antes pela parte executada que deixou decorrer o prazo, quedando-se inerte – Homologação dos cálculos apresentados pela perícia contábil – Recurso provido (*TJSP* – AI 2241945-90.2016.8.26.0000, 12-4-2017, Rel. Hugo Crepaldi).

Agravo de instrumento – Ação de inventário – Insurgência contra decisão que determinou aos Agravantes que providenciassem a retificação do plano de partilha apresentado, seguindo as considerações do Partidor Judicial – Alegação de que a composição da partilha é amigável, o direito da meeira foi respeitado e a partilha está de acordo com o ordenamento jurídico – Casamento entre a viúva meeira e o *de cujus* que se deu sob o regime de comunhão universal de bens – Quinhão da meeira que deve ser-lhe atribuído integralmente, salvo se houver renúncia ou cessão em favor dos filhos-herdeiros – Impossibilidade pelo ordenamento pátrio de instituir usufruto sobre parte dos bens pertencentes à meação da viúva – Necessidade no caso de prévia doação da parte da viúva sobre os bens que compõem sua meação em favor dos filhos, para o fim de prevalecer a partilha na forma como apresentada – Recurso improvido (*TJSP* – AI 2231994-72.2016.8.26.0000, 21-3-2017, Rel. Luiz Antônio Costa).

Art. 1.668. São excluídos da comunhão:
I – os bens doados ou herdados com a cláusula de incomunicabilidade e os sub-rogados em seu lugar;
II – os bens gravados de fideicomisso e o direito do herdeiro fideicomissário, antes de realizada a condição suspensiva;
III – as dívidas anteriores ao casamento, salvo se provierem de despesas com seus aprestos, ou reverterem em proveito comum;
IV – as doações antenupciais feitas por um dos cônjuges ao outro com a cláusula de incomunicabilidade;
V – os bens referidos nos incisos V a VII do art. 1.659.

A existência desse condomínio de natureza especial não impede exceções que criam patrimônio especial em determinadas situações descritas em lei. Este descreve elenco de bens que são excluídos da comunhão:

"*São excluídos da comunhão:*
I – os bens doados ou herdados com a cláusula de incomunicabilidade e os sub-rogados em seu lugar."

A cláusula de incomunicabilidade pode ser imposta por terceiros em doação ou testamento. Geralmente, vem acompanhada das cláusulas de inalienabilidade e impenhorabilidade. Discutia-se se a cláusula de inalienabilidade, por ser mais ampla, implicava as outras duas. A conclusão majoritária foi estampada na Súmula 49 do STF. O STJ também já se manifestara nesse sentido (RE 50.008 – SP – Rel. Min. Eduardo Ribeiro, *DJ* 19.4.1999). Comunicação implica, em síntese, alienação. O presente Código assumiu expressamente essa posição ao estatuir que "*a cláusula de inalienabilidade, imposta aos bens por ato de liberalidade, implica impenhorabilidade e incomunicabilidade*" (art. 1.911).

Dúvida não há, todavia, de que a incomunicabilidade é cláusula que pode ser imposta isoladamente. Os bens que eventualmente substituírem os incomunicáveis por meio da sub-rogação também não se comunicam. Não se esqueça de que, pelo art. 1.848, as cláusulas de inalienabilidade, impenhorabilidade e incomunicabilidade sobre os bens da legítima somente podem ser impostas pelo testador se houver justa causa.

Arnaldo Rizzardo (1994, v. 1, p. 280) aponta que também é incomunicável o bem doado com cláusula de reversão. Conforme o art. 547, o doador pode estipular que o bem volte a seu patrimônio, se sobreviver ao donatário. Somente com a incomunicabilidade em favor do beneficiado torna-se viável a disposição. O Código lusitano é expresso a respeito dessa incomunicabilidade (art. 1.733, 1, *b*).

"*II – os bens gravados de fideicomisso e o direito do herdeiro fideicomissário, antes de realizada a condição suspensiva.*"

A propriedade do fiduciário no fideicomisso é restrita e resolúvel (art. 1.953). Sob certo tempo, condição ou com sua morte o bem fideicomitido será transferido ao fideicomissário. O fiduciário recebe o bem com o encargo de transferi-lo. Por essa razão, não poderá comunicar-se, para não inviabilizar a transferência. Veja o que examinamos sobre fideicomisso. Da mesma forma, não haverá comunicação do direito do herdeiro fideicomissário, enquanto não se realizar a condição ou decurso de prazo, pois sem isso o agente não terá ainda a propriedade do bem, mas mero direito eventual.

Note, no entanto, que, se a propriedade consolidar-se em mãos do fiduciário em virtude da pré-morte do fideicomissário, a propriedade do primeiro passa a ser plena e ocorre desse modo a comunicação.

"*III – as dívidas anteriores ao casamento, salvo se provierem de despesas com seus aprestos, ou reverterem em proveito comum.*"

Não pode o casamento converter-se em forma de extinção de obrigações ou obtenção de vantagens. As dívidas que o cônjuge possui, quando das núpcias, não se comunicam. Nem sempre será fácil a aplicação prática desse dispositivo. O art. 264 do Código anterior fazia observar que essas duas exceções dentro da exceção (despesas com aprestos ou que reverterem em proveito comum) somente poderiam pagar-se durante o casamento, pelos bens que o cônjuge devedor trouxer para o casal. Hipótese de difícil apuração, o dispositivo do art. 264 foi suprimido aqui. A intenção legal era fazer com que a sociedade conjugal se iniciasse isenta de dívidas comuns.

"IV – as doações antenupciais feitas por um dos cônjuges ao outro com a cláusula de incomunicabilidade."

A razão persiste idêntica em todas as hipóteses em que é imposta a cláusula de incomunicabilidade. No caso presente, persiste a incomunicabilidade, ainda que o doador seja o outro cônjuge.

"V – os bens referidos nos incisos V a VII do art. 1.659."

Cuida-se nesse dispositivo de alguns bens que também se excluem na comunhão de aquestos, bens de uso pessoal, os livros e instrumentos de profissão; os proventos do trabalho pessoal de cada cônjuge e as pensões, meios-soldos, montepios e outras rendas semelhantes, como já referimos.

No Código de 1916, havia outras classes de bens que também não se comunicavam, reduzidas apenas a essas cinco classes no atual diploma. Entre elas, o art. 263, VI, referia-se às obrigações provenientes de atos ilícitos. A ideia central nesse caso era de que a pena e suas consequências não devem ultrapassar a pessoa que deu origem ao dano. As indenizações decorrentes de atos ilícitos implicavam onerar somente os bens do cônjuge causador do dano. A situação não era de fácil deslinde, na prática. A questão era saber como imputar a responsabilidade na meação do cônjuge obrigado. Evidente que terceiros não podiam ficar obstados de acionar o obrigado, nem de penhorar bens da sociedade conjugal. Em princípio, enquanto persistisse a sociedade conjugal, não havia como se destacar o valor dessa responsabilidade. Como conclui Washington de Barros Monteiro (1996, p. 168), o cônjuge que desejasse obter o reconhecimento judicial da incomunicabilidade por força desse inciso:

"terá que ministrar obrigatoriamente a prova do seguinte: a) que a obrigação em causa procede de ato ilícito do outro cônjuge; b) que os bens sobre os quais incide a execução pertencem à comunhão conjugal; c) que o reclamante não compartilhou das vantagens desse ato".

Reconhecida a ressalva, o valor deveria ser destacado, quando findasse a sociedade conjugal. Tantos eram os obstáculos e tão restrito o alcance da norma, que este Código não a exprimiu. O Código, contudo, manteve a exclusão da comunhão das obrigações provenientes de atos ilícitos no regime da comunhão parcial, salvo reversão em proveito do casal (art. 1.659, IV).

Outras exceções de bens que não se comunicavam no antigo Código se tornaram inócuas, pois se referiam ao dote, a bens reservados, a frutos de trabalho comum, fiança sem outorga conjugal, questões superadas no vigente sistema.

Também não se comunicam os direitos patrimoniais de autor, salvo os respectivos rendimentos, a não ser que diferentemente expressos em pacto antenupcial (art. 39 da Lei nº 9.610/1998).

Art. 1.669. A incomunicabilidade dos bens enumerados no artigo antecedente não se estende aos frutos, quando se percebam ou vençam durante o casamento.

Esse dispositivo realça que a incomunicabilidade não se estende aos frutos dos bens gravados, quando se percebam ou vençam durante o casamento. Para que também os frutos restem incomunicáveis, é necessária disposição expressa no ato que constituiu a incomunicabilidade. Nesse caso, impera a interpretação restritiva. Sem a ressalva, os frutos comunicam-se, ainda que o regime seja o da separação, ideia que é mantida neste Código. (Monteiro, 1996, p. 173).

Art. 1.670. Aplica-se ao regime da comunhão universal o disposto no Capítulo antecedente, quanto à administração dos bens.

Como corolário da igualdade de direitos dos cônjuges estampado na Constituição, a administração dos bens do casal cabe a ambos. O pacto antenupcial poderá dispor diferentemente, por exemplo, atribuindo a um deles a administração de determinado ou determinados bens. No mais, aplica-se o disposto para a comunhão universal.

Art. 1.671. Extinta a comunhão, e efetuada a divisão do ativo e do passivo, cessará a responsabilidade de cada um dos cônjuges para com os credores do outro.

A dissolução da comunhão de bens, parcial ou total, traz inúmeros efeitos. Observe-se que a ocorrência de qualquer dos eventos de desfazimento de sociedade conjugal não põe fim imediatamente à comunhão, o que somente ocorrerá com a partilha. No interregno até a partilha, o patrimônio continuará na administração do cônjuge sobrevivente ou do que tiver a administração dos bens. Decisão judicial pode atribuir a administração a um dos cônjuges ou até mesmo a terceiro. Durante esse estado transitório de indivisão, os frutos, rendimentos e ganhos de capital em geral continuarão a agregar-se ao patrimônio comum, devendo ser igualmente partilhados. Lembre-se de que, se o casal teve filhos, o cônjuge supérstite não pode contrair novo matrimônio, enquanto não ultimar a partilha; se o fizer, o regime do novo casamento será o da separação.

Se o desfazimento da sociedade conjugal decorrer de separação ou divórcio, a partilha pode decorrer de mútuo acordo. Extinta a comunhão com a partilha, isto é, a divisão do ativo e do passivo, como decorrência lógica cessará a responsabilidade de cada cônjuge para com os credores do outro.

CAPÍTULO V
Do Regime de Participação Final nos Aquestos

Art. 1.672. No regime de participação final nos aquestos, cada cônjuge possui patrimônio próprio, consoante disposto no artigo seguinte, e lhe cabe, à época da dissolução da sociedade conjugal, direito à metade dos bens adquiridos pelo casal, a título oneroso, na constância do casamento.

Art. 1.673. Integram o patrimônio próprio os bens que cada cônjuge possuía ao casar e os por ele adquiridos, a qualquer título, na constância do casamento.
Parágrafo único. A administração desses bens é exclusiva de cada cônjuge, que os poderá livremente alienar, se forem móveis.

Art. 1.674. Sobrevindo a dissolução da sociedade conjugal, apurar-se-á o montante dos aquestos, excluindo-se da soma dos patrimônios próprios:
I – os bens anteriores ao casamento e os que em seu lugar se sub-rogaram;
II – os que sobrevieram a cada cônjuge por sucessão ou liberalidade;
III – as dívidas relativas a esses bens.
Parágrafo único. Salvo prova em contrário, presumem-se adquiridos durante o casamento os bens móveis.

Art. 1.675. Ao determinar-se o montante dos aquestos, computar-se-á o valor das doações feitas por um dos cônjuges, sem a necessária autorização do outro; nesse caso, o bem poderá ser reivindicado pelo cônjuge prejudicado ou por seus herdeiros, ou declarado no monte partilhável, por valor equivalente ao da época da dissolução.

Art. 1.676. Incorpora-se ao monte o valor dos bens alienados em detrimento da meação, se não houver preferência do cônjuge lesado, ou de seus herdeiros, de os reivindicar.

Art. 1.677. Pelas dívidas posteriores ao casamento, contraídas por um dos cônjuges, somente este responderá, salvo prova de terem revertido, parcial ou totalmente, em benefício do outro.

Art. 1.678. Se um dos cônjuges solveu uma dívida do outro com bens do seu patrimônio, o valor do pagamento deve ser atualizado e imputado, na data da dissolução, à meação do outro cônjuge.

Art. 1.679. No caso de bens adquiridos pelo trabalho conjunto, terá cada um dos cônjuges uma quota igual no condomínio ou no crédito por aquele modo estabelecido.

Art. 1.680. As coisas móveis, em face de terceiros, presumem-se do domínio do cônjuge devedor, salvo se o bem for de uso pessoal do outro.

Art. 1.681. Os bens imóveis são de propriedade do cônjuge cujo nome constar no registro.
Parágrafo único. Impugnada a titularidade, caberá ao cônjuge proprietário provar a aquisição regular dos bens.

Art. 1.682. O direito à meação não é renunciável, cessível ou penhorável na vigência do regime matrimonial.

Art. 1.683. Na dissolução do regime de bens por separação judicial ou por divórcio, verificar-se-á o montante dos aquestos à data em que cessou a convivência.

Art. 1.684. Se não for possível nem conveniente a divisão de todos os bens em natureza, calcular-se-á o valor de alguns ou de todos para reposição em dinheiro ao cônjuge não proprietário.
Parágrafo único. Não se podendo realizar a reposição em dinheiro, serão avaliados e, mediante autorização judicial, alienados tantos bens quantos bastarem.

Art. 1.685. Na dissolução da sociedade conjugal por morte, verificar-se-á a meação do cônjuge sobrevivente de conformidade com os artigos antecedentes, deferindo-se a herança aos herdeiros na forma estabelecida neste Código.

Art. 1.686. As dívidas de um dos cônjuges, quando superiores à sua meação, não obrigam ao outro, ou a seus herdeiros

Tendo em vista a inutilidade desse regime, e o vaticínio de seu uso nulo pela sociedade brasileira, optamos por fazer um resumo de seu estudo, sem análise de artigo por artigo, aguardando sua extirpação do ordenamento nacional. Todos os dispositivos são enfocados.

Trata-se de inovação inoportuna deste Código, que suprimiu o regime dotal e introduziu, nos arts. 1.672 a 1.686, o regime de participação final nos aquestos. O legislador substitui uma inutilidade por outra. Desaparecerá com o Estatuto das Famílias e não fará falta alguma. Trata-se de um regime híbrido, no qual se aplicam regras da separação de bens quando da convivência e da comunhão de aquestos, quando do desfazimento da sociedade conjugal. Os que ousarem casar sob este regime que se preparem com bons contabilistas, avaliadores e arquivistas.

A noção geral está estampada no art. 1.672: cada cônjuge possui patrimônio próprio e lhe caberá, quando da dissolução da sociedade conjugal, direito à metade dos bens adquiridos pelo casal, a título oneroso, na constância do casamento. Esse regime, com muitas nuanças e particularidades diversas, é adotado em outras legislações. Sua utilidade maior, em princípio, é para aqueles cônjuges que atuam em profissões diversas em economia desenvolvida e já possuem certo patrimônio ao casar-se ou a potencialidade profissional de fazê-lo posteriormente. Na parte introdutória ao regime de bens, dando já inicialmente a noção do alcance desse novo regime, o art. 1.656 estabelece:

> "No pacto antenupcial, que adotar o regime de participação final nos aquestos, poder-se-á convencionar a livre disposição dos bens imóveis, desde que particulares."

No silêncio do pacto, a liberdade para alienação se restringirá aos bens móveis (art. 1.647, parágrafo único). Como se nota, portanto, o regime pressupõe certo desenvolvimento financeiro e econômico dos cônjuges.

É certamente seguro que esse regime não se adapte ao gosto de nossa sociedade. Por si só verifica-se que se trata de estrutura complexa, disciplinada por nada menos do que 15 artigos, com inúmeras particularidades. Não se destina, evidentemente, à grande maioria da população brasileira, de baixa renda e de pouca cultura. Não bastasse isso, embora não seja dado ao jurista raciocinar sobre fraudes, esse regime ficará sujeito a vicissitudes e abrirá campo vasto ao cônjuge de má-fé. Basta dizer que esse cônjuge poderá adredemente esvaziar seu patrimônio próprio, alienando seus bens, com subterfúgios ou não, de molde que não existam bens ou qualquer patrimônio para integrar a comunhão quando do desfazimento previamente engendrado da sociedade conjugal. Sabemos que a necessidade de outorga conjugal para a alienação de imóveis não obsta a condução de vontade, a supremacia da vontade de um dos cônjuges sobre o outro no recôndito do lar. Isso trará sem dúvida uma instabilidade não só ao consórcio, como também aos terceiros que contratam com o casal nesse regime. Levante-se até mesmo a necessidade, *de lege ferenda*, de um período suspeito para os atos de disposição de bens, que poderão ocorrer em fraudes contra terceiros e contra o próprio cônjuge, tal como existe na falência. Essas cautelas podem até mesmo ser colocadas na escritura do pacto, mas transformariam, sem dúvida, o casamento estritamente em um negócio patrimonial. Aliás, esse pacto, por si só, já denota um negócio patrimonial que suplanta o cunho afetivo que deve conter o casamento. O casamento passa a exigir uma contabilidade permanente, sob pena de ser impossível efetuar a comunhão de aquestos final.

Nesse regime, existem somente duas massas de bens, a do marido e a da mulher. Nesse sentido, expressa o art. 1.673:

> "Integram o patrimônio próprio os bens que cada cônjuge possuía ao casar e os por ele adquiridos, a qualquer título, na constância do casamento.
> Parágrafo único. A administração desses bens é exclusiva de cada cônjuge, que os poderá livremente alienar, se forem móveis."

Os cônjuges conduzem-se durante o casamento como se estivessem sob o regime da separação de bens. Mantêm, porém, a *expectativa da meação* ao final do casamento. Persiste, no entanto, a necessidade de autorização conjugal para a prática dos atos relacionados no art. 1.647.

Quando da dissolução da sociedade conjugal, ocorrerá então o fenômeno que justifica o título desse regime. Conforme o art. 1.674,

> "[...] apurar-se-á o montante dos aquestos, excluindo-se da soma dos patrimônios próprios:
> I – os bens anteriores ao casamento e os que em seu lugar se sub-rogaram;
> II – os que sobrevieram a cada cônjuge por sucessão ou liberalidade;
> III – as dívidas relativas a esses bens.
> Parágrafo único. Salvo prova em contrário, presumem-se adquiridos durante o casamento os bens móveis".

Quanto aos bens imóveis, vimos que o pacto pode autorizar a alienação dos bens particulares de cada consorte (art. 1.656). Nota-se, portanto, que somente haverá meação a se analisar quando do desfazimento do vínculo conjugal. No entanto, a própria lei encarrega-se de estabelecer certa confusão nesse sentido.

A seguir, a lei aporta questiúnculas ao regime, algumas de difícil entendimento, a desencorajar, sem dúvida, quem pretenda abraçá-lo no futuro casamento. Passemo-las em revista.

Dispõe o art. 1.675:

> "Ao determinar-se o montante dos aquestos, computar-se-á o valor das doações feitas por um dos cônjuges, sem a necessária autorização do outro; nesse caso, o bem poderá ser reivindicado pelo cônjuge prejudicado ou por seus herdeiros, ou declarado no monte partilhável, por valor equivalente ao da época da dissolução."

Nessa situação, percebe-se que, apesar de o cônjuge ser titular de seu próprio patrimônio, não pode fazer doações sem a autorização do outro. Se o fizer, quando da apuração dos aquestos, a final, o valor de doação não autorizada deve ser computado no monte partível e, o que é mais rigoroso, pode ser reivindicado pelo cônjuge prejudicado ou seus herdeiros. Imagine-se, porém, uma doação não autorizada que tenha ocorrido muitos anos antes do desfazimento da sociedade conjugal. Cria-se situação de instabilidade.

O art. 1.676 é de difícil compreensão: *"Incorpora-se ao monte o valor dos bens alienados em detrimento da meação, se não houver preferência do cônjuge lesado, ou de seus herdeiros, de os reivindicar".* Ora, em princípio, nesse regime, só há que se falar em meação, à época da dissolução da sociedade conjugal. Esse dispositivo, porém, estampa que o valor do bem alienado em detrimento dessa "futura" meação incorpora-se ao monte, para efeito de divisão. No entanto, mais do que isso, o artigo ainda menciona a possibilidade de o cônjuge preterido, ou seus herdeiros, reivindicar os bens. Ademais, é necessário estabelecer qual o direito de preferência a que a lei se refere. Ainda, é de perguntar se esse dispositivo aplica-se aos bens imóveis, para cuja alienação há necessidade de autorização conjugal. Parece que, em princípio, o artigo apenas se refere aos bens móveis.

Segundo o art. 1.677, *"pelas dívidas posteriores ao casamento, contraídas por um dos cônjuges, somente este responderá, salvo prova de terem revertido, parcial ou totalmente, em benefício do outro"*. Ora, na convivência conjugal, parte-se do pressuposto de que as dívidas contraídas pelo cônjuge o sejam em benefício do lar conjugal e da convivência. Não se deve presumir o contrário. Pois é exatamente o que faz esse artigo: parte do pressuposto de que cada cônjuge responde pelas dívidas que contraiu, salvo se provar o proveito para o outro cônjuge. Ora, quem paga o IPTU do imóvel onde o casal reside, ainda que pertencente a um deles, por exemplo, efetua despesas em proveito do outro? O cônjuge que adquire um veículo para o seu trabalho e o lazer do casal e dos filhos nos finais de semana; que modalidade de despesa é essa? Na verdade, esse regime de bens transforma o casamento em um complexo negócio patrimonial. Se houver conflito na dissolução do vínculo matrimonial, as questões a serem levantadas serão infindáveis.

O art. 1.678 exige que seja feito um balanço contábil e financeiro na data de dissolução do casamento:

"Se um dos cônjuges solveu uma dívida do outro com bens do seu patrimônio, o valor do pagamento deve ser atualizado e imputado, na data da dissolução, à meação do outro cônjuge."

Imagine-se essa atualização se passados muitos anos da solução da dívida.

O art. 1.679 é prova de que o legislador disciplinou esse regime de bens no casamento como se estivesse regulando uma empresa: *"No caso de bens adquiridos pelo trabalho conjunto, terá cada um dos cônjuges uma quota igual no condomínio ou no crédito por aquele modo estabelecido."* Ora, se os cônjuges trabalham como sócios em pessoa jurídica, há de se obedecer, quanto aos proventos, o que foi estabelecido no contrato social. Se se trata de trabalho informal, devem os cônjuges estabelecer uma participação nesse condomínio. A dificuldade e os problemas que podem advir desse dispositivo dispensam maiores comentários.

Outra duvidosa disposição é encontrada no art. 1.680: *"As coisas móveis, em face de terceiros, presumem-se do domínio do cônjuge devedor, salvo se o bem for de uso pessoal do outro."* Gostaríamos de ser um pouco mais simpáticos para com esse regime de bens, mas não resistimos a perguntar: de quem é a titularidade do colar de brilhantes que a mulher usa, mas pertence ao marido? Como poderão os terceiros credores posicionar-se com esses bens, se em cada situação devem provar evidências de fato? Estará aí uma situação propícia para a fraude e para complexas ações de embargos de terceiro.

O art. 1.681 estampa uma regra geral verdadeira e aparentemente óbvia, a fim de estabelecer a propriedade dos bens imóveis para os cônjuges: os bens imóveis são de propriedade do cônjuge cujo nome constar no registro. No entanto, o parágrafo único adverte: *"Impugnada a titularidade, caberá ao cônjuge proprietário provar a aquisição regular dos bens".* O Código estabelece aí uma situação de fraude contra credores. Um dos cônjuges pode ter adquirido um imóvel e tê-lo registrado em nome do outro. Em caso de execução, o titular do registro deve provar a aquisição do bem. Mais uma situação de muita discussão processual, mormente em embargos de terceiro, embora a matéria também possa ser versada na ação pauliana ou em ação de nulidade por simulação.

O art. 1.682, por sua vez, estabeleceu que a meação não é renunciável, cessível ou penhorável na vigência do regime conjugal. Não se admite a renúncia ou cessão da meação no curso do casamento para que se evite a preponderância ou condução da vontade de um dos cônjuges em detrimento do outro, o que levaria a penúria um deles quando do desfazimento do casamento. Qualquer ato nesse sentido é ineficaz. Por outro lado, a meação, como parte indivisa, é impenhorável durante o matrimônio, mas não são impenhoráveis os bens que a compõem. Após o desfazimento do casamento, esses atos são admitidos.

O art. 1.683 é importante porque fixa o momento em que será apurado o montante dos aquestos: *"Na dissolução do regime de bens por separação judicial ou por divórcio, verificar-se-á o montante dos aquestos à data em que cessou a convivência."*

O montante dos aquestos a ser dividido é o da data em que cessou a convivência, e não o da data em que se decretou a separação judicial ou divórcio. O estabelecimento da cessação da convivência é questão de fato, a ser apurada no caso concreto. Pode decorrer, por exemplo, da decisão que decretou a separação de corpos. A situação é importante porque após o encerramento da convivência, sem que tenha havido a separação ou divórcio, pode ter-se alterado a situação patrimonial dos cônjuges, a qual não deve ser levada em conta para apuração da meação.

O art. 1.684, a seu turno, traça regras para a divisão dos bens e apuração de valores:

> "Se não for possível nem conveniente a divisão de todos os bens em natureza, calcular-se-á o valor de alguns ou de todos para reposição em dinheiro ao cônjuge não-proprietário. Parágrafo único. Não se podendo realizar a reposição em dinheiro, serão avaliados e, mediante autorização judicial, alienados tantos bens quantos bastarem."

A matéria trará problemas de difícil transposição, mormente quando o cônjuge não mais possui patrimônio quando da dissolução do casamento ou numerário suficiente para efetuar as tornas em dinheiro que o dispositivo acena.

O art. 1.685 refere-se à dissolução da sociedade conjugal por morte:

> "Na dissolução da sociedade conjugal por morte, verificar-se-á a meação do cônjuge sobrevivente de conformidade com os artigos antecedentes, deferindo-se a herança aos herdeiros na forma estabelecida neste Código."

Por fim, o art. 1.686 encerra esse capítulo dispondo que as dívidas de um dos cônjuges, quando superiores a sua meação, não obrigam ao outro, ou a seus herdeiros. O dispositivo refere-se à meação, isto é, refere-se à situação após dissolução da sociedade conjugal. Caberá ao devedor ou ao cônjuge provar que há valor de débito que supera a meação.

Vistos esses dispositivos, é claro que os nubentes, em princípio, se desencorajarão com esse regime, como afirmamos de início. Ou se assim desejarem casar, melhor será que já contratem uma assessoria contábil para o curso de seu matrimônio. É claro que o regime de comunhão parcial o supera com enormes vantagens para os cônjuges, bem como com referência ao relacionamento com terceiros.

O cioso legislador pátrio fará uma boa ação extirpando esse regime de nosso ordenamento.

CAPÍTULO VI
Do Regime de Separação de Bens

Art. 1.687. Estipulada a separação de bens, estes permanecerão sob a administração exclusiva de cada um dos cônjuges, que os poderá livremente alienar ou gravar de ônus real.

Característica desse regime é a completa distinção de patrimônios dos dois cônjuges, não se comunicando os frutos e aquisições e permanecendo cada qual na propriedade, posse e administração de seus bens. Este Código estabelece verdadeiramente uma separação de patrimônios, pois no Código de 1916, mesmo no regime de separação absoluta, havia necessidade de outorga conjugal para a alienação de imóveis.

Esse artigo foi expresso, autorizando os negócios, os quais podem livremente ser praticados pelo cônjuge no regime de separação de bens.

O regime de separação isola totalmente o patrimônio dos cônjuges e não se coaduna perfeitamente com as finalidades da união pelo casamento. De qualquer modo, afora o regime dotal, letra morta em nosso ordenamento no passado, não é muito utilizado entre nós.

Esse regime decorre não só da vontade dos nubentes, mas também por imposição legal, conforme apontamos. Portanto, a separação de bens pode ser legal ou convencional. Como expusemos, a lei de 1916 preparara uma armadilha para os que escolhessem o regime de separação: se não fossem expressos acerca da distinção absoluta de patrimônios, operaria o art. 259, já por nós decantado:

> "Embora o regime não seja o da comunhão de bens, prevalecerão, no silêncio do contrato, os princípios dela, quanto à comunicação dos adquiridos na constância do casamento."

A lei, portanto, demonstrava certa aversão pela separação absoluta de bens e incentivava a comunicação de aquestos. Como afirmamos, em princípio, não mais existe esse posicionamento no atual Código.

Na separação de bens convencional, como apontamos, nada impede que os cônjuges estabeleçam a comunhão de certos bens, se assim o desejarem, bem como a forma de administração. No silêncio do pacto, cada cônjuge conserva a administração e fruição de seus bens.

Existem várias referências na legislação acerca do regime da separação.

União estável. Ação declaratória de reconhecimento "post mortem" c/c partilha de bens. Ação proposta pelo espólio do falecido em face da ré, pleiteando a partilha dos bens adquiridos na constância da união por suposto esforço comum. Inadmissibilidade. Conviventes que firmaram, em 2007, contrato de convivência adotando o regime da separação absoluta de bens. "De cujus" que, em 2011, em seu testamento, ratificara os termos de tal avença, frisando a incomunicabilidade dos bens. Irrelevância de a união haver-se firmado quando o companheiro já tinha sessenta e um anos de idade. Embora o art. 1.641, II do CC previsse, de acordo com a redação vigente à época, que o casamento dos sexagenários haveria de fazer-se pelo regime da separação obrigatória, tal norma restritiva cede em face da inequívoca adoção do regime de separação absoluta pelos companheiros, não havendo cogitar-se de comunicação dos aquestos, nos termos da súmula 377 do STF. Partilha afastada, nos termos do art. 1.687 do CC. Sentença reformada. Recurso provido (*TJSP* – Ap. 1104271-49.2014.8.26.0100, 30-1-2020, Rel. Vito Guglielmi).

Apelação cível. Ação de divórcio c/c partilha de bens – Regime de separação (convencional) de bens. Insurgência que se limita à partilha de um imóvel. Impossibilidade. bem adquirido pelo requerido/apelado. Interpretação do artigo 1687, CC bens presentes e futuros incomunicáveis. Jurisprudência pátria recurso que se conhece, mas para lhe negar provimento sentença mantida, sob outros fundamentos. Fixação de verba honorária recursal. Inteligência do art. 85, NCPC. Unânime. (*TJSE* – AC 201600813859 – (62/2017). 26-1-2017, Rel. Des. José dos Anjos)

Art. 1.688. Ambos os cônjuges são obrigados a contribuir para as despesas do casal na proporção dos rendimentos de seu trabalho e de seus bens, salvo estipulação em contrário no pacto antenupcial.

O segundo e último artigo sobre esse regime estipula que ambos os cônjuges são obrigados a contribuir para as despesas do casal na proporção dos rendimentos de seu trabalho e de seus bens, salvo estipulação em contrário no pacto antenupcial. Assim, a separação de bens não desonera a responsabilidade de ambos pelos ônus da mantença do lar conjugal. O art. 277 do Código de 1916, que complementava o capítulo referente à separação de bens, composto também de dois únicos dispositivos, tratava da obrigação da mulher nesse regime em contribuir com os rendimentos de seus bens para as despesas do casal, quando não existia a igualdade constitucional entre o homem e a mulher.

SUBTÍTULO II
DO USUFRUTO E DA ADMINISTRAÇÃO DOS BENS DE FILHOS MENORES

Art. 1.689. O pai e a mãe, enquanto no exercício do poder familiar:
I – são usufrutuários dos bens dos filhos;
II – têm a administração dos bens dos filhos menores sob sua autoridade.

Os filhos menores não possuem capacidade de direito para administrar seus bens, que a eles podem advir de várias formas, mormente por doação ou testamento ou por fruto de seu trabalho. Geralmente, no entanto, a situação de administração ocorre com a morte de um dos pais, com relação aos bens que os menores recebem como herança do falecido. Em princípio, salvo disposição em contrário, os pais são administradores naturais dos bens dos filhos menores, de acordo com o art. 1.689, II. Os atos de mera administração não autorizam, em princípio, a alienação. A administração a que se refere a lei abrange apenas os atos restritos de administração, como locação, aplicações financeiras, pagamento de impostos, defesa de direitos, por exemplo.

Nessa administração legal, não há necessidade de caução ou qualquer modalidade de garantia, pois entendemos que ninguém melhor do que os próprios pais para aquilatar o que é melhor para o patrimônio de seu filho. O progenitor somente responde por culpa grave, e não está também obrigado a prestar contas.

Quanto ao usufruto, é ele inerente ao poder familiar, como declara o inciso I. Sua origem histórica é encontrada no usufruto concedido ao *pater famílias*, na legislação de Justiniano. Procura-se justificar o instituto sob duas faces: esse usufruto compensaria o pai pelos encargos do múnus do poder familiar e, sob o prisma da entidade familiar, entendemos que todos os seus membros devem compartilhar dos bens. A estrutura desse usufruto aproxima-se do direito real de usufruto, disciplinado no direito das coisas, mas, como na maioria dos institutos de direito de família, tem compreensão própria. Desse modo, difere do usufruto de direito real porque não deriva de negócio jurídico, mas da lei; não necessita de inscrição imobiliária; abrange todos os bens dos filhos menores, salvo exceções previstas no Código; é irrenunciável e intransferível. Assim, os frutos e rendimentos produzidos pelos bens dos filhos menores pertencem aos pais que exercerem a administração, podendo consumi-los, sem necessidade de prestação de contas.

Uma vez alcançada a maioridade, os bens são entregues aos filhos, com seus acréscimos, sem que os pais tenham direito a qualquer remuneração.

Sempre que a administração dos bens do menor não puder ser exercida por um dos genitores, o juiz deverá nomear curador especial para tal.

Ação de cobrança – Seguro obrigatório DPVAT – Morte da segurada – Levantamento de valores depositados em Juízo a título de indenização em favor dos menores, representados nos autos por seu genitor – Possibilidade – Conforme entendimento do C. STJ, caso não haja comprovação de conflito de interesses entre o genitor e os filhos menores, não há como se opor ao levantamento da quantia com o objetivo de suprir as necessidades dos menores. Exercício do poder familiar que compreende a administração dos bens dos filhos menores (CC, art. 1.689). Reforma da r. decisão. Recurso dos autores provido. (*TJSP* – AI 2134608-42.2016.8.26.0000, 26-1-2017, Relª Berenice Marcondes Cesar)

Art. 1.690. Compete aos pais, e na falta de um deles ao outro, com exclusividade, representar os filhos menores de dezesseis anos, bem como assisti-los até completarem a maioridade ou serem emancipados.
Parágrafo único. Os pais devem decidir em comum as questões relativas aos filhos e a seus bens; havendo divergência, poderá qualquer deles recorrer ao juiz para a solução necessária.

Ambos os pais devem exercer com igualdade de direitos e prerrogativas a representação dos filhos menores de 16 anos, e assisti-los até que completem a maioridade. Na falta de um deles, esse exercício será do outro progenitor. Falta, aqui, deve ser entendida como ausência, morte ou impossibilidade, conforme o caso concreto. As decisões deverão ser tomadas em comum por ambos. Se houver divergência e se chegar a um impasse, só restará recorrer à decisão judicial. A separação de fato ou de direito e o divórcio não alteram o mandamento desse artigo.

Art. 1.691. Não podem os pais alienar, ou gravar de ônus real os imóveis dos filhos, nem contrair, em nome deles, obrigações que ultrapassem os limites da simples administração, salvo por necessidade ou evidente interesse da prole, mediante prévia autorização do juiz.
Parágrafo único. Podem pleitear a declaração de nulidade dos atos previstos neste artigo:
I – os filhos;
II – os herdeiros;
III – o representante legal.

Haverá necessidade de autorização judicial para alienar ou gravar bens imóveis, conforme esse artigo. O pedido de alienação ou gravame deve ser feito em juízo e somente podem esses atos ocorrer com autorização judicial. O parágrafo único descreve a legitimidade para a ação de nulidade, nessas hipóteses. Sem autorização judicial, decorrente de procedimento no qual participa o Ministério Público, o ato é nulo por ausência de agente capaz. Em juízo deve ser provada a necessidade ou conveniência de alienação ou oneração do bem com relação ao menor. Os imóveis devem ser avaliados, não se admitindo alienação por venda inferior ao preço de mercado. A alienação será autorizada mediante a expedição de alvará.

Já afirmamos que o sistema de nulidades em direito de família é próprio, não coincidindo com as nulidades em geral. Somente as pessoas enumeradas no parágrafo único (filhos, herdeiros, representante legal) podem pedir a declaração de nulidade desses atos. Como se nota, cuida-se aqui de negócios nulos e não anuláveis.

Bem imóvel. Programa de moradia popular. Ação de obrigação de fazer. Cessão de direitos decorrentes de contrato de compromisso de venda e compra a terceiro pela mutuária, incluindo direitos dos filhos menores sobre o imóvel, todavia, sem a necessária autorização judicial, fato que constituiu óbice à transferência. Autor que pretende a condenação dos requeridos ao comparecimento junto à empresa responsável pelo empreendimento e alienação do bem, apresentando documentos necessários à transferência. Impossibilidade. Ausência da forma legal necessária à validade do ato, nos termos exigidos pelo art. 1.691 do CC. Nulidade da cessão do compromisso de compra e venda do imóvel, com o consequente retorno das partes ao "status quo ante". Reintegração dos alienantes na posse do imóvel mediante ressarcimento integral do valor despendido pelo autor. Recurso provido em parte. Em programa municipal de moradia popular realizada pelo Município de São José do Rio Preto, a ré e seus filhos foram contemplados em sorteio realizado, obtendo direito sobre um lote de terreno e sobre o qual foi edificada uma casa. Ou seja, consoante informado pela Empresa Municipal de Construções Populares – EMCOP. Eles figuraram no compromisso de compra e venda também como compromissários compradores e, embora cedidos todos os direitos pela mãe, por si e pelos filhos, não há como deixar de reconhecer que os menores também tinham direitos sobre o imóvel e, para a transação feita, era necessária observância das formalidades necessárias. Vale dizer, havendo filhos menores, os direitos inerentes ao imóvel somente poderiam ter sido transacionados mediante autorização judicial, por força do art. 1.691 do CC, solenidade não observada na hipótese. Diante de tais considerações, a única solução possível é o reconhecimento da nulidade da cessão contratual entabulada entre Fátima Aparecida Martins e Amilton Pereira Maranhão, na parte que exceder os direitos cedidos. Não há especificação do quinhão de cada qual, motivo pelo qual se presume iguais entre os compromissários compradores, devendo o autor, se quiser, postular reconhecimento do direito de propriedade em via distinta (usucapião) (TJSP – Ap. 1009081-86.2014.8.26.0576, 28-5-2020, Rel. Kioitsi Chicuta).

Agravo de instrumento – Ação de indenizatória – Levantamento de valores de incapaz – Parcialmente procedente a demanda ajuizada por menor impúbere, ora agravante, para condenar a agravada ao pagamento de indenização por danos morais. Operou-se o trânsito em julgado e o depósito do valor representativo da condenação. Pretensão de levantamento pelo menor impúbere. Impossibilidade. A administração dos bens pertencentes aos filhos menores deve se limitar à preservação do melhor interesse da prole. Inteligência do art. 1.691 do CC/02. Quantia que somente poderá ser levantada após a maioridade civil do agravante, salvo se antes houver efetiva comprovação da sua necessidade, situação não verificada na hipótese em análise. Decisão mantida. Recurso não provido. (TJSP – AI 2196568-96.2016.8.26.0000, 16-5-2017, Relª Rosangela Telles)

Art. 1.692. Sempre que no exercício do poder familiar colidir o interesse dos pais com o do filho, a requerimento deste ou do Ministério Público o juiz lhe dará curador especial.

Quando colidirem os interesses do progenitor com o do filho menor, este deverá ser representado ou assistido por curador especial, a requerimento do filho ou do Ministério Público, também como aplicação dos princípios gerais sobre conflitos entre representantes e representados. Tal colisão de interesses deve ser vista objetivamente, sempre que as vantagens colimadas ou os direitos na berlinda possam afrontar ou ferir os interesses do filho. Assim, se o pai demonstrar necessidade ou utilidade para venda ou hipoteca de imóvel do filho, ao ser deferida a autorização judicial, incumbe ao juiz que nomeie o curador. Washington de Barros Monteiro (1996, p. 291) lembra que é necessária a nomeação de curador:

"*a) para receber em nome do menor doação que lhe vai fazer o pai; b) para concordar com a venda que o genitor efetuará a outro descendente; c) para intervir na permuta entre o filho menor e os pais; d) para levantamento da inalienabilidade que pesa sobre o bem de família.*"

Apelação cível. Alvará judicial. **Depósito em nome da menor**. Levantamento de quantia de FGTS. Insurgência apenas contra a indisponibilidade dos valores até ser atingida a maioridade. Art. 1º, § 1º, da lei 6.858/80. Art. 1.691, do Código Civil. Ausência de comprovação da necessidade da menor e da destinação do dinheiro antes de atingida sua maioridade. Sentença mantida. Recurso conhecido e improvido. À unanimidade. O valor depositado em nome da menor deve ser resguardado, pois tem como fim prestar-lhe sustento e auxílio até que complete a maioridade, quando poderá dispor livremente do mesmo. Só é autorizado pelo juiz o levantamento antecipado do supramencionado valor, quando demonstrada a necessidade da infante e a destinação do dinheiro, o que não ocorreu no caso em comento (*TJSE* – Acórdão: Apelação Cível nº 4786/2012, 10-7-2012, Rel. Des. Suzana Maria Carvalho Oliveira).

Art. 1.693. Excluem-se do usufruto e da administração dos pais:
I – os bens adquiridos pelo filho havido fora do casamento, antes do reconhecimento;
II – os valores auferidos pelo filho maior de dezesseis anos, no exercício de atividade profissional e os bens com tais recursos adquiridos;
III – os bens deixados ou doados ao filho, sob a condição de não serem usufruídos, ou administrados, pelos pais;
IV – os bens que aos filhos couberem na herança, quando os pais forem excluídos da sucessão.

A lei enumera aqui os bens que são excluídos do usufruto, assim como da administração dos pais.

Quanto aos bens adquiridos pelo filho havido fora do casamento, antes do reconhecimento (inciso I), a norma tem nítido caráter moral: pretende-se não transformar o ato de reconhecimento como incentivo à cupidez para o pai reconhecente. Ademais, enquanto não houver reconhecimento, não há poder familiar.

Os valores e bens auferidos pelo filho menor, como produto de seu trabalho (inciso II), são bens próprios e reservados. A lei menciona o trabalho do maior de 16 anos. Como regra, os valores adquiridos pelo menor dessa idade, embora não se lhe permita, em princípio, o trabalho regular, pertencerão à administração e usufruto dos pais. O Código de 1916 se referia a bens adquiridos em serviço militar, ou decorrentes de função pública, o que era resquício do pecúlio castrense do Direito Romano, parcela de bens que o *alieni juris* poderia ter para si, sem que integrasse o patrimônio do *pater familias*. Atualmente, não mais se justifica a restrição ao produto decorrente de função pública, pois muitas são as hipóteses de fruto de trabalho de menores na atividade privada.

Na terceira hipótese (inciso III), o doador ou testador pode incluir cláusula vedando a administração ou usufruto dos bens. Há de ser obedecida a vontade do disponente, nesses negócios gratuitos. Se não for nomeado administrador no ato de disposição, incumbe ao juiz fazê-lo, na hipótese de ambos os pais terem sido vetados para o encargo.

Também não podem ser administrados ou usufruídos pelos pais os bens que couberem aos filhos na herança, quando os pais forem excluídos da sucessão (inciso IV). A regra tem evidente cunho moral. Veja art. 1.816, parágrafo único.

SUBTÍTULO III
DOS ALIMENTOS

Art. 1.694. Podem os parentes, os cônjuges ou companheiros pedir uns aos outros os alimentos de que necessitem para viver de modo compatível com a sua condição social, inclusive para atender às necessidades de sua educação.
§ 1º Os alimentos devem ser fixados na proporção das necessidades do reclamante e dos recursos da pessoa obrigada.
§ 2º Os alimentos serão apenas os indispensáveis à subsistência, quando a situação de necessidade resultar de culpa de quem os pleiteia.

O ser humano, desde o nascimento até sua morte, necessita de amparo de seus semelhantes e de bens essenciais ou necessários para a sobrevivência. Nesse aspecto, realça-se a necessidade de alimentos. Desse modo, o termo *alimentos* pode ser entendido, em sua conotação vulgar, como tudo aquilo necessário para sua subsistência. Acrescentemos a essa noção o conceito de obrigação que tem uma pessoa de fornecer esses alimentos a outra e chegaremos facilmente à noção jurídica. No entanto, no Direito, a compreensão do termo é mais ampla, pois a palavra, além de abranger os alimentos propriamente ditos, deve referir-se também à satisfação de outras necessidades essenciais da vida em sociedade.

O Código Civil, nesses artigos, não se preocupou em definir o que se entende por alimentos. Porém, no art. 1.920, encontramos o conteúdo legal de alimentos quando a lei refere-se ao legado: "*O legado de alimentos abrange o sustento, a cura, o vestuário e a casa, enquanto o legatário viver, além da educação, se ele for menor.*"

Assim, alimentos, na linguagem jurídica, possuem significado bem mais amplo do que o sentido comum, compreendendo, além da alimentação, também o que for necessário para moradia, vestuário, assistência médica e instrução. Os alimentos, assim, traduzem-se em prestações periódicas fornecidas a alguém para suprir essas necessidades e assegurar sua subsistência. Nesse quadro, a doutrina costuma distinguir os *alimentos naturais ou necessários*, aqueles que possuem alcance limitado, compreendendo estritamente o necessário para a subsistência; e os *alimentos civis ou côngruos*, isto é, convenientes, que incluem os meios suficientes para a satisfação de todas as outras necessidades básicas do alimentando, segundo as possibilidades do obrigado. O Código de 1916 não distinguia ambas as modalidades, mas este Código o faz neste artigo, discriminando alimentos necessários ao lado dos indispensáveis, permitindo ao juiz que fixe apenas estes últimos em determinadas situações restritivas. No § 2º, encontra-se a noção destes: "*Os alimentos serão apenas os indispensáveis à subsistência, quando a situação de necessidade resultar de culpa de quem os pleiteia.*" Por outro lado, o § 1º estabelece a regra geral dos alimentos amplos, denominados côngruos ou civis: "*Os alimentos devem ser fixados na proporção das necessidades do reclamante e dos recursos da pessoa obrigada.*"

Não existe, divergência conceitual substancial na doutrina quanto ao conteúdo da expressão.

No Direito Romano clássico, a concepção de alimentos não era conhecida. A própria estrutura da família romana, sob a direção do *pater familias*, que tinha sob seu manto e condução todos os demais membros, os *alieni juris*, não permitia o reconhecimento dessa obrigação. Não há precisão histórica para definir quando a noção alimentícia passou a ser conhecida. Na época de Justiniano, já era conhecida uma obrigação recíproca entre ascendentes e descendentes em linha reta, que pode ser vista como ponto de partida (CAHALI, 1979, p. 47). O Direito Canônico alargou o conceito de obrigação alimentar. A legislação comparada regula a obrigação de prestar alimentos com extensão variada, segundo suas respectivas tradições e costumes.

Nosso Código Civil anterior originalmente disciplinara a obrigação alimentar dentre os efeitos do casamento, inserindo-a como um dos deveres dos cônjuges ("*mútua assistência*", art. 231, III, e "*sustento, guarda e educação dos filhos*", art. 231, IV), bem como mencionando competir ao marido, como chefe da sociedade conjugal, "*prover a manutenção da família*" (art. 233, IV), além de fazer a obrigação derivar do parentesco (art. 396 ss). A legislação complementar posterior, por força das sensíveis transformações sociológicas da família, introduziu várias nuanças na regulamentação do instituto. Anote-se também que há interesse público nos alimentos, pois se os parentes não atenderem às necessidades básicas do necessitado, haverá mais um problema social que afetará os cofres da Administração.

Em linha fundamental, quem não pode prover a própria subsistência nem por isso deve ser relegado ao infortúnio. A pouca idade, a velhice, a doença, a falta de trabalho ou qualquer incapacidade pode colocar a pessoa em estado de necessidade alimentar. A sociedade deve prestar-lhe auxílio. O Estado designa em primeiro lugar os parentes para fazê-lo, aliviando em parte seu encargo social. Os parentes podem exigir uns dos outros os alimentos e os cônjuges devem-se mútua assistência. A mulher e o esposo, não sendo parentes ou afins, devem-se alimentos com fundamento no vínculo conjugal. Também os companheiros em união estável estão na mesma situação atualmente. Daí decorre, igualmente, o interesse público em matéria de alimentos. Como vemos, a obrigação alimentar interessa ao Estado, à sociedade e à família.

É importante ressaltar uma distinção que tem reflexos práticos: o ordenamento reconhece que o parentesco, o *jus sanguinis*, estabelece o dever alimentar, assim como aquele decorrente do âmbito conjugal definido pelo dever de assistência e socorro mútuo entre cônjuges e, modernamente, entre companheiros. Existe, pois, no ordenamento, uma distinção entre a obrigação alimentar entre parentes e aquela entre cônjuges ou companheiros. Ambas, porém, são derivadas da lei.

É enorme a pletora de ações de alimentos em nossas cortes, de modo que as questões exigem muita dedicação e perspicácia dos magistrados, em país de acentuada pobreza e com injusta distribuição de riquezas.

Este artigo assegura, em terminologia inovadora, que os alimentos devem preservar a *condição social* de quem os pleiteia. Assim, o atual ordenamento civil é claro no sentido de que os alimentos devem preservar o *status* do necessitado. Se isso estava, de uma maneira ou de outra, presente nas petições dos alimentandos no passado, com respaldo por vezes nas decisões, tal não constava de texto legal expresso. Como assevera Luiz Felipe Brasil Santos, essa expressão é de total impropriedade, pois pode dar margem a abusos patentes. Daí por que o texto legal vigente "*compatível com sua condição social*" deve ser substituído pela ênfase à dignidade do necessitado de alimentos, como já faz o citado projeto do Estatuto (DELGADO-ALVES, 2004, p. 211). Também se mostra inadequada a generalização de alimentos que incluam necessidades de educação para todos os parentes e o cônjuge ou companheiro. As necessidades de educação devem ser destinadas exclusivamente aos filhos menores e jovens até completar o curso superior, se for o caso.

Os alimentos ora enfocados são aqueles derivados de direito de família, do casamento e do companheirismo, portanto obrigação legal, como estatui este 1.694.

O frustrado Projeto nº 6.960/2002 tentou modificar o final dessa redação para dizer que os alimentos devem servir para a pessoa *"viver com dignidade"*, expressão repetida pelo futuro Estatuto das Famílias. No entanto, os alimentos, com a mesma compreensão básica, podem decorrer da vontade, serem instituídos em contrato gratuito ou oneroso e por testamento, bem como derivar de sentença condenatória decorrente de responsabilidade civil aquiliana. Nada impede, embora raro seja, dentro da autonomia da vontade, que os interessados contratem pensão alimentícia, nem que por testamento ou doação seja ela atribuída. A obrigação alimentar consequente da prática de ato ilícito constitui uma forma de reparação do dano. Nesse sentido, o art. 948, II, estipula como uma das modalidades de indenização para o caso de homicídio a *"prestação de alimentos às pessoas a quem o morto os devia"*. O art. 950 determina a fixação de uma pensão proporcional no caso de ofensas físicas, quando a vítima tem sua capacidade funcional debilitada ou diminuída. O regime jurídico desses alimentos de natureza diversa, embora tenham particularidades próprias, obedece a um sistema ao menos análogo. Nada obsta que, perante a omissão da lei ou dos declarantes de vontade, os princípios alimentares do direito de família sejam utilizados na interpretação. Advertimos, de plano, que a prisão civil do devedor alimentante pode ser aplicada unicamente no tocante aos alimentos derivados do direito de família, ao lado de outras modalidades de execução, como desconto em folha de pagamento, como veremos, e nunca nos casos de descumprimento de legado de alimentos ou de não-pagamento de alimentos decorrentes de indenização por ato ilícito.

Quanto ao tempo em que são concedidos, os alimentos podem ser futuros ou pretéritos. Futuros são aqueles a serem pagos após a propositura da ação; pretéritos, os que antecedem a ação. Em nosso sistema, não são possíveis alimentos anteriores à citação, por força da Lei nº 5.478/1968 (art. 13, § 2º). Se o necessitado bem ou mal sobreviveu até o ajuizamento da ação, o direito não lhe acoberta o passado. Alimentos decorrentes da lei são devidos, portanto, *ad futurum*, e não *ad praeteritum*. O contrato, a doação e o testamento podem fixá-los para o passado, contudo, porque nessas hipóteses não há restrições de ordem pública.

Analisemos as características básicas dos alimentos, conforme apontadas com pouca dissensão pela doutrina:

a) *Direito pessoal e intransferível*. Sua titularidade não se transfere, nem se cede a outrem. Embora de natureza pública, o direito é personalíssimo, pois visa preservar a vida do necessitado. O direito não se transfere, mas uma vez materializadas as prestações periódicas como objeto da obrigação, podem elas ser cedidas.

O art. 402 do Código de 1916 estampava princípio tradicional do direito alimentar ao expressar que a obrigação de prestar alimentos não se transmitia aos herdeiros do devedor. Essa regra peremptória e tradicional de não transmissibilidade por herança foi colocada na berlinda com a disposição do art. 23 da Lei nº 6.515/1977, Lei do Divórcio, que introduziu a polêmica redação do art. 23: "*A obrigação de prestar alimentos transmite-se aos herdeiros do devedor, na forma do art. 1.796 do Código Civil.*" Essa regra foi repetida neste diploma, no art. 1.700. Ainda é grande a perplexidade exegética que o dispositivo causa, após tantos anos de vigência da lei. Veja o que comentamos nesse artigo.

b) *Irrenunciabilidade*. O direito pode deixar de ser exercido, mas não pode ser renunciado, mormente quanto aos alimentos derivados do parentesco. Dispõe o art. 1.707: "*Pode o credor não exercer, porém lhe é vedado renunciar o direito a alimentos, sendo o respectivo crédito insuscetível de cessão, compensação ou penhora.*"

O encargo alimentar é de ordem pública. Existe problemática, porém, referente à renúncia dos alimentos na separação e no divórcio, propendendo a doutrina e jurisprudência majoritárias do passado pela renunciabilidade nessas hipóteses, uma vez que esposos não são parentes, e a eles não se aplicaria a disposição. No entanto, houve uma guinada na redação deste Código, parecendo que não mais se distinguirão os alimentos quanto à irrenunciabilidade. O beneficiário pode, contudo, renunciar aos valores dos alimentos vencidos e não pagos, como ressalva a lei.

c) *Impossibilidade de restituição*. Não há direito à repetição dos alimentos pagos, tanto os provisionais como os definitivos. Desse modo, o pagamento dos alimentos é sempre bom e perfeito, ainda que recurso venha modificar decisão anterior, suprimindo-os ou reduzindo seu montante. No entanto, como sempre, toda afirmação peremptória em Direito é perigosa: nos casos patológicos, com pagamentos feitos com evidente erro quanto à pessoa, por exemplo, é evidente que o *solvens* terá direito à restituição.

d) *Incompensabilidade*. A lei expressamente ressalva que as obrigações alimentícias não se compensam (art. 373, II). Tendo em vista a finalidade dos alimentos, qual seja, a subsistência do necessitado, a eventual compensação dos alimentos com outra obrigação anularia esse desiderato, lançando o alimentando no infortúnio. Temos entendido, contudo, que se admite compensação com prestações de alimentos pagas a mais, tanto para os provisórios, como para os definitivos (CAHALI, 1979, p. 114).

e) *Impenhorabilidade*. Pela mesma razão, os alimentos não podem ser penhorados (art. 833, IV, do CPC). Destinados à sobrevivência, os créditos de alimentos não podem ser penhorados. Essa impenhorabilidade, no entanto, não atinge os frutos.

f) *Impossibilidade de transação*. Assim como não se admite renúncia ao direito de alimentos, também não se admite transação. O *quantum* dos alimentos já devidos pode ser transigido, pois se trata de direito disponível. O direito, em si, não o é. O caráter personalíssimo desse direito afasta a transação. O art. 841 somente admite transação para os direitos patrimoniais de caráter privado. O direito a alimentos é direito privado, mas de caráter pessoal e com interesse público.

g) *Imprescritibilidade*. As prestações alimentícias prescrevem em dois anos por este Código (art. 206, § 2º). Esse prazo era de cinco anos no Código anterior (art. 178, § 10, I). O direito a alimentos, contudo, é imprescritível. A qualquer momento, na vida da pessoa, pode esta vir a necessitar de alimentos. A necessidade do momento rege o instituto e faz nascer o direito à ação (*actio nata*). Não se subordina, portanto, a um prazo de propositura. No entanto, uma vez fixado judicialmente o *quantum*, a partir de então inicia-se o lapso prescricional. A prescrição atinge paulatinamente cada prestação, à medida que cada uma delas vai atingindo o biênio.

h) *Variabilidade*. A pensão alimentícia é variável, segundo as circunstâncias dos envolvidos na época do pagamento. Modificadas as situações econômicas e as necessidades das partes, deve ser alterado o montante da prestação, podendo ocorrer sua extinção. Daí por que o art. 1.699 permite a revisão, redução, majoração ou exoneração do encargo.

i) *Periodicidade*. O pagamento da obrigação alimentícia deve ser periódico, pois assim se atende à necessidade de se prover a subsistência. Geralmente, cuida-se de prestação mensal, mas outros períodos podem ser fixados. Porém, não se admite que um valor único seja o pago, nem que o período seja longo, anual ou semestral, porque isso não se coaduna com a natureza da obrigação. O pagamento único poderia ocasionar novamente a penúria do alimentando, que não tivesse condições de administrar o numerário.

j) *Divisibilidade*. A obrigação alimentar é divisível entre os vários parentes, de acordo com os arts. 1.696 e 1.697. Desse modo, vários parentes podem contribuir com uma quota para os alimentos, de acordo com sua capacidade econômica, sem que ocorra solidariedade entre eles.

Certamente, a problemática de alimentos aos filhos menores é a que mais preocupa a sociedade. Contudo, outros problemas sociais podem advir com relação aos demais parentes.

Os parentes, carentes de meios econômicos, também podem exigir reciprocamente alimentos. Vimos, acima, sobre o acréscimo trazido pelo parágrafo único do art. 399 do Código de 1916, que se preocupou com a necessidade dos pais.

Observe, de outro lado, que, com relação ao direito de os filhos maiores pedirem alimentos aos pais, não é o poder familiar que o determina, mas a relação de parentesco, que predomina e acarreta a responsabilidade alimentícia. Com relação aos filhos que atingem a maioridade, a ideia que deve preponderar é que os alimentos cessam com ela. Entende-se, porém, que a pensão poderá distender-se por mais algum tempo, até que o filho complete os estudos superiores ou profissionalizantes, com idade razoável, e possa prover a própria subsistência. Nesse sentido, este artigo 1.694 sublinha que os alimentos devem atender, inclusive, às necessidades de educação. Tem-se entendido que, por aplicação do entendimento fiscal quanto à dependência para o Imposto de Renda, o pensionamento deva ir até os 24 anos de idade. A jurisprudência não discrepa desse entendimento. Outras situações excepcionais, como condição de saúde ou outras avaliadas no caso concreto, poderão fazer com que os alimentos possam ir além da maioridade, o que deverá ser examinado no caso concreto. Nesse diapasão, o Projeto nº 6.960/2002 objetivou acrescentar o § 3º com a seguinte redação:

"*A obrigação de prestar alimentos entre parentes independe de ter cessado a menoridade, se comprovado que o alimentando não tem rendimentos ou meios próprios de subsistência, necessitando de recursos, especialmente para sua educação.*"

O projeto original do Estatuto das Famílias dispõe diferentemente a esse respeito estabelecendo que "*a maioridade civil faz cessar a presunção de necessidade alimentar, salvo se o alimentando comprovadamente se encontrar em formação educacional, até completar vinte e cinco anos*", seguindo caudal jurisprudencial.

Não se deve esquecer, também, que os filhos adotivos estão em tudo equiparados aos filhos biológicos. Com relação aos irmãos, unilaterais ou bilaterais, conforme o art. 1.697, podem eles acionar-se reciprocamente para pedir alimentos, mas somente na hipótese de não existirem ascendentes ou descendentes em condições de alimentá-los.

Afora esses colaterais irmãos, nenhum outro parente ou afim tem direito de pedir alimentos, desconhecendo nossa legislação a possibilidade, presente no direito comparado, de serem acionados sogros, genros ou noras.

📖 Enunciado nº 522 do CJF/STJ, V Jornada de Direito Civil. Arts. 1.694, 1.696, primeira parte, e 1.706Cabe prisão civil do devedor nos casos de não prestação de alimentos gravídicos estabelecidos com base na Lei1.804/2008, inclusive deferidos em qualquer caso de tutela de urgência.

📖 Enunciado nº 573 do CJF/STJ, V Jornada de Direito Civil. Na apuração da possibilidade do alimentante, observar-se-ão os sinais exteriores de riqueza. Artigo1.694, § 1º, do Código Civil.

⚖ Apelação. Fixação. Alimentos. Alimentanda que atingiu a maioridade após a fase probatória. Cerceamento de defesa. Inocorrência. Produção de provas que foi adequadamente oportunizada. Desídia da representante da autora que não é capaz de gerar a nulidade dos atos processuais. Maioridade civil do alimentando que não causa, *ipso facto*, a exoneração do dever de prestar alimentos. Dever alimentar que subsiste na relação de parentesco. Inteligência do art. 1.694 do CC. Alimentanda que não comprovou a necessidade dos alimentos ou que estaria matriculada em curso superior, curso técnico/profissionalizante ou ensino médio. Sentença mantida. Recurso desprovido (TJSP – Ap. 0022099-27.2015.8.26.0005, 10-8-2020, Rel. Hertha Helena de Oliveira).

⚖ Agravo interno no agravo em recurso especial – Alimentos Provisórios – Binômio necessidade/possibilidade – Conjunto fático-probatório dos autos – Reexame – Súmula Nº 7/STJ – 1- Inviável, em recurso especial, modificar o acórdão recorrido que concluiu que a autora faz jus ao recebimento de alimentos provisórios, tendo em vista que a análise do tema demandaria o reexame do conjunto fático-probatório, procedimento vedado nos termos da Súmula nº 7/STJ . 2- Agravo interno não provido. (STJ – AGInt-AG-REsp 968.587 – (2016/0216521-2), 3-2-2017, Rel. Min. Ricardo Villas Bôas Cueva).

⚖ Alimentos – Litisconsórcio passivo necessário – Existência – Curso superior concluído – Realização de pós-graduação – Necessidade/possibilidade – "Processual civil. Civil. Recurso especial. Ação de alimentos. Litisconsórcio passivo necessário. Existência. Curso superior concluído. Realização de pós-graduação. Necessidade/possibilidade. I – Os alimentos devidos em razão do poder familiar ou do parentesco, são instituídos, sempre, *intuitu personae*, para atender os ditames do art. 1.694 do Código Civil que exige a verificação da necessidade de cada alimentado e a possibilidade do alimentante, razão pela qual, quando fixados globalmente, ainda assim, consistem em obrigações divisíveis, com a presunção – salvo estipulação da sentença em sentido contrário – que as dívidas são iguais. 2. O advento da maioridade não extingue, de forma automática, o direito à percepção de alimentos, mas esses deixam de ser devidos em face do Poder Familiar e passam a ter fundamento nas relações de parentesco, em que se exige a prova da necessidade do alimentado. 3. O estímulo à qualificação profissional dos filhos não pode ser imposto aos pais de forma perene, sob pena de subverter o instituto da obrigação alimentar oriunda das relações de parentesco, que tem por objetivo, tão só, preservar as condições mínimas de sobrevida do alimentado. 4. Em rigor, a formação profissional se completa com a graduação, que, de regra, permite ao bacharel o exercício da profissão para a qual se graduou, independentemente de posterior especialização, podendo assim, em tese, prover o próprio sustento, circunstância que afasta, por si só, a presunção iuris tantum de necessidade do filho estudante. 5. Persistem, a partir de então, as relações de parentesco, que ainda possibilitam a percepção de alimentos, tanto de descendentes quanto de ascendentes, porém desde que haja prova de efetiva necessidade do alimentado. 6. Recurso especial não provido." (STJ – REsp 1.505.079 – (2015/0001500-1), 3ª T. – Relª Min. ---Nancy Andrighi – DJe 01.02.2017 – p. 4332).

Art. 1.695. São devidos os alimentos quando quem os pretende não tem bens suficientes, nem pode prover, pelo seu trabalho, à própria mantença, e aquele, de quem se reclamam, pode fornecê-los, sem desfalque do necessário ao seu sustento.

O dispositivo coroa o princípio básico da obrigação alimentar pelo qual o montante dos alimentos deve ser fixado de acordo com as necessidades do alimentando e as possibilidades do alimentante, complementado pelo art. 1.694, § 1º, já transcrito. Eis a regra fundamental dos chamados alimentos civis: *"os alimentos devem ser fixados na proporção das necessidades do reclamante e dos recursos da pessoa obrigada"*.-

O projeto original do Estatuto das Famílias apresentou diferente compreensão dos alimentos:

"*Podem os parentes, cônjuges, conviventes ou parceiros pedir uns aos outros os alimentos de que necessitem para viver com dignidade e de modo compatível com a sua condição social*" (art. 115).

Aqui o princípio da vida com dignidade tem proeminência, já trazendo esse projeto a possibilidade de alimentos entre parceiros homoafetivos.

Não se pode pretender que o fornecedor de alimentos fique entregue à necessidade, nem que o necessitado se locuplete a sua custa. Cabe ao juiz ponderar os dois valores de ordem axiológica em destaque, bem como a vida com dignidade não somente de quem recebe mas também de quem os paga. Destarte, só pode reclamar alimentos quem comprovar que não pode sustentar-se com seu próprio esforço. Não podem os alimentos converter-se em prêmio para os néscios e descomprometidos com a vida. Se, no entanto, o alimentando encontra-se em situação de penúria, ainda que por ele causada, poderá pedir alimentos. Do lado do alimentante, como vimos, importa que ele tenha meios de fornecê-los: não pode o Estado, ao vestir um santo, desnudar o outro. Não há que se exigir sacrifício do alimentante. Lembre-se de que em situações definidas como sendo de culpa do alimentando, os alimentos serão apenas os necessários, conforme o § 2º do art. 1.694, mas os demais princípios continuam aplicáveis.

Enunciado nº 342 do CJF/STJ, IV Jornada de Direito Civil: Observadas suas condições pessoais e sociais, os avós somente serão obrigados a prestar alimentos aos netos em caráter exclusivo, sucessivo, complementar e não solidário quando os pais destes estiverem impossibilitados de fazê-lo, caso em que as necessidades básicas dos alimentandos serão aferidas, prioritariamente, segundo o nível econômico-financeiro de seus genitores.

Enunciado nº 572 do CJF/STJ, VI Jornada de Direito Civil: Mediante ordem judicial, é admissível, para a satisfação do crédito alimentar atual, o levantamento do saldo de conta vinculada ao FGTS. Artigos: 1.695 e 1.701, parágrafo único, do Código Civil.

Art. 1.696. O direito à prestação de alimentos é recíproco entre pais e filhos, e extensivo a todos os ascendentes, recaindo a obrigação nos mais próximos em grau, uns em falta de outros.

Enunciado nº 341 do CJF/STJ, IV Jornada de Direito Civil: Para os fins do art. 1.696, a relação socioafetiva pode ser elemento gerador de obrigação alimentar.

Enunciado nº 522 do CJF/STJ, V Jornada de Direito Civil: Arts. 1.694, 1.696, primeira parte, e 1.706: Cabe prisão civil do devedor nos casos de não prestação de alimentos gravídicos estabelecidos com base na Lei nº 11.804/2008, inclusive deferidos em qualquer caso de tutela de urgência.

Art. 1.697. Na falta dos ascendentes cabe a obrigação aos descendentes, guardada a ordem de sucessão e, faltando estes, aos irmãos, assim germanos como unilaterais.

Art. 1.698. Se o parente, que deve alimentos em primeiro lugar, não estiver em condições de suportar totalmente o encargo, serão chamados a concorrer os de grau imediato; sendo várias as pessoas obrigadas a prestar alimentos, todas devem concorrer na proporção dos respectivos recursos, e, intentada ação contra uma delas, poderão as demais ser chamadas a integrar a lide.

Esses três artigos podem ser vistos em conjunto, pois tratam da mesma problemática. É importante que se examine também a parte processual no atual Código de Processo Civil.

Nos alimentos derivados do parentesco, como demonstra o art. 1.696, o direito à prestação é recíproco entre pais e filhos, extensivo a todos os ascendentes, recaindo a obrigação nos mais próximos em grau, uns em falta de outros. Em muitas situações, os avós são chamados a contribuir com alimentos. Notemos que, existindo vários parentes do mesmo grau, em condições de alimentar, não existe solidariedade entre eles. A obrigação é divisível, podendo cada um concorrer, na medida de suas possibilidades, com parte do valor devido e adequado ao alimentando. Na falta dos ascendentes, caberá a obrigação aos descendentes, guardada a ordem de sucessão e, faltando estes, aos irmãos, assim germanos, como unilaterais (art. 1.697). A falta de parente alimentante deve ser entendida não somente como inexistência, mas também, ausência de capacidade econômica dele para alimentar.

A questão importante era saber se todos os parentes do mesmo grau deveriam ser colocados no polo passivo da demanda. A posição ortodoxa da doutrina era no sentido afirmativo. Assim, mesmo que se soubesse que apenas um dos genitores possuía condições de alimentar, a ação deveria ser movida contra o pai e contra a mãe, por exemplo. A sentença, como regra, deverá ratear, de acordo com as condições de fortuna dos réus, o montante da pensão. No entanto, nada impedia no sistema de 1916 que a ação fosse movida contra um só dos parentes do mesmo grau. Este não podia defender-se, em tese, alegando que existem outros em melhores condições de alimentar, mas o autor da ação se sujeitaria à eventual improcedência ou à condenação de pensão inferior ao valor de que necessita, ficando aberta a ação contra os outros parentes, para eventual complementação de valor. Essa situação decorria da divisibilidade da obrigação.

O art. 1.698 deste Código veio dirimir essas dúvidas:

"*Se o parente, que deve alimentos em primeiro lugar, não estiver em condições de suportar totalmente o encargo, serão chamados a concorrer os de grau imediato; sendo várias as pessoas obrigadas a prestar alimentos, todas devem concorrer na proporção dos respectivos recursos, e, intentada ação contra uma delas, poderão as demais ser chamadas a integrar a lide.*"

Desse modo, atende-se processualmente ao princípio da divisibilidade da obrigação alimentícia, permitindo-se que, no mesmo processo, sejam outros alimentantes chamados a integrar a lide, para os denominados *alimentos complementares*. A lei processual deve traçar normas concretas para possibilitar a eficiência do dispositivo. O texto cria nova modalidade de intervenção de terceiros no processo, instrumento que merece toda a cautela do magistrado, pois pode se tornar expediente para procrastinar feitos.

De qualquer forma, são chamados a prestar alimentos, primeiramente, os parentes em linha reta, os mais próximos excluindo os mais remotos. Assim, se o pai puder prestar alimentos, não se acionará o avô. O mesmo se diga do alimentando que pede alimentos ao neto, porque o filho não tem condições de pagar. Não havendo parentes em linha reta, ou estando estes impossibilitados de pensionar, são chamados para a assistência alimentícia os irmãos, tanto unilaterais como germanos. Lembre que somente os irmãos estarão obrigados a alimentar na linha colateral. Os demais parentes e afins estão excluídos dessa obrigação legal em nosso ordenamento. Não ficam excluídos, contudo, dentro do limite legal, os filhos ilegítimos e os adotivos, mormente depois que a Constituição de 1988, no art. 227, § 6º, equiparou os filhos de qualquer natureza. As Leis nº 8.971/1994 e nº 9.278/1996, já referidas, criaram direitos de assistência recíproca para os companheiros em união estável, os quais persistem neste Código.

O parágrafo único do art. 399 do Código antigo, acrescentado pela Lei nº 8.648/1993, estampara:

> "No caso de pais que, na velhice, carência ou enfermidade, ficaram sem condições de prover o próprio sustento, principalmente quando se despojaram de bens em favor da prole, cabe, sem perda de tempo e até em caráter provisional, aos filhos maiores e capazes, o dever de ajudá-los e ampará-los, com a obrigação irrenunciável de assisti-los e alimentá-los até o final de suas vidas."

Essa disposição era uma superfetação, pois os princípios gerais do direito alimentar já atendem a essas situações. A redação, de pouca técnica e em linguagem quase coloquial, nada mais acrescentou ao que a doutrina estava farta de admitir. Contudo, decisões injustas dos tribunais motivaram o dispositivo que, além de ser péssimo exemplo de redação legal, em nada modificou ou acrescentou aos princípios básicos do direito alimentar. Salvo alguns julgados deslocados, nunca se duvidou de que os filhos devem prover a subsistência dos pais na velhice ou na doença.

Enunciado nº 523 do CJF/STJ, V Jornada de Direito Civil: O chamamento dos codevedores para integrar a lide, na forma do art. 1.698 do Código Civil, pode ser requerido por qualquer das partes, bem como pelo Ministério Público, quando legitimado.

Art. 1.699. Se, fixados os alimentos, sobrevier mudança na situação financeira de quem os supre, ou na de quem os recebe, poderá o interessado reclamar ao juiz, conforme as circunstâncias, exoneração, redução ou majoração do encargo.

As condições de fortuna de alimentando e alimentante são mutáveis, razão pela qual é modificável, a qualquer momento, não somente o montante dos alimentos fixados, como também a obrigação alimentar que pode ser extinta, quando se altera a situação econômica das partes. A matéria é de prova, nem sempre muito simples de ser produzida. O alimentando pode passar a ter meios próprios de prover a subsistência e o alimentante pode igualmente diminuir de fortuna e ficar impossibilitado de prestá-los. Daí por que sempre é admissível a ação revisional ou de exoneração de alimentos. Decisão que concede ou nega alimentos nunca faz coisa julgada.

Art. 1.700. A obrigação de prestar alimentos transmite-se aos herdeiros do devedor, na forma do art. 1.694.

O art. 23, da Lei nº 6.515/1977, Lei do Divórcio, estampou que a obrigação de prestar alimentos transmite-se aos herdeiros do devedor, redação mantida pelo presente artigo. Essa dicção colocou em xeque o art. 402 do Código de 1916, que se referia à regra tradicional da intransmissibilidade da obrigação alimentícia aos herdeiros do devedor. Essa inovação, como dissemos, continua a disseminar incertezas. Devemos, todavia, propender para a posição mais lógica dentro do sistema.

Sílvio Rodrigues (1999, p. 367) era peremptório ao afirmar, a nosso ver com absoluta razão, que, como o legislador inseriu esse art. 23 na lei sobre dissolução de sociedade conjugal, esse preceito é restrito ao caso de alimentos fixados no desfazimento da sociedade conjugal e limita-se às obrigações envolvendo exclusivamente os cônjuges. Desse modo, não havia como se estender a transmissibilidade da obrigação alimentícia para o parentesco, permanecendo para ele perfeitamente aplicável o antigo art. 402. Presente agora a disposição de forma genérica neste Código, a argumentação cai por terra. Yussef Said Cahali (1979, p. 84), em sua profunda monografia sobre alimentos, aponta vários julgados que sufragaram esse entendimento. Conclui, porém, que o dispositivo não se restringe unicamente aos cônjuges.

O mencionado art. 23, de seu lado, reportava-se ao art. 1.796 do velho Código, pelo qual a herança responde pelas dívidas do falecido; contudo, feita a partilha, só respondem os herdeiros, cada qual em proporção à parte que na herança lhe coube. Anote-se, portanto, que embora o dispositivo em berlinda fale em transmissão aos herdeiros, essa transmissão é ao espólio. É a herança, o monte-mor, que recebe o encargo. É justamente nesse sentido que se posiciona o projeto do Estatuto das Famílias: a obrigação alimentar transmite-se ao espólio, até os limites das forças da herança (art. 119). De qualquer forma, ainda que se aprofunde a discussão, os herdeiros jamais devem concorrer com seus próprios bens para alimentar o credor do morto. Por isso, devem fazer o inventário, justamente para discriminar o patrimônio próprio e os bens recebidos na herança. Participam da prestação alimentícia transmitida, na proporção de seus quinhões. Não há sucessão da pensão alimentícia além das forças da herança; isso é uma verdade que não pode ser subvertida (RIZZARDO, 1994, p. 736). Cabe ao credor tomar as medidas procedimentais cabíveis para que se assegure a manutenção da pensão, conforme os ativos da herança. Também parece decorrer do texto legal que esses alimentos transmissíveis são somente aqueles já firmados em decisão judicial ou decorrentes de ação já proposta quando da morte do alimentante.

Há, porém, outras posições interpretativas do dispositivo, inclusive a extremada que entende que a transmissão da obrigação alimentar é integral e incondicionada, bem como outra corrente que entende que essa obrigação refere-se apenas às prestações vencidas até a data da morte. Tudo é no sentido, porém, de que o legislador foi particularmente obscuro ao redigir esse art. 23, repetindo-o neste Código. O Projeto nº 6.960 procurou também restringir devidamente o alcance dessa norma, nos termos em que a maioria tem entendido, redigindo-a da seguinte forma:

> "A obrigação de prestar alimentos decorrentes do casamento e da união estável transmite-se aos herdeiros do devedor, nos limites das forças da herança, desde que o credor da pensão alimentícia não seja herdeiro do falecido."

Ainda que não se converta tal dicção em lei, nem a do projetado Estatuto das Famílias, essa deve ser a correta interpretação do art. 1.700, porque traduz a *mens legis* e harmoniza-se com o sistema. Se o alimentando é herdeiro do falecido, do mesmo modo não subsiste razão para que persista o direito a alimentos após a morte do autor da herança. Da mesma forma, a transmissão da obrigação de alimentar no texto projetado fica restrita apenas aos alimentos decorrentes do casamento e da união estável, o que por si só não se justifica. Embora a lei não tenha feito ressalva, em princípio esse texto legal somente poderá ser invocado se o dever de prestar alimentos já foi determinado por acordo ou decisão judicial, antes da morte do devedor, ou se ação ao menos já tivesse sido proposta em vida deste. Já se decidiu que o espólio não pode responder por dívida alimentícia. Não é o caso de concordar, porque o espólio responde pelas forças da herança, nada mais.

Enunciado nº 343 do CJF/STJ, IV Jornada de Direito Civil: A transmissibilidade da obrigação alimentar é limitada às forças da herança.

Apelação Cível – Execução de alimentos – Ex-cônjuge em face do espólio do alimentante, referente à verba alimentar devida após seu falecimento – Extinção do feito com fulcro no art. 485, inciso I c/c o art. 924, inciso I do CPC – Apelo da alimentanda – Não acolhimento – Obrigação personalíssima – Não há como admitir-se a transferência da responsabilidade em prestar alimentos a outra pessoa, no caso, ao espólio do alimentante – Previsão legal (art. 1.700 do CC) é que a transmissibilidade da responsabilidade pela dívida do falecido se relaciona apenas aos alimentos preexistentes ao seu falecimento e não à obrigação de prestar alimentos futuros, ainda que vigente acordo nesse sentido – Apelo adesivo – Fixação de honorários advocatícios – Cabimento – Verba devida em prol dos patronos do executado, em observância ao princípio da causalidade – Fixação por equidade – Recurso da autora desprovido, provido em parte o apelo adesivo do executado (*TJSP* – Ap. 1010526-49.2018.8.26.0011, 12-8-2020, Rel. Clara Maria Araújo Xavier).

Recurso de apelação – Preliminar de negativa de prestação jurisdicional afastada – Mérito – Transmissão da pensão alimentícia aos herdeiros – Possível somente quando comprovada a existência de herança – Obrigação decorrente do vínculo de parentesco – Situação Excepcional – Falta de ascendentes – Comprovação do binômino necessidade/possibilidade – Sentença Mantida – Recurso improvido – Não há que se falar em negativa de prestação jurisdicional, quando os pedidos formulados pela parte são analisados pelo juiz. Assim, somente poderá haver a transmissão da obrigação alimentar se houver herança que a suporte. Caso esta seja inexistente, também não haverá herdeiro de quem se possa exigir a continuidade do pagamento da pensão a que se achava obrigado o falecido. A obrigação alimentar somente passará ao irmãos de forma excepcional, na falta dos ascendentes (e de descendentes, o que não é o caso dos autos) e desde que comprovada a necessidade do alimentado e a possibilidade do alimentante. (*TJMS* – Ap. 0800092-33.2013.8.12.0016, 20-3-2017, Rel. Des. Claudionor Miguel Abss Duarte).

Art. 1.701. A pessoa obrigada a suprir alimentos poderá pensionar o alimentando, ou dar-lhe hospedagem e sustento, sem prejuízo do dever de prestar o necessário à sua educação, quando menor.
Parágrafo único. Compete ao juiz, se as circunstâncias o exigirem, fixar a forma do cumprimento da prestação.

Esse dispositivo faculta ao devedor prestar alimentos sob a forma de pensão periódica ou sob a forma de concessão de hospedagem e sustento ao alimentando. Essa modalidade somente se aplica aos alimentos derivados do parentesco e não se aplicará, em princípio, aos alimentos decorrentes do casamento ou da união estável. O Projeto nº 6.960 faz esse acréscimo para deixar esse aspecto expresso. O art. 25 da Lei nº 5.478/68 eliminara em parte essa faculdade do devedor, estabelecendo que a prestação não pecuniária só pode ser autorizada pelo juiz se com ela anuir o alimentando capaz. De qualquer modo, compete ao juiz estabelecer as condições dessa pensão, conforme as circunstâncias.

Na maioria das vezes, a obrigação alimentar gira em torno de uma quantia em dinheiro a ser fornecida periodicamente ao necessitado. O fornecimento direto de alimentos no próprio lar do alimentante caracteriza a denominada obrigação alimentar própria, pouco utilizada na prática, em razão das inconveniências que apresenta. Sem dúvida, duas pessoas que se digladiam em processo judicial não serão as melhores companhias para conviver sob o mesmo teto. Desse modo, embora a lei faculte ao alimentante escolher a modalidade de prestação, o juiz poderá impor a forma que melhor atender ao caso concreto, de acordo com as circunstâncias, conforme estampado no parágrafo único desse artigo. É inócuo para o demandado alegar, em sua defesa, no pedido de alimentos, que já vem fornecendo sustento e morada ao reclamante: essa matéria deverá ser sopesada na ação, sempre podendo o necessitado pleitear judicialmente a regulamentação da prestação alimentícia.

Enunciado nº 344 do CJF/STJ, IV Jornada de Direito Civil: A obrigação alimentar originada do poder familiar, especialmente para atender às necessidades educacionais, pode não cessar com a maioridade.

Art. 1.702. Na separação judicial litigiosa, sendo um dos cônjuges inocente e desprovido de recursos, prestar-lhe-á o outro a pensão alimentícia que o juiz fixar, obedecidos os critérios estabelecidos no art. 1.694.

Os cônjuges devem-se mútua assistência (art. 1.566, III). Daí o direito a alimentos, embora a expressão *mútua assistência* não se refira somente aos alimentos. A regra geral é, portanto, que, em caso de separação judicial ou de fato, o marido prestará pensão alimentícia à mulher, ou excepcionalmente, vice-versa.. A doutrina e a jurisprudência brasileira

"têm emprestado à pensão, concedida na separação judicial ou no divórcio, nítida natureza alimentar, representativa do prolongamento do dever de assistência, nascido com o vínculo do casamento" (Pereira, 1998, p. 89).

O Código Civil de 1916, todavia, não continha dispositivo algum referente a alimentos entre cônjuges, pois a disciplina dos arts. 396 a 405 dirigia-se ao parentesco. Este Código destaca os arts. 1.702, 1.703 e 1.704, para enfrentar situações de alimentos no desfazimento da sociedade conjugal.

Com a igualdade de direitos entre os cônjuges, estabelecida no ordenamento constitucional, nada obsta, perante os pressupostos legais, que o homem venha a pedir alimentos à mulher. Ocorre, porém, na maioria das vezes, caber ao varão suprir a maior parte das necessidades do lar. Nem sempre, no entanto, a mulher será a parte mais fraca na relação conjugal. Não subsiste o direito alimentar se ambos os cônjuges desfrutam de igual situação financeira. Perante a equivalência de posição jurídica do marido e da mulher, todos os deveres e direitos que se analisam aplicam-se reciprocamente a ambos.

A questão da inocência do cônjuge mencionada na lei é tormentosa e deve ser decidida segundo o caso concreto. Note que a moderna doutrina afasta a noção de culpa na separação e no divórcio.

Lembremos, por outro lado, que não impede o pedido de alimentos o fato de o casal estar habitando sob o mesmo teto, desde que se demonstre que um dos cônjuges não está sendo devidamente suprido pelo outro das necessidades de subsistência, embora esta não seja opinião unânime. A situação, se não é comum, não é cerebrina. Os dramas na convivência conjugal vão muito além dos esquemas jurídicos. Ademais, não é necessária a separação judicial, também, para que se requeiram alimentos. Os separados de fato podem fazê-lo.

O ordenamento descreve situações nas quais se exclui o dever de prestar alimentos. Assim, o art. 234 do Código de 1916 descrevia que cessava para o marido essa obrigação quando a mulher abandonava sem justo motivo o lar conjugal. Aplicando-se a isonomia, o mesmo se daria com relação à mulher, quando era o marido que saía injustificadamente do lar. Portanto, o abandono voluntário do lar conjugal fazia cessar o direito de pedir alimentos. Não se aplicava o dispositivo se a saída do lar fosse provocada pelo outro cônjuge, ou, genericamente, por motivo justo. A matéria era de prova.

Este art. 1.702 traduz a regra geral de alimentos na separação judicial litigiosa. Disposição semelhante é encontrada na Lei nº 9.278/1996, art. 7º, no que se refere aos companheiros: "*Dissolvida a união estável por rescisão, a assistência material prevista nesta Lei será prestada por um dos conviventes ao que dela necessitar, a título de alimentos.*"

Reitere-se que a insistência do legislador em mencionar culpa na separação conjugal conflita com a doutrina e a tendência das modernas legislações.

O casamento e a união estável, por si só, não implicam dever de alimentar. Em qualquer situação, devem ser provados a necessidade e os demais requisitos dessa obrigação. Não há que entender os alimentos como uma singela indenização ao cônjuge inocente. Deve ser afastada essa ideia, ainda defendida por alguns.

No divórcio e na separação consensual, a petição indicará o valor da pensão, bem como poderá indicar garantias para o cumprimento da obrigação. No caso de divórcio decorrente da separação judicial, conforme o art. 26 da Lei do Divórcio, o cônjuge que teve a iniciativa da separação, nos casos dos §§ 1º e 2º do art. 5º, da Lei do Divórcio, continuará com o dever de assistência ao outro.

Quando se tratar de conversão em divórcio, na forma consensual, podem os cônjuges manter ou alterar as condições preestabelecidas para os alimentos. Há entendimento de que os alimentos não podem ser requeridos nessa modalidade de divórcio ou após sua decretação, se não estabelecidos anteriormente, porque a obrigação cessa definitivamente com o divórcio e a consequente ruptura do vínculo. Em se tratando de conversão litigiosa, o entendimento é no sentido de que não pode ser cumulada com pedido de majoração, redução ou exoneração do dever alimentar (OLIVEIRA, 1999b, p. 73). Nessa hipótese, a matéria da contestação é limitada (art. 36). A jurisprudência é rica em detalhes nessa matéria, devendo sempre ser consultada.

Enunciado nº 572 do CJF/STJ, VI Jornada de Direito Civil: Mediante ordem judicial, é admissível, para a satisfação do crédito alimentar atual, o levantamento do saldo de conta vinculada ao FGTS. Artigos: 1.695 e 1.701, parágrafo único, do Código Civil.

Art. 1.703. Para a manutenção dos filhos, os cônjuges separados judicialmente contribuirão na proporção de seus recursos.

No decorrer de nossos comentários, mormente quanto ao poder familiar, enfatizou-se que o dever de os pais proverem a subsistência e educação dos filhos é fundamental. Esse dever transmuta-se na obrigação legal de prestar alimentos. Não somente o Código Civil, como também a Lei do Divórcio, preocuparam-se com o problema. Este texto também se aplica no caso de divórcio e desfazimento de união estável, como é óbvio.

Assim, o art. 20 deste último diploma menciona que os cônjuges separados deverão contribuir na proporção de seus recursos para a manutenção dos filhos. Esse dispositivo é por esse artigo. O art. 21 da lei citada completa, por sua vez, que o juiz pode determinar a constituição de garantia real ou fidejussória para assegurar o cumprimento dessa obrigação. O art. 22 do Estatuto da Criança e do Adolescente reafirma o dever dos pais com relação aos filhos menores. Atualmente, como sempre se repete, não se faz mais distinção entre filhos legítimos e ilegítimos. O descumprimento contumaz do dever alimentar pode até mesmo autorizar a suspensão ou perda do pátrio poder, como vimos no capítulo anterior.

Defende-se também que ao nascituro é possível a prestação alimentícia, sob o fundamento de que a lei ampara a concepção. Vale lembrar também do art. 121, do Código de 1916, que permitia ao titular de direito eventual exercer os atos necessários à conservação de tais direitos, embora divergisse a doutrina a esse respeito. Arnaldo Rizzardo (1994, p. 711) observa que,

"desde que presentes os requisitos próprios, como o fumus boni iuris e a certeza de quem é o pai, mesmo os alimentos provisionais é possível conceder, com o que se garantirá uma adequada assistência pré-natal ao concebido".

Diploma posterior veio beneficiar diretamente o nascituro na pessoa da progenitora. A Lei nº 11.804/2008 inovou e alargou em matéria de alimentos ao permiti-los de forma contundente à mulher gestante. Em seu art. 2º especifica que os alimentos conforme essa lei

"compreenderão os valores suficientes para cobrir as despesas adicionais do período de gravidez e que sejam dela decorrentes, da concepção ao parto, inclusive as referentes a alimentação especial, assistência médica e psicológica, exames complementares, internações, parto, medicamentos e demais prescrições preventivas e terapêuticas indispensáveis, a juízo do médico, além de outras que o juiz considere pertinentes".

Como se nota, a extensão ou compreensão dos alimentos é ampla no dispositivo, além de ser uma norma aberta, pois o juiz pode concedê-los levando em consideração o que for pertinente.

O parágrafo único desse artigo pontua que tanto o indigitado pai como a mãe devem contribuir para as despesas da gravidez, na proporção de seus respectivos recursos. Nessa hipótese, aplica-se a regra geral sobre alimentos.

A inovação mais significativa desse diploma legal está no art. 6º porque permite que o juiz estabeleça *alimentos gravídicos*, conforme denominação da lei, convencido da *existência de meros indícios da paternidade*. Esses alimentos perdurarão até o nascimento da criança, convertendo-se em pensão alimentícia a partir do nascimento com vida. O discernimento do juiz no caso concreto torna-se fundamental ao se examinarem os indícios, que devem ser claros e veementes: não se pode negar a ampla defesa ao indigitado pai. O juiz deve, assim, ser extremamente prudente e responsável ao conceder o benefício. Há que se coibir também a má-fé, situação que, em princípio, não permite que se aplique o princípio da irrepetibilidade dos alimentos, ensejando, porém, perdas e danos. Embora a lei não seja muita clara, define-se que esses alimentos sejam devidos a partir da concepção. A possibilidade desses alimentos deve acelerar a realização de exames de DNA.

Agravo de instrumento. Ação de alimentos. Decisão que fixou alimentos em favor da cônjuge virago e da filha menor das partes. Insurgência do alimentante. 1. Revogação dos alimentos fixados em favor da ex-cônjuge. Impossibilidade. Prova de que a cônjuge virago dependia financeiramente do marido durante o casamento. Ausência de formação técnica da ex-cônjuge que, a princípio, implica maiores dificuldades de inserção no mercado de trabalho. Alimentante que não comprovou que não pode arcar o valor dos alimentos fixados pelo juízo singular. 2. Partilha de forma igualitária, entre os genitores, da obrigação alimentar arbitrada em favor da filha menor. Impossibilidade. Divisão das despesas da prole que deve ser feita na proporção dos recursos dos genitores. Art. 1.703 do CC. Provas de que o genitor dispõe de maior capacidade financeira que a genitora. Ausência de provas de que o agravante não tem condições de arcar a obrigação no valor fixado pelo juízo singular. Ônus da prova que incumbe ao alimentante. Decisão mantida. Recurso desprovido (*TJPR* – Ag 0054644-08.2019.8.16.0000, 21-6-2020, Rel. Luciane do Rocio Custódio Ludovico).

⚖ Civil – Alimentos – Revisão – Novo Código Civil – Contribuição proporcional dos cônjuges – Porcentagem – Necessidade/Possibilidade – 1. Embora a celebração de um novo casamento, por si só, não possa justificar a pretensão de redução da pensão alimentar devida aos filhos da aliança anterior, por não interferir no binômio possibilidade/necessidade, afigura-se induvidoso que, independentemente do tempo em que foram fixados os alimentos, a sua revisão pressupõe modificação na situação financeira daquele que os presta ou daquele que os recebe. 2. O novo Código Civil, em seu artigo 1.699, reproduzindo textualmente a disposição do artigo 401 do código anterior, e o artigo 15 da Lei nº 5.478/68 autoriza a revisão do valor fixado a título de verba alimentar, sem qualquer referência a critério temporal de sua fixação. Basta, para tanto, a modificação da condição econômica do alimentando ou do alimentante. Em outros termos, a ocorrência do desequilíbrio no binômio necessidade/possibilidade é motivo suficiente para se alterar a verba alimentar devida. 3. O artigo 1.703 do Código Civil determina a contribuição proporcional dos cônjuges separados para a manutenção dos filhos. 4. Não se tratando de alimentos definitivos, mas fixados incidentalmente no curso do processo revisional, a presente decisão não vincula o juízo *a quo* quando da decisão final a ser tomada analisando todas as provas constantes dos autos, motivo pelo qual deve ser mantido, por ora, o percentual fixado. 5. Recurso não provido. Negar provimento. Unânime (*TJDFT* – AGI 20050020104749 – (235747), 7-2-2017, Rel. Des. Flavio Rostirola).

Art. 1.704. Se um dos cônjuges separados judicialmente vier a necessitar de alimentos, será o outro obrigado a prestá-los mediante pensão a ser fixada pelo juiz, caso não tenha sido declarado culpado na ação de separação judicial.

Parágrafo único. Se o cônjuge declarado culpado vier a necessitar de alimentos, e não tiver parentes em condições de prestá-los, nem aptidão para o trabalho, o outro cônjuge será obrigado a assegurá-los, fixando o juiz o valor indispensável à sobrevivência.

Este Código, o qual, como comentamos, introduziu no ordenamento os alimentos denominados necessários, aqueles de âmbito restrito, a eles se refere nas hipóteses nas quais o cônjuge é declarado culpado. O art. 1.704 se reporta, na verdade, aos alimentos *côngruos* também chamados civis, no *caput*, e aos alimentos *necessários* ou *naturais*, no parágrafo único. A culpa, na separação e no divórcio, deve ser sistematicamente afastada, seguindo a tendência ocidental.

Como se observa, se levada em conta a culpa, em situação excepcional, neste último caso os alimentos necessários somente serão devidos por um cônjuge ao outro culpado quando este não tiver parentes em condições de prestá-los, nem aptidão para o trabalho. Já de há muito se discute sobre a inconveniência de ser levada a culpa para as situações de desfazimento da sociedade conjugal. Esse elemento já deveria ter sido suprimido. Há, portanto, vários aspectos de fato, presente essa indesejável noção de culpa na separação ou divórcio, que podem ser trazidos à discussão em um processo de alimentos sob essas premissas. O réu pode, por exemplo, provar que o autor da ação possui parentes em condições de alimentá-lo. Também pode ocorrer que o cônjuge requeira os alimentos completos e, em face da contestação e do que for provado, o juiz apenas defira os alimentos necessários. É importante notar que os alimentos necessários, quase mero óbolo, serão apenas aqueles estritamente imprescindíveis para a sobrevivência, ou seja, à subsistência do alimentando, como menciona o art. 1.694, § 2º. O caso concreto definirá seu montante. São discutíveis o alcance e a justiça desses alimentos, que muitas vezes serão malvistos pelo meio social.

Se culpados ambos os cônjuges, não é justo, em princípio, que seja mantido o dever de alimentar. No entanto, como a nova legislação permite a percepção de alimentos necessários até mesmo na hipótese de culpa exclusiva do alimentando, não é de se negar a percepção dos alimentos mínimos nessa hipótese de culpa concorrente. Note que a regra geral é exclusão do exame da culpa na separação e divórcio. Só excepcionalmente isso poderá ocorrer, como forma de ajustar decisões.

⚖ Apelação – Divórcio – Alimentos – **Alimentos devidos a ex-cônjuge** apenas em caso de ausência de autonomia econômica (**CC 1.704**) – Ex-cônjuge virago – Apelada idosa dedicou-se vida inteira a tarefas doméstica e cuidado da prole – Enorme improbabilidade de colocação no mercado de trabalho – Alimentos devidos por prazo indeterminado – Recurso improvido (*TJSP* – Ap. 1007681-27.2019.8.26.0361, 15-10-2020, Rel. Luiz Antonio Costa).

Art. 1.705. Para obter alimentos, o filho havido fora do casamento pode acionar o genitor, sendo facultado ao juiz determinar, a pedido de qualquer das partes, que a ação se processe em segredo de justiça.

Esse artigo refere-se à possibilidade de o filho havido fora do casamento acionar o genitor para obter alimentos. Nesse caso, será facultado ao juiz determinar, a pedido de qualquer das partes, que a ação se processe em segredo de justiça. O que se mostra é que o juiz deve deferir o segredo de justiça nessa situação, se lhe for requerido. É comum o ajuizamento de ações de investigação de paternidade cumuladas com pedido de alimentos, cujo rito será o ordinário. Também nestas se aplica o princípio do segredo de justiça (arts. 11, parágrafo único, e 189, II, do CPC). O sentido maior deste texto era para antes da atual Constituição.

Art. 1.706. Os alimentos provisionais serão fixados pelo juiz, nos termos da lei processual.

Quanto à finalidade, denominam-se alimentos provisionais ou provisórios aqueles que precedem ou são concomitantes a uma demanda de separação judicial, divórcio, nulidade ou anulação de casamento, ou mesmo ação de alimentos. Sua finalidade é propiciar meios para que a ação seja proposta e prover a mantença do alimentando e seus dependentes durante o curso do processo. São regulares ou definitivos os alimentos estabelecidos como pensão periódica, ainda que sempre sujeitos à revisão judicial. A referência aos alimentos provisionais neste Código é feita neste dispositivo, que determina que se obedeça à lei processual. Os alimentos provisionais são estabelecidos quando se cuida da separação de corpos, prévia à ação de nulidade ou anulação de casamento, de separação ou divórcio. Nesse caso, os provisionais devem perdurar até a partilha dos bens do casal (MONTEIRO, 1996, p. 305). Mas os alimentos provisórios podem ser requeridos sempre que movida a ação de alimentos, com fixação *initio litis* (art. 4º da Lei nº 5.478/1968), desde que já haja prova pré-constituída do dever de prestá-los. Provisórios ou provisionais, pouco importando sua denominação, sua compreensão e finalidades são idênticas. Veja os arts. 528 ss. do CPC.

Enunciado nº 522 do CJF/STJ, V Jornada de Direito Civil: arts. 1.694, 1.696, primeira parte, e 1.706: Cabe prisão civil do devedor nos casos de não prestação de alimentos gravídicos estabelecidos com base na Lei nº 11.804/2008, inclusive deferidos em qualquer caso de tutela de urgência.

Art. 1.707. Pode o credor não exercer, porém lhe é vedado renunciar o direito a alimentos, sendo o respectivo crédito insuscetível de cessão, compensação ou penhora.

Enfatize-se mais uma vez que os termos aparentemente peremptórios desse artigo podem não pôr termo à questão. O Projeto nº 6.960 tentou modificar sua redação para permitir a renúncia dos alimentos entre os cônjuges. Não se confunde, no entanto, a renúncia aos alimentos, que é definitiva, com sua dispensa, que é temporária. Os caminhos jurisprudenciais parecem indicar novamente que a renúncia de alimentos entre ex-cônjuges é peremptória e definitiva. Como está na exposição de motivos do futuro Estatuto das Famílias, a irrenunciabilidade dos alimentos é limitada ao parentesco, abandonando-se a ideia de valorar a culpa do rompimento das relações afetivas, o que em nada melhora os direitos das famílias.

No acordo de separação devem ficar especificados o montante e a forma de alimentos aos filhos e do cônjuge. A menção da pensão alimentícia aos filhos para sua criação e educação é essencial para a homologação da separação. Esses alimentos são irrenunciáveis, pois decorrem do parentesco. Embora seja mais comum esse encargo ao homem, ambos os pais possuem esse dever e podem reparti-lo, dentro dos princípios que regem os alimentos. A exata forma de contribuição, no entanto, deve ser descrita pelos cônjuges, sob pena de a separação não ser homologada.

Como em toda decisão sobre alimentos, o que foi decidido a esse respeito no acordo não transita em julgado e o montante dos alimentos pode ser alterado no futuro, se forem alteradas as situações econômicas dos envolvidos.

Por outro lado, a pensão ajustada de um cônjuge a outro somente será devida se ajustada. Sua omissão no acordo de separação não é obstáculo para a homologação, entendendo-se que os cônjuges abriram mão da pensão.

Os alimentos devidos reciprocamente pelos cônjuges resultam do vínculo conjugal e não do parentesco. A possibilidade de a mulher (ou mesmo o marido) renunciar à pensão alimentícia na separação consensual continua dando margem a celeuma. A mesma situação hoje é aplicada se devida a pensão ao homem, tendo em vista a paridade conjugal estabelecida na Constituição. Não se confunde a renúncia com a simples dispensa de alimentos no ato, que permite que se volte a pedi-los no futuro, se preenchidos seus requisitos fáticos de necessidade do alimentando e possibilidade do alimentante. A simples dispensa não implica em abdicação do direito.

Sob o aspecto técnico, não há dúvida de que a renúncia aos alimentos pelo cônjuge é manifestação de vontade válida, pois apenas os alimentos derivados do parentesco são, em princípio, irrenunciáveis. O dever de mútua assistência entre os cônjuges rompe-se quando é desfeito o casamento. Ademais, o acordo firmado na separação por mútuo consentimento é negócio jurídico bilateral com plenitude de efeitos. Se as vontades manifestam-se livremente, não há aspecto de ordem pública a ser preservado na renúncia aos alimentos. De outro lado, com a separação, desaparece o dever de mútua assistência.

A posição do Supremo Tribunal Federal, no passado, propendeu por entender renunciável esse direito, não decorrente de parentesco, mas do vínculo conjugal. Posteriormente, a Súmula 379 deu guinada em sentido contrário, entendendo irrenunciáveis os alimentos no desquite, *"que poderão ser pleiteados ulteriormente, verificados os pressupostos legais"*. Essa corrente jurisprudencial que entende renunciáveis os alimentos decorrentes do vínculo conjugal, pois irrenunciáveis são apenas os alimentos decorrentes do parentesco, é a que se coaduna com a natureza do direito. Arnoldo Wald (1995, p. 138) conclui que:

> "com o advento do divórcio e a consequente possibilidade dos divorciados contraírem novo casamento, é indiscutível que os alimentos podem ser objeto de renúncia em virtude de acordo entre as partes. A jurisprudência reconhece de modo manso e pacífico que, dissolvido o casamento pelo divórcio, desaparecem as obrigações entre os antigos cônjuges".

No entanto, em sede de separação, a matéria longe está de ser pacífica. O mesmo autor vaticina que com o advento do divórcio é possível que prepondere entendimento diverso da Súmula 379, admitindo-se a renúncia de alimentos pelo cônjuge. Esse parece ser o sentido da mais recente jurisprudência. É, sem dúvida, a melhor e mais técnica solução, sufragada no sistema de 1916 por respeitável jurisprudência, inclusive do STJ (RJSTJ 29/447, 47/241, Resp 95267-DF, 40408-SP, 19453-RJ, 33815-SP). A jurisprudência francamente majoritária do Tribunal de Justiça de São Paulo também é no mesmo sentido (Ac. 202327-1, 126525-1, Ap. Cível 99.240-1). O atual Código procurou dirimir essa problemática, definindo os alimentos devidos aos parentes e aos cônjuges como da mesma natureza e vedando a possibilidade de renúncia em qualquer caso.

Nesse sentido coloca-se este art. 1.707, ao estipular que *"pode o credor não exercer, porém lhe é vedado renunciar o direito a alimentos"*. Nem por isso nos parece que a corrente majoritária do passado se dará por satisfeita, pois sempre poder-se-á examinar a natureza diversa dos alimentos entre os cônjuges dos derivados do parentesco estrito. Ainda porque, o termo *credor* tem significado obrigacional e, enquanto não estipulado o direito a alimentos, seu valor e características, não há que se falar, em princípio, em credor. O fato é que o legislador poderia ter assumido expressamente a posição, afirmando que os alimentos decorrentes do vínculo conjugal ou do companheirismo são irrenunciáveis, e não o fez. De lege ferenda, sabe-se que há sugestões efetivas de alteração do Código para que seja expresso a esse respeito. Nesse sentido, o Projeto nº 6.960/2002, que sugeriu outra redação ao dispositivo, retornando-se à possibilidade de renúncia dos alimentos decorrentes do vínculo conjugal: *"Tratando-se de alimentos devidos por relação de parentesco, pode o credor não exercer, porém lhe é vedado renunciar ao direito de alimentos"*.

Por essa dicção, portanto, os alimentos conjugais poderão ser renunciados, como se entendia na vigência da legislação anterior. A irrenunciabilidade dos alimentos, como estabelece o vigente Código, representa, sem dúvida, um retrocesso absolutamente injustificável que deve ser prontamente corrigido. De qualquer forma, com a palavra os legisladores e os futuros julgados, os quais, segundo tudo indica, devem propender pela possibilidade de renúncia de alimentos entre cônjuges. Já há julgados majoritários nesse sentido. Parece-nos despropositado que extinto um casamento há muitos anos, décadas, modificam-se com o tempo totalmente as situações de fato, bem como os corações e as mentes e o cônjuge que renunciou a alimentos ressurja como uma fênix-fantasma, para pleitear novamente alimentos de quem se separou em passado muito remoto.

De qualquer modo, o novo casamento, a união estável ou o concubinato do credor, seja o homem ou a mulher, faz cessar o dever de prestar alimentos para o outro cônjuge (art. 1.708). Como a união estável e o concubinato são situações de fato, há necessidade de prova em juízo de seu estabelecimento pelo outro cônjuge, o que nem sempre será tarefa simples, pois o concubinato, principalmente, pode ser escamoteado. Concubinato, na dicção deste Código, é termo reservado para as uniões impuras, isto é, aquelas que não podem converter-se em casamento. Lembre-se, a propósito, de que o parágrafo único do art. 1.708 acrescenta que o direito a alimentos cessa por comportamento indigno do devedor, o que também deve ser examinado no caso concreto.

Enunciado nº 263 do CJF/STJ, III Jornada de Direito Civil: O art. 1.707 do Código Civil não impede seja reconhecida válida e eficaz a renúncia manifestada por ocasião do divórcio (direto ou indireto) ou da dissolução da "união estável". A irrenunciabilidade do direito a alimentos somente é admitida enquanto subsistir vínculo de Direito de Família.

Civil. Processo civil. Alimentos provisórios. Compensação. Art. 1.707 do CC. Exceção. Melhor interesse do menor. Razoabilidade e proporcionalidade. Vedação ao enriquecimento sem causa. Decisão mantida. 1. A proibição de compensação de alimentos (art. 1.707 do CC) deve ser interpretada em consonância com os princípios do melhor interesse do menor (art. 227 da CF), razoabilidade e proporcionalidade, admitindo-se, excepcionalmente, a compensação dos alimentos para evitar o enriquecimento sem causa e para manter o equilíbrio do binômio necessidade-possibilidade na prestação dos alimentos. 2. Recurso conhecido e desprovido (*TJDFT* – Ap. 07204311820188070000, 20-3-2019, Rel. Sebastião Coelho).

Embargos de declaração em apelação cível em ação de execução de alimentos – Prestação *in natura* – Compensação excepcionalmente autorizada no caso concreto – Reversão em prol dos alimentandos – Comprovação – Omissão no julgado não verificada – Análise aprofundada da prova dos autos – Entrega plena da tutela jurisdicional – Embargos declaratórios conhecidos e desprovidos – Acórdão embargado inteiramente mantido – Extinção da execução pelo pagamento confirmada – 1. Da leitura do acórdão embargado, verifica-se que restou plenamente esclarecido, à luz da jurisprudência do Superior Tribunal de Justiça (STJ), que, apesar de os valores pagos a título de alimentos, via de regra, não serem passíveis de compensação (CC, art. 1.707), hão de ser consideradas hipóteses excepcionais (CASO DOS AUTOS), em que configurado o enriquecimento sem causa da parte beneficiária em detrimento da obrigada, autorizando, assim, a mitigação do princípio da incompensabilidade da verba de natureza alimentar e, por consequência lógica, o afastamento da mora do alimentante (CC, art. 394). 2. No caso dos autos, "... A excepcionalidade, enquanto elemento necessário para possibilitar a compensação da verba alimentar, restou plenamente comprovada nos autos pelo devedor, razão pela qual deve ser mantida a sentença apelada que, com fundamento acertadamente nos princípios da razoabilidade e do não enriquecimento sem causa, reconheceu a quitação do débito exequendo, encerrando, ato contínuo, a execução." (fl. 118). 3. Assim sendo, improcede a apontada irresignação recursal, à míngua de omissão no decisório atacado, valendo registrar que, a teor do § 3º do art. 489 do CPC/15, "a decisão judicial deve ser interpretada a partir da conjugação de todos os seus elementos e em conformidade com o princípio da boa-fé.". 4- Ademais, é defeso à parte embargante pretender, sob a pecha de uma suposta omissão, a revisão do julgado proferido na contramão de seus interesses, a ser desafiado, se assim quiser, por recurso próprio. 5- Embargos de declaração conhecidos e desprovidos (*TJCE* – EDcl 0062482-95.2007.8.06.0001/50000, 4-7-2017, Relª Maria Vilauba Fausto Lopes).

Art. 1.708. Com o casamento, a união estável ou o concubinato do credor, cessa o dever de prestar alimentos.
Parágrafo único. Com relação ao credor cessa, também, o direito a alimentos, se tiver procedimento indigno em relação ao devedor.

Também cessará o direito a alimentos se o cônjuge alimentando unir-se em casamento, união estável ou concubinato. Acrescenta ainda o parágrafo único desse artigo que o procedimento indigno do credor de alimentos, nessa situação, faz cessar o direito. A indignidade do procedimento deve ser aferida no caso concreto. O alimentando que se entrega à delinquência ou à prostituição, por exemplo, pode perder o direito à pensão alimentícia. A norma possui evidente conteúdo ético e moral.

Enunciado nº 264 do CJF/STJ, III Jornada de Direito Civil: Na interpretação do que seja procedimento indigno do credor, apto a fazer cessar o direito a alimentos, aplicam-se, por analogia, as hipóteses dos incs. I e II do art. 1.814 do Código Civil.

Enunciado nº 265 do CJF/STJ, III Jornada de Direito Civil: Na hipótese de concubinato, haverá necessidade de demonstração da assistência material prestada pelo concubino a quem o credor de alimentos se uniu.

Enunciado nº 345 do CJF/STJ, IV Jornada de Direito Civil: O "procedimento indigno" do credor em relação ao devedor, previsto no parágrafo único do art. 1.708 do Código Civil, pode ensejar a exoneração ou apenas a redução do valor da pensão alimentícia para quantia indispensável à sobrevivência do credor.

Exoneração de Alimentos entre cônjuges. Possibilidade. Provado que a alimentante constituiu união-estável com terceira pessoa, o ex-marido fica exonerado do dever de lhe prestar alimentos. (art. 1.708 do Código Civil). Sentença mantida. Recurso desprovido (*TJSP* – Ap. 1003504-46.2019.8.26.0126, 03-11-2020, Rel. Coelho Mendes).

Art. 1.709. O novo casamento do cônjuge devedor não extingue a obrigação constante da sentença de divórcio.

Por outro lado, o novo casamento do cônjuge devedor não extingue a obrigação constante da sentença de divórcio (idem, art. 30, da Lei nº 6.515/1977). O extinto Projeto nº 6.960 tentou modificar essa redação para colocar o alcance da norma pretendido pelo legislador em termos corretos: "*A constituição superveniente de família pelo alimentante não extingue sua obrigação alimentar anterior.*" Essa previsão legal também deve ser aplicada na hipótese de nova união estável por parte do cônjuge devedor.

Art. 1.710. As prestações alimentícias, de qualquer natureza, serão atualizadas segundo índice oficial regularmente estabelecido.

A prestação alimentícia pode ser alterada a qualquer tempo. Questão importante é a correção monetária. Consoante esse artigo, as prestações alimentícias, de qualquer natureza, serão atualizadas segundo índice oficial regularmente estabelecido. Nada impede, porém, que os reajustes tenham como base as majorações que sofrem os proventos do alimentante, assegurando-se sempre o poder aquisitivo do valor monetário. No entanto, impõe-se um critério justo a partir da fixação dos provisórios, pois o inadimplemento pode dar margem à grave sanção da prisão. Importa também que o juiz aprecie as condições de quem pede: ainda que seja a mulher, hoje sua situação na sociedade exige que se insira no mercado de trabalho. O estabelecimento da pensão alimentícia não pode, em hipótese alguma, ser incentivo ao ócio. Diferente será a situação se o alimentando é criança, inválido ou pessoa de avançada idade, alijada do mercado de trabalho.

Apontamos anteriormente, com respaldo no art. 1.694, que os alimentos devem ser fixados de acordo com a necessidade do alimentando e as possibilidades do alimentante. A necessidade é considerada em função de cada caso concreto, necessidades educacionais, culturais etc., levando-se em conta também o nível social das pessoas envolvidas. Mencionamos também que os alimentos chamados *necessários* possuem um espectro bem mais reduzido.

Não tem o alimentante, por seu lado, obrigação de dividir sua fortuna com o necessitado. O espírito dos alimentos não é esse. O pagamento é periódico, tendo em vista a natureza dessa obrigação. Nessa fixação reside a maior responsabilidade do juiz nessas ações. Nem sempre será fácil aquilatar as condições de fortuna do indigitado alimentante: é frequente, por exemplo, que o marido ou pai, sabedor que poderá se envolver nessa ação, simule seu patrimônio, esconda bens e se apresente a juízo como um pobre eremita. Desse modo, a prova dos ganhos do alimentante é fundamental. Não há norma jurídica que imponha um valor ou padrão ao magistrado. Quando se trata de pessoa assalariada regularmente, os tribunais têm fixado a pensão em torno de um terço dos vencimentos, mormente quando trata de alimentos pedidos pela mulher ao marido.

Por outro lado, os alimentos devem ser fixados com base nos rendimentos do alimentante, e não com fundamento em seu patrimônio. O sujeito pode ter bens que não produzem renda. Não há mínima condição de forçá-lo, direta ou indiretamente, a vender seus bens para suportar o pagamento.

SUBTÍTULO IV
DO BEM DE FAMÍLIA

**Art. 1.711. Podem os cônjuges, ou a entidade familiar, mediante escritura pública ou testamento, destinar parte de seu patrimônio para instituir bem de família, desde que não ultrapasse um terço do patrimônio líquido existente ao tempo da instituição, mantidas as regras sobre a impenhorabilidade do imóvel residencial estabelecida em lei especial.
Parágrafo único. O terceiro poderá igualmente instituir bem de família por testamento ou doação, dependendo a eficácia do ato da aceitação expressa de ambos os cônjuges beneficiados ou da entidade familiar beneficiada.**

1. Origem histórica

O bem de família constitui-se em uma porção de bens que a lei resguarda com os característicos de inalienabilidade e impenhorabilidade, em benefício da constituição e permanência de uma moradia para o corpo familiar. A matéria tem relação direta, mas não exclusiva, com o direito de família, razão pela qual este Código aqui disciplina esse instituto. Nada impediria que a matéria continuasse a ser tratada pela parte geral, assim como pelos direitos reais e principalmente pela lei registrária, com a qual possui maiores afinidades.

Originou-se, nos Estados Unidos, do *homestead*. O governo da então República do Texas, com o objetivo de fixar famílias em suas vastas regiões, promulgou o *Homestead Exemption Act,* de 1839, garantindo a cada cidadão determinada área de terras, isentas de penhora. O êxito foi grande, tanto que o instituto foi adotado por outros Estados da nação norte-americana, tendo ultrapassado suas fronteiras; hoje é concebido na grande maioria das legislações, com modificações que procuram adaptá-lo às necessidades de cada país.

No entanto, apesar de sua difusão, o sucesso da instituição não alcançou a dimensão esperada, mormente em nossa pátria, onde sua utilização voluntária é diminuta.

No Brasil, antes da vigência do Código Civil, houve várias tentativas de introdução do instituto, o qual foi adotado e incluído no atual Estatuto, em razão de uma emenda apresentada pela Comissão Especial do Senado.

O *homestead* nos Estados Unidos é a isenção de penhora sobre uma pequena propriedade. Em nosso país, a lei oferece à família o amparo de moradia.

2. Legislação – conceituação – natureza jurídica

O bem de família era exclusivamente regulado entre nós pelos arts. 70 a 73 do Código de 1916. Tais dispositivos foram complementados pelos arts. 19 a 23 do Decreto-lei nº 3.200/1941. A parte processual vinha regulada no CPC, de 1939, arts. 647 a 651, que foram mantidos em vigor até que a legislação especial tratasse da matéria, o que é feito atualmente pelos arts. 260 a 265 da Lei nº 6.015/1973, Lei dos Registros Públicos.

O instituto constava da Parte Geral do Código antigo, mas deveria figurar, como alertamos, na parte do direito de família, como faz este Código.

Pelo nosso ordenamento civil de 1916, o *homestead*, conhecido como bem de família, o que não é uma tradução, vinha estatuído no art. 70. O art. 1.711 sob comentário o conceitua atualmente.

O objeto do bem de família é um imóvel, "um prédio", rural ou urbano, onde a família fixa sua residência, ficando a salvo de possíveis e eventuais credores. O presente estatuto civil acentua que o bem de família consistirá em

> "*prédio residencial urbano ou rural, com suas pertenças e acessórios, destinando-se em ambos os casos a domicílio familiar, e poderá abranger valores mobiliários, cuja renda será aplicada na conservação do imóvel e no sustento da família*" (art. 1.712).

Neste Código há uma abrangência maior na conceituação do bem de família.

No tocante à natureza jurídica, entendem alguns que há transmissão da propriedade na instituição do bem, em que o adquirente é a família, como personalidade coletiva, sendo transmitente o instituidor, como o chefe da família. Como a família não tem personalidade jurídica, não pode ser aceita essa posição.

O projeto do Estatuto das Famílias suprime esse instituto por entender corretamente o seu absoluto desuso e o fato de aquele introduzido pela Lei nº 8.009/1990, comentada a seguir, consultar suficientemente a proteção e o interesse da família. Esse instituto, tal como está neste Código Civil, tornou-se inútil.

Afigura-se inconveniente a prefixação de valor. Melhor que seja fixada uma porcentagem sobre o patrimônio líquido da família, como pretendeu este Código, o qual, no entanto, limitou a um terço do patrimônio líquido existente ao tempo da instituição.

3. A Lei nº 8.009, de 29-3-1990

Proveniente da Medida Provisória nº 143, de 1990, nos estertores de mandato presidencial, foi promulgada a Lei nº 8.009/1990. Esse diploma legislativo surpreende não unicamente por seu alcance jurídico, mas pela importante particularidade de aplicação imediata aos processos então em curso.

Trata-se de norma que amplia o bem de família tradicional (seu título refere-se ao instituto), de evidente cunho de ordem pública, colocando a salvo de credores basicamente o imóvel residencial do casal ou da entidade familiar. Foi ressalvada expressamente sua vigência por este Código, de acordo com o art. 1.711. Dispõe o art. 1º dessa lei:

> "o imóvel residencial próprio do casal, ou da entidade familiar, é impenhorável e não responderá por qualquer tipo de dívida civil, comercial, fiscal, previdenciária ou de outra natureza, contraída pelos cônjuges ou pelos pais ou filhos que sejam seus proprietários e nele residam, salvo nas hipóteses previstas nesta Lei.
> Parágrafo único. A impenhorabilidade compreende o imóvel sobre o qual se assentam a construção, as plantações, as benfeitorias de qualquer natureza e todos os equipamentos, inclusive os de uso profissional, ou móveis que guarnecem a casa, desde que quitados".

Por outro lado, diz o art. 5º dessa lei:

> "Para os efeitos de impenhorabilidade, de que trata esta Lei, considera-se residência um único imóvel utilizado pelo casal ou pela entidade familiar para moradia permanente.
> Parágrafo único. Na hipótese de o casal, ou entidade familiar, ser possuidor de vários imóveis utilizados como residência, a impenhorabilidade recairá sobre o de menor valor, salvo se outro tiver sido registrado, para esse fim, no registro de Imóveis e na forma do art. 70 do Código Civil."

Em atenção aos princípios constitucionais atuais não se distingue a família legítima ou ilegítima. Basta que se configure a entidade familiar.

A inspiração desse diploma é, sem dúvida, o bem de família tradicional, de nosso Código Civil. Entretanto, perante essa lei de ordem pública, deixa de ter maior utilidade prática o bem de família voluntário, por nós já referido como de pouco alcance prático. Estando agora, por força de lei, isento de penhora o imóvel residencial que serve de moradia, não há necessidade de o titular do imóvel se valer do custoso procedimento para estabelecer o bem de família. Os efeitos a partir da lei são automáticos. Como percebemos, a Lei nº 8.009/1990 amplia o alcance da impenhorabilidade desses imóveis, não impondo as restrições do art. 70 do Código Civil de 1916.

A impenhorabilidade não implica inalienabilidade. O titular do imóvel não perde a disponibilidade do bem. Isso também ocorre no bem de família tradicional.

A divagação agora gira em torno da inspiração sociológica e histórica dessa lei. Pacífico é que se trata de diploma de ordem pública. Embora regulando relações privadas, tem reflexos fundamentais no processo executório, de direito público, portanto. Não se trata, porém, de simples norma processual, como não o é o bem de família no Código Civil.

Em um primeiro enfoque, parece que a lei incentiva o calote e a fraude. De fato, permite-se que com facilidade suas disposições sejam utilizadas fraudulentamente. A nosso ver, porém, existe outro efeito que não pode ser desconsiderado. Haverá, sem dúvida, maiores dificuldades de obtenção de crédito por todos aqueles que nada mais possuem, que não um imóvel residencial. Nesse aspecto, não podemos deixar de concluir que se trata de lei de visão estreita. Muitas relações negociais foram assim prejudicadas.

Por outro lado, positivamente, nota-se que a lei procurou proteger a família do devedor,

> "garantindo as condições mínimas de sobrevivência digna, a salvo das execuções por dívidas, avolumadas, em grande parte, não pela voracidade consumista do devedor, mas pelos tormentos e desacertos de uma economia cronicamente conturbada como é a do nosso país" (CZAJKOWSKI, 1992, p. 16).

Há igualmente certa dúvida na sinceridade de propósitos sociais da lei, que não distingue a moradia humilde e tosca do palacete luxuoso e ostentativo.

De qualquer forma, a jurisprudência já se encarregou de afastar sua inconstitucionalidade, de fato inexistente, defendida a princípio por alguns juristas.

Também, terá apenas valor histórico a polêmica causada pela suspensão das execuções em curso e o canhestro "cancelamento" destas, por força da Medida Provisória nº 143 e do art. 6º da lei. Os termos da lei são equivocados e apenas acrescentamos que, de plano, nos mostramos, no passado, contrários à aplicação imediata da impenhorabilidade aos processos em curso.

4. Legitimação para a instituição e destinação do bem

O art. 70 do Código de 1916 permitia que os chefes de família instituíssem o bem. De acordo com o art. 233, chefe de família era o marido. A Constituição Federal de 1988 já não permitia mais esse entendimento. Na falta deste, embora a lei não o diga, a prerrogativa passa para a mulher. É esse o espírito da lei, pelo que se inferia dos arts. 251, 380 e 466. Também era preciso admitir titularidade à mulher no caso de ausência do marido. A mulher, ao assumir a direção do lar, deveria ter o poder de instituir o bem, pois, de acordo com o art. 251, parágrafo único, IV, podia até alienar os imóveis do casal, com autorização judicial. No entanto, perante a igualdade de direitos dos cônjuges atribuída pela Constituição havia, destarte, que se atribuir legitimidade a ambos os cônjuges para a instituição. Esse é o sentido deste Código também.

Na origem do Código antigo, as pessoas solteiras, por conseguinte, ainda que vivessem em concubinato duradouro, não podiam instituir bem de família, assim como não tinham esse direito os tutores e curadores em benefício dos pupilos. Modernamente, há que se admitir que a instituição do bem de família dirige-se à entidade familiar, ainda que monoparental, como garante a Constituição.

Não pode também instituí-lo o avô, pois com o casamento é criada uma nova família. É essa a intenção da lei. Desse modo, um terceiro não pode instituir o bem de família. Este Código Civil autoriza terceiro a fazer tal instituição, por testamento ou doação, com aceitação expressa dos cônjuges beneficiados (parágrafo único). Nesse caso, como terceiro, o avô pode fazer a instituição, desde que o faça com os próprios bens.

Note que a instituição só pode ocorrer se não prejudicar credores existentes à época do ato. Daí por que o bem de família só pode ser criado por quem seja solvente, isto é, quando a instituição não fraudar o direito dos credores, quando sobrar bens suficientes para pagar as dívidas existentes na época. Por dívidas posteriores, pois, não responde o bem separado.

Pergunta-se: a família de fato pode ser beneficiada com a instituição? Hoje, a orientação constitucional não admite dúvida. Mesmo no sistema anterior, não tendo a lei feito distinção, havendo filhos na família ilegítima ou não unida pelo casamento, era concebível a instituição. Aliás, a nova terminologia a ser adotada é entidade familiar e união estável, repelindo-se a referência à ilegitimidade da família.

A atual Constituição reafirmou esse entendimento, independentemente de prole. A Lei nº 8.009 não faz distinção entre família legítima e ilegítima, e fala em "entidade familiar".

O prédio deve ser destinado efetivamente ao domicílio da família. O instituto não foi criado nem para dar garantia real à família, nem para fornecer alimentos, mas exclusivamente para garantir a moradia. Se for alterado o destino, perde eficácia a instituição, devendo ser desconsiderada pelos devedores. Isso se aplica também ao bem de família legal.

5. Processo de constituição

O procedimento para a constituição do bem de família vem estatuído nos arts. 260 a 265 da Lei nº 6.015/1973 (Lei dos Registros Públicos).

A instituição deverá ser feita por escritura pública (art. 260). A instituição por testamento, do presente Código, deve ser regulamentada. A escritura do imóvel será apresentada ao oficial do registro para a inscrição, a fim de que seja publicada na imprensa local (art. 261) ou, em sua falta, na da Capital do Estado ou do Território. A finalidade da publicidade é dar conhecimento a eventuais credores que tenham motivo para se oporem à constituição.

Não havendo razão para dúvida, a publicação será feita de acordo com o art. 262, da qual constará:

"I – O resumo da escritura, nome, naturalidade e profissão do instituidor, data do instrumento e nome do tabelião que o fez, situação e características do prédio;

II – o aviso de que, se alguém se julgar prejudicado, deverá, dentro em 30 (trinta) dias, contados da data da publicação, reclamar contra a instituição, por escrito e perante o oficial."

Não havendo determinação expressa da lei, a publicação será feita uma única vez pela imprensa. Findo o prazo de 30 dias, sem qualquer reclamação (art. 263), o oficial transcreverá a escritura integralmente e fará a matrícula, arquivando um exemplar do jornal da publicação e restituindo o instrumento ao apresentante, com a nota da inscrição.

No caso de ser apresentada reclamação (art. 264), o oficial fornecerá cópia ao instituidor e lhe restituirá a escritura, com a declaração de haver sido suspenso o registro, cancelada a prenotação. Nessa hipótese, o instituidor poderá insistir no registro, requerendo ao juiz competente que o determine sem embargo da reclamação (art. 264, § 1º). Caso o juiz estabeleça que se proceda ao registro nessas circunstâncias, ressalvará ao reclamante o direito de recorrer à ação competente para anular a instituição ou promover execução sobre o prédio instituído, se se tratar de dívida anterior.

Trata-se de fase administrativa. Ainda que seja determinado o registro, resta sempre ao prejudicado o direito de invalidar a instituição ou *"desconsiderá-la"*, na via judicial própria.

Se o juiz indeferir o registro, pode também o instituidor recorrer à via judiciária, *a contrario sensu*.

Em qualquer caso, nessa fase administrativa, "*o despacho do juiz será irrecorrível e, se deferir o pedido, será transcrito integralmente, juntamente com o instrumento*" (art. 264, § 3º).

Nessa fase administrativa, o conhecimento do juiz é incompleto, não há coisa julgada, daí por que se pode sempre recorrer às vias ordinárias, podendo fazê-lo, de acordo com as circunstâncias, quer o instituidor, quer o prejudicado com a instituição. Não é necessário, para invalidar a instituição, que o prejudicado tenha apresentado reclamação na fase administrativa. É claro que, se o tiver feito, terá situação melhor no processo, mas não é requisito de procedibilidade.

Complementa o art. 265 da Lei dos Registros Públicos:

"*Quando o bem de família for instituído juntamente com a transmissão da propriedade (Decreto-lei nº 3.200, de 14 de abril de 1941, art. 8º, § 5º), a inscrição far-se-á imediatamente após o registro da transmissão, ou, se for o caso, com a matrícula.*"

Trata-se da hipótese em que o instituidor adquire o imóvel e já no mesmo ato institui o bem de família.

Enunciado nº 628, VIII Jornada de Direito Civil – CJF/STJ: Os patrimônios de afetação não se submetem aos efeitos de recuperação judicial da sociedade instituidora e prosseguirão sua atividade com autonomia e incomunicáveis em relação ao seu patrimônio geral, aos demais patrimônios de afetação por ela constituídos e ao plano de recuperação até que extintos, nos termos da legislação respectiva, quando seu resultado patrimonial, positivo ou negativo, será incorporado ao patrimônio geral da sociedade instituidora.

Civil. Recurso especial. Execução. Empréstimo. Penhora do imóvel. Bem de família. Exceção à regra da impenhorabilidade do bem de família. Sentença penal condenatória. Ausência. Interpretação restritiva. Presunção.1. Agravo de instrumento interposto em 03/08/2018, recurso especial interposto em 16/04/2019 e atribuído a este gabinete em 24/09/2019O propósito recursal consiste em determinar pela legalidade da aplicação na hipótese da exceção à impenhorabilidade do bem de família, prevista no art. 3º, VI, da Lei n. 8.009/1990, considerando a ausência de condenação penal em definitivo. 3. A lei estabelece, de forma expressa, as hipóteses de exceção à regra da impenhorabilidade do bem de família. 4. O art. 3º, VI, da Lei n. 8.009/1990 expressamente afastou a impenhorabilidade quando o bem imóvel é adquirido com produto de crime ou para execução de sentença penal condenatória a ressarcimento, indenização ou perdimento de bens. Na hipótese, não há sentença penal condenatória e, mesmo que seja em função da prescrição, é impossível presumir sua existência para fins de aplicação da exceção contida no art. 3º, VI, da Lei 8.009/90. 6. Recurso especial provido (*STJ* – REsp 1823159/SP, 13-10-2020, Rel. Ministra Nancy Andrighi).

Art. 1.712. O bem de família consistirá em prédio residencial urbano ou rural, com suas pertenças e acessórios, destinando-se em ambos os casos a domicílio familiar, e poderá abranger valores mobiliários, cuja renda será aplicada na conservação do imóvel e no sustento da família.

Se, por um lado, neste artigo há a especificação de que o bem de família constituir-se-á em um prédio residencial urbano ou rural, com suas pertenças e acessórios, por outro, o art. 1.711 limita o valor da instituição a um terço do patrimônio líquido existente ao tempo da instituição. A lei que ordena os registros públicos deverá também disciplinar essa prova do valor do bem. Apresentada a documentação ao registro, havendo dúvida quanto ao limite imposto na lei, poderá o cartorário submeter a questão a juízo. Não se suprime a possibilidade de qualquer interessado insurgir-se contra a instituição, a qual, em qualquer caso, não pode prejudicar as dívidas do instituidor até então existentes.

O parágrafo único do art. 1.711 permite que terceiro institua o bem de família, por testamento ou doação, dependendo da eficácia do ato, da aceitação expressa de ambos os cônjuges beneficiados ou da entidade familiar beneficiada. Essa aceitação pode ocorrer no mesmo instrumento de doação ou posteriormente, mormente quando se tratar de instituição por testamento. O terceiro não está sujeito ao limite de um terço do patrimônio.

Ao estipular que o benefício deve consistir em prédio urbano ou rural, destinado ao domicílio da família, esse artigo inova e esclarece dúvida da doutrina no passado: autoriza que as pertenças e os acessórios integrem a instituição, podendo também abranger valores mobiliários, "*cuja renda será aplicada na conservação do imóvel e no sustento da família*". O atual diploma encara o bem de família em seu sentido global e social: de nada adianta para a família ter seu prédio residencial imune a execuções se não há possibilidade de mantê-lo e de manter ali os integrantes da família. Nesse sentido, permite este Código que o instituidor destine recursos para essa manutenção que poderá consistir em aplicações financeiras, alugueres etc. A maior dificuldade será isentar esses recursos das execuções por parte de terceiros. Veja o artigo seguinte.

Art. 1.713. Os valores mobiliários, destinados aos fins previstos no artigo antecedente, não poderão exceder o valor do prédio instituído em bem de família, à época de sua instituição.
§ 1º Deverão os valores mobiliários ser devidamente individualizados no instrumento de instituição do bem de família.
§ 2º Se se tratar de títulos nominativos, a sua instituição como bem de família deverá constar dos respectivos livros de registro.

Art. 1.713

> **§ 3º O instituidor poderá determinar que a administração dos valores mobiliários seja confiada a instituição financeira, bem como disciplinar a forma de pagamento da respectiva renda aos beneficiários, caso em que a responsabilidade dos administradores obedecerá às regras do contrato de depósito.**

De acordo com o art. 70 do Código de 1916, o objeto do instituto era prédio destinado ao domicílio da família, não se distinguindo prédio urbano ou rural. O art. 1º da Lei nº 8.009/1990 refere-se ao imóvel residencial, evitando falar em domicílio, conceitos jurídicos nem sempre coincidentes. Também na dicção da lei atual, o conceito é aplicado tanto ao imóvel urbano como ao rural (art. 1.712). Há amplitude maior no presente estatuto, pois permite que a instituição, tendo como objeto bem urbano ou rural, com suas pertenças e acessórios, abranja também valores mobiliários, cuja renda será aplicada na conservação do imóvel e no sustento da família. O acréscimo é justo e visa fortalecer o instituto. Acrescenta, porém, esse artigo, que o valor desses bens mobiliários não poderá exceder o valor do prédio, à época da instituição. Nem sempre será aceitável uma avaliação tida como justa nesse sentido, o que pode dar margem a fraudes. Ainda, nesse mesmo artigo encontra-se dispositivo no § 3º que permite ao instituidor determinar que a administração dos valores mobiliários seja confiada a instituição financeira, bem como a forma de atribuição de benefícios. Haverá, certamente, necessidade de intervenção judicial quando surgir essa complexidade.

O Decreto-lei nº 3.200/1941 ampliara o âmbito do bem de família, não só permitindo que o imóvel rural pudesse ser objeto do instituto, como também autorizou a inclusão na destinação da mobília, utensílios de uso doméstico, gado e instrumentos de trabalho, descritos expressamente no ato constitutivo.

Atualmente, carecendo de interesse prático a instituição voluntária do bem de família, suas disposições legais devem servir de adminículo para a interpretação da Lei nº 8.009/1990, omissa em muitos aspectos.

Essa lei, no tocante ao imóvel rural, restringe a impenhorabilidade à sede de moradia, com os respectivos bens móveis, e, nos casos do art. 5º, inciso XXVI, da Constituição, à área limitada como pequena propriedade rural (art. 4º, § 2º). O dispositivo constitucional referido diz respeito à pequena propriedade rural, mandando que a lei ordinária a defina.

Por outro lado, como visto na redação do parágrafo único do art. 1º da referida lei, também são excluídos de penhorabilidade as plantações, benfeitorias e equipamentos de uso profissional e móveis que guarnecem a casa, desde que quitados. O art. 2º exclui veículos de transporte, obras de arte e adornos suntuosos.

Nos princípios do Código Civil, o bem urbano ou rural não tem restrições quanto à extensão, desde que sirva de residência para a família.

O Código de 1916 não fixara teto para o valor do imóvel. Leis posteriores encarregaram-se de fazê-lo, desestimulando ainda mais sua instituição. O bem de família agora por força de lei não possui limite de valor.

O art. 19 do Decreto-lei nº 3.200/1941, com a redação da Lei nº 5.653/1971, elevou o teto para 500 vezes o maior salário-mínimo do país. A fixação de valor máximo reduz bastante o alcance da proteção procurada pela lei. A ausência de qualquer critério de valor, por outro lado, também é inconveniente, porque abre válvulas à fraude. A Lei nº 6.742, de 5.12.1979, eliminou qualquer limite de valor para o bem de família, desde que o imóvel seja residência dos interessados por mais de dois anos.

É inconveniente a prefixação de valor. Melhor que seja fixada uma porcentagem sobre o patrimônio líquido da família, como pretendeu este Código, o qual, no entanto, limitou a um terço do patrimônio líquido existente ao tempo da instituição (art. 1.711).

A nova roupagem do bem de família entre nós irá demonstrar sua conveniência ou não. É inconveniente a oneração de todo o patrimônio do interessado. É desvantajoso para a sociedade e para o próprio instituidor a oneração de seu único imóvel, porque isso dificultará sua vida negocial: não poderá contrair empréstimos de vulto, pois as instituições financeiras pedirão outras garantias. Cremos que tal crítica está doravante mais ainda apropriada.

Este art. 1.713 dispõe que os valores mobiliários desse jaez não poderão exceder o valor do prédio instituído, à época da instituição. O texto não é muito claro e pode dar a ideia que outro um terço do patrimônio atual possa ser destacado para o bem de família, o que, em síntese, poderia somar 2/3 do patrimônio e contrariar o art. 1.711. Parece a melhor interpretação ser no sentido de que o prédio, suas pertenças e acessórios e os bens afetados para sua manutenção e sustento da família deverão, no total, limitar-se a um terço do patrimônio líquido atual do instituidor. No entanto, se a interpretação sistemática é essa, a interpretação gramatical não propende nesse sentido.

Esse artigo esclarece que os valores mobiliários afetados ao bem de família deverão ser devidamente individualizados no instrumento de instituição (§ 1º). Se forem títulos nominativos, a instituição deverá constar dos respectivos registros (art. 1.713, § 2º). O instituidor poderá determinar que a administração dos bens mobiliários seja confiada a instituição financeira, bem como disciplinar a forma de pagamento da respectiva renda aos beneficiários, caso em que a responsabilidade dos administradores obedecerá às regras do contrato de depósito. A figura do administrador, nesse caso, mais se aproxima do contrato de fidúcia do que do de depósito. A lei reporta-se ao depósito certamente para conceder maior rigor na apuração da conduta do administrador.

🔖 Penhora – Bem de família – Impenhorabilidade pronunciada pelo juízo, de ofício – **Imóvel instituído bem de família voluntário, nos moldes do art. 1.711 do Código Civil**, mediante registro na matrícula – Desconstituição, ressalvada a impenhorabilidade da Lei nº 8.009/90, diante de prova de que foi ultrapassado o limite de um terço do patrimônio líquido ao tempo da instituição ou de que houve fraude – Prova não ministrada pelo exequente – Instituição do bem de família prestigiada – Recurso desprovido. (*TJSP* – AI 2083349-08.2016.8.26.0000, 26-7-2016, Rel. Cerqueira Leite).

🔖 Tributário e processo civil – Embargos à execução fiscal – Pessoa Jurídica – Responsável Legal – Legitimidade passiva – retirada da sociedade – **Penhora – Imóvel Residencial – Bem de família – Impenhorabilidade** – I- O imóvel residencial próprio do casal ou da entidade familiar é impenhorável, salvo nas hipóteses previstas nos incisos do art. 3º e no *caput* do art. 4º, ambos da Lei nº 8.009/90, tanto quanto o de menor valor ou aquele que possuir registro de bem de família no Registro de Imóveis, em caso de possuírem vários imóveis utilizados como residência – Art. 5º da Lei nº 8.009/90. II- A exigência de registro da escritura pública ou testamento que institui bem de família o patrimônio líquido da entidade familiar em no máximo um terço, prevista no Código Civil atual, vigente à época da penhora em questão, não exclui as regras sobre a impenhorabilidade do imóvel residencial estabelecida em lei especial, a teor dos arts. 1.711 e 1.714, razão pela qual não há que se falar na necessidade desse registro *in casu*, eis que albergada pela impenhorabilidade prevista na Lei nº 8.009/90. III- A execução fiscal poderá ser promovida contra o responsável, nos termos da lei, por dívidas, tributárias ou não, de pessoas jurídicas de direito privado, a teor do art. 4º, V, da Lei nº 6.830/80, cessando essa responsabilidade a partir da data em que for protocolada a alteração contratual que noticia a exclusão de sócio da sociedade, perante a Junta Comercial respectiva. IV- Apelação Cível e Remessa Necessária conhecidas e não providas (*TRF-2ª R.* – Ap-RN 2007.51.01.500660-1 – (533411), 4-12-2015, Rel. Des. Fed. Marcello Granado)

Art. 1.714. O bem de família, quer instituído pelos cônjuges ou por terceiro, constitui-se pelo registro de seu título no Registro de Imóveis.

Esse artigo acentua que o bem de família constitui-se pelo registro de seu título no Registro de Imóveis. Antes do registro, portanto, não há eficácia *erga omnes*. Se constituída por terceiros, será feita a transcrição. Os arts. 167, I, 1, 260 ss. da Lei dos Registros Públicos regulam o registro do bem de família. O art. 262 dessa lei reporta-se à publicação pela imprensa, conforme o art. 73 do Código anterior. O presente artigo não menciona mais a necessidade dessa publicação.

Art. 1.715. O bem de família é isento de execução por dívidas posteriores à sua instituição, salvo as que provierem de tributos relativos ao prédio, ou de despesas de condomínio.
Parágrafo único. No caso de execução pelas dívidas referidas neste artigo, o saldo existente será aplicado em outro prédio, como bem de família, ou em títulos da dívida pública, para sustento familiar, salvo se motivos relevantes aconselharem outra solução, a critério do juiz.

O bem de família constitui destinação ou afetação de um patrimônio em que opera a vontade do instituidor, amparada pela lei. É uma forma de tornar o bem como coisa fora do comércio, em que são combinadas a vontade da lei e a vontade humana. Nesse diapasão, o bem de família fica isento de execução por dívidas posteriores a sua instituição, salvo as que provierem de tributos relativos ao prédio ou despesas de condomínio. Como se vê, o bem de família não pode ser instituído em prejuízo aos credores, ou melhor, em fraude contra credores. O benefício perdurará enquanto viver um dos cônjuges, ou na falta destes, até que os filhos completem a maioridade.

O primeiro requisito é a instituição ser feita pelo chefe da família, com a observação feita supra. Há uma extensão de legitimidade aos cônjuges ou companheiros. Em segundo lugar, o prédio deve ser de propriedade dos cônjuges ou companheiros conviventes, exclusivamente. Se o bem pertencer somente a um deles, no regime de separação ou de comunhão de aquestos, nada impede que ele ou ela ofereça o bem para que seja atingida a finalidade da lei. Em terceiro lugar, não pode haver dívidas suficientes para prejudicar os credores. São dívidas anteriores ao ato instituidor que prejudicam o instituto, conforme estatui esse artigo. As dívidas posteriores não atingem a garantia, aliás, é essa a finalidade da instituição.

Questão relevante é saber se um prédio onerado com hipoteca pode ser objeto do instituto. Maior importância tem ainda diante da difusão do antigo Sistema Financeiro de Habitação. Em que pesem opiniões contrárias, entendemos que nada impede que, nesse caso, seja instituído o bem, pois a hipoteca anterior ficará por ele resguardada e garantida. A garantia do bem de família só fica a salvo das dívidas posteriores e pode a execução hipotecária recair sobre ele por interpretação do parágrafo único do art. 71. Contudo, tratando-se de hipoteca, é dispensada qualquer prova de solvência ou insolvência do instituidor, porque o próprio prédio está garantindo a dívida.

Atendendo ao princípio geral do instituto, o bem de família é isento de execução pelas dívidas posteriores a sua constituição, salvo as que provierem de tributos relativos ao prédio, ou de despesas de condomínio. A regra é similar aos bens gravados com a cláusula de inalienabilidade. Esclarece o parágrafo único desse artigo que, na execução dessas dívidas afeitas ao próprio prédio, o saldo remanescente será aplicado em outro prédio, como bem de família, ou em títulos da dívida pública, para sustento familiar, salvo se motivos relevantes aconselharem outra solução, a critério do juiz. O interesse a ser visto pelo magistrado, nesse caso, é o da entidade familiar: poderá não ser a solução mais conveniente a aplicação do saldo eventualmente remanescente em títulos da dívida pública.

Em paralelo ao disposto no Código anterior, a isenção que beneficia o prédio e seus acessórios durará enquanto viver um dos cônjuges, ou, na falta destes, até que os filhos completem a maioridade. Deve existir um alargamento nessa interpretação: se há filhos que não atingem a plena capacidade civil porque lhes falta o devido discernimento, ou por desenvolvimento mental incompleto, continuando incapazes, permanecerá o benefício, pois esse é o intuito da lei, a qual aliás é expressa no art. 1.722. Aplica-se, no que couber, a Lei que protege as pessoas com deficiência (nº 13.146/2015).

Agravo de instrumento – Ação de execução de título extrajudicial – Decisão que rejeita exceção de pré-executividade e mantém penhora no rosto dos autos com indeferimento de impenhorabilidade de sobras de produto de arrematação – Se em cumprimento de sentença de débito condominial ao saldo remanescente do produto da arrematação de imóvel foi conferida impenhorabilidade, os efeitos irradiam àquela penhora no rosto dos autos, deferida por outro juízo, a qual perde eficácia, pois que recaiu sobre bem impenhorável, já que o valor segue resguardado pelas garantias legais do bem de família – Exegese do art. 1.715 do CC e Lei 8.009/90, art. 1º – Precedentes desta Corte de Justiça e do C. STJ – Penhora no rosto dos autos, desconstituída – Decisão modificada. Recurso provido (*TJSP* – Ag 2254707-36.2019.8.26.0000, 19-12-2019, Rel. José Wagner de Oliveira Melatto Peixoto).

Art. 1.716. A isenção de que trata o artigo antecedente durará enquanto viver um dos cônjuges, ou, na falta destes, até que os filhos completem a maioridade.

Na forma do art. 1.717, o bem de família é declarado inalienável. Tal inalienabilidade é feita em benefício da família para proporcionar-lhe abrigo seguro e duradouro.

É preciso entender, contudo, que essa inalienabilidade é tão só acidental; pode ser removida, desde que haja aquiescência dos interessados. Estes, quando incapazes, devem ser representados por curador especial, pois há conflito fundamental com os representantes.

Característica fundamental é a impenhorabilidade. É esse o próprio cerne do instituto, como diz esse artigo, deixando o bem *"isento de execução por dívida"*, salvo as provenientes de impostos relativos ao mesmo prédio. A primeira exceção à impenhorabilidade é justamente a de débitos tributários relativos ao imóvel.

Não prevalece também a impenhorabilidade no caso de fraude contra credores ou em detrimento de débito anterior. Por isso dispunha o art. 71 que, para o exercício da faculdade de instituição, é necessário que os instituidores no ato não tenham dívidas cujo pagamento possa ser prejudicado.

Não é anulada, no entanto, a instituição quando aparece dívida anterior e é provado que àquela época o instituidor não era insolvente. Se a insolvência é posterior, em nada prejudica o bem de família.

No bem de família legal da Lei nº 8.009/1990, o art. 3º trata das exceções à impenhorabilidade:

"I – Revogado pela Lei Complementar nº 150, de 2015

II – pelo titular do crédito decorrente do financiamento destinado à construção ou à aquisição do imóvel, no limite dos créditos e acréscimos constituídos em função do respectivo contrato;

III – pelo credor de pensão alimentícia, resguardados os direitos, sobre o bem, do seu coproprietário que, com o devedor, integre união estável ou conjugal, observadas as hipóteses em que ambos responderão pela dívida;

IV – para cobrança de impostos, predial ou territorial, taxas e contribuições devidas em função do imóvel familiar;

V – para execução de hipoteca sobre o imóvel oferecido como garantia real pelo casal ou pela entidade familiar;

VI – por ter sido adquirido com produto de crime ou para execução de sentença penal condenatória a ressarcimento, indenização ou perdimento de bens."

A vigente Lei do Inquilinato (nº 8.245/1991) incluiu mais uma exceção ao art. 3º:

"VII – por obrigação decorrente de fiança concedida em contrato de locação."

O legislador do inquilinato apercebeu-se que a aplicação da impenhorabilidade dificultaria a obtenção de fiadores na locação.

O art. 2º da lei do bem de família legal, como já referimos, exclui também da impenhorabilidade *os veículos de transporte, obras de arte* e *adornos suntuosos.*

O locatário também foi lembrado no bem de família legal, pois

"no caso de imóvel locado, a impenhorabilidade aplica-se aos bens móveis quitados que guarneçam a residência e que sejam de propriedade do locatário, observado o disposto neste artigo" (parágrafo único do art. 2º).

O art. 4º procura evitar a fraude dispondo:

"Não se beneficiará do disposto nesta Lei aquele que, sabendo-se insolvente, adquire de má-fé imóvel mais valioso para transferir a residência familiar, desfazendo-se ou não da moradia antiga.

§ 1º Neste caso poderá o juiz, na respectiva ação do credor, transferir a impenhorabilidade para a moradia familiar anterior, ou anular-lhe a venda, liberando a mais valiosa para execução ou concurso, conforme a hipótese."

A redação é ruim. Não se trata de o juiz "transferir" o vínculo, mas de considerá-lo ineficaz em benefício do credor, nos próprios autos da execução, para coibir a fraude. A lei nada diz acerca de terceiros de boa-fé. Poderá, contudo, ocorrer fraude contra credores ou fraude de execução, quando então será caso de aplicar a anulação dentro dos princípios desses institutos.

De acordo com o parágrafo único do art. 70 do Código antigo, o benefício duraria *"enquanto viverem os cônjuges e até que os filhos completem sua maioridade"*. Aí o instituto terá atingido sua finalidade.

Dizíamos, sob a égide do estatuto anterior, contra a opinião de alguns, que permanecia o bem vinculado no caso de existência de filhos interditos que se equiparam aos menores. Permanece válida a afirmação, mormente perante o texto expresso do art. 1.722.

O benefício, ainda, pode ser extinto voluntariamente. É decorrência lógica da natureza do instituto. A questão é da conveniência da família. Pode acontecer de a instituição ter ocorrido em circunstâncias de uma época na vida da família que não mais perduram. Os interessados são os juízes dessa conveniência e haverá autorização judicial para tal; se existirem incapazes, deve ser-lhes nomeado curador especial, com participação do Ministério Público, em qualquer caso.

O credor terceiro, como interessado, pode requerer a ineficácia do vínculo caso o seja anterior a sua constituição (art. 71 e parágrafo único do Código Civil de 1916), ou no caso de provar que o imóvel já não sirva para o domicílio da família. É preciso entender, contudo, que nesses casos não há necessidade de que o credor promova o cancelamento do vínculo, mas que simplesmente se *"desconsidere"* sua existência em eventual execução e penhora. Trata-se de ineficácia com relação a esse interessado.

Se o prédio deixar de servir como domicílio da família, haverá a extinção do benefício, por requerimento de qualquer interessado. A propósito, dizia o art. 21 do Decreto-lei nº 3.200/1941:

"Art. 21. A cláusula de bem de família somente será eliminada, por mandado do juiz, e a requerimento do instituidor, ou, nos casos do art. 20, de qualquer interessado, se o prédio deixar de ser domicílio da família, ou por motivo relevante plenamente comprovado.
§ 1º Sempre que possível, o juiz determinará que a cláusula recaia em outro prédio, em que a família estabeleça domicílio.
§ 2º Eliminada a cláusula, caso se tenha verificado uma das hipóteses do art. 20, entrará o prédio logo em inventário para ser partilhado. Não se cobrará juro de mora sobre o imposto de transmissão relativamente ao período decorrido da abertura da sucessão ao cancelamento da cláusula."

No bem de família legal, a instituição independe de qualquer formalidade.

Portanto, por morte de um dos cônjuges o bem não irá a inventário, mas se o cônjuge sobrevivente dele se mudar e não ficar residindo algum filho menor ou incapaz, a cláusula será eliminada e o imóvel será partilhado.

Art. 1.717. O prédio e os valores mobiliários, constituídos como bem da família, não podem ter destino diverso do previsto no art. 1.712 ou serem alienados sem o consentimento dos interessados e seus representantes legais, ouvido o Ministério Público.

Esse artigo acentua que o prédio não poderá ser alienado sem o consentimento dos interessados e de seus representantes legais. O dispositivo não está bem redigido. Para se conseguir autorização dos menores à liberação do bem há necessidade de intervenção judicial. Dificilmente, na prática, tal autorização é concedida, pois o *pater familias* precisa provar a necessidade da alienação e que os menores continuarão garantidos até a maioridade. Contudo, só o caso concreto poderá dar a solução. Pode ocorrer que a família mude de domicílio e queira transferir a instituição para outro bem; isso é possível atendendo-se aos requisitos gerais aqui expostos.

Art. 1.718. Qualquer forma de liquidação da entidade administradora, a que se refere o § 3º do art. 1.713, não atingirá os valores a ela confiados, ordenando o juiz a sua transferência para outra instituição semelhante, obedecendo-se, no caso de falência, ao disposto sobre pedido de restituição.

Essa disposição é importante. Qualquer forma de liquidação das entidades administradoras dos valores mobiliários não deverá atingir os valores a ela confiados, devendo o juiz ordenar sua transferência para outra instituição semelhante. Na falência, possibilita-se o pedido de restituição. Como vimos, a responsabilidade da instituição é a do depositário.

Embora muito bem detalhado o bem de família neste Código, e por isso mesmo de complexa efetivação, tudo é no sentido de que continuará com pouca ou nenhuma utilização, em face do bem de família legal da Lei nº 8.009.

Art. 1.719. Comprovada a impossibilidade da manutenção do bem de família nas condições em que foi instituído, poderá o juiz, a requerimento dos interessados, extingui-lo ou autorizar a sub-rogação dos bens que o constituem em outros, ouvidos o instituidor e o Ministério Público.

Os interessados podem também provar judicialmente a impossibilidade de manutenção da instituição, nas condições em que foi constituído. Nessa hipótese, o juiz poderá extingui-lo ou autorizar a sub-rogação dos bens instituídos em outros, ouvindo sempre o instituidor e o Ministério Público. Assim, pode ocorrer que o imóvel e os bens móveis acessórios que o secundam se tornem excessivos ou insuficientes para a família, necessitando esta de outro prédio ou de outros investimentos garantidores. A necessidade será apurada no caso concreto.

> **Art. 1.720.** Salvo disposição em contrário do ato de instituição, a administração do bem de família compete a ambos os cônjuges, resolvendo o juiz em caso de divergência.
> **Parágrafo único.** Com o falecimento de ambos os cônjuges, a administração passará ao filho mais velho, se for maior, e, do contrário, a seu tutor.

A administração do bem compete a ambos os cônjuges ou ambos os companheiros na união estável, salvo disposição em contrário no ato de instituição, resolvendo o juiz em caso de divergência. Esse mesmo dispositivo, no parágrafo único, indica o filho mais velho para prosseguir na administração, se for maior, ou, no caso, seu tutor, com o falecimento de ambos os consortes. Poderá não ser a solução mais conveniente para o caso concreto, decidindo o juiz, conforme a situação. Não sendo oportuno e conveniente que o filho mais velho seja o administrador, caberá ao juiz verificar, dentre os membros da família, preferentemente residentes no local, qual o que possui melhores condições para a função.

> **Art. 1.721.** A dissolução da sociedade conjugal não extingue o bem de família.
> **Parágrafo único.** Dissolvida a sociedade conjugal pela morte de um dos cônjuges, o sobrevivente poderá pedir a extinção do bem de família, se for o único bem do casal.

A dissolução da sociedade conjugal não extingue, obviamente, o bem de família. Há que se ver qual dos cônjuges permanecerá no imóvel, o qual poderá, inclusive, excepcionalmente, ficar na posse direta unicamente dos filhos. Se a sociedade conjugal for dissolvida pela morte de um dos cônjuges, faculta-se ao sobrevivente pedir a extinção do bem de família, se for o único bem do casal (parágrafo único). Esta última disposição não é conveniente, pois poderá prejudicar os filhos menores.

> **Art. 1.722.** Extingue-se, igualmente, o bem de família com a morte de ambos os cônjuges e a maioridade dos filhos, desde que não sujeitos a curatela.

O bem de família extingue-se também pelo término de seu destino natural, com a morte de ambos os cônjuges e a maioridade dos filhos, desde que não sujeitos à curatela. Nessa hipótese, o bem de família terá cumprido sua missão. Aplica-se também à união estável, que o legislador insistiu em omitir.

TÍTULO III
DA UNIÃO ESTÁVEL

Art. 1.723. É reconhecida como entidade familiar a união estável entre o homem e a mulher, configurada na convivência pública, contínua e duradoura e estabelecida com o objetivo de constituição de família.
§ 1º A união estável não se constituirá se ocorrerem os impedimentos do art. 1.521; não se aplicando a incidência do inciso VI no caso de a pessoa casada se achar separada de fato ou judicialmente.
§ 2º As causas suspensivas do art. 1.523 não impedirão a caracterização da união estável.

1. Introdução

Com a dicção constitucional de 1988, reconhecendo o Estado a união estável entre o homem e a mulher como entidade familiar, e com a legislação ordinária que se seguiu outorgando direito de alimentos e sucessórios aos companheiros (Leis nºs 8.971/1994 e 9.278/1996), estão superadas as ideias que nortearam parte de nossa dogmatizada doutrina por tantas décadas, ainda ligada às origens culturais de nosso Código Civil. A Constituição Federal retirou da união estável o aspecto estigmatizante, no momento em que a colocou sob *"proteção do Estado"*. O Supremo Tribunal Federal alargou os princípios da união estável para os casais homoafetivos.

Se, por um lado, o casamento ainda guarda posição de proeminência sociológica e jurídica em nosso meio, não é menos verdadeiro que a entidade familiar sem casamento goza do beneplácito da sociedade e de proteção constitucional.

O legislador constitucional, traduzindo quadro social cada vez mais frequente, foi mais além ao reconhecer também sob proteção do Estado a chamada família monoparental no § 4º do art. 226, qual seja, a comunidade formada por qualquer dos pais e seus descendentes.

Este Código traça dispositivos que visam regular a entidade familiar sem matrimônio, tanto no direito de família, como no direito das sucessões, nem sempre com a eficiência necessária, tanto que já se acenava com modificações nesse campo, durante o período de *vacatio legis*. É o que sugeriu o Projeto nº 6.960/2002, e certamente outros que se seguirão. Não é o melhor dos mundos do Direito para nós, mas é o que os nossos legisladores conseguiram até aqui no universo jurídico pátrio.

O Projeto do Estatuto das Famílias (2.285/2007) organizado pelo IBDFAM – Instituto Brasileiro de Direito de Família – faz o que este Código Civil nem mesmo tentou: disciplina em capítulos apropriados e bem colocados o reconhecimento da união estável e da união homoafetiva e a dissolução da entidade familiar, incluindo a dissolução dessas duas formas de união. A união homoafetiva contraria o dispositivo e passou a ser admitida nos últimos anos pelos julgados.

É fato que a entidade familiar contemporânea pode tomar as mais variadas formas e matizes: desde a união sob matrimônio do homem e da mulher sem filhos, até a convivência sem casamento com filhos biológicos e não biológicos, passando por todas as situações intermediárias, com ou sem impedimento de casamento como as uniões homoafetivas. Uniões poliafetivas têm sido reconhecidas. Esse quadro social é um desafio enorme para o sociólogo, o antropólogo, o legislador, o jurista, o aplicador do Direito em geral, em especial os magistrados.

2. União de fato. União estável. Concubinato

Paralelamente ao casamento contrapõe-se a união livre, que também gera efeitos jurídicos. A união de fato só passa a apresentar relevância de negação jurídica a partir da instituição do casamento sob forma legal no século XVI (BITTENCOURT, 1985, p. 1). O fato é que a família é um fenômeno social preexistente ao casamento, um fato natural. A sociedade, em determinado momento histórico, institui o casamento como regra de conduta. A partir daí surge a problemática da união conjugal sem casamento.

De qualquer forma, durante muito tempo nosso legislador viu no casamento a única forma de constituição da família, negando efeitos jurídicos à união livre, mais ou menos estável, traduzindo essa posição em nosso Código Civil do século passado. Essa oposição dogmática, em um país no qual largo percentual da população é historicamente formado de uniões sem casamento, persistiu por tantas décadas em razão de inescondível posição e influência da Igreja católica. Coube por isso à doutrina, a partir da metade do século XX, tecer posições em favor dos direitos dos concubinos, preparando terreno para a jurisprudência e para a alteração legislativa. Com isso, por longo período, os tribunais passaram a reconhecer direitos aos concubinos na esfera obrigacional. Advirta-se, de início, que, contemplada a terminologia *união estável* e *companheiros* na legislação mais recente, a nova legislação colocou os termos *concubinato* e *concubinos* na posição de uniões de segunda classe, ou aquelas para as quais há impedimentos para o casamento. Isso fica muito claro no presente Código quando, no art. 1.727, descreve: *"As relações não eventuais entre o homem e a mulher, impedidos de casar, constituem concubinato."* Trata-se do outrora denominado concubinato impuro. Concubinato apresenta o sentido etimológico de comunhão de leito: *cum* (com) *cubare* (dormir). O estatuto civil presente poderia ter preferido o termo, evitando a permanente necessidade de sempre ser repetido o masculino e feminino para *companheiro* e *companheira*.

Como anota Edgard de Moura Bittencourt (1985, p. 3), em obra clássica e pioneira sobre a matéria, união livre e concubinato são ideias semelhantes, abrangendo uma e outra a relação entre homem e mulher fora do matrimônio, citando Savatier, para quem as expressões são uma questão de mero estilo, nobre para a união livre, e menos nobre para o concubinato. Sob essa óptica, nosso legislador fez sua opção e cabe agora distinguir juridicamente o concubinato da união estável.

Necessidades da vida e razões de equidade prepararam caminho para decisões homogêneas e solidificadas em matéria de concubinato ou união estável e estas para a posição legislativa definitiva de proteção aos efeitos da união livre na Constituição e legislação atuais.

Assim como para o casamento, o conceito de união livre ou concubinato também é variável. Importa analisar seus elementos constitutivos. A união estável ou concubinato, por sua própria terminologia, não se confunde com a mera união de fato, relação fugaz, mais superficial e passageira. Na união estável existe a convivência do homem e da mulher sob o mesmo teto ou não, mas *more uxorio*, isto é, convívio como se marido e esposa fossem. Há, portanto, um sentido amplo de união de fato, desde a aparência ou posse de estado de casado, a notoriedade social, até a ligação adulterina. Nesse sentido, a união estável é um fato jurídico, qual seja, um fato social que gera efeitos jurídicos. Para fugir à conotação depreciativa que o concubinato teve no passado, com frequência, a lei, a doutrina e a jurisprudência já não se referiam a *concubinos*, mas a *companheiros* ou *conviventes*.

> "*Companheira é a designação elevada que se dá à mulher unida por longo tempo a um homem, como se fosse sua esposa; mas, como não existem os laços do casamento civil, é concubina*" (BITTENCOURT, 1985, p. 17).

Como é de conhecimento geral, foi longa a escalada para a assimilação legal da união estável pelo direito pátrio. A jurisprudência, de início, reconheceu direitos obrigacionais no desfazimento da sociedade conjugal concubinária, determinando a divisão entre os cônjuges do patrimônio amealhado pelo esforço comum. Em outras situações, quando isso não era possível, para impedir o desamparo da concubina, os tribunais concediam a ela (ou excepcionalmente a ele) uma indenização por *serviços domésticos*, eufemismo que dizia muito menos do que se pretendeu. O STF acentuava que esses efeitos patrimoniais decorriam de relações obrigacionais criadas pela convivência do casal, repelindo efeitos de direito de família. Essa posição foi sintetizada na Súmula 380: "*Comprovada a existência da sociedade de fato entre os concubinos, é cabível sua dissolução judicial com a partilha do patrimônio adquirido pelo esforço comum.*"

A partir de então, gradualmente foram sendo concedidos direitos, principalmente à concubina ou companheira. Recordemos alguns dispositivos a seguir.

Modernamente, após a Constituição de 1988 e este Código Civil, trata-se de companheirismo e companheiros os casais em união estável, sem impedimento para o matrimônio. O concubinato não é mais sinônimo de união estável, mas se refere àquelas situações do passado, tratadas como concubinato impuro ou adulterino.

Concedeu-se à companheira o direito de perceber a indenização do companheiro morto por acidente de trabalho e de trânsito, desde que não fosse casado e a tivesse incluído como beneficiária (Decreto-lei nº 7.036/1944, revogado pela Lei nº 6.367/1976; Lei nº 8.213/1991). No mesmo diapasão foram consolidados os direitos previdenciários da companheira na legislação respectiva (Leis nºs 4.297/1963 – revogada pela Lei nº 5.698/1971 e 6.194/1974), permitindo que ela fosse designada beneficiária do contribuinte falecido, tendo-se a orientação jurisprudencial encarregado de alargar o conceito, permitindo o mesmo direito também na falta de designação expressa, se provada a convivência ou a existência de filhos comuns. Nesse sentido, permitiu-se a divisão da pensão entre a esposa legítima e a companheira (Súmula 159 do extinto TFR).

A Lei dos Registros Públicos (Lei nº 6.015/1973), no art. 57, §§ 2º e 3º, com redação dada pela Lei nº 6.216/1975, autorizou a companheira a adotar o sobrenome do companheiro, após cinco anos de vida em comum ou na existência de prole, desde que nenhum dos consortes tivesse vínculo matrimonial.

A legislação do inquilinato, a atual Lei nº 8.245/1991, e as anteriores permitem que o companheiro sobrevivente que resida no imóvel nele permaneça na posição de locatário, na hipótese de morte deste, bem como na dissolução da sociedade de fato ou união estável.

A mesma evolução legislativa foi notada de forma gradual no tocante aos direitos e reconhecimento dos filhos ilegítimos, desamparados ao extremo pelo Código Civil de 1916.

Os desenvolvimentos legislativo e jurisprudencial demonstram que, sem concorrer com o casamento, a união de fato passou a ser reconhecida como relação válida, produzindo efeitos independentemente da problemática da divisão patrimonial decorrente do esforço comum dos consortes.

Atualmente, a discussão jurisprudencial e doutrinária gravita em torno do alcance do art. 226, § 3º, da Constituição Federal em vigor.

3. Natureza jurídica da união estável. Conceito e compreensão. Elementos constitutivos

O concubinato ou a união estável são fatos sociais e fatos jurídicos. Essa é sua natureza. Por outro lado, o casamento é um fato social e um negócio jurídico. No casamento há uma modalidade de contrato de direito de família. Fato jurídico é qualquer acontecimento que gera consequências jurídicas. A união estável é um fato do ser humano que, gerando efeitos jurídicos, torna-se um fato jurídico.

O § 3º do art. 226 da Constituição Federal confere proteção do Estado à *união estável entre o homem e a mulher como entidade familiar*. A lei não define essa união, referindo-se apenas a alguns de seus elementos idôneos para galgar a juridicidade pretendida. *Entidade familiar* é conceito mais amplo que família. A expressão foi introduzida pela Constituição de 1988. Sob forte aspecto, a regulamentação da união estável, uma relação de fato, é um paradoxo, pois quem escolhe por assim viver não quer se prender aos formalismos de um ordenamento. Argumenta, porém, Rodrigo da Cunha Pereira (2003, p. 6) que *"a manifestação de liberdade encontra também limitações. Mesmo porque o direito de viver informalmente não significa viver à margem da lei"*. Desse modo, ao contrário da maioria das legislações, o legislador brasileiro optou por uma postura francamente intervencionista na vida íntima dos unidos sem casamento. Trata-se, sem dúvida, de uma publicização da vida privada. Se, por um lado, o Direito não pode ignorar os fenômenos sociais, por outro, a excessiva regulamentação tolhe a liberdade de cada um. Se o casal opta por viver à margem do casamento é porque não deseja a intervenção do ordenamento em sua relação. Desse modo, mostra-se como um certo paradoxo a regulamentação desse estado de fato. Toda a criação dos direitos em torno da união sem casamento é resultado de longo trabalho jurisprudencial, como já apontamos no início desta obra.

O conceito de concubinato ou união estável é sem dúvida dúctil e não cabe à lei, como regra geral, definir. No entanto, a Lei nº 9.278/1996 disciplinou, no art. 1º:

"É reconhecida como entidade familiar à convivência duradoura, pública e contínua, de um homem e uma mulher, estabelecida com objetivo de constituição de família."

Essa definição é mantida, em linhas gerais, neste art. 1.723 do presente Código. Portanto, o legislador ordinário forneceu outros requisitos para estabelecer os limites que permitam atribuir direitos à união de fato. Como decorrência do ponto de vista legal, podem ser enumerados os elementos constitutivos do concubinato no direito pátrio:

1. Se levarmos em consideração o texto constitucional, nele está presente o requisito da *estabilidade* na união entre o homem e a mulher. Não é qualquer relacionamento fugaz, tênue, superficial e transitório que constitui a união protegida; não podem ser definidas como concubinato simples relações sexuais, ainda que reiteradas. O ordenamento legal deseja proteger as uniões que se apresentam com os elementos norteadores do casamento, tanto que a dicção constitucional determina que o legislador ordinário facilite sua *conversão em casamento*. Consequência dessa estabilidade é a característica de ser *duradoura*, como menciona o legislador ordinário. Não há como conceituar uma relação concubinária como estável se não tiver se protraído no tempo. O decurso por um período mais ou menos longo é o retrato dessa estabilidade na relação do casal. A questão do lapso temporal não é absoluta, pois a Constituição Federal não estabeleceu um tempo determinado e sim que deveria haver o *animus* de constituir família. Sendo assim, apesar da importância do fator tempo para a constatação da união estável, esse fator não é absoluto, pois existem casos em que, independentemente do tempo da união, a entidade familiar fica caracterizada, como, por exemplo, nos casos em que há o nascimento de prole. Não há dúvida também que perante uma separação de fato, pode ocorrer a união estável, sem que seja qualificada como concubinato impuro.

2. A *continuidade* da relação é outro elemento citado pela lei. Trata-se também de complemento da estabilidade. Esta pressupõe que a relação de fato seja contínua, isto é, sem interrupções e sobressaltos. Esse elemento, porém, dependerá muito da prova que apresenta o caso concreto. Nem sempre uma interrupção no relacionamento afastará o conceito de concubinato.

3. A Constituição, assim como o art. 1.723, também se refere expressamente à *diversidade de sexos,* à união do homem e da mulher. Como no casamento, a união do homem e da mulher tem, entre outras finalidades, a geração de prole, sua educação e assistência. Inicialmente, afastou-se de plano qualquer ideia que permitisse considerar a união de pessoas do mesmo sexo como união estável nos termos da lei. O relacionamento homossexual, modernamente denominado homoafetivo, por mais estável e duradouro que seja, não receberia a proteção constitucional e, consequentemente, não se amoldava aos direitos de índole familiar criados pelo legislador ordinário. Entretanto, a posição do STF emanada em 5-5-2011, com eficácia geral e vinculante, na ADIN nº 4.277 e a ADPF nº 132, estendeu a aplicação do presente artigo aos casais homoafetivos.

4. A *publicidade* é outro elemento da conceituação legal. Ganha realce, portanto, a notoriedade da união. A união de fato que gozará de proteção é aquela na qual o casal se apresenta como se marido e mulher fossem perante a

sociedade, situação que se avizinha da posse de estado de casado. A relação clandestina, velada, à socapa, não merece a proteção da lei.

5. O *objetivo de constituição de família* é corolário de todos os elementos legais antecedentes. Não é necessário que o casal de fato tenha prole comum, o que se constituiria elemento mais profundo para caracterizar a entidade familiar. Contudo, ainda que sem filhos comuns, a união tutelada é aquela *intuitu familiae*, que se traduz em uma comunhão de vida e de interesses. Sem o objetivo de constituir família, a entidade de fato poderá ser um mero relacionamento afetivo entre os amantes, gerando, no máximo, sociedade de fato em relação a bens adquiridos por esforço efetivo de ambos.

Descritos esses cinco elementos presentes em nossa legislação para a conceituação de união estável, adverte-se que, no caso concreto, fortes razões de ordem moral e social fazem com que, mesmo perante traços tênues ou ausência de algum dos requisitos, juízes têm admitido o concubinato ou união estável. Não bastasse isso, além dos elementos descritos na lei, há outros requisitos normalmente apontados pela doutrina, que, inexoravelmente, são considerados em uma avaliação conjunta no caso concreto. É o que ocorre, por exemplo, com o dever de fidelidade. A quebra desse dever pode, dependendo de sua amplitude, fazer cair por terra a comunhão de vida, de interesses e de sentimentos. Como recorda Edgard de Moura Bittencourt (1985, p. 27),

> "*outro aspecto do dever de fidelidade está em que sua quebra deverá ser invocada pelo concubino e não por terceiros. Seria impróprio, por exemplo, que em um concubinato, com os demais requisitos de valor, pudesse um herdeiro invocar a infidelidade da concubina do morto, para tolhê-la dos direitos reclamados, quando o companheiro em vida procedia de modo a reconhecer sua fidelidade*".

Outro elemento que pode ser levado em consideração é a *habitação comum*. O legislador não a mencionou, no que andou bem. A Súmula 382 do Supremo Tribunal Federal já dispunha que "*a vida em comum sob o mesmo teto, more uxorio, não é indispensável à caracterização do concubinato*". A experiência social demonstra que há uniões sólidas, duradouras e notórias sem que o casal resida sob o mesmo teto. O próprio casamento pode conter uma separação material dos cônjuges por motivos de saúde, trabalho, estudo etc. Não se trata, portanto, de elemento conclusivo.

A relação de *unicidade do companheiro ou companheira* também é lembrada pela doutrina. A ideia central é no sentido de que a pluralidade de relações pressupõe imoralidade e instabilidade. Como já exposto, porém, qualquer posição apriorística e inflexível é arriscada, principalmente em matéria de família, que possui enorme conteúdo emocional e afetivo. Há situações reais nesse campo que ficam além da própria ficção novelesca.

Não se pode afastar aprioristicamente a proteção à família plúrima. Por essa e outras razões melhor denominar entidades familiares a todas essas formas de relacionamento, como faz o Projeto do Estatuto das Famílias. Não há mais uma única família a ser analisada e compreendida, mas inúmeras entidades familiares.

Outro aspecto importante no tema é a *existência de casamento religioso*. Como, perante nosso sistema, somente é válido o casamento civil, o singelo casamento religioso estampa uma relação de fato. No entanto, estabelecida a relação derivada dessa união como concubinária, não resta dúvida de que a bênção religiosa define uma relação de moralidade e respeito que auxilia o julgador para a tipificação de uma união estável.

4. União estável na legislação

Introduzida a dicção constitucional a respeito da união estável reconhecida como entidade familiar (art. 226, § 3º), duas sortes distintas de interpretação têm sido percebidas na doutrina e nos julgados (Tepedino, 1999, p. 336). A primeira orientação é no sentido de entendermos o companheirismo como equiparado ao casamento; ou seja, que os direitos da união estável não diferem do casamento. Contudo, majoritariamente, conclui-se que o constituinte, no art. 226, não cria direitos subjetivos exigíveis de plano, autoexecutáveis, mas vinculando apenas o legislador ordinário. A Constituição determinou que os companheiros devessem ser protegidos por norma futura. Outro argumento acrescentado refere-se à exortação do constituinte ao legislador ordinário no sentido de facilitar a conversão da união estável em casamento. Não há razão em converter uma coisa em outra, salvo se forem desiguais. Destarte, acentue-se que a natureza jurídica de ambos os fenômenos é diversa: enquanto o casamento é negócio jurídico, a união estável é fato jurídico. Esse aspecto fica bem claro no tratamento legislativo.

A Lei nº 8.971/1994, com redação defeituosa, atribuiu direito de alimentos à companheira comprovada de um homem solteiro, separado judicialmente ou viúvo, que com ele vivesse há mais de cinco anos, ou dele tenha prole, enquanto não constituir nova união e desde que provasse necessidade. Igual direito foi conferido nas mesmas condições ao companheiro. Esse diploma também estabeleceu modalidade de direito sucessório aos companheiros (art. 2º):

> "I – o(a) companheiro(a) sobrevivente terá direito enquanto não constituir nova união, ao usufruto da quarta parte dos bens do de cujus, se houver filhos deste ou comuns;
> II – o(a) companheiro(a) sobrevivente terá direito, enquanto não constituir nova união, ao usufruto da metade dos bens do de cujus, se não houver filhos, embora sobrevivam ascendentes;

III – na falta de descendentes e de ascendentes, o(a) companheiro(a) sobrevivente terá direito à totalidade da herança."

O art. 3º desse diploma reconheceu o direito de metade dos bens do companheiro falecido ao sobrevivente, com relação aos bens que resultarem da atividade de colaboração mútua, ratificando a jurisprudência sumulada. Os aspectos sucessórios da lei deverão ser examinados no local respectivo. No entanto, a primeira dúvida que aflora com relação a essa lei é a permanência de sua vigência tendo em vista a promulgação da Lei nº 9.278/1996, de redação não menos canhestra que a primeira, que conferiu aos companheiros direitos mais amplos. Este último diploma, como já referido, conceituou o concubinato como entidade familiar (art. 1º); estabeleceu o rol de direitos e deveres iguais dos conviventes (art. 2º); redefiniu e reafirmou a possibilidade de divisão de patrimônio adquirido pelo esforço comum; mencionou a possibilidade de conversão da união estável em casamento (art. 8º) e estabeleceu que toda matéria relativa à união estável é de competência do juízo da Vara de Família, assegurado o segredo da justiça (art. 9º).

O legislador poderia ter poupado o intérprete, mas não o fez. Evidente que a regra básica de hermenêutica do § 1º do art. 2º da Lei de Introdução às Normas do Direito Brasileiro aponta que a lei posterior derroga a anterior quando assim for expressamente declarado, quando seja com ela incompatível ou quando regule inteiramente a matéria da lei anterior. A lei de 1996 não revogou expressamente a de 1994. As matérias tratadas não são idênticas, embora intimamente relacionadas, trazendo perplexidade ao intérprete. Há matérias referentes ao direito sucessório que no momento oportuno devem ser examinadas. Há dúvidas acerca do direito a alimentos. A Lei nº 8.971/1994 cria regra geral de atribuição dos benefícios da Lei nº 5.478/1968 (Lei de Alimentos), enquanto a Lei nº 9.278/1996, no art. 7º, reporta-se ao direito a alimentos unicamente na hipótese de dissolução da união estável *"por rescisão"* (sic), sugerindo necessidade de culpa de um dos companheiros. A referência à rescisão no texto legal é sumamente infeliz. A jurisprudência majoritária tem reagido de forma a alargar o conceito de molde a conferi-lo na mesma extensão do casamento, mas a questão dá margem a discussões motivadas pelo descuido do legislador. Toda interpretação é no sentido de que a lei mais recente visou complementar e esclarecer a lei anterior (TEPEDINO, 1999, p. 360).

A lei de 1996 conceitua a união estável no art. 1º, já por nós referido, de forma mais abrangente do que a referência feita no diploma anterior no tocante à convivência por mais de cinco anos ou a existência de prole comum, dando indícios de que, efetivamente, o intuito da Lei nº 9.278/1996 foi, embora com técnica deficiente, complementar o estabelecido na lei anterior.

No entanto, essa interpretação deve ser vista *cum granum salis*. Sílvio Rodrigues (1999, p. 271) aponta que, no cotejo de ambos os diplomas legislativos, estão conceituadas duas modalidades de união estável. A primeira, definida pela lei de 1994, representada pela união com mais de cinco anos ou com prole comum, entre pessoas desimpedidas (solteiras, separadas, divorciadas ou viúvas), e a segunda referente à união sem qualquer restrição, a não ser a exigência de ser provado o *animus* de constituir família. É óbvio que nesta última hipótese admitiu-se implicitamente o concubinato adulterino. Essa interpretação é lógica. No entanto, se aplicada estritamente, levará também à conclusão de que a Lei nº 8.971/1994 somente se aplica aos casos de união estável da primeira modalidade e a Lei nº 9.278/1996 aplica-se apenas à segunda modalidade, aumentando as dúvidas acerca dos direitos sucessórios e alimentares. É árdua a tarefa da jurisprudência na integração dessas normas, pois o legislador não foi claro.

Ainda, a lei de 1996 colocou-se de forma mais ampla no tocante aos bens móveis e imóveis adquiridos por um ou ambos os conviventes, na constância da união estável e a título oneroso, presumindo-os adquiridos em mútua colaboração, passando a pertencer a ambos em condomínio, *"salvo estipulação contrária em contrato escrito"* (art. 5º). Desse modo, os concubinos podem estipular por escrito, no ato de aquisição ou em documento à parte, a destinação dos bens em sua união, se pretenderem derrubar a presunção legal. Houve veto presidencial no tocante à possibilidade de pacto para regular a união estável, mas persistiu essa possibilidade na lei, o que dificulta também sua interpretação. Perante a permanência dessa válvula no texto legal, parece-nos que não pode ser considerado nulo um pacto anteconcubinário no sentido da lei. Como regra geral, porém, trata-se de um avanço com relação à Lei nº 8.971/1994, que deferia a metade dos bens ao companheiro sobrevivente, que deveria provar a aquisição decorrente de esforço comum (art. 3º).

Também é confusa a Lei nº 9.278 quando procurou regular o dispositivo constitucional, afirmando que os conviventes poderão a qualquer tempo requerer a conversão da união estável em casamento, por requerimento ao Oficial do Registro Civil. Ora, o intérprete desavisado poderia supor que esse artigo atropela os requisitos que antecedem a celebração do casamento. É evidente que o companheiro casado não pode contrair novo matrimônio. É curial que não podem se casar pessoas legalmente impedidas. É claro que não se dispensam proclamas. Ou dispensam-se? Ainda que se entenda que a união duradoura seja merecedora da conversão em casamento, como determinou o legislador constitucional, a matéria carece de regulamentação. É irritante essa posição legislativa de molde a solucionar de forma piegas e simplista o ato mais solene de toda lei civil. A jurisprudência tem demonstrado a tendência de reconhecer direitos à concubina nesses casos, desde que comprovado o concurso de esforços para a formação do patrimônio.

Ainda, determinando a Lei nº 9.278/1996 que a matéria acerca de união estável é de competência das Varas de Família, o diploma resolveu pendência presente em vários Estados da Federação, nos quais os processos ora eram atribuídos a varas cíveis, ora a varas especializadas, com desnecessários conflitos de competência. Por outro lado, a disposição interfere na organização judiciária dos Estados, conflitando com o art. 125 da Constituição Federal.

Todo esse histórico é necessário para se saber se toda essa legislação pregressa está derrogada por este Código. Era de se aguardar que o Código Civil de 2002, ao disciplinar a união estável, resolvesse essas questões, pois, em princípio, derroga as leis anteriores sobre a matéria. O Projeto originário de 1975 deveria ser adaptado às novas normas constitucionais e não o foi a contento. Remanescerão problemas, ainda porque o legislador não revogou expressamente os diplomas anteriores. No livro dedicado à família, a união estável é regulada em poucos dispositivos (arts. 1.723 a 1.727). O reconhecimento da união estável segue os mesmos princípios estabelecidos na Constituição, reportando-se à convivência pública, contínua e duradoura entre o homem e a mulher, estabelecida com o objetivo de constituição de família (art. 1.723). A existência de impedimentos para o casamento (art. 1.521) será obstáculo, em princípio, para o reconhecimento dessa entidade familiar, salvo a exceção do art. 1.521, VI, quando a pessoa achar-se separada de fato ou judicialmente (art. 1.723, § 1º). As causas suspensivas do art. 1.523, antigos impedimentos impedientes, não impedirão o reconhecimento da união estável. O futuro Estatuto das Famílias procura espancar as maiores dúvidas.

As disposições sobre a união estável no Código de 2002, em parcos artigos, são péssimo exemplo legislativo e longe estão de estarem isentas de dúvidas e requererão intenso trabalho interpretativo e jurisprudencial. O legislador, aparentemente, mostrou extrema má vontade na sua redação. O legislador não foi claro, ou porque não soube, ou porque assim não desejou. Desse modo, é difícil sistematizar os direitos dos companheiros e, muito mais que isso, nos casos práticos será por vezes difícil harmonizar efeitos da união estável com efeitos do casamento, quando ambos se apresentam concomitante ou sucessivamente aos olhos do intérprete. Em qualquer exame que se faça doravante no Direito brasileiro, como é curial, nunca mais há de se colocar o casamento como compartimento isolado, estanque, sem relação com a família derivada da união estável.

O texto definitivo deste Código não exigiu prazo mínimo de convivência para a caracterização da união estável como se fez no passado e como fazia a redação anterior do dispositivo citado no Projeto do Código Civil de 1975. A estabilidade da união entre o homem e a mulher deve ser definida no caso concreto, e independe de período mínimo de convivência. Anote-se, também, que o texto legal do presente Código permite que se conceitue a união estável para pessoas separadas de fato. Desse modo, poderá existir uma faixa tênue de exame probatório para dirimir se a relação é meramente concubinária ou estável, dentro da conceituação da lei para ambos os institutos.

O Estatuto das Famílias sugere, no art. 63, a seguinte conceituação da união estável:

"É reconhecida como entidade familiar a união estável entre o homem e a mulher, configurada na convivência pública, contínua, duradoura e estabelecida com o objetivo de constituição de família. Parágrafo único. A união estável constitui estado civil de convivente, independentemente de registro, e deve ser declarado em todos os atos da vida civil."

Note que o texto do parágrafo único é de fulcral importância e enfrenta talvez o maior problema jurídico da união estável, que por ser fato, necessita ser declinada e provada a todo tempo. Inafastavelmente vista como estado civil, a união estável deve ser de conhecimento de terceiros, para todos os fins de Direito. Sempre há, sem dúvida, como tudo no campo jurídico, uma zona cinzenta, que exigirá a perspicácia do intérprete e poderá ocasionar dificuldades na vida social dos conviventes. O legislador deverá estar atento a esse aspecto, inclusive cominando como crime a omissão do estado civil na forma desse parágrafo, cujos termos devem ser seguidos ainda que perante a ausência de texto legal expresso.

Quanto à compreensão da união estável, descrita no *caput* desse artigo, a lei projetada sintetiza tudo o que a doutrina e a jurisprudência vinha conceituando.

5. União de pessoas do mesmo sexo

No atual estágio legislativo e histórico da nação, a chamada sociedade homoafetiva ganha foro e proteção como entidade familiar. A Constituição de 1988 protege expressamente a entidade familiar constituída pelo homem e pela mulher. Para a existência do reconhecimento do companheirismo, portanto, é necessário que não haja impedimento para o casamento. Há países que permitem o casamento de pessoas do mesmo sexo, o que implica reconhecimento dessa união como entidade.

A aceitação social do fenômeno tem sido paulatina entre nós. Dizíamos em edições anteriores desta obra que a aceitação dessas uniões era uma questão de tempo. No dizer de Maria Berenice Dias (2000, p. 87),

"simplesmente encobrir a realidade não irá solucionar as questões que emergem quando do rompimento das relações que, mais do que sociedades de fato, constituem sociedades de afeto, o mesmo liame que enlaça os parceiros heterossexuais. Necessário é encarar a realidade, pois descabe estigmatizar quem exerce orientação sexual diferente".

O Projeto do Estatuto das Famílias dispõe expressamente acerca da união afetiva (art. 68), além de fazer referência a essa entidade em várias outras oportunidades, sem esbarrar no obstáculo constitucional, mostrando-se vanguardeiro. Dispõe esse artigo:

> "É reconhecida como entidade familiar a união entre duas pessoas do mesmo sexo, que mantenham convivência pública, contínua, duradoura, com objetivo de constituição de família, aplicando-se, no que couber, às regras concernentes à união estável.
> Parágrafo único. Dentre os direitos assegurados, incluem-se:
> I – guarda e convivência com os filhos;
> II – adoção de filhos;
> III – direito previdenciário;
> IV – direito à herança."

A aplicação do direito privado no século XXI mostra-se totalmente ligada à dialética, à constante discussão dos temas sociais. Longe estamos do positivismo obscuro. Toda solução jurídica depende do momento e das necessidades e anseios da sociedade. Como vimos acima, o STF reconheceu os efeitos da união estável aos casais homoafetivos. Outros direitos vão sendo gradativamente concedidos.

Enunciado nº 524 do CJF/STJ, V Jornada de Direito Civil: As demandas envolvendo união estável entre pessoas do mesmo sexo constituem matéria de Direito de Família.

Enunciado nº 525 do CJF/STJ, V Jornada de Direito Civil: Arts. 1.723, § 1º, 1.790, 1.829 e 1.830: os arts. 1.723, § 1º, 1.790, 1.829 e 1.830 do Código Civil admitem a concorrência sucessória entre cônjuge e companheiro sobrevivente na sucessão legítima, quanto aos bens adquiridos onerosamente na união estável.

Agravo de instrumento. Ação de reconhecimento e de dissolução de união estável, cumulada com partilha. Decisão parcial de mérito. Delimitação da relação estável pelo período declinado na inicial, conforme previsão do art. 1.723 do Código Civil. Manutenção. Demonstrados os elementos caracterizadores essenciais da alegada união estável entre as partes no período de 1994 a 2017, nos termos das previsões do art. 1.723 do CC, correta a delimitação havida na origem. Agravo de instrumento desprovido (TJRS – Ag 70084029693, 10-7-2020, Rel. Ricardo Moreira Lins Pastl).

Civil e processual civil. Ação de reconhecimento e dissolução de união estável. Convivência more uxorio. Configuração. Regime aplicável. Imóvel adquirido no programa PRÓ-DF no período da união estável. Partilha. Cabimento. 1. Para fins de reconhecimento da união estável, nos termos da Lei n. 9.278/96, corroborado pelo artigo 1.723 do Código Civil, deve ser comprovada a convivência duradoura, pública e contínua entre homem e mulher, estabelecida com objetivo de constituir família. 2. Emergindo do acervo probatório constante dos autos, a conclusão de que as partes litigantes conviveram de forma duradora, pública e contínua, se comportando como se fossem casados perante a sociedade, correto se mostra o reconhecimento da união estável e a sua dissolução na forma vindicada na inicial. O bem imóvel incorporado ao patrimônio das partes no período de convivência em união estável deve ser objeto de partilha entre os conviventes. Recurso de Apelação conhecido e não provido (TJDFT – Proc. 00028510820178070014 – (1283014), 05-10-2020, Rel. Nídia Corrêa Lima).

Reconhecimento e dissolução de união estável homoafetiva post mortem. Elementos do artigo 1.723, do Código Civil. União homoafetiva reconhecida e qualificada como entidade familiar. Requisitos para a configuração da união estável. Elemento anímico. Prova documental e testemunhal. Demonstração. A união estável, como entidade familiar, é conceituada pelo artigo 1.723, do Código Civil, nos seguintes termos: é reconhecida como entidade familiar a união estável entre o homem e a mulher, configurada na convivência pública, contínua e duradoura e estabelecida com o objetivo de constituição de família. Em razão da demanda social decorrente das mudanças nas relações familiares, em que pese a legislação brasileira tratar apenas de união entre homem e mulher, a união homoafetiva é reconhecida e qualificada como entidade familiar, nos termos do decidido pelo Supremo Tribunal Federal, no julgamento da ADPF nº 132 e ADI nº 4277, no qual conferiu-se efeito vinculante e eficácia erga omnes. O objetivo de constituir família, elemento anímico que distingue a referida relação de um simples relacionamento de namoro, ainda que qualificado e de longa duração, reside especialmente na mútua assistência, material e imaterial, e na manutenção de propósitos e objetivos comuns. No caso, presentes os requisitos do artigo 1.723 e seguintes, do Código Civil de 2002, lastreados na prova documental e testemunhal, impõe-se o reconhecimento da união estável homoafetiva, para todos os fins legais (TJDFT – Proc. 00164454120168070009 – (1232041), 10-3-2020, Rel. Esdras Neves).

Apelação cível – Ação de indenização por dissolução de sociedade de fato – Réu Casado Civilmente – Ausência de separação de fato – litisconsórcio necessário inexistente – união estável não evidenciada – relação concubinária – indenização por serviços domésticos prestados – possibilidade – sucumbência do réu – reforma de ofício da sentença – 1- A mulher casada não constitui litisconsorte necessária passiva na ação de dissolução de relacionamento afetivo proposta contra seu esposo, por força do artigo 47 do Código de Processo Civil, ante a inexigência de decisão uniforme em relação a ambas. 2- A análise dos requisitos ínsitos à união estável deve centrar-se na conjunção de fatores presentes em cada hipótese, como a ausência de impedimento matrimonial e convivência more uxório pública, contínua e duradoura com objetivo de constituição de uma família. 3- A teor do artigo 1.723, § 1º, do Código Civil, não comprovada a separação de fato de um dos conviventes, não há como reconhecer a existência de união estável. 4- Demonstrado nos autos que a parte autora manteve com o réu relacionamento afetivo por 25 anos, com características de comunhão de interesses recíprocos, assistência mútua e conjugação de esforços, inexistindo acréscimo patrimonial, a concubina merece indenização pelos afazeres domésticos e dedicação exclusiva ao seu consorte, por mais de duas décadas, a título de indenização por serviços prestados, até mesmo porque a censura ao adultério não pode respaldar que o varão se locuplete, com o esforço alheio, exatamente aquele que o pratica. 5- A sentença apelada pode ser modificada de ofício a fim ajustar os ônus da sucumbência, inclusive honorários advocatícios. Apelações cíveis e recurso adesivo conhecidos. Desprovida a primeira e parcialmente providos os demais. (*TJGO* – AC 201190357739, 13-1-2016, Rel. Des. Jeova Sardinha de Moraes).

Art. 1.724. As relações pessoais entre os companheiros obedecerão aos deveres de lealdade, respeito e assistência, e de guarda, sustento e educação dos filhos.

Esse artigo dispõe que as relações pessoais entre os companheiros obedecerão aos deveres de lealdade, respeito e assistência e de guarda, sustento e educação dos filhos. Nisso se aproxima e se identifica a união estável do casamento em tudo o que disser respeito à responsabilidade dos companheiros com relação à prole e a si próprios. O dever de lealdade não se identifica perfeitamente, como é patente, com o dever de fidelidade. Denomina-se "quase fidelidade" por parte da doutrina, pois se refere a unicidade de vínculo (GAMA, 2008, p. 131). Mas em síntese, os deveres dos conviventes assemelham-se ou equiparam-se às relações entre cônjuges no casamento.

Processo civil. Agravo de instrumento. Antecipação de tutela. Alimentos provisórios. Cônjuge. Mútua assistência. Comprovação. Necessidade. Possibilidade. 1. A concessão da tutela provisória de urgência está condicionada à demonstração da verossimilhança do direito e do risco de lesão grave e de difícil reparação, calcada em relevante fundamento. 2. Na conformidade com os artigos 1.694 e 1.724 do CC, o cônjuge ou companheiro tem reconhecido seu direito de pleitear os alimentos que necessite para subsistir, fazendo-se necessária a comprovação do binômio necessidade-possibilidade e, ainda, da proporcionalidade (arts. 1694 e 1695 do Código Civil). 3. Recurso conhecido e improvido (*TJDFT* – Ag 07065950720208070000, 8-7-2020, Rel. Leila Arlanch).

Apelação – **União estável** – Indenização por serviços prestados – Improcedência relacionamento equiparado, pela legislação atual, à entidade familiar – Direito à partilha de bens e alimentos – Auxílio mútuo durante a convivência – Indenização incabível – Aplicação do Artigo 1.724 do Código Civil – Não provimento do recurso (*TJSP* – Acórdão: Apelação Cível c/ Revisão nº 410.463-4/4-00, 29-5-2007, Rel. Des. Maria Olívia Alves).

Art. 1.725. Na união estável, salvo contrato escrito entre os companheiros, aplica-se às relações patrimoniais, no que couber, o regime da comunhão parcial de bens.

Permite-se que os companheiros contratem acerca de seu regime patrimonial e, na ausência desse negócio, aplicar-se-á, no que couber, o regime da comunhão parcial de bens. Cuida-se do denominado contrato de convivência, que permite uma série de normas de cunho patrimonial, a exemplo dos pactos antenupciais.

No casamento, o regime de bens começa a vigorar desde a data do enlace, não sendo mais irrevogável. Sob a união estável, é possível aos companheiros celebrar convenções, por escrito, sob a égide das duas leis citadas. A esses pactos, por analogia, devem ser aplicados os princípios dos regimes de bens. Não é exigida, porém, escritura pública, pois a lei menciona apenas a necessidade de contrato escrito (veja também art. 5º, § 2º, da Lei nº 9.278/1996). Não podem ser admitidas, em princípio, cláusulas que nos pactos antenupciais também são vedadas. Sob hipótese alguma podem ser concedidos direitos mais amplos à união estável do que aqueles outorgados ao casamento, embora, por vezes, a lei acene com essa possibilidade e na prática seja difícil que exista esse controle. De qualquer modo, é inelutável que as convenções entre os companheiros sobre a administração de seus bens (art. 5º da Lei nº 9.278/1996) podem ser modificadas de comum acordo a qualquer tempo, enquanto o regime de bens no casamento é imutável. O artigo em epígrafe também estabelece que os companheiros podem ajustar sua vida patrimonial por contrato escrito, não se exigindo a escritura pública, aplicando-se, no que couber, e na ausência de pacto, o regime da comunhão parcial de bens. Desse modo, terceiros que tratam ou negociam com alguém em união estável não podem ser prejudicados pela omissão do fato, pois não se presume a publicidade do regime de bens entre os conviventes, como ocorre com o pacto antenupcial no casamento, por força do registro civil e do registro imobiliário. Por essa razão, o Projeto nº 6.960 sugeriu acrescentar parágrafo ao art. 1.725, determinando que os conviventes que vierem a firmar instrumentos com terceiros deverão mencionar a existência da união estável e a titularidade do bem objeto da negociação. Não o fazendo, os responsáveis deverão arcar com perdas e danos, além de responderem na esfera criminal pela omissão ou pela declaração falsa, preservando-se, ainda, os direitos dos terceiros de boa-fé. Por essa razão, é de toda conveniência que, em qualquer negócio jurídico, quando a parte se declara solteira, viúva, separada judicialmente ou divorciada, deva ser exigido que declare se está ou não ligada em relação de união estável, ainda que o texto projetado não esteja em vigor.

Ademais, complemento o citado projeto, acrescentando em mais um parágrafo ao art. 1.725, que *"não se comunicam os bens adquiridos com recursos obtidos anteriormente à constituição da união estável"*. Como se nota, são inúmeras as questões que podem advir da união estável e avulta a importância da jurisprudência nessa seara, enquanto não tivermos normas suficientemente claras a respeito.

1. Dissolução da união estável. Patrimônio

O art. 7º da Lei nº 9.278/1996 previa a hipótese de rescisão da união estável, por iniciativa de um ou de ambos os conviventes:

> *"Dissolvida a união estável por rescisão, a assistência material prevista nesta Lei será prestada por um dos conviventes ao que dela necessitar, a título de alimentos."*

Este Código enfatiza a obrigação de prestar alimentos entre os companheiros, nos mesmos moldes dos cônjuges no casamento (art. 1.694). Veja ali o que falamos sobre os alimentos côngruos e os necessários. Também no desfazimento da relação de companheirismo exige-se, portanto, a noção de culpa (art. 1.694, § 2º).

O art. 1.724 dispõe que as relações pessoais entre os companheiros obedecerão aos deveres de lealdade, respeito e assistência e de guarda, sustento e educação dos filhos. Desse modo, não somente no tocante aos alimentos, mas também quanto ao exercício do poder familiar e aos deveres recíprocos, a união estável se aproxima do casamento. É certo que nos estritos termos não se configura adultério na união estável, mas devem os companheiros guardar lealdade um para com outro.

O termo *rescisão* é mais uma imprecisão da lei citada. No direito contratual, normalmente nos referimos à rescisão quando há culpa de um dos contratantes. Na convivência estável, não discutirá culpa, nem o instituto deve ser tratado como um contrato. De qualquer modo, no desfazimento dessa sociedade conjugal, o quadro assemelha-se ao que ocorre na separação consensual ou litigiosa. Se não houver contrato de convivência, haverá, na maioria das vezes, necessidade de ação de reconhecimento da sociedade de fato. Se falecidos ambos os conviventes, a iniciativa será dos herdeiros.

O reconhecimento de sociedade de fato entre parceiros de união estável procura evitar o enriquecimento sem causa de um em detrimento do outro; significa reconhecer direito de propriedade a quem ainda não o teve reconhecido formalmente. Nesse sentido, o art. 5º da Lei nº 9.278/1996 coroava esse entendimento, canalizado por longo caminho jurisprudencial:

> *"Os bens móveis e imóveis adquiridos por um ou por ambos os conviventes, na constância da união estável e a título oneroso, são considerados fruto do trabalho e da colaboração comum, passando a pertencer a ambos, em condomínio e em partes iguais, salvo estipulação contrária em contrato escrito."*

Essa compreensão deve persistir neste Código, que não é detalhadamente expresso a esse respeito, mas que determina a aplicação dos princípios da comunhão de aquestos no presente dispositivo, não havendo contrato em contrário. Há que se examinar, em cada caso, o âmbito da exclusão por escrito e se não houve vício de vontade. Excluem-se, portanto, os bens adquiridos a título gratuito, por doação (art. 1.659, I). Em princípio, não se comunicam ao patrimônio comum quando adquiridos com produtos de bens com causa anterior ao início da união. Na verdade, essa matéria deveria ser carreada expressamente para o bojo deste Código Civil. Aplicando-se, porém, na omissão dos interessados, o regime da comunhão parcial de bens, deverá ser observado o art. 1.658 ss, do corrente Código. O maior volume de problemas surge quando se desfaz concubinato, com aquisição comum de patrimônio, com existência paralela de casamento. Nesse caso, as discussões serão profundas acerca de atribuição do patrimônio. O mesmo se diga quando ocorrem duas uniões sem casamento concomitantemente. Temos que definir duas massas patrimoniais, a meação, atribuível ao companheiro(a) e atribuível ao esposo(a). Em princípio, caberá dividir o patrimônio com base no esforço comum desse triângulo, o que nem sempre será fácil de estabelecer na prática.

Lembre-se de que essas disposições e eventual acerto patrimonial por escrito pelos conviventes apenas afetam os companheiros e não as relações destes com terceiros. Também não podem dispor para depois da morte, o que só pode ser feito por testamento. Veja o que expusemos no tópico anterior. Os terceiros, ao contratar com conviventes, não estão obrigados a averiguar sua situação se os contratantes se declinam como solteiros ou divorciados e não alertam que existe pacto negocial. Se um companheiro, em razão de negócio com terceiro, prejudica o patrimônio comum, a questão será dirimida entre os conviventes, sem afetar o terceiro de boa-fé. Aliás, há necessidade de estatuto que regule a união estável e a adapte ao Código Civil. Entre as novas disposições que se aguardam de *lege ferenda*, deve ser incluído dispositivo que obrigue o companheiro ou companheira a declinar essa condição no trato com terceiros, sob pena, inclusive, de cometer ilícito penal, como, aliás, já faz o Projeto mencionado.

Enunciado nº 115 do CJF/STJ, I Jornada de Direito Civil: há presunção de comunhão de aquestos na constância da união extramatrimonial mantida entre os companheiros, sendo desnecessária a prova do esforço comum para se verificar a comunhão dos bens.

Enunciado nº 346 do CJF/STJ, IV Jornada de Direito Civil: na união estável o regime patrimonial obedecerá à norma vigente no momento da aquisição de cada bem, salvo contrato escrito.

⚖ Apelação – Ação declaratória de inexistência de condomínio – Sentença de improcedência – Inconformismo de ambas as partes – União Estável – Ocorrência – Existência de elementos suficientes nos autos que demonstram que as partes conviviam em união estável no momento da aquisição do imóvel objeto dos autos, pelo autor, não obstante as partes tenham celebrado casamento em momento posterior. Relação regida, durante a união, pelo regime da comunhão parcial de bens, nos termos do art. 1.725 do Código Civil, pertencendo a ambos os bens adquiridos a título oneroso durante a união. Usucapião. Alegação do autor, somente em sede de apelação, de que permaneceu na posse exclusiva do imóvel por mais de dez anos após a separação do casal. Não conhecimento, uma vez que tal discussão não faz parte dos limites da lide, nos termos do art. 141 e 1.014 do CPC/2015. Sucumbência do autor, que arcará com as custas, despesas processuais e honorários advocatícios do representante da ré. Valor da causa que reflete o benefício econômico pretendido pelo autor, sendo de rigor a fixação dos honorários sucumbenciais em 10% sobre o valor da causa, nos termos art. 85, §§ 2 e 11 do CPC/2015. Recurso do autor desprovido, na parte conhecida. Provido o recurso da ré (*TJSP* – Ap. 1005750-48.2014.8.26.0010, 18-7-2017, Rel.ª Viviani Nicolau).

Art. 1.726. A união estável poderá converter-se em casamento, mediante pedido dos companheiros ao juiz e assento no Registro Civil.

Este artigo dispõe que a união estável poderá converter-se em casamento, mediante pedido dos companheiros ao juiz e assento no Registro Civil.

Portanto, a união estável, denominada na doutrina tradicional como concubinato puro, passa a ter perfeita compreensão como aquela união entre o homem e a mulher que pode converter-se em casamento. Essa transformação em casamento não prescinde e depende, é evidente, dos procedimentos preliminares e do processo de habilitação regular, ainda que se possa fazer pedido judicial nesse sentido, o que mais dificulta o perfazimento do texto legal. Por essa razão, esse artigo e os demais que o precederam com o mesmo sentido são inócuos e nada acrescentam. Sentido haveria na disposição se dispensasse alguns dos procedimentos prévios para a realização do casamento ou se estabelecesse regras patrimoniais retroativas ao termo inicial da união estável, o que não ocorre entre nós.

📖 Enunciado nº 526 do CJF/STJ, V Jornada de Direito Civil: É possível a conversão de união estável entre pessoas do mesmo sexo em casamento, observados os requisitos exigidos para a respectiva habilitação.

⚖ Civil e família. Ação de conversão de união estável em casamento. Sentença que extinguiu o processo sem resolução do mérito por ausência de interesse processual. Requerimento prévio na via administrativa. Desnecessidade. Ausência de imposição legal. Faculdade conferida ao interessado. Sentença cassada. 1. A controvérsia cinge-se em analisar se a conversão da união estável em casamento pode ser pleiteada judicialmente sem o prévio requerimento na via administrativa. 2. É sabido que a facilitação da conversão da união estável em casamento tem amparo no art. 226, § 3º, Constituição Federal de 1988 e nos arts. 1.726, do CC, e 8º, da Lei 9.278/1996, devendo haver uma interpretação sistêmica de todas essas normas. 3. O Superior Tribunal de Justiça, ao realizar a interpretação dos dispositivos legais sobre o tema, entendeu não ser obrigatório a formulação de pedido de conversão de união estável em casamento, na via administrativa, antes de ingressar com o pedido judicial. 4. Diante da possibilidade de opção dada aos interessados, para satisfação da pretensão, seja na via administrativa ou na via judicial, configura *error in procedendo* a extinção do processo sem julgamento do mérito, por ausência de interesse processuais, razão pela qual a sentença deve ser cassada. 5. Recurso provido. Sentença cassada (*TJDFT* – Ap. 07124515620198070009, 29-4-2020, Rel. Josapha Francisco Dos Santos).

⚖ Processual civil e civil – Família – Ação de conversão de união estável em casamento – Obrigatoriedade de formulação exclusivamente pela via administrativa – Inexistência – Conversão pela via judicial – Possibilidade – VI- O propósito recursal é reconhecer a existência de interesse de agir para a propositura de ação de conversão de união estável em casamento, considerando a possibilidade de tal procedimento ser efetuado extrajudicialmente. VII- Os arts. 1.726, do CC e 8º, da Lei 9278/96 não impõem a obrigatoriedade de que se formule pedido de conversão de união estável em casamento exclusivamente pela via administrativa. VIII- A interpretação sistemática dos dispositivos à luz do art. 226 § 3º da Constituição Federal confere a possibilidade de que as partes elejam a via mais conveniente para o pedido de conversão de união estável em casamento. IX- Recurso especial conhecido e provido. (*STJ* – REsp 1.685.937 – (2016/0264513-2), 22-8-2017, Rel.ª Min.ª Nancy Andrighi).

Art. 1.727. As relações não eventuais entre o homem e a mulher, impedidos de casar, constituem concubinato.

O dispositivo define como concubinato as relações não eventuais entre o homem e a mulher impedidos de casar. Tal, por si só, não retira dessa modalidade de união todo o rol de direitos atribuídos à união estável, assim definida em lei. Não é essa a conclusão a que se há de chegar. Impõe-se verificar em cada caso, ainda que a situação seja de concubinato na concepção legal, quais os direitos de união estável que podem ser atribuídos aos concubinos, mormente a divisão de patrimônio adquirido pelo esforço comum e direito a alimentos.

Nessa seara é impossível estabelecer afirmações peremptórias. Aliás, essa vinha sendo a posição da jurisprudência acerca do relacionamento conjugal que, no passado, denominou-se concubinato impuro.

🔨 União estável. Ação de reconhecimento *post mortem* de união estável. Suposta convivência pelo período de 28 anos. Durante todo o período o falecido também viveu com a esposa, de quem jamais se separou nem de fato ou de direito. Provas produzidas nos autos de que o requerido nunca desfez a sociedade conjugal, sendo a esposa conhecida em seu meu social. Configuração de concubinato adulterino, nos termos do art. 1.727 do CC. Período de concubinato impuro imprestável para configuração de união estável. Relação afetiva da autora se caracteriza como concubinato adulterino. Eventual percepção de benefício previdenciário, em razão de suposta dependência econômica, deve ser postulado diretamente junto ao Estado. Ausência de prova de sociedade de fato para construção de patrimônio comum. Sentença de improcedência mantida. Recurso provido somente para retirar a imposição de pena por litigância de má-fé. Recurso provido em parte (*TJSP* – Ap. 1001836-40.2019.8.26.0223, 16-3-2020, Rel. Francisco Loureiro).

🔨 Direito civil. Concubinato. **Indenização decorrente de serviços domésticos.** Impossibilidade. Inteligência do art. 1.727 do CC/02. Incoerência com a lógica jurídica adotada pelo Código e pela CF/88, que não reconhecem direito análogo no casamento ou união estável. Recurso especial conhecido e provido. 1. A união estável pressupõe ou ausência de impedimentos para o casamento ou, ao menos, separação de fato, para que assim ocorram os efeitos análogos aos do casamento, o que permite aos companheiros a salvaguarda de direitos patrimoniais, conforme definido em lei. 2. Inviável a concessão de indenização à concubina, que mantivera relacionamento com homem casado, uma vez que tal providência eleva o concubinato a nível de proteção mais sofisticado que o existente no casamento e na união estável, tendo em vista que nessas uniões não se há falar em indenização por serviços domésticos prestados, porque, verdadeiramente, de serviços domésticos não se cogita, senão de uma contribuição mútua para o bom funcionamento do lar, cujos benefícios ambos experimentam ainda na constância da união. 3. Na verdade, conceder a indigitada indenização consubstanciaria um atalho para se atingir os bens da família legítima, providência rechaçada por doutrina e jurisprudência. 4. Com efeito, por qualquer ângulo que se analise a questão, a concessão de indenizações nessas hipóteses testilha com a própria lógica jurídica adotada pelo Código Civil de 2002, protetiva do patrimônio familiar, dado que a família é a base da sociedade e recebe especial proteção do Estado (art. 226 da CF/88), não podendo o Direito conter o germe da destruição da própria família. 5. Recurso especial conhecido e provido (*STJ* – Acórdão RESP 988.090 – MS (2007/0218939-6), 2-2-2010, Rel. Min. Luis Felipe Salomão).

TÍTULO IV
DA TUTELA, DA CURATELA E DA TOMADA DE DECISÃO APOIADA

CAPÍTULO I
Da Tutela

Seção I
Dos Tutores

Art. 1.728. Os filhos menores são postos em tutela:
I – com o falecimento dos pais, ou sendo estes julgados ausentes;
II – em caso de os pais decaírem do poder familiar.

A tutela e a curatela são institutos que objetivam suprir incapacidades de fato e de direito de pessoas que não as têm e que necessitam de proteção. Para agir na vida civil, reclamam a presença de outrem que atue por elas. A curatela doravante deve ser vista sob o prisma do Estatuto da Pessoa com Deficiência (Lei nº 13.146/2015).

Para assistência e proteção de menores que não estão sob autoridade dos pais, o ordenamento estrutura a tutela, instituto pelo qual uma pessoa maior e capaz é investida dos poderes necessários para a proteção de menor. A tutela é utilizada quando o menor não tem pais conhecidos ou forem falecidos e quando os genitores forem suspensos ou destituídos do poder familiar. A matéria vem disciplinada não somente nos arts. 1.728 a 1.766 deste Código Civil, mas também no Estatuto da Criança e do Adolescente e no CPC. A proteção dos incapazes em geral, em nosso direito, é feita pela tutela, curatela, adoção e guarda.

Os tutores assumem o exercício do poder familiar, sempre que, por qualquer razão, os pais estejam ausentes ou incapacitados de fazê-lo. Desaparecendo a incapacidade e estando presente qualquer dos pais, em princípio, cessará a tutela. Lembre-se de que este Código alargou as possibilidades de morte presumida, que pode independer da declaração de ausência. Nas hipóteses de suspensão do poder familiar, como é evidente, persistindo os motivos graves, não cessará a tutela. No entanto, os poderes da tutela são mais limitados do que os do poder familiar. Apesar de ambos os institutos estarem colocados em círculos concêntricos, o raio da tutela é de menor âmbito, tanto que a tutela é exercida com estrita vigilância judicial. O destinatário da tutela é objetivamente o menor e não o incapaz, pois somente o menor necessita do pátrio poder. Para os maiores incapazes o ordenamento reserva o instituto da curatela. Não basta, porém, a menoridade para que o menor seja posto sob tutela: é necessário que não esteja sob o manto do poder familiar. Embora assuma o tutor o exercício do poder familiar, o exercício da tutela dele difere, pois se trata, basicamente, de conjunto de direitos destinado à administração dos bens do pupilo, sob fiscalização judicial.

A tutela disciplinada pelo Código Civil de 1916 era instituto destinado fundamentalmente à proteção e à administração dos bens do menor. Ao disciplinar a tutela, o legislador do Código Civil de 1916 e de 2002 teve em mira, primordialmente, o menor com patrimônio. A tutela também é referida no Estatuto da Criança e do Adolescente para os menores sob seu enfoque, em situação irregular, embora pouca alteração tenha sido feita à estrutura do Código. Modernamente, a tutela deve ter uma compreensão mais ampla, fazendo com que o tutor assuma efetivamente as prerrogativas e deveres do poder familiar.

A tutela não possuía, no Código anterior, um intuito proeminentemente protetivo à pessoa do menor, como é traduzido pela filosofia do Estatuto da Criança e do Adolescente. No art. 28 desse diploma, a tutela é uma das modalidades de ingresso do menor em família substituta, ao lado da guarda e da adoção. O conceito estatutário é de proteção integral à personalidade da criança e do adolescente, pois essa lei tem em mira basicamente o menor desprovido de recursos econômicos e morais. Nos termos do art. 19,

> "É direito da criança e do adolescente ser criado e educado no seio de sua família e, excepcionalmente, em família substituta, assegurada a convivência familiar e comunitária, em ambiente que garanta seu desenvolvimento integral." Redação dada pela Lei nº 13.257/2016).

A tutela, deferida nas hipóteses do Estatuto da Criança e do Adolescente, implica necessariamente o dever de guarda (art. 36, parágrafo único), com obrigação de assistência moral e educacional.

De qualquer dessas concepções decorre que a tutela é instituição supletiva do poder familiar. Pressupõe que o menor não tenha pai e mãe ou, tendo um deles ou ambos, estão privados ou suspensos do poder familiar. O Código argentino, ao contrário de nosso, apresenta no art. 377 a definição de tutela:

> "é o direito que a lei confere para governar a pessoa e bens do menor de idade, que não está sujeito ao pátrio poder, e para representá-lo em todos os atos da vida civil".

Lembre-se de que no sistema em vigor, a tutela cessará com 18 anos.

A tutela possui, então, três finalidades curiais: os cuidados com a pessoa do menor; a administração de seus bens; e sua representação para os atos e negócios da vida civil. No Estatuto da Criança e do Adolescente, a tutela possui caráter protetivo dos menores que se encontrem em uma das hipóteses do art. 98, isto é, sempre que os direitos do menor forem violados:

> "I – por ação ou omissão da sociedade ou do Estado;
> II – por falta, omissão ou abuso dos pais ou responsável;
> III – em razão de sua conduta."

Os dispositivos do Estatuto da Criança e do Adolescente e do Código Civil são compatíveis. O juiz da infância e da juventude será competente para os casos de menores sob as condições relatadas; menores com patrimônio que se veem em estado de orfandade terão a tutela regulada, em princípio, pelos juízes das varas de família. Sob esse prisma, o art. 36 do Estatuto da Criança e do Adolescente estatui que a tutela será deferida aos menores de 18 anos, "*nos termos da lei civil*", com nova redação. A atual lei civil, como se sabe, faz com que a tutela abranja os menores até 18 anos, em face da nova idade para a maioridade. Notemos que a extensão e o alcance da tutela são de âmbito mais amplo do que a guarda, definida na lei dos menores.

A instituição de tutor é ato unilateral, mas revogável a qualquer tempo, de acordo com as circunstâncias que se apresentarem. O art. 104 do Projeto do Estatuto das Famílias dispõe de modo mais atual que

> "*as crianças e os adolescentes são postos em tutela quando a nomeação for feita pelos pais em testamento ou documento particular, produzindo efeitos com a morte ou perda da autoridade*".

Só quem exerce a autoridade parental pode nomear tutor.

Seus antecedentes históricos são antigos. Reportamo-nos ao que repetidamente já falamos a respeito da família romana. O *pater familias* exercia seu poder sobre todos os filhos, independentemente da idade. Essa autoridade abrangia também a pessoa dos netos, pois todos eram incapazes; unicamente, o *pater* era *sui juris*. Falecendo o pai de família, os filhos tornavam-se *sui juris*, livres, independentemente da idade. Se fossem menores, porém, não se impedia que para estes fossem designados tutores, para cuidar de sua pessoa e de seus bens. Ao lado dessa tutela para os menores impúberes, também era conhecida a tutela para as mulheres, estas também púberes, mas *alieni juris*, em caráter permanente, para proteger sua condição e debilidade do sexo (Zannoni, 1998, v. 2, p. 833). As mulheres, não importando a idade, sempre sofriam restrição de direito. Em épocas mais modernas do Direito Romano, a tutoria da mulher vai diminuindo de importância.

Quando o menor atingia a puberdade, 14 anos para o homem e 12 anos para a mulher, cessava a tutela e, até a idade de 25 anos, tratando-se de varão, ficava sob a proteção de um curador. Havia também curatela para os maiores dessa idade em se tratando de loucos, pródigos, surdos-mudos e com outras enfermidades permanentes. A distinção entre tutela e curatela residia, por conseguinte, no fato de que, para a primeira, era uma atribuição de autoridade semelhante ao pátrio poder, enquanto para a segunda, uma administração de bens. A tutela era dada, em síntese, para os impúberes, incapazes, que não podiam reger seus atos. A curatela era dirigida para os púberes e os enfermos para proteção de seus bens. Paulatinamente, no curso da história, ocorre uma assimilação das funções do tutor pelo curador, de forma que se confundem as duas figuras; tanto que na época de Justiniano ambos têm funções praticamente idênticas, para finalmente se confundirem no Direito medieval.

Em decorrência da origem histórica, no direito comparado não existe identidade de conceitos para a tutela e a curatela. Várias legislações denominam tutela a instituição tanto para os menores como para os incapazes maiores. Alguns ordenamentos conhecem outras figuras de proteção, como o protutor, no Direito italiano e francês, o conselho de família, que no Direito francês é órgão encarregado de fiscalizar o tutor, bem como tutores especiais para determinados atos, que nós denominamos curadores especiais. Este Código revive a figura do protutor, pessoa encarregada pelo juiz para fiscalização dos atos do tutor (art. 1.742).

Em nosso Direito foi mantida, em síntese, a distinção do direito antigo: a tutela dirige-se aos menores e a curatela, aos maiores incapazes.

1. Requisitos da tutela

Para que tenha lugar a tutela, afora a situação dos órfãos, é necessário que os pais do menor tenham sido destituídos ou estejam suspensos do poder familiar. Se isso não ocorre, a forma de o menor ser colocado em família substituta é por meio da *guarda*. A inibição do poder familiar é essencial para a tutela, pois não convivem ambos os exercícios.

Outra situação que deve ser levada em conta, contudo, é a hipótese de pais ausentes. Desaparecidos os pais, sem que se saiba de seu paradeiro, a tutela é meio idôneo para proteger o menor e administrar seus bens, até que retornem os progenitores. Quando se trata de desaparecimento voluntário, abandono dos menores, a situação é de destituição do pátrio poder. Todavia, o desaparecimento pode ser fortuito. Nesse caso, somente após a declaração judicial de ausência deverá ser deferida a tutela. Temporariamente, o menor deve ser colocado sob a guarda de família substituta. Para atos urgentes, poderes devem ser conferidos a um curador especial.

Para desempenho da tutela, o tutor é provido de soma de poderes que se assemelha ao poder familiar, mas com este não se confunde. O tutor possui poderes para praticar atos em prol do menor, mas não terá as mesmas faculdades do pai: age sob vigilância do juiz,

Art. 1.729

necessitando de autorização judicial para a prática de inúmeros atos, em dimensão maior que a restrição imposta aos pais.

Orlando Gomes (1983, p. 374) acentua que a dignidade do cargo não permite que o ofício seja remunerado, admitindo, porém, que na administração dos bens do menor abastado seja justa uma gratificação, como permite a lei. Esse pagamento tem a natureza de uma indenização, mormente na hipótese de herança dativa. De qualquer forma, o tutor deverá sempre ser reembolsado das despesas relativas aos bens do pupilo; não com relação aos alimentos, fornecidos em espécie ou pecúnia, pois se trata de dever inerente ao encargo. O protutor tem direito a uma gratificação módica, pela fiscalização efetuada (art. 1.752, § 1º).

O âmbito de atuação na tutela é menor do que no poder familiar. Já apontamos que a tutela é exercida sob supervisão do Judiciário. Ademais, o exercício da tutela, por ser um encargo, é temporário, uma vez que o tutor deve servir por dois anos (art. 1.765), embora os períodos possam ser prorrogados até a maioridade do pupilo. Outra sensível distinção é que na tutela o tutor não tem o usufruto dos bens do pupilo, como acontece com os pais. Na tutela, a venda de bens dos menores está cercada de maiores cautelas, exigindo-se hasta pública e não a mera autorização judicial. Diverge também a forma de emancipação voluntária: os pais formalizam-na por escritura pública, enquanto dos tutores se exige a sentença judicial.

Este Código, a exemplo do anterior, é extrema e desnecessariamente detalhado e prolixo nas disposições acerca da tutela. O Projeto do Estatuto das Famílias restringe a apenas cinco artigos as disposições sobre tutela (arts. 104 a 108), relegando as questões como escusas para assumir o encargo, exercício e garantia da tutela, prestação de contas, aos princípios gerais.

Apelação – Direito de família – Conexão – Ocorrência – Ajuizamento de ações distintas pelas apelantes, distribuídas, inicialmente, em Juízos diferentes da mesma Comarca, disputando-se a tutela do neto comum em uma das lides e, na outra, a guarda e direito de visitas da mesma criança. Reunião dos feitos para julgamento em conjunto. Inteligência do art. 105 do CPC/73. Cerceamento de defesa – inocorrência – hipótese que depende de prova essencialmente técnica – preliminar rejeitada – coisa julgada material – inocorrência – lide que versa sobre poder familiar – Possibilidade de rediscussão, desde que existentes novos elementos e motivos suficientes para justificar a alteração pretendida. Decreto de extinção afastado. Causa que se encontra madura para julgamento, nos termos do art. 515, § 3º, do CPC/73. Tutela. Falecimento dos genitores da criança, em acidente automobilístico. Tutela requerida com fundamento no art. 1.728, I, do CC/02. Cabimento. Conjunto probatório que indica o lar da avó paterna como sendo o ambiente familiar mais adequado para o desenvolvimento do infante. Relevância da prova técnica realizada,

que deve ser observada (prova emprestada). Procedência do pedido de tutela reconhecido. Ônus da sucumbência invertido. Guarda unilateral – O deferimento da tutela implica necessariamente no dever de guarda (art. 36, parágrafo único, ECA). Logo, não merece qualquer reparo na r. sentença que estabeleceu a guarda unilateral em favor da avó paterna, porquanto esta passou a ostentar a qualidade de tutora do menor. Direito de visitas – Manutenção do regime de visitas fixado em primeira instância, uma vez que atende ao princípio do melhor interesse da criança, garantindo o seu direito de convivência com a avó materna. Recurso da avó paterna provido e recurso da avó materna não provido (*TJSP* – Ap. 0014023-75.2014.8.26.0481, 9-5-2017, Relª Rosangela Telles).

Art. 1.729. O direito de nomear tutor compete aos pais, em conjunto.
Parágrafo único. A nomeação deve constar de testamento ou de qualquer outro documento autêntico.

A doutrina aponta três modalidades de tutela: testamentária, legítima e dativa. Dizem respeito mais propriamente às formas de nomeação ou fontes. A modalidade de nomeação não modifica, contudo, os atributos do instituto. Outra modalidade, no entanto, deverá ser acrescentada, pois o parágrafo único desse artigo menciona que a nomeação de tutor deve constar de testamento ou de *qualquer outro documento autêntico*.

Pelo art. 407 do Código de 1916, o pai e a mãe tinham direito de nomear tutor por ato de última vontade. O dispositivo também permitia que o avô paterno e o avô materno nomeassem por testamento, numa elasticidade de legitimidade que modernamente não mais se justifica. A inclusão do avô nesse artigo era ranço do Direito Romano, pois não existe pátrio poder ou poder familiar dos avós em relação aos netos. A nomeação de tutor por testamento é uma extensão do poder familiar após a morte dos pais, pois se trata de manifestação de índole protetiva.

O presente artigo restringe a possibilidade de nomeação aos pais, em conjunto. Existindo apenas um dos genitores ou somente um deles estando apto, é certo que poderá fazer a nomeação isoladamente. O Código eliminou a possibilidade constante da lei pretérita que também permitia aos avós a possibilidade de nomeação de tutor.

Quanto à nomeação pelos pais, está colocado o acréscimo colimado pelo Projeto nº 6.960/2002, que se refere a essa possibilidade em parágrafo que acresce ao art. 1.729:

"*A nomeação poderá ser realizada por somente um dos pais, se o outro estiver, por qualquer motivo, impossibilitado ou se negue, sem justa causa, a fazê-lo e desde que atenda aos interesses do filho.*"

O testamento, instrumento para a tutela testamentária, pode ser utilizado tão só para a nomeação de tutor e, nesse caso, na hipótese de nulidade que não vicie essa vontade, deve prevalecer como documento autêntico. Deve ser entendido como documento autêntico todo aquele apto a gerar efeitos, até mesmo uma carta para essa finalidade. Também deve prevalecer a vontade do genitor se o testamento, contendo também disposições patrimoniais, for anulado por questões de forma ou que não afetem a indicação de tutoria. Villaça Azevedo (2003, p. 325) lembra da possibilidade de cada genitor nomear, em testamento, ou outro ato válido, tutores diferentes. Nesse caso, conclui que a solução deverá ser dada pelo juiz, levando em conta as circunstâncias em concreto, atendendo aos interesses do tutelado. E conclui: *"Será autêntico o documento escrito que preencha formalidades e que demonstre a vontade dos nomeadores de tutor"* (loc. cit.).

Como mencionado, a lei admite que, além do testamento, outro documento autêntico pode ser utilizado para a nomeação. Assim, codicilos, escrituras públicas, escritos particulares do nomeante, com disposição clara, são também meios idôneos, assim como testamentos nulos ou anuláveis, quando não se macula a vontade quanto à nomeação. Não se deve exigir maior rigor ao documento, mesmo porque o juiz poderá sempre desatender à nomeação, se assim for conveniente para o menor.

Os filhos adotivos e extramatrimoniais, com maior razão após a Constituição de 1988, também podem ter tutor nomeado por testamento. Ressalte-se que somente quem é detentor do poder familiar ao tempo da morte pode nomear tutor (art. 1.730).

O art. 407, do antigo diploma, estabelecia a ordem de preferência na nomeação: 1. pai; 2. mãe; 3. avô paterno; 4. avô materno. Segundo essa lei, cada uma dessas pessoas exerceria o direito de nomear tutor *"no caso de falta ou incapacidade das que lhes antecederem na ordem aqui estabelecida"*. Com a isonomia constitucional de homens e mulheres (art. 5º, inciso I), não havia mais razão do prevalecimento do varão sobre a mulher. Em qualquer caso, porém, a nomeação não deveria ser inflexivelmente seguida, se o juiz constatasse que era prejudicial para o menor. Sobre a supressão do direito de nomeação dos avós, já fizemos referência.

Enunciado nº 528 do CJF/STJ, V Jornada de Direito Civil. Arts. 1.729, parágrafo único, e 1.857: É válida a declaração de vontade expressa em documento autêntico, também chamado "testamento vital", em que a pessoa estabelece disposições sobre o tipo de tratamento de saúde, ou não tratamento, que deseja no caso de se encontrar sem condições de manifestar a sua vontade.

Art. 1.730. É nula a nomeação de tutor pelo pai ou pela mãe que, ao tempo de sua morte, não tinha o poder familiar.

A legitimidade para a nomeação de tutor decorre do exercício do poder familiar. Não terá legitimidade, portanto, o pai ou mãe que não estiver no exercício desse poder, definitiva ou transitoriamente. Aquele que estiver temporariamente privado do pátrio poder não poderá nomear, devendo ratificar a nomeação quando readquirir o exercício do poder familiar. Quando há suspensão do poder familiar, há ilegitimidade provisória para a nomeação.

O artigo em questão se refere à nulidade de nomeação, nesse caso, mas a hipótese mais se amolda à ineficácia.

Art. 1.731. Em falta de tutor nomeado pelos pais incumbe a tutela aos parentes consanguíneos do menor, por esta ordem:
I – aos ascendentes, preferindo o de grau mais próximo ao mais remoto;
II – aos colaterais até o terceiro grau, preferindo os mais próximos aos mais remotos, e, no mesmo grau, os mais velhos aos mais moços; em qualquer dos casos, o juiz escolherá entre eles o mais apto a exercer a tutela em benefício do menor.

A *tutela legítima* ocorre na falta de tutor nomeado pelos pais, sendo de caráter subsidiário. O tutor, em princípio, será escolhido na ordem estabelecida nesse artigo.

O art. 409 do velho Código atribuía uma ordem complexa, preferindo avô paterno ao materno; a avó paterna à materna etc., em um casuísmo hoje anacrônico.

Este Código eliminou, como devia fazer, a prevalência masculina na nomeação de tutor. A ordem deve ser, em princípio, seguida, não sendo, contudo, inflexível, sempre sendo ponderado o interesse do menor. O juiz poderá desobedecê-la, sempre na defesa dos interesses do pupilo. Nesse sentido, existe acréscimo pretendido pelo Projeto nº 6.960, que acresce parágrafo único ao artigo: *"Poderá o juiz, levando em consideração o melhor interesse do menor, quebrar a ordem de preferência, bem como nomear tutor terceira pessoa."* Nem sempre os avós, em avançada idade, ou o irmão muito jovem serão os tutores mais indicados. De outro lado, a identidade de direitos de homens e mulheres, de acordo com a Constituição de 1988, inadmite discriminação de sexos.

Art. 1.732. O juiz nomeará tutor idôneo e residente no domicílio do menor:
I – na falta de tutor testamentário ou legítimo;
II – quando estes forem excluídos ou escusados da tutela;
III – quando removidos por não idôneos o tutor legítimo e o testamentário.

Finalmente, a *tutela dativa* é a exercida por um terceiro, estranho à consanguinidade estabelecida no dispositivo citado. A exigência de residência no domicílio do pupilo visa facilitar o encargo.

A nomeação de tutor dativo somente pode ocorrer quando, em síntese, não for possível o tutor testamentário ou legítimo. Essa nomeação tem, portanto, caráter subsidiário. É certo que o juiz deverá procurar alguém relacionado com o menor, cujo contato lhe será benéfico. O art. 1.734, que se reporta a menores cujos pais forem desconhecidos, falecidos ou que tiverem sido suspensos ou destituídos do poder familiar, deve ser visto em harmonia com o Estatuto da Criança e do Adolescente, que disciplina a forma e os procedimentos pelos quais o menor é colocado em família substituta.

A lei não proíbe, em princípio, que a nomeação testamentária seja feita sob condição ou a termo. Nada impede, por exemplo, que seja nomeado um tutor até o início da adolescência do menor e outro a partir daí (AZEVEDO, 2003, p. 326). Em qualquer caso, contudo, na dúvida ver-se-á o melhor interesse do tutelado.

Art. 1.733. Aos irmãos órfãos dar-se-á um só tutor.
§ 1º No caso de ser nomeado mais de um tutor por disposição testamentária sem indicação de precedência, entende-se que a tutela foi cometida ao primeiro, e que os outros lhe sucederão pela ordem de nomeação, se ocorrer morte, incapacidade, escusa ou qualquer outro impedimento.
§ 2º Quem institui um menor herdeiro, ou legatário seu, poderá nomear-lhe curador especial para os bens deixados, ainda que o beneficiário se encontre sob o poder familiar, ou tutela.

O dispositivo estabelece que aos irmãos órfãos se dará um único tutor. A disposição visa facilitar a administração dos bens, sendo da maior conveniência. A unicidade da tutela não pode ser absoluta, podendo o juiz nomear tutores diferentes para os irmãos, tendo em vista o caso concreto e o interesse dos menores, especialmente nas situações do Estatuto da Criança e do Adolescente.

O § 1º afirma que, se mais de um tutor foi nomeado em disposição testamentária, entende-se que a tutela foi atribuída ao primeiro, e os outros hão de sucedê-lo pela ordem de nomeação, no caso de morte, incapacidade, escusa ou outro impedimento legal. Por outro lado, o § 2º acrescenta que, instituído o menor herdeiro ou legatário, o testador poderá nomear-lhe curador especial para os bens deixados, ainda que o menor se ache sob o poder familiar ou sob tutela. Trata-se de hipótese de curador *ad hoc*. Em nosso sistema, sempre que ato semelhante é atribuído a alguém que não o pai ou tutor, denomina-se curador especial a pessoa designada, quando não houver a figura do protutor. Esse curador especial terá sua atuação restrita a poucos atos e não exerce poderes de tutela.

Art. 1.734. As crianças e os adolescentes cujos pais forem desconhecidos, falecidos ou que tiverem sido suspensos ou destituídos do poder familiar terão tutores nomeados pelo Juiz ou serão incluídos em programa de colocação familiar, na forma prevista pela Lei nº 8.069, de 13 de julho de 1990 – Estatuto da Criança e do Adolescente.

Este artigo se reportava originalmente a menores abandonados, referindo-se a estabelecimentos públicos destinados a recebê-los e a pessoas voluntárias, deve ser visto em harmonia com o Estatuto da Criança e do Adolescente, que disciplina a forma e os procedimentos pelos quais o menor é colocado em família substituta. O novo texto, introduzido pela Lei de Adoção, moderniza-o conforme a nova estrutura desse instituto, descrevendo, em síntese, menores em estado de abandono. Reporta-se a pais desconhecidos, falecidos ou que tiveram sido suspensos ou destituídos do poder familiar. A indicação ao juiz é no sentido de colocar os menores assim definidos sob tutela ou em programa de colocação familiar, conforme descrito no Estatuto da Criança e do Adolescente. O caso concreto dará a melhor solução. O que se buscará, na verdade, é a adoção.

Acentuou-se anteriormente que a tutela é encargo unipessoal. A lei civil não prevê a nomeação de mais de um tutor concomitantemente para o exercício do encargo. Na sistemática do Estatuto da Criança e do Adolescente, nas situações de menores que essa lei regula, perfeitamente sustentável que a situação é outra, levando em consideração o conjunto de disposições dessa lei e os princípios estabelecidos pela Carta de 1988. O intuito dessa legislação protetiva é integrar a criança e o adolescente na família substituta. Não existe forma melhor de fazê-lo, tal como na guarda e na adoção, do que entregá-lo ao carinho e à proteção de um casal que lhe dê um lar. A concepção do estatuto faz com que o critério tradicional do Código Civil fosse revisto, pois não se cuida aqui de cuidado com os bens do menor unicamente, mas de sua formação e personalidade. Nesse mesmo sentido, manifesta-se Giovane Serra Azul Guimarães (2000, p. 27) em obra sobre a matéria, apontando que, no caso, sempre será necessária a aquiescência dos dois cônjuges ou companheiros e sempre deverá preponderar o interesse do menor, obedecidos os requisitos do art. 165, I, do Estatuto da Criança e do Adolescente.

Recurso especial. Processo civil. **Curadoria especial**. Nulidade. Patrocínio simultâneo de causas. Configuração. Conflito de interesses. Nulidade da citação editalícia. Falta de prequestionamento. 1. A nomeação de uma das advogadas constituídas da parte autora, como curadora da parte ré, por si só, evidencia um desvirtuamento do real propósito do instituto da curatela, porquanto patente o conflito de interesses. 2. A questão relativa à nulidade da citação editalícia não foi objeto de exame pela Corte de origem, restando ausente, portanto, o requisito do prequestionamento. 3. Recurso parcialmente conhecido para anular o processo desde a nomeação da curadora especial (*STJ* – Acórdão: Recurso Especial nº 1.006.833 – RJ, 22-8-2011, Rel. Min. Maria Thereza de Assis Moura).

Seção II
Dos Incapazes de Exercer a Tutela

Art. 1.735. Não podem ser tutores e serão exonerados da tutela, caso a exerçam:
I – aqueles que não tiverem a livre administração de seus bens;
II – aqueles que, no momento de lhes ser deferida a tutela, se acharem constituídos em obrigação para com o menor, ou tiverem que fazer valer direitos contra este, e aqueles cujos pais, filhos ou cônjuges tiverem demanda contra o menor;
III – os inimigos do menor, ou de seus pais, ou que tiverem sido por estes expressamente excluídos da tutela;
IV – os condenados por crime de furto, roubo, estelionato, falsidade, contra a família ou os costumes, tenham ou não cumprido pena;
V – as pessoas de mau procedimento, ou falhas em probidade, e as culpadas de abuso em tutorias anteriores;
VI – aqueles que exercerem função pública incompatível com a boa administração da tutela.

O cargo de tutor é de confiança do Estado e exige absoluta idoneidade e ausência de conflito com o menor e seu patrimônio. Esse artigo enumera os que não podem ser tutores, e serão exonerados da tutela, caso a exerçam.

As situações descritas nesse dispositivo são mais propriamente de impedimento ou falta de legitimação e não de incapacidade. Cuida-se de obstáculos que impedem a assunção ou a manutenção no cargo. A exigência de idoneidade é de tal nível que ocorre durante todo o tempo de exercício da tutela. Verificada a inabilidade durante seu exercício, o tutor deve ser substituído. A situação é de destituição do encargo, pois esta terá caráter de sanção aplicável aos tutores que agem com culpa na tutela.

As causas são por si explicativas. Para proteger o menor e cuidar de seu patrimônio, há necessidade de idoneidade e disponibilidade. Quem não pode administrar os próprios bens também não poderá fazê-lo quanto aos bens de terceiros. Quem tem obrigação ou direito contra o menor não terá, objetivamente, isenção para o encargo. Inimigos do menor ou de seus pais e quando estes expressamente vedaram a tutela são situações por demais óbvias. Os crimes descritos no inciso IV não favorecem a administração de bens de outrem ou o trato com menores, assim como o mau procedimento e a improbidade. Muitas dessas situações exigirão exame no caso concreto.

O Código ressalva os que exercem função pública incompatível com o encargo: injustificável a restrição exclusivamente à função pública. Há funções privadas que mais se mostram incompatíveis com a tutela, as que exigem viagens constantes, prolongada ausência do domicílio, por exemplo. O juiz haverá de ponderar no caso concreto. Essa situação, de qualquer forma, é mais adequada para os casos de escusa da tutela.

Enunciado nº 636, VIII Jornada de Direito Civil – CJF/STJ: O impedimento para o exercício da tutela do inc. IV do art. 1.735 do Código Civil pode ser mitigado para atender ao princípio do melhor interesse da criança.

Seção III
Da Escusa dos Tutores

Art. 1.736. Podem escusar-se da tutela:
I – mulheres casadas;
II – maiores de sessenta anos;
III – aqueles que tiverem sob sua autoridade mais de três filhos;
IV – os impossibilitados por enfermidade;
V – aqueles que habitarem longe do lugar onde se haja de exercer a tutela;
VI – aqueles que já exercerem tutela ou curatela;
VII – militares em serviço.

A tutela é um múnus público e em princípio não pode ser recusada. Por essa razão, as possibilidades de escusa constam da lei.

O legislador, como facilmente se percebe, procura dificultar a recusa da tutela, pois sabe que é um múnus público que requer ingentes esforços. A recusa ou renúncia somente pode ocorrer dentro do balizamento da lei.

As mulheres, no Direito Romano, eram incapazes para a tutela. O direito vigente suprimiu a incapacidade, mas permitiu a escusa. O ordenamento vigente refere-se às mulheres casadas, não possibilitando mais a escusa às solteiras, divorciadas ou separadas. Às casadas equiparam-se certamente as que convivem em união estável. Entendeu-se que a mulher casada já teria os ônus e deveres do casamento como pesadas tarefas. Atualmente, porém, também essa é uma forma de discriminação e o Projeto nº 6.960 tentou retirar as mulheres casadas desse rol de escusas.

Os casos de escusas não se alargam. São apenas os constantes da lei. Quem não se inserir em uma das dicções deve assumir o encargo. Entende-se, por exemplo, que quem tem perante sua autoridade mais de três filhos já tem encargos suficientes para assumir o fardo pesado da tutela. O Código antigo referia-se à pessoa com mais de cinco filhos. Por outro lado, a tutela exige a presença física do tutor junto ao pupilo e a residência distante do local onde será exercida a tutela será inconveniente. Quanto aos militares em serviço, sabido é que se mudam constantemente de domicílio. As causas de escusas são, portanto, explicativas por si.

O art. 1.737 descreve mais uma possibilidade de recusa, específica para tutela dativa: quem não for parente do menor não poderá ser obrigado a aceitar a tutela, se houver no lugar parente idôneo, consanguíneo ou afim, em condições de exercê-la. Pressupõe a lei que o parentesco indica maiores afinidades com o tutelado, o que denota que a tutela está intimamente ligada à família. Nem sempre isso é verdadeiro.

É claro que, em todo caso concreto, o juiz deverá ver o que é de melhor interesse para o menor. Condições de idade avançada, doença, analfabetismo ou mesmo renitente falta de disposição para o cargo farão com que o juiz propenda para nomear a pessoa mais indicada, que, em princípio, não poderá opor recusa. Por outro lado, uma tutela imposta pode ser gerida com má vontade, o que virá em detrimento do menor. Bom senso ao julgador é sempre o que se recomenda.

Art. 1.737. Quem não for parente do menor não poderá ser obrigado a aceitar a tutela, se houver no lugar parente idôneo, consanguíneo ou afim, em condições de exercê-la.

A tutela dativa pode ser recusada se houver no lugar parente idôneo, consanguíneo ou afim, em condições de exercê-la. Apresentada essa impugnação pelo nomeado dativo, cumpre ao juiz analisar da conveniência de nomear a pessoa apontada.

Por vezes, na doutrina, encontra-se menção à denominada *tutela irregular*, situação na qual, sem qualquer formalidade legal, alguém zela pelo menor e cuida de seus interesses, como se tutor fosse. A situação é semelhante à guarda de fato para os menores em situação irregular. Essa tutela, porém, não gera efeitos jurídicos do instituto, devendo ser tratada como mera gestão de negócios, resumindo-se aos preceitos legais desse negócio jurídico inclusive com responsabilidade civil do gestor quanto aos danos causados ao menor, até mesmo na hipótese de caso fortuito, como dispõe o art. 862 deste Código.

Art. 1.738. A escusa apresentar-se-á nos dez dias subsequentes à designação, sob pena de entender-se renunciado o direito de alegá-la; se o motivo escusatório ocorrer depois de aceita a tutela, os dez dias contar-se-ão do em que ele sobrevier.

A escusa deverá ser apresentada nos cinco dias (art. 760 do NCPC) seguintes à intimação, embora a lei atual fale em designação, sob pena de entender-se renunciada a possibilidade de alegação. Se o motivo de escusa ocorrer depois de aceita a tutela, esse prazo contar-se-á do dia em que ele sobrevier. Esse prazo é decadencial.

Embargos de declaração no recurso especial – Disputa judicial por parte dos avós paternos e maternos, residentes em países diversos, pela tutela de neto, criança de dupla nacionalidade que se tornara órfã em razão de acidente de trânsito ocorrido no Brasil, do qual restaram fatalmente vitimados os respectivos pais – tutela atribuída originariamente, sem oposição, a tio materno residente no Brasil – Posterior pedido de escusa do encargo devido a problemas pessoais de saúde do tutor – Requerimento de tutela ajuizado pelas avós materna brasileira e paterna francesa – Decisão do r. Juízo cível em compartilhar a tutela da criança entre as avós, mantendo-se, contudo, a criança no Brasil – Recurso de apelação interposto pela avó paterna, provido pelo tribunal de justiça, com a determinação de repatriamento imediato da criança para a França, fundamentado na convenção de Haia – Irresignação da avó materna brasileira – recurso especial parcialmente provido para conferir à avó materna brasileira a tutela do menor, franqueando-se à avó paterna francesa amplo acesso à criança, nos termos definidos pelo r. Juízo *a quo* – inconformismo da avó paterna francesa – 1- Os embargos de declaração somente são cabíveis quando houver, na sentença ou no acórdão, obscuridade, contradição, omissão ou erro material, consoante dispõe o artigo 535, incisos I e II, do Código de Processo Civil. 1.1. Hipótese em que o parcial provimento ao recurso especial fundamentou-se nas seguintes razões: i) cabimento do recurso de apelação em face de decisão proferida no procedimento de jurisdição voluntária; ii) Inaplicabilidade da Convenção de Haia; iii) na competência concorrente da Justiça brasileira para exame da controvérsia; iv) a sentença Estrangeira para produção de efeitos no Brasil necessita de homologação pelo STJ; v) em homenagem ao Princípio do Melhor Interesse do Menor é de rigor a manutenção da criança no Brasil, sobretudo em virtude de recomendação médica. Desse modo, os argumentos relativos ao mérito da pretensão recursal, além de dissociada das razões do acórdão embargado, traduz manifesto intuito infringente, pretensão inviável em sede de aclaratórios. 2- Embargos de declaração rejeitados (*STJ* – EDcl-REsp 1.449.560 – (2014/0081041-3), 24-2-2015, Rel. Min. Marco Buzzi).

Art. 1.739. Se o juiz não admitir a escusa, exercerá o nomeado a tutela, enquanto o recurso interposto não tiver provimento, e responderá desde logo pelas perdas e danos que o menor venha a sofrer.

Esse artigo é decorrente do rigor com que é vista a obrigação de assumir a tutela: se o juiz julgar improcedente a recusa, durante o processamento do respectivo recurso, o indicado deverá exercer a tutela, respondendo desde logo por perdas e danos que o menor venha a sofrer. Em resumo, a lei significa que o recurso da decisão que nomeia tutor não terá efeito suspensivo.

Seção IV
Do Exercício da Tutela

Art. 1.740. Incumbe ao tutor, quanto à pessoa do menor:
I – dirigir-lhe a educação, defendê-lo e prestar-lhe alimentos, conforme os seus haveres e condição;
II – reclamar do juiz que providencie, como houver por bem, quando o menor haja mister correção;
III – adimplir os demais deveres que normalmente cabem aos pais, ouvida a opinião do menor, se este já contar doze anos de idade.

Os deveres de administração e conduta do tutor estão completados por esse artigo. O tutor exerce alguns dos poderes inerentes ao poder familiar; não todos. Note que o vigente Código acrescenta que incumbe ao tutor cumprir os deveres que normalmente cabem aos pais, ouvida, porém, a opinião do menor, se este já contar 12 anos de idade. Por exemplo, deve o menor opinar sobre a escolha de estabelecimento de ensino que irá cursar ou a escolha da prática de determinado esporte.

Admite-se que o poder de correção seja utilizado com extrema moderação. Na realidade, a moderna educação nem mesmo admite castigos moderados por parte dos pais.

Apelação cível – **Ação de interdição** – Situação fática – Sentença que julga procedente a interdição requerida pelo sobrinho do interditando em razão de deficiência visual. Cegueira. Apelação. Deficiência visual do interditado. Causa insuficiente para deferimento da curatela total. Ausência de prova pericial para atestar a incapacidade plena do interditado. Ausência de elementos necessários para o reconhecimento da incapacidade do interditando. Insuficiência de provas. Reforma da sentença que se impõe. Recurso conhecido e provido para julgar improcedente o pedido inicial (*TJPR* – AC 1618808-4, 4-5-2017, Relª Desª Lenice Bodstein).

Art. 1.741. Incumbe ao tutor, sob a inspeção do juiz, administrar os bens do tutelado, em proveito deste, cumprindo seus deveres com zelo e boa-fé.

Incumbe ao tutor, sob inspeção do juiz, reger a pessoa do menor, por ele velar e administrar-lhe os bens. De acordo com o art. 759 do CPC, o tutor deverá ser intimado a prestar compromisso no prazo de cinco dias contados da nomeação ou intimação. Essa disposição é reiterada pelo art. 32 do Estatuto da Criança e do Adolescente, que também exige o compromisso do tutor de bem e fielmente desempenhar o encargo. Incumbe ao tutor, portanto, reger a pessoa do menor, representá-lo, velar por sua educação, saúde e bem-estar e administrar-lhe os bens. No dizer deste artigo, "*incumbe ao tutor, sob inspeção do juiz, administrar os bens do tutelado, em proveito deste, cumprindo seus deveres com zelo e boa-fé*". O zelo e a boa-fé, termos introduzidos no atual dispositivo, são fatores essenciais ao exercício do cargo. Essa administração pelo tutor tem como objetivo preservar o patrimônio do menor, buscando sempre que possível a sua valorização. A fiscalização do juiz nesse aspecto ganha importância vital.

Enquanto absolutamente incapaz, o tutor representará o pupilo; enquanto relativamente capaz, o tutor o assistirá. Certidão do termo de tutela será o documento hábil para comprovar e credenciar sua condição e legitimidade perante terceiros.

O tutor, como reiterado, exerce um encargo ou múnus público. Assim conceituada sua natureza jurídica, significa que se trata de delegação do Estado. No entanto, o tutor não se reveste da condição de funcionário público, mas em um cargo de elevada função social que o Estado lhe confia, acorrendo para o instituto preceitos de direito público e de direito privado (GOMES, 1983, p. 372). A atividade que exerce, contudo, é eminentemente de direito privado. Faltando com seus deveres, o tutor será removido.

Art. 1.742. Para fiscalização dos atos do tutor, pode o juiz nomear um protutor.

Essa disposição mui dificilmente é utilizada na prática. Incumbe ao juiz, também, nomear, se achar conveniente, o *protutor*. Essa pessoa, de confiança do juízo, cuja origem remonta ao Direito francês, assume o compromisso de fiscalizar a atuação do tutor. Poderá o juiz especificar quais atos serão necessariamente aprovados ou verificados pelo protutor. De qualquer modo, não pode o tutor furtar-se a fornecer informações ao protutor e este deverá sempre se dirigir ao juiz para informar qualquer suspeita ou irregularidade na conduta do tutor. Responderá por perdas e danos se se omitir em tal mister. O protutor não exerce a tutela, é bom que se diga, mas apenas a supervisiona. Torna-se necessária a presença do protutor mormente na administração de grandes patrimônios, para cuja fiscalização a presença do juiz se mostra distante. De qualquer modo, também a atividade do protutor será fiscalizada pelo juiz. O discernimento do juiz será importante na nomeação do protutor, que deve obedecer aos mesmos princípios da nomeação do tutor.

Art. 1.743. Se os bens e interesses administrativos exigirem conhecimentos técnicos, forem complexos, ou realizados em lugares distantes do domicílio do tutor, poderá este, mediante aprovação judicial, delegar a outras pessoas físicas ou jurídicas o exercício parcial da tutela.

Sob o prisma do tutor, a tutela é função personalíssima, um múnus público. É encargo, em princípio, irrenunciável. Como decorrência, é também um encargo unipessoal; somente uma pessoa pode ser nomeada tutor de um menor, ao menos na forma do Código Civil de 1916: o encargo, em princípio, não podia ser exercido concomitantemente por mais de uma pessoa. Em nosso direito positivo, não existia a figura do tutor sub-rogado, substituto do tutor. O protutor, pessoa encarregada de fiscalizar o tutor, não se confunde com este. Este Código modifica parcialmente esse entendimento, ao permitir que o exercício da tutela seja parcialmente delegado, na forma desse artigo.

Desse modo, se o vulto e a complexidade do patrimônio do menor o exigir, o tutor poderá requerer a delegação de parte do seu múnus a um administrador, contador, economista etc. A necessidade deve ser justificada em juízo, o qual deverá provar a pessoa indicada. A delegação, como se percebe, pode ser feita a pessoa jurídica. Procura-se, nesse sentido, uma maior eficiência na administração dos bens do pupilo. Nesse caso, a responsabilidade perante o menor será, em última análise, sempre do tutor, que poderá ter ação regressiva contra o terceiro delegado. Nessa situação, torna-se aconselhável a nomeação do protutor, para fiscalizar os atos, nos termos do artigo antecedente.

Em nosso sistema, quando ocorre colidência de interesses entre o tutor e o pupilo, deve ser nomeado um curador especial para o ato ou negócio. Nosso Direito também não admite que uma entidade especializada desempenhe diretamente a função, embora esta seja, atualmente, tendência moderna na problemática do menor desamparado.

No sistema de 1916, o encargo, de natureza pessoal, impedia que o tutor delegasse seus poderes. Ainda que não delegue oficialmente, como permite o mais recente ordenamento, tal, contudo, não impede que se valha de outras pessoas para auxiliá-lo no múnus. O que não pode é fazer-se substituir no encargo de tutor. Destarte, não lhe é dado outorgar procuração para prática de atos inerentes à tutela, como, por exemplo, consentimento para casar.

A tutela é, portanto, um sucedâneo do poder familiar ou poder parental: na falta dos pais dos menores, é necessário que alguém os substitua. A tutela possui, destarte, um caráter subsidiário com relação ao poder familiar.

Como enfatizamos, diversamente do poder familiar, o exercício da tutela é uma conduta fiscalizada e controlada pelo Poder Judiciário, com o concurso do Ministério Público.

Art. 1.744. A responsabilidade do juiz será:
I – direta e pessoal, quando não tiver nomeado o tutor, ou não o houver feito oportunamente;
II – subsidiária, quando não tiver exigido garantia legal do tutor, nem o removido, tanto que se tornou suspeito.

Mantém o vigente Código o rigor para com o juiz, pois determina que a responsabilidade do magistrado será direta e pessoal, *"quando não tiver nomeado o tutor, ou não o houver feito oportunamente"* (art. 1.744, I), e subsidiária, *"quando não tiver exigido garantia leal do tutor, nem o removido, tanto que se tornou suspeito"* (art. 1.744, II). Essa responsabilidade do juiz já ocorria, com linhas semelhantes, no Código anterior. O legislador procura cercar a tutela e sua lisura das maiores cautelas, inclusive a responsabilidade pessoal do juiz, que é exceção dentro do sistema. Em qualquer caso, porém, é necessário que se comprove que a omissão do juiz constituiu o nexo causal para o prejuízo do curatelado. Não há, porém, como ser leniente com juiz desatencioso, ímprobo ou que se desvia propositalmente do seu elevado mister, causando prejuízos ao incapaz. A responsabilidade pessoal e direta do juiz, mencionada na lei, não suprime a responsabilidade do Estado.

Art. 1.745. Os bens do menor serão entregues ao tutor mediante termo especificado deles e seus valores, ainda que os pais o tenham dispensado.
Parágrafo único. Se o patrimônio do menor for de valor considerável, poderá o juiz condicionar o exercício da tutela à prestação de caução bastante, podendo dispensá-la se o tutor for de reconhecida idoneidade.

Assim, mediante termo circunstanciado, os bens do menor serão entregues ao tutor. Não se dispensa esse termo, ainda que os pais o tenham feito.

A garantia da tutela estava prevista nos arts. 418 a 421 do Código de 1916; art. 37 do Estatuto da Criança e do Adolescente; e arts. 1.188 a 1.191 do CPC anterior (CPC atual, art. 759). As garantias visam assegurar a boa administração dos bens e certificar que o tutor terá meios para responder em caso de ser considerado culpado de prejuízos causados ao pupilo. Desse modo, a hipoteca legal visava resguardar os interesses do tutelado, sujeitando-se à inscrição. Assim dispunha o art. 418:

> *"O tutor, antes de assumir a tutela, é obrigado a especializar, em hipoteca legal, que será inscrita, os imóveis necessários, para acautelar, sob a sua administração, os bens do menor."*

O dispositivo acentuava a índole legal da tutela, dirigida a menores abastados, como se isso ocorresse com frequência em nosso país de milhões de necessitados. Acentua-se mais uma vez, nesse dispositivo, a filosofia individualista e patrimonialista de nosso Código de 1916. E se todos os bens imóveis do candidato a tutor não fossem suficientes para garantir a tutela da criança abastada? O Código ia mais além ao exigir reforço da hipoteca legal mediante caução real ou fiança: *"salvo se para tal não tiver meios, ou for de reconhecida idoneidade"* (art. 419). Não bastasse o pesado gravame de ter todos os bens imóveis hipotecados, a lei exigia ainda a presença de um fiador ou outra garantia, sempre no intuito de proteger o pupilo com patrimônio. Todavia, o Código prosseguia fazendo com que o juiz respondesse subsidiariamente pelos prejuízos sofridos em razão da insolvência do tutor, pelo fato de não ter exigido a garantia legal ou de não tê-lo removido, quando se tornara suspeito (art. 420). Acrescentava ainda o art. 421 que a responsabilidade do juiz era pessoal e direta, quando não tivesse nomeado tutor ou quando a nomeação não houvesse sido oportuna (art. 421). Não havia na lei civil outro exemplo de rigor igual.

Ora, a tutela em si já é um ato de desprendimento do tutor que acresce às suas próprias responsabilidades a proteção e administração dos bens do pupilo. A se levar em conta ao pé da lei as determinações do Código antigo, dificilmente se obteria tutor disponível: em primeiro porque era de sumo transtorno a hipoteca de seus bens; em segundo porque o juiz, mediante a responsabilização que lhe faz a lei, teria dificuldades e rebuços para nomear um tutor, sendo, em síntese, corresponsável por sua administração. Por último, embora se saiba que a tutela é obrigatória, é de suma inconveniência atribuir o encargo a alguém, contra sua vontade. Por tudo isso, e porque nossos órfãos não são ricos como regra, era comum que se dispensasse a hipoteca legal e outras formas de garantia, limitando-se o tutor a firmar o compromisso. De outro modo, dificilmente se chegaria a uma tutela.

Nesse sentido, a hipoteca legal deveria atuar como exceção, unicamente para os casos nos quais, efetivamente, o patrimônio ponderável do pupilo devesse ser protegido. Assim, o art. 37 do Estatuto da Criança e do Adolescente dispõe que a

> "O tutor nomeado por testamento ou qualquer documento autêntico, conforme previsto no parágrafo único do art. 1.729 da Lei nº 10.406, de 10 de janeiro de 2002 – Código Civil, deverá, no prazo de 30 (trinta) dias após a abertura da sucessão, ingressar com pedido destinado ao controle judicial do ato, observando o procedimento previsto nos arts. 165 a 170 desta Lei." O parágrafo único desse artigo ainda acrescenta: "Na apreciação do pedido, serão observados os requisitos previstos nos arts. 28 e 29 desta Lei, somente sendo deferida a tutela à pessoa indicada na disposição de última vontade, se restar comprovado que a medida é vantajosa ao tutelando e que não existe outra pessoa em melhores condições de assumi-la."

Reduziu-se, portanto, a garantia da tutela a seu contorno real. No presente Código, restringe-se a exigência a qualquer modalidade de garantia legal ou caução por parte do tutor e não necessariamente à hipoteca, como mencionam os arts. 1.744, II, e 1.745, parágrafo único. A hipoteca é apenas uma das modalidades de caução.

As disposições do Estatuto da Criança e do Adolescente devem servir de suporte para a decisão do juiz em dispensar as garantias em todas as hipóteses de tutela em que isso se mostrar conveniente. Este Código traz, como apontamos, disposição flexível, no artigo em epígrafe. Não impondo a hipoteca ou outra garantia, cabendo ao juiz, sob sua responsabilidade, dispensá-la.

Art. 1.746. Se o menor possuir bens, será sustentado e educado a expensas deles, arbitrando o juiz para tal fim as quantias que lhe pareçam necessárias, considerado o rendimento da fortuna do pupilo quando o pai ou a mãe não as houver fixado.

Se o menor possuir bens, será educado e sustentado às suas expensas, devendo o juiz arbitrar o valor necessário para esse fim, com base em sua fortuna e condições, quando o pai ou a mãe não o tiver fixado. O juiz e o tutor deverão sempre considerar as melhores condições para a educação do menor, de acordo com as possibilidades de seu patrimônio.

Art. 1.747. Compete mais ao tutor:
I – representar o menor, até os dezesseis anos, nos atos da vida civil, e assisti-lo, após essa idade, nos atos em que for parte;
II – receber as rendas e pensões do menor, e as quantias a ele devidas;
III – fazer-lhe as despesas de subsistência e educação, bem como as de administração, conservação e melhoramentos de seus bens;
IV – alienar os bens do menor destinados a venda;
V – promover-lhe, mediante preço conveniente, o arrendamento de bens de raiz.

O tutor representará o menor até 16 anos e o assistirá dos 16 aos 18 anos de idade. Recebe-lhe as rendas e pensões; faz as despesas de manutenção e pode alienar os bens destinados à venda. O Código acrescentou que o tutor pode promover, mediante preço conveniente, o arrendamento de imóveis. Esses atos inserem-se no rol de simples administração. Pode vender, sem autorização judicial, os bens destinados à venda, como, por exemplo, o estoque de varejo de negócio pertencente ao pupilo.

Interdição. Pretensão da curadora, esposa do interdito, à dispensa de prestação de contas. Matéria não tratada, entretanto, na decisão agravada. Agravo não conhecido nesse particular. Interdição. Pretensão da curadora de levantamento de numerário depositado em juízo por ex-empregadora do interdito, com o objetivo de aplicação em banco privado. Curadora cônjuge do interdito, casada pelo regime da comunhão de bens. Possibilidade. Administração natural dos bens e recursos do curatelado a cargo do curador. Deliberação quanto ao destino dos recursos do curatelado inserida nessa órbita. Arts. 1.741, 1.747, II e III, e 1.774, todos do Código Civil. Curadora, ademais, obrigada pela sentença à prestação de contas semestral. Decisão reformada. Agravo provido quanto a esse particular (*TJSP* – Acórdão: Agravo de Instrumento nº 0205055 – 65.2011.8.26.0000, 17-1-2012, Rel. Des. Fabio Tabosa).

Art. 1.748. Compete também ao tutor, com autorização do juiz:
I – pagar as dívidas do menor;
II – aceitar por ele heranças, legados ou doações, ainda que com encargos;
III – transigir;
IV – vender-lhe os bens móveis, cuja conservação não convier, e os imóveis nos casos em que for permitido;
V – propor em juízo as ações, ou nelas assistir o menor, e promover todas as diligências a bem deste, assim como defendê-lo nos pleitos contra ele movidos.
Parágrafo único. No caso de falta de autorização, a eficácia de ato do tutor depende da aprovação ulterior do juiz.

Esses atos somente podem ser praticados com autorização judicial. Os pais também necessitam de autorização para a venda de imóveis. No entanto, no caso de tutores, era essencial, no antigo diploma civil, que essa venda se desse por hasta pública, sob pena de nulidade. A atual lei suprimiu essa exigência, pois sabido é que a hasta pública não assegura o melhor preço. O texto do parágrafo único é novidade, pois permite que a aprovação desses atos seja posterior a sua realização. Algo útil, que deve ser utilizado com cuidado, nos casos de urgência que necessitem de rápida decisão por parte do tutor. Assim, o ato praticado sem autorização judicial não é nulo, mas anulável.

Art. 1.749. Ainda com a autorização judicial, não pode o tutor, sob pena de nulidade:
I – adquirir por si, ou por interposta pessoa, mediante contrato particular, bens móveis ou imóveis pertencentes ao menor;
II – dispor dos bens do menor a título gratuito;
III – constituir-se cessionário de crédito ou de direito, contra o menor.

Há atos que nunca podem ser praticados pelo tutor, ainda que com autorização judicial: adquirir para si, ou por interposta pessoa, por contrato particular, bens móveis, ou de raiz pertencentes ao menor; dispor dos bens a título gratuito e constituir-se cessionário de crédito ou direito contra o menor. O sentido lógico, ético e moral da disposição é evidente: o tutor não deve locupletar-se à custa da tutela. Basicamente, cuida-se de atos pelos quais os tutores poderiam colocar em preferência seus próprios interesses em detrimento dos direitos do pupilo, prevalecendo-se de sua posição. São atos que não podem ser praticados, sob pena de nulidade absoluta, mesmo com autorização judicial.

Não se trata de incapacidade. O tutor, portanto, não tem legitimidade para a prática desses atos. Os atos são nulos por falta de agente capaz (art. 104). Cuidando-se de restrições de direito, a enumeração é taxativa; não pode ser ampliada. Os poderes de administração lhe são obviamente transferidos: pode alugar imóveis de acordo com o estipulado na lei, assim como fazer aplicações financeiras etc.

Art. 1.750. Os imóveis pertencentes aos menores sob tutela somente podem ser vendidos quando houver manifesta vantagem, mediante prévia avaliação judicial e aprovação do juiz.

O juiz, com o auxílio do Ministério Público, deverá aquilatar oportunidade e conveniência da alienação. Nem sempre o melhor preço é conseguido em leilão, o qual, no entanto, poderá ser determinado de acordo com as circunstâncias. O normal, contudo, será a venda por propostas, com base na avaliação, esta não podendo ser dispensada. O arrendamento de bens imóveis, na nova lei, não mais requer hasta pública, como na lei anterior, o que era manifestamente inconveniente e dificultava a locação de bens do menor. Em edição anterior desta obra, dizíamos que, a nosso ver, a simples autorização criteriosa do juiz, nesse caso, podia validamente suprir a hasta e ser mais vantajosa para o pupilo. O estatuto atual corrigiu essa situação.

⚖ Apelação cível – Alvará judicial para alienação de bem de curatelado – Sentença de improcedência – Pedido formulado após a celebração do negócio jurídico – Ausência de comprovação da manifesta vantagem ao curatelado – Inteligência do art. 1.750 do CC – Ausência de impugnação à avaliação judicial no momento oportuno – Preclusão – Recurso não provido (*TJPR* – Ap. 1706365-5, 21-2-2018, Rel. Marques Cury).

⚖ Apelação cível. **Pedido de autorização judicial para venda de imóvel de propriedade de interdito**. Alegação de que o valor ficaria depositado em conta poupança de titularidade do autor para as necessidades extras que dimanam da sua enfermidade. Ausência de provas acerca da necessidade da alienação do bem. Ônus que competia ao autor. Artigo 333, inciso I, do CPC. Impossibilidade de autorização da venda do imóvel em razão da não comprovação de vantagem manifesta ao autor. Incidência do artigo 1.750 do Código Civil. A venda ou permuta de imóvel pertencente a interdito, ainda que sob a alegação do recolhimento do preço alcançado em conta poupança para fazer frente às despesas de tratamento, somente se perfaz pertinente quando, após prévia avaliação do bem, for evidenciada vantagem econômica. Não comprovada a necessidade da venda e tampouco o benefício econômico derivado do negócio, é de ser negado o pedido de autorização. Recurso desprovido (*TJSC* – Acórdão: Apelação Cível nº 2010.040892-2, 27-1-2012, Rel. Des. Jorge Luis Costa Beber).

Art. 1.751. Antes de assumir a tutela, o tutor declarará tudo o que o menor lhe deva, sob pena de não lhe poder cobrar, enquanto exerça a tutoria, salvo provando que não conhecia o débito quando a assumiu.

A finalidade do artigo é aquilatar se há interesses conflitantes entre o futuro tutor e o pupilo. Busca-se proteger de todos os modos o patrimônio do menor. A informação por parte do tutor deve ser prévia, sob pena de não poder cobrar sua dívida no curso do exercício da tutela.

Art. 1.752. O tutor responde pelos prejuízos que, por culpa, ou dolo, causar ao tutelado; mas tem direito a ser pago pelo que realmente despender no exercício da tutela, salvo no caso do art. 1.734, e a perceber remuneração proporcional à importância dos bens administrados.
§ 1º Ao protutor será arbitrada uma gratificação módica pela fiscalização efetuada.
§ 2º São solidariamente responsáveis pelos prejuízos as pessoas às quais competia fiscalizar a atividade do tutor, e as que concorreram para o dano.

Este Código suprimiu a referência feita à gratificação de até 10% da renda líquida anual dos bens, presente no art. 431, parágrafo único, do antigo diploma. Não se proíbe, porém, que o encargo seja razoavelmente gratificado, pois esse artigo esclarece que o tutor tem direito a perceber remuneração proporcional à importância dos bens administrados. Todavia, a questão deve ficar claramente delineada antes que o tutor assuma a tutela. Se ele se compromete a exercer o cargo gratuitamente, não poderá perceber a remuneração. O protutor terá direito a gratificação módica.

O tutor não tem o usufruto dos bens do tutelado, mas pode ressarcir-se do que pagou a título de exercício de tutela, salvo no caso de crianças de parcos ou nenhum recurso, e terá direito a uma remuneração proporcional à importância dos bens administrados. Também ao protutor será arbitrada uma gratificação módica, como menciona a lei. Ainda que seja um múnus público, o exercício da tutela não será gratuito se assim permitir o patrimônio do tutelado. Cuidado extremo devem ter os magistrados nesse campo, balizando sua decisão entre dois pontos: a remuneração justa, nunca diminuta ou exagerada, e os elevados interesses do menor.

O tutor responderá pelos prejuízos, que, por negligência, culpa ou dolo, causar ao pupilo. A conduta do tutor deve ser a do *bonus pater familias* na conduta da administração. A ação pode ser movida pelo Ministério Público, pelo menor e por qualquer outro interessado. O novo tutor nomeado em substituição pode tomar a iniciativa, como representante.

A tutela, como se nota, possui menor âmbito que o exercício do poder familiar. Contudo, não se suprime do tutor o dever de amparar o pupilo sob os prismas material e imaterial. Compete-lhe, sem dúvida, orientar sua educação e tudo fazer para que se torne cidadão adaptado e útil à sociedade. Compete, sem dúvida, ao juiz, verificar no caso concreto se esse desiderato está sendo cumprido, tomando as decisões prontas sempre que assim exigir o melhor interesse do menor. As incompatibilidades insuperáveis devem ser imediatamente corrigidas.

Alvará judicial. Prestação de Contas. Sentença de rejeição. Apela o curador sustentando necessidade de concessão da justiça gratuita; inexistência de dolo ou culpa pela constrição de valor pertencente à curatelada que estava em sua conta corrente e eventuais diferenças deveriam ser cobradas em ação própria. Cabimento parcial. Justiça gratuita. Percepção de benefício previdenciário em valor mínimo. Direito à gratuidade processual. Culpa do curador configurada. Depósito de parte do valor levantado em sua conta bancária. Responsabilidade pela guarda de numerário pertencente exclusivamente à pessoa interditada. Inteligência do art. 1.752 do CC. Determinação de prestação de contas exarada em 2013, quando autorizado o levantamento de numerário pertencente à curatelada, que estava depositado em conta judicial. Ordem acobertada pela preclusão. Inexiste empecilho legal para que o Juízo determine a prestação de contas no próprio procedimento de alvará. Deliberação resguarda os direitos da pessoa incapaz e assegura a possibilidade de exercício da defesa por parte do curador. Recurso provido parcialmente, apenas para concessão do benefício da justiça gratuita em favor do curador (*TJSP* – Ap. 0015500-73.2012.8.26.0362, 17-8-2018, Rel. James Siano).

Processual civil – Civil – Recurso especial – **Interdição – Remuneração do curador** – Fixação judicial – Necessidade – Retenção de rendas do interdito – Possibilidade – 1 – O curador tem direito de receber remuneração pela administração do patrimônio do interdito, à luz do disposto no art. 1.752, *caput*, do CC-02, aplicável ao instituto da curatela, por força da redação do art. 1.774 do CC-02. 2 – Afigura-se, no entanto, indevida a fixação realizada pelo próprio curador e a consequente retenção de rendas do interdito. 3 – A remuneração do curador deverá ser requerida ao Juiz que a fixará com comedição, para não combalir o patrimônio do interdito, mas ainda assim compensar o esforço e tempo despendidos pelo curador no exercício de seu múnus. 4 – Recurso especial não provido (*STJ* – REsp 1.205.113 – (2010/0139138-0), 14-9-2011, Relª Minª Nancy Andrighi).

Seção V
Dos Bens do Tutelado

Art. 1.753. Os tutores não podem conservar em seu poder dinheiro dos tutelados, além do necessário para as despesas ordinárias com o seu sustento, a sua educação e a administração de seus bens.
§ 1º Se houver necessidade, os objetos de ouro e prata, pedras preciosas e móveis serão avaliados por pessoa idônea e, após autorização judicial, alienados, e o seu produto convertido em títulos, obrigações e letras de responsabilidade direta ou indireta da União ou dos Estados, atendendo-se preferentemente à rentabilidade, e recolhidos ao estabelecimento bancário oficial ou aplicado na aquisição de imóveis, conforme for determinado pelo juiz.
§ 2º O mesmo destino previsto no parágrafo antecedente terá o dinheiro proveniente de qualquer outra procedência.
§ 3º Os tutores respondem pela demora na aplicação dos valores acima referidos, pagando os juros legais desde o dia em que deveriam dar esse destino, o que não os exime da obrigação, que o juiz fará efetiva, da referida aplicação.

A lei dispensa zelos especiais com os bens de órfãos, ainda arraigados a velhos preceitos, hoje anacrônicos. Os tutores não podem conservar consigo dinheiro dos pupilos, além do necessário para as despesas ordinárias com seu sustento, sua educação e administração de seus bens. O § 1º determina que os objetos de ouro, prata, pedras preciosas e móveis serão avaliados por pessoa idônea e, após autorização judicial, alienados. Seu produto será convertido em títulos, obrigações e letras de responsabilidade direta ou indireta da União e dos Estados, atendendo-se preferentemente à rentabilidade, e recolhidos ao estabelecimento bancário oficial ou aplicado na aquisição de imóveis, conforme determinado pelo juiz. É evidente que o menor deverá ser ouvido sempre que tiver mais de 12 anos, ou mesmo se mais jovem quando possível, e sua opinião deverá ser levada em consideração não somente neste, mas em todos os aspectos da tutoria. A situação é rara e ressalta que mesmo no mais recente Código o conteúdo da tutela é essencialmente patrimonialista.

Nem sempre a venda desses bens será a melhor opção, e nem sempre os títulos públicos oferecem melhores vantagens. A matéria deve ser analisada no caso concreto. O mesmo será feito com dinheiro arrecadado para o menor proveniente de qualquer outra procedência (§ 2º).

Em qualquer caso, os tutores respondem pela demora na aplicação dos valores, pagando juros legais desde o dia em que deveriam ter-lhes dado destino, sem prejuízo da devida aplicação no mercado financeiro (§ 3º). Há que se entender que aos juros se acresce a correção monetária.

Art. 1.754. Os valores que existirem em estabelecimento bancário oficial, na forma do artigo antecedente, não se poderão retirar, senão mediante ordem do juiz, e somente:
I – para as despesas com o sustento e educação do tutelado, ou a administração de seus bens;
II – para se comprarem bens imóveis e títulos, obrigações ou letras, nas condições previstas no § 1º do artigo antecedente;
III – para se empregarem em conformidade com o disposto por quem os houver doado, ou deixado;
IV – para se entregarem aos órfãos, quando emancipados, ou maiores, ou, mortos eles, aos seus herdeiros.

Os valores depositados em estabelecimento oficial não poderão ser retirados senão mediante ordem judicial. O juiz avaliará o caso concreto e os valores necessários, que poderão ser retirados periodicamente, mediante a prestação de contas, para atender a manutenção do tutelado.

Agravo de instrumento. Ação de indenização em fase de cumprimento de sentença. Exequente incapaz. Levantamento da indenização pela curadora. Impossibilidade. Hipóteses autorizadoras arroladas no art. 1.754 do CC. Demonstração da necessidade e comprovação do gasto perante o juízo da interdição. Procedimento de jurisdição voluntária para o qual é incompetente o juízo de origem. Recurso a que se nega provimento (*TJDFT* – Ag 0052268-83.2018.8.16.0000, 11-4-2019, Rel. Clayton de Albuquerque Maranhão).

Agravo de instrumento – Curatela – Bloqueio das contas em nome da interdita – Inconformismo da interdita – Não acolhimento – Nulidade da decisão não caracterizada – Ausência de violação ao contraditório – Artigo 1.754 do Código Civil – Conta conjunta do curador e da interdita – Situação que dificulta a separação dos patrimônios e a fiscalização dos interesses da interdita. Cabível o levantamento referente ao valor da aposentadoria do curador. Despesas da interdita que deverão ser demonstradas para o MM. Juiz a quo, a fim de que este analise o pedido de levantamento. Decisão mantida. Negado provimento ao recurso.(v. 24578) (*TJSP* – AI 2190999-17.2016.8.26.0000, 12-4-2017, Relª Viviani Nicolau).

Seção VI
Da Prestação de Contas

Art. 1.755. Os tutores, embora o contrário tivessem disposto os pais dos tutelados, são obrigados a prestar contas da sua administração.

Como toda pessoa que administra bens alheios, o tutor inafastavelmente deve prestar contas. Desse modo, ainda que desse encargo tenha sido dispensado pelos pais dos tutelados, a obrigação persiste. Ao final de cada ano de administração, deverá submeter o balanço ao juiz para aprovação (art. 1.756). Afora o balanço anual, a cada dois anos prestará contas e bem assim quando, por qualquer motivo, deixar o exercício da tutela e toda vez que o juiz entender conveniente (art. 1.757). A prestação de contas deve ser apresentada sob a forma contábil. Após a prestação, o tutor deverá recolher os saldos em instituição bancária oficial ou adquirir títulos da dívida pública. As despesas com a prestação de contas devem ser pagas pelo pupilo (art. 1.761). Se houver saldo em favor do tutor, este poderá cobrá-lo ao findar a tutela, ou pedir seu abono ao juiz durante seu exercício. Por intermédio da prestação de contas terá o juiz condições de aferir a efetividade do exercício da tutela.

A falta de prestação de contas ou sua desaprovação poderá motivar a destituição do tutor e o ajuizamento de ação indenizatória pelo Ministério Público ou outro interessado. O alcance do tutor, bem como os saldos do tutelado, vencerão juros desde o julgamento definitivo das contas (art. 1.762). Aplica-se, também, a correção monetária.

Quando o tutelado atinge a maioridade, o fato de este aprovar as contas do tutor não produzirá efeitos, antes de aprovadas pelo juiz, subsistindo até então, inteiramente, a responsabilidade do tutor (art. 1.758). Trata-se de cautela extrema e denota mais uma vez o interesse público no exercício da tutela.

No caso de morte, ausência ou interdição do tutor, as contas serão prestadas por seus herdeiros, ou representantes (art. 1.759). Nessas situações, não há mais como pessoalmente o tutor apresentar suas contas. As despesas justificadas que se provarem proveitosas em benefício do pupilo serão levadas a crédito do tutor (art. 1.760). Cabe ao tutor provar que efetuou despesas em proveito do tutelado.

Como se nota, a lei trata do tutor e de sua conduta com extremo rigor, tornando a tutela, além de um múnus, um verdadeiro fardo para os que não contam com a devida estrutura pessoal, mormente em se tratando de patrimônio vasto. Daí por que se justifica a gratificação por seu exercício (art. 1.752).

Bem observa Caio Mário da Silva Pereira (1996, v. 5, p. 260) que

> "a responsabilidade do tutor não se limita, obviamente, ao resultado contábil de sua prestação de contas. Se da sua gestão resultar prejuízo ao tutelado, incumbe-lhe o dever de ressarci-lo, segundo as regras que presidem a composição do princípio da responsabilidade civil: procedimento culposo do tutor, dolo causado, relação de causalidade entre um e outro".

Agravo de Instrumento. Ação de exigir contas. Decisão que julgou procedente a primeira fase e condenou a requerida a prestar as contas. Insurgência da ré. Agravante que é avó-paterna do autor e foi sua guardiã. Prova nos autos de que a guarda de fato do menor foi exercida pelo avô-paterno no período entre jun/2017 a maio/2018. Ré que deve prestar contas sobre os valores levantados relativos a pensão por morte direcionada ao autor. Art. 1.755 do CC e 553 do CPC. Decisão mantida. Recurso desprovido (TJSP – Ag 2130625-30.2019.8.26.0000, 22-10-2019, Rel. Maria de Lourdes Lopez Gil).

Curatela – Arbitramento de honorários profissionais – Preliminares rejeitadas – Advogado contratado para que o curador preste contas – Incidência dos arts. 1.755 e 1.781 do Código Civil – Pagamento que não deve ser arcado pelo incapaz – Revogação da decisão – Recurso provido (TJSP – Acórdão: Agravo de Instrumento nº 0125866-72.2010.8.26.0000, 5-10-2011, Rel. Des. Fortes Barbosa).

Apelação cível – Ação de cobrança – **Despesas voluntárias realizadas no exercício da curatela** – Cobrança – Impossibilidade – Obrigação da ré – Inexistência – Recurso recebido e improvido – Sentença confirmada – Consta dos autos que o autor pretende receber cifra de R$ 43.227,13, sob o pálio de que a promovida e filha de senhora idosa, se recusou a cuidar de sua genitora, tendo sido nomeado curador de referida senhora e dispendido o valor acima em prol da incapaz. Em análise detida dos autos, não vejo como acolher as razões recursais do apelante, vez que a d. Juíza Singular laborou com acerto, proferindo decisão de improcedência do pleito inicial com abalizada fundamentação e dentro dos parâmetros legais atinentes à espécie. É cediço que o direito das obrigações advém do princípio que para se indenizar deve haver imposição legal, um contrato estabelecido entre as partes ou a realização de um ato ilícito. *In casu*, não há incidência de nenhuma das hipóteses dita acima, vez que as supostas despesas indicadas na vestibular foram todas realizadas pelo apelante de forma voluntária, evidenciando que a apelada não tem responsabilidade sobre as mesmas. Ademais, o recorrente colaciona inúmeras notas fiscais e recibos aduzindo que se referem a despesas em prol da falecida, no entanto, é fato notório no processo que a idosa percebia pensão e aposentadoria para prover seu sustento, sendo controverso que referidas despesas reverteram em favor da mãe da promovida. Demais disso, mesmo que a promovida tivesse feito algum tipo de contrato com o autor, caberia a este antes de ajuizar ação de cobrança, realizar prestação de contas do exercício de sua curadoria, para que não restasse dúvida do verdadeiro destino das despesas efetivadas. O artigo 1.755 do CC, diz que é obrigação irrevogável do curador, prestar contas de sua administração. Portanto, não tendo efetivado a devida prestação de contas como determina a Lei Civil Brasileira, não há que falar em dívida contraída com despesas da incapaz. Em que pese às argumentações do recorrente

Art. 1.756

de que seu direito encontra guarida no artigo 1.760 do CC, vejo que suas razões não se mostram convincente, vez que os falados gastos mencionados na inicial, sequer restaram comprovados que foram dispendidos em benefício da idosa, como dispõe o referido artigo, motivo pelo qual a sentença deve permanecer incólume. Recurso recebido e improvido. Sentença mantida (*TJCE* – AC 0001433-06.2008.8.06.0070, 30-10-2012, Rel. Váldsen da Silva Alves Pereira).

Art. 1.756. No fim de cada ano de administração, os tutores submeterão ao juiz o balanço respectivo, que, depois de aprovado, se anexará aos autos do inventário.

Esse balanço anual não se confunde com a prestação de contas referida no artigo seguinte, que deve ser prestada a cada dois anos. Como se nota, dependendo do vulto da tutela, o tutor deve manter registros contábeis e deverá contratar serviços de profissional, à custa do patrimônio do menor. Esse balanço serve de preparo para a prestação de contas.

Interdição. **Remuneração de curador nomeado**. Ausência de pedido de remuneração no início ou curso da curatela. – Pedido formulado um ano e oito meses depois do óbito. Pretensão de ressarcimento das despesas que deve ser deduzida e apreciada nos autos da ação de prestação de contas. Inadequação da via eleita. Indeferimento da inicial. Cabimento. Recurso improvido. "A remuneração correspondente ao exercício da curatela deve ser objeto de pedido e apreciação nos próprios autos da curatela, porque é perante aqueles autos que se apura a necessidade e a possibilidade de remuneração, as circunstâncias do caso concreto e o patrimônio a ser administrado, o que torna manifesta a inadequação da via eleita. Do mesmo modo, a pretensão de remuneração pelo exercício da curatela deve ser concomitante ao seu exercício, porque sua finalidade é custear as despesas decorrentes dessa atribuição" (*TJSP* – Ap. 0012446-02.2012.8.26.0362, 13-2-2013, Rel. Jesus Lofrano).

Art. 1.757. Os tutores prestarão contas de dois em dois anos, e também quando, por qualquer motivo, deixarem o exercício da tutela ou toda vez que o juiz achar conveniente.
Parágrafo único. As contas serão prestadas em juízo, e julgadas depois da audiência dos interessados, recolhendo o tutor imediatamente a estabelecimento bancário oficial os saldos, ou adquirindo bens imóveis, ou títulos, obrigações ou letras, na forma do § 1º do art. 1.753.

Essas contas devem ser apresentadas sob a forma mercantil. Veja o que falamos no art. 1.755. Veja que o parágrafo único é rigoroso, obrigando o tutor a recolher os saldos em aberto, ou a adquirir bens imóveis ou títulos e obrigações na forma do art. 1.753, § 1º.

Processo civil e civil – **Prestação de contas** – Morte da curatelada – Curadora como única herdeira – Confusão patrimonial – Extinção do processo – Em face da finalidade da curatela, a regra legal obriga o curador a prestar contas de sua administração, o que se justifica em razão de o curador estar na posse e gestão dos bens de terceiro. Ressalte-se que, ainda que haja o falecimento do curatelado, remanesce, ao menos em tese, o interesse na prestação de contas. É que o patrimônio administrado pelo curador, pelo princípio da *saisine*, passa a pertencer aos herdeiros do curatelado, o que demonstra a necessidade de proteger o patrimônio contra possíveis abusos praticados pelo curador no exercício de seu mister. Tratando-se que múnus público, na qual o cidadão presta um benefício coletivo, é aconselhável acompanhamento do estado, a fim de evitar que a prestação desse serviço humanitário converta-se em oportunidade de locupletamento do administrador. Embora o mero falecimento do curatelado não ocasione a extinção da demanda de prestação de contas, quando o curador é o único herdeiro do curatelado, configurando-se a confusão patrimonial, não há propósito em se determinar a prestação de contas, haja vista que não há sentido em se condenar alguém a pagar obrigação a si mesmo. Materializada a ausência de uma das condições da ação, o interesse processual, o feito deve ser extinto, com fulcro no inciso x, art. 267 do Código de Processo Civil. Apelo conhecido e provido (*TJDFT* – Proc. 20090111848705 – (579395), 19-4-2012, Relª Desª Ana Maria Duarte Amarante Brito).

Art. 1.758. Finda a tutela pela emancipação ou maioridade, a quitação do menor não produzirá efeito antes de aprovadas as contas pelo juiz, subsistindo inteira, até então, a responsabilidade do tutor.

A simples quitação por parte do pupilo que atinge a maioridade ou se emancipa é ineficaz. A lei exige sempre a aprovação judicial. O ordenamento procura evitar uma aprovação açodada pelo jovem ou movida por temor reverencial.

Art. 1.759. Nos casos de morte, ausência, ou interdição do tutor, as contas serão prestadas por seus herdeiros ou representantes.

A responsabilidade pela prestação de contas na hipótese de impossibilidade por parte do tutor, por morte, ausência ou interdição, caberá aos seus herdeiros ou representantes. Estes ficarão responsáveis por eventual saldo devedor até os limites da herança.

Art. 1.760. Serão levadas a crédito do tutor todas as despesas justificadas e reconhecidamente proveitosas ao menor.

Como se nota, o rastro contábil é imprescindível, sendo ônus permanente do tutor durante o seu exercício. Terá direito a despesas justificadas e reconhecidamente proveitosas para o menor. Várias dúvidas poderão surgir aqui, a serem examinadas no caso concreto pelo juiz e pelo Ministério Público.

Art. 1.761. As despesas com a prestação das contas serão pagas pelo tutelado.

Não somente as despesas com prestações de contas, mas também a contratação de contabilista para elaboração de balanços e lançamentos contábeis, declaração a repartições públicas, inclusive Imposto de Renda, devem ser pagas pelo tutelado. Incumbe ao tutor que justifique a contratação de profissional e a aprove perante o Judiciário a fim de que possa carrear a despesa ao patrimônio do pupilo. Tudo dependerá do vulto dos bens do menor. Como se vê, a maior preocupação do legislador na tutela é com tutelados com patrimônio.

Art. 1.762. O alcance do tutor, bem como o saldo contra o tutelado, são dívidas de valor e vencem juros desde o julgamento definitivo das contas.

A apropriação indevida dos bens do tutelado (alcance) constitui dívida de valor, terminologia esquecida, mas apropriada, no caso em tela. Assim, além dos juros mencionados, os valores devem ser retornados ao patrimônio do pupilo com correção monetária e avaliação para a data do efetivo pagamento, se forem em espécie.

Seção VII
Da Cessação da Tutela

Art. 1.763. Cessa a condição de tutelado:
I – com a maioridade ou a emancipação do menor;
II – ao cair o menor sob o poder familiar, no caso de reconhecimento ou adoção.

Sob o prisma do tutelado, a tutela cessa com sua maioridade ou emancipação, ou retornando ou caindo o menor sob o poder familiar (art. 1.763). São fatos objetivos que extinguem o estado de tutela, pois deixa de existir razão para esse estado. Pelo lado do tutor, cessam suas funções quando expirado o termo em que estava obrigado a servir, sobrevindo escusa legítima ou sendo removido (art. 1.764).

Apelação cível. Alvará judicial. Requerimento feito por tutora. **Cessação da condição de tutelado**. Maioridade civil. Ao teor do que dispõe o art. 1.763, inciso I do Código Civil, cessa a condição de tutelado com a maioridade ou emancipação do menor, podendo o ex-tutelado praticar pessoalmente todos os atos da vida civil. Apelo conhecido e provido. Sentença reformada (*TJGO* – Acórdão: Apelação Cível nº 197656-50.2010.8.09.0175 (201091976562), 2-8-2011, Rel. Sandra Teodoro).

Art. 1.764. Cessam as funções do tutor:
I – ao expirar o termo, em que era obrigado a servir;
II – ao sobrevir escusa legítima;
III – ao ser removido.

A tutela se extingue para o tutor com o decurso de prazo de dois anos para o múnus (art. 1.765). Também cessará o ônus quando surgir uma causa legal, obstando o exercício do encargo ou a denominada escusa legítima (art. 1.736). O inciso III indica que também cessará a tutela nos casos de remoção (art. 1.735). O procedimento de remoção é regulado pelos arts. 761 ss. do CPC. Ainda que cessada a tutela, não se esqueça que a responsabilidade do tutor somente extinguir-se-á até a aprovação de suas contas (art. 1.758).

Art. 1.765. O tutor é obrigado a servir por espaço de dois anos.
Parágrafo único. Pode o tutor continuar no exercício da tutela, além do prazo previsto neste artigo, se o quiser e o juiz julgar conveniente ao menor.

O tutor tem o encargo de exercer a tutoria por dois anos, podendo continuar além desse prazo, se assim desejar e o juiz entender conveniente. O tutor continuará no encargo por outro período de dois anos, em princípio, uma vez que não pode a tutela ter prazo indeterminado, sendo sempre transitória.

O tutor tem direito à cessação da tutela ao fim desse prazo, do qual apresentará a prestação de contas. Pode ocorrer que o juiz não consiga nomear substituto ao final desse prazo. Como o menor não pode ficar sem administrador de seus bens, embora a lei não o diga, nada impede que seja nomeado curador especial ou tutor interino, para a prática de atos urgentes, até que novo tutor seja regularmente nomeado. Aliás, a possibilidade de tutoria interina consta do estatuto processual (art. 762). Pode, também, o magistrado deferir a guarda provisória a quem estiver habilitado para tal.

Observe-se que, cessando as funções de tutor ou curador pelo decurso de prazo em que era obrigado a servir, deve ingressar com pedido de exoneração no prazo de 10 dias seguintes à expiração do prazo; não o fazendo, entender-se-á como reconduzido, salvo se o juiz o dispensar (art. 763 do CPC).

Art. 1.766. Será destituído o tutor, quando negligente, prevaricador ou incurso em incapacidade.

Sempre que o tutor praticar ato contra os interesses da tutela, por culpa ou dolo, ou quando incorrer em incapacidade, deverá ser destituído. Compete ao Ministério Público, ou a qualquer interessado, provocar a remoção (art. 761, *caput* do CPC), aferindo, inclusive, se há prática de crime. Em caso de extrema gravidade, o juiz poderá suspender o tutor do exercício de suas funções, nomeando-lhe interinamente substituto (art. 762 do CPC). Veja os arts. 761 ss. do CPC para o procedimento de remoção e dispensa do tutor. O Estatuto da Criança e do Adolescente cuida da destituição da tutela nos arts. 22, 24, 38 e 164. Veja também as hipóteses de incapacidade de exercer a tutela (art. 1.735), as quais obstam também a continuação do seu exercício.

⚖️ Agravo de instrumento – Ação de remoção de curador – Tutela antecipada – CC, art. 1.766 – Negligência da curadora – Risco de grave e iminente dilapidação do patrimônio do interditado – Não demonstração – Requisitos do art. 300 do CPC/2015 – Ausência. 1. Nos termos do art. 1.766 do CC, o curador deve ser destituído quando negligente, prevaricador ou incurso em incapacidade. 2. Pretensão liminar de imediata remoção de curadora. 3. Impedimento do art. 1.735, inciso II, do CC, e atuação negligente da curadora, em razão da terceirização das respectivas atribuições, não caracterizados. 4. Prestação de contas que, a princípio, se mostra regular. Imprescindibilidade de esclarecimentos a serem, preferencialmente, colhidos sob o crivo do contraditório, havendo a necessidade de mais elementos para se avaliar, com clareza e segurança, se alguma das situações do art. 1.766 veio a se concretizar. 5. Risco de grave e iminente dilapidação do patrimônio do interditado não comprovado. Ausência dos requisitos do art. 300 do CPC/2015. 6. Recurso não provido (*TJMG* – Ag 1.0059.16.001956-4/001, 22-6-2017, Rel. Áurea Brasil).

⚖️ Apelação. Interdição. **Incidente de remoção e substituição de curador**. Ausência de elementos concretos suficientes a justificar a medida extrema de remoção e substituição da apelante do encargo de curadora da interdita. Necessidade de regular instrução do incidente, com realização de estudo psicossocial e análise, pelo magistrado a quo, dos documentos acostados aos autos pela curadora. Após a prolação da sentença necessidade de aferir se a antiga curadora (filha da interdita) ainda reúne condições materiais e psicológicas para garantir apoio moral, material e afetivo à interdita, em atenção ao princípio da dignidade da pessoa humana. Manutenção, por ora, da curadora dativa no cargo, ante o elevado grau de litigiosidade existente entre os irmãos. Sentença anulada. Recurso provido para este fim. (*TJSP* – Ap. 0003133-95.2010.8.26.0100, 13-2-2013, Rel. Egidio Giacoia).

CAPÍTULO II
Da Curatela

Seção I
Dos Interditos

Art. 1.767. Estão sujeitos a curatela:

I – aqueles que, por causa transitória ou permanente, não puderem exprimir sua vontade; (Redação dada pela Lei nº 13.146, de 6-7-2015, Estatuto da Pessoa com Deficiência)
II – (Revogado pela Lei nº 13.146/2015)
III – os ébrios habituais e os viciados em tóxicos; (Redação dada pela Lei nº 13.146/2015)
IV – (Revogado pela Lei nº 13.146/2015)
V – os pródigos.

1. Introdução. Conceito

Ao iniciarmos o estudo da tutela, apontamos a origem comum de ambos os institutos, tutela e curatela, e sua confusão. Ambas as modalidades de proteção a incapazes estiveram praticamente unificadas a partir de Justiniano. Destarte, a curatela também é instituto de interesse público, destinada, em sentido geral, a reger a pessoa ou administrar bens de pessoas maiores, porém incapazes de regerem sua vida por si, em razão de moléstia, prodigalidade ou ausência. Há que se referir também à curatela dos bens dos ainda por nascer, mas já concebidos, os nascituros. O fulcro do instituto, porém, é a proteção aos que não tiverem o necessário discernimento para os atos da vida civil; aos que, por outra causa duradoura, não puderem exprimir sua vontade; aos ébrios habituais e aos viciados em tóxicos; e aos pródigos.

Este dispositivo sofreu a adaptação necessária aos ditames do Estatuto da Pessoa com Deficiência. Afasta-se a denominação de pessoas excepcionais, alienados ou loucos de todo gênero e consectários. O art. 2º dessa lei considera pessoas com deficiência "*aquela que tem impedimento de longo prazo de natureza física, mental, intelectual ou sensorial, o qual, em interação com uma ou mais barreiras, pode obstruir sua participação plena e efetiva na sociedade em igualdade de condições com as demais pessoas*". O grau de deficiência deverá ser avaliado sob o prisma médico e social. A ideia principal é que essas pessoas não sofram discriminação. O §1º desse artigo se reporta à necessidade de avaliação biopsicossocial, quando necessária, por equipe multiprofissional. Caberá ao juiz estabelecer o nível e os limites da deficiência.

A curatela deve sempre *reger-se pelo princípio do melhor interesse do curatelado*.

O Código Civil de 1916 elencava, no art. 446, como estando sujeito à curatela, os loucos de todo gênero; os surdos-mudos, sem educação que os habilitasse a enunciar precisamente sua vontade, e os pródigos. Após a edição desse Código Civil, foram contempladas situações de curatelas especiais, como a dos toxicômanos, que permitiram graduação de limites de atuação do curador. O EPD alarga novamente os conceitos e modifica a compreensão da incapacidade.

A regra geral, como é óbvio, é que todas as pessoas maiores são capazes; as deficiências que geram incapacidades devem ser declaradas pelo ordenamento, decorrendo de procedimento próprio. A capacidade se presume; a deficiência deve ser comprovada. Como notamos, tutela e curatela são institutos muito semelhantes e com fins idênticos, tanto que as disposições da tutela aplicam-se à curatela, com algumas alterações (art. 1.774).

A finalidade da curatela é principalmente conceder proteção às pessoas com deficiência no tocante a seus interesses e garantir a preservação dos negócios realizados por eles com relação a terceiros. Enquanto a tutela é sucedâneo do poder familiar, a curatela constitui um poder assistencial ao incapaz maior, completando-lhe ou substituindo-lhe a vontade. O principal aspecto é o patrimonial, pois o curador protege essencialmente os bens do interdito, auxiliando em sua manutenção e impedindo que sejam dissipados. Nesse sentido, fica realçado o interesse público em não permitir que o incapaz seja levado à miséria, tornando-se mais um ônus para a Administração.

O termo *curador* deriva da raiz latina *curare*, que significa cuidar: quem exerce a curatela cuida dos interesses do incapaz. No direito pátrio, existe uma multiplicidade de encargos reunidos sob a mesma denominação, e sob o termo *curadoria* existem várias funções atribuídas ao Ministério Público e a outros órgãos: curadoria de família, de ausentes, de registros públicos etc. Já nos referimos ao curador especial, nomeado *ad hoc*, em situações de conflito do interesse do menor com seu pai ou tutor. A nós, aqui, interessa unicamente a curadoria das pessoas com deficiência inibitória de atos, de direito privado, mas com interesse público, conforme definido pelo Código Civil. No próprio Código, há referência a outras curatelas, como para a herança jacente (art. 1.819); as instituídas para proteger o vínculo nas ações de nulidade e anulação de casamento no Código de 1916, todas com sentido mais processual do que material.

O Estado incumbiu-se da proteção dos denominados genericamente com deficiência como um dever social, assumindo a curatela, a exemplo da tutela, a natureza de um múnus público. Curatelado ou interdito é a pessoa submetida à curatela, a exemplo do tutelado ou pupilo, submetido à tutela.

A curatela, como a tutela, o serviço militar e eleitoral, o serviço do Júri, é um múnus público, ou seja, um encargo imposto pelo Estado em benefício coletivo. Por isso, tal como na tutela, para a curatela concorrem princípios de direito público e de direito privado. Conforme enunciado no capítulo respectivo do Código, são várias as espécies de curatela, como a curatela do nascituro (art. 1.779). Não há outras pessoas sujeitas à curatela ora em exame: velhice, cegueira, analfabetismo etc. não permitem, por si sós, a interdição. Há necessidade de que ao interdito falte o devido discernimento e o caso concreto pode estabelecer um limite de atuação social válida.

Comparando os regimes de curatela nos ordenamentos civis, existem os que estabelecem um só regime para a curatela, para qualquer tipo de restrição mental, como decorrência da interdição, enquanto outros estabelecem gradações, dependendo do nível da enfermidade. O sistema brasileiro estatui uma única forma de curatela, porém com efeitos distintos, segundo o nível de discernimento do interdito.

Na verdade, existe uma interdição absoluta para os atos da vida civil quando se trata de ausência total de discernimento, podendo a curatela ser parcial e ter gradações nas outras hipóteses, agora de forma muito mais acentuada com o EPD. Nosso ordenamento não distinguiu entre a interdição propriamente dita, de cunho mais amplo, e as inabilitações para certos atos, como fazem certas legislações. A prodigalidade, por exemplo, entre nós estampa mais propriamente uma situação de inabilitação, pois proíbe ao pródigo certos atos, sem a assistência do curador, permitindo-lhe outros, o mesmo podendo ocorrer com os ébrios e os toxicômanos, bem como com os que possuem discernimento reduzido.

Aponta Villaça Azevedo (2003, p. 425) que,

> "*embora a tutela e a curatela sejam institutos de amparo e de proteção ao incapaz, deve ser assinalada uma diferença importante: o tutor pode ser nomeado pelo pai ou pela mãe, que procuram escolher quem será melhor e mais apto para substituí-los; já o curador não pode ser escolhido dessa forma, existindo, na lei, o critério de sua nomeação*".

Essa afirmação com base na doutrina tradicional deve ser entendida *cum granum salis*. Caberá, sem dúvida, ao juiz, atender à última vontade do pai ou da mãe ao nomear um curador, para o filho sabidamente incapaz.

O Decreto nº 24.559/1934, que estabelecera normas de proteção à pessoa e aos bens dos psicopatas, criou, no art. 27, § 2º, a figura do administrador provisório. A ele incumbia receber as pensões, administrar os bens e tomar as providências em favor dos deficientes mentais, enquanto não colocados sob curatela. Os tribunais, com base nesse dispositivo, vinham procurando alargar o conceito, admitindo o administrador provisório para todas as modalidades de curatela. De fato, por vezes, a demora na conclusão do processo de interdição pode prejudicar o deficiente. Aliás, nada obsta que o juiz, como regra geral, dentro de seu poder geral de cautela, tome qualquer decisão para a proteção de direitos. A nomeação de administrador provisório é uma delas. Nada impede, em princípio, que o administrador provisório seja nomeado posteriormente curador.

2. Pessoas que por causa transitória ou permanente não puderem exprimir sua vontade

Essa terminologia foi introduzida pelo Estatuto de Pessoa com Deficiência. Não se faz mais referência à denominação anacrônica *"loucos de todo o gênero"* do Direito de 1916. Este Código, ao tratar do incapaz por enfermidade mental, mais propriamente se referira aos que não possuíssem o devido discernimento. O Estatuto de qualquer forma, na expressão se incluem os alienados mentais, os psicopatas, portadores de anomalias que impedem o discernimento. Em razão de herança congênita ou adquirida, essas pessoas não têm condições de reger parcial ou totalmente sua vida, apesar de terem cronologicamente atingido a maioridade civil. Não é necessário darmos uma definição restrita aos amentais, pois o caso concreto e a perícia médica definirão a incapacidade, agora com os princípios do estatuto específico.

Observemos que o estado curatelar pode ser permanente ou temporário e assim também pode ocorrer com a incapacidade. Cessada a incapacidade mental pela cura, levanta-se a interdição e o curatelado adquire ou readquire a plena capacidade. Há que ser, no entanto, um estado duradouro, que justifique a interdição, não bastando um estado fugaz e passageiro de falta de percepção. Não há necessidade, também, de que o estado de deficiência mental seja contínuo, pois os chamados *"lúcidos intervalos"* não obstam a interdição.

Em princípio, pelos dispositivos do Código, a interdição dos que não possuem o necessário discernimento é total, atingindo todos os atos da vida civil. Sabemos que a deficiência mental apresenta gradações, razão pela qual há outra posição do presente Código. Daí por que o vigente ordenamento considera relativamente incapazes os que apresentam discernimento reduzido ou desenvolvimento mental incompleto. Cabe ao juiz deferir, quando possível, a prática de certos atos ao sujeito, com base na perícia médica, inclusive como forma de integrá-lo à sociedade.

Essa expressão, que consta do inciso I, permite que se decrete a interdição de quem não possa exprimir sua vontade durante período incerto ou ponderável. Aplica-se a toda e qualquer causa que suprima a possibilidade de expressão de vontade plena do agente, ainda que transitoriamente. Assim, os indivíduos em estado de coma, em estado de inconsciência em razão de moléstias ou traumatismos, necessitam da nomeação de um curador enquanto não retomarem à plenitude de suas funções mentais. O prognóstico favorável de que a pessoa recupere a consciência não pode fazer aguardar indefinidamente pela administração de seu patrimônio. Essa é a ideia quanto a tal modalidade de interdição.

3. Ébrios habituais e viciados em tóxicos

Nessa categoria incluem-se as pessoas que podem ser interditadas em razão de alcoolismo e vícios em tóxicos. Como essas pessoas podem ser submetidas a tratamento e voltar à plenitude de suas condutas, os estados mentais descritos são, em princípio, reversíveis. Cabe também ao juiz delimitar o grau de incapacidade, descrevendo os atos da vida civil que podem ser atribuídos a essas pessoas, na forma do Estatuto da pessoa com Deficiência. É claro que as perícias médica, psiquiátrica e psicológica, ou biopsicossocial induzirão a decisão.

O art. 5º, III, do Código de 1916 incluía nas incapacidades absolutas os surdos-mudos que não pudessem exprimir sua vontade. Estarão sujeitos à interdição os surdos-mudos que carecem da devida educação que os habilite a enunciar precisamente sua vontade. Surdo-mudo é quem, incapacitado de ouvir, não consegue emitir sons articulados. A surdo-mudez congênita é indício de grave problema mental. As modernas técnicas da ciência permitem que essas pessoas recebam educação adequada e integrem-se, não sem muito esforço, à sociedade. Enquanto não adquirem o poder de comunicação, devem manter-se interditos. Considerando o nível de incapacidade da surdo-mudez, o juiz assinará também os limites da curatela. Assim, esse incapaz, como os demais aqui nomeados, poderá praticar, se autorizado, determinados atos sem a presença do curador. O juiz poderá dar-lhe inteira capacidade para determinados atos jurídicos. Os limites da curatela, tal como permite a dicção do art. 1.772, aplicam-se também aos surdos-mudos. Dependendo do grau de discernimento, o surdo-mudo, o deficiente mental, o ébrio e o toxicômano podem praticar certos atos.

O art. 26 do Decreto nº 24.559/1934 criara uma distinção até então desconhecida na legislação. Sabemos que o Código de 1916 qualificara o louco como absolutamente incapaz, enquanto esse decreto afirmou que os psicopatas podiam ser declarados, pela perícia, absoluta ou relativamente incapazes para o exercício pessoal dos atos. Dessa forma, ficara autorizado o juiz a estabelecer uma gradação na interdição do doente mental. Situação semelhante foi definida quanto aos toxicômanos (Decreto-lei nº 30, § 5º). Essa orientação foi tomada por este Código.

Cabe ao juiz estabelecer os limites da incapacidade nessas situações; posição que se afina com a ciência psiquiátrica e com outras legislações. Cessando a incapacidade, com o sucesso do tratamento ou da educação, deverá ser levantada a interdição dessas pessoas.

A toxicomania é o vício de uso de tóxicos, tantos são os que desgraçam as famílias e a humanidade: álcool, morfina, cocaína, heroína, maconha, *crack* etc. Tóxico é qualquer substância natural ou sintética que, uma vez introduzida no organismo, pode modificar suas funções. A curatela dos toxicômanos foi introduzida em nosso ordenamento por lei especial, Decreto nº 891, de 25.11.1938. Esse diploma estabeleceu um regime destacado de curatela. Permitiu-se ao juiz definir a modalidade de curatela ao viciado, ao lado da curatela plena, também uma modalidade de curatela parcial, segundo a gravidade da intoxicação. Será limitada a curatela se o paciente estiver em condições de opinar sobre os atos da vida civil; será absoluta quando não puder fazê-lo. Esses enfermos, por essa lei, estavam sujeitos à interdição em estabelecimentos especializados, obrigatória ou facultativa, por tempo determinado ou indeterminado, orientação que ora se mantém. Caberia ao laudo médico orientar a decisão do juiz. Essa modalidade de curatela parcial não estava prevista no Código de 1916. Tal orientação, como aduzimos, foi tomada por este Código.

4. Pródigos

Pródigo é aquele que desordenadamente gasta e destrói seus bens. A origem dessa interdição remonta ao Direito Romano, quando se considerava o patrimônio uma propriedade comum e a dilapidação da fortuna afetava todo o grupo familiar. A interdição era decretada em benefício coletivo. Hoje, também se leva em conta o benefício ao próprio incapaz e não somente a sua família.

A prodigalidade não deixa de ser uma enfermidade mental, usualmente ligada a jogos e a outros vícios. A prodigalidade é, ao mesmo tempo, uma problemática social, jurídica e psiquiátrica. Do ponto de vista jurídico, é muito discutida essa incapacidade. Alguns ordenamentos optam por um sistema de inabilitação, restrição mais branda do que a interdição.

Enunciado nº 637, VIII Jornada de Direito Civil – CJF/STJ: Admite-se a possibilidade de outorga ao curador de poderes de representação para alguns atos da vida civil, inclusive de natureza existencial, a serem especificados na sentença, desde que comprovadamente necessários para proteção do curatelado em sua dignidade.

Apelação. Ação de interdição. Apelada que teve sua interdição decretada em 2006, em virtude de comprometimento mental moderado. Levantamento. Realização de nova perícia e estudos técnicos, evidenciando a plena capacidade civil, da interditada, na atualidade. Conjunto probatório que não deixa dúvidas acerca da sanidade mental da apelada, a qual apresenta completas condições de gerir sua própria vida, inclusive sob o aspecto patrimonial. Ausência de qualquer das situações previstas no art. 1.767 do CC/02, a justificar a manutenção da interdição. Mera fragilidade emocional que não se confunde com a prodigalidade. Sentença mantida. Recurso não provido (TJSP – Ap. 0000852-46.2005.8.26.0132, 24-9-2019, Rel. Rosangela Telles).

Apelação cível. **Ação de levantamento de interdição**. Enfermidade mental. Inteligência dos artigos 1.767, I e 1.768 do CC. Insuficiência de provas da capacidade do interditado. Ônus do autor, artigo 333, inciso I do CPC. Provas testemunhais e exame pericial que comprovam a deficiência mental que compromete o discernimento do interditado para exercer atos da vida civil. Portador de esquizofrenia residual incurável. Acervo probatório que demonstra a necessidade de manutenção da medida. Recurso conhecido e desprovido. Decisão unânime (TJSE – Acórdão: Apelação Cível nº 4504/2011, 22-8-2011, Rel. Des. Ricardo Múcio Santana de Abreu Lima).

Arts. 1.768 a 1.773
(Revogados pela Lei nº 13.105/2015)

Art. 1.774. Aplicam-se à curatela as disposições concernentes à tutela, com as modificações dos artigos seguintes.

O regime da curatela não é autônomo, pois se vale dos princípios da tutela, tendo em vista os evidentes pontos comuns. Assim, esse artigo determina que se apliquem à curatela as disposições concernentes à tutela, com as modificações dos artigos seguintes. Portanto, os curadores devem-se ater aos atos de administração, alguns subordinados a autorização judicial. Idênticas obrigações são exigidas do curador, mormente a prestação de contas. O mesmo sistema de escusas da tutela se aplica. O mesmo que se examinou acerca das garantias da tutela, remoção e dispensa do tutor, também se amolda à curatela. Atente que, conforme o art. 1.783, quando o curador for o cônjuge, casado sob o regime da comunhão universal, não estará obrigado a prestar contas, salvo se houver determinação judicial.

Agravo de Instrumento. Tutela e curatela. Fixação de remuneração à curatela. Insurgência do curador quanto ao valor. Inteligência do art. 1.752 do CC. Devida análise do cenário econômico da curatelada, suas necessidades, bem como dedicação e tempo despendidos pelo curador. Curatelada que possui renda mensal elevada e despesas complexas. *Quantum* que deve ser justo e proporcional ao patrimônio administrado. Majoração possível. Recurso conhecido e provido. 1. "O curador tem direito de receber remuneração pela administração do patrimônio do interdito, à luz do disposto no art. 1.752, caput, do CC-02, aplicável ao instituto da curatela, por força da redação do art. 1.774 do CC-02. [...]. A remuneração do curador deverá ser requerida ao Juiz que a fixará com comedição, para não combalir o patrimônio do interdito, mas ainda assim compensar o esforço e tempo despendidos pelo curador no exercício de seu múnus." (REsp 1205113/SP, Rel. Ministra Nancy Andrighi, Terceira Turma, julgado em 06/09/2011, DJe 14/09/2011) (TJDFT – Ag 0013692-50.2020.8.16.0000, 22-7-2020, Rel. Rogério Etzel).

Interdição – **Curatela do filho acometido de esquizofrenia e usuário de drogas** – Pedido de reforma da decisão que revogou em parte a decisão anterior, que nomeara a mãe curadora provisória e a habilitava a sacar o benefício previdenciário de auxílio doença, mediante prestação de contas a ser apresentada mensalmente. Decisão impugnada que condiciona o levantamento dos benefícios depositados pelo INSS em conta bancária em favor do interditando à prévia expedição de alvarás judiciais. Situação que cria desnecessária burocracia e dificuldades à curadora. Exigência de prestação de contas que se mostra medida suficiente para comprovação do destino dos valores sacados da conta do interditando. Código Civil de 2002, arts. 1.747, inc. II, e 1.774. Recurso provido (TJSC – AI 2011.033682-0, 9-1-2012, Rel. Des. Nelson Schaefer Martins).

Art. 1.775. O cônjuge ou companheiro, não separado judicialmente ou de fato, é, de direito, curador do outro, quando interdito.
§ 1º Na falta do cônjuge ou companheiro, é curador legítimo o pai ou a mãe; na falta destes, o descendente que se demonstrar mais apto.
§ 2º Entre os descendentes, os mais próximos precedem aos mais remotos.
§ 3º Na falta das pessoas mencionadas neste artigo, compete ao juiz a escolha do curador.

A curatela também pode ser legítima, testamentária ou dativa. O cônjuge, ou companheiro, não separado judicialmente ou de fato, é, de direito, curador do outro, quando interdito. Na falta de cônjuge, é curador legítimo o pai ou a mãe; na falta destes, o descendente que se mostrar mais apto. Entre os descendentes, os mais próximos precedem aos mais remotos. Na falta das pessoas mencionadas, compete ao juiz a escolha do curador dativo.

A ordem estabelecida não é inflexível: situações de oportunidade e conveniência farão com que o juiz a altere, nomeando um descendente, por exemplo, se os ascendentes forem excessivamente idosos e não estiverem aptos para o múnus.

Enunciado nº 638, VIII Jornada de Direito Civil – CJF/STJ: A ordem de preferência de nomeação do curador do art. 1.775 do Código Civil deve ser observada quando atender ao melhor interesse do curatelado, considerando suas vontades e preferências, nos termos do art. 755, II, e § 1º, do CPC.

Agravo de instrumento. Ação de interdição e curatela. Laudo pericial. Possibilidade de manipulação da interditanda. Nomeação de curador provisório. Manutenção. Medida protetiva e no interesse da pessoa que se busca preservar. Possibilidade de revisão a qualquer tempo. Concluindo a prova pericial que há uma grande hipótese de a interditanda estar sendo manipulada devido às alterações psiquiátricas comprovadas na perícia, mantém-se a decisão que nomeou curador provisório à requerida. Hipótese em que Existência de anterior decisão decretando a indisponibilidade de todos os bens da requerida, inclusive valores em conta bancária, apurando-se possível tentativa de dilapidação patrimonial, cárcere privado e outros riscos à interditanda. Ofensa inocorrente ao parágrafo único do art. 1.772 do CC, com a redação do art. 114 da Lei nº 13.146/15, considerando-se a possibilidade de conflito de interesses e influência indevida sobre a interditanda. A ordem estabelecida no art. 1.775 do CC é preferencial, porém não é absoluta e, havendo motivos relevantes, a bem da pessoa interditanda, o juiz pode alterá-la. A lei exige a realização de perícia médica e somente terá caráter multidisciplinar caso o juízo entenda necessário. Inteligência do § 1º do art. 753 do CPC. Tratando-se de curatela provisória, poderá ser revista a qualquer tempo, se presentes os requisitos para tanto. Precedentes do TJRS. Agravo de instrumento desprovido (TJRS – Ag 70084143494, 20-4-2020, Rel. Carlos Eduardo Zietlow Duro).

Agravo de instrumento – Curatela – Tutela antecipada concedida para nomeação provisória de preposto da agravada, instituição em que o interditando se encontra internado. Falta de comprovação, por ora, de fatos que desabonem a genitora à nomeação como curadora provisória do interditando. Ordem de nomeação preferencial do art. 1775, § 1º, do Código Civil. Questão de benefício previdenciário recebido ou das dificuldades da entidade agravada que se deve discutir de modo próprio. Decisão revista. Recurso provido. (TJSP – AI 2136834-20.2016.8.26.0000, 23-1-2017, Rel. Claudio Godoy).

Art. 1.775-A. Na nomeação de curador para a pessoa com deficiência, o juiz poderá estabelecer curatela compartilhada a mais de uma pessoa. (artigo acrescentado pela Lei nº 13.146/2015)

A inovação trazida pelo Estatuto da Pessoa com Deficiência é salutar. A curatela é um múnus gravoso e por vezes um fardo difícil para uma só pessoa. O caso concreto dará a resposta para essa possibilidade.

Art. 1.776. (Revogado pela Lei nº 13.146/2015)

Art. 1.777. As pessoas referidas no inciso I do art. 1.767 receberão todo o apoio necessário para ter preservado o direito à convivência familiar e comunitária, sendo evitado o seu recolhimento em estabelecimento que os afaste desse convívio. (redação determinada pela Lei nº 13.146/2015)

A ciência e a psiquiatria contemporâneas buscam a inclusão social de todas as pessoas com deficiência, na forma mais benéfica possível. A internação em estabelecimentos somente deve ser atendida quando não houver qualquer possibilidade de convívio familiar e social, mormente em casos extremos de possibilidade de violência contra a própria pessoa ou terceiros. Esse o sentido do estatuto.

Art. 1.778. A autoridade do curador estende-se à pessoa e aos bens dos filhos do curatelado, observado o art. 5º.

Esse artigo, na mesma senda do estatuto anterior, dispõe que a autoridade do curador estende-se à pessoa e aos bens dos filhos do curatelado, enquanto estes forem menores e incapazes. Cuida-se, na verdade, de uma tutela temporária, nesse caso, até que eles atinjam a maioridade. O dispositivo visa facilitar a administração, pois seria inconveniente a nomeação concomitante de um curador e um tutor nessa hipótese.

Seção II
Da Curatela do Nascituro e do Enfermo ou Portador de Deficiência Física

Art. 1.779. Dar-se-á curador ao nascituro, se o pai falecer estando grávida a mulher, e não tendo o poder familiar.
Parágrafo único. Se a mulher estiver interdita, seu curador será o do nascituro.

Nascituro é o ser humano já concebido, que se encontra no ventre materno por nascer. Sua potencialidade de vida deve ser protegida pelo ordenamento. Duas condições são necessárias para possibilitar a curatela de seus bens: falecimento do pai ou perda do poder familiar se estiver a mulher grávida e não se encontrar esta em condições de exercer o pátrio poder. O interesse prático é pequeno nessa matéria. Os princípios a serem obedecidos são os mesmos da tutela e da curatela, no que couber. Se a mãe estiver interdita, seu curador será também o do nascituro.

A finalidade dessa curadoria é zelar pelos interesses do nascituro e impedir, em favor do feto e de terceiros, a substituição e a supressão do parto. Surge o interesse nessa curadoria quando o nascituro tem herança, legado ou doação a receber. Assim, nascendo com vida, estarão resguardados seus direitos.

Art. 1.780. (Revogado pela Lei nº 13.146/2015)

Este artigo foi revogado pelo Estatuto da Pessoa com Deficiência, tendo sido dada uma nova compreensão sobre o tema no art. 1.783-A.

Seção III
Do Exercício da Curatela

Art. 1.781. As regras a respeito do exercício da tutela aplicam-se ao da curatela, com a restrição do art. 1.772 e as desta Seção.

As regras a respeito do exercício da tutela se aplicam ao da curatela (art. 1.781), salvo o art. 1.772, que se refere à curadoria do pródigo e à hipótese do art. 1.783, aqui mencionada. Assim, aplicam-se as regras referentes à incapacidade para o exercício da curatela; as escusas na aceitação da tutela; as incumbências do tutor etc.

Apelação. Alvará judicial. Requerimento de autorização judicial para doação de imóvel de interditado, com reserva de usufruto e promessa dos donatários (filhos) de arcar com todas as despesas do doador. Inadmissibilidade. Vedação legal à doação de bem do incapaz, ainda que com autorização judicial (art. 1.749, II c.c. art. 1.781 do CC). Além da impossibilidade legal, inexistência de utilidade ao incapaz na realização do negócio. Recurso improvido (*TJSP* – Ap. 1004472-49.2016.8.26.0072, 7-10-2019, Rel. Enéas Costa Garcia).

Agravo de instrumento – **Curatela** – Decisão que indeferiu o pedido de levantamento dos valores depositados em conta judicial em favor da curatelada – Inconformismo – Descabimento – Não cabe o deferimento do pedido de levantamento de valores sem demonstração da necessidade ou interesse da curatelada – Inteligência dos artigos 1741, 1753, 1754 e 1781 do Código Civil – Decisão que atende aos interesses da interditada – Recurso desprovido. (*TJSP* – AI 2179967-15.2016.8.26.0000, 22-3-2017, Relª Cristina Cotrofe).

Art. 1.782. A interdição do pródigo só o privará de, sem curador, emprestar, transigir, dar quitação, alienar, hipotecar, demandar ou ser demandado, e praticar, em geral, os atos que não sejam de mera administração.

O ordenamento brasileiro optou por situar o pródigo entre os relativamente incapazes, tolhendo-o com relação à prática de certos atos e negócios jurídicos.

Como consequência, conforme esse artigo, o pródigo não pode ser tutor por não ter a livre administração de seus bens, mas pode praticar os atos em geral que não se inserem na expressão da lei. As restrições são de cunho exclusivamente patrimonial. Não têm eles restrições de caráter pessoal, podendo assim exercer profissão que não implique prática dos atos restritivos, contrair matrimônio com autorização do curador, votar e ser votado etc. Nem sempre será fácil distinguir a prodigalidade no caso concreto. Aponta com argúcia Arnaldo Rizzardo (1994, v. 1, p. 967):

> "O grande problema é definir as fronteiras entre a desordem mental ou falta de coerência na direção do patrimônio com a conduta desvairada de perdulário por querer a pessoa aproveitar a vida, canalizando sua fortuna ou ganhos em diversões, noitadas em bares, boates, motéis e outras formas de dilapidação do patrimônio, obrigando a família a sofrer necessidades, inclusive alimentares. Há uma diferença entre a demência e a irresponsabilidade. Talvez, o que se verifica mais amiúde é a conduta irresponsável, a total ausência de compromisso, ou despreocupação com a sorte dos membros da família."

A interdição do pródigo visa, em princípio, proteger sua pessoa e sua família porque, se ocorrer sua ruína, o perdulário irá tornar-se um ônus para a família e também para a sociedade. Cabe ao juiz a difícil tarefa de definir e decretar a prodigalidade, mormente nos casos limítrofes entre a normalidade e a excentricidade. São anuláveis os atos praticados pelos pródigos dentro de sua proibição, podendo propor a ação o curador ou quem demonstrar interesse. A interdição perdurará enquanto durarem os sintomas de prodigalidade. No sistema anterior, podia ser levantada a prodigalidade quando não mais existissem os parentes designados no ordenamento (art. 461). Se desaparecesse quem pudesse preocupar-se com os bens do pródigo, desapareceria a restrição. Este Código, denotando preocupação social, não repete o dispositivo, de modo que há de se concluir que a interdição do pródigo vem também em seu próprio benefício e não unicamente no de sua família próxima.

Da mesma forma, como apontamos na parte geral, este Código não repetiu a dicção do art. 460 do estatuto revogado. Por esse dispositivo, o pródigo somente incorreria em interdição se tivesse cônjuge, ascendentes e descendentes legítimos que a promovessem. O interesse era apenas o econômico da família. A eliminação desse artigo afina-se com a nova filosofia social do Código, não mais individualista:

"*o intuito de proteção do pródigo e de sua família deve existir sempre, sem restrições, para que se evite que esse incapaz seja alvo de ataques interesseiros de pessoas menos escrupulosas, que queiram aproveitar-se de seu patrimônio e da sua fraqueza*" (AZEVEDO, 2003, p. 489).

A interdição por prodigalidade diferencia-se, portanto, das demais interdições. A sentença tem apenas eficácia *ex nunc*, isto é, após publicada, sendo válidos os atos praticados pelo agente até então. Protege-se a boa-fé de terceiros que atuaram com o pródigo (Pereira, 2003, p. 466).

Art. 1.783. Quando o curador for o cônjuge e o regime de bens do casamento for de comunhão universal, não será obrigado à prestação de contas, salvo determinação judicial.

O art. 455 do Código de 1916 era mais amplo e dispensava o cônjuge de apresentar balanços anuais e de fazer inventário, se o regime do casamento fosse o da comunhão, ou se os bens do incapaz se achassem descritos em instrumento público, qualquer que fosse o regime do casamento. Lembre que rareiam os casos de casamento sob comunhão universal em nosso país após a lei que introduziu o divórcio, estabelecendo a comunhão de aquestos como regra geral. Ninguém melhor do que o comunheiro para administrar os bens comuns. Assim como na tutela, o juiz pode alterar a ordem legal de nomeação, se entender de conveniência para o interdito. A curatela é uma das modalidades de *capitis deminutio*: modifica o estado da pessoa. De fato, como regra, o capaz passa a incapaz.

Prestação de contas. Sentença que julgou parcialmente boas as contas prestadas pelo curador, reconhecendo crédito em favor do interdito na quantia de R$ 546.765,00. Irresignação do curador. Preliminar: Curador que teve diversas oportunidades para prestar os esclarecimentos requeridos pelo Ministério Público e para juntar documentos, sendo inclusive ouvido em Juízo acerca do exercício da curatela. Ausência de comprovação de que determinadas despesas e pagamentos efetuados em favor de terceiros foram destinados em benefício do interdito. Ministério Público que, na qualidade de fiscal da lei, se manifesta depois das partes, nos termos do art. 179, I, CPC. Violação ao princípio do contraditório e da vedação à decisão surpresa não verificada. Decisão parcial de mérito contra a qual o curador não interpôs agravo de instrumento. Nulidade inexistente. Mérito: Inaplicabilidade por analogia da regra do art. 1.783 do CC. Patrimônio do interdito que não se comunica com o do filho, que somente será herdeiro se o genitor falecer antes dele. Curador que deu início à prestação de contas. Pedido de dispensa da prestação de contas que se mostra contraditório. Curador que está obrigado a prestar contas. Inteligência dos arts. 1.755 e 1.774 do CC. Responsabilidade pelos prejuízos que, por culpa ou dolo, causar ao interdito. Sentença mantida. Recurso desprovido (TJSP – Ap. 0002773-09.2014.8.26.0008, 13-3-2020, Rel. Alexandre Marcondes).

Ação de interdição – Imóvel – Alienação – Prestação de contas – Comunhão universal – Benefício do interditado – 1- Devem ser julgadas boas as contas prestadas pela curadora, cônjuge do interditado, casada há mais de 40 anos sob o regime da comunhão universal de bens, quando o uso do valor auferido da venda de imóvel comum se dá em benefício do interditado e da família. 2- Recurso provido. (*TJDFT* – Proc. 20070110445354 – (790929), 28-5-2014, Rel. Des. Antoninho Lopes).

Agravo de instrumento. **Ação de interdição**. Curador cônjuge casado sob o regime da comunhão universal de bens. Artigo 1.783, do Código Civil. Prestação de contas. Desnecessidade. Conforme disposição do artigo 1.783, do Código Civil, o curador cônjuge do interdito, casado sob o regime da comunhão universal, não deve ser obrigado a prestar contas relativas ao exercício da curatela. Eventual determinação judicial em sentido contrário deve se amparar em fundamentação idônea, referente a suspeita de irregular administração dos bens. Agravo conhecido e provido (*TJGO* – Acórdão: Agravo de Instrumento nº 98089-52.2011.8.09.0000 (201190980894), 21-7-2011, Rel. Des. Alan Sebastião de Sena Conceição).

CAPÍTULO III
Da Tomada de Decisão Apoiada

Art. 1.783-A. A tomada de decisão apoiada é o processo pelo qual a pessoa com deficiência elege pelo menos 2 (duas) pessoas idôneas, com as quais mantenha vínculos e que gozem de sua confiança, para prestar-lhe apoio na tomada de decisão sobre atos da vida civil, fornecendo-lhes os elementos e informações necessários para que possa exercer sua capacidade.

§ 1º Para formular pedido de tomada de decisão apoiada, a pessoa com deficiência e os apoiadores devem apresentar termo em que constem os limites do apoio a ser oferecido e os compromissos dos apoiadores, inclusive o prazo de vigência do acordo e o respeito à vontade, aos direitos e aos interesses da pessoa que devem apoiar.

§ 2º O pedido de tomada de decisão apoiada será requerido pela pessoa a ser apoiada, com indicação expressa das pessoas aptas a prestarem o apoio previsto no *caput* deste artigo.

§ 3º Antes de se pronunciar sobre o pedido de tomada de decisão apoiada, o juiz, assistido por equipe multidisciplinar, após oitiva do Ministério Público, ouvirá pessoalmente o requerente e as pessoas que lhe prestarão apoio.

§ 4º A decisão tomada por pessoa apoiada terá validade e efeitos sobre terceiros, sem restrições, desde que esteja inserida nos limites do apoio acordado.

§ 5º Terceiro com quem a pessoa apoiada mantenha relação negocial pode solicitar que os apoiadores contra-assinem o contrato ou acordo, especificando, por escrito, sua função em relação ao apoiado.

§ 6º Em caso de negócio jurídico que possa trazer risco ou prejuízo relevante, havendo divergência de opiniões entre a pessoa apoiada e um dos apoiadores, deverá o juiz, ouvido o Ministério Público, decidir sobre a questão.

§ 7º Se o apoiador agir com negligência, exercer pressão indevida ou não adimplir as obrigações assumidas, poderá a pessoa apoiada ou qualquer pessoa apresentar denúncia ao Ministério Público ou ao juiz.

§ 8º Se procedente a denúncia, o juiz destituirá o apoiador e nomeará, ouvida a pessoa apoiada e se for de seu interesse, outra pessoa para prestação de apoio.

§ 9º A pessoa apoiada pode, a qualquer tempo, solicitar o término de acordo firmado em processo de tomada de decisão apoiada.

§ 10 O apoiador pode solicitar ao juiz a exclusão de sua participação do processo de tomada de decisão apoiada, sendo seu desligamento condicionado à manifestação do juiz sobre a matéria.

§ 11 Aplicam-se à tomada de decisão apoiada, no que couber, as disposições referentes à prestação de contas na curatela.

Este Código introduzira, no art. 1.780, modalidade de curatela para enfermo ou portador de deficiência, a fim de que o curador cuidasse de todos ou alguns de seus negócios. O próprio enfermo ou deficiente poderia requerer essa curatela. O Estatuto da Pessoa com Deficiência derrogou esse artigo, possibilitando nova modalidade de auxílio, para as pessoas nessa situação, conforme a longa dicção do presente artigo.

Foi criada a figura do apoiador, mentor ou preceptor, como melhor se queira denominar. Esse apoiador exercerá uma modalidade de curatela, numa situação de apoio ao deficiente. Este, por sua vez, para que possa validamente pedir a nomeação do mentor, deve ter discernimento suficiente para fazê-lo. Total falta de discernimento impede que recorra ao instituto, pois somente o deficiente pode fazer pessoalmente o requerimento. O pedido deve ser feito pelo próprio agente.

Destarte, o próprio interessado que necessitar dessa proteção fará o pedido, ninguém mais. Na sua pretensão deverá declinar pessoas aptas a o apoiarem. Apoiadores e apoiado devem especificar em termo os limites dessa atividade: administrar patrimônio, gerir aplicações financeiras, comprar ou vender imóveis etc. Trata-se de um negócio jurídico de cunho contratual, que deve especificar o âmbito de atuação, prazo e demais condições (§1º).

O juiz será necessariamente assistido por equipe multidisciplinar, médicos, psicoterapeutas, psicólogos, psiquiatras, assistentes sociais etc. Nem sempre será simples nesse enorme Brasil contar com esses profissionais. O Ministério Público será também ouvido, assim como pessoalmente o interessado e as pessoas indicadas para mentores (§3º).

Note que como o apoiado deve contar necessariamente com discernimento para indicar os apoiadores, poderá também, a qualquer tempo, solicitar o desligamento deles (§9º). Da mesma forma, o apoiador pode pedir o desligamento do encargo (§10).

Questão sensível diz respeito à remuneração dos apoiadores. O texto nada menciona expressamente. O §11 diz que ao presente instituto aplicam-se, no que couber, as disposições referentes às prestações de conta na curatela. Sob esse prisma a questão deve ser examinada. Como na curatela se aplicam os princípios da tutela, também no que for admissível, recorde-se que o art. 1.752 concede possibilidade de o tutor perceber importância proporcional aos bens administrados, o que pode ser aplicado à tomada de decisão apoiada. Há, contudo, um negócio de índole contratual como dissemos, no acerto desse pacto entre as partes. É de todo conveniente que se deixe bem claro no negócio a questão da remuneração, sob o evidente critério e bom senso do magistrado e Ministério Público. Se houver omissão desse aspecto no negócio, será muito mais complexa a avalição a posteriori. O princípio se aplica se for um ou mais de um apoiador.

Os mentores devem agir com diligência que se assemelha à do curador. Se agirem com negligência, dolo ou se mostrarem inaptos, a pessoa apoiada ou qualquer outra pode apresentar denúncia ao Ministério Público ou ao juiz. Se procedente a denúncia, o juiz destituirá o apoiador e nomeará outro, a critério do apoiado (§ 8º).

Esse instituto poderá surtir efeitos positivos na busca do amparo à pessoa com certa deficiência. Muito caberá às autoridades indicadas fazer com que a efetivação do que foi procurado pelo ordenamento seja ágil e eficiente, não ficando como mais uma letra morta na nossa pletora de leis.

📖 Enunciado nº 639, VIII Jornada de Direito Civil – CJF/STJ: A opção pela tomada de decisão apoiada é de legitimidade exclusiva da pessoa com deficiência. A pessoa que requer o apoio pode manifestar, antecipadamente, sua vontade de que um ou ambos os apoiadores se tornem, em caso de curatela, seus curadores.

📖 Enunciado nº 640, VIII Jornada de Direito Civil – CJF/STJ: A tomada de decisão apoiada não é cabível, se a condição da pessoa exigir aplicação da curatela.

LIVRO V
DO DIREITO DAS SUCESSÕES

TÍTULO I
DA SUCESSÃO EM GERAL

CAPÍTULO I
Disposições Gerais

Art. 1.784. Aberta a sucessão, a herança transmite-se, desde logo, aos herdeiros legítimos e testamentários.

1. Direito das sucessões

Suceder é substituir, tomar o lugar de outrem no campo dos fenômenos jurídicos. Na sucessão, existe uma substituição do titular de um direito. Esse é o conceito amplo de sucessão na esfera jurídica. Quando o conteúdo e o objeto da relação jurídica permanecem os mesmos, mas mudam os titulares da relação jurídica, com uma substituição, diz-se que houve uma transmissão no direito, ou, mais apropriadamente, uma sucessão. Assim, o comprador sucede ao vendedor na titularidade de uma coisa, como também o donatário sucede ao doador, e assim por diante. Sempre que uma pessoa tomar o lugar de outra em uma relação jurídica, há uma sucessão. A etimologia da palavra (*sub cedere*) tem exatamente esse sentido, ou seja, de alguém tomar o lugar de outrem.

No campo jurídico, é usual fazer uma linha divisória entre duas formas de sucessão: a que deriva de um ato entre vivos, um negócio jurídico, como um contrato, por exemplo, e aquela que deriva ou tem como origem a morte, *mortis causa*, quando os direitos e obrigações da pessoa que falece transferem-se aos seus herdeiros e legatários. Quando se menciona, na ciência jurídica, direito das sucessões, está-se tratando de um campo específico do direito privado: a transmissão de bens, direitos e obrigações em razão da morte. Cuida-se do direito hereditário, o qual se distingue do sentido amplo da palavra *sucessão*, a qual se aplica também à transmissão entre vivos.

Note que a herança, ou os direitos hereditários não existem enquanto não falecer seu autor, não podendo ser objeto de contrato. Nesse sentido, o art. 426 deste Código considera nulo o contrato que disponha sobre herança de pessoa viva. A partilha em vida feita pelo titular é permitida, contudo.

Assim como entre vivos, a sucessão por causa da morte pode ocorrer a título singular, em um bem ou conjunto de bens determinados, por meio de legado, ou a título universal, que é a mais usual no direito hereditário, quando se trata de patrimônio hereditário no seu total ou em fração dele. Quando, pela morte, transmite-se uma universalidade, qual seja, a totalidade de um patrimônio, tem-se a herança, pouco importando o número de herdeiros a quem será distribuída. A sucessão a título singular, no direito hereditário, ocorre por via do testamento, na situação pela qual o testador atribui um bem certo e determinado de seu patrimônio a alguém, o legatário.

A noção central que decorre no direito das sucessões é a de propriedade. Somente são transferidos bens e direitos pertencentes a alguém. Por força desse conceito, o tratamento legislativo de cada povo com relação ao direito hereditário depende do tratamento legal conferido à propriedade. Tanto mais amplo será o direito sucessório quanto maior for o âmbito do direito da propriedade no ordenamento. Ao inverso, menor será a atribuição hereditária de patrimônio quanto mais restrito for o direito de propriedade na legislação. Daí por que somente há que se falar em direito hereditário na História a partir do momento em que a sociedade passa a conhecer a propriedade privada. Enquanto a propriedade tiver uma compreensão coletiva, não há propriedade individual e não há direito sucessório. Com a família e a propriedade surge o direito sucessório como fator de continuidade do corpo familiar e religioso. Desse modo, como se observa, é muita íntima a relação do direito sucessório com o direito de família e o direito das coisas, embora não se prescinda nunca dos princípios de todos os compartimentos do direito privado.

2. Sucessões no Direito Romano

O Direito Romano é o compartimento do direito privado que mais sofreu mutações com relação ao direito posterior. Em Roma, como em grande parte das civilizações antigas, o direito sucessório possuía um claro cunho religioso. O sucessor no patrimônio de alguém que falecia era, primordialmente, um continuador do culto familiar. A situação assim se apresentava porque o direito de propriedade estabeleceu-se para a efetivação de um culto hereditário, que não poderia se extinguir pela morte do titular. Deveria sempre existir um continuador da religião familiar. O lar não poderia nunca ficar abandonado e assim, mantida a religião, persistiria a propriedade. Como a morte sem sucessor traria infelicidade, dentro dessa crença, a adoção e o testamento eram muito utilizados para que o culto não restasse sem titular. A sucessão ocorria somente dentro da linha masculina, porque a mulher não continuaria o culto e, com seu casamento, renunciaria ao culto de sua família para assumir o de seu marido. Esse aspecto de proeminência da linha masculina foi uma constante nas civilizações.

No Direito Romano, a sucessão testamentária era a regra, daí a grande importância do ato de última vontade, principalmente para preservar o culto doméstico. A linha hereditária, portanto, surgia na continuidade estabelecida pelo filho varão, biológico ou adotado. A filha, se herdeira, o era sempre em situação provisória, se solteira, em situação assemelhada ao usufruto (Coulanges, 1957, p. 103). Eram criadas várias situações para que a filha casasse e a herança passasse ao seu marido.

Afora o sentido religioso na herança, como destacado, já havia o interesse dos credores do morto, que tinham na pessoa do herdeiro alguém para cobrar seus créditos, uma vez que o patrimônio do herdeiro, à época, unia-se ao patrimônio do falecido. Não havia, como modernamente, a separação de patrimônios, como veremos.

A noção de sucessão universal já era bem nítida no velho direito: o herdeiro recebia o patrimônio na integralidade do falecido, assumindo a posição de proprietário, podendo propor ações na defesa dos bens e ser demandado pelos credores. Ao contrário do direito posterior, a sucessão por testamento não podia conviver com a sucessão por força de lei. O herdeiro indicado no testamento receberia toda a herança. A sucessão por causa de morte ou se deferia integralmente por força de testamento ou inteiramente pela ordem de vocação legal, quando não havia ato de última vontade.

3. Noção de herança. Herança digital

O termo *herança* é exclusivo do direito ora estudado. Daí entender-se *herança* como o conjunto de direitos e obrigações que se transmitem, em razão da morte, a uma pessoa, ou a um conjunto de pessoas, que sobrevivem ao falecido.

A expressão *de cujus* está consagrada para referir-se ao morto, de cuja sucessão se trata, retirada que foi da expressão latina *de cujus sucessione agitur*. O termo *espólio* é reservado para o conjunto de direitos e deveres pertencentes à pessoa falecida. O espólio é visto como uma massa patrimonial transitória que permanece coesa até a atribuição dos quinhões hereditários aos herdeiros. O espólio, o qual incluímos na categoria de entidades com personificação anômala, processualmente é representado pelo inventariante (art. 75, VII, do CPC).

Desse modo, a herança entra no conceito de patrimônio, devendo ser compreendida como o patrimônio do *de cujus*. Conceituamos patrimônio como o *conjunto de direitos reais e obrigacionais ativos e passivos, pertencentes a uma pessoa*. Portanto, herança é o patrimônio da pessoa falecida, ou seja, do *autor da herança*.

O patrimônio transmissível, por conseguinte, contém bens materiais ou imateriais, mas sempre coisas avaliáveis economicamente. Os direitos e deveres meramente pessoais, como a tutela, a curatela, os cargos públicos, extinguem-se com a morte, assim como os direitos personalíssimos.

A compreensão da herança é de uma universalidade. O herdeiro recebe a herança toda ou uma quota-fração dela, sem determinação de bens, o que ocorrerá somente com a partilha. O herdeiro pode ter essa condição por estar colocado na ordem de vocação hereditária (art. 1.829) ou por ter sido aquinhoado com uma fração da herança por testamento. A figura do *legatário* só pode derivar de testamento. O legatário recebe coisa ou coisas determinadas do monte hereditário. Por isso o herdeiro é sucessor universal do *de cujus*; o legatário, sucessor singular.

Observe que, com a morte do sujeito, desaparece o titular do patrimônio. Contudo, por uma necessidade prática, o patrimônio permanece íntegro, sob a denominação de espólio, como mencionado. O patrimônio permanece íntegro, objetivando facilitar a futura divisão ou transmissão integral a um só herdeiro. Destarte, o espólio é uma criação jurídica. Daí referirmo-nos a esse instituto como uma entidade com personalidade anômala.

Durante o período em que a herança tem existência, o patrimônio hereditário possui o caráter de indiviso, como consequência da universalidade que é. Cada herdeiro se conduz como condômino da herança.

Embora a herança seja uma unidade abstrata, ideal, que pode até mesmo prescindir da existência de bens materiais, não se deve acreditar, de plano, que seja indivisível. Quando coexistem vários herdeiros chamados a suceder, divide-se entre eles em partes ideais, fracionárias, de metade, um terço, um quarto etc. Desse modo, a unidade da universalidade coincide com a coexistência de vários herdeiros, porque cada um deles tem direito a uma quota-parte ou porção ideal da universalidade. A ideia é de condomínio, como afirmamos. Desse aspecto decorrem inúmeros direitos, como é evidente. Cada um dos herdeiros é potencialmente proprietário do todo, embora seu direito seja limitado pela fração ideal.

Nesta era informatizada em que vivemos, é oportuno pensar numa herança digital. Há, sem dúvida, bens intangíveis que pertencem ao patrimônio da pessoa. Em trabalho percursor sobre a matéria, anota Gustavo Soares Gomes Pereira:

"É verdade que a dialética de fatores, como os espantosos avanços da tecnologia digital e informacional, aliados à relativa democratização do acesso a dispositivos eletrônicos com conexão à internet,

revolucionou diversos aspectos da vida individual e em sociedade. Dentre eles, o hábito de aquisição e armazenamento de bens digitais, em detrimento dos físicos, e a viabilização de novas formas de auferir renda, como a manutenção de páginas na internet, tais como blogs e até mesmo perfis em redes sociais..." (2020: 3).

Esse aspecto se consignou denominar de *herança digital*. Essas criações possuem, induvidosamente, em muitas situações, conteúdo patrimonial que deve integrar o direito das sucessões. Cuida-se de artigos, opiniões, entrevistas, textos de todos os níveis, aulas, palestras, discursos etc. que se inserem no patrimônio da pessoa falecida.

O legislador já está a enfrentar essa problemática com alguns projetos, porque normalmente se esbarra nos direitos alegados pelos dirigentes de redes sociais, que se recusam a reconhecer o conteúdo sucessório do armazenamento informático que são detentores, recusando a informação de senhas e conteúdos. Há um direito sucessório inarredável nas tarefas virtuais deixadas pelo *de cujus*, que deverão ser atribuídos aos herdeiros da linha sucessória legal ou testamentários, seguindo os princípios das leis civis, inclusive as normas que regulam os direitos autorais e conexos, enquanto não houver lei específica a esse respeito. Caberá aos sucessores definir o destino desses conteúdos.

Os bens digitais com claro valor econômico seguirão, sem maior dificuldade, os princípios gerais do direito sucessórios, com a *saisine* e demais consequências legais.

As dificuldades surgem nos inúmeros bens digitais insuscetíveis de valoração econômica, que atinem aos direitos da personalidade, ou naquelas situações, ainda que patrimonialmente avaliáveis, que implicam violação póstuma dos direitos da personalidade. Nessa última hipótese, o testamento será de grande valia. Na sua ausência, há que se avaliar de forma concreta e objetiva ou tentar perceber o desejo da pessoa falecida, se isso for possível. Não será tarefa simples. Essa matéria exige ampla digressão de cunho monográfico. De qualquer forma, há que se levar em contato o acervo digital da pessoa falecida.

4. Herdeiros legítimos e testamentários

A herança dá-se por lei ou por disposição de última vontade. O testamento traduz esta última ideia. Herdeiro legítimo é quem a lei diz que o é (art. 1.829). Fora dessa relação legal, o herdeiro pode ser nomeado por testamento, recebendo uma fração ou quota-parte que o testador lhe atribuir. Já nos reportamos ao legatário que é aquele que recebe bem certo e determinado por força do testamento. Só haverá legatário se houver testamento.

Quando houver testamento, atende-se a vontade do testador, no que couber, segundo as regras de direito hereditário. Quando não houver testamento ou no que sobejar de suas disposições, segue-se a ordem de vocação hereditária legítima, isto é, aquela estabelecida em lei. No nosso sistema contemporâneo podem, portanto, conviver as duas modalidades de sucessão, o que não ocorria no Direito Romano. A vocação legítima prevalece quando não houver ou não puder ser cumprido o testamento, por qualquer razão.

O art. 1.787 regula de forma tradicional o fenômeno temporal da lei aplicável à sucessão e à legitimação para suceder, determinando que se aplique a lei vigente ao tempo da morte.

Já apontamos a diferença entre herança e legado. A *herança* é uma universalidade. Os herdeiros, não importando seu número, recebem uma fração indivisa do patrimônio, e assim permanecem até que sua quota-parte se materialize na partilha. O *legado* constitui-se de um ou mais de um bem determinado retirado da massa hereditária. O legatário sucede a título singular, similarmente ao que ocorre à sucessão singular entre vivos. Por consequência, somente existe legado e legatário por força de um testamento. Não havendo testamento válido e eficaz, não haverá legado. Nas deixas testamentárias poderão coexistir herdeiros e legatários, conforme a natureza da disposição. O legado consiste em uma coisa definida e muito se assemelha a uma doação, constando apenas, como diferença, de um testamento e não de um contrato.

Nem sempre será fácil, no caso concreto, distinguir herança de legado, pois o testador poderá não ter sido suficientemente claro. Essa distinção tem enormes consequências práticas, como se verá. Como regra geral, o legatário deve pedir ao herdeiro a entrega da coisa legada. Daí por que o texto do artigo em epígrafe estatui que com a abertura da sucessão, a herança transmite-se desde logo aos herdeiros, quer sejam os legítimos, quer sejam testamentários. O legatário não tem essa posse imediata.

O legatário, salvo disposição expressa em contrário do testador, não responde pelo pagamento de dívidas do espólio, atribuição que compete aos herdeiros. Estes respondem pelas dívidas do *de cujus* na proporção de seus respectivos quinhões.

Observe-se, no entanto, que não são todas as legislações que fazem essa distinção, tradicional na técnica brasileira. O Código francês denomina legatário quem quer que venha a ser aquinhoado por testamento, não importando o conteúdo da deixa testamentária, existindo ali, portanto, a figura do legatário a título universal. Em nosso sistema, por outro lado, nada impede que uma mesma pessoa guarde concomitantemente a condição de herdeiro e legatário.

5. Transmissão da herança

Como é fundamental, a sucessão gravita em torno da morte. A morte do autor da herança determina a sucessão. O fato da morte, fato jurígeno, indica o momento em que "*a herança transmite-se, desde logo,* aos herdeiros legítimos e testamentários", como está no artigo em exame. A sucessão hereditária se abre no momento da morte, real ou presumida. Há situações no ordenamento que permitem a configuração da presunção de morte, com todos os efeitos do óbito (art. 7º). Por força da morte ocorre a sucessão. A ideia é no sentido de que o patrimônio não fique, em momento algum, sem um titular. A expressão *"aberta a sucessão"* está presente em ambos os diplomas; especifica o momento em que a sucessão se abre, mas não se refere aos titulares.

O princípio da *saisine*, de origem germânica, medieval, presente no direito costumeiro francês, define que a herança transmite-se imediatamente no momento da morte. Não se trata de instituto de origem romana, que seguia princípios um tanto diversos com relação à adição da herança. A *saisine* representa uma apreensão possessória autorizada. Trata-se de faculdade de entrar na posse de bens, posse essa atribuída a quem ainda não a tinha.

Na herança, o sistema da *saisine* é o direito que os herdeiros têm de entrar na posse dos bens que constituem a herança. A palavra deriva do verbo *saisir* (agarrar, prender, apreender, apoderar-se). A regra era expressa por adágio corrente desde o século XIII: *"Le mort saisit le vif"* (o morto apreende o vivo). Trata-se de um dos mais antigos exemplos de direito consuetudinário.

No entanto, ninguém pode ser herdeiro contra sua vontade. O herdeiro não está obrigado a aceitar a herança, podendo a ela renunciar. Sob essas premissas, há que se harmonizar o sistema da *saisine* com a possibilidade de repúdio à herança.

Dentro dessa problemática, além do sistema de aquisição *ipso iure* pelos herdeiros como o nosso, outros ordenamentos adotam a aceitação da herança somente após a declaração de vontade por parte do herdeiro ou então mediante pronunciamento judicial que imite o herdeiro na posse dos bens sucessórios. Os três sistemas encontram-se representados na tradição romana (COVIELLO, 1937, p. 37). A aquisição de pleno direito ocorria com os herdeiros necessários (*sui et necessarii*). O sistema de aceitação, adição da herança (*aditio*) era aplicado a quem não fosse herdeiro necessário. O sistema do deferimento judicial era relegado aos casos não considerados como pertencentes ao *ius civile*, mas ao direito pretoriano, no qual ocorria a apreensão dos bens (*bonorum possessio*). No direito de Justiniano, desaparece a diferença entre *hereditas* e *bonorum possessio*, e o sistema que em geral é seguido é o da aceitação da herança. O sistema da *saisine* chega até nós por força do Direito francês, que adota o princípio no art. 724 do Código de Napoleão.

A *abertura da sucessão* é, como visto, fixada no momento da morte. Esse momento determina a transmissão abstrata do acervo (PEREIRA, 1984, v. 6, p. 40). Aberta a sucessão, segue-se a *delação*, isto é, o oferecimento da herança. O termo não é muito usado, mesmo porque essa fase é absorvida em nosso sistema pela aceitação. Ocorre a delação, sempre que existir uma possibilidade de se aceitar a herança (adir a herança, *adição*, aceitação). A ordem de vocação hereditária, fixada em lei, e a vontade do autor da herança, estabelecida no testamento, são as que abrem a delação. Assim, delação e vocação hereditária são faces do mesmo fenômeno. A *aditio* é uma declaração que aceita a herança, implicando obrigações e direitos. No sistema brasileiro, a aceitação tem efeito retrooperante, reportando à data da abertura da sucessão.

6. Posse dos bens hereditários

Consequência importante da transmissão imediata da herança, por força do artigo sob exame, é que os herdeiros podem, *incontinenti*, *de per si*, defender a posse dos bens hereditários. Justamente porque a morte estabelece a condição de herdeiro, a hora do óbito ganha importância, dependendo do caso concreto. Por essa razão, existe o princípio da comoriência, estabelecido no art. 8º.

O herdeiro ou herdeiros podem exercer ação de esbulho, de turbação, ou qualquer outra ação possessória. O domínio e a posse da herança transferem-se em condomínio a todos os herdeiros. Se o herdeiro falece antes de promover a medida de defesa, esse direito transmite-se a seus próprios sucessores. Note que a pessoa jurídica pode ser herdeiro por designação em testamento, podendo também promover essas ações. É oportuno recordar, também, que os herdeiros assumem a posse e o domínio dos bens. Nada os impede de reivindicar bens integrantes da massa hereditária, bem como aqueles que, em vida, poderiam ser reivindicados pelo autor da herança. Com o legatário a situação não opera da mesma maneira, pois ele recebe o domínio desde logo, mas a posse somente lhe será deferida na partilha, salvo se houver alguma disposição testamentária em contrário.

Como se trata de um artifício da técnica jurídica, uma ficção, poderá haver delação sucessiva da herança, quando ocorrer renúncia do herdeiro chamado em primeiro lugar e no caso de substituição fideicomissária. Nesse diapasão, deve ser entendida a necessidade de aceitação da herança, presente no ordenamento, a qual, por regra prática geral, ocorre de forma tácita. Para muitos, essa aceitação, perante a apreensão representada pela *saisine*, seria uma superfetação. A regra agora existente no art. 1.804 deverá ser devidamente examinada. Completa a ideia no sentido de que ninguém pode ser herdeiro contra a vontade, sendo possível a renúncia. Desse modo, não se entende a transmissão pela *saisine* como absoluta e definitiva. A aceitação e renúncia da herança serão vistas nos artigos respectivos.

Pelo princípio da *saisine*, na transmissão da posse e propriedade, tudo se transmite tal como estava no patrimônio do falecido. Transmitem-se também as dívidas, pretensões e ações contra ele, uma vez que o patrimônio compreende tanto o ativo como o passivo. Note, como acentuaremos a seguir, que a transmissão do passivo, as dívidas do *de cujus*, sofrem a limitação do art. 1.792, dentro do chamado *benefício de inventário*.

A posse dos bens hereditários, então mencionada pelo art. 1.572 do Código de 1916, é de qualquer natureza: imediata ou mediata, justa ou injusta. Este Código não mais faz referência ao *domínio e à posse*, reportando-se simplesmente à transmissão da herança, em sua totalidade, o que abrange, evidentemente, a posse e a propriedade do acervo hereditário.

⚖️ "Posse – Ação de reintegração – Imóvel residencial urbano – Herança. Pelo princípio da saisine, consagrado pelo art. 1.784 do Código Civil, "Aberta a sucessão, a herança transmite-se desde logo aos herdeiros legítimos e testamentários". O domínio transmite-se automaticamente. A posse fática, porém, só se transmite se era exercida pelo de cujus. Ação improcedente. Recurso não provido". (TJSP – Ap. 1004288-84.2018.8.26.0020, 29-1-2021, Rel. Itamar Gaino)

⚖️ Recurso especial – Processual civil e civil – Ação Reivindicatória – Prova do domínio – Titular Falecido – Ação proposta por herdeiro – Legitimidade Ativa – Direito Hereditário – Forma de aquisição da propriedade – Universalidade – Direito à reivindicação em face de terceiro – Desnecessidade de partilha prévia – Recurso especial provido – 1- A ação reivindicatória, de natureza real e fundada no direito de sequela, é a ação própria à disposição do titular do domínio para requerer a restituição da coisa de quem injustamente a possua ou detenha (CC/1916, art. 524 ; CC/2002, art. 1.228). Portanto, só o proprietário pode reivindicar. 2- O direito hereditário é forma de aquisição da propriedade imóvel (direito de *Saisine*). Aberta a sucessão, o domínio e a posse da herança transmitem-se incontinenti aos herdeiros, podendo qualquer um dos coerdeiros reclamar bem, integrante do acervo hereditário, de terceiro que indevidamente o possua (CC/1916, arts. 530 , IV, 1.572 e 1.580 , parágrafo único; CC/2002, arts. 1.784 e 1.791, parágrafo único). Legitimidade ativa de herdeiro na ação reivindicatória reconhecida. 3- Recurso especial provido (*STJ* – REsp 1.117.018 – (2009/0008121-5), 14-6-2017, Rel. Min. Raul Araújo).

Art. 1.785. A sucessão abre-se no lugar do último domicílio do falecido.

Como a sucessão se abre no lugar do último domicílio do falecido, é nesse local que deve ser ajuizado o inventário. Se o *de cujus* teve mais de um domicílio, competente será o último. A noção e compreensão de domicílio são dadas pelo art. 70 ss. Desse modo, os interessados não podem escolher outro foro, pois se trata de competência absoluta, embora por vezes os julgados baralhem o conceito e concluam pela competência relativa. Cuida-se, nesse aspecto, da competência para o inventário de bens localizados no país, segundo o art. 48 do CPC. O foro do domicílio do autor da herança é o competente, ainda que o óbito tenha ocorrido no estrangeiro. O parágrafo único desse dispositivo processual abre outras possibilidades de competência em casos dúbios: será competente o foro da situação dos bens, se o autor da herança não tinha domicílio certo, havendo bens imóveis em foros diferentes, em qualquer um deles, e não havendo bens imóveis a competência será do foro do local de qualquer dos bens do espólio É de vital importância o foro do inventário, pois para lá acorrem todas as ações em que o espólio figurar como réu, bem como todos os incidentes a respeito do testamento. Diz-se, então, que o juízo do inventário é universal, competindo-lhe decidir as ações relativas (art. 48 do CPC). Todos os bens da pessoa falecida situados no nosso país, ainda que falecida ou domiciliada no exterior, devem ser inventariados no Brasil, assim como partilhados (art. 23 do CPC). Trata-se de lei de processo. No tocante ao direito material, o art. 10 da Lei de Introdução às Normas do Direito Brasileiro manda aplicar a lei do país em que era domiciliado o autor da herança, qualquer que seja a natureza dos bens. No entanto, em que pese poder ser aplicada a lei estrangeira, somente será competente o juiz brasileiro para o processo de inventário e partilha. Aplicar-se-á a lei brasileira quando esta for mais favorável ao cônjuge de falecido estrangeiro, assim como aos filhos do casal (§ 1º do citado art. 10).

Como se nota, a matéria sobre a abertura da sucessão reflete dois aspectos importantes: um de ordem interna e outro de ordem internacional. Na esfera internacional, a lei competente para reger a sucessão de móveis é a lei do local da abertura da sucessão.

Art. 1.786. A sucessão dá-se por lei ou por disposição de última vontade.

Na abertura desses comentários do direito das sucessões já nos reportamos às duas formas de direito hereditário, que podem conviver harmonicamente: de acordo com a ordem de vocação legal ou de acordo com a vontade do testador. Lembre-se de que se o falecido for casado e tiver deixado cônjuge sobrevivente, a sua meação é apurada no inventário. Ademais, se esse cônjuge falecer enquanto em curso o inventário de seu consorte, sua herança poderá ser inventariada e partilhada no mesmo processo (art. 672 do CPC). Ainda, da mesma forma, falecendo algum herdeiro no curso do inventário e não tendo estes outros bens, também sua herança poderá ser processada no mesmo processo. O NCPC fala em processar-se cumulativamente o inventário quando houver dependência de uma das partilhas em relação a outra (art. 672, III).

As formalidades para elaboração de testamento foram substancialmente simplificadas no presente Código. Ao lado desse aspecto, a dificuldade representada atualmente pela sucessão do cônjuge supérstite e do companheiro sobrevivente na união estável faz reacender o interesse pelo testamento, algo que não está incrustado na cultura brasileira.

Havendo herdeiros necessários, descendentes ou ascendentes, ou ainda cônjuge sobrevivo em determinadas condições, a liberdade de testar fica reduzida à metade do patrimônio hereditário, preservando-se a legítima (art. 1.789). A sucessão legítima exclusiva ocorre sempre que não houver testamento: diz sucessão *ab intestato*. A sucessão legítima prevalece sempre que não houver testamento válido e eficaz e no que diz respeito aos bens não contemplados no negócio de última vontade. Nesse sentido técnico, diz que a sucessão legítima é, portanto, residual, embora, na prática, não sejam muitas as sucessões que contenham testamento.

Art. 1.787. Regula a sucessão e a legitimação para suceder a lei vigente ao tempo da abertura daquela.

Essa regra é clássica em matéria temporal quanto à aplicação da lei hereditária. Tudo leva à problemática da irretroatividade das leis. A morte definirá a lei aplicável quanto à sucessão e a legitimação para suceder. Assim, as sucessões hereditárias que se abriram até a data do término da vigência do Código de 1916 serão regidas por ele. Assim, alguém considerado herdeiro por aquele diploma poderá não sê-lo pelo sistema de 2002 e vice-versa. A regra, na verdade, seria dispensável perante o texto constitucional segundo o qual "*a lei não prejudicará o direito adquirido, o ato jurídico perfeito e a coisa julgada*" (art. 5º, XXXVI), no que é completado pela compreensão do art. 6º da Lei de Introdução às Normas do Direito Brasileiro, que estabelece os efeitos da lei que entra em vigor, respeitado o ato jurídico perfeito, o direito adquirido e a coisa julgada.

Sob o mesmo prisma, o testamento elaborado sob o pálio do Código de 1916 e o testamento feito de acordo com este ordenamento possuem requisitos formais diversos e sua obediência deve atender ao momento em que foram ultimados. Porém, a eficácia das disposições testamentárias estará sujeita à lei vigente ao tempo da abertura da sucessão.

Embora este Código não mais se refira à capacidade de suceder, porque termo redundante no dispositivo, a capacidade para suceder e para receber herança, ou legitimação que possui compreensão mais estrita, é aquela verificada no momento da morte, qual seja, o da abertura da sucessão. Desse modo, não há possibilidade de ser aplicada lei mais ou menos favorável, porque os termos da lei são peremptórios. Da mesma forma, não se pode combinar ou mesclar a aplicação de duas leis em matéria de sucessão, sob esse prisma temporal. Essa matéria ganhou especial relevância com a Constituição de 1988, que igualou os direitos de filiação sob todos os aspectos, não mais permitindo restrição aos direitos dos filhos, não importando sua origem.

Em matéria de legitimidade e capacidade para suceder situações complexas devem aflorar enquanto não regulamentados os nascimentos provenientes de fertilização assistida, quando o nascimento se dá após a morte do pai ou da mãe. Se não houver testamento prevendo esses nascimentos, esses seres humanos assim gerados não são considerados herdeiros, pois sucessor hereditário é que estiver vivendo ou já foi concebido ao tempo da morte. O nascituro tem protegidos os direitos sucessórios, na forma do art. 2º deste Código. A problemática mais complexa fica enquanto não se definir se os embriões preservados devem ser considerados modalidade de nascituro, o que também está a exigir uma definição do ordenamento. Na verdade, a ciência não concluiu a respeito e o tema envolve, mais que Direito e Ciência, aspectos religiosos e morais.

Art. 1.788. Morrendo a pessoa sem testamento, transmite a herança aos herdeiros legítimos; o mesmo ocorrerá quanto aos bens que não forem compreendidos no testamento; e subsiste a sucessão legítima se o testamento caducar, ou for julgado nulo.

O presente dispositivo refere-se à sucessão legítima ou *ab intestato*, isto é, sem testamento. Como observado, não havendo testamento ou não contemplando este toda a massa hereditária, a herança, ou o resíduo, será atribuído aos herdeiros estabelecidos na ordem legal. A questão se coloca não apenas quando não há testamento, mas quando este não tiver validade ou eficácia por qualquer razão, como revogação, nulidade, anulabilidade ou caducidade, institutos que serão vistos nos artigos respectivos. São inúmeras as possibilidades de o testamento não poder ser aplicado, a começar pela revogação, pois se trata de ato de última vontade, que sempre pode ser revogado pelo testador.

Art. 1.789. Havendo herdeiros necessários, o testador só poderá dispor da metade da herança.

O testador, ou autor da herança, tendo descendente ou ascendente sucessível, ou cônjuge em determinados casos, não tem plena liberdade de testar (art. 1.846). Como aponta esse citado artigo, "*pertence aos herdeiros necessários, de pleno direito, a metade dos bens da herança, constituindo a legítima*". Nos comentários seguintes teceremos maiores considerações. Os herdeiros necessários são aqueles legítimos que não podem ser afastados da sucessão, tendo garantido o quinhão da metade do patrimônio. A lei, portanto, anuncia a liberdade limitada de testar. Essa restrição visa, antes de tudo, a proteção à família. Desse modo, havendo os chamados herdeiros necessários, legitimários, reservatários ou forçados, somente se poderá dispor de metade da herança. Essa metade é calculada no momento da morte e não quando da feitura do testamento, na forma do art. 1.847.

O cônjuge sobrevivente não era herdeiro necessário pelo sistema de 1916. Para amenizar sua situação, a Lei nº 4.121/1962, Estatuto da Mulher Casada, introduziu o direito hereditário concorrente em usufruto, assim como o direito real de habitação, conforme o regime de bens (parágrafos do art. 1.611, introduzidos por essa lei). Ainda que com disposições mal redigidas e confusas, no atual Código o cônjuge é herdeiro necessário sob certas premissas.

Por outro lado, sempre se questionou se o direito de dispor do patrimônio após a morte deveria ser absoluto, ou se o testador deveria sofrer certas restrições. O testamento é instrumento de amor ou de ódio; de reconhecimento ou de desprezo. Por isso, a maioria das legislações não concede ampla liberdade de testar, isto é, não é possível testar sobre todo o patrimônio quando houve determinadas classes de herdeiros. Quando a lei estabelece uma herança necessária, está se colocando no meio termo. Permite sempre o testamento, mas restringe o alcance de suas disposições quando há descendentes ou ascendentes, ou ainda o cônjuge, como mencionado. A plena liberdade de testar existe quando os herdeiros estão distantes na linha sucessória, como os colaterais, quando o ordenamento presume que os vínculos afetivos são mais tênues. Entendera o Código de 1916 não ser exigível colocar o cônjuge supérstite como herdeiro necessário tendo em vista a meação, a qual asseguraria sua sobrevivência. A inserção do cônjuge como herdeiro necessário é, sem dúvida, uma árdua tarefa legislativa, justamente sob esse aspecto da meação, e o nosso legislador do Código de 2002 não se saiu airosamente na tarefa, como veremos, nos termos do art. 1.829, I. As soluções legislativas acerca dessa problemática têm sido as mais variadas na História e no direito comparado.

No Direito Romano, admitidos originariamente os plenos poderes do *pater familias*, tinha ele plena liberdade de testar. Posteriormente, foram sendo criadas regras que impediam essa ampla liberdade, impondo-se ao testador a expressa deserdação dos herdeiros que desejasse excluir. A princípio não havia regra fixa sobre a quota mínima reservada, o que tornava insegura a aplicação da regra no caso concreto. A jurisprudência acabou por estabelecer em um quarto da herança essa parcela. No direito de Justiniano, já existe salvaguarda da porção hereditária aos descendentes e ascendentes, bem como a irmãos, quando estes últimos eram afastados para inclusão de pessoa torpe. Aumenta-se a porção legítima para um terço se o testador tem até quatro filhos e, para a metade, se tem cinco ou mais (Novelas 18 e 115). A deserdação passa a ser admitida somente com determinação de causa plausível.

Por outro lado, no Direito germânico a evolução foi inversa. Como todo o patrimônio era familiar, com a morte de um dos membros da família, necessariamente, não poderia o patrimônio afastar-se do grupo, sendo então atribuído ao primogênito. Em momento posterior, permitiu-se, contudo, que se pudesse dispor de certa quota.

No Direito das Ordenações, anterior ao Código de 1916, havia também certa limitação à liberdade de testar, não podendo o testador dispor de mais que um terço do patrimônio, reservando-se dois terços aos herdeiros necessários. Contudo, a Lei nº 1.839/1907 já erigira a metade da legítima e a metade disponível, situação mantida no Código de 1916 e este. Portanto, sob o prisma atual, o patrimônio do morto deve ser considerado em duas porções, uma disponível e outra indisponível. Se o testador, com suas disposições, não esgotar toda a sua parte disponível, o remanescente se acresce à legítima dos herdeiros necessários. Essas duas parcelas devem ser vistas sob dois ângulos. A porção que se denomina "legítima" está ligada ao direito do herdeiro. A parcela "disponível" está ligada ao ato do testador, tratando-se daquela metade do patrimônio de que ele pode dispor. É claro que nem sempre poderá haver uma divisão cômoda, mormente quando há bens indivisíveis. O Código preocupa-se com regras para a divisão.

Não há que se confundir meação com herança. A quota disponível e a legítima se referem à herança. Se existe supérstite, há que se excluir o valor da meação quando esta existir, dependendo do regime de bens no casamento. O valor remanescente constitui a herança, sobre a qual verificar-se-á a legítima.

Note, porém, que nem sempre a meação será *metade* do patrimônio em discussão. Evidente que em se tratando de regime de bens em que cada cônjuge trouxe bens particulares, ou que por qualquer razão não se comunicaram, estes não entram no cômputo contábil da meação. Se o testador desejasse afastar o cônjuge, sob a égide da lei de 1916, bastava que dispusesse de seu patrimônio a terceiros, sem contemplá-lo. Por este Código, como regra, somente os colaterais podem ser afastados dessa forma.

A dúvida que não cala é no sentido de saber se o testador pode especificar no testamento quais os bens que se incluirão na legítima. É claro que indiretamente poderá fazê-lo, pois quando individualizar bens em legados os estará extraindo da legítima; mas, quando não for essa a situação, a questão é saber se o testador pode regulamentar toda a legítima, já especificando não somente os bens que ali serão inseridos, mas também quais os herdeiros que receberão estes ou aqueles bens. A doutrina inclina-se majoritariamente para esta última hipótese. Nesse caso, a partilha deve obedecer tanto quanto possível a vontade do testador, com tornas em dinheiro ou acomodação de bens. Os arts. 1.845 ss traçam regras sobre essa matéria, acerca dos herdeiros necessários.

Após a Constituição de 1988, ampliou-se o conceito legal de filiação, não mais se fazendo distinção de sua origem, de modo que também se amplia o âmbito dos herdeiros necessários:

"*Os filhos, havidos ou não da relação do casamento, ou por adoção, terão os mesmos direitos e qualificações, proibidas quaisquer designações discriminatórias relativas à filiação*" (art. 227, § 6º).

Esse texto representa o ápice das conquistas em matéria de direito de filiação e de alcance social, após inúmeros degraus legislativos que foram sendo galgados no século XX em prol da filiação não proveniente do casamento.

A presente matéria deve ser vista também em consonância com o art. 549 do Código, pois o legislador protege a legítima não só especificamente no direito sucessório, mas também no ato entre vivos de doação. Esse artigo considera nula a doação sempre que a liberalidade exceder o montante que o doador poderia dispor naquele momento por testamento. As chamadas doações inoficiosas são as que superam esse limite, consideradas nulas se invadirem a legítima. Entende-se que a lei protege aqui também a família, não só os futuros herdeiros, como a prole eventual. O cômputo da metade disponível na doação é o do momento da celebração do negócio de doação. Há detalhes nessa questão que devem ser vistos nas anotações ao respectivo artigo.

> **Art. 1.790.** A companheira ou o companheiro participará da sucessão do outro, quanto aos bens adquiridos onerosamente na vigência da união estável, nas condições seguintes:
> I – se concorrer com filhos comuns, terá direito a uma quota equivalente à que por lei for atribuída ao filho;
> II – se concorrer com descendentes só do autor da herança, tocar-lhe-á a metade do que couber a cada um daqueles;
> III – se concorrer com outros parentes sucessíveis, terá direito a um terço da herança;
> IV – não havendo parentes sucessíveis, terá direito à totalidade da herança.

1. Situação hereditária dos conviventes antes do Código

Este artigo é, juntamente com o art. 1.829, I, um dos piormente redigidos neste Código. Houve evidente má vontade, além de falta de técnica, do legislador para com os companheiros nesse dispositivo. Superam-se, a esta altura, a conceituação e compreensão de união estável como entidade familiar, companheirismo e do outrora chamado concubinato, cujas noções devem ser mais bem compreendidas dentro do direito de família e não autorizam maior digressão nessa oportunidade.

De forma oportuna e não sem certo atraso, o STF entendeu como inconstitucional esse artigo, não podendo ser estabelecida diferença entre companheiros e cônjuges (Res 646721 e 878694, de 10.05.2017). Os tribunais do país já vinham se batendo por este entendimento. Com essa decisão, há de se ter em mente que nenhuma diferença deve ser feita doravante entre o casamento e a união estável, o que deve ser examinado em cada caso concreto.

Até a promulgação da Constituição de 1988, dúvidas não havia de que o convivente não era herdeiro. A nova Carta reconheceu a união estável do homem e da mulher como entidade a ser protegida (art. 226, § 3º, *"devendo a lei facilitar sua conversão em casamento"*). Contudo, em que pesem opiniões isoladas em contrário, tal proteção não concedeu direitos sucessórios ao companheiro ou companheira sobrevivente. Os tribunais admitiam a divisão do patrimônio obtido pelo esforço comum a título de liquidação de uma sociedade de fato (Súmula 380 do STF). De qualquer modo, essa divisão poderia influir na partilha do patrimônio hereditário quando, por exemplo, tivesse havido o chamado concubinato impuro ou adulterino e o autor da herança falecesse no estado de casado, com eventual separação de fato. Nessa situação, perdurante até a novel legislação, cabia ao juiz separar os bens adquiridos pelo esforço comum daqueles pertencentes à meação ou herança do cônjuge. Toda a matéria era carreada para a prova.

Quando não era factível a atribuição de parte do patrimônio adquirido pelo esforço comum, a jurisprudência concedia indenização à concubina, *a título de serviços domésticos prestados*. Sob essa rotulação há evidente eufemismo, porque se pretendeu dizer muito mais do que a expressão encerra. Nessa hipótese, também ocorria uma diminuição do acervo hereditário, pois uma parte era atribuída ao convivente.

Sempre se fazendo referência à entidade familiar entre o homem e a mulher, esse horizonte de direitos relativos à convivência sem casamento foi totalmente modificado com os dois referidos diplomas legais. No que tange ao direito hereditário, a Lei nº 8.971/1994 inseriu o convivente na ordem de vocação hereditária. Da mesma forma, por via canhestra, essa lei pretendeu atribuir direito a alimentos aos companheiros, no art. 1º, somente fazendo referência à respectiva lei (Lei nº 5.478/1968). O art. 2º desse diploma estabeleceu o direito sucessório a esses conviventes. O art. 3º completava ainda o texto ao estabelecer a meação:

> *"Quando os bens deixados pelo(a) autor(a) da herança resultarem de atividade em que haja colaboração do(a) companheiro(a), terá o sobrevivente direito à metade dos bens."*

Esse diploma restringiu os direitos de alimentos, de herança e de meação aos conviventes com união de mais de cinco anos. Segundo essa lei, a meação não se presumia e deveria ser provada em cada caso. Posteriormente, por força da lei de 1996, o convivente sobrevivente, independentemente do prazo de duração da união estável ou de existência de prole, tornou-se meeiro em relação aos bens adquiridos onerosamente no curso da convivência. Como se nota, o legislador não inseriu o convivente na ordem de vocação hereditária, mas estabeleceu uma modalidade de sucessão isolada, com grandes inconvenientes, situação que foi mantida no Código Civil, o que não era de se esperar. Essa Lei nº 9.278/1996 poderia já ter aclarado a problemática da sucessão dos companheiros, mas ficou passos atrás; mais ainda confundiu, pois se limitou, laconicamente, a atribuir direito real de habitação ao convivente com relação ao imóvel destinado à residência familiar, enquanto não constituísse nova união.

A inclusão do companheiro ou companheira na ordem de vocação hereditária não autoriza, em princípio, que eles concorram com o cônjuge. Contudo, como tudo em Direito e, mormente nessa área, a afirmação não pode ser peremptória. Várias e ricas situações devem ser analisadas no caso concreto. Toda essa matéria exige ampla digressão, como fazemos em nossa obra sobre direito das sucessões, por esta mesma editora (v. VII, Capítulo 7). Assim também se diga aos emergentes direitos das uniões homoafetivas, que hoje abrem amplo espectro de aceitação, fora do texto constitucional..

2. Direitos sucessórios dos companheiros neste Código Civil

Este Código conseguiu ser perfeitamente inadequado ao tratar do direito sucessório dos companheiros. O legislador parece ter agido com descaso sobre tão importante matéria de tão amplo alcance social. A primeira preocupação já surge em saber se as Leis nºs 8.971/1994 e 9.278/1996 foram totalmente revogadas. Ademais, o Código traça em apenas um único artigo o direito sucessório dos companheiros, em local inadequado, dentro das disposições gerais do direito das sucessões. Aqui também afirma que o convivente participa da herança. Ora, que figura seria essa de participante da herança, se não herdeiro. Na verdade, a tendência dos tribunais, com o reconhecimento da inconstitucionalidade do art. 1.790, é de não mais fazer diferença na herança dos conviventes.

O tema introdutório a se enfrentar diz respeito ao conteúdo do direito hereditário. O artigo, que insiste em redundar companheiro, o masculino, e companheira, no feminino, dispõe que ele ou ela, o convivente, enfim, receberá os bens adquiridos onerosamente durante a persistência do estado de fato da união estável, vigência, como afirma a lei. Como segundo tema, há que se recordar que o art. 1.725 deste Código permite que os companheiros regulem suas relações patrimoniais por escrito. Na ausência desse pacto, aplicar-se-á, no que couber, como estampa a lei, o regime da comunhão parcial de bens. Pois vem: havendo contrato na união estável que adote sistema patrimonial diverso, é de se perguntar se esse regime terá repercussão no sistema sucessório. O legislador poderia ter previsto a hipótese, mas perante a omissão, a resposta deverá ser negativa. Não há que se ter o nesse contrato entre companheiros o mesmo valor de um pacto antenupcial, que segue regras estabelecidas de forma e de registro. Desse modo, nos termos do artigo sob comento, o convivente somente poderá ser aquinhoado com patrimônio mais amplo do que aquele definido no texto por meio de testamento. O contrato escrito que define eventual regime patrimonial não poderá nunca substituir o testamento.

Outro ponto que deve chamar a atenção diz respeito ao desfazimento da sociedade de fato com a morte ou o simples rompimento da convivência em vida. Existe entre os companheiros uma meação decorrente dessa sociedade de fato. Nessa situação, tal como no casamento, o convivente sobrevivente terá direito à metade dos bens adquiridos na constância da convivência, além da quota ou porção hereditária, no caso de morte, a qual é definida nos incisos desse artigo. De outra forma, não haveria como se entender a referência quanto à concorrência e estaria rompido o sistema criado jurisprudencialmente que veio desaguar na aplicação analógica do regime de comunhão parcial para os conviventes. Portanto, falecido um dos companheiros, o sobrevivente terá direito, além da meação, também à porção hereditária. Aplicando-se, no que couber, o regime da comunhão parcial, há de se recorrer ao art. 1.660 para definir quais os bens que se comunicam na união estável, embora o art. 1.790 se refira apenas à comunicação dos bens adquiridos onerosamente na vigência da união estável. Abre-se aqui, como se percebe, mais um ponto de discussão tendo em vista a má redação legal. Ademais, é facilmente perceptível que em muitas situações o convivente sobrevivente estará em situação melhor do que o viúvo, mercê, também, da péssima redação do art. 1.829, I.

No sistema implantado pelo presente art. 1.790, na forma do inciso III, o convivente apenas teria direito a um terço da herança, havendo colaterais sucessíveis. O convivente somente terá direito à totalidade da herança se não houver parentes sucessíveis. Isso quer dizer que concorrerá na herança com o vulgarmente denominado tio-avô ou primo-irmão do falecido, o que, diga-se, não é posição moral e sociologicamente defensável.

Por outro lado, a Lei nº 9.278/1996 estabelecera, no parágrafo único do art. 7º, o direito real de habitação quando dissolvida a união estável pela morte de um dos companheiros, direito esse que perduraria enquanto vivesse ou não constituísse o sobrevivente nova união ou casamento, com relação ao imóvel destinado à residência da família. É perfeitamente defensável a manutenção desse direito no sistema deste Código, que se mostra em paralelo a direito idêntico atribuído ao cônjuge (art. 1.831). Não só esse dispositivo persiste vigente na lei antiga, como também, a nosso ver, a conceituação do art. 5º, que diz respeito aos bens móveis e imóveis que passam a pertencer aos conviventes no curso da união estável.

De acordo com a posição mais recente do STF quanto à inconstitucionalidade do art. 1.790 (REs 646.721-RS e 878.694-MG), não mais se faz diferença entre companheiros e cônjuges.

Enunciado nº 266 do CJF/STJ, III Jornada de Direito Civil: Aplica-se o inc. I do art. 1.790 também na hipótese de concorrência do companheiro sobrevivente com outros descendentes comuns, e não apenas na concorrência com filhos comuns.

📚 Enunciado nº 525 do CJF/STJ, V Jornada de Direito Civil: Arts. 1.723, § 1º, 1.790, 1.829 e 1.830: os arts. 1.723, § 1º, 1.790, 1.829 e 1.830 do Código Civil admitem a concorrência sucessória entre cônjuge e companheiro sobreviventes na sucessão legítima, quanto aos bens adquiridos onerosamente na união estável.

📚 Enunciado nº 641, VIII Jornada de Direito Civil – CJF/STJ: A decisão do Supremo Tribunal Federal que declarou a inconstitucionalidade do art. 1.790 do Código Civil não importa equiparação absoluta entre o casamento e a união estável. Estendem-se à união estável apenas as regras aplicáveis ao casamento que tenham por fundamento a solidariedade familiar. Por outro lado, é constitucional a distinção entre os regimes, quando baseada na solenidade do ato jurídico que funda o casamento, ausente na união estável.

⚖ Agravo de instrumento. Direito das sucessões. Inventário. Companheiro. Equiparação ao cônjuge. Artigo 1.790 do CC. Inconstitucionalidade. Recurso extraordinário 878.694-STF. União estável. Comprovação. Pendência. Doação a terceiros. VGBL. Fraude à legítima. Questão de alta indagação. Contraditório. Necessidade. Discussão em ação própria. Recurso conhecido e não provido. 1. Com a declaração da inconstitucionalidade do art. 1.790 do CC, o companheiro foi equiparado ao cônjuge para fins sucessórios (Recurso Extraordinário 878.694/STF), porém a condição de herdeiro necessário somente será reconhecida ante a comprovação da existência da união estável. 2. As questões de alta indagação, como a suposta fraude à legítima, deve ser solucionada em ação própria, com a observância do devido processo legal, do contraditório e da ampla de defesa, não podendo ser discutida no estreito juízo do inventário, consoante determina o artigo 612, do CPC. 3. Recurso conhecido e não provido (*TJPR* – Ag 0058195-93.2019.8.16.0000, 22-7-2020, Rel. Fábio Haick Dalla Vecchia).

⚖ Agravo de instrumento – Ação de inventário – Pleito ajuizado pela irmã do falecido – Suposta companheira que requereu a suspensão do feito – Juízo de origem que deixou de apreciar o pedido de nomeação de inventariante e suspendeu o feito até o julgamento da ação de reconhecimento de união estável. Inconformismo da irmã. Acolhimento parcial. Suspensão do feito – Peculiaridade dos autos que autoriza a suspensão do inventário até que se aguarde a definição quanto à união estável. Tendo em vista a ausência de ascendentes e de descendentes e do início do julgamento por parte do STF do RE 878.694, que trata da validade do artigo 1790 do Código Civil, a definição quanto à união estável é crucial para o deslinde deste feito. Inventariança. Ausência de definição de inventariante. Necessidade de nomeação de inventariante para adequada promoção da administração dos bens do espólio. Decisão reformada. Recurso parcialmente provido."(v.24889). (TJSP – AI 2232656-36.2016.8.26.0000, 27-4-2017, Relª Viviani Nicolau).

CAPÍTULO II
Da Herança e de sua Administração

Art. 1.791. A herança defere-se como um todo unitário, ainda que vários sejam os herdeiros.
Parágrafo único. Até a partilha, o direito dos coerdeiros, quanto à propriedade e posse da herança, será indivisível, e regular-se-á pelas normas relativas ao condomínio.

A herança, como já acenado, compreende-se como uma universalidade, um todo unitário, como menciona o artigo. Trata-se de um patrimônio, ou seja, um conjunto de direitos reais e obrigacionais, ativos e passivos. O titular desse patrimônio do autor da herança, enquanto não ultimada definitivamente a partilha, é o espólio. Classificamos o espólio como uma entidade jurídica com personificação anômala, com representação processual definida em lei (art. 75, VII, do CPC), podendo participar de inúmeros negócios jurídicos no plano material, a exemplo da massa falida, condomínio de unidades autônomas e outros. Com a morte do sujeito, desaparece o titular do patrimônio. Por necessidades práticas, esse patrimônio permanecerá íntegro até a partilha, sob a denominação de espólio. A unidade patrimonial, até a atribuição aos herdeiros e legatários, bem como pagamento de dívidas, permanece como uma unidade teleológica. Isto é, essa integralidade visa facilitar a atribuição aos bens ao sucessor único ou universal, ou aos vários sucessores. O espólio é, portanto, uma criação jurídica.

O patrimônio transmitido, portanto, contém bens materiais ou imateriais, mas sempre avaliáveis economicamente. Os direitos e deveres meramente pessoais, como a tutela, a curatela, os cargos públicos extinguem-se com a morte. Também os títulos nobiliárquicos não são objeto da partilha.

A compreensão da herança, como uma universalidade, induz que o herdeiro receba a herança toda ou uma quota-fração não individualizada de bens. Essa individualização somente ocorre com a partilha. Os herdeiros são, desse modo, tratados como condôminos e, como tal, podem defender toda a herança, ou qualquer bem que a integre, como faria qualquer compossuidor ou coproprietário. A situação da herança está equiparada ao condomínio, mas, como toda equiparação, não há plena identidade de compreensão e extensão do conceito. Várias situações não são idênticas.

O herdeiro poderá ter essa posição por ser chamado dentro da ordem de vocação hereditária (art. 1.829), ou por ter sido aquinhoado em testamento, numa fração ou quota-parte do patrimônio. O legatário, que recebe bem certo e determinado, só existe por força do negócio de última vontade. Daí por que o herdeiro é tido como sucessor universal do autor da herança, enquanto o legatário, sucessor singular.

A universalidade da herança era proclamada expressamente no estatuto de 1916, no art. 57: "*O patrimônio e a herança constituem coisas universais, ou universalidades, e como tais subsistem, embora não constem de objetos materiais.*"

Durante o período em que a herança tem existência como espólio, o patrimônio hereditário possui o caráter de indiviso, como consequência da universalidade. Cada herdeiro se porta, como preferiu dizer expressamente o atual Código.

Embora a herança seja uma unidade abstrata, ideal, que pode até mesmo prescindir da existência de bens materiais, não se deve acreditar, de plano, que seja indivisível. Quando existem vários herdeiros chamados à sucessão, divide-se entre eles em partes ideais, fracionárias, de metade, um terço, um quarto etc. Desse modo, a unidade da universalidade concilia-se com a coexistência de vários herdeiros porque cada um deles tem direito a uma quota-parte ou porção ideal da universalidade. A ideia do Direito moderno sempre foi de condomínio. Disso decorrem as consequências de direito real, como se pode prever. Cada um dos herdeiros é potencialmente proprietário do todo, embora seu direito seja limitado à fração ideal. Por outro lado, quando não há possibilidade de divisão real da coisa, o art. 2.019 orienta para a venda judicial, quando o bem não puder ser entregue a um só herdeiro.

Não há impedimento que os herdeiros alienem bens do espólio, como veremos. Se forem alienados todos os bens do espólio antes da partilha, o preço recebido, até ser dividido, sub-roga-se no lugar da coisa ou coisas vendidas, ocorrendo a sub-rogação real.

Art. 1.792. O herdeiro não responde por encargos superiores às forças da herança; incumbe-lhe, porém, a prova do excesso, salvo se houver inventário que a escuse, demonstrando o valor dos bens herdados.

Cuida-se aqui do modernamente tradicional princípio do recebimento da herança sob *benefício de inventário*. A fixação da responsabilidade pelo pagamento das dívidas do *de cujus* e da massa hereditária sempre foi de alta relevância. O inventário tem por finalidade fazer a descrição, a mais minuciosa possível, do estado do acervo. Trata-se, na realidade, de um rol patrimonial, com descrição mais ou menos complexa, que implicará, por vezes, em apresentação de balanço contábil, dependendo da complexidade dos negócios do autor da herança. No inventário deverá estar descrito o ativo e o passivo da massa.

No Direito Romano, como consequência da aquisição universal da herança, com a aceitação havia uma confusão automática de patrimônios. Confundia-se o patrimônio do herdeiro com o patrimônio da herança. Como decorrência, o herdeiro respondia *ultra vires hereditas*, isto é, além das forças da herança, uma vez que assumia de devedor a título próprio. Assim, a herança poderia trazer prejuízo ao herdeiro.

A ideia de separação de patrimônios foi a que permitiu ao herdeiro não ser contaminado pelas dívidas do falecido, não responder por dívidas que não fossem próprias. Note que, mesmo com a separação de patrimônios, a herança não perde a unidade, apenas que o monte deve bastar-se a si mesmo, isto é, responder pelo passivo da pessoa falecida, por suas obrigações. Há, inclusive, obrigações personalíssimas que se extinguem com a morte. Em razão dessa problemática, em Roma eram importantes o direito de deliberar e a aceitação da herança. Por isso, desde priscas eras, para evitar as inconveniências, admitiu-se a aceitação da herança sob benefício de inventário. Ou seja, aceita-se a herança desde que o inventário beneficie os herdeiros. Assim, no dizer do clássico Itabaiana de Oliveira,

> "*benefício de inventário é um privilégio concedido pela lei ao herdeiro e que consiste em admiti-lo à herança do de cujus, sem obrigá-lo aos encargos além das forças da mesma herança*" (1987, p. 58).

Generalizaram-se evidentemente as aceitações da herança, sob benefício de inventário, mesmo porque patrimônios muito complexos muito dificilmente seriam aceitos, o que traria grande ônus para o Estado. Por outro lado, muitas vezes o herdeiro não tem condições de avaliar de plano a extensão do passivo do monte-mor. O benefício de inventário passou para as legislações modernas com diversas roupagens. No Código argentino, por exemplo, o benefício era visto como medida excepcional, dependendo de requerimento expresso ao juiz, no exíguo prazo de dez dias, segundo o art. 3.363, que foi derrogado, tendo sido implantado o sistema de forma geral.

Nosso direito, anterior ao Código de 1916, era dúbio. Uns entendiam que havia necessidade de declaração expressa pelo herdeiro; outros diziam que, em qualquer caso, não responderiam os herdeiros pelos débitos além das forças da herança. O Código de 1916 adotou o princípio, repetido no presente.

Desse modo, o inventário avulta de importância para o herdeiro. Ali ele terá o seu patrimônio separado do acervo da herança; assim provará ele as forças da herança para os eventuais credores. Na ausência de inventário, ou com inventário lacunoso, terá que se valer de outros meios de prova para evidenciar *o excesso* de que fala a lei, isto é, débito além das forças da herança. Portanto, a separação de patrimônios, do *de cujus* e dos herdeiros permitirá o benefício. Como consequência, o herdeiro poderá pagar os credores com meios próprios e ficar com os bens da herança. Pode o herdeiro cobrar da herança os créditos que tinha para com o falecido, assim como a herança responde por suas próprias despesas, como as do funeral. Note, contudo, que o imposto de transmissão por causa de morte é obrigação pessoal do herdeiro ou do legatário.

O texto se refere ao herdeiro, mas se aplica também ao legatário, embora possa o testador dispor diferentemente, impondo obrigações ao legatário, o qual, da mesma forma, não está obrigado a aceitar o legado.

O art. 23 da Lei do Divórcio introduziu instituto que aparentemente contraditava o benefício de inventário, ao mencionar a transmissibilidade da obrigação de prestar alimentos. Na verdade, o inventário deve bastar-se para os alimentos que o morto prestava em vida, não podendo o patrimônio dos herdeiros ser atingido. O art. 1.700 repetiu disposição no mesmo sentido, a qual, da mesma forma, não permite outra interpretação. Sob esse prisma, enquanto houver herança, haverá possibilidade desta pagar alimentos. Se os bens da herança desaparecerem sem culpa dos herdeiros, não há mais como se atender ao princípio.

O art. 796 do atual CPC reforça a ideia do presente artigo ao estatuir que "*o espólio responde pelas dívidas do falecido, mas, feita a partilha, cada herdeiro responde por elas dentro das forças da herança e na proporção da parte que lhe coube*".

Ação monitória, em fase de cumprimento de sentença. Inclusão dos herdeiros do devedor no polo passivo do cumprimento de sentença, observados os limites da herança, conforme previsto no **artigo 1.792 do Código Civil**. Admissibilidade. Ausência de comprovação de abertura de inventário. Recurso desprovido (*TJSP* – Agravo de Instrumento 2156162-91.2020.8.26.0000, 2-9-2020, Rel. Pedro Kodama).

Agravo de instrumento – execução por quantia certa – constrição de bens herdados – limite imposto pela herança – art. 1.792 do CC – Herdeiros que respondem pelas dívidas na proporção do patrimônio transferido depois de finalizada a partilha. Art. 1.997 do CC . Constrição de bens da agravante dentro dos limites do quinhão herdado. Penhora de dinheiro que deve prevalecer no caso (art. 655, inciso I, do CPC/73 e art. 835, inciso I, do CPC/15). Princípio da menor onerosidade ao executado (art. 620 do CPC/73 e 805 do CPC/15). Princípio que deve ser observado a partir da finalidade da execução que é a satisfação do credor (art. 612 do CPC/73 e 797 do CPC/15). Prevalência da efetividade da execução. A agravada que persegue seu crédito desde outubro de 2011, com sucesso parcial somente neste momento, com a autorização do levantamento de dinheiro bloqueado em 2015. Inocorrência de litisconsórcio necessário entre os três herdeiros. Concluída a partilha de bens, cada herdeiro responde pela dívida dentro das forças da herança e na proporção cabida. art. 796 do CPC/15 – agravante que responde por um terço da dívida – Levantamento do dinheiro bloqueado até o limite da responsabilidade patrimonial da agravante. Execução que deve prosseguir em face do coexecutado Fernando. Decisão reformada. Recurso provido em parte. (*TJSP* – AI 2160131-56.2016.8.26.0000, 24-1-2017, Rel. Hamid Bdine)

Art. 1.793. O direito à sucessão aberta, bem como o quinhão de que disponha o coerdeiro, pode ser objeto de cessão por escritura pública.
§ 1º Os direitos, conferidos ao herdeiro em consequência de substituição ou de direito de acrescer, presumem-se não abrangidos pela cessão feita anteriormente.
§ 2º É ineficaz a cessão, pelo coerdeiro, de seu direito hereditário sobre qualquer bem da herança considerado singularmente.
§ 3º Ineficaz é a disposição, sem prévia autorização do juiz da sucessão, por qualquer herdeiro, de bem componente do acervo hereditário, pendente a indivisibilidade.

Uma vez aberta a sucessão, pelo evento da morte, surge a figura do herdeiro. Por força da *saisine*, o herdeiro já é titular dos direitos hereditários, da universalidade da herança, de uma fração do patrimônio que lhe foi transmitido pelo de *cujus*, ou de todo o patrimônio, se for herdeiro único.

Como titular do patrimônio poderá aliená-lo, como qualquer bem que estiver no comércio, sem a marca da inalienabilidade. Não há necessidade, em princípio, nem mesmo que o inventário tenha sido aberto. Aliás, a alienação da herança ou parte dela antes da abertura de inventário induz, inevitavelmente, sua aceitação.

Desse modo, o herdeiro legítimo ou testamentário pode ceder, gratuita ou onerosamente, seus direitos hereditários, transferindo-os a outrem, herdeiro, legatário ou pessoa estranha à herança. Trata-se da denominada *cessão da herança* ou *cessão de direitos hereditários*. Esta última expressão é mais usual na prática judiciária.

O legislador de 1916 não traçou normas específicas sobre esse negócio. O art. 1.078 desse Código determinava que fossem aplicadas a outras cessões as disposições da cessão de crédito. O presente Código Civil trouxe, acertadamente, regras específicas sobre a cessão de direitos hereditários nos arts. 1.793 a 1.795.

Tal como a cessão de crédito, a cessão de direitos hereditários tem evidente cunho contratual. Como a herança é considerada bem imóvel (art. 80, II), o negócio requer escritura pública, como expressamente anota o artigo sob comentário, afastando as dúvidas e usos mal orientados do passado. Desse modo, perante os termos do texto, parece que não deve ser mais admitida a cessão por termo nos autos, embora este tenha, como regra, a mesma solenidade e segurança da escritura pública. Simples promessa de cessão pode ser ultimada por instrumento particular ou termo. Se escrito particular, este é anexado aos autos de inventário, possibilitando a cessão definitiva quando da partilha. Pode ser um negócio gratuito ou oneroso: se gratuito, a cessão assemelha-se à doação; se oneroso, a uma compra e venda. Dependendo de sua natureza, esses negócios de cessão deverão ser interpretados segundo esses contratos.

A matéria do artigo em epígrafe é toda ela resultado de um caldeamento da jurisprudência e da doutrina do século passado. A partir deste Código, serão mais seguros os passos a serem tomados no âmbito da cessão da herança ou, mais utilmente, a alienação de bem determinado do acervo. Note que o presente artigo refere-se tanto à cessão do direito à sucessão aberta como do direito de cessão do quinhão hereditário do herdeiro, situações que não se confundem. Outra situação para a qual se chama a atenção de plano é a do § 3º, que espanca dúvida do passado, permitindo que, mediante autorização judicial, possa ser alienado, de forma definitiva, bem determinado do monte-mor, enquanto pendente a indivisibilidade. Como regra geral, contudo, o § 2º estatui que é ineficaz a cessão de bem da herança considerado singularmente. A redação desses dois parágrafos do art. 1.793 deveria pertencer a um único dispositivo, pois a matéria trata do mesmo assunto.

O objeto da cessão da herança é a universalidade que foi transferida ao herdeiro. Destarte, não podia o herdeiro individualizar bens dentro dessa totalidade. Se ocorresse essa individualização (e isso sucede ordinariamente na prática), não poderia o herdeiro, nesse negócio, garantir que esse determinado bem fosse atribuído na partilha ao cessionário, a não ser que todos os herdeiros e interessados concordassem, mas nem por isso se desvirtuaria o caráter da cessão, para a venda de um bem certo. Nesse caso haveria uma promessa de venda. O corrente Código afasta dúvidas, ao estabelecer a possibilidade no § 3º deste artigo. Se, contudo, for efetuada a venda de bem certo e determinado da herança, sem prévia autorização judicial e antes de terminada a indivisibilidade com a partilha, essa disposição, segundo a dicção legal, será ineficaz. Essa ineficácia, na realidade, é com relação à herança, mas poderá ter a função de promessa de venda e ser assim considerada entre as partes, como se reconhecia no passado.

O cessionário da herança adquire por ato entre vivos. No entanto, como na regra geral está adquirindo uma universalidade, não podemos dizer que está adquirindo a título singular, salvo se a transmissão é de um bem singular, com autorização judicial (§ 3º). Trata-se de uma aquisição a título universal, porque o cessionário recebe quota-parte do patrimônio, embora exista quem entenda o contrário. Interessante notar que a doutrina pouco se preocupou no passado com esse instituto, tão utilizado na prática. Se o herdeiro adquire uma universalidade, seu cessionário o sucede também na universalidade. Tanto é assim que a escritura de cessão de direitos hereditários não pode ser objeto de matrícula no registro imobiliário, por lhe faltar um dos requisitos essenciais, ou seja, a especialidade objetiva (VIANA, 1987, p. 27).

A situação é diversa, porém, quando existe a alienação de bem certo e determinado, mediante autorização expressa do juiz do inventário, na forma da lei. Anote-se que, pelo princípio da continuidade, deve ser observado o registro anterior.

O herdeiro que cede herança ou parte dela necessita de outorga conjugal, exceto quando o regime do casamento for o da separação absoluta (art. 1.647, I).

Na cessão de crédito, o cedente é responsável pela existência do crédito ao tempo da cessão, se esta se operou a título oneroso (art. 295). Na cessão de herança, enquanto universalidade, por consequência, o herdeiro deve assegurar sua condição de herdeiro, uma vez que a condição primordial para esse negócio é a existência de sucessão aberta. Nada existindo na avença, não havendo ressalvas de direitos, o herdeiro não se responsabiliza pelo bom ou mau, maior ou menor conteúdo da herança. O negócio, mormente antes do inventário, é aleatório e não responde o herdeiro pela evicção. No entanto, em regra, no caso concreto, o cedente garante determinado bem ou bens ao cessionário. Se o cessionário não vier a receber o prometido, sendo impossível a execução específica, a questão resolve-se em perdas e danos entre cedente e cessionário.

Adquirir a herança, porém, não importa transmitir a qualidade de herdeiro, pois essa não se transfere. Trata-se de negócio de conteúdo exclusivamente patrimonial. O cessionário assume posição *equiparável* ao herdeiro. O que se equipara não tem a mesma qualidade do equiparado. O cessionário fica, então, dentro das forças do quinhão hereditário, responsável pelas dívidas que caberiam ao cedente, salvo se foi feita ressalva a esse respeito.

Só pode existir cessão de herança antes da partilha. Após esta, a alienação será de bens do herdeiro. O cessionário participa do processo de inventário, pois se sub-roga na posição do cedente.

A cessão não pode prejudicar os credores do espólio, permitindo-se a estes que acionem o cedente, ainda que o cessionário assuma dívida, já que os credores são estranhos ao negócio do qual não participaram. É evidente que a figura do devedor não pode ser substituída sem a anuência do credor. Na mesma ideia, presentes os pressupostos, a cessão de bens da herança pode tipificar fraude contra credores, permitindo que o cedente e o cessionário sejam acionados em ação pauliana.

Juntando-se ao processo de inventário o título de cessão de direitos hereditários, pode o cessionário intervir no feito em que, com isso, se impeça qualquer interessado de impugná-la, quer para exercer o direito de preempção ou preferência, quer por outro motivo legítimo. Se a questão não puder ser dirimida de plano pelo juiz da sucessão, as partes deverão recorrer às vias ordinárias, ficando reservada a quota da herança *sub judice*.

A cessão da herança, como qualquer outro negócio jurídico, fica sujeita aos vícios de nulidade e anulabilidade. Sendo ato translativo de direitos, exige plena capacidade do cedente, com legitimação para alienar.

Art. 1.794

Antes da morte, qualquer cessão é nula ou inexistente, por falta de objeto. Nossa lei proíbe contratar sobre herança de pessoa viva (art. 426).

Lembre-se, ainda, como regra geral de todas as modalidades de cessões de direitos, de que a partir da cessão, independentemente do conhecimento de terceiros, como já existe um valor que integra o patrimônio do cessionário, este pode tomar qualquer iniciativa de medida conservatória de seu direito. Pode, portanto, usar das mesmas ações possessórias e reivindicatórias que intitulavam o herdeiro cedente.

Por fim, há que se mencionar o § 1º do art. 1.793, que expõe que os direitos conferidos ao herdeiro em decorrência de substituição ou direito de acrescer presumem-se não atingidos pela cessão feita anteriormente. A observação é apropriada e lógica, pois quando da cessão não se sabe do acrescimento ou da substituição, não há que seus objetos serem absorvidos pelo negócio. Trata-se de aplicação do princípio pelo qual ninguém pode transferir mais direitos do que tem. Assim, antes de efetivada a substituição, ou o direito de acrescer que faz o herdeiro subentrar em posição mais ampla de titular, a cessão não abrange esse acréscimo ou o bem substituído. Ou, em síntese: a cessão de direitos hereditários interpreta-se restritivamente. O direito de acrescer ocorre quando existem vários herdeiros ou legatários nomeados pelo testador; a falta de um deles acarretará o acréscimo do seu quinhão em benefício dos demais (arts. 1.941 ss). A substituição, por outro lado, ocorre no direito hereditário de forma automática ou voluntária. Na sucessão legítima, será sempre automática, pois na falta de um herdeiro são chamados os outros da mesma classe, se houver, ou de classe subsequente. No testamento, o disponente poderá prever a substituição de herdeiros que não possam ou não queiram receber a herança. Outra forma de substituição é a fideicomissária. A matéria será vista adiante (arts. 1.947 ss). O texto agora expresso nesse § 1º veio em boa hora, para espancar inúmeras dúvidas perante a omissão do Código anterior, embora, pela lógica, a solução não poderia ser outra.

⚖ Agravos de instrumento (AI 70081292955 e ai 70082014283). Invalidade da notificação extrajudicial direcionada a coerdeira/inventariante. Nulidade da cessão de direitos hereditários exercida entre herdeiras cessionárias e terceiro estranho. Violação ao artigo 1.793, do CC. Inexistência das hipóteses de perda de direitos. Caso em que a escritura pública de direitos hereditários realizada entre as herdeiras cessionárias e terceiro estranho, está em desacordo aos ditames legais, sendo imperiosa sua anulação. Não há falar em perda dos direitos das herdeiras, como pretendido pela inventariante, pois a perda de direitos hereditários somente ocorre por deserção e a indignidade, o que não é o caso dos autos. Agravo de instrumento n. 70081292955, desprovido. Agravo de instrumento n. 70082014283, provido em parte (*TJRS* – Ag 70081292955, 26-9-2019, Rel. José Antônio Daltoe Cezar).

⚖ Apelação cível – Ação ordinária – Pretendida anulação de renúncia à herança e de partilha homologada nos autos de arrolamento de bens – Sentença que extinguiu o processo, com resolução do mérito, nos termos do artigo 269, inciso IV, do Código de Processo Civil de 1973, ante o reconhecimento de decadência – Recurso de apelação interposto pela autora – Homologação de partilha realizada a partir de renúncia a direitos hereditários que não teria observado a forma prescrita em lei – Nulidade de natureza absoluta, não sujeita a decadência ou prescrição – Decadência que deve ser afastada – Renúncia a direitos hereditários que configura doação e somente pode ser realizada mediante escritura pública (Código Civil, artigo 1.793) ou termo nos autos do processo de inventário, desde que recolhido o ITCMD devido a título de doação – Precedentes – Hipótese em que a renúncia da autora à cota-parte da herança deixada pelo *de cujus* foi comunicada mediante simples petição nos autos do arrolamento de bens, subscrita por advogado que sequer tinha poderes para representá-la – Suposta doação de direitos hereditários que, além de não corresponder à vontade das partes, não observou a forma prescrita em lei – Reconhecimento da nulidade que era de rigor, tanto em relação à renúncia a direitos hereditários quanto em relação à partilha homologada nos autos do arrolamento de bens – Recurso provido para afastar a decadência e, desde logo, julgar procedente a ação. Dá-se provimento ao recurso de apelação para afastar a decadência e, desde logo, julgar procedente a ação. (*TJSP* – Ap. 1009073-46.2014.8.26.0597, 11-8-2017, Relª Christine Santin).

⚖ Agravo interno no agravo em recurso especial – Ação Anulatória – **Cessão de direitos hereditários** – Nulidade do negócio por ausência de autorização judicial – Ausência de prequestionamento – Incidência das súmulas 282 e 356 do STF – Impossibilidade de o pai dispor dos bens pertencentes aos filhos menores – carência de interesse – razões recursais insuficientes – agravo desprovido – 1- Quanto à tese de nulidade do negócio jurídico por inexistência de autorização judicial, afronta do disposto nos arts. 1.791 e 1.793, §§ 2º e 3º, do Código Civil, incidem, na espécie, as Súmulas 282 e 356 do Supremo Tribunal Federal, ante a ausência de prequestionamento. 2- Com relação ao argumento de impossibilidade de o pai dispor de bens pertencentes aos filhos incapazes, observa-se a carência de interesse, visto que a decisão recorrida resguardou os direitos hereditários das filhas incapazes. 3- Razões recursais insuficientes para a revisão do julgado. 4- Agravo interno desprovido. (*STJ* – AGInt-AG-REsp 805.419 – (2015/0272450-0), 18-5-2017, Rel. Min. Marco Aurélio Bellizze).

Art. 1.794. O coerdeiro não poderá ceder a sua quota hereditária a pessoa estranha à sucessão, se outro coerdeiro a quiser, tanto por tanto.

A herança é indivisa e os herdeiros portam-se como condôminos da universalidade, dos bens que a compõem. Por essa razão, dentro dos princípios do condomínio, não pode o coerdeiro vender sua parte a terceiros estranhos à herança, sem dar preferência aos demais herdeiros, por força do art. 504, cuja ideia o presente Código houve por bem deixar expressa aqui. Toda matéria relativa ao condomínio deve, então, ser rememorada, não devendo a digressão ser maior neste comentário. Essa prelação persiste enquanto não houver partilha. Questões podem surgir na troca, por exemplo, quando nem sempre será possível o direito de preferência. O texto legal se refere ao herdeiro, pois o legatário, recebendo coisa certa e determinada, está fora da noção de condomínio.

Desse modo, é de conveniência que o herdeiro que pretenda ceder sua quota obtenha a autorização por escrito dos demais e, quando não for possível, que lhe dê ciência da alienação que vai realizar. A expressão *tanto por tanto* significa não só o mesmo preço, como as mesmas condições; cujas informações devem ser dadas integralmente aos demais herdeiros, sob pena de eles tornarem o negócio ineficaz, depositando o prazo.

O sentido do texto induz que esse direito de preferência se refere apenas à cessão onerosa. Como Aduz Giselda Hironaka (2003, p. 78),

"*entendimento diverso jogará por terra, ademais, outro dispositivo legal a ser nesta obra estudado. Trata-se, adiante-se, do § 2º do art. 1.805, que estabelece tratar de renúncia a cessão gratuita, pura e simples, aos demais coerdeiros*".

Ademais, se o texto se referisse também à cessão gratuita, não teria sentido a expressão tanto por tanto. Porém, a nosso ver, dentro dos princípios do condomínio, se, na prática, se tratar de inserir estranho em bem indivisível da herança, há que se levar em conta o princípio condominial de não ser criado mais um ponto de discórdia, necessitando-se assim da aquiescência dos demais consortes.

Questão que ora se posta era saber se a venda sem a anuência ou ciência dos coerdeiros é nula ou anulável. A resposta técnica pode ser complexa, mas levando em conta que decorrido o prazo de decadência o negócio se perfaz hígido, melhor que se propendesse para a anulabilidade, ou talvez melhor, ineficácia.

Art. 1.795. O coerdeiro, a quem não se der conhecimento da cessão, poderá, depositado o preço, haver para si a quota cedida a estranho, se o requerer até cento e oitenta dias após a transmissão.
Parágrafo único. Sendo vários os coerdeiros a exercer a preferência, entre eles se distribuirá o quinhão cedido, na proporção das respectivas quotas hereditárias.

O texto, a exemplo do que ocorre com o condomínio, trata das consequências de não ser obtida a ciência da cessão. Essa ciência aos demais coerdeiros quanto à alienação que se propõe pode ocorrer dentro ou fora do bojo do inventário. Importante, porém, que seja inequívoca e contenha todas as condições do negócio proposto. Aplicam-se, sempre que amoldáveis, os princípios que regem o condomínio. Questão que se coloca é o início do prazo de 180 dias. Como nem sempre a transmissão da cessão será registrável, há que se examinar a data em que o prejudicado tomou conhecimento do negócio. O parágrafo manda distribuir proporcionalmente o quinhão entre mais de um herdeiro que mostrar interesse no exercício da preferência.

O valor depositado reverte-se para o cedente, que teve sua alienação desfeita. Note que o assunto diz respeito à cessão de quota-parte da herança. Para a alienação de bem determinado, há necessidade de autorização expressa do juiz (art. 1.793, § 3º), o que pressupõe que todos os herdeiros tenham concordado ou ao menos tomado conhecimento dessa alienação.

Sucessão. Preempção. Adjudicação de fração ideal de imóvel cedido por parte dos herdeiros. Irresignação dos herdeiros autores contra decisão que concedeu prazo para que efetuem o depósito do preço das cessões a fim de viabilizar a adjudicação do imóvel. Ausência de probabilidade à adjudicação pretendida nesse momento. Validade e eficácia das cessões questionáveis. Cessões que não ocorreram por escritura pública e se referem a bem singularmente considerado (art. 1.793 do CC). Questões, à primeira vista, a serem discutidas anteriormente à pretendida adjudicação. Pedido recursal dos autores, de qualquer forma, que não prospera. Adjudicação em questão deve ser feita mediante depósito do preço da cessão (art. 1.795 do CC). Recurso desprovido (*TJSP* – Ag 2079972-24.2019.8.26.0000, 30-7-2019, Rel. Carlos Alberto de Salles).

Direito civil – Cessão de direitos hereditários – Direito de preferência – Inobservância – Demais herdeiros – **Prazo decadencial** para o exercício. A cessão de direitos hereditários, sem a observância do direito de preferência dos demais herdeiros, encontra óbice no art. 1.795 do Código Civil/2002, que prescreve que "o co-herdeiro, a quem não se der conhecimento da cessão, poderá, depositado o preço, haver para si a quota cedida a estranho, se o requerer até 180 (cento e oitenta) dias após a transmissão". O prazo decadencial imposto ao co-herdeiro prejudicado conta-se a partir da transmissão, contudo, será contado apenas da sua ciência acerca do negócio jurídico quando não é seguida a formalidade legal imposta pelo art. 1.793 do CC e a transmissão não se dá por escritura pública (*TJMG* – Apelação Cível 1.0251.07.021397-9/001, Rel. Des. Fernando Caldeira Brant).

Art. 1.796. No prazo de trinta dias, a contar da abertura da sucessão, instaurar-se-á inventário do patrimônio hereditário, perante o juízo competente no lugar da sucessão, para fins de liquidação e, quando for o caso, de partilha da herança.

O art. 611 do atual CPC concede prazo de dois meses para abertura do inventário, modificando parcialmente o presente dispositivo.

Mesmo perante a existência de um só herdeiro, persiste o interesse na descrição dos bens hereditários, não fosse pelo interesse público, pelos tributos a serem pagos, pelo interesse dos credores do espólio. Daí então a necessidade de ser elaborado o inventário da herança. A palavra *inventário* decorre do verbo latino *invenire*: encontrar, achar, descobrir, descrever, inventar e de *inventum*: invento, invenção, descoberta. A finalidade do inventário é, portanto, achar, descobrir, descrever os bens da herança, seu ativo e passivo, os herdeiros, cônjuge, credores etc. Trata-se, enfim, de fazer um levantamento, que juridicamente se denomina inventário da herança. Tanto mais complexo será o inventário quanto mais complexas eram as relações negociais do *de cujus*. Como se percebe, o processo de inventário tem muito de instrumentalidade. Destarte, cabe às regras de processo regulá-lo. No entanto, o direito material traça-lhe o fundamento básico (art. 1.991).

Entre nós, o inventário é sempre um procedimento judicial, embora nada obste que o legislador opte pelo inventário extrajudicial, mormente quando não há menores e incapazes interessados na herança. Por enquanto, as tentativas legislativas nesse sentido se frustraram, mas seria algo que auxiliaria no desafogamento do Poder Judiciário, como tanto se decante. É importante que se libere o Judiciário de atividades que não lhe são típicas e essenciais.

Qualquer pessoa com legítimo interesse pode pedir a abertura do inventário: não somente o cônjuge supérstite, como também os herdeiros e até mesmo o credor do espólio, além de vários outros intitulados.

Enquanto não houver partilha, permanecendo o estado de indivisibilidade, qualquer herdeiro reivindicando qualquer bem da herança não o estará fazendo para si, mas para a comunhão. Cada herdeiro ou grupo de herdeiros pode defender a herança no interesse da totalidade, à semelhança da solidariedade ativa.

Não há pena prevista no Código para abertura do inventário após prazo estabelecido O prazo, mesmo de dois meses, é, na verdade, exíguo, tendo em vista, principalmente, o trauma da morte no seio da família. Trata-se, como se vê, de norma imperfeita. Assim, a qualquer tempo pode ser ajuizado o pedido de abertura de inventário. As legislações estaduais utilizam-se da norma para conceder redução no pagamento de imposto, quando obedecido esse prazo. Quanto ao foro competente, reporta-se ao que foi dito quanto ao art. 1.785.

Art. 1.797. Até o compromisso do inventariante, a administração da herança caberá, sucessivamente:
I – ao cônjuge ou companheiro, se com o outro convivia ao tempo da abertura da sucessão;
II – ao herdeiro que estiver na posse e administração dos bens, e, se houver mais de um nessas condições, ao mais velho;
III – ao testamenteiro;
IV – a pessoa de confiança do juiz, na falta ou escusa das indicadas nos incisos antecedentes, ou quando tiverem de ser afastadas por motivo grave levado ao conhecimento do juiz.

Ao inventariante, auxiliar do Juízo, cabe a administração dos bens da herança. O inventariante é nomeado pelo juiz do inventário (art. 1.991). Até que o inventariante preste compromisso pode ser nomeado administrador provisório, figura que já constava no estatuto processual, se a especificação ora presente (art. 613). Esse administrador representa o espólio ativa e passivamente, de forma transitória (art. 614 do CPC). Na prática, somente em heranças de certo vulto e complexidade negocial, ou quando há dificuldades para nomear-se inventariante, é que surge a necessidade de administrador provisório. O presente artigo relaciona as pessoas que podem assumir esse encargo. Também, como é óbvio, existe uma ordem legal para o juiz nomear o inventariante (art. 617 do CPC).

No inciso IV, existe a possibilidade de nomeação de pessoa estranha à herança, norma repetida no estatuto processual (art. 617, VIII), um administrador dativo, hipótese em que essa atividade deve ser remunerada dentro das forças da herança. Quando há dissidência entre os herdeiros, legatários ou interessados, pode não ser conveniente que seja nomeado administrador algum envolvido com a herança. Porém, essa situação deve ser sempre excepcional.

Como já examinamos, o espólio não é pessoa jurídica, porém a lei lhe outorgou personalidade processual, daí incluirmos essa figura entre as entidades com personificação anômala.

Questão que aflora com frequência na prática é a necessidade de mover ação contra o espólio quando ainda não há inventário, ou quando não há ainda nomeação de inventariante, ou nem mesmo administrador provisório. Nesse caso, a ação deve ser movida contra todos os herdeiros, como regra, forçando-se, se for o caso, a abertura do inventário. Quando o inventariante é dativo, isto é, estranho à herança, fica apenas na função de administrador dos bens, não lhe cabendo a representação do espólio: todos os sucessores do *de cujus* serão autores ou réus nas ações em que o espólio for parte (art. 75, § 1º, do CPC).

Como administrador de bens alheios, tanto o administrador provisório como o inventariante deve comportar-se com o zelo normal de quem trata interesses alheios, devendo também prestar contas, dentro das regras gerais.

⚖ **Agravo de instrumento. Execução de título extrajudicial. Falecimento do executado. Intimação da cônjuge supérstite, como administradora provisória. Possibilidade.** Esposa sobrevivente que se encontrava na administração provisória dos bens da herança. Incidência dos arts. 614 e 617 do CPC, bem como, do art. 1.797 do CC. Citação pessoal. Desnecessidade, no caso. Cônjuge que já figurava como terceira interessada. Intimação que alcança a finalidade. Inteligência dos arts. 269 e 277 do CPC. Nulidade não configurada. Decisão extra petita. Inocorrência. Processo que começa por iniciativa das partes, todavia, se desenvolve por impulso oficial. Decisão mantida. Recurso não provido (*TJPR* – Ag 0015572-77.2020.8.16.0000, 17-7-2020, Rel. Fernando Ferreira de Moraes).

⚖ **Agravo inominado. Apelação cível.** Ratificação da decisão monocrática por seus próprios fundamentos. Ação de obrigação de fazer c/c compensatória. Extinção do processo sem resolução do mérito. Falecida a autora, não foi atendida a determinação de vinda aos autos dos treze herdeiros para compor o polo ativo da demanda, regularizando sua representação processual. Primeiro apelante que figura nos autos como representante de sua mãe, a autora, no momento do ajuizamento da ação, em razão da impossibilidade dessa por motivo de saúde. Ausência dos requisitos necessários à configuração do administrador provisório, segundo dispõe o art. 1.797 do Código Civil. Falecida a autora da ação, impunha-se a substituição processual por seus sucessores, providência esta que não foi adotada, conforme dispõem os artigos 43, 265, I e 266, todos do CPC. Precedentes do STJ e desta Corte. Manutenção da sentença. Negativa de seguimento do recurso que ora se ratifica. Desprovimento do agravo inominado (*TJRJ* – Acórdão: Agravo Inominado na Apelação Cível nº 0344579 – 74.2008.8.19.0001, 16-11-2011, Rel. Des. Leila Mariano).

CAPÍTULO III
Da Vocação Hereditária

Art. 1.798. Legitimam-se a suceder as pessoas nascidas ou já concebidas no momento da abertura da sucessão.

A capacidade para suceder é a aptidão para se tornar herdeiro ou legatário numa determinada herança. A vocação hereditária vem descrita abstratamente na lei, daí a ordem de vocação legítima. Sob esse prisma, a lei dispõe que são chamados os descendentes, por vezes em concorrência com o cônjuge, em sua falta, os ascendentes, cônjuge, colaterais até quarto grau e o Estado. O cônjuge, guindado à posição de herdeiro necessário sob certas premissas, bem como com ascendentes (art. 1.829).

A legitimação é uma característica mais restrita da capacidade. A legitimação é a capacidade que se apura em cada caso concreto. Assim, toda pessoa viva ou concebida ao tempo da morte pode ter capacidade para ser herdeiro ou legatário, mas poderá não ter legitimidade para concorrer em determinada herança, como veremos.

Também em um testamento, a regra geral é que toda pessoa natural ou jurídica pode ser aquinhoada pelo ato de última vontade. Essa aptidão genérica materializa-se quando da morte, quando é aberta a sucessão.

Quando da morte verifica-se quais são as pessoas que têm capacidade para suceder naquela herança, isto é, sua legitimação. Essa capacidade é um direito concreto que pressupõe a capacidade em geral para todos os direitos e obrigações. Todas as pessoas vivas ou já concebidas à época do falecimento do autor da herança podem se colocar na posição de herdeiros ou legatários. Vê-se, portanto, que o nascituro possui legitimidade para ser herdeiro.

A problemática deste início do século XXI é estabelecer os direitos decorrentes da fertilização assistida, que permite nascimentos após a morte do progenitor ou da progenitora. Por isso, o art. 1.799, como se verá, mostra-se incompleto.

Assim, a capacidade para suceder é aferida no momento da morte. Não há mais que se falar em certas incapacidades do direito precodificado que surgiam com a denominada morte civil ou a condição de estrangeiro.

Como os direitos sucessórios são adquiridos no momento da morte, pela *saisine*, é lógico que esse é o momento de aferição da capacidade. Assim, para suceder, não basta que alguém invoque a ordem de vocação hereditária, ou seu aquinhoamento no testamento. Há certas condições a serem verificadas. A pessoa deve reunir três condições básicas: (a) estar viva ou já concebida; (b) ser capaz e ter legitimidade; e (c) não ser indigna. É claro que a atribuição da herança a herdeiro esperado é exceção do sistema, a qual, na verdade, já estava prevista no sistema do Código anterior (art. 1.718).

Destarte, para suceder é necessário que o sucessor exista quando da delação. Deve já ter nascido, embora fiquem ressalvados, entre nós, o direito do já concebido, do nascituro, bem como a situação do sucessor esperado conforme o art. 1.800. Os direitos do nascituro só ganharão forma com seu nascimento com vida. A situação do nascituro, portanto, traça uma forma de exceção à regra da existência da pessoa quando da morte. Não se identifica a posição de nascituro com o embrião, matéria que ainda vai trazer muita discussão dada a complexidade da situação dos embriões preservados.

São legitimados para aceitar a herança ou o legado pelo nascituro os seus genitores. O art. 1.779 prevê a situação excepcional na qual se nomeia um curador ao nascituro.

A segunda condição é de que a pessoa tenha capacidade e legitimidade para suceder, ou, pelo contrário, que não seja incapaz para suceder. A regra geral é que *todos são capazes*. A incapacidade é exceção. Só determinadas pessoas não têm capacidade para receber, *em certas heranças* (aspecto da legitimação). Assim, o filho natural ou espúrio, enquanto não reconhecido, não terá capacidade. Contudo, sua incapacidade cessará no momento em que é reconhecido, voluntariamente ou por decisão judicial.

Por fim, a última condição, além de a pessoa estar viva e ter legitimidade, é *que não seja indigna*. O Código nomeia o capítulo da indignidade sob o título "Dos Excluídos da Sucessão" (arts. 1.814 ss).

Enunciado nº 267 do CJF/STJ, III Jornada de Direito Civil: A regra do art. 1.798 do Código Civil deve ser estendida aos embriões formados mediante o uso de técnicas de reprodução assistida, abrangendo, assim, a vocação hereditária da pessoa humana a nascer cujos efeitos patrimoniais se submetem às regras previstas para a petição da herança.

Art. 1.799. Na sucessão testamentária podem ainda ser chamados a suceder:
I – os filhos, ainda não concebidos, de pessoas indicadas pelo testador, desde que vivas estas ao abrir-se a sucessão;
II – as pessoas jurídicas;
III – as pessoas jurídicas, cuja organização for determinada pelo testador sob a forma de fundação.

O primeiro inciso cuida da prole eventual de pessoa viva quando da abertura da sucessão. O art. 1.718 do Código anterior referia-se genericamente ao mesmo fenômeno, quando a doutrina entendia que se tratava de transmissão por fideicomisso. No caso dos herdeiros não concebidos, os bens da herança serão confiados, após a partilha, a curador nomeado pelo juiz. No entanto, os filhos ainda não concebidos somente podem ser aquinhoados por testamento. O ordenamento não prevê qualquer modalidade de sucessão para os nascidos ou concebidos após a morte do autor da herança se não houve previsão no ato de última vontade. Quanto ao prazo em que se aguarda o herdeiro, a matéria é referida no artigo seguinte. Há que se entender que essa curadoria da herança tem as mesmas características do espólio, com idêntica compreensão de personalidade anômala.

A questão do filho adotivo se coloca a essa altura. No passado, a doutrina sempre entendeu que esse dispositivo acerca de prole eventual não poderia contemplar o filho adotivo, pois nisso haveria uma burla ou desvio da vontade do testador. Parece que agora o problema e a impossibilidade desaparecem face à igualdade na filiação por princípio constitucional, tenha ele sido concebido antes ou depois da morte do testador. Aduz Giselda Hironaka (2003, p. 93) que

"contemplar os ainda não concebidos representa, para o testador, contemplar os filhos das pessoas que indicou, filhos estes que não conheceu nem conhecerá, quer porque não concebidos, quer ainda porque não adotados antes de sua morte. Em qualquer das hipóteses há um único traço condutor do querer do testador: contemplar aqueles seres que venham a ser filhos das pessoas por ele nomeadas em testamento".

Contudo, se o testador dispôs expressamente que a atribuição não é para ser concedida a filhos adotivos, entendemos que a vontade do disponente deve ser obedecida. Há também que se considerar a possibilidade de fraude: a adoção com a única finalidade de ser recebida a herança ou legado. Como se vê, a situação não é singela. Vários outros problemas podem aflorar em torno desse dispositivo e dessa deixa testamentária. Caberá ao juiz decidir de acordo com o melhor sentido de equidade.

O presente dispositivo, no inciso II, dirime qualquer dúvida, se é que ainda existente, quanto à capacidade sucessória das pessoas jurídicas. Quanto às fundações (inciso III), o testamento é mesmo uma modalidade tradicional de sua criação, pois na maioria das vezes a dotação testamentária tem a finalidade de criá-las. Lembre-se de que com o atual Código, as fundações só podem ter fins religiosos, morais, culturais e assistenciais. A dúvida se desloca para as pessoas jurídicas irregulares, não constituídas ou em formação: no caso concreto, há que se apurar se há intenção de fraude por meio da deixa sucessória, mas não se pode negar essa possibilidade.

Enunciado nº 268 do CJF/STJ, III Jornada de Direito Civil: Nos termos do inc. I do art. 1.799, pode o testador beneficiar filhos de determinada origem, não devendo ser interpretada extensivamente a cláusula testamentária respectiva.

Art. 1.800. No caso do inciso I do artigo antecedente, os bens da herança serão confiados, após a liquidação ou partilha, a curador nomeado pelo juiz.
§ 1º Salvo disposição testamentária em contrário, a curatela caberá à pessoa cujo filho o testador esperava ter por herdeiro, e, sucessivamente, às pessoas indicadas no art. 1.775.
§ 2º Os poderes, deveres e responsabilidades do curador, assim nomeado, regem-se pelas disposições concernentes à curatela dos incapazes, no que couber.
§ 3º Nascendo com vida o herdeiro esperado, ser-lhe-á deferida a sucessão, com os frutos e rendimentos relativos à deixa, a partir da morte do testador.
§ 4º Se, decorridos dois anos após a abertura da sucessão, não for concebido o herdeiro esperado, os bens reservados, salvo disposição em contrário do testador, caberão aos herdeiros legítimos.

Como foi expresso no artigo anterior, o testador pode contemplar prole eventual de pessoas que indica. Cuida-se do sucessor não concebido. O presente trata da administração dessa reserva da herança. A curadoria será preferencialmente da pessoa indigitada como genitor da prole aquinhoada e, na impossibilidade, de acordo com o art. 1.775, dispositivo específico da curatela, artigo esse que não tem aplicação perfeita, mas analógica em relação à curatela em geral, conforme o texto do § 1º deste artigo. A nomeação não fica, portanto, adstrita à simples discricionariedade do juiz. Há questões de monta que podem surgir nessa administração, como despesas extraordinárias, responsabilidade por danos a terceiros etc. A prestação de contas será complexa, mormente se o período for longo e os bens exigirem cuidados, porque o quinhão deve receber também os frutos e rendimentos, que serão entregues ao futuro herdeiro. Dependendo do patrimônio, haverá despesas de manutenção e contratação de empregados, serviços terceirizados etc. Aplicam-se os princípios de responsabilidade do curador, inclusive quanto ao ônus de prestar caução. Não será fácil também a missão do julgador em emaranhados e cipoais que podem decorrer dessa herança sem titular. Nada impede que essa disposição legal seja também utilizada para um legatário cujo nascimento se aguarda.

A questão maior neste artigo é, porém, relativa ao herdeiro esperado. Ora, nascendo o herdeiro no prazo de dois anos, recolhe a herança. Se forem gêmeos, entende-se que ambos devem receber o quinhão. A primeira questão que se coloca é saber se será necessário aguardar os dois anos para nascimento de outro filho ou se o primeiro nascimento já faz por atendida a disposição testamentária. Pelo texto da lei parece que a primeira hipótese se amolda ao sentido legal: a deixa testamentária estará cumprida com o nascimento do herdeiro, não se aguardando o término de prazo de dois anos para outro eventual nascimento. Salvo se o testador for expresso em outro sentido, é claro. Deve sempre prevalecer a sua vontade, esperando-se que seja suficientemente clara. Da mesma forma, pode o testador reduzir ou estender esse prazo de dois anos. Contudo, há de se convir que quanto maior o prazo, maiores serão os infortúnios de se manter uma reserva de herança na administração de terceiros. Decorrido o prazo estipulado sem a chegada do herdeiro esperado, de qualquer forma esvazia-se a deixa testamentária.

Durante o prazo em questão nossa lei não alvitra a possibilidade de, por exemplo, ser feita uma partilha provisória entre os herdeiros existentes, sob a condição de serem preservados os bens do herdeiro esperado. A matéria vai levantar questões muito complexas que ficarão a cargo da jurisprudência. Toda a problemática em torno da fertilização assistida ainda é um tema em aberto.

Art. 1.801. Não podem ser nomeados herdeiros nem legatários:
I – a pessoa que, a rogo, escreveu o testamento, nem o seu cônjuge ou companheiro, ou os seus ascendentes e irmãos;
II – as testemunhas do testamento;
III – o concubino do testador casado, salvo se este, sem culpa sua, estiver separado de fato do cônjuge há mais de cinco anos;
IV – o tabelião, civil ou militar, ou o comandante ou escrivão, perante quem se fizer, assim como o que fizer ou aprovar o testamento.

As pessoas aqui enumeradas possuem incapacidade relativa ou ausência de legitimação para determinada herança. Nos incisos I, II e IV, temos situações que poderiam desvirtuar ou conduzir indevidamente a livre vontade do testador. A ideia de suspeição está literalmente presente neste artigo. Todas as pessoas aí colocadas descritas nesse rol estão em posição de alterar indevidamente a vontade testamentária, que deve ser a mais livre possível. O art. 1.802 complementa a presente noção ao enfocar a possibilidade de simulação por interposta pessoa. O inciso I inexplicavelmente deixou de fora do rol os descendentes do redator da cártula, o que parece ser um cochilo do legislador, pois o texto anterior era completo. O testamento a rogo somente é possível na modalidade cerrada ou na cártula confeccionada em navio ou aeronave, sob forma cerrada.

Quanto ao concubino do testador casado, a ilegitimidade para figurar como herdeiro possui evidente cunho de ordem moral. O Código anterior somente admitia a possibilidade acerca da concubina do testador casado, não imaginando a hipótese do concubino da testadora casada. O texto atual abrange ambos os sexos. Os tempos mudaram e a igualdade de direitos entre o homem e a mulher tem hoje cunho constitucional. O Projeto 6.960/2002 pretendeu suprimir o requisito temporal de cinco anos presente nesse dispositivo, uma vez que inúmeras serão as dificuldades em torno desse aspecto, no caso concreto. Aqui a lei faz menção ao concubinato e não ao companheirismo que procura imitar o casamento. Situações particulares de convivência podem surgir que exigirão decisão específica no caso concreto.

Enunciado nº 269 do CJF/STJ, III Jornada de Direito Civil: A vedação do art. 1.801, inc. III, do Código Civil não se aplica à união estável, independentemente do período de separação de fato (art. 1.723, § 1º).

Testamento – O testamento particular pode ser escrito de próprio punho ou mediante processo mecânico, nos termos do artigo 1.876 do Código Civil. E para que ocorra a confirmação do testamento particular, é necessária a análise dos requisitos extrínsecos da disposição de última vontade – O disposto no art. 1.801, I, é taxativo: Não podem ser nomeados herdeiros nem legatários: I a pessoa que, a rogo, escreveu o testamento, nem o seu cônjuge ou companheiro, ou os seus descendentes e irmãos – O fato de o testamento ter sido digitado pelo próprio beneficiado, coloca em dúvida a autenticidade e a lisura deste documento. Apelo desprovido (Voto 21858)(*TJSP* – Acórdão: Apelação Cível nº 9077990-70.2007.8.26.0000, 30-11-2011, Rel. Des. Ribeiro da Silva).

**Art. 1.802. São nulas as disposições testamentárias em favor de pessoas não legitimadas a suceder, ainda quando simuladas sob a forma de contrato oneroso, ou feitas mediante interposta pessoa.
Parágrafo único. Presumem-se pessoas interpostas os ascendentes, os descendentes, os irmãos e o cônjuge ou companheiro do não legitimado a suceder.**

O Código anterior se reportava à nulidade das deixas em favor dos incapazes, enquanto o estatuto atual é mais técnico ao mencionar a nulidade das disposições aos não legitimados. A simulação citada diz respeito a qualquer artifício, qualquer meio ou instrumento oneroso que vise essa finalidade proibida. Veja o que se diz a respeito da simulação dentro dos vícios do negócio jurídico. A presente lei é mais ampla, pois torna ilegítima a deixa por interposta pessoa no que diz respeito aos ascendentes e não mais ao pai ou à mãe.

Entende-se que a interposição por meio dessas pessoas se trata de presunção absoluta. Pune-se com a nulidade, também, a interposição por outras pessoas, para atingir a finalidade ilícita, o que, no entanto, exige que a simulação seja provada no caso concreto.

Art. 1.803. É lícita a deixa ao filho do concubino, quando também o for do testador.

Esse dispositivo veio para atender corrente jurisprudencial que entendia que não deve ser considerado como interposta pessoa o filho do concubino, quando também for do testador. Essa deixa testamentária possui, sem dúvida, valores éticos e sentimentais que deviam ser preservados, ao menos no passado. Nesse sentido a Súmula 447 do STF: *"É válida a disposição testamentária em favor de filho adulterino do testador com sua concubina."* Cuida-se aqui, diretamente, do concubinato dito impuro e não da união estável. No entanto, muito se aduz que esse artigo é discriminatório em face dos princípios constitucionais (HIRONAKA, 2003, p. 111). O filho, não importando a origem, é herdeiro do seu progenitor. Uma redação melhor do art. 1.801, III, faria com que fosse suprimido o presente artigo. Atente-se, ainda, que esse dispositivo refere-se tanto ao testador casado como à testadora casada, não havendo qualquer possibilidade de restrição.

CAPÍTULO IV
Da Aceitação e Renúncia da Herança

**Art. 1.804. Aceita a herança, torna-se definitiva a sua transmissão ao herdeiro, desde a abertura da sucessão.
Parágrafo único. A transmissão tem-se por não verificada quando o herdeiro renuncia à herança.**

O presente dispositivo não tem equivalente no Código de 1916, mas em nada altera a sistemática hereditária já estabelecida no passado. A aceitação da herança é, no nosso sistema, uma ficção jurídica que retroage ao momento da morte. Como toda ficção, poderá gerar aspectos de complexidade que devem ser contornados no caso específico.

Pela aceitação, portanto, o herdeiro mostra sua vontade de adir a herança. A aceitação também é denominada *adição*. O ato de aceitação não depende, como regra, de ser comunicado a outrem. Insere-se na categoria de ato não receptício. Produz efeito independentemente do conhecimento ou aquiescência de terceiros. A transmissão da herança ocorre, portanto, no momento da morte; qualquer ato de aceitação posterior terá, sem dúvida, efeito de ratificação.

São vários os dispositivos neste capítulo que cuidam da renúncia da herança. Quando esta ocorre, opera-se como nunca o renunciante tivesse sido herdeiro. O herdeiro, que a seguir aceitar a herança, reputa-se como tendo feito no momento da abertura da sucessão. A ficção da *saisine* estabelece o princípio.

**Art. 1.805. A aceitação da herança, quando expressa, faz-se por declaração escrita; quando tácita, há de resultar tão somente de atos próprios da qualidade de herdeiro.
§ 1º Não exprimem aceitação de herança os atos oficiosos, como o funeral do finado, os meramente conservatórios, ou os de administração e guarda provisória.
§ 2º Não importa igualmente aceitação a cessão gratuita, pura e simples, da herança, aos demais coerdeiros.**

Este artigo é mais técnico do que o Código anterior. Enquanto o herdeiro não aceitar a herança, permanece uma situação de pendência e incerteza, embora se busque a ficção da *saisine*. Na grande maioria dos casos concretos, a aceitação é tácita ou indireta. Tão logo ocorrida a morte, o herdeiro passa a se comportar, perante todos, como tal. Suas atitudes jurídicas e sociais são de herdeiro. Nas dúvidas, que não serão muitas, há que se examinar o caso concreto. O herdeiro em expectativa, isto é, aquele que subentrará na condição de herdeiro no caso de não aceitação, tem interesse no fenômeno, tanto que a lei lhe confere o direito do art. 1.807, para afastar a incerteza da situação: o prazo para deliberar.

A questão da aceitação tácita ou presumida, que geralmente ocorre, não deixa de exigir cuidados. A aceitação presumida é mais propriamente a que vem descrita no art. 1.807. O próprio Código traça algumas regras nos parágrafos do presente artigo, funeral do falecido; atos meramente conservatórios ou de administração ou guarda provisória. Esses atos, descritos exemplificativamente no texto, não exprimem aceitação, mas são fortes indícios que ela tenha efetivamente ocorrido. Atos oficiosos, no dizer de Clóvis Beviláqua (1939, v. 6, p. 26), são *"os que se praticam desinteressadamente, no intuito de prestar um favor, ser agradável, de satisfazer sentimentos piedosos ou humanitários"*. Assim, não implica aceitação o simples fato de o presumido herdeiro limpar os imóveis do *de cujus* e evitar sua ruína ou de amparar a viúva, por exemplo. Da mesma forma os atos conservatórios. Quem, porém, recebe joia valiosa, guarda-a com cuidados e a usa ostensivamente, está aceitando a herança efetivamente. Se repudiá-la, posteriormente estará fazendo ato de transmissão *inter vivos*, pois a recebeu por sucessão *causa-mortis* e posteriormente a transferiu por negócio entre vivos. Cada circunstância de fato deve ser analisada. A questão tem mais importância no relativo aos imóveis, tendo em vista os fatos geradores e as implicações tributárias: quem recebe imóvel por via hereditária paga o imposto relativo a essa modalidade de transmissão; se transmitir posteriormente, pagará o imposto entre vivos. Se há renúncia à herança, o imposto será pago pelo herdeiro sucessivo. No entanto, se alguém recebe o imóvel e depois, impropriamente, diz que renuncia à herança, o novo aquinhoado deve arcar com o imposto de transmissão entre vivos (ITBI). Não importa a denominação dada pelas partes ao ato. Devem ser examinados seu conteúdo e as circunstâncias que o revestem.

Contudo, a aceitação tácita deriva de qualquer ato positivo em favor do herdeiro ao subentrar na posse e propriedade da herança. Se o herdeiro constitui advogado e se faz representar como tal no inventário, está inexoravelmente aceitando a herança; porém, simples requerimento de abertura de inventário não induz aceitação, por se tratar de obrigação legal do herdeiro. No entanto, se essa é a intenção do requerente, melhor dizer expressamente que o seu requerimento não implica em aceitação.

Até a Lei nº 4.121/1962, Estatuto da Mulher Casada (art. 242, IV), esta não podia aceitar herança ou legado, sem autorização do marido. Essa proibição de há muito já não mais se justificava.

O pagamento de dívida do *de cujus*, com dinheiro próprio do herdeiro, também, por si só, não induz aceitação. Pode ser mero ato de filantropia. Não o será se o pagamento for feito com numerário proveniente do monte-mor.

O § 2º equipara a renúncia à cessão gratuita, pura e simples da herança, aos demais coerdeiros. Quem cede gratuitamente a herança nunca teve realmente a intenção de ser herdeiro: essa é a ideia que esse dispositivo centraliza. O legislador entende que nessa hipótese há renúncia da herança. Não será simples essa cessão, como menciona a lei, se o cedente aponta um ou mais herdeiros como cessionários. Nesse caso, a tipificação jurídica será outra. A questão é importante para a análise de fato gerador de tributo.

Art. 1.806. A renúncia da herança deve constar expressamente de instrumento público ou termo judicial.

Se a aceitação não requer formalidade especial, tal não ocorre com a renúncia da herança. Como se trata de negócio jurídico abdicativo, de despojamento de direitos, a lei o cerca de cautelas. Somente pode ser efetivada por escritura pública ou por termo judicial. Se feita por escritura, o documento deve ser anexado aos autos de inventário. Somente se admite, portanto, a renúncia expressa. Todo e qualquer ato de renúncia, sob regra geral, não se presume.

O termo é feito perante o juízo do inventário. A lei nada menciona acerca da homologação judicial da renúncia. Essa homologação é de toda conveniência, uma vez que, para a renúncia, há necessidade de capacidade de alienação e essa capacidade e legitimação deve ser aferida pelo juiz. Como sucede em todas as hipóteses de homologação judicial, esta não obsta a anulação do ato por ação própria, porém, na homologação, o juiz faz um exame superficial da validade do ato. Sendo o ato de renúncia assemelhado a uma alienação, o renunciante deve ter capacidade para alienar. Os incapazes somente poderão renunciar com autorização judicial. Por essa razão, sendo a herança considerada bem imóvel (art. 80, II), a renúncia depende de autorização conjugal, se for o renunciante, exceto no regime de separação absoluta de bens (art. 1.647, I).

A incapacidade absoluta torna nula a renúncia. A incapacidade relativa a torna anulável.

Como o direito do herdeiro (ou do legatário) surge somente depois da morte, só a partir de então é que pode ocorrer renúncia. Como os pactos sucessórios são vedados em nosso Direito, não se admite renúncia prévia, pois nessa hipótese haveria negócio jurídico sobre herança de pessoa viva.

A renúncia da herança, a exemplo da aceitação, é declaração unilateral de vontade, apenas que como ato de despojamento necessita de *vontade expressa e escrita*. As formas prescritas em lei vêm descritas no presente artigo. O ato de renúncia, com esse conteúdo formal da necessidade de instrumento público ou termo judicial, acautela eventuais decisões precipitadas do interessado. A renúncia admite o mandato, com poderes especiais: exige-se mandato por instrumento público.

O herdeiro que aceita a herança e depois a ela "renuncia" opera uma transmissão entre vivos. No mesmo diapasão, a renúncia translativa, em favor de outrem, equivale à cessão.

Agravo de instrumento – Arrolamento sumário – Insurgência contra a r. decisão que determinou que a renúncia da viúva meeira à sua meação fosse realizada por meio de escritura pública e não termo nos autos – Cessão de meação que não se confunde com cessão de direitos hereditários – "Embora o art. 1.806 do Código

Civil admite que a renúncia à herança possa ser efetivada por instrumento público ou termo judicial, a meação não se confunde com a herança" (STJ-3ª T., REsp 1.196.992, Min. Nancy Andrighi, j. 6.8.13, RP 226/409) – Necessidade de escritura pública para formalização do ato – Decisão mantida – Recurso desprovido (*TJSP* – Ag 2128872-04.2020.8.26.0000, 23-7-2020, Rel. Costa Netto).

⚖ **Inventário renúncia a herança**. Falta de formalidade essencial. Imposto sobre transmissão por doação. – ITD não recolhimento. Decisão monocrática. Agravo de instrumento – Inventário – Renúncia à herança – Forma legal – Requisito substancial ao ato – Inteligência do artigo 1.806 do Código Civil atual – A sucessão aberta é bem imóvel por determinação da lei, sendo a renúncia à herança, ato de disposição patrimonial revestido de forma especial. Exige a lei que a renúncia seja realizada por termo nos autos ou escritura pública, tratando-se de requisito da substância do ato, imprescindível à sua existência e validade. Conhecimento e parcial provimento do recurso nos termos do § 1º – A do artigo 557 do CPC, para cassar a decisão atacada e determinar o prosseguimento do feito, sem o recolhimento do ITD (*TJRJ* – AI 0043303-79.2011.8.19.0000, 10-1-2012, Rel. Des. Cleber Ghelfenstein).

Art. 1.807. O interessado em que o herdeiro declare se aceita, ou não, a herança, poderá, vinte dias após aberta a sucessão, requerer ao juiz prazo razoável, não maior de trinta dias, para, nele, se pronunciar o herdeiro, sob pena de se haver a herança por aceita.

Rara será a *aceitação expressa*. No entanto, o presente artigo junge nessa premissa o herdeiro à aceitação expressa, a qual, no entanto, poderá ser *presumida* ou *ficta*: se o herdeiro nada disser no prazo fixado pelo juiz, ter-se-á por aceita a herança. Trata-se de ato omissivo qualificado que implica aceitação. A aceitação expressa requer forma escrita (art. 1.805), não importando qual seja o escrito, desde que autêntico.

A aceitação, portanto, não requer forma especial. Pode ocorrer, no entanto, que o herdeiro chamado em primeiro lugar na vocação não tome qualquer iniciativa com relação à herança, trazendo incerteza aos próximos chamados, se estes serão ou não herdeiros. O presente artigo descreve o chamado prazo para deliberar, o qual permite notificar o indigitado herdeiro. O prazo se conta a partir da efetiva notificação.

Note que o silêncio do notificado no prazo apontado implica em aceitação da herança, com todas as suas implicações. Qualquer interessado pode provocar a deliberação, inclusive os credores do herdeiro e do autor da herança.

A origem do instituto vem do Direito Romano. No Direito justinianeu concedia-se um prazo ao herdeiro para que pudesse examinar o montante do patrimônio e seus respectivos encargos, podendo então declarar se aceitava a herança. Hoje, com a aceitação da herança sempre sob benefício de inventário, a utilidade do presente artigo é mais restrita.

Art. 1.808. Não se pode aceitar ou renunciar a herança em parte, sob condição ou a termo.
§ 1º O herdeiro, a quem se testarem legados, pode aceitá-los, renunciando a herança; ou, aceitando-a, repudiá-los.
§ 2º O herdeiro, chamado, na mesma sucessão, a mais de um quinhão hereditário, sob títulos sucessórios diversos, pode livremente deliberar quanto aos quinhões que aceita e aos que renuncia.

A herança, dentro do examinado conceito de universalidade, não pode ser aceita em parte. Assim, ou o herdeiro a aceita por inteiro ou a repudia no todo. Não pode pretender receber, por exemplo, a metade da herança ou somente um determinado bem. Se ao herdeiro, contudo, forem atribuídos legados, pode aceitá-lo, repudiando a herança e vice-versa.

Como vimos, a aceitação da herança tem o caráter de ato unilateral não receptício. A aceitação não pode ficar subordinada a condição ou termo. A renúncia também deve ser ato puro. A renúncia em favor de determinada pessoa é ato de cessão da herança ou doação; não é renúncia.

Acrescenta ainda o § 2º do presente dispositivo que se o herdeiro é chamado à sucessão de vários quinhões hereditários, provenientes de títulos sucessórios diversos, pode livremente deliberar quanto aos quinhões que aceita e renuncia. É o que pode ocorrer, por exemplo, se no mesmo inventário o herdeiro tem a receber quinhões do pai e do avô falecidos. Pode receber um ou outro, ou ambos.

⚖ **Apelação cível**. Ação de doação cumulada com nulidade de inventário e petição de herança. Sentença de improcedência, uma vez que não caracterizado vício no inventário e na renúncia, além da ausência de ilegalidade na doação realizada. Inconformismo da autora. Não acolhimento. A renúncia à herança foi realizada livremente, de acordo com as formalidades legais. A ausência de colação de bem no momento do inventário extrajudicial não implica em vício na renúncia. Impossibilidade de se considerar renunciado somente os bens descritos no inventário em razão do disposto no artigo 1.808 do CC. Pedido sucessivo relativo às doações e necessidade de colação que fica prejudicado com o não acolhimento do pedido principal de nulidade da renúncia. Sentença confirmada. Honorários majorados. Negado provimento ao recurso (*TJSP* – Ap. 1002646-97.2016.8.26.0553, 1-2-2019, Rel. Viviani Nicolau)

⚖ **Renúncia abdicativa em favor do monte**. Bens no exterior havidos por herança. Bens situados no

Brasil. **Renúncia parcial.** Ordenamento jurídico. Vedação. Agravo de instrumento. Direito das sucessões. Renúncia abdicativa. – Considerando que a herança é o conjunto de bens, direitos e obrigações, transferidos *causa mortis*, e que o ordenamento jurídico brasileiro proíbe a renúncia parcial, não tem validade aquela que se refere expressamente, apenas, sobre os bens deixados no Brasil, sem dispor sobre aqueles que existem no exterior. Meação. Instituto do direito de família que garante ao cônjuge sobrevivente o direito a levantar, no curso do inventário, a metade dos valores recebidos pelos aluguéis dos imóveis do casal situados no Brasil. Má-fé na administração da herança que não restou caracterizada, afastando a substituição da inventariante. Recursos conhecidos e não providos (*TJRJ* – AI 0015429-85.2012.8.19.0000 – 5ª C. Cív. – Relª Desª Maria Regina Nova Alves – *DJe* 22.11.2012 – p. 42).

Art. 1.809. Falecendo o herdeiro antes de declarar se aceita a herança, o poder de aceitar passa-lhe aos herdeiros, a menos que se trate de vocação adstrita a uma condição suspensiva, ainda não verificada.
Parágrafo único. Os chamados à sucessão do herdeiro falecido antes da aceitação, desde que concordem em receber a segunda herança, poderão aceitar ou renunciar a primeira.

Pode ocorrer que o primeiro herdeiro chamado não tenha tido a oportunidade de aceitar a herança, falecendo antes da declaração. Nesse caso, o respectivo direito transfere-se aos herdeiros sucessores desse herdeiro primitivamente falecido. Essa declaração vale como se tivesse partido do herdeiro anteriormente falecido. Não opera a hipótese, todavia, se se tratar de instituição suspensiva e esta ainda não tenha se verificado (art. 125). De outro lado, a aceitação da herança não se insere entre os atos personalíssimos de modo que pode ser feita por procurador com poderes expressos.

O parágrafo único inova no sentido de possibilitar aos chamados à sucessão do herdeiro falecido antes da aceitação, desde que aceitem a segunda herança, aceitar ou renunciar a primeira. Assim, falecido o filho de Tício, antes que delibere sobre a herança do seu pai, avô Caio, o neto Cícero, aceitando a herança do seu pai Tício, pode aceitar ou rejeitar a herança do avô Caio. Se, por acaso, o neto Cícero rejeitar a herança do pai Tício, não poderá deliberar sobre a herança do avô Caio, pois não terá a legitimidade conferida pela condição de herdeiro para essa aceitação.

Art. 1.810. Na sucessão legítima, a parte do renunciante acresce à dos outros herdeiros da mesma classe e, sendo ele o único desta, devolve-se aos da subsequente.

O renunciante é considerado como se nunca tivesse sido herdeiro. Assim, nada se computa na partilha, pois a parte que lhe caberia pertence ao monte. Beneficiam-se os demais herdeiros. Esse texto deve ser visto em consonância com os artigos seguintes. Não se trata apenas de examinar a renúncia dentro da classe de herdeiros, mas dentro do grau de parentesco. Desse modo, renunciando os filhos, herdeiros em primeiro grau na classe dos descendentes, serão chamados os netos. Não havendo netos ou outros herdeiros na classe dos descendentes, será chamada a classe seguinte dos ascendentes, e assim por diante, até a classe dos colaterais de quarto grau. Não se esqueça que, sob determinadas condições, o cônjuge será herdeiro concorrente com descendentes ou ascendentes.

Enunciado nº 575 do CJF/STJ, VI Jornada de Direito Civil: Concorrendo herdeiros de classes diversas, a renúncia de qualquer deles devolve sua parte aos que integram a mesma ordem dos chamados a suceder.

Art. 1.811. Ninguém pode suceder, representando herdeiro renunciante. Se, porém, ele for o único legítimo da sua classe, ou se todos os outros da mesma classe renunciarem a herança, poderão os filhos vir à sucessão, por direito próprio, e por cabeça.

O renunciante é considerado como se nunca tivesse sido herdeiro. Quem renuncia a herança deixa de ser herdeiro *ex tunc*, isto é, desde a abertura da sucessão. Porém, de acordo com o presente texto, se um filho único renunciar à herança e este tiver também filhos (netos do autor da herança, portanto), tais netos herdam por direito próprio e por cabeça. Sua posição é, portanto, de herdeiros em primeiro grau, na classe dos descendentes. Assim, se foram três os netos, em três partes será dividida a herança. O mesmo ocorre, segundo o presente texto, se todos os filhos renunciarem e existirem a seguir apenas netos. O texto deveria ter-se referido à renúncia de todos os herdeiros do mesmo grau, pois está se tratando da classe dos descendentes, primordialmente, onde há representação, embora o fenômeno também seja possível, de forma mais restrita, na linha colateral, que permite a representação de irmãos pré-falecidos do autor da herança. Perante a renúncia de herdeiro testamentário, há que se verificar a vontade do testador. Se for nomeado substituto, este será chamado para assumir a deixa. Na falta de disposição testamentária, a parte que caberia ao renunciante seguirá a ordem de vocação hereditária, acrescendo-se ao monte.

Agravo de instrumento – Carta de sentença – Execução de multa diária por descumprimento de liminar – Penhora de valor de aluguel – Depósitos judiciais – Aluguel advindo de herança – **Notícia de renúncia da herança pelo executado** – Aceitação da herança irrenunciável – Possibilidade dos credores aceitarem a herança – Artigos 1.812 e 1.813 do Código Civil – Irregularidade da penhora afastada – Transferência dos valores depositados para autos de outra ação entre as mesmas partes – Inadmissibilidade – Pedido de levantamento indeferido anteriormente, sem recurso – Recurso parcialmente provido (*TJSP* – Acórdão: Agravo de Instrumento nº 0080309-28.2011.8.26.0000, 27-9-2011, Rel. Des. Fábio Tabosa).

Art. 1.812. São irrevogáveis os atos de aceitação ou de renúncia da herança.

A aceitação da herança assim como sua renúncia são tradicionalmente irrevogáveis: uma vez herdeiro, sempre herdeiro (*semel heres, semper heres*). Nesse sentido, o vigente Código preferiu ser expresso.

É evidente, porém, que não se confunde a irrevogabilidade com as nulidades. A aceitação ou a renúncia podem ter decorrido de vícios de vontade e como tal serão atos anuláveis. Era esse o sentido retratado pelo antigo art. 1.590, o qual, sem dúvida, mostrava-se despiciendo tendo em vista os princípios gerais. No entanto, uma leitura açodada da continuação desse art. 1.590 fazia parecer que a retratação só era possível quando não acarretasse prejuízo aos credores, quando não era esse o sentido da norma. Não se podia retratar a aceitação quando houvesse prejuízo aos credores. A aceitação retratava-se por simples declaração unilateral, assim como a própria aceitação. Feita a retratação, era como se nunca tivesse havido aceitação. O direito de aceitar passaria então aos outros herdeiros. Não haveria dupla tributação no caso. Tratava-se de situação idêntica à anulação da aceitação. Esse dispositivo, de flagrante inconveniência e gerador de instabilidade, não mais está presente neste Código.

A aceitação é anulável, portanto, pelos vícios dos atos jurídicos em geral, menos pela situação de fraude contra credores que têm tratamento próprio: os credores podem impugnar a renúncia que lhe é lesiva; não, porém, a aceitação, que lhes facilitará a cobrança e satisfação de seu crédito.

✍ Apelação Cível. Ação de cobrança de cotas condominiais. Sentença de procedência. Apelação da ré. Herdeira que apresentou escritura pública de renúncia à herança, nos termos do art. 1.806 do CC. A renúncia da herança é ato irrevogável (art. 1.812 do CC) e tem efeito *ex tunc*, retroagindo desde a abertura da sucessão (art. 1.804 do CC). Ilegitimidade passiva reconhecida. Extinção em relação a ré apelante, nos termos do art. 485, VI do CPC. Pelo princípio da causalidade, considerando que a escritura de renúncia foi lavrada após a inclusão da ré no polo passivo, fica a ré condenada no pagamento de honorários advocatícios em favor do patrono do autor, fixados em 10% do valor da causa. Recurso parcialmente provido (*TJSP* – Ap. 1013169-77.2013.8.26.0100, 14-5-2018, Rel. Morais Pucci).

✍ Preliminar cerceamento de defesa inocorrência – Anulação de ato jurídico **renúncia à herança** lavrada em tabelião falta de interesse de agir petição inicial indeferida ato praticado visando fraudar o interesse de credores pedido de anulação diante da existência de vício de consentimento irrevogabilidade do ato de renúncia à herança exegese do art. 1.812 e 150 do Código Civil. Sentença de extinção mantida. Preliminar rejeitada. Recurso desprovido (*TJSP* – Ap. 0008385-64.2010.8.26.0590, 23-1-2013, Rel. Neves Amorim).

Art. 1.813. Quando o herdeiro prejudicar os seus credores, renunciando à herança, poderão eles, com autorização do juiz, aceitá-la em nome do renunciante.
§ 1º A habilitação dos credores se fará no prazo de trinta dias seguintes ao conhecimento do fato.
§ 2º Pagas as dívidas do renunciante, prevalece a renúncia quanto ao remanescente, que será devolvido aos demais herdeiros.

O herdeiro pode pretender recusar a herança com o intuito de prejudicar terceiros. Se o herdeiro possui credores e sabe que a herança terá a finalidade de satisfazê-los, não terá interesse em aceitá-la. Trata-se de uma modalidade de fraude contra credores, cujos princípios estão expostos na Parte Geral (arts. 158 a 165). É claro que se o renunciante possui patrimônio próprio suficiente para aplacar os credores, a renúncia será válida. Na hipótese do presente artigo, os credores terão legitimidade para aceitar a herança até o bastante para seus respectivos créditos. Essa aceitação tem como finalidade cobrir o débito. Como não houve aceitação por parte do herdeiro, mas sua renúncia, o montante remanescente que sobejar além do débito não ficará com o herdeiro renunciante, mas será devolvido ao monte para a partilha entre os demais herdeiros.

Tecnicamente não se pode dizer que o credor aceita a herança. Na verdade, seu ato de vontade a atinge no intuito de satisfazer seu crédito, nada mais que isso. Por outro lado, não há necessidade de se aguardar o vencimento do crédito para que ocorra essa forma de aceitação.

O § 1º estabelece o prazo decadencial de 30 dias para os credores aceitarem a herança, prazo esse que será contado a partir do conhecimento do fato. Incumbe aos credores que aceitam a herança nessa situação comprovar quando tomaram conhecimento da renúncia prejudicial da herança, efetivada pelo herdeiro. O "*fato*" mencionado pela lei atual é, sem dúvida, o ato de renúncia, em fraude de credores. Melhor seria que o texto legal fosse expresso a esse respeito. Leve-se em conta que o conhecimento dessa renúncia pode ocorrer muito tempo após sua efetivação, o que certamente trará obstáculos procedimentais no inventário. O credor somente pode se habilitar a receber do monte-mor enquanto não ultimada a partilha.

A presente hipótese, dentro do espírito que rege a fraude contra credores e o enriquecimento sem causa, deve ser aplicada também aos legados, embora haja ainda vacilo na jurisprudência perante a textualidade da norma. Mas, na verdade, os legatários também podem repudiar legados; se o fizerem em prejuízo de credores, estes podem aceitar o benefício.

⚖ **Habilitação.** Sentença que deferiu o pedido de habilitação do credor da herdeira renunciante. Habilitação. Inventário. Insurgência contra sentença que deferiu o pedido de habilitação do credor da herdeira renunciante. Efeito suspensivo indeferido. Habilitação do credor, em substituição à herdeira renunciante, limitada a aceitação da herança ao valor do crédito. Cabimento. Aplicação do art. 1.813 do CC. Agravada que é credora quirografária da herdeira renunciante, e que não pode ser prejudicada pela renúncia em favor dos agravados. Herdeira que é devedora contumaz, havendo outro credor habilitado nos autos do inventário (TJSP – AI 2102303-63.2020.8.26.0000, 29-6-2020, Rel. J. B. Paula Lima).

CAPÍTULO V
Dos Excluídos da Sucessão

Art. 1.814. São excluídos da sucessão os herdeiros ou legatários:
I – que houverem sido autores, coautores ou partícipes de homicídio doloso, ou tentativa deste, contra a pessoa de cuja sucessão se tratar, seu cônjuge, companheiro, ascendente ou descendente;
II – que houverem acusado caluniosamente em juízo o autor da herança ou incorrerem em crime contra a sua honra, ou de seu cônjuge ou companheiro;
III – que, por violência ou meios fraudulentos, inibirem ou obstarem o autor da herança de dispor livremente de seus bens por ato de última vontade.

1. Indignidade para suceder

A vocação hereditária nascida do parentesco ou da vontade (legítima ou testamentária) supõe uma relação de afeto, consideração e solidariedade entre o autor da herança e o sucessor. No entanto, o sucessor, chamado pela ordem de vocação hereditária, pode praticar atos indignos dessa condição de afeto e solidariedade humana e familiar. É moral e lógico que quem pratica atos de desdouro contra quem vai lhe transmitir a herança torna-se indigno de recebê-la. Daí por que a lei traz descritos os casos de indignidade, isto é, fatos típicos que, se praticados, podem excluir o herdeiro da herança. A lei, ao permitir o afastamento do indigno, faz um juízo de reprovabilidade, em função da gravidade dos atos praticados. No entanto, não existe exclusão automática por indignidade. O indigno só é afastado da sucessão mediante sentença judicial. É esse aspecto que torna a indignidade peculiar e a afasta da compreensão de incapacidade. Historicamente, a indignidade aparece estritamente vinculada à deserdação. No Direito Romano, o autor da herança podia afastar de sua sucessão mediante uma deserção, que era, a princípio, completamente livre. Posteriormente, já com Justiniano, as hipóteses tornam-se limitadas. Sobre esse conceito de deserdação insere-se posteriormente a indignidade.

Nosso Direito mantém as duas formas de afastamento da herança, sendo a deserdação tratada pelo art. 1.961 ss. Enquanto a indignidade se posiciona na sucessão legítima e seus casos constituem, na verdade, pelo padrão moral, a vontade presumida do *de cujus*; a deserdação é instrumento posto às mãos do testador. Só existe deserdação no testamento; seu fim específico é afastar os herdeiros necessários da herança, suprimindo-lhes qualquer participação, tirando-lhes a legítima, ou seja, a metade da herança que, afora tal situação, não pode ser afastada pelo ato de última vontade.

As hipóteses deste art. 1.814 são comuns à indignidade e à deserdação. Nenhuma alteração de fundo ocorreu com este Código, salvo o acréscimo do §2º no art. 1.815. Para a deserdação abrem-se outras possibilidades nos casos descritos nos arts. 1.962 e 1.963. Porém, o fundamento de ambos os institutos é idêntico, necessitando, em ambos os casos, de uma ação e uma sentença para afastar o sucessor. A deserdação tem por precípua finalidade afastar os herdeiros necessários, porque para afastar os não necessários, os colaterais, ou o cônjuge em algumas circunstâncias, basta que o testador não os beneficie no ato de última vontade. Em síntese, a indignidade pode ser conceituada como uma deserdação definida pela lei, em casos de gravidade, os quais não há que se duvidar que essa seria a vontade real do autor da herança. Porém, como faculta a lei, pode ocorrer o perdão do indigno por parte do testador.

2. Casos de indignidade

O presente artigo descreve os fatos típicos que autorizam a declaração de indignidade, mediante a devida ação de rito ordinário. Como a indignidade é uma pena, essas situações legais são número fechado, não permitindo interpretação extensiva. São excluídos da sucessão os herdeiros ou legatários:

"I – que houverem sido autores, coautores ou partícipes de homicídio doloso, ou tentativa deste, contra a pessoa de cuja sucessão se tratar, seu cônjuge, companheiro, ascendente ou descendente."

A razão moral da exclusão é por si só explicativa. Quem de qualquer forma concorre para o homicídio, ou tentativa deste, com relação ao autor da herança, ficará excluído de sua sucessão. Nada importa a motivação do crime. Este Código acrescentou ainda o homicídio ou sua tentativa dolosa contra o cônjuge, companheiro, ascendente ou descendente, o que confirma o sentido ético e moral da disposição legal. Não se indaga, de outro lado, se o móvel do crime foi precipuamente o de adquirir a herança. Tal fato é irrelevante. A lei aponta o crime doloso: não se pune por homicídio culposo.

A inimputabilidade, que no juízo criminal afasta a punição, deve ser vista aqui com reservas. O menor de 18 anos é inimputável, mas não seria moral, sob qualquer hipótese, que um parricida ou matricida adolescente pudesse se beneficiar de sua menoridade para concorrer na herança do pai ou mãe que matou. E não são poucos os infelizes exemplos que noticia a imprensa.

Assim sendo, não há que se admitir peremptoriamente que a inimputabilidade exclua a indignidade. Leve-se em conta, ainda, que o menor que pratica infrações fica sujeito a reprimendas da legislação específica. Para a indignidade no caso em exame, não há necessidade de condenação penal. O exame da prova será todo no juízo cível. Indigno é quem comete o fato e não quem sofre a condenação penal. No entanto, se o juízo criminal conclui pela inexistência do crime ou declara não ter o agente cometido o delito, bem como se há condenação, todas essas situações azem coisa julgada no cível.

Questão da mais alta controvérsia, por suas implicações morais, é a chamada morte piedosa, a eutanásia. A matéria está em ebulição na esfera social e jurídica. As correntes a favor e contra se digladiam. Enquanto a morte piedosa for considerada crime, não há como excluí-la como causa de indignidade. Inclusive, pode-se ir mais além, entendendo que até mesmo a instigação ao suicídio, dentro do espírito da lei, deve equiparar-se ao homicídio para efeito de indignidade (PEREIRA, 1984. v. 6, p. 30).

A extinção de pena no juízo criminal também não elide a exclusão por indignidade. No caso de crime preterintencional e de aberratio ictus, não existe a intenção homicida, razão pela qual não deve o herdeiro, em princípio, ser excluído. Assim também nas situações das excludentes de legítima defesa, estado de necessidade ou exercício regular de direito, embora sempre aspectos de fato devam ser examinados. São os princípios de Direito Penal que devem ser levados em conta. Por serem parcos os casos jurisprudenciais, há questões que ficam em aberto sob a rubrica ora estudada.

A intenção do legislador ao reprimir o homicida é de cunho universal. É necessário entender, porém, que a disposição é de alcance restrito, uma vez que outras situações moralmente justificáveis deveriam afastar o infrator de concorrer à herança da vítima, tais como lesões corporais dolosas, fraudes e crimes sexuais, por exemplo. Veja, no artigo seguinte, que o Ministério Público ganhou expressamente legitimidade para a ação nessa situação, por lei mais recente, suprindo evidente falha do Código anterior, bem como deste mesmo Código.

"II – que houverem acusado caluniosamente em juízo o autor da herança ou incorrerem em crime contra a sua honra, ou de seu cônjuge ou companheiro."

Esse dispositivo refere-se aos arts. 339 (denunciação caluniosa), 138 (calúnia), 139 (difamação) e 140 (injúria) do Código Penal.

Como a lei se refere a herdeiros ou legatário que houverem acusado caluniosamente em juízo ou incorrerem em crime, parece claro ser necessária a condenação criminal na presente hipótese.

Por outro lado, a denunciação caluniosa constitui-se no fato de alguém dar causa à instauração de investigação policial ou processo judicial contra outrem, imputando-lhe crime de que sabe ser inocente. Os reflexos devem atingir o juízo criminal, ainda que a imputação tenha sido veiculada no juízo civil. Aqui, pela dicção legal, não há necessidade de condenação criminal.

"III – que, por violência ou meios fraudulentos, inibirem ou obstarem o autor da herança de dispor livremente de seus bens por ato de última vontade."

A lei preserva a liberdade de testar. A vontade testamentária deve ser livre, espontânea. No caso, a lei pune o herdeiro ou legatário que viciaram a vontade do testador. Qualquer que seja a inibição perpetrada pelo interessado contra a vontade testamentária, insere-se na presente reprimenda. O óbice oposto pelo sucessor, portanto, pode ser tanto físico como moral. A questão sofrerá toda a prova no curso de ação de procedimento ordinário. Não se leva em conta o fato de o coator, eventualmente, até mesmo ser beneficiado pelo testamento. A inibição da vontade testamentária é vista aqui de forma genérica. Os meios fraudatórios podem ser os mais variados, pois, como sempre acentuamos, a fraude é um vício de muitas faces.

Apelação cível – Direito sucessório – Ação declaratória de exclusão de herdeiro por indignidade – Dicção do artigo 1.814 do Código Civil – Rol taxativo – Hipóteses de exclusão da linha sucessória – Imprescindibilidade de comprovação cabal – Ônus probatório imposto ao autor – Artigo 373, inciso I, do CPC – Não desoneração – Reconhecimento da exclusão – Impossibilidade – Recurso desprovido – Honorários advocatícios – Majoração – Medida que se impõe. Da elocução contida nos artigos 1.814 e 1.815 do CC/02 depreende-se que o ordenamento jurídico civil pátrio autorizou, de forma expressa, a possibilidade de se declarar, judicialmente, a exclusão do herdeiro ou legatário da sucessão, defronte à aferição do seu incurso em qualquer das práticas preconizadas como hipótese de indignidade. Evidenciado que o instituto da indignidade possui natureza essencialmente punitiva, configurando-se como verdadeira penalidade civil imposta àquele herdeiro ou legatário que tenha praticado conduta altamente reprovável em face do autor da herança ou legado ou de seus familiares, incontinente emerge-se de tal *ratio* a cogente interpretação taxativa do rol elencado no artigo 1.814 do CC. Corroborada a ausência de evidências concretas acerca do fato constitutivo do direito arguido, consubstanciado pela aferição da subsunção do caso em tela a uma das hipóteses elencadas no rol do artigo 1.814 do Código Civil, notório exsurge-se que a parte autora não se desincumbiu do ônus probatório lhe imposto pela dicção do artigo 373, inciso I, do CPC, despontando-se cogente a manutenção da sentença que reconheceu a improcedência do pedido inicial. - Nos termos do art. 85, § 11, do CPC, ao julgar o recurso o Tribunal deve majorar os honorários advocatícios anteriormente fixados, observados o trabalho adicional realizado em grau recursal e os requisitos previstos nos seus §§ 2º e 3º (*TJMG* – Ap. 1.0461.14.006048-8/001, 23-4-2020, Rel. Maurício Soares).

Civil – Sucessões – Ação declaratória de indignidade – Propositura pela avó em face da neta e seu cônjuge – Impossibilidade jurídica do pedido – Hereditanda ainda viva – *Dies a quo* para a ação – Abertura da sucessão, com o evento morte – Condição suspensiva vinculada a fato futuro e certo. Inteligência por aplicação da interpretação sistemática e lógica entre o § único e o *caput* do art. 1.815 do Código Civil. Inexistência de herança de pessoa viva. *Hereditas viventis non datur*. Ilegitimidade ativa ad causam. Hereditanda que não se inclui dentre os legitimados a propor a ação. Declaratória que não pode ser proposta pelo próprio ofendido. Necessidade de dedução da vontade, se cumpridos os requisitos legais, pela via da deserdação testamentária. Rol mais amplo que o da indignidade. Hipóteses mais amplas do que somente aquelas previstas no art. 1.814 do Código Civil. Somatório da norma geral – Art. 1.814 – Ao regramento específico da deserdação, constante do art. 1.963, também da novel codificação. 1 – Fazendo-se a interpretação lógico-sistemática entre o § único e o *caput* do art. 1.815 do Código Civil, extrai-se que a declaração de indignidade somente será feita por sentença, cuja ação terá como *dies a quo* a abertura da sucessão e como *dies ad quem* o quadriênio posterior a mesma; 2 – O exercício do direito de ação para a declaração de indignidade submete-se a fato futuro e certo, a abertura da sucessão, que, por sua vez, se dá com a morte; 3 – Não há herança de pessoa viva – *Hereditas viventis non datur* – Não havendo que se discutir quaisquer de seus termos antes do evento morte; 4 – A declaração de indignidade, antes da morte do hereditando, é pleito juridicamente impossível, pois, somente com a abertura da sucessão nasce o direito de ação dos legitimados em demandar a exclusão de herdeiro por indignidade. Precedentes; 5 – O próprio hereditando não detêm, como ofendido, legitimidade ativa ad causam para propor ação de indignidade. Cabe a propositura da ação somente aquelas pessoas que tenham legítimo interesse na sucessão, como os co-herdeiros, legatários, donatários, o fisco (na falta de sucessores legítimos e/ou testamentários) ou qualquer credor, caso se encontre prejudicado com a inércia desses interessados, no intuito de saldar seu débito; 6 – O hereditando, em vida, pode se valer da via da deserdação testamentária, cujos requisitos são mais amplos que os da indignidade, já que se somam as situações do art. 1.963 às do art. 1.814 – Aplicáveis a ambos os institutos, caso recurso conhecido e improvido. Sentença que extinguiu o feito por impossibilidade jurídica do pedido, mantida (*TJDFT* – Proc.

20100110943193 – (547142), 14-11-2011, Rel. Des. Alfeu Machado).

Art. 1.815. A exclusão do herdeiro ou legatário, em qualquer desses casos de indignidade, será declarada por sentença.
§ 1º. O direito de demandar a exclusão do herdeiro ou legatário extingue-se em quatro anos, contados da abertura da sucessão.
§ 2º Na hipótese do inciso I do art. 1.814, o Ministério Público tem legitimidade para demandar a exclusão do herdeiro ou legatário." (Alteração trazida pela Lei 13.532/2017).

A indignidade exposta na lei não opera automaticamente e não se confunde com incapacidade ou ilegitimidade para suceder. Há necessidade que seja proposta ação, de procedimento ordinário, movida por quem tenha interesse na sucessão e na exclusão do indigno, herdeiros e legatários. Os fatos típicos de indignidade descritos no art. 1.814 devem ser provados no curso da ação.

Questão que se ligava ao interesse público e que merecia a atenção do legislador e do julgador, pois nada impediria de julgar-se nesse sentido, dizia respeito à possibilidade de o Ministério Público promover a ação de indignidade, mormente nas hipóteses de homicídio e sua tentativa contra o autor da herança. A falha foi agora reparada com a introdução do §2º no presente artigo. O Estado está colocado na posição de herdeiro, ou, ainda que assim não se considere, pode ser interessado na herança quando não houver outros herdeiros, de modo que o Poder Público está legitimado a mover ação contra o indigitado indigno. Seria absolutamente imoral que se permitisse que um filho parricida ou matricida herdasse dos falecidos pai ou mãe, somente porque não houvesse quem pudesse afastá-lo da sucessão.

O antigo art. 1.596, ao se expressar sobre a legitimidade para essa ação, dispunha sobre "*ação ordinária, movida por quem tenha interesse na sucessão*". O atual Código silenciou a esse respeito, mas é inexorável que o princípio continua aplicável.

A ação para o interessado pedir a declaração de indignidade no Código de 1916 prescrevia em quatro anos (art. 178, § 9º, IV). O presente Código, que simplificou abertamente os prazos extintivos, definiu que o direito para demandar a exclusão do herdeiro ou legatário, prazo de decadência, extingue-se em quatro anos, a contar da abertura da sucessão.

Atente também para a *indivisibilidade da ação* de indignidade. Ainda que um só interessado promova a ação, sua declaração aproveita aos demais herdeiros, que não participaram do processo. Trata-se de situação que vem beneficiar e atingir estranhos à ação. E tal não pode ser diferente tendo em vista o direito material que está em jogo. Os efeitos da coisa julgada, portanto, de forma peculiar, alcançam quem não foi parte. Isso ocorre porque a ordem de vocação hereditária não tem caráter individual. O estado de herdeiro é indivisível. Daí por que não pode haver renúncia ou aceitação parcial da herança. A exclusão que se opera por indignidade é feita com relação à herança e não aos demais herdeiros. Se mais de um herdeiro ou outro interessado mover ação concomitante ou sucessivamente, devem elas ser reunidas para julgamento uno.

Questão importante é saber se falecendo o autor da ação de indignidade no seu curso, esta poderá ter prosseguimento por seus herdeiros. A resposta será dada pelo direito material e pela ordem de vocação hereditária. Se os filhos do falecido tiverem interesse na herança, terão legitimidade para prosseguir na ação.

Enunciado nº 116, I Jornada de Direito Civil. O Ministério Público, por força do art. 1.815 do novo Código Civil, desde que presente o interesse público, tem legitimidade para promover ação visando à declaração da indignidade de herdeiro ou legatário.

Direito das sucessões – Ação declaratória de indignidade – Autor que se alega ser companheiro do "de cujus" e que imputa ao réu abandono material e afetivo – Hipóteses que não se enquadram no rol do art. 1.815 do CC – Taxatividade das hipóteses legais – Inviabilidade de ampliação dos casos típicos previstos em lei – Produção de provas desnecessária – Cerceamento de defesa não caracterizado – Recurso desprovido. (*TJSP* – Ap. 1000250-68.2016.8.26.0547, 6-12-2018, Rel. Marcus Vinicius Rios Gonçalves).

Direito civil. Ação de exclusão de herdeiro (filho) da sucessão por indignidade. Pedido formulado pela autora (mãe) da futura e suposta herança. Ilegitimidade e impossibilidade jurídica. Quem pretender privar da legítima herdeiro necessário, deve fazê-lo por testamento. Para a ação de **exclusão de herdeiro**, prevista no art. 1.815, do Código Civil, "possuem legitimidade ativa para a lide, além dos herdeiros, os legatários, os credores, o Fisco, os donatários, isto é, todos aqueles que, pelo resultado do inventário, serão contemplados com alguma parcela da herança" (Arnaldo Rizzardo) (*TJSC* – Apelação Cível 2005.036556-1, 31-7-2008, Rel. Des. Newton Janke).

Art. 1.816. São pessoais os efeitos da exclusão; os descendentes do herdeiro excluído sucedem, como se ele morto fosse antes da abertura da sucessão. Parágrafo único. O excluído da sucessão não terá direito ao usufruto ou à administração dos bens que a seus sucessores couberem na herança, nem à sucessão eventual desses bens.

Há fortes indícios da morte civil do direito antigo na pena de indignidade, tanto que o presente texto manda tratar o indigno como se ele *morto fosse*. Este Código acrescentou a expressão *antes da abertura da sucessão* justamente para tentar excluir essa pecha. Dessa forma, os filhos do indigno representam o pai na herança do avô, se concorrem com irmão do indigno (art. 1.852).

Em dispositivo que melhor estaria em artigo autônomo, o parágrafo único acrescenta que o excluído perde o usufruto ou administração desses bens da herança quando couberem a seus filhos menores ou incapazes e não poderá recebê-los por sucessão. Essa disposição tem profundo alcance moral, pois, por via indireta, o excluído poderia desfrutar dos bens. Sem essa consequência, a pena de indignidade perderia sua força. O excluído poderia participar dos bens da herança em testilha de forma transversa. Uma vez que o indigno é tratado como se morto fosse, seus filhos representam-no na herança, como se tivesse ocorrido uma pré-morte. Se os filhos fossem incapazes, o indigno teria o usufruto legal desses bens, assim como sua administração (art. 1.689), como efeitos inerentes ao poder familiar. Nesse caso, há que se nomear um curador, um terceiro, para essa administração. Da mesma forma, a lei veda que o excluído por indignidade venha a receber por herança esses bens que lhe foram tolhidos, caso venha a suceder seus filhos, em caso de morte destes.

No entanto, deve ser acentuado que os efeitos da indignidade, como pena que é, são personalíssimos. Não deixará o indigno, portanto, de ter o usufruto legal, a administração ou o direito a eventual herança de seus descendentes, no tocante a bens que se refiram à exclusão e que pertençam a seus herdeiros por título diverso. A nomeação de curador será restrita aos bens da herança da qual o herdeiro foi excluído.

Como não se confunde herança com meação, esta deve ser atribuída ao indigno, caso a herança provenha do cônjuge, uma vez que se trata unicamente de separar o patrimônio comum.

Com o trânsito em julgado da ação de indignidade julgada procedente, os efeitos serão os seguintes: 1. com efeito retroativo, desde a abertura da sucessão (*ex tunc*) os descendentes do indigno, se existirem, sucedem como se ele morto fosse (conforme este artigo); 2. o indigno é obrigado a devolver os frutos e rendimentos da herança, uma vez que é considerado possuidor de má-fé, com relação aos herdeiros, desde a abertura da sucessão (art. 1.817, parágrafo único); 3. na forma do art. 1.817, os atos de administração e as alienações praticadas pelo indigno antes da sentença de exclusão são válidos.

Art. 1.817. São válidas as alienações onerosas de bens hereditários a terceiros de boa-fé, e os atos de administração legalmente praticados pelo herdeiro, antes da sentença de exclusão; mas aos herdeiros subsiste, quando prejudicados, o direito de demandar-lhe perdas e danos.

> **Parágrafo único.** O excluído da sucessão é obrigado a restituir os frutos e rendimentos que dos bens da herança houver percebido, mas tem direito a ser indenizado das despesas com a conservação deles.

1. Efeitos dos atos praticados pelo indigno

Enquanto não definida a indignidade do herdeiro e sua consequente exclusão por sentença definitiva, o indigitado é herdeiro para todos os efeitos. O texto, nesse diapasão, enfatiza que as alienações onerosas e os atos de administração praticados por ele, antes da decisão, são válidos. Essa afirmação, a nosso ver, não pode ter uma compreensão peremptória, mormente no tocante a terceiros que tenham ciência da ação por indignidade e contratam com o herdeiro apontado sem a necessária boa-fé. Contudo, a matéria é argua e se desloca toda para a prova.

O artigo ressalva aos demais herdeiros a possibilidade de ressarcirem-se em perdas e danos com relação ao excluído. Assim, promovida a ação ou mesmo estando em vias de ser a ação de indignidade ajuizada, os demais herdeiros podem tomar todas as medidas acautelatórias contra o indigitado, inclusive pedindo caução, a fim de que não tenham prejuízo a final. Nesse mesmo prisma se coloca o parágrafo do presente artigo, pois o excluído deve restituir frutos e rendimentos recebidos pelos bens da herança e pode não ter situação patrimonial para tal. O excluído pode compensar o valor que tiver a pagar, com as despesas com conservação dos bens.

2. Aparência e herdeiro aparente. Situação análoga aos atos praticados pelo indigno antes da sentença. Veja art. 1.827, parágrafo único

A teoria da aparência no campo jurídico, embora não seja erigida em instituto jurídico, possui uma estrutura que auxilia a adequação da norma à realidade e necessidade sociais, finalidade última do Direito. A convivência social tornar-se-ia impensável sem confiança na aparência, se a cada momento tivéssemos que nos certificar das realidades. Como cabe ao Direito ordenar a sociedade, não pode prescindir das aparências. Daí por que, embora não seja a aparência uma categoria jurídica autônoma, ora e vez a lei lhe dá valor preponderante, em prol da boa-fé e paz social. São os casos, por exemplo, do erro como fator de anulação do negócio jurídico (art. 138); do pagamento feito ao credor putativo (art. 309); da presunção de autorização para receber pagamento por quem seja portador da quitação (art. 311), sem mencionar toda a estrutura da posse, que protege um estado de fato, uma aparência de propriedade. Nas outras áreas do Direito o fenômeno se repete.

Não existia em nossa lei, no entanto, disposição expressa alguma acerca do herdeiro aparente. Todavia, situações podem ocorrer nas quais, alguém, com boa ou má-fé, assume a posição de herdeiro (ou mesmo cônjuge meeiro), entra na posse dos bens hereditários, pratica atos próprios de herdeiro de alienação e administração e, após certo tempo, surge o verdadeiro herdeiro que, pelo princípio da *saisine*, tem essa condição desde a abertura da sucessão. É o caso, por exemplo, de um sobrinho que não sabe da existência de um filho natural do *de cujus* ou oculta-a, cuja existência só vem a ser conhecida muito tempo após o ingresso desse sobrinho nos bens da herança.

Sob essas premissas, não há dúvidas quanto à validade dos atos de administração praticados pelo herdeiro aparente. O problema maior surge com as alienações. Embora existam exemplos jurisprudenciais em contrário no passado, por uma questão de equidade não há como se negar validade às alienações onerosas feitas a adquirentes de boa-fé.

A situação crítica é saber se os terceiros de boa-fé que negociaram com o falso herdeiro serão prejudicados. Coloque-se na posição de alguém que adquiriu um bem da herança, de forma onerosa, com alvará judicial, de uma pessoa devidamente autorizada pelo juízo e em tudo e por tudo, à vista de todos, portando-se como herdeiro. É evidente que no exame dos dois valores, o parente e o real, devemos proteger a boa-fé, com preponderância para a aparência. Assim se posicionou finalmente este Código no parágrafo único do art. 1.827. Também se colocou de forma idêntica ao estatuto anterior, no tocante à indignidade. O mesmo que se aplica aos atos do indigno, aplicando-se às demais situações de herdeiro aparente, pois as situações são análogas.

Fica o verdadeiro herdeiro com direito a acionar o aparente para o devido reembolso, que variará de acordo com sua boa ou má-fé. Lembre-se, ademais, de que é possível que uma mesma pessoa pode reunir ao mesmo tempo a condição de herdeiro aparente e real, quando não sabe, por exemplo, que tem outro irmão, até então desconhecido.

No presente art. 1.817 ficam estampados os direitos dos prejudicados e do excluído, tanto no caso de indignidade propriamente dita, como no de herdeiro aparente, em quatro hipóteses distintas: (a) serão válidas as alienações onerosas pelo herdeiro afastado antes da sentença de exclusão; (b) fica assegurado aos coerdeiros o direito de demandar perdas e danos; (c) o excluído fica obrigado a restituir frutos e rendimentos; e (d) reconhece-se ao excluído o direito de indenização pela conservação dos bens, evitando-se o injusto enriquecimento.

Tratando-se de alienações a título gratuito, não se justifica a mantença do ato de alienação praticado dessa forma, uma vez que não haverá, em princípio, prejuízo. Nessa hipótese, prevalecerá a posição do herdeiro real.

Há, portanto, analogia clara entre a teoria do herdeiro aparente e daquele excluído por indignidade. A situação fica clara com a tomada de posição por este

Código. Completando essa ideia, o art. 1.828 reporta-se ao pagamento de legado pelo herdeiro aparente.

**Art. 1.818. Aquele que incorreu em atos que determinem a exclusão da herança será admitido a suceder, se o ofendido o tiver expressamente reabilitado em testamento, ou em outro ato autêntico.
Parágrafo único. Não havendo reabilitação expressa, o indigno, contemplado em testamento do ofendido, quando o testador, ao testar, já conheça a causa da indignidade, pode suceder no limite da disposição testamentária.**

O autor da herança pode ter perdoado o indigno por ato autêntico ou testamento. Trata-se da reabilitação do indigno. O perdão deve ser inequívoco, sem deixar margem a dúvidas. Assim admitido, é eficaz para excluir a possibilidade de indignidade, não podendo ser impugnado por outro herdeiro, a não ser que se discuta a nulidade do ato de perdão. A discussão poderá deslocar-se para a compreensão e validade do *ato autêntico* a que se reporta a lei.

O parágrafo único, introduzido por este Código, trata de modalidade de perdão implícito que exigirá o cuidado do intérprete, a vontade muito clara do testador, bem como prova intrincada e complexa. Assim, o testador, sabedor da causa de indignidade, mesmo assim aquinhoa o herdeiro. A lei fala em validade da deixa "*no limite da disposição testamentária*". Entende-se, portanto, que o herdeiro pode receber apenas parte da herança que lhe cabia, uma porção mitigada, porque o testador, sabedor de sua indignidade, mesmo assim o beneficiou, embora de forma reduzida. Atinge-se, pois, a legítima nesse caso. Seria, então, uma exceção à regra geral. A doutrina e a jurisprudência devem se definir a esse respeito. Cumpre que o testador seja muito claro e mesmo assim as dúvidas se multiplicarão, no caso concreto. Apenas para exemplificar uma hipótese, imagine-se quão dificultosa será a avaliação da prova para se saber se o testador sabia da calúnia praticada em juízo ou em crime contra a honra, contra si, contra seu cônjuge ou companheiro, quando aquinhoou o indigitado no testamento.

O autor da herança, o testador, ofendido por uma das causas de indignidade, é o primeiro e melhor juiz para saber se a pena deve ser aplicada. Por isso pode perdoar o ofensor. Esse perdão, como já acenado, é ato formal e privativo da vítima. Só o próprio ofendido pode fazê-lo. Trata-se de ato personalíssimo. Assim, o perdão pode ter como veículo o testamento, que é ato personalíssimo por natureza, além de ato autêntico, como citado em lei. Se o ato provém de testamento, basta que se insira em qualquer das formas permitidas pela lei. Questão maior é saber se persiste o perdão se o testamento caducar ou for anulado. A matéria tem a ver com a interpretação da vontade testamentária, que pode se tornar tarefa árdua. Quando há revogação do testamento, por exemplo, há de se averiguar se houve intenção também de revogar o perdão.

Pode-se adiantar que, em princípio, se o testamento caducar, isto é, perder a eficácia como ato de última vontade, continuará a gerar efeito como ato autêntico para as disposições não tipicamente patrimoniais. Também, na hipótese de anulação, entende-se que o perdão do indigno é disposição não patrimonial e poderá continuar válido. O testamento pode ter disposições que lhe são próprias e típicas, que são as disposições ou deixas patrimoniais. No entanto, esse ato de última vontade pode conter disposições que não tenham esse caráter, como é o caso de nomeação de tutor ou curador, reconhecimento de um filho etc. O perdão do indigno coloca-se entre essas disposições.

Como a reabilitação do indigno pode ser feita tanto por testamento como por ato autêntico, qualquer escrito público do ofendido contra o qual não se coloque suspeita quanto à higidez da manifestação de vontade será idôneo. Há quem entenda que nesse caso o testamento deverá ser público, pois não se compreende o escrito particular dentro da expressão "*ato autêntico*".

Assim, se o testamento for anulado por qualquer vício de forma, que não vício de vontade que afete o perdão, não há que negar eficácia à vontade que reabilitou o indigno. No entanto, se o vício de vontade afeta todo o ato e se situa na vontade, como o erro, o dolo e a coação, a autenticidade do ato perde força e o perdão não pode ser admitido como válido e eficaz, assim como as demais disposições testamentárias. De qualquer forma, a doutrina está longe de se entender a esse respeito. Como a lei fala em perdão em *ato autêntico*, só o será a escritura pública, com obediência às formalidades legais, fora o testamento.

Outra questão que aflora nesse tema era saber se o perdão poderia ser *tácito*, pois o Código anterior referia-se à forma expressa. O parágrafo único deste artigo reporta-se expressamente à possibilidade de perdão ao indigno ser implícito ou tático. Na aplicação estrita do art. 1.597 antigo não era admitida a forma tácita. No entanto, na prática, podia ocorrer que pelo comportamento do ofendido, por sua conduta, tudo levasse a concluir que perdoara seu ofensor. Porém, perante o texto antigo, não poderia ser admitido esse perdão. A doutrina, no entanto, admitia a forma tácita se o testador ofendido, ciente da ofensa, aquinhoara seu ofensor, sem, contudo, referir-se textualmente à reabilitação. Nesse caso, o perdão devia ser entendido como existente. Essa posição doutrinária passou a constar, portanto, neste Código. É posição do Código italiano, que parece admitida pelo nosso ordenamento agora, onde se admite que o excluído possa participar de parte da herança, de forma restrita, segundo vontade do testador.

O ato do perdão não exige palavras textuais, nem descrição completa do fato que se perdoa. Basta a vontade inequívoca de perdoa. Porém, no texto de nossa lei não basta a simples reconciliação para admitir o indigno na herança. Tal posição abriria um conceito muito elástico em cada caso.

Como apontamos, questão de monta é saber se, revogado o testamento que contém o perdão, este também ficará revogado. Entendem alguns que o ato do perdão não admite retratação. Mas deve ser visto se o testador, ao revogar o testamento, não fez expressa menção ao perdão, mantendo a remissão, ou retirando-a. A questão se desloca para a interpretação da vontade testamentária.

Uma vez presente o perdão, silencia-se sobre o fato de deserdação, não se admitindo mais a ação de exclusão do herdeiro. Pode ocorrer, contudo, que seja encontrado ato de perdão após a propositura da ação. Se encontrado no curso da ação, esta estará fadada à carência. Se o ato for descoberto após a sentença de exclusão, só outra ação judicial, salvo acordo entre os interessados, poderá devolver a capacidade sucessória ao excluído, com o cancelamento da pena de indignidade. O excluído terá direito então à herança originária e, se esta não mais existir, deverá receber seu valor atualizado.*

CAPÍTULO VI
Da Herança Jacente

Art. 1.819. Falecendo alguém sem deixar testamento nem herdeiro legítimo notoriamente conhecido, os bens da herança, depois de arrecadados, ficarão sob a guarda e administração de um curador, até a sua entrega ao sucessor devidamente habilitado ou à declaração de sua vacância

Nossa lei não trata ainda de forma muito clara a situação de uma herança sem herdeiros conhecidos. A herança é jacente quando não conhecemos quais são os herdeiros, ou então quando os herdeiros conhecidos repudiaram a herança, renunciaram, não existindo outros. O procedimento é tratado no atual CPC pelos arts. 738 a 743.

O estado de jacência é simplesmente uma passagem fática, *transitória*. Da herança jacente, não logrando entregar a herança a um herdeiro, passa-se à herança vacante. Ou seja, sem titular, como ponte de transferência do acervo ao Estado.

No Direito Romano, o problema era colocado de forma diferente. Como a herança aguardava que o herdeiro a aceitasse, com a adição da herança, até que houvesse essa adição, *hereditas jacet*, a herança era jacente. Os romanos superavam os inconvenientes de um patrimônio sem titular com uma série de ficções, como a que se entendia que o defunto sobrevivia, no interesse do futuro herdeiro. A herança jacente era equiparada a uma pessoa jurídica, embora essa entidade moral não fosse ainda conhecida com contornos modernos.

Como modernamente, pelo princípio da *saisine*, não é admitida, juridicamente, uma herança sem titular, não pode a herança jacente ser tida como uma pessoa jurídica. Essa é a opinião generalizada, embora a herança jacente guarde alguns aspectos de pessoa jurídica, como a representação processual, o que faz que a classifiquemos entre as pessoas com *personalidade anômala*. O CPC, no art. 75, VI, diz que a herança jacente ou vacante é representada em juízo pelo seu curador. A exemplo de outras situações, a herança jacente abarca uma série de medidas que têm por objetivo proteger os bens de um titular anda desconhecido. Existe nesse instituto, portanto, uma forma de personificação.

A característica principal da herança jacente é sua transitoriedade. Os bens dessa herança serão entregues aos herdeiros que se habilitarem, ou então será decretada a vacância. Difere da situação do espólio, quando os herdeiros são conhecidos.

De acordo com o presente artigo, portanto, quando, em síntese, não se sabe de herdeiros: ou porque não existem, ou porque não se sabe de sua existência, ou porque os herdeiros eventualmente conhecidos renunciaram à herança. O texto sobre o tema no Código de 1916 era prolixo e não muito claro. O art. 1.591 do antigo Código regulava os casos de jacência sem testamento; a jacência com testamento era tratada pelo art. 1.592. Em qualquer das hipóteses, a alusão era à ausência de alguém para receber e administrar a herança. Este Código optou pela forma sintética, que espelha a regra geral: a herança é jacente quando não há quem dela possa legitimamente cuidar.

A alusão legal a *herdeiros notoriamente conhecidos* sempre foi tida pela doutrina como referente a herdeiros presentes no local da sucessão. Em qualquer dos casos, a notoriedade de que fala a lei é de compreensão fácil. Se o corpo social sabe da existência de um sucessor, ainda que existente em local diverso do domicílio do *de cujus*, não há que se falar em herança jacente.

Há outros casos de jacência, como a do nascituro, enquanto não ocorrer o nascimento, não havendo outro sucessor, e da pessoa jurídica em formação por força de deixa testamentária, também não existindo outros sucessores. A situação é a mesma no caso do herdeiro sob condição suspensiva, enquanto não ocorrer o implemento da condição.

1. Arrecadação dos bens da herança jacente

O procedimento de arrecadação vem descrito nos arts. 738 a 743 do CPC. O art. 738 determina ao juiz os casos em que a lei considere jacente a herança, que proceda imediatamente à arrecadação de todos seus bens. Não importa a forma pela qual o juiz tome conhecimento da morte. O juiz competente é o da comarca do domicílio do falecido, porque geralmente é lá que estão o centro de negócios e a maioria dos bens. É excepcional no ordenamento que possa o juiz agir de ofício. Essa arrecadação é um procedimento cautelar, pois os bens são arrecadados para evitar sua perda, deterioração ou dilapidação.

Durante o estado de jacência, a herança fica sob administração de um curador (art. 739 do CPC) até a entrega dos bens ao sucessor legalmente habilitado, ou até a declaração de vacância, quando a herança será incorporada ao Estado. O processo de jacência está intimamente ligado à vacância e à sucessão do Estado. Existem na verdade quatro fases: arrecadação, publicação de editais e busca de herdeiros (art. 1.152 do CPC), a entrega de bens aos Estado e a definitiva transferência do domínio aos bens do Estado.

As atribuições do curador, nomeado pelo juiz, são as de qualquer administrador de bens alheios em geral. O Ministério Público participa obrigatoriamente do processo de herança jacente (art. 739, § 1º, I). A função do curador é remunerada, segundo o trabalho exigido e as forças da herança. Trata-se de um auxiliar do juiz. Sua remuneração será fixada de acordo com o vulto do trabalho e as forças da herança. Exige-se plena probidade, a qual, se quebrada, implica em imediata destituição pelo juiz, além de responsabilização civil e penal.

O art. 740 descreve como deverá o juiz conduzir-se na arrecadação, fazendo com que o oficial de justiça, acompanhado do escrivão ou chefe da secretaria e do curador, arrole os bens encontrados, lavrando-se auto circunstanciado.. Se ainda não houve possibilidade de nomeação de curador, deverá ser nomeado um curador *ad hoc* ou então depositário, como menciona o § 2º do dispositivo, para essa importante e fundamental diligência. Há providências que devem ser imediatamente tomadas, mormente se forem encontrados bens perecíveis, animais etc.

Cabe ao juiz examinar reservadamente os papéis, cartas, documentos e livros domésticos do falecido. Sua herança digital atualmente também deve ser verificada. Os guardados sem interesse serão lacrados para entrega aos herdeiros, ou serão incinerados se os bens forem, a final, declarados vacantes. Pode o juiz ordenar que a autoridade policial proceda à arrecadação, A diligência feita por policial deve ser vista como exceção, uma vez que o juiz deve zelar por fazer pessoalmente a diligência. Lembramos de episódio de herança jacente no início de nossa carreira como magistrado, em pequena comarca; fizemos arrecadação de bens de senhor falecida, sem qualquer parente conhecido. Entre seus guardados na residência encontramos correspondência com sobrinhos na Itália. Resolvemos rapidamente, para a época, com uma carta nossa enviada aos parentes, que em pouco tempo constituíram advogado e abriram o inventário. Hoje com os contatos digitais a informação seria muito mais rápida.

Destarte, o processo será suspenso se surgir algum herdeiro ou testamenteiro notoriamente conhecido, não havendo oposição do curador, do órgão do Ministério Público, da fazenda Pública ou de qualquer interessado (art. 740, §6º). O juiz deve julgar de plano as eventuais oposições. A exemplo do inventário, não se discute nesse procedimento matéria de alta indagação, entendendo-se assim aquelas que necessitem de produção de provas que não documentais. Toda matéria unicamente de direito, por mais complexa, não deve ser compreendida nessa expressão. A dita matéria de alta indagação, que necessita de provas, deve ser objeto de ação autônoma.

O curador, o Ministério Público e a autoridade policial devem auxiliar o juiz na busca de sucessores. Feito o auto de arrecadação de todos os bens, o juiz mandará expedir edital na forma do art. 741 do CPC. A citação será pessoal, se houver sucessor ou testamenteiro em lugar certo, sem prejuízo do edital. Haverá comunicação à autoridade consular se o falecido era estrangeiro. Nada impede que seja solicitada da autoridade consular a localização de herdeiro no exterior. Hoje com os meios informatizados há várias outras possibilidades de localização de herdeiros. Note que se trata de procedimento de jurisdição voluntária, não estando o juiz adstrito ao critério da legalidade estrita (art. 723, parágrafo único, do CPC).

Admitido o herdeiro que se habilitou, a arrecadação é convertida em inventário. Da decisão que admite ou não herdeiro cabe apelação. Note que a habilitação pode ter sido temporariamente inadmitida por falta de provas, quando a situação será de agravo de instrumento. A habilitação deve ser processada em apartado.

⚖ Inventário – Decisão que converteu o feito em herança jacente e nomeou curador – "De cujus" que faleceu sem deixar irmãos, descendente, cônjuge ou ascendentes de primeiro grau – Demanda que discute o reconhecimento de união estável homoafetiva "post mortem" em curso – Necessidade de reconhecimento da jacência – Inteligência do art. 1.819 do CC – Provisoriedade da situação até a localização dos herdeiros – Indemonstrada questão prejudicial capaz de suspender o curso da demanda - decisão mantida – Recurso desprovido (TJSP – Agravo de Instrumento 2267854-32.2019.8.26.0000, 20-3-2020, Rel. Theodureto Camargo).

Art. 1.820. Praticadas as diligências de arrecadação e ultimado o inventário, serão expedidos editais na forma da lei processual, e, decorrido um ano de sua primeira publicação, sem que haja herdeiro habilitado, ou penda habilitação, será a herança declarada vacante.

Pela vacância, os bens são entregues ao Estado. Essa fase, porém, não tem o condão de incorporar os bens definitivamente ao Estado, o que só vem a ocorrer na forma desse dispositivo. A propriedade transferida aí ao Poder Público é resolúvel, já que no quinquênio poderá ainda surgir algum herdeiro. Após a declaração de vacância, dizia o art. 1.594, parágrafo único, do antigo Código, que eram excluídos os colaterais que não fossem notoriamente conhecidos. O parágrafo único do art. 1.822 dispõe que "*não se habilitando até a declaração de vacância, os colaterais ficarão excluídos da sucessão*". Essa, portanto, é a consequência principal da declaração de vacância, qual seja, afastar os colaterais da herança. A passagem dos bens vacantes do estado opera-se sem necessidade de aceitação.

> **Art. 1.821.** É assegurado aos credores o direito de pedir o pagamento das dívidas reconhecidas, nos limites das forças da herança.

Esse artigo é inócuo, superfetado e inútil. Nunca se duvidou que pudessem os credores do autor da herança pedir o pagamento de seus créditos ao monte, dentro das forças da herança. A situação não se altera em face dos processos de jacência ou vacância. Podem se habilitar até a incorporação definitiva dos bens ao ente estatal.

> **Art. 1.822.** A declaração de vacância da herança não prejudicará os herdeiros que legalmente se habilitarem; mas, decorridos cinco anos da abertura da sucessão, os bens arrecadados passarão ao domínio do Município ou do Distrito Federal, se localizados nas respectivas circunscrições, incorporando-se ao domínio da União quando situados em território federal.
> **Parágrafo único.** Não se habilitando até a declaração de vacância, os colaterais ficarão excluídos da sucessão.

Como já exposto, mesmo após a declaração de vacância, os herdeiros podem se habilitar. Porém, decorrido o prazo do art. 1.820, os bens passarão aos entes estatais. Como visto, o efeito da declaração de vacância é afastar os colaterais, que não mais podem concorrer à sucessão. O parágrafo inserido no presente dispositivo não permite outra interpretação, corrigindo dúvida do passado.

O prazo de incorporação dos bens vacantes ao Estado sofreu modificações legislativas. Na redação original do art. 1.584 do antigo diploma, tais bens só passavam definitivamente ao Estado no prazo máximo de usucapião, que na época era de 30 anos.

Como a sentença de vacância não incorpora definitivamente os bens ao Estado, seu principal efeito, como visto, é excluir os colaterais. A Fazenda Pública fica na condição de depositário dos bens, até a incorporação definitiva.

> "*Transitada em julgado a sentença que declarou que declarou a vacância, o cônjuge, o companheiro, os herdeiros e os credores só poderão reclamar o seu direito por ação direta*" (art. 743, § 2º do CPC).

Portanto, após a sentença, nada mais é discutido no processo de jacência e vacância. A ação direta será movida contra a Fazenda Pública.

Uma vez os bens atribuídos ao Estado, o patrimônio devia ser empregado no ensino universitário (Decreto-lei nº 8.207/1945, art. 3º). Os bens eram incorporados ao domínio da União, dos Estados ou do Distrito Federal, conforme o caso. A Lei nº 8.049/1990 modificou o destino dos bens ao Estado, determinando que os bens arrecadados passassem ao domínio do Município ou do Distrito Federal, e localizados nas respectivas circunscrições, incorporando-se ao domínio da União, quando situados em território federal. O presente artigo manteve a mesma orientação.

1. Sucessão do Estado

Vimos que a herança jacente passa a vacante quando não há sucessores. A vacância é a forma de se atribuírem os bens da herança ao Poder Público, que recebe em último lugar na ordem de vocação hereditária, após os colaterais.

O Estado não deve ser considerado tecnicamente um herdeiro. Dado o caráter especial e peculiar de sua sucessão, o Estado não tem a *saisine*, não entrando na posse e propriedade dos bens da herança tão só pela abertura da sucessão. Daí a necessidade do processo de vacância. É claro que a situação é totalmente diferente se o Poder Público foi aquinhoado por deixa testamentária.

A doutrina muito discutiu a respeito da natureza jurídica desse direito sucessório do Estado. Defendeu-se que o Estado herda em razão de seu direito de ocupação (*iure occupationis*). Isso porque o Estado se apropria das coisas sem dono. No entanto, tal tese não encontra ressonância na estrutura jurídica da propriedade e da sucessão. Na realidade, não existe um abando dos bens por parte do falecido. Também não pode ser aceita a ideia de que o Estado recebe a herança por força de sua soberania (*ius imperii*). Em princípio, o Estado recebe a herança sob a mesma natureza dos demais herdeiros, apenas que de uma forma compulsória, herança que não pode ser renunciada.

> **Art. 1.823.** Quando todos os chamados a suceder renunciarem à herança, será esta desde logo declarada vacante.

Também será imediatamente declarada a vacância quando todos os herdeiros chamados renunciarem à herança. Esta hipótese é diversa da anterior, pois aqui os herdeiros são perfeitamente conhecidos, mas repudiam a herança, que resta sem titular. O presente dispositivo foi introduzido por este Código e teve por objetivo evitar o desnecessário processo de vacância.

Agravo de instrumento. Ação de inventário. Rito atinente à herança jacente. **Sentença que declara a**

vacância da herança. Petição nos autos de herdeiros colaterais que pretendem a anulação dos atos consumados e avocação à ação de inventário por eles proposta. Impossibilidade. Exegese do artigo 1.158 do CPC. Reclamação de direito por meio de ação própria. – À luz do artigo 1.158 do Código de Processo Civil, transitada em julgado a sentença que declarou a vacância, o cônjuge, os herdeiros e os credores só poderão reclamar o seu direito por ação direta. Assim, não tendo os herdeiros se habilitado no prazo estabelecido na lei processual sentença que declara a vacância – Referente à herança jacente e vacante, findo está o procedimento, cessando a competência do juiz da arrecadação de bens, devendo os pretensos herdeiros por meio de ação própria defenderem os alegados direitos, não havendo que se falar em nulidade dos atos processuais já consumados. Agravo de instrumento não provido Tribunal de Justiça do Estado do Paraná. (*TJPR* – AI 0873191-5, 6-6-2012, Rel. Des. Gamaliel Seme Scaff).

CAPÍTULO VII
Da Petição de Herança

Art. 1.824. O herdeiro pode, em ação de petição de herança, demandar o reconhecimento de seu direito sucessório, para obter a restituição da herança, ou de parte dela, contra quem, na qualidade de herdeiro, ou mesmo sem título, a possua.

Várias ações podem estar relacionadas com a herança e com os direitos hereditários. Assim, por exemplo, as de registro de testamento, de nulidade de testamento, de nulidade e partilha, deserdação etc. A ação de petição de herança, presente contemporaneamente de forma expressa no presente Código merece especial destaque.

Pode ocorrer que herdeiros não sejam relacionados e não sejam trazidos ao inventário e à partilha por uma série de razões. Nessa situação, não se reconhece à pessoa sua condição jurídica de herdeiro. Um filho do autor da herança, por exemplo, que não tenha sido reconhecido, ou que não se sabia de sua existência, ocorrendo resistência dos interessados em admiti-lo como herdeiro. Da mesma forma, por exemplo, pode ser encontrado um testamento do qual não se tinha notícia, instituindo herdeiro ou legatário até então desconhecido. Ao obstado dessa forma de concorrer à herança, portanto, cabe recorrer à contenda judicial para a definição de sua condição de herdeiro e, consequentemente, obter a parcela que lhe cabe na universalidade. A demanda do presumido herdeiro em torno da herança pode ocorrer fundamentalmente contra terceiro estranho à vocação hereditária; contra herdeiro aparente ou quem indevidamente se arvora herdeiro ou contra herdeiro que pretende parcela maior daquela que lhe é devida. Na definição clássica de Itabaiana de Oliveira (1987, p. 482),

"a ação de petição de herança é a que compete ao herdeiro legítimo ou testamentário contra aqueles que, pretendendo ter direito à sucessão, detêm bens da herança no todo ou em parte".

Nessa ação, haverá quase sempre discussão acerca da qualidade ou estado de herdeiro. Se essa condição de herdeiro for inconcussa e este reclama o bem contra terceiros, a ação será de outra natureza, mas não terá conteúdo sucessório. A natureza reivindicatória, todavia, será comum a ambas as situações. Na ação de petição de herança, existe a discussão de uma questão prévia, qual seja, a condição de herdeiro. Qualquer dos coerdeiros pode reclamar a universalidade da herança, no todo ou em parte. Será sempre uma ação de natureza real, que se postule em parte que se postule no todo a herança. Trata-se do meio judicial idôneo para reclamar os direitos hereditários indevidamente em mãos indevidas, que podem ser do cônjuge, companheiro, algum herdeiro aparente ou não, ou qualquer outro usurpador. Assim, a ação de petição de herança objetiva não somente o reconhecimento da qualidade de herdeiro, mas também e principalmente sua integral satisfação no tocante ao acervo hereditário. Diz-se que essa ação é universal, porque busca a universalidade da herança, no todo ou em parte.

Na ação reivindicatória típica, porém, o objeto será, na maioria das vezes, um determinado bem. Na ação de petição de herança, sobreleva sua natureza universal, não haverá sempre identificação plena dos bens que constituem a herança.

É claro que, se simplesmente omitido o nome de um herdeiro no inventário e sendo este habilitado e admitido sem discussões, não haverá necessidade de ação. De acordo com a regra geral, a petição de herança apenas se faz necessária quando há pretensão resistida. Até a partilha, qualquer interessado pode ser admitido como herdeiro no inventário. Aplica-se o art. 628 do CPC. Assim, a ação de petição de herança, que se vestirá do procedimento ordinário, pode ser movida no curso do inventário e da partilha, bem como posteriormente.

No sistema de 1916 a matéria foi relegada aos princípios gerais esparsos, tendo sido trazida para o bojo deste Código. A sua definição clássica foi absorvida pelo artigo sob comentário.

A ação de petição de herança não se confunde com a ação do legatário para pedir o legado, embora ambas tenham pontos em comum. Na ação do legatário há pedido de bem singularizado.

Como acenado, a ação de petição de herança é universal e real, porque o herdeiro reivindica uma universalidade ou quota-parte dela. Trata-se de ação real porque reivindica propriedade. Como ação real, se autor ou réu forem casados, há necessidade de participação do cônjuge (art. 73, § 1º, I, do CPC).

O prazo extintivo para essa ação inicia-se com a abertura da sucessão e, no atual sistema, é de 10 anos, prazo máximo permitido no ordenamento. No sistema de 1916, o prazo era de 20 anos (Súmula 149 do STF). Como sabido, a ação de investigação de paternidade ou declaração de filiação é imprescritível; não o é, no entanto, a ação de petição de herança. Há quem entenda, minoritariamente, ainda que a ação de petição de herança é imprescritível, sob o princípio geral de que o herdeiro, uma vez herdeiro, sempre o será. No entanto, se vista a prescrição sob o prisma da usucapião, prescrição aquisitiva, inelutavelmente teremos a extinção do direito de quem deixou transcorrer o prazo para reivindicar do possuidor. O legislador poderia ter aclarado a questão e não o fez. O direito lusitano (art. 2.075 do Código Civil), estabeleceu a imprescritibilidade da petição de herança, "*sem prejuízo da aplicação das regras da usucapião*". De fato, por vezes a imprescritibilidade dessa ação traz situações iníquas.

O foro competente para a petição de herança é o do inventário (art. 48 do CPC), enquanto não concluída a partilha. Ultimada a partilha, a ação deve ser dirigida contra os indevidos possuidores dos bens hereditários, seguindo-se as regras gerais de competência.

⚖ Agravo de instrumento – **Ação de petição de herança** – Indeferimento da inicial com relação ao pedido de declaração de anulação da partilha por reconhecimento da decadência. Inconformismo da autora. Cabimento. Prazo decadencial de um ano somente se aplica aos herdeiros que participaram da partilha, que não é o caso da agravante, que está pleiteando o reconhecimento de união estável outra ação. Aplicação do prazo prescricional de 10 anos (art. 205, CC) para a ação de petição de herança. Invalidade da partilha inerente ao acolhimento do pedido de petição de herança. Inocorrência de prescrição. Indeferimento da inicial afastado. Prosseguimento do feito. Recurso provido. (*TJSP* – AI 2257389-66.2016.8.26.0000, 19-6-2017, Rel. Pedro de Alcântara da Silva Leme Filho)

> **Art. 1.825. A ação de petição de herança, ainda que exercida por um só dos herdeiros, poderá compreender todos os bens hereditários.**

Esse artigo complementa a noção didática do anterior. A semelhança dessa ação com a reivindicatória é patente. Trata-se de ação universal, competindo não somente ao herdeiro direto e imediato, como também ao sucessor deste, ao herdeiro fideicomissário e ao cessionário da herança. Não se esqueça de que também o convivente possui direitos hereditários no atual ordenamento.

Nessa ação, o autor deverá provar que é herdeiro legítimo ou testamentário e que aceitou a herança, não tendo a ela renunciado, dentro dos princípios vistos. Em sua defesa poderá o réu impugnar a condição de herdeiro do postulante; poderá sustentar que é terceiro adquirente de boa-fé no negócio jurídico válido; que o testamento não tem validade; que a ação está prescrita etc. É frequente que essa ação venha cumulada com ações de reconhecimento de filiação, de nulidade de testamento e outras conexas que gravitam em torno do direito e da condição de herdeiro.

⚖ Direito civil e processual civil – Agravo de instrumento – **Ação de petição de herança** – Preliminar – Perda parcial e superveniente do interesse em recorrer – Mérito liminar suspendendo efeitos de carta de adjudicação condição de herdeira – Incontrovérsia – Existência de bens a partilhar – Indícios razoáveis – Recurso parcialmente conhecido e, nesta parte, improvido – 1 – Suspensos, parcialmente, os efeitos da decisão recorrida em virtude de medida liminar deferida em embargos de terceiro ajuizados em face dos recorrentes, falece interesse ao agravante em recorrer desta parcela, tendo em vista sua posterior substituição parcial pelo pronunciamento decorrente dos embargos. Preliminar suscitada de ofício para reconhecer a perda parcial e superveniente do interesse do agravante em recorrer. 2 – Sendo incontroversa nos autos a situação da agravada de herdeira, sua exclusão do inventário, bem como havendo indícios razoáveis acerca da existência de patrimônio a ser partilhado (o qual foi integralmente adjudicado pelo herdeiro agravante), correta a decisão que suspendeu os efeitos da carta de adjudicação passada, no processo de inventário, em favor do recorrente. 3 – Recurso parcialmente conhecido e, nesta parcela, improvido (*TJES* – AI 0111451-85.2010.8.08.0000, 31-8-2012, Rel. Carlos Simões Fonseca).

> **Art. 1.826. O possuidor da herança está obrigado à restituição dos bens do acervo, fixando-se-lhe a responsabilidade segundo a sua posse, observado o disposto nos arts. 1.214 a 1.222.**
> **Parágrafo único. A partir da citação, a responsabilidade do possuidor se há de aferir pelas regras concernentes à posse de má-fé e à mora.**

Essa ação deve ser intentada contra o possuidor dos bens hereditários, o qual está obrigado à restituição ou entrega dos bens do acervo, fixando-se sua responsabilidade conforme os princípios de possuidor de boa ou de má-fé (arts. 1.214 a 1.222), no tocante às benfeitorias e frutos. A boa ou má-fé será definida no curso da ação, embora haja que se ter em mente o disposto no parágrafo único desse artigo. Pode existir má-fé mesmo antes da citação, no entanto, esta é presumida após esse ato processual. A ação será promovida então contra o usurpador dos bens hereditários. O conhecimento pelo possuidor da condição de herdeiro do reivindicante será o divisor de águas da boa ou má-fé. A partir do momento que soube da condição de herdeiro e resistiu à pretensão, responderá como possuidor de má-fé, com todos os encargos que essa situação traz. Não se estabelecendo em momento anterior, a má-fé estará caracterizada a partir da citação.

⚖ **Anulação de partilha e petição de herança** – Termo inicial para a ação de petição de herança que se inicia a partir do trânsito em julgado da ação de investigação de paternidade, momento em que confirmada a condição de herdeiro. Prescrição não configurada. Procedente a ação de investigação de paternidade, de rigor que também o seja a pretensão da autora à percepção de seu quinhão na herança do avô paterno, de cuja partilha não participou. Aplicação do artigo 1030, III, do Código de Processo Civil de 1973 (artigo 658, III, do CPC/2015). Correção no reconhecimento do direito da autora à parte que lhe cabe na herança do avô e, sobretudo, na consideração das particularidades do caso concreto, de modo a ressalvar a evidente boa-fé das requeridas e afastar a pretendida anulação de partilha, resolvendo a questão em perdas e danos. Alegações de que os valores recebidos pelas requeridas foram, ao longo dos mais de 20 anos que permearam a partilha e a interposição do presente feito, utilizados para o pagamento de despesas escolares e alimentares, devidamente consideradas pela r. sentença, ao frisar a aplicação dos artigos 1.214 a 1.222 e 1.826, todos do Código Civil. Decisão acertada. Recurso improvido. (*TJSP* – Ap. 0007765-04.2012.8.26.0066, 18-8-2016, Rel. Maia da Cunha)

Apelações cíveis. Ação declaratória de paternidade cumulada com petição de herança. Paternidade reconhecida. Sucessão aberta. Bem imóvel. Necessidade de manutenção, de ofício, dos cônjuges dos herdeiros no polo passivo da demanda. Impossibilidade de anulação da partilha. **Bens do espólio alienados a terceiros de boa-fé.** Frutos da herança devidos a contar da citação. Cálculo do quinhão do autor que depende de nova avaliação dos bens. Perícia a ser realizada na fase de liquidação de sentença. A sucessão aberta, enquanto universalidade de bens, é imóvel (art. 80, II, do Código Civil). Torna-se, então, indispensável a outorga uxória para validade de ato de disposição (salvo no regime de separação de bens adotado voluntariamente ou no de participação final nos [aquestos] com cláusula expressa) e a participação dos cônjuges dos herdeiros no polo passivo de ação judicial. Procedente a petição de herança, não é possível anular partilha realizada há dezessete anos, quando grande parte do acervo do espólio foi alienado a terceiros de boa-fé, que não podem ser prejudicados. Consoante o disposto no art. 1.826 do Código Civil, o possuidor da herança só deve restituir os frutos percebidos após caracterizada sua má-fé, o que, no caso, ocorreu com a citação válida. Passados vários anos entre a abertura da sucessão e o cálculo da cota de cada herdeiro na herança, deve-se realizar perícia para avaliação dos bens segundo critérios atuais, tendo em vista a falta de certeza de correspondência dos montantes utilizados na partilha com os de mercado, assim como a ausência de parâmetros seguros para aferição dos valores históricos. Honorários advocatícios. Patrono do autor. Percentual de 10% sobre os valores devidos a seu cliente. Declarada a paternidade e condenados os Réus a dar ao Autor os valores relativos a sua cota da herança, os honorários advocatícios devem ser estabelecidos em percentual da condenação, conforme preceitua o art. 20, § 3º, do Código de Processo Civil. Recursos conhecidos e parcialmente providos (*TJSC* – Acórdão: Apelação Cível nº 2010.014667-5, 1-10-2010, Rel. Des. Victor Ferreira).

Art. 1.827. O herdeiro pode demandar os bens da herança, mesmo em poder de terceiros, sem prejuízo da responsabilidade do possuidor originário pelo valor dos bens alienados.
Parágrafo único. São eficazes as alienações feitas, a título oneroso, pelo herdeiro aparente a terceiro de boa-fé.

A reivindicação pode ser dirigida perante o herdeiro possuidor em face de terceiros. No entanto, quem se arvorou herdeiro originariamente e deu causa ao conflito deverá responder pelo valor originário dos bens, mormente se eles não puderem ser abocanhados pelo herdeiro reivindicante. Os terceiros, adquirentes de boa-fé, são protegidos. A questão transfere-se para a problemática do herdeiro aparente, matéria já examinada nos comentários ao art. 1.817, para onde remetemos o leitor.

O terceiro, como regra geral, não tem meios de saber que está adquirindo bens de um falso herdeiro, se este tem toda a aparência de realidade. Como facilmente se conclui, até mesmo esse herdeiro presumido pode não conhecer sua real situação: o neto, que se apresenta como herdeiro, não sabe, por exemplo, que seu pai, o herdeiro real, está vivo. Em várias passagens de nossa obra doutrinária temos ressaltado que a convivência tornar-se-ia insuportável sem valor e proteção aos estados de aparência. Foi o que ressaltamos ao tratar do excluído por indignidade (art. 1.817). A matéria se aplica ao herdeiro aparente, aquele que é por todos considerado herdeiro, sem poder sê-lo.

Destarte, provada a boa-fé do terceiro possuidor, as alienações que foram ter a ele são consideradas eficazes, conforme a expressa disposição do parágrafo único do art. 1.827. Mantendo-se assim a alienação, cabe unicamente ao herdeiro verdadeiro voltar-se contra o possuidor originário, o falso herdeiro, que transferira a herança com o escudo da aparência. A proteção à boa-fé do terceiro adquirente faz com que deva ser considerado herdeiro aparente não apenas quem se apresenta como herdeiro, mas também quem se comporta à vista de todos como tal.

Petição de herança – Prescrição – Prazo prescricional que só pode correr da data do trânsito em julgado da sentença que reconheceu a paternidade "post mortem" do autor da herança – Precedentes do C. Superior Tribunal de Justiça – Ação ajuizada cerca de três anos após a declaração de paternidade – Prescrição decenal não verifica – Ausência de controvérsia quanto à qualidade de herdeiro necessário do autor – Nulidade da partilha, como consectário lógico – Ponderação entre a boa-fé de terceiros adquirentes e o vício de nulidade já estabelecida pelo ordenamento jurídico – Inteligência do art. 1.827 do CC – Questões relativas ao valor dos bens e ao direito à percepção dos frutos que devem ser decididas quando da partilha realizada com a participação da autora – Recurso desprovido (*TJSP* – Ap. 0014723-13.2013.8.26.0408, 2-4-2020, Rel. Marcus Vinicius Rios Gonçalves).

⚖ Civil. Seguro obrigatório. DPVAT. Pagamento administrativo feito a **herdeiro aparente**. Validade. Sucessor verdadeiro. Legitimidade para exigir da seguradora apenas a complementação. Liquidação anterior à MP 340/06. Diferença que deve levar em conta o salário mínimo então vigente, corrigido desde então e acrescido de juros a contar da citação – 1 – Provado o casamento com a juntada da respectiva certidão (art. 1.543, CC), cabia à seguradora o ônus de comprovar a eventual ruptura do vínculo matrimonial (art. 333, II, CPC). 2 – Embora se reconheça a legitimidade ativa, válido o pagamento feito ao genitor do falecido porque a certidão de óbito que instruiu o processo de liquidação do sinistro não continha qualquer referência à existência de filhos ou cônjuge supérstite. Trata-se, pois, de aplicação da regra estampada nos artigos 1.827/1.828, do Código Civil, segundo a qual o pagamento de boa-fé feito ao herdeiro aparente é válido, resguardado o direito de o verdadeiro sucessor exigir daquele a devolução da quantia recebida. 3 – O seguro obrigatório (DPVAT) é uma obrigação de cunho legal e, assim, se a seguradora efetuou pagamento de indenização em valor inferior ao previsto na lei, não exauriu o direito do beneficiário que, por isso, poderá buscar, em juízo, o integral ressarcimento. 4 – Os critérios de fixação da indenização baseada no salário mínimo, nos termos do artigo 3º da Lei nº 6.194/74, não foram revogados pelas Leis 6.205/75 e 6.423/77, a teor da Súm. 37 do extinto 1º TAC. 5 – Inexiste ofensa ao artigo 7º, IV, da CF, uma vez que o salário mínimo, para fins de indenização do DPVAT, foi instituído somente para ser utilizado como elemento variável para fins de fixação de um valor a ser indenizável, e não como elemento de atualização monetária. 6 – Como o pagamento administrativo precede a edição da Medida Provisória nº 340/06, convertida na Lei nº 11.482/07, é caso de aplicação da lei vigente quando da regulação, reconhecendo-se à autora o direito à diferença entre o que foi recebido pelo genitor do falecido (Cr$ 9.572.202,23) e os 40 salários mínimos que lhe eram devidos (Cr$ 20.887.477,60, conforme disposto na Lei 8.419/92 e Portaria nº 601/92. MEFP), corrigidos desde então e acrescidos de juros desde a citação. 7 – Recurso parcialmente provido (*TJSP* – Ap. 0041894-88.2011.8.26.0577, 4-2-2013, Rel. Artur Marques).

⚖ Processual civil – Agravo na medida cautelar – Recurso especial retido – Embargos de terceiro – Ação de anulação de partilha – Alienação de bem imóvel de propriedade do espólio – **Herdeiros aparentes** – Terceiros adquirentes de boa-fé – Eficácia da compra e venda – 1 – Admite-se excepcionalmente o processamento de recurso especial retido, uma vez que há situações nas quais a permanência do recurso nos autos pode frustrar a entrega da tutela jurisdicional. Para tanto, está o relator autorizado a proceder a um juízo prévio e perfunctório de viabilidade do recurso especial, apreciando os requisitos da aparência do direito e do perigo de demora. 2 – As alienações feitas por herdeiro aparente a terceiros de boa-fé, a título oneroso, são juridicamente eficazes. Art. 1.827, parágrafo único, do CC/02. 3 – Na hipótese dos autos, o negócio jurídico foi aperfeiçoado antes do trânsito em julgado da sentença que decretou a nulidade da partilha e inexistiam, à época em que foi celebrado o contrato de compra e venda, quaisquer indícios de que o imóvel fosse objeto de disputa entre os herdeiros do espólio. 4 – A retenção do recurso especial interposto, nestas condições, não acarreta o esvaziamento da utilidade da irresignação ou morosidade excessiva da prestação jurisdicional. A mera possibilidade de alienação do bem imóvel litigioso pelos terceiros adquirentes de boa-fé não constitui, na espécie dos autos, razão suficiente para afastar a aplicação do art. 542, § 3º, do CPC – Agravo não provido (*STJ* – AgRg-MC 17.349 – (2010/0168520-0), 1º-8-2011, Relª Minª Nancy Andrighi).

Art. 1.828. O herdeiro aparente, que de boa-fé houver pago um legado, não está obrigado a prestar o equivalente ao verdadeiro sucessor, ressalvado a este o direito de proceder contra quem o recebeu.

A ação de petição de herança, tal como vista, não se amolda à reclamação de legado. O legatário tem ação própria também de índole reivindicatória para reclamá-lo, sob diferentes pressupostos.

O presente artigo reporta-se ao legado. O pagamento de legado é, em princípio, ônus do herdeiro. Acreditando-se intimamente como tal, portanto de boa-fé, e pagando um legado, não será esse herdeiro pagador obrigado ao reembolso, mas ressalva-se ao verdadeiro sucessor o direito de reivindicar contra o legatário. É claro que se o pagamento do legado era, de fato, devido, válida será a transferência. A questão ocorre quando, descoberto o verdadeiro herdeiro, aquele pagamento de legado não deveria ter sido feito.

Em todas essas situações, nas quais o direito do reivindicante geralmente surge claro e definido, a maior dificuldade será, sem dúvida, a localização dos bens e dos terceiros, bem como a fixação dos encargos pela boa ou má-fé, mormente se passado muito tempo da abertura da sucessão.

⚖ Apelação cível – Ação declaratória – Ausência de manifestação do Ministério Público em primeiro grau – Suprimento – Adjudicação compulsória

– **Herdeiro aparente** – Boa-fé de terceiro – I – A jurisprudência de vanguarda tem sido assente em afirmar que a luz do princípio da instrumentalidade das formas, a manifestação do Ministério Público em segundo grau supre a ausência de intervenção do *parquet* no primeiro grau. II – Diz-se aparente o herdeiro que ostenta essa qualidade perante terceiros, muito embora não possua efetivamente direito a herança. III – Restando demonstrado nos autos que o terceiro de boa-fé pagou ao herdeiro aparente o preço contratado na venda do imóvel e impositiva a adjudicação do bem a seu favor. Apelo conhecido, mas improvido (*TJGO* – AC 200903452000, 26-1-2010, Rel. Des. Almeida Branco).

TÍTULO II
DA SUCESSÃO LEGÍTIMA

CAPÍTULO I
Da Ordem da Vocação Hereditária

Art. 1.829. A sucessão legítima defere-se na ordem seguinte:
I – aos descendentes, em concorrência com o cônjuge sobrevivente, salvo se casado este com o falecido no regime da comunhão universal, ou no da separação obrigatória de bens (art. 1.640, parágrafo único); ou se, no regime da comunhão parcial, o autor da herança não houver deixado bens particulares;
II – aos ascendentes, em concorrência com o cônjuge;
III – ao cônjuge sobrevivente;
IV – aos colaterais.

1. Ordem de vocação hereditária

Se a pessoa falecer sem testamento, ou quanto à parte da herança não abrangida pelo ato de última vontade, a lei determinará a ordem pela qual serão chamados os herdeiros: a ordem de vocação hereditária estabelecida no presente artigo. Advirta-se, de plano, que a referência ao art. 1.640, parágrafo único, constante do inciso I está incorreta. A menção certa é a do art. 1.641, que descreve as hipóteses de casamento sob regime de separação obrigatória de bens.

A regra geral estabelecia no ordenamento que os mais próximos excluem os mais remotos, ou seja, havendo descendentes do falecido, não serão chamados os ascendentes e assim sucessivamente. Essa regra recebeu algumas exceções em leis posteriores ao Código de 1916. O presente diploma introduziu a posição de vocação hereditária concorrente do cônjuge em propriedade, juntamente com os descendentes sob determinadas condições, e juntamente com os ascendentes. No sistema anterior, o cônjuge poderia concorrer em usufruto com outros herdeiros.

A ordem de vocação hereditária estabelecida na lei vem beneficiar os membros da família, pois o legislador presume que aí residam os mais estreitos vínculos afetivos do autor da herança. É patente que contemporaneamente os conceitos da família devem ser revistos. Há tendência de o âmbito familiar ficar restrito quase exclusivamente a pais e filhos, sendo muito mais tênues as ligações com os colaterais. Por outro lado, o próprio ordenamento vem dando guarida às relações familiares sem casamento, com reflexos no plano patrimonial.

O testamento tem por finalidade permitir que o autor da herança altere mais ou menos profundamente, dentro dos limites legais, a ordem estabelecida nesse artigo. Podem coexistir, portanto, as duas modalidades de sucessão: legítima e testamentária.

Há herdeiros ditos necessários, como já apontado, que não podem ser totalmente afastados da herança. São os descendentes e ascendentes e, neste novo diploma, o cônjuge, sob determinadas condições. Havendo essa classe de herdeiros, ficar-lhe-á assegurada ao menos a metade da herança, mormente no caso de ascendentes e descendentes. Trata-se da denominada *legítima* dos herdeiros necessários. A outra metade, como regra, fica livre para o testador dispor como lhe aprouver. Assim, o testador estatui herdeiros testamentários, ao lhes atribuir uma porção fracionária ou percentual da herança. O herdeiro é sucessor universal, quer provenha da ordem legal, quer provenha de ato de última vontade. O legatário é sucessor singular, e só pode existir por meio de testamento.

A vocação dos herdeiros faz-se por *classes* (descendentes, ascendentes, cônjuge, colaterais e Estado, este último não considerado propriamente um herdeiro). Portanto, cada inciso desse artigo sob análise refere-se a uma classe de herdeiros. Note que no corrente diploma foram estabelecidas modalidades de herança concorrente do cônjuge com descendentes e ascendentes. A chamada de herdeiros é sucessiva e excludente, isto é, só serão chamados os ascendentes na ausência de descendentes; só será chamado o cônjuge sobrevivente isoladamente, na ausência de ascendentes, e assim por diante.

A regra geral é que, existindo herdeiros de uma classe, ficam afastados os das classes subsequentes. Se tal regra não sofria exceções à época da promulgação do Código de 1916, a afirmação já não era mais verdadeira mais recentemente, tendo em vista que o cônjuge passou a poder concorrer com herdeiros das classes anteriores, por força de modificações introduzidas pelo Estatuto da Mulher casada (Lei nº 4.121/1962).

No âmbito do direito internacional privado, dispõe a vigente Lei de Introdução às Normas do Direito Brasileiro, no art. 10:

"*A sucessão por morte ou por ausência obedece à lei do país em que era domiciliado o defunto ou o desaparecido, qualquer que seja a natureza e a situação dos bens.*"

O § 1º desse artigo acrescente:

"*A sucessão de bens de estrangeiros, situados no País, será regulada pela lei brasileira em benefício do cônjuge ou dos filhos brasileiros, ou de quem os represente, sempre que não lhes seja mais favorável a lei pessoal do* de cujus.*"*

Procura nossa lei proteger a família de nacionalidade brasileira. A regra também é constitucional (art. 5º, XXX-XXXI). Note-se, ainda, que o art. 17 do Decreto-lei nº 3.200/1941, com alteração do Decreto-lei nº 5.187/1943, estabeleceu sucessão do cônjuge sobrevivente em usufruto se o casamento for com cônjuge estrangeiro em regime que exclua a comunhão parcial, sendo da quarta parte da herança, se houver filhos brasileiros do casal ou do outro consorte e da metade, se não houver.

A lei, ao colocar os descendentes em primeiro lugar na sucessão, segue uma ordem natural e afetiva. Normalmente, os vínculos afetivos com os descendentes são mais estreitos, sendo eles a geração mais jovem quando da morte. Na classe dos descendentes, há o direito de representação, que funciona como uma forma de igualar a atribuição da herança a estirpes existentes (descendentes de cada filho morto), como se examinará.

Retira-se da ordem de vocação hereditária o Estado, o Poder Público, no presente Código, tendo em vista sua situação peculiar, pois este não adquire os bens da herança por força da morte, não tem o direito de *saisine*, mas somente receberá o acervo após o estado de jacência e a posterior conversão em patrimônio vago.

2. Origens históricas

Há dúvidas acerca das origens das duas formas de sucessão. Tudo indica que o testamento já era conhecido desde os primórdios de Roma, que tivesse sido conhecido muito antes da Lei das XII Tábuas, que o admite. Contudo, nessa época, o ato de última vontade não é uma prática constante, já que é solene, feito perante a assembleia popular. Após a Lei das XII Tábuas passa a ser mais utilizado. A doutrina romanista entende que o testamento passou a ser predominante a partir de certa época nas heranças. Dentro da regra romana, ainda que um sucessor fosse aquinhoado apenas em parte num testamento, receberia a herança toda: *nemo por parte testatus pro parte intestatus decedere potest*. Assim, perante o testamento, ficaria afastado o herdeiro legítimo. Ao romano parecia ser desonroso não deixar herdeiro, sucessor de seu culto familiar.

Outrossim, leve-se em conta que o predomínio da sucessão testamentária não ocorre em todo o sistema romano. Muitas vezes, o recebimento de herança representava mais um ônus do que benefício, pois o herdeiro sucedia também nas obrigações não apenas jurídicas, mas também religiosas. Desse modo, o herdeiro tornava-se também responsável perante os credores do espólio. A única forma que tinha o sucessor de livrar-se dessa responsabilidade era a renúncia à herança. Essa renúncia, porém, só era possível aos colaterais e aos estranhos instituídos herdeiros, não sendo admitida aos herdeiros descendentes e aos escravos do morto.

A herança seguia a linha masculina, pois cabia unicamente ao sucessor do sexo masculino continuar o culto e a religião doméstica. A ordem de vocação chamava primeiramente os herdeiros que por ocasião da morte estivessem sob o pátrio poder. Em sua falta, eram chamados os *agnados* e os *gentiles*, isto é, os membros da mesma família ou pertencentes à mesma "*gens*", que possuíam o mesmo nome de origem. Firmava-se desde então o princípio pelo qual os herdeiros mais próximos excluem os mais remotos. Posteriormente, o Direito pretoriano passou a contemplar os *cognatos* (parentes consanguíneos), não sob a forma de herança propriamente dita, mas sob o instrumento da *bonorum possessio* (posse dos bens). A jurisprudência possibilitou o acesso à herança dos filhos emancipados ou adotados, das filhas casadas, dos colaterais consanguíneos e do cônjuge. Com Justiniano desaparece qualquer diferença entre *agnados* e *cognados*.

No Direito atual, entre nós, a herança atinge os colaterais de quarto grau, na ordem legal estabelecida desde o Decreto-lei nº 9.461/1946. Acentua-se a tendência, nas legislações modernas, como faz nosso presente Código Civil, de limitar o alcance do parentesco para fins legais e de incluir o cônjuge como herdeiro necessário.

3. Igualdade do direito sucessório dos descendentes

Foi longa a evolução legislativa no tocante à sucessão dos filhos ilegítimos e adotivos. O termo final de totalização dos direitos dos filhos veio unicamente com a atual Constituição (art. 227, § 6º). Estatui o dispositivo:

> "*os filhos, havidos ou não da relação do casamento, ou por adoção, terão os mesmos direitos e qualificações, proibidas quaisquer designações discriminatórias relativas à filiação*".

Muito teve que esperar a sociedade brasileira para atingir esse estágio.

Inicialmente, a redação original do Código Civil anterior fizera distinção na sucessão dos descendentes legítimos de um lado, sempre com todos os direitos, e os filhos naturais e adotivos de outro. De acordo com a regra do antigo art. 1.605, equiparavam-se os filhos legítimos, os legitimados e os adotivos de casais que não tivessem filhos. Pelo sistema do Código de 1916, os filhos adulterinos e os incestuosos, não podendo ser reconhecidos (art. 358), não tinham direito sucessório algum. Os filhos naturais, portanto, concebidos antes do casamento, tinham direito à metade do que coubesse ao filho legítimo. Como se nota, muito cedo o Código do século XX se mostrou anacrônico, fazendo uma restrição odiosa entre as várias categorias de filhos. A discriminação absoluta com relação aos adulterinos e incestuosos colocava-os como se tivessem alguma responsabilidade por terem assim sido concebidos; eram indivíduos totalmente à margem da família. Só poderiam ser beneficiados hereditariamente por testamento.

Entendeu o legislador do início do século passado que a introdução de um descendente espúrio, ou simplesmente estranho, no seio da família, ainda que concebido antes do matrimônio, no estado de solteiro do marido, segundo a hipótese da lei, traria um desconforto ao casal e ao corpo familiar, um ponto de dissensões e desavenças. Daí por que o filho natural, como um ser intruso, não tinha o mesmo direito hereditário. Na origem desse Código revogado, nem havia que se pensar em algum direito sucessório ao filho adulterino ou incestuoso, os quais recebiam verdadeira pena sem delito.

À medida que a sociedade brasileira foi se despindo dos preconceitos e atentando mais para a realidade social e nossa inescondível origem histórica, foram surgindo, no nosso ordenamento legal, princípios tendentes a minimizar a situação de inferioridade e a distinção quanto à origem das proles. Como já afirmado, só com a atual Constituição é que, definitivamente, em estágio final, não mais se distinguem direitos conforme a origem de filiação, com a ratificação dada depois pelo Estatuto da Criança e do Adolescente (Lei nº 8.069/1990), bem como com este Código. Foram várias as leis, a partir da Constituição de 1937, que tentaram ou diminuíram paulatinamente as diferenças no tocante aos filhos havidos fora do casamento, inclusive os adotivos, que também eram discriminados.

Nota: veja os comentários sobre os vários incisos deste artigo, inclusive sobre a sucessão do cônjuge, nos artigos seguintes deste capítulo.

Enunciado nº 270 do CJF/STJ, III Jornada de Direito Civil: O art. 1.829, inc. I, só assegura ao cônjuge sobrevivente o direito de concorrência com os descendentes do autor da herança quando casados no regime da separação convencional de bens ou, se casados nos regimes da comunhão parcial ou participação final nos aquestos, o falecido possuísse bens particulares, hipóteses em que a concorrência se restringe a tais bens, devendo os bens comuns (meação) ser partilhados exclusivamente entre os descendentes.

Enunciado nº 525 do CJF/STJ, V Jornada de Direito Civil: Arts. 1.723, § 1º, 1.790, 1.829 e 1.830: os arts. 1.723, § 1º, 1.790, 1.829 e 1.830 do Código Civil admitem a concorrência sucessória entre cônjuge e companheiro sobreviventes na sucessão legítima, quanto aos bens adquiridos onerosamente na união estável.

Agravo de instrumento – Inventário – Direito sucessório – União estável – Regra aplicável – Se a norma do artigo 1.790, do Código Civil, foi declarada inconstitucional pelo Supremo Tribunal Federal, com repercussão geral, mediante tese segundo a qual "é inconstitucional a distinção de regimes sucessórios entre cônjuges e companheiros prevista no artigo 1.790, do CC/2002, devendo ser aplicado, tanto nas hipóteses de casamento quanto nas de união estável, o regime do artigo 1.829 do CC/2002" (Temas 498 e 809), não é dado ao juiz do inventário fazer aplicação da regra tida como inconstitucional para a solução da controvérsia sobre os direitos sucessórios da ex-companheira – Decisão reformada – Deram provimento ao recurso (*TJSP* – Ag 2029023-59.2020.8.26.0000, 13-5-2020, Rel. Alexandre Coelho).

Ação de anulação de partilha, cumulada com petição de herança – Sentença de procedência em parte – Insurgência do autor e do corréu – Cessão onerosa de direitos hereditários firmada no curso do arrolamento sumário dos bens deixados pela "de cujus" – Adjudicação do bem imóvel em favor do cessionário – Pretensão do autor em anular o formal de partilha, em razão de não ter sido respeitado os seus direitos sucessórios sobre o acervo patrimonial da "de cujus", com a qual conviveu em união estável – Sentença que reconheceu a união estável após a homologação do formal de partilha e adjudicação do bem imóvel – Nulidade da partilha, que não observou o direito do autor meeiro – Aplicação do disposto no artigo 1.829, inciso I do Código Civil – Autor é meeiro e não sucessor do bem "sub judice" – Eficácia do instrumento de cessão onerosa, para preservar o interesse do cessionário de boa-fé – Problema resolvido em perdas e danos, para o fim de evitar futuros litígios (inteligência do artigo 1.827, parágrafo único do Código Civil e 648 do Código de Processo Civil) – Condenação dos corréus herdeiros a pagarem ao autor metade do valor recebido por ocasião da cessão de direitos hereditários – Sentença reformada em parte – Recurso do autor não provido – Recurso do corréu provido em parte. Nega-se provimento ao recurso do autor e dá-se provimento em parte ao recurso do corréu (*TJSP* – Ap. 1003228-28.2015.8.26.0361, 19-9-2017, Relª Marcia Dalla Déa Barone).

Agravo de instrumento. Sucessão. Inventário e partilha. **Exclusão dos colaterais da partilha**. Inadequação. CC 1.790. Inteligência. Recurso provido, com observação – é inadequada a aplicação do CC 1.829 – Tal artigo refere-se à ordem de vocação hereditária na sucessão de cônjuges. Na espécie, reconhecida a união estável incidentalmente no inventário, a participação dos herdeiros na sucessão deverá observar o disposto no CC 1.790 (*TJSP* – AI 0262473-58.2011.8.26.0000, 12-11-2012, Rel. Jesus Lofrano).

Art. 1.830. Somente é reconhecido direito sucessório ao cônjuge sobrevivente se, ao tempo da morte do outro, não estavam separados judicialmente, nem separados de fato há mais de dois anos, salvo prova, neste caso, de que essa convivência se tornara impossível sem culpa do sobrevivente.

1. Sucessão do cônjuge sobrevivente

O cônjuge, no Direito anterior, vinha colocado em terceiro lugar na ordem de vocação hereditária, após descendentes e ascendentes. Não era herdeiro necessário e poderia, portanto, ser afastado da sucessão pelo testamento. No Direito Romano não existia propriamente sucessão do cônjuge, uma vez que a herança era transmitida pela linha masculina. Apenas na fase mais recente, com Justiniano, permitiu-se à mulher suceder nos bens do marido, estabelecendo-se uma possibilidade de usufruto, concorrendo com filhos.

No Direito anterior ao Código de 1916, o cônjuge supérstite estava colocado em quarto grau na escala hereditária, após os colaterais de décimo grau. Tornava-se, assim, inviável a sucessão do viúvo ou da viúva. Apenas em 1907, com a denominada *Lei Feliciano Pena*, Lei nº 1.839, o cônjuge sobrevivente passou a herdar na terceira colocação.

No Código de 1916, o Cônjuge herdava na ausência de descendentes e ascendentes e desde que não estivesse separado do autor da herança. A dissolução da sociedade conjugal excluía o cônjuge da vocação sucessória (art. 1.611). A separação de fato não o excluía. Tal exclusão somente ocorreria com a sentença de separação ou divórcio, com trânsito em julgado. Até aí o cônjuge seria herdeiro. A separação de fato, ainda que por tempo razoável, não bastava para que o cônjuge fosse excluído da linha sucessória. A existência de união estável no sistema de 1916 não transformava o convivente em herdeiro. A união estável ou concubinato podia gerar efeitos patrimoniais em seu desfazimento, mas não a título de herança. Leis mais recentes e o presente Código fizeram com que o companheiro viesse a participar da herança, sem aplicação agora do art. 1.790, tido como inconstitucional.

Na anulação de casamento, o cônjuge, estando de boa-fé, reconhecida a putatividade, não perde a condição de herdeiro (art. 1.561). O reconhecimento da putatividade depende de decisão judicial.

2. Meação

A meação do cônjuge, como reafirmado, não é herança. Quando da morte de um dos consortes, desfaz-se a sociedade conjugal. Como em qualquer outra sociedade, os bens em comum, isto é, pertencentes às duas pessoas que foram casadas, devem ser divididos. A meação é avaliada de acordo com o regime de bens que regulava o casamento. Na comunhão universal, todo o patrimônio é dividido meio a meio. Na comunhão de aquestos, dividir-se-ão pela metade, como regra geral, os bens adquiridos na constância do casamento. Se houver pacto antenupcial, a meação será encontrada de acordo com o estabelecido na avença. Portanto, ao se examinar uma herança no falecimento de pessoa casada, há que se separar do patrimônio comum (um condomínio) o que pertence ao cônjuge sobrevivente, não porque o seu consorte morreu, mas porque aquela porção ideal do patrimônio comum já lhe pertencia. O que será inserido na porção ideal da meação segue as regras da partilha. Excluída a meação, o que não for patrimônio do viúvo ou da viúva comporá a herança, para ser dividida entre os descendentes ou ascendentes ou cônjuge, conforme a hipótese.

Como meação não se confunde com herança se o sobrevivente desejar atribuí-la a herdeiros, essa atribuição constitui negócio jurídico entre vivos. Não existe, na realidade, renúncia à meação. O que se faz é uma transmissão aos herdeiros do *de cujus*, ou a terceiros. Essa transmissão requer escritura pública, se tiver imóvel como objeto, não podendo ocorrer por termo nos autos do inventário, porque ali só se permite a renúncia da herança, como também requer escritura pública a cessão de direitos hereditários. No entanto, tem havido muita liberalidade nesses casos e muitas são as situações em que essas transmissões são feitas por termo nos autos de inventário. É conveniente que a lei padronize essas situações. A transmissão da meação é ato entre vivos e sobre esse negócio incide o respectivo imposto. Não há tributo algum, é óbvio, se o cônjuge mantém sua meação, que se individualiza na partilha.

3. Sucessão do cônjuge. Evolução na posição sucessória da mulher casada

A doutrina sempre defendeu a colocação do cônjuge como herdeiro necessário, posição que veio a ser conquistada neste Código, embora sob certas condições. Isso porque, no caso de regime de separação de bens, o viúvo ou a viúva poderiam não ter patrimônio próprio, para lhes garantir a sobrevivência.

A Lei nº 4.121/1962, Estatuto da Mulher Casada, justamente para proteger essa situação, instituiu o direito à herança concorrente de usufruto para o cônjuge sobrevivente, na redação do art. 1.611, § 1º:

> "*O cônjuge viúvo, se o regime de bens do casamento não era o da comunhão universal, terá direito, enquanto durar a viuvez, ao usufruto da quarta parte dos bens do cônjuge falecido, se houver filhos, deste ou do casal, e à metade, se não houver filhos embora sobrevivam ascendentes do* de cujus."

A exemplo de direitos estrangeiros, a lei criara uma herança concorrente, e, usufruto, do cônjuge, com os descendentes. A intenção da lei foi proteger a mulher, embora se aplicasse a ambos os cônjuges, que sem patrimônio próprio suficiente poderia, em idade até avançada, não ter meios de subsistência. A situação se aplicava nos casamentos que não sob o regime da comunhão universal. Pela dicção legal não havia dúvida de que isso se aplicava também ao regime da comunhão parcial, colocado pela Lei do Divórcio como regime legal (aquele que se aplica na ausência de pacto antenupcial). Contudo, na comunhão de aquestos, a mulher (ou o homem) pode receber bens suficientes para subsistência, em razão da meação. Era de se perguntar se mesmo assim se aplicaria o sistema de usufruto. Houve tendência jurisprudencial de restringir o alcance do dispositivo acerca desse usufruto, na hipótese de o sobrevivente continuar com meios de sobrevivência. Ou porque fora contemplado em testamento, ou porque tivesse bens suficientes ou ainda sob o argumento de que tal usufruto não poderia afetar a legítima dos herdeiros necessários. A herança concorrente já existia em outras legislações. O usufruto nada interfere com a partilha. Esse usufruto concorrente não está mais presente neste Código.

4. A sucessão do cônjuge no Código de 2002

O cônjuge, como decantado, foi colocado na posição de herdeiro necessário, juntamente com descendentes e ascendentes (art. 1.845). Desse modo, aos herdeiros necessários pertence, de pleno direito, a metade dos bens da herança, que se denomina *legítima* (art. 1.846). Quando se trata de herdeiro cônjuge, nunca é demais reiterar que herança não se confunde com meação. Assim, havendo meação, além desta caberá ao sobrevivente, pelo menos, a metade da herança. O mais fica por conta da confusão que o legislador estabeleceu com a redação dúbia do art. 1.829, I.

Como já apontamos, não havendo concorrência com descendentes ou ascendentes, o cônjuge está colocado em terceiro lugar na ordem de vocação hereditária, recolhendo a herança integralmente, nessa situação. O fato de poder ser herdeiro concorrente, além de necessário, coloca o cônjuge em posição mais favorável neste Código.

No entanto, em matéria de direito hereditário do cônjuge, assim como do convivente, este Código Civil de 2002 representa uma tragédia jurídica, um desprestígio e um despreparo do nosso meio jurídico e de nossos legisladores, tamanhas as impropriedades dos textos que afluem para perplexidades interpretativas. Melhor será que seja reescrito e que se apague o que foi feito, como uma mancha na cultura jurídica nacional. O mal está feito e a lei está vigente. Os tribunais têm tentado corrigir e aparar arestas. Que seja a lei aplicada da forma mais socialmente aceitável. Injustiças e insegurança sociais são inevitáveis.

Conforme o art. 1.829, I, o cônjuge sobrevivente não concorrerá com os descendentes se for casado no regime de comunhão universal de bens ou no regime de separação obrigatória (art. 1.641); ou se, no regime da comunhão parcial, o autor da herança não houver deixado bens particulares. A redação legal é tormentosamente terrível. Nem sempre essas situações que afastam o sobrevivente da herança concorrente com os descendentes significarão sua proteção. Caberá à jurisprudência aparar as arestas, o que não será simples. A intenção do legislador foi tornar o cônjuge sobrevivente herdeiro quando não existirem bens decorrentes da meação. Pode ter sido o casamento regido pela comunhão parcial e o morto ter deixado apenas bens particulares de pouco valor. Ainda, não se mostrará justa essa exclusão, em muitas oportunidades, quando o casamento foi realizado sob o regime de separação obrigatória.

O sentido da lei foi, sem dúvida, proteger o sobrevivente, em princípio, quando este nada recebe a título de meação. Ainda, quando casado em comunhão de bens, porque o patrimônio é dividido, o cônjuge não será herdeiro em concorrência com os descendentes. No regime de separação obrigatória, o cônjuge também não herda, pois haveria, em tese, fraude a esse regime imposto pela lei. Tudo leva a crer que a jurisprudência abrandará esse dispositivo, como já fez em situações análogas no passado.

Questão mais complexa é saber da condição de herdeiro ao cônjuge, quando casado sob o regime de comunhão parcial, se o autor da herança não houver deixado bens particulares. Pode ocorrer que o *de cujus* tenha deixado apenas bens de ínfimo valor, o que exigirá maior cuidado na aplicação da lei.

A maior dificuldade interpretativa do art. 1.829, I, reside justamente na hipótese do casamento sob o regime de comunhão parcial de bens. Aduz, com perspicácia, Eduardo de Oliveira Leite (2003, p. 219):

"*Na comunhão parcial de bens, o legislador cria duas hipóteses de incidência da regra de concorrência. Primeiro (regra geral), o cônjuge sobrevivente não concorre com os demais descendentes, porque já meeiro, quando o autor da herança não houver deixado bens particulares. Segunda hipótese, se o autor da herança houver deixado bens particulares,* a contrario sensu, *da regra geral, conclui-se que o cônjuge sobrevivente concorre com os descendentes.*"

Nesta última hipótese, será herdeiro ainda que exista meação. E conclui o autor:

"*Na realidade, ao excetuar os três regimes de bens (comunhão universal de bens, comunhão parcial de bens e separação obrigatória de bens) o legislador só abriu possibilidade, efetivamente, do cônjuge sobrevivente concorrer como herdeiro necessário, com os descendentes, no regime da comunhão parcial de bens, pois, nos demais casos, o cônjuge será meeiro ou simplesmente tomará a sua massa de bens particulares*" (loc. cit.).

Assim, nessa conclusão, que parece a mais lógica, somente haverá concorrência do cônjuge nessa situação, nos bens particulares. Mas essa conclusão, a qual aderimos, está longe de ser pacífica, pois existe ponderável corrente doutrinária que entende que a concorrência na herança se dará nos bens particulares e nos bens comuns.

Conclui-se, do mesmo dispositivo (art. 1.829, I) que não haverá concorrência do cônjuge na separação obrigatória porque não há que se transgredir o regime imposto pela própria lei, embora a jurisprudência possa amainar esse rigor. Perante o regime da comunhão universal, entendeu o legislador que o cônjuge sobrevivente já estará amparado pela sua meação.

Mas o pior em matéria de dúvida está no art. 1.832, como apontamos.

5. Legitimidade do cônjuge para suceder, de acordo com o presente art. 1.830

O presente dispositivo é de vital importância, mas redigido de forma prolixa e complexa. Sem que se reconheça legitimidade ao cônjuge sobrevivente para suceder, não se lhe pode atribuir a condição jurídica de herdeiro. Como se nota, o artigo introduz situações de fato que devem ser provadas e poderão trazer amplas discussões no caso concreto.

Se ao tempo da morte estavam os cônjuges judicialmente separados, não há que se falar em sucessão do sobrevivente. O fato é objetivo e comprova-se documentalmente. No entanto, também não haverá direito sucessório do supérstite se estava o casal separado de fato há mais de dois anos. Aqui já se abre margem a infindáveis discussões judiciais, porque pode o *de cujus* ter falecido em união estável, a qual pode ser reconhecida na separação de fato. A questão será então definir quem será o herdeiro: o cônjuge ou o companheiro. Ainda, não bastasse esse aspecto, pode o cônjuge sobrevivente provar que a separação ocorreu porque a convivência se tornara impossível sem sua culpa. Nesse ponto, poderão se abrir discussões muito mais profundas, as quais poderiam ser evitadas pelo legislador. Aliás, o presente dispositivo, em sua totalidade, será um pomo de discórdias, avultando a importância do trabalho jurisprudencial.

Essa legitimidade do cônjuge, quando depender de prova de situações de fato, da culpa pela separação do casal, por exemplo, não poderá ser decidida no bojo do inventário, pois será considerada de alta indagação. A matéria deverá ser versada em ação autônoma, paralisando-se o curso do inventário. Já se pode prever que muito se digladiarão descendentes e cônjuge sobrevivente, cônjuge separado de fato e companheiro de união estável para se atingir a declaração judicial de exclusão ou admissão de herdeiro. Por tudo isso a redação do dispositivo não agrada e certamente os rumos da jurisprudência e da doutrina já buscaram novas soluções.

Enunciado nº 525 do CJF/STJ, V Jornada de Direito Civil: Arts. 1.723, § 1º, 1.790, 1.829 e 1.830: os arts. 1.723, § 1º, 1.790, 1.829 e 1.830 do Código Civil admitem a concorrência sucessória entre o cônjuge e companheiro sobreviventes na sucessão legítima, quanto aos bens adquiridos onerosamente na união estável.

Enunciado nº 527 do CJF/STJ, V Jornada de Direito Civil: Na concorrência entre o cônjuge e os herdeiros do *de cujus*, não será reservada a quarta parte da herança para o sobrevivente no caso de filiação híbrida.

Agravo de instrumento – Ação de inventário – Cônjuge sobrevivente – Indeferimento da condição de herdeiro – Inteligência do art. 1.830 do Código Civil – Interpretação sistêmica – Separação de fato – Demonstração – Cessação dos direitos de cunho pessoal ou patrimonial – Prazo de dois anos para exclusão do direito sucessório – Inaplicabilidade. Demonstrada a separação de fato, é de se impor a exclusão do direito sucessório, conforme interpretação sistêmica, pelo que não subsiste o prazo previsto no art. 1.830 do CC, diante da cessação dos direitos de cunho pessoal ou patrimonial (*TJMG* – Ag 1.0637.14.004698-7/001, 24-9-2019, Rel. Edgard Penna Amorim).

Agravo de instrumento. **Direito sucessório**. Artigo 1.829, inciso II, e 1.837, ambos do Código Civil. Artigo 1.830 do Código Civil. Inaplicabilidade. Encontrando-se o casal separado de fato em período inferior a 01 (um) ano quando do falecimento do varão, não há falar em aplicação do disposto no artigo 1.830 do Código Civil. O disposto no inciso II, do artigo 1.829, c/c artigo 1.837, ambos do Código Civil, é claro, ou seja, o cônjuge sobrevivente herdará, quando concorrer com ascendentes do autor da herança, a terça parte (1/3) desta. Decisão agravada reformada. Deram provimento ao recurso (*TJRS* – Acórdão: Agravo de Instrumento nº 70040609604, 24-2-2011, Rel. Des. Alzir Felippe Schimitz).

Art. 1.831. Ao cônjuge sobrevivente, qualquer que seja o regime de bens, será assegurado, sem prejuízo da participação que lhe caiba na herança, o direito real de habitação relativamente ao imóvel destinado à residência da família, desde que seja o único daquela natureza a inventariar.

Outra proteção, ao lado do usufruto, conferida ao cônjuge viúvo pelo mesmo Estatuto da Mulher Casada foi o direito real de habitação estampado no § 2º do mesmo art. 1.611 do Código de 1916. O intuito foi assegurar um teto ao sobrevivente do casal, se há um único imóvel residencial na herança. Não fosse esse instituto, poderiam os herdeiros não só entrar na posse direta do bem, como aliená-lo, deixando o pai ou a mãe ao desabrigo. A lei não se importou com o montante da herança. O direito de habitação persiste, desde que haja um único bem residencial, como manteve este Código, inclusive com ampliação desse direito, como veremos. Entende-se que o supérstite deve residir nele só ou com outras pessoas da família. Esse direito somente se extingue com a morte do cônjuge. Ou quando sobrevivesse novo casamento, no regime estabelecido pelo antigo Código. É claro que eventual fraude, envolvendo relação concubinária ou a união estável que evitasse o novo casamento, a fim de não perder o benefício legal, poderia inibir o direito. O critério do juiz no caso concreto será fundamental. O desvio de finalidade da norma deveria ser examinado em cada caso. O presente Código não mais exigiu o estado de viuvez para a permanência do direito de habitação.

Também no tocante ao direito real de habitação, a Lei do Divórcio forçou uma nova interpretação. Essa lei alterou o sistema do antigo Código Civil, impondo o regime da comunhão de aquestos na ausência de pacto antenupcial. Houve tendência nos tribunais a entender que mesmo sob esse regime legal de comunhão de aquestos imperava o direito real de habitação. O presente Código absorveu essa ideia e especificou que o direito real de habitação tem aplicação "*qualquer que seja o regime de bens*". Sem dúvida, essa posição é mais justa.

O presente artigo, como vimos, não mais exige a permanência do estado de viuvez para ser mantido o gozo desse direito real de habitação do consorte sobrevivente. No entanto, óbvias razões éticas levaram o já esquecido Projeto nº 6.960 dar volta atrás e reinserir o requisito da viuvez, ausência de casamento ou de união estável. Não é exigência da lei vigente, porém.

Como se nota, tanto o usufruto como a habitação conferidos ao cônjuge sobrevivente eram originalmente direitos sucessórios temporários. Uma vez extinta a causa que os sustentasse, emergiria o direito pleno dos herdeiros. A habitação, contudo, no presente Código, passou a ser direito vitalício, pois não se exige mais o estado de viuvez. O direito de habitação deve ser descrito na partilha, a fim de que conste posteriormente do registro imobiliário.

Questão ainda sob discussão é o direito real de habitação que foi conferido ao *convivente ou companheiro sobrevivente* pela Lei nº 9.278/1996. O parágrafo único do art. 7º desse diploma dispôs:

"*Dissolvida a união estável por morte de um dos conviventes, o sobrevivente terá direito real de habitação, enquanto viver e não constituir nova união ou casamento, relativamente ao imóvel destinado à residência da família.*"

A questão é saber, como já apontamos ao tratar da sucessão dos companheiros, se toda a legislação pretérita referente a eles foi revogada por este Código. Quer-nos parecer que não há uma resposta peremptória para essa indagação e esse direito de habitação pode tranquilamente conviver com a sistemática do mais recente Código, aliás, não muito clara. Mas há ponderáveis opiniões em contrário. Os julgados têm admitido o benefício em prol do companheiro, sem grandes divergências.

Enunciado nº 117 do CJF/STJ, I Jornada de Direito Civil: O direito real de habitação deve ser estendido ao companheiro, seja por não ter sido revogada a previsão da Lei nº 9.278/96, seja em razão da interpretação analógica do art. 1.831, informado pelo art. 6º, *caput*, da CF/88.

Enunciado nº 271 do CJF/STJ, III Jornada de Direito Civil: O cônjuge pode renunciar ao direito real de habitação nos autos do inventário ou por escritura pública, sem prejuízo de sua participação na herança.

Embargos de divergência. Recurso especial. Direito real de habitação. Copropriedade de terceiro anterior à abertura da sucessão. Título aquisitivo estranho à relação hereditária. 1. O direito real de habitação possui como finalidade precípua garantir o direito à moradia ao cônjuge/companheiro supérstite, preservando o imóvel que era destinado à residência do casal, restringindo temporariamente os direitos de propriedade originados da transmissão da herança em prol da solidariedade familiar. A copropriedade anterior à abertura da sucessão impede o reconhecimento do direito real de habitação, visto que de titularidade comum a terceiros estranhos à relação sucessória que ampararia o pretendido direito. 3. Embargos de divergência não providos (*STJ* – EREsp 1520294/SP, 26-8-2020, Rel. Ministra Maria Isabel Gallotti).

Art. 1.832. Em concorrência com os descendentes (art. 1.829, inciso I) caberá ao cônjuge quinhão igual ao dos que sucederem por cabeça, não podendo a sua quota ser inferior à quarta parte da herança, se for ascendente dos herdeiros com que concorrer.

Esse artigo, como já apontado, é de tormentosa interpretação. A lei faz distinção se a concorrência do cônjuge é com filhos comuns ou com filhos somente do cônjuge falecido. Se for ascendente dos herdeiros descendentes, fica-lhe assegurada sempre a quarta parte da herança. Assim, por exemplo, se concorrer com um filho, receberá a metade; se concorrer com dois filhos comuns, o sobrevivente receberá um terço da herança. Se concorrer com três ou mais filhos comuns, ser-lhe-á assegurada sempre a quarta parte da herança, sendo o restante dividido pelos demais. Esse quinhão do cônjuge será sempre computado por cabeça (art. 1.835). Assim, o mesmo princípio aplica-se, por exemplo, se o cônjuge concorrer somente com netos, descendentes de filhos já pré-mortos. A compreensão é do direito de representação.

Se, porém, o cônjuge sobrevivo concorrer com descendentes do morto dos quais o supérstite não seja ascendente, não há a reserva da quarta parte, sendo então a herança dividida em partes iguais com os que recebem por cabeça. O Código omitiu a hipótese comezinha de o *de cujus* ter deixado filhos comuns e filhos somente dele. Segundo a leitura que fazemos do dispositivo, se o sobrevivente concorrer com descendentes comuns e descendentes apenas do morto, há que se entender que se aplica a garantia mínima da quarta parte em favor do cônjuge. Parece ser esse o espírito da lei. Qualquer outra forma de divisão seria ilógica a nosso ver. O que é mais lamentável é que a situação deixada em branco pelo legislador é comuníssima, pois são inúmeras as sucessões que se abrem com filhos comuns e filhos somente do falecido. Essa omissão legal é imperdoável.

Não tendo a lei feito distinção, não cabe ao intérprete distinguir. No entanto, são múltiplas as conclusões que essa redação tem ensejado, em face da desídia do legislador. Podemos enunciar uma parte da complexidade proposta por vários autores, no tocante à concorrência do Cônjuge com filhos seus e filhos do morto. Todas as soluções podem ser logicamente sustentadas:

1. A primeira opinião e que se nos afigura a mais sensata e conforme a interpretação finalística e ética do Código é assegurar sempre a quarta parte da herança ao sobrevivente, quando há filhos dos dois leitos, como expusemos, pois o legislador não fez restrição a esse respeito e procurou proteger o cônjuge sobrevivente com essa quota mínima, em qualquer situação.
2. A segunda solução seria entender que, quando houver filhos só do morto e filhos comuns, a herança dividir-se-á em partes iguais, não se assegurando a quarta parte do sobrevivente. Não me parece a melhor solução. De outra forma, não teria o legislador protegido o cônjuge com a existência somente de filhos comuns. Por que a existência de filhos de outro leito prejudicaria o sobrevivente, nesse caso? No entanto há autores de escol que sufragam esse entendimento, sob fundamento da interpretação sistemática. Essa modalidade de interpretação cai por terra, a nosso ver, perante a interpretação histórica, por tudo o que se fez no passado para proteger o cônjuge sobrevivente, principalmente a mulher viúva, e perante a estrutura ética adotada pelo Código de 2002.
3. Outra solução aventada seria dividir a herança em dois blocos ou duas metades, antes de atribuir os quinhões. No primeiro bloco assegurar-se-ia a quarta parte ao cônjuge sobrevivente, para ser feita a divisão com os filhos comuns. No outro bloco, dividir-se-ia o monte por igual juntamente com os filhos da pessoa falecida. Parece que essa solução é indesejável e atingiria um resultado matemático complexo não pretendido pela lei.

Como se percebe, a incúria do legislador trouxe insegurança que poderia ter sido facilmente evitada. Dificuldades semelhantes ocorrem com o direito hereditário dos conviventes.

Art. 1.833. Entre os descendentes, os em grau mais próximo excluem os mais remotos, salvo o direito de representação.

A regra geral, no chamamento sucessório, como já visto, é que, existindo alguém numa classe de herdeiros, excluem-se as classes subsequentes. Na mesma classe, os parentes de grau próximo excluem os de grau mais remoto: assim, na regra geral, existindo filhos do morto, são eles os chamados, não sendo chamados os netos; na linha ascendente, existindo pai vivo do autor da herança, ele será o herdeiro, mesmo que ainda viva o avô. Contudo, especialmente na linha descendente, pode ocorrer que, por exemplo, sejam chamados a suceder determinados netos, juntamente com os filhos sobreviventes do autor da herança. Trata-se do chamado direito de representação, que ocorre por força do art. 1.851, para onde remetemos o leitor.

⚖ Apelação cível – Ação de abstenção de uso de nome e imagem c/c indenização por danos morais e materias – Sentença de improcedência – Irresignação da requerente – Alegação de uso indevido do nome e imagem do falecido avô – Inexistência da ofensa à honra e à imagem do ascendente falecido – Interpretação sistemática dos parágrafos único dos arts. 12 e 20 do Código Civil – Legitimação ativa que deve respeitar a ordem de vocação hereditária – Autorização para utilização do nome e imagem do *de cujus* para fins comerciais que deve emanar somente dos herdeiros legítimos e do cônjuge, nos termos do art. 1.829 do CC – Ilegitimidade ativa da neta, por força do art. 1.833 do CC – Alegação de que as filhas do *de cujus* autorizaram a exploração do nome que não foi impugnada pela demandante – Análise em conjunto com o disposto no art. 124, inc. XV da Lei de Propriedade Industrial e art. 24, § 1º da Lei nº 9.610/98 – Sentença de improcedência confirmada – Recurso desprovido (*TJPR* – Ap. 1239812-0, 20-10-2015, Rel. Antonio Domingos Ramina Junior).

⚖ Agravo de instrumento – Inventário – Rol de herdeiros – Direito de representação – Herdeiro pré-morto à abertura da sucessão. No direito sucessório, em regra, os herdeiros **mais próximos excluem os mais remotos**, a não ser nos casos em que é admitido o direito de representação, quando a herança é deferida ao herdeiro mais remoto, que é chamado a suceder em lugar do mais próximo, em razão deste ser pré-morto à abertura da sucessão, a teor dos artigos 1.833 e 1.851 do Código Civil, devendo ser reformada a decisão que não reconheceu o direito dos herdeiros de pré-morta figurarem na linha reta sucessória de sua avó (*TJMG* – AI 1.0261.06.040976-8/001, 1º-3-2007, Rel. Des. Teresa Cristina da Cunha Peixoto).

Art. 1.834. Os descendentes da mesma classe têm os mesmos direitos à sucessão de seus ascendentes.

O ascendente sempre será herdeiro do descendente, quando a recíproca for verdadeira. No sistema anterior à atual Constituição, a reciprocidade dependia de cada caso. Para que a filiação opere no regime sucessório, há necessidade de seu prévio conhecimento legal. No sistema constitucional presente, não se distinguem as origens da filiação. A referência que se faz no sentido de serem os direitos iguais quando se cuidar de descendentes do mesmo grau diz respeito ao direito de representação, conforme o art. 1.835.

Art. 1.835. Na linha descendente, os filhos sucedem por cabeça, e os outros descendentes, por cabeça ou por estirpe, conforme se achem ou não no mesmo grau.

Os filhos, descendentes em primeiro grau, são os primeiros a serem chamados na vocação hereditária. Os demais descendentes, netos, bisnetos, herdarão por cabeça ou por estirpe, dependendo se concorrem com outros descendentes do mesmo grau (todos netos ou todos bisnetos), ou se concorrem em graus diferentes, filhos concorrendo com netos, filhos de filho pré-morto do *de cujus*. Por cabeça será a divisão da herança que se reparte um a um. Por estirpe será a chamada hereditária quando há diversidade de graus. Os netos, filhos de pai herdeiro pré-morto, o representam na herança do avô e a quota do pré-morto será então dividida por estirpe. Não há limitação ao direito de representação na linha descendente. Se todos estiverem no mesmo grau, se todos forem netos, por exemplo, a herança será dividida pelo número de cabeças, não havendo direito de representação.

🔖 Agravo de instrumento – Inventário – Único bem a inventariar – Contrato de compra e venda antes da sucessão – Cessão de direitos hereditários – Escritura pública – Ausência – Nulidade do negócio jurídico – Representação de herdeiro pré-morte – Recurso desprovido. I – O contrato de compra e venda realizado entre herdeiros antes de aberta a sucessão em relação ao único bem imóvel a inventariar é, na verdade, cessão de direitos hereditários (art. 1.793, CC/2002), devendo ser considerado nulo se não tiver sido realizado mediante escritura pública. II – Constatado que o herdeiro pré-morto deixou filhos, devida a inclusão deles no polo passivo da lide, à luz do art. 1.835 do CC/2002, na medida em que herdarão por estirpe (*TJMG* – Ag 1.0024.15.169026-0/001, 28-8-2018, Rel. Peixoto Henriques).

🔖 Agravo regimental – Agravo de instrumento – Inventário – Direito Sucessório – Filhos pré-mortos – Netos – Mesmo grau de parentesco – Direito Próprio – Partilha por cabeça – Artigo 1.835 do Código Civil – Manutenção da decisão – Recurso manifestamente improcedente – 1- Infere-se que no direito sucessório, em regra, os herdeiros mais próximos excluem os mais remotos, salvo nos casos em que admitido o direito de representação, quando a herança é deferida ao herdeiro mais remoto, que é chamado a suceder em lugar do mais próximo, em razão deste ser pré-morto à abertura da sucessão, tendo por pressuposto a sobrevivência de outro herdeiro do mesmo grau do pré-morto para que ocorra a sucessão *in stirpes*. 2- Consoante o disposto no artigo 1.835 do Código Civil de 2002, herdeiros do mesmo grau fazem jus à fração equivalente, isto é, o quinhão hereditário é partilhado por cabeça, uma vez que herdam por direito próprio. 3- Negar provimento ao recurso. (*TJMG* – AG 1.0183.08.148896-1/002, 21-9-2015, Rel.ª Teresa Cristina da Cunha Peixoto)

Art. 1.836. Na falta de descendentes, são chamados à sucessão os ascendentes, em concorrência com o cônjuge sobrevivente.
§ 1º Na classe dos ascendentes, o grau mais próximo exclui o mais remoto, sem distinção de linhas.
§ 2º Havendo igualdade em grau e diversidade em linha, os ascendentes da linha paterna herdam a metade, cabendo a outra aos da linha materna.

Não existindo descendentes, em qualquer grau, são chamados a suceder os ascendentes. A partir da vigência deste Código, os ascendentes são chamados a concorrer na herança juntamente com o cônjuge sobrevivente (art. 1.829, II). Não há representação para os ascendentes. O mais próximo exclui o mais remoto. Vivo um dos progenitores do morto, receberá ele a herança, com exclusão dos avós. Vivos ambos os pais, a herança caberá a eles. Os ascendentes são herdeiros por direito próprio.

Se nenhum dos pais estiver vivo ou legitimado a receber a herança, esta se dividirá em duas linhas, paterna e materna. Não se esqueça, contudo, que nesse caso metade da herança será atribuída ao cônjuge sobrevivente, como indica o artigo seguinte. Depois de assegurada essa metade, aplica-se o disposto no § 2º do presente artigo.

Assim, se presente uma única linha (avós paternos, por exemplo), a herança será conferida a ela, assegurando-se a dita parcela do cônjuge sobrevivente. Havendo, por exemplo, um avô paterno e dois avós maternos, deduzida a metade do consorte, o restante da herança é dividido novamente ao meio, para o avô paterno, de um lado, e os dois outros avós, de outro. A mesma regra será obedecida se houver ascendentes mais distantes. Essa divisão por linha opera uma única vez.

No tocante à concorrência do cônjuge, não custa acentuar, sua herança será de um terço da universalidade se concorrer com ascendente de primeiro grau, sendo metade se concorrer com um só ascendente, ou se maior for o grau (avós, bisavós, art. 1.837).

📖 Enunciado nº 642, VIII Jornada de Direito Civil – CJF/STJ: Nas hipóteses de multiparentalidade, havendo o falecimento do descendente com o chamamento de seus ascendentes à sucessão legítima, se houver igualdade em grau e diversidade em linha entre os ascendentes convocados a herdar, a herança deverá ser dividida em tantas linhas quantos sejam os genitores.

Art. 1.837. Concorrendo com ascendente em primeiro grau, ao cônjuge tocará um terço da herança; caber-lhe-á a metade desta se houver um só ascendente, ou se maior for aquele grau.

Assim, complementando o artigo anterior, de acordo com este Código, a herança será dividida em três partes iguais se o cônjuge sobrevivente concorrer com sogro e sogra. Se houver apenas o sogro ou a sogra vivo ou se os herdeiros ascendentes forem de grau mais distante, o cônjuge receberá sempre a metade da herança. Como se nota, não somente o cônjuge foi colocado como herdeiro necessário no presente diploma, como sua situação hereditária foi sensivelmente melhorada. Advirta-se que a situação não se aplica à união estável, que possui regra própria.

⚖ Agravo de instrumento. Inventário. RE 878694/MG. Artigo 1.829 CC. Regime sucessório entre cônjuge e companheiro. Igualdade. Herdeiro necessário. Ausência de descendente. Concorrência com ascendente em metade. Manutenção da decisão. 1. Agravo de instrumento interposto contra r. decisão que, nos autos do inventário, indeferiu os embargos de declaração, mantendo a decisão que aplicou o artigo 1.829 do Código Civil para a sucessão de companheiros (RE 878.694/MG) determinando, assim, a partilha do bem particular deixado pela *de cujus*, em partes iguais, entre o companheiro e os herdeiros da ascendente. 2. No julgamento do RE 878964/MG, julgado em repercussão geral, definiu-se que "no sistema constitucional vigente, é inconstitucional a distinção de regimes sucessórios entre cônjuges e companheiros, devendo ser aplicado, em ambos os casos, o regime estabelecido no artigo 1.829 do CC/02". 3. O companheiro, assim como o cônjuge, é herdeiro necessário independentemente dos bens deixados terem sido adquiridos antes ou durante a união estável, possuindo o direito de participar da herança do companheiro. 4. Nos termos do artigo 1.837 do CC, não tendo a falecida deixado descendentes, o companheiro concorre com a ascendente nos bens particulares e, existindo só um ascendente, cabe ao companheiro metade do bem. (...) 7. Agravo de instrumento conhecido e desprovido (*TJDFT* – Ag 07262924820180070000, 25-3-2020, Rel. Cesar Loyola).

⚖ Agravo de instrumento. **Direito sucessório**. Artigo 1.829, inciso II, e 1.837, ambos do Código Civil. Artigo 1.830 do Código Civil. Inaplicabilidade. Encontrando-se o casal separado de fato em período inferior a 01 (um) ano quando do falecimento do varão, não há falar em aplicação do disposto no artigo 1.830 do Código Civil. O disposto no inciso II, do artigo 1.829, c/c artigo 1.837, ambos do Código Civil, é claro, ou seja, o cônjuge sobrevivente herdará, quando concorrer com ascendentes do autor da herança, a terça parte (1/3) desta. Decisão agravada reformada. Deram provimento ao recurso (*TJRS* – Acórdão: Agravo de Instrumento nº 70040609604, 24-2-2011, Rel. Des. Alzir Felippe Schimitz).

Art. 1.838. Em falta de descendentes e ascendentes, será deferida a sucessão por inteiro ao cônjuge sobrevivente.

O cônjuge será herdeiro único e universal na falta de descendentes e ascendentes. Nessa situação, em nada interfere o regime de casamento. Exige-se apenas que a relação matrimonial estivesse vigente quando da morte.

⚖ Apelação. Cessão de direitos hereditários sobre imóvel. Ação anulatória c.c. Pedido de indenização por danos morais. Procedência parcial da ação, reconhecendo apenas a nulidade parcial do negócio, e a improcedência da reconvenção. Apelo da autora-reconvinda insistindo na condenação dos réus por danos morais. Inconsistência do inconformismo. Avença levada a efeito por neta da falecida, sustentando ser sua única herdeira. Parte ideal do imóvel, no entanto, herdada pela autora que era casada com um filho da falecida sob o regime legal da separação de bens. Falecimento do marido da autora sem deixar descendentes e ascendentes. Sucessão deferida à cônjuge sobrevivente nos termos do art. 1.838 do CC, independentemente do regime de bens do casamento. Norma legal cujo alcance não foi extraído pelos réus. Danos morais não caracterizados, a despeito da falha ocorrida. Sentença confirmada. Negado provimento ao recurso (*TJSP* – Ap. 0012346-48.2012.8.26.0006, 4-6-2018, Rel. Viviani Nicolau).

⚖ Apelação cível. **Inventário.** Extinção por perda superveniente do interesse processual decretada em razão da constatação de que a apelada é a cônjuge sobrevivente do inventariado, o que, na ausência de ascendentes ou descendentes do falecido, acarreta o deferimento da sucessão por inteiro em seu favor. Inteligência do artigo 1.838 do Código Civil. Sentença que se mantém. Desprovimento do apelo (*TJRJ* – Apelação Cível nº 0023748-02.2009.8.19.0209, 7-6-2011, Rel. Des. Lúcia Maria Miguel da Silva Lima).

Art. 1.839. Se não houver cônjuge sobrevivente, nas condições estabelecidas no art. 1.830, serão chamados a suceder os colaterais até o quarto grau.

Já afirmamos que modernamente se restringe o conceito social de família e o direito não pode ignorá-lo. Os colaterais até o quarto grau serão chamados se não houver cônjuge sobrevivente legitimado na forma do art. 1.830.

São colaterais os parentes que descendem de um só tronco, sem descenderem uns dos outros. No direito pretérito já se considerou a linha colateral até o sexto grau de acordo com o art. 331 do antigo Código, embora o direito sucessório não ultrapassasse o quarto grau, limite que é mantido no presente ordenamento. A redação primitiva do Código de 1916 reconhecia o direito sucessório até o sexto grau.

Na linguagem vulgar, os parentes em quarto grau são os "primos-irmãos" entre si, os "tios-avós" com relação aos "sobrinho netos" e estes com referência àqueles. Os irmãos são colaterais em segundo grau, pois não existem colaterais em primeiro grau.

🔍 Agravo de instrumento. Direito das sucessões. Inventário. União estável. Bem particular. Art. 1.790 do CC. Inconstitucionalidade. Art. 1.829 do CC. Incidência. Vocação hereditária. Companheira sobrevivente. Herdeira exclusiva. Parente colateral. Exclusão. Arts. 1.838 e 1.839 do CC. Recurso conhecido e não provido. 1. "No sistema constitucional vigente, é inconstitucional a distinção de regimes sucessórios entre cônjuges e companheiros, devendo ser aplicado em ambos os casos o regime do artigo 1.829 do CC/2002, conforme tese estabelecida pelo Supremo Tribunal Federal em julgamento sob o rito da repercussão geral (Recursos Extraordinários nºs 646.721 e 878.694). (...) Na falta de descendentes e ascendentes, será deferida a sucessão por inteiro ao cônjuge ou companheiro sobrevivente, ressalvada disposição de última vontade. (...) Os parentes colaterais, tais como irmãos, tios e sobrinhos, são herdeiros de quarta e última classe na ordem de vocação hereditária, herdando apenas na ausência de descendentes, ascendentes e cônjuge ou companheiro, em virtude da ordem legal de vocação hereditária." (STJ - REsp 1357117/MG, 3.ª T, Rel. Ministro Ricardo Villas Bôas Cueva, DJe 26/3/2018). 2. Recurso conhecido e não provido (*TJPR* – Ag 0051180-10.2018.8.16.0000, 22-4-2019, Rel. Fábio Haick Dalla Vecchia).

Art. 1.840. Na classe dos colaterais, os mais próximos excluem os mais remotos, salvo o direito de representação concedido aos filhos de irmãos.

O direito de representação, na linha colateral, é limitado aos filhos de irmãos pré-mortos (art. 1.843). Existindo irmãos vivos e filhos de irmão pré-morto, estes (sobrinhos) herdam por estirpe. Se concorrerem à herança somente filhos de irmãos falecidos, herdarão eles por cabeça (art. 1.843, § 1º). A representação, no entanto, para aí. Também se obedece à bilateralidade ou unilateralidade dos irmãos quando se trata de quota de representantes (art. 1.843, § 2º), recebendo os filhos dos irmãos unilaterais a metade da herança que couber aos filhos dos irmãos bilaterais. Se todos forem filhos de irmãos bilaterais, ou todos de irmãos unilaterais, herdarão por igual (art. 1.843, § 3º).

🔍 Inventário – Decisão que afastou o direito dos sobrinhos, filhos de irmãs pré-mortas da autora da herança, de herdar por representação – Inteligência do art. 1.840 do CC – Sobrinhos que concorrem com o irmão vivo da falecida, consoante disposição do art. 1.853 do CC – Decisão reformada – Recurso provido (*TJSP* – Ag 2166377-63.2019.8.26.0000, 9-10-2019, Rel. Theodureto Camargo).

🔍 Agravo de instrumento – Inventário – Reconhecimento de paternidade socioafetiva – Art. 1.840, do CC – Herdeiro colateral mais próximo – Exclusão do mais remoto – Hodiernamente deve-se buscar um conceito plural de paternidade, no qual a vontade, o consentimento, a afetividade e a responsabilidade jurídicas devem ser consideradas, não sendo o vínculo consanguíneo o único apto a comprovar a paternidade – Nos termos do art. 1.840, do CC, "na classe dos colaterais, os mais próximos excluem os mais remotos, salvo o direito de representação concedido aos filhos de irmãos." – O reconhecimento da paternidade socioafetiva enseja a inclusão do herdeiro colateral nos autos do inventário, com a consequente exclusão dos mais remotos. (*TJMG* – AI-Cv 1.0395.04.005675-0/002, 23-10-2015, Rel. Maurício Soares).

Art. 1.841. Concorrendo à herança do falecido irmãos bilaterais com irmãos unilaterais, cada um destes herdará metade do que cada um daqueles herdar.

Esse artigo cuida da sucessão dos colocados em primeiro lugar na linha colateral, os irmãos, parentes em segundo grau. O Código estabelece diferença na atribuição de quota hereditária, tratando-se de irmãos bilaterais ou irmãos unilaterais. Os irmãos bilaterais, filhos do mesmo pai e da mesma mãe, recebem o dobro do que couber ao filho só do pai ou só da mãe. Na divisão da herança, coloca-se peso 2 para o irmão bilateral e peso 1 para o unilateral, fazendo-se assim a divisão na partilha. Assim, existindo dois irmãos bilaterais e dois unilaterais, a herança dividir-se-á em seis partes, um sexto para cada irmão unilateral e dois sextos (um terço) para cada irmão bilateral.

🔍 Direito civil e direito processual civil – Agravo de instrumento – Ação de inventário – Habilitação – Direitos de herança de herdeiro falecido à época da abertura do inventário, porém vivo à época do óbito da inventariada – Comprovação da qualidade de herdeiros colaterais – Razões do recurso infundadas – Recurso improvido – 1- Verificando que o inventariante promoveu o inventário de sua avó por parte mãe, sem que antes fosse promovido o inventário do seu irmão, o Sr. Severino José Ramos Filho, e considerando que quando do falecimento da inventariada, este último ainda estava vivo – Posto que veio a óbito apenas em 2010, é certo que não deixando ele cônjuge, descendentes ou ascendentes vivos, conforme regra insculpida no art. 1.829, 1.838, 1.839 e 1.840, todos do Código Civil, participam da herança que a ele cabia os seus colaterais em grau mais próximo, sejam unilaterais ou bilaterais, devendo observar, ainda, à gradação prevista no art. 1.841 do mesmo Diploma Legal; 2- Recurso a que se nega provimento. (*TJPE* – AI 0002984-21.2014.8.17.0000, 21-5-2014, Rel. Des. Roberto da Silva Maia).

🔍 **Agravo de instrumento** – Decisão que determinou apresentação de novo plano de partilha de bens. Existência de herdeira de ambos os "de cujus". Agravantes que são filhas apenas da mulher. Alegação de não aplicação do artigo 1.841 do Código Civil. Decisão que não mencionou tal dispositivo legal, até porque, inaplicável, vez que se refere à sucessão de colaterais.

Cotas-partes da herança que são distintas em virtude da filiação de um ou de ambos os mortos. Adoção da filha em comum. Questão não abordada na decisão recorrida. Decisão mantida. Recurso não provido (*TJSP* – AI 0101420-34.2012.8.26.0000, 24-9-2012, Relª Silvia Sterman).

Art. 1.842. Não concorrendo à herança irmão bilateral, herdarão, em partes iguais, os unilaterais.

Se concorrerem unicamente irmãos unilaterais, haverá direito sucessório idêntico para eles, dividindo-se a herança por igual, com o mesmo quinhão.

Art. 1.843. Na falta de irmãos, herdarão os filhos destes e, não os havendo, os tios.

§ 1º Se concorrerem à herança somente filhos de irmãos falecidos, herdarão por cabeça.

§ 2º Se concorrem filhos de irmãos bilaterais com filhos de irmãos unilaterais, cada um destes herdará a metade do que herdar cada um daqueles.

§ 3º Se todos forem filhos de irmãos bilaterais, ou todos de irmãos unilaterais, herdarão por igual.

Os sobrinhos e os tios estão, ambos, em terceiro lugar no grau de parentesco. Contudo, a lei prefere os sobrinhos, excluindo os tios. A lei prefere atribuir aos mais jovens a herança, talvez porque, em regra, fosse maior a afeição do falecido pelos sobrinhos do que pelos tios. Não há representação de tios e sobrinhos. A existência de um sobrinho vivo arreda os demais colaterais. A existência de um tio vivo afasta os demais colaterais ascendentes, da mesma forma. Não havendo colaterais de terceiro grau, sucedem os parentes de quarto grau por cabeça (tios-avós, sobrinhos-netos e primos entre si). Como a partir da vigente Constituição o adotado tem direito sucessório idêntico e recíproco com relação aos demais descendentes, não teria mais aplicação a restrição do art. 1.618 do antigo Código, que excluía a relação sucessória entre adotado e os parentes do adotante. O art. 41, § 2º, do Estatuto da criança e do Adolescente é expresso nesse sentido.

Os parágrafos do presente artigo já foram analisados anteriormente.

Apelação. Inventário. Abertura requerida pela tia do *de cujus*, que pleiteia o recebimento da herança. Existência de sobrinhos. Preferência dos sobrinhos em relação aos tios (art. 1.843 – CC). Aplicabilidade. Sentença de extinção do processo sem resolução de mérito (art. 485, VI – CPC). Reforma. Possibilidade de continuidade do inventário. Diligências para localização dos sobrinhos. Recurso parcialmente provido. (*TJSP* – Ap. 1000209-59.2017.8.26.0291, 12-2-2019, Rel. Piva Rodrigues).

Herança – **Sucessão de colaterais** – Concorrência à herança exclusivamente pelos sobrinhos, filhos dos irmãos pré-mortos. Irmãos vivos que renunciaram à herança. Decisão agravada que determina a divisão do acervo na forma do art. 1.854 do Código Civil. Inadmissibilidade. Direito de representação que, na linha transversal, somente se verifica em favor dos filhos de irmãos do falecido, quando com irmãos deste concorrerem. Art. 1.853 do CC. Análise dos efeitos da renúncia à herança. Inteligência do art. 1.804 do CC. Ausentes colaterais de segundo grau, os sobrinhos herdam por cabeça, e não por estirpe. Observância da regra do art. 1.843, §§ 1º e 3º. Sobrinhos que concorrem em igualdade de condições, devendo ser dividida a herança em partes iguais. Recolhimento do tributo. Justa causa configurada. Art. 27, § 1º, da Lei Estadual nº 10.705/2000. Isenção de juros e multa concedida. Recurso provido, com observação (*TJSP* – AI 0185775-74.2012.8.26.0000, 7-2-2013, Rel. Des. Paulo Alcides).

Agravo de instrumento – Inventário – Cálculo do contador – **Filho de irmão unilateral e filhos de irmã bilateral** – O cálculo do contador que dividiu o valor da herança em cinco partes está correto. O filho do irmão unilateral participa de uma parte, e os filhos da irmã bilateral participam, cada um, de duas partes. Inteligência do parágrafo 2º do art. 1.617 do Código Civil de 1916, cujo texto foi reproduzido pelo parágrafo 2º do art. 1.843 do novo Código Civil. Agravo improvido (*TJRS* – AGI 70004894432, Rel. Des. Antônio Carlos Stangler Pereira).

Art. 1.844. Não sobrevivendo cônjuge, ou companheiro, nem parente algum sucessível, ou tendo eles renunciado a herança, esta se devolve ao Município ou ao Distrito Federal, se localizada nas respectivas circunscrições, ou à União, quando situada em território federal.

O Estado recolhe a herança, mas não tem a *saisine*. Por essa razão o presente Código não o coloca na ordem de vocação hereditária. Só com a sentença de vacância, como já visto, é que os bens se incorporam ao Estado. Discute-se, por isso, sua condição de herdeiro. Não tendo o estado jurídico de herdeiro, não lhe é dado repudiar a herança. O Estado pode, contudo, ser instituído legatário ou herdeiro testamentário, mas não é essa a situação ora tratada.

A Lei nº 8.049/1990, alterara a redação dos arts. 1.594, 1.603 e 1.619 do Código Civil de 1916. A finalidade foi atribuir os bens dessas heranças primordialmente aos Municípios ou, conforme a situação, ao Distrito Federal e à União. A redação anterior atribuía os bens aos Estados. Entendeu-se que os Municípios têm melhores condições de administrar tais bens, cabendo a cada um regulamentar a respectiva finalidade. Assim também se colocou o presente Código.

A matéria pertinente à apreensão do acervo hereditário pelo Poder Público já foi objeto de exame quando dos artigos sobre herança jacente e vacante.

CAPÍTULO II
Dos Herdeiros Necessários

Art. 1.845. São herdeiros necessários os descendentes, os ascendentes e o cônjuge.

⚖ Agravo de instrumento. Inventário. Habilitação do cônjuge e cumulação de inventários. Descabimento, no caso concreto. Muito embora o art. 672 do CPC preveja as hipóteses de cumulação de inventários para a partilha de heranças de pessoas diversas, no caso em análise, além de não haver dependência, a medida pode ocasionar ainda maior demora na finalização do primeiro inventário, que tramita desde 2012. Considerando que a falecida não deixou ascendentes ou descendentes, o cônjuge, independente do regime do casamento, é o único herdeiro necessário, como previsto no art. 1.845 do CC. Agravo desprovido (*TJRS* – Ag 70076327154, 10-5-2018, Rel. José Antônio Daltoe Cezar).

⚖ **Agravo de instrumento – Inventário** – Autora da herança que não possuía descendentes ou ascendentes – Casada sob o regime da comunhão universal – Cônjuge sobrevivente deve ser considerado herdeiro necessário independentemente do regime de bens, art. 1.845 CC – O direito de dispor do patrimônio deve respeitar a legítima – Recurso provido. (TJSP – AI 2215443-17.2016.8.26.0000, 12-4-2017, Rel. Moreira Viegas).

⚖ **Agravo de instrumento – Inventário** – Decisão que declarou que o cônjuge supérstite não é herdeiro nem meeiro – Viúva que foi casada com o autor da herança pelo regime da separação convencional – Decisão que contraria a lei, em especial os artigos 1.845 e 1.829 do Código Civil – Decisão reformada – Agravo provido (*TJSP* – Acórdão: Agravo de Instrumento nº 0007645-96.2011.8.26.0000, 4-10-2011, Rel. Des. José Carlos Ferreira Alves).

Art. 1.846. Pertence aos herdeiros necessários, de pleno direito, a metade dos bens da herança, constituindo a legítima.

Como já exposto, o testador, tendo descendente ou ascendente sucessível, e cônjuge sob determinadas condições, não tem plena liberdade de testar. Nessa situação, somente poderá dispor da metade de seus bens. A outra metade pertence aos herdeiros necessários. Há uma série de regras para serem reduzidas as disposições, se for ultrapassado o limite, como veremos nos artigos respectivos (1.966 a 1.968). O cônjuge sobrevivente não era herdeiro necessário no sistema de 1916. Como vimos, para amenizar sua situação, a Lei nº 4.121/1962, Estatuto da Mulher Casada, introduziu o direito hereditário concorrente de usufruto, assim como o direito real de habitação, de acordo com o regime de bens.

De outro lado, sempre se questionou se o direito de dispor do patrimônio após a morte deveria ser absoluto, ou se o testador deveria sofrer certas restrições. O testamento pode ser instrumento de amor ou de ódio.

Quando a lei estabelece uma herança necessária, preservando a porção legítima a determinados herdeiros, está-se colocando no meio-termo. Permite-se sempre o testamento, mas restringe seu alcance, quando há descendente, ascendente ou cônjuge, dentro do contexto legal. A plena liberdade de testar torna-se possível quando há apenas herdeiros parentes mais distantes, colaterais, quando se presume mais tênue o vínculo afetivo.

No Direito Romano, admitidos os totais poderes do *pater familias*, tinha este plena liberdade de testar. Posteriormente, foram sendo criadas regras a impedir essa plenitude, impondo-se ao testador a expressa deserdação dos herdeiros que desejasse excluir.

A princípio, não havia regra fixa sobre a quota mínima reservada, o que tornava insegura a aplicação da regra no caso concreto. Pouco a pouco, a jurisprudência fixou em um quarto essa parcela. No Direito justinianeu já existe a salvaguarda da porção hereditária aos descendentes e ascendentes, e também aos irmãos, quando estes últimos eram afastados para a inclusão de pessoa torpe. Aumenta-se a legítima para um terço se o testador tem até quatro filhos e, para a metade, se tem cinco ou mais (Novelas 18 e 115).

A deserdação passa a ser admitida somente quando há expressa determinação de exclusão do herdeiro, justificada por motivos expressos e plausíveis, com base na Novela 115, sob o mesmo prisma de nosso atual direito. Se houver comprovação de que o motivo alegado não é verdadeiro, não subsiste a deserdação. Já havia então uma relação de causas para autorizar a deserdação, tais como atentado contra a vida dos progenitores, acusação de crime etc., tal como no direito contemporâneo.

Por outro lado, no Direito germânico a evolução foi inversa. Como todo patrimônio era familiar, com a morte de um membro da família, necessariamente, o patrimônio não podia se afastar do grupo familiar, sendo atribuído ao primogênito. Com o tempo, permitiu-se que se dispusesse de certa quota.

No Direito das Ordenações, anterior ao Código de 1916, também havia limitação, não podendo o testador dispor de mais que um terço do patrimônio, reservando-se dois terços aos herdeiros necessários. Contudo, a Lei nº 1.839/1907, já erigira a metade da legítima e a metade disponível, situação mantida pelo Código de 1916. Portanto, modernamente, havendo herdeiros necessários, o patrimônio do morto deve ser considerado em duas porções, uma metade disponível e outra indisponível.

Se o testador não esgotar toda parte disponível de seu patrimônio, o remanescente se acresce à legítima dos herdeiros necessários. Essas duas parcelas da herança devem ser vistas por dois ângulos. A porção que se denomina *legítima* está ligada ao direito do herdeiro. A parcela *disponível* é ligada ao ato do testador, aquela metade do patrimônio que ele pode dispor.

Já reiteramos que não se pode confundir herança com meação do cônjuge. A quota disponível, evidentemente, é computada sobre a herança. Se existe supérstite, há que se excluir o valor da meação quando esta existir, dependendo do regime de bens. O valor remanescente é que será aferido, para fins de verificação da legítima.

Note, porém, que nem sempre a meação será a *metade* do patrimônio em discussão. Evidente que em se tratando de regime de bens em que cada cônjuge trouxe bens particulares, ou que por qualquer razão não se comunicaram, estes não entram no exame contábil da meação. Se o testador desejasse afastar o cônjuge da herança, sob a égide do Código de 1916, bastava que dispusesse de seu patrimônio a terceiros, sem contemplá-la. Pelo presente Código somente os colaterais podem ser afastados da herança por testamento, pois o cônjuge foi guindado, dependendo do regime de bens no casamento, à posição de herdeiro necessário.

Dúvida que persiste no sentido de saber se o testador pode especificar no testamento quais os bens que se incluirão na legítima. É claro que indiretamente poderá fazê-lo, pois quando individualizar bens em legados os estará suprimindo da legítima, mas quando não for esse o caso, a questão é saber se o testador pode regular toda a legítima, não só especificando os bens ali inseridos, mas também quais os herdeiros que receberão estes ou aqueles bens. Essa posição é defendida pelo clássico Carlos Maximiliano (1952. v. 3, p. 28). Nesse caso, a partilha deve seguir, sempre que possível, a vontade do testador. Se houver necessidade de tornas em dinheiro ou acomodação de bens, decidirá o prudente critério do juiz, com as regras da partilha, sem fugir da intenção do legislador.

Agravo de instrumento – Inventário de bens – Herdeira prejudicada – Herança legítima – Divisão de frutos – Posse dos bens – Inventariante judicial – Decisão mantida. 1. Havendo o afastamento de um dos herdeiros da posse e do gozo dos bens do espólio, prejudicando a legítima (artigo 1.846 do CC/2002), deve ser mantida a decisão que deu posse ao inventariante judicial dos bens inventariados, deferindo o pedido de divisão dos seus frutos, em razão das frações de cada herdeiro. 2. Recurso não provido (*TJMG* – Ag 1.0555.16.000069-4/002, 24-5-2018, Rel. Teresa Cristina da Cunha Peixoto).

Apelação cível – **Ação declaratória de nulidade de negócio jurídico** – Cerceamento de defesa – Julgamento antecipado da lide – Matéria estritamente de direito – Desnecessidade de produção de prova oral e pericial – Livre convencimento motivado – Ilegitimidade ativa – Autor filho da ré/doadora – Direito sucessório – Legitimidade para a demanda – Falecimento da ré/doadora no curso da demanda – Substituição processual – Autor que é único sucessor, herdeiro necessário da falecida – Desnecessidade de suspensão do processo para habilitação, porquanto já integra a lide – Alegação de prescrição – Inocorrência – Ato jurídico nulo – Imprescritibilidade – Preliminares rejeitadas – Doação do único bem imóvel em favor da sobrinha e do marido desta – Impossibilidade – Doador que somente pode dispor de 50% (cinquenta por cento) de seus bens – Metade dos bens pertencente aos herdeiros necessários (artigo 1.846 do CC/2002) – Pleno direito do autor à parte legítima da herança – Doação inoficiosa – Nulidade na parte que excedeu o patrimônio disponível – Inobservância quanto à necessidade de reserva da legítima – Reconhecimento da maternidade após a lavratura da escritura pública de doação – Irrelevância – Efeitos jurídicos retroativos – Direito sucessório do filho a ser contemplado com a legítima – Recurso conhecido e desprovido – O Juiz, na condição de destinatário da prova, deve indeferir a produção de provas desnecessárias, inúteis ou protelatória, que se constituam em atraso na prestação jurisdicional, se os elementos constantes dos autos forem suficientes ao seguro julgamento do processo. Tendo a ré reconhecido espontaneamente o autor como filho, em ação de Investigação de Maternidade, é ele parte legítima para figurar no polo ativo de ação que visa a declaração de nulidade de doação de bem imóvel, porquanto possui direitos sucessórios legítimos em relação à ré. Ocorrendo o falecimento da ré/doadora no curso do processo e, sendo o autor o único herdeiro necessário, a suspensão do processo para habilitação dos sucessores não se justifica, porquanto o sucessor já integra a lide. O negócio jurídico nulo não é suscetível de confirmação, nem convalesce pelo decurso do tempo, razão pela qual não está sujeito à prescrição (artigo 169, do Código Civil). Demonstrado nos autos que a doação excedeu a parte de que poderia dispor a doadora, já falecida, abrangendo parte legítima pertencente ao herdeiro necessário, impõe-se reconhecer a nulidade da doação na parte considerada inoficiosa, em benefício do herdeiro necessário à luz do disposto no artigo 549, do Código Civil, porquanto a doação não pode exceder o patrimônio disponível do doador. Ainda que o autor tenha sido reconhecido como filho da ré/doadora, seis meses após a perfectibilização da doação cujo ato pretende anular, tem seus direitos sucessórios assegurados por lei, porquanto o reconhecimento da maternidade possui efeitos *ex tunc* (*TJSC* – AC 2012.032344-8, 13-7-2012, Rel. Saul Steil).

Art. 1.847. Calcula-se a legítima sobre o valor dos bens existentes na abertura da sucessão, abatidas as dívidas e as despesas do funeral, adicionando-se, em seguida, o valor dos bens sujeitos a colação.

1. Cálculo de legítima

Aqui está presente o critério para o cálculo da legítima. Portanto, a avaliação do que o *de cujus* podia dispor é sobre o ativo da herança. As dívidas devem ser abatidas do cálculo, pois se trata de valor negativo. Considera-se, portanto, o montante sobre a herança líquida e não sobre a herança bruta. O momento da apuração do valor é o da abertura da sucessão. A avaliação no curso do inventário vai estabelecer se o testador se manteve dentro da legítima, espancando dúvidas do sistema anterior. Os herdeiros podem concordar também com os valores apresentados pelo próprio testador. O excesso deve ser reduzido por normas específicas (arts. 1.966 a 1.968). O valor dos bens sujeitos a colação, mencionado no presente dispositivo, refere-se a adiantamento da herança feito em vida por doação, quando não houve dispensa de colação, como veremos.

2. Cálculo das doações no cômputo da legítima

No cálculo da legítima, os herdeiros que receberam doação do testador devem colacioná-las, para igualar as porções dos demais, salvo se foram expressamente dispensados de fazê-lo. Trata-se de princípio cujo exame é aprofundado nos artigos sobre colação (arts. 2.002 ss).

Em regra geral, a lei entende que quem já recebeu graciosamente bens no curso da vida do testador antecipou-se a beneficiar-se do que ocorreria tão só após a morte. Pode, contudo, o testador determinar que a doação seja destacada da parte disponível, quando então ocorrerá a dispensa de colação. Há que se verificar sempre se o doador manteve-se dentro do valor de sua parte disponível, o que é visto por avaliação à época da doação. O cálculo contábil atualizado é importante quando do inventário.

Art. 1.848. Salvo se houver justa causa, declarada no testamento, não pode o testador estabelecer cláusula de inalienabilidade, impenhorabilidade, e de incomunicabilidade, sobre os bens da legítima.
§ 1º Não é permitido ao testador estabelecer a conversão dos bens da legítima em outros de espécie diversa.
§ 2º Mediante autorização judicial e havendo justa causa, podem ser alienados os bens gravados, convertendo-se o produto em outros bens, que ficarão sub-rogados nos ônus dos primeiros.

1. Restrições que pode sofrer a legítima. A cláusula de inalienabilidade

Há bens que podem estar fora do comércio, por sua natureza, por determinação legal ou por vontade de interessados. Nestes últimos coloca-se a cláusula de inalienabilidade, que pode ser aposta por meio de negócios gratuitos, doações e testamentos. Ninguém pode gravar os próprios bens. Somente se gravam bens de terceiros, por isso que somente doações e testamentos podem lhe servir de veículo, assim como as demais cláusulas restritivas ora tratadas.

A cláusula de inalienabilidade, *de per si*, sempre gerou controvérsias. Sua complexidade e compreensão avultaram porque a lei sucessória de 1916 permitiu que o testador apusesse essa cláusula, além de outras, nos bens que compunham a legítima dos herdeiros necessários (art. 1.723), sem qualquer obstáculo. Este Código estreitou consideravelmente a vontade do testador nesse aspecto.

A imposição da cláusula proibitiva de alienar pelo testador pode vir imbuída das melhores intenções: pode justificar-se por recear que o herdeiro venha dilapidar o patrimônio recebido, dificultando sua própria subsistência ou de sua família; evitar que o herdeiro fique privado de um bem para moradia etc. Como geralmente essa cláusula vem acompanhada da de incomunicabilidade, com isso o testador procura evitar que um casamento desastroso diminua o patrimônio do sucessor. São, sem dúvida, razões elevadas que, a princípio, só viriam em benefício do herdeiro. Contudo, não bastassem os entraves que o titular de um bem com essa cláusula tem que enfrentar, tendo em vista que sua aposição poderia ser injustificada no sistema de 1916, poderia o testador valer dela para dificultar a utilização da herança, quiçá como vingança ou retaliação, uma vez que com isso poderia privar os herdeiros necessários da efetiva utilidade dos bens da legítima.

A par dessas questões ora levantadas, lembre-se do que costumeiramente se fala contra a disposição: há inconveniência na inalienabilidade de um bem privado porque impede a circulação de bens e obstrui, em síntese, a própria economia da sociedade; trata-se de um elemento de insegurança nas relações jurídicas, tantas são as questões que se levantam. Tratando-se de uma proibição absoluta de alienar no Código de 1916 (art. 1.676), abriu-se caminho para as mais elaboradas fraudes.

Se, por si só, a inalienabilidade em disposição testamentária a herdeiros instituídos e legatários tem todos esses inconvenientes, o que dizer da restrição imposta à própria legítima. Dependendo da amplitude que se desse à disposição, a legítima poderia ser reduzida a total inutilidade, por toda a vida do herdeiro. Clausular a legítima contraria a própria essência deste último instituto. Foram muitos os dramas trazidos pela cláusula que desaguaram na nova solução introduzida no presente artigo. A ideia é que, em princípio, o presente dispositivo neste Código aplica-se ao testamento, mas não à doação, que é ato entre vivos e possui outra compreensão.

As arrazoadas críticas fizeram com que o legislador deste Código restringisse o alcance e a possibilidade de imposição dessa cláusula. Desse modo, será ineficaz, no atual sistema, a imposição pura e simples dessas cláusulas, sem sua motivação declarada no testamento; motivação essa que poderá ser questionada e discutida, em ação própria, posteriormente à abertura da sucessão. Tal discussão certamente paralisará o curso do inventário, ao menos no tocante à porção litigiosa. Caberá à jurisprudência definir em cada caso o que deve ser entendido por *justa causa*, conforme a descrição do testador. O Projeto nº 6.960, que pretendeu alterar muitos dispositivos deste Código, atento à utilidade desse dispositivo, propôs que se excluísse a cláusula de incomunicabilidade dessa restrição, ou seja, a declaração de justa causa. De fato, a cláusula de incomunicabilidade tem outro alcance, outra finalidade, e deveria ser livre a sua imposição. Contudo, de forma geral, na redação do corrente Código, exige-se a declaração de justa causa para a clausulação apenas nos bens da legítima, ficando os bens da porção disponível liberados dessa restrição.

2. Conceito da cláusula de inalienabilidade

Os bens inalienáveis são indisponíveis. Não podem ser alienados sob qualquer modalidade, nem a título gratuito nem a título oneroso. Quando o testador não especifica quais os bens que comporão a inalienabilidade, esta somente se corporificará na partilha. Sendo capazes, prevalecerá a escolha dos herdeiros. Não chegando a um acordo, ou havendo herdeiros menores ou incapazes, caberá ao juiz estabelecer os bens que comporão o quinhão inalienável.

Na hipótese de ainda não estar materializada a inalienabilidade antes da partilha, nada impede, em princípio, a alienação de bens no curso do inventário, desde que se reservem bens suficientes para atender à disposição do testador. Torna-se importante nessa situação o cuidado do juiz. Também é possível que o herdeiro ofereça bens próprios para fazer repousar a legítima, recebendo, assim, desembaraçados os bens da herança. Com esse artifício evita-se o custoso processo de sub-rogação que teria que ser ajuizado posteriormente.

A inalienabilidade cria um ônus real sobre a coisa. Esse ônus paralisa temporariamente a possibilidade de transferência do bem e pesa sobre o titular do domínio. Não há, no entanto, um direito real. O que ocorre é uma diminuição do âmbito do direito de propriedade, que perde o poder de dispor. Essa cláusula, quando imposta a imóveis, deve ser averbada no registro imobiliário.

3. Espécies de inalienabilidade

Do ponto de vista da legítima, exclusivamente, a inalienabilidade pode ser *total* ou *parcial*, conforme se estenda ou não a todos os bens que comporão a legítima. Quanto à cláusula, genericamente falando, pode ela ser *absoluta*, quando o testador impõe a possibilidade de alienação a quem quer que seja. Esse absolutismo da cláusula pode referir-se a um, algum ou todos os bens clausulados. Se o disponente não distinguir, entendemos que a restrição é absoluta.

Será *relativa* a imposição quando o testador proibir a alienação sob determinadas formas ou a determinadas pessoas. O testador pode, por exemplo, só permitir a alienação a título gratuito, ou a certa pessoa. Pode dispor, por exemplo, que a alienação somente será possível com a concordância de todos os herdeiros, ou com a concordância do cônjuge sobrevivente. Não se trata de uma condição, mas de um alcance relativo da restrição.

A inalienabilidade será *vitalícia* quando não aposto um termo, terminando com a morte do titular do domínio. A restrição da inalienabilidade não se transmite aos herdeiros do titular do bem gravado, não ultrapassa uma geração. Essa era a ideia expressa na parte final do art. 1.723 do Código de 1916, princípio que se mantém. Entretanto, o próprio aquinhoado de um bem gravado pode, por testamento, impor a mesma cláusula e mantê-la por mais uma geração. Como há hoje necessidade de justa causa, torna-se mais difícil a perpetuação da restrição.

A inalienabilidade pode também ser *temporária* quando for inserido um termo final. Sob o aspecto puramente técnico, a cláusula será sempre finita no tempo, com a morte do titular do bem gravado. Contudo, o testador pode estabelecer um termo final ou prazo para o ônus. Pode estabelecer, por exemplo, que a restrição cessará com a maioridade do herdeiro.

Entende-se que também é temporária a inalienabilidade quando nela se coloca uma condição. A inalienabilidade sob condição requer maior meditação que parece passar despercebida na doutrina. Como a inalienabilidade podia ser aposta sem qualquer justificação no passado, a condição inserida pelo testador podia consistir exatamente, por via indireta, no motivo da cláusula. A questão revolve para o exame doutrinário das condições.

4. Efeitos da inalienabilidade. Exceções

Como apontado, o efeito primordial da cláusula é impedir a alienação do bem gravado a qualquer título: não é possível vender, doar, gravar, permutar ou dar em pagamento.

Como os direitos de hipoteca e penhor já propiciam um início de alienação, tais direitos reais são ineficazes sobre bens inalienáveis, uma vez que não servem de garantia para o credor, que não pode excuti-los. Permite-se, porém, a instituição de direitos reais de gozo limitado (usufruto, uso, habitação), uma vez que não constituem alienação.

Como o bem está fora do comércio, não se pode admitir a usucapião. Facílimas seriam a simulação e a fraude. Bastaria simular um abandono da propriedade, para permitir que outro possuidor, preenchendo o prazo legal, obtivesse a propriedade da coisa.

O herdeiro pode renunciar à herança. Percebendo que a herança virá com gravame, nada obsta que renuncie. Não poderá, porém, renunciar em favor de determinada pessoa, uma vez que essa operação é considerada cessão e estaria fraudada a disposição, a não ser que reste somente um herdeiro a ser aquinhoado, pois nesse caso a transferência decorre dos princípios gerais. Mesmo a renúncia pura e simples, como deve ser, merece o exame acurado do ato e da vontade do testador. No entanto, a interpretação deve ser restritiva. Se há um único filho, por exemplo, e este renuncia, os netos receberão o bem sem ônus. Contudo, como o usufruto e a administração dos bens dos filhos menores cabem ao pai, essa renúncia será em fraude à lei, se o testador gravou também os frutos e rendimentos. Aliás, não havendo menção expressa, na inalienabilidade não se inserem os frutos e rendimentos. Lembre-se, sempre, de que correção monetária não é rendimento. É discutível na doutrina a validade da cláusula que atinge também os frutos e rendimentos, pois faz desaparecer todo o sentido da legítima. Melhor seria que a lei fosse expressa a esse respeito.

Os credores do espólio não são atingidos pela disposição. Os bens da herança devem atendê-los. Só recairá a cláusula no remanescente, se houver, após o pagamento dos credores. Quando houve débitos superiores ao valor do ativo, não haverá herança a ser transmitida.

A cláusula não pode ser dispensada ou invalidada por atos judiciais de qualquer espécie, salvo a sentença que reconheça não existir a justa causa apontada pelo testador. Ressalvam-se os casos de desapropriação e a execução por dívidas provenientes de impostos referentes ao próprio imóvel. O mesmo se diga a respeito das despesas de condomínio. O remanescente, após o pagamento dessas obrigações, continuará gravado. No valor da desapropriação incidirá o gravame. Podem ser adquiridos novos bens com esse numerário, ocorrendo, assim, a sub-rogação do vínculo.

Os bens gravados podem ser sub-rogados em outros, por iniciativa da parte. A sub-rogação ocorre também no preço de indenização securitária recebida em razão de sinistro de imóvel. Se há um bem indivisível e uma de suas frações for indisponível, com a venda do bem a cláusula de inalienabilidade sub-roga-se no preço dessa fração.

Fora tais situações, como regra, por mais graves que sejam as condições do titular do domínio, ante os termos da lei, não se podia levantar a inalienabilidade. Atualmente, com a necessidade de justa causa, a situação muda de figura. A sub-rogação em outros bens, para onde se transfere o ônus, sempre foi permitida. O art. 1.911, parágrafo único, prevê essa hipótese. Embora se esteja sempre levando em consideração a inalienabilidade de bens imóveis, que é a mais comum, nada impede que o ônus seja imposto a bens móveis, quando a fiscalização será sempre muito mais problemática.

Qualquer alienação de bem assim gravado que não seja mediante autorização judicial para sub-rogação em outros bens será nula. A ação pode ser intentada por qualquer dos herdeiros do testador, cônjuge, companheiro e testamenteiro. Deve ser declarada de ofício pelo juiz. A boa-fé eventual de terceiro será irrelevante. Tal situação somente será levada em conta em possível ação de perdas e danos contra o alienante. A cláusula de inalienabilidade abrange necessariamente, ainda que no silêncio do disponente, as de impenhorabilidade e incomunicabilidade (veja art. 1.911).

5. Cláusula de incomunicabilidade

O testador pode temer pelo casamento do herdeiro, quer numa união que ele já conheça, já existente quando da elaboração do ato de última vontade, quer numa união futura, ainda desconhecida do disponente. Pela cláusula de incomunicabilidade, os bens assim gravados não se comunicarão ao cônjuge do herdeiro, não importando qual seja o seu regime de bens. No desfazimento da sociedade conjugal, qualquer que seja a causa, esse bem, ou conjunto de bens, não concorre para a apuração da meação. A cláusula, como é óbvio, pode ser imposta ao homem ou à mulher. Como o homem tinha, no sistema anterior, a administração dos bens do casal, havia maior eficácia na cláusula quando vinha justamente com a de atribuir exclusivamente à mulher a administração desses bens (art. 1.723 do Código de 1916). Desnecessária seria essa imposição quando o herdeiro fosse o homem.

A imposição isolada dessa cláusula não impede a alienação, de modo que a intenção do legislador pode facilmente ser contornada, uma vez que o produto da venda será fatalmente aproveitado pelo casal, se não houver sub-rogação da cláusula em outro bem. Com essa cláusula isolada, não se pode presumir a de inalienabilidade se não vier expressa no testamento (ou na doação). Pode o testador evitar esse óbice impondo essa cláusula sob certo termo, ou determinando a conversão em determinados bens, em caso de alienação.

Por outro lado, a cláusula de inalienabilidade implica necessariamente a de incomunicabilidade. Não fosse assim, comunicando-se os bens inalienáveis, eles engrossariam a meação, quando do desfazimento do casamento, e os bens gravados poderiam destinar-se ao outro cônjuge, livres e desembaraçados. Era jurisprudência sumulada pelo Supremo Tribunal Federal (Súmula 49), agora lei expressa neste Código (art. 1.911), dispensando-se a celeuma doutrinária a respeito.

6. Cláusula de impenhorabilidade

Existem bens impenhoráveis por disposição legal. Para o fim precípuo de impenhorabilidade por vontade humana, afora casos como o do bem de família, os princípios são os mesmos da cláusula de inalienabilidade. Somente pode ser inserida por terceiros, em testamentos e doações, daí por que não pode ser considerada uma diminuição da garantia dos credores. O testador podia, no sistema de 1916, impor essa cláusula a toda a legítima, ou mesmo fora dela, como já vimos, suprimindo esses bens da penhora por dívidas contraídas pelo herdeiro.

Já, de princípio, diga-se que a inalienabilidade abrange também a impenhorabilidade. Se assim não fosse, facilmente se fraudaria a impossibilidade de alienar. Bastaria que um credor, em crédito e execução simulados, levasse o bem à penhora, à praça e à consequente alienação a terceiros. Na inalienabilidade, há indisponibilidade do bem e a possibilidade de penhora já é potencialmente um princípio de alienação. A impenhorabilidade pode também ser absoluta ou relativa, vitalícia ou temporária. Pode abranger todos os bens ou parte deles; pode ter como termo final a morte do herdeiro ou certo termo, ou condição. Porém, são inconvenientes termos e condições nessa cláusula.

A impenhorabilidade, por outro lado, pode ser colocada autonomamente, ainda que alienáveis os bens. Aos frutos e rendimentos, da mesma forma que a inalienabilidade, só se estende a impenhorabilidade se for vontade expressa manifestada pelo disponente. Há divergência sobre essa matéria, porém. Nosso CPC atual, tratando do assunto na forma do Código de 1939, estabelece no art. 649, I, que são absolutamente impenhoráveis os bens inalienáveis e os declarados, por ato voluntário, não sujeitos à execução. Já o art. 650 do processo diz que *à falta de outros bens* podem ser penhorados os frutos e rendimentos dos bens inalienáveis. Por essa dicção, os frutos e rendimentos dos bens impenhoráveis só serão constritos em último caso, quando não restarem outros bens disponíveis. Mas a lei processual não deve ser aplicada se a vontade do testador excluir expressamente os frutos e rendimentos. Não serão penhorados como frutos. Se o devedor transformar o aluguel num investimento financeiro, por exemplo, desaparece a restrição da impenhorabilidade. Não é, contudo, opinião unânime na doutrina.

7. Outras cláusulas não admitidas

A lei de 1916 facultava ao testador determinar a *conversão dos bens da legítima* em outras espécies. Era cláusula que incentivava o arbítrio do testador. O presente art. 1.848, § 1º, proíbe-a expressamente. A finalidade era possibilitar uma igualdade na natureza dos quinhões dos vários herdeiros. Assim, poderia o testador determinar a conversão de bens móveis em imóveis e vice-versa, por exemplo; que dinheiro fosse transformado em outros bens e assim por diante. A conversão, nesse sistema, deveria ser feita após o esboço da partilha, não havendo unanimidade na doutrina passada a esse respeito.

O testador poderia ainda impor que *os bens da mulher herdeira ficassem sob sua exclusiva administração* (art. 1.723 do Código de 1916). Os bens conjugais no sistema pretérito eram de administração do marido. Entendia-se, então, que o varão teria melhores condições para administrá-los. O testador tinha então a faculdade de retirar dele essa administração. A utilidade dessa cláusula surgia quando o bem vinha à mulher com a cláusula de incomunicabilidade, o que poderia impedir o marido até mesmo de usufruir indiretamente dos bens. Como se nota, essa cláusula só se aplicava à mulher casada. Caiu por terra com a plena igualdade de direitos do homem e da mulher com a Constituição de 1988.

8. Sub-rogação de vínculos

O Código de 1916 já previra a hipótese de sub-rogar o vínculo de inalienabilidade, no caso de expropriação ou execução e dívida tributária sobre o bem clausulado, determinando que o produto se convertesse em outros bens com a mesma cláusula (art. 1.677). No mesmo sentido se coloca o presente Código no § 2º desse artigo.

O CPC de 1939 possuía normas específicas para o procedimento da sub-rogação. A jurisprudência sempre se mostrou inflexível quanto à impossibilidade de dispensa da cláusula. Atendendo, porém, a prementes necessidades dos onerados e tendo em vista fatores de melhor aproveitamento da propriedade, passou-se a permitir, mediante prova de necessidade, a sub-rogação da cláusula de um bem para outro. O Decreto-lei nº 6.777/1944 determinou que na sub-rogação de imóveis gravados ou inalienáveis estes serão sempre substituídos por outros imóveis ou apólices da dívida pública. Daí notamos que, partindo do próprio Código antigo em redação original, a sub-rogação já era tecnicamente possível. Os tribunais mostraram-se liberais nas sub-rogações. Em cada caso concreto, devem ser analisadas as circunstâncias e as necessidades.

O CPC em vigor não traz um procedimento específico para a sub-rogação, sugerindo que se apliquem os princípios dos procedimentos gerais de jurisdição voluntária (art. 725 do CPC). O Ministério Público tem participação obrigatória como fiscal da lei (art. 721).

O procedimento usualmente adotado é o de determinar uma avaliação do bem sub-rogado e do bem sub-rogando. Sendo o novo bem apresentado de igual ou maior valor, defere-se a sub-rogação, convencendo-se o juiz da necessidade. Determina-se que as transações sejam simultâneas, a alienação de um bem e a aquisição do outro, preferencialmente no mesmo instrumento. O sobrevalor do novo imóvel ficará isento da cláusula.

É ineficaz a proibição do testador de ser feita a sub-rogação. A imposição não pode ir a ponto de, por exemplo, obrigá-lo a residir em um imóvel em ruínas, se é possível trocá-lo por outro.

O mesmo procedimento de sub-rogação pode ser utilizado para as cláusulas de impenhorabilidade e incomunicabilidade, quando essas cláusulas foram impostas isoladamente.

9. Cláusulas restritivas no presente Código Civil

Tantas são as dificuldades e inconveniências dessas cláusulas, principalmente a de inalienabilidade, não só sobre a legítima, como também em qualquer disposição, que não mereciam estar mais presentes na legislação. A inalienabilidade deveria, ao menos, estar excluída da possibilidade de imposição na legítima. O testador tem outros meios de proteger seus herdeiros, se essa for verdadeiramente sua intenção. No presente art. 1.848, a possibilidade de imposição foi sensivelmente mitigada, com a necessidade de declinação expressa de *justa causa*. Com esse aspecto, abre-se mais um ponto de dissídio, mas de qualquer maneira limita-se o excessivo arbítrio do testador. Melhor que se excluísse simplesmente a possibilidade de clausulação da legítima ou se lhe impusesse um limite temporal. A incomunicabilidade e impenhorabilidade mantêm-se úteis e devem ser permitidas pelo ordenamento.

Com o atual Código, como se nota, restringem-se e desencorajam-se enormemente essas cláusulas. Cabe ao testador descrever, com os detalhes possíveis, a *justa causa* que lhe serve de motivo para a imposição da restrição de inalienabilidade, impenhorabilidade ou incomunicabilidade. Esta última, como já apontado, não justifica a declaração de justa causa como apontamos. Esse aspecto a que está obrigado o testador já será forte motivo para desencorajar a imposição da restrição. Portanto, se houver fortes motivos, caberá ao testador descrevê-los. Posteriormente, quando da abertura da sucessão, faculta-se aos interessados discutir o cabimento da imposição.

Há implicações constitucionais, mormente a partir da Carta de 1988, que colocam em conflito a possibilidade de restrição à propriedade desse molde e os princípios de utilização social do bem. É perfeitamente defensável que a cláusula de inalienabilidade tolhe o direito de uso, gozo e disposição da coisa para o fim social ao qual se destina. Ademais, essa cláusula pode ser entendida como atentatória à dignidade humana (art. 1º, III, da CF). Esse questionamento fica em aberto para discussão.

É evidente que uma ação para declarar a ineficácia da cláusula restritiva poderá levar muito tempo, impedindo que se conclua o inventário. Esse risco foi certamente calculado pelo legislador.

Quando o testador descrever a justa causa mencionada pela lei, incumbe-lhe que seja suficientemente claro. Fatos genéricos ou superficiais não terão o condão de sustentar a cláusula no futuro. Assim, por exemplo, não bastará afirmar que o herdeiro é um perdulário ou um estroina e poderá dissipar seus bens. Devem ser apontados fatos concretos que possam ser sustentados na futura ação. Cabe ao disponente, por exemplo, dizer que impõe a cláusula porque o herdeiro é casado com pessoa condenada por crime contra o patrimônio, e isso poderá influenciar a alienação impensada dos bens. Ficará aberta a discussão extravagante nessa ação e sempre preponderará o justo critério do juiz. A ação deverá ser movida pelo herdeiro onerado com a cláusula. No polo passivo, devem ser colocados, em princípio, o espólio, e os demais herdeiros, dependendo da situação que se apresente. Nessa ação devem participar, necessariamente, o testamenteiro, a quem incumbe defender as disposições testamentárias, e o Ministério Público.

Como se trata de ato a que a lei taxativamente aponta a nulidade (art. 166, VII), e como os efeitos do testamento somente se iniciam com a abertura da sucessão, somente a partir daí poderá ser movida a ação para declaração de nulidade, ou mais propriamente, ineficácia da cláusula, nos termos do art. 169.

Essa justa causa aposta nesse dispositivo é um conceito aberto, a exemplo de inúmeros outros e das cláusulas abertas pontilhados por todo o Código presente. Como se trata de conceito indeterminado, toda responsabilidade para estabelecer o que se entende por justa causa será do caso concreto e conforme a jurisprudência que se for firmando.

Nas disposições transitórias deste Código foi incluído o art. 2.042, para o qual remetemos a atenção do leitor. A ideia era no sentido de aplicar o art. 1.848 no tocante à justa causa, ainda que o testamento tivesse sido elaborado quando da vigência do Código de 1916. O testador deveria aditar o testamento então elaborado, declinando a justa causa *até um ano após a vigência do novo Código*. Esse aditamento, como é curial, somente poderia constar de outro testamento. Na ausência desse aditamento, a cláusula restritiva seria ineficaz.

🔖 Doação – **Cláusula de inalienabilidade, impenhorabilidade e incomunicabilidade** – Pretensão dos autores, mãe e seus três filhos, ao levantamento da cláusula incidente sobre sete imóveis doados pela própria coautora e pelo falecido cônjuge e pai dos demais coautores – Cabimento – Hipótese em que a coautora dispõe-se a renunciar à cláusula de usufruto vitalício em prol dos negócios da família, sendo certo que a cláusula em questão foi estabelecida, conforme consta da escritura pública, com a finalidade de preservar o patrimônio dos herdeiros – Inexistência de justa causa para a manutenção das restrições – Inteligência do art. 1.848, do CC – Precedentes do C. Superior Tribunal de Justiça – Sentença reformada para julgar procedente o pedido – Recurso provido" (*TJSP* – Ap. 1001320-19.2017.8.26.0634, 23-4-2020, Rel. Marcus Vinicius Rios Gonçalves).

🔖 Agravo de instrumento – Ação de cobrança – Fase de cumprimento de sentença – Penhora – Bem imóvel – Cláusula de impenhorabilidade, inalienabilidade e incomunicabilidade – I - Hipótese em que o MM. Juiz "a quo" deferiu a penhora sobre imóvel gravado com cláusula de impenhorabilidade, inalienabilidade e incomunicabilidade – II - Estabelecimento da cláusula sob a égide do CC/1916 – Aplicação do princípio "tempus regit actum", devendo prevalecer o ato jurídico perfeito que se consumou sob a égide da legislação anterior – Não exigência de justa causa prevista no art. 1.848 do CC/2002 – Cláusula imposta quando da antecipação de herança ao ora agravante, o que não se confunde com testamento – Inaplicabilidade do art. 2.042 do CC/2002 – Pretensão de afastamento da cláusula restritiva que não pode se dar mediante simples requerimento do exequente, ora agravado, exigindo-se ação própria com a observância do contraditório e ampla defesa, mormente porquanto os demais coproprietários do bem não integram a lide em comento – Precedentes – Penhora levantada – Decisão reformada – Agravo provido, com recomendação (*TJSP* – Ag 2066888-53.2019.8.26.0000, 29-11-2019, Rel. Salles Vieira).

Art. 1.849. O herdeiro necessário, a quem o testador deixar a sua parte disponível, ou algum legado, não perderá o direito à legítima.

O testador pode acrescer a legítima de um herdeiro necessário outorgando-lhe alguma outra porção da herança ou um legado. A parte disponível pode ser deixada pelo testador a quem bem desejar, inclusive um herdeiro necessário. Desse modo, por via de testamento, nada impede que um filho herdeiro receba mais do que seu irmão. Os herdeiros necessários que receberem doação com dispensa de colação, como apontamos, também serão maiormente beneficiados.

Art. 1.850. Para excluir da sucessão os herdeiros colaterais, basta que o testador disponha de seu patrimônio sem os contemplar.

Essa disposição é inócua, pois decorre de toda a lógica do sistema. Não sendo os colaterais herdeiros necessários, basta não aquinhoá-los em testamento para que sejam afastados da herança. O termo *excluir* aí empregado tem sentido gramatical, pois não se confunde com a exclusão por indignidade, desnecessária para afastar os colaterais. Na cédula testamentária, há sempre que se verificar se efetivamente todos os bens do patrimônio do falecido foram atribuídos a terceiros, que não os herdeiros. Essa exclusão dos herdeiros facultativos necessita ser feita por testamento e não por codicilo.

O cônjuge está em posição ímpar neste Código, pois será herdeiro necessário segundo algumas condições, como já expusemos. O companheiro foi colocado em indesejável situação hereditária híbrida no presente Código, não sendo porém considerado herdeiro necessário. Sua situação hereditária deve ser examinada caso a caso, não impedindo a lei, contudo, em princípio, que seja afastado da herança por testamento, mantido o patrimônio que lhe é assegurado por lei. Nem sempre a matéria será simples na prática.

Agravo de instrumento. Alegação de invalidade de testamento. Via própria. Bojo do inventário. Inviabilidade. Suspensão. Indevida. Colaterais. Não contemplados em testamento. Excluído da partilha. Agravo desprovido. As questões atinentes a validade ou não do testamento, devem ser objeto de impugnação própria, haja vista que a ação de inventario não é a via eleita adequada, para promover a instrução probatória necessária, para verificar qualquer vicio no referido testamento. O art. 1.850 do CC, é de clareza solar, ao afirmar que são excluídos da herança os colaterais, havendo testamento que não os contemple, de modo que, enquanto o mesmo não for declarado inválido, permanece produzindo seus naturais efeitos. Agravo conhecido e desprovido (*TJDFT* – Ag 07153011320198070000, 6-11-2019, Rel. Gilberto Pereira de Oliveira).

Ação de anulação de ato jurídico. Demandantes que pretendem anular escritura pública de doação de bem imóvel doado pela sua falecida tia aos réus ao argumento de que seriam herdeiros legítimos e, portanto, deveria ser assegurado seu direito à legítima. Inadmissibilidade. Doadora que poderia dispor da totalidade de seu patrimônio sem resguardar o direito da legítima por não possuir herdeiros necessários. Sucessores legítimos colaterais que não desfrutam dos direitos dos herdeiros necessários e podem ser excluídos da partilha. Código Civil de 2002, arts. 1.845, 1.846 e 1.850. Requisitos do art. 171, inc. II, do Código Civil de 2002 não demonstrados. Código de Processo Civil, art. 333, inc. I. Recurso desprovido (*TJSC* – Acórdão: Apelação Cível nº 2007.044180-5, 28-7-2011, Rel. Des. Nelson Schaefer Martins).

CAPÍTULO III
Do Direito de Representação

Art. 1.851. Dá-se o direito de representação, quando a lei chama certos parentes do falecido a suceder em todos os direitos, em que ele sucederia, se vivo fosse.

Enunciado nº 610 CJF/STJ, VII Jornada de Direito Civil: Nos casos de comoriência entre ascendente e descendente, ou entre irmãos, reconhece-se o direito de representação aos descendentes e aos filhos dos irmãos.

Art. 1.852. O direito de representação dá-se na linha reta descendente, mas nunca na ascendente.

1. Representação na classe dos descendentes

Essa matéria já foi tocada em artigos anteriores. Enfatize-se que, na regra geral, existindo alguém de uma classe de herdeiros, excluem-se as classes subsequentes. Na mesma classe, os parentes de grau mais próximo excluem os de grau mais remoto. Assim, como princípio geral, existido filhos do falecido, serão eles os herdeiros, não sendo chamados os netos; na linha ascendente, existindo pai vivo do *de cujus*, será ele o herdeiro, ainda que vivo o avô. Contudo, com atenção especial à linha descendente, pode ocorrer, por exemplo, que sejam chamados a suceder determinados netos, juntamente com os filhos do autor da herança. Aí ocorre o chamado direito de representação descrito nos artigos em epígrafe.

Assim, na linha descendente, os filhos sucedem por cabeça, e os outros descendentes, por cabeça ou por estirpe, conforme se achem ou não no mesmo grau (art. 1.835). O que a lei descreve é que, havendo desigualdade de graus de parentesco na linha descendente, a herança pode ser atribuída a herdeiros de graus diversos. Por exemplo, o falecido tinha dois filhos, Antônio e Carlos. Quando do falecimento do autor da herança, um dos seus filhos já falecera, porém deixara seus próprios filhos vivos, ou seja, os netos, quando da morte do avô. Em nosso exemplo, Antônio já pré-falecera, deixando os netos (seus filhos) do *de cujus*, Pedro Antônio e Marco Antônio. Como o direito de representação se dá na linha reta descendente, conforme o art. 1.852, os representantes (netos, em nosso exemplo) vão herdar e dividir o quinhão que caberia a seu pai pré-falecido. Nesse exemplo temos então a *herança por direito próprio* e *herança por representação*. Essa representação diz respeito ao direito que o herdeiro tem de receber o quinhão de seu ascendente (pai ou mãe) pré-morto. Não se confunde com a representação que atribui a outrem a prática de certos atos em nome do representado. A vontade da lei, nesses dispositivos, foi manter o equilíbrio na distribuição da herança entre os herdeiros descendentes. Quem está no grau mais próximo descendente do falecido recebe sua parte na herança por direito próprio, *por cabeça*. Quando há desigualdade de graus, os de grau mais distante recebem *por estirpe*.

Vejamos o caso do exemplo citado:

HERANÇA

+ Data da morte: 1º.1.2003

½ = Antônio (filho pré-morto) ½ = Carlos ¼ = Pedro Antônio (netos do autor da herança)

¼ = Marco Antônio

Os netos, portanto, em segundo grau na linha descendente, recebem a porção da herança que caberia a seu pai falecido. Se houver diversidade de graus, isto é, os descendentes vivos mais próximos estiverem no mesmo grau, não haverá representação: a herança é dividida por cabeça. Assim, se o falecido deixou só netos, não havendo filhos vivos, a herança é dividida pelo número exato de netos, não importando quantos tenham sido os filhos. Se existem quatro netos, sendo três gerados por um dos filhos do falecido e apenas um gerado pelo outro filho, a herança será dividida em quatro partes iguais atribuídas aos netos, não sendo levada em conta sua estirpe.

Sob o mesmo raciocínio, na linha descendente, enquanto houver diversidade de graus pela pré-morte, o quinhão da estirpe vai sendo subdividido. Se, em nosso exemplo, um dos netos também pré-morrera ao *de cujus*, sua parte iria para os bisnetos existentes. A data que fixa a situação da transmissão imobiliária é o dia da morte. Por outro lado, é claro que se o filho pré-morto deixou um único filho, este receberá o mesmo que seu pai receberia, pois não há com quem dividir. Lembre-se de que quando se fala em herança *por estirpe*, trata-se de direito de representação. Só existe representação na herança legítima. Na sucessão testamentária, podem ocorrer substituições, em atendimento à vontade do testador.

2. Fundamento do instituto da representação

Na realidade, o termo *representação* não nos dá a exata ideia do instituto. O dito representante herda por si mesmo, em seu nome, porque a lei lhe faz a vocação hereditária. Não se pode dizer que seja uma sucessão indireta, de vez que tanto o que herda por cabeça como o que herda por estirpe o fazem diretamente do autor da herança.

Esse abrandamento que a lei faz ao princípio de exclusão dos herdeiros mais remotos tem, sem dúvida, um elevado cunho moral, qual seja, o de equilibrar a distribuição da herança entre os descendentes, presumivelmente ligados por idêntica afeição ao autor da herança. O fundamento é, em síntese, o do direito sucessório em geral. Há uma vontade resumida do falecido na sucessão legítima e a representação insere-se nesse quadro.

A representação foi criada já no Direito Romano mais recente, para reparar parte do mal sofrido pela morte prematura dos pais. Não se trata de ficção legal, como já se pretendeu defender. É um direito estabelecido pela lei, a qual poderia tê-lo excluído ou ampliado, pois há legislações nas quais é mais amplo, permitido até na sucessão testamentária. O Código francês a define como uma ficção, posição atualmente não mais aceita.

3. Requisitos da representação

Do que foi exposto podemos deduzir os requisitos do presente instituto. Em primeiro lugar, o representante (sucessoriamente considerado) só terá condição, legitimidade de herdeiro, se o seu ascendente imediatamente anterior houver falecido antes do transmitente da herança. Não se representa pessoa viva, salvo a exceção peremptória da exclusão do ascendente por indignidade. A pena de indignidade considera o excluído da sucessão como se morto fosse, um resquício da morte civil do passado. Seus descendentes o sucedem, porque a pena é individual e não se pode transmitir.

Não é o que ocorre na renúncia da herança, quando o herdeiro é considerado como se não tivesse existido. Não se representa herdeiro renunciante, a não ser que ele seja o único de sua classe, ou se todos da mesma classe renunciarem, quando então os respectivos filhos serão chamados, por direito próprio e por cabeça (art. 1.811).

Em segundo lugar, o representante, por sua vez, não está inibido de herdar por indignidade com relação ao ascendente que representa. Como o representante recebe a herança diretamente do avô, será tão contra o direito a tentativa de homicídio contra o avô, como contra o pai pré-morto. Entendíamos, sob o enfoque do Código revogado, que o alcance dos casos de indignidade não admitia outro entendimento, contra boa parte da doutrina. O mesmo entendimento permanece. Tanto se podia afastar, por meio da ação judicial necessária, o herdeiro representante num como noutro caso. Seria imoral que o neto, tendo atentado contra a vida do pai, viesse a receber a herança do avô, em razão da pré-morte do pai. Essa interpretação não contraria o espírito do art. 1.814, antes se harmoniza. Note que o art. 1.814 ampliou o alcance da indignidade, reportando-se ao homicídio ou tentativa com relação ao cônjuge, companheiro, ascendente ou descendente, o que reforça nosso entendimento e dissipa dúvidas. A situação não se aplica, a nosso entender, à deserdação, porque situada na sucessão testamentária, onde não há direito de representação. Para tal, haveria necessidade de lei expressa.

Por fim, recorde que a representação é feita buscando-se o descendente de grau imediatamente seguinte, sem que se salte qualquer grau. Desse modo, o bisneto nunca será chamado a suceder, se seu pai, neto, estiver vivo e legitimado a receber a herança.

4. Efeitos da representação

O quinhão que caberia ao pré-morto será dividido entre os que o representam. Nem mais nem menos. A herança só sofrerá maior divisão se for mais de um representante, porém nada mais se altera. A divisão é feita por estirpes.

Art. 1.853. Na linha transversal, somente se dá o direito de representação em favor dos filhos irmãos do falecido, quando com irmãos deste concorrerem.

O direito de representação na linha colateral é limitado aos filhos de irmãos pré-mortos. Existindo irmãos vivos e filhos de irmão pré-morto, estes (sobrinhos) herdam por estirpe. Se concorrerem à herança somente filhos de irmãos falecidos, eles herdarão por cabeça (art. 1.843, § 1º). A representação, no entanto, para aí. Também se obedece à bilateralidade ou unilateralidade dos irmãos quando se trata de representantes (art. 1.843, § 2º), recebendo os filhos dos irmãos bilaterais a metade da herança que couber aos filhos dos irmãos bilaterais. Se todos forem filhos de irmãos bilaterais, ou todos de irmãos unilaterais, herdarão por igual (art. 1.843, § 3º).

Essa representação, portanto, não irá além. Se só existirem sobrinhos vivos, como vimos, a herança será atribuída por cabeça. O princípio da representação é o mesmo; os representantes recebem o que receberia o irmão pré-morto. Note que se todos os irmãos forem unilaterais, não haverá diferença de atribuição. Na herança por cabeça e por estirpe, também é seguida, como afirmado, a origem da irmandade.

Os sobrinhos e os tios estão, ambos, em terceiro lugar no grau de parentesco. Contudo, a lei prefere os sobrinhos, excluindo os tios da sucessão. Não há representação de tios e sobrinhos. A existência de um sobrinho vivo arreda os demais colaterais. A existência de um tio vivo arreda os demais colaterais ascendentes, da mesma forma. Não havendo colaterais de terceiro grau, sucedem os parentes em quarto grau por cabeça (tios-avós, sobrinhos-netos e primos entre si).

Agravo de instrumento. Arrolamento de bens. Decisão agravada que determinou a inclusão dos irmãos unilaterais do falecido. Recurso da autora, mãe do falecido. Acolhimento. Falecido que não deixou descendentes, nem cônjuge ou companheira sobrevivente. Ordem de vocação hereditária que confere preferência aos ascendentes. Inventariante que é a única ascendente viva. Impossibilidade de inclusão dos irmãos unilaterais, filhos do ascendente falecido, pois o direito de representação não se exerce na linha ascendente. Inteligência dos arts. 1.829, 1.836 e 1.852 do CC. Decisão reformada para afastar a determinação de inclusão. Recurso provido (*TJSP* – Ag 2053934-43.2017.8.26.0000, 20-6-2017, Rel. Viviani Nicolau).

Apelação Cível – Inventário – Terceiro Prejudicado – **Herdeiro na Linha Colateral Mais Próximo** – Exclusão do Mais Remoto – Condição de Herdeiro – Não Demonstrada – Artigo 1.840 e 1.853 do Código Civil. Por força do disposto nos artigos 1.840 e 1.853 do Código Civil, os parentes na linha colateral podem ser chamados a suceder o falecido, todavia, os parentes mais próximos excluem os mais remotos, resguardado o direito de representação, tão somente, concedido aos filhos de irmãos (*TJMG* – Acórdão: Apelação Cível nº 1.0024.11.018253-2/001, 24-5-2012, Rel. Des. Dárcio Lopardi Mendes).

Art. 1.854. Os representantes só podem herdar, como tais, o que herdaria o representado, se vivo fosse.

Nos artigos antecedentes a ideia do presente dispositivo já foi por esmiuçada.

Enunciado nº 610 CJF/STJ, VII Jornada de Direito Civil: Nos casos de comoriência entre ascendente e descendente, ou entre irmãos, reconhece-se o direito de representação aos descendentes e aos filhos dos irmãos.

Art. 1.855. O quinhão do representado partir-se-á por igual entre os representantes.

Também aqui nos reportamos aos comentários aos artigos anteriores deste capítulo.

Art. 1.856. O renunciante à herança de uma pessoa poderá representá-la na sucessão de outra.

Nada impede que o renunciante da herança de uma pessoa a represente em outra. Assim, se o filho renunciou à herança do pai, pode representá-lo na do avô. Como a quota do pré-morto é distribuída por estirpe, se algum herdeiro dessa estirpe renunciar à herança, a parte renunciada só acresce à parte dos herdeiros do mesmo ramo, isto é, três netos, por exemplo, representam o pai. Um dos netos renuncia. A quota dessa estirpe fica dividida entre os dois outros netos que não renunciaram. Não se acresce, com essa renúncia, o monte-mor geral, isto é, a parte desse renunciante não irá para os que recebem por direito próprio, nem para a representação de outro herdeiro pré-morto. Como o representante é sucessor do autor da herança, existe uma única transmissão patrimonial. Há, ademais, um único imposto devido.

TÍTULO III
DA SUCESSÃO TESTAMENTÁRIA

CAPÍTULO I
Do Testamento em Geral

Art. 1.857. Toda pessoa capaz pode dispor, por testamento, da totalidade dos seus bens, ou de parte deles, para depois de sua morte.
§ 1º A legítima dos herdeiros necessários não poderá ser incluída no testamento.
§ 2º São válidas as disposições testamentárias de caráter não patrimonial, ainda que o testador somente a elas se tenha limitado.

Veja o enunciado abaixo. Testamento vital não é tecnicamente um testamento, mas essa disposição sobre tratamento de saúde de seu autor pode ser levada em consideração.

Enunciado nº 528 do CJF/STJ, V Jornada de Direito Civil. Arts. 1.729, parágrafo único, e 1.857. É válida a declaração de vontade expressa em documento autêntico, também chamado "testamento vital", em que a pessoa estabelece disposições sobre o tipo de tratamento de saúde, ou não tratamento, que deseja no caso de se encontrar sem condições de manifestar a sua vontade.

Agravo de instrumento. Testamento. Disposições de última vontade. Cerceamento de defesa. Inocorrência. Interpretação literal da disposição testamentária. Partilha de valores das contas bancárias. Cômputo apenas da parte disponível. Interpretação da cláusula sexta em conformidade com o parágrafo primeiro, do art. 1.857, do CC. Recurso improvido (*TJSP* – Ag 2211242-16.2015.8.26.0000, 28-3-2016, Rel. Rosangela Telles).

Apelação cível. **Testamento realizado no estrangeiro. Validade.** *Locus regit actum.* Ausência de violação da legítima. Cuida-se de testamento feito no exterior, devendo ser observados os requisitos formais exigidos pela lei do local (*lex loci actus*) ao tempo da manifestação de vontade do *de cujus.* No caso concreto, sob o ponto de vista material, não há falar em qualquer violação a direito sucessório, porquanto a falecida não deixou herdeiros necessários. Não comprova a autora, igualmente, qualquer vício formal no negócio jurídico. Com efeito, há demonstração da promoção de testamento devidamente firmado e em consonância com as leis e práticas do Estado de Nova York, havendo aposição de carimbo do Consulado Geral da República Federativa do Brasil em Nova York. Também consta dos autos que o testamento se deu perante Notário Público, não tendo a demandante comprovado que o tabelião na ocasião estivesse desinvestido de atribuição para o ato. O questionamento acerca das testemunhas do negócio jurídico, que segundo a demandante não servem para conferir credibilidade à manifestação de vontade da testadora por suas condições pessoais, não é suficiente para declaração de nulidade do ato, porquanto diz apenas respeito a aspectos formais do ato jurídico lato sensu, os quais devem se conformar com o ordenamento jurídico do país onde fora produzido, conforme precedente do E. STF. O testamento, sob o ponto de vista substancial, representa a manifestação de vontade da pessoa capaz que, por autodeterminação, dispõe da totalidade dos seus bens ou de parte deles para depois de sua morte, conforme norma do artigo 1.857 do Código Civil. Trata-se de ato personalíssimo (art. 1.858 CC) que robustece a dignidade da pessoa humana a permitir que sua vontade seja respeitada, gerando efeitos mesmo após sua morte, caracterizando importante instituto jurídico que confere ao vivo um bálsamo diante da tranquilidade de saber que em caso do infortúnio maior (morte) seus bens poderão se destinar aos que julgar merecedores, desde que respeitada a legítima (§ 1º do artigo 1.857 do CC). Não por outra razão diz o artigo 1.879 do diploma civil: "Em circunstâncias excepcionais declaradas na cédula, o testamento particular de próprio punho e assinado pelo testador, sem testemunhas, poderá ser confirmado, a critério do juiz". A vontade do *de cujus*, nada havendo nos autos que comprove ser esta divergente com a que declarada na ocasião do testamento, deve ser respeitada, portanto. Recurso conhecido e desprovido (*TJRJ* – Acórdão: Apelação Cível nº 0085795-20.2010.8.19.0001, 6-6-2012, Rel. Des. André Ribeiro).

Art. 1.858. O testamento é ato personalíssimo, podendo ser mudado a qualquer tempo.

1. Noções introdutórias

O testamento nunca foi muito utilizado entre nós no passado. Com a complexidade estabelecida neste Código com relação às sucessões dos companheiros e do cônjuge com concorrência com os descendentes, essa situação tende a se transformar. Colocadas de lado as causas de ordem sociológica para a restrita utilização do testamento, pode-se acrescentar que a solenidade e o excesso de formalidades para sua elaboração sempre foi outro fator para afugentar os interessados em testar. O Código persente de certa forma facilitou o ato de testar, simplificando suas formalidades.

O direito testamentário deve voltar-se para as transformações que modernamente sofrem a família e a propriedade. Assim, sem esquecer do formalismo inerente ao testamento, que lhe serve de proteção, o instituto deve ser adaptado à era da informática, dinamizando as disposições do Código, as quais ainda se mostram anacrônicas. É, por exemplo, plenamente dispensável o excessivo número de regras de interpretação da vontade testamentária, repetidas no atual diploma.

De qualquer forma, não se pode negar que o testamento é um dos pontos mais relevantes do direito privado, pois é nele que se revela com maior amplitude a autonomia da vontade privada.

2. Aspectos históricos

Nas civilizações antigas não parece ter sido conhecido o testamento, pois toda propriedade estava ligada à família e não podia se afastar dela. Em Roma, o testamento parece não ter sido utilizado antes da Lei das XII Tábuas, onde há um pequeno trecho a respeito. Posteriormente, faz-se referência ao testamento *calatis comittiis*, que era feito por ocasião dos comícios e o *in procinctu*, feito perante o exército posto em ordem de combate, em tempo de guerra. Este último caiu em desuso no século I a.C. Mais recente na história, mas ainda dentro do período pré-clássico, surgiu o testamento *per aes et libram* (cerimônia com a balança e o bronze, instituto que era utilizado para inúmeros negócios jurídicos). Há um momento na história romana que o testamento passa a ser o ato mais importante do *pater familias*. Foram surgindo formas mais simplificadas, primeiramente orais e posteriormente, escritas. No direito clássico, como fruto do trabalho pretoriano, passa-se a admitir como válido o testamento escrito apresentado a sete testemunhas, com seus respectivos selos.

É no Baixo Império ou período pós-clássico que surgem as formas embrionárias do testamento moderno, testamentos privados e testamentos públicos, feitos perante agente do Estado. Também foram conhecidas no Direito Romano as formas anormais de testamento, tais como reconhecem os Códigos modernos, como o testamento militar, o testamento em tempo de peste e o testamento rurícola, para o meio rural.

Em Roma, como já lembrado na introdução às anotações sobre sucessão, o herdeiro era continuador da personalidade do morto e do culto dos antepassados. Por isso, não se admitia o recebimento do patrimônio que não fosse íntegro. Não podia o testador dispor de apenas parte de seus bens; se assim o fizesse, o aquinhoado viria a herdar todo o patrimônio. Daí a razão do referido brocardo: *nemo pro parte testatus et pro parte intestatus decedere potest*. A única exceção para essa regra era para o testamento dos militares. Não era possível, então, como na atualidade, a convivência das duas formas de sucessão, a legítima e a testamentária.

As legislações modernas não recepcionaram as formas originárias. Na Idade Média, a função do testamento estava praticamente extinta, servindo apenas para beneficiar a Igreja. Antes do Código de 1916, segundo as Ordenações, as formas testamentárias eram: testamento aberto ou público, feito por tabelião; testamento cerrado, com o respectivo instrumento oficial de aprovação; o testamento particular, feito pelo próprio testador ou por outra pessoa; e testamento nuncupativo (*per palavra*), com a assistência de seis testemunhas. Havia outros no sistema que podem ser mencionados, como o testamento marítimo, o testamento *ad pias causas*, o testamento rural e aquele em tempo de peste, entre outros, todos revigorados da última fase do Direito Romano.

O Código de 1916 manteve os testamentos público, cerrado e particular, como formas ordinárias, bem como o marítimo e o militar, tendo admitido o nuncupativo apenas como forma de militar, abolindo, assim, as demais modalidades. Não se admitiu expressamente o testamento conjuntivo ou de mão comum. Este Código apenas acrescenta a possibilidade do testamento aeronáutico, como forma especial, mas cria a expressiva modalidade do testamento particular excepcional, com mínima formalidade (art. 1.879).

3. Conceito. Elementos constitutivos

Nosso Código de 1916 preferiu definir testamento no art. 1.626. Não cabe à lei definir, e qualquer definição legal deve ser vista como exceção. O Código presente suprimiu a definição, pois o conceito já está suficientemente claro.

Embora a finalidade precípua do testamento seja dispor dos bens para após a morte, pode o ato de última vontade conter disposições sem cunho patrimonial, como o reconhecimento de filiação, a nomeação de um tutor ou curador, a atribuição de um título honorífico. O Código anterior, assim como muitos Códigos estrangeiros, não se referem às disposições não patrimoniais.

Nossa definição legal no diploma anterior também omitia ser o testamento ato pessoal, na verdade personalíssimo, unilateral, solene e gratuito. É impossível a perfeição em qualquer definição. O presente art. 1.858 enfatizou que o testamento é ato personalíssimo, podendo ser modificado a qualquer tempo.

3.1. O testamento é negócio jurídico revogável

Como manifestação de vontade destinada à produção de efeitos, o testamento é um negócio jurídico, com efeito para depois da morte. Quando o ato humano busca produzir determinados efeitos no campo jurídico, estamos diante de um negócio jurídico. Trata-se do campo no qual repousa a autonomia da vontade.

A possibilidade de revogação do testamento é seu elemento básico. Tanto é que será nula qualquer disposição que vise eliminar a revogabilidade do ato de última vontade, não se admitindo, pois, renúncia à liberdade de revogar. Daí por que se diz que a vontade testamentária é ambulatória por acompanhar sempre o testador, enquanto tiver lucidez e plenitude de faculdades mentais: *"ambulatoria est voluntas defuncti usque ad vitae supremum exitum"* (Digesto, Livro 34, IV, fr. 4). A definição legal de 1916 traz a revogabilidade, dando ênfase a sua essencialidade.

Permitido que fosse derrogar-se a liberdade de revogar, estar-se-ia abrindo perigosa válvula de instabilidade nas relações jurídicas e desvirtuando a finalidade do testamento. Uma cláusula de tal teor não invalida o testamento, mas reputa-se como inexistente ou não escrita. A razão dessa permanente revogabilidade é evidente. Como a disposição é para depois da morte, não há razão para que até lá se impeça que a vontade seja alterada. Existe ainda o princípio axiomático de que vontade alguma há que se vincular a si mesma, ainda porque direito algum surge antes da morte. Por essa razão, a chamada cláusula derrogatória (permitida no direito intermédio) visaria uma segurança apenas aparente. Se o objetivo era garantir a vontade do testador contra qualquer forma de coação posterior para anular o testamento prévio, igualmente poderia ter havido vício de vontade na elaboração daquele mesmo testamento.

Contudo, ainda que essencialmente revogável, disposições não patrimoniais podem ao sê-lo, como o reconhecimento de filhos.

3.2. O testamento é ato unilateral

O testamento deve conter unicamente a vontade do testador. A aceitação por parte do herdeiro ou do legatário não tem o caráter receptício do direito contratual. Essa aceitação é externa ao testamento. A aceitação não completa o ato de última vontade que se acha perfeito sem ela. O ato de aceitação também é, por seu lado, unilateral e independente. Daí por que uma aceitação nula não vicia o testamento.

Destarte, não é permitido o testamento com participação de mais de uma pessoa, o chamado testamento conjunto ou recíproco. Nada impede, porém, que o testador se valha de minutas ou rascunhos, com auxílio técnico de jurista, e que a cédula possa ser redigida por outrem, como pode ocorrer no testamento secreto, no qual se permite seja feito a rogo (art. 1.868). O que importa é que a conclusão testamentária seja do testador.

3.3. O testamento é ato de última vontade ou *causa mortis*

Os efeitos do negócio jurídico testamentário principiam unicamente após a morte do testador. Seja qual for o momento em que a vontade tenha sido emitida, é sempre a vontade extrema e final do testador, *sua última vontade*, por maior que tenha sido o intervalo entre a manifestação volitiva e sua eficácia. Será sempre a última vontade, ainda que o testador a tenha praticado no final de sua adolescência e venha a morrer em idade provecta. No entanto, como se apontará, as disposições não patrimoniais poderão produzir efeito imediato, como, por exemplo, o reconhecimento de filho, mormente no sistema vigente, no qual não mais se faz distinção entre as origens da filiação.

Diz-se também, em sentido já mencionado, que a vontade testamentária é ambulatória, porque sempre haverá a possibilidade de o ato de última vontade ser revogado ou alterado por outro, enquanto vivo e capaz o testador.

3.4. O testamento é ato solene

A manifestação de vontade contida em testamento deve ser efetivada seguindo uma série de formalidades impostas pela lei. Essas formalidades têm por finalidade dar o máximo de garantia e certeza à vontade do testador, bem como cercar de respeito o ato. São, portanto, solenidades *ad substantiam* e não meramente *ad probationem*, ainda que parte da doutrina não admita essa diferenciação. Haverá nulidade absoluta do ato quando não atendida qualquer das formalidades. Há sutil diferença entre formas e formalidades. O testamento possui, entre nós, três formas ordinárias: público, particular e cerrado. Cada uma dessas formas tem suas próprias e específicas formalidades. Uma forma não pode ser combinada com outra, ou seja, um testamento público inválido não pode ser aproveitado como testamento particular, por exemplo.

Como a preterição de qualquer formalidade torna o negócio nulo, deve o juiz pronunciá-la de ofício, ainda que não haja arguição dos interessados. Se os envolvidos decidem cumprir espontaneamente a vontade do autor da herança, tal não ocorrerá por força do ato de última vontade, mas constituir-se-á em um negócio entre vivos. Não se determina o cumprimento de testamento nulo.

3.5. O testamento é ato personalíssimo

Como apontamos, este Código realça esse aspecto, juntamente com o da revogabilidade no epigrafado art. 1.858. O ato há de ser elaborado unicamente pelo testador. Vimos que o fato de gravitarem opiniões, sugestões, minutas em torno dessa vontade testamentária, isso não lhe retira tal característica. Não se admite a interferência de outra vontade. Daí por que não poder ser elaborado por mandatário. Não pode ser coletivo ou conjunto. Duas ou mais pessoas podem testar em atos diferentes sobre bens comuns, ainda que concomitantemente. Teremos aí, no entanto, dois ou mais testamentos. A espontaneidade da manifestação desapareceria no testamento conjunto ou recíproco, porque uma vontade estaria influindo em outra. Também a liberdade de revogar, nesses casos, ficaria seriamente comprometida porque o acordo de fazer testamento suporia o de não modificá-lo.

Essa a razão pela qual o Código, no art. 1.863, tal como o antigo art. 1.630, aboliu todas as formas de testamento conjuntivo. Esclareça-se que testamento conjuntivo é aquele no qual participam duas ou mais pessoas. O

Código refere-se, nessa proibição, às formas conjuntivas de testamento simultâneo, recíproco ou correspectivo. *Simultâneo* é aquele em que num mesmo instrumento participa mais de uma pessoa. *Correspectivo* é o que, lavrado em um instrumento, possibilita a deixa aos testadores ou a um terceiro, mediante condições mútuas. *Recíprocos* são aqueles em que um e outro testador se atribuem bens, um em favor do outro. Se existir mera coincidência temporal na lavratura de dois testamentos, não podemos incluí-los na proibição legal. A mancomunação tem que ser necessariamente material, em um único instrumento, outorgado por duas ou mais pessoas. Se houver mais de um instrumento, a nulidade poderá decorrer de outras causas, ou vícios de vontade, mas não dessa dicção legal.

4. Disposições não patrimoniais no testamento

Este Código, a exemplo de outras legislações, refere-se às disposições não patrimoniais do testamento. Evidentemente, as disposições patrimoniais constituem a finalidade principal do testamento, mas especificamente a instituição de herdeiros e legatários. No entanto, o ato de última vontade pode conter disposições sobe o modo de operar-se a transmissão, como forma de partilha e nomeação de testamenteiro, as quais ainda devem ser consideradas dentro da sua finalidade precípua. Pode também conter disposições que apenas indiretamente ou a distância influem na disposição dos bens, como dispensa de colação, revogação de testamento anterior, nomeação de tutor ou curador, reconhecimento de filho ou de vida em comum.

A questão que se antolha é saber como se devem reger as disposições não patrimoniais. A solução é entender que essas disposições subordinam-se às formalidades que lhes são próprias e inerentes, não se submetendo às formalidades próprias dos testamentos. Assim é que nulo um testamento por ausência de formalidade, não será nulo o reconhecimento de filiação, se, para esse ato, seus pressupostos foram atendidos, mesmo porque a lei admite começo de prova por escrito para tal reconhecimento (art. 1.605, I). Já não será possível afirmar o mesmo se o testamento foi obtido mediante coação, quando então examinar-se-á a possibilidade de divisão da coação. Pode ocorrer que o testador tenha sofrido coação exclusivamente no tocante às disposições patrimoniais, nada se referindo ao reconhecimento de filho. Por igual modo, não se submetendo o reconhecimento de filiação aos parâmetros do testamento, ao mesmo também não se submete a revogação por testamento ulterior.

Este Código foi expresso, como anotado, a respeito das disposições não patrimoniais. Acentue-se que, mesmo sendo disposições de ordem não patrimonial, devem ter cunho jurídico. Meras exortações, panegíricos ou blasfêmias, demonstrações de afeto ou de ódio, inseridas no instrumento de última vontade, podem, quando muito, servir como adminículo na interpretação da vontade testamentária. Portanto, como as disposições patrimoniais são sempre revogáveis, pela natureza do negócio testamentário, aquelas não patrimoniais geralmente não o são, pois depende de sua própria origem e natureza.

5. Gratuidade do testamento

Patrimoniais ou não as disposições testamentárias, o ato é de natureza gratuita. Não se impõe ao beneficiado com a disposição de última vontade qualquer contraprestação. O encargo que pode ser aposto no legado não lhe suprime tal característica. Da mesma forma, a doação com encargo não perde o caráter de liberalidade. A gratuidade é própria de uma vontade que se manifesta *de per si*, isoladamente. Ainda que o testador aquinhoe alguém, impondo a este o encargo de pensionar terceiro, tal não se converte em contraprestação. Note, como já deveras acentuado, que o herdeiro não responde por dívidas da morte, superiores ao volume do acervo, aceitando a herança sob benefício de inventário. Se abrir mão desse direito, pagando dívidas do autor da herança, além das forças do monte-mor, o estará fazendo como dever moral ou ético, mas não jurídico, quiçá uma obrigação natural. O testamento não pode criar para o herdeiro ou legatário uma obrigação. O testamento não poderá ser fonte de obrigações, embora seja possível o nascimento de obrigações por força da vontade unilateral. Os sucessores *causa mortis* não são devedores dos credores do morto; o espólio sim o é. Daí então a necessidade de se provar a divisão de patrimônios com o inventário.

⚖ Ação de Registro e Cumprimento de Testamento – Revogação tácita do testamento – Testamento que pode ser revogado (tácita ou expressamente) a qualquer tempo – Inteligência do art. 1.858 do CC – Alegações genéricas que não desnaturam a validade do documento acostado aos autos – Sentença mantida – Recurso improvido (*TJSP* –13-3-2018, Rel. Luiz Antonio Costa).

⚖ Civil – Processual Civil – Recurso Especial – **Testamento** – Formalidades legais não observadas – nulidade – 1- Atendido os pressupostos básicos da sucessão testamentária – I) capacidade do testador; Ii) atendimento aos limites do que pode dispor e; Iii) lídima declaração de vontade – A ausência de umas das formalidades exigidas por lei, pode e deve ser colmatada para a preservação da vontade do testador, pois as regulações atinentes ao testamento tem por escopo único, a preservação da vontade do testador. 2- Evidenciada, tanto a capacidade cognitiva do testador quanto o fato de que testamento, lido pelo tabelião, correspondia, exatamente a manifestação de vontade do *de cujus*, não cabe então, reputar como nulo o testamento, por ter sido preterida solenidades fixadas em lei, porquanto o fim dessas – Assegurar a higidez da manifestação do *de cujus* – , foi completamente satisfeita com os procedimentos adotados. 3- Recurso não provido. (*STJ* – REsp 1.677.931 – (2017/0054235-0), 22-8-2017, Relª Minª Nancy Andrighi).

⚖ Apelação cível – Direito das sucessões – Revogação de testamento – Impossibilidade da curadora da testadora realizar a revogação – **Ato personalíssimo** – Interdição posterior ao testamento – Alienação de bens pela curadora – Inadmissibilidade – Ausência de autorização judicial – 1 – Nos termos do artigo 1.969 do Código Civil de 2002 (artigo 1.746 do Código Civil de 1916), a revogação parcial ou total do testamento deve ser feita obrigatoriamente do mesmo modo e forma como foi elaborado anteriormente, isto é, por qualquer outra forma válida de testamento. 2 – Ademais, em virtude de o testamento ser um ato personalíssimo de manifestação de vontade do testador (artigo 1.858 do Novo Código Civil), somente pode ser revogado por quem o elaborou, não sendo possível, portanto, ser efetivada por uma terceira pessoa. 3 – *In casu*, analisando detidamente o acervo documental acostado aos autos (folhas 08 e 11), constata-se que a testadora, ao tempo da realização do instrumento de liberalidade, estava no pleno exercício de sua capacidade, visto que a interdição ocorreu em momento posterior às disposições de última vontade. 4 – Assim, diante da ausência de nulidade insanável, inadmissível a curadora, ora apelante, tornar ineficazes as disposições testamentárias feitas anteriormente de forma hígida, à época, pela testadora. 5 – No caso em epígrafe, inexiste autorização judicial no sentido de autorizar a curadora a vender bem pertencente à testadora em benefício da legatária. No entanto, diante da incapacidade da testadora e nos termos dos artigos 1.781 e 1.748, inciso IV, ambos do Novo Código Civil, é imprescindível autorização judicial para a curadora efetuar qualquer transação patrimonial válida que exceda a administração dos bens. 6 – Apelação conhecida e não provida. Sentença mantida (*TJCE* – Ap. 48363-66.2006.8.06.0001/1, 14-3-2011, Rel. Des. Francisco Barbosa Filho).

Art. 1.859. Extingue-se em cinco anos o direito de impugnar a validade do testamento, contado o prazo da data do seu registro.

Houve ampla simplificação de prazos de prescrição e decadência no presente Código. A distinção entre prescrição e decadência passou a ter uma compreensão legal facilitada. Assim, todos os prazos que se encontram nos institutos específicos, como o presente, são de decadência.

Como o testamento só se torna eficaz após a morte do testador, a partir daí se pode questionar sua existência, validade e eficácia. Neste artigo há uma dificuldade inicial que é saber se esse prazo de cinco anos se aplica tanto para os casos de nulidade como para os de anulabilidade. Se entendermos que esse dispositivo se aplica a ambas as situações, existirá aqui uma derrogação do princípio geral do presente Código pelo qual os negócios nulos não são suscetíveis de confirmação nem convalidação pelo decurso do tempo (art. 169). Ao expressar nesse artigo *"impugnar a validade"* o legislador declina justamente essa intenção. Ademais, como o legislador não distingue, não é dado ao intérprete distinguir. Tendo em vista a instabilidade que pode representar uma nulidade latente no testamento, decorrido o prazo de cinco anos de seu registro, não permite mais o ordenamento a discussão sobre sua validade. Portanto, sob essa premissa, mesmo a nulidade do testamento não pode ser discutida após esse prazo. Aliás, não só no testamento, mas nos negócios jurídicos em geral, não há conveniência de que um negócio permaneça indefinidamente com a possibilidade de uma declaração de nulidade. Era essa a diretriz que seguíamos no Código de 1916, que caiu por terra perante o texto legal expresso do atual art. 169. Certamente terá concorrido para essa guinada na orientação legal a sensível redução de prazos extintivos neste Código. De qualquer modo, o prazo desse artigo é de caducidade, decadencial, na forma dos arts. 207 ss.

Lembre-se, contudo, de que podem ocorrer situações de inexistência do negócio jurídico. Não resta dúvida que para aquelas situações teratológicas, como a inexistência de manifestação de vontade do testador ou da própria cártula, o testamento não pode subsistir e poderá ser necessária a declaração de inexistência do negócio. Nas hipóteses de inexistência, não há que se subordinar sua declaração a qualquer prazo extintivo.

Tendo em vista as dúvidas que esse artigo acarreta, o saudoso Zeno Veloso (*Novo Código Civil Comentado*, coord. Ricardo Fiúza, 2002, p. 1.678) propõe não só que uma nova redação esclareça perfeitamente a hipótese de nulidade, como também se insira uma diversidade de prazos para os casos de nulidade e anulação, neste último caso em sintonia com as hipóteses de vício de vontade (erro, dolo, coação), cujo prazo é quadrienal (art. 1.909).

Por outro lado, há necessidade de esclarecer a evidente contradição criada pelo legislador no art. 1.909 e seu parágrafo único. Nesse artigo, está expresso que as disposições testamentárias inquinadas de erro, dolo ou coação são anuláveis e que o direito de pleitear a anulação da disposição é de quatro anos, contados de quando o interessado tiver conhecimento do vício. Esse termo inicial não se identifica com o que vem expresso no artigo sob comentário e nem é aceitável, pois introduz evidente instabilidade às situações jurídicas. O vício pode chegar ao conhecimento do interessado muitos anos após a abertura da sucessão e abrir-se-á desnecessária discussão acerca do momento desse conhecimento do vício. Nessa situação, ademais, poderia estar superado o prazo de cinco anos estabelecido no artigo em comentário. Desse modo, o mesmo autor sugere que a redação do parágrafo único do art. 1.909 seja: *"Extingue-se em quatro anos o direito de anular a disposição, contados da data do registro do testamento."*

As modificações sugeridas, solidamente justificadas, não eliminam totalmente, porém, as dúvidas em questão tão importante. Melhor será estabelecer um único prazo, cinco anos, como está aqui, para qualquer modalidade de irregularidade, seja para nulidade, seja para anulabilidade, suprimindo-se ou esclarecendo-se a referência feita no art. 1.909. Tal como está a redação haverá dúvidas tendo em vista a perplexidade que causa essa dualidade de prazos estabelecida pelo legislador e sua desarmonia com os princípios da Parte Geral.

⚖ Apelação cível – Medida cautelar inominada julgada improcedente ao argumento de que o **prazo para impugnação de testamento** encontra-se prescrito – Inteligência do art. 1.859, do Código Civil – Termo inicial para contagem do período prescricional deve iniciar após o falecimento do testador, na data do efetivo registro – Contagem do prazo equivocada – Prescrição inexistente – Recurso provido para anular a sentença e determinar o retorno dos autos ao seu curso normal (*TJSC* – Apelação Cível 2005.033368-1, Rel. Des. Sérgio Izidoro Heil).

CAPÍTULO II
Da Capacidade de Testar

Art. 1.860. Além dos incapazes, não podem testar os que, no ato de fazê-lo, não tiverem pleno discernimento.
Parágrafo único. Podem testar os maiores de dezesseis anos.

1. Capacidade de testar

Há uma capacidade especial para testar, ou seja, a capacidade testamentária ativa, que não se confunde com a capacidade geral para os atos da vida civil. Quando a lei regula diferentemente a aptidão para determinados atos, trata-se, na verdade, de legitimação para o ato, em terminologia destacada da teoria do processo. Se não são todas as pessoas que podem testar, importa, então, examinar quais as pessoas legitimadas para elaborar testamento. Não há reciprocidade porque, se há pessoas que não podem testar, qualquer pessoa natural ou jurídica, ainda que em formação, poderá ser aquinhoada pelo ato de última vontade. Só pessoas naturais, porém, podem testar. As pessoas jurídicas possuem outras formas para disposição de seu patrimônio quando de sua extinção.

O agente capaz de testar possui, portanto, legitimidade ativa para o testamento. A legitimidade passiva é daquele que pode receber por testamento. Há certas pessoas que, embora legitimadas, não podem utilizar certas formas de testamento. A lei lhes confere legitimidade restrita. O que não sabe exprimir-se na língua nacional, por exemplo, não pode testar de forma pública, pois os instrumentos públicos em nosso país necessitam ser redigidos em português. O deficiente visual só pode testar sob a forma pública (art. 1.867). Há, também, como já vimos, certas restrições acerca da amplitude das disposições testamentárias: não se pode dispor sobre a legítima dos herdeiros necessários. Há, igualmente, por exceção, certas pessoas que não podem receber por testamento. Essas situações heterogêneas não têm a ver diretamente com a capacidade de testar.

Para a prática de qualquer ato jurídico, o que se examina em primeiro plano é a capacidade geral de exercício da pessoa. Em seguida, verifica-se se a pessoa capaz para os atos em geral possui legitimidade para o ato específico, no caso, o ato de dispor por última vontade. A capacidade ativa ou legitimação propriamente dita para fazer testamento está descrita no presente artigo. O Projeto nº 6.960 tentou corrigir essa redação ao sugerir o texto: "*Além dos absolutamente incapazes, não pode testar os que, no ato de fazê-lo, não tiverem o devido discernimento.*" Com essa redação mais sintética, ficava claro que os maiores de 16 anos podem testar.

Veja que o Código de 1916, no transcrito art. 1.627, estabelecia quatro classes de incapacidades, hoje perfeitamente unificadas na compreensão do novo ordenamento.

2. Incapacidade em razão da idade

Quanto ao fato de se permitir que maiores de 16 anos utilizem o testamento em ambos os diplomas, o interesse é, como regra, teórico, pois dificilmente alguém tão jovem pensará em deixar testamento, mas a possibilidade existe e é o que importa. Legislações comparadas também trazem idades mínimas aproximadas ou iguais à nossa. Assim, o relativamente incapaz tem plena liberdade de testar. Trata-se, pois, de uma capacidade mais ampla que a capacidade geral. É importante definir que para fazer testamento há necessidade de certo grau de amadurecimento. Não fosse essa idade mínima expressa, o maior de 16 anos necessitaria ser assistido, o que contraria a unicidade de vontade no testamento. A origem dessa capacidade provém do Direito Romano quando se atingia a capacidade com a puberdade, não havendo, a princípio, uma idade predeterminada.

A capacidade para testar é aferida no momento em que o ato é praticado. No dia da elaboração da cártula, o menor deve ter completado a idade legal. Não se leva em conta a hora do ato, pois isso traria desnecessária instabilidade. Como se nota, a capacidade de testar é independente da emancipação.

3. Incapacidade por falta de discernimento ou enfermidade mental

No momento da elaboração do testamento, o agente deve ter capacidade de entender o ato e seu alcance. Desse modo, a expressão legal do passado, "*loucos de todo gênero*", não só era obsoleta na psiquiatria como também não se amoldava à verdadeira intenção do legislador. Por essa expressão, restritamente falando, só se pode entender aqueles que tinham interdição judicial. O interdito, é evidente, não pode testar. Contudo, como sempre reafirmamos, toda afirmação peremptória em Direito não está imune a exceções. No caso será sempre importante chamar à baila o Estatuto da Pessoa com deficiência, pois o testador pode ter sofrido algum ajuste judicial.

A saúde mental deficiente no momento da feitura da cártula pode ensejar a anulação do ato. Aqui se trata de aplicar o inciso II do dispositivo anterior: "*os que, ao testar, não estejam em seu perfeito juízo*". Ou, como dispõe o presente Código, os que no ato de testar *não tiverem pleno discernimento*. Todos os grandes problemas em torno da validade do negócio jurídico nesse campo ocorrem justamente quando não há decreto de interdição. Os interessados pretenderão provar que o testador não tinha higidez psíquica quando da elaboração do testamento. A prova, evidentemente toda indireta, é penosa e difícil.

Este Código englobou em fórmula única no presente artigo essa incapacidade dizendo que "*além dos incapazes, não podem testar os que, no ato de fazê-lo, não tiverem pleno discernimento*". A prova deve permitir concluir se o agente estava no momento crucial na plenitude de suas faculdades mentais. Veja o que dispõe o artigo seguinte. A zona fronteiriça é sempre a mais nebulosa e sempre um grande escolho para o julgador. Estando pendente processo de interdição, o exame da incapacidade, se não se lhe aguardar o resultado do processo, ou o período da interdição não atingir o momento da elaboração do testamento, faz-se no curso do pedido de nulidade. Ainda que levantada a interdição por sentença, isso não inibe que tivesse tido o agente uma recaída ou estivesse atravessando período de breve ou brevíssima incapacidade, motivada por alcoolismo, sonambulismo, hipnose etc. Não há que se admitir capacidade testamentária a quem testa sob transe hipnótico, ou naqueles estados psíquicos, como o chamado transe mediúnico, nos quais muitas ciências psíquicas ou espiritualistas entendem que o sujeito não comanda inteiramente seus atos. Nessas ações que vertem sobre a higidez mental do testador, muito importante, além dos pareceres dos psiquiatras e psicólogos, é todo o conjunto probatório que deve girar em torno dos aspectos do momento e da época em que o testamento foi feito e da situação da vida do testador. Questão não menos tormentosa é saber se, mesmo interdito, pode o agente testar em estado de lúcido intervalo, ou quando a sentença de interdição não foi levantada, apesar de sua cura. Não resta dúvida que o interdito é um incapaz absoluto de testar, mas, como sempre enfatizamos, qualquer afirmação peremptória em Direito é arriscada. Os casos concretos estão sempre a desafiar a própria ficção. O juiz deve sempre aplicar a lei com o temperamento que sua finalidade permite, dentro da moderna teoria da argumentação. A pergunta que se fará no caso e se é razoável privar do direito de testar, declarando nulo o testamento, aquele que no curso de uma interdição recupera suas plenas faculdades mentais. Ou a situação de alguém, por exemplo, que em estado de coma retorna à consciência e realiza o testamento. A questão entrosa-se demais não só com a ciência médica e a ciência jurídica, mas também com os valores mais elevados da existência humana.

De qualquer modo, há que se presumir sempre a capacidade. Na dúvida, propende-se para a validade e eficácia do ato. A regra é de lógica jurídica e vem expressa em outras legislações. Todo o conjunto probatório é importante, mormente a prova testemunhal e pericial. O exame grafológico, por exemplo, é outra técnica que pode validamente ser utilizada. É absolutamente relativa a declaração do oficial público de que o testador se apresentou na plenitude de suas faculdades mentais, geralmente mera declaração de estilo.

3.1. Diferença entre incapacidade de testar e vícios de vontade

Não se confundem os casos de incapacidade de testar, que geram a nulidade, com os vícios de vontade (erro, dolo, coação), que tornam os atos anuláveis. Nada impede que se peça a declaração de nulidade por falta de discernimento do testador e, subsidiariamente, a anulação do ato por vício de vontade. Assim, o exame dos vícios da vontade deve vir *a posteriori*, após estar assente na mente do operador do Direito e do julgador que caso algum de nulidade existe. Nem sempre o vício de vontade atinge todo o testamento, podendo ter inquinado apenas parte dele ou determinadas cláusulas. O erro, dolo ou coação pode ter maculado apenas algum aspecto do testamento. Pode ter viciado apenas uma ou algumas disposições testamentárias. Nesse caso, tem plena aplicação o brocardo *utile per inutile non vitiatur*.

Lembremos, como já foi dito nestes comentários anteriormente, de que o presente Código fixou em cinco anos o prazo decadencial para impugnar a validade do testamento, contado o prazo da data do seu registro (art. 1.859). Ao mencionar impugnação, o presente ordenamento se refere tanto aos casos de nulidade como aos de anulabilidade. Com isso, derroga a regra geral do art. 169, pela qual o negócio nulo não é suscetível de confirmação ou convalidação pelo decurso do tempo. A matéria exige ampla digressão doutrinária que refoge às lindes destas anotações. Isso porque, ainda, o art. 1.909 estabelece em quatro anos a anulação de disposições testamentárias inquinadas de erro, dolo ou coação. Veja o que dissemos nos artigos respectivos, bem como em nossa obra doutrinária sobre Direito das Sucessões, por esta mesma editora. Traga-se também ao estudo as noções de vícios de vontade, examinadas na Parte Geral.

4. Surdos-mudos

Enquanto a parte geral do Código de 1916 dava como absolutamente incapazes os surdos-mudos que não pudessem exprimir sua vontade, no atual Código, leva-se em conta o discernimento para o ato. Para fazer testamento, não basta que o surdo-mudo possa exprimir-se. O testamento requer que ele possa manifestar sua vontade testamentária de forma idônea. Tão só a linguagem técnica ensinada aos surdos-mudos mostra-se insuficiente para testar, uma vez que, havendo necessidade de alguém para interpretá-la e traduzi-la, estaria introduzindo vontade estranha no ato personalíssimo. Para testar é imprescindível que o surdo-mudo saiba escrever, podendo então testar sob a forma cerrada, assinando de sua mão e escrevendo na face externa do papel ou envoltório que aquele é seu testamento (art. 1.873). Aquele que for apenas surdo pode testar pela forma pública (art. 1.866).

Não podem testar sob a forma particular, porque não poderão ler o instrumento de viva voz perante as testemunhas (art. 1.876, § 1º). Se o agente já foi suficientemente educado para que possa falar, podendo fazer a leitura, será apenas surdo, o que não impedirá de testar sob essa modalidade. Na verdade, a lei revogada referia-se ao surdo-mudo analfabeto.

Não faltando o sentido da audição, não existe incapacidade de testar, ainda que o sujeito se exprima mal, ou com dificuldade, mas de forma suficientemente compreensível.

5. Sobre outras incapacidades

Como vimos, a capacidade de testar não coincide sempre com a capacidade em geral. Em alguns casos são mais amplas, como a do maior de 16 anos; em outros, mais restritas, como a situação dos surdos-mudos. Como para o testamento se exige a mais perfeita razão, a lei há de ser exigente nesse ponto, permitindo que o juiz verifique, em cada caso, a capacidade no momento de testar. Afora, porém, as incapacidades enumeradas, não há outras. A capacidade será sempre a regra; a incapacidade, a exceção. A velhice, por si só, não gera incapacidade. Enquanto houver discernimento, há capacidade. O mesmo se diga a respeito do enfermo. A capacidade de testar requer higidez da mente, não do corpo. Da mesma forma a ira, a cólera, o ódio ou euforia e alegria, por si sós, não constituem fatores isolados de nulidade.

Não existe incapacidade para o suicida. A autodestruição por si só não significa ausência de discernimento. Assim também, não há incapacidade de testar para o falido, o insolvente e o juridicamente considerado ausente. Nem mesmo o pródigo está, em princípio, inibido de dispor por última vontade, embora tenha restrição de disposição patrimonial em vida, salvo se essa prodigalidade lhe afete tão firmemente a mente de modo que constitua uma enfermidade mental que afeta o discernimento. Aí, porém, a inibição de testar não advém do fato exclusivo de ser pródigo.

O Código não colocou os silvícolas como incapazes de testar. Se tiverem discernimento suficiente poderão fazê-lo. Tão só o fato de pretenderem dispor por última vontade já denota que o agente está devidamente enquadrado socialmente.

6. Capacidade de adquirir por testamento

A capacidade testamentária passiva é a aptidão de alguém poder ser instituído herdeiro ou legatário. A regra geral é sempre a capacidade de qualquer pessoa, natural ou jurídica, ser aquinhoada em testamento. Somente pessoas podem ser herdeiros e legatários. Há situações, porém, nas quais determinadas pessoas não podem receber de certos testadores. Nessas hipóteses, haverá falta de legitimação. Assim como se permite que a pessoa jurídica em formação possa ser herdeira ou legatária, também o pode o nascituro.

Há que se levar em conta ainda a nascente e crescente problemática da fertilização assistida que permite o nascimento após a morte do pai ou da mãe. Há necessidade de legislação que preencha o vazio atual existente. Lembre-se, ademais, da regra do art. 1.799, I, que trata das disposições testamentárias para a prole eventual.

Art. 1.861. A incapacidade superveniente do testador não invalida o testamento, nem o testamento do incapaz se valida com a superveniência da capacidade.

Não tem capacidade de testar tanto o doente mental sem discernimento como aquele que testar sob fugaz estado de alienação, como por exemplo, sob efeito de álcool ou outro alucinógeno. Não será essencial o exame do estado psíquico do testador nem antes nem depois da elaboração do testamento. Afere-se a capacidade do testador quando do ato. Pouco importará se ele era capaz ou incapaz antes ou depois da elaboração do testamento. A matéria já foi esmiuçada nos comentários ao artigo anterior. A prova é complexa, pois nem sempre haverá muitos elementos para definir a capacidade do disponente quando do ato. O momento da eclosão da incapacidade torna-se o ponto fulcral. Ainda, há que se levar em conta as características de cada modalidade de testamento, mormente os testamentos especiais. O que deve ficar bem claro é que alterações mentais antes ou depois da elaboração do testamento em princípio não o inquinam. O princípio a ser observado, como se percebe, é o do *tempus regit actum*.

Ainda, por outro lado, uma vez írrito o testamento, o negócio não pode ser ratificado ou convalidado. Supondo que o testador recupere a plenitude de sua capacidade testamentária, deverá elaborar novo testamento.

Direito das sucessões – **Testamento por escritura pública – Nulidade** – Alegada incapacidade da testadora para os atos da vida civil – Ausência de prova apta a infirmar a presunção de veracidade – Improcedência do pedido inicial – Honorários advocatícios – Observância as normas do art. 20 do CPC – Valor ínfimo – Majoração – A desconstituição de testamento lavrado por escritura pública só pode ocorrer havendo ostensivo conjunto probatório apto a demonstrar a existência de vício, mormente quando lavrado em rigorosa observância às normas pertinentes – Os honorários advocatícios devem ser arbitrados consoante os critérios insculpidos no art. 20 do Código de Processo Civil, sendo mandatória a majoração se arbitrados em valor ínfimo (*TJMG* – AC 1.0024.04.540351-6/002, 9-3-2012, Relª Vanessa Verdolim Hudson Andrade).

CAPÍTULO III
Das Formas Ordinárias do Testamento

Seção I
Disposições Gerais

Art. 1.862. São testamentos ordinários:
I – o público;
II – o cerrado;
III – o particular.

1. Modalidades de testamento

Já foi acentuado que o testamento é um ato solene. Casamento e testamento são os atos com o maior número de solenidades em nosso direito privado e na maioria dos direitos comparados. A solenidade que se exterioriza nas formas constitui a garantia extrínseca do ato. Toda solenidade ou pompa, não só em direito, mas na sociedade em geral, busca ostentar a respeitabilidade. O direito antigo era essencialmente formal porque não havia formas escritas. Com a escrita e a possibilidade de preservação material, os negócios jurídicos foram perdendo solenidades. No direito contemporâneo, os atos solenes são exceção. Não se amolda à vida moderna o excesso de solenidades. Não se confunda, porém, o formalismo e a solenidade com a burocracia, doença crônica de nosso país. Quando, porém, há necessidade de garantias maiores perante a sociedade e perante o ordenamento, o Direito ainda se vale da forma e das solenidades, como ocorre com o testamento. O ato de última vontade se insere entre os mais importantes da vida do agente, com a particularidade que ele não estará presente quando da execução do ato de última vontade.

O Direito, objetivando estabelecer normas de conduta, descreve predeterminações formais, isto é, descreve na lei determinado comportamento, o qual, para certo fim, deve ser obedecido. Cuida-se da denominada tipicidade, que pode ser mais estrita, como no Direito Penal, ou menos estrita, como na maioria dos atos da vida civil. Porém, para o caso da validade dos testamentos, com a exigência formal, estamos perante um negócio jurídico de tipicidade estrita. Assim, só existe testamento válido se elaborado de acordo com a lei. Qualquer outra forma de disposição de última vontade que não pelas formas exigidas pela lei, como uma carta ou uma escritura pública, será *atípica* e, portanto, inválida.

Advirta-se que a jurisprudência, mormente do STJ, tem dado certa elasticidade às exigências formais do testamento, algo que no passado seria impensável. Confessamos que não conseguimos absorver facilmente essa orientação.

Com a solenidade, o legislador protege a manifestação de vontade do testador, sua autonomia, reduzindo a possibilidade de interferência. Com isso, incute-se no testador e na sociedade a importância do ato. Os terceiros atingidos pelo ato terão a proteção das formas solenes. Por isso nossa legislação impõe certas formas, fora das quais não se pode testar.

É importante acentuar que as modalidades testamentárias não se combinam. Uma modalidade de testamento não pode ser convalidada em outra. Não há formas híbridas. Nosso Código descreve três formas ordinárias tradicionais de testamento: público, cerrado e particular. Essas formas podem, afora certas incapacidades pontuais já vistas (cegos, surdos-mudos), ser utilizadas por qualquer pessoa, em qualquer momento de sua vida, após os 16 anos. Cada uma dessas formas apresenta vantagens e desvantagens e a escolha cabe exclusivamente ao interessado.

Os testamentos especiais, marítimo, aeronáutico e militar, são formas excepcionais de testar e só podem ser utilizados em situações específicas. São testamentos de existência transitória, em princípio, de pouco alcance prático. No entanto, este Código autorizou uma forma de testamento particular singularíssimo, que pode ser elaborado em circunstâncias excepcionais declaradas na própria cédula, sem testemunhas, desde que elaborado de próprio punho do testador (art. 1.879). Esse testamento declina mais uma das denominadas cláusulas abertas, dentre tantas existentes neste estatuto, pois poderá ser confirmado *a critério do juiz*.

Há, ainda, uma forma restrita de dispor *causa mortis*, que é o codicilo, um ato simplificado que serve para deixas de pequena monta.

Não há outras formas testamentárias além das descritas neste Código. Recorde-se, ainda, que nosso ordenamento proíbe (art. 426) qualquer contrato que tenha por objeto herança de pessoa viva. Na verdade, herança não existe durante a vida da pessoa. O que a lei veda é que se estipule sobre uma futura e virtual herança, mera expectativa de direito. A proibição prepondera ainda que o próprio titular do patrimônio consinta. Na verdade, se alguém desejar dispor sobre seu patrimônio após a morte, que o faça pelo testamento, afora a possibilidade real de partilha em vida, uma exceção no sistema.

2. Perda, extravio ou destruição do testamento

Essa matéria é importante e não pode deixar de ser examinada. Parte da doutrina entende que há possibilidade de reconstrução do testamento, pois se trata de uma regra geral de Direito, qual seja, qualquer documento extraviado ou perdido pode ser refeito. Essa não pode, contudo, ser uma conclusão singela no caso de testamento. Sem acesso à cédula testamentária, não se pode tentar recompor a vontade do testador. Isso contraria a própria natureza do ato. Haveria, sem dúvida, interferência de outras vontades na vontade testamentária. O possível, de fato, é a restauração da cédula testamentária, isto é, a recomposição integral do documento. Tornar legível o que estava ilegível, por exemplo, por meio de meios técnicos. Se, ainda, por exemplo, desapareceu o registro do testamento público em razão de calamidade, não restando qualquer translado, será impossível a restauração e, com muito maior razão, a reconstituição.

O testamento cerrado, por sua vez, cujo envoltório apresenta-se rasgado, presume-se inválido: sugere a ideia de revogação. Em princípio, há de se admitir a restauração da cédula, cabendo ao juiz no caso concreto definir sua autenticidade. A reconstituição do testamento é a própria negação dos princípios desse negócio jurídico e não pode ser admitida.

Art. 1.863. É proibido o testamento conjuntivo, seja simultâneo, recíproco ou correspectivo.

Sobre essa vedação já falamos nos artigos introdutórios sobre testamento. Como acentuado, o testamento é ato personalíssimo. Nenhuma vontade pode interferir na vontade testamentária. Desse modo, não se pode admitir que o testamento seja elaborado em conjunto, o que colocaria mais uma vontade no ato. O Código refere-se nessa proibição às formas conjuntivas de testamento simultâneo, recíproco ou correspectivo. Simultâneo é aquele no qual no mesmo instrumento participam mais de uma pessoa. Correspectivo é o que, lavrado no mesmo instrumento, insere cláusulas testamentárias aos testadores ou terceiros, mediante condições e promessas mútuas. Recíprocos são aqueles nos quais um e outro testador se atribuem bens, um em favor do outro. A restrição se refere a qualquer modalidade de testamento.

É possível, porém, que em dois instrumentos autônomos os disponentes atribuam-se benefícios um ao outro. Marido e mulher podem testar reciprocamente em dois instrumentos autônomos, isto é, em dois testamentos, sem que seja gerada uma dependência recíproca em suas respectivas cláusulas. A simples coincidência temporal na elaboração dos testamentos não incide na proibição. É usual que marido e mulher façam testamentos no mesmo cartório, um em seguida ao outro, com pequena diferença temporal. A mancomunação tem que ser necessariamente material, ou seja, um testamento lavrado por duas ou mais pessoas. O que se proíbe é o testamento conjunto ou mútuo, não alcançando a proibição os testamentos feitos separadamente, isto é, em atos separados. Se há mais de uma cártula testamentária, a nulidade, em princípio, pode decorrer de outras causas, ou de vícios de vontade, mas não da presente dicção legal.

O testamento conjuntivo não se harmoniza com sua revogabilidade e constitui limitação à liberdade de testar, possibilitando a influência de vontades estranhas à do testador, bem como manobras captatórias de sua vontade.

⚖ Apelação cível. Ação declaratória de nulidade de ato jurídico (testamento público). Insurgência dos autores. Testamento conjuntivo. Não configuração. Testamentos que, muito embora tenham sido realizados no mesmo dia, no mesmo cartório, com a mesma redação e as mesmas testemunhas, foram lavrados em instrumentos diversos. Preservação da manifestação unilateral de vontade e da revogabilidade do instrumento. Ausência de violação ao contido no art. 1.863, do CC. Precedentes. Ausência de condição captatória. Inexistência de qualquer demonstração de que o falecido tenha sido induzido a lavrar o testamento público ou, ainda, existência de qualquer incapacitação a gerar a ausência de discernimento do testador. Impedimento das testemunhas testamentárias. Não acolhimento. Ausência de prova de que possuíam interesse no ato ou eram amigos íntimos dos envolvidos. Sentença mantida. Fixação de honorários recursais. Recurso conhecido e desprovido (*TJPR* – Ap. 0017967-02.2016.8.16.0188, 28-11-2018, Rel. Marco Antonio Antoniassi).

⚖ Ação declaratória de nulidade de testamento – Termo *a quo* para contagem do prazo decadencial – Falecimento do testador – Registro decorrente de sentença – Decadência não configurada – **Testamento conjuntivo** – Vedação legal – Nulidade – I – A contagem do prazo decadencial só tem início após o registro do testamento, o que ocorre após o falecimento do testador. II – Discutir a anulação do testamento, somente após a morte do testador com o processamento e registro do testamento é regra que evita a discussão sobre a herança de pessoa viva (*pacta corvina*), poupando, em vida, o testador. III – Tanto o Código Civil de 1916, quanto o atual de 2002, proíbem o testamento conjuntivo, ou seja, com mais de um autor. Apelação cível conhecida e provida. Sentença reformada (*TJGO* – AC 201091959870, 28-2-2012, Rel. Des. Norival Santome).

⚖ Apelação cível. Testamento cerrado. Dois autores. Testador que não sabe ler. Vedações legais. Anulação. 1 – Tanto o Código Civil de 1916, quanto o atual de 2002, proíbem o **testamento conjuntivo**, ou seja, com mais de um autor e vedam a possibilidade de realizar testamento cerrado, aquele que não sabe ler. 2 – Deverá ser anulado o testamento que tiver dois autores. 3 – Também deverá ser anulado o testamento cerrado realizado por quem não sabe ler. 4 – Apelação não provida (*TJMG* – Apelação Cível 1.0440.05.002241-5/001, 16-12-2008, Rel. Des. Nilson Reis).

⚖ Civil e processual civil. Sucessões. Anulação de ato jurídico. Alegação de existência de documento novo capaz de, por si só, assegurar decisão favorável aos recorrentes. Não configuração. Testamento conjuntivo. Ato eivado de nulidade. Recurso conhecido e improvido. – Não pode ser considerado como documento novo se a sua existência não era ignorada na época em que tramitou o processo de inventário, isso porque se os recorrentes tinham conhecimento do traslado de testamento é, no mínimo, evidente que também sabiam da existência do testamento. – O ato de testar é pessoal e intransferível, sendo, portanto, vedado pelo ordenamento jurídico pátrio, o **testamento conjuntivo** (*TJMS* – Apelação Cível 2007.007690-7, 6-3-2008, Rel. Des. Virgílio Fernandes de Macedo).

Seção II
Do Testamento Público

Art. 1.864. São requisitos essenciais do testamento público:
I – ser escrito por tabelião ou por seu substituto legal em seu livro de notas, de acordo com as declarações do testador, podendo este servir-se de minuta, notas ou apontamentos;
II – lavrado o instrumento, ser lido em voz alta pelo tabelião ao testador e a duas testemunhas, a um só tempo; ou pelo testador, se o quiser, na presença destas e do oficial;
III – ser o instrumento, em seguida à leitura, assinado pelo testador, pelas testemunhas e pelo tabelião.
Parágrafo único. O testamento público pode ser escrito manualmente ou mecanicamente, bem como ser feito pela inserção da declaração de vontade em partes impressas de livro de notas, desde que rubricadas todas as páginas pelo testador, se mais de uma.

Essa modalidade de testamento é a que apresenta maior segurança, pois ficará registrada em cartório. Sua maior desvantagem é não guardar segredo sobre a vontade do testador. Salvo algumas restrições impostas por corregedorias estaduais, o testamento será de acesso público. Tendo em vista esse aspecto, o Projeto nº 6.960/2002 propôs acréscimo em parágrafo ao presente artigo redigindo que "*a certidão do testamento público, enquanto vivo o testador, só poderá ser fornecida a requerimento deste ou por ordem judicial*". Esse texto proposto coaduna-se perfeitamente com o sentido do testamento. Sob o prisma ético, moral e social, não é conveniente que esse documento fique à disposição de qualquer pessoa. Com essa disposição, o testamento público fica a meio caminho entre o documento público e o testamento cerrado.

O testamento público é ato aberto, no qual o oficial público (titular da serventia ou quem o substitua legalmente) exara a última vontade do testador, conforme seu ditado ou suas declarações espontâneas na presença de duas testemunhas. No sistema revogado, o número de testemunhas para todos os testamentos ordinários era de cinco. Houve tentativa de o novel legislador simplificar e facilitar a elaboração do ato de última vontade. Nem sempre era muito simples para o testador trazer cinco testemunhas, sem qualquer impedimento e sem pertencer aos quadros do tabelionato (esta última, uma conveniência também sufragada por corregedorias estaduais).

Embora todas as formas sejam solenes, esta é especialmente solene, cercada de garantias para proteger em plenitude a última vontade do testador. O ato deve ser elaborado e presidido pelo titular do cartório, o oficial público. Outro escrevente somente poderá fazê-lo quando exercer, ainda que transitoriamente, as funções de chefia da serventia. Assim, o tradicionalmente denominado oficial-maior só poderá presidir a elaboração do testamento quando investido na função de titular. As autoridades consulares brasileiras também podem lavrar testamento público, autorizadas que estão pela Lei nº 3.238/1967. Não se trata de outra modalidade de testamento, uma vez que as formalidades são as mesmas.

Como todo ato do registro público, o serventuário deve certificar-se da identidade do disponente. O testador pode ditar ou declarar de própria voz suas disposições. Pode entregar também minuta escrita para ser copiada pelo notário. A leitura da redação no livro de notas é essencial, de acordo com o inciso II. As testemunhas devem assistir a todo o ato. Assim se manifestava o Código anterior. O presente Código determina que a leitura seja feita a um só tempo. O sentido é o mesmo. Se uma delas tiver necessidade de se retirar durante a lavratura ou leitura, o ato deve recomeçar.

A leitura pode ser feita pelo próprio testador ou pelo oficial, sempre na presença das testemunhas. Todos assinam: testador, testemunhas e oficial. Evidente que as testemunhas também devem ser devidamente qualificadas. As testemunhas devem conhecer o testador. Não há necessidade, porém, que tenham relações amistosas. É suficiente que o tenham conhecido antes do ato, para poder afirmar sua identidade.

O testamento público pode ser lavrado fora do recinto do cartório, mas dentro do âmbito de atuação do oficial, de acordo com as leis de organização judiciária. Não há restrição quanto ao horário ou dias da semana. Por essa razão, deve o oficial (mormente se assim o exigir o interessado) ter o cuidado de situar onde se realiza o ato. Embora não seja requisito essencial, evita-se controvérsia futura desnecessária. O oficial deve especificar cada uma das formalidades, portando-as por fé, afirmando haverem sido observadas. A omissão dessa descrição torna nulo o testamento. Mesmo tendo descrito as formalidades, tanto as essenciais como as facultativas, pode-se provar sua não ocorrência em eventual ação de nulidade. O testamento termina com a assinatura dos partícipes (inciso III). É defensável, como faz a doutrina majoritária, que terminado o testamento sem que o testador o assine porque vem a falecer antes, não há razão para sua ineficácia, tendo em vista a fé do oficial público e a vontade já consolidada do disponente.

A menção da data é essencial, embora não esteja no rol específico de formalidade do testamento público. A capacidade testamentária ativa é fixada nessa data, não fosse ainda uma série enorme de consequências, a começar pela possibilidade de revogação. Pelo princípio da continuidade dos atos notariais fica difícil, embora não impossível, incluir data não verdadeira no ato. A fraude sempre está à espreita. Desse modo, a data é fundamental do ato público, sendo condição prévia para o exame do testamento. O notário tem o dever funcional de colocá-la corretamente. No entanto, como não temos a data como requisito específico no presente artigo, entende a doutrina tradicional que não há que se decretar a nulidade se ficar provado que a omissão da data não ocorreu com o intuito de fraude. No entanto, a omissão da data pode acarretar grandes dificuldades quando da execução do testamento. A lei também não exige que seja feito em ato temporalmente único. Os partícipes podem interromper para descanso ou por qualquer outra razão, recomeçando depois, desde que persistam as formalidades. É conveniente, porém, que tudo seja descrito pelo oficial, o qual deverá ressalvar rasuras, entrelinhas e borrões com a maior diligência.

O testamento público só pode ser lavrado em língua portuguesa. Na verdade, nenhum ato do registro público pode, como regra, ser lavrado em língua estrangeira. A exigência que era expressa no Código anterior não é repetida por desnecessária. Desse modo, só pode testar sob a forma pública a pessoa que entenda a língua pátria. Note que a naturalização, embora tenha como pressuposto o conhecimento de nosso idioma, nem sempre é suficiente seu pleno conhecimento. Assim, se o testador, mesmo brasileiro, não compreender suficientemente o português, não poderá testar sob a forma pública. O oficial deve se certificar do fato. Não se admite intérprete, como já acentuado. As testemunhas também devem conhecer a língua nacional, pois embora não devam guardar detalhes das disposições, devem ser aptas a entender todo o ato. Cabe ao notário fazer constar qualquer suspeita de falta de lucidez mental por parte do testador. Não pode, porém, o oficial converter-se em juiz do ato. Pode se recusar, por outro lado, a incluir disposições imorais ou francamente ilegais.

No sistema atual, o número de testemunhas foi reduzido de cinco para duas, mesmo número que se pede para outros atos notariais. O acréscimo do número de testemunhas não invalida o ato, mas aumenta o risco de serem incluídas testemunhas impedidas. Como partícipes essenciais, as testemunhas devem estar presentes durante todo o ato. O ato só se completa com as assinaturas respectivas.

Dizia a lei de 1916 que, faltando qualquer das formalidades, ou se o oficial não as mencionasse, o testamento seria nulo e o oficial responderia civil e criminalmente (art. 1.634, parágrafo único). Não se repete essa dicção neste Código, o que, na realidade, permitiu a elasticidade dos tribunais mencionada: é dever inerente à função do oficial público descrever as formalidades e portá-las por fé. Incumbe, no caso concreto, verificar a ausência de formalidade que possa inquinar o testamento, sem o rigorismo estrito e positivista do diploma anterior. A responsabilidade, na verdade, é do Estado, por ato de seu agente (CF, art. 37, § 6º). Os prejudicados pela falta funcional do oficial deverão acionar o Estado, cuja responsabilidade é objetiva. O servidor responde em ação regressiva movida pelo Estado, se agiu com dolo ou culpa. Haverá responsabilidade do oficial se não obedecer às formalidades essenciais extrínsecas. Não responde pelo conteúdo das disposições, embora possa e deva aconselhar a esse respeito. A falha funcional do servidor apurada administrativamente é estranha à decisão sobre a validade do ato, embora possa influenciá-la.

O juiz deve ser estrito na observância dos requisitos legais. Não é admissível, em princípio, uma jurisprudência que procure abrandar os requisitos das solenidades. De qualquer modo, é a forma pública a mais segura e, em que pese tornar conhecida a vontade do testador, a mais utilizada.

O parágrafo único do presente artigo faz referência à possibilidade de o testamento poder ser escrito manual ou mecanicamente, bem como com a inserção da declaração de vontade em partes impressas em livros de notas. Cada vez mais raro se torna o ato notarial manuscrito, nos velhos livros notariais. A maioria dos cartórios utiliza-se de meios informatizados, agora de forma oficial, os quais, na verdade, não mais se identificam com os meios mecânicos mencionados no dispositivo. Já vai longe no tempo até mesmo a utilização da máquina de datilografia. Não importando o meio pelo qual se apresente graficamente o testamento público no livro de notas, o importante é que todas as folhas sejam autenticadas pelo oficial e rubricadas pelo testador. Já é mais que tempo de se pensar em um arquivo informatizado de testamentos, centralizado, que detenha cópia de todos os testamentos elaborados no país. A tecnologia torna isso perfeitamente possível. Aliás, há muito nesse sentido que se implantar no sistema notarial e registral, porém os primeiros passos já foram dados pelo CNJ, permitindo o processamento digital e eletrônico.

1. Disposições processuais. Registro e cumprimento do testamento público

Após a morte do testador, o testamento deve ser apresentado em juízo, exibindo-se traslado ou certidão, por qualquer interessado, que requererá ao juiz que ordene seu cumprimento (art. 736 do CPC). Os testamentos públicos e cerrados devem ser registrados e cumpridos na forma dos arts. 735 do CPC. O testamento particular possui procedimento especial de confirmação, como apontaremos.

Nesse procedimento, o juiz faz exame externo da validade formal do testamento. Se verificar alguma nulidade não determinará o seu cumprimento. Esse ato tem por finalidade um primeiro exame das formalidades extrínsecas. Se o juiz entendê-lo em ordem, mandará registrar, arquivar e cumprir. Será lavrado um auto de registro e aprovação do testamento. O Ministério Público participa necessariamente desse procedimento. O juiz nomeará testamenteiro, se o testador não o tiver feito. Sem o "cumpra-se", o ato homologatório do testamento, este não poderá ser registrado e processado no inventário. O procedimento será o mesmo para o testamento cerrado, com a diferença de que no testamento público não se terá de abrir o invólucro.

O juiz pode, de ofício, ou a requerimento do interessado, determinar ao detentor que apresente o testamento, podendo determinar a sua busca e apreensão. Já apontamos que sem a cártula testamentária não é possível reconstituir a vontade do testador. Aquele que se recusa a entregar o testamento ou o faz desaparecer responde por perdas e danos, além de ficar sujeito ao crime de supressão de documento (art. 305 do CP). Disposições regimentais em cada corregedoria estadual podem exigir outras cautelas, como, por exemplo, averiguar se não existe outro testamento feito pelo mesmo testador nos cartórios do Estado ou do país. O Colégio Notarial do Brasil deve receber as relações dos testamentos realizados em nosso território. Já há uma central notarial com banco de dados que atende ao Provimento 56/2016 do CNJ, que dispõe sobre a obrigatoriedade de consulta ao Registro Central de Testamentos.

A homologação, contudo, não impede que seja discutido vício no ato de última vontade em ação contenciosa, pois o procedimento narrado é de jurisdição voluntária, simples atividade administrativa e fiscalizadora do juiz. Por outro lado, também é verdadeiro, pelas mesmas razões, que se houver recusa de homologação pelo magistrado, os interessados poderão discutir a matéria nas vias ordinárias, a fim de provar a higidez e validade do ato de última vontade.

Abertura, registro e cumprimento de testamento público – Sentença que determinou o registro, inscrição e cumprimento de testamento público deixado pela autora da herança, ante a verificação de preenchimento dos seus requisitos legais extrínsecos, a teor do artigo 1.864, do Código Civil – Alegação das apelantes de supostos vícios a inquinar o testamento, relativos à manifestação de vontade da testadora, presença do beneficiário ao ato de lavratura, escolha das testemunhas e do cartório em que lavrado o instrumento – Disposição de última vontade elaborada lavrada em tabelionato, assinada pela testadora, por duas testemunhas presumidamente idôneas, ausente prova de seu impedimento, e pelo tabelião – Vício alegado pela recorrente quanto à capacidade da testadora que diz respeito a requisito intrínseco de validade do testamento, matéria que extrapola os limites do presente procedimento, disciplinado pelos artigos 735 e seguintes do Código de Processo Civil – A verificação do preenchimento dos requisitos intrínsecos de validade do testamento deve ser objeto de ação anulatória proposta especificamente para esse fim – Precedentes desta C. Corte – Sentença mantida – Recurso desprovido (TJSP – Ap. 1077667-12.2018.8.26.0100, 29-9-2020, Rel. Angela Lopes).

Apelação cível – Ação anulatória de testamento – Cerceamento de defesa – Produção de prova oral – Desnecessária – Formalidades previstas no art. 1.864, do CC/2002 – Requisitos essenciais preenchidos – Ausência de nulidade – Lei nº 8.935/1994, art. 20 – Derrogado pelo Código Civil 2002 – Ônus da prova. Desnecessária a produção de prova oral quando a oitiva das testemunhas é absolutamente inócua e a matéria fática é incontroversa. Para solucionar o litígio resta o exame de tema de direito. O Código Civil prevê, expressamente, no art. 1.864, como um dos requisitos essenciais do testamento público, ser escrito por Tabelião ou por seu substituto legal, em seu livro de notas, não havendo qualquer nulidade o fato de tê-lo feito Tabelião Substituto. Não configura infração a requisito essencial do testamento público, dois funcionários do Cartório funcionarem como suas testemunhas, uma vez que o texto legal não faz qualquer exigência a esse respeito (art. 1.864, II, CC/2002). Incumbe à parte autora a prova suficiente dos fatos constitutivos do direito por ela alegado, na inicial (art. 373, I, do CPC/15) (*TJMG* – Ap. 1.0518.17.004441-7/001, 27-8-2019, Rel. Alice Birchal).

Art. 1.865. Se o testador não souber, ou não puder assinar, o tabelião ou seu substituto legal assim o declarará, assinando, neste caso, pelo testador, e, a seu rogo, uma das testemunhas instrumentárias.

O analfabeto ou aquele que por qualquer razão não puder assinar deverá fazê-lo pela forma pública, a que melhor assegura a higidez de sua vontade.

A lei determina que uma das testemunhas assine a rogo, quando o testador não puder ou não souber assinar. O oficial deve declarar esse fato. Defende-se que não é causa de nulidade a assinatura por uma sexta pessoa no sistema de 1916 ou terceira testemunha no sistema atual. No entanto, quem assina a rogo deve saber ler e não apenas assinar, podendo, inclusive, esclarecer qualquer dúvida do analfabeto. Essa necessidade de assinatura a rogo deveria ser abolida, pois não mostra maior utilidade. Trata-se, na verdade, de uma complementação da autenticidade que fica por conta do oficial. Bastaria que se atribuísse ao notário a responsabilidade por descrever as causas da omissão da assinatura do disponente. Só é admitida a assinatura a rogo se o testador não souber ou não puder assinar. O analfabeto só pode testar pela forma pública, portanto. Também o alfabetizado, no sistema de 1916, que não pudesse e não conseguisse escrever, uma vez que "*considera-se habilitado a testar publicamente aquele, que puder fazer de viva voz as suas declarações, e verificar, pela sua leitura, haverem sido fielmente exaradas*" (art. 1.635 do Código de 1916). Essa disposição não é repetida por este Código, de modo que pode o testador, de acordo com o atual art. 1.864, servir-se de minuta, notas ou apontamentos, não havendo mais necessidade de que emita declaração de voz.

No sistema de 1916, quem não pudesse falar, pois, não poderia testar pela forma pública, ainda que a afasia fosse temporária. É sempre conveniente ter em mente que a capacidade de testar verifica-se no momento da elaboração da cártula.

Apelação cível – **Testamento público** – Violação dos requisitos previstos nos artigos 1.865 e 1.867 ambos do CC/02 – Ocorrência – Testador portador de deficiência visual – Requisitos específicos não observados – Reforma da decisão – Possibilidade. 1. De acordo com os dispositivos legais expressos para a feitura do testamento público de pessoa portadora de deficiência visual, é essencial o preenchimento de todos os requisitos exigidos, de modo que, a supressão de qualquer um deles poderá tornar nulo o testamento firmado pela parte (*TJMG* – Acórdão: Apelação Cível nº 1.0439.11.010905-5/001, 5-7-2012, Rel. Des. Vieira de Brito).

Art. 1.866. O indivíduo inteiramente surdo, sabendo ler, lerá o seu testamento, e, se não o souber, designará quem o leia em seu lugar, presentes as testemunhas.

Já mencionamos a situação do surdo-mudo. Essa surdez deve ser bilateral e completa. A pessoa inteiramente surda, se souber ler, lerá o testamento, e, se não o souber, "*designará quem o leia em seu lugar, presentes as testemunhas*". O surdo, ainda que analfabeto, também pode testar pela forma pública. O leitor do testamento, pessoa escolhida de confiança do surdo, não será uma das testemunhas. Contudo, a nosso ver, não induz nulidade que o seja, tal como ocorre no testamento do deficiente visual.

Art. 1.867. Ao cego só se permite o testamento público, que lhe será lido, em voz alta, duas vezes, uma pelo tabelião ou por seu substituto legal, e a outra por uma das testemunhas, designada pelo testador, fazendo-se de tudo circunstanciada menção no testamento.

O deficiente visual somente pode testar por essa forma pública. Nessa hipótese, a lei redobra a cautela e exige dupla leitura do testamento, uma pelo oficial e a outra por uma das testemunhas designadas pelo testador. Pode efetuar a segunda leitura quem não tenha sido testemunha. Cremos que a situação seja a mesma da assinatura a rogo. Trata-se de maior segurança para o testador e nada impede traga ele uma pessoa de sua confiança para a leitura, a qual não sofre as mesmas restrições da testemunha. Se a doutrina não opõe restrições no caso da assinatura a rogo, não temos que nos opor no caso do deficiente visual, levando-se em conta que há uma primeira leitura pelo oficial.

A leitura, em qualquer caso, deve ser de todo o instrumento em voz audível. Deve ser compreendida pelo testador e pelas testemunhas, daí por que todos devem entender a língua nacional.

A dupla leitura do testamento, pelo oficial e por uma das testemunhas designada pelo testador, é formalidade essencial. Sua ausência torna nulo o testamento, embora o caso concreto possa, aos tribunais, demonstrar o contrário. A descrição dessas solenidades pelo tabelião também é igualmente essencial.

Seção III
Do Testamento Cerrado

Art. 1.868. O testamento escrito pelo testador, ou por outra pessoa, a seu rogo, e por aquele assinado, será válido se aprovado pelo tabelião ou seu substituto legal, observadas as seguintes formalidades:
I – que o testador o entregue ao tabelião em presença de duas testemunhas;
II – que o testador declare que aquele é o seu testamento e quer que seja aprovado;
III – que o tabelião lavre, desde logo, o auto de aprovação, na presença de duas testemunhas, e o leia, em seguida, ao testador e testemunhas;
IV – que o auto de aprovação seja assinado pelo tabelião, pelas testemunhas e pelo testador.
Parágrafo único. O testamento cerrado pode ser escrito mecanicamente, desde que seu subscritor numere e autentique, com a sua assinatura, todas as páginas.

O testamento cerrado, secreto ou místico é modalidade escolhida por aqueles que desejam manter sua última vontade em segredo. Evitam assim polêmicas desnecessárias e problemas familiares entre os beneficiados e os preteridos. Dessa forma, mantém sua utilidade e permanece neste Código. Por outro lado, a forma secreta apresenta sempre o risco de perda ou desaparecimento da cártula. Nada impede que esse testamento seja redigido em duplicata ou triplicata, todas de idêntico teor, para mais se evitar o risco de perda ou deterioração. Nesse caso, pode-se discutir a respeito da identidade formal de todas as vias, mais uma questão que pode ser criada na prática. Por isso, é conveniente que a multiplicidade de vias seja registrada na cártula. A vantagem dessa multiplicidade de vias é o fato de poder ser entregue a várias pessoas, encarregadas de apresentá-lo.

Suas formalidades são obviamente mais amplas, para assegurar maior segurança e proteção à última vontade. Também é um ato notarial porque dele participa o oficial público. No entanto, como o disponente não declara sua vontade perante o serventuário, não deve ser considerado uma espécie de testamento público. Trata-se de uma forma intermediária entre o testamento público e o testamento particular.

Pelos detalhes presentes neste artigo, percebe-se que a tipicidade dessa modalidade é das mais detalhadas. Esse testamento compõe-se, de fato, de duas partes. A *cédula ou o testamento propriamente dito*, onde estarão as disposições de última vontade, e *o auto ou instrumento de aprovação*, lavrado pelo oficial. Note que o auto de aprovação não se confunde com a nota de aprovação, também lavrada pelo oficial em livro da serventia. Veja que o art. 1.869 determina que o tabelião deve começar o auto de aprovação imediatamente após a última palavra do testador.

A competência para o oficial fazer testamento cerrado é a mesma do testamento público. A cédula testamentária, depois de encerrado o ato, é entregue ao testador. Ficará na sua posse, incumbindo-lhe dar destino. Antes dessa entrega, o oficial público já terá exarado na cédula testamentária o respectivo auto de aprovação (inciso III). Antes de exarado o auto de aprovação, ainda não haverá testamento.

O escrivão, em princípio, não lê o testamento, não tem essa obrigatoriedade, nada impedindo, porém, que o testador autorize a leitura. O serventuário recebe a cédula do próprio testador (inciso I), na presença de pelo menos duas testemunhas (eram cinco no sistema de 1916). Não se admite que qualquer outra pessoa o faça. O oficial examinará, a certa distância, se existe redação na cédula, se há borrão, rasura ou entrelinha digna de ser ressalvada no auto. A questão é para ser examinada posteriormente pelo juiz, conforme o art. 426 do CPC.

As cautelas impostas pela lei têm a finalidade de impedir que posteriormente se altere o que foi escrito. Não é necessário que o testador entregue o instrumento em envelope fechado. Pode entregar simplesmente o documento redigido. Tratando-se de ato notarial, a data não é requisito essencial para o escrito do testador, embora seja de toda conveniência sua presença, mas é essencial no auto de aprovação, porque atesta o momento exato no qual o testamento se aperfeiçoou com a entrega ao oficial. Contudo, a lei não fala da obrigatoriedade de data no auto, não se podendo dar por nulo o testamento por sua omissão.

Discutia-se, no passado, acerca da possibilidade de o testamento cerrado poder ser datilografado ou impresso por meio eletrônico. A lei de 1916 não exigia a escrita de próprio punho. Assim se posicionaram o STF e a atual doutrina. Se a lei permite a redação até mesmo a rogo, obstáculo algum existe para a digitação ou outros métodos mais contemporâneos, com a assinatura do subscritor, tomando o cuidado de rubricar todas as páginas, com autenticação pelo oficial público. É da melhor cautela que o serventuário autentique e numere todas as folhas do testamento, embora a lei atual não o determine.

Este Código dispõe no parágrafo único desse artigo que o testamento pode ser escrito mecanicamente, reportando-se à necessidade de o subscritor numerar e autenticar com sua assinatura todas as páginas. É claro que pode ser impresso por computador, desde que obedecidos os requisitos desse parágrafo. A mera rubrica do testador nas folhas, em princípio, não nos parece suficiente para anular o testamento.

O testamento cerrado pode ser feito em língua estrangeira, como reporta o art. 1.871.

Nada impede na lei que o testamento cerrado seja redigido parte por uma pessoa a rogo do testador, parte pelo próprio disponente. Importante, no presente diploma legal, que a assinatura seja do testador. O fato deve, porém, constar do auto. Somente a cédula apresentada e aprovada constitui testamento. Se o testador alude a outro documento, deve transcrevê-lo, para que faça parte de sua última vontade. Documento estranho à cédula não pode integrar o testamento. Um testamento, contudo, pode completar, modificar ou revogar outro. A questão desloca-se para o exame da vontade do disponente.

Não é essencial que seja declarado o nome da pessoa que redigiu a rogo o testamento, embora seja conveniente que se faça, tendo em vista que há impedimento para que ela seja beneficiada pelo ato. Se quem redigiu a cédula assinar com o testador, o ato não ficará prejudicado.

Como já acentuado, as modalidades de testamento são estanques, uma não pode ser aproveitada por outra. Assim, por exemplo, não pode ser validado como testamento particular o testamento cerrado. Há quem entenda que esse aproveitamento é possível, quando obedecidas as formalidades legais da outra forma, com base no art. 170 do Código. Não creio que seja sustentável, em princípio, essa posição, tendo em vista a natureza das solenidades de cada modalidade de testamento e a tradição de nosso Direito.

Apelação cível. Ação anulatória de testamento. **Testamento cerrado**. 1. Preliminar. Agravos retidos. Testemunhas ouvidas como informantes, por serem primos da parte. Impedimento previsto no art. 405, § 2º, que alcança somente os primos até terceiro grau. Caso em que os depoimentos prestados por primos em quarto grau podem ser considerados como meio de prova. Pedido de informação junto aos cartórios eleitorais. Desnecessidade, no caso concreto, por não ter a condição de eleitor ou não o condão de demonstrar a capacidade mental da pessoa. 2. Preliminar de nulidade da sentença por ausência de fundamentação rejeitada. Mérito. Inexistência de provas acerca da alegada incapacidade mental da testadora. Estado de saúde debilitado e idade avançada. Fatores que, por si só, não traduzem incapacidade da testadora de manifestar a sua vontade. Prova documental e testemunhal produzida nos autos demonstrando a lucidez da falecida. Vícios quanto à forma não verificados nos autos. Estando o testamento de acordo com as exigências legais, e não comprovado pelos recorrentes que a testadora não tinha condições mentais de expressar a sua vontade ou de compreender os fatos, o corolário é o desprovimento do recurso. 3. Apelação adesiva. Verba honorária. Majoração. Cabimento. Considerando o trabalho desenvolvido pelos profissionais ao longo da demanda, que exigiu vasta produção de prova documental e, principalmente, testemunhal, com realização de várias audiências, deslocamentos, etc., cabível a majoração da verba honorária estabelecida na sentença. Agravo retido de fls. 193/194 parcialmente provido e agravo retido de fls. 276/277 desprovido. Preliminar rejeitada e recurso de apelação desprovido, e recurso adesivo parcialmente provido (*TJRS* – Apelação Cível 70017311747, 9-5-2007, Rel. Des. Ricardo Raupp Ruschel).

Ação de anulação de testamento – **Testamento cerrado** – Requisitos obedecidos – Art. 1.868 do Código Civil – Redução – Via ordinária – Recurso não provido. – Tendo o testamento cerrado observado as disposições de última vontade do testador, revestindo-se o solene ato dos requisitos legais, não há se falar em sua anulação (*TJMG* – Apelação Cível 1.0024.06.229530-8/002, 4-2-2010, Rel. Des. Teresa Cristina da Cunha Peixoto).

Art. 1.869. O tabelião deve começar o auto de aprovação imediatamente depois da última palavra do testador, declarando, sob sua fé, que o testador lhe entregou para ser aprovado na presença das testemunhas; passando a cerrar e coser o instrumento aprovado.
Parágrafo único. Se não houver espaço na última folha do testamento, para início da aprovação, o tabelião aporá nele o seu sinal público, mencionando a circunstância no auto.

O auto de aprovação é o instrumento que autentica o testamento cerrado por parte do notário. A lei determina que seja lavrado após a última palavra do testador. O oficial descreverá todas as formalidades de entrega e se identificará, com seu sinal público, geralmente carimbo, como agente delegado do Estado. Se não houver espaço suficiente na folha de papel para o início do auto de aprovação, o oficial redigirá o ato em outra folha que anexará à cédula, descrevendo o fato. A redação desse auto deve iniciar imediatamente após a última linha da cédula, não podendo haver espaço em branco. Depois dessa formalidade, o oficial deverá "*cerrar e coser o instrumento aprovado*". Normalmente, irá colar o envelope e costurá-lo e, embora não seja requisito descrito na lei, derreterá e colocará lacre na costura ou fechamento. Geralmente, no lacre, virá o sinal público do cartório, o que também não é essencial, mas seguido pela tradição.

O envoltório do testamento deverá permanecer intacto, pois esse aspecto será examinado pelo juiz quando da publicação. A abertura ou dilaceramento da cártula, quando não feita pelo juiz ou perante ele, implica, em princípio, ineficácia do ato de última vontade, ainda que essa afirmação não seja peremptória e possa sofrer temperamentos.

A cédula testamentária e o auto de aprovação, embora sejam ultimados em momentos diversos e subsequentes, se integram em um único negócio jurídico. Ambos os atos complementam-se e não existirá testamento válido sem a devida complementação do auto. A nota de aprovação não integra propriamente o ato, sendo lavrada pelo oficial como negócio à parte, embora ligada diretamente ao testamento.

O auto de aprovação é instrumento público, um ato público, um ato notarial, e não possui como objetivo examinar e confirmar as disposições testamentárias. O auto não examina o conteúdo do testamento, mas apenas atesta a identidade do testador e das testemunhas e verifica se, à vista geral, a cártula não apresenta irregularidades formais, entrelinhas, borrões, rasuras que possam ocasionar dúvidas e que, portanto, devem ser mencionadas e ressalvadas na redação notarial.

Apelação cível – Ação declaratória de falsidade de documento – **Testamento cerrado firmado perante tabelião** – Documento público com veracidade atestada por servidor dotado de fé pública. Desnecessidade de realização de provas inúteis. Juízo é o destinatário das provas, sendo-lhe facultada o indeferimento das que entender serem procrastinatórias. Válido ressaltar ainda que o presente feito é meio inadequado para discutir a fé pública do tabelião de registros públicos. Recurso conhecido e improvido, à unanimidade (*TJPA* – AC 20103019972-8 – (103325), 9-1-2012, Rel. Des. Ricardo Ferreira Nunes).

Art. 1.870. Se o tabelião tiver escrito o testamento a rogo do testador, poderá, não obstante, aprová-lo.

Qualquer pessoa pode, em princípio, afora os impedimentos expressos de interesse direto no ato, redigir o testamento cerrado para o testador. A lei permite expressamente que o tabelião o faça. O tabelião figura então como qualquer outra pessoa. Quando o aprova, porém, estará agindo como agente delegado do Poder Público.

Art. 1.871. O testamento pode ser escrito em língua nacional ou estrangeira, pelo próprio testador, ou por outrem, a seu rogo.

O testamento cerrado permite a redação em língua estrangeira. Até mesmo em língua morta, como o latim. Não é necessário que o oficial público ou as testemunhas conheçam a língua do testamento porque essas pessoas não devem, em princípio, tomar conhecimento do conteúdo do ato de última vontade. Aliás, essa é a finalidade primordial desse testamento que pode se manter secreto. Caberá unicamente ao testador revelar, se desejar, suas disposições. É claro, no entanto, que o testador deve entender o idioma do testamento. O auto de aprovação, como é notório, será lavrado em nosso vernáculo e assim será lido.

Nessa modalidade de testamento, como acentuado, também é permitido que outra pessoa o redija a rogo do testador. É essencial, porém, que o testador saiba ler, como aponta o art. 1.872, pois deverá ter perfeito conhecimento do que foi escrito pelo redator da cédula. Não há óbice, também, que o redator a rogo seja uma das testemunhas testamentárias. O testamento redigido por outra pessoa reflete a confiança que o testador nela deposita. Em princípio, qualquer pessoa pode redigir o testamento, observadas as restrições referentes aos beneficiários. O desinteresse do redator no testamento deve sempre ser levado em conta.

Art. 1.872. Não pode dispor de seus bens em testamento cerrado quem não saiba ou não possa ler.

É essencial que o testador saiba e possa ler. Assim sendo, não só está impedido de testar sob a modalidade cerrada o analfabeto, como aquele que, ainda transitoriamente, não possa ler, isto é, utilizar sua visão. Vimos que o deficiente visual e aquele que não pode ou não sabe assinar somente testará pela forma pública. O dispositivo se relaciona com a possibilidade de o testamento ser escrito por outra pessoa, pois o problema não se levanta quando é o próprio disponente quem redige a cédula. Quando é outrem que a redige, deve o testador saber ler para dela tomar pleno conhecimento, podendo assim avaliar se sua vontade foi fielmente obedecida.

⚖ Apelação cível. Testamento cerrado. Dois autores. Testador que não sabe ler. Vedações legais. Anulação. I – Tanto o Código Civil de 1916, quanto o atual de 2002, proíbem o testamento conjuntivo, ou seja, com mais de um autor e vedam a possibilidade de realizar testamento cerrado, aquele que não sabe ler. 2 – Deverá ser anulado o testamento que tiver dois autores. 3 – Também deverá ser anulado o **testamento cerrado realizado por quem não sabe ler**. 4 – Apelação não provida (*TJMG* – Apelação Cível 1.0440.05.002241-5/001, 16-12-2008, Rel. Des. Nilson Reis).

⚖ Apelação cível – Testamento cerrado – **Testador que não sabe ler e escrever** – Negócio jurídico – Requisitos de validade – I – O testador que não saber ler e escrever não poderá dispor de seus bens ou fazer declarações de última vontade por meio de testamento cerrado, nos termos do que prescreve o artigo 1.641, do Código Civil de 1916. II – Para a validade do negócio jurídico é necessário que o agente seja capaz, o objeto lícito e a forma prescrita ou não defesa em lei, sendo que a ausência de quaisquer desses requisitos leva à nulidade do negócio jurídico celebrado. III – A arguição de nulidade de ato jurídico, dotado de fé pública, só pode ser combatida com a demonstração cabal e concludente de que a sua prática se deu por vício de consentimento. Apelo conhecido e parcialmente provido (*TJGO* – AC 200792649605, 11-5-2011, Rel. Des. Francisco Vildon Jose Valente).

Art. 1.873. Pode fazer testamento cerrado o surdo-mudo, contanto que o escreva todo, e o assine de sua mão, e que, ao entregá-lo ao oficial público, ante as duas testemunhas, escreva, na face externa do papel ou do envoltório, que aquele é o seu testamento, cuja aprovação lhe pede.

O surdo-mudo pode testar sob a forma cerrada se souber escrever. Nesse caso, a lei exige que seja toda a cártula manuscrita por ele e por ele assinada. O texto legal parece afastar a possibilidade de o surdo-mudo escrever por meio mecânico, embora não nos convençamos totalmente desse entendimento. Há que se interpretar o texto de acordo com a vida contemporânea. A sua assinatura, no entanto, será sempre imprescindível. Deve o surdo-mudo entregar a cártula ao oficial público, perante as duas testemunhas, já tendo escrito na face externa do papel ou do envoltório que aquele é seu testamento. Assim, escreverá o testador no próprio papel em que redigiu sua última vontade ou no envelope que entrega ao tabelião. No presente dispositivo deve ser também abrangido o mudo, se souber escrever.

Neste Código o surdo-mudo, ao contrário do diploma anterior, não possui descrição específica de incapacidade. Será incapaz para os atos da vida civil em geral se não tiver o devido discernimento, levando-se sempre em conta o Estatuto da Pessoa com Deficiência. Tendo recebido educação adequada e sabendo e podendo escrever, terá legitimidade para testar sob a modalidade cerrada. Sua situação não se confunde com a do indivíduo inteiramente surdo, referido no art. 1.866.

Art. 1.874. Depois de aprovado e cerrado, será o testamento entregue ao testador, e o tabelião lançará, no seu livro, nota do lugar, dia, mês e ano em que o testamento foi aprovado e entregue.

A nota de aprovação é ato complementar que deve ser praticado pelo oficial público. Servirá para documentar que foi feito o testamento cerrado na data descrita. A ausência dessa nota não implica em nulidade do testamento cerrado, podendo o oficial ser responsabilizado se omitiu-se a esse respeito.

Art. 1.875. Falecido o testador, o testamento será apresentado ao juiz, que o abrirá e o fará registrar, ordenando seja cumprido, se não achar vício externo que o torne eivado de nulidade ou suspeito de falsidade.

O testamento cerrado é entregue ao testador. Deverá cuidar de sua preservação. Poderá guardar consigo, em caixa-forte bancária ou confiar a guarda a um terceiro, interessado ou não. A grande inconveniência desse testamento, como se vê, é sua preservação. Só o juiz poderá abri-lo e, estando em ordem, mandará registrar e arquivar no cartório competente e determinará seu cumprimento. O procedimento é de jurisdição voluntária ou graciosa, aplicável também ao testamento público (art. 735 do CPC).

Pelo art. 735 do CPC, o juiz, ao receber o testamento cerrado, após verificar que está intacto, sem suspeitas de vício externo, o abrirá e mandará que o escrivão o leia em presença do apresentante. Lavra-se *auto* de abertura. O testamento deve ser apresentado pela pessoa que lhe tinha a guarda ou por quem o encontrou. Se há conhecimento da existência do testamento, incumbe ao inventariante e demais interessados usar dos procedimentos cabíveis para sua apresentação.

O procedimento é muito simples e não exige a citação dos interessados, cônjuge e herdeiros legítimos. É da melhor conveniência, todavia, que ao menos o inventariante, se houver, seja cientificado da apresentação do testamento. Também nada obriga, embora seja conveniente, que o juiz proceda à abertura tão logo o testamento seja apresentado, como diz a lei. Não é necessário que o juiz designe uma audiência.

O juiz deve verificar se o testamento está intacto, sem vício externo: abri-lo-á e mandará o escrivão, ou quem suas vezes fizer, ler o documento na presença de quem o entregou. No auto, além de mencionar os requisitos legais, o magistrado deverá mencionar qualquer circunstância digna de nota, encontrada no invólucro ou no interior do testamento. Essa descrição é de suma importância, ainda que o juiz entenda que nada denota dilaceração ou nulidade. O exame do juiz é perfunctório e limita-se, nesse procedimento, ao exame das condições externas. Evidente que se encontrar o testamento aberto, ou com suspeita de violação, não determinará seu cumprimento. Em qualquer situação, deve fazer descrição completa. Se o testamento estiver ilegível, também será possível determinar seu cumprimento. A descrição pode ser prova decisiva numa ação de nulidade.

A doutrina entende ser competente o juiz do lugar onde se encontra seu portador, uma vez que há necessidade de se proceder à abertura de imediato, a fim de evitar extravio ou fraudes. É importante, portanto, que o auto descreva o mais pormenorizadamente o estado da cártula, pois isso em muito auxiliará o juízo universal do inventário.

Feito o registro do testamento, será intimado o testamenteiro para assumir a testamentaria, ou então nomear-se-á testamenteiro dativo (art. 735, §§ 3º e 4º do CPC), na forma descrita nas disposições respectivas.

A sentença que manda cumprir o testamento, como acentuamos quanto ao testamento público, não inibe ação dos interessados em pleitear sua nulidade, ainda que por vícios extrínsecos. Do mesmo modo, dada a natureza do conhecimento do juiz nesse procedimento, se entender que não está intacto e indeferir o cumprimento do testamento, sua validade poderá ser também discutida em lide, nas vias ordinárias. As decisões nesses procedimentos de abertura e publicação do testamento não fazem coisa julgada material. Enquanto é discutida a validade de testamento, não se faz a partilha dos bens envolvidos.

Se o testamento se apresentar dilacerado ou aberto, deve ser provado que não o foi pelo testador, nem com seu consentimento. O testamento pode ter sido propositalmente rompido para evitar seu cumprimento. A matéria é de prova na lide própria. Não se pode singelamente considerar revogado o testamento que não foi aberto intencionalmente pelo testador. A matéria será novamente comentada quando dos artigos específicos sobre revogação dos testamentos. Também no testamento cerrado há responsabilidade civil do Estado se o oficial público ocasionou nulidade por omissão ou dever de ofício.

Seção IV
Do Testamento Particular

Art. 1.876. O testamento particular pode ser escrito de próprio punho ou mediante processo mecânico.
§ 1º Se escrito de próprio punho, são requisitos essenciais à sua validade seja lido e assinado por quem o escreveu, na presença de pelo menos três testemunhas, que o devem subscrever.
§ 2º Se elaborado por processo mecânico, não pode conter rasuras ou espaços em branco, devendo ser assinado pelo testador, depois de o ter lido na presença de pelo menos três testemunhas, que o subscreverão.

Essa modalidade de testamento, também denominado hológrafo (admite-se também a grafia *ológrafo*), prescinde, em sua elaboração, da intervenção de oficial público. Este Código Civil buscou simplificá-lo, pois no sistema de 1916 foi a modalidade menos utilizada principalmente porque, além de sofrer os mesmos riscos de perda do testamento cerrado, o Código antigo exigia, para sua execução, que pelo menos três testemunhas comparecessem após a morte do testador, para confirmá-lo. Ademais, nesse ato, eram mais difíceis de serem controladas as pressões dos interessados. Em seu favor, pode ser levada em conta a rapidez, gratuidade e maior facilidade de elaboração. No entanto, sob certo aspecto, esse intuito de simplificação foi além do desejável no presente Código, como se percebe pela redação do art. 1.879.

A atual lei prescreve que o testamento pode ser escrito de próprio punho ou mediante processo mecânico.

O termo *mecânico* já vem totalmente desatualizado, porque de há muito a velha máquina de escrever foi abandonada em prol das impressões eletrônicas, provenientes dos meios informatizados. Não é admitida a assinatura a rogo. No passado, após início de dúvidas, a jurisprudência admitiu o uso da datilografia no testamento particular. O Código de 1916 apenas se reportava que esse testamento fosse *escrito e assinado pelo testador*. Podíamos entender que, provado que fosse o próprio testador quem datilografara ou digitara o testamento, o requisito estaria preenchido. Não era a melhor solução, nem a solução pretendida, com certeza, pelo legislador de 1916, quando começaram a surgir as máquinas de escrever. Hoje, com a tecnologia, outros meios de grafia podem ser utilizados. Desse modo, o presente Código suplanta o problema ao admitir a escrita de próprio punho ou por outro meio mecânico, com a assinatura do testador. O testamento particular é presa fácil de falsificações, vícios de vontade e outras fraudes. A perícia técnica para apurar se foi determinada pessoa ou máquina que fez imprimir um documento é algo complexo. Muito mais se se tratar de modernos equipamentos impressores da informática.

Se elaborado por meio mecânico ou mais atual, a lei adverte que o testamento particular não pode conter rasuras ou espaços em branco, devendo ser assinado pelo testador, depois de lido na presença de pelo menos três testemunhas que o subscreverão. Se escrito de próprio punho, entende-se que as entrelinhas e rasuras devem ser devidamente ressalvadas no texto para que o negócio não perca a validade.

Nessa modalidade de testamento, seja de próprio punho, seja por meio mecânico, o Código estabelece o número mínimo de três testemunhas. O testador poderá inserir quantas desejar acima desse número. Como há necessidade de confirmação desse testamento pelas testemunhas, um número maior representa, em tese, maior segurança. Mas, por outro lado, aumenta o risco de participação de testemunhas impedidas, que poderão macular o ato.

O testamento deve ser redigido integralmente pelo testador. Não vicia o ato o fato de ter sido copiado de uma minuta, rascunho ou anotações. Como não há controle de linguagem e nem sempre o testador é assessorado por um técnico, o testador pode redigir como bem desejar, com erros, contradições, linguagem grosseira, borrões, entrelinhas etc. O trabalho será depois do intérprete, do juiz.

A data também aqui não está erigida como requisito essencial do testamento particular, embora seja da máxima utilidade. Na sua ausência, caberá à prova fixá-la. A lei também não exige o reconhecimento de firma ou da letra do testador, como chegou a aventar um dos anteprojetos, nem o depósito oficial da cártula. Não há também como se entender exigível a unidade de tempo e lugar na elaboração do testamento. Há que se exigir que haja unidade de contexto, com as mesmas testemunhas e as mesmas formalidades. A assinatura do testador é essencial. Mesmo manuscrito, em sua assinatura, não é testamento.

Assim, para que o ato tenha validade, exigem-se a redação e a assinatura do testador, a leitura e a assinatura das testemunhas. A leitura, de acordo com este Código, será feita pelo testador. Na lei anterior, como não havia especificação, admitia-se a leitura por uma das testemunhas, pelo testador e até mesmo por um estranho ao ato. O presente Código foi expresso no sentido de a leitura ser sempre feita pelo disponente.

É conveniente que o testador descreva todos os atos realizados. As testemunhas devem ouvir a leitura. Suas assinaturas devem ser lançadas na presença do testador. Se houver mais de uma folha, é conveniente que o testador e testemunhas assinem todas as folhas, com numeração.

⚖ Apelação cível. Pedido de abertura, registro e cumprimento de **testamento particular**. Procedência. Irresignação de herdeiros necessários. Descabimento. Testamento elaborado por processo mecânico, sem rasuras, espaços em branco e devidamente assinado pelo testador e três testemunhas. Observância das formalidades estabelecidas no artigo 1.876 do Código Civil. Os pontos ventilados no recurso não têm o condão de nulificar o ato. Possibilidade, ademais, de relativização dos requisitos legais, em favor da vontade do testador, como decidido pelo Egrégio Superior Tribunal de Justiça. A ausência da leitura do testamento pelo testador, na presença das testemunhas não compromete a higidez do ato, pois observados os demais requisitos. Finalidade do testador atingida. Recurso não provido (*TJSP* – Ap. 1025501-66.2019.8.26.0100, 15-9-2020, Rel. José Eduardo Marcondes Machado).

⚖ Ação de abertura e publicação de testamento particular – Alegação de falsidade na assinatura do testamento particular – Prova pericial grafotécnica que comprovou a veracidade da assinatura do testador – Testamento firmado de acordo com o art. 1.876, do CC – Exame pericial do prontuário médico do de cujus que atestou que se encontrava plenamente capaz quando testou – Questões referentes à observância de eventual meação e partilha de bens, suscitadas pela apelante, devem ser dirimidas no processo de inventário judicial – Sentença mantida – Recurso desprovido (*TJSP* – Ap. 1013191-36.2016.8.26.0196, 27-4-2020, Rel. Costa Netto).

⚖ **Testamento particular** – Digitação e leitura realizada à rogo do testador – Circunstâncias especiais – Vícios formais afastados – Vontade do testador mantida – Plenitude mental comprovada – Recurso desprovido – A jurisprudência tem aconselhado o afastamento da interpretação literal da regra inserta no art. 1.876, § 2º, do C. Civil, quando o testamento particular expressa realmente a vontade do testador, que o confirma de modo lúcido perante três testemunhas idôneas. Testamento confirmado (*TJMT* – Ap. 32817/2012, 8-11-2012, Rel. Des. Carlos Alberto Alves da Rocha).

> **Art. 1.877. Morto o testador, publicar-se-á em juízo o testamento, com citação dos herdeiros legítimos.**

Como nas demais modalidades, o testamento particular só pode ser executado, ainda que formalmente válido, após sua publicação em juízo, com citação dos herdeiros legítimos. O art. 737 do CPC concede legitimidade ao herdeiro, legatário ou testamenteiro para requerer, depois da morte do testador, a publicação do testamento. O estatuto processual em vigor admite também que terceiro detentor do testamento possa pedir a publicação, na impossibilidade de fazê-lo os outros legitimados. O texto processual atual não mais menciona a inquirição das testemunhas testamentárias.

Porém, as testemunhas devem comparecer e reconhecer a autenticidade do documento (art. 1.878). Veja o que expusemos acerca da confirmação do testamento por uma única testemunha. Assim, o juiz ouve o Ministério Público e confirma o testamento, aplicando os art. 735 do CPC atinente às demais modalidades. O art. 737, § 1º, do l CPC dispõe que serão intimados os herdeiros que não tiverem requerido a publicação do testamento.

Há que se entender que o convivente deve também ser intimado, pois concorrerá na herança. Os não encontrados serão intimados por edital. Após a audiência, os interessados terão cinco dias para manifestar-se sobre o testamento (art. 1.132 do CPC/1973, este art. não se repete no CPC/2.015). Os esclarecimentos das testemunhas deverão convencer o juiz da autenticidade ou não do documento. No sistema de 1916, como enfatizamos, se não localizadas pelo menos três testemunhas, o testamento não poderia ser executado. Os meios de localização, em qualquer caso, devem ser esgotados.

O cuidado do magistrado deve ser redobrado quando se tratar de oitiva de uma única testemunha.

A matéria pode também ser discutida pelos meios normais. Se o juiz tiver dúvidas, deve remeter as partes às vias ordinárias, extinguindo-se o processo.

A exigência de três testemunhas confirmatórias era o grande inconveniente do testamento particular no Código de 1916. Se mais de duas tivessem falecido ou desaparecido, tornava-se impossível executar o testamento. A possibilidade atual de confirmação por uma única testemunha tende a incentivar essa modalidade.

Inventário – Disposição testamentária – Determinação de citação dos herdeiros legítimos – Insurgência – Ausência de citação e intimação de todos os herdeiros legítimos do testador, inclusive os colaterais, torna nulo o processo por violação aos artigos 1.877 do CC e 737, § 1º do CPC – Recurso desprovido (*TJSP* – Ag 2221426-60.2017.8.26.0000, 6-11-2018, Rel. Percival Nogueira).

Apelação cível. **Testamento particular**. Disposições de última vontade. Observância das formalidades legais. Sentença confirmada. O testamento particular é uma das modalidades de última vontade admitida pela Lei Civil. São requisitos essenciais de sua validade a de ser lido depois de elaborado por processo mecânico e assinado pelo testador na presença de pelo menos 3 (três) testemunhas, que o devem subscrever e haja a sua confirmação judicial *post mortem* (§ 1º, do art. 1.876 e art. 1.877 do Código Civil) (*TJMG* – Apelação Cível 1.0694.03.011409-4/001, 20-11-2008, Rel. Des. Fernando Bráulio).

> **Art. 1.878. Se as testemunhas forem contestes sobre o fato da disposição, ou, ao menos, sobre a sua leitura perante elas, e se reconhecerem as próprias assinaturas, assim como a do testador, o testamento será confirmado.**
> **Parágrafo único. Se faltarem testemunhas, por morte ou ausência, e se pelo menos uma delas o reconhecer, o testamento poderá ser confirmado, se, a critério do juiz, houver prova suficiente de sua veracidade.**

No sistema de 1916, mesmo válido o documento, para que o testamento ganhasse eficácia, havia necessidade da confirmação do ato por pelo menos três testemunhas. No presente sistema, de acordo com esse artigo, as testemunhas testamentárias devem ser convocadas para confirmar o negócio testamentário ou, pelo menos, sobre sua leitura perante elas, e reconhecerem as próprias assinaturas, assim como a do testador. Pela regra, todas as testemunhas devem ser convocadas. Este art. 1.878 simplificou a aprovação, pois perante uma só das testemunhas, o testamento poderá ser confirmado, a critério do juiz, se houver prova suficiente de sua veracidade. Melhor seria que se eliminasse de uma vez a necessidade de testemunhas confirmatórias. Cabe sempre ao juiz verificar da possibilidade e existência de fraude.

De qualquer forma, pelo texto do presente artigo, devem ser esgotadas todas as tentativas e localização das testemunhas. O papel do Ministério Público será importante nesse procedimento. Não há que se entender a ausência das testemunhas mencionadas neste texto como a ausência técnica definida no art. 22 ss, mas como a impossibilidade de sua localização.

As testemunhas não necessitam recordar com particularidades as disposições, mas delas terão conhecimento. Tal é importante para o ato de confirmação após a morte do disponente. Perante tantos óbices impostos pela lei, nada impede que o testador faça também aqui várias vias de igual teor do documento, todas com a assinatura sua e das testemunhas. Se houver diferença entre os exemplares, haverá mais que um documento. Caberá o exame à prova.

⚖️ Agravo de instrumento – Testamento particular – Ação de abertura, registro e cumprimento – Decisão que determinou que a requerente providenciasse o reconhecimento de firma das assinaturas das testemunhas – Alegação de desconhecimento dos cartórios onde teriam as assinaturas válidas – Herdeiros que arguiram falsidade do testamento – Necessidade de oitiva das testemunhas e do advogado que acompanhou o ato – Art. 1.878 do CC – Decisão reformada – Recurso provido (*TJSP* – Ag 2199283-77.2017.8.26.0000, 18-4-2018, Rel. Egidio Giacoia).

⚖️ Apelação cível. Sucessões. Execução de testamento. **Testamento particular. Validade.** Preliminar de nulidade da decisão por ausência de fundamentação rejeitada. De longa data o entendimento jurisprudencial no sentido de que a sentença sucinta não enseja nulificação. Ademais, em se tratando de execução de testamento, basta que se verifique a existência ou não de vícios, o que foi devidamente examinado pelo juiz sentenciante. Preliminar de nulidade da audiência de oitiva de testemunhas, ante a ausência do representante do Ministério Público. Tendo sido o Órgão ministerial devidamente intimado dos atos processuais, intervindo no feito conforme exige a disposição legal vigente, não há que se falar em nulidade da audiência somente por que ausente o seu representante, a quem foi oportunizada manifestação logo após a solenidade, tendo inclusive emitido parecer. Nulidade do testamento. Vícios formais não verificados nos autos. Tendo sido o testamento firmado por três testemunhas, as quais foram contestes sobre a sua disposição e que leram os seus termos antes de assiná-lo, reconhecendo as respectivas assinaturas, não há que se falar em nulidade. Ademais, a jurisprudência desta corte tem reiteradamente decidido que, quando em causa discussão acerca de vícios formais no testamento, deve prevalecer, na medida do possível, a vontade do testador, em detrimento da forma. Preliminares rejeitadas e recurso desprovido (*TJRS* – Apelação Cível 70018237511, 13-6-2007, Rel. Des. Ricardo Raupp Ruschel).

Art. 1.879. Em circunstâncias excepcionais declaradas na cédula, o testamento particular de próprio punho e assinado pelo testador, sem testemunhas, poderá ser confirmado, a critério do juiz.

Estamos diante de uma inovação deste Código Civil. Nosso estatuto anterior não admitia o testamento nuncupativo, a não ser como modalidade do testamento militar. O sistema anterior ao Código de 1916 admitia o testamento nuncupativo como forma ordinária. Nessa modalidade, chegava-se mesmo a possibilitar o testamento oral, quando o testador, em perigo de vida, não tinha tempo de fazer testamento escrito. Exigia-se, no entanto, a presença de seis testemunhas.

Na presente disposição, que certamente trará celeumas doutrinárias e infindáveis contendas, quando utilizada essa modalidade de disposição de última vontade, temos uma hipótese que abrange tanto o testamento nuncupativo como outras situações extremas. Trata-se, na verdade, de uma forma especial de testamento. Várias situações podem ser figuradas: o sujeito está num prédio em chamas e joga seu testamento, por exemplo. Encontra-se em local isolado; sequestrado; em tratamento intensivo em hospital etc.

Mais uma vez, a carga de responsabilidade pela confirmação desse testamento excepcionalíssimo é do juiz. A primeira questão que se levanta é definir quais seriam ou serão essas circunstâncias excepcionais que podem autorizar essa modalidade tão simplificada de testamento. A lei exige que essa excepcionalidade deva ser declarada na cédula, o que deve ser visto com a devida mitigação, dependendo das condições da redação. Não há que se exigir uma completa descrição, por exemplo, se o disponente lança sua cártula de um prédio em chamas. Não se admite que essa cédula seja redigida por meios mecânicos. Esse testamento, mais do que qualquer outro, há de obedecer à tipicidade estrita.

A primeira situação excepcional que nos vem à mente é justamente a proximidade da morte do disponente e a impossibilidade de ele recorrer às formas ordinárias. Alerte-se, no entanto, que esse testamento não se confunde com os outros testamentos excepcionais. Em princípio, quando for possível testar sob a forma do testamento marítimo, aeronáutico ou militar, não é de ser admitido o testamento excepcional.

Outra questão que deveria ter sido enfrentada pelo legislador diz respeito à cessação das condições excepcionais e à possibilidade de o testador ratificar o testamento anterior ou elaborar novo testamento pelas vias ordinárias. Se o disponente usa da possibilidade descrita no presente artigo, por entender que corre perigo ou está à beira da morte, mas depois sobrevive dias, meses ou período qualquer que lhe possibilitasse testar sob a forma ordinária, não é conveniente que seja dada validade a esse testamento excepcional. A lei deveria ter sido expressa a esse respeito. A situação deverá ser cuidadosamente analisada pelo juiz. O Código deveria ter previsto um prazo após a cessão das condições excepcionais para que um novo testamento fosse elaborado ou ratificado aquele, sob pena de caducidade do testamento simplificado, como faz com o testamento marítimo (art. 1.891). A presente norma deve ser alterada nesse sentido. O ordenamento italiano, por exemplo, em situação semelhante no testamento lavrado em estado de calamidade pública, estipula um prazo de eficácia de três meses depois da cessação da causa, para que o testamento perca sua eficácia. É incompreensível que nosso legislador tenha se omitido a esse respeito.

Tomando exemplos da legislação comparada, poderíamos imaginar várias circunstâncias excepcionais, como estar o disponente tomado de moléstia contagiosa, impedindo o contato com terceiros; em local isolado por inundação ou intempérie; em local sob estado de calamidade pública. Em algumas dessas situações excepcionais revive-se, de certa forma, o testamento em tempo de peste do passado remoto. Em todas as situações, porém, o que deve ser analisado pelo juiz é o fato de o testador estar impossibilitado de utilizar as formas ordinárias ou mesmo especiais de testamento. A modalidade ora analisada encontrará espaço, principalmente, quando os testamentos especiais não puderem ser utilizados.

Apelação cível – Cumprimento de testamento – Extinção do feito - Insurgência do autor – Documento escrito de próprio punho pelo falecido sem a assinatura das testemunhas – Requisito essencial a sua validade – Art. 1.876 e seguintes do Código Civil – Tampouco restaram declaradas na cédula circunstâncias excepcionais que pudessem ensejar sua confirmação mesmo sem testemunhas, conforme art. 1.879, do CC – Extinção mantida – Recurso desprovido (*TJSP* – Ap. 1000416-63.2020.8.26.0320, 27-7-2020, Rel. Clara Maria Araújo Xavier).

Apelação cível – **Direito das sucessões** – Ação de declaração de última vontade com pedido de abertura de inventário – Testamento de emergência – Impossibilidade – Descumprimento das formalidades essenciais à validade do ato jurídico – Inteligência dos arts. 1.879 e 166, IV, ambos do Código Civil – Recurso conhecido, mas desprovido – Sentença confirmada – 1 – O Código Civil estabelece, em seu art. 1.879, que, em situações excepcionais, poderá o testador, de próprio punho, assinar testamento particular, o qual poderá ser confirmado, a critério do juiz. 2 – No caso destes autos, o declarante teria firmado o referido instrumento, sem a presença de qualquer testemunha, antes de adentrar ao hospital para realização de cirurgia, sendo certo, por outro lado, que o óbito somente ocorreu depois de passados mais de três anos da assinatura da manifestação de última vontade, circunstância que, por si, desnatura o adjetivado testamento de emergência, porquanto não confirmado posteriormente, em tempo razoável, pelo sobrevivente do ato cirúrgico ou não demonstrada a incapacidade de fazê-lo em conformidade com o rito adequado. 3 – Apelo conhecido, mas desprovido, em perfeita consonância com o parecer ministerial (*TJCE* – AC 0008316-11.2010.8.06.0001, 10-5-2012, Rel. Francisco Auricélio Pontes).

Art. 1.880. O testamento particular pode ser escrito em língua estrangeira, contanto que as testemunhas a compreendam.

O testamento particular pode ser redigido em língua estrangeira, mas aqui há necessidade de que todas as testemunhas a compreendam, diferentemente do que ocorre no testamento cerrado, quando elas não tomam conhecimento das disposições de última vontade. Uma única testemunha que não compreenda o idioma poderá viciar o ato. Como todas as testemunhas devem ouvir a leitura do testamento, não haveria sentido na sua presença sem que todas pudessem compreender o que foi lido. Se as testemunhas não compreendem o idioma, é como se nada tivessem ouvido.

O presente artigo melhor caberia como um parágrafo do art. 1.867 ou se viesse logo após.

Escrito em outra língua, que não a portuguesa, quando de sua execução o testamento deve ser traduzido para o nosso idioma, por tradutor juramentado (art. 192 do CPC).

CAPÍTULO IV
Dos Codicilos

Art. 1.881. Toda pessoa capaz de testar poderá, mediante escrito particular seu, datado e assinado, fazer disposições especiais sobre o seu enterro, sobre esmolas de pouca monta a certas e determinadas pessoas, ou, indeterminadamente, aos pobres de certo lugar, assim como legar móveis, roupas ou joias, de pouco valor, de seu uso pessoal.

O termo *codicilo* provém de *codex*, derivado do latim clássico, de *caudex*, que significava inicialmente tronco de árvore, e daí o sentido de "tabuinhas de escrever" e, depois, livro, registro. Portanto, o significado era de pequeno livro, pequeno registro. Em nosso Direito trata-se de um ato simplificado de última vontade, utilizável para disposições de pequena monta. Assemelha-se a um testamento em escala menor, com menor alcance e menor número de formalidades. Seu objeto, portanto, é limitado. O Código adotou critério subjetivo que deve ser interpretado pelo juiz no caso concreto, como, por exemplo, as esmolas de *pouca monta*. Esse montante, como parece evidente, deve ser visto em consonância com o vulto e as forças da herança. O que é de pequena monta para um patrimônio certamente não o será para outro. O pouco valor mencionado pela norma é modalidade de cláusula aberta.

São poucas as legislações modernas que admitem o codicilo, sendo instituto em desuso já quando da entrada em vigor do Código de 1916.

Só pode fazer codicilo quem puder fazer testamento. A lei exige que seja escrito pelo disponente e coloca a data como requisito essencial, o que não existe no testamento. Não necessita de testemunhas. É de ser admitido o codicilo datilografado, digitado ou impresso eletronicamente, como se admite para o testamento particular.

A assinatura é requisito essencial, sendo admitida somente a forma holográfa, que pode ser fechada em semelhança ao testamento cerrado. Toda pessoa que pode testar pode dispor por codicilo. Assim, se o cego puder escrever, poderá dispor dessa forma.

O codicilo pode também servir para disposições não patrimoniais que podem constar de testamentos, como nomeação de testamenteiros, tutores, curadores, reconhecimento de paternidade, perdão do indigno etc.

O codicilo pode ser feito sob a forma de carta enviada para a guarda de terceiro. Embora não se exijam palavras sacramentais, deve o disponente demonstrar que se trata de disposição codicilar. É conveniente que faça alusão aos dispositivos legais. A lei diz que o alcance do codicilo deve ser de pequena monta. Tal montante deve ser visto em relação ao patrimônio sucessório. Não é possível incluir bens imóveis. Joias de pouca monta devem ser entendidas no contexto da herança. Também não há que se prefixar uma porcentagem, como se pretendeu no passado.

Pode ser entendido que é possível a redução das deixas codicilares quando estas forem tidas como exageradas, como se faz com os testamentos, por analogia ao art. 1.967.

O codicilo tem vida própria, tenha ou não o disponente deixado testamento. Não tem eficácia entre nós a chamada cláusula codicilar, pela qual o testador dissesse que, se seu ato não valesse como testamento, que servisse como codicilo. O codicilo não pode desempenhar o papel de testamento.

Um codicilo pode revogar outro. Um testamento também pode revogar um codicilo. No entanto, codicilo não revoga testamento, o qual somente pode ser revogado por outro testamento.

Se houver testamento posterior ao codicilo, o testamento deverá necessariamente fazer referência e confirmar o ato menor, senão este se considera revogado.

Processualmente, o codicilo deve ser registrado e aberto, se for o caso, como testamento cerrado. Não tem testemunhas. Portanto, não há testemunhas a serem inquiridas.

⚖ Alvará judicial. Codicilo. Insurgência contra sentença de improcedência. Declaração de última vontade da de cujus, autorizando o levantamento de valores em conta bancária pela autora. De cujus era solteira e não deixou dependentes ou herdeiros. Valores próximos a R$ 11.000,00. Caso em que se trata de valores de pequena monta (art. 1.881 do CC). Sentença reformada. Alvará judicial autorizado. Recurso provido (*TJSP* – Ap. 0000730-74.2015.8.26.0102, 23-5-2017, Rel. Carlos Alberto de Salles).

⚖ Arrolamento. Homologação da partilha com adjudicação da herança exclusivamente à filha do falecido. Cônjuge sobrevivente casada com o falecido pelo regime da separação obrigatória de bens. Incidência da exceção do art. 1.829, I, do Código Civil, que afasta a condição de herdeira da cônjuge supérstite. Escritos particulares do falecido, sem subscrição de testemunhas, que não podem dispor sobre bem imóvel (art. 1.881 do Código Civil) – Codicilos restritos a bens móveis e de pequeno valor. Sentença mantida. Recurso desprovido (*TJSP* – Ap. 0321892-77.2009.8.26.0000, 9-10-2012, Rel. Salles Rossi).

> **Art. 1.882. Os atos a que se refere o artigo antecedente, salvo direito de terceiro, valerão como codicilos, deixe ou não testamento o autor.**

A ideia, já esplanada, é no sentido de que o codicilo possui existência *de per si*. Havendo um documento escrito na forma do artigo anterior, seja por carta codicilar ou por outra forma, deve o instrumento ter a eficácia de codicilo, exista ou não testamento. Ou seja, testamento e codicilo podem conviver, ambos com eficácia. Existindo, porém, os dois instrumentos de última vontade, cumpre que se examine a vontade testamentária para definir se foi intenção do disponente a eficácia de ambos os instrumentos para após sua morte. Se foi essa a intenção do testador, o codicilo e o testamento devem ser executados.

Nos termos do presente artigo, se o falecido deixar escrito datado e assinado, não importando a forma, no qual faz disposições acerca de seu enterro, sobre esmolas de pouca monta etc., tal documento deve ser recebido como codicilo. Essa é a intenção da lei.

⚖ **Inventário.** Necessidade da juntada do original da declaração de última vontade da "de cujus", para ser verificada a sua validade. O codicilo é definido pela doutrina, como documento que traz em seu bojo, disposição de última vontade de valores de pouca monta, sendo que, no caso em questão, os valores existentes na época do óbito são expressivos. Restou comprovada nítida afronta ao decidido no agravo de instrumento nº 0023030-75.2011.8.26.0000, desta câmara, por mim relatado. Agravo provido, para afastar a preclusão para a arguição de falsidade documental, determinando ao inventariante que junte aos autos o original do documento de fls. 751, para as devidas providências (*TJSP* – AI 0161122-08.2012.8.26.0000, 31-10-2012, Rel. Percival Nogueira).

> **Art. 1.883. Pelo modo estabelecido no art. 1.881, poder-se-ão nomear ou substituir testamenteiros.**

Esse dispositivo deveria fazer parte do bojo do art. 1.881. Nunca se duvidou que disposições não diretamente pecuniárias pudessem constar de atos de última vontade. O dispositivo é útil quando o testador se esqueceu de nomear ou pretende substituir testamenteiro nomeado. Assim, não terá que recorrer a um novo testamento para fazê-lo.

> **Art. 1.884. Os atos previstos nos artigos antecedentes revogam-se por atos iguais, e consideram-se revogados, se, havendo testamento posterior, de qualquer natureza, este os não confirmar ou modificar.**

O codicilo pode revogar outro anterior. Dois ou mais codicilos podem, porém, conviver, se essa foi a vontade do disponente. A questão passa a ser harmonizar todos os codicilos. O testamento posterior, por outro lado, pode manter ou não o codicilo lavrado anteriormente. No seu silêncio a respeito, entende-se que foi revogado o codicilo pelo testamento. O testamento posterior deve fazer expressa referência ao codicilo: omitindo-se o testamento a respeito da modificação ou confirmação do codicilo precedente, este ter-se-á como revogado e ineficaz.

Art. 1.885. Se estiver fechado o codicilo, abrir-se-á do mesmo modo que o testamento cerrado.

O testador pode optar pelo codicilo de forma secreta ou cerrada, fechando-o ou lacrando-o em envelope ou outro envoltório. A sua abertura será feita na forma e com os procedimentos utilizados pelo testamento cerrado, já examinados.

CAPÍTULO V
Dos Testamentos Especiais

Seção I
Disposições Gerais

Art. 1.886. São testamentos especiais:
I – o marítimo;
II – o aeronáutico;
III – o militar.

Este Código introduziu, entre os testamentos especiais, o testamento aeronáutico, de difícil utilização na prática. Na verdade, todas essas formas especiais de testamento, além de excepcionais, são quase acadêmicas. O seu alcance é restrito e de pouco interesse. Esses testamentos não são, como as formas ordinárias, de livre escolha do interessado. Só podem testar sob essas formas os que se encontrarem nas situações descritas na lei. De qualquer modo, lembre-se de que todas as formas de testamento são restritas, somente se admitindo as modalidades disciplinadas no Código como atos de última vontade. São também formas com solenidades estanques que não permitem a combinação entre si.

Nesses testamentos, a lei permite que eles sejam recebidos por outras pessoas que não o notário, sem que seja observada toda a série de formalidades exigidas para as modalidades ordinárias. Uma de suas características é, portanto, o abrandamento ou simplificação das formalidades. Nem por isso, no entanto, as formas especiais de testamento prescindem de formalidades, conforme a descrição legal. Porém, de qualquer modo, esses testamentos continuam a exigir os requisitos do Direito em geral, a devida capacidade de testar, sujeitam-se às nulidades das disposições, vícios de vontade etc. como qualquer negócio de última vontade.

A característica principal dos testamentos especiais, portanto, é a simplificação das formas, a facilidade de sua elaboração com subtração de solenidades reservadas para os testamentos ordinários. Esses testamentos, com uma única exceção (art. 1.895 c/c art. 1.894, parágrafo único), têm como característica o fato de possuírem eficácia provisória, perdendo-a automaticamente ou caducando, após certo prazo (arts. 1.891 e 1.895). O que se leva em conta é que passado o período de excepcionalidade que autorizava a elaboração do testamento sob a modalidade especial, deixa de existir motivação e substrato legal para a sua subsistência como instrumento de última vontade.

Art. 1.887. Não se admitem outros testamentos especiais além dos contemplados neste Código.

Na verdade, essa regra deveria ser introdutória à matéria geral de testamentos. Não é possível, como já acentuado, que outra forma de testamento seja utilizada, nem que se combinem uma modalidade com outra. Já tratamos também da impossibilidade de conversão ou convalidação, isto é, que um testamento que apresente falhas dentro de sua modalidade possa valer como outra. As solenidades de cada um são estanques. Não pode o testamento público, por exemplo, que apresentar alguma falha, ter eficácia como testamento particular.

As modalidades testamentárias permitidas por este Código deverão ser utilizadas a partir de sua vigência. Não é possível utilizar formas do Direito estrangeiro, salvo as circunstâncias viáveis de direito internacional para cidadãos de outros países. Todavia, como regra geral, testamentos feitos no Brasil devem obedecer às formalidades de nosso ordenamento.

Seção II
Do Testamento Marítimo e do Testamento Aeronáutico

Art. 1.888. Quem estiver em viagem, a bordo de navio nacional, de guerra ou mercante, pode testar perante o comandante, em presença de duas testemunhas, por forma que corresponda ao testamento público ou ao cerrado.
Parágrafo único. O registro do testamento será feito no diário de bordo.

O testamento marítimo só pode ser utilizado por quem estiver em viagem, a bordo de navio nacional, de guerra ou mercante. O estatuto vigente não mais se refere a viagem em *alto-mar*: basta que o agente esteja em viagem em embarcação. Sua origem é do tempo em que as viagens marítimas eram arriscadas e plenas de aventuras. Será lavrado pelo comandante, perante duas testemunhas, na forma correspondente ao testamento público ou cerrado. A grande crítica que o artigo merece é justamente essa referência ao testamento público e ao cerrado. A maior dificuldade é conciliar com as regras amplas dos testamentos ordinários. Essa situação não se amolda ao testamento especial, que tem outra natureza. Assim, cabe questionar se todas as regras dos testamentos ordinários devem ser obedecidas e em qual nível. Pergunta-se, por exemplo: O comandante deverá ler o testamento? O fato é que a pouca ou nenhuma utilização desse testamento torna qualquer discussão, em princípio, estéril. De qualquer modo, o legislador deveria ter tido o cuidado de detalhar as formalidades dos testamentos especiais, ainda que repetisse as existentes nos testamentos ordinários.

Se, por qualquer razão, o capitão não estiver à testa da embarcação, qualquer imediato que assumir suas funções poderá receber o testamento do viajante. O comandante exerce, nesse caso, função notarial. Diz o texto que as testemunhas serão escolhidas entre os passageiros. Se não houver passageiros, e nos navios de guerra certamente não haverá, assim como na maioria dos navios mercantes, e forem todos os presentes tripulantes, nada impede que estes atuem como testemunhas. O comandante, ou seu substituto, atuará como oficial público. O presente Código não mais menciona o escrivão de bordo, cargo que praticamente desapareceu nas modernas embarcações.

Admite-se a modalidade do testamento público ou cerrado, devendo ser seguidas as formalidades desses respectivos testamentos, com as ressalvas que já fizemos. O comandante seguirá as formalidades que se exigem do oficial público.

Não se olvide que o testador em viagem poderá testar também sob a forma particular, de acordo com os requisitos dessa modalidade (art. 1.876) (VELOSO, 2003, p. 167). Nessa situação, prescinde-se do oficial público e o testamento não terá caráter transitório.

Art. 1.889. Quem estiver em viagem, a bordo de aeronave militar ou comercial, pode testar perante pessoa designada pelo comandante, observado o disposto no artigo antecedente.

É difícil imaginar que um testamento possa ser feito perante o comandante de aeronave ou quem ele indicar em pleno voo. A hipótese também pode ser aplicada, em princípio, no caso de pouso de emergência em local ermo ou inacessível. O texto manda que o comandante designe alguém, mas nada impede que ele mesmo o faça. A realidade supera em muitas situações a própria ficção. Quiçá esse dispositivo possa ser utilizado para as futuras viagens interplanetárias. Mas pode ocorrer que em viagens longas essa modalidade de testamento se faça necessária, para um passageiro, por exemplo, que venha a sofrer de mal súbito. As formalidades serão do artigo antecedente, cujo texto por si só já é vago. Melhor seria que fossem enunciadas tanto neste artigo como no anterior as formalidades para o testamento excepcional.

Anote-se que se a viagem aérea for interrompida por um pouso forçado, por exemplo, em local ermo, parece-nos mais apropriada a novel modalidade do art. 1.879, sem maiores formalidades, pois estarão caracterizadas as circunstâncias excepcionais descritas na lei.

Esses testamentos, marítimo e aeronáutico, caducarão se o passageiro não morrer na viagem, nem nos 90 dias subsequentes ao desembarque em terra, quando poderia ser feito testamento ordinário.

Art. 1.890. O testamento marítimo ou aeronáutico ficará sob a guarda do comandante, que o entregará às autoridades administrativas do primeiro porto ou aeroporto nacional, contra recibo averbado no diário de bordo.

A cártula testamentária, que ficará sob sua guarda, deve ser entregue pelo comandante às autoridades administrativas do primeiro porto ou aeroporto nacional. Normalmente será a Capitania dos Portos ou o departamento correspondente dos aeroportos. Não haverá nulidade se o comandante da aeronave ou o capitão do navio não puder entregá-la pessoalmente. O comandante é responsável pela guarda e integridade do documento até sua entrega. É imprescindível que se documente a entrega com recibo, anotado no diário de bordo. Há que se examinar se no caso não foi possível o testamento ficar sob a guarda dessas autoridades. Como nos demais dispositivos sobre esse testamento, a hipótese será difícil, embora não impossível de ocorrer na prática.

Também não ficará invalidado o testamento, porém, se a cédula for entregue diretamente à autoridade judiciária ou qualquer outra autoridade civil ou militar idônea que o comandante encontrar no porto ou aeroporto nacional.

O comandante ou capitão, militar ou civil, responde pela validade formal do testamento. Evidente que não sendo essa sua função de ofício, não poderá ser apenado administrativamente por eventuais falhas. Se agir com dolo ou fraude responderá na forma do ordenamento em geral.

Art. 1.891. Caducará o testamento marítimo, ou aeronáutico, se o testador não morrer na viagem, nem nos noventa dias subsequentes ao seu desembarque em terra, onde possa fazer, na forma ordinária, outro testamento.

O exíguo prazo de caducidade desses testamentos espelha uma das suas principais características. O testamento marítimo e aeronáutico são modalidades emergenciais. Só podem ser utilizadas quando o testador não puder elaborar ato de última vontade pelas formas ordinárias. Ademais, os testamentos feitos em embarcações ou aeronaves somente se justificam se há fundado receio de o testador falecer antes do término da viagem. Essas modalidades servem unicamente para o evento da viagem. Pode-se imaginar, por exemplo, que o interessado sofra acidente ou mal súbito em viagem e não disponha do necessário tratamento médico a bordo, fazendo periclitar sua vida. Imagine-se, também, a aeronave ou embarcação sequestrada em poder de terroristas. Porém, se testou dessa forma e concluiu com sucesso a jornada, terá 90 dias a partir da chegada em terra para testar sob a forma ordinária. Trata-se de prazo de caducidade: não morrendo nesse prazo, o testamento aeronáutico ou marítimo perderá eficácia. Mantendo a higidez mental, o testador terá esse prazo de 90 dias para testar sob a forma pública, cerrada ou particular.

Esse prazo decadencial deveria necessariamente estar presente no testamento excepcional descrito no art. 1.879, como enfatizamos. É urgente que se altere esse dispositivo para incluí-lo sob pena de estar mais ainda aberto o caminho para fraudes e o ônus dos magistrados em evitá-las.

Eduardo de Oliveira Leite (2003, p. 424) lembra da hipótese de antes de terminado o prazo de 90 dias, o testador iniciar outra viagem. A solução não é dada pelo Direito brasileiro. O autor entende que o prazo é interrompido e o testamento continuará válido enquanto durar a nova viagem, iniciando-se novo prazo de 90 dias, após novo desembarque em terra.

Art. 1.892. Não valerá o testamento marítimo, ainda que feito no curso de uma viagem, se, ao tempo em que se fez, o navio estava em porto onde o testador pudesse desembarcar e testar na forma ordinária.

Mesmo estando em porto ou ao largo de cidade, pode ocorrer que o testador não possa desembarcar. Ainda que possa desembarcar, pode ocorrer que haja obstáculo para testar sob a forma ordinária. Em país estrangeiro, a elaboração de testamento, no tocante às formalidades extrínsecas, deve observar a legislação local. Assim, não estará impedido o cidadão brasileiro de testar no exterior, mas pode aguardar a chegada em porto nacional se o preferir. Note que o art. 1.890 dispõe que o testamento ficará sob a guarda do comandante até que chegue ao primeiro porto ou aeroporto nacional.

Desse modo, o presente artigo deve ser interpretado com temperamentos. O testamento marítimo será eficaz, portanto, se o navio estava atracado, mas o testador estava impedido de desembarcar, ou de fazer testamento em terra. Equivale a estar no porto a embarcação que estiver ao largo, por dificuldades de calado na atracação.

O texto não se refere, mas pode ocorrer que também uma aeronave esteja em terra, com impossibilidade de os passageiros desembarcarem. O testamento aeronáutico será válido.

Podendo o interessado testar regularmente em terra, não terá validade o testamento marítimo.

Seção III
Do Testamento Militar

Art. 1.893. O testamento dos militares e demais pessoas a serviço das Forças Armadas em campanha, dentro do País ou fora dele, assim como em praça sitiada, ou que esteja de comunicações interrompidas, poderá fazer-se, não havendo tabelião ou seu substituto legal, ante duas, ou três testemunhas, se o testador não puder, ou não souber assinar, caso em que assinará por ele uma delas.
§ 1º Se o testador pertencer a corpo ou seção de corpo destacado, o testamento será escrito pelo respectivo comandante, ainda que de graduação ou posto inferior.
§ 2º Se o testador estiver em tratamento em hospital, o testamento será escrito pelo respectivo oficial de saúde, ou pelo diretor do estabelecimento.
§ 3º Se o testador for o oficial mais graduado, o testamento será escrito por aquele que o substituir.

A origem do testamento militar é muito antiga, sendo referido continuamente nos textos romanos.

São três as formas permitidas de testamento militar: uma semelhante ao testamento público, outra semelhante ao testamento cerrado e uma forma de testamento nuncupativo.

O testamento militar é destinado aos militares, equiparados, e a todos aqueles ligados às forças armadas, envolvidos em campanha. Pode ser utilizado não somente por militares do Exército, Marinha e Aeronáutica, como também por todos os assimilados que a essas forças se agregam, como jornalistas, religiosos, prisioneiros etc. Por extensão, também deve ser admitido por membros das polícias militares e forças auxiliares. É necessário que o testador esteja mobilizado na campanha.

Esse testamento, não havendo tabelião ou substituto legal, pode ser feito perante duas testemunhas, e se o testador não puder ou não souber assinar, perante três, caso em que uma delas assinará por ele. É necessário que o disponente esteja a serviço das forças armadas em local onde, por qualquer razão, não se possa recorrer a tabelião. Se presente em corpo destacado, o testamento será feito perante o comandante, ainda que de graduação inferior.

O § 1º se refere a corpo ou seção de corpo destacado, como um posto avançado de exploração ou vigília. O testamento será feito pelo comandante, ainda que de graduação inferior.

O § 2º diz respeito a testador no âmbito militar, internado em hospital. Será escrito pelo oficial de saúde ou diretor do estabelecimento.

De acordo com o § 3º, pode ocorrer que o testador seja o oficial mais graduado. Nesse caso, disporá perante seu substituto. Assim, por exemplo, o general poderá testar perante o coronel.

> **Art. 1.894.** Se o testador souber escrever, poderá fazer o testamento de seu punho, contanto que o date e assine por extenso, e o apresente aberto ou cerrado, na presença de duas testemunhas ao auditor, ou ao oficial de patente, que lhe faça as vezes neste mister.
> **Parágrafo único.** O auditor, ou o oficial a quem o testamento se apresente notará, em qualquer parte dele, lugar, dia, mês e ano, em que lhe for apresentado, nota esta que será assinada por ele e pelas testemunhas.

Aqui se trata da possibilidade de o testador escrever sua cártula. Nesse dispositivo, ao contrário das modalidades ordinárias, a data é essencial. Aqui é permitida a forma cerrada, com evidente simplificação de fórmulas. O testador deve datar e assinar por extenso, o que leva à conclusão que todas as folhas devem ser rubricadas. Melhor ainda se forem assinadas também por extenso. A forma pode ser aberta ou cerrada. Se cerrada, não será necessário que o auditor ou oficial que o recebe e as testemunhas tomem conhecimento de seu conteúdo.

A autoridade que recebe o testamento lavrará auto de aprovação na cártula, em qualquer local que for possível, anotando lugar, dia, mês e hora da entrega. Assinarão o auto o próprio oficial e as duas testemunhas. A exemplo do que ocorre no testamento cerrado ordinário, se não houver espaço na cártula nada impede que o oficial acrescente uma folha para lavrar o auto, mencionando o fato no corpo da cártula testamentária. Se obedecidas essas formalidades, esse testamento, embora especial, não caducará, por expressa disposição no artigo seguinte.

Nesse dispositivo, demonstrando ainda apego ao passado, o legislador não admite meios mecânicos para a elaboração do testamento militar como fez no art. 1.868, parágrafo único. Não levou em consideração que a informática proporciona atualmente *notebooks*, agendas eletrônicas e até microtelefones com várias funções que permitem perfeita e imediata garantia de autenticação. Esses equipamentos fazem parte na atualidade da rotina inclusive das forças armadas mais elementares. Este Código não ousou e nem mesmo permite que o militar ou assemelhado utilize simplória máquina de datilografia (se ainda houver alguma que não esteja em museu): deve redigir de próprio punho.

> **Art. 1.895.** Caduca o testamento militar, desde que, depois dele, o testador esteja, noventa dias seguidos, em lugar onde possa testar na forma ordinária, salvo se esse testamento apresentar as solenidades prescritas no parágrafo único do artigo antecedente.

O presente artigo apresenta prazo de caducidade análogo e da mesma natureza daquele mencionado no art. 1.891. No entanto, aqui há uma particularidade: se o testamento obedeceu ao disposto no parágrafo único do art. 1.894, isto é, se foi lavrada a nota de aprovação, não haverá caducidade e não terá o testador necessidade de testar sob a forma ordinária nesse prazo de 90 dias.

> **Art. 1.896.** As pessoas designadas no art. 1.893, estando empenhadas em combate, ou feridas, podem testar oralmente, confiando a sua última vontade a duas testemunhas.
> **Parágrafo único.** Não terá efeito o testamento se o testador não morrer na guerra ou convalescer do ferimento.

Essa é a forma nuncupativa do testamento militar, o testamento *in extremis*. Exige-se apenas que o testamento oral seja verbalizado perante duas testemunhas. Deve ser feito às duas testemunhas concomitantemente. Elas não podem interferir na vontade testamentária, não podendo ser feito sob a forma de perguntas e respostas. Essa modalidade fica sujeita a vicissitudes, mormente porque o testador estará com sua vontade debilitada ou sob forte emoção. Só poderá ter validade se o testador falecer em combate. O termo *combate* poderá ter certa elasticidade. Poderá estar em situação de periclitação de vida ou ferido o militar envolvido, por exemplo, em operações de treinamento. A solução será dada pelo caso concreto.

As testemunhas devem, logo que possam, reduzir a termo as disposições, o que é intuitivo, embora a lei não o diga. Devem ser inquiridas com detalhes sobre as circunstâncias do testamento pelo magistrado. Imagina-se que as testemunhas estejam no mesmo palco da refrega. Essa modalidade não mais se justifica no direito contemporâneo. Trata-se da única forma de testamento oral que permanece em nosso ordenamento.

Por outro lado, deve ser lembrado que nessa situação descrita, o interessado poderá testar sob a forma disciplinada no art. 1.879, pois estará caracterizada a circunstância excepcional, exigindo-se, porém, a forma escrita, de próprio punho, com assinatura do testador.

Se o testador não falecer na guerra ou convalescer do ferimento, o testamento perde eficácia. Deve ser entendido como convalescimento a higidez física que permita ao testador plena capacidade mental. Enquanto o disponente permanecer em coma ou sob efeito de medicamentos em terapia intensiva, por exemplo, não há que se falar em convalescença. Deve ser examinado com extremo cuidado o caso concreto, inclusive a possibilidade de o disponente revogar também oralmente o testamento. Esse testamento é de mínima utilização, mas, se analisado sob o prisma de um caso concreto, certamente levantará inúmeras dúvidas e questionamentos.

CAPÍTULO VI
Das Disposições Testamentárias

Art. 1.897. A nomeação de herdeiro, ou legatário, pode fazer-se pura e simplesmente, sob condição, para certo fim ou modo, ou por certo motivo.

Já fizemos a distinção entre herdeiro e legatário. O testamento, como também já acentuado, contém toda a vontade testamentária. Pode ser completado por outros testamentos, o que dificulta ainda mais sua interpretação. Nada impede, portanto, que um testamento seja elaborado em aditivo a outro anterior e que ambos tenham eficácia como última vontade.

Nesses artigos, ao tratar das disposições testamentárias em geral e dos legados e seu pagamento, o Código preocupa-se com nítidas regras interpretativas, disposições que não estão presentes em outras seções. Muitas das regras aqui presentes, repetidas do Código anterior, não se fazem mais necessárias por serem óbvias demais e por decorrerem de princípios da teoria geral. Na realidade, como já se disse, o testador deve ser suficientemente claro. Se não o for e o testamento apresentar cláusulas ambíguas, o trabalho interpretativo será no caso concreto. Se uma disposição não puder ser cumprida por ininteligível ou obscura, será ineficaz e a ordem de vocação legítima suprirá a vontade testamentária.

A interpretação de um testamento possui as mesmas características daquela que se faz sobre qualquer ato ou negócio jurídico. O intérprete deve procurar a real intenção do testador. Os métodos são os de interpretação em geral: estuda-se a redação; o entrelaçamento lógico das disposições, as diversas cláusulas em conjunto; o momento e as condições em que o testamento foi elaborado; a situação do testador, seu estado de saúde física e mental, seus amores e ódios etc. Nesse trabalho, estará presente a conjugação dos métodos gramatical, lógico, sistemático e histórico. Interpretar o negócio jurídico é alcançar o seu real sentido; é determinar seu conteúdo voluntário do negócio jurídico. O balizamento da interpretação transita entre dois extremos: o que o testador disse e o que realmente quis dizer. Em momento algum, contudo, o juiz pode descurar da palavra expressa, da declaração constante do testamento. A referência, no art. 1.903, quanto à possibilidade de identificação do herdeiro "por outros documentos" refere-se apenas a um adminículo na interpretação. O intérprete não pode fugir da cártula testamentária. A tarefa do julgador é, de fato, árdua, porque nem sempre as palavras são suficientes para demonstrar a real intenção do testador. O bom-senso sempre será importante, como tudo em Direito.

O presente artigo é ocioso porque simplesmente repete o que já está estampado na Parte Geral. O testador pode instituir herdeiro ou legatário simplesmente, ou colocá-lo nessa situação mediante condição ou encargo. Como regra, as instituições de herdeiro ou legatário são puras e simples. Não é comum e nem conveniente que se aponha um desses elementos acidentais aos negócios jurídicos na situação do herdeiro ou legatário. No testamento, somente a condição e o encargo podem ser apostos. Esses elementos inserem mais um fator de complexidade na última vontade. Posso instituir alguém meu herdeiro simplesmente ou se, quando da época da morte ou posteriormente, ele tiver abraçado determinada profissão. A condição pode vir combinada com encargo, como por exemplo, além de abraçar a profissão o herdeiro ou legatário terá que editar uma obra em homenagem ao testador.

A possibilidade de impor condições ao herdeiro ou legatário é mais uma característica da ampla liberdade de testar. Deve ficar sempre em mente que não podem ser impostos ônus ou condições à legítima. Nesta apenas são permitidas as cláusulas de inalienabilidade, impenhorabilidade e incomunicabilidade, dento do sistema deste Código.

A disposição pura e simples torna o herdeiro e o legatário como tal desde a abertura da sucessão. A propriedade da herança ou do legado é adquirida desde o momento da morte. A posse do legado, contudo, não se transmite de imediato ao legatário (art. 1.923, § 1º).

Se for aposta condição suspensiva, o direito do instituído só começa com seu implemento. Se o beneficiário falecer antes de implementada a condição, a disposição esvazia-se. Haverá frustração da condição. O instituído nunca terá sido herdeiro. O beneficiário nomeado que aguarda o implemento de uma condição, por exemplo, graduar-se em curso superior, terá um direito eventual. A matéria faz parte do estudo da teoria geral.

De outro lado, o herdeiro ou legatário sob condição resolutiva estará gozando do direito de forma restrita e resolúvel até o implemento da condição. Nesse aspecto, a validade da condição é mais problemática e poderá contrariar o sistema. Trata-se, por exemplo, da hipótese do fiduciário no fideicomisso.

No exame das condições, aplicam-se os princípios da parte geral no tocante às condições lícitas e ilícitas, potestativas simples ou não, impossíveis etc.

Também o encargo ou modo pode ser aposto na deixa testamentária. Assim, o legado a alguém pode vir com o encargo de ali ser construída uma escola. Ninguém está obrigado a aceitar a coisa com encargo. Como na condição, o encargo deve ser lícito e possível. O encargo se posiciona muito próximo à condição. O modo ou encargo, contudo, não impede o imediato exercício do direito que o bem proporciona. Por isso que, na prática, havendo dúvida na conceituação entre condição ou encargo, conclui-se pela existência de encargo, que é menos gravoso para o herdeiro ou o legatário.

O cumprimento do encargo pode ser exigido por qualquer interessado. Qualquer coerdeiro poderá fazê-lo, uma vez que sem o cumprimento do encargo o bem poderá voltar ao acervo para ser partilhado, se contra isso não dispôs o testador. Se mantida a deixa testamentária, o indigitado poderá sujeitar-se a perdas e danos. Importa examinar a vontade do testador. Também terá legitimidade para exigir o cumprimento do encargo o testamenteiro, que deve zelar pelo cumprimento das disposições testamentárias, bem como todos aqueles que serão chamados à herança na hipótese de descumprimento. O Ministério Público terá legitimidade sempre que o encargo tiver natureza e interesse públicos.

Não havendo prazo estipulado para o cumprimento do encargo, o instituído deve ser constituído em mora. A ação é de obrigação de fazer, que se resolve, salvo disposição diversa no testamento, em perdas e danos. O encargo também pode conter uma abstenção, quando então o descumprimento ocorre por um ato positivo do instituído. O encargo, no caso concreto, deve ser examinado se foi aposto em benefício do próprio testador, de outro herdeiro ou de terceiro. O beneficiário pode ser toda uma coletividade. Em cada hipótese, haverá uma ou muitas pessoas legitimadas para a ação contra o beneficiário.

Há algo muito importante que nunca pode ser olvidado: o encargo somente pode atingir bens da porção disponível. A legítima não pode ser onerada com encargo. O art. 1.848 apenas permite as cláusulas restritivas ali mencionadas sobre a legítima, se for mencionada a justa causa pelo testador. Os herdeiros legítimos podem, no entanto, receber bens com encargo, se este onera bens da porção disponível.

Como o herdeiro ou legatário é titular do direito desde a abertura da sucessão, se vier a falecer antes de cumprir o encargo, o ônus passa a seus herdeiros, com as mesmas características, salvo se personalíssimo e incompatível com a novel situação.

Assim como a condição, não se admitem encargos contrários à lei ou à moral, ou impossíveis de realização. A ilicitude ou impossibilidade do encargo torna-o como não escrito, valendo a disposição como pura e simples. Nisso difere da condição, na qual a juridicamente impossível ou a ilícita ou imoral invalida o próprio ato.

O art. 1.664 do estatuto revogado mencionava disposição *por certa causa*. O art. 1.897 refere-se a *certo motivo*. A terminologia antiga não era apropriada porque causa não se confundia com motivo no citado dispositivo. O sentido do texto era mesmo motivo, como agora alterou o novel legislador. Nossa lei não exige a causa como elemento essencial do negócio jurídico. O motivo declinado passa a ser parte integrante da disposição testamentária e na maioria das vezes é visto sob o prisma do erro. Alguém institui herdeiro ou legatário quem supostamente lhe salvou a vida, quando isso, na realidade, não é verdadeiro. Assim, o falso motivo expresso pelo testador, como impulso dominante da deixa testamentária, vicia o ato, pois se presume que, se soubesse do fato verdadeiro, não teria assim disposto. Assim, se o testador institui sucessor porque ele é companheiro em união estável de sua filha, isso não sendo verdadeiro, estaremos diante de um falso motivo.

Assim, pelo modo ou encargo, podem ser atribuídas ao herdeiro ou ao legatário obrigações de dar, fazer ou não fazer. Essas obrigações limitam a vantagem do sucessor com a deixa testamentária. O testador, por meio do encargo, pode valorizar determinados interesses após sua morte, o que não poderia ser feito com meras exortações ou conselhos. Sob esse prisma o encargo pode ser visto como uma verdadeira obrigação para o instituído cujo cumprimento pode ser exigido por qualquer interessado, inclusive o Ministério Público, dependendo da sua natureza.

Oportuno lembrar neste trecho a denominada *caução muciana*: o herdeiro ou legatário sob modo ou encargo será obrigado a prestar caução, para entrar na posse do bem e garantir o cumprimento do encargo, se assim estiver no testamento ou exigirem os interessados.

Art. 1.898. A designação do tempo em que deva começar ou cessar o direito do herdeiro, salvo nas disposições fideicomissárias, ter-se-á por não escrita.

Não pode o herdeiro ficar subordinado a um tempo para começar ou cessar seu direito. O termo representa o início ou o final de um lapso de tempo, um prazo. O dispositivo não se aplica ao legatário, cujo exercício do direito hereditário pode subordinar-se a termo inicial ou final. As atribuições a título universal não toleram a aposição de termo. Trata-se da aplicação do princípio *semel heres semper heres*: uma vez herdeiro, sempre herdeiro. Esse princípio encontra sua origem remota no Direito Romano, e teve inúmeras justificativas no curso da história. Não há óbice, porém, no direito contemporâneo, para que o ordenamento permitisse um herdeiro a termo. O legado pode receber a termo, transferindo-se a dúvida para a data exata do início e do fim desse termo.

O herdeiro possui essa condição desde o momento da morte do autor da herança. O testador não pode fixar data para o início da situação jurídica de herdeiro; contudo, como o Código permite a condição, como vimos, tal óbice pode ser contornado pelo testador, se desejar. No fideicomisso, a exceção decorre da própria natureza do instituto, por envolver transmissão sucessiva.

A instituição de herdeiro a prazo envolveria uma sucessão sucessória que o ordenamento não permite. Essa proibição não atinge os legados, tendo em vista sua natureza. Nada impede que se conceda, por última vontade, uma pensão a alguém, durante certo tempo, por exemplo. Pode ocorrer que a condição esteja mascarando um termo, o que exige acurado exame do caso concreto.

Ter-se-á como ineficaz a aposição de termo à situação de herdeiro. A disposição não fica prejudicada, pois será tida como pura e simples.

Art. 1.899. Quando a cláusula testamentária for suscetível de interpretações diferentes, prevalecerá a que melhor assegure a observância da vontade do testador.

Esse artigo transplanta para o direito testamentário a regra do art. 112: *"Nas declarações de vontade se atenderá mais à sua intenção nela consubstanciada do que ao sentido literal de linguagem."* A questão maior do intérprete é mesmo atingir a real vontade do testador. Como reiterado, pode ser árdua a tarefa do intérprete na busca da vontade testamentária.

O sentido da declaração de última vontade, como qualquer vontade negocial, deve ser interpretado sempre que ocasionar dúvidas em sua compreensão. Nem sempre o intérprete poderá valer-se das regras ordinárias de interpretação contratual, pois nunca se deve deixar de lado o fato de que a vontade testamentária é unilateral. A interpretação testamentária deve sempre partir da cártula, embora possa o intérprete aprofundar-se na busca da intenção real do testador. Quando existem vários testamentos eficazes entrelaçados e vasto patrimônio, com inúmeras cláusulas, a tarefa exegética poderá se tornar bastante complexa. Nessa atividade, o que se procura é preservar a plenitude da vontade do testador. As regras conhecidas de interpretação das leis e dos contratos podem e devem ser trazidas ao raciocínio do intérprete, que assim não dispensará a interpretação gramatical, lógica, sistemática histórica etc. É claro que nesse exame, essas regras devem ser adaptadas à manifestação de vontade unilateral do testamento. Por vezes, a linguagem simples ou simplória do testador acarreta muita complexidade.

Esse artigo é o único que estampa uma regra geral de interpretação dos testamentos, mas o Código dedica inúmeros outros dispositivos a seguir, visando situações particulares.

⚖ Civil – Testamento – **Interpretação da vontade da testadora** – Herdeiro testamentário e legatário – DISTINÇÃO – EXCLUSÃO dos legados do patrimônio líquido destinado aos herdeiros testamentários – Determinação testamentária – Imprescindibilidade do seu cumprimento – Decisão reformada – Inteligência do art. 112 e art. 1.899, todos do Código Civil. Na busca do efetivo cumprimento das disposições testamentárias deve o julgador se ater à vontade da testadora e evitar mitigações e interpretações fracionadas do testamento. Assim, consubstanciando nas disposições testamentárias, nas regras de interpretação da vontade da testadora e na distinção doutrinária entre herdeiros e legatários, verifica-se que, "in casu", o patrimônio líquido previsto no testamento não inclui o produto da venda das fazendas que, indubitavelmente, é um legado destinado a herdeiros, conquanto, por vezes, ocupem a posição de legatários e, por vezes, de testamentários (*TJMG* – AI 701.05.118761-8/007, 26-2-2009, Rel. Des. Dorival Guimarães Pereira).

⚖ Partilha – **Testamento – Vontade do testador** que deve ser cumprida de forma ampla e inequívoca – Inteligência do art. 1.899, do Código Civil – Produto da venda do imóvel legado, alienado pelo curador antes do óbito, que deve ser partilhado igualmente entre os legatários – Recurso desprovido (*TJSP* – Acórdão: Apelação Cível nº 0048797 – 88.2002.8.26.0114, 3-7-2012, Rel. Des. Luiz Antonio de Godoy).

**Art. 1.900. É nula a disposição:
I – que institua herdeiro ou legatário sob a condição captatória de que este disponha, também por testamento, em benefício do testador, ou de terceiro;
II – que se refira a pessoa incerta, cuja identidade não se possa averiguar;
III – que favoreça a pessoa incerta, cometendo a determinação de sua identidade a terceiro;
IV – que deixe a arbítrio do herdeiro, ou de outrem, fixar o valor do legado;
V – que favoreça as pessoas a que se referem os arts. 1.801 e 1.802.**

O inciso I dá como nula a instituição de herdeiro ou legatário sob condição captatória. Condição captatória é aquela que induz ou condiciona o herdeiro a dispor também por testamento, em benefício do próprio testador ou de terceiro. Captar significa seduzir, induzir, utilizando meios capciosos. Nessa situação, poderá estar caracterizado o dolo ou pacto sucessório. Em qualquer das hipóteses, a disposição estará viciada. Essa nulidade decorre do fato de a cláusula contrariar a liberdade da vontade testamentária que sempre é essencial ao ato de última vontade. Trata-se de condição juridicamente impossível. Zeno Veloso (2003, p. 222), com respaldo na opinião de Pontes de Miranda, pontua que

"não é toda disposição testamentária recíproca que recebe essa repulsa do legislador, não é toda captação de vontade que o direito reprova. O amor, a simpatia, a amizade, podem inspirar disposições testamentárias em favor de outra, e vice-versa".

Desse modo, não há que se presumir sempre a nulidade em qualquer reciprocidade de vontades testamentárias. O que torna a captação viciosa é o dolo. A simples coincidência de duas pessoas testarem-se reciprocamente por si só não induz a nulidade do texto. Será nula, porém, a disposição: *deixo meus bens a Antônio se ele também deixar os seus para mim e para meus herdeiros.*

O inciso II descreve a nulidade quando o testador se referir a pessoa incerta, *"cuja identidade não se possa averiguar".* Nesse caso, impossibilita-se a deixa testamentária. Perante o impossível, nada se pode fazer. Se o beneficiário não pode ser identificado, esvazia-se a disposição. Cabem aos interessados as tentativas de identificação, mormente ao testamenteiro.

Não é necessário, embora seja conveniente, que o testador qualifique plenamente o beneficiário, mas deve dar indicações suficientes para que seja localizado. Por vezes, um sinal distintivo ou um apelido será suficiente para identificar o herdeiro ou legatário.

O inciso III se reporta à nulidade que *"favoreça a pessoa incerta, cometendo a determinação de sua identidade a terceiro".* Não será possível conferir validade, por exemplo, à disposição: "Instituo meu herdeiro aquele que for considerado idôneo por meu filho." Nesse caso, a vontade testamentária perderia seu caráter personalíssimo. Valerá, porém, a disposição em favor de pessoa incerta que deva ser determinada por terceiro, *"dentre duas ou mais pessoas mencionadas pelo testador, ou pertencentes a uma família, ou a um corpo coletivo, ou a um estabelecimento por ele designado"* (art. 1.901, I). Aqui a escolha será feita dentro de um corpo restrito, perfeitamente identificável. As presentes disposições se aplicam tanto a herdeiros como a legatários.

O inciso IV reporta-se à nulidade da disposição *"que deixe a arbítrio do herdeiro, ou de outrem, fixar o valor do legado".* A razão da proibição já está suficientemente exposta, pois retira do testamento a vontade exclusiva do testador. Há que se tomar cuidado, porém, pois quando o testador determina que se paguem os estudos de alguém, o valor já está implícito. Valor, no sentido da restrição, consiste na quantia cuja fixação fica ao exclusivo arbítrio de outrem ou do herdeiro. O Código, porém, abre exceção quando permite que o herdeiro ou outrem conceda remuneração de serviços prestados ao testador (art. 1.901, II). Nessa hipótese, a atividade do terceiro será bastante restrita. No mesmo diapasão encontra-se a disposição do art. 1.902, quando se beneficiam pobres, estabelecimentos de caridade ou de assistência pública.

O inciso V do presente artigo foi introduzido por este Código, ao se referir que também será nula a disposição que favorecer as pessoas referidas nos arts. 1.801 e 1.802. Cuida-se, nessas situações, dos que não podem ser nomeados herdeiros nem legatários (art. 1.801), bem como suas interpostas pessoas (art. 1.802). Ainda que o ordenamento não o dissesse expressamente, pois a dicção não estava presente no Código de 1916, não estando essas pessoas legitimadas a receber, nulas as disposições testamentárias que os aquinhoarem. O dispositivo repete o que já fora definido pelo art. 1.802.

Art. 1.901. Valerá a disposição:
I – em favor de pessoa incerta que deva ser determinada por terceiro, dentre duas ou mais pessoas mencionadas pelo testador, ou pertencentes a uma família, ou a um corpo coletivo, ou a um estabelecimento por ele designado;
II – em remuneração de serviços prestados ao testador, por ocasião da moléstia de que faleceu, ainda que fique ao arbítrio do herdeiro ou de outrem determinar o valor do legado.

O ordenamento desce aqui a minúcias extremas. Já apontamos que o testador deve ser claro. Se não o foi e não puder ser avaliada sua vontade, a disposição testamentária ficará ineficaz. Nesse dispositivo o Código atenua a rigidez da regra do art. 1.900, III, pois se refere a incerteza relativa quanto ao beneficiário. Desse modo, de acordo com a primeira parte do texto, será válida a disposição, por exemplo, que beneficie o sócio mais antigo de uma pessoa jurídica ou alguém que tenha conseguido ou feito esportivo ou científico, o filho mais velho etc. Essa menção, segundo o texto, pode se referir a uma família, a um corpo coletivo ou a um estabelecimento, podendo ser atribuída a um terceiro a tarefa de determinar o beneficiário. Esse terceiro será certamente pessoa de confiança do testador, podendo ser um herdeiro, e que indicará o beneficiário dentro de um corpo restrito. A escolha é efetivamente do testador e não desse terceiro, que apenas fará a identificação.

O texto não dá solução se a situação se ferir com um impasse: o terceiro não pode ser localizado ou já faleceu ou simplesmente se recusa a fazer a indicação. Não é conveniente que se tenha por ineficaz a disposição, pois a vontade do testador deve ser cumprida sempre que possível. Nessa situação, Zeno Veloso (2003, p. 226) opina que deve ser aplicada por analogia a norma do art. 1.930, que regula o legado de coisa determinada pelo gênero, quando a escolha for deixada ao arbítrio de terceiro; não aceitando ou não podendo exercer esse o encargo, a escolha será feita pelo juiz. Outra possibilidade seria atribuir a tarefa ao testamenteiro, pessoa cuja função é executar as disposições testamentárias.

Acentua Eduardo de Oliveira Leite (2003, p. 467) que o presente artigo aplica-se tanto a herdeiros como legatários, embora parte da doutrina sustente que sua aplicação seja restrita unicamente no caso de instituição de legatários. O artigo não faz mesmo qualquer distinção.

Na segunda parte, permite-se que o testador remunere alguém por serviços prestados em razão de moléstia que provocou sua morte. Nada impede, porém, que seja mencionada moléstia que não tenha sido a causa da morte; tudo depende da correta interpretação da vontade testamentária. Permite ainda o Código que o herdeiro ou um terceiro estabeleça o valor do legado, o que, sem dúvida, abre motivo de discussão e divergências. A mesma solução do inciso anterior pode ser aventada quando o herdeiro ou outrem indicado não puder ou não quiser determinar o valor do legado. Observe-se que essa disposição não cuida exatamente de remuneração, mas de um ato de liberalidade.

Art. 1.902. A disposição geral em favor dos pobres, dos estabelecimentos particulares de caridade, ou dos de assistência pública, entender-se-á relativa aos pobres do lugar do domicílio do testador ao tempo de sua morte, ou dos estabelecimentos aí sitos, salvo se manifestamente constar que tinha em mente beneficiar os de outra localidade.
Parágrafo único. Nos casos deste artigo, as instituições particulares preferirão sempre às públicas.

O texto repete o que já constava no Código anterior. Trata-se de apego às raízes históricas, pois os testamentos tiveram no passado o amplo sentido de benemerência, por influência da Igreja. Cuida-se do testamento ou de disposição *ad pias causas*. Se o testador não identifica a instituição que pretende beneficiar e apenas menciona os pobres do lugar, entende-se que se refere a seu domicílio. Caberá ao juiz definir as instituições particulares que preferirem às públicas. Para essa decisão, deverá se valer do parecer do Ministério Público e, sem dúvida, da opinião dos envolvidos no processo de inventário, inclusive o testamenteiro. Será de suma inconveniência uma disposição genérica desse jaez, porque abre desnecessária discussão no curso do inventário.

O fato de o parágrafo único preferir as instituições particulares em desfavor das públicas decorre da presunção do legislador que as entidades particulares são mais necessitadas, o que nem sempre é verdadeiro.

Art. 1.903. O erro na designação da pessoa do herdeiro, do legatário, ou da coisa legada anula a disposição, salvo se, pelo contexto do testamento, por outros documentos, ou por fatos inequívocos, se puder identificar a pessoa ou coisa a que o testador queria referir-se.

A disposição testamentária deve ser cumprida sempre que possível. Assim, se o testador diz Paulo, quando queria dizer Pedro e pelo contexto não há dúvida que o beneficiário é Pedro, será válida e eficaz a deixa de última vontade. O mesmo ocorre se a designação errônea refere-se à coisa legada. Na verdade, a presente regra é óbvia e dispensável. Provando-se o erro, que é um dos defeitos do negócio jurídico, extraverte-se a verdadeira intenção da manifestação de vontade. A matéria repercute no exame da prova, que pode e deve revolver aspectos externos ao testamento, como situações de fato, posições familiares etc.

Nada se pode fazer perante o impossível (*ad impossibilia nemo tenetur*). Assim, provado o erro quanto ao beneficiário, ou quanto à coisa legada, e não se conseguindo fixar o verdadeiro sujeito ou objeto da disposição, está não terá eficácia. Faltar-lhe-á conteúdo identificável. Trata-se de aplicação da teoria do erro essencial ou substancial que vicia o ato. O erro acidental não o faz. Se o erro é superável, não há razão para inquinar a disposição. A presente disposição repete a noção do art. 142.

O erro também pode referir-se à coisa, objeto da disposição. Simples equívocos de referência não constituem propriamente erro, como, por exemplo, a menção de numeração errada de um imóvel, quando testador possui apenas um único imóvel naquele local.

Art. 1.904. Se o testamento nomear dois ou mais herdeiros, sem discriminar a parte de cada um, partilhar-se-á por igual, entre todos, a porção disponível do testador.

A regra é das mais óbvias. Na disposição: "deixo minha herança a Pedro a Paulo", parece indubitável que ambos a dividirão em partes iguais. A preocupação do intérprete só deve surgir em situações dúbias e obscuras. Se, por exemplo, o testador deixa um terço da herança a Pedro e não menciona a porcentagem dos demais herdeiros, entende-se que os dois terços restantes repartir-se-ão por igual entre os demais. As cláusulas perplexas exigirão um raciocínio aprofundado do intérprete: por exemplo, o testador deixa um terço de sua herança para cada herdeiro e nomeia quatro beneficiários.

Art. 1.905. Se o testador nomear certos herdeiros individualmente e outros coletivamente, a herança será dividida em tantas quotas quantos forem os indivíduos e os grupos designados.

Se o testador disser que deixa um terço da herança a Pedro e Paulo, outro terço a Antônio e outro terço aos filhos de João, a herança será dividida em três partes, porque haverá três grupos ou quotas para a divisão. Nesse exemplo, os filhos de João, não importando quantos sejam, receberão um terço da herança. Tudo será assim se não se denotar que foi outra a intenção do testador, pelo contexto ou por outros indícios de sua vontade. A citada regra, como outras aqui presentes, é supletiva da vontade do testador.

Art. 1.906. Se forem determinadas as quotas de cada herdeiro, e não absorverem toda a herança, o remanescente pertencerá aos herdeiros legítimos, segundo a ordem da vocação hereditária.

Como é sabido, convivem no sistema hereditário a sucessão testamentária e a sucessão legítima. Os bens que não forem inseridos nas deixas testamentárias, isto é, os remanescentes, serão atribuídos segundo a ordem de vocação hereditária legítima (art. 1.906). O mesmo ocorrerá se o testador excluir expressamente determinado bem da herança conferida a herdeiro testamentário. Esse bem assim especificado, subtraído da porção do herdeiro, pertencerá aos herdeiros legítimos (art. 1.908).

Assim, se o testador atribuir metade da herança a Paulo, seu amigo, dizendo expressamente que nessa metade não se incluirá determinado imóvel, esse bem será partilhado entre os herdeiros legítimos. E se o testador estabelecer os quinhões de uns herdeiros e não os de outros, primeiramente serão preenchidas ou completadas as quotas determinadas. Os herdeiros sem porção discriminada dividirão entre si o remanescente. Pode ocorrer que o testador distribua toda a herança em quinhões e ainda nomeie outros herdeiros. Na verdade, nada restará, nessa hipótese, a dividir entre estes últimos. Não haverá remanescente. Essa é nossa solução legal. Não há que se reduzirem as porções para se atribuir proporcionalmente aos herdeiros restantes, como ocorre em outras legislações. Deverá ser interpretada a vontade testamentária, no caso concreto. Veja o que dispõe o artigo seguinte.

Em muitas oportunidades, a redação testamentária não apresenta uma única solução, não podendo operar nem mesmo as regras trazidas na lei. Incumbe sempre lembrar os princípios de interpretação dos testamentos.

Art. 1.907. Se forem determinados os quinhões de uns e não os de outros herdeiros, distribuir-se-á por igual a estes últimos o que restar, depois de completas as porções hereditárias dos primeiros.

Trata-se aqui de mais uma minúcia a que desce o legislador. O testador pode dispor de toda herança, determinando o quinhão de uns e não determinando o de outros. Os que não tiverem a porção determinada somente receberão o que sobejar depois de atendidas as quotas programadas. Se nada sobrar, nada receberão. Não haverá redução proporcional das quotas para que os últimos sejam atendidos, solução que existe no direito comparado.

Art. 1.908. Dispondo o testador que não caiba ao herdeiro instituído certo e determinado objeto, dentre os da herança, tocará ele aos herdeiros legítimos.

O testador poderá instituir herdeiro, dando-lhe, como é curial, uma fração da herança, mas ressalvando que determinado bem do patrimônio não lhe caiba. Trata-se do princípio *excepta res certa* do Direito Romano. Assim, poderá dizer que o herdeiro receberá um terço da herança, não devendo ser incluído nessa quota, por exemplo, determinado imóvel, ações de empresa ou certa joia.

Nesse caso, esses bens caberão aos herdeiros legítimos. O testador deve ser respeitado em sua vontade, dentro do que possibilitar o acerto, se determinar que a herança seja somente constituída de bens móveis ou somente de imóveis. Poderá também estabelecer o oposto que narra este artigo ao determinar que certo bem necessariamente integrará a quota do herdeiro. Sua vontade será sempre soberana se não esbarrar em norma cogente.

Art. 1.909. São anuláveis as disposições testamentárias inquinadas de erro, dolo ou coação.
Parágrafo único. Extingue-se em quatro anos o direito de anular a disposição, contados de quando o interessado tiver conhecimento do vício.

O Código, nesse artigo, acrescenta texto sobre anulabilidade por erro, dolo ou coação. Incumbe verificar no testamento se apenas uma ou algumas disposições testamentárias estão inquinadas ou se toda vontade testamentária está comprometida. Da conclusão decorrerá a anulação apenas de cláusula ou cláusulas viciadas ou de todo o testamento. Como a interpretação do testamento deve ser sistemática, tal como uma construção complexa, a anulação de uma cláusula poderá interferir na validade ou eficácia de outra. Nesse propósito posiciona-se o artigo seguinte.

O parágrafo trata da decadência. Cuida-se, nesse caso, da anulabilidade da cláusula testamentária por erro, dolo ou coação. De acordo com a presente dicção, o prazo decadencial inicia-se não da abertura da sucessão, mas quando o interessado tomar conhecimento do vício, o que, na prática, dará margem a dúvidas e discussões. De qualquer forma, como não há eficácia no testamento antes da morte, o termo inicial somente poderá ser contado a partir da abertura da sucessão. Não se pode questionar o testamento em vida do testador. O Projeto nº 6.960 procurou corrigir essa redação, dispondo que esse prazo de quatro anos inicia-se da data do registro do testamento. Melhor seria que o termo inicial desse prazo decadencial fosse contado da abertura da sucessão, excluindo qualquer instabilidade.

É muito importante ressaltar que o prazo estabelecido nesse artigo é diverso daquele do art. 1.859, segundo o qual, *"extingue-se em cinco anos o direito de impugnar a validade do testamento, contado o prazo da data do seu registro"*. Nesse dispositivo, o legislador se viu obrigado à regra geral que introduziu no atual Código, pela qual a nulidade não é suscetível de confirmação, nem convalesce pelo decurso de prazo (art. 169). A matéria traz a lume a questão de saber sobre a oportunidade e conveniência da imprescritibilidade dos atos e negócios, cujo âmbito refoge a esses comentários, mas que requer o máximo cuidado (veja nosso *Direito Civil*, v. 1, cap. 30). De qualquer modo, o presente prazo de quatro anos não coincide com o do art. 1.859, nem coincidem os termos iniciais nesses dois dispositivos. Essa diversidade é altamente inconveniente. Como se nota, no caso de anulabilidade de disposição testamentária, o prazo é elástico, pois se conta a partir do conhecimento do vício, enquanto o prazo geral de impugnação é contado a partir do registro do testamento. Houve evidente impropriedade do legislador, pois os dispositivos não se harmonizam. Com isso, pode ocorrer que o prazo para anular uma simples cláusula testamentária seja mais dilatado que o prazo para invalidar o testamento. Lembra Zeno Veloso (2002, p. 1679):

> *"Como está posto, a anulação da disposição testamentária, cuja ação é cabível a partir do momento em que o interessado tiver conhecimento do vício pode ocorrer num prazo variável algumas vezes extremamente longo, ocorrendo, eventualmente, muito tempo depois da própria execução da disposição testamentária. Isso gera instabilidade, e não é bom. Um testamento nulo, por exemplo, não pode ter a validade impugnada depois de cinco anos de seu registro."*

Porém, uma disposição testamentária inquinada de erro, dolo ou coação pode ser anulada muito tempo depois desse prazo de cinco anos, pois o prazo decadencial começa a partir de quando o interessado tiver conhecimento do vício. Sob tais críticas, o Projeto nº 6.960/2002 sugeriu modificação do art. 1.859, para aparar essas arestas:

> *"Extingue-se em cinco anos o direito de requerer a declaração de nulidade do testamento ou de disposição testamentária, e em quatro anos o de pleitear a anulação do testamento ou de disposição testamentária, contado o prazo da data do registro do testamento."*

O mesmo Projeto propôs acréscimo ao art. 1.909, em parágrafo único, estampa que se extingue em quatro anos o direito de anular a disposição contados da data do registro. Não há conveniência nessa diversidade de prazos que aumenta as dificuldades práticas; melhor seria que o prazo fosse de cinco anos para todas as situações, com idêntico termo inicial, como se propõe.

Art. 1.910. A ineficácia de uma disposição testamentária importa a das outras que, sem aquela, não teriam sido determinadas pelo testador.

A matéria aqui é mais uma vez de interpretação. Anulada ou ineficaz uma cláusula, contaminam-se todas as outras que dela dependem ou não façam sentido isoladamente. Porém, não se anula o útil pelo inútil: *utile per inutile non vitiatur*. Nesse diapasão, o testamento deve ser visto sob o prisma de compartimentos estanques. A regra é a separabilidade das disposições, quando for possível. Se uma cláusula viciada nada tem a ver com outra, não há que se ter esta por nula ou ineficaz. Por vezes, a situação se assemelhará a um quebra-cabeças ou a um dominó.

Art. 1.911. A cláusula de inalienabilidade, imposta aos bens por ato de liberalidade, implica impenhorabilidade e incomunicabilidade.
Parágrafo único. No caso de desapropriação de bens clausulados, ou de sua alienação, por conveniência econômica do donatário ou do herdeiro, mediante autorização judicial, o produto da venda converter-se-á em outros bens, sobre os quais incidirão as restrições apostas aos primeiros.

Há bens fora do comércio por sua própria natureza e por força de lei. Há uma terceira espécie de bens inalienáveis, quais sejam, aqueles cuja impossibilidade de comércio decorre da vontade, aos quais se apõe a cláusula de inalienabilidade, nas *doações* e *testamentos*. Ninguém pode clausular os próprios bens; só se gravam bens de terceiros nesses atos de disposição.

A cláusula de inalienabilidade gera por si só inúmeras críticas. Sua complexidade era maior quando a lei de 1916 permitia que o testador a apusesse, além de outras, nos bens que compunham a legítima dos herdeiros necessários (art. 1.723). Ainda que intuída pelo testador com suas melhores intenções, essa inalienabilidade será sempre um gravame dificultoso para o proprietário. Como geralmente a inalienabilidade vem acompanhada da restrição de incomunicabilidade, procurava o testador evitar que um casamento desastroso diminuísse o patrimônio do herdeiro. Sempre se arguiu quanto à inconveniência dessa inalienabilidade de um bem privado porque impede a circulação de bens e obstrui, em síntese, a própria economia. É, também, um elemento de insegurança nas relações jurídicas, tantas as questões que acendem.

Quando imposta por doação, negócio entre vivos, permite-se que o doador, enquanto viver, levante o vínculo, com a concordância do donatário, não havendo prejuízo a terceiros. A doação poderá constituir um adiantamento de legítima, que deve ser colacionado pelo herdeiro, quando da morte do doador. Quando imposta por testamento, no sistema anterior não haveria como se desfazer o vínculo. A lei autorizava, no máximo, a sub-rogação, isto é, a transposição do vínculo para outros bens.

Arrazoadas críticas fizeram com que o legislador de 2002 restringisse o alcance e a possibilidade de imposição dessa cláusula, no art. 1.848, para cujos comentários remetemos o leitor. Desse modo, como vimos, será ineficaz, no atual sistema, a imposição das cláusulas de inalienabilidade, incomunicabilidade e impenhorabilidade, sem motivação declarada no testamento. A cláusula de incomunicabilidade não se sustenta juntamente com as outras, pois de outra natureza e alcance, tanto que o Projeto nº 6.960/2002 a isentara dessa motivação.

Com este Código, portanto, restringe-se e desencoraja-se enormemente a possibilidade de cláusulas restritivas. Cabe ao testador descrever a justa causa, ou seja, a motivação da disposição, matéria que possibilitará amplo debate após sua morte. Como se trata de nulidade textual (art. 166, VII), e como os efeitos do testamento somente se iniciam com a abertura da sucessão, somente a partir daí pode ser movida a ação para declaração de nulidade, ou mais propriamente, de ineficácia da cláusula, nos termos do art. 169.

A cláusula de inalienabilidade implica necessariamente a existência da incomunicabilidade e da impenhorabilidade, agora de acordo com texto expresso. A doutrina já sustentava de há muito, sem discrepâncias, essa posição.

Quanto à cláusula de incomunicabilidade, não fosse assim, comunicando-se os bens inalienáveis, engrossariam eles a meação quando do desfazimento do casamento e os bens gravados poderiam ir para o patrimônio do outro cônjuge, livres e desembaraçados. Era jurisprudência sumulada do STF (Súmula 49). Como se observou, não se sustenta a *justa causa* para a cláusula de incomunicabilidade.

A cláusula de impenhorabilidade também só pode ser inserida por terceiros em doações e testamentos. Não se confunde com a impenhorabilidade derivada de lei. A inalienabilidade implica também na impenhorabilidade. Se assim não fosse, facilmente se fraudaria a impossibilidade de alienar. Bastaria que um credor, em situação simulada ou não, levasse o bem à praça e possibilitasse a alienação a terceiros. A impenhorabilidade pode ser também absoluta ou relativa; pode abranger todos os bens de um acervo ou parte deles. A impenhorabilidade posse ser colocada autonomamente, ainda que alienáveis os bens. Essa cláusula restritiva só se estende aos frutos e rendimentos se for a vontade expressa do disponente.

O parágrafo único prevê a destinação dos bens clausulados na hipótese de desapropriação ou alienação deles por conveniência do donatário. Cuida-se da sub-rogação, já mencionada. Quando há desapropriação, o preço recebido continua inalienável e poderá ser sub-rogado em outro imóvel. No caso de alienação por conveniência, com autorização judicial e mediante procedimento avaliatório, o gravame passará a incidir sobre outro imóvel.

CAPÍTULO VII
Dos Legados

Seção I
Disposições Gerais

Art. 1.912. É ineficaz o legado de coisa certa que não pertença ao testador no momento da abertura da sucessão.

1. Legado

Sempre devemos ter em mente, ao tratar de sucessão hereditária, o conceito de legado. Trata-se de uma deixa testamentária certa e determinada dentro do acervo transmitido pelo autor da herança: um terreno ou número determinado de lotes; ações de companhias ou de determinadas companhias. O testador pode dispor de todo o seu patrimônio em legados, se assim desejar. Se houver remanescente, não abrangido como legado, será considerado herança. Por outro lado, há sempre que se ter em mente que a preponderância será sempre da sucessão legítima. Prevalece para todo ou para parte do acervo a sucessão legítima sempre que, por qualquer que seja a causa, a sucessão testamentária for nula, incompleta, falha ou deficiente.

A sucessão do legatário ocorre a título singular. O herdeiro é sempre um sucessor a título universal. Ele recebe uma fração ou porção universal da herança. O legatário, por sua vez, recebe um bem especificado. Ele pode receber uma universalidade de fato, como uma biblioteca ou rebanho, sem que com isso se transforme em herdeiro universal. Pode ocorrer que o legatário receba um determinado bem que em si mesmo encerre uma universalidade, como, por exemplo, um estabelecimento comercial.

Desponta no legado o fato de ser uma liberalidade do testador. Essa noção é romana. Se o testador atribuiu um bem a alguém é porque desejou beneficiá-lo. Seu conceito intrínseco muito se assemelha à doação, negócio entre vivos. Muitas legislações tratam das doações e dos legados em conjunto. Todavia, nem sempre o legado terá um caráter essencial de liberalidade. Por vezes, o testador apõe um encargo à deixa testamentária, tornando-a gravosa. Se alguém, por exemplo, deixa uma quantidade de títulos, ações e outros valores mobiliários, para que o legatário administre uma associação de amparo a necessitados, o cunho imediato desse legado não é uma liberalidade; cria para o legatário, ao aceitá-lo, um fardo a cumprir, conforme a vontade do testador. Note que se o legatário entender não ser oportuno ou conveniente cumprir o encargo, basta não aceitar o legado.

Por vezes dúvidas haverá se há legado ou herança em determinada disposição. A questão será de interpretação da vontade do testador cotejada com o conjunto do acervo.

O testador pode também aquinhoar com legado que já é seu herdeiro legítimo, disposição que cria o chamado *prelegado*. Também o herdeiro exclusivamente testamentário poderá receber legado além de sua fração na herança. Haverá, nesses casos, duas situações jurídicas próprias afetando a mesma pessoa. O legado tem que ser pedido dentro da herança; a herança transmite-se automaticamente com a *saisine*. Pode o herdeiro renunciar à herança e aceitar legado e vice-versa. Como uma das modalidades de disposição testamentária, ao legado aplica-se o que se estipulou a respeito das disposições testamentárias em geral, salvo naquilo que por sua natureza for exclusivo da condição de herdeiro. Assim, o legado pode ser puro e simples, sob condição, para certo fim ou modo ou por certo motivo (art. 1.897). A questão do termo no legado será revista quando do exame do fideicomisso.

Da mesma forma, os legados podem vir com as cláusulas de inalienabilidade, impenhorabilidade e incomunicabilidade. Nos legados não há direito de representação. Se o testador não nomeou substitutos para a impossibilidade de o legado ser atribuído ao legatário primitivo, o objeto da deixa seguirá as normas da sucessão legítima.

A partir do presente artigo o Código passa a examinar as várias modalidades nas quais podem se recompor os legados, com excesso de minúcias. Essas regras têm evidente caráter supletivo e interpretativo.

Sempre é oportuno realçar que o legatário, ao contrário do herdeiro, não tem a *saisine*, isto é, não ingressa na posse da coisa quando ocorre a morte do autor da herança. No entanto, desde a abertura da sucessão, a coisa legada já pertence ao legatário.

O legado pode ter por objeto outros direitos que não a propriedade.

2. Legado de coisa alheia

O princípio geral é de que ninguém pode dispor de mais direitos do que tem. Por essa razão, o presente artigo se refere à *ineficácia* de legado de coisa que não pertença ao testador quando da morte. No entanto, operaria a disposição, conforme o antigo diploma, se a coisa integrasse o seu patrimônio quando da morte, e a disposição valeria como se a coisa já fosse do testador quando da elaboração do testamento. Toda essa descrição da lei pretérita era ociosa, de modo que os termos peremptórios do presente artigo resolvem de plano a questão. Correta a referência à ineficácia.

A regra anterior tinha sua razão de ser tendo em vista as origens históricas porque o Direito Romano distinguia se o testador sabia ou não que a coisa não era sua quando da elaboração do negócio de última vontade. Sabendo o testador que a coisa não lhe pertence, a disposição equivalia a um encargo atribuído ao herdeiro para que a adquirisse, a fim de ser cumprida a disposição. Hoje não mais há subsistência nessa discórdia.

Se o testador tinha apenas a posse da coisa, que não lhe pertencia, a disposição é ineficaz. Da mesma forma, não produz efeito a disposição se a coisa já não mais estava no acervo do falecido quando da morte. Há ainda uma exceção ao princípio de disposição de coisa alheia no art. 1.915, que se refere a bens fungíveis.

Seguro de vida em grupo – Morte do segurado e pagamento da indenização à beneficiária indicada. Ação movida pela filha julgada parcialmente procedente. Direito à indenização que não integra o patrimônio do segurado. Indenização indevida. Provimento do recurso da seguradora, prejudicado aquele da autora. Na espécie, indicando o segurado a companheira como beneficiária do contrato de seguro, a indenização restou corretamente paga a ela. O direito à indenização não integra o patrimônio do segurado, sendo certo que, nos termos do art. 1.912 do Código Civil, "é **ineficaz o legado de coisa certa** que não pertença ao testador no momento da abertura da sucessão". A apólice não era à ordem, mas expressa na nominação da beneficiária (*TJSP* – Ap. 992.07.007140-2, 11-8-2011, Rel. Kioitsi Chicuta).

Art. 1.913. Se o testador ordenar que o herdeiro ou legatário entregue coisa de sua propriedade a outrem, não o cumprindo ele, entender-se-á que renunciou à herança ou ao legado.

Aqui, se o sucessor testamentário não desejar entregar a coisa, basta que não receba a deixa. Trata-se de encargo que pode ser imposto ao herdeiro ou legatário. O dispositivo estatui que o testador deve *ordenar* que o sucessor entregue coisa de sua propriedade. A palavra do testador deve ser absolutamente expressa. Não pode ser mero conselho ou exortação. É evidente que tal restrição não se pode aplicar à legítima. No caso, se o herdeiro legítimo se recusar a cumprir o que foi ordenado pelo testador, renunciará à parte disponível. Evidentemente, a renúncia, sob a forma de recusa em cumprir o encargo, não pode estender-se à legítima, onde somente serão possíveis as cláusulas restritivas já vistas. Sob esse prisma aqui visto, a legítima é inatingível.

O testador pode, também, determinar que alguma coisa que não lhe pertença seja adquirida e entregue ao legatário. Pode, por exemplo, dispor que o herdeiro adquira um imóvel com as forças da herança e sob essa forma haverá um legado. Se a coisa a ser adquirida é de difícil aquisição, perante o silêncio de nossa lei importa buscar a vontade do testador: se pode ser adquirida coisa similar ou ser entregue o equivalente em dinheiro ou se perde eficácia a disposição.

Será válido também o legado de pessoa determinável quando da morte do testador, mas ainda inexistente quando da feitura do ato. A identificação não pode, porém, ser deixada a cargo de terceiro, porque aí haveria invasão indevida na vontade do testador.

O herdeiro ou legatário que entregar coisa de sua propriedade a outrem, em cumprimento a disposição testamentária, terá direito de regresso contra os coerdeiros, pela quota proporcional de cada um, salvo vontade em contrário do testador (art. 1.935).

Art. 1.914. Se tão somente em parte a coisa legada pertencer ao testador, ou, no caso do artigo antecedente, ao herdeiro ou ao legatário, só quanto a essa parte valerá o legado.

Suponha-se que o testador disponha de uma fazenda de 100 alqueires e quando de sua morte somente existam 50 alqueires. A atribuição valerá somente quanto a essa parte. O legado reduz-se ao existente e possível. A disposição é óbvia.

Art. 1.915. Se o legado for de coisa que se determine pelo gênero, será o mesmo cumprido, ainda que tal coisa não exista entre os bens deixados pelo testador.

O princípio a nortear é o das coisas fungíveis, nas quais o gênero nunca perece. Será o herdeiro quem escolherá a coisa legada, nos termos do art. 244, obrigações de dar coisa incerta, com as considerações dos arts. 1.929 a 1.931. O dispositivo do antigo Código falava em legado de *coisa móvel*. Valerá também a disposição se se tratar de bem imóvel e houver forças na herança. Por isso, o presente artigo refere-se apenas a coisa determinada pelo gênero. Por exemplo: deixo uma casa de veraneio em determinada região. Todavia, nesta última hipótese, principalmente, há que se verificar o conjunto da vontade do testador, pois o caso concreto é que deverá esclarecer.

Art. 1.916. Se o testador legar coisa sua, singularizando-a, só terá eficácia o legado se, ao tempo do seu falecimento, ela se achava entre os bens da herança; se a coisa legada existir entre os bens do testador, mas em quantidade inferior à do legado, este será eficaz apenas quanto à existente.

O princípio é o mesmo já exposto no art. 1.914. A coisa singularizada só vale se estiver entre os bens da herança quando da morte. Se houver em quantidade inferior, vale quanto ao remanescente. O testador deixa 100 alqueires, mas ao morrer só restam 50 alqueires, nesta porção incidirá o legado.

Se o testador atribui um bem ao legatário, mas já o doa em vida ao beneficiário, ou a coisa já pertencia a este quando da morte, não haverá eficácia na disposição. Sem objeto a cláusula é ineficaz.

Art. 1.917. O legado de coisa que deva encontrar-se em determinado lugar só terá eficácia se nele for achada, salvo se removida a título transitório.

Se o legado for de coisa ou quantidade que se deva tirar de certo lugar, só valerá se for encontrada no local indicado e até a quantidade encontrada. Se o testador deixar, por exemplo, 100 lingotes de ouro encontráveis dentro de um cofre bancário ou em qualquer outro local e nada existe ali, não haverá objeto na disposição, que se esvai. Se a quantidade de ouro encontrada é inferior, vale naquilo que for encontrado.

Problema surge se a coisa foi deslocada do local. Se foi o próprio testador que deslocou, a disposição torna-se ineficaz. Se o testador não sabia da mudança, deve valer.

Uma mudança fortuita de local não invalida a disposição. A ideia, porém, quando o texto se refere a determinado lugar, é de coisas que o testador destinou permanentemente para lá, valendo a disposição, em princípio, quer as coisas estejam quer não estejam lá, mas tudo conforme a interpretação da vontade do disponente.

**Art. 1.918. O legado de crédito, ou de quitação de dívida, terá eficácia somente até a importância desta, ou daquele, ao tempo da morte do testador.
§ 1º Cumpre-se o legado, entregando o herdeiro ao legatário o título respectivo.
§ 2º Este legado não compreende as dívidas posteriores à data do testamento.**

O patrimônio inclui ativo e passivo. Assim também o acervo hereditário. Dentro do ativo de um patrimônio, o crédito se inclui. Assim, transmite-se aos herdeiros legítimos a posição de credor. Pode o testador, contudo, atribuir sua posição de credor por meio de um legado. Por efeito *causa mortis* são conseguidos os efeitos da cessão de crédito. Aplicam-se, em linha geral, seus princípios. O testador não assegura o mau ou bom adimplemento da obrigação. O herdeiro não será responsável pelo pagamento, salvo disposição expressa no testamento.

Como consequência dos princípios da cessão, o herdeiro cumpre esse legado, entregando ao legatário o título representativo do crédito (§ 1º), quando for o caso. Só não se transmitem as obrigações que, por sua natureza ou por vontade das partes, são consideradas intransmissíveis.

Para a transmissão da qualidade de credor, como se estuda no direito obrigacional, não há, como regra, necessidade de concordância do devedor. Para este pouco importa a quem pagar desde que pague bem.

O legado somente pode ater-se a obrigação e respectivo valor existente quando da elaboração do testamento, mas, há que se atentar para a vontade do testador. Como regra, as dívidas posteriores ao testamento não podem ser objeto de legado, como parece lógico. O legado não pode abranger dívidas desconhecidas então pelo testador. Poderá, ele, contudo, fazer menção a futuras dívidas. E se não houver mais obrigação quando da morte, porque paga a dívida, não haverá legado por falta de objeto.

Outra modalidade de legado de crédito é a *quitação de dívida*. O testador, se for credor do legatário, no testamento dá-lhe quitação. Opera-se como se o testador recebesse o pagamento. Trata-se de uma das formas históricas de remissão de dívida. Se o legatário, quando da morte, já pagara parte do débito, a quitação será somente do saldo em aberto. Se o herdeiro recusar-se a quitar a dívida, o legatário pode obter, pelo processo idôneo, uma declaração judicial de nada mais dever em razão de disposição testamentária.

O legado de dívida, que equivaleria à assunção de débito, não tem caráter de liberalidade, de forma que a obrigação de pagar a dívida do testador só valerá como encargo ou condição de outra disposição. Se incluída em disposição autônoma, não constituirá legado. Poderá ser entendida com uma confissão de dívida. A pessoa indicada para pagar pode fazê-lo, mas a questão resolve-se no âmbito do direito obrigacional.

Por outro lado, o legado de posição contratual por testamento pode ocorrer quando a substituição da parte no contrato não depender da aquiescência do outro contratante. Na hipótese em que o cessionário, já previamente, facultar a substituição da outra parte no contrato-base. Quando houver necessidade de concordância de terceiro, este será um estranho com relação ao testamento. O legado não terá, então, eficácia. É possível por testamento a transmissão da posição de compromissário-comprador do imóvel, assim como por ato entre vivos, quando não se opuser a lei ou o negócio jurídico.

No legado de crédito, como se vê, há uma verdadeira transferência ao legatário do produto de um crédito, do qual é devedor um terceiro ou o próprio onerado. Podem ser objeto dessa deixa um ou vários créditos. Com isso, o legatário assume a posição de credor, podendo exercer as ações cabíveis.

Art. 1.919. Não o declarando expressamente o testador, não se reputará compensação da sua dívida o legado que ele faça ao credor.
Parágrafo único. Subsistirá integralmente o legado, se a dívida lhe foi posterior, e o testador a solveu antes de morrer.

A compensação de dívida do testador com dívida do legatário somente operará com menção expressa no testamento. Não o sendo e havendo legado de crédito, continuará o legatário obrigado para com o espólio e este para com o legatário. Nada impede, porém, que os interessados transijam para que a transação opere, já na fase de inventário e partilha.

Pelo presente dispositivo também subsistirá o legado de crédito se o testador contraiu dívida posterior ao testamento e a solveu antes de morrer. A regra do parágrafo é inócua e dispensável.

O testador poderá confessar uma dívida inexistente, fazendo legado de seu valor. Pode ter razões morais para isso. Trata-se do chamado legado de dívida fictícia. O pagamento deve ser feito pelo herdeiro porque equivale a um legado puro e simples. Provando-se, no entanto, que a dívida é inexistente e não havendo forças na herança para o pagamento, não somente caduca o legado como também não terá o pseudocredor ação de cobrança contra o espólio.

Art. 1.920. O legado de alimentos abrange o sustento, a cura, o vestuário e a casa, enquanto o legatário viver, além da educação, se ele for menor.

Embora os alimentos constituam questão mais vinculada ao direito de família, é nesse artigo, dentro do direito das sucessões, que encontramos a única definição legal desse instituto.

Tecnicamente, "alimentos" consistem em todo meio de subsistência e vivência do alimentando. Podem os alimentos decorrer dos princípios do direito de família em razão do parentesco ou do vínculo conjugal e companheirismo; podem advir de uma condenação por responsabilidade extranegocial e podem ser inseridos em disposição testamentária. Embora seja amplo seu alcance, o legislador somente aqui resolveu defini-los. Como se repete continuamente, toda definição legal é perigosa. Aqui, no entanto, trata-se de interpretar a vontade do testador. Os alimentos podem na verdade ser mais amplos ou mais restritos do que consta na definição legal. Contudo, se o testador não distinguir, será esse o alcance de um legado de alimentos. No testamento e no direito hereditário em geral, os alimentos são vistos de acordo com a vontade do testador e as forças da herança. Não se tem em mira, primordialmente, como no direito de família, as necessidades do alimentando. Leva-se em conta, porém, o nível social do legatário. Veja o que falamos sobre alimentos em nossa obra dedicada ao Direito de Família, pois este Código introduziu modificações nessa matéria. Esta é a única disposição legal em nosso ordenamento que conceitua o conteúdo dos alimentos. Valemo-nos deste texto quando desejamos conceituá-los.

Na falta de disposição expressa, caberá ao juiz fixar o valor dos alimentos de forma equitativa, aplicando, certamente, os mesmos princípios do direito de família. A periodicidade, o termo e a condição dependerão da vontade do testador. Se os alimentos forem vinculados a um imóvel, constituirão ônus real. Ainda que o testador não o faça, pode ser apontado um imóvel para suportar os alimentos.

A exemplo do que pode ocorrer no direito de família, os alimentos podem ser concedidos *in natura*. O testador pode determinar a um herdeiro que forneça hospedagem e sustento ao beneficiado. Essa modalidade é inconveniente, como se percebe. Nada impede, ainda que o testador tenha determinado a hospedagem, que o herdeiro forneça os meios econômicos para tal. Pode ocorrer que o testador tenha determinado a educação do legatário em determinado colégio ou o tratamento de saúde em certo hospital. Estudar-se-á em cada caso a possibilidade de atendimento de sua vontade ou a oportunidade e conveniência da substituição por instituição similar. Assim, como os alimentos decorrentes do vínculo familiar, os provenientes de testamento também podem ser alterados, dependendo das condições financeiras da herança (possibilidades do alimentante) e das necessidades do alimentando. É evidente que os alimentos só podem sair da parte disponível do testador.

Como têm caráter de subsistência, os alimentos testamentários inserem-se entre os bens impenhoráveis. Porém, se o testador estabelecer um rendimento ou pagamento periódico ao legatário, rotulando-o de alimentos, tendo o beneficiário plenas condições de subsistência de per si, esse legado deve ser tratado como uma concessão genérica de renda, e não como alimentos. Nessa situação, não haverá impenhorabilidade.

O termo *alimentos* é restrito às necessidades de manutenção, de acordo com o padrão de vida do alimentando. Não há que se conceber pagamento de alimentos quando não há necessidade deles. Se a intenção do testador foi garantir única e exclusivamente meios de subsistência ao legatário, os interessados podem pedir a diminuição do seu montante ou o cancelamento do benefício quando o beneficiário não mais os necessitar.

Em que pesem opiniões em contrário, também no tocante ao legado de alimentos pesam as incapacidades para adquirir por testamento (art. 1.801). As pessoas aí referidas não têm legitimidade para usufruir de qualquer disposição testamentária. E, ainda, conforme a natureza dos alimentos em geral, são eles, em princípio, mesmo os derivados de testamento, irrenunciáveis e intransferíveis, salvo exceções derivadas do ordenamento.

Art. 1.921. O legado de usufruto, sem fixação de tempo, entende-se deixado ao legatário por toda a sua vida.

A propriedade é o direito real mais completo. Nada impede que o testador legue tão só um usufruto a legatário, deixando a nua-propriedade com herdeiro ou com outrem. Assim também com relação aos direitos de uso e habitação, quando não tiveram o caráter personalíssimo. Podem ser vários os usufrutuários concomitantemente. Se apenas foi nomeado o usufrutuário, há de se entender que aos herdeiros legítimos caberá a nua-propriedade. Se o testador atribui somente a nua-propriedade, entende-se que os herdeiros serão os usufrutuários. O mais comum e aconselhável é que sejam devidamente nomeados ambos os beneficiários.

Como existe uma bipartição da propriedade, há duas disposições testamentárias no usufruto. O Código menciona apenas nesse artigo o legado de usufruto, presumindo-se vitalício para o legatário, se o testador não dispuser em contrário e não houve estabelecimento de prazo. Como decorre do próprio instituto, não pode haver usufruto vitalício. O mesmo ocorre com o uso e a habitação. O fideicomisso possui outras particularidades.

O usufruto, se não houver outro prazo, extingue-se com a morte do usufrutuário. Em se tratando de legado, o usufruto somente pode recair sobre bens determinados. Se houver disposição sobre fração do acervo, trata-se de usufruto de herança, de uma universalidade. Assim, a deixa de usufruto pode ser direcionada a um bem determinado ou a uma porção da herança. A conservação dos bens objeto de usufruto é de responsabilidade dos beneficiários.

Na hipótese de ser pessoa jurídica a beneficiária de usufruto, se não for fixado prazo, será aquele do art. 1.410, III (30 anos).

**Art. 1.922. Se aquele que legar um imóvel lhe ajuntar depois novas aquisições, estas, ainda que contíguas, não se compreendem no legado, salvo expressa declaração em contrário do testador.
Parágrafo único. Não se aplica o disposto neste artigo às benfeitorias necessárias, úteis ou voluptuárias feitas no prédio legado.**

Se legado um imóvel e após o testamento houver acréscimo nessa propriedade, tal não se compreende no bem legado. Mas a ideia deve ser vista com cuidado, porque o parágrafo refere-se às benfeitorias, que não são consideradas acréscimos para os fins do *caput*. A ideia central é no sentido de que o imóvel será entregue tal qual se acha quando da morte do testador, salvo se essa não for sua vontade. As aquisições mencionadas na lei referem-se mais propriamente a acréscimos na extensão do imóvel.

Se o disponente constrói no imóvel, a construção insere-se no legado. Essa não é, no entanto, uma opinião tranquila na doutrina, embora seja, como regra, a mais tradicional e a mais sensata. Entender-se diferentemente poderá nulificar o alcance do legado. Construção não é, tecnicamente, benfeitoria. Mas também não é de ser considerada nova aquisição. Trata-se de acessório do solo. Contudo, há sempre que se averiguar a real intenção do testador, pois vulgarmente a construção se equipara à benfeitoria, o que vem a se denominar acessão. O melhor sentido do presente artigo, porém, é que, se o testador deixar a alguém um terreno e depois construir sobre ele, desejou efetivamente que esse acessório se incorporasse ao legado, se não faz declaração em contrário. A regra é que o acessório segue o principal. E, ainda, o texto legal é expresso em acrescer ao legatário as benfeitorias de qualquer espécie.

Assim, os acréscimos de *área* no imóvel (no terreno e não na construção) não se presumem incluídos no legado, salvo intenção diversa do disponente.

Se o testador não se referir propriamente a imóvel, mas a uma casa ou apartamento, presume-se que no legado inclui-se tudo o que nela estiver como mobília, decoração etc. Trata-se de um imóvel *ad corpus*, como o que atribui um imóvel rural com "porteira fechada".

Seção II
Dos Efeitos do Legado e do seu Pagamento

Art. 1.923. Desde a abertura da sucessão, pertence ao legatário a coisa certa, existente no acervo, salvo se o legado estiver sob condição suspensiva.

§ 1º Não se defere de imediato a posse da coisa, nem nela pode o legatário entrar por autoridade própria.
§ 2º O legado de coisa certa existente na herança transfere também ao legatário os frutos que produzir, desde a morte do testador, exceto se dependente de condição suspensiva, ou de termo inicial.

O herdeiro terá a aquisição e posse dos bens da herança no momento da morte, a *saisine* (art. 1.784). O legatário deve pedir o legado aos herdeiros. A partir da abertura da sucessão surge o direito de pedir, uma vez que ele não tem a posse da coisa legada. Como se vê, há grande diferença de tratamento para o legatário, daí a importância de bem se definir se a disposição é de herança ou de legado. O legatário, não sendo sucessor a título universal, mas a título singular, não é propriamente um continuador na titularidade do patrimônio do falecido. Essa a razão principal da diferença de tratamento. Não tem a posse do bem legado com a morte, embora a coisa já lhe pertença.

Pela dicção atual, não há dúvida de que o legatário, em legado puro e simples, ou de coisa certa, tem o domínio da coisa, com a abertura da sucessão. O texto antigo era confuso e não transmitia expressamente essa ideia, mas era expresso quanto ao *direito de pedir* o legado. A morte é o título que transfere a propriedade. O momento ideal para o legatário entrar na posse é a partilha (art. 647, caput do CPC). O testamenteiro, encarregado de executar a vontade testamentária, deveria tomar a iniciativa das providências necessárias para a entrega do legado (art. 1.137, I e IV, do CPC/1.973, este artigo não se repete no CPC/2015). A entrega pode ocorrer antes ou depois desse momento, contudo. Para a entrega do legado no juízo do inventário, serão ouvidos todos os interessados e pagos os tributos, se houver, sendo-lhe deferida a posse. A lei confere ao legatário, portanto, ação para pedir a coisa, de reivindicá-la. Há um *direito de pedir o legado*, como está no texto legal. A ação é reivindicatória, na hipótese de recusa. O herdeiro, ou quem detiver a coisa, não pode ser coercitivamente obrigado a entregá-la no processo de inventário. Havendo recusa, o procedimento será contencioso. Não se decidem questões de alta indagação no inventário, isto é, matérias que exijam produção de provas. Trata-se de uma ação real. O art. 1.690 do diploma anterior reportava-se aos *herdeiros instituídos*, que devem entregar a coisa, referindo-se ao que normalmente acontece. Todavia, a coisa pode ser reivindicada de terceiros.

O testador pode determinar, todavia, que o legatário entre imediatamente na posse do bem. Esclareça-se que nesse caso, enquanto o legatário não tiver o contato direto com a coisa, cuja entrega pode ser determinada pelo juiz do inventário, estará ele no gozo da posse indireta. Caso contrário, enquanto não tiver a posse não poderá valer-se dos remédios processuais possessórios. Poderá, no entanto, ingressar com medidas acautelatórias para preservação do bem e de seus direitos, impedindo a deterioração ou desaparecimento das coisas legadas. Não pode, contudo, entrar por autoridade própria na posse do legado. Trata-se de violência contra o espólio e os herdeiros, que se podem defender com as ações possessórias.

Pode ocorrer que a entrega seja inoportuna antes da partilha; que caiba aos herdeiros separar a coisa que vai integrar o legado, como nos legados alternativos ou genéricos. De qualquer forma, se o legatário ingressa por sua iniciativa na posse da coisa legada e assim permanece com tolerância dos herdeiros, a situação, em princípio, não será alterada. Deslinda-se sob os princípios gerais da posse. No caso, há de se verificar se não houve posse clandestina, violenta ou precária.

A ação que o legatário move contra os herdeiros, cônjuge meeiro e testamenteiro decorre normalmente do testamento. Sua reivindicação terá como suporte a deixa testamentária. Se o bem encontrar-se com terceiros, a ação é puramente de natureza reivindicatória, não podendo a vontade do testador ser oponível contra estranho à herança. Se o legado é constituído de gênero, espécie ou quantidade, a ação derivada do testamento é para a entrega da coisa.

O legado, portanto, não depende de aceitação. Se o legatário pede a coisa é porque o aceitou. Pode, contudo, renunciar expressamente ao legado, embora não esteja obrigado a fazê-lo. Se *renunciar* em favor de alguém será cessão, pois a renúncia é sempre incondicionada. Se houver renúncia, chama-se o substituto ou o bem irá para o monte da herança. Se forem vários os legados atribuídos a um mesmo locatário, pode ele aceitar uns e não aceitar outros. O que não pode ocorrer é a aceitação parcial de um mesmo legado.

Se os interessados desejarem que o legatário se manifeste sobre se vai pedir o legado, deverão notificá-lo, no curso do inventário. Se o indigitado deixar escoar o prazo razoável para se manifestar, presume-se que não deseja o legado.

A transcrição de um imóvel legado no registro competente no curso do inventário não altera o domínio do legatário, uma vez que o bem é seu desde a abertura da sucessão. Com o registro, alcança-se a plenitude do efeito *erga omnes*, evitando a ação dolosa de terceiros.

Os frutos produzidos pelo bem legado pertencem ao legatário desde a abertura da sucessão, salvo se diferentemente disposto no testamento, ou se o legado estiver sujeito a termo inicial diverso ou condição suspensiva. Esses frutos, de qualquer natureza, devem ser preservados. O legatário pode praticar todos os atos para sua preservação. Nada impede que no curso do inventário decida-se entregar já os frutos ao legatário.

Se houver no legado condição suspensiva, enquanto não ocorrer seu implemento, não haverá domínio por parte do legatário, mas mero direito eventual (art. 125). Porém, o domínio de coisa certa transmite-se de plano ainda que com termo inicial diverso da morte do *de cujus*, porque o termo suspende o exercício do direito, mas não sua aquisição (art. 131).

⚖ Testamento – Decisão que definiu a forma de pagamento dos legados – A anulação do último testamento, mediante decisão transitada em julgado, revitaliza aquele imediatamente anterior, que incumbiu a testamenteira de constituir um fundo com a quantia de US$ 350.000, destinado ao pagamento de legados mensais em favor de dois herdeiros, sem indicar especificamente nem o tipo de investimento que deveria ser feito, nem tampouco o respectivo índice remuneratório – Atribuições que ficaram a cargo da testamenteira, que, nada obstante, deixou de cumpri-las, razão pela qual foi objeto de decisão do Mm. Juiz "a quo" – Correção monetária deve ser contada a partir da data do óbito da testadora – Inteligência do disposto no "caput" do art. 1.923 do CC – Seja como for, o fato de a quantia em dinheiro, a ser objeto de aplicação financeira, ter sido indicada em dólares norte-americanos, por si só, equivale a estabelecer um fator de correção monetária – Ausência de provas de que o índice que remunerou as cadernetas de poupança no período foi inferior àquele do cdi85% – Decisão mantida – Recurso desprovido (*TJSP* – Ag 2240186-57.2017.8.26.0000, 13-6-2018, Rel. Theodureto Camargo).

⚖ Locação. Execução. Cobrança de aluguéis e encargos referente a período posterior à morte da locatária. **Imóvel legado a um terceiro em relação a lide. Ilegitimidade ativa do espólio.** Recurso improvido – Muito embora os legatários adquiram, na abertura da sucessão, o domínio de coisa certa existente no patrimônio do *de cujus*, bem como domínio dos frutos produzidos pelo objeto do legado (artigo 1.923 *caput* e § 2º, do Código Civil), enquanto não houver a partilha da herança, o direito dos sucessores é indivisível (artigo 1.791 do Código Civil). Por tal motivo, até que haja o trânsito em julgado da sentença de homologação da partilha, quando será possível a formalização da transmissão da propriedade do imóvel à Legatária, a legitimidade para administrar os bens do acervo e, portanto, para cobrar os aluguéis e encargos do imóvel legado é do espólio (*TJSP* – Ap. 992.06.071011-9, 9-8-2011, Rel. Armando Toledo).

⚖ Reintegração de posse cumulada com fixação de alugueres. *Droit de saisine*. **Legado**. Art. 1.923, § 2º CC/02. A autora é legatária do bem, sendo possível o legado de posse de acordo com a melhor doutrina. A despeito da transmissão do bem operar-se com a abertura da sucessão, o art. 1.923, § 1º do CC/02, antigo art. 1.690, parágrafo único do CC/1916 impede o deferimento imediato da posse. O art. 1.784 do CC/02 institui o princípio de *saisine* como regra geral havendo, quanto ao legado especificamente, regramento próprio, que há de ser observado. Assim, enquanto não se cumprir o procedimento legal exigido pelo ordenamento jurídico, não há que se falar em posse da autora, não sendo possível o manejo da presente reintegração de posse. Por outro vértice, a própria autora alega em sua petição inicial que nunca teve a posse do bem. Por isso, também não é possível o ajuizamento da reintegração de posse por ausência de um de seus requisitos essenciais. O réu, por sua vez, encontra-se com o imóvel, dando-lhe destinação econômica e social de moradia. Embora sem justo título posto que celebrou contrato de locação apenas com a legatária do 1º pavimento, exerce uma situação fática passível de proteção pelo direito, tendo em vista o direito social de moradia que exerce (art. 6º, *caput* da CRFB/88), tendo ali fixado suas ocupações habituais e de sua família, sem qualquer ato de violência ou clandestinidade, mediante contrato de locação. Os aluguéis são devidos à autora uma vez que, embora não tenha posse do bem desde o falecimento, possui direito aos seus frutos e rendimentos, nos termos do art. 1.923, § 2º do CC/02 que determina: "o legado de coisa certa existente na herança transfere também ao legatário os frutos que produzir, desde a morte do testador". Provimento parcial do recurso (*TJRJ* – Apelação Cível 2008.001.61200, 10-3-2009, Rel. Des. Roberto de Abreu e Silva).

Art. 1.924. O direito de pedir o legado não se exercerá, enquanto se litigue sobre a validade do testamento, e, nos legados condicionais, ou a prazo, enquanto esteja pendente a condição ou o prazo não se vença.

Se pender litígio acerca da validade do testamento não se pode pedir o legado. A regra é evidente, pois se declarado nulo ou anulado o testamento, nenhum efeito emanará do ato de última vontade. A mesma solução é concedida aos legados condicionais ou a prazo, pendente a condição e enquanto não vencido o prazo. A condição poderá frustrar-se, esvaziando o legado. O legatário pode falecer antes do implemento da condição ou antes do advento do termo no prazo. Essas regras somente atingem os legatários, não atingindo os herdeiros, que possuem o regime da *saisine*. Não se homologará, contudo, a partilha no tocante aos bens testados se houver ação anulatória de testamento. A parte incontroversa, no entanto, poderá ser partilhada.

Se o litígio não versar sobre a validade do testamento, mas sobre a validade ou interpretação de cláusula do testamento, é evidente que, enquanto não se resolver definitivamente a questão, não pode o legatário pedir o legado inserido em cláusula controversa. A negativa de entrega da coisa pelo juízo do inventário não inibe a ação contenciosa para a interpretação ou declaração de validade da cláusula testamentária.

De qualquer forma, a demora na entrega da coisa ao legatário pode tornar-se excessivamente onerosa para a herança, porque, como a coisa pertence ao legatário desde o momento da morte, a ele caberão os frutos e rendimentos. O administrador dos bens hereditários, inventariante ou testamenteiro, ou herdeiro encarregado do pagamento deve guardar a coisa até a entrega, até a solução do litígio.

O legatário terá os procedimentos acautelatórios para impedir a deterioração ou prejuízo de difícil reparação, valendo-se do poder geral de cautela conferido ao juiz, no estatuto processual.

🔍 Processual civil. **Procedimento de inventário.** Cobrança de taxa de ocupação a legatário que utiliza o bem antes da partilha. Descabimento, se a prova revelou que o beneficiário já era possuidor da coisa litigiosa antes mesmo do falecimento do testador. Exegese, a contrário sensu, do art. 1.924, § 1º, do CCB/02. Decisão que determina a sobrepartilha de bens oriundos de inventário anterior, ainda em litígio. Decisum correto, porquanto em sintonia com o que prescreve o art. 1.040, III, do CPC. Recurso conhecido e provido em parte para incluir nas primeiras declarações as dívidas deixadas pela inventariada, porquanto pertencem ao espólio, conforme é o teor do art. 597 do CPC. Unânime (*TJRJ* – Acórdão: Agravo de Instrumento nº 2008.002.32790, 24-3-2009, Rel. Des. Gabriel Zefiro).

Art. 1.925. O legado em dinheiro só vence juros desde o dia em que se constituir em mora a pessoa obrigada a prestá-lo.

Ao contrário da regra geral pela qual os frutos da coisa legada pertencem ao legatário desde a abertura da sucessão, no tocante aos juros, frutos civis, a lei abre exceção: somente serão devidos com a constituição em mora do *solvens*. Há que se estabelecer a culpa. A culpa estabelece-se pela mora. O legatário deve interpelar o devedor. A citação para a entrega da coisa equivale à constituição em mora. Quem não paga porque impossibilitado de fazê-lo por caso fortuito ou força maior não incorre nos efeitos da mora. Correção monetária, é bom não esquecer, não é renda. No legado condicional ou a termo, não se pode exigir nem há que se falar em juros antes do implemento da condição ou advento do termo.

Excluem-se os juros e frutos também se a coisa não é encontrada entre os bens do testador, ou se trata de coisa incerta. Tais bens, enquanto não encontrados ou concentrados, não serão exigíveis. Injusto seria, nessa situação, onerar o herdeiro. O legado de coisa incerta materializa-se, salvo exceção devidamente comprovada por escolha e entrega posterior, com a partilha.

A mora também pode ser do legatário se já pediu a coisa e esta foi colocada à sua disposição. A ação será de consignação em pagamento.

Art. 1.926. Se o legado consistir em renda vitalícia ou pensão periódica, esta ou aquela correrá da morte do testador.

O testamento somente gera efeitos após a morte do disponente. Assim, antes da morte não há herança e muito menos legado. Como consequência, o legado de pensão ou renda vitalícia só pode iniciar a partir da morte do testador. Há que se ver, no entanto, se o testador não estabeleceu outro prazo para início do benefício. Os períodos de pagamento fixados (dias, meses, anos) são contados a partir da morte.

🔍 **Legado de alimentos** – Disposição testamentária que beneficia herdeira – Valores provenientes de renda de imóvel locado, pertencente ao espólio. Decisão agravada que, em inventário, determina o levantamento das quantias depositadas em juízo em favor da legatária, bem como ordena à inquilina que faça o pagamento da quantia correspondente ao legado de alimentos diretamente à beneficiária da quantia. Correção. Disposição testamentária plena e eficaz. Legado de alimentos devidos desde a morte da testadora (artigo 1.926 CC/2002). Decisão mantida. Recurso desprovido, na parte conhecida (*TJSP* – AI 994.09.272937-0, 20-4-2010, Rel. De Santi Ribeiro).

Art. 1.927. Se o legado for de quantidades certas, em prestações periódicas, datará da morte do testador o primeiro período, e o legatário terá direito a cada prestação, uma vez encetado cada um dos períodos sucessivos, ainda que venha a falecer antes do termo dele.

Aqui o texto refere-se a prestações periódicas de quantidades certas. Se o testador deixou, por exemplo, dez colheitas anuais de uma fazenda, caberá o resultado dela ao legatário ainda que em curso uma das colheitas. As colheitas que se iniciarem após a morte do legatário não mais lhe pertencem, porque nessa hipótese não haverá mais legado, e muito menos as colheitas posteriores se transmitem aos herdeiros do legatário. A periodicidade deve pertencer à estrutura do legado.

Art. 1.928. Sendo periódicas as prestações, só no termo de cada período se poderão exigir.
Parágrafo único. Se as prestações forem deixadas a título de alimentos, pagar-se-ão no começo de cada período, sempre que outra coisa não tenha disposto o testador.

Não se confunde a periodicidade do artigo anterior com a presente dicção, que trata de prestações periódicas que *só no termo de cada período se poderão exigir*. Assim, por exemplo, o testador deixa parcelas em dinheiro exigíveis a cada ano. Enquanto não completado o ano, não é exigível a quantia e a morte do legatário no curso do período aquisitivo extingue o legado.

O parágrafo único estampa uma exceção, quando se tratar de legado de alimentos, quando então serão pagos no início de cada período. Assim, um legado de alimentos com periodicidade mensal é exigível no primeiro dia de cada mês. É da índole do instituto dos alimentos. Chegam a ser irritantes as minúcias destes dispositivos. Este Código poderia ter suprimido a maioria dessas regras.

Art. 1.929. Se o legado consiste em coisa determinada pelo gênero, ao herdeiro tocará escolhê-la, guardando o meio-termo entre as congêneres da melhor e pior qualidade.

Se o legado é de coisas fungíveis, caberá ao herdeiro a escolha, que não tem obrigação nem de dar as coisas melhores, nem as piores. Essa matéria pode ensejar discussão judicial. O legatário não pode exigir o melhor dentre os bens designados nem conformar-se com o pior. Na dúvida, far-se-á perícia. A esse respeito nos reportamos ao que foi dito quanto às obrigações de dar coisa incerta (*Direito Civil: teoria geral das obrigações e teoria geral dos contratos*, seção 6.4).

Art. 1.930. O estabelecido no artigo antecedente será observado, quando a escolha for deixada a arbítrio de terceiro; e, se este não a quiser ou não a puder exercer, ao juiz competirá fazê-la, guardado o disposto na última parte do artigo antecedente.

Os arts. 1.930 a 1.933 dão orientação ao intérprete no caso de necessidade de *escolha* dos legados. Não há que se esquecer nunca, todavia, que prevalecerá sempre a vontade do testador. Essas normas são supletivas. Aqui, aplica-se a mesma regra do artigo anterior se a escolha for atribuída a terceiro e, na impossibilidade deste, ao juiz.

Art. 1.931. Se a opção foi deixada ao legatário, este poderá escolher, do gênero determinado, a melhor coisa que houver na herança; e, se nesta não existir coisa de tal gênero, dar-lhe-á de outra congênere o herdeiro, observada a disposição na última parte do art. 1.929.

Esse artigo estabelece uma vantagem para o legatário. Se o testador deferiu a ele a escolha, pode escolher entre o gênero ou a espécie, *a melhor coisa que houver na herança*. Se não houver coisa do gênero apontado, o herdeiro deverá dar outra semelhante, na base do meio-termo, nem o melhor, nem a pior. O testador, por exemplo, legou cavalo puro-sangue inglês. Se não existir um semovente dessa espécie no monte, o herdeiro deverá dar um animal que não seja um campeão, mas que também não seja um pangaré.

Art. 1.932. No legado alternativo, presume-se deixada ao herdeiro a opção.

O testador deixa um cavalo campeão ou um touro de raça refinada. Se nada apontar, caberá ao herdeiro exercer a escolha. A matéria resolve-se segundo os princípios das obrigações alternativas. Trata-se, como se percebe, de mais uma presunção relativa.

Art. 1.933. Se o herdeiro ou legatário a quem couber a opção falecer antes de exercê-la, passará este poder aos seus herdeiros.

Se quem tiver que fazer a opção, herdeiro ou legatário, falecer antes de sua efetivação, o direito de escolha passa aos respectivos herdeiros (art. 1.933). Essa opção não é, portanto, um direito personalíssimo. Toda essa matéria referente à escolha nos legados poderia simplesmente ser remetida para as regras obrigacionais. Ali se examinam as situações de perda da coisa com ou sem culpa deste ou daquele, riscos e acréscimos e respectivas responsabilidade. A parte processual, em caso de litígio, segue a forma de execução das obrigações de dar, fazer e não fazer.

**Art. 1.934. No silêncio do testamento, o cumprimento dos legados incumbe aos herdeiros e, não os havendo, aos legatários, na proporção do que herdaram.
Parágrafo único. O encargo estabelecido neste artigo, não havendo disposição testamentária em contrário, caberá ao herdeiro ou legatário incumbido pelo testador da execução do legado; quando indicados mais de um, os onerados dividirão entre si o ônus, na proporção do que recebam da herança.**

Em primeiro lugar verifica-se a vontade do testador. Este pode ter designado algum ou alguns dos herdeiros para fazer o pagamento. Só os designados responderão pelo pagamento. No caso de omissão do testador, o encargo caberia a todos os herdeiros, proporcionalmente ao que herdassem (art. 1.702 do Código de 1916). O Código presente extinguiu esse casuísmo como se vê da redação do artigo sob estudo. A herança pode ter sido repartida toda em legados e nesse caso não haverá herdeiros, mas apenas legatários.

Se houver um único herdeiro, caberá a este, evidentemente, o pagamento, salvo se diferentemente tiver disposto o testador. O pedido de entrega pode ser feito ao testamenteiro, quando estiver na posse dos bens, como administrador e inventariante. É função do testamenteiro tudo fazer para executar o testamento.

A entrega voluntária não enseja maiores problemas. Basta que aquele que entrega o bem se acautele de ter poderes para fazê-lo. Prova-se a entrega pelo recibo ou qualquer outro meio. Quando se tratar de imóvel, o formal de partilha ou carta de adjudicação será levado a registro.

O cumprimento dos legados pode ser atribuído a mais de uma pessoa.

"*Quando indicados mais de um, os onerados – sejam herdeiros, sejam legatários – dividirão entre si os ônus, na proporção do que recebam na herança, isto é, na proporção dos respectivos quinhões hereditários ou dos correspondentes legados*" (Veloso, 2003, p. 258).

Não há solidariedade nessa situação.

Art. 1.935. Se algum legado consistir em coisa pertencente a herdeiro ou legatário (art. 1.913), só a ele incumbirá cumpri-lo, com regresso contra os coerdeiros, pela quota de cada um, salvo se o contrário expressamente dispôs o testador.

Vimos no art. 1.913 que a coisa a ser entregue pode pertencer ao herdeiro ou legatário. Esse artigo determina que cada herdeiro responderá proporcionalmente pelo que o herdeiro ou legatário pagar de seu legado ou herança àquele que se denomina *sublegatário*. O testador poder excluir a possibilidade de rateio do valor. O herdeiro, a quem incumbir entregar coisa sua, pode não fazê-lo, não sendo obrigado a tal. Nesse caso, presumir-se-á que renunciou à herança ou ao legado, na hipótese de sublegado. Essas situações são tratadas evidentemente como disposições com encargo.

Enquanto não terminado o inventário, não será exigível o legado, ainda que o testador determine o contrário, porque a herança poderá não ter ativo suficiente para pagá-lo.

O legado deve ser entregue no estado em que se encontrar quando da morte. Se houver perda ou deterioração após a abertura da sucessão, caberá a apuração de culpa, para a indenização do legatário. A matéria será obrigacional.

Ação de cobrança de cotas condominiais. Denunciação da lide. Procedimento sumário. Descabimento. Fundamento suficiente. Preliminar de nulidade repelida. Agravo retido desprovido. Promessa de cessão de direitos hereditários. Celebração, em verdade, de promessa de compra e venda de bem imóvel objeto de **legado**. Negócio válido, em razão da transmissão imediata da propriedade ao legatário quando da abertura da sucessão. Responsabilidade da apelante pelo pagamento das cotas condominiais do imóvel. Obrigação *propter rem*. Documentos anexados pelo credor com demonstração da autorização das despesas em assembleia. Recurso desprovido (*TJRJ* – Apelação Cível 2009.001.08662, 1º-4-2009, Rel. Carlos Eduardo da Fonseca Passos).

Art. 1.936. As despesas e os riscos da entrega do legado correm à conta do legatário, se não dispuser diversamente o testador.

O legatário deve arcar com as despesas e riscos da entrega, salvo se disposto diferentemente pelo testador. Assim, caberá ao legatário mandar buscar e transportar o cavalo puro-sangue que recebeu. Os riscos que o legatário suporta são os decorrentes de caso fortuito ou força maior. O legatário terá direito a indenização se houver deterioração ou perda por parte de herdeiro ou terceiro.

Art. 1.937. A coisa legada entregar-se-á, com seus acessórios, no lugar e estado em que se achava ao falecer o testador, passando ao legatário com todos os encargos que a onerarem.

A coisa legada é entregue tal como se encontrar, no lugar onde se achar. Se houver tributos de transmissão, estes caberão ao legatário a partir da morte. Se há despesas em aberto anteriores à morte, como as de condomínio, por exemplo, a obrigação será do espólio.

O possuidor, herdeiro ou terceiro, que deixar deteriorar ou perder a coisa, após a morte do autor da herança, responderá por perdas e danos. As coisas são entregues com seus acessórios. Se a coisa possuir ônus, como penhor, hipoteca ou anticrese, assim a receberá o legatário. Da mesma forma se o bem estiver sob usufruto, que deverá ser respeitado. Não está o legatário obrigado a receber a coisa, mas se a receber, ela virá com todos os encargos.

Lembre-se de que os direitos reais de garantia (hipoteca, penhor, anticrese) não espelham obrigações inerentes à coisa legada. Se o legatário pagar a dívida sob hipoteca, por exemplo, em ação judicial, ficará sub-rogado nos direitos do credor com relação ao herdeiro. Diferente, por exemplo, se o imóvel está sob o regime de enfiteuse, sendo obrigação do legatário pagar o foro. Tudo isso se aplica se não houver manifestação em sentido diverso por parte do testador.

Art. 1.938. Nos legados com encargo, aplica-se ao legatário o disposto neste Código quanto às doações de igual natureza.

A matéria referente à doação com encargo deve ser trazida à baila. Assim, o legatário deve cumprir o encargo, podendo ser obrigado a tal. O Ministério Público terá legitimidade para propor a ação para cumprimento do encargo se houver interesse público. Pontes de Miranda entende que o Ministério Público terá sempre legitimidade para a referida ação, pois a ele compete também velar pela correta aplicação da vontade testamentária, no que parece estar absolutamente correto. Podem também promover a ação qualquer herdeiro ou legatário interessado, bem como o beneficiário com a realização do encargo. O testamenteiro também pode e deve mover essa ação, de vez que comete a ele zelar pela validade e execução do testamento.

O benefício pode ser revogado, ou melhor, anulado, por descumprimento do encargo, dependendo de sua natureza. Há muita proximidade do encargo com a condição, matéria que é vista na Parte Geral. Se anulado o legado por descumprimento do encargo, a deixa irá para o substituto indicado, se houver, ou devolve-se ao monte hereditário.

Seção III
Da Caducidade dos Legados

Art. 1.939. Caducará o legado:
I – se, depois do testamento, o testador modificar a coisa legada, ao ponto de já não ter a forma nem lhe caber a denominação que possuía;
II – se o testador, por qualquer título, alienar no todo ou em parte a coisa legada; nesse caso, caducará até onde ela deixou de pertencer ao testador;
III – se a coisa perecer ou for evicta, vivo ou morto o testador, sem culpa do herdeiro ou legatário incumbido do seu cumprimento;
IV – se o legatário for excluído da sucessão, nos termos do art. 1.815;
V – se o legatário falecer antes do testador.

1. Caducidade dos legados

Caducar significa *decair*, perder a força, a eficácia, *enfraquecer*. *Caducidade*, em outro sentido técnico, é sinônimo de decadência, instituto ligado à perda de um direito pelo decurso, conforme se estuda na Parte Geral. Distingue-se, portanto, da revogação porque esta é ato de vontade, assim como da nulidade, que apresenta princípios específicos.

O Código apresenta hipóteses sob este título de "caducidade dos legados" precisamente para demonstrar as situações nas quais o legado perde sua força, seu vigor, deixando de ter eficácia, não podendo ser tido como tal, desaparecendo, enfim, como deixa testamentária. Desaparece a razão de ser da deixa testamentária, isso em razão de algum fato posterior, ou mesmo anterior, à elaboração testamentária. A caducidade dos legados pode estar ligada à própria coisa legada ou ao legatário. Há, pois, razões de caducidade de ordem objetiva e de ordem subjetiva. Em todas as situações (algumas delas até mesmo não presentes na relação legal), ocorre uma situação que torna o legado sem sentido. Nada de muito novo, no entretanto, introduz o legislador, pois as hipóteses, em última análise, dizem respeito à interpretação da vontade testamentária, ou a regras já anteriormente expostas.

Como é evidente, com a caducidade do legado, o bem apontado, se não desapareceu ou foi alienado, permanece na massa hereditária.

Caducidade não se confunde com nulidade. Na caducidade, existe apenas a perda do vigor da disposição, que, por uma questão estritamente de lógica, não pode ter eficácia. Na nulidade, há um defeito legal que torna, de plano, a cláusula inválida e consequentemente ineficaz. Sempre que não existir mais objeto ou sujeito de direito, desaparece a razão de ser da relação jurídica. Já vimos que um legado sob condição suspensiva, uma vez frustrado o implemento da condição, está caduco, não mais poderá ser atribuído. Da mesma forma, num legado a termo, o legatário não é titular da coisa enquanto não ocorrer o advento do termo. Se o beneficiário falece antes do termo, também há caducidade do legado.

Destarte, existem situações de caducidade que se situam fora da enumeração do presente art. 1.939. Na falta de manifestação expressa do testador sobre o destino do objeto, uma vez caduco o legado, o bem volta à massa hereditária, para a atribuição regular aos herdeiros. O dispositivo sob exame trata da ineficácia dos legados por causa estranha à vontade do testador. O testador pode prever a caducidade e estabelecer outro destino para a coisa. O fato de se ter um legado por ineficaz não macula o testamento. A caducidade só atinge determinada cláusula testamentária. Também não se confunde a caducidade do legado com a revogação da cláusula pelo testador. Vimos que é da essência do testamento sua revogabilidade. O testador pode revogar tácita ou expressamente um legado em outro testamento. A dúvida fica por conta da interpretação da vontade testamentária. Se a nova disposição testamentária for incompatível com a anterior, há revogação tácita.

Do mesmo modo, não haverá mais legado se o testador se desfez da coisa em vida, ou esta deixou de lhe pertencer. São questões de lógica, que a lei achou melhor traduzir, além de estampar norma a respeito do legado alternativo no art. 1.940. Se um legado caducar com encargo e há legatário substituto, a este cabe recebê-lo com o ônus, se não for personalíssimo. Se o legado caduco é devolvido ao monte, aos herdeiros há que se entender, salvo disposição contrária do disponente, desaparecer o encargo. Se o legado é destinado a pessoa que não existe ao tempo da morte do testador, fora os casos permitidos em lei, não haverá propriamente caducidade; o que existe é falta de sujeito para usufruir da relação jurídica. Não há agente capaz, em síntese, *incapacidade*. A ocorrência de causa descrita na lei, portanto, não se refere à incapacidade posterior do testador, nem à do legatário. Se houver incapacidade do testador quando da elaboração do testamento, o negócio é nulo. Se ocorrer incapacidade posterior do legatário, quando da abertura da sucessão, o *legado é nulo*.

2. Modificação da coisa legada

O inciso I do presente artigo diz que o legado caducará "*se, depois do testamento, o testador modificar a coisa legada, ao ponto de já não ter a forma nem lhe caber a denominação que possuía*". A intenção do testador parece ser importante na dicção legal. Se o disponente deixa um anel de formatura e depois o transforma em uma aliança, fica evidente que o legado perdeu a essência. O que se presume é que se o testador transformou tão profundamente a coisa é porque não deu mais importância ao legado. Tudo vai ocorrer, porém, no exame da vontade do testador. Itabaiana de Oliveira (1957, nº 624) cita o exemplo do legado de um terreno, sobre o qual, após, se constrói um edifício. O tradicional autor entende que a transformação do legado é tal que perde a eficácia. No entanto, a afirmação peremptória nos afigura inadmissível nesse exemplo, uma vez que a construção é acessório do terreno. Pela interpretação contrária manifesta-se Barros Monteiro (1977, v. 6, p. 187):

> "assim também com relação a imóveis, melhoramentos ou benfeitorias neles introduzidos não importam transformação substancial, apta a destruir a eficácia do legado".

Já passamos pelo art. 1.922 e ali vimos que o aumento de *área* do imóvel não se presume incluída no legado. A lei nada diz sobre a construção. O exame das circunstâncias da vontade é importante. Se o testador, ao fazer a construção, teve oportunidade de alterar a deixa testamentária por outra e não o fez, tudo levará a crer que desejou que a construção integrasse o legado. A transformação de que fala a lei é aquela substancial, que altera até mesmo a denominação da coisa. De qualquer forma, se a transformação ocorrer por caso fortuito, ou por terceiro à revelia do testador, e ainda puder ser identificada a coisa, o legado será eficaz. O dispositivo é mais uma minúcia legal a que desce o testador na interpretação da vontade testamentária. A situação pode dar margem a infindáveis discussões. Imagine que o testador tenha deixado ações da companhia *A*, da qual era grande acionista. Ao falecer, só tem ações da companhia *B*. O juiz deve dar um paradeiro, sempre decidindo de acordo com a lógica.

O legado pode chegar também de forma parcial ao legatário, como já vimos, por não ser mais o autor da herança titular de toda a coisa legada quando da morte. Tratando-se de legado de coisas designadas pelo gênero ou espécie, a transformação faz caducar a deixa se os bens transformados se encontravam com o testador. Se o testador não os tinha, trata-se de encargo que obriga os herdeiros a adquirir as coisas dessa natureza. Assim, se o testador diz: "*deixo a Antônio meus cem lingotes de ouro*" e, ao morrer, já os transformou em objetos de arte, caduca o legado. Se apenas diz: "*deixo cem lingotes de ouro*", tratando-se de obrigação genérica, não há caducidade (MAXIMILIANO, 1952, v. 3, p. 473).

3. Alienação da coisa legada

O inciso II diz que caducará o legado "*se o testador, por qualquer título, alienar no todo ou em parte a coisa legada; nesse caso, caducará até onde ela deixou de pertencer ao testador*".

Coisa está colocada na lei de forma genérica: qualquer bem sujeito de transmissão, material ou imaterial. Presumimos que, se o testador alienou a coisa, não desejou que o legado operasse. Trata-se de legado de coisa alheia, e vimos, ao estudar o art. 1.912 que, em regra geral, é ineficaz o legado de coisa alheia. E, em complementação, o art. 1.914 informa que, se a coisa só em parte pertencer ao testador, o legado só valerá no tocante a essa parte. Por outro lado, salvo vontade expressa, o testador pode sofrer uma alienação forçada, por força de execução, ou desapropriação. Trata-se, do mesmo modo, de coisa alheia, desaparecendo o legado por falta de objeto, em que pesem opiniões em contrário. Se o testador aliena a coisa e volta a adquiri-la, surge o problema do exame da caducidade. Deve ser examinada a intenção do legislador. À primeira vista, grassando dúvida na doutrina, parece-nos que houve intenção de revogar a liberalidade. O mesmo ocorre com a promessa de venda. O testador manifesta sua vontade em alienar, ainda que não constem do ato as cláusulas de irretratabilidade. A promessa de venda, mormente por nosso sistema vigente, equivale a verdadeira alienação.

Se sua alienação for dada como nula, há que se entender que persiste o legado se a causa da anulação afeta diretamente a vontade do testador, como, por exemplo, sua alienação mental (RODRIGUES, 1978, v. 7, p. 173). Se houve vontade do testador em alienar e a anulação se deu por outra causa, estará esvaziado o legado. Examinou-se a hipótese de a coisa já pertencer ao legatário quando da morte, quando então se esvazia a disposição. Se o testador aliena a coisa, mas guarda ou reserva o produto da venda para após sua morte, é eficaz a disposição. Não se pode presumir, por sua vez, que a permuta ou aquisição de outro bem sub-rogue o legado. O legado caducará nessa hipótese, salvo menção expressa do testador.

4. Perecimento ou evicção da coisa legada

No inciso III, o texto dispõe que caducará o legado: "*se a coisa perecer ou for evicta, vivo ou morto o testador, sem culpa do herdeiro ou legatário incumbido do seu cumprimento*".

Trata-se da aplicação do princípio geral segundo o qual perece o direito perecendo seu objeto. O art. 78 do antigo Código estabelecia situações em que se presumia ter perecido o objeto:

> "I – quando perde as qualidades essenciais, ou o valor econômico;
> II – quando se confunde com outro, de modo que se não possa distinguir;
> III – quando fica em lugar de onde não pode ser retirado" (ver VENOSA, Direito civil: parte geral, seção 18.4).

Nessa situação, deixa de existir legado por falta de objeto. Como é o herdeiro quem normalmente deve entregar o legado, este caducará se o perecimento ocorrer sem sua culpa. Pode não ser o herdeiro o encarregado de entregar a coisa, mas sim outro legatário. A situação de culpa se aplica ao legatário. Se o legado pereceu por culpa de terceiro não há caducidade. Legado houve. O legatário poderá promover ação de indenização contra o terceiro (MIRANDA, 1973, v. 57, p. 336). Embora a lei fale em perecimento da coisa, quando o bem se torna inalienável, a situação é análoga. Desaparece o objeto do legado. Também há caducidade. Quando se trata de legado de *gênero*, pelo que já vimos, como o gênero nunca perece, permanece o legado de coisas fungíveis, enquanto houver forças na herança.

O perecimento da coisa deve ser visto pelo prisma dos direitos reais. Ali se vê, no art. 1.275, que o perecimento do imóvel é uma das formas de extinção da propriedade. O art. 590 do antigo Código dizia que também se perde a propriedade mediante desapropriação por necessidade ou utilidade pública. Destarte, ainda que se entenda que a desapropriação não se insere no inciso II do artigo em estudo, a desapropriação equivale à perda da propriedade imóvel. Só subsistirá o legado no valor da indenização, nesse caso, se houver expressa menção de substituição ou sub-rogação por parte do testador. O perecimento do objeto do legado pode ocorrer antes ou depois da morte do testador. Em ambos os casos, pode ser aferida a culpa do herdeiro. Provada sua culpa, responderá ele por perdas e danos. Se a coisa perece após a morte do testador, sem culpa do herdeiro, o legado desaparece quando já na titularidade do legatário. Por consequência, segue-se o princípio da *res perit domino* (a coisa perece com o dono). Se o herdeiro já foi constituído em mora e não entregou a coisa, o princípio é de direito obrigacional. Se a coisa perecer por culpa do herdeiro, responderá pelo valor da coisa, com perdas e danos. O herdeiro em mora responde pelos efeitos do retardamento, ainda que por caso fortuito ou força maior, a não ser que prove que a perda da coisa ocorreria ainda que entregue a tempo. Se o perecimento foi só em parte, persiste o legado no remanescente, sem prejuízo das perdas e danos.

O herdeiro também pode ser responsabilizado por perdas e danos, no caso de evicção, se não defendeu devidamente os direitos do testador (no caso, o espólio, cabendo também a defesa ao inventariante e ao testamenteiro) sobre a coisa na ação movida por terceiro, ou não tomou medida legal alguma na apreensão administrativa. Sua culpa será apurada no caso concreto. A coisa evicta se equipara a coisa alheia. A evicção (art. 447 ss) é a perda da coisa por decisão judicial, que a declara pertencer a terceiro. Pouco importa que a evicção ocorra antes ou depois da morte do testador. A perda da coisa por decisão administrativa (apreensão policial de coisa furtada, por exemplo) equipara-se à evicção. Desnecessário um processo judicial, se a coisa evidentemente não pertence a quem a detinha ilegitimamente (no caso, o testador).

A evicção é vício jurídico que afeta a coisa legada. Não pode o legatário, como regra geral, alegar vício redibitório, que é defeito material na coisa. Se o vício foi causado pelo herdeiro ou por terceiro, a situação refoge à caducidade do legado.

5. Caducidade por indignidade

O inciso IV do art. 1.939 refere-se à exclusão por indignidade (art. 1.815). O excluído da sucessão por indignidade não pode ser herdeiro ou legatário. Qualquer herdeiro ou legatário que tenha interesse na herança pode mover a ação de exclusão por indignidade. Pode fazê-lo o testamenteiro, que deve zelar pela correta aplicação das disposições testamentárias. Há que se presumir que, se o testador não perdoou o legatário indigno, não desejou que o mesmo o sucedesse.

6. Caducidade pela pré-morte do legatário

É o último inciso do art. 1.939. Não há legado se o legatário morrer antes do autor da herança, simplesmente porque não há transmissão *causa mortis*. Não há legado por falta de sujeito. O objeto do legado se devolve ao monte, se não houver substitutos ou direito de acrescer com outros colegatários. Já vimos que não há direito de representação para os legatários.

Como lembra Eduardo de Oliveira Leite (2003, p. 567), a presente hipótese de caducidade aplica-se também às pessoas jurídicas, as quais, embora não suscetíveis de morte, podem se extinguir antes da morte do testador. Por outro lado, se a pessoa jurídica indicada pelo testador sofreu fusão, cisão ou incorporação, nem sempre será fácil deduzir a vontade do testador para ser mantido o legado e a deixa pode também esvair-se.

Não são somente estes aqui presentes os casos de caducidade do legado, pois o fenômeno também ocorre quando o legatário não aceita o legado; quando a condição aposta se frustra etc.

Inventário – Habilitação de herdeiros – Legatários de apartamento falecidos antes da testadora – Inexistência do direito de acrescer – Caducidade do legado nos termos do art. 1.939 do CC – Sucessores, ainda, a título universal em quinhões determinados sobre os demais bens – Direito de seus sucessores concorrerem por representação com os tios, irmãos da falecida – Recurso provido (*TJSP* – Ag 2232069-09.2019.8.26.0000, 14-1-2020, Rel. Alcides Leopoldo).

Direito civil – Apelação cível – Ação ordinária anulatória de escritura pública de doação com reserva de usufruto – **Testamento – Doação posterior do bem legado – Caducidade** – Art. 1.939, II, do CC – Sentença mantida – Recurso improvido – Decisão unânime – 1 – A doação posterior do bem ou de todos os bens testados, torna ineficaz o testamento. 2 – Caducará o legado ao testador, por qualquer título, alienar no todo ou em parte a coisa legada; Nesse caso, caducará até onde ela deixou de pertencer ao testador. Inteligência do art. 1.939, II, do CC. 3 – Recurso Improvido. Decisão Unânime (*TJPE* – Ap. 0006371-74.2005.8.17.0480, 24-4-2012, Rel. Des. Agenor Ferreira de Lima Filho).

Ação de abertura, registro e cumprimento de testamento. Premoriência da legatária – **Caducidade do legado**. Não cabe direito de representação na sucessão testamentária. Inteligência do art. 1.939, V, do Código Civil. Recurso improvido (*TJSP* – Ap. 0027674-95.2010.8.26.0100, 7-11-2012, Rel. Luiz Antonio Costa).

Art. 1.940. Se o legado for de duas ou mais coisas alternativamente, e algumas delas perecerem, subsistirá quanto às restantes; perecendo parte de uma, valerá, quanto ao seu remanescente, o legado.

O presente artigo traça norma específica a respeito do legado alternativo, sempre suplementar da vontade do testador: se o legado for de duas ou mais coisas alternativamente, e algumas delas desaparecerem, subsistirá quanto às restantes. Perecendo parte de uma, valerá, quanto ao seu remanescente, o legado. A regra é da obrigação alternativa. Na verdade, o fulcro do artigo cuida da persistência do legado e não de sua caducidade, não sendo muito claro. O dispositivo explicita, porém, o que diz o art. 1.932, que poderia dar margem a dúvida quanto à extinção do legado. Não fosse a letra expressa do art. 1.940, o herdeiro poderia defender a tese da extinção do legado alternativo nesse caso. Traz-se sempre à colação no tocante ao legado alternativo e o respectivo desaparecimento da coisa a regulamentação obrigacional. Sempre que houver culpa pelo desaparecimento, por parte de herdeiro ou de terceiro, poderá haver indenização por perdas e danos.

Já no tocante à *evicção*, como vimos, caducará o legado porque o testador não tinha direito à coisa legada. O objeto não era idôneo.

CAPÍTULO VIII
Do Direito de Acrescer entre Herdeiros e Legatários

Art. 1.941. Quando vários herdeiros, pela mesma disposição testamentária, forem conjuntamente chamados à herança em quinhões não determinados, e qualquer deles não puder ou não quiser aceitá-la, a sua parte acrescerá à dos coerdeiros, salvo o direito do substituto.

⚖ Agravo de instrumento. Inventário. Testamento. Lei vigente à data da abertura da sucessão. Cônjuge sobrevivente. Herdeiro necessário. Irmãos. Herdeiros testamentários falecidos. Direito de acrescer aos sobreviventes. Avaliação judicial. Desnecessidade. Valor venal do IPTU. I – O testamento foi elaborado na vigência do Código Civil de 1916, no entanto, a sucessão é regida pela lei vigente à data do óbito, em 2015, quando em vigor o CC/2002. Impossibilidade de excluir a condição de herdeiro necessário do cônjuge sobrevivente. II – O direito dos colegatários de acrescer não ocorrerá se o testador, ao fazer a nomeação conjunta, tiver determinado o quinhão de cada um, art. 1.941 do CC. Quando o acréscimo não se efetuar, transmite-se ao herdeiro legítimo a quota vaga do legatário, art. 1.944 do CC. III – É idônea a utilização do valor indicado como base de cálculo do IPTU para avaliar os bens imóveis do inventário. IV – Agravo de instrumento desprovido (*TJDFT* – Ag 07118738620208070000, 22-7-2020, Rel. Vera Andrighi).

⚖ Agravo de instrumento – Inventário – **Direito de acrescer** – Não ocorrência de qualquer uma das possibilidades – Transmissão da herança no momento do óbito – Falecimento de herdeira testamentária posterior a morte do testador. O direito de acrescer surge apenas quando o testador distribui seu patrimônio entre vários herdeiros ou legatários e um deles não chega a adquirir sua parte por premoriência, exclusão ou renúncia (*TJMG* – AI 0024.89.607260-0/001, 8-7-2008, Rel. Des. Armando Freire).

Art. 1.942. O direito de acrescer competirá aos colegatários, quando nomeados conjuntamente a respeito de uma só coisa, determinada e certa, ou quando o objeto do legado não puder ser dividido sem risco de desvalorização.

1. O direito de acrescer. Conceito

Na sucessão legítima, se houver um único herdeiro, este entrará na posse e propriedade da universalidade de toda a herança, pelo princípio da *saisine*, logo no momento da morte. Se há mais de um herdeiro legítimo (vários filhos, por exemplo), a herança é dividida em tantas partes quanto seja o número de filhos. O direito de representação, como já visto, é uma exceção à regra de que os herdeiros de grau mais próximo excluem os mais remotos. Desse modo, não existindo testamento, teremos uma divisão em quotas iguais; em nosso exemplo, pelo número de filhos. Se um dos filhos já tiver pré-morrido ao *de cujus* (e não havendo direito de representação), os filhos sobreviventes receberão a herança, já que o filho pré-morto não é, e nunca foi, herdeiro. Portanto, embora a lei não o diga, a quota do descendente pré-morto "acresce" aos demais do mesmo nível, na mesma classe, que vão receber uma parte maior do monte. Assim, se o *de cujus* tivera três filhos e ao morrer só dois lhe sobrevivem, a herança será dividida em apenas duas partes (lembre-se de que em nosso exemplo não há caso de representação). Por isso, quanto menor o número de herdeiros, maior será a quota de cada um na herança. Há um crescimento natural da herança quanto menor for o número de herdeiros legítimos.

Na renúncia da herança, o herdeiro é tratado como se nunca tivesse existido, de modo que sua quota acresce aos demais da mesma classe (art. 1.810). Aqui, o Código fala expressamente em "acrescer". Não se representa herdeiro renunciante, como ocorre com o indigno (art. 1.816), o qual é tratado como se morto fosse. Desse modo, na ordem de vocação legítima existe um acréscimo da herança na falta de herdeiros do mesmo nível. Todavia, o fato passa despercebido, porque se trata tão só de fazer uma divisão do patrimônio entre os herdeiros (aptos e capazes para suceder).

No âmbito da sucessão testamentária, pode ocorrer que o testador tenha instituído vários herdeiros, não lhes dividindo a quota. Ou que tenha instituído mais de um legatário sobre o mesmo bem. Surgirá a questão, portanto, de saber como ficará a parte do herdeiro inexistente, ou que não possa ou não queira suceder. Para isso, o Código traça regras acerca do direito de acrescer.

A questão remonta à Antiguidade. Vimos que, no Direito Romano, a princípio, não se admitia a convivência das duas formas de sucessão, a legítima e a testamentária (*nemo pro parte testatus, pro parte intestatus decedere potest*). Segundo esse princípio, se o testador dispunha de apenas parte da herança no ato, todo o restante de seus bens "acrescia" ao herdeiro testamentário. Essa regra desaparece no Direito moderno. Não existe mais essa modalidade de direito de acrescer. A questão do direito de acrescer poderá surgir quando o testador distribui seu patrimônio entre vários herdeiros ou legatários e um deles não chega a adquirir sua parte por premoriência, incapacidade ou renúncia.

A primeira regra a ser fixada é a do exame da vontade do morto. Pode ele ter disposto acerca de substituições, acréscimos ou caducidades das deixas. Sua vontade deve ser obedecida. As disposições do Código são unicamente *supletivas da vontade do testador*.

A segunda regra é observar que, se o testador silencia e nomeia dois ou mais herdeiros ou legatários, sem discriminar sua quota ou porcentagem na herança ou no objeto legado, aos sucessores remanescentes se acresce o benefício. São as chamadas disposições testamentárias *cumulativas*. O Direito Romano admitia três formas, encontradas no *Digesto* e comumente citadas pelos autores.

A conjunção *re et verbis* ocorria quando o testador nela incluía vários herdeiros sobre a mesma quota ou coisa (*re*) e na mesma frase (*verbis*). Assim, por exemplo: *A* deixa metade de sua herança a Pedro e Antônio e a outra metade a José. Na falta de Pedro, toda a metade caberia a Antônio, e vice-versa.

A outra forma era a conjunção *re tantum*. Aqui, o testador atribui a mesma coisa (*re*) a vários herdeiros, *mas em frases distintas*, no bojo do mesmo testamento. Assim, por exemplo: *B* deixa a Paulo seu cavalo "Mascote". *B* deixa a Pedro seu cavalo "Mascote". Se faltasse um dos nomeados, o remanescente recebia a coisa por inteiro. A solução é, em síntese, a mesma da situação anterior. Há dois legatários sobre a mesma coisa, mas não na mesma dicção (*verbis*).

A terceira forma era a *verbis tantum*. Assim, por exemplo: *C* deixa sua casa de morada a Antônio e Pedro, metade para cada um. Essa vocação hereditária ocorria, portanto, quando o testador incluía mais de um herdeiro na mesma disposição, especificando as porções. Na verdade, aqui há duas deixas testamentárias, com objetos diferentes, individualizados. O direito de acrescer ocorria verdadeiramente nas duas primeiras formas. Na última, as deixas eram autônomas. Como vemos pelos exemplos citados, o acrescimento pode ocorrer tanto na quota da herança, quanto na fração de um legado.

Em conclusão, o direito de acrescer tem lugar quando, sendo vários os herdeiros ou legatários nomeados pelo testador, na falta de um deles (por morte anterior, renúncia ou incapacidade), seu quinhão acresce ao dos outros.

Os problemas só surgirão quando o testador não for suficientemente claro. Alguns autores pretendem ver no fenômeno um direito de "não decrescer" e não propriamente um direito de acrescer. Segundo esse raciocínio, o herdeiro ou legatário não poderia exercer sozinho o direito, porque deveria compartilhá-lo com outro sucessor, que tinha o mesmo direito. Desaparecendo o direito deste último, o remanescente sobrevivo passa a ter o direito de forma integral. A ideia é sutil demais para que se lhe dê importância.

Uma noção que deve ficar clara é a de que, não havendo disposição conjunta no testamento e inexistindo sujeito para a deixa testamentária, ou há substituição, aposta pelo testador, ou devolve-se a porção hereditária ou o legado ao monte, para seguir o destino da vocação legítima.

2. A compreensão legal

A ideia do acrescimento concentra-se na existência de dois ou mais aquinhoados, na mesma disposição. É o que deflui desses dois artigos em epígrafe.

A falta do herdeiro ou legatário é fato inesperado para o testador, tanto que ele não previu a hipótese, no caso. Contudo, quando da abertura da sucessão, o direito já está materializado pela falta de um dos cossucessores. Na dúvida, se há ou não direito de acrescer, propende-se para sua existência (MAXIMILIANO, 1952, v. 2, p. 517). Se há dúvida entre acrescimento ou substituição, devemos concluir pela substituição, a qual normalmente é a mais comum e menos caprichosa no testamento. Como sempre, porém, vai preponderar a vontade do testador. Pode ele proibir expressamente o direito de acrescer. Nesse caso, a destinação dos bens segue o determinado pelo art. 1.944.

Muito se discute acerca da natureza desse direito de acrescer. Continua a ser mais uma forma de interpretação supletiva da vontade do testador, sua vontade presumida pela lei. Em determinadas situações, evita-se o condomínio, sempre um ponto de discórdias. O fenômeno do acréscimo também só ocorre em disposições conjuntas e *no mesmo testamento*. Se a mesma coisa é atribuída a outro herdeiro ou legatário em outro testamento, há revogação da disposição testamentária anterior.

Nossa legislação anterior ao Código de 1916 não trazia a matéria sistematizada. Por essa razão, o legislador de 1916 houve por bem traçar suas normas. O vigente Código as manteve. Pelo fato de serem raras as questões emergentes do fenômeno, tal não autoriza a exclusão dos dispositivos, tamanhas são as dificuldades que podem gerar entre o conjunto de sucessores.

Como se nota da redação do art. 1.941, o direito de acrescer entre coerdeiros requer que haja uma mesma disposição, em que dois ou mais sucessores são nomeados na mesma herança, em quinhões não determinados. A situação também se aplica aos colegatários, na forma do art. 1.942.

Assim, se o testador disser: deixo um terço de minha herança a Pedro e a Paulo, a falta de um deles tornará esse terço exclusivo do herdeiro remanescente. Se, por outro lado, o testador especificar quotas: deixo um terço de minha herança, cabendo dentro dessa fração, metade a Pedro e metade a Paulo, falta o requisito da "não determinação dos quinhões". Se, por qualquer razão, faltar Paulo, essa metade da fração não sofrerá acrescimento. Na falta de substituto, devolve-se ao monte, na forma do art. 1.944.

O art. 1.942 estampa duas hipóteses de direito de acrescer entre legatários: quando são nomeados conjuntamente "*a respeito de uma só coisa, determinada e certa, ou quando o objeto do legado não puder ser dividido sem risco de desvalorização*". Trata-se também de uma disposição conjunta (*verbis*), na mesma coisa (*re*). A lei não se refere, como faz no artigo anterior, à deixa testamentária *na mesma disposição*. De modo que os legatários podem receber a mesma coisa, no mesmo testamento, mas em disposições diferentes (disposição *re tantum*). Pela diferença de tratamento, para os herdeiros só há direito de acrescer quando forem nomeados na mesma disposição (art. 1.941). Para os legatários basta que tenham sido aquinhoados com a mesma coisa (art. 1.942) (RODRIGUES, 1978, v. 7, p. 184). Destarte, pode haver direito de acrescer se numa disposição o testador deixar o cavalo "Mascote" a João e noutra disposição do mesmo testamento deixar o mesmo cavalo "Mascote" a Antônio.

A possibilidade de fracionamento da coisa legada deve ser vista no caso concreto. Por vezes, o fracionamento é possível, mas a perda de valor das partes fracionadas é tão grande que equivale à coisa indivisível. A desvalorização que menciona a lei, substituindo o termo *deterioração* do Código anterior, dá uma compreensão melhor do intuito da lei. Nessa situação, melhor será que se acresça. Não há direito de acrescer se o testador estabelece porcentagem ou fração de cada legatário sobre a coisa. Aí a conjunção é meramente verbal (*verbis tantum*).

Os legados atribuídos conjuntamente a vários legatários podem ser constituídos de variados objetos: A deixa a Pedro e Antônio um anel de formatura, 100 ações de sociedade anônima, um investimento financeiro. A situação também se encaixa na dicção legal. Há direito de acrescer sobre o conjunto de bens legados. O mesmo ocorre quando o legado consiste numa universalidade de coisas (uma biblioteca, um rebanho). Há vários legados conjuntos atribuídos englobadamente aos mesmos legatários. A divisibilidade deve ser estudada em cada caso.

A doutrina refere-se geralmente à incompatibilidade do direito de acrescer com o *legado de alimentos*, tendo em vista sua própria natureza. Presume-se que o disponente já destinou verba necessária e suficiente a cada um dos alimentandos. Todavia, a lei não faz essa distinção, impondo-se analisar as particularidades do caso concreto.

Em princípio, não haverá direito de acrescer se a coisa não é certa, determinada, tratando-se de legado genérico (art. 1.929) (VELOSO, 2003, p. 288).

Art. 1.943. Se um dos coerdeiros ou colegatários, nas condições do artigo antecedente, morrer antes do testador; se renunciar a herança ou legado, ou destes for excluído, e, se a condição sob a qual foi instituído não se verificar, acrescerá o seu quinhão, salvo o direito do substituto, à parte dos coerdeiros ou colegatários conjuntos.
Parágrafo único. Os coerdeiros ou colegatários, aos quais acresceu o quinhão daquele que não quis ou não pôde suceder, ficam sujeitos às obrigações ou encargos que o onepravam.

Esse artigo complementa a ideia central. Estão aí as formas pelas quais não ingressam os herdeiros na herança: premoriência, renúncia da herança ou exclusão, assim como não implemento ou frustração da condição aposta na herança. Esses institutos já foram previamente vistos. Não há representação na sucessão testamentária, de modo que não há qualquer direito dos descendentes do herdeiro testamentário indigno.

A primeira regra que o legislador neste artigo manda o intérprete observar é verificar se não há substituto. Só no caso negativo haverá acrescimento. O testador pode deixar um terço de sua herança a Pedro e Paulo, dizendo que, na falta de qualquer deles, será substituído por Antônio. Ocorrerá aí substituição vulgar, nos termos dos arts. 1.947 e 1.948.

Quando o testador estabelecer a quota ou objeto de cada sucessor, não haverá direito de acrescer. Essa regra constava do art. 1.711 do Código revogado e decorre da lógica da disposição. Isso vale para quando o testador se refere a quota certa, ou quando usa as expressões *partes iguais*, *partes equivalentes*, ou expressões sinônimas. Ocorre, na espécie, a conjunção *verbis tantum* que exclui o direito de acrescer. Clóvis Beviláqua (1939, v. 6, p. 168) acrescenta que pode parecer redundância o testador falar em deixar seus bens *em partes iguais* a duas pessoas, mas foi a solução preferida pelo Código de 1916, entendendo que aí há mera conjunção verbal, duas disposições.

Os coerdeiros beneficiados com o acréscimo do quinhão recebem-no com as obrigações e encargos que o oneravam, conforme o parágrafo único desse artigo. Só se excluem os encargos personalíssimos. Há que se examinar o caso concreto. Se o herdeiro desaparecido tinha o encargo de escrever uma peça teatral em homenagem ao morto, mas não é teatrólogo, não há como se lhe exigir esse encargo.

Pode ocorrer que um dos herdeiros conjuntos seja incapaz de receber testamento (art. 1.801). O artigo sob exame não tipifica essa hipótese, reportando-se apenas à comoriência, renúncia, exclusão ou falta de implemento da condição. Pergunta-se se nessa hipótese deve ocorrer o direito de acrescer. Haverá nulidade da disposição com relação ao incapaz. Os herdeiros capazes, porém, não devem ser prejudicados. Ainda porque o art. 1.943 fala em exclusão da herança, dicção que pode perfeitamente abranger os incapazes do art. 1.801, como sustenta Washington de Barros Monteiro (1977, v. 6, p. 199), lastreando-se em opiniões de Carlos Maximiliano e Carvalho Santos.

O presente art. 1.943 refere-se a premoriência, mas, se houver comoriência com o testador, a conclusão será a mesma, ocorrendo direito de acrescer, pois que desaparece o sujeito quando da aquisição do direito.

Leve-se sempre em conta que esses dispositivos são supletivos da vontade do testador, que sempre deve prevalecer.

Também ao legatário acrescido pesam os encargos e obrigações, como para os herdeiros, na forma do parágrafo único desse artigo. Aplica-se o mesmo que se disse acerca do encargo personalíssimo.

**Art. 1.944. Quando não se efetua o direito de acrescer, transmite-se aos herdeiros legítimos a quota vaga do nomeado.
Parágrafo único. Não existindo o direito de acrescer entre colegatários, a quota do que faltar acresce ao herdeiro ou ao legatário incumbido de satisfazer esse legado, ou a todos os herdeiros, na proporção dos seus quinhões, se o legado se deduziu da herança.**

Se não houver direito de acrescer entre os legatários, o destino da quota separada é ir para o herdeiro ou legatário incumbido de satisfazer esse legado; ou para o monte a ser dividido entre todos os herdeiros, se o legado saiu da herança, sempre que o contrário não tiver sido estabelecido pelo testador. O texto é repetitivo das noções perfiladas no Código.

Art. 1.945. Não pode o beneficiário do acréscimo repudiá-lo separadamente da herança ou legado que lhe caiba, salvo se o acréscimo comportar encargos especiais impostos pelo testador; nesse caso, uma vez repudiado, reverte o acréscimo para a pessoa a favor de quem os encargos foram instituídos.

O legatário bem como o herdeiro não podem em princípio renunciar ao objeto do direito de acrescer. Cindir-se-ia o legado. Se ceder a parte acrescida a outrem, trata-se de transmissão inter vivos. A regra é introduzida neste Código, proibindo o beneficiário do acréscimo, de repudiá-lo separadamente da herança ou do legado. A inspiração do texto deve ter sido o atual Código Civil português (art. 2.306), regra que já constava no Código lusitano de 1867. Desse modo, dentro dessa regra geral, não se permite que o herdeiro ou legatário cinda a aceitação da herança ou do legado quando recebe um acréscimo decorrente do direito de acrescer. No entanto, por exceção, poderá repudiar o acréscimo na hipótese deste chegar-lhe com encargos especiais. A lei refere-se a encargos que se dirigiam especialmente ao beneficiário original, como um legado de alimentos, por exemplo. Nesse caso, repudiando o acréscimo, este se reverterá em favor de quem os encargos foram instituídos. A situação é complexa e não será fácil o deslinde no caso concreto. Não se podendo identificar o beneficiário do encargo, ou não podendo ou não querendo receber o acréscimo, este deve ser atribuído ao monte hereditário, distribuindo-se aos coerdeiros.

A ideia central reside na proibição do repúdio a acréscimo que seria em tese prejudicial ou danoso para o legatário ou herdeiro. A lei não permite essa cisão na aceitação da herança ou legado.

**Art. 1.946. Legado um só usufruto conjuntamente a duas ou mais pessoas, a parte da que faltar acresce aos colegatários.
Parágrafo único. Se não houver conjunção entre os colegatários, ou se, apesar de conjuntos, só lhes foi legada certa parte do usufruto, consolidar-se-ão na propriedade as quotas dos que faltarem, à medida que eles forem faltando.**

No legado de usufruto, transmite-se o direito de usar e gozar da coisa. Assim, podem dois ou mais legatários receber o mesmo bem em usufruto.

Se o usufruto foi deixado a mais de uma pessoa na mesma disposição (*re et verbis*) ou em mais de uma disposição do mesmo testamento (*re tantum*), haverá direito de acrescer entre os usufrutuários. Não haverá acrescimento se houve quota determinada ou a disposição não foi conjunta. Não havendo direito de acrescer, a propriedade plena irá se consolidando paulatinamente com o nu-proprietário, até a consolidação plena.

Problemas práticos de complexa solução poderão ocorrer. Suponha-se que um legatário ficou com usufruto de metade ideal de imóvel. Se nele residir, deverá pagar metade do aluguel ao nu-proprietário, uma vez que apenas desfruta da metade ideal e o nu-proprietário é titular pleno da outra metade. Da mesma forma, sendo condôminos em diferentes níveis, importa saber a quem caberá decidir sobre a destinação do imóvel, por exemplo. A questão desloca-se para o estudo dos direitos reais.

De qualquer modo, uma vez instituído o usufruto dessa forma, o conveniente é que o direito dos legatários usufrutuários em condomínio se acresça até a morte do último beneficiado. Essa disposição é expressa no Código italiano. Melhor seria que assim fosse entre nós. Perante a falta de norma, é importante que o testador estabeleça expressamente o direito de acrescer, se não desejar o infortúnio de seus sucessores.

A morte do nu-proprietário não extingue o direito do usufrutuário. Não se admite, porém, usufruto sucessivo. Extingue-se o usufruto com a morte de todos os legatários, se outro prazo não se estipulou. A solução será aplicada também aos outros direitos reais limitados, o uso e a habitação, os quais, por sua natureza e finalidade, devem ter ampliada a interpretação do alcance do direito de acrescer.

CAPÍTULO IX
Das Substituições

Seção I
Da Substituição Vulgar e da Recíproca

Art. 1.947. O testador pode substituir outra pessoa ao herdeiro ou ao legatário nomeado, para o caso de um ou outro não querer ou não poder aceitar a herança ou legado, presumindo-se que a substituição foi determinada para as duas alternativas, ainda que o testador só a uma se refira.

Art. 1.948. Também é lícito ao testador substituir muitas pessoas por uma só, ou vice-versa, e ainda substituir com reciprocidade ou sem ela.

1. Substituições. Conceito. Origem. Vontade do testador e limites legais

Em matéria de substituições, continuamos a cuidar da vontade do testador e de sua interpretação. A origem remonta ao Direito Romano. Sendo o herdeiro um continuador do culto doméstico, o titular de um patrimônio fazia de tudo para que não falecesse sem herdeiros.

O testador pode nomear um segundo herdeiro ou legatário, para substituir o primeiro nomeado, se, por qualquer razão, não se operar a transmissão do benefício ao indicado original. Assim como poderá nomear tantos outros substitutos, para ocupar a titularidade da deixa testamentária. Quando a nomeação for singela, e na hipótese de o herdeiro instituído ou legatário não desejar ou não puder receber a herança ou legado, na ausência de vontade do testador, a herança é devolvida ao monte, para ser recolhida pelos herdeiros legítimos. Suponhamos o caso, por exemplo, do titular de um patrimônio que não possua nenhum herdeiro legítimo, ou que seus herdeiros legítimos sejam colaterais sem nenhuma ligação afetiva. Se o testador não se precaver com a substituição dos herdeiros instituídos, na eventualidade destes não adquirirem a herança, esta vai para o Estado ou para os parentes que eventualmente não possuem ligação afetiva alguma com o autor da herança. Aí se encontra, de fato, a verdadeira utilidade das substituições, que impede que o testamento se esvazie por falta de titulares.

O testador pode substituir um único herdeiro ou legatário, na mesma deixa, por outro ou outros beneficiários, e vice-versa. Assim, se *A* nomeia Paulo seu herdeiro, ele pode nomear Antônio e João para substituir Paulo. Quando a instituição é plúrima, pouco importa se decorrente de nomeado originário ou substituto; a questão se entrelaça com o direito de acrescer, como já visto. Nessa substituição, há sempre uma condição que integra a própria natureza do fenômeno: o substituído só será chamado se o nomeado anterior não reunir a situação de sucessor. Essa substituição sucessiva (um, ou mais de um, recebe na ausência do primeiro indicado) é denominada *substituição vulgar*. O substituto só é chamado a suceder na falta do nomeado anterior. A questão é simples e não apresenta maior complexidade. Essa forma de substituição foi muito utilizada em Roma, quando se introduzia comumente uma grande série de substitutos, já que nessas previsões encontrava o testador um remédio para as várias causas de caducidade a que estavam sujeitas as deixas testamentárias na época.

Ao lado dessa substituição vulgar, e no mesmo nível, coloca-se a *substituição recíproca*, aquela pela qual o testador, instituindo vários herdeiros ou legatários, os declara substitutos uns dos outros. Se algum faltar, os outros são chamados a recolher a parte do faltante. É modalidade também muito utilizada no Direito Romano. Os arts. 1.947 e 1.948 tratam dessas duas formas.

O direito antigo também conheceu a *substituição pupilar*. Nessa disposição, o *pater familias* designa um herdeiro ao filho impúbere, incapaz, sob seu pátrio poder, para que, em caso de morte também do filho sem testamento, não ficasse ele sem herdeiro, uma vez que a ordem de vocação legítima poderia não ser a ele satisfatória. No tempo de Justiniano, também era conhecida a *substituição quase pupilar*, dedicada aos insanos de mente. O pai poderia instituir um herdeiro ao filho mentalmente incapaz. Essas formas não foram admitidas no Direito atual.

Há, no entanto, a possibilidade de outra modalidade de substituição, juridicamente muito rica, denominada *fideicomisso*, conforme os artigos seguintes. Por esse instituto há uma transmissão *concomitante e sucessiva* a duas pessoas. Transmite-se a propriedade da coisa a um primeiro beneficiário (o *fiduciário*), propriedade essa resolúvel, com a obrigação de que esse fiduciário a transfira para um segundo aquinhoado (o *fideicomissário*). Nessa modalidade, o testador institui dois sucessores, sucessivos; há uma dupla transmissão. Fiduciário e fideicomissário são ambos sucessores do *de cujus*. Na substituição vulgar, apenas um herdeiro ou legatário é chamado: só se pensará no substituto se eles não puderem ou não desejarem receber a herança. No fideicomisso, a instituição é permitida a dois sucessores, que gozarão dos poderes inerentes à propriedade cada um *de per si*, e em épocas distintas. Nenhuma outra instituição é admitida pela lei, no entanto, além da pessoa do fideicomissário. Na substituição vulgar, por outro lado, a adição ou aceitação da herança pelo primeiro herdeiro exclui todos os demais subsidiariamente indicados.

Ainda, alguns autores se referem à *substituição compendiosa*, quando se combinarem as substituições vulgares, recíproca e fideicomissária. O testador, inserindo um substituto vulgar para o fiduciário e um substituto vulgar para o fideicomissário não ultrapassa o segundo grau, em que deve cessar a disposição, e não contraria o disposto no art. 1.960.

Todas essas modalidades de substituição são critérios para dar existência a titulares das deixas testamentárias, aplicando-se juntamente com as demais regras de orientação ao julgador para a efetivação da vontade testamentária. Por conseguinte, pode ser que numa só disposição do testamento tenhamos que enfrentar problemas relacionados com as substituições, com direito de acrescer, com forma de pagamento de legados etc. A aplicação das disposições de um testamento deve ser vista em sua totalidade. Naquilo que o capítulo específico omitir, cumpre que o jurista se valha dos princípios da Parte Geral do Código e dos compartimentos da Parte Especial tocados pela vontade do testador. A vontade testamentária pode criar um verdadeiro arabesco jurídico.

Acrescente-se, ainda, que o codicilo só pode estabelecer substituições para as disposições de seu ínsito conteúdo. Não podemos instituir substituto para testamento no codicilo, que tem o limitado alcance já por nós examinado (MIRANDA, 1973, v. 58, p. 98).

2. Substituição vulgar e recíproca

Como vimos, a substituição vulgar se constitui numa simples troca de titulares, que fica condicionada ao primeiro herdeiro instituído ou legatário nomeado não assumir sua condição na herança. Nesse sentido o art. 1.947.

A condição implícita, portanto, para o chamado do substituto, é o substituído não querer ou não poder aceitar a herança. O "não querer" refere-se à renúncia. O "não poder" refere-se às incapacidades e ilegitimidades já vistas. Portanto, entre os outros casos, ter-se-á a vocação de um substituto, se o herdeiro tiver pré-morrido ao testador, for considerado indigno ou renunciar à herança. Se o testador pretender a substituição para uma só das hipóteses, deve fazê-lo expressamente, do contrário a lei presume que se referiu às duas situações, as quais, por sua vez, possuem várias modalidades. Aplica-se tanto à herança quanto ao legado. A substituição pode ser de um ou mais herdeiros; podem ser chamados a substituir, igualmente, um ou mais substitutos, sobre a mesma disposição. A substituição, então, pode ser singular ou plural.

Se a deixa testamentária continha encargo ou condição, a eles também fica submetido o substituto (art. 1.949).

Cumpre verificar a intenção do testador em fazer com que a condição ou encargo acompanhe o substituto e também se tais elementos não são incompatíveis com a pessoa do novo sucessor e com as circunstâncias que acompanham o substituído.

Nada impede que o substituto seja alguém da ordem de vocação legítima, que no caso se considera herdeiro instituído. Como não há representação na sucessão testamentária, os descendentes do substituído só podem ser chamados mediante vontade expressa do testador. Embora o testador possa nomear um sem-número de substitutos, a nomeação é simples, porque caducará a substituição quando o herdeiro primitivo assumir sua condição de sucessor. Reporta-se ao que foi dito acerca da aceitação da herança e da transmissão do legado.

A caducidade da substituição pode ocorrer até mesmo antes da morte, se o substituto pré-morrer ao autor da herança. Pode ocorrer após a morte, com a aceitação da herança pelo primeiro indicado. O substituto não pode renunciar à herança, enquanto o substituído não o tiver feito, pois ninguém renuncia a direitos que não tem. Enquanto não renunciada a herança pelo primeiro nomeado, o substituto ou substitutos não serão herdeiros. Há interesse dos substitutos numa manifestação expressa do herdeiro precedente. Pode o substituto valer-se da notificação de que trata o art. 1.807, para fazer cessar a incerteza.

A *substituição* recíproca ocorre quando o testador determina que entre os vários herdeiros nomeados, na ausência de um, os outros o substituam, na parte do nomeado ausente. *A* deixa sua herança dividida em três partes a Pedro, Antônio e Paulo e determina que, na ausência de um, os outros dois assumam a parte faltante. Não se confunde com direito de acrescer, porque não se trata de disposição conjunta, mas de três disposições diversas. Também no legado poderá ocorrer a substituição recíproca: *B* deixa seu imóvel rural a Pedro e seu imóvel urbano a Paulo; na falta de qualquer um dos legatários, o legatário remanescente receberá os dois imóveis.

Art. 1.949. O substituto fica sujeito à condição ou encargo imposto ao substituído, quando não for diversa a intenção manifestada pelo testador, ou não resultar outra coisa da natureza da condição ou do encargo.

O substituto ingressa na posição do substituído na deixa testamentária. Terá que se submeter à condição ou ao encargo imposto, salvo se o testador dispôs diferentemente ou se as restrições foram pessoais e não se amoldarem ao substituto. O personalismo da condição ou encargo deve ser visto no caso concreto. Se o testador determinou que o beneficiário dispute uma competição de atletismo e o substituto não é atleta, é evidente que não se aplicará a condição.

Art. 1.950. Se, entre muitos coerdeiros ou legatários de partes desiguais, for estabelecida substituição recíproca, a proporção dos quinhões fixada na primeira disposição entender-se-á mantida na segunda; se, com as outras anteriormente nomeadas, for incluída mais alguma pessoa na substituição, o quinhão vago pertencerá em partes iguais aos substitutos.

Pode acontecer que os herdeiros ou legatários substituendos tenham recebido partes desiguais, tendo sido estabelecida uma substituição recíproca. O presente artigo determina que a mesma proporção originária fica mantida para os substitutos. Se, no entanto, o testador incluir um novo substituto, além dos já reciprocamente considerados, o quinhão vago, isto é, o que cabe ao sucessor que deixou de comparecer, será então dividido em partes iguais (segunda parte do artigo). A proporção de que fala a lei aí é em relação ao quinhão em tela e não a toda a herança. Quando entra um substituto estranho, como não se sabe sua quota, deve esta ser dividida por igual. Proceder-se-á, com a presença desse novo substituto, no quinhão deixado, como uma substituição vulgar. Sempre se terá em mira que essas disposições são supletivas da vontade do testador. O artigo não é muito claro e pode trazer contradições. De qualquer forma, no silêncio do testamento, presume-se a divisão em partes iguais, sem a proporcionalidade.

Seção II
Da Substituição Fideicomissária

Art. 1.951. Pode o testador instituir herdeiros ou legatários, estabelecendo que, por ocasião de sua morte, a herança ou o legado se transmita ao fiduciário, resolvendo-se o direito deste, por sua morte, a certo tempo ou sob certa condição, em favor de outrem, que se qualifica de fideicomissário.

1. Fideicomisso

O Código trata, em conjunto com as substituições, do fideicomisso. O instituto, na verdade, merece tratamento autônomo no direito das sucessões, podendo também derivar de contrato.

No fideicomisso, não há propriamente uma substituição. Existe uma disposição testamentária complexa por meio da qual o testador institui alguém, por certo tempo ou condição, ou até sua morte, seu herdeiro ou legatário, o qual recebe bens em propriedade resolúvel, denominado *fiduciário*, para que, com o implemento da condição, advento do termo ou de sua morte, passe os bens a outro nomeado, o *fideicomissário*.

Tanto o fiduciário quanto o fideicomissário recebem os bens diretamente do fideicomitente (o testador). A passagem do fiduciário ao fideicomissário apenas se opera *materialmente* entre eles. Juridicamente, o fideicomissário recebe os bens por direito *causa mortis* do autor da herança. Enquanto ele não receber os bens, será titular de um direito eventual. Este artigo descreve o fideicomisso sob a forma de definição.

Trata-se de um dos institutos mais ricos em detalhes técnicos no campo da ciência jurídica. Por essa razão requer um cuidado extremo de quem o institui e de quem o interpreta. São necessariamente três os integrantes dessa operação técnica:

Fideicomitente	fiduciário	fideicomissário
(testador)	(propriedade direito eventual)	(titular de resolúvel)

Se o fideicomisso for instituído por doação, *fideicomitente será o doador e fideicomissário, o donatário*.

Nada impede que, por ato entre vivos, no direito obrigacional, se estipule o fideicomisso. A lei não proíbe e a propriedade resolúvel é legalmente aceita entre nós. Apenas ocorre que se trata de instituto típico do direito testamentário, do qual se originou. Se avençado por meio do direito obrigacional, não sofrerá as restrições próprias da sucessão. Se instituído por meio de doação, que muito se aproxima dos legados, os princípios sucessórios serão aplicados, em virtude das similitudes e dos reflexos no direito sucessório. Se inserido em negócio oneroso, tratar-se-á de contrato atípico, que apenas usa o mecanismo básico do instituto original. Ver-se-á, nesse caso, o fenômeno sob o prisma de um negócio jurídico entre vivos.

Advirta-se, porém, de início, que este Código de 2002 restringiu consideravelmente o alcance do fideicomisso, ao estabelecer, no art. 1.952, que somente se permite em favor dos não concebidos ao tempo da morte do testador. De acordo com o parágrafo único desse dispositivo, se ao tempo da abertura da sucessão já houver nascido o fideicomissário, este adquirirá a nua-propriedade do bem, porque o direito do fiduciário converter-se-á em usufruto. Dessa forma, o presente Código reduz o fideicomisso a sua verdadeira utilidade, qual seja, a de beneficiar prole futura, transformando-se em usufruto, instituto que se lhe aproxima, quando ocorrer a situação descrita. De qualquer modo, o fideicomisso nunca gozou, no direito pátrio, de grande simpatia por parte dos testadores.

2. Histórico do fideicomisso

O instituto, pela própria denominação, é baseado na confiança, fidúcia. Como em Roma muitas pessoas estavam impedidas de concorrer às heranças, o testador burlava eventuais proibições pedindo a um herdeiro que se encarregasse de entregar seus bens ao terceiro que o testador queria verdadeiramente beneficiar. O disponente confiava na boa-fé do herdeiro (*fidei tua committo*), de onde proveio a palavra fideicomisso (*fideicomissum*). O testador "cometia" (entregava) a herança a alguém, sob confiança de sua boa-fé (*fidei tua*).

Inicialmente, nada obrigava o fiduciário a cumprir o prometido, a não ser o dever moral. Posteriormente, com os previsíveis abusos que passaram a ocorrer, surgiram os pretores fideicomissários, que tornaram a obrigação moral em obrigação jurídica. Para coibir abusos, passou-se a admitir ação aos fideicomissários, para que fosse cumprida a obrigação assumida pelo fiduciário. Os pretores fideicomissários foram criados para justamente fiscalizar e coibir os abusos (ARANGIO-RUIZ, 1973, p. 647).

Com tais garantias, o fideicomisso passou a apresentar vantagens sobre o formalismo do Direito mais antigo. Predominava a instituição do fideicomisso universal, quando nele se incluía toda a herança. Os textos de Justiniano trazem muitas referências ao fideicomisso universal (de herança) e ao fideicomisso particular (de legado).

Por intermédio do fiduciário, o testador fazia com que a herança chegasse ao destinatário verdadeiro, o qual, de outro modo, não poderia recebê-la. Originalmente, o fiduciário era herdeiro só no nome (CORREIA; SCIASCIA, 1953, p. 394).

Aos poucos o fideicomisso vai assumindo o lugar dos legados em Roma. O Direito canônico manteve o instituto, que impunha uma obrigação ao fiduciário, geralmente um clérigo, de passar os bens para obras pias ou ordens religiosas. O direito intermédio mantém o fideicomisso, que nos chega pelas Ordenações, em disposições esparsas. O fideicomisso foi útil ao feudalismo para manter as propriedades unas e conservar as heranças. Permitiu-se até que fossem ultrapassadas várias gerações, atingindo netos e bisnetos, com a criação dos morgados. O morgadio era uma forma feudal para se manter a terra com as famílias dos senhores.

O revogado Código Civil português disciplinou o instituto na forma clássica. O atual Código lusitano não só mantém o instituto como também admite expressamente o fideicomisso por ato *inter vivos*.

3. O fideicomisso em nossos códigos

Em nossos dois Códigos, o fideicomisso vem sinteticamente tratado em poucos artigos. O Código de 1916 trazia as pinceladas redacionais de Rui Barbosa em dispositivos *"ricos de conteúdo e seguidores da tradição multissecular do direito brasileiro"* (AZEVEDO, 1973, p. 15).

Os motivos que excluem da sucessão os herdeiros e legatários por indignidade devem também se aplicar ao fideicomissário com relação ao fiduciário, embora não seja ele o autor da herança dos bens sob sua propriedade. A situação aplica-se ao sistema de 1916, pois não mais se adaptará, em princípio, ao art. 1.952 do corrente Código. Sumamente imoral seria permitir que o fideicomissário recebesse os bens fideicomitidos, se atentasse contra a vida do fiduciário, por exemplo. O mesmo se diga das demais causas, não tão graves, de indignidade, do art. 1.814, que também permitem essa exegese, e vão ao encontro do espírito da lei.

O fideicomissário tem um *direito eventual* sobre bens fideicomitidos em poder do fiduciário. Não há mera expectativa, que existe sim antes da morte do autor da herança. Com a morte, o direito do fideicomissário já apresenta contornos nítidos, faltando apenas a verificação de alguns elementos para inteirar-se. A possibilidade de o fideicomissário renunciar à herança ou legado é prova de que o direito já existe (art. 1.955), porque não se renuncia a direito inexistente. Tanto já é direito que a própria lei lhe confere um procedimento de resguardo dos bens, por meio da exigência de caução. É um direito eventual de natureza real, que possibilitará, se necessário, a ação reivindicatória.

O segundo momento do instituto ocorre quando a herança ou legado *passa* para o fideicomissário. Esse é o termo que o testador deve usar, para evitar confusões com o usufruto. *A* deixa seus bens a Antônio para que ele, após sua morte, passe-os para João.

A obrigação é do fiduciário de passar os bens. O termo *transmitir* colocado no art. 1.951 pode dar ideia diversa. Tecnicamente, só transmitem direitos quem os possui. Não há transmissão propriamente dita do fiduciário ao fideicomissário, mas uma passagem automática, com o advento da morte, termo ou condição. Cessado o direito do fiduciário sobre a coisa, existe mera passagem, uma transmissão anômala de direitos. É, sem dúvida, uma modalidade de *saisine* de bens hereditários. Por isso, a partir dessa *saisine* (o momento da passagem dos bens por morte, termo ou condição), o fideicomissário já está possibilitado para propor a ação reivindicatória.

O fiduciário tem o dever de zelar pelo bem, pois sabe ser sua propriedade resolúvel. Deve portar-se como um *bonus pater familias*, dentro dos princípios de probidade e boa-fé objetiva, na linha deste Código. O fiduciário responderá por danos que excederem o mero desgaste pelo uso. Doutro lado, se o fiduciário não quiser ou não puder receber a herança, os bens irão diretamente para o fideicomissário, se já vivo for, que adquire a propriedade plena, deixando de existir o fideicomisso. O mesmo sucede se o fiduciário tiver pré-morrido ao autor da herança. Herdeiro ou legatário sem intermediário é, nessa hipótese, o fideicomissário. Essa é a solução lógica, embora não exista em nossa lei dispositivo expresso. Contudo, o testador pode dispor diferentemente. Não só pode inserir substitutos vulgares para o fiduciário (e para o fideicomissário), como também determinar que, não havendo a transmissão dos bens ao fiduciário, caducará o fideicomisso. Cabe acurado exame da vontade do testador, para evitar fraudes por parte do fiduciário. Admite-se, porém, a consolidação em mãos do fideicomissário, em caso de renúncia do fiduciário, se não houver prejuízo para terceiros: todos os fideicomissários devem ser conhecidos e estar de acordo com o recebido do fideicomisso, não havendo possibilidade de surgirem outros fideicomissários. Em qualquer caso, deve o juiz estar atento para a possibilidade de fraude ou prejuízo a terceiros.

4. Fideicomisso e usufruto

Tecnicamente, não se confundem ambas as instituições, mas seus efeitos práticos se aproximam. No usufruto, há uma bipartição dos poderes da propriedade entre o nu-proprietário e o usufrutuário. Ambos são titulares concomitantes, em diferente nível, da mesma coisa. No fideicomisso, há uma disposição sucessiva. Primeiro um, depois outro é que exercem os poderes integrais da propriedade.

Por vezes, o testador não é suficientemente claro, o que dá margem a dúvidas. Não importa muito o rótulo dado pelo testador, mas sua verdadeira intenção. Se o testador determinou na disposição que os bens *passem* a outra pessoa, estaremos geralmente diante de fideicomisso. Se a instituição do benefício é simultânea, haverá usufruto. Na dúvida, a melhor solução é entender que houve usufruto, porque já se atribuem direitos imediatos a ambos os nomeados, porque os direitos do fideicomissário são falíveis, o que não ocorre com o nu-proprietário. No usufruto, não se pode beneficiar prole eventual de uma pessoa. Isso só ocorrerá por fideicomisso.

O fiduciário, sendo efetivamente proprietário, pode até mesmo onerar e alienar o bem, se não houver proibição do testador. O usufrutuário não tem jamais esses poderes. Tem ele só a fruição e utilização da coisa. No usufruto, com a morte do nu-proprietário, o direito passa a seus herdeiros, permanecendo os direitos do usufrutuário. No fideicomisso, morrendo o fiduciário, aflora a propriedade do fideicomissário.

Neste Código, o fideicomisso somente será permitido em favor dos não concebidos ao tempo da morte do testador (art. 1.952). Se ao tempo da morte já houver sido concebido ou nascido o fideicomitido, adquirirá este a propriedade dos bens fideicomitidos, convertendo-se em usufruto o direito do fiduciário. Assim, a instituição será tratada como usufruto, estabelecendo-se o designado fiduciário como usufrutuário, tendo o fideicomissário a nua propriedade. Essa mesma solução ocorrerá se quando da elaboração do testamento já vivem fiduciário e fideicomissário. Nessa hipótese, há que se entender que o testador está instituindo um usufruto. A proximidade e finalidade de ambos os institutos, além da própria dicção legal, permitem essa conclusão. Em qualquer situação, porém, há que se verificar se o testador não impôs solução diversa para essas hipóteses, pois sempre sua vontade deve preponderar, se não conflitar com lei cogente.

Repare-se, também, que o presente Código permite que na sucessão testamentária podem ser chamados a suceder "*os filhos, ainda não concebidos, de pessoas indicadas pelo testador, desde que vivas estas ao abrir-se a sucessão*" (art. 1.799, I). Nessa situação, como vimos, os bens respectivos serão confiados, após a liquidação ou partilha, a curador nomeado pelo juiz. Essa possibilidade, dependendo da necessidade do testador, poderá substituir com vantagem as dificuldades concretas do fideicomisso. Recorde-se, ademais, de que nessa hipótese, se decorridos dois anos após a abertura da sucessão, não for concebido o herdeiro esperado, os bens reservados, salvo disposição em contrário do testador, caberão aos herdeiros legítimos (art. 1.800, § 4º). Esse prazo, aliás, poderá, sem dúvida, ser aplicado por analogia ao fideicomisso, quando o testador não for expresso a esse respeito. A finalidade desse dispositivo é idêntica. É de toda inconveniência que se mantenha a propriedade resolúvel nas mãos do fiduciário por longo tempo, aguardando-se a concepção ou o nascimento do beneficiário indicado como fideicomissário. Com a palavra os doutos e a jurisprudência.

Enunciado nº 529 do CJF/STJ, V Jornada de Direito Civil: O fideicomisso, previsto no art. 1.951 do Código Civil, somente pode ser instituído por testamento.

Agravo de instrumento. Inventário. **Obrigação fiduciária**. Condição de herdeiro do cônjuge sobrevivente. Redução das disposições testamentárias. A obrigação fiduciária é instituto de direito sucessório. Logo, toda e qualquer disposição nesse que diga respeito a essa obrigação deve obedecer às regras da lei do tempo da abertura da sucessão. Ainda que a fideicomitente tenha instituído a obrigação fiduciária na vigência do Código Civil anterior, a sua morte ocorreu na vigência do novo Código Civil, sendo essa a lei da sucessão. Desse passo, é de rigor o reconhecimento da condição de herdeiro necessário do cônjuge sobrevivente a consequente redução das disposições testamentárias. Negaram provimento (*TJRS* – AI 70018491068, 6-9-2007, Rel. Des. Rui Portanova).

Art. 1.952. A substituição fideicomissária somente se permite em favor dos não concebidos ao tempo da morte do testador.
Parágrafo único. Se, ao tempo da morte do testador, já houver nascido o fideicomissário, adquirirá este a propriedade dos bens fideicometidos, convertendo-se em usufruto o direito do fiduciário.

Como mencionamos, este Código mantém o instituto nesses artigos, com restrição de seu alcance. Aqui se trata de uma das mais importantes inovações do atual Código. A substituição fideicomissária ficou circunscrita tão somente aos fideicomissários ainda não concebidos à época da morte do testador. Se, quando da morte do *de cujus*, já houver nascido o fideicomissário, este adquire a nua-propriedade dos bens fideicomitidos, enquanto o direito do fiduciário converter-se-á em usufruto. Preferiu a lei atual evitar os problemas decorrentes da propriedade resolúvel do fiduciário, colocando o fideicomisso em sua mais útil e principal finalidade para o testador, qual seja, beneficiar a prole eventual de pessoa por ele designada. O presente Código realça, ademais, a similitude do direito do fiduciário ao direito do usufrutuário.

Pode ocorrer que a renúncia do fiduciário se dê e ainda não exista a prole eventual nomeada fideicomissária. Ninguém deve ser herdeiro contra a vontade. Os bens, sob essa contingência, deverão ser deferidos a um administrador, aguardando-se a solução com o surgimento ou não da prole. O administrador não assume a posição de fiduciário. Seus poderes serão mesmo de mera administração. A lei, no entanto, não prevê essa hipótese. Incumbe ao testador prevê-la expressamente, bem como o prazo de duração dessa administração.

Se o fiduciário abrir mão do termo, o qual se presume instituído a seu favor, poderá passar antecipadamente os bens ao fideicomissário. Questão mais intrincada é saber se antes do implemento da condição pode o fideicomissário receber os bens em questão; ou o que ocorre se o fiduciário morre antes que haja o implemento. Cumpre, nessas hipóteses, examinar a vontade do testador. Se a hipótese não foi prevista por ele, nem há nada no testamento que o vede, o mais lógico é que os bens passem ao fideicomissário, com sua concordância. O fideicomissário, sendo um herdeiro ou legatário, pode ceder seus direitos a terceiros, como podem fazer os demais herdeiros. É uma cessão de risco, assumido pelo cessionário, mas nada obsta. Pode também o fideicomissário aquiescer com a alienação feita pelo fiduciário, transmitindo-se, assim, a terceiros o bem livre e desembaraçado.

Também pela prescrição se extingue o fideicomisso, em 20 anos, no sistema de 1916, segundo o art. 177. No sistema de 2002, o prazo máximo é de dez anos (art. 205). É conveniente que o testador estabeleça um prazo para o nascimento da prole eventual beneficiada como fideicomissária. Esse fideicomisso sob exame somente pode ser instituído por testamento.

Parece perfeitamente aplicável, por analogia, o prazo de dois anos para o aguardo do nascimento ou concepção do fideicomissário, nos termos do art. 1.800, § 4º, se o testador não tiver disposto diferentemente.

Do mesmo modo, extingue-se o direito do fideicomissário se no prazo prescricional, ou melhor, decadencial, ele não toma iniciativa para receber o bem. Nos casos em que o fideicomisso se extingue, ou porque se consolida a propriedade com o fiduciário, ou porque os bens passam para o fideicomissário, deve ser requerida a extinção do fideicomisso, que é simples procedimento de jurisdição voluntária (art. 725, VI, do CPC), propiciando-se o cancelamento do registro.

Se a coisa, objeto da disposição, desaparecer, também se extingue o fideicomisso. Haverá indenização se a perda, ou deterioração, ocorreu por culpa do fiduciário.

Art. 1.953. O fiduciário tem a propriedade da herança ou legado, mas restrita e resolúvel.
Parágrafo único. O fiduciário é obrigado a proceder ao inventário dos bens gravados, e a prestar caução de restituí-los se o exigir o fideicomissário.

Durante o período fiducial, exerce o fiduciário todos os direitos e ações inerentes à propriedade, porque proprietário ele é. Só ocorrerá a resolução de alienação que houver feito no momento em que a propriedade passar ao fideicomissário. A locação de imóvel ajustada com o fiduciário cessa com a extinção do fideicomisso, com o término do direito do fiduciário à coisa, salvo se o fideicomissário anuiu, por escrito, no contrato, ou se a propriedade se consolidar em mãos do fiduciário (art. 7º da Lei nº 8.245/1991). Abre-se aí ensejo à denúncia vazia.

O fideicomisso pode ser composto de herança ou legado, coisas móveis e imóveis, bens corpóreos e incorpóreos. O que se transfere ao fiduciário é a propriedade, uma vez que no termo *domínio*, segundo a doutrina tradicional, só se compreendem as coisas corpóreas. Destarte, tudo que puder ser objeto de herança e legado pode estar contido em um fideicomisso. Há fideicomisso universal quando se tratar de toda a herança ou fração dela; há fideicomisso singular quando a disposição recair sobre porções certas e determinadas do patrimônio. Por doação não é admissível o fideicomisso universal, porque nesse contrato é imperioso que se identifiquem os bens objeto do negócio. Não haveria, por exemplo, como registrar os imóveis não descritos. Conforme a doutrina mais recente, nada obsta o fideicomisso por ato entre vivos, cumprindo, também, fazer sua distinção do fideicomisso *causa mortis*. Se instituto semelhante for contratado a título oneroso, não se pode tratá-lo como fideicomisso, mas como um contrato atípico, embora as partes possam usar seu rótulo e parte de seus princípios.

Tendo em vista a facilidade de transmissão das coisas móveis, difícil será seu controle. Por essa razão é que o fiduciário deve prestar caução, para garantir a entrega dos bens sob sua confiança, se assim exigir o fideicomissário, conforme o parágrafo desse artigo. A lei não distingue, porém, para a prestação de caução, entre os bens móveis e imóveis. O processo de caução era modalidade de processo cautelar, antes regulado pelos arts. 826 a 838 do CPC/1.973. Esse procedimento se aplicava a qualquer situação em que alguém estivesse obrigado a prestar caução. Se o fiduciário não pudesse prestar caução idônea, não poderia entrar na posse dos bens. Devia ser nomeado um administrador, até que cumpra satisfatoriamente a exigência. Cabia ao fideicomissário provar a inidoneidade do fiduciário, nessa hipótese.

Quanto aos imóveis, o fideicomisso deverá constar de averbação no registro imobiliário (art. 167, II, nº 11, da Lei nº 6.015/1973, LRP). Enquanto não houver registro, o fideicomisso só opera entre fiduciário e fideicomissário. Alienado o bem pelo fiduciário, valerá para os terceiros a alienação, não podendo o fideicomissário reivindicá-lo. Deve ser examinada, contudo, a boa-fé do terceiro adquirente. Se não puder reivindicar o bem, caberá ao fideicomissário pedir o valor da herança ou legado ao fiduciário, quando subentrar no direito sucessório, nunca antes.

No sistema de 1916, o direito do fiduciário ficava limitado, temporalmente, no máximo, ao momento de sua morte. Atualmente, como apontamos, a existência da prole apontada faz desaparecer o fideicomisso, surgindo o usufruto. Essa propriedade se resolve, não cabendo a seus herdeiros, mas ao fideicomissário instituído. Pode o instituidor, no entanto, fixar o direito do fiduciário por certo tempo, fixando assim um prazo e um termo final, ou uma condição.

Não se confunde a condição resolutiva aposta pelo testador com a resolução legal do direito do fiduciário que decorre da lei. Discute a doutrina a respeito da possibilidade de instituição de *fideicomisso residual*, ou seja, o testador institui um fiduciário, autorizando-lhe a alienação dos bens fiduciados, determinando que apenas o *remanescente* seja passado ao fideicomissário. A possibilidade insere-se na esfera da vontade do testador que está dando destino a sua porção disponível. Não há possibilidade de fideicomisso sobre a legítima; a legítima só pode ser clausulada pelas formas já estudadas. Nada obsta, portanto, o fideicomisso de resíduo, importando, isso sim, que o testador tenha sido absolutamente expresso a respeito, pois doutra maneira persistem os princípios legais na íntegra. Nada impede também que o testador autorize a alienação pelo fiduciário de certos bens e proíba a de outros.

Como vimos, o fideicomisso atribui a propriedade primeiramente a alguém, *depois* a outrem. O instituto não se liga automaticamente à inalienabilidade, como parece à primeira vista.

Tendo o fiduciário a propriedade da herança ou do legado, *mas restrita e resolúvel*, como estampa o artigo, pode exercer todos os poderes que o direito real maior lhe confere, inclusive alienar os objetos da disposição. Esse o grande inconveniente do instituto, *se não for gravado com a cláusula de inalienabilidade o direito do fiduciário*. Alienada a coisa, a propriedade resolve-se no momento da morte do fiduciário, no termo ou no implemento da condição, cabendo ao fideicomissário ir buscá-la, com quem quer que esteja, como corolário de seu direito de sequela, reivindicando-a.

Aplicam-se os princípios da propriedade resolúvel disciplinada nos arts. 1.359 e 1.360 (antigos, arts. 647 e 648). Por essa razão, também, é que o instituto conferido por doação permite a cláusula de inalienabilidade, o que não ocorre num negócio oneroso semelhante,

já que ninguém pode gravar dessa forma seu próprio patrimônio.

Desse modo, pode o testador gravar com inalienabilidade o bem fideicomitido, como também pode condicionar o direito do fiduciário à apresentação de caução, tornando obrigatória, para o fiduciário, a caução que está colocada no art. 1.953, parágrafo único, como direito dispositivo do fideicomissário. Essa caução não é obrigatória, senão quando o fideicomissário a reclame ou quando já constar da vontade testamentária.

Pode também o testador cometer ao testamenteiro ou a outrem a fiscalização da fidúcia, mormente quando se trata de aquinhoar prole ainda não existente. Fixemos, de novo, que tanto fiduciário como fideicomissário são sucessores da mesma herança. O fideicomissário recebe seu direito do autor da herança e não do fiduciário.

O fiduciário tem o dever de inventariar os bens fideicomitidos. Se não o faz, pode ser acionado pelo fideicomissário, pelo testamenteiro, ou por qualquer outro interessado na herança, já que essa porção de bens deve ser separada do restante da massa. Pode ser impedido cautelarmente de entrar na posse dos bens, se não fizer inventário.

Art. 1.954. Salvo disposição em contrário do testador, se o fiduciário renunciar a herança ou o legado, defere-se ao fideicomissário o poder de aceitar.

A propriedade torna-se definitiva para o fiduciário se, antes de sua morte, advento do termo ou da condição, morre o fideicomissário (art. 1.958). Do mesmo modo ocorre se o fideicomissário renuncia à herança ou legado (art. 1.955), caducando o fideicomisso e ficando os bens com o fiduciário, salvo disposição em contrário do testador. De acordo com esse artigo, salvo disposição diversa do testador, se o fiduciário renunciar à herança, ou ao legado, defere-se ao fideicomissário o poder de aceitar. Nesse dispositivo, que não tem correspondência no Código anterior, fica bem claro que o fideicomissário recebe a herança como herdeiro do fideicomitente, ou seja, do autor da herança. Nesse caso, aceitando o fideicomissário a herança, não haverá fideicomisso.

Se nem o fiduciário nem o fideicomissário aceitarem a herança ou legado, devolvem-se os bens ao monte. Os credores do herdeiro fiduciário ou fideicomissário renunciante podem aceitar o benefício, nos termos do art. 1.813.

Art. 1.955. O fideicomissário pode renunciar a herança ou o legado, e, neste caso, o fideicomisso caduca, deixando de ser resolúvel a propriedade do fiduciário, se não houver disposição contrária do testador.

O fideicomissário, colocado sob direito eventual, pode também, como é evidente, renunciar ao benefício. Consolida-se assim a propriedade com o fiduciário, desaparecendo, caducando, o fideicomisso. Desaparece, nesse mecanismo, a possibilidade de os bens serem transferidos do fiduciário, que a partir da renúncia passa a exercer a propriedade plena sobre os bens recebidos.

Direito processual e civil. Sucessões. Recurso especial. Disposição testamentária de última vontade. **Substituição fideicomissária**. Morte do fideicomissário. Caducidade do fideicomisso. Obediência aos critérios da sucessão legal. Transmissão da herança aos herdeiros legítimos, inexistentes os necessários. – Não se conhece do recurso especial quanto à questão em que a orientação do STJ se firmou no mesmo sentido em que decidido pelo Tribunal de origem. – A substituição fideicomissária caduca se o fideicomissário morrer antes dos fiduciários, caso em que a propriedade destes consolida-se, deixando, assim, de ser restrita e resolúvel (arts. 1.955 e 1.958, do CC/02). – Afastada a hipótese de sucessão por disposição de última vontade, oriunda do extinto fideicomisso, e, por consequência, consolidando-se a propriedade nas mãos dos fiduciários, o falecimento de um destes sem deixar testamento, impõe estrita obediência aos critérios da sucessão legal, transmitindo-se a herança, desde logo, aos herdeiros legítimos, inexistindo herdeiros necessários. Recurso especial parcialmente conhecido e, nessa parte, provido (STJ – Acórdão RESP 820.814 RE (2006/0031403-9), 9-10-2007, Rel. Min. Nancy Andrighi).

Fideicomisso. Morte do fiduciário. Observância do testamento. Capacidade para suceder. Legitimidade do fideicomissário. Apelação cível. Ação anulatória. Fideicomisso. Ação de divisão que não importa na sua extinção. Desprovimento do recurso. – 1 – Ação anulatória em que objetivam os apelantes a declaração de propriedade e a inclusão de imóvel no qual incide fideicomisso, no inventário dos bens deixados por Camélia Riso, a fim de que se seja partilhado com as suas filhas do primeiro casamento. 2 – Fiduciária e fideicomissárias que ajuizaram ação de divisão de condomínio, na qual restou acordada a repartição do bem na forma disposta em acordo homologado judicialmente. 3 – Somente duas são as causas de extinção do fideicomisso: a nulidade e a caducidade, sendo certo que ambas não incidem no caso apreço, porquanto não estipulado o fideicomisso além do segundo grau, não perecido seu objeto, inexistente qualquer renúncia por parte do fideicomissário ou pelo fiduciário, e legitimados os fideicomissários para suceder. 4 – De certo que, por se tratar de substituição fideicomissária, eventual parte que couber à fiduciária com a divisão, ingressará no patrimônio das fideicomissárias com o advento de seu falecimento, marco estabelecido pelo testador, no caso, para a transferência da herança ou legado aos seus destinatários. 5 – Com a superveniência do evento previsto pelo testador – Morte da fiduciária cessa o direito da mesma sobre a coisa, transmitindo-se automaticamente aos fideicomissários. 6 – Ademais, sendo o direito do fiduciário resolúvel em virtude do termo ou da condição que ensejará a transmissão do bem ao fideicomissário, eventual alienação do bem a terceiro também se encontrará resolvida. 7 – Com a morte da fiduciária, a propriedade do imóvel foi automaticamente transmitida às fideicomissárias, na forma da legislação e do testamento. 8 – Desprovimento do recurso (TJRJ – AC 0090342-84.2002.8.19.0001, 18-10-2012, Relª Desª Monica Costa Di Piero).

Testamento – **Instituição de fideicomisso** – Falecimento dos fideicomissários antes do fiduciário – **Caducidade** – Legislação aplicável – Interpretação estrita de cláusula – A legislação aplicável à solução do fideicomisso é a vigente na época do óbito do fiduciário e não àquela da morte da testadora, eis que a propriedade do bem herdado ou legado, embora resolúvel e restrita, está no âmbito jurídico do intermediário. O falecimento do fideicomissário antes da morte do fiduciário determina a caducidade do fideicomisso, pois não resta realizada a expectativa do direito detido pelo fideicomissário. A existência de cláusula que não expresse claramente a vontade do testador não admite interpretação elástica ante a rigidez própria da forma testamentária, devendo ser lida como indicação de um terceiro grau, o que a lei veda. Agravo desprovido (TJRS – AI 70046210621, 11-4-2012, Rel. Roberto Carvalho Fraga).

Art. 1.956. Se o fideicomissário aceitar a herança ou o legado, terá direito à parte que, ao fiduciário, em qualquer tempo acrescer.

O fideicomissário recebe os bens com os acréscimos ou cômodos feitos pelo fiduciário. Não tem, pois, o fiduciário direito à indenização ou retenção por benfeitorias. Justo, contudo, que possa levantar as benfeitorias voluptuárias (MIRANDA, 1973, v. 58, p. 182). Responde, porém, por culpa ou dolo no caso de perda ou deterioração dos objetos fideicomitidos. Eventualmente, podemos entender que, se houver necessidade de despesas extraordinárias na conservação da coisa, as quais ultrapassem a esfera do previsível, justo será que o fideicomissário as indenize. Dependerá do caso concreto.

Art. 1.957. Ao sobrevir a sucessão, o fideicomissário responde pelos encargos da herança que ainda restarem.

Os encargos que ainda restarem na herança, quando passados os bens ao fideicomissário, ficam sob sua responsabilidade. A regra é que o fiduciário deve satisfazer os encargos da herança, como herdeiro. Mas, se remanescerem débitos em aberto quando da passagem dos bens ao fideicomissário, deste será a responsabilidade.

Como pesa sobre o direito do fiduciário uma *restrição*, eis que restrições são também as cláusulas de inalienabilidade, impenhorabilidade e incomunicabilidade, surge o problema de perguntar se pode haver *sub-rogação* dos bens fideicomitidos. Pelas mesmas razões que autorizam a sub-rogação em outros bens na inalienabilidade, não se pode negar a possibilidade também aqui. O procedimento será o mesmo já examinado quando do estudo da inalienabilidade.

Os bens podem não estar produzindo frutos; podem estar a desvalorizar por fatores estranhos à vontade do fiduciário; podem ser de difícil administração. Caberá ao juiz, no caso concreto, verificar da necessidade, oportunidade e conveniência da sub-rogação. Aqui não se podem traçar regras apriorísticas. Evidente que, nessa hipótese, não estando de acordo o fideicomissário, ou quem o represente, devem os interessados recorrer às vias ordinárias. A ação de sub-rogação será, então, litigiosa.

Cautela maior caberá ao juiz, se a deixa fideicomitida irá pertencer à prole ainda não existente ou a incapazes. O rigor na sub-rogação aqui, em procedimento de jurisdição graciosa, deverá ser muito maior. O testamenteiro deve necessariamente participar do processo, se ainda for vivo. O Ministério Público também participa tanto dos processos de jurisdição voluntária como dos processos de jurisdição contenciosa, por estar em jogo a correta aplicação da vontade testamentária. Nada impede, por outro lado, que o próprio testador autorize a sub-rogação, dando elementos para tal.

Art. 1.958. Caduca o fideicomisso se o fideicomissário morrer antes do fiduciário, ou antes de realizar-se a condição resolutória do direito deste último; nesse caso, a propriedade consolida-se no fiduciário, nos termos do art. 1.955.

Se o fideicomissário falece antes do fiduciário, ou antes que ocorra o implemento da condição, renuncia à herança ou se torna incapaz de receber a herança, desaparece o fideicomisso (caduca), consolidando-se a propriedade plena com o fiduciário.

Art. 1.959. São nulos os fideicomissos além do segundo grau.

Art. 1.960. A nulidade da substituição ilegal não prejudica a instituição, que valerá sem o encargo resolutório.

A instituição fideicomissária não pode passar da pessoa do fideicomissário. Não se admite fideicomisso além do segundo grau. Qualquer disposição nesse sentido é nula. Contudo, ainda que inadvertidamente o testador institua mais um grau, a disposição valerá apenas até o fideicomissário. É ineficaz a disposição que manda fazer nova transmissão. O art. 1.960 fale em ilegalidade que na verdade é uma ineficácia. Eduardo de Oliveira Leite (2003, p. 629) faz, contudo, observação importante a esse respeito:

"Se, porém, por qualquer motivo, caducar o primeiro fideicomisso, quer pela renúncia do fiduciário, quer por haver ele morrido antes do testador, o primeiro fideicomissário passará a ser fiduciário, nada impedindo que aquele (anteriormente proibido de substituir) passe a figurar como primeiro, tornando-se perfeitamente válida a disposição. É a solução justa que resgata a intenção soberana do testador."

CAPÍTULO X
Da Deserdação

Art. 1.961. Os herdeiros necessários podem ser privados de sua legítima, ou deserdados, em todos os casos em que podem ser excluídos da sucessão.

1. Exclusão dos herdeiros necessários

Estamos no âmbito do estudo da sucessão testamentária, embora a deserdação toque diretamente a legítima dos herdeiros necessários. A deserdação é a única forma que tem o testador de afastar de sua sucessão os herdeiros necessários, descendentes e ascendentes, no sistema de 1916. O cônjuge também, no sistema deste Código, pois este é herdeiro necessário, sob determinadas condições, mas o atual Código omitiu sua referência. Sob a égide do Código de 1916, o cônjuge, pelo espírito da lei, também poderia ser afastado de sua herança necessária de usufruto e habitação, nos casos dos §§ 1º e 2º do art. 1.611.

Quando o testador não desejar que os demais herdeiros legítimos, os colaterais, participem da sucessão, basta que disponha seu patrimônio a terceiros em seu testamento. Recorde-se de que a lei vigente ao tempo da morte regula a sucessão e o direito sucessório respectivo dos herdeiros.

Como aos herdeiros necessários está garantida sua legítima na herança, ou seja, a metade do montante hereditário, só nos estritos limites fixados pela deserdação se abre a possibilidade de o testador afastar um filho, um neto, seu pai, sua mãe, da herança.

A razão filosófica da garantia da legítima já foi examinada. Há princípios de Ética e Moral que justificam a permanência desse instituto no ordenamento. Sempre reiteramos que o testamento é, para o disponente, um escudo de amor e retribuição, mas pode converter-se numa espada de vingança e ódio.

A doutrina brasileira sempre entendeu que são pessoais os efeitos da pena de deserdação, não passando aos descendentes do deserdado.

Não são, portanto, os comezinhos problemas de relacionamento familiar, nem uma paixão de momento, que possibilitarão o afastamento do herdeiro da herança. Isso ficou demonstrado como verdadeiro ao analisarmos a indignidade, na qual se autoriza a exclusão de herdeiros ou legatários, após a morte, por meio de ação comprobatória de graves atos praticados pelo herdeiro ou legatário; mais se acentua aqui, quando se abre ensejo ao próprio testador tomar a iniciativa de excluir um herdeiro necessário. Desnecessário dizer que as questões que daí advêm são sumamente traumáticas no seio da família.

A deserdação é, portanto, uma cláusula testamentária, a qual, descrevendo a existência de uma causa autorizada pela lei, priva um ou mais herdeiros necessários de sua legítima, excluindo-os, desse modo, da sucessão.

Há, outrossim, uma estreita ligação entre deserdação e indignidade, tanto que o testador pode deserdar em todos os casos descritos para a tipificação de indignidade. Veja o que falamos sobre indignidade.

Destarte, o testador pode descrever qualquer dos fatos típicos elencados nos três incisos do art. 1.814 para afastar os descendentes ou ascendentes ou cônjuge. Isso porque não basta ao testador declarar singelamente a deserdação. Na cédula testamentária, deve vir descrita necessariamente a causa: "*somente com expressa declaração de causa pode a deserdação ser ordenada em testamento*" (art. 1.964).

Aos interessados na exclusão do herdeiro indigno ou deserdado cabe o mesmo procedimento: promover uma ação contra o herdeiro indigitado para provar a veracidade da causa alegada pelo testador (art. 1.965). A exemplo do que ocorre com o art. 1.815, do capítulo da indignidade, a causa de deserdação deve ser declarada por sentença. Embora a redação de ambos os dispositivos apresente diferenças, o fulcro é o mesmo. Sem sentença não se exclui da herança nem os herdeiros e legatários por indignidade, nem os deserdados.

A indignidade aplica-se indistintamente a toda pessoa que se inclua como sucessor do *de cujus*, herdeiros legítimos, necessários ou não, herdeiros instituídos e legatários. A deserdação, decorrente da vontade do testador, serve exclusivamente para afastar os herdeiros necessários. A primeira pertence às regras da sucessão em geral; a última é típica da sucessão testamentária. Na deserdação, além dos fatos típicos enumerados na relação de indignidade, alargam-se outras situações autorizadoras de exclusão nos arts. 1.962 e 1.963. Essas são de exclusiva iniciativa do testador. As causas comuns de indignidade, mesmo não constando do testamento, podem ser alegadas pelos interessados na ação de exclusão.

Fora das situações típicas descritas na lei, não pode haver deserdação. Por mais que as relações do morto com o herdeiro necessário tenham envolvido sérios problemas de ordem moral, ética, social ou religiosa, a questão não poderá afastar o sucessor. O espinhoso problema de definir as causas de deserdação é de ordem legislativa e, por se tratar de pena, não podem ser alargadas nem pelo testador nem pelo julgador. Cabia ao legislador, *de lege ferenda*, atualizar os dispositivos da indignidade e da deserdação do Código de 1916, alguns dos quais já se mostravam tecnicamente imperfeitos para nossa época, outros anacrônicos, isso sem falar de lacunas no *numerus clausus* que poderiam ser supridas. Houve apenas pequenas alterações no presente Código.

2. Origens históricas

No Direito Romano, como apontamos ao tratar da indignidade, a deserdação surge em primeiro lugar, para depois dar margem a casos de indignidade. No Direito mais antigo, quando havia a mais plena liberdade de testar, o problema não se posicionava. O pai de família estava obrigado a instituir ou deserdar seus herdeiros, não podendo omiti-los. Em princípio, o fato de o testador não se referir a um dos filhos anulava o testamento. Se se cuidava de omissão de filhas ou herdeiros mais distantes, valia o testamento, atribuindo-se uma parte da herança aos herdeiros omitidos.

Indica-se a *exheredidatio* como o primeiro ato solene de despojamento da herança do filho, como um castigo imposto pelo pai e como forma necessária de preparação para o *pater* adotar um estranho. Posteriormente, essa forma de deserdação converteu-se em uma simples declaração testamentária que servia para excluir certos herdeiros da sucessão (ARANGIO-RUIZ, 1973, p. 615).

As formas e consequências da deserdação eram diversas se dirigidas a um filho, ou uma filha, ou a outros herdeiros. Pelas fontes parece que podemos concluir que as deserdações abusivas eram raras e, nesse caso, cabia ao pretor deixar intacta a ordem legítima da herança. Havia grande margem de decisão para o pretor decidir no caso concreto. Somente na época imperial é que se concede ação contra a deserdação injusta (*querela inofficiosi testamenti*), numa época em que Roma já vivia na corrupção e dissolução de costumes. Não se consegue fixar corretamente a origem dessa ação, parecendo ter sido trazida dos costumes gregos. Já por essa "querela" não se colocava o herdeiro como beneficiário do testamento, mas anulava-se todo o testamento.

No direito justinianeu, na *Novela* 115, já está criada uma herança legítima. Qualquer deserdação devia ser feita nominalmente, baseada em casos descritos na lei, inspirados sobretudo na ideia de ingratidão. O exercício da querela ficava restrito aos descendentes e ascendentes, aos irmãos e irmãs, quando eram excluídos em benefício de pessoa torpe (ARANGIO-RUIZ, 1973, p. 619). Nessa época, então, a deserdação só era possível quando colocada no testamento e justificada por motivos expressos e plausíveis, cuja discussão ficava sempre aberta ao herdeiro legítimo. A expressão moderna da indignidade e deserdação já estava desde essa época desenhada.

3. Requisitos da deserdação

Como só ocorre deserdação por testamento, o testamento nulo ou revogado, não gerando qualquer efeito para fins sucessórios, também não gerará a deserdação. Trata-se então de pressupostos lógicos a *validade e eficácia do testamento.* A partir desses pressupostos verifica-se a existência das premissas próprias da deserdação.

Para que ocorra a deserdação, há necessidade, em primeiro lugar, *que existam herdeiros necessários.* Se quando da morte do testador não sobrevive herdeiro necessário, a cláusula esvazia-se. É irrelevante, ineficaz, a causa de deserdação dirigida a herdeiro não necessário. Não tem conteúdo jurídico a declaração de causa de exclusão desses herdeiros. Para que não concorram à herança, deve o testador dispor de todo o seu patrimônio a terceiros, não tendo herdeiros necessários. Se assim não o fez, os herdeiros não necessários só podem ser excluídos por indignidade, mesmo que o testador, por desconhecimento ou inadvertência, mencionou uma das causas dos arts. 1.962 ou 1.963, mas não os excluiu da herança com disposições a outrem. Nessa hipótese, o cônjuge e colaterais concorrerão à herança.

Em segundo lugar, *deve constar a cláusula de deserdação no testamento,* entre aquelas existentes nos arts. 1.814, 1.962 ou 1.963. As causas são só essas, não se admitindo extensão ou analogia. Também não é possível deserdação fora do testamento. O testador deve descrever a causa, com detalhes possíveis e necessários. A disposição deve ser fundamentada. Uma simples referência indeterminada a eventual injúria, por exemplo, não é suficiente. A descrição do fato deserdante não necessita, contudo, ser plena de detalhes. Quanto mais detalhado, porém, mais fácil tornará a missão do herdeiro ou interessado que propuser a ação. Não é necessário que o testamento indique ou localize as provas do fato descrito. Nada impede e melhor será que o faça. Se a causa não for suficientemente descrita, ou inexistir, restarão ao interessado as hipóteses de indignidade para excluir o herdeiro faltoso. Neste último caso, porém, a exclusão não será pedida com base no testamento, que poderá servir, contudo, como prova auxiliar no processo.

Em terceiro lugar, *não haverá deserdação se houver perdão por ato autêntico ou testamento* de acordo com o que dispõe o art. 1.818. O perdão só pode ser, evidentemente, posterior ao testamento que inseriu a deserdação. Se o testador revoga o testamento e não repete a disposição de deserdação em sua última vontade, está sem efeito o testamento revogado e não há deserdação. O perdão é implícito. Pode, porém, o testador perdoar expressamente o deserdado, assim como o indigno, em novo testamento e também por ato autêntico. Embora o art. 1.818 se insira nas disposições da indignidade, não há razão para inadmitir o perdão ao deserdado dessa forma como sufraga a doutrina. Os institutos da deserdação e da indignidade estão muito próximos para se fazer uma distinção cerebrina. O ato autêntico do perdão, contudo, não pode dar margem a dúvidas. Meras promessas de perdão ou inferências da atitude do testador são irrelevantes.

Em quarto lugar, como na indignidade, só haverá exclusão do herdeiro necessário por deserdação com a *prova da existência da causa determinante* em juízo,

em ação movida pelos interessados, com a respectiva sentença, contra o herdeiro indigitado (art. 1.965). Somente a declaração no testamento é insuficiente para a exclusão. É cuidado tomado pelo legislador para evitar abusos do testador, a exemplo das ações que já existiam no Direito Romano.

Apelação cível. Ação declaratória de **privação de legítima**, objetivando a declaração judicial de deserdação de herdeiro necessário. Indeferimento da petição inicial ante a inépcia. Artigo 295, parágrafo único, III, do Código de Processo Civil. Inconformismo. Alegação da possibilidade de se obter a declaração judicial de deserdação de herdeiro. Impossibilidade. A deserdação só pode ser ordenada em testamento no qual seja expressada a declaração de sua causa. Sentença mantida. Apelação a que se nega provimento. Não é possível deserdação fora do testamento, cumprindo, pois, à apelante fazer testamento com cláusula de deserdação (TJPR – Apelação Cível 427.902-1, 24-10-2007, Rel. Des. Luiz A. Barry).

Apelação cível – Ação declaratória – Preliminar de cerceamento de defesa – Rejeitada – Mérito – **Deserdação** – Art. 1.961 e seguintes do CC – Ausência de expressa declaração da causa – excesso de formalidades – Recurso provido – O juiz é o destinatário das provas, cabendo a ele indeferir aquelas que considere inúteis ou meramente protelatórias, nos termos do art. 130 do CPC. Outrossim, a dispensa de outras provas não caracteriza cerceamento de defesa, quando o elemento probatório constante dos autos é suficiente para formar o convencimento do juiz. O excesso de formalismo deve ceder lugar quando clara e evidente a vontade do testador. O formalismo exacerbado não pode prevalecer, estando clara a intenção da testadora. O art. 1.964 do CC estabelece que: "Somente com expressa declaração de causa pode a deserdação ser ordenada em testamento." Se a causa no entanto é indicada, no testamento apenas pelo dispositivo legal que a dispõe e as provas dos autos a demonstram à saciedade, deve a deserdação ser confirmada (TJMS – AC 2010.020213-1/0000-00, 25-8-2010, Rel. Des. Rubens Bergonzi Bossay).

Art. 1.962. Além das causas mencionadas no art. 1.814, autorizam a deserdação dos descendentes por seus ascendentes:
I – ofensa física;
II – injúria grave;
III – relações ilícitas com a madrasta ou com o padrasto;
IV – desamparo do ascendente em alienação mental ou grave enfermidade.

São motivos de deserdação os mesmos casos de indignidade do art. 1.814. Assim, o testador pode descrever cláusula deserdatória com base em atentado contra sua vida (inciso I), calúnia em juízo ou crime contra a honra (inciso II) e violência ou fraude contra sua vontade testamentária (inciso III). Importa, pois, recordar tudo o que foi dito a respeito dessas três hipóteses nos comentários respectivos.

O presente artigo trata da deserdação dos descendentes por seus ascendentes, a saber.

Como a lei não distingue, o ascendente de qualquer grau pode deserdar qualquer descendente.

A *ofensa física* é qualquer forma de agressão contra o corpo da vítima. A lei não distingue, não falando da gravidade da ofensa. Destarte, mesmo a ofensa leve é causa de deserdação. O ato é desrespeitoso. Tanto mais grave será quando a ofensa se reveste de um ato de escárnio, quando o ânimo de ofender moralmente é prevalecente, o que mais se aproxima da ofensa contra a honra, da denominada "injúria real". Arremessar o líquido de um copo contra a vítima, por exemplo.

Nos casos ora examinados, os princípios gerais de Direito Penal devem servir como subsídio. Não é agressão, portanto, o ato praticado em legítima defesa. Trata-se, porém, de exame de prova cível. Não se adentra no rigor da lei penal que procura proteger o réu, em várias situações. Se houve condenação penal do deserdado, pelo fato mencionado pelo testador, a questão se torna pacífica. Contudo, nunca podemos admitir como peremptória uma afirmação na ciência jurídica. Por vezes, admitir como incontroversa a condenação criminal pode gerar injustiças. Cabe exame do caso concreto. De outro lado, para essa forma de deserdação não há necessidade de condenação criminal. Não se leva em conta também, para a ofensa física, tenha ela deixado resquício, corpo de delito. Nem se exige a dor. O que se leva em conta é o mau tratamento corporal. A simples ameaça não constitui ofensa, mas pode constituir injúria grave. Contudo, a exemplo do Direito Penal, pode ser deserdado o herdeiro que foi o autor intelectual da agressão, praticada por outrem.

No tocante à *injúria*, porém, a lei é expressa em referir-se à "gravidade". Simples desentendimentos não constituem injúria grave. Importa examinar o ânimo de injuriar, juntamente com as circunstâncias gerais que envolveram a conduta, tais como nível social e cultural dos envolvidos; situação em que ocorreu o evento; provocação da vítima etc. A questão da condenação criminal é a mesma da ofensa física: não há necessidade. O âmbito aqui deve ser visto de forma mais ampla. Pode a injúria exteriorizar-se pela palavra escrita, falada ou por gestos. A gravidade ficará jungida ao exame da prova e às condições de que falamos. A injúria deve ser contra a pessoa do testador e não contra terceira pessoa, ainda que muito querida por ele. A interpretação de norma punitiva não pode ser extensiva.

O direito de 1916 se referia à *desonestidade da filha que vive na casa paterna* a qual decorria da dicção do direito pré-codificado que dizia: "*se alguma filha, antes de ter a idade legal para a emancipação, dormir com algum homem*". A desonestidade de que falava a lei, portanto, não exigia que a filha se tornasse uma rameira. Bastava que a filha mantivesse relações sexuais na casa paterna. Tratava-se de evidente disposição anacrônica para o início do século XXI. Se houver necessidade de se apreciar hoje, num tribunal, essa causa de deserdação, têm que ser levados em conta, necessariamente, o momento histórico do fato narrado, bem como a situação geográfica e social do evento. Mesmo no Brasil rural, diretamente ligado às metrópoles pela tela da televisão, difícil será admitir essa causa, a não ser que a conduta da filha seja de uma total devassidão. A disposição se referia à filha que "vive na casa paterna". Por mais desregrada que fosse a filha que não morasse com o ascendente, não permitia a lei a deserdação... E o Código anterior só falava na "filha", mas o avô podia deserdar, porque o *caput* do artigo referia-se a ascendentes em geral. E, ainda, o dispositivo fazia discriminação à mulher. Pela redação da lei, o filho homem não desonrava a casa paterna, se ali fosse desonesto, no sentido que se reportava a lei; a filha, sim. Atendendo a essas peculiaridades, o Código atual suprimiu essa causa de deserdação. À evidência, o propósito da lei já não mais resistia às disposições constitucionais atuais. De qualquer modo, a desonestidade aludida pela lei nunca poderia ser aquela recatada, às escondidas, mas aquela em que a mulher se mostrava escandalosamente desonesta, em contraste com a conduta do ascendente testador, é evidente. O testador devasso não podia imputar na deserdação a mesma pecha à filha. Assim devia ser visto o dispositivo da lei no passado.

O inciso III fala das *relações ilícitas com a madrasta ou com o padrasto*. As relações só serão lícitas se houver casamento ou união estável, o que, convenhamos, é difícil ocorrer na prática. Esse relacionamento repugna o senso comum, desequilibra emocionalmente o lar e abala a vítima. A lei reprime-se de dizê-lo, mas desejou significar no texto relações sexuais. Pouco importa que tais relações sejam hetero ou homossexuais. Não há que se distinguir. Devem ser considerados madrasta ou padrasto também os integrantes da família de fato, decorrente da união estável e do concubinato. Contudo, sempre que se fala em concubinato ou união estável, a prova será do caso concreto, pois a construção é eminentemente jurisprudencial.

O último inciso do presente artigo reporta-se *desamparo do ascendente em alienação mental ou grave enfermidade*. Tais atos demonstram o desprezo pelo ascendente, o desamor, a falta de carinho. Se, porém, o ascendente estiver em estado de alienação mental, não poderia validamente testar. A questão reporta-se à reaquisição da capacidade mental. O desamparo é eminentemente econômico, na medida do que podia o descendente amparar. Todavia, não se descarta o desamparo moral e intelectual da dicção legal. O caso concreto e o prudente exame das circunstâncias pelo juiz ditarão a procedência da causa de deserdação. O testador deve descrever a enfermidade e a forma do desamparo, ainda que sucintamente.

⚖ Deserdação. Testamento com deserdação por injúria grave (art. 1.962, II, do CC). Injúria grave comprovada. Sentença de improcedência por reconhecimento de perdão que tornou ineficaz a deserdação, em razão de reaproximação entre o testador e o herdeiro deserdado. Perdão na deserdação. Aplicação do art. 1.818 do CC, relativo à reabilitação do excluído da sucessão por indignidade. Reabilitação pode ser tácita, quando o indigno é contemplado em testamento do ofendido, ou expressa, por testamento ou outro ato autêntico. Expressão "ato autêntico" que corresponde à necessidade de escritura pública. Doutrina e jurisprudência. Ainda que não fosse exigida escritura pública, não foi comprovada cabalmente o perdão, não sendo suficiente para tanto a convivência entre testador e herdeiro deserdado. Prova do perdão, que é fato impeditivo (art. 373, II, do CPC), incumbe ao réu. Ação procedente para declarar a deserdação. Recurso provido (TJSP – Ap. 1006371-46.2018.8.26.0320, 9-9-2020, Rel. Mary Grün).

⚖ Apelação cível. **Direito sucessório. Deserdação**. Testamento. Necessidade de observância dos requisitos legais dos artigos 1.962 e 1.814 do Código Civil. Sentença de improcedência. Inexiste prova cabal de que o apelado tenha "por violência ou fraude" inibido a testadora de dispor livremente de seus bens ou direitos, ou que tenha lhe obstado os atos de última vontade, que caracteriza a aplicação do inciso III, do artigo 1.814 do Código Civil. Assim, não correspondendo a causa invocada, exatamente, a alguma das mencionadas no Código Civil em seus artigos 1.814, 1.962 e 1.963, será inoperante a deserdação e o testamento será nulo quanto à porção da legítima. A deserdação como medida extrema não admite analogias ou ampliação das possibilidades. Sentença de improcedência que se mantém. Desprovimento do recurso (*TJRS* – Acórdão: Apelação Cível nº 0003016.63.2010.8.19.0209, 31-8-2011, Rel. Des. Sebastião Rugier Bolelli).

Art. 1.963. Além das causas enumeradas no art. 1.814, autorizam a deserdação dos ascendentes pelos descendentes:
I – ofensa física;
II – injúria grave;
III – relações ilícitas com a mulher ou companheira do filho ou a do neto, ou com o marido ou companheiro da filha ou o da neta;
IV – desamparo do filho ou neto com deficiência mental ou grave enfermidade.

Esse artigo trata da situação mais rara de deserdação dos ascendentes pelos descendentes. Existe simetria com o dispositivo anterior, com exclusão, do direito anterior, da situação de conduta desonrosa da filha.

Os castigos físicos moderados, em princípio, que têm a função educativa, aos menores de pouca idade, não podem ser levados em conta para se inserirem nas ofensas físicas desse dispositivo, mas a situação concreta dará a efetiva resposta. No mais, aplica-se semelhantemente o que se disse a respeito do artigo anterior.

⚖ Recurso especial – **Ação de deserdação** – Mero ajuizamento de ação de interdição e instauração do incidente de remoção da herança, ambos em desfavor do testador sucedido – "Injúria grave" – Não ocorrência – Expedientes que se encontram sob o pálio do exercício regular do direito de ação – Denunciação caluniosa – Exigência de que a acusação se dê em juízo criminal – Ausência de comprovação de que as afirmações do herdeiro tenham dado início a qualquer procedimento investigatório ou mesmo ação penal ou de improbidade administrativa contra o seu genitor – Inviabilidade, *in casu*, de se aplicar a penalidade civil – Recurso improvido. 1. Se a sucessão consiste na transmissão das relações jurídicas economicamente apreciáveis do falecido para o seu sucessor e tem em seu âmago além da solidariedade, o laço, sanguíneo ou, por vezes, meramente afetuoso estabelecido entre ambos, não se pode admitir, por absoluta incompatibilidade com o primado da justiça, que o ofensor do autor da herança venha dela se beneficiar posteriormente. 2. Para fins de fixação de tese jurídica, deve-se compreender que o mero exercício do direito de ação mediante o ajuizamento de ação de interdição do testador, bem como a instauração do incidente tendente a removê-lo (testador sucedido) do cargo de inventariante, não é, por si, fato hábil a induzir a pena deserdação do herdeiro nos moldes do artigo 1.744, II, do Código Civil e 1916 ("injúria grave"), o que poderia, ocorrer, ao menos em tese, se restasse devidamente caracterizado o abuso de tal direito, circunstância não verificada na espécie. 3. Realçando-se o viés punitivo da deserdação, entende-se que a melhor interpretação jurídica acerca da questão consiste em compreender que o artigo 1.595, II, do Código Civil 1916 não se contenta com a acusação caluniosa em juízo qualquer, senão em juízo criminal. 4. Ausente a comprovação de que as manifestações do herdeiro recorrido tenham ensejado "investigação policial, processo judicial, instauração de investigação administrativa, inquérito civil ou ação de improbidade administrativa" (artigo 339 do Código Penal) em desfavor do testador, a improcedência da ação de deserdação é medida que se impõe. 5. Recurso especial improvido (*STJ* – Acórdão: Recurso Especial nº 1.185.122 – RJ, 17-2-2011, Rel. Min. Massami Uyeda).

Art. 1.964. Somente com expressa declaração de causa pode a deserdação ser ordenada em testamento.

⚖ Ação de deserdação – Ajuizamento pelo pai, que pretende excluir o filho da herança – Indeferimento da inicial – Ausência de manifestação testamentária

– Deserdação só pode ser declarada em testamento, com expressa referência à causa – Sentença mantida – Recurso desprovido. (*TJSP* – Ap. 1002060-47.2015.8.26.0019, 8-3-2017, Rel. Moreira Viegas – *DJe* 08.03.2017)

Art. 1.965. Ao herdeiro instituído, ou àquele a quem aproveite a deserdação, incumbe provar a veracidade da causa alegada pelo testador.
Parágrafo único. O direito de provar a causa da deserdação extingue-se no prazo de quatro anos, a contar da data da abertura do testamento.

Há necessidade de uma sentença acolhendo a prova da causa de deserdação na forma do art. 1.965. O prazo decadencial inserido no parágrafo desse artigo conta-se, portanto, da abertura judicial do testamento, ou seja, de seu "cumpra-se", de sua respectiva decisão judicial. Qualquer outra interpretação traria suma incerteza. Não é a melhor solução. O Projeto nº 6.960 tentou alterar essa redação, melhorando-a consideravelmente. No sistema do Código de 1916, tal como no caso de indignidade, o prazo de caducidade de quatro anos era contado a partir da abertura da sucessão (art. 178, § 9º, IV). Esse termo inicial poderia impedir, na prática, que o interessado tomasse conhecimento da deserdação ou sua causa, mas é objetivo e não se sujeita a vicissitudes processuais. No mais recente ordenamento, a solução é instável. O Projeto nº 6.960/2002 institui o prazo de dois anos para o interessado provar a causa da deserdação, ou para o deserdado impugná-la, a contar da data da abertura da sucessão. O Código fixou esse prazo em quatro anos da data da abertura do testamento. O Projeto deixa esse prazo mais claro e com o termo inicial objetivo, como no Código anterior. Estabelece ainda a redação sugerida que esse prazo se aplica não apenas para o interessado provar a causa da deserdação, como também para o indigitado deserdado adiantar e mover ação para impugnar a respectiva causa.

Se a ação não for promovida por qualquer interessado, a exemplo do que ocorre com a indignidade, o herdeiro não será excluído. Simples processo de "justificação", em que não existe lide, é insuficiente para a deserdação. Não provada a causa em juízo, a disposição é considerada *ineficaz* por falta de operosidade. Como disposição testamentária, é existente e válida. Só que não opera, faltando-lhe, pois, eficácia. É imprópria a terminologia que fala em nulidade.

Se existe cláusula de deserdação, não deve o herdeiro apontado ficar na posse dos bens da herança. O juiz deverá indicar um administrador, que poderá ser um dos herdeiros ou mesmo um terceiro, conforme a situação. Nem poderá o indigitado, é evidente, ser inventariante. Como uma porção da herança é duvidosa, não se faz a partilha até a decisão final da causa. Também não se pode dar a posse dos bens *sub judice* ao herdeiro instituído ou legatário interessado. Os bens deverão ficar com o inventariante, pela natureza de seu cargo, ou, se for o caso, com terceiro, herdeiro ou não, mediante fiel depósito, dependendo das circunstâncias e do critério do juiz. A iniciativa do afastamento do indigitado herdeiro deve ser dos demais interessados. Se estes nada fizerem, aceitam tacitamente a posição do inquinado como herdeiro. Cada caso concreto poderá definir, contudo, uma solução diversa.

Nos casos de indignidade, não se exclui a existência plena e visível da *saisine* do indigno. Tanto que o fenômeno pode acarretar os atos de aparência construídos na doutrina do herdeiro aparente. Com a sentença de improcedência ou carência, o indigitado não será considerado indigno e há de se entender que sua *saisine* retroagiu à data da abertura da sucessão. Problema semelhante ocorre com a renúncia da herança, e a ficção jurídica não é novidade na lei. Se improcedente a ação de deserdação, o herdeiro terá essa condição, também, desde a abertura da sucessão. Enquanto não conhecido e publicado o testamento, sua situação poderá, também, acarretar aparência.

Havendo cláusula de deserdação, portanto, existe condição de procedibilidade para a propositura da ação. A lei diz que tem legitimidade para propor a ação o herdeiro instituído, ou quem se aproveite da deserdação. O interesse nesse caso é específico e é interesse econômico.

Se o testador apenas aponta a deserdação do herdeiro necessário, sem instituir outros herdeiros, os demais herdeiros e legatários, na ordem legal do Código, passam a ter legitimidade para excluir o deserdado. Se não houver qualquer parente sucessível, é inafastável que o Estado, tendo interesse na sucessão, colocado na ordem de vocação hereditária, poderá mover a ação. Se o interesse da exclusão por deserdação é apenas econômico, o testamenteiro só terá legitimidade para a ação se o possuir, o que se apurará no caso concreto. Discute-se, na doutrina, sobre a legitimidade do testamenteiro em ter legitimidade para a ação. As opiniões se dividem. Parece-nos que, como cabe ao testamenteiro bater-se pela validade do testamento (art. 1.981), e como aqui se pugna pela eficácia de cláusula testamentária, e não pela validade, é defensável ver sua legitimidade sob o prisma do interesse econômico. Interesse econômico direto não terá. Poderá seu interesse decorrer do fato de ser legatário ou herdeiro instituído, beneficiado com a deserdação. Aí, porém, não comparecerá como testamenteiro. Movida a ação pelo interessado, porém, pode participar do processo como assistente simples. Tal tese a respeito da ilegitimidade do testamenteiro para a ação, se repetida insistentemente em nossa doutrina, assim não o é em direitos estrangeiros. A doutrina argentina, cujas disposições não discrepam da nossa a respeito da deserdação e do testamenteiro, é unânime em outorgar legitimidade a ele (BORDA, 1987, v. 1, p. 141; FASSI, 1970, v. 1, p. 381, entre outros). Por essa razão, cremos que entre nós deva ser mais bem meditada a possibilidade de o testamenteiro mover essa ação, porque, afinal de contas, é ele a pessoa a quem o testador confiou a execução de sua última vontade. Pode até ter ocorrido de o testador ter-lhe passado instruções específicas para a referida ação. O herdeiro apontado como deserdado não necessita aguardar ser demandado. Pode-se adiantar e pedir a declaração da inexistência da causa descrita pelo testador. Esse herdeiro pode mover a ação declaratória típica pedindo que o juiz declare inexistir a causa descrita no testamento. Não se lhe tolhe a iniciativa da prova, mas a maioria dos fatos negativos não admite prova. Caberá ao réu provar a veracidade da causa, conforme o art. 1.965.

Como se entende que o direito de usufruto do cônjuge sobrevivente, colocado no art. 1.611, § 1º, e o direito de habitação, no § 2º, instituídos pela Lei nº 4.121/1962, constituíam herança necessária do cônjuge, o testador, no sistema de 1916, podia deserdar seu cônjuge, declarando uma das causas legais, para afastá-lo dessas formas de sucessão, assim como podia o cônjuge ser ali afastado por indignidade. Tinham legitimidade para excluir o direito de usufruto e o direito de habitação os herdeiros concorrentes, descendentes ou ascendentes. Lembre-se de que este Código também atribui ao cônjuge sobrevivente o direito real de habitação (art. 1.831). Se o cônjuge praticou atos moralmente reprováveis contra o de cujus, que a lei transforma em causas de exclusão da herança em propriedade, que é o mais, também se aplicam princípios de exclusão aos direitos reais limitados, transmitidos por herança, que é o menos. Os casos são só os do art. 1.814, casos comuns de indignidade. Sua meação e os bens particulares são intocáveis porque não decorrem de direito sucessório. Parece que o legislador deste Código não se apercebeu desse aspecto, ou desejou mesmo restringir o alcance da disposição. Como visto, o presente Código elege o cônjuge sobrevivente como herdeiro necessário, sob certas condições. No entanto, o atual Código, nos arts. 1.962 e 1.963, manteve a estrutura do Código antigo, reportando-se aí apenas aos fatos pelos quais pode ocorrer deserdação dos descendentes por seus ascendentes e dos ascendentes pelos descendentes, nada mencionando sobre outras causas que autorizam a deserdação do cônjuge. Como não se admite extensão ou analogia de disposições punitivas, não pode ser deserdado, em princípio, por exemplo, o cônjuge que tiver praticado ofensa física contra o testador. Para tal, de acordo com o princípio geral, haveria de o legislador ser expresso a esse respeito. Mas a matéria não é isenta de dúvidas, tendo em vista a potente carga moral e ética que encerra.

O testador, ao deserdar, descreve a causa legal, o motivo de sua decisão. Pode, facilitando a ação que se seguirá à morte, indicar as provas ou meios de consegui-las. Cremos que nada obsta a que o testador, em vida, tome providências judiciais cabíveis para perpetuar o fato, possibilitando uma melhor instrução do processo, já que este poderá ser ajuizado muitos anos após os fatos, quando apagadas as memórias, esmaecidas as emoções, desaparecidas as personagens e perdidos os indícios. Nada obsta a que o testador se valha do processo cautelar de produção antecipada de provas, requerendo interrogatório da parte (futuro deserdado), inquirição de testemunhas e exame pericial. Trata-se de mero processo cautelar preparatório, no qual apenas se preserva a prova, nada se decide, porém estarão presentes os princípios do contraditório. Os interessados valer-se-ão dessa prova judicial se desejarem. Apenas se perpetua a prova que no futuro poderá tornar-se impossível (o processo tem justamente a finalidade *ad perpetuam rei memoriam*). Se a lei confere o poder de deserdar ao testador, não se pode tolher dele os instrumentos para que sua vontade testamentária seja assim cumprida.

Exclusão de herdeiro c/c anulatória de partilha. Ação proposta por não herdeiro. Ilegitimidade de parte ativa. A condição de herdeiro é requisito para que se possa pleitear em juízo exclusão da sucessão ou deserdação. Inteligência do art. 1.965, do CC. Admitir o contrário levaria à possibilidade de qualquer um demandar deserdação de herdeiros o que seria um verdadeiro absurdo, ainda mais quando, mesmo tendo havido possibilidade irrestrita de o fazer, o próprio morto, por testamento, não o fez. Recurso não provido (TJSP – Ap. 0010085-75.2010.8.26.0008, 1º-10-2012, Rel. João Batista Vilhena).

CAPÍTULO XI
Da Redução das Disposições Testamentárias

Art. 1.966. O remanescente pertencerá aos herdeiros legítimos, quando o testador só em parte dispuser da quota hereditária disponível.

A regra enfatiza o princípio geral do direito testamentário atual. Aquilo que o testador não dispuser em sua última vontade pertencerá aos herdeiros legítimos. Já vimos que no Direito Romano não era assim, se houvesse testamento, toda a herança deveria ser distribuída entre os aquinhoados na última vontade.

Como vimos, nada impede, também, que o testador disponha de toda sua herança sob a forma de legados. Para a aplicação dessa regra, pressupõe-se a existência de herdeiros legítimos e a existência de resíduo dentro da parte disponível.

Por outro lado, o problema das reduções ocorre quando o testador dispõe de mais do que podia e invade a legítima. Segundo estabelecemos artigos precedentes, havendo herdeiros necessários (descendentes, ascendentes ou cônjuge, este sob certas condições), o testador não pode atribuir no testamento senão a metade de seu patrimônio. A outra metade constitui a *legítima* dos herdeiros necessários.

Pode ocorrer, contudo, que, por inadvertência, desconhecimento, diminuição ou desvalorização de seu patrimônio, fatores alheios a sua própria vontade, ou malícia, o testador venha a ultrapassar a metade disponível. O mesmo pode acontecer nas doações. Em qualquer situação, há que se ajustar a legítima. Aqui se trata de redução nas deixas testamentárias.

Nas doações, o fenômeno ocorre pelas mesmas razões e estão entrelaçadas (arts. 549, 2.008; 1.789, 1.846, 1.847). Também ocorrendo a situação na partilha em vida, permitida pelo art. 2.018, poderá haver redução, já que o sentido é o mesmo (aqui se trata de ação de anulação de partilha por ato *inter vivos*, referida pelo art. 657 do CPC). O testamento não se invalida. Contudo, as disposições do testamento devem ser reduzidas, para assegurar a garantia da legítima, definindo-se regras para esse fim. Esse é, pois, o sentido do tema, qualificado no art. 1.967.

Se não houver herdeiros necessários, não há que se falar em redução, de vez que o testador podia dispor de todo o seu patrimônio. E se, ao contrário, as disposições testamentárias não atingirem os limites do disponível, todo o remanescente, não incluído no testamento, caberá aos herdeiros legítimos, como reza o presente artigo. Atendidas as disposições testamentárias, nada se tocando na legítima, o remanescente será atribuído aos herdeiros necessários ou legítimos. A *redução* determinada na lei é uma forma de garantir a intangibilidade da legítima.

Art. 1.967. As disposições que excederem a parte disponível reduzir-se-ão aos limites dela, de conformidade com o disposto nos parágrafos seguintes.
§ 1º Em se verificando excederem as disposições testamentárias a porção disponível, serão proporcionalmente reduzidas as quotas do herdeiro ou herdeiros instituídos, até onde baste, e, não bastando, também os legados, na proporção do seu valor.
§ 2º Se o testador, prevenindo o caso, dispuser que se inteirem, de preferência, certos herdeiros e legatários, a redução far-se-á nos outros quinhões ou legados, observando-se a seu respeito a ordem estabelecida no parágrafo antecedente.

1. Procedimento para a redução

Já estudamos que no Direito Romano, desde a época de Justiniano, existia uma porção reservada da herança a determinados herdeiros. A eles, se prejudicados, se concedia ação para as situações em que o testador, sem razão justa, os excluía da sucessão, em favor de terceiros.

É questão moderna, e de ordem prática, saber qual o procedimento a ser adotado para a redução. Se tiver condições, de plano, o juiz pode determinar a redução nos próprios autos de inventário, se acomodados os interesses das partes. Nessa situação, não há questões de *alta indagação*.

Não satisfeito qualquer interessado, ou não sendo possível a redução no curso do inventário, há que se recorrer à ação própria da redução (denominada tradicionalmente de *actio in rem scripta*). Enquanto não aberta a sucessão, não é possível se intentar a ação, porque ainda não há herança sob exame.

Interessado na propositura da ação de redução será não só o herdeiro (podendo vir só ou acompanhado dos demais, como litisconsortes ou assistentes litisconsorciais), como também o cessionário de direitos hereditários, os sub-rogados no seu direito por igual direito sucessório (pois a ação é transmissível), bem como os credores do herdeiro lesado (que veem sua garantia quirografária diminuída).

O herdeiro que não se interessar pela redução e não mover ou participar da ação não será atingido pela coisa julgada. A redução vai beneficiar tão só os herdeiros que não se mantiveram inertes. Não há coisa julgada material dentro do inventário. O herdeiro que não concordar com a partilha, homologada contra sua vontade, continua com a possibilidade de mover ação autônoma. O direito a essa ação, por conseguinte, não é personalíssimo, sendo passível de cessão. O cônjuge supérstite meeiro também tem legitimidade para essa ação, se invadida sua meação, uma vez que o testador não podia dispor do que não tinha. O mesmo se diga quanto ao convivente que também tenha direito à meação.

Quando houver herdeiros incapazes, caberá a iniciativa a seus representantes. Em seu silêncio, ocorrendo conflito entre a vontade do incapaz e do representante, deve o Ministério Público zelar para que a ação seja proposta por curador especialmente nomeado para tal. Os incapazes não podem transigir ou renunciar a direitos sem autorização judicial. Os credores do espólio não têm legitimação para essa ação, já que todo o acervo hereditário lhes garante o crédito.

Enquanto não terminado o inventário e antes da partilha, as parcelas litigiosas não devem ser objeto de homologação. Após a homologação da partilha, o pedido de redução, julgado procedente, anulará a partilha, ainda que parcialmente. Não se invalida a disposição testamentária excedente, nem o testamento. O procedimento ou processo de redução tem por finalidade reduzir o objeto material do testamento. A *parte inoficiosa* do testamento é tornada ineficaz.

Se os herdeiros, maiores e capazes, houverem por bem cumprir o testamento com parte inoficiosa, o interesse é privado. Nada obsta que deixem de exercer o direito e a ele renunciem. Se, por um lado, a ação por inoficiosidade decorrente de testamento só possa ser proposta após a morte do autor da herança, quando o excesso decorrer de doação ou partilha em vida, com base nesses atos pode ser proposta a ação, embora se defenda também o contrário. Carlos Maximiliano (1952, v. 3, p. 39), acompanhado de boa parte da doutrina, acredita que em vida não há como se saber da inoficiosidade, nem quem serão os herdeiros. Não deixa de ter razão, mas sendo ato entre vivos, já existe ação nascida para anulação a partir daí, ou como diz Orosimbo Nonato (1957, v. 3, p. 376), nossa lei, nesse passo, adotou o critério da *atualidade*. Esta é a opinião mais moderna e a dominante em nossa doutrina. Não se nega, porém, que também aqui as ações possam ser propostas após a morte. Ao que propõe a ação cabe provar o excesso. A prova incumbe a quem alega. Nem sempre será fácil na prática, dependendo, geralmente, de uma avaliação indireta.

O Estatuto da Mulher Casada (Lei nº 4.121/1962) criara na situação do § 2º do art. 1.611, do antigo Código, uma herança concorrente para o viúvo ou viúva em usufruto, da quarta parte dos bens do cônjuge falecido, se houvesse filhos deste ou do casal, e da metade se concorresse com ascendentes do falecido. Essa forma de herança, quase imperceptivelmente, colocou o cônjuge supérstite como herdeiro necessário em usufruto. Na convivência com disposições testamentárias, esse direito ao usufruto, no sistema anterior, seria sobrepujado pela vontade do testador, de modo que na partilha havia que se separar os bens que serão usufruídos, ainda que incidam sobre bens dispostos no testamento. O herdeiro testamentário ou legatário, nessa hipótese, pode receber o bem gravado com usufruto. O juiz, na acomodação da partilha, é quem deve buscar a solução mais justa e menos gravosa para os herdeiros, observando, no que couber, as regras de redução e a vontade do testador.

Deveria esse usufruto incidir sobre a legítima ou sobre a parte disponível? Como não havia disposição legal, cremos que a melhor solução se coloca no sentido de que a quota dos herdeiros testamentários é que devia ser gravada com o usufruto, até onde bastasse, atingindo-se os legados, se fosse necessário. Esse usufruto tratava-se, também, de herança que não podia ser afastada pela vontade do testador, e o sentido da lei fora procurar deixar livre de ônus a quota dos herdeiros necessários. Como se nota, a lei inserira o cônjuge sobrevivente como herdeiro de usufruto nessa modalidade de herança. No entanto, caberá ao intérprete examinar a questão se o cônjuge falecido, por exemplo, também aquinhoou o sobrevivo no testamento, atribuindo-lhe parte da herança em propriedade.

O objetivo da ação de redução é reconhecer a inoficiosidade e obter a reintegração do bem à legítima. É ação de natureza tipicamente sucessória, porque os bens voltam a reintegrar-se no monte, para sua distribuição aos herdeiros necessários. Se o bem não mais existir, ou tiver sido alienado de boa-fé, deve o acionado devolvê-lo em valor atualizado. Enquanto de boa-fé, não deve o beneficiado responder pelos frutos, devendo ser indenizado pelas benfeitorias da coisa.

Em síntese, a ação de redução resolve, em regra geral, o domínio transmitido pelo *de cujus*, no todo ou em parte, na medida necessária para respeitar a integridade da legítima. A substituição pelo preço do excedente só ocorre quando não mais possível a restituição em espécie. Se se tratar de redução parcial, porém, de pequeno valor, não se pode negar a reposição em dinheiro, que atenderá melhor ao interesse das partes e à vontade do testador.

Não há distinção também com relação à natureza dos bens. A ação atinge tanto os bens móveis quanto os imóveis.

2. Cálculo da parte inoficiosa

O presente artigo estabelece o critério para a apuração da metade disponível. No caso de testamento, segundo o Código, a parte disponível é apurada sobre o total de bens existentes ao falecer o testador, abatidas as dívidas e as despesas de funeral, adicionando-se, em seguida, o valor dos bens sujeitos à colação.

No caso de liberalidade (doação) em vida, o critério é o do parágrafo único desse artigo. O eventual excesso deve ser apreciado no momento em que foi feita a doação, como se o falecimento tivesse ocorrido naquela data. Como um lapso temporal longo pode ter decorrido desde o ato, a prova avaliatória será, por vezes, complexa. Não se deve esquecer de que o art. 2.004 oferece os critérios para o estabelecimento do valor das doações, como veremos.

Há maior complexidade quando ocorrem doações sucessivas. Nesse caso, a regra não pode ser aplicada isoladamente, sob pena de se nulificar o princípio. Segundo melhor entendimento, porém, as doações devem guardar certa contemporaneidade, porque se busca primeiramente a anulação da doação mais recente, como regra geral. Deve ser feito, no caso, um conjunto de avaliações, levando-se em conta todas as doações. Caberá à perícia fixar os valores, com a devida atualização monetária para padrão da época do julgamento. Para a apuração da legítima, devem ser levados em conta todos os bens do ativo patrimonial (móveis e imóveis, direitos e créditos), isso ao tempo da morte do testador, já que tratamos do testamento. Desse montante devem ser deduzidos os débitos do morto, os quais passam a onerar o espólio. Há débitos do espólio que se originam após a morte do testador, aí se incluindo as despesas de funeral. As despesas com advogados, auxiliares do juízo, custas de inventário etc. também devem ser deduzidas como dívidas do monte, suportadas proporcionalmente pelos herdeiros e legatários, uma vez que a todos interessam. Se o herdeiro ou legatário prefere constituir advogado próprio, essa despesa é exclusivamente sua, já que o procedimento não requer diferentes patronos.

Naturalmente, trata-se de uma operação contábil. Há créditos duvidosos do espólio, realizáveis a médio e longo prazo, contas a pagar etc. Na verdade, dependendo da complexidade dos bens da herança, há necessidade de um balanço completo. É sobre a massa ativa realizável que deve ser calculada a legítima. Não se pode ficar na esperança de recebimento de créditos duvidosos e eventuais para a inteiração da legítima. Se esses créditos vierem posteriormente a integrar a herança, faz-se uma liquidação complementar do ativo.

Os créditos incobráveis, porque o devedor é insolvente, ou porque há discussão sobre sua existência e validade, ou porque já prescritos, não podem ser incluídos na massa para integrar o ativo e, consequentemente, não podem ser computados na legítima. Contudo, se o crédito é ou não duvidoso, essa é uma questão de fato que fica a critério do juiz.

Do mesmo modo, não podem ser incluídos os créditos sob condição suspensiva que, evidentemente, ainda não integram o patrimônio partilhável. Se há condição resolutiva, a situação é de mais difícil solução porque, com o implemento da condição, desaparecerá o bem da herança. Melhor será que os bens sob condição resolutiva sejam imputados na parte disponível. É risco que vai onerar os herdeiros nomeados e legatários.

Como vivemos em um país sob risco de inflação e tendo em vista nosso passado econômico, todas as avaliações devem ser trazidas cuidadosamente para os valores do momento atual da morte. A avaliação contábil deverá estabelecer um padrão vigente à época da partilha, de acordo com os índices oficiais aplicáveis, ou qualquer outro critério legalmente aceito. Há toda uma problemática subjacente à avaliação imobiliária, que só um técnico especializado pode fazer para auxiliar o juízo. A avaliação fiscal não pode ser levada em conta para o cálculo da legítima, visto que espelha valores fora da realidade do mercado e, por força de injunções legais, heterogêneos entre si.

3. Doações e parte inoficiosa

Embora tratemos do exame da porção legítima e da porção disponível, por força das disposições testamentárias, e assim o fazem os arts. 1.967 e 1.968, já mencionamos que as doações, embora negócios jurídicos *inter vivos*, também estão sujeitas à redução da parte não autorizada. A matéria deve ser melhor esmiuçada quando do estudo das colações, assim como no estudo específico do contrato de doação. É importante, porém, fixar que, sem esse princípio presente no ato de liberalidade em vida, facilmente se burlaria a garantia da legítima. Por isso, a lei estipula que a doação dos pais aos filhos importa adiantamento de legítima. Bastaria que o titular já doasse todos os seus bens, reservando, talvez, alguns para subsistência, ou o usufruto de todos. Para o exame do excesso são utilizadas as mesmas regras já apontadas para o testamento. Só consideramos inoficiosa a doação no que exceder a legítima, no momento da doação (art. 549), porque é essa a época do exame da inoficiosidade estampada pelo legislador. A lei deveria fixar o critério do momento da morte, pela dificuldade trazida pela desvalorização da moeda, como veremos.

Se o testador dispensou da colação a doação, é como se tivesse atribuído para após a morte sua parte disponível. A situação vai materializar-se com a obrigação de colacionar os bens doados (art. 2.003 ss). As doações são, portanto, imputadas na *metade disponível* quando não foram feitas a descendentes (terceiros, estranhos ou não à herança) ou quando o disponente doou aos descendentes com dispensa de colação. O excesso, sendo inoficioso, deverá ser restituído proporcionalmente pelos donatários. De outro lado, as doações se incluem na porção legítima, como adiantamento desta, se feitas aos descendentes *sem dispensa de colação*. Aí entende-se que o doador se antecipou em outorgar a legítima. "*Nessa hipótese, só se considera inoficiosa a parte da doação que exceder a legítima do donatário e mais a metade disponível do doador*" (ITABAIANA, 1987, p. 324). O doador somente poderia aquinhoar, pelo testamento, o descendente com sua metade disponível.

O dever de colacionar os bens não se confunde com a redução das disposições. A colação é feita apenas *ad valorem*, para a apuração do patrimônio disponível. Só haverá redução, propiciando-se ação para tal, se for apurada, nas operações contábil e avaliatória, a inoficiosidade. Tanto que, se o bem já houver sido alienado pelo donatário, o que importa é a colação de seu valor.

4. Regras para a redução

O testador pode ter previsto em sua última vontade uma ou mais formas de redução. Sempre que possível, se atenderá à sua vontade. Daí por que estampa o § 2º deste art. 1.967 que o testador pode determinar que a redução prefira os quinhões de certos herdeiros, ou certos legados. No § 1º se dá a orientação legal. A opção de reduzir primeiramente a herança disponível é meramente legislativa. O Código argentino, por exemplo, determina justamente o contrário, onerando primeiramente os legados. Como os legados se assemelham a uma doação e geralmente é encargo do herdeiro entregar o legado, talvez esteja aí o sentido prático da preferência.

Nossa lei não estabelece uma ordem de redução dos legados. Nem mesmo os legados de alimentos estão livres da redução. Sempre que for de conveniência, deve o juiz autorizar as reposições em dinheiro por parte dos legatários, já que assim se estará buscando o sentido da vontade do testador. A redução que sofre o herdeiro instituído poderá ir até o ponto de nulificar a deixa, se não completada a legítima. Se forem vários os herdeiros, a diminuição será rateada entre todos.

Enunciado nº 118 do CJF/STJ, I Jornada de Direito Civil: O testamento anterior à vigência do novo Código Civil se submeterá à redução prevista no § 1º do art. 1.967 naquilo que atingir a porção reservada ao cônjuge sobrevivente, elevado que foi à condição de herdeiro necessário.

Apelação. Ação de anulação de testamento. Decadência. Descabimento. Não é a hipótese de nulidade do ato, como equivocadamente pretende a recorrente. Daí não se aplicar o instituto da decadência. Teoria da causa madura. Processo em termos de julgamento. Redução de disposições testamentárias. Eventual inobservância dos limites do patrimônio disponível do *de cujus*, atingindo a parcela de bens que se circunscreve na legítima, a ser destinada aos herdeiros, não acarreta a nulidade do ato. A questão comporta a redução das disposições testamentárias no processo de inventário, adequando-se aos limites legais. Inteligência do art. 1.967 do CC. Sucumbência. Manutenção à luz do CPC/1973. Recurso parcialmente provido (*TJSP* – Ap. 0003711-36.2012.8.26.0602, 8-3-2019, Rel. Rosangela Telles).

Negócio jurídico. **Doação inoficiosa**. Caracterização. Nulidade que abrange apenas a parte que excedeu o limite disponível. Cabimento. 252 RITJ. Aplicação. Recurso improvido. Não é permitida a doação inoficiosa. – Aquela em que o doador, no momento da liberalidade, excede a legítima dos herdeiros. Não se lhe concede que doe, além do que poderia dispor em testamento, mas a eficácia não atinge todo o contrato, senão apenas na parte excedente. Faz-se, portanto, a redução. Há na inoficiosidade, uma relação entre a doação, a legitimidade e mais a metade, disponível." "A avaliação do patrimônio é feita no momento da liberalidade, e não quando da abertura da sucessão" (*TJSP* – Ap. 0001664-98.2001.8.26.0562, 13-2-2013, Rel. Jesus Lofrano).

Art. 1.968. Quando consistir em prédio divisível o legado sujeito a redução, far-se-á esta dividindo-o proporcionalmente.

§ 1º Se não for possível a divisão, e o excesso do legado montar a mais de um quarto do valor do prédio, o legatário deixará inteiro na herança o imóvel legado, ficando com o direito de pedir aos herdeiros o valor que couber na parte disponível; se o excesso não for de mais de um quarto, aos herdeiros fará tornar em dinheiro o legatário, que ficará com o prédio.

§ 2º Se o legatário for ao mesmo tempo herdeiro necessário, poderá inteirar sua legítima no mesmo imóvel, de preferência aos outros, sempre que ela e a parte subsistente do legado lhe absorverem o valor.

Se houver necessidade de se atingir um legado que consista em *prédio divisível*, o art. 1.968 determina que a divisão se faça proporcionalmente.

A seguir, como se vê, o § 1º do presente artigo passa a tratar do prédio *indivisível*.

A avaliação do imóvel no bojo da herança mais uma vez avulta de importância. Essas regras evidentemente são supletivas da vontade do testador e da vontade dos interessados, que melhor farão se se compuserem.

Haverá situações de difícil deslinde na prática, a começar pela viabilidade de divisão de um imóvel que poderá perder muito de seu valor. Nem sempre será aconselhável a divisão de um imóvel rural, pois pode apresentar-se economicamente desvantajosa. Há que se apurar a possibilidade no caso concreto, sempre buscando a solução que apresente maior vantagem para todos os interessados.

Quando, porém, tratar-se de prédio indivisível, o § 1º não permite outra solução, na falta de acordo, que não essa da lei. Obedecem-se às proporções de valor e evita-se o condomínio. O § 2º permite que, se o legatário também for herdeiro, inteire sua legítima no mesmo imóvel, de preferência aos outros herdeiros, sempre que o valor de sua quota e a parte do legado forem suficientes. Evita-se mais uma vez o condomínio. Esse é o sentido dos parágrafos examinados.

Se mesmo a redução das quotas dos herdeiros e dos legados não bastar para inteirar a legítima, cumpre aos herdeiros prejudicados recorrerem à anulação das doações inoficiosas, nos termos do art. 549, se presentes os respectivos pressupostos. Reduzir-se-ão primeiramente, em princípio, as doações mais recentes. É a solução mais lógica, embora não decorra da lei, a qual, porém, não determina que a redução das doações também se faça *pro rata*. Todavia, se as doações forem simultâneas ou contemporâneas, razão não existe e será mais justo que se opere o rateio entre os vários donatários, segundo nos parece mais justo.

O terceiro que adquire bem proveniente de doação inoficiosa não tem praticamente condições materiais de suspeitar do problema. Se não há ação alguma em curso, e o bem se apresenta livre de suspeitas, nem que fosse diligentíssimo poderia suspeitar de uma futura e eventual ação por inoficiosidade. Daí por que não partilhamos da opinião de que há presunção de fraude (MAXIMILIANO, 1952, v. 3, p. 55; NONATO, 1957, v. 2, p. 390). Essa posição insere um elemento de extrema insegurança nos negócios jurídicos. Muito difícil será para o adquirente investigar se o bem que adquire se inseriu anteriormente em doação inoficiosa. Não se trata de situação perceptível por circunstâncias externas, como a fraude contra credores, por exemplo. A fraude deve ser provada no caso concreto. Nunca esqueça que o intérprete não pode raciocinar, a cada questão, sobre fraudes, pois a má-fé não se presume. Se o terceiro estiver de boa-fé, o donatário responde pela reposição do valor. Se o terceiro, de qualquer forma, foi cientificado da existência do fato, cessará aí sua boa-fé, podendo ser atingido pelos efeitos da ação.

Outra questão é a insolvência do donatário de liberalidade inoficiosa. Discute a doutrina se a ação de redução pode ir buscar as doações anteriores. A insolvência é, contudo, um risco que o herdeiro deve suportar, tratando-se de prejuízo equivalente a créditos não recebidos pelo *de cujus* (WALD, 1988, p. 157). Lembre-se, no entanto, do que dissemos a respeito de doações simultâneas ou contemporâneas.

Se a coisa doada se perde por culpa do donatário, deve indenizar o prejuízo até o montante da inoficiosidade. Se por caso fortuito ou força maior, não há dever de indenizar. Considera-se inexistente a doação.

Apelação cível – **Ação de anulação de ato jurídico** – Interesse de agir configurado – Resta configurado o interesse de agir do autor quando a ação proposta é o meio hábil para se discutir as questões jurídicas, ora postas em juízo. II – Ilegitimidade ativa não configurada. É patente a legitimidade do herdeiro na ação de anulação por ele proposta, na qual questiona a doação inoficiosa que atingiu a legítima. III – Julgado ultra petita. Redução aos limites do pedido. Imperiosa é a adequação da decisão monocrática aos limites do pedido, quando o julgador excedê-lo, por configurar-se em sentença ultra petita. IV – Doação inoficiosa. Anulação. O Código Civil impõe restrições à liberdade de doar, entre as quais encontra-se a doação da parte inoficiosa, descrita como aquela que excede à quota disponível que o doador poderia dispor em testamento, no momento da liberalidade. Assim, constatada a ocorrência de doação que exceda à parte disponível atingindo a legítima dos herdeiros, impõe-se reconhecer a nulidade desta, pois caracterizará como inoficiosa. Apelação conhecida e parcialmente provida, decotando a parte extra petita (*TJGO* – AC 200391403044, 11-10-2012, Relª Sandra Regina Teodoro Reis).

CAPÍTULO XII
Da Revogação do Testamento

Art. 1.969. O testamento pode ser revogado pelo mesmo modo e forma como pode ser feito.

1. Nulidades em Matéria de Testamento

O testamento é um negócio jurídico que tem como características, entre outras, o fato de ser unilateral e solene. Como todo negócio jurídico, deve ser examinado sob o prisma da *existência*, da *validade* e da *eficácia*.

Já sabemos de sobejo que a *vontade testamentária* só existe se houver testamento. Fora do testamento, não há disposição de última vontade. O codicilo tem seu alcance específico e restrito. Portanto, supere-se o nível de existência desse negócio jurídico de última vontade.

A vontade, em qualquer negócio jurídico, é pressuposto do fenômeno. Sem manifestação de vontade não existe o negócio. Como só existe testamento se a vontade manifestar-se de acordo com as três modalidades legais (testamento público, cerrado e particular, além das formas especiais, que na verdade são excepcionais), sem elas temos que inexiste o ato, porque não há testamento. Por isso, uma escritura pública não é testamento, nem uma carta, nem uma declaração feita perante um juiz, por maiores que sejam os formalismos que guardem esses atos. Da mesma forma, faltando uma formalidade a uma modalidade de testamento, não pode ser ela aproveitada como outra modalidade. Não é válida entre nós a cláusula de conversão. No testamento cerrado, por exemplo, se falta o cerramento da cédula, ele não pode ter validade como testamento particular.

Desse modo, os campos da existência e da validade no testamento estão muito próximos, porque o resultado que o ordenamento lhes atribui é o da invalidade. É nulo o testamento (logo o negócio jurídico não vale), tanto se feito por escritura pública, quanto se feito pela forma pública perante somente uma testemunha. Como a vontade testamentária deve vir resguardada pela solenidade e pelas formas da lei, sem elas o testamento não vale: é nulo. Essas nulidades do ato testamentário também são regidas pelas regras gerais.

O testamento também exige agente capaz, objeto lícito e forma prescrita. Na verdade, em todos os capítulos anteriores tratamos de nulidades do testamento. Examinamos a capacidade testamentária ativa ao analisar o art. 1.860 e vimos que não há equivalência entre a capacidade do agente para os atos em geral e para fazer testamento. Existe, pois, uma disciplina própria para sabermos quem é "agente capaz" para elaborar testamento. Há também "capacidades específicas" para cada modalidade de testamento, ou seja, legitimação (ou melhor dizendo, falta de legitimação para certas pessoas). Quem não possui legitimação para testar sob determinada forma também não é agente capaz. O cego, por exemplo, não tem capacidade testamentária ativa, senão pela forma pública (art. 1.867).

Quanto ao objeto lícito, ao examinarmos exaustivamente as disposições testamentárias, as questões referentes à legítima, aos legados, às cláusulas restritivas, às reduções das cláusulas, à deserdação etc., vimos o que pode e o que não pode inserir o disponente em seu ato de última vontade. Também o objeto imoral, como nos atos jurídicos em geral, não pode figurar no testamento. Contudo, no particular referente ao objeto do testamento, ou seja, nas disposições testamentárias, na maioria das vezes uma disposição nula não invalidará todo o ato. Tal como numa lei composta de vários artigos, pode existir um artigo que seja inconstitucional. Mas isso não faz com que a lei não seja aplicável. Só o dispositivo que fere a lei maior deixa de ser aplicado. Assim, também no testamento, pode ocorrer que a vontade se manifestou de forma válida, mas que uma disposição dentro do contexto testamentário seja vedada pelo ordenamento. O negócio é válido e terá eficácia. Não se aplica a disposição ilegal e, consequentemente, tudo o que dela depender. Sob o mesmo aspecto, se nenhuma norma testamentária puder ser aplicada por ilegalidade, o testamento se esvazia, passa a ser um corpo material sem qualquer validade jurídica.

O que não pode ser olvidado é que a nulidade de uma cláusula testamentária, por si só, não invalida o ato inteiro. Como a finalidade básica do testamento é dispor de patrimônio após a morte, em se tratando de disposições não patrimoniais, vimos que estas têm um tratamento próprio. Há disposições de cunho não patrimonial que mesmo inseridas em um testamento inválido ou ineficaz podem gerar seus efeitos particulares, porque é tida como suficiente a vontade ali manifestada, como, por exemplo, o reconhecimento de um filho.

Ao lado dos atos nulos, que retiram a validade e a eficácia do ato, coloca-se a anulabilidade, ou nulidade relativa, como preferem alguns. A vontade testamentária pode ter sido viciada. Externamente, o testamento se apresenta perfeito. Intrinsecamente, porém, a vontade se viciou por erro, dolo ou coação. O que anula os atos jurídicos em geral também anula o testamento. Já estudamos o dolo no testamento, quando assume a forma de captação de vontade. Só que como a vontade testamentária é essencialmente *revogável*, o cuidado que deve ter o julgador ao tratar de uma anulação desse jaez é verificar se o vício perdurou durante todo o tempo após a elaboração do testamento, de tal sorte que também inibiu a vontade do testador em revogá-lo. Se o autor do negócio testou sob coação, para que o vício perdure e enseje a anulação, mister será que essa coação tenha sido tão constante que o impediu de fazer novo testamento para revogar o ato coacto. Se assim não for, entendemos que o testador desejou que sua vontade, originalmente viciada, perdurasse após sua morte.

A possibilidade de testar acompanha o testador até a sua morte, é "ambulatória", segundo a expressão romana estudada. A consequência de o testamento ser considerado inválido é que não produzirá efeito algum como negócio de última vontade. Serão chamados os herdeiros da ordem legítima de vocação hereditária.

Como a distinção dos negócios nulos e anuláveis traz diferenças, os testamentos nulos podem ser decretados de ofício pelo juiz, podendo a nulidade ser pleiteada por qualquer interessado e pelo Ministério Público (art. 168). A anulação do testamento só pode ser pedida por quem tenha interesse na invalidade do negócio. A nulidade é de ordem pública; a anulabilidade é deferida no interesse de determinadas pessoas. O interesse em anular deve ser aferido no caso concreto. O representante do incapaz tem, por exemplo, legitimidade para pedir a anulação de ato que prejudique o representado.

O testamenteiro é parte legítima para ser demandado, tanto no pedido de declaração de nulidade como na ação de anulação, por força do art. 1.981, mas é da maior conveniência que todos os herdeiros e legatários envolvidos sejam chamados para a ação.

Ao lado desses vícios, que estão na origem da vontade testamentária, há outras situações particulares que podem retirar a *eficácia* do testamento. Como o testamento é essencialmente revogável, o próprio testador, com um testamento subsequente, revoga o anterior, subtraindo-lhe a eficácia. Pode ocorrer que o segundo negócio tenha exclusivamente essa finalidade: revogar o ato anterior. Sem qualquer deixa testamentária, operar-se-á a vocação legítima. Há outras situações, como a seguir veremos, nas quais a lei entende que existe uma revogação presumida do testamento, pela superveniência de certos fatos.

E, por fim, o testamento ou determinada(s) deixa(s) podem esvaziar-se de conteúdo, perder a força, ou porque o objeto material não existe mais, ou porque não existe o sujeito para entrar na titularidade sucessória. Trata-se da *caducidade*. A esta altura de nossos comentários já passamos por muitas situações de caducidade, estando clara sua compreensão. Lembre-se do que se falou a respeito da caducidade dos legados. Uma vez caduca uma disposição testamentária, cumpre examinar o testamento, para verificar se ainda restam disposições eficazes a serem cumpridas. A caducidade não resulta da vontade do testador, mas de situações de fato, aferíveis a partir da morte (embora a disposição já possa ter-se esvaído em vida, por exemplo, o perecimento da coisa legada).

2. Revogação do testamento

Só outro testamento pode revogar ato de última vontade precedente. Essa é a regra em nosso ordenamento, nem sempre acompanhada por outras legislações. Portanto, somente o testador pode fazê-lo. A regra vem expressa no artigo em epígrafe. Codicilo não revoga testamento, nem escritura pública. Já o testamento pode revogar o codicilo. Qualquer forma válida de testamento é apta a revogar outra. Assim, o testamento público pode ser revogado pelo cerrado, o cerrado pelo particular e assim por diante. Como a data pode estar ausente do testamento ou duvidosa, já que não é, entre nós, requisito essencial, importante fixá-la, para saber qual o ato revogante e qual o ato revogado. A revogação tem o condão de tornar ineficaz a manifestação de vontade anterior.

A revogação do testamento pode ser expressa, tácita ou presumida (ficta). Cada uma dessas modalidades merece o cuidado extremo do intérprete. A revogação será expressa quando o testador declara sem rebuços a ineficácia de seu testamento anterior. A revogação tática decorre de disposições posteriores inconciliáveis com anteriores ou na hipótese de dilaceração ou abertura de testamento cerrado. A revogação presumida ocorre perante um fato relevante que a lei considera bastante para alterar a última vontade (arts. 1.973 e 1.974).

A revogação do testamento pode ser total ou parcial. Fundamental será, no caso concreto, verificar quais as porções da vontade testamentária que permanecem válidas e eficazes. Pode ocorrer que existam vários testamentos que devam ser examinados, em um verdadeiro mosaico da vontade. O testamento revocatório pode limitar-se a isso ou pode, além de revogar o testamento anterior, fazer novas disposições. Pode também revogar apenas parte das disposições de testamento anterior. Da mesma forma é possível que o testamento posterior mantenha integralmente o anterior e o complete.

Arrolamento. Sentença de homologação da partilha. Recurso parcialmente provido. Arrolamento. Insurgência contra sentença de homologação da partilha. O falecido deixou testamento nomeando a ex--mulher como herdeira de metade disponível dos seus bens. Descabida a alegação de que o testamento perdeu sua validade quando o *de cujus* vendeu a sua parte em bem imóvel à ex-mulher. Inteligência do art. 1.969 do CC. O testamento só pode ser revogado por outro. Princípio da *saisine*. A herança transmitiu-se às partes no momento da sucessão. A recorrente, todavia, arca com as prestações do financiamento imobiliário desde o falecimento do marido. Mantida a homologação, cabe à apelada restituir os valores pagos pela viúva, na proporção de 50% da dívida atribuível ao *de cujus*. Recurso parcialmente provido (*TJSP* – Ap. 0034894-47.2010.8.26.0100, 24-9-2019, Rel. J.B. Paula Lima).

Apelação cível – Direito das sucessões – **Revogação de testamento** – Impossibilidade da curadora da testadora realizar a revogação – Ato personalíssimo – Interdição posterior ao testamento – Alienação de bens pela curadora – Inadmissibilidade – Ausência de autorização judicial – 1 – Nos termos do artigo 1.969 do Código Civil de 2002 (artigo 1.746 do Código Civil de 1916), a revogação parcial ou total do testamento deve ser feita obrigatoriamente do mesmo modo e forma como foi elaborado anteriormente, isto é, por qualquer outra forma válida de testamento. 2 – Ademais, em virtude de o testamento ser um ato personalíssimo de manifestação de vontade do testador (artigo 1.858 do Novo Código Civil), somente pode ser revogado por quem o elaborou, não sendo possível, portanto, ser efetivada por uma terceira pessoa. 3 – *In casu*, analisando detidamente o acervo documental acostado aos autos (folhas 08 e 11), constata-se que a testadora, ao tempo da realização do instrumento de liberalidade, estava no pleno exercício de sua capacidade, visto que a interdição ocorreu em momento posterior às disposições de última vontade. 4 – Assim, diante da ausência de nulidade insanável, inadmissível a curadora, ora apelante, tornar ineficazes as disposições testamentárias feitas anteriormente de forma hígida, à época, pela testadora. 5 – No caso em epígrafe, inexiste autorização judicial no sentido de autorizar a curadora a vender bem pertencente à testadora em benefício da legatária. No entanto, diante da incapacidade da testadora e nos termos dos artigos 1.781 e 1.748, inciso IV, ambos do Novo Código Civil, é imprescindível autorização judicial para a curadora efetuar qualquer transação patrimonial válida que exceda a administração dos bens. 6 – Apelação conhecida e não provida. Sentença mantida (*TJCE* – Ap. 48363-66.2006.8.06.0001/1, 14-3-2011, Rel. Des. Francisco Barbosa Filho).

Art. 1.970. A revogação do testamento pode ser total ou parcial.
Parágrafo único. Se parcial, ou se o testamento posterior não contiver cláusula revogatória expressa, o anterior subsiste em tudo que não for contrário ao posterior.

A lei não impede que o testador faleça com um emaranhado de testamentos válidos, uma vez que a revogação pode ser *parcial ou total*. Se houver mera revogação parcial, sem revogação expressa, o testamento anterior subsiste em tudo o que não for contrário ao posterior. Pode o disponente ir elaborando seguidos testamentos, completando os anteriores, revogando-os em parte, em parte confirmando-os. A difícil tarefa perante vários testamentos eficazes é do intérprete, em concluir pelas disposições realmente eficazes quando da morte. O problema será compatibilizar as várias disposições contidas em mais de um instrumento.

Outro problema, porém, pode surgir na interpretação de um único testamento, que contenha cláusulas conflitantes. A recomendação é sempre a de maior clareza possível na elaboração das cédulas. Nesse sentido, o parágrafo único desse artigo, que é expresso.

Destarte, se for desejo do testador revogar totalmente o ato anterior, deve dizê-lo expressamente. Não o fazendo, todas as novas disposições que não conflitarem com o documento anterior permanecem válidas. Se a incompatibilidade for total, cai por terra evidentemente todo o disposto anteriormente. Distinguem-se, pois, a *revogação expressa* e a *revogação tácita*. Ficam tacitamente revogadas as disposições novas que conflitarem com as precedentes. Tanto a revogação expressa como a tácita podem ser totais ou parciais.

Art. 1.971. A revogação produzirá seus efeitos, ainda quando o testamento, que a encerra, vier a caducar por exclusão, incapacidade ou renúncia do herdeiro nele nomeado; não valerá, se o testamento revogatório for anulado por omissão ou infração de solenidades essenciais ou por vícios intrínsecos.

Não vale a revogação, se o testamento revogador for inválido. O que é nulo não produz efeitos; esse o princípio geral. É esse mesmo dispositivo que mantém a revogação no caso de caducidade deste último testamento *por exclusão, incapacidade, ou renúncia do herdeiro, nele nomeado*. O testamento que revoga, portanto, é válido e eficaz. A caducidade de suas disposições não torna ineficaz a vontade manifesta de revogar. O presente artigo trata de duas situações distintas. Primeiramente, aduz que o testamento caduca por exclusão, incapacidade ou renúncia do herdeiro nomeado. A disposição perde sua força por falta de titular. A segunda parte do dispositivo trata da invalidade do testamento revogatório. A revogação nele contida é ineficaz, inoperante, porque seu instrumento não é válido. Nem sempre será tranquila a solução na prática.

E se o testador revogar o testamento revogatório? A hipótese não está contemplada na lei. Ganharia vida novamente o testamento original, ou seja, repristinar-se-ia o testamento então revogado? Pelos princípios presentes em nossa lei, o último testamento só teria o condão de anular o anterior, mas pode o testador repetir as disposições do testamento revogado (nesse caso, não há problema interpretativo porque se trata de novo testamento), ou se referir expressamente que é seu desejo a reprivstinação. Parece-nos que a doutrina que aceita tal atitude do testador está correta. No entanto, é necessário que o testador manifeste expressamente sua vontade de *reviver* testamento pretérito. Tal efeito não pode nunca ser automático (GOMES, 1981, p. 242). Necessário, contudo, que o testamento renascido continue válido, para que volte a ganhar eficácia.

A revogação pode ficar subordinada a condições, se forem lícitas. Pode o testador estipular que o testamento anterior fica revogado, caso venha ele a contrair matrimônio com determinada pessoa, por exemplo.

Art. 1.972. O testamento cerrado que o testador abrir ou dilacerar, ou for aberto ou dilacerado com seu consentimento, haver-se-á como revogado.

A lei estabelece que a abertura ou dilaceração do testamento cerrado implica revogação, se feita pelo testador ou com sua aquiescência. A regra geral é que testamento rasgado pelo testador, ou a seu mando, demonstra sua vontade de revogar. A vontade de revogar não é expressa, mas se manifesta pelas circunstâncias. Se a cédula foi fortuitamente aberta ou dilacerada, não opera a presunção. A questão passa ao campo probatório. Cabe aos interessados provar a eficácia ou ineficácia do testamento. Se não houver acordo entre os interessados, não estando clara a intenção do testador, só a ação, com contenciosidade, deslindará a questão. O juiz não pode determinar o cumprimento do testamento que não se apresenta intacto (art. 735, *caput* e § 1.º do CPC/2.015). Se a presunção não fosse relativa, não precisaria o Código Civil referir-se à hipótese, porque o testamento cerrado que não se apresentar intacto está nulo. A lei criou, no entanto, uma possibilidade de que valha a cédula. O exame da prova nesse caso deve ser muito rigoroso, porque a situação facilita a fraude. Entendeu a lei não ser absoluta a presunção no tocante a esse requisito de validade do testamento cerrado. Abre possibilidade ao juiz de aparar injustiças. A regra deve ter aplicação semelhante no testamento particular, embora nossa lei não o diga, se este se apresentar riscado ou rasurado, por exemplo. Há de ser provado que tal não decorreu da vontade do testador em revogá-lo. Se o testador riscou apenas uma parte do testamento, e assim ficar provado, é de entendermos que revogou o ato nessa parte.

Caberá aos interessados, herdeiros ou legatários, bem como ao testamenteiro, provar que a abertura foi acidental e que não houve intenção de revogar.

CAPÍTULO XIII
Do Rompimento do Testamento

Art. 1.973. Sobrevindo descendente sucessível ao testador, que não o tinha ou não o conhecia quando testou, rompe-se o testamento em todas as suas disposições, se esse descendente sobreviver ao testador.

1. Revogação presumida (ruptura ou rompimento do testamento)

Há situações nas quais a lei presume que, se fossem de conhecimento do testador, ele revogaria sua disposição de última vontade. Essa revogação é *presumida*, de modo que o próprio testador pode afastá-la, prevenindo as possibilidades da lei. O termo usado pelo legislador é *rompimento* do testamento, que é mais forte do que simples revogação. O rompimento faz desaparecer os efeitos do testamento por inteiro. A primeira hipótese de rompimento, na verdade, subdivide-se em duas nesse artigo. Assim, o testamento se rompe quando o testador não tem descendentes e sobrevém um descendente sucessível. A outra situação ocorre quando testador tem descendente, mas não sabia de sua existência, não tinha conhecimento do fato, e o descendente surge. Não importa a origem desse descendente. Quando ocorre o rompimento do testamento, este se torna ineficaz como um todo. Desaparece o ato de última vontade do universo jurídico. Também pode ocorrer a ruptura com a existência de um nascituro desconhecido pelo testador.

"*A ruptura se dá com o nascimento do herdeiro, quer póstumo, quer em vida do autor da herança, mas é fundamental, para que se opere o rompimento do testamento, que o testador ignorasse o fato*" (VELOSO, 2003, p. 372).

A lei presume que se o testador conhecesse a existência do descendente, de qualquer grau, não disporia pelo testamento, ao menos da forma que o fez. Do mesmo modo, o nascimento de um descendente faz desaparecer os efeitos do testamento. Trata-se do nascimento de um novo herdeiro necessário. A lei presume que a relação com o novo descendente modifica a vontade de testar. Incumbiria ao testador fazer novo testamento. Se não tiver mais condições para isso (insanidade, por exemplo), as disposições do testamento rompido estarão irremediavelmente perdidas. O testamento só poderá ser aplicado se esse descendente falecer antes do testador. Nesse caso, não se considera rompido. Destarte, esse rompimento só pode ser aquilatado quando da morte do autor da herança.

É fundamental ressaltar que se o testador já tinha descendentes conhecidos quando testou, e após o testamento surgir outro ou outros, não é caso de rompimento (VELOSO, 2003, p. 368), segundo nossa doutrina majoritária.

2. Caducidade dos testamentos

É oportuno retornar ao tema, tendo em vista certa confusão que paira na doutrina. Geralmente, trata-se dos casos de rompimento ou revogação presumida, como caducidade. Na realidade, a caducidade tem seus próprios limites. A caducidade ocorre quando há um esvaziamento da deixa testamentária ou porque o bem já não mais existe (pouco importando a causa, desaparecimento, alienação, perda), ou porque não existe o sujeito (herdeiro ou legatário) para suceder (em todos os casos em que o sucessor não mais existe, não quer, ou não pode receber). Assim, caduca o testamento na parte em que não puder ser cumprido porque há uma impossibilidade material. Se o legatário estiver legalmente impedido de figurar como sucessor, a deixa é nula. No entanto, se o legatário for um substituto e o primeiro nomeado aceitar a herança, caducará a disposição a seu respeito. Do mesmo modo, há caducidade se os herdeiros tiverem falecido antes do testador; se a condição da cláusula frustrar-se (não tiver mais possibilidade de implemento) ou se os instituídos sob condição suspensiva falecerem antes do implemento da condição. Tudo isso exemplificativamente, porque as hipóteses são inúmeras. Tudo que esvaziar a disposição testamentária é caducidade, isto é, perda da força, do vigor. Esse o sentido no vernáculo e no Direito. Estabelecida a caducidade de uma disposição testamentária, verificar-se-á se outra disposição é aplicada em substituição, ou se o que operará é a ordem de vocação legítima.

Nos testamentos especiais, fala-se que tais negócios caducam quando perdem sua razão de ser, ou porque o viajante marítimo deixa de testar regularmente no prazo legal (art. 1.891), ou porque o combatente não falece em campanha, podendo no prazo legal testar sob a forma ordinária (art. 1.895). Como vemos, também aí o sentido geral de caducidade está presente. No caso, todo o testamento esvazia-se e torna-se ineficaz.

Enunciado nº 643, VIII Jornada de Direito Civil – CJF/STJ: O rompimento do testamento (art. 1.973 do Código Civil) se refere exclusivamente às disposições de caráter patrimonial, mantendo-se válidas e eficazes as de caráter extrapatrimonial, como o reconhecimento de filho e o perdão ao indigno.

Apelação cível. Anulatória de testamento. Rompimento. Herdeiro necessário. Reconhecimento de filho por sentença judicial posteriormente ao testamento e antes da morte do testador. Segundo o art. 1.973 do CC, "sobrevindo descendente sucessível ao testador, que não o tinha ou não o conhecia quando testou, rompe-se o testamento em todas as suas disposições, se esse descendente sobreviver ao testador." Contudo, não se rompe testamento, se o testador, mesmo tomando conhecimento da existência de outro herdeiro necessário após ter testado, não modifica suas disposições testamentárias. Interpretação dos artigos 1.974 e 1.975 do Código Civil. Precedentes. No caso dos autos, o autor, em investigatória de paternidade, foi declarado filho do testador após a lavratura do testamento e antes da morte dele. O testador teve oportunidade de revogar o testamento, mas não o fez. Logo, deve ser respeitada sua vontade expressa ao testar sua parte disponível, resguardando a legítima dos herdeiros necessários. Negaram provimento ao apelo (*TJRS* – Ap70076179043, 28-6-2018, Rel. Rui Portanova).

Agravo regimental no agravo em recurso especial – Testamento – Ruptura do art. 1.973 do Código Civil – Não ocorrência – Improvimento – 1 – O reconhecimento de outro herdeiro depois da realização do ato de disposição patrimonial, não prova o seu rompimento, não sendo aplicável o artigo 1.973 do Código Civil, se ausente a presunção de que o testador disporia de modo diverso do que foi consignado. 2 – O agravo não trouxe nenhum argumento novo capaz de modificar a conclusão alvitrada, a qual se mantém por seus próprios fundamentos. 3 – Agravo Regimental improvido (*STJ* – AgRg-REsp 1.273.684 – (2011/0202351-5), 4-5-2012, Rel. Min. Sidnei Beneti).

Art. 1.974. Rompe-se também o testamento feito na ignorância de existirem outros herdeiros necessários.

O rompimento também ocorre quando o testador *está ciente* de que não tem outros herdeiros necessários, além dos conhecidos quando da elaboração do testamento. Herdeiros necessários, além dos descendentes, são os ascendentes e o cônjuge na forma do art. 1.829. A lei presume que disporia diferentemente se soubesse de sua existência. A questão da prova, no caso concreto, nem sempre será fácil. Deve ser provado que o testador não sabia que existiam outros herdeiros necessários. Sobre esse aspecto, dispõe o presente artigo que se reporta à ignorância do testador.

O filho ilegítimo ou, segundo a mais nova nomenclatura, o filho não proveniente de casamento, desconhecido pelo testador, insere-se nessa dicção legal. Assim também se o testador ignora que possui pais vivos ou cônjuge.

A questão é tormentosa, mormente quando o reconhecimento de filiação ou paternidade ocorre após a morte, por força de sentença judicial. A jurisprudência mostrava-se avessa em aplicar o dispositivo. Hoje, com a nova Constituição, não há que se fazer qualquer diferença em matéria de filiação. O desconhecimento de filho rompe o testamento. Assim também a adoção. Se o testador adotou após fazer testamento, implicitamente revogou o testamento, se não tiver outros descendentes (art. 1.973). Se o testador acautelar-se, dispondo tão só da parte disponível e prevendo as hipóteses de possível rompimento, o testamento será válido. Não pode ser levado em conta, porém, a nosso ver, o filho proveniente de inseminação artificial ou fertilização assistida, que tenha sido gerado após a morte do testador, se este não contemplou expressa e especificamente essa hipótese.

Direito das sucessões – Recurso especial – Testamento – Superveniência de descendente – Rompimento – Não ocorrência – Pedido realizado pelos descendentes já existentes – Impossibilidade – Presunção de que o falecido testaria de forma diversa inexistente no caso concreto – 1 – Incide a Súmula nº 284/STF, no que concerne à alegação de ofensa ao art. 535 do Código de Processo Civil, sempre que o recurso somente trouxer lições doutrinárias e jurisprudenciais conhecidas acerca da exigência de que o Judiciário se manifeste de forma fundamentada sobre os pontos relevantes ao desate da controvérsia, sem, todavia, indicar nenhum aspecto em concreto acerca do qual não tenha havido manifestação, ou no qual tenha o julgado incorrido em contradição ou obscuridade. 2 – Os arts. 1.973 e 1.974 do Código Civil de 2002 tratam do rompimento do testamento por disposição legal, espécie de revogação tácita pela superveniência de fato que retira a eficácia da disposição patrimonial. Encampa a lei uma presunção de que se o fato fosse de conhecimento do testador – Ao tempo em que testou –, não teria ele testado ou o agiria de forma diversa. 3 – Nesse passo, o art. 1.973 somente tem incidência se, à época da disposição testamentária, o falecido não tivesse prole ou não a conhecesse, mostrando-se inaplicável na hipótese de o falecido já possuir descendente e sobrever outro(s) depois da lavratura do testamento. Precedentes desta Corte Superior. 4 – Com efeito, a disposição da lei visa a preservar a vontade do testador e, a um só tempo, os interesses de herdeiro superveniente ao testamento que, em razão de uma presunção legal, poderia ser contemplado com uma parcela maior da herança, seja por disposição testamentária, seja por reminiscência de patrimônio não comprometido pelo testamento. 5 – Por outro lado, no caso concreto, o descendente superveniente – Filho havido fora do casamento – Nasceu um ano antes da morte do testador, sendo certo que, se fosse de sua vontade, teria alterado o testamento para contemplar o novo herdeiro, seja apontando-o diretamente como sucessor testamentário, seja deixando mais bens livres para a sucessão hereditária. Ademais, justifica-se o tratamento diferenciado conferido pelo morto aos filhos já existentes – Que também não eram decorrentes do casamento com a então inventariante –, porque depois do reconhecimento do filho biológico pelo marido, a viúva pleiteou sua adoção unilateral, o que lhe foi deferido. Assim, era mesmo de supor que os filhos já existentes pudessem receber, em testamento, quinhão que não receberia o filho superveniente, haja vista que se tornou filho (por adoção) da viúva-meeira e também herdeira testamentária. 8 – Recurso especial parcialmente conhecido e, na extensão, não provido (STJ – REsp 1.169.639 – (2009/0232432-9), 4-2-2013, Rel. Min. Luis Felipe Salomão).

Art. 1.975. Não se rompe o testamento, se o testador dispuser da sua metade, não contemplando os herdeiros necessários de cuja existência saiba, ou quando os exclua dessa parte.

Não há rompimento, de acordo com esse dispositivo, quando o testador dispõe só de metade do patrimônio, não contemplando os herdeiros necessários então conhecidos, ou excluindo-os dessa parte. Na verdade, como já enfocamos, não tem o testador necessidade de deserdar os herdeiros necessários na legítima. Basta dispor da parte disponível a outrem. No entanto, o texto do art. 1.975 gera polêmica. Na hipótese do art. 1.973, o testador dispõe de seu patrimônio ignorando, não sabendo, ter herdeiros necessários. O legislador presume que, se soubesse, disporia de seu patrimônio diferentemente, por isso o testamento se rompe. Na situação do art. 1.975, o testador sabe que possui herdeiros necessários, mas a eles não se refere. O testamento será válido, respeitando-se a legítima dos herdeiros necessários. Melhor seria que o presente texto fosse extirpado do ordenamento. No dizer de Zeno Veloso (2003, p. 385), esse artigo é repetitivo, não trazendo nada de novo, sendo *"vão, estéril e infrutuoso"*. Se houver disposições inoficiosas, deve ser promovida a devida redução para ser protegida a legítima. Note que o artigo equivalente do Código revogado falava em deserdação dos herdeiros necessários, o que dava ideia de pena que não se adapta à hipótese.

Sucessões. Rompimento de testamento. Suspeição das testemunhas não arguida no momento oportuno. Preclusão. Rompimento do testamento que se dá quando o testador desconhece a existência de filho, sendo irrelevante a data em que houve o reconhecimento judicial. Incidência do art. 1.975 do CC. Pelo princípio da *saisine*, com a morte dos bens do falecido passam aos seus herdeiros, de forma que, ainda que um destes faleça antes da partilha, o seu quinhão não retorna ao monte-mor. Gratuidade judiciária. Direito personalíssimo. Se o pleito recursal se limita à majoração dos honorários advocatícios, ainda que a parte seja beneficiária da gratuidade, deve o advogado recolher as custas ou comprovar a sua hipossuficiência financeira. Sentença mantida. Recurso do autor desprovido, não conhecido o recurso do Espólio de Josepha de Jesus (TJSP – Ap. 9000164-80.2012.8.26.0100, 5-12-2017, Rel. Alexandre Marcondes).

Agravo de instrumento – Preliminar de não conhecimento do recurso rejeitada – Peças que formam o instrumento suficientes para o deslinde das questões postas em foco pelos interessados – Inexistência de afronta ao disposto pelo artigo 525, do Código de Processo Civil. Inventário – **Rompimento de cédula testamentária** inadmissível na espécie – Hipótese em que há fortes dados confirmando que o "de cujus" tinha inequívoca ciência da prole, ainda se afirmasse solteiro ao testar – Incidência da norma do artigo 1.975, do Código Civil. Recurso improvido (TJSP – AI 5285964300, 25-9-2008, Rel. Des. Isabela Gama Magalhães).

CAPÍTULO XIV
Do Testamenteiro

Art. 1.976. O testador pode nomear um ou mais testamenteiros, conjuntos ou separados, para lhe darem cumprimento às disposições de última vontade.

1. Conceito. Origens

Normalmente, deve ser atribuído aos herdeiros ou ao cônjuge meeiro o encargo de cumprir as disposições testamentárias. No entanto, o testador pode entender ser esse encargo muito pesado aos herdeiros ou ao cônjuge, ou então não depositar neles sua total confiança, acometendo o cumprimento do testamento a uma pessoa especialmente designada para tal, o testamenteiro, o qual, aliás, pode ser um dos herdeiros, o cônjuge, ou um dos legatários. Ainda, se o testamenteiro for pessoa estranha à herança, terá ele maior isenção e maior liberdade de executar a última vontade que lhe foi confiada, uma vez que muitos interesses e muitas paixões entrechocam-se no curso do inventário e da partilha.

O testamenteiro é, na verdade, um executor do testamento. Ao conjunto de funções que lhe são atribuídas pela lei e pelo testador dá-se o nome de testamentaria. A origem do instituto por si só é controversa. Não nos dão conta de sua existência as fontes romanas. Havia em Roma o *familiae emptor*, pessoa a quem eram confiados os bens de alguém na iminência da morte, pela *mancipatio*, mas só com a finalidade de transmiti-los a terceiros, se ocorresse o falecimento. Outro instituto que indiretamente servia para transmitir a herança a terceiros era a *fiducia*, já vista quando do estudo do fideicomisso.

É costume, no entanto, localizar na Idade Média a origem da testamentaria, como decorrência do Cristianismo. O encargo não teria sido conhecido dos romanos. Há notícia do surgimento do executor testamentário desde o século XII na Alemanha, tendo sido acolhido no velho Código prussiano e passado para todos os Códigos modernos (FASSI, 1970, v. 2, p. 225). Orosimbo Nonato (1957, v. 3, p. 283) conclui que surge o instituto em decorrência de seu desenvolvimento no direito costumeiro e no Direito Canônico, neste último para defesa e maior segurança dos legados pios. A maior utilidade da testamentaria surge quando existem interesses antagônicos na herança, tornando-se importante uma vontade isenta para defender a vontade do testador.

2. Natureza jurídica

Muito se digladiam os juristas para fixar sua natureza jurídica. Para alguns, haveria um *mandato post mortem* outorgado pelo testador. O autor da herança conferiria um mandato ao testamenteiro para que ele cumprisse sua vontade expressa, no ato de última vontade. Admitindo-se essa hipótese, que tem certo fundamento, temos que ver, porém, que a situação não se adapta ao mandato como contrato, por nós conhecido, já porque só se inicia a atividade do mandatário após a morte do mandante. A se acolher a tese de que a testamentaria é um mandato, forçosamente devemos concluir que se trata de um *mandato causa mortis*, sem relacioná-lo com o mandato tradicional.

Para outros, haveria no testamenteiro uma *representação*, sem mandato. Mais difícil admitir-se aqui essa explicação, porque não existe qualquer forma de representação legal do morto no exercício da testamentaria. O que poderia justificar essa tese é que o testamenteiro exerce uma representação do espólio, que é uma entidade com personificação anômala, com representação processual, mas, entre nós, tal não ocorre porque a lei a defere ao inventariante (art. 75, VII, do CPC). Se, por analogia, aplicam-se à testamentaria alguns dos princípios do mandato e da representação, tal não converte nesses institutos.

Sustenta-se também que a testamentaria é um encargo imposto pelo testador. Porém, o fato de dizer que a testamentaria é um encargo, como tantos outros encargos que se encontram no processo, com ligação com o direito material (síndico na falência, curador de herança jacente, curador ao vínculo etc.), não dá ideia exata do conjunto de atribuições do testamenteiro. Aproxima-se também a testamentaria da tutela, por proteger interesses de terceiros. Dizer também que uma figura jurídica é *sui generis* é fugir do problema, por não encontrar uma compreensão melhor do tema.

Trata-se, segundo se entende majoritariamente, em primeiro lugar, de instituto típico do direito sucessório. No direito sucessório, surge o testamenteiro no âmbito da sucessão testamentária. E nessa forma específica de sucessão, o testamenteiro é um *executor do testamento*, nomeado pelo testador ou pelo juiz, que exerce um ofício exclusivamente ligado ao testamento. Cumpre-lhe, também, defender a validade do testamento e a execução das disposições testamentárias. Não temos, portanto, que ligar a testamentaria a nenhum outro instituto. O testamenteiro é o defensor da última vontade do testador.

Como bem afirma Carlos Maximiliano (1952, v. 3, p. 207), a testamentaria é uma função de amigo, de fidúcia, na maioria das vezes; não é um encargo público, como tutela, por exemplo. O testamenteiro não está obrigado a aceitar a função. Aceita-a, não sendo dativo, em homenagem à confiança que lhe foi depositada pelo morto e quiçá tendo em vista também a remuneração. Se dativo, pela confiança depositada pelo juízo. Se não se sentir à vontade em pugnar pelo testamento, não deve o indicado aceitar a função. Uma vez investido na função, porém, não pode o testamenteiro afastar-se sem justificação. Isso porque a função é remunerada e sua retirada pode ocasionar prejuízo a terceiros. Quem cuidou de interesses de terceiros deve prestar contas. O caso concreto determinará a possibilidade de renúncia à função após aceita e suas consequências.

Destarte, a função de testamenteiro é voluntária, porque o nomeado não está obrigado a aceitá-la, como estão os tutores e curadores. É personalíssima, privativa da pessoa natural, sendo indelegável, embora possa o testamenteiro nomear mandatários e deva constituir procurador com capacidade postulatória para os atos em juízo, se não for advogado regularmente inscrito na OAB (art. 1.985). É atividade onerosa porque terá o testamenteiro direito à remuneração (vintena), como regra geral. E é função específica do direito testamentário. A figura somente existe em função do testamento.

3. Da necessidade da testamentaria

Se os próprios herdeiros podem cumprir as disposições testamentárias, a questão que se coloca é sabermos se, em havendo testamento, há sempre necessidade da existência de um testamenteiro. Em princípio, verificamos que a nomeação de testamenteiro é faculdade do testador. Pelo presente artigo, ele *pode* nomear um ou mais testamenteiros. Portanto, não é essencial a nomeação do testamenteiro. Esse deveria ser o sentido lógico do tema. O testador, que tem tanta liberdade nas disposições do testamento, é o melhor julgador para saber se haverá ou não necessidade de um executor de sua última vontade. Da leitura do art. 1.984, porém, e tendo em vista as atribuições que nossa lei dá à pessoa do testamenteiro, verificamos que *"na falta de testamenteiro nomeado pelo testador, a execução testamentária compete a um dos cônjuges, e, em falta destes, ao herdeiro nomeado pelo juiz"*. Portanto, daí vemos que sempre haverá testamenteiro onde houver testamento, porque assim desejou nossa lei. Nada impediria que a lei determinasse ao inventariante as funções da testamentaria, na ausência de nomeação pelo testador. Se contra a nomeação de inventariante podem-se insurgir os eventuais interessados, assim também o fariam (e têm o direito de fazê-lo na lei vigente), se tiverem motivos, no tocante à nomeação de testamenteiro.

Ainda que o testamenteiro tenha sido nomeado pelo falecido, ele poderá não ter idoneidade para a função ou ter interesse antagônico à herança, situações que podem não guindá-lo ao encargo ou podem destituí-lo, no curso de sua atividade. Não tendo elementos para decidir no curso do inventário, a questão da nomeação ou destituição do testamenteiro é levada às vias ordinárias. É de suma inconveniência que assim seja, pois certamente retardará o curso do inventário.

No nosso sistema, apenas a pessoa natural pode exercer a testamentaria. No direito comparado discute-se a viabilidade de pessoa jurídica exercer o encargo, algo que deve ocorrer no direito contemporâneo. Dependendo do vulto da herança, o múnus será muito amplo para a pessoa natural.

4. Escolha e nomeação do testamenteiro

O testamenteiro é primordialmente escolhido pelo testador. Em sua falta, o juiz nomeará alguém de sua confiança, ou seja, o testamenteiro dativo.

A nomeação poderá recair em mais de uma pessoa. De acordo com o artigo em epígrafe, o testador poderá nomear um ou mais testamenteiros, para agir em conjunto ou separadamente. Na ordem do art. 1.984, não se encontram os legatários. Poderá um legatário, contudo, e até um estranho, como explanado, ser nomeado para o cargo. No entanto, as respectivas incompatibilidades devem ser examinadas no caso concreto pelo juiz.

O CPC prevê que o testamenteiro seja intimado e preste o compromisso de testamentaria no procedimento de abertura, registro e cumprimento do testamento. O art. 735, § 3º do estatuto processual, diz que, após o registro do testamento, o testamenteiro nomeado será intimado para assinar o termo da testamentaria. Se não houver testamenteiro nomeado pelo testador, estiver ele ausente ou não aceitar o encargo, o juiz nomeará o testamenteiro dativo, *"observando-se a preferência legal"*. A ausência de que fala a lei processual não é a de direito material. Trata-se de ausência no processo. Devem ser esgotados, porém, todos os meios disponíveis para localização do testamenteiro. Não basta a simples ausência na comarca. Não se deve aguardar, no entanto, ausência declarada por sentença. A intimação por edital é mais uma tentativa (e está na lei) de localização do testamenteiro. Por outro lado, é inconveniente que após o registro do testamento decorra período longo sem existência de seu executor. O cumprimento do testamento segue o procedimento dos arts. 735 ss. do CPC. Quanto ao testamento particular, não sendo o próprio testamenteiro quem o apresenta para publicação, deve ele ser intimado para a audiência de confirmação (art. 737, do CPC). Não há uma regra geral sobre incapacidade para exercer o encargo de testamenteiro. A regra geral é a capacidade. Eventual incapacidade, ou simples incompatibilidade para exercer o *munus*, deve ser apreciada no caso concreto e no momento do início do exercício. É esse o momento em que se afere sua capacidade. Nada tem a ver a capacidade para receber por testamento com a capacidade para ser testamenteiro. Os arts. 1.799 e 1.801 não se aplicam a ele, embora seja inconveniente que a nomeação recaia sobre uma dessas pessoas impedidas (PEREIRA, 1984, v. 6, p. 220). Por essa razão é que há opiniões em contrário (WALD, 1988, p. 175). Ocorre que se o testamenteiro tiver algum interesse no testamento, tal deve ser aferido no caso concreto para impedir sua investidura. Interesses contrários ao encargo, como, por exemplo, dívidas contra o espólio, são incompatíveis com a investidura. O mesmo se afirma de quem não tem idoneidade moral, o que impediria a administração de qualquer patrimônio alheio, como, por exemplo, ter praticado crimes que tornam suspeita sua conduta perante a sociedade, como estelionato e apropriação indébita. O encargo é pessoal. Cabe tão só à pessoa natural. A atividade é incompatível com a pessoa jurídica. Não pode o testador atribuir a terceiro a tarefa de nomear testamenteiro. Seria inserir uma vontade estranha ao testamento, que é ato de vontade personalíssimo (NONATO, 1957, v. 3, p. 310).

Os testamenteiros podem ser nomeados em ordem sucessiva, para serem substitutos, no caso de não aceitação ou impossibilidade do primeiro nomeado. A regra de substituição é permitida ao testador também nas deixas testamentárias, como visto. Se o testador não se referir expressamente à atuação conjunta dos testamenteiros plurais (art. 1.976), entende-se que os nomeou sucessivamente, porque não se presume a solidariedade.

Logo, o testamenteiro será *instituído*, se nomeado pelo testador; *dativo*, se nomeado pelo juiz. Como enfatizamos, o dativo pode ser alguém ligado à herança, ou um estranho, quando isso não for possível. Se o testamenteiro tiver a posse dos bens da herança, será denominado *universal*; se não a possuir, será *particular*.

Art. 1.977. O testador pode conceder ao testamenteiro a posse e a administração da herança, ou de parte dela, não havendo cônjuge ou herdeiros necessários.
Parágrafo único. Qualquer herdeiro pode requerer partilha imediata, ou devolução da herança, habilitando o testamenteiro com os meios necessários para o cumprimento dos legados, ou dando caução de prestá-los.

Vimos que ao herdeiro cabe não só a propriedade, como também a posse da herança, desde a abertura da sucessão. O inventariante, mormente quando cônjuge, deterá, em geral, a posse direta dos bens hereditários. Desse modo, o testamenteiro só poderá ter a posse dos bens na falta de cônjuge e de herdeiros forçosos. Cuida-se do chamado *testamenteiro universal*. Não pode ser derrogada essa disposição pela vontade testamentária. O testamenteiro, porém, mesmo na falta das pessoas mencionadas no art. 1.977, só terá a posse e administração da herança se assim tiver disposto o testador.

A posse do inventariante será sempre qualitativamente diversa da posse do testamenteiro, valendo a distinção de posse direta e indireta. A posse é uma forma de proteger os bens hereditários. De acordo, porém, com o parágrafo único do art. 1.977,

"qualquer herdeiro pode requerer partilha imediata, ou devolução da herança, habilitando o testamenteiro com os meios necessários para o cumprimento dos legados, ou dando caução de prestá-los".

A matéria é importante e poderá sofrer vicissitudes no caso concreto.

O testamenteiro pode vir a ter posse de algum ou alguns bens da herança para cumprir seu mister. Se os herdeiros se recusarem ou se omitirem nos atos que facilitem a tarefa do testamenteiro, cumpre que este peça providências ao juiz. Os herdeiros se utilizarão da faculdade de pedir partilha imediata dos bens, na forma desse parágrafo único, quando entenderem inconveniente a posse da herança em mãos do testamenteiro. Tendo o testamenteiro a posse e administração dos bens hereditários, é sua obrigação requerer a abertura do inventário e cumprir o testamento (art. 1.978).

Numa hipótese, o testamenteiro terá necessariamente posse dos bens da herança: quando o testador tiver distribuído toda a herança em legados (art. 1.990). Exercerá o testamenteiro, nesse caso, também a função de inventariante. Se existem legatários, a posse não passa diretamente a eles, como vimos, porque não são continuadores da posse do morto. Na verdade, existindo cônjuge ou herdeiro necessário, a um ou outro, em princípio, caberá a inventariança, ainda que toda a herança tenha sido disposta em legados (LEITE, 2003, p. 709).

Agravo de instrumento. Inventário. Decisão que determinou que valor obtidos na execução sejam encaminhados ao inventário para instauração de concurso singular de credores. Dívidas do autor da herança que devem ser pagas no inventário (artigo 1.976 do CC). Decisão que aproveita os atos praticados no Juízo Cível e determina que apenas o valor arrecadado seja encaminhado ao Juízo do inventário. Desnecessidade do agravante se habilitar o seu crédito posto que já move execução em face do autor da herança, contudo, necessidade de concorrer no concurso de credores. Recurso desprovido (TJSP – Ag 2116767-63.2018.8.26.0000, 24-4-2019, Rel. Silvério da Silva).

Agravo de instrumento – **Procedimento de jurisdição voluntária** – Pedido de nomeação de administrador provisório – Tutela antecipada concedida. Nos termos do art. 1.977 do CC/2002, o testador somente poderá conceder ao testamenteiro a posse e a administração da herança, quando não houver cônjuge ou herdeiro necessário. – É possível, senão necessária, a nomeação de administrador provisório, nos termos do artigo 49 do Código Civil. – Na qualidade de testamenteiros, os agravantes e o agravado devem, em princípio, ser nomeados para administrarem a sociedade, nos termos da lei, do testamento e do contrato social (*TJMG* – Acórdão: Agravo de Instrumento nº 1.0024.10.190146-0/001, 5-5-2011, Rel. Des. Lucas Ferreira).

Art. 1.978. Tendo o testamenteiro a posse e a administração dos bens, incumbe-lhe requerer inventário e cumprir o testamento.

Tratando-se de testamenteiro universal, é sua obrigação requerer a abertura do inventário e iniciar o múnus cumprindo o testamento.

Art. 1.979. O testamenteiro nomeado, ou qualquer parte interessada, pode requerer, assim como o juiz pode ordenar, de ofício, ao detentor do testamento, que o leve a registro.

Já falamos sobre o registro do testamento, que é essencial para seu cumprimento. O testamenteiro também pode e deve levar o testamento a registro, assim como seu detentor ou qualquer parte interessada. Sabedor da testamentaria, a omissão do testamenteiro nesse mister poderá acarretar-lhe responsabilidade.

Art. 1.980. O testamenteiro é obrigado a cumprir as disposições testamentárias, no prazo marcado pelo testador, e a dar contas do que recebeu e despendeu, subsistindo sua responsabilidade enquanto durar a execução do testamento.

Nem sempre os prazos, mormente os dependentes de atividade judicial, podem ser cumpridos. O testador pode marcar um prazo e no caso concreto apurar-se-á a diligência do testamenteiro (veja art. 1.983). Prestar contas é algo que todo aquele que gere e administra bens de terceiros deve fazer. Assim também o testamenteiro.

É inoperante a cláusula que eventualmente dispense o testamenteiro de prestar contas. As contas são prestadas aos herdeiros, aos legatários e todos que tiverem interesse no patrimônio, como os pais ou responsáveis de herdeiros menores ou incapazes. A responsabilidade do testamenteiro cessa apenas após julgadas boas as suas contas. As contas devem ser prestadas no prazo estabelecido pelo testador ou após o cumprimento do testamento. Qualquer interessado pode apontar no curso do exercício da testamentaria eventuais falhas de conduta no testamenteiro que podem dar margem à sua remoção.

Art. 1.981. Compete ao testamenteiro, com ou sem o concurso do inventariante e dos herdeiros instituídos, defender a validade do testamento.

Questão tormentosa é saber se o testamenteiro deve *sistematicamente* bater-se pela validade do testamento, como autor, réu ou interveniente. Esse dever está expresso no presente artigo. Mesmo que o testamento seja flagrantemente nulo, terá ele esse dever? Acreditamos que ele não possa tentar propugnar contra evidências. Em um testamento, por exemplo, em que um cego tenha testado sob a forma particular, seria uma contradição exigir do testamenteiro a defesa do ato. No entanto, a regra geral, sem deixar de lado o bom-senso, está com a maioria da doutrina: deve o testamenteiro defender sempre a validade do ato. Se não se sentir à vontade para fazê-lo, deve pedir sua substituição. Assim se posicionam nossos doutrinadores. Contudo, o testamenteiro não pode pedir a anulação do testamento. Para isso, não tem legitimidade, pois estaria traindo a confiança depositada pelo testador. Como bem assevera Barros Monteiro (1977, v. 6, p. 263), se o testamento

"*contém disposições que possam chocar o testamenteiro, despertando-lhe escrúpulos ou criando-lhe problemas de consciência, cabe-lhe desistir do cargo e não trair a confiança nele depositada pelo testador, ou pela autoridade judiciária que o tenha investido nas questionadas funções*".

Em qualquer ação em que se litigue sobre a validade do testamento ou de cláusula testamentária, deve participar o testamenteiro, devendo ser citado. Deve propor as ações que se fizerem necessárias para o cumprimento das disposições. Isso ele fará com ou sem o concurso do inventariante, ou dos herdeiros instituídos. Deve ter ciência em todos os processos nos quais não for autor ou réu, sob pena de nulidade, quando em jogo qualquer cláusula do testamento.

Art. 1.982. Além das atribuições exaradas nos artigos antecedentes, terá o testamenteiro as que lhe conferir o testador, nos limites da lei.

As atribuições do testamenteiro não são taxativas, estando presentes nos artigos antecedentes e art. 735, § 5º do CPC/2015. No CPC/1973 a matéria era regulada pelos arts. 1.135 e 1.137 do CPC/1.973. O testador pode impor-lhe outras, desde que não conflitem com o ordenamento. O testador pode atribuir, por exemplo, que o testamenteiro administre capital a fim de atender a um legado de alimentos.

Art. 1.983. Não concedendo o testador prazo maior, cumprirá o testamenteiro o testamento e prestará contas em cento e oitenta dias, contados da aceitação da testamentaria.
Parágrafo único. Pode esse prazo ser prorrogado se houver motivo suficiente.

Esse dispositivo deveria vir em conjunto com o art. 1.980. O testador pode ter estabelecido um prazo. Em qualquer hipótese, o prazo pode ser prorrogado pelo juiz, dependendo das circunstâncias. É sabido que o processo de inventário pode sofrer vicissitudes que impossibilitem o cumprimento do testamento nesse prazo. Se houver ações paralelas para discutir a herança ou questões laterais, é evidente que a atividade do testamenteiro prolongar-se-á.

Art. 1.984. Na falta de testamenteiro nomeado pelo testador, a execução testamentária compete a um dos cônjuges, e, em falta destes, ao herdeiro nomeado pelo juiz.

O texto faz concluir que sempre haverá um testamenteiro, pois outra não será a função aqui descrita, recaindo então sobre cônjuge ou herdeiro nomeado pelo juiz. Embora a lei não o diga, é evidente que o companheiro deve ser abrangido pela dicção, se o falecido vivia em união estável. O atual texto suprime a referência ao *cabeça-de-casal*, em prol da igualdade constitucional de direitos entre cônjuges. Pode ocorrer que não haja herdeiro que possa assumir a testamentaria. Nesse caso, o juiz nomeará um terceiro de sua confiança.

Inventário. Pedido de nulidade. Ausência de fundamentação. Cerceamento de defesa. 1. Não se cogita de ausência de fundamentação quando se trata de mero registro de testamento público e a questão é tratada de forma objetiva, estando a decisão motivada de forma suficiente. 2. Se a recorrente teve acesso aos documentos constantes nos autos, não se cogita de cerceamento de defesa, pois se trata de procedimento singelo, devendo a questão relativa à nomeação de testador ser resolvida no juízo do inventário e eventuais questões relativas à validade e eficácia da disposição de última vontade deverão ser resolvidas nas vias ordinárias. Recurso desprovido (*TJRS* – Acórdão: Apelação Cível nº 70025468752, 25-3-2009, Rel. Des. Sérgio Fernando de Vasconcellos Chaves).

Art. 1.985. O encargo da testamentaria não se transmite aos herdeiros do testamenteiro, nem é delegável; mas o testamenteiro pode fazer-se representar em juízo e fora dele, mediante mandatário com poderes especiais.

Já afirmamos que o testamenteiro será sempre pessoa natural. Trata-se de atividade pessoal e a função não se transmite nem é delegável. A ideia central é que essa função é baseada na confiança. O testamenteiro poderá, no entanto, nomear procuradores, mormente judicial, se não tiver capacidade postulatória. Falecido o testamenteiro, no entanto, seus herdeiros devem prestar contas da testamentaria.

Art. 1.986. Havendo simultaneamente mais de um testamenteiro, que tenha aceitado o cargo, poderá cada qual exercê-lo, em falta dos outros; mas todos ficam solidariamente obrigados a dar conta dos bens que lhes forem confiados, salvo se cada um tiver, pelo testamento, funções distintas, e a elas se limitar.

Esse artigo trata da situação dos testamenteiros simultâneos. Diz que cada um deles pode exercer o cargo, mas ficam todos obrigados a prestar contas, de forma solidária, "*salvo se cada um tiver, pelo testamento, funções distintas, e a elas se limitar*".

O testador pode ter dividido as tarefas entre os vários testamenteiros. Pode, por exemplo, ter atribuído a um a administração geral dos bens da herança e a outro, por ser advogado, a litigância nas ações em que isso se fizer necessário. Se divididas as atividades e cada um tiver se mantido dentro do limite de suas atribuições, cada um prestará contas apenas do que tiver feito. Se não existir distinção de tarefas, ou mesmo existindo, tiverem os testamenteiros agido em conjunto, existe solidariedade em sua responsabilidade de prestar contas. Por essa razão,

dissemos a princípio que o testador deve ser expresso na possibilidade de os testamenteiros agirem em conjunto. Na falta de disposição expressa, temos que entender que a nomeação de mais de um testamenteiro foi sucessiva, com a finalidade de substituição. Se, no entanto, mais de um assumir o cargo, a solução é a desse artigo. A solidariedade nesse caso é estabelecida como uma garantia maior para os herdeiros.

Art. 1.987. Salvo disposição testamentária em contrário, o testamenteiro, que não seja herdeiro ou legatário, terá direito a um prêmio, que, se o testador não o houver fixado, será de um a cinco por cento, arbitrado pelo juiz, sobre a herança líquida, conforme a importância dela e maior ou menor dificuldade na execução do testamento.
Parágrafo único. O prêmio arbitrado será pago à conta da parte disponível, quando houver herdeiro necessário.

Aqui se cuida da chamada *vintena* do testamenteiro, sua remuneração. Se herdeiro ou legatário, o testamenteiro não faz jus ao prêmio. O testador poderá fixar remuneração mesmo nessa hipótese, se assim desejar.

Se o testamenteiro entender que o encargo lhe é gravoso, poderá recusar a função. Não poderá, no entanto, aceitar o encargo sob o prisma da gratuidade e depois exigir remuneração. Essa atitude revela má-fé.

O legatário poderá preferir o prêmio ao legado (art. 1.988). Se decorrer da expressa vontade testamentária, nada impede que o herdeiro instituído receba também o prêmio. Grande maioria da doutrina entende que o herdeiro *legítimo* não está abrangido pela dicção desse artigo. O herdeiro legítimo desempenha um ônus, gerindo patrimônio que não lhe pertence, e a gratuidade é exceção para o exercício da testamentaria.

A norma de direito material encontrava paralelo no processo, art. 1.138, § 1º, do CPC/1.973, que diz que o prêmio não excederá a 5% da herança líquida, não se computando a legítima. Esta norma não se repete no CPC/2.015. Vintena é o nome tradicional dado a esse prêmio ou remuneração paga ao testamenteiro. Os valores da herança devem ser atualizados quando do pagamento, sob pena de se tornar irrisória a vintena.

O Código ressalva uma hipótese em que o testamenteiro pode preferir não receber a vintena (art. 1.988): quando for ele legatário, deve escolher entre receber o legado ou a vintena.

Entende-se que se o testamenteiro for herdeiro ou legatário já terá sido gratificado com a liberalidade recebida. No entanto, o herdeiro legítimo, necessário ou não, se for nomeado testamenteiro, terá direito à vintena.

Com este Código Civil, deve preponderar sua regra. A remuneração será a fixada pelo testador, devidamente atualizada. Na falta de disposição testamentária, será fixada pelo juiz. Se a remuneração estabelecida pelo testador for excessiva, tendo em vista as forças da herança, chegando a prejudicar os herdeiros ou legatários, é conveniente que seja reduzida ao limite legal, o que, em tese, não violenta a vontade do testador. O mesmo se diga quanto à sua majoração se for flagrantemente irrisória.

O testamenteiro que for meeiro fazia jus à vintena, excluindo-se dúvidas por força do art. 1.139 do CPC/1.973, que permitia, excepcionalmente, que nesse caso o meeiro recebesse a vintena mediante adjudicação de bens do espólio. Esta regra não se repete no CPC/2015. Afora esse caso, a vintena deve ser paga em dinheiro, ainda que haja necessidade de alienação de bens da herança. A vintena não está sujeita a imposto *causa mortis*. O testamenteiro deve pagar, como em qualquer situação de ganhos, Imposto de Renda.

Quando há herdeiros necessários, a atividade do testamenteiro resume-se à parte disponível; por isso, não se calcula o prêmio sobre a legítima. Se não restar ativo na herança e tiver havido atividade do testamenteiro, mesmo assim, se houver forças na herança, terá o testamenteiro direito ao prêmio, suportando os credores do espólio, proporcionalmente, essa diminuição.

Para que seja computada a vintena, deduzem-se as dívidas da herança e as despesas de enterro e funeral. É sobre o líquido que se calcula o prêmio (MIRANDA, 1973, v. 60, p. 147).

A remoção do testamenteiro é penalidade e como consequência perde ele direito ao prêmio, revertendo seu valor à herança (art. 1.989). Do mesmo modo, quem paga o testamenteiro é a herança, uma vez que o prêmio é ônus que pesa sobre o monte. É válida a vontade testamentária, se dispõe que a testamentaria será gratuita. Se o testamenteiro assume o cargo sabendo dessa condição, não poderá reclamar o prêmio. Se não aceitar o testamenteiro assim nomeado, o testamenteiro dativo fará jus ao prêmio, porque a vontade testamentária não foi dirigida a ele e é contrária à lei. Ao fixar o prêmio, o juiz deve usar do critério necessário para evitar abusos, sopesando cuidadosamente o montante da herança gerida e o trabalho exigido e elaborado pelo testamenteiro. Justamente para que se coíbam abusos, se o testamenteiro contrata procurador, seu contrato de honorários deve ser previamente submetido à apreciação do juiz e dos interessados.

Não perde a remuneração o testamenteiro que deixar de exercer o encargo não por remoção, mas por causa estranha a sua vontade, ao intuito punitivo da remoção, como, por exemplo, a morte (o direito à vintena é dos herdeiros), ou falta de condições de saúde para continuar exercendo o *munus*. O prêmio, evidentemente, será parcial e proporcional à atividade desempenhada.

Quando há testamenteiros simultâneos e o trabalho for em conjunto, a vintena será atribuída em partes iguais. Se as atribuições de cada testamenteiro forem diversas, cada remuneração será proporcional ao trabalho.

Agravo de instrumento. Ação de inventário. Decisão que indeferiu a fixação de prêmio ao testamenteiro. Inconformismo deste, que requer o arbitramento de sua vintena em valor não inferior a 2,5% da herança líquida. Parcial acolhimento. Previsão de atuação remunerada no ato de última vontade da autora da herança, bem como existente concordância a respeito por parte dos herdeiros e legatários em partilha amigável homologada pelo juízo sem ressalvas. Demora no desfecho do inventário que não pode ser propriamente atribuída ao testamenteiro, mas ao inventariante, pessoa distinta. Fixação do prêmio no mínimo legal (1% da herança líquida – art. 1.987 do Código Civil), ausentes razões objetivas para estabelecimento de percentual superior. Recurso parcialmente provido" (TJSP – Agravo de Instrumento 2213051-02.2019.8.26.0000, 15-4-2020, Rel. Maria de Lourdes Lopez Gil).

Inventário – Pedido que objetiva arbitramento de prêmio ao testamenteiro, de 1% a 5% (art. 1.987, do CC/2002) – Descabimento – Colidência de interesses na defesa das empresas das quais é proprietário, com a condição de testamenteiro – Ausência de demonstração quanto à imparcialidade existente – Decisão mantida, ratificando-se seus fundamentos, a teor do art. 252 do RITJSP – Recurso improvido. (TJSP – Ag 2053595-50.2018.8.26.0000, 25-10-2018, Rel. Alvaro Passos).

Agravo de instrumento – Autos de inventário – **Prêmio fixado em favor da testamenteira** – Pretensão de redução. Cabimento – Testamenteira que não desenvolveu grandes esforços ao longo da demanda. Fortes indícios de que não foi a testamenteira quem executou o testamento. Prêmio reduzido para o mínimo legal estabelecido no art. 1.987 do Código Civil. Decisão modificada. Agravo provido (*TJPR* – AI 0946313-6, 23-10-2012, Rel. Des. Augusto Lopes Cortes).

Art. 1.988. O herdeiro ou o legatário nomeado testamenteiro poderá preferir o prêmio à herança ou ao legado.

A ideia completa a do artigo antecedente. O herdeiro ou legatário poderá entender que a vintena é mais vantajosa e abrir mão da herança ou legado. Não podem ambos os benefícios ser cumulados, pressupondo-se que o testador, ao instituir herdeiro ou legatário, já os remunerou pela testamentaria.

Art. 1.989. Reverterá à herança o prêmio que o testamenteiro perder, por ser removido ou por não ter cumprido o testamento.

1. Extinção da testamentaria

A forma normal de extinção da testamentaria é a execução completa do testamento, com partilha, cumprimento de todas as disposições testamentárias, término de todas as ações a favor e contra o testamento e prestação de contas a final. Nem sempre coincide a extinção da testamentaria com o término do exercício do cargo de testamenteiro. Cessa também a testamentaria se o testamenteiro torna-se incapaz, para os negócios jurídicos em geral, como, por exemplo, por falta de discernimento.

Se o testamenteiro torna-se falido, a melhor solução é substituí-lo do cargo, pois há de se presumir que o testador não o desejaria se não tem ele condições de gerir seus próprios negócios. Pontes de Miranda (1973, v. 60, p. 183) vê aí uma aplicação da teoria da cláusula *rebus sic stantibus*. Existe aí uma tácita quebra da confiança depositada pelo testador. O mesmo podemos dizer quando há palpáveis condições objetivas e subjetivas de inconveniência na pessoa do testamenteiro, ignoradas pelo testador, como condenação por crimes contra o patrimônio, por exemplo. Com sua morte, extingue-se a testamentaria.

Tratando-se de cargo pessoal, não é transmissível aos herdeiros. Estes têm direito a receber o prêmio pelos serviços prestados até a morte do testamenteiro. Nessa hipótese, substitui-se o executor do testamento por aquele designado pelo testador ou por outro de natureza dativa.

Cessa também a testamentaria pela *remoção* do cargo. Remoção é pena. O testamenteiro perde direito à vintena (art. 1.989). Situações graves podem autorizar o juiz a remover o testamenteiro.

Sempre há que se conceder direito de defesa ao testamenteiro. Situações haverá, contudo, em que a suspensão imediata do cargo se faz necessária, dependendo da gravidade da situação enfrentada. Pode o juiz usar do poder geral de cautela conferido pelo CPC. Se infundada a remoção, sujeitar-se-ão os interessados que lhe deram causa a uma indenização. Sempre que há gestão de interesses alheios, não há necessidade de que a lei o diga, mas a má gestão autoriza a remoção. Isso se apurará no caso concreto. O pedido de remoção processa-se no juízo do inventário, em apartado. Se não há lide, tratando-se de decisão sumária, fica aberto às partes o recurso às vias ordinárias. A remoção pode ocorrer de ofício ou por iniciativa do Ministério Público ou de qualquer interessado. Pode cessar também a testamentaria com pedido de exoneração do próprio testamenteiro. Só que para a demissão do encargo, ao contrário da aceitação, como vimos, deve haver uma justificativa; deve o testamenteiro alegar uma *"causa legítima"* para a escusa (art. 670 do CPC 2015), em virtude das implicações atinentes à gestão de interesses alheios.

A decretação de nulidade ou a anulação do testamento pode vir a ocorrer após já ter havido atividade do testamenteiro. Nulo o testamento, não há, *ex radice*, testamenteiro. Injusto, porém, que o trabalho do testamenteiro até aí não seja remunerado, ainda que modicamente (BORDA, 1987, v. 2, p. 559). Pode o testamenteiro ter galhardamente defendido o testamento, como era seu dever. O mesmo podemos dizer se, após seu trabalho, descobre-se que o testamento fora revogado. A questão é de princípio geral de direito e não havemos de procurar sustentação na lei sucessória, visto que aí nada encontraremos a esse respeito.

Assim, o testamenteiro pode perder o prêmio, por ter sido removido ou por não ter cumprido o testamento. Nesse caso, o prêmio reverterá ao monte da herança, se não tiver sido nomeado outro testamenteiro.

Art. 1.990. Se o testador tiver distribuído toda a herança em legados, exercerá o testamenteiro as funções de inventariante.

O testador pode repartir toda a sua herança em legados. Desse modo, não haverá herdeiros universais, mas somente legatários, sucessores a título singular. Como estes não têm a posse dos bens hereditários, o testamenteiro exercerá as funções de inventariante e assim administrará os bens até a entrega aos beneficiários. O testamenteiro será aquele indicado pelo testador ou, perante a omissão, nomeado pelo juiz. Desde o momento da abertura da sucessão, os bens pertencem aos legatários, mas, como vimos, a posse não se defere de imediato nem podem eles ingressar na posse por autoridade própria. Não se obtendo de plano a atividade do testamenteiro, o juiz pode nomear administrador provisório da herança, até que o testamenteiro assuma.

TÍTULO IV
DO INVENTÁRIO E DA PARTILHA

CAPÍTULO I
Do Inventário

Art. 1.991. Desde a assinatura do compromisso até a homologação da partilha, a administração da herança será exercida pelo inventariante.

Com a abertura da sucessão, o falecimento do autor da herança, o *de cujus*, o patrimônio hereditário transmite-se uno aos herdeiros. Os herdeiros mantêm-se em estado de comunhão até que se ultime a partilha (art. 2.013 ss).

A herança é considerada como um bem imóvel para efeitos legais (art. 80, II). Daí, qualquer herdeiro poderá defender ou reivindicar de terceiros a herança, parcial ou totalmente. De acordo com o art. 1.580 de nosso provecto Código de 1916, *"sendo chamadas simultaneamente, a uma herança, várias pessoas, será indivisível o seu direito, quanto à posse e ao domínio, até se ultimar a partilha".* Havia mesmo que se atualizar o conceito, embora tradicional e perfeitamente conhecido. Este Código, no art. 1.791, expressa diretamente: *"A herança defere-se como um todo unitário, ainda que vários sejam os herdeiros."*

Completa o parágrafo único: *"Até a partilha, o direito dos coerdeiros, quanto à propriedade e posse da herança, será indivisível, e regular-se-á pelas normas relativas ao condomínio."*

Sem dúvida, estabelece-se um condomínio e uma composse entre os herdeiros como decorrência da *saisine* e da causa da morte.

Essa indivisibilidade, ou *todo unitário*, como classifica o mais recente Código, ocorre por força legal e diz respeito à posse e ao domínio. De fato, podem os herdeiros já ter feito uma divisão informal, que só ganhará força jurídica ou eficácia com a partilha. Só com a partilha o direito do herdeiro que estiver desfrutando isoladamente da posse de um bem da herança se materializa. Nada garante, embora seja a tendência natural, que o bem de posse de certo herdeiro seja a ele atribuído em domínio na partilha. Esse todo unitário que menciona a mais moderna lei dá claramente a noção de patrimônio e universalidade que se mantém indivisos até a partilha. Como decorrência dessa indivisibilidade qualquer herdeiro pode defender e reclamar a posse e a propriedade da universalidade da herança.

A indivisibilidade dos bens componentes da herança decorre do conceito de universalidade já mencionado, ínsito na ideia do patrimônio hereditário. Como vimos, o cessionário da herança, assumindo a posição de herdeiro, também assume todas as prerrogativas dessa situação no tocante às demandas dos bens da herança. Como consequência do estado de indivisibilidade da herança, há necessidade, para que se chegue à atribuição dos bens a cada herdeiro e à satisfação dos credores do *de cujus*, que se saiba exatamente do que é composto o monte hereditário. Tal interesse não é apenas privado, já que é da conveniência dos herdeiros terminar com o estado de comunhão, como também do Estado, que deverá receber o tributo *causa mortis*.

Mesmo perante a existência de um só herdeiro, persiste o interesse na descrição dos bens hereditários, não fosse pelo interesse público, pelo interesse dos credores do espólio.

Daí, então, a necessidade de ser elaborado o *inventário* da herança. A palavra *inventário* decorre do verbo *invenire*, do latim: encontrar, achar, descobrir, inventar, e do verbo *inventum*: invento, invenção, descoberta. A finalidade do inventário é, pois, achar, descobrir, descrever os bens da herança, seu ativo e passivo, herdeiros, cônjuge, credores etc. Trata-se, enfim, de fazer um levantamento, que juridicamente se denomina inventário da herança. Tanto mais complexo será o inventário quanto complexas eram as relações negociais do *de cujus*. O termo *inventário*, vernacularmente, é utilizado comumente no mesmo sentido em linguagem coloquial. Sempre que se desejar fazer uma averiguação sobre o estado de qualquer patrimônio, faz-se uma descrição dos bens, isto é, um "inventário".

Como se vê, o inventário dos bens hereditários tem muito de instrumentalidade. Destarte, cabe às regras de processo regulá-lo. No entanto, o direito material traça-lhe o fundamento básico nesse artigo. As regras processuais são fundamentais. Aqui nos importa a noção básica do inventário e suas consequências.

Portanto, o inventário, nesta seara, consiste na descrição pormenorizada dos bens da herança, tendente a possibilitar o recolhimento de tributos, o pagamento de credores e, por fim, a partilha.

Entre nós, o inventário era sempre um procedimento judicial, embora nada obstasse que o legislador escolhesse solução diversa, permitindo o inventário extrajudicial, mormente se todos os interessados fossem maiores e capazes. Aliás, como sustentávamos, esse seria mais um ponto em favor da diminuição de atribuições do Judiciário, que deve se limitar apenas às funções que lhe são típicas. É importante que se libere o Judiciário da atual pletora de feitos e o inventário, quando todos os interessados são capazes, pode muito bem ser excluído, sem que se exclua o advogado de sua atuação. A Lei nº 11.441/2007 atendeu finalmente esse objetivo ao permitir o inventário, bem como a partilha, por escritura pública, se todos os interessados forem maiores e capazes. Continuará a ser judicial o inventário quando houver testamento ou interessado incapaz. Nessa escritura participará necessariamente advogado e não haverá necessidade de homologação judicial. Essa mesma lei autorizou a escritura pública, no mesmo nível, para divórcio, separação judicial e a respectiva partilha de bens do casal.

No inventário, não se decidem questões chamadas de alta indagação, quais sejam, as que exigem produção de provas. Essas questões devem ser remetidas para as vias ordinárias de discussão.

Qualquer pessoa com legítimo interesse pode pedir a abertura do inventário judicial: não só o cônjuge supérstite, como também os herdeiros e até mesmo o credor do espólio, além de vários outros intitulados, inclusive o companheiro na união estável.

Enquanto não houver partilha, permanecendo o estado de indivisibilidade, qualquer herdeiro reivindicando qualquer bem da herança não o estará fazendo para si, mas para a comunhão. Cada herdeiro, ou grupos de herdeiros, defendem a herança no interesse de todos, à semelhança da solidariedade ativa.

Ao inventariante cabe a administração dos bens da herança. O inventariante é nomeado pelo juiz do inventário. Até que o inventariante preste compromisso, pode ser nomeado um administrador provisório (art. 613 do CPC). Esse administrador representa o espólio ativa e passivamente (art. 614 do CPC). Na prática, somente em heranças de vulto, ou quando há dificuldades para nomear-se um inventariante, é que surge administrador provisório. O art. 1.797 prevê essa figura.

Cabe também ao juiz nomear administrador enquanto houver dissidência a respeito da nomeação de inventariante. Não é conveniente que, entrementes, seja administrador um dos litigantes ou pessoas ligadas a eles. Desse modo, dependendo do vulto da herança e da conveniência do momento, não havendo pessoas ligadas à herança aptas para administração, o juiz poderá nomear o administrador dativo, na forma do inciso IV do citado artigo.

Como acentuamos, o espólio tem representação processual do inventariante, sendo por isso classificado por nós como entidade com personalidade anômala (veja *Direito civil: parte geral*, seção 13.6.2). No inventário extrajudicial, embora a lei não o diga, poderá haver necessidade de os interessados na herança indicar sujeito que funcionará como inventariante, pois poderá ser necessária sua atuação para postular perante repartições públicas, ultimar compromissos ou contratos deixados pelo falecido etc.

O inventariante não se confundia, necessariamente, com o chamado "cabeça de casal", que o Código anterior mencionava no art. 1.769. Ao cônjuge sobrevivo, casado sob o regime da comunhão de bens, cabia continuar até a partilha na posse da herança, como cabeça de casal. Tal terminologia deve hoje ser desprezada, pois não tem qualquer significado prático maior perante os direitos idênticos dos cônjuges.

O inventariante desempenha atividade de auxiliar do juízo no inventário. Trata-se, sem dúvida, de um encargo público, de um *munus*. A ele cabe a guarda, administração e defesa dos bens da herança. Os herdeiros, em geral, também, como veremos, podem defender os bens da herança, mas a função administrativa do inventariante é a primeira que se ressalta.

Como acentuado, o espólio não é pessoa jurídica, porém a lei lhe outorgou personalidade processual (trata-se de uma entidade com personalidade anômala ou reduzida), cabendo sua representação ativa e passiva ao inventariante (arts. 75, VII, e 618, I, do CPC). A função do inventariante, portanto, é muito importante: é ele quem deve ser citado nas ações contra o espólio; é ele quem tem legitimidade para propor ações em nome do espólio. Os herdeiros podem assisti-lo nos processos.

Questão que aflora com frequência na prática é a necessidade de mover ação contra o espólio quando ainda não há inventário, ou quando não há ainda nomeação de inventariante. Nesse caso, a ação deve ser movida contra todos os herdeiros, em regra geral, forçando-se, se for o caso, a abertura do inventário.

Quando o inventariante for *dativo*, isto é, estranho à herança, ficará apenas na função de administrador da herança, não lhe cabendo a representação do espólio: todos os herdeiros e sucessores do *de cujus* serão intimados no processo no qual o espólio seja parte (art. 75, § 1º, do CPC).

Como administrador de bens alheios (embora parte deles também seja sua, na maioria das vezes), deve o inventariante portar-se com o zelo normal de quem trata de interesses alheios: tem o dever de prestar contas ao juízo e aos herdeiros, como veremos no estudo da parte procedimental. Cabe a ele descrever os bens constantes do monte; reivindicar os bens no poder e posse de terceiros; trazer para o inventário o nome dos herdeiros e apontar a existência de testamento etc. Como administrador de bens alheios responde civil e criminalmente, se agir com dolo e culpa.

Existe uma ordem legal a ser seguida pelo juiz na nomeação do inventariante (art. 617 do CPC): terá preferência o cônjuge ou companheiro, desde que estivesse convivendo com o *de cujus* à época da morte. Em sua falta, o juiz nomeará as pessoas a seguir designadas no artigo citado, a começar pelo herdeiro que se achar na posse e administração dos bens. Contudo, e ao contrário do que a princípio parecem demonstrar alguns autores, essa ordem legal de nomeação não é inexorável. A oportunidade e conveniência da nomeação hão de ser vistas no caso concreto.

Por vezes, o estado de dissensão entre os herdeiros, o cônjuge supérstite, o companheiro e os demais interessados na herança é tão grande que desaconselha a obediência à ordem, podendo o juiz, em casos extremos e para evitar maiores problemas futuros com as coisas da herança, nomear um estranho, como está no inciso VIII do citado dispositivo: *"pessoa estranha idônea, quando não houver inventariante judicial"*. Nesse caso, de inventariante dativo, melhor será que se nomeie advogado que terá maiores facilidades de exercer o *munus*. No entanto, sempre que possível, deve o juiz obedecer, na nomeação, a ordem legal. A subversão da ordem legal deve ser vista como exceção.

O inventariante pode ser removido nas hipóteses do art. 622 do CPC. São todas situações em que a administração e a confiança no inventariante não estão a contento. Toda situação de remoção deve ser devidamente sopesada e examinada pelo juiz. O juiz pode, sem dúvida, remover de ofício o inventariante, assim como todos os que desempenham funções semelhantes no processo, como o síndico na falência, por exemplo. Perdida a confiança, não há razão para a manutenção no cargo. Não pode, nessa situação, ficar o juiz adstrito à iniciativa de qualquer interessado, sob pena de subverter sua função jurisdicional. De igual forma, mesmo havendo pedido de remoção, e com maior razão, a situação deve ser devidamente examinada, não podendo a destituição ocorrer sem motivo e sem motivação. Erram os que entendem que a remoção do inventariante dependa exclusivamente do interesse e do pedido dos interessados, por não atender devidamente à função jurisdicional. Do mesmo modo, nada impede que o juiz, tomando conhecimento de falta grave do inventariante, o remova de plano. O juiz não está obrigado a exercer sua função com alguém que não confia ou talvez, até mesmo, o boicote. Toda essa matéria deve ser esmiuçada no estudo das regras processuais.

Mencione-se, ademais, o chamado *inventário negativo*, instituto que não está presente no ordenamento, mas que foi introduzido pela prática. A expressão é por si só contraditória mas a sua necessidade surge quando alguém tem necessidade de provar que o falecido não deixou patrimônio, isto é, em todas as situações nas quais se deseja evidenciar a inexistência de bens hereditários. O requerente deve apresentar fatos concretos que o intitulem ao pedido, como, por exemplo, a possibilidade de uma dívida do *de cujus* interferir no seu patrimônio.

Apelação cível. Direito civil. Ação de cobrança. Taxas/cotas condominiais. Prescrição. Prazo quinquenal. Instrumento público ou particular. Art. 206, § 5º, I do CC/02. Paradigma uniformizador de jurisprudência: REsp nº 1483930/DF. Obrigação *propter rem*. Responsabilidade das requeridas configurada. Moradia no imóvel à época da inadimplência das cotas condominiais. Recursos conhecidos e desprovidos. Sentença mantida. (...) 4. Depois que ocorrer a partilha, os bens são divididos entre os herdeiros, e só com esse fato é que se encerra a administração da herança pelo inventariante, transmitindo-se a legitimidade ativa para os herdeiros – artigo 1.991 do CC/02. 6. No caso concreto, a legitimidade da segunda apelante/requerida está no fato de ter residido no imóvel, e ter ficado, junto com a primeira requerida da demanda, inadimplente quanto às taxas condominiais, e não pelo fato de ser herdeira do bem objeto do litígio, não tendo ocorrido a partilha. 7. Recursos conhecidos e desprovidos. Sentença mantida (*TJDFT* – Ap. 07101149220178070000, 18-10-2017, Rel. Roberto Freitas).

Ação de imissão na posse – Justiça gratuita – Deferimento – Efeitos *ex nunc* – Veículos pertencentes ao espólio – Inventariante – Arts. 1.791 e 1.991 do CC/2002 – **Administração da herança** – Sentença mantida. – O deferimento do benefício de justiça gratuita para a pessoa física pressupõe a simples declaração de insuficiência de recursos, e somente produzirá efeitos em caráter *ex nunc*, ou seja, se aplicará apenas aos atos processuais ocorridos em momento posterior à sua concessão. – Incumbe ao inventariante a administração da herança desde a assinatura do compromisso até a homologação da partilha, nos termos do disposto nos artigos 1.791 e 1.991 do CCB/2002. – Mostra-se correta a sentença no ponto em que julgou procedente o pedido inicial para imitir o espólio do falecido, na pessoa de sua inventariante, na posse dos veículos individualizados na petição inicial (*TJMG* – Apelação Cível 1.0155.05.007675-3/001, 6-3-2008, Rel. Des. Lucas Pereira).

CAPÍTULO II
Dos Sonegados

Art. 1.992. O herdeiro que sonegar bens da herança, não os descrevendo no inventário quando estejam em seu poder, ou, com o seu conhecimento, no de outrem, ou que os omitir na colação, a que os deva levar, ou que deixar de restituí-los, perderá o direito que sobre eles lhe cabia.

Vimos que o inventário tem por finalidade relacionar e descrever todos os bens inclusos no patrimônio hereditário. Examinamos a necessidade de serem detalhadas as declarações, porque daí decorrerá a partilha. O interesse na correta e completa descrição dos bens hereditários é do Fisco, em relação ao recolhimento de seu imposto, mas, primordialmente, é de todos aqueles que têm interesse patrimonial na universalidade deixada pelo falecido. Destarte, não só os herdeiros deverão estar atentos ao que consta do monte, mas também os legatários; o testamenteiro, para cumprir as disposições do testamento, com direito a receber a remuneração; os cessionários de direitos hereditários, pois receberão uma porção da herança, sub-rogando-se em direitos do herdeiro; e os credores do espólio, os quais têm no monte a garantia de seus créditos.

Assim, quem, relacionado com a herança, ocultar maliciosamente bens do processo de inventário pratica ato que prejudica todo esse conjunto de pessoas com interesse econômico nesse patrimônio. Desse modo, todo integrante do bloco de interessados diretos na sucessão que, usando de malícia, oculta bens do espólio fica sujeito a uma pena civil, própria do direito sucessório, que o Código denomina sonegação. Primordialmente, a conduta é do herdeiro que deixa de trazer a descrição dos bens do morto, ciente de fazê-lo em benefício próprio ou de outrem, em detrimento de todos os demais interessados na herança. Sinteticamente, Itabaiana de Oliveira (1987, p. 408) define que *"sonegação é a ocultação dolosa de bens que devam ser inventariados ou levados à colação".*

Independentemente de a conduta do sonegador tipificar um delito, punível no âmbito criminal, a sonegação é instituto típico do direito sucessório. Por meio da ação de sonegados, atinge-se o sonegador unicamente em razão de sua atuação danosa no curso da apuração de bens do falecido. Questões de ocultação de bens semelhantes ocorridas por ato *inter vivos* fogem ao alcance desse instituto.

O Código Civil abre o capítulo, conceituando o instituto nesse artigo. Fácil que ocorra a ocultação por aquele que tem a posse de bens da herança; mormente em se tratando de valores mobiliários, o possuidor pode, na expectativa de que sua existência seja desconhecida pelos demais interessados, omitir sua descrição. São de lapidar propriedade as palavras de Carlos Maximiliano (1952, v. 3, p. 406):

"*O desvio de uma parte do ativo sucessório é fácil, sobretudo nos primeiros momentos de dor, confusão e desordem que se seguem à morte, ausentes alguns, talvez a maioria dos interessados, e quando o espólio é constituído de grande massa de bens, da qual os beneficiários respectivos ignoram elementos.*"

É uma lição da vida que ninguém ignora e que não pode passar despercebida pela ordem jurídica. Os exemplos podem ser os mais variados, desde os mais simples, aos mais complexos. É o anel de formatura que o *de cujus* confiara a guarda a um herdeiro em vida; é o herdeiro, ou cônjuge, que residia com o autor da herança e, quando da morte, solertemente esconde dinheiro, títulos ao portador, obras de arte etc., sem que os demais interessados suspeitem de sua existência. A conduta sonegativa pode atingir até ações mais elucubradas, como falsificação de lançamentos contábeis para diminuir o ativo do falecido comerciante; a simulação de dívidas para com o próprio simulador ou com a interposição de testas-de-ferro. Como vemos, a nocividade desses exemplos, parcos em relação à inventividade da malícia humana e aos casos reais, é enorme para os interessados na herança.

O instituto, existente apenas de forma embrionária no Direito Romano, constava das Ordenações, daí ingressando no Código. Sua finalidade é proteger a integridade da herança em prol de herdeiros, legatários, cônjuge e credores do espólio.

A dicção do artigo em exame descreve o *elemento objetivo*, externo da sonegação, que é a ocultação dos bens, isto é, falta de descrição no inventário, omissão de colação das doações anteriormente recebidas, recusa em restituir os bens à herança ou negativa da existência desses bens.

Não se nega, contudo, que não possa ser apenado aquele que age, ou deixa de agir, desconhecendo a existência de bens, ou não tendo consciência do dever de descrevê-los. Destarte, não se há de entender, como parte da doutrina, que a sonegação decorra tão só do elemento objetivo. Em cada caso, deve existir a intenção de ocultar, o propósito malicioso. Não há que se examinar se o intuito foi beneficiar o próprio sonegador ou terceiro, ou simplesmente uma forma de punir os demais herdeiros. A consciência do ilícito civil é que importa. No próprio termo *sonegação* já existe a noção de ocultar, desviar, omitir. Portanto, a malícia é imanente no conceito de sonegar. Todos os sentidos da palavra na língua portuguesa levam a essa conclusão.

O *elemento subjetivo*, a malícia ou dolo, integra, portanto, a tipificação da sonegação. Destarte, a mera omissão ou esquecimento não conduzirão à pena. Mesmo porque, em se tratando de simples omissão, já no bojo do inventário, quando alertado o omisso, trará ele os bens à descrição. Sua renitência ou negativa mentirosa de existência dos bens no bojo do inventário o sujeitarão à pena imposta na ação ordinária. Aliás, é a partir daí que se pode arguir de sonegação (art. 1.996). Daí por que, se a questão não foi decidida tranquilamente como simples incidente de inventário, dificilmente o sonegador conseguirá defesa plausível na ação autônoma. Compete-lhe provar que não agiu com dolo.

Embora não se presuma o dolo ou a má-fé, as condições da ação de sonegados parecem inverter o ônus da prova, quando a questão já foi ventilada incidentalmente no inventário. Desse modo, provado o elemento objetivo por parte do autor da ação, incumbe ao réu indigitado como sonegador provar que a omissão não ocorreu com dolo. Parece-nos incorreta a posição dos que defendem aqui a regra geral no sentido de que quem alega é quem deve provar o dolo.

Os arts. 1.992 e 1.993 referem-se ao herdeiro e ao inventariante. O inventariante é o principal responsável pela descrição dos bens. Não se duvida de sua legitimidade passiva para a ação de sonegação.

O conceito de sonegação, porém, não permite que restrinjamos só a essas pessoas a possibilidade de ocultação de bens ou direitos. O cessionário que nega ter recebido bens da herança também pratica sonegação. O testamenteiro também pode sonegar bens cuja posse lhe tenha sido confiada, assim como o administrador provisório. Não podemos negar que todo aquele que detiver bens hereditários sob ocultação, não sendo estranhos à herança, se sujeita à sonegação. O cônjuge supérstite, ainda que não inventariante, insere-se nessas condições. Aliás, terá ele, se tiver convivido com o falecido, situações mais propícias de assobrar à tentação de omitir bens do inventário, não informando ao inventariante. A dicção do art. 1.993, não distinguindo entre inventariante-herdeiro e inventariante não herdeiro, não permite outra interpretação.

Se os bens forem omitidos por terceiros, estranhos à sucessão, aí sim não se falará em sonegação. A ação para reaver os bens com esses estranhos não derivará do direito hereditário, mas será uma ação reivindicatória ou possessória. É o que ocorre com o convivente, quando não concorrer à herança. A indenização que pagarão esses terceiros decorre dos princípios da responsabilidade civil.

O legatário, não tendo a posse dos bens da herança, o indigno e o herdeiro renunciante, não sendo considerados herdeiros, não podem ser agentes causadores de sonegação. Poderão responder, contudo, perante o espólio, como qualquer terceiro que detenha bens indevidamente.

Civil. Sucessões. Ação de sonegados. Imóvel objeto de discussão no âmbito do inventário. Extinção do processo sem resolução de mérito. Ausência de interesse processual. Confirmação de sentença. Deve ser confirmada a sentença que extinguiu o processo, ajuizado com base no art. 1.992 do CC (ação de sonegados), sem resolução de mérito, quando o bem objeto da controvérsia sempre esteve presente nas discussões estabelecidas no âmbito do inventário. Não obstante a alta litigiosidade que gravita em torno do bem, não há falar que tenha sido sonegado, na medida em que as partes discutem se o imóvel deve ou não ser colacionado desde a apresentação das primeiras declarações do inventariante (*TJMG* – Ap. 1.0105.11.028909-4/001, 4-12-2018, Rel. Alberto Vilas Boas).

Ação de **sonegados**. Sobrinha e irmão da *de cujus*. Ação improcedente. Ocultação dolosa de contas-poupança no arrolamento de bens. Ocultação dolosa caracterizada. Preenchimento dos requisitos objetivo e subjetivo da sonegação. Imposição da pena de sonegados. Devolução dos valores ao espólio. Ressarcimento das despesas com a *de cujus* que serão apreciadas na sobrepartilha. Eventuais despesas com a *de cujus* que não excluem a obrigação do inventariante de declarar todos bens do espólio. Sentença reformada. Ônus da sucumbência. Recurso provido (*TJSP* – Apelação Cível 564.366-4/8-00, 6-5-2008, Rel. Des. Ariovaldo Santini Teodoro).

Ação sonegados. Ocultação de valores. Perda direito bens sonegados. A sonegação é a ocultação dolosa de bens da herança com o objetivo de fraudar a partilha, só podendo ser reconhecida por meio de ação autônoma e cuja consequência para o sonegador é a perda do direito que teria sobre os bens sonegados, podendo ainda, se for inventariante, ser removido da função. Destarte, tendo o herdeiro em sua posse valores do patrimônio do espólio os quais foram ocultados, deve ser condenado o mesmo a ressarci-los, com a consequente perda do direito hereditário sobre tais (*TJMG* – Apelação Cível 1.0145.06.327789-4/001, 29-1-2009, Rel. Des. Maria Elza).

Art. 1.993. Além da pena cominada no artigo antecedente, se o sonegador for o próprio inventariante, remover-se-á, em se provando a sonegação, ou negando ele a existência dos bens, quando indicados.

A pena que cabe impor ao herdeiro na sentença é a perda do direito sobre o bem sonegado (art. 1.992). Essa pena deve ser entendida no sentido de que, cominada a pena ao herdeiro, o bem sonegado não será computado para ele, para fins de partilha. Considera-se inexistente esse sucessor para essa partilha.

Se o herdeiro sonegar o objeto de um legado, a dicção legal se tornará inócua, se aplicada gramaticalmente. Lembre-se de que a lei não contém palavras inúteis. Deve o herdeiro indenizar por perdas e danos, computando-se o valor do bem sonegado, se este não puder ser devolvido. A pena atinge tanto o herdeiro legítimo, como o herdeiro testamentário. O culpado restitui a coisa, com seus frutos e rendimentos, como possuidor de má-fé.

Se o sonegador for o inventariante, será ele removido do cargo, independentemente de perda sobre o direito à coisa sonegada na forma desse artigo. Como se mostrará inconveniente que o inventariante permaneça no cargo no curso de uma ação que o acuse dessa forma tão grave, deve o juiz, como regra, remover cautelarmente o inventariante do cargo, nomeando substituto, usando de seu poder geral de cautela, e aplicando os dispositivos pertinentes do CPC, quando cabíveis. Se o pedido for julgado improcedente, o inventariante poderá pedir perdas e danos contra quem promoveu a ação infundada. Caso o bem sonegado já não se encontre em poder do sonegador, pagará ele seu valor, devidamente corrigido à época do efetivo pagamento, com perdas e danos (art. 1.995). A ação tem também cunho indenizatório. Não se afasta a possibilidade de indenização também por danos morais.

Não se anulam os negócios de alienação em proteção aos terceiros adquirentes de boa-fé. Se o terceiro adquirente estiver de má-fé, a ação de sonegados pode ter o condão de anular o negócio, condenando ambos, sonegador e terceiro, à indenização por perdas e danos. Nada impede esse entendimento, com a colocação de litisconsortes no polo passivo. Há, no entanto, opiniões contrárias. Ademais, como a procedência do pedido na ação de sonegação implica reconhecimento de má-fé, não importando quem seja o réu, sempre haverá indenização por perdas e danos. Se o testamenteiro for o sonegador, não só deverá ele, se ainda houver tempo hábil, ser removido do cargo, por faltar à confiança do testador, como deverá perder a vintena.

Não se pode remunerar quem prejudicou os interesses que deveria proteger. Deve pagar também o valor do bem que fez desaparecer, se não houver possibilidade de restituição.

Da mesma forma, em que pesem ponderáveis opiniões contrárias, se o inventariante não for herdeiro, deve ele, se a coisa já não puder ser devolvida, também responder pelo valor do bem, com perdas e danos. Geralmente, tratar-se-á do cônjuge meeiro. O valor deve ser apurado no caso concreto. A simples perda do cargo de inventariante é pena absolutamente irrelevante e secundária para a falta, não sendo esse o espírito da lei. Deve o inventariante indenizar o valor do que o espólio perdeu e do que deixou razoavelmente de ganhar (art. 402).

Art. 1.994. A pena de sonegados só se pode requerer e impor em ação movida pelos herdeiros ou pelos credores da herança.
Parágrafo único. A sentença que se proferir na ação de sonegados, movida por qualquer dos herdeiros ou credores, aproveita aos demais interessados.

Em muitos casos, poderá haver a tipificação de um crime, tais como a apropriação indébita (art. 168 do CP) e o estelionato (art. 171). Irrelevante, porém, no campo civil, tenha ou não havido crime, tenha ou não existido o procedimento penal, o que, quando muito, reforçará a pena civil. Esta só pode ser imposta como decorrência de uma ação ordinária, obrigatoriamente proposta, e consiste, basicamente, na perda do direito aos bens sonegados, com perdas e danos, conforme detalhes que a seguir veremos. Sem sentença decorrente de processo próprio, não haverá pena civil de sonegados.

Os interessados no inventário e na herança podem propor a ação. Assim, podem fazê-lo o inventariante, o herdeiro, o testamenteiro, o credor do espólio, o cessionário de direitos hereditários, o legatário, demonstrando seu justo interesse. O legítimo interesse para a ação deve ser visto sob o prisma da ciência processual, não se limitando a legitimidade ativa aos herdeiros e credores da herança, como parece restringir o presente artigo. Não há por que negar ao legatário a legitimidade ativa para a ação, principalmente quando a sonegação diminuir ou impedir que receba o legado. Ainda, o bem objeto da sonegação pode ser exatamente aquele bem objeto do legado. Aí sua legitimidade é inafastável. Essa situação não é enfocada pelos autores. Todavia, se não se duvida de que o credor tem legitimidade para a ação, com muito maior razão a terá o legatário. As regras das condições da ação e, especificamente, da *legitimatio ad causam* sobrepujam a norma de direito material.

Segundo opinião corrente, o Fisco não tem legitimidade para essa ação. Geralmente, se são omitidos bens para fugir à imposição tributária, tal não implica a aplicação da pena de sonegados, devendo o Estado cobrar o tributo pelas vias próprias.

Renitente o indigitado sonegador em apresentar os bens, as penas da sonegação só poderão ser impostas se decorrentes de ação. A sentença que julgar procedente o pedido aproveita a todos os interessados. Isso porque se devolve o bem, ou o valor, ao monte para ser partilhado. Assim, proposta a ação por qualquer interessado, os demais podem ingressar no processo como assistentes litisconsorciais do autor (art. 124 do CPC). Os bens que se auferem dessa ação serão sobrepartilhados (art. 1.040), na hipótese de já ter ocorrido a partilha (que normalmente já deverá ter ocorrido).

É ação que deve ser proposta no juízo universal por onde tramita, ou tramitou, o inventário. A ação, do ponto de vista do polo passivo, é personalíssima por se tratar de imposição de pena. Nem poderá prosseguir a ação contra os herdeiros do réu no caso de falecimento no curso da ação. De qualquer forma, se encontrados os bens, após a morte do sonegador, devem ser reintegrados e partilhados. Se os herdeiros do sonegador estiverem de má-fé, responderão por perdas e danos, podendo ser acionados pelas vias ordinárias. O simples fato de terem os interessados concordado com as declarações do inventariante não inibe a ação, mesmo porque o conhecimento da ocultação pode ter sido posterior. Essa ação prescrevia em 20 anos, na falta de prazo específico, no sistema de 1916, iniciando-se o prazo a partir de quando a ação podia ser proposta, ou seja, o momento da negativa peremptória da entrega dos bens pelo sonegador, ou da última oportunidade que teve para fazê-lo, no curso do inventário. Na falta de outro termo, melhor entender que a ação é exercitável a contar da homologação da partilha. Neste Código, aplica-se o prazo máximo de 10 anos.

Art. 1.995. Se não se restituírem os bens sonegados, por já não os ter o sonegador em seu poder, pagará ele a importância dos valores que ocultou, mais as perdas e danos.

O sonegador devolverá o bem à herança, como resultado da sentença que julgar procedente a ação. Se isso não for possível, retornará em valor. Em qualquer das situações, como existe dolo, o indigitado indenizará em perdas e danos. Ainda que não se reconheça expressamente o dolo, as perdas e danos são devidos. Em princípio, a sonegação não atinge terceiros adquirentes, mormente de boa-fé. Essa a principal razão do presente artigo.

Ação de sonegados. Pedido consistente na inclusão de um imóvel e um veículo (ou o seu valor equivalente) ao inventário com a consequente perda dos direitos da ré sobre estes bens e sua remoção do cargo de inventariante. Remoção aceita pela própria viúva. Aplicável ao caso dos autos o Código Civil de 1916, uma vez que a abertura da sucessão deu-se quando ainda vigente aquele diploma legal. Bens sonegados que devem integrar o monte partível. Com a venda do veículo deve a viúva repor seu valor. Inteligência do artigo 1.783 do Código Civil de 1916. Não incidência da pena contida no artigo 1.780 do CC/16 uma vez que a meeira não é herdeira. Impugnação à assistência judiciária. Indeferimento. Ausência de prova da alegada capacidade financeira afastada. Recurso dos autores parcialmente acolhido e desprovido o da ré (*TJSP* – Ap. 994.08.117111-6, 6-2-2012, Rel. Galdino Toledo Júnior).

Art. 1.996. Só se pode arguir de sonegação o inventariante depois de encerrada a descrição dos bens, com a declaração, por ele feita, de não existirem outros por inventariar e partir, assim como arguir o herdeiro, depois de declarar-se no inventário que não os possui.

Leva-se em conta o inventário, pois o inventariante tem até a fase das "últimas declarações" para descrever os bens (art. 636 do CPC). Contudo, o art. 621 do CPC parece alargar esse entendimento ao dizer que *"só se pode arguir sonegação ao inventariante depois de encerrada a descrição dos bens, com a declaração, por ele feita, de não existirem outros por inventariar"*.

Desse modo, pela letra da lei, se o inventariante fizer ressalva ou protesto para apresentação de outros bens se deles tomar conhecimento, como se tornou praxe, não estará, em tese, configurada a sonegação. Entenda-se que cabe o exame do caso concreto. Se nas últimas declarações o inventariante não demonstrou a menor intenção de descrever bens de seu pleno conhecimento, já haverá sonegação. O mesmo ocorre nos arrolamentos, na oportunidade das declarações iniciais, as quais serão as únicas.

Se qualquer interessado tiver dúvidas acerca da conduta do inventariante, deverá intimá-lo para que declare se irá ou não apresentar determinados bens. Geralmente, as questões resolvem-se nesse simples incidente no inventário. Daí serem poucas as ações de sonegados. Pode também o inventariante alegar que os bens referidos não foram declarados por se tratar daqueles de liquidação difícil ou morosa, ou situados em lugar remoto, deixando-os para a sobrepartilha (art. 669). Contudo, com essa afirmação (que, é verdade, já deveria constar das declarações), os bens já estarão descritos, já não podendo o inventariante safar-se de apresentá-los, ainda que em época posterior. E, se o inventariante alegar que desconhecia a existência dos bens referidos na intimação, implicitamente reconhece a necessidade de inventariá-los. Se declarar que os bens não existem ou que não os possui, fica aberto o caminho para a ação.

A mesma intimação deve ser feita ao herdeiro que se suspeita sonegador. Cumpre ao inventariante, ou qualquer outro interessado, pedir sua intimação. No momento em que o herdeiro declara que não possui os bens, ou se cala perante a intimação, nasce a possibilidade de propositura da ação. Pelas mesmas razões, dificilmente o herdeiro deixará que isso aconteça, sopesando devidamente as penas civis e penais a que estará sujeito. O mesmo procedimento será empregado para com o testamenteiro, cessionário de direitos hereditários e administrador provisório.

Se o apontado sonegador declarar que os bens não são do espólio, dependendo a questão de prova, que não a documental, as partes devem recorrer às vias ordinárias, e a ação de sonegados será uma de suas espécies. Nesse caso, porém, inócuo e inconveniente será mover contra o herdeiro outra ação que não a de sonegados. A ação pode ser proposta mesmo após o término do inventário e da partilha, quando o interessado toma conhecimento da ocultação.

CAPÍTULO III
Do Pagamento das Dívidas

Art. 1.997. A herança responde pelo pagamento das dívidas do falecido; mas, feita a partilha, só respondem os herdeiros, cada qual em proporção da parte que na herança lhe coube.
§ 1º Quando, antes da partilha, for requerido no inventário o pagamento de dívidas constantes de documentos, revestidos de formalidades legais, constituindo prova bastante da obrigação, e houver impugnação, que não se funde na alegação de pagamento, acompanhada de prova valiosa, o juiz mandará reservar, em poder do inventariante, bens suficientes para solução do débito, sobre os quais venha a recair oportunamente a execução.
§ 2º No caso previsto no parágrafo antecedente, o credor será obrigado a iniciar a ação de cobrança no prazo de trinta dias, sob pena de se tornar de nenhum efeito a providência indicada.

Já nos manifestamos acerca do patrimônio hereditário. Consiste numa universalidade que engloba direitos e obrigações, créditos e débitos. Por mais de uma vez, citamos que a lei atribui uma espécie de personalidade à herança. Incluímo-la dentre as entidades com personificação anômala ou restrita, ao lado de grupos personificados similares, tais como a massa falida, o condomínio de unidades autônomas, a herança jacente.

A essas entidades a lei atribui uma personificação para fins processuais. A essa altura, já sabemos que a herança, no processo de inventário, recebe o nome de *espólio*. O espólio é o conjunto de direitos e deveres pertencentes à pessoa falecida, ao autor da herança. Trata-se de uma massa patrimonial que permanece coesa até a atribuição dos quinhões hereditários. Até a partilha. Como visto, é o *inventariante* quem representa processualmente o espólio (art. 75, VII, do CPC), salvo nas demandas em que for o espólio autor ou réu e o inventariante for dativo. O estatuto processual atribui também a um administrador provisório a representação do espólio, até que assuma o inventariante (arts. 613 e 614 do CPC). Já passamos pelas funções de administração do inventariante. Na verdade, as atribuições do inventariante extravasam a simples representação processual da massa hereditária. Ele pratica atos de direito material dentro de seus poderes de administração, e não poderia ser diferente.

O próprio Código Civil trata da herança como uma entidade personificada, ao dizer no art. 1.997 que *a herança* responde pelo pagamento das dívidas do falecido. A lei material se refere aí àquela personificação transitória, necessária para a elaboração do inventário e da partilha, denominada espólio, que a moderna técnica jurídica não pode ignorar. Ao responder o espólio pelas dívidas, responderá cada herdeiro na proporção de seus quinhões, já que a herança é recebida sob benefício de inventário. A maior utilidade do inventário é, como examinado, distinguir a massa hereditária do patrimônio do herdeiro, para que este não venha a arcar com valores devidos tão só pelo espólio.

Entre os poderes e deveres do inventariante incluem-se aqueles de não só descrever, como também cobrar as dívidas pendentes do *de cujus* e zelar para que os credores da massa sejam atendidos. Portanto, aqui se coloca o problema referente aos débitos da massa, uma vez que os créditos entram como ativo e, enquanto não realizados, serão partilhados como valores positivos. Importa cuidar agora dos valores negativos do patrimônio, do espólio.

O espólio pode conter débitos contraídos pelo morto. Esses são os débitos propriamente ditos da herança. São débitos cuja origem está situada em vida do *de cujus*. Há, no entanto, dívidas inafastáveis contraídas pelo próprio processo de apuração da herança, do inventário, a começar pelas custas judiciais. No decorrer do processo, dependendo de sua complexidade, haverá necessidade de peritos avaliadores, contadores; advogados para defenderem o espólio nas ações que lhe são movidas ou para mover ações contra terceiros; pagamento de honorários do inventariante, se não for herdeiro; da vintena do testamenteiro etc. Não existe uma classificação de créditos exposta na lei, a exemplo do que ocorre na falência, específica para o espólio. Cabe aos princípios gerais, em analogia com outras situações semelhantes (como é o caso do juízo falencial), estabelecer um quadro de devedores e um quadro de credores. Aqui, nos interessa examinar a situação dos credores do espólio.

Há, em princípio, duas espécies de obrigações do espólio: dívidas do falecido e dívidas póstumas, havendo, então, duas classes de credores: "credores do falecido" e "credores póstumos"; estes são os credores do espólio propriamente dito, porque surgidos após a morte do autor da herança. Tal denominação, porém, não nos dá a exata compreensão.

Há autores que colocam, por influência talvez da doutrina francesa, o pagamento de legados como encargos da herança. Na realidade, o legatário é um sucessor *causa mortis*. A entrega da coisa que se lhe faz não deve ser colocada como encargo de credor. Não se trata de pagamento de dívida. Assim, verdadeiramente, dívidas da herança são aquelas contraídas pelo falecido, onerando toda a massa hereditária até a partilha e descritas nesse artigo.

Todas as dívidas cuja origem se localize após a morte do autor da herança são dívidas póstumas. Aqui se incluem as despesas funerárias (art. 1.998), bem como as despesas judiciais com a arrecadação e a liquidação da massa hereditária. Devem ter aplicação os princípios que regem os privilégios gerais.

O princípio maior que ora se reafirma é no sentido de que a herança responde pelas dívidas do falecido. Com o inventário, não pode o herdeiro responder por dívidas que ultrapassem as forças da herança. Esse o princípio do benefício de inventário já examinado. As obrigações do morto transmitem-se aos herdeiros no limite da massa.

Não é necessário distinguir quanto ao procedimento, como regra geral, sejam as dívidas do autor da herança ou póstumas. O procedimento vem regulado pelos arts. 642 a 643 do CPC. Ocorre que, muitas vezes, não há necessidade de qualquer procedimento para o cumprimento dessas obrigações, que vão sendo comprovadas documentalmente no inventário. Os credores não têm obrigação de habilitar-se nos autos do inventário. Podem recorrer diretamente às vias ordinárias, de acordo com seus títulos.

Sucede que, não havendo oposição dos interessados no inventário, a satisfação dos credores se fará de maneira muito menos onerosa para as partes. Por essa razão é que o art. 642 do CPC permite que *"antes da partilha"* os credores possam pedir ao juízo do inventário o pagamento das dívidas vencidas e exigíveis. A questão procedimental das habilitações dos credores já vem delineada no § 1º do art. 1.997 do Código Civil. A habilitação do credor deve ser feita antes da partilha, enquanto permanecem a universalidade e a massa indivisa. Após a partilha, não estará o credor inibido de haver seu crédito, porém terá de fazê-lo contra os herdeiros, proporcionalmente ao que cada um recebeu do monte. Ficará, assim, por demais dificultada a ação do credor, mormente quando a herança se pulverizou em vários quinhões. O credor deverá estar atento para ingressar oportunamente no inventário, ou com a habilitação ou com a necessária ação. Os credores com garantia real não necessitarão habilitar-se.

O estatuto processual refere-se, no art. 642, às dívidas vencidas e exigíveis. Contudo, o credor poderá sujeitar-se aos entraves citados se tiver uma dívida por vencer, ocorrendo seu vencimento somente após a partilha. Socorre o credor o art. 644; desde que tenha ele uma dívida líquida e certa por vencer, poderá habilitar-se no inventário. Com a concordância dos interessados, o juiz mandará que se faça uma separação de bens para o futuro pagamento.

Se a dívida a vencer não tiver os caracteres de liquidez e certeza, deve o credor propor as ações competentes, quanto antes, tornando a coisa litigiosa. Dessa forma, nada impede que, uma vez proposta a ação, presente o fumo do bom direito, se valha o credor do processo cautelar para que sejam separados bens necessários, caso venha o espólio a sucumbir da ação. Já dissemos que sempre que se controverter a respeito de parte da herança, enquanto não terminar a controvérsia, os bens *sub iudice* não devem ser partilhados. Se o credor for simplesmente quirografário, deve valer-se do processo de cautela para que, no futuro, não venha a ter dificuldades para haver seu crédito, porque, ultimada a partilha e divididos os bens, só lhe restará valer-se contra cada herdeiro. Trata-se da extensão do princípio que já consta do parágrafo único do art. 643 do CPC. De fato, no *caput*, o art. 643 diz que, não havendo concordância de todas as partes sobre o pedido de pagamento feito pelo credor, deverá este recorrer às vias ordinárias. E o parágrafo único mencionado manda que o juiz separe bens suficientes para pagar o credor, "*quando a dívida constar de documento que comprove suficientemente a obrigação e a impugnação não se fundar em quitação*". Portanto, havendo início de prova documental do crédito, deve o juiz determinar a separação de patrimônio dos bens do espólio.

No inventário há, pois, uma nítida distinção entre créditos admitidos pelos interessados e créditos não admitidos. Se não há documentação suficiente, não tem o juiz poder de *ex officio* determinar a reserva de bens. Nesse caso é que poderá ser útil ao credor o processo cautelar.

O credor tem o prazo de 30 dias para propor a ação, no caso de ter ocorrido reserva de bens. É o mesmo prazo para o processo cautelar em geral (art. 308 do CPC). Em qualquer das situações, quer com processo autônomo *ab initio*, quer com inadmissão no inventário, o credor terá 30 dias a contar da efetiva separação de bens para propor a ação referente a seu direito.

O art. 643 estatui acerca da concordância de todas as partes quanto ao pedido do credor. A insurgência de qualquer interessado não pode ser meramente emulativa. Cabe ao juiz impedir esse tipo de irresignação. Cumpre o exame do caso concreto. O herdeiro, ou o interessado, que resistir injustificadamente ao pagamento de um crédito no inventário deverá ser responsabilizado perante a massa pelos prejuízos a que der causa.

O § 1º do art. 642 do CPC refere-se à distribuição, por dependência e autuação em apenso aos autos do processo de inventário, da habilitação do credor. Ressaltamos a desnecessidade de distribuição que a lei determina. Tratando-se de mero incidente, sem cunho litigioso, bastaria a simples autuação em apenso, como se faz nos processos semelhantes. No dizer de Hamilton de Moraes e Barros (s.d., v. 9, p. 237), a exigência dessa distribuição por dependência é inovação infeliz nesse Código, aliás mantida no código processual vigente. De fato, não há necessidade de distribuição de habilitação nos processos de juízos universais, como são o inventário e a falência. Os interessados em manifestar-se sobre o pedido de habilitação variam de acordo com o inventário. Sempre deverão ser ouvidos o inventariante, o cônjuge sobrevivente e os herdeiros. Poderá haver interesse da Fazenda Pública na habilitação. Se houver participação de testamenteiro e de curador, também eles devem ser ouvidos. De acordo com o art. 645 do CPC, o legatário deve ser ouvido em duas hipóteses: quando toda herança for dividida em legados ou quando o reconhecimento da dívida importar redução dos legados. Sempre que houver dúvida acerca da redução ou não dos legados, é conveniente que se ouça o legatário.

O legatário, na verdade, não é responsável pelas dívidas da herança. Sua responsabilidade fica limitada ao valor do legado. Se o legado for absorvido pelas dívidas, caduca o legado. Se a dívida já foi relacionada pelo inventariante em suas declarações e não sofreu impugnações, nem mesmo haverá necessidade de habilitação, ficando autorizado o pagamento. Quando ocorre a habilitação, mesmo não estando o crédito perfeitamente documentado, mas sendo reconhecido sem qualquer outra formalidade para sua quitação pela massa, normalmente caberá ao inventariante fazer o pagamento, pedindo alvará para tal, se a natureza do crédito o exigir.

A Fazenda Pública não necessita habilitar-se, porque a partilha não pode ser homologada sem prova da quitação tributária de todos os bens do espólio, e de suas rendas (art. 192 do CTN). Requisita-se prova de quitação na Receita Federal. Em razão disso, limitado o interesse da Fazenda a uma habilitação de terceiro, tendo ela a garantia, inclusive, de um processo executivo especial, regulado por lei própria.

Estando de acordo as partes com a admissão de crédito já exigível, nos termos do § 2º do art. 642, o juiz declara habilitado o credor e manda que se faça a separação de dinheiro, ou de bens suficientes para seu pagamento. Feita a separação de bens, o § 3º determina que o juiz os aliene por praça ou leilão, para a satisfação do credor. Nada impede, pelo contrário, aconselha-se, que os interessados vendam o bem mediante alvará, que certamente alcançará melhor preço. Nesse caso, se tornará necessária a avaliação do bem, como regra geral, para a venda por preço maior ao do laudo. Se todos os interessados forem capazes e concordarem, não haverá necessidade de avaliação.

O credor pode requerer a adjudicação dos bens separados (§ 4º do art. 642). Adjudicar-se-ão os bens ao credor se todos estiverem de acordo. Mesmo havendo incapazes, não se obsta a adjudicação, com a fiscalização dos interessados na avaliação. O leilão poderá ser muito mais desvantajoso. Com essa adjudicação, ocorre aí uma dação em pagamento, como forma de extinção da obrigação.

Art. 1.998

O art. 646 do CPC permite que os herdeiros autorizem o inventariante a nomear os bens reservados à penhora, no processo de execução contra o espólio. Isso sem prejuízo do art. 860, que autoriza a penhora no rosto dos autos do inventário, denominação não repetida no CPC atual, que mantemos por amor à tradição.

O credor do espólio, uma vez que tem como garantia todo o patrimônio hereditário, pode, na falta de nomeação de bens pelo devedor, pedir a penhora sobre qualquer bem da herança, como faria com relação ao patrimônio do falecido, se vivo fosse. Não se confunde o credor da herança com o credor do herdeiro (ou do legatário ou mesmo do testamenteiro, que tem crédito referente à vintena no inventário). O credor do herdeiro (estranho à herança) fará a penhora nos autos, na forma do art. 860, para que, após a partilha, essa penhora se efetive nos bens que forem adjudicados ou que vierem a caber ao devedor. Nada impede que o credor da herança também faça a penhora no rosto dos autos, mas trata-se de providência desnecessária, se pode ele já penhorar bem certo dentro do monte e levá-lo à excussão.

Há, também, dívidas que são exclusivas do cônjuge-meeiro, devendo responder por elas sua meação. Lembre-se de que o cessionário de direitos hereditários passa a ter os mesmos direitos do herdeiro.

Se as dívidas absorverem todo o ativo da herança, caberá ao inventariante requerer a instauração do processo de insolvência (art. 618, VIII). Qualquer credor poderá fazê-lo também. O processo será distribuído por dependência e correrá em apenso. Abrir-se-á, então, o concurso de credores, lavrando-se um quadro de credores, com seus privilégios e preferências, de acordo com os arts. 955 a 965 e demais disposições processuais sobre a matéria.

O fato de um credor ter sido admitido no inventário não altera a natureza de seu crédito; se era quirografário, continuará a sê-lo. A preferência decorrerá da própria natureza do crédito. O fato de uma herança ser insolvente não elimina a existência de herdeiros.

Art. 1.998. As despesas funerárias, haja ou não herdeiros legítimos, sairão do monte da herança; mas as de sufrágios por alma do falecido só obrigarão a herança quando ordenadas em testamento ou codicilo.

São póstumas as dívidas próprias do espólio. São dívidas da massa hereditária. Serão pagas em ordem anterior às dívidas do falecido, desde que estas não gozem de preferência decorrente de direitos reais. Isso se torna importante no caso de o passivo ser superior ao ativo.

Em primeiro lugar, surge a aplicação desse artigo. Do espólio sairá o pagamento das despesas funerárias, haja ou não herdeiros legítimos. Os sufrágios por alma do finado só obrigarão a herança quando em testamento ou codicilo. Importante é saber da ordem de satisfação dos débitos, tendo em vista a possível insolvência. Observar-se-á a ordem de privilégio geral do art. 965, que cuida especificamente dessa matéria no Código Civil.

O inciso I é uma explicitação desse artigo: "*o crédito por despesa de seu funeral, feito segundo a condição do morto e o costume do lugar*" (art. 965). As despesas com o enterro hão de ser normais. Levar-se-ão em conta as condições do falecido. A herança não pode ser onerada com um fausto desnecessário. O herdeiro que pagar as despesas do funeral tem direito de reembolsar-se, deduzida sua parte, no inventário.

O inciso II trata do crédito por custas judiciais, ou por despesas com a arrecadação e liquidação da massa. Entram aí as despesas com avaliação e manutenção dos bens hereditários. Pagamento de honorários de advogado do inventariante e honorários referentes a ações promovidas pelo espólio e contra o espólio. A herança, porém, não deve arcar com honorários de advogado para acompanhar herdeiro isolado no curso do inventário. As remunerações do inventariante dativo e do testamenteiro também saem do monte. Também recaem sobre o espólio os honorários de advogado contratado pelo testamenteiro, não saindo de sua vintena.

O inciso III fala do crédito por despesas com o luto do cônjuge sobrevivo e dos filhos do *de cujus*, se forem moderadas. Incluem-se aí as despesas com anúncios fúnebres e comunicações.

O inciso IV inclui como despesas do espólio as referentes à doença de que faleceu o devedor, no semestre anterior a sua morte. Cabe ao herdeiro ou herdeiros que arcaram com essas despesas se habilitarem para recebê-las. A dívida onera o espólio, embora a origem seja anterior à morte. A lei, a exemplo dos incisos seguintes, houve por bem criar preferência nesses casos.

Também existe privilégio para quem arcou com gastos necessários à mantença do devedor falecido e sua família, no semestre anterior ao falecimento (inciso V). Se foi um dos herdeiros, não deverá ele arcar com toda essa despesa, devendo ser rateada entre todos.

Os créditos da Fazenda gozam de privilégio especial, como vimos, embora o inciso VI se refira aos impostos devidos à Fazenda Pública, no ano corrente e no anterior.

Finalmente, o inciso VII do art. 965 concede privilégio ao crédito por salário dos empregados e demais pessoas do serviço doméstico, nos seis meses derradeiros de vida do *de cujus*. Esses créditos devem ser atendidos antes dos demais créditos da herança, antes, portanto, dos créditos originados em vida pelo falecido. A matéria ganha importância quando a herança não pode atender a todo o passivo. Inobstante o privilégio, qualquer desses credores pode habilitar-se, bem como recorrer às vias autônomas. Não se altera a natureza da preferência.

A lei que instituiu o divórcio entre nós, Lei nº 6.515/77, dispôs no art. 23 que a obrigação de prestar alimentos transmite-se aos herdeiros do devedor, situação mantida no sistema atual. Veja o que falamos a respeito no estudo dedicado ao direito de família. Contudo, em nenhuma hipótese o patrimônio dos herdeiros poderá responder por alimentos transmissíveis, uma vez feito o inventário.

⚖ Apelação – Ação de execução por quantia certa – Cédula de crédito bancário – Prescrição proclamada de ofício pela sentença – Irresignação improcedente. Hipótese em que não se verificou a retroação da interrupção da prescrição à data da propositura da ação, na forma do art. 219, § 1º, do CPC/73, por ter sido o exequente negligente na prática dos atos voltados à realização oportuna do chamamento, conquanto reformada anterior sentença que também proclamara a prescrição, pelo mesmo motivo. Exequente que, com efeito, baixados os autos, limita-se a requerer ao juiz da causa providências que estavam a seu pleno alcance, deixando de dar adequado atendimento aos comandos que lhe foram dirigidos. Incúria verificada, até mesmo porque deixou o exequente do observar que a execução, desde o nascedouro, havia de ter sido endereçada contra os herdeiros do já então falecido devedor, nas condições previstas art. 1.997 do CC e art. 796 do CPC. Falecido executado que, no plano técnico, jamais foi parte da execução. Despropositada, portanto, a pretendida declaração de suspensão do processo, nos termos do art. 265, I, do CPC/73 e art. 313, I, do CPC/15. Transcorrido o prazo trienal do art. 70 da LUG e do art. 206, § 3º, VIII, do CC, o que não se discute. Negaram provimento à apelação (*TJSP* – Ap. 1014061-52.2014.8.26.0002, 6-8-2020, Rel. Ricardo Pessoa de Mello Belli).

⚖ Alvará – **Despesas médicas e funerárias** – Legitimidade – Artigo 1.998 da lei civil – Alvará limitado aos créditos comprovados. Há que se deferir o alvará se restarem comprovados o óbito, as despesas e a existência de saldo credor a favor do *de cujus*, que, enquadrado como herança por ele deixada, está apto a cobrir as despesas com sua saúde e seu sepultamento (*TJMG* – Apelação Cível 1.0188.06.048628-2/001, 10-8-2007, Rel. Des. Antônio de Pádua).

Art. 1.999. Sempre que houver ação regressiva de uns contra outros herdeiros, a parte do coerdeiro insolvente dividir-se-á em proporção entre os demais.

Como vimos, o legatário não é responsável pelas dívidas da herança. Concorre com as despesas para a entrega do legado, se não dispôs diferentemente o testador. Pode, quando muito, ver seu legado absorvido pelas dívidas. O presente artigo determina que, na ação regressiva entre os vários herdeiros, a parte do herdeiro insolvente deve ser dividida em proporção entre os demais. Todos suportam igual prejuízo. Aplica-se o dispositivo toda vez que um herdeiro, por qualquer razão, pagar dívida da herança.

Art. 2.000. Os legatários e credores da herança podem exigir que do patrimônio do falecido se discrimine o do herdeiro, e, em concurso com os credores deste, ser-lhes-ão preferidos no pagamento.

O presente dispositivo não tem maior aplicação prática e diz respeito também à separação de patrimônios.

Os credores do espólio podem ter interesse na divisão do patrimônio, com discriminação completa, por se mostrarem as declarações do inventário insuficientes para tal finalidade. O objetivo do artigo é possibilitar o pagamento das dívidas, sem interferência de bens dos herdeiros. Os credores da herança, do espólio, têm preferência sobre os credores do herdeiro. Essa é a noção importante fixada na segunda parte do artigo. O legatário também tem preferência no recebimento de seu legado, aos credores dos herdeiros. O legatário, em síntese, também é um credor especial da herança, com direitos a serem atendidos após os direitos dos credores do monte. Lembre-se de que só recebe depois de satisfeitos os credores da herança e se ainda sobrar o suficiente para atender à legítima dos herdeiros necessários. Essa separação de que trata o dispositivo não altera a situação dos credores legatários. Apenas facilita o exercício de seus direitos. Os legatários e credores da herança não necessitam agir coletivamente; qualquer um deles pode recorrer ao expediente narrado nesse artigo, operando a separação em favor dele.

Art. 2.001. Se o herdeiro for devedor ao espólio, sua dívida será partilhada igualmente entre todos, salvo se a maioria consentir que o débito seja imputado inteiramente no quinhão do devedor.

Uma vez ultimada a partilha, a responsabilidade de cada herdeiro circunscreve-se a seu quinhão. Se o credor não acionou o espólio, só pode cobrar de cada herdeiro proporcionalmente a sua parte na herança. Não se estabelece solidariedade entre os herdeiros. As questões atinentes à obrigação indivisível dirimem-se de acordo com as regras próprias.

Esse artigo determina que a dívida do herdeiro para com o espólio será partilhada igualmente entre todos, "*salvo se a maioria consentir que o débito seja imputado inteiramente no quinhão do devedor*". Assim, só haverá compensação do herdeiro devedor com o que tem a receber no espólio se a maioria dos demais consentirem. Melhor seria que a lei falasse no consentimento de todos os demais herdeiros. A maioria pode não impedir uma fraude. Como bem lembra Sílvio Rodrigues (1978, v. 7, p. 313), a lei é imprecisa porque não especifica se a maioria é quantitativa ou qualitativa dos herdeiros. Devemos entender que é a maioria dos "quinhões" hereditários. Quem recebe maior porção hereditária terá mais peso na decisão.

Outra consequência desse dispositivo é que o herdeiro não pode se opor à inclusão de sua dívida com o *de cujus* em seu quinhão, porque não pode impedir que a dívida seja paga. Há quem entenda, a nosso ver sem razão, que o herdeiro devedor pode opor-se à decisão da maioria, para não haver compensação. Baseia-se essa doutrina no termo *consentir* da lei, que implicaria prévio pedido de imputação do débito por parte do devedor. A razão do art. 2.001 é equilibrar a partilha, porque, se houvesse compensação automática, os herdeiros não devedores do espólio poderiam ficar sujeitos a créditos menos seguros, menos solváveis do que esse que se operaria pela compensação. O herdeiro devedor seria beneficiado com uma quitação que poderia prejudicar os demais herdeiros, os quais, em tese, poderiam não receber seus quinhões na integralidade, por não conseguirem receber os outros créditos. Por isso que, como regra geral, partilha-se o débito do herdeiro como se fosse de um estranho.

Agravo de instrumento. Exceção de pré-executividade. Condenação ao pagamento de pensão decorrente de ato ilícito. Óbito da devedora. Pedido de habilitação do respectivo crédito perante o juízo da falência julgado improcedente. Subsequente execução movida contra os herdeiros. Ausência de identidade de partes no polo passivo das ações. Coisa julgada não verificada. Viúvo. Casamento com comunhão de bens. Recurso conhecido e provido em relação ao viúvo e não provido em relação aos demais (*TJPR* – AI 0440056-2, 26-6-2008, Rel. Juiz J. S. Fagundes Cunha).

CAPÍTULO IV
Da Colação

Art. 2.002. Os descendentes que concorrerem à sucessão do ascendente comum são obrigados, para igualar as legítimas, a conferir o valor das doações que dele em vida receberam, sob pena de sonegação. Parágrafo único. Para cálculo da legítima, o valor dos bens conferidos será computado na parte indisponível, sem aumentar a disponível.

Já está fixado nestes comentários o conceito da porção legítima dos herdeiros necessários.

Para corrigir omissão nesse dispositivo, tendo em vista a nova sistemática imposta pelo atual Código, o Projeto nº 6.969 tentou acrescentar no artigo que também é obrigado à colação "*o cônjuge sobrevivente, quando concorrer com os descendentes*".

Essa conferência de bens recebidos em vida tem finalidade eminentemente contábil. Entende a lei que o que foi recebido em vida, por doação, integra a porção legítima do *descendente*. E a finalidade vem expressa no art. 2.003, qual seja,

"*igualar, na proporção estabelecida neste Código, as legítimas dos descendentes e do cônjuge sobrevivente, obrigando também os donatários que, ao tempo do falecimento do doador, já não possuírem os bens doados*".

Portanto, a lei denomina colação a esse procedimento de o descendente, bem como o cônjuge sobrevivente e o convivente no regime do presente Código, trazer à partilha o bem anteriormente recebido em vida do *de cujus*, por doação. Colação "*é o ato de reunir ao monte partível quaisquer liberalidades recebidas do* de cujus, *pelo herdeiro descendente, antes da abertura da sucessão*" (LEITE, 2003, p. 749). Complementa-se o disposto no art. 544, pelo qual a doação de ascendentes a descendentes, ou de um cônjuge a outro, importa adiantamento do que lhes caberia na herança, isto é, uma antecipação de suas quotas legítimas necessárias. Essa regra não é absoluta, pois o doador pode fazer constar que o objeto do negócio gratuito seja retirado de sua parte disponível, com dispensa de colação. Há que se examinar, evidentemente, se não houve avanço ilegal na parte disponível. Contudo, se o ascendente, na doação, não fizer expressamente a dispensa de colação, a regra do art. 544 incidirá.

A colação é, portanto, obrigação do herdeiro necessário, que recebeu doação do autor da herança. Salvo vontade expressa do doador, como veremos, toda doação feita em vida pelo autor da herança a um de seus filhos (ou netos, que concorram com outros netos, por exemplo) presume-se como um adiantamento de herança. Desse modo, tal doação se computará dentro da legítima desse herdeiro, compensando-se com os demais herdeiros do mesmo grau. Trata-se de uma obrigação de trazer o valor. Só haverá dispensa dessa colação quando o testador assim se manifestou de forma expressa (arts. 2.005 e 2.006), determinando que a doação seja extraída da parte disponível. A dispensa de colação feita pelo doador destrói a presunção de que este queria fazer, simplesmente, uma antecipação da herança ao donatário, pois fica claro e inequívoco, com tal liberalidade, que o doador quer gratificar melhor e beneficiar mais o aludido herdeiro, destinando a este maior porção que aos outros.

No entanto, se foi excedida a parte disponível, a doação terá sido inoficiosa, e procede-se à redução conforme já estudado. A colação fundamenta-se, portanto, na vontade presumida do *de cujus*, e é também uma forma de manter a igualdade entre os herdeiros, como se fora uma antecipação da futura herança. Essas conclusões defluem facilmente da leitura dos citados arts. 2.005 e 2.006.

Em sua origem romana, o instituto foi uma criação pretoriana, com a mesma finalidade de estabelecer igualdade entre os sucessores. Diz respeito, talvez, também à origem da copropriedade doméstica do Direito germânico, onde todos os herdeiros estavam em pé de igualdade. Anteriormente, em Roma, os filhos emancipados recebiam uma parte do patrimônio do pai. Quando da morte, o pretor passou a determinar que o emancipado compensasse com os demais herdeiros o que anteriormente recebera. O doador não pode doar mais do que poderia testar na oportunidade.

A colação, embora inserida dentro das disposições acerca do inventário e da partilha, refere-se tão só aos descendentes, herdeiros necessários. Nada está a impedir, contudo, ao doador, que imponha o dever de colacionar a um herdeiro instituído; porém, aqui a sede é de exame da vontade do manifestante do negócio jurídico. Como se entende que o dever de colacionar é indeclinável, mesmo a renúncia à herança não exime o renunciante. Este estará obrigado a trazer o bem à colação, devendo repor o excedente da legítima mais a metade disponível ao monte, como qualquer outro herdeiro descendente donatário. Porque isso acontecendo, o herdeiro teria recebido mais do que poderia receber por testamento, em prejuízo dos demais herdeiros. O mesmo princípio é aplicado ao indigno, assim excluído da sucessão (art. 2.008 e art. 640 do CPC). Não são herdeiros, mas seus atos não podem prejudicar os demais descendentes que concorrem à herança.

Nossa lei impõe aos descendentes sucessíveis o dever de colacionar. O cônjuge também tem esse dever, se concorrer na herança com descendentes, como vimos. Estão livres dessa obrigação os demais herdeiros necessários, ao contrário de outras legislações. Os demais herdeiros da ordem de vocação legítima e os herdeiros testamentários estão livres da obrigação, salvo se o testador dispôs em contrário.

Qualquer herdeiro filho terá o dever de colacionar, desde que concorra à herança: legítimo, ilegítimo, adotivo. Os cessionários dos direitos hereditários desses herdeiros também têm o dever de colacionar, assim como, por outro lado, têm direito de pedir a colação.

A colação é instituto peculiar à sucessão legítima.

Se a doação foi efetivada a descendente casado sob comunhão de bens, tem ele o dever de colacionar todo o bem. Se a doação foi feita metade ao descendente e metade a seu cônjuge, este último, se não for herdeiro (art. 1.829, I), não tem que conferir (MIRANDA, 1973, v. 60, p. 341). Entende-se que a porção doada ao cônjuge saiu da parte disponível.

Os credores do espólio não podem exigir a colação, ainda que o passivo seja superior ao ativo. Não podem eles atingir a liberalidade feita em vida pelo morto, a não ser que tenha ocorrido fraude contra credores. Também os legatários não estão legitimados a fazê-lo.

Quando o herdeiro donatário for incapaz, seu representante fará a conferência dos respectivos bens. Trata-se de ato de mera administração que não implica alienação.

A lei só obriga os descendentes de trazer os bens à colação, estando livres os ascendentes e, aparentemente, enquanto não alterado o texto, o cônjuge sobrevivente (VELOSO, 2003, p. 409), embora não possa essa conclusão decorrer da interpretação sistemática do ordenamento.

⚖ Agravo de instrumento. **Inventário.** Irresignação em face da decisão que determinou ao herdeiro donatário trazer à colação os bens que recebeu da autora da herança e também dispôs que a discussão sobre a prescrição ou decadência do direito da parte contrária de arguir nulidade dos atos de liberalidade deve ser realizada nas vias ordinárias. Descabimento. Juízo de origem admitiu a discordância da coerdeira às primeiras declarações apresentadas pelo sucessor inventariante. Decisão confirmada por esta Câmara em grau de recurso e transitada em julgado. Obrigatória a colação dos bens doados pelo autor da herança em proveito de um dos herdeiros necessários. Inteligência do art. 2.002 do CC. Questão sobre eventual prescrição da pretensão de anular doação ou homologação de partilha deve ser discutida em ação própria. Matéria desborda dos limites inerentes ao processo de inventário. Recurso improvido (*TJSP* – Ag 2115710-39.2020.8.26.0000, 9-6-2020, Rel. James Siano).

⚖ Agravo de instrumento. **Inventário. Doação de ascendente a descendente**. Decisão que determina a colação de bens doados em vida pelo "de cujus" ao agravante. Determinação correta. Necessidade de colação dos bens recebidos. Recurso não provido. Trata-se de agravo de instrumento contra decisão proferida nos autos da ação de inventário, o qual determinou a colação dos bens cedidos ao agravante pelo inventariado, no prazo de 60 (sessenta) dias, sob pena de ficar caracterizado a sonegação (fls. 30/33). Sabe-se que a obrigação de trazer para o acervo hereditário o bem doado a herdeiro em vida pelo inventariado, tem por objetivo preservar a regra da igualdade das legítimas. Assim, correta a decisão que determina ao beneficiado das doações que junte nos autos de inventário os bens recebidos pelo "de cujus", tendo em vista o iminente prejuízo em relação aos demais herdeiros habilitados nos autos de inventário. Ainda que pudesse se tratar de liberalidades de pai para filho, os bens cedidos pelo falecido em favor do filho, ora agravante, referentes a diversos imóveis, deve vir a colação nos autos do inventário, sob pena de inobservância ao art. 2.002 do CC/02, mormente considerando que se tratam de doações sem determinação por parte do doador de que saíssem da sua parte disponível. Ademais, como bem assevera a magistrada na decisão recorrida: "vejo que em momento algum o falecido Affonso Klaumann dispensou o cessionário de trazer os bens à colação, consoante lhe permitia o art. 1.789 do Código Civil de 1916 (vigente à data do óbito)" (fl. 32). Desse modo, correta a decisão que determina a colação dos bens cedidos em vida em favor do agravante pelo inventariado, sob pena de sonegação (*TJSC* – Acórdão: Agravo de Instrumento nº 2009.047612-7, 14-6-2011, Rel. Des. Carlos Prudêncio).

Art. 2.003. A colação tem por fim igualar, na proporção estabelecida neste Código, as legítimas dos

Art. 2.003

> descendentes e do cônjuge sobrevivente, obrigando também os donatários que, ao tempo do falecimento do doador, já não possuírem os bens doados. Parágrafo único. Se, computados os valores das doações feitas em adiantamento de legítima, não houver no acervo bens suficientes para igualar as legítimas dos descendentes e do cônjuge, os bens assim doados serão conferidos em espécie, ou, quando deles já não disponha o donatário, pelo seu valor ao tempo da liberalidade.

O cálculo da legítima supõe a reunião ficta do que foi anteriormente doado ao descendente. Os valores colacionados são imputados para a contagem do total da massa hereditária. Se o donatário não mais tiver os bens consigo, será apurado seu valor ao tempo da liberalidade, segundo acrescenta o parágrafo único do art. 2.003. Esse valor é visto com relação ao acervo na época da liberalidade. Se houver no acervo bens suficientes para a colação, serão eles computados em espécie.

O art. 639 do CPC diz que o herdeiro deve conferir o bem à colação no prazo do art. 627, isto é, dentro do prazo para manifestação sobre as primeiras declarações. No caso de arrolamento, o fará junto com as declarações iniciais. No arrolamento de alçada, deve fazê-lo tão logo seja intimado. Se o herdeiro, sendo intimado dentro do inventário para esse fim, negar o recebimento de bens, ou a obrigação de os conferir, o juiz deve decidir, de plano, após ouvir as partes (art. 641 do CPC). Se julgar procedente o pedido de colação, o juiz mandará sequestrar os bens para serem inventariados ou partilhados, ou imputará no quinhão do renitente o valor respectivo, se o bem não estiver mais em sua posse (§ 1º do art. 641). Se o juiz não puder decidir à vista dos elementos constantes dos autos, tratando-se de matéria ampla que requeira outras provas, portanto, remeterá as partes às vias ordinárias (§ 2º do art. 641 do CPC). Nesse caso, o herdeiro apontado não poderá receber seu quinhão hereditário enquanto não decidir a demanda, *sem prestar caução correspondente ao valor dos bens sobre os quais versar a conferência* (segunda parte do § 2º citado).

É ao espólio que cabe propor a ação de colação. Não se nega ao herdeiro interessado que figure como assistente na causa. No entanto, pode o indigitado renitente adiantar-se e propor ação declaratória negativa, para que se fixe seu direito de não colacionar. Se o inventariante se omite quanto ao pedido de colação, qualquer interessado pode pedir sua remoção por faltar aos deveres que lhe são inerentes.

O herdeiro que não apresentar espontaneamente o bem, intimado a fazê-lo, pode incorrer também na pena de sonegados, como já estudado.

Quando colacionado o bem, é lavrado um termo no inventário. Podem as partes interessadas concordar com o valor apresentado, dispensando-se a avaliação, se todos forem capazes. Pode ocorrer que só após a partilha se descubra que existia bem colacionável. A qualquer momento, enquanto não prescrever a ação de petição de herança, pode ser proposta a ação para o herdeiro colacionar, acertando-se, então, a partilha. A ação beneficia a todos os demais herdeiros necessários participantes.

A doação ao descendente será considerada *inoficiosa* quando for superior a sua parte legítima, *mais a parte disponível*. A invalidade não é total, só no que suplantar esse cálculo aritmético. Nesse caso, é feita a *redução* até caber nesse limite. Os sucessores nomeados no testamento só recebem se sobrar patrimônio após tais reduções.

Consideremos o exemplo no qual existem *dois filhos*. A doação foi feita quando o patrimônio do doador era de 2.000. O valor da doação foi de 1.600. Há uma parte inoficiosa. Isso porque, quando da doação, o titular do patrimônio tinha como sua parte disponível o valor de 1.000 (a metade do acervo). A outra metade de 1.000 constituía a legítima dos dois filhos, cabendo 500 para cada um. A doação avançou em 100 da legítima do filho não donatário, porque o valor da mesma não poderia ultrapassar 1.500. A inoficiosidade refere-se, portanto, ao valor de 100, que deve ser reposto pelo herdeiro-donatário, em espécie ou em valor.

A jurisprudência do STJ tem admitido a ação anulatória de doação inoficiosa mesmo em vida do doador (VELOSO, 2003, p. 416). Desse modo, tem sido entendimento majoritário da doutrina que a ação pode ser movida tanto antes como depois da morte do doador.

Enunciado nº 644, VIII Jornada de Direito Civil – CJF/STJ: Os arts. 2.003 e 2.004 do Código Civil e o art. 639 do CPC devem ser interpretados de modo a garantir a igualdade das legítimas e a coerência do ordenamento. O bem doado, em adiantamento de legítima, será colacionado de acordo com seu valor atual na data da abertura da sucessão, se ainda integrar o patrimônio do donatário. Se o donatário já não possuir o bem doado, este será colacionado pelo valor do tempo de sua alienação, atualizado monetariamente.

Agravo de instrumento – Inventário – Doação – Herdeiros necessários – Legítima – Adiantamento – Colação – Cabimento – Renda – Compensação – Quinhão – Integralidade – Acervo hereditário – Possibilidade. Conquanto o imóvel, objeto de doação, não deva figurar como bem partilhável, o seu valor deve ser considerado como adiantamento de legítima, revelando-se, destarte, adequada a colação, para o fim de igualar as legítimas dos herdeiros necessários. Inteligência dos arts. 2.002 e 2.003, do CC/02. Diante da constatação de que os donatários auferem renda advinda do imóvel doado pelo autor da herança, denota-se possível que a herdeira necessária, não contemplada pelo ato de liberalidade, concorra com os aludidos frutos, ressalvada a compensação com o quinhão que lhe é devido, após apuração da integralidade do acervo hereditário (*TJMG* – Ag 1.0701.11.016439-2/005, 7-2-2019, Rel. Carlos Levenhagen).

⚖ Recurso Especial – Ação Reivindicatória – Sucessões – Antecipação da legítima – doação com cláusula de usufruto – cônjuge sobrevivente que continuou na posse – imóvel – colação do próprio bem (em substância) – direito real de habitação – inocorrência – 1- A colação é obrigação imposta aos descendentes que concorrem à sucessão comum, por exigência legal, para acertamento das legítimas, na proporção estabelecida em lei, sob pena de sonegados e, consequentemente, da perda do direitos sobre os bens não colacionados, voltando esses ao monte-mor, para serem sobrepartilhados. 2- A doação é tida como inoficiosa, caso exceda a parte a qual pode ser disposta, sendo nula a liberalidade deste excedente, podendo haver ação de anulação ou de redução. Da mesma forma, a redução será do bem em espécie e, se esse não mais existir em poder do donatário, se dará em dinheiro (CC, art. 2.007, § 2º). 3- É possível a arguição de direito real de habitação ao cônjuge supérstite em imóvel que fora doado, em antecipação de legítima, com reserva de usufruto. 4- Existem situações em que o imóvel poderá ser devolvido ao acervo, volvendo ao seu status anterior, retornando ao patrimônio do cônjuge falecido para fins de partilha, abrindo, a depender do caso em concreto, a possibilidade de reconhecimento do direito real de habitação ao cônjuge sobrevivente. 5- Na hipótese, a partilha dos bens fora homologada em 18/5/1993, não havendo alegação de nulidade da partilha ou de resolução da doação, além de se ter constatado que o imóvel objeto de reivindicação não era o único bem daquela natureza a inventariar. 6- Recurso especial não provido. (STJ – REsp 1.315.606 – (2012/0059158-7) – 4ª T. – Rel. Min. Luis Felipe Salomão – DJe 28.09.2016 – p. 1455).

Art. 2.004. O valor de colação dos bens doados será aquele, certo ou estimativo, que lhes atribuir o ato de liberalidade.
§ 1º Se do ato de doação não constar valor certo, nem houver estimação feita naquela época, os bens serão conferidos na partilha pelo que então se calcular valessem ao tempo da liberalidade.
§ 2º Só o valor dos bens doados entrará em colação; não assim o das benfeitorias acrescidas, as quais pertencerão ao herdeiro donatário, correndo também à conta deste os rendimentos ou lucros, assim como os danos e perdas que eles sofrerem.

O CPC colocara termo a uma polêmica que se arrastava desde a promulgação do Código Civil de 1916, o parágrafo único do art. 1.014. O mesmo sentido é repetido pelo art. 639, parágrafo único, do CPC vigente:

"os bens a serem ser conferidos na partilha, assim como as acessões e as benfeitorias que o donatário fez, calcular-se-ão pelo valor que tiverem ao tempo da abertura da sucessão".

A questão era saber se a colação seria feita em valor ou em substância. O presente art. 2.004 determina que esse valor seja o do momento da liberalidade. Talvez seja esse o melhor critério, o do valor, mas ambos darão distorções no procedimento avaliatório. Desse modo, há uma modificação de critério imposta por este Código. O artigo sob exame estabelece que o valor da colação dos bens doados será aquele certo ou estimativo, que constar do ato de liberalidade. Se não houver valor certo no ato, nem estimativa feita à época, os bens serão conferidos na partilha pelo que então se calcular que valessem ao tempo da liberalidade (§ 1º). Não será computado, para a colação, o valor das benfeitorias acrescidas, as quais pertencem ao herdeiro donatário. A avaliação monetária será de rigor, se houver necessidade de comparação ou pagamento com valores contemporâneos. Também caberão ao donatário os rendimentos ou lucros da coisa, assim como os danos e perdas que os bens referidos sofrerem (§ 2º). Tanto as benfeitorias como os lucros e perdas são valores que não integram o valor original colacionado, pois a sua origem é posterior ao negócio de doação.

Pode ocorrer que o valor constante do ato de liberalidade seja exíguo ou insignificante: nesse caso, não há que se admitir que os interessados devam se sujeitar a essa iniquidade, podendo impugnar e pedir a avaliação em juízo.

📖 Enunciado nº 119 do CJF/STJ, I Jornada de Direito Civil: Para evitar o enriquecimento sem causa, a colação será efetuada com base no valor da época da doação, nos termos do *caput* do art. 2.004, exclusivamente na hipótese em que o bem doado não mais pertença ao patrimônio do donatário. Se, ao contrário, o bem ainda integrar seu patrimônio, a colação se fará com base no valor do bem na época da abertura da sucessão, nos termos do art. 1.014 do CPC, de modo a preservar a quantia que efetivamente integrará a legítima quando esta se constituiu, ou seja, na data do óbito (resultado da interpretação sistemática do art. 2.004 e seus parágrafos, juntamente com os arts. 1.832 e 884 do Código Civil).

⚖ Agravo de instrumento. Cumprimento de sentença. Ação de anulação de parte inoficiosa de doação. Agravante que não foi intimada para cumprimento da obrigação. Curadora Especial que estava nomeada para defendê-la nos autos principais. Deferimento da Justiça Gratuita somente para processamento do recurso. Declarados nulos todos os atos processuais ocorridos entre o despacho que determinou a intimação para adimplemento da obrigação e a intimação do Curador Especial à agravante. Houve erro material na sentença relativo às quotas hereditárias da agravada. Correção da inexatidão. (Art. 494 do CPC). Agravada que faz jus ao quinhão hereditário, apenas dos bens advindos de seu genitor. Na colação o valor atribuído ao bem doado será o do momento da liberalidade (Art. 2.004 do CC). Montante excedente da doação que só poderá ser executado quando da abertura da sucessão. Imprescindível à liquidação da sentença para a apuração do montante doado e posterior redução, nos termos sentença. Decisão Reformada. Recurso provido (*TJSP* – Ag 2107722-35.2018.8.26.0000, 4-10-2018, Rel. Beretta da Silveira).

🔍 Bens trazidos à colação – Perícia – Avaliação – Fixação de critério – Inconformismo – Acolhimento – Determinação de observância do valor vigente à época do ato de liberalidade (doação) – Matéria disciplinada no CC de 1916, pelo art. 1.792 – Alteração da disciplina trazida pelo CPC, com dispositivo de cunho material, art. 1.014, fixando que a apuração deve ser feita pelo **valor do momento da sucessão** – Novo CC 2002, que, no art. 2.004, reintroduz a regra do código revogado – Discussão a ser afastada – Aplicação da lei vigente ao tempo da sucessão – Inteligência dos arts. 1.572 e 1.577, do CC de 1916, e 1.784 e 1.787, do CC de 2002 – Prevalência da norma inserta no CPC – Decisão reformada – Recurso provido (*TJSP* – AI 575.548-4/4-00, 8-7-2008, Rel. Des. Grava Brazil).

Art. 2.005. São dispensadas da colação as doações que o doador determinar saiam da parte disponível, contanto que não a excedam, computado o seu valor ao tempo da doação.
Parágrafo único. Presume-se imputada na parte disponível a liberalidade feita a descendente que, ao tempo do ato, não seria chamado à sucessão na qualidade de herdeiro necessário.

A colação não toca na doação, salvo se inoficiosa, nem aumenta a metade disponível do testador. O que vai ser apurado é apenas seu valor, segundo critério que aqui veremos. O bem doado será inserido, de preferência, no quinhão do donatário.

A dispensa de colação deve vir expressa, não podendo ser presumida ou tácita.

Este Código acrescentou, no parágrafo, que se presume imputada na parte disponível a liberalidade feita a descendente que, ao tempo do ato, não seria chamado à sucessão na qualidade de herdeiro necessário. Assim, será, por exemplo, a doação de um avô ao neto, quando estivesse vivo o filho, este, sim, herdeiro necessário na época da liberalidade. Entende-se que não houve desequilíbrio de legítima nessa situação.

🔍 **Disposições testamentárias** – Redução – Avaliação pericial de bens doados em vida pelo testador à viúva. Casamento celebrado sob o regime da separação obrigatória de bens. Bens doados que integram a parte disponível da herança. Artigos 544, 1.829, I e 2.005, § único, do Código Civil. Necessidade de sua avaliação para aferição da eventual invasão das disposições testamentárias sobre a legítima. Bens doados na constância de união estável precedente que também devem ser avaliados. Equiparação do companheiro ao cônjuge. Recurso desprovido (*TJSP* – AI 994.09.040706-7, 23-3-2011, Rel. Vicentini Barroso).

Art. 2.006. A dispensa da colação pode ser outorgada pelo doador em testamento, ou no próprio título de liberalidade.

A *dispensa de colação* só pode vir no testamento ou no ato de liberalidade. Não se admite em outro ato. Não valerá a dispensa feita em qualquer outro instrumento, ainda que por escritura pública. Nada impede, todavia, que a dispensa seja parcial ou condicional (MIRANDA, 1973, v. 60, p. 340). Ainda que não dependa de palavras sacramentais, o disponente deve ser claro na sua intenção de dispensa de colação do bem doado.

Art. 2.007. São sujeitas à redução as doações em que se apurar excesso quanto ao que o doador poderia dispor, no momento da liberalidade.
§ 1º O excesso será apurado com base no valor que os bens doados tinham, no momento da liberalidade.
§ 2º A redução da liberalidade far-se-á pela restituição ao monte do excesso assim apurado; a restituição será em espécie, ou, se não mais existir o bem em poder do donatário, em dinheiro, segundo o seu valor ao tempo da abertura da sucessão, observadas, no que forem aplicáveis, as regras deste Código sobre a redução das disposições testamentárias.
§ 3º Sujeita-se a redução, nos termos do parágrafo antecedente, a parte da doação feita a herdeiros necessários que exceder a legítima e mais a quota disponível.
§ 4º Sendo várias as doações a herdeiros necessários, feitas em diferentes datas, serão elas reduzidas a partir da última, até a eliminação do excesso.

Tanto a colação como a redução das liberalidades têm por fim a integridade das porções hereditárias dos herdeiros legítimos. No entanto, não se confundem.

A redução de doação inoficiosa ou deixa testamentária excessiva tem por fito defender a porção legítima do herdeiro necessário e só se possibilita quando um desses atos atinge essa porção. Já a colação ocorre mesmo que a legítima não tenha sido afetada, visando tão só manter a igualdade entre os vários herdeiros.

A redução da parte inoficiosa ocorre mesmo contra a vontade do disponente, porque o herdeiro forçoso não pode ser privado de sua legítima, enquanto a colação pode ser dispensada pelo doador, como vimos. Não podendo a questão ser decidida de plano no inventário, será levada para a ação de redução. Por outro lado, enquanto com a redução se traz para o monte o bem ou o valor excedente, com a colação não se traz bem algum: apenas se confere um valor que integrará a porção do donatário, preferentemente.

Se o *de cujus* dispôs em vida mais do que podia, há invalidade da disposição, da mesma forma como ocorre no testamento, se dispôs além de sua porção disponível. Por fim, enquanto a redução do excesso transmitido possibilita a qualquer herdeiro necessário a iniciativa da ação, a colação apenas beneficia os descendentes, diretamente ligados à sucessão. A colação pode, no entanto, dar ensejo à ação de redução.

São pressupostos, pois, da colação: a doação (ou dote, no regime anterior) de um ascendente comum ou do cônjuge ao outro; a participação do donatário descendente ou cônjuge sobrevivente na herança e o concurso desse donatário com os demais descendentes do mesmo grau, por cabeça, ou por direito de representação, podendo também participar o cônjuge sobrevivo e o convivente em determinadas situações, como vimos. O presente artigo inovou ao pretender equacionar regras para essa redução.

Para se atingir o valor, o excesso será apurado levando-se em conta o momento da liberalidade, ou seja, verificar-se-á no momento da liberalidade qual o montante do acervo e quanto poderia ser disposto pelo doador na época. Se a redução não puder ser feita em espécie ou não existir mais o bem no monte, a redução será feita em dinheiro. Aplicam-se as regras das reduções testamentárias já estudadas. As partes devem apresentar um plano de redução. Se não o fizerem, assim determinará o juiz que se faça, valendo-se de perícia, se necessário. O § 4º é importante porque fixa um critério cronológico para as reduções: se foram várias as doações aos herdeiros necessários, feitas em diferentes datas, parte-se da mais recente para as mais antigas, até que se obtenha a eliminação do excesso inoficioso.

⚖ Inventário – Colação – Doação de parte ideal de imóvel, que ultrapassou a parte disponível do acervo hereditário – Presunção de que a doação foi realizada em adiantamento da herança – Necessidade de se trazer à colação a parte que excedeu a disponível, para igualar as legítimas dos descendentes – Aplicação dos arts. 544 e 2.003, do Código Civil – Redução das doações previstas no art. 2.007, do CC – Decisão mantida – Recurso não provido (*TJSP* – Ag 2209612-51.2017.8.26.0000, 16-4-2018, Rel. Augusto Rezende).

⚖ Agravo de instrumento – **Colação de bens** – Ação ordinária ajuizada em face de herdeira e filho. Partes litigantes reconhecidas como legítimas – Irresignação. Filho de herdeira que não possui a obrigação de colacionar bens – Ilegitimidade para colação não desconhecida. Pedido do autor em face do agravante reconhecido como de redução de doação inoficiosa. Instrumentalidade das formas (*TJSP* – AI 597.4 98-4/6-00, 10-3-2009, Rel. Des. Egídio Giacoia).

Art. 2.008. Aquele que renunciou a herança ou dela foi excluído, deve, não obstante, conferir as doações recebidas, para o fim de repor o que exceder o disponível.

O indigno e o renunciante também devem colacionar, porque sua doação pode ser de tal vulto que absorva toda a herança, ou grande parte da herança dos demais herdeiros. O texto equipara o renunciante ao indigno. E a renúncia não pode vir em prejuízo dos demais, muito menos a indignidade. No entanto, nessas situações, tão só pela colação, não há perda do bem colacionado no tocante à parte oficiosa. A colação não tem o condão de revogar a liberalidade. Isso só pode ser feito pelas vias ordinárias. Há necessidade de que se proceda à redução.

⚖ Agravo de instrumento – **Sucessões** – Interposição contra decisão que determinou a colação de bens sonegados. Adiantamento de legítima. Declaração dos coerdeiros de que receberam bens a título de doação e renunciam à herança. Irrelevância. Falecimento de coerdeiro. Substituição por seu Espólio. Necessidade de igualar as legítimas. Exegese do art. 1.015, "caput", do CPC c/c arts. 2.002, "caput", e 2.008 do CC. Decisão mantida. Recurso improvido (*TJSP* – AI 990.10.362034-8, 30-11-2011, Rel. Luiz Antonio Costa).

Art. 2.009. Quando os netos, representando os seus pais, sucederem aos avós, serão obrigados a trazer à colação, ainda que não o hajam herdado, o que os pais teriam de conferir.

Os netos devem colacionar, quando representarem seus pais, na herança do avô, o mesmo que seus pais teriam de conferir. Isso porque o representante receberia tudo o que receberia o representado. Contudo, não está o neto obrigado a colacionar o que recebeu de seu avô, sendo herdeiro seu pai, e não havendo representação. Quando o herdeiro-pai falecer, não haverá dever do neto colacionar, porque recebeu herança do ascendente-avô, e não de seu pai. Se só concorrem, porém, netos a uma herança (sucessão por cabeça), descendentes do mesmo grau, portanto, terão o dever de colacionar. Aí eles concorrem à herança por direito próprio.

Se o herdeiro que teria de colacionar pré-morrer ao autor da herança e já tiver transferido o bem a terceiro, este está livre de qualquer conferência, arcando apenas o neto, representante, com esse encargo, numa situação injusta criada pela lei (PEREIRA, 1984, v. 6, p. 294).

Art. 2.010. Não virão à colação os gastos ordinários do ascendente com o descendente, enquanto menor, na sua educação, estudos, sustento, vestuário, tratamento nas enfermidades, enxoval, assim como as despesas de casamento, ou as feitas no interesse de sua defesa em processo-crime.

Vimos que toda doação, sem dispensa expressa, deve ser colacionada. O Código, contudo, abre algumas brechas, não exigindo a conferência. Não é costume que pequenas dádivas sejam colacionadas, embora a lei não as exclua.

Carlos Maximiliano (1952, v. 3, p. 453) enuncia as liberalidades sujeitas à colação, entre outras: doações e dotes; o que o descendente adquiriu com o produto de valores recebidos pelo morto, vivendo em sua companhia; rendimentos dos bens do pai desfrutados pelo filho; doações indiretas feitas por interposta pessoa; quantias pagas pelo ascendente para pensão, dote, seguro de vida ou da coisa pertencente ao descendente; somas não módicas dadas de presente; perdas e danos, multas, indenizações em geral pagas pelo pai por atos do filho; quitação de dívida contraída pelo filho para com o pai, sem pagamento. Como vemos, existe um alargamento no conceito legal de doação neste artigo. Entender-se restritivamente o dispositivo seria anular o sentido da lei. Percebemos, também, que o filho que permaneceu em convivência com o ascendente autor da herança terá tido sempre maiores possibilidades de ter recebido doações. No conceito legal, estão abrangidas também as doações feitas por via indireta, o que deve ser examinado em cada caso concreto.

As benfeitorias dos bens doados pertencem ao donatário e não entram na colação. Assim também devem ser entendidas as construções e os acréscimos. Se o donatário construiu no terreno doado, só o valor do terreno será colacionado (§ 2º do art. 2.004). Se a coisa se perdeu ou deteriorou por culpa do donatário, persiste seu dever de colacionar, arcando ele com perdas e danos. Não subsiste o dever de colacionar se a coisa doada perdeu-se sem culpa sua. O seguro sobre a coisa perdida é contrato estranho à herança, não se sub-rogando para fins de colação (PEREIRA, 1984, v. 6, p. 297; BORDA, 1987, v. 1, p. 511). Se o prêmio do seguro foi pago pelo doador, a colação é devida, porém.

> Também não se colacionam, como se afirma aqui, *"os gastos ordinários do ascendente com o descendente, enquanto menor, na sua educação, estudos, sustento, vestuário, tratamento nas enfermidades, enxoval, assim como as despesas de casamento, ou as feitas no interesse de sua defesa em processo-crime".*

Essa isenção apenas atinge os menores. Os valores atribuídos aos filhos maiores devem ser colacionados, embora não se registrem casos na jurisprudência. Entende-se que o maior deva ganhar o próprio sustento. O que recebeu do ascendente foi a título de adiantamento de legítima. Mas, a exemplo do que ocorre com os alimentos, devem ser excluídos da colação os gastos para o filho maior concluir estudos universitários. Da mesma forma, as dádivas desproporcionais feitas pelo ascendente a um dos filhos devem ser colacionadas, devendo ser examinado o caso concreto. Essa pode ser uma forma de burlar a garantia da legítima dos demais herdeiros filhos.

Quando os pais dão determinada soma aos descendentes para que estes adquiram um bem, um imóvel, por exemplo, deve ser trazida à colação o valor atualizado e não o bem comprado (WALD, 1988, p. 186).

Deve ser examinado em cada caso se na remuneração paga pelo pai ao filho não se disfarça uma doação, sem o caráter gratuito. Extravasa o sentido de despesas ordinárias tudo o que, de acordo com a fortuna do *de cujus*, supera o conceito de alimentos.

Os acréscimos e a valorização dos bens feitos por conta do donatário não devem entrar no valor da colação, porque não fariam parte, de qualquer modo, da herança. Da mesma forma, os frutos e rendimentos da coisa doada.

Os bens conferidos não se acham sujeitos a imposto, pois o negócio jurídico foi anterior à morte. Se o donatário recebeu mais do que lhe cabia, por força da herança, poderá escolher, entre os bens doados, tantos quantos bastem para perfazer a legítima e a metade disponível, entrando para a partilha o excedente para ser dividido entre os demais herdeiros (art. 640, § 1º, do CPC). Se a parte inoficiosa recair sobre bem imóvel, que não comporte divisão cômoda, o juiz determinará uma licitação entre os herdeiros. O donatário terá preferência em ficar com o bem se apresentar condições iguais aos demais herdeiros (§ 2º). Nada impede que as partes transijam, com reposições em dinheiro ou em outros bens. Na partilha, é evidente, será imputado ao donatário, preferentemente, o que ele já recebera em vida.

Art. 2.011. As doações remuneratórias de serviços feitos ao ascendente também não estão sujeitas a colação.

O presente artigo exclui também as doações remuneratórias da colação, já que estas têm um sentido de retribuição. As dúvidas acerca da natureza remuneratória deverão ser dirimidas em ação própria. Doação remuneratória é aquela que tem por objetivo compensar serviços em prol do doador, sem que se converta em pagamento. O art. 564, I, estatui que não se revogam por ingratidão as doações puramente remuneratórias. *Puramente remuneratória* será a doação com esse único objetivo, dentro do exemplo clássico da doação em favor de alguém que salvou a vida do doador. Nesse sentido, o próprio ato de liberalidade ganha forma de remuneração. Assim, é de se concluir que o artigo sob comentário quer se referir às doações puramente remuneratórias (VELOSO, 2003, p. 431).

Art. 2.012. Sendo feita a doação por ambos os cônjuges, no inventário de cada um se conferirá por metade.

Se a doação houver sido feita por ambos os cônjuges, no inventário de cada um se conferirá por metade. Entende-se que cada cônjuge era proprietário de metade da coisa doada. Entende-se que existem, na verdade, duas doações, uma de cada cônjuge. É uma presunção relativa que pode ser elidida no caso concreto. Sob o mesmo prisma, há que se entender que o presente artigo também se aplica à doação feita pelos conviventes.

CAPÍTULO V
Da Partilha

Art. 2.013. O herdeiro pode sempre requerer a partilha, ainda que o testador o proíba, cabendo igual faculdade aos seus cessionários e credores.

Terminado o inventário ou arrolamento, quando já existe o quadro completo do monte, acervo ou patrimônio sucessório, seguir-se-á a partilha, isto é, a divisão dos bens entre os herdeiros e legatários e a separação da meação do cônjuge ou direitos do companheiro, se for o caso.

O processo da partilha é, portanto, sucessivo ao inventário, tramitando nos mesmos autos. No arrolamento já se apresenta, *a priori*, um plano de partilha, quando todos os interessados são capazes. Portanto, nada impede que a partilha tenha ocorrido anteriormente ao inventário, ou em época concomitante a este; porém, processualmente, o juiz só tomará conhecimento dela quando ultimado o inventário. Por isso, o art. 647 do CPC diz que com a partilha terá início a separação dos bens necessários à satisfação dos credores habilitados. Esse dispositivo determina que o juiz faculte um prazo de quinze dias para que as partes formulem o pedido de quinhão, após atendido o requisito do art. 642, § 3º, do CPC, que diz respeito à separação de bens aos credores. À vista do pedido dos interessados o juiz profere despacho ordenando a forma de partilha, resolvendo o pedido das partes e designando os bens que devam constituir quinhão de cada herdeiro ou legatário (art. 647).

A finalidade da partilha é, por consequência, dividir o patrimônio apurado do falecido. Por meio da partilha desaparecerá, em princípio, o espólio e surgirá o direito individualizado de cada herdeiro ou legatário. Partilhar, em síntese, é dividir. A partilha consiste em dar a cada um o que for justo, ao dissolver a comunhão. O herdeiro, desde a abertura da sucessão, recebe uma parte ideal em proporção a sua quota e, com a partilha e adjudicação, essa parte ideal se materializa. Daí o caráter declaratório da sentença que homologa a partilha, porque não recebem os herdeiros uns dos outros, mas do *de cujus*. Se houver acertos em dinheiro ou em espécie na partilha, o ato tem caráter *inter vivos*, sendo as reposições ou tornas um meio de não alienar a terceiros os bens do monte. Não se confunde, contudo, a ação de partilha com a ação típica de divisão, porque nesta, necessariamente, acaba a comunhão, e na partilha, os herdeiros podem continuar em condomínio, se for de seu interesse, ou se a coisa não permitir divisão. Se os herdeiros, na partilha, se mantêm em condomínio, a ação para extingui-lo será a divisória.

Como reiteradamente visto, a sucessão hereditária transmite a posse e propriedade aos herdeiros tão logo ocorra morte, pelo princípio da *saisine*. Portanto, a partilha não criará direito novo algum; apenas irá declarar o direito individual de cada sucessor. Não se trata de ato translativo do domínio, mas de ato declaratório de domínio.

Na partilha, atinge-se o estado processual no qual cessará o estado *pro indiviso* da herança, quando então desaparecerá a universalidade do patrimônio. Nesse momento, enfim, desaparece definitivamente a herança, não se tratando mais com herdeiros, legatários ou inventariantes, mas com proprietários, no sentido mais amplo.

A partilha pode ser considerada uma ação de divisão, própria do direito hereditário. Muitos dos princípios das ações divisórias são aplicados na partilha. Mesmo os herdeiros que não se interessarem pela divisão serão atingidos por ela, porque o interesse de fazer desaparecer o condomínio é de ordem pública. Qualquer herdeiro pode requerer a partilha, ainda que o testador tenha disposto em contrário, como está dito nesse artigo. Também os cessionários e credores do espólio podem requerê-la.

A vontade do testador não pode impedir a partilha. É ineficaz, por nossa lei, disposição testamentária que vise de qualquer modo retardar a partilha. Se todos os interessados convencionarem, após a morte, em não fazer a partilha, esse negócio deve ser visto sob a óptica contratual. O prazo de comunhão pactuado não pode ser indeterminado. Se o for, qualquer condômino terá direito de denunciar o condomínio, para extingui-lo. Cuida-se de direito potestativo de qualquer condômino.

O cônjuge meeiro, bem como o convivente na união estável também têm interesse na partilha, para separar sua meação, que não é herança, mas está em condomínio com os herdeiros. Tanto o cônjuge sobrevivente como o convivente também podem concorrer à herança, como vimos. Seu direito decorre, no atual sistema, não só do fato de ser condômino, o qual pode, a qualquer momento, pedir a extinção da comunhão, como também porque pode ser herdeiro. Se exercer o cargo de inventariante, funcionalmente estará obrigado a proceder à partilha, assim como procedeu ao inventário.

O legatário tem o direito de pedir o legado a quem estiver encarregado de entregá-lo, o que na maioria das vezes forçará o requerimento de partilha.

Como não existe compulsoriedade no requerimento de abertura de inventário, também não existe obrigação dos herdeiros em pedir a partilha. Trata-se, porém, de direito potestativo, como referido: enquanto persistir a comunhão, qualquer herdeiro, cessionário ou credor pode pedir sua divisão: a partilha. No entanto, pode ocorrer que, mesmo por meio da partilha, ainda persista o condomínio entre alguns ou todos os herdeiros. Contudo, essa comunhão já passa a ser de outra natureza: não existem mais coerdeiros, mas condôminos. Qualquer divisão que se faça a partir daí será por ato entre vivos.

Quando todos os herdeiros são maiores e capazes, apresentando eles o plano de partilha, assim será homologado, porque não há qualquer dissensão a ser discutida. Estar-se-á atendendo a um interesse comum. Havendo incapazes, a partilha dependerá sempre da deliberação do juiz, ainda que acolha esboço formulado pelos interessados.

O cessionário de herança está sub-rogado nos direitos que lhe foram transmitidos pelo herdeiro. Por isso tem interesse que se faça a partilha, para que se torne titular de bem individualizado.

Não há prazo para o requerimento da partilha. O § 2º do art. 1.772 do antigo Código dizia: *"Não obsta à partilha o estar um ou mais herdeiros na posse de certos bens do espólio, salvo se da morte do proprietário houver decorrido 20 (vinte) anos."* No dizer de Clóvis (1939, v. 6, p. 259), embora se diga imprescritível a ação de partilha, não o é, justamente porque se trata de um direito potestativo,

> *"quando, porém, desaparece, de fato, a comunhão, porque algum dos herdeiros se acha na posse de certos bens do espólio, durante trinta anos (VINTE ANOS POSTERIORMENTE NO CÓDIGO DE 1916), desde a morte do* de cujus, *extingue-se a ação de partilha".*

A explicação é que o decurso desse prazo fazia cessar, de direito, a comunhão que, de fato, não existia. Nesse prazo máximo de prescrição, não havia mais o que dividir, se já, por tanto tempo, houve posse localizada, sem impugnação dos demais herdeiros. Existe, na verdade, a consolidação de uma situação de fato. Cessava, porém, o direito de partilha com relação ao bem possuído por esse tempo pelo herdeiro e não o direito aos demais bens partilháveis, se ainda os houvesse. Não se tratava propriamente de usucapião (embora com efeitos semelhantes, tanto que parte da doutrina assim considerava), porque o herdeiro é comunheiro. Destarte, não tem o herdeiro ação de usucapião contra outro coerdeiro. O que importa é verificar, no caso concreto, se o herdeiro possuía o bem, móvel ou imóvel, como herdeiro e não como se o bem fosse estranho à herança. Do mesmo modo, esse prazo de 20 anos se interrompia se, no interregno, fosse pedida a coisa e tolerada a posse por parte do herdeiro (MIRANDA, 1973, v. 60, p. 242). Este Código houve por bem suprimir o dispositivo que causava dúvidas. Desse modo, a posse continuada e longa do herdeiro sobre certo bem do imóvel não o converte em proprietário, salvo se presentes os requisitos gerais da usucapião.

Veja as possibilidades de sobrepartilha, conforme os arts. 2.021 e 2.022.

Homologada a partilha, o direito de cada herdeiro fica circunscrito aos bens que lhe couberem (art. 2.023). Não obsta a partilha o fato de terem sido atribuídos a certos bens direitos de usufruto ou de fideicomisso.

Apelação cível. **Ação anulatória de partilha**. O ajuizamento da ação de inventário por herdeiro ilegítimo é causa de nulidade absoluta da sucessão dos bens arrolados no inventário. Negado provimento ao apelo (*TJRS* – Acórdão: Apelação Cível nº 70032029001, 28-1-2010, Rel. Des. Alzir Felippe Schmitz).

Art. 2.014. Pode o testador indicar os bens e valores que devem compor os quinhões hereditários, deliberando ele próprio a partilha, que prevalecerá, salvo se o valor dos bens não corresponder às quotas estabelecidas.

O autor da herança já pode no testamento predeterminar os quinhões hereditários, estabelecendo a partilha. Pode orientar no seu ato de última vontade que um imóvel caberá ao herdeiro A e um valor em dinheiro ao herdeiro B, desde que respeitada a porção legítima. Os valores atribuídos pelo testador serão assim respeitados, tanto quanto possível. O fato de o testador distribuir os quinhões não transforma os herdeiros em legatários.

O presente dispositivo não tem correspondência no Código revogado, mas nunca seu sentido foi posto em dúvida pela doutrina no passado, embora a hipótese não tenha tido exemplos na prática.

Art. 2.015. Se os herdeiros forem capazes, poderão fazer partilha amigável, por escritura pública, termo nos autos do inventário, ou escrito particular, homologado pelo juiz.

Esse artigo permite aos herdeiros maiores e capazes fazer *partilha amigável*. Esse negócio jurídico poderá ser ultimado por escritura pública, por termo nos autos do inventário, ou escrito particular, homologado pelo juiz. Aqui prepondera a vontade dos herdeiros, que podem ser representados por procurador. Não podem, porém, deliberar divisões contra disposições de ordem pública. Será ineficaz, por exemplo, uma divisão de imóvel rural, quando seu fracionamento for inferior ao módulo rural. A partilha por escritura pública também deve ser homologada, para propiciar a expedição do formal. É o que deflui do art. 659 do CPC, que não se aplica só aos arrolamentos. Essa forma de partilha é sempre a mais conveniente, porque acomoda melhor o interesse dos sucessores.

Com frequência, por conveniência ou por comodismo, os herdeiros continuam condôminos, para não seccionarem direitos. Não pode haver nenhuma divergência, porque se trata de transação e exige a concordância de todos os interessados. Não é, porém, como deveria ser, muito utilizada, preferindo as partes à forma judicial. Lembre-se, contudo, de que o arrolamento de alçada já traz um esboço de partilha, com a inicial. A partilha, nesse caso, é homologada de plano pelo juiz (art. 659 do CPC).

É possível a instituição de usufruto na partilha amigável, tanto pelo cônjuge sobrevivente como pelos demais herdeiros.

⚖ Agravo de instrumento. Arrolamento sumário. Partilha amigável com cessão da meação da viúva aos filhos herdeiros. Possibilidade de formalização da cessão por termo nos autos, tal qual se admite para a renúncia à herança propriamente dita. Desnecessidade de escritura pública, ao contrário do que considerou a decisão agravada. Inteligência dos arts. 1.806 e 2.015 do CC. Decisão agravada que determinou a reserva de bens para pagamento das dívidas do Espólio. Dívidas já quitadas. Reserva de bens afastada. Questão atinente ao pagamento de tributos que deve ser dirimida na seara administrativa. Recurso provido (*TJSP* – Ag 2040798-71.2020.8.26.0000, 6-8-2020, Rel. Alexandre Marcondes).

⚖ Apelação cível. **Sucessões. Inventário.** Partilha amigável. Sentença que partilhou de forma diversa. Herdeiros maiores, capazes e concordes. Instituição de usufruto em favor da viúva. Possibilidade. Homologação devida. Art. 1.773 do CC/16. – sentença reformada. Recurso provido. – Sendo os herdeiros maiores, capazes e concordes, não há razão para não homologar o plano de partilha amigável proposto (art. 1.773 do CC/16, correspondente ao art. 2.015 do CC/02), ainda que com a instituição de usufruto em favor da viúva (*TJSC* – Acórdão: Agravo de Instrumento nº 2010.043431-2, 10-11-2011, Rel. Des. Henry Petry Junior).

Art. 2.016. Será sempre judicial a partilha, se os herdeiros divergirem, assim como se algum deles for incapaz.

Esse artigo exige que a partilha seja *sempre judicial*, se os herdeiros divergirem, assim como se algum deles for menor ou incapaz. Se havendo incapaz quando da morte, quando da partilha já for capaz, tal não impede a partilha amigável. O momento da prática do ato rege a capacidade. Quando da partilha judicial, já terão ocorrido as colações e o pagamento ou separação de bens, para garantir dívidas do espólio. Cabe ao partidor organizar o *esboço* da partilha, de acordo com orientação dada na deliberação do juiz (art. 651 do CPC, que fala em "decisão"). Mesmo judicial a partilha, se o inventariante ou qualquer interessado apresentar plano aprovado por todos, torna-se desnecessária a intervenção do partidor. Na prática, ocorrem situações de difícil deslinde, quando as partes não chegam a um ponto comum. Lembre-se de que, quando há incapazes, o Ministério Público obrigatoriamente deve opinar.

Nem sempre as avaliações dos bens serão suficientes para determinar o plano de partilha. Se, para deliberar sobre a partilha, há questões de alta indagação (necessidade de produção de outras provas), como já vimos, o juiz remeterá as partes às vias ordinárias. O partidor organizará a partilha obedecendo à orientação imprimida pelo juiz, observando nos pagamentos a ordem determinada pelo art. 651 do CPC:

"*I – dívidas atendidas;
II – meação do cônjuge;
III – meação disponível;
IV – quinhões hereditários, a começar pelo coerdeiro mais velho.*"

Feito o esboço, as partes terão prazo comum de cinco dias para manifestar-se. Não havendo oposição, o art. 652 do CPC determina que a partilha seja lançada nos autos. Nada impede que o próprio esboço seja homologado como partilha, mediante termo de ratificação, como por vezes se faz na prática. Isso porque o esboço pode já vir com todos os requisitos do art. 653, que especifica o que deve conter a partilha. De fato, o instrumento material da partilha constará de um *auto de orçamento* que mencionará: os nomes do autor da herança, do inventariante, do cônjuge supérstite ou companheiro, dos herdeiros, dos legatários e dos credores admitidos (substitui-se, quando possível, por cópia das declarações); o ativo, o passivo e o líquido partível, com as necessárias especificações e o valor de cada quinhão (art. 653, I, do CPC). Além desse auto de orçamento, haverá uma *folha de pagamento* para cada parte (herdeiros, cônjuge, legatários, cessionários), que declarará a quota a pagar-lhe, a razão do pagamento, a relação dos bens que lhe compõem o quinhão, as características que os individualizam e os ônus que os gravam (art. 653, II). O auto de cada uma das folhas será assinado pelo juiz e pelo escrivão (parágrafo único do art. 653). A partilha será homologada com o comprovante do pagamento do imposto *causa mortis* e com a certidão negativa de tributos da Fazenda (art. 654 do CPC). A essa altura já deve estar nos autos também a certidão negativa da Receita Federal. Em se tratando de imóvel rural, também se faz necessário o certificado de cadastro do Instituto Brasileiro de Reforma Agrária (Lei nº 4.947/1966, art. 22, § 2º). Com o trânsito em julgado da sentença homologatória, cada herdeiro receberá os bens que lhe tocarem constantes de um *formal de partilha*, que é o documento hábil a ser registrado no Registro de Imóveis, e comprova a propriedade do sucessor.

O art. 655 do CPC manda que o formal contenha: o termo de inventariante e título dos herdeiros, a avaliação dos bens que constituírem o quinhão hereditário, a comprovação da quitação de impostos e a sentença homologatória. Em priscas eras o formal era todo manuscrito, copiado do inventário. Hoje, tudo se faz por cópias devidamente autenticadas. Em breve futuro, certamente, a informática deverá abreviar muitas formalidades, como, por exemplo, a remessa imediata do formal para registro, por via eletrônica, ao cartório de imóveis. O formal de partilha é a manifestação materializada do direito sucessório. É o instrumento que torna sensível aos sentidos o direito do herdeiro.

O parágrafo único do art. 655 permite, por economia, que o formal seja substituído por certidão, quando o quinhão não ultrapassar o valor de cinco salários mínimos. Da certidão constará a transcrição da sentença, com o trânsito em julgado. Essa prática poderia ser estendida para valores maiores, economizando tempo e dinheiro das partes.

O formal de partilha é uma modalidade de *carta de sentença*, a qual se constitui numa cópia das principais peças de um processo, sempre que houver necessidade de sua duplicata. Sua transcrição é necessária, para manter a cadeia de registro dos bens imóveis, permitindo a disponibilidade do bem.

Quando se trata de herdeiro único, ou único cessionário de todos os bens da herança, expede-se um *auto de adjudicação*, com os mesmos caracteres básicos do formal, não havendo porém que se falar em quinhões.

O art. 656 do CPC permite que se *retifique a partilha*, quando houver erro de fato na descrição dos bens, convindo a todas as partes. Também de ofício, ou a requerimento dos interessados, o juiz pode corrigir inexatidões materiais. Trata-se de aplicação do que permite o recurso de embargos de declaração. Duas são as hipóteses: quando se tratar de erro de fato na descrição dos bens, incumbe às partes argui-lo; as inexatidões materiais, por outro lado, podem ser corrigidas de ofício. Muito comum que se transcreva erradamente o perímetro de um imóvel ou suas confrontações, por exemplo. Basta mera correção e um aditivo ao formal de partilha. Se as partes não estiverem de acordo com a mera retificação da partilha, deverão recorrer à ação anulatória ou à rescisória (arts. 657 e 658 do CPC).

A partilha gera efeitos entre os que participaram do processo. Não toca direitos de terceiros para quem é *res inter alios acta*. A partilha nem lhes aproveita, nem lhes prejudica, continuando eles com os direitos que possuem, com relação aos bens e aos herdeiros. Note que a partilha amigável é homologada, enquanto a partilha judicial é julgada.

Inventário – Herdeiro devedor – Apenhamento realizado – Sub-rogação da credora apenasmente quanto à cobrança do crédito – Invocação do art. 2.016 do CC – Impossibilidade – Existência de mais credores – Partilha ainda não homologada – Cálculo com base no valor venal – Possibilidade – Acervo extenso – Perícia inviável – Reserva para satisfação do débito – Decisão mantida – Agravo desprovido (*TJSP* – Ag 2013811-32.2019.8.26.0000, 23-4-2019, Rel. Giffoni Ferreira).

Civil e processual civil – Inventário – Partilha amigável – **Cessão de direitos hereditários** – Homologação – Presença de herdeiros incapazes – Falta de intimação do Ministério Público – Nulidade reconhecida – Agravo provido – 1 – Necessária a intervenção do Ministério Público quando o acordo que se homologa judicialmente versa também sobre direitos hereditários pertinentes a menores. Inteligência dos artigos 82, inciso I, 84, 246 e 999, todos do CPC. 2 – A partilha, divergindo os herdeiros, ou sendo um deles incapaz, será sempre judicial, de modo que só é válida a partilha feita por ascendente, por ato entre vivos ou de última vontade, desde que não prejudique a legítima dos herdeiros necessários, de acordo com o disposto nos artigos 2.016 e 2.018, ambos do CC/2002. 3 – Legitimado que é, o Ministério Público, para velar pelo interesse do incapaz, e considerado o notório prejuízo às menores com a redução patrimonial de sua herança, em decorrência da cessão de direitos hereditários em favor de terceiro alheio à sucessão, homologada em Juízo, sem a presença e tampouco a manifestação prévia do fiscal da lei, deve ser anulada a Decisão homologatória de acordo, prosseguindo-se o inventário nos moldes do devido processo legal. 4 – Agravo provido (*TJAC* – AI 0000776-79.2012.8.01.0000 – (13.694), 6-11-2012, Relª Desª Maria Cezarinete de Souza Augusto Angelim).

Art. 2.017. No partilhar os bens, observar-se-á, quanto ao seu valor, natureza e qualidade, a maior igualdade possível.

O CPC de 1939 estipulava regras a serem observadas na elaboração da partilha, não repetidas nos códigos subsequentes, mas que, sem a menor dúvida, devem nortear o juiz, ao ordenar a partilha. Dispunha o art. 505 do revogado estatuto processual:

> "Na partilha serão observadas as seguintes regras:
> I – A maior igualdade possível seja quanto ao valor, seja quanto à natureza e qualidade dos bens.
> II – A prevenção de litígios futuros.
> III – A maior comodidade dos coerdeiros."

Essas regras devem hoje servir de segura orientação doutrinária. A regra do art. 651, IV, do CPC atual, que manda o partidor começar a partilha pelo herdeiro mais velho, não tem na verdade sentido prático maior do que uma ordem cronológica. Não se pode privilegiar um herdeiro com um bem de alta valorização e prejudicar outro com bem de fácil deterioração. Todos os herdeiros devem concorrer no bom e no ruim. Se não for possível a divisão material dos bens, a divisão equitativa exigirá a divisão em partes ideais e poderá ocorrer um inevitável condomínio (que tanto quanto possível deve ser evitado), com a concordância dos interessados. Aliás, trata-se de regra deste art. 2.017 que "*no partilhar os bens, observar-se-á, quanto ao seu valor, natureza e qualidade, a maior igualdade possível*".

Essa igualdade em quantidade e qualidade na partilha deve ocorrer em todas as classes de bens e direitos. Os créditos também devem ser equitativamente distribuídos. Todos recebem do certo e do duvidoso. Sempre se mostrará difícil, contudo, harmonizar as regras da igualdade e da não retaliação dos bens.

A outra regra diz respeito à comunidade dos herdeiros. O herdeiro que já detém a posse de um bem deve preferentemente ficar com ele. O herdeiro versado no trato das coisas do campo deve preferentemente receber o imóvel rural, e assim por diante. De nada adianta atribuir um ginete a quem não saiba cavalgar. A regra remanescente – *evitar futuros litígios* – é complemento das anteriores. Atribuir imóveis contíguos a herdeiros que são inimigos é fomentar um futuro conflito. Na verdade, tais disposições da antiga lei são regras de interpretação e adequação da aplicação do Direito ao caso concreto, às quais sempre deve estar atento o juiz. Deverá ele, tanto quanto possível, atender aos interesses dos herdeiros, sempre com lógica e bom senso, como em qualquer decisão, por sinal. No momento de deliberar sobre a partilha é que o juiz interpretará as cláusulas testamentárias, com os cuidados já estudados. O partidor auxiliará, verificando se não há quinhões inoficiosos, se está resguardada a meação do cônjuge etc. Na prática, na maioria das vezes, ocorre que os bens móveis, joias, utensílios, recordações de família são partilhados de comum acordo entre os herdeiros, não merecendo sequer descrição no inventário. Não é isso que determina a lei, porém, inevitável que assim aconteça. Cumpre ao herdeiro que se achar prejudicado que faça com que o bem venha a inventário. Quando houver menores ou incapazes, melhor será que se lhes atribua bens imóveis, de preferência, por serem os que mais se valorizam e menos se deterioram (Oliveira, 1987, p. 438).

Pode o juiz recorrer ao sorteio em determinada categoria de bens e entre alguns ou todos os herdeiros, se houver necessidade. Aplica-se o disposto no art. 817: "*O sorteio para dirimir questões ou dividir coisas comuns considera-se sistema de partilha ou processo de transação, conforme o caso.*" Não havendo outra forma de dividir os bens, será o juiz forçado a recorrer ao sorteio, como forma de inibir litígio pela disputa da herança.

Art. 2.018. É válida a partilha feita por ascendente, por ato entre vivos ou de última vontade, contanto que não prejudique a legítima dos herdeiros necessários.

Embora não seja muito utilizada na prática, o ordenamento permite que se faça a partilha em vida do titular do patrimônio, desde que seja pelo ascendente. O Código anterior restringia essa possibilidade apenas ao ascendente de primeiro grau.

Duas são, então, as modalidades da partilha em vida: por ato entre vivos, uma forma de doação, e por ato de última vontade, inserta dentro de um testamento. Daí as denominações "partilha-doação" e "partilha-testamento". Em qualquer das formas utilizadas pelo ascendente, sempre deve ser protegida a legítima dos herdeiros. Se o negócio prejudicar o direito de qualquer dos herdeiros necessários, será ineficaz, ficando os bens indivisos após a morte, aguardando as formas ordinárias de partilha.

Assim como no testamento, se sobrevier herdeiro necessário que o partilhante não o tinha ou não conhecia, rompe-se a disposição, como se rompe o testamento (art. 1.973).

Quando feita sob a forma de "partilha-doação", equivale a um adiantamento de legítima. Devem ser obedecidos os requisitos da doação. É útil quando o partilhante-doador já não tem mais condições de gerir seus bens, mas nem sempre evitará as discórdias. Em se tratando de imóveis acima do valor mínimo legal, será necessária a escritura pública. A partilha-doação de bens móveis pode ser feita por instrumento particular (OLIVEIRA, 1987, p. 448). Como se trata de negócio *inter vivos*, como regra geral, não pode englobar bens futuros. Essa partilha "*não gera direito hereditário, apenas se antecede como distribuição de quinhões*" (JOB, 1986, p. 732).

A capacidade de partilhar em vida exige a mesma capacidade para os atos e negócios jurídicos em geral e pode ser anulada por vícios de vontade. Na partilha feita sob a forma de doação, há negócio *inter vivos*. Os filhos, ou outros descendentes, são donatários, não sendo necessário que expressem aceitação, que pode ser tácita, e entram na posse dos bens em vida do partilhante e na propriedade, quando da transcrição do título. Uma vez morto o autor do negócio jurídico é que passam de donatários a herdeiros.

Quando não houver perfeita igualdade entre os vários herdeiros, aberta a sucessão, cada um deve trazer os bens recebidos à colação, para o acertamento das respectivas legítimas. Também a "partilha-testamento" deve respeitar a legítima. Como se trata de ato que terá eficácia apenas após a morte, tal como o testamento, é revogável e pode abranger bens futuros. A forma de partilha será estabelecida no testamento, e esta última vontade deverá ser obedecida tanto quanto não ofenda o direito dos herdeiros necessários. Deverá constar, portanto, de testamento válido. Por consequência, a partilha feita para valer após a morte só se insere em uma das formas de testamento. Não se trata de um testamento com forma especial. Nessa modalidade, o ato testamentário será apenas distributivo de quinhões. Se terceiros forem agraciados, estes só concorrerão dentro da parte disponível.

Qualquer que seja a forma de partilha, será nula, se excluiu um descendente, qualquer que seja sua origem, legítimo ou ilegítimo, natural ou adotivo, ainda que essas denominações não devam mais ser utilizadas, já que todos são herdeiros necessários, mormente nas sucessões abertas sob a nova Constituição. Todos os descendentes sucessíveis devem ser incluídos, inclusive os netos que representam filho premorto. Nesse caso, os netos herdarão por representação, caso contrário, o quinhão do filho premorto acrescerá aos demais. Se já tiverem premorrido todos os filhos, desaparece a finalidade da partilha em vida, porque os netos herdarão por cabeça.

Já vimos que o inventário é sempre judicial, até que se altere a lei. Portanto, mesmo a partilha amigável ou partilha em vida não dispensam o inventário precedente à distribuição dos bens. A partilha feita em vida deve respeitar os quinhões dos herdeiros necessários. Só se permite ao pai, ascendente de primeiro grau. Sua origem é romana, permitindo ao *pater* evitar discórdias futuras entre seus descendentes. Na Idade Média, teve utilidade para manter certos bens nas famílias. A expressão da lei civil nova, ao contrário do Código de 1916, não deixa margem a dúvidas: permite-se ao avô ou bisavô a prerrogativa da partilha em vida, o que era obstado pelo art. 1.776 do antigo Código, que somente a permitia, inexplicavelmente, "ao pai". Não pode, portanto, ocorrer partilha do tio para os sobrinhos, ou de qualquer partilhante para estranhos. Ao contrário do testamento, que é sempre revogável, a partilha-doação só admite revogação por ingratidão, dentro dos princípios estabelecidos para esse negócio no Código (art. 557). Pode-se constituir em fraude contra credores, estando sujeita à ação pauliana. Também a sentença que acolhe a partilha em vida é homologatória, a exemplo da partilha amigável.

Os bens que não se incluem na partilha em vida, por não existirem, ou propositadamente deixados de lado, são partilhados pelas formas ordinárias. A partilha em vida pode ser parcial. Quando a partilha tem por fim distribuir os bens após a morte, existe apenas um regramento do que os herdeiros necessários vão receber. O testamento onde se inclui uma partilha pode instituir outros herdeiros ou legatários, mas estas são disposições testamentárias que refogem à partilha e não podem prejudicar os herdeiros necessários.

Quando feita sob a forma de doação, o art. 548 exige que o doador reserve para si bens para a própria subsistência. Contudo, o dispositivo não impede que tudo seja partilhado, se o doador tem meios de subsistência ou se resguarda com o usufruto dos bens que lhe proporcionem renda. A partilha sob a forma de doação só ocorre quando se dividem os bens entre os herdeiros necessários. Doações com inserção de estranhos não são partilhas em vida, mas outro negócio jurídico.

Art. 2.019. Os bens insuscetíveis de divisão cômoda, que não couberem na meação do cônjuge sobrevivente ou no quinhão de um só herdeiro, serão vendidos judicialmente, partilhando-se o valor apurado, a não ser que haja acordo para serem adjudicados a todos.
§ 1º Não se fará a venda judicial se o cônjuge sobrevivente ou um ou mais herdeiros requererem lhes seja adjudicado o bem, repondo aos outros, em dinheiro, a diferença, após avaliação atualizada.
§ 2º Se a adjudicação for requerida por mais de um herdeiro, observar-se-á o processo da licitação.

A venda judicial de bens, nas hipóteses nas quais não for possível divisão cômoda da herança ou da meação, somente deverá ser feita quando não houver acordo entre os interessados. A venda em hasta é quase sempre desfavorável. Podem os herdeiros concordar com uma venda independentemente de hasta, que poderá ser mais vantajosa. Os herdeiros terão, de qualquer forma, preferência na aquisição do bem, repondo em dinheiro as diferenças. Podem eles ou o meeiro pedir a adjudicação do bem, repondo em dinheiro a diferença (§ 1º). Se a adjudicação for requerida por mais de um herdeiro, serão observadas as regras da licitação (§ 2º), adjudicando-se àquele que apresentar melhor proposta. A sucessão hereditária poderá possibilitar a criação de um condomínio predial, por unidades autônomas.

Agravo de instrumento. Família. Inventário. Inventariante companheira do *de cujus*. Indicação de parentes colaterais como herdeiros. Pedido de adjudicação dos bens do espólio em favor da companheira. Indeferimento. Bens que comportam divisão cômoda. Verificação. Recurso conhecido e não provido. 1. O Art. 2.019 do CC/02 estabelece que os bens insuscetíveis de divisão cômoda serão vendidos judicialmente ou, havendo acordo entre os herdeiros, adjudicados a todos. 2. Havendo discordância quanto ao pedido de adjudicação dos bens em favor da companheira e constatado que monte mor comporta divisão cômoda, não há que se falar em reforma da decisão que indeferiu o pedido (*TJMG* – Ag 1.0710.03.005740-4/001, 4-12-2018, Rel. Bitencourt Marcondes).

Ação de **alienação judicial** de coisa comum indivisível – Extinção de condomínio – Permissibilidade. – O condômino poderá requerer, a qualquer tempo, a alienação da coisa comum, a fim de se repartir o produto na proporção de cada quinhão quando, por circunstância de fato ou por desacordo, não for possível o uso e gozo conjunto do imóvel indivisível, resguardando-se o direito de preempção (*TJMG* – Apelação Cível 1.0610.04.009777-2/001, 4-2-2009, Rel. Des. Sebastião Pereira de Souza).

Art. 2.020. Os herdeiros em posse dos bens da herança, o cônjuge sobrevivente e o inventariante são obrigados a trazer ao acervo os frutos que perceberam, desde a abertura da sucessão; têm direito ao reembolso das despesas necessárias e úteis que fizeram, e respondem pelo dano a que, por dolo ou culpa, deram causa.

Normalmente, o inventariante é quem administra os bens da herança. Deve por isso prestar contas, já que trata de patrimônio alheio. Contudo, não só as pessoas nomeadas, mas também estranhos que receberam frutos, naturais ou civis, da herança devem trazê-los ao acervo. Em se tratando de herdeiros, os frutos serão somados ao monte, para serem divididos. O possuidor responderá, perante o espólio, pela perda ou deterioração da coisa a que deu causa, se por dolo ou culpa. O prejuízo, destarte, deverá ser imputado ao quinhão do herdeiro causador. No entanto, têm esses possuidores direito ao reembolso das despesas úteis e necessárias feitas na coisa, inclusive com direito de retenção, se presentes os pressupostos.

Art. 2.021. Quando parte da herança consistir em bens remotos do lugar do inventário, litigiosos, ou de liquidação morosa ou difícil, poderá proceder-se, no prazo legal, à partilha dos outros, reservando-se aqueles para uma ou mais sobrepartilhas, sob a guarda e a administração do mesmo ou diverso inventariante, e consentimento da maioria dos herdeiros.

Art. 2.022. Ficam sujeitos a sobrepartilha os bens sonegados e quaisquer outros bens da herança de que se tiver ciência após a partilha.

Quando, por qualquer razão, feita a partilha, restarem bens impartilhados, devem ser feitas uma ou mais partilhas adicionais. A isso se chama sobrepartilha, a qual implica, também, uma descrição adicional dos bens, noutro inventário.

Da mesma forma se procede, embora a nova lei não o diga, se bens hereditários forem descobertos após a partilha e os que, por qualquer razão, não tenham sido partilhados.

Por sua vez, diz o art. 669 do CPC:

> "Ficam sujeitos à sobrepartilha os bens:
> I – sonegados;
> II – da herança descobertos após a partilha;
> III – litigiosos, assim como os de liquidação difícil ou morosa;
> IV – situados em lugar remoto da sede do juízo onde se processa o inventário.
> Parágrafo único. Os bens mencionados nos n°s III e IV serão reservados à sobrepartilha sob a guarda e administração do mesmo ou de diverso inventariante, a consentimento da maioria dos herdeiros."

E acrescenta o art. 670:

> "Na sobrepartilha dos bens observar-se-á o processo de inventário e partilha.
> Parágrafo único. A sobrepartilha correrá nos autos do inventário do autor da herança."

Proceder-se-á a novo inventário, ou arrolamento, portanto, nos mesmos autos, que serão desarquivados, se for o caso. Trata-se, assim, de outra ação de inventário e partilha nos mesmos autos.

Desse modo, todos os bens excluídos da partilha ficam sujeitos à sobrepartilha. Muito comum ocorrer que os herdeiros, aguardando uma solução amigável para determinados bens, não os incluam em uma primeira partilha. Nem sempre se declara o fato na peça do inventariante, o que não traz nenhum prejuízo, se não houver quem reclame. Só razão preponderante aconselhará a mudança de inventariante, mormente porque a sobrepartilha pode ocorrer muito tempo após a partilha. Poderá, também, ser incompatível que o mesmo inventariante permaneça, se foi ele, por exemplo, autor de sonegação de bens. Às vezes, os herdeiros não têm numerário suficiente para, de uma só vez, arcar com as despesas e impostos sobre todos os bens da partilha. Muito útil, pois, essa possibilidade legal, que permite que não se retarde a partilha dos bens incontroversos e de fácil divisão.

⚖ Sobrepartilha. Inventário extrajudicial sem inclusão de numerário do *de cujus* em contas bancárias, nem colação de imóvel doado para um dos irmãos. Insurgência da autora contra sentença de improcedência. Manutenção. Ausência de ocultação maliciosa e de desconhecimento da existência de referido patrimônio. Art. 2.022 do CC. Autora que reconhece ter conhecimento anterior dos bens e de ter optado pela agilidade da escritura extrajudicial de partilha. Imóvel, ademais, que nunca fez parte formal do patrimônio do falecido. Partilha, de pronto, inadmissível. Recurso não provido (TJSP – Ap. 1005952-80.2018.8.26.0011, 18-2-2020, Rel. Carlos Alberto de Salles).

⚖ Embargos de terceiro – **Bem há muito partilhado** – Inexistência do espólio – Ilegitimidade ativa – Extinção do processo. Somente podem ser objeto de sobrepartilha, nos termos do artigo 1.779 do CC/1916 que tem por correspondentes os artigos 2.020 e 2.021 do CC/2002, os bens que eram de propriedade do *de cujus* e não integraram a partilha por serem litigiosos, de morosa ou difícil liquidação e estarem situados em lugar remoto do inventário e ainda os sonegados. Provado nos autos que o bem que se pretende sobrepartilhar foi objeto de partilha anterior homologada por sentença há mais de seis décadas e atribuído por inteiro as herdeiras, filhas do segundo casamento do *de cujus*, inexiste a figura do espólio e da inventariante, impossibilitando o ingresso em juízo como parte ativa ou passiva, levando a extinção do processo sem o julgamento de mérito (TJMG – Acórdão: Apelação Cível n° 1.0433.06.174380-6/001, 17-6-2010, Rel. Des. José Affonso da Costa Côrtes).

CAPÍTULO VI
Da Garantia dos Quinhões Hereditários

Art. 2.023. Julgada a partilha, fica o direito de cada um dos herdeiros circunscrito aos bens do seu quinhão.

Cuida-se da importância da *saisine* e da partilha. Durante o processo do inventário e antes dele o herdeiro era titular *pro indiviso* da universalidade da herança.

O ato jurídico da partilha é declarativo, como vimos, e não atributivo. Por isso que a lei diz que o direito do herdeiro, após a partilha, fica "circunscrito", isto é, delimitado, individualizado, ainda que prossiga a comunhão com outros herdeiros no mesmo bem, a qual pode ser extinta a qualquer tempo por iniciativa de qualquer condômino (e não mais coerdeiro). Com a partilha, desaparece a universalidade da herança. O efeito descrito nesse artigo em nada altera os direitos transmitidos pelo art. 1.784. Feita a partilha, supõe-se que a igualdade tenha sido atingida. Por essa razão é que os artigos seguintes tratam da perda de algum bem hereditário por força da evicção. Se a perda do bem, por ato judicial, deveu-se à causa anterior à morte, ou à partilha, o herdeiro que recebeu esse bem não pode ser prejudicado. Todos devem suportar essa perda, uma vez que o conteúdo dessa atribuição desapareceu antes da abertura da sucessão.

⚖ Apelação cível – Execução fiscal – Imposto sobre propriedade predial e territorial urbana (IPTU) – Taxa de conservação de vias e logradouros – Contribuição de iluminação pública – Espólio – Ilegitimidade passiva – Litigância de má-fé – Inocorrência. 1. Transitada em julgado, nos idos da década de 80, a sentença que homologou a partilha, cessa o condomínio hereditário e os sucessores passam a exercer, exclusiva e plenamente, a propriedade dos bens e direitos que compõem o seu quinhão, nos termos do art. 2.023 do CC. 2. Não há que se falar em espólio, sequer em representação em juízo pelo inventariante, de tal forma que a de execução fiscal deveria ter sido proposta em face daqueles que participaram da partilha. 3. Não é possível inferir responsabilidade tributária ante o descumprimento de obrigação acessória. 4. Não configurada quaisquer das hipóteses previstas no art. 80 do CPC, descabida a condenação por litigância de má-fé (*TJMG* – Ap. 1.0079.12.019167-5/001, 4-12-2018, Rel. Edgard Penna Amorim).

⚖ Ação demarcatória e de divisão – Valor da causa – Parte do imóvel em discussão – **Pedido de divisão de bem do espólio** – Não ultimação da partilha – Carência de ação. Na ação demarcatória e de divisão, o valor da causa deve observar a estimativa oficial para lançamento do imposto, devendo-se considerar a circunstância de que o pedido se refere a apenas parte do imóvel, ao se realizar a sua fixação. Referindo-se parte do pedido de divisão a terreno de propriedade de espólio, cujo inventário encontra-se em andamento, não tendo se ultimado a partilha, não há como se reconhecer a propriedade exclusiva dos autores sobre certa parte da herança, o que demonstra a carência da ação (*TJMG* – Acórdão: Apelação Cível nº 1.0137.07.003878-1/001, 4-3-2009, Rel. Des. Alvimar de Ávila).

Art. 2.024. Os coerdeiros são reciprocamente obrigados a indenizar-se no caso de evicção dos bens aquinhoados.

Art. 2.025. Cessa a obrigação mútua estabelecida no artigo antecedente, havendo convenção em contrário, e bem assim dando-se a evicção por culpa do evicto, ou por fato posterior à partilha.

Divide-se entre todos o prejuízo, já que o herdeiro que perde a coisa, não fosse essa regra, ficaria prejudicado, e a partilha desequilibrada.

O herdeiro, que vem a perder a coisa, equivale a um adquirente de coisa alheia, a *non domino*. Por isso é que, concorrendo na herança com outros herdeiros, não pode ser prejudicado pela má sorte de ter-lhe sido atribuído exatamente um bem nessas condições. Todos suportam equitativamente essa perda. Essa obrigação é de mútua indenização, na verdade, um reequilíbrio da partilha, se os herdeiros não convencionarem em contrário (o evicto assume o risco da perda), ou quando a evicção ocorrer por culpa do evicto, ou por fato posterior à partilha (art. 2.025). Não se presume, porém, que tenha o herdeiro assumido o risco pela evicção. Isso deve decorrer de fatos irrefragáveis ou de sua manifestação expressa. Pode-se abrir mão do direito de evicção (art. 448). Os herdeiros podem ter acordado a esse respeito na partilha, ou fora dela. Não haverá indenização, se foi o próprio evicto quem deu causa à perda da coisa: se, por exemplo, não se defendeu na ação de reintegração ou não tomou as medidas cabíveis para assegurar o direito à coisa. "*Seria um contrassenso se os herdeiros fossem obrigados a indenizar ao evicto, que por sua própria vontade ocasionou tal situação*" (JOB, 1986, p. 794).

Entenda-se que mesmo a perda por força de ato administrativo constitui evicção. O mesmo se aplica nessa questão da sucessão. Se o bem foi apreendido por autoridade administrativa porque era furtado, por exemplo, aplica-se o princípio. Também não existe indenização recíproca entre os herdeiros, quando a origem da evicção é posterior à partilha. A situação é óbvia. O que ocorre após a partilha é responsabilidade do herdeiro. Antes da partilha a evicção pode ocorrer por fato originário em vida do *de cujus* ou no curso do processo de inventário e partilha. Até aí, ocorrendo a perda da coisa, há a reciprocidade de indenizações pela perda da coisa. A indenização deve ser calculada de acordo com o valor da coisa, quando da homologação da partilha, devidamente corrigido para a época do efetivo pagamento. A simples correção monetária de valores só leva em conta a desvalorização da moeda. Essa desvalorização só pode operar quando existe um valor-base no tempo, no caso, partilha. Os imóveis, só como um dos exemplos, têm valorização diversa da simples correção monetária. A indenização se fará em dinheiro, compreendendo o prejuízo ocorrido.

Como bem recorda Washington de Barros Monteiro (1977, v. 6, p. 328), no sistema de 1916, essa ação, entre coerdeiros, é de natureza pessoal e prescrevia em 20 anos (art. 177). O prazo no vigente Código, como já vimos, é de dez anos. O prazo se conta a partir da sentença ou ato administrativo que concluiu pela perda da coisa. A ação aproveita tão só o herdeiro que a propõe. Pode fazê-lo isoladamente ou em conjunto com os demais prejudicados, se o bem evicto coube a mais de um. Cada um só tem direito a sua quota-parte de prejuízo. A ação deve ser proposta, contudo, contra todos os demais coerdeiros e respectivos sucessores *causa mortis* que se beneficiariam com a perda do autor da causa. O princípio se aplica tanto na evicção total, como parcial, do bem.

Quando o herdeiro é demandado pela evicção, é conveniente que denuncie a lide aos demais coerdeiros, "*para que fique bem claro que, se o evicto sucumbiu, não foi por culpa sua, e que a evicção se deu por causa anterior à partilha*" (CLÓVIS, 1939, v. 6, p. 308).

Essa denunciação é feita com fundamento no art. 125, II, do CPC, e não com base no inciso I desse dispositivo. O herdeiro que perde a coisa, mesmo que não denuncie a lide, não está obstado de pedir a indenização proporcional aos demais herdeiros, porque a evicção não é sua, e sim do espólio. A utilidade da denunciação, ou ao menos ciência da lide aos demais, para que nela ingressem como assistentes, se desejarem, é de fixar as responsabilidades, conseguindo que todos os herdeiros sejam alcançados pela coisa julgada que dá pela evicção. Essa é a intenção de Clóvis Beviláqua, ao fazer o comentário. O mecanismo da denunciação da lide no atual Código de Processo pode dificultar a atividade processual do terceiro e desaconselhá-la no caso concreto, mas a questão é meramente instrumental. Importante que os coerdeiros, de qualquer modo, fiquem cientes da ação que pode atingi-los. A garantia aqui tratada abrange tão-só os herdeiros, não cabendo aos legatários, nem se estende aos vícios redibitórios (PEREIRA, 1984, v. 6, p. 313). Essa garantia compreende tão só as turbações de direito.

Art. 2.026. O evicto será indenizado pelos coerdeiros na proporção de suas quotas hereditárias, mas, se algum deles se achar insolvente, responderão os demais na mesma proporção, pela parte desse, menos a quota que corresponderia ao indenizado.

Esse dispositivo determina que o evicto seja indenizado na proporção das quotas hereditárias dos demais herdeiros. Todos suportam a perda, como se o bem nunca tivesse sido atribuído. Desconta-se, evidentemente, a quota do próprio evicto, que também suportará a perda em sua proporção. Acrescenta ainda este mesmo artigo que, se um dos coerdeiros se achar insolvente, todos os demais responderão proporcionalmente a sua quota, nessa parte não ressarcível, subtraindo-se a quota do evicto. Isso não impede que, posteriormente, tornando-se solvente esse herdeiro, se cobre dele as respectivas partes cobertas pelos demais coerdeiros. Essa indenização tratada no artigo será em dinheiro, não se procedendo a nova partilha.

CAPÍTULO VII
Da Anulação da Partilha

**Art. 2.027. A partilha é anulável pelos vícios e defeitos que invalidam, em geral, os negócios jurídicos.
Parágrafo único. Extingue-se em um ano o direito de anular a partilha.**

A celeuma causada pelo art. 1.805 do Código antigo, repetido pelo presente artigo do atual Código, já foi decantada por todos os autores que se debruçaram sobre o tema. O art. 2.027 tratou exclusivamente da anulação. O prazo extintivo para anular a partilha é de um ano, segundo o parágrafo único do dispositivo do presente Código.

O legislador deste Código perdeu oportunidade de redigir mais claramente o artigo. A deficiência da redação legal teve origem nos trâmites do Projeto do Código de 1916. O projeto original falava em "*rescisão da partilha*" e aludia tão só a casos de anulabilidade. O fato é que autores chegaram a entender que o exíguo prazo de um ano se referia tanto aos casos de anulação, como aos casos de nulidade, como ocorre com Carlos Maximiliano (1952, v. 3, p. 497), o qual sustenta que o legislador não distinguiu entre partilha nula e anulável e englobou ambas as situações no prazo ânuo. Outros sustentaram que as partilhas com vícios processuais deveriam obedecer ao prazo da ação rescisória (cinco anos no CPC antigo). Nesse diapasão, boa parte da doutrina, seguindo a lição do próprio Clóvis, embora com algumas nuances, passou a admitir três prazos distintos para três situações diversas, seguindo orientação quase unânime da jurisprudência:

1. Para os casos de anulabilidade das partilhas amigáveis, simplesmente homologadas (vícios de vontade), o prazo era de um ano, de acordo com o citado art. 1.805 e art. 178, § 6º (atual art. 2.027, parágrafo único).
2. Para os casos de defeito processual, dentro dos princípios da ação rescisória (juiz impedido, incompetente, ofensa à literal disposição de lei etc.), nas julgadas por sentença (não amigáveis), o prazo era da própria ação rescisória (cinco anos no estatuto processual revogado).
3. Para os casos de *nulidade absoluta*, o prazo máximo permitido para a anulação dos atos jurídicos era, em geral, 20 anos (dez anos no atual Código).

O CPC de 1973, tentando pôr fim à dificuldade, invadiu a seara do direito material e estipulou dois prazos que objetivam atingir a validade e eficácia da partilha, repetidos em linhas gerais nos arts. 657 e 658.

O art. 657 do CPC diz respeito à *ação de anulação* da partilha amigável:

"A partilha amigável, lavrada em instrumento público, reduzida a termo nos autos do inventário ou constante de escrito particular homologado pelo juiz, pode ser anulada, por dolo, coação, erro essencial ou intervenção de incapaz, observado o disposto no § 4º do art. 966.
Parágrafo único. O direito à anulatória de partilha amigável extingue-se em 1 (um) ano, contado este prazo:
I – no caso de coação, do dia em que ela cessou;
II – no caso de erro ou dolo, do dia em que se realizou o ato;
III – quanto ao incapaz, do dia em que cessar a incapacidade."

Como se vê, o estatuto processual consagrou o entendimento, então majoritário, de que o prazo de um ano se referia exclusivamente aos casos de ação anulatória da partilha. Quando se trata de partilha amigável, o que se tem é um negócio jurídico. A homologação judicial é vazia de conteúdo decisório. A homologação não lhe tira o caráter de negócio privado. Por essa razão, nesse caso, é cabível a ação para anular o negócio jurídico. A competência para essa ação é o próprio juízo do inventário. A anulabilidade do ato, estampada no art. 147, é a que se aplica. O negócio anulável produz efeitos até sua anulação (VENOSA, *Direito civil: parte geral*, seção 30.4). A anulação dependerá da sentença procedente nessa ação. Sendo, porém, a partilha viciada por erro, dolo ou coação, bem como incapacidade do agente, ato anulável, pode ser ratificada e convalescer desses vícios.

Não resta dúvida de que a partilha também pode ser anulada por lesão, vício que foi reintroduzido no ordenamento. A desproporcionalidade dos quinhões pode viciar o negócio quando, ao lado da desigualdade do art. 2.017, se colocam os requisitos da lesão, quais sejam, a premente necessidade ou inexperiência e leviandade do herdeiro (VENOSA, *Direito civil: parte geral*, Cap. 30; a esse respeito, bem como a respeito dos vícios de vontade em geral). Portanto, há que se incluir o art. 2.027 também como uma modalidade de anulação da partilha (JOB, 1986, p. 12; PEREIRA, 1984, v. 6, p. 314).

O art. 657 do CPC também se refere ao incapaz que interveio na partilha. Só pode referir-se ao relativamente incapaz. O absolutamente incapaz, aquele que não tem discernimento, não pode ser atingido pelo ato que participou, mesmo porque contra ele não se iniciará o prazo prescricional na forma como dispôs o CPC. O prazo prescricional para o incapaz só começa a ser contado do dia em que cessar a incapacidade. Como o incapaz é incluído entre os que não possuem discernimento, a não ser que consiga ele a improvável cura da moléstia mental, nunca terá contra si o prazo prescricional, enquanto viver. Desse modo, apesar de o CPC não falar em nulidade da ação de partilha, quando existe participação de agente absolutamente incapaz na partilha amigável, não se iniciando contra ele o prazo prescricional, não há que se negar que tem o incapaz ação de nulidade e não de anulação. A nulidade não prescreverá, por disposição expressa deste Código (art. 169). O mesmo se aplica às partilhas inexistentes (ver o que dissemos sobre inexistência dos negócios jurídicos, *Direito civil: parte geral*, seção 30.5).

Desse modo, sob o prisma da teoria geral dos negócios jurídicos, ao contrário do que sustentam muitos, não se pode negar que há partilhas nulas, que como negócios jurídicos nulos devem ser tratadas. O prazo de um ano do art. 2.027 do Código Civil e do consequente art. 657 do CPC restringe-se aos casos de anulabilidade. No mais, aplicam-se as consequências jurídicas dos atos nulos e dos atos anuláveis, da teoria geral. Orlando Gomes (1981, p. 326) é enfático em admitir a ação de nulidade na partilha amigável, como uma das formas de sanção para os negócios jurídicos em geral.

Já o art. 658 do CPC trata da *rescisão* da partilha. Essa sentença que decidiu a partilha (decisão com conteúdo, portanto) é rescindível na forma, prazo e modos da ação rescisória (art. 966 ss do CPC). O prazo para essa ação é de dois anos contados do trânsito em julgado da decisão (art. 975 do CPC). Ademais, afora as questões que permitem a rescisória em geral, o CPC ainda aponta, primordialmente, os casos mencionados no art. 657 (vícios de vontade e incapacidade relativa, preterição de formalidades legais e o fato de ter sido preterido algum herdeiro ou ter-se incluído quem não o seja. E também se aplicam, à rescisória, as hipóteses que autorizam essa ação, em geral, estampadas no art. 966 do CPC. Observe, ainda, que o prazo da ação rescisória é de *decadência* e não de prescrição. A jurisprudência tem sufragado esse entendimento, ou seja, quando existe mera homologação de partilha amigável, a ação é anulatória. A aplicação é também do princípio do art. 966, §4º do CPC.

Os herdeiros excluídos do inventário e da partilha, não tendo dela participado, devem utilizar-se da ação de nulidade ou petição de herança, cuja prescrição é vintenária (Código de 1916); dez anos no estatuto atual (STF – *RTJ* 108/217, *RT* 567/235, 631/199). Não há que se admitir, pois, que o CPC/1.973 tenha feito desaparecer essa ação de nulidade (com opinião contrária, MONTEIRO, 1977, v. 6, p. 331; RODRIGUES, 1978, v. 7, p. 286; a favor, WALD, 1988, p. 192). Ademais, a ação de petição de herança, cujo prazo de prescrição não se discute, julgada procedente, irá anular a partilha. Essa ação era cabível, como vimos, quando excluiu pessoas ou bens da partilha.

Assim, podemos concluir que são as seguintes as possibilidades e prazos para atacar a partilha:

1. Existe a ação para anular a partilha, com fundamento no art. 657 do CPC e 2.027 do Código Civil, que caduca em um ano. Essa ação, de rito ordinário ou sumário, ataca a partilha amigável, que é meramente homologada. Não ataca a decisão que a homologa. É possível em todas as situações em que

o negócio jurídico é anulável e também por inobservância ao art. 2.017, que fundamenta a lesão no negócio jurídico.

2. Quando a partilha amigável se constituir em um negócio nulo (ou inexistente, mas com efeitos materiais), a ação é de nulidade e o prazo extintivo seria de dez anos (20 anos no Código anterior). Veja art. 169.

3. Quando se tratar de partilha judicial, onde há sentença, no sentido estrito do termo, a partilha só pode ser atacada pela ação rescisória, pela disposição expressa do art. 658 do CPC. Nesse caso, o estatuto processual fechou qualquer outra via. Não se ataca o ato jurisdicional típico, com trânsito em julgado, senão pela ação rescisória. Ou seja, a sentença da partilha só perde eficácia por outra sentença proferida na rescisória. Aqui, o prazo é o decadencial de dois anos, estampado no CPC. Após esse prazo, temos o que a ciência do processo denomina coisa "soberanamente julgada". Assim, a ação de nulidade, em razão da estrutura do processo, não pode tomar outra forma na partilha judicial, senão a da ação rescisória. Há, no entanto, opiniões que discutem modernamente essa posição.

4. O herdeiro que não foi parte pode recorrer à ação de petição de herança, não ficando preso à ação rescisória. A ação de petição de herança tem caráter reivindicatório e prazo extintivo de dez anos. É cabível tanto para herdeiro excluído na partilha amigável, como para o herdeiro excluído da partilha judicial. Seu direito situa-se no plano material e não no plano da coisa julgada da partilha, neste último caso, que não o atingiu. Nem se volta ele contra a partilha amigável, negócio que lhe é estranho. A partilha amigável será atingida porque foi satisfeita sua pretensão à herança.

Note que no sistema deste Código adotou-se a imprescritibilidade dos atos nulos (art. 169), questão que a doutrina tradicional nada menciona acerca da partilha nula mas que deve ser levada na devida conta. Sempre nos posicionamos no sentido de que esse art. 169 poderá trazer questões intransponíveis na prática.

Com a anulação, os bens voltam ao estado de indivisibilidade anterior. Os bens voltam ao monte.

Julgada, pois, insubsistente, outra partilha deve ser elaborada, procurando-se manter, tanto quanto possível, os mesmos quinhões já atribuídos anteriormente. Os frutos e rendimentos recebidos até a anulação serão de boa ou má-fé, dependendo da ciência ou não dos interessados na falha. Se há bens que já pereceram, sem culpa dos aquinhoados, o prejuízo é da herança. Se houve culpa, responde o culpado pelo valor, mais perdas e danos.

Devem ser ressalvadas as situações dos *terceiros adquirentes de boa-fé, aplicando-se o princípio maior da aparência*, já por nós ressaltado nesta obra. Responderá tão só o herdeiro pelo valor do bem. Acreditamos ser perigoso, e criar enorme instabilidade negocial, afirmar que as alienações efetuadas, com uma partilha nula, ficam sem efeito (com esse entendimento, contrário ao nosso, PEREIRA, 1984, v. 6, p. 315; OLIVEIRA, 1987, p. 469). A situação do terceiro de boa-fé, aí, em nada difere daquelas que surgem com o herdeiro aparente e credor aparente, por exemplo, dentre os vários outros casos que cumpre ao direito e ao bom senso resguardar. Daí por que não se pode negar proteção ao terceiro, que não tinha a menor condição de supor que o ato jurídico ou judicial da partilha, no qual fundamentou seu negócio, poderia estar eivado de nulidade. São efeitos materiais do negócio nulo que já não podem ser negados pela moderna técnica do Direito.

Enunciado nº 612 do CJF/STJ, VII Jornada de Direito Civil: O prazo para exercer o direito de anular a partilha amigável judicial, decorrente de dissolução de sociedade conjugal ou de união estável, extingue-se em 1 (um) ano da data do trânsito em julgado da sentença homologatória, consoante dispõem o art. 2.027, parágrafo único, do Código Civil de 2002, e o art. 1.029, parágrafo único, do Código de Processo Civil (art. 657, parágrafo único, do Novo CPC).

LIVRO COMPLEMENTAR
DAS DISPOSIÇÕES FINAIS E TRANSITÓRIAS

Essas disposições têm por finalidade harmonizar a lei nova com a lei revogada. A lei, ao ser promulgada, não tem o condão de simplesmente extirpar do universo jurídico os efeitos da norma anterior. Cuida-se do direito intertemporal. A lei é norma abstrata que em princípio deve reger condutas futuras. Tal não impede, contudo, que existam leis que apresentem retroação, isto é, aplicação para casos pretéritos, o que pode ser admitido quando não foram feridos direitos fundamentais, direitos adquiridos, atos jurídicos perfeitos ou a coisa julgada. Qualquer que seja o enfoque, no entanto, a sociedade necessita da maior proteção possível a fim de que as alterações legais não afetem situações pacificadas e tranquilas. Há que se ter em mente que nem toda lei retroativa é inconstitucional e nem sempre essas normas afetarão ou prejudicarão direitos individuais. Como existe uma mutação constante na sociedade, nem sempre haverá máxima segurança quanto à irretroatividade. "*Por isso é que o princípio da proteção jurídica, ínsito à ideia de estado de Direito de índole democrática, não pode excluir em absoluto a possibilidade de leis retroativas. Sempre poderá existir uma retroatividade legítima, se do cotejo entre os interesses postos em confronto prevalecer aquele merecedor da tutela contida na retroatividade*" (NALINI, 2007, p. 5).

Nesse aspecto, avulta por demais a importância da atividade do aplicador do Direito, o julgador, na sua atividade de hermenêutica. Por outro lado, nem sempre a retroatividade terá a mesma força: será completa ou máxima em alguns casos, em outros atingirá apenas alguns efeitos, podendo ser média ou mínima. Conforme Maria Helena Diniz, a retroatividade será máxima se destruir todo ato jurídico ou se atingir relações já terminadas; média se atingir efeitos pendentes do ato jurídico anterior; mínima se afetar unicamente os efeitos dos atos produzidos já sob o império da lei nova, mas decorrentes de ato sob o pálio da lei revogada. Recorda ainda a autora que a retroatividade poderá ser justa, quando não houver ofensa ao ato jurídico perfeito, direito adquirido ou coisa julgada; injusta quando ocorrer ofensa a qualquer desses três princípios (2003, p. 26).

As Disposições Transitórias são regra comum em nossos Códigos e leis de certo vulto, estando presentes até na Constituição Federal. Trazem soluções de compromisso ou conciliação entre a lei revogada e a lei nova para que o sistema não sofra uma abrupta e imediata modificação. Tais disposições constituem coordenadas para a solução de questões intertemporais, vigência e aplicação de duas leis, a nova e a anterior, visando garantir certeza jurídica e estabilidade, na tentativa de preservar situações consolidadas. Esse desiderato é o ideal e nem sempre é alcançado a contento.

Assim como durante as quase nove décadas de vigência do Código Civil de 1916 havia questões ainda não totalmente pacificadas nos tribunais, este Código trará também discussões grandiosas a serem discutidas longamente: não apenas por essas disposições finais e transitórias, mas em seu próprio bojo, levando em consideração ainda toda sua nova filosofia. A norma posterior poderá gerar incertezas na sua aplicação. As cláusulas abertas e gerais, marca registrada deste diploma, irão gerar sempre, como se vaticina, a permanente discussão do papel do juiz e da jurisprudência na sociedade. Nisso estarão em choque e em xeque permanente a segurança e estabilidade jurídicas.

Muitos dos temas aqui tratados vão se esmaecendo e se esvaindo com o tempo, mas continuam úteis como marcos históricos do Direito.

Art. 2.028. Serão os da lei anterior os prazos, quando reduzidos por este Código, e se, na data de sua entrada em vigor, já houver transcorrido mais da metade do tempo estabelecido na lei revogada.

O texto aparentemente objetivo e simples deste artigo não deveria levar a dúvidas. Os prazos de prescrição e decadência, como regra geral, foram reduzidos por este Código. Assim, nos termos dessa dicção, dois são os requisitos para a aplicação do Código de 1916: se os prazos foram reduzidos pelo Código de 2002, porque se os prazos foram estendidos, não haverá aplicação do estatuto anterior, e o decurso de mais da metade do prazo antigo. Desse modo, se não transcorrido mais da metade do prazo da lei revogada, aplica-se o Código de 2002.

Há situações, porém, que não ficam claras, ou se aplicadas conforme o texto frio da norma, levam a iniquidades. O exemplo talvez mais patente, embora outros possam ser trazidos, é o da ação de reparação. Alguém que tenha sido atingido por um prejuízo no final de vigência do Código de 1916 teria, na regra geral, o prazo de 20 anos para promover a ação (art. 177). O presente Código reduziu o lapso prescricional para essa ação para três anos. Com a vigência deste Código, evidentemente não transcorrera *"mais da metade do tempo estabelecido na lei revogada"*. Então, o prazo prescricional seria o da lei nova, três anos, que poderia já ter se consumado, até antes mesmo da vigência da lei nova. É claro que o legislador não desejou compactuar com essa iniquidade. Como aponta José Renato Nalini, *"a leitura racional do dispositivo é no sentido de que o prazo novo começa a fluir a partir da vigência do Código. Nunca seria admissível que o prazo prescricional já fora inteiramente consumado nessa data, com evidente prejuízo para o lesado"* (2007, p. 18). Qualquer outra solução geraria absurdos e a lei não pode compactuar com essa situação. A lei nunca poderia admitir consumação de prazo antes de sua vigência. Não é lógico, e o que não é lógico não é jurídico. A doutrina assumiu inteiramente essa posição, no que foi seguida pela jurisprudência. Contudo, como se nota, o texto legal é problemático.

De qualquer forma, decorrido menos da metade do prazo prescricional presente no Código de 1916, ou por qualquer outra lei atingida pelo presente Código, aplica-se a lei de 2002 se nesta o prazo foi diminuído. Assim, aplica-se este Código a partir de sua vigência, 12 de janeiro de 2002, desprezando-se o lapso já transcorrido sob a lei anterior.

Enunciado nº 50, I Jornada de Direito Civil – CJF/STJ: A partir da vigência do novo Código Civil, o prazo prescricional das ações de reparação de danos que não houver atingido a metade do tempo previsto no Código Civil de 1916 fluirá por inteiro, nos termos da nova lei (art. 206).

Enunciado nº 299, IV Jornada de Direito Civil – CJF/STJ: Iniciada a contagem de determinado prazo sob a égide do Código Civil de 1916, e vindo a lei nova a reduzi-lo, prevalecerá o prazo antigo, desde que transcorrido mais de metade deste na data da entrada em vigor do novo Código. O novo prazo será contado a partir de 11 de janeiro de 2003, desprezando-se o tempo anteriormente decorrido, salvo quando o não aproveitamento do prazo já vencido implicar aumento do prazo prescricional previsto na lei revogada, hipótese em que deve ser aproveitado o prazo já transcorrido durante o domínio da lei antiga, estabelecendo-se uma continuidade temporal.

Enunciado nº 564, VI Jornada de Direito Civil – CJF/STJ: As normas relativas à usucapião extraordinária (art. 1.238, *caput*, CC) e à usucapião ordinária (art. 1.242, *caput*, CC), por estabelecerem redução de prazo em benefício do possuidor, têm aplicação imediata, não incidindo o disposto no art. 2.028 do Código Civil.

Apelação. Desapropriação Indireta. Prescrição. Extinção do direito subjetivo da pretensão autoral pelo decurso do tempo. Prazo vintenário fixado no CC/1916 ou decenal na vigência do CC/2002, para o exercício da pretensão indenizatória. Regra de transição do artigo 2.028 do CC/2002. Ajuizamento da ação somente em 2017. Ocorrência da prescrição. Sentença mantida. Honorários recursais fixados. Recurso não provido (*TJSP* – Ap. 1008867-10.2017.8.26.0344, 19-8-2020, Rel. Souza Nery).

Direito civil e processual civil. Ação de sobrepartilha. Preliminar de nulidade do processo. Rejeição. Mérito: **prescrição vintenária**. Configuração. 1. Verificando-se que a decisão que rejeitou os embargos de declaração opostos pela parte apelante, embora concisa, está devidamente fundamentada, não resta evidenciada a negativa de prestação jurisdicional. 2. O julgamento antecipado da lide não caracteriza cerceamento de defesa quando a dilação probatória requerida se mostra desnecessária à solução do litígio 3. Nos termos do art. 2.028 do Novo Código Civil, que disciplina a transição dos prazos de prescrição, "Serão os da lei anterior os prazos, quando reduzidos por este Código, e se, na data de sua entrada em vigor, já houver transcorrido mais da metade do tempo estabelecido na lei revogada". 4. O prazo prescricional da pretensão de sobrepartilha de bens, tem como termo inicial a data da separação judicial com a partilha de bens. 5. Constatado que entre a data da partilha dos bens em processo de separação judicial e o ajuizamento da demanda de sobrepartilha houve o transcurso de prazo superior a vinte anos, impõe-se reconhecer que a pretensão inicial restou atingida pela prescrição. 6. Recurso de Apelação conhecido. Preliminar rejeitada. No mérito, não provido (*TJDF* – Acórdão: Apelação Cível n. 2009.07.1.001341-2, 5-10-2011, Rel. Des. Nídia Corrêa Lima).

Art. 2.029. Até dois anos após a entrada em vigor deste Código, os prazos estabelecidos no parágrafo único do art. 1.238 e no parágrafo único do art. 1.242 serão acrescidos de dois anos, qualquer que seja o tempo transcorrido na vigência do anterior, Lei nº 3.071, de 1º de janeiro de 1916.

Veja os comentários aos artigos aqui referidos. A questão tem a ver com prazos de usucapião estabelecidas neste Código. O parágrafo único do art. 1.238 reduz a dez anos o prazo de usucapião extraordinária do *caput*, que é de 15 anos. Nesse parágrafo, o prazo é reduzido a dez anos se o possuidor houver estabelecido no imóvel sua moradia habitual, ou nele realizado obras ou serviços de caráter produtivo. No art. 1.242 o prazo do *caput* para a usucapião ordinária é de dez anos. Pelo parágrafo único é reduzido a cinco anos, *"se o imóvel houver sido adquirido, onerosamente, com base no registro constante do respectivo cartório, cancelada posteriormente, desde que os possuidores nele tiverem estabelecido a sua moradia, ou realizado investimentos de interesse social e econômico"*.

Cuida-se aqui de norma de interesse temporário, pois sua aplicação é disposta para até dois anos após a entrada em vigor deste Código. O legislador houve por bem aproveitar a entrada em vigor deste diploma para aumentar os prazos para as modalidades de usucapião para fins sociais e melhor aproveitamento da propriedade imóvel.

Após dois anos de vigência, não se alteram os prazos de prescrição aquisitiva nos dispositivos indicados. Assim, essa regra transitória teve vigência até 12 de janeiro de 2005. Esse prazo de dois anos deve ser acrescido não importando o prazo decorrido sob o pálio do Código anterior. Portanto, na hipótese aqui descrita, não se aplica o disposto no art. 2.028.

⚖ Apelação cível. Usucapião extraordinária especial. Art. 1.238, parágrafo único, do CC. Prazo de dez anos implementado. Cômputo do tempo de posse iniciado quando em vigor o CC de 1916. Incidência do disposto no art. 2.029 do CC. Aplicação imediata. Interversão da posse. Relação locatícia extinta a partir do inadimplemento dos alugueis. Posse *ad usucapionem*. Iniciada a posse dos autores a partir de relação locatícia estabelecida com o anterior proprietário do imóvel, ocorre a interversão da causa *possessionis* a partir do momento em que o locatário deixa de adimplir os alugueis e o proprietário nada faz para reverter essa situação. Apesar de o art. 1.203 do CC estabelecer que, salvo prova em contrário, manterá a posse o mesmo caráter com que foi adquirida, a situação dos autos é típica hipótese de alteração da causa *possessionis*: a posse que originariamente era inapta para a usucapião, passa a ser tida como posse *ad usucapionem* pela presença de atos externos praticados pelo possuidor (*animus domini*), derivados da conduta omissiva do proprietário. Iniciada a posse *ad usucapionem* quando ainda em vigor o CC de 1916 e atentando-se para o fato de que os autores estabeleceram no imóvel a sua moradia habitual, incide a hipótese a usucapião extraordinária especial prevista no art. 1.238, parágrafo único, do CC, com aplicação imediata a partir do disposto no art. 2.029 do mesmo diploma legal. Desnecessidade, contudo, do acréscimo de dois anos previsto na regra de transcrição, tendo em vista a implementação do prazo da prescrição aquisitiva em 2006. Comprovado, pelos autores, o exercício da posse sobre o imóvel, sem oposição, durante mais de dez anos ininterruptos, fazem-se preenchidos os requisitos para a aquisição da propriedade com fundamento no art. 1.238, parágrafo único, do CC, acarretando a procedência da ação de usucapião e a improcedência da ação de imissão de posse. Notificação extrajudicial que, por si só, não configura oposição a posse. Apelo provido. Unânime (TJRS – Ap. 70080107485, 10-4-2019, Rel. Dilso Domingos Pereira).

⚖ Apelação cível – Usucapião extraordinário – Posse exercida, em parte, na vigência do Código Civil de 1916 e o restante na vigência do novo Código Civil – Aplicação imediata do art. 1.238, § único, do Código Civil de 2002 – **Inteligência da regra de transição específica conferida pelo art. 2.029 do CC** – Posse mansa, pacífica, contínua e com *animus domini* pelo lapso de tempo necessário à aquisição do domínio – Caracterizada a "posse trabalho" – Recurso provido. 1. "Ao usucapião extraordinário qualificado pela "posse-trabalho", previsto no art. 1.238, § único, do Código Civil de 2002, a regra de transição aplicável não é a insculpida no art. 2.028 (regra geral), mas sim a do art. 2.029, que prevê forma específica de transição dos prazos do usucapião dessa natureza. (STJ – REsp 1088082/RJ). 2. O art. 1.238, § único, do CC/02, tem aplicação imediata às posses ad usucapionem já iniciadas, "qualquer que seja o tempo transcorrido" na vigência do Código anterior, devendo apenas ser respeitada a fórmula de transição, segundo a qual serão acrescidos dois anos ao novo prazo, nos dois anos após a entrada em vigor do Código de 2002." (STJ – REsp 1088082/RJ). 3. Na espécie, a entidade/apelante provou que exerceu a posse mansa, pacífica, contínua e com animus domini do imóvel em discussão, desde meados do ano de 1997, tendo realizado, no bem, obras e serviços de caráter produtivo, dando-lhe destinação relevante e cumprindo com a sua função social, o que enseja a aplicação do prazo prescricional de dez anos, bem como o reconhecimento da aquisição da propriedade em discussão, por meio da usucapião, ocorrida em 2007 (TJDF – Acórdão: Apelação Cível n. 2011.017088-2/0000-00, 19-6-2012, Rel. Des. Josué de Oliveira).

Art. 2.030. O acréscimo de que trata o artigo antecedente, será feito nos casos a que se refere o § 4º do art. 1.228.

Essa regra, também transitória, poderia vir agregada ao artigo anterior. O dispositivo citado aqui se refere à denominada desapropriação judicial. Hipótese de perda da propriedade introduzida por este Código: "*O proprietário também pode ser privado da coisa se o imóvel reivindicado consistir em extensa área, na posse ininterrupta e de boa-fé, por mais de cinco anos, de considerável número de pessoas, e estas nela houverem realizado, em conjunto ou separadamente, obras e serviços considerados pelo juiz de interesse social e econômico relevante.*" Veja os comentários respectivos. Trata-se de disposição ainda não inteiramente assimilada pela doutrina e jurisprudência.

Cuida-se aqui, na mesma senda do artigo anterior, de norma motivada por política social do legislador. Acrescentam-se mais dois anos a essa posse que permite a expropriação, até dois anos após a vigência do Código.

Art. 2.031. As associações, sociedades e fundações, constituídas na forma das leis anteriores, bem como os empresários, deverão se adaptar às disposições deste Código até 11 de janeiro de 2007.
Parágrafo único. O disposto neste artigo não se aplica às organizações religiosas nem aos partidos políticos.

Este artigo recebeu nova redação conforme Medida Provisória nº 234/2005, depois pela Lei nº 11.127/2005.

Conforme a Medida Provisória nº 79/2002, o prazo original para a adaptação era de um ano. O texto também não se aplica às entidades esportivas. São inúmeras as alterações estatutárias e de contratos sociais que devem ser feitas. Forte pressão política excepcionou as entidades religiosas, esportivas e os partidos políticos da norma, mormente porque tais instituições resistem à eleição direta com votação de todos os membros ou associados, para os cargos diretivos, além de não se amoldarem perfeitamente às instituições apontadas em geral. Veja o que comentamos nos artigos respectivos.

Enunciado nº 73, I Jornada de Direito Civil – CJF/STJ: Não havendo revogação do art. 1.160 do Código Civil nem modificação do § 2º do art. 1.158 do mesmo diploma, é de interpretar-se este dispositivo no sentido de não aplicá-lo à denominação das sociedades anônimas e sociedades Ltda., já existentes, em razão de se tratar de direito inerente à sua personalidade.

Enunciado nº 394, IV Jornada de Direito Civil – CJF/STJ: Ainda que não promovida a adequação do contrato social no prazo previsto no art. 2.031 do Código Civil, as sociedades não perdem a personalidade jurídica adquirida antes de seu advento.

Enunciado nº 395, IV Jornada de Direito Civil – CJF/STJ: A sociedade registrada antes da vigência do Código Civil não está obrigada a adaptar seu nome às novas disposições.2.032

Art. 2.032. As fundações, instituídas segundo a legislação anterior, inclusive as de fins diversos dos previstos no parágrafo único do art. 62, subordinam-se, quanto ao seu funcionamento, ao disposto neste Código.

Veja nossos comentários aos artigos sobre fundações (arts. 62 a 69). As fundações são constituídas por um patrimônio destinado a um fim. O artigo abrange todas as fundações instituídas sob o Código anterior, ainda que não tenham fins religiosos, morais, culturais ou assistenciais. Devem ser reguladas pelos respectivos estatutos e por este Código. O objeto das fundações sob o Código de 1916 pode não se amoldar ao instituído por este Código, contudo, com respaldo no princípio da irretroatividade e do direito adquirido, poderão conservar seu objeto originário (NALINI, 2007, p. 67).

Art. 2.033. Salvo o disposto em lei especial, as modificações dos atos constitutivos das pessoas jurídicas referidas no art. 44, bem como a sua transformação, incorporação, cisão ou fusão, regem-se desde logo por este Código.

O art. 44 elenca associações, sociedades, fundações, organizações religiosas, partidos políticos e empresas individuais de responsabilidade limitada. As modificações dos seus atos constitutivos, bem como sua transformação, cisão e fusão devem obedecer aos princípios desde Código. No entanto, o artigo abre seu texto já ressalvando, de plano, leis especiais. Assim, em cada caso concreto, há que se ver se não existe legislação especial regulando o ato. As modificações dos atos constitutivos são reguladas pelos arts. 59, II e parágrafo único, 67, I a III, 68, 997, 999, parágrafo único, 1.003, 1.031, 1.048, 1.071, V, e 1.077. A transformação, incorporação, cisão e fusão são reguladas pelos arts. 1.113 a 1.122.

A presente norma apenas realça em texto, na verdade, o princípio *tempus regit actus*, e seria, em princípio, desnecessária. O texto é norma cogente, não permite que os interessados escolham a lei pretérita para a prática desses atos.

Direito civil. Ordem Rosacruz. Agravo retido. Ilegitimidade ativa. Afastada. Caráter religioso. Inexistente. Interferência mínima judicial. Modificações dos atos constitutivos das pessoas jurídicas. Regência do Código Civil de 2002. Estatuto do estrangeiro. Vedação de estrangeiro na diretoria de associação. Recursos improvidos. (...) Com base nas disposições finais e transitórias do Código Civil de 2002, verifica-se que o art. 2.033 do CC/02 dispõe expressamente que as modificações dos atos constitutivos das pessoas jurídicas referidas no art. 44, dentre as quais se incluem as associações, regem-se de imediato por este Código. Há vedação expressa no Estatuto do Estrangeiro (art. 99), quanto à possibilidade de o estrangeiro, sem residência no Brasil, exercer cargo ou função de diretor em sociedade civil e, por consequência lógica, em associação, sendo correta a declaração de nulidade do ato que nomeou estrangeiro a Diretor Presidente de entidade associativa, em flagrante violação à legislação vigente. Agravo retido e apelações conhecidos e improvidos (*TJDFT* – Ag 20070110452154, 16-3-2016, Rel. Ana Maria Amarante).

Apelação cível em suscitação de dúvida. **Assembleia convocada para modificações do ato constitutivo da pessoa jurídica.** Aplicação do art. 2.033 do CC. Incidência do art. 59, parágrafo único do CC, com a nova redação dada pela lei nº 11.127/05. Quórum previsto no estatuto. De acordo com o previsto no art. 2.033 do novo Código Civil, as modificações dos atos constitutivos das pessoas jurídicas referidas no art. 44 regem-se 'desde logo' pelo Código em comento, ou seja, suas normas são aplicadas de imediato à presente hipótese quando da sua publicação. Em se tratando de Assembleia Geral para deliberação sobre alterações no estatuto, deve-se observar o quórum estabelecido no artigo 59, parágrafo único do CC, qual seja, o quórum previsto no estatuto. Apelo conhecido e parcialmente provido (*TJGO* – Acórdão: Apelação Cível n. 86507-3/188 (200500468162), Rel. Des. Rogério Arédio Ferreira).

Art. 2.034. A dissolução e a liquidação das pessoas jurídicas referidas no artigo antecedente, quando iniciadas antes da vigência deste Código, obedecerão ao disposto nas leis anteriores.

Texto de fácil compreensão. A dissolução e liquidação das pessoas jurídicas já iniciadas quando da entrada em vigor do Código seguirão os trâmites das leis vigentes à época do ajuizamento, legislação anterior a esse ordenamento. Como regra, antes do presente Código, essa dissolução e liquidação, conforme a natureza da pessoa jurídica, seguia o Código Comercial, arts. 344 a 353 e arts. 655 a 674 do CPC de 1939, estes últimos mantidos em vigor pelo art. 1.218, VII, do atual CPC. O estatuto processual atual trata da dissolução e liquidação de pessoas jurídicas nos arts. 599 a 609. Os arts. 1.102 ss. deste Código somente se aplicam nas dissoluções e liquidações iniciadas durante sua vigência. Vige aqui o princípio, por vezes não atendido, que a lei nova somente pode alcançar situações futuras.

**Art. 2.035. A validade dos negócios e demais atos jurídicos, constituídos antes da entrada em vigor deste Código, obedece ao disposto nas leis anteriores, referidas no art. 2.045, mas os seus efeitos, produzidos após a vigência deste Código, aos preceitos dele se subordinam, salvo se houver sido prevista pelas partes determinada forma de execução.
Parágrafo único. Nenhuma convenção prevalecerá se contrariar preceitos de ordem pública, tais como os estabelecidos por este Código para assegurar a função social da propriedade e dos contratos.**

Há uma ampla problemática neste artigo. A redação do dispositivo não é boa e gera dúvidas.

De início, um princípio geral: analisam-se os três planos do negócio jurídico: existência, validade e eficácia. No aspecto transitório dos dois Códigos, os requisitos de validade do ato ou do negócio dependerão do exame da lei de 1916 e legislação anterior a este Código. Quanto aos seus efeitos, que se referem diretamente à eficácia do ato ou do negócio, serão do Código de 2002. Assim, por exemplo, um testamento, elaborado sob o pálio do Código de 1916, terá o seu exame de validade de acordo com o velho Código, número de testemunhas, série de solenidades etc. Ocorrendo a morte do testador após a vigência do presente Código, a validade das disposições testamentárias, quem pode ser herdeiro, o que pode ser objeto da herança etc. atenderá os ditames do estatuto de 2002. Nem sempre, porém, dependendo do negócio jurídico, ficará muito claro o plano de eficácia e consequentemente o de seus efeitos, o que merece acurado exame no caso concreto. A propósito, aponta Maria Helena Diniz: "*Os efeitos iniciados, não completados, regem-se segundo a lei nova, reconhecendo-se os elementos essenciais que se realizarem com validade, conforme a lei anterior. Se se negasse isso estar-se ia tornando instável uma relação constituída, ferindo princípios legais (LINDB, art. 6º, §§ 1º a 3º) e constitucionais (CF, art. 5º, XXXVI)*" (2003, p. 178).

A parte final do texto relativa aos efeitos gera certa perplexidade, pois toca diretamente na retroatividade. Nesse diapasão, conclui José Renato Nalini: "*À luz desse entendimento, a segunda parte do art. 2.035 do Código Civil é incompatível com a ordem constitucional, quando dispõe que os efeitos de negócios jurídicos se subordinam a seus preceitos*" (2007, p. 73).

O parágrafo único ressalva os dispositivos de ordem pública no tocante à função social da propriedade e aos contratos. Não era necessário fazê-lo. Todo preceito de ordem pública deve ser observado, obstada a vontade dos interessados em contrário. Assim, essa referência aos contratos e propriedade é meramente enunciativa. A redação é infeliz. A matéria é constitucional. Muitos defendem, com razão, a inconstitucionalidade deste artigo.

É sempre um desafio para a doutrina e para o julgador definir quais são os preceitos de ordem pública. Sua noção é imprecisa e variável no tempo.

Enunciado nº 300, IV Jornada de Direito Civil – CJF/STJ: A lei aplicável aos efeitos atuais dos contratos celebrados antes do novo Código Civil será a vigente na época da celebração; todavia, havendo alteração legislativa que evidencie anacronismo da lei revogada, o juiz equilibrará as obrigações das partes contratantes, ponderando os interesses traduzidos pelas regras revogada e revogadora, bem como a natureza e a finalidade do negócio.

Enunciado nº 396, IV Jornada de Direito Civil – CJF/STJ: A capacidade para contratar a constituição da sociedade submete-se à lei vigente no momento do registro.

Art. 2.036. A locação de prédio urbano, que esteja sujeita à lei especial, por esta continua a ser regida.

A locação de imóveis urbanos está regulada, atualmente, pela Lei nº 8.245/1991. Essa lei destina-se precipuamente à locação de imóveis urbanos. Portanto, de plano, estão excluídos do seu alcance os bens móveis e os imóveis rurais. A tendência é ser considerado urbano o imóvel de acordo com sua destinação e não sua localização. Essa Lei do Inquilinato ressalva, no art. 1º, parágrafo único, locações que são regidas pelo Código Civil e leis especiais:

a) imóveis de propriedade da União, dos Estados e dos Municípios, de suas autarquias e fundações públicas;
b) vagas autônomas de garagem ou de espaços para estacionamento de veículos;
c) espaços destinados à publicidade;
d) apart-hotéis, hotéis-residência ou equiparados, assim considerados aqueles que prestam serviços regulares a seus usuários e como tais estejam autorizados a funcionar;

e) o arrendamento mercantil, em qualquer de suas modalidades.

Assim, pelo presente artigo, permanece aplicável a Lei do Inquilinato e as leis especiais sobre essas outras formas de locação, quando houver. Não havendo lei especial para essas outras modalidades, aplica-se, em princípio, o presente Código Civil. Veja o que expomos sobre a temática em nossa obra *Lei do Inquilinato Comentada*, publicada por esta mesma editora.

Art. 2.037. Salvo disposição em contrário, aplicam-se aos empresários e sociedades empresárias as disposições de lei não revogadas por este Código, referentes a comerciantes, ou a sociedades comerciais, bem como a atividades mercantis.

O conceito de empresário é fornecido pelo art. 966 e o de sociedade empresária pelo art. 967. Veja os comentários a esses artigos. Pelo presente texto, há que se verificar em cada caso concreto se há legislação pretérita aplicável a esses dois conceitos. A tarefa não é fácil, no cipoal de legislação como a brasileira. Mais uma tarefa árdua aos operadores do direito.

Art. 2.038. Fica proibida a constituição de enfiteuses e subenfiteuses, subordinando-se as existentes, até sua extinção, às disposições do Código Civil anterior, Lei nº 3.071, de 1º de janeiro de 1916, e leis posteriores.
§ 1º Nos aforamentos a que se refere este artigo é defeso:
I – cobrar laudêmio ou prestação análoga nas transmissões de bem aforado, sobre o valor das construções ou plantações;
II – constituir subenfiteuse.
§ 2º A enfiteuse dos terrenos de marinha e acrescidos regula-se por lei especial.

1. Extinção paulatina da enfiteuse

Este Código elimina a possibilidade de instituição de novas enfiteuses, mas adverte que as já existentes quando da sua entrada em vigor continuam regidas pelo Código de 1916. Teremos, portanto, durante muito tempo ainda as enfiteuses em nosso país. O Código institui uma extinção paulatina das enfiteuses. Proíbe também a cobrança de laudêmio ou qualquer valor na transmissão do bem aforado sobre o valor da construção ou plantação. Retira assim o estímulo à manutenção do instituto. A ideia é, portanto, erradicar as enfiteuses ainda existentes. Importa examinar o instituto.

2. Enfiteuse. Conceito. Notícia histórica

A enfiteuse é o direito real limitado mais extenso, o que permite a seu titular a maior amplitude de exercício de poderes inerentes à propriedade. Pelo direito brasileiro de 1916, "*dá-se a enfiteuse, aforamento ou emprazamento, quando por ato entre vivos, ou de última vontade, o proprietário atribui a outrem o domínio útil do imóvel, pagando a pessoa, que o adquire, e assim se constitui enfiteuta, ao senhorio direto uma pensão, ou foro, anual, certo e invariável*" (art. 678).

Nossa lei restringiu o alcance da enfiteuse apenas a "*terras não cultivadas ou terrenos que se destinem a edificação*" (art. 680). Preenchendo necessidade social no passado, a enfiteuse hoje é arcaísmo técnico injustificável. Suas finalidades podem ser alcançadas por institutos mais dinâmicos e atuais.

O objetivo desse provecto instituto era permitir ao proprietário que não desejasse ou não pudesse usar o imóvel diretamente cedê-lo a outro seu respectivo uso e gozo, mediante a obrigação de pagamento de um foro para utilização do fundo. Sua constituição, que pode estabelecer-se mediante contrato perpétuo (art. 679), corresponde a virtual alienação (TRABUCCHI, 1992, p. 444). Se estabelecida por tempo determinado, a lei de 1916 a considera um arrendamento, com o qual tem afinidade, e como tal deve ser tratada (art. 679).

Este Código não mais disciplina a enfiteuse, substituindo-a pelo direito de superfície. Tendo em vista a possibilidade de perpetuidade da enfiteuse, durante muito tempo o instituto sobreviverá em nosso universo jurídico. Ao levar em conta esse aspecto, esse art. 2.038 dispõe que fica proibida a constituição de enfiteuses e subenfiteuses, subordinando-se as existentes, até sua extinção, aos princípios do Código Civil de 1916. O § 2º desse artigo ainda se refere à enfiteuse dos terrenos de marinha, que mencionaremos a seguir, a qual continuará a ser regulada por lei especial.

A enfiteuse aproxima-se paralelamente do usufruto, mas dele distingue-se pela extensão e caráter do direito do usufrutuário. Ambos são direitos de gozo e fruição sobre coisa alheia, mas o usufrutuário tem apenas o direito de usar e gozar da coisa, recebendo os frutos. O direito do enfiteuta é mais amplo, podendo usufruir dos produtos da coisa, que não se reproduzem, exaurindo-a. O usufrutuário não pode alterar o bem, ao contrário do enfiteuta. O direito de enfiteuse transmite-se aos herdeiros, enquanto a morte do usufrutuário ou o decurso de prazo estabelecido o extingue. O usufruto é temporário; a enfiteuse é perpétua. O usufrutuário não pode alienar seu direito, o que é garantido ao enfiteuta. Ademais, a enfiteuse dirige-se apenas a terras incultas e terrenos destinados a edificação, restrições não sofridas pelo usufruto.

O instituto da enfiteuse representou no passado um dos primeiros meios para atribuir fundos a quem desejasse trabalhar a terra. Tanto que a lei de 1916 limita seu alcance às terras não cultivadas e terrenos urbanos não edificados. A utilidade maior foi estabelecer forma de fixação do homem na terra, tornando-a produtiva.

Como o direito real limitado mais amplo existente, a enfiteuse contém em seu bojo a possibilidade de alienação do direito enfitêutico, sua transmissibilidade *causa mortis*, constituindo-se verdadeiramente em um *quase-domínio*.

Na época romana, o Estado arrendava terrenos rústicos a colonos, para o fim de cultivo. Esse arrendamento era de longo período, além da vida humana ou perpétuo. A prestação do *ager vectigales* correspondia ao pagamento do foro anual citado na lei atual. No entanto, o proprietário da terra continuava a ser o arrendante. A proximidade da enfiteuse estatuída no Código de 1916 (art. 679) com o arrendamento tem, portanto, essa origem histórica. No Direito Romano, o titular do direito do *ager vectigales* podia aliená-lo ou legá-lo, assumindo o adquirente iguais direitos e obrigações. Na época imperial, a enfiteuse ganhou maior importância, passando a ser designada como *ius perpetuum*, a partir do século IV d. C., atingindo maiores extensões territoriais.

Ao lado do *ager vectigales*, a *emphyteusis* era instituto diverso, constituído por certo tempo, permitindo-se ao final do prazo a elevação do foro ou a retomada da terra. Os dois institutos confundiram-se no decorrer dos séculos e com a codificação justinianeia somente se regulou a modalidade perpétua, com possibilidade de resolução por falta de pagamento do foro ou falta de pagamento de impostos. A enfiteuse assim definitivamente introduzida deveu-se principalmente à necessidade de regular os bens da Igreja, que àquela altura possuía muitas propriedades sob esse regime. Para evitar que os enfiteutas aproveitassem da pouca vigilância das autoridades eclesiásticas, o imperador recorreu ao fim originário da instituição, a fim de possibilitar exploração racional dos fundos. O direito de Justiniano impõe ao enfiteuta a obrigação de comunicar ao proprietário qualquer transferência do terreno, concedendo-lhe direito de preferência, ou seja, direito de extinguir a enfiteuse, pagando o mesmo valor oferecido por terceiro (ARANGIO-RUIZ, 1973, p. 286). Caso não exercesse essa prelação ou preempção, o proprietário recebia uma espécie de tributo, o *laudemium*, equivalente a 2% do preço pago pelo novo enfiteuta. A sanção aplicada para o caso de descumprimento, como também na hipótese da falta de pagamento do foro ou cânon por três anos, era sempre a devolução da coisa. Estava assim traçada a tradição romana do instituto que chegou até nós.

A finalidade de ambos os institutos do passado, com origem no arrendamento, sempre teve por objeto terras incultas ou deficientemente cultivadas, nas quais o cessionário se comprometia a trabalhar.

O termo *enfiteuse*, de origem grega, pela tradição, melhor traduz o sentido do instituto, embora nosso Código se refira a *aforamento* ou *emprazamento* como sinônimos. Foro realça a modalidade de pagamento como sinônimo de pensão enfitêutica, e confunde-se com a expressão idêntica que significa local de audiências. Emprazamento não tem sua origem etimológica original em *prazo*, como a princípio poderia parecer, mas no sentido de *estar de acordo, pacificar* (MIRANDA, 1971, v. 18, p. 65). É o mesmo Pontes (1971, v. 18, p. 179) que criticou veementemente a manutenção da enfiteuse em nossa legislação: "*O Código Civil conserva a enfiteuse, que é um dos cânceres da economia nacional, fruto, em grande parte, de falsos títulos que, amparados pelos governos dóceis a exigências de poderosos, conseguiram incrustar-se nos registros de imóveis.*"

Na Idade Média, a enfiteuse serviu de instrumento de prepotência dos senhores feudais, que mantinham o poder sobre as terras, desaparecendo a singeleza de propósitos do Direito Romano. Pela enfiteuse, permitia-se a conservação do poder político do senhorio direto, enquanto a cultura e exploração da terra eram relegadas aos colonos, que continuavam a pagar a pensão aos proprietários. A enfiteuse era privilégio à disposição dos senhores feudais. Na França, foi abolida com a Revolução, para ser readmitida depois, sob novas vestes exclusivamente obrigacionais.

No Direito português anterior, a enfiteuse sofre modificações em sua estrutura com a permissão do aforamento vitalício, ou por duas ou três gerações, com a possibilidade de aumento do valor do foro. O direito brasileiro afastou-se da odiosidade do instituto na Idade Média, para disciplina-lo na forma original codificada por Justiniano.

As legislações modernas opuseram-se à perpetuidade de exploração da terra, estabelecendo normas para permitir maior facilidade de resgate do fundo pelo enfiteuta, para aquisição da plena propriedade. A Constituição de 1988 dispôs no art. 49 das Disposições Transitórias: "*A lei disporá sobre o instituto da enfiteuse em imóveis urbanos, sendo facultada aos foreiros, no caso de sua extinção, a remição dos aforamentos mediante aquisição do domínio direto, na conformidade do que dispuserem os respectivos contratos.*"

A Carta, nos parágrafos do dispositivo, dispõe que, na falta de avença contratual, se aplicarão os critérios da enfiteuse de direito público, destinados aos imóveis da União, mantendo-se, no entanto, essa enfiteuse pública para os terrenos da orla marítima. A lei constitucional abriu, portanto, ensancha ao legislador ordinário para extinguir a enfiteuse, compreendendo sua inutilidade atual na esfera privada.

A lei refere-se a *domínio útil* e *domínio direto* por apego à tradição. Não há a divisar na enfiteuse dois domínios. Na realidade, o domínio útil do enfiteuta é desdobramento decorrente de um único direito de propriedade. Dá-se o nome de domínio útil ao direito do enfiteuta porque tem ele o direito de usufruir do bem da forma mais ampla e como lhe convier. O domínio direto é do senhorio, a quem fica atribuída a substância do imóvel, afastada a possibilidade de este se utilizar. A perpetuidade é característica que distingue a enfiteuse da locação, como vimos nas raízes históricas. Poucas são as legislações que ainda a admitem.

3. Enfiteuse. Efeitos. Constituição. Objeto

Visto que a necessidade histórica criou a enfiteuse para ocupação das terras, desempenhou ela importante função social também em nosso país, quando havia grandes espaços a serem ocupados e explorados. Os que não possuíam terras viam-se estimulados a essa modalidade de arrendamento perpétuo. Os donos da terra, por sua vez, encontravam meio de ocupá-la, mantendo-a utilizada e livre de invasões.

O desinteresse atual do instituto deve-se ao desaparecimento de grandes porções de terra desocupadas, à desvalorização da moeda e à valorização das terras, independentemente do fenômeno da inflação e da impossibilidade de aumento do valor do foro. Hoje, a sociedade vê-se às voltas com novos problemas de ocupação do solo improdutivo que exigem intervenção do Estado, com meios jurídicos mais eficazes. Destarte, raro será o contrato mais recente de enfiteuse. Os problemas dela decorrentes prendem-se às antigas enfiteuses ainda existentes em grande número e àquelas enfiteuses legais, cujo domínio direto pertence à União, reguladas por legislação específica, com princípios de direito público.

Como é direito inferior ao de propriedade, mas de espectro mais amplo, o enfiteuta exerce poderes muito próximos do domínio. Pode locar, emprestar, ceder seu direito sobre a coisa, exercendo quase todos os direitos inerentes ao domínio. O senhorio direto restringe-se a âmbito diminuto de atuação, em que se percebem apenas resquícios de propriedade.

A lei de 1916 dispõe que pode ser constituída por ato entre vivos e de última vontade, devendo, portanto, ser obedecidos os requisitos do contrato e do testamento. Qualquer que seja a forma adotada, deve receber o registro imobiliário para se estabelecer o direito real. O simples contrato, enquanto não registrado, não gera direito real. Sua *perpetuidade* é efeito característico, pois, se houver prazo determinado, não passará de singelo arrendamento (art. 679). O direito do foreiro ou enfiteuta transmite-se *causa mortis* como o direito de propriedade, mas não pode a área ser dividida em glebas sem consentimento do senhorio (art. 681). A coenfiteuse, contudo, pode decorrer de direito hereditário.

Se a enfiteuse pertencer a vários foreiros, a exemplo do condomínio, os comunheiros devem eleger um *cabecel* (art. 690), em seis meses a contar do início do direito em comum, sob pena de ser devolvido ao senhorio o direito de escolha. O cabecel representa ativa e passivamente a comunhão foreira, com direito a ação regressiva na proporção das respectivas quotas-partes.

O art. 680 restringe a aplicação da enfiteuse apenas a terras não cultivadas e aos terrenos destinados a edificação. É o instituto pelo qual nosso legislador anterior manteve o intuito histórico de aproveitamento da propriedade. Se for constituída para terras já cultivadas ou terrenos construídos, deve ser regulada como arrendamento ou locação por prazo indeterminado.

4. Direitos e deveres do enfiteuta

O enfiteuta coloca-se na situação peculiar de desfrute do chamado *domínio útil*. Não esquecendo que a origem da enfiteuse foi o contrato de arrendamento, com este guarda afinidades.

Nesse domínio útil, o enfiteuta pode usar, gozar e dispor dos limites concedidos por tal direito, podendo receber frutos e rendimentos. Em seu uso, não pode destruir-lhe a substância, que pertence ao senhorio. Seu direito de alienar não é, porém, ilimitado. Para isso, deve avisar o senhorio nas hipóteses de venda ou dação em pagamento, porque este tem direito de preferência na aquisição. O senhorio tem prazo de 30 dias para declarar se exercerá a prelação, pelo mesmo preço e nas condições oferecidas. Essa declaração a lei exige que seja escrita, datada e assinada pelo senhorio. O prazo é decadencial (art. 630). Não se manifestando o titular do domínio direto ou declarando-se pela negativa, livre está o enfiteuta para a alienação. A situação é a mesma da preempção colocada como pacto adjecto à compra e venda. Aqui, não se nega que o senhorio tenha direito real de aquisição, podendo depositar o preço pago pela coisa cuja alienação não lhe foi oferecida, para havê-la para si. Quando não houve a afronta ou aviso ao senhorio, o qual deve ser devidamente documentado, embora não exista forma prevista em lei (carta com AR, notificação etc.), o trintídio legal flui do registro imobiliário da aquisição por terceiro. Cuida-se de hipótese em que a propriedade é resolúvel, conforme já estudamos. Se, feita a afronta ao senhorio, o enfiteuta vier a alterar a proposta, deve renovar a notificação, para não obstar a prelação sob as novas condições. Nesse sentido, dispõe o art. 685: "*Se o enfiteuta não cumprir o disposto no art. 683, poderá o senhorio direto usar, não obstante, de seu direito de preferência, havendo do adquirente o prédio pelo preço da aquisição.*"

Na verdade, o senhorio nessa hipótese não adquire o prédio, mas torna ineficaz a alienação e consolida seu domínio. Não usando dessa preferência, sempre que ocorrer venda ou dação em pagamento do direito enfitêutico, o senhorio tem direito ao laudêmio, como veremos.

O art. 683 restringe a exigência de preempção ao senhorio para os casos de venda e dação em pagamento. O art. 688 permite que o enfiteuta perfaça doação, dação em dote ou permuta por coisa não fungível. Nessas hipóteses, não há direito de preferência, mas o foreiro que não comunicar a ocorrência desses negócios jurídicos ao senhorio em 60 dias contados da transmissão continuará responsável pelo pagamento do foro.

De outro lado, o enfiteuta também tem, e com maior razão, direito de adquirir o bem na hipótese de o titular do domínio direto pretender aliená-lo por venda ou dação em pagamento. Esse direito é exercido em simetria com o direito do senhorio, sob os mesmos princípios: "*Compete igualmente ao foreiro o direito de preferência, no caso de querer o senhorio vender o domínio direto ou dá-lo em pagamento. Para este efeito, ficará o dito senhorio sujeito à mesma obrigação imposta, em semelhantes circunstâncias, ao foreiro*" (art. 684), aplicando-se tudo o que foi exposto, inclusive quanto ao depósito do preço.

É direito do foreiro instituir *subenfiteuse* (art. 694). Este Código veda a instituição de subenfiteuse a partir de sua vigência. Se a enfiteuse hoje se mostra em desuso e inconveniente, que dizer então desse instituto configurado por meio de um subcontrato! O artigo do Código dispõe que a subenfiteuse será regulada pelos mesmos princípios, sendo o senhorio originário estranho no negócio. Aplicam-se, porém, as regras que regem os subcontratos ou contratos derivados. Desaparecido o contrato originário ou seu objeto, desaparece o contrato derivado, resumindo-se em perdas e danos. Várias situações práticas poderiam ser trazidas à baila sob a matéria, em simetria com a sublocação, mas a falta de interesse prático não aconselha maiores digressões. Tendo em vista a acerba crítica que sofre essa modalidade, o Código de 2002 foi expresso, proibindo que seja constituída subenfiteuse sobre as enfiteuses ainda remanescentes (art. 2.038, § 1º, II).

Com os atributos de uma quase-propriedade, o enfiteuta pode gravar com hipoteca o imóvel, estabelecer servidões e usufruto, os quais ficam subordinados à extinção, na hipótese de se extinguir o aforamento, pois esses direitos, como regra, não atingem o senhorio.

É direito do enfiteuta, inclusive no tocante aos aforamentos instituídos antes do Código Civil, resgatar a enfiteuse, obtendo a propriedade plena, dez anos após a constituição do emprazamento, "*mediante pagamento de um laudêmio, que será de 2,5% (dois e meio por cento) sobre o valor atual da propriedade plena, e de 10 (dez) pensões anuais pelo foreiro*" (art. 693). Esse direito é irrenunciável pela mesma disposição de lei e distingue-o da enfiteuse medieval. O prazo de dez anos originalmente no Código era de 30 anos, tendo sido alterado pela Lei nº 5.827/1972.

O enfiteuta está obrigado a pagar o foro anual na importância fixada no título constitutivo, sob pena de cair em *comisso*, perder o direito, se deixar de pagar três anos consecutivos (art. 692, II). Não esqueçamos que o valor do foro deve ser monetariamente atualizado. O simples valor nominal da moeda, em época inflacionária, simplesmente tornaria o valor simbólico, fazendo desaparecer por via transversa o instituto. Ocorrendo o comisso, o foreiro tem direito a ressarcimento por benfeitorias necessárias.

É obrigação do foreiro pagar os impostos e ônus reais que gravarem o imóvel (art. 682), pois é ele quem usufrui da propriedade.

A renúncia à enfiteuse é expressamente descrita no art. 687, que permite o abandono ao senhorio, independentemente de sua anuência. Trata-se de ato unilateral, devendo a renúncia ser averbada no registro imobiliário. A renúncia em prejuízo de credores do enfiteuta caracteriza modalidade especial de fraude contra credores, obstando-lhe a lei: "*Se o enfiteuta pretender abandonar gratuitamente ao senhorio o prédio aforado, poderão opor-se os credores prejudicados com o abandono, prestando caução pelas pensões futuras, até que sejam pagos de suas dívidas*" (art. 691).

Enquanto não satisfeitos os credores do foreiro, a renúncia será ineficaz para eles, não se consolidando a propriedade plena nas mãos do senhorio, o qual pode, se desejar, solver as obrigações pendentes. De qualquer modo, ainda nessa hipótese, tem-se por renunciado o direito do enfiteuta, apenas restando suspensa sua eficácia em relação aos credores que deverão prestar caução ao senhorio para as pensões futuras.

Não tem direito à remissão o enfiteuta por esterilidade ou destruição parcial do prédio e pela perda dos frutos (art. 687). Ninguém pode, contudo, ser titular de direito real contra sua vontade. Não se lhe obsta o abandono. Poderá, no caso descrito de remissão, gerar direito indenizatório para o senhorio, se agir com culpa.

5. Direitos e deveres do senhorio

Já vimos que o senhorio tem preferência na aquisição do bem no caso de venda ou dação em pagamento pelo foreiro. Aplica-se o que foi exposto. Não usando dessa faculdade legal, terá o senhorio direito a receber o *laudêmio*, como compensação pelo não exercício da preempção, que será de 2,5% sobre o preço da alienação, se outro não tiver sido fixado no título de aforamento (art. 686). Como a percentagem incide sobre o valor atual da coisa, o senhorio pode usufruir de valorização para a qual não concorreu. Por essa razão, o dispositivo sofre crítica da doutrina. Mais justo que o percentual incidisse sobre o valor do terreno, obedecendo-se à finalidade do instituto. O Código italiano, por exemplo, extinguiu a prestação no caso de alienação do direito enfitêutico. Atento a essa crítica, o art. 2.038, § 1º, das Disposições Finais e Transitórias do Código Civil de 2002, proibiu a cobrança do laudêmio ou "*prestações análogas*", sobre o valor das construções ou plantações. O presente Código se refere às prestações análogas para evitar que o laudêmio seja mascarado de aluguel ou outra forma de pagamento.

Conserva o senhorio a substância da coisa. Pouco lhe resta no âmbito do direito de domínio. A percepção do foro anual, que aproxima o instituto do arrendamento, é disciplinada na própria conceituação do aforamento no art. 678. Diz a lei que esse foro é *certo e invariável*. Já nos reportamos à questão da correção monetária, embora na prática ainda exista resistência na doutrina. Não há qualquer valor que possa ficar restrito ao valor nominal da moeda neste país, mormente em instituto que perdura indefinidamente. O que não se pode alterar é o valor intrínseco em virtude de valorização da coisa, para cuja finalidade a enfiteuse foi instituída. Para essa valorização concorreu apenas o enfiteuta.

Essa a ideia da lei. Correção monetária não se confunde com valorização.

Na hipótese de penhora do domínio útil, o senhorio terá preferência no caso de arrematação em igualdade de condições com os demais lançadores, devendo ser intimado para a praça. Na falta de lanço, poderá adjudicar o bem, consolidando para si a propriedade (art. 689).

6. Extinção da enfiteuse

Ao examinarmos os direitos e deveres do enfiteuta e do senhorio, analisamos algumas das formas de extinção da enfiteuse. Extingue-se o direito real limitado quando um ou outro titular do direito sobre a coisa o adquire do outro, consolidando-se a propriedade plena para o enfiteuta ou para o senhorio, nas hipóteses dos arts. 683 e 685. A renúncia, como exposto, também extingue a enfiteuse (art. 687), assim também o abandono gratuito pelo enfiteuta (art. 691). Pode também extinguir-se quando o enfiteuta, executado, deixar o bem ir à praça, permitindo-se que o senhorio arremate ou adjudique o bem, consolidando-se o domínio (art. 689).

As causas extintivas da propriedade também extinguem a enfiteuse. Desse modo, perecendo o objeto, não há mais sobre onde recair o direito.

Na desapropriação, o instituto de igual maneira desaparece. Racional a opinião segundo a qual nessa hipótese não tem o senhorio direito a laudêmio, porque não se trata de alienação. Caio Mário da Silva Pereira (1993, p. 167) sustenta com firmeza que a coisa deve ser avaliada, devendo o senhorio receber o valor correspondente a sua substância, cabendo ao enfiteuta o valor do domínio útil. Há entendimento em contrário, o qual não encontra, em nosso entender, substrato legal. A lei deveria ser expressa acerca do laudêmio em caso de desapropriação. O ordenamento refere-se apenas à venda e à dação em pagamento, negócios inconfundíveis com a desapropriação. Onde a lei não distingue, não é dado ao intérprete distinguir. Não é devido o laudêmio nessa hipótese.

O art. 692, porém, é peremptório ao estatuir que se extingue a enfiteuse:

> "I – pela natural deterioração do prédio aforado, quando chegue a não valer o capital correspondente ao foro e mais um quinto deste;
> II – pelo compromisso, deixando o foreiro de pagar as pensões devidas, por 3 (três) anos consecutivos, caso em que o senhorio o indenizará das benfeitorias necessárias;
> III – falecendo o enfiteuta, sem herdeiros, salvo o direito dos credores."

O dispositivo cuida, como vemos, de outras formas de extinção do aforamento.

Na primeira hipótese, a extinção depende de iniciativa do próprio enfiteuta. O prédio já não possui valor econômico. Muito mais fácil na prática o singelo abandono da coisa. Pode o foreiro responder por perdas e danos se agiu com culpa.

O comisso é a forma de extinção mais importante fixada no artigo. Não decorre do simples inadimplemento. A jurisprudência e a doutrina em uníssono entendem necessária a decisão judicial, permitindo-se a purgação da mora pelo enfiteuta: *"O enfiteuta pode purgar a mora enquanto não decretado o comisso por sentença"* (Súmula 122 do STF).

Não deixando o enfiteuta herdeiros ou credores, também se extingue a enfiteuse. É hipótese de *caducidade* do direito. Havendo credores, não recebem eles a coisa, mas apenas o valor de seu crédito. O que sobrestar pertence ao senhorio porque a propriedade, ainda que onerada por dívidas, consolidou-se em suas mãos. Claro também que não se consolida a propriedade para o senhorio se o enfiteuta atribuiu o direito em legado. O legatário sucede na coisa certa e determinada estipulada no testamento. Temos de entender que o legislador disse menos do que pretendeu. Razão não há para restringir a interpretação. O Estado está colocado em quinto lugar na ordem de vocação hereditária, mas sua situação jurídica não é de herdeiro típico; não tem a *saisine*. Caso contrário, não faria sentido a disposição, que procurou justamente afastá-lo da sucessão nessa hipótese. O Estado somente pode receber bem aforado por testamento.

Lembre também que a enfiteuse é adquirida por usucapião, por quem ignora o aforamento do imóvel. Ocorrendo a prescrição aquisitiva por estranho ao instituto, adquire a propriedade plena. Nessa hipótese, há necessidade de inércia tanto do foreiro como do titular do domínio direto.

Não é sustentável, no entanto, a usucapião do enfiteuta contra o titular do domínio direto. O título originário do enfiteuta não gera a posse *ad usucapionem*. O senhorio também não pode usucapir, porque já é titular de parcela referente à substância da propriedade, situação ínsita no título constitutivo, em que o domínio útil foi cedido em caráter perpétuo ao enfiteuta.

A possibilidade de resgate já mencionada é importante faculdade de extinção da enfiteuse, o que a distingue do instituto medieval. Vimos que, após dez anos de vigência, o enfiteuta tem o direito de resgatar o foro na forma do art. 693. A Lei nº 5.827/72, que reduziu o prazo para dez anos, também acrescentou a possibilidade de resgate às enfiteuses constituídas antes da vigência do Código, pondo fim à vacilação doutrinária e jurisprudencial. Esse direito ao resgate é irrenunciável segundo tal disposição. A intenção do legislador é fugir de todas as formas do resquício medieval de perpetuidade que o instituto pudesse apresentar. Qualquer renúncia ao direito de resgate é ineficaz. O enfiteuta pode não exercer o direito de resgate; é direito potestativo. Todavia, não pode a ele renunciar.

Extingue-se a enfiteuse também pela confusão, quando na mesma pessoa se reúnem as qualidades de enfiteuta e senhorio.

Já nos referimos a este art. 2.038 das Disposições Finais e Transitórias do vigente Código. Por esse dispositivo, fica proibida a constituição de enfiteuses e subenfiteuses, subordinando-se as existentes ao Código Civil de 1916. Não há, porém, exigência legal no sentido de sua extinção. Contudo, o proveto e esquecido Projeto nº 6.960/2002 tentou acrescentar parágrafo a esse artigo, assim estatuindo: *"Fica definido o prazo peremptório de dez anos para a regularização das enfiteuses existentes e pagamentos dos foros em atraso, junto à repartição pública competente. Decorrido esse período, todas as enfiteuses que se encontrarem regularmente inscritas e em dia com suas obrigações, serão declaradas extintas, tornando-se propriedade plena privada. As demais reverterão de pleno direito para o patrimônio da União."* A vingar essa proposta, as enfiteuses deixarão de existir no território nacional em dez anos a contar da vigência do Código de 2002. A medida é salutar, pois uma vez feita a opção pela extinção da enfiteuse no ordenamento, não há que se permitir que os institutos ainda existentes perdurem indefinidamente.

7. Ações decorrentes da enfiteuse

O senhorio tem ação contra o enfiteuta para cobrança do foro ou laudêmio. Essas ações de cobrança são de natureza pessoal, embora parte da doutrina sustente o contrário, como Pontes de Miranda (1971, v. 18, p. 178). A origem do instituto, porém, é o contrato de arrendamento, relação contratual. Não se confunde a obrigação, a prestação, com o próprio direito real na enfiteuse. Tem também a ação de *comisso* para obter a extinção do instituto, ocorrendo a hipótese de não pagamento especificada na lei. Contra terceiros, o senhorio tem ação reivindicatória, que tem por objeto o domínio útil.

O enfiteuta tem ação possessória contra quem lhe moleste a posse, inclusive contra o senhorio. Pode reivindicar a coisa se for privado do exercício do direito de enfiteuse, inclusive contra o senhorio.

As ações confessória e negatória também podem ser propostas contra o senhorio para que sejam cumpridas as obrigações por ele eventualmente assumidas no título constitutivo.

O foreiro possui ação contra o adquirente, quando não lhe foi dada preferência na aquisição, para depositar o preço e haver o direito para si.

A ação declaratória sempre é viável para o acertamento jurídico da existência da enfiteuse.

8. Enfiteuse da União

A lei estabelece instituto que também denomina enfiteuse, de natureza especial, porém não sujeito a resgate. Esse instituto incide nos chamados terrenos de marinha que são os que bordejam mar, rios ou lagoas onde exista influência das marés. Abrange a enfiteuse da União a área de 33 metros para dentro dos terrenos, medidos do preamar médio. Essa legislação é eminentemente de direito público e regula-se pelo Decreto-lei nº 9.760/1946, com referência no art. 20, VII, da Constituição Federal. O simples fato de não existir direito de resgate já afasta o instituto da compreensão do direito privado. Tanto assim que o Código de 2002 que extingue a enfiteuse ressalva expressamente que a enfiteuse dos terrenos de marinha e acrescidos continuará a ser regulada por lei especial.

O legislador utiliza-se apenas dos princípios fundamentais do instituto de direito civil, tanto que, se extinta a enfiteuse no campo privado, a instituição pública subsistirá por sua própria legislação. Subsidiariamente, é verdade, chamam-se à colação os princípios do direito privado.

Os terrenos de marinha pertencem ao domínio direto da União, pois dizem respeito à segurança nacional. A União também pode constituir enfiteuses sobre outros terrenos, cabendo o procedimento administrativo ao Serviço de Patrimônio da União (SPU). O § 2º do art. 64 do Decreto-lei nº 9.760/1946 dispõe: *"o aforamento se dará quando coexistirem a conveniência de radicar-se o indivíduo ao solo e a de manter-se o vínculo da propriedade pública"*. A finalidade, portanto, não se afasta da origem histórica do instituto. As disposições sobre o aforamento estão nos arts. 99 a 124 desse diploma legal. A interpretação dessas normas, embora a base seja toda de direito privado, cabe aos princípios de direito administrativo, em que a matéria deve ser aprofundada.

A concessão de aforamento decorre de ato administrativo. O foro é estabelecido em valor proporcional ao domínio pleno, 0,6%, devendo ser anualmente atualizado. O valor do laudêmio é de 5% sobre o valor do terreno e acessões, porcentagem maior que a estabelecida no Código Civil. O foro e o laudêmio são créditos fiscais, cobrados por meio de execução.

O Projeto nº 6.960/2002, que sempre lembramos como adminículo histórico, tentou acrescentar no § 2º desse art. 2.038 do Código em vigor que ficaria proibida a instituição de enfiteuse e subenfiteuse dos terrenos de marinha e acrescidos, subordinando-se as existentes às disposições contidas na legislação específica. A alteração em lei ordinária seria inócua, pois essa enfiteuse subordina-se a princípios administrativos e cabe ao legislador regulá-la, inclusive ampliando-a, se for oportuno e conveniente.

Art. 2.039. O regime de bens nos casamentos celebrados na vigência do Código Civil anterior, Lei nº 3.071, de 1º de janeiro de 1916, é o por ele estabelecido.

Este Código introduziu modificações nos regimes de bens, tendo abolido o regime dotal. Os casamentos realizados na vigência do Código anterior terão os regimes de bens regulados por ele. Rara a adoção do regime dotal no passado, mas se houve matrimônio realizado com esse regime, por ele continuará regido. A doutrina majoritária entende que a possibilidade de alteração do regime de bens deste Código no curso do casamento (art. 1.639, § 2º) é possível para qualquer casamento, também para os realizados sob o estatuto anterior.

Enunciado nº 260, III Jornada de Direito Civil – CJF/STJ: A alteração do regime de bens prevista no § 2º do art. 1.639 do Código Civil também é permitida nos casamentos realizados na vigência da legislação anterior.

Art. 2.040. A hipoteca legal dos bens do tutor ou curador, inscrita em conformidade com o inciso IV do art. 827 do Código Civil anterior, Lei nº 3.071, de 1º de janeiro de 1916, poderá ser cancelada, obedecido o disposto no parágrafo único do art. 1.745 deste Código.

Veja o que comentamos sobre a garantia da tutela, e consequentemente da curatela, no art. 1.745. Como vimos, poderá ser exigida caução para garantir o exercício da tutela, tendo sido abolida a exigência da hipoteca legal, constante no Código de 1916. Assim, tutelas que tinham como garantia essa hipoteca sob o pálio do estatuto anterior podem, sob este Código, ter como garantia qualquer modalidade de caução idônea, cancelando-se a hipoteca, se o magistrado entender necessário e conveniente. O presente Código eliminou a hipoteca legal. Assim, a partir da vigência deste estatuto, não há mais necessidade de os tutores e curadores oferecerem imóveis para a hipoteca legal. O dispositivo extinto era um grande empecilho para o exercício do múnus da tutela e curatela.

A extinção dessa hipoteca depende de autorização legal, em procedimento com participação do Ministério Público, pois o juiz avaliará a conveniência de ser mantida outra modalidade de caução. Essa hipoteca será extinta com a expedição de mandado averbatório expedido pelo Judiciário.

Art. 2.041. As disposições deste Código relativas à ordem da vocação hereditária (arts. 1.829 a 1.844) não se aplicam à sucessão aberta antes de sua vigência, prevalecendo o disposto na lei anterior (Lei nº 3.071, de 1º de janeiro de 1916).

Essa regra é tradicional e compreendida com facilidade. Relaciona-se com o princípio da *saisine*. As regras da ordem de vocação hereditária serão sempre aquelas vigentes quando da morte. Ou, em outras palavras, a lei do momento da morte se aplica à ordem de vocação hereditária. Nesse sentido, o art. 1.787: "*Regula a sucessão e a legitimação para suceder a lei vigente ao tempo da abertura daquela.*" No mesmo sentido, o art. 1.577 do Código de 1916. Portanto, durante muito tempo ainda, nas sucessões abertas antes da vigência deste Código, serão examinadas as questões hereditárias conforme a lei anterior, enquanto não terminados os inventários e partilhas. Em razão do dispositivo presente neste mesmo Código, é supérfluo este art. 2.041 e nada acrescenta.

Art. 2.042. Aplica-se o disposto no *caput* do art. 1.848, quando aberta a sucessão no prazo de um ano após a entrada em vigor deste Código, ainda que o testamento tenha sido feito na vigência do anterior, Lei nº 3.071, de 1º de janeiro de 1916; se, no prazo, o testador não aditar o testamento para declarar a justa causa de cláusula aposta à legítima, não subsistirá a restrição.

Veja o que comentamos no art. 1.848. Cuida-se da inovação deste Código no tocante às cláusulas de inalienabilidade, impenhorabilidade e incomunicabilidade da legítima. O Código de 2002, no intuito de restringir sua utilização, exige que somente possam ser apostas mediante justificação em testamento. Enfatizamos, na oportunidade, que não há razão jurídica e lógica para incluir a incomunicabilidade no mesmo plano, pois nem sempre será necessária e possível uma justificativa para ela.

Essa regra teve por objetivo conceder prazo razoável ao testador para justificar as cláusulas na porção legítima, se o testamento foi elaborado antes de sua vigência. Só subsistirão as restrições se nesse prazo de um ano o testador fizer o aditamento, que só pode ocorrer por outro testamento. Se não tiver sido feito o aditamento, a disposição sem justa causa é ineficaz e somente outro testamento poderá atingir o objetivo do testador.

Art. 2.043. Até que por outra forma se disciplinem, continuam em vigor as disposições de natureza processual, administrativa ou penal, constantes de leis cujos preceitos de natureza civil hajam sido incorporados a este Código.

As normas do Código Civil são em princípio de direito substantivo. As normas processuais, administrativas e penais dos vários novos institutos continuam em vigor, ainda que necessitem ser adaptadas ao novo estatuto civil, cabendo à jurisprudência aparar as arestas, o que nem sempre é simples. Importa sempre ter em mira o princípio da ampla defesa e demais princípios constitucionais.

Art. 2.044. Este Código entrará em vigor um ano após a sua publicação.

Foram feitas tentativas para prorrogação desse período ânuo de *vacatio legis*, o qual, no entanto, acabou prevalecendo. Note que o legislador mencionou um ano e não se reportou ao número de dias, conforme exige a

Lei Complementar nº 95/1998 (art. 8º, § 2º), alterada pela Lei Complementar nº 107/2001. Por força dessas normas há que se referir que o Código desconsiderou a exigibilidade em mencionar número de dias na *vacatio legis*. Assim, há que se estabelecer o número de 365 dias para a entrada em vigor, a fim de que se afaste a incerteza. Conforme o dispositivo citado da LC, inclui-se no prazo a data da publicação e o último dia de prazo, entrando em vigor no dia subsequente à consumação integral. O Código foi publicado oficialmente em 11.1.2002 e, pela contagem de dias, entrou em vigor em 11.1.2003 (DINIZ, 2003, p. 516).

Art. 2.045. Revogam-se a Lei nº 3.071, de 1º de janeiro de 1916 – Código Civil e a Parte Primeira do Código Comercial, Lei nº 556, de 25 de junho de 1850.

O legislador não se esforçou em obedecer à Lei Complementar nº 95/98, art. 9º, alterado pela Lei Complementar 107/2001, art. 1º, que determina que a cláusula de revogação deve enumerar expressamente as leis revogadas. Limitou a mencionar a revogação integral do Código Civil de 1916 e a derrogação parcial do Código Comercial. Com isso, criou-se a tarefa ciclópica para o intérprete definir, dentro do cipoal legislativo brasileiro, as leis efetivamente revogadas ou derrogadas (revogadas parcialmente) por este Código. Houve aqui desídia inexplicável do legislador. Quando as leis colidirem tacitamente com este Código, terão sido revogadas. Nada mais simples em alguns casos, nada tão complexo em outros. Há que se reportar às antinomias jurídicas e seus vários critérios, matéria que refoge ao âmbito deste trabalho. Nessa seara desponta o profundo trabalho de Maria Helena Diniz (2003, p. 529), além das obras clássicas de Carlos Maximiliano e Vicente Ráo.

Enunciado nº 74, I Jornada de Direito Civil – CJF/STJ: Apesar da falta de menção expressa, como exigido pelas LCs 95/98 e 107/2001, estão revogadas as disposições de leis especiais que contiverem matéria regulada inteiramente no novo Código Civil, como, *v.g.*, as disposições da Lei nº 6.404/76, referente à sociedade comandita por ações, e do Decreto nº 3.708/1919, sobre sociedade de responsabilidade limitada.

Enunciado nº 75, I Jornada de Direito Civil – CJF/STJ: A disciplina de matéria mercantil no novo Código Civil não afeta a autonomia do Direito Comercial.

Enunciado nº 164, I Jornada de Direito Civil – CJF/STJ: Tendo início a mora do devedor ainda na vigência do Código Civil de 1916, são devidos juros de mora de 6% ao ano, até 10 de janeiro de 2003; a partir de 11 de janeiro de 2003 (data de entrada em vigor do novo Código Civil), passa a incidir o art. 406 do Código Civil de 2002.

Apelação cível. Locação. Ação de despejo por falta de pagamento c/c cobrança de locativos. Comprovada a relação contratual entre as partes e o descumprimento pela demandada do dever de adimplir os locativos, a condenação se impõe. **Exoneração de fiança. Norma aplicável.** "1. Na vigência do Código de Civil de 1916, a exoneração da fiança prestada por prazo indeterminado pressuponha o acordo de vontades ou ajuizamento de ação própria. Com o advento do Código Civil de 2002, tornou-se possível a exoneração mediante notificação extrajudicial, permanecendo hígida a fiança nos sessenta dias imediatamente subsequentes. 2. Essa nova modalidade de exoneração da fiança, presente a norma contida no art. 2.035 do Código Civil de 2002, alcança tanto os contratos celebrados na sua vigência quanto os firmados sob a égide do Código Civil de 1916. Precedentes do STJ. Lição da doutrina. 3. Caso em que os cofiadores notificaram a parte-locadora, nos termos do art. 835 do Código Civil de 2002, de modo que não podem ser responsabilizados por débitos vencidos após a extinção da fiança. Apelo provido. (Apelação Cível Nº 70044428670, Décima Sexta Câmara Cível, Tribunal de Justiça do RS, Relator: Paulo Sérgio Scarparo, Julgado em 25/08/2011)" por unanimidade, negaram provimento aos recursos (*TJRS* – Acórdão: Apelação Cível nº 70042595223, 30-5-2012, Rel. Des. Angelo Maraninchi Giannakos).

Art. 2.046. Todas as remissões, em diplomas legislativos, aos Códigos referidos no artigo antecedente, consideram-se feitas às disposições correspondentes deste Código.

O intérprete encontrará no ordenamento por vezes remissões a artigos revogados que hão de se referir ao equivalente deste Código de 2002. Poderá não haver equivalente. A regra é de bom-senso, que faltou ao legislador no artigo antecedente.

Brasília, 10 de janeiro de 2002; 181º da Independência e 114º da República.

FERNANDO HENRIQUE CARDOSO
Aloysio Nunes Ferreira Filho
Diário Oficial da União de 11.1.2002.

SÚMULAS VINCULANTES
DO SUPREMO TRIBUNAL FEDERAL

Súmula Vinculante nº 1

Ofende a garantia constitucional do ato jurídico perfeito a decisão que, sem ponderar as circunstâncias do caso concreto, desconsidera a validez e a eficácia de acordo constante de termo de adesão instituído pela Lei Complementar nº 110/2001.

Súmula Vinculante nº 2

É inconstitucional a lei ou ato normativo estadual ou distrital que disponha sobre sistemas de consórcios e sorteios, inclusive bingos e loterias.

Súmula Vinculante nº 3

Nos processos perante o Tribunal de Contas da União asseguram-se o contraditório e a ampla defesa quando da decisão puder resultar anulação ou revogação de ato administrativo que beneficie o interessado, excetuada a apreciação da legalidade do ato de concessão inicial de aposentadoria, reforma e pensão.

Súmula Vinculante nº 4

Salvo nos casos previstos na Constituição, o salário mínimo não pode ser usado como indexador de base de cálculo de vantagem de servidor público ou de empregado, nem ser substituído por decisão judicial.

Súmula Vinculante nº 5

A falta de defesa técnica por advogado no processo administrativo disciplinar não ofende a Constituição.

Súmula Vinculante nº 6

Não viola a Constituição o estabelecimento de remuneração inferior ao salário mínimo para as praças prestadoras de serviço militar inicial.

Súmula Vinculante nº 7

A norma do § 3º do artigo 192 da Constituição, revogada pela Emenda Constitucional nº 40/2003, que limitava a taxa de juros reais a 12% ao ano, tinha sua aplicação condicionada à edição de lei complementar.

Súmula Vinculante nº 8

São inconstitucionais o parágrafo único do artigo 5º do Decreto-Lei nº 1.569/1977 e os artigos 45 e 46 da Lei nº 8.212/1991, que tratam de prescrição e decadência de crédito tributário.

Súmula Vinculante nº 9

O disposto no artigo 127 da Lei nº 7.210/1984 (Lei de Execução Penal) foi recebido pela ordem constitucional vigente, e não se lhe aplica o limite temporal previsto no caput do artigo 58.

Súmula Vinculante nº 10

Viola a cláusula de reserva de plenário (CF, artigo 97) a decisão de órgão fracionário de Tribunal que embora não declare expressamente a inconstitucionalidade de lei ou ato normativo do poder público, afasta sua incidência, no todo ou em parte.

Súmula Vinculante nº 11

Só é lícito o uso de algemas em casos de resistência e de fundado receio de fuga ou de perigo à integridade física própria ou alheia, por parte do preso ou de terceiros, justificada a excepcionalidade por escrito, sob pena de responsabilidade disciplinar, civil e penal do agente ou da autoridade e de nulidade da prisão ou do ato processual a que se refere, sem prejuízo da responsabilidade civil do Estado.

Súmula Vinculante nº 12

A cobrança de taxa de matrícula nas universidades públicas viola o disposto no art. 206, IV, da Constituição Federal.

Súmula Vinculante nº 13

A nomeação de cônjuge, companheiro ou parente em linha reta, colateral ou por afinidade, até o terceiro grau, inclusive, da autoridade nomeante ou de servidor da mesma pessoa jurídica investido em cargo de direção, chefia ou assessoramento, para o exercício de cargo em comissão ou de confiança ou, ainda, de função gratificada na administração pública direta e indireta em qualquer dos Poderes da União, dos Estados, do Distrito Federal e dos Municípios, compreendido o ajuste mediante designações recíprocas, viola a Constituição Federal.

Súmula Vinculante nº 14

É direito do defensor, no interesse do representado, ter acesso amplo aos elementos de prova que, já documentados em procedimento investigatório realizado por órgão com competência de polícia judiciária, digam respeito ao exercício do direito de defesa.

Súmula Vinculante 15

O cálculo de gratificações e outras vantagens do servidor público não incide sobre o abono utilizado para se atingir o salário mínimo.

Súmula Vinculante nº 16

Os artigos 7º, IV, e 39, § 3º (redação da EC 19/98), da Constituição, referem-se ao total da remuneração percebida pelo servidor público.

Súmula Vinculante nº 17

Durante o período previsto no parágrafo 1º do artigo 100 da Constituição, não incidem juros de mora sobre os precatórios que nele sejam pagos.

Súmula Vinculante nº 18

A dissolução da sociedade ou do vínculo conjugal, no curso do mandato, não afasta a inelegibilidade prevista no § 7º do artigo 14 da Constituição Federal.

Súmula Vinculante nº 19

A taxa cobrada exclusivamente em razão dos serviços públicos de coleta, remoção e tratamento ou destinação de lixo ou resíduos provenientes de imóveis, não viola o artigo 145, II, da Constituição Federal.

Súmula Vinculante nº 20

A Gratificação de Desempenho de Atividade Técnico-Administrativa - GDATA, instituída pela Lei nº 10.404/2002, deve ser deferida aos inativos nos valores correspondentes a 37,5 (trinta e sete vírgula cinco) pontos no período de fevereiro a maio de 2002 e, nos termos do artigo 5º, parágrafo único, da Lei nº 10.404/2002, no período de junho de 2002 até a conclusão dos efeitos do último ciclo de avaliação a que se refere o artigo 1º da Medida Provisória no 198/2004, a partir da qual passa a ser de 60 (sessenta) pontos.

Súmula Vinculante nº 21

É inconstitucional a exigência de depósito ou arrolamento prévios de dinheiro ou bens para admissibilidade de recurso administrativo.

Súmula Vinculante nº 22

A Justiça do Trabalho é competente para processar e julgar as ações de indenização por danos morais e patrimoniais decorrentes de acidente de trabalho propostas por empregado contra empregador, inclusive aquelas que ainda não possuíam sentença de mérito em primeiro grau quando da promulgação da Emenda Constitucional nº 45/04.

Súmula Vinculante nº 23

A Justiça do Trabalho é competente para processar e julgar ação possessória ajuizada em decorrência do exercício do direito de greve pelos trabalhadores da iniciativa privada.

Súmula Vinculante nº 24

Não se tipifica crime material contra a ordem tributária, previsto no art. 1º, incisos I a IV, da Lei nº 8.137/90, antes do lançamento definitivo do tributo.

Súmula Vinculante nº 25

É ilícita a prisão civil de depositário infiel, qualquer que seja a modalidade do depósito.

Súmula Vinculante nº 26

Para efeito de progressão de regime no cumprimento de pena por crime hediondo, ou equiparado, o juízo da execução observará a inconstitucionalidade do art. 2º da Lei nº 8.072, de 25 de julho de 1990, sem prejuízo de avaliar se o condenado preenche, ou não, os requisitos objetivos e subjetivos do benefício, podendo determinar, para tal fim, de modo fundamentado, a realização de exame criminológico.

Súmula Vinculante nº 27

Compete à Justiça estadual julgar causas entre consumidor e concessionária de serviço público de telefonia, quando a ANATEL não seja litisconsorte passiva necessária, assistente, nem opoente.

Súmula Vinculante nº 28

É inconstitucional a exigência de depósito prévio como requisito de admissibilidade de ação judicial na qual se pretenda discutir a exigibilidade de crédito tributário.

Súmula Vinculante nº 29

É constitucional a adoção, no cálculo do valor de taxa, de um ou mais elementos da base de cálculo própria de determinado imposto, desde que não haja integral identidade entre uma base e outra.

Súmula Vinculante nº 30

(A Súmula Vinculante 30 está pendente de publicação)

Súmula Vinculante nº 31

É inconstitucional a incidência do Imposto sobre Serviços de Qualquer Natureza – ISS sobre operações de locação de bens móveis.

Súmula Vinculante nº 32

O ICMS não incide sobre alienação de salvados de sinistro pelas seguradoras.

Súmula Vinculante nº 33

Aplicam-se ao servidor público, no que couber, as regras do regime geral da previdência social sobre aposentadoria especial de que trata o artigo 40, § 4º, inciso III da Constituição Federal, até a edição de lei complementar específica.

Súmula Vinculante nº 34

A Gratificação de Desempenho de Atividade de Seguridade Social e do Trabalho – GDASST, instituída pela Lei 10.483/2002, deve ser estendida aos inativos no valor correspondente a 60 (sessenta) pontos, desde o advento da Medida Provisória 198/2004, convertida na Lei 10.971/2004, quando tais inativos façam jus à paridade constitucional (EC 20/1998, 41/2003 e 47/2005).

Súmula Vinculante nº 35

A homologação da transação penal prevista no artigo 76 da Lei 9.099/1995 não faz coisa julgada material e, descumpridas suas cláusulas, retoma-se a situação anterior, possibilitando-se ao Ministério Público a continuidade da persecução penal mediante oferecimento de denúncia ou requisição de inquérito policial.

Súmula Vinculante nº 36

Compete à Justiça Federal comum processar e julgar civil denunciado pelos crimes de falsificação e de uso de documento falso quando se tratar de falsificação da Caderneta de Inscrição e Registro (CIR) ou de Carteira de Habilitação de Amador (CHA), ainda que expedidas pela Marinha do Brasil.

Súmula Vinculante nº 37

Não cabe ao Poder Judiciário, que não tem função legislativa, aumentar vencimentos de servidores públicos sob o fundamento de isonomia.

Súmula Vinculante nº 38

É competente o Município para fixar o horário de funcionamento de estabelecimento comercial.

Súmula Vinculante nº 39

Compete privativamente à União legislar sobre vencimentos dos membros das polícias civil e militar e do corpo de bombeiros militar do Distrito Federal.

Súmula Vinculante nº 40

A contribuição confederativa de que trata o art. 8º, IV, da Constituição Federal, só é exigível dos filiados ao sindicato respectivo.

Súmula Vinculante nº 41

O serviço de iluminação pública não pode ser remunerado mediante taxa.

Súmula Vinculante nº 42

É inconstitucional a vinculação do reajuste de vencimentos de servidores estaduais ou municipais a índices federais de correção monetária.

Súmula Vinculante nº 43

É inconstitucional toda modalidade de provimento que propicie ao servidor investir-se, sem prévia aprovação em concurso público destinado ao seu provimento, em cargo que não integra a carreira na qual anteriormente investido.

Súmula Vinculante nº 44

Só por lei se pode sujeitar a exame psicotécnico a habilitação de candidato a cargo público.

Súmula Vinculante nº 45

A competência constitucional do Tribunal do Júri prevalece sobre o foro por prerrogativa de função estabelecido exclusivamente pela constituição estadual.

Súmula Vinculante nº 46

A definição dos crimes de responsabilidade e o estabelecimento das respectivas normas de processo e julgamento são da competência legislativa privativa da União.

Súmula Vinculante nº 47

Os honorários advocatícios incluídos na condenação ou destacados do montante principal devido ao credor consubstanciam verba de natureza alimentar cuja satisfação ocorrerá com a expedição de precatório ou requisição de pequeno valor, observada ordem especial restrita aos créditos dessa natureza.

Súmula Vinculante nº 48

Na entrada de mercadoria importada do exterior, é legítima a cobrança do ICMS por ocasião do desembaraço aduaneiro.

Súmula Vinculante nº 49

Ofende o princípio da livre concorrência lei municipal que impede a instalação de estabelecimentos comerciais do mesmo ramo em determinada área.

Súmula Vinculante nº 50

Norma legal que altera o prazo de recolhimento de obrigação tributária não se sujeita ao princípio da anterioridade.

Súmula Vinculante nº 51

O reajuste de 28,86%, concedido aos servidores militares pelas Leis 8622/1993 e 8627/1993, estende-se aos servidores civis do poder executivo, observadas as eventuais compensações decorrentes dos reajustes diferenciados concedidos pelos mesmos diplomas legais.

Súmula Vinculante nº 52

Ainda quando alugado a terceiros, permanece imune ao IPTU o imóvel pertencente a qualquer das entidades referidas pelo art. 150, VI, "c", da Constituição Federal, desde que o valor dos aluguéis seja aplicado nas atividades para as quais tais entidades foram constituídas.

Súmula Vinculante nº 53

A competência da Justiça do Trabalho prevista no art. 114, VIII, da Constituição Federal alcança a execução de ofício das contribuições previdenciárias relativas ao objeto da condenação constante das sentenças que proferir e acordos por ela homologados.

Súmula Vinculante nº 54

A medida provisória não apreciada pelo congresso nacional podia, até a Emenda Constitucional 32/2001, ser reeditada dentro do seu prazo de eficácia de trinta dias, mantidos os efeitos de lei desde a primeira edição.

Súmula Vinculante nº 55

O direito ao auxílio-alimentação não se estende aos servidores inativos.

Súmula Vinculante nº 56

A falta de estabelecimento penal adequado não autoriza a manutenção do condenado em regime prisional mais gravoso, devendo-se observar, nessa hipótese, os parâmetros fixados no RE 641.320/RS.

Súmula Vinculante nº 57

A imunidade tributária constante do art. 150, VI, "d", da CF/88 aplica-se à importação e comercialização, no mercado interno, do livro eletrônico (e-book) e dos suportes exclusivamente utilizados para fixá-los, como leitores de livros eletrônicos (e-readers), ainda que possuam funcionalidades acessórias.

Súmula Vinculante 58

Inexiste direito a crédito presumido de IPI relativamente à entrada de insumos isentos, sujeitos à alíquota zero ou não tributáveis, o que não contraria o princípio da não cumulatividade.

SÚMULAS DO SUPREMO TRIBUNAL FEDERAL

Súmula nº 1
É vedada a expulsão de estrangeiro casado com brasileira, ou que tenha filho brasileiro, dependente da economia paterna.

Súmula nº 2
Concede-se liberdade vigiada ao extraditando que estiver preso por prazo superior a sessenta dias.

Súmula nº 3
A imunidade concedida a deputados estaduais é restrita à justiça do estado (superada).

Súmula nº 4
Não perde a imunidade parlamentar o congressista nomeado ministro de estado (cancelada).

Súmula nº 5
A sanção do projeto supre a falta de iniciativa do poder executivo.

Súmula nº 6
A revogação ou anulação, pelo poder executivo, de aposentadoria, ou qualquer outro ato aprovado pelo tribunal de contas, não produz efeitos antes de aprovada por aquele tribunal, ressalvada a competência revisora do judiciário.

Súmula nº 7
Sem prejuízo de recurso para o congresso, não é exequível contrato administrativo a que o tribunal de contas houver negado registro.

Súmula nº 8
Diretor de sociedade de economia mista pode ser destituído no curso do mandato.

Súmula nº 9
Para o acesso de auditores ao Superior Tribunal Militar, só concorrem os de segunda entrância.

Súmula nº 10
O tempo de serviço militar conta-se para efeito de disponibilidade e aposentadoria do servidor público estadual.

Súmula nº 11
A vitaliciedade não impede a extinção do cargo, ficando o funcionário em disponibilidade, com todos os vencimentos.

Súmula nº 12
A vitaliciedade do professor catedrático não impede o desdobramento da cátedra.

Súmula nº 13
A equiparação de extranumerário a funcionário efetivo, determinada pela Lei 2.284, de 9/8/1954, não envolve reestruturação, não compreendendo, portanto, os vencimentos.

Súmula nº 14
Não é admissível, por ato administrativo, restringir, em razão da idade, inscrição em concurso para cargo público.

Súmula nº 15
Dentro do prazo de validade do concurso, o candidato aprovado tem o direito à nomeação, quando o cargo for preenchido sem observância da classificação.

Súmula nº 16
Funcionário nomeado por concurso tem direito à posse.

Súmula nº 17
A nomeação de funcionário sem concurso pode ser desfeita antes da posse.

Súmula nº 18
Pela falta residual, não compreendida na absolvição pelo juízo criminal, é admissível a punição administrativa do servidor público.

Súmula nº 19

É inadmissível segunda punição de servidor público, baseada no mesmo processo em que se fundou a primeira.

Súmula nº 20

É necessário processo administrativo com ampla defesa, para demissão de funcionário admitido por concurso.

Súmula nº 21

Funcionário em estágio probatório não pode ser exonerado nem demitido sem inquérito ou sem as formalidades legais de apuração de sua capacidade.

Súmula nº 22

O estágio probatório não protege o funcionário contra a extinção do cargo.

Súmula nº 23

Verificados os pressupostos legais para o licenciamento da obra, não o impede a declaração de utilidade pública para desapropriação do imóvel, mas o valor da obra não se incluirá na indenização, quando a desapropriação for efetivada.

Súmula nº 24

Funcionário interino substituto é demissível, mesmo antes de cessar a causa da substituição.

Súmula nº 25

A nomeação a termo não impede a livre demissão pelo presidente da república, de ocupante de cargo dirigente de autarquia.

Súmula nº 26

Os servidores do instituto de aposentadoria e pensões dos industriários não podem acumular a sua gratificação bienal com o adicional de tempo de serviço previsto no estatuto dos funcionários civis da união.

Súmula nº 27

Os servidores públicos não têm vencimentos irredutíveis, prerrogativa dos membros do poder judiciário e dos que lhes são equiparados.

Súmula nº 28

O estabelecimento bancário é responsável pelo pagamento de cheque falso, ressalvadas as hipóteses de culpa exclusiva ou concorrente do correntista.

Súmula nº 29

Gratificação devida a servidores do "sistema fazendário" não se estende aos dos tribunais de contas.

Súmula nº 30

Servidores de coletorias não têm direito à percentagem pela cobrança de contribuições destinadas à Petrobras.

Súmula nº 31

Para aplicação da Lei 1.741, de 22/11/1952, soma-se o tempo de serviço ininterrupto em mais de um cargo em comissão.

Súmula nº 32

Para aplicação da Lei 1.741, de 22/11/1952, soma-se o tempo de serviço ininterrupto em cargo em comissão e em função gratificada.

Súmula nº 33

A Lei 1.741, de 22/11/1952, é aplicável às autarquias federais.

Súmula nº 34

No Estado de São Paulo, funcionário eleito vereador fica licenciado por toda a duração do mandato.

Súmula nº 35

Em caso de acidente do trabalho ou de transporte, a concubina tem direito de ser indenizada pela morte do amásio, se entre eles não havia impedimento para o matrimônio.

Súmula nº 36

Servidor vitalício está sujeito à aposentadoria compulsória, em razão da idade.

Súmula nº 37

Não tem direito de se aposentar pelo tesouro nacional o servidor que não satisfizer as condições estabelecidas na legislação do serviço público federal, ainda que aposentado pela respectiva instituição previdenciária, com direito, em tese, a duas aposentadorias.

Súmula nº 38

Reclassificação posterior à aposentadoria não aproveita ao servidor aposentado.

Súmula nº 39

À falta de lei, funcionário em disponibilidade não pode exigir, judicialmente, o seu aproveitamento, que fica subordinado ao critério de conveniência da administração.

Súmula nº 40

A elevação da entrância da comarca não promove automaticamente o juiz, mas não interrompe o exercício de suas funções na mesma comarca.

Súmula nº 41

Juízes preparadores ou substitutos não têm direito aos vencimentos da atividade fora dos períodos de exercício.

Súmula nº 42

É legítima a equiparação de juízes do tribunal de contas, em direitos e garantias, aos membros do poder judiciário.

Súmula nº 43

Não contraria a Constituição Federal o art. 61 da Constituição de São Paulo, que equiparou os vencimentos do ministério público aos da magistratura.

Súmula nº 44

O exercício do cargo pelo prazo determinado na Lei 1.341, de 30/1/1951, art. 91, dá preferência para a nomeação interina de procurador da república.

Súmula nº 45

A estabilidade dos substitutos do ministério público militar não confere direito aos vencimentos da atividade fora dos períodos de exercício.

Súmula nº 46

Desmembramento de serventia de justiça não viola o princípio de vitaliciedade do serventuário.

Súmula nº 47

Reitor de universidade não é livremente demissível pelo presidente da república durante o prazo de sua investidura.

Súmula nº 48

É legítimo o rodízio de docentes livres na substituição do professor catedrático.

Súmula nº 49

A cláusula de inalienabilidade inclui a incomunicabilidade dos bens.

Súmula nº 50

A lei pode estabelecer condições para a demissão de extranumerário.

Súmula nº 51

Militar não tem direito a mais de duas promoções na passagem para a inatividade, ainda que por motivos diversos.

Súmula nº 52

A promoção de militar, vinculada à inatividade, pode ser feita, quando couber, a posto inexistente no quadro.

Súmula nº 53

A promoção de professor militar, vinculada à sua reforma, pode ser feita, quando couber, a posto inexistente no quadro.

Súmula nº 54

A reserva ativa do magistério militar não confere vantagens vinculadas à efetiva passagem para a inatividade.

Súmula nº 55

Militar da reserva está sujeito à pena disciplinar.

Súmula nº 56

Militar reformado não está sujeito à pena disciplinar.

Súmula nº 57

Militar inativo não tem direito ao uso do uniforme fora dos casos previstos em lei ou regulamento.

Súmula nº 58

É válida a exigência de média superior a quatro para aprovação em estabelecimento de ensino superior, consoante o respectivo regimento.

Súmula nº 59

Imigrante pode trazer, sem licença prévia, automóvel que lhe pertença desde mais de seis meses antes do seu embarque para o Brasil.

Súmula nº 60

Não pode o estrangeiro trazer automóvel quando não comprovada a transferência definitiva de sua residência para o Brasil.

Súmula nº 61

Brasileiro domiciliado no estrangeiro, que se transfere definitivamente para o Brasil, pode trazer automóvel licenciado em seu nome há mais de seis meses.

Súmula nº 62

Não basta a simples estada no estrangeiro por mais de seis meses, para dar direito à trazida de automóvel com fundamento em transferência de residência.

Súmula nº 63

É indispensável, para trazida de automóvel, a prova do licenciamento há mais de seis meses no país de origem.

Súmula nº 64

É permitido trazer do estrangeiro, como bagagem, objetos de uso pessoal e doméstico, desde que, por sua quantidade e natureza, não induzam finalidade comercial.

Súmula nº 65

A cláusula de aluguel progressivo anterior à Lei 3.494, de 19/12/1958, continua em vigor em caso de prorrogação legal ou convencional da locação.

Súmula nº 66

É legítima a cobrança do tributo que houver sido aumentado após o orçamento, mas antes do início do respectivo exercício financeiro.

Súmula nº 67

É inconstitucional a cobrança do tributo que houver sido criado ou aumentado no mesmo exercício financeiro.

Súmula nº 68

É legítima a cobrança, pelos municípios, no exercício de 1961, de tributo estadual, regularmente criado ou aumentado, e que lhes foi transferido pela Emenda Constitucional 5, de 21/11/1961.

Súmula nº 69

A constituição estadual não pode estabelecer limite para o aumento de tributos municipais.

Súmula nº 70

É inadmissível a interdição de estabelecimento como meio coercitivo para cobrança de tributo.

Súmula nº 71

Embora pago indevidamente, não cabe restituição de tributo indireto.

Súmula nº 72

No julgamento de questão constitucional, vinculada a decisão do tribunal superior eleitoral, não estão impedidos os ministros do supremo tribunal federal que ali tenham funcionado no mesmo processo, ou no processo originário.

Súmula nº 73

A imunidade das autarquias, implicitamente contida no art. 31, V, "a", da Constituição Federal, abrange tributos estaduais e municipais.

Súmula nº 74

o imóvel transcrito em nome de autarquia, embora objeto de promessa de venda a particulares, continua imune de impostos locais.

Súmula nº 75

Sendo vendedora uma autarquia, a sua imunidade fiscal não compreende o imposto de transmissão "inter vivos", que é encargo do comprador.

Súmula nº 76

As sociedades de economia mista não estão protegidas pela imunidade fiscal do art. 31, V, "a", Constituição Federal.

Súmula nº 77

Está isenta de impostos federais a aquisição de bens pela rede ferroviária federal.

Súmula nº 78

Estão isentas de impostos locais as empresas de energia elétrica, no que respeita às suas atividades específicas.

Súmula nº 79

O banco do Brasil não tem isenção de tributos locais.

Súmula nº 80

Para a retomada de prédio situado fora do domicílio do locador exige-se a prova da necessidade.

Súmula nº 81

As cooperativas não gozam de isenção de impostos locais, com fundamento na constituição e nas leis federais.

Súmula nº 82

São inconstitucionais o imposto de cessão e a taxa sobre inscrição de promessa de venda de imóvel, substitutivos do imposto de transmissão, por incidirem sobre ato que não transfere o domínio.

Súmula nº 83

Os ágios de importação incluem-se no valor dos artigos importados para incidência do imposto de consumo.

Súmula nº 84

Não estão isentos do imposto de consumo os produtos importados pelas cooperativas.

Súmula nº 85

Não estão sujeitos ao imposto de consumo os bens de uso pessoal e doméstico trazidos, como bagagem, do exterior.

Súmula nº 86

Não está sujeito ao imposto de consumo automóvel usado, trazido do exterior pelo proprietário.

Súmula nº 87

Somente no que não colidirem com a Lei 3.244, de 14/8/1957, são aplicáveis acordos tarifários anteriores.

Súmula nº 88

É válida a majoração da tarifa alfandegária, resultante da Lei 3.244, de 14/8/1957, que modificou o acordo geral sobre tarifas aduaneiras e comércio (Gatt), aprovado pela Lei 313, de 30/7/1948.

Súmula nº 89

Estão isentas do imposto de importação frutas importadas da Argentina, do Chile, da Espanha e de Portugal, enquanto vigentes os respectivos acordos comerciais.

Súmula nº 90

É legítima a lei local que faça incidir o imposto de indústrias e profissões com base no movimento econômico do contribuinte.

Súmula nº 91

A incidência do imposto único não isenta o comerciante de combustíveis do imposto de indústrias e profissões.

Súmula nº 92

É constitucional o art. 100, II, da Lei 4.563, de 20/2/1957, do município de recife, que faz variar o imposto de licença em função do aumento do capital do contribuinte.

Súmula nº 93

Não está isenta do imposto de renda a atividade profissional do arquiteto.

Súmula nº 94

É competente a autoridade alfandegária para o desconto, na fonte, do imposto de renda correspondente às comissões dos despachantes aduaneiros.

Súmula nº 95

Para cálculo do imposto de lucro extraordinário, incluem-se no capital as reservas do ano-base, apuradas em balanço.

Súmula nº 96

O imposto de lucro imobiliário incide sobre a venda de imóvel da meação do cônjuge sobrevivente, ainda que aberta a sucessão antes da vigência da Lei 3.470, de 28/11/58.

Súmula nº 97

É devida a alíquota anterior do imposto de lucro imobiliário, quando a promessa de venda houver sido celebrada antes da vigência da lei que a tiver elevado.

Súmula nº 98

Sendo o imóvel alienado na vigência da Lei 3.470, de 28/11/1958, ainda que adquirido por herança, usucapião ou a título gratuito, é devido o imposto de lucro imobiliário.

Súmula nº 99

Não é devido o imposto de lucro imobiliário, quando a alienação de imóvel adquirido por herança, ou a título gratuito, tiver sido anterior à vigência da Lei 3.470, de 28/11/1958.

Súmula nº 100

Não é devido o imposto de lucro imobiliário, quando a alienação de imóvel, adquirido por usucapião, tiver sido anterior à vigência da Lei 3.470, de 28/11/1958.

Súmula nº 101

O mandado de segurança não substitui a ação popular.

Súmula nº 102

É devido o imposto federal do selo pela incorporação de reservas, em reavaliação de ativo, ainda que realizada antes da vigência da Lei 3.519, de 30/12/1958.

Súmula nº 103

É devido o imposto federal do selo na simples reavaliação de ativo, realizada posteriormente à vigência da Lei 3.519, de 30/12/1958.

Súmula nº 104

Não é devido o imposto federal do selo na simples reavaliação de ativo anterior à vigência da Lei 3.519, de 30/12/1958.

Súmula nº 105

Salvo se tiver havido premeditação, o suicídio do segurado no período contratual de carência não exime o segurador do pagamento do seguro.

Súmula nº 106

É legítima a cobrança de selo sobre registro de automóveis, na conformidade da legislação estadual.

Súmula nº 107

É inconstitucional o imposto de selo de 3%, "ad valorem", do paraná, quanto aos produtos remetidos para fora do estado.

Súmula nº 108

É legítima a incidência do imposto de transmissão "inter vivos" sobre o valor do imóvel ao tempo da alienação e não da promessa, na conformidade da legislação local.

Súmula nº 109

É devida a multa prevista no art. 15, § 6º, da Lei 1.300, de 28/12/1950, ainda que a desocupação do imóvel tenha resultado da notificação e não haja sido proposta ação de despejo.

Súmula nº 110

O imposto de transmissão "inter vivos" não incide sobre a construção, ou parte dela, realizada pelo adquirente, mas sobre o que tiver sido construído ao tempo da alienação do terreno.

Súmula nº 111

É legítima a incidência do imposto de transmissão "inter vivos" sobre a restituição, ao antigo proprietário, de imóvel que deixou de servir à finalidade da sua desapropriação.

Súmula nº 112

O imposto de transmissão "causa mortis" é devido pela alíquota vigente ao tempo da abertura da sucessão.

Súmula nº 113

O imposto de transmissão "causa mortis" é calculado sobre o valor dos bens na data da avaliação.

Súmula nº 114

O imposto de transmissão "causa mortis" não é exigível antes da homologação do cálculo.

Súmula nº 115

Sobre os honorários do advogado contratado pelo inventariante, com a homologação do juiz, não incide o imposto de transmissão "causa mortis".

Súmula nº 116

Em desquite ou inventário, é legítima a cobrança do chamado imposto de reposição, quando houver desigualdade nos valores partilhados.

Súmula nº 117

A lei estadual pode fazer variar a alíquota do imposto de vendas e consignações em razão da espécie do produto.

Súmula nº 118

Estão sujeitas ao imposto de vendas e consignações as transações sobre minerais, que ainda não estão compreendidos na legislação federal sobre o imposto único.

Súmula nº 119

É devido o imposto de vendas e consignações sobre a venda de cafés ao instituto brasileiro do café, embora o lote, originariamente, se destinasse à exportação.

Súmula nº 120

Parede de tijolos de vidro translúcido pode ser levantada a menos de metro e meio do prédio vizinho, não importando servidão sobre ele.

Súmula nº 121

É vedada a capitalização de juros, ainda que expressamente convencionada.

Súmula nº 122

O enfiteuta pode purgar a mora enquanto não decretado o comisso por sentença.

Súmula nº 123

Sendo a locação regida pelo Decreto 24.150, de 20/4/1934, o locatário não tem direito à purgação da mora prevista na Lei 1.300, de 28/12/1950.

Súmula nº 124

É inconstitucional o adicional do imposto de vendas e consignações cobrado pelo estado do espírito santo sobre cafés da cota de expurgo entregues ao instituto brasileiro do café.

Súmula nº 125

Não é devido o imposto de vendas e consignações sobre a parcela do imposto de consumo que onera a primeira venda realizada pelo produtor.

Súmula nº 126

É inconstitucional a chamada taxa de aguardente, do instituto do açúcar e do álcool.

Súmula nº 127

É indevida a taxa de armazenagem, posteriormente aos primeiros trinta dias, quando não exigível o imposto de consumo, cuja cobrança tenha motivado a retenção da mercadoria.

Súmula nº 128

É indevida a taxa de assistência médica e hospitalar das instituições de previdência social.

Súmula nº 129

Na conformidade da legislação local, é legítima a cobrança de taxa de calçamento.

Súmula nº 130

A taxa de despacho aduaneiro (art. 66 da Lei 3.244, de 14/8/1957) continua a ser exigível após o Decreto Legislativo 14, de 25/8/1960, que aprovou alterações introduzidas no acordo geral sobre tarifas aduaneiras e comércio (Gatt).

Súmula nº 131

A taxa de despacho aduaneiro (art. 66 da Lei 3.244, de 14/8/1957) continua a ser exigível após o Decreto Legislativo 14, de 25/8/1960, mesmo para as mercadorias incluídas na vigente lista iii do acordo geral sobre tarifas aduaneiras e comércio (Gatt).

Súmula nº 132

Não é devida a taxa de previdência social na importação de amianto bruto ou em fibra.

Súmula nº 133

Não é devida a taxa de despacho aduaneiro na importação de fertilizantes e inseticidas.

Súmula nº 134

A isenção fiscal para a importação de frutas da argentina compreende a taxa de despacho aduaneiro e a taxa de previdência social.

Súmula nº 135

É inconstitucional a taxa de eletrificação de Pernambuco.

Súmula nº 136

É constitucional a taxa de estatística da Bahia.

Súmula nº 137

A taxa de fiscalização da exportação incide sobre a bonificação cambial concedida ao exportador.

Súmula nº 138

É inconstitucional a taxa contra fogo, do estado de minas gerais, incidente sobre prêmio de seguro contra fogo.

Súmula nº 139

É indevida a cobrança do imposto de transação a que se refere a Lei 899/1957, art. 58, IV, "e", do antigo distrito federal.

Súmula nº 140

Na importação de lubrificantes é devida a taxa de previdência social.

Súmula nº 141

Não incide a taxa de previdência social sobre combustíveis.

Súmula nº 142

Não é devida a taxa de previdência social sobre mercadorias isentas do imposto de importação.

Súmula nº 143

Na forma da lei estadual, é devido o imposto de vendas e consignações na exportação de café pelo estado da Guanabara, embora proveniente de outro estado.

Súmula nº 144

É inconstitucional a incidência da taxa de recuperação econômica de minas gerais sobre contrato sujeito ao imposto federal do selo.

Súmula nº 145

Não há crime, quando a preparação do flagrante pela polícia torna impossível a sua consumação.

Súmula nº 146

A prescrição da ação penal regula-se pela pena concretizada na sentença, quando não há recurso da acusação.

Súmula nº 147

A prescrição de crime falimentar começa a correr da data em que deveria estar encerrada a falência, ou do trânsito em julgado da sentença que a encerrar ou que julgar cumprida a concordata.

Súmula nº 148

É legítimo o aumento de tarifas portuárias por ato do ministro da viação e obras públicas.

Súmula nº 149

É imprescritível a ação de investigação de paternidade, mas não o é a de petição de herança.

Súmula nº 150

Prescreve a execução no mesmo prazo de prescrição da ação.

Súmula nº 151

Prescreve em um ano a ação do segurador sub-rogado para haver indenização por extravio ou perda de carga transportada por navio.

Súmula nº 152

A ação para anular venda de ascendente a descendente, sem consentimento dos demais, prescreve em quatro anos a contar da abertura da sucessão (revogada).

Súmula nº 153

Simples protesto cambiário não interrompe a prescrição.

Súmula nº 154

Simples vistoria não interrompe a prescrição.

Súmula nº 155

É relativa a nulidade do processo criminal por falta de intimação da expedição de precatória para inquirição de testemunha.

Súmula nº 156

É absoluta a nulidade do julgamento, pelo júri, por falta de quesito obrigatório.

Súmula nº 157

É necessária prévia autorização do presidente da república para desapropriação, pelos estados, de empresa de energia elétrica.

Súmula nº 158

Salvo estipulação contratual averbada no registro imobiliário, não responde o adquirente pelas benfeitorias do locatário.

Súmula nº 159

Cobrança excessiva, mas de boa-fé, não dá lugar às sanções do art. 1.531 do Código Civil.

Súmula nº 160

É nula a decisão do tribunal que acolhe, contra o réu, nulidade não arguida no recurso da acusação, ressalvados os casos de recurso de ofício.

Súmula nº 161

Em contrato de transporte, é inoperante a cláusula de não indenizar.

Súmula nº 162

É absoluta a nulidade do julgamento pelo júri, quando os quesitos da defesa não precedem aos das circunstâncias agravantes.

Súmula nº 163

Salvo contra a fazenda pública, sendo a obrigação ilíquida, contam-se os juros moratórios desde a citação inicial para a ação.

Súmula nº 164

No processo de desapropriação, são devidos juros compensatórios desde a antecipada imissão de posse, ordenada pelo juiz, por motivo de urgência.

Súmula nº 165

A venda realizada diretamente pelo mandante ao mandatário não é atingida pela nulidade do art. 1.133, II, do Código Civil.

Súmula nº 166

É inadmissível o arrependimento no compromisso de compra e venda sujeito ao regime do Decreto-lei 58, de 10/12/1937.

Súmula nº 167

Não se aplica o regime do Decreto-lei 58, de 10/12/1937, ao compromisso de compra e venda não inscrito no registro imobiliário, salvo se o promitente vendedor se obrigou a efetuar o registro.

Súmula nº 168

Para os efeitos do Decreto-lei 58, de 10/12/1937, admite-se a inscrição imobiliária do compromisso de compra e venda no curso da ação.

Súmula nº 169

Depende de sentença a aplicação da pena de comisso.

Súmula nº 170

É resgatável a enfiteuse instituída anteriormente à vigência do Código Civil.

Súmula nº 171

Não se admite, na locação em curso, de prazo determinado, a majoração de encargos a que se refere a Lei 3.844, de 15/12/1960.

Súmula nº 172

Não se admite, na locação em curso, de prazo determinado, o reajustamento de aluguel a que se refere a Lei 3.085, de 29/12/1956.

Súmula nº 173

Em caso de obstáculo judicial admite-se a purga da mora, pelo locatário, além do prazo legal.

Súmula nº 174

Para a retomada do imóvel alugado, não é necessária a comprovação dos requisitos legais na notificação prévia.

Súmula nº 175

Admite-se a retomada de imóvel alugado para uso de filho que vai contrair matrimônio.

Súmula nº 176

O promitente comprador, nas condições previstas na Lei 1.300, de 28/12/1950, pode retomar o imóvel locado.

Súmula nº 177

O cessionário do promitente comprador, nas mesmas condições deste, pode retomar o imóvel locado.

Súmula nº 178

Não excederá de cinco anos a renovação judicial de contrato de locação, fundada no Decreto 24.150, de 20/4/1934.

Súmula nº 179

O aluguel arbitrado judicialmente nos termos da Lei 3.085, de 29/12/1956, art. 6º, vigora a partir da data do laudo pericial.

Súmula nº 180

Na ação revisional do art. 31 do Decreto 24.150, de 20/4/1934, o aluguel arbitrado vigora a partir do laudo pericial.

Súmula nº 181

Na retomada, para construção mais útil de imóvel sujeito ao Decreto 24.150, de 20/4/1934, é sempre devida indenização para despesas de mudança do locatário.

Súmula nº 182

Não impede o reajustamento do débito pecuário, nos termos da Lei 1.002, de 24/12/1949, a falta de cancelamento da renúncia à moratória da Lei 209, de 2/1/1948.

Súmula nº 183

Não se incluem no reajustamento pecuário dívidas estranhas à atividade agropecuária.

Súmula nº 184

Não se incluem no reajustamento pecuário dívidas contraídas posteriormente a 19/12/1946.

Súmula nº 185

Em processo de reajustamento pecuário, não responde a união pelos honorários do advogado do credor ou do devedor.

Súmula nº 186

Não infringe a lei a tolerância da quebra de 1% no transporte por estrada de ferro, prevista no regulamento de transportes.

Súmula nº 187

A responsabilidade contratual do transportador, pelo acidente com o passageiro, não é elidida por culpa de terceiro, contra o qual tem ação regressiva.

Súmula nº 188

O segurador tem ação regressiva contra o causador do dano, pelo que efetivamente pagou, até ao limite previsto no contrato de seguro.

Súmula nº 189

Avais em branco e superpostos consideram-se simultâneos e não sucessivos.

Súmula nº 190

O não pagamento de título vencido há mais de trinta dias, sem protesto, não impede a concordata preventiva.

Súmula nº 191

Inclui-se no crédito habilitado em falência a multa fiscal simplesmente moratória.

Súmula nº 192

Não se inclui no crédito habilitado em falência a multa fiscal com efeito de pena administrativa.

Súmula nº 193

Para a restituição prevista no art. 76, § 2º, da Lei de Falências, conta-se o prazo de quinze dias da entrega da coisa e não da sua remessa.

Súmula nº 194

É competente o ministro do trabalho para a especificação das atividades insalubres.

Súmula nº 195

Contrato de trabalho para obra certa, ou de prazo determinado, transforma-se em contrato de prazo indeterminado, quando prorrogado por mais de quatro anos.

Súmula nº 196

Ainda que exerça atividade rural, o empregado de empresa industrial ou comercial é classificado de acordo com a categoria do empregador.

Súmula nº 197

O empregado com representação sindical só pode ser despedido mediante inquérito em que se apure falta grave.

Súmula nº 198

As ausências motivadas por acidente do trabalho não são descontáveis do período aquisitivo das férias.

Súmula nº 199

O salário das férias do empregado horista corresponde à média do período aquisitivo, não podendo ser inferior ao mínimo.

Súmula nº 200

Não é inconstitucional a Lei 1.530, de 26/12/1951, que manda incluir na indenização por despedida injusta parcela correspondente a férias proporcionais.

Súmula nº 201

O vendedor pracista, remunerado mediante comissão, não tem direito ao repouso semanal remunerado.

Súmula nº 202

Na equiparação de salário, em caso de trabalho igual, toma-se em conta o tempo de serviço na função, e não no emprego.

Súmula nº 203

Não está sujeita à vacância de 60 dias a vigência de novos níveis de salário mínimo.

Súmula nº 204

Tem direito o trabalhador substituto, ou de reserva, ao salário mínimo no dia em que fica à disposição do empregador sem ser aproveitado na função específica; se aproveitado, recebe o salário contratual.

Súmula nº 205

Tem direito a salário integral o menor não sujeito a aprendizagem metódica.

Súmula nº 206

É nulo o julgamento ulterior pelo júri com a participação de jurado que funcionou em julgamento anterior do mesmo processo.

Súmula nº 207

As gratificações habituais, inclusive a de natal, consideram-se tacitamente convencionadas, integrando o salário.

Súmula nº 208

O assistente do ministério público não pode recorrer, extraordinariamente, de decisão concessiva de "habeas corpus".

Súmula nº 209

O salário-produção, como outras modalidades de salário-prêmio, é devido, desde que verificada a condição a que estiver subordinado, e não pode ser suprimido unilateralmente, pelo empregador, quando pago com habitualidade.

Súmula nº 210

O assistente do ministério público pode recorrer, inclusive extraordinariamente, na ação penal, nos casos dos arts. 584, § 1º, e 598 do Código de Processo Penal.

Súmula nº 211

Contra a decisão proferida sobre o agravo no auto do processo, por ocasião do julgamento da apelação, não se admitem embargos infringentes ou de nulidade.

Súmula nº 212

Tem direito ao adicional de serviço perigoso o empregado de posto de revenda de combustível líquido.

Súmula nº 213

É devido o adicional de serviço noturno, ainda que sujeito o empregado ao regime de revezamento.

Súmula nº 214

A duração legal da hora de serviço noturno (52 minutos e 30 segundos) constitui vantagem suplementar que não dispensa o salário adicional.

Súmula nº 215

Conta-se a favor de empregado readmitido o tempo de serviço anterior, salvo se houver sido despedido por falta grave ou tiver recebido a indenização legal.

Súmula nº 216

Para decretação da absolvição de instância pela paralisação do processo por mais de trinta dias, é necessário que o autor, previamente intimado, não promova o andamento da causa.

Súmula nº 217

Tem direito de retornar ao emprego, ou ser indenizado em caso de recusa do empregador, o aposentado que recupera a capacidade de trabalho dentro de cinco anos, a contar da aposentadoria, que se torna definitiva após esse prazo.

Súmula nº 218

É competente o juízo da fazenda nacional da capital do estado, e não o da situação da coisa, para a desapropriação promovida por empresa de energia elétrica, se a união federal intervém como assistente.

Súmula nº 219

Para a indenização devida a empregado que tinha direito a ser readmitido, e não foi, levam-se em conta as vantagens advindas à sua categoria no período do afastamento.

Súmula nº 220

A indenização devida a empregado estável, que não é readmitido, ao cessar sua aposentadoria, deve ser paga em dobro.

Súmula nº 221

A transferência de estabelecimento, ou a sua extinção parcial, por motivo que não seja de força maior, não justifica a transferência de empregado estável.

Súmula nº 222

O princípio da identidade física do juiz não é aplicável às juntas de conciliação e julgamento da justiça do trabalho.

Súmula nº 223

Concedida isenção de custas ao empregado, por elas não responde o sindicato que o representa em juízo.

Súmula nº 224

Os juros da mora, nas reclamações trabalhistas, são contados desde a notificação inicial.

Súmula nº 225

Não é absoluto o valor probatório das anotações da carteira profissional.

Súmula nº 226

Na ação de desquite, os alimentos são devidos desde a inicial e não da data da decisão que os concede.

Súmula nº 227

A concordata do empregador não impede a execução de crédito nem a reclamação de empregado na justiça do trabalho.

Súmula nº 228

Não é provisória a execução na pendência de recurso extraordinário, ou de agravo destinado a fazê-lo admitir.

Súmula nº 229

A indenização acidentária não exclui a do direito comum, em caso de dolo ou culpa grave do empregador.

Súmula nº 230

A prescrição da ação de acidente do trabalho conta-se do exame pericial que comprovar a enfermidade ou verificar a natureza da incapacidade.

Súmula nº 231

O revel, em processo cível, pode produzir provas, desde que compareça em tempo oportuno.

Súmula nº 232

Em caso de acidente do trabalho, são devidas diárias até doze meses, as quais não se confundem com a indenização acidentária nem com o auxílio-enfermidade.

Súmula nº 233

Salvo em caso de divergência qualificada (Lei 623/1949), não cabe recurso de embargos contra decisão que nega provimento a agravo ou não conhece de recurso extraordinário, ainda que por maioria de votos.

Súmula nº 234

São devidos honorários de advogado em ação de acidente do trabalho julgada procedente.

Súmula nº 235

É competente para a ação de acidente do trabalho a justiça cível comum, inclusive em segunda instância, ainda que seja parte autarquia seguradora.

Súmula nº 236

Em ação de acidente do trabalho, a autarquia seguradora não tem isenção de custas.

Súmula nº 237

O usucapião pode ser arguído em defesa.

Súmula nº 238

Em caso de acidente do trabalho, a multa pelo retardamento da liquidação é exigível do segurador sub-rogado, ainda que autarquia.

Súmula nº 239

Decisão que declara indevida a cobrança do imposto em determinado exercício não faz coisa julgada em relação aos posteriores.

Súmula nº 240

O depósito para recorrer, em ação de acidente do trabalho, é exigível do segurador sub-rogado, ainda que autarquia.

Súmula nº 241

A contribuição previdenciária incide sobre o abono incorporado ao salário.

Súmula nº 242

O agravo no auto do processo deve ser apreciado, no julgamento da apelação, ainda que o agravante não tenha apelado.

Súmula nº 243

Em caso de dupla aposentadoria, os proventos a cargo do Iapfesp não são equiparáveis aos pagos pelo tesouro nacional, mas calculados à base da média salarial nos últimos doze meses de serviço.

Súmula nº 244

A importação de máquinas de costura está isenta do imposto de consumo.

Súmula nº 245

A imunidade parlamentar não se estende ao co-réu sem essa prerrogativa.

Súmula nº 246

Comprovado não ter havido fraude, não se configura o crime de emissão de cheque sem fundos.

Súmula nº 247

O relator não admitirá os embargos da Lei 623, de 19/2/1949, nem deles conhecerá o supremo tribunal federal, quando houver jurisprudência firme do plenário no mesmo sentido da decisão embargada.

Súmula nº 248

É competente, originariamente, o supremo tribunal federal, para mandado de segurança contra ato do tribunal de contas da união.

Súmula nº 249

É competente o supremo tribunal federal para a ação rescisória, quando, embora não tendo conhecido do recurso extraordinário, ou havendo negado provimento ao agravo, tiver apreciado a questão federal controvertida.

Súmula nº 250

A intervenção da união desloca o processo do juízo cível comum para o fazendário.

Súmula nº 251

Responde a rede ferroviária federal s.a. Perante o foro comum e não perante o juízo especial da fazenda nacional, a menos que a união intervenha na causa.

Súmula nº 252

Na ação rescisória, não estão impedidos juízes que participaram do julgamento rescindendo.

Súmula nº 253

Nos embargos da Lei 623, de 19/2/1949, no supremo tribunal federal, a divergência somente será acolhida, se tiver sido indicada na petição de recurso extraordinário.

Súmula nº 254

Incluem-se os juros moratórios na liquidação, embora omisso o pedido inicial ou a condenação.

Súmula nº 255

Sendo ilíquida a obrigação, os juros moratórios, contra a fazenda pública, incluídas as autarquias, são contados do trânsito em julgado da sentença de liquidação.

Súmula nº 256

É dispensável pedido expresso para condenação do réu em honorários, com fundamento nos arts. 63 ou 64 do Código de Processo Civil.

Súmula nº 257

São cabíveis honorários de advogado na ação regressiva do segurador contra o causador do dano.

Súmula nº 258

É admissível reconvenção em ação declaratória.

Súmula nº 259

Para produzir efeito em juízo não é necessária a inscrição, no registro público, de documentos de procedência estrangeira, autenticados por via consular.

Súmula nº 260

O exame de livros comerciais, em ação judicial, fica limitado às transações entre os litigantes.

Súmula nº 261

Para a ação de indenização, em caso de avaria, é dispensável que a vistoria se faça judicialmente.

Súmula nº 262

Não cabe medida possessória liminar para liberação alfandegária de automóvel.

Súmula nº 263

O possuidor deve ser citado pessoalmente para a ação de usucapião.

Súmula nº 264

Verifica-se a prescrição intercorrente pela paralisação da ação rescisória por mais de cinco anos.

Súmula nº 265

Súmula nº 266

Não cabe mandado de segurança contra lei em tese.

Súmula nº 267

Não cabe mandado de segurança contra ato judicial passível de recurso ou correição.

Súmula nº 268

Não cabe mandado de segurança contra decisão judicial com trânsito em julgado.

Súmula nº 269

O mandado de segurança não é substitutivo de ação de cobrança.

Súmula nº 270

Não cabe mandado de segurança para impugnar enquadramento da Lei 3.780, de 12/7/1960, que envolva exame de prova ou de situação funcional complexa.

Súmula nº 271

Concessão de mandado de segurança não produz efeitos patrimoniais em relação a período pretérito, os quais devem ser reclamados administrativamente ou pela via judicial própria.

Súmula nº 272

Não se admite como ordinário recurso extraordinário de decisão denegatória de mandado de segurança.

Súmula nº 273

Nos embargos da Lei 623, de 19/2/1949, a divergência sobre questão prejudicial ou preliminar, suscitada após a interposição do recurso extraordinário, ou do agravo, somente será acolhida se o acórdão-padrão for anterior à decisão embargada.

Súmula nº 274

É inconstitucional a taxa de serviço contra fogo cobrada pelo Estado de Pernambuco (revogada).

Súmula nº 275

Está sujeita a recurso "ex officio" sentença concessiva de reajustamento pecuário anterior à vigência da Lei 2.804, de 25/6/1956.

Súmula nº 276

Não cabe recurso de revista em ação executiva fiscal.

Súmula nº 277

São cabíveis embargos, em favor da fazenda pública, em ação executiva fiscal, não sendo unânime a decisão.

Súmula nº 278

São cabíveis embargos em ação executiva fiscal contra decisão reformatória da de primeira instância, ainda que unânime.

Súmula nº 279

Para simples reexame de prova não cabe recurso extraordinário.

Súmula nº 280

Por ofensa a direito local não cabe recurso extraordinário.

Súmula nº 281

É inadmissível o recurso extraordinário, quando couber na justiça de origem, recurso ordinário da decisão impugnada.

Súmula nº 282

É inadmissível o recurso extraordinário, quando não ventilada, na decisão recorrida, a questão federal suscitada.

Súmula nº 283

É inadmissível o recurso extraordinário, quando a decisão recorrida assenta em mais de um fundamento suficiente e o recurso não abrange todos eles.

Súmula nº 284

É inadmissível o recurso extraordinário, quando a deficiência na sua fundamentação não permitir a exata compreensão da controvérsia.

Súmula nº 285

Não sendo razoável a arguição de inconstitucionalidade, não se conhece do recurso extraordinário fundado na letra "c" do art. 101, III, da Constituição Federal.

Súmula nº 286

Não se conhece do recurso extraordinário fundado em divergência jurisprudencial, quando a orientação do plenário do supremo tribunal federal já se firmou no mesmo sentido da decisão recorrida.

Súmula nº 287

Nega-se provimento ao agravo, quando a deficiência na sua fundamentação, ou na do recurso extraordinário, não permitir a exata compreensão da controvérsia.

Súmula nº 288

Nega-se provimento a agravo para subida de recurso extraordinário, quando faltar no traslado o despacho agravado, a decisão recorrida, a petição de recurso extraordinário ou qualquer peça essencial à compreensão da controvérsia.

Súmula nº 289

O provimento do agravo por uma das turmas do supremo tribunal federal ainda que sem ressalva, não prejudica a questão do cabimento do recurso extraordinário.

Súmula nº 290

Nos embargos da Lei 623, de 19/2/1949, a prova de divergência far-se-á por certidão, ou mediante indicação do "diário da justiça" ou de repertório de jurisprudência autorizado, que a tenha publicado, com a transcrição do trecho que configure a divergência, mencionadas as circunstâncias que identifiquem ou assemelhem os casos confrontados.

Súmula nº 291

No recurso extraordinário pela letra "d" do art. 101, III, da Constituição, a prova do dissídio jurisprudencial far-se-á por certidão, ou mediante indicação do "diário da justiça" ou de repertório de jurisprudência autorizado, com a transcrição do trecho que configure a divergência, mencionadas as circunstâncias que identifiquem ou assemelhem os casos confrontados.

Súmula nº 292

Interposto o recurso extraordinário por mais de um dos fundamentos indicados no art. 101, III, da Constituição, a admissão apenas por um deles não prejudica o seu conhecimento por qualquer dos outros.

Súmula nº 293

São inadmissíveis embargos infringentes contra decisão em matéria constitucional submetida ao plenário dos tribunais.

Súmula nº 294

São inadmissíveis embargos infringentes contra decisão do supremo tribunal federal em mandado de segurança.

Súmula nº 295

São inadmissíveis embargos infringentes contra decisão unânime do supremo tribunal federal em ação rescisória.

Súmula nº 296

São inadmissíveis embargos infringentes sobre matéria não ventilada, pela turma, no julgamento do recurso extraordinário.

Súmula nº 297

Oficiais e praças das milícias dos estados, no exercício de função policial civil, não são considerados militares para efeitos penais, sendo competente a justiça comum para julgar os crimes cometidos por ou contra eles.

Súmula nº 298

O legislador ordinário só pode sujeitar civis à justiça militar, em tempo de paz, nos crimes contra a segurança externa do país ou as instituições militares.

Súmula nº 299

O recurso ordinário e o extraordinário interpostos no mesmo processo de mandado de segurança, ou de "habeas corpus", serão julgados conjuntamente pelo tribunal pleno.

Súmula nº 300

São incabíveis os embargos da Lei 623, de 19/2/1949, contra provimento de agravo para subida de recurso extraordinário.

Súmula nº 301

Por crime de responsabilidade, o procedimento penal contra prefeito municipal fica condicionado ao seu afastamento do cargo por "impeachment", ou à cessação do exercício por outro motivo (cancelada).

Súmula nº 302

Está isenta da taxa de previdência social a importação de petróleo bruto.

Súmula nº 303

Não é devido o imposto federal de selo em contrato firmado com autarquia anteriormente à vigência da Emenda Constitucional 5, de 21/11/1961.

Súmula nº 304

Decisão denegatória de mandado de segurança, não fazendo coisa julgada contra o impetrante, não impede o uso da ação própria.

Súmula nº 305

Acordo de desquite ratificado por ambos os cônjuges não é retratável unilateralmente.

Súmula nº 306

As taxas de recuperação econômica e de assistência hospitalar de minas gerais são legítimas, quando incidem sobre matéria tributável pelo estado.

Súmula nº 307

É devido o adicional de serviço insalubre, calculado à base do salário mínimo da região, ainda que a remuneração contratual seja superior ao salário mínimo acrescido da taxa de insalubridade.

Súmula nº 308

A taxa de despacho aduaneiro, sendo adicional do imposto de importação, não incide sobre borracha importada com isenção daquele imposto.

Súmula nº 309

A taxa de despacho aduaneiro, sendo adicional do imposto de importação, não está compreendida na isenção do imposto de consumo para automóvel usado trazido do exterior pelo proprietário.

Súmula nº 310

Quando a intimação tiver lugar na sexta-feira, ou a publicação com efeito de intimação for feita nesse dia, o prazo judicial terá início na segunda-feira imediata, salvo se não houver expediente, caso em que começará no primeiro dia útil que se seguir.

Súmula nº 311

No típico acidente do trabalho, a existência de ação judicial não exclui a multa pelo retardamento da liquidação.

Súmula nº 312

Músico integrante de orquestra da empresa, com atuação permanente e vínculo de subordinação, está sujeito a legislação geral do trabalho, e não à especial dos artistas.

Súmula nº 313

Provada a identidade entre o trabalho diurno e o noturno, é devido o adicional, quanto a este, sem a limitação do art. 73, § 3º, da Consolidação das Leis do Trabalho independentemente da natureza da atividade do empregador.

Súmula nº 314

Na composição do dano por acidente do trabalho, ou de transporte, não é contrário à lei tomar para base da indenização o salário do tempo da perícia ou da sentença.

Súmula nº 315

Indispensável o traslado das razões da revista, para julgamento, pelo tribunal superior do trabalho, do agravo para sua admissão.

Súmula nº 316

A simples adesão a greve não constitui falta grave.

Súmula nº 317

São improcedentes os embargos declaratórios, quando não pedida a declaração do julgado anterior, em que se verificou a omissão.

Súmula nº 318

É legítima a cobrança, em 1962, pela municipalidade de São Paulo, do imposto de indústrias e profissões, consoante as Leis 5.917 e 5.919, de 1961 (aumento anterior à vigência do orçamento e incidência do tributo sobre o movimento econômico do contribuinte).

Súmula nº 319

O prazo do recurso ordinário para o supremo tribunal federal, em "habeas corpus" ou mandado de segurança, é de cinco dias.

Súmula nº 320

A apelação despachada pelo juiz no prazo legal não fica prejudicada pela demora da juntada, por culpa do cartório.

Súmula nº 321

A constituição estadual pode estabelecer a irredutibilidade dos vencimentos do ministério público.

Súmula nº 322

Não terá seguimento pedido ou recurso dirigido ao supremo tribunal federal, quando manifestamente incabível, ou apresentado fora do prazo, ou quando for evidente a incompetência do tribunal.

Súmula nº 323

É inadmissível a apreensão de mercadorias como meio coercitivo para pagamento de tributos.

Súmula nº 324

A imunidade do art. 31, V, da Constituição Federal não compreende as taxas.

Súmula nº 325

As emendas ao regimento do supremo tribunal federal, sobre julgamento de questão constitucional, aplicam-se aos pedidos ajuizados e aos recursos interpostos anteriormente a sua aprovação.

Súmula nº 326

É legítima a incidência do imposto de transmissão "inter vivos" sobre a transferência do domínio útil.

Súmula nº 327

O direito trabalhista admite a prescrição intercorrente.

Súmula nº 328

É legítima a incidência do imposto de transmissão "inter vivos" sobre a doação de imóvel.

Súmula nº 329

O imposto de transmissão "inter vivos" não incide sobre a transferência de ações de sociedade imobiliária.

Súmula nº 330

O supremo tribunal federal não é competente para conhecer de mandado de segurança contra atos dos tribunais de justiça dos estados.

Súmula nº 331

É legítima a incidência do imposto de transmissão "causa mortis" no inventário por morte presumida.

Súmula nº 332
É legítima a incidência do imposto de vendas e consignações sobre a parcela do preço correspondente aos ágios cambiais.

Súmula nº 333
Está sujeita ao imposto de vendas e consignações a venda realizada por invernista não qualificado como pequeno produtor.

Súmula nº 334
É legítima a cobrança, ao empreiteiro, do imposto de vendas e consignações, sobre o valor dos materiais empregados, quando a empreitada não for apenas de lavor.

Súmula nº 335
É válida a cláusula de eleição do foro para os processos oriundos do contrato.

Súmula nº 336
A imunidade da autarquia financiadora, quanto ao contrato de financiamento, não se estende à compra e venda entre particulares, embora constantes os dois atos de um só instrumento.

Súmula nº 337
A controvérsia entre o empregador e o segurador não suspende o pagamento devido ao empregado por acidente do trabalho.

Súmula nº 338
Não cabe ação rescisória no âmbito da justiça do trabalho.

Súmula nº 339
Não cabe ao poder judiciário, que não tem função legislativa, aumentar vencimentos de servidores públicos sob fundamento de isonomia.

Súmula nº 340
Desde a vigência do Código Civil, os bens dominicais, como os demais bens públicos, não podem ser adquiridos por usucapião.

Súmula nº 341
É presumida a culpa do patrão ou comitente pelo ato culposo do empregado ou preposto.

Súmula nº 342
Cabe agravo no auto do processo, e não agravo de petição, do despacho que não admite a reconvenção.

Súmula nº 343
Não cabe ação rescisória por ofensa a literal disposição de lei, quando a decisão rescindenda se tiver baseado em texto legal de interpretação controvertida nos tribunais.

Súmula nº 344
Sentença de primeira instância concessiva de "habeas corpus", em caso de crime praticado em detrimento de bens, serviços ou interesses da união, está sujeita a recurso "ex officio".

Súmula nº 345
Na chamada desapropriação indireta, os juros compensatórios são devidos a partir da perícia, desde que tenha atribuído valor atual ao imóvel.

Súmula nº 346
A administração pública pode declarar a nulidade dos seus próprios atos.

Súmula nº 347
O tribunal de contas, no exercício de suas atribuições, pode apreciar a constitucionalidade das leis e dos atos do poder público.

Súmula nº 348
É constitucional a criação de taxa de construção, conservação e melhoramento de estradas.

Súmula nº 349
A prescrição atinge somente as prestações de mais de dois anos, reclamadas com fundamento em decisão normativa da justiça do trabalho, ou em convenção coletiva de trabalho, quando não estiver em causa a própria validade de tais atos.

Súmula nº 350
O imposto de indústrias e profissões não é exigível de empregado, por falta de autonomia na sua atividade profissional.

Súmula nº 351
É nula a citação por edital de réu preso na mesma unidade da federação em que o juiz exerce a sua jurisdição.

Súmula nº 352

Não é nulo o processo penal por falta de nomeação de curador ao réu menor que teve a assistência de defensor dativo.

Súmula nº 353

São incabíveis os embargos da Lei 623, de 19/2/1949, com fundamento em divergência entre decisões da mesma turma do supremo tribunal federal.

Súmula nº 354

Em caso de embargos infringentes parciais, é definitiva a parte da decisão embargada em que não houve divergência na votação.

Súmula nº 355

Em caso de embargos infringentes parciais, é tardio o recurso extraordinário interposto após o julgamento dos embargos, quanto à parte da decisão embargada que não fora por eles abrangida.

Súmula nº 356

O ponto omisso da decisão, sobre o qual não foram opostos embargos declaratórios, não pode ser objeto de recurso extraordinário, por faltar o requisito do prequestionamento.

Súmula nº 357

É lícita a convenção pela qual o locador renuncia, durante a vigência do contrato, à ação revisional do art. 31 do Decreto 24.150, de 20/4/1934.

Súmula nº 358

O servidor público em disponibilidade tem direito aos vencimentos integrais do cargo.

Súmula nº 359

Ressalvada a revisão prevista em lei, os proventos da inatividade regulam-se pela lei vigente ao tempo em que o militar, ou o servidor civil, reuniu os requisitos necessários (alterada).

Súmula nº 360

Não há prazo de decadência para a representação de inconstitucionalidade prevista no art. 8º, parágrafo único, da Constituição Federal.

Súmula nº 361

No processo penal, é nulo o exame realizado por um só perito, considerando-se impedido o que tiver funcionado, anteriormente, na diligência de apreensão.

Súmula nº 362

A condição de ter o clube sede própria para a prática de jogo lícito não o obriga a ser proprietário do imóvel em que tem sede.

Súmula nº 363

A pessoa jurídica de direito privado pode ser demandada no domicílio da agência, ou estabelecimento, em que se praticou o ato.

Súmula nº 364

Enquanto o estado da Guanabara não tiver tribunal militar de segunda instância, o tribunal de justiça é competente para julgar os recursos das decisões da auditoria da polícia militar.

Súmula nº 365

Pessoa jurídica não tem legitimidade para propor ação popular.

Súmula nº 366

Não é nula a citação por edital que indica o dispositivo da lei penal, embora não transcreva a denúncia ou queixa, ou não resuma os fatos em que se baseia.

Súmula nº 367

Concede-se liberdade ao extraditando que não for retirado do país no prazo do art. 16 do Decreto-lei 394, de 28/4/1938.

Súmula nº 368

Não há embargos infringentes no processo de reclamação.

Súmula nº 369

Julgados do mesmo tribunal não servem para fundamentar o recurso extraordinário por divergência jurisprudencial.

Súmula nº 370

Julgada improcedente a ação renovatória da locação, terá o locatário, para desocupar o imóvel, o prazo de seis meses, acrescido de tantos meses quantos forem os anos da ocupação, até o limite total de dezoito meses.

Súmula nº 371

Ferroviário, que foi admitido como servidor autárquico, não tem direito a dupla aposentadoria.

Súmula nº 372

A Lei 2.752, de 10/4/1956, sobre dupla aposentadoria, aproveita, quando couber, a servidores aposentados antes de sua publicação.

Súmula nº 373

Servidor nomeado após aprovação no curso de capacitação policial, instituído na polícia do distrito federal, em 1941, preenche o requisito da nomeação por concurso a que se referem as Leis 705, de 16/5/1949, e 1.639, de 14/7/1952.

Súmula nº 374

Na retomada para construção mais útil, não é necessário que a obra tenha sido ordenada pela autoridade pública.

Súmula nº 375

Não renovada a locação regida pelo Decreto 24.150, de 20/4/1934, aplica-se o direito comum e não a legislação especial do inquilinato.

Súmula nº 376

Na renovação de locação, regida pelo Decreto 24.150, de 20/4/1934, o prazo do novo contrato conta-se da transcrição da decisão exequenda no registro de títulos e documentos; começa, porém, da terminação do contrato anterior, se esta tiver ocorrido antes do registro.

Súmula nº 377

No regime de separação legal de bens, comunicam-se os adquiridos na constância do casamento.

Súmula nº 378

Na indenização por desapropriação incluem-se honorários do advogado do expropriado.

Súmula nº 379

No acordo de desquite não se admite renúncia aos alimentos, que poderão ser pleiteados ulteriormente, verificados os pressupostos legais.

Súmula nº 380

Comprovada a existência de sociedade de fato entre os concubinos, é cabível a sua dissolução judicial, com a partilha do patrimônio adquirido pelo esforço comum.

Súmula nº 381

Não se homologa sentença de divórcio obtida, por procuração, em país de que os cônjuges não eram nacionais.

Súmula nº 382

A vida em comum sob o mesmo teto, "more uxorio", não é indispensável à caracterização do concubinato.

Súmula nº 383

A prescrição em favor da fazenda pública recomeça a correr, por dois anos e meio, a partir do ato interruptivo, mas não fica reduzida aquém de cinco anos, embora o titular do direito a interrompa durante a primeira metade do prazo.

Súmula nº 384

A demissão de extranumerário do serviço público federal, equiparado a funcionário de provimento efetivo para efeito de estabilidade, é da competência do presidente da república.

Súmula nº 385

Oficial das forças armadas só pode ser reformado, em tempo de paz, por decisão de tribunal militar permanente, ressalvada a situação especial dos atingidos pelo art. 177 da Constituição de 1937.

Súmula nº 386

Pela execução de obra musical por artistas remunerados é devido direito autoral, não exigível quando a orquestra for de amadores.

Súmula nº 387

A cambial emitida ou aceita com omissões, ou em branco, pode ser completada pelo credor de boa-fé antes da cobrança ou do protesto.

Súmula nº 388

O casamento da ofendida com quem não seja o ofensor faz cessar a qualidade do seu representante legal, e a ação penal só pode prosseguir por iniciativa da própria ofendida, observados os prazos legais de decadência e perempção (revogada).

Súmula nº 389

Salvo limite legal, a fixação de honorários de advogado, em complemento da condenação, depende das circunstâncias da causa, não dando lugar a recurso extraordinário.

Súmula nº 390

A exibição judicial de livros comerciais pode ser requerida como medida preventiva.

Súmula nº 391

O confinante certo deve ser citado, pessoalmente, para a ação de usucapião.

Súmula nº 392

O prazo para recorrer de acórdão concessivo de segurança conta-se da publicação oficial de suas conclusões, e não da anterior ciência à autoridade para cumprimento da decisão.

Súmula nº 393

Para requerer revisão criminal, o condenado não é obrigado a recolher-se à prisão.

Súmula nº 394

Cometido o crime durante o exercício funcional, prevalece a competência especial por prerrogativa de função, ainda que o inquérito ou a ação penal sejam iniciados após a cessação daquele exercício (cancelada).

Súmula nº 395

Não se conhece de recurso de "habeas corpus" cujo objeto seja resolver sobre o ônus das custas, por não estar mais em causa a liberdade de locomoção.

Súmula nº 396

Para a ação penal por ofensa à honra, sendo admissível a exceção da verdade quanto ao desempenho de função pública, prevalece a competência especial por prerrogativa de função, ainda que já tenha cessado o exercício funcional do ofendido.

Súmula nº 397

O poder de polícia da câmara dos deputados e do senado federal, em caso de crime cometido nas suas dependências, compreende, consoante o regimento, a prisão em flagrante do acusado e a realização do inquérito.

Súmula nº 398

O Supremo Tribunal Federal não é competente para processar e julgar, originariamente, deputado ou senador acusado de crime.

Súmula nº 399

Não cabe recurso extraordinário, por violação de lei federal, quando a ofensa alegada for a regimento de tribunal.

Súmula nº 400

Decisão que deu razoável interpretação à lei, ainda que não seja a melhor, não autoriza recurso extraordinário pela letra "a" do art. 101, III, da Constituição Federal.

Súmula nº 401

Não se conhece do recurso de revista, nem dos embargos de divergência, do processo trabalhista, quando houver jurisprudência firme do tribunal superior do trabalho no mesmo sentido da decisão impugnada, salvo se houver colisão com a jurisprudência do supremo tribunal federal.

Súmula nº 402

Vigia noturno tem direito a salário adicional.

Súmula nº 403

É de decadência o prazo de trinta dias para instauração do inquérito judicial, a contar da suspensão, por falta grave, de empregado estável.

Súmula nº 404

Não contrariam a Constituição os arts 3º, 22 e 27 da Lei 3.244, de 14/8/1957, que definem as atribuições do conselho de política aduaneira quanto à tarifa flexível.

Súmula nº 405

Denegado o mandado de segurança pela sentença, ou no julgamento do agravo, dela interposto, fica sem efeito a liminar concedida, retroagindo os efeitos da decisão contrária.

Súmula nº 406

O estudante ou professor bolsista e o servidor público em missão de estudo satisfazem a condição da mudança de residência para o efeito de trazer automóvel do exterior, atendidos os demais requisitos legais.

Súmula nº 407

Não tem direito ao terço de campanha o militar que não participou de operações de guerra, embora servisse na "zona de guerra".

Súmula nº 408

Os servidores fazendários não têm direito a percentagem pela arrecadação de receita federal destinada ao banco nacional de desenvolvimento econômico.

Súmula nº 409

Ao retomante, que tenha mais de um prédio alugado, cabe optar entre eles, salvo abuso de direito.

Súmula nº 410

Se o locador, utilizando prédio próprio para residência ou atividade comercial, pede o imóvel locado para uso próprio, diverso do que tem o por ele ocupado, não está obrigado a provar a necessidade, que se presume.

Súmula nº 411

O locatário autorizado a ceder a locação pode sublocar o imóvel.

Súmula nº 412

No compromisso de compra e venda com cláusula de arrependimento, a devolução do sinal, por quem o deu, ou a sua restituição em dobro, por quem o recebeu, exclui indenização maior, a título de perdas e danos, salvo os juros moratórios e os encargos do processo.

Súmula nº 413

O compromisso de compra e venda de imóveis, ainda que não loteados, dá direito à execução compulsória, quando reunidos os requisitos legais.

Súmula nº 414

Não se distingue a visão direta da oblíqua na proibição de abrir janela, ou fazer terraço, eirado, ou varanda, a menos de metro e meio do prédio de outrem.

Súmula nº 415

Servidão de trânsito não titulada, mas tornada permanente, sobretudo pela natureza das obras realizadas, considera-se aparente, conferindo direito à proteção possessória.

Súmula nº 416

Pela demora no pagamento do preço da desapropriação não cabe indenização complementar além dos juros.

Súmula nº 417

Pode ser objeto de restituição, na falência, dinheiro em poder do falido, recebido em nome de outrem, ou do qual, por lei ou contrato, não tivesse ele a disponibilidade.

Súmula nº 418

O empréstimo compulsório não é tributo, e sua arrecadação não está sujeita à exigência constitucional da prévia autorização orçamentária.

Súmula nº 419

Os municípios têm competência para regular o horário do comércio local, desde que não infrinjam leis estaduais ou federais válidas.

Súmula nº 420

Não se homologa sentença proferida no estrangeiro sem prova do trânsito em julgado.

Súmula nº 421

Não impede a extradição a circunstância de ser o extraditando casado com brasileira ou ter filho brasileiro.

Súmula nº 422

A absolvição criminal não prejudica a medida de segurança, quando couber, ainda que importe privação da liberdade.

Súmula nº 423

Não transita em julgado a sentença por haver omitido o recurso "ex officio", que se considera interposto "ex lege".

Súmula nº 424

Transita em julgado o despacho saneador de que não houve recurso, excluídas as questões deixadas, explícita ou implicitamente, para a sentença.

Súmula nº 425

O agravo despachado no prazo legal não fica prejudicado pela demora da juntada, por culpa do cartório; nem o agravo entregue em cartório no prazo legal, embora despachado tardiamente.

Súmula nº 426

A falta do termo específico não prejudica o agravo no auto do processo, quando oportuna a interposição por petição ou no termo da audiência.

Súmula nº 427

A falta de petição de interposição não prejudica o agravo no auto do processo tomado por termo.

Súmula nº 428

Não fica prejudicada a apelação entregue em cartório no prazo legal, embora despachada tardiamente.

Súmula nº 429

A existência de recurso administrativo com efeito suspensivo não impede o uso do mandado de segurança contra omissão da autoridade.

Súmula nº 430

Pedido de reconsideração na via administrativa não interrompe o prazo para o mandado de segurança.

Súmula nº 431

É nulo o julgamento de recurso criminal, na segunda instância, sem prévia intimação, ou publicação da pauta, salvo em "habeas corpus".

Súmula nº 432

Não cabe recurso extraordinário com fundamento no art. 101, III, "d", da Constituição Federal, quando a divergência alegada for entre decisões da Justiça do Trabalho.

Súmula nº 433

É competente o tribunal regional do trabalho para julgar mandado de segurança contra ato de seu presidente em execução de sentença trabalhista.

Súmula nº 434

A controvérsia entre seguradores indicados pelo empregador na ação de acidente do trabalho não suspende o pagamento devido ao acidentado.

Súmula nº 435

O imposto de transmissão "causa mortis" pela transferência de ações é devido ao estado em que tem sede a companhia.

Súmula nº 436

É válida a Lei 4.093, de 24/10/1959, do Paraná, que revogou a isenção concedida às cooperativas por lei anterior.

Súmula nº 437

Está isenta da taxa de despacho aduaneiro a importação de equipamento para a indústria automobilística, segundo plano aprovado, no prazo legal, pelo órgão competente.

Súmula nº 438

É ilegítima a cobrança, em 1962, da taxa de educação e saúde, de Santa Catarina, adicional do imposto de vendas e consignações.

Súmula nº 439

Estão sujeitos à fiscalização tributária ou previdenciária quaisquer livros comerciais, limitado o exame aos pontos objeto da investigação.

Súmula nº 440

Os benefícios da legislação federal de serviços de guerra não são exigíveis dos estados, sem que a lei estadual assim disponha.

Súmula nº 441

O militar, que passa à inatividade com proventos integrais, não tem direito às cotas trigésimas a que se refere o código de vencimentos e vantagens dos militares.

Súmula nº 442

A inscrição do contrato de locação no registro de imóveis, para a validade da cláusula de vigência contra o adquirente do imóvel, ou perante terceiros, dispensa a transcrição no registro de títulos e documentos.

Súmula nº 443

A prescrição das prestações anteriores ao período previsto em lei não ocorre, quando não tiver sido negado, antes daquele prazo, o próprio direito reclamado, ou a situação jurídica de que ele resulta.

Súmula nº 444

Na retomada para construção mais útil, de imóvel sujeito ao Decreto 24.150, de 20/4/1934, a indenização se limita às despesas de mudança.

Súmula nº 445

A Lei 2.437, de 7/3/1955, que reduz prazo prescricional, é aplicável às prescrições em curso na data de sua vigência (1º/1/1956), salvo quanto aos processos então pendentes.

Súmula nº 446

Contrato de exploração de jazida ou pedreira não está sujeito ao Decreto 24.150, de 20/4/1934.

Súmula nº 447

É válida a disposição testamentária em favor de filho adulterino do testador com sua concubina.

Súmula nº 448

O prazo para o assistente recorrer, supletivamente, começa a correr imediatamente após o transcurso do prazo do ministério público.

Súmula nº 449

O valor da causa, na consignatória de aluguel, corresponde a uma anuidade.

Súmula nº 450

São devidos honorários de advogado sempre que vencedor o beneficiário de justiça gratuita.

Súmula nº 451

A competência especial por prerrogativa de função não se estende ao crime cometido após a cessação definitiva do exercício funcional.

Súmula nº 452

Oficiais e praças do corpo de bombeiros do Estado da Guanabara respondem perante a justiça comum por crime anterior à Lei 427, de 11/10/1948.

Súmula nº 453

Não se aplicam à segunda instância o art. 384 e parágrafo único do Código de Processo Penal, que possibilitam dar nova definição jurídica ao fato delituoso, em virtude de circunstância elementar não contida, explícita ou implicitamente, na denúncia ou queixa.

Súmula nº 454

Simples interpretação de cláusulas contratuais não dá lugar a recurso extraordinário.

Súmula nº 455

Da decisão que se seguir ao julgamento de constitucionalidade pelo tribunal pleno, são inadmissíveis embargos infringentes quanto à matéria constitucional.

Súmula nº 456

O supremo tribunal federal, conhecendo do recurso extraordinário, julgará a causa, aplicando o direito à espécie.

Súmula nº 457

O tribunal superior do trabalho, conhecendo da revista, julgará a causa, aplicando o direito à espécie.

Súmula nº 458

O processo da execução trabalhista não exclui a remição pelo executado.

Súmula nº 459

No cálculo da indenização por despedida injusta, incluem-se os adicionais, ou gratificações, que, pela habitualidade, se tenham incorporado ao salário.

Súmula nº 460

Para efeito do adicional de insalubridade, a perícia judicial, em reclamação trabalhista, não dispensa o enquadramento da atividade entre as insalubres, que é ato da competência do ministro do trabalho e previdência social.

Súmula nº 461

É duplo, e não triplo, o pagamento do salário nos dias destinados a descanso.

Súmula nº 462

No cálculo da indenização por despedida injusta inclui-se, quando devido, o repouso semanal remunerado.

Súmula nº 463

Para efeito de indenização e estabilidade, conta-se o tempo em que o empregado esteve afastado, em serviço militar obrigatório, mesmo anteriormente à Lei 4.072, de 1º/6/1962.

Súmula nº 464

No cálculo da indenização por acidente do trabalho inclui-se, quando devido, o repouso semanal remunerado.

Súmula nº 465

O regime de manutenção de salário, aplicável ao (Iapm) e ao (Iapetc), exclui a indenização tarifada na lei de acidentes do trabalho, mas não o benefício previdenciário.

Súmula nº 466

Não é inconstitucional a inclusão de sócios e administradores de sociedades e titulares de firmas individuais como contribuintes obrigatórios da previdência social.

Súmula nº 467

A base do cálculo das contribuições previdenciárias, anteriormente à vigência da Lei Orgânica da Previdência Social, é o salário mínimo mensal, observados os limites da Lei 2.755/1956.

Súmula nº 468

Após a Emenda Constitucional 5, de 21/11/1961, em contrato firmado com a união, estado, município ou autarquia, é devido o imposto federal de selo pelo contratante não protegido pela imunidade, ainda que haja repercussão do ônus tributário sobre o patrimônio daquelas entidades.

Súmula nº 469

A multa de cem por cento, para o caso de mercadoria importada irregularmente, é calculada à base do custo de câmbio da categoria correspondente.

Súmula nº 470

O imposto de transmissão "inter vivos" não incide sobre a construção, ou parte dela, realizada, inequivocamente, pelo promitente comprador, mas sobre o valor do que tiver sido construído antes da promessa de venda.

Súmula nº 471

As empresas aeroviárias não estão isentas do imposto de indústrias e profissões.

Súmula nº 472

A condenação do autor em honorários de advogado, com fundamento no art. 64 do Código de Processo Civil, depende de reconvenção.

Súmula nº 473

A administração pode anular seus próprios atos, quando eivados de vícios que os tornam ilegais, porque deles não se originam direitos; ou revogá-los, por motivo de conveniência ou oportunidade, respeitados os direitos adquiridos, e ressalvada, em todos os casos, a apreciação judicial.

Súmula nº 474

Não há direito líquido e certo, amparado pelo mandado de segurança, quando se escuda em lei cujos efeitos foram anulados por outra, declarada constitucional pelo supremo tribunal federal.

Súmula nº 475

A Lei 4.686, de 21/6/1965, tem aplicação imediata aos processos em curso, inclusive em grau de recurso extraordinário.

Súmula nº 476

Desapropriadas as ações de uma sociedade, o poder desapropriante, imitido na posse, pode exercer, desde logo, todos os direitos inerentes aos respectivos títulos.

Súmula nº 477

As concessões de terras devolutas situadas na faixa de fronteira, feitas pelos estados, autorizam, apenas, o uso, permanecendo o domínio com a união, ainda que se mantenha inerte ou tolerante, em relação aos possuidores.

Súmula nº 478

O provimento em cargos de juízes substitutos do trabalho, deve ser feito independentemente de lista tríplice, na ordem de classificação dos candidatos.

Súmula nº 479

As margens dos rios navegáveis são de domínio público, insuscetíveis de expropriação e, por isso mesmo, excluídas de indenização.

Súmula nº 480

Pertencem ao domínio e administração da união, nos termos dos arts. 4º, IV, e 186, da Constituição federal de 1967, as terras ocupadas por silvícolas.

Súmula nº 481

Se a locação compreende, além do imóvel, fundo de comércio, com instalações e pertences, como no caso de teatros, cinemas e hotéis, não se aplicam ao retomante as restrições do art. 8º, "e", parágrafo único, do Decreto 24.150, de 20/4/1934.

Súmula nº 482

O locatário, que não for sucessor ou cessionário do que o precedeu na locação, não pode somar os prazos concedidos a este, para pedir a renovação do contrato, nos termos do Decreto 24.150.

Súmula nº 483

É dispensável a prova da necessidade, na retomada de prédio situado em localidade para onde o proprietário pretende transferir residência, salvo se mantiver, também, a anterior, quando dita prova será exigida.

Súmula nº 484

Pode, legitimamente, o proprietário pedir o prédio para a residência de filho, ainda que solteiro, de acordo com o art. 11, III, da Lei 4.494, de 25/11/1964.

Súmula nº 485

Nas locações regidas pelo Decreto 24.150, de 20/4/1934, a presunção de sinceridade do retomante é relativa, podendo ser ilidida pelo locatário.

Súmula nº 486

Admite-se a retomada para sociedade da qual o locador, ou seu cônjuge, seja sócio, com participação predominante no capital social.

Súmula nº 487

Será deferida a posse a quem, evidentemente, tiver o domínio, se com base neste for ela disputada.

Súmula nº 488

A preferência a que se refere o art. 9º da Lei 3.912, de 3/7/1961, constitui direito pessoal. Sua violação resolve-se em perdas e danos.

Súmula nº 489

A compra e venda de automóvel não prevalece contra terceiros, de boa-fé, se o contrato não foi transcrito no registro de títulos e documentos.

Súmula nº 490

A pensão correspondente à indenização oriunda de responsabilidade civil deve ser calculada com base no salário mínimo vigente ao tempo da sentença e ajustar-se-á às variações ulteriores.

Súmula nº 491

É indenizável o acidente que cause a morte de filho menor, ainda que não exerça trabalho remunerado.

Súmula nº 492

A empresa locadora de veículos responde, civil e solidariamente com o locatário, pelos danos por este causados a terceiro, no uso do carro locado.

Súmula nº 493

O valor da indenização, se consistente em prestações periódicas e sucessivas, compreenderá, para que se mantenha inalterável na sua fixação, parcelas compensatórias do imposto de renda, incidente sobre os juros do capital gravado ou caucionado, nos termos dos arts. 911 e 912 do Código de Processo Civil.

Súmula nº 494

A ação para anular venda de ascendente a descendente, sem consentimento dos demais, prescreve em vinte anos, contados da data do ato, revogada a súmula 152.

Súmula nº 495

A restituição em dinheiro da coisa vendida a crédito, entregue nos quinze dias anteriores ao pedido de falência ou de concordata, cabe, quando, ainda que consumida ou transformada, não faça o devedor prova de haver sido alienada a terceiro.

Súmula nº 496

São válidos, porque salvaguardados pelas disposições constitucionais transitórias da Constituição Federal de 1967, os Decretos-leis expedidos entre 24 de janeiro e 15 de março de 1967.

Súmula nº 497

Quando se tratar de crime continuado, a prescrição regula-se pela pena imposta na sentença, não se computando o acréscimo decorrente da continuação.

Súmula nº 498

Compete à justiça dos estados, em ambas as instâncias, o processo e o julgamento dos crimes contra a economia popular.

Súmula nº 499

Não obsta à concessão do "sursis" condenação anterior à pena de multa.

Súmula nº 500

Não cabe a ação cominatória para compelir-se o réu a cumprir obrigação de dar.

(para visualizar todos os dados da súmula clique no número desejado)

Voltar para súmulas

Súmula nº 501

Compete à justiça ordinária estadual o processo e o julgamento, em ambas as instâncias, das causas de acidente do trabalho, ainda que promovidas contra a união, suas autarquias, empresas públicas ou sociedades de economia mista.

Súmula nº 502

Na aplicação do art. 839 do Código de Processo Civil, com a redação da Lei 4.290, de 5/12/1963, a relação valor da causa e salário mínimo vigente na capital do estado, ou do território, para o efeito de alçada, deve ser considerada na data do ajuizamento do pedido.

Súmula nº 503

A dúvida, suscitada por particular, sobre o direito de tributar, manifestado por dois estados, não configura litígio da competência originária do supremo tribunal federal.

Súmula nº 504

Compete à justiça federal, em ambas as instâncias, o processo e o julgamento das causas fundadas em contrato de seguro marítimo.

Súmula nº 505

Salvo quando contrariarem a Constituição, não cabe recurso para o Supremo Tribunal Federal, de quaisquer decisões da Justiça do Trabalho, inclusive dos presidentes de seus tribunais.

Súmula nº 506

O agravo a que se refere o art. 4º da Lei 4.348, de 26/6/1964, cabe, somente, do despacho do presidente do supremo tribunal federal que defere a suspensão da liminar, em mandado de segurança; não do que a "denega".

Súmula nº 507

A ampliação dos prazos a que se refere o art. 32 do Código de Processo Civil aplica-se aos executivos fiscais.

Súmula nº 508

Compete à justiça estadual, em ambas as instâncias, processar e julgar as causas em que for parte o banco do brasil s.a.

Súmula nº 509

A Lei 4.632, de 18/5/1965, que alterou o art. 64 do Código de Processo Civil, aplica-se aos processos em andamento, nas instâncias ordinárias.

Súmula nº 510

Praticado o ato por autoridade, no exercício de competência delegada, contra ela cabe o mandado de segurança ou a medida judicial.

Súmula nº 511

Compete à justiça federal, em ambas as instâncias, processar e julgar as causas entre autarquias federais e entidades públicas locais, inclusive mandados de segurança, ressalvada a ação fiscal, nos termos da Constituição Federal de 1967, art. 119, § 3º.

Súmula nº 512

Não cabe condenação em honorários de advogado na ação de mandado de segurança.

Súmula nº 513

A decisão que enseja a interposição de recurso ordinário ou extraordinário não é a do plenário, que resolve o incidente de inconstitucionalidade, mas a do órgão (câmaras, grupos ou turmas) que completa o julgamento do feito.

Súmula nº 514

Admite-se ação rescisória contra sentença transitada em julgado, ainda que contra ela não se tenha esgotado todos os recursos.

Súmula nº 515

A competência para a ação rescisória não é do supremo tribunal federal, quando a questão federal, apreciada no recurso extraordinário ou no agravo de instrumento, seja diversa da que foi suscitada no pedido rescisório.

Súmula nº 516

O serviço social da indústria (SESI) está sujeito à jurisdição da justiça estadual.

Súmula nº 517

As sociedades de economia mista só têm foro na justiça federal, quando a união intervém como assistente ou opoente.

Súmula nº 518

A intervenção da união, em feito já julgado pela segunda instância e pendente de embargos, não desloca o processo para o tribunal federal de recursos.

Súmula nº 519

Aplica-se aos executivos fiscais o princípio da sucumbência a que se refere o art. 64 do Código de Processo Civil.

Súmula nº 520

Não exige a lei que, para requerer o exame a que se refere o art. 777 do Código de Processo Penal, tenha o sentenciado cumprido mais de metade do prazo da medida de segurança imposta.

Súmula nº 521

O foro competente para o processo e julgamento dos crimes de estelionato, sob a modalidade da emissão dolosa de cheque sem provisão de fundos, é o do local onde se deu a recusa do pagamento pelo sacado.

Súmula nº 522

Salvo ocorrência de tráfico para o exterior, quando, então, a competência será da justiça federal, compete à justiça dos estados o processo e julgamento dos crimes relativos a entorpecentes.

Súmula nº 523

No processo penal, a falta da defesa constitui nulidade absoluta, mas a sua deficiência só o anulará se houver prova de prejuízo para o réu.

Súmula nº 524

Arquivado o inquérito policial, por despacho do juiz, a requerimento do promotor de justiça, não pode a ação penal ser iniciada, sem novas provas.

Súmula nº 525

A medida de segurança não será aplicada em segunda instância, quando só o réu tenha recorrido.

Súmula nº 526

Subsiste a competência do supremo tribunal federal para conhecer e julgar a apelação, nos crimes da Lei de Segurança Nacional, se houve sentença antes da vigência do Ato Institucional 2.

Súmula nº 527

Após a vigência do ato institucional 6, que deu nova redação ao art. 114, III, da Constituição Federal de 1967, não cabe recurso extraordinário das decisões do juiz singular.

Súmula nº 528

Se a decisão contiver partes autônomas, a admissão parcial, pelo presidente do tribunal "a quo", de recurso extraordinário que, sobre qualquer delas se manifestar, não limitará a apreciação de todas pelo supremo tribunal federal, independentemente de interposição de agravo de instrumento.

Súmula nº 529

Subsiste a responsabilidade do empregador pela indenização decorrente de acidente do trabalho, quando o segurador, por haver entrado em liquidação, ou por outro motivo, não se encontrar em condições financeiras, de efetuar, na forma da lei, o pagamento que o seguro obrigatório visava garantir.

Súmula nº 530

Na legislação anterior ao art. 4º da Lei 4.749, de 12/8/1965, a contribuição para a previdência social não estava sujeita ao limite estabelecido no art. 69 da Lei 3.807, de 26/8/1960, sobre o 13º salário a que se refere o art. 3º da Lei 4.281, de 8/11/1963.

Súmula nº 531

É inconstitucional o Decreto 51.668, de 17/1/1963, que estabeleceu salário profissional para trabalhadores de transportes marítimos, fluviais e lacustres.

Súmula nº 532

É constitucional a Lei 5.043, de 21/6/1966, que concedeu remissão das dívidas fiscais oriundas da falta de oportuno pagamento de selo nos contratos particulares com a caixa econômica e outras entidades autárquicas.

Súmula nº 533

Nas operações denominadas "crediários", com emissão de vales ou certificados para compras e nas quais, pelo financiamento, se cobram, em separado, juros, selos e outras despesas, incluir-se-á tudo no custo da mercadoria e sobre esse preço global calcular-se-á o imposto de vendas e consignações.

Súmula nº 534

O imposto de importação sobre o extrato alcoólico de malte, como matéria-prima para fabricação de "whisky", incide à base de 60%, desde que desembarcado antes do Decreto-lei 398, de 30/12/1968.

Súmula nº 535

Na importação, a granel, de combustíveis líquidos é admissível a diferença de peso, para mais, até 4%, motivada pelas variações previstas no Decreto-lei 1.028, de 4/1/1939, art. 1º.

Súmula nº 536

São objetivamente imunes ao imposto sobre circulação de mercadorias os "produtos industrializados", em geral, destinados à exportação, além de outros, com a mesma destinação, cuja isenção a lei determinar.

Súmula nº 537

É inconstitucional a exigência de imposto estadual do selo, quando feita nos atos e instrumentos tributados ou regulados por lei federal, ressalvado o disposto no art. 15, § 5º, da Constituição Federal de 1946.

Súmula nº 538

A avaliação judicial para o efeito do cálculo das benfeitorias dedutíveis do imposto sobre lucro imobiliário independe do limite a que se refere a Lei 3.470, de 28/11/1958, art. 8º, parágrafo único.

Súmula nº 539

É constitucional a lei do município que reduz o imposto predial urbano sobre imóvel ocupado pela residência do proprietário, que não possua outro.

Súmula nº 540

No preço da mercadoria sujeita ao imposto de vendas e consignações, não se incluem as despesas de frete e carreto.

Súmula nº 541

O imposto sobre vendas e consignações não incide sobre a venda ocasional de veículos e equipamentos usados, que não se insere na atividade profissional do vendedor, e não é realizada com o fim de lucro, sem caráter, pois, de comercialidade.

Súmula nº 542

Não é inconstitucional a multa instituída pelo estado-membro, como sanção pelo retardamento do início ou da ultimação do inventário.

Súmula nº 543

A Lei 2.975, de 27/11/1965, revogou, apenas, as isenções de caráter geral, relativas ao imposto único sobre combustíveis, não as especiais, por outras leis concedidas.

Súmula nº 544

Isenções tributárias concedidas, sob condição onerosa, não podem ser livremente suprimidas.

Súmula nº 545

Preços de serviços públicos e taxas não se confundem, porque estas, diferentemente daqueles, são compulsórias e têm sua cobrança condicionada à prévia autorização orçamentária, em relação à lei que as instituiu.

Súmula nº 546

Cabe a restituição do tributo pago indevidamente, quando reconhecido por decisão, que o contribuinte "de jure" não recuperou do contribuinte "de facto" o "quantum" respectivo.

Súmula nº 547

Não é lícito à autoridade proibir que o contribuinte em débito adquira estampilhas, despache mercadorias nas alfândegas e exerça suas atividades profissionais.

Súmula nº 548

É inconstitucional o Decreto-lei 643, de 19/6/1947, art. 4º, do paraná, na parte que exige selo proporcional sobre atos e instrumentos regulados por lei federal.

Súmula nº 549

A taxa de bombeiros do estado de Pernambuco é constitucional, revogada a súmula 274.

Súmula nº 550

A isenção concedida pelo art. 2º da Lei 1.815/1953, às empresas de navegação aérea não compreende a taxa de melhoramento de portos, instituída pela Lei 3.421/1958.

Súmula nº 551

É inconstitucional a taxa de urbanização da Lei 2.320, de 20/12/1961, instituída pelo município de porto alegre, porque seu fato gerador é o mesmo da transmissão imobiliária.

Súmula nº 552

Com a regulamentação do art. 15 da Lei 5.316/1967, pelo Decreto 71.037/1972, tornou-se exequível a exigência da exaustão da via administrativa antes do início da ação de acidente do trabalho.

Súmula nº 553

O adicional ao frete para renovação da marinha mercante (Afrmm) é contribuição parafiscal, não sendo abrangido pela imunidade prevista na letra "d", III, do art. 19 da Constituição Federal.

Súmula nº 554

O pagamento de cheque emitido sem provisão de fundos, após o recebimento da denúncia, não obsta ao prosseguimento da ação penal.

Súmula nº 555

É competente o tribunal de justiça para julgar conflito de jurisdição entre juiz de direito do estado e a justiça militar local.

Súmula nº 556

É competente a justiça comum para julgar as causas em que é parte sociedade de economia mista.

Súmula nº 557

É competente a justiça federal para julgar as causas em que são partes a Cobal e a Cibrazem.

Súmula nº 558

É constitucional o art. 27 do Decreto-lei 898, de 29/9/1969.

Súmula nº 559

O Decreto-lei 730, de 5/8/1969, revogou a exigência de homologação, pelo ministro da fazenda, das resoluções do conselho de política aduaneira.

Súmula nº 560

A extinção de punibilidade, pelo pagamento do tributo devido, estende-se ao crime de contrabando ou descaminho, por força do art. 18, § 2º, do Decreto-lei 157/1967.

Súmula nº 561

Em desapropriação, é devida a correção monetária até a data do efetivo pagamento da indenização, devendo proceder-se à atualização do cálculo, ainda que por mais de uma vez.

Súmula nº 562

Na indenização de danos materiais decorrentes de ato ilícito cabe a atualização de seu valor, utilizando-se, para esse fim, dentre outros critérios, dos índices de correção monetária.

Súmula nº 563

O concurso de preferência a que se refere o parágrafo único do art. 187 do Código Tributário Nacional é compatível com o disposto no art. 9º, I, da Constituição Federal.

Súmula nº 564

A ausência de fundamentação do despacho de recebimento de denúncia por crime falimentar enseja nulidade processual, salvo se já houver sentença condenatória.

Súmula nº 565

A multa fiscal moratória constitui pena administrativa, não se incluindo no crédito habilitado em falência.

Súmula nº 566

Enquanto pendente, o pedido de readaptação fundado em desvio funcional não gera direitos para o servidor, relativamente ao cargo pleiteado.

Súmula nº 567

A Constituição, ao assegurar, no § 3º do art. 102, a contagem integral do tempo de serviço público federal, estadual ou municipal para os efeitos de aposentadoria e disponibilidade não proíbe à união, aos estados e aos municípios mandarem contar, mediante lei, para efeito diverso, tempo de serviço prestado a outra pessoa de direito público interno.

Súmula nº 568

A identificação criminal não constitui constrangimento ilegal, ainda que o indiciado já tenha sido identificado civilmente.

Súmula nº 569

É inconstitucional a discriminação de alíquotas do imposto de circulação de mercadorias nas operações interestaduais, em razão de o destinatário ser, ou não, contribuinte.

Súmula nº 570

O imposto de circulação de mercadorias não incide sobre a importação de bens de capital.

Súmula nº 571

O comprador de café ao IBC, ainda que sem expedição de nota fiscal, habilita-se, quando da comercialização do produto, ao crédito do ICM que incidiu sobre a operação anterior.

Súmula nº 572

No cálculo do imposto de circulação de mercadorias devido na saída de mercadorias para o exterior, não se incluem fretes pagos a terceiros, seguros e despesas de embarque.

Súmula nº 573

Não constitui fato gerador do imposto de circulação de mercadorias a saída física de máquinas, utensílios e implementos a título de comodato.

Súmula nº 574

Sem lei estadual que a estabeleça, é ilegítima a cobrança do imposto de circulação de mercadorias sobre o fornecimento de alimentação e bebidas em restaurante ou estabelecimento similar.

Súmula nº 575

À mercadoria importada de país signatário do (Gatt), ou membro da (Alalc), estende-se a isenção do imposto de circulação de mercadorias concedida a similar nacional.

Súmula nº 576

É lícita a cobrança do imposto de circulação de mercadorias sobre produtos importados sob o regime da alíquota "zero".

Súmula nº 577

Na importação de mercadorias do exterior, o fato gerador do imposto de circulação de mercadorias ocorre no momento de sua entrada no estabelecimento do importador.

Súmula nº 578

Não podem os estados, a título de ressarcimento de despesas, reduzir a parcela de 20% do produto da arrecadação do imposto de circulação de mercadorias, atribuída aos municípios pelo art. 23, § 8º, da Constituição Federal.

Súmula nº 579

A cal virgem e a hidratada estão sujeitas ao imposto de circulação de mercadorias.

Súmula nº 580

A isenção prevista no art. 13, parágrafo único, do Decreto-lei 43/1966, restringe-se aos filmes cinematográficos.

Súmula nº 581

A exigência de transporte em navio de bandeira brasileira, para efeito de isenção tributária, legitimou-se com o advento do Decreto-lei 666, de 2/7/1969.

Súmula nº 582

É constitucional a resolução 640/1969, do conselho de política aduaneira, que reduziu a alíquota do imposto de importação para a soda cáustica, destinada a zonas de difícil distribuição e abastecimento.

Súmula nº 583

Promitente comprador de imóvel residencial transcrito em nome de autarquia é contribuinte do imposto predial territorial urbano.

Súmula nº 584

Ao imposto de renda calculado sobre os rendimentos do ano-base, aplica-se a lei vigente no exercício financeiro em que deve ser apresentada a declaração.

Súmula nº 585

Não incide o imposto de renda sobre a remessa de divisas para pagamento de serviços prestados no exterior, por empresa que não opera no Brasil.

Súmula nº 586

Incide imposto de renda sobre os juros remetidos para o exterior, com base em contrato de mútuo.

Súmula nº 587

Incide imposto de renda sobre o pagamento de serviços técnicos contratados no exterior e prestados no Brasil.

Súmula nº 588

O imposto sobre serviços não incide sobre os depósitos, as comissões e taxas de desconto, cobrados pelos estabelecimentos bancários.

Súmula nº 589

É inconstitucional a fixação de adicional progressivo do imposto predial e territorial urbano em função do número de imóveis do contribuinte.

Súmula nº 590

Calcula-se o imposto de transmissão "causa mortis" sobre o saldo credor da promessa de compra e venda de imóvel, no momento da abertura da sucessão do promitente vendedor.

Súmula nº 591

A imunidade ou a isenção tributária do comprador não se estende ao produtor, contribuinte do imposto sobre produtos industrializados.

Súmula nº 592

Nos crimes falimentares, aplicam-se as causas interruptivas da prescrição, previstas no Código Penal.

Súmula nº 593

Incide o percentual do fundo de garantia do tempo de serviço (Fgts) sobre a parcela da remuneração correspondente a horas extraordinárias de trabalho.

Súmula nº 594

Os direitos de queixa e de representação podem ser exercidos, independentemente, pelo ofendido ou por seu representante legal.

Súmula nº 595

É inconstitucional a taxa municipal de conservação de estradas de rodagem cuja base de cálculo seja idêntica à do imposto territorial rural.

Súmula nº 596

As disposições do Decreto 22.626/1933 não se aplicam às taxas de juros e aos outros encargos cobrados nas operações realizadas por instituições públicas ou privadas, que integram o sistema financeiro nacional.

Súmula nº 597

Não cabem embargos infringentes de acórdão que, em mandado de segurança decidiu, por maioria de votos, a apelação.

Súmula nº 598

Nos embargos de divergência não servem como padrão de discordância os mesmos paradigmas invocados para demonstrá-la mas repelidos como não dissidentes no julgamento do recurso extraordinário.

Súmula nº 599

São incabíveis embargos de divergência de decisão de turma, em agravo regimental (cancelada).

Súmula nº 600

Cabe ação executiva contra o emitente e seus avalistas, ainda que não apresentado o cheque ao sacado no prazo legal, desde que não prescrita a ação cambiária.

Súmula nº 601

Os arts. 3º, II, e 55 da Lei Complementar 40/1981 (Lei Orgânica do Ministério Público) não revogaram a legislação anterior que atribui a iniciativa para a ação penal pública, no processo sumário, ao juiz ou à autoridade policial, mediante portaria ou auto de prisão em flagrante.

Súmula nº 602

Nas causas criminais, o prazo de interposição de recurso extraordinário é de 10 (dez) dias.

Súmula nº 603

A competência para o processo e julgamento de latrocínio é do juiz singular e não do tribunal do júri.

Súmula nº 604

A prescrição pela pena em concreto é somente da pretensão executória da pena privativa de liberdade.

Súmula nº 605

Não se admite continuidade delitiva nos crimes contra a vida.

Súmula nº 606

Não cabe "habeas corpus" originário para o tribunal pleno de decisão de turma, ou do plenário, proferida em "habeas corpus" ou no respectivo recurso.

Súmula nº 607

Na ação penal regida pela Lei 4.611/1965, a denúncia, como substitutivo da portaria, não interrompe a prescrição.

Súmula nº 608

No crime de estupro, praticado mediante violência real, a ação penal é pública incondicionada.

Súmula nº 609

É pública incondicionada a ação penal por crime de sonegação fiscal.

Súmula nº 610

Há crime de latrocínio, quando o homicídio se consuma, ainda que não realize o agente a subtração de bens da vítima.

Súmula nº 611

Transitada em julgado a sentença condenatória, compete ao juízo das execuções a aplicação de lei mais benigna.

Súmula nº 612

Ao trabalhador rural não se aplicam, por analogia, os benefícios previstos na Lei 6.367, de 19/10/1976.

Súmula nº 613

Os dependentes de trabalhador rural não têm direito à pensão previdenciária, se o óbito ocorreu anteriormente à vigência da Lei Complementar 11/1971.

Súmula nº 614

Somente o procurador-geral da justiça tem legitimidade para propor ação direta interventiva por inconstitucionalidade de lei municipal.

Súmula nº 615

O princípio constitucional da anualidade (§ 29 do art. 153 da Constituição Federal) não se aplica à revogação de isenção do ICM.

Súmula nº 616

É permitida a cumulação da multa contratual com os honorários de advogado, após o advento do Código de Processo Civil vigente.

Súmula nº 617

A base de cálculo dos honorários de advogado em desapropriação é a diferença entre a oferta e a indenização, corrigidas ambas monetariamente.

Súmula nº 618

Na desapropriação, direta ou indireta, a taxa dos juros compensatórios é de 12% (doze por cento) ao ano.

Súmula nº 619

A prisão do depositário judicial pode ser decretada no próprio processo em que se constituiu o encargo, independentemente da propositura de ação de depósito (revogada).

Súmula nº 620

A sentença proferida contra autarquias não está sujeita a reexame necessário, salvo quando sucumbente em execução de dívida ativa.

Súmula nº 621

Não enseja embargos de terceiro à penhora a promessa de compra e venda não inscrita no registro de imóveis.

Súmula nº 622

Não cabe agravo regimental contra decisão do relator que concede ou indefere liminar em mandado de segurança.

Súmula nº 623

Não gera por si só a competência originária do supremo tribunal federal para conhecer do mandado de segurança com base no art. 102, I, "n", da Constituição, dirigir-se o pedido contra deliberação administrativa do tribunal de origem, da qual haja participado a maioria ou a totalidade de seus membros.

Súmula nº 624

Não compete ao supremo tribunal federal conhecer originariamente de mandado de segurança contra atos de outros tribunais.

Súmula nº 625

Controvérsia sobre matéria de direito não impede concessão de mandado de segurança.

Súmula nº 626

A suspensão da liminar em mandado de segurança, salvo determinação em contrário da decisão que a deferir, vigorará até o trânsito em julgado da decisão definitiva de concessão da segurança ou, havendo recurso, até a sua manutenção pelo supremo tribunal federal, desde que o objeto da liminar deferida coincida, total ou parcialmente, com o da impetração.

Súmula nº 627

No mandado de segurança contra a nomeação de magistrado da competência do presidente da república, este é considerado autoridade coatora, ainda que o fundamento da impetração seja nulidade ocorrida em fase anterior do procedimento.

Súmula nº 628

Integrante de lista de candidatos a determinada vaga da composição de tribunal é parte legítima para impugnar a validade da nomeação de concorrente.

Súmula nº 629

A impetração de mandado de segurança coletivo por entidade de classe em favor dos associados independe da autorização destes.

Súmula nº 630

A entidade de classe tem legitimação para o mandado de segurança ainda quando a pretensão veiculada interesse apenas a uma parte da respectiva categoria.

Súmula nº 631

Extingue-se o processo de mandado de segurança se o impetrante não promove, no prazo assinado, a citação do litisconsorte passivo necessário.

Súmula nº 632

É constitucional lei que fixa o prazo de decadência para a impetração de mandado de segurança.

Súmula nº 633

É incabível a condenação em verba honorária nos recursos extraordinários interpostos em processo trabalhista, exceto nas hipóteses previstas na Lei 5.584/1970.

Súmula nº 634

Não compete ao supremo tribunal federal conceder medida cautelar para dar efeito suspensivo a recurso extraordinário que ainda não foi objeto de juízo de admissibilidade na origem.

Súmula nº 635

Cabe ao presidente do tribunal de origem decidir o pedido de medida cautelar em recurso extraordinário ainda pendente do seu juízo de admissibilidade.

Súmula nº 636

Não cabe recurso extraordinário por contrariedade ao princípio constitucional da legalidade, quando a sua verificação pressuponha rever a interpretação dada a normas infraconstitucionais pela decisão recorrida.

Súmula nº 637

Não cabe recurso extraordinário contra acórdão de tribunal de justiça que defere pedido de intervenção estadual em município.

Súmula nº 638

A controvérsia sobre a incidência, ou não, de correção monetária em operações de crédito rural é de natureza infraconstitucional, não viabilizando recurso extraordinário.

Súmula nº 639

Aplica-se a súmula 288 quando não constarem do traslado do agravo de instrumento as cópias das peças necessárias à verificação da tempestividade do recurso extraordinário não admitido pela decisão agravada.

Súmula nº 640

É cabível recurso extraordinário contra decisão proferida por juiz de primeiro grau nas causas de alçada, ou por turma recursal de juizado especial cível e criminal.

Súmula nº 641

Não se conta em dobro o prazo para recorrer, quando só um dos litisconsortes haja sucumbido.

Súmula nº 642

Não cabe ação direta de inconstitucionalidade de lei do Distrito Federal derivada da sua competência legislativa municipal.

Súmula nº 643

O ministério público tem legitimidade para promover ação civil pública cujo fundamento seja a ilegalidade de reajuste de mensalidades escolares.

Súmula nº 644

Ao titular do cargo de procurador de autarquia não se exige a apresentação de instrumento de mandato para representá-la em juízo.

Súmula nº 645

É competente o município para fixar o horário de funcionamento de estabelecimento comercial.

Súmula nº 646

Ofende o princípio da livre concorrência lei municipal que impede a instalação de estabelecimentos comerciais do mesmo ramo em determinada área.

Súmula nº 647

Compete privativamente à união legislar sobre vencimentos dos membros das polícias civil e militar do distrito federal.

Súmula nº 648

A norma do § 3º do art. 192 da Constituição, revogada pela Emenda Constitucional 40/2003, que limitava a taxa de juros reais a 12% ao ano, tinha sua aplicabilidade condicionada à edição de lei complementar.

Súmula nº 649

É inconstitucional a criação, por constituição estadual, de órgão de controle administrativo do poder judiciário do qual participem representantes de outros poderes ou entidades.

Súmula nº 650

Os incisos I e XI do art. 20 da Constituição Federal não alcançam terras de aldeamentos extintos, ainda que ocupadas por indígenas em passado remoto.

Súmula nº 651

A medida provisória não apreciada pelo congresso nacional podia, até a Emenda Constitucional 32/2001, ser reeditada dentro do seu prazo de eficácia de trinta dias, mantidos os efeitos de lei desde a primeira edição.

Súmula nº 652

Não contraria a Constituição o art. 15, § 1º, do Decreto-lei 3.365/1941 (Lei da Desapropriação por Utilidade Pública).

Súmula nº 653

No tribunal de contas estadual, composto por sete conselheiros, quatro devem ser escolhidos pela assembleia legislativa e três pelo chefe do poder executivo estadual, cabendo a este indicar um dentre auditores e outro dentre membros do ministério público, e um terceiro a sua livre escolha.

Súmula nº 654

A garantia da irretroatividade da lei, prevista no art. 5º, XXXVI, da Constituição da República, não é invocável pela entidade estatal que a tenha editado.

Súmula nº 655

A exceção prevista no art. 100, "caput", da Constituição, em favor dos créditos de natureza alimentícia, não dispensa a expedição de precatório, limitando-se a isentá-los da observância da ordem cronológica dos precatórios decorrentes de condenações de outra natureza.

Súmula nº 656

É inconstitucional a lei que estabelece alíquotas progressivas para o imposto de transmissão "inter vivos" de bens imóveis – ITBI com base no valor venal do imóvel.

Súmula nº 657

A imunidade prevista no art. 150, VI, "d", da Constituição Federal abrange os filmes e papéis fotográficos necessários à publicação de jornais e periódicos.

Súmula nº 658

São constitucionais os arts. 7º da Lei 7.787/1989 e 1º da Lei 7.894/1989 e da Lei 8.147/1990, que majoraram a alíquota do Finsocial, quando devida a contribuição por empresas dedicadas exclusivamente à prestação de serviços.

Súmula nº 659

É legítima a cobrança da Cofins, do pis e do Finsocial sobre as operações relativas a energia elétrica, serviços de telecomunicações, derivados de petróleo, combustíveis e minerais do país.

Súmula nº 660

Não incide ICMS na importação de bens por pessoa física ou jurídica que não seja contribuinte do imposto.

Súmula nº 661

Na entrada de mercadoria importada do exterior, é legítima a cobrança do ICMS por ocasião do desembaraço aduaneiro.

Súmula nº 662

É legítima a incidência do ICMS na comercialização de exemplares de obras cinematográficas, gravados em fitas de videocassete.

Súmula nº 663

Os §§ 1º e 3º do art. 9º do Decreto-lei 406/1968 foram recebidos pela Constituição.

Súmula nº 664

É inconstitucional o inciso V do art. 1º da Lei 8.033/1990, que instituiu a incidência do imposto nas operações de crédito, câmbio e seguros – IOF sobre saques efetuados em caderneta de poupança.

Súmula nº 665

É constitucional a taxa de fiscalização dos mercados de títulos e valores mobiliários instituída pela Lei 7.940/1989.

Súmula nº 666

A contribuição confederativa de que trata o art. 8º, IV, da Constituição, só é exigível dos filiados ao sindicato respectivo.

Súmula nº 667

Viola a garantia constitucional de acesso à jurisdição a taxa judiciária calculada sem limite sobre o valor da causa.

Súmula nº 668

É inconstitucional a lei municipal que tenha estabelecido, antes da Emenda Constitucional 29/2000, alíquotas progressivas para o IPTU, salvo se destinada a assegurar o cumprimento da função social da propriedade urbana.

Súmula nº 669

Norma legal que altera o prazo de recolhimento da obrigação tributária não se sujeita ao princípio da anterioridade.

Súmula nº 670

O serviço de iluminação pública não pode ser remunerado mediante taxa.

Súmula nº 671

Os servidores públicos e os trabalhadores em geral têm direito, no que concerne à URP de abril/maio de 1988, apenas ao valor correspondente a 7/30 de 16,19% sobre os vencimentos e salários pertinentes aos meses de abril e maio de 1988, não cumulativamente, devidamente corrigido até o efetivo pagamento.

Súmula nº 672

O reajuste de 28,86%, concedido aos servidores militares pelas Leis 8.622/1993 e 8.627/1993, estende-se aos servidores civis do poder executivo, observadas as eventuais compensações decorrentes dos reajustes diferenciados concedidos pelos mesmos diplomas legais.

Súmula nº 673

O art. 125, § 4º, da Constituição não impede a perda da graduação de militar mediante procedimento administrativo.

Súmula nº 674

A anistia prevista no art. 8º do ato das disposições constitucionais transitórias não alcança os militares expulsos com base em legislação disciplinar ordinária, ainda que em razão de atos praticados por motivação política.

Súmula nº 675

Os intervalos fixados para descanso e alimentação durante a jornada de seis horas não descaracterizam o sistema de turnos ininterruptos de revezamento para o efeito do art. 7º, XIV, da Constituição.

Súmula nº 676

A garantia da estabilidade provisória prevista no art. 10, II, "a", do ato das disposições constitucionais transitórias, também se aplica ao suplente do cargo de direção de comissões internas de prevenção de acidentes (Cipa).

Súmula nº 677

Até que lei venha a dispor a respeito, incumbe ao ministério do trabalho proceder ao registro das entidades sindicais e zelar pela observância do princípio da unicidade.

Súmula nº 678

São inconstitucionais os incisos I e III do art. 7º da Lei 8.162/1991, que afastam, para efeito de anuênio e de licença-prêmio, a contagem do tempo de serviço regido pela Consolidação das Leis do Trabalho dos servidores que passaram a submeter-se ao regime jurídico único.

Súmula nº 679

A fixação de vencimentos dos servidores públicos não pode ser objeto de convenção coletiva.

Súmula nº 680

O direito ao auxílio-alimentação não se estende aos servidores inativos.

Súmula nº 681

É inconstitucional a vinculação do reajuste de vencimentos de servidores estaduais ou municipais a índices federais de correção monetária.

Súmula nº 682

Não ofende a Constituição a correção monetária no pagamento com atraso dos vencimentos de servidores públicos.

Súmula nº 683

O limite de idade para a inscrição em concurso público só se legitima em face do art. 7º, XXX, da Constituição, quando possa ser justificado pela natureza das atribuições do cargo a ser preenchido.

Súmula nº 684

É inconstitucional o veto não motivado à participação de candidato a concurso público.

Súmula nº 685

É inconstitucional toda modalidade de provimento que propicie ao servidor investir-se, sem prévia aprovação em concurso público destinado ao seu provimento, em cargo que não integra a carreira na qual anteriormente investido.

Súmula nº 686

Só por lei se pode sujeitar a exame psicotécnico a habilitação de candidato a cargo público.

Súmula nº 687

A revisão de que trata o art. 58 do ato das disposições constitucionais transitórias não se aplica aos benefícios previdenciários concedidos após a promulgação da Constituição de 1988.

Súmula nº 688

É legítima a incidência da contribuição previdenciária sobre o 13º salário.

Súmula nº 689

O segurado pode ajuizar ação contra a instituição previdenciária perante o juízo federal do seu domicílio ou nas varas federais da capital do estado-membro.

Súmula nº 690

Compete originariamente ao Supremo Tribunal Federal o julgamento de "habeas corpus" contra decisão de turma recursal de juizados especiais criminais.

Súmula nº 691

Não compete ao Supremo Tribunal Federal conhecer de "habeas corpus" impetrado contra decisão do relator que, em "habeas corpus" requerido a tribunal superior, indefere a liminar.

Súmula nº 692

Não se conhece de "habeas corpus" contra omissão de relator de extradição, se fundado em fato ou direito estrangeiro cuja prova não constava dos autos, nem foi ele provocado a respeito.

Súmula nº 693

Não cabe "habeas corpus" contra decisão condenatória a pena de multa, ou relativo a processo em curso por infração penal a que a pena pecuniária seja a única cominada.

Súmula nº 694

Não cabe "habeas corpus" contra a imposição da pena de exclusão de militar ou de perda de patente ou de função pública.

Súmula nº 695

Não cabe "habeas corpus" quando já extinta a pena privativa de liberdade.

Súmula nº 696

Reunidos os pressupostos legais permissivos da suspensão condicional do processo, mas se recusando o promotor de justiça a propô-la, o juiz, dissentindo, remeterá a questão ao procurador-geral, aplicando-se por analogia o art. 28 do Código de Processo Penal.

Súmula nº 697

A proibição de liberdade provisória nos processos por crimes hediondos não veda o relaxamento da prisão processual por excesso de prazo.

Súmula nº 698

Não se estende aos demais crimes hediondos a admissibilidade de progressão no regime de execução da pena aplicada ao crime de tortura.

Súmula nº 699

O prazo para interposição de agravo, em processo penal, é de cinco dias, de acordo com a Lei 8.038/1990, não se aplicando o disposto a respeito nas alterações da Lei 8.950/1994 ao Código de Processo Civil.

Súmula nº 700

É de cinco dias o prazo para interposição de agravo contra decisão do juiz da execução penal.

Súmula nº 701

No mandado de segurança impetrado pelo ministério público contra decisão proferida em processo penal, é obrigatória a citação do réu como litisconsorte passivo.

Súmula nº 702

A competência do tribunal de justiça para julgar prefeitos restringe-se aos crimes de competência da justiça comum estadual; nos demais casos, a competência originária caberá ao respectivo tribunal de segundo grau.

Súmula nº 703

A extinção do mandato do prefeito não impede a instauração de processo pela prática dos crimes previstos no art. 1º do Decreto-lei 201/1967.

Súmula nº 704

Não viola as garantias do juiz natural, da ampla defesa e do devido processo legal a atração por continência ou conexão do processo do co-réu ao foro por prerrogativa de função de um dos denunciados.

Súmula nº 705

A renúncia do réu ao direito de apelação, manifestada sem a assistência do defensor, não impede o conhecimento da apelação por este interposta.

Súmula nº 706

É relativa a nulidade decorrente da inobservância da competência penal por prevenção.

Súmula nº 707

Constitui nulidade a falta de intimação do denunciado para oferecer contra-razões ao recurso interposto da rejeição da denúncia, não a suprindo a nomeação de defensor dativo.

Súmula nº 708

É nulo o julgamento da apelação se, após a manifestação nos autos da renúncia do único defensor, o réu não foi previamente intimado para constituir outro.

Súmula nº 709

Salvo quando nula a decisão de primeiro grau, o acórdão que provê o recurso contra a rejeição da denúncia vale, desde logo, pelo recebimento dela.

Súmula nº 710

No processo penal, contam-se os prazos da data da intimação, e não da juntada aos autos do mandado ou da carta precatória ou de ordem.

Súmula nº 711

A lei penal mais grave aplica-se ao crime continuado ou ao crime permanente, se a sua vigência é anterior à cessação da continuidade ou da permanência.

Súmula nº 712

É nula a decisão que determina o desaforamento de processo da competência do júri sem audiência da defesa.

Súmula nº 713

O efeito devolutivo da apelação contra decisões do júri é adstrito aos fundamentos da sua interposição.

Súmula nº 714

É concorrente a legitimidade do ofendido, mediante queixa, e do ministério público, condicionada à representação do ofendido, para a ação penal por crime contra a honra de servidor público em razão do exercício de suas funções.

Súmula nº 715

A pena unificada para atender ao limite de trinta anos de cumprimento, determinado pelo art. 75 do Código Penal, não é considerada para a concessão de outros benefícios, como o livramento condicional ou regime mais favorável de execução.

Súmula nº 716

Admite-se a progressão de regime de cumprimento da pena ou a aplicação imediata de regime menos severo nela determinada, antes do trânsito em julgado da sentença condenatória.

Súmula nº 717

Não impede a progressão de regime de execução da pena, fixada em sentença não transitada em julgado, o fato de o réu se encontrar em prisão especial.

Súmula nº 718

A opinião do julgador sobre a gravidade em abstrato do crime não constitui motivação idônea para a imposição de regime mais severo do que o permitido segundo a pena aplicada.

Súmula nº 719

A imposição do regime de cumprimento mais severo do que a pena aplicada permitir exige motivação idônea.

Súmula nº 720

O art. 309 do Código de Trânsito Brasileiro, que reclama decorra do fato perigo de dano, derrogou o art. 32 da Lei das Contravenções Penais no tocante à direção sem habilitação em vias terrestres.

Súmula nº 721

A competência constitucional do tribunal do júri prevalece sobre o foro por prerrogativa de função estabelecido exclusivamente pela constituição estadual.

Súmula nº 722

São da competência legislativa da união a definição dos crimes de responsabilidade e o estabelecimento das respectivas normas de processo e julgamento.

Súmula nº 723

Não se admite a suspensão condicional do processo por crime continuado, se a soma da pena mínima da infração mais grave com o aumento mínimo de um sexto for superior a um ano.

Súmula nº 724

Ainda quando alugado a terceiros, permanece imune ao IPTU o imóvel pertencente a qualquer das entidades referidas pelo art. 150, VI, "c", da Constituição, desde que o valor dos aluguéis seja aplicado nas atividades essenciais de tais entidades.

Súmula nº 725

É constitucional o § 2º do art. 6º da Lei 8.024/1990, resultante da conversão da medida provisória 168/1990, que fixou o BTN fiscal como índice de correção monetária aplicável aos depósitos bloqueados pelo plano Collor I.

Súmula nº 726

Para efeito de aposentadoria especial de professores, não se computa o tempo de serviço prestado fora da sala de aula.

Súmula nº 727

Não pode o magistrado deixar de encaminhar ao Supremo Tribunal Federal o agravo de instrumento interposto da decisão que não admite recurso extraordinário, ainda que referente a causa instaurada no âmbito dos juizados especiais.

Súmula nº 728

É de três dias o prazo para a interposição de recurso extraordinário contra decisão do tribunal superior eleitoral, contado, quando for o caso, a partir da publicação do acórdão, na própria sessão de julgamento, nos termos do art. 12 da Lei 6.055/1974, que não foi revogado pela Lei 8.950/1994.

Súmula nº 729

A decisão na ação direta de constitucionalidade 4 não se aplica à antecipação de tutela em causa de natureza previdenciária.

Súmula nº 730

A imunidade tributária conferida a instituições de assistência social sem fins lucrativos pelo art. 150, VI, "c", da Constituição, somente alcança as entidades fechadas de previdência social privada se não houver contribuição dos beneficiários.

Súmula nº 731

Para fim da competência originária do Supremo Tribunal Federal, é de interesse geral da magistratura a questão de saber se, em face da Lei Orgânica da Magistratura Nacional, os juízes têm direito à licença-prêmio.

Súmula nº 732

É constitucional a cobrança da contribuição do salário-educação, seja sob a carta de 1969, seja sob a Constituição Federal de 1988, e no regime da Lei 9.424/1996.

Súmula nº 733

Não cabe recurso extraordinário contra decisão proferida no processamento de precatórios.

Súmula nº 734

Não cabe reclamação quando já houver transitado em julgado o ato judicial que se alega tenha desrespeitado decisão do Supremo Tribunal Federal.

Súmula nº 735

Não cabe recurso extraordinário contra acórdão que defere medida liminar.

Súmula nº 736

Compete à justiça do trabalho julgar as ações que tenham como causa de pedir o descumprimento de normas trabalhistas relativas à segurança, higiene e saúde dos trabalhadores.

SÚMULAS DO SUPERIOR TRIBUNAL DE JUSTIÇA

Súmula nº 1
O foro do domicílio ou da residência do alimentando é o competente para a ação de investigação de paternidade, quando cumulada com a de alimentos.

Súmula nº 2
Não cabe *habeas data* (Constituição Federal, artigo 5º, LXXII, a) se não houver recusa de informações por parte da autoridade administrativa.

Súmula nº 3
Compete ao Tribunal Regional Federal dirimir conflito de competência verificado, na respectiva região, entre Juiz Federal e Juiz Estadual investido de jurisdição federal.

Súmula nº 4
Compete à Justiça Estadual julgar causa decorrente do processo eleitoral sindical.

Súmula nº 5
A simples interpretação de cláusula contratual não enseja recurso especial.

Súmula nº 6
Compete à Justiça Comum Estadual processar e julgar delito decorrente de acidente de trânsito envolvendo viatura de Polícia Militar, salvo se autor e vítima forem policiais militares em situação de atividade.

Súmula nº 7
A pretensão de simples reexame de prova não enseja recurso especial.

Súmula nº 8
Aplica-se a correção monetária aos créditos habilitados em concordata preventiva, salvo durante o período compreendido entre as datas de vigência da Lei 7.274, de 10-12-1984, e do Decreto-Lei 2.283, de 27-2-1986.

Súmula nº 9
A exigência da prisão provisória, para apelar, não ofende a garantia constitucional da presunção de inocência.

Súmula nº 10
Instalada a Junta de Conciliação e Julgamento, cessa a competência do Juiz de Direito em matéria trabalhista, inclusive para a execução das sentenças por ele proferidas.

Súmula nº 11
A presença da União ou de qualquer de seus entes, na ação de usucapião especial, não afasta a competência do foro da situação do imóvel.

Súmula nº 12
Em desapropriação, são cumuláveis juros compensatórios e moratórios.

Súmula nº 13
A divergência entre julgados do mesmo Tribunal não enseja recurso especial.

Súmula nº 14
Arbitrados os honorários advocatícios em percentual sobre o valor da causa, a correção monetária incide a partir do respectivo ajuizamento.

Súmula nº 15
Compete à Justiça Estadual processar e julgar os litígios decorrentes de acidente do trabalho.

Súmula nº 16
A legislação ordinária sobre crédito rural não veda a incidência da correção monetária.

Súmula nº 17
Quando o falso se exaure no estelionato, sem mais potencialidade lesiva, é por este absorvido.

Súmula nº 18

A sentença concessiva do perdão judicial é declaratória da extinção da punibilidade, não subsistindo qualquer efeito condenatório.

Súmula nº 19

A fixação do horário bancário, para atendimento ao público, é da competência da União.

Súmula nº 20

A mercadoria importada de país signatário do GATT é isenta do ICM, quando contemplado com esse favor o similar nacional.

Súmula nº 21

Pronunciado o réu, fica superada a alegação do constrangimento ilegal da prisão por excesso de prazo na instrução.

Súmula nº 22

Não há conflito de competência entre o Tribunal de Justiça e Tribunal de Alçada do mesmo Estado-Membro.

Súmula nº 23

O Banco Central do Brasil é parte legítima nas ações fundadas na Res. 1.154/1986.

Súmula nº 24

Aplica-se ao crime de estelionato, em que figure como vítima entidade autárquica da Previdência Social, a qualificadora do § 3o do artigo 171 do Código Penal.

Súmula nº 25

Nas ações da Lei de Falências o prazo para a interposição de recurso conta-se da intimação da parte.

Súmula nº 26

O avalista do título de crédito vinculado a contrato de mútuo também responde pelas obrigações pactuadas, quando no contrato figurar como devedor solidário.

Súmula nº 27

Pode a execução fundar-se em mais de um título extrajudicial relativos ao mesmo negócio.

Súmula nº 28

O contrato de alienação fiduciária em garantia pode ter por objeto bem que já integrava o patrimônio do devedor.

Súmula nº 29

No pagamento em juízo para elidir falência, são devidos correção monetária, juros e honorários de advogado.

Súmula nº 30

A comissão de permanência e a correção monetária são inacumuláveis.

Súmula nº 31

A aquisição, pelo segurado, de mais de um imóvel financiado pelo Sistema Financeiro da Habitação, situados na mesma localidade, não exime a seguradora da obrigação de pagamento dos seguros.

Súmula nº 32

Compete à Justiça Federal processar justificações judiciais destinadas a instruir pedidos perante entidades que nela têm exclusividade de foro, ressalvada a aplicação do artigo 15, II, da Lei 5.010/1966.

Súmula nº 33

A incompetência relativa não pode ser declarada de ofício.

Súmula nº 34

Compete à Justiça Estadual processar e julgar causa relativa a mensalidade escolar, cobrada por estabelecimento particular de ensino.

Súmula nº 35

Incide correção monetária sobre as prestações pagas, quando de sua restituição, em virtude da retirada ou exclusão do participante de plano de consórcio.

Súmula nº 36

A correção monetária integra o valor da restituição, em caso de adiantamento de câmbio, requerida em concordata ou falência.

Súmula nº 37

São cumuláveis as indenizações por dano material e dano moral oriundos do mesmo fato.

Súmula nº 38

Compete à Justiça Estadual Comum, na vigência da Constituição de 1988, o processo por contravenção penal, ainda que praticada em detrimento de bens, serviços ou interesse da União ou de suas entidades.

Súmula nº 39

Prescreve em vinte anos a ação para haver indenização, por responsabilidade civil, de sociedade de economia mista.

Súmula nº 40

Para obtenção dos benefícios de saída temporária e trabalho externo, considera-se o tempo de cumprimento da pena no regime fechado.

Súmula nº 41

O Superior Tribunal de Justiça não tem competência para processar e julgar, originariamente, mandado de segurança contra ato de outros tribunais ou dos respectivos órgãos.

Súmula nº 42

Compete à Justiça Comum Estadual processar e julgar as causas cíveis em que é parte sociedade de economia mista e os crimes praticados em seu detrimento.

Súmula nº 43

Incide correção monetária sobre dívida por ato ilícito a partir da data do efetivo prejuízo.

Súmula nº 44

A definição, em ato regulamentar, de grau mínimo de disacusia, não exclui, por si só, a concessão do benefício previdenciário.

Súmula nº 45

No reexame necessário, é defeso, ao Tribunal, agravar a condenação imposta à Fazenda Pública.

Súmula nº 46

Na execução por carta, os embargos do devedor serão decididos no juízo deprecante, salvo se versarem unicamente vícios ou defeitos da penhora, avaliação ou alienação dos bens.

Súmula nº 47

Compete à Justiça Militar processar e julgar crime cometido por militar contra civil, com emprego de arma pertencente à corporação, mesmo não estando em serviço.

Súmula nº 48

Compete ao juízo do local da obtenção da vantagem ilícita processar e julgar crimes de estelionato cometido mediante falsificação de cheque.

Súmula nº 49

Na exportação de café em grão, não se inclui na base de cálculo do ICM a quota de contribuição, a que se refere o artigo 2o do Decreto-Lei 2.295, de 21-11-1986.

Súmula nº 50

O Adicional de Tarifa Portuária incide apenas nas operações realizadas com mercadorias importadas ou exportadas, objeto do comércio de navegação de longo curso.

Súmula nº 51

A punição do intermediador, no jogo do bicho, independe da identificação do "apostador" ou do "banqueiro".

Súmula nº 52

Encerrada a instrução criminal, fica superada a alegação de constrangimento por excesso de prazo.

Súmula nº 53

Compete à Justiça Comum Estadual processar e julgar civil acusado de prática de crime contra instituições militares estaduais.

Súmula nº 54

Os juros moratórios fluem a partir do evento danoso, em caso de responsabilidade extracontratual.

Súmula nº 55

Tribunal Regional Federal não é competente para julgar recurso de decisão proferida por juiz estadual não investido de jurisdição federal.

Súmula nº 56

Na desapropriação para instituir servidão administrativa são devidos os juros compensatórios pela limitação de uso da propriedade.

Súmula nº 57

Compete à Justiça Comum Estadual processar e julgar ação de cumprimento fundada em acordo ou convenção coletiva não homologados pela Justiça do Trabalho.

Súmula nº 58

Proposta a execução fiscal, a posterior mudança de domicílio do executado não desloca a competência já fixada.

Súmula nº 59

Não há conflito de competência se já existe sentença com trânsito em julgado, proferida por um dos juízos conflitantes.

Súmula nº 60

É nula a obrigação cambial assumida por procurador do mutuário vinculado ao mutuante, no exclusivo interesse deste.

Súmula nº 61

CANCELADA pela apreciação ao Projeto de Súmula nº 1.154.
O seguro de vida cobre o suicídio não premeditado.

Súmula nº 62

Compete à Justiça Estadual processar e julgar o crime de falsa anotação na Carteira de Trabalho e Previdência Social, atribuído à empresa privada.

Súmula nº 63

São devidos direitos autorais pela retransmissão radiofônica de músicas em estabelecimentos comerciais.

Súmula nº 64

Não constitui constrangimento ilegal o excesso de prazo na instrução, provocado pela defesa.

Súmula nº 65

O cancelamento, previsto no artigo 29 do Decreto-Lei 2.303, de 21-11-1986, não alcança os débitos previdenciários.

Súmula nº 66

Compete à Justiça Federal processar e julgar execução fiscal promovida por Conselho de Fiscalização profissional.

Súmula nº 67

Na desapropriação, cabe a atualização monetária, ainda que por mais de uma vez, independente do decurso de prazo superior a um ano entre o cálculo e o efetivo pagamento da indenização.

Súmula nº 68

CANCELADA pela Questão de Ordem nos REsps 1.624.297/RS, 1.629.001/SC e 1.638.772/SC, (DJe 03.04.2019).

A parcela relativa ao ICM inclui-se na base de cálculo do PIS.

Súmula nº 69

Na desapropriação direta, os juros compensatórios são devidos desde a antecipada imissão na posse e, na desapropriação indireta, a partir da efetiva ocupação do imóvel.

Súmula nº 70

Os juros moratórios, na desapropriação direta ou indireta, contam-se desde o trânsito em julgado da sentença.

Súmula nº 71

O bacalhau importado de país signatário do GATT é isento do ICM.

Súmula nº 72

A comprovação da mora é imprescindível à busca e apreensão do bem alienado fiduciariamente.

Súmula nº 73

A utilização de papel-moeda grosseiramente falsificado configura, em tese, o crime de estelionato, da competência da Justiça Estadual.

Súmula nº 74

Para efeitos penais, o reconhecimento da menoridade do réu requer prova por documento hábil.

Súmula nº 75

Compete à Justiça Comum Estadual processar e julgar o policial militar por crime de promover ou facilitar a fuga de preso de estabelecimento penal.

Súmula nº 76

A falta de registro de compromisso de compra e venda de imóvel não dispensa a prévia interpelação para constituir em mora o devedor.

Súmula nº 77

A Caixa Econômica Federal é parte ilegítima para figurar no polo passivo das ações relativas às contribuições para o fundo PIS/PASEP.

Súmula nº 78

Compete à Justiça Militar processar e julgar policial de corporação estadual, ainda que o delito tenha sido praticado em outra unidade federativa.

Súmula nº 79

Os bancos comerciais não estão sujeitos a registro nos Conselhos Regionais de Economia.

Súmula nº 80

A Taxa de Melhoramento dos Portos não se inclui na base de cálculo do ICM.

Súmula nº 81

Não se concede fiança quando, em concurso material, a soma das penas mínimas cominadas for superior a dois anos de reclusão.

Súmula nº 82

Compete à Justiça Federal, excluídas as reclamações trabalhistas, processar e julgar os feitos relativos a movimentação do FGTS.

Súmula nº 83

Não se conhece do recurso especial pela divergência, quando a orientação do Tribunal se firmou no mesmo sentido da decisão recorrida.

Súmula nº 84

É admissível a oposição de embargos de terceiro fundados em alegação de posse advinda do compromisso de compra e venda de imóvel, ainda que desprovido do registro.

Súmula nº 85

Nas relações jurídicas de trato sucessivo em que a Fazenda Pública figure como devedora, quando não tiver sido negado o próprio direito reclamado, a prescrição atinge apenas as prestações vencidas antes do quinquênio anterior à propositura da ação.

Súmula nº 86

Cabe recurso especial contra acórdão proferido no julgamento de agravo de instrumento.

Súmula nº 87

A isenção do ICMS relativa às rações balanceadas para animais abrange o concentrado e o suplemento.

Súmula nº 88

São admissíveis embargos infringentes em processo falimentar.

Súmula nº 89

A ação acidentária prescinde de exaurimento da via administrativa.

Súmula nº 90

Compete à Justiça Estadual Militar processar e julgar o policial militar pela prática do crime militar, e à Comum pela prática do crime comum simultâneo àquele.

Súmula nº 91

CANCELADA pela 3ª Seção em sessão ordinária de 08.11.2000 *(DJU 23.11.2000)*.

Compete à Justiça Federal processar e julgar os crimes praticados contra a fauna.

Súmula nº 92

A terceiro de boa-fé não é oponível a alienação fiduciária não anotada no Certificado de Registro do veículo automotor.

Súmula nº 93

A legislação sobre cédulas de crédito rural, comercial e industrial admite o pacto de capitalização de juros.

Súmula nº 94

CANCELADA pela Questão de Ordem nos REsps 1.624.297/RS, 1.629.001/SC e 1.638.772/SC, (Dje 03.04.2019).

A parcela relativa ao ICMS inclui-se na base de cálculo do FINSOCIAL.

Súmula nº 95

A redução da alíquota do Imposto sobre Produtos Industrializados ou do Imposto de Importação não implica redução do ICMS.

Súmula nº 96

O crime de extorsão consuma-se independentemente da obtenção da vantagem indevida.

Súmula nº 97

Compete à Justiça do Trabalho processar e julgar reclamação de servidor público relativamente a vantagens trabalhistas anteriores à instituição do regime jurídico único.

Súmula nº 98

Embargos de declaração manifestados com notório propósito de prequestionamento não têm caráter protelatório.

Súmula nº 99

O Ministério Público tem legitimidade para recorrer no processo em que oficiou como fiscal da lei, ainda que não haja recurso da parte.

Súmula nº 100

É devido o Adicional ao Frete para Renovação da Marinha Mercante na importação sob o regime de Benefícios Fiscais à Exportação (BEFIEX).

Súmula nº 101

A ação de indenização do segurado em grupo contra a seguradora prescreve em um ano.

Súmula nº 102

A incidência dos juros moratórios sobre os compensatórios, nas ações expropriatórias, não constitui anatocismo vedado em lei.

Súmula nº 103

Incluem-se entre os imóveis funcionais que podem ser vendidos os administrados pelas Forças Armadas e ocupados pelos servidores civis.

Súmula nº 104

Compete à Justiça Estadual o processo e julgamento dos crimes de falsificação e uso de documento falso relativo a estabelecimento particular de ensino.

Súmula nº 105

Na ação de mandado de segurança não se admite condenação em honorários advocatícios.

Súmula nº 106

Proposta a ação no prazo fixado para o seu exercício, a demora na citação, por motivos inerentes ao mecanismo da Justiça, não justifica o acolhimento da arguição de prescrição ou decadência.

Súmula nº 107

Compete à Justiça Comum Estadual processar e julgar crime de estelionato praticado mediante falsificação das guias de recolhimento das contribuições previdenciárias, quando não ocorrente lesão à autarquia federal.

Súmula nº 108

A aplicação de medidas socioeducativas ao adolescente, pela prática de ato infracional, é de competência exclusiva do juiz.

Súmula nº 109

O reconhecimento do direito a indenização, por falta de mercadoria transportada via marítima, independe de vistoria.

Súmula nº 110

A isenção do pagamento de honorários advocatícios, nas ações acidentárias, é restrita ao segurado.

Súmula nº 111

Os honorários advocatícios, nas ações previdenciárias, não incidem sobre as prestações vencidas após a sentença.

Súmula nº 112

O depósito somente suspende a exigibilidade do crédito tributário se for integral e em dinheiro.

Súmula nº 113

Os juros compensatórios, na desapropriação direta, incidem a partir da imissão na posse, calculados sobre o valor da indenização, corrigido monetariamente.

Súmula nº 114

Os juros compensatórios, na desapropriação indireta, incidem a partir da ocupação, calculados sobre o valor da indenização, corrigido monetariamente.

Súmula nº 115

Na instância especial é inexistente recurso interposto por advogado sem procuração nos autos.

Súmula nº 116

A Fazenda Pública e o Ministério Público têm o prazo em dobro para interpor agravo regimental no Superior Tribunal de Justiça.

Súmula nº 117

A inobservância do prazo de quarenta e oito horas, entre a publicação de pauta e o julgamento sem a presença das partes, acarreta nulidade.

Súmula nº 118

O agravo de instrumento é o recurso cabível da decisão que homologa a atualização do cálculo da liquidação.

Súmula nº 119

A ação de desapropriação indireta prescreve em vinte anos.

Súmula nº 120
O oficial de farmácia, inscrito no Conselho Regional de Farmácia, pode ser responsável técnico por drogaria.

Súmula nº 121
Na execução fiscal o devedor deverá ser intimado, pessoalmente, do dia e hora da realização do leilão.

Súmula nº 122
Compete à Justiça Federal o processo e julgamento unificado dos crimes conexos de competência federal e estadual, não se aplicando a regra do art. 78, II, a, do Código de Processo Penal.

Súmula nº 123
A decisão que admite, ou não, o recurso especial deve ser fundamentada, com o exame dos seus pressupostos gerais e constitucionais.

Súmula nº 124
A Taxa de Melhoramento dos Portos tem base de cálculo diversa do Imposto de Importação, sendo legítima a sua cobrança sobre a importação de mercadorias de países signatários do GATT, da ALALC ou ALADI.

Súmula nº 125
O pagamento de férias não gozadas por necessidade do serviço não está sujeito à incidência do Imposto de Renda.

Súmula nº 126
É inadmissível recurso especial, quando o acórdão recorrido assenta em fundamentos constitucional e infraconstitucional, qualquer deles suficiente, por si só, para mantê-lo, e a parte vencida não manifesta recurso extraordinário.

Súmula nº 127
É ilegal condicionar a renovação da licença de veículo ao pagamento de multa, da qual o infrator não foi notificado.

Súmula nº 128
Na execução fiscal haverá segundo leilão, se o primeiro não houver lanço superior à avaliação.

Súmula nº 129
O exportador adquire o direito de transferência de crédito do ICMS quando realiza a exportação do produto e não ao estocar a matéria-prima.

Súmula nº 130
A empresa responde, perante o cliente, pela reparação de dano ou furto de veículo ocorridos em seu estacionamento.

Súmula nº 131
Nas ações de desapropriação incluem-se no cálculo da verba advocatícia as parcelas relativas aos juros compensatórios e moratórios, devidamente corrigidos.

Súmula nº 132
A ausência de registro da transferência não implica a responsabilidade do antigo proprietário por dano resultante de acidente que envolva o veículo alienado.

Súmula nº 133
A restituição da importância adiantada, à conta de contrato de câmbio, independe de ter sido a antecipação efetuada nos quinze dias anteriores ao requerimento da concordata.

Súmula nº 134
Embora intimado de penhora em imóvel do casal, o cônjuge do executado pode opor embargos de terceiro para defesa de sua meação.

Súmula nº 135
O ICMS não incide na gravação e distribuição de filmes e videoteipes.

Súmula nº 136
O pagamento de licença-prêmio não gozada por necessidade do serviço não está sujeito ao Imposto de Renda.

Súmula nº 137
Compete à Justiça Comum Estadual processar e julgar ação de servidor público municipal, pleiteando direitos relativos a vínculo estatutário.

Súmula nº 138
O ISS incide na operação de arrendamento mercantil de coisas móveis.

Súmula nº 139
Cabe à Procuradoria da Fazenda Nacional propor execução fiscal para cobrança de crédito relativo ao ITR.

Súmula nº 140

Compete à Justiça Comum Estadual processar e julgar crime em que o indígena figure autor ou vítima.

Súmula nº 141

Os honorários de advogado em desapropriação direta são calculados sobre a diferença entre a indenização e a oferta, corrigidos monetariamente.

Súmula nº 142

CANCELADA pelo AR 512/DF *(DJU 19.02.2001).*
Prescreve em 20 (vinte) anos a ação para exigir a abstenção do uso de marca comercial.

Súmula nº 143

Prescreve em cinco anos a ação de perdas e danos pelo uso de marca comercial.

Súmula nº 144

Os créditos de natureza alimentícia gozam de preferência, desvinculados os precatórios da ordem cronológica dos créditos de natureza diversa.

Súmula nº 145

No transporte desinteressado, de simples cortesia, o transportador só será civilmente responsável por danos causados ao transportado quando incorrer em dolo ou culpa grave.

Súmula nº 146

O segurado, vítima de novo infortúnio, faz jus a um único benefício, somado ao salário de contribuição vigente no dia do acidente.

Súmula nº 147

Compete à Justiça Federal processar e julgar os crimes praticados contra funcionário público federal, quando relacionados com o exercício da função.

Súmula nº 148

Os débitos relativos a benefício previdenciário, vencidos e cobrados em juízo após a vigência da Lei 6.899/1981, devem ser corrigidos monetariamente na forma prevista nesse diploma legal.

Súmula nº 149

A prova exclusivamente testemunhal não basta à comprovação da atividade rurícola, para efeito da obtenção de benefício previdenciário.

Súmula nº 150

Compete à Justiça Federal decidir sobre a existência de interesse jurídico, que justifique a presença, no processo, da União, suas autarquias ou empresas públicas.

Súmula nº 151

A competência para o processo e julgamento por crime de contrabando ou descaminho define-se pela prevenção do Juízo Federal do lugar da apreensão dos bens.

Súmula nº 152

CANCELADA pelo REsp. 73.552/RJ *(DJU 25.06.2007).*
Na venda pelo segurador, de bens salvados de sinistros, incide o ICMS.

Súmula nº 153

A desistência da execução fiscal, após o oferecimento dos embargos, não exime o exequente dos encargos da sucumbência.

Súmula nº 154

Os optantes pelo FGTS, nos termos da Lei 5.958, de 1973, têm direito à taxa progressiva de juros, na forma do artigo 4o da Lei 5.107, de 1966.

Súmula nº 155

O ICMS incide na importação de aeronave, por pessoa física, para uso próprio.

Súmula nº 156

A prestação de serviço de composição gráfica, personalizada e sob encomenda, ainda que envolva fornecimento de mercadorias, está sujeita, apenas, ao ISS.

Súmula nº 157

CANCELADA pelo REsp. 261.571/SP *(DJU 07.05.2002).*
É ilegítima a cobrança de taxa, pelo Município, na renovação de licença para localização de estabelecimento comercial ou industrial.

Súmula nº 158

Não se presta a justificar embargos de divergência o dissídio com acórdão de Turma ou Seção que não mais tenha competência para a matéria neles versada.

Súmula nº 159

O benefício acidentário, no caso de contribuinte que perceba remuneração variável, deve ser calculado com

Súmula nº 160

É defeso, ao município, atualizar o IPTU, mediante decreto, em percentual superior ao índice oficial de correção monetária.

Súmula nº 161

É da competência da Justiça Estadual autorizar o levantamento dos valores relativos ao PIS/PASEP e FGTS, em decorrência do falecimento do titular da conta.

Súmula nº 162

Na repetição de indébito tributário, a correção monetária incide a partir do pagamento indevido.

Súmula nº 163

O fornecimento de mercadorias com a simultânea prestação de serviços em bares, restaurantes e estabelecimentos similares constitui fato gerador do ICMS a incidir sobre o valor total da operação.

Súmula nº 164

O prefeito municipal, após a extinção do mandato, continua sujeito a processo por crime previsto no artigo 1o do Decreto-Lei 201, de 27-2-1967.

Súmula nº 165

Compete à Justiça Federal processar e julgar crime de falso testemunho cometido no processo trabalhista.

Súmula nº 166

Não constitui fato gerador do ICMS o simples deslocamento de mercadoria de um para outro estabelecimento do mesmo contribuinte.

Súmula nº 167.

O fornecimento de concreto, por empreitada, para construção civil, preparado no trajeto até a obra em betoneiras acopladas a caminhões, é prestação de serviço, sujeitando-se apenas à incidência do ISS.

Súmula nº 168

Não cabem embargos de divergência, quando a jurisprudência do Tribunal se firmou no mesmo sentido do acórdão embargado.

Súmula nº 169

São inadmissíveis embargos infringentes no processo de mandado de segurança.

Súmula nº 170

Compete ao juízo onde primeiro for intentada a ação envolvendo acumulação de pedidos, trabalhista e estatuário, decidi-la nos limites da sua jurisdição, sem prejuízo do ajuizamento de nova causa, com o pedido remanescente, no juízo próprio.

Súmula nº 171

Cominadas cumulativamente, em Lei especial, penas privativa de liberdade e pecuniária, é defeso a substituição da prisão por multa.

Súmula nº 172

Compete à Justiça Comum processar e julgar militar por crime de abuso de autoridade, ainda que praticado em serviço.

Súmula nº 173

Compete à Justiça Federal processar e julgar o pedido de reintegração em cargo público federal, ainda que o servidor tenha sido dispensado antes da instituição do Regime Jurídico Único.

Súmula nº 174

CANCELADA pela 3ª Seção em sessão de 24.10.2001 (*DJU de 06.11.2001*).
No crime de roubo, a intimidação feita com arma de brinquedo autoriza o aumento da pena.

Súmula nº 175

Descabe o depósito prévio nas ações rescisórias propostas pelo INSS.

Súmula nº 176

É nula a cláusula contratual que sujeita o devedor à taxa de juros divulgada pela ANBID/CETIP.

Súmula nº 177

O Superior Tribunal de Justiça é incompetente para processar e julgar, originariamente, mandado de segurança contra ato de órgão colegiado presidido por Ministro de Estado.

Súmula nº 178

O INSS não goza de isenção do pagamento de custas e emolumentos, nas ações acidentárias e de benefícios propostas na Justiça Estadual.

Súmula nº 179

O estabelecimento de crédito que recebe dinheiro, em depósito judicial, responde pelo pagamento da correção monetária relativa aos valores recolhidos.

Súmula nº 180

Na lide trabalhista, compete ao Tribunal Regional do Trabalho dirimir conflito de competência verificado, na respectiva região, entre Juiz Estadual e Junta de Conciliação e Julgamento.

Súmula nº 181

É admissível ação declaratória, visando obter certeza quanto à exata interpretação de cláusula contratual.

Súmula nº 182

É inviável o agravo do artigo 545 do Código de Processo Civil que deixa de atacar especificamente os fundamentos da decisão agravada.

Súmula nº 183

CANCELADA pelos ED no CC. 27.676/BA *(DJU 24.11.2000).*

Compete ao Juiz Estadual, nas comarcas que não sejam sede de vara da Justiça Federal, processar e julgar ação civil pública, ainda que a União figure no processo.

Súmula nº 184

A microempresa de representação comercial é isenta do Imposto de Renda.

Súmula nº 185

Nos depósitos judiciais, não incide o Imposto sobre Operações Financeiras.

Súmula nº 186

Nas indenizações por ato ilícito, os juros compostos somente são devidos por aquele que praticou o crime.

Súmula nº 187

É deserto o recurso interposto para o Superior Tribunal de Justiça, quando o recorrente não recolhe, na origem, a importância das despesas de remessa e retorno dos autos.

Súmula nº 188

Os juros moratórios, na repetição do indébito tributário, são devidos a partir do trânsito em julgado da sentença.

Súmula nº 189

É desnecessária a intervenção do Ministério Público nas execuções fiscais.

Súmula nº 190

Na execução fiscal, processada perante a Justiça Estadual, cumpre à Fazenda Pública antecipar o numerário destinado ao custeio das despesas com o transporte dos oficiais de justiça.

Súmula nº 191

A pronúncia é causa interruptiva da prescrição, ainda que o Tribunal do Júri venha a desclassificar o crime.

Súmula nº 192

Compete ao Juízo das Execuções Penais do Estado a execução das penas impostas a sentenciados pela Justiça Federal, Militar ou Eleitoral, quando recolhidos a estabelecimentos sujeitos à administração estadual.

Súmula nº 193

O direito de uso de linha telefônica pode ser adquirido por usucapião.

Súmula nº 194

Prescreve em vinte anos a ação para obter, do construtor, indenização por defeitos da obra.

Súmula nº 195

Em embargos de terceiro não se anula ato jurídico, por fraude contra credores.

Súmula nº 196

Ao executado que, citado por edital ou por hora certa, permanecer revel, será nomeado curador especial, com legitimidade para apresentação de embargos.

Súmula nº 197

O divórcio direto pode ser concedido sem que haja prévia partilha dos bens.

Súmula nº 198

Na importação de veículo por pessoa física, destinado a uso próprio, incide o ICMS.

Súmula nº 199

Na execução hipotecária de crédito vinculado ao Sistema Financeiro da Habilitação, nos termos da Lei

5.741/1971, a petição inicial deve ser instruída com, pelo menos, dois avisos de cobrança.

Súmula nº 200

O Juízo Federal competente para processar e julgar acusado de crime de uso de passaporte falso é o do lugar onde o delito se consumou.

Súmula nº 201

Os honorários advocatícios não podem ser fixados em salários mínimos.

Súmula nº 202

A impetração de segurança por terceiro, contra ato judicial, não se condiciona à interposição de recurso.

Súmula nº 203

Não cabe recurso especial contra decisão proferida por órgão de segundo grau dos Juizados Especiais.

Súmula nº 204

Os juros de mora nas ações relativas a benefícios previdenciários incidem a partir da citação válida.

Súmula nº 205

A Lei 8.009/1990 aplica-se à penhora realizada antes de sua vigência.

Súmula nº 206

A existência de vara privativa, instituída por lei estadual, não altera a competência territorial resultante das leis de processo.

Súmula nº 207

É inadmissível recurso especial quando cabíveis embargos infringentes contra o acórdão proferido no tribunal de origem.

Súmula nº 208

Compete à Justiça Federal processar e julgar prefeito municipal por desvio de verba sujeita a prestação de contas perante órgão federal.

Súmula nº 209

Compete à Justiça Estadual processar e julgar prefeito por desvio de verba transferida e incorporada ao patrimônio municipal.

Súmula nº 210

A ação de cobrança das contribuições para o FGTS prescreve em trinta anos.

Súmula nº 211

Inadmissível recurso especial quanto à questão que, a despeito da oposição de embargos declaratórios, não foi apreciada pelo tribunal *a quo*.

Súmula nº 212

A compensação de créditos tributários não pode ser deferida em ação cautelar ou por medida liminar cautelar ou antecipatória.

Súmula nº 213

O mandado de segurança constitui ação adequada para a declaração do direito à compensação tributária.

Súmula nº 214

O fiador na locação não responde por obrigações resultantes de aditamento ao qual não anuiu.

Súmula nº 215

A indenização recebida pela adesão a programa de incentivo à demissão voluntária não está sujeita à incidência do Imposto de Renda.

Súmula nº 216

A tempestividade de recurso interposto no Superior Tribunal de Justiça é aferida pelo registro no protocolo da Secretaria e não pela data da entrega na agência do correio.

Súmula nº 217

CANCELADA pelo AgRg SS 1.204/AM *(DJU 10.11.2003)*.
Não cabe agravo de decisão que indefere o pedido de suspensão da execução da liminar, ou da sentença em mandado de segurança.

Súmula nº 218

Compete à Justiça dos Estados processar e julgar ação de servidor estadual decorrente de direitos e vantagens estatutários no exercício de cargo em comissão.

Súmula nº 219

Os créditos decorrentes de serviços prestados à massa falida, inclusive a remuneração do síndico, gozam dos privilégios próprios dos trabalhistas.

Súmula nº 220

A reincidência não influi no prazo da prescrição da pretensão punitiva.

Súmula nº 221

São civilmente responsáveis pelo ressarcimento de dano, decorrente de publicação pela imprensa, tanto o autor do escrito quanto o proprietário do veículo de divulgação.

Súmula nº 222

Compete à Justiça Comum processar e julgar as ações relativas à contribuição sindical prevista no artigo 578 da CLT.

Súmula nº 223

A certidão de intimação do acórdão recorrido constitui peça obrigatória no instrumento de agravo.

Súmula nº 224

Excluído do feito o ente federal, cuja presença levara o Juiz Estadual a declinar da competência, deve o Juiz Federal restituir os autos e não suscitar conflito.

Súmula nº 225

Compete ao Tribunal Regional do Trabalho apreciar recursos contra sentença proferida por órgão de primeiro grau da Justiça Trabalhista, ainda que para declarar-lhe a nulidade em virtude de incompetência.

Súmula nº 226

O Ministério Público tem legitimidade para recorrer na ação de acidente do trabalho, ainda que o segurado esteja assistido por advogado.

Súmula nº 227

A pessoa jurídica pode sofrer dano moral.

Súmula nº 228

É inadmissível o interdito proibitório para a proteção do direito autoral.

Súmula nº 229

O pedido de pagamento de indenização à seguradora suspende o prazo de prescrição até que o segurado tenha ciência da decisão.

Súmula nº 230

CANCELADA pelos CC 30.513/SP, 30.500/SP e 30.504/SP *(DJU 09.11.2000).*

Compete à Justiça Estadual processar e julgar ação movida por trabalhador avulso portuário, em que se impugna ato do órgão gestor de mão de obra de que resulte óbice ao exercício de sua profissão.

Súmula nº 231

A incidência da circunstância atenuante não pode conduzir à redução da pena abaixo do mínimo legal.

Súmula nº 232

A Fazenda Pública, quando parte no processo, fica sujeita à exigência do depósito prévio dos honorários do perito.

Súmula nº 233

O contrato de abertura de crédito, ainda que acompanhado de extrato da conta-corrente, não é título executivo.

Súmula nº 234

A participação de membro do Ministério Público na fase investigatória criminal não acarreta o seu impedimento ou suspeição para o oferecimento da denúncia.

Súmula nº 235

A conexão não determina a reunião dos processos, se um deles já foi julgado.

Súmula nº 236

Não compete ao Superior Tribunal de Justiça dirimir conflitos de competência entre juízes trabalhistas vinculados a Tribunais Regionais do Trabalho diversos.

Súmula nº 237

Nas operações com cartão de crédito, os encargos relativos ao financiamento não são considerados no cálculo do ICMS.

Súmula nº 238

A avaliação da indenização devida ao proprietário do solo, em razão de alvará de pesquisa mineral, é processada no Juízo Estadual da situação do imóvel.

Súmula nº 239

O direito à adjudicação compulsória não se condiciona ao registro do compromisso de compra e venda no cartório de imóveis.

Súmula nº 240

A extinção do processo, por abandono da causa pelo autor, depende de requerimento do réu.

Súmula nº 241

A reincidência penal não pode ser considerada como circunstância agravante e, simultaneamente, como circunstância judicial.

Súmula nº 242

Cabe ação declaratória para reconhecimento de tempo de serviço para fins previdenciários.

Súmula nº 243

O benefício da suspensão do processo não é aplicável em relação às infrações penais cometidas em concurso material, concurso formal ou continuidade delitiva, quando a pena mínima cominada, seja pelo somatório seja pela incidência da majorante, ultrapassar o limite de 1 (um) ano.

Súmula nº 244

Compete ao foro do local da recusa processar e julgar o crime de estelionato mediante cheque sem provisão de fundos.

Súmula nº 245

A notificação destinada a comprovar a mora nas dívidas garantidas por alienação fiduciária dispensa a indicação do valor do débito.

Súmula nº 246

O valor do seguro obrigatório deve ser deduzido da indenização judicialmente fixada.

Súmula nº 247

O contrato de abertura de crédito em conta-corrente, acompanhado do demonstrativo de débito, constitui documento hábil para o ajuizamento de ação monitória.

Súmula nº 248

Comprovada a prestação dos serviços, a duplicata não aceita, mas protestada, é título hábil para instruir pedido de falência.

Súmula nº 249

A Caixa Econômica Federal tem legitimidade passiva para integrar processo em que se discute correção monetária do FGTS.

Súmula nº 250

É legítima a cobrança de multa fiscal de empresa em regime de concordata.

Súmula nº 251

A meação só responde pelo ato ilícito quando o credor, na execução fiscal, provar que o enriquecimento dele resultante aproveitou ao casal.

Súmula nº 252

Os saldos das contas do FGTS, pela legislação infraconstitucional, são corrigidos em 42,72% (IPC) quanto às perdas de janeiro de 1989 e 44,80% (IPC) quanto às de abril de 1990, acolhidos pelo STJ os índices de 18,02% (LBC) quanto às perdas de junho de 1987, de 5,38% (BTN) para maio de 1990 e 7,00% (TR) para fevereiro de 1991, de acordo com o entendimento do STF (RE no 226.855-7/RS).

Súmula nº 253

O art. 557 do CPC, que autoriza o relator a decidir o recurso, alcança o reexame necessário.

Súmula nº 254

A decisão do Juízo Federal que exclui da relação processual ente federal não pode ser reexaminada no Juízo Estadual.

Súmula nº 255

Cabem embargos infringentes contra acórdão, proferido por maioria, em agravo retido, quando se tratar de matéria de mérito.

Súmula nº 256

CANCELADA pela Corte Especial, em sessão de 21.05.2008 *(DE-STJ de 09.06.2008)*.

O sistema de "protocolo integrado" não se aplica aos recursos dirigidos ao Superior Tribunal de Justiça.

Súmula nº 257

A falta de pagamento do prêmio do seguro obrigatório de Danos Pessoais causados por Veículos Automotores de Vias Terrestres (DPVAT) não é motivo para a recusa do pagamento da indenização.

Súmula nº 258

A nota promissória vinculada a contrato de abertura de crédito não goza de autonomia em razão da iliquidez do título que a originou.

Súmula nº 259

A ação de prestação de contas pode ser proposta pelo titular de conta-corrente bancária.

Súmula nº 260

A convenção de condomínio aprovada, ainda que sem registro, é eficaz para regular as relações entre os condôminos.

Súmula nº 261

A cobrança de direitos autorais pela retransmissão radiofônica de músicas, em estabelecimentos hoteleiros, deve ser feita conforme a taxa média de utilização de equipamento, apurada em liquidação.

Súmula nº 262

Incide o Imposto de Renda sobre o resultado das aplicações financeiras realizadas pelas cooperativas.

Súmula nº 263

CANCELADA pelos REsps. 443.143/GO e 470.632/SP *(DJU 24.09.2003).*

A cobrança antecipada do valor residual (VRG) descaracteriza o contrato de arrendamento mercantil, transformando-o em compra e venda a prestação.

Súmula nº 264

É irrecorrível o ato judicial que apenas manda processar a concordata preventiva.

Súmula nº 265

É necessária a oitiva do menor infrator antes de decretar-se a regressão da medida socioeducativa.

Súmula nº 266

O diploma ou habilitação legal para o exercício do cargo deve ser exigido na posse e não na inscrição para o concurso público.

Súmula nº 267

A interposição de recurso, sem efeito suspensivo, contra decisão condenatória não obsta a expedição de mandado de prisão.

Súmula nº 268

O fiador que não integrou a relação processual na ação de despejo não responde pela execução do julgado.

Súmula nº 269

É admissível a adoção do regime prisional semiaberto aos reincidentes condenados a pena igual ou inferior a quatro anos se favoráveis as circunstâncias judiciais.

Súmula nº 270

O protesto pela preferência de crédito, apresentado por ente federal em execução que tramita na Justiça Estadual, não desloca a competência para a Justiça Federal.

Súmula nº 271

A correção monetária dos depósitos judiciais independe de ação específica contra o banco depositário.

Súmula nº 272

O trabalhador rural, na condição de segurado especial, sujeito à contribuição obrigatória sobre a produção rural comercializada, somente faz jus à aposentadoria por tempo de serviço, se recolher contribuições facultativas.

Súmula nº 273

Intimada a defesa da expedição da carta precatória, torna-se desnecessária intimação da data da audiência no juízo deprecado.

Súmula nº 274

O ISS incide sobre o valor dos serviços de assistência médica, incluindo-se neles as refeições, os medicamentos e as diárias hospitalares.

Súmula nº 275

O auxiliar de farmácia não pode ser responsável técnico por farmácia ou drogaria.

Súmula nº 276

CANCELADA pelo AR 3.761/PR *(DJE 20.11.2008).*

As sociedades civis de prestação de serviços profissionais são isentas da COFINS, irrelevante o regime tributário adotado.

Súmula nº 277

Julgada procedente a investigação de paternidade, os alimentos são devidos a partir da citação.

Súmula nº 278

O termo inicial do prazo prescricional, na ação de indenização, é a data em que o segurado teve ciência inequívoca da incapacidade laboral.

Súmula nº 279

É cabível execução por título extrajudicial contra a Fazenda Pública.

Súmula nº 280

O art. 35 do Decreto-Lei 7.661, de 1945, que estabelece a prisão administrativa, foi revogado pelos incisos LXI e LXVII do art. 5o da Constituição Federal de 1988.

Súmula nº 281

SEM EFICÁCIA pela ADPF 130-7 - declarou a incompatibilidade da Lei de *Imprensa* com a CF/1988 *(DOU 12.05.2009)*.

A indenização por dano moral não está sujeita a tarifação prevista na Lei de Imprensa.

Súmula nº 282

Cabe a citação por edital em ação monitória.

Súmula nº 283

As empresas administradoras de cartão de crédito são instituições financeiras e, por isso, os juros remuneratórios por elas cobrados não sofrem as limitações da Lei de Usura.

Súmula nº 284

A purga da mora, nos contratos de alienação fiduciária, só é permitida quando já pagos pelo menos 40% (quarenta por cento) do valor financiado.

Súmula nº 285

Nos contratos bancários posteriores ao Código de Defesa do Consumidor incide a multa moratória nele prevista.

Súmula nº 286

A renegociação de contrato bancário ou a confissão da dívida não impede a possibilidade de discussão sobre eventuais ilegalidades dos contratos anteriores.

Súmula nº 287

A Taxa Básica Financeira (TBF) não pode ser utilizada como indexador de correção monetária nos contratos bancários.

Súmula nº 288

A Taxa de Juros de Longo Prazo (TJLP) pode ser utilizada como indexador de correção monetária nos contratos bancários.

Súmula nº 289

A restituição das parcelas pagas a plano de previdência privada deve ser objeto de correção plena, por índice que recomponha a efetiva desvalorização da moeda.

Súmula nº 290

Nos planos de previdência privada, não cabe ao beneficiário a devolução da contribuição efetuada pelo patrocinador.

Súmula nº 291

A ação de cobrança de parcelas de complementação de aposentadoria pela previdência privada prescreve em cinco anos.

Súmula nº 292

A reconvenção é cabível na ação monitória, após a conversão do procedimento em ordinário.

Súmula nº 293

A cobrança antecipada do Valor Residual Garantido (VRG) não descaracteriza o contrato de arrendamento mercantil.

Súmula nº 294

Não é potestativa a cláusula contratual que prevê a comissão de permanência, calculada pela taxa média de mercado apurada pelo Banco Central do Brasil, limitada à taxa do contrato.

Súmula nº 295

A Taxa Referencial (TR) é indexador válido para contratos posteriores à Lei 8.177/1991, desde que pactuada.

Súmula nº 296

Os juros remuneratórios, não cumuláveis com a comissão de permanência, são devidos no período de inadimplência, à taxa média de mercado estipulada pelo Banco Central do Brasil, limitada ao percentual contratado.

Súmula nº 297

O Código de Defesa do Consumidor é aplicável às instituições financeiras.

Súmula nº 298

O alongamento de dívida originada de crédito rural não constitui faculdade da instituição financeira, mas, direito do devedor nos termos da lei.

Súmula nº 299

É admissível a ação monitória fundada em cheque prescrito.

Súmula nº 300

O instrumento de confissão de dívida, ainda que originário de contrato de abertura de crédito, constitui título executivo extrajudicial.

Súmula nº 301

Em ação investigatória, a recusa do suposto pai a submeter-se ao exame de DNA induz presunção *juris tantum* de paternidade.

Súmula nº 302

É abusiva a cláusula contratual de plano de saúde que limita no tempo a internação hospitalar do segurado.

Súmula nº 303

Em embargos de terceiro, quem deu causa à constrição indevida deve arcar com os honorários advocatícios.

Súmula nº 304

É ilegal a decretação da prisão civil daquele que não assume expressamente o encargo de depositário judicial.

Súmula nº 305

É descabida a prisão civil do depositário quando, decretada a falência da empresa, sobrevém a arrecadação do bem pelo síndico.

Súmula nº 306

Os honorários advocatícios devem ser compensados quando houver sucumbência recíproca, assegurado o direito autônomo do advogado à execução do saldo sem excluir a legitimidade da própria parte.

Súmula nº 307

A restituição de adiantamento de contrato de câmbio, na falência, deve ser atendida antes de qualquer crédito.

Súmula nº 308

A hipoteca firmada entre a construtora e o agente financeiro, anterior ou posterior à celebração da promessa de compra e venda, não tem eficácia perante os adquirentes do imóvel.

Súmula nº 309

O débito alimentar que autoriza a prisão civil do alimentante é o que compreende as três prestações anteriores ao ajuizamento da execução e as que se vencerem no curso do processo.

Súmula nº 310

O auxílio-creche não integra o salário de contribuição.

Súmula nº 311

Os atos do presidente do tribunal que disponham sobre processamento e pagamento de precatório não têm caráter jurisdicional.

Súmula nº 312

No processo administrativo para imposição de multa de trânsito, são necessárias as notificações da autuação e da aplicação da pena decorrente da infração.

Súmula nº 313

Em ação de indenização, procedente o pedido, é necessária a constituição de capital ou caução fidejussória para a garantia de pagamento da pensão, independentemente da situação financeira do demandado.

Súmula nº 314

Em execução fiscal, não localizados bens penhoráveis, suspende-se o processo por um ano, findo o qual se inicia o prazo da prescrição quinquenal intercorrente.

Súmula nº 315

Não cabem embargos de divergência no âmbito do agravo de instrumento que não admite recurso especial.

Súmula nº 316

Cabem embargos de divergência contra acórdão que, em agravo regimental, decide recurso especial.

Súmula nº 317

É definitiva a execução de título extrajudicial, ainda que pendente apelação contra sentença que julgue improcedentes os embargos.

Súmula nº 318

Formulado pedido certo e determinado, somente o autor tem interesse recursal em arguir o vício da sentença ilíquida.

Súmula nº 319

O encargo de depositário de bens penhorados pode ser expressamente recusado.

Súmula nº 320

A questão federal somente ventilada no voto vencido não atende ao requisito do prequestionamento.

Súmula nº 321

CANCELADA pelo REsp. 1.536.786-MG *(DJE 29.02.2016)*.
O Código de Defesa do Consumidor é aplicável à relação jurídica entre a entidade de previdência privada e seus participantes.

Súmula nº 322

Para a repetição de indébito, nos contratos de abertura de crédito em conta-corrente, não se exige a prova do erro.

Súmula nº 323

A inscrição do nome do devedor pode ser mantida nos serviços de proteção ao crédito até o prazo máximo de cinco anos, independentemente da prescrição da execução.

Súmula nº 324

Compete à Justiça Federal processar e julgar ações de que participa a Fundação Habitacional do Exército, equiparada à entidade autárquica federal, supervisionada pelo Ministério do Exército.

Súmula nº 325

A remessa oficial devolve ao Tribunal o reexame de todas as parcelas da condenação suportadas pela Fazenda Pública, inclusive dos honorários de advogado.

Súmula nº 326

Na ação de indenização por dano moral, a condenação em montante inferior ao postulado na inicial não implica sucumbência recíproca.

Súmula nº 327

Nas ações referentes ao Sistema Financeiro da Habitação, a Caixa Econômica Federal tem legitimidade como sucessora do Banco Nacional da Habitação.

Súmula nº 328

Na execução contra instituição financeira, é penhorável o numerário disponível, excluídas as reservas bancárias mantidas no Banco Central.

Súmula nº 329

O Ministério Público tem legitimidade para propor ação civil pública em defesa do patrimônio público.

Súmula nº 330

É desnecessária a resposta preliminar de que trata o artigo 514 do Código de Processo Penal, na ação penal instruída por inquérito policial.

Súmula nº 331

A apelação interposta contra sentença que julga embargos à arrematação tem efeito meramente devolutivo.

Súmula nº 332

A fiança prestada sem autorização de um dos cônjuges implica a ineficácia total da garantia.

Súmula nº 333

Cabe mandado de segurança contra ato praticado em licitação promovida por sociedade de economia mista ou empresa pública.

Súmula nº 334

O ICMS não incide no serviço dos provedores de acesso à Internet.

Súmula nº 335

Nos contratos de locação, é válida a cláusula de renúncia à indenização das benfeitorias e ao direito de retenção.

Súmula nº 336

A mulher que renunciou aos alimentos na separação judicial tem direito à pensão previdenciária por morte do ex-marido, comprovada a necessidade

Súmula nº 337

É cabível a suspensão condicional do processo na desclassificação do crime e na procedência parcial da pretensão punitiva.

Súmula nº 338

A prescrição penal é aplicável nas medidas socioeducativas.

Súmula nº 339

É cabível ação monitória contra a Fazenda Pública.

Súmula nº 340

A lei aplicável à concessão de pensão previdenciária por morte é aquela vigente na data do óbito do segurado.

Súmula nº 341

A frequência a curso de ensino formal é causa de remição de parte do tempo de execução de pena sob regime fechado ou semiaberto.

Súmula nº 342

No procedimento para aplicação de medida socioeducativa, é nula a desistência de outras provas em face da confissão do adolescente.

Súmula nº 343

CANCELADA pela QO no MS 7.078/DF, (Dje 03.05.2021).
É obrigatória a presença de advogado em todas as fases do processo administrativo disciplinar.

Súmula nº 344

A liquidação por forma diversa estabelecida na sentença não ofende a coisa julgada.

Súmula nº 345

São devidos honorários advocatícios pela Fazenda Pública nas execuções individuais de sentença proferida em ações coletivas, ainda que não embargadas.

Súmula nº 346

É vedada aos militares temporários, para aquisição de estabilidade, a contagem em dobro de férias e licenças não gozadas.

Súmula nº 347

O conhecimento de recurso de apelação do réu independe de sua prisão.

Súmula nº 348

CANCELADA pelo CC 107.635/PR *(DJE 23.03.2010).*
Compete ao Superior Tribunal de Justiça decidir os conflitos de competência entre juizado especial federal e juízo federal, ainda que da mesma seção judiciária.

Súmula nº 349

Compete à Justiça Federal ou aos juízes com competência delegada o julgamento das execuções fiscais de contribuições devidas pelo empregador ao FGTS.

Súmula nº 350

O ICMS não incide sobre o serviço de habilitação de telefone celular.

Súmula nº 351

A alíquota de contribuição para o Seguro de Acidente do Trabalho (SAT) é aferida pelo grau de risco desenvolvido em cada empresa, individualizada pelo seu CNPJ, ou pelo grau de risco da atividade preponderante quando houver apenas um registro.

Súmula nº 352

A obtenção ou a renovação do Certificado de Entidade Beneficente de Assistência Social (CEBAS) não exime a entidade do cumprimento dos requisitos legais supervenientes.

Súmula nº 353

As disposições do Código Tributário Nacional não se aplicam às contribuições para o FGTS.

Súmula nº 354

A invasão do imóvel é causa de suspensão do processo expropriatório para fins de reforma agrária.

Súmula nº 355

É válida a notificação do ato de exclusão do programa de recuperação fiscal do REFIS pelo *Diário Oficial* ou pela Internet.

Súmula nº 356

É legítima a cobrança da tarifa básica pelo uso dos serviços de telefonia fixa.

Súmula nº 357

REVOGADA pelo REsp. 1.074.799/MG *(DJE 22.06.2009).*
A pedido do assinante, que responderá pelos custos, é obrigatória, a partir de 1º de janeiro de 2006, a discriminação de pulsos excedentes e ligações de telefone fixo para celular.

Súmula nº 358

O cancelamento de pensão alimentícia de filho que atingiu a maioridade está sujeito à decisão judicial, mediante contraditório, ainda que nos próprios autos.

Súmula nº 359

Cabe ao órgão mantenedor do Cadastro de Proteção ao Crédito a notificação do devedor antes de proceder à inscrição.

Súmula nº 360

O benefício da denúncia espontânea não se aplica aos tributos sujeitos a lançamento por homologação regularmente declarados, mas pagos a destempo.

Súmula nº 361

A notificação do protesto, para requerimento de falência da empresa devedora, exige a identificação da pessoa que a recebeu.

Súmula nº 362

A correção monetária do valor da indenização do dano moral incide desde a data do arbitramento.

Súmula nº 363

Compete à Justiça estadual processar e julgar a ação de cobrança ajuizada por profissional liberal contra cliente.

Súmula nº 364

O conceito de impenhorabilidade de bem de família abrange também o imóvel pertencente a pessoas solteiras, separadas e viúvas.

Súmula nº 365

A intervenção da União como sucessora da Rede Ferroviária Federal S/A (RFFSA) desloca a competência para a Justiça Federal ainda que a sentença tenha sido proferida por Juízo estadual.

Súmula nº 366

CANCELADA pelo CC 101.977/SP (*DJE 22.09.2009*).
Compete à Justiça estadual processar e julgar ação indenizatória proposta por viúva e filhos de empregado falecido em acidente de trabalho.

Súmula nº 367

A competência estabelecida pela EC no 45/2004 não alcança os processos já sentenciados.

Súmula nº 368

Compete à Justiça comum estadual processar e julgar os pedidos de retificação de dados cadastrais da Justiça Eleitoral.

Súmula nº 369

No contrato de arrendamento mercantil *(leasing)*, ainda que haja cláusula resolutiva expressa, é necessária a notificação prévia do arrendatário para constituí-lo em mora.

Súmula nº 370

Caracteriza dano moral a apresentação antecipada de cheque pré-datado.

Súmula nº 371

Nos contratos de participação financeira para a aquisição de linha telefônica, o Valor Patrimonial da Ação (VPA) é apurado com base no balancete do mês da integralização.

Súmula nº 372

Na ação de exibição de documentos, não cabe a aplicação de multa cominatória.

Súmula nº 373

É ilegítima a exigência de depósito prévio para admissibilidade de recurso administrativo.

Súmula nº 374

Compete à Justiça Eleitoral processar e julgar a ação para anular débito decorrente de multa eleitoral.

Súmula nº 375

O reconhecimento da fraude à execução depende do registro da penhora do bem alienado ou da prova de má-fé do terceiro adquirente.

Súmula nº 376

Compete à turma recursal processar e julgar o mandado de segurança contra ato de juizado especial.

Súmula nº 377

O portador de visão monocular tem direito de concorrer, em concurso público, às vagas reservadas aos deficientes.

Súmula nº 378

Reconhecido o desvio de função, o servidor faz jus às diferenças salariais decorrentes.

Súmula nº 379

Nos contratos bancários não regidos por legislação específica, os juros moratórios poderão ser convencionados até o limite de 1% ao mês.

Súmula nº 380

A simples propositura da ação de revisão de contrato não inibe a caracterização da mora do autor.

Súmula nº 381

Nos contratos bancários, é vedado ao julgador conhecer, de ofício, da abusividade das cláusulas.

Súmula nº 382

A estipulação de juros remuneratórios superiores a 12% ao ano, por si só, não indica abusividade.

Súmula nº 383

A competência para processar e julgar as ações conexas de interesse de menor é, em princípio, do foro do domicílio do detentor de sua guarda.

Súmula nº 384

Cabe ação monitória para haver saldo remanescente oriundo de venda extrajudicial de bem alienado fiduciariamente em garantia.

Súmula nº 385

Da anotação irregular em cadastro de proteção ao crédito, não cabe indenização por dano moral, quando preexistente legítima inscrição, ressalvado o direito ao cancelamento.

Súmula nº 386

São isentas de imposto de renda as indenizações de férias proporcionais e o respectivo adicional.

Súmula nº 387

É lícita a cumulação das indenizações de dano estético e dano moral.

Súmula nº 388

A simples devolução indevida de cheque caracteriza dano moral.

Súmula nº 389

A comprovação do pagamento do "custo do serviço" referente ao fornecimento de certidão de assentamentos constantes dos livros da companhia é requisito de procedibilidade da ação de exibição de documentos ajuizada em face da sociedade anônima.

Súmula nº 390

Nas decisões por maioria, em reexame necessário, não se admitem embargos infringentes.

Súmula nº 391

O ICMS incide sobre o valor da tarifa de energia elétrica correspondente à demanda de potência efetivamente utilizada.

Súmula nº 392

A Fazenda Pública pode substituir a certidão de dívida ativa (CDA) até a prolação da sentença de embargos, quando se tratar de correção de erro material ou formal, vedada a modificação do sujeito passivo da execução.

Súmula nº 393

A exceção de pré-executividade é admissível na execução fiscal relativamente às matérias conhecíveis de ofício que não demandem dilação probatória.

Súmula nº 394

É admissível, em embargos à execução fiscal, compensar os valores de imposto de renda retidos indevidamente na fonte com os valores restituídos apurados na declaração anual.

Súmula nº 395

O ICMS incide sobre o valor da venda a prazo constante da nota fiscal.

Súmula nº 396

A Confederação Nacional da Agricultura tem legitimidade ativa para a cobrança da contribuição sindical rural.

Súmula nº 397

O contribuinte do IPTU é notificado do lançamento pelo envio do carnê ao seu endereço.

Súmula nº 398

A prescrição da ação para pleitear os juros progressivos sobre os saldos de conta vinculada do FGTS não atinge o fundo de direito, limitando-se às parcelas vencidas.

Súmula nº 399

Cabe à legislação municipal estabelecer o sujeito passivo do IPTU.

Súmula nº 400

O encargo de 20% previsto no Dec.-Lei 1.025/1969 é exigível na execução fiscal proposta contra a massa falida.

Súmula nº 401

O prazo decadencial da ação rescisória só se inicia quando não for cabível qualquer recurso do último pronunciamento judicial.

Súmula nº 402

O contrato de seguro por danos pessoais compreende os danos morais, salvo cláusula expressa de exclusão.

Súmula nº 403

Independe de prova do prejuízo a indenização pela publicação não autorizada de imagem de pessoa com fins econômicos ou comerciais.

Súmula nº 404

É dispensável o aviso de recebimento (AR) na carta de comunicação ao consumidor sobre a negativação de seu nome em bancos de dados e cadastros.

Súmula nº 405

A ação de cobrança de seguro obrigatório (DPVAT) prescreve em três anos.

Súmula nº 406

A Fazenda Pública pode recusar a substituição do bem penhorado por precatório.

Súmula nº 407

É legítima a cobrança da tarifa de água fixada de acordo com as categorias de usuários e as faixas de consumo.

Súmula nº 408

CANCELADA em sessão de 28.10.2010 *(DJe de 18.11.2020).*

Nas ações de desapropriação, os juros compensatórios incidentes após a Medida Provisória no 1.577, de 11-6-1997, devem ser fixados em 6% ao ano até 13-9-2001 e, a partir de então, em 12% ao ano, na forma da Súmula no 618 do Supremo Tribunal Federal.

Súmula nº 409

Em execução fiscal, a prescrição ocorrida antes da propositura da ação pode ser decretada de ofício (art. 219, § 5o, do CPC).

Súmula nº 410

A prévia intimação pessoal do devedor constitui condição necessária para a cobrança de multa pelo descumprimento de obrigação de fazer ou não fazer.

Súmula nº 411

É devida a correção monetária ao creditamento do IPI quando há oposição ao seu aproveitamento decorrente de resistência ilegítima do Fisco.

Súmula nº 412

A ação de repetição de indébito de tarifas de água e esgoto sujeita-se ao prazo prescricional estabelecido no Código Civil.

Súmula nº 413

O farmacêutico pode acumular a responsabilidade técnica por uma farmácia e uma drogaria ou por duas drogarias.

Súmula nº 414

A citação por edital na execução fiscal é cabível quando frustradas as demais modalidades.

Súmula nº 415

O período de suspensão do prazo prescricional é regulado pelo máximo da pena cominada.

Súmula nº 416

É devida a pensão por morte aos dependentes do segurado que, apesar de ter perdido essa qualidade, preencheu os requisitos legais para a obtenção de aposentadoria até a data do seu óbito.

Súmula nº 417

Na execução civil, a penhora de dinheiro na ordem de nomeação de bens não tem caráter absoluto.

Súmula nº 418

CANCELADA pela Corte Especial, na sessão de 1º de julho de 2016.

É inadmissível o recurso especial interposto antes da publicação do acórdão dos embargos de declaração, sem posterior ratificação.

Súmula nº 419

Descabe a prisão civil do depositário judicial infiel.

Súmula nº 420

Incabível, em embargos de divergência, discutir o valor de indenização por danos morais.

Súmula nº 421

Os honorários advocatícios não são devidos à Defensoria Pública quando ela atua contra a pessoa jurídica de direito público à qual pertença.

Súmula nº 422

O art. 6o, e, da Lei 4.380/1964 não estabelece limitação aos juros remuneratórios nos contratos vinculados ao SFH.

Súmula nº 423

A Contribuição para Financiamento da Seguridade Social - COFINS incide sobre as receitas provenientes das operações de locação de bens móveis.

Súmula nº 424

É legítima a incidência de ISS sobre os serviços bancários congêneres da lista anexa ao Dec.-lei 406/1968 e à LC 56/1987.

Súmula nº 425

A retenção da contribuição para a seguridade social pelo tomador do serviço não se aplica às empresas optantes pelo SIMPLES.

Súmula nº 426

Os juros de mora na indenização do seguro DPVAT fluem a partir da citação.

Súmula nº 427

A ação de cobrança de diferenças de valores de complementação de aposentadoria prescreve em cinco anos contados da data do pagamento.

Súmula nº 428

Compete ao Tribunal Regional Federal decidir os conflitos de competência entre juizado especial federal e juízo federal da mesma seção judiciária.

Súmula nº 429

A citação postal, quando autorizada por lei, exige o aviso de recebimento.

Súmula nº 430

O inadimplemento da obrigação tributária pela sociedade não gera, por si só, a responsabilidade solidária do sócio-gerente.

Súmula nº 431

É ilegal a cobrança de ICMS com base no valor da mercadoria submetido ao regime de pauta fiscal.

Súmula nº 432

As empresas de construção civil não estão obrigadas a pagar ICMS sobre mercadorias adquiridas como insumos em operações interestaduais.

Súmula nº 433

O produto semielaborado, para fins de incidência de ICMS, é aquele que preenche cumulativamente os três requisitos do art. 1o da Lei Complementar no 65/1991.

Súmula nº 434

O pagamento da multa por infração de trânsito não inibe a discussão judicial do débito.

Súmula nº 435

Presume-se dissolvida irregularmente a empresa que deixar de funcionar no seu domicílio fiscal, sem comunicação aos órgãos competentes, legitimando o redirecionamento da execução fiscal para o sócio-gerente.

Súmula nº 436

A entrega de declaração pelo contribuinte reconhecendo débito fiscal constitui o crédito tributário, dispensada qualquer outra providência por parte do fisco.

Súmula nº 437

A suspensão da exigibilidade do crédito tributário superior a quinhentos mil reais para opção pelo REFIS pressupõe a homologação expressa do comitê gestor e a constituição de garantia por meio do arrolamento de bens.

Súmula nº 438

É inadmissível a extinção da punibilidade pela prescrição da pretensão punitiva com fundamento em pena hipotética, independentemente da existência ou sorte do processo penal.

Súmula nº 439

Admite-se o exame criminológico pelas peculiaridades do caso, desde que em decisão motivada.

Súmula nº 440

Fixada a pena-base no mínimo legal, é vedado o estabelecimento de regime prisional mais gravoso do que o cabível em razão da sanção imposta, com base apenas na gravidade abstrata do delito.

Súmula nº 441

A falta grave não interrompe o prazo para obtenção de livramento condicional.

Súmula nº 442

É inadmissível aplicar, no furto qualificado, pelo concurso de agentes, a majorante do roubo.

Súmula nº 443

O aumento na terceira fase de aplicação da pena no crime de roubo circunstanciado exige fundamentação concreta, não sendo suficiente para a sua exasperação a mera indicação do número de majorantes.

Súmula nº 444

É vedada a utilização de inquéritos policiais e ações penais em curso para agravar a pena-base.

Súmula nº 445

As diferenças de correção monetária resultantes de expurgos inflacionários sobre os saldos de FGTS têm como termo inicial a data em que deveriam ter sido creditadas.

Súmula nº 446

Declarado e não pago o débito tributário pelo contribuinte, é legítima a recusa de expedição de certidão negativa ou positiva com efeito de negativa.

Súmula nº 447

Os Estados e o Distrito Federal são partes legítimas na ação de restituição de imposto de renda retido na fonte proposta por seus servidores.

Súmula nº 448

A opção pelo SIMPLES de estabelecimentos dedicados às atividades de creche, pré-escola e ensino fundamental é admitida somente a partir de 24-10-2000, data de vigência da Lei 10.034/2000.

Súmula nº 449

A vaga de garagem que possui matrícula própria no registro de imóveis não constitui bem de família para efeito de penhora.

Súmula nº 450

Nos contratos vinculados ao SFH, a atualização do saldo devedor antecede sua amortização pelo pagamento da prestação.

Súmula nº 451

É legítima a penhora da sede do estabelecimento comercial.

Súmula nº 452

A extinção das ações de pequeno valor é faculdade da Administração Federal, vedada a atuação judicial de ofício.

Súmula nº 453

Os honorários sucumbenciais, quando omitidos em decisão transitada em julgado, não podem ser cobrados em execução ou em ação própria.

Súmula nº 454

Pactuada a correção monetária nos contratos do SFH pelo mesmo índice aplicável à caderneta de poupança, incide a taxa referencial (TR) a partir da vigência da Lei 8.177, de 1 o-3-1991.

Súmula nº 455

A decisão que determina a produção antecipada de provas com base no art. 366 do CPP deve ser concretamente fundamentada, não a justificando unicamente o mero decurso do tempo.

Súmula nº 456

É incabível a correção monetária dos salários de contribuição considerados no cálculo do salário de benefício de auxílio-doença, aposentadoria por invalidez, pensão ou auxílio-reclusão concedidos antes da vigência da CF/1988.

Súmula nº 457

Os descontos incondicionais nas operações mercantis não se incluem na base de cálculo do ICMS.

Súmula nº 458

A contribuição previdenciária incide sobre a comissão paga ao corretor de seguros.

Súmula nº 459

A Taxa Referencial (TR) é o índice aplicável, a título de correção monetária, aos débitos com o FGTS recolhidos pelo empregador mas não repassados ao fundo.

Súmula nº 460

É incabível o mandado de segurança para convalidar a compensação tributária realizada pelo contribuinte.

Súmula nº 461

O contribuinte pode optar por receber, por meio de precatório ou por compensação, o indébito tributário certificado por sentença declaratória transitada em julgado.

Súmula nº 462

Nas ações em que representa o FGTS, a CEF, quando sucumbente, não está isenta de reembolsar as custas antecipadas pela parte vencedora.

Súmula nº 463

Incide imposto de renda sobre os valores percebidos a título de indenização por horas extraordinárias trabalhadas, ainda que decorrentes de acordo coletivo.

Súmula nº 464

A regra de imputação de pagamentos estabelecida no art. 354 do Código Civil não se aplica às hipóteses de compensação tributária.

Súmula nº 465

Ressalvada a hipótese de efetivo agravamento do risco, a seguradora não se exime do dever de indenizar em razão da transferência do veículo sem a sua prévia comunicação.

Súmula nº 466

O titular da conta vinculada ao FGTS tem o direito de sacar o saldo respectivo quando declarado nulo seu contrato de trabalho por ausência de prévia aprovação em concurso público.

Súmula nº 467

Prescreve em cinco anos, contados do término do processo administrativo, a pretensão da Administração Pública de promover a execução da multa por infração ambiental.

Súmula nº 468

A base de cálculo do PIS, até a edição da MP nº 1.212/1995, era o faturamento ocorrido no sexto mês anterior ao do fato gerador.

Súmula nº 469

CANCELADA pela Apreciação ao Projeto de Súmula nº 937.

Aplica-se o Código de Defesa do Consumidor aos contratos de plano de saúde.

Súmula nº 470

CANCELADA pelo REsp. 858.056-GO *(DJE-STJ 15.06.2015)*.

O Ministério Público não tem legitimidade para pleitear, em ação civil pública, a indenização decorrente do DPVAT em benefício do segurado.

Súmula nº 471

Os condenados por crimes hediondos ou assemelhados cometidos antes da vigência da Lei 11.464/2007 sujeitam-se ao disposto no art. 112 da Lei 7.210/1984 (Lei de Execução Penal) para a progressão de regime prisional.

Súmula nº 472

A cobrança de comissão de permanência - cujo valor não pode ultrapassar a soma dos encargos remuneratórios e moratórios previstos no contrato - exclui a exigibilidade dos juros remuneratórios, moratórios e da multa contratual.

Súmula nº 473

O mutuário do SFH não pode ser compelido a contratar o seguro habitacional obrigatório com a instituição financeira mutuante ou com a seguradora por ela indicada.

Súmula nº 474

A indenização do seguro DPVAT, em caso de invalidez parcial do beneficiário, será paga de forma proporcional ao grau da invalidez.

Súmula nº 475

Responde pelos danos decorrentes de protesto indevido o endossatário que recebe por endosso translativo título de crédito contendo vício formal extrínseco ou intrínseco, ficando ressalvado seu direito de regresso contra os endossantes e avalistas.

Súmula nº 476

O endossatário de título de crédito por endosso-mandato só responde por danos decorrentes de protesto indevido se extrapolar os poderes de mandatário.

Súmula nº 477

A decadência do art. 26 do CDC não é aplicável à prestação de contas para obter esclarecimentos sobre cobrança de taxas, tarifas e encargos bancários.

Súmula nº 478

Na execução de crédito relativo a cotas condominiais, este tem preferência sobre o hipotecário.

Súmula nº 479

As instituições financeiras respondem objetivamente pelos danos gerados por fortuito interno relativo a fraudes e delitos praticados por terceiros no âmbito de operações bancárias.

Súmula nº 480

O juízo da recuperação judicial não é competente para decidir sobre a constrição de bens não abrangidos pelo plano de recuperação da empresa.

Súmula nº 481

Faz jus ao benefício da justiça gratuita a pessoa jurídica com ou sem fins lucrativos que demonstrar sua impossibilidade de arcar com os encargos processuais.

Súmula nº 482

A falta de ajuizamento da ação principal no prazo do art. 806 do CPC acarreta a perda da eficácia da liminar deferida e a extinção do processo cautelar.

Súmula nº 483

O INSS não está obrigado a efetuar depósito prévio do preparo por gozar das prerrogativas e privilégios da Fazenda Pública.

Súmula nº 484

Admite-se que o preparo seja efetuado no primeiro dia útil subsequente, quando a interposição do recurso ocorrer após o encerramento do expediente bancário.

Súmula nº 485

A Lei de Arbitragem aplica-se aos contratos que contenham cláusula arbitral, ainda que celebrados antes da sua edição.

Súmula nº 486

É impenhorável o único imóvel residencial do devedor que esteja locado a terceiros, desde que a renda obtida com a locação seja revertida para a subsistência ou a moradia da sua família.

Súmula nº 487

O parágrafo único do art. 741 do CPC não se aplica às sentenças transitadas em julgado em data anterior à da sua vigência.

Súmula nº 488

O § 2o do art. 6o da Lei 9.469/1997, que obriga à repartição dos honorários advocatícios, é inaplicável a acordos ou transações celebrados em data anterior à sua vigência.

Súmula nº 489

Reconhecida a continência, devem ser reunidas na Justiça Federal as ações civis públicas propostas nesta e na Justiça estadual.

Súmula nº 490

A dispensa de reexame necessário, quando o valor da condenação ou do direito controvertido for inferior a sessenta salários mínimos, não se aplica a sentenças ilíquidas.

Súmula nº 491

É inadmissível a chamada progressão *per saltum* de regime prisional.

Súmula nº 492

O ato infracional análogo ao tráfico de drogas, por si só, não conduz obrigatoriamente à imposição de medida socioeducativa de internação do adolescente.

Súmula nº 493

Súmula nº 494

O benefício fiscal do ressarcimento do crédito presumido do IPI relativo às exportações incide mesmo quando as matérias-primas ou os insumos sejam adquiridos de pessoa física ou jurídica não contribuinte do PIS/PASEP.

Súmula nº 495

A aquisição de bens integrantes do ativo permanente da empresa não gera direito a creditamento de IPI.

Súmula nº 496

Os registros de propriedade particular de imóveis situados em terrenos de marinha não são oponíveis à União.

Súmula nº 497

Os créditos das autarquias federais preferem aos créditos da Fazenda estadual desde que coexistam penhoras sobre o mesmo bem.

Súmula nº 498

Não incide imposto de renda sobre a indenização por danos morais.

Súmula nº 499

As empresas prestadoras de serviços estão sujeitas às contribuições ao SESC e SENAC, salvo se integradas noutro serviço social.

Súmula nº 500

A configuração do crime do art. 244-B do ECA independe da prova da efetiva corrupção do menor, por se tratar de delito formal.

Súmula nº 501

É cabível a aplicação retroativa da Lei 11.343/2006, desde que o resultado da incidência das suas disposições, na íntegra, seja mais favorável ao réu do que o advindo da aplicação da Lei 6.368/1976, sendo vedada a combinação de leis.

Súmula nº 502

Presentes a materialidade e a autoria, afigura-se típica, em relação ao crime previsto no art. 184, § 2º, do CP, a conduta de expor à venda CDs e DVDs "piratas".

Súmula nº 503

O prazo para ajuizamento de ação monitória em face do emitente de cheque sem força executiva é quinquenal, a contar do dia seguinte à data de emissão estampada na cártula.

Súmula nº 504

O prazo para ajuizamento de ação monitória em face do emitente de nota promissória sem força executiva é quinquenal, a contar do dia seguinte ao vencimento do título.

Súmula nº 505

A competência para processar e julgar as demandas que têm por objeto obrigações decorrentes dos contratos de planos de previdência privada firmados com a Fundação Rede Ferroviária de Seguridade Social – REFER é da Justiça estadual.

Súmula nº 506

A ANATEL não é parte legítima nas demandas entre a concessionária e o usuário de telefonia decorrentes de relação contratual.

Súmula nº 507

A acumulação de auxílio-acidente com aposentadoria pressupõe que a lesão incapacitante e a aposentadoria sejam anteriores a 11/11/1997, observado o critério do art. 23 da Lei 8.213/1991 para definição do momento da lesão nos casos de doença profissional ou do trabalho.

Súmula nº 508

A isenção da COFINS concedida pelo art. 6º, II, da LC 70/1991 às sociedades civis de prestação de serviços profissionais foi revogada pelo art. 56 da Lei 9.430/1996.

Súmula nº 509

É lícito ao comerciante de boa-fé aproveitar os créditos de ICMS decorrentes de nota fiscal posteriormente declarada inidônea, quando demonstrada a veracidade da compra e venda.

Súmula nº 510

A liberação de veículo retido apenas por transporte irregular de passageiros não está condicionada ao pagamento de multas e despesas.

Súmula nº 511

É possível o reconhecimento do privilégio previsto no § 2º do art. 155 do CP nos casos de crime de furto qualificado, se estiverem presentes a primariedade do agente, o pequeno valor da coisa e a qualificadora for de ordem objetiva.

Súmula nº 512

CANCELADA pela Terceira Seção em sessão ordinária de 23.11.2016 (*DJE-STJ de 28.11.2016*).

A aplicação da causa de diminuição de pena prevista no art. 33, § 4º, da Lei 11.343/2006 não afasta a hediondez do crime de tráfico de drogas.

Súmula nº 513

A *abolitio criminis* temporária prevista na Lei 10.826/2003 aplica-se ao crime de posse de arma de fogo de uso permitido com numeração, marca ou qualquer outro sinal de identificação raspado, suprimido ou adulterado, praticado somente até 23/10/2005.

Súmula nº 514

A CEF é responsável pelo fornecimento dos extratos das contas individualizadas vinculadas ao FGTS dos Trabalhadores participantes do Fundo de Garantia do Tempo de Serviço, inclusive para fins de exibição em juízo, independentemente do período em discussão.

Súmula nº 515

A reunião de execuções fiscais contra o mesmo devedor constitui faculdade do Juiz.

Súmula nº 516

A contribuição de intervenção no domínio econômico para o INCRA (Decreto-Lei nº 1.110/1970), devida por empregadores rurais e urbanos, não foi extinta pelas Leis nºs. 7.787/1989, 8.212/1991 e 8.213/1991, não podendo ser compensada com a contribuição ao INSS.

Súmula nº 517

São devidos honorários advocatícios no cumprimento de sentença, haja ou não impugnação, depois de escoado o prazo para pagamento voluntário, que se inicia após a intimação do advogado da parte executada.

Súmula nº 518

Para fins do art. 105, III, a, da Constituição Federal, não é cabível recurso especial fundado em alegada violação de enunciado de súmula.

Súmula nº 519

Na hipótese de rejeição da impugnação ao cumprimento de sentença, não são cabíveis honorários advocatícios.

Súmula nº 520

O benefício de saída temporária no âmbito da execução penal é ato jurisdicional insuscetível de delegação à autoridade administrativa do estabelecimento prisional.

Súmula nº 521

A legitimidade para a execução fiscal de multa pendente de pagamento imposta em sentença condenatória é exclusiva da Procuradoria da Fazenda Pública.

Súmula nº 522

A conduta de atribuir-se falsa identidade perante autoridade policial é típica, ainda que em situação de alegada autodefesa.

Súmula nº 523

A taxa de juros de mora incidente na repetição de indébito de tributos estaduais deve corresponder à utilizada para cobrança do tributo pago em atraso, sendo legítima a incidência da taxa Selic, em ambas as hipóteses, quando prevista na legislação local, vedada sua cumulação com quaisquer outros índices.

Súmula nº 524

No tocante à base de cálculo, o ISSQN incide apenas sobre a taxa de agenciamento quando o serviço prestado por sociedade empresária de trabalho temporário for de intermediação, devendo, entretanto, englobar também os valores dos salários e encargos sociais dos trabalhadores por ela contratados nas hipóteses de fornecimento de mão de obra.

Súmula nº 525

A Câmara de Vereadores não possui personalidade jurídica, apenas personalidade judiciária, somente podendo demandar em juízo para defender os seus direitos institucionais.

Súmula nº 526

O reconhecimento de falta grave decorrente do cometimento de fato definido como crime doloso no cumprimento da pena prescinde do trânsito em julgado de sentença penal condenatória no processo penal instaurado para apuração do fato.

Súmula nº 527

O tempo de duração da medida de segurança não deve ultrapassar o limite máximo da pena abstratamente cominada ao delito praticado.

Súmula nº 528

Compete ao juiz federal do local da apreensão da droga remetida do exterior pela via postal processar e julgar o crime de tráfico internacional.

Súmula nº 529

No seguro de responsabilidade civil facultativo, não cabe o ajuizamento de ação pelo terceiro prejudicado direta e exclusivamente em face da seguradora do apontado causador do dano.

Súmula nº 530

Nos contratos bancários, na impossibilidade de comprovar a taxa de juros efetivamente contratada – por ausência de pactuação ou pela falta de juntada do instrumento aos autos –, aplica-se a taxa média de mercado, divulgada pelo Bacen, praticada nas operações da mesma espécie, salvo se a taxa cobrada for mais vantajosa para o devedor.

Súmula nº 531

Em ação monitória fundada em cheque prescrito ajuizada contra o emitente, é dispensável a menção ao negócio jurídico subjacente à emissão da cártula.

Súmula nº 532

Constitui prática comercial abusiva o envio de cartão de crédito sem prévia e expressa solicitação do consumidor, configurando-se ato ilícito indenizável e sujeito à aplicação de multa administrativa.

Súmula nº 533

Para o reconhecimento da prática de falta disciplinar no âmbito da execução penal, é imprescindível a instauração de procedimento administrativo pelo diretor do estabelecimento prisional, assegurado o direito de defesa, a ser realizado por advogado constituído ou defensor público nomeado.

Súmula nº 534

A prática de falta grave interrompe a contagem do prazo para a progressão de regime de cumprimento de pena, o qual se reinicia a partir do cometimento dessa infração.

Súmula nº 535

A prática de falta grave não interrompe o prazo para fim de comutação de pena ou indulto.

Súmula nº 536

A suspensão condicional do processo e a transação penal não se aplicam na hipótese de delitos sujeitos ao rito da Lei Maria da Penha.

Súmula nº 537

Em ação de reparação de danos, a seguradora denunciada, se aceitar a denunciação ou contestar o pedido do autor, pode ser condenada, direta e solidariamente junto com o segurado, ao pagamento da indenização devida à vítima, nos limites contratados na apólice.

Súmula nº 538

As administradoras de consórcio têm liberdade para estabelecer a respectiva taxa de administração, ainda que fixada em percentual superior a dez por cento.

Súmula nº 539

É permitida a capitalização de juros com periodicidade inferior à anual em contratos celebrados com instituições integrantes do Sistema Financeiro Nacional a partir de 31/3/2000 (MP 1.963-17/2000, reeditada como MP 2.170-36/2001), desde que expressamente pactuada.

Súmula nº 540

Na ação de cobrança do seguro DPVAT, constitui faculdade do autor escolher entre os foros do seu domicílio, do local do acidente ou ainda do domicílio do réu.

Súmula nº 541

A previsão no contrato bancário de taxa de juros anual superior ao duodécuplo da mensal é suficiente para permitir a cobrança da taxa efetiva anual contratada.

Súmula nº 542

A ação penal relativa ao crime de lesão corporal resultante de violência doméstica contra a mulher é pública incondicionada.

Súmula nº 543

Na hipótese de resolução de contrato de promessa de compra e venda de imóvel submetido ao Código de Defesa do Consumidor, deve ocorrer a imediata restituição das parcelas pagas pelo promitente comprador – integralmente, em caso de culpa exclusiva do promitente vendedor/construtor, ou parcialmente, caso tenha sido o comprador quem deu causa ao desfazimento.

Súmula nº 544

É válida a utilização de tabela do Conselho Nacional de Seguros Privados para estabelecer a proporcionalidade da indenização do seguro DPVAT ao grau de invalidez também na hipótese de sinistro anterior a 16/12/2008, data da entrada em vigor da Medida Provisória 451/2008.

Súmula nº 545

Quando a confissão for utilizada para a formação do convencimento do julgador, o réu fará jus à atenuante prevista no art. 65, III, *d*, do Código Penal.

Súmula nº 546

A competência para processar e julgar o crime de uso de documento falso é firmada em razão da entidade ou órgão ao qual foi apresentado o documento público, não importando a qualificação do órgão expedidor.

Súmula nº 547

Nas ações em que se pleiteia o ressarcimento dos valores pagos a título de participação financeira do consumidor no custeio de construção de rede elétrica, o prazo prescricional é de vinte anos na vigência do Código Civil de 1916. Na vigência do Código Civil de 2002, o prazo é de cinco anos se houver previsão contratual de ressarcimento e de três anos na ausência de cláusula nesse sentido, observada a regra de transição disciplinada em seu art. 2.028.

Súmula nº 548

Incumbe ao credor a exclusão do registro da dívida em nome do devedor no cadastro de inadimplentes no prazo de cinco dias úteis, a partir do integral e efetivo pagamento do débito.

Súmula nº 549

É válida a penhora de bem de família pertencente a fiador de contrato de locação.

Súmula nº 550

A utilização de escore de crédito, método estatístico de avaliação de risco que não constitui banco de dados, dispensa o consentimento do consumidor, que terá o direito de solicitar esclarecimentos sobre as informações pessoais valoradas e as fontes dos dados considerados no respectivo cálculo.

Súmula nº 551

Nas demandas por complementação de ações de empresas de telefonia, admite-se a condenação ao pagamento de dividendos e juros sobre capital próprio independentemente de pedido expresso. No entanto, somente quando previstos no título executivo, poderão ser objeto de cumprimento de sentença.

Súmula nº 552

O portador de surdez unilateral não se qualifica como pessoa com deficiência para o fim de disputar as vagas reservadas em concursos públicos.

Súmula nº 553

Nos casos de empréstimo compulsório sobre o consumo de energia elétrica, é competente a Justiça estadual para o julgamento de demanda proposta exclusivamente contra a Eletrobrás. Requerida a intervenção da União no feito após a prolação de sentença pelo juízo estadual, os autos devem ser remetidos ao Tribunal Regional Federal competente para o julgamento da apelação se deferida a intervenção.

Súmula nº 554

Na hipótese de sucessão empresarial, a responsabilidade da sucessora abrange não apenas os tributos devidos pela sucedida, mas também as multas moratórias ou punitivas referentes a fatos geradores ocorridos até a data da sucessão.

Súmula nº 555

Quando não houver declaração do débito, o prazo decadencial quinquenal para o Fisco constituir o crédito tributário conta-se exclusivamente na forma do art. 173, I, do CTN, nos casos em que a legislação atribui ao sujeito passivo o dever de antecipar o pagamento sem prévio exame da autoridade administrativa.

Súmula nº 556

É indevida a incidência de imposto de renda sobre o valor da complementação de aposentadoria pago por entidade de previdência privada e em relação ao resgate de contribuições recolhidas para referidas entidades patrocinadoras no período de 1º/1/1989 a 31/12/1995, em razão da isenção concedida pelo art. 6º, VII, *b*, da Lei 7.713/1988, na redação anterior à que lhe foi dada pela Lei 9.250/1995.

Súmula nº 557

A renda mensal inicial (RMI) alusiva ao benefício de aposentadoria por invalidez precedido de auxílio-doença será apurada na forma do art. 36, § 7º, do Decreto 3.048/1999, observando-se, porém, os critérios previstos no art. 29, § 5º, da Lei 8.213/1991, quando intercalados períodos de afastamento e de atividade laboral.

Súmula nº 558

Em ações de execução fiscal, a petição inicial não pode ser indeferida sob o argumento da falta de indicação do CPF e/ou RG ou CNPJ da parte executada.

Súmula nº 559

Em ações de execução fiscal, é desnecessária a instrução da petição inicial com o demonstrativo de cálculo do débito, por tratar-se de requisito não previsto no art. 6º da Lei 6.830/1980.

Súmula nº 560

A decretação da indisponibilidade de bens e direitos, na forma do art. 185-A do CTN, pressupõe o exaurimento das diligências na busca por bens penhoráveis, o qual fica caracterizado quando infrutíferos o pedido de constrição sobre ativos financeiros e a expedição de ofícios aos registros públicos do domicílio do executado, ao Denatran ou Detran.

Súmula nº 561

Os Conselhos Regionais de Farmácia possuem atribuição para fiscalizar e autuar as farmácias e drogarias quanto ao cumprimento da exigência de manter profissional legalmente habilitado (farmacêutico) durante todo o período de funcionamento dos respectivos estabelecimentos.

Súmula nº 562

É possível a remição de parte do tempo de execução da pena quando o condenado, em regime fechado ou semiaberto, desempenha atividade laborativa, ainda que extramuros.

Súmula nº 563

O Código de Defesa do Consumidor é aplicável às entidades abertas de previdência complementar, não incidindo nos contratos previdenciários celebrados com entidades fechadas.

Súmula nº 564

No caso de reintegração de posse em arrendamento mercantil financeiro, quando a soma da importância antecipada a título de valor residual garantido (VRG) com o valor da venda do bem ultrapassar o total do VRG previsto contratualmente, o arrendatário terá direito de receber a respectiva diferença, cabendo, porém, se estipulado no contrato, o prévio desconto de outras despesas ou encargos pactuados.

Súmula nº 565

A pactuação das tarifas de abertura de crédito (TAC) e de emissão de carnê (TEC), ou outra denominação para o mesmo fato gerador, é válida apenas nos contratos bancários anteriores ao início da vigência da Resolução-CMN nº 3.518/2007, em 30/4/2008.

Súmula nº 566

Nos contratos bancários posteriores ao início da vigência da Resolução-CMN nº 3.518/2007, em 30/4/2008, pode ser cobrada a tarifa de cadastro no início do relacionamento entre o consumidor e a instituição financeira.

Súmula nº 567

Sistema de vigilância realizado por monitoramento eletrônico ou por existência de segurança no interior de estabelecimento comercial, por si só, não torna impossível a configuração do crime de furto.

Súmula nº 568

O relator, monocraticamente e no Superior Tribunal de Justiça, poderá dar ou negar provimento ao recurso quando houver entendimento dominante acerca do tema.

Súmula nº 569

Na importação, é indevida a exigência de nova certidão negativa de débito no desembaraço aduaneiro, se já apresentada a comprovação da quitação de tributos federais quando da concessão do benefício relativo ao regime de drawback.

Súmula nº 570

Compete à Justiça Federal o processo e julgamento de demanda em que se discute a ausência de ou o obstáculo ao credenciamento de instituição particular de ensino superior no Ministério da Educação como condição de expedição de diploma de ensino a distância aos estudantes.

Súmula nº 571

A taxa progressiva de juros não se aplica às contas vinculadas ao FGTS de trabalhadores qualificados como avulsos.

Súmula nº 572

O Banco do Brasil, na condição de gestor do Cadastro de Emitentes de Cheques sem Fundos (CCF), não tem a responsabilidade de notificar previamente o devedor acerca da sua inscrição no aludido cadastro, tampouco legitimidade passiva para as ações de reparação de danos fundadas na ausência de prévia comunicação.

Súmula nº 573

Nas ações de indenização decorrente de seguro DPVAT, a ciência inequívoca do caráter permanente da invalidez, para fins de contagem do prazo prescricional, depende de laudo médico, exceto nos casos de invalidez permanente notória ou naqueles em que o conhecimento anterior resulte comprovado na fase de instrução.

Súmula nº 574

Para a configuração do delito de violação de direito autoral e a comprovação de sua materialidade, é suficiente a perícia realizada por amostragem do produto apreendido, nos aspectos externos do material, e é desnecessária a identificação dos titulares dos direitos autorais violados ou daqueles que os representem.

Súmula nº 575

Constitui crime a conduta de permitir, confiar ou entregar a direção de veículo automotor a pessoa que não seja habilitada, ou que se encontre em qualquer das situações previstas no art. 310 do CTB, independentemente da ocorrência de lesão ou de perigo de dano concreto na condução do veículo.

Súmula nº 576

Ausente requerimento administrativo no INSS, o termo inicial para a implantação da aposentadoria por invalidez concedida judicialmente será a data da citação válida.

Súmula nº 577

É possível reconhecer o tempo de serviço rural anterior ao documento mais antigo apresentado, desde que amparado em convincente prova testemunhal colhida sob o contraditório.

Súmula nº 578

Os empregados que laboram no cultivo da cana-de-açúcar para empresa agroindustrial ligada ao setor sucroalcooleiro detêm a qualidade de rurícola, ensejando a isenção do FGTS desde a edição da Lei Complementar 11/1971 até a promulgação da Constituição Federal de 1988.

Súmula nº 579

Não é necessário ratificar o recurso especial interposto na pendência do julgamento dos embargos de declaração, quando inalterado o resultado anterior.

Súmula nº 580

A correção monetária nas indenizações do seguro DPVAT por morte ou invalidez, prevista no § 7º do art. 5º da Lei 6.194/1974, redação dada pela Lei 11.482/2007, incide desde a data do evento danoso.

Súmula nº 581

A recuperação judicial do devedor principal não impede o prosseguimento das ações e execuções ajuizadas contra terceiros devedores solidários ou coobrigados em geral, por garantia cambial, real ou fidejussória.

Súmula nº 582

Consuma-se o crime de roubo com a inversão da posse do bem mediante emprego de violência ou grave ameaça, ainda que por breve tempo e em seguida à perseguição imediata ao agente e recuperação da coisa roubada, sendo prescindível a posse mansa e pacífica ou desvigiada.

Súmula nº 583

O arquivamento provisório previsto no art. 20 da Lei 10.522/2002, dirigido aos débitos inscritos como dívida ativa da União pela Procuradoria-Geral da Fazenda Nacional ou por ela cobrados, não se aplica às execuções fiscais movidas pelos conselhos de fiscalização profissional ou pelas autarquias federais.

Súmula nº 584

As sociedades corretoras de seguros, que não se confundem com as sociedades de valores mobiliários ou com os agentes autônomos de seguro privado, estão fora do rol de entidades constantes do art. 22, § 1º, da Lei 8.212/1991, não se sujeitando à majoração da alíquota da Cofins prevista no art. 18 da Lei 10.684/2003.

Súmula nº 585

A responsabilidade solidária do ex-proprietário, prevista no art. 134 do Código de Trânsito Brasileiro – CTB, não abrange o IPVA incidente sobre o veículo automotor, no que se refere ao período posterior à sua alienação.

Súmula nº 586

A exigência de acordo entre o credor e o devedor na escolha do agente fiduciário aplica-se, exclusivamente, aos contratos não vinculados ao Sistema Financeiro da Habitação – SFH.

Súmula nº 587

Para a incidência da majorante prevista no art. 40, V, da Lei 11.343/2006, é desnecessária a efetiva transposição de fronteiras entre estados da Federação, sendo suficiente a demonstração inequívoca da intenção de realizar o tráfico interestadual.

Súmula nº 588

A prática de crime ou contravenção penal contra a mulher com violência ou grave ameaça no ambiente doméstico impossibilita a substituição da pena privativa de liberdade por restritiva de direitos.

Súmula nº 589

É inaplicável o princípio da insignificância nos crimes ou contravenções penais praticados contra a mulher no âmbito das relações domésticas.

Súmula nº 590

Constitui acréscimo patrimonial a atrair a incidência do imposto de renda, em caso de liquidação de entidade de previdência privada, a quantia que couber a cada participante, por rateio do patrimônio, superior ao valor das respectivas contribuições à entidade em liquidação, devidamente atualizadas e corrigidas.

Súmula nº 591

É permitida a "prova emprestada" no processo administrativo disciplinar, desde que devidamente autorizada pelo juízo competente e respeitados o contraditório e a ampla defesa.

Súmula nº 592

O excesso de prazo para a conclusão do processo administrativo disciplinar só causa nulidade se houver demonstração de prejuízo à defesa.

Súmula nº 593

O crime de estupro de vulnerável se configura com a conjunção carnal ou prática de ato libidinoso com menor de 14 anos, sendo irrelevante eventual consentimento da vítima para a prática do ato, sua experiência sexual anterior ou existência de relacionamento amoroso com o agente.

Súmula nº 594

O Ministério Público tem legitimidade ativa para ajuizar ação de alimentos em proveito de criança ou adolescente independentemente do exercício do poder familiar dos pais, ou do fato de o menor se encontrar nas sit5uações de risco descritas no art. 98 do Estatuto da Criança e do Adolescente, ou de quaisquer outros questionamentos acerca da existência ou eficiência da Defensoria Pública na comarca.

Súmula nº 595

As instituições de ensino superior respondem objetivamente pelos danos suportados pelo aluno/consumidor pela realização de curso não reconhecido pelo Ministério da Educação, sobre o qual não lhe tenha sido dada prévia e adequada informação.

Súmula nº 596

A obrigação alimentar dos avós tem natureza complementar e subsidiária, somente se configurando no caso de impossibilidade total ou parcial de seu cumprimento pelos pais.

Súmula nº 597

A cláusula contratual de plano de saúde que prevê carência para utilização dos serviços de assistência médica nas situações de emergência ou de urgência é considerada abusiva se ultrapassado o prazo máximo de 24 horas contado da data da contratação.

Súmula nº 598

É desnecessária a apresentação de laudo médico oficial para o reconhecimento judicial da isenção do imposto de renda, desde que o magistrado entenda suficientemente demonstrada a doença grave por outros meios de prova.

Súmula nº 599

O princípio da insignificância é inaplicável aos crimes contra a administração pública.

Súmula nº 600

Para a configuração da violência doméstica e familiar prevista no artigo 5º da Lei 11.340/2006 (Lei Maria da Penha) não se exige a coabitação entre autor e vítima.

Súmula nº 601

O Ministério Público tem legitimidade ativa para atuar na defesa de direitos difusos, coletivos e individuais homogêneos dos consumidores, ainda que decorrentes da prestação de serviço público.

Súmula nº 602

O Código de Defesa do Consumidor é aplicável aos empreendimentos habitacionais promovidos pelas sociedades cooperativas.

Súmula nº 603

CANCELADA pelo REsp. 1.555.722 (*DJE-STJ* 18.09.2015).

É vedado ao banco mutuante reter, em qualquer extensão, os salários, vencimentos e/ou proventos de correntista para adimplir o mútuo (comum) contraído, ainda que haja cláusula contratual autorizativa, excluído o empréstimo garantido por margem salarial consignável, com desconto em folha de pagamento, que possui regramento legal específico e admite a retenção de percentual.

Súmula nº 604

O mandado de segurança não se presta para atribuir efeito suspensivo a recurso criminal interposto pelo Ministério Público.

Súmula nº 605

A superveniência da maioridade penal não interfere na apuração de ato infracional nem na aplicabilidade de medida socioeducativa em curso, inclusive na liberdade assistida, enquanto não atingida a idade de 21 anos.

Súmula nº 606

Não se aplica o princípio da insignificância a casos de transmissão clandestina de sinal de internet via radiofrequência, que caracteriza o fato típico previsto no art. 183 da Lei nº 9.472/1997.

Súmula nº 607

A majorante do tráfico transnacional de drogas (art. 40, I, da Lei nº 11.343/2006) configura-se com a prova da destinação internacional das drogas, ainda que não consumada a transposição de fronteiras.

Súmula nº 608

Aplica-se o Código de Defesa do Consumidor aos contratos de plano de saúde, salvo os administrados por entidades de autogestão.

Súmula nº 609

A recusa de cobertura securitária, sob a alegação de doença preexistente, é ilícita se não houve a exigência de exames médicos prévios à contratação ou a demonstração de má-fé do segurado.

Súmula nº 610

O suicídio não é coberto nos dois primeiros anos de vigência do contrato de seguro de vida, ressalvado o direito do beneficiário à devolução do montante da reserva técnica formada.

Súmula nº 611

Desde que devidamente motivada e com amparo em investigação ou sindicância, é permitida a instauração de processo administrativo disciplinar com base em denúncia anônima, em face do poder-dever de autotutela imposto à Administração.

Súmula nº 612

O certificado de entidade beneficente de assistência social (CEBAS), no prazo de sua validade, possui natureza declaratória para fins tributários, retroagindo seus efeitos à data em que demonstrado o cumprimento dos requisitos estabelecidos por lei complementar para a fruição da imunidade.

Súmula nº 613

Não se admite a aplicação da teoria do fato consumado em tema de Direito Ambiental.

Súmula nº 614

O locatário não possui legitimidade ativa para discutir a relação jurídico-tributária de IPTU e de taxas referentes ao imóvel alugado nem para repetir indébito desses tributos.

Súmula nº 615

Não pode ocorrer ou permanecer a inscrição do município em cadastros restritivos fundada em irregularidades na gestão anterior quando, na gestão sucessora, são tomadas as providências cabíveis à reparação dos danos eventualmente cometidos.

Súmula nº 616

A indenização securitária é devida quando ausente a comunicação prévia do segurado acerca do atraso no pagamento do prêmio, por constituir requisito essencial para a suspensão ou resolução do contrato de seguro.

Súmula nº 617

A ausência de suspensão ou revogação do livramento condicional antes do término do período de prova enseja a extinção da punibilidade pelo integral cumprimento da pena.

Súmula nº 618

A inversão do ônus da prova aplica-se às ações de degradação ambiental.

Súmula nº 619

A ocupação indevida de bem público configura mera detenção, de natureza precária, insuscetível de retenção ou indenização por acessões e benfeitorias.

Súmula nº 620

A embriaguez do segurado não exime a seguradora do pagamento da indenização prevista em contrato de seguro de vida.

Súmula nº 621

Os efeitos da sentença que reduz, majora ou exonera o alimentante do pagamento retroagem à data da citação, vedadas a compensação e a repetibilidade.

Súmula nº 622

A notificação do auto de infração faz cessar a contagem da decadência para a constituição do crédito tributário; exaurida a instância administrativa com o decurso do prazo para a impugnação ou com a notificação de seu julgamento definitivo e esgotado o prazo concedido pela Administração para o pagamento voluntário, inicia-se o prazo prescricional para a cobrança judicial.

Súmula nº 623

As obrigações ambientais possuem natureza *propter rem*, sendo admissível cobrá-las do proprietário ou possuidor atual e/ou dos anteriores, à escolha do credor.

Súmula nº 624

É possível cumular a indenização do dano moral com a reparação econômica da Lei nº 10.559/2002 (Lei da Anistia Política).

Súmula nº 625

O pedido administrativo de compensação ou de restituição não interrompe o prazo prescricional para a ação de repetição de indébito tributário de que trata o art. 168 do CTN nem o da execução de título judicial contra a Fazenda Pública.

Súmula nº 626

A incidência do IPTU sobre imóvel situado em área considerada pela lei local como urbanizável ou de expansão urbana não está condicionada à existência dos melhoramentos elencados no art. 32, § 1º, do CTN.

Súmula nº 627

O contribuinte faz jus à concessão ou à manutenção da isenção do imposto de renda, não se lhe exigindo a demonstração da contemporaneidade dos sintomas da doença nem da recidiva da enfermidade.

Súmula nº 628

A teoria da encampação é aplicada no mandado de segurança quando presentes, cumulativamente, os seguintes requisitos: a) existência de vínculo hierárquico entre a autoridade que prestou informações e a que ordenou a prática do ato impugnado; b) manifestação a respeito do mérito nas informações prestadas; e c) ausência de modificação de competência estabelecida na Constituição Federal.

Súmula nº 629

Quanto ao dano ambiental, é admitida a condenação do réu à obrigação de fazer ou à de não fazer cumulada com a de indenizar.

Súmula nº 630

A incidência da atenuante da confissão espontânea no crime de tráfico ilícito de entorpecentes exige o reconhecimento da traficância pelo acusado, não bastando a mera admissão da posse ou propriedade para uso próprio.

Súmula nº 631

O indulto extingue os efeitos primários da condenação (pretensão executória), mas não atinge os efeitos secundários, penais ou extrapenais.

Súmula nº 632

Nos contratos de seguro regidos pelo Código Civil, a correção monetária sobre a indenização securitária incide a partir da contratação até o efetivo pagamento.

Súmula nº 633

A Lei nº 9.784/1999, especialmente no que diz respeito ao prazo decadencial para a revisão de atos administrativos no âmbito da Administração Pública federal, pode ser aplicada, de forma subsidiária, aos estados e municípios, se inexistente norma local e específica que regule a matéria.

Súmula nº 634

Ao particular aplica-se o mesmo regime prescricional previsto na Lei de Improbidade Administrativa para o agente público.

Súmula nº 635

Os prazos prescricionais previstos no art. 142 da Lei nº 8.112/1990 iniciam-se na data em que a autoridade competente para a abertura do procedimento administrativo toma conhecimento do fato, interrompem-se com o primeiro ato de instauração válido - sindicância de caráter punitivo ou processo disciplinar - e voltam a fluir por inteiro, após decorridos 140 dias desde a interrupção.

Súmula nº 636

A folha de antecedentes criminais é documento suficiente a comprovar os maus antecedentes e a reincidência.

Súmula nº 637

O ente público detém legitimidade e interesse para intervir, incidentalmente, na ação possessória entre particulares, podendo deduzir qualquer matéria defensiva, inclusive, se for o caso, o domínio.

Súmula nº 638

É abusiva a cláusula contratual que restringe a responsabilidade de instituição financeira pelos danos decorrentes de roubo, furto ou extravio de bem entregue em garantia no âmbito de contrato de penhor civil.

Súmula nº 639

Não fere o contraditório e o devido processo decisão que, sem ouvida prévia da defesa, determine transferência ou permanência de custodiado em estabelecimento penitenciário federal.

Súmula nº 640

O benefício fiscal que trata do Regime Especial de Reintegração de Valores Tributários para as Empresas Exportadoras (REINTEGRA) alcança as operações de venda de mercadorias de origem nacional para a Zona Franca de Manaus, para consumo, industrialização ou reexportação para o estrangeiro.

Súmula nº 641

A portaria de instauração do processo administrativo disciplinar prescinde da exposição detalhada dos fatos a serem apurados.

Súmula nº 642

O direito à indenização por danos morais transmite-se com o falecimento do titular, possuindo os herdeiros da vítima legitimidade ativa para ajuizar ou prosseguir a ação indenizatória.

Súmula nº 643

A execução da pena restritiva de direitos depende do trânsito em julgado da condenação.

Súmula nº 644

O núcleo de prática jurídica deve apresentar o instrumento de mandato quando constituído pelo réu hipossuficiente, salvo nas hipóteses em que é nomeado pelo juízo.

Súmula nº 645

O crime de fraude à licitação é formal, e sua consumação prescinde da comprovação do prejuízo ou da obtenção de vantagem.

Súmula nº 646

É irrelevante a natureza da verba trabalhista para fins de incidência da contribuição ao FGTS, visto que apenas as verbas elencadas em lei (art. 28, § 9º, da Lei nº 8.212/1991), em rol taxativo, estão excluídas da sua base de cálculo, por força do disposto no art. 15, § 6º, da Lei nº 8.036/1990.

Súmula nº 647

São imprescritíveis as ações indenizatórias por danos morais e materiais decorrentes de atos de perseguição política com violação de direitos fundamentais ocorridos durante o regime militar.

Súmula nº 648

A superveniência da sentença condenatória prejudica o pedido de trancamento da ação penal por falta de justa causa feito em *habeas corpus*.

Súmula nº 649

Não incide ICMS sobre o serviço de transporte interestadual de mercadorias destinadas ao exterior.

Súmula nº 650

A autoridade administrativa não dispõe de discricionariedade para aplicar ao servidor pena diversa de demissão quando caraterizadas as hipóteses previstas no art. 132 da Lei n. 8.112/1990.

Súmula nº 651

Compete à autoridade administrativa aplicar a servidor público a pena de demissão em razão da prática de improbidade administrativa, independentemente de prévia condenação, por autoridade judiciária, à perda da função pública.

Súmula nº 652

A responsabilidade civil da Administração Pública por danos ao meio ambiente, decorrente de sua omissão no dever de fiscalização, é de caráter solidário, mas de execução subsidiária.

Súmula nº 653

O pedido de parcelamento fiscal, ainda que indeferido, interrompe o prazo prescricional, pois caracteriza confissão extrajudicial do débito.

BIBLIOGRAFIA

ABERKANE, Hassen. *Essai d'une théorie générale de l'obligation propter rem en droit positif français*. Paris: Librairie Générale du Droit et de la Jurisprudence, 1957.

ABREU, Edman Ayres. *O plágio em música*. São Paulo: Revista dos Tribunais, 1968.

ABREU FILHO, José. *O negócio jurídico e sua teoria geral*. 4. ed. São Paulo: Saraiva, 1997.

ACCIOLY, Hildebrando. *Manual de direito internacional público*. 8. ed. São Paulo: Saraiva, 1968.

ACHAVAL, Alfredo. *Responsabilidad civil del médico*. Buenos Aires: Abeledo-Perrot, 1983.

ALEU, Amadeu Soler. *Transporte terrestre*. Buenos Aires: Astrea, 1980.

ALFONSIN, Betânia; FERNANDES, Edésio (Org.). *Direito à moradia e segurança da posse no Estatuto da Cidade*. Belo Horizonte: Fórum, 2004.

ALMEIDA, Silmara J. A. Chinelato e. *Tutela civil do nascituro*. São Paulo: Saraiva, 2000.

ALMEIDA, Lacerda de. *Dos efeitos das obrigações*. Rio de Janeiro: Freitas Bastos, 1934.

ALMEIDA, Maria Christina de. *DNA e estado de filiação à luz da dignidade humana*. Porto Alegre: Livraria do Advogado, 2003.

ALMEIDA, José Luiz Gavião de. *Código civil comentado*. São Paulo: Atlas, 2003. v. 18.

ALTAMIRA, Pedro Guillermo. *Curso de derecho administrativo*. Buenos Aires: Depalma, 1971.

ALTERINI, Atilio Aníbal; CABANA, Roberto M. López (Coord.). *La responsabilidad*. Buenos Aires: Abeledo-Perrot, 1995.

ALVES, José Carlos Moreira. *A parte geral no projeto de Código Civil brasileiro*. 2. ed. São Paulo: Saraiva, 2003.

ALVES, José Carlos Moreira. *Da alienação fiduciária em garantia*. São Paulo: Saraiva, 1973.

ALVES, José Carlos Moreira. *Posse*. Rio de Janeiro: Forense, 1985. 2 v.

ALVES, José Carlos Moreira. *A retrovenda*. 2. ed. São Paulo: Revista dos Tribunais, 1987.

ALVES, José Carlos Moreira. *Direito romano*. Rio de Janeiro: Forense, 1972. v. 1 e 2.

ALVES, José Carlos Moreira. *Direito romano*. 3. ed. Rio de Janeiro: Forense, 1980.

ALVES, José Carlos Moreira. *Direito romano*. 5. ed. Rio de Janeiro: Forense, 1983. 2 v.

ALVES, Vilson Rodrigues. *Da prescrição e da decadência no novo Código Civil*. Campinas: Bookseller, 2003.

ALVES, Vilson Rodrigues. *Uso nocivo da propriedade*. São Paulo: Revista dos Tribunais, 1992.

ALVIM, Agostinho. *Da doação*. 2. ed. São Paulo: Saraiva, 1972a.

ALVIM, Agostinho. *Da inexecução das obrigações e suas consequências*. 4. ed. São Paulo: Saraiva, 1972b.

ALVIM, Agostinho. Do enriquecimento sem causa. *RT*, São Paulo, nº 259, s. d.

ALVIM, Agostinho. *Da compra e venda e da troca*. Rio de Janeiro: Forense, 1961.

ALVIM, Arruda; ALVIM, Thereza. *Código do consumidor comentado*. 2. ed. São Paulo: Revista dos Tribunais, 1995.

ALVIM, Arruda; Thereza; ALVIM, Eduardo Arruda; MARTINS, James. *Código de defesa do consumidor comentado*. 2. ed. São Paulo: Revista dos Tribunais, 1995.

ALVIM, Arruda; CÉSAR, Joaquim Portes de Cerqueira; ROSAS, Roberto (Coord.). *Aspectos controvertidos do novo Código Civil*. São Paulo: Revista dos Tribunais, 2003.

ALVIM, José Manuel de Arruda. *Manual de direito processual*. São Paulo: Revista dos Tribunais, 1977.

ALVIM, José Manuel de Arruda. *Manual de direito processual*. 7. ed. São Paulo: Revista dos Tribunais, 2001. v. 1.

ALVIM, Pedro. *O contrato de seguro*. Rio de Janeiro: Forense, 1983.

AMARAL, Francisco. *Direito civil*: introdução. 5. ed. Rio de Janeiro: Renovar, 2003.

AMARAL JÚNIOR, Alberto do. *Proteção do consumidor no contrato de compra e venda*. São Paulo: RT, 1993.

AMARANTE, Aparecida. *Responsabilidade civil por dano à honra*. 5. ed. Belo Horizonte: Del Rey, 2001.

AMERICANO, Jorge. *Da ação pauliana*. 2. ed. São Paulo: Saraiva, 1932.

AMORIM FILHO, Agnelo. Critério científico para distinguir a prescrição da decadência. São Paulo, *Revista dos Tribunais*, no 300.

AMORIM, José Roberto Neves. *Direito ao nome da pessoa física*. São Paulo: Saraiva, 2003.

AMORIM, Sebastião; OLIVEIRA, Euclides de. *Separação e divórcio*. 5. ed. São Paulo: Universitária de Direito, 1999.

AMORIM, Sebastião Luiz; OLIVEIRA, Euclides Benedito de. *Inventários e partilhas*. 14. ed. São Paulo: Editora Universitária de Direito, 1985.

AMORIM, Sebastião Luiz; OLIVEIRA, Euclides Benedito de. *Inventários e partilhas*. 16. ed. 2003.

ANDRADE, Jorge Pereira. *Contratos de franquia e leasing*. 2. ed. São Paulo: Atlas, 1996.

ANDRADE, Manuel A. Domingues de. *Teoria geral da relação jurídica*. Coimbra: Almedina, 1974.

ANDRADE, Manuel A. *Teoria da relação jurídica*. Coimbra: Almedina, 1974. 2 v.

ANDREOLLI, M. *La cesión del contrato*. Madri: Revista de Derecho Privado, 1956.

ANNONNI, Danielle. *A responsabilidade do Estado pela demora na prestação jurisdicional*. Rio de Janeiro: Forense, 2003.

ARAGÃO NETO, Orlando. *O penhor no direito brasileiro*. Belo Horizonte: Mandamentos, 2002.

ARRANGIO-RUIZ, Vicenzo. *Instituciones de derecho romano*. Buenos Aires: Depalma, 1973.

ARRANGIO-RUIZ, Vicenzo. *Instituciones de derecho romano*. Tradução da 10. ed. italiana de José M. Caramés Ferro. Buenos Aires: Depalma, 1973.

ARRANGIO-RUIZ, Vicenzo. *Instituciones de derecho romano*. 10. ed. Buenos Aires: Depalma, 1973.

ARRANGIO-RUIZ, Vicenzo. *Instituciones de derecho romano*. Buenos Aires: Depalma, 1973.

AREAN, Beatriz. *Curso de derechos reales*. 2. ed. Buenos Aires: Abeledo-Perrot, 1992.

ARMINJON, Pierre; NOLDE, Baron Boris; WOLFF, Martin. *Traité de droit comparé*. Paris: LGDJ, 1950.

ARZUA, Guido. *Posse*. São Paulo: Revista dos Tribunais, 1978.

ASCARELLI, Tullio. *Teoria geral dos títulos de crédito*. 2. ed. São Paulo: Saraiva, 1969.

ASCENSÃO, José de Oliveira. *Direito autoral*. Rio de Janeiro: Forense, 1980.

ASCENSÃO, José de Oliveira. *Direito civil*: reais. 4. ed. Coimbra: Coimbra Editora, 1987.

ASSIS, Araken de. *Resolução do contrato por inadimplemento*. 3. ed. São Paulo: Saraiva, 1999.

ASSIS, Araken de. *Da execução de alimentos e prisão do devedor*. 3. ed. São Paulo: Revista dos Tribunais, 1996.

ASSIS, Araken de; ANDRADE, Ronaldo Alves de; ALVES, Francisco Glauber Pessoa. *Comentários ao Código Civil*. Rio de Janeiro: Forense, 2007. v. V.

AVVAD, Pedro Elias. *Condomínio edilício*. 3. ed. Rio de Janeiro: Forense, 2017.

AZEVEDO JR., José Osório de. *Compromisso de compra e venda*. São Paulo: Saraiva, 1979.

AZEVEDO JR., José Osório de. *Compromisso de compra e venda*. 3. ed. São Paulo: Malheiros, 1993.

AZEVEDO, Álvaro Villaça. *Bem de família*. 5. ed. São Paulo: Revista dos Tribunais, 2002.

AZEVEDO, Álvaro Villaça. *Comentários ao Código Civil*. São Paulo: saraiva, 2003. v. 19.

AZEVEDO, Álvaro Villaça. *Estatuto da família de fato*. 2. ed. São Paulo: Atlas, 2002.

AZEVEDO, Álvaro Villaça. *Prisão civil por dívida*. São Paulo: Revista dos Tribunais, 1993.

AZEVEDO, Álvaro Villaça. *Teoria geral dos contratos típicos e atípicos*. São Paulo: Atlas, 2002.

AZEVEDO, Álvaro Villaça. *Teoria geral das obrigações e responsabilidade civil*. 10. ed. São Paulo: Atlas, 2004.

AZEVEDO JR., José Osório de. *Teoria geral das obrigações*. 9. ed. São Paulo: Revista dos Tribunais, 2001.

AZEVEDO, Antonio Junqueira de. *Negócio jurídico*: existência, validade e eficácia. 4. ed. São Paulo: Saraiva, 2002.

AZEVEDO, Antonio Junqueira de. *Negócio jurídico*. São Paulo: Saraiva, 1974.

AZEVEDO, Antonio Junqueira de. *Negócio jurídico*. São Paulo: Saraiva, 1979.

AZEVEDO, Armando Dias. *O fideicomisso no direito pátrio*. São Paulo: Saraiva, 1973.

AZULAY, Fortunato. *Do inadimplemento antecipado do contrato*. Rio de Janeiro: Editora Brasília: Editora Rio, 1977.

BALBI, Giovanni. Verbete "obbligazione reale". *Novissimo Digesto Italiano*. Turim: Unione Tipografico, 1965. v. 11.

BARASSI, Lodovico. *Le successioni per causa di morte*. Milão: Giuffrè, 1944.

BARBERO, Domenico. *Sistema del derecho privado*: obligaciones. Buenos Aires: Ediciones Jurídicas Europa América, 1967. v. 3.

BARBOSA, Carlos Cezar. *A responsabilidade civil do Estado e das instituições privadas nas relações de ensino*. Rio de Janeiro: Forense Universitária, 2004.

BARBOZA, Heloísa Helena; BARRETTO, Vicente de Paulo. *Temas de biodireito e bioética*. Rio de Janeiro: Renovar, 2001.

BARREIRA, Dolor. *Sucessão legítima*. Rio de Janeiro: Borsoi, 1970.

BARRETO FILHO, Oscar. *Teoria do estabelecimento comercial*. 2. ed. São Paulo: Saraiva, 1988.

BARRETO FILHO, Oscar. *Teoria do estabelecimento comercial*. São Paulo: Max Limonad, 1969.

BARROS, Hamilton de Moraes e. *Comentários ao código de processo civil*. Rio de Janeiro: Forense, s. d. v. 9.

BARROS, Wellington Pacheco. *Contrato de parceria rural*. Porto Alegre: Livraria do Advogado, 1999.

BARROS, Wellington Pacheco. *Contrato de arrendamento rural*. Porto Alegre: Livraria do Advogado, 1998.

BASTOS, Jacinto Fernandes Rodrigues. *Das obrigações em geral, segundo o Código Civil de 1966*. Lisboa: Livraria Petrony, 1977. v. 1.

BASTOS, Jacinto Fernandes Rodrigues. *Das obrigações em geral, segundo o Código Civil de 1966*. Lisboa: Livraria Petrony, 1972. v. 2 e 3.

BASTOS, Jacinto Fernandes Rodrigues. *Das obrigações em geral, segundo o Código Civil de 1966*. Lisboa: Livraria Petrony, 1973. v. 4, 5 e 6.

BASTOS, Celso Ribeiro; KISS, Eduardo Amaral Gurgel. *Contratos internacionais*. São Paulo: Saraiva, 1990.

BATALHA, Wilson de Souza Campos. *Comentários à lei de registros públicos*. 2. ed. Rio de Janeiro: Forense, 1979. v. 1.

BAÚ, Marilise Kostelnaki. *O contrato de assistência médica e a responsabilidade civil*. Rio de Janeiro: Forense, 1999.

BELLUSCIO, Augusto César. *Manual de derecho de familia*. 5. ed. Buenos Aires: Depalma, 1987. v. 2.

BENDERSKY, Mario J. *El concepto de fungibilidad y el negocio jurídico incumplido*. Buenos Aires: Abeledo Perrot, 1961.

BENKAUSS, Omar Gama. *A adoção*. 2. ed. Rio de Janeiro: Lumen Juris, 1993.

BESSONE, Darcy. *Da compra e venda*. 3. ed. São Paulo: Saraiva, 1988.

BESSONE, Darcy. *Do contrato*: teoria geral. 3. ed. Rio de Janeiro: Forense, 1987.

BESSONE, Darcy. *Direitos reais*. São Paulo: Saraiva, 1988.

BETTI, Emílio. *Teoria geral do negócio jurídico*. Tradução de Fernando de Miranda. Coimbra: Coimbra Editora, 1969. 2 v.

BEVILÁQUA, Clóvis. *Teoria geral do direito civil*. 2. ed. (Edição Histórica). Rio de Janeiro: Editora Rio, 1980.

BEVILÁQUA, Clóvis. *Direito das obrigações*. Rio de Janeiro: Editora Rio (Edição Histórica), 1977.

BEVILÁQUA, Clóvis. *Código Civil comentado*. Rio de Janeiro: Francisco Alves, 1916. v. 1; 4. ed. 1934. v. 4; 4. ed. 1939. v. 5.

BEVILÁQUA, Clóvis. *Código Civil dos Estados Unidos do Brasil comentado*. Rio de Janeiro: Francisco Alves, 1939. v. 4 e 6.

BEVILÁQUA, Clóvis. *Código Civil dos Estados Unidos do Brasil comentado*. Rio de Janeiro: Francisco Alves, 1916. v. 1.

BEVILÁQUA, Clóvis. *Código Civil dos Estados Unidos do Brasil comentado*. 5. ed. São Paulo: Francisco Alves, 1937.

BEVILÁQUA, Clóvis. *Código Civil dos Estados Unidos do Brasil*. 5. ed. São Paulo: Francisco Alves, 1938. v. 3.

BITTAR, Carlos Alberto (Coord.). *O direito de família e a Constituição de 1988*. São Paulo: Saraiva, 1989.

BEVILÁQUA, Clóvis (Coord.). *Direito de autor*. 2. ed. São Paulo: Forense Universitária, 1994.

BEVILÁQUA, Clóvis (Coord.). *A lei de direitos autorais na jurisprudência*. São Paulo: Revista dos Tribunais, 1988.

BEVILÁQUA, Clóvis (Coord.). *A propriedade e os direitos reais na Constituição de 1988*. São Paulo: Saraiva, 1991.

BEVILÁQUA, Clóvis (Coord.). *Direito de autor na obra feita sob encomenda*. São Paulo: Revista dos Tribunais, 1977.

BEVILÁQUA, Clóvis (Coord.). *Direito de autor na obra publicitária*. São Paulo: Revista dos Tribunais, 1981.

BEVILÁQUA, Clóvis (Coord.). *O direito de autor nos meios modernos de comunicação*. São Paulo: Revista dos Tribunais, 1989a.

BEVILÁQUA, Clóvis (Coord.). *Contornos atuais do direito do autor*. São Paulo: Revista dos Tribunais, 1992.

BEVILÁQUA, Clóvis (Coord.). *Os direitos da personalidade*. São Paulo: Forense Universitária, 1989b.

BITTENCOURT, Edgard de Moura. *Alimentos*. 4. ed. São Paulo: Universitária de Direito, 1979.

BEVILÁQUA, Clóvis. *Concubinato*. 3. ed. São Paulo: Universitária de Direito, 1985.

BLOISE, Walter. *A responsabilidade civil e o dano médico*. 2. ed. Rio de Janeiro: Forense, 1997.

BOLAFFI, Renzo. *La società semplice*. Giuffrè: Milano, 1947.

BOMFIM, Edson Rocha. *A ação de alimentos no Supremo Tribunal Federal*. São Paulo: Revista dos Tribunais, 1982.

BONAZZOLA, Julio Cesar. *Fuentes de las obligaciones, el empobrecimiento sin causa, la voluntad jurígena*. Buenos Aires: Abeledo Perrot, 1955.

BORDA, Guillermo A. *Tratado de derecho civil*: parte general. 10. ed. Buenos Aires: Perrot, 1991. v. 1 e 2.

BORDA, Guillermo A. *Tratado de derecho civil*: derechos reales. 3. ed. Buenos Aires: Abeledo Perrot, 1984. 2 v.

BORDA, Guillermo A. *Tratado de derecho civil*: familia. Buenos Aires: Abeledo Perrot, 1993. v. 1.

BORDA, Guillermo A. *Tratado de derecho civil*: sucesiones. Buenos Aires: Abeledo Perrot, 1987. 2. v.

BORDA, Guillermo A. *Tratado de derecho civil. Manual de contratos*. 14. ed. Buenos Aires: Abeledo Perrot, 1989.

BORDA, Guillermo A. *Tratado de derecho civil. Manual de obligaciones*. Buenos Aires: Abeledo Perrot, 1981.

BORGES, João Eunápio. *Títulos de crédito*. Rio de Janeiro: Forense, 1971.

BORGES, Paulo Torminn. *Institutos básicos do direito agrário*. 9. ed. São Paulo: Saraiva, 1995.

BORGHI, Hélio. *Da renúncia e da ausência no direito sucessório*. São Paulo: Universitária de Direito, 1997.

BOSCO, Lucas Ramirez. *Responsabilidad por infracapitalización societária*. Buenos Aires: Hammurabi, 2004.

BOSSERT, Gustavo A.; ZANNONI, Eduardo A. *Manual de derecho de família*. 4. ed. Buenos Aires: Astrea, 1996.

BOSSO, Carlos Mario. *La responsabilidad civil en el deporte y en el espectáculo deportivo*. Buenos Aires: Nemesis, 1984.

BOULANGER, François. *Droit civil de la familie*. 3. ed. Paris: Economica, 1997.

BREBBIA, Roberto H. *La responsabilidad en los accidentes deportivos*. Buenos Aires: Abeledo Perrot, 1962.

BRIZ, Jaime Santos. *La responsabilidad civil*. 4. ed. Madri: Montecorvo, 1986.

BRUSCATO, Wilges. *Títulos de crédito*. São Paulo: Juarez de Oliveira, 2001.

BRUSCATO, Wilges. *Empresário individual de responsabilidade limitada*. São Paulo: Quartier Latin, 2005.

BUENO, Ruth. *Regime jurídico da mulher casada*. 2. ed. Rio de Janeiro: Forense, 1970.

BUERES, Alberto J. (Dir.). *Responsabilidad por daños*. Buenos Aires: Abeledo Perrot, 1997.

BULGARELLI, Waldirio. *As sociedades cooperativas e sua disciplina jurídica*. Renovar : Rio de Janeiro, 1998.

BULGARELLI, Waldirio. *Contratos mercantis*. 8. ed. São Paulo: Atlas, 1995.

BULGARELLI, Waldirio. *Títulos de crédito*. 18. ed. São Paulo: Atlas, 2001.

BUONOCORE, Vicenzo. *Il codice civile commentario*: diretto da Piero Schlesinger. Le società – disposizioni generali. Milano: Giuffrè Editore, 2000.

BURDESE, Alberto. *Domicilio: diritto romano*. *Enciclopedia del diritto*. Varese: Giuffrè, 1964. v. 13.

CABRAL, Antônio da Silva. *Cessão de contrato*. São Paulo: Saraiva, 1987.

CABRAL, Antônio da Silva. *Leasing*. São Paulo: Resenha Tributária, 1975. 2 v.

CABRAL, Plínio. *A nova Lei de Direitos Autorais*. 4. ed. São Paulo: Harbra, 2003.

CAENEGEM, R. C. Van. *Uma introdução histórica ao direito privado*. 2. ed. São Paulo: Martins Fontes, 2000.

CAETANO, Marcelo. *Manual de direito administrativo*. Rio de Janeiro: Forense, 1970.

CAGNASSO, Oreste. *Trattato di diritto commerciale*. Diretto da Gastone Cottino. Milano: Cedam, v. 5, t. I, 2007.

CAHALI, Francisco José. *Contrato de convivência na união estável*. São Paulo: Saraiva, 2000.

CAHALI, Francisco José; Pereira, Rodrigo da Cunha (Coord.). *Alimentos no Código Civil*. São Paulo: Saraiva, 2005.

CAHALI, Francisco José; HIRONAKA, Giselda Maria Fernandes Novaes. *Curso avançado de direito civil*. São Paulo: 2000, v. 6.

CAHALI, Yussef Said (Coord.). *Contratos nominados*. São Paulo: Saraiva, 1995.

CAHALI, Yussef Said. *Dano e indenização*. São Paulo: Revista dos Tribunais, 1980.

CAHALI, Yussef Said. *Divórcio e separação*. 8. ed. São Paulo: Revista dos Tribunais, 1995. v. 1.

CAHALI, Yussef Said. *Divórcio e separação*. 10. ed. São Paulo: Revista dos Tribunais, 2002.

CAHALI, Yussef Said. *Divórcio e separação*. 11. ed. São Paulo: Revista dos Tribunais, 2005.

CAHALI, Yussef Said. *O casamento putativo*. 2. ed. São Paulo: Saraiva, 1979.

CAIS, Frederico F. S. *Fraude de execução*. São Paulo: Saraiva, 2005.

CÂMARA, Maria Helena Ferreira da. *Aspectos do direito de propriedade no capitalismo e no sovietismo*. Rio de Janeiro: Forense, 1981.

CAMPOS, Diogo José Paredes Leite. *A indemnização do dano da morte*. Coimbra: Boletim da Faculdade de Direito (separata v. 1), 1974.

CAMPOS FILHO, Paulo Barbosa de. *O problema da causa no Código Civil brasileiro*. São Paulo: Max Limonad, s. d.

CAMPOS FILHO, Paulo Barbosa de. *Obrigações de pagamento em dinheiro*: aspectos da correção monetária. Rio de Janeiro – São Paulo: Editora Jurídica Universitária, 1971.

CARBONNIER, Jean. *Droit civil 2*: la família. 20. ed. Paris: Presses Universitaires, 1999.

CARESSI, Franco. Verbete "cessione del contratto". *Novissimo Digesto Italiano*. Turim: Torinese, 1967. v. 3.

CARNELUTTI, Francesco. *Diritto e processo*. Nápoles: Morano, 1958.

CARVAL, Suzanne. *La responsabilité civile dans sa fonction de peine privée*. Paris: LGDJ, 1995.

CARVALHO NETO. *Contrato de mediação*. 3. ed. São Paulo: Jalovi, 1991.

CARVALHO, Afrânio de. *Registro de imóveis*. 3. ed. Rio de Janeiro: Forense, 1982.

CARVALHO, Francisco Pereira de Bulhões. *Sistema de nulidades dos atos jurídicos*. 2. ed. Rio de Janeiro: Forense, 1981.

CARVALHO, João Andrades. *Tutela, curatela, guarda, visita e pátrio poder*. Rio de Janeiro: Aide, 1995.

CASES, José Maria Trepat. *Código Civil comentado*. Coord. de Álvaro Villaça Azevedo. São Paulo: Atlas, 2003. v. 8.

CASILLO, João. Desconsideração da pessoa jurídica. *RT*, São Paulo, no 528.

CASILLO, João. *O erro como vício de vontade*. São Paulo: Revista dos Tribunais, 1982.

CASTRO, Carlos Roberto Siqueira. *A Constituição aberta e os direitos fundamentais*. Rio de Janeiro: Forense, 2003.

CATALAN, Marcos Jorge. *Descumprimento contratual*. Curitiba: Juruá, 2005.

CATEB, Salomão de Araújo. *Direito das sucessões*. 2. ed. Belo Horizonte: Del Rey, 2000.

CAVALCANTI, José Paulo. *Direito civil*: escritos diversos. Rio de Janeiro: Forense, 1983.

CAVALCANTI, José Paulo. *A falsa posse indireta*. 2. ed. Recife: Fasa, 1990.

CAVALIERI FILHO, Sergio. *Programa de responsabilidade civil*. 2. ed. São Paulo: Malheiros, 2000.

CAVALIERI FILHO, Sergio. *Programa de responsabilidade civil*. 5. ed. São Paulo: Malheiros, 2004.

CENEVIVA, Walter. *Lei dos registros públicos comentada*. 7. ed. São Paulo: Saraiva, 1991.

CENEVIVA, Walter. *Manual do registro de imóveis*. Rio de Janeiro: São Paulo: Freitas Bastos, 1988.

CENEVIVA, Walter. *Anotações à legislação do divórcio*. São Paulo: Saraiva, 1978.

CESAR, Dimas de Oliveira. *Estudo sobre a cessão do contrato*. São Paulo: Revista dos Tribunais, 1954.

CHAMOUN, Ebert. *Instituições de direito romano*. 6. ed. Rio de Janeiro: Editora Rio, 1977.

CHAVES, Antônio. *Tratado de direito civil*: obrigações. São Paulo: Revista dos Tribunais, 1984. v. 2: Direito das obrigações, v. 1 e 2.

CHAVES, Antônio. *Direito à vida e ao próprio corpo*. São Paulo: Revista dos Tribunais, 1986.

CHAVES, Antônio. *Lições de direito civil*: direito das obrigações. São Paulo: José Bushatsky: Edusp, 1973.

CHAVES, Antônio. *Responsabilidade pré-contratual*. Rio de Janeiro: Forense, 1959.

CHAVES, Antônio. *Tratado de direito civil*. São Paulo: Revista dos Tribunais, 1985.

CHAVES, Antônio. *Tratado de direito civil*: parte geral. São Paulo: Revista dos Tribunais, 1982. v. 1: Parte Geral, v. 1 e 2.

CHAVES, Antônio. A importação e a exportação do *know-how* no Brasil. *Revista Forense*, v. 253.

CHAVES, Antônio. *Criador da obra intelectual*. São Paulo: LTR, 1995.

CHAVES, Antônio. *Obras literárias e musicais*. Campinas: Julex, 1988.

CHAVES, Antônio. *Direito de autor*: princípios fundamentais. Rio de Janeiro: Forense, 1987.

CHAVES, Antônio. *Adoção*. Belo Horizonte: Del Rey, 1995.

CHERTO, Marcelo. *Franchising*. São Paulo: McGraw-Hill, 1988.

CIANCI, Mirna (Coord.). *Prescrição no novo Código Civil*. São Paulo: Saraiva, 2005.

CICALA, Rafaele. Verbete "cessione del contratto". *Enciclopedia del Diritto*. Itália: Giuffrè, 1966. v. 6.

CICU, Antonio. *Successioni per causa di morte*. Milão: Giuffrè, 1954.

CICU, Antonio. *El testamento*. Madri: Editorial Revista de Derecho Privado, 1959.

CIOTOLA, Kátia Regina da Costa S. *O concubinato*. 3. ed. Rio de Janeiro: Lumen Juris, 1999.

COCO, Giovanni Silvio. *Sulla volontà colletiva in diritto privato*. Milano: Giuffrè, 1967.

COCO, Giovanni Silvio. *Crisi de evoluzione nel diritto di proprietà*. Milão: Giuffrè, 1965.

COELHO, Fábio Ulhoa. *Curso de direito comercial*. 3. ed. São Paulo: Saraiva, 2002.

COELHO, Fábio Ulhoa. *Desconsideração da personalidade jurídica*. São Paulo: Revista dos Tribunais, 1989.

COELHO, Fábio Ulhoa. *Manual de direito comercial*. 20. ed. São Paulo: Saraiva, 2008.

COLIN, Ambroise; CAPITANT, H. *Cours éléméntaire de droit civil français*. 8. ed. Paris: Dalloz, 1934. 3 v.

COLTRO, Antônio Carlos Mathias. *Contrato de corretagem imobiliária*. São Paulo: Atlas, 2001.

COMPARATO, Fábio Konder. Verbete "obrigações de meios, de resultado e de garantia". *Enciclopédia Saraiva de Direito*. São Paulo: Saraiva, 1977. v. 55.

COMPARATO, Fábio Konder. *Ensaios e pareceres de direito empresarial*. Rio de Janeiro: Forense, 1978.

COMPORTI, Marco. *Diritti reali in generale*. Milão: Giuffrè, 1980.

CORDEIRO, António Menezes Cordeiro (Coord.). *Direito das obrigações*. 2. ed. Lisboa: AAFDL, 1991. 3 v. Contratos em especial.

CORDOBA, Alberto Brenes. *Tratado de las obligaciones*. San José, Costa Rica: Editorial Juricentro, 1977.

CORREIA, Alexandre; SCIASCIA, Gaetano. *Manual de direito romano*. 2. ed. São Paulo: Saraiva, 1953.

COSTA, Judith Martins. *A boa-fé no direito privado*. São Paulo: Revista dos Tribunais, 2000.

COSTA, Mário Júlio de Almeida. *Direito das obrigações*. 4. ed. Coimbra: Coimbra Editora, 1984.

COTTINO, Gastone. *L'imprenditore. Diritto commerciale*. 4. ed. Padova: Cedam, 2000. v. I, t. I.

COULANGES, Fustel de. *A cidade antiga*. 9. ed. Lisboa: Livraria Clássica Editora, 1957. 2 v.

COULANGES, Fustel de. *A cidade antiga*. 9. ed. Lisboa: Almedina, 1958.

COUTINHO, Léo Meyer. *Código de ética médica comentado*. São Paulo: Saraiva, 1989.

COVELLO, Sérgio Carlos. *Contratos bancários*. São Paulo: Saraiva, 1981.

COVELLO, Sérgio Carlos. *Ação de alimentos*. 4. ed. São Paulo: Leud, 1994.

COVIELLO, Leonardo. *Successione legitima e necessaria*. Milão: Giuffrè, 1937.

CREDIE, Ricardo Arcoverde. *Adjudicação compulsória*. 5. ed. São Paulo: Revista dos Tribunais, 1991.

CRETELLA JR., José. *Direito romano moderno*. Rio de Janeiro: Forense, 1980.

CRETELLA JR., José. Da arbitragem e seu conceito categorial. *Revista de Informação Legislativa*, Senado Federal, nº 98.

CRETELLA NETO, José. *Do contrato internacional de franchising*. 2. ed. Rio de Janeiro: Forense, 2002.

CRIBARI, Giovanni. *O comodato modal*. São Paulo: José Bushatsky, 1976.

CUNHA, J. S. Fagundes. *Bem de família*: comentários à lei no 8.009/90. Curitiba: Juruá, 1992.

CUQ, Édouard. *Manuel des institucions juridiques des romains*. 2. ed. Paris: Librairie Générale du Droit et de la Jurisprudence, 1928.

CZAJKOWSKI, Rainier. *A impenhorabilidade do bem de família*. Curitiba: Juruá, 1992.

CZAJKOWSKI, Rainier. *União livre*. Curitiba: Juruá, 1996.

D'VANZO, Walter. Verbete "caparra". *Novíssimo Digesto Italiano*. Turim: Unione Tipografico-Editrice Torinese, 1957.

DAIUTO, Reynaldo Ribeiro. *Introdução ao estudo do contrato*. São Paulo: Atlas, 1995.

DANTAS, San Tiago. *Conflito de vizinhança e sua composição*. 2. ed. Rio de Janeiro: Forense, 1972.

DAROLD, Ermínio Amarildo. *Protesto cambial*. Curitiba: Juruá, 2001.

DAVID, René. *Los grandes sistemas jurídicos contemporaneos*. Madri: Aguilar, 1973.

DEKKERS, René. *El derecho privado de los pueblos*. Madri: Revista de Derecho Privado, 1957.

DEL NERO, João Alberto Schützer. *Conversão substancial do negócio jurídico*. Rio de Janeiro: Renovar, 2001.

DELGADO, José Augusto. *Comentários ao novo Código Civil*. Rio de Janeiro: Forense, 2004. v. XI, t. 1.

DELGADO, Mário Luiz; ALVES, Jones Figueiredo (coord.). *Novo Código Civil*: questões controvertidas. São Paulo: Método, 2003. v. 1.

DELGADO, Mário Luiz; ALVES, Jones Figueiredo (coord.). *Novo Código Civil*: questões controvertidas. São Paulo: Método, 2004. v. 2.

DELMANTO, Celso. *Código penal comentado*. 2. ed. Rio de Janeiro: Renovar, 1988.

DEMÉTRIO, Nelson. *Doutrina e prática do direito agrário*. São Paulo: Pró-livro, 1980.

DI PIETRO, Maria Sylvia Zanella. *Direito administrativo*. São Paulo: Atlas, 1990.

DI PIETRO, Maria Sylvia Zanella. *Direito administrativo*. 15. ed. São Paulo: Atlas, 2003.

DI PIETRO, Maria Sylvia Zanella. *Do direito privado na administração pública*. São Paulo: Atlas, 1989.

DIAS, Adahyl Lourenço. *Venda a descendente*. 2. ed. Rio de Janeiro: Forense, 1976.

DIAS, João Álvaro. *Procriação assistida e responsabilidade médica*. Coimbra: Coimbra Editora, 1996.

DIAS, José de Aguiar. *Da responsabilidade civil*. 6. ed. Rio de Janeiro: Forense, 1979. v. 2.

DIAS, José de Aguiar. *Da responsabilidade civil*. 11. ed. Rio de Janeiro: Renovar, 2006.

DIAS, José de Aguiar. *Cláusula de não-indenizar*. Rio de Janeiro: Forense, 1980.

DIAS, Maria Berenice. *União homossexual*. Porto Alegre: Livraria do Advogado, 2000.

DIAS, Maria Berenice; PEREIRA, Rodrigo da Cunha (org.). *Direito de família e o novo Código Civil*. Belo Horizonte: Del Rey, 2001.

DIDIER, Paul. *Droit commercial*: introduction, lês entreprises. Paris: Thêmis, 1970.

DINIZ, Maria Helena. *Comentários ao Código Civil*. São Paulo: Saraiva, 2003, v. 22.

DINIZ, Maria Helena. *Comentários ao Código Civil*. São Paulo: Saraiva, 2003, v. 22.

DINIZ, Maria Helena. *Curso de direito civil brasileiro*. 18. ed. São Paulo: Saraiva, 2002. v. 1.

DINIZ, Maria Helena. *Curso de direito civil brasileiro*: teoria geral do direito civil. São Paulo: Saraiva, 1982. v. 1.

DINIZ, Maria Helena. *Curso de direito civil brasileiro*: teoria geral das obrigações. São Paulo: Saraiva, 1983. v. 2.

DINIZ, Maria Helena. *Curso de direito civil brasileiro*: teoria das obrigações contratuais e extracontratuais. São Paulo: Saraiva, 1984. v. 3.

DINIZ, Maria Helena. *Curso de direito civil brasileiro*. 7. ed. São Paulo: Saraiva, 1991. v. 4.

DINIZ, Maria Helena. *Curso de direito civil brasileiro*. 17. ed. São Paulo: Saraiva, 2002. v. 5.

DINIZ, Maria Helena. *Curso de direito civil brasileiro*. São Paulo: Saraiva, 1983. 6 v.

DINIZ, Maria Helena. *Curso de direito civil brasileiro*. direito de empresa. Saraiva: São Paulo, 2008.

DINIZ, Maria Helena. *Curso de direito civil brasileiro*. São Paulo: Saraiva, 1982. v. 1: Teoria geral do direito civil, 1983.

DINIZ, Maria Helena. *Curso de direito civil brasileiro*. v. 2: Teoria geral das obrigações, 1984.

DINIZ, Maria Helena. *Curso de direito civil brasileiro*. v. 3: Teoria das obrigações contratuais e extracontratuais, 1995.

DINIZ, Maria Helena. *As lacunas no direito*. São Paulo: Revista dos Tribunais, 1981.

DINIZ, Maria Helena. *Lei de introdução do Código Civil brasileiro interpretada*. 9. ed. São Paulo: Saraiva, 2002.

DINIZ, Maria Helena. *Lei de introdução ao Código Civil brasileiro interpretada*. São Paulo: Saraiva, 1994. v. 4.

DINIZ, Maria Helena. *Tratado teórico e prático dos contratos*. São Paulo: Saraiva, 1993. 5 v.

DIREITO do consumidor. *RT*, nºs 1 a 16.

DONATO, Maria Antonieta Zanardo. *Proteção do consumidor*: conceito e extensão. São Paulo: Revista dos Tribunais, 1994.

DUTILLEUL, François Collart; DELEBECQUE, Philippe. *Contrats civils et commerciaux*. Paris: Dalloz, 1991.

ELIAS, Roberto João. *Pátrio poder*. São Paulo: Saraiva, 1999.

ENGELBERG, Esther. *Contratos internacionais do comércio*. São Paulo: Atlas, 1992.

ENGELS, Friedrich. *A origem da família, da propriedade privada e do Estado*. 14. ed. Rio de Janeiro: Bertrand Brasil, 1997.

ENNECCERUS, Ludwig; KIPP, Theodor; WOLFF, Martin. Derecho de obligaciones. *Tratado de derecho civil*. Barcelona: Bosch Casa Editorial, 1947. v. 1, t. 2.

ESPÍNOLA, Eduardo. *Sistema do direito civil*. Rio de Janeiro: Editora Rio, 1977.

ESPÍNOLA, Eduardo; ESPÍNOLA FILHO, Eduardo. *A lei de introdução ao Código Civil brasileiro*. Rio de Janeiro: Freitas Bastos, 1943.

ESPÍNOLA, Eduardo. *A lei de introdução co Código Civil brasileiro*. Rio de Janeiro: Renovar, 1999.

FABRICIO, Androaldo Furtado. *Comentários ao Código de Processo Civil*. Rio de Janeiro: Forense, 1980. v. 8, t. 3.

FACHIN, Luiz Edson. *Comentários ao Código Civil*. São Paulo: Saraiva, 2003. v. 15.

FACHIN, Luiz Edson. *Elementos críticos do direito de família*. Rio de Janeiro: Renovar, 1999.

FACHIN, Luiz Edson. *Estabelecimento da filiação e paternidade presumida*. Porto Alegre: Sergio Antonio Fabris Editor, 1992.

FACHIN, Luiz Edson; RUZYK, Carlos Eduardo Pianovski. *Código Civil comentado*. São Paulo: Atlas, 2003. v. 15.

FALCÃO, Joaquim de Arruda (Org.). *Conflito de direito de propriedade, invasões urbanas*. Rio de Janeiro: Forense, 1984.

FARIA, Jorge Leite Areias de. *Direito das obrigações*. Coimbra: Almedina, 2003. v. I e II.

FARIA, Mário Roberto Carvalho de. *Direito das sucessões*. 2. ed. Rio de Janeiro: Forense, 2002.

FARIA, Werter R. *Mora do devedor*. Porto Alegre: Sergio Antonio Fabris Editor, 1981.

FARINA, Juan M. *Contratos comerciales modernos*. Buenos Aires: Astrea, 1994.

FASSI, Santiago C. *Tratado de los testamentos*. Buenos Aires: Depalma, 1970. v. 1.

FAZANO, Haroldo Guilherme Vieira. *Da propriedade horizontal e vertical*. Campinas: Lex Editora, 2003.

FAZZIO JÚNIOR, Waldo. *Sociedades limitadas*. São Paulo: Atlas, 2003.

FERNANDES, Lina. *Do contrato de franquia*. Belo Horizonte: Del Rey, 2000.

FERNANDES, Regina Celi Pedrotti Vespero. *Imposto sobre transmissão causa mortis e doação – ITCMD*. São Paulo: Revista dos Tribunais, 2002.

FERRARA JR., Francesco. *Gli imprenditori e le società*. 5. ed. Milano: Giuffrè, 1971.

FERRARA, Francesco. *Le persone giuridiche*. 2. ed. Turim: Unione Tipografica, 1958.

FERREIRA, Aurélio Buarque de Holanda. *Novo dicionário da língua portuguesa*. Rio de Janeiro: Nova Fronteira, 1975.

FERREIRA, José G. do Valle. *Enriquecimento sem causa*. Belo Horizonte: Bernardo Álvares, s. d.

FERREIRA, Sérgio de Andréa. *O direito de propriedade e as limitações e ingerências administrativas*. São Paulo: Revista dos Tribunais, 1980.

FERRI, Giovanni B. *Negozio giuridico*. Verbete in *digesto delle discipline privatistiche*. Turim: Etet, 1995. v. 12.

FERRI, Giovanni B. *Delle società. Disposizioni generali. Soc. Semplici. Soc. In nome collettivo. Soc. In accomandita semplice. In Commentario del Códice Civile*, dirigido por A. Scialoja e G. Branca. 3. ed. Zanichelli-Società Editrice del Foro Italiano: Bologna-Roma, libro V, 1981.

FILOMENO, José Geraldo Brito. *Manual de direitos do consumidor*. 2. ed. São Paulo: Atlas, 1991.

FIUZA, Ricardo (Coord.). *Novo Código Civil comentado*. São Paulo: Saraiva, 2002.

FLAH, Lily R.; SMAYEVSKY, Miriam. *Teoría de la imprevisión*. Buenos Aires: Depalma, 1989.

FOIGNET, M. René. *Le droit romain des obligacions*. Paris: Librairie Arthur Rousseau, 1934.

FONSECA, Arnoldo Medeiros da. *Caso fortuito e teoria da imprevisão*. 3. ed. Rio de Janeiro: Forense, 1958.

FONSECA, Arnoldo Medeiros da. *Prefácio do livro Enriquecimento sem causa*, de José G. do Valle Ferreira.

FONSECA, Priscila M. P. Correa da; SZTAJN, Rachel. *Código civil comentado*. São Paulo: Atlas, 2008. V. XI.

FRAGA, Gabino. *Derecho administrativo*. 13. ed. México: Porrua, 1969.

FRANÇA, Rubens Limongi. *Princípios gerais de direito*. 2. ed. São Paulo: Revista do Tribunais, 1971.

FRANÇA, Rubens Limongi. *Do nome civil das pessoas naturais*. 2. ed. São Paulo: Revista dos Tribunais, 1964.

FRANÇA, Rubens Limongi. *Instituições de direito civil*. São Paulo: Saraiva, 1988.

FRANÇA, Rubens Limongi. *Manual de direito civil*. São Paulo: Revista dos Tribunais, 1976. v. 4, t. 1.

FRANÇA, Rubens Limongi. *A posse no Código Civil*. São Paulo: José Bushatsky, 1964.

FRANCISCO, Caramuru Afonso. *Estatuto da cidade comentado*. São Paulo: Juarez de Oliveira, 2001.

FRANCIULLI NETTO, Domingos; MENDES, Gilmar Ferreira; MARTINS FILHO, Ives Gandra da Silva (coord.). *O novo Código Civil*: estudos em homenagem ao prof. Miguel Reale. São Paulo: LTr, 2003.

FRANCO SOBRINHO, Manoel de Oliveira. *Desapropriação*. São Paulo: Saraiva, 1973.

FRANCO, J. Nascimento; GONDO, Nisske. *Condomínio em edifícios*. 5. ed. São Paulo: Revista dos Tribunais, 1988.

FRANCO, J. Nascimento; GONDO, Nisske. *Incorporações imobiliárias*. 3. ed. São Paulo: Revista dos Tribunais, 1991.

FRAZÃO, Ana.

FREITAS, Vladimir Passos (Coord.). *Águas*. 2. ed. Curitiba: Juruá, 2002.

FRIGERI, Márcia Regina. *Responsabilidade civil dos estabelecimentos bancários*. Rio de Janeiro: Forense, 1998.

FRÓES, Carlos Henrique de C. Contratos de tecnologia. *Revista Forense*, v. 253.

FULGÊNCIO, Tito. *Direito real de hipoteca*. 2. ed. Rio de Janeiro: Forense, 1960. 2 v.

FULGÊNCIO, Tito. *Da posse e das ações possessórias*. 5. ed. Rio de Janeiro: Forense, 1978. 2 v.

GAGLIANO, Pablo Stolze; PAMPLONA FILHO, Rodolfo. *Novo curso de direito civil*. São Paulo: Saraiva, 2002.

GALGANO, Francesco. *Derecho comercial*: las sociedades. Bogotá: Themis, 1999. v. II.

GAMA, Guilherme Calmon Nogueira da. *Direito civil*: parte geral. São paulo: Atlas, 2006.

GAMA, Guilherme Calmon Nogueira da. *O companheirismo*. 2. ed. São Paulo: Revista dos Tribunais, 2001.

GAMA, Guilherme Calmon Nogueira da. *O biodireito e as relações parentais*. Rio de Janeiro: Renovar, 2003.

GANDOLFI, Giuseppe. Verbete "onere reali". *Enciclopedia del Diritto*. Milão: Giuffrè, 1980, t. 30.

GARCEZ NETO, Martinho. *Temas atuais de direito civil*. Rio de Janeiro: Renovar, 2000.

GARCEZ NETO, Martinho. Verbete "ônus real". *Repertório Enciclopédico do Direito Brasileiro*. Rio de Janeiro: Borsoi, s. d., v. 35.

GARCEZ NETO, Martinho. *Prática da responsabilidade civil*. 2. ed. São Paulo: Jurídica e Universitária, 1972.

GARCEZ NETO, Martinho. Responsabilidade civil no direito comparado. Rio de Janeiro: Renovar, 2000.

GARCIA, Basileu. *Instituições de direito penal*. 4. ed. São Paulo: Max Limonad, s. d. v. 1, t. 1.

GARRIDO, Roque Fortunato; ZAGO, Jorge Alberto. *Contratos civiles y comerciales*. Buenos Aires: Universidad, 1989. v. 1: Parte general; 1988. v. 2: Parte especial.

GATTI, Edmundo. *Teoría general de los derechos reales*. 3. ed. Buenos Aires: Abeledo Perrot, 1984.

GAUDEMET, Jean. *Institutions de l'antiquité*. Paris: Sirey, 1967.

GENTILE, Francesco Silvio. *Il possesso*. Turim: Unione Tipografico Torinese, 1965.

GEROTA, Démetre D. *La théorie de l'enrichissement sans cause dans le code civil allemand*. Paris: Librairie de Jurisprudence Ancienne et Moderne Edouard Duckemin, 1923.

GHERSI, Carlos Alberto. *Contratos civiles y comerciales*. 4. ed. Buenos Aires: Astrea, 1999.

GHERSI, Carlos Alberto. (Coord.). *Los nuevos daños*. Buenos Aires: Hammurabi, 1995.

GHERSI, Carlos Alberto. *Valuación económica del daño moral y psicológico*. Buenos Aires: Astrea, 2000.

GHERSI, Carlos Alberto. *Responsabilidad por prestación médico asistencial*. Buenos Aires: Hammurabi, 1987.

GIFFARD, A. E.; VILLERS, Robert. *Droit romain et ancien droit français*: les obligations. 4. ed. Paris: Dalloz, 1976.

GILMORE, Grant. *The death of contract*. Columbus, Ohio: Ohio State University Press, 1974.

GIOSTRI, Hildegard Taggesell. *Erro médico à luz da jurisprudência comentada*. 2. ed. Curitiba: Juruá, 2005.

GIOSTRI, Hildegard Taggesell. *Responsabilidade médica*. Curitiba: Juruá, 2004.

GIRARD, Paul Frédéric. *Manuel élémentaire de droit romain*. 5. ed. Paris: Arthur Rosseau, 1911.

GOMES, Luiz Roldão de Freitas. *Elementos de responsabilidade civil*. Rio de Janeiro: Renovar, 2000.

GOMES, Orlando. *Obrigações*. 7. ed. Rio de Janeiro: Forense, 1984.

GOMES, Orlando. *Obrigações*. 5. ed. Rio de Janeiro: Forense, 1978.

GOMES, Orlando. *Contratos*. 9. ed. Rio de Janeiro: Forense, 1983.

GOMES, Orlando. *Direitos reais*. 8. ed. Rio de Janeiro: Forense, 1983.

GOMES, Orlando. *Direito de família*. 5. ed. Rio de Janeiro: Forense, 1983.

GOMES, Orlando. *Sucessões*. Rio de Janeiro: Forense, 1981.

GOMES, Orlando. *Introdução ao direito civil*. 7. ed. Rio de Janeiro: Forense, 1983.

GOMES, Orlando. *Contratos de adesão*. São Paulo: Revista dos Tribunais, 1972.

GOMES, Orlando. *Novos temas de direito civil*. Rio de Janeiro: Forense, 1983.

GOMES, Orlando. *Transformações gerais do direito das obrigações*. 2. ed. São Paulo: Revista dos Tribunais, 1980.

GOMES, Orlando. *Alienação fiduciária em garantia*. 2. ed. São Paulo: Revista dos Tribunais, 1971.

GOMES, Rogério Zuel. *Teoria contratual contemporânea*. Rio de Janeiro: Forense, 2004.

GONÇALVES, Augusto Penha. *Curso de direitos reais*. 2. ed. Lisboa: Universidade Lusíada, 1993.

GONÇALVES, Carlos Roberto. *Responsabilidade civil*. 5. ed. São Paulo: Saraiva, 1994.

GONÇALVES, Carlos Roberto. *Comentários do Código Civil*. São Paulo: Saraiva, 2003. v. 11.

GONÇALVES, Carlos Roberto. *Direito civil brasileiro*. São Paulo: Saraiva, 2003. v. 1.

GONÇALVES, Carlos Roberto. *Direito civil brasileiro*. 5. ed. São Paulo: Saraiva, 2008, v. I.

GONÇALVES, Carlos Roberto. *Direito civil brasileiro*. 5. ed. São Paulo: Saraiva, 2008, v. II.

GONÇALVES, Carlos Roberto. *Direito civil brasileiro*. 5. ed. São Paulo: Saraiva, 2008, v. III

GONÇALVES, Carlos Roberto. *Direito civil brasileiro*. 5. ed. São Paulo: Saraiva, 2008, v. IV.

GONÇALVES, Carlos Roberto. *Direito civil brasileiro*. 5. ed. São Paulo: Saraiva, 2008, v. V.

GONÇALVES, Carlos Roberto. *Direito civil brasileiro*. 5. ed. São Paulo: Saraiva, 2008, v. VI.

GONÇALVES, Carlos Roberto. *Direito civil brasileiro*. 5. ed. São Paulo: Saraiva, 2008, v. VII.

GONÇALVES, Luiz da Cunha. *Princípios de direito civil luso-brasileiro*. São Paulo: Max Limonad, 1951. 3 v.

GONÇALVES NETO, Alfredo de Assis. *Direito de empresa*. 2. ed. São Paulo: Revista dos Tribunais, 2008.

GONÇALVES NETO, Alfredo de Assis. *Lições de direito societário*. 2. ed. São Paulo: Juarez de Oliveira, 2004.

GONÇALVES, Vitor Fernandes. *Responsabilidade civil por quebra da promessa*. Brasília: Brasília Jurídica, 1997.

GONÇALVES, Vitor Fernandes. *Responsabilidade civil por quebra de promessa*. 2. ed. Brasília: Brasília Jurídica, 2005.

GOZZO, Débora. *Ação de nulidade de venda a descendente*. São Paulo: Saraiva, 1988.

GOZZO, Débora; VENOSA, Sílvio de Salvo. *Comentários ao Código Civil brasileiro*. Rio de Janeiro: Forense, 2004. v. 16.

GRANZIERA, Maria Luiza Machado. *Direito das águas*. São Paulo: Atlas, 2001.

GRAZIANI, A.; MINERVINI, G.; BELVISO, U. *Manuale di diritto commerciale*. 13. ed. Padova: Cedam, 2007.

GRINOVER, Ada Pellegrini. *Eficácia e autoridade da sentença penal*. São Paulo: Revista dos Tribunais, 1978.

GRISARD FILHO, Wladyr. *Guarda compartilhada*: um novo modelo de responsabilidade parental. São Paulo: Revista dos Tribunais, 2000.

GUERREIRO, José Alexandre Tavares. *Fundamentos da arbitragem do comércio internacional*. São Paulo: Saraiva, 1993.

GUIMARÃES, Giovane Serra Azul. *Adoção, tutela e guarda*. São Paulo: Juarez de Oliveira, 2000.

GUTIÉRREZ, Graciela Nora Messina de Estrella. *La responsabilidad civil en la era tecnológica*. Buenos Aires: Abeledo Perrot, 1989.

HANADA, Nelson. *Ação de depósito*. São Paulo: Revista dos Tribunais, 1987.

HIRONAKA, Giselda Maria Fernandes Novaes. *Comentários ao Código Civil*. São Paulo: Saraiva, 2003. v. 20.

HUPKA, Joseph. *La representación voluntaria en los negocios jurídicos*. Tradução de Luis Sancho Seral. Madri: Victoriano Suárez, 1930.

INOCÊNCIO, Antônio Ferreira. *Fiança*. São Paulo: Universidade de Direito, 1986.

ITURRASPE, Jorge Mosset. *Contratos*. Buenos Aires: Ediar, 1988.

ITURRASPE, Jorge Mosset. *Responsabilidad civil del médico*. Buenos Aires: Astrea, 1979.

JABUR, Gilberto Haddad. *Liberdade de pensamento e direito à vida privada*. São Paulo: Revista dos Tribunais, 2000.

JHERING, Rudolf von. *A teoria simplificada da posse*. São Paulo: José Bushatsky, 1976.

JHERING, Rudolf von. *Posse e interditos possessórios*. Tradução de Adherbal de Carvalho. Salvador: Progresso, [s. d.].

JOB, João Alberto Leivas. *Da nulidade da partilha*. São Paulo: Saraiva, 1986.

JOHNSTON, David. *Roman law in context*. Cambridge: Cambridge University Press, 1999.

JORGE, Fernando de Sandy Lopes Pessoa. *O mandato sem representação*. Lisboa: Ática, 1961.

JORGE JÚNIOR. *Cláusulas gerais no novo Código Civil*. São Paulo: Saraiva, 2004.

JOURDAIN, Patrice. *Les principes de la responsabilité civile*. 4. ed. Paris: Dalloz, 1998.

JUSTEN FILHO, Marçal. *Desconsideração da personalidade societária no direito brasileiro*. São Paulo: Revista dos Tribunais, 1987.

KELSEN, Hans. *Teoria pura do direito*. 5. ed. Coimbra: Arménio Amado Editor, 1979.

KFOURI NETO, Miguel. *Responsabilidade civil do médico*. 3. ed. São Paulo: Revista dos Tribunais, 1998.

KHOURI, Paulo R. Roque. *A revisão judicial nos contratos no novo código civil, código do consumidor e Lei nº 8.666/93*. São Paulo: Atlas, 2006.

KIONKA, Edward J. *Torts*. St. Paul, Minn.: West Group, 1999.

KOSCHAKER, P. *Europa y el derecho romano*. Madri: Revista de Derecho Privado, 1955.

KRAEMER, Eduardo. *A responsabilidade do Estado e do magistrado em decorrência da deficiente prestação jurisdicional*. Porto Alegre: Livraria do Advogado, 2004.

KRAUT, Alfredo Jorge. *Responsabilidad profesional de los psiquiatras*. Buenos Aires: La Rocca, 1991.

LACERDA, Antônio de Lacerda. *Da retrocessão*. Rio de Janeiro: Forense, 1983.

LACERDA, Belizário Antônio. *Do direito e da ação de preferência*. São Paulo: Saraiva, 1981.

LARENZ, Karl. *Derecho de obligaciones*. Tradução de Jaime Santos Briz. Madri: Revista de Derecho Privado, 1958. v. 1; 1959, v. 2.

LARENZ, Karl. *Derecho civil*, parte general. Madri: Editorial Revista de Derecho Privado, 1978.

LASARTE, Carlos. *Principios de derecho civil III*: contratos. Madri-Barcelona: Marcial Pons, 2003.

LAZZARINI, Alexandre Alves. *A causa petendi nas ações de separação judicial e dissolução da união estável*. São Paulo: Revista dos Tribunais, 1999.

LAZZARINI, Alexandre Alves. *Direito de família*. São Paulo: Revista dos Tribunais, 1993.

LEÃES, Luiz Gastão Paes de Barros. Verbete "arbitragem, arbitragem comercial internacional". *Enciclopédia Saraiva de Direito*. São Paulo: Saraiva, 1996.

LEAL, Antônio Luís Câmara. *Da prescrição e da decadência*. 3. ed. Rio de Janeiro: Forense, 1978.

LEAL, Pérez de. *Responsabilidad civil del médico*. Buenos Aires: Universidad, 1995.

LEÃO, José Francisco Lopes de Miranda. *Leasing*: o arrendamento financeiro. 2. ed. São Paulo: Malheiros, 2000.

LEITE, Eduardo de Oliveira. *Grandes temas da atualidade*: DNA como meio de prova da filiação. Rio de Janeiro: Forense, 2000.

LEITE, Eduardo de Oliveira. *Comentários ao novo Código Civil*: do direito das sucessões. 2. ed. Rio de Janeiro: Forense, 2003. v. 21.

LEITE, Heloísa Maria Daltro (Coord.). *O novo Código Civil do direito de família*. Rio de Janeiro: Freitas Bastos, 2002.

LEITE, Ruiz Lemos. *Factoring no Brasil*. 7. ed. São Paulo: Atlas, 2001.

LEVONI, Alberto. *La tutela del possesso*. Milão: Giuffrè, 1979.

LIBERATTI, Wilson Donizetti. *Adoção internacional*. São Paulo: Malheiros, 1995.

LIMA, Alvino. *A responsabilidade civil pelo fato de outrem*. 2. ed. Rio de Janeiro: Forense, 2000.

LIMA, Alvino. *A responsabilidade civil pelo fato de outrem*. 2. ed. São Paulo: Revista dos Tribunais, 2000.

LIMA, Alvino. *A fraude no direito civil*. São Paulo: Saraiva, 1965.

LIMA, Alvino. *Culpa e risco*. 2. ed. São Paulo: Revista dos Tribunais, 1999.

João Franzen de. *Curso de direito civil brasileiro*. Rio de Janeiro: Forense, 1977.

LIMA, Frederico Henrique Viegas de. *O direito de superfície como instrumento de planificação urbana*. Rio de Janeiro, São Paulo, Recife: Renovar, 2005.

LIMA, Frederico Henrique Viegas de. *O direito de superfície como instrumento de planificação urbana*. Rio de Janeiro. São Paulo, Recife: Renovar, 2005.

LIMA, Iran de. *Direito imobiliário*. São Paulo: Revista dos Tribunais, 1980.

LIMA, João Franzen de. *Curso de direito civil brasileiro*. 7. ed. Rio de Janeiro: Forense, 1984. v. 1: Introdução e parte geral.

LIMA, João Franzen de. *Curso de direito civil brasileiro*. 3. ed. Rio de Janeiro: Forense 1979. v. 2: Direito das obrigações, t. 1: Teoria geral das obrigações.

LIMA, João Franzen de. *Curso de direito civil brasileiro*. 3. ed. Rio de Janeiro: Forense, 1979. v. 2: Direito das obrigações, t. 2: Dos contratos e das obrigações por declaração unilateral da vontade.

LIMA, João Franzen de. *Curso de direito civil brasileiro*. Rio de Janeiro: Forense, 1979. v. 2, t. 1.

LOBO, Jorge. *Contrato de* franchising. Rio de Janeiro: Forense, 1994.

LOBO, Paulo Luiz Neto. *Condições gerais dos contratos e cláusulas abusivas*. São Paulo: Saraiva, 1991.

LOBO, Paulo Luiz Neto. *Código Civil comentado*. São Paulo: Atlas, 2003. v. 16.

LOPES, João Batista. *Condomínio*. 4. ed. São Paulo: Revista dos Tribunais, 1994.

LOPES, Maria Elizabete Villaça. O contrato de *factoring* e o sistema financeiro nacional. *Revista de Direito Mercantil*, nº 74, s. d.

LOPES, Miguel Maria de Serpa. *Curso de direito civil*: introdução, parte geral e teoria dos negócios jurídicos. 4. ed. Rio de Janeiro: Freitas Bastos, 1962. v. 1.

LOPES, Miguel Maria de Serpa. *Curso de direito civil*: introdução, parte geral e teoria dos negócios jurídicos. 7. ed. Rio de Janeiro: Freitas Bastos, 1989. v. 1: Introdução, parte geral e teoria dos negócios jurídicos.

LOPES, Miguel Maria de Serpa. *Curso de direito civil*: introdução, parte geral e teoria dos negócios jurídicos. 5. ed. Rio de Janeiro: Freitas Bastos, 1989. v. 2: Obrigações em geral.

LOPES, Miguel Maria de Serpa. *Curso de direito civil*: introdução, parte geral e teoria dos negócios jurídicos. Rio de Janeiro: Freitas Bastos, 1966. v. 2.

LOPES, Miguel Maria de Serpa. *Curso de direito civil*: fontes das obrigações. 4. ed. Rio de Janeiro: Freitas Bastos, 1964. v. 3.

LOPES, Miguel Maria de Serpa. *Curso de direito civil*: fontes das obrigações. 4. ed. Rio de Janeiro: Freitas Bastos, 1991. v. 3.

LOPES, Miguel Maria de Serpa. *Curso de direito civil*: fontes das obrigações. 4. ed. Rio de Janeiro: Freitas Bastos, 1993. v. 4.

LOPES, Miguel Maria de Serpa. *Curso de direito civil*: fontes acontratuais das obrigações: responsabilidade civil. 2. ed. Rio de Janeiro: Freitas Bastos, 1962. v. 5.

LOPES, Miguel Maria de Serpa. *Curso de direito civil*: fontes acontratuais das obrigações: responsabilidade civil. 3. ed. Rio de Janeiro: São Paulo, 1964. v. 6.

LOPES, Miguel Maria de Serpa. *Comentários à lei de introdução ao Código Civil brasileiro*. Rio de Janeiro: Freitas Bastos, 1959.

LOPES, Miguel Maria de Serpa. *O silêncio como manifestação da vontade*. 3. ed. Rio de Janeiro: Freitas Bastos, 1961.

LOPEZ, Teresa Ancona. *Comentários ao Código Civil*. São Paulo: Saraiva, 2003. v. 7.

LORENZETTI, Ricardo L. *Comércio eletrônico*. São Paulo: Revista dos Tribunais, 2004.

LORENZETTI, Ricardo L. *Tratado de los contratos*. Buenos Aires: Rubinzal-Culzoni, 1999.

LORENZETTI, Ricardo L. *Responsabilidad profesional*. Buenos Aires: Abeledo Perrot, 1995.

LOTUFO, Renan. *Código Civil comentado*. São Paulo: Saraiva, 2003. v. 1.

LUCARELLI, Fábio Dutra. *Responsabilidade civil por dano ecológico*. São Paulo: Revista dos Tribunais, 700/7.

LUCCA, Newton de. *A faturização no direito brasileiro*. São Paulo: Revista dos Tribunais, 1986.

LUCCA, Newton de. *Comentários ao novo Código Civil*. Rio de Janeiro: Forense, 2003. v. XII.

LUCENA, Delfim Maya. *Danos não patrimoniais*. Coimbra: Almedina, 1985.

LUZZATTO, Ruggero. *Le obligazioni nel diritto italiano*. Turim: Giappichelli, 1950.

MACHADO, Antônio Luiz Ribeiro. *Manual prático dos contratos agrários e pecuários*. 3. ed. São Paulo: Saraiva, 1991.

MACHADO, Paulo Affonso Leme. *Direito ambiental brasileiro*. 2. ed. São Paulo: Revista dos Tribunais, 1989.

MAGALHÃES, José Carlos de. A cláusula arbitral nos contratos internacionais. *Revista de Direito Mercantil*, nº 43.

MAGALHÃES, Ruggero; BAPTISTA, Luiz Olavo. *Arbitragem comercial*. Rio de Janeiro: Freitas Bastos, 1986.

MAGALHÃES, Rui Ribeiro de. *Direito das sucessões no novo Código Civil brasileiro*. São Paulo: Juarez de Oliveira, 2003.

MAGALHÃES, Teresa Ancona Lopez. *O dano estético*. São Paulo: Revista dos Tribunais, 1980.

MAGALHÃES, Vilobaldo Bastos de. *Compra e venda e sistemas de transmissão da propriedade*. Rio de Janeiro: Forense, 1981.

MAIA, Paulo Carneiro. Verbete "obrigação *propter rem*". *Enciclopédia Saraiva de Direito*. São Paulo: Saraiva, 1980. v. 55.

MAIA JÚNIOR, Mairan Gonçalves. *A representação no negócio jurídico*. 2. ed. São Paulo: Revista dos Tribunais, 2004.

MAIORCA, Sergio. *Il contrato*. Turim: Giappichelli, 1981.

MAJELLO, Ugo. *Custodia e deposito*. Nápoles: Jovene, 1958.

MALUF, Carlos Alberto Dabus. *As condições no direito civil*. Rio de Janeiro: Forense, 1983.

MALUF, Carlos Alberto Dabus. *A transação no direito civil*. São Paulo: Saraiva, 1985.

MALUF, Carlos Alberto Dabus. *Das cláusulas de inalienabilidade, incomunicabilidade e impenhorabilidade*. São Paulo: Saraiva, 1981.

MAMEDE, Gladston. *Código Civil comentado*. São Paulo: Atlas, 2003. v. 14.

MANCUSO, Rodolfo de Camargo. *Apontamentos sobre o contrato de leasing*. São Paulo: Revista dos Tribunais, 1978.

MANSO, Eduardo Vieira. *Contratos de direito autoral*. São Paulo: Revista dos Tribunais, 1989.

MANSO, Eduardo Vieira. *Direito autoral*. São Paulo: José Bushatsky, 1980.

MANSO, Eduardo Vieira. *A informática e os direitos intelectuais*. São Paulo: Revista dos Tribunais, 1985.

MARCATO, Antonio Carlos. *Procedimentos especiais*. São Paulo: Revista dos Tribunais, 1990.

MARINS, James. *Responsabilidade da empresa pelo fato do produto*. São Paulo: Revista dos Tribunais, 1993.

MARMITT, Arnaldo. *Comodato*. Rio de Janeiro: Aide, 1991.

MARMITT, Arnaldo. *Adoção*. Rio de Janeiro: Aide, 1993.

MARQUES, Cláudia Lima. *Contratos no Código de Defesa do Consumidor*. 2. ed. São Paulo: Revista dos Tribunais, 1995.

MARQUES, Cláudia Lima. A responsabilidade do transportador aéreo pelo fato do serviço e o Código de Defesa do Consumidor. *Direito do Consumidor*. São Paulo: Revista dos Tribunais, nº 3, 1992.

MARQUES, Cláudia Lima. *Contratos no Código de Defesa do Consumidor*. 2. ed. São Paulo: Revista dos Tribunais, 1995.

MARTINEZ, Pedro Romano. *Contrato de empreitada*. Coimbra: Almedina, 1994.

MARTINS, Fran. *Contratos e obrigações comerciais*. 7. ed. Rio de Janeiro: Forense, 1984; 14. ed., 1996.

MARTINS, Pedro Batista. *O abuso de direito e o ato ilícito*. 2. ed. Rio de Janeiro: Freitas Bastos, 1941.

MARTINS-COSTA, Judith. *Comentários ao novo Código Civil*. Rio de Janeiro: Forense, 2003, v. V, t. I e II (Coord. Sálvio de Figueiredo Teixeira).

MASNATTA, Héctor. *El subcontrato*. Buenos Aires: Abeledo Perrot, 1966.

MATTIA, Fábio Maria de. *O autor e o editor na obra gráfica*. São Paulo: Saraiva, 1975.

MATTIA, Fábio Maria de. *O direito de vizinhança e a utilização da propriedade imóvel*. São Paulo: José Bushatsky, 1976.

MAXIMILIANO, Carlos. *Direito das sucessões*. Rio de Janeiro: Freitas Bastos, 1952. 3 v.

MAY, Gaston. *Éléments de droit romain*. 18. ed. Paris: Recueil Sirey, 1932.

MAYNS, Charles. *Cours de droit romain*. 4. ed. Bruxelas: Boulant Christophe, 1984. 2 v.

MEDAUAR, Odete; ALMEIDA, Fernando Dias Menezes (Coord.). *Estatuto da cidade*: comentários. São Paulo: Revista dos Tribunais, 2002.

MEIRA, Sílvio. *Curso de direito romano*: história e fontes. São Paulo: Saraiva, 1975.

MEIRA, Sílvio. *Instituições de direito romano*. 4. ed. São Paulo: Max Limonad, s. d.

MEIRA, Sílvio. *A lei das XII tábuas*: fonte do direito público e privado. Rio de Janeiro: Forense, 1972.

MEIRA, Sílvio Augusto de Bastos. *Instituições de direito romano*. 4. ed. São Paulo: Max Limonad, 1971. v. 2.

MEIRELLES, Hely Lopes. *Direito administrativo brasileiro*. 27. ed. São Paulo: Malheiros, 2003.

MEIRELLES, Hely Lopes. *Direito administrativo brasileiro*. 33. ed. São Paulo: Malheiros, 2007.

MEIRELLES, Hely Lopes. *Licitação e contrato administrativo*. São Paulo: Revista dos Tribunais, 1973.

MEIRELLES, Hely Lopes. *Direito de construir*. 3. ed. São Paulo: Revista dos Tribunais, 1979.

MELLO, Celso Antônio Bandeira de. *Elementos de direito administrativo*. São Paulo: Revista dos Tribunais, 1980.

MELLO, Marcos Bernardes de. *Teoria do fato jurídico*: plano de validade. 11. ed. São Paulo: Saraiva, 2001.

MELLO, Marcos Bernardes de. *Teoria do fato jurídico*: plano de existência. 11. ed. São Paulo: Saraiva, 2001.

MENDONÇA, J. X. Carvalho de. *Tratado de direito comercial brasileiro*. Campinas: Bookseller, 2001.

MESSINEO, Francesco. *Contrato*. Milão: Giuffrè, 1979.

MESSINEO, Francesco. *Dottrina generale del contrato*. Milão: Giuffrè, 1948.

MESSINEO, Francesco. Il contrato in genere. *Trattato di diritto civile e commerciale*. Milão: Giuffrè, 1973. v. 21, t. 1; 1972. v. 21, v. 2.

MIGUEL, Juan Luis. *Resolución de los contratos por incumplimiento*. 2. ed. Buenos Aires: Depalma, 1986.

MILARÉ, Edis. *Direito do ambiente*. São Paulo: Revista dos Tribunais, 2000.

MILMAN, Fábio. *Franchising*. Porto Alegre: Livraria do Advogado, 1996.

MIRABETE, Julio Fabbrini. *Código Penal interpretado*. São Paulo: Atlas, 2000.

MIRANDA, Custódio da Piedade U. *A simulação no direito civil brasileiro*. São Paulo: Saraiva, 1980.

MIRANDA, Custódio da Piedade U. *Interpretação e integração dos negócios jurídicos*. São Paulo: Revista dos Tribunais, 1989.

MIRANDA, Custódio da Piedade U. *Teoria geral do negócio jurídico*. São Paulo: Atlas, 1991.

MIRANDA, Darcy Arruda. *Anotações do Código Civil brasileiro*. São Paulo: Saraiva, 1981. v. 1.

MIRANDA, Pontes de. *Tratado de direito privado*. 3. ed. Rio de Janeiro: Borsoi, 1970. v. 4.

MIRANDA, Pontes de. *Tratado de direito privado*. 3. ed. Rio de Janeiro: Borsoi, 1971. v. 22, 23, 26, 28, 38.

MIRANDA, Pontes de. *Tratado de direito privado*. 3. ed. Rio de Janeiro: Borsoi, 1972. 60 v.

MIRANDA, Pontes de. *Tratado de direito privado*. 3. ed. Rio de Janeiro: Borsoi, 1971. v. 10 a 21.

MIRANDA, Pontes de. *Tratado de direito privado*. Rio de Janeiro: Borsoi, 1972. v. 53.

MIRANDA, Pontes de. *Tratado de direito privado*. Rio de Janeiro: Borsoi, 1973. 60 v.

MIRANDA, Pontes de. *Da promessa de recompensa*. Campinas: Bookseller, 2001.

MIRANDA, Pontes de. *Comentários ao Código de Processo Civil*. Rio de Janeiro: Forense, 1977. v. 12 e 15.

MIZRAHI, Mauricio Luis. *Familia, matrimonio y divorcio*. Buenos Aires: Astrea, 1998.

MONTEIRO, Washington de Barros. *Curso de direito civil*. Parte geral. 40. ed. São Paulo: Saraiva, 2005.

MONTEIRO, Washington de Barros. *Curso de direito civil*. 16. ed. São Paulo: Saraiva, 1977. v. 1: Parte geral.

MONTEIRO, Washington de Barros. *Curso de direito civil*. 27. ed. São Paulo: Saraiva, 1989. v. 3.

MONTEIRO, Washington de Barros. *Curso de direito civil*: direito das obrigações. 15. ed. São Paulo: Saraiva, 1979. v. 4, 1ª parte.

MONTEIRO, Washington de Barros. *Curso de direito civil*: direito das obrigações. 15. ed. São Paulo: Saraiva, 1979. v. 4: Direito das obrigações: 1ª parte.

MONTEIRO, Washington de Barros. *Curso de direito civil*: direito das obrigações. 15. ed. São Paulo: Saraiva, 1980. v. 5: Direito das obrigações: 2ª parte.

MONTEIRO, Washington de Barros. *Curso de direito civil*: direito das obrigações. 15. ed. São Paulo: Saraiva, 1977. v. 6.

MONTEIRO, Washington de Barros. *Curso de direito civil*: direito de família. 33. ed. São Paulo: Saraiva, 1996.

MORAES, Irany Novah. *Erro médico e a lei*. 3. ed. São Paulo: Revista dos Tribunais, 1991.

MORAES, Walter. *Artistas, intérpretes e executantes*. São Paulo: Revista dos Tribunais, 1976.

MOREIRA, Álvaro; FRAGA, Carlos. *Direitos reais*. Coimbra: Almedina, 1970-1971.

MORSELLO, Marco Fábio. *Responsabilidade civil no transporte aéreo*. São Paulo: Atlas, 2006.

MOSCO, Luigi. *La rappresentanza volontaria nel diritto privato*. Nápoles: Jovene, 1961.

MOURA, Geraldo Bezerra. *Transporte aéreo e responsabilidade civil*. São Paulo: Aduaneiras, 1992.

MOZOS, D. José Luis de los. Verbete "obligación real". *Nueva Enciclopedia Jurídica*. Barcelona: Francisco Seix, 1982. v. 17.

MUKAI, Toshio. *O estatuto da cidade*. São Paulo: Saraiva, 2001.

NADER, Natal. *Usucapião de imóveis*. 2. ed. Rio de Janeiro: Forense, 1984.

NADER, Natal. *Usucapião de imóveis*. 2. ed. Rio de Janeiro: Forense, 1984.

NADER, Paulo. *Curso de direito civil*. Rio de Janeiro: Forense, 2005.

NADER, Paulo. *Curso de direito civil*: direito de família. Rio de Janeiro: Forense, 2006.

NALIN, Paulo Roberto Ribeiro. *Responsabilidade civil*. Curitiba: Juruá, 1996.

NALINI, José Renato. *Comentários ao novo Código Civil*. Rio de Janeiro: Forense, 2007, v. XXII.

NANNI, Giovanni Ettore. *A responsabilidade civil do juiz*. São Paulo: Max Limonad, 1999.

NASCIMENTO, Walter Vieira do. *Lições de história do direito*. Rio de Janeiro: Zahar, 1979.

NAZO, Georgette N. Depeçage (verbete). *Enciclopédia Saraiva*. São Paulo: Saraiva, 1993.

NEGRÃO, Theotônio. *Código Civil e legislação em vigor*. São Paulo: Revista dos Tribunais, 1980.

NEGRÃO, Theotônio. *Código de Processo Civil e legislação processual em vigor*. 34. ed. São Paulo: Revista dos Tribunais, 2002.

NEGRÃO, Theotônio. *Código de Processo Civil comentado*. São Paulo: Revista dos Tribunais, 1990.

NEQUETE, Lenine. *Da passagem forçada*. 2. ed. São Paulo: Saraiva, 1978.

NERY JR., Nelson. *Vícios do ato jurídico e reserva mental*. São Paulo: Revista dos Tribunais, 1983.

NISSEN, Ricardo Augusto. *Sociedades irregulares y de hecho*. 2. ed. Buenos Aires: Hammurabi, 2001.

NÓBREGA, Flóscolo da. *Introdução ao direito*. 5. ed. Rio de Janeiro: José Konfino, 1972.

NÓBREGA, Vandick L. da. *Compêndio de direito romano*. 8. ed. Rio de Janeiro: Freitas Bastos, 1975. v. 2.

NOGUEIRA, Rodrigo. *Estudio de las obligaciones naturales*. Bogotá: Temis Librería, 1980.

NONATO, Orosimbo. *Da coação como defeito do ato jurídico*. Rio de Janeiro: Forense, 1957.

NONATO, Orosimbo. *Estudos sobre sucessão civil testamentária*. Rio de Janeiro: Forense, 1957. 3 v.

NONATO, Orosimbo. *Curso de obrigações*. Rio de Janeiro: Forense, 1959. v. 1 e 2.

NONATO, Orosimbo. *Curso de obrigações*. Rio de Janeiro: Forense, 1959. v. 2, 1ª parte.

NONATO, Orosimbo. *Curso de obrigações*. Rio de Janeiro: Forense, 1960. v. 2, 2ª parte.

NONATO, Orosimbo. *Curso de obrigações*. Rio de Janeiro; São Paulo: Editora Jurídica e Universitária, 1971a, 3ª parte.

NONATO, Orosimbo. *Curso de obrigações*. segunda parte. Rio de Janeiro: Forense, 1960. v. 1 e 2.

NONATO, Orosimbo. *Curso de obrigações*. terceira parte. São Paulo: Editora Jurídica e Universitária, 1971.

NORONHA, Fernando. *Direito das obrigações*. São Paulo: Saraiva, 2003.

NUNES, Antenor de Pádua. *Nascentes e águas comuns*. São Paulo: Revista dos Tribunais, 1969.

OLIVEIRA, Arthur Vasco Itabaiana de. *Tratado de direito das sucessões*. São Paulo: Freitas Bastos, 1957.

OLIVEIRA, Euclides de. *União estável, do concubinato ao casamento*. 6. ed. São Paulo: Método, 2003.

OLIVEIRA, Euclides de. *Direito de herança*. São Paulo: Saraiva, 2005.

OLIVEIRA, J. M. Leoni Lopes de. *A nova lei de investigação de paternidade*. 4. ed. Rio de Janeiro: Lumen Juris, 1999a.

OLIVEIRA, J. M. Leoni Lopes de. *Alimentos no casamento e na união estável*. Rio de Janeiro: Lumen Juris, 1999b.

OLIVEIRA, J. M. Leoni Lopes de. *Guarda, tutela e adoção*. 2. ed. Rio de Janeiro: Lumen Juris, 1999c.

OLIVEIRA, Jorge Alcibíades Perrone. *Títulos de crédito*. 3. ed. Porto Alegre: Livraria do Advogado, 1999.

OLIVEIRA, José Sebastião de. *Fundamentos constitucionais do direito de família*. São Paulo: Revista dos Tribunais, 2002.

OLIVEIRA, Juarez de (Coord.). *Comentários ao Código de Proteção ao Consumidor*. São Paulo: Saraiva, 1991.

OLIVEIRA, Lauro Laertes. *Da fiança*. São Paulo: Saraiva, 1981.

OLIVEIRA, Marcelo Leal de Lima. *Responsabilidade civil odontológica*. Belo Horizonte: Del Rey, 2000.

OLIVEIRA FILHO, Bertoldo Mateus de. *Alimentos e investigação de paternidade*. 3. ed. Belo Horizonte: Del Rey, 1999.

OPITZ, Oswaldo; OPITZ, Sílvia. *Contratos agrários no estatuto da terra*. 10. ed. São Paulo: Saraiva, 1974.

OPITZ, Oswaldo. *Direito agrário brasileiro*. São Paulo: Saraiva, 1980.

OPPO, Giorgio. Princìpi. *Trattato di diritto commerciale – diretto da Vicenzo Buonocore*. Torino: Giappichelli Editore, Sezione I – Tomo 1, 2001.

PACHECO, José da Silva. *Comentários ao Código brasileiro de aeronáutica*. Rio de Janeiro: Forense, 1990.

PACHECO, José da Silva. *Inventários e partilhas na sucessão legítima e testamentária*. Rio de Janeiro: Forense, 1980.

PAINI, Reynaldo José Castilho. *Reconhecimento de paternidade e união estável*. São Paulo: Saraiva, 1996.

PANASCO, Wanderby Lacerda. *A responsabilidade civil, penal e ética dos médicos*. Rio de Janeiro: Forense, 1984.

PAOLUCCI, Luigi Filippo. *Manuale di diritto commerciale I: L'impresa e le società*. Padova: Cedam, 2008.

PAPAÑO, José Ricardo; KIPER, Claudio Marcelo; DILLON, Gregorio Alberto; CAUSSE, Jorge Raúl. *Derechos reales*. Buenos Aires: Depalma, 1989. 3 v.

PARELLADA, Carlos Alberto. *Daños en la actividad judicial e informática desde la responsabilidad profesional*. Buenos Aires: Astrea, 1990.

PAVONE LA ROSA, Antonio. *Il registro delle emprese*. Trattato di diritto commerciale – diretto da Vicenzo Buonocore. Torino: Giappichelli Editore, Sezione I – Tomo 4, 2001.

PELLEGRINI, Luiz Fernando Gama. *Direito de autor e as obras de arte plástica*. São Paulo: Revista dos Tribunais, 1979.

PEREIRA, Antonio Albegaria. *Dos filhos havidos fora do casamento*. São Paulo: Edipro, 1993.

PEREIRA, Áurea Pimentel. *Alimentos no direito de família e no direito dos companheiros*. Rio de Janeiro: Renovar, 1998.

PEREIRA, Caio Mário da Silva. *Instituições de direito civil*. 5. ed. Rio de Janeiro: Forense, 1993. v. 1.

PEREIRA, Caio Mário da Silva. *Instituições de direito civil*. 8. ed. Rio de Janeiro: Forense, 1984, v. 1: Introdução ao direito civil: teoria geral de direito civil.

PEREIRA, Caio Mário da Silva. *Instituições de direito civil*. Rio de Janeiro: Forense, 1972. v. 2.

PEREIRA, Caio Mário da Silva. *Instituições de direito civil*. 8. ed. Rio de Janeiro: Forense, 1984. v. 2: Teoria geral das obrigações.

PEREIRA, Caio Mário da Silva. *Instituições de direito civil*. 7. ed. Rio de Janeiro: Forense, 1986. v. 3: Fontes das obrigações.

PEREIRA, Caio Mário da Silva. *Instituições de direito civil*. 6. ed. Rio de Janeiro: Forense, 1984. v. 4.

PEREIRA, Caio Mário da Silva. *Instituições de direito civil*. 11. ed. Rio de Janeiro: Forense, 1996. v. 5.

PEREIRA, Caio Mário da Silva. *Instituições de direito civil*. Rio de Janeiro: Forense, 1984. v. 6.

PEREIRA, Caio Mário da Silva. *Instituições de direito civil*. 21. ed. Rio de Janeiro: Forense, 2006.

PEREIRA, Caio Mário da Silva. *Instituições de direito civil*: edição universitária. 3. ed. Rio de Janeiro: Forense, 1994.

PEREIRA, Caio Mário da Silva. *Condomínio e incorporações*. 7. ed. Rio de Janeiro: Forense, 1993.

PEREIRA, Caio Mário da Silva. *Lesão nos contratos*. 2. ed. Rio de Janeiro: Forense, 1959.

PEREIRA, Caio Mário da Silva. *Direito civil*: alguns aspectos da sua evolução. Rio de Janeiro: Forense, 2001.

PEREIRA, Caio Mário da Silva. *Reconhecimento de paternidade e seus efeitos*. 5. ed. Rio de Janeiro: Forense, 1997.

PEREIRA, Caio Mário da Silva. *Responsabilidade civil*. 9. ed. Rio de Janeiro: Forense, 1999.

PEREIRA, Gustavo Santos Gomes. *Herança digital no Brasil*. 2. ed. Rio de Janeito: Lumen Juris, 2020.

PEREIRA, Luís César Ramos. A arbitragem comercial nos contratos internacionais. *RT*, v. 572, 1986.

PEREIRA, Rodrigo. *Comentários ao novo Código Civil*. Rio de Janeiro: Forense, 2003. v. 20.

PEREIRA, Rodrigo da Cunha. *Direito de família*: uma abordagem psicanalítica. 3. ed. Belo Horizonte: Del Rey, 2003.

PEREIRA, Sérgio Gischkow. *Direito de família e do menor*. 2. ed. Porto Alegre: Síntese, 1993.

PERES, Ana Paula Ariston Barion. *Transexualismo*: o direito a uma nova identidade sexual. Rio de Janeiro: Renovar, 2001.

PERLINGIERI, Pietro. *I negozi su beni futuri*. Nápoles: Jovene, 1962.

PESSOA, Claudia Grieco Tabosa. *Efeitos patrimoniais do concubinato*. São Paulo: Saraiva, 1997.

PETIT, Eugene. *Tratado elemental de derecho romano*. Tradução da 9. ed. francesa de José Ferrandez Gonzales. Buenos Aires: Albatroz, 1970.

PFEIFFER, Roberto A. A.; PASQUALOTTO, Adalberto (Coord.). *Código de Defesa do Consumidor*: convergências e assimetrias. São Paulo: Revista dos Tribunais, 2005.

PICARD, Maurice; BESSON, André. *Les assurances terrestres en droit français*. 3. ed. Paris: LGDL, 1972.

PINTO, Carlos Alberto da Mota. *Cessão da posição contratual*. Coimbra: Atlântica Editora, 1980.

PINTO, Carlos Alberto da Mota. *Cessão de contrato*. São Paulo: Saraiva, 1985.

PIZZOLANTE, Francisco E. O. Pires e Albuquerque. *União estável no sistema jurídico brasileiro*. São Paulo: Atlas, 1999.

PLANIOL, M. *Traité élémentaire de droit civil*. 6. ed. Paris: s. n., 1911/1913. t. 1.

PLANIOL, Marcel; RIPERT, Georges. *Traité élémentaire de droit civil*. Paris: Librairie Générale de Droit et Jurisprudence, 1937.

PONSANELLI, Giulio. *La responsabilità civile*. Bolonha: Il Mulino, 1992.

PONTES, Tito Lívio. *Da posse*. 2. ed. São Paulo: Forense Universitária, 1977.

PORTO, Mário Moacyr. Teoria da aparência e herdeiro aparente. *Ação de responsabilidade civil e outros estudos*. São Paulo: Revista dos Tribunais, 1966.

POTHIER. *Tratado das obrigações pessoaes e recíprocas*. Tradução de José Homem Correa Telles. Lisboa: Typographia de Antônio José da Rocha, 1889.

PRATS, Celso Affonso Garreta. *Sucessão hereditária*: vocação dos colaterais. São Paulo: Atlas, 1983.

PUGLIATTI, Salvatore. *Studi sulla rappresentanza*. Milão: Giuffrè, 1965.

QUEIROZ, José Wilson Nogueira de. *Arrendamento mercantil*. 2. ed. Rio de Janeiro: Forense, 1983.

QUEIROZ, Juliane Fernandes. *Paternidade, aspectos jurídicos e técnicas de inseminação artificial*. Belo Horizonte: Del Rey, 2001.

RABELLO, José Geraldo de Jacobina. 2. ed. São Paulo: Saraiva, 1987.

RAFFUL, Ana Cristina. *A reprodução artificial e os direitos da personalidade*. São Paulo: Themis, 2000.

RAO, Vicente. *O direito e a vida dos direitos*. São Paulo: Max Limonad, 1952. 2 v.

RAO, Vicente. *O direito e a vida dos direitos*. 3. ed. São Paulo: Revista dos Tribunais, 1991. 2 v.

RAO, Vicente. *Ato jurídico*. São Paulo: Max Limonad, 1961.

REALE, Miguel. *Lições preliminares de direito*. São Paulo: Edusp, 1973.

REALE, Miguel. *O Estado de S. Paulo*, 5 out. 1996.

REDECKER, Ana Cláudia. *Franquia empresarial*. São Paulo: Memória Jurídica, 2002.

REIS, Clayton. *Avaliação do dano moral*. 3. ed. Rio de Janeiro: Forense, 2000.

REPRESAS, Félix A. Trigo; STINGLITZ, Rubén S. (Org.). *Contratos*. Buenos Aires: La Rocca, 1989.

REPRESAS, Félix A. Trigo; STINGLITZ, Rubén S. *El seguro contra la responsabilidad civil profesional del médico*. Buenos Aires: Astrea, 1983.

REPRESAS, Félix A. Trigo. *Responsabilidad civil de los profesionales*. Buenos Aires: Astrea, 1987.

REQUIÃO, Rubens. Abuso de direito e fraude através da personalidade jurídica. *Enciclopédia Saraiva de Direito*. São Paulo: Saraiva, 1977. v. 2.

REQUIÃO, Rubens. *Curso de direito comercial.* 25. ed. São Paulo: Saraiva, 2003. v. 1.

REQUIÃO, Rubens. *Do representante comercial.* 4. ed. Rio de Janeiro: Forense, 1993.

REQUIÃO, Rubens. *Nova regulamentação da representação comercial autônoma.* 2. ed. São Paulo: Saraiva, 2002.

RESCIGNO, Pietro. Verbete "ripetizione dell'indebito". *Novissimo Digesto Italiano.* Milão: Vinione, 1957.

RESENDE, Neide Aparecida de Fátima. *O leasing financeiro no Código de Defesa do Consumidor.* São Paulo: Saraiva, 2001.

RESSAYE, Brethe de la; LACOSTE, Laborde. *Introduction générale à l'étude du droit.* Paris: Recueil Sirey, 1947.

REZZÓNICO, Juan Carlos. *Contratos con cláusulas predispuestas.* Buenos Aires: Astrea, 1987.

RIBEIRO, Benedito Silvério. *Tratado de usucapião.* São Paulo: Saraiva, 1992. 2 v.

RIPERT, Georges. *La règle morale dans les obligations civiles.* 4. ed. Paris: Librairie Générale du Droit et de la Jurisprudence, 1949.

RIZZARDO, Arnaldo. *Da ineficácia dos atos jurídicos e da lesão no direito.* Rio de Janeiro: Forense, 1983.

RIZZARDO, Arnaldo. *Responsabilidade civil.* 3. ed. Rio de Janeiro: Forense, 2007.

RIZZARDO, Arnaldo. *Contratos.* Rio de Janeiro: Aide, 1988. 3 v.

RIZZARDO, Arnaldo. *Factoring.* 2. ed. São Paulo: Revista dos Tribunais, 2000.

RIZZARDO, Arnaldo. *O leasing.* São Paulo: Revista dos Tribunais, 1987a.

RIZZARDO, Arnaldo. *Promessa de compra e venda e parcelamento do solo urbano.* 3. ed. São Paulo: Revista dos Tribunais, 1987.

RIZZARDO, Arnaldo. *Direito das coisas.* Rio de Janeiro: Aide, 1991. 3 v.

RIZZARDO, Arnaldo. *Direito de família.* Rio de Janeiro: Aide, 1994. v. 1.

RIZZARDO, Arnaldo. *Direito das sucessões.* Rio de Janeiro: Aide, 1996.

ROCHA, Marco Túlio de Carvalho. *A igualdade dos cônjuges no direito brasileiro.* Belo Horizonte: Del Rey, 2001.

ROCHA, Sílvio Luís Ferreira da. *Responsabilidade civil do fornecedor pelo fato do produto no direito brasileiro.* São Paulo: Revista dos Tribunais, 1992.

RODAS, João Grandino (Coord.). *Contratos internacionais.* São Paulo: Revista dos Tribunais, 1985.

RODRIGUES FILHO, Eulâmpio. *Compra e venda de imóveis e ação* ex empto. São Paulo: Universidade de Direito, 1992.

RODRIGUES, Sílvio. *Parte Geral.* 34. ed. São Paulo: Saraiva, 2006. v. I.

RODRIGUES, Sílvio. *Direito civil*: parte geral. São Paulo: Saraiva, 1981.

RODRIGUES, Sílvio. *Direito civil*: parte geral. 12. ed. São Paulo: Saraiva, 1981. v. 1.

RODRIGUES, Sílvio. *Direito civil*: direito das obrigações. 12. ed. São Paulo: Saraiva, 1981. v. 2.

RODRIGUES, Sílvio. *Direito civil.* 11. ed. São Paulo: Saraiva, 1981. v. 3: Dos contratos e das declarações unilaterais de vontade.

RODRIGUES, Sílvio. *Direito civil.* 12. ed. São Paulo: Saraiva, 1983.

RODRIGUES, Sílvio. *Direito civil.* 13. ed. São Paulo: Saraiva, 1984. v. 5.

RODRIGUES, Sílvio. *Direito civil.* São Paulo: Saraiva, 1978. v. 7.

RODRIGUES, Sílvio. *Direito das sucessões.* 23. ed. São Paulo: Saraiva, 1999.

RODRIGUES, Sílvio. *Dos vícios do consentimento.* São Paulo: Saraiva, 1979.

RODRIGUES, Sílvio. *Responsabilidade civil.* 21. ed. São Paulo: Saraiva, 2006.

RODRIGUES, Sílvio. *Responsabilidade civil.* 18. ed. São Paulo: Saraiva, 2000.

RODRIGUES, Sílvio. *Direito civil. Direito de família.* 24. ed. São Paulo: Saraiva, 1996.

RODRIGUES, Sílvio. *O divórcio e a lei que o regulamenta.* São Paulo: Saraiva, 1978.

RODRIGUES, Manuel. *A posse.* 3. ed. Coimbra: Almedina, 1981.

RODRIGUES JÚNIOR, Otavio Luiz. *Revisão judicial dos contratos*: autonomia da vontade e teoria da imprevisão. São Paulo: Atlas, 2002.

ROPPO, Enzo. *O contrato.* Tradução de Ana Coimbra e M. Januário C. Gomer. Coimbra: Almedina, 1988.

ROSA JR., Luiz Emydio F. da. *Títulos de crédito.* Rio de Janeiro: Renovar, 2000.

ROSÁRIO, Grácia Cristina Moreira do. *Responsabilidade civil na cirurgia plástica.* Rio de Janeiro: Lúmen Júris, 2004.

ROVELLI, Roberto; CAVIGLIONE, Giovanni. *Il condominio negli edifici.* Turim: Utet, 1978.

RUBINO, Domenico. *La compravendita.* 2. ed. Milão: Giuffrè, 1971.

RUGGIERO, Roberto de. *Instituições de direito civil.* 3. ed. Tradução de Ary dos Santos. São Paulo: Saraiva, 1973, v. 3.

RUGGIERO, Roberto de. *Instituições de direito civil*: direito das obrigações, direito hereditário. São Paulo: Saraiva, 1973. v. 3.

RUGGIERO, Roberto de. *Instituições de direito civil*. Tradução da 6. ed. italiana de Ary dos Santos. 3. ed. São Paulo: Saraiva, 1973. v. 3.

SACCO, Rodolfo. *Il possesso*. Milão: Giuffrè, 1988.

SALOMÃO FILHO, Calixto. *O novo direito societário*. São Paulo: Malheiros, 1998.

SALOMÃO FILHO, 2006)

SAMPAIO, Francisco José Marques. O dano ambiental e a responsabilidade. *Revista Forense*, 317/115.

SAMPAIO, Pedro. *Divórcio e separação judicial*. 2. ed. Rio de Janeiro: Forense, 1983.

SAMTLEBEN, Jurgen. Questões atuais da arbitragem no Brasil. *RT*, v. 712.

SANTINI, José Raffaelli Santini. *Adoção, guarda*. Belo Horizonte: Del Rey, 1996.

SANTOS, Amilcar. *Seguro*. Rio de Janeiro: Record, 1959.

SANTOS, Antonio Jeová. *Dano moral*. 3. ed. São Paulo: Método, 2001.

SANTOS, Carvalho. *Repertório enciclopédico do direito brasileiro*. Rio de Janeiro: Borsoi, s. d. v. 2.

SANTOS, Eduardo dos. *Direito da família*. Lisboa: Almedina, 1999.

SANTOS, Manoel Joaquim Pereira dos. *O direito de autor na obra jornalística gráfica*. São Paulo: Revista dos Tribunais, 1981.

SANTOS, Maria Celeste Cordeiro Leite (org.). *Biodireito*. São Paulo: Revista dos Tribunais, 2001.

SANTOS, Moacyr Amaral. *Primeiras linhas de direito processual civil*. 5. ed. São Paulo: Saraiva, 1977. v. 1.

SANTOS, Moacyr Amaral. *Prova judiciária no cível e no comercial*. 4. ed. São Paulo: Max Limonad, 1971. v. 2.

SANTOS, Nilton Ramos Dantas. *Responsabilidade civil na defesa dos direitos individuais do consumidor*. Rio de Janeiro: Forense, 1999.

SARMENTO, Eduardo Sócrates Castanheira. *A interdição no direito brasileiro*. Rio de Janeiro: Forense, 1981.

SAVATIER, René. *Traité de la responsabilité civil en droit français*. 10. ed. Paris: LGDJ, 1951. 2 v.

SAVI, Sérgio. *Responsabilidade civil por perda de uma chance*. São Paulo: Atlas, 2006.

SAVIGNY, Frédéric Charles. *Traité de la possession en droit romain*. 12. ed. Paris: A. Durand & Pedone Lauriel, 1870.

SCANONE, J. C. y otros. *Ética y economía*. Buenos Aires: Bonum, 1998.

SCARPARO, Mônica Sartori. *Fertilização assistida*. Rio de Janeiro: Forense Universitária, 1991.

SCHERMANN, Adolpho. *Condomínios*: problemas e soluções. Rio de Janeiro, São Paulo: Freitas Bastos, 1978.

SCHIMIEDEL, Raquel Campani. *Negócio jurídico, nulidades e medidas sanatórias*. São Paulo: Saraiva, 1981.

SCHLESINGER, Patsy. Responsabilidade civil do estado por ato do juiz. *Revista Forense*, Rio de Janeiro, 1999.

SCHREIBER, Anderson. *A proibição de comportamento creditório*. Rio de Janeiro: Renovar, 2005.

SEBASTIÃO, Jurandir. *Responsabilidade médica civil, criminal e ética*. 2. ed. Belo Horizonte: Del Rey, 2001.

SIDOU, J. M. Othon. *A revisão judicial dos contratos*. 2. ed. Rio de Janeiro: Forense, 1984.

SILVA, Agathe Elsa Schimidt da. *Compromisso de compra e venda no direito brasileiro*. São Paulo: Saraiva, 1983.

SILVA, Clóvis do Couto e. *Comentários ao Código de Processo Ccivil*. São Paulo: Revista dos Tribunais, 1982. v. 11, t. 2.

SILVA, Eva Sónia Moreira da. *Da responsabilidade pré-contratual por violação dos deveres de informação*. Lisboa: Almedina, 2003.

SILVA, Wilson Melo da. *Da responsabilidade civil automobilística*. 3. ed. São Paulo: Saraiva, 1980.

SILVA, Wilson Melo da. *O dano moral e sua reparação*. 2. ed. Rio de Janeiro: Forense, 1969.

SILVA, Wilson Melo da. *Responsabilidade sem culpa*. 2. ed. São Paulo: Saraiva, 1974.

SILVA FILHO, Artur Marques da. *O regime jurídico da adoção estatutária*. São Paulo: Revista dos Tribunais, 1997.

SILVA FILHO, Elvino. *As vagas de garagem nos edifícios de apartamentos*. São Paulo: Revista dos Tribunais, 1977.

SIMÃO FILHO, Adalberto. *Franchising*. São Paulo: Atlas, 1993.

SIMÃO, José Fernando. *Vícios do produto no novo Código Civil e no Código de Defesa do Consumidor*. São Paulo: Atlas, 2003.

SIMON, François-Luc. *Théorie et pratique du droit de la franchise*. Paris: Joly, 2009.

SOARES, Guido Fernando Silva. *Common law*. 2. ed. São Paulo: Revista dos Tribunais, 2000.

SOARES, Guido Fernando Silva. Verbete "arbitragem internacional". *Enciclopédia Saraiva de Direito*. São Paulo: Saraiva, 1996.

SOARES, Orlando. *União estável*. Rio de Janeiro: Forense, 1999.

STIGLITZ, Gabriel A. (Dir.). *Defensa de los consumidores de productos y servicios*. Buenos Aires: La Rocca, 1994.

STIGLITZ, Gabriel A; STIGLITZ, Rubén S. *Derechos y defensa de los consumidores*. Buenos Aires: La Rocca, 1994.

STIGLITZ, Rubén S. *Caracteres jurídicos del contrato de seguro*. Buenos Aires: Astrea, 1987.

STIGLITZ, Rubén S. *Contrato*: teoria geral. Buenos Aires: Depalma, 1990.

STOCO, Rui. *Responsabilidade civil e sua interpretação jurisprudencial*. São Paulo: Revista dos Tribunais, 1999.

STOCO, Rui. *Tratado de responsabilidade civil*. 6. ed. São Paulo: Revista dos Tribunais, 2004.

SZANIAWSKI, Elimar. *Limites e possibilidades do direito de redesignação do estado sexual*. São Paulo: Revista dos Tribunais, 1999.

SZINICK, Valdir. *Adoção*. 3 ed. São Paulo: Leud, 1999.

TALLON, Denis; HARRIS, Donald (Dir.). *Le contrat aujourd'hui*: comparaisons franco-anglaises. Paris: Librairie Générale du Droit et de la Jurisprudence, 1987.

TARTUCE, Flávio. *A função social do contrato*. São Paulo: Método, 2005.

TEDESCHI, Vitorio. Verbete: *varium*. Digesto italiano: domicilio, rezidenza e dimora. Turim: Torinese, 1968.

TEIXEIRA, Sálvio de Figueiredo (Coord.). *Direitos de família e do menor*. Belo Horizonte: Del Rey, 1993.

TELLES, Inocêncio Galvão. *Direito das obrigações*. Coimbra: Coimbra Editora, 1982.

TELLES, Inocêncio Galvão. *Direito das obrigações*. 4. ed. Coimbra: Coimbra Editora, 1992.

TENÓRIO, Igor. *Curso de direito agrário brasileiro*. São Paulo: Saraiva, 1984.

TENÓRIO, Oscar. *Direito internacional privado*. 8. ed. Rio de Janeiro: Freitas Bastos, 1966.

TEPEDINO, Gustavo. *A parte geral do novo Código Civil*. Rio de Janeiro: Renovar, 2002.

TEPEDINO, Gustavo. *Temas de direito civil*. Rio de Janeiro: Renovar, 1999.

TEPEDINO, Gustavo. (Coord.). *Problemas de direito civil-constitucional*. Rio de Janeiro: Renovar, 2000.

TEPEDINO, Gustavo; BARBOZA, Heloísa Helena; MORAES, Maria Celina Bodin de. *Código Civil Interpetado*. Rio de Janeiro: Renovar, 2004 (v. 1), 2006 (v. 2).

TEPEDINO, Gustavo. *Multipropriedade imobiliária*. São Paulo: Saraiva, 1993.

TEPEDINO, Gustavo; FRAZÃO, Ana; OLIVA, Milena Donato (coords.). *Lei geral de proteção de dados pessoais*. 2. ed. São Paulo: Revista dos Tribunais, 2021.

TERRÉ, François; SIMLER, Philippe. *Droit civil*: les biens. 5. ed. Paris: Dalloz, 1998.

THEODORO JUNIOR, Humberto. *Posse e propriedade*. São Paulo: Edição Universitária de Direito, 1985.

THEODORO JUNIOR, Humberto. *Comentários ao novo Código Civil*. 3. ed. Rio de Janeiro: Forense, 2005, v. III, t. II.

THUR, A. Von. *Tratado de las obligaciones*. Tradução de W. Roces. Madri: Reus, 1934.

TORNAGHI, Hélio. *Comentários ao Código do Processo Civil*. Revista dos Tribunais, 1976. v. 1.

TRABUCCHI, Alberto. *Istituzioni di diritto civile*. 33. ed. Pádua: Cedam, 1992.

TRIFONE, Romualdo. Verbete "onere reali: diritto vigente". *Novissimo Digesto Italiano*. Turim: Unione Tipografico, 1965. v. 11.

TRIGEAUD, Jean-Marc. *La possession des biens immobiliers*. Paris: Economica, 1981.

TRINCAVELLI, Nélida E. *La compraventa en Roma*. Buenos Aires: Lerner, 1970.

TUNC, André. *La responsabilité civile*. 2. ed. Paris: Economica, 1989.

VARELLA, Antunes. *Direito das obrigações*. Rio de Janeiro: Forense, 1977.

VELOSO, Zeno. *Comentários à Lei de Introdução ao Código Civil*. 2. ed. Belém: Umuama, 2006.

VELOSO, Zeno. *Código Civil comentado*. São paulo: Atlas, 2003. v. 17.

VELOSO, Zeno. *Comentários ao Código Civil*. São Paulo: Saraiva, 2003. v. 21.

VENOSA, Sílvio de Salvo. *Direito civil*: obrigações e responsabilidade civil. 17. ed. São Paulo: Atlas, 2017.

VENOSA, Sílvio de Salvo. *Direito civil*: parte geral. 17. ed. São Paulo: Atlas, 2017.

VENOSA, Sílvio de Salvo. *Direito civil*: contratos. 17. ed. São Paulo: Atlas, 2017.

VENOSA, Sílvio de Salvo. *Direito civil*: reais. 17. ed. São Paulo: Atlas, 2017.

VENOSA, Sílvio de Salvo. *Direito civil*: família. 17. ed. São Paulo: Atlas, 2013.

VENOSA, Sílvio de Salvo. *Direito civil*: sucessões. 17. ed. São Paulo: Atlas, 2017.

VENOSA, Sílvio de Salvo. *Lei do inquilinato comentada*. 8. ed. São Paulo: Atlas, 2005.

VENOSA, Sílvio de Salvo. *Primeiras linhas*: introdução ao estudo do direito. 2. ed. São Paulo: Atlas, 2006.

VENTURA, Raul. *Sociedade por quotas*. 2. ed. Coimbra: Almedina, 1989. v. 1.

VERÇOSA, Haroldo Malheiros Ducler. *Curso de direito comercial*. São Paulo: Malheiros, 2006. v. 2.

VIANA, Marco Aurélio S. *Contrato de construção e responsabilidade civil*. 2. ed. São Paulo: Saraiva, 1992.

VIANA, Marco Aurélio S. *Contrato de construção e responsabilidade civil*. 2. ed. São Paulo: Saraiva, 1981.

VIANA, Marco Aurélio S. *Comentários à lei sobre parcelamento do solo urbano*. 2. ed. São Paulo: Saraiva, 1984.

VIANA, Marco Aurélio S. *Teoria e prática do direito das coisas*. São Paulo: Saraiva, 1983.

VIANA, Marco Aurélio S. *Vagas de garagem na propriedade horizontal*. São Paulo: Saraiva, 1981.

VIANA, Marco Aurélio S. *Comentários ao novo Código Civil*. Rio de Janeiro: Forense, 2003. v. XVI.

VIANA, Marco Aurélio S. *Alimentos, ação de investigação de paternidade e maternidade*. Belo Horizonte: Del Rey, 1998.

VIANA, Marco Aurélio S. *Da guarda, da tutela e da adoção*. 3. ed. Belo Horizonte: Del Rey, 1996.

VIANA, Marco Aurélio S. *Direito de família*. 2. ed. Belo Horizonte: Del Rey, 1998.

VIANA, Marco Aurélio S. *Teoria e prática do direito das sucessões*. São Paulo: Saraiva, 1987.

VINEY, Geneviève; JOURDAIN, Patrice. *Les conditions de la responsabilité*. 2. ed. Paris: LGDJ, 1998.

VINEY, Geneviève; JOURDAIN, Patrice. *La responsabilité*: effets. Paris: LGDJ, 1988.

VISINTINI, Giovanna. *Trattato breve della responsabilità civile*. 2. ed. Milão: Cedam, 1999.

VON TUHR, A. *Tratado de las obligaciones*. Tradução de W. Roces. Madri: Reus, 1934.

WALD, Arnoldo. *Obrigações e contratos*. 5. ed. São Paulo: Revista dos Tribunais, 1979.

WALD, Arnoldo. *Obrigações e contratos*. 10. ed. São Paulo: Revista dos Tribunais, 1992.

WALD, Arnoldo. *Direito das coisas*. 8. ed. São Paulo: Revista dos Tribunais, 1991.

WALD, Arnoldo. *Direito de família*. 10. ed. São Paulo: Revista dos Tribunais, 1995.

WALD, Arnoldo. *Direito das sucessões*. São Paulo: Revista dos Tribunais, 1988.

wambier, Teresa Arruda (Coord.). *Direito de família*: aspectos constitucionais, civis e processuais. São Paulo: Revista dos Tribunais, 1993, 1995, 1996, 1999. 4 v.

WAYAR, Ernesto C. *Contratos*. Buenos Aires: Zavalía, 1993.

WEILL, Alex; TERRÉ, François. *Droit civil*: les obligations. 10. ed. Paris: Dalloz, 1975.

WEILL, Alex; TERRÉ, François. *Droit civil*: les obligations. 2. ed. Paris: Dalloz, 1975.

WEILL, Alex; TERRÉ, François; SIMLER, Philippe. *Droit civil*: les biens. 3. ed. Paris: Dalloz, 1985.

WELTER, Belmiro Pedro. *Igualdade entre filiações biológica e socioafetiva*. São Paulo: Revista dos Tribunais, 2003.

WESTERMANN, Harm Peter. *Código Civil alemão*: direito das obrigações. Tradução de Armindo Edgar Laux. Porto Alegre: Sergio Antonio Fabris Editor, 1983a.

ZANETTI, Cristiano de Souza. *Responsabilidade pela ruptura das negociações*. São Paulo: Juarez Oliveira, 2005.

ZANI, Virgílio. *Le successioni ereditarie*. Turim: Unione Tipografico-Editrice Torinese, 1937.

ZANNONI, Eduardo A. *Derecho de familia*. 3. ed. Buenos Aires: Astrea, 1998.

ZANNONI, Eduardo A. *Derecho de las sucesiones*. Buenos Aires: Astrea de Rodolfo Depalma, 1974. v. 1.

ZAVALÍA, Fernando J. Lópes de. *Teoría de los contratos*. Buenos Aires: Zavalía, 1992. v. 3; 1993. v. 4; 1995. v. 5.

ZULUETA, F. de. *The roman law of sale*. Oxford Press: Clarendon, 1945.

ÍNDICE REMISSIVO

abandono de imóvel urbano, **art. 1.276**

abertura da sucessão, ausência de testamento, **art. 1.788**

abertura da sucessão, companheiro, **art. 1.790**

abertura da sucessão, lei, **art. 1.787**

abertura da sucessão, lugar, **art. 1.785**

absolutamente incapaz, **art. 3º**

abuso, personalidade jurídica, **art. 50**

ação de esbulho possessório, **art. 1.212**

ação de petição de herança, conceito, **art. 1.824**

aceitação da herança, **art. 1.804**

aceitação da herança, falecimento do herdeiro, **art. 1.809**

aceitação expressa da herança, **art. 1.805**

aceitação ou renúncia da herança, **art. 1.812**

acessão, **art. 1.248**

adjunção, **arts. 1.272 a 1.274**

administração da herança, **art. 1.791**

administração da herança, inventariante, **art. 1.991**

administração do condomínio, **art. 1.323**

administração dos bens do tutelado, **art. 1.741**

administração dos pais, exclusão, **art. 1.693**

administrador, constituição de mandatários, **art. 1.018**

administrador, destituição, **art. 1.063**

administrador, impossibilidade de substituição, **art. 1.018**

administrador, perdas e danos, **art. 1.013, § 2º**

administrador, restituição de créditos ou bens sociais, **art. 1.017**

administrador, sanção, **art. 1.017**

administradores, atos de competência conjunta, **art. 1.014**

administradores, excesso, **art. 1.015**

administradores, gestão da sociedade, **art. 1.015**

administradores, limitação de poderes, **art. 1.015**

administradores, operação estranha aos negócios da sociedade, **art. 1.015**

administradores, prestação de contas, **art. 1.020**

administradores, providências quanto à dissolução da sociedade, **art. 1.036**

administradores, responsabilidade solidária, **art. 1.016**

administradores, uso da firma ou denominação social, **art. 1.064**

adoção, benefício para o adotando, **art. 1.625**

adoção, consentimento do representante legal do menor, **art. 1.624**

adoção, dos pais, **art. 1.621**

adoção, efeitos, **art. 1.628**

adoção, idade, **art. 1.619**

adoção, pelo tutor, **art. 1.620**

adoção, por estrangeiro, **art. 1.629**

adoção, processo judicial, **art. 1.623**

adoção, quem pode adotar, **art. 1.618**

adoção, sobrenome do adotante, **art. 1.627**

adquirente do imóvel hipotecado, **art. 1.479**

adultério, presunção da paternidade, **art. 1.600**

afinidade, **art. 1.595**

agente ou distribuidor, força maior, **art. 719**

agente ou distribuidor, indenização, **art. 715**

agente ou distribuidor, remuneração, **art. 714**

agentes autorizados do segurador, **art. 775**

águas, **arts. 1.288 e 1.289**

águas, barragens, **art. 1.292**

águas, construção de canais, **art. 1.293**

águas, poluição, **art. 1.291**

alienação da coisa durante a locação, **art. 576**

alienação, terceiros de boa-fé, **art. 1.817**

alimentos, atualização monetária, **art. 1.710**

alimentos, cônjuge separado judicialmente, **art. 1.704**

alimentos, filho havido fora do casamento, **art. 1.705**

alimentos, herdeiros do devedor, **art. 1.700**

alimentos, maior incapaz, **art. 1.590**

alimentos, manutenção dos filhos, **art. 1.703**

alimentos, mudança na situação financeira de quem os supre, **art. 1.699**

alimentos, novo casamento, **arts. 1.708 e 1.709**

alimentos, pagamento por terceiro, **art. 871**
alimentos, provisionais, **art. 1706**
alimentos, quando são devidos, **art. 1.695**
alimentos, quem pode pedir, **art. 1.694**
alimentos, renúncia, **art. 1.707**
alimentos, separação judicial litigiosa, **art. 1.702**
aluvião, **art. 1.250**
álveo, **art. 1.252**
anticrese, administração, **art. 1.507**
anticrese, conceito, **art. 1.506**
anticrese, deterioração, **art. 1.508**
anulabilidade do casamento, **art. 1.550**
anulação da partilha, **art. 2.027**
anulação do ato por falta de autorização de terceiro, **art. 176**
anulação do casamento do menor de dezesseis anos, **art. 1.552**
anulação do casamento, prazo, **art. 1.560**
anulação do negócio jurídico, prazo de decadência, **arts. 178 e 179**
anulação do negócio jurídico, restituição das partes ao estado em que se achavam, **art. 182**
aqueduto, **arts. 1.294 a 1.297**
aquestos, **arts. 1.672 a 1.686**
aquisição da posse, **art. 1.204**
aquisição da propriedade pelo registro, **arts. 1.245 a 1.247**
arras, conceito, **art. 417**
arras ou sinal, **arts. 417 a 420**
arras, a indenização suplementar, **art. 419**
arras, rescisão contratual, **art. 418**
arrecadação dos bens do ausente, **art. 26**
árvores limítrofes, **arts. 1.282 a 1.284**
associações, **art. 53**
associações, competência da assembleia geral, **art. 59**
associações, convocação da assembleia geral, **art. 60**
associações, estatuto conterá, **art. 54**
associações, exclusão do associado, **art. 57**
associações, vantagens especiais, **art. 55**
assunção de dívida, **arts. 299 a 303**
assunção de dívida, conceito, **art. 299**
assunção de dívida, imóvel hipotecado, **art. 303**
assunção de dívida, substituição do devedor, **art. 301**
ato de confirmação do negócio jurídico, **art. 173**
ato de disposição do próprio corpo, **art. 13**
ato ilícito, **art. 186**
ato ilícito, culpa de terceiro, **art. 930**

ato ilícito, incapaz, **arts. 928 e 929**
ato ilícito, reparação do dano, **art. 927**
atos jurídicos lícitos, **art. 185**
aumento e da redução do capital, **arts. 1.081 a 1.084**
ausência de registro de nascimento, **art. 1.605**
ausente, sucessão definitiva, **art. 37**
autorização do cônjuge, ausência, **art. 1.643**
avulsão, **art. 1.251**

balanços, **arts. 1.185 e 1.186**
bem acessório, conceito, **art. 92**
bem de família, conceito, **art. 1.711**
bem de família, dissolução da sociedade conjugal, **art. 1.721**
bem de família, execução por dívidas, **art. 1.715**
bem de família, extinção, **art. 1.722**
bem de família, manutenção, **art. 1.719**
bem de família, objeto, **art. 1.712**
bem de família, registro, **art. 1.714**
bem de família, valores mobiliários, **art. 1.713**
bem principal, conceito, **art. 92**
benfeitorias, **art. 96**
bens consumíveis, **art. 86**
bens divisíveis, conceito, **art. 87**
bens dominicais, **art. 101**
bens do responsável, reparação do dano causado, **art. 942**
bens do tutelado, **art. 1.753**
bens fungíveis, conceito, **art. 85**
bens imóveis, conceito, **art. 79**
bens imóveis, consideram-se para efeitos legais, **art. 80**
bens móveis, conceito, **art. 82**
bens móveis, consideram-se para efeitos legais, **art. 83**
bens públicos, conceito, **arts. 98 e 99**
bens públicos, uso, **art. 103**
bens públicos, uso comum, **art. 100**
bens públicos, uso especial, **art. 100**
bens públicos, usucapião, **art. 102**
bens singulares, conceito, **art. 89**
bens sociais, atos de gestão, **art. 989**
bens sonegados, restituição, **art. 1.995**

cabos e tubulações, **arts. 1.286 e 1.287**
caducidade do legado, **art. 1.939**
capacidade civil, menor dezoito anos, **art. 5º**
capital, aumento, **art. 1.081**

capital, redução, **arts. 1.082, 1.083 e 1.084**
capital social, quota liquidada, **art. 1.031, § 2º**
casamento, boa-fé, **art. 1.561**
casamento, capacidade para o, **art. 1.517**
casamento, causas suspensivas, **art. 1.523**
casamento, celebrado no estrangeiro, **art. 1.544**
casamento, coação, **art. 1.558**
casamento, conceito, **art. 1.511**
casamento, denegação do consentimento, **art. 1.519**
casamento, gratuidade, **art. 1.512**
casamento, iminente risco de vida, **art. 1.540**
casamento, impedimentos, **art. 1.521**
casamento, menor de 16 anos, **art. 1.520**
casamento, moléstia grave, **art. 1.539**
casamento nulo, filiação, **art. 1.617**
casamento, procuração, **art. 1.542**
casamento, prova, **art. 1.543**
casamento, publicidade, **art. 1.534**
casamento, regime de bens, **art. 1.639**
casamento religioso, requisitos, **art. 1.516**
casamento religioso, validade, **art. 1.515**
casamento, registro, **art. 1.536**
casamento, revogação da autorização, **art. 1.518**
casamento, vício de vontade, **art. 1.556**
caso fortuito, força maior, **art. 393**
causas que impedem ou suspendem a prescrição, **arts. 197, 198 e 199**
cédula hipotecária, **art. 1.486**
cego, testamento público, **art. 1.867**
celebração do casamento, **art. 1.533**
celebração do casamento, suspensão, **art. 1.538**
celebração do contrato, lugar, **art. 435**
cessação da tutela, **art. 1.763**
cessão de crédito, **arts. 286 a 298**
cessão de crédito, acessórios, **art. 287**
cessão de crédito, atos conservatórios, **art. 293**
cessão de crédito, forma, **art. 288**
cessão de crédito, hipoteca, **art. 289**
cessão de crédito, natureza da obrigação, **art. 286**
cessão de crédito, notificação, **art. 290**
cessão de crédito, penhora, **art. 298**
cessão de crédito, solvência do devedor, **art. 296**
cessão de crédito, tradição do título, **art. 291**
chamados a suceder, **art. 1.798**
cláusula de não valer, **art. 109**
cláusula *del credere*, **art. 698**

cláusula penal, **arts. 408 a 416**
cláusula penal, culpa, **art. 408**
cláusula penal, inexecução completa da obrigação, **arts. 409 e 410**
cláusula penal, obrigação divisível, **art. 415**
cláusula penal, obrigação indivisível, **art. 414**
cláusula penal, obrigação principal, **art. 411**
cláusula penal, redução pelo juiz, **art. 413**
cláusula penal, valor, **art. 412**
cláusula testamentária, disposição em favor dos pobres, **art. 1.902**
cláusula testamentária, nulidade, **art. 1.900**
cláusula testamentária, vontade do testador, **art. 1.899**
coação, circunstâncias, **art. 152**
coação, conceito, **art. 151**
coação exercida por terceiro, **arts. 154 e 155**
coação, não se considera, **art. 153**
cobrança antecipada da dívida, **art. 333**
cobrança de dívida antes de vencida, responsabilidade civil, **art. 939**
cobrança de dívida já paga, responsabilidade civil, **art. 940**
codicilo, conceito, **art. 1.881**
codicilo fechado, **art. 1.885**
coerdeiro, cessão de quota, **art. 1.794**
colação, **art. 2.002**
colação, dispensa, **arts. 2.005 e 2.006**
colação, doações remuneratórias, **art. 2.011**
colação, finalidade, **art. 2.003**
colação, gastos ordinários, **art. 2.010**
colação, renúncia da herança, **art. 2.008**
comissão, **arts. 1.272 a 1.274**
comissão mercantil, conceito, **art. 693**
comissão mercantil, insolvência, **art. 697**
comissão, regras do mandato, **art. 709**
comissário, despedida sem justa causa, **art. 705**
comissário, presunção de autorização, **art. 699**
comissário, remuneração pelos serviços úteis, **art. 703**
comitente, alteração das instruções, **art. 704**
comodato, **arts. 579 a 585**
comodato, conceito, **art. 579**
comodato, despesas com o uso e gozo, **art. 584**
comodato, prazo, **art. 581**
comodato, risco do objeto, **art. 583**
comodato, solidariedade, **art. 585**
comodato, tutores e curadores, **art. 580**
comoriência, **art. 8º**

companheiros, dever de lealdade, **art. 1.724**
compensação, **arts. 368 a 380**
compensação, coisas fungíveis, **art. 370**
compensação, conceito, **art. 368**
compensação, diferença de causa, **art. 373**
compensação, fiador, **art. 371**
compensação, prejuízo de direito de terceiro, **art. 380**
compensação, terceiro, **art. 376**
competência do síndico, **art. 1.348**
compra e venda, amostras, **art. 484**
compra e venda, coisa futura, **art. 483**
compra e venda, conceito, **art. 481**
compra e venda, de ascendente a descendente, **art. 496**
compra e venda, despesas de escritura e registro, **art. 490**
compra e venda, entre cônjuges, **art. 499**
compra e venda, amostras, **art. 484**
compra e venda, conceito, **art. 481**
compra e venda, despesas de escritura e registro, **art. 490**
compra e venda, fixação do preço, **art. 485**
compra e venda, nulo, **art. 489**
compra e venda, riscos até a tradição, **art. 492**
compra e venda, taxa de mercado ou de bolsa, **art. 486**
compromisso, **arts. 851 a 853**
compromisso do inventariante, administração da herança, **art. 1.797**
comunhão parcial de bens, administração do patrimônio, **art. 1.663**
comunhão parcial de bens, bens incomunicáveis, **art. 1.661**
comunhão parcial de bens, dívidas, **art. 1.664**
comunhão parcial de bens, exclusão, **art. 1.659**
comunhão parcial de bens, inclusão, **art. 1.660**
concessão da superfície, conceito, **art. 1.369**
concessão da superfície, encargos, **art. 1.371**
concessão da superfície, pagamento, **art. 1.370**
conclusão da obra, **art. 615**
condição, aceitação ou renúncia da herança, **art. 1.808**
condição, conceito, **art. 121**
condição impossível, **art. 124**
condição, invalidade do negócio jurídico, **art. 123**
condição, licitude, **art. 122**
condição, nomeação de herdeiro, **art. 1.897**
condição resolutiva, **arts. 127 e 128**
condição suspensiva, **arts. 125 e 126**
condição, termo inicial, **art. 131**

condição, termo inicial e final, **art. 135**
condomínio de lotes, **art. 1.358-A**
condomínio edilício, administração, **art. 1.347**
condomínio edilício, aprovação de dois terços dos votos, **art. 1.351**
condomínio edilício, assembleia extraordinária, **art. 1.355**
condomínio edilício, cobertura, **art. 1.344**
condomínio edilício, como se institui, **art. 1.332**
condomínio edilício, conceito, **art. 1.331**
condomínio edilício, conselho fiscal, **art. 1.356**
condomínio edilício, construção de outro pavimento, **art. 1.343**
condomínio edilício, convenção, **art. 1.333**
condomínio edilício, convocação dos condôminos, **art. 1.354**
condomínio edilício, débitos do alienante, **art. 1.345**
condomínio edilício, desapropriação, **art. 1.358**
condomínio edilício, despesas relativas a partes comuns, **art. 1.340**
condomínio edilício, destituição do síndico, **art. 1.349**
condomínio edilício, deveres do condômino, **art. 1.336**
condomínio edilício, direitos do condômino, **art. 1.335**
condomínio edilício, extinção, **art. 1.357**
condomínio edilício, multa, **art. 1.337**
condomínio edilício, realização de obras, **art. 1.341**
condomínio edilício, reunião da assembleia, **art. 1.350**
condomínio edilício, seguro obrigatório, **art. 1.346**
condomínio, frutos da coisa comum, **art. 1.326**
condomínio, maioria, **art. 1.325**
condomínio necessário, paredes, cercas, muros e valas, **art. 1.327**
condômino, coisa indivisível, **art. 1.322**
condômino, compra e venda, **art. 504**
condômino, dívidas, **art. 1.318**
condômino, divisão da coisa comum, **art. 1.320**
condômino, renúncia da parte ideal, **art. 1.316**
condômino, responsabilidade pelo, **art. 1.319**
confissão, ineficácia, **art. 213**
confissão, irrevogabilidade, **art. 214**
confissão materna, paternidade, **art. 1.602**
confusão, **arts. 381 a 384; 1.272 a 1.274**
confusão patrimonial, **art. 50, § 2º**
cônjuge do ausente, curador, **art. 25**
cônjuges, contratar sociedade, **art. 977**

conselho fiscal, **arts. 1.066 a 1.070**
conselho fiscal, atribuições e poderes, **art. 1.070**
conselho fiscal, composição, **art. 1.066**
conselho fiscal, deveres, **art. 1.069**
conselho fiscal, exercício de membro ou suplente eleito, **art. 1.067**
conselho fiscal, remuneração dos membros, **art. 1.068**
consignação bancária, **art. 334**
consignação em pagamento, despesas com o depósito, **art. 343**
consignação em pagamento, lugar, **art. 337**
consignação em pagamento, validade, **art. 336**
constituição de renda, nulidade, **art. 808**
constituição do penhor, **art. 1.431**
construção, água, **art. 1.300**
construção, chaminé, **art. 1.308**
construção, janelas, **art. 1.301**
construção, nascente, **art. 1.310**
construção, parede divisória, **art. 1.305**
construção, proprietário, **art. 1.299**
construção, zona rural, **art. 1.303**
construções e plantações, **arts. 1.253 a 1.259**
contabilista, **arts. 1.177 e 1.178**
contestação da ação de investigação de paternidade, **art. 1.615**
contestação da paternidade, **art. 1.601**
contrato aleatório, conceito, **art. 458**
contrato com pessoa a declarar, **arts. 467 a 471**
contrato de adesão, cláusula ambígua, **art. 423**
contrato de adesão, nulidade de cláusulas, **art. 424**
contrato de agência e distribuição, conceito, **art. 710**
contrato de agência e distribuição, tempo indeterminado, **art. 720**
contrato de constituição de renda, conceito, **art. 803**
contrato de constituição, escritura pública, **art. 807**
contrato de corretagem, conceito, **art. 722**
contrato de depósito, conceito, **art. 627**
contrato de fiança, conceito, **art. 818**
contrato de seguro, **arts. 757 a 802**
contrato de seguro, agravamento de risco, **arts. 768 e 769**
contrato de seguro, conceito, **arts. 757 a 802**
contrato de seguro, declarações inexatas do segurado, **art. 766**
contrato de seguro, diminuição do risco no curso do, **art. 770**
contrato de seguro, nulidade, **art. 762**

contrato de seguro, prova, **art. 758**
contrato de sociedade, celebração, **art. 981**
contrato de transporte cumulativo, **art. 733**
contrato de transporte, **arts. 730 a 756**
contrato de transporte, conceito, **art. 730**
contrato entre ausentes, **art. 434**
contrato estimatório, **arts. 534 a 537**
contrato preliminar, **art. 462**
contrato preliminar, cláusula de arrependimento, **art. 463**
contrato preliminar, perdas e danos, **art. 465**
contrato, princípios de probidade e boa-fé, **art. 422**
contratos atípicos, **art. 425**
contratos de penhor, anticrese ou hipoteca, **art. 1.424**
contrato social, efeitos, **art. 993**
contrato social, modificações, **arts. 999 e 1.003 parágrafo único**
corretagem, **arts. 722 a 729**
cosseguro, **art. 761**
credor anticrético, direitos do, **arts. 1.423 e 1.509**
credor hipotecário, direitos do, **art. 1.422**
credor pignoratício, deveres do, **art. 1.435**
credor pignoratício, direito do, **arts. 1.433 e 1.434**
credor pignoratício, obrigações, **art. 1.455**
credor, prestação diversa da avençada, **art. 313**
culpa concorrente, indenização, **art. 945**
curador do ausente, **art. 24**
curador, autoridade, **art. 1.778**
curador, nascituro, **art. 1.779**
curador, pessoa com deficiência, art. 1.775-A
curatela, **arts. 1.781 a 1.783**
curatela, estão sujeitos a, **art. 1.767**

dação em pagamento, **arts. 356 a 359**
decadência, **arts. 207 a 211**
decadência, conhecimento de ofício, **art. 210**
decadência, convencional, **art. 211**
decadência, renúncia, **art. 209**
declaração de ausência, **arts. 22 a 25**
declaração de vontade, vício, **art. 140**
declarações de vontade, intenção, **art. 112**
deliberações dos sócios, **arts. 1.071 a 1.072**
demarcação entre prédios, **arts. 1.297 e 1.298**
depositário incapaz, **art. 641**
depósito de coisas fungíveis, **art. 645**
depósito, força maior, **arts. 636 e 642**

depósito gratuito, **art. 628**
depósito, obrigações do depositário, **art. 629**
depósito judicial da coisa, **art. 635**
depósito necessário, **arts. 647 a 652**
depósito prova, **art. 646**
depósito voluntário, **arts. 627 a 646**
descoberta, **arts. 1.233 a 1.237**
desconsideração da personalidade jurídica na Eireli, **art. 980-A, § 7º**
desembarque das mercadorias, **art. 752**
deserdação, causas, **arts. 1.962 e 1.963**
deserdação, expressa declaração de causa, **art. 1.964**
desmoronamento, **art. 1.311**
despesas com a agência ou distribuição, **art. 713**
despesas com a gestão de negócios, **art. 869**
despesas de enterro, **art. 872**
despesas funerárias, herança, **art. 1.998**
destituição do tutor, **art. 1.766**
desvio de finalidade, **art. 50, §§ 1º e 5º**
detentor, conceito, **art. 1.198**
deterioração da coisa locada alugada, **art. 567**
deveres do condômino, **art. 1.315**
deveres dos cônjuges, **art. 1.566**
devolução da coisa locada antes do prazo avençado, **art. 571**
direito ao nome, **art. 16**
direito de acrescer, colegatários, **art. 1.942**
direito de acrescer, conceito, **art. 1.941**
direito de acrescer, quando não se efetua, **art. 1.944**
direito de acrescer, usufruto, **art. 1.946**
direito de arrependimento, **art. 420**
direito de pedir o legado, **art. 1.924**
direito de propriedade, finalidade econômica e social, **art. 1.228**
direito de representação, conceito, **art. 1.851**
direito de representação, quando ocorre, **art. 1.852**
direito de superfície, alienação do imóvel, **art. 1.373**
direito do evicto, **art. 450**
direito real de garantia, pagamento parcial, **art. 1.421**
direitos da personalidade, conceito, **art. 11**
direitos do condômino, **art. 1.314**
direitos reais sobre coisas móveis, **art. 1.226**
direitos reais sobre imóveis, **art. 1.227**
direitos reais, consideram-se, **art. 1.225**
direito sucessório do cônjuge, **art. 1.830**
dispensa do corretor, **art. 727**

disposição gratuita do corpo, **art. 14**
disposição nulidade, **art. 1.802**
disposição testamentária, anulação, **art. 1.909**
disposição testamentária, ineficácia, **art. 1.910**
disposições finais e transitória, **arts. 2.028 a 2.046**
dissolução da pessoa jurídica, **art. 51**
dissolução da sociedade conjugal, **art. 1.571**
distrato, forma, **art. 472**
dívida em dinheiro, **art. 315**
dívidas compensáveis, imputação do pagamento, **art. 379**
dívidas de jogo ou de aposta, **art. 814**
dívidas do falecido, pagamento, **art. 1.997**
divórcio, partilha de bens, **art. 1.581**
doação, conceito, **art. 538**
doação, contemplação de casamento futuro, **art. 546**
doação, de ascendentes a descendentes, **art. 544**
doação, do cônjuge adúltero, **art. 550**
doação, entidade futura, **art. 554**
doação, forma, **art. 541**
doação, nascituro, **art. 542**
doação, nulidade, **arts. 548 e 549**
doação, prazo de aceitação, **art. 539**
dolo, **arts. 145 a 150**
dolo do representante legal, **art. 149**
domicílio, agente diplomático, **art. 77**
domicílio, conceito, **art. 70**
domicílio, diversas residências, **art. 71**
domicílio do casal, **art. 1.569**
domicílio, local onde exerce a profissão, **art. 72**
domicílio, mudança, **art. 74**
domicílio, pessoa jurídica, **art. 75**
donatário absolutamente incapaz, **art. 543**
donatário, encargos da doação, **art. 553**
dono de edifício ou construção, responsabilidade civil, **art. 937**
donos de hotéis responsabilidade civil, **art. 932**

efeitos da fiança, **art. 827**
emancipação, tutela, **art. 1.758**
emissão da apólice, **art. 759**
empreitada, **arts. 610 a 626**
empreitada, extinção, **art. 626**
empreitada, fornecimento de materiais, **art. 611**
empreitada, mão de obra, **art. 612**

empregador ou comitente, por seus empregados, responsabilidade civil, **art. 932**

empresário, capacidade civil, **art. 972**

empresário casado, alienação do patrimônio da empresa, **art. 978**

empresário incapaz, autorização judicial, **art. 974, § 1º**

empresário incapaz, bens, **art. 974, § 2º**

empresário incapaz, prova de emancipação e autorização, **art. 976**

empresário incapaz, representante ou assistente, **art. 975**

empresário, pactos e declarações antenupciais, **art. 979**

empresário, pessoa legalmente impedida, **art. 973**

empresário, profissão intelectual, **art. 966**

empresário, separação judicial, **art. 980**

encargo, **art. 136**

encargo ilícito ou impossível, **art. 137**

enriquecimento sem causa, **arts. 884 a 886**

entrega de mercadorias, **art. 754**

entrega do título ao devedor, **art. 324**

erro de cálculo, **art. 143**

erro de indicação da pessoa ou da coisa, **art. 142**

erro essencial sobre a pessoa do cônjuge, **art. 1.557**

erro na designação do herdeiro, **art. 1.903**

erro, validade do negócio jurídico, **art. 144**

escritura antenupcial, **art. 1.537**

escrituração, autenticação dos livros e fichas, **art. 1.181**

escrituração, balanço de resultado econômico, **art. 1.189**

escrituração, balanço patrimonial, **art. 1.188**

escrituração, coleta de elementos para o inventário, **art. 1.187**

escrituração, conservação, **art. 1.194**

escrituração, diário, **art. 1.180**

escrituração, exibição integral dos livros e papéis de escrituração, **art. 1.191**

escrituração, formalidades prescritas em lei, **art. 1.190**

escrituração, idioma e moeda corrente nacionais, **art. 1.183**

escrituração, lançamento no diário, **art. 1.184**

escrituração, livros da sociedade, **art. 1.179**

escrituração, recusa de apresentação dos livros, **art. 1.192**

escrituração, responsabilidade de contabilista, **art. 1.182**

escrituração, restrições ao exame, **art. 1.193**

escusa da tutela, **art. 1.736**

espaço aéreo, **art. 1.229**

estabelecimento, alienação, usufruto ou arrendamento, **art. 1.143**

escritura pública, fé pública, **art. 215**

escritura pública, validade dos negócios jurídicos, **art. 108**

estabelecimento, cessão dos créditos, **art. 1.149**

estabelecimento, concorrência, **art. 1.147**

estabelecimento, débitos anteriores à transferência, **art. 1.146**

estabelecimento, definição, **art. 1.142**

estabelecimento, eficácia da alienação do estabelecimento, **art. 1.145**

estabelecimento, objeto unitário de direitos e de negócios jurídicos, **art. 1.144**

estabelecimento, transferência, **art. 1.148**

estado de perigo, conceito, **art. 156**

estipulação em favor de terceiro, **arts. 436 a 438**

evicção, **arts. 447 a 457**

evicção, benfeitorias necessárias ou úteis, **art. 453**

evicção, conceito, **art. 447**

evicto, indenização pelos coerdeiros, **art. 2.026**

exceção, **art. 190**

exceção de contrato não cumprido, **arts. 476 a 477**

exclusão da posse provisória, **art. 34**

exclusão da responsabilidade pela evicção, **arts. 448 e 449**

exclusão da sucessão, **art. 1.814**

exclusão dos herdeiros colaterais, **art. 1.850**

execução da obra por terceiros, **art. 622**

exercício do poder familiar, **art. 1.634**

exercício regular de direito, **art. 188**

exercício social, inventário, balanço patrimonial e econômico, **art. 1.065**

extinção da fiança, **arts. 837 a 839**

extinção da hipoteca, **art. 1.499**

extinção da hipoteca, averbação, **art. 1.500**

extinção do mandato, **arts. 682 a 691**

extinção do penhor, **art. 1.436**

extinção do poder familiar, **art. 1.635**

fiança, **arts. 818 a 850**

fiança, acessórios, **art. 822**

fiança, dívidas futuras podem ser objeto de fiança, **art. 821**

fiança forma, **art. 819**

filhos, concebidos na constância do casamento, **art. 1.597**

filiação, prova, **art. 1.603**

fraude contra credores, **arts. 158 a 165**

função social do contrato, **art. 421**
funções do tutor, cessação, **art. 1.764**
fundação, constituição por negócio jurídico entre vivos, **art. 64**
fundação, criação, **art. 62**
fundação, Ministério Público, **art. 66**
fundo de investimento, **arts. 1.368-C ao 1.368-F**
fusão da sociedade, extinção das sociedades, **art. 1.119**

garantia real, **art. 1.419**
gerente, definição, **art. 1.172**
gerente, exercício de poderes, **art. 1.173**
gerente, limitações na outorga de poderes, **art. 1.174**
gerente, preponente, **art. 1.175**
gestão de negócio, conceito, **art. 861**
gestão de negócio presumível, **art. 862**
gestor de negócio, caso fortuito, **art. 868**
gestor de negócio, diligência, **art. 866**
gestor de negócio, substituição, **art. 867**
graus de parentesco, **art. 1.594**
guarda dos filhos, **art. 1.583**

habilitação para o casamento, **arts. 1.525 a 1.532**
habitação, **arts. 1.414 a 1.416**
herança, bens remotos, **art. 2.021**
herança de pessoa viva, **art. 426**
herança, encargos, **art. 1.792**
herança jacente, **art. 1.844**
herança jacente, arrecadação, **art. 1.820**
herança jacente, conceito, **art. 1.819**
herança jacente, credor, **art. 1.821**
herança jacente, declaração de vacância, **art. 1.822**
herança jacente, renúncia, **art. 1.823**
herdeiros capazes, partilha amigável, **art. 2.015**
herdeiros necessários, cláusula de inalienabilidade, **art. 1.848**
herdeiros necessários, conceito, **art. 1.845**
herdeiros necessários, direitos, **art. 1.846**
herdeiros necessários, legítimos, **art. 1.847**
hipoteca, acessões, **art. 1.474**
hipoteca de vias férreas, **arts. 1.502 a 1.505**
hipoteca, dúvida, **art. 1.496**
hipoteca legal, **art. 1.489**
hipoteca legal, reforço, **art. 1.490**
hipoteca legal, registro, **art. 1.497**
hipoteca legal, substituição, **art. 1.491**
hipoteca, nulidade de cláusula, **art. 1.475**

hipoteca, objeto, **art. 1.473**
hipoteca, ordem, **art. 1.493**
hipoteca, registro, **art. 1.492**
homicídio doloso do doador, **art. 561**

ilhas, **art. 1.249**
impedimento para o casamento, **art. 1.522**
impotência, prova, **art. 1.599**
imputação do pagamento, **arts. 352 a 355**
inadimplemento, bens do devedor, **art. 391**
inadimplemento contratual, **art. 475**
inadimplemento da obrigação, **arts. 389 a 393**
inadimplemento nos contratos benéficos, **art. 392**
inadimplemento, obrigações negativas, **art. 390**
inadimplemento, perdas e danos, **art. 389**
incorporação da sociedade, **art. 1.116**
incorporação da sociedade, assembleia dos sócios, **art. 1.120**
incorporação da sociedade, constituição de nova sociedade, **art. 1.121**
incorporação da sociedade, deliberação dos sócios, **art. 1.117**
incorporação da sociedade, extinção da incorporada, **art. 1.118**
indenização, **arts. 944 a 954**
indenização, aleijão, **art. 950**
indenização, extensão do dano, **art. 944**
indenização, homicídio, **art. 948**
indenização, injúria, difamação ou calúnia, **art. 953**
indenização, obrigação for indeterminada, **art. 946**
indenização, ofensa à liberdade pessoal, **art. 954**
indenização, substituição por moeda corrente, **art. 947**
indignidade, **art. 1.815**
índio, **art. 4º**
inexecução do encargo, **arts. 555 e 562**
ingratidão do donatário, **arts. 555 e 557**
inscrição de sucursal, filial ou agência, **art. 969**
inscrição do empresário, **arts. 967 e 968**
inscrição do empresário rural, **arts. 970 e 971**
inscrição do pequeno empresário, **arts. 970 e 971**
intermediação de mais de um corretor, **art. 728**
interrupção da prescrição, **art. 202**
interrupção da prescrição, credor, **art. 204**
intervenção cirúrgica, **art. 15**
invalidade parcial de um negócio jurídico, intenção das partes, **art. 184**
inventário, abertura, **art. 1.796**
isenção de restituição de pagamento indevido, **art. 880**

jazidas, **art. 1.230**
juros de mora não convencionados, **art. 406**
juros de mora, prejuízo, **art. 407**

laje, **arts. 1.510-A a 1.510-E**
legado, abertura da sucessão, **art. 1.923**
legado alternativo, **art. 1.932**
legado com encargo, **art. 1.938**
legado de alimentos, **art. 1.920**
legado de coisa, **art. 1.917**
legado de coisa determinada pelo gênero, **art. 1.929**
legado de crédito, **art. 1.918**
legado de imóvel, **art. 1.922**
legado de renda vitalícia, **art. 1.926**
legado de usufruto, **art. 1.921**
legado em dinheiro, **art. 1.925**
legado, em prestações periódicas, **art. 1.927**
legítima defesa, **art. 188**
lesão, conceito, **art. 157**
lesão ou ofensa à saúde, indenização, **art. 949**
liquidação da sociedade, **art. 1.102**
liquidação da sociedade, competência do liquidante, **art. 1.105**
liquidação da sociedade, convocação de assembleia pelo liquidante, **art. 1.108**
liquidação da sociedade, deveres do liquidante, **art. 1.103**
liquidação da sociedade, encerramento da liquidação, **art. 1.109**
liquidação da sociedade, liquidante, **art. 1.102, parágrafo único**
liquidação da sociedade, obrigações e responsabilidade do liquidante, **art. 1.104**
liquidação da sociedade, pagamento de dívidas pelo liquidante, **art. 1.106**
liquidação da sociedade, pagamento do credor, **art. 1.110**
liquidação da sociedade, rateios por antecipação da partilha, **art. 1.107**
locação de coisas, conceito, **art. 565**
locação, direito de retenção, **art. 578**
locação, turbações de terceiros, **art. 568**
locação, uso diverso do ajustado, **art. 570**
locação, vaga para veículos, **art. 1.338**
lucros cessantes, **art. 403**
lugar do pagamento, **arts. 327 a 330**

mandato, **arts. 653 a 666**

mandato judicial, **art. 692**
manutenção na posse, **art. 1.210**
matéria-prima, **art. 1.269**
maternidade, termo do nascimento, **art. 1.608**
menor, ocultação de idade, **art. 180**
minas, **art. 1.230**
mora, **arts. 394 a 401**
mora, ato ilícito, **art. 398**
mora, conceito, **art. 394**
mora, culpa do devedor, **art. 396**
mora do credor, **art. 400**
mora do segurador, **art. 772**
mora, impossibilidade da prestação, **art. 399**
mora, prejuízos, **art. 395**
mora, prestação inútil, **art. 395, parágrafo único**
morte do comissário, **art. 702**
morte do locador ou do locatário, **art. 577**
morte do tutor, **art. 1.759**
morte presumida, **arts. 6º e 7º**
mútuo, **arts. 586 a 592**
mútuo, conceito, **art. 586**
mútuo, garantia da restituição, **art. 590**

nascente, **art. 1.290**
nascimento com vida, **art. 2º**
nascituro, direitos, **art. 2º**
negócio jurídico, **art. 111**
negócio jurídico, anulação, **arts. 117 e 119**
negócio jurídico, anulação por dolo, **art. 145**
negócio jurídico, anulação por dolo de terceiro, **art. 148**
negócio jurídico, anulável, **arts. 171 e 172**
negócio jurídico, impossibilidade do objeto, **art. 106**
negócio jurídico nulo, confirmação, **art. 169**
negócio jurídico nulo, hipóteses, **art. 166**
negócio jurídico, provar por outro meio, **art. 183**
negócio jurídico, requisitos, **art. 104**
negócio jurídico, reserva mental, **art. 110**
negócio jurídico, validade da declaração de vontade, **art. 107**
negócios jurídicos benéficos, **art. 114**
negócios jurídicos, interpretação, **art. 113**
negócios jurídicos sem prazo, **art. 134**
nomeação de gerente, **art. 975, § 1º**
nomeação de herdeiro, proibição, **art. 1.801**
nome empresarial, anulação, **art. 1.167**
nome empresarial, cancelamento, **art. 1.168**

nome empresarial, definição, **art. 1.155**

nome empresarial, equiparação, **art. 1.155, parágrafo único**

nome empresarial, inscrição do empresário, **art. 1.166**

nome empresarial, "sociedade anônima" ou "companhia", **art. 1.160**

nome empresarial, nome completo ou abreviado do empresário, **art. 1.156**

nome empresarial, nome de empresário, **art. 1.163**

nome empresarial, nome de sócio falecido, excluído ou retirado, **art. 1.165**

nome empresarial, proibição de alienação, **art. 1.164**

nome empresarial, responsabilidade ilimitada, **art. 1.157**

nome empresarial, "limitada", **art. 1.158**

nome empresarial, sociedade cooperativa, **art. 1.159**

nome empresarial, sociedade em comandita por ações, **art. 1.161**

nome empresarial, sociedade em conta de participação, **art. 1.162**

novação, **arts. 360 a 367**

novação, ânimo, **art. 361**

novação, devedores solidários, **art. 365**

novação, devedor insolvente, **art. 363**

novação, exoneração do fiador, **art. 366**

novação, quando ocorre, **art. 360**

novação, substituição do devedor, **art. 362**

nulidade, alegação pelo interessado ou pelo Ministério Público, **art. 168**

nulidade do casamento, **art. 1.548**

nulidade, nomeação de tutor, **art. 1.730**

objeto do pagamento e sua prova, **arts. 313 a 326**

obrigação alternativa, **arts. 252 a 256**

obrigação de dar coisa, **arts. 233 e 234**

obrigação de dar coisa, deterioração da coisa, **art. 235**

obrigação de dar coisa, deterioração da coisa por culpa do devedor, **art. 236**

obrigação de dar coisa incerta, **arts. 243 a 246**

obrigação de dar coisa, tradição, **art. 237**

obrigação de fazer, **arts. 247 a 249**

obrigação de não fazer, **arts. 250 a 251**

obrigação de restituir coisa certa, **art. 238**

obrigação de restituir coisa certa, culpa do devedor, **art. 239**

obrigação de restituir coisa certa, sem culpa do devedor, **art. 240**

obrigação divisível, **art. 257**

obrigação indivisível, **art. 258**

obrigação indivisível, perdas e danos, **art. 263**

obrigação solidária, **arts. 264 a 266**

obrigações do comissário, **arts. 694, 695 e 696**

obrigações do comodatário, **art. 582**

obrigações do corretor, **art. 723**

obrigações do locador, **art. 566**

obrigações do locatário, **art. 569**

obrigações do mandante, **arts. 675 a 681**

obrigações do mandatário, **arts. 667 a 674**

obrigações sociais, responsabilidade solidária e ilimitada, **art. 990**

ocupação, **art. 1.263**

oferta ao público, **art. 429**

pacto antenupcial, eficácia, **art. 1.654**

pacto antenupcial, nulidade, **arts. 1.555 e 1653**

pacto separado, ineficácia, **art. 997, parágrafo único**

pagamento, a quem se deve pagar, **art. 308**

pagamento com sub-rogação, **arts. 346 a 351**

pagamento, credor incapaz de quitar, **art. 310**

pagamento, credor putativo, **art. 309**

pagamento do prêmio de seguro, **art. 763**

pagamento em consignação, **arts. 334 a 345**

pagamento em moeda estrangeira, **art. 318**

pagamento feito a incapaz, **art. 181**

pagamento indevido, **arts. 876 a 883**

pagamento indevido, conceito, **art. 876**

pagamento indevido, dívida prescrita, **art. 882**

pagamento indevido, fim ilícito, **art. 883**

pagamento indevido, frutos, acessões, benfeitorias e deteriorações, **art. 878**

pagamento indevido, obrigação de fazer, **art. 881**

pagamento indevido, prova, **art. 877**

pagamento, intimação da penhora, **art. 312**

pagamento por consignação, hipóteses, **art. 335**

pagamento, portador da quitação, **art. 311**

pagamento por terceiro com desconhecimento ou oposição do devedor, **art. 306**

pagamento por terceiro interessado, **art. 305**

pagamento, quem deve pagar, **art. 304**

pagamento, transmissão da propriedade, **art. 307**

pais, pelos filhos menores, responsabilidade civil, **art. 932**

parede-meia, **art. 1.306**

parentes, linha colateral ou transversal, **art. 1.592**

parentes, linha reta, **art. 1.591**

parentesco natural ou civil, **art. 1.593**
partilha, bens insuscetíveis de divisão, **art. 2.019**
partilha feita por ascendente, **art. 2.018**
partilha, frutos, **art. 2.020**
partilha judicial, **art. 2.016**
passagem forçada, **art. 1.285**
pelos produtos do crime, **art. 932**
pena convencional, prejuízo, **art. 416**
penhor agrícola, **art. 1.439**
penhor agrícola, objeto, **arts. 1.442 e 1443**
penhor de crédito, notificação, **art. 1.453**
penhor de direito, constituição, **art. 1.452**
penhor de título de crédito, direito do credor, **art. 1.459**
penhor de veículos, alienação, **art. 1.465**
penhor de veículos, constituição, **art. 1.462**
penhor de veículos, objeto, **art. 1.461**
penhor de veículos, prazo, **art. 1.466**
penhor direitos, objeto, **art. 1.451**
penhor industrial, constituição, **art. 1.448**
penhor industrial, objeto, **art. 1.447**
penhor, instrumento, **art. 1.432**
penhor legal, hipóteses, **art. 1.467**
penhor pecuário, **art. 1.439**
penhor pecuário, objeto, **art. 1.444**
penhor rural, constituição, **art. 1.438**
perda da posse, **arts. 1.223 e 1224**
perda da propriedade, formas, **art. 1.275**
perdas e danos, **arts. 402 a 405**
perdas e danos, atualização monetária, **art. 404**
perdas e danos, juros de mora, **art. 405**
perigo iminente, **art. 188**
personalidade civil, **art. 2º**
pertenças, conceito, **art. 93**
pessoa jurídica, administração coletiva, **art. 48**
pessoa jurídica, administrador provisório, **art. 49**
pessoas jurídicas de direito privado, **art. 44**
pessoas jurídicas de direito público externo, **art. 42**
pessoas jurídicas de direito público interno, **art. 41**
pessoas jurídicas de direito público interno, responsabilidade, **art. 43**
pessoas jurídicas, direito da personalidade, **art. 52**
petição de herança, bens, **art. 1.825**
petição de herança, herdeiro aparente, **art. 1.828**
petição de herança, posse, **art. 1.826**
planejamento familiar, **art. 1.565**

poder familiar, conceito, **art. 1.630**
poder familiar, divórcio, **art. 1.579**
poder familiar, perda por ato judicial, **art. 1.638**
poder familiar, quem exerce, **art. 1.631**
poder familiar, separação judicial, **art. 1.632**
poluição, **art. 1.309**
posse, acessórios, **art. 1.209**
posse, atos de mera permissão ou tolerância, **art. 1.208**
posse, boa-fé, **arts. 1.201 e 1.202**
posse coisa indivisível, **art. 1.199**
posse direta e indireta, **art. 1.197**
posse dos bens do ausente, **art. 30**
posse, frutos naturais e industriais, **art. 1.215**
posse justa, **art. 1.200**
posse, quem pode adquirir, **art. 1.205**
posse, servidões não aparentes, **art. 1.213**
posse, transmissão aos herdeiros, **art. 1.206**
possuidor, conceito, **art. 1.196**
possuidor de boa-fé, direitos, **art. 1.214**
possuidor de boa-fé, indenização das benfeitorias, **art. 1.219**
possuidor de boa-fé, perda ou deterioração da coisa, **art. 1.217**
possuidor de má-fé, **art. 1.216**
possuidor de má-fé, benfeitorias necessárias, **art. 1.220**
possuidor de má-fé, perda ou deterioração da coisa, **art. 1.218**
prazo, cômputo, **art. 132**
prazos de prescrição, acordo das partes, **art. 192**
preempção ou preferência, conceito, **art. 513**
preferência e privilégio creditório, **arts. 955 a 965**
preposto, entrega de papéis, bens ou valores, **art. 1.171**
preposto, negociação por conta própria, **art. 1.170**
preposto, substituição proibida, **art. 1.169**
prescrição, alegação, **art. 193**
prescrição, conceito, **art. 189**
prescrição, prazo de cinco anos, **art. 206, § 5º**
prescrição, prazo de dez anos, **art. 205**
prescrição, prazo de dois anos, **art. 206, § 2º**
prescrição, prazo de quatro anos, **art. 206, § 4º**
prescrição, prazo de três anos, **art. 206, § 3º**
prescrição, prazo de um ano, **art. 206, § 1º**
prescrição, sucessão, **art. 196**
prescrição intercorrente, **art. 206-A**
prestação de alimentos, reciprocidade pais e filhos, **art. 1.696**
prestação de serviço, **arts. 593 a 609**

prestação de serviço, aliciamento de pessoas, **art. 608**

prestação de serviço, assinatura a rogo, **art. 595**

prestação de serviço, morte de qualquer das partes, **art. 607**

prestação de serviço, prazo, **arts. 598 e 599**

prestação de serviço, preço, **art. 596**

prestação divisível, pluralidade de credores, **art. 260**

prestação divisível, remissão da dívida, **art. 262**

prestação divisível, solidariedade, **art. 259**

prestações sucessivas, aumento progressivo, **art. 316**

prestador de serviço, declaração de contrato findo, **art. 604**

prestador de serviço, dispensa sem justa causa, **art. 603**

presunção de paridade das partes, **art. 421-A**

presunção de propriedade, construção e plantação, **art. 1.253**

primeira hipoteca, **art. 1.478**

pródigo, **art. 4º**

promessa de compra e venda, **art. 1.417**

promessa de contrato unilateral, **art. 466**

promessa de fato de terceiro, **arts. 439 a 440**

promessa de recompensa, execução simultânea, **art. 858**

promessa pública de recompensa, **art. 859**

promitente comprador, direito, **art. 1.418**

propaganda comercial, nome alheio, **art. 18**

proposta, aceitação fora do prazo, **art. 431**

proposta, aceitação tardia do proponente, **art. 430**

proposta de contrato, **art. 427**

proposta, obrigatoriedade, **art. 428**

propriedade fiduciária, conceito, **art. 1.361**

propriedade fiduciária, contrato, **art. 1.362**

propriedade fiduciária, nulidade de cláusula, **art. 1.365**

propriedade fiduciária, terceiro, **art. 1.368**

propriedade fiduciária, vencimento da dívida, **art. 1.364**

proprietário, direito de explorar os recursos minerais, **art. 1.230, parágrafo único**

propriedade resolúvel, **arts. 1.359 e 1.360**

proprietário ou possuidor de prédio, obras, **art. 1.281**

prova, certidão de peça judicial, **art. 216**

prova, cópia fotográfica, **art. 223**

prova, declaração em documentos, **art. 219**

prova, documento redigido em língua estrangeira, **art. 224**

prova, exame médico, **art. 231**

prova, fato jurídico, **art. 212**

prova, instrumento particular, **art. 221**

prova, livro e ficha dos empresários e sociedades, **art. 226**

prova, recusa à perícia médica, **art. 232**

prova, reprodução fotográfica, **art. 225**

prova, telegrama, **art. 222**

prova, traslados e as certidões, **arts. 217 e 218**

pseudônimo, **art. 19**

purgação da mora, **art. 401**

quitação da última parcela, presunção de estarem solvidas as anteriores, **art. 322**

quitação do capital, reserva dos juros, **art. 323**

quitação, forma, **art. 320**

quota, cessão total ou parcial do sócio, **art. 1.057**

quota, indivisibilidade, **art. 1.056**

quotas, **arts. 1.055 a 1.059**

quotas, capital social, **art. 1.055**

quota, sócio remisso, não integralização, **art. 1.058**

recompensa, conceito, **art. 854**

reconhecimento de filho, condição, **art. 1.613**

reconhecimento de filho, forma, **art. 1.607**

reconhecimento de filho, irrevogabilidade, **art. 1.609**

reconhecimento de filho maior, **art. 1.614**

reconhecimento de filho, testamento, **art. 1.610**

recursos minerais, **art. 1.230**

recusa de passageiro, **art. 739**

redução das disposições testamentárias, **arts. 1.966 a 1.968**

regime da comunhão parcial, presunção, **art. 1.662**

regime da separação de bens, **arts. 1.641, 1.687**

regime de bens, administração, **art. 1.642**

regime de bens, comunhão parcial, **art. 1.658**

regime de bens, dívidas, **art. 1.644**

regime de comunhão universal de bens, **art. 1.667**

regime de comunhão universal de bens, exclusão, **art. 1.668**

regime de comunhão universal de bens, incomunicabilidade, **art. 1.669**

registro, ato sujeito oposto a terceiro, **art. 1.154**

registro, autenticidade e a legitimidade do signatário, **art. 1.153**

registro, fiscalização da regularidade das publicações, **art. 1.152**

registro, formalidade, **art. 1.151**

registro público, emancipação, **art. 9º**

registro público, interdição, **art. 9º**
registro público, nascimento, **art. 9º**
registro público, óbito, **art. 9º**
registro, vínculo do empresário e da sociedade empresária, **art. 1.150**
relativamente incapaz, **art. 4º**
remissão, codevedores, **art. 388**
remissão da dívida, extinção da obrigação, **art. 385**
remissão das dívidas, **arts. 385 a 388**
remissão, restituição voluntária, **art. 387**
remuneração devida ao comissário, **art. 701**
remuneração do corretor, **arts. 724 e 725**
renúncia da herança, **art. 1.806**
renúncia da herança, credores, **art. 1.813**
renúncia da prescrição, **art. 191**
representação do ausente, **art. 32**
representação do menor, **art. 1.690**
representação legal, requisitos e efeitos, **art. 120**
representante, manifestação de vontade pelo, **art. 116**
requerimento de partilha, **art. 2.013**
rescisão do contrato de transporte, **art. 740**
resilição contratual, **arts. 473 e 474**
resolução por onerosidade excessiva, **arts. 478 a 480**
responsabilidade civil, **arts. 927 a 943**
responsabilidade civil, empresa, **art. 931**
responsabilidade contratual do transportador, culpa de terceiro, **art. 735**
responsabilidade criminal, **art. 935**
responsabilidade do empreiteiro, **art. 618**
responsabilidade pela guarda de animal, **art. 936**
responsabilidade pelos atos dos gerentes nomeados, **art. 975, § 2º**
retenção de pagamento, quitação regular, **art. 319**
retenção sobre a bagagem de passageiro, **art. 742**
retrovenda, **arts. 505 a 508**
revisão contratual, **art. 421-A**
revogação da doação, **arts. 555 a 564**
revogação da doação por ingratidão, direitos adquiridos, **art. 563**
revogação da doação, prazo, **art. 559**
revogação da promessa de recompensa, **art. 856**
revogação do testamento, efeitos, **art. 1.971**
revogação do testamento, forma, **art. 1.969**
revogação do testamento, total ou parcial, **art. 1.970**
rompimento do testamento, **arts. 1.973 a 1.975**

segunda hipoteca, **art. 1.477**

segurador, pagamento em dinheiro, **art. 776**
seguro de dano, **arts. 778 a 788**
seguro de pessoa, **arts. 789 a 802**
seguro de responsabilidade civil, **art. 787**
seguro obrigatório, **art. 788**
sentença abertura da sucessão provisória, **art. 28**
separação de corpos, guarda dos filhos, **art. 1.585**
separação judicial, **art. 1.572**
separação judicial, cônjuge culpado, **art. 1.578**
separação judicial, dever de coabitação, **art. 1.576**
separação judicial, guarda dos filhos, **art. 1.584**
separação judicial, motivos, **art. 1.573**
separação judicial, mútuo consentimento, **art. 1.574**
separação judicial, partilha de bens, **art. 1.575**
separação judicial, trânsito em julgado da sentença, **art. 1.580**
servidão, constituição, **arts. 1.378 e 1.379**
servidão, exercício, **arts. 1.380 e 1.386**
servidão, extinção, **arts. 1.387 a 1.389**
simulação, **art. 167**
sobrepartilha, bens, **art. 2.022**
sociedade, administração, **art. 1.013**
sociedade, administrador, **art. 1.011**
sociedade, administradores não sócios, **art. 1.061**
sociedade, administrador nomeado, **art. 1.012**
sociedade anônima, divisão do capital, **art. 1.088**
sociedade anônima, lei especial, **art. 1.089**
sociedade, bens e dívidas, **art. 988**
sociedade conjugal, administração, **art. 1.567**
sociedade conjugal, sustento da família, **art. 1.568**
sociedade, convocação de reunião ou assembleia, **art. 1073**
sociedade cooperativa, características, **art. 1.094**
sociedade cooperativa, legislação especial, **art. 1.093**
sociedade cooperativa, responsabilidade dos sócios, **art. 1.095**
sociedade, divisão sufragada por maior número de sócios, **art. 1010**
sociedade dependente de autorização, **art. 1.123**
sociedade dependente de autorização, cassação, **art. 1.125**
sociedade dependente de autorização, competência, **art. 1.123, parágrafo único**
sociedade dependente de autorização, prazo, **art. 1.124**
sociedade em comandita, ato de gestão, **art. 1.047**
sociedade em comandita, categorias de sócios, **art. 1.045**

sociedade em comandita, comanditados e os comanditários, **art. 1.045, parágrafo único**

sociedade em comandita, diminuição da quota do comanditário, **art. 1.048**

sociedade em comandita, direitos e obrigações dos comanditados, **art. 1.046**

sociedade em comandita, dissolução, **art. 1.051**

sociedade em comandita, falta de sócio comanditado, **art. 1.051, parágrafo único**

sociedade, destituição do liquidante, **art. 1.038**

sociedade, direitos e obrigações, **art. 1.022**

sociedade, dissolução, **arts. 1.033 e 1087**

sociedade, dissolução contratual, **art. 1.035**

sociedade, dissolução judicial, **art. 1.034**

sociedade em comandita por ações, administração do acionista, **art. 1.091**

sociedade em comandita por ações, assembleia geral, **art. 1.092**

sociedade em comandita por ações, normas da sociedade anônima, **art. 1.090**

sociedade em comandita por ações, responsabilidade ilimitada, **art. 1.095, § 2º**

sociedade em comandita por ações, responsabilidade limitada, **art. 1.095, § 1º**

sociedade em comandita por ações, sociedade simples, **art. 1.096**

sociedade em comandita simples, normas da sociedade em nome coletivo, **art. 1.046**

sociedade em comandita, morte do sócio comanditário, **art. 1.050**

sociedade em conta de participação, constituição, **art. 992**

sociedade em conta de participação, liquidação, **art. 996**

sociedade em conta de participação, sócio ostensivo, **art. 991**

sociedade em nome coletivo, **art. 1.040**

sociedade em nome coletivo, administração, **art. 1.042**

sociedade em nome coletivo, contrato, **art. 1.041**

sociedade em nome coletivo, credor particular de sócio, **art. 1.043**

sociedade em nome coletivo, dissolução, **art. 1.044**

sociedade em nome coletivo, pessoas físicas, **art. 1.039**

sociedade empresária, **art. 982**

sociedade empresária, atividade própria de empresário rural, **art. 984**

sociedade empresária e simples, constituição, **art. 983**

sociedade empresária, por ações, **art. 982, parágrafo único**

sociedade estrangeira, autorização do Poder Executivo, **art. 1.134**

sociedade estrangeira, autorização para nacionalizar-se, **art. 1.141**

sociedade estrangeira, balanço patrimonial, **art. 1.140**

sociedade estrangeira, defesa dos interesses nacionais, **art. 1.135**

sociedade estrangeira, denominação, **art. 1.137, parágrafo único**

sociedade estrangeira, inscrição no registro próprio, **art. 1.136**

sociedade estrangeira, leis, **art. 1.137**

sociedade estrangeira, modificação no contrato ou estatuto, **art. 1.139**

sociedade estrangeira, representação no Brasil, **art. 1.138**

sociedade, exclusão de sócios, **art. 1.085**

sociedade, exclusão do sócio remisso, **art. 1.004, parágrafo único**

sociedade, incorporação, fusão ou cisão, ação de anulação por parte do credor, **art. 1.122**

sociedade, inscrição do contrato social, **art. 998**

sociedade, inscrição dos atos constitutivos, **art. 986**

sociedade limitada, administração, **art. 1.060**

sociedade limitada, normas da sociedade simples, **art. 1.053**

sociedade limitada, responsabilidade de cada sócio, **art. 1.052**

sociedade limitada unipessoal, **art. 1.052**

sociedade, liquidação, **art. 1.038**

sociedade, liquidação da quota do devedor, **art. 1.026**

sociedade, liquidação judicial, **art. 1.036, parágrafo único, arts. 1.111 e 1.112**

sociedade, liquidação judicial pelo Ministério Público, **art. 1.037**

sociedade, liquidante, **art. 1.038**

sociedade, maioria absoluta dos votos, **art. 1.010**

sociedade nacional, alterações ou aditamento no contrato ou no estatuto, **art. 1.129**

sociedade nacional, decreto de autorização, **art. 1.131**

sociedade nacional, definição, **art. 1.126**

sociedade nacional, modificações do contrato ou do estatuto, **art. 1.133**

sociedade nacional, mudança de nacionalidade, **art. 1.127**

sociedade nacional, Poder Executivo, **art. 1.132**

sociedade nacional, recusa de autorização pelo Poder Executivo, **art. 1.130**

sociedade nacional, requerimento de autorização, **art. 1.128** sociedade nacional, sócios brasileiros, **art. 1.126, parágrafo único**

sociedade simples, cooperativa, **art. 982, parágrafo único**

sociedade, personalidade jurídica, **art. 985**

sociedade, pessoas impedidas de administrar, **art. 1.011, § 1º**

sociedade, posse do administrador designado, **art. 1.062**

sociedade, prova de existência, **art. 987**

sociedade, requisitos da constituição, **art. 997**

sociedade, resolução em relação a um sócio, **art. 1.031**

sociedades coligadas, ações ou quotas em excesso, **art. 1.101, parágrafo único**

sociedades coligadas, controle, **art. 1.098**

sociedades coligadas, definição, **arts. 1.097 e 1.099**

sociedades coligadas, de simples participação, **art. 1.100**

sociedade simples, cooperativa, **art. 982, parágrafo único**

sociedade simples, inscrição de sucursal, filial ou agência, **art. 1.000**

sócio, atividade estranha à sociedade, **art. 1.006**

sócio comanditário, reposição de lucros, **art. 1.049**

sócio, credor particular, **art. 1.026**

sócio, dívidas sociais anteriores à admissão, **art. 1.025**

sócio, exclusão da sociedade, **art. 1.029**

sócio, exclusão do falido, **art. 1.030, parágrafo único**

sócio, exclusão judicial, **art. 1.030**

sócio, fiscalização de livros e documentos, **art. 1.021**

sócio, herdeiros, **art. 1.027**

sócio, irrevogabilidade de poderes, **art. 1.019**

sócio, modificação do contrato, fusão e incorporação de sociedade, **art. 1.077**

sócio, morte, **art. 1.028**

sócio, nulidade de estipulação contratual, **art. 1.008**

sócio ostensivo, consentimento expresso para admitir novo sócio, **art. 995**

sócio ostensivo, falência, **art. 994, § 2º**

sócio, participação dos lucros e das perdas, **art. 1.007**

sócio participante, contribuição, **art. 994**

sócio participante, especialização patrimonial, **art. 994, § 1º**

sócio participante, falência, **art. 994, § 3º**

sócio participante, participação vedada nas relações do sócio ostensivo, **art. 993, parágrafo único**

sócio, poderes revogáveis, **art. 1.019**

sócio, responsabilidade por perdas e danos, **art. 1.010**

sócio, retirada, exclusão ou morte, **art. 1.032**

sócios, assembleias, **art. 1.078**

sócios, assembleias, **voto digital, art. 1.080-A**

sócios, bens particulares, **art. 1.024**

sócios, cessão total ou parcial de quota, **art. 1.003**

sócios, contribuições estabelecidas no contrato social, **art. 1.004**

sócios, deliberações, **arts. 1.071, 1.072, 1.076**

sócios, distribuição de lucros ilícitos ou fictícios, **art. 1.009**

sócios, instalação de assembleia, **art. 1.074**

sócios, negócios da sociedade, **art. 1.010**

sócios, obrigações, **art. 1.001**

sócios, presidência de assembleia, **art. 1.075**

sócios, reposição dos lucros e das quantias retiradas, **art. 1.059**

sócios, reuniões, **art. 1.079**

sócios, solidariedade das perdas sociais, **art. 1.023**

sócio, substituição, **art. 1.002**

sócio, transmissão do domínio, posse ou uso de quota social, **art. 1.005**

solidariedade ativa, **arts. 267 a 285**

sonegados, quem pode arguir, **art. 1.996**

sonegar bens da herança, pena, **art. 1.992**

sub-rogação convencional, **art. 347**

sub-rogação, cessão do crédito, **art. 348**

sub-rogação, como se opera, **art. 346**

sub-rogação legal, **art. 350**

subsolo, **art. 1.229**

substituição fideicomissária, aceitação da herança, **art. 1.956**

substituição fideicomissária, conceito, **art. 1.951**

substituição fideicomissária, nulidade, **arts. 1.959 e 1.960**

substituição fideicomissária, permissão, **art. 1.952**

substituição fideicomissária, renúncia da herança, **art. 1.954**

substituição recíproca, conceito, **art. 1.948**

substituição vulgar, conceito, **art. 1.947**

sucessão definitiva, prazo, **art. 38**

sucessão legítima, ascendentes, **art. 1.836**

sucessão legítima, colaterais, **art. 1.840**

sucessão legítima, descendente, **art. 1.835**

sucessão legítima, falta de descendentes e ascendentes, **art. 1.838**

sucessão legítima, os em grau mais próximo excluem os mais remotos, **art. 1.833**

sucessão legítima, irmãos bilaterais com irmãos unilaterais, **art. 1.841**
sucessão legítima, sucessão de ascendentes, **art. 1.834**
sucessão legítima, vocação hereditária, **art. 1.829**
surdo-mudo, testamento cerrado, **art. 1.873**
surdo, testamento, **art. 1.866**
suspensão da execução da empreitada, **arts. 624 e 625**
suspensão do poder familiar, **art. 1.637**

tabelamento oficial, **art. 488**
tempo do pagamento, **arts. 331 a 333**
teoria da imprevisão, **art. 317**
tesouro, **arts. 1.264 a 1.266**
testamenteiro, disposições testamentárias, **art. 1.980**
testamenteiro, nomeação, **art. 1.976**
testamenteiro, posse e administração da herança, **art. 1.977**
testamento, ato personalíssimo, **art. 1.858**
testamento, capacidade, **art. 1.860**
testamento cerrado, analfabeto, **art. 1.872**
testamento cerrado, forma, **art. 1.868**
testamento, conceito, **art. 1.857**
testamento conjuntivo, **art. 1.863**
testamento, incapacidade, **art. 1.861**
testamento marítimo e aeronáutico, **arts. 1.888 a 1.892**
testamento militar, **arts. 1.893 a 1.896**
testamento particular, **art. 1.862**
testamento particular, forma, **art. 1.876**
testamento, prazo para impugnar, **art. 1.859**
testamento público, assinatura a rogo, **art. 1.865**
testamento público, **art. 1.862**
testamento público, requisitos, **art. 1.864**
testamentos especiais, **art. 1.886**
testemunhas, quem pode ser, **art. 228**
título ao portador, **arts. 904 a 909**
título ao portador dilacerado, **art. 908**
título ao portador extraviado, **art. 909**
título ao portador, nulidade, **art. 907**
título ao portador, possuidor, **art. 905**
título ao portador, transferência, **art. 904**
título à ordem, **arts. 910 a 920**
título à ordem, cláusula constitutiva de mandato, **art. 917**
título à ordem, cláusula constitutiva de penhor, **art. 918**
título à ordem, condição, **art. 912**
título à ordem, endosso, **art. 910**
título à ordem, endosso parcial, **art. 912**

título à ordem, endosso posterior ao vencimento, **art. 920**
título à ordem, legítimo possuidor, **art. 911**
título de crédito, aval, **arts. 898 e 899**
título de crédito, aval posterior ao vencimento, **art. 900**
título de crédito, cláusulas, **art. 890**
título de crédito, conceito, **art. 887**
título de crédito, incompleto ao tempo da emissão, **art. 891**
título de crédito, obrigação de pagar soma determinada, **art. 897**
título de crédito, omissão de requisito legal, **art. 888**
título de crédito, portador de boa-fé, **art. 896**
título de crédito, requisitos, **art. 889**
título de crédito, transferência, **arts. 893 e 894**
título nominativo, **arts. 921 a 926**
título nominativo, conceito, **art. 921**
título nominativo, transferência, **arts. 922 e 923**
tomada de decisão apoiada, **art. 1.783-A**
tradição da coisa vendida, lugar, **art. 493**
tradição, transmissão da propriedade, **art. 1.267**
transação, **arts. 840 a 850**
transação, conceito, **art. 840**
transação, direitos patrimoniais, **art. 841**
transação, escritura pública, **art. 842**
transação, evicção, **art. 845**
transação, interpretação, **art. 843**
transação, nulidade, **arts. 849 e 850**
transação, obrigações resultantes de delito, **art. 846**
transação, pena convencional., **art. 847**
transformação da sociedade, **art. 1.113**
transformação da sociedade, consentimento de todos os sócios, **art. 1.114**
transformação da sociedade, direitos dos credores, **art. 1.115**
transformação da sociedade, falência, **art. 1.115, parágrafo único**
transmissão da herança, **art. 1.784**
transplante, **art. 13**
transporte cumulativo, **art. 756**
transporte, danos às pessoas e bagagens, **art. 734**
transporte de coisas, **arts. 743 a 756**
transporte de pessoas, **arts. 734 a 742**
transporte gratuito, **art. 736**
transporte, horário e itinerário, **art. 737**
transporte, permissão ou concessão, **art. 731**
troca ou permuta, **art. 533**

tutela, autorização judicial, **art. 1.749**
tutela, despesas, **art. 1.761**
tutela, prestação de contas, **art. 1.755**
tutela, responsabilidade do juiz, **art. 1.744**
tutor, ausência de nomeação, **art. 1.731**
tutor e curador, pelos pupilos e curatelados, responsabilidade civil, **art. 932**
tutores, prestação de contas, **art. 1.757**
tutor, menores abandonados, **art. 1.734**
tutor, nomeação, **art. 1.729**
tutor, nomeação pelo juiz, **art. 1.732**
tutor, obrigações, **arts. 1.740, 1.747 e 1.748**
tutor, perdas e danos, **art. 1.752**
tutor, quem pode ser, **art. 1.735**

união estável, conceito, **art. 1.723**
união estável, contrato escrito, **art. 1.725**
união estável, conversão em casamento, **art. 1.726**
universalidade de direito, conceito, **art. 91**
universalidade de fato, conceito, **art. 90**
uso, **art. 1.412**
uso anormal da propriedade, interesse público, **art. 1.278**
uso anormal da propriedade, vizinhança, **art. 1.277**
usucapião, **arts. 1.238 a 1.244**
usucapião, área urbana, **art. 1.240**
usucapião de bem móvel, **arts. 1.260 a 1.262**
usucapião, interesse social e econômico, **art. 1.242**
usucapião, justo título e boa-fé, **art. 1.242**
usucapião, posse dos antecessores, **art. 1.243**
usucapião, prazos, **arts. 1.238 e 1.239**
usufruto, acessórios, **art. 1.392**
usufruto, alienação, **art. 1.393**
usufruto, conceito, **art. 1.390**
usufruto, extinção, **arts. 1.410 e 1.411**
usufruto, imóveis, **art. 1.391**
usufruto, poder familiar, **art. 1.689**
usufrutuário, deveres do, **arts. 1.400 a 1.409**
usufrutuário, direitos do, **arts. 1.394 a 1.399**

valor de colação dos bens, **art. 2.004**
vencimento da dívida, **art. 1.425**
venda a contento, **art. 509**
venda *ad corpuris*, **art. 500**
venda *ad mensuram*, **art. 500**
venda com reserva de domínio, **arts. 521 a 528**
venda sobre documentos, **arts. 529 a 532**
venda sujeita a prova, **art. 510**
vício intrínseco da coisa segurada, **art. 784**
vício redibitório, **arts. 441 a 446**
vício redibitório, abatimento no preço, **art. 442**
vício redibitório, conceito, **art. 441**
vício redibitório, responsabilidade do alienante, **art. 444**
vida privada, pessoa natural, **art. 21**
vínculo conjugal, **art. 1.514**
vizinhança, ruína, **art. 1.280**

ÍNDICE REMISSIVO

tutela, autorização judicial, art. 1.749
tutela, despesas, art. 1.761
tutela, prestação de contas, art. 1.755
tutela, responsabilidade do juiz, art. 1.744
tutor, ausência de homologação, art. 1.731
tutor e curador pelos pais, curatela dos responsáveis pela incapacidade civil, art. 932
tutores, prestação de contas, art. 1.757
tutor, menores abandonados, art. 1.734
tutor, nomeação, art. 1.729
tutor, nomeação pelo juiz, art. 1.732
tutor, obrigações, arts. 1.740, 1.747 e 1.748
tutor, perdas e danos, art. 1.752
tutor, quem pode ser, art. 1.735

união estável, conceito, art. 1.723
união estável, contrato escrito, art. 1.725
união estável, conversão em casamento, art. 1.726
universalidade de direito, conceito, art. 91
universalidade de fato, conceito, art. 90
uso, art. 1.412
uso anormal da propriedade, interesse público, art. 1.278
uso anormal da propriedade vizinhança, art. 1.277
usucapião, arts. 1.238 a 1.244
usucapião, área urbana, art. 1.240
usucapião de bem imóvel, arts. 1.260 a 1.262
usucapião, interesse social e econômico, art. 1.242
usucapião, justo título e boa-fé, art. 1.242

usucapião, posse dos antecessores, art. 1.243
usucapião, prazos, arts. 1.238 e 1.239
usufruto, acessórios, art. 1.392
usufruto, alienação, art. 1.393
usufruto, conceito, art. 1.390
usufruto, extinção, arts. 1.410 e 1.411
usufruto, imóveis, art. 1.391
usufruto poder familiar, art. 1.689
usufrutuário, deveres do, arts. 1.400 a 1.409
usufrutuário, direitos do, arts. 1.394 a 1.399

valor de coleção dos bens, art. 2.001
vencimento da dívida, art. 1.425
venda a contento, art. 509
venda ad corpus, art. 500
venda ad mensuram, art. 500
venda com reserva de domínio, arts. 521 a 528
venda sobre documentos, arts. 529 a 532
venda sujeita a prova, art. 510
vício intrínseco da coisa segurada, art. 784
vício redibitório, arts. 441 a 446
vício redibitório, abatimento no preço, art. 442
vício redibitório, conceito, art. 441
vício redibitório, responsabilidade do alienante, art. 441
vida privada, pessoa natural, art. 21
vínculo conjugal, art. 1.514
vizinhança, ruína, art. 1.280